D1688015

DICCIONARIO

DE LAS LENGUAS ESPAÑOLA Y ALEMANA

por el †Dr. Rodolfo J. Slabý y el Prof. Dr. Rodolfo Grossmann

I.

ESPAÑOL-ALEMÁN

con inclusión de las voces principales del Diccionario de la Real Academia Española, de otras voces usuales, de tecnicismos de las ciencias, de la técnica, de la industria, del comercio, de la economía, de la política y de la vida moderna, de expresiones regionales españolas y de germanía, así como una amplia selección de americanismos.

TERCERA EDICIÓN
totalmente revisada y muy ampliada por
José Manuel Banzo y Sáenz de Miera
licenciado en derecho, docente de la Facultad de Ciencias Lingüísticas Aplicadas de la Universidad Johannes Gutenberg de Maguncia en Germersheim

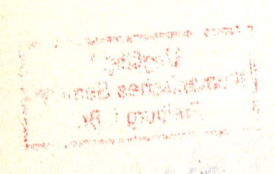

1975

BRANDSTETTER VERLAG · WIESBADEN

WÖRTERBUCH

DER SPANISCHEN UND DEUTSCHEN SPRACHE

von †Dr. Rudolf J. Slabý und Prof. Dr. Rudolf Grossmann

I.

SPANISCH-DEUTSCH

enthaltend den wichtigsten Wortschatz des Diccionario de la Real Academia Española, weitere Wörter des allgemeinen Sprachgebrauchs sowie die Fachausdrücke aus allen Zweigen der Wissenschaft, der Technik, des Gewerbes, des Handels, der Wirtschaft, der Politik und des modernen Lebens, die mundartliche Ausdrucksweise des Spanischen, die Gaunersprache sowie eine größere Auswahl von Amerikanismen.

DRITTE AUFLAGE
völlig neu bearbeitet und erweitert von
José Manuel Banzo y Sáenz de Miera
licenciado en derecho, Dozent an der Johannes Gutenberg-Universität Mainz
Fachbereich Angewandte Sprachwissenschaft in Germersheim

1975

BRANDSTETTER VERLAG · WIESBADEN

CIP-Kurztitelaufnahme der Deutschen Bibliothek

Slabý, Rudolf J.
Wörterbuch der spanischen und deutschen Sprache.

NE: Grossmann, Rudolf:

1. Spanisch-deutsch.
   ISBN 3-87097-067-8

In diesem Wörterbuch werden, wie in allgemeinen Nachschlagewerken üblich, etwa bestehende Patente, Gebrauchsmuster oder Warenzeichen nicht erwähnt. Wenn ein solcher Hinweis fehlt, heißt das also nicht, daß eine Ware oder ein Warenname frei ist.

En este diccionario ne se hace mención destacada y expresa – de acuerdo con los usos habituales en las obras de consulta de esta índole – de patentes, marcas y modelos registrados.
La ausencia de una indicación en tal sentido no significa, por consiguiente, que una mercancía o una denominación comercial determinada carezcan de protección legal.

Dieses Werk ist urheberrechtlich geschützt. Die dadurch begründeten Rechte, insbesondere die der Übersetzung, des Nachdruckes, der Funksendung, der Wiedergabe auf photomechanischem oder ähnlichem Wege und der Speicherung in Datenverarbeitungsanlagen bleiben, auch bei nur auszugsweiser Verwertung, vorbehalten.

Es propiedad
Oscar Brandstetter Verlag KG, Wiesbaden
Se reservan todos los derechos, en especial los de traducción, reimpresión, radiodifusión, reproducción por vía fotomecánica o similar y almacenamiento en computadoras, aun cuando ne se utilice más que parcialmente el texto.

Library of Congress Catalog Card Number Af 28 087

ISBN 3 87097 067 7

3. Auflage 1975

Copyright © 1953, 1955, 1975 by Oscar Brandstetter Verlag KG, Wiesbaden
Gesamtherstellung: Oscar Brandstetter Druckerei KG, Wiesbaden
Printed in Germany

Al Profesor Dr. Hans JESCHKE

antiguo director del Instituto de Traductores e Intérpretes (hoy Facultad de Ciencias Lingüísticas Aplicadas) de la Universidad de Maguncia en Germersheim y de su seminario hispano-luso, por cuya recomendación recibí la petición de realizar la presente edición de este libro. Porque él creyó que yo podía llevarla a buen término, y por su afectuoso estímulo durante la redacción de este trabajo, bien puedo calificarlo de padre espiritual de la misma.

J. M. Banzo

Herrn Professor Dr. Hans JESCHKE

früher Direktor des Auslands- und Dolmetscherinstituts der Universität Mainz in Germersheim (heute Fachbereich Angewandte Sprachwissenschaft) und des dortigen Spanisch-Portugiesischen Seminars, den ich als geistigen Vater des vorliegenden Werkes ansehe, weil er im Vertrauen auf meine Fähigkeit, es zu einem guten Ende zu führen, mich für die Neuausgabe dieses Bandes des Slabý-Grossmann vorschlug und mir durch seine ständige, warme Anteilnahme an Fortgang und Vollendung dieser Arbeit wirksam half.

J. M. Banzo

Einleitung

zum gesamten Werk

Bei der Abfassung des vorliegenden spanisch-deutschen und deutsch-spanischen Wörterbuches sind im wesentlichen folgende, in der spanisch-deutschen Lexikographie bisher nicht immer hinreichend beachtete Gesichtspunkte maßgebend gewesen:

1. Zuverlässige Erfassung des Wortschatzes. Das gesamte Wörterbuch ist in erster Linie auf Primärmaterial (Exzerpte und Zettelkästen) gegründet.

2. Darbietung der lebendigen Gegenwartssprache in ihrem ganzen Umfang, d.h. sowohl der Sprache Spaniens unter Berücksichtigung mundartlicher Eigentümlichkeiten als auch des südamerikanischen Sprachgebrauchs. Im deutsch-spanischen Teil sowohl wie in den Übersetzungen des spanisch-deutschen Teiles ist auch der geläufige süddeutsche und österreichische Ausdruck in hinreichendem Maße berücksichtigt worden. Maßgebend für die Auswahl des modernen Wortgutes, unter genauer Scheidung zwischen der Literatursprache, dem familiären Umgangston und der vulgären Ausdrucksweise, wie auch für die hier in ungewöhnlichem Maße dargebotene Handelssprache, war die Förderung der immer stärker aufblühenden materiellen und geistigen Beziehungen zwischen der spanischen, südamerikanischen und deutschen (mitteleuropäischen) Welt.

3. Erfassung des Wortes nicht als isolierter Bestandteil der Sprache, sondern im lebendigen Zusammenhang des Satzes, mit reichem Material an Redensarten und Sprichwörtern sowie eingehender systematischer Behandlung und begrifflicher Scheidung der einzelnen Wortarten.

4. Strenge Systematik und Klarheit der Ausdeutung unter Heranziehung der wichtigsten Fachliteratur beider Sprachen mit Angabe der sämtlichen wesentlichen Schattierungen des Begriffes.

5. Streng paritätischer Benutzerstandpunkt. Während die bisherigen deutsch-spanischen Wörterbücher fast durchweg lediglich vom Standpunkt des deutschen Benutzers konzipiert waren, versucht das vorliegende Wörterbuch erstmalig Lesern mit spanischer Muttersprache, die im Deutschen vordringen wollen, in gleicher Weise gerecht zu werden.

6. Größte Raumknappheit bei größter Reichhaltigkeit des Inhalts, unter Ausscheidung veralteten Materials, genauer Angabe der Rektion in beiden Sprachen und teilweiser Aussprachebezeichnung in allen von den allgemein gültigen Regeln abweichenden Fällen.

7. Zusammenfassung der Stichwörter nach Stämmen, im spanischen Teil, dem Geiste der Sprache entsprechend, nach dem Prinzip der Silbentrennung, im deutschen Teil, dem anderweitigen deutschen Empfinden angeglichen, nach dem Grundsatz größtmöglicher Buchstabeneinsparung. So dürfte es möglich geworden sein, auf den 740 bzw. 1316 Seiten beider Bände ein Material zu bieten, das nach älteren Methoden bearbeitet mehr als den doppelten Umfang (und Ladenpreis) beansprucht hätte.

Wenn es den Verfassern und ihren Mitarbeitern gelungen sein sollte, in dem vorliegenden Wörterbuch ein Werk zu schaffen, das dem Spanischtreibenden einen richtigen Begriff von der achtunggebietenden Vielseitigkeit und Ausdrucksfähigkeit des heutigen Spanisch zu geben, und umgekehrt dem Spanier als treuer und nie versagender Mentor bei der Bemeisterung der von ihm ein wenig zu Unrecht als zu schwierig empfundenen deutschen Sprache zu dienen geeignet ist, so würden sie ihre nervenkostende langjährige Arbeit reichlich belohnt sehen.

R.J. Slabý, R. Grossmann

Vorwort

zur zweiten erweiterten Auflage

Das vor nunmehr 20 Jahren der Öffentlichkeit übergebene Wörterbuch hat in den Ländern deutscher und spanischer Sprache eine weite, für Verlag und Verfasser gleichermaßen erfreuliche Verbreitung gefunden. Kompetente Gelehrte des In- und Auslandes sowie eine unübersehbare Zahl von Benutzern aus allen Berufen haben mit ihren Ergänzungs- und Verbesserungsvorschlägen wertvollste Mitarbeit für eine fortschreitende Ausgestaltung des Werkes geleistet. Die umfangreiche Sammlung von Zetteln, die bis 1943 erstellt werden konnte, fiel mit dem Gebäude des früheren Ibero-amerikanischen Instituts in Hamburg den Bomben zum Opfer. Die schmerzlichste Folge des 2. Weltkrieges für den Slabý-Grossmann aber war es, daß die Verbindung zwischen Rudolf Slabý[1]) und dem Unterzeichneten abgerissen ist und bis heute nicht wieder herzustellen war. Alle Addenda, die noch rekonstruiert werden konnten oder nach 1943 gesammelt wurden, sind mit den Ergebnissen der Durcharbeitung neuer lexikographischer Werke aus Deutschland und den spanischsprechenden Ländern von zwei langjährigen Mitarbeitern des Ibero-amerikanischen Forschungsinstituts der Universität Hamburg, von denen einer Spanisch als Muttersprache spricht, zu dem Nachtrag verarbeitet worden, der hoffentlich allen alten und auch den neuen Benutzern von Wert sein wird. Verfasser und die Bearbeiter des Nachtrages sind sich dessen bewußt, daß immer noch Lücken zu schließen sind, und werden wie bisher alle kritischen Äußerungen und jeden Vorschlag mit Dank entgegennehmen, um unsere Arbeit, die sich nunmehr der verlegerischen Betreuung Herrn W. Brandstetters erfreuen darf, im Interesse aller Benutzer des Wörterbuches ständig zu vervollkommnen.

Hamburg, im August 1955

Rudolf Grossmann

---

[1]) Gestorben am 2.7.1957 (Anm. des Verlags).

Prólogo

a la tercera edición

Al realizar (correspondiendo a los deseos de la Editorial Brandstetter) esta nueva edición del Slabý (tomo I, "español-alemán", del Slabý/Grossmann), acometí una tarea cuya magnitud y dificultades han de ser evidentes para todo el que se ocupe un poco de cerca con los problemas de un diccionario bilingüe de uso general. Treinta y tantos años (período que nos separa de la primera edición, y a ella he de referirme, ya que la segunda supuso sólo una ampliación de la misma) no pasan en balde, y más habida cuenta de los ingentes progresos experimentados en tal período por la ciencia y las técnicas. Tales fenómenos no dejan de impregnar el lenguaje, así como tampoco transcurren sin huella idiomática dos guerras (la española de 1936–1939 y la mundial de 1939–1945), por no hablar de los cambios políticos y sociológicos acaecidos en tal período. La biología y la medicina han dado (juntamente con la técnica) pasos de gigante, e incluso términos de la ecología o la etología se han convertido (no siempre bien empleados) en giros coloquiales y familiares.

Si bien es cierto que había que tener en cuenta todo lo antedicho, pronto adquirió para mí meridiana claridad lo que ya mis dilatados años de docencia en el FAS (Fachbereich Angewandte Sprachwissenschaft), antes ADI (Auslands- und Dolmetscherinstitut) de la Universidad de Maguncia en Germersheim, así como mis propios trabajos de traducción e interpretación me habían ido enseñando: a saber, que el diccionario había de ser revisado, y sobre todo ampliado, en lo que hace al lenguaje diario y en general al actual. ¡Cuántas expresiones, incluso malsonantes, ha de oír el estudiante extranjero por las calles, o de sus compañeros del otro país ... o ha de encontrar el lector de una notable parte de la moderna literatura! Eso, que está ahí como un hecho, tenía que encontrar también cabida – en alguna medida – en esta obra.

Había también que arrumbar lo anticuado. Esto requería una mano dotada de un tacto especial, para no caer en el error de confundir lo envejecido con lo no banal, o con lo literario, o incluso con lo poético. Y así, si por una parte me he creído en el caso de podar bastante, por otro lado también en lo literario y poético he introducido no pocas voces. En este aspecto, así como por lo que hace a refranes, proverbios, expresiones coloquiales, figuras retóricas populares, etc., la nueva edición va muy notablemente enriquecida.

Todo esto llevaba consigo la necesidad de diferenciar más matizadamente los distintos dominios lingüísticos. Y así, y no obstante mi propósito de ampliar las abreviaturas sólo lo estrictamente indispensable (pues parece evidente que la excesiva atomización en este terreno lleva a diferenciaciones con frecuencia ilusorias, y no ayuda al usuario), el índice de las mismas se ha visto considerablemente ampliado.

Por otra parte, según mi convicción, había que evitar dejarse arrastrar por la tendencia (desdichadamente tan frecuente) de querer innovar y "modernizar" a toda costa. Lejos de toda tentación iconoclasta, y eliminando sólo lo necesario de la primitiva obra de Slabý, la he tratado con un respeto infinito. Que no en vano tal autor, junto con el del tomo II, Grossmann, acertó a hacer de su trabajo "la obra" por antonomasia en esta materia.

* * *

De entre los muchos puntos que todavía podría mencionar, quiero al menos destacar tres:
Es el primero la introducción casi masiva de americanismos. Las relaciones, siempre crecientes, con Iberoamérica en todos los aspectos lo exigen; también la magnífica evolución de su literatura lo reclama. Asimismo, he aumentado el número de los provincialismos españoles. Por supuesto que las dimensiones de esta obra han señalado también en este ámbito estrictas fronteras.

El segundo punto se refiere a la zoología y a la botánica. Aquí viene reinando en la mayoría de las obras lexicográficas (y no sólo en las bilingües) un intolerable desorden, disculpable quizá en parte por el hecho de que muchas plantas y animales (piénsese en lo que se lee a este respecto en muchas minutas de restaurantes o en pescaderías, por ejemplo) reciben muy distintos nombres regionales, al tiempo que otras veces el mismo apelativo pretende designar a seres muy distintos. Ello me ha persuadido de la necesidad de añadir entre paréntesis el nombre científico (griego o latino) universalmente reconocido, por tanto único criterio seguro de identificación. He procurado (muchas veces con labor prácticamente detectivesca) dar cuerpo a tal propósito, y utilizar sincrónicamente la nomenclatura científica más moderna.

En tercer lugar (y pensando ante todo en los estudiantes y las personas que no hayan alcanzado todavía suficiente dominio de ambos idiomas) me he esforzado en indicar casos, preposiciones y modos de verbo correspondientes. Espero confiadamente en que esto representará una gran ayuda en muchísimas ocasiones para el usuario.

* * *

Estoy convencido de no haber sabido hallar siempre el perfecto equilibrio deseado entre tan diversas y a veces contradictorias exigencias. Confío, sin embargo, haber satisfecho así mi compromiso contractual con la Editorial, por el que asumí la responsabilidad de la revisión completa de la obra. Espero haber correspondido a su deseo, coincidente con mi propio criterio, de realizar y presentar al público un diccionario ante todo "de uso común".

Por lo que hace a este tomo I "español-alemán", debo añadir que he más que doblado su volumen en comparación con las dos anteriores ediciones.

* * *

Por último, y espigadas a la ligera, he aquí algunas palabras de la presente edición, que hasta ahora no aparecían en ninguna obra equivalente, o que, de hacerlo, aparecen aquí con nuevas primordiales acepciones:

alcionismo, apirético, biso, cortometraje, covada, chaladura, finlandización, irradiar (Nucl), irreparable (Tech), irretroactividad (Jur), kakapo, katiuska, kempis, labilidad, lagarta (dos acepciones), *lamarckismo, lambel, lapa (pegarse como una), latirismo, lazareto, libertinaje (Pol,* tan usado en España*), librería antigua y moderna, ligar, ligón, ligue, luto (llevar uñas de), mantequería (Neol), manto (Zool), mariachi, maternizada (leche), mayéutica, mojadura (de lluvia), otoñada, otoñal, pesticida, plumífero (joc), polemología, politología, prurito, pubescente, quijotada (Donquichotterie), raña, recesividad, satanismo, secuencia (Filmw), sespiriano, supervalorar, supervivencias culturales, surmenage, suspense, talcualillo, tecnicolor, teratología, triungulino, trivializar, trolero, uperizar, yeti, zoom,* etc., etc.

* * *

Mi gratitud anticipada a todo el que efectúe una crítica objetiva, y especialmente a quien me señale faltas u omisiones en que haya podido incurrir.

Mi gratitud, también a todos los que de un modo u otro han prestado su contribución a este trabajo. Me parece obligado citar nominalmente a los profesores H.-K. Schneider (de Hamburgo) y †C.F.A. van Dam (de Utrecht), que desinteresadamente pusieron a disposición de la Editorial sus extensos ficheros. El señor Rudolf Langhans (de Lambsheim) ha repasado las galeradas. El señor Hans Rau (de Moers am Rhein) leyó todo mi manuscrito y se esforzó en aportar numerosas sugerencias. Habiendo yo enfermado después de la redacción definitiva de mi manuscrito, el Dr. Carlos Illig, autor de la nueva edición del tomo "alemán-español" de la obra, tuvo la amabilidad de encargarse de la lectura de las galeradas del mismo.

A todos ellos, así como a la Editorial, cajistas y tipógrafos, vaya la reiteración de mi sincero agradecimiento por la medida en que hayan contribuido a llevar a término este trabajo.

La colaboración incansable de la señorita Helga Elsebach, docente del Fachbereich Angewandte Sprachwissenschaft de la Universidad de Maguncia, ha resultado inestimable y decisiva. Sin ella, esta obra no se habría podido concluir ni en su forma actual ni en el plazo en que lo ha hecho.

Ojalá tanto esfuerzo sirva ante todo a aquél para el que ha sido destinado: el usuario de este diccionario.

Germersheim, primavera de 1975

José Manuel Banzo y Sáenz de Miera

Vorwort

zur dritten Auflage

Als ich, dem Wunsche des Brandstetter-Verlages entsprechend, mit der Vorbereitung dieser Neuauflage von Band I, Spanisch-Deutsch, des Slabý/Grossmann begann, war ich mir dessen bewußt, daß ich damit eine Aufgabe übernahm, die jedem, der sich nur ein wenig mit den Problemen eines zweisprachigen allgemeinen Wörterbuches beschäftigt hat, umfangreich und schwierig erscheinen muß. Über dreißig Jahre waren seit Erscheinen der ersten Auflage vergangen (die zweite stellte keine Neubearbeitung, sondern nur eine Erweiterung dar) und die Entwicklung in Wissenschaft und Technik war inzwischen mit Riesenschritten vorangegangen. Ein solcher Tatbestand konnte nicht ohne Einfluß auf die Sprache bleiben, genausowenig wie zwei Kriege, der spanische Bürgerkrieg und der Zweite Weltkrieg, ganz zu schweigen von dem Wandel, der sich in politischer und gesellschaftlicher Hinsicht vollzog. Biologie und Medizin machten neben der Technik unaufhaltsame Fortschritte, und Begriffe aus der Ökologie und Ethologie beispielsweise haben, wenn auch nicht immer in korrekter Anwendung, Eingang in die Alltagssprache gefunden.

Waren schon diese Umstände zu berücksichtigen, so sah ich immer deutlicher das, was mir während meiner langjährigen Tätigkeit als Dozent der spanischen Sprache am Fachbereich Angewandte Sprachwissenschaft (früher Auslands- und Dolmetscherinstitut) der Universität Mainz in Germersheim und als Übersetzer und Dolmetscher als Notwendigkeit erschienen war: die Neubearbeitung und vor allem Erweiterung des Wörterbuches hinsichtlich der Alltagssprache und der Gegenwartssprache überhaupt. Wie viele, manchmal sogar anstößige Ausdrücke bekommt ein ausländischer Student zu hören, sei es auf der Straße, sei es von einheimischen Studenten, ja, wieviel derartige Ausdrücke findet ein Leser in einem beachtlichen Teil der modernen Literatur. Dieser Gegebenheit mußte auch in diesem Werk in gewissem Umfang Rechnung getragen werden.

Es mußte auch Veraltetes ausgemerzt werden. Das erforderte sehr viel Fingerspitzengefühl, um nicht dem Irrtum zu verfallen, Nicht-Alltägliches, Literarisches oder sogar Poetisches mit Veraltetem zu verwechseln. Wenn ich es daher einerseits für richtig hielt, umfangreiche Streichungen vorzunehmen, so habe ich mich doch bemüht, des öfteren auch literarische und poetische Wendungen aufzunehmen.

All das machte eine feinere Differenzierung der verschiedenen Sprachgebiete erforderlich, so daß mithin auch das Abkürzungsverzeichnis eine beträchtliche Erweiterung erfuhr. Dabei galt jedoch stets für mich der Grundsatz, in diese Übersicht nur das Allernötigste aufzunehmen, da erfahrungsgemäß eine übermäßige Aufsplitterung keine Hilfe für den Benutzer darstellt und allzuoft nur zu scheinbaren bzw. trügerischen Differenzierungen führt.

In dieser Hinsicht sowie in bezug auf Sprichwörter, Sprüche, Wendungen der Umgangssprache, volkstümliche rhetorische Wendungen usw. hat diese Neuauflage eine beträchtliche Erweiterung erfahren.

Andererseits durfte man sich meiner Überzeugung nach nicht von der leider so häufig anzutreffenden Tendenz verleiten lassen, um jeden Preis Neuerungen einführen und „modernisieren" zu wollen. Weit entfernt von jeder Bilderstürmerei, habe ich nur das Notwendigste aus dem ursprünglichen Werk von Slabý herausgenommen und bin ihm somit mit dem größten Respekt begegnet. Nicht umsonst ist es Slabý seinerzeit zusammen mit dem Verfasser von Band II, Grossmann, gelungen, das Standardwerk der deutsch-spanischen und spanisch-deutschen Lexikographie zu schaffen.

* * *

Unter den vielen, noch erwähnenswerten Punkten seien hier zumindest drei besonders hervorgehoben:
Da ist zunächst die nahezu massenhafte Einführung von Amerikanismen. Die stetig wachsenden Beziehungen zu Iberoamerika auf allen Gebieten und die bemerkenswerte Entwicklung der dortigen Literatur sind Grund genug. Außerdem wurde die Zahl der spanischen Provinzialismen erhöht. Es versteht sich, daß der Rahmen des Werkes diesen Bestrebungen Grenzen setzte.
Zweitens ein Wort zu den Gebieten Zoologie und Botanik. Hier herrscht in den meisten lexikographischen Werken (und nicht nur in zweisprachigen) ein heilloses Durcheinander. Das liegt wohl zum Teil daran, daß zahlreiche Pflanzen und Tiere je nach Region anders benannt werden (man denke beispielsweise nur an Bezeichnungen auf Speisekarten oder in Fischgeschäften) oder daß derselbe Ausdruck für ganz verschiedene Arten gebraucht wird. Das hat mich dazu bewogen, dem jeweiligen Wort den griechischen bzw. lateinischen wissenschaftlichen Namen beizufügen, der auf Grund seiner internationalen Gültigkeit das einzig sichere Kriterium darstellt. Ich habe mich darum bemüht, diesen Vorsatz trotz zuweilen detektivischer Kleinarbeit zu verwirklichen und mich dabei der modernsten wissenschaftlichen Nomenklatur zu bedienen.
Um insbesondere Studenten und anderen Benutzern, die eine der beiden Sprachen noch nicht in ausreichendem Maße beherrschen, eine Hilfestellung zu geben, war ich bestrebt, den jeweils erforderlichen Kasus, die entsprechenden Präpositionen sowie die Modi des Verbs hinzuzufügen.

* * *

Ich bin mir darüber im klaren, daß ich nicht immer die beabsichtigte Ausgewogenheit zwischen derart verschiedenen, ja sogar entgegengesetzten Erfordernissen erzielt haben kann. Ich hoffe aber trotzdem, meine vertraglichen Verpflichtungen gegenüber dem Verlag erfüllt zu haben, denen zufolge ich die volle Verantwortung für die Neubearbeitung des Werkes übernommen habe und glaube damit auch dem Wunsch des Verlages, den ich durchaus teile, entsprochen zu haben, nämlich ein aktuelles allgemeines Wörterbuch auf den Markt zu bringen.
Es sei ferner darauf hingewiesen, daß der Umfang von Band I („Spanisch-Deutsch") gegenüber den beiden ersten Auflagen mehr als verdoppelt wurde.
Nachstehend einige, aus dieser Auflage wahllos herausgegriffene Wörter, die bisher in keinem vergleichbaren Werk erschienen sind oder zumindest nicht in der hier berücksichtigten wichtigen Neubedeutung:
alcionismo, apirético, biso, cortometraje, covada, chaladura, finlandización, irradiar (Nucl), irreparable (Tech), irretroactividad (Jur), kakapo, katiuska, kempis, labilidad, lagarta (zwei Bedeutungen), *lamarckismo, lambel, lapa (pegarse como una), latirismo, lazareto, libertinaje (Pol,* so häufig in Spanien gebraucht*), librería antigua y moderna, ligar, ligón, ligue, luto (llevar uñas de), mantequería (Neol), manto (Zool), mariachi, maternizada (leche), mayéutica, mojadura (de lluvia), otoñada, otoñal, pesticida, plumífero (joc), polemología, politología, prurito, pubescente, quijotada* (Donquichotterie)*, raña, recesividad, satanismo, secuencia (Filmw), sespiriano, supervalorar, supervivencias culturales, surmenage, suspense, talcualillo, tecnicolor, teratología, triungulino, trivializar, trolero, uperizar, yeti, zoom* usw.

* * *

Schon jetzt gilt mein Dank denjenigen, die mit objektiver Kritik, ggf. unter Hinweis auf mögliche Auslassungen oder Fehler, zur weiteren Vervollkommung des Werkes beitragen.
Danken möchte ich auch all denen, die in irgendeiner Weise an der Neugestaltung des Wörterbuches mitgewirkt haben. Namentlich erwähnt seien vor allem Herr Prof. Dr. H.-K. Schneider, Hamburg, und †Herr Prof. Dr. C. F. A. van Dam, die in großzügiger Weise Ihren Zettelkasten zur Verfügung stellten. Herr Rudolf Langhans, Lambsheim, hat die

Korrekturfahnen gelesen. Herr Hans Rau, Moers am Rhein, las das gesamte Manuskript und bemühte sich mit zahlreichen Anregungen um das Werk. Als ich nach der Fertigstellung des Manuskriptes erkrankte, übernahm Herr Dr. Carlos Illig, Autor der neuen Auflage des deutsch-spanischen Teiles des Werkes, freundlicherweise die Durchsicht der Fahnen und Umbruchseiten meines Manuskriptes.

Ihnen allen sowie dem Verlag, den Setzern, Druckern usw. gilt nochmals mein richtiger Dank für die jeweilige Hilfe.

Fräulein Helga Elsebach, Dozentin am Fachbereich Angewandte Sprachwissenschaft der Universität Mainz in Germersheim, hat durch ihre unermüdliche Mitarbeit entscheidend zur Gestaltung des Werkes beigetragen. Ohne sie hätte das Wörterbuch weder in der jetzigen Form noch bis zu diesem Zeitpunkt erscheinen können.

Möge soviel Mühe vor allem demjenigen zugute kommen, für den sie gedacht war: dem Benutzer.

Germersheim, Frühjahr 1975

José Manuel Banzo y Sáenz de Miera

Prólogo de la Editorial

Cerca de cuarenta años ha estado esta editorial unida en amistad con el profesor Grossmann. Es muy de lamentar que motivos de salud no le permitiesen corresponder al deseo de esta editorial y tomar a su cargo la nueva edición tanto tiempo retrasada. Le damos las gracias, sin embargo, por su apoyo y sus consejos en el esfuerzo de encontrar un camino que continuara esta obra y le diera nueva forma.

Recordamos también agradecidos el trabajo del Dr. Rudolf J. Slabý, fallecido el 2 de julio de 1957, quien aportó la edición de la redacción primitiva de este volumen.

Al señor Banzo, gracias y reconocimiento por su extenso y continuo trabajo, que hizo realidad el propósito de esta editorial: aumentar el material ofrecido en el tomo español-alemán de tal modo, que las dos direcciones del idioma en este diccionario se ofrecen ahora al usuario con una extensión igual.

También damos las gracias al Dr. Illig, quien se incorporó eficazmente a este trabajo en su última fase, contribuyendo así al logro de este libro.

Que la nueva edición que presentamos sea también una ayuda fiel y segura para los viejos amigos del "Slabý-Grossmann" y contribuya a ampliar el círculo de quienes utilizan este bien conocido y estimado diccionario.

Wiesbaden, verano de 1975   *La Editorial*

Vorwort

Nahezu vierzig Jahre ist der Verlag freundschaftlich mit Herrn Professor Grossmann verbunden. Es war sehr zu bedauern, daß gesundheitliche Gründe es ihm nicht erlaubten, dem Wunsch des Verlages zu entsprechen und die längst fällige Neubearbeitung zu übernehmen. Wir danken ihm jedoch für seine Unterstützung und Ratschläge bei dem Bemühen, einen Weg zu finden, dieses Werk fortzuführen und neu zu gestalten.

Auch erinnern wir uns dankbar der Arbeit von Herrn Dr. R. J. Slabý († 2. 7. 1957), der die Herausgabe der Urfassung dieses Bandes besorgte.

Herrn Banzo Dank und Anerkennung für die umfangreiche und langjährige Arbeit, die die Absicht des Verlages verwirklichte, den im spanisch-deutschen Band gebotenen Stoff so zu vermehren, daß nun beide Sprachrichtungen dieses Wörterbuchs dem Benutzer mit gleichem Umfang zur Verfügung stehen.

Auch ist Herrn Dr. Illig zu danken, der in der letzten Phase der Arbeit hilfreich einsprang und somit zum Gelingen dieses Buches beitrug.

Möge auch die vorliegende Neuausgabe allen alten Freunden des „Slabý-Grossmann" eine zuverlässige und treue Hilfe sein und dazu beitragen, den Kreis der Benutzer dieses weithin bekannten und geschätzten Wörterbuchs noch zu vergrößern.

Wiesbaden, im Sommer 1975 *Der Verlag*

Instrucciones para el uso – Hinweise zur Benutzung
(Tomo español-alemán) – (Spanisch-deutscher Teil)

I. Caracteres de imprenta empleados – Verwendete Schriftarten

Negrilla para las voces guía (tanto las que encabezan cada bloque cuanto las que aparecen dentro del mismo), para sus flexiones, derivados y compuestos, sinónimos, antónimos y referencias a otras voces guía.
Cursiva para las traducciones al alemán y para el género de la voz guía española.
Romana común para el género de los sustantivos alemanes que traducen la voz guía española, así como para los nombres científicos, las abreviaturas fijas, las indicaciones aclaratorias, las desinencias de declinación de los sustantivos y de las formas de superlativo y comparativo de los adjetivos, los cambios de radical de los verbos irregulares (o fuertes), y finalmente los ejemplos y los giros.

Fette Schrift für die Stichwörter (am Kopf oder innerhalb des Stichwortblocks), ihre Flexionsendungen, ihre Ableitungen und Zusammensetzungen, Synonyme und Antonyme und Verweisungen auf andere Stichwörter.
Kursiv für die deutschen Übersetzungen und die Genusangabe nach dem spanischen Stichwort.
Magere Schrift für die Genusangabe nach der deutschen Übersetzung, die wissenschaftlichen Namen, die feststehenden Abkürzungen, die erläuternden Hilfsangaben, die Deklinationsendungen der Substantive sowie die Komparativ- und Superlativendungen der Adjektive, die Ablautreihen der unregelmäßigen (starken) Verben und die Anwendungsbeispiele und Redensarten.

II. Tipografía – Typographische Zeichen

, separa traducciones relativamente equivalentes.
  baliza *f* Bake, Boje f

, dient zur Auseinanderhaltung von sich mehr oder weniger deckenden Übersetzungen.
  baliza *f* Bake, Boje f

‖ separa traducciones de distinto significado de una misma voz guía.
  ciego adj *blind* ‖ fig *verstopft (Rohr)* ‖ fig *blind, verblendet*

‖ trennt weiter auseinanderliegende Übersetzungen.
  ciego adj *blind* ‖ fig *verstopft (Rohr)* ‖ fig *blind, verblendet*

| a) divide la voz guía en radical y derivados (sin atenerse siempre a las reglas de la separación silábica). Dentro del bloque, el radical se sustituye por –, ⸚, ~ o ⸺ según los casos.
b) se usa para agrupar palabras con una parte de sus componentes común (sin atenerse obligatoriamente a las reglas de la separación silábica, sino buscando más bien ahorrar letras).
  ci|dra *f* Zitronat n … ‖ ~ **cayote** Faser|-kürbis m, -melone f

| a) trennt das Stichwort am Kopf des Stichwortblocks in Stamm und Ableitungen (nicht immer nach den Regeln der Silbentrennung), wobei der Stamm innerhalb des Stichwortblocks durch –, ⸚, ~ oder ~, ⸺ ersetzt wird.
b) für mehrere aufeinanderfolgende Wörter, wenn beide gemeinsame Bestandteile haben (nicht immer nach den Regeln der Silbentrennung, vielmehr nach dem Grundsatz möglichst weitgehender Buchstabenersparnis).
  ci|dra *f* Zitronat n … ‖ ~ **cayote** Faser|-kürbis m, -melone f

– repite la voz guía hasta el signo |
  cicla|mino, –men m, **–ma** f Alpenveilchen n ‖ **–mor** m Sykomore f …

– wiederholt das Stichwort bis zum |
  cicla|mino, –men m, **–ma** f Alpenveilchen n ‖ **–mor** m Sykomore f …

~ a) repite la voz guía de cada bloque, si no aparece separada por |
b) repite dentro del artículo correspondiente (es decir, entre dos voces guía en negrilla) la voz guía precedente en negrilla, aun cuando ésta venga derivada o separada por el signo |
  colum|piar vt … ‖ ~se … ‖ –pio …

~ a) wiederholt das Stichwort am Kopf des Stichwortblocks, wenn es nicht durch | abgetrennt ist.
b) wiederholt innerhalb eines Artikels (d.h. zwischen zwei fett gedruckten Stichwörtern) das ganze vorhergehende fett gedruckte Stichwort, auch wenn dieses durch | abgetrennt bzw. abgeleitet ist.
  colum|piar vt … ‖ ~se … ‖ –pio …

⸺ repite la voz guía inmediatamente precedente (aunque aparezca abreviada), o bien por entero el modismo inmediatamente precedente.
  avión m … ‖ ~ de caza … ‖ ~ nocturno (od nocturna) (= avión de caza nocturno od nocturna)

⸺ wiederholt das unmittelbar vorangehende (oder schon gekürzte) Stichwort (bzw. den unmittelbar vorangehenden Modismus) ganz.
  avión m … ‖ ~ de caza … ‖ ~ nocturno (od nocturna) (= avión de caza nocturno od nocturna)

⸚, ~, ⸺ significan la repetición de la voz guía, mas cambiando su inicial de minúscula a mayús-

⸚, ~, ⸺ bedeutet die Wiederholung des Titelkopfes mit verändertem Anfangsbuchstaben.

	Spanish	German
	cula o viceversa. **Minerva** *f Minerva* f *(Göttin)* ‖ ≃ ⟨Typ⟩ *Tiegeldruckpresse* f	**Minerva** *f Minerva* f *(Göttin)* ‖ ≃ ⟨Typ⟩ *Tiegeldruckpresse* f
→	a) remite a otra u otras voces guía (especialmente sinónimas o antónimas b) tratándose de formas verbales (especialmente pretérito o participio), remite al infinitivo correspondiente.	a) verweist auf andere Stichwörter (besonders Synonyme und Antonyme). b) bei Verbalformen (besonders Präteritum und Partizip) verweist auf den entsprechenden Infinitiv.
( )	a) para explicaciones, aclaraciones o indicaciones (especialmente las de naturaleza sintáctica, sobre todo en preposiciones que rigen varios casos), o para indicar el uso del subjuntivo o indicativo. b) para aquellas palabras, sílabas o letras que se pueden suprimir sin alterar el sentido de la voz o de la frase.	a) für vor- oder nachgestellte erweiternde Zusätze, Erläuterungen oder syntaktische Ergänzungen über Rektion (bes. bei Präpositionen, die mehr als einen Fall regieren) oder für Hinweise zum Gebrauch des Konjunktivs bzw. Indikativs. b) Wörter, Silben oder Buchstaben, die auch bei ihrem Wegfall den Sinn des betreffenden Richtwortes oder Satzes nicht ändern.
[ ]	para datos gramaticales relativos a irregularidades fonéticas u ortográficas (p. ej. **llegar** [g/gu], **llover** [−ue−], **ir** [voy]); asimismo, en ocasiones, para indicar la pronunciación de una palabra española.	für grammatische Angaben der lautlichen oder orthographischen Unregelmäßigkeiten z. B. **llegar** [g/gu], **llover** [−ue−], **ir** [voy]; gelegentlich zur Bezeichnung der Aussprache eines spanischen Wortes.
◊	señala dónde comienzan los modismos verbales, giros, refranes, etc., dentro de cada bloque. **celada** *f* ... ‖ ◊ caer en la ∼ *in die Falle gehen*	leitet (verbale) Modismen, Redewendungen, Sprichwörter usw. innerhalb eines Stichwortblocks ein. **celada** *f* ... ‖ ◊ caer en la ∼ *in die Falle gehen*
⟨ ⟩	para encerrar abreviaturas fijas de disciplinas concretas. **avetorillo** *m* ⟨V⟩ *Zwergrohrdommel* f ...; **cémbalo** *m* ⟨Mus⟩ *Zimbel* f	für feststehende Abkürzungen der Fachgebiete **avetorillo** *m* ⟨V⟩ *Zwergrohrdommel* f ...; **cémbalo** *m* ⟨Mus⟩ *Zimbel* f
+	significa "empleado con". P. ej. (+ inf) = empleado con infinitivo.	bedeutet „verbunden mit", z. B. (+ inf) = verbunden mit Infinitiv.
=	se utiliza para unir formas que sólo difieren por su ortografía, y otras veces (tras abreviaturas) remite al significado de las mismas escrito con todas sus letras.	verweist bei rein orthographischen Abweichungen auf Doppelformen und nach einer Abkürzung als Stichwort auf die Langform des Stichwortes.

III. Pronunciación, acentuación prosódica – Aussprache, Betonung

Como base se toma el sistema de la Association Phonétique Internationale, representando la x española mediante la χ griega, y la ch mediante č. La transcripción fonética de las voces guía españolas se indica sólo en los casos en que se aparte de las normas generales u ofrezca lugar a dudas. Para los vocablos catalanes se atiende, por supuesto, a la pronunciación catalana. Los vocablos extranjeros (**amateur** frz, **team** engl, etc.) aparecen sin transcripción fonética (aunque con indicación del idioma de que proceden), ya que muchas veces la pronunciación española de los mismos oscila desde la correcta extranjera hasta su completa asimilación a la del lenguaje coloquial común. El acento prosódico va señalado en forma de punto colocado inmediatamente detrás de la vocal o del diptongo monosílabo a la que o al que corresponda.
Véase también el cuadro "Signos fonéticos".

Zugrunde gelegt ist das System der Association Phonétique Internationale, wobei fürs Spanische das x durch das griechische χ und das ch durch č ersetzt wird. Die phonetische Umschrift wird bei den spanischen Stichwörtern nur ausnahmsweise dort angegeben, wo die Aussprache von den allgemeinen Regeln abweicht oder Zweifel zuläßt. In katalanischen Wörtern kommt natürlich die katalanische Aussprache in Betracht. Bei Fremdwörtern ist keine Aussprachebezeichnung, sondern nur die betreffende sprachliche Herkunft angegeben (**amateur** frz, **team** engl, usw.), da gerade in diesen Fällen die Aussprache im Spanischen stark schwankt zwischen korrekter Aussprache des Fremdwortes und umgangssprachlicher Assimilation.
Vergleiche auch die Tabelle „Phonetische Umschrift".

IV. Ortografía – Rechtschreibung

1. Por regla general, para las voces españolas se siguen las reglas del Diccionario de la Real

1. Spanische Wörter sind nach den Regeln des Wörterbuches der Kgl. Spanischen Akademie

Academia Española (edición de 1970) y de la Gramática de la Lengua Española de la misma institución.
Otras formas usuales, no admitidas por la Real Academia, se incluyen también, así como acepciones no contenidas en su diccionario. En todos estos casos, se observan las reglas precitadas.
Popularismos y formas dialectales se transcriben fonéticamente. También se tienen en cuenta algunas peculiaridades de autores modernos, en cuyo caso se remite a la forma oficial.

2. La ortografía de las palabras alemanas (o de otra procedencia, pero utilizadas en alemán) se atiene a las normas del Duden. En ocasiones se utilizan también formas regionales, por ejemplo austríacas o alemanas del norte. En tales casos se indica su procedencia con la correspondiente abreviatura.

3. Es importante señalar que por lo común no se hace mención de las modificaciones ortográficas derivadas de la separación silábica o en la formación del plural, en yuxtaposiciones o en casos análogos.
    nación *f* ... en plural **–es** (= **naciones**)
    tablón *m* ... dim: ∼**cillo** (= **tabloncillo**)
    decir vt ... ‖ **–selo** (= **decírselo**)

(Auflage 1970) und nach deren Grammatik der spanischen Sprache wiedergegeben.
Weitere, von der Kgl. Spanischen Akademie noch nicht angenommene Wörter bzw. Bedeutungen des allgemeinen Sprachgebrauchs wurden ebenfalls berücksichtigt. Dabei wurden die obenerwähnten Regeln beachtet.
Mundarten und volkstümliche Redewendungen werden phonetisch wiedergegeben. Orthographische Besonderheiten bei einigen moderneren spanischen Autoren werden unter Verweis auf die richtige Schriftform berücksichtigt.

2. Die Rechtschreibung deutscher (oder andersstämmiger, jedoch im Deutschen benutzter) Wörter folgt im allgemeinen der des Duden (Mannheim 1973). Gelegentlich werden auch regionale Formen (z. B. aus dem österreichischen bzw. norddeutschen Sprachraum) angegeben, wobei ihre Herkunft aus der entsprechenden Abkürzung zu ersehen ist.

3. Es sei hier besonders darauf hingewiesen, daß in der Regel orthographische Veränderungen, die durch Silbentrennung, Pluralbildung, Worterweiterung und ähnliches entstehen, nicht angegeben werden.
    nación *f* ... im Plural **–es** (= **naciones**)
    tablón *m* ... dim: ∼**cillo** (= **tabloncillo**)
    decir vt ... ‖ **–selo** (= **decírselo**)

V. Orden de los vocablos – Einordnung

1. Los vocablos están ordenados según las reglas del alfabeto español. Por tanto la **ch** aparece detrás de **cz**, la **ll** detrás de **lz**, **–ñir** trás **nz**.

2. Los nombres propios (patronímicos, toponímicos, de ciudades, etc.), las abreviaturas, las formas irregulares de flexión, así como los sustantivos monosílabos con plural de grafía modificada (**vez**, plural **veces**) y también las expresiones latinas se colocan alfabéticamente como si constituyeran palabras compuestas.

3. Aquellas voces, que aun ofreciendo idéntica grafía, tienen diferente origen, distinto género o diverso significado, aparecen por separado y precedidas de números volados.
    ¹**barba** *f*, ²**barba** *m*, ³**Barba** Azul; ¹**cara** *f*, ²**cara** *f*; ¹**carraca** *f*, ²**carraca** *f*, ³**carraca** *f*.

4. El orden dentro de cada artículo (s, adj) es, a grandes rasgos, el siguiente:
    a) Voz guía (con mención de género y por lo común clase, flexión o régimen, y en su caso también pronunciación) con su traducción. Si aquélla no es de uso común, se la sitúa en su campo lingüístico por medio de las abreviaturas fijas correspondientes, como fam, ⟨Lit⟩, joc, pop, vulg, sehr vulg, △, etc. Las abreviaturas fijas de las disciplinas especiales aparecen entre ⟨ ⟩ (p. ej. ⟨Agr⟩, ⟨Entom⟩, ⟨Mus⟩, ⟨Nucl⟩). La localización geográfica se expresa mediante las abreviaturas correspondientes (p. ej. prov. Am, Arg, Ant, Sant).
    b) Voz guía unida a s, adj, etc., advirtiendo que en general las prep no se tienen aquí en cuenta por lo que hace al orden alfabético.
        agua *f* ... ‖ ∼ **acídula** ‖ ∼ **boricada** ‖ ∼ **de cerrajas**
        letra *f* ... ‖ ∼ **a corto plazo** ‖ ∼ **por cuenta**

1. Die Einordnung der Stichwörter ist alphabetisch (nach dem spanischen Alphabet!). Daher **ch** hinter **cz**, **ll** hinter **lz**, **–ñir** hinter **nz**.

2. Eigennamen (Tauf-, Länder-, Städtenamen usw.), Abkürzungen, unregelmäßige Flexionsformen sowie einsilbige Hauptwörter mit orthographischer Veränderung im Plural (**vez**, *pl* **veces**) und lateinische Wendungen bzw. lateinische Sprüche werden immer als einheitliche Wortkomplexe betrachtet und erscheinen demnach an der entsprechenden alphabetischen Stelle laufend im Text eingereiht.

3. Stichwörter gleicher Schreibung, aber verschiedener Abstammung, verschiedenen Geschlechtes oder verschiedener Bedeutung werden durch vorgesetzte hochstehende Zahlen gekennzeichnet und getrennt angeführt.
    ¹**barba** *f*, ²**barba** *m*, ³**Barba** Azul; ¹**cara** *f*, ²**cara** *f*; ¹**carraca** *f*, ²**carraca** *f*, ³**carraca** *f*.

4. Die Reihenfolge innerhalb des Artikels (s, adj) ist in den Hauptzügen folgende:
    a) Stichwort (mit Genus- und im allgemeinen Wortart-, Flexions- oder Rektions- und gegebenenfalls auch Ausspracheangabe) nebst Übersetzungen. Gehört das Stichwort nicht der normalsprachlichen Ebene an, so wird es durch die entsprechenden feststehenden Abkürzungen wie fam, ⟨Lit⟩, joc, pop, vulg, sehr vulg, △ usw. stilistisch gekennzeichnet. Die abgekürzten Fachgebietszuordnungen stehen in ⟨ ⟩ (z. B. ⟨Agr⟩, ⟨Entom⟩, ⟨Mus⟩, ⟨Nucl⟩). Die räumliche Zuordnung wird durch die entsprechenden Abkürzungen gekennzeichnet (z. B. prov, Am, Arg, Ant, Sant).
    b) Stichwort verbunden mit s, adj usw., wobei prep in der alphabetischen Einreihung der Beispiele nicht berücksichtigt werden.
        agua *f* ... ‖ ∼ **acídula** ‖ ∼ **boricada** ‖ ∼ **de cerrajas**

c) Voz guía precedida de adj, prep, adv etc.
claro como ∼; transporte por ∼
d) Giros verbales tras el verbo correspondiente. Asimismo modismos, refranes, etc.
e) Giros o modismos en forma interrogativa o exclamativa.
f) Plurales, según el mismo principio.

De todas estas reglas se han apartado, en casos concretos y por diversas razones de conveniencia, algunas excepciones.

letra *f* ... ‖ ∼ a corto plazo ‖ ∼ por cuenta de tercero
c) Stichwort mit vorangehendem adj, prep, adv usw.
d) Nach den betreffenden Verben geordnete Redensarten, gegebenenfalls auch Modismen, Sprichwörter usw.
e) Redensarten und Modismen in Frage- bzw. Rufform.
f) Mehrzahl nach demselben Prinzip.

In einigen Fällen erschien es jedoch angebracht, von diesen Regeln abzuweichen.

VI. Partes de la oración, género, flexión, irregularidades, nombres científicos, etc.
Wortart, Geschlecht, Flexion, Unregelmäßigkeiten, wissenschaftliche Namen usw.

1. Género.
   a) Aparece siempre tras la voz guía española y su correspondiente traducción alemana. Si hay una serie de sustantivos del mismo género, sólo tras el último.
   capacidad *f* *körperlicher Inhalt*, *Umfang* m, *Weite* f
   En los ejemplos, expresiones coloquiales, etc., se omite sin embargo
   letra *f* *Buchstabe* m ... ‖ ∼ gótica *gotische Schrift* f,
   aunque la traducción sea de distinto género. Se exceptúan los casos en que el género alemán sea fácilmente deducible del artículo precedente o del adjetivo que acompañe a la traducción.
   b) En sustantivos femeninos españoles que comienzan con **a** o **ha** tónica, en que por razón de eufonía se les antepone el artículo masculino **el** o **un**, éste se indica.
   agua *f* [el]; **águila** *f* [el]
   c) En aquellos nombres propios geográficos, que por lo común se usan precedidos de artículo, éste aparece.
   Ebro: el ∼ ...; **Perú**: (el) ∼

1. Genusbezeichnung.
   a) Das Geschlecht erscheint bei jedem spanischen Leitwort und seinen deutschen Übersetzungen; bei einer Serie gleichgeschlechtiger Entsprechungen nur beim letzten Wort.
   capacidad *f* *körperlicher Inhalt*, *Umfang* m, *Weite* f
   In den spanischen Beispielen, umgangssprachlichen Wendungen usw. wird das Geschlecht jedoch weggelassen.
   letra *f* *Buchstabe* m ... ‖ ∼ gótica *gotische Schrift* f,
   auch wenn die Übersetzung abweichendes Genus hat. Eine Ausnahme bilden solche Fälle, in denen das Geschlecht der Verdeutschung aus dem vorangehenden Artikel oder dem begleitenden Eigenschaftswort leicht ersichtlich ist.
   b) Bei weiblichen spanischen Substantiven, die mit betonten **a** bzw. **ha** beginnen und die aus Gründen des Wohlklangs den männlichen Artikel **el** bzw. **un** erhalten, wird dieser angegeben.
   agua *f* [el]; **águila** *f* [el]
   c) Bei geographischen Eigennamen, die gewohnheitsmäßig mit dem Artikel gebraucht werden, steht der ausgeschriebene Artikel.
   Ebro: el ∼ ...; **Perú**: (el) ∼

2. Irregularidades, flexión, palabras derivadas, etc.
   a) En los adjetivos terminados en **–o** u **–or**, aparece por lo común sólo la forma masculina.
   bueno, seductor
   Las formas femeninas en **–triz** aparecen casi siempre como voces guía independientes.
   actriz
   b) En sustantivos o adjetivos con plural irregular o de grafía divergente, éste viene señalado.
   bajá [*pl* –aes], **cebú** [*pl* –úes], **rondó** [*pl* –oes]
   feliz, felices; voz, voces; carácter, caracteres; régimen, regímenes; virgen, vírgenes
   (Cfr. IV. Ortografía, 3)
   c) La forma femenina de los adjetivos se indica si sufre modificación de la vocal terminal o pierde el acento.
   grandote, ∼a; francés, esa
   También se señalan los comparativos irregulares.
   malo adj, comp & peor
   d) En los verbos, aparecen las irregularidades importantes (mediante z/c, c/qu etc.) y asimismo las formas irregulares (→ **ir**, **haber**, **ser**). Si son compuestos, se remite a la forma simple.
   componer [irr → **poner**]
   e) Las formas irregulares de flexión pueden aparecer también como voces guía independientes.

2. Unregelmäßigkeiten, Flexionsangaben, Ableitungen usw.
   a) Bei Adjektiven auf **–o** oder **–or** wird nur die männliche Form angegeben.
   bueno, seductor
   Feminina auf **–triz** werden meistens als besondere Stichwörter angegeben.
   actriz
   b) Bei Substantiven und Adjektiven steht die unregelmäßige oder orthographisch abweichende Pluralbildung.
   bajá [*pl* –aes], **cebú** [*pl* –úes], **rondó** [*pl* –oes]
   feliz, felices; voz, voces; carácter, caracteres; régimen, regímenes; virgen, vírgenes
   (Cfr. IV. Orthographie, 3)
   c) Bei Adjektiven steht die weibliche Form, falls dieselbe den Endvokal ändert oder den Akzent verliert.
   grandote, ∼a; francés, esa
   Ebenfalls angegeben werden unregelmäßige Steigerungsformen.
   malo adj, comp & peor
   d) Bei Verben steht jede bedeutende Unregelmäßigkeit (durch Zeichen z/c, c/qu usw.) oder Aufzählung der unregelmäßigen Formen (→ **ir**, **haber**, **ser**). Bei Zusammensetzungen wird auf einfache Formen verwiesen.
   componer [irr → **poner**]
   e) Unregelmäßige Flexionsformen erscheinen auch als selbständige Stichwörter.

dientes.
voy → ir; cupo → caber; ²cuezo → cocer
veces → vez

f) Por lo que hace al empleo del subjuntivo y al régimen de las preposiciones, consúltese el prólogo de esta edición.

g) Los adverbios terminados en **–mente** o **–amente** (**grandemente**, Abk **–mente**; **claramente**, Abk **–amente**) aparecen en calidad de voz guía independiente (y por consiguiente, traducidos) sólo cuando su equivalencia alemana difiere notablemente de la voz que encabeza.

3. Los aumentativos y despectivos (**–azo**, **–ote**, **–ón**, etc.) y los diminutivos (**–ito**, **–illo**, Ar **–ico**, Gal **–iño**, Extr Ast **–ino**, Sant **–uco**) constituyen un capítulo especialmente instructivo y difícil de los sustantivos españoles (**Carlos**, dim **Carlitos**; **Mercedes**, dim **Merceditas**), de los adjetivos (**quietecito, ordinariote**), de los adverbios (**poco**, dim **poquito; lejos** dim **lejito[s], lejísimo[s]**) y aun de los gerundios (**callandito**). Se han tenido en cuenta, aunque muchas veces se señalen simplemente con su desinencia después de la voz guía.

dim: ~**ezuelo**, ~**ecito** ‖ desp o augm: ~**azo**

4. Nombres científicos. Los animales y plantas vienen en general con el nombre completo, es decir género y especie.
  cárabo *m* ⟨V⟩ *Waldkauz m* (Strix aluco)
Si se trata de un nombre genérico que abarca varias especies (y siempre que éstas no vengan citadas), sólo con mención del género y la abreviatura latina spp (= species, especies). Si no ha sido posible determinar la especie concreta, con la abreviatura latina sp (= species, especie)
  cárabo *m* ⟨Entom⟩ *Laufkäfer m* (Carabus spp)
Las familias, órdenes, etc., aparecen también en latín entre paréntesis.
  carábidos *mpl* ⟨Entom⟩ *Laufkäfer mpl* (Caraboidea)
  caprifoliáceas *fpl* ⟨Bot⟩ *Geißblattgewächse npl* (Caprifoliaceae)

voy → ir; cupo → caber; ²cuezo → cocer
veces → vez

f) Zur Anwendung des Konjunktivs und zur Kasusangabe bei Präpositionen vergleiche das Vorwort dieser Auflage.

g) Die Adverbien auf **–mente** oder **–amente** (**grandemente**, Abk **–mente**; **claramente**, Abk **–amente**) werden nur dann als besonderes Stichwort angeführt und übersetzt, wenn deren Verdeutschung von der des Leitworts erheblich abweicht.

3. Augmentativa und Despektiva (**–azo**, **–ote**, **–ón** usw.) und Diminutiva (**–ito**, **–illo**, Ar **–ico**, Gal **–iño**, Extr Ast **–ino**, Sant **–uco**) werden als besonders schwieriges und lehrreiches Kapitel bei den spanischen Substantiven (**Carlos**, dim **Carlitos**; **Mercedes, Merceditas**), Adjektiven (**quietecito, ordinariote**), Adverbien (**poco**, dim **poquito**; **lejos**, dim **lejito[s], lejísimo[s]**) und sogar Gerundien (**callandito**) weitgehend berücksichtigt, wobei vielfach lediglich die betreffende Endung als Anhang an das betreffende Leitwort hinzugefügt wird.

dim: ~**ezuelo**, ~**ecito** ‖ desp bzw augm: ~**azo**

4. Wissenschaftliche Namen. Bei Tieren und Pflanzen steht normalerweise der vollständige wissenschaftliche Name, d. h. mit Bezeichnung der Gattung und Art.
  cárabo *m* ⟨V⟩ *Waldkauz m* (Strix aluco)
Handelt es sich um eine mehreren Arten gemeinsame Gattungsbezeichnung, so steht lediglich die Gattungsbezeichnung vor der lateinischen Abkürzung spp (= species, Arten), falls diese Arten nicht einzeln angegeben werden. War eine Art nicht zu bestimmen, so erscheint die Gattungsbezeichnung vor der lateinischen Abkürzung sp (= species, Art)
  cárabo *m* ⟨Entom⟩ *Laufkäfer m* (Carabus spp)
Die Tier- und Pflanzenfamilien, -ordnungen usw. sind in Klammern mit der entsprechenden lateinischen Bezeichnung versehen.
  carábidos *mpl* ⟨Entom⟩ *Laufkäfer* mpl (Caraboidea)
  caprifoliáceas *fpl* ⟨Bot⟩ *Geißblattgewächse* npl (Caprifoliaceae)

VII. Pronunciación española – Aussprache im Spanischen
(rein kastilische Aussprache, bes. als Bühnen- und Rednersprache, unter Anführung der wichtigsten mundartlichen Eigentümlichkeiten Spaniens und Südamerikas)

a) Vocales – Vokale
1. Vocales independientes – Einzelne Vokale

Phonetische Darstellung	Schreibart im Spanischen	Lautwert	Deutsche Beispiele	Spanische Beispiele
Representación fonética	Grafía española	Valor fonético	Ejemplos en alemán	Ejemplos en español
a	a	reines offenes a abierta	kurz: Fall, Barre, lassen lang: rasen, Bahre, fahl	kurz: parte, caldo mittellang: padre, paso lang: delgado, pasada
e	e	mittleres, halboffenes e semiabierta	Fell, erhellen fehlen, hehlen	vendo, petate; salcedo, alameda *Cast pop* cenemos steht für cenamos (1 pl perf); *Córd* sais für seis. Vgl. auch norabuena für enhorabuena.

Phonetische Darstellung	Schreibart im Spanischen	Lautwert	Deutsche Beispiele	Spanische Beispiele
Representación fonética	Grafía española	Valor fonético	Ejemplos en alemán	Ejemplos en español
ε	e	offenes e e abierta	Mähre, gebären	perla, reina, perro
i	i	reines i i pura	Tier, dir	vida, tila; irá, sentirás *Cast pop* muchismo, santismo, *Gran* albarecoque steht für muchisimo, santísimo, albaricoque
ı	i	halb- geschlos- senes i i semicerrada	bin, mit, Mitte	virgen, virtud, hablilla *Cast Ar Am pop* hört man Formen wie prencipal, melitar, mesmo, escrebir für principal, militar, mismo, escribir
ɔ	o	offen abierta	Sonne, Sorte	polvo, torre, modo *Ar Vizc* verwandeln unbetontes o in u: lu mesmo = lo mismo
o	o	halboffen semiabierta	Tor, Chor, vor	bota, todo In *And* und *Am* erhält das o in der Endung -ón od. -ión oft eine stark nasale Färbung. In *Vizc, Ar* und *Gal* wird es in unbetonter Stellung zu u (mudau = muda[d]o, lu buenu = lo bueno). Durch Epenthese: *corónica = crónica (→a *Ingalaterra = Inglaterra). Durch Apokope: algún für alguno; primer für primero
u	u	geschlossen cerrada	Kur, Uhu	puro, seguro, vergüenza
–	u	nur orthographisch in que, gue, gui sólo ortográfico en que, gue, gui		
y	y	(alleinstehend) (independiente)	= i	nur als Bindewort y = und
			Semivocales – Halbvokale	
i̯	i *bzw* y	in: ai (ay), ei (ey), oi (oy), uy	(i in) Mai	baile, doy, muy
u̯	u	in: au, eu, ou	(u in) Haus	causa, feudo, bou

2. Combinaciones vocálicas – Vokalverbindungen

1. Zweisilbig sind
a) alle Verbindungen von tonstarken Vokalen a, e, o untereinander: **trae, Danae; Bilbao, bacalao, ahora** (stummes h); **ralea, Eneas; ateneo, creo; boa, canoa, Guipúzcoa; héroe, corroe**. *Pop* (bes. *Am*) kommt auch **pior, piazo** (für **peor, pedazo**), **t'abrazo** (= **te abrazo**) usw. vor.
b) Verbindungen von **a, e, o** mit betontem **í, ú**: **caí, creí; aún, saúco; transeúnte, reúno; coúnese; púa**.
2. Einsilbig sind:
a) die Vokalverbindungen von **a, e, o** (bzw. betontem **í, ú**) mit tonschwachem **i, u** (fallende Diphthonge **ai = ai̯, au = au̯, ei = εi̯, eu = εu̯; oi = ɔi̯; ou = ɔu̯; ui, uy = ui̯**), wobei der starke Vokal die Betonung trägt und der tonschwache ganz kurz gesprochen wird; **aire, caimán, hay, fray; causa, Cáucaso; Pereira; carey, ley, leyereis, trataseis; neumático; seudo, feudo; boina, coima; voy, doy; couque, Port Bou; muy, ruido, Luis**.
Pop: **pleitiar, sestiar, custión, casolidad** = **pleitear, sestear, cuestión, casualidad**.
b) Verbindungen von **i (y), u** miteinander oder mit **a, e, o** (steigende Diphthonge): **piano, hiato, patria; pie, hiena; Dios** (betont in **adiós**), **Barrios; usual, guante, cual; cuenta, cuestión, luego, huelga, pues** (*And Ar pop* = **pos**); **cuota, cruor; cuyo, yuyo; ciudad, viudez.**
ie wird zweisilbig gesprochen, wenn **i** der Stammvokal des Verbums ist: **ri-eron, desli-ese, fri-ese**; zweisilbig ist auch die Gruppe **ia** in **guiar** (*pres* **guío**), **fiar, criar, liar** usw. (dagegen einsilbig in **espaciar, apreciar** usw.); **io** in **brioso** (**ie** in **naviero** ist jedoch einsilbig).

3. **Triphthonge.** a) echte Triphthonge (Verbindungen von drei Vokalen) tragen meistens die Betonung auf dem mittleren Vokal: **buey, Paraguay** (mit betontem **e, a**); b) unechte oder zweisilbige Triphthonge: **amortiguáis, despreciéis, comíais; Calatayud** (mit betontem **u**).

4. **Gleichartige Vokale** verschmelzen bei rascher und familiärer Aussprache zu einem einzigen, der dann etwas gedehnter ausgesprochen wird: **leer, creer** (spr. lɛr, crɛr); aber korrekter zweisilbig wie in: **voy a leer un libro, no se puede creer), verse en** (spr. bɛ'rsen); **zoología, velo oscuro, cuatro ojos; portaaviones; azahar, Saavedra;** hierher gehören auch Verbindungen wie **la alfombra, la aldea** (spr. lalfə'mbra, lalde'a); **alcohol** (spr. alkɔ'l od. korrekter alkɔɔ'l).

Etwas getrennt artikuliert werden Verbindungen mit eingeschaltetem **h: ataharre, matahambre.** Ganz getrennt gesprochen werden: **creencia, mohoso, loor; pasée** (3 sg pret). *Pop* erscheinen diese Lauterscheinungen auch schriftlich mit einfachem **e** wiedergegeben (z. B. im südam. Gauchoepos Martín Fierro: **crer = creer**).

b) Konsonanten und Halbkonsonanten – Consonantes y semiconsonantes

b, v bezeichnet im Spanischen denselben Laut, der zwei verschiedene Klangfarben annimmt:

1. = deutsch **b** in Biene (bilabialer, stimmhafter Verschlußlaut):

a) im absoluten Anlaut (Anfang eines Satzes oder nach jeder Pause im Sprechen sowie in alleinstehenden Wörtern), bes. in Interjektionen, (wobei die Stärke des Verschlusses je nach der Gemütsstimmung des Sprechenden, dem Sinne oder der Tonstärke des betreffenden Wortes stark schwankt): **¿Vendrás? ¡Bueno! ‖ ¡basta! ¡vaya!** (in despektierlichem Sinne ist der Verschluß am stärksten!).

b) nach **m** und **n**: **también, tan bien** (dieselbe Aussprache); **un buen día** (spr. umbwɛndi'a); **tranvía, cambia; San Benito, sambenito; varón, barón; convienes, con bienes; embotar, en votar; embestir, en vestir; embista, en vista; combino, con vino, convino** (3 sg pret), **con binóculo; invisible, sin bisar; anverso, Amberes.**

Pop wird das **b** in Verbindungen wie **sambenito** stark assimiliert (lokale Aussprache fast wie **sam-menito**). In Verbindungen **-bm-** wird ein ganz kurzes implosives **b** gesprochen (**submarino**) oder dem nachfolgenden **m** gänzlich (bes. *pop*) assimiliert. Vor **t, s** klingt **b** wie **p: obtener** (spr. ɔptenɛ'r), **subteniente, ábside;** *pop* wird es oft unhörbar. In **obviar, subvención** usw. klingen beide Laute gleich (spr. ɔbbia'r). *Pop* wird in diesen Gruppen nur ein **b** gesprochen.

2. als bilabialer stimmhafter Reibelaut (ƀ) (neutraler Färbung zwischen **b** und **v** (mit unvollkommenem Verschluß zwischen Ober- und Unterlippe) in sonstigen Fällen, besonders zwischen Vokalen: **cabaña, Habana, pavana; hube, tuve; rebelar, revelar** (dieselbe Aussprache!); **caver, caber; a bienes, avienes; pobre, cubrir; doble, hablar; broma, blusa; las bocas; por bruto; abdicar; Job, Jacob.** Vgl. süddeutsches b in **aber, lieber** usw.

Pop (bes. *Ar* und *Am*) wird das anlautende **b** vor **ue** durch **g** ersetzt (**güey = buey, güeno = bueno**). Besonders typische Beispiele sind im Wörterbuch als selbständige Stichwörter angeführt. *Pop And* od. Δ hört man **orsequio** für **obsequio, tamién** für **también.** Stumm bleibt das **b** (oft auch orthographisch) in **obscuro, subscribir, substancia** usw.

c stellt zwei verschiedene Lautwerte dar:

a) vor **a, o, u** vor Konsonant und im Auslaut klingt es wie das nicht aspirierte deutsche k-Laut: **caro, cosa, Cuba, cocuyo; crecer, clase, conectar, acceder, lección** (spr. lɛkθjo'n); **frac, arac, coñac** (*pop* schwindet es gänzlich).

Pop wird **-ct-** wie **t** gesprochen: **dotor** (für **doctor**), mundartlich (bes. *vulg Madr*) auch wie θ: **aztor** (spr. aθtə'r = **actor**). In der Gruppe **-cc-** wird **k**θ (*vulg* auch nur θ) gesprochen: **acción, diccionario.** *Pop* hört man auch z. B. **arcidente** für **accidente.**

b) ähnlich wie *engl* **th** in thing, thunder, jedoch offener artikuliert (Anlehnung der Zungenspitze an den unteren Rand der oberen Schneidezähne mit starkem Hauch, wobei die Zungenspitze des Sprechenden bei richtiger Aussprache sichtbar werden muß): **Cecilia, Cervantes; cercar, crecer, cecear.**

And Extr und *Am* wird dieses **c** wie **s** gesprochen. *And pop* wird dagegen jedes **s** wie dieses θ ausgesprochen und in der phonetischen Schrift auch so wiedergegeben (z. B. bei Quintero: **ci, ceñó** statt **sí, señor**).

ch einheitlicher Laut (stimmlose palatale Affrikata), der annähernd dem deutschen **tsch** und genau dem ital. **c** in **cia, cio** oder dem slawischen **č** (tschechisch **čočka** Linse, polnisch **czarny** schwarz, russisch ЧАС Stunde) entspricht: **muchacho, machucho, Chile, Sancho, checo.** Oft neigt die Aussprache der des polnischen **c** in **ciebie** hin. In Ausdrücken, die auf französischen oder englischen Ursprung zurückzuführen sind, ersetzt es das französische **ch** oder das englische **sh: chofer** (*frz* **chauffeur**), **chic, chutar** (*engl* **shoot**).

d hat dreifachen Lautwert:

1. = deutsch **d** (stimmhafter dentaler Verschlußlaut) im absoluten Anlaut und nach **n, l: domingo; ¡dímelo!; endivia, un día** (gleich ausgesprochen wie **hundía), falda, caldo.**

2. = Reibelaut đ, in allen sonstigen Fällen, klingt fast wie das stimmhafte englische **th** in that, those (unvollkommener Verschluß zwischen Zungenspitze und Oberzähnen, Aussprache mit halboffenem Munde): **ha dado, cordal, cerdo.**

And pop **naide = nadie.**

3. Im Wortauslaut wird dieses **d** fast oder gänzlich unhörbar (bes. in der Umgangssprache und in Madrid): **verdad, Madrid** (spr. mađri'đ oder mađri'). In einigen Provinzen (*Vall, Sal* und auch *pop Madr*) wird dieses **d** (bes. auch z. B. in **adquirir, adjetivo** usw.) fast so hörbar wie **c** vor **e, i.**

Es verstummt gänzlich in der populären (bes. auch städtischen) Aussprache der Endung oder Verbindung **-ado,** *vulg* auch in **-ido, -edo, -udo, -odo** usw. (in phonetischer Wiedergabe z. B. bei Dicenta, Muñoz Seca): **colorao, dejao, dejaa (dejá), nacío** für **colorado, dejado, dejada, nacido; cá, tó** (= **cada, todo**).

Prov pop erscheint dieser d-Schwund sogar auch im Anlaut (bes. **ejo = dejo, icirlo =**

decirlo).
Umgekehrt hört man *Ar Ast* **desamen** (für **examen**).
Verbindungen wie **adscribir** werden ohne d gesprochen und oft auch geschrieben.

f wie im Deutschen. *Pop*, bes. in Nordostspanien ersetzt es das gelispelte spanische c oder z.

g stellt wie c zwei verschiedene Lautwerte dar:
1. deutsches g in **gar** (mit vollkommenem Verschluß) im absoluten Satzanlaut, vor Konsonanten oder nach **n**: **gracias, gráfico, deglutir, diafragma; tango, fandango, charanga**.
Pop Cast (& *Am*) hört man **aujero, inorante** für **agujero, ignorante**.
2. norddeutsches g in „**zutage**" (mit unvollkommenem Verschluß zwischen Hinterzunge und Gaumen, als leichter Reibelaut) vor **a, o, u**: **daga, lago, (no) gustar**.
In den Gruppen **gua, guo** usw. (auch **hua, huo, cua, cuo**) wird das **u** nie als reiner Vokal, sondern als konsonantisches u (ähnlich *engl* w in water) gesprochen (z. B. Can **guagua** *f Stadtomnibus* m, **guano, vergüenza, atestiguo, argüir**).
3. = deutsch ch in **Bach** vor e, i (Aussprache des spanischen j): **geografía, gitano, jorge.** Vgl. auch **j**.
Pop steht es für **b** oder **h** in: **güeno, güerta, Güelva, agüela** (= **bueno, huerta, Huelva, abuela**); auch umgekehrt: *And Ar pop* **(a)bujero** = **agujero**.
Orthographisches: a) Soll spanisches **g** vor **e, i** wie deutsches g ausgesprochen werden, so wird ein stummes **u** eingeschoben: **guerra, dengue, guinda**.
b) Soll dieses **u** gesprochen werden, so wird ein Trema daraufgesetzt: **vergüenza, desagüe, argüir** (aber **arguyo**). In der Poesie können auch Wörter wie **suave, recua** zur Bezeichnung der Zweisilbigkeit der Gruppe **ua** mit einem Trema (**süave, recüa**) versehen werden.

h bleibt stets stumm: **haber, bah, ahora, huerta, hueco, alcohol** (spr. alkɔ'l od. korrekter alkɔɔ'l).
In einigen seltenen Fällen (z. B. in **hopo**), die im Wörterbuch angegeben sind, behält es doch seine frühere gehauchte Aussprache. Mundartlich (bes. *And, Extr, Am*) klingt es gehaucht, besonders vor anlautendem **ue** (**huelo**) oder überhaupt in jedem Falle, manchmal sogar wie **j**: **jocico** *And pop* = **hocico**.

j in jeder Stellung = deutsches ch in **Bach** (ganz hinten artikuliert!): **Juan, Quijote, mujer, ajo, jarabe**. Vor **e, i** wird es oft (bes. *Am*) etwas weiter vorn artikuliert (jedoch nie wie deutsches **ch** in **ich**!): **crujir, jijona, Jibraltar** (od. **Gibraltar**). Mundartlich, bes. *And*, ersetzt es oft (auch in der schriftlichen Wiedergabe, z. B. bei Quintero) das **h**: **jondo** = **hondo**. Vgl. auch **h**.

k = deutsch k (ohne nachgesetzten Hauch!) kommt lediglich in einigen Fremdwörtern vor, die teilweise auch die Schreibweise mit **qu** zulassen: **kilo** = **quilo, kilómetro, kéfir, kaiser**.

l wie deutsches **l**. *Pop* hört man **sirbar, carcular, farso, der cielo, qué tar** für **silbar, calcular, falso, del cielo, qué tal; dejalde** für **dejadle; cantinela** für **cantilena; só** für **sol, é** für **él; aluego** für **luego**.

ll = einheitlicher Laut, Verschmelzung von l+j (nicht wie in „Bataillon", sondern wie ital. **paglia, migliore**, *port.* **olho, batalha**, *russisch* лялка). Bei der Aussprache wird der Zungenrücken in seiner ganzen Breite an den Vordergaumen gelehnt, wobei die Luft an beiden Seiten (oder auch nur an einer Seite) der Zunge an den Mundwinkeln entströmt und die Stimmbänder ins Schwingen gebracht werden: **hallar, escollo** (zu unterscheiden von **aliar, escolio**!).
Mundartlich, bes. *And* und *Am* (auch *vulg Madr*) und bei nachlässiger Aussprache klingt dieser Laut wie deutsches **j** und wird auch phonetisch so wiedergegeben (z. B. bei Quintero): **chiquiyo, yaman** für **chiquillo, llaman**).
Am klingt es in der *arg* Umgangssprache fast wie *frz* j in **Jean: callar, calle** (spr. kaʒa'r, ka'ʒe). *And* (und stellenweise auch *Am*) klingt es fast wie **d** in *frz* **Dieu**, oder wie das tschechische d' in „**dítě, d'as**".

m wie deutsches **m**. Auslautendes **m** klingt immer (auch vor nachfolgendem Vokalanlaut!) wie **n**: **álbum** (...un), **memorándum**. → a **n**. **Abraham** wird oft auch **Abrahán** geschrieben.
Pop verstummt es in der Gruppe -**nm**-: **imenso** für **inmenso**.

n klingt wie
1. deutsches **n**: **nada, canana**.
2. wie deutsches **ng** in **Ungarn** vor c (k), qu, g, j (nasaliert): **cinco, manque, tanque; ponga, esponja** (*prov* auch in **un huerto, sin hueso**).
Vor **b, v, p** wird es wie bilabiales **m** gesprochen: **tranvía, duunviro; tan poco, tampoco** (in der Aussprache gleichwertig; **San Vito** (spr. sambi'to), **San Benito, sambenito; en pie, sin par, un buen baile**.
Vor palatalen Konsonanten klingt es fast wie **ñ**: **ancho** (spr. a'ñčo), **concha**.
In Verb. wie **innato** wird **n** meistens getrennt artikuliert.
Die Vorsilbe **trans**- wird gewöhnlich **tras** gesprochen und oft auch geschrieben.
Vor f klingt das **n** wie labiodentales **m**: **enfermo, confuso**. Wörter wie **construcción, instrucción** werden *pop* ohne **n** gesprochen. *Prov* (bes. *Am*) bekommt das **n** in der Endung –(i)**ón, -ín** usw. stark velare (nasale) Färbung. → a **s**.

ñ einheitlicher Laut: wie *it* **gn** in **Bologna**, *frz* **gn** in **Champagne**. Dieser Laut wird hervorgebracht durch Anlehnung der Zungenspitze an die unteren Schneidezähne, wobei die Luft bei verschlossenen Alveolen durch die Nase entströmt: **señor, ñoñez, niña, ñandú; morriña** (–**iña** ist eine für Galicien typische Diminutivendung).

p wie im Deutschen, jedoch ohne jegliche Aspiration. **Seudo–** usw. wird sogar ohne **p** geschrieben. *Pop* in Nordspanien steht **p** für **f**: **pantasma** (= **fantasma**).

qu = deutsches **k** (ohne nachfolgenden Hauch) und steht nur vor **e** oder **i** (→ die Entsprechung **c** vor **a, o, u**): **queja; quiosco, quilo** (auch **kilo, kiosco** geschrieben). →a **k**.

r = 1. süddeutsches oder österreichisches (slawisches) **r** (alveolarer einfacher Zitterlaut); gesprochen durch kurzen Schlag der Zungenspitze an die oberen Schneidezähne, wenn es zwischen Vokalen im Silben- oder Wortauslaut steht (gleichwertig mit dem *it* oder *port* **r**: *it* **Roma**, *port* **Porto**).
2. Im Wort- oder Silbenanlaut nach **n, l, s** wird es durch mehrmaliges Rollen der Zungenspitze hervorgebracht, wie der mit **rr** geschriebene spanische Laut: **rosa, honra, alrededor**.
Pop klingt die Imperativendung *2 pl* wie **r**: **tomar** (für **tomad**), **iros** (für **idos**).
Pop verschwindet **r** zwischen Vokalen: **palgato** (= **para el gato**); **quiés** (= **quieres**), **mía** (= **mira**) und auch im Auslaut: **amó** (= **amor**), **señó** (= **señor**), **comé** (= **comer**), **comélo** (= **comerlo**), **meneallo** (= **menearlo**), **tenella** (= **tenerla**).
Pop prov finden wir auch Umstellungen wie **trempano** (= **temprano**), **presona** (= **persona**), **drento** (= **dentro**). Vgl. auch **enirma** *pop* = **enigma**.

rr Zungenspitzen-r mit mehrmaligem Zungenschlag (mehrmaligem Rollen der Zungenspitze): **carro, forro, Carrara**. (Streng zu scheiden: **pero** v. **perro, coro** v. **corro, caro** v. **carro, cero** v. **cerro, torero** v. **torrero**!).
Im Wortinneren wird in zusammengesetzten Wörtern, deren zweiter Bestandteil einen **r**-Anlaut hat, **rr** geschrieben (**greco + romano = grecorromano, Puerto Rico,** adj **portorriqueño**). →a **r**.

s klingt ähnlich wie deutsches stimmloses **s** in **Roß, messen**, jedoch ohne Vorstrecken der Zungenspitze und ohne Lippenspannung, etwa wie das polnische **s** in **sie, Anusie**. Dieser Laut, den viele Spanier fast wie deutsches **sch** sprechen, klingt nur in *Am* (und *prov And*) dem mitteleuropäischen Zischlaut **s** fast identisch.
Vor **b, d, l, m, n, r, v** wird das spanische **s** leicht stimmhaft: **las botas, desde, eslavo, mismo, mesnada, Israel, desviar**. Oft nimmt es in dieser Stellung eine leicht gutturale Färbung an.
Im Wortauslaut muß dieses **s** kurz und schwach artikuliert werden.
Vor **r, d** wird das **s** (bes. *pop*) fast unhörbar oder es klingt oft ähnlich wie **r** oder **j** (uvular oder guttural) durch Assimilation: **los ricos, dos reales** (*pop* = **lorricos, dorreales**), **las dos** (*pop* klingt es wie **lar dos** od. **las do**, auch **laj do**, Jaén: **las doj**). *And* verschwindet es im Auslaut oft gänzlich (phonetisch: **dó chico má = dos chicos más**).
Vor **c** wird *pop* oft dass stark oder gänzlich assimiliert: **ascender** (spr. asθɛndɛ'r od. *pop* aθɛndɛ'r).
Madr und *Am pop* hört man **vinistes** (*2. pret* statt **viniste**), **ves** (*2. imper* statt **vé**) usw. *Pop* steht auch **dende** für **desde**. →a **b**.

t = deutsches **t**, jedoch ohne den norddeutschen Nachklang eines **h**: **tío, tatuaje**. Es darf nie mouilliert ausgesprochen werden, wie etwa in *frz* **tiens, Dieu**, was besonders für die slawischen Benutzer des Wörterbuches von Wichtigkeit ist.

u (ü) konsonantischer Laut (Halbkonsonant), der vor Vokalen annähernd dem deutschen **u** in **Qual** und genau dem engl. **w** in **water** entspricht (phon. Bezeichnung w): **guardia, hueco, vergüenza, lingüístico, contiguo, guagua**.

v = spanisches **b** (→d). *Pop* hört man **amos** für **vamos**.

w kommt nur in Fremdwörtern vor und klingt wie deutsches **w** oder konsonantisches **u** (oft ähnlich wie in *engl* **water**): **Wifredo, water-polo, Westfalia**. Ab und zu sind Formen mit **w** oder **v** nebeneinander in Gebrauch: **Wenceslao** neben **Venceslao**.

x klingt 1. annähernd wie deutsches **x**, mit starker Assimilation des **k**, so daß es von den Spaniern ab und zu fast wie (stimmloses) **s** ausgesprochen wird: **examen, anexo, máximo**. *Pop* hat es immer den Lautwert des **s** (in korrekter Sprache nur bei **exacto, auxilio, auxiliar** zulässig).
In **México** (*am* Schreibart für *span* **Méjico**), klingt es meistens (bes. in *Am*) wie span. **j**.
2. wie deutsches stimmloses **s** vor Konsonanten: **extranjero, exponer, mixto, texto**.
In *Cat, Gal* (portugiesische Aussprache) klingt es wie deutsch **sch** (Yxart, Teixeira), was auch von einigen Fremdwörtern orientalischen Ursprungs gilt (z. B. **haxix**, spr. aʃi'ʃ).

y (i) konsonantischer Laut (Halbkonsonant), der vor Vokalen dem deutschen **j** entspricht: **yacer, yugo, yeso, yegua** (ye gespr. wie in **hierba**); **diez y ocho = dieciocho** (spr. djeθjo'čo). *Pop* klingt es auch wie **ai**: **raina, vainte** (für **reina, veinte**).
And vertritt es in phonetisch wiedergegebenen Texten (Quintero usw.) lautlich das **ll** (→d).
And (und *Am*) klingt es mundartlich auch fast wie *frz* **d** in *frz* **Dieu, tiens, g** in ungarisch **nagy** od. ital. **gente**: **yo, yema**. *Pop And* hört man auch **sor** für **soy**.

z steht vor **a, o, u** und ist in der Aussprache identisch mit der des span. **c** vor **i**: **Zaragoza, macizo, cizaña, sazonar, azuzar**. Nur selten steht es in Wörtern nichtspanischen Ursprungs auch vor **e** oder **i**: **zinc** (auch **cinc** geschrieben, *pl* **zines** bzw. **cines**), **zeda** oder **zeta** (Name des span. Lautes **z**).
Vor stimmhaften Konsonanten wird es weicher (fast wie das **s** in deutsch **Rose**), oft mit

gewisser Hinneigung zu guttural-nasaler Aussprache: **juzgado, Luzmela, diezmo, luz dorada**.
Pop And hört man auch z. B. **narí, Cádi** für **nariz, Cádiz**.
And, Extr, Am klingt es wie **s**.

VIII. Signos fonéticos – Phonetische Umschrift
1. Vokale – Vocales

Phonetische Darstellung / Representación fonética	Deutsche Beispiele / Ejemplos en alemán	Spanische Beispiele / Ejemplos en español
a	baden, Kabine; Fall	paño; bajo, malva; pecadora
ɛ	Bär, Polonaise; fest	perro; teja; ser, papel
e	fehlen, theologisch	queso, temor; húmedo
ə	Gebot, Mitte; Mittel, Vater	—
i	wie, Minute; mit	vida; silba; avisar
o	Rose, Komet	moda, posada; queso
ɔ	Sonne	gorra; flor; dogma; quesos
ǿ	schön, Zölibat; Chauffeur	—
œ	wölben	—
u	Ruder, Sudeten, Mutter	cura, cuñado; turco, punto; capítulo
y	kühn, Lyrik, dynamisch; Sünde, Rhythmus	—

Rein nasalierte Vokale erscheinen weder im Deutschen noch im Spanischen (→ jedoch **n**!)
Las vocales nasalizadas no aparecen ni en alemán ni en español (sin embargo → **n**)

2. Diphthonge – Diptongos („fallende" Diphthonge)

Phonetische Darstellung / Representación fonética	Deutsche Beispiele / Ejemplos en alemán	Spanische Beispiele / Ejemplos en español	Phonetische Darstellung / Representación fonética	Deutsche Beispiele / Ejemplos en alemán	Spanische Beispiele / Ejemplos en español
ai̯	Mai, Feier	baile, fray	ɔi̯	—	soy, boina
au̯	Bauer	causa	ɔy	Freude, läuten	—
ɛi̯	—	reina, rey	ɔu̯	—	Port Bou
ɛu̯	—	feudo	ui̯	pfui	muy, ruido

3. Halbkonsonanten – Semiconsonantes (in „steigenden" Diphthongen)

Phonetische Darstellung / Representación fonética	Deutsche Beispiele / Ejemplos en alemán	Spanische Beispiele / Ejemplos en español	Phonetische Darstellung / Representación fonética	Deutsche Beispiele / Ejemplos en alemán	Spanische Beispiele / Ejemplos en español
					aproximadamente como:
ja	Plagiat	rabia; (yacer)	wa	etwa: Qual	guardia, agua
jɛ	Patient	tierno; (yerno)	wɛ	etwa: Quelle	hueco, puerta
jɔ	Radio	edificio; (Nueva York)	wi	etwa: Quirl	lingüístico
ju	Radius	ciudad; (yugo)	wɔ	etwa: Quote	antiguo

4. Konsonanten – Consonantes

Phonetische Darstellung / Representación fonética	Deutsche Beispiele / Ejemplos en alemán	Spanische Beispiele / Ejemplos en español
h (Kehlkopfverschluß)	haben	hopo (→ im Wb.!)
b	Boot; Garbe; Ebbe	¡basta! hombre
ƀ	—	lobo; abrigo, árbol; abnegado; Job, viento, obvio
ç	ich	chico, muchacho
č	Peitsche; Chile	¡dámelo! prenda, falda
d	du; Troddel	lado; madre, orden, admirable; libertad
đ	—	fácil, huérfano
f	Faden; viel; schaffen; Philosoph, Sappho; Kiew	

Phonetische Darstellung / Representación fonética	Deutsche Beispiele / Ejemplos en alemán	Spanische Beispiele / Ejemplos en español
g	gehen, Ginster, Klage, Egge	guerra, rango
ǥ	—	seguir, cargo; Magdalena; instrucción
gs	—	examen
χ	ach	rojo, regio, erraj
j	jeder; Lilie; Yacht	hierba, yerba (in *Am* übliche Schreibart); mayo [→ a Halbkonsonant j]
k	Kampf, Kind, Chor; Tag; Jagd	casa, querer, kilo, frac
ks	Examen	*Am* México
l	los, Kalk, fallen	lado, alba, azul
ʎ	[dtsch. Emaille = lj!]	llave (kastil. Ausspr.)
m	Mühe, Schmerz	madre; en pie; [auslautend. m = n: álbum (a'lβun)]
n	nehmen; konnte	noche, cantar
ŋ	singen, Ungarn, denken	cinco, sangre, fingir
ɲ	[dtsch. Kampagne = nj!]	caña; ñandú; champaña
p	Polen; schlapp; ob; Abt, ebbt	padre, culpa; obtener; [ps- wird zu (s): psicología (sikɔlɔχi'a)]
r	Rose, Frieden; knurren	caro, huerta, dar
r̄	—	rubio; carro; honrado
s	müssen, Fuß; Swinemünde; Chance	sello, obispo, pasto
ʃ	schön; Stein; Scheck, Schick	chic
t	Ton, Thron; Rad	tarde; atlas; atmósfera
ts	Ziehen; Satz; Station; Intermezzo	—
v	Warze; Klavier	—
z	sehen, reisen, Linse	isla, rasgo, desde
ʒ	Journal	— (*Am prov* callar)
θ	—	razón, bizco, cruz ⎫ (In *SAm* = [s]
ð	—	juzgar, diezmo, Luzmela⎭ gesprochen)

IX. Reglas de acentuación del español – Grundregeln der spanischen Betonung

1. Jedes auf einen Vokal (oder einsilbigen Diphtong, d. h. Verbindung von i, u mit e, a, o), auf n (Endung der 3. *plur* aller Zeitwörter in allen Zeiten) oder s (Pluralendung!) endigende Wort hat den natürlichen Ton (ohne Bezeichnung) auf der vorletzten Silbe: **raro, carroza; patria, arduo, mutuo, atestiguo; serie, especie, tenue; hablan, comen, imagen, Carmen; Cervantes, Dolores, Burgos, cuadernos, libras, comprendes, hablasteis.**
   Bei zweisilbigen Enddiphtongen (Verbindungen von a, e, o) ist demnach der vorletzte betont: **trae, cae; ea, ralea; boa, Bilbao, bacalao; creo, corroe.**

2. Jedes auf einen Konsonanten (außer n, s) oder halbvokalisches y (ay, ey, oy, uy) endigende Wort ist auf der letzten Silbe betont: **amor, añil, merced, amoraduj, reloj, Garay, carey, bocoy, Ardanuy.**

3. Jede Abweichung von den obigen Regeln muß mit dem Akzent (Akut) auf der zu betonenden Silbe bezeichnet werden: **bajá** (aber *pl* **bajaes**), **rondó** (aber **rondoes**), **biricú** (*pl* **biricúes**), **imágenes** (aber *sg* **imagen**), **dominé** (*1. sg pret,* zu unterscheiden von *1. pres subj* **domine** und vom Hauptwort **dómine** *m*!); **Cádiz, lápiz; fácil** (dieselbe Betonung und Akzentbezeichnung bleibt auch bei adverbiellen Ableitungen: **fácilmente, difícilmente,** die dann mit doppelter Betonung gesprochen werden; vgl. auch **decimoséptimo**); **país, raíz; espíritu; pésimo, acróstico, geografía** (aber **academia, electrotecnia**), **veintiún** (aber **veintiuno**), **ningún** (aber **ninguno**), **depón** (aber **pon**), **detén** (aber **ten**), **adiós** (aber **a Dios**), **jóvenes** (aber **joven**), **decírselo, díjomelo, reprochándoselo.** Vgl. jedoch **escribióle** (aus **escribió** + **le**, Beibehaltung der ursprünglichen Betonung). Weitere Beispiele: **pidióme, conmovíla, conquistólo, veráse** usw.
   Die tonschwachen Vokale müssen in diesem Fall mit Akzent versehen werden: **varía, María, mío, ganzúa, grúa, baúl, transeúnte.**
   Die Scheidung äußerlich gleichlautender Wörter durch den Akzent ist im Wörterbuch bei den betreffenden Stichwort strengstens durchgeführt (**mi: mí; tu: tú; el: él; si: sí; se: sé; de: dé; como: cómo; mas: más; solo: sólo; cual: cuál; este: éste; aun: aún** usw.).
   Nach der Stellung der betonten Silbe werden im Spanischen vier Wortklassen unterschieden:
   1. Oxytona (agudas): **razón, perdiz, salir.**
   2. Paroxytona (llanas, graves): **hermano, americano.**
   3. Proparoxytona (esdrújulas): **máquina, rápido.** Die offiziell als Paroxytona geschriebenen Wörter wie **pentagrama, miligramo, centilitro** usw. werden gelegentlich als Proparoxytona gesprochen (und manchmal als solche mit Akzent versehen).
   4. Auf vierter oder fünfter Silbe betont (sobresdrújulas): **decíamelo, comiéndosemelo, acercándoseme, castíguesemelo.**
   Die Tonschwankungen sind bei den betreffenden Stichwörtern im Wörterbuch genau angegeben.

X. División silábica – Silbentrennung
(en cuanto diverge de la alemana – sofern sie von der deutschen abweicht)

1. Die lautlich einheitlichen Konsonanten **ch, ll, rr** dürfen unter keinen Umständen getrennt werden: **mu-cha-cho, ca-lle, deta-llar; ca-rro, co-rrien-do, pe-rro, hie-rro, co-rroer, greco-rromano, polaco-rruso.**

2. Die Lautgruppen Konsonant + l und Konsonant + r bleiben immer beisammen: **ha-blar, acla-ra, a-trás, ma-gra, con-tra.**

3. Einsilbige Diphthonge und Vokalverbindungen sind gleichfalls untrennbar: **mue-ve, cue-lo, huer-to, mu-tuo, na-ción, se-rie, hu-ye, cons-tru-yo.**

4. Verbindungen **s** + Konsonant werden immer auseinandergehalten: **Es-pa-ña, Es-par-ta, es-pí-ri-tu, es-ti-lo, as-pec-to, res-pe-to, his-pa-no, cons-ti-tu-ción, cons-truc-ción, cons-tar.**

5. Getrennt werden auch zweisilbige Vokalverbindungen: **Ma-rí-a, dí-a, rí-e, con-ti-núo** (aber **conti-nuó** *3. sg pret*, **conti-nuo** *adj*). In der Praxis wird es vermieden, einen einzigen abgetrennten Vokal am Zeilenende oder am Anfang der nächsten Zeile stehen zu lassen (also nicht **bacala-o**, sondern **baca-lao**, nicht **A-malia**, sondern **Ama-lia**; so auch **tenía-mos**).

6. Zusammengesetzte Wörter, die noch als solche empfunden werden, zerfallen bei der Trennung in ihre Bestandteile: **nos-otros, vos-otros, re-unido, in-útil, in-novar, con-memorar** (jedoch **cons-pirar, trán-sito** usw.), **des-enterrar, des-interés, des-amor.**

Liste der Abkürzungen
Abreviaturas empleadas en este diccionario

a.	algo.
a/c	alguna cosa.
alg.	alguno.
algn	alguien.
u/c	una cosa.
V.	usted.
Vs.	ustedes.

A

ä	ähnliches (análogo, parecido)
AAm	Anglo-Amerika (Angloamérica, América de habla inglesa)
Abk	Abkürzung (abreviatura).
acc	Akkusativ (acusativo).
act	Aktiv (activo).
adj	Adjektiv, Eigenschaftswort (adjetivo) ‖ adjektivisch gebr. (Partizip) (adjetival).
adj/s	Adjektiv oder Substantiv (adjetivo o sustantivo).
adv	1. Adverb, Umstandswort (adverbio); 2. adverbielle Bestimmung (complemento adverbial).
afr	afrikanisch (africano).
⟨Agr⟩	Agrikultur, Landwirtschaft (agricultura).
⟨Ak⟩	Akustik (acústica).
Al	Alava.
Alb	Albacete.
Ali	Alicante.
allg	allgemein (generalmente, en general).
Alm	Almería.
altsp	altspanisch (español antiguo).
Am ‖ am	Amerika: Iberoamerika, Lateinamerika ‖ Amerikanismus (América: Iberoamérica, Latinoamérica ‖ Americanismo) ‖ amerikanisch: iberoamerikanisch, lateinamerikanisch (americano: iberoamericano, latinoamericano).
⟨An⟩	Anatomie (anatomía).
And	Andalusien (Andalucía) ‖ andalusisch (andaluz).
Ant	Antillen (Antillas) ‖ antillisch (antillano).
Ar	Aragonien (Aragón) ‖ aragonesisch (aragonés).
arab	arabisch (árabe).
⟨Arch⟩	Architektur, Baukunst (arquitectura).
Arg	Argentinien (Argentina) ‖ argentinisch (argentino).
art	Artikel (artículo).
Ast	Asturien (Asturias).
⟨Astr⟩	Astronomie (astronomía).
⟨Astrol⟩	Astrologie (astrología).
augm	Augmentativum, Vergrößerungsform (aumentativo).
⟨Aut⟩	Kraftfahrwesen (automovilismo).
Av	Avila.

B

Bad	Badajoz.
Bal	Balearische Inseln (Baleares).
barb	Barbarismus (barbarismo).
Barc	Barcelona.
bask	baskisch (vasco, vascuence).
bes	besonders (especialmente).
⟨Bgb⟩	Bergbau (minería).
⟨Biol⟩	Biologie (biología).
⟨BK⟩	Bodenkunde (edafología).
Bol	Bolivien (Bolivia).
⟨Bot⟩	Botanik, Pflanzenkunde, Pflanzenname (botánica, nombre botánico).
Bras	Brasilien (Brasil) ‖ brasilianisch (brasileño).
⟨Buchb⟩	Buchbinderei (encuadernación).
Burg	Burgos.
bzw	beziehungsweise (o sea).

C

Các	Cáceres.
Cád	Cadiz (Cádiz).
Can	Kanarische Inseln (Islas Canarias).
Cant	Kantabrien (Cantabria).
Cast	Kastilien (Castilla).
Cat	Katalonien (Cataluña) ‖ katalanisch (catalán).
⟨Chem⟩	Chemie (química).
Chi	Chile.
⟨Chir⟩	Chirurgie (cirugía).
Col	Kolumbien (Colombia).
⟨Com⟩	Handel (comercio) ‖ Buchführung (teneduría de libros, contabilidad).
comp	Komparativ (comparativo).
conj	Konjunktion, Bindewort (conjunción).
Cor	La Coruña.
Córd	Córdoba (span. Provinz) (Córdoba de España).
CR	Costa Rica.
CReal	Ciudad Real.
Cu	Kuba (Cuba).
Cue	Cuenca.

D

d	dort (allí).
dat	Dativ (dativo).
def	Verbum defektivum, unvollständiges Zeitwort (verbo defectivo).
desp	verächtlich (despectivo, despectivamente).
Deut ‖ deut	Deutschland (Alemania) ‖ deutsch (alemán).
dim	Diminutivum, Verkleinerungsform (diminutivo).
Dom	Dominikanische Republik (República Dominicana).

E

e–e	eine (una)
e–r	einer (de una; a una)
e–s	eines (de una)
e–m	einem (a uno [dat])
e–n	einen ([a] uno [acc]).
⟨EB⟩	Eisenbahnwesen (ferrocarril[es]).
Ec	Ekuador (Ecuador).
⟨El⟩	Elektrotechnik (electrotecnia).
⟨Elc⟩	Elektronik (electrónica).
Engl‖engl	England (Inglaterra) ‖ englisch od. Anglizismus (inglés o anglicismo).
⟨Entom⟩	Entomologie, Insektenkunde (entomología).
et	etwas (algo).
⟨Ethol⟩	Ethologie, Verhaltensforschung (etología).

euph	euphemistisch (eufemismo).
Extr	Estremadura (Extremadura).

F

f‖f/adj	Femininum, weiblich (femenino) ‖ Femininum od. Adjektiv (femenino o adjetivo).
f(el)	Femininum, jedoch mit Artikel el (femenino con el artículo el).
fam	familiär, vertraulich (familiar).
⟨Fecht⟩	Fechtkunst (esgrima).
⟨Fi⟩	Fischerei, Fisch (ictiología, pesca).
fig	figürlich (sentido figurado).
figf	figürlich und familiär (figurado y familiar).
Fil	Philippinen (Filipinas).
⟨Filmw⟩	Filmwesen (cinematografía, cinematográfico).
⟨Flugw⟩	Flugwesen (aviación).
⟨Fort⟩	Befestigungswesen (fortificación).
Frz‖frz	Frankreich (Francia) ‖ französisch (francés).
fut	Futur, Zukunft (futuro).

G

Gal	Galicien (span. Provinz) (Galicia).
gall	Gallizismus, dem Französischen nachgebildete (unspan., aber allg. gebräuchliche) Form (galicismo).
⟨Gen⟩	Genetik (genética).
gen	Genitiv (genitivo).
⟨Geogr⟩	Geographie, Erdkunde (geografía).
⟨Geol⟩	Geologie (geología).
ger	Gerundium (gerundio).
Ger	Gerona.
gew	gewöhnlich (generalmente, comúnmente).
⟨Gr⟩	Grammatik (gramática).
Gran	Granada.
griech	griechisch (griego).
Guad	Guadalajara (span. Provinz).
Guat	Guatemala
Guip	Guipúzcoa.

H

⟨Her⟩	Heraldik, Wappenkunde (blasón, heráldica).
⟨Hist⟩	Geschichte ‖ Geschichtsschreiber ‖ historisch (historia, historiografía ‖ historiógrafo ‖ histórico).
Hond	Honduras.
Huel	Huelva.
Hues	Huesca.
⟨Hydr⟩	Hydraulik ‖ Wasserbau (hidráulica).

I

imp	Imperativ, Befehlsform (imperativo).
imperf	Imperfekt, erste Vergangenheit (imperfecto).
impers	unpersönlich (Zeitwort) (impersonal [verbo]).
inc	inkorrekt (incorrectamente, incorrecto).
ind	Indikativ, Wirklichkeitsform (indicativo).
indef	Indefinitpronomen, unbestimmtes Fürwort (pronombre indeterminado)
inf	Infinitiv, Nennform (infinitivo).
⟨Ing⟩	Ingenieurwesen (ingeniería).
insbes	insbesondere (especialmente).
⟨Instr⟩	Instrument (instrumento).
int	Interjektion, Ausruf (interjección).
inv	unveränderlich (invariable).
iron	ironisch (irónicamente, expresión irónica).
irr	unregelmäßig (irregular).
it	italienisch (italiano).

J

Jaén	Jaén.
jd, jdm, jdn, jds	jemand (alguien, alguno), –em (a alguien [dat]), –en ([a] alguien [acc]), –es (de alguien).
⟨Jgd⟩	Jagd (caza) ‖ Falkenjagd (cetrería).
Jh	Jahrhundert (siglo).
joc	scherzhaft (jocoso, festivo).
⟨Jur⟩	Recht(swesen) (derecho, ciencia jurídica).

K

k–e, k–r, k–s, k–m, k–n	keine (ninguna), keiner (de ninguno; a ninguna), keines (ninguno), keinem (a ninguno [dat]), keinen ([a] ninguno [acc]).
⟨Kart⟩	Kartenspiel (naipes).
⟨Kath‖ kath⟩	Katholizismus ‖ katholisch, in der katholischen Kirche (religión católica ‖ católico, en la Iglesia católica).
⟨Kinds⟩	Kindersprache, Kinderwort (lenguaje o expresión infantil).
⟨Kochk⟩	Kochkunst (arte culinario).

L

lat	lateinisch (latín).
León	León.
Lér	Lérida.
⟨Li⟩	Linguistik (lingüística).
⟨Lit⟩	Literatur, Ausdruck der Schriftsprache (literatura, expresión literaria o libresca).
⟨Log⟩	Logik (lógica).
Logr	Logroño.

M

m	Maskulinum, männlich (masculino).
m/adj	Maskulinum (männliches Hauptwort) oder Adjektiv (substantivo masculino o adjetivo).
m/f	Maskulinum und (oder) Femininum (masculino y [o] femenino).
m/n	Maskulinum und (oder) Neutrum (masculino y [o] neutro).
Má	Malaga (Málaga).
Madr	Madrid.
⟨Mal⟩	Malerei (pintura).
Mall	Mallorca
MAm	Mittelamerika (Centroamérica).
Mancha	Mancha (span. Landschaft).
⟨Mar⟩	Marine, Seewesen (marina).
Marr	Marokko (Marruecos).
⟨Math⟩	Mathematik (matemáticas).
⟨Maur⟩	Maurerei (albañilería).
⟨Med⟩	Medizin (medicina).
⟨Metal⟩	Hüttenwesen, Gießerei (metalurgia, fundición).
⟨Meteor⟩	Meteorologie (meteorología).
Mex	Mexiko ‖ mexikanisch (Méjico [Span], México [Am]) ‖ mejicano (mexicano).
⟨Mil⟩	Heerwesen, Militär (arte bélica, fuerzas armadas).
⟨Min⟩	Mineralogie, Gesteinskunde (mineralogía).
⟨MK⟩	Meereskunde (oceanografía).
MSAm	Mittel- und Südamerika (Centro y Sudamérica).
Murc	Murcia.

⟨Mus⟩	Musik(instrument) ([instrumento de] música).
⟨Myst⟩	Mystik (mística).
⟨Myth⟩	Mythologie (mitología).

N

n	Neutrum, sächlich (neutro).
NAm	Nordamerika (Norteamérica).
Nav	Navarra.
⟨neg⟩	Negation, Verneinung (negación).
Neol	Neologismus, Neubildung (neologismo).
Nic	Nikaragua (Nicaragua).
nom	Nominativ (nominativo).
nordam	nordamerikanisch (norteamericano).
nordd	norddeutsch (del norte de Alemania).
np	Eigenname (nombre propio).
⟨NS⟩	aus der nationalsozialistischen Zeit (de la era nacionalsocialista).
⟨Nucl⟩	Nukleonik (nucleónica).
num	Zahlwort (numeral).

O

⟨Ökol⟩	Ökologie (ecología).
onom	Onomatopoetikon, Klangwort (voz onomatopéyico).
⟨Opt⟩	Optik (óptica).
Or	Orense.
Öst‖öst	Österreich (Austria) ‖ österreichisch (austríaco).

P

P	Provinz (Provincia) (z. B. PAli = Provinz Alicante).
Pal	Palencia.
⟨Paläont⟩	Paläontologie (paleontología).
Pan	Panama (Panamá).
⟨Pap⟩	Papierindustrie (industria papelera).
Par	Paraguay.
part	Partizip (participio).
pass	Passiv (pasivo).
Pe	Peru (Perú).
pej	pejorativ (peyorativo).
perf	Perfekt, zweite Vergangenheit (perfecto).
pers	Person (persona).
p.ex	im weiteren Sinne (en sentido lato, por extensión).
⟨Pharm⟩	Pharmazeutik, Arzneikunde (farmacia).
⟨Philol⟩	Philologie (filología).
⟨Philos⟩	Philosophie (filosofía).
⟨Phon⟩	Phonetik, Phonologie (fonética, fonología).
⟨Phot⟩	Fotografie (fotografía).
⟨Phys⟩	Physik (física).
⟨Physiol⟩	Physiologie (fisiología).
pl	Plural, Mehrzahl (plural).
⟨Poet ‖ poet⟩	Poetik (poética) ‖ poetisch, dichterisch (poético).
⟨Pol⟩	Politik (política) ‖ parlamentarischer Ausdruck (expresión parlamentaria).
Pont	Pontevedra.
pop	populär, volkstümlich (popular).
Port‖port	Portugal ‖ portugiesisch (portugués).
poss	possessiv, besitzanzeigend (posesivo).
⟨Postw⟩	Postwesen (correos, postal).
pp	Partizipium passivi (participio pasivo).
pp/irr	unregelm. Partizipium passivi (participio pasivo irregular).
ppr/a	Partizipium Präsentis activi (participio presente activo).
PR	Portoriko (Puerto Rico).
präf	Präfix (prefijo).
prep	Präposition (preposición).
pres	Präsens, Gegenwart (presente).
pret	Präteritum, Vergangenheit (pretérito [perfecto]).
pron	Pronomen, Fürwort (pronombre).
pron.dem	Demonstrativum, hinweisendes Fürwort (pronombre demostrativo).
pron. indef	Indefinitpronomen, unbestimmtes Fürwort (pronombre indeterminado)
pron. pers	Personalpronomen, persönliches Fürwort (pronombre personal).
pron. poss	Possessivpronomen, besitzanzeigendes Fürwort (pronombre posesivo).
pron.rel	Relativpronomen, bezügliches Fürwort (pronombre relativo).
prov	Provinzialismus oder vereinzelt vorkommende dialektische Form (provincialismo, regionalismo).
⟨Psychol⟩	Psychologie (psicología).

R

⟨Radio⟩	Radiowesen, Rundfunk (radiotelefonía, radiodifusión).
Red	Redensart (locución).
⟨Rel⟩	Religion (religión).
Rep	Republik (República).
⟨Rhet⟩	Rhetorik, Redekunst (retórica).
Rioja	Rioja.
RPl	La-Plata-Gebiet (Río de la Plata).

S

s–e, s–m, s–n, s–r, s–s	seine (su, sus), seinem (a su [dat]), seinen ([a] su [acc]), seiner (de su, de sus), seines (de su).
s	Substantiv, Hauptwort (substantivo).
s/adj	Substantiv oder Adjektiv (substantivo adjetivo).
→, → a, → d	siehe, siehe auch, siehe dort (véase, v. también, v. allí).
Sal	Salamanca.
Salv	El Salvador.
SAm	Südamerika (Sudamérica).
Sant	Santander.
⟨Sch⟩	Schule, Schulsprache, Schul- (escuela, [lenguaje] escolar o estudiantil).
⟨Schuhm⟩	Schuhmacherei (zapatería).
⟨Scul⟩	Skulptur, bildende Kunst (escultura, artes plásticas).
Seg	Segovia.
Sev	Sevilla.
sg	Singular, Einzahl (singular).
Sor	Soria.
⟨Soz⟩	Soziologie (sociología).
⟨Sp⟩	Sport (deportes, término deportivo).
sp (p)	Art(en) (especie[s]).
Span ‖ span	Spanien (España) ‖ spanisch (español).
Spr ‖ sprichw ‖	Sprichwort (proverbio, adagio, refrán) ‖ sprichwörtlich (proverbial).
StD	Santo Domingo.
⟨StV⟩	Straßenverkehrsordnung (Código de la circulación).
subj	Konjunktiv, Möglichkeitsform (subjuntivo).
südam	südamerikanisch (sudamericano).
südd	süddeutsch (del sur de Alemania).
suf	Suffix (sufijo).
sup	Superlativ (superlativo).

T

Tarr	Tarragona.
⟨Taur⟩	Stiergefecht (tauromaquia).
⟨Tech⟩	Technik, Technologie (técnica, tecnología).
⟨Tel⟩	Telegraphie, Fernsprechwesen (telegrafía, telefonía).

Ter	Teruel.	vt	transitives, zielendes Zeitwort (verbo transitivo).
Tfn	Taufname (nombre de pila).		
⟨Th⟩	Theater, Bühnenwesen (teatro, arte escénica).	vt/i	transitives oder intransitives Zeitwort (verbo transitivo o intransitivo).
⟨Theol⟩	Theologie, Religionswissenschaft (teología).	vt/r	transitives Zeitwort, auch reflexiv gebraucht (verbo transitivo, usado también como reflexivo).
Tol	Toledo.		
⟨Top⟩	Topographie (topografía).	vulg	vulgär, derb, gemein (vulgar, soez).
⟨TV⟩	Fernsehen (televisión).		
⟨Typ⟩	Typographie, Buchdruckerei (tipografía).		

W

⟨Waff⟩	Waffenkunde (armería).
⟨Web⟩	Weberei (tejidos, industria textil).
⟨Wir⟩	Wirtschaft (economía).
⟨Wiss⟩	Wissenschaft (ciencias) ‖ wissenschaftliche Bezeichnung (término científico).

U

⟨Uhrm⟩	Uhrmacherei (relojería).
unr	→inc
Ur	Uruguay.
urspr	ursprünglich (en su acepción [o forma] original).
usw	und so weiter (etcétera).

Z

Zam	Zamora.
Zar	Saragossa (Zaragoza).
⟨Zim⟩	Zimmermannshandwerk, Schreinerei, Tischlerei (carpintería, ebanistería).
⟨Zool⟩	Zoologie, Tierkunde (zoología).
Zssg(n)	Zusammensetzung(en) (palabra[s] compuesta[s]).
⟨Ztg⟩	Zeitung, -swesen (periodismo, prensa).
zw	zwischen (entre).

V

v.	von (de).
v.	Zeitwort (verbo).
⟨V⟩	Vogel, Vogelkunde, Ornithologie (ave, ornitología).
Val	Valencia.
Vall	Valladolid.
v. aux	Hilfszeitwort (verbo auxiliar).
Ven	Venezuela.
versch	verschieden (varios, varias).
⟨Verw⟩	Verwaltung (administración).
⟨Vet⟩	Veterinärwesen, Tierheilkunde (veterinaria).
vgl	vergleiche (compárese).
vi	intransitives, nichtzielendes Zeitwort (verbo intransitivo).
v. impers	unpersönliches Zeitwort (verbo impersonal).
vi/r	intransitives Zeitwort, auch reflexiv gebraucht (verbo intransitivo, usado también como reflexivo).
vi/t	intransitives oder transitives Zeitwort (verbo intransitivo o transitivo).
Vit	Vitoria.
Vizc	Biskaya (Vizcaya).
voc	Vokativ (vocativo).
vr	reflexives Zeitwort (verbo reflexivo).

*	seltener gebrauchtes oder veraltetes Wort (in Amerika vielfach noch geläufig) (voz rara o anticuada [que suele seguir todavía en uso corriente en la América Hispana]).
△	Kauderwelsch, Gauner- und Zigeunersprache, oft auch volkstümlicher Ausdruck (germanía, caló, lenguaje rufianesco [voz usada a veces como expresión popular]).
~, ⌣, ≈	statt kleinen Anfangsbuchstabens großer, bzw. umgekehrt (inversión de la letra inicial [mayúscula en vez de minúscula, o viceversa]).
&	und, auch (y, también).
$	duros, pesos, dólares (pesetas).
7bre, 8bre, 9bre	(7.e, 8.e, 9.e) Se(p)tiembre, Octubre, Noviembre.

A

¹**A, a** f, **A, a** n
²**A** Abk = **Alteza** ‖ **Aprobado** *(Prüfungsnote)* ‖ **Año**
³**a** prep *an, auf, nach, in, mit, durch, von* ‖ 1. Richtung, Ort, Entfernung: voy ~ Madrid *ich gehe* (od. *fahre) nach Madrid* ‖ ~ la mesa *bei Tisch* ‖ ¡~ comer! *zu Tisch!* ‖ 2. Zeitbestimmung: ~ las dos *um 2 Uhr* ‖ ~ la entrega *bei Einhändigung, bei Empfang* ‖ 3. Grenze, Höhe: ~ la cintura *(bis) an die Hüften* ‖ de pies ~ cabeza *von Kopf bis Fuß* ‖ 4. Art und Weise: ~ pie *zu Fuß* ‖ ~ caballo *zu Pferd* ‖ ~ la antigua *altmodisch* ‖ ~ elección, ~ elegir *wahlweise* ‖ ~ granel *haufenweise* ‖ lose *(Schüttgut)* ‖ ~ simple vista *mit bloßem Auge* ‖ 5. Beziehung, Ähnlichkeit, Entsprechung: saber ~ limón *nach Zitrone schmecken* ‖ ~ compás *im Takt* ‖ 6. Einteilung, Aufeinanderfolge: dos ~ dos *(zu) zwei und zwei* ‖ paso ~ paso *Schritt für Schritt* ‖ 7. Preis, Maß: ~ 2 pesetas *zu 2 Peseten* ‖ ¿ ~ cómo? *wie teuer?* ‖ ~ escala *maßstäblich, nach Maßstab* ‖ ~ bulto *aufs Geratewohl* ‖ *in Bausch und Bogen* ‖ 8. Bestimmung, Ursache: ~ beneficio *zum Wohl* ‖ ~ su favor *zu seinen Gunsten* ‖ ~ prueba de bombas *bombensicher* ‖ ~ prueba de ladrones *einbruchssicher* ‖ ~ ruegos de su madre *auf Bitten seiner Mutter* ‖ 9. Mittel, Werkzeug: ~ vuelta de correo *postwendend* ‖ ~ máquina *maschinell* ‖ ~ nado *schwimmend* ‖ 10. Adverbielle Bestimmung: ~ disgusto *ungern* ‖ ~ decirlo así *sozusagen* ‖ 11. Bestandteil einer Konjunktion usw. ~ que *also, folglich* ‖ ~ pesar de *trotz* ‖ 12. Ersatz eines Bedingungssatzes: ~ no ser así *wenn es nicht so ist, andernfalls* ‖ 13. Ergänzung des Verbs a) acc *(Person* od. *Personifizierung):* respeta ~ tu padre *ehre deinen Vater* ‖ amo ~ la patria *ich liebe das Vaterland* ‖ b) dat: dáselo ~ él *gib es ihm* ‖ c) Abhängigkeitsverhältnis bei Zeitwörtern: enseñar ~ escribir *schreiben lehren* ‖ jugar ~ los naipes *Karten spielen*
⁴**a** Abk = **área**
⁵**a** Abk = **aviso**
⁶(**a**) Abk = **alias** *(bes. bei Spitznamen von Verbrechern)*
a Abk = **arroba** ‖ aa = **arrobas**
AA Abk = **Autores** ‖ **Altezas**
Aarón *m* np *Aaron* m
a/b Abk = **a beneficio**
ab. Abk = **abad** ‖ **abril**
aba f [el] Ar Cat Val *(Art) Längenmaß* n *(etwa 2 m)*
ababa f, **ababol** *m* ⟨Bot⟩ *Klatsch\rose* f, *-mohn* m (→ **amapola**)
aba|baya f → **papayo** ‖ **-bra** f *portugiesische Kürbisart* f
ab abrupto lat adv *plötzlich, unvorbereitet*
abacá [pl. **-aes**] *m Pisang* m ‖ *Manilahanf* m
abacado m → **aguacate**
abace|ría f *Gewürz-, Krämer\laden* m ‖ **-ro** m *(Gewürz)Krämer* m
abacial adj *Abt(s)-, äbtlich* ‖ *Abtei-*
abacisco *m Mosaikstein* m
ábaco *m Schreibtafel* f ‖ *Rechenbrett* n ‖ ⟨Arch⟩ *Abakus* m, *Kapitellplatte* f ‖ ⟨Tech⟩ *Trog* m ‖ ~ de cálculo *Nomogramm* n, *Rechentafel* f
abacora f Cu *(Art) Thunfisch* m (→ **albacora**) ‖ *Frühfeige* f

abaco|rar vt Am *et kühn unternehmen* ‖ vi Cu *eng umschlungen u. anstößig tanzen* ‖ Ven *hetzen, verfolgen* ‖ **-sa** f *Platterbse, Wicke* f
abactor *m Pferdedieb* m
abad *m Abt, Prior* m ‖ prov *Pfarrer* m ‖ ⟨Entom⟩ *(Art) spanische Fliege* f (→ **cantárida**) ‖ ◊ como canta el ~, responde el sacristán *wie der Herr, so der Knecht* ‖ dábale arroz a la zorra el ~ pop *Beispiel eines in beiden Richtungen lesbaren Satzes (Palindroms)*
*****abada** f *Nashorn* n (→ **rinoceronte**)
abadavina f ⟨V⟩ *Grünfink* m (→ **verderón**)
abadejo *m* ⟨Fi⟩ *Kabeljau, Dorsch* m (→ **bacalao**) ‖ ~ seco *Stock-, Klippfisch* m ‖ ⟨Fi⟩ *(gestreifter) Zackenbarsch* m ‖ ⟨V⟩ *Goldhähnchen* n (→ **reyezuelo**) ‖ ⟨Entom⟩ *spanische Fliege* f (→ **cantárida**)
aba|dengo adj *Abt(s)-* ‖ ~ m *Belehnung* f *mit einem Señorío an einen höheren Geistlichen, Kirche oder Kloster* ‖ *Einkünfte* pl *eines Abtes* ‖ **-desa** f *Äbtissin* f ‖ Chi fam *Kupplerin* f ‖ pop *Puffmutter* f ‖ **-desco** adj *Abt(s)-* ‖ **-día** f *Abtei* f ‖ prov *Pfarrhaus* n ‖ *Würde* f *e-s Abtes* ‖ Gal *Totengabe* f ‖ **-diato** *m Abtei* f
ab aeterno lat adv *seit ewigen Zeiten*
aba|fo adj *ungefärbt* ‖ **-gó** *m* Col *(unter Bauern) das Beste v. et*
abaja|dero *m (Berg) Abhang* m ‖ **-dor** *m Stallknecht* m ‖ *Handlanger* m ‖ **-miento** *m Abstieg* m
abajar vt/i = **bajar**
abajeño m/adj Mex *Tieflandbewohner* m
abajo adv *herunter, hinunter, hinab* ‖ *(nach) unten* ‖ cuesta ~ *bergab* ‖ de arriba ~ *von oben nach unten* ‖ de diez para ~ *unter zehn* ‖ los, ⁀ firmantes *die Unterzeichneten, die Endesunterzeichneten, die Unterfertigten* ‖ ¡~ las armas! *die Waffen nieder!*
abajote fam augm v. **abajo**
abala f ⟨Bot⟩ Mex *yukatanische Pflaumenart* f
abalallar vt Cu *bewegen* ‖ Cu *Pflanzen niederschlagen (Wind), zertrampeln (Tiere)*
¹**abalanzar** [z/c] vt *ausgleichen*
²**abalanzar** [z/c] vt *stoßen, schleudern* ‖ **~se** *sich stürzen* (a *in* acc) ‖ *herfallen* (sobre *über* acc) ‖ Arg *sich bäumen (Pferd)*
¹**abalar** vt *treiben (Vieh)*
²**abalar** vt Sal *bauschen, lockern*
³**abalar** vt Gal León Sal *schwenken, schwingen* ‖ *wegrücken* ‖ *niederschlagen, zu Boden drücken*
abalaustrado adj *balustradenartig* ‖ *mit Balustrade versehen*
abaldesar vt *lohen, gerben*
abaldonar vt *schmähen* ‖ *herabsetzen*
¹**abale|ar** vt *schwingen (Korn)* ‖ **-o** *m Worfelbesen* m, *Worfeln* n
²**abale|ar** vt Am *(nied)erschießen* ‖ **-o** *m* Am *Erschießung* f
abalienación f *Entäußerung* f ‖ fig *Entfremdung* f
abalizamiento *m* ⟨Mar⟩ *Bebakung, Bojenauslegung, Betonnung* f ‖ ⟨Flugw⟩ *Befeuerung* f ‖ ~ de la ruta de aviación f ⟨Flugw⟩ *Flugstreckenbefeuerung* f
abalizar [z/c] vt ⟨Mar⟩ *Bojen* (od *Baken) auslegen, betonnen, bebaken* ‖ **~se** ⟨Mar⟩ *peilen*
abalorio *m kleine (Glas)\perle, -koralle* f ‖ ◊ no valer un ~ fam *keinen Pfifferling wert sein*
abalserar vt Mex *anschütten, aufschütten, stapeln*
abaluartar vt *mit Bollwerken versehen*

aballar vt/i Sal *lockern (Erde)* ∥ Sal *anfahren (e-e Sache)*
aballestar vt *schleudern* ∥ ⟨Mar⟩ *schleppen, treideln (Schiff)* ∥ *an-, ein|ziehen, -holen, spannen (Tau, Trosse)*
abanar vt *fächeln*
abancalamiento *m Abtreppen, Terrassieren* n
abancalar vt *terrassieren, abtreppen*
abandalizar vt *eine Rotte führen* ∥ vi *sich zu einer Bande zusammenschließen*
abande|rado *m Fahnenträger, Fähnrich* m ∥ **-rar** vt *ausheben (Soldaten)* ∥ *mit Fahnen schmükken* ∥ ⟨Mar⟩ *eintragen* ∥ **-rizar** [z/c] vt *führen (eine Rotte)* ∥ *in feindliche Gruppen spalten* ∥ **~se** *sich zusammenrotten* ∥ *sich abspalten (in Gruppen)* ∥ *Am e-r politischen Partei beitreten*
abando|nado adj *verlassen, einsam* ∥ *öde* ∥ *verwahrlost* ∥ *zügellos, haltlos* ∥ **-namiento** *m* = **-no** ∥ **-nar** vt *verlassen* ∥ *im Stich lassen* ∥ *überlassen* ∥ *aufgeben (Hoffnung)* ∥ *verzichten (auf ein Recht)* ∥ *abtreten (die Waren dem Versicherer)* ∥ *(sein Wort) brechen* ∥ ◊ **~** *al viento* ⟨Mar⟩ *treiben lassen* ∥ **~** *España aus Spanien ausreisen* ∥ **~** *los negocios sich vom Geschäftsleben zurückziehen* ∥ **~se** fig *den Mut verlieren* ∥ fig *sich vernachlässigen, sich gehenlassen* ∥ ⟨Bgb⟩ *erliegen, zum Erliegen n kommen* ∥ **~** *a los vicios sich dem Laster ergeben* ∥ **-nismo** *m Verzichtpolitik* f ∥ *Neigung f zur Aufgabe v. et* ∥ **-nista** m/adj *Verzichtpolitiker* m ∥ **-no** *m Verlassen, Aufgeben* n ∥ *Verlassenheit* f ∥ *Mutlosigkeit* f ∥ *Liederlichkeit* f ∥ *Müßiggang* m ∥ *Verzicht* m ∥ *Verwahrlosung* f ∥ ⟨Jur⟩ *Abandon* m, *Verlassen* n, *Verlassung* f ∥ *Besitzaufgabe, Dereliktion, Eigentumsaufgabe* f ∥ *Abandon* m *(Zoll)* ∥ **~** *culpable (del cónyuge)* ⟨Jur⟩ *schuldhaftes, böswilliges Verlassen n (des Ehegatten)* ∥ **~** *de familia* ⟨Jur⟩ *Verlassen n der Familie* ∥ **~** *de niños* ⟨Jur⟩ *Kinderaussetzung* f, *Verlassen n von Kindern* npl ∥ *Verletzung f der Unterhaltspflicht gegenüber Kindern* ∥ **~** *de la posesión* ⟨Jur⟩ *Besitzaufgabe* f ∥ **~** *de la propiedad* ⟨Jur⟩ *Eigentumsaufgabe* f ∥ **~** *de servicio (od de trabajo) sin excusa* ⟨Jur⟩ *unentschuldigtes Fernbleiben* n *v. der Arbeit* ∥ **~** *de la victima por parte del conductor Fahrerflucht* f
abanear vt Gal *bewegen* ∥ *schütteln*
abani|car [c/qu] vt *fächeln* ∥ fam *anpumpen* ∥ fam *ohrfeigen* (→ **abofetear**) ∥ **-cazo** *m Schlag m mit dem Fächer* ∥ **-co** *m Fächer* m ∥ *Pfauenschwanz* m ∥ *Kaminschirm, Ofenschirm* m ∥ *Strahlteiler m einer Spritze* ∥ *(Art) eßbarer Pilz* m ∥ ⟨Typ⟩ *Bogenausleger* m ∥ *Typenkorb m (Schreibmaschine)* ∥ ⟨Mar⟩ *Hebezug* n ∥ △ *Schwert* n ∥ *Gefängnis* n, △ *Knast* m ∥ *en* **~** *fächerförmig* ∥ ◊ *abrir el* **~** *ein Rad schlagen (Pfau)*
abanillo *m Halskrause* f ∥ → **abanico**
abani|queo *m (starkes) Fächeln* n ∥ **-quería** *f Fächerladen* m, *Fächerfabrik* f
abano *m Fächer* m ∥ *(Art) Fliegenwedel* m ∥ *Ventilator* m
abantar vi Sal *über|kochen, -laufen* ∥ *sich brüsten, prahlen*
abanto adj *fahrig* ∥ *ungeschickt, plump (Mensch)* ∥ ⟨V⟩ → **alimoche** ∥ ⟨V⟩ → **buitre negro** ∥ ⟨V⟩ *Geier* m *(in erweitertem Sinne)* ∥ fig *unbedachter, ungeschickter Mensch* m ∥ ◊ *estar* **~** ⟨Taur⟩ *anfänglich benommen sein (Kampfstier)*
abarajar vt Nav *die Karten mischen* ∥ Arg *in der Luft fangen* ∥ Arg, Ur *parieren, abwehren*
abarandar vt Dom fig *in Schranken halten*
abara|tamiento *m Verbilligung, Preis|verminderung, -herabsetzung* f ∥ **~** *de la vida Senkung f der Lebenshaltungskosten* ∥ **-tar** vt *verbilligen, den Preis herabsetzen* ∥ *billig verkaufen, verschleudern* ∥ **~** vi *im Preise fallen* ∥ *billiger werden*
abarbechar vt *brachen*

abarca *f Bauernschuh* m *(von ungegerbter Rindshaut od aus Holz)* ∥ *Riemenschuh* m
abar|cadura *f,* **-camiento** *m* s *v.* **-car** ∣ **-car** [c/qu] vt *umfassen* ∥ *umstellen, umzingeln* ∥ fig *in sich fassen, enthalten* ∥ *aufkaufen (Waren)* Mex u. Am prov *hamstern* ∥ Ec *brüten (Henne)* ∥ ◊ **~** *con la vista überschauen* ∥ *quien mucho* **~**ca, *poco aprieta wer viel beginnt, zu nichts es bringt* ∥ **-cón** *m Deichselring* m *(am Wagen)*
abarcuzar vt Sal *umfassen* ∥ Sal fig *begehren*
abaritona|do adj: *voz* **~**da *baritonartige Stimme*
abarloar vt ⟨Mar⟩ *sorren, anlegen, festbinden*
abarmón *m* ⟨Fi⟩ *Katzenhai* m *(Scylliorhinus)*
abarque *m* Ec *Brut* f *(Küken)* ∥ **~ro** *m Bauernschuhmacher* m (→ **abarca**)
abarqui|llado adj *(kahnförmig) gebogen* ∥ **-lladura, -llamiento** *m Einschrumpfung* f *(Papier)* ∥ *Werfen* n *(Holz)* ∥ **-llarse** *einschrumpfen (Papier)* ∥ *sich werfen (Holz)*
abarracar vi ⟨Mil⟩ *in Hütten lagern* ∥ vt *Baracken bauen*
abarraga|namiento *m wilde Ehe* f ∥ **-narse** vr *in wilder Ehe leben*
abarra|jado adj Chi *kühn* ∥ *zänkisch* ∥ Per Chi *ausschweifend, zügellos* ∥ **-jar** vt/i *wegschleudern* ∥ *umrennen* ∥ *niederdrücken* ∥ Per *verlottern, verkommen* ∥ Mex *umstürzen, zu Boden werfen* ∥ Ec Mex *hinausstürzen* ∥ Per *stolpernd hinfallen*
abarran|cadero *m Abgrund* m, *Schlucht* f ∥ **-car** [c/qu] vt *auswaschen (Regen)* ∥ *auf Umwege bringen, in e-e schwierige Lage bringen* ∥ **~** vi ⟨Mar⟩ *auf den Sand geraten, stranden* ∥ fig *in Schwierigkeiten kommen*
abarredera *f Kehrbesen* m
abarro|tada *f Malille* f *(Lomberspiel)* ∥ **-tado** adj *voll gestaut, überfüllt* ∥ **-tamiento** *m* fig *Überfülle* f ∥ **-tar** vt *festbinden, knebeln* ∥ *vollstopfen (bes mit Waren)* ∥ ⟨Mar⟩ *vertauen* ∥ Chi *monopolisieren (Waren)* ∥ **-te** *m* ⟨Mar⟩ *kleines Staugut* n ∥ Am *Krämerladen* m ∥ **~s** pl Am *Krämerwaren* fpl ∥ **-tero** *m* Mex *Krämer, Trödler* m
abarse vr def. *ausweichen* ∥ *¡ábate! (¡abaos!) geh(t) aus dem Weg!*
abas|tamiento *m Versorgung, Verproviantierung* f ∥ **-tante** adj *genügend* ∥ *passend* ∥ **-tanza** *f Überfluß* m ∥ **-tar** vt *versehen, versorgen* ∥ **~** vi *genügen*
abastardar vi = **bastardear**
abaste|cedor *m Lieferant* m ∥ *Aufkäufer* m ∥ **-cer** [-zc-] vt *versorgen, verproviantieren, beliefern* ∥ ◊ **~** *de viveres verproviantieren* ∥ **-cimiento** *m Versorgung* f ∥ *Belieferung* f ∥ **~** *de aguas Wasserversorgung* f ∥ **~** *de corriente Strom-, Kraft-, Energie|versorgung* f ∥ **~** *con gas central Ferngasversorgung* f ∥ **~** *de luz Lichtversorgung* f ∥ **~** *de materias primas Rohstoffversorgung* f
abastero *m* Chi, Cu *Viehhändler und Händler m für Landesprodukte*
abasto *m Proviant, Unterhalt* m ∥ *Zufuhr, Verproviantierung* f ∥ ◊ *dar* **~** *a una ocupación ein Geschäft versehen* ∥ *no dar* **~** fam *nicht fertig werden (können)* (a *mit* dat) ∥ *no poder dar* **~** *a todos los encargos nicht allen Aufträgen nachkommen können* ∥ **~** adv Sal *reichlich*
abata|nado adj fig *erfahren, gescheit* ∥ **-nador** *m* ⟨Tech⟩ *Walker* m ∥ **~** *de fieltro Filzwalker* m ∥ **-nadora** *f Walke, Walk-, Hammer-, Dick-, Filz|mühle* f ∥ **-nar** vt *walken (Tuch), durchwalken* ∥ fig *mißhandeln, verprügeln*
abatatado adj Arg *beschämt, eingeschüchtert* ∥ *verzagt* ∥ *erschrocken*
abatatarse vr Arg *verzagen* ∥ *sich erschrecken* ∥ *eingeschüchtert werden*
¡ábate! → **abarse**
abate *m Abbé, Weltgeistlicher* m

abatí — abigarrar

abatí m Arg *Mais* m || Arg Par *alkoholisches Maisgetränk* n
abatida f *Feldbefestigung* f *(Baumstämme)*
abatidamente adv *mutlos*
abati|dero m *Bett* n *eines Entwässerungsgrabens* || **–do** adj *niedergeschlagen, mutlos* || *verächtlich* || *im Preis gesunken (Ware)* || **–dura** f *Sturzflug* m *der Greifvögel* || **–miento** m *Niederreißen* n || *Erniedrigung* f || *Hinfälligkeit* f || fig *Niedergeschlagenheit* f || ⟨Flugw Mar⟩ *Abtrieb* m, *Abtrift* f || ~ *de árboles Holz(ein)schlagen, Holzfällen* n, *Abholzung* f
abatir vt *umwerfen* || *zu Boden drücken* || *niederreißen, abreißen* || *biegen* || *herunterklappen* || *niederwerfen* || ⟨Flugw⟩ *ausfahren (Landeklappen)* || ⟨Flugw⟩ *abschießen* || fig *demütigen* || fig *entmutigen* || ⟨Mar⟩ *ausscheren* || ⟨Mil⟩ *niederkämpfen, abschießen* || ◊ ~ *el rumbo* ⟨Mar⟩ *vom Kurs abweichen* || ~ *la bandera die Flagge streichen* || ~ *vela Segel streichen* || ~**se** *zu Boden fallen* || *herabstoßen (Vogel)* || fig *mutlos werden, verzagen* || ⟨Flugw⟩ *abstürzen*
abatismo m *Weltgeistlichenmacht* f || fig *Priestermacht* f
aba|tojar vt Ar *Hülsenfrüchte schoten* || **–yado** adj *beeren|ähnlich, –förmig*
abazón f ⟨Zool⟩ *Backentasche* f
abderita(no)s mpl *Abderiten* mpl || *aus Adra (P Alm)*
abdi|cación f *Abdankung* f || *(Thron) Entsagung* f || *Aufgabe* f, *Verzicht* m *(von Rechten od. Meinungen)* || *documento de ~ Abdankungsurkunde* f || **–car** [c/qu] vt/i *abdanken* || *(dem Thron) entsagen* || *(ein Recht) aufgeben* || ◊ ~ *la corona die Krone niederlegen* || ~ *de un derecho ein Recht aufgeben*
abdomen m *Unterleib* m, *Abdomen* n || ⟨Zool⟩ *Hinterleib* m *(Gliederfüß(l)er)* || fam *(Schmer) Bauch* m || ~ *agudo* ⟨Med⟩ *akuter Bauch* m
abdominal adj *zum Unterleibe gehörig, Unterleib(s)-* || ~ cavidad ~ ⟨An⟩ *Bauchhöhle* f
abduc|ción f ⟨Mil⟩ *Abschwenken* n || ⟨Zool⟩ *Abduktion, Wegbewegung* f || **–tor** m ⟨An⟩ *Abziehmuskel, Auswärts-, Heran-, Ab|zieher* m || ~**es** mpl *de la glotis* f ⟨An⟩ *Glottisöffner* mpl
abducir vt *entfernen* || ⟨Philos⟩ *ablehnen*
abecé m *Abc, Alphabet* n || *Grundbegriffe* mpl || figf ¡es el ~! *das ist das kleine Einmaleins!* || ◊ figf ¡no sabe ni el ~! *er hat keinen blassen Schimmer!*
abecedario m *Alphabet* n || *Abc-Buch* n, *Fibel* f || *alphabetische Reihenfolge* || ~ *manual Fingeralphabet* n *für Taubstumme*
abedul m *Birke* f *(Betula spp)* || *Birkenholz* n || ~ *común Weißbirke* f *(B. alba)* || ~**ar** m *Birkenwald* n
abe|ja f *Biene, Imme* f || ~ *albañila Mauer-, Mörtel|biene* f *(Chalicodoma sp.)* || ~ *carpintera Holzbiene* f *(Xylocopa sp.)* || ~ *machiega, ~ madre, ~ maes(tr)a, ~ reina Bienenkönigin* f, *Weisel* m || ~ *neutra, ~ obrera Arbeitsbiene* f || *lobo de las* ~**s** ⟨Entom⟩ *Bienenwolf* m *(Philanthus triangulum)* ◊ *es una ~ er ist bienenfleißig* || **–jar** m *Bienenstand* m || *Bienenstock* m || *uva* ~ *(Art) Traube* f || **–jarrón** m *Hummel* f || *Brummfliege* f || *Stechfliege, Bremse* f || fig *Brummbär* m || **–jaruco** m ⟨V⟩ *Bienenfresser* m *(Merops apiaster)* || fig *schwatzhafter Mensch* m || fig *widerwärtiger Mensch* m || **–jeo** m *Gewimmel* n *(der Menschenmenge)* || **–jera** f *Bienenstand* m || ⟨Bot⟩ *Melisse* f || **–jero** m *Imker* m || ⟨V⟩ = **–jaruco** || ⟨V⟩ *Biene* f || **–jilla, –jita** f *Drohne, ~* **–jón** m *Drohn* m, *Drohne* f || *Hummel* f || *Raubwespe* f || *Brummerspiel* n *(ein Kinderspiel)* || ◊ *jugar al ~ con uno jdm. verächtlich begegnen* || **–jonear** vi *flüstern, leise sprechen* || Col Dom *brummen* || **–jorreo** f *Summen* n *der Biene* || fig *Stimmengewirr* n ||
–jorro m *Hummel* f || fam *unfreundlicher bzw lästiger Mensch* m || ~ *sanjuanero Maikäfer* m ||
–juno adj *Bienen-*
Abel m np *Abel* m
abelmosco m *Bisamstrauch* m *(Abelmoschus moschatus = Hibiscus abelmoschus)*
abella|cado adj *gaunerhaft* || *spitzbübisch* || **–carse** vr *herunterkommen (moralisch)*
abellotado adj *eichelförmig*
abemo|lar vt *in b-Moll setzen* || ◊ *él –ló la voz seine Stimme wurde sanfter*
Abencerraje m *Abencerrage* m *(altmaurisches Fürstengeschlecht)*
abéndula f *Mühlradschaufel* f
aberenjenado adj *dunkelviolett*
aberración f *Verirrung* f || *Aberration, Abweichung, Abirrung* f || ⟨Biol⟩ *Abnormität* f || ⟨Opt⟩ *Bildfehler* m || *Abbildungsfehler* m, *Aberration* f || ~ *(mental)* ⟨Med⟩ *Sinnesstörung* f || ~ *de la aguja magnética Mißweisung* f *(der Magnetnadel)* || ~ *cromática* ⟨Opt⟩ *Farbabweichung, chromatische Abweichung* f || ~ *de esfericidad* ⟨Opt⟩ *sphärische Abweichung* f || ~ *extraaxial Aberration* f *außerhalb der Achse* || ~ *refractiva Brechungsabweichung* f
aberrante adj ⟨Biol⟩ *aberrant*
abe|rrar vi *ab|irren, -weichen* || **–rrear** vt Pe *jdn. erzürnen*
abertal adj *rissig, zerspalten* || *campo ~ offenes Feld* n || *rissiges Feld* n *(durch Trockenheit)*
abertura f *Öffnen* n || *Öffnung* f || *Ausladung* f || *Loch* n || *Schlitz* m || *Spannbreite* f || *Eröffnung* f || *Riß, Spalt* m || *Erdspalte* f || *Bucht* f || *Maultiefe* f *(Schraubstock)* || ⟨Jur⟩ *Testamenteröffnung* f || fig *Offenherzigkeit* f || ~ *acústica* ⟨Mus Arch⟩ *Schalloch* n || ~ *angular* ⟨Phot⟩ *Winkelöffnung* f || ~ *del arco Bogenöffnung, Spannweite* f || ~ *de canal Kaliberöffnung* f || ~ *de diafragma* ⟨Opt⟩ *Blendenöffnung* f || ~ *de entrada Einwurföffnung* f || ⟨Mar⟩ *Ausfall* m *(b. Spanten)* || ⟨Flugw Mar⟩ *Mannloch* n || ~ *de exploración Abtastungsöffnung* f *(Fernsehen)* || ~ *estomatal* ⟨Bot⟩ *stomatale Öffnung* f || ~ *de fuego* ⟨Mil⟩ *Feuereröffnung* f || ~ *germinal* ⟨Bot⟩ *Keimöffnung* f || ~ *del inducido* ⟨El⟩ *Anker|bohrung, -luft* f || ~ *de una llave Maulweite des Schraubenschlüssels, Schlüsselweite* f || ~ *de mallas Maschen|größe, -weite* f *(Sieb)* || ~ *entre mordazas Backenweite* f *(bei Brechern)* || ~ *numérica* ⟨Opt⟩ *numerische Apertur* f || ~ *del puente Brückenöffnung, Spannweite* f || ~ *de la puerta de la caldera Feuerloch* n || ~ *de ventilación Lüftungsklappe* f || ~ *visual* ⟨Mil⟩ *Sehschlitz* m || *cambio de ~ Eröffnungskurs* m *(Börse)*
abesana f → **besana**
abestia(liza)do adj *ver|tiert, -roht*
abetal m *Tannenwald* m
abete m *Tanne* f
abético adj *Tannen-*
abe|tinote m *Tannenharz* n || **–to** m *(Edel)Tanne* f *(Abies spp)* || ~ *común, ~ blanco* ⟨Bot⟩ *Weißtanne* f || ~ *falso Fichte* f *(Picea sp)* || ~ *pinsapo* ⟨Bot⟩ *Spanische Tanne* f || *Tannenholz* n || **–tuna** f *Hues Tannenschößling* m || **–tunado** adj *harzig* || *teerartig* || **–tunar** vt → **embetunar**
abia f Al *Heidelbeerstrauch* m || *Heidelbeere* f || ⟨Entom⟩ *Blattwespe* f
abibollo m Al *Klatsch|mohn* m, *-rose* f
abier|to pp/irr *v.* **abrir** || adj *offen, frei, geöffnet* || ⟨Tech⟩ *gesprungen* || fig *offenherzig* || ◊ *estar ~ klaffen, auf-, offen|stehen* || ~ *a la firma zur Unterzeichnung offen* || *a resto ~ unbeschränkt* || adv: ~**amente**
abietino m *Abietin, Koniferin* n
Abigaíl f np *Abigail* f
abiga|rrado adj *(bunt)scheckig* || *bunt* || *verworren* || **–rramiento** m *Buntheit* f || *Unordnung, Verwirrung* f || **–rrar** vt *buntscheckig machen*

abige|ato m ⟨Jur⟩ *Viehraub* m ‖ **-o** m *Viehräuber* m
abigotado adj *schnurrbärtig, mit Schnurrbart*
ab initio lat adv *von Anfang an* ‖ *seit eh und je*
ab intestato lat adv ⟨Jur⟩ *ohne Testament* ‖ *heredero* m ~ ⟨Jur⟩ *gesetzlicher Erbe* m ‖ **ab-intestato** m ⟨Jur⟩ *gesetzliche Erbfolge* f ‖ ◊ *estar* ~ *fam verwahrlost sein*
abio|genesia, abiogénesis f *Abiogenese, Urzeugung, Selbstentstehung* f ‖ **-logía** f *Abiologie* f ‖ **-química** f *anorganische Chemie* f ‖ **-sis** f *Abiose* f ‖ **-trofia** f *Abiotrophie* f
ab irato lat adv *im Zorn*
abisal adj *abyssisch, Tiefsee-* ‖ *fauna* ~ ⟨Zool⟩ *Tiefseefauna* f
abiselar vt → **bisclar**
Abisinia f *Abessinien* n
abisinio adj *abessinisch* ‖ ~ m *Abessinier* m
abis|mado adj *in Trübsinn versunken* ‖ *geheimnisvoll* ‖ **-mal** adj *Abgrund-, abgründig* ‖ **-mar** vt *in einen Abgrund stürzen* ‖ fig *demütigen* ‖ *verwirren* ‖ *verbergen* ‖ **~se** *versinken* ‖ Chi *staunen* ‖ ◊ ~ *en reflexiones sich in Gedanken vertiefen* ‖ **-mático** adj *abgrundtief* ‖ **-mo** m *Abgrund* m ‖ *Tiefe* f ‖ fig *Hölle* f
abisopelágico adj ⟨MK⟩ *abyssopelagisch*
abi|tadura f *Umwickeln, Knebeln* n ‖ **-tar** vt ⟨Mar⟩ *knebeln*
abitón m ⟨Mar⟩ *(Anker)Beting* f, *Betingshölzer* npl
abizcochado adj *zwiebackähnlich*
abjudicar [c/qu] vt ⟨Jur⟩ *gerichtlich absprechen*
abju|ración f *Abschwörung* f ‖ *Widerruf* m ‖ **-rar** vt *abschwören* ‖ *ableugnen* ‖ *widerrufen*
ablación f ⟨Chir⟩ *operative Entfernung* f ‖ *Wegnahme* f ‖ ⟨Astr⟩ *Schmelzkühlung, Ablation* f ‖ ~ *de la retina* ⟨Chir⟩ *Netzhautablösung* f
ablactar vt *abstillen, entwöhnen (ein Kind)*
abladera f *Faßdaubenhobel* m
ablanda|brevas, -higos m fam *unbrauchbarer Mensch, Nichtsnutz* m
ablan|damiento m s v. **-dar(se)** ‖ **-dar** vt *erweichen, weichmachen* ‖ *mildern* ‖ *schmelzen* ‖ *boken (Hanf, Flachs)* ‖ *enthärten (Wasser)* ‖ fig *verweichlichen* ‖ fig *beschwichtigen, rühren* ‖ *(Reitkunst) locker lassen (Zügel)* ‖ ◊ ~ *con (od por el) calor durchweichen* ‖ ~ vi *nachlassen (Wind)* ‖ **~se** *sich besänftigen (lassen)* ‖ *nachlassen (Wind)*
ablandecer vt *erweichen*
abla|no m *Ast* = **avellano** ‖ **-nedo** m *Ast* = **avellanedo**
ablativo m ⟨Gr⟩ *Ablativ* m
ablator m *Schwanzschere* f *für Schafe*
ablegado m *Ablegat, Legatvikar* m
ablefaria ⟨Med⟩ *Ablepharie* f
abléfaro adj *lidlos*
ablentar vt Al Ar *fortwehen (vom Wind)*
ableo m ⟨Fi⟩ *Hasel* m (Leuciscus leuciscus) ‖ *Plötze* f, *Rotauge* n (Leuciscus rutilus)
ablepsia f ⟨Med⟩ *Blindheit, Ablepsie* f (= *Amaurose* f)
ablución f *Abwaschen* n ‖ *(rituelle) Waschung* f
abluir vt/i *reinigen*
abne|gación f *Selbstverleugnung, -losigkeit, Entsagung* f ‖ *Opferbereitschaft* f ‖ **-gadamente** adv *opferbereit* ‖ *selbstlos* ‖ **-gar** [-ie] vt/i *verzichten, Verzicht leisten (auf acc) (& vr), entsagen* (dat)
abo|bado adj *dumm, einfältig* ‖ *verdummt* ‖ **-bamiento** m *Verdummung* f ‖ **-bar** vt *verdummen, dumm machen* ‖ **~se** vr *dumm werden*
abobra f ⟨Bot⟩ *Zaunrübe* f (Bryonia spp)
abo|cado adj *firn, süffig (Wein)* ‖ *eingedrückt (Sattel)* ‖ ◊ *(estar)* ~ *a una catástrofe e-r Katastrophe entgegen (gehen)* ‖ ~ *a la muerte dem Tode nahe* ‖ **-camiento** m s v. **-car** ‖ **-canar** vi *Ast sich aufklären (Wetter)* ‖ ⟨Mar⟩ = **-car** ‖ **-car**

[c/qu] vt *umfüllen (Gefäß)* ‖ *mit dem Munde packen (Jagdhund)* ‖ *gießen* ‖ ⟨Mil⟩ *(das Geschütz) richten* ‖ ◊ ~ *un puerto* m ⟨Mar⟩ *an-, ein|laufen, ansteuern (Hafen)* ‖ **~se** *con alg. sich mit jdm besprechen*
abocar|dado adj *ausgeschweift, erweitert* ‖ **-dador** m *Rohraufweiter* m ‖ **-dar** vt *ausschweifen, erweitern, aufbördeln (eine Öffnung)* ‖ *Beton abspitzen*
abocastro m Pe *Scheusal, Ungeheuer* n
abocelado adj ⟨Arch⟩ *rundförmig*
abocetar vt ⟨Mal⟩ *skizzieren*
aboci|nado adj *trompetenförmig* ‖ *ausgeweitet (Gewehrlauf)* ‖ ~ m: ~ *de entrada* ⟨Hydr⟩ *Einlauftrompete* f ‖ **-namiento** m *de salida Auslaufkonus* m ‖ **-nar** vt/i *ein Rohr trompetenförmig ausschweifen* ‖ fam *auf das Gesicht fallen* ‖ fam *auf die Schnauze fallen* ‖ **~se** vr Chi *locker werden (Radnabe)*
abochor|nado adj *beschämt* ‖ *schwül* ‖ **-nar** vt *erhitzen* ‖ *versengen (Sonnenhitze)* ‖ fig *erzürnen* ‖ fig *tief beschämen* ‖ **~se** *schwül werden* ‖ fig *in Zorn geraten* ‖ fig *tief erröten* ‖ fig *sich schämen*
abofetear vt *ohrfeigen*
abo|gacía f *Anwaltschaft* f, *Anwaltsberuf* m ‖ **-gada** f *Rechtsanwältin* f ‖ fam *Rechtsanwaltsfrau* f ‖ *Sachwalterin* f ‖ fig *Fürsprecherin* f ‖ **-gadear** vi fam *den Anwalt spielen* ‖ **-gaderas** fpl Am, **-gaderías** fpl Pe *listige Überredung* f, fam *Kniff* m ‖ **-gadillo** m *Winkeladvokat* m
abogado m *(Rechts)Anwalt, plädierender Anwalt* m ‖ fig *Fürsprecher* m ‖ ~ *del Estado* Span *Rechtsvertreter* m *des Staates* ‖ ~ *de oficio*, ~ *de pobres* ⟨Jur⟩ *Armenanwalt* m ‖ ~ *sin pleitos* figf *verlorene Existenz* f ‖ ~ *de secano* joc *Winkeladvokat* m ‖ ◊ *ser un* ~ *de (las) causas perdidas* fam *sich für unnütze od aussichtslose Dinge einsetzen* ‖ ~ f *Rechtsanwältin* f
abogalla f *Sal großer Gallapfel* m
abogar [g/gu] vt/i *plädieren, vor Gericht verteidigen, vertreten* ‖ ~ *por una idea einen Gedanken verfechten*
abolengo m *Abstammung, Herkunft* f ‖ *bienes de* ~ ⟨Jur⟩ *Stammgüter* npl, *Familienbesitz* m
abolición f *Abschaffung* f ‖ ⟨Jur⟩ *Aufhebung* f *eines Urteils* ‖ ~ *de la esclavitud Abschaffung* f *der Sklaverei*
abolicionis|mo m *Abolitionismus* m ‖ **-ta** m *Abolitionist, Gegner* m *der Sklaverei (bzw der bestehenden Gesetze)*
abolir vt [def *nur in den Formen mit* -i- *gebräuchl.*] *abschaffen, aufheben* ‖ ◊ *deferir no es* ~ *aufgeschoben ist nicht aufgehoben*
abolorio m *Abstammung* f
abol|sado adj *gefältelt* ‖ *bauschig* ‖ **-sar** vt *bauschen* ‖ **~se** vr *sich bauschen*
abo|llado adj *verbogen, verbeult (Blech, Hut)* ‖ **-lladura** f *Beule* f, *Höcker* m *im Metall* ‖ *getriebene Arbeit* f ‖ ~ *del melocotonero m Kräuselkrankheit* f *der Pfirsiche* ‖ **-llar** vt *treiben (Metall)* ‖ *ein-, ver|beulen, ausbauchen* ‖ **~se** *sich verbeulen (Blech)* ‖ **-llón** → **abolladura** ‖ ~ m *Baumknospe* f ‖ **-llonar** vt *treiben (Metall)* ‖ *bosseln* ‖ ~ vi *getriebene Arbeit machen*
abomaso m ⟨Zool⟩ *Fett-, Lab|magen, vierter Magen* m *(der Wiederkäuer)*
abom|bado adj/m *bauchig, gewölbt* ‖ Am *angefault (Fleisch)* ‖ Arg fam *unbesonnen* ‖ ~ m *Ausbauchung, Schweifung* f, *Schweifen* n ‖ **-bamiento** m *Ausbauchung, Schweifung* f, *bauchiger Wulst* m ‖ Am fig *Trübung* f ‖ **-bar** vt *ausbauchen, bombieren, schweifen, wölben* ‖ *auf|blähen, -blasen* ‖ fam *betäuben* ‖ **~se** *sich ausbauchten* ‖ Arg fam *sich beschwipsen* ‖ Am *faulen*
abomi|nable adj *abscheulich, greulich* ‖ adv: **~mente** ‖ **-nación** f *Abscheu* m, *Verabscheuung* f ‖ *Greuel* m ‖ **-nar** vt/i *verwünschen, verfluchen* ‖ ~ *de a. et. verabscheuen*

abona|ble adj zahlbar (Summe) || fällig (Wechsel) || **-do** adj/m wohlhabend, reich || kreditwürdig || fällig (Wechsel) || glaubwürdig (Zeuge) || ~ m Düngen n, Düngung f || ~ artificial künstliche Düngung f || ~ de cobertura Kopfdüngung f || ~ de fondo Grund-, Krumen|düngung f || ~ de superficie Düngerauflage f || es ~ para ello er ist fähig, es zu tun (meist im bösen Sinne) || ~ m Abonnent, Teilnehmer m || Strom|abnehmer, -bezieher m || ~ de teléfonos Fernsprechteilnehmer m || lista de ~s Telefonverzeichnis n || Teilnehmer- bzw Gäste|verzeichnis n || Bezieherliste f || **-dor** m (Rück)-Bürge m || **-dora** f ⟨Agr⟩ Düngerstreuer m
abonanzar [z/c] vi sich aufheitern (Wetter) || sich legen (Sturm)
abo|nar vt billigen, gutheißen || für jdn. gutsprechen, verbürgen || verbessern || rechtfertigen || für sicher halten || vergüten (Betrag) || abonnieren (auf Theatervorstellungen usw.) || düngen || ◊ ~ en cuenta (in Rechnung) gutschreiben || **-naré** m Zahlungsanweisung f || Scheck m || Schuldschein m || ~**se** (sich) abonnieren (a auf acc)
abono m Gutheißen n || Gutschrift, Vergütung f || Zahlungsschein m || Bürgschaft f || Verbesserung f || Düngung f || Düngemittel n, Dünger m || Zeitkarte f || ~ anual Jahresabonnement n || ~ artificial Kunstdünger m || ~ cálcico Kalkdünger, Düngekalk m || ~ de cloaca Abtritts-, Abort|dünger m || ~ en cuenta Gutschrift f || ~ a un diario Zeitungsabonnement n || ~ liquido Jauche f || ~ nitrogenado Stickstoffdünger m || ~ potásico Kalidünger m || ~ pulverizado Düngpulver n, Poudrette f || ~ químico Kunstdünger m, chemisches Düngemittel n || ~ de la renta, ~ del alquiler Entrichtung f des Mietzinses || ~ semiliquido Gülle f || ~ al teatro Theaterabonnement n || ~ al teléfono Fernsprechanschluß m || ~ verde Gründünger m || ◊ tarjeta de ~ Zeitkarte f || tomar un ~ (sich) abonnieren
aboquillar vt mit einem Mundstück versehen || keilförmig durchlochen || ⟨Arch⟩ ausschweifen
abor|dable adj ⟨Mar⟩ zum Landen geeignet || zugänglich || **-daje, -do** m ⟨Mar⟩ Entern n || ⟨Mar⟩ Anbordtreiben n || ⟨Mar⟩ Aneinanderprallen n
abordar vt ⟨Mar⟩ entern, rammen || ⟨Mar⟩ ansegeln || (er)stürmen || fig anreden, ansprechen || ◊ ~ el avión enemigo ⟨Flugw⟩ den Gegner rammen || ~ una cuestión eine Frage berühren, anschneiden || ~ vi ⟨Mar⟩ landen || ⟨Mar⟩ zusammenstoßen, aneinanderprallen || ⟨Mar⟩ anlegen
aborigen adj einheimisch (Tier, Pflanze) || ~ m Ureinwohner m
aborígena m Chi Bol Ureinwohner m
aborígenes mpl Ureinwohner mpl
aborlonado adj Col Chi streifig, rinnig (Tuch) || gerippt (Papier)
abo|rrachado adj hochrot || **-rrajar** vt Col ⟨Kochk⟩ panieren
aborras|cado adj dem Sturm ausgesetzt || fam betrunken || **-carse** vr stürmisch werden (Wetter)
aborre|cer [-zc-] vt verabscheuen, hassen || belästigen || langweilen || ◊ ~ sus huevos die Eier (od das Gelege) verlassen (Vögel) || ~ de muerte tödlich hassen || ~**se** sich langweilen || die Geduld verlieren || **-cible** adj abscheulich || **-cido** adj verhaßt || figf gelangweilt || **-cimiento** m Abscheu, Haß m || Abneigung f
aborregarse vr sich mit Schäfchenwolken fpl bedecken (Himmel) || sich kräuseln (Meer) || fig im Herdengeist aufgehen
aborricarse [c/qu] vr fam verdummen
aborronar vi Ast Unkraut n zum Verbrennen anhäufen
abortamiento m → aborto
abor|tar vt/i ~ **-e** Fehlgeburt haben, abortieren || verwerfen (Vieh) || ~ vi fig mißlingen || ◊ hacer ~ una moción e~n Antrag zu Fall bringen || **-tín** m Ar zu früh geborenes Tier || **-tivo** adj vorzeitig geboren || abtreibend || fig verkümmert || ~ m Abtreibungsmittel, Abortivum n || **-to** m Fehlgeburt f, Abort m || Verwerfen n (von Tieren), fig Ausgeburt f || fig Machwerk n || ~ epizoótico seuchenhaftes Verwerfen n || ~ criminal kriminelle Fehlgeburt, unerlaubte Abtreibung f der Leibesfrucht || ~ provocado Abtreibung f || Schwangerschaftsunterbrechung f || ~ tubárico Tubarabort m || ~ de las vacas Verkalben n || ~ de las yeguas Verfohlen n || **-tón** m zu früh geborenes Tier n || Breitschwanz m (Lammfell)
aborujar vt knäueln || knüllen
abosar vt Am an|greifen, -fallen
abota|gado adj gedunsen, geschwollen, wulst(ar)tig || **-gamiento** m Geschwulst, Anschwellung f || Gedunsenheit f || **-garse** [g/gu] vr anschwellen || fig stumpf werden || fig gleichgültig werden
abotagarse vt fam → abotagarse
abotijado adj angeschwollen
abotinado adj halbstiefelförmig
aboto|nador m Knopfhaken m || **-nadura** f Knopfgarnitur f || **-nar** vt an-, zu|knöpfen || ~ vi ⟨Bot⟩ (Knospen) treiben, knospen
above|dado adj gewölbt, bogenförmig gebogen || **-dar** vt ⟨Arch⟩ (über)wölben, (ein)wölben || Bogen od Wölbungen absprengen
ab ovo lat adv fig von Anfang an
aboyar vt ⟨Mar⟩ aufbojen, Bojen auslegen
abozalar vt (einen Maulkorb) anlegen
abozar vt ⟨Mar⟩ abstoppen (Ankerkette), mit Ketten fangen
abra f [el] Bai, Bucht f || Engpaß m || Schlucht f || Riß m in der Erde || Am Fenster-, Tür|flügel m || Arg Lichtung f
abracada|bra m Abrakadabra n (& fig) || **-brante** adj fam toll || situación ~ schleierhafte Lage, rätselhafte Situation f
abra|cadera f Col Cu Pe Umklammerung f des Gegners || engl Clinch m || **-car** vt Am umgürten
abracé → **abrazar**
Abrahán m np Abraham m || seno de ~ Abrahams Schoß m
abrahonar vt fam jdn fest in die Arme schließen
abranquio adj ⟨Zool⟩ kiemenlos
abra|sado adj brennend heiß || fig hitzig || **-sador** adj fig brennend, verzehrend || sengend (Hitze) || **-samiento** m Verbrennen n || Brand m || **-sar** vt anzünden || ausdörren || in Glut bringen || fig vergeuden || fig erzürnen || fig beschämen || ◊ la impaciencia me abrasa fig ich brenne vor Ungeduld || ~ vi brennen (Sonne) || ~**se** sich entzünden || verbrennen || ◊ ~ de sed vor Durst vergehen || fam vor Durst umkommen || ~ vivo fam vor Hitze vergehen
abra|sión f ⟨Med⟩ Ausschabung f || ⟨Geol⟩ Abrasion f || ⟨Tech⟩ Abnutzung f, Abrieb, Verschleiß m || resistencia a la ~ Abriebfestigkeit f || **-sivo** m Schleif|mittel, -pulver n || **-var** vt Ant (an)reizen || **-xas** m Abraxas m (Geheimwort, Zauberwort) || **-zada** f Umarmung f || **-zadera** f (runde) Zwinge, Klammer f || Bügel m || ⟨Typ⟩ (geschweifte) Klammer f || ⟨El⟩ Rohrschelle f || ⟨El Tel⟩ Verbindungsklemme f || ⟨Web⟩ Kluppe f || ~ aislante Isolierschelle f || ~ de cable Kabelschelle f || ~ del cañón ⟨Mil⟩ Rohr|muffe, -schelle f || ~ excéntrica ⟨Tel⟩ Drahtklemme f || ~ de fleje Eisenbandzwinge f, Hirnring m || ~ para mangueras Schlauch|klemme, -schelle f || ~ de pivote ⟨Uhrm⟩ Zapfenklemme f || ~ de polea Rollenbügel m || ~ de puesta a tierra Erdungsschelle f || ~ de seguridad Sicherheitsbügel m || ~ de sujeción Klemmschelle f || ~ del tirante ⟨Arch⟩ Hängestangenschelle f || ~ de tope ⟨EB⟩ Anschlag-, Fang|bügel m || ~ de tubo

abrazado — abrochar

Rohr|schelle, -klemme f || **-zado** *m* △ *Gefangener* m || **-zamiento** *m Umarmung* f
abrazar [z/c] *vt umarmen, umfassen || umschlingen, umklammern || umkreisen || ergreifen (einen Beruf) ||* fig *umgeben, umringen ||* fig *annehmen, anhangen (einer Meinung) ||* fig *in Angriff nehmen (Arbeit) ||* fig *enthalten, in sich fassen ||* ◊ *~ un partido sich einer Partei anschließen || ~ de una ojeada mit einem Blick um-, er|fassen, übersehen || ~se sich anklammern, sich anhängen* (a *an* ac:)
abrazo *m Umarmung* f || ◊ *dar un ~ (a) jdn umarmen* (acc)
abre *m* ⟨Bot⟩ *Paternostererbse* f (Abrus precatorius)
abrebalas *m Ballen|öffner, -brecher* m || *~ con pedales* ⟨Web⟩ *Muldenballenbrecher* m
abre|boca *m* Arg *sehr zerstreuter Mensch* m || Arg fam *Gimpel, Trottel* m || Ec *Aperitif* m || *~s m* ⟨Med⟩ *Mundsperrer* m || **-cajas** *m Kistenöffner, Nagelzieher* m || **-cartas** *m Brieföffner* m || **-coches** *m Bedienstete(r)* m, *der die Türen vorfahrender Wagen öffnet*
ábrego *m Süd(west)wind* m
abrelatas *m Dosen-, Büchsen|öffner* m
¡abrenuncio! fam *Gott bewahre!*
abre|ojos *m* Al ⟨Bot⟩ *dornige Hauhechel* f (Ononis spinosa) || Ar ⟨Bot⟩ *Stachelnuß* f (Tribulus terrester) || Ar ⟨Bot⟩ *Purzeldorn* m || **-ostras** *m Austernöffner* m, *-messer* n || **-puño** *m* ⟨Bot⟩ *Flocken-, Korn|blume* f (Centaurea sp) || *(Acker)Hahnenfuß* m (Ranunculus arvensis) || *Ackerkratzdistel* f (Cirsium)
abresurcos *m Furchenzieher* m
abre|vadero *m (Vieh)Tränke* f, *Schwemme* f || **-var** *vt (das Vieh) tränken || einweichen (Felle) || ~se vr saufen*
abre|viación f *Abkürzung* f || *Kurzfassung* f || **-viadamente** adv *kurzgefaßt || im Auszug ||* **-viador** *m Abkürzer* m || **-viaduría** f *Abkürzerberuf* m || **-viar** *vt ab-, ver|kürzen || zusammenfassen ||* ◊ *~ un plazo e-e Frist abkürzen* || **-viatura** f *Abkürzung* f || **-vios** *mpl* Cu *Gerät, Handwerkszeug* n
abribonarse vr *zum Gauner werden, verlumpen*
abricanto *m Hummer* m (→ **bogavante**)
abri|damiento *m (Ver)Laschung* f || **-dar** *vt anflanschen*
abridero adl *leicht zu öffnen (Früchte) || ~ m Frühpfirsich* m
abridor *m Öffner* m || *Pfropfmesser* n || *Reißwolf* m || *Reißwolfarbeiter, Kardenwender, Wolfer* m || ⟨Web⟩ *Klopfwolf* m || *Frühpfirsich* m || *~ de algodón* m ⟨Web⟩ *Baumwollöffner, Opener* m || *~ de láminas Kupferstecher* m || *~ de rodadas* ⟨Agr⟩ *Spurlockerer* m || *-a* f ⟨Web⟩ *Reißwolf, Öffner, Klopfwolf* m, *Auflockerungsmaschine* f || *~ de salas* ⟨Web⟩ *Ballenöffner* m || *~ de capullos Kokon|öffner* m, *-wattenmaschine* f || *~ de cilindro* m ⟨Web⟩ *Trommelöffner* m || *~ con pedales* ⟨Web⟩ *Muldenballenbrecher* m || *~ preliminar Vor|öffner, -schläger* m || *~ de trapos Lumpen|reißer* m, *-reißmaschine* f
abri|gada f *Schutzort* m *gegen das Wetter* || **-gadero** *m Zufluchtsstätte* f || **-gador** adj/s *Schutz- || warm (Kleidung)* || *~ m* Mex *Hehler* m || **-gaño** *m Wetterdach* n || fig *Zuflucht* f
abrigar [g/gu] *vt vor Wind und Wetter schützen || beherbergen || warm halten, zudecken (mit Kleidern) ||* ⟨Mar⟩ *kalfatern ||* fig *beschützen ||* fig *hegen (Gefühle, Pläne) ||* ◊ *~ una esperanza sich einer Hoffnung hingeben || ~ una intención et vorhaben || -se sich zudecken || sich warm anziehen || ¡~!* ⟨Mil⟩ *volle Deckung!*
abrigo *m Schutzort* m, *Obdach* n, *Verwahrung* f || *Mantel* m || *Umhang* m, *Cape* n || ⟨Mil⟩ *Unterstand* m || fig *Schirm, Schutz* m || *~ de caballero Herrenmantel* m || *~ corte sastre eng-anliegender Damenmantel* m || *~ de entretiempo leichter Mantel, Übergangsmantel* m || *~ del filon* Mex ⟨Bgb⟩ *Flözmächtigkeit* f || *~ para municiones Munitions|nische* f, *-unterstand* m || *~ reversible Wendemantel* m || *~ de señora Damenmantel* m || *~ subterráneo Bunker, Schutzraum* m || *traje de ~ warmes Kleid* n || *al ~ de geschützt gegen || al ~ de las crecidas hochwasserfrei || al ~ de la intemperie wetter|fest, -beständig, witterungsbeständig*
ábrigo *m Süd(west)wind* m (→ **ábrego**)
abril *m April* m || fig *Jugend* f || *en ~ aguas mil [etwa:] Aprilwetter* n || *una muchacha de dieciocho ~es* fig *ein Mädchen von achtzehn Lenzen* || **~eño** adj *April(s)-*
abrillantador *m Glättwerkzeug* n || *Poliermittel* n || *Edelsteinschleifer* m
abrillantar *vt (Diamanten) schleifen || auf Hochglanz bringen || wienern || glätten || Leder bestoßen || máquina para ~ Glättmaschine* f
abrimiento *m Öffnung* f
¹**abrir** [pp **abierto**] *vt öffnen, eröffnen, anfangen (Laden, Sitzung, Subskription, laufende Rechnung, Unterrichtskurs) || auf|drehen, -machen, -schlagen (durch)brechen || bauen (Kanal, Tunnel) || durchlöchern || (Land) umbrechen, umackern || (Lupe) aufweiten || (Wege) anlegen, bahnen || anregen (Appetit) || legen (Grund) || ausschreiben (Wettbewerb) || erschließen (Absatzgebiete) || (ein Buch) aufschlagen || (Preise) festsetzen || (die Flügel) ausbreiten || ~ un boquete (Mauer) durch|schlagen, -brechen, -einstoßen || ~ los brazos die Arme ausbreiten || ~ brecha* ⟨Mil⟩ *Bresche schlagen || ~ el circuito* ⟨El⟩ *den Stromkreis öffnen || ~ la espita zapfen (Bier) || ~ la espita de gas das Gas andrehen || ~ con escoplo aufmeißeln || ~ por escoriación auf|ritzen || ~ expediente contra alg. ein (Dienststraf)Verfahren gegen jdn einleiten || ~ con formón aufstemmen || ~ el fuego* ⟨Mil⟩ *das Feuer eröffnen || ~ por fusión aufschmelzen || ~ una galería* ⟨Bgb⟩ *e-n Stollen vortreiben || ~ los gases a fondo Vollgas geben || ~ el grifo de gas das Gas andrehen || ~ a hachazos aufhacken (mit der Axt), aufhauen || ~ un comercio ein Geschäft anfangen || ~ el cuerpo a. algn. de una puñalada jdm einen tiefen Dolchstoß versetzen || ~ la discusión die Aussprache od Diskussion eröffnen || ~ la mano* fig *bestechlich sein || ~ la marcha vorangehen || ~ una nueva era ein neues Zeitalter eröffnen || ~ (el) paso, ~ calle Platz machen || ~ tanto ojo, ~ los ojos* fig *große Augen machen || ~ con palanqueta mit Brechwerkzeug aufbrechen || ~ un pozo e-n Brunnen abteufen || ~ a presión aufdrücken, aufbrechen || ~ la sesión die Sitzung eröffnen || ~ por soldadura auf-, los|schweißen || ~ un túnel einen Tunnel bauen || ~ la válvula das Ventil öffnen || ~ la votación die Abstimmung eröffnen || ~ la mano* fig *bestechlich sein || ~ la marcha vorangehen || ~ una nueva era ein neues Zeitalter eröffnen || ~ (el) paso, ~ calle Platz machen || ~ tanto ojo, ~ los ojos* fig *große Augen machen || ~ con palanqueta mit Brechwerkzeug aufbrechen || ~ un pozo e-n Brunnen abteufen || ~ a presión aufdrücken, aufbrechen || ~ la sesión die Sitzung eröffnen || ~ por soldadura auf-, los|schweißen || ~ un túnel einen Tunnel bauen || ~ la válvula das Ventil öffnen || ~ la votación die Abstimmung eröffnen*
²**abrir** vi *sich aufklären (Wetter) ||* ◊ *abre el día der Tag hellt sich auf || esta puerta abre mal diese Tür läßt sich schlecht öffnen || las ventanas abren al (od sobre el) jardin die Fenster gehen nach dem Garten hinaus || a medio ~ halb geöffnet || en un ~ y cerrar de ojos* fig *im Nu || ~se sich öffnen (Blüten) (& vi) ||* ⟨Med⟩ *aufgehen || aufgehen (Fenster) || jdm sein Herz ausschütten ||* ◊ *~ paso sich durchdrängen || waten || sich e-n Weg bahnen ||* fig *sich durchhelfen*
abro *m* ⟨Bot⟩ *Paternostererbse* f (Abrus precatorius)
abrocar [c/qu] *vt aufspulen*
abro|chador *m Knopf|haken, -zieher, Stiefelknöpfer* m || **-chadura** f = **-chamiento** *m Zuknöpfen, -haken* n || **-char** *vt zuknöpfen, zuhaken, zuschnallen || zuschnüren* || Chi Mex *festnehmen, packen ||* **-se** Chi *handgreiflich werden* || Ec *schelten* || Ec *bestrafen*

abro|gación f Abschaffung, Aufhebung, Außerkraftsetzung f, Widerruf m || **–gar** [g/gu] vt abschaffen, aufheben, widerrufen (Gesetz) || **–gatorio** adj abschaffend
abrojal m Distel-, Dorn|feld n
abrojín m ⟨Zool⟩ Stachel-, Leisten|schnecke f (Murex trunculus)
abro|jo m Purzel|distel f, -dorn m || Stachelnuß f (Tribulus spp) || ⟨Jgd⟩ Fuchseisen n || ⟨Mil⟩ Fußangel f || fig Leiden n || **~s** pl ⟨Mar⟩ blinde Klippen fpl || fig ⟨Lit⟩ Mühsal f || **–joso** adj voll Disteln
abroma f ⟨Bot⟩ Kakaomalve f (Abroma augusta)
abromado adj ⟨Mar⟩ nebelig, dunstig
abroncar [c/qu] vt fam erzürnen || anwidern
abroquelado adj ⟨Bot⟩ schildförmig
abroquelar vt ⟨Mar⟩ gegenbrassen || **~se** fig sich schützen || sich verschanzen
abrótano m ⟨Bot⟩ Eberraute f (Artemisia abrotanum)
abru|mador adj drückend || erschöpfend (Arbeit) || **–mar** vt fig bedrücken || fig (mit Geschäften) überhäufen || fig belästigen || ◊ **~** de (od con) trabajo arbeitsmäßig überlasten || **~se** neb(e)lig werden (Wetter)
abrupción f ⟨Chir⟩ Querbruch m mit abstehenden Bruchenden
abrupto adj steil, jäh, schroff, abrupt
abrutado adj viehisch || liederlich || brutal || vertiert
abruzarse vr Dom handgreiflich werden
Abruzos: los ~ die Abruzzen (Gebirge)
Abs. Abk = **absolución**
Absalón m np Absalom m
absceso m ⟨Med⟩ Abszeß m, Eiteransammlung f || **~** amigdalino Tonsillarabszeß m || **~** cerebeloso Kleinhirnabszeß m || **~** fecal Kotabszeß m || **~** glandular Drüsenabszeß m || **~** hepático Leberabszeß m || **~** peritonsilar Peritonsillarabszeß m || **~** pulmonar Lungenabszeß m || **~** purulento Eitergeschwulst f
abs|cisa f ⟨Math⟩ Abszisse f || **–cisión** f ⟨Chir⟩ Ablösung f eines weichen Körperteiles
absentismo m (gewohnheitsmäßiges) Fernbleiben n der Großgrundbesitzer v ihren Gütern, Absentismus m || Landflucht f
ábside, ábside m /f [el] ⟨Arch⟩ Apsis f || Rund-, Chor|haupt n einer Kirche
absintio m Absinth m (Getränk)
¡ábsit! lat fam Gott bewahre!
absolu|ción f Los-, Frei|sprechung f, ⟨Jur⟩ Freispruch m || Absolution, Sündenvergebung f, Ablaß m || **~** a beneficio de duda ⟨Jur⟩ Freispruch m mangels Beweises || **~** por falta de pruebas ⟨Jur⟩ Freispruch m aus Mangel an Beweisen || **~** general ⟨Rel⟩ Generalablaß m || **~** por inculpabilidad comprobada ⟨Jur⟩ Freispruch m wegen erwiesener Unschuld || **~** de la instancia ⟨Jur⟩ einstweilige Entbindung f der Anklage || ◊ dar la **~** die Absolution erteilen || **–ta** f kategorische Behauptung f || ◊ dar la **~** jdm einen Korb geben || jdm abweisen || jdn feuern || tomar la **~** ⟨Mil⟩ den Abschied nehmen || **–tamente** adv absolut, durchaus, fam keineswegs || Arg durchaus nicht || **~** nada gar nichts || hablando **~** allgemein gesagt || **–tismo** m Absolutismus m || **~** despótico despotischer Absolutismus m || **~** ilustrado aufgeklärter Absolutismus m || **–tista** adj absolutistisch || **~** m Absolutist m (Anhänger des Absolutismus) || **–tización** f Verabsolutierung f || **–to** adj eigenmächtig || unumschränkt, absolut || unabhängig || unumgänglich || gebieterisch || ⟨Chem⟩ rein || ⟨Gr⟩ absolut || en **~** entschieden || lo **~** ⟨Philos⟩ das Absolute || de **~a** necesidad durchaus notwendig || **–torio** adj ⟨Jur⟩ freisprechend
absol|vederas fpl fam (allzu große) Bereitwilligkeit f eines Beichtvaters, Ablaß zu erteilen || ◊ tener buenas **~** allzu nachsichtig sein (Beichtvater) || zu viel durchgehen lassen || **–ver** [-ue-] vt frei-, los|sprechen || (Sünden) vergeben || lösen (Frage, Zweifel) || vollständig ausführen
absorbente adj fesselnd || aufsaugefähig, absorbierend || Sauge- || fig verzehrend
absor|ber vt auf-, ein|saugen, verschlucken || fesseln, ganz in Anspruch nehmen || abfangen || abschirmen || fig auf-, ver|brauchen || ⟨Phys⟩ absorbieren || aufnehmen || auffangen (Rückstoß) || ◊ **~** la atención fig die Aufmerksamkeit fesseln || **~** todas las energías fig alle Kraft in Anspruch nehmen || **~se** fig sich vertiefen (en in acc) || resorbieren || **–bibilidad** f Absorbierbarkeit f || **–ción** f Aufsaugung, Verzehrung f || ⟨Phys⟩ Dämpfung f || Aufnahme, Absorption, Absorbierung f || **~** de calor Wärme|entzug m, -absorption, -aufnahme f || **~** de carbono Kohlenstoffaufnahme f || **~** de luz Lichtabsorption f || **~** de potencia Leistungsaufnahme f || **~** de una sociedad por un trust Vertrustung f || **~** térmica Wärme|aufnahme, -absorption, -bindung f || **~** de trabajo Arbeits|aufnahme f, -aufwand m || capacidad de **~** Schluckvermögen n || fuerza de **~** (El) absorbierende Kraft f || **–tar** vt entzücken, verwundern, fesseln || **–to** adj entzückt, hingerissen
abstemio m/adj Abstinenzler m
abs|tención f Entsagung, Verzichtleistung f || Abstinenz f || **~** de votar Stimmenthaltung f || **–tencionismo** m ⟨Pol⟩ Sich-Heraushalten n || Wahlmüdigkeit f || Stimmenthaltung f || **–tencionistas** mpl Nichtwähler mpl || **–tenerse** [-tengo] sich enthalten (gen) || verzichten auf (acc), absehen (de von) || ◊ **~** de votar sich der Stimme enthalten, Stimmenthaltung üben
abster|gente m/adj ⟨Med⟩ (wund)reinigendes Mittel n || **–ger** vt ⟨Med⟩ reinigen || **–sión** f Reinigung f || **–sivo** adj reinigend
absti|nencia f Enthaltsamkeit, Mäßigkeit, Enthaltung f || Abstinenz f || Fasten n || día de **~** Fasttag m || **–nente** adj enthaltsam, mäßig || **~** m Abstinenzler m
abstrac|ción f Außerachtlassung f || Abziehung, Abwendigmachung f || ⟨Philos⟩ Verallgemeinerung, Abstraktion f || abstrakter Begriff m || **~** hecha de abgesehen von (dat) || **–tivo** adj abstrakt || adv: **~amente** || **~** adj abstrakt || begrifflich, theoretisch || abgesondert || lo **~** ⟨Philos⟩ das Abstrakte || en **~** abstrakt betrachtet
abs|traer [-traigo] vt abziehen, abstrahieren || vi absehen (de von acc) || **~se** sich in sich selbst versenken || sich vertiefen in (acc) || **–traído** adj in Gedanken versunken, weltentrückt || **–traje** → **abstraer**
abstruso adj verborgen || dunkel || abstrus, unverständlich || kompliziert || verworren
absuelto pp/irr v **absolver** || adj frei, ledig
absur|didad f Ungereimtheit, Albernheit f || **–do** adj absurd, albern || widersinnig || **~** m Absurdität, Ungereimtheit f, Blödsinn m || Widersinn m
abubilla f ⟨V⟩ Wiedehopf m (Upupa epops)
abubo m Ar kleine, wohlschmeckende Birne f
abu|chear vt/i (aus)pfeifen || fam buhen || **–cheo** m Buhruf m || Buhrufen n || fam Pfeifkonzert n
abue|la f Großmutter f || Ahnfrau f || fig alte Frau f || materna Großmutter mütterlicherseits || ◊ cuénteselo a su **~** fam das machen Sie einem anderen weis! || no tener **~** sich selbst beweihräuchern, sich selbst ein Loblied singen || **–lastro** m Stiefgroßvater m || **–lita** dim v **abuela**: Oma f || Chi Kindermütze f || Col (Art) Taube f || **–lo** m Großvater m || fig alter Mann m || fam Genickhaar n || △ Herr, Chef m || Al Federkrone f (z. B. Löwenzahn) (→ **vilano**) || **~** paterno Großvater väterlicherseits || ◊ ¡toma que ni **~**! fam das ist gelungen! || **~s** pl Großeltern pl || Vorfahren mpl
abu|hado adj angeschwollen, aufgedunsen ||

-hamiento m ⟨An⟩ *Schwellung* f || **-hardillado** adj *mansardenartig*
abulense adj/s *aus Avila* (PAv)
abulia f *Willens|losigkeit, -schwäche* f || ⟨Med⟩ *Abulie, Willenslähmung* f
abúlico adj *willensschwach* || *estado* ~ = **abulia**
abul|tado adj *groß, stark, massiv, dick* || *aufgeworfen (Lippe)* || fig *übertrieben* || **–tamiento** m s v. **abultar** || *Haufen* m, *Menge* f || **-tar** vt *vergrößern* || *erweitern* || fig *übertreiben* || ~ vi *viel Raum einnehmen* || *auftragen (in der Tasche)*
abun|damiento m *Überfluß* m || a mayor ~ *mit desto stärkerer Berechtigung* || *noch dazu* || **–dancia** f *Überfluß* m, *Fülle* f || *Reichtum* m || con ~, en ~ *in Hülle und Fülle* || *cuerno de la* ~ *Füllhorn* n || ◊ *de la* ~ *del corazón habla la boca wes das Herz voll ist, des geht der Mund über* || *nadar en la* ~ *im Geld schwimmen*
abun|dancial adj ⟨Gr⟩ *einen Begriff in sehr hohem Grade ausdrückend* || **–dante** adj *ausgiebig, reichlich* || adv: ~**mente**
abundar vi *reichlich vorhanden sein* || ◊ ~ en *dinero im Geld schwimmen, sich reich sein* || ~ en *la opinión de alg. mit jdm e-r Meinung sein* || ~ en su sentido *hartnäckig auf seiner Meinung bestehen* || ~ *más que las moscas en verano wie Sand am Meer vorhanden sein* || *lo que abunda, no daña viel Gutes schadet nicht*
abundoso adj ⟨Lit⟩ = **abundante**
abuñolar [-ue-] vt *rund formen* || *locker backen* || fam *zerknüllen*
¡abur! fam *leb wohl!*
aburar vt *ab-, ver|brennen*
aburgue|sado adj *verbürgerlicht, (spieß)bürgerlich, spießig* || **–samiento** m *Verbürgerlichung* f || **-sarse** vr *ver|bürgerlichen, -spießern*
aburra|da f Mex *Stute* f *zur Maultierzucht* || **–do** adj *eselhaft*
aburrarse vr fam *ver|rohen, -tieren*
aburrición f fam = **aburrimiento**
abu|rrido adj *verdrießlich, mißvergnügt* (estar) || *langweilig* (ser, z. B. *Theatervorstellung*) || **–rridor** adj *langweilig* || **–rrimiento** m *Verdruß* m || *Überdruß* m, *Langeweile* f || *Unannehmlichkeit* f || ¡qué ~! *wie langweilig!* || **–rrir** vt *langweilen, belästigen* || *anekeln* || fam *(Geld) vertun* || ~**se** *sich langweilen* || *überdrüssig werden* (de gen) || ◊ ~ *como una ostra*, ~ *como sapos fam sich zu Tode langweilen*
aburujar vt = **aborujar**
abusador adj Chi *mißbrauchend*
abu|sar vt/i *mißbrauchen* || *täuschen, hintergehen* || ◊ ~ *de una joven ein Mädchen vergewaltigen* || **–sión** f *Mißbrauch* m || *Unbill* f || *Aberglaube* m || **–sivo** adj *mißbräuchlich* || *unnütz* || adv: ~**amente** || **–so** m *Mißbrauch* m || *Unfug* m || ~ *de autoridad Amtsmißbrauch* m, *Mißbrauch* m *der Amtsgewalt* || *Ermessensüberschreitung* f || ~ *de la bebida Alkoholmißbrauch* m || ~ *de confianza Vertrauens|bruch, -mißbrauch* m || ⟨Jur⟩ *Veruntreuung* f || ~ *del crédito Kreditanspannung* f || ~ *de derecho* ⟨Jur⟩ *Rechtsmißbrauch* m || ~ *grave grober Unfug* m || ~ *de pabellón Flaggenmißbrauch* m || ⟨Völkerrecht⟩ || ~ *de poder Ermessensmißbrauch, Ermessensfehlgebrauch* m || ~s *deshonestos* ⟨Jur⟩ *schwere Unzucht* f || *unzüchtige Handlungen* fpl || ◊ ¡es un ~! *fam da hört doch alles auf!* || **–són, ~a** adj/s *mißbrauchend, ausnutzend* || ~ m fam *Nassauer, Schmarotzer* m
abuzarse vr *sich bäuchlings hinwerfen*
abyec|ción f *Verworfenheit* f || *Niederträchtigkeit* f || **-to** adj *verworfen* || *verwerflich, verächtlich*
a. c. Abk = **año corriente** || ⟨Pharm⟩ **antes de las comidas**
a/c Abk = **al cuidado** || **a cuenta** || **a cargo** || **año corriente**
A. C. (od A. de C.) Abk = **Año de Cristo** || = **antes de Cristo**

Ac. (od **Acad.**) Abk = **Academia** || ⸚ = **acusativo**
acá adv *hier* || *hierher* || *heran* || *hierzulande* || más ~ *herwärts, diesseits* || *näher heran* || por ~ *hinwärts* || *hier(orts)* || *hierdurch* || ~ y a(cu)llá *hier und da* || de ~ *para allá hin und her* || sin más ~ ni más allá *ohne weiteres, geradeaus* || ¡ven ~! *komm her!* || ¿de cuándo ~? *seit wann?*
acabado adj *vollendet, vollkommen fertig, erledigt* || *verdorben (Gesundheit)* || *kraftlos* || *producto* ~ *Fertig|erzeugnis, -produkt, -fabrikat* n || ~ *de llegar soeben angekommen* || ~ *de pintar, frisch gestrichen* || ~ a medida *auf Maß gepreßt* || ~ en torno *gedreht (Oberflächenzustand)* || *Fertigdrehen* n || *taller de* ~ *Zurichterei* f || ~ m *Nachbehandlung* f || *Fertigbearbeitung, Zurichtung* f ⟨Web⟩ *Appretur* f || adv: ~**amente**
acaba|dor m *Wollfeinstrecker* m || **–dora** f ⟨Web⟩ *Finishmaschine* f || ~-**apisonadora** f de martinete *Stampf- und Hammer|Straßenfertiger* m || ~ *de capas bituminosas Schwarzdeckenfertiger* m *(Straßen)* || ~ *de firmes Straßenfertiger* m || ~ *de alta frecuencia Hochfrequenz|fertiger, -schwingverdichter* m || ~ *universal Universal-, Mehrzweck|fertiger* m
acabalar vt *vervollständigen*
acaba|lladero m *Gestüt* n || *Beschälplatz* m || *Beschälzeit* f || **–llado** adj: *nariz* ~a *Habichtsnase* f || **–llar** vt *bespringen, beschälen (Pferd, Esel)*
acaballerado adj *eingebildet* || *vornehm aussehend*
acabamiento m *Vollendung* f || *Tod* m, *Ende* n || fig *Verfall* m
acabar vt *beendigen, (voll)enden, ausführen* || *(ab)schließen* || *fertigmachen (Handwerker)* || *verbrauchen, erschöpfen* || *(Gesundheit) zerstören* || *erlangen, zuwegebringen* || *quälen, plagen* || *feinmalen* || ◊ ~ a. con alg. *von jdm et erreichen* || ~ *la construcción ausbauen* || ~ *de imprimir* ⟨Typ⟩ *ausdrucken* || ~ *la laminación* ⟨Metal⟩ *fertigwalzen* || ~ *por laminación* ⟨Metal⟩ *dressieren* || ~ *el soplado ausblasen* || ~ *un taladro nach-, fertig|bohren* || ~ vi a) *enden* || *ausgehen* || *schließen* || *sterben, vergehen* || ◊ ~ *es cosa de nunca* ~ *das nimmt ja kein Ende!* || *antes que acabes, no te alabes man soll den Tag nicht vor dem Abend loben* || se acabó *lo que se daba fam und damit basta!* || *¡jetzt ist alles aus!* || *se acabó la caña Cu jetzt ist alles aus* || *¡acabáramos! na also!, endlich!* || b) in Verb. mit Präp.: 1. mit **con**: ~ con alg. *mit jdm fertig werden* || *jdm den Garaus machen* || *¡esto acabará conmigo! das werde ich nicht mehr aushalten!* || *¡este hombre acaba con la paciencia de un santo! dieser Mann bringt den friedfertigsten Menschen zur Verzweiflung!* || *el mucho ajetreo acabó con él die ewige Plackerei war sein Verderb(en)* || ~ con a/c *et vernichten, vertilgen*
2. mit **de** + inf = *soeben et getan, verrichtet haben* || *vollends et tun* || ◊ ~ *de comer zu Ende gegessen haben* || ~ *de escribir fertig, zu Ende schreiben* || *fertiggeschrieben haben* || *aufhören zu schreiben* || *acaba de llegar er ist soeben angekommen* || *acaba de publicarse soeben erschienen!* *(Buch)* || *¡acaba de parir!* fig vulg *sprich dich doch einmal aus!* || *no acabar de entender nicht verstehen können* || *¡es el cuento de nunca acabar! fam das ist e-e nicht endenwollende Geschichte!, immer dasselbe Lied!*
3. mit **en**: ◊ ~ en bien *gut ausgehen* || ~ en punta *spitz zulaufen* || ~ en vocal ⟨Gr⟩ *vokalisch enden, auf Vokal enden*
4. mit **por**: ◊ acabó por comprender *er sah es endlich (schließlich, am Ende) ein* || acabarás por arruinarte *du wirst dich zum Schluß zugrunde richten* || *dejar por* ~ *unvollendet lassen* || c) in Verb. mit Gerundium: ◊ ~ *afilando fertigschleifen* || *acabaron peleando es endete mit*

einem Streit || acabó diciendo que *er sagte zum Schluß, daß* || (en) acabando de comer *gleich nach dem Essen*
acabe *m* PR *Erntefest n auf den Kaffeeplantagen* || Col *Vollendung* f
acabestrar vt *anhaltern (Vieh)*
acabildar *m* fam *Vollendung* f, *Ende* n
acabildar vt *meist* pej *Stimmen sammeln (für einen bestimmten Zweck)*
acabiray *m* ⟨Zool⟩ = **iribuacabiray**
acabóse [*v.* **acabarse**]: ◊ es el ~ fam *damit ist es aus, das ist das letzte, jetzt ist's zappenduster!* || ¡y se acabó! *und damit basta!*
acacia *f Akazie* f || ~ gomífera *Gummiakazie* f (Acacia arabica)
  acacina *f* ⟨Pharm⟩ *Akaziengummi* n
acacio *m* Arg Chi *Akazie* f
acachar vt Arg vulg *fangen, einfangen*
acachetear vt *jdn ohrfeigen*
aca|demia *f Akademie* f, *gelehrte Gesellschaft* f || *deren Sitzung* f || *(Fach)Hochschule* f || *Privatlehranstalt* f || ⟨Mal⟩ *Aktzeichnung* f || ~ de baile *Tanzschule* f || ~ de canto *Gesangschule* f || ≈ de Ciencias *Akademie* f *der Wissenschaften* || ~ (superior) de comercio *(höhere) Handelsschule* f || ~ de guerra *Kriegs|schule, -akademie* f || Real ≈ Española (≈ de la Lengua) *Königliche Span. Akademie* f *(für Sprachforschung)* || **–démico** adj *akademisch* || fig *steif, gezwungen* || *figura* ~a ⟨Mal⟩ *Aktfigur* f || *titulo* ~ *Hochschultitel, akademischer Grad* m || ~ m *Mitglied* n *einer Akademie* || = **universitario** || adv: ~**amente**
acae|cedero adj *möglich* || **–cer** [-zc-] vi/impers *sich ereignen, geschehen* || **–cimiento** *m Ereignis* n, *Begebenheit* f
acafresna *f* ⟨Bot⟩ *Eberesche* f, *Vogelbeerbaum* m (Sorbus sp)
acajú (pl. **–úes**) *m* ⟨Zool⟩ = **anacardo**
aca|labrotar vt ⟨Mar⟩ *Kabel schlagen* || **–lambrarse** vr *sich verkrampfen* || **–lasia** *f* ⟨Med⟩ *Achalasie* f
  acalculia *f* ⟨Med⟩ *Akalkulie* f
acaldar vt Sant *regeln, ordnen* || *Ordnung schaffen*
acalefo *m* ⟨Zool⟩ *Qualle* f || ~s mpl ⟨Zool⟩ *Quallen* fpl (Scyphozoa)
acalia *f* ⟨Bot⟩ *Eibisch* m
acalo|rado adj *hitzig, heftig, erhitzt* || *gereizt* || adv: ~**amente** || **–ramiento** *m Erhitzung* f || *fig Aufwallung* f || *Eifer* m || **–rar** vt *erhitzen* || fig *ermutigen* || fig *aufregen* || ~**se** *warm werden* || *sich erhitzen* || *in Wut geraten*
acalugar vt Gal Sal *beruhigen* || *streicheln*
acallar vt *zum Schweigen bringen* || fig *beschwichtigen* || fig *zufriedenstellen* || ~**se** vr *sich beruhigen*
acamarse vr *sich legen (Saaten)*
acamastrado adj fam *verlottert*
acampamiento *m* → **campamento**
acampanado adj *glockenförmig*
acam|par vi ⟨Mil⟩ *lagern, Lager beziehen* || *kampieren, campen* (engl) || ~**se** ⟨Mil⟩ *ein Lager aufschlagen* || **–pado** *m Zelt(l)er, Lagerteilnehmer* m *(Ferien-, Zelt-, Camping|lager)* || **–po** m *Weideplatz* m || Gal *Brachfeld* n
acampsia *f* ⟨Med⟩ *Gelenksteifheit* f
ácana *f*/*m Akanabaum* m (Laubordonnusia albescens) || *Akanaholz* n || de ~ And *erstklassig*, fam *prima*
acana|lado adj/m ⟨Tech⟩ *hohlgerieft, gerippt* || *ausgekehlt* || *inducido* ~ ⟨El⟩ *Nutenanker* m || ~ *m Kannelierung, Auskehlung* f, *Riffeln* n || *Rips* m *(Tuch)* || ~ de una polea *Kalibrierung* f *einer Seilrolle* || **–lador** m *Kehl-, Hohlkehlen-, Fugen-, Sims|hobel* m || **–ladura** *f Rille, Riefe* f || ⟨Tech⟩ *(Aus)Kehlung, Riefelung* f || **–lar** vt *auskehlen, kannelieren, riefen, rillen, riffeln*
acanallado adj *pöbelhaft* || *verroht, tierisch* || *niederträchtig*
acandilado adj *öllampenähnlich*
acanelado adj *zimtfarben* || *Zimt-* || *nach Zimt schmeckend*
acanga *m Perlhuhn* n (→ **pintada**)
acanillado adj *streifig (Tuch)* || *gerippt (Papier)*
acantá|ceas fpl ⟨Bot⟩ *Akanthusgewächse* npl (Acanthaceae) || **–ceo** adj ⟨Bot⟩ *distelartig*
acantalear v impers Ar *hageln* || Ar *in Strömen regnen*
acantarado adj fam *erz-, stroh|dumm*
acantilado adj *steil, abschüssig* || ~ m *steil abfallendes Gelände* n || *Fels(en)-, Steil|küste* f, *Kliff* n, *Steilwand* f
acanto m ⟨Bot⟩ *Bärenklau* m/f (Heracleum) || ⟨Arch⟩ *Blattverzierung* f, *Akanthus* m, *Säulenlaubwerk* n
acantocarpo adj ⟨Bot⟩ *stachelfrüchtig, mit stacheligen Früchten*
acanto|céfalo *m* ⟨Zool⟩ *Hakenwurm* m || **–ma** *m* ⟨Med⟩ *Akanthom* n, *Hautgeschwulst* f || **–namiento** *m* ⟨Mil⟩ *(Orts)Unterkunft* f || ⟨Mil⟩ *Belegung* f, *(Stand)Quartier* n || **–nar** ⟨Mil⟩ *einlagern* || **–narse** vr ⟨Mil⟩ *ins Quartier rücken, Quartier beziehen*
acantopterigios mpl ⟨Fi⟩ *Stachelflosser* mpl *(Knochenfische)*
acantosis *f* ⟨Med⟩ *Acanthosis* f, *Stachelbecken* n || ~ negra ⟨Med⟩ *Schwarzwucherhaut* f
acanturo *m* ⟨Fi⟩ *Seebader, Schnäpperfisch* m (Acanthurus chirurgus)
acanutado adj *röhren-, tüten|förmig*
acañonear vt → **cañonear**
acapa|rador *m Auf-, Vor|käufer* m || *Schieber* m || fam *Hamsterer* m || **–ramiento** *m Hortung* f || fam *Hamstern* n || **–rar** vi/t *anhäufen, aufkaufen* (& fig) || fam *hamstern* || ◊ ~ el poder *die Macht an sich reißen*
acaparrar vt *verstecken* || ~**se** *sich (heimlich) verständigen (mit* dat*)*
acaparrosado adj *vitriolfarbig*
acapizarse vr fam Ar *sich im Zweikampf umklammern* || fam Ar *zu nahe kommen (z. B. beim Tanzen)*
acapnia *f* ⟨Med⟩ *Bergkrankheit* f
acaponado adj: voz ~a *hohe Männer-, Kastraten|stimme* f
acapuch(in)ado adj *kuttenförmig*
acaracolado adj *schneckenförmig* || *lockig (Haar)*
acarame|lado adj *mit Karamelzucker überzogen* || fig *zuckersüß* || **–lar** vt *in Zucker sieden* || ~**se** vr fam *zuckersüß tun* || fam *Süßholz raspeln*
acarapachado adj PR *dunkeläugig*
acardenalar vt *quetschen* || ~**se** *Flecken bekommen*
acardenillado adj *grünspanfarbig*
acar|dia *f* ⟨Med⟩ *Herzmangel* m || **–dio** m ⟨Med⟩ *Akardiacus, Akardier* m
acarear vt *jdm trotzen* || ⟨Jur⟩ *(jdn e–m anderen) gegenüberstellen*
acariasis *f* ⟨Med⟩ *Akariasis, Akarinose* f || ⟨Agr⟩ *Akarinose, Kräuselkrankheit* f *der Rebe*
acariciar vt *liebkosen, streicheln,* fam *hätscheln* || ~ una idea *eine Idee hegen*
acaricida *m Milbenvertilgungsmittel* n
acáridos mpl ⟨Zool⟩ *Milben* fpl
acariñar vt Arg Chi Pe *streicheln*
aca|rio adj *kernlos (Zelle)* || **–riosis** *f* → **acariasis**
acarnerado adj *schafähnlich*
ácaro *m Milbe* f || ~ del folículo piloso *Haarbalgmilbe* f || ~ del queso *Käsemilbe* f || ~ **arador**
acarraladura *f* Chi Pe *Laufmasche* f
acarralarse vr *einlaufen (Tuch)*
acarre|adizo adj *zum Transport geeignet* || **–ador** *m Fuhrmann, Kärrner* m || **–ar** vt *transpor-*

acarreo — acción

tieren, befördern || *ab-, weg|rollen* || *anfahren* || *ein|fahren, -bringen (Ernte)* || *verursachen (Schaden)* || **–o** m *Beförderung* f *(zu Lande, zu Wasser)* || **Anfuhr**, *Zufuhr* f || ⟨Mil⟩ *Nachschub* m, *Versorgung* f, *Fuhrwesen* n || ~ *de basuras Müllabfuhr* f || ~ *de tierras Bergeförderung* f || ~ *fluvial Auflandung, Anschwemmung* f || ⟨Geol⟩ *natürliche Kolmation* f || ~ *hidráulico Spültransport* m || ~s *glaciales glaziale Ablagerung* || ~ *de los ríos en el fondo del cauce Geschiebe|führung, -wanderung* f, *-transport* m || *formaciones (od terrenos) de* ~ ⟨Geol⟩ *Schwemmland* n || *gastos de* ~ *Rollgeld* n, *Fuhrlohn* m
  acarroñar vt Col *einschüchtern* || ~**se** vr *verfaulen* || Col *verzagen*
  acarto|nado adj *kartonartig* || ⟨Web⟩ *eingeschrumpft* || fig *mager* || **–narse** vr *einschrumpfen* || fig *abmagern, hager werden*
  acaserarse vr Chi Pe *Kunde werden* || ◊ ~ *con algn. mit jdm vertraut werden* || *jdn liebgewinnen*
  acaso adv *zufälligerweise* || *vielleicht, etwa* || *(so)gar* || ~ *venga vielleicht kommt er* || *¿*~? *vielleicht?* || *si* ~ *höchstens* || *por si* ~ *wenn etwa, im Falle da, falls* || *auf alle Fälle* || *más vale un "por si* ~*" que un "quién pensara" vorgetan und nachbedacht hat manchen in groß Leid gebracht, Vorsicht ist besser als Nachsicht* || ~ m *Zufall* m || *al* ~ *aufs Geratewohl* || *por* ~ *zufällig*
  acastañado adj *kastanienbraun*
  acataléctico adj/s *akatalektisch (mit vollständigem Versfuß endend)*
  aca|tamiento m *Ehrfurcht, Hochachtung* f || *Folgsamkeit* f || **–tar** vt *(ver)ehren* || *beachten* || *jdm huldigen (dat)* || *befolgen, gehorchen (dat)* || ~ *abajo geringschätzen* || ~ *instrucciones Weisungen befolgen*
  acata|rrado adj *verschnupft* || **–rrar** vt Mex pop *belästigen, plagen* || ~**se** *sich erkälten, e–n Schnupfen bekommen* || Pe pop *sich beschwipsen*
  acatarsia f *Unreinlichkeit, Unreinheit* f
  acateno adj: *bicicleta* ~**a** *ketteloses Fahrrad* n
  acatexia f ⟨Med⟩ *Inkontinenz* f
  acatisia f ⟨Med⟩ *Akathisie, Sitzangst* f
  acato m *Ehrfurcht* f || ◊ *darse* ~ *de a. et gewahr werden* || *hacer* ~ *billigen, loben*
  acatólico adj *nicht katholisch, akatholisch* || ~ m *Nichtkatholik, Akatholik* m
  acatu adv And *hier*
  acauda|lado adj/m *wohlhabend, reich, vermögend* || **–lar** vt *(Vermögen) sammeln (& fig)*
  acaudi|llador m *(An)Führer* m || **–llamiento** m *Führung* f || **–llar** vt *(an)führen, befehligen*
  acaule adj ⟨Bot⟩ *stengellos*
  Aca|ya f *Achaia* n *(Land)* || ≈**yo** adj/s *acháisch* || ~ m *Achäer* m
  acc. Abk = *aceptación*
  acceder vi *beitreten (dat)* || *beipflichten (dat)* || ◊ ~ *a una petición e–r Bitte entsprechen*
  acce|sibilidad f *Zugänglichkeit* f || *Zutritt(s)möglichkeit* f) m || **–sible** adj *zugänglich* || fig *leutselig, umgänglich* || *erschwinglich (Preis)* || **–sión** f *Beitritt* m || *Zustimmung* f || *Beischlaf* m, *Begattung* f || ⟨Jur⟩ *Besitzergreifung* f || ⟨Jur⟩ *Akzession, Anlandung* f, *Zuwachs* m || *Akkreation* f, *Anwachsen* n *(e–s Staatsgebietes)* || ⟨Med⟩ *Fieberanfall* m || ~ *en bienes inmuebles,* ~ *de mueble a inmueble* ⟨Jur⟩ *Verbindung* f *e–r beweglichen Sache mit e–m Grundstück* || *adquirir por* ~ ⟨Jur⟩ *durch Verbindung od Vermischung erwerben* || ~ *al trono Thronbesteigung* f
  accésit m *Neben-, Trost|preis* m *(Wettbewerb)*
  acceso m *Zutritt* m || *Annäherung* f || *Zugang* m || *An-, Auf|fahrt* f || *Begattung* f, *Beischlaf* m || ⟨Med⟩ *(Fieber)Anfall* m || ~ *caminero,* ~ *carretero Straßenanschluß* m || ~ *carnal Beischlaf* m, *Begattung* f || ~ *de cólera Wutanfall, Zornausbruch* m || ~ *furioso Tobsuchtsanfall* m || ~ *de gota* ⟨Med⟩ *Gichtanfall* m || ~ *libre freier Zu-*

gang m || ~ *al mar Zugang* m *zum Meer* || ~ *mortal tödlicher Unfall* m || ~ *al poder Macht|übernahme, -ergreifung* f
  acce|sorias fpl *Nebengebäude* npl || **–sorio** adj *nebensächlich, Neben-, akzessorisch* || *gastos* ~ *Extraspesen* pl || ~ m *Zubehör* n || *Nebensache* f || ~**s** mpl *Zubehörteile* mpl || *Armaturen* fpl || ~ *para conductos de vapor Dampfarmaturen* fpl || ~ *para tubería Rohrleitungsarmaturen* fpl || ~ *resistentes a los ácidos säurebeständige Armaturen* fpl
  acciden|tado adj *verunglückt* || *unpäßlich* || *aufgeregt, unruhig* || *hügelig, holperig, uneben (Land)* || ~ m *Verunglückter* m, *Opfer* n *e–s Unfalls* || *Beschädiger* m || **–tal** adj *zufällig* || *unwesentlich, nebensächlich* || *alcalde* ~ *amtierender Bürgermeister* m || ~ m ⟨V⟩ *Irrgast* m || adv: ~**mente** || **–te** m *Unwesentliche(s)* n || *Zufall*, *Zwischenfall* m || *Unfall, Unglücksfall* m || ⟨Med⟩ *(Ohnmachts)Anfall* m || ⟨Gr⟩ *Endung* f || ⟨Mus⟩ *Versetzungszeichen* n || ~ *de auto(móvil) Autounfall* m || ~ *de circulación Verkehrsunfall* m || ~ *en la construcción Baustellen-, Betriebs|unfall* m || ~ *ferroviario (Eisen)Bahnunglück* n || ~ *de trabajo Arbeitsunfall* m || ~ *de tráfico Verkehrsunfall* m || ~ *de tránsito Verkehrsunfall* m || *seguro contra* ~**s** *Unfallversicherung* f || ~**s** *del terreno Geländeunebenheiten* fpl || *campaña contra* ~**s** *Unfallverhütungsfeldzug* m || *dispositivo de seguridad contra* ~**s** *Unfallschutzvorrichtung* f || *prevención de* ~**s** *Unfallverhütung* f || *bajo los* ~**s** *del vino unter der Gestalt des Weines (das Blut Christi)*
  acción f *Handlung, Tat* f || *Tätigkeit* f || *Betätigung* f || *Wirkung* f, *Einfluß* m || *Bewegung* f || ⟨Mal⟩ *Körperhaltung, Pose* f || ⟨Mil⟩ *Kriegstat* f || ⟨Mil⟩ *Gefecht, Treffen* n || *(gerichtliche) Klage* f || *Rechtsanspruch* m || *Aktie* f || *Anteil(schein)* m || Chi *Lotterielos* n || ~ *accesoria en una acción pública* ⟨Jur⟩ *Nebenklage* f || *antigua alte Aktie* || ~ *antitóxica* ⟨Med⟩ *Gegengiftwirkung* f || ~ *aspiradora Saugwirkung* f || ~ *blástica* ⟨Biol⟩ *blastische Wirkung* f || ≈ *Católica Katholische Aktion* f || ~ *civil* ⟨Jur⟩ *Zivilklage* f || ~ *coercitiva Zwangsaktion* f || ~ *confesoria* ⟨Jur⟩ *Klage* f *auf Anerkennung od Ausübung dinglicher Rechte* || ~ *conjunta* ⟨Ökol⟩ *Koaktion* f || ~ *constitutiva* ⟨Jur⟩ *Gestaltungsklage* f || ~ *de contacto Kontaktwirkung* f || *contramedida* ⟨Mil⟩ *Gegenmaßnahme* f || *cuanto minoris* ⟨Jur⟩ *Minderungsklage* f || ~ *de cumplimiento* ⟨Jur⟩ *Erfüllungsklage* f || ~ *por daños y perjuicios* ⟨Jur⟩ *Schadenersatzklage* f || ~ *declarativa* ⟨Jur⟩ *Feststellungsklage* f || ~ *de incidentes* ⟨Jur⟩ *Zwischenfeststellungsklage* f || ~ *denegatoria* ⟨Jur⟩ *Abwehrklage* f || ~ *de devolución* ⟨Jur⟩ *Rückerstattungsklage* f || ~ *directa (contra el asegurador)* ⟨Jur⟩ *unmittelbarer Anspruch* m *(gegen den Versicherer)* || ~ *de disfrute Genuß|schein* m, *-aktie* f || ~ *disolvente* ⟨Chem⟩ *Lösevermögen* n || ~ *diurética* ⟨Med⟩ *Diuresewirkung* f || ~ *de divorcio* ⟨Jur⟩ *Scheidungsklage* f || ~ *emanada de delito* ⟨Jur⟩ *Klage* f *aus unerlaubter Handlung* || ~ *estimatoria* ⟨Jur⟩ *Minderungsklage* f || ~ *exclusiva Sprengwirkung* f || ~ *de fundador Gründeraktie* f || ~ *de gracias Dankgebet* n || ~ *gratuita Gratisaktie* f || ~ *de guerra Kriegshandlung* f || ~ *hereditaria* ⟨Jur⟩ *Erbschaftsklage* f || ~ *de impugnación* f ⟨Jur⟩ *Anfechtungsklage* f || ~ *de la legitimidad,* ~ *de la filiación legítima* ⟨Jur⟩ *Anfechtung* f *der Ehelichkeit* || ~ *de indemnización* ⟨Jur⟩ *Schadenersatzklage* f || ~ *inhibidora* ⟨Biol Med⟩ *hemmende Wirkung* f || ~ *(completamente) liberada* ⟨Com⟩ *(voll) eingezahlte Aktie* f || ~ *local* ⟨Chem⟩ *örtliche Wirkung* f || ~ *de masa,* ~ *de las masas* ⟨Chem⟩ *Massenwirkung* f || ~ *mina(s) Kux* m || ~ *negatoria* ⟨Jur⟩ *Eigentums-*

accionado — aceite

störungsklage f ‖ ~ nominativa *Namensaktie* f ‖ ~ nominativa vinculada *vinkulierte Namensaktie* f ‖ ~ nueva *junge Aktie* f ‖ ~ de nulidad ⟨Jur⟩ *Nichtigkeitsklage* f ‖ ~ de omisión ⟨Jur⟩ *Unterlassungsklage* f ‖ ~ ordinaria *Stammaktie* f ‖ ~ pauliana ⟨Jur⟩ *Anfechtungsklage* f ‖ ~ penal ⟨Jur⟩ *Strafklage* f ‖ ~ de petición de herencia ⟨Jur⟩ *Erbschaftsklage* f ‖ ~ petitoria ⟨Jur⟩ *petitorische Klage* f ‖ ~ al portador *Inhaberaktie* f ‖ ~ posesoria ⟨Jur⟩ *Besitz(schutz)klage, possessorische Klage* f ‖ ~ preferente, ~ de prioridad *Vorzugs-, Prioritäts|aktie* f ‖ ~ de la primera emisión, ~ primitiva *Stammaktie* f ‖ ~ de las puntas ⟨El⟩ *Spitzenwirkung* f ‖ ~ y reacción *Wirkung und Gegenwirkung* f ‖ *Druck und Gegendruck* m ‖ ~ de reclamación de estado ⟨Jur⟩ *Klage* f *auf Feststellung des Personenstands* ‖ ~ de reconocimiento de paternidad ⟨Jur⟩ *Klage* f *auf Anerkennung der Vaterschaft, Abstammungsklage* f ‖ ~ recursoria ⟨Jur⟩ *Rückgriffs-, Regreß|klage* f ‖ ~ redhibitoria ⟨Jur⟩ *Wandlungsklage* f ‖ ~ refleja ⟨Biol⟩ *Reflexwirkung* f ‖ ⟨Biol⟩ *Reflex* m ‖ ~ reguladora ⟨Chem⟩ *Pufferwirkung* f ‖ ~ reivindicatoria ⟨Jur⟩ *Eigentumsherausgabe-, Besitzentziehungs|klage* f ‖ ~ rescisoria ⟨Jur⟩ *Aufhebungsklage* f ‖ ~ de resolución del contrato de arriendo ⟨Jur⟩ *Mietaufhebungsklage* f ‖ ~ resolutoria ⟨Jur⟩ *Aufhebungsklage* f ‖ ~ de restitución ⟨Jur⟩ *Rückerstattungsklage* f ‖ ~ retardada ⟨El⟩ *verzögerte Wirkung* f ‖ ~ por silencio administrativo ⟨Jur⟩ *Untätigkeitsklage* f ‖ ~ "tampón" *Pufferwirkung* f ‖ ~ terapéutica ⟨Med⟩ *Heilwirkung* f ‖ ~ de voto plural *Mehrstimmrechtsaktie* f ‖ de ~ directa *direkt wirkend* ‖ de ~ instantánea *schnell auslösend* ‖ *sofort wirkend* ‖ campo de ~ *Wirkungsfeld* n ‖ libertad de ~ *Handlungsfreiheit* f ‖ mala ~ *böse Tat* f ‖ sociedad por ~es *Aktiengesellschaft* f ‖ ◊ ~ beber las ~es de alg. fig *jdm auf den Fersen sein*

accionado *m Gebärdenspiel* n

accionamiento *m* ⟨Tech⟩ *Antrieb* m ‖ ~ angular *Winkel|trieb, -antrieb* m ‖ ~ del (*od* por) árbol de leva *Nockenwellenantrieb* m ‖ ~ bilateral *doppelseitiger Antrieb* m ‖ ~ a brazo *Handantrieb* m *(mit großer Kraft)* ‖ ~ por cable *Seil(be)trieb* m ‖ ~ por cigüeñal *Kurbelantrieb* m ‖ ~ continuo *stufenloser Antrieb* m ‖ ~ por corriente continua *Gleichstromantrieb* m ‖ ~ por cremallera *Zahnstangenantrieb* m ‖ ~ directo *direkter, unmittelbarer Antrieb* m ‖ ~ a distancia *Fernantrieb* m ‖ ~ doble *Zwillingsantrieb* m ‖ ~ por (todos) los ejes ⟨Aut⟩ *Allradantrieb* m ‖ ~ por el eje posterior *Hinter|radantrieb, -achsantrieb* m ‖ ~ eléctrico *elektrischer Antrieb* m ‖ ~ por excéntrica *Exzenterantrieb* m ‖ ~ por fricción *Reibungsantrieb* m ‖ ~ gemelo *Zwillingsantrieb* m ‖ ~ hidráulico *Druckwasserantrieb, hydraulischer Antrieb* m ‖ ~ por horquilla *Gabelantrieb* m *(Seilbahn)* ‖ ~ individual *Einzelantrieb* m ‖ ~ por manivela *Kurbelantrieb* m ‖ ~ a mano, ~ manual *Hand|antrieb, -betrieb* m, *-betätigung* f ‖ ~ mecánico *Maschinenantrieb, mechanischer Antrieb* m ‖ ~ por motor *Motor-, Kraft|antrieb* m ‖ ~ neumático *Druckluftantrieb* m ‖ ~ oscilante *Pendel|antrieb* m, *-getriebe* n ‖ ~ por palanca *Hebelantrieb* m ‖ ~ por pedal *Fuß|antrieb, -betrieb* m ‖ ~ principal *Hauptantrieb* m ‖ ~ por repulsión *Rückstoß-, Reaktions|antrieb* m ‖ ~ reversible *Umkehrantrieb* m ‖ ~ por ruedas dentadas *Zahnradantrieb* m ‖ ~ de la segadora Agr *Mähwerkantrieb* m ‖ ~ del selector ⟨Tel⟩ *Wählerantrieb* m ‖ ~ por vapor *Dampfantrieb* m ‖ ~ por volante *Handradantrieb* m ‖ **-nante** ⟨Jur⟩ *Kläger* m

accio|nar vt/i *wirken, einwirken* ‖ ⟨Tech⟩ *antreiben, betätigen* ‖ ◊ ~ con el dedo en el disparador ⟨Mil⟩ *ab-, durch|krümmen* ‖ ~ sobre el disparador ⟨Mil⟩ *ab|drücken, -feuern, -ziehen* ‖ ~ la manivela *ankurbeln (Motor)* ‖ ~ una petición ⟨Jur⟩ *Antrag* m *od Gesuch* n *bei der Behörde stellen* ‖ **-nariado** *m die Aktionäre* mpl ‖ **-nista** *m Aktionär* m ‖ ~ censor de cuentas *rechnungsprüfender Aktionär, Abschlußprüfer* m

accípiter *m* ⟨V⟩ *Sperber* m

accipítridos mpl ⟨V⟩ *Greifvögel* mpl (Accipitridae)

accitano adj/s *aus Guadix* (PGran)

accs. Abk = **acciones**

ace|bal *m, –beda* f, **–bedo** *m mit Stechpalmen bewachsener Ort* m ‖ **–bo** *m Stechpalme* f (Ilex aquifolium)

acebolladura f *Kernschäle* f *(Holz)*

acebu|che *m wilder Ölbaum* m (→ **olivo**) ‖ **–china** f *wilde Olive* f

acecinar vt *(Fleisch) pökeln, selchen, einsalzen und räuchern* ‖ ~**se** fig *mager werden*

acecha|dera f *Anstand* m ‖ *Hinterhalt* m ‖ **–dor** *m Späher, Spion* m

acechanza f = **asechanza**

acechar vt *spähen, (be)lauern* ‖ *nachstellen* (dat) ‖ ◊ ~ la ocasión *nach e-r günstigen Gelegenheit ausspähen* ‖ ~ vi *lauschen, lauern*

aceche *m Vitriol* n

ace|cho *m Lauern, Horchen, Aufpassen* n ‖ *Hinterhalt* m, *Lauer* f ‖ al ~, en ~ *auf der Lauer* ‖ ◊ estar al ~ ⟨Jgd⟩ *auf dem Anstand sein* ‖ **–chón, –ona** adj/s *horchend, spähend* ‖ ~ *m Späher, Spion* m

ace|dar vt *säuern* ‖ fig *erbittern* ‖ ~**se** *sauer werden* ‖ *umschlagen (Bier, Wein)* ‖ *verwelken (Pflanzen)* ‖ **–dera** f ⟨Bot⟩ *(großer) Sauerampfer* m (Rumex acetosa) ‖ ~ crespa ⟨Bot⟩ *krauser Ampfer* m (Rumex crispus)

acederaque *m Zimtbaum* m (Cinnamomum sp) ‖ *Zedrachbaum* m (Melia azedarach)

acederilla f *Waldsauerklee* m (Oxalis acetosella) ‖ *kleiner Sauerampfer* m (Rumex acetosella)

*acedia f Chi *Faulheit* f

¹**acedía** f *Säure* f ‖ *Magensäure* f ‖ ⟨Med⟩ *Sodbrennen* n, *Pyrose* f (→ **pirosis**) ‖ fig *Bitterkeit* f

²**acedía** f ⟨Fi⟩ *Scholle* f, *Goldbutt* m (→ **platija**)

ace|do adj *sauer* ‖ *herb* ‖ fig *griesgrämig* ‖ **–doso** adj = **ácido**

acefa|lia, –lía f, **–lismo** m ⟨An Med⟩ *Kopflosigkeit* f

acéfalo adj ⟨An⟩ *kopflos, ohne Kopf, azephal*

acei|tada f *(Art) Ölgebäck* n ‖ fam *Ölschmierung* f ‖ **–tado** adj/s *geschmiert, geölt* ‖ *ölgar (Leder)* ‖ ~ *m Ölschmierung* f ‖ **–tador** *m Öler* m ‖ **–taje** *m Ölung* f ‖ **–tar** vt *ölen, schmieren*

aceite *m Öl* n ‖ ~ ácido *saures Öl* n ‖ ~ alcanforado *Kampferöl* n ‖ ~ alimenticio *Speiseöl* n ‖ ~ animal *tierisches Öl* n ‖ ~ de almendras *Mandelöl* n ‖ ~ de alquitrán *Teeröl* n ‖ ~ de asafétida *Asantöl* n ‖ ~ de ballena *Walratöl* n ‖ ~ de beleño *Bilsenkrautöl* n ‖ ~ de bergamota *Bergamottöl* n ‖ ~ bruto *Rohöl* n ‖ ~ para el cabello *Haaröl* n ‖ ~ de cacao *Kakaobutter* f ‖ ~ de cantáridas *Spanischfliegenöl* n ‖ ~ de cañamones *Hanföl* n ‖ ~ de castor Am = ~ de ricino ‖ ~ de colza *Rüböl* n ‖ ~ de chaulmugra *Chaulmoograöl, Gynokardiumöl* n ‖ ~ comestible Am *Speiseöl* n ‖ ~ combustible *Heiz-, Brenn|öl* n ‖ ~ crudo *Rohöl* n ‖ ~ dextrógiro *rechtsdrehendes Öl* n ‖ ~ Diesel *Dieselöl* n, *-kraftstoff* m ‖ ~ de engrase *Schmieröl* n ‖ ~ esencial *ätherisches Öl* n ‖ ~ de esperma *Spermazetiöl* n ‖ ~ de espliego *Lavendelöl* n ‖ ~ fenicado *Karbolöl* n ‖ ~ de filmarón *Filmarónöl* n ‖ ~ de fusel *Fuselöl* n ‖ ~ de girasol *Sonnenblumenöl* n ‖ ~ de hígado de bacalao *Lebertran* m ‖ ~ de linaza *Leinöl* n ‖ ~ lubri(fi)cante *Schmieröl* n ‖ ~ de madera *Holzöl* n ‖ ~ de

menta *Pfefferminzöl* n ‖ ~ mineral *Mineralöl* n ‖ ~ de mostaza *Senföl* n ‖ ~ de nabina *Rüböl* n ‖ ~ de nueces *Nußöl* n ‖ ~ de oliva *Olivenöl* n ‖ ~ de palma *Palmöl* n ‖ ~ pesado *Schweröl* n ‖ ~ de pescado *Fischtran* m ‖ ~ para pisos *Fußbodenöl* n ‖ ~ de ricino *Rizinusöl* n ‖ ~ de rosas *Rosenöl* n ‖ ~ de ruda *Rautenöl* n ‖ ~ de trementina *Terpentinöl* n ‖ ~ vegetal *Pflanzenöl* n ‖ ~ de vitriolo *Oleum* n, *rauchende Schwefelsäure* f ‖ ~ volátil *ätherisches Öl* n ‖ ~ yodado *Jodöl* n ‖ ◊ caro como ~ de Aparicio fam *gepfeffert, sündhaft teuer* ‖ echar ~ al fuego fig *jds Zorn od Haß schüren, Öl ins Feuer gießen* ‖ echar ~ a la lámpara fig *seinen Bauch pflegen* ‖ junta de ~ *Ölabdichtung* f ‖ quien ~ mesura, las manos se unta *wer Pech anfaßt, besudelt sich* ‖ la noticia cundió como mancha de ~ *die Nachricht verbreitete sich wie ein Lauffeuer* ‖ ~s *pl Ölarten* fpl, *Öle* npl ‖ ~ etéricos *ätherische Öle* npl
acei|tera f *Ölkrug* m ‖ *Ölfläschchen* n ‖ *Schmier-, Öl|kanne* f, *Öler* m ‖ *Ölhändlerin* f ‖ ⟨Entom⟩ *Ölkäfer, Maiwurm* m (→ **carraleja**) ‖ ~s *fpl Essig-* und *Öl|ständer* m ‖ (→ **vinajeras**) ‖ **-tería** f *Ölfabrik* f ‖ *Ölladen* m ‖ *Ölhändlerberuf* m ‖ **-tero** adj: industria ~a *Ölindustrie* f ‖ molino ~ *Ölmühle* f ‖ ~ m *Ölmüller* m ‖ *Ölhändler* m ‖ *Ölhorn* n *der Schäfer* ‖ ⟨Entom⟩ *Ölkäfer, Maiwurm* m (→ **carraleja**) ‖ **-tillo** m *dünnes, schlechtes Öl* n ‖ Am *Riechöl* n ‖ **-toso** adj *ölig, ölhaltig*
aceitu|na f *Olive* f ‖ ~ aliñada *eingemachte Olive* f ‖ ~ manzanilla *Manzanillolive* f ‖ ~ de mesa *Tafelolive* f ‖ ~ de la Reina *and Riesenolive* f ‖ llegar a las ~s fam *zu spät kommen* ‖ tener la suerte de las ~ fam *ein gewinnendes Äußeres haben* ‖ **-nado, -nil** adj *olivenbraun, oliv* ‖ **-nera** f Extr *Zeit* f *der Olivenernte* ‖ **-nero** m *Olivenpflücker* m ‖ *Olivenhändler* m ‖ **-no** m *Öl-, Oliven|baum* m
acela|jado adj *wolkig, bewölkt* ‖ **-jarse** vr *sich bewölken* (*Himmel*)
acele|ración f *Beschleunigung, Eile* f ‖ *Geschwindigkeitszunahme* f ‖ *Zeitraffung* f (*Film*) ‖ ~ angular *Dreh-, Winkel|beschleunigung* f ‖ ~ anormal *Durchgehen* n ‖ ~ de la caída *Fallbeschleunigung* f ‖ ~ de la gravedad, ~ de la gravitación *Schwere-, Erd|beschleunigung* f ‖ ~ inicial *Anfangsbeschleunigung* f ‖ ~ retardatriz ⟨Mil⟩ *Verzögerung* f *der Geschoßbewegung* ‖ ~ de rotación *Drehbeschleunigung* f ‖ ~ suplementaria *Nachbeschleunigung* f ‖ medios de ~ *Beschleunigungsmittel* npl ‖ potencia de ~ *Beschleunigungsleistung* f ‖ **-rado** adj *schnell, rasch* ‖ adv: ~amente ‖ **-rador** m ⟨An⟩ *Treibmuskel* m ‖ ⟨Aut⟩ *Gas|pedal* n, *-hebel* m ‖ ~ (de partículas) *Beschleuniger* m ‖ ◊ pisar el ~ *auf das Gaspedal treten, Gas geben* ‖ ~ adj *beschleunigend* ‖ **-rante** m *Beschleuniger* m ‖ **-rar** vt/i *beschleunigen* ‖ *schneller fahren* ‖ *fördern* ‖ ◊ ~ el motor ⟨Aut⟩ *den Motor aufdrehen, Gas geben* ‖ **-rativo** adj *beschleunigend* ‖ **-ratriz** adj: fuerza ~ *Beschleunigungskraft* f ‖ **-rógrafo** m ⟨Phys⟩ *Akzelerograph* m ‖ **-rómetro** m ⟨Flugw⟩ *Beschleunigungsmesser* m, *Akzelerometer* n ‖ ~ de choque ⟨Flugw⟩ *Stoßakzelerometer* n ‖ ~ de lectura máxima ⟨Flugw⟩ *Höchstbeschleunigungsmesser* m
acelga f ⟨Bot⟩ *Mangold* m (Beta vulgaris) ‖ cara de ~ fam *leichenblasse Person* f
acémila f *Saum-, Last|tier* n ‖ fam *Dummkopf, Esel* m
acemi|lería f *Stall* m *für die Lasttiere* ‖ **-lero** m/adj *Maultierführer* m
acemite m *Grießmehlsuppe* f
acen|drado adj *durch Feuer geläutert* (*Metall*) ‖ fig *makellos* ‖ *innig* (*Liebe*) ‖ **-drar** vt *läutern, reinigen*
acenestesia f ⟨Med⟩ *Acenästhesie* f
acens(u)ar vt *besteuern* ‖ *mit e–m Erbzins belasten*
acento m (*Rede*)*Ton* m, *Betonung* f ‖ *Nachdruck* m ‖ *Tonfall* m ‖ *nicht ganz korrekte Aussprache* ‖ *regionale* bzw *fremdartige Aussprache* f ‖ fig *Betonung* f (→ a **subrayar**) ‖ ⟨Gr⟩ *Akzent, Ton(zeichen* n) m ‖ ~ dolorido ⟨poet⟩ *Klageton* m ‖ ~ agudo ⟨Gr⟩ *Akut* m ‖ ~ dinámico, ~ de intensidad *Tonstärke* f, *Druckakzent*, *dynamischer Akzent* m ‖ ~ circunflejo ⟨Gr⟩ *Zirkumflex* m ‖ ~ gráfico *graphischer Akzent* m ‖ ~ grave ⟨Gr⟩ *Gravis* m ‖ ~ tónico ⟨Gr⟩ *Silbenakzent* m
acentor m: ⟨V⟩ ~ alpino *Alpenbraunelle* f (Prunella collaris) ‖ ~ común *Heckenbraunelle* f (P. modularis)
acen|tuación f ⟨Gr⟩ *Betonung, Akzentuierung* f ‖ ⟨Phot⟩ *Tonbezeichnung* f ‖ **-tuar** [pres -úo] vt *betonen* ‖ *hervorheben* ‖ **-se** fig *sich bemerkbar machen* ‖ *sich verschärfen*
ace|ña f *Wassermühle* f ‖ *Mühldamm* m ‖ *Schöpfrad* n ‖ **-ñero** m *Müller* m
acepción f *Bedeutung* f *e–s Wortes* ‖ *dessen angenommener Gebrauch* m ‖ sin ~ de personas *ohne Ansehen der Person*
acepilladora f *Bürst-, Hobel|maschine* f ‖ ~ de cantear, ~ de cantos *Kantenhobelmaschine* f ‖ ~ de cantos de chapas *Blech|besäummaschine*, *-kantenhobelmaschine* f ‖ ~ de columna única *Einständerhobelmaschine* f ‖ ~ de engranajes cónicos *Kegelradhobelmaschine* f ‖ ~ de moldurar *Kehl(hobel)maschine* f ‖ ~ de un montante *Einständerhobelmaschine* f ‖ ~ de dos montantes *Zweiständerhobelmaschine* f ‖ ~ de planchas *Plattenhobelmaschine* f ‖ ~ de rodillos *Walzenhobelmaschine* f
acepi|lladuras fpl *Hobelspäne* mpl ‖ **-llar** vt *hobeln* ‖ (*aus*)*bürsten* ‖ *ab-, aus|hobeln* ‖ *abrichten* (*Holz*) ‖ ◊ ~ por desarrollo, ~ por rodadura *wälzhobeln, nach dem Abwälzverfahren hobeln* ‖ *máquina de* ~ *Hobelmaschine* f
acep|table adj *annehmbar* ‖ fam *willkommen* ‖ ~ para ambas partes *für beide Teile annehmbar* ‖ adv: ~**mente** ‖ **-tación** f *Annahme* f ‖ *Anerkennung* f, *Beifall* m ‖ *Akzept* n, *Wechselannahme* f ‖ ~ a beneficio de inventario ⟨Jur⟩ *Erbschaftsannahme* f *unter Beschränkung der Nachlaßhaftung durch Inventarerrichtung* ‖ ~ de la herencia ⟨Jur⟩ *Annahme* f *der Erbschaft* ‖ ~ del donatario ⟨Jur⟩ *Annahme* f *durch den Beschenkten* ‖ ~ honoraria *Ehrenakzept* n ‖ ~ por intervención ⟨Jur⟩ *Ehrenannahme* f ‖ ~ de la obra como realizada en buena y debida forma ⟨Jur⟩ *Abnahme* f ‖ ~ parcial *Teilakzept* n ‖ ~ pura y simple ⟨Jur⟩ *uneingeschränkte Annahme* f ‖ ~ por el honor de la firma *Ehrenakzept* n ‖ **-tador, -tor** m *Annehmer* m ‖ **-tante** m (*Wechsel*)*Akzeptant* m ‖ ⟨Jur⟩ *Akzeptant* m
acep|tar vt *annehmen* ‖ *billigen* ‖ *zulassen* ‖ (*einen Wechsel*) *akzeptieren, annehmen* ‖ ◊ ~ la herencia ⟨Jur⟩ *Erbschaft* f *annehmen* ‖ ~ la devolución de mercancía *Ware zurücknehmen* ‖ letra aceptada *Akzept* n ‖ **-to** adj *angenehm, willkommen* ‖ ⟨Jur⟩ „angenommen" ‖ *en blanco Blankoakzept* n
ace|quia f *Bewässerungsgraben* m ‖ *Wassergraben, -kanal* m ‖ *Gerinne* n ‖ **-quiador** m *Kanalbauer* m ‖ **-quiaje** m Murc *Bewässerungs(graben), -geld* n ‖ **-quiar** vt *mit Bewässerungskanälen versehen* ‖ **-quiero** m *Bewässerungskanalaufseher, Kanalwärter* m
acera f *Bürgersteig* m, *Geh|steig, -weg, Fußweg* m ‖ ⟨Arch⟩ *Verblendstein* m ‖ *Häuserreihe* f ‖ ~ de carga ⟨El⟩ *Ladestraße* f ‖ ~ volada, ~ en saledizo *ausgekragter Fußweg* m (*Brücken*) ‖ de la ~ de enfrente, de la otra ~ euph *von der*

ander(e)n Partei, von der Konkurrenz, vom anderen Ufer (= homosexuell)
aceración f Verstählung f des Eisens, Stahlbildung f, Verwandlung f in Stahl
acerado adj gestählt, stählern ‖ fig schneidig, beißend, scharf ‖ ~ m Verstählen n
¹**acerar** vt eine Mauer mit Steinen od Fliesen verstärken ‖ Bürgersteige anlegen
²**acerar** vt (ver)stählen, Eisen vergüten ‖ fig kräftigen
acer|bamente adv fig streng, grausam ‖ **-bidad** f Herbheit f ‖ fig Strenge, Schärfe f ‖ **-bo** adj herb ‖ fig streng, grausam ‖ fig sauertöpfisch, mürrisch
acerca adv: ~ de betreffend, in bezug auf (acc)
acer|camiento m Annäherung f ‖ **-car** [c/qu] vt nähern, näher bringen ‖ ⟨Mil⟩ heranziehen (Reserven) ‖ ~ el fuego al blanco ⟨Mil⟩ sich heranschießen ‖ **~se** sich nähern ‖ ⟨Mil⟩ anrücken ‖ ⟨Mil⟩ sich heranarbeiten
acerdesa f ⟨Min⟩ Manganit m
acere|ría f Stahl|werk n, -hütte f ‖ ~ con carga caliente ⟨Tech⟩ Schmelzbetrieb m mit heißem Einsatz ‖ ~ con carga fria ⟨Tech⟩ Schmelzbetrieb m mit ausschließlich kaltem Einsatz ‖ ~ con hornos eléctricos ⟨Tech⟩ Elektrostahlwerk n ‖ ~ con oxiconvertidores ⟨Tech⟩ Sauerstoff-Aufblasstahlwerk n ‖ **-rista** m Stahl|fachmann, -werker m ‖ Stahlindustrielle(r) m
acería f = **acerería**
acer|ico, -illo m Nadelkissen n
acerino adj ⟨Poet⟩ stählern
acerista m = **acererista**
acero m Stahl m ‖ Stahlwaffe f ‖ Schwert n ‖ ~ ácido saurer Stahl m ‖ ~ afinado Edel-, Fein|stahl m ‖ ~ con oxígeno O_2-Stahl m ‖ ~ aleado legierter Stahl m ‖ ~ alto en carbono Hartstahl, kohlenstoffreicher Stahl m ‖ ~ bajo en carbono kohlenstoffarmer Stahl m ‖ ~ Bessemer Bessemerstahl m ‖ ~ al boro Borstahl m ‖ ~ al carbono Kohlenstoffstahl m ‖ ~ al convertidor Konverterstahl m ‖ ~ al crisol Tiegelstahl m ‖ ~ colado, ~ fundido Stahlguß, Gußstahl m ‖ ~ damasceno Damaszener Stahl m ‖ ~ dulce Weichstahl m ‖ ~ duro Hartstahl m ‖ ~ al manganeso Manganstahl m ‖ ~ rápido Schnellarbeitsstahl m ‖ ~ refractario warmfester Stahl m ‖ ~ resistente a los ácidos säurebeständiger Stahl m ‖ ~ para resortes Federstahl m ‖ ~ para tornos automáticos Automatenstahl m ‖ ~ para válvulas Ventilstahl m ‖ construcciones hidráulicas de ~ Stahlwasserbau m ‖ empresa de construcciones de ~ Stahlbaufirma f ‖ grabado sobre ~ Stahlstich m ‖ ◊ vuelva el ~ a la vaina fam lassen wir es beim alten, wir wollen das Kriegsbeil begraben ‖ **~s** mpl fig Mut m ‖ fam Appetit m
acerola f Vogelbeere, Azarolbirne f
acerol(l)o m ⟨Bot⟩ Azaroldorn m, Welsche Mispel f (Crataegus azarolus)
acerón m ⟨Bot⟩ Königskerze f (Verbascum sp)
△**acerrar** [-ie-] vt greifen, packen
acérrimo adj sup v. acre ‖ fig sehr hartnäckig, zäh ‖ fig erbittert ‖ enemigo ~ Erzfeind m
acerrojar vt abriegeln
acer|tado adj triftig ‖ klug, sinnreich ‖ treffend, richtig ‖ adv: **~amente** ‖ **-tar** [-ie] vt/i (das Ziel, das Rechte) treffen ‖ erraten ‖ finden, antreffen ‖ (das Spiel) gewinnen ‖ ◊ ~ con finden (acc): acertó (con) la casa er fand das Haus, das er suchte ‖ ~ la elección die Wahl geschickt treffen ‖ ~ vi erraten, das Richtige treffen ‖ Erfolg haben ‖ richtig urteilen ‖ ◊ ~ errando fig unverhofften Erfolg haben ‖ acierta en todo er hat in allem eine glückliche Hand ‖ ~ a (inf) zufällig et tun ‖ no acierto a realizarlo es gelingt mir nicht ‖ no acierto a hablar ich bringe kein Wort hervor ‖ acertó a pasar er ging gerade vorbei ‖ **-tijo** m Rätsel n ‖ **¡-tótilis!** rat' einmal! (in der Kinds.) ‖ fam endlich einmal!
aceruelo m englischer Sattel m
acerval adj: argumento ~ ⟨Log⟩ Doppelschluß m
acervo m Haufen, Stapel m ‖ Überlieferungs-, Kultur|gut n ‖ fig Erbe n ‖ ⟨Jur⟩ Erb(schafts)|masse f, -gut n
acescencia f Stich m von e–r Säure
acetábulo m ⟨Bot⟩ Fruchtboden ‖ Blütenkelch m ‖ Essigvase f (der alten Römer)
acetaldehido m ⟨Chem⟩ Acetaldehyd m
acetato m ⟨Chem⟩ essigsaures Salz n, Acetat n ‖ ~ de aluminio Aluminiumacetat n ‖ ~ amónico Ammoniumacetat n ‖ ~ básico basisches Acetat n ‖ ~ butílico Butylacetat n ‖ ~ de celulosa Acetatzellulose f, Zelluloseacetat n ‖ ~ de cobre Kupferacetat n ‖ ~ de etilo Essig(säureäthyl)ester, Essigester m ‖ ~ isopropílico Isopropylacetat n ‖ ~ metílico Methylacetat n ‖ ~ sódico Natriumacetat n ‖ ~ de zinc Zinkacetat n
acético adj essigsauer, Essig- ‖ ácido ~ ⟨Chem⟩ Essigsäure f
acetificación f Essiggärung f
acetileno m Acetylen, Äthin n
acetilizar vt ⟨Chem⟩ acetylieren
acetilo m ⟨Chem⟩ Acetyl n
aceto|na f ⟨Chem⟩ Aceton n ‖ **-nemia** f ⟨Med⟩ Acetonämie f ‖ **-nuria** f ⟨Med⟩ Acetonurie f
acetosa f = **acedera**
acetoso adj essigsauer, Essig- ‖ nach Essig schmeckend
acetre m (kupferner) Schöpfeimer m ‖ kleiner Weihwasserkessel m
ace|zar [z/c] vi keuchen ‖ **-zo** m Keuchen n
ACI (Alianza Cooperativa Internacional) IGB (Internationaler Genossenschaftsbund)
aciago adj unheilvoll, unglückbringend ‖ día ~ Unglückstag m
acial m Maulzwinge f ‖ Guat Ec Peitsche f
acialazo m Guat Ec Peitschenschlag m
aciano m ⟨Bot⟩: ~ mayor Kornblume f (Centaurea cyanus) ‖ ~ (menor) Fünfadernkraut n
acíbar m Aloe f (→ áloe) ‖ Aloesaft m ‖ fig Unannehmlichkeit, Bitternis f
acibarar vt mit Aloe versetzen ‖ fig verbittern
aciberar vt pulverisieren, zermahlen, zerpulvern
acica|lado adj fam nett, geschniegelt ‖ herausgeputzt ‖ **-lador** m Polierer m ‖ Polierholz n ‖ **-ladura** f, **-lamiento** m Polieren, Schleifen n ‖ figf Putz m, Eleganz f ‖ **-lar** vt (Messer, Degen usw) reinigen, polieren ‖ verputzen (Wand) ‖ **~se** fam sich herausputzen
acicate m maurischer (einstacheliger) Sporn m ‖ fig Ansporn, Antrieb, Anreiz m
acíclico adj azyklisch
acícula f ⟨Bot⟩ Nadel f
acicular adj nadel|artig, -spitzig, -förmig ‖ hoja ~ ⟨Bot⟩ nadelförmiges Blatt n
acidemia f ⟨Med⟩ Acidose, Acidität f des Blutes
acidez [pl **-ces**] f Säure f ‖ Säuregehalt m, Acidität f ‖ ~ del terreno Bodensäure f ‖ ~ del vino Weinsäure f (als Eigenschaft)
acidia f Trägheit f
acidifero adj säurehaltig
acidifi|cable adj säuerbar, säuerungsfähig ‖ **-cación** f Säuerung f ‖ ~ excesiva Übersäuerung f ‖ **-cador, -cante** adj/m säuernd ‖ ~ m Säurebildner m ‖ **-car** [c/qu] vt ⟨Chem⟩ säuern, mit Säure versetzen ‖ **-metría** f Azidimetrie f, Säuremessung f
acidímetro m ⟨Chem⟩ Säuremesser m ‖ ~ gástrico Magensaftacidometer n
acidioso adj faul, träge

ácido adj *sauer* ‖ ~ m ⟨Chem⟩ *Säure* f ‖ ~ acético *Essigsäure* f ‖ ~ acetilsalicílico *Acetylsalicylsäure* f ‖ ~ aminobenzoico *Aminobenzoesäure* f ‖ ~ anhidro *wasserfreie Säure* f ‖ ~ arsénico *Arsensäure* f ‖ ~ arsenioso *arsenige Säure* f ‖ ~ áurico *Goldsäure* f ‖ ~ azótico *Salpetersäure* f ‖ ~ benzoico *Benzoesäure* f ‖ ~ bórico *Borsäure* f ‖ ~ carbónico *Kohlensäure* f ‖ ~ cítrico *Zitronensäure* f ‖ ~ clorhídrico *Salzsäure* f ‖ ~ clórico *Chlorsäure* f ‖ ~ desoxirribonucleico *Desoxyribonucleinsäure* f ‖ ~ estánnico *Zinnsäure* f ‖ ~ esteárico *Stearinsäure* f ‖ ~ fénico *Karbolsäure* f ‖ ~ fórmico *Ameisensäure* f ‖ ~ fosfórico *Phosphorsäure* f ‖ ~ hidrocianúrico *Blau-, Cyanwasserstoff|säure* f ‖ ~ isocianhídrico, ~ isoprúsico *Isocyansäure* f ‖ ~ isocianúrico *Isocyanursäure* f ‖ ~ láctico *Milchsäure* f ‖ ~ málico *Apfelsäure* f ‖ ~ mangánico *Mangansäure* f ‖ ~ manganoso *manganige Säure* ‖ ~ *muriático = clorhídrico ‖ ~ nicotínico *Nikotinsäure* f ‖ ~ nítrico *Salpetersäure* f ‖ ~ pícrico *Pikrinsäure* f ‖ ~ piroleñoso *Holzessigsäure* f ‖ ~ prúsico *Blau-, Cyanwasserstoff|säure* f ‖ ~ sacárico *Zuckersäure* f ‖ ~ salicílico *Salicylsäure* f ‖ ~ silícico *Kieselsäure* f ‖ ~ sulfúrico *Schwefelsäure* f ‖ ~ sulfuroso *schweflige Säure* f ‖ ~ tartárico *Weinsäure* f ‖ ~ tartárico levógiro *Weinsteinsäure* f ‖ ~ úrico *Harnsäure* f
acidofilia f ⟨Med⟩ *Acidophilie, Oxiphilie* f
acidófilo adj *acidophil*
acidómetro m = **acidímetro**
acidorresistencia f *Säure|beständigkeit, -festigkeit* f
acidosis f ⟨Med⟩ *Acidose* f ‖ *Säurevergiftung* f
acidular vt *(schwach) säuern (Flüssigkeit)*
acídulo adj *säuerlich* ‖ agua ~a *Säuerling* m
acierto m *Treffen* n *(des Ziels)* ‖ *Treffgenauigkeit* f ‖ fig *Erfolg* m ‖ con ~ *geschickt* ‖ *richtig, treffend*
aciguar [gu/gü] vi *Sal rasten*
aciguatado adj *bleich(süchtig), blaß*
aciguatar vt *And lauern, spionieren*
acije m *Vitriol* n
ácimo adj = **ázimo**
acimu|t m ⟨Astr⟩ *Azimut* m/n ‖ ~ magnético *Azimut* m/n *der Magnetnadel* ‖ **-tal** adj *azimutal*
acináceo adj ⟨Biol⟩ *azinös, traubenförmig*
acinesia f ⟨Med⟩ *Akinesie, Bewegungs|hemmung, -unfähigkeit* f
ación f *Steigbügelriemen* m
acipado adj *dicht (Tuch)*
acipenser m ⟨Fi⟩ *Stör* m (→ **esturión**)
acirate m ⟨Agr⟩ *erhöhter Grenzrain* m ‖ *Pfad* m *zwischen zwei Baumreihen*
acirón m Ar *Ahorn* m (→ **arce**)
acitara f *(Sattel)Decke* f, *Überwurf* m ‖ *Brückengeländer* n ‖ *Außenwand* f
acitrón m *Zitronat* n
acivilarse vt Chi *Zivilehe schließen*
ACJ (Alianza Mundial de Asociaciones Cristianas de Jóvenes) CVJM *(Weltallianz* f *der christlichen Vereine junger Männer)*
acl. Abk = **actual**
acla|mación f *Beifallsruf* m, *Zujauchzen* n ‖ por ~ *durch Zuruf, per Akklamation* ‖ **-mador** m *Beifallsrufer* m ‖ **-mar** vt *jdm Beifall zujubeln, spenden* ‖ *jdn dringend bitten* ‖ *anlocken (Geflügel)* ‖ ◊ ~ por *jdn durch Zuruf zum Führer wählen* ‖ **-matorio** adj *Beifalls-*
aclamídeo adj ⟨Bot⟩ *achlamydeisch, ohne Blütenhülle*
acla|ración f *Aufklärung, Erläuterung* f ‖ *Aufhellung, Erhellung* f ‖ para una ~ *zur Klärung e-r Frage* ‖ **-rada** f ⟨Mar⟩ *Blink* m ‖ **-rado** m *Ausspülen* n *der Wäsche* ‖ *andauer* m *Erklärer, Erläuterer* m ‖ **-rar** vt *klar machen, aufklären* ‖ *klären (Flüssigkeit)* ‖ *(ab)spülen* ‖ *ausspülen (Wäsche)* ‖ *(aus)lichten (e-n Wald)* ‖ *erläutern*

(Worte) ‖ fig *aufklären, erhellen* ‖ ~ vi *sich aufhellen (Wetter)* (& vr) ‖ *anbrechen (Tag)* ‖ **~se** vr (la garganta) *sich räuspern* ‖ **-ratorio** adj *auf-, er|klärend* ‖ **-readora** f ⟨Agr⟩ *Vereinzelungsmaschine* f ‖ **-recer** [-zc-] vt = **aclarar** ‖ **-reo** m ⟨Agr⟩ *Ver|einzeln, -ziehen* n
aclavelado adj *nelkenähnlich*
aclima|tación f *Akklimatisierung, Eingewöhnung* f ‖ **-tar** vt *akklimatisieren* ‖ **~se** *sich eingewöhnen* ‖ fig *heimisch werden*
aclínico adj *aklinisch*
aclocar [-ue, c/qu] vi: **~se** *gluck(s)en (Hühner)* ‖ fig *sich bequem zurechtsetzen, sich rekeln*
aclorhidria f ⟨Med⟩ *Achlorhydrie* f, *Salzsäurefehlen* n *(Magensaft)*
acloropsia f ⟨Med⟩ *Achloropsie* f
acmé f ⟨Biol⟩ *Akme* f, *Höhepunkt* m ‖ ⟨Med⟩ *Akme* f, *Fastigium, Gipfel, Höhepunkt* m *(e-r Krankheit)*
acné f ⟨Med⟩ *Akne, Haut|finne* f, *-ausschlag* m ‖ ~ alérgica *allergische Akne* f ‖ ~ brómica *Bromakne* f ‖ ~ clórica *Chlor|akne, -finne* f ‖ ~ necrótica *Pockenfinne* f *(Acne necroticans)* ‖ ~ yódica *Jodakne* f
acobar|dado adj *kleinmütig, verzagt, eingeschüchtert* ‖ **-damiento** m *Einschüchterung* f ‖ **-dar** vt *einschüchtern* ‖ **~se** *den Mut verlieren, verzagen*
acobrado adj *kupferfarben*
acocear vt *auskeilen, mit den Hinterfüßen treten (Pferde)* ‖ fig *mit Füßen treten*
acoclarse vr Ar *sich hocken, sich kauern*
acocham|brado adj Mex *verschmutzt* ‖ **-brar** vt Mex *ver|schmutzen, -unreinigen*
acocharse vr *sich kauern*
acochinar vt fam *abmurksen* ‖ *einschüchtern* ‖ fam *grob beleidigen* ‖ vulg *zur Sau machen*
aco|dado adj: s *kniefjörmig* ‖ *gebogen* ‖ ~ m ⟨Arch⟩ *Kröpfung* f ‖ *Verkröpfung* f *(der Kurbelwelle)* ‖ llave ~a *Schlüssel* m *mit schrägem Bart* ‖ **-dadura** f *Krümmen* n, *Krümmung* f *(z. B. e-r Röhre)* ‖ ⟨Agr⟩ *Absenken* n ‖ ⟨Med⟩ *Abknickung* f ‖ **-dalar** vt *abstützen* ‖ ⟨Bgb⟩ *abspreizen* ‖ **-dar** vt *mit dem Ell(en)bogen (auf)stützen* ‖ ⟨Ableger⟩ *einsenken* ‖ ⟨Agr⟩ *absenken* ‖ ⟨Tech Arch⟩ *kröpfen* ‖ **~se** *sich auf den Ell(en)bogen stützen*
acoderar vt ⟨Mar⟩ *quer vor Anker legen* ‖ Chi *ein Schiff am anderen vertäuen*
acodiciar vt *lüstern machen* ‖ **~se** *sich gelüsten lassen (nach dat)*
acodillar vt *ellenbogenförmig biegen*
acodo m *Ableger, Fechser, Setzling* m ‖ ⟨Agr⟩ *Absenker* m ‖ ⟨Arch⟩ *vorspringender Schlußstein* m *(e-s Gewölbes)*
acoge|dizo adj *leicht aufzunehmen* ‖ *anlehnungsbedürftig (Person)* ‖ **-dor** m/adj *Aufnehmer, Beschützer* m ‖ ~ adj *einladend, gemütlich* ‖ *gastfreundlich, gewinnend, liebenswürdig*
aco|ger [g/j] vt *aufnehmen, empfangen* ‖ fig *gutheißen* ‖ fig *beschützen* ‖ ◊ ~ bien a uno *jdn freundlich aufnehmen* ‖ **~se** *sich flüchten (a zu dat)* ‖ *(jds Ansicht) beipflichten* ‖ ◊ ~ a alg. *sich an jdn halten* ‖ ~ a sagrado *sich an e-n geweihten Ort flüchten* ‖ **-gida** f *Aufnahme* f, *Empfang* m ‖ *Zufluchtsort* m ‖ *Zuflucht* f, *Schutz* m ‖ *An|stauung, -sammlung* f ‖ ◊ dispensar favorable ~ *freundlich aufnehmen* ‖ **-gido** m/adj *Armenhäusler* m ‖ **-gimiento** m *Aufnahme* f, *Empfang* m
acogo|lladamente adv *heimlich* ‖ *voreilig* ‖ **-llar** vt *(die zarten Pflanzen) mit Stroh zudecken* ‖ **~se** *Köpfe ansetzen (Kohl)* ‖ *Schößlinge treiben (Baum)* (& vi)
acogombrar vt = **acohombrar**
acogotar vt *durch einen Genickstoß töten* ‖ *im Genick packen* ‖ fig *klein-, unter|kriegen* ‖ fig *plagen, quälen* ‖ Chi *überraschen*

acohombrar vt *häufeln (Pflanzen)*
acojinar vt *(durch)steppen* ǁ *polstern*
acojo|nado adj/m sehr vulg *ängstlich, feige* ǁ ~ m *Feigling* m ǁ **–namiento** m *sehr vulg Einschüchterung* f ǁ **–nante** adj sehr vulg *furchterregend* ǁ **–nar** vt sehr vulg *einschüchtern* ǁ **–narse** vr sehr vulg *Angst bekommen, sich einschüchtern lassen* ǁ → **cojones**
aco|lada f ⟨Typ⟩ *Akkolade, geschweifte Klammer* f *({})* ǁ *Akkolade* f *(beim Ritterschlag)* ǁ ◊ *dar la* ~ *zum Ritter schlagen* ǁ **–lar** vt ⟨Her⟩ *vereinigen (Wappen)*
acol|chado m *Steppzeug* n, *Polsterung* f ǁ **–char** vt *steppen* ǁ *(aus)wattieren* ǁ *polstern*
acóleo adj ⟨Zool⟩ *acölus*
acolia f ⟨Med⟩ *Acholie* f
acólito m ⟨kath⟩ *Akoluth, Akolyt* m ǁ *Ministrant, Meßgehilfe* m ǁ fam *Gefährte,* iron *getreuer Schatten* m
acología f ⟨Med⟩ *Heilmittellehre* f
aco|llador m ⟨Mar⟩ *Sorrtau* n ǁ **–llar** [-ue] vt ⟨Mar⟩ *sorren* ǁ ⟨Mar⟩ *mit Werg verstopfen (Fugen)* ǁ ⟨Agr⟩ *häufeln (Pflanzen)*
acolla|rado adj *geringelt, Ringel- (von Tieren, bes Vögeln)* ǁ **–rar** vt *(e–m Hund) ein Halsband, (e–m Pferd) ein Kum(me)t anlegen* ǁ ⟨Jgd⟩ *(Jagdhunde) koppeln* ǁ **–se** Am *handgemein werden* (con *mit* dat) ǁ *Arg* vulg *in wilder Ehe leben*
acollo|nar, –se → **acojo|nar, –se**
acombado m ⟨Tech⟩ *Aufbauchung* f
acomedido adj Am *dienstbeflissen* ǁ *gefällig*
acome|tedor m *Angreifer* m ǁ **–ter** vt/i *angreifen, anfallen* ǁ *unternehmen, in Angriff nehmen* ǁ *sich stürzen auf* (acc) ǁ *wagen* ǁ *befallen (Schlaf, Versuchung)* ǁ *berühren (in der Rede)* ǁ ⟨Tech⟩ *sich anschließen an* (acc) ǁ *er-, an|stürmen, -greifen* ǁ ◊ ~ *hace vencer frisch gewagt ist halb gewonnen* ǁ **–tida** f, **–timiento** m *Angriff, Anfall* m ǁ *Unternehmung* f ǁ *Inangriffnahme* f ǁ ⟨El⟩ *Lichtanschluß* m ǁ ⟨Tech⟩ *Rohrmündung* f ǁ **–tida de agua** *Wasserzuleitung* f ǁ **–tida de gas** *Gasanschluß* m ǁ **–tida de luz** *Lichtanschluß* m ǁ **–tividad** f *Streit-, Angriffs|lust* f ǁ fig *Draufgängertum* n
acomo|dable adj *tauglich* ǁ *anpassungsfähig* ǁ **–dación** f *Anpassung(sfähigkeit)* f ǁ *Unterbringung* f ǁ ⟨Tech⟩ *Einbauvorrichtung, Anbringung* f ǁ **–dadamente** adv *bequem* ǁ *ordnungsgemäß* ǁ **–dadizo** adj *leicht anzupassen,* ǁ *fügsam* ǁ *leicht zu befriedigen* ǁ **–dado** adj *geeignet, passend* ǁ *behäbig* ǁ *bequem* ǁ *gemächlich, auskömmlich (Leben)* ǁ *billig, wohlfeil* ǁ **–dador** m *Vermittler* m ǁ *Saaldiener* m ǁ ⟨Th⟩ *Logenschließer* m ǁ **–dadora** f *Platzanweiserin* f ǁ **–damiento** m *Anpassen* n ǁ *gütlicher Vergleich* m
acomo|dar vt *ordnen, in Ordnung bringen* ǁ *anbringen* ǁ *stellen, setzen* ǁ *jdn unterbringen, versorgen* ǁ *(einen Streit) beilegen* ǁ ~ vi *passen, behagen* ǁ *Platz anweisen* ǁ *jdm e–e Stelle verschaffen* ǁ *übereinstimmen* ǁ **–se** *sich schicken, sich fügen* ǁ *sich zurechtsetzen* ǁ ⟨Jur⟩ *sich vergleichen (mit den Gläubigern)* ǁ ◊ ~ *a las circunstancias sich in die Lage fügen* ǁ ~ *de sich versehen mit* (dat)
acomo|daticio adj *sehr anpassungsfähig* ǁ en sentido ~ *figürlich* ǁ **–dativo** adj = **–dadizo** ǁ **–do** m *Bequemlichkeit* f ǁ *Gelegenheit* f ǁ *Anstellung, Stelle* f ǁ *Unterkunft* f ǁ *Auskommen* n ǁ *Versorgung* f
acompa|ñado adj *beiliegend, beigelegt* ǁ fam *belebt (Ort)* ǁ ~ *de in Begleitung von* (dat) ǁ *lugar* ~ fam *vielbesuchter Ort* m ǁ **–ñador** m *Begleiter* m ǁ **–ñamiento** m *Begleitung* f ǁ *Gefolge* n ǁ *Gefolgschaft* f ǁ *Geleit* n ǁ ⟨Th⟩ *Komparsen* mpl ǁ ~ *de orquesta* ⟨Mus⟩ *Orchesterbegleitung* f ǁ **–ñante** m *Begleiter* m ǁ ⟨Aut⟩ *Beifahrer* m
acompañar vt/i *jdn begleiten* ǁ *jdm als Kenner beistehen* ǁ *jdm Gesellschaft leisten* ǁ ⟨Com⟩ *beilegen, einschließen* ǁ ◊ ~ *a algn. en el sentimiento jdm sein Beileid aussprechen* ǁ ~ *a primera vista* ⟨Mus⟩ *aus dem Stegreif begleiten* ǁ ~ *de (od* con) *pruebas durch Beweise erhärten* ǁ ~ *el importe al pedido den Betrag der Bestellung beifügen*
acompa|sado adv ⟨Mus⟩ *nach dem Takt* ǁ fig *wohlgeordnet* ǁ *gemessen, langsam* ǁ **–sar** vt *ab|zirkeln, -passen*
acomplejar vt bes fam *jdm Komplexe bzw Hemmungen verursachen* ǁ **–se** vr fam *Komplexe bzw Hemmungen bekommen*
acomunarse vr *sich verbünden* (con *mit* dat)
aconchar vt *gegen et anlehnen, stemmen* ǁ ⟨Mar⟩ *(Schiff) ans Ufer treiben (Wind)* ǁ ⟨Mar⟩ *auflaufen* ǁ **–se** ⟨Taur⟩ *sich an die Bretterwand stemmen (Stier)* ǁ Am fam *nassauern, schmarotzen*
acondicio|nado adj: *bien* (mal) ~ *gut (schlecht) beschaffen (Waren)* ǁ *in guter (schlechter) Verfassung* ǁ *fig von guter (schlechter) Gemütsart* ǁ *aire* ~ *Klimaanlage* f ǁ **–nador** m *(de aire) Klimaanlage* f ǁ **–namiento** m *Konditionieren* n ǁ *Auf-, Zu|bereitung* f ǁ ~ *de aire Klima|tisierung, -anlage* f ǁ **–nar** vt *bilden, gestalten* ǁ *herrichten* ǁ *konditionieren* ǁ *anrichten, zubereiten (Speisen)*
acondro|plasia f ⟨Med⟩ *Achondroplasie* f ǁ **–plástico** adj *achondroplastisch*
acongo|jadamente adv *mit Betrübnis* ǁ **–jado** adj *bekümmert* ǁ *vergrämt, verhärmt* ǁ **–jar** vt *betrüben* ǁ *beklemmen* ǁ **–se** *sich ängstigen*
aconitina f ⟨Chem⟩ *Aconitin* n
acónito m ⟨Bot⟩ *Akonit* n, *Eisenhut* m (Aconitum spp)
aconse|jable adj *ratsam, empfehlenswert* ǁ **–jado** adj: mal ~ *übelberaten, unbesonnen* ǁ **–jador, –jante** m *Ratgeber, Berater* m ǁ **–jar** vt *jdm raten, (Rat) erteilen, jdn beraten* ǁ **–se** con *(od de) uno sich bei jdm Rat (ein)holen* (dat) ǁ ◊ ~ *mejor sich eines Besseren besinnen* ǁ *tengo que aconsejarme con la almohada ich muß (erst) einmal die Sache überschlafen*
aconsonantar vt *in Reime bringen* ǁ ~ vi *(sich) reimen*
aconte|cedero adj *was sich ereignen kann* ǁ **–cer** [-zc-] vt/impers *sich ereignen, vorkommen* ǁ *hacer y* ~ fam *seine Drohungen verwirklichen* ǁ **–cimiento** m *Ereignis* n, *Begebenheit* f ǁ *Erlebnis* n
acontentar vt Ar *befriedigen*
acontraltado adj *mit Altstimme, Alt-*
acopa adj adv Mex *angebracht, angenehm* ǁ ◊ *caer (od llegar od venir)* ~ Mex *sehr gelegen kommen*
aco|pado adj *becherförmig (Huf)* ǁ *baumkronenförmig* ǁ **–pador** m *Treibhammer* m ǁ **–par** vt ⟨Agr⟩ *die Kronenbildung künstlich beeinflussen* ǁ vi *Kronen bilden*
acopetado adj *schopfartig*
aco|piador m *Aufkäufer, Anhäufer* m ǁ **–piar** vt *auf-, anhäufen, ansammeln* ǁ *aufkaufen* ǁ **–pio** m *Vorrat* m ǁ *Aufkauf* m ǁ *Anhäufung* f ǁ ~ *de datos Erfassen* n *von Daten* ǁ ◊ *hacer* ~ *de valor seinen ganzen Mut zusammennehmen*
aco|plado adj: *(coche)* ~ *Anhänger* m *(Wagen)* ǁ *ruedas* ~*as fpl* ⟨EB⟩ *Kuppelräder* npl ǁ **–pladura** f ⟨Zim⟩ *Zusammenfügen* n ǁ **–plamiento** m *Paarung* f ǁ ⟨Tech⟩ *(feste) Kupplung* f ǁ *Kupp(e)lung, Schaltung* f ǁ ~ *automático selbsttätige Kupplung* f ǁ ~ *articulado Gelenkkupplung* f ǁ ~ *de árbol,* ~ *axial Wellenkupplung* f ǁ ~ *de cañones* ⟨Mil⟩ *Laufkupplung* f ǁ ~ *cardán Kardankupplung* f ǁ ~ *cónico Konuskupplung* f ǁ ~ *corredizo Schiebekupplung* f ǁ ~ *desembragable ausrückbare Kupplung* f ǁ ~ *por deslizamiento Schiebekupplung* f ǁ ~ *de disco* ⟨Aut⟩ *Scheibenkupplung* f ǁ ~ *extensible Ausdehnungs-, Verlängerungs|-*

acoplar — acrecencia 16

kupplung f || ~ fijo *feste Kupplung* f || ~ heterodino *Heterodynschaltung* f || ~ hidráulico *hydraulische Kupplung, Flüssigkeitskupplung* f || ~ de manguera *Schlauchkupplung* f || ~ de manguito *Schalen-, Hülsen-, Muffen|kupplung* f || ~ de pernos *Bolzenkupplung* f || ~ por reacción *Rückkopp(e)lung* f || ~ del remolque ⟨Aut⟩ *Anhängerkupplung* f || ~ reversible *Umkehrkupplung* f || ~ de seguridad *Sicherheitskupplung* f || ~ de vástago *Stangenkupplung* f || árbol de ~ *Kupp(e)lungswelle* f || **-plar** vt *anpassen, aneinanderpassen* || *paaren* || ⟨Zugvieh⟩ *anspannen* || *zusammen|koppeln, -schirren (Pferde)* || *belegen lassen (Tiere)* || fig *aussöhnen* || ⟨Tech⟩ ⟨Räder⟩ *kuppeln* || ⟨El⟩ *(eine Batterie) schalten, kuppeln* || ◊ ~ por las bridas ⟨Tech⟩ *anflanschen* || ~ los cables directamente *Kabel durchschalten* || ~ retroactivamente *rückkoppeln* || ~se vr *sich zusammentun* || *sich paaren* || *sich liebgewinnen*
acoqui|namiento m *Einschüchterung* f || **-nar** vt fam *jdn einschüchtern* || ~se fam *den Mut verlieren, sich einschüchtern lassen*
acoralado adj *korallenartig* || *korallenrot*
acorar vt *betrüben, beklemmen*
acora|zado adj *gepanzert* || *motor ~ Panzermotor* m || ~ m *Panzer|schiff* n, *-kreuzer* m || ~ de batalla, ~ de combate *Schlachtschiff* n || ~ de bolsillo *Taschenkreuzer* m || ~ de línea *Linienschiff* n || cámara -zada *Panzerschrank* m || división -zada ⟨Mil⟩ *Panzerdivision* f || **-zar** [z/c] vt *panzern*
acorazonado adj *herzförmig*
acor|chado adj *(korkartig) eingetrocknet, eingeschrumpft* || **-char** vt *mit Kork auslegen* || *mit Korken verschließen* || ~se vr *korkartig werden* || *einschrumpfen* || fig *abstumpfen (Gewissen, Sinne)* || *einschlafen (Glied)*
acor|dada f *Beweisdokument* n || ⟨Jur⟩ *gerichtliche Anweisung* f || *Kurvenlineal* n || Mex *Fahne* f || **-dadamente** adv *einmütig, einstimmig* || **-dado** adj *einmütig beschlossen* || ~ m *Gerichtsbeschluß* m || **-danado** adj *Am gerändelt, randriert* || *Rändel-, Kordel-*
acordar [-ue-] vt *entscheiden, beschließen, einen Beschluß fassen* || *vereinbaren* || *bewilligen* || *zugestehen* || *in Einklang bringen, vergleichen* || *befehlen, vorschreiben* || *erinnern, in Erinnerung bringen* || ⟨Mus⟩ *(zusammen)stimmen* || ⟨Tel⟩ *abstimmen* || ~ vi *beistimmen* || *übereinstimmen* || *hacer ~ (a) erinnern an (acc)* || ~se *ein Abkommen treffen* || *sich vergleichen (con mit dat)* || ~ con *sich einigen mit (dat)* || ~ de a. *sich erinnern an (acc), gedenken (gen)* || si mal no me acuerdo *wenn ich mich recht entsinne* || si te he visto, no me acuerdo *etwa: Undank ist der Welt Lohn*
acorde adj *übereinstimmend* || *einmütig* || ⟨Mus⟩ *harmonisch* || ~ m ⟨Mus⟩ *Akkord, Einklang* m
acordelar vt *mit e-r Schnur abstecken*
acordemente adv *einstimmig*
acordeón m ⟨Mus⟩ *Akkordeon* n, *Ziehharmonika* f
acordeo|na f Ur *Akkordeon* n || **-nista** m *Akkordeonspieler* m
acordo|nado adj *schnurförmig* || fig *abgeriegelt (von der Polizei, von Truppen)* || fig *umzingelt* || Mex *schlank, schmächtig (Tier)* || **-nador** m *Rändelmaschine* f *zum Münzen* || **-namiento** m *Einschnürung* f || *Verschnürung* f || *Abriegelung, Umstellung, Umzingelung* f || *Truppenkette* f || ~ policíaco *Polizei|kordon* m, *-kette* f || **-nar** vt *mit einem Strick (um)binden, abgrenzen* || *rändern (Münzen)* || *rändeln, mit Rändelung versehen* || *umstellen, umzingeln* || *abriegeln (Grenze, Straße)* || ⟨Mil⟩ *(durch eine Truppenkette) einschließen* od *umzingeln*
acores mpl ⟨Med⟩ *Flechtenausschlag* m *der Kinder*

acorn(e)ar vt/i *mit den Hörnern stoßen*
ácoro m ⟨Bot⟩ *Kalmus* m (Acorus calamus)
acorra|ladamente adv *hastig, verwirrt* || **-lamiento** m *Einpferchung* f || *Bedrängnis* f || *política de ~ Einkreisungspolitik* f || **-lar** vt *einpferchen* || *in die Enge treiben* || *jdm den Weg verstellen* || *einkreisen* || fig *einschüchtern* || ⟨Jgd⟩ *eingattern (Wild)* || ⟨Mil⟩ *einschließen, abschnüren* || jdn *aus der Fassung bringen* || ~se *in Furcht geraten*
aco|rrer vt *jdn unterstützen, jdm zu Hilfe eilen* || ~ vi *herbeieilen* || **-rro** m *Hilfe* f, *Beistand* m
acor|tadizos mpl *Abfälle* mpl *beim Schneiden* || **-tamiento** m s v. **-tar** || ~ de jornada *Verkürzung* f *der Arbeitszeit* || **-tar** vt *verkürzen, abkürzen* || *vermindern* || *abschneiden (Weg)* || ◊ ~ el paso *langsamer gehen* || ~ la vela ⟨Mar⟩ *Segel einziehen* || ~ vi *kürzer werden (Tage)* || ~se fig *stocken (im Reden)*
acortejarse vr pop PR *in wilder Ehe leben*
acorvar vt *krümmen, biegen*
acorzar [z/c] vt Ar *(ver)kürzen*
aco|sadamente adv *heftig, mit Ungestüm* || **-sador** m *hartnäckiger Verfolger* m || *Hetzer* m || **-samiento** m *Verfolgung* f || *Anfeindung* f || *Hetze* f || **-sar** vt *heftig verfolgen, hetzen* || fig *verfolgen, peinigen, quälen* || *jdn bedrängen* || *jdm zusetzen* || ◊ ~ a preguntas *mit Fragen bestürmen (od fam löchern)*
acosmismo m ⟨Philos⟩ *Akosmismus* m
acoso m *Hetze, Verfolgung* f
acos|tada f *Ausruhen* n, *Rast* f || **-tado** adj *liegend* || ⟨Her⟩ *nebenstehend* || **-tamiento** m *Niederlegen* f || *Vergütung* f
acostar [-ue-] vt *zu Bett bringen* || *näherbringen, heranrücken* || ~ vi ⟨Mar⟩ *an die Küste gelangen, anlegen* || ~se *sich niederlegen* || *zu Bett gehen* || *sich (der Küste) nähern*
acostillado adj *gerippt*
acostum|bradamente adv *gewohntermaßen* || **-brado** adj *gewohnt* || *gewöhnt (a an acc)* || *gewöhnlich* || *mal ~ verwöhnt* || **-brar** vt *(an)gewöhnen* || ~ vi *gewohnt sein, pflegen* || ◊ acostumbro *salir ich pflege auszugehen* || ~se *sich (an)gewöhnen* || *vertraut werden (a mit dat)*
¹**aco|tación** f, **-tamiento** m *Rand|note, -bemerkung, Glosse* f || ⟨Th⟩ *Bühnenanweisung* f || **-tar** vt *mit Randbemerkungen versehen* || *(Akten) beziffern*
²**aco|tación** f *Grenzscheidung, Abgrenzung* f || *Einfried(ig)ung* f || *Einhegen* n || *Maßeintragung, Bemaßung* f || **-tada** f *eingefriedetes Grundstück* n || *eingefriedigte Baumschule* f || **-tado** adj *abgegrenzt, eingefriedet* || **-tamiento** m *Abgrenzung, Einfriedigung* f || ⟨EB⟩ *Bankett* n || **-tar** vt *einfried(ig)en, durch Grenzzeichen begrenzen* || ⟨Top⟩ *abmarken* || ⟨Agr⟩ *(Bäume) kappen* || fig *begrenzen*
acote m ⟨Agr⟩ *Düngen* n *des bestellten Feldes* || ⟨Bot⟩ *Orleansstrauch* m (Bixa orellana) || Mex *Flaschenkürbispflanze* f
acotile|dóneas fpl ⟨Bot⟩ *Nackt|keimer, -samer* mpl || **-dóneo** adj ⟨Bot⟩ *samenlappenlos*
acotillo m *Schmiede-, Zuschlag|hammer* m
acoyundar vt *anjochen (Ochsen)*
acr. Abk = acreedor
acra f [el] *Morgen* m *Land* (40,47 Ar)
acracia f ⟨Med⟩ *Schwäche* f (→ astenia) || ⟨Pol⟩ *Akratie, Anarchie* f
acras m ⟨Bot⟩ *Sapotillbaum* m (Achras = Manilkara zapota)
ácrata adj *akratisch, anarchistisch, anarchisch* || ~ m *Anarchist* m
Acre m: territorio del ~ ⟨Geogr⟩ *Acregebiet* n
¹**acre** m *(engl. Landmaß) Acker, Morgen* m *Land* (40,47 Ar)
²**acre** adj *scharf, herb* || fig *derb, rauh, schroff, unliebenswürdig*
acrecen|cia f *Zuwachs* m, *Vermehrung, Zu-*

nahme f ‖ **–tar** [-ie-] vt *vermehren, vergrößern* ‖ ◊ ~ la productividad *die Produktivität steigern* ‖ **~se** *zunehmen*
acre|cer [-zc-] vt *vermehren* ‖ ◊ ~ a algn. ⟨Jur⟩ *jdm anwachsen* ‖ **–cimiento** *m Zuwachs* m, *Zunahme* f ‖ ⟨Jur⟩ *Zuwachsrate* n ‖ *Anwachs* m, *Anwachsung* f *(Erbrecht)*
acredi|tado adj *geachtet, angesehen* ‖ *einflußreich* ‖ *bewährt* ‖ *beglaubigt (Diplomat)* ‖ *behördlich bestallt (Amtsperson)* ‖ ◊ estar ~ cerca de akkreditiert *sein bei* (dat) ‖ tienda ~a *renommiertes Geschäft* ‖ **–tamiento** *m* ⟨Jur⟩ *Glaubhaftmachung* f ‖ **–tar** vt *in guten Ruf bringen* ‖ *Ansehen verleihen* ‖ *rechtfertigen* ‖ *bekräftigen* ‖ *verbürgen* ‖ *e–m Konto gutschreiben* ‖ *beglaubigen (Gesandten)* ‖ *glaubhaft machen* ‖ *in Mode bringen* ‖ ◊ ~ la identidad *od* la personalidad ⟨Jur⟩ *sich ausweisen (können)* ‖ **~se** *sich bewähren* ‖ *sich ausweisen* ‖ *sich Ansehen erwerben* ‖ ◊ ~ (para) con alg. *jds Vertrauen gewinnen* ‖ ~ con a. *sich durch et Ruf, Ansehen erwerben* ‖ ~ de loco *so handeln, daß man für einen Narren gehalten wird* ‖ **–tivo** *m:* ~ de cheque *Kreditscheck* m
acreedor adj *anspruchsberechtigt* ‖ *e–r S würdig, sie verdienend* ‖ ~ a la gratitud de la patria *um das Vaterland verdient* ‖ ~ *m Gläubiger* m ‖ ~ anticrético ⟨Jur⟩ *Nutzungspfandgläubiger, antichretischer Gläubiger* m ‖ ~ concursal ⟨Jur⟩ *Konkursgläubiger* m ‖ ~ ejecutante ⟨Jur⟩ *Vollstreckungsgläubiger* m ‖ ~ embargante ⟨Jur⟩ *Arrestgläubiger* m ‖ ⟨Jur⟩ *Pfändungsgläubiger* m ‖ ~ en herencia ⟨Jur⟩ *Nachlaßgläubiger* m ‖ ~ hipotecario ⟨Jur⟩ *Hypothekengläubiger* m ‖ ~ pignoraticio ⟨Jur⟩ *Pfandgläubiger* m ‖ ~ preferente, ~ privilegiado ⟨Jur⟩ *bevorrechtigter Gläubiger, Vorzugsgläubiger* m ‖ ~ de la quiebra ⟨Jur⟩ *Konkursgläubiger* m ‖ ~ solidario ⟨Jur⟩ *Gesamtgläubiger* m *koncurso de* ~es, junta de ~es *Gläubigerversammlung* f ‖ ◊ ser ~ de una cantidad *eine Summe guthaben*
acreencia f Am *Guthaben* n
acremente adv *scharf* ‖ *derb*
acrescente adj ⟨Bot⟩ *fortwachsend (Kelch)*
acri|bador *m* ⟨Korn⟩*Sieber* m ‖ **–badura** *f (Durch)Sieben* n ‖ *Siebrückstand* m ‖ **~s** *pl Aussiebsel* n ‖ **–bar** vt *(durch)sieben* ‖ fig *sichten*
acribia f *Akribie* f
acribillar vt *wie ein Sieb durchlöchern* ‖ fig *bedrängen, plagen, quälen (Gläubiger)* ‖ ◊ ~ a bayonetazos *mit Bajonettstichen durchlöchern* ‖ ~ a preguntas *mit Fragen überschütten*
acrídido *m* ⟨Entom⟩ *Heuschrecke* f
acridio *m* = **acridido**
acrilato *m* ⟨Chem⟩ *Akrylat* n
acrimi|nación *f Beschuldigung, Anklage* f ‖ **–nar** vt *beschuldigen, anklagen* ‖ *eine schlimme Deutung geben* (dat)
acrimo|nia *f Schärfe, Bitterkeit* f ‖ fig *Bitterkeit* f ‖ fig *Heftigkeit, Schroffheit* f ‖ **–nioso** adj *scharf, herb* ‖ fig *beißend*
acriollarse vr Am *Lebensweise der Kreolen (criollos) annehmen* ‖ *Lebensart der Einheimischen e–s Landes annehmen*
acris *m* ⟨Zool⟩ *Heuschreckenfrosch* m (Acris gryllus)
acrisola|do adj: vida –da *untadeliges Leben* n ‖ **–damente** adv *rein* ‖ **–miento** *m Läuterung* f ‖ *Reinheit* f ‖ **–r** vt *(Metalle) läutern (& fig)* ‖ **~se** fig *sich bewähren*
acristalar vt *verglasen*
acristianar vt *christianisieren* ‖ fam *taufen* ‖ → **cristianar**
acrítico adj *unkritisch*
acritud *f Schärfe, Säure, Bitterkeit* f ‖ *Versprödung* f *(Eisen, Stahl)*
acroamático adj *akroamatisch*
acrobacia *f Akrobatik* f ‖ ~ aérea ⟨Flugw⟩ *Kunstflug* m

acróbata *m Akrobat, Seiltänzer* m
acrobático adj *akrobatisch*
acrobatismo *m* ⟨Flugw⟩ *Kunstflug* m
acrocefalia *f Akrozephalie, Spitzschäd(e)ligkeit* f
acromasia *f* ⟨Med⟩ *Achromasie, Farbenfehlerhaftigkeit* f
acro|mático adj ⟨Opt⟩ *farblos, achromatisch* ‖ **–matismo** *m* ⟨Opt⟩ *Achromatismus* m, *Achromasie* f
acroma|topsia *f* ⟨Med⟩ *Achromatopsie, Farbenblindheit* f ‖ **–tóptico** adj/s *farbenblind* ‖ ~ *m Farbenblinder* m
acromegalia *f* ⟨Med⟩ *Akromegalie* f, *Spitzenwuchs* m
acromial adj: arteria ~ ⟨An⟩ *Schulterhöhenarterie* f
acromion *m* ⟨An⟩ *Schulterecke, Schulterhöhe* f
Acrópolis *f Akropolis* f ‖ ~ *f Hochburg* f ‖ *Bollwerk* n
acróstico adj: (verso) ~ *Akrostichon* n
acrotera *f* ⟨Arch⟩ *Giebelverzierung, Akroterie* f
acrotismo *m* ⟨Med⟩ *Akrotismus* m, *Pulslosigkeit* f
acta *f* [el] *Sitzungsbericht* m ‖ *Schriftsatz* m ‖ ⟨Jur⟩ *Akte* f ‖ ⟨Jur⟩ *Urkunde, Niederschrift* f, *Protokoll* n ‖ ⟨Jur⟩ *Akt* m *(unkorrekt)* ‖ ~ de acusación ⟨Jur⟩ *Anklageerhebung* f ‖ ~ de canje de ratificaciones *Protokoll* n *über den Austausch der Ratifizierungsurkunden* ‖ ~ de cesión ⟨Jur⟩ *Zessionsurkunde* f ‖ ~ de constitución *f Gründungs|akte, -urkunde, Verfassung* f ‖ ~ de depósito de ratificaciones *Protokoll* n *über die Hinterlegung der Ratifizierungsurkunden* ‖ ~ ejecutoria ⟨Jur⟩ *vollstreckbare Urkunde* f ‖ ~ final *Schlußakte* f ‖ ~ de firma *Unterzeichnungsprotokoll* n ‖ ~ general *Generalakte* f ‖ ~ de Algeciras *Algeciras-Generalakte* f *(1906)* ‖ ~ de matrimonio ⟨Jur⟩ *Heiratsurkunde* f, *Trauschein* m ‖ ~ matriz *Urschrift* f ‖ ~ de nacimiento ⟨Jur⟩ *Geburts-, Abstammungs|urkunde* f ‖ ~ notarial ⟨Jur⟩ *notarielles Protokoll* n ‖ ~ de notificación ⟨Jur⟩ *Zustellungsurkunde* f ‖ ~ de notoriedad ⟨Jur⟩ *Offenkundigkeitsurkunde* f ‖ ~ de revisión *Prüfbericht* m *(Bilanz)* ‖ ~ de (la) sesión *Sitzungsprotokoll* n, *Verhandlungsniederschrift* f ‖ ~ sumaria *Kurz|bericht* m, *-protokoll* n ‖ ~ taquigráfica *stenographische Niederschrift* f ‖ *ausführliches Protokoll* n ‖ ◊ levantar ~ *das Protokoll aufnehmen* ‖ **~s** *pl Akten* fpl ‖ *Beschlüsse* mpl ‖ *Lebensbeschreibungen* fpl *der Heiligen* ‖ ~ del congreso *m Kongreßbericht(e)* m(pl)
actinia *f* ⟨Zool⟩ *Seerose* f (Actinia sp)
actinidad *f Aktinität, Lichtstrahlenwirkung* f
actínico adj ⟨Opt⟩ *aktinisch*
actinio *m* ⟨Chem⟩ *Actinium* n
actinolita *f* ⟨Min⟩ *Strahlstein, Aktinolith* m
actinómetro *m Aktinometer* n, *Strahlenmesser* m ‖ ⟨Phot⟩ *Belichtungsmesser* m
actino|mices *m Aktinomyzet, Strahlenpilz* m ‖ **–miceto** *m Aktinomyzet, Strahlenpilz* m ‖ **–micosis** *f* ⟨Agr⟩ *Kartoffelschorf* m ‖ ⟨Med Vet⟩ *Aktinomykose, Strahlenpilzkrankheit* f ‖ **–mórfico** adj = **actinomorfo** adj *aktinomorph*
actinoterapia *f* ⟨Med⟩ *Aktino-, Strahlen|therapie* f
actitar vt Ar *weiter|geben, -leiten (Verwaltung)*
actitud *f Stellung, Haltung* f ‖ *Gebaren* n ‖ ⟨Mal⟩ *Körperstellung* f ‖ *Benehmen* n ‖ *Handlungsweise* f ‖ ~ conminativa *drohende Haltung* f ‖ ~ expectante *abwartende Haltung* f ‖ ~ firme *feste Haltung* f ‖ ~ intransigente *unnachgiebige Haltung* f ‖ ~ iracunda *zorniges Gebaren* n ‖ ◊ mudar de ~ *sein Verhalten ändern*
activación *f Antrieb* m, *Förderung* f ‖ *Aktivierung* f

activador *m Beschleuniger, Aktivator* m || *Anreger* m

acti|vamente *adv energisch, tatkräftig* || *eifrig* || **-var** *vt in Tätigkeit setzen* || *antreiben* || *in Gang bringen* || *fördern, beschleunigen* || *beleben, fördern* || *betreiben, besorgen*

acti|vidad *f Tätigkeit* f || *Wirksamkeit, Geschäftigkeit, Betriebsamkeit* f || *Lebhaftigkeit* f || *Heftigkeit* f || *Beschäftigung* f || *Erwerb* m || *Aufgabenkreis* m || ~ *administrativa Verwaltungs|tätigkeit* f, *-handeln* n || ~ *de combate m Gefechtstätigkeit* f || ~ *contraria al objet(iv)o de las vacaciones dem Urlaubszweck widersprechende Erwerbstätigkeit* f || ~ *mercantil Handelsgewerbe* n || ~ *profesional secundaria Nebengewerbe* n || ~ *sindical gewerkschaftliche Betätigung* f || *syndikale Betätigung* f *(in Spanien)* || ~ *suplementaria Neben|beschäftigung, -tätigkeit* f || *coeficiente m de* ~ ⟨Chem⟩ *Aktivitätskoeffizient* m || *volcán en* ~ *tätiger Vulkan* m || ◊ *entrar en* ~ *in Wirksamkeit treten* || ~**s** *subversivas staatsfeindliche (od umstürzlerische) Umtriebe* mpl || *(Hetzund) Wühl|arbeit* f || **-vista** *m Aktivist* m || **-vo** *adj tätig* || *wirksam* || *tatkräftig* || *fleißig* || *heftig* || *aktiv (Beamte)* || *vida* ~**a** *Geschäftsleben* n || *verbo*~ ⟨Gr⟩ *Aktiv, tätiges Zeitwort* n || *voz* ~**a** ⟨Gr⟩ *Aktiv* n, *Aktiv-, Tätigkeits|form* f || ⟨Pol⟩ *Stimme* f *mit Wahlrecht* || ~ *m Haben* n, *Aktiva* npl || ~ *en circulación Betriebskapital* n

acto *m Handlung, Tat* f, *Werk* n || ⟨Th⟩ *Aufzug, Akt* m || *Aufsatz* m *(Schulübung)* || *Urkunde* f || *öffentliche Feierlichkeit* f || ~ *administrativo* ⟨Jur⟩ *Verwaltungsakt* m || ~ *de agresión Angriffshandlung* f || ~ *anulable* ⟨Jur⟩ *aufhebbarer Verwaltungsakt* m || ~ *de apertura Eröffnungsfeier(lichkeit)* f || ~ *de clausura Schlußfeier* f || ~ *colectivo* ⟨Jur⟩ *Gesamtakt* m || ~ *de comercio Handelsgeschäft* n || ~ *de conciliación* ⟨Jur⟩ *Sühneversuch* m || ⟨Jur⟩ *(gerichtlicher) Ausgleich* m || ~ *conmemorativo Gedenkfeier* f || ~ *constitutivo (de derecho)* ⟨Jur⟩ *rechtsgestaltender Verwaltungsakt* m || ~ *de cumplimiento* ⟨Jur⟩ *Erfüllungsgeschäft* n || ~ *declarativo (de derecho)* ⟨Jur⟩ *feststellender Verwaltungsakt* m || ~ *defectuoso* ⟨Jur⟩ *fehlerhafter bzw rechtswidriger Verwaltungsakt* m || ~ *de disposición* ⟨Jur⟩ *Verfügung* f, *Verfügungsgeschäft* n || ~ *de ejecución* ⟨Jur⟩ *Erfüllungsgeschäft* n || ⟨Jur⟩ *Ausführungshandlung* f *(Strafrecht)* || ~ *ejecutivo* ⟨Jur⟩ *Vollstreckungshandlung* f || ~ *fundacional Gründungsakt* m || ~ *graciable* ⟨Jur⟩ *Gnaden|akt, -erweis* m || ~ *de guerra Kriegshandlung* f || ~ *en honor de un difunto Trauer|feier, -zeremonie* f || ~ *ilegal,* ~ *no conforme a derecho,* ~ *viciado* ⟨Jur⟩ *fehlerhafter bzw rechtswidriger Verwaltungsakt* m || ~ *ilícito* ⟨Jur⟩ *unerlaubte Handlung* f || ~ *impugnado* ⟨Jur⟩ *angefochtener Akt* m || ~ *inherente al desempeño de sus funciones* ⟨Jur⟩ *Amtshandlung* f || ~ *jurídico* ⟨Jur⟩ *Rechtshandlung* f || *Rechtsgeschäft* n || ~ *oficial feierlicher Staatsakt* m || ~ *personal* ⟨Jur⟩ *nicht vertretbare Handlung* f || ~ *poco amistoso unfreundlicher Akt* m || ~ *político (del Gobierno) Regierungsakt* m || ~ *preparatorio* ⟨Jur⟩ *Vorbereitungshandlung* f *(Strafrecht)* || ~ *procesal* ⟨Jur⟩ *Prozeßhandlung* f || ~ *punible* ⟨Jur⟩ *Strafhandlung* f || ~ *reflejo* ⟨Biol Physiol⟩ *Reflex* m || ~ *relativo al ejercicio del cargo* ⟨Jur⟩ *Amtshandlung* f || ~ *de sabotaje Sabotageakt* m || ~ *solemne Feierlichkeit* f || ~ *translativo de propiedad* ⟨Jur⟩ *Eigentum übertragende Rechtshandlung* f || ~ *unilateral* ⟨Jur⟩ *einseitige (Rechts) Handlung* f, *einseitiger Akt* m || ~ *de violencia Gewalt|akt* m, *-handlung* f || ~ *de votar Wahlvorgang* m || *en* ~ *in der Lage et tun zu können* || *en* ~ *de zwecks* (gen) || *en el* ~ *auf frischer Tat* || *unverzüglich, auf der Stelle* || *en el* ~ *de morir in der Todesstunde* || ~ *(carnal) Beischlaf* m || ~ *continuo,* ~ *seguido sogleich, unverzüglich* ||

~ *de contrición* ⟨Theol⟩ *Bußformel* f || *die vollkommene Reue* f || *drama (od comedia) de un* ~ ⟨Th⟩ *Einakter* m || ◊ *quedarse en el* ~ *fam plötzlich sterben* || *hacer* ~ *de presencia anwesend sein* || *sich kurz blicken lassen* || *in Erscheinung treten* || ~**s** *pl Verhandlungsschriften* fpl *eines Konzils* || *~ de los Apóstoles Apostelgeschichte* f || ~ *deshonestos* ⟨Jur⟩ *unzüchtige Handlungen* fpl || ~ *graves* ⟨Jur⟩ *schwere Unzucht* f || ~ *con niños* ⟨Jur⟩ *Unzucht* f *mit Kindern* || ~ *con personas en relación de dependencia* ⟨Jur⟩ *Unzucht* f *mit Abhängigen* || ~ *de terrorismo Terrorakte* mpl

actomatosis *f* ⟨Med⟩ *Pigmentmangel* m

actor *m Schauspieler* m || ⟨Jur⟩ *Kläger* m || ~ *demandante* ⟨Jur⟩ *Kläger* m || ~ *reconvencional* ⟨Jur⟩ *Widerkläger* m || *primer* ~ ⟨Th⟩ *leitender Schauspieler, Hauptdarsteller* m || ~ *adj* ⟨Jur⟩ *klagend*

actora *f* ⟨Jur⟩ *Klägerin* f || *parte* ~ ⟨Jur⟩ *klagende Partei* f, *Kläger(in* f*)* m

actriz [*pl* **-ces**] *f Schauspielerin* f

actua|ción *f Betätigung* f *einer Fähigkeit* || *Tätigkeit* f || *Funktion* f || *Amtsführung* f || *Prozeßführung* f, *Auftreten* n || *(Amts) Verrichtung* f || *Verhandlung* f || *Geschäftsführung* f || ⟨Th⟩ *(Gast) Spiel* n || ~ *administrativa* ⟨Jur⟩ *Verwaltungs|tätigkeit* f, *-handeln* n || ~ *del gatillo Eingriff* m *der Klinke* || ~**es** *fpl* ⟨Jur⟩ *Prozeßführung* f, *Schriftverkehr* m *mit dem Gericht*

actuado *adj (ein)geübt, erfahren*

actual *adj gegenwärtig, jetzig, aktuell* || *wirksam* || *reell (Wert)* || *del* ~ *dieses Monats, d. M.*

actuali|dad *f Gegenwart* f || *die Zeitumstände* mpl || *aktuelle Angelegenheit* f || *Tatsache* f || *artículo de* ~ ⟨Com⟩ *Saisonartikel* m || *Modeartikel* m || *en la* ~ *gegenwärtig* || *heutzutage* || *de gran* ~ *sehr aktuell* || ◊ *estar de* ~ *in Mode sein* || **-dades** *semanales Wochenschau* f *(Kino)* || **-zar** *vt aktualisieren, der Gegenwart anpassen, auf den neuesten Stand bringen*

actualmente *adv gegenwärtig* || *heutzutage* || *wirklich, tatsächlich*

actuar [*pres* -**úo**] *vt zustande bringen* || *einleiten (Prozeß)* || *betätigen, (ein)wirken* || ◊ ~ *el trinquete einklinken, einschnappen lassen* || ~ *vi:* ◊ ~ *de apoderado als Bevollmächtigter auftreten* || ~ *de mediador m vermitteln* || ~ *en nombre ajeno* ⟨Jur⟩ *in fremdem Namen auftreten* || ~ *como testigo m* ⟨Jur⟩ *als Zeuge auftreten* || ~**se** *zustande kommen*

actuario *m Gerichtsschreiber, Aktuar* m || *Urkundsbeamter* m || *Protokollführer* m || ~ *de seguros Versicherungs|sachverständiger, -mathematiker* m

acuadrillar *vt (Rotten) anführen* || *Rotten bilden*

acuafortista *m Ätzgraphiker* m

acuajaronar *vt zum Gerinnen bringen*

acuantiar *vt (ab) schätzen*

acuapar *m* ⟨Bot⟩ *Sandbüchsenbaum* m *(Hura crepitans)*

acua|planar *vi* ⟨Flugw⟩ *wassern, auf dem Wasser niedergehen* || **-plano** *m Wasserskibrett* n || **-rama** *m Delphinarium* n

acua|rela *f Aquarell(bild)* n || **-relista** *m Aquarellmaler* m

acuario *m Aquarium* n || *Wasserbehälter* m || ~ *marítimo Seeaquarium* n || *~* ⟨Astr⟩ *Wassermann* m

acuariófilo *m Aquarianer* m

acuaro *m* ⟨Entom⟩ *Wasserläufer* m

acuar|telado *adj geviertelt* || ⟨Her⟩ *geviert, in vier Felder unterteilt* || **-telamiento** *m* ⟨Mil⟩ *Einquartierung* f || **-telar** *vt einquartieren* || *kasernieren* || *parzellieren (Boden)*

acuartillado *adj überkötig (Gang eines Pferdes)*

acuate m Mex *Wassernatter* f
acuá|tico adj *im Wasser lebend* ‖ *Wasser-* ‖ *animal* ~ *Wassertier* n ‖ *deporte* ~ *Wassersport* m ‖ **-til** adj = **-tico**
acuatinta f *Aquatinta* f
acuatizar vi Am ⟨Flugw⟩ *wassern, auf dem Wasser niedergehen* (→ **amarar**)
acubado adj *tonnenförmig*
acucia f *Fleiß* m ‖ *Eifer* m ‖ *Begierde* f
acucia|damente adv *mit heißem Bemühen* ‖ **-dor** m *Hetzer* m ‖ **-miento** m *Antrieb* m
acu|ciar vt *an|spornen, -stacheln, -regen* ‖ *aufhetzen* ‖ *heftig verlangen* ‖ **~se** *eilen* (& vi) ‖ **-cioso** adj *fleißig, emsig, eifrig* ‖ *voll Begierde*
acuclillarse vr *sich niederkauern, sich hocken*
acuchamado adj Ven *entmutigt* ‖ *traurig* ‖ *mutlos*
acucharado adj *löffelförmig*
acuchi|llado adj *zerfetzt, zerhauen* ‖ *geschlitzt (Stoff mit farbiger Unterlage)* ‖ *fam gerissen, gerieben* ‖ *fig gewitzigt, verschmitzt* ‖ **-llador** m *Raufer, Raufbold* m ‖ **-llar** vt *mit einem Messer verwunden, töten* ‖ *er-, nieder|stechen* ‖ *abspänen (Eisen)* ‖ **~se** *mit Messern aufeinander losgehen* ‖ *sich balgen, sich raufen*
acudi|dero m Ar *Sammelpunkt* m ‖ **-miento** m *Herbeieilen* n ‖ *Zuhilfeeilen* n
acudir vi *herbeieilen, hinzueilen* ‖ *sich einstellen* ‖ *einen Ort häufig besuchen* ‖ *dem Zügel gehorchen (Pferd)* ‖ ◊ ~ a algn. *sich an jdn (um Hilfe) wenden* ‖ ~ en auxilio *zu Hilfe eilen* ‖ ~ ante el juez m ⟨Jur⟩ *vor Gericht treten* ‖ ~ a la memoria ins Gedächtnis kommen ‖ ~ con un (od al) remedio *zu einem Mittel greifen* ‖ el juego (od naipe) le acude *er hat Glück im Spiel* ‖ ~ en queja ⟨Jur⟩ *Beschwerde einlegen*
acueducto m *Aquädukt* m, *Wasserleitung* f ‖ *Umlauf* m *(Leitung bei Schleusen und Docks)* ‖ ⟨An⟩ *Wassergang* m ‖ ~ con compuertas *Sieb* n/m *mit Zugschützen* ‖ *Deichschleuse* f ‖ **~-sifón** *Düker* m
ácueo adj *wässerig, Wasser-*
acuerdado adj *schnurgerade*
acuerdo m *Abkommen* n ‖ *Übereinkunft* f ‖ *Übereinkommen* n ‖ *Verständigung* f ‖ *Vereinbarung, Einigung* f ‖ *Bescheid* m, *Entscheidung, Verwaltungsverfügung* f ‖ *Vorsatz* m, *Absicht* f ‖ *Erinnerung* f ‖ *Besinnung* f, *Bewußtsein* n ‖ *Beschluß, Erlaß* m ‖ ~ adicional *Zusatzabkommen* n ‖ ~ de administración fiduciaria ⟨Jur⟩ *Treuhandabkommen* n ‖ ~ administrativo *Verwaltungsvereinbarung* f, *Ressortabkommen* n ‖ ~ aduanero *Zollabkommen* n ‖ ~ de aplicación *Durchführungsabkommen* n ‖ ~ de arbitraje *Schiedsabkommen* n ‖ ~ de arriendo *Pachtabkommen* n ‖ ~ de las cinco potencias *Fünfmächteabkommen* n ‖ ~ colectivo de conciliación ⟨Jur⟩ *Schlichtungsvereinbarung* f ‖ ~ comercial *Handelsabkommen* n ‖ ~ de compensación *Clearingabkommen* n ‖ ~ complementario *Ergänzungsabkommen* n ‖ ~ cuatripartito *Vier|mächteabkommen, Viererabkommen* n ‖ ~ cultural *Kulturabkommen* n ‖ ~ acerca del depósito internacional de modelos o muestras industriales ⟨Jur⟩ *Abkommen* n *über die internationale Hinterlegung gewerblicher Modelle (od Muster)* ‖ ~ sobre doble imposición *Doppelbesteuerungsabkommen* n ‖ ~ de ejecución *Durchführungsabkommen* n ‖ ~ especial *Sonderabkommen* n ‖ ~ en forma simplificada *Abkommen* n *in vereinfachter Form* ‖ ~ intergubernamental *Regierungsabkommen* n *(zweiseitig)* ‖ ~ interino *Zwischenabkommen* n ‖ ~ interzonal *Interzonenabkommen* n (Deut) ‖ ~ monetario *Währungsabkommen* n ‖ ~ naval *Flottenabkommen* n ‖ ~ de navegación *Schiffahrtsabkommen* n ‖ ~ de pagos *Zahlungsabkommen* n ‖ ~ parcial *Teilabkommen* n ‖ ~ pentapartito *Fünfmächteabkommen* n ‖ ~ de pesca *Fischereiabkommen* n ‖ ~ preliminar *Vorvereinbarung* f ‖ ~ de préstamo-arriendo *Leihund Pacht|abkommen* n ‖ ~ radiofónico *Rundfunkabkommen* n ‖ ~ regional *Regionalabkommen* n ‖ ~ resolutorio del recurso de reposición ⟨Jur⟩ *Widerspruchbescheid* m ‖ ~ del Sarre *Saarabkommen* n *(1956)* ‖ ~ suplementario *Zusatzabkommen* n ‖ ~ tetrapartito *Viermächte-, Vierer|abkommen* n ‖ ~ tripartito *Drei|erabkommen, -mächteabkommen* n ‖ ~ de tutela *Treuhandabkommen* n ‖ ~ unánime *Einstimmigkeit* f ‖ ~ verbal *mündliche Vereinbarung* f ‖ ~ de voluntades ⟨Jur⟩ *Willenseinigung* f ‖ de ~ con *in Einvernehmen mit* ‖ por ~ de la junta general *durch Beschluß der Hauptversammlung* ‖ ~ General sobre las Tarifas Arancelarias y el Comercio (GATT) *Allgemeines Zoll- und Handelsabkommen* n *(GATT)* ‖ ~ Internacional del Azúcar *Internationales Zuckerabkommen* n ‖ ~ Internacional del Trigo *Internationales Weizenabkommen* n ‖ ~ Monetario Europeo *Europäisches Währungsabkommen* n ‖ ~ naval angloalemán *Deutsch-Englisches Flottenabkommen* n *(1935)* ‖ ◊ estar de ~ *eins sein* ‖ *el precio über den Preis einig sein* ‖ estar en su ~ *bei Sinnen sein, seine fünf Sinne beisammen haben* ‖ ponerse de ~ *sich einigen* ‖ tomar (un) ~, quedar de ~ *einen (gemeinsamen) Beschluß fassen, beschließen, sich entscheiden* ‖ volver de su ~ *s-e Meinung ändern* ‖ volver en su ~ *wieder zu sich kommen* ‖ de común ~ *einmütig* ‖ de ~ con sus instrucciones *Ihren Weisungen gemäß* ‖ ¡de ~! *einverstanden!* ‖ **~s** de Evian *Abkommen* n *von Evian (1962)* ‖ ~ entre organismos especializados de la ONU *Abkommen* n *zwischen Sonderorganisationen der UNO* ‖ ~ de Munich *Münchener Abkommen* n *(1938)*
acuicultivo m = **acuocultivo** m *Wasserkultur* f
acuidad f *Spitzigkeit* f ‖ *Heftigkeit* f *(Schmerz)* ‖ *Schärfe* f *(der Sinne)*
acuífero adj *wasserführend*
acui|tadamente adv *mit Kummer* ‖ **-tar** vt *betrüben* ‖ **~se** *Kummer haben* ‖ *sich ängstigen*
ácula f [el] ⟨Bot⟩ *Kerbel, Hühnerfuß* m (Scandix sp)
aculado adj ⟨Her⟩ *aufgerichtet (Roß)*
acular vt *mit dem Rücken anlehnen an* (acc) ‖ fam *in die Enge treiben* ‖ **~se** *achtern auflaufen (Schiff)*
aculeado adj ⟨Bot Zool Entom⟩ *stachelig*
aculebrearse vr fig *hinwelken (Saaten)*
aculeoso adj *stechend (Tier)*
aculturar vt *akkulturieren*
acullá adv *dort, dorthin* ‖ *jenseits* ‖ acá y ~ *hier und dort*
acumetría f *Audiometrie* f
acúmetro m ⟨Med⟩ *Akumeter* n, *Gehörmesser* m
acuminado adj *(scharf) zugespitzt*
acuminoso adj ⟨Bot⟩ *zugespitzt*
acumu|chamiento m Chi pop *An|häufung, -sammlung* f ‖ **-charse** vr Chi pop *einen Haufen bilden (Leute)*
acumu|lación f *An-, Auf|häufung* f ‖ *Ämterhäufung* f ‖ *Zinshäufung* f, *Zinseszins* m ‖ ⟨Geol⟩ *Akkumulation, Aufschüttung* f ‖ *Stauung* f ‖ ~ de acciones ⟨Jur⟩ *Anspruchshäufung* f ‖ ⟨Jur⟩ *Klagehäufung, Klagenverbindung* f ‖ ~ de agua *Wasser(auf)speicherung* f ‖ ~ para el riego *Bewässerungsspeicherung* f ‖ ~ de corriente ⟨El⟩ *Stromspeicherung* f ‖ ~ de energía *Energie(auf)speicherung* f ‖ ~ de intereses *Auflaufen* n *von Zinsen* ‖ **-lado** adj *aufgehäuft* ‖ *intereses* **~s** *mpl aufgelaufene Zinsen* mpl ‖ *Zinseszins* m ‖ **-lador** m *Aufhäufer* m ‖ *Beschuldiger* m ‖ ⟨Tech El⟩ *Akkumulator* m ‖ ~ de carga rápida *Schnelladeakkumulator* m ‖ ~ de día ⟨El⟩ *Tagesspeicher* m ‖ ~ hidráulico *hydraulischer Akkumulator, Flüssigkeitsakkumulator* m ‖ ~ de plomo

Bleiakkumulator m ‖ ~ térmico *Wärmeakkumulator* m ‖ ~ de vapor *Dampfspeicher* m ‖ batería de ~es *Akkumulatorenbatterie* f
acumu|lar vt *an-, auf\häufen* ‖ *(mehrere Ämter und Besoldungen) in seiner Person vereinigen* ‖ *an-, bei|fügen* ‖ ⟨El⟩ *(auf)speichern* ‖ ◊ ~ tropas ⟨Mil⟩ *Truppen* fpl *massieren* ‖ ~**se** *sich (an)häufen* ‖ **–lativo** adj *anhäufend* ‖ *zu anderen Rechten hinzukommend*
acunar vt *(Kind) wiegen*
acu|ñación f *Münzprägung* f, *Geldprägen* n ‖ *Prägen* n *(& fig)* ‖ **–ñado** m *Prägen* n ‖ *Gepräge* n ‖ **–ñador** m *Münzer, Präger* m ‖ *Treibkeil* m ‖ **–ñadora** f *Präge(stanz)maschine* f ‖ ~ de moneda *Münzprägemaschine* f
¹**acuñar** vt *münzen, prägen (Geld)* ‖ fig *prägen*
²**acuñar** vt *verkeilen, festkeilen, mit e–m Keil spalten*
acuo|sidad f *Wässerigkeit* f ‖ *Wasserreichtum* m ‖ **–so** adj *wasserähnlich* ‖ *saftig (Früchte)* ‖ *wäss(e)rig, wasserhaltig, Wasser-*
acupuntura f ⟨Med⟩ *Akupunktur* f
acurru|cado adj *zusammengekauert* ‖ **–carse** [c/qu] vr *sich niederhocken* ‖ *zusammenkauern* ‖ *sich ducken* ‖ *sich fest einwickeln*
acusa|ción f ⟨Jur⟩ *Anklage, Anzeige* f ‖ *An-, Be|schuldigung* f ‖ *Klageschrift* f ‖ ~ falsa *falsche Anschuldigung, Falschbeschuldigung* f ‖ **–do** adj *ausgeprägt* ‖ *scharf* ‖ ~ m ⟨Jur⟩ *Angeklagter* m ‖ **–dor** m ⟨Jur⟩ *Angeber* m *(Denunziant)* ‖ *(An)- Kläger* m ‖ ~ privado ⟨Jur⟩ *Nebenkläger* m
acusar vt/i *anklagen, verklagen, beschuldigen, bezichtigen* ‖ *anzeigen, angeben, andeuten, verraten* ‖ *kundgeben* ‖ *aufweisen (Abnahme)* ‖ ⟨Kart⟩ *ansagen* ‖ ◊ ~ a algn. de un delito ⟨Jur⟩ *jdn wegen einer Straftat anklagen* ‖ ~ conformidad *sein Einverständnis mitteilen* ‖ ~ firmeza *Festigkeit zeigen* ‖ ~ recibo ⟨Com⟩ *den Empfang bestätigen* ‖ ~**se** *beichten*
acusa|tivo m ⟨Gr⟩ *Wenfall, Akkusativ* m ‖ **–toria** f ⟨Jur⟩ *Anklageschrift* f ‖ **–torio** adj ⟨Jur⟩ *Klage-*
acuse m ⟨Kart⟩ *Ansagen* n ‖ ~ de recibo ⟨Com⟩ *Empfangs|anzeige, -bestätigung* f
acu|setas, –sete m *Am fam Petze, Klatsche* f ‖ **–sica** f/m fam *Petze, Klatsche* f *(Schülersprache)* ‖ **acusón** adj fam *anklägerisch* ‖ ~ m ⟨Sch⟩ fam *Petze, Klatsche* f
acús|tica f *Akustik, Schallehre* f ‖ **–tico** adj *akustisch, das Gehör, den Schall betreffend* ‖ bocina ~a *Hörrohr* n ‖ dintel ~ ⟨Ak⟩ *Schallschwelle* f ‖ tubo ~ *Sprachrohr* n ‖ ~ m *Hörrohr* n ‖ ⟨El⟩ *Klopfer, Hammerunterbrecher* m
acutángulo adj: triángulo ~ *spitzwinkliges Dreieck* n
acutí m *Arg Par* ⟨Zool⟩ *Goldhase, Guti* m *(Dasyprocta aguti)*
achabacanado adj *grob, geschmacklos, platt* ‖ *pöbelhaft*
achacar [c/qu] vt *jdm et zuschreiben* ‖ ◊ ~ la culpa a uno *die Schuld auf jdn schieben*
achacillarse vr Ar *niederschlagen (Getreide)*
acha|cosamente adv *voll Gebrechen* ‖ **–coso** adj/s *kränklich, siech, gebrechlich* ‖ *anfällig* ‖ *fehlerhaft*
achafla|nado adj/m *schrägkantig* ‖ ~ m *Ab|schrägung, -fassung, Schräg|fläche, -kante* f ‖ **–nadora** f *Abkantmaschine* f ‖ **–nar** vt *ausschrägen, nach innen erweitern (Bau)* ‖ *ab|fassen, -kanten, -schrägen, -stumpfen*
achagrinado adj *chagrinartig (Leder)*
achagual m Mex *Sonnenblume* f
achajuanarse vr Col *sich bei großer Hitze überanstrengen (Vieh)*
achantado adj fam: tener a algn. ~ fam *jdn unter seiner Fuchtel haben*
achantarse vr fam *sich ducken, sich drücken* ‖ *sich einschüchtern lassen*

achaparrado adj fig *klein, untersetzt (Personen)*
achaparrarse vr *strauchartig werden (Baum)* ‖ fig *verkümmern*
achapinarse vr Guat *sich an Guatemalas Lebensart anpassen*
achaque m *Kränklichkeit* f, *Gebrechen* n, *Unpäßlichkeit* f ‖ *Anfall* m ‖ ⟨Med⟩ *Beschwerde*, fam *Menstruation* f ‖ ⟨Jur⟩ *Geldstrafe* f ‖ fig *Angelegenheit* f ‖ fig *üble Angewohnheit* f ‖ *Vorwand* m ‖ ~(s) de amores *Liebesangelegenheiten* fpl ‖ ~(s) de la edad *Altersbeschwerden* fpl ‖ con ~ de *unter dem Vorwand, daß*
achaquiento adj *kränklich, siech*
acha|rado adj *eifersüchtig* ‖ **–res** mpl *Eifersucht* f ‖ ◊ dar ~ *zur Eifersucht anstacheln*
acharcado adj *sumpfig, morastig*
acharolado adj *lack(leder)artig*
acha|tado adj/m *abgeplattet* ‖ ~ m *Ab|flachung, -plattung* f ‖ **–tamiento** m *Ab|plattung, -flachung* f ‖ **–tar** vt *ab|flachen, -platten, plattdrücken*
achelense adj: cultura ~ *Acheuléen* n *(Altsteinzeit)*
acheta f *Baumgrille* f ‖ *Zikade* f (→ **cigarra**)
achí adv Chi = **así**
achi|cado adj *kindisch* ‖ *eingeschüchtert* ‖ **–cador** m ⟨Mar⟩ *Wasserschaufel* f, *Schöpfwerk* n ‖ ⟨Bgb⟩ *Pumpenarbeiter* m ‖ **–car** [c/qu] vt *verkleinern* ‖ fig *einschüchtern, demütigen* ‖ *(das Wasser aus Schiffen, Bergwerken usw.) auspumpen, ausschöpfen* ‖ ⟨Mar⟩ *lenzen, lenz|pumpen, ösen* ‖ ~**se** fig *sich einschüchtern lassen* ‖ fam *klein werden*
achi|copalarse vr Mex *sich grämen* ‖ fam *klein werden* ‖ **–charse** vr Cu *sich betrinken*
achico|ria f *(wilde) Zichorie* f (Cichorium sp) ‖ ~ tostada *gebrannte Zichorie* f, *Zichorienkaffee* m ‖ **–rial** m *Zichorienfeld* n
achicha|rradero m *der Sonne ausgesetzter Ort* m ‖ fam *Brutkasten* m ‖ **–rrar** vt *anbrennen, zu stark braten* ‖ fig *jdm sehr zusetzen, jdm die Hölle heiß machen* ‖ Am *zerknüllen* ‖ *anbrennen (Speisen)*
achichicle m Mex Chi *Stalaktit* m
achiguarse [gu/gü] vr Chi *sich krümmen, sich werfen (Holz)*
achilenado adj *wie ein Chilene*
achinado adj Am *nach Art eines chino* (→d) ‖ Am *chinesenhaft* ‖ Arg *pöbelhaft* ‖ RPl *von gelbrötlicher Gesichtsfarbe*
achinar vt Am pop *entmutigen* ‖ ~**se** *mutlos werden*
achinelado adj *pantoffelförmig*
achingar vt Am *verkürzen, kürzer machen (bes. Kleider)*
ach(i)ote m ⟨Bot⟩ *Orleanstrauch* m (Bixa orellana) ‖ *Orlean* m, *Annatto* n *(Lebensmittelfarbstoff)*
achique m ⟨Mar⟩ *Auspumpen* n *des Wassers, Lenzen* n
achiquillado adj Chi *knabenhaft*
achiquitar vt Am *verkleinern*
achira f ⟨Bot⟩ *Montevideo-Pfeilkraut* n (Sagittaria montevidensis) ‖ *eßbares Blumenrohr* n (Canna edulis)
achirarse vr Col *sich bewölken (Himmel)*
achirlarse vr Arg *bestürzet sein*
achis|pado adj fam *angesäuselt, beschwipst* ‖ **–parse** vr *sich beschwipsen, e–n Schwips haben*
acho|cadura f *Stoß* m ‖ **–car** [c/qu] vt *stoßen, schlagen*
achocolatado adj *schokoladenbraun*
achocharse vr fam *vor Alter kindisch werden, vertrotteln*
acholar vt Chi Pe pop *beschämen* ‖ ~**se** vr Chi Pe *sich schämen*
acholloncarse vr Chi = **acuclillarse**
achoque m = **ajolote**

achorizado adj *bratwurstähnlich* || *geräuchert (Wurst)*
achubascarse [c/qu] vr ⟨Mar⟩ *sich mit Regenwolken überziehen (Himmel)*
achucu|tar vt MAm *niederschlagen, demütigen, erniedrigen* || Guat *welken* || *sich abnutzen* || **-yar** vt MAm *demütigen, einschüchtern*
achuchado adj: la vida está muy ~ a pop *das Leben ist hart* od *schwer (geworden)*
achuchar vt *zerquetschen, erdrücken* || *(auf)hetzen, reizen* || And fam *betasten* || fam *befummeln, abdrücken* || fam *betatschen* || *auf jdn hetzen (Hunde)*
achucharrar vt Am *hetzen* || Chi *ebnen* || ~**se** Mex fig *den Mut verlieren*
achuchón m *Druck, Stoß* m *(mit den Armen)*
achuicarse vr Chi *sich zurückziehen, sich schämen*
achul(ap)ado adj *spaßhaft, geckenhaft* || *dreist, keck* || pop *keß* || *prahlerisch, angeberisch* || *ganovenhaft* || *zuhälterhaft* || →**a chulo**
achune f Al *Brennessel* f
achuñuscar [c/qu] vt Chi *zerquetschen* || *demütigen, beschämen* || ~**se** *zusammenschrumpfen*
achura f Arg *Magen* m, *Eingeweide* npl *(eines Rindes)*
achurar vt Arg *ausweiden, ausnehmen (geschlachtetes Vieh)* || Arg *er-*, *nieder|stechen* || *abstechen*
achurrar vt Pan *zertreten, zerquetschen*
achuzar vt Nav *hetzen auf* (acc) *(Hunde)*
ada m *Ingwer* m
adacción f *Zwang* m
ad acta lat *zu den Akten, erledigt*
adáctilo adj *fingerlos*
¹**adagio** m *Sprichwort* n, *Spruch* m
²**adagio** m ⟨Mus⟩ *Adagio* n
adala f ⟨Mar⟩ *Pumpendahl* n
Adalberto m np *Adalbert* m
adalid m *Anführer* m || fig *Vorkämpfer* m
△**adaluño, -ñi** adj *aus Madrid*
¹**adamado** adj *weibisch, zart* || *niedlich* || fam *piekfein* || pop *aufgedonnert*
²**adamado** adj *(viel)geliebt*
adamiento adj ⟨poet⟩ *diamanten*
adamascado adj *damastartig gewebt* || ~ m de lino *Leinendamast* m
adámico adj *Adam-*
adamidos adv = **ambidos**
adamitas mpl *Adamiten* mpl *(Sekte)*
Adán m np *Adam* m || ⌂ *Lumpenkerl* m || *Waschlappen* m || pop *Lumpazi* m || ◊ *estar hecho un* ⌂ fig *in Lumpen herumlaufen*
adánico adj = **adámico**
adap|ción f = **adaptación** || **-tabilidad** f *Anpassungs|fähigkeit* f, *-vermögen* n || **-able** adj *anpassungsfähig* || *anwendbar* || ~ *al terreno geländegängig* || **-tación** f *Anpassen* n, *Anpassung* f || *Angleichung* f || *Gleichschaltung* f || *Bearbeitung* f || *Umarbeiten* n || *Umbau* m || ~ a la carretera ⟨Aut⟩ *Straßenlage* f || ~ de la carretera al terreno *Einbindung* f *der Straße in die Landschaft* || ~ de curvas ⟨Arch⟩ *Anpassen* n *von Kurven* || ~ *cinematográfica Filmbearbeitung* f || ~ a la luz *Hellanpassung* f || *escénica* ⟨Th⟩ *Bühnenbearbeitung* f || ~ a la oscuridad *Dunkelanpassung* f || **-tadamente** adv *auf eine passende Art* || **-tado** adj *angepaßt* || ~ a la forma *formgerecht* || **-tador** m ⟨Phot⟩ *Adapter* m || *Paßstück* n || ~ de escariador *Reibahlenaufsatz* m
adaptar vt *anpassen, zusammen* || *gleichschalten* || *anbringen, einfügen* || *umbauen* || ⟨Tel⟩ *abgleichen* || *bearbeiten* || ~ a la pantalla *für den Film bearbeiten* || ~**se** *passen* || *sich aneinanderschmiegen* || ◊ ~ *a las circunstancias sich in die Verhältnisse fügen*
adaptómetro m *Adaptometer* n

adaptor m = **adaptador**
adaraja f ⟨Arch⟩ *Verzahnung* f, *Zahnstein* m
adarce m *Meersalzkruste* f || *Sprudelsalz* m
adarga f *mandelförmiger Schild, Normannenschild, (ovaler) (Leder)Schild* m
adarme m *Quentchen* = $^1/_2$ *Drachme* = $^1/_{16}$ *Unze* || por ~**s** fig *knapp*
adarve m *Mauer-, Wehr|gang* m, *Glacis* n *vor Festungsanlagen* || ⟨Arch⟩ *Mauerabsatz* m
ad calendas graecas lat *auf Nimmermehrstag, nie, ad calendas graecas*
addenda m lat *Nachträge* mpl, *Addenda* npl
adecentar vt *anständig machen, verfeinern* || ~**se** *sich anständig betragen, kleiden* || fam *sich fein machen*
ade|cuación f *Anpassung, Angleichung* f || **-cuado** adj *angemessen, passend, geeignet* || adv: ~**amente** || **-cuar** vt *anpassen* || ~**se** *(sich an)passen*
adefagia f ⟨Zool⟩ *Gefräßigkeit* f
adéfago adj ⟨Zool⟩ *gefräßig*
adefe|ciero, -siero adj/m SAm *lächerlich aufgemachter Mensch* m || *Witzfigur* f
adefesio m *Unsinn* m, *Ungerennteit* f || *lächerlicher Aufzug* m || fam *lächerliche Person* f || *Vogelscheuche* f || ◊ hablar ~**s** fig *Unsinn reden* || hecho un ~ fam *wie e-e Vogelscheuche*
adehala f *Trinkgeld* n || *Draufgabe* f || *Zugabe* f || *Gehaltszulage* f
adehesar vt *in Weideland verwandeln*
adelan|tadamente adv *im voraus* || **-tado** adj/n *vorgerückt* || *fortgeschritten (Schüler)* || *ausgezeichnet* || ◊ *pagar por* ~ *voraus(be)zahlen* || ir ~ *vorgehen (Uhr)* || *~ m *Statthalter* m || *Oberrichter* m || ⟨bes Lit⟩ *Pionier* m
adelantamiento m *Vorrücken* n || StV *Überholen* n || StV *Überholvorgang* m || fig *Fortschritt* m || *Beförderung* f || ~ *antirreglamentario*, ~ *no reglamentario verkehrswidriges Überholen* n *(Fahrzeug)*
adelantar vt *vorrücken* || *vorwärtsbringen* || *beschleunigen* || *vorausschicken* || *fördern* || *vorschießen (Geld)* || *vorstellen (Uhr)* || *fortschreiten* || *Fortschritte machen* || *übertreffen, überholen* || fig *vervollkommnen* || fig *fortschreiten* || ◊ ~ la paga *auf das Gehalt Vorschuß geben* || ~ vi *früher kommen* || *gedeihen* || *vorgehen (Uhr)* || *vorrücken (Zeit)* || *vorausbemerken* || ◊ ~ ⟨Aut⟩ *vorfahren, überholen* || ~ *por la derecha* ⟨Aut⟩ *rechts überholen* || *el enfermo adelanta mucho dem Kranken geht es viel besser* || ~**se** *vorrücken, weiterkommen* || *vorangehen* || *vorgehen (Uhr)* || ⟨Jur⟩ *vortreten* || *zuvorkommen* || *überholen* || *sich erdreisten, sich erkühnen* || ◊ ~ a alg. *jdn überholen* (& fig) || *jdn überrunden* || ~ a los demás *die übrigen übertreffen* || ~ al deseo de algn. *dem Wunsche jds zuvorkommen* || ¡así no se adelanta nada! *so erreicht man gar nichts!*
adelante adv *vor(wärts)* || *voran, voraus, weiter vorn* || *nachher* || en ~ *weiter, vorwärts* || *künftig(hin)* || de ahora od *de aquí* (en) ~, *de hoy* en ~ *in Zukunft, von nun an* || de allí en ~ *von da an* || más ~ *weiter vorn* || *weiter unten (im Buch)* || fig *später* || ◊ ir ~ *vorwärtskommen* || ⟨Mil⟩ *vorrücken* || echar ~, ir ~ *fortfahren, weitergehen* || hacerse ~ *vortreten* || llevar ~ *fördern* || *durchsetzen* || *sacar* ~ *durchbringen* || ¡~! *vorwärts!* || *herein! (dem Anklopfenden)*
adelanto m *Vorgehen* n *(Uhr)* || *Vorschuß* m || *Fortschritt* m || ⟨Aut⟩ *Überholvorgang* m || ~**s** mpl *Errungenschaften* fpl
adel|fa f *Rosenlorbeer, Oleander* m (Nerium oleander) || *Oleanderholz* n || *Lorbeerseidelbast* m (Daphne laureola) || ◊ *ser como la* ~ fig *schön, aber falsch sein (Frauen)* || **-fal** m *Oleanderhain* m
adélfico adj ⟨poet⟩ *bitter, herzlos*

adelfilla *f* ⟨Bot⟩ *Seidelbast* m (Daphne sp) ||
Weidenröschen n (Epilobium sp)
adelfogamia *f* ⟨Bot⟩ *Adelphogamie* f
adelga|zamiento *m* *Verdünnung* f || *Abmagerung* f || ⟨Tech⟩ *Verjüngung* f *des Schaftes* || **–zar**
[z/c] *vt* *dünner machen* || *verdünnen* || fig *ausklügeln* || *weichmachen (Wasser)* || ~ vi *abmagern*
(& vr) || *schlank od dünner werden*
ademador *m* ⟨Bgb⟩ *Stempelsetzer, Stollenbauer* m
ademán *m* *Gebärde* f || *Handbewegung* f ||
(äußere) Haltung f || *stummes Spiel* n || en ~ de
im Begriff, bereit || ~**es** *mpl Manieren fpl* || ◊
hacer ~ *Anstalten machen*
además *adv* *außerdem, überdies, übrigens* ||
ferner || ~ de *außer, neben* (dat)
ademe *m* ⟨Bgb⟩ *Schachtzimmerung* f, *Grubenstempel* m
ade|nalgia *f* ⟨Med⟩ *Drüsenschmerz* m || **–nitis**
⟨Med⟩ *Drüsenentzündung, Adenitis* f
adeno|carcinoma *m* ⟨Med⟩ *Adenokarzinom* n,
Drüsenkrebs m || **–grafia** *f* ⟨Med⟩ *Drüsenbeschreibung* f || **–ide** *adj* ⟨Med⟩ *adenoid, drüsen|-artig, -ähnlich* || **–lipoma** *m* ⟨Med⟩ *Adenolipom*
n || **–ma** *m* ⟨Med⟩ *Adenom* n, *Drüsenepithelgeschwulst* f || **–malacia** *f* ⟨Med⟩ *Adenomalazie,
Drüsenerweichung* f || **–matoso** *adj* ⟨Med⟩ *adenomatös* || **–miosarcoma** *m* ⟨Med⟩ *Adenomyosarkom* n || **–patía** ⟨Med⟩ *Adenopathie, Drüsenerkrankung* f || **–(e)sclerosis** *f* ⟨Med⟩ *Adenosklerose, Drüsenverhärtung* f || **–tomía** *f* ⟨Chir⟩
Adenotomie, Drüsen|ausschneidung, -entfernung f
adenota *m* ⟨Zool⟩ *Wasserbock* m (Adenota sp)
adentado *adj* *gezähnt, ausgezackt*
adentellar *vt* *die Zähne in et einbeißen* ||
zähnen, verzahnen || *(aus)zacken* || ~**se** fig *sich
erzürnen*
adentrar vi *durchdringen* || ~**se** vr *hineingehen,
eindringen*
adentro *adv* *hinein* || *darin(nen)* || *inwendig* ||
innerlich, nach innen || mar ~ *seewärts* || *tierra* ~
landeinwärts || ◊ ser (muy) de tierra ~ figf *e–e
Landratte sein* || ser muy de en a/c. *in einer
S. sehr bewandert sein* || ¡~! *herein!* || ~**(s)** *m(pl)
das Gewissen* || para sus ~s *in seinem Innern,
für sich*
adepto *m/adj* *Eingeweihter, Adept* m || *Aspirant*
m || *Schüler, Jünger* m || *Anhänger* m || engl
Fan m
adere|zador *m* *Falzhobel* m || **–zamiento** *m* *Zubereitung* f || *Ausrüstung* f || **–zar** [z/c] *vt* *anordnen, zurechtmachen, herrichten* || *führen, richten* || *ausrüsten* || *kochen, zu|richten, -bereiten
(Speisen)* || *würzen* || *aufputzen* || *appretieren
(Stoff)* || fig *verbrämen* || ◊ ~ *el tabaco Tabak
beizen* || ~**se** *sich zurechtmachen*
aderezo *m* *Zubereitung f der Speisen* || *Appretur
f der Leinwand* || *Appreturleim* m || *Ausrüstung* f
|| *Anordnung* f || *Zubehör, Gerät* n || *Putz,
Schmuck* m || *Pferdegeschirr* n || fig *Verbrämung* f
|| ~ *de casa Hausgerät* n || ~ *de escribir Schreibzeug* n || ~**s** *pl Gerätschaften fpl* || *Schmucksachen
fpl*
adeu|dado *adj* *verschuldet* || *schuldig* || **–damiento** *m* *Verschuldung f* || *Schuldbetrag* m, *Schuld*
f || **–dar** *vt* *schulden, schuldig sein (einen Betrag)* ||
zollpflichtig sein || *belasten, zur Last schreiben
(einen Posten)* || *in Rechnung stellen, berechnen* ||
◊ ~ en cuenta: *Konto belasten* || ~ el embalaje
die Verpackung berechnen || ~ vi *sich verschwägern, verwandt werden* || ~**se** *in Schulden geraten*
|| **–do** *m* *Schuld* f || *Schuldsumme* f, *Schuldposten*
m || *Abgabe* f || *Zollabgabe* f, *Zoll* m || ~ en
cuenta *Anrechnung* f
adhe|rencia *f* *Anhang* m || *Anhängsel* n || *Ankleben, Anhaften* n || *Nebengebäude* n || *Klebrigkeit* f || *Beitritt (serklärung f)* m || ⟨Aut⟩ *Bodenhaftfähigkeit* f *(der Reifen), Haftvermögen* n ||
⟨Phys⟩ *Adhärenz* f || ⟨Med⟩ *Adhärenz, Anhaftung, Durchwachsung, Haftung, Verwachsung* f
|| fig *Anhänglichkeit* f || fig *Verbindung* f || ~ del
núcleo ⟨El⟩ *Kleben* n *des Kerns* || *capacidad de*
~ *Haftfähigkeit* f || *fuerza de* ~ *Haftfestigkeit* f
|| *rozamiento de* ~ ⟨Tech⟩ *Haftreibung* f ||
–rente *adj* *anhängend, anhaftend* || *adhärent* ||
verbunden || *Neben–* || ⟨Med⟩ *anhaftend, verwachsen* || ~ *m Anhänger* m || *Zutat* f || ~**s** *pl
Zubehör* n
adherir [-ie-] vi *anhaften, ankleben* || *anhangen*
|| *beistimmen, beipflichten* || ~**se** (od ~) ◊ a un
acuerdo *(einem Beschluß) zustimmen* || ~ a un
partido *e–r Partei beitreten* || ~ a un tratado
e–m Vertrag beitreten
adhesión *f* *Anhaften* n || *Anschluß, Beitritt* m
|| ⟨Phys⟩ *Adhäsion* f || fig *Beistimmung* f || fig
Anhänglichkeit f || *Vertrauenskundgebung* f || ~
a un tratado *Beitritt* m *zu e–m Vertrag*
adhesividad *f* *Anhänglichkeit, Anhaftung(sfähigkeit)* f || *Haft|festigkeit* f, *-vermögen* n ||
Griffigkeit f *(Straßendecke)*
adhesivo *adj* *adhäsiv, anhaftend, Heft-, Haft–* ||
fig *beistimmend* || ~ *m Haftmittel* n || ~ para
fibras *Faserkitt* m || ~ para suelas *Sohlenkleber*
m
adhibir *vt Ar vereinigen* || *hinzufügen*
ad hoc *adv lat ausdrücklich* || *eigens zu diesem
Zweck*
adiabáti|ca *f Adiabate* f || **–co** ⟨Bot Phys⟩ *adj
adiabatisch*
adiado *adj* *anberaumt (Tag)*
adiáfano *adj* *undurchsichtig*
adiaman|tado *adj* *diamantartig* || *diamantförmig* || **–tar** *vt* *mit Diamanten besetzen*
adiamiento *m* *Anberaumung f e–s Tages* od
Termins
adianto *m* ⟨Bot⟩ *Frauenhaar* n (Adiantum
capillus-veneris)
adiar *vt* *anberaumen (Tag)*
adicción *f:* ~ a die lat ⟨Jur⟩ *(Art) bedinger
Verkauf* m
[1]**adición** *f* *Hinzufügen* n || *Zusatz* m, *Beigabe* f
|| *(Rand)Note* f || ⟨Math⟩ *Addieren, Zusammenzählen* n || ⟨Jur⟩ *Nachtrag* m *(zu e–m Testament)* || ⟨Arch⟩ *Anfügung* f, *bündiger Stoß* m ||
~ de aleación *f Legierungszusatz* m || ~ para
alta presión *Hochdruckzusatz* m *(Schmieren)*
[2]**adición** *f:* ~ de la herencia *Erbschaftsantritt* m
adicio|nal *adj* *Zusatz–* || *nachträglich, zusätzlich* || *porte* ~ *Nachporto* n || **–nar** *vt hinzufügen*
|| *addieren, zusetzen*
adicto *adj* *ergeben, zugetan* || *zugeteilt (e–r
Behörde)* || ~ a las drogas *adj/m rausch(gift)-süchtig, süchtig* || ~ *m Süchtiger* m || ~ a un
partido *e–r Partei angehörig* || ~ *m Anhänger* m
|| *Partei|gänger, -genosse* m
adiestrado *adj* *eingearbeitet* || *dressiert*
adies|trador *m* *Unterweiser* m || *(Tier)Abrichter, Dompteur* m || **–tramiento** *m* *Unterweisung* f
|| *Anlernen* n, *Ausbildung* f *(v. Arbeitskräften)* ||
⟨Mil⟩ *Dressur* f *(von Tieren)* || **–trar** *vt
unterweisen* || *zureiten (Pferd)* || *führen, leiten* ||
an|leiten, -lernen, schulen || ~**se** *sich üben* || ◊ ~
en los deportes *geübter Sportsmann (od Sportler) werden*
adietar *vt jdm eine Diät vorschreiben, auf Diät
setzen* || ~**se** *eine Diät befolgen*
adifés *adv Am absichtlich*
adinamia *f* ⟨Med⟩ *Adynamie, allgemeine Körperschwäche* f
adinerado *adj* *vermögend, begütert*
adinerar *vt Ar zu Geld machen* || ~**se** *reich
werden*
adintelado *adj* ⟨Arch⟩ *abgeplattet (Bogen)*
¡adiós! *int grüß Gott, leb(e) wohl!* || *auf Wiedersehen!* || *tschüs!* || fam *das ist eine schöne Be-*

adipal — admonitorio

scherung! ‖ *es ist aus damit!* ‖ ¡~, *mi dinero!* iron *das ist mir ein sauberes Geschäft!* ‖ *ade, mein (gutes) Geld!* ‖ ¡~, *Madrid, que te quedas sin gente!* ironischer Nachruf hinter einem unwillkommenen Gast ‖ *damit ist es aus!* ‖ ~ *m Lebewohl* n, *Abschied* m ‖ ◊ *dar el* ~ *Lebewohl sagen*
adipal adj *fett*
adipo|cele *m* ⟨Med⟩ *Adipozele* f, *Fett-, Eingeweide|bruch* m ‖ **-cira** *f Adipocire* f, *Leichenwachs* n ‖ **-ma** *m* ⟨Med⟩ *Lipom, Adipom* n, *Fettgeschwulst* f ‖ **-sidad** *f Fettleibigkeit* f ‖ **-sis** *f* ⟨Med⟩ *Adipositas, Fett|leibigkeit, -sucht* f ‖ ~ *cardiaca Herzverfettung* f, *Mastfettherz* n ‖ **-so** adj *fetthaltig* ‖ *tejido* ~ ⟨An⟩ *Fettgewebe* n
adipsia *f* ⟨Med⟩ *Adipsie* f, *Durstmangel* m
adir [nur inf] vt ⟨Jur⟩ *antreten, angehen (Erbschaft)* ‖ ◊ ~ *la herencia* ⟨Jur⟩ *Erbschaft* f *annehmen*
adi|tamento *m Hinzufügung* f ‖ *Zusatz* m ‖ *Zulage* f ‖ *Beilage* f ‖ ~ *de levadura Reinhefezusatz* m *(Gärungsindustrie)* ‖ **-tivo** adj ⟨Gr⟩ *zugesetzt* ‖ ⟨Math⟩ *additiv* ‖ ~ *m* ⟨Chem⟩ *Wirkstoff* m, *Additiv* n ‖ ~ *de sobrepresión Hochdruckwirkstoff* m
adiva *f Adive* f, *Goldschakal* m (Thos aureus)
adivi|na *f Wahrsagerin* f ‖ fam *Rätsel* n ‖ **-nación** *f Wahrsagerei* f ‖ **-nador** *m Wahrsager* m ‖ *Errater* m ‖ **-naja** *f* fam *Rätsel* n ‖ **-nanza** *f Rätsel* n ‖ *Wahrsagerei* f ‖ **-nar** vt *vorhersehen* ‖ *wahr-, weis|sagen* ‖ *(er)raten* ‖ *ergründen* ‖ *lösen (ein Rätsel)* ‖ ◊ ~ *el pensamiento Gedanken lesen* ‖ **-natorio** adj *auf Wahrsagerei bezüglich* ‖ **-no** *m Wahrsager* m ‖ *Hellseher* m
adj. Abk = **adjunto**
adjeti|vación *f Adjektivierung* f ‖ **-vadamente** adv *adjektivisch* ‖ **-val** adj *adjektivisch* ‖ **-var** vt ⟨Gr⟩ *adjektivieren* ‖ *adjektivisch gebrauchen*
adjetivo adj ⟨Gr⟩ *adjektivisch* ‖ *color* ~ *Beizenfarbstoff* m ‖ *nombre* ~ ⟨Gr⟩ *Eigenschaftswort, Adjektiv* n ‖ ~ *m* ⟨Gr⟩ *Adjektiv, Eigenschaftswort* n ‖ *Beiwort* n (→ a **adverbio**) ‖ ~ *calificativo Eigenschaftswort* n ‖ ~ *numeral Zahladjektiv* n
adjudi|cación *f* ⟨Jur⟩ *Zuerkennung* f ‖ *Zuwendung* f ‖ *Zuteilung* f ‖ *Adjudikation* f ‖ *Zuschlag* m *(öffentliche Ausschreibung)* ‖ ~ *de mano libre freihändige Vergabe, Vergebung* f ‖ ~ *en pago Überweisung* f *an Zahlungs Statt* ‖ ~ *para pago Überweisung* f *zur Einziehung* ‖ *precio de* ~ *Zuschlagspreis* m ‖ **-car** [c|qu] vt *zuerkennen (gerichtlich), zusprechen* ‖ *vergeben* ‖ *zuwenden* ‖ ~ *al mejor postor dem Meistbietenden zuschlagen* ‖ **-se** *sich aneignen, anmaßen* ‖ **-catario** *m Meistbietender, Ersteigerer, Ersteher* m ‖ **-cativo** adj ⟨Jur⟩ *zuerkennend*
adjun|ción *f Hinzufügung* f ‖ ⟨Jur⟩ *Verbindung* f *von beweglichen Sachen* ‖ **-tar** vt ⟨Com⟩ *beiliegend senden* ‖ *an|fügen, -stücken*
adjunto adj *bei-, hinzugefügt* ‖ *in der Anlage (in e-m Brief)* ‖ ~ adv *hiermit, beiliegend, beifolgend* ‖ *an|liegend, -grenzend, inliegend* ‖ ~ *m An-, Bei|lage* f *(e-s Briefes)* ‖ *Beifügung* f ‖ *Hilfsbeamte(r)* m ‖ *Stellvertreter* m ‖ *Amtshelfer* m ‖ ⟨Gr⟩ *Adjektiv* n ‖ ~s *de los Ministros de Asuntos Exteriores stellvertretende Außenminister* mpl
adjutor *m Aushelfer* m ‖ *Amtsgehilfe* m
adlátere *m* (= a látere lat) *Adlatus* m
ad libitum [li'bitun] adv lat *nach Belieben, ad libitum*
adminículo *m* ⟨Jur⟩ *Behelf* m ‖ *Hilfsmittel* n ‖ fam *kleine Sache* f
adminis|tración *f Verwaltung, Geschäftsführung* f ‖ *Spendung* f *(z.B. der Sakramente)* ‖ ⟨Med⟩ *Verabreichung, Darreichung, Eingabe* f ‖ *Zeitungsexpedition, Administration* f ‖ *Amt* n ‖ ⋩ *Regierung* f ‖ ⋩ *de Asistencia Técnica Verwaltung* f *für technische Hilfe* ‖ ~ *de los bienes del hijo* ⟨Jur⟩ *Vermögensverwaltung* f *für das Kind* ‖ ⋩ *Central Regierung* f ‖ ~ *central Hauptverwaltung* f ‖ ⋩ *de Cooperación Económica (ACE) Verwaltung* f *für wirtschaftliche Zusammenarbeit (ECA)* ‖ ~ *económica Wirtschaftsführung, Finanzverwaltung, Steuerbehörde* f ‖ ~ *cuatripartita de Berlín Viermächteverwaltung* f *von Berlín* ‖ ~ *fiduciaria treuhänderische Verwaltung* f ‖ ~ *forzosa* ⟨Jur⟩ *Zwangsverwaltung* f ‖ ~ *de la herencia* ⟨Jur⟩ *Nachlaßverwaltung* f ‖ ~ *de justicia Justizverwaltung* f ‖ *Rechtspflege* f ‖ ~ *municipal Gemeinde-, Stadt|verwaltung* f ‖ ~ *pública öffentliche Verwaltung* f ‖ ~ *de la quiebra* ⟨Jur⟩ *Konkursverwaltung* f ‖ *consejo de* ~ *Verwaltungsrat* m ‖ **-trado** *m Bürger, Einzelne(r)* m
adminis|trador *m Verwalter, Verweser* m ‖ *Geschäftsführer* m ‖ ~ *de la herencia* ⟨Jur⟩ *Nachlaßverwalter* m ‖ ~ *de la quiebra* ⟨Jur⟩ *Konkursverwalter* m ‖ **-trar** vt *verwalten* ‖ *eingeben, verabfolgen, verabreichen (Arzneien)* ‖ *bekleiden (Amt)* ‖ fam *versetzen (Schlag)* ‖ ◊ ~ *la justicia jdm Gerechtigkeit widerfahren lassen, Recht sprechen* ‖ ~ *un medicamento ein Medikament verabreichen* ‖ ~ *sacramentos die Sakramente spenden* (& vi) ‖ ~ *veneno a alg. jdm Gift n verabreichen* ‖ **-trativo** adj *Verwaltungs-, verwaltungs|technisch, -mäßig*
admi|rable adj *wunderbar* ‖ *vortrefflich* ‖ *bewunderungswürdig* ‖ adv: **-mente** ‖ **-ración** *f Bewunderung* f ‖ *Verwunderung* f, *Staunen* n ‖ *das Bewunderte (Person, Gegenstand)* ‖ *principio de* ~ ⟨Gr Typ⟩ *Ausrufungszeichen* n *am Anfang* ‖ *punto (od signo) de* ~ *Ausrufungszeichen* n ‖ *fin de* ~ ⟨Gr Typ⟩ *Schlußausrufungszeichen* n ‖ **-rado** adj *entzückt* ‖ *sehr beliebt* ‖ *sonderbar* ‖ *erstaunt* ‖ **-rador** *m Bewunderer* m ‖ *Anbeter* m ‖ **-rando** adj *bewunderns|wert, -würdig* ‖ **-rante** *m* ⟨Gr⟩ *Ausrufungszeichen* n ‖ **-rar** vt *bewundern, bestaunen* ‖ *in Verwunderung setzen* ‖ *billigen, rühmen* ‖ **-se** *sich verwundern (de über), sich wundern, staunen,* ‖ **-rativo** adj *bewundernd* ‖ *gesto* ~ *Gebärde* f *der Bewunderung*
admi|sibilidad *f Zulässigkeit* f ‖ **-sible** adj *zulässig* ‖ *annehmbar* ‖ **-sión** *f Zulassung* f ‖ *An-, Auf|nahme* f ‖ *Anstellung* f ‖ *Einstellung* f ‖ ⟨El⟩ *Stromaufnahme* f ‖ ~ *a prueba* ⟨Jur⟩ *Zulassung* f *zum Beweis* ‖ ~ *en Beitritt* m *zu* ‖ ~ *en la comunidad doméstica Aufnahme* f *in die häusliche Gemeinschaft* ‖ ~ *de aceite Ölzuführung* f ‖ ~ *de aire Luftzufuhr* f ‖ ~ *axial* ⟨Tech⟩ *axiale Beaufschlagung* f ‖ ~ *de combustible Brennstoffzufuhr* f ‖ ~ *nominal* ⟨El⟩ *Nennaufnahme* f ‖ ~ *de nuevos miembros Aufnahme* f *od Zulassung* f *neuer Mitglieder* ‖ ~ *radial* ⟨Tech⟩ *Radialbeaufschlagung* f ‖ ~ *total* ⟨Tech⟩ *Vollbeaufschlagung* f ‖ ~ *no* ⋩ *de extranjeros Abweisung* f *von Ausländern* ‖ *válvula de* ~ *Einlaßventil* n ‖ **-tancia** *f* ⟨El⟩ *Leitwert* m, *Admittanz, Scheinleitwert* m ‖ **-tido** adj *angenommen, zugelassen* ‖ *mal* ~ *ungern gesehen*
admitir vt *an-, auf|nehmen* ‖ *gestatten, erlauben, zulassen, dulden* ‖ *zugeben (Behauptungen)* ‖ *übernehmen (Bestellungen)* ‖ ◊ ~ *a algn. jdm einstellen* ‖ ~ *en cuenta in Zahlung nehmen* ‖ ~ *la demanda* ⟨Jur⟩ *der Klage* f *stattgeben* ‖ ~ *un hecho* ⟨Jur⟩ *eine Tatsache zugestehen* ‖ ~ *el mordiente Beize* f *annehmen* ‖ ~ *el recurso* ⟨Jur⟩ *dem Rechtsmittel stattgeben* ‖ *no* ~ *extranjeros (en la frontera) abweisen (v. Ausländern)* ‖ *no se admiten propinas kein Trinkgeld!* ‖ *una opinión generalmente admitida eine allgemein anerkannte Ansicht, Meinung* f
admón. Abk = **administración**
adm.or Abk = **administrador**
admonición *f (Er)Mahnung* f ‖ *Warnung* f ‖ *Verweis* m
admonitorio adj *ermahnend*

ADN Abk = **ácido desoxirribonucleico**
ad nútum adv lat *nach Belieben*
adoba f Ar → **adobe**
ado|bado adj/m gar *(Leder)* || *gepökelt, gebeizt* || ~ m *Schmorfleisch* n || *Pökelfleisch* n || *Sauerbraten* m || **–bar** vt *anrichten, zubereiten, zurichten* | *zurichten (Speisen)* | *pökeln (Fleisch)* | *einlegen (z.B. Gurken)* || *beizen (Wild)* || *gerben, abbeizen (Leder)* || *ausbessern, wiederherstellen* || fig *vorbereiten* || fig *verprügeln* || fig *verbrämen* || ◊ ~ en blanco *weiß gerben* || ~ con *corteza mit Rinde gerben*
adobe m ⟨Arch⟩ *Luftziegel, Lehmstein* m || Arg *Ziegel* m || *Fußangeln* npl
ado|bera f *Ziegelform* f || *Luftziegelei* f || Chi *Käseform* f || **–bero** m Arg *Töpfer* m || **–bería** f *Luftziegelei* f || *Gerberei* f || **–bo** m *Zubereitung* f *der Speisen* || *Pökelbrühe* f || *Schmorfleisch* n || *Beize* f || *Beizmittel* n || *Schminke* f || *Ausbesserung* f || fig *Verbrämung* f || ~ *fino de pieles Alaun-, Weiß|gerberei* f
adoce|nado adj fig *alltäglich, mittelmäßig (Dutzendware), Dutzend-* || *rostro* ~ *Dutzendgesicht* n || **–namiento** m *Zählen* n *nach Dutzenden* || fig *Geringschätzung* f || **–nar** vt fig *geringschätzen*
adoctrinar vt *belehren, unterweisen* || ⟨Pol⟩ *schulen*
adolecer [-zc-] vi *krank sein* || *krank werden* || *leiden an* (dat) || ◊ ~ de *muchos defectos viele Fehler haben* || ~**se** *Mitleid haben* (de mit dat)
adoles|cencia f *Jünglingsalter* n || *Backfischalter* n || *Teenagerzeit* f engl || *Jugend* f || **–cente** adj *Jünglings-*|| *halbwüchsig* || *jung* || *neu* || ~ m *Jüngling* m || *Knabe* m || ~ f *junges Mädchen* n || ⟨Jur⟩ *Jugendlicher* m *(14–18 Jahre* Deut*)* || *Heranwachsender* m *(18 bis 21 Jahre* Deut*)* || ~s mpl *Jugendliche* mpl
Adolfo m np *Adolf* m
adolorido adj = **dolorido**
¹**adonde** adv *wohin* || *wo* || ~ *quiera wo (wohin) es auch sei, wo immer*
²**adónde** adv *direkt fragend:* ¿~ *bueno? wohin (des Weges)?*
adondequiera adv = **(a)donde quiera**
adonecer vi Al *leisten* || *sich weiten, nachgeben*
adónico adj *adonisch (Vers)*
Adonis m np ⟨Myth⟩ *Adonis* m || ⋍ m fig *Adonis, schöner Mann* m
adop|ción f *Adoption* f, *Annahme an Kindes Statt* || *Aneignung* f || *Schutzbündnis* n || ~ de *una ley Verabschiedung* f *e–s Gesetzes* || ~ del *orden del día Annahme* f *der Tagesordnung* || **–cionismo** m ⟨Rel⟩ *Adoptianismus* m || **–tado** adj *Adoptivkind, angenommenes Kind* n || **–tante** ⟨Jur⟩ *Annehmender* m || **–tador, –tante** m *Adoptiv|vater* m bzw *-mutter* f || *Annehmender, Adoptierender* m || **–tar** vt *an Kindes Statt annehmen, adoptieren* || fig *annehmen, gutheißen* || fig *sich aneignen* || *e–n Beschluß fassen* || ◊ ~ *una actitud e–e Haltung einnehmen* || ~ *un acto administrativo e–n Verwaltungsakt erlassen* || ~ *un acuerdo e–n Beschluß fassen* || ~ *una enmienda e–n Abänderungsantrag annehmen* || ~ *una ley ein Gesetz verabschieden* || ~ *una medida e–e Maßnahme ergreifen* || ~ *un medio zu e–m Mittel greifen* || ~ *una moción e–n Antrag annehmen* || ~ *el orden del día die Tagesordnung annehmen* od *genehmigen* || ~ *una resolución e–n Entschluß fassen, e–e Entschließung annehmen* || **–tivo** adj *Adoptiv-, Wahl-* || *hijo* ~ *Adoptiv-, Pflege|kind* n || fig *Ehrenbürger* m || *padre* ~ *Adoptiv-, Pflege|vater* m || ◊ *es su patria* ~a *es ist seine zweite Heimat*
ado|quín m *Pflasterstein* m || fig *Tölpel, Ignorant* m || *Flegel* m || ~ *de asfalto Asphaltplatte* f || ~ *de escoria Schlackenpflasterstein* m || ~ *de granito Granitpflasterstein* m || ~ *mosaico Mosaikpflasterstein* m || ~ *redondeado Katzenkopf* m || ~ *de señalización Markierungsstein* m *(Fahrbahnen)* || **–quinado** m *Pflaster* n, *Pflastern* n || *Pflasterung* f || *firme de* ~ *Pflaster(decke* f*)* n || ~ *de ladrillo Klinkerpflaster(decke* f*)* n || ~ *de piedra (Natur)Steinpflaster(decke* f*)* n || **–quinador** m *Steinsetzer, Pflasterer* m || **–quinar** vt *(mit Halbquadern) pflastern* || *sin* ~ *ungepflastert*
ado|rable adj *anbetungswürdig* || fam *göttlich, reizend* || **–ración** f *Anbetung, Adoration* f || *Verehrung* f || *leidenschaftliche Liebe* f || ~ *de los Reyes Dreikönigsfest* n || **–rador** m *Anbeter, Adorant* m || *Verehrer* m || ~ *del sol Sonnenanbeter* m || **–rar** vt/i *anbeten, adorieren* || *verehren, ehren (Gott)* || *küssen (Kruzifix)* || fig *heiß lieben, vergöttern, abgöttisch lieben* || **–ratorio** m *Bethaus* n || *Kapelle* f || **–trices** fpl *Nonnen* fpl *des Ordens „Esclavas del Santisimo Sacramento"*
adorme|cedor adj *einschläfernd* || fig *einlullend* || fig *betäubend* || **–cer** [-zc-] vt *einschläfern, einlullen (ein Kind)* || fig *zum Schweigen bringen* || fig *besänftigen, stillen* || *beschwichtigen* || ~**se** *einschlafen* || fig *starr werden, einschlafen (Glieder)* || fig *(in Lüsten) schwelgen* || **–cimiento** m *Einschläfern* n, *Schlummer* m
adormidera f *Schlafmohn, Mohn* m (Papaver somniferum) || *Mohnkopf* m || *Mohnsame(n)* m || ~ *ciega Schließmohn* m (Papaver inapertum)
adormilado adj *schläfrig*
adormi|tarse, –larse vr *einnicken, halb einschlafen*
ador|namiento m *(Aus)Schmücken* n || **–nar** vt *schmücken, (ver)zieren, putzen* (& fig) || fig *verbrämen* || ~ *con (od* de*) flores mit Blumen ausschmücken, bestreuen* || ~ *con relieves metálicos mit Buckeln versehen* || ~**se** *sich schmücken, sich putzen* || fig *sich auszeichnen* || **–nista** m *Dekorationsmaler* n || **–no** m *Schmuck, Zierat, Putz* m, *Ornament* n || ~ *marginal Randverzierung* f || ~ *metálico Metallputz* m || ~ *de remate Schlußverzierung* f || ◊ *estar de* ~ *zur Zierde vorhanden sein* || figf *nichts leisten* || fig *(völlig) überflüssig sein* (f *Person)* || ~**s** mpl ⟨Bot⟩ *Balsamine* f || ~ *(Art) Frauenpantoffel* mpl || frz *Accessoires* pl
adorote m SAm *Tragbahre* f *für Lasttiere*
adosar vt *anlehnen* || *anbauen* || *heranrücken* || *kitten (Keramik)* || ~**se** *sich anlehnen* (a *an*), *sich aufstützen*
ad pédem litterae lat adv *buchstäblich*
adovelado adj ⟨Arch⟩ *Wölbung* f
adquirente m/adj *Erwerber* m
adqui|rido adj *erworben* || *caracteres* ~s ⟨Biol⟩ *erworbene Eigenschaften* fpl || **–ridor** m *Erwerber* m || **–r(i)ente** m *Erwerber* m || **–rimiento** m = **adquisición** || **–rir** [-ie-] vt *erwerben, erlangen, gewinnen* || *kaufen, anschaffen* || *annehmen (eine Gewohnheit)* || fig *sich aneignen* || ◊ ~ *carta de naturaleza eingebürgert werden* || *por usucapión* ⟨Jur⟩ *ersitzen* || ~ *práctica Geläufigkeit erwerben, Übung bekommen* || ~ *velocidad auf Touren kommen (Motor)*
adquisi|ción f *Erwerbung, Erstehung* f || *Erwerb, Ankauf, Bezug* m || ~ *de corriente ajena* ⟨El⟩ *Fremdstrombezug* m || ~ *derivada* ⟨Jur⟩ *abgeleiteter Rechtserwerb* m || ~ *"a non domino"* ⟨Jur⟩ *Erwerb* m *vom Nichtberechtigten* || ~ *de (la) nacionalidad* ⟨Jur⟩ *Erwerb* m *der Staatsangehörigkeit* || ~ *originaria* ⟨Jur⟩ *ursprünglicher Rechtserwerb* m || ~ *del terreno Baulandbeschaffung* f, *Grunderwerb* m || Öst *Grundeinlösung* f || *gastos de* ~ *Anschaffungskosten* pl || *hacer una buena* ~ *e–n guten Kauf machen* (& fig) || **–sidor** m *Erwerber* m || **–tivo** adj *kaufkräftig* || **–torio** adj *Erwerbs-, Kauf-* || *poder* ~, *valor* ~, *potencia* ~a *Kaufkraft* f
adra f [el] *Reihenfolge* f || *Gemeindebezirk* m, *Stadtviertel* n || Al *Frondienst* m, *persönliche Leistung* f
adraganto m ⟨Bot⟩ *Tragant* m (→ **tragacanto**)

adrales *mpl Wagenhürde* f || *Heubaum* m || carro de ~ *Leiterwagen* m
adrar vt Sal *Bewässerungswasser zuteilen*
adrede adv *absichtlich*
ad rem lat adv *zur Sache*
adrenal adj ⟨An⟩ *adrenal*
adrenalina f ⟨Chem⟩ *Adrenalin* n
adrial adj Sal *seitlich, Seiten-*
adrián m *hervorstehender Knöchel an der großen Zehe* || *Elsternnest* m
Adriano m np *Hadrian* m
Adriático adj: (Mar) ~ *das Adriatische Meer* n, *Adria* f
adrogar [g/gu] vt ⟨Jur⟩ *an Kindes Statt annehmen*
adro|**lla** f *Betrug* m, *Übervorteilung* f (*beim Kauf*) || **-llero** m *Nepper* m
adscribir vt *zuteilen* || *zuschreiben* || *zueignen* || *endgültig bestimmen* || **~se** *zufallen*
adscrip|**ción** f *Zuteilung, Ernennung* f || **-ticio** adj *zugeteilt* || **-to, adscrito** pp/irr v. **adscribir**
Adser|**beyán** m *Aserbaidschan* n || **-beyano** adj *aserbaidschanisch* || ~ m *Aserbaidschaner* m
adsor|**ción** f ⟨Phys⟩ *Adsorption* f || capacidad de ~ de agua *Wasseranlagerungsvermögen* n || **-ber** vt *adsorbieren* || **-bibilidad** f *Adsorbierbarkeit* f || **-bible** adj *adsorbierbar*
ad súmmum [su'mun] lad adv *höchstens*
aduana f *Zoll* m || *Zollgebühr* f || *Zollamt* n || *Zollverwaltung* f || *Zollwesen* n || (*Art*) *Würfelspiel* n || fig *guter Aussichtspunkt* m || △ *Winkelehe* f || △ *Hurenhaus* n || ~ diferencial *Differentialzoll* m || ~ interior *Binnenzoll* m || ~ marítima *Hafenzoll* m || ~ uniforme *Einheitszoll* m || agente de ~ *Zollagent* m || declaración de ~ *Zoll*|*angabe, -deklaration, -(inhalts)erklärung* f || derechos de ~ *Zölle* mpl || derechos de ~ menores *Zollgebühren* fpl || inspección en la ~ *zollamtliche Durchsuchung* f || oficina de ~ *Zollamt* n || precinto de ~ *Zollplombe* f, *Zollverschluß* m || recaudador de ~ *Zolleinnehmer* m || recibo de ~ *Zollquittung* f || visita de ~ *Zolluntersuchung* f, *zollamtliche Durchsuchung* f || vista m de ~s *Zollbeamter* m || ◊ *despachar en la* ~ *verzollen, auf dem Zollamt freimachen* || *pasar por todas las* ~s fam *sehr gerieben sein, mit allen Wassern gewaschen sein*
adua|**nar** vt *verzollen* || **-nero** ~ m *Zoll*|*beamte(r), -aufseher* m || ~ adj *Zoll-* || arancel ~ *Zolltarif* m || barrera ~a *Zollschranke* f || supresión de barreras ~s *Abbau* m *der Zollschranken* || convenio ~, convención ~a *Zollvertrag* m || ley ~a *Zollgesetz* n || unión ~a *Zollverein* m || visita ~a *Zolluntersuchung* f
aduar m *Zeltdorf* n *der Araber* od *Zigeuner* || *Am Indianerlager* n
aducción f *Adduktion, anziehende Muskelbewegung* f || ~ de agua *Wasserzuleitung* f
aducir [-zc-] vt *hinzufügen* || (*Beweise*) *beibringen* || ~ *alegaciones* ⟨Jur⟩ *Anregungen geben* || *Vorstellung erheben* || *Stellung nehmen*
aductor adj: (músculo) ~ m ⟨An⟩ *Adduktor, Anziehmuskel* m || ~es de la glotis ⟨An⟩ *Glottisschließer* mpl
aduendado adj *kobold-, troll*|*artig*
adueñarse vr *sich bemächtigen* (de gen) || *et erwerben*
adufa f Val *Schleuse* f
adufe m *maurische Schellentrommel* f || figf *Schwätzer* m
aduja f ⟨Mar⟩ *Bucht* f *einer Seilrolle, jede einzelne Wicklung eines Kabels*
adujar vt ⟨Mar⟩ (*ein Tau*) *aufschießen*
aduje → **aducir**
adu|**lación** f *Schmeichelei, Lobhudelei* f || **-lador** adj *schmeichlerisch* || ~ m *Schmeichler* m || **-lar** vt/i *jdm schmeicheln* || *pop jdm um den Bart gehen* || **-larescencia** f ⟨Min⟩ *Adulareszenz* f ||
-latorio adj *schmeichlerisch* || **-lo** m Chi *Schmeichelei* f
adulón, -ona adj/s fam *lobhudelnd* || ~ m fam *Lobhudler,* (*großer*) *Schmeichler* m
adulta f *erwachsene, volljährige Frau* f, *Erwachsene* f
adúltera f *Ehebrecherin* f
adulte|**ración** f fig *Fälschung, Verfälschung* f (*von Wein, Milch usw*) || **-rado** adj *gefälscht, unecht* || **-rador** m *Verfälscher* m || ~ del vino *Weinverfälscher* m || **-rar** vi *ehebrechen, Ehebruch begehen* || ~ vt fig *fälschen, verfälschen* (*Wein usw*) || **~se** *verderben* || *umschlagen* (*Wein*) || no ~rado *unverfälscht* || **-rino** adj *Ehebruchs-, ehebrecherisch* || *im Ehebruch erzeugt* || fig *falsch, nachgemacht* || **-rio** m *Ehebruch* m
adúltero adj *ehebrecherisch* || fig *verfälscht, verdorben* || *verderbt* (*Sprache*) || ~ m *Ehebrecher* m
adultez f MAm *Erwachsenenalter* n || *Mannesalter* n || *Mannhaftigkeit* f
adulto adj *erwachsen, ausgewachsen* || *voll entwickelt* || *voll-, großjährig* || *reif* (*Alter*) || ~ m *Erwachsener, Volljähriger* m || escuela para ~s *Erwachsenenschule* f
adul|**zamiento** m *Weichmachen* n (*Stahl*) || ~ del agua de beber *Trinkwasserenthärtung* f || **-zar** [z/c] vt *weichmachen, geschmeidig machen* (*Eisen*) || *enthärten* (*Wasser*) || = **endulzar**
adulzorar vt *versüßen* || *mildern*
adum|**bración** f ⟨Mal⟩ *Schatten* m, *Schattierung* f || **-brar** vt ⟨Mal⟩ *schattieren*
adunar vt *vereinigen, versammeln*
aduncirrostro adj ⟨V⟩ *krummschnäb(e)lig*
adunco adj *krumm gebogen, hakig gekrümmt*
adundarse vr MAm *betäubt werden*
adunia adv *reichlich, in Überfluß*
ad únum [u'nun] lat *bis zum letzten*
adustez f *Barsch-, Schroff*|*heit* f
adusto adj *heiß* (*Landstrich*) || fig *barsch, unwirsch, mürrisch* || Arg *unbeugsam*
aduzco → **aducir**
ad valórem [balo'rɛn] lat adv *dem Werte nach, ad valorem*
advección f ⟨Meteor⟩ *Advektion, Lufthorizontalbewegung* f
adve|**nedizo** adj *fremd, zugereist* || *hergelaufen* || ⟨Biol⟩ *adventiv* || ~ m *Fremdling* m || *Emporkömmling* m || **-nidero** adj *zukünftig* || **-nimiento** m *Ankunft* f || *Antritt* m *e-r Würde* || *Regierungsantritt* m || *Thronbesteigung* f || *Menschwerdung* f *des Heilandes* || *Ankunft* f *Christi* || ◊ *esperar a uno como el santo* ~ fam *jdn sehnlichst erwarten* || **-nir** vi (*hinzu*)*kommen* || *vorkommen, sich zutragen*
adventaja f ⟨Jur⟩ *Präzipuum* n || *Vorausanteil* m
adventicio adj *fremd* || *hinzukommend* || *unverhofft* || *wildwachsend* || ⟨Bot⟩ *Schmatotzer*- || *Adventiv-* || bienes ~s ⟨Jur⟩ *Adventizgüter* npl
adventistas mpl ⟨Rel⟩ *Adventisten* mpl (*Religionsgemeinschaft*)
adventual adj *Advents-*
adveración f *Attest* n || *Bescheinigung* f
adverar vt ⟨Jur⟩ *rechtmäßig beglaubigen*
adverbial adj ⟨Gr⟩ *adverbiell, adverbial* || adv: ~mente
adverbio m *Adverb, Umstandswort* n || ~ diminutivo *Verkleinerungsverb* n (*z.B. lejitos aus lejos*) || ~ de lugar *Ortsadverb* n || ~ de modo *Modaladverb* n || ~ superlativo *Superlativadverb* n || ~ de tiempo *Adverb* n *der Zeit*
adver|**samente** adv *widersetzlich* || *ungünstig* || **-sario** m *Gegner, Widersacher* m || ~s pl *Sammelbuch* n || ⟨Jur⟩ *Gegenpartei* f || **-sativo** adj ⟨Gr⟩ *adversativ, entgegenstellend, gegensätzlich* || **-sidad** f *Mißgeschick, Unglück* n || *Widerwärtigkeit* f || *Widrigkeit* f || *mißliche Lage* f || **-so** adj *widrig, feindlich* || *entgegenstehend, Gegen-* || suerte ~a *Mißgeschick* n

adver|tencia *f Benachrichtigung, Nachricht* f ‖ *Bekannt-, Kund\machung* f ‖ *Ermahnung, Warnung* f ‖ *Bemerkung, Note* f, *Hinweis* m ‖ *Vorwort* n *in e–m Buch* ‖ **–tido** *adj klug, bedachtsam* ‖ *erfahren* ‖ *gewitzigt* ‖ *adv:* ∼**amente** ‖ **–timiento** *m Erinnerung, Warnung* f ‖ *Bemerkung* f ‖ *Bekanntmachung* f

advertir [-ie-] *vt bemerken, wahrnehmen* ‖ *betrachten* ‖ *aufmerksam machen auf* (acc) ‖ *benachrichtigen* ‖ *warnen, vermahnen* ‖ *unterrichten, lehren* ‖ *jdm raten* ‖ ∼ *vi:* ◊ ∼ *en a/c auf et achtgeben* ‖ ∼ *contra a. warnen vor* (dat) ‖ ∼**se gewahr werden**

Adviento, ∼ *m Advent* m ‖ *Adventszeit* f ‖ ◊ *estar en* ∼ *fam einen leeren Magen haben*

advocación *f Widmungsname* m ‖ *Widmungstitel* m *einer Kirche* ‖ *bajo la* ∼ (de) ⟨Rel⟩ *unter Anrufung* (gen)

adya|cencia *f Angrenzen* n, *Nähe* f ‖ **–cente** *adj angrenzend, anliegend*

adyuvante *adj helfend*

aechar *vt* = **ahechar**

aedo *m Sänger* m ‖ *Epiker* m

aellas *fpl* △ *Schlüssel* mpl

aera|ción *f Lüftung, Durch-, Aus-, Be\lüftung* f ‖ *Luftwirkung* f ‖ **–miento** *m* ⟨Bgb⟩ *(Be)Wetterung, Wetter\versorgung, -führung* f

aerastenia *f* ⟨Med⟩ *Fliegerneurose* f

aeremia *f* ⟨Med⟩ *Aerämie, Taucher-, Caisson\-krankheit* f

aéreo *adj luftartig, Luft-* ‖ *luftig* ‖ fig *leer, nichtig* ‖ *acuerdo* ∼ *Luftabkommen* n ‖ *anuncio* ∼ *Himmelsschrift* f ‖ *arma* ∼*a Luftwaffe* f ‖ *ataque* ∼ *Luftangriff* m ‖ *bache* ∼ *Fallbö* f ‖ pop *Luftloch* n ‖ *batalla* ∼*a Luftschlacht* f ‖ *cabotaje* ∼ *Luftkabotage* f ‖ *combate* ∼ *Luftkampf* m ‖ *compañia* ∼*a Luftfahrtgesellschaft* f ‖ *corredor* ∼ *Luftschneise* f, *Luftkorridor* m ‖ *correo* ∼ *Luftpost* f ‖ *deporte* ∼ *Flugsport* m ‖ *derecho* ∼ *Luftrecht* n ‖ *enlace* ∼ *Flugverbindung* f ‖ *espacio* ∼ *Luftraum* m ‖ *exportación* ∼*a Ausfuhr* f *auf dem Luftweg* ‖ *ferrocarril* ∼ *Hoch-, Luft\bahn* f ‖ *flete* ∼ *Luftfracht* f ‖ *flota* ∼*a Luftflotte* f ‖ *fuerzas* ∼*as Luftstreitkräfte* fpl ‖ *guerra* ∼*a Luftkrieg* m ‖ *guia* ∼*a Luftkursbuch* n ‖ *horario* ∼ *Flugplan* m ‖ *linea* ∼*a Luftverkehrslinie* f ‖ ⟨El⟩ *Luft-, Freil-leitung* f ‖ *navegación* ∼*a Luft\fahrt, -schiffahrt* f, *-schiffahrtsverkehr* m ‖ *publicidad* ∼*a Luftwerbung* f ‖ *puente* ∼ *Luftbrücke* f ‖ *puerto* ∼ *Flughafen* m (→ **aeropuerto**) ‖ *reconocimiento* ∼ ⟨Mil⟩ *Luftaufklärung* f ‖ *red de lineas* ∼*as Luftverkehrsnetz* n ‖ *ruta* ∼*a Luft\straße, -verkehrslinie* f, *-weg* m ‖ *servicio* ∼ *Luftverkehr(sdienst)* m ‖ *soberania* ∼*a Lufthoheit* f ‖ *tarifa de flete* ∼ *Luftfrachttarif* m ‖ *tráfico* ∼ *Luftverkehr* m ‖ *transporte* ∼ *Beförderung* f *auf dem Luftweg* ‖ *via* ∼*a balizada durch Funkanlagen gesicherte Flugstraße*

aeri-, aero- präf *Luft-*

aerícola *adj in freier Luft lebend (Tiere, Pflanzen)*

aerífero *adj luftleitend*

aerifi|cación *f Luftbildung* f ‖ **–car** [c/qu] *vt* ⟨Chem⟩ *in Luft od Gas verwandeln*

***aeróbata** *m Seiltänzer* m

aerobio *adj* ⟨Biol⟩ *aerob, in der Luft lebend* ‖ ∼ *m Aerobier, Aerobiont* m

aerobiosis *f* ⟨Biol⟩ *Aerobiose* f

aerobús *m Großraumverkehrsflugzeug* n, *Airbus* m

aerocargador *m Am Wind\motor* m, *-kraft-maschine* f

aerocele *m* ⟨Med⟩ *Aerozele, Luftgeschwulst* f

aeroclub *m Aeroklub* m

aerodeslizador *m Luftkissenfahrzeug, Bodeneffektgerät* n

aerodi|námica *f Aerodynamik* f ‖ **–námico** *adj stromlinienförmig, windschnittig, aerodynamisch* ‖ **–no** *m aerodynamisches Luftfahrzeug* n, *Luftfahrzeug* n „*schwerer als Luft*"

aeró|dromo, aerodromo *m Flugplatz* m ‖ *Flughafen* m ‖ ∼ *de alternativa Ausweichflughafen* m ‖ **–filo** *adj luftliebend (Bakterien)*

aerofagia *f* ⟨Med⟩ *Aerophagie* f, *Luftschlucken* n

ae|rófano *adj durchsichtig* ‖ **–rofaro** *m Erkennungsfeuer* n *(Flughafen)*

aerofiltro *m Luftfilter* m/n

ae|rofobia *f* ⟨Med⟩ *Aerophobie, Luftscheu* f ‖ **–róforo** *adj* = **aerífero**

aerofoto *f Luft-, Flugzeug\aufnahme* f ‖ ∼**grametria** *f Luftbildmessung* f

aerogenerador *m Windkraftwerk* n

aerógeno *adj aerogen (Bakterie)*

aerografía *f Luftbeschreibung* f ‖ ⟨Tech⟩ *Arbeit* f *mit dem Aerograph, Farb\spritzen, -spritzverfahren* n

aerograma *m Aerogramm* n

aerolinea *f Fluglinie* f ‖ ∼**s** *fpl Fluggesellschaft* f

aerolito *m Meteorit* m

aerologia *f Aerologie* f

aerológico *adj:* observatorio ∼ *Wetterwarte* f

aeromecánica *f Aeromechanik* f

aeromedicina *f Aero-, Luftfahrtmedizin* f

aerómetro *m Aerometer* n

aeromiel *f* = **maná**

aeromode|lismo *m Flug(zeug)modellbau* m ‖ **–lista** *m Flug(zeug)modellbauer* m

aeromoza *f (besonders* Am) *Stewardeß* f (→ **azafata**)

aeromotor *m Luftmotor, Aeromotor* m ‖ *Windmotor* m

aeronato *adj im Luftfahrzeug geboren*

aeronauta *m Luftschiffer,* *Aeronaut m

aero|náutica *f Luftfahrt* f, *Luftfahrtwesen, Flugwesen* n ‖ **–náutico** *adj Luftfahrt-,* *aeronautisch

aeronaval *adj Seeflug-* ‖ base ∼ *Seeflughafen* m

aeronave *f Luft\fahrzeug, -schiff* n ‖ ∼ *interplanetaria Raumschiff* n (→ **astronave**)

aero|plano *m Flugzeug* n (→ **avión**) ‖ ∼ *celular Kartenflieger* m ‖ *aterrizaje del* ∼ *Landung* f *des Flugzeugs* ‖ **–plastificador** *m* ⟨Tech⟩ *luftporen-bildender Betonverflüssiger, Dispersionsmittel* n ‖ **–postal** *adj Luftpost-* ‖ **–puerto** *m Flughafen* m ‖ ∼ *de destino Bestimmungsflughafen* m

aerosalón *m Aerosalon* m, *Luftfahrtausstellung* f

aeroscala *f Zwischenlandungsflugplatz* m

aeroscopia *f Luftuntersuchung* f

aeroscopio *m Apparat* m *zur Messung des Staubgehaltes der Luft*

ae|rosfera, -rósfera *f Aerosphäre* f

aerosol *m* ⟨Chem⟩ *Aerosol* n

aeros|tación *f Luftschiffahrt* f ‖ *Flugkunst* f ‖ *Luftschiffwesen* n ‖ **–tata** *m Luftschiffer* m ‖ **–tática** *f Aerostatik, Luftschiffkunst* f ‖ **–tático** *adj aerostatisch* ‖ *globo* ∼ *Luftballon* m

aeróstato *m Luft-, Fessel\ballon* m ‖ *aerostatisches Luftfahrzeug* n *(leichter als Luft)*

aerotecnia = **aerotécnica** *f Flugtechnik* f

aeroterapia *f Aerotherapie, Luftkur* f

aerotranspor|tado *adj auf dem Luftweg befördert* ‖ *tropas* ∼*as* ⟨Mil⟩ *Luftlandetruppen* fpl ‖ **–tar** *vt auf dem Luftweg befördern*

aerotropismo *m* ⟨Biol⟩ *Aerotropismus* m

aerovía *f Flugroute* f, *Luftweg* m ‖ *Luftlinie* f

aeru|gíneo, -ginoso *adj rostfarbig*

aeta *m Aete* m *(Eingeborener eines philippinischen Bergvolks)* ‖ *lengua* ∼ *Aetasprache* f

a/f, a/f.ʳ Abk = **a favor**

A.F. = **a.f.** Abk = **audiofrecuencia**

afa|bilidad *f Leutseligkeit* f ‖ *Freundlichkeit* f ‖ *Entgegenkommen* n ‖ **–bilísimo** *adj sup v.* **–ble** ‖ **–ble** *adj leutselig, umgänglich, gesellig* ‖ *freundlich, zuvorkommend* ‖ *adv:* ∼**mente**

afaccionado adj: bien (mal) ~ *schön (häßlich) aussehend (Gesicht)* (→ **facciones**)
áfaco adj *linsenlos (Auge)*
afagia f ⟨Med⟩ *Aphagie* f
afamado adj *berühmt* ‖ *mal* ~ *berüchtigt*
afamar vt *berühmt machen*
afamiliado adj RD *verschwägert*
afán m *Plage, Mühe, Plackerei* f ‖ *Sorge* f ‖ *Trachten, Streben* n ‖ *Sucht* f ‖ *Gier* f ‖ *Arbeit, Geschäftigkeit* f ‖ *Drang, Eifer* m ‖ ~ *de estudios Lerneifer* m ‖ ~ *de gloria Ruhmesdrang* m ‖ *Ruhm|sucht, -begierde* f ‖ ~ *de independencia Unabhängigkeitsstreben* n ‖ ~ *de notoriedad Geltungs|bedürfnis, -streben* n ‖ *con* ~ *eifrig, mit Eifer*
afa|nadamente adv *mit Eifer* ‖ *mühsam* ‖ **-nado** adj *eifrig (arbeitend)* ‖ **-nar** vt *jdn quälen, belästigen* ‖ ~ vi *sich plagen* ‖ △ *stehlen* ‖ MAm *Geld verdienen* ‖ **~se** *sich abmühen* ‖ fam *schuften, sich abrackern (en, por um, für, wegen)*
afanípteros mpl ⟨Entom⟩ fpl *Flöhe* mpl (Aphaniptera)
afano adj *glanzlos*
△**afano** m *Diebstahl* m
afanoso adj *arbeitsam, fleißig, emsig* ‖ *mühsam, beschwerlich* ‖ adv: **-amente**
afantasmado adj *gespensterhaft*
afaquia f ⟨Med⟩ *Aphakie, Linsenlosigkeit* f
afaro|lado adj *einer Laterne ähnlich* ‖ **-larse** vr Cu Chi Pe *aus der Haut fahren*
afasia f ⟨Med⟩ *Aphasie, Sprach|losigkeit, -lähmung* f ‖ fig *Unentschlossenheit* f
afasico adj *aphasisch, sprachlos*
afatar vt Ast Gal *(an)schirren*
afea|dor m *Tadler* m ‖ **-miento** m *Verunstaltung, Verschand(e)lung* f ‖ *Tadel* m
afear vt *entstellen, verunstalten* ‖ *schänden, beflecken* ‖ *jdn anschwärzen* ‖ *verdenken, verübeln* ‖ *tadeln*
afeblecerse [-zc-] vr *abmagern* ‖ *schwach werden*
afebril adj ⟨Med⟩ *fieberlos*
afección f *schädliche Einwirkung* f ‖ *(Zu)Neigung* f ‖ *Gemütserregung* f, *Affekt* m ‖ ~ *cardiovascular* ⟨Med⟩ *Herz- und Kreislauf|krankheit* f ‖ ~ *pulmonar* ⟨Med⟩ *Lungenleiden* n
afec|tabilidad f *Empfindlichkeit, Erregbarkeit* f ‖ **-table** adj *erregbar* ‖ **-tación** f *Unnatürlichkeit, Verstellung* f ‖ *gezwungenes Betragen* n ‖ *Getue* n, *Affektiertheit, Ziererei* f ‖ *Überspanntheit* f ‖ ~ *hipotecaria* ⟨Jur⟩ *Verpfändung* f
afectado adj *geziert, gekünstelt, gesucht, affektiert* ‖ *betrübt* ‖ ~ *de un achaque mit einem Leiden behaftet* ‖ ~ *por betroffen (von dat)* ‖ ~ *por el lock-out ausgesperrt (Arbeitnehmer)* ‖ *conducta* ~*a geziertes, affektiertes Benehmen* n ‖ adv: **-amente**
afectar vt *vorgeben* ‖ *sich stellen (als ob), sich verstellen* ‖ *(er)heucheln, zur Schau tragen* ‖ *betreffen* ‖ *einverleiben, schlagen (zu)* ‖ *zu gewissem Zweck bestimmen* ‖ *rühren, bewegen* ‖ ⟨Med⟩ *befallen, angreifen* ‖ *für steuerpflichtig erklären* ‖ ◊ ~ *a betreffen, anlangen, sich beziehen auf* ‖ *beeinträchtigen* ‖ *schädigen* ‖ ~ *ignorancia sich unwissend stellen* ‖ **~se** *in Gemütsbewegung geraten* ‖ *sich grämen*
afec|tibilidad f *Empfindlichkeit, Erregbarkeit* f ‖ **-tísimo** adj sup v. **-to** ‖ *hochachtungsvoll, sehr ergeben (in Briefschlüssen)* ‖ **-tividad** f *Gemütsbewegung* f ‖ *Liebessucht* f ‖ *Liebebedürftigkeit* f ‖ ⟨Med⟩ *gesteigerte Gemütserregbarkeit* f ‖ **-tivo** adj *Gemüts-* ‖ *empfindsam* ‖ *naturaleza* ~*a empfindsames Gemüt* n ‖ *facultades* ~*as Gemütskräfte* fpl
afecto adj *geneigt, zugetan, ergeben, gewogen* ‖ *bestimmt (zu)* ‖ *angewiesen auf (acc)* ‖ *mit Vorbehalt erteilt (Pfründe)* ‖ *abgabenpflichtig, steuerpflichtig* ‖ *sehr ergeben (in Briefschlüssen)* ‖ *zugeteilt (e-r Behörde)* ‖ ~ *de un mal von einer Krankheit befallen* ‖ ~ m *Gemütsbewegung* f ‖ *Stimmung* f ‖ *Zuneigung* f ‖ *Gewogenheit* f, *Wohlwollen* n ‖ *Affekt* m ‖ *Krankheitsanfall* m ‖ *Anhänger* m ‖ ◊ *tener* ~ *a alg. jdm gewogen sein, jdn lieb* od *gern haben*
afectuo|sidad f *Herzlichkeit, Zärtlichkeit, Wohlgewogenheit* f ‖ **-so** adj *herzlich, lieb, zärtlich, wohlgewogen, gefühlvoll* ‖ *rührend* ‖ adv: **~amente**
afeita|da f prov Am *Rasur* f ‖ **-do** m *Rasur* f
afeitadora f *Rasierapparat* m (→ **máquina** de afeitar) ‖ *Trockenrasierer* m
afeitar vt *rasieren* ‖ *schminken* ‖ *(das Haar) kräuseln* ‖ *schmücken, putzen* ‖ *stutzen, beschneiden (Pflanzen, Stierhörner)* ‖ *avíos de* ~ *Rasierzeug* n ‖ *brocha de* ~ *Rasierpinsel* f ‖ *hoja de* ~ *Rasierklinge* f ‖ *maquinilla de* ~ *Rasierapparat* m ‖ *maquinilla de* ~ *eléctrica elektrischer Rasierapparat* m ‖ *navaja de* ~ *Rasiermesser* n ‖ *jabón de* ~ *Rasierseife* f ‖ ◊ *sopla un viento que afeita* fam *es geht ein schneidender Wind* ‖ **~se** *sich rasieren* ‖ *sich schminken*
afeite m *Putz* m ‖ *Schminke* f ‖ *Pomade* f ‖ *Schönheitsmittel* n
afeitón m *Nordwind* m
afelio m ⟨Astr⟩ *Sonnenferne* f, *Aphel* n
afelpado adj *felbel-, plüsch|artig* ‖ *fig samtartig* ‖ ⟨Bot⟩ *filzig*
afeltrar [-ie-] vt *verfilzen*
afemi|nación f *Verweichlichung* f ‖ **-nado** adj *weichlich, verweichlicht* ‖ *weibisch* ‖ *zärtlich* ‖ *voz* ~*a weibliche Stimme* f ‖ ~ m *Weichling* m ‖ **-namiento** m = **-nación** ‖ **-nar** vt *weibisch machen, verweichlichen* ‖ **-narse** vr *weibisch werden, verweichlichen*
*****afer** m *Geschäft* n ‖ *Beschäftigung* f
aferente adj *zuführend* ‖ *vasos* ~*s* ⟨An⟩ *zuführende Gefäße* npl
aféresis f ⟨Gr⟩ *Aphärese* f ‖ ⟨Chir⟩ *Amputation* f
afe|rrado adj fam *hartnäckig, halsstarrig* ‖ **-rrador** m △ *Kriminalbeamter* m ‖ adv: **~amente** ‖ **afe|rramiento** m *Anpacken* n ‖ *Zupacken* n ‖ *Trotz* m ‖ *Verbissenheit* f ‖ *Verrannt-, Verbohrt|heit* f *in* (acc) *e-e Idee* ‖ **-rrar** vr *anpacken, festhalten* ‖ ⟨Mar⟩ *auswerfen (Anker), ankern* ‖ ⟨Mar⟩ *einziehen (Segel)* ‖ ~ vi *Grund fassen (Anker)* ‖ **~se** *sich anklammern, ankern (auf et dat)* ‖ ◊ ~ *a (od con, od en) su opinión fig auf seiner Meinung hartnäckig bestehen*
aferrucharse vr Col *sich anklammern*
aferruzado adj *jähzornig* ‖ *schlechtgelaunt*
aferventar vt Ast *kochen*
afestonado adj *girlandenförmig (gewunden)* ‖ *mit Girlanden geschmückt* ‖ ⟨Bot⟩ *geschweift*
afeu|damiento m *Zuneigung, Freundschaft* f ‖ **-darse** vr *sich befreunden, ein Bündnis schließen*
affmo(s) Abk = **afmo(s)**
afgano adj *aus Afghanistan (Afganistán), afghanisch* ‖ ~ m *Afghane* m
afhidrosis f ⟨Med⟩ *Anhydrose* f
afian|zador m *Bürge* m ‖ *Stützkeil* m ‖ **-zamiento** m *Stütze* f ‖ *Sicherung* f ‖ *Bürgschaft* f ‖ ~ *de la paz Festigung* f *des Friedens* ‖ ~ *de un régimen Festigung* f *od Konsolidierung* f *e-s Regimes* ‖ **-zar** [z/c] vt *(ver)bürgen, für et stehen* ‖ *packen, festnehmen, festhalten* ‖ *stemmen, stützen* ‖ ⟨Mil⟩ *schultern (Gewehr)* ‖ ◊ ~ *a alg. sich für jdn verbürgen* ‖ ~ *con tornillos anschrauben* ‖ **~se** *fest werden* ‖ *sich stützen* ‖ *sich (be)festigen*
afición f *Zuneigung, Liebe, Ergebenheit* f ‖ *Vorliebe* f ‖ *Eifer* m ‖ *Dilettantentum* n ‖ *Liebhaberei* f ‖ *Steckenpferd* n, *engl Hobby* n ‖ *Verehrerschaft* f ‖ ⟨Taur⟩ *Vorliebe* f *für Stiergefechte* ‖ ⟨Taur⟩ *Anhängerschaft* f ‖ ◊ ~ *ciega razón Liebe macht blind*
aficio|nado adj *zugetan, geneigt, (stets) aufgelegt zu* (dat) ‖ ~*a chanzas spaßliebend* ‖ *fotó-*

grafo ~ *Amateurphotograph* m || adv: **~amente** || ~ m *Liebhaber, Kunstfreund* m || *(sachverständiger) Amateur, Dilettant* m || *Hobbyist* m || „*Kenner"* m|| *Amateurphotograph* m|| *Radiobastler* m|| ~ a los toros *Stammgast* m *bei Stierkämpfen* || función de ~s ⟨Th⟩ *Laienvorstellung* f || **–nar** vt *Liebe einflößen (zu)* || *geneigt machen* || *gewinnen für* (acc) || **~se** *Zuneigung fassen (zu)* || *sich gewöhnen,* fam *sich et angewöhnen* || ◊ ~ a *(od* de) uno *sich in jdn verlieben* || ~ a la pintura *e–e Leidenschaft für die Malerei entwickeln*
afidávit m *Affidavit* n, *eidesstattliche Erklärung* f
afidido⟨Entom⟩ m *Blattlaus* f|| **~s** mpl ⟨Entom⟩ *Blattläuse* fpl (Aphididae)
afiebrarse vr Chi *Fieber bekommen*
afieltrado adj *filzartig*
afijo m ⟨Gr⟩ *Affix* n
afila|dera f *Schleifstein, Wetzstein* m || **–dero** adj: (piedra) **~a** *Schleifstein, Wetzstein* m || **–do** adj *scharf, geschliffen* || *fein, zart* || *spitz* || ~ m *Schleifen* n || *(An) Schliff* m || ~ en bisel *Schrägschliff* m, *wechselseitiger Schliff der Zähne e–r Säge* || ~ derecho *G(e)radschliff* m || ~ inclinado *Schrägschliff* m || ~ a máquina *Maschinenschliff* m || ~ plano *Planschliff* m || ~ preliminar *Vorschleifen* n || **–dor** m *Schleifer* m || *Streichriemen m für Rasiermesser* || Chi *Wetzstein* m || Am fam *Poussierstengel* m || ~ de cuchillos *Messerschärfer* m || ~ de herramientas *Werkzeugschleifer* m || ~ de lápices *Bleistiftspitzer* m || **–dora** f *Schleif-, Schärf\maschine* f || ~ de brocas ⟨Bgb⟩ *Bohrerschärfmaschine* f || ~ para cuchillas de cepillo *Hobelmesserschleifmaschine* f || **–dura** f *Schleifen, Wetzen* n
afilalápices m *Bleistiftspitzer* m
afilamiento m *Schleifen* n || *Abmagern* n *im Gesicht* od *an den Fingern*
afilar vt *schärfen, schleifen, wetzen* || *spitzen (Feder)* || *enthaaren (Häute)* || Am fam *jdm den Hof machen* || Am *poussieren* || ◊ ~ la guadaña *dengeln* || máquina de ~ *Schleifmaschine* f || **~se** *schmal werden (Gesicht)* || Arg *flirten*
afilia f ⟨Bot⟩ *Blattlosigkeit* f
afi|liación f *Annahme an Kindes Statt, Adoption* f || *Aufnahme* f *in eine Körperschaft* od *Partei* || *Beitritt* m || *Mitgliedschaft, Zugehörigkeit* f || ~ obligatoria *Mitgliedschaftszwang* m || **–liado** adj *angegliedert, angeschlossen* || *zugehörig* || trabajador ~ al sindicato *gewerkschaftlich* (Span syndikalistisch) *organisierter Arbeitnehmer* || ~ *Mitglied* n || **–liar** vt *in eine Körperschaft aufnehmen* || **~se** *sich schlagen* (a zu) || *eintreten in e–e Gemeinschaft* || *Mitglied werden*
afiligranado adj *filigranartig* || *fein ausgeführt* || *klein, schmächtig (Statur)* || *zierlich (Stil)* || *fein (Gesichtszüge)*
áfilo adj ⟨Bot⟩ *blattlos*
afilón m *Wetzstahl* m || *Streichriemen* m
afilosofado adj *scheinphilosophisch*
afín adj *verschwägert* || *angrenzend* || *ähnlich, analog* || *verwandt (Begriff)* || ⟨Math Chem⟩ *affin* || ~ m *Schwager* m
afina|ción f *Verfeinerung* f || *Vollendung, Vervollkommnung* f || *Läuterung* f *der Metalle* || ⟨Metal⟩ *Frischarbeit* f, *Frischen* n, *Veredelung* f || ⟨Mus⟩ *Stimmen* n *der Instrumente* || ◊ tocar con ~ ⟨Mus⟩ *richtig intonieren* || **–damente** adv *sehr genau* || fig *sehr fein* || **–do** m = **afinación** || ~ de superficies ⟨Ing⟩ *Einschleifen* n || **–dor** m *Verfeinerer* m || *Läuterer* m *von Metallen* || ⟨Mus⟩ *(Klavier) Stimmer* m || ⟨Mus⟩ *Stimmhammer, Stimmschlüssel* m || **–dora** f *Schleifmaschine* f
afinar vt *verfeinern* || *vervollkommnen, ausgleichen* || *ein-, an\passen* || *frischen, feien, veredeln (Metalle)* || *wetzen, schleifen* || ⟨Chem⟩ *abtreiben, läutern* || ⟨Mus⟩ *stimmen (Instrumente)* || *tonrein spielen* bzw *singen* || *jdm feinere Sitten beibringen* || ~ vi ⟨Mus⟩ *genau intonieren, stimmen* || *richtig spielen* bzw *singen)* || **~se** fig *feiner werden*
*****afincar** vi *Güterbesitz erwerben* || Cu *Güterbesitz beleihen* || **~se** [c/qu] vr *in Güterbesitz gelangen* (& vi), *sich ankaufen* || fig *seßhaft werden* || fig *sich niederlassen*
afine adj = **afin**
afinería f *Hütte* f || *Hüttenwesen* n
afinidad f *Verschwägerung* f || *Verwandtschaft* f || *Affinität* f || fig *Ähnlichkeit, Beziehung* f || fig *Freundschaft* f || guardar ~ fig *verwandt sein* (con *mit* dat) || ~ electiva *Wahlverwandtschaft* f || ~ electrónica *elektronische Affinität* f || ~ química *chemische Affinität* f || ~ residual ⟨Chem⟩ *residuale Affinität* f || ~ tisular ⟨An⟩ *Gewebeaffinität* f
afino m *Metalläuterung, Veredelung* f || *Affination* f || *Frischen* n || ~ electrolítico *elektrolytische Raffination* f *(Metalle)* || ~ incompleto *Rohfrischen* n || ~ neumático *Windfrischen* n || velocidad del ~ *Frischgeschwindigkeit* f
afir|mación f *Bejahung* f || *Versicherung* f || *Behauptung* f || *Bekräftigung* f || *Bestätigung* f || ⟨Gr⟩ *Aussagesatz* m ~ de sí mismo *Selbstbehauptung, -bestätigung* f || **–madero** m Chi *Stütze* f, *Stützbalken, Träger* m || **–mado** adj *fest* || *fest sitzend (Reiter)* || ~ m *Befestigung* f *(Straße)* || ~ de la calzada (caminera) *Fahrbahnbefestigung* || ~ silicatado *Wasserglasdecke* f, *Silikatmakadam* m || ~ del suelo *Bodenbefestigung* f || adv: **~amente** || ~ m *Pflasterweg* m
afirmar vt *befestigen, festmachen* || *stützen* || *behaupten* || *bestätigen, versichern* || *bejahen* || ⟨Jur⟩ *beschwören, erhärten* || *verfestigen (Straße)* || Chi *herunterhauen (eine Ohrfeige)* || ◊ ~ el rostro *ernstes Gesicht machen* || **~se** *sich feststellen* || *sich behaupten* || *sich stützen* || *auf einer Aussage bestehen* || ⟨Mar⟩ *an Stärke zunehmen (Wind)*
afirma|tiva f *Bejahung* f || *bejahende Antwort* f || *Zustimmung, Zusage* f || *Einwilligung* f || **–tivamente** adv *bejahend, bekräftigend* || *bejahendenfalls* || ◊ responder ~ (a) *et bejahen* || **–tivo** adj *bejahend* || *bekräftigend* || en caso ~ *bejahendenfalls* || respuesta **~a** *bejahende Antwort, Bejahung* f
afirolar vt Cu *putzen, schmücken*
afistulado adj *fistelähnlich* || *mit Fisteln*
aflagelado adj ⟨Zool⟩ *geißellos*
aflamencado adj *zigeunerhaft* || *den Flamenco(tanz) nachahmend* || fig pop = **achulado**
aflatarse vr Chi Hond *an Blähungen leiden* || Guat Hond *traurig werden*
aflato m *Hauch, Wind* m || fig *Eingebung* f
aflautado adj *flötentönig* || *wie Sopran tönend (Stimme)*
aflechado adj ⟨Bot⟩ *pfeilförmig*
aflicción f *Betrübnis, Trübsal* f || *Leid* n, *Kummer* m || *Kränkung* f
aflictivo adj *betrübend* || pena **~a** ⟨Jur⟩ *Leibesstrafe* f
aflicto pp/irr *v.* **afligir**
afligido adj *traurig, betrübt* || adv: **~amente**
afligir [g/j] vt *betrüben, bekümmern* || *kränken, quälen, peinigen* || *heimsuchen* || ◊ ~ a uno *jdm nahegehen, leid tun* || **~se** *sich grämen*
aflijo m Ec *Betrübnis, Trübsal* f || *Leid* n, *Kummer* m
aflogístico adj *feuerfest* || ⟨Med⟩ *entzündungshemmend* || ~ m ⟨Med⟩ *entzündungshemmendes Mittel* n
aflojar vt *abspannen* || *nachlassen* || *lösen* || *lockern (Strick, Saite)* || ◊ ~ (la mosca) fam *den Beutel ziehen, zahlen, Geld locker machen* || ~ un tornillo *lösen, losschrauben* || ~ el vientre *seine Notdurft verrichten* || ~ vi *nachlassen (Fieber)* || *erschlaffen* || *(im Studium) nachlassen* || **~se** *flau*

werden, *abflauen (Geschäfte)* ‖ *sich lockern, locker werden (Schraube)* ‖ Chi *furzen* (→ **ventosear**) ‖ ◊ *se le ha aflojado un tornillo* fig *bei ihm ist ein Schräubchen locker*
aflo|rado adj *blühend* ‖ *geblümt* ‖ **–ramiento** m *Zutagetreten* n ‖ ⟨Geol⟩ *Ausbiß, Ausstrich* m, *Ausgehendes* n ‖ **–rar** vt *verfeinern, läutern (Mehl, Korn)* ‖ ~ vi *anstehen, zutage treten (Erz & fig)*
afluen|cia f *Zufluß* m ‖ *Zulauf, Andrang* m ‖ fig *Redestrom, Wortschwall* m ‖ ~ de capital *Kapitalzufluß* m ‖ ~ de dinero *Geldzufluß* m ‖ ~ de refugiados *Zustrom* m v. *Flüchtlingen, Flüchtlingsstrom* m ‖ ~ del viento *Zuströmen* n *der Luft (Ofen)* ‖ horas de ~ *Hauptgeschäftszeit* f ‖ *Hauptverkehrszeit* f ‖ **–te** adj *zuströmend, einmündend* ‖ fig *redselig* ‖ ~ m *Nebenfluß* m
afluir [i/y] vi *zu-, herbei|strömen* ‖ *einmünden (Fluß)* ‖ fig *zufließen* ‖ ◊ *los extranjeros afluyen a Sevilla die Ausländer besuchen scharenweise Sevilla*
aflujo m *Andrang* m, *Zuströmen* n, *Zufluß* m ‖ *Andrang, Zulauf* m ‖ ~ de sangre *Blut|andrang* m, *-zufuhr* f
aflús adv Chi Mex *ohne e–n Pfennig*, fam *pleite* ‖ →a **flux**
afluxionarse vr Cu Col *sich erkälten* ‖ MAm *anschwellen*
afmo(s) Abk = **afectísimo(s)**
afoetear vt Col *(ver)prügeln, peitschen*
afofar vt *locker machen* ‖ **~se** *schwammig werden (Fleisch)* ‖ *quellen*
afogarar vt *sengen (die Hitze das Getreide)*
afoliado adj ⟨Bot⟩ *blattlos*
afo|llado m *Falte* f, *Bausch* m *(bei schlecht sitzendem Kleid)* ‖ **–llador** m Mex *Bälgetreter* m ‖ **–llar** [-ue-] vt *mit dem Blasebalg anblasen* ‖ fig *balgförmig falten* ‖ **~se** *sich auflockern (Mauerwerk)*
afondar vt *versenken (Schiff)* ‖ vi *versinken, untergehen (Schiff)* ‖ **~se** vr *sich setzen (wie Hefe)* ‖ *sinken (Schiff)* (& vi)
afonía f *Aphonie, Stimm-, Sprach|losigkeit* f
afónico adj *aphonisch, stimm-, ton|los* ‖ *stockheiser* ‖ ◊ *volverse (od ponerse)* ~ *heiser werden*
áfono adj *stimm-, ton|los*
afo|rado adj/s *bevorzugt, Sonderrechte genießend* ‖ *geeicht* ‖ **–rador** m *Eichmeister* m ‖ *Taxator* m ‖ *Pegel, Wasserstandsanzeiger* m ‖ **–ramiento** m = **aforo** ‖ *Zollwertermittlung* f ‖ ⟨Jur⟩ *Verleihung* f *von (Sonder)Rechten* ‖ **–rar** vt *(die Ware für den Zoll) ein-, ab|schätzen* ‖ *eichen* ‖ *taxieren* ‖ ⟨Jur⟩ *(Sonder)Rechte verleihen*
aforia f ⟨Med⟩ *Unfruchtbarkeit* f
afo|rismo m *Aphorismus, Lehrspruch* m ‖ *Sinn-, Gedanken|spruch* m ‖ *Gedankensplitter* m ‖ **–rístico** adj *aphoristisch, sentenzartig (Redeweise)*
aforo m *Eichung* f ‖ *Eichmaß* n ‖ *zollamtliche Abschätzung, Zollwertermittlung* f ‖ *Fassungsvermögen* n *(z. B. Stadion)* ‖ *(Gesamtzahl* f *der) Plätze* mpl ⟨Th Filmw usw⟩ ‖ *Wassermengenbestimmung* f *(Fluß)* ‖ ~ y pago de aduana *Verzollung* f
aforragaitas m joc *Kleinigkeitskrämer* m
afo|rrar vt *füttern (Kleider)* ‖ *mit Pelz füttern, verbrämen* ‖ *überziehen, beschlagen* ‖ *in Papier einschlagen (Buch)* ‖ **~se** *sich dick od warm anziehen* ‖ ◊ ~ bien fam *reichlich essen und trinken* ‖ fam *mächtig 'reinhauen* ‖ ¡afórrese usted con ello! desp *lassen Sie sich damit ausstopfen!* ‖ **–rro** m *(Unter)Futter* n ‖ ⟨Mar⟩ *Taubekleidung* f
afortinar vt Mex *kräftigen, stärken*
a fortiori Lat adv *um so mehr*
afortu|nadamente adv *glücklicherweise* ‖ **–nado** adj *glücklich, beglückt* ‖ *begütert, wohlhabend* ‖ *stürmisch (Wetter)* ‖ **–nar** vt *beglücken*

afosarse vr ⟨Mil⟩ *sich verschanzen*
afoscarse [c/qu] vr ⟨Mar⟩ *diesig* od *dunstig werden* ‖ fig *mürrisch werden*
afótico adj ⟨Bot⟩ *aphotisch*
afototrópico adj ⟨Biol⟩ *aphototropisch*
afragatado adj ⟨Mar⟩ *fregattenähnlich*
afrai|lado adj *mönchsartig, mönchisch* ‖ **–lar** vt *(Bäume) stutzen* ‖ **~se** *Mönchsmanieren annehmen*
afrancesado adj *französisch gesinnt* ‖ *französelnd* ‖ **~s** mpl *Französlinge, Anhänger* mpl *des Königs Joseph Bonaparte in Spanien*
afrance|samiento m *Nachahmung* f *franz. Art (Mode, Stil)* ‖ **–sarse** vr *französische Sitten annehmen* ‖ *sich in Frankreich naturalisieren lassen*
afranelado adj *flanellartig*
afranjado adj *zerfranst*
afrasia f ⟨Med⟩ *Aphrasie* f
afre|charse vr Chi *kleiensüchtig werden (Vieh)* ‖ **–chero** m Arg ⟨V⟩ *Kleienfink* m ‖ **–chillo** m *Feinkleie* f ‖ **–cho** m *Kleie* f ‖ *Futtermehl* n ‖ **–choso** adj *kleiehaltig, kleiig*
afrenillar vt ⟨Mar⟩ *die Ruder anbinden*
afren|ta f *Schimpf* m, *Schmach, Beschimpfung, Beleidigung* f ‖ *Schmähwort* n ‖ *Ehrverlust* m ‖ **–tado** pp v. **afrentar** ‖ PR *unverschämt, schamlos* ‖ **–tar** vt *beleidigen, beschimpfen* ‖ *erniedrigen, entehren* ‖ **~se** *sich mit Schmach bedecken* ‖ *sich schämen* (de gen) ‖ **–toso** adj *schimpflich, schmachvoll* ‖ *schändlich, beschämend, ehrenrührig* ‖ adv: **~amente**
afreñir vt Sant *Erdklumpen* mpl *zerkleinern*
afresado adj *erdbeerähnlich*
Africa f [el] *Afrika* n ‖ ~ Central *Zentralafrika* ‖ ~ del Norte *Nordafrika* ‖ ~ Occidental *Westafrika* ‖ ~ Oriental *Ostafrika* ‖ ~ del Sur *Südafrika*
afri|cana f *Afrikanerin* f ‖ **–cander** m *Afrika(a)nder* m ‖ **–canismo** m *Afrikanismus* m ‖ **–canista** m *Afrikaforscher* m ‖ **–canización** f *Afrikanisierung* f ‖ **–cano** adj *afrikanisch* ‖ ~ m *Afrikaner* m ‖ *schwarzer Marmor* m *mit weißen und roten Adern*
áfrico adj *afrikanisch* ‖ ~ m *Südwind* m (→ **ábrego**)
africochar vt vulg RD *umbringen*
afrijolar vt Cu *erschießen*
afro- präf *afro-, afrikanisch*
afroasiático adj *afro-asiatisch*
afrodisia f ⟨Med⟩ *Aphrodisie* f, *gesteigerter Geschlechtstrieb* m
afrodisíaco m/adj *Aphrodisiakum, den Geschlechtstrieb reizendes Mittel* n
Afrodita f *Aphrodite* f *(Venus)*
afronitro m *Mauersalpeter* m
afrontar vt *gegenüberstellen* ‖ *bekämpfen* ‖ *trotzen* (dat) ‖ Chir *anpassen (Wundränder)* ‖ ◊ ~ el peligro *der Gefahr trotzen* ‖ ~ vi *gegenüberstehen* ‖ **~se** *sich begegnen* ‖ *sich streiten*
afrontilar vt Mex *an den Hörnern festbinden (Rind)*
afta f [el] ⟨Med⟩ *Aphthe* f
af.to, afto Abk = **afecto**
aftoso adj *aphthös* ‖ fiebre **~a** ⟨Med⟩ *Aphthenfieber* n ‖ ⟨Vet⟩ *Aphthen-, Maul- und Klauen|seuche* f
a fuer (de) adv *kraft, infolge von*
afuera adv *(dr)außen* ‖ *von außen* ‖ *hinaus* ‖ *äußerlich* ‖ *außerdem, überdies* ‖ de ~ *von auswärts* ‖ ¡~! *hinaus!* ‖ **~s** fpl *Umgebung, Umgegend* f ‖ *Vorort* m
afuereño adj/m Col Ec Guat *fremd*
afueriño adj Chi = **afuereño**
afuetear vt Am *prügeln, peitschen*
afufa f fam *tomar las* **~s** fam *sich aus dem Staube machen*
afu|far vi fam *entfliehen, entweichen* ‖ fam *ausreißen* ‖ (& vr) ‖ **–fárselas** vr *sich aus dem*

afufólas — agaucharse 30

Staube machen ‖ pop *abhauen* ‖ **-fólas** fam *er hat Reißaus genommen* ‖ **-fón** *m* fam *Ausreißen, Entwischen* n
afujia *f* Col *Verlegenheit, Bedrängnis* f
afusión *f* ⟨Med⟩ *Aufguß* m, *Sturzbad* n
afuste *m* ⟨Mil⟩ *Lafette* f ‖ ~ *automotor Selbstfahrlafette* f ‖ ~ *biflechado Spreizlafette* f
afutrarse vr Chi *sich herausputzen* ‖ fam *sich hübsch machen*
agá *m Aga* m *(türkischer Offiziersrang)*
agabachado adj fam *französelnd* (→ *gabacho*)
agabanado adj *regenmantelartig*
aga|chada *f* fam And Arg *List* f, *Kniff* m ‖ And *Niederbücken* n ‖ **-chadiza** *f Moor-, Wasserschnepfe* f ‖ ~ *común* ⟨V⟩ *Bekassine* f (Gallinago gallinago) ‖ ~ *chica* ⟨V⟩ *Zwergschnepfe* f (Lymnocryptes minima) ‖ ~ *real* ⟨V⟩ *Doppelschnepfe* f (G. media) ‖ ◊ *hacer la* ~a fam *sich ducken* ‖ **-chadizo** adj *was sich verstecken kann*
agachado adj fam Ec PR *plebejisch, pöbelhaft* ‖ MAm *heimtückisch, verschlagen* ‖ Cu Mex ~ *m wissentlich betrogener Ehemann* m ‖ *Kuppler* m
agachaparse vr And = **agazaparse**
agachar vt fam *beugen, krümmen* ‖ ~**se** *sich ducken, sich niederkauern* ‖ *sich bücken*
agache *m* Col *Flunkerei* f ‖ *List* f
agachón *m* Mex *Mitwisser* m ‖ *Hahnrei* m
agafar vt Ar *fassen, packen*
agaitado adj *dudelsackähnlich*
agalactia *f* ⟨Med⟩ *Agalaktie* f, *Milch(sekretions)mangel* m
agaláctico adj *milchabtreibend*
agalbanado adj fam = **galbanoso**
agalgado adj *windhundähnlich* ‖ *schlank*
agalibar vt ⟨Mar⟩ *mallen*
agáloco *m Agaloch-, Paradies|holz* n ‖ *Aloeholz* n
agalla *f Gall|nuß* f, *-apfel* m ‖ *Knopper* f ‖ *Schraube* f *am Erdbohrer* ‖ Am *Geiz* m ‖ Pe *Geriebenheit* f ‖ *Hinterlist* f ‖ ~ *del cuello* ⟨Agr⟩ *Wurzelkropf* m, *Krongalle* f (Agrobacterium tumefaciens) ‖ ◊ *quedarse de la* ~ fam *in die Patsche geraten* ‖ ~**s** *pl (Fisch)Kiemen* fpl ‖ ⟨An⟩ *Mandeln* fpl ‖ ⟨Med⟩ *Angina, Mandelentzündung* f ‖ fam *Mut* m, *Tapferkeit* f ‖ Am *Geiz* m ‖ Pe *Gerissen-, Verschlagen|heit* f ‖ Ec *Bootshaken* m ‖ ◊ *coger a uno por las* ~ fam *jdn am Kragen packen* ‖ *tener (muchas)* ~ figf *Mut haben, furchtlos sein* ‖ fam *Schneid haben* ‖ Col Ec Ven *knauserig sein* ‖
agalladero adj Cu *übertrieben* ‖ fam *protzig*
¹**agallado** adj *gallnußartig*
²**agallado** adj Chi *stramm, kräftig*
agallar vt Col *begehren* ‖ PR *sich in die Brust werfen*
agallegado adj *nach Sprache und Art der Galicier*
agalludo adj Col Ven *knauserig, geizig* ‖ Chi *tückisch* ‖ RPl *furchtlos* ‖ *mutig*
ágama *m* ⟨Zool⟩ *Agame* f ‖ ~ *de los colonos Siedleragame* f (Agama agama)
Agame(m)nón *m* np *Agamemnon* m
agamí *m* ⟨V⟩ *Trompetervogel, Agami* m (Psophia crepitans)
agamia *f* ⟨Biol⟩ *geschlechtslose Fortpflanzung, Agamie* f ‖ ⟨Bot⟩ *Agamie, Geschlechtslosigkeit* f
agámico adj *geschlechtslos*
ágamo adj ⟨Bot⟩ *geschlechtslos* ‖ fig *ledig*
agamu|zado adj *gemsfarben* ‖ *fett-, sämisch|gegerbt* ‖ **-zar** vt *sämisch gerben*
agapanto *m* ⟨Bot⟩ *Schmucklilie, Liebesblume* f (Agapanthus spp)
ágape *m Agape* f, *Liebesmahl* n *(der ersten Christen)* ‖ *Festessen* n ‖ fig *Gelage* n
agapornis *m* ⟨V⟩ *Unzertrennlicher* m *(Agapornis* spp.*)*
△**agarabar** vt *lauern auf* (acc)

agar-agar *m Agar-Agar* m/n ‖ ~ *de cultivos Nähragar* m/n
agarbado adj = **garboso**
agarban|zado adj *kichererbsenfarben* ‖ **-zar** ⟨Mur⟩ *sprießen, knospen (Pflanzen)*
agarbillar vt *in Garben legen, binden*
agarbarse vr *sich ducken*
agardamarse vr Al *wurmstichig werden (Holz)*
agarduñar vt pop *stehlen*
agareno adj *maurisch, mohammedanisch* ‖ ~ *m Araber, Agarener* m ‖ *Mohammedaner* m
agargantar vt *(aus)kehlen*
agaricales mpl ⟨Bot⟩ *Blätter-, Lamellen|pilze* mpl
agárico *m Blätterpilz* m (Agaricus sp) ‖ ~ *blanco Lärchenschwamm* m ‖ ~ *purgante Lärchenpilz* m ‖ ~ *yesquero Feuerschwamm* m
aga|rrada *f* fam *Wortwechsel, Zank* m ‖ fam *Krach* m ‖ Aut *Armschlaufe* f, *Handgriff* m ‖ **-rradera** *f* ⟨Mar⟩ *Ankerplatz* m ‖ **-rradero** *m Griff, Henkel, Stiel* m ‖ *Haltring* m ‖ fig *gute Beziehungen* fpl ‖ *Vorwand* m ‖ *Stützpunkt* m ‖ ⟨Mar⟩ *(guter) Ankergrund* m ‖ **-rradiño** *m galicischer Tanz* m ‖ **-rrado** adj fest *anklebend* ‖ fam *starrköpfig* ‖ fam *karg, knauserig* ‖ fam *eng umschlungen (Tanz)* ‖ **-rrador** *m Polster* n *am Griff des Bügeleisens* ‖ fam „*Greifer*" m ‖ Arg *Schafschierergehilfe* m ‖ Chi Ec Pe *scharfes alkoholisches Getränk* n
agarra|fador *m Korbfüller* m *in Ölmühlen* ‖ **-far** vt fam *ergreifen, derb anpacken* ‖ ~**se** fam *handgemein, handgreiflich werden*
agarra-mandíbula *f* ⟨Tech⟩ *Schwing(brech)-backe(n* m*)* f
agarrante ppr/a *von* **agarrar** ‖ adj fam *knauserig* ‖ ~ *m* fam „*Greifer*" m
agarrao *m* pop *Tanz, Schieber* m
aga|rrar vt *greifen, (an)packen* ‖ *anhaken, befestigen* ‖ ⟨Mar⟩ *(den Anker) festhaken* ‖ fam *ergreifen, befallen (Krankheit)* ‖ ◊ *agarró un fuerte catarro* fam *er bekam e-n starken Schnupfen* ‖ ~ *al toro por los cuernos* fig *den Stier bei den Hörnern packen* ‖ ~ *al vuelo in der Luft auffangen* ‖ ~ *de, por (an)greifen an, bei* (dat) ‖ ~ vi ⟨Mar⟩ *greifen, fassen (Anker)* ‖ ~**se** *sich anklammern, sich festhalten* ‖ *haften bleiben (z. B. Teig an den Fingern)* ‖ *festfressen (Maschinen)* ‖ fam *handgemein werden* ‖ ◊ ~ *a un clavo ardiendo* fig *sich an einen Strohhalm klammern* ‖ **-rre** *m* = **-rradero** ‖ **-rro** *m Ergreifen, Anpacken* n ‖ *Raub* m ‖ **-rrón** *m* fam Am *derbes Anpacken* n ‖ Am *Wortwechsel* m ‖ **-rroso** adj Mex *sauer* ‖ *zusammenziehend*
agarrotar vi *knebeln* ‖ *mit dem Halseisen hinrichten, erdrosseln, garrottieren* ‖ fig *(er)drücken* ‖ ~**se** *steif werden (Glieder)* ‖ ⟨Tech⟩ *fressen, sich festfressen*
agarrotear vt And *vom Baum abschlagen (Früchte)*
agasajar vt *freundlich aufnehmen* ‖ *wohlwollend behandeln* ‖ *(gut) bewirten* ‖ *beschenken* ‖ *jdn feiern*
agasajo *m freundliche Aufnahme, Bewirtung* f ‖ *Leutseligkeit* f ‖ *Geschenk* n ‖ *Einstand* m
agástrico adj ⟨Zool⟩ *agastrisch, magenlos*
Agata *f* np *Agathe* f
ágata *f* [el] *Achat* m ‖ ~ *abigarrada Buntachat* m ‖ ~ *calcedonia weißer Achat* m ‖ ~ *cornalina roter Achat* m ‖ ~ *obsidiana isländischer Achat* m ‖ ~ *ónix Achatonyx* m ‖ *mortero de* ~ *Achatmörser* m
agateador *m* ⟨V⟩ *Baumläufer* m (Certhia spp) ‖ ~ *común* ⟨V⟩ *Gartenbaumläufer* m (C. brachydactyla) ‖ ~ *norteño Waldbaumläufer* m (C. familiaris)
agatino adj *achatfarben* ‖ *achatähnlich*
agau|chado adj Arg Chi *nach Art e-s Gaucho* ‖ **-charse** vr RP *Art der Gauchos annehmen*

agauja f León *Bärentraube, Sandbeere* f (Arctostaphylos uva-ursi) (→ **gayuba**)
agavanza f *Hagebutte* f
agavanzo m *Hecken-, Dorn|rose* f (→ **escaramujo**)
agave f *Agave* f (→ **pita**) ‖ *Aloehanf* m ‖ ~ fibrosa *Faseragave* f ‖ ~ sisal *Sisalagave* f ‖ fibras de ~ *Pittahanf* m
agavillado adj ⟨Agr⟩ *in Garben gebunden* ‖ pop *gaunerhaft*
agavilla|dor m ⟨Agr⟩ *Garbenbinder* m ‖ **-dora** f *Garben|bindemaschine* f, *-binder* m ‖ ~ a brazo *Handbinder* m ‖ ~ mecánica *Bindemaschine* f ‖ ~ de paja *Strohbinder* m
agavillar vt *in Garben binden, schichten, binden, garben* ‖ ◊ ~ el heno *das Heu in Schobern aufstellen* ‖ fig *auf jdn e-n tiefen Eindruck machen* ‖ ~**se** fam *sich zusammenrotten*
agazapar vt fam *fassen, packen* ‖ ~**se** fam *sich verstecken* ‖ *sich ducken* ‖ *sich auf die Hinterfüße stellen (Pferde)*
age- → a **aje-**
agencia f *Agentur, Vertretung* f ‖ *Büro* n, *Geschäftsstelle* f ‖ öst *Agentie* f ‖ *Geschäftsbesorgung* f ‖ Chi *Leihamt* n ‖ ~ de anuncios *Annoncenbüro* n ‖ ~ auxiliar *Nebenstelle* f ‖ ~ de banca *Bankzweigstelle* f ‖ ~ central *Zentral|agentur, -stelle* f ‖ ~ de colocación *od* de colocaciones *Stellen|nachweis* m, *-vermittlungsbüro* n ‖ ~ comercial *Handels|agentur* f, *-büro* n, *-vertretung* f ‖ ~ consular *Konsularagentur* f ‖ ~ de Control de Armamentos *Amt* n *für Rüstungskontrolle* ‖ ~ de distribución *Verkaufsagentur* f ‖ ~ de emigración *Auswanderungs|büro* n, *-stelle* f ‖ ~ Europea de Energía Nuclear *Europäische Kernenergie-Agentur* f *(ENEA)* ‖ ~ Europea de Productividad *(AEP) Europäische Produktionszentrale (EPZ)* ‖ ~ exclusiva *Alleinvertretung* f ‖ ~ en el extranjero *Auslandsvertretung* f ‖ ~ de información *Nachrichten|agentur* f, *-büro* n ‖ ~ de informes *od* de informaciones *Auskunftei* f ‖ ~ inmobiliaria *Grundstücks-, Immobilien|maklerbüro* n ‖ ~ Judía *Jewish Agency* f ‖ ~ marítima *Schiffahrtsagentur* f ‖ ~ de patentes *Patentbüro* n ‖ ~ principal *Haupt|agentur, -niederlassung* f ‖ ~ de publicidad *Werbeagentur* f ‖ ~ industrial *Agentur* f *für Industriewerbung* ‖ ~ de transportes *Speditions|firma* f, *-geschäft* n ‖ ~ de viajes *Reisebüro* n ‖ *Verkehrsamt* n
agen|ciar vt *betreiben, besorgen* ‖ *verschaffen* ‖ fam *erreichen* ‖ fam *heranschaffen* ‖ pop *schaukeln, managen* ‖ **-ciero** adj/s Am *betriebsam* ‖ ~ Am *Inhaber* m *e-r Agentur* ‖ Arg *Losverkäufer* m ‖ Chi *Inhaber* m *e-s Leihhauses* ‖ **-cioso** adj *betriebsam, rührig*
agenda f *Taschen-, Notiz|buch* n ‖ *Terminkalender* m ‖ *Tagesordnung* f ‖ ~ de gastos *Ausgabenbuch* n
agenesia f = **agénesis** f *Agenesie* f, *Bildungsmangel* m, *Fehlen* n *e-r Organanlage* ‖ *Sterilität* f ‖ *Impotenz* f
agenitalismo m ⟨Med⟩ *Agenitalismus* m
agen|tado adj PR Dom *wichtigtuerisch* ‖ **-tamiento** m Dom *Aufgeblasenheit* f ‖ **-tarse** vr Dom *es zu et bringen*
agente m *Agent, Vertreter* m ‖ *Geschäftsführer* m ‖ *Vermittler* m ‖ *Makler* m ‖ ⟨Jur⟩ *Täter* m *(Strafrecht)* ‖ ⟨Chem⟩ *Reagens, Reagenz* n ‖ *Korrespondent* m ‖ *Agens* n, *wirkende Kraft* f ‖ ⟨Med⟩ *Träger, Erreger* m ‖ ~ administrativo *Angestellter* m ‖ *Beamter* m ‖ *Bediensteter* m ‖ ~ de aduanas *Zoll|agent, -angestellter* m ‖ ~ antipiojos *Entlausungsmittel* n ‖ ~ de apresto ⟨Web⟩ *Appreturmittel* n ‖ ~ de bolsa *Börsenmakler* m ‖ ~ de la Brigada de Investigación Criminal (Span) *Kriminalbeamter* m, pop *Kriminaler* m ‖ ~ de cambio *Börsenmakler* m ‖ ~ y bolsa *Börsenmakler* m (Span) ‖ ~ de la circulación *(städtischer) Verkehrspolizist* m ‖ ~ comercial *Handelsagent* m ‖ *Handelsmakler* m ‖ *Handelsvertreter* m ‖ ~ conservador ⟨Chem⟩ *Konservierungsmittel* n ‖ ~ consular *Konsularagent* m ‖ ~ de contaminación (atmosférica), ~ de polución *Schmutzstoff* m ‖ ~ de decapado *Beizzusatz* m *(zum Dekapieren)* ‖ ~ decolorante, ~ de blanqueo ⟨Chem⟩ *Bleichmittel* n ‖ ~ descorificador *Farbenabbeizmittel* n, *Lackentferner* m *Entschlackungsmittel* n *(Eisen)* ‖ ~ destructor *Vertilgungsmittel* n ‖ ~ diplomático *diplomatischer Vertreter* m ‖ ~ de divulgación agrícola *landwirtschaftlicher Berater* m ‖ ~ ejecutivo ⟨Jur⟩ *Gerichtsvollzieher* m ‖ ~ espumoso *Schaumlöschmittel* n ‖ ~ extintor *Feuerlöschmittel* n ‖ ~ fijador *Fixiermittel* n ‖ ~ de fincas rústicas *Grundstücksmakler* m ‖ ~ forestal *Forstangestellter* m ‖ ~ de la fuerza pública *Polizeibeamter* m ‖ *Polizist* m ‖ *Schutzmann* m ‖ pop *Schupo* m ‖ ~ general *Generalagent* m ‖ ~ humectante *Netz-, Benetzungs|mittel* n ‖ ~ inmobiliario *Grundstücksmakler* m ‖ *Immobilienmakler* m ‖ ~ local *Platzagent* m ‖ ~ marítimo *Schiffsmakler* m ‖ ~ mediador *Handelsmakler* m ‖ ~ de negocios *Handlungsagent* m ‖ ~ de orden público *Polizist* m ‖ ~ patógeno ⟨Med⟩ *(Krankheits)Erreger* m ‖ ~ precipitante *Fäll(ungs)mittel* n ‖ ~ de policía *Polizist* m ‖ ~ contra la polilla *Mottenmittel* n ‖ ~ protector antiácido ⟨Chem⟩ *Säureschutzmittel* n ‖ ~ protector contra el frío *Kälte|schutzmittel, -isoliermittel* n ‖ ⟨Aut⟩ *Gefrierschutz(mittel)* n ‖ ~ protector de plantas *Pflanzenschutzmittel* n (→ a **pesticida**) ‖ ~ (oficial) de la propiedad industrial *Patentanwalt* m ‖ ~ provocador *Lockspitzel* m, *Agent provocateur* m (frz) ‖ *Gelegenheitsursache* f ‖ ⟨Med⟩ *Erreger* m (→ ~ **patógeno**) ‖ ~ de publicidad *Werbeagent* m ‖ *Akquisiteur* m ‖ ~ químico *chemisches Agens* n ‖ ~ receptor *Abnehmer* m ‖ ~ reductor, ~ de reducción *Reduktionsmittel* n ‖ ~ refrigerante *Kühlmittel* n ‖ ~ repartidor *(El) Lastverteiler* m ‖ ~ de seguros *Versicherungsagent* m ‖ ~ de transportes *Spediteur* m ‖ ~ de transportes marítimos *Seespediteur* m
ageotropismo m ⟨Biol⟩ *Ageotropismus* m
agérato m ⟨Bot⟩ *Leberbalsam* m (Ageratum sp)
¹**agermanarse** vr *sich e-r Gaunerbande anschließen* (→ **germanía**)
²**agermanarse** vr *deutsches Wesen annehmen*
agestado adj: bien (mal) ~ *schön (häßlich) aussehend (Gesicht)*
agestarse vr *sich gebärden*
ageusia f ⟨Med⟩ *Ageusie, Geschmacksempfindungslosigkeit* f
agi- → a **aji-**
agfacolor m ⟨Phot Filmw⟩ *Agfacolor* n
ag(ib)ílibus m fam *Geschicklichkeit* f, *Geschick* n ‖ *Lebensgewandtheit* f ‖ fam *gescheite Person* f, fam *Schlaumeier* m
agible adj *tunlich, durchführbar*
agigan|tado adj *riesenhaft, riesig* ‖ fig *ungeheuer* ‖ **-tar** vt fig *ungeheuer vergrößern, übertreiben* ‖ ~**se** *ungeheuer groß werden*
agigotar vt *ein Hackfleischgericht zubereiten*
ágil adj *behend, flink, beweglich*
agilar vi Cu pop *es eilig haben*
agili|dad f *Behendigkeit, Gewandtheit* f ‖ *Beweglichkeit* f ‖ ~ en los dedos *Fingerfertigkeit* f ‖ **-mógili** m pop *Gewandtheit* f ‖ *Anmut, Grazie* f ‖ **-tar** vt *erleichtern* ‖ *jdn ermächtigen* ‖ Ec vulg *aktivieren*
ágilmente adv *flink, lebhaft*
agio m *Agio, Aufgeld* n ‖ *Börsenspekulation* f ‖ → a **agiotaje**
agio|taje m *Agio, Aufgeld* n ‖ *Agiotage* f ‖ *Börsenspiel* n *(mit Aufgeld)* ‖ *Wechselwucher* m ‖ **-tista** m *Börsenspieler, Spekulant, Agiotist, Jobber* m

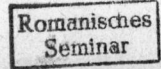

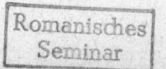

agitación f heftige Bewegung, Aufregung, Unruhe f || Wogen n (Meer) || Wedeln n (Schwanz) || fig Agitation f || fig Hetze f || fig ~ política *política Agitation* od *Hetze* f || ~ popular *Gärung, Volksverhetzung* f || fig *Gärung* f *im Volke* || ~ *del ánimo Gemütsbewegung* f || ~es *electorales Wahlumtriebe* mpl
agitado adj aufgeregt || außer sich geraten || erregt || bewegt || stürmisch (See, Sitzung)
agitador m Agitator, Hetzer m || Wühler, Ruhestörer m || Rührvorrichtung f, -werk m, -apparat, Rührer, Rüttler, Schüttelapparat m || ⟨Chem⟩ Schüttelglas n || ~ neumático ⟨Metal⟩ Druckluftrührwerk n || ~ oscilante Schwingrührwerk n || ~ político *político Agitator* m || *Aufwiegler* m || *Volksaufwiegler* m || *Hetzagent* m || *Hetzer* m
agitanado adj zigeunerhaft
agi|tar vt (hin- und her)bewegen || schütteln || rühren, umrühren, rütteln || schwenken (e-e Fahne) || (den Degen) schwingen || (mit dem Schwanz) wedeln || fig (die Massen) erregen || fig erschüttern, beunruhigen || ◊ agítese antes de usarlo ⟨Pharm⟩ vor Gebrauch schütteln! || ~ vi für el werben, agitieren || ~**se** fam *sich sträuben* || **-tato** adj/s it ⟨Mus⟩ bewegt, lebhaft
aglobación f Anhäufung f
aglobulia f ⟨Med⟩ *Aglobulie, Blutkörperverminderung* f
aglome|ración f Anhäufung, Zusammenballung f || Menschenmenge f, Gedränge n || Agglomeration f || Brikettierung f || ⟨Metal⟩ Sinterung f || Ballungsraum m || **-rado** adj angehäuft, zusammengepreßt || knäuelförmig || dicht aneinandersitzend (Blätter, Früchte) || ~ m Preßkohle f || ⟨Geol⟩ Agglomerat, Konglomerat n || Knäuelbildung f || ~ de cemento y amianto *Asbestzement* m || ~ de corcho gepreßter Kork, Preßkork m || ~ de turba Torfbrikett n || ~s Briketts npl, Preßkohlen fpl || **-radora** f Brikettpresse f || **-rar** vt zusammen-, an|häufen || ⟨Metal⟩ sintern || ⟨Bgb⟩ brikettieren || ~**se** sich anhäufen, sich zusammenballen || zusammenbacken
aglosia f ⟨Biol Med⟩ *Aglossie, Zungenlosigkeit* f
agluti|nación f Anheften, Ankleben n || Agglutination, Bindung f || ⟨Metal⟩ Sintern n || ⟨Chir⟩ Zusammenheilen n || ⟨Gr⟩ Anfügen n von Wörtern || ~ del carbón *Backen n der Kohle* || **-nante** adj Binde-, Klebe- || ⟨Chir⟩ zusammenheilend, anheftend || agglutinierend (Sprache) || ~ m ⟨Chir⟩ Heftpflaster m || Bindemittel n || ~ adhesivo Klebstoff m, Klebemittel n || ~ de colores *Farbenbindemittel* n || ~ para machos (de fundición) Kernbindemittel n || ~ de polvo *Staubbindemittel* n || ~ rápido *Schnellbinder* m || ~ en seco Trockenbinder m || **-nar** vt ver-, ankleben, aufkleben, kleistern, pappen || ansetzen (Wörter) || ~**se** anheilen, zusammenwachsen || zusammenbacken || **-nativo** adj ⟨Med⟩ agglutinierend || **-ninas** fpl ⟨Med⟩ *Agglutinine* npl, blockierende Antikörper mpl || **-nógeno** m ⟨Med⟩ *Agglutinogen* n

Ag.ⁿ Abk = **Agustín**
agna|ción f Seitenverwandtschaft f || Blutsverwandtschaft f || Verwandtschaft f (im Mannesstamm) || **-do** adj/s blutsverwandt || ~ m Seitenverwandter m || Blutsverwandter m der männlichen Linie || Agnat m || **-ticio** adj agnatisch
agnición f Anagnorisis f, das Erkennen e-r Person (im Drama)
agnocasto m ⟨Bot⟩ *Keuschbaum, Mönchspfeffer* m (Vitex agnus-castus)
agnosia f ⟨Med⟩ *Agnosie* f
agnosticismo m *Agnostizismus* m
agnóstico m *Agnostiker* m || ~ adj agnostisch
agnus, agnusdéi m *Andachtsbild* n, das Lamm Gottes darstellend || ⟨Kath⟩ Agnus Dei n, Teil m der Messe (zwischen Paternoster und Kommunion)
ago|biar vt beugen, krümmen || fig (unter)drücken || fig überhäufen (mit Arbeit) || ~**se** sich bücken || ◊ ~ por los años altersschwach werden || **-bio** m Druck m e-r Last || Beugen, Bücken n || fig Überhäufung f (mit Arbeit) || fig Mühsal f || fig Last f
agolar vt ⟨Mar⟩ → **amainar**
agol|pamiento m An-, Auf|häufung f || Andrang m || Auflauf m || **-par** vt anhäufen || ~**se** sich zusammen|rotten, -laufen || plötzlich kommen (Schmerzen) || hin|schießen, -strömen (Blut) || fig sich überstürzen
agolletar vt am Halse packen
agonal adj agonal, wettkampfmäßig
agonía f Todeskampf m, Agonie f || Todesstunde f || fig Angst, Pein f || fig Sterbensangst f || fig heftiger Wunsch m || fig Untergang m (z.B. e-s Reiches)
agónico adj mit dem Tode ringend, Todes(kampf)- || línea ~a ⟨El⟩ Agone f || período ~ Todes|kampf m, -stunde f
agonioso adj fam ängstlich
agonista m Kämpfer m || Wettkämpfer, Kämpfender m || Agonist m
agonístico adj zu den Kampfspielen gehörig
agonizante adj mit dem Tode ringend || fig heftig begehrend || ~ m der Sterbende || ~s Bruderschaft f zur Tröstung Sterbender || oración de los ~ Gebet n der Sterbenden
agonizar [z/c] vt (e-m Sterbenden) mit Zuspruch und Gebet beistehen || fam quälen, peinigen, fam löchern (a algn. jdn acc) || ~ vi mit dem Tode ringen || fig in Ängsten sein
agonizos mpl vulg PR Belästigungen fpl || Beschwerden fpl
agora adv vulg = **ahora**
ágora f ⟨Hist⟩ *Agora* f
agorafobia f ⟨Med⟩ *Agoraphobie, Platzangst* f
agorar [-üe-] vt wahrsagen || schwarzsehen || fam unken || fig raten, mutmaßen
agorería f * & Sal = **agüero**
agorero adj wahr-, weis|sagend || unheilverkündend || Unglücks- || ~ m Wahrsager m || Unglücksvogel m || Schwarzseher m
agorgojarse vr von Kornkäfern (bzw deren Larven) befallen werden (→ **gorgojo**)
agorzomar vt Mex hetzen || ermüden || ~**se** vr Mex entmutigt werden || sich grämen
agos|tadero m/adj Alm f || Sommerweide f || **-tado** adj trocken, dürr || ~ m Umgraben n e-s Weinberges || △ **-tador** m Verschwender m fremden Geldes || **-tamiento** m s v. **-tar** || ~ de la uva *Holzreife* f (Trauben)
agostar vt austrocknen, versengen (Sonne) || Unkraut umgraben (im August) || And Land zum Weinanbau umgraben || ◊ ~ en flor fig im Keim ersticken || ~ vi im August ernten || auf den Stoppeln weiden (Vieh) || fig verschwenden || ~**se** verdorren || fig schwinden, in nichts zerfließen (Hoffnungen, Reichtümer)
agosteño adj = **agostizo**
agos|tero adj August- || ~ m Erntearbeiter m || **-tizo** adj im August geboren, schwächlich (bes von Tieren)
agostía f Beschäftigung f von Erntearbeitern
agosto m August m || Ernte(zeit) f || △ Armer, Bettler m || ◊ hacer su ~ (od agostillo) fig sein Schäfchen ins trockene bringen, seinen Schnitt machen || no es cada día ~ ni vendimia fig alle Tage ist kein Sonntag
ago|tación, -tadura f Erschöpfung f, Versiegen n || **-tado** adj erschöpft (& fig) || abgespannt || vergriffen (Buch) || ausverkauft (Ware, Eintrittskarten) || **-tador** adj erschöpfend (Arbeit) || **-tamiento** m Erschöpfung, Entkräftung f || Aufbrauchen n || Versiegen n || ⟨El⟩ Erschöpfung f der Batterie || Beendigung f (Strafrecht) || ⟨Bgb⟩

Wasserhaltung, Entwässerung f, *Auspumpen* n ‖ ~ *nervioso* ⟨Med⟩ *Nervenerschöpfung* f ‖ ~ *de los recursos internos Erschöpfung* f *der innerstaatlichen Rechtsmittel (Völkerrecht)* ‖ ~ *del terreno* ⟨Agr⟩ *Bodenmüdigkeit* f

agotar vt *ausschöpfen, austrocknen* ‖ *erschöpfen (Boden, Geduld)* ‖ *ausverkaufen (Ware)* ‖ *aufbrauchen (Vorrat)* ‖ fig *(Vermögen) durchbringen* ‖ ◊ ~ *un campo* ⟨Agr⟩ *Raubbau* m *treiben* ‖ ~ *el cáliz del sufrimiento* fig *den Kelch des Leidens bis auf die Neige leeren* ‖ ~ *el orden del día die Tagesordnung erschöpfen* ‖ ~ *todos los recursos* fig *kein Mittel unversucht lassen* ‖ ~**se** *leer werden* ‖ *sich erschöpfen* ‖ *eintrocknen, versiegen (Quelle)* ‖ *ausbrennen (Batterie)* ‖ ⟨Bgb⟩ *erliegen, zum Erliegen kommen* ‖ *ausgehen (Vorräte)* ‖ ◊ *el libro está* agotado *das Buch ist vergriffen, ausverkauft*

agotes mpl *besonderer Stamm aus dem Tal von Baztán* (Nav)

agovía f *Bast-, Esparto|schuh* m

agozcado adj *mopsartig (Hund)* (→ **gozque**)

agrá m MAm *Verdruß* m, *Unannehmlichkeit* f

agracejina f ⟨Bot⟩ *Sauerdorn-, Essig|beere* f

¹**agracejo** m *nie reifende Traube* f ‖ And *Fallolive* f

²**agracejo** m ⟨Bot⟩ *Berberitzenstrauch, Sauerdorn* m (→ **bérbero**)

agra|ceño adj *agrestartig* ‖ *wild wachsend (Rebstock)* ‖ *herb, sauer* ‖ **-cera** f *Agrestflasche* f ‖ **-cero** adj *nicht vollständig reifend (Birnen)* ‖ *nie reifend (Traube)* ‖ *wild (Weinstock)*

agraciado adj *anmutig, gefällig* ‖ *glücklich, beglückt, begnadet* ‖ *salir* ~ *gewinnen (Los)*

agraciar vt *jdm Anmut* od *ein gefälliges Aussehen verleihen* (dat) ‖ *bestallen, patentieren* ‖ *eine Strafe) umwandeln* ‖ ◊ ~ *a uno con una cruz jdm ein Ehrenkreuz verleihen* ‖ ~ vi *Sal gefallen*

agracillo m *Berberitzenstrauch* m (→ **bérbero**)

agra|dabilisimo adj sup v. **-dable** ‖ **-dable** adj *gefällig* ‖ *angenehm, anmutig* ‖ *gemütlich* ‖ *erfreulich* ‖ *freundlich* ‖ fam *nett* ‖ ~ *al gusto wohlschmeckend* ‖ adv: ~**mente** ‖ **-dar** vi *gefallen, behagen* ‖ *angenehm sein, genügen* ‖ ◊ ~ *se de Gefallen finden an* (dat)

agrade|cer [-zc-] vt *mit Dank anerkennen* ‖ ◊ *eso no lo agradezco a nadie das habe ich niemandem zu verdanken* ‖ ~ vi *sich dankbar erweisen* ‖ *ergiebig, lohnend sein* ‖ **-cido** adj/s *dankbar, erkenntlich* ‖ fig *ergiebig (Erdreich)* ‖ ◊ *ser* ~ *dankbar sein* ‖ *estar* ~ *jdm Dank wissen, jdm zu Dank verpflichtet sein* ‖ **-cimiento** m *Dank* m ‖ *Dankbarkeit* f ‖ ◊ *aceptar con* ~ *dankend annehmen*

agrado m *Anmut* f, *Liebreiz* m ‖ *gefälliges Wesen* n ‖ *Vergnügen, (Wohl)Gefallen* n ‖ *Belieben, Gutdünken* n ‖ *con* ~ *mit Behagen, mit Vergnügen, gern* ‖ ◊ *ser del* ~ *de alg. jdm gefallen, genehm sein*

ágrafe m *gall* → **grapa**

agrafia f ⟨Med⟩ *Agraphie, Unfähigkeit* f *zu schreiben*

Agrajes m np *Gestalt aus "Amadis de Gaula"*

agra|madera f, **-mador** m *Flachsbreche* f ‖ *Hanfbreche* f

agramaduras fpl *Schäbe* f

Agramante np → **campo**

agramar vt *(Flachs, Hanf) brechen* ‖ fig *schlagen*

agramiza f *Schäbe* f ‖ Ar *Flachs-, Hanf|breche* f

agramón m *wilde Esche* f

agran|damiento m *Vergrößerung, Erweiterung* f ‖ **-dar** vt *vergrößern, erweitern* ‖ fig *im Rang erhöhen* ‖ ~**se** *an Größe zunehmen*

agranelar vt *(Leder) abnarben*

agranitado adj *granitartig*

agranu|jado adj fam *lumpenhaft, verlumpt* ‖ fam *spitzbübisch* ‖ **-jarse** vr *pick(e)lig werden* ‖ *ver|lottern, -kommen*

agranulocitosis f ⟨Med⟩ *Agranulozytose* f

agrariano adj = **agrario**

agrario adj *Agrar-, Ackerbau-* ‖ *landwirtschaftlich* ‖ *crisis* ~**a** *Landwirtschaftskrise* f ‖ *estado* ~ *Agrarstaat* m ‖ *medida* ~**a** *Feldmaß* n ‖ *reforma* ~**a** *Bodenreform* f ‖ *sistema* ~ *Ackerbausystem* n

agrarismo m *Agrarismus* m

agra|vación f, **-vamiento** m *Erschwerung* f ‖ *Verschärfung* f *der Strafe* ‖ ⟨Med⟩ *Verschlimmerung* f ‖ ~ *de la situación* ⟨Pol⟩ *Verschärfung* f *der Lage* ‖ **-vante** adj/m ⟨Jur⟩ *erschwerend, strafverschärfend (Umstand)* ‖ **-var** vt *erschweren* ‖ *verschärfen (Strafen)* ‖ *verschlimmern (Lage)* ‖ *erhöhen (Risiko)* ‖ *(mit Steuern) belasten* ‖ *überlasten* ‖ *übertreiben* ‖ ~**se** *schlimmer, ärger werden (Lage)* ‖ *sich verschlimmern (Krankheit)* ‖ **-vatorio** adj ⟨Jur⟩ *erschwerend (Umstände)*

agraviado adj/m *beleidigt* ‖ ⟨Jur⟩ *Verletzter* m

agraviar vt *beleidigen, beschimpfen* ‖ *jdm Unrecht antun* ‖ *verschlimmern (Lage)* ‖ *verschärfen (Strafen)* ‖ ~**se** *et übelnehmen* (acc), *sich beleidigt fühlen (por durch* [acc]) ‖ ⟨Jur⟩ *ein höheres Gericht anrufen*

agra|vio m *Beleidigung, Beschimpfung* f ‖ *angetanes Unrecht* n ‖ ⟨Jur⟩ *Beeinträchtigung* f ‖ ⟨Jur⟩ *Beschwerde* f ‖ **-viar** ~**s** *deshacer* ~**s** *Beleidigungen rächen* ‖ *sin* ~ *de nadie ohne jdm zu nahe treten zu wollen* ‖ **-vión, -ona** adj/s Chi *empfindlich, heikel (Person)* ‖ **-vioso** adj *beleidigend, schimpflich*

agraz [pl **-ces**] m *Sauerwein, Agrest* m, *Saft von unreifen Trauben* ‖ *unreife oder nie reifende Traube* f, *Herbling* m ‖ *Agrestgetränk* n ‖ fig *Verdruß, Ärger* m ‖ Córd *Sauerdorn, Berberitzenstrauch* m (→**bérbero**) ‖ *en* ~ *unreif (Traube, Obst)* ‖ fig *vorzeitig* ‖ *juventud en* ~ *unreife Jugend* f

agra|zada f *Agrestgetränk* n ‖ *gezuckerter Sauerwein* m ‖ **-zar** [z/c] vt *mit Sauerwein versetzen* ‖ fig *jdn ärgern* ‖ ~ vi *sauer, herb sein* ‖ **-zón** m *Wildtraube* f ‖ *nie reifende Traube* f ‖ fig *Verdruß* m ‖ Al *Sauerdorn* m

agredir vt *angreifen, an-, über|fallen*

agregación f *Anhäufung* f ‖ *Hinzufügung* f ‖ *Beitritt* m

agregado m/adj ⟨Phys Tech⟩ *Aggregat* n, *Zugabe* f ‖ ⟨Math⟩ *Aggregat* m ‖ *zugeteilter Beamte(r), Vertragsbeamte(r)* m ‖ *Attaché* m *(einer Gesandtschaft)* ‖ *Am Pächter, Mieter* m ‖ ~ *aéreo Luftattaché* m ‖ ~ *de agricultura Landwirtschaftsattaché* m ‖ ~ *científico Wissenschaftsattaché* m ‖ ~ *comercial Handelsattaché* m ‖ ~ *cultural Kulturattaché* m ‖ ~ *diplomático Attaché* m *(z.B. e-r Botschaft)* ‖ ~ *económico Wirtschaftsattaché* m ‖ ~ *financiero Finanzattaché* m ‖ ~ *laboral Arbeitsattaché* m ‖ ~ *militar Militärattaché* m ‖ ~ *naval Marineattaché* m ‖ ~ *de prensa Presseattaché* m ‖ ~ *frutos* ~**s** ⟨Bot⟩ *zusammengehäufte Früchte* fpl

agregar [g/gu] vt *beigesellen* ‖ *beigeben, hinzufügen* ‖ *zusammenhäufen* ‖ *einverleiben, schlagen (zu)* ‖ *(in eine Körperschaft) aufnehmen* ‖ ⟨Chem Phys⟩ *anhäufen* ‖ *zuteilen (einen Beamten)* ‖ ~**se** (a) *sich zu jdm gesellen, sich an jdn anschließen*

agremán m *Besatz* m *(z.B. für Damenmäntel)*

agremiación f *Zunftbildung* f ‖ *Eingliederung* f *in e-e Gesellschaft*

agremiarse vr *eine Zunft bilden, sich in e-r Innung zusammenschließen*

agreño adj *ländlich* ‖ ⟨Bot⟩ *Feld-*

agresión f *(unvermuteter) Angriff, Überfall* m ‖ *Aggression* f ‖ ⟨Ethol⟩ *Aggression(sverhalten* n) f (→ **comportamiento**) ‖ ~ *aérea Luftan-*

agresividad — agua 34

griff m ‖ ~ interespecifica ⟨Ethol⟩ *interspezifisches Aggressionsverhalten* n ‖ ~ intraespecifica ⟨Ethol⟩ *intraspezifisches Aggressionsverhalten* n ‖ ~ no provocada *nicht provozierter Angriff*
agre|sividad *f herausforderndes Wesen* n, *Aggressivität, Angriffslust* f ‖ ⟨Ethol⟩ *Aggressionstendenz* f ‖ **-sivo** adj *angriffslustig, aggressiv, angreifend* ‖ *beleidigend, herausfordernd* ‖ *hitzig, ungestüm* ‖ ~ m: ~ químico *chemischer Kampfstoff* m ‖ adv: **~amente**
agresor m *Angreifer* m ‖ *Aggressor* m ‖ *Herausforderer* m ‖ *Verbrecher* m
agreste adj *ländlich, bäurisch* ‖ ⟨Bot⟩ *wild(wachsend)* ‖ *unwegsam (Gelände)* ‖ fig *roh, ungeschliffen, grob* ‖ fig *herb*
agrete m/adj *angenehm säuerlicher Geschmack* m ‖ *säuerliches Getränk* n
agriado adj *sauer geworden* ‖ fig *verbittert*
agriamente adv fig *herb, hart* ‖ fig *bitter(lich)*
agriar vt *säuern* ‖ *spröde machen (Eisen)* ‖ fig *erbittern, reizen, ärgern* ‖ fig *trüben* ‖ ~ m ⟨Bot⟩ *Zedrachbaum* m (Melia azedarach) ‖ **~se** *sauer werden* ‖ *umschlagen (Wein)* ‖ fig *sich ärgern*
agrícola adj *landwirtschaftlich (Erzeugnis)* ‖ *ackerbautreibend* ‖ *Agrar-, Ackerbau-* ‖ *Land-* ‖ *industria* ~ *Landwirtschaft* f ‖ *máquina* ~ *landwirtschaftliche Maschine, Landmaschine* f ‖ *politica* ~ *Agrarpolitik* f ‖ ~ *m Landbewohner* m ‖ *Landwirt* m
agricul|tor *m Landwirt, Bauer* m ‖ ~ de (la) montaña *Bergbauer* m ‖ **-tura** f *Ackerbau, Feldbau* m ‖ *Landwirtschaft* f ‖ ~ de montaña *Berg-, Höhen|landwirtschaft* f ‖ ~ tropical *Tropenlandwirtschaft* f
agridulce adj *süßsauer*
agrietado adj *gerissen, geplatzt, klüftig, gesprungen* ‖ ~ longitudinalmente *langrissig*
agriera f Am *Magensäure* f
agrietarse vr *Risse bekommen (Bau), rissig werden*
agrifolio m *Stechpalme* f (Ilex aquifolium)
agrilo m *Prachtkäfer* m ‖ ~ del peral ⟨Agr⟩ *Birnbaumprachtkäfer* m (Agrilus sinuatus)
agrilla f ⟨Bot⟩ = **acedera**
¹**agrillado** adj *grillenartig*
²**agrillado** adj *gefesselt*
agrillo adj dim v. **agrio** ‖ ~ m *säuerlicher Geschmack* m
agrimen|sor m *Feld-, Land|messer, Geometer* m ‖ ~ de minas Am *Grubenmesser, Markscheider* m ‖ **-sura** f *Ver-, Feld|messung, Geodäsie, Feldmeßkunde* f
agrimonia f ⟨Bot⟩ *Odermennig* m (Agrimonia eupatoria)
agringarse vr Arg Chi Mex *die Art der Amerikaner annehmen*
agrio adj *sauer* ‖ *bitter, herb, scharf* ‖ *holperig (Gelände)* ‖ *schroff, steil* ‖ *spröde (Metall)* ‖ fig *sauertöpfisch, rauh* ‖ fig *unfreundlich* ‖ ~ m *saurer Fruchtsaft* m ‖ **~s** pl *Zitrusfrüchte* fpl, *Agrumen* pl ‖ ◊ *mascar* las **~as** fig *seine Wut verbeißen*
agrión m ⟨Vet⟩ *Flußgalle* f ‖ ⟨Entom⟩ *gebänderte Prachtlibelle (Schönjungfer)* f (Agrion = Calopteryx splendens)
agrior m Arg *Magensäure* f
agrioso adj Cu *süßsauer* ‖ *sauer*
agripalma f ⟨Bot⟩ *Herzgespann* n (Leonurus sp)
agripnia f ⟨Med⟩ *Agrypnie, Schlaflosigkeit* f
agrisado adj *gräulich*
agriura f MAm *Magensäure* f
agro m *Land* n *(im Gegensatz zur Stadt)* ‖ *Gal Ackerland* n, *das verschiedenen Eigentümern gehört* ‖ **~-** präf *Land-*
agrologia f *Agrologie, Ackerbaukunde* f
agrológico adj *agrologisch, ackerbaukundlich*
agronometría f *Agronometrie* f

agro|nomía f *Landwirtschaftskunde* f ‖ *Agrar|wissenschaft, -lehre* f ‖ **-nómico** adj *landwirtschaftlich*
agrónomo m/adj *Landwirt, Agronom* m ‖ *Agrarwissenschaftler* m ‖ ~ asesor *landwirtschaftlicher Berater* m ‖ ingeniero ~ *Diplomlandwirt* m (perito) ~ *Ackerbauingenieur* m ‖ *Ackerbaukundiger* m
agropecuario adj *auf Landwirtschaft und Viehzucht bezüglich*
agropiro m Arg *(kriechende) Quecke* f (Triticum repens)
agroquímica f *Agrikulturchemie* f
agrostis f ⟨Agr⟩ *Straußgras* n (Agrostis spp)
agrostología f ⟨Bot⟩ *Gräserkunde* f
agrum(el)ar vt *zum Gerinnen bringen* ‖ **~se** *gerinnen* ‖ *klumpig, molkig werden (Milch)*
agrumos mpl *Agrumen* pl, *Zitrusfrüchte* fpl
agru|pación f *Gruppierung, Vereinigung* f ‖ ⟨Pol⟩ *Gruppe* f ‖ *Zusammenschluß* m ‖ *Arbeitsgemeinschaft* f ‖ ⟨Mil⟩ *gemischter Verband* m ‖ *Untergruppe* f ‖ *Abteilung* f ‖ ~ de empresas *Konzern* m ‖ ~ de intereses *Interessengemeinschaft* f ‖ ~ intermunicipal *Gemeindeverband* m ‖ ~ de música de cámara *Kammermusikensemble* n ‖ ~ de posiciones ⟨Tel⟩ *Platzzusammenschaltung* f ‖ ~ profesional *Berufsverband* m ‖ **-pado** m *Gruppen* fpl *in einem Gemälde* ‖ **-pamiento** m *Gruppierung* f ‖ ⟨Com⟩ *Sammelladung* f ‖ ⟨Mil⟩ *Massierung* f
agrupar vt *gruppieren* ‖ *zusammenstellen, einteilen, ordnen* ‖ **~se** *Gruppen bilden* ‖ *zusammenkommen*
agrura f *Säure, Herbe, Bitterkeit* f ‖ *saurer Obstsaft* m ‖ fig *sauertöpfisches Wesen* n
ag.[to] Abk = **agosto**
¡agú! int Am *haha!*
agua f [el] *Wasser* n ‖ ⟨Chem⟩ *wässerige Lösung* f ‖ *Regen* m ‖ *Leck* n *(Schiff)* ‖ fig *Tränen* fpl ‖ fig *unnützes Ding* n ‖ fig *Gunst* f, *Glück* n ‖ ⟨Arch⟩ *Neigung* f *(e–s Daches)* ‖ ~ de abastecimiento *Leitungs-, Brauch|wasser* n ‖ ~ acídula, ~ agria *Säuerling, Sauerbrunnen* m ‖ ~ de adsorción *Adsorptionswasser* n ‖ ~ de alcantarilla *Abwässer* npl ‖ ~ de alhucema *Lavendelwasser* n ‖ ~ de alimentación ⟨Ing⟩ *Speisewasser* n ‖ ~ amarga *Bitterwasser* n ‖ ~ amoniacal *Ammoniakwasser* n ‖ ~ angélica *Engelwasser* n *(Abführmittel aus Weingeist und Manna)* ‖ ~ ardiente Chi *Branntwein* m ‖ ~ artesiana *artesisches (Grund)Wasser* n ‖ ~ de azahar *Orangenblütenwasser* n ‖ ~ bautismal *Taufwasser* n ‖ ~ de beber *Trinkwasser* n ‖ ~ bendita *Weihwasser* n ‖ ~ blanca *Bleiwasser* n ‖ ~ essigsaure *Tonerde* f ‖ ~ blanda *weiches Wasser* n ‖ ~ boricada *Borwasser* n ‖ ~ capilar, ~ de capilaridad *Kapillarwasser* n ‖ ~ cenagosa *(od* corrompida*) Schmutzwasser* n ‖ ~ de borrajas *(od* de cerrajas*) Gänsedistelwasser* n ‖ volverse ~ de borrajas *(od* cerrajas*)* fig *vereitelt werden, zu Wasser (od* Essig*) werden* ‖ fam *nichts werden aus et (Hoffnungen)* ‖ ~ clor(ur)ada *Chlor-, Bleich|wasser* n ‖ ~ cosmética *Gesichtswasser* n ‖ ~ (de) colonia *Kölnisch Wasser* n ‖ ~ común *Brunnenwasser* n ‖ ~ congelada *Eiswasser* n ‖ ~ corriente *fließendes Wasser, (Wasser)Leitungswasser* n ‖ ~ de cristalización ⟨Chem⟩ *Kristallwasser* n ‖ ~ cruda *hartes Wasser* n ‖ ~ decantada *geklärtes Wasser* n ‖ ~ delgada *weiches Wasser* n ‖ ~ dünne wässerige *Lösung* f ‖ ~ dentífrica *Zahn-, Mundwasser* n ‖ ~ desferrizada *enteisentes (Trink)Wasser* n ‖ ~ destilada *destilliertes Wasser* n ‖ ~ dulce *Süß-, Trink|wasser* n ‖ ~ dura *hartes Wasser* n ‖ ~ de espliego *Lavendelwasser* n ‖ ~ estancada *Stauwasser, stehendes Gewässer* n ‖ ~ esterilizada *sterilisiertes Wasser* n ‖ ~ de estiércol *Jaucheflüssigkeit* f, *Sickersaft* m ‖ ~ fenicada *Karbolwasser* n ‖ ~ ferruginosa *eisen-*

haltiges Wasser n ‖ ~ de flores de saúco *Holunderblütenwasser* n ‖ ~ fluvial *Flußwasser* n ‖ ~ de frambuesas *Himbeerwasser* n ‖ ~ fresca *Frischwasser* n ‖ ~ de fuente *Brunnen-, Quell|wasser* n ‖ ~ fuerte *Scheidewasser* n ‖ ⟨Typ⟩ *Ätzstisch* m ‖ ~ gaseosa *Soda-, Selters|wasser* n ‖ ~ para gargarismos *Gurgelwasser* n ‖ ~ gorda *hartes Wasser* n ‖ ~ del grifo *Leitungswasser* n ‖ ~ de infiltración *Sickerwasser* n ‖ ~ jabonosa *Seifenwasser* n ‖ ~ de lavándula *Lavendelwasser* n ‖ ~ de leche *Molke* f ‖ ~ de limón *Limonade* f ‖ ~ de lluvia, ~ llovediza, ~ pluvial *Regenwasser* n ‖ ~ (de) manantial *Quellwasser* n ‖ ~ mansa *stilles Gewässer* n ‖ fig *stille Wasser* npl ‖ ~ de mar *Meerwasser* n ‖ ~ de mina *Grubenwasser* n ‖ ~ mineral *Mineralwasser* n ‖ ~ mineromedicinal *Wasser aus der Heilquelle, Heilwasser* n ‖ ~ muerta *stehendes Gewässer* n ‖ *Sumpfwasser* n ‖ ⟨Mar⟩ *Sodwasser* n ‖ ~ de nafa, ~ naf, aguanafa *Pomeranzenblütenwasser* n ‖ ~ nieve *Schneewasser* n ‖ ~ oxigenada *Wasserstoffperoxid* n (H_2O_2) ‖ ~ pesada ⟨Chem⟩ *schweres Wasser* n ‖ ~ de pie *Quellwasser* n ‖ ~ potable *Trinkwasser* n ‖ ~ de pozo *Brunnenwasser* n ‖ ~ del radiador ⟨Aut⟩ *Kühlwasser* n ‖ ~ regia *Königswasser* n ‖ ~ remansada *Stauwasser* n ‖ ~ represada *Stauwasser* n ‖ ~ de río *Flußwasser* n ‖ ~ de rosas *Rosenwasser* n ‖ ~ salada *Salzwasser* n ‖ ~ salina *Sole, Salzlösung* f ‖ ~ salobre *Brackwasser* n ‖ ~ de Seltz *Selters-, Soda|wasser* n ‖ ~ sobrante *Überwasser* n ‖ ~ subterránea *Grundwasser* n ‖ ~ de socorro *Nottaufe* f ‖ ~ termal *thermales Wasser* n ‖ ~ tibia *lauwarmes Wasser* n ‖ ~ timolada *Thymolwasser* n ‖ ~ de valeriana *Baldrianwasser* n ‖ ~ viva *fließendes Wasser* n ‖ ⟨Mar⟩ *Leckwasser* n ‖ ~ yodada *Jodwasser* n ‖ ◊ ~ que no has de beber, déjala correr fam *mische dich nicht in fremde Angelegenheiten* ‖ pasada no mueve molino fig *aus den Augen, aus dem Sinn* ‖ *was gewesen, ist gewesen* ‖ ahogarse en un vaso de ~ *sich nicht zu helfen wissen* ‖ como ~ fig *in Hülle und Fülle* ‖ como (el) ~ de mayo *wie ein Geschenk des Himmels* ‖ claro como el ~ fig *sonnenklar* ‖ transporte por ~ *Beförderung* f *auf dem Wasserwege* ‖ fig *widerwillig* ‖ *schwer, schwierig* ‖ más claro, ~ fam *das ist sonnenklar* ‖ el ~ se alza *es hört auf zu regnen* ‖ bailar el ~ *delante de alg.* fam *jdm ins Gesicht hinein schmeicheln* ‖ bailarle a uno el ~ fam *jdm um den Bart gehen* ‖ coger ~ en cesto fig *s–e ganze Arbeit für die Katz machen* ‖ desear como el ~ de mayo fig *sehnlichst herbeiwünschen* ‖ echar el ~ fig *taufen* ‖ echar ~ en el mar figf *Eulen nach Athen tragen, sich unnütz bemühen* ‖ echar (od botar) al ~ ⟨Mar⟩ *(ein Schiff) vom Stapel lassen* ‖ echarle a uno un jarro de ~ figf *jdm e-e kalte Dusche verabreichen* ‖ *einem Streitenden den Mund stopfen* ‖ estar con el ~ hasta la boca (od hasta el cuello) fig *sich in großer Gefahr* (od Not) *befinden* ‖ *große finanzielle Schwierigkeiten haben* ‖ estar hecho un ~ fam *in Schweiß gebadet sein, schwitzen* ‖ estar como el pez en el ~ figf *sich wohlfühlen (wie ein Fisch im Wasser)*, fig *wie die Made im Speck leben* ‖ guárdate del ~ mansa fig *stille Wasser sind tief* ‖ del ~ mansa me libre Dios, que de la brava me guardo yo fig *stille Wasser sind tief* ‖ nadie puede decir de esta ~ no beberé *man soll nie et beschwören* ‖ hacer ~ ⟨Mar⟩ *ein Leck bekommen, lecken* ‖ ⟨Mar⟩ *Wasser einnehmen* ‖ hacer ~ por a. fig *großtun, prahlen (mit)* ‖ se le hace ~ la boca fam *das Wasser läuft ihm im Munde zusammen* ‖ hará ~ *es wird regnen* ‖ ¡hombre al ~! *Mann über Bord!* ‖ *Hilfe!* ‖ fig *frisch gewagt!* ‖ es hombre al ~ fig *mit ihm ist es aus* ‖ llevarse el ~ a su molino fig *in die eigene Tasche wirtschaften* ‖ △ mudar el ~ a las aceitunas fig *harnen* ‖ no firmes carta que no leas ni bebas ~ *que no veas* fig *trau, schau, wem!* ‖ parece que no enturbia el ~ figf *er sieht aus, als ob er kein Wässerchen trüben könnte* ‖ parecerse como dos gotas de ~ fig *einander ähnlich sehen wie ein Ei dem anderen* ‖ a prueba de ~ *wasserdicht* ‖ saca ~ de las piedras fig *der macht alles zu Geld* ‖ tomar de atrás el ~ figf *weit ausholen* ‖ tomar el ~ ⟨Mar⟩ *ein Leck stopfen* ‖ sin decir ~ va fam *unvermutet, unverhofft, mir nichts dir nichts* ‖ ¡~ va! *Kopf weg!* ‖ fam *Vorsicht! (beim Reden)* ‖ salto de ~ *Wasserfall* m ‖ ~s fpl *Gewässer* n ‖ *Wässerung* f *im Gewebe (Moiré)* ‖ *Wasser* n *der Edelsteine* ‖ *Mineralwasser* n ‖ *Harn* m ‖ ⟨Mar⟩ *Kielwasser* n ‖ *Schiffsroute* f ‖ ~ abajo, ~ arriba *strom|abwärts, -aufwärts* ‖ ~ contaminadas *verseuchte Gewässer* npl ‖ ~ costeras *Küstengewässer* npl ‖ ~ fecales, ~ inmundas *Abwässer* npl ‖ ~ freáticas *Grundwasser* npl ‖ ~ interiores *Binnengewässer* npl ‖ ~ (marítimas) interiores *maritime Eigengewässer* npl ‖ ~ jurisdiccionales, ~ territoriales *Hoheits-, Territorial|gewässer* npl ‖ ~ mayores *Stuhlgang* m ‖ ⟨Mar⟩ *Springflut* f ‖ ~ menores *Harn, Urin* m ‖ ⟨Mar⟩ *(gewöhnliche) Flut* f ‖ ~ minerales acídulas *Sauerbrunnen, Säuerling* m ‖ ~ residuales od de salida *Abwässer* npl ‖ ~ termales *warme Heilquelle(n)* f(pl) ‖ *Thermalbad* n ‖ cubierta de dos ~ (simétrica) *Satteldach* n ‖ con ~, de ~ *gewässert (Gewebe)* ‖ entre dos ~ *unschlüssig* ‖ hacer ~ *harnen, Wasser lassen* ‖ *seine Notdurft verrichten* ‖ pescar en ~ turbias fig *im trüben fischen* ‖ seguir las ~ de alg. fig *jdm nachspüren* ‖ legislación de ~ *Wasserrecht* n

aguacatal m *Aguacate-Hain* m ‖ ⟨Bot⟩ *Guat Aguacate-Baum, Avocadobaum* m

aguacate m *Aguacate-Baum, Avocadobaum* m (Persea spp) ‖ *Avocado(-Birne* f) m ‖ Hond *Hode* f ‖ Guat *verzagter Mensch* m

aguacatero adj CR *hungrig* ‖ Guat *begütert* ‖ *Aguacate-Baum, Avocadobaum* m

aguacella f Ar *Schneewasser* n

aguaceral m Col PR *Regenguß, Platzregen* m

aguacero m *Guß-, Platz|regen, Regenguß* m ‖ fig *großer Ärger* m

aguacibera f *Berieselungswasser* n

aguacha f fam *Pfützenwasser* n

aguachacha MAm *schlechter Fraß* m ‖ *Gesöff* n

¹**aguachar** vt *mit zu viel Feuchtigkeit anfüllen* ‖ *ersäufen (Gelände)* ‖ Chi *zähmen, bändigen* ‖ **~se** *ersäufen (Ländereien)* ‖ Arg *zu dick werden (Vieh)* ‖ *jdn durch Schmeicheleien od Geschenke für sich gewinnen* ‖ PR *sich schämen*

²**aguachar** m *Pfütze, Lache* f

agua|charnar vt *verschlammen* ‖ *ersäufen (Gelände)* ‖ **–che** m Mex *kleine Wasserschlange* f ‖ Mex *Kamerad, Kumpan* m ‖ **–chentarse** vr Cu *wässerig werden (Obst)* ‖ **–chento** adj *wässerig (Frucht)* ‖ *verwässert* ‖ *ausgelaugt* ‖ **–chil** m Mex *wässerige (wäßrige) Ajisuppe* f ‖ **–chinangarse** vr Col *die Mexikaner nachahmen* ‖ **–chinar** vt Ar Sal *verschlammen* ‖ *ersäufen (Gelände)* ‖ *(Vieh) tränken* ‖ **–chirle** f *(schlechtester) Tresterwein* m ‖ fam *Gesöff* m ‖ fam *Blümchenkaffee* m ‖ Südd Öst fig *Schmarren* m

aguada f *Wasserplatz* m, *Tränke* f ‖ ⟨Mar⟩ *Wasservorrat* m ‖ *Wasserfarbe* f ‖ *Aquarell, Gemälde* n *in Wasserfarben* ‖ ⟨Bgb⟩ *Wasserweg* m ‖ *Wassereinbruch* m ‖ ◊ hacer ~ ⟨Mar EB⟩ *Wasser einnehmen* ‖ (pintura a la) ~ ⟨Mal⟩ *Gouache* f

aguadeño m Col *Strohhut* m

agua|deras fpl *Handschwingen* fpl *der Vögel* ‖ Agr Sal *Entwässerungsgraben* m ‖ *Holzgestell* n *mit Fächern zum Fortbringen von Wasserkrügen auf Mauleseln* ‖ **–dero** adj *wasserdicht (Kleid)* ‖ ~ m *(Vieh)Tränke* f ‖ *Trinkplatz* m *(des*

Wildes) ‖ *Flößstelle* f *für Floßholz* ‖ *Wasser|-träger, -verkäufer* m ‖ **-dija** f *Wundwasser* n
aguadito *m* Chi *Branntwein* m *mit Wasser*
aguado adj *gewässert, verdünnt (Wein)* ‖ *verfangen, verschlagen (Pferde)* ‖ Guat *schwach, hinfällig* ‖ ~ *m Wassertrinker* m ‖ *Wasserzusatz* m ‖ Chi *Branntwein* m *mit Wasser* ‖ Ven *saftiges, aber geschmackloses Obst*
agua|dor *m Wasser|träger, -verkäufer* m ‖ Mex *Wasseraufseher* m ‖ **-ducho** *m Guß-, Platzregen* m ‖ *starker Wasserstrom* m ‖ *Trinkbude* f ‖ *Aquädukt* m ‖ *Schöpfrad* n ‖ **-dulce** *m* CR *Honigwasser* n ‖ **-dulcera** f Col *Imbiß* m ‖ **-dura** f *Spat* m *der Pferde* ‖ **-fiestas** m fig *Friedenstörer, Spielverderber* m ‖ **-fresquera** f Mex *Verkäuferin* f *von Erfrischungen* ‖ **-fuerte** *m Ätzung, Ätzgraphik* f ‖ ⟨Mal⟩ *Radierung* f ‖ *Kupferstich* m ‖ ◊ *grabar al* ~ *radieren* ‖ **-fuertista** *m Radierer, Ätzer* m ‖ **-griero** *m* Mancha *Kurgast* m *(Sauerbrunnen)*
aguaicar vt Arg Bol *jdn zu mehreren überfallen*
aguaitar vt Ar Nav Am *auflauern, belauern* ‖ ~**se** vr Guat *sich niederkauern*
aguajaque m *Fenchelharz* n
aguajas fpl ⟨Vet⟩ *Mauke, Fesselgeschwulst* f *der Pferde*
aguaje *m Trinkplatz* m *des Wildes* ‖ *Tränke* f ‖ *Wasserstelle* f ‖ *Springflut* f ‖ ⟨Mar⟩ *hoher Seegang* m ‖ ⟨Mar⟩ *Wasservorrat* m *an Bord* ‖ ⟨Mar⟩ *Kielwasser* n ‖ Am fam *Verweis* m, *Kopfwäsche* f ‖ Guat Ec *Regenguß* m ‖ *Pfütze, Lache* f ‖ Mex *Tränke* f ‖ PR Dom *Lüge* f, *Betrug* m
aguajear vi Dom *viel Aufhebens machen* ‖ *lügen*
aguají Cu ⟨Fi⟩ *Zackenbarsch* m (Serranus sp) ‖ *Soße* f *mit Ajipfeffer und Knoblauch*
aguajirarse vr Cu *sich demütigen* ‖ *verzagen* ‖ *mürrisch werden*
aguajoso adj *wässerig*
△**agualó** *m Richter* m
agua|llevado *m* Ar *Kanalreinigung* f *(durch Abschlämmen)* ‖ **-lluvia** f *Regen-, Wolken|wasser* n ‖ **-mala** f ⟨Zool⟩ *Qualle, Seenessel, Meduse* f (→ **medusa**) ‖ **-manil** *m Handbecken* n *mit Wasserkanne und Händewaschen* ‖ *Waschbecken* n ‖ *Waschgestell* n ‖ ⟨Rel⟩ *Aquamanile* n ‖ **-manos** *m Wasser* n *zum Händewaschen* ‖ *Waschbecken* n ‖ **-mar** *m* ⟨Zool⟩ *Seenessel, Meduse* f (→ **medusa**) ‖ ~**se** vr Col *verzagen* ‖ **-marina** f *Aquamarin* m *(Edelstein), grüner Beryll* m ‖ **-miel** f *Met* m, *Honigwasser* n ‖ Mex *(gegorener) Agavensaft* m ‖ **-nafa** f Murc *Orangenblütenwasser, Pomeranzenblütenwasser* n
aguanal *m* ⟨Agr⟩ Al *Entwässerungsgraben* m
aguanés, -esa adj Chi *an beiden Seiten gleichfarbig, mit verschiedenfarbigem Rücken und Bauch (Rindvieh)*
agua|nieve f *Schneewasser* n ‖ Pe *Volks|weise* f, *-tanz* m ‖ ~**s** f ⟨V⟩ *Bachstelze* f (→ **lavandera**) ‖ **-nosidad** f *im Körper sich ansammelndes Wasser* ‖ *Wassersucht* f ‖ **-noso** adj *wässerig, wäßrig, gewässert* ‖ *morastig* ‖ Am *saftig, aber ohne Geschmack, geschmacklos (Frucht)*
aguantaderas fpl *Ausdauer, Geduld* f ‖ ◊ *tener malas* ~ *schnell die Geduld verlieren*
aguan|tar vt/i *ertragen, (er)dulden, aushalten* ‖ *ab-, zurück|halten* ‖ ⟨Mar⟩ *(schlaffes Tau) spannen* ‖ ◊ ~ *burlas Spaß verstehen* ‖ ~ *con a. et aushalten, ertragen* ‖ ~ *mecha* fam *alles geduldig ertragen* ‖ ~ *mucho* fam *e-n breiten Rücken haben* ‖ ~ vi León *sich beeilen* ‖ *el ancla no aguanta* ⟨Mar⟩ *der Anker hält nicht* ‖ *el papel todo lo aguanta* ⟨fam⟩ *Papier ist geduldig* ‖ *no aguanta pulgas er läßt sich nicht auf die Schippe nehmen* ‖ ~**se** fig *sich beherrschen, sich zurückhalten* ‖ **-te** *m Ausdauer, Geduld* f ‖ *Widerstandsfähigkeit* f ‖ *Kraft* f ‖ *Trotz* m ‖ *de mucho* ~ *sehr widerstandsfähig* ‖ **-tón** adj Am *sehr geduldig* ‖ ~ *m Geduldsmensch* m

aguao *m* Ec *wässerige Reisbrühe* f
aguapié *m Trester, Nach|wein* m ‖ *Quellwasser* n
aguar vt *(ver)wässern (Wein)* ‖ *verderben (Freude)* ‖ Hond *tränken (Vieh)* ‖ *ins Wasser werfen* ‖ ◊ ~ *la fiesta* fam *die Freude stören, das Spiel verderben* ‖ ~**se** vr *sich mit Wasser füllen (Ort)* ‖ figf *ins Wasser fallen, zu Essig werden*
aguará *m* ⟨Zool⟩ Am *Azarafuchs* m (Lycalopex azarae)
aguarachay *m* bras. *Azarafuchs* m (Lycalopex azarae)
aguaraibá *m* ⟨Bot⟩ *Peruanischer Pfefferbaum, Falscher Pfeffer* m (Schinus molle)
aguarangarse vr Arg *grob, bäurisch werden*
aguara|pado adj Ven *schwach gesüßt (Flüssigkeit)* ‖ *zuckerrohrbranntweinfarben* ‖ **-parse** vr PR *sich mit Zuckerrohrbranntwein vollaufen lassen*
aguar|dada f *Warten, Erwarten* n ‖ **-dadero** *m* ⟨Jgd⟩ *Anstand* m
aguardar vt/i *(er)warten* ‖ *abwarten* ‖ *jdm Frist gewähren* ‖ ~ *a* alg. *auf jdn warten*
aguar|dentera f *Branntweinflasche* f ‖ **-dentería** f *Branntweinausschank* m ‖ fam *Destille* f ‖ fam *Schnapsladen* m ‖ **-dentoso** adj *branntweinartig, Branntwein-* ‖ *voz* ~**a** fam *Säuferstimme* f
aguardiente *m Branntwein, Aquavit* m ‖ fam *Schnaps* m ‖ ~ *acaramelado Krambambuli* m ‖ ~ *alemán Jalapatinktur* f ‖ ~ *amílico,* ~ *ordinario Fusel* m ‖ ~ *anisado Anisbranntwein* m ‖ ~ *de arroz Arrak* m ‖ ~ *de caña,* ~ *de azúcar Zuckerrohrbranntwein, Rum* m ‖ ~ *de Dantzig Danziger Goldwasser* n ‖ ~ *francés Franzbranntwein* m ‖ ~ *de orujo Tresterbranntwein* m ‖ ~ *de trigo (od grano) Kornbranntwein, Korn* m
aguardillado adj *dachbodenartig, mansardenähnlich*
aguardo *m* ⟨Jgd⟩ *Anstand* m ‖ Sal *Warten* n
aguarear vi Mex *in Strömen regnen*
aguaribay *m* = **aguaraibá**
aguarico adj Ec *nackthalsig (Hühnerrasse)*
aguarimo *m* ⟨Zool⟩ *langschwänziger Affe* m (→ **mico**)
aguarote *m* Ven *Tresterwein* m, *Gesöff* n ‖ figf *Firlefanz* m
aguarra|da f Pal *kurzer Nieselregen* ‖ **-das** fpl *kurzer Strichregen* m *im Frühling* ‖ **-rás** *m Terpentingeist* m, *Terpentin* n/m
aguasado adj Am *dumm, naiv* ‖ *bäurisch*
aguasal f *Salzlösung* f
aguasalar vt *dem Vieh Salzlösung geben* ‖ Col *sich betrinken*
aguasarse vr Chi *verbauern, verdummen* ‖ Chi *verrohen*
aguasol *m* ⟨Bot⟩ *Rost der Kichererbsen* ‖ Mex *Maisstoppel* f
aguatal *m* Ec *Pfütze, Lache* f
aguatarse vr Chi *verschlammen* ‖ Chi *sich werfen (Holz)* ‖ *durchhängen*
aguate *m* And fam *wässeriges (wäßriges) Getränk* n
aguatero *m* Am *Wasserträger* m ‖ Par *Wasserschnepfe* f
aguatinta f = **acuatinta**
aguatle *m* Mex *Steineiche* f
*****agua|tocha** f *Wasserpumpe* f ‖ *(Feuer)Spritze* f ‖ **-tocho** *m* Murc *Sumpfloch* n ‖ **-turma** f ⟨Bot⟩ *Erdbirne* f, *Topinambur* m/f (Helianthus tuberosus) ‖ **-tusar** vt CR *entreißen* ‖ **-verde** *m* ⟨Zool⟩ *Grüne Meduse* f *(Meerstern)* ‖ **-viento** *m Regensturm* m
aguay-mini [pl **-íes**] f Arg ⟨Bot⟩ *Sapote* f (Lucuma = Pouteria = Calocarpum sp)
aguayo adj Mex *rauh* ‖ ~ *m* Mex *derber Stoff* m
aguayungar vt Col *paaren*
aguaza f *von den Bäumen abgezogener Saft* m ‖ *Geschwulstwasser* n

agua|zal *m Wasserlache, Pfütze* f || **–zar** [z/c] vt *versumpfen, verschlämmen, ersäufen (Gelände)*
aguazo *m Malerei mit Wasserfarben, Gouache* f
aguazul, aguazur *m Salzkrautasche* f *von Alicante (aus* Salsola soda*) || Mittags-, Faser|blume* f (Mesembrianthemum sp)
agudez [*pl* **–ces**]**, agudeza** *f Schärfe* f || *Heftigkeit* f *(Schmerz)* || fig *Gesichtsschärfe* f || fig *Scharfsinn, Geist* m || *Witz* m || fig *Schnelligkeit* f || ~ auditiva *Hörschärfe* f || ~ visual *Seh|schärfe, -kraft* f
agudizar vt *zuspitzen* || **–se** *sich verschlimmern (Krankheit)* || fig *aufflammen*
agudo adj *spitz* || *scharf* || *stechend* || fig *scharfsinnig, geistreich, witzig* || *heftig, stechend (Schmerz)* || *scharf (Geruch)* || *scharf, fein (Gehör)* || *rasch, schnell* || *laut, gellend (Stimme)* || *durchdringend (Schrei)* || ⟨Med⟩ *akut (Krankheit)* || *auf der letzten Silbe betont (Wort)* || ⟨Mus⟩ *hoch* || *schrill* || ~ de ingenio *scharfsinnig, geistreich* || *spitzfindig* || ~ selectivo ⟨El⟩ *trennscharf, abstimmscharf* || (acento) ~ ⟨Gr⟩ *Akut* m || ángulo ~ *spitzer Winkel* m || dicho ~ *Witzwort* n || adv: **~amente**
Águeda *f* np *Agathe* f
agüeitar vt Am *auf-, be|lauern*
agüela *f* fam = **abuela** || *ärmelloser Mantel* m, engl *Cape* n || △ *Kleidungsstück* n
agüelo *m* fam = **abuelo**
agüera *f Bewässerungsgraben* m *(für Regenwasser)* (→ a **acequia**)
agüerarse vr Sal *blasse Färbung bekommen (Saaten)*
agüe|rías *fpl* RP *Vorbedeutung* f || **–rista** *m* Col *abergläubischer Mensch* m
agüero *m Vorbedeutung* f || *An-, Vor|zeichen* n || de mal ~ *unheilverkündend* || ave ~ figf *Unglücksrabe* m
ague|rrido adj *kriegstüchtig, abgehärtet* || **–rrirse** vr fig *sich abhärten* || *sich an den Krieg gewöhnen*
agüetas *fpl* Murc *schlechter Tresterwein* m
△**aguí** *f Bienenhonig* m
aguijabueyes *m Kuhhirt* m
agui|jada, –jadera *f Stachelstecken* m *(zum Antreiben des Viehes)*, *Ochsenstachel* m || *Stützstock* m *(des Pflügers)* || **–jador** *m Viehtreiber* m
aguijar vt *stacheln, anspornen* || fig *(an)treiben, aufmuntern*
aguijón *m Stachel* m, *Spitze* f, *Sporn* m || *Bienenstachel* m || *Insektenstachel* m || *Blumenstachel* m || fig *Ansporn, Antrieb* m || ◊ dar coces contra el ~ fig *wider den Stachel löcken*
aguijo|nado adj *mit e–m Stachel versehen* || **–nazo** *m Stachelstich* m || *Sporstich* m || **–neador** *m Viehtreiber* m || **–near** vt *(an-)stacheln* || *spornen* || fig *an|spornen, -stacheln* || *beunruhigen*
¹**águila** *f* [el] *Adler* m || poet *Aar* m || mex. *Goldmünze* f || *Zehndollarstück* n *(in Gold)* || fig *Genie* n || fig *gerissener Mensch* m || △ *gerissener Dieb* m || Am *Betrüger* m || Chi *(Art) Papierdrachen* m || ~ bicéfala ⟨Her⟩ *Doppeladler* m || ~ calzada ⟨V⟩ *Zwergadler* m (Hieraetus pennatus) || ~ culebrera ⟨V⟩ *Schlangenadler* m (Circaetus gallicus) || ~ imperial ⟨V⟩ *Kaiseradler* m (Aquila heliaca) || ~ marina ⟨V⟩ ~ **pigargo** || ~ mayor *Papierformat* n 74 × 105 *cm* || ~ menor *Papierformat* n 60 × 94 *cm* || ~ moteada ⟨V⟩ *Schelladler* m (A. clanga) || ~ perdicera ⟨V⟩ *Habichtsadler* m (H. fasciatus) || ~ pescadora ⟨V⟩ *Fischadler* m (Pandion haliaetus) || ~ pomerana ⟨V⟩ *Schreiadler* m (A. pomarina) || ~ rapaz ⟨V⟩ *Raubadler* m (A. rapax) || ~ real ⟨V⟩ *Steinadler* m (A. chrysaetos) || ◊ ser un ~ *sehr gescheit, aufgeweckt sein*
²**águila** *f* [el] ⟨Fi⟩ *Adlerrochen* m (Myliobatis aquila)
aguilando *m* = **aguinaldo**

aguilarse vr Ar *sich räkeln* od *rekeln*
agui|leña *f* ⟨Bot⟩ *Akelei, Adlerblume* f (Aquilegia sp) || **–leño** adj: nariz ~ a *Adler-, Habichtsnase* f || rostro ~ fig *langes, hageres Gesicht* n || **–lera** *f Adler|nest* n, *-horst* m || **–lilla** *f* dim *v*. **águila** || *Turmfalke* m (→ **cernícalo**) || Am fam *Betrüger* m || caballo ~ *schnelles am. Pferd* n || **–lita** *m* Mex *Polizeibeamte(r)* m
aguilón *m* augm. *v.* **águila** || *Kran|baum, -arm* m || ⟨Arch⟩ *Dachgiebel* m || ~ acampanado *Glockengiebel* m
aguilonia *f* ⟨Bot⟩ Al *Zaunrübe* f (Bryonia sp)
aguilucho *m junger Adler, Jungadler* m || *Zwergadler* m (→ **águila**) || ⟨V⟩ *Weihe* f (Circus spp) || △ *Dieb* m, *der am Diebesgut teil hat, ohne selbst zu stehlen* || ~ cenizo ⟨V⟩ *Wiesenweihe* f (C. pygargus) || ~ lagunero ⟨V⟩ *Rohrweihe* f (C. aeruginosus) || ~ pálido ⟨V⟩ *Kornweihe* f (C. cyaneus) || ~ papialbo ⟨V⟩ *Steppenweihe* f (C. macrourus)
aguín *m* bask. *Barttanne* f
aguinaldo *m Angebinde, Weihnachts-, Neujahrs|geschenk* n || fig *Belohnung* f || fig *Sonderzulage* f
agüio *m* ⟨V⟩ *Organist* m (Tanagra spp)
aguiscar vt Can *anspornen*
agüista *m Bade-, Kur|gast* m
aguizgar [g/gu] vt fam *anspornen*
aguja *f Nadel* f || *Nähnadel* f || *Schmucknadel* f || *Kopfnadel* f || *Hutnadel* f || *Haarnadel* f || *Brosche* f || *Stöbereisen* n *der Zollbeamten* || *Grammophonnadel* f || *Ätznadel* f || ⟨Stock⟩ *Bohrer* m, *Bohreisen* n || *Uhrzeiger* m || *Zünglein* n *an der Waage* || *Spitzturm* m || *Obelisk* m || ⟨Fi⟩ *Hornhecht, Grünknochen* m (Belone belone) || ⟨Fi⟩ *Halbschnäbler* m (Hemirhamphus fluviatilis) || ⟨V⟩ *Schnepfe* f (Limosa spp) || ⟨EB⟩ *Weiche-(nschiene)* f || ⟨Mar⟩ *Kompaß* m, *-nadel* f || ⟨An⟩ *Weiche* f || ~ acanalada *Hohlnadel* f || ~ acimutal, ~ azimutal *Azimut(al)-, Peil|kompaß* m || ~ aérea ⟨El⟩ *Luft-, Fahrdrahtweiche* f || ~ automática ⟨EB⟩ *automatische Weiche* f || ~ basculante ⟨EB⟩ *Klappweiche* f || ~ de bitácora ⟨Mar⟩ *Steuerkompaß* m || ~ de bordar *Sticknadel* f || ~ de brújula *Kompaßnadel* f || ~ de cambio de vía ⟨EB⟩ *Weichenzunge, Zungen-, Weichen|schiene* f || ~ capotera *dicke Nähnadel* f || ~ colchonera *Steppnadel* f || *Zeichennadel* f || ~ colinegra ⟨V⟩ *Uferschnepfe* f (Limosa limosa) || ~ colipinta ⟨V⟩ *Pfuhlschnepfe* f (L. lapponica) || ~ de coser *(od de costura) Nähnadel* f || ~ de descarrilamiento *Ausreißer-, Sicherungs-, Entgleisungs|weiche* f || ~ doble ⟨EB⟩ *Doppelweiche* f || ~ de embalar *Packnadel* f || ~ de encuadernador *Heftnadel* f || ~ escariadora *Räumnadel* f || ~ de flotador *Schwimmernadel* f || ~ de gancho *Häkelnadel* f || ~ de hacer punto *Stricknadel* f || ~ histológica ⟨Chir⟩ *Mikroskopiernadel* f || ~ horaria *Stundenzeiger* m || ~ hueca ⟨Chir⟩ *Hohlnadel* f || ~ iman(t)ada *Magnetnadel* f || ~ de inoculación ⟨Med⟩ *Impfnadel* f || ~ jalmera *Sattlernadel* f || ~ de labores de punto *Stricknadel* f || ~ de ligadura ⟨Chir⟩ *Unterbindungsnadel* f || ~ magnética *Magnetnadel* f || ~ magnética flotante *schwimmende Magnetnadel* f || ~ de maniobras ⟨EB⟩ *Rangierweiche* f || ~ de marear *Schiffs-, Steuer-, Peil|kompaß* m || ~ de mechar *(od mechera od* lardera) *Spicknadel* f || ~ de (hacer) media, ~ de calcetar *Stricknadel* f || ~ náutica ⟨Mar⟩ *Schiffs-, Steuer-, Peil|kompaß* m || ~ palpadora *Tastnadel* f || ~ de pastor ⟨Bot⟩ *Nadelkerbel, Venuskamm* m (Scandix pectenveneris) || ~ de percusión *Zündnadel* f || ~ de preparaciones microscópicas *Präpariernadel* f || ~ de presa *Wehrnadel* f || ~ de punta biselada ⟨EB⟩ *stumpfe Weiche* f || ~ de referencia *Merk-, Markier|zeiger* m || ~ salmera, ~ saquera *Sack-, Pack|nadel* f || ~ de sutura ⟨Chir⟩ *Heftnadel* f ||

~ de ternera *Kalbfleischpastete* f ‖ ~ de torre *Turmspitze* f ‖ ~ de vela *Segelnadel* f ‖ ~ para vacunar ⟨Med⟩ *Impfnadel* f ‖ ~ de vía ⟨EB⟩ *Weiche* f ‖ ~ de zurcir *Stopfnadel* f ‖ fusil de ~ *Zündnadelgewehr* n ‖ ◊ buscar una ~ en el pajar figf *e–e Stecknadel im Heu suchen* ‖ conoce la ~ de marear figf *er beherrscht die Sache aus dem Effeff, er kennt sich aus* ‖ meter ~ y sacar reja fig *mit der Wurst nach der Speckseite werfen* ‖ ~s *pl* ⟨Typ⟩ *Falten* fpl, *die das Papier beim Druck schlägt* ‖ ◊ alabar sus ~ fam *seine Ware anpreisen*
   agujador *m* Chi *Nadelbüchse* f
   agujar vt *Nadelstiche* mpl *versetzen* ‖ *strikken ‖ ⟨EB⟩ *Weiche* f *stellen*
   agujazo *m Nadelstich* m
   agujereadora f *Lochstech-, Lochbohr-, Bohr|maschine* f ‖ *Lochstanzer* m ‖ ~**-fresadora** *horizontal Waagerecht-Bohr- und Fräs|maschine* f ‖ ~ horizontal *Waagerecht-Bohrmaschine* f ‖ ~ de husillos múltiples, ~ múltiple *Vielspindelbohrmaschine* f ‖ ~ mural *Wandbohrmaschine* f ‖ ~ radial *Radialbohrmaschine* f ‖ ~ vertical *Senkrechtbohrmaschine* f
   agujer(e)ar vt *durchlöchern* ‖ *lochen* ‖ *(durch)bohren* ‖ ~ con el formón *stemmen* ‖ ~**se** *löcherig werden* ‖ *wurmstichig, brüchig werden*
   agujero *m Loch* n ‖ *Öffnung* f ‖ *Nadelmacher* m ‖ *Nadelbüchse* f ‖ *Nadelkissen* n ‖ *Lager* n *der Tiere* ‖ *Guckloch* n ‖ *Brunnenloch* n ‖ ⟨Arch⟩ *Lichtöffnung* f ‖ ⟨Tech⟩ *Bohr-, Schuß-, Spreng|loch* n ‖ ⟨Metal⟩ *Druse* f ‖ ~ alargado *Langloch* n ‖ ~ de alimentación *Einfüllöffnung* f ‖ ~ ciego *Blind-, Grund-, Sack|loch* n ‖ ~ condiloideo ⟨An⟩ *Hinterhauptloch* n ‖ ~ de colada ⟨Metal⟩ *(Ab)Stichloch* n ‖ ~ cuneiforme *(od de cuña) Keilloch* n ‖ ~ de drenaje *Entwässerungs-, Sicker|schlitz* m, *Entlastungs-Dränageloch* n ‖ ~ de engrase *Schmierloch* n ‖ ~ de ensayo *Probe-, Sondierungs|bohrung* f ‖ ~ de hombre *Mannloch* n *(Maschinenbau)* ‖ ~ de inyección *Aus-, Ein|preßloch* n ‖ ~ oblongo *Langloch* n ‖ ~ occipital ⟨An⟩ *Hinterhauptloch* n ‖ ~ pasante *Durchgangsloch* n ‖ ~ de perforación *Bohrloch* n ‖ ~ de rechupe ⟨Metal⟩ *Blasenloch* n *(Block)* ‖ ~ de roscada *Gewindeloch* n ‖ ~ de sangria *(Ab)Stichloch* n ‖ ~ de sondaje, ~ de sondeo *Schürf-, Kontrollbohr|loch* n ‖ ~ de taladro *Bohrung* f, *Bohrloch* n ‖ ~ de toma *Zapfloch* n *(Fässer)* ‖ ~ de trabajo *Arbeits|loch* n, *-tür, -öffnung* f ‖ ~ de trepanación ⟨Chir⟩ *Bohrloch* n ‖ ~ vertebral ⟨An⟩ *Wirbelloch* n ‖ ~ de visión ⟨Tech⟩ *Seh-, Visier|loch* n ‖ ◊ escucha al ~, y oirás de tu mal y del ajeno *der Horcher an der Wand hört seine eigne Schand'* ‖ ~s sacros ⟨An⟩ *Kreuzbeinlöcher* npl
   agujeta f *Schnürriemen, Nestel, Senkel* m ‖ ⟨Mil⟩ *Achselschnur* f ‖ *Schnalle* f, *Bund* n, *Rippe* f *(e–s Buches)* ‖ *Nadel-, Taschen|geld* n *der Frauen* ‖ And *Hut-, Haar|nadel* f ‖ Cu Ven *Dorn* m *in einer Schnalle* ‖ ⟨V⟩ *Schlammläufer* m ‖ ~ escolopácea ⟨V⟩ *großer Schlammläufer* m *(Limnodromus scolopaceus)* ‖ ~ gris ⟨V⟩ *Schlammläufer* m (L. griseus) ‖ ~s *pl Muskelkater* m, *Stechen, Reißen* n *in den Gliedern* ‖ *Seitenstechen* n ‖ ⟨Typ⟩ *Falten* fpl, *die das Papier beim Druck schlägt* ‖ ◊ alabar sus ~ fig *seine Ware herausstreichen od anpreisen*
   aguje|taje *m Anspruch* m *auf ein Trinkgeld* ‖ **-tería** f *Nadlerei* f ‖ **-tero** *m Nestler* m ‖ *Riemer, Riemenmacher* m ‖ *Nadelmacher* m ‖ Arg Col *Nadelbüchse* f
   agu|jón *m Packnadel* f ‖ *große Stecknadel* f ‖ *Hutnadel* f ‖ **-joso** adj *nadelförmig*
   agujuela f *großer Tapeziernagel* m
   agún *m* ⟨Mus⟩ *Gong* m/n
   aguñar vt *Sal kratzen* ‖ *Sal stehlen*
   aguo|sidad f *Wässerigkeit, Wäßrigkeit* f ‖ **-so** adj *wässerig, wäßrig*
   ¡**agur**! fam *leb' wohl*!
   agusajo *m* Col *lästiger Lärm* m
   agusa|nado adj *wurmstichig* ‖ *madig* ‖ *von Raupen befallen* ‖ *geköpert (Wäsche)* ‖ **–narse** vr *wurmstichig* bzw *madig werden*
   Agustín *m* np *Augustin* m
   agustín adj: pan ~, mosto ~ *feines Gebäck* n *aus verdicktem Weinmost mit Mehlzusatz*
   agustinianismo *m* ⟨Rel⟩ *Augustinuslehre* f
   agustino, agustiniano m/adj *Augustinermönch* m ‖ *augustinisch, Augustiner-*
   agutí [pl **–ies**] *m* ⟨Zool⟩ *Aguti, Goldhase, Guti* m (Dasyprocta aguti) ‖ *Paka* n (Cuniculus sp)
   agu|zadera f *Wetzstein* m ‖ *Stelle, an der Keiler die Hauer wetzen* ‖ **–zado** adj *spitz, spitzig* ‖ **–zadura** f *Schleifen, Schärfen* n ‖ *Messerschneide* f
   aguzanieve(s) f ⟨V⟩ *Bachstelze* f (→ **lavandera**)
   aguzar [z/c] vt *schleifen, wetzen* ‖ *(zu)spitzen* ‖ fig *aufmuntern, anreizen* ‖ ◊ ~ el ingenio fam *den Geist anstrengen* ‖ ~ los oídos fig *die Ohren spitzen*
   aguzonazo *m heftiger Degenstoß* m
   ¡**ah**! int *ach! ah! oh!* ‖ ¡~ de la casa! *Hallo, ist niemand im Hause?*
   Ahasvero *m* np *Ahasver* m *(der ewige Jude)*
   ahebrado adj *faserig, faserähnlich*
   ahe|chadura f *Sieben, Aussieben* n ‖ ~s *pl Siebstaub* m ‖ **–char** vt *(aus)sieben* ‖ *worfeln (Korn)* ‖ **–cho** *m Schwingen, Worfeln* n
   aheleado adj *gallenbitter*
   ahelear vt *gallenbitter machen* ‖ fig *betrüben* ‖ ~ vi *gallenbitter sein*
   ahelgado adj *mit ungleichen Zähnen*
   ahembrado adj *weibisch* ‖ *verweichlicht* ‖ → *afeminado*
   aherrojar vt *fesseln, anketten* ‖ fig *be-, unter|drücken*
   aherrumbarse vr *(ver)rosten, rostig werden, einrosten* ‖ *eisenfarbig werden* ‖ *Eisengeschmack bekommen*
   ahí adv *da, dort(hin)* ‖ *hier(in)* ‖ ~ arriba *da hinauf* ‖ de ~ *daher, hieraus* ‖ por ~ *dadurch* ‖ por ~ *in der Nähe* ‖ *ungefähr* ‖ de por ~ fam *alltäglich, gewöhnlich* ‖ *nicht weither* ‖ de ~ que *daher kommt es, daß* ‖ de ~ se deduce *daraus folgt, daraus läßt sich schließen* ‖ ¡~ está la cosa! *das ist des Pudels Kern!* ‖ ~ me las den todas fam *das ist mir einerlei,* pop *das ist mir wurscht* ‖ ~ se verá fam *das wird e–e saubere Geschichte geben* ‖ ¡~ va! *dort kommt's!* ‖ ~ verá V. fam *wie soll ich das sagen? (Ausdruck von Verlegenheit)* ‖ ¡hasta ~ podíamos llegar! figf *das fehlte gerade noch!* ‖ he ~ todo das ist alles
   ahidalgado adj *edel, ritterlich* ‖ *ad(e)lig*
   ahigadado adj *leberfarbig* ‖ fig *tapfer*
   ahigado adj *feigenähnlich*
   ahi|jada f *Patenkind* n ‖ *Pflegetochter* f ‖ **–jadero** *m* Sal *Wurfplatz* m *(der Schafherden)* ‖ Extr *Weideplatz* m, *(Vieh)Weide* f ‖ **–jado** *m Patenkind* n ‖ fig *Schützling* m ‖ **–jar** vt *an Kindes Statt annehmen, adoptieren* ‖ *(als Kind) unterschieben* ‖ *(e–r Schafmutter ein Lamm) zum Säugen beigeben* ‖ fig *beschützen* ‖ ~ vi *Junge werfen* ‖ *Schößlinge treiben*
   ahijuna int Arg Chi *Donnerwetter! (Ausdruck von Zorn, Bewunderung od Überraschung, aus* ¡ah, hijo de una...! [→a **hijo** de puta])
   ahilado adj *schwach* und *gleichmäßig (Wind)*
   ahilar vt *in Reihe aufstellen, ordnen* ‖ *stocken, Fäden ziehen* ‖ ~ vi *hintereinander gehen, durchtreten* ‖ ~**se** *dünn, mager werden, abmagern* ‖ *kahmig, schimm(e)lig werden* ‖ *verkümmern, spierig werden (Pflanzen)* ‖ *hoch aufschießen (dicht gepflanzte Bäume)*
   ahilerar vt Am *in e–r Reihe aufstellen*

ahílo m Ohnmacht, Entkräftung f ‖ Schimmel m *am Brot*
ahin|cado adj *heftig* ‖ *eifrig, nachdrücklich* ‖ adv: **~amente** ‖ **–car** [c/qu] vt *dringend bitten, anliegen* ‖ *drängen* ‖ Sant *fest anziehen (Schuhe)* ‖ ~ vi *beharren* (en *in, bei, auf* dat), *bestehen auf* (acc) ‖ **~se** *sich beeilen*, fam *sich 'ranhalten* ‖ **–co** m *eifriges Bestreben* n, *Eifer* m ‖ *dringende Bitte* f ‖ *Nachdruck* m ‖ con ~ *eifrig*
ahi|tar vt *mit Marksteinen begrenzen* ‖ vt/i *überfüttern* ‖ *Überdruß erregen* ‖ **–tarse** vr *sich überessen* ‖ fig *überdrüssig werden* (gen) *von* (dat) ‖ **–tera** f fam *große Magenüberladung* f ‖ **–to** adj *überdrüssig, angeekelt* ‖ ~ m *Magenüberladung* f
ahobachonado adj fam *faul, träge*
ahocicar [c/qu] vi ⟨Mar⟩ *vorlastig sein (Schiff)* ‖ fig *schmollen* ‖ vt *die Schnauze in den Dreck stecken (zur Strafe für nicht stubenreine Hunde u. Katzen)*
ahocinarse vr *zwischen Bergen und Schluchten eingeengt werden (Flüsse)*
ahoga|damente adv *voller Bedrängnis* ‖ **–dera** f *herbe Birne* f ‖ Ven *Spornstoß* m *gegen den Hals e-s Hahnes* ‖ **–dero** adj *erstickend* ‖ ~ m *überfüllter Raum* m ‖ *Kehlriemen* m *(am Kopfgestell der Pferde)* ‖ fig *Geschäftsandrang* m ‖ And *eng anliegende Krawatte* f ‖ **–dizo** adj *leicht zu ersticken* ‖ *erstickend* ‖ *sauer und herb (Birne)* ‖ *schwer zu schlucken* ‖ *leicht sinkend (Holz)*
ahogado adj *ertrunken* ‖ *erstickt* ‖ *eng, dumpf (Raum)* ‖ *unterdrückt, dumpf (Schrei)* ‖ *vom erdrosselten Vieh (Fleisch)* ‖ ⟨Mar⟩ *unter Wasser liegend* ‖ estar *(od* verse*)* ~ fig *sich in schwieriger (meist finanzieller) Lage befinden* ‖ ~ m *Ertrunkene(r)* m ‖ *Ertränkte(r)* m ‖ *Erstickte(r)* m
ahoga|dor adj *erstickend* ‖ ~ m *Ersticker* m ‖ *Schirmring, Schirmschoner* m ‖ Am *Sprungriemen* m *am Pferdegeschirr* ‖ **–miento** m s v. **ahogar**
ahogar [g/gu] vt *erdrosseln, erwürgen, ersticken* ‖ *ertränken* ‖ *ersäufen* ‖ *(aus)löschen (Feuer)* ‖ fig *bedrängen* ‖ *beilegen (e–n Streit)* ‖ *versengen (durch allzugroße Sonnenhitze)* ‖ *(aus)löschen* ‖ fig *quälen* ‖ ~ una rebelión en flor, en brote *e–n Aufstand im Keim(e) ersticken* ‖ ~ sus penas en alcohol *s–e Sorgen im Alkohol ertränken* ‖ ~ vi *ersticken (Pflanzen)* ‖ **~se** *ertrinken* ‖ *ersticken* ‖ fig *sich ängstigen* ‖ *sich ertränken, ersäufen* ‖ pop *ersaufen* ‖ *ersticken (Getreide durch Unkraut)* ‖ ⟨Mar⟩ *Wasser über den Bug bekommen (Schiff)* ‖ fig *sich sehr ängstigen* ‖ ◊ ~ en un vaso de agua figf *sich wegen jeder Lappalie aufregen* ‖ *sich nicht zu helfen wissen*
ahogo m *Ersticken* n ‖ *Atemnot* f ‖ fig *Gedränge* n ‖ *Angst, Beklemmung* f ‖ *Not(lage)* f ‖ *Geldnot* f
aho|guijo m ⟨Vet⟩ *Bräune* f *der Pferde* ‖ **–guío** m fam *Atemnot* f ‖ *Erstickungsanfall* m
ahon|damiento m s v. **–dar(se)** ‖ **–dar** vt *vertiefen, aus|höhlen, -graben* ‖ ⟨Bgb⟩ *teufen* ‖ fig *ergründen* ‖ ~ vi *tief eindringen* ‖ fig *grübeln* ‖ **~se** *auf den Grund sinken* ‖ **–de** m = **ahondamiento**
ahora adv *jetzt, nun* ‖ fig *soeben* ‖ *gleich* ‖ ~ soeben ‖ *auf der Stelle* ‖ ~ bien *wohlan!* ‖ nun, also ‖ *unter dieser Voraussetzung, demnach* ‖ ~ más nun *erst recht* ‖ ~ mismo *eben erst* ‖ *sogleich, sofort* ‖ ~ pues *nun aber* ‖ desde ~, de ~ adelante *von nun an, in Zukunft* ‖ el ~ *die Gegenwart* f ‖ por ~ *für jetzt* ‖ *einstweilen* ‖ *vorläufig* ‖ ~ ... o ... *es sei nun ... oder* ‖ ~, ... ~ ... *bald ... bald* ‖ bald *sowohl ... als ...*
ahorca f Ven *Geschenk* n *zum Namens- bzw Geburts|tag*
ahor|cadizo adj *reif für den Galgen* ‖ **–cado** adj: ◊ verse ~ fam *sich in mißlicher Lage befinden* ‖ fam *in der Klemme sitzen* ‖ ~ m *Erhängte(r)* m ‖ *Gehenkte(r)* m ‖ ◊ no hay que mentar la soga en casa del ~ *im Hause des Gehenkten spricht man vom Stricke nicht!* ‖ **~s** mpl Hond *Halbstiefel, Schnürschuh* m ‖ **–cadora** f Guat Hond *(Art) große Wespe* f
ahorcajarse vr *rittlings sitzen* ‖ *sich rittlings setzen*
ahorcar [c/qu] vt *(auf)henken, (er)hängen, gürten* ‖ ◊ ~ de un árbol *an e–m Baum aufhängen* ‖ ~ los hábitos *die (Mönchs)Kutte abwerfen, et an den Nagel hängen* ‖ fig *umsatteln* ‖ a la fuerza ahorcan figf *der Not gehorchend* ‖ *da kann man nichts machen* ‖ *mit Gewalt geht alles* ‖ **~se** *sich erhängen* ‖ fig *sich ängstigen* ‖ fig pop *heiraten*
ahorita, ahoritica adv Am dim *v.* **ahora** ‖ ~ nomás Am *sofort*
ahormar vi *e–r Form anpassen* ‖ *bilden, zustutzen* ‖ *über den Leisten schlagen (Schuhe)* ‖ *austreten (Schuhe)* ‖ fig *in Ordnung bringen* ‖ figf *jdm den Kopf zurechtsetzen*
ahornado adj *trocken, altbacken (Brot)*
ahornagarse [g/gu] vr *durch die Sonnenglut ausdorren (Getreide, Erde)*
ahornar vt = **enhornar** ‖ **~se** *von außen verbrannt und von innen nicht ausgebacken sein (Brot)*
ahorquetarse vr Ur *sich rittlings setzen* ‖ *rittlings sitzen*
ahorquillado adj *gabelförmig, gegabelt*
ahorquillar vt *mit Gabeln stützen (Obstbäume)* ‖ *gabelförmig machen* od *biegen* ‖ **~se** *sich gabelförmig teilen, sich gabeln*
aho|rrado adj *jeglichen Zwanges ledig, frei* ‖ *arbeitsparend* ‖ **–rrador** adj/m *sparsam, haushälterisch* ‖ ~ m *Sparer* m
ahorrar vt ⟨Hist⟩ *(e–n Leibeigenen* od *Sklaven) freilassen* ‖ *(er)sparen* ‖ fig *sparen (Zeit, Kraft)* ‖ *schonen (Kleid)* ‖ fig *ersparen, verschonen* ‖ **~se** *sich schonen* ‖ ◊ ~ de alg. *sich jdn vom Halse schaffen* ‖ ~ (de) ropa Ar *Kleider ablegen* ‖ no ahorrárselas con nadie fam *niemanden verschonen*
ahorra|tiva f *Sparsamkeit* f ‖ *Ersparnis* f/n ‖ **–tivo** adj *übermäßig sparsam* ‖ *knauserig, geizig* ‖ Ec *faul, träge*
ahorrío m *Befreiung, Erlösung* f
ahorrista m *Sparer* m
ahorro m *Sparsamkeit* f ‖ *Ersparnis* f/n ‖ *Sparen* n, *Spartätigkeit* f ‖ *Einsparung* f ‖ *Sparwesen* n ‖ Ar *Einzelgänger* m ‖ ~ de coste *Kosten|ersparnis, -einsparung* f ‖ ~ de combustible *Kraftstoffersparnis* f ‖ ~ de divisas *Deviseneinsparung* f ‖ ~ forzoso, ~ obligatorio *Zwangssparen* n ‖ ~ de mano de obra *Arbeitskräfteersparnis* f/n ‖ ~ de material *Materialeinsparung* f ‖ ~ con privilegio fiscal *steuerbegünstigtes Sparen* n ‖ ~ de tiempo *Zeit|ersparnis, -einsparung* f ‖ ~ voluntario *freiwilliges Sparen* n ‖ caja de **~s** *Sparkasse* f
aho|yado adj *grubenähnlich* ‖ **–yadura** f *Ausgraben* n ‖ *Grube* f ‖ **–yar** vt *(aus)höhlen, Löcher* od *Gruben machen*
A(h)rimán m np *Ahriman* m, *böses Prinzip bei den Persern*
ahuara f Pe *amerikanischer Tapir* m
ahuata m Am *Schlangenbaum* m *(Gegengift gegen den Biß der Klapperschlange)*
ahuatentle m Mex *Bewässerungsgraben* m
ahuatoso adj Hond *distelartig*
ahuchar vt *in e–e Sparbüchse tun* ‖ fig *aufbewahren (Geld)* ‖ *zusammensparen* ‖ fam *auf die hohe Kante legen* ‖ Col *anspornen* ‖ Col *plattdrücken*
ahue|cado adj *hohl, ausgehöhlt* ‖ *locker, aufgelockert* ‖ *affektiert tief (Stimme)* ‖ fig *stolz, eingebildet* ‖ **–cador** m *Reifrock* m ‖ *Hohlmeißel*

ahuecamiento — aire

m ‖ **–camiento** *m s v.* **–car** ‖ ~ del suelo ⟨Agr⟩ *Bodenauflockerung* f ‖ **–car** [c/qu] vt *aushöhlen* ‖ *(auf)lockern (Erde)* ‖ *aufblähen* ‖ *weiten* ‖ *faltig machen (Kleider)* ‖ ⟨Tech⟩ *aussparen* ‖ ◇ ~ con la broca ⟨Tech⟩ *hohlbohren* ‖ ~ el ala fam *sich drücken, entschlüpfen* ‖ pop *sich aus dem Staube machen* ‖ ~ la voz *mit (unnatürlich) tiefer Stimme sprechen* ‖ *stärker, lauter sprechen* ‖ ~**se** fig *sich aufblähen* ‖ *dicktun, angeben*
   ahuerar vt *vereiteln (Pläne)*
   ahue|sado adj *knochenfarben* ‖ *knochenhart* ‖ **–sarse** vr Chi *unverkäuflich werden,* fam *zum Ladenhüter werden (Ware)* ‖ Chi *verderben* ‖ Guat *bis auf die Knochen abmagern*
   ahuevar vt *mit Eiweiß klären (Wein)* ‖ vi Mex *Eier legen* ‖ Cu *sich unanständig bewegen (beim Tanzen)* ‖ ~**se** vr Pan Pe *verzagen* ‖ *verdummen*
   ahuizote *m* Mex *Ahuizotl* m *(Froschlurch)* ‖ fig *lästiger Mensch* m ‖ CR *Hexerei* f
   ahulado *m* Am *wasserdichter Stoff* m
   ahu|mada *f* ⟨Mar⟩ *Signalfeuer, Rauchsignal* n *an der Küste* ‖ **–mado** adj *rauchig, verräuchert* ‖ *geräuchert* ‖ *rauchfarben* ‖ Cu *betrunken* ‖ arenque ~ *geräucherter Hering, Bückling* m ‖ cristal ~ *Rauchglas* n ‖ **–madura** *f,* **–mado** *m Räuchern* n, *Selchen* n
   ahumar vt *(be)räuchern, ausräuchern* ‖ *südd selchen* ‖ fam *anschwärzen* ‖ ~ vi *rauchen* ‖ ~**se** *sich mit Rauch bedecken* ‖ *vom Rauch schwarz werden* ‖ *Rauchgeschmack* m *annehmen (Speisen)* ‖ fam *sich beschwipsen* ‖ fam *sich betrinken*
   ahumear vt Sal *rauchen*
   ahunche *m* Col *Abfall, Rest* m
   ahupar vt = **aupar**
   ahurragado adj ⟨Agr⟩ *schlecht bestellt (Acker)*
   ahusado adj *spindelförmig*
   ahuyentar vt *verjagen, verscheuchen, vertreiben* ‖ fig *bezähmen (Leidenschaften)* ‖ ~**se** *entfliehen*
   ai, aí *m* ⟨Zool⟩ *Faultier* n (→ **perezoso**) ‖ *(Art) Lama* n (→ **llama**)
   ¡aida! int Al *Rufwort der Kuhhirten*
   aigrete *m* gall Arg *Federschmuck* m *(Damenhut)*
   AIF Abk = **Asociación Internacional de Fomento**
   AIIC Abk = **Asociación Internacional de Intérpretes de Conferencia**
   ¡aijuna! int Arg Chi = **ahijuna**
   ailanto *m* ⟨Bot⟩ *Götterbaum* m (*Ailanthus altissima*)
   ailuro *m* ⟨Zool⟩ *Katzenbär, Kleiner Panda* m (*Ailurus fulgens*)
   aimará *m*/adj SAm *Aimaraindianer* m (*in* Bol *u.* Pe) ‖ *deren Sprache* f
   aimbirés *mpl brasilianischer Indianerstamm* m
   aín *m* Marr *Quelle* f, *Brunnen* m
   aína adv *rasch, schnell, flott* ‖ *leicht* ‖ *fast, beinahe*
   aínas adv = **aína** ‖ no tan ~ *nicht so leicht (bzw schnell), wie man glaubt*
   *****ainda** adv *außerdem, überdies*
   aindamáis adv fam joc *außerdem*
   aindiado adj Am *indianer|ähnlich, -artig*
   aino *m* *Ainu* m
   airado adj *jähzornig, aufbrausend* ‖ *liederlich (Leben)* ‖ adv: ~**amente**
   airampo *m* ⟨Bot⟩ *Opuntie* f, *Feigenkaktus* m (*Opuntia* sp)
   airar vt *erzürnen, erbittern*
   airazo *m* augm *v.* **aire**
   aire *m Luft* f ‖ *Wind* m ‖ *Luftzug* m ‖ *Atmosphäre* f ‖ ⟨Bgb⟩ *Wetter* n ‖ ⟨Mus⟩ *Takt* m, *Tonmaß* n ‖ *Tempo* n ‖ *Arie* f ‖ *Melodie* f ‖ *Lied* n ‖ ⟨Zool⟩ *Schlitzrüßler* m (*Solenodon* sp) ‖ fig *Anstand* m ‖ *Äußeres, Ansehen* n ‖ *Gestalt, Art* f ‖ *Miene, Gebärde* f ‖ *Gesichtszüge* mpl ‖ *Anschein* m ‖ *Anmut, Grazie* f ‖ *Eitelkeit, Einbildung* f ‖ fam *Schlaganfall* m ‖ con ~ acondicionado *mit Klimaanlage* f ‖ ~ adicional *Zusatz-, Neben|luft* f ‖ ~ ambiente *umgebende Luft, Außenluft* f ‖ ~ aspirado, ~ de aspiración *Ansaugluft* f *(Motor)* ‖ ⟨Med⟩ *Einatmungsluft* f ‖ ~ caliente *Warm-, Heiß|luft* f ‖ ~ colado *(kalte) Zugluft* f ‖ ~ de combustión *Verbrennungsluft* f ‖ ~ complementario *Zusatzluft* f ‖ ~ comprimido *Druck-, Preß|luft* f ‖ ~ contrario *Gegenwind* m ‖ ~ desecado ⟨Bgb⟩ *getrocknete Luft* f ‖ ~ encerrado *eingeschlossene Luft* f ‖ ~ de escape, ~ de salida *Abluft* f ‖ ~ espirado *Ausatmungsluft* f ‖ ~ de expulsión *Spülluft* f *(Motor)* ‖ ~ exterior *Außenluft* f ‖ ~ de familia *Familienähnlichkeit* f ‖ fig *Ähnlichkeit* f ‖ ~ fresco, ~ nuevo *Frischluft* f ‖ ⟨Bgb⟩ *Frischwetter* n ‖ ~ inspirado *Einatmungsluft* f ‖ ~ de limpieza *Spülluft* f ‖ ~ líquido *flüssige Luft* f ‖ ~ de mina ⟨Bgb⟩ *Wetter* n ‖ ~ movido *bewegte Luft* f ‖ ~ pesado ⟨Bgb⟩ *matte Wetter* npl ‖ ~ popular *Volks|weise* f, *-lied* n ‖ *Volksgunst* f ‖ ~ soplado *Blasluft* f ‖ de suficiencia *anmaßendes Wesen* n ‖ ~ de taco fig *Frechheit* f ‖ ~ viciado, ~ enrarecido *verbrauchte, verdorbene, schlechte Luft* f ‖ ~ vicioso ⟨Bgb⟩ *gebrauchte Wetter* npl ‖ acondicionamiento de ~ *Klimatisierung* f ‖ *Klimaanlage* f ‖ al ~ *à jour gefaßt (Edelsteine)* ‖ fig *in die Luft hinein (reden), unüberlegt* ‖ al ~ libre *unter freiem Himmel* ‖ ~ fam *bei Mutter Grün* ‖ con ~ *lebhaft, mit Heftigkeit* ‖ de buen ~ *gutgelaunt* ‖ en el ~ fig *flugs* ‖ cámara de ~ *Windkammer* f ‖ capa de ~ *Luftschicht* f ‖ corriente de ~ *Luftzug* m ‖ depurador del ~ *Luftreiniger* m ‖ ejército del aire *Luftwaffe* f ‖ lucha contra la contaminación del ~ *Luftvereinigungs-Bekämpfung* f ‖ ¡~! Am pop *Platz da! schnell!* ‖ ◇ azotar el ~ fam *ohne Sinn arbeiten* ‖ creerse de ~ fam *alles blindlings glauben* ‖ dar con ~ fig *heftig schlagen, laut schreien* ‖ darle a uno ~ fam *Herzschlag bekommen* ‖ darle a uno el ~ de a/c fam *et mutmaßen* ‖ darse (*od* darle) ~ a alg. fam *jdm ähneln* ‖ dejar a uno en el ~ fam *jdn prellen, hintergehen* ‖ echar al ~ fig *entblößen (einen Körperteil)* ‖ echar una cana al ~ fig *sich e~n vergnügten Tag machen, bummeln gehen* ‖ estar en el ~ fig *keine feste Anstellung haben* ‖ *unentschieden sein* ‖ *in der Schwebe sein* ‖ estar con el pie en el ~ fam *im Begriff sein, wegzugehen,* pop *sich gerade auf die Socken machen wollen* ‖ *in Ungewißheit sein* ‖ evacuación del ~ *Entlüftung* f ‖ fabricar en el ~, hacer castillos de (*od* en el) ~ fam *Luftschlösser bauen* ‖ *Grillen fangen* ‖ guardarle (*od* llevarle) el ~ a alg. fam *sich der Art eines anderen anpassen* ‖ *sich in jds Launen fügen* ‖ hablar al ~ fam *tauben Ohren predigen* ‖ hace ~*es ist windig* ‖ *es zieht* ‖ no hace ~ *es weht kein Lüftchen* ‖ hacer ~ a alg. fig *jdn fächeln* ‖ *jdm zur Last fallen* ‖ hay corriente de ~ *es zieht* ‖ hender un cabello en el ~ fam *Haarspaltereien treiben* ‖ herir el ~ con los lamentos fig *herzzerreißend jammern* ‖ llevar el ~ ⟨Mus⟩ *Takt halten* ‖ el ~ se lleva las palabras fig *man braucht die Worte nicht ernst zu nehmen* ‖ matarlas en el ~ fam *schlagfertig sein* ‖ mudar (de) ~ (*od* ~s) *das Klima wechseln* ‖ fig joc *entfliehen* ‖ mudarse a cualquier ~ fam *sehr wetterwendisch sein* ‖ múdase el ~ fig *die Umstände wechseln* ‖ ofenderse del ~ fam *sich über jede Kleinigkeit ärgern, sich über die Fliege an der Wand ärgern* ‖ por (el) ~ *auf dem Luftweg* ‖ por el ~ fam *angeschneit (kommen)* ‖ temerse del ~ fig *sich vor jeder Kleinigkeit fürchten* ‖ tener ~ de persona decente *anständig aussehen* ‖ tener ~ de superioridad *überlegen wirken* ‖ tener buen (mal) ~ *gut (schlecht) aussehen* ‖ tener la cabeza llena de ~ fam *sehr eingebildet sein* ‖ tirar al ~ *in die Luft schießen* ‖ tomar el ~ fig *frische Luft schöpfen, spazierengehen* ‖ tomarle (*od* cogerle) el

~ a a. fam *dahinterkommen* || *tomarse del* ~ fig *sich gleich beleidigt fühlen* || *vivir del* ~ *von der Luft leben* || ~s *pl. Sitten, Manieren* fpl || *Luftreich* n, *Atmosphäre* f || *Klima* n || fam *Einbildung* f || △ *Haare* npl || ◊ *andar por los* ~ figf *unsichtbar sein* || *beber los* ~ *schmachten* (por *nach* dat), fam *in jdn ganz verschossen sein* || *cambiar de* ~ *e–e Luftveränderung vornehmen* || figf *die Tapeten wechseln* || fig *Wohnort wechseln* || fig pop *sich aus dem Staube machen* || *darse* ~ *de gran señor den großen Herren spielen, großtun* || *por los* ~ *flugs* || *tomar* ~ *e–e Luftkur machen* || *tomar los* ~ *in die Sommerfrische gehen* || ¿*qué* ~ *le traen por acá? welcher Zufall führt Sie hierher?*
aire|ación f *Lüften* n, *Lüftung, Belüftung* f || ~ *del heno Heubelüftung* f || ~ *del terreno Bodendurchlüftung* f || **–amiento** m = **aireación** || **–ar** vt *(aus)lüften* || *der Luft aussetzen* || *schwingen (Korn)* || *belüften (Heu)* || ~**se** *Luft schöpfen, an die (frische) Luft gehen* || *Zugluft bekommen* || *sich erkälten* || **–cillo, –cito** m dim v. **aire**
aireo m *Lüftung* f
airí [*pl -ies*] m bras. *Airipalme* f
¹**airón** m ⟨V⟩ *Fischreiher* m (→ **garza**) || *Reiherbusch* m *(Kopfputz)*
²**airón** adj: *pozo* ~ *Sammelbrunnen* m
airosidad f *Anmut, Grazie* f || *Eleganz* f
airoso adj *luftig, windig* || fig *zierlich* || *anmutig, graziös* || fig *elegant, fesch, schmuck* || fig *würdevoll* || fig *ruhmstrahlend* || ◊ *salir* ~ *de una empresa et würdevoll beenden, glänzend abschneiden* || adv: ~**amente**
aisla|cionismo m *Isolationismus* m || **–cionista** adj/m *isolationistisch* || ~ m *Isolationist* m
ais|lado adj *vereinzelt* || *vereinsamt* || *abgesondert* || *isoliert* || *abge|legen, -schieden (Ort)* || *einzelstehend (Haus)* || ⟨Arch⟩ *freistehend* || ⟨El⟩ *isoliert* || ~ *contra el ruido schall|dicht, -sicher* || ~ *térmicamente wärmeisoliert* || adv: ~**amente** || **–lador** m/adj ⟨El⟩ *Isolator* m || *Isoliermittel* n || ⟨Phys⟩ *Isolierstuhl* m || ~ *de aceite Ölisolator* m || ~ *de amarra* ⟨Mar⟩ *Pardunenisolator* m || ~ *de anclaje Abspann-, Verankerungs|isolator* m || ~ *de apoyo Stütz-, Trag|isolator* m || ~ *de cadena Eier(isolatoren)kette* f || ~ *de campana Glockenisolator* m || ~ *delta* ⟨El⟩ *Delta-Isolator* m, *Deltaglocke* f || ~ *de entrada Einführungsisolator* m || ~ *esférico Kugelisolator* m || ~ *extremo Endisolator* m || ~ *pasapanel Durchführungsisolator* m || ~ *prensahilo* ⟨El⟩ *Klemmisolator* m || ~ *suspendido, ~ de péndulo Hänge-, Pendelisolator* m || ~ *telegráfico Telegraphenisolator* m || ~ *tensor Spannisolator* m || ~ *terminal Endisolator* m || ~ *de vidrio Glasisolator* m || **–ladura** f *Isolierung* f || *material de* ~ *Isolier-, Isolations|material* n || **–lamiento** m *Vereinzelung* f || *Einsamkeit* f || *Abgeschiedenheit* f || fig *Hilflosigkeit* f || ⟨Phys⟩ *Isolierung* f || ~ *acústico Schalldämpfung* f || ~ *antifrigorífico*, ⌇ *contra el frío Kälteisolierung* f || ~ *calorífugo Wärme|schutz* m, *-isolation* f || ~ *por corcho Korkisolierung* f || ~ *fibroso Faserstoff|isolierung, -isolation* f || ~ *de goma Gummiisolierung* f || ~ *por gutapercha Guttaperchaisolation* f || ~ *con espacio de aire* ⟨El⟩ *Papierluftraumisolierung* f || ~ *térmico Wärme|dämmung, -isolation* f, *-schutz* m || *casa de* ~, *hospital de* ~ *Isolierhospital* n || **–lante** adj: (material) ~ ⟨El⟩ *Isoliermaterial* n
aislar vt *vereinzeln, absondern, isolieren* || *con pinzas* ⟨Chir⟩ *beklemmen* || fig *vereinsamen, entfernen* || ⟨Arch⟩ *freistellen* || ⟨Phys⟩ *isolieren* || ~**se** fig *sich zurückziehen (vom Verkehr)* || fig *sich einkapseln*
aislatorio adj: *material* ~ *Isolier-, Isolations|material* n
aizcoles m Al *Erbsen* fpl

aizkolari m *Teilnehmer* m *am Holzfällerwettstreit (bei baskischen Volksfesten)*
¡**ajá**! int *ja, ja! richtig so!* || *nur zu!*
ajabardar vt/i *nachschwärmen (Bienen)*
ajacho m Bol *Getränk* n *aus Maisbranntwein und Ajipfeffer*
ajada f *(Art) Knoblauch|brühe, -tunke* f || *Fischbrühe* f
ajadizo adj *was leicht zerknittert*
¡**ajajá**! int fam *ah! (Behagen)* || *na also!, hört, hört! (Zustimmung, Überraschung)*
ajambado m MAm *gefräßiger Mensch, Vielfraß* m || MAm adj *tölpelhaft*
ajamiento m s v. **ajar(se)**
ajamonarse vr fam *Fettpolster ansetzen, mollig werden* (bes *von einer reifen Frau*) || *Am zusammenschrumpfen*
¹**ajar** m *Knoblauchfeld* n
²**ajar** vt *betasten* || *zer|knittern, -knüllen* || *blind machen (Spiegel)* || fig *beschimpfen, verunglimpfen* || figf *herunter|machen, -putzen* || fig *quälen* || fig *dämpfen (den Stolz)* || ~**se** *sich abnutzen* || *verblühen, welken, runzlig werden (Haut)* || fig *sich kränken*
ajarafe m *hohes und breites Gelände* n, *Hochfläche* f, *Plateau* n || *Veranda* f || *Söller* m
ajardinar vt *gartenmäßig anlegen*
ajarquia f *östlich gelegener Stadt- od Dorfteil* m/n
ajaspajas fpl fam *Lappalie* f
aje m *körperliches Gebrechen, Siechtum* n (& pl) || ⟨Bot⟩ *Yamswurzel* f (Dioscorea sp) || ⟨Entom⟩ *(Art) Schildlaus* f || Pe *Süßkartoffel* f (→ **boniato**) || Ant allg *eßbare Pflanzenknolle* f || ~s mpl *Gebrechen* n
ajea f ⟨Bot⟩ *(Art) Beifuß* m, *(Art) Edelraute* f (Artemisia sp)
ajear vi *ängstlich schreien, ziepen (Rebhuhn)*
ajedrea f ⟨Bot⟩ *Pfeffer-, Bohnen|kraut* n (Satureja hortensis)
aje|drecista m *(gewandter) Schachspieler* m || **–drez** [*pl -ces*] m *Schach, Schachspiel* n || *Schachbrett* n || *figuras de* ~ *Schachfiguren* fpl || *juego de* ~ *Schachspiel* n || *tablero de* ~ *Schachbrett* n || **–drezado** adj *schachbrettartig (gewürfelt), schwarz und weiß getäfelt*
ajel m *Kopfschüttler* m *(den Kopf auf und abbewegendes Pferd)*
ajeniar vt Am *sich et aneignen*
ajenjo m ⟨Bot⟩ *Wermut, Absinth* m (Artemisia absinthium) || *Wermut|wein, -schnaps* m || *Absinth* m || fig *Bitterkeit* f
ajeno adj *andern gehörend, fremd* || *verschieden* || fig *unpassend* || fig *ermangelnd, frei (von* dat) || fig *unkundig* (gen) || ~ *a widersprechend, nicht gemäß* (dat) || ~ *de frei von* (dat) || ~ *de (la) verdad unwahr, verlogen* || *lo* ~ *fremdes Gut* || ◊ *estar* ~ *de a. von et keine Nachricht haben, besitzen* || *estar* ~ *de sí* fig *sich selbst vergessen* || fig *außer sich sein* || *ser* ~ *a a. mit et nichts zu tun haben* || *muy* ~ *de hacer a. weit entfernt, et zu tun*
ajenuz m ⟨Bot⟩ *Schwarzkümmel* m, *Jungfer* f *im Grünen* (Nigella damascena)
ajeo m *ängstlicher Schrei, Ziepen* n *(der Rebhühner)* || *perro de* ~ ⟨Jgd⟩ *Vorstehhund* m
ajerezado adj *dem Jerezwein ähnlich*
ajero m *Knoblauchhändler* m || *Eigentümer* m *e-s Knoblauchfeldes*
ajesuitado adj *jesuitisch* || fig *scheinheilig*
ajete m ⟨Bot⟩ dim v. **ajo** || *wilder Lauch* m || *Knoblauchbrühe* f
ajetrearse vr fam *sich die Füße ablaufen (nach)* || pop *sich die Absätze schief laufen* || *sich plagen, sich schinden*
ajetreo m *Mühe* f || *Belästigung* f || *Plackerei* f || fam *Schufterei* f
ají [*pl -ies*, SAm fam *-ices*] m *Ajipflanze* f *(am. Pfefferstrauch)* || *Ajipfeffer* m (Capsicum an-

ajiaceite — ajuste 42

nuum || ◊ ponerse como un ~ Chi figf fam *puterrot werden (Gesicht)* || → **ajiaco**
ajiaceite *m Soße* f *aus Knoblauch und Öl, Ailloli* n
ajiaco *m* Am *(Art) Tunke* f *mit Ajipfeffer* || *Eintopfgericht* n *mit Ajipfeffer* || Cu *Lärm* m
ajicola *f (Art) Vergolderleim* m
ajicuervo *m* Al ⟨Bot⟩ *(Art) Wiesenlauch* m (Allium sp nigrum)
ajiche adj Guat *mager, kümmerlich*
ajigo|lear vt Mex *drängen* || **–lones** mpl Guat Mex Salv *Druck* m, *Eile* f
ajigotar vt fam *klein zerstückeln*
ajilar vt Ven *an der Angel anbeißen (Fisch)*
ajilgueramiento *m* Chi *stieglitzartiges Aussehen des Kanarienvogels durch Kreuzung* || *Nachahmung* f *des Stieglitzgesangs durch den Kanarienvogel*
ajilimoje, ajilimójili *m* fam *(Art) Pfeffertunke* f || *Wirrwarr* m || con todos sus ~s figf *mit allem, was drum- und dranhängt*
ajillo *m* Mancha *ein Kartoffelgericht* n || al ~ in *Öl mit Knoblauch gebraten*
*****ajiménez** [*pl* -ces] *m Söller* m
ajimez [*pl* -ces] *m* ⟨Arch⟩ *Bogenfenster* n *mit Zwischenpfosten*
ajipuerro *m wilder Lauch* m
ajisera *f* Col *Ajipflanze* f
ajizal *m Ajifeld* n
ajo *m* Knoblauch m (Allium sativum) || *Knoblauchzehe* f || *Knoblauchbrühe* f || Cu *Paprika* m || figf *Schminke* f || figf *derber Ausdruck* m || *unsauberes Geschäft* n || *Klüngel* m || ~ ca(sta)ñete *Blutknoblauch* m || ~ cebollino *Schnittlauch* m (Allium schoenoprasum) || ~ de chalote, ~ de Ascalonia *Aschlauch* m, *Schalotte* f (Allium ascalonicum) || ~ morisco *Schnittlauch* m || ~ porro, ~ puerro *Lauch*, *Porree* m (Allium porrum) || ~ de oso ⟨Bot⟩ *Weinbergs-, Bären-, Hunds|lauch* m (Allium ursinum) || fuerte como un ~ fig *rüstig, lebenskräftig* || ◊ andar en el ~ fig *sich mit unsauberen Geschäften abgeben, mit der Sache etwas zu tun haben, dahinterstecken, s–e Hände im Spiel haben* || estar en el ~ *davon wissen, Mitwisser sein* || tieso como un ~ fig *steif, aufgeblasen* || bueno anda el ~ fig *das ist eine schöne Geschichte!* || (villano) harto de ~ fig *Bauernlümmel, Flegel* m || oler a ~ figf *mit Schwierigkeiten verknüpft sein* || quien se pica, ~s come fig *getroffener Hund bellt* || soltar ~s fam *fluchen*
¡ajo!; ¡ajó! (*od* ¡ajó, taita!) *Redensart, um kleine Kinder zum Sprechen zu ermuntern*
ajoarriero *m Art aragonisches und baskisches Stockfischgericht* n
ajobar vt *auf dem Rücken tragen*
ajobero m/adj *Lastträger* m || *Auflader* m
ajobilla f ⟨Zool⟩ *Tellmuschel* f (Tellina sp)
ajobo *m Last, Bürde* f
ajole *m Ajolefisch* m *(Stachelflosser)*
ajolín m ⟨Entom⟩ *bunte Ritterwanze* f (Lygaeus equestris)
ajolio *m* Ar = **ajiaceite**
ajolote *m* Mex ⟨Zool⟩ *Axolotl, Querzahnmolch* m (Amblystoma spp)
ajonje *m Vogelleim* m || ⟨Bot⟩ *Knorpellattich* m (Chondrilla sp)
ajonjear vt Col *hätscheln*
ajon|jera *f*, **–jero** *m* ⟨Bot⟩ *Knorpellattich* m (Chondrilla sp)
ajonjo *m Vogelleim* m || ⟨Bot⟩ *Gran Knorpellattich* m (→ **ajonjera**)
ajonjolí *m* ⟨Bot⟩ *Sesam* m (→ **sésamo**) || *Sesamsamen* m
ajonuez [*pl* -ces] *m Brühe* f *aus Knoblauch und Muskatnuß*
ajoqueso *m (Art) Gericht* n *aus Käse und Knoblauch*
ajorca *f Armband* n

ajordar vi Ar *laut sprechen* || *schreien*
ajornalar vt *auf Tagelohn verpflichten*
△**ajoró** *m* Freitag m
ajotar vt Guat *anspornen* || Cu *verachten* || vr Cu *schamrot werden* || ~se vr Mex *verweichlichen, weibisch werden*
ajuanetado adj *mit hervorstehendem Knöchel an der großen Zehe*
ajuar *m Aussteuer, Brautausstattung* f || *Ausstattung* f, *Hausrat* m, *Hausgeräte*, *Küchengeräte* npl
ajuarar vt *ausstatten* || *möblieren*
ajudiado adj *judenähnlich* || fig *erschrocken*
ajuglarado adj *troubadourähnlich, minnesängerhaft*
ajui|ciado adj *vernünftig, verständig* || **–ciar** vt *jdn zur Einsicht od zur Vernunft bringen* || *verurteilen*
ajumado adj *betrunken* || ◊ estar algo ~ *beschwipst sein*
ajumarse vr fam *sich beschwipsen* || *sich betrinken*
ajuncia *f* Col *Angst, Not* f
*****ajuntar** vt Ar Sal *verbinden, zusammenfügen* || ~se vr *beischlafen* || fam *sich befreunden*
ajupar vt Pan *hetzen, anspornen*
ajustable adj *verstellbar* || ~ en altura *höhenverstellbar (Zugmaschine)*
ajus|tadamente adv *rechtmäßig* || **–tado** adj *passend, richtig* || *ordentlich* || *gerecht, billig* || *enganliegend (Kleidung)* || **–tador** *m Anpasser* m || *Mieder, Wams* n || *Monteur* m || ⟨Tech⟩ *Einrichter* m || ⟨Web⟩ *Einsteller* m || ~ de cardas *Kardensetzer* m || ~ de herramientas *Werkzeugschlosser* m || ~ de pliegos ⟨Typ⟩ *Bogengeradlager* m || ⟨Typ⟩ *Seiteneinrichter* m || **–tamiento** *m* = **ajuste**
ajustar vt *ein|richten, -passen, an|gleichen, -passen* || *anlehnen (Tür)* || *anordnen* || *ausmachen (Preis)* || *abrechnen* || *ein-, an|stellen (Arbeiter)* || *verpflichten* || *montieren, aufstellen (Maschinen)* || *nachstellen, anpassen (Schraube)* || ⟨Tech⟩ *einstellen, justieren* || *verabreden, vereinbaren* || *(eine Rechnung) (ab)schließen* || *(einen Vertrag) abschließen* || ⟨Tel⟩ *abgleichen* || ⟨Mar⟩ *spleißen (zwei Tauenden)* || ⟨Typ⟩ *(die Seiten) einrichten* || ⟨Typ⟩ *einsetzen (Stock)* || Pe *zusammendrücken* || ◊ ~ las columnas ⟨Typ⟩ *die Spalten brechen* || ~ las cuentas *Rechnungen regeln* || *mit jdm abrechnen* || ~ las páginas ⟨Typ⟩ *umbrechen* || ~ los precios *Preise angleichen* || ~ la tensión *nachspannen* || vi *genau (zusammen)passen* || ~se *sich verabreden, übereinkommen* || ~ a uno *sich jdm anbequemen, sich nach jdm od et richten* || ~ el cinturón fig *den Gürtel enger schnallen* || ⟨Flugw⟩ *sich anschnallen* || ~ estrechamente ⟨Tech⟩ *eng anliegen*
ajuste *m Anpassung, Angleichung* f || *Abrechnung* f || *Zusammenfügen* n || *Übereinkunft* f || *Ausgleich, Vergleich* m || *Abfindung* f || *Vertrag* m || *Dingung* f || ⟨Typ⟩ *Justieren, Zurichten* n || ⟨Tech⟩ *Einstellung, Justierung* f || ⟨Typ⟩ *Umbruch* m || ~ con los acreedores *Vergleich* m *mit den Gläubigern* || ~ de altura *Höhenverstellung* f *(Werkzeugmaschinen)* || ~ por contracción ⟨Tech⟩ *Schrumpfsitz* m || ~ de cuentas fig *Abrechnung* f || ~ de deslizamiento ⟨Web⟩ *Schiebesitz* m || ~ de la economía *Wirtschaftsanpassung* f || ~ de encendido *Zündungseinstellung* f || ~ de filete, ~ de rosca *Gewindepassung* f || ~ fino *Feinpassung* f || ~ de herramientas, ~de útiles *Werkzeugeinstellung* f || ~ horizontal *Waagerechtverstellung* f || ~ indeterminado, ~ de transición *Übergangspassung* f || ~ a marcha lenta, ~ retardada ⟨Aut⟩ *Ein|regulierung, -stellung* f *für Langsamlauf* || ~ de precisión *Fein|einstellung, -justierung* f || ~ de alta precisión *Edelpassung* f *(von Lehren)* || ~ en

profundidad ⟨Tech⟩ *Tiefeneinstellung* f ‖ ~ de válvulas *Ventileinstellung* f ‖ ~ de video ⟨TV⟩ *Rasterverformungsentzerrung* f ‖ dispositivo de ~ ⟨Tech⟩ *Einstellvorrichtung* f ‖ palanca de ~ *Stellhebel* m ‖ ◊ más vale mal ~ que buen pleito *besser ein magerer Vergleich, als ein fetter Prozeß*
  ajustero m Col *Bauunternehmer* m
  ajusti|ciado m *Hingerichtete(r), Gehenkte(r)* m ‖ **–ciamiento** m *Hinrichtung* f ‖ **–ciar** vt *hinrichten*
  al = **a** + **el** a) *als* dat, b) *als* acc *(bei Personen od personifizierten Begriffen)*, c) *als Satzteilvertretung:* ~ escribir *beim Schreiben*
  al. Abk = **alemán**
  ala f [el] *Flügel, Fittich* m ‖ Sp *Flügelstürmer* m ‖ ⟨Mil⟩ *Glied* n, *Reihe* f ‖ ⟨Flugw⟩ *Tragfläche* f, *Flügel* m ‖ ⟨Mil⟩ *Flanke* f *eines Festungswerkes* ‖ ⟨Arch⟩ *Flügel* m *von Gebäuden, Anbau* m ‖ *Schiff* n *einer Kirche* ‖ ⟨An⟩ *Nasenflügel* m ‖ *Ohrläppchen* n ‖ ⟨An⟩ *Leberlappen* m ‖ ⟨Mar⟩ *Leesegel* n ‖ *(Hut)Krempe* f ‖ ⟨Tech⟩ *Schaufel* f, *Flügel* m ‖ ⟨Flugw⟩ *Leitwerk* n *(Bombe)* ‖ ⟨Aut⟩ *Kotflügel* m ‖ ⟨Tech⟩ *Schenkel* m ‖ fig *Flügel* m *(Partei)* ‖ ~ ajustable ⟨Flugw⟩ *Vestellflügel, verstellbarer Flügel* m ‖ ~ de babor, ~ izquierda ⟨Flugw⟩ *Backbordflügel, linker Flügel* m ‖ ~ batiente ⟨Flugw⟩ *Schlagflügel* m ‖ ~ central ⟨Flugw⟩ *Mittelflügel* m ‖ ~ combada *gewölbter Flügel* m ‖ ~ comprimida ⟨Tech⟩ *Druckflansch* m ‖ ~ delantera ⟨Flugw⟩ *Vorderflügel* m ‖ ~ derecha (izquierda) de un partido *rechter (linker) Flügel* m *e–r Partei* ‖ ~ de un edificio *Gebäudeflügel* m ‖ ~ del esfenoides ⟨An⟩ *Keilbeinflügel* m ‖ ~s mayores del esfenoides ⟨An⟩ *Temporalflügel* mpl ‖ ~s menores del esfenoides ⟨An⟩ *Orbitalflügel* mpl ‖ ~ de enlace *Anschlußflügel* m ‖ ~ de estribor, ~ derecha ⟨Flugw⟩ *Steuerbordflügel, rechter Flügel* m ‖ ~ exterior, ~ extrema ⟨Flugw⟩ *End-, Außen|flügel* m ‖ ~ extrema *Endflügel* m *(Gebäude)* ‖ ~ inferior ⟨Flugw⟩ *Unterflügel, unterer Flügel* m ‖ ~ en forma de flecha *pfeilförmiger Flügel* m ‖ ~ de hélice ⟨Flugw Mar⟩ *Schrauben|flügel* m, *-blatt* n ‖ ~ lateral ⟨Arch⟩ *Seiten-, Neben|flügel* m ‖ ~ paralela *Parallelflügel* m *(Brücke)* ‖ ~ posterior ⟨Flugw⟩ *Hinter(deck)-flügel* m ‖ ~ de puente *Brückenflügel* m ‖ ~ replegable ⟨Flugw⟩ *Hochklappflügel, hochklappbarer Flügel* m ‖ ~ rotatoria ⟨Flugw⟩ *Umlaufflügel* m ‖ ~ superior ⟨Flugw⟩ *Oberflügel* m, *oberer Flügel* m ‖ ⟨Tech⟩ *Oberflansch* m ‖ ~ sustentadora ⟨Flugw⟩ *Tragflügel* m ‖ ◊ ahuecar el ~ fig pop *sich aus dem Staube machen* ‖ arrastrar el ~ fig *den Hof machen* ‖ *schwach auf den Beinen sein* ‖ *krank sein* ‖ △ cinco del ~ 5 Peseten ‖ color de ~ de cuervo *rabenschwarz* ‖ ~s pl ⟨Mar⟩ *Beisegel* npl ‖ ⟨Flugw⟩ *Tragwerk* n ‖ fig *Einbildung* f ‖ fig *Schutz* m ‖ ◊ batir de ~ *Flügelschlag* m *(Vogel)* ‖ *mit den Flügeln schlagen* ‖ caérsele a algn. las ~ (del corazón) fig *den Mut verlieren* ‖ cortarle a uno las ~ fig *entmutigen,* fam *jdm die Flügel stutzen* ‖ dar ~, poner ~ a uno fig *jdn ermutigen, aufmuntern* ‖ tener plomo en las ~ fig *schwer krank sein* ‖ fig in *e–r schwieriger Lage sein* ‖ tomar ~ *Mut fassen* ‖ fam *dreist werden* ‖ volar con las propias ~ *auf eigenen Füßen stehen, flügge sein*
  Alá m np *Allah, Gott* m
  alabado m *Motette* f *zum Lob des Heil. Sakraments* ‖ Mex *frommes Lied der Landarbeiter vor und nach der Arbeit* ‖ al ~ Chi *frühmorgens*
  ala|bancero adj *lobrednerisch, schmeichelnd* ‖ **–bancioso** *prahlerisch* ‖ fam *angeberisch* ‖ **–bandina** f *Manganblende* f, *Alabandin* n, *orientalischer Granat* m ‖ **–banza** f *Lob* n, *Preis* m ‖ *Lobrede* f ‖ digno de ~ *lobenswert* ‖ ◊ la ~ propia envilece *Eigenlob stinkt*
  alabar vt *loben, preisen, rühmen* ‖ *verherrlichen* ‖ ◊ alabo la llaneza iron *genieren Sie sich nicht!* ‖ **~se** *de sich rühmen* (gen) ‖ *sich einbilden auf* (acc) ‖ *sehr zufrieden sein mit* (dat) ‖ ◊ nadie se alabe, hasta que acabe *man soll den Tag nicht vor dem Abend loben*
  ala|barda f *Hellebarde* f ‖ ⟨*Th⟩ *Claque* f ‖ ◊ arrimar la ~ figf *sich selbst einladen* ‖ **–bardazo** m *Stoß* m *mit der Hellebarde* ‖ **–bardero** m *Hellebardier* m ‖ ⟨Th⟩ figf *Claqueur* m
  alabas|trado, alabástrico, –troso adj *alabasterartig* ‖ **–trino** adj *alabastern* ‖ *alabasterweiß*
  alabastro m *Alabaster* m ‖ fig ⟨poet⟩ *blendende Weiße* f
  álabe m *Schaufel* f, *schaufelartiges Gefäß* n ‖ *hängender Ast* m ‖ *Traufziegel* m ‖ ⟨Flugw⟩ *Querruder* n ‖ *Propeller-, Luftschrauben|blatt* n ‖ *Mühlradschaufel* f ‖ ~ de difusor *Diffusorschaufel* f ‖ ~ director *(Turbine) Leitradschaufel* f ‖ ~ de hélice *Luftschrauben-, Propeller|blatt* n ‖ ~ de rueda hidráulica *Radschaufel* f ‖ ~ de rueda móvil *Laufradschaufel* f ‖ ~ de turbina *Turbinenschaufel* f ‖ ~s mpl *Beschaufelung* f, *Schaufeln* fpl *(Turbine)*
  ala|beado adj *krumm, gebogen* ‖ *geworfen (Holz)* ‖ ⟨Flugw⟩ *verwunden* ‖ **–bear** vt *krümmen, biegen (Oberfläche)* ‖ (el ala) ⟨Flugw⟩ *(den Flügel) verwinden* ‖ **~se** *krumm werden* ‖ *sich werfen (Holz)* ‖ **–beo** m *Werfen* n *des Holzes, Verwerfung, Krümmung* f *(Holz)* ‖ ⟨Arch⟩ *Krümmung* f ‖ ⟨Flugw⟩ *Verwindung* f ‖ dar ~ ⟨Flugw⟩ *Verwindung gehen*
  alabiado adj *ungleich ausgeprägt. (Münzen)*
  alacate m Mex *Kürbis* m
  alacena f *Wandschrank* m ‖ *Fensternische* f ‖ Am *Speisekammer* f
  alacet m ⟨Arch⟩ Ar *Grundmauern* fpl
  alacrado adj *siegellackähnlich*
  alacrán m ⟨Zool⟩ *Skorpion* m (→ **escorpión**) ‖ *Öse* f ‖ *kleines Kettenglied* n ‖ ~ cebollero ⟨Entom⟩ *Werre, Maulwurfsgrille* f (→ **grillotalpa**) ‖ picado del ~ figf *verliebt* ‖ *krank verkommen* ‖ figf *geschlechtskrank* ‖ ◊ no le fiaría (ni) un saco de alacranes fam *dem würde ich nicht über den Weg trauen*
  alacranado adj *skorpionartig* ‖ fig *angesteckt*
  alacrancillo m ⟨Bot⟩ am. *Skorpionklette* f ‖ Cu *Sonnenwende* f *(Heliotropium spp)*
  alacranera f *Skorpionnest* n ‖ *Ort* m, *wo es von Skorpionen wimmelt* ‖ ‖⟨Bot⟩ *Skorpionskraut* n *(Coronilla scorpioides)*
  alacridad f *Lebhaftig-, Munter|keit* f ‖ *Unternehmungslust* f
  alactaga f ⟨Zool⟩ *Pferdespringer* m *(Alactaga major)*
  △**alachar** vt *finden, entdecken*
  alada f *Flügelschlag* m ‖ *(hormiga)* ‖ ⟨Entom⟩ *geflügelte Ameise* f
  aladares mpl *Seiten-, Schmacht-, Schläfen|locken* fpl
  aladear vt Ec *beiseite legen* ‖ Ec fig *jdn links liegen lassen*
  aladierna f ⟨Bot⟩ *Immergrüner Wegedorn, Kreuzdorn* m *(Rhamnus alaternus)*
  alado adj *flügelartig* ‖ *geflügelt* ‖ fig *ge-, be|flügelt* ‖ fig *schnell, beschwingt*
  aladrería f And *Ackergeräte* npl
  aladro m prov *Pflug* m
  aladroque m ⟨Fi⟩ *Anschove, Anchovis, Sardelle* f *(Engraulis encrasicholus)*
  alafia f *Gnade* f ‖ ◊ pedir ~ fam *um Gnade bitten*
  alafre adj Ven *elend, verachtenswert*
  álaga f [el] *(Art) Berberweizen* m ‖ *Spelz, Spelt, Dinkel* m
  alagadizo adj *leicht zu überschwemmen (Gelände)* ‖ *sumpfig*
  alagarse [g/gu] vr *unter Wasser geraten (Erdreich)*

alagartado adj *eidechsenartig* ‖ *buntscheckig* ‖ Guat *knauserig*
alajú [*pl* **-úes**] *m Honigkuchen* m ‖ *Lebkuchen* m
alalá [*pl* **-aes**] *m nordspan. Volksweise* f *(Galicien)*
ALALC Abk = Asociación Latinoamericana de Libre Comercio
alalia *f* ⟨Med⟩ *Alalie, Sprachlosigkeit* f
alalimón *m (Art) Knabenspiel* n *mit Gesang* ‖ ◊ *hacer algo* ~ *fam et zusammen, jedoch abwechselnd tun* (→ **alimón**)
álalo adj *sprachlos*
alama *f* [el] Ar *Gold-* od *Silber|stoff* m *mit Seide*
alamán, -ana adj *alemannisch* ‖ ~ *m Alemanne* m ‖ *das Alemannische, alemannischer Dialekt* m
alamar *m Achselschnurschleife* f ‖ *Brustschnüre* fpl ‖ *fransenartige Verzierung* f ‖ *Litze* f ‖ ~**es** *mpl Fransenbesatz* m
alam|bicado adj fig *kärglich zugemessen, knapp* ‖ fig *spitzfindig* ‖ fig *haarspalterisch* ‖ fig *gekünstelt, geziert* ‖ adv: ~**amente** ‖ **–bicar** [c/qu] vt *abziehen, destillieren* ‖ *läutern* ‖ fig *ausklügeln, tüfteln* ‖ *spitzfindig untersuchen* ‖ fig *knapp zumessen* ‖ fig *übermäßig feilen (Stil, Sprache)* ‖ fig *scharf kalkulieren* ‖ **–bique** *m Destillierkolben* m, *Destillierblase, Retorte* f ‖ *por* ~ fig *spärlich* ‖ **–biquería** f Am *Spirituosenfabrik* f
alambor *m* ⟨Arch⟩ *ungleich behauener Balken* m ‖ *Böschung* f *(Festung)*
alam|brada *f Schutzgitter* n ‖ ⟨Mil⟩ *Draht|verhau* m, *-gitter* n, *Drahtsperre* f ‖ ~ *de espino,* ~ *de púas Stacheldrahtverhau* m ‖ ~**s** *pl* ⟨Mil⟩ *Drahthindernisse* npl ‖ **–brado** adj *drahtartig (Faden)* ‖ ~ *m Draht|netz, -geflecht* n ‖ *Draht|umzäunung* f, *-zaun* m ‖ *Stacheldrahtzaun* m ‖ **-brar** vt *mit Draht umziehen, umflechten* ‖ ⟨Radio⟩ *mit Draht verbinden*
alambre *m Draht, Metalldraht* m ‖ ⟨Buchb⟩ *Heftdraht* m ‖ ~ *de acero Stahldraht* m ‖ ~ *aislado isolierter Draht* m ‖ ~ *de alma Seelendraht* m ‖ ~ *de cobre Kupferdraht* m ‖ *blando weicher Draht* m ‖ ~ *de cable Seillitze* f ‖ ~ *para cables Seildraht* m ‖ ~ *con caucho Gummiaderdraht* m ‖ ~ *conductor Leitungsdraht* m ‖ ~ *de conmutación Schaltdraht* m ‖ ~ *para coser* ⟨Buchb⟩ *Heftdraht* m ‖ ~ *cuadrado Vierkantdraht* m ‖ ~ *esmaltado Emaildraht, emaillierter Draht* m ‖ ~ *de espino Stacheldraht* m ‖ *en espiral Spiraldraht* m ‖ ~ *galvanizado verzinkter Draht* m ‖ ~ *macizo Volldraht* m ‖ ~ *para muelles Federdraht* m ‖ ~ *perfilado Profil-, Form|draht* m ‖ ~ *plano,* ~ *chato Flachdraht* m ‖ ~ *principal* ⟨Tel⟩ *Hauptdraht* m ‖ ~ *de púas Stacheldraht* m ‖ ~ *recubierto,* ~ *revestido umwickelter Draht* m ‖ ~ *de sección circular Runddraht* m ‖ ~ *de soldar Schweißdraht* m ‖ ~ *telegráfico Telegraphendraht* m ‖ ~ *tensor* ⟨Flugw⟩ *Verspannungs|draht* m, *-kabel* n
alam|brear(se) vi/r *an dem Drahtgeflecht des Käfigs reißen (gefangener Vogel)* ‖ **–brecarril** *m* Am *Drahtseilbahn* f ‖ **–brera** *f Draht|geflecht, -gitter* n ‖ *Drahtkäfig* m ‖ *Drahtglocke* f *(für Speisen)* ‖ *Fliegenfenster* n ‖ **–brería** *f Drahtgeschäft* n ‖ **–brero** *m Drahtzieher* m ‖ *ambulante Siebmacher, Kesselflicker* m, öst *Rastelbinder* m ‖ **–brillo** *m* Cu *(Art) Farnkraut* n ‖ **–brino** adj *drahtähnlich*
alámbrico adj ⟨Tel⟩ *Draht-* ‖ *drahtgebunden*
alameda *f Pappelpflanzung* f ‖ *Pappelallee* f ‖ *Allee, Baumallee* f ‖ *öffentliche Anlage* f
álamo *m Pappel* f ‖ *Pappelholz* n ‖ *Ulme* f ‖ ~ *blanco Silberpappel* f (Populus alba) ‖ ~ *de Italia Pyramidenpappel, italienische Pappel* f (Populus nigra var. italica) ‖ ~ *negro Schwarzpappel* f (Populus nigra) ‖ ~ *temblón Zitterpappel, Espe* f (Populus tremula)
alamor *m Wilder Safran* m (→ **azafrán**)
alampar(se) vi/r *Heißhunger haben* ‖ *sich heftig sehnen (*por *nach* dat*)* ‖ ~ *por comer (*por *beber*) *nach Speise (nach Trank) lechzen*
alamud *m (Schub) Riegel* m
alandrearse vr *trocken, starr und weiß werden (Seidenraupen)*
alano adj: (perro) ~ ⟨Jgd⟩ *Hatzhund, Bullenbeißer* m
alanos *mpl die Alanen* mpl *(germanisches Volk)*
alante adv pop = **adelante**
alantiasis *f Allantiasis, Wurstvergiftung* f, *Botulismus* m (→ **botulismo**)
alantoides *m* ⟨An⟩ *Allantois* f, *Urharnsack* m
alantotoxina *f* ⟨Med⟩ *Wurstgift, Toxin* n *des Bacillus botulinus*
alanzado adj *lanzenförmig*
¹**alar** adj *Flügel-* ‖ ⟨Med⟩ *Achsel-*
²**alar** *m Trauf-, Ab|dach* n ‖ ⟨Jgd⟩ *Steckgarn* n ‖ △ ~**es** *pl Pumphose* f
³△**alar** vi *gehen, schreiten* ‖ ~**se** *fortgehen*
alárabe, alarbe adj/s = **árabe**
alarbe adj fig *brutal, roh* ‖ *unkultiviert*
alarde *m Prahlerei, Bramarbasierung* f ‖ *Renommierstück* n ‖ ⟨Mil⟩ *Musterung, Heerschau* f ‖ *Waffenappell* m ‖ ◊ *hacer* ~ *prahlen, großtun (*de *mit* dat)
alar|dear vi *prunken, prahlen (*de *mit* dat) ‖ **–deo** *m Großtuerei* f ‖ **–doso** adj *prahlerisch, prunkhaft*
alargada *f abgesenkte Rebranke* f ‖ *Zirkelansatz* m ‖ ⟨Mar⟩ *Sichlegen* n *des Windes*
alar|gadera *f* Ar *Rebschößling, Rebfechser* m ‖ ⟨Chem⟩ *Einsatzrohr* n *(an der Retorte)* ‖ **–gado** adj *groß, weit ausgedehnt* ‖ fig *weit, entfernt* ‖ fig *lang, mager (Gesicht)* ‖ **–gamiento** *m Längung, Erweiterung, Dehnung* f ‖ *Zunahme* f, *Wachsen* n *(Tage)* ‖ *Verlängerung* f ‖ ⟨Filmw⟩ *Zeitlupenverfahren* n ‖ ~ *magnético* ⟨El⟩ *magnetische Dehnung* f ‖ ~ *de rotura* ⟨Arch⟩ *Bruchdehnung* f
alárgama *f* ⟨Bot⟩ *Harmel|raute* f, *-kraut* n (Peganum harmala)
alargar [g/gu] vt/i *verlängern, länger machen* ‖ *ausdehnen* ‖ *aufschieben* ‖ *vergrößern, erweitern* ‖ *erhöhen (Lohn)* ‖ *(e-m entfernt Stehenden) et reichen* ‖ *öffnen (die Hand)* ‖ *ausstrecken (Arm)* ‖ *recken (Hals)* ‖ *nachlassen (Seil)* ‖ *(vorschieben)* ‖ *abtreten, überlassen* ‖ *erhöhen (Vergütung)* ‖ ⟨Mar⟩ *umschlagen (Wind)* ‖ ◊ ~ *la bolsa* figf *den Beutel ziehen* ‖ ~ *el brazo den Arm ausstrecken* ‖ ~ *el paso den Schritt beschleunigen* ‖ ~**se** *länger werden* ‖ *zunehmen, wachsen (Tage, Nächte)* ‖ *sich in die Länge ziehen (Sitzung)* ‖ ◊ ~ *en el discurso in der Rede abschweifen*
alargas fpl Sal *allzugroße Vertraulichkeit* f ‖ *allzugroße Nachgiebigkeit* f ‖ ◊ *tomarse muchas* ~ *fam sich zuviel herausnehmen*
Alarico *m* np ⟨Hist⟩ *Alarich* m
alarido *m Geschrei, Kriegsgeschrei* n *(der Mauren)* ‖ *Getöse* n ‖ *Geheul* n ‖ ◊ *dar* ~**s** *heulen, schreien*
alarife *m Bau-, Oberbaumeister* m ‖ *Maurer(meister)* m ‖ Arg *gescheiter Mensch* m ‖ *Schelm, Gauner* m
alarma *f* ⟨Mil⟩ *Waffenruf* m ‖ *Notruf, Alarm* m ‖ fig *plötzlicher Schreck* m, *Bestürzung* f ‖ *Sorge, Angst, Unruhe* f ‖ ⟨Tel⟩ *Wecker* m ‖ ~ *aérea Flieger-, Luft|alarm* m ‖ *cese de la* ~ *Entwarnung* f ‖ *dar la* ~ *Alarm schlagen* ‖ *auf e-e Gefahr aufmerksam machen* ‖ *falsa* ~ *blinder Alarm* m ‖ *instalación de* ~ *Alarmanlage* f ‖ *timbre (*od *aparato, freno) de* ~ *Warnglocke* f ‖ *Feuermelder* m ‖ ⟨EB⟩ *Notbremse* f ‖ *último grado de* ~ *höchste Alarmstufe* f

alar|mante adj *erschreckend* || *bestürzend* || *beunruhigend (Nachrichten)*, *besorgt machend* || **–mar** vt *alarmieren, erschrecken* || **~se** fig *sich beunruhigen, besorgt werden* (por *wegen* gen) || △ ~ pop *verduften, abhauen*
alármega f = **alárgama**
alarmista m/adj *Angstmeier, Schwarzseher, Gerüchtemacher* m
alastrarse vr ⟨Jgd⟩ *sich ducken (Wild)*
a látere lat fam *Begleiter, Gefährte* m || *Adlatus* m || ⟨kath⟩ *Legat* m *a latere* || vgl adlátere
alaterna m *(Art) Olive* f
alaterno m ⟨Bot⟩ = **aladierna**
△**alatés** m *Zuhälter-* od *Diebes|gehilfe* m
ala|tón m ⟨Bot⟩ Ar *Frucht* f *des Zürgelbaums* || **–tonero** m ⟨Bot⟩ Ar *Zürgelbaum* m *(Celtis australis)*
aláudidas fpl ⟨Zool⟩ *lerchenartige Vögel* mpl *(Alaudidae)* || → **alondra**
ala|vense, –vés adj *aus Alava* (PAl)
alavesa f ⟨Hist⟩ *kurze Lanze* f || *Spieß* m
alazán m/adj *der Fuchs (Pferd)* || ~ boyuno *Rotfuchs* m || ~ claro *Weiß-, Licht|fuchs* m || ~ dorado *Goldfuchs* m || ~ morcillo *Schwarzfuchs* m || ~ roano *Rotschimmel* m || ~ tostado *Kohl-, Brand-, Schweiß|fuchs* m || ~ adj: *rötlich, fuchsrot*
alazana f *Ölpresse* f
alazo m *Flügelschlag* m
alazor m ⟨Bot⟩ *Saflor* m, *Färberdistel* f *(Carthamus tinctorius)*
alba f[el] *Tagesanbruch* m, *Morgendämmerung* f || *Albe* f *(Meßhemd)*, *Chorhemd* n || *Morgenglocke* f || △ *Bettlaken* n || al ~, al rayar *(od* romper*)* el ~ fig *bei Tagesanbruch* || estar entre dos ~s fig *angetrunken sein*
albacea m *Testamentsvollstrecker* m || ~ fiduciario *Treuhänder* m || ~ legítimo *gesetzlicher Testamentsvollstrecker* m
albaceazgo m *Amt* n *des Testamentsvollstreckers* || *Testamentsvollstreckung* f
albace|tense, –teño aus *Albacete* (PAlb)
albacora f ⟨Fi⟩ *weißer Thun* m *(Thunnus alalunga)* (→ **atún, bonito**) || ⟨Bot⟩ *Frühfeige* f
albada f *Morgenstunde* f || *Morgenständchen* n || *Aubade* f *(Versform)* || Ar ⟨Bot⟩ *Seifenkraut* n *(Saponaria* sp)
albahaca f *Basilikum* n, *Basilie* f, *Basilienkraut* n *(Ocimum basilicum)*
albaha|quero m *Blumentopf* m || *Basilienhändler* m || **–quilla** f *e–e Basilienart* f
albaicín m *Ortsteil* m *mit Gefälle*
△**albaire** m *Ei* n
△**albanado** adj *eingeschlafen*
albando adj *glühend (Eisen)*
albanega f *Haar|haube* f, *-netz, Häubchen* n || ⟨Jgd⟩ *Kaninchenschlinge* f
albanés, –esa adj *alban(es)isch* || ~ m *Albanier* m || *Arnaut* m || *albanische Sprache* f || △ ~ *Spielwürfel* m
Albania f *Albanien* n
albano adj *aus Alba Longa* (Latium) || = **albanés** || präf *albanisch-*
alba|ñal m *Abzugsgraben* m, *Kloake, Abflußrinne* f, *Abwässerkanal* m || *Morast, Pfuhl* m || ◊ salir por el ~ figf *bei e–r Unternehmung scheitern* || **–ñalero** m/adj *Kloaken-, Grubenräumer* m || **–ñar** m = **–ñal** || fig *Verschwendung* f
alba|ñil m *Maurer* m || **–ñila** f ⟨Entom⟩ *Mörtelbiene* f *(Chalicodoma muraria)* || **–ñilería** f *Maurerhandwerk* n || *Mauerwerk* n
albaquía f *Rest, Rückstand* m *(bei einer Zahlung)*
[1]**albar** adj *weiß (von Tieren, Pflanzen)*
[2]**albar** vt *weißsieden (Münzen)*
[3]**albar** m *hügeliges, weißliches Geestland* n
albarada f *unverputzte Mauer* f
albarán m *Vermietungs-, Miet|zettel* m *(am Balkon* od *Fenster* od *an der Tür e–s Hauses)* || ⟨Com⟩ *Lieferschein* m || ⟨Com⟩ *Empfangsbestätigung* f || allg *Urkunde* f, *Schein* m
albarazado m/adj Mex *Mischling* m *zwischen jenizaro und china*
albarazo m ⟨Med⟩ *Flechte* f, *weißer Aussatz* m
albarca f Sant *(Art) Holzschuh* m
albarcoque m = **albaricoque**
albarda f *Pack-, Saum|sattel* m || *Speckschnitte* f *zum Spicken* || fig *Dummkopf* m || *bestia de* ~ fig *Esel* m || ◊ llevar la ~ fig *viel ertragen* || eso es poner dos ~s a un burro figf *doppelt gemoppelt!* (→ **pleonasmo**)
albar|dado adj *anders gefärbt auf dem Rücken als am übrigen Leibe (besonders vom Rindvieh)* || *in den bask. Provinzen: paniert (Fisch, Fleisch)* || **–dán** m *Possenreißer* m || **–dar** vt = **enalbardar** || *spicken (Geflügel)* || *in den bask. Provinzen: panieren (Fleisch, Fisch)* || **–dear** vt *Hond jdn sehr plagen, jdm zusetzen, jdn belästigen* || **–dela** f *Schulsattel* m *für Fohlen* || **–deria** f *Saumsattlerei* f || **–dero, –donero** m *Saumsattler* m
albardilla f *Schulsattel* m *für Fohlen* || *Mauer|-vordach* n, *-abdeckung* f || *Abdachung* f *von Gartenbeeten* || *Klunker-, Winter|wolle* f *der Schafe* || *Schutzleder* n *der Schafscherer* || *ledernes Schulterkissen der Wasserträger* || *Polster* n *am Griff des Bügeleisens* || ⟨EB⟩ *Ablauf-, Brems|berg* m || *kleine Speckschnitte* f *zum Spicken* || *Mischung* f *aus geschlagenen Eiern und Paniermehl* || And *(Art) Gebackenes* n
albardi|llado adj *sattelförmig* || ~ m *Bedachung* f || **–llar** vt *(e–e Mauer) bedachen, bekappen*
albar|dín m *(Art) span. Pfriemengras* n *(Stipa* spp) || **–dinar** m *Pfriemengraslandschaft* f
albardón m augm v. **albarda** || *Reitsattel* m *in Saumsattelform* || Arg Bol *Anhöhe* f *im Überschwemmungsgebiet* || *Am Teichdamm* m || Hond *Mauerabdeckung* f || *Abdachung* f
albardonería f = **albardería**
albardonero m = **albardero**
alba|rejo, –rico adj/s *weiß (Weizen, Brot)* || **–rela** f *(eßbarer) Pappelpilz* m
albareque m *(Art) Sardinennetz* n
alba|rico, –rigo adj/s = **albarejo**
albari|coque m *Aprikose* f || *Aprikosenbaum* m || ~ de Toledo *gesprenkelte Aprikose* f || **–coquero** m *Aprikosenbaum* m *(Prunus armeniaca)*
[1]**albarillo** m *kleine, weiße Aprikose* f || *weißer Aprikosenbaum* m
[2]**albarillo** m *(Art) Gitarrebegleitung* f *im schnellen Tempo* || ◊ ir por el ~ figf *über|eilt, -stürzt ausgeführt werden*
alba|riza f *Salz|see, -teich* m || And *hügeliges, weißliches Geestland* n || **–rizo** adj *weißlich* || ~ m *weißliches Geestland* n
albarrada f *Kühlkrug* m || *Trockenmauer* f || *Umzäunung* f od *Mauer* f *aus Erde* od *Stein* || Ec *Teich* m || *Zisterne* f
albarrana adj: (cebolla) ~ f *(kleine) Meerzwiebel* f
albarraniego m *(Art) Schäferhund* m
albarrano m/adj Ar *Zigeuner* m
albarraz m ⟨Med⟩ *Flechte* f, *weißer Aussatz* m || ⟨Bot⟩ *Läusekraut* n
albarrazado adj *rötlichschwarz*
albatros m ⟨V⟩ *Albatros* m || ~ cabecigrís ⟨V⟩ *Graukopfalbatros* m *(Diomedea chrysostoma)* || ~ clororrinco ⟨V⟩ *Gelbnasealbatros* m *(D. chororhynchos)* || ~ sombrío ⟨V⟩ *Rußalbatros* m *(Phoebetria palpebrata)* || ~ viajero ⟨V⟩ *Wanderalbatros* m *(D. exulans)*
albayalde m *Blei-, Kremser-, Kremnitzer|weiß* n || *weiße Schminke* f || ~ rojo *Bleimennige* f *(Anstriche)*
albazano adj *dunkelbraun (Pferd)*

albazo m Pe Morgenständchen n ‖ Mex Kriegshandlung f im Morgenrauen ‖ Mex Diebstahl m bei Tagesanbruch
¹**albear** m weißes Erdreich n
²**albear** vi weißlich durchschimmern
³**albear** vi Arg früh aufstehen
albedrío m (freier) Wille m ‖ freies Ermessen n ‖ Willkür f ‖ ungeschriebener Rechtsbrauch m ‖ libre ~ freier Wille m ‖ al ~ freiwillig, unabhängig ‖ a su ~ nach seinem Belieben
albedro m Ast Erdbeerbaum m (→ **madroño**)
albéitar m Tierarzt m (→ **veterinario**)
albeitería f Tierheilkunde f ‖ Tierarztberuf m
albel|**dadero** m Al Worfelplatz m ‖ **-dar** vt worfeln
albellón m = **albollón**
albenda f prov Vorhang m
albendera f fam Pflastertreterin f
albengala f Nesseltuch n (zur Verfertigung von Turbanen)
albéntola f enges Fischfangnetz n
alberca f offener Sammelbrunnen m ‖ Zisterne f, gemauerter Wasserbehälter m ‖ Hanfröste f ‖ en ~ noch unbedacht (Gebäude)
albercar [c/qu] vt Ar (Hanf) rösten
albercoque m = **albaricoque**
albérchiga f = **albérchigo**
alberchigal m Frühpfirsichplantage f
albérchigo m Frühpfirsich(baum) m (Prunus sp) ‖ Herzpfirsich m ‖ prov Aprikose f
alberchiguero m Frühpfirsichbaum m
alber|**gar** [g/gu] vt beherbergen, aufnehmen ‖ Unterkunft f bieten od gewähren ‖ fig beschützen ‖ **~se** einkehren, absteigen (Hotel usw), sich niederlassen (& vi) ‖ **-gue** m Herberge f ‖ Unterkunft f ‖ Obdach n, Zufluchtsstätte f ‖ Asyl n ‖ Lager n (Tier) ‖ fig Schutz m ‖ ~ alpino Berg|hütte, -baude f ‖ ~ juvenil Jugendherberge f ‖ ~ nacional de carretera (Span) staatliche (Straßen)Raststätte f ‖ **-guero** m Gastwirt, Herbergsvater m
albero adj = **albar** ‖ ~ m Kreideboden m ‖ Tellerwischtuch n ‖ Sal Aschenwinkel m in der Küche
alberque m = **alberca**
alberquero m Teich- und Zisternen|aufseher m
albertita f ⟨Min⟩ Albertit m (Bitumensorte)
Alberto m np Albert m
albeto m Perlenessenz f
albica f weiße Erde f
albi|**cante, álbido** adj weißlich ‖ **-cie** f Weiße, weiße Farbe f ‖ **-color** adj weißfarbig
albigense m Albigenser m (Katharer aus Albi)
albillo adj: (uva) ~a Gutedeltraube f ‖ ~ m Wein m aus Gutedeltrauben
albín m ⟨Min⟩ (rote Freskofarbe aus) Hämatit m
albina f Salzsee m ‖ Lagunensalz n ‖ Fischaugenstein m
albi|**nismo** m Albinismus m ‖ **-no** m/adj Albino, Kakerlak, Weißling m ‖ ⟨Zool⟩ Albinotier m ‖ Mex Mischling m zwischen Moriskо und Spanierin od umgekehrt ‖ **-nótico** adj albinotisch
Albión f lit Albion n
albita f ⟨Min⟩ Albit, weißer Feldspat m
albitana f Schutzzaun m um Pflanzen ‖ ⟨Mar⟩ Binnensteven m
albo adj (bes poet) (perl)weiß ‖ weißglühend (Eisen)
albogue m Dudelsack m ‖ (Art) Hirtenpfeife, Schalmei f
alboguear vt Albogue spielen
alb(**oh**)**ol** m ⟨Bot⟩ Ackerwinde f (Convolvulus spp) ‖ (Art) Salzkraut n
alboka m bask. Instrument n (Art Schalmei od Dudelsack)
albolga f ⟨Bot⟩ Ar Bockshornklee m (Trigonella foenum graecum)

albolita f Albolit m
albollón m Abzugsgraben m, Siel m/n
albóndiga f, **albondiguilla** f Fleischklößchen n ‖ Knödel, Kloß m
alboquerón m ⟨Bot⟩ (Art) Nachtviole f (Malcolmia spp)
albor m Weiß n, weiße Farbe f ‖ Morgendämmerung f ‖ **~es** mpl fig Anfang m ‖ los ~ de la vida fig Jugendjahre npl
albora f ⟨Med⟩ weißer Aussatz m
alborada f Tagesanbruch m ‖ ⟨Mil⟩ Kriegshandlung f im Morgengrauen ‖ militärischer Weckruf m ‖ Morgenwache f ‖ Morgenlosung f ‖ Morgenständchen n ‖ Morgenlied n ‖ (bes in Gal) volkstüml. Musikstück n im Sechsachteltakt ‖ Mex Prozession f
¹**albórbola** f Jubelgeschrei n ‖ verwirrtes Geschrei n
²**albórbola** f Blase f (beim Kochen)
alborear vi Tag werden, dämmern, tagen
alborga f Bast-, Esparto|schuh m
albornia f Schüsselchen n aus Steingut
albornoz [pl **-ces**] m Berkan (Barchent) m aus ungefärbter Wolle ‖ Burnus m, Mantel mit Kappe ‖ Bademantel m
alborocera f ⟨Bot⟩ Ar Erdbeerbaum m (→ **madroño**) ‖ Frucht f des Erdbeerbaumes
alboronía f Gericht n aus gehackten Tomaten, Eierfrüchten, Kürbis und span. Pfeffer
alboroque m Maklergebühr f ‖ Vergütung f (für Vermittlerdienste) ‖ Leikauf m (Umtrunk nach Vertragsabschluß)
alboro|**tadizo** adj unruhig, leicht aufgeregt ‖ **-tado** adj aufgeregt ‖ wirr ‖ unbesonnen, kopflos ‖ zerzaust (Haar) ‖ adv: **~amente** ‖ **-tador** m Aufwiegler m ‖ Ruhestörer m ‖ adj lärmend, randalierend ‖ **-tapueblos** m Ruhestörer m ‖ pop Krakeeler m ‖ pop Stimmungsmacher m
alborotar vt beunruhigen, stören ‖ empören, aufwiegeln ‖ ~ vi schreien, lärmen, randalieren ‖ **~se** Angst bekommen ‖ sich empören ‖ in Zorn geraten ‖ erschrecken ‖ Chi sich bäumen (Pferd)
alboroto m Lärm, Radau m ‖ Tumult m ‖ Besorgnis f ‖ Aufstand m, Empörung f, Aufruhr m ‖ **~s** mpl Am (Art) Maisgericht n ‖ Mex Vergnügen n, Freude f ‖ Pe Trubel m ‖ Guat Hond Gebäck n aus Maismehl und Honig
alboroza f Ar Frucht f des Erdbeerbaumes (→ **madroño**)
albo|**rozado** adj freudig, vergnügt ‖ adv: **~amente** ‖ **-rozar** [z/c] vt mit Freude erfüllen, jdn sehr erfreuen ‖ aufheitern ‖ **~se** jubeln, jauchzen ‖ entzückt sein ‖ **-rozo** m Freude, Fröhlichkeit f, Entzücken n, Jubel m
albortante m Laternenpfahl m ‖ Beleuchtungsmast m
alborto m ⟨Bot⟩ Erdbeerbaum m (→ **madroño**)
alboyo m Gal Vordach n ‖ Schuppen m
albraque m Sumpf|strecke f, -ort m
albriciar vt e-e gute Nachricht f bringen
albricias fpl Botenlohn m ‖ ⟨Metal⟩ Luftspieße mpl ‖ ◊ dar ~ den Überbringer einer frohen Nachricht beschenken ‖ ganar las ~ fig der erste Überbringer einer frohen Botschaft sein ‖ ¡~! meine Glückwünsche! gute Nachricht!
albuces mpl Schalen fpl an einer Wasserkunst
albudeca f schlechte, wässerige Melone f
albufera f Val Mall Strand-, Salzwasser|see m ‖ Lagune, Tidelagune f
albugíneo, albuginoso adj ⟨Zool⟩ ganz weiß
albugo m ⟨Med⟩ weißer Hornhautfleck m, Augenwölkchen n ‖ weißer Fleck m auf dem Nagel
albuhera f = **albufera** ‖ Zisterne f
álbum [aˈlbun] m Album, Gedenkbuch n ‖ Sammelbuch n ‖ familiar Familienalbum n ‖ ~ de fotos, ~ de fotografías Fotoalbum n ‖ ~ de sellos postales Briefmarkenalbum n ‖ ~ de tarjetas postales Postkartenalbum n

albumen m Eiweiß n || ⟨Bot⟩ Keimhülle f
albúmina f ⟨Chem⟩ Eiweißstoff m, Albumin n || ~ coagulada geronnenes Eiweiß n || ~ esencial Haupteiweiß n || ~ láctea Milcheiweiß n || ~ residual ⟨Med⟩ Restalbuminurie f || ~ de la sangre Blutalbumin n || ~ de sostenimiento ⟨Med⟩ Erhaltungseiweiß n
albumi|nado, albumíneo adj ⟨Chem⟩ eiweißhaltig || **-nar** vt mit Eiweißstoff behandeln (Papier) || **-nato** m ⟨Chem⟩ Albuminat n || ~ de hierro ⟨Chem⟩ Eisenalbuminat n || **-nímetro** m Eiweißstoffmesser m, Albuminimeter n || **-noide** m Albuminoid, Gerüsteiweiß n, Eiweißkörper m || **-noideo** adj albuminoid, albuminartig || **-noso** adj albuminös, eiweißhaltig || agua ~a Eiweißwasser n || **-nuria** f ⟨Med⟩ Albuminurie f, Eiweißharnen n, Harneiweißausscheidung f
¹**albur** m ⟨Fi⟩ Ukelei, Laube m (Alburnus spp)
²**albur** m die zwei erstgezogenen Karten fpl im Montespiel || fig Wagnis n (beim Kartenspiel) || ◊ correr un ~ fig sich einem Verlust od e–r Gefahr aussetzen || et wagen || **-es** pl ⟨Kart⟩ Alburesspiel n || Mex Wortspiel n || PR Lügen fpl
albura f ⟨Lit⟩ (blendende) Weiße f || Eiweiß n || Splintholz n || Splintfäule f
alburente adj dünnfaserig (Holz)
alburiar vt CR betrügen, berücken
alburno m ⟨Bot⟩ Splintholz n || Splintfäule f || ⟨Fi⟩ Ukelei, Laube m (Alburnus spp)
alburoso adj ⟨Bot⟩ splinthaltig || blendend weiß
albuz [pl **-ces**] m Brunnenrohr n
alca f [el]: ~ común ⟨V⟩ Tordalk m (Alca torda)
*alcaba|la f Verkaufssteuer f || **-lero** m Einnehmer m der Verkaufssteuer
alcabela f Abstammung f, Geschlecht n || Haufe(n) m, Bündel n
alcabor m Murc Wölbung f eines Backofens
alcacel m = alcacer
alcacer m grüne Gerste f || Grünfutter n || Mengkorn n || Futterfeld n || Ar = **alfalfa** || ◊ le retoza el ~ fam ihn sticht der Hafer || er schlägt über die Strenge
alcachofa f Artischockenpflanze f (Cynara scolymus) || Artischocke f || Distelkopf m || Unterschwanzflaum m der Hühner(vögel) || Filterkopf m einer Saugspritze || Pumpenseiher m || Saugkopf m, Fußventil n || ⟨Hydr⟩ Einlaufrechen m || Chi fam Ohrfeige f || ◊ estar más ancho que una ~ figf sich sehr wohl und behaglich fühlen
alcacho|fado adj artischockenförmig || fig geblümt (Zeug) || ~ m Artischockengericht n || **-fal** m Artischockenfeld n || **-far** vt fig aus|breiten, -weiten || ~ m = **alcachofal** || **-fera** f Artischockenpflanze f || Artischockenverkäuferin f || **-fero** adj ⟨Bot⟩ Artischocken tragend || ~ m Artischockenverkäufer m
alca|haz [pl **-ces**] m Vogelhaus n || Geflügelhof m || **-hazar** vt einpferchen (Geflügel)
alcahueta f Kupplerin f || figf Hehlerin f || figf Klatschbase f
alcahuete m Kuppler m || Zuhälter m (→ **rufián**) || figf Hehler m || figf Zwischenträger m (Person) || Spitzel, Zuträger m || ⟨Th⟩ Zwischenaktvorhang m
alcahue|t(e)ar vt verkuppeln, durch Kuppelei verführen || fig (ver)hehlen || figf tückisch verlangen || figf verleumden || ~ vi Kuppelei treiben || **-tería** f Kuppelei f || Kupplerwesen n || figf Hehlerei f
alcaico adj ⟨Poet⟩ alkäisch
alcaide m *Burgvogt, *Schloßvogt m || Kerkermeister m || Aufseher m beim Kornverkauf || fig Schutz m || ~ de la cárcel Leiter m e–r Strafanstalt, Gefängnisvorsteher m
alcaidía f Burgvogtei f || Amtsstelle f eines alcaide

alcairía f Sal Landgut n
alcalá [pl: **-aes**] m ⟨Mil⟩ Burg f, Schloß n, fester Platz m || Ar Moskitonetz n, Mückenvorhang m
alcalaíno adj aus Alcalá (de Henares, P Madr)
'**alcaldada** f Gewaltstreich m eines Alkalden || Amtsanmaßung f, Übergriff m || alberner Ausspruch m
alcalde m Bürgermeister m || Oberbürgermeister m (in großen deut. Städten) || Gemeindevorsteher m || Vortänzer m bei gewissen Tänzen || (Art) Kartenspiel n zu sechs || ~ de barrio Ortsvorsteher, Bezirksbürgermeister m || ~ en funciones amtierender Bürgermeister || ~-gobernador de Berlín Regierender Bürgermeister von Berlin || ~ mayor Oberbürgermeister m || ~ del mes de enero figf eifriger Neuling m || ~ pedáneo etwa: Gemeindevorsteher m || ⟨Hist⟩ (ungelehrter) Ortsrichter ||
alcal|deño, -desco adj fam iron wie ein Dorfrichter, vogtmäßig || **-desa** f die Frau eines Alkalden || Bürgermeisterin f || **~dia** f Kanzlei f, Amt n, Amtsbezirk m eines Bürgermeisters || Bürgermeisteramt n || Stadt-, Gemeinde|verwaltung f || Rathaus n || Amtsgericht n || ◊ hacerse cargo de la ~ das Amt des Bürgermeisters übernehmen
alcalemia f ⟨Med⟩ Alkal(i)ämie f
alcalescencia f ⟨Chem⟩ Alkaleszenz f (Fäulnisvorgang, bei dem Ammoniak entsteht)
alcalescente adj ⟨Chem⟩ alkalisierend
álcali m ⟨Chem⟩ Laugensalz, Alkali n || ~ mineral Soda f || ~ vegetal Pottasche f, Pflanzenalkali n
alcali|metría f Alkali|messung, -metrie f || **-métrico** adj alkalimetrisch
alcalímetro m ⟨Chem⟩ Alkalimesser m
alcalinidad f Alkalinität, alkalische Eigenschaft f, Basengehalt m || Basizität f
alcalinizar vt ⟨Chem⟩ alkalisieren
alca|lino adj ⟨Chem⟩ alkalisch || ~ cáustico ätzalkalisch || **-lígeno** m Laugen-, Alkali|bildner || adj laugensalz-, alkali|bildend || **-linotérreo** adj Erdalkali- || **-lización** f Alkalisieren n || **-lizar** vt ⟨Chem⟩ alkalisieren || **-loide** m ⟨Chem⟩ Alkaloid n
alca|ller m Töpfer m || Töpferwerkstatt f || **-llería** f Töpferware f
alcamonero adj Ven zudringlich, vorlaut
alcamonías fpl Gewürzkörner npl || figf Kuppeleien fpl || figf Klatschereien fpl
alcana f ⟨Bot⟩ Alkanna(wurzel), Wurzel f des Hennastrauchs (Lawsonia inermis) || Schminkwurz f (Alkanna tinctoria)
alcance m Reichweite f, Bereich m, Ausladung f (Statik, Kran) || Verfolgen, Nachsetzen n || Schuß-, Trag|weite f || Sehweite f || fig Fehlbetrag m, Defizit n || Kassenbestand m || Eilbote m || figf letzte Zeitungsnachricht f || ⟨Mil⟩ Überschuß m vom Lohn || fig Tragweite f || ⟨Vet⟩ Rehe f, Verschlagen n (Erkältung) der Pferde || ⟨Radio⟩ Reichweite f || fig Bereich m || Am Absatz m || Am Extrablatt n || ~ de ángulo de incidencia ⟨Flugw⟩ Anstellwinkelbereich m || ~ de aplicación Anwendungs|bereich m, -gebiet n || ~ de audibilidad, ~ de audición Hörbereich m || ~ de avance Vorschubbereich m || ~ de la boca Spannweite f (Schraube) || ~ del cañón ⟨Mil⟩ Kanonenschußweite f || ~ de capacidad Leistungsbereich m || ~ de chispas ⟨El⟩ Schlagweite f von Funken || ~ cercano, ~ próximo Nahbereich m || ~ efectivo ⟨El⟩ wirksame Reichweite f || ~ de frecuencias ⟨El⟩ Frequenzbereich m || ~ de giro, ~ de rotación Dreh-, Schwenk|bereich m || ~ de llamada ⟨Tel⟩ Rufweite f || ~ de medición Meßbereich m || ~ de ondas ⟨Tel⟩ Wellenbereich m || ~ óptico optische Reichweite f || ~ de peligro Gefahren|bereich m, -zone f || ~ de protección Schutzbereich m || ~ de proyección

alcancía — alcohol 48

Wurfweite f ‖ ~ *de un proyectil Schußweite* f ‖ ~ *radar Radarweite* f ‖ ~ *de recepción* ⟨Tel⟩ *Empfangsbereich* m ‖ ~ *de sonido Tonbereich* m ‖ ~ *de sujeción Spannbereich* m ‖ ~ *de trabajo Arbeits|bereich* m, *-feld, -gebiet* n ‖ ~ *de velocidades Drehzahlbereich* m ‖ ~ *de la vista Sehweite* f ‖ ~ *de la voz Hörweite* f ‖ *buzón de* ~ *Richtungsbriefkasten* m ‖ *cohetes (od proyectiles) de medio* ~ ⟨Mil⟩ *Mittelstreckenraketen* fpl‖ ◊ *dar* ~ *a* algn. fig *jdn einholen ‖ jdn ertappen ‖ al* ~ *(de todo el mundo) (jedermann) zugänglich* ‖ *al* ~ *de la mano im Handbereich, in Reichweite, griffbereit* ‖ *poner al* ~ *de zugänglich machen* (dat) ‖ ~s *pl* fig *Fähigkeit, Begabung* f, *Verstand* m, *Talente* npl ‖ Guat *Verleumdungen* fpl ‖ ◊ *ir a* (*od* en) *los* ~ *de* u/c fig *im Begriff sein, et zu erreichen* ‖ *irle* (*od* andarle) *a uno a* (*od* en) *los* ~ *jdm auf dem Fuße folgen, jdm auf den Fersen sein* ‖ fig *jdm nachspähen* ‖ *tener pocos* ~ *beschränkt, einfältig sein* ‖ pop *keinen Grips haben*
  alcancía *f (irdene) Sparbüchse* f ‖ Chi Guat Hond *Opferstock* m ‖ ~s fpl *Büchsenwerfen* n *(Ritterspiel)*
  alcandía *f* ⟨Bot⟩ *Mohrenhirse* f, *Sorgho* m (Sorghum vulgare)
  alcandial *m Mohrenhirsefeld* n
  alcandora *f Signalfeuer* n
  alcanfor *m Kampfer* m ‖ *Kampferbaum* m (→ **alcanforero**) ‖ CR *Kuppler* m ‖ *esencia de* ~ *Kampfergeist* m
  alcanfo|rada *f* ⟨Bot⟩ *Kampferkraut* n ‖ **-rado** adj: *aceite* ~ *Kampferöl* n ‖ **-rar** vt *kampfern* ‖ **-rato** *m* ⟨Chem⟩ *kampfersaures Salz* n ‖ **-rero** *m Kampferbaum* m (Cinnamomum camphora)
  alcántara *f Kasten* m *am Samtwebstuhl* ‖ Cu *Wasserkrug* m ‖ ~: *orden de* ~ *Orden* m *von Alcántara* (span. *Militärorden*)
  alcantarilla *f* dim v. **alcántara** ‖ *Steg* m ‖ *kleine, schmale Brücke* f ‖ *überwölbte Abzugsrinne* f ‖ *Abwasserkanal, Abzugsgraben, (Wasser)Durchlaß* m ‖ Mex *Trinkwasserzisterne* f
  alcantari|llado *m überwölbte Wasserleitung* f ‖ *Kanalisation* f, *Kanalsystem* n *(einer Stadt)* ‖ *Entwässerungsanlage* f ‖ **-llar** vt *mit Abzugsrinnen versehen* ‖ *kanalisieren* ‖ *entwässern* ‖ **-llear** vt = **-llar** ‖ **-llero** *m Kanalarbeiter* m ‖ △ *Einbrecher* m
  alcantarino *m Ritter* m *des Alcántaraordens* ‖ adj *aus Alcántara* (PCá)
  alcan|zadizo adj *leicht zu erlangen* ‖ *leicht zugänglich* ‖ **-zado** adj *notleidend, bedürftig* ‖ Col *müde* ‖ ◊ *andar (od* estar) ~ *fam knapp bei Kasse sein* ‖ ~ *de fondos verschuldet* ‖ *quedar* ~ *Schuldner bleiben* ‖ **-zadura** *f* ⟨Vet⟩ *Rehe* f, *Verfangen* n *der Pferde*
  alcanzar [z/c] vi *einholen, erreichen, ereilen* ‖ *fam kriegen* ‖ *(mit der Hand) hinlangen, reichen* ‖ fig *erhalten, erlangen, verhelfen (zu)* ‖ fig *begreifen, verstehen* ‖ fig *vermögen, das Vermögen haben, et zu tun* ‖ fig *zum Ziel gelangen* ‖ fig *erleben, erlebt, gesehen, gekannt haben* ‖ *(mit dem Gewehr) treffen* ‖ fig *angehen, betreffen* ‖ ◊ ~ *a* alg. *en días* fig *jdn überleben* ‖ ~ *a* alg. *de razones* fig *jdn durch Gründe überzeugen* ‖ ~ *la mayoría de edad volljährig werden* ‖ ~ *el quórum beschlußfähig tagen* ‖ ~ vi *langen* ‖ fig *genügen, ausreichen* ‖ fig *zuteil werden, zufallen* ‖ *reichen, Tragweite haben (Geschütz)* ‖ fig *einen Saldo bei jdm guthaben* ‖ *sich verfangen, sich verschlagen (Pferde)* ‖ ◊ *si alcanza, no llega* fig *es ist sehr knapp* ‖ ~se *sich treten, sich streichen (von Pferden)* ‖ *no se me alcanza es will mir nicht in den Kopf* ‖ *quedar (od* salir) *alcanzado* fig *Schuldner bleiben (bei einem Rechnungsabschluß)*
  alcanzativo *m* Guat *Verleumder* m
  alcañizano *m* adj *aus Alcañiz* (P Ter)
  alca|parra *f Kapernstrauch* m ‖ *Kaper* f ‖

-parral *m Kapernfeld* n ‖ **-parrera** *f*, **-parro** *m* ⟨Bot⟩ *(echter) Kapernstrauch* m (Capparis spinosa) ‖ **-parrera** *f Kapernverkäuferin* f ‖ *Kaperngefäß* n ‖ **-parrón** *m Kaper* f ‖ *große Kaper* f
  alcaparrosa *f* = **caparrosa**
  alcaraceño adj *aus Alcaraz* (P Alb)
  alcaraván *m* ⟨V⟩ *Triel* m (Burhinus oedicnemus) ‖ *piernas de* ~ *fam Spindelbeine* npl
  alcaravea *f* ⟨Bot⟩ *Feldkümmel, Kümmel* m (Carum carvi)
  alcarceña *f* ⟨Bot⟩ *Erve(nlinsepflanze)* f (Vicia sp)
  alcarcil *m* And = **alcachofa**
  alcaría *f* Sal *Landgut* n
  alca|rracero *m Verkäufer* m *von Kühlkrügen* ‖ *Gestell* n *für Kühlkrüge* ‖ **-rraza** *f Kühlkrug* m, *poröses Kühlgefäß* n ‖ **-rrazal** *m Gestell* n *für Kühlkrüge*
  alcarreño adj *aus La Alcarria* (Cast)
  alcarria *f flaches, grasarmes, dürres Hochland* n ‖ ~s Guad *Frühlingsregen* m
  alcartaz [*pl* **-ces**] *m Papiertüte* f
  alcatifa *f feiner Teppich* m ‖ *feine Tapete* f ‖ *Bettung* f ‖ *Spargips* m
  △**alcatife** *m Seide* f ‖ △~**ro** *m Seidendieb* m
  alcatona *f Abputzhammer* m
  alcatraz [*pl* **-ces**] *m* ⟨V⟩ *Baßtölpel* m (Sula bassana) ‖ Ec joc *Stadtrat* m ‖ *Papiertüte* f ‖ ⟨Bot⟩ *Aronstab* m (Arum sp)
  alcaucil *m wilde Artischocke* f ‖ *Artischocke* f ‖ Arg *Kuppler* m
  alcaudón *m* ⟨V⟩ *Würger* m (Lanius spp) ‖ ~ *común* ⟨V⟩ *Rotkopfwürger* m (L. senator) ‖ ~ *chico* ⟨V⟩ *Schwarzstirnwürger* m (L. minor) ‖ ~ *dorsirrojo* ⟨V⟩ *Neuntöter* m (L. collurio) ‖ ~ *isabel* ⟨V⟩ *Isabellwürger* m (L. isabellinus) ‖ ~ *núbico* ⟨V⟩ *Maskenwürger* m (L. nubicus) ‖ ~ *real* ⟨V⟩ *Raubwürger* m (L. excubitor)
  alcayata *f Wandhaken* m ‖ *Kleiderhaken* m ‖ *Haken-, Ösen|nagel* m ‖ ⟨Mech⟩ *Rohrhaken* m
  alcazaba *f maurische Festung* f, *festes Schloß* n ‖ And *(befestigte) Oberstadt* f
  alcázar *m Festung* f, *festes Schloß* n, *Alkazar* m ‖ *maurisches (Stadt)Schloß* n, *maurischer Palast* m ‖ ⟨Mar⟩ *Achterdeck* n
  alcazuz [*pl* **-ces**] *m Süßholz* n (Glycyrrhiza glabra) ‖ *Lakritze* f ‖ → **regaliz**
  alc.^{de} Abk = **alcalde**
  ¹**alce** *m* ⟨Zool⟩ *Elen(tier)* n, *Elch* m (Alces alces)
  ²**alce** *m abgehobene Karten* fpl ‖ Cu *Aufladen* n *des geernteten Zuckerrohrs* ‖ ⟨Typ⟩ *Zusammentragen* n
  alcedón *m* = **alción**
  Alcibíades np *Alkibiades* m
  alcino *m* ⟨Bot⟩ *Melisse* f (→ **melisa**) ‖ ⟨Chem⟩ *Alken* n
  alción *m* ⟨V⟩ *Eisvogel* m (→ **martín** pescador)
  alcionismo *m* ⟨Lit Med⟩ *Ausgeglichenheit* f, *Wohlbefinden, alkyonischer Zustand* m
  alcireno adj *aus Alcira* (P Val)
  alcista *m* ⟨Com⟩ *Haussespekulant, Haussier, Preistreiber* m ‖ adj *Hausse-*
  alcoba *f Alkoven* m, *Nebengemach* n ‖ *Schlafzimmer* n ‖ *Schlafzimmereinrichtung* f ‖ *Schere* f *der Waage* ‖ *großes Fischfangnetz* n
  alcocarra *f Geste, Grimasse* f
  alcohol *m Alkohol, Weingeist* m ‖ *Sprit* m ‖ *Bleiglanz* m ‖ ~ *absoluto reiner, absoluter Alkohol* ‖ ~ *alcanforado Kampferspiritus* m ‖ ~ *amílico Amylalkohol* m ‖ ~ *anhidro wasserfreier Alkohol* m ‖ ~ *bruto Rohspiritus* m ‖ ~ *bencílico Benzylalkohol* m ‖ ~ *butílico Butylalkohol* m, *Butanol* n ‖ ~ *caprílico Kaprylalkohol* m ‖ ~ *combustible Alkoholkraftstoff* m ‖ ~ *desnaturalizado denaturierter Alkohol* m ‖ ~ *elevado höherer Alkohol* m ‖ ~ *etílico Äthylalkohol* m, *Äthanol* n ‖ ~ *fenicado Karbolspiritus* m ‖ ~ *de*

fermentación *Gärungsalkohol* m ‖ ~ fórmico *Ameisenspiritus* m ‖ ~ impuro *unreiner Alkohol* m ‖ ~ isopropílico *Isopropylalkohol* m ‖ ~ de grano *Kornalkohol* m ‖ ~ de madera, ~ metílico, ~ ordinario *Methyl-, Holz|alkohol* m ‖ ~ de maíz *Maisgeist* m ‖ ~ de menta *Pfefferminztropfen* mpl ‖ ~ propílico *Propylalkohol* m ‖ ~ de quemar *Brennspiritus* m ‖ ~ rectificado *rektifizierter Alkohol* m ‖ ~ en la sangre *Blutalkohol* m ‖ ~ solidificado *Hartspiritus* m ‖ ~ de trementina *Terpentinalkohol* m ‖ ~ vínico *Wein-, Äthyl|alkohol* m ‖ pastillas *fpl* de ~ sólido *Hartspiritustabletten* fpl ‖ sin ~ *alkoholfrei* ‖ ~es *Alkoholarten* fpl
 alcoho|lado adj *mit dunklen Rändern um die Augen (Rindvieh usw)* ‖ ~ *m* ⟨Pharm⟩ *alkoholische Essenz* f ‖ **-lar** vt ⟨Chem⟩ *rektifizieren* ‖ *mit Alkohol versetzen* ‖ *in Alkohol verwandeln* ‖ ⟨Mar⟩ *teeren* ‖ **-lato** *m* ⟨Chem⟩ *Alkoholat, Alkoholpräparat* n ‖ **-lera** f *Alkoholfabrik* f ‖ *Alkoholfläschchen* n ‖ **-lero** *m*/adj *Erzeuger, Verkäufer m von Alkohol* ‖ **-licidad** f *Alkoholgehalt m (der Getränke)* ‖ **-lificación** f *alkoholische Gärung* f
 alcohólico adj *Alkohól-, alkoholisch* ‖ *trunksüchtig* ‖ ~ *m Alkoholiker, Trinker* m
 alcoholimetría f *Alkoholometrie* f
 alcoho|límetro *m* ⟨Chem⟩ *Alkoholmesser* m ‖ **-lismo** *m Alkoholismus* m ‖ *Alkoholmißbrauch* m ‖ *Alkoholvergiftung* f ‖ ⟨Med⟩ *Trunksucht* f, *Alkoholismus* m ‖ **-lización** f *Alkoholisierung, Verwandlung f in Alkohol* ‖ *Alkoholzusatz* m ‖ **-lizado** adj/s *trunksüchtig* ‖ **-lizar** [z/c] vt *mit Alkohol versetzen* ‖ *spritzen (Wein)* ‖ *alkoholisieren*
 alcoholómetro *m* = **alcoholímetro**
 alcolla f *große Glasflasche* f
 alcor *m Hügel* m, *Anhöhe* f
 alco|rán *m* ⟨Rel⟩ *Koran* m ‖ **-ránico** adj *zum Koran gehörig* ‖ **-ranista** *m Korangelehrter* m
 alcorce *m* Ar *Kürzen* n, *Verkürzung* f ‖ Ar *Richtweg* m ‖ *Abkürzungsweg* m
 alcor|nocal *m Korkeichenwald* m ‖ **-noque** *m* ⟨Bot⟩ *Kork|baum* m, *-eiche* f (Quercus suber) ‖ (pedazo de) ~ fam *Dummkopf, Einfaltspinsel* m ‖ pop *Dussel* m ‖ **-noqueño** adj *korkartig, Kork-*
 ¹**alcorque** *m Kork* m ‖ *Schuhzeug* n *mit Korksohlen* ‖ △ *Bastschuh* m
 ²**alcorque** *m Vertiefung* f *um die Pflanze (zum Begießen)*
 alcor|za f *Zuckerguß* m ‖ *mit Zuckerguß überzogener Kuchen* m ‖ **-zado** adj *mit Zuckerguß überzogen* ‖ figf *schmalzig* ‖ *süßlich*
 alcorzar [z/c] vt *(Figuren) aus Zuckerteig herstellen* ‖ *mit Zuckerguß, Eiszucker überziehen* ‖ fig *reinigen, schmücken* ‖ Ar *verkürzen* ‖ ~se figf *sich zieren* ‖ figf *milde Seiten aufziehen*
 alcotán *m* ⟨V⟩ *Baumfalke* m (Falco subbuteo) ‖ *más ligero que un* ~ fig *pfeilschnell*
 alcotana f *Doppelspitzhammer* m *der Maurer*
 alcoyano adj *aus Alcoy* (P Ali)
 alcribis *m* ⟨Tech⟩ *Düse* f
 alcubilla f *Wasserturm* m, *Wasserschloß* n
 alcucero adj fam *naschaft* ‖ *lecker*
 alcuco *m* Arg *Gericht* n *aus Weizen und Safran*
 alcudia f *Hügel* m, *Anhöhe* f
 alcurnia f *Geschlecht* n, *Abstammung* f ‖ fam *Brut* f ‖ de noble ~ *von ad(e)liger Herkunft*
 alcurniado adj *von ad(e)liger Herkunft*
 alcuza f *Ölkrug* m ‖ Pe Ec pop *Essig- und Ölgestell* n, *Menage* f
 alcuzada f *Fassungsvermögen* n *e-s Ölkruges*
 alcuzcuz [pl **-ces**] *m Kuskus* m *(Teig aus Mehl und Honig bei den Nordafrikanern)* ‖ *Kuskusgericht* n
 alchub *m* Ar *Zisterne* f
 aldaba f *Türklopfer, Türklöpfel* m ‖ *Sicherheitsriegel* m ‖ *Griff* m, *Handhabe* f ‖ *Mauerring* m *(zum Anbinden der Reit- und Last|tiere)* ‖ ⟨Web⟩ *Riegel* m ‖ ◊ *agarrarse a buenas* ~s figf *sich einer mächtigen Gönnerschaft erfreuen* ‖ *tener buenas* ~s *mächtige Gönner (bzw gute Beziehungen) haben*
 alda|bada f *Anklopfen* n *mit dem Türklopfer* ‖ fig *plötzlicher Schreck* m ‖ **-bazo** *m starker Schlag* m *mit dem Türklopfer* ‖ **-bear** vi *mit dem Türklopfer (an-)pochen* ‖ **-beo** *m Anpochen* n *mit dem Türklopfer*
 aldabía f ⟨Zim⟩ *Querbalken* m *in einer Zwischenwand*
 alda|billa f *Riegel, Schließhaken* m ‖ **-bón** *m* augm v. **aldaba** ‖ *Griff* m, *Handhabe* f *(an Koffern usw)* ‖ **-bonazo** *m (starker) Schlag* m *mit dem Türklopfer*
 aldana f Col *Suppenknochen* m
 aldea f *Dorf* n, *Weiler* m ‖ ◊ *con otro ¡ea! llegaremos a la* ~ figf *wir haben es gleich geschafft!*
 aldeana f *Bäuerin* f ‖ *Bauernmädchen* n
 aldeaniego adj *dörflich* ‖ fig *bäurisch, grob*
 aldeanismo *m Wort* n od *Wendung* f *der Bauernsprache* ‖ *Bauernart* f ‖ pej *Bauernschläue* f
 aldeano adj *dörflich, bäuerlich, Dorf-* ‖ *ländlich* ‖ *kleinstädtisch* ‖ fig *grob, bäurisch* ‖ *gente* ~a *Landvolk* n ‖ adv: ~**amente** ‖ ~ *m Dorfbewohner, Dörfler* m ‖ *Landmann* m, *Bauer* m
 aldehído *m Aldehyd* m ‖ ~ fórmico *Formaldehyd* m
 aldehuela f dim v. **aldea**: *Dörfchen* n
 aldeón, aldeorr(i)o *m* desp *kleines, unansehnliches Dorf* n ‖ fam *Krähwinkel* m ‖ fam *(gottverlassenes) Nest, Kaff* n
 alderredor adv = **alrededor**
 aldinegro *m* ⟨Taur⟩ *mit schwarzem Unterkörper (Stier)*
 aldino adj: *letra* ~a ⟨Typ⟩ *Aldineschrift* f *(nach Aldo Manucio)*
 aldiza f *Kornblume* f (→ **centáurea**)
 aldraguero adj/s Ar *klatschsüchtig* ‖ *streitsüchtig*
 ¡ale! int *auf! los!*
 alea f *Koranvers* m
 álea jacta est lat *der Würfel ist gefallen*
 alea|bilidad f *Legierbarkeit* f ‖ ~**ble** adj *legierbar*
 aleación f *Legierung* f ‖ *Mischung* f ‖ *Glockenmetall* m ‖ ~ de aluminio *Aluminiumlegierung* f ‖ ~ binaria, ~ de dos componentes *Zweistofflegierung* f ‖ ~ de cobre *Kupferlegierung* f ‖ ~ colada de acero *Stahlgußlegierung* f ‖ ~ delta *Deltametall* n ‖ ~ férrica ⟨Metal⟩ *Ferrolegierung* f ‖ ~ de fundición, ~ fusible *Gußlegierung* f ‖ ~ de hierro *Eisenlegierung* f ‖ ~ maleable *Knetlegierung* f ‖ ~ metálica *Metallegierung* f ‖ ~ pobre *geringhaltige Legierung* f
 aleada f *Flügelschlag* m
 ¹**alear** vt *vermischen, beschicken, legieren (Metalle)* ‖ ⟨Chem⟩ *versetzen* ‖ ◊ ~ con cobre *mit Kupfer versetzen*
 ²**alear** vi *flattern, die Flügel schwingen* ‖ fig *Atem holen* ‖ ◊ *ir aleando* figf *sich erholen, genesen*
 aleatorio adj *vom Zufall abhängig, aleatorisch* ‖ *gewagt, risikoreich* ‖ ⟨Jur⟩ *aleatorisch*
 alebrestado pp v. **alebr(est)arse** ‖ ~ *m* Am *Schürzenjäger* m
 alebr(est)arse vr = **alebronarse**
 alebronarse vr *sich wie ein verfolgter Hase ducken* ‖ fig *in Furcht geraten, verzagen* ‖ fam *die Ohren hängen lassen*
 aleccionador adj *lehrreich*
 aleccio|namiento *m* s v. **-nar** ‖ **-nar** vt *lehren, unter|richten, -weisen* ‖ *abrichten (Tiere)*
 alece *m* ⟨Fi⟩ *Anschovis* f ‖ *Gericht* n *aus der Leber der Meeräsche*
 ¹**alecrín** *m* ⟨Fi⟩ *Tigerhai* m (Galeocerdo tigrinus)

²**alecrín** m ⟨Bot⟩ *Wandelröschen* n (Lantana sp) || Am *(Art) Mahagonibaum* m
alectriomaquia f *Hahnenkampf* m
alecharse vr *milchartig werden*
aleche m ⟨Fi⟩ *Anschovis* f (→ **aladroque, boquerón**)
alechugado adj *lattichähnlich* || *gefältelt (Kragen)*
alechugar vt *fälteln, kräuseln*
alechuguinado adj fam *stutzer-, gecken\haft*
aleda (cera ∼) f *Stopfwachs, Bienenharz* n
aledaño adj *angrenzend, Grenz-* || *zum Gemeindebezirk gehörig (Gelände)* || ∼ m *Grenze* f || ∼**s** mpl *Anlieger, Anrainer* mpl || *Umgebung* f
alefangino adj: (píldoras) ∼as fpl *Laxierpillen* fpl
alefriz m ⟨Mar⟩ *Kielfalz* m
alegación f *Anführung* f *einer Beweisstelle* || ⟨Jur⟩ *Beweisschrift* f || *hacer* ∼*es* ⟨Jur⟩ *Ehehindernisse geltend machen* || *Vorstellung* f *erheben* || *Stellung nehmen* || *Anregungen geben (Verwaltungsverfahren)*
alegajar vt Chi *Papier bündeln*
alegamar vt *verschlämmen* || ∼**se** vr *sich verschlämmen*
aleganarse vr = **alegamarse**
ale\ganza f, **-gamiento** m *Anführung* f *einer Beweisstelle* || **-gar** [g/gu] vt *anführen (eine Stelle in einem Buch usw)* || *vor Gericht behaupten* || *(als Beweis) beibringen* || ◊ ∼ *en defensa del reo zugunsten des Angeklagten anführen* || ∼ *un derecho sich auf ein Recht berufen* || ∼ vi *vor Gericht verteidigen, plädieren* || **-gato** m ⟨Jur⟩ *Verteidigungsschrift* f || ⟨Jur⟩ *Schriftsatz* m || *allg Plädoyer* n || Am *Streit* m
alegoría f *Allegorie* f || *Gleichnis* n
alegórico adj *sinnbildlich, allegorisch* || adv: ∼**amente**
alego\rista m *Allegoriendeuter* m || **-rizar** [z/c] vt/i *versinnbildlichen, bildlich auslegen*
alegoso adj Pe *zänkisch, streitsüchtig*
alegra f ⟨Mar⟩ *Pumpenbohrer* m
alegrador m *Spaßmacher, Possenreißer* m || fam *Fidibus* m || ⟨Tech⟩ *Vorbohrer* m || **-es** mpl ⟨Taur⟩ *Banderillas* fpl, *Wurfpfeile* mpl
alegradura f ⟨Chir⟩ *Schaben* n
¹**alegrar** vt *erfreuen, aufheitern* || *schüren (Feuer)* || *putzen (Licht)* || fig *beleben, verschönern* || ⟨Taur⟩ *(den Stier) reizen, aufhetzen* || Ar ⟨Jur⟩ *nutznießen* || ∼**se** *sich freuen* || fam *sich einen Rausch antrinken, sich beschwipsen* || pop *sich die Nase begießen* || ∼ *de sich freuen über* (acc)
²**alegrar** vt ⟨Mar⟩ *(ein Tau) fieren, abfieren, ausstechen*
³**alegrar** vt ⟨Mar⟩ *ausweiten (Bohrloch)*
⁴**alegrar** vt ⟨Chir⟩ *schaben*
alegre adj *fröhlich, vergnügt, ausgelassen* || *froh, munter, lustig* || *heiter, lachend, sonnig (Himmel)* || *lebhaft (Farbe)* || *froh (Nachricht)* || fig *tüchtig (im Spiel)* || figf *angesäuselt, angeheitert, beschwipst* || fig *anstößig, frei, locker (Erzählung, Lebensweise)* || *de cascos* fig *leichtsinnig, unbesonnen* || *juego* ∼ *Spiel* n *mit hohem Einsatz* || *vida* ∼ figf *flottes Leben* n || *anstößige Lebensweise* f || *la Viuda* ∼ *Die lustige Witwe (Operette)* || ◊ *estar más* ∼ *que unas castañuelas außer sich vor Freude sein* || fam *quietschvergnügt sein* || *ser más* ∼ *que unas castañuelas* fam *eine Frohnatur sein* || adv: ∼**mente**
aleg\rete adj dim v. **alegre** || **-reto** m ⟨Mus⟩ it *Allegretto* n
alegría f *Freude, Fröhlichkeit, Heiterkeit, Ausgelassenheit* f || *Vergnügen* n || *Munterkeit* f || *Schwips* m || ⟨Bot⟩ *Sesam* m (Sesamum spp) || *(Art) Gewürzkuchen* m || △ *Kneipe* f || ∼ *span. Frauenname* || △ ∼ *de la carretera span. Guardia Civil* f *(Art staatliche Landgendarmerie)* || *grito*

de ∼ *Freudenruf* m || ◊ *es para mí ocasión (od motivo) de singular alegría ... es ist mir e–e große Freude, ... zu ...*
alegro adj/s ⟨Mus⟩ *allegro, rasch, feurig* || ∼ m ⟨Mus⟩ *Allegro* n
alegrón m augm v. **alegría** || fam *plötzliche Freude* f || *Strohfeuer* n || ∼ m Mex *Schürzenjäger* m || Ec adj *beschwipst, angeheitert* || ◊ *darse un* ∼ fam *sich einen guten Tag machen*
alegrona adj Mex Pe *Dirne, Prostituierte* f
alegroso adj *hocherfreut, freudestrahlend*
aleja f Murc *Geschirrbord* n
alejamiento m *Entfernung* f || *Zurückgezogenheit* f || *Abfahrt, Rückfahrt* f *(der Filmkamera)*
Alejandría f *Alexandria* n
alejandrino m/adj *Bewohner* m *von Alexandria\ Alexandriner* m *(Vers)* || ∼ adj *alexandrinisch (auf Alexandria od Alexander den Großen bezüglich)*
Alejandro m np *Alexander* m || ∼ *Magno Alexander der Große*
alejar vt *entfernen* || *weit wegschicken* || *in die Flucht jagen* || ∼ *del buen camino vom rechten Weg abbringen* || ∼**se** *sich entfernen, abrücken* || *weg-, fort\gehen* || ∼ *de la verdad die Wahrheit umgehen*
alejijas fpl *Gerstenmehlbrei* m
Alejo m np *Alex* m
Alej.° Abk = **Alejandro**
alejur m *Honigkuchen* m || *Lebkuchen* m
ale\lado adj *einfältig, blöde* || fig *verblüfft* || **–lamiento** m *Verdummung, Verblödung* f || *Verdutztheit* f || **–lar** vt *verdummen* || fig *verblüffen* || ∼**se** *dumm, einfältig werden, verblöden* || fig *verdutzt werden*
aleleví [pl **-íes**] m Al *Versteckspiel* n || Al *Ruf* m *beim Versteckspiel*
alelí [pl **-íes**] m = **alhelí**
alelo m ⟨Gen⟩ *Allel, Allelogen* n || ∼**s** mpl *múltiples multiple Allele* npl
alelomorfo adj *allelomorph*
aleluya m *Halleluja* n, *Lobgesang* m || *Frohlocken* n, *Freude* f || *Osterzeit* f || ∼ f *Osterkuchen* m aus *Milchteig* || *Bilderbogen* m || *Serienbilder* npl *eines Bilderbogens* || *Heiligenbild* n || fam *elendes Bild* n, fam *Schinken* m, *Sudelei, Pinselei* f || figf *Stümperverse* mpl || *Reimerei* f || ⟨Bot⟩ *Sauerklee* m (Oxalis acetosella) (→ **acetosilla**) || ⟨Bot⟩ *e–e Eibischart* f (Hibiscus sabdariffa) || fam *sehr magere Person* f, *sehr mageres Tier* n || *frohe Nachricht* f || Col Ec Pe Ant *Vorwand* m || *Schelmerei, Schlauheit* f || *día de* ∼ *froher Tag, Freudentag* m || ◊ *estar de* ∼ *jubeln, frohlocken* || *comer* ∼**s** fam *nichts zu essen haben, Not leiden* || ¡∼! *Halleluja!, Heil!*
alema f *(Bewässerungs)Wasseranteil* m
alemán, ana adj *deutsch* || ∼ m *Deutscher* m || *Deutsch* n, *deutsche Sprache* f || *alto* ∼ *Hochdeutsch* n || *alto* ∼ *antiguo Althochdeutsch* n || *alto* ∼ *moderno Neuhochdeutsch* n || *bajo* ∼ *Niederdeutsch, Plattdeutsch* n || ∼ *medio Mitteldeutsch* n
aleman(d)a f, **alemán** m *Allemande* f, *deutscher Tanz, Ländler* m
alemanés, –esa adj/m *deutsch*
Alemania f *Deutschland* n || *Alta* ∼ *Oberdeutschland* n || *Baja* ∼ *Niederdeutschland* n || ∼ *del Norte,* ∼ *del Sur Nord-, Süd\deutschland* n || ∼ *del Este,* ∼ *oriental Ostdeutschland* n || *Ostzone, Sowjetische Besatzungszone* f *(SBZ)* || *Mitteldeutschland* n || *Deutsche Demokratische Republik* f *(DDR)* || ∼ *del Führer,* ∼ *de Hitler Deutschland des Führers, Hitlerdeutschland* n || *Gran* ∼ *Großdeutschland* n || ∼ *guillermina,* ∼ *de Guillermo II wilhelminisches Deutschland* n || ∼ *nacionalsocialista nationalsozialistisches Deutschland* n || ∼ *nazi,* ∼ *naci meist pej Nazideutschland* n || →a **república, Reich**

alemánico adj *alemannisch* ‖ *deutsch*
alemanisco adj: género ~ *deutsches Tischzeug* n
alemaña f pop = **alimaña**
alén m *Elle* f *(Maß)*
alendar vi *Burg atmen* ‖ *hauchen*
alenguado adj ⟨Bot⟩ *zungenförmig* ‖ fig *geschwätzig*
alenón m ⟨Pharm⟩ *Süßmandelöl* n
alentada f fam *Atemzug* m ‖ *de una* ~ figf *in einem Atemzug*
alen|tado adj/s *mutig, tapfer* ‖ *stolz, herausfordernd* ‖ *unermüdlich* ‖ **-tador** adj *ermutigend* ‖ **-tar [-ie-]** vt *aufmuntern, ermutigen* ‖ *jdm Hoffnung einflößen* ‖ ~ vi *atmen* ‖ fig *sich erholen* ‖ fig *leben* ‖ **~se** *Mut fassen*
alentoso adj = **alentado**
aleonado adj *falb, fahl*
alepantamiento m Ec *Zerstreutheit, Unachtsamkeit* f
alepín m *Alepin* m *(halbseidener Futterstoff)*
alepruces mpl Col *häßliche Vögel* mpl
alera f Ar *(Dresch)Tenne* f
alerce m *Lärche* f, *Lärchenbaum* m (Larix sp) ‖ *Lärchenholz* n
alérgeno m ⟨Med⟩ *Allergen* n
alergia f ⟨Med⟩ *Allergie* f ‖ ~ *polínica* ⟨Med⟩ *Pollenallergie* f, *Heufieber* n ‖ ~ **anafilaxia**
alérgico adj *allergisch* ‖ ~ m *Allergiker* m ‖ ◊ ser ~ a algo *allergisch reagieren auf et* (& fig)
alergi|zación f ⟨Med⟩ *Allergisierung* f ‖ **-zante** adj *allergisierend* ‖ **-zar** vt *allergisieren*
alergometría f ⟨Med⟩ *Allergometrie* f
alergosis f ⟨Med⟩ *Allergose, allergische Krankheit* f
¹**alero** m *Dachtraufe* f ‖ *Trauf-, Wetter|dach* n ‖ *Schutz-, Ab|dach* n ‖ *Dachvorsprung* m ‖ *Rana* m *eines Tellers* ‖ *Kotflügel* m ‖ Sp *Außenläufer* m ‖ **~s** pl *Spritzleder* n *einer Kutsche*
²**alero** adj: *ciervo* ~ ⟨Jgd⟩ *junger Hirsch* m, *der noch nicht besprungen hat*
alerón m ⟨Flugw⟩ *Querruder* n, *Flügelklappe* f ‖ ~ *de aterrizaje Landeklappe* f
alerta adv *wachsam, aufmerksam* ‖ ◊ andar, estar (ojo) ~ *ein wachsames Auge haben, auf der Hut sein* ‖ poner se oído ~ fam *die Ohren spitzen* ‖ ¡~! *Achtung!* ‖ *auf!* ‖ *Vorsicht!* ‖ ~ m ⟨Mil⟩ *Wachsamkeit* f ‖ *Lärmschlagen* n ‖ *Warnung* f ‖ *Alarm* m
alerto adj *aufmerksam, wachsam* ‖ *aufgeweckt* ‖ adv: **~amente**
alerzal m *Lärchenwald* m
ale|sadora f *Bohrwerk* n ‖ ~ *de precisión Feinbohr|maschine* f, *-werk* n ‖ **-sar** vt *bohren*
alesna f *Pfriem* m, *Ahle* f ‖ ⟨Typ⟩ *Punkturspitze* f
alesnado adj *pfriemförmig, spitzig* ‖ Ven *mutig*
aleta f dim *v.* **ala** ‖ *(Fisch)Flosse* f ‖ ⟨Arch⟩ *Anbau, Flügel* m ‖ *Brückenrampe* f ‖ *Nasenflügel* m ‖ ⟨Aut⟩ *Kotflügel* m ‖ ⟨Tech⟩ *Finne* f ‖ *Flosse, Schwimmflosse* f ‖ *Kühl-, Heiz|rippe* f ‖ ⟨Web⟩ *Spinnflügel* m ‖ ⟨Flugw⟩ *Steuerflosse* f ‖ ⟨EB⟩ *Schienensohle* f ‖ *Schaufel* f *am Mühlrad* ‖ ~ *amortiguadora Dämpferflügel* m *(Meßinstrument)* ‖ ~ *caudal* ⟨Fi⟩ *Schwanzflosse* f ‖ ~ *dividida* ⟨Flugw⟩ *gesperrte Flosse* f ‖ ~ *estabilizadora* ⟨Flugw⟩ *Stabilisierungsflosse* f ‖ ~ *extensible streckbare Klappe* f ‖ ~ *de flecha* ⟨Flugw⟩ *gewölbter Hilfsflügel* f ‖ ~ *hidrométrica Wassermeßflügel, Flügelzähler* m, *Woltmannscher Flügel* m ‖ ~ *hipersustentadora* ⟨Flugw⟩ *Klappe* f, *Hilfsflügel* m ‖ ~ *inductora giratoria Kraftlinienleithülse* f *(Zündmagnet)* ‖ ~ *de molino de viento Windmühlenflügel* m ‖ ~ *plana* ⟨Flugw⟩ *flache Klappe* f ‖ ~ *ranurada* ⟨Flugw⟩ *geschlitzte Klappe* f ‖ ~ *regulable* ⟨Flugw⟩ *Trimmklappe* f ‖ ~ *servo* ⟨Flugw⟩ *Querrudermaschine* f ‖ ~ *transversal Quer|rippe* f, *-gurt* m ‖ ~ *de ventilador Ventilatorflügel* m ‖ **~s** pl *Floßfedern* fpl ‖

⟨Mar⟩ *Bugsprietsbacken* fpl ‖ ~ *de capota* ⟨Flugw⟩ *Motorhaubenklappe* f ‖ ~ *caudales* ⟨Fi⟩ *Schwanzflossen* fpl ‖ ~ *dorsales* ⟨Fi⟩ *Rückenflossen* fpl ‖ ~ *natatorias* ⟨Fi⟩ *Schwimmflossen* fpl ‖ ~ *pectorales* ⟨Fi⟩ *Brustflossen* fpl ‖ ~ *pelvianas* ⟨Fi⟩ *Bauchflossen* fpl ‖ ~ *ventrales Bauchflossen* fpl ‖ *borna de* ~ ⟨El⟩ *Flügelklemme* f
aletada f *Flügelschlag* m ‖ *Flossenschlag* m
aletar|gado adj *in Schlafsucht versunken* ‖ ◊ estar como ~ fig *teilnahmslos, abgestumpft sein* ‖ **-gador** adj *betäubend* ‖ **-gamiento** m *Schlafsucht, Lethargie* f ‖ fig *Teilnahmslosigkeit* f ‖ **-gar** vt [g/gu] *einschläfern, betäuben* ‖ *verweichlichen* ‖ **~se** *in Schlaf versinken* ‖ *erschlaffen*
aletazo m *Flügelschlag* m ‖ Cu *Ohrfeige* f ‖ Hond *Diebstahl* m ‖ *Betrug* m
ale|tear vi *flattern (Vogel)* ‖ *die Flossen bewegen (Fisch)* ‖ fig *mit den Armen um sich schlagen* ‖ Cu fam *knapp bei Kasse sein* ‖ ◊ ir aleteando fig *sich wohler fühlen (Kranker)* ‖ **-teo** m *Flügelschlag* m ‖ *Flügelschlagen* n ‖ *Flattern* n ‖ fig *(heftiges) Herzklopfen* n
aleto m *Fischadler* m (→ **águila**)
aletón m ⟨Flugw⟩ *Querruder* n
aletría f Murc *Nudeln* fpl
aleucemia f ⟨Med⟩ *Aleukämie* f
aleucémico adj *aleukämisch*
aleurona f *Aleuron* n ‖ *Gluten* n, *Kleber* m
Aleut(in)as: *Islas* ~ fpl *Alëuten* pl *(Inseln)*
aleve adj = **alevoso**
alevilla f allg *kleiner Nachtfalter* m
ale|vín, -vino m ⟨Fi⟩ *Fischbrut* f *(zur Vermehrung e-s Flußfischbestandes)* ‖ *Setzfisch* m ‖ fig *unerfahrener Mensch, Neuling* m ‖ fig *Grünschnabel* m ‖ fig *Greenhorn* n (engl)
alevosía f *Treulosigkeit, Tücke* f ‖ *Hinterlist, Heimtücke* f ‖ *Verrat* m ‖ *Anschlag* m *auf das Leben* ‖ con ~ *hinterlistig, heimtückisch*
alevoso adj/s *treulos, arglistig, hinterlistig, heimtückisch, verräterisch, meuchelmörderisch* ‖ adv: **~amente**
alexia f ⟨Med⟩ *Alexie, Wort-, Buchstaben|-blindheit* f
alexifármacos mpl ⟨Pharm⟩ *Gegen|gifte, -mittel* npl
aleya f *Koranvers* m
alezna f Al Logr Nav *schwarzer Senf* m (Brassica nigra)
aleznado adj *pfriemförmig*
alezo m *Wickelbinde* f *für Wöchnerinnen und Neugeborene*
alfa f [el] griech. α, *Alpha* n ‖ *rayos* ~ *Alphastrahlen* mpl ‖ ~ *y omega* fig *der Anfang und das Ende, das A und O*
alfaba f *Alfaba* f *(Stück Land* = ungef. 55 *Ar)*
alfábega f ⟨Bot⟩ = **albahaca**
alfabético adj *alphabetisch, alphabetisch geordnet* ‖ *por orden* ~, *alfabéticamente in alphabetischer Reihenfolge*
alfabe|tización f *Alphabetisierung* f ‖ *Bekämpfung* f *des Analphabetentums* ‖ **-tizar** vt *alphabetisch ordnen, alphabetisieren* ‖ *das Analphabetentum bekämpfen*
alfabeto m *Alphabet, Abc* n ‖ ~ *Morse Morsealphabet* n
alfagra f *Wassergraben* m
alfaguara f *wasserreiche, sprudelnde Quelle* f
alfa|har m, **-harería** f, **-harero** m → **alfar, -ería, -ero**
alfajor m *Gewürzkuchen* m
alfalaca f Cu *Bauernschuh* m *(aus ungegerbter Rindshaut)*
alfal|fa f *Schneckenklee* m, *Luzerne* f *(bes als Futterpflanze für die arg. Viehzucht)* (Medicago sativa) ‖ ~ *falcada Sichelluzerne* f (M. falcata) ‖ ~ *rústica Sandluzerne* f (M. sativa) ‖ **-fal, -far** m *Luzernefeld* n ‖ **-far** vt Arg Chi *Luzerne säen*

alfalfe — alforrocho 52

alfal|fe m = **alfalfa** ‖ **–fez** m Ar = **alfalfa**
alfana f *starkes, feuriges Pferd* n
alfandoque m SAm *(Art) süßes Backwerk* n ‖ *(Art) Gewürzkuchen* m
alfanega f *Decke* f *aus weißem Wieselfell*
alfaneque m ⟨V⟩ *Wüsten-, Berber|falke* m (Falco pelegrinoides)
alfan|jado adj *säbelförmig* ‖ **–jazo** m *Hieb* m *mit einem Krummsäbel*
alfanje m *Krummsäbel* m ‖ *Schwertfisch* m (→ **pez** espada)
alfaque m ⟨Mar⟩ *Sandbank* f
alfaquí [pl **-ies**] m *mohammedanischer Gesetzeskundiger* m
¹**alfar** m *Töpferwerkstatt* f ‖ *Töpferton* m
²**alfar** vi *(im Galopp) die Vorhand zu hoch heben (Pferde)*
alfaraz m *arabisches Kriegspferd* n
¹**alfarda** f Ar *Wassersteuer* f ‖ *Wassernutzungsrecht* n
²**alfarda** f *(Art) Frauenschmuck* m
³**alfarda** f ⟨Arch⟩ *Binde-, Zug|balken* m
alfardar vt/i Ar *Land* n *e–r Bewässerungsgenossenschaft anschließen*
alfardero adj Ar *Wassersteuereinnehmer* m
alfardilla f Ar *Wassersteuerzuschlag* m
¹**alfardón** m Ar ⟨Tech⟩ *Lünzscheibe* f, *Halsring* m
²**alfardón** m Ar *Wasser|steuer, -gebühr* f
alfareme m *arab. Kopfbedeckung* f, *Schleier* m
alfare|ría f *Töpferwerkstatt* f ‖ *Töpferarbeit* f ‖ *Töpferware* f ‖ *Töpferladen* m, *Töpferei* f ‖ **–ro** m *Töpfer, Hafner* m
alfarfera f ⟨V⟩ *Pieper* m (→ **bisbita**)
¹**alfarje** m *Quetschbecken* n *in den Ölmühlen*
²**alfarje** m *Tafelwerk* n, *Vertäfelung* f
alfarjía f ⟨Zim⟩ *Holzbalken* m ‖ *Kantholz* n *(10 × 14 cm)*
alfarma f ⟨Bot⟩ Ar *Harmel|kraut* n, *-raute* f (→ **alharma**)
alféizar m *Tür-, Fenster|leibung* f ‖ *Fenster|bank* f, *-lehne* f, *-brett* n ‖ ⟨Arch⟩ *Anschlagmauer, Aufschrägung* f
alfeizar [z/c] vt *ausschrägen*
alfendoz [pl **-ces**] m Ar *Süßholz* n ‖ *Lakritze* f ‖ → **regaliz**
alfénido m *Neusilber, Argentan* n
alfeñicado adj *süßlich* ‖ fig *zimperlich*
alfeñicar [c/qu] vt *mit Zuckerteig überziehen* ‖ **~se** fig *sich schniegeln* ‖ *sich affektiert benehmen* ‖ *stark abmagern*
¹**alfeñique** m *Zuckermandelstange* f ‖ fam *Zuckergebäck* n ‖ fig *zarte, schwächliche Person* f ‖ fam *Schwachmatikus* m ‖ fig *Ziererei* f
²**alfeñique** m And ⟨Bot⟩ *Baldrian* m (→ **valeriana**)
alferazgo m ⟨Mil⟩ *Stelle* f *eines Fähnrichs* ‖ *Leutnantsrang* m
¹**alferecía** f ⟨Mil⟩ *Fähnrichsrang* m ‖ *Leutnantsrang* m
²**alferecía** f ⟨Med⟩ *Fallsucht* f *der Kinder* ‖ *Epilepsie* f
alférez [pl **-ces**] m ⟨Mil⟩ *Leutnant* m ‖ *Fahnenträger, Fähnrich, Kornett* m *(ehemaliger Dienstgrad)* ‖ Bol Pe *Gemeindeamt* n *in Indianerdörfern* ‖ Bol Col *Kostenträger* m *e–s Festes* ‖ Guat Hond *vertrauliche Anrede* f ‖ **~** alumno *Fähnrich* m *(Offiziersanwärter)* ‖ **~** de aviación *Fliegerleutnant* m ‖ **~** de fragata ⟨Mar⟩ *Leutnant* m *zur See* ‖ **~** de navío ⟨Mar⟩ *Oberleutnant* m *zur See*
alferga f *Ast Fingerhut* m
alferraz [pl **-ces**] m ⟨Jgd⟩ *Stoßfalke* m
alficoso adj *hellweiß*
alficoz [pl **-ces**] m = **cohombro**
alfil m *Läufer* m *im Schachspiel*
alfiler m *Stecknadel* f ‖ *Schmuck-, Ansteck|nadel* f ‖ *Brosche* f ‖ *Wäscheklammer* f ‖ ⟨Typ⟩ *Aufstecknadel* f ‖ △ *Schnappmesser* n ‖ ⟨Bot⟩ *Reiherschnabel* m (Erodium spp) ‖ Cu *Lendenstück* n ‖ **~** de corbata *Krawattennadel* f ‖ **~** de criandera Cu *Sicherheitsnadel* f ‖ **~** de gancho Am *Sicherheitsnadel* f ‖ **~** de nodriza Col *Sicherheitsnadel* f ‖ **~** de seguridad Am *Sicherheitsnadel* f ‖ ◊ *allí no cabía un* **~** figf *dort war es gestopft voll, dort hätte keine Stecknadel zu Boden fallen können* ‖ **~es** pl *Nadel-, Taschen|geld* n ‖ *Nadelspiel* n *der Kinder* ‖ de veinticinco **~** figf *in vollem Staat, ausstaffiert, geschniegelt und gebügelt* ‖ para **~** fig *Trinkgeld* n *(für weibl. Bedienstete)* ‖ *prendido con* **~** *aufgesteckt* ‖ figf *unzuverlässig, oberflächlich (z. B. Gedächtnis)*
alfilera f Cu *Lendenstück* n
alfile|rar vt *mit Nadeln feststecken* ‖ **–razo** *(Steck) Nadelstich* m ‖ fig *herausfordernder Blick* m ‖ fig *Nadelstich* m, *Stichelwort* n ‖ **–rera** f *And Nadelbüchse* f ‖ And *Frucht* f *der Geranie* ‖ **–rero** m *Nadelmacher* m ‖ **–rillo** m Arg Chi *Futterpflanze* f ‖ Arg ⟨Bot⟩ *Reiherschnabel* m (Erodium spp) ‖ Mex *langstacheliger Kaktus* m (Pereskia sp) ‖ Mex *Tabaksschädling* m *(Insekt)* ‖ **–tero** *Nadelbüchse* f
alfitete m *(Art) Mehlteig* m ‖ *Mehlteigsuppe* f
alfitión m *Schädelbruch* m
Alf.° Abk = **Alfonso**
alfolí [pl **-ies**] m *Kornspeicher* m ‖ *Salzniederlage* f
alfombra f *Teppich, Fuß|teppich* m, *-matte* f ‖ *Tischdecke* f ‖ *Bettvorleger* m ‖ *Läufer* m ‖ ⟨poet⟩ *Teppich* m *der Flur* ‖ **~** continua *Läufer* m ‖ **~** de escalera *Treppenläufer* m ‖ **~** de flores *Blumenteppich* m ‖ **~** de pelo *Haargarnteppich* m
alfom|brado adj *teppichartig, geblümt* ‖ **~** m *Teppichbelag* m ‖ *material de* **~** *Auslegware* f ‖ **–brar** vt *mit Teppichen belegen* ‖ **–brero** m *Teppich|wirker, -weber* m ‖ *Tapezierer* m
¹**alfombrilla** f dim v. **alfombra** ‖ *kleiner Fußteppich* m ‖ *Bettvorleger* m
²**alfombrilla** f ⟨Med⟩ *masernähnliche Krankheit* f ‖ Col Guat *(Art) Pocken* fpl
alfombrista m *Teppichhändler* m ‖ *Teppichkenner* m ‖ *Teppichleger* m
alfóncigo m *Pistazienbaum* m (Pistacia vera) ‖ *Pistazie* f
alfóndiga f Ar Sal = **alhóndiga**
alfondoque m SAm *(Art) süßes Backwerk* n
alfonsia f *(Art) Palme* f
alfonsino, alfonsí [pl **-íes**] adj *auf König Alfons bezüglich, alfonsinisch* ‖ **~** m *Alfonstaler* m
Alfonso m np *Alfons* m
alforfón m *Buchweizen* m (Fagopyrum sp) ‖ *Buchweizenkorn* n
alforín m Murc *Olivenbehälter* m *(in Ölmühlen)*
alforja f *Rucksack, Quersack* m ‖ *Reisesack* m ‖ *Jagdtasche* f ‖ *Wegzehrung* f, *Proviant* m ‖ ⟨Mar⟩ *Stropp* m ‖ ◊ *pasarse a la otra* **~** figf Chi *unhöflich werden, über die Stränge schlagen* ‖ ¡qué pretensión, ni qué **~**! fam *welche (unverschämte) Anmaßung!* ‖ ¡qué **~s**! fam *so was Dummes!* ‖ *para ese viaje no se necesitaban* **~s** fam *das war der Mühe nicht wert* ‖ *sacar los pies de las* **~s** figf *die Schüchternheit ablegen, unverschämt od dreist werden, aus sich herausgehen*
alfor|jado adj *bucklig, höckerig* ‖ **–jar** vt *(den Vorrat) in den Quersack tun, stecken* ‖ **~se** *sich warm anziehen (& vi)* ‖ **–jero** m *Hersteller, Verkäufer* m *von Ruck-, Reisesäcken* ‖ *Proviantmeister* m ‖ *bettelnder Laienbruder* m *e–s Ordens*
alforjón m augm v. **alforja** ‖ = **alforfón**
alforjudo adj Chi *dumm, einfältig*
alforro|char vt Ar *Hühner aufscheuchen* ‖ **–cho** m Ar *Huhn* n

alforza f Einschlag, Saum m (Ärmel, Rock) ‖ Mex Ziersäumchen n ‖ fam Schwänzelpfennig m ‖ figf Narbe f, Schmiß m ‖ fig joc das Innerste des Herzens
alforzar [z/c] vt mit einem Einschlag versehen (Frauenkleid), einfalten ‖ ~ vi fam Schwänzelpfennige machen
alfós m ⟨Med⟩ weißer Aussatz m (Lepra alba)
alfoz [pl **-ces**] m/f Landschaft, Gemarkung f ‖ Bezirk, Kreis m ‖ Eng-, Berg\paß m ‖ Sant Landschaft f außerhalb der Ortschaften
alga f [el] ⟨Bot⟩ Alge f, See\gras n, -tang m ‖ ~ marina Seetang m
algaba f Wald, Forst m
algabarra f Holz-, Hammer\keil m
algabeño adj aus La Algaba (P Sev)
algáceo adj algen\artig, -ähnlich
algadara f = **algarrada**
¹**algaida** f Versandung, Düne f
²**algaida** f Busch\holz n, -wald m
algaidia f Dünenlandschaft f
algaido adj And mit Zweigen od Stroh bedeckt
algalaba f wilde Rebe f
¹**algalia** f ⟨Zool⟩ Zibetkatze f ‖ Zibet, Bisam m ‖ ⟨Bot⟩ Bisamblume f (Hibiscus abelmoschus = Abelmoschus moschatus) ‖ gato de ~ Zibetkatze f
²**algalia** f ⟨Chir⟩ Suchröhrchen n, Katheter m
alga\liar vt mit Bisam parfümieren ‖ **–liero** m Parfümliebhaber m
¹**algara** f dünnes Häutchen n am Ei, an der Zwiebel
²**algara** f berittener Streif- und Plünderungs\zug m der Araber
algara\bán m And joc Araber m ‖ **–bía** f arab. Sprache f ‖ figf unverständliches Geschwätz n ‖ figf Kauderwelsch n ‖ figf verworrenes Geschrei, Gezeter n, Wirrwarr m ‖ ⟨Bot⟩ Augentrost m (Euphrasia sp) ‖ **–biado** adj/s des Arabischen kundig
algaracear vi Guad in feinen Flocken schneien
algarada f ⟨Mil⟩ plötzlicher Angriff m ‖ fig Husarenstreich m ‖ ⟨Hist⟩ Reitertrupp m ‖ fig Getöse n, Spektakel m ‖ ~ estudiantil Studentenkrawall m
algarazo m Ar Regenguß m
algarbe m Westwind m
algarero m/adj Schreier, Schreihals m
algarrada f ⟨Taur⟩ (Art) Stierkampf m mit der Lanze (im Freien) ‖ das öffentlich vorgenommene Einsperren n der Kampfstiere in die Zwinger ‖ Jungstierkampf m
alga\rroba f Johannisbrot n (Frucht) ‖ ⟨Bot⟩ Algarobas-, Wick\linse f (Vicia articulata) ‖ Cu Mangrovenwurzel f ‖ **–rrobal** m Pflanzung f von Johannisbrotbäumen ‖ **–rrobilla** f ⟨Bot⟩ Algarobas-, Wick\linse f ‖ **–rrobillo** m Arg Johannisbrot n (Frucht) ‖ **–rrobo, –rrobero** m Johannisbrotbaum m (Ceratonia siliqua)
algasia f Beschwerden fpl, Schmerz m
algavaro m ⟨Entom⟩ (Art) Bockkäfer m (Cerambyx sp)
algazara f Kriegsgeschrei n der Mauren ‖ Lärm m, Getöse n ‖ fig Freudengeschrei n
algazaroso adj Ven lustig, fröhlich, lärmend
algazul m ⟨Bot⟩ Salzkrautasche f von Alicante (aus Salsola soda) ‖ Mittags-, Faser\blume f (Mesembrianthemum sp)
algébena f Murc irdene Schüssel f
álgebra f [el] Algebra f ‖ ~ superior höhere Algebra f
algebraico, algébrico adj algebraisch, die Algebra betreffend
*****alge\brar** vt ⟨Chir⟩ (ein Gelenk) wieder einrichten ‖ **–brista** m Lehrer m der Algebra ‖ ⟨Chir⟩ Knocheneinrenker m ‖ △ Kuppler m
algeceria f = **yesería**
algecireño adj aus Algeciras (P Cád)

algente adj ⟨poet⟩ eiskalt
algésico adj ⟨Med⟩ schmerzhaft
algesímetro m ⟨Med⟩ Algometer, Algesimeter n, Schmerzempfindlichkeitsmesser m
algez m = **aljez**
algia f ⟨Med⟩ Schmerz m
álgico adj auf den Schmerz bezüglich
algidez [pl **-ces**] f ⟨Med⟩ Eiseskälte f ‖ ~ cadavérica ⟨Med⟩ Leichenkälte f
álgido adj gefrierend ‖ eisig ‖ nördlich, nordisch ‖ Kälte ertragend ‖ fiebre ~a ⟨Med⟩ Frostfieber n ‖ periodo ~ ⟨Med⟩ kritisches Stadium n ‖ fig kritischer Zustand m ‖ punto ~ Gefrierpunkt m
algo pron/adv etwas ‖ ein wenig ‖ ~ es ‖ et ist besser als gar nichts ‖ ~ qué ein wenig ‖ fam et. Rechtes ‖ esto sí que es ~ das läßt sich hören ‖ hay ~ que ver es gibt et zu sehen ‖ más vale ~ que nada fam wenig ist besser als nichts ‖ por ~ nicht ohne Grund, aus gutem Grund ‖ por ~ se empieza aller Anfang ist schwer ‖ et ist besser als gar nichts
algoaza m Waschhaus n
algodón m Baumwolle f ‖ Baumwollstaude f ‖ Baumwollzeug n ‖ Watte f ‖ ~ blanco Schirting, Hemdenkattun m ‖ ~ en bruto ungereinigte Baumwolle f ‖ ~ colodión Kollodiumwolle f, Kolloxylin n ‖ ~ en crudo Rohbaumwolle f ‖ ~ desmotado gezupfte Baumwolle f ‖ ~ despepitado entkörnte od egrenierte Baumwolle f ‖ ~ explosivo, ~ fulminante, ~ pólvora Schießbaumwolle f, Pyroxylin n ‖ ~ de fibra corta (larga) kurz- (lang)stapelige Baumwolle f ‖ ~ para forro Futterkattun m ‖ ~ hidrófilo (Verband-), (Wund-)\Watte f ‖ ~ mercerizado merzerisierte Baumwolle f ‖ ~ en rama Rohbaumwolle f ‖ ~ sucio ungereinigte Baumwolle f ‖ de ~ baumwollen ‖ **es** pl Tintenfaßbaumwolle f ‖ Ohrenbaumwolle f ‖ negocio de ~ Baumwollgeschäft n ‖ ◊ estar criado entre ~ fig verzärtelt erzogen sein ‖ verhätschelt, fam verpäppelt sein
algodo\nado adj baumwollartig (bes Wolken) ‖ **–nal** m Baumwollstaude f ‖ Baumwoll\pflanzung f, -feld n ‖ **–nar** vt mit Baumwolle füttern, wattieren, ausstopfen ‖ **~se** flaumig, weichhaarig werden (Pflanzen) ‖ **–ncillo** m ⟨Bot⟩ Seidenpflanze f (Asclepias spp) ‖ ⟨Med⟩ Mex Diphtherie f (→ **difteria**) ‖ **–nería** f Baumwollspinnerei f ‖ **–nero** adj Baumwoll- ‖ industria ~a Baumwollindustrie f ‖ ~ m Baumwollpflanzer m ‖ Baumwollhändler m ‖ ⟨Bot⟩ Baumwollstrauch m (Gossypium sp) ‖ **–nita** f Chi Kupfererz n (Fundort: Algodón) ‖ **–nización** f Kotonisierung f ‖ **–nizar** vt kotonisieren ‖ **–nosa** f ⟨Bot⟩ Diotis f (Diotis candidissima) ‖ **–noso** adj wollig, Wollen- ‖ baumwollhaltig ‖ pelzig, stockig (Früchte)
algofilia f ⟨Med⟩ Algophilie f, Masochismus m
algolagnia f ⟨Med⟩ Algolagnie, Schmerzwollust f
al\gología f ⟨Bot⟩ Algologie, Algenkunde f ‖ **–gólogo** m Algologe, Algenforscher m
algómetro m ⟨Med⟩ Algometer, Algesimeter n, Schmerzempfindlichkeitsmesser m
algonqui(a)no m ⟨Geol⟩: (periodo) ~ Algonkium n
algor m ⟨Med⟩ Fieberfrost m
algorfa f Kornboden m
algorit\mia f ⟨Math⟩ Zahlenrechnen n ‖ **–ritmo** m ⟨Math⟩ Algorithmus m
algorra f Chi Hautausschlag m bei Säuglingen
algosis f ⟨Med⟩ Algose, Algenkrankheit f
algotro pron Am jd anderer
alguacil m Gerichtsdiener m ‖ Gerichts\vollstrecker, -vollzieher m ‖ * Polizist, Schutzmann m ‖ iron Häscher, Büttel m ‖ ~ del campo Feldhüter m ‖ ~ (de moscas) ⟨Zool⟩ Spring-,

alguacilesa — alicates 54

Hüpf|spinne f (Salticus scenicus) ‖ ◊ tener más hambre que un ~ fam *einen Bärenhunger haben*
alguaci|lesa f *Frau eines Alguacil* ‖ **–lesco** adj *nach Art eines Gerichtsdieners* ‖ **–lillo** m ⟨Taur⟩ *berittener Platzräumer, Alguacil* m ‖ ⟨Zool⟩ *Spring-, Hüpf|spinne* f (Salticus scenicus)
alguarín m Ar *kleine Vorratskammer* f
alguaza f Ar *(Tür) Angel* f ‖ *Scharnier* n
alguese m And ⟨Bot⟩ *Berberitzenstrauch, Sauerdorn* m (→ **bérbero**)
alguien pron *jemand*
alguinio m Ar *große Kiepe* f *(zur Wein- und Obst|ernte)*
algún adj/pron *(statt alguno, nur vor männlichen Hauptwörtern) irgendeiner, ein gewisser* ‖ *mancher* ‖ ~ *día manchen Tag* ‖ *eines Tages, einst* ‖ ~ *hombre ein gewisser Jd* ‖ ~ *otro irgendein anderer* ‖ ~ *poco,* ~ *tanto ein wenig* ‖ ~ *tiempo einige (gewisse) Zeit* ‖ en ~ *modo einigermaßen*
¹**alguno** adj/pron *jemand* ‖ *mancher* ‖ *(irgend)-einer usw* ‖ *gewisser* ‖ ~ *que otro einige, ein paar, der e–e oder andere* ‖ ~ *a vez bisweilen, gelegentlich* ‖ ¡de *(od en)* manera ~! *keineswegs!*
²**alguno** pron. indef *jemand* ‖ *einiges* ‖ ¿ha llamado ~? *hat es geklopft, hat jd gerufen?* ‖ ¿tienes dinero? tengo ~ *hast du Geld? ich habe etwas* ‖ ~s mpl *einige, etliche*
alhábega f Mur: = **albahaca**
alhacena f = **alacena**
alhaja f *Juwel, Kleinod* n ‖ *Schmuck, Zierat* m ‖ *Hausgeräte* npl ‖ fig *wertvoller Besitz* m ‖ *Pracht|stück, -exemplar* n ‖ figf *prächtiger Mensch* m ‖ iron *Errungenschaft* f, *Schatz* m ‖ ¡buena ~! iron *ein sauberer Hecht!, ein nettes Früchtchen!*
alhajar vt *mit Kostbarkeiten ausstatten* ‖ *möblieren (Wohnung)*
alhajera f Chi Arg *Schmuckkassette* f
alhajero m Mex = **alhajera**
alhajú m *Honigkuchen* m ‖ *Lebkuchen* m
Alhambra f *Alhambra* f *(Palast der Maurenfürsten in Granada)*
alhambrilla f *kleine rote quadratförmige Fliese*
alhámega f = **alharma**
alhamel m And *Last-, Saum|tier* n ‖ And *Viehtreiber* m ‖ *Maultiertreiber* m ‖ *Fuhrmann* m
alhamí [pl *-íes*] m *niedrige Steinbank* f
alhandal m = **coloquíntida**
alharaca f *ungestüme Gefühlsäußerung* f ‖ *Gezeter* n ‖ *viel Lärm um nichts* ‖ ◊ sin ~s ni bambollas *ohne viel Aufhebens (zu machen)*
alharma, alhárgama f ⟨Bot⟩ *Steppen-, Harmel|kraut* n, *-raute* f (Peganum harmala)
alhelear vi *oberflächlich zerdrücken (Weintrauben)*
*****alhelga** f *Ring* m ‖ *Ringnagel* m
alhelí [pl *-íes*] m ⟨Bot⟩ *Levkoje* f ‖ *Levkojenstock* m (Matthiola incana) ‖ *Goldlack* m (Cheiranthus cheiri)
alheña f ⟨Bot⟩ *Rainweide* f, *Liguster* m (Ligustrum vulgare) ‖ *Hennastrauch* m (Lawsonia inermis) ‖ *Henna, Alhenna* f *(Farbe)* ‖ *Mehltau, Rost, Brand* m ‖ ◊ *molido como una* ~ fig *ganz zerschlagen (vor Anstrengung)*
alheñarse vr *brandig werden (Getreide)*
alhidada f = **alidada**
alho m Fil *Reisstampfer* m
alhoja f = **alondra**
alhol|va f ⟨Bot⟩ *Bockshornklee* m (Trigonella foenum graecum) ‖ **-var** m *Bockshornkleefeld* n
*****alhombra** f = **alfombra**
alhóndiga f *öffentlicher Korn|speicher* m, *-lager* n ‖ *Getreidehalle* f ‖ *Getreidemarkt* m
alhondigaje m Mex *Lagerung* f
alhorma f *Maurenlager* n
alhorre m *Darmausscheidung* f *Neugeborener, Kindspech* n ‖ *Schorf, Grind* m *Neugeborener* ‖

Augenbutter f ‖ ◊ ¡yo tu curaré el ~! fam *ich werde dir eins überziehen! (Drohung für unartige Kinder)*
alhoz [pl *-ces*] m = **alfoz**
alhucema f ⟨Bot⟩ = **espliego**
alhucemilla f ⟨Bot⟩ *Spieke* f (Lavandula latifolia)
alhuceña f ⟨Bot⟩ *Senfkohl* m, *Rauke* f (Eruca sativa)
alhumajo m prov *Fichtennadeln* fpl
aliabierto adj *mit ausgebreiteten Flügeln*
*****aliacán** m *Gelbsucht* f (→ **ictericia**)
aliáceo adj *knoblauchartig*
aliado adj *verbündet* ‖ ⟨Pol⟩ *alliiert* ‖ ~ m *Verbündeter, Bundesgenosse* m ‖ *Verschwägerter* m ‖ ~s mpl ⟨Pol⟩ *Alliierte* mpl
aliadofilia f *Alliiertenfreundlichkeit* f *(1914–18, 1939–45)*
aliadófilo m *Anhänger* m *der Alliierten (1914 bis 18 und 1939–45)* ‖ ~ adj *alliiertenfreundlich*
alia|dofobia f *Alliiertenfeindlichkeit* f ‖ **–dófobo** m *Alliiertengegner* m ‖ ~ adj *alliiertenfeindlich*
aliaga f = **aulaga**
aliaje m = **aleación**
aliancista m Chi *Anhänger* m *e–r Allianz*
alianza f *Bündnis* n, *Bund* m ‖ *Verbindung* f ‖ *Schwägerschaft* f ‖ *Verschwägerung* f ‖ *Trauring* m *aus zwei verschlungenen Reifen* ‖ fig *Verbindung* f ‖ Chi *alkoholisches Mischgetränk* n ‖ ~ Balcánica *Balkanpakt* m ‖ ~ Cooperativa Internacional (ACI) *Internationaler Genossenschaftsbund* m *(IGB)* ‖ ~ defensiva *Verteidigungs-, Schutz-, Defensiv|bündnis* n ‖ ~ Internacional de Turismo *Internationaler Touring-Verband* m ‖ ~ mundial *Weltbund* m ‖ ~ Mundial de las Asociaciones Cristianas de Jóvenes (ACJ) *Weltalliance* f *der christlichen Vereine junger Männer (CVJM)* ‖ ~ ofensiva y defensiva *Schutz- und Trutz|bündnis* n ‖ ~ para el Progreso *Allianz* f *für den Fortschritt* ‖ triple ~ *Dreibund* m ‖ arca de la ~ *die Bundeslade* f *(der Bibel)*
aliarse [pres *-ío*] vr *sich verbünden* ‖ *sich jdm anschließen* (dat od a an acc)
aliara f *Trinkhorn* n *der Landleute*
aliaria f ⟨Bot⟩ *Knoblauchsrauke* f (Alliaria officinalis)
alias [Abk (a)] lat adv *sonst auch, genannt, alias, anders, mit anderen Worten (bei Verbrecherspitznamen)* ‖ ~ m *Spitzname* m
alibambán m Fil ⟨Bot⟩ *Essigbaum* m (Bauhinia spp)
alibi, álibi, alibí m gall ⟨Jur⟩ = **coartada**
aliblanca f Col *Faulheit* f ‖ Cu *(Art) wilde Taube* f
aliblanco adj *mit weißen Flügeln*
alible adj *nahrhaft*
alicácabo m = **alquequenje**
alicaído adj *flügellahm* ‖ fig *schwach, kraftlos* ‖ *mutlos* ‖ *heruntergekommen*
alicáncano m Ar ⟨Entom⟩ fam *Flügellaus* f
alicanco m, **alicancro** m = **alicrejo**
alicante m, **alicántara** f ⟨Zool⟩ *Sand-, Horn|otter* f (Vipera ammodytes) ‖ *Stülpnasenotter* f (Vipera latastei) ‖ *(Art) N(o)ugat* m
Alicante span. *Stadt* ‖ vino de ~, ~ m *Alicantewein* m
alicantina f fam *List* f ‖ *Verschlagenheit* f
alicantino adj *aus Alicante* (P Ali)
alica|tado m *Fliesenbelag* m *(im arab. Stil)* ‖ *Kacheltäfelung* f ‖ **–tar** vt *mit Fliesen auslegen*
alicate m PR *Kumpan* m
alicates mpl (& sg) *Greif-, Beiß-, Kneif-, Bieg-, Draht|zange* f ‖ ~ aislantes *Isolierzange* f ‖ ~ combinados *Kombizange* f ‖ ~ cortaalambres *Draht|schere* f, *-schneider* m ‖ ~ cortauñas *Nagelzange* f ‖ ~ de corte *Kneif-, Schneid|zange* f ‖ ~ de electricista *Elektrikerzange* f ‖ ~ de gasista *Gasrohrzange* f ‖ ~ para mecheros de gas

Brennerzange f ‖ ~ para tubos *Rohrzange* f ‖ ~ planos, ~ de bocas planas *Flach-, Platt|zange* f ‖ ~ universales *Kombi(nations)zange* f
aliciente *m Lock-, Reiz|mittel* n*, Köder* m ‖ fig *Lockung, Anziehungskraft* f
alicorado adj Col *beschwipst, angeheitert*
alicorear vt MAm *schmücken, verzieren*
alicor|tado adj *mit gestutzten Flügeln* ‖ fig *entmutigt* ‖ **–tar** vt *Flügel* mpl *stutzen* ‖ ⟨Jgd⟩ *flügeln* ‖ fig *entmutigen* ‖ fig *zurücksetzen*
alicorto adj Al *flügellahm* ‖ fig *kraftlos*
alicrejo *m* Guat Hond *Schindmähre* f ‖ MAm *altes Gerümpel* n ‖ CR *häßlicher, schlotteriger Mensch* m
alicuanta adj ⟨Math⟩ *aliquant, nicht aufgehend, mit Rest teilen*
alícuota adj ⟨Math⟩ *aliquot, ohne Rest teilend*
alicurco adj Chi fam *verschmitzt*
alidada *f Alhidade* f*, Diopterlineal* n
alienable adj ⟨Jur⟩ *veräußerlich, übertragbar*
alienación *f Entäußerung* f ‖ *Verzückung* f ‖ ⟨Pol Philos⟩ fig *Entfremdung* f ‖ ⟨Jur⟩ *Veräußerung* f ‖ ⟨Med⟩ *Geisteskrankheit,* * *Alienation* f
alie|nado adj *geisteskrank, irr* ‖ *übertreibend* ‖ ~ *m Irrsinniger, Geistesgestörter* m ‖ *Lobhudler* m ‖ **–nar** vt *veräußern* ‖ ⟨Pol Philos⟩ *entfremden* ‖ **–se** vr *sich entäußern* (gen)
alienia *f* ⟨Med⟩ *Alienie* f*, Milzmangel* m
alienígeno adj *fremd, unnatürlich*
alienista *m*/adj *Irrenarzt* m
aliento *m Atem, Hauch* m, fam *Puste* f ‖ *Geruch* m ‖ fig *Mut* m*, Kraft* f ‖ ~ *creador Schaffensdrang* m ‖ *Schaffenskraft* f ‖ ~ *fétido übelriechender Atem* m ‖ *de un* ~ fig *ohne Unterbrechung, in e–m Zug* ‖ *sin* ~ *außer Atem, atemlos* ‖ ◊ *cobrar, recobrar, reponer* ~ *wieder zu Atem kommen* ‖ *tomar* ~ *verschnaufen, Atem schöpfen* ‖ *dar los últimos* ~s fig *den Geist aufgeben* ‖ *de pocos* ~s fig *kümmerlich* ‖ *anspruchslos*
alifafe *m* fam *Alltagsgebrechen* n (→ **achaque**) ‖ ~**s** *mpl* ⟨Vet⟩ *Gallen* fpl *(bei Pferden)*
alifara *f* Ar *Gastmahl* n
alifático adj ⟨Chem⟩ *aliphatisch*
alífero *m* = **aligero**
aligación *f Mischung, Verbindung* f ‖ *Metallversetzung, Beschickung* f
aligato *m* Fil *Flugasche* f
aligátor *m* = **caimán**
alige|ramiento *m Erleichterung, Verminderung* f ‖ **–rar** vt *erleichtern, entlasten* ‖ *lindern, mäßigen* ‖ *beschleunigen* ‖ *(ver)kürzen* ‖ ⟨Mar⟩ *ausladen, löschen (ein Schiff)* ‖ ◊ ~ *de lastre Ballast abwerfen* ‖ ~ *el paso den Schritt beschleunigen* ‖ ~ vi *eilen* ‖ **–se** *leichter werden* ‖ *sich vermindern* ‖ ~ *de ropa sich leichter kleiden* ‖ *sich freimachen*
aligero adj ⟨poet⟩ *beflügelt, geflügelt* ‖ *schnell, rasch*
aligonero *m* = **almez**
aligustre *m* ⟨Bot⟩ *Rainweide* f*, Liguster* m (Ligustrum vulgare)
ali|jador *m Erleichterer* m ‖ *Baumwollreiniger* m *in Spinnereien* ‖ ⟨Mar⟩ *Leichter(schiff* n*)* m ‖ ⟨Mar⟩ *Schauermann* m ‖ **–jar** vt/i ⟨Mar⟩ *(ab)leichtern, ausladen, löschen (die Baumwolle) enthülsen, reinigen* ‖ *schleifen (Holz)* ‖ *(geschmuggelte Ware) ans Land setzen*
ali|jar *m Brachfeld* n*, Brache* f ‖ *Zeltdorf* n *der Araber od Zigeuner* ‖ *Gehöft* n ‖ *Gebirgsland* n ‖ **–jarar** vt *Brachland* n *zum Anbau verteilen* ‖ **–jarero** *m Übernehmer* m *von Ödland zum Anbau*
alijo *m* ⟨Mar⟩ *Löschen, Leichtern* n*, Löschung, Leichterung* f ‖ ⟨Mar⟩ *Seewurf* m ‖ *Schmuggelware* f ‖ SAm = **alijador**
alilaya *f* Col *faule Ausrede* f
ali|maña *f Tier* n *(in der Kanzel- und Bauern|sprache)* ‖ ⟨Jgd⟩ *kleines Raubzeug* n ‖ fig *Ungeziefer* n ‖ *mala* ~ fig *elender Wicht* m ‖ pop *Knilch* m ‖ **–mañero** *m Raubtierjäger* m
alimentación *f Ernährung, Verpflegung* f ‖ *Fütterung* f ‖ ⟨Tech⟩ *Speisung, Beschickung* f ‖ *Durchladen* n *(Feuerwaffe)* ‖ ⟨Jur⟩ *Lebensunterhalt* m ‖ ~ *adicional Zusatznahrung* f ‖ ~ *de agua Wasserzufuhr* f ‖ ~ *de aceite Ölzuführung* f ‖ ~ *animal tierische Nahrung* f ‖ ~ *de los animales (Ver)Fütterung* f ‖ ~ *automática* ⟨Tech⟩ *automatische Beschickung* f ‖ ⟨Agr⟩ *Selbstfütterung* f ‖ ~ *de batería Batteriespeisung* f ‖ ~ *con bombas Speisung* f *durch Aufpumpen* ‖ ~ *de caldera Kesselspeisung* f ‖ ~ *de vapor Dampfkesselspeisung* f ‖ ~ *de calor Wärmezufuhr* f ‖ ~ *de combustible Brennstoff|zufuhr, -zuführung* f ‖ ~ *completa* ⟨Agr⟩ *Vollfütterung* f ‖ ~ *de conservación* ⟨Agr⟩ *Erhaltungsfütterung* f ‖ ~ *deficitaria Unterernährung* f ‖ ~ *en derivación* ⟨Radio⟩ *Nebenspeisung* f ‖ ~ *de energía Kraftversorgung* f ‖ ~ *de entretenimiento* ⟨Agr⟩ *Erhaltungsfütterung* f ‖ ~ *por flotador Schwimmerkesselspeisung* f ‖ ~ *por gravedad Zuführung* f *mit Gefälle* ‖ ~ *infantil Kinderernährung* f ‖ *Kindernahrung* f ‖ ~ *insuficiente Unterernährung* f ‖ ~ *lactofarinácea Buttermehlnahrung* f ‖ ~ *a mano Hand|aufgabe, -beschikkung* f ‖ ~ *de material Werkstoff-, Material|zuführung* f ‖ ~ *del micrófono Mikrophonspeisung, Sprechstromzuführung* f ‖ ~ *naturista Rohkost* f ‖ ~ *en paralelo* ⟨Radio⟩ *Parallelspeisung* f ‖ ~ *de presión Druckzuführung* f ‖ ~ *para la producción* ⟨Agr⟩ *Leistungsfütterung* f ‖ ~ *de régimen Reform-, Diät|kost* f ‖ ~ *por sonda* ⟨Med⟩ *Sonden|ernährung, -fütterung* f ‖ ~ *de vapor Dampf|zufluß, -zutritt* m*, -zuführung* f ‖ ~ *vascular* ⟨Med⟩ *Gefäßversorgung* f ‖ ~ *vegetal pflanzliche Nahrung* f ‖ ~ *vegetariana vegetarische Kost* f ‖ *bomba de* ~ ⟨Tech⟩ *Speisepumpe* f ‖ *tubo de* ~ *Speiserohr* n
alimen|tador *m* ⟨Tech⟩ *Beschickungsvorrichtung* f ‖ ⟨Tech⟩ *Zuführer* m ‖ ⟨Bgb⟩ *Füllapparat* m*, Aufgabevorrichtung* f ‖ ⟨El⟩ *Speisekabel* n*, Energieleitung* f ‖ ~ *de alambre único* ⟨Radio⟩ *eindrahtiger Speiseleiter* m ‖ ~ *de algodón Baumwollspeiser* m ‖ ~ *celular Zellenrad|speiser, -aufgeber, -beschicker* m ‖ ~ *cilíndrico Walzen|speiser, -beschicker* m ‖ ~ *duplicado* ⟨El⟩ *Doppelspeiseleiter* m ‖ ~ *por empuje Schubaufgabe-(vorrichtung)* f ‖ ~ *gemelo* ⟨Radio⟩ *Doppelspeiseleiter* m ‖ ~ *por interconexión* ⟨El⟩ *Verbindungsspeiseleiter* m ‖ ~ *de lana Wollaufleger* m ‖ ~ *múltiple* ⟨El⟩ *mehrfacher Speiseleiter* m ‖ ~ *de salida* ⟨El⟩ *Abgangsspeiseleiter* m ‖ ~ *para silos Silo|beschicker, -speiser* m ‖ **–tal** adj *zur Ernährung dienend* ‖ **–tante** *m Nährstoff* m ‖ *Ernährer* m
alimen|tar vt *ernähren, verpflegen, beköstigen* ‖ *zu|bringen, -führen* ‖ ⟨Radio⟩ *heizen* ‖ *unterhalten (Feuer)* ‖ *füttern (Tiere)* ‖ ⟨Jur⟩ *jdn unterhalten, jdm Unterhalt gewähren, jdm Unterhalt leisten* ‖ ⟨Tech⟩ *(die Dampfkessel) speisen* ‖ ⟨Metal⟩ *beschicken* ‖ fig *nähren, schüren (Leidenschaften)* ‖ ◊ ~ *con datos mit Daten füttern (Computer)* ‖ **–se** *sich ernähren* ‖ **–tario** *Pfleglig* m ‖ ~ adj *Nähr-* ‖ **–ticio** adj *Nähr-* ‖ *pastas* ~*as Teigwaren* fpl ‖ *productos* ~*s Nahrungs-, Lebens|mittel* npl ‖ *su(b)stancias* ~*as Nährstoffe* mpl ‖ **–tista** *m* ⟨Jur⟩ *Unterhaltsberechtigter* m ‖ **–tividad** *f Nahrungstrieb* m
alimento *m Nahrung, Speise, Kost* f*, Lebens-, Nahrungs|mittel* n ‖ fig *Heiz-, Brenn|stoff* m ‖ fig *Nahrung* f ‖ ~ *para niños Kindernährmittel* n ‖ ~**s** *pl* ⟨Jur⟩ *(Lebens)Unterhalt* m*, Alimente* npl ‖ *Tagegelder* npl ‖ *Pflegegelder* npl ‖ ~ *adecuados a la posición social del alimentado* ⟨Jur⟩ *standesgemäßer Unterhalt* m ‖ *deber de* ~*s* ⟨Jur⟩ *Unterhaltspflicht* f
alimentoso adj *nahrhaft, nährend*
alimentoterapia *f* ⟨Med⟩ *Diättherapie* f

a límine lat adv *kurzerhand, von vornherein* || *ohne Prüfung in der Sache*
alimoche m ⟨V⟩ *Schmutzgeier* m (Neophron percnopterus)
alimón m: torear al ~ ⟨Taur⟩ *den Stier hetzen, indem zwei Stierfechter diesem e–n Mantel vorhalten* || al ~ *allg gemeinsam, mit vereinten Kräften*
alimonarse vr *gelblich werden (Krankheit einiger Bäume)*
alindado adj fam *geckenhaft*
alindamiento m *Begrenzung* f || *Vermarkung* f
¹**alindar** vt *abgrenzen, begrenzen* || *vermarken, abmarken* || ~ vi ~ con *grenzen an* (acc)
²**alindar** vt *herausputzen, verschönern*
alinderar vt Chi *abstecken, begrenzen*
alindongarse [g/gu] vr Sal *sich übermäßig putzen*
aline|ación f *Aufstellung* f *in gerader Reihe* || *Ausrichtung* f || *Abstecken, Richten* n || ⟨Pol⟩ *Gleichschaltung* f || ⟨Typ⟩ *Schriftlinie* f || ⟨Agr⟩ *Flucht, Fluchtlinie, Bauflucht* f || Sp *Aufstellung* f *(e–r Mannschaft)* || ~ *del muro Mauerflucht* f || ~ *de las ruedas* ⟨Aut⟩ *Spursicherheit* f *der Räder* || **-ado** adj *fluchtrecht* || ⟨Pol⟩ *gleichgeschaltet* || *paises no* ~s ⟨Pol⟩ *blockfreie Länder* npl || **-amiento** m *Aus|richtung* f, *-richten* n || ⟨Arch⟩ *Fluchtlinie* f || **-ar** vt *abmessen, abstecken* || *in gerader Linie aufstellen, ausrichten* || ⟨Arch⟩ *einfluchten* || ⟨Mil⟩ *antreten lassen* || ⟨Typ⟩ *in Linie bringen* || **~se** ⟨Mil⟩ *sich ausrichten* || ¡~! ⟨Mil⟩ *richt' euch!*
aliñado adj *geschmückt, zurechtgemacht* || ~ m Ven *gewürzter Branntwein* m
aliñador m Chi *Kurpfuscher* m
ali|ñar vt *schmücken, verzieren* || *bereiten, zurechtmachen* || *zubereiten (Speisen)* || *an|machen, -richten (z. B. Salat)* || *fig verbrämen* || Chi *einrenken (Knochen)* || **~se** *sich putzen* || **-ño** m *Schmuck, Putz* m, *Verzierung* f || *Zierlichkeit* f || *Speisezubereitung* f || *Speisewürze* f || *Geräte* npl || fig *Verbrämung* f || **-ñoso** adj *geschmückt, geputzt* || *sorgsam, fleißig*
alioli m Ar = **ajiaceite**
alio|nado adj Chi *aufwieglerisch* || **-nar** vt Chi *aufwiegeln*
alionín m ⟨V⟩ *Blaumeise* f (→ **herrerillo** común)
alípede adj ⟨poet⟩ *an den Füßen beflügelt*
alípedo adj = **alípede** || ~ m ⟨Zool⟩ *Fledermaus* f (→ **murciélago**)
alipe|garse vr CR fam *s–e Nase in fremde Angelegenheiten stecken* || **-go** m MAm pop fig *Schmarotzer* m || MAm *Zugabe* f *(für den Käufer)*
aliquebrado adj *flügellahm* || fig *mutlos*
alirón m Ar *gerupfter Flügel* m
alirrojo adj *mit roten Flügeln*
ali|sado adj *glatt* || **-sador** m *Polierer, Schleifer* m || *Glättholz* n || *Abreiber* m *der Buchbinder* || ⟨Typ⟩ *Vorreiter, Glätter* m || *Poliersten* m || *Räumnadel* f || *Schrotmeißel* m || Ven *feiner Kamm* || **-sadura** f *Polieren, Glätten* n || **~s** pl *Schleifspäne* mpl
alisar m, **aliseda** f *Erlen|busch* m, *-gehölz* n
alisar vt *glätten* || *glattfeilen* || *glattstreichen (das Haar)* || *ebnen* || *rollen, mangeln (Wäsche)* || *schichten (Holz)* || ◊ ~ con *essen*|*reich abschmirgeln*
alisios adj/pl: *vientos* ~ ⟨Mar⟩ *Strich-, Passat|winde* mpl
alis|ma f ⟨Bot⟩ *Froschlöffel* m (Alisma spp) || **-matáceas** fpl ⟨Bot⟩ *Froschlöffelgewächse* npl (Alismataceae)
aliso m *Erle* f, *Erlenbaum* m (Alnus spp) || *Erlenholz* n || ⟨Bot⟩ *Krappkraut* n || ~ común, ~ negro ⟨Bot⟩ *Schwarzerle* f (Alnus glutinosa) || ~ blanco Seg *Birke* f (→ **abedul**)
alis|tado m *angeworbener Soldat, Söldner* m ||

Dom *Soldat* m *des untersten Ranges* || ~ pp. v. **alistar** || adj *gestreift* || **-tador** m ⟨Mil⟩ *Werber* m || **-tamiento** m *Einschreibung, Aufzeichnung* f || ⟨Mil⟩ *(An-)Werbung* f || *Aushebung, Musterung* f || *Jahrgang* m || ⟨Mar⟩ *Anheuerung* f || **-tar** vt *bereitstellen* || *einschreiben, aufzeichnen* || ⟨Mil⟩ *anwerben* || *mustern, ausheben* || **~se** ⟨Mil⟩ *sich anwerben lassen* || *gemustert* od *ausgehoben werden* || *Soldat werden*
alite|ración f *Lautgleichklang* m || *Stabreim* m, *Alliteration* f || *Paronomasie* f *(Zusammenstellung ähnlich klingender Wörter)* || **-rado** adj *mit Stabreim*
¹**alitierno** m ⟨Bot⟩ = **aladierna**
²**alitierno** adj *schwachflügelig* || fig *zart*
alitranca f Chi *(Hinter)List* f
alitúrgico adj: *días* ~s ⟨kath⟩ *Tage* mpl *ohne Kirchendienst*
alivia|dero m *Überlauf* m *(bei Talsperren, Gewässern usw)* || *Mühlsteinhebel* m || ~ *controlado gesteuerter Überlauf* m || ~ *de fondo Grund|ablaß, -auslaß* m || ~ *de superficie Oberflächen-(Hochwasser)-Entlastungsanlage* f, *freier Überlauf* m || ~ *de trampolin*, ~ *de salto de esqui Skisprung-Überlauf* m || **-dor** m *Mühleisen* n *im Mühlrad* || △ *Diebshehler* m || ~ adj *lindernd*
aliviar vt *erleichtern* || *entlasten* || fig *mäßigen* || *lindern* || *beschleunigen* || △ *stehlen* || fam *mausen* || ◊ ~ *el paso den Schritt beschleunigen* || ~ *del trabajo a algn. jdm (e–e) Arbeit abnehmen* || ~ vi *schneller gehen, schneller arbeiten* || **~se** *nachlassen (Schmerzen)* || *sich erholen* || ¡que se alivie! *gute Besserung!* || ¡~! pop *angenehme Unterhaltung* || fam *Adieu! Machen Sie's gut!*
alivio m *Erleichterung, Linderung* f || *Erholung* f || ⟨Arch⟩ *Entlastung* f || ~ *de luto Halbtrauer* f || ◊ *ser de* ~ fam *intrigant, ränkesüchtig sein* || *tener un catarro de* ~ *sehr stark erkältet sein, fam e–e dicke Erkältung haben*
alizar m *Fliesenbelag* m || *Kachel, Fliese* f
alizarina f ⟨Chem⟩ *Alizarin, Krapprot* n
aljaba f *Köcher* m
aljadrez [pl **-ces**] m ⟨Mar⟩ *Lukengitter* n
aljama f *Mauren-* od *Juden|viertel* n || *Judenschule* f || *Synagoge* f || *Moschee* f || *Judenvolk* n || *Maurenversammlung* f
aljamel m And = **alhamel**
alja|mía f *Schriften* fpl *in span. Sprache mit arab.* od *hebr. Buchstaben* || *Bezeichnung* f *der spanischen Sprache durch die Mauren* || **-miado** adj/m *maur.-span. sprechend* || *in span. Sprache mit arab. Buchstaben geschrieben* || **-miar** vi *gebrochen sprechen* || fam *kauderwelschen*
aljez [pl **-ces**] m *Gipsstein* m
aljibe m *Zisterne* f, *Sammelbrunnen* m *für Regenwasser* || ⟨Mar⟩ *Süßwasserboot* n || *Wassertank* m || ⟨Mar⟩ *Öltanker* m, *Tankschiff* n || *Am Ziehbrunnen* m || Col *Quelle* f, *Brunnen* m || *Abfluß* m || **~s** pl ⟨Mar⟩ *Wasserbehälter* mpl
aljofaina f = **jofaina**
aljófar m *kleine, unregelmäßig geformte Perle* f || *Samenperlen* fpl || ⟨poet⟩ *Tautropfen* mpl || fig *Tränen* fpl || ⟨poet⟩ *Perlzähne* mpl
aljofarar vt *mit Perlen verzieren (od besticken)*
aljofi|fa f *Scheuerlappen* m, *Schrubbtuch* n || **-far** vt *scheuern*
aljonje m *Vogelleim* m (→ **liga**)
aljonjolí m = **ajonjolí**
aljor m *Gipsstein* m
aljorozar vt Cu Ven *weiß anstreichen, tünchen*
aljuba m *Mantel* m *(der Mauren)*
aljuma f ⟨Bot⟩ *And Schößling, Trieb* m || *Fichten-* od *Tannen|nadel* f
alkermes m → **alquermes**
alma f [el] *Seele* f || *Geist* m || *Gemüt* n || fig *Gefühl* n || fig *Wesen* n, *Person* f || fig *seelische Kraft* f || fig *Ausdruck* m, *Begeisterung* f || fig *Hauptsache, Triebfeder* f || *Beseelung* f, *Ausdruck*

almacén — almajara

m ‖ *Kern* m *e-r Sache* ‖ *Seele des Geschützes und des Gewehres* ‖ *Stimmholz* n, *Stimme* f *an der Geige* ‖ ⟨Metal⟩ *Kern* m ‖ ⟨Arch⟩ *Stütz\holz* n, *-balken* m ‖ ⟨Arch⟩ *Stützmauer* f ‖ ⟨Arch⟩ *Steg* m *(auch Brücke)* ‖ *Wange* f *(Treppe)* ‖ ~ atravesada, ~ de Caín, ~ de Judas fig *hartherziger, grausamer Mensch* m ‖ ~ de caballo *gewissenloser Mensch* m ‖ ~ de cántaro, ~ de Garibay figf *Einfaltspinsel, Tropf* m ‖ ~ de Dios fam *ein herzensguter Mensch* m, *e-e Seele* f *von Mensch* ‖ *del negocio* fig *der wahre Grund* ‖ ~ en pena *Seele* f *im Fegefeuer* ‖ fig *ungeselliger Mensch* m ‖ ~ racional *vernunftbegabte Seele* f ‖ amigo del ~ *Seelen-, Busen\freund, Intimus* m ‖ buen ~ fig *rechtschaffene, treue Seele* f ‖ hijo de mi ~ *mein Herzchen! (Koseausdruck)* ‖ como ~ que lleva el diablo fam *mit rasender Schnelligkeit, wie von Furien gehetzt (davonlaufen)* ‖ *auf Teufel komm 'raus* ‖ con ~ *mit Feuer, seelenvoll* ‖ con ~ (y vida) fam *von Herzen gern* ‖ con toda mi ~ *von ganzem Herzen* ‖ *aus Leibeskräften* ‖ en el ~ *lebhaft* ‖ en mi ~ *bei meiner Seele* ‖ ¡~ mía! ¡mi ~! *mein Herz, mein Liebling!* ‖ ◊ agradecer con (od en) el ~ fig *herzlich danken* ‖ arrancarle a uno el ~ *jdn zutiefst verwunden* ‖ caérsele a uno el ~ a los pies *mutlos werden* ‖ cura de ~s *Seelsorge* f ‖ dar (od entregar) el ~ (a Dios) fig *den Geist aufgeben, sterben* ‖ dar el ~ al diablo fig *rücksichtslos vorgehen* ‖ dolerle a uno el ~ de a. fig *großes Leid fühlen* ‖ echar el ~ fig *sich abarbeiten* ‖ fam *sich abrackern* ‖ echar(se) el ~ a las espaldas fig *sein Gewissen einschläfern od einlullen* ‖ encomendar el ~ *das Sterbegebet beten* ‖ estar con el ~ en la boca, tener el ~ en un hilo fig *Todesangst haben* ‖ *mit dem Tode ringen* ‖ es un Juan de buen ~ fam *er ist ein guter Kerl* ‖ hablar al ~ fig *frei od frisch von der Leber weg reden* ‖ írsele a uno el ~ tras a/c fig *et sehnlichst herbeiwünschen* ‖ llegarle a uno al ~ a/c fig *et lebhaft bereuen* ‖ *jdn sehr rühren* ‖ *jdn tief ergreifen, jdm zu Herzen gehen* ‖ *sich tief verletzt fühlen (wegen gen)* ‖ llevar tras sí el ~ fig *unwiderstehlich sein* ‖ no tener ~ fig *herzlos, grausam sein* ‖ *gleichgültig sein* ‖ padecer como un ~ en pena fig *unsäglich leiden* ‖ eso me parte el ~ *das bricht mir das Herz* ‖ paseársele a alg. el ~ por el cuerpo figf *träge, faul, schlaff, gelassen sein* ‖ perder el ~ fig *ewig verdammt werden* ‖ pesarle a uno en el ~ a/c fam *et herzlich bereuen* ‖ poner en algo el ~ entera *mit Leib und Seele bei et sein* ‖ recomendación del ~ *Sterbegebet* n ‖ romperle a uno el ~ fam *jdm das Lebenslicht ausblasen* ‖ fam *jdm das Genick brechen* ‖ pop *jdm den Schädel einschlagen* ‖ sacar el ~ de pecado (a uno) fig *jdm ein entlocken, abschleichen* ‖ lo siento en el ~ *ich bedaure es lebhaft, es tut mir in der Seele weh* ‖ sin ~ *gefühllos* ‖ solita su ~ Arg *mutterseelenallein* ‖ su ~ en su palma fig *das mag er verantworten* ‖ tener el ~ bien puesta fig *vor nichts zurückschrecken* ‖ *das Herz auf dem rechten Fleck haben* ‖ tener el ~ entre los dientes fig *Todesangst empfinden* ‖ tener mucha ~ fig *vor nichts zurückschrecken* ‖ tener el ~ en la mano fig *offenherzig handeln, reden* ‖ tener más ~s que un gato fig *ein zähes Leben haben* ‖ tocarle a uno en el ~ fig *jdn rühren, jdm ans Herz gehen, jdm nahegehen* ‖ traer el ~ en la boca fig *sehr betrübt sein* ‖ volverle a uno el ~ al cuerpo fig *neuen Mut schöpfen* ‖ *jdn aus e-r großen Gefahr herausreißen* ‖ ~s pl *Einwohner* mpl

almacén m *Lager(haus), Magazin* n ‖ ⟨Com⟩ *Niederlage* f ‖ *Warenhaus* m, *großer Laden* m ‖ *(Kauf)Laden* m ‖ *gelagerte Erzeugnisse* npl ‖ *Lagerbestände* mpl ‖ *Speicher* m ‖ *Lagerraum* m ‖ *Kammer* f *(Schußwaffe, Ausrüstung, Bekleidung)* ‖ *Bunker* m ‖ ⟨Mar⟩ *Wassertank* m ‖ ⟨Phot⟩ *Wechselkassette* f *(Platten)* ‖ *Rollfilmkasten* m ‖ ⟨Typ⟩ *Magazin* n ‖ Am *Kaufladen* m, *Lebensmittelgeschäft* n ‖ *Aufbewahrungsraum* m ‖ ~ al por mayor *Großhandlung* f ‖ ~ de la aduana *Lagerhaus* n *für unverzollte Waren* ‖ ~ de carbón ⟨EB⟩ *Banse* f, *Kohlenbansen* m ‖ ~ frigorífico *Kühlhaus* n ‖ ~ de frutas *Obstschuppen* m ‖ ~ de herramientas *Werkzeugmagazin* n ‖ ~ de música *Musikalienhandlung* f ‖ en ~ *auf Lager, vorrätig* ‖ los efectos en ~ *Lager\bestand, -vorrat* m ‖ ◊ quedar en ~ *unverkauft (auf Lager) bleiben* ‖ gastar (mucho) ~ fig *viel Worte um nichts verlieren* ‖ situar las mercancías en los ~es generales de depósito *Waren unter Zollverschluß legen* ‖ grandes ~es *Kauf-, Waren\haus* n ‖ talón de ~ *Lagerschein* m

almacenado m = **almacenaje**

almace|naje m *Lagerung, Aufspeicherung, Einlagerung* f, *Einlagern* n ‖ *Lagermiete* f ‖ (derechos de) ~ *Lager\geld* n, *-gebühr* fpl ‖ **-namiento** m *Aufspeicherung, Lagern* n, *Bevorratung, Einlagerung, Lagerhaltung* f ‖ ~ de armas atómicas *Lagerung* f *von Atomwaffen* ‖ ~ obligatorio *Einlagerungspflicht* f ‖ ~ de productos alimenticios *Bevorratung* f *von Lebensmitteln* ‖ **-nar** vt *aufspeichern, (ein)lagern* ‖ *in e-m Lager aufbewahren* ‖ fig *beherbergen, bergen* ‖ **-se** fam *sich anhäufen* ‖ **-nero** m *Magazinverwalter, Lageraufseher* m ‖ Am *Lebensmittelhändler* m ‖ **-nista** m *Besitzer* m *e-s Warenlagers, Lagerhalter* m ‖ *Lagerhausverwalter* m ‖ Arg = **almacenero** ‖ *Magazinaufseher* m ‖ *Ladenverkäufer* m ‖ ~ de papel *Papier(groß)händler* m

almaceno adj = **amacenaje** ‖ ~ m *Pflaumenbaumart* f

¹**almáciga** f *Mastix* m ‖ *(Fenster)Kitt* m ‖ Pe *dunkelhäutiger Mischling* m

²**almáciga** f *Baumschule* f ‖ *Treib-, Mist\beet* n

almacigado adj Pe *von dunkelhäutiger Rasse*

almacigar vt *mit Mastix parfümieren od räuchern*

almácigo m *Mastixbaum* m ‖ *Pflanz(en)beet* n ‖ *Baumschule* f ‖ *Treib-, Mist\beet* n

almádana f *(langstieliger) Steinhammer* m

***almadén** m *Bergwerk* n, *Zeche* f ‖ *Erzstufe* f ‖ las minas de ~ *die berühmten span. Quecksilberbergwerke von Almadén* (PCReal)

almádena f *(langstieliger) Steinhammer* m

almadeneta f dim v. **almádana**

alma|día f *Rindenkahn* m *der Neger* ‖ *Boot* n *der Indianer* ‖ *Fähre* f ‖ *Floß* n ‖ **-diar** vi *mit (auf) e-r Fähre e-n Fluß überqueren* ‖ **~se** *schwindelig werden* ‖ **-diero** m *Floßführer* m

almádina f = **almádena**

alma|draba f *Thunfischerei* f ‖ *Thunfischnetz* n ‖ *Thunfischfanggründe* mpl ‖ *Fangzeit* f *des Thunfisches* ‖ **-drabero** m *Thunfischer* m ‖ adj *zur Thunfischerei gehörig*

alma|dreña f *Holzschuh* m ‖ **-dreñero** m *Holzschuhmacher* m

almágana f *Hond Steinhammer* m ‖ *Hond fauler, träger Mensch* m

almaganeta f = **almádena**

almagesto m ⟨Astr⟩ *Almagest* m *(Handbuch der Astronomie)*

almagra f = **almagre**

alma|gral m *ockerreiche Gegend* f ‖ **-grar** vt *mit Ocker, Rötel färben* ‖ fig *in üblen Ruf bringen* ‖ vulg *blutig schlagen, hauen* ‖ **-gre** m *Ocker, Rötel* m, *Roterde* f ‖ fig *Brandmal* n ‖ *Wundmal* n ‖ **-greño** adj *aus Almagro* (PCReal) ‖ **-grera** f ⟨Bgb⟩ *Rötelfundgrube* f

almaizar m *maurische Kopfbedeckung* f *aus Gaze* ‖ ⟨Kath⟩ *Schultertuch, Humerale* n

almaizo m = **almez**

almajal m *Salzkrautfeld* n ‖ *sumpfige Niederung* f *am Meer*

almajara f *Baumschule* f *(mit Treibhäusern)* ‖ *Mist-, Treib\beet* n

almaje m Al Großviehherde f e-r Gemeinde
almalafa f maurischer Oberrock m
almana|que m Almanach, Kalender m ‖ Jahrbuch n ‖ ~ náutico nautisches Jahrbuch n ‖ ◊ salir vendiendo ~ Arg fam sehr oft abgewiesen werden ‖ hacer ~s fig tiefsinnig brüten ‖ spintisieren ‖ **-quero** m Kalenderverkäufer m
almandina f ⟨Min⟩ Almandin m (Eisentongranat)
almánguena f ⟨Min⟩ = **almagre**
almanta f Furchenrain m ‖ ◊ poner a ~ (Weinstöcke) dicht und unregelmäßig pflanzen ‖ Treibbeet n
almarga f Mergel|grube f, -vorkommen n
almario m = **armario** ‖ fig joc Körper m
¹**almarjal** m Salzkrautstrauch m ‖ Salzkrautfeld n
²**almarjal** m Moor n, Sumpf m
almarjo m ⟨Bot⟩ allg Salzkraut n
almarrá [pl **-aes**] Baumwollkamm m
¹**almártaga** f Blei|glätte f, -oxid n
²**almártaga** f Stallhalfter m
³**almártaga** f Am Schurke m
almás|tica, -tiga f, **-te(c)** m Mastix m
almática f Mex Meßgewand n (→ **dalmática**)
almatriche m Bewässerungsgraben m
almazaque m Ar Mastix m (→ **almáciga**)
almaza|ra f Ölmühle f ‖ **-rero** m Ölmüller m
almazarrón m Ocker, Rötel m, Roterde f
almea f Almee f, Tänzerin im Orient ‖ Storax|-balsam m bzw -rinde f
alme|ja f ⟨Zool⟩ eßbare Muschel f (z. B. Teppichmuschel [Taper decussatus], Venusmuschel f [Venus gallina]) ‖ →a **mejillón** ‖ vulg fig weibliche Scham f ‖ **-jar** m Miesmuschelkultur f ‖ Muschelbank f
almena f (Mauer)Zinne, Mauerzacke f ‖ ⟨Her⟩ Zinke, Kerbe f
alme|nado adj ausgezackt, zinnenförmig, Zinnen- ‖ ⟨Her⟩ gekerbt ‖ **-naje** m Zinnenwerk n, Mauerkrönung f ‖ Arbeit f in Zacken an Kleidern usw
¹**almenara** f ⟨Mil⟩ Signalfeuer, Feuerzeichen, Fanal n
²**almenara** f Ar Ablaufgraben m e-s Bewässerungsgrabens, Ableitungsgraben m
almendra f Mandel f ‖ Mandelkern m ‖ Kern m des Steinobstes ‖ Zuckermandel f ‖ mandelförmiger Diamant m ‖ runder Pflasterstein m ‖ fig Quintessenz f, Kern m e-r Sache ‖ fam Kiesel m, kleiner, runder Stein m ‖ fam Kopf, Verstand m ‖ Murc Seidenraupenkokon m erster Qualität ‖ ~ amarga Bittermandel f ‖ ~ dulce Süßmandel f ‖ ~ de cacao Kakaobohne f ‖ ~ en cáscara Mandel f in der Schale ‖ ~ mollar Krach-, Knack|mandel f ‖ ~ peladilla geschälte und überzuckerte Mandel f ‖ ~ de la media ~, dama de la media ~ fam zimperlich (Frau) ‖ ~s pl Leuchter|gehänge n, -behang m ‖ ~ garapiñadas gebrannte und überzuckerte (od gesalzene) Mandeln fpl ‖ esencia de ~ amargas Bittermandelöl n ‖ horchata de ~ Mandelmilch f ‖ ◊ saber a ~ nach Mandeln schmecken ‖ fig sehr gut schmecken
almen|drada f Mandelmilch f mit Zucker ‖ Soße f aus zerstoßenen Mandeln und Eiern ‖ ◊ dar una ~ a alg. figf jdm et Schmeichelhaftes sagen ‖ **-drado** adj mandelförmig ‖ ~ m (Art) Mandelteig m ‖ Mandelgebäck n, Makrone f ‖ ojos ~s Mandelaugen npl ‖ **-dral** m Mandelbaumpflanzung f ‖ Mandelbaum m ‖ **-drar** vt mit Mandeln belegen ‖ *-**drate** m (Art) Mandelgericht n ‖ **-drera** f Mandelbaum m ‖ ◊ florecer la ~ figf frühzeitig ergrauen ‖ **-drero** m Mandelbaum m ‖ Gefäß n od Teller m mit Mandeln zum Nachtisch ‖ **-drilla** f dim v. **-dra** ‖ Trümmergestein n ‖ Kiessand, Schotter m ‖ Nußkohle f ‖ Schlosserfeile f mit mandelförmiger Spitze ‖

-drillo m zähes Holz n zu Brunnenröhren ‖ **-dro** m ⟨Bot⟩ Mandelbaum m (Prunus amygdalus) ‖ **-drolón** m Mancha = **-druco** ‖ **-drón** m philippinischer Mandelbaum m ‖ **-druco, -drino** m grüne Mandel f mit der ersten Schale
almenilla f Arbeit f in Zacken an Kleidern, Vorhängen usw
almeriense adj aus Almería (P Alm)
almete m Sturmhaube f, (Stech)Helm m
almez [pl **-ces**] m (südlicher) Zürgelbaum m (Celtis australis) ‖ Zürgelholz n
almeza f Frucht f des Zürgelbaum(e)s
almiar m Heu-, Stroh|schober m, Triste, Feime, Dieme f ‖ Banse, Puppe f
almiarar vt Heu n in Schober setzen
almíbar m (Arg f) Zuckerseim m ‖ Honigseim, Sirup m ‖ süßer Fruchtsaft m ‖ frutas en ~ in Sirup eingemachte Früchte fpl ‖ hecho un ~ fig zuckersüß ‖ salbungsvoll ‖ heuchlerisch
almiba|rado adj zuckersüß ‖ fig süßlich, liebedienerisch, heuchlerisch ‖ **-rar** vt in Zucker einmachen ‖ fig mit süßen Worten berücken ‖ figf jdm Honig um den Bart schmieren
almicantarat f/m ⟨Astr⟩ Azimutalkreis m
almi|dón m Stärke f, Stärkemehl n ‖ Kraftmehl n ‖ ~ animal tierische Stärke f ‖ ~ de arroz Reisstärke f ‖ ~ brillante ~ de brillo Glanzstärke f ‖ ~ de estroma Stromstärke f ‖ ~ florido blühende Stärke f ‖ ~ de harina Mehlstärke f ‖ ~ de patata Kartoffelstärke f ‖ ◊ poner (od dar) ~ stärken ‖ tener poco ~ wenig gestärkt sein (Wäsche) ‖ **-donado** adj gestärkt (Wäsche) ‖ fig steif ‖ figf geckenhaft ‖ pop geschniegelt und gebügelt ‖ **-donar** vt (Wäsche) stärken ‖ sin ~ ungestärkt ‖ **-donería** f Stärkefabrik f ‖ Stärkeverkauf m ‖ **-donero** adj stärkehaltig ‖ trigo ~ Emmer m (Triticum dicoccon)
△**almifor** m Pferd n
△**almi|fora** f Maultier n ‖ △ **-forero** m Pferde- und Maultier|dieb m
almila m Gran Töpferofen m
almilla f Jäckchen n ‖ Wams n ‖ Unterjacke f ‖ Bruststück n vom Schwein ‖ Zapfen m am Zimmerwerk
almimbar m Moscheekanzel f, Mimbar m
alminar m Minarett n
almiquí m ⟨Zool⟩ Schlitzrüßler m (Solenodon cubanus)
almiranta f Gemahlin f e-s Admirals ‖ Admiralschiff, Flaggschiff n
almirantazgo m Admiralität f ‖ Admiralsrang m ‖ Admiralitätsgericht n
almirante m Admiral m ‖ And fig Schwimmmeister m ‖ buque ~ Admiralsschiff n ‖ Gran ~ Großadmiral m
almirez [pl **-ces**] m ⟨Kochk⟩ (metallener) Mörser m
almirón m And ⟨Bot⟩ Löwenzahn m (→ **diente de león**)
almizcate m ⟨Arch⟩ Zwischenhof m
almiz|clado adj: rata ~a Moschusratte f (→ **almizclera**) ‖ **-clar** vt mit Moschus durchduften ‖ stark durchduften
almizcle m Moschus, Bisam m ‖ Hond Federfett n gewisser Vogelarten
almiz|cleña f Bisam-, Moschus|blume f ‖ **-cleño** adj nach Bisam duftend ‖ pera ~a Muskatellerbirne f
almizclera f ⟨Zool⟩ Bisamspitzmaus, Pyrenäen-Bisamspitzmaus f (Galemys pyrenaicus ‖ cabra ~ Moschustier n (Moschus moschiferus) ‖ rata ~ Bisamratte f (Ondatra zibethica)
almizclero adj Bisam- ‖ ~ m Moschustier n
almo adj ⟨poet⟩ schaffend, nährend ‖ gütig, wohlwollend ‖ hehr, ehrwürdig
almocáber m Marr Friedhof m
almocafre m Jät|hacke, -haue f ‖ Furchenzieher m

almocárabe(s) m(pl) ⟨Arch⟩ schleifenförmige, geschlungene Verzierung f
almoceda f Nav zweitägiges Bewässerungsrecht n
almocrí [pl -íes] m Vorleser m in der Moschee
almodrote m Tunke f aus Öl, Knoblauch, Käse usw || figf Gemengsel, Allerlei n, Mischmasch m || figf Sammelsurium n
almofía f Waschbecken n
almofrej m Kissenüberzug m
almofrez m Am = **almofrej**
*****almogávar** m/adj ⟨Hist⟩ zu Streifzügen verwendeter Landbewohner, Plänkler m || expedición de los ~es Streifzug m der Aragonier und Katalanen in Griechenland und Kleinasien (14. Jh.)
almogavarear vi Streifzüge mpl in Feindesland unternehmen
almohada f Kissen, Polster n || Kopfkissen n || Kniepolster n || Kissenüberzug m || Kutschensitz m || behauener Stein m zu Bauzwecken || ⟨Arch⟩ Keilstück n || ⟨EB⟩ Leihkissen n || ~ de aire, ~ neumática Luft\polster, -kissen n || ~ de arena ⟨Ing⟩ Sandkissen n || ~ eléctrica Heizkissen n || ◊ consultar a. con la ~ figf et überschlafen || dar (la) ~ der Gemahlin eines span. Granden beim ersten Empfang der Königin das Kissen zum Sitzen reichen (als Zeichen ihrer neuen Würde) || la mejor ~ es una conciencia tranquila ein gutes Gewissen ist ein sanftes Ruhekissen
almohade m Almohade m (islamische Sekte, Dynastie)
almohadilla f kleines Kissen n || Nähkissen n || Watteeinlage f in Kleidern || Wulst m am Pferdegeschirr || vorspringender Teil m an einem Gebäude || ⟨Arch⟩ Bossenwerk n || ⟨Arch⟩ Polster n beim ionischen Säulenkapitell || ⟨Arch⟩ Wulststein m im Mauerwerk, Bossenquader m || ~ eléctrica Heizkissen n || ~ de engrase ⟨EB⟩ Schmierkissen n || ~ de freno Bremsklotz m || Bremsbacke f || ~ frotante ⟨El⟩ Reibkissen n || ~ hidráulica Wasserkissen n || ~ neumática Luftkissen n || ~ de oro ⟨Buchb⟩ Goldpolster n || ~ de plástico Kunststoffkissen n || ~ de tope ⟨Tech⟩ Pufferkopf m || ◊ cantar a la ~ figf beim Nähen singen, d.h. bloß zum Vergnügen
almohadi|llado adj ⟨Arch⟩ mit Seitenschnörkeln (Säulenknauf) || ~ m ⟨Arch⟩ Füllung, Bossage f || Polsterung f || ⟨Mar⟩ Holzfutter n des Panzers || **-llamiento** m Polsterung f || **-llar** vt ausfüllen, polstern
almohadón m Kissen, Ruhekissen n || Wagenkissen n || Keil-, Sofa\kissen n || ⟨Arch⟩ oberer Grundstein m eines Bogens
almohatre m Salmiak m
almo|haza f Striegel m || **-hazar** [z/c] vt striegeln
almojábana f Käsekuchen m || Gebäck n aus Butter, Zucker und Eiern
almojaya f eingemauerter Balken m, dessen Ende aus der Mauer hervorragt und zu Gerüsten dient, Gerüststange f
almona f And Seifensiederei f || ⟨Fi⟩ Fangort m der Alse bzw der Breitlinge
almondera f Al grobes Hanfzeug n
almóndiga f = **albóndiga**
almo|neda f Versteigerung, Auktion f || Ausverkauf m || gerichtlicher Verkauf m || **-ned(e)ar** vt öffentlich versteigern
almorabes mpl = **almocárabes**
almorabú m Ar ⟨Bot⟩ Majoran m (→ **mejorana**)
almoraduj m ⟨Bot⟩ Majoran m (→ **mejorana**)
almorávides mpl die Almoraviden, arab. Dynastie und Sekte in Spanien
almorejo m ⟨Bot⟩ Borstenhirse f (Setaria spp)
almorí [pl -íes] m Honig|teig, -kuchen m
almo|rranas fpl ⟨Med⟩ Hämorrhoiden pl || **-rranado**, **-rraniento** adj/s ⟨Med⟩ mit Hämorrhoiden behaftet
almorta f ⟨Bot⟩ (Edel)Platterbse f (Lathyrus sativus) || ~ de los prados Wiesenplatterbse f (Lathyrus pratensis)
almorzada f zwei Hände voll (Maß) || Mex Mittagessen n
almorzar [-ue-, z/c] ~ vi frühstücken || ◊ vengo almorzado ich komme vom Frühstück, ich habe schon gefrühstückt
almotacén m Eichmeister m || Eichamt n || Marr Marktaufseher m
almotace|nazgo m Eichamt n || Eichmeisterberuf m || **-nía** f Eichgebühr f || Eichmeisterberuf m || Eichamt n || Fischbörse f
almotroste m Am = **armatoste**
almud m Trockenmaß = 1 celemín || = ¹/₂ fanega || = ¹/₁₆ arroba (in Navarra) || = 1,76 Liter (Navarra) od 4,625 l in Kastilien, bis 27,25 l || **-ada** f Stück Land n zur Aussaat eines almud Korn
almudí [pl -íes], **almudín** m öffentlicher Kornspeicher m || Ar Kornmaß = 6 cahices
almuecín, **almuédano** m Muezzin m, Gebetsrufer m (bei den Mohammedanern)
almuercear vt Guat (Mittag)Essen n an die Landarbeiter verteilen
almuerce|ra f Mex Straßenverkäuferin f || **-ro** m Pe Imbißverkäufer m
almuérdago m ⟨Bot⟩ Mistel f (→ **muérdago**)
almuerzo m (zweites) Frühstück n || Frühstücken n || Gabelfrühstück n || Mittagsbrot, Mittagessen n, Diner n || ~ escolar gratuito kostenlose Schulspeisung f || ~ de trabajo Arbeits-, Besprechungs|essen n || tomar (el) ~ frühstücken
almunia f Gehöft n
almurca f Ölhefe f
almuzara f And Acker\feld, -land n
alna f [el] Elle f
*****alnado** m Stiefsohn m, Stiefkind n
Al.° Abk = **Alonso**
alo m Mex Ara (Papagei) m (→ **ara**)
¡aló! int Am hallo!
alobadado adj ⟨Vet⟩ pestbeulig (Tiere)
aloballar vt jdn zu Boden werfen
alóbroge m ⟨Hist⟩ Allobroger m
alobunado adj wolfsähnlich (bes in der Haarfarbe)
alocado adj unbesonnen, unüberlegt || verrückt
alocar vt um den Verstand bringen || ~se Pe Ven den Verstand verlieren
alocinesia f ⟨Med⟩ Allokinesie f
alocroísmo m Farbwechsel m
alocromasia f ⟨Phys⟩ Farbwechsel m || ⟨Med⟩ Allochromasie f
alóctono adj ⟨Wiss⟩ fremd || ⟨Ökol Min⟩ allochthon
alocución f Anrede, (feierliche) Ansprache f || kurze Rede f
alocuo adj ⟨Wiss⟩ nicht sprechend, stumm
alo|dial adj ⟨Jur⟩ freieigen, allodial || bienes ~es Allodialgüter npl || **-dio** m Freigut, Allod n
áloe, **aloe** m ⟨Bot⟩ Aloe f (Aloë spp) || Aloesaft m || Aloeholz n
alogamia f ⟨Biol⟩ Allogamie, Fremd\befruchtung, ⟨Bot⟩ -bestäubung f
alógamo adj ⟨Bot⟩ allogamisch
alógeno adj fremdländisch || fremdrassisch || allogen
alógico adj widersinnig
aloico adj: ácido ~ Aloesäure f
aloisia f ⟨Bot⟩ Aloysia f (→ **hierba luisa**)
aloja f (Art) Met m || Arg Bol Chicha f (meist Maisbranntwein)
alo|jado m ⟨Mil⟩ Einquartierter m || Chi Gast m || **-jamiento** m ⟨Mil⟩ Unterbringung f || Wohnung f, Quartier n || ⟨Mar⟩ Raum zwischen zwei Laderäumen eines Schiffes || ⟨Mil⟩ Einquartierung f || ⟨Mil⟩ Truppenlager n || ⟨Tech⟩

alojar — alquilar 60

Lagerung f, *Lager* n ‖ ⟨Tech⟩ *Einbau* m ‖ ~ *colectivo Gemeinschaftsunterkunft* f ‖ ~ *de ganado Aufstallen* n ‖ ~s *para el ganado Stallbauten* mpl, *Stallungen* fpl ‖ ~ *para obreros Arbeiterunterkunft* f ‖ ~ *del personal Personalunterkunft* f
alojar vt *beherbergen, unterbringen, lagern* ‖ ⟨Mil⟩ *einquartieren* ‖ *einlassen, einstecken* ‖ ⟨Tech⟩ *einbauen* ‖ ~ vi *wohnen* ‖ ~**se** *absteigen (Hotel usw)* ‖ *(ein)ziehen, sich niederlassen* ‖ fig *sich festsetzen,* fam *sich einnisten (Gedanke)* ‖ *Wohnung* od *Quartier beziehen* ‖ ⟨Mil⟩ *sich einquartieren* ‖ *sich niederlassen* ‖ *steckenbleiben (Kugel)*
alojería f *Trinkhalle* f *für Met*
alojero m *Methersteller* m ‖ *Metverkäufer* m
alojí m Am = **alojamiento**
alolalia f ⟨Med⟩ **Allolalie* f, *Fehlsprechen* n *(bei Geisteskranken)*
alomado adj *mit gebogenem Kreuz (von Pferden)*
alomar vt ⟨Agr⟩ *rigolen* ‖ *(ein Pferd) auf das Hinterteil setzen* ‖ ~**se** *sich kräftig entwickeln (ein Pferd)*
alombar vt ⟨Agr⟩ Al *rigolen*
alometría f ⟨Biol⟩ *Allometrie* f
alomor|fia f ⟨Biol Chem⟩ *Allomorphie* f ‖ **-fo** adj *allomorph* (& Gr)
alón m *gerupfter Flügel* m
alón, -ona adj *mit (großen) Flügeln* ‖ *breitkrempig (Hut)*
△**alonar** vt *salzen, würzen*
alondra f *Lerche* f ‖ ~ *común* ⟨V⟩ *Feldlerche* f (Alauda arvensis) ‖ ~ *cornuda* ⟨V⟩ *Ohrenlerche* f (Eremophila alpestris) ‖ ~ *de Dupont* ⟨V⟩ *Dupont-Lerche* f (Chersophilus duponti) ‖ ~ *ibis Wüstenläuferlerche* f (Alaemon alaudipes)
alongamiento m *Verlängerung* f ‖ *Entfernung* f ‖ *Aufschub* m
alongar [g/gu] vt *verlängern* ‖ *ausdehnen, aufschieben, verzögern* ‖ *entfernen* ‖ ~**se** *sich ausdehnen*
alonsito m Ur ⟨V⟩ *Töpfervogel* m (Furnarius rufus)
alonso m *Berberweizen* m ‖ ~ adj *großkörnig (Weizen)*
Alonso m np span. *Taufname*
alópata adj: (médico) ~ *Allopath* m
alo|patía f ⟨Med⟩ *Allopathie* f ‖ **-pático** adj *allopathisch*
alopecia f *Alopezie* f, *Haarausfall, Haarschwund* m
alopécuro m ⟨Bot⟩ *Fuchsschwanz* m (Alopecurus sp)
alopelágico adj ⟨Biol Ökol MK⟩ *allopelagisch*
alopoliploi|de adj ⟨Biol Ökol MK⟩ *allopolyploid* ‖ **-día** f ⟨Biol⟩ *Allopolyploidie* f
aloque m/adj *Schiller, hellroter Wein* m ‖ *hellrot*
aloquecerse [-zc-] vr = **enloquecerse**
aloquiria f ⟨Med⟩ *Allocheirie, Empfindungsstörung* f
alorarse vr Chi *eine braune Gesichtsfarbe bekommen (von Sonne und Wind)*
alorritmia f ⟨Med⟩ *Allorhythmie* f
alosa f ⟨Fi⟩ *Alse, Else* f, *Maifisch* m (Alosa alosa)
alotígeno adj ⟨Min⟩ *allothigen*
alotriosmia f ⟨Med⟩ *Allotriosmie, Heterosmie* f
alotropía f ⟨Chem⟩ *Allotropie* f
alotropismo m ⟨Chem⟩ = **alotropía**
aloya f Al = **alondra**
aloyobiogénesis f ⟨Biol Gen⟩ *Alloiobiogenese* f, *Generationswechsel* m
¹**alpaca** f ⟨Zool⟩ *Alpaka* n, *Kamelziege* f (Lama pacos) ‖ *Alpakawolle* f, *Alpakahaare* npl ‖ *Alpakagewebe* n, *Mohär* m *(Stoff)*
²**alpaca** *Alpaka-, Neu|silber* n
alpañata f *Glättleder* n *der Töpfer*

alparcería f fam = **aparcería** ‖ Ar *Klatschsucht* f
alparcero adj Ar *klatschsüchtig*
alpargata f *Hanfschuh* m ‖ *Stoffschuh* m *mit Hanfsohle* ‖ *Leinenschuh* m *mit Bastsohle* ‖ *Turnschuh* m ‖ *Kletterschuh* m ‖ *gente de* ~ figf *arme Leute* pl ‖ *Pöbel* m
alparga|tado adj *wie ein Hanfschuh gemacht* ‖ **-tería** f *Hanfschuhfabrik* f ‖ *Hanfschuhladen* m ‖ *Hanfschuhe* mpl ‖ **-tero** m *Hanfschuhmacher* m ‖ *Hanfschuhverkäufer* m ‖ **-tilla** f dim v. **alpargata** ‖ fam *Schmeichelkatze* f ‖ **-tucho** m Col *armer Teufel* m
alpatana f And *(Acker)Gerät* n ‖ *Handwerkszeug* n ‖ *Gerümpel* n
alpechín m *Ölhefe* f ‖ Am *jede Art von Obst od Pflanzen|saft* m ‖ Chi *Saft* m *der Orangenrinde*
alpechinero adj/s *aus Sanlúcar* (P Cád)
alpende m ⟨Arch⟩ *Vor-, Wetter-, Treppen|dach* n ‖ *Pultdach* n ‖ *Bauhütte* f ‖ *(Geräte)Schuppen* m
alpendre m = **alpende**
alpérsico m *Herzpfirsich* m
Alpes mpl *die Alpen* pl ‖ ~ *Julianos Julische Alpen* ‖ ~ *Occidentales Westalpen* ‖ *estrella de los* ~ ⟨Bot⟩ *Edelweiß* n (Leontopodium alpinum)
alpestre adj *Alpen-* ‖ *alpenartig, bergig* ‖ fig *rauh, unfruchtbar*
álpico adj = **alpestre**
alpícola adj ⟨Bot⟩ *in den Alpen heimisch, Alpen-*
alpicoz m Mancha = **alficoz**
alpígena m *Alpenbewohner* m
alpi|nismo m *Alpensport, Berg|sport* m, *-steigen* n, *Alpinismus* m ‖ **-nista** m *Alpinist, Bergsteiger* m
alpino adj: *club* ~ *Alpenverein* m ‖ *raza* ~**a** *ostische* od *alpine Rasse* ‖ ~ m ⟨Mil⟩ *Gebirgsjäger* m
alpiste m *Kanariengras* n (Phalaris canariensis) ‖ *Glanz(samen)* m, *Kanariensaat* f ‖ *Kanarienfutter* n ‖ ◊ *dejar a uno* ~ fam *jdn mit leeren Händen abziehen lassen* ‖ *no tener (ni para)* ~ fig *bettelarm sein* ‖ *allí me dan el* ~ figf *dort verdiene ich meine Brötchen*
alpistela, alpistera f *Kuchen* m *aus Sesam, Mehl und Ei*
alpoldras fpl prov *Balken* mpl *(zum leichteren Übergang über die Flüsse an die Furten gelegt)*
alporchón m Murc *Haus* n, *in dem Berieselungswasser versteigert wird*
alque m ⟨V⟩ *Alk* m (→ **alca**)
alquequenje m *Judenkirsche, Lampionblume* f (Physalis alkekengi) *(Strauch)* ‖ *Judenkirsche* f *(Frucht)*
alquería f *(Bauern)Hof* m, *Bauern-, Land|gut* n ‖ (P Val) *Landhaus* n
alquermes m *Kermesbeersaft* m ‖ *Kermesmus* n ‖ ⟨Pharm⟩ *Kermeslatwerge* f ‖ → **quermes**
alquez [pl **-ces**] m *Weinmaß* = 12 *cántaras* (193 Liter)
alquezar m Gran *Anschluß* m *an e-n Fluß zu Bewässerungszwecken*
alquibla f *der Punkt, nach dem die Mauren beim Beten den Blick wenden (Mekka)*
alquicel m *weißer, maurischer Mantel* m
alquifol m *Bleiglanz* m *(Glasurmasse der Töpfer)*
alquil m *Leihgebühr* f ‖ *Besoldung* f
alquila f pop *Aushängeschild* n *an Mietwagen*
alquila|ble adj *zu (ver)mieten* ‖ **-dizo** adj/s *(ver)mietbar* ‖ fig *bestechlich, käuflich* ‖ **-dor** m *Vermieter* m ‖ *Verpächter* m ‖ *Verleiher* m ‖ *Mieter* m ‖ ~ *de coches Wagenvermieter* m ‖ **-miento** m *Vermieten* n ‖ *Miete* f
alqui|lar vt *mieten* ‖ *vermieten* ‖ *verpachten* ‖ *verleihen* ‖ *dingen* ‖ ◊ *estar por* ~ *zu vermieten sein (Wohnung)* ‖ *se alquila zu vermieten* ‖ ~**se** *sich verdingen (bei* dat *con)*, *e-e Arbeit anneh-*

men ‖ **–ler** m Miet|zins, -preis m, Miete f ‖ Vermietung f ‖ Verpachtung f ‖ Verleih m ‖ coche de ~ Mietwagen m, Taxe f, Taxi n ‖ coche de ~ (sin chófer) Leihwagen (für Selbstfahrer) ‖ ~ de autos Autovermietung f ‖ apartamento de ~, piso de ~ Mietwohnung f ‖ dar en ~ vermieten ‖ subir el ~ die Miete erhöhen ‖ **–lón, ona** adj desp (ver)mietbar ‖ desp käuflich ‖ Ec Mieter m ‖ Pächter m ‖ ~ m fam Mietwagen m
alquilo m ⟨Chem⟩ Alkyl n, einwertiger Kohlenwasserstoffrest m
alquimia f Alchimie f ‖ *Messing n ‖ ~s pl León Drogen fpl, chemische Produkte npl
alquimila f ⟨Bot⟩ Frauenmantel m (Alchemilla spp)
alquimista m Alchimist, Goldmacher m
alqui|tara f Destillierkolben m ‖ **–tarado** adj destilliert ‖ fig sehr ausgefeilt (Stil) ‖ **–tarar** vt destillieren ‖ fig fast übermäßig feilen (Stil, Sprache)
alquitira f ⟨Bot⟩ Tragant m (Astragalus sp)
alqui|trán m Teer m ‖ Mischung f aus Pech, Schweinefett, Harz und Öl ‖ fig Hitzkopf m ‖ ~ animal Knochen-, Tier|teer m ‖ ~ caliente Heißteer m ‖ ~ de alto horno Hochofenteer m ‖ ~ de carretera Straßenteer m ‖ ~ de hulla Steinkohlenteer m ‖ ~ de madera Holzteer m ‖ ~ deshidratado entwässerter Teer m ‖ ~ de destilación lenta od seca Ur-, Schwel-, Tieftemperatur|teer m ‖ ~ esquistoso Schieferteer m ‖ ~ frío Kaltteer m ‖ ~ hidrófugo Wetterteer m ‖ ~ de turba Torfteer m ‖ ~ vegetal Holzteer m ‖ **–tranado** adj teerhaltig, teerartig, geteert ‖ ~ m Teer|dach, -pflaster m ‖ Teerung f, Teeren n ‖ cartón ~ Teer-, Dach|pappe f ‖ **–tranadora** f Teer(spritz)gerät n ‖ ~ de calles, ~ de carreteras Straßenteermaschine f ‖ **–tranar** vt teeren ‖ ⟨Mar⟩ (ein)teeren ‖ ⟨Mar⟩ salben
alquitrete m Cu PR Kuppler m
A L. R. P. de V. M. Abk = **a los reales pies de Vuestra Majestad**
alrede|dor adv ringsherum, ringsumher ‖ ~ de ungefähr, etwa, zirka, circa ‖ um ... herum ‖ ◊ llegó ~ de las nueve er kam gegen neun Uhr ‖ **–dores** mpl Umgebung, Umgegend f
alredor adv pop = **alrededor**
alrota f Wergabfall m
alruna f Alraune f (→ **mandrágora**)
Alsacia f Elsaß n ‖ ~**-Lorena** Elsaß-Lothringen
alsaciano adj elsässisch ‖ ~ m Elsässer m
álsine f Miere f (Minuartia = Alsine spp)
alt. Abk = **altura**
alta f [el] alter span. Tanz m ‖ ⟨Med⟩ Entlassungsschein m ‖ ⟨Mil⟩ Eintrittsschein m, Patent n ‖ ⟨Mil⟩ Krankenschein m ‖ Anmeldung f beim Finanzamt ‖ Anmeldeformular n ‖ Anmeldung f bei e-r Berufskammer ‖ △ Fenster n ‖ △ Turm m ‖ ◊ dar de ~ ⟨Mil⟩ in den aktiven Dienst aufnehmen ‖ jdn (aus einem Krankenhaus) als geheilt entlassen ‖ gesund schreiben (e-n Kranken) ‖ darse de ~ sich einschreiben lassen, als Mitglied eintreten ‖ estar ~ (una hembra) heiß sein ‖ läufig sein (weibliches Tier) ‖ rossig sein (Stute) ‖ estar en ~ Am einen guten Ruf haben ‖ ser ~ aufgenommen werden (in den Militärdienst)
altabaca f And (Art) Salzstrauch m
altabaque m Arbeitskörbchen n
altabaquillo m ⟨Bot⟩ (Acker) Winde f (Convolvulus arvensis)
altaico adj altaisch
altamandría f ⟨Bot⟩ And Vogelknöterich m (Polygonum aviculare)
altamar f ⟨Mar⟩ die hohe See
altamente adv höchst, äußerst, hochgradig, sehr ‖ ~ confidencial streng vertraulich ‖ ~ explosivo hochexplosiv ‖ ~ volátil hochflüchtig
Altamira f: cuevas de ~ die berühmten Altsteinzeithöhlen bei Santillana del Mar (P Sant)
altamisa f ⟨Bot⟩ = **artemisa**
△**altana** f Tempel m, Kirche f
△**altanar** vt trauen ‖ heiraten
alta|nería f Höhe f, obere Regionen fpl ‖ hoher Flug m (der Vögel) ‖ Beize f, Falkenjagd f ‖ Hochmut m, hochfahrendes Wesen n ‖ ◊ meterse en ~s figf sich in Dinge einmischen, die man nicht versteht ‖ **–nero** adj hochfliegend (Greifvögel) ‖ fig hochmütig, stolz
altano adj: viento ~ ⟨Mar⟩ abwechselnder See- und Landwind m
¹**altar** m (Meß)Altar m ‖ Feldaltar m ‖ Altarbild n ‖ Priester|amt, -tum n, Kirche(nmacht) f ‖ ⟨Bgb Metal⟩ Feuer-, Fuchs|brücke f ‖ ⟨Bgb⟩ Erzader f ‖ ⟨Bgb⟩ Flöz n ‖ ~ de campaña Feldaltar m ‖ ~ lateral Seitenaltar m ‖ ~ mayor Hoch-, Haupt|altar m ‖ ◊ conducir (od llevar) al ~ fig zum Altar führen, heiraten ‖ sacrificio del ~ Messe f ‖ llevar a los ~es heiligsprechen ‖ poner en los ~es heiligsprechen ‖ fig jdn hochloben, fam jdn über den grünen Klee loben
²**altar** vt Am pop hochstellen, erhöhen
altaricón adj fam hochgewachsen und stämmig (Mensch)
altarreina f ⟨Bot⟩ Schafgarbe f ⟨Achillea spp⟩
altavoz [pl **-ces**] m ⟨Radio⟩ Lautsprecher m ‖ ~ de bocina Trichterlautsprecher m ‖ ~ de caja Gehäuselautsprecher m ‖ ~ de disco, ~ plano (Groß)Flächenlautsprecher m
altea f ⟨Bot⟩ Eibisch m (Althaea spp)
altearse vr sich erheben (Land, Gelände)
alterabilidad f Veränderlichkeit, Veränderungsfähigkeit f
alterable adj veränderlich, wandelbar
alteración f (Ver)Änderung, Störung f ‖ Wechsel m ‖ Entstellung, Verfälschung f ‖ Verschlimmerung f ‖ Beschädigung f ‖ Verwittern n ‖ Aufregung f ‖ Verblassen n der Schriftzüge ‖ Streit, Hader ‖ Ärger, Unwille m ‖ ⟨Philos⟩ Selbstentfremdung f ‖ Aufstand m ‖ fig Bestürzung f ‖ ~ de la demanda ⟨Jur⟩ Umwandlungs-, Abänderungs|klage f ‖ ~ del estado civil ⟨Jur⟩ Veränderung f des Personenstandes ‖ ~ de lindes, ~ de términos ⟨Jur⟩ Verrückung f von Grenzsteinen, Grenzverrückung f ‖ ~ de moneda ⟨Jur⟩ Münzverfälschung f ‖ ~ del orden público öffentliche Ruhestörung f ‖ ~ de los rasgos fisionómicos Entstellung f der Gesichtszüge ‖ ~ de la verdad Entstellung f der Wahrheit
alteradizo, alterable adj leicht verderblich ‖ veränderlich, unstet
alterado adj verkehrt, verändert ‖ verdorben ‖ fig bewegt, gerührt ‖ zornig, aufgebracht ‖ durcheinander ‖ Col dursig
alterante adj verändernd
alterar vt verändern, entstellen ‖ (ab-, um)ändern ‖ wechseln ‖ verwandeln ‖ verderben ‖ beeinträchtigen, verschlechtern ‖ aufregen, beunruhigen (die Gesundheit) angreifen, zerrütten ‖ (ver)fälschen (einschließlich die Wahrheit) ‖ bleichen (Farbe) ‖ oxydieren (Metall) ‖ verstümmeln (Text) ‖ ⟨Mus⟩ (eine Note) durch Vorzeichnung ändern ‖ ◊ ~ el orden de a. et in Unordnung bringen ‖ et verstellen ‖ ~**se** in Unruhe geraten ‖ sich aufregen, ärgern (por über acc) ‖ sauer werden (Milch usw) ‖ verderben (Lebensmittel usw) ‖ Col Durst m haben
alterativo adj (ver)ändernd
altercación f = **altercado**
alter|cado m Wortwechsel, Zank, Streit m, Auseinandersetzung f ‖ **–cador, –cante** m streitsüchtiger Mensch, fam Streithammel m ‖ **–car(se)** [c/qu] vi/r streiten, in e-n Wortwechsel geraten
alter ego lat das andere (od zweite) Ich n ‖ sehr vertrauter Freund, fam Intimus m
alter|nable adj abwechselbar ‖ **–nación** f Abwechs(e)lung f, Wechsel m ‖ ⟨El⟩ Polwechsel m

alternado — altorrelieve 62

‖ **–nado** adj *abwechselnd* ‖ ⟨Bot⟩ *wechselständig* ‖ **–nador** m ⟨El⟩ *Wechselstromgenerator, Alternator* m ‖ ~ *asincrónico trifásico Asynchron-Drehstromgenerator* m ‖ ~ *bifásico Zweiphasen-(wechselstrom)generator* m ‖ ~ *de corriente monofásica alterna* (Am *alternada*) *Einphasen-(wechselstrom)generator* m ‖ ~ *heteropolar Wechselpolgenerator* m ‖ ~ *homopolar Gleichpol(wechselstrom)generator* m ‖ ~ *sincrónico Synchrongenerator* m ‖ ~ *de volante Schwungradgenerator* m ‖ **–nancia** f *Abwechs(e)lung* f, *Wechsel* m ‖ ⟨El⟩ *Polwechsel* m ‖ *Alternat* n *(Diplomatie)* ‖ Murc *Umgang* m *(mit Menschen)* ‖ ~ *de generaciones* ⟨Gen⟩ *Alloiobiogenese* f, *Generationswechsel* m

alternar vt *abwechseln* ‖ *abwechselnd pflanzen, bestellen, säen usw* ‖ ⟨Math⟩ *versetzen, ablösen* ‖ ◊ ~ *el trabajo con el descanso abwechselnd arbeiten und ausruhen* ‖ ~ vi *abwechseln, abwechselnd vorkommen, stattfinden usw* ‖ *mit jdm Umgang pflegen, mit jdm verkehren* ‖ *mit jdm in Wettstreit treten* ‖ ⟨Mil⟩ *sich ablösen* ‖ ~ *con alg. en el servicio abwechselnd mit jdm Dienst tun* ‖ ~ *de igual a igual auf gleichem Fuß verkehren* ‖ ~ *con personas de nota einflußreichen Umgang haben*

alterna|tiva f *Alternative, Wechselwahl* f ‖ *Dilemma* n *(Entweder-Oder)* ‖ *Entscheidung* f ‖ *Schicht* f *(im Dienst)* ‖ ⟨Jur⟩ *Abwechslungsrecht* n ‖ *dar* la ~ ⟨Taur⟩ *als Matador zulassen* ‖ *tomar (od recibir)* la ~ ⟨Taur⟩ *feierlich als Matador aufgenommen werden* ‖ ~**s** fpl *Wetter|-wechsel, -umschlag* m

alternativo adj *abwechselnd* ‖ *cultivo* ~ ⟨Agr⟩ *Wechselwirtschaft* f ‖ adv: **-amente** *turnusweise, abwechselnd, im Turnus* ‖ *schichtweise, in Schichten*

alterne m pop *Animieren* n *der Gäste (durch Bardamen usw.)*

alternifloro adj ⟨Bot⟩ *wechselblütig*
alterno adj *abwechselnd* ‖ ⟨Bot⟩ *wechselständig* ‖ *ángulo* ~ ⟨Math⟩ *Wechselwinkel* m ‖ *corriente* ~**a** ⟨El⟩ *Wechselstrom* m ‖ *días* ~**s** *einen Tag um den anderen (dreimal wöchentlich), jeden zweiten Tag*

alternomotor m *Wechselstrommotor* m
altero m Mex *Haufen, Stoß* m
alterón m *Mauer* f ‖ *Hügel* m ‖ Murc *Anhöhe* f ‖ Col *Haufen, Stoß* m

alteza f *Höhe, Erhabenheit* f ‖ *Würde* f ‖ ~ *Hoheit* f *(Titel)* ‖ *Durchlaucht* f *(Titel)* ‖ ~ *Real Königliche Hoheit* f ‖ ~ *de miras edle Gesinnung* f

alti|bajar vi *e–n Glückswechsel erleiden* ‖ **-bajo** m *Hochquart* f *(Fechthieb)* ‖ ~**s** pl fam *Geländeunebenheiten* fpl ‖ figf *Glückswechsel* m ‖ fam *Auf und Ab* n

altico, altito m dim. v. **alto**
altilocuencia f *erhabener Stil, Schwung* m ‖ (→ **grandilocuencia**)
altilocuente, altilocuo adj *hochtrabend (Rede, Stil)* ‖ (→ **grandilocuente**)
altillano m Col *Hochebene* f
altillanura f *Hochebene* f
altillo m *Hügel* m, *kleine Anhöhe* f ‖ *Dienstbotenzimmer* n ‖ ⟨Arch⟩ *Halb-, Zwischen|geschoß* n ‖ Arg Ec *Dachstube* f
altimetría f *Höhenmessung, Hypsometrie* f ‖ ~ *acústica Schallhöhenmessung, Echometrie* f
altímetro m *Höhenmesser* m, *Altimeter* n ‖ ~ *de radar Radarhöhenmesser* m
alti|planicie f *Hochebene* f ‖ **-plano** m Am *(peruanisch-bolivianisches) Hochland* n
altiricón adj fam *sehr hochgewachsen*
altisa f ⟨Entom⟩ *Erdfloh* m (Phyllotreta sp)
altísimo m adj sup v. **alto** ‖ el ~ *der Allerhöchste, Gott* m
altisonante, altísono adj *erhaben, prachtvoll tönend* ‖ *hochtönend* ‖ *hochtrabend (Stil)*
altítono adj *mit (od in) hohem Ton*
altitud f *Höhe* f ‖ *Höhenlage* f ‖ *Höhe* f *über dem Meeresspiegel* ‖ → a **altura**
altivamente adv v. **altivo**
*****altivecer** [-zc-], **altivar** vt *stolz, hochmütig machen* ‖ ~**se** *stolz werden*
altivez [pl **-ces**] f *Stolz, Hochmut* m
altivo adj *stolz, hochmütig*
altívolo adj fig *hochtrabend*
¹**alto** adj *hoch, erhöht* ‖ *groß von Gestalt* ‖ ⟨Geogr⟩ *Ober-, Hoch-* ‖ *hoch (Ton)* ‖ *tief (vom Meere)* ‖ *Hochwasser* n *führend (Fluß)* ‖ *spät im Jahre fallend (Festtage)* ‖ *laut, hell (Stimme)* ‖ *beweglich (Fest)* ‖ *edel, vornehm, hochgestellt, erhaben,* fig *vor|züglich, -trefflich* ‖ *tief, gründlich* ‖ *sehr schwerwiegend (Verbrechen)* ‖ *teuer, hoch (Preis)* ‖ fig *vorgerückt (Stunde)* ‖ fig *schwierig, schwer* ‖ ~ *alemán hochdeutsch* ‖ ~**a** *Autoridad* f *Hohe Behörde* f ‖ ~ *brillo* m ⟨Mal⟩ *Hochglanz* m ‖ ~**a** *Comisaría* f *Hochkommissariat* n ‖ ~ *Comisario* m *Hochkommissar* m ‖ ~**a** *Comisión* f *Aliada Alliierte Hohe Kommission* f ‖ ~ *Comisionado* m *de las Naciones Unidas para los Refugiados Hoher Flüchtlingskommissar* m *der Vereinten Nationen* ‖ ~**a** *consideración* f *Hochachtung* f ‖ ~**a** *costura* f *die führenden Modehäuser* npl, *die Haute Couture* f ‖ ~ *de cuerpo von hoher Gestalt* f ‖ ~**a** *finanza* f *Hochfinanz* f ‖ ~**a** *frecuencia* f *Hochfrequenz* f ‖ ~ *horno* m *Hochofen* m ‖ ~**a** *mar* f *offene, hohe See* f ‖ *Flut* f ‖ ~ *Mando* m *Oberkommando* m ‖ ~**a** *presión* f *Hochdruck* m ‖ ~ *relieve* m *Hochrelief* n ‖ ~**a** *tensión* f *hohe Spannung, Hochspannung* f ‖ ~**a** *traición Hochverrat* m ‖ *piso* m ~ *erster, zweiter usw. Stock* m ‖ a ~**as** *horas de la noche* fig *spät in der Nacht, zu vorgerückter Stunde* ‖ *en* ~**as** *instancias an höherer Stelle, höheren Orts* ‖ *llevar la cabeza* ~**a** *den Kopf hoch tragen* ‖ *niemandes Blick scheuen* ‖ *tener en* ~**a** *estima* f *hochschätzen* ‖ Col Ec Pe *kurz (Kleid)* ‖ *de* ~ *bordo hochbordig (Schiff)* ‖ fam *von Rang, hochgestellt* ‖ *buque de* ~ *bordo (od* ~ *porte) Seeschiff* n ‖ *en* ~**a** *voz laut* ‖ *de lo* ~ *von oben herab* ‖ *El de lo* ~ *der Allerhöchste, Gott* m ‖ ~ *Aragón Oberaragonien* n ‖ la ~**a** *Baviera Oberbayern* n ‖ *las* ~**as** *partes contratantes die Hohen Vertragsparteien, die Hohen Vertragschließenden Parteien* ‖ *el* ~ *Rin der Oberrhein*
²**alto** adv *oben* ‖ *hoch* ‖ *laut* ‖ *de* ~ *abajo von oben nach unten* ‖ *en* ~ *oben* ‖ *nach oben* ‖ *echar por* ~ *übertreiben* ‖ *por* ~ fig *auf Schleichwegen* ‖ *pasar por* ~ *über et hinweggehen* ‖ *et übergehen, vergessen, nicht erwähnen, übersehen* ‖ *hablar* ~ *laut sprechen* ‖ fig *freimütig sprechen*
³**alto** m *Höhe* f *(im Gegensatz zu Länge und Breite)* ‖ *oberer Stock* m, *oberes Stockwerk* n ‖ *Hügel* m, *Anhöhe* f ‖ ⟨Mus⟩ *Alt* m, *Altstimme* f ‖ ⟨Mus⟩ *Bratsche* f ‖ *una vara de* ~ *e–e Elle hoch* ‖ ~**s** pl Am *erster, zweiter usw. Stock* m *e–s Wohnhauses* ‖ ~ *y bajos* fig *Glückswechsel* m, *Wechselfälle* mpl *des Lebens* ‖ fam *Auf und Ab* n
⁴**alto** m *Haltmachen* n, *Halt* m ‖ *Rast* f ‖ ⟨Mil⟩ *Haltbefehl* m ‖ *hacer* ~ *Halt machen, anhalten* ‖ *rasten* ‖ *hacer* ~ *en die Aufmerksamkeit lenken auf* (acc) ‖ ¡~! *halt! still!* ‖ ¡~ *ahí!* ‖ ¡~ *allá! 'halt' ein!* ‖ ¡~ *de ahí (od aquí)! fort von hier!* ‖ ~ *el fuego* ⟨Mil⟩ *Waffenruhe* f ‖ *Waffenstillstand* m ‖ ¡~! ⟨Mil⟩ *stopfen!* ‖ ¡~! *¿quién vive?* ⟨Mil⟩ *halt! wer da?*
alto|cúmulo m ⟨Meteor⟩ *Altokumulus* m *(grobe Schäfchenwolke)* ‖ **-estrato** m *Altostratus* m *(hohe Schichtwolke)*
altoparlante m Am *Lautsprecher* m (→ **altavoz**)
altor m *Größe* f *e–s Körpers*
altorrelieve m *Hochrelief* n

alto|zanero m Col *Eckensteher* m ‖ **–zano** m *kleiner Berg* od *Hügel* m, *Anhöhe* f ‖ *hochgelegener Teil* m *e–r Stadt* ‖ Am *Kirchenvorplatz*, *Vorhof* m
altramuz [*pl* **–ces**] m ⟨Bot⟩ *Lupine* f (Lupinus spp) ‖ ~ *amarillo gelbe Lupine* f ‖ ~ *dulce*, ~ *forrajero Süßlupine* f
altruismo m *Altruismus* m, *Nächstenliebe*, *Selbstlosigkeit* f ‖ *Uneigennützigkeit* f
altruista m/adj *Altruist* m ‖ ~ adj *altruistisch*, *selbstlos*
altura f *Höhe* f ‖ *Scheitelpunkt* m ‖ ⟨Math⟩ *Höhe*, *Höhenlinie* f ‖ ⟨Typ⟩ *Schrifthöhe* f ‖ *Höhe* f *auf der See* ‖ ⟨Astr⟩ *Höhe* f *(der Gestirne)* ‖ *Gipfel* m, *Spitze* f ‖ fig *Vortrefflichkeit*, *Vollkommenheit* f ‖ *Erhabenheit* f ‖ *Himmelreich* n ‖ ~ *alcanzada Steighöhe*, *erreichte Höhe* f ‖ ~ *angular* ⟨Radio⟩ *Winkelhöhe* f ‖ ~ *aparente* ⟨Astr Top⟩ *scheinbare Höhe* f ‖ ~ *de aprieto Spannhöhe* f ‖ ~ *de arranque*, ~ *de imposta* ⟨Arch⟩ *Kämpferhöhe* f ‖ ~ *de aspiración Saughöhe* f ‖ ~ *barométrica Luftdruck-*, *Barometer|stand* m ‖ ~ *del blanco Zielhöhe* f ‖ ~ *de caída Fall-*, *Gefäll-*, *Sturz|höhe* f ‖ *Druckgefälle* n, *Niveauunterschied* m ‖ ~ *calculada* ⟨Flugw⟩ *Nenn-*, *Normalfahrt|höhe* f ‖ ~ *de carga Belastungs-*, *Füll|höhe* f ‖ *Ladehöhe* f ‖ ~ *de construcción Bauhöhe* f ‖ ~ *de despejo lichte Höhe*, *Durchfahrtshöhe* f ‖ ~ *de diente* ⟨Tech⟩ *Zahn|höhe*, *-tiefe* f ‖ ~ *del ecuador Äquatorhöhe* f ‖ ~ *de elevación Steig-*, *Förder-*, *Hub|höhe* f ‖ ~ *de embalse Stauhöhe* f ‖ ~ *de escalonado Staffelmaß* n *(zwischen Fahrbahnkanten e–r Autobahn)* ‖ ~ *de impulsión (de la bomba) Druckhöhe* f *(der Pumpe)* ‖ ~ *libre sobre el suelo* ⟨Aut⟩ *Bodenfreiheit* f ‖ ~ *manométrica manometrische Höhe* f ‖ ~ *de la marea Fluthöhe* f ‖ ~ *meridiana Meridianhöhe* f ‖ ~ *del ojo Augenhöhe*, *Ganghöhe* f ‖ ~ *de paso*, ~ *navegable (de un puente) lichte Höhe*, *Durchfahrtshöhe* f *(e–r Brücke)* ‖ ~ *del piso*, ~ *entre pisos Geschoß-*, *Stockwerks|höhe* f ‖ ~ *práctica de aspiración Ist-Saughöhe* f *(Pumpe)* ‖ ~ *de radiación* ⟨Radio⟩ *Strahlungshöhe* f ‖ ~ *de régimen* ⟨Flugw⟩ *Normalfahrthöhe* f ‖ ~ *de seguridad* ⟨Flugw⟩ *Sicherheitshöhe* f ‖ ~ *del sol Sonnen|höhe* f, *-stand* m ‖ ~ *sobre el nivel del mar Höhe über dem Meeresspiegel*, *Höhenlage* f ‖ ~ *tope de funcionamiento* ⟨Flugw⟩ *Betriebsgipfelhöhe* f ‖ ~ *útil* ⟨Arch⟩ *lichte Höhe* f ‖ ~ *de velocidad* ⟨Hydr⟩ *Geschwindigkeitshöhe* f ‖ ~ *verdadera* ⟨Top⟩ *wahre Höhe* f ‖ ~ *viva del agua* ⟨Hydr⟩ *Gefälle* n ‖ ~ *de vuelo* ⟨Flugw⟩ *Flughöhe* f ‖ ◊ *estar a la* ~ *de su tiempo fig gewachsen*, *auf der Höhe der Zeit sein* ‖ *no estar a la* ~ *de la situación* fig *der Lage nicht gewachsen sein* ‖ *pesca de* ~ *Hochseefischerei* f ‖ *quedar a la* ~ *del betún* figf *e–e erbärmliche Rolle spielen* ‖ *rayar a gran* ~ fig *sehr hervorragend sein* ‖ *timón de* ~ *Höhensteuer* n ‖ *tomar* ~ ⟨Flugw⟩ *Höhe gewinnen*, *steigen* ‖ ⟨Mar⟩ *die Sonnenhöhe nehmen* ‖ ~**s** *pl*: *Dios de las* ~ *Gott im Himmel* ‖ *a estas* ~ *jetzt (, da es schon so weit ist)* ‖ *so, wie die Dinge liegen*
¹**alúa** f ⟨Mar⟩ *Lee* f
²**alúa** f Arg *(Art) Leuchtkäfer* m
aluato m ⟨Zool⟩ *Roter Brüllaffe*, *Aluate* m (Alouatta ursina)
alubia f *(Schmink-* od *Brech) Bohne* f (Phaseolus sp) ‖ ~**s** fpl fam *der Lebensunterhalt*, *fam die Brötchen*
alubiar m *(Brech) Bohnenfeld* n
aluciar vt *glätten*, *wichsen* ‖ ~**se** vr *sich herausputzen*
aluci|nación f ⟨Med⟩ *Sinnestäuschung*, *Halluzination* f ‖ *Wahn|gebilde* n, *-vorstellung* f ‖ *Faselei*, *Träumerei* f ‖ **–nadamente** adv *täuschend*, *blendend* ‖ **–nado** adj ⟨Med⟩ *an Sinnestäuschungen (* od *Halluzinationen) leidend* ‖ fam *verrückt* ‖ **–nador** m/adj *Halluzinator* m ‖ fig *blendender*, *aber gedankenarmer Schriftsteller* m
alucinar vt *blenden*, *verblenden* ‖ *hintergehen*, *täuschen* ‖ fig *fesseln*, *bannen* ‖ ~**se** *sich täuschen* ‖ *sich blenden lassen* ‖ ~ *en el examen bei der Prüfung die Ruhe*, fam *den Kopf verlieren*
alucinógeno adj/s *halluzinogen* ‖ ~ m *halluzinogenes Gift*, *Halluzinogen* n
alucón m ⟨V⟩ *Zwergohreule* f (→ **autillo**)
alud m *Lawine* f, *Schneesturz* m ‖ ~ *de palabras* fig *Flut* f *von Worten*, *Wortschwall* m ‖ ~ *de piedras Steinschlag* m ‖ ~ *de rocas Steinlawine* f, *Felsrutsch* m
aluda f *geflügelte Ameise* f
aludel m *Aludel* m *(für Quecksilber)*
aludir vt *anspielen*, *hinweisen* (a *auf* acc) ‖ *et andeuten* ‖ *sich beziehen auf* (acc) ‖ *el aludido der Vor-*, *der Oben|erwähnte* ‖ *darse por aludido auf sich beziehen*
aluego adv pop = **luego**
aluengar [g/gu] vt *verlängern*
alueñar(se) vt/r = **alejar(se)**
alufrar vt Ar *von weitem entdecken*
alujar vt Am *polieren*, *glänzend machen*
alum m Ar Murc *Alaun* m (→ **alumbre**)
alumbrado m *Beleuchtung* f ‖ *Erleuchtung* f ‖ ⟨Flugw Mar⟩ *Befeuerung* f ‖ fig *Licht* n ‖ ~ *de automóvil(es) Kraftfahrzeugbeleuchtung* f ‖ ~ *de bicicleta(s) Fahrradbeleuchtung* f ‖ ~ *de las calles Straßenbeleuchtung* f ‖ ~ *de despacho Bürobeleuchtung* f ‖ ~ *direccional gerichtete Beleuchtung* f ‖ ~ *de emergencia Notbeleuchtung* f ‖ ~ *de escalera Treppenbeleuchtung* f ‖ ~ *eléctrico elektrische Beleuchtung* f ‖ ~ *de escena*, ~ *de escenario Bühnenbeleuchtung* f ‖ ~ *de estacionamiento* ⟨Aut⟩ *Parkleuchte* f ‖ ~ *exterior Außenbeleuchtung* f ‖ ~ *de gálibo* ⟨Aut⟩ *Begrenzungsleuchte* f ‖ ~ *de gas Gasbeleuchtung* f ‖ ~ *intensivo* ⟨Aut⟩ *Fernlicht* n ‖ ~ *interior Innenbeleuchtung* f ‖ ~ *de matrícula Kennzeichenbeleuchtung* f ‖ ~ *natural Tageslichtbeleuchtung* f ‖ ~ *de oficina Bürobeleuchtung* f ‖ ~ *de la pista de aterrizaje* ⟨Flugw⟩ *Landebahnbeleuchtung* f ‖ ~ *de la placa* ⟨Aut⟩ *Nummern(schild)beleuchtung* f ‖ ~ *de población*, ~ *de posición* ⟨Aut⟩ *Standlicht* n ‖ ~ *publicitario Reklamebeleuchtung* f ‖ ~ *público Straßenbeleuchtung* f ‖ ~ *de remolque Anhängerbeleuchtung* f ‖ ~ *de seguridad Notbeleuchtung* f ‖ ~ *de techo Deckenbeleuchtung* f ‖ ~ *de urgencia Notbeleuchtung* f ‖ *instalación de* ~ *Beleuchtungsanlage* f ‖ *intensidad de* ~ *Beleuchtungsstärke* f ‖ *red de* ~ *Lichtnetz* n ‖ ~ adj *aufgeklärt* ‖ ⟨Theol⟩ *erleuchtet*, *verzückt* ‖ figf *benebelt*, *angetrunken*, *beschwipst* ‖ ~**s** mpl *Lichtbrüder*, *Illuminaten* mpl *(Sektierer des XVI. Jh.)*
alum|brador m *Be-*, *Er|leuchter* m ‖ **–bramiento** m *Beleuchtung* f ‖ *(Vor-) Leuchten* n ‖ ~ *(de aguas) Quellen|erschließung* f, *-fund* m ‖ fig *Täuschung* f ‖ *Entbindung*, *Geburt*, *Niederkunft* f ‖ **–branoche** f Al *Leuchtkäfer* m (→ **luciérnaga**) ‖ **–brante** m ⟨Th⟩ *Beleuchter* m
¹**alumbrar** vt *er-*, *be|leuchten*, *erhellen* ‖ *aufhellen (& fig)* ‖ *aufleuchten lassen (Gesicht)* ‖ *(den Weinstock) nach der Lese lüften* ‖ fig *(unterirdische Quellen) erschließen*, *fündig bohren* ‖ fam *(durch-)prügeln* ‖ *jdm leuchten* ‖ fig *aufklären*, *belehren*, ‖ figf *jdm ein Licht aufstecken* ‖ Arg vulg *jdm sein Geld unter die Nase halten* ‖ ~ vi *leuchten*, *scheinen* ‖ *gebären*, *entbinden*, *niederkommen* ‖ fam *übertreiben* ‖ ~**se** fam *sich beschwipsen* ‖ pop *sich e–n ansäuseln*
²**alumbrar** vt *mit Alaun tränken (bzw. behandeln*, *gerben)*
alumbre m *Alaun* m ‖ ~ *amoniacal Ammonium-*, *Ammoniak|alaun* m ‖ ~ *anhidro entwässerter*

Alaun m ‖ ~ fibroso *faseriger Alaun* m ‖ ~ *de hierro Eisenalaun* m ‖ ~ *de pluma*, ~ *cristalizado en filamentos Feder|alaun* m, *-weiß*, *-salz* n, *schwefelsaures Zink* n ‖ ~ *potásico Kalinit*, *Kalialaun* m ‖ ~ *de rosa Berg-*, *Fels-*, *Stein|alaun* m
alumbrera f *Alaunbruch* m ‖ *Alaunwerk* n
alúmbrico adj ⟨Min⟩ *alaunhaltig*
alumbroso adj *alaunartig* ‖ *alaunhaltig*
alúmina f ⟨Chem⟩ *reine Tonerde* f, *Aluminiumoxid* n ‖ *acetato de* ~ *essigsaure Tonerde* f
alumi|nado adj *alaunhaltig* ‖ *-nar* m *Alaunbruch* m ‖ **-nato** m *Aluminat* n ‖ ~ *de sosa* ⟨Chem⟩ *Natriumaluminat* n
aluminiar vt *aluminisieren*
alu|mínico, **-minoso** adj *alaunhaltig*, *Alaun-*, *Aluminium-*
aluminífero adj *aluminium-*, *alaun|haltig*
aluminita f ⟨Min⟩ *Aluminit* m
aluminio m ⟨Chem⟩ *Aluminium* n
aluminotermia f ⟨Chem⟩ *Aluminothermie* f
alumnado m *Schülerschaft* f ‖ *Am Internat*, *Alumnat* n ‖ *Chi Schule*, *Unterrichtsanstalt* f
alumno m *Zögling* m ‖ *Schüler* m ‖ *Pflegesohn* m ‖ *Kostgänger* m ‖ *Am Student* m ‖ ~ *externo Externer* m *(außerhalb des Schulgebäudes wohnender Zögling)* ‖ ~ *interno Internatszögling*, *Interner* m ‖ *Anstaltsschüler* m ‖ ~ *piloto Flugschüler* m ‖ ~ *de la universidad Hochschüler*, *Student* m
alunado adj ⟨Med⟩ *mondsüchtig* ‖ *verdorben (Schweinefleisch)* ‖ ⟨Vet⟩ *verschlagen (Pferd)* ‖ fig *grillenhaft* ‖ fig *wunderlich*
alunar vt ⟨Mar⟩ *(die Segel) killen* ‖ **~se** *abund zu|nehmen*, *unbeständig sein* ‖ *faul werden (Schweinefleisch)*
alunífero adj *alaunhaltig*
alunizaje m ⟨Astr⟩ *Mondlandung* f
alunizar vi ⟨Astr⟩ *auf dem Mond landen*
alu|sión f *Anspielung*, *Andeutung* f ‖ ~ *personal persönliche Anspielung* f ‖ **-sivo** adj *anspielend*, *hindeutend auf* (a acc) ‖ *bezüglich auf* (a acc) ‖ *anzüglich*
alustrar vt *glänzend machen* ‖ *wichsen (Schuhe)* ‖ → *lustrar*
alu|vial adj *alluvial* ‖ *angeschwemmt (Land)* ‖ *depósitos* mpl ~es *alluviale Ablagerungen* fpl ‖ **-vión** f *Alluvion*, *Anlandung*, *Anschwemmung*, *Anspülung* f ‖ ⟨Geol⟩ *Alluvium*, *Schwemmland* n ‖ *Überschwemmung*, *Wasserflut* f ‖ fig *Andrang*, *Ansturm* m ‖ *explotación por* ~ *Wasserflutbau* m
aluvional adj → *aluvial*
aluzar vt *Mex beleuchten*, *erhellen* ‖ *Mex PR ein Ei im Gegenlicht prüfen*
Álvaro (Abk **Álv.º**) m np span. *Taufname*
álveo m *Flußbett* n ‖ ⟨An⟩ *Hohlraum* m ‖ ⟨An⟩ *Zahnhöhle* f
alveo|lado adj *zellenförmig*, *grübchenförmig*, *zellig*, *wabenförmig* ‖ **-lar** adj *zellenförmig* ‖ ⟨An⟩ *alveolär* ‖ ⟨An⟩ *mit Hohlräumen versehen* ‖ ⟨Phon⟩ *alveolar* ‖ *forma* ~ *Zellenform* f ‖ *arcos* ~es *Zahnhöhlenbogen* mpl
alveolitis f ⟨Med⟩ *Alveolitis*, *Knochenhautentzündung* f *an den Zahnfächern*
alvéolo m *Grübchen* n ‖ *Zelle*, *Bienenzelle* f ‖ ⟨An⟩ *Zahn-*, *Kiefer|höhle*, *Alveole* f ‖ *Endbläschen* n *der Lunge* ‖ ⟨Bot⟩ *Grübchen*, *Fach* n ‖ ⟨Bot⟩ *Fruchtboden* m ‖ ⟨Zool⟩ *Alveole* f, *Zahnfach* n ‖ ⟨Tech⟩ *Zelle* f ‖ ~ *glandular* ⟨An⟩ *Drüsenalveole* f
alverja f = *arveja* ‖ Sant Can Am *Erbse* f (→ **guisante**)
alverjado m Chi *Erbsengericht* n
alverjón m ⟨Bot⟩ *Mohrenerbse*, *Narbonner Wicke* f
alviflujo m ⟨Med⟩ *Durchfall* m
alvino adj *zum Unterleib gehörig*, *Unterleibs-* ‖ *evacuaciones* ~as *Stuhlentleerung* f

alvo m *Bauch* m, *-gegend* f ‖ ⟨An⟩ *Gebärmutter* f
alza f [el] *Unterlage* f *zur Erhöhung* ‖ *Schuheinlage* f ‖ *Erhöhung*, *Steigerung*, *Hausse* f ‖ *Preis|steigerung* f, *-aufschlag* m ‖ ⟨Mil⟩ *Aufsatz*, *Schußregler* m, *Visier* n ‖ *Hebel*, *Hebebaum* m ‖ *Schleusentor* n ‖ ◊ *jugar al* ~, *especular sobre el* ~ *auf Hausse spekulieren* ‖ ~ *ilicita de precios Preistreiberei* f ‖ ~ *de precios Preis|anstieg*, *-auftrieb* m, *-erhöhung* f
alzacoches m ⟨Aut⟩ *Wagenheber* m (→ **gato**)
alzacola f ⟨V⟩ *Heckensänger* m (*Cercotrichas galactoses*)
alzacristales m ⟨Aut⟩ *Fensterheber* m
alzacuello m *Halskragen* m *der Geistlichen*, *kath Kollar* n, *protestantisch Beffchen* n ‖ ⟨Mil⟩ *Ringkragen* m
alzada f *Faust* f, *Faustmaß* n *des Pferdes* ‖ ⟨Jur⟩ *Berufung* f ‖ *juez de* ~ *Berufungsrichter* m ‖ *Ast (Sommer) Bergweide*, *Alm* f ‖ *vaque(i)ro* m *de* ~ *Ast Almkuhhirt* m
alza|damente adv *et höher im Preis* ‖ *pauschal*, *im großen ganzen genommen* ‖ **-dero** m *Ast Gal Geschirrbord* n ‖ **-deros** mpl *Arbeitstracht* f *der Mönche* ‖ **-dizo** adj *leicht emporzuheben*
alzado adj *erhaben* ‖ *in die Höhe gerichtet* ‖ *hochliegend*, *Hoch-* ‖ *empört* ‖ *(auf betrügerische Art) bankrott* ‖ *Pauschal-* ‖ *brünstig (Tier)* ‖ *Arg Chi Mex PR hochmütig* ‖ *herausfordernd* ‖ *precio a tanto* ~ *Pauschalpreis* m ‖ ~ m ⟨Arch⟩ *(Höhen) Aufriß* m *e–s Gebäudes*, *Vertikalprojektion*, *Ansicht* f ‖ ⟨Arch⟩ *Schwung* m *–s Bogens* ‖ *erhabenes Schnitzwerk* n ‖ ⟨Typ⟩ *Aufhängen* n *der Druckbogen* ‖ *Ar Diebstahl* m ‖ *SAm verwildertes Haustier* n ‖ *Ant Mex Aufständisches* m ‖ *Mex grob und scheu* ‖ ~ *lateral Seitenansicht* f ‖ *topográfico Geländeaufnahme* f *(Vermessung)* ‖ **~s** pl *für den Notfall zurückgelegte Sachen* fpl
alza|dor m ⟨Typ⟩ *Anlegeapparat* m ‖ **-dora** f *Arg Kindermädchen* n ‖ **-dura** f *Emporheben* n ‖ *erstes Bestellen* n *e–s Ackers* ‖ **-fuelles** m *Am Blasebalg* m ‖ fig *Schmeichler* m
alzamiento m *Emporheben* n ‖ *Erhöhung* f ‖ fig *Höhergebot* n ‖ *Widerruf* m ‖ *Aufhebung* f *e–s Gesetzes* od *e–s Verbotes* ‖ ⟨Jur⟩ *Span Beiseiteschaffen* n *(von Vermögen* od *pfändbarer Habe)* ‖ *Aufstand* m ‖ *Erhebung* f ‖ *Volkserhebung* f ‖ ⟨Jur⟩ *betrügerischer Bankrott* m ‖ *Arg heftiger Kopfschmerz* m ‖ ~ *del embargo preventivo* ⟨Jur⟩ *Aufhebung* f *des Arrests* ‖ ~ *Nacional Span Nationale Erhebung (1936)*
alza|paño m *Vorhanghalter* m ‖ **-pelo** m *Guat feiger (Kampf) Hahn* m ‖ *schüchterner Mensch* m ‖ **-pié** m *Fußangel* f ‖ **~s** pl *Fußschemel* m ‖ **-prima** f *Hebel*, *Hebebaum* m ‖ *Keilstück* n ‖ **-primar** vt *mit dem Hebel heben* ‖ fig *ansporren* ‖ **-puertas** m ⟨Th⟩ *stumme Rolle* f, *Komparse* m
alzar [z/c] vt/i *auf-*, *empor|heben* ‖ *hochhalten* ‖ *(die Hostie, den Kelch) bei (*bzw *nach) der Wandlung in die Höhe halten* ‖ *erhöhen*, *höher machen* ‖ *nach oben richten (Blick)* ‖ *vergrößern*, *erweitern* ‖ *fortschaffen*, *wegnehmen* ‖ *mitnehmen*, fam *mitgehen heißen* ‖ *verbergen*, *aufheben* ‖ *absondern* ‖ *unterlegen (e–m unsicher stehenden Gegenstand)* ‖ *widerrufen* ‖ *aufheben (Gesetze, Belagerung, Bann)* ‖ *einbringen (Ernte)* ‖ *abheben (Karten)* ‖ *lauter werden (Stimme)* ‖ *abdecken*, *abtragen (Tisch)* ‖ *bauen*, *errichten (Gebäude)* ‖ *einstellen (Arbeit)* ‖ *auftreiben (Wild)* ‖ *ausrufen (zum König) in Aufruhr*, *Empörung versetzen* ‖ *bei Gewinn das Spiel nicht fortsetzen* ‖ ⟨Typ⟩ *den Buchblock zusammentragen* ‖ ⟨Agr⟩ *brachen*, *zum erstenmal bestellen* ‖ fig *preisen*, *rühmen* ‖ ◊ ~ *el ancla* ⟨Mar⟩ *die Anker lichten* ‖ ~ *la casa* fig *ausziehen*, *die Wohnung wechseln* ‖ ~ *el codo zuviel trinken*, fam *zu tief ins Glas gucken* ‖ ~ *el embargo preventivo* ⟨Jur⟩ *e–n Arrest aufheben* ‖ ~ *de eras ernten*, *das Korn einbringen* ‖ ~ *el*

gallo figf *den Kopf hochtragen, die Nase hochtragen* || *aufbegehren* || ~ el grito *schnauzen* || *drohen* || *sich beschweren* || *klagen* || ~ los hombros *die Achseln zucken* || ~ la mano fig *mit der Hand drohen* || *seine Hand von jdm abziehen* || ~ la palabra *des gegebenen Wortes entbinden* || ~ el picaporte *aufklinken (Tür)* || ~ el rastrojo ⟨Agr⟩ *Stoppeln stürzen* || ~ los reales Zelte *aufschlagen* || ~ (por) rey *zum König ausrufen* || ~ la tienda fig *das Geschäft aufgeben* || fam *verkrachen* || ~ velas ⟨Mar⟩ *unter Segel gehen* || fig *sich mit seiner Habe aus dem Staube machen, abhauen* || ~ el vuelo *davonfliegen* || fam *entfliehen* || fam *auf und davon gehen* || fam *hoch hinaus wollen* || fam *flügge werden, sich unabhängig machen* || vi ~ *sich aufklären (Wetter)* || ¡alza! fam *Auf!* || *Unglaublich!* || pop *Los!* || ~se *aufstehen, sich erheben* || *sich aufrichten* || *hervorragen* || *sich empören, aufstehen (Volk)* || *sich auf die Fußspitzen stellen* || ⟨Jur⟩ *Beschwerde bzw Berufung einlegen, Einspruch erheben* || *steigen, in die Höhe gehen (vom Preis)* || *betrügerisch bankrott machen* || ⟨Flugw⟩ *(sich) vom Erdboden abheben* || Am *davonlaufen (Haustier)*; *verwildern (Vieh)* || Col *sich betrinken* || ◊ ~ con el santo y la limosna fig, ~ con los fondos *mit der Kasse durchgehen* || ~ a mayores fig *sich überheben* || *prahlen, groß-, dicktun* || ~ de la medianía *überdurchschnittlich sein* || ~ sobre los estribos *sich in die Bügel stellen (Reiter)*
alzo *m* Guat Hond *Diebstahl* m || Guat Hond *Hahnenkampf* m
allá adv *dort, da* || *dorthin* || *damals* || *ehemals* || *jenseits* || de ~ *von dort* || más ~ *weiter weg* || *jenseits* || el más ~ *Jenseits* n || *hinwärts* || muy ~ *sehr weit entfernt* || no estar muy ~ *mit etwas nicht auf der Höhe sein* || *sich kränklich fühlen* || *Gebrechen haben* || por ~ *dorthin, in jener Richtung* || tan ~ *so weit* || ~ en Rusia *da hinten in Rußland* || no está muy ~ con su amigo fam *er harmoniert nicht besonders mit seinem Freund* || se fue ~ *fort war er* || ~ en tiempos de los godos, ~ en tiempos de Maricastaña *Anno Tobak, Anno dazumal* || ~ se las haya, ~ se las avenga, ~ se las componga fam *er mag (od soll) sehen, er sich fertig wird* || ¡~ voy! *ich komme gleich* || ¡~ V.! *das ist Ihre Sache!* || ¡~ peliculas! pop *mir ist es egal!* || *sollen Sie doch sehen, wie Sie damit fertig werden!* || pasar más ~ fig *das Maß überschreiten* || ¡~ va! *da haben Sie!* || ~ va lo que es fam *da liegt die Pastete* || ¡~ va eso! *da kommt's! (zur Warnung), hier ist es!*
allamararse vr fam *sich begeistern*
allanado adj *ausge lichen*
allanamiento *m (Ein)Ebnen, Gleichmachen* n || *Behebung* f *von Schwierigkeiten* || *Beseitigung* f *von Hindernissen* || *Leutseligkeit* f || *Erläuterung, Erklärung* f || *Ausgleich* m || *Hausfriedensbruch* m || ⟨Jur⟩ Mex *Haus(durch)suchung* f || ⟨Jur⟩ *Heimsuchung* f || *Anerkenntnis* f *(Prozeßrecht)* || ~ de morada ⟨Jur⟩ *Hausfriedensbruch* m || ~ por funcionario *Hausfriedensbruch* m *im Amt*
allanar vt *(ein)ebnen, gleichmachen, planieren* || *(ein Gebäude) niederreißen* || fig *schlichten, beschwichtigen* || fig *beseitigen (Hindernisse)* || fig *erleichtern* || *erstürmen* || *überwinden, besiegen* || ◊ ~ el camino a uno fig *jdm den Weg ebnen* || ~ una casa ⟨Jur⟩ *Hausfriedensbruch begehen* || ⟨Jur⟩ *amtlich in ein Haus eindringen, e–e Haussuchung vornehmen* || ~se *sich unterwerfen* (dat) || *sich fügen, sich bequemen* (a in acc) || ⟨Jur⟩ *anerkennen (Prozeßrecht)* || *sich vergleichen* || *auf Standesvorrechte verzichten* || *einstürzen (Gebäude)* || ◊ ~ a todo *sich in alles ergeben* od *fügen*
allane *m* Mex *Planieren, Ebnen* n
allantarse vr Dom *sich aufhalten*
allariz *m gemustertes Leinen* n *aus Allariz* (Gal)

allega f *Beschäftigung* f || *verwickelte Angelegenheit* f
allegación f *Beitrag* m || *Hinzufügung* f
allega|dera f Sal ⟨Agr⟩ *(Art) Rechen* m || **–dizo** adj *wahllos zusammengerafft* || *geizig zusammengeschart (Geld)*
allegado adj *dicht anliegend, nächstgelegen* || *befreundet* || *verwandt* || *ähnlich* || *zu e–r Partei gehörig* || círculos ~s al gobierno ⟨Pol⟩ *der Regierung nahestehende Kreise* mpl || ~ *m Verwandter* m || *Vertrauter* m || *Anhänger* m || *Diener* m || *Gesinnungsgenosse* m
allega|dor adj *sammelnd, anhäufend* || ~ *m Rechen* m, *Harke* f || **–miento** *m (An)Sammeln* n || *Zusammenfluß* m *von Gewässern*
allegancia f = **allegamiento**
allegar [g|gu] vt *sammeln, anhäufen* || *(an)nähern* || *hinzufügen* || *zusammentragen* || *(das gedroschene Getreide) auf Haufen legen* || ~se *sich nähern* || *hinzukommen* || *sich anschließen*
allende adv *jenseits* || *außerdem, überdies* || ~ de *außerdem* || ~ el rio *jenseits der Flusses*
allí adv *da, dort* || *da-, dort|hin* || *damals* || de ~ *daher, hieraus* || de ~ a poco *kurz darauf* || desde ~ *von da, von diesem Ort* || hasta ~ *bis dahin* || aquí ..., ~ ... *da ..., dort* || ¡~ está! *da ist er!* || ser hasta ~ fig *hervorragend sein*
alló *m* Am *Ara* m *(Papagei)*
allo|za f *grüne (od bittere) Mandel* f || **–zar** *m Mandelbaumhain* m || **–zo** *m (wilder) Mandelbaum* m (→ **almendro**)
ama f [el] *Herrin* f || *Eigentümerin, Besitzerin* f || *Hausfrau* f || *die Herrin im Verhältnis zu den Dienstboten* || *Hausherrin* f || *Haushälterin* f *bei Junggesellen* || *oberste Bedienstete* f *in e–m Hause* || *Amme* f || ~ de casa *Haus|frau, -hälterin* f || ~ de cría, ~ de leche *Amme* f || ~ de gobierno, ~ de llaves *Beschließerin* f || *Wirtschafterin* f || ~ seca *Kinderfrau* f
amabilidad f *Liebenswürdigkeit, Freundlichkeit* f || *Zuvorkommenheit* f || *Güte* f || *Entgegenkommen* n || ◊ tenga V. la ~ (de) *haben Sie die Güte, seien Sie so freundlich (zu)* || ¡qué ~! *wie freundlich!*
amabilísimo adj sup *v.* **amable**
amable adj *liebenswürdig, lieblich* || *gütig* || *entgegenkommend* || ~ para con alg. *liebenswürdig zu jdm* || ~ en el trato *leutselig, umgänglich* || adv: **~mente**
amaceno adj/s = **damasceno**
amacigado adj *gelbgefärben*
amacizar vt Col Mex *festmachen, befestigen* || Col Salv *fest zumachen, ausfüllen*
amacollar(se) vi/r *buschig, breit werden (Bäume)*
amachado adj *männlich, mannhaft*
amachambrar vt ⟨Zim⟩ *bes* Am *anfalzen, zusammenfügen* (→ **machihembrar**) || **–se** vr *bes* Am *in wilder Ehe leben* (→ **amancebarse**)
amachar vt Col *vereinigen, verbinden* || ~se vr Mex *hartnäckig werden*
amachet(e)ar *mit blankem Säbel angreifen*
amachinarse vr Chi Col Mex *in wilder Ehe leben* || Pan *sich einschüchtern lassen, verzagen*
amachorrar vt Ur *unfruchtbar machen (Tiere weiblichen Geschlechts)*
amadamado adj fam *weibisch*
Amadeo *m* np *Amadeus* m || ⁓ *m span. Amadeustaler* m
Amadís (de Gaula) *m Held* m *span. Ritterromane* || fig *sehr galanter Mensch* m
amador *m Liebhaber, Verehrer* m *(bes* fig*)*
amadríade f *Dryade* f, *Baumnymphe* f || ⟨Zool⟩ *Hamadryas, Mantelpavian* m *(Comopithecus hamadryas)*
amadrigar [g|gu] vt fig *gut aufnehmen (besonders jdn, der es nicht verdient)* || ~se *sich verkriechen (&* fig*)*

amadrinadora f Pe *Kupplerin* f
amadrinar vt *Patenstelle annehmen (Frau)*, *Patin werden bei* (dat) || fig *bemuttern* || Am *abrichten (Pferde)* || ⟨Mar⟩ *zwei Gegenstände miteinander vertäuen* || ~**se** *sich gegenseitig unterstützen* || Am *sich gern an e-m Ort aufhalten (Vieh)* || *koppeln*
amaes|tradamente adv *meister|haft, -lich* (→ **magistralmente**) || **-trado** adj *erfahren, bewandert* || *schlau, gerieben* || *abgerichtet (Tier)* || **-tradura** f *Schlauheit*, List f || **-tramiento** m *Unter|richt* m, *-weisung* f || *Ab|richten* n, *-richtung, Dressur* f || **-trar** vt *unter|richten, -weisen* || *abrichten, dressieren* || *zureiten (Pferd)* || *modeln, formen* || *schulen, unterweisen* || △ *zähmen*
amafiarse vr Mex *sich verschwören*
amagamiento m Col = **amago** || Am *tiefe, enge Schlucht* f
amagar [g/gu] vt *drohen (mit* dat*)* || *tun, als ob man schlagen wollte* || Ar *verstecken* || ~ vi *drohen, bevorstehen (Unglück, Krankheit)* || *Vorboten zeigen (Krankheit)* || *e-e drohende Gebärde machen* || ◊ ~ y no dar fam *drohen und nicht ausführen* || *versprechen und nicht halten* || ~**se** *sich verstecken* || fam *sich ducken*
amagatorio m Ar *Versteck* n
amagnético adj *unmagnetisch*
amago m *drohende Gebärde, Miene* f || *Drohung* f || *Anzeichen* n || *Vorbote* m *e-r Krankheit* || ~ *de desfallecimiento Ohnmachtsanwandlung* f || ~ *de incendio Feuerausbruch* m || *Feuergefahr* f
ámago m *bitterer Bienenhonig* m || fig *Ekel* m
amainar vt ⟨Bgb⟩ *(die Kübel) aufziehen* || *nachlassen (e-n Strang)* || *beschwichtigen (Zorn)* || ⟨Mar⟩ *(ein Segel) streichen* od *reffen* || ~ vi ⟨Mar⟩ *abflauen, sich legen (Wind)* || *abstehen, Abstand nehmen von (&* vt) || fig *nachlassen (Wind, Wünsche)*
amaine m ⟨Mar⟩ *Streichen* n *e-s Segels*
amaitinar vt *belauern, bespitzeln*
amaizar vi Col *reich werden*
amajadar vt *einpferchen* || ~ vi *im Pferch weiden, übernachten (Vieh)*
amajanar vt *mit Steinhaufen begrenzen*
amalado adj *krank, kränklich*
amalaya Arg pop = **ojalá**
amalditarse vr Chi *den Bösewicht spielen*
amalear vt Col Ec *krank werden*
amalfitano adj *aus Amalfi (Italien)*
amalgama f ⟨Chem⟩ *Amalgam* n, *Quecksilberlegierung* f || ~ *de plata Silberamalgam* n || fig *Gemisch* n, *Vermischung, Verquickung* f
amalga|mación f *Verquickung, Amalgam|ierung, -ation* f || fig *innige Vermischung* f *zweier Körper* || **-mar** vt *verquicken, amalgamieren, mit Quecksilber versetzen* || fig *untereinander mengen, vermengen* || *vereinigen* || ~**se** fig *sich verbinden, verschmelzen* || fig *vernarben (Wunden)*
amalignarse vr prov *sich heftig erzürnen, in heftigen Zorn geraten*
ámalos mpl *Amaler, Amelungen* mpl *(ostgotisches Königsgeschlecht)*
amalvezarse [z/c] vr Ar *lüstern werden (nach* dat*)*
amallarse vr *im Netzgarn hängenbleiben (Fisch)* || Chi *bei Gewinn das Spiel nicht fortsetzen*
amamantar vt *säugen, stillen* || fig *nähren* || *erziehen* || ◊ ~ *con malas doctrinas* fig jdm *schlechte Lehren geben*
amanal m Mex *Zisterne* f || *Teich* f
amancay m ⟨Bot⟩ *Inkalilie* f *(Alstroemeria* spp)
amance|bada f *Beischläferin* f || **-bado** adj *in wilder Ehe lebend* || **-bamiento** m *wilde Ehe* f, *Konkubinat* n || **-barse** vr *in wilder Ehe leben*
amancillar vt *beflecken* || *tadeln* || → **mancillar**

amanecer -zc-] vi *tagen, Tag werden* || *bei Tagesanbruch ankommen* || *bei Tagesanbruch an e-m Ort (od in e-r Lage) sein* || fig *anfangen sich zu zeigen, zum Vorschein kommen* || ◊ *amanecerán días mejores es werden bessere Zeiten kommen* || *amaneció en Madrid am (nächsten) Morgen befand er sich in Madrid* || a tal hora *te amanezca iron das nächste Mal mußt du früher aufstehen* || ~ m *Tagesanbruch* m, *Morgengrauen* n || *Morgen* m || al ~ *bei Tagesanbruch* || *la hora del* ~ *Morgenstunde* f
amanecida f *Morgenfrühe* f || a la ~, de ~ *frühmorgens*
amane|rado adj *geziert, gekünstelt* || *geschraubt, affektiert (Stil)* || *manieriert (in der Kunst)* || Am *zuvorkommend* || *bien* ~ *gut erzogen* || **-ramiento** m *geziertes Wesen* n, *Affektiertheit* f || ⟨Mal⟩ *Manier* f || **-rarse** vr *Manier annehmen, affektiert werden* || *sich geschraubt ausdrücken*
amanezca f Mex *Morgenfrühe* f
amangua|la f Col *Verschwörung* f || **-larse** vr Col *sich verschwören*
amaniatar vt = **maniatar**
amanita f ⟨Bot⟩ *Knollenblätterpilz* m *(Amanita* spp)
amano|jado adj *bündelförmig* || **-jar** vt *in Bündel binden, bündeln*
amansa f Chi *Zähmung* f || *Besänftigung* f
amansador m Am *Tierbändiger, Dompteur* m || Am *Pikador* m || *Schlichter* m *(e-s Streits)*
amansaje m Ec = **amansamiento**
aman|samiento m *Zähmung* f || *Besänftigung* f || **-sar** vt *zähmen, bändigen* || fig *bezähmen, besänftigen* || ~**se** *sanft werden* || *sich besänftigen*
amanse m Ec Col = **amansamiento**
amantar vt fam jdn *zudecken*
amante adj *liebevoll, zärtlich* || *liebend* || ~ *del hogar häuslich* || ~ *de la paz friedliebend* || ~ m *Liebhaber, Geliebter* m, fam *Schatz* m || ⟨Mar⟩ *Hißtau* n *am Bratspill* || ~ f *Liebhaberin, Geliebte* f, fam *Schatz* m || *Freundin* f || los ~ *de Teruel bekanntes* span. *Liebespaar (auch Oper von Bretón* usw*)*
amanteniente adv *mit aller Gewalt*
amanuense m *(Ab)Schreiber* m || *Schreib|gehilfe* m, *-kraft* f
amanzanar vt Arg *Grund* m *zur (Häuserblock)-Bebauung einteilen*
amañar vt *geschickt zu Werke gehen (gewöhnlich* pej*)* || fam *deichseln* || *Geschick* n *haben* || *fälschen (Bücher* usw*)* || Gal Ast *ordnen, in Ordnung bringen* || ~**se** vr *sich die Mittel zum Zweck verschaffen, sich einarbeiten* || *geschickt zu Werke gehen*
amaño m *Geschick* n, *Geschicklichkeit* f || *Anstelligkeit* f || *Kniff, Trick* m || *Schlauheit* f || ~**s** *Ränke* mpl, List f, *Intrigen* fpl || *Handwerkszeug* n || *Mittel und Wege zur Ausführung e-r S.*
amapola f *Feldmohn* m, *Klatsch|rose, -mohn* m *(Papaver rhoeas)* || ◊ *ponerse rojo como una* ~ fig *tief erröten*
amapolarse vr fig f *tief erröten, knallrot werden*
amapuches mpl Cu *Werkzeug* n || *Besitzungen* fpl || fam *Plunder* m || Ven *Ziererein* fpl
amar vt/i *lieben, liebhaben* || *schätzen, achten* || *gern haben, Wohlgefallen finden an* (dat) || ◊ ~ *de corazón von Herzen, herzlich lieb haben* || ~ *se hacerse* ~ *sich beliebt machen* || ~ *al prójimo como a sí mismo den Nächsten wie sich selbst lieben* || *el que a feo ama, hermoso le parece* fam *Liebe macht blind* || ~**se** *einander lieben* || → a **gustar, querer**
amáraco m ⟨Bot⟩ *Majoran* m *(Majorana* sp) (→ **mejorana**)
amaraje m ⟨Flugw⟩ *Wasserlandung, Wasserung* f, *Wassern* n || ~ *forzoso Wassernotlandung, Notwasserung* f

amaranto m ⟨Bot⟩ Amarant m, *Tausendschön* n, *Fuchsschwanz* m (Amaranthus spp) || *Amarant-, Purpur|holz* n || ⟨V⟩ *Amarant* m (Lagonosticta spp)
amarar vi ⟨Flugw⟩ *auf dem Wasser niedergehen, wassern (Flugzeug)*
amarcigado adj Pe *dunkelhäutig*
amarchantarse vr Cu Ven *Stammkunde* m *e-s Geschäftes werden*
amarecer vt = **amorecer**
amarela f ⟨Bot⟩ *(Art) Enzian* m
amarescente adj *ein wenig bitter*
amarete m Arg *(Art) Zuckergebäck* n
amargaleja f ⟨Bot⟩ *Schlehe* f *(Frucht)* (→ **endrina**)
amargar [g/gu] vi *bitter sein* od *schmecken* || vt *verbittern* || fig *jdm Verdruß, Kummer bereiten* || *kränken* || ◊ ~ la vida fig *das Leben verbittern*
amargo adj *bitter* || *herb* || *schmerzlich, peinlich* || fig *erbittert, barsch* || *verärgert* || *unwirsch* || *beißend, beleidigend (Spott)* || adv: ~**amente** || ~ m *Bitterkeit* f || *bitterer Geschmack* m || *Getränk* n *aus Bittermandeln* || *Bitterlösung* f *(bes als Zusatz zum Wermutwein)* || Mex *Branntwein* m *mit Aufguß aus Apfelsinenschalen* || RPl *ungesüßter Matetee* m || ~**s** pl *bittere Arzneien* fpl
amar|gón m ⟨Bot⟩ *Löwenzahn* m (→ **diente de león**) || **-gor** m *Bitterkeit* f || *bitterer Geschmack* m || *Herbheit* f || fig *Kummer, Verdruß* m || ◊ *quitarse el ~ de la boca* fig *sich e-n Wunsch erfüllen* || **-goso** adj *bitter* || fig *schmerzlich, unangenehm* || *erbittert, barsch* || ~ m ⟨Bot⟩ = **serbal** || **-guear** vt fig *anhaltend verbittern* || vi Ur *ungesüßter Matetee ohne Zucker trinken* || **-guera** m *Bitterkraut* n || **-guero** m And *Brachfeldspargel* m || **-guillo** m *(Art) Mandelgebäck* n || **-gura** f *Bitterkeit, Herbheit* f || fig *Kummer, Verdruß* m || *Verbitterung* f || ◊ *traer a algn. por la calle de la ~ jdm das Dasein verbittern, jdm das Leben schwer machen, jdm Kummer bereiten*
amaricado adj fam *weibisch*
amariconado adj vulg *weibisch* || *in der Art e-s Homosexuellen, schwul*
amarilis f ⟨Bot⟩ *Amaryllis* f (Amaryllis belladonna)
amari|lla f ⟨Vet⟩ *Leberbrand* m *der Schafe* || figf *Goldmünze* f || **-llazo** adj *blaßgelb, gelblich* || **-llar** vi Am = **-llear** || **-llear** vt *gelb färben* || ~ vi *gelb* od *gelblich sein* || *gelb durchschimmern* || *verblassen, verbleichen* || **-llecer** [-zc-] vi *gelb erscheinen, vergilben, gelb werden* || **-llejo** adj *gelblich* || **-llento** adj *fahlgelb, gelblich, mit gelbem Stich* || *bläßlich* || **-lleo** m *gelbe Färbung* f || *gelbes Durchschimmern* m || **-llez** [pl **-ces**] f *gelbe Färbung* f || *gelbliche Hautfarbe* f || *Blässe* f || *Gelbsucht* f *(des Weines)* || ⟨Med⟩ *Bleich-, Gelb|sucht, Chlorose* f || ~ de la remolacha ⟨Agr⟩ *Vergilbungskrankheit* f *der Zuckerrübe*
amarillo adj *gelb, hellgelb* || *blaß, bleich* || ~ m *das Gelb* n, *gelbe Farbe* f || fam *Streikstörer* m || PR Dom *reife Banane* f || ~ *ácido Säuregelb* n || ~ *anaranjado Orangegelb* n || ~ *de azufre Schwefelgelb* n || ~ *de bario Barytgelb* n || ~ *de cadmio Kadmiumgelb* n || ~ *canario Kanariengelb* n || ~ *de cinc Zink-, Zitronen-, Samtgelb* n || ~ *de cromo Chromgelb* n || ~ *dorado*, ~ *de oro Goldgelb* n || ~ *de Nápoles Neapelgelb* n *(Bleiantimonat)* || ~ *sucio trübgelblich* || ~ *verdoso gelbgrün* || ~ *de Verona Veronesergelb* n || *fiebre* ~**a** *gelbes Fieber, Gelbfieber* n || *el peligro* ~ ⟨Pol⟩ *die gelbe Gefahr* f
amarillor m = **amarillez**
amariposado adj *schmetterlingsartig*
amaritud f = **amargor**
amarizar vi Am = **amarar** || Sal *Mittagsruhe* f *halten (Vieh)* || **-se** vr *sich paaren (Schafe)*
amaro m ⟨Bot⟩ *Muskatsalbei* m/f (Salvia sclarea)
amaromar vt = **amarrar**
amarra f *Sprungriemen* m *für Pferde* || ⟨Mar⟩ *(Anker)Tau* n || ⟨Mar⟩ *Trosse* f, *Vertäuungstau* n, *Fangleine* f || ~**s** pl fig fam *Stütze, Protektion* f || ◊ *tener buenas* ~ figf *mächtige Gönner haben* || *gute Beziehungen haben*
amarradera f Col Pe = **amarra**
ama|rradero m ⟨Mar⟩ *Anlege-, Festmache|-platz* m || ⟨Mar⟩ *Sorring* m || fig *Hindernis* n || *poste de* ~ ⟨Mar⟩ *Haltepfahl* m || **-rradijo** m Am *schlecht gebundener Knoten* m || **-rrado** adj Chi fig *plump, schwerfällig* || fig *hartnäckig* || fig *knauserig* || Ven *mürrisch (Gesicht)* || **-rradura** f ⟨Mar⟩ *Ankern, Sorren* n || **-rraje** m ⟨Mar⟩ *Ankergeld* n
amarrar vt ⟨Mar⟩ *mit Seilen, Tauen befestigen, festbinden, vertäuen* || *fesseln* || *festschnallen* || ⟨Mar⟩ *sorren* || *Garben* fpl *binden* || ⟨Kart⟩ *die Volte schlagen* || Cu Mex *Vorkehrungen* fpl *treffen* || Chi *vereinbaren* || ~ vi figf *eifrig studieren, lernen* || ~**se** ⟨Mar⟩ *sich vertäuen* || ◊ *amarrársela* Am fam *sich betrinken*
amarrazón f ⟨Mar⟩ *Tauwerk* n
amarre m ⟨Mar⟩ *Ankern, Sorren* n || *Verankerung* f || ⟨Kart⟩ *Volteschlagen* n
amarrete adj Arg *knauserig, knickerig*
amarro m = **amarra**
amar|telado adj *sehr verliebt* || **-telamiento** m fam *(innige) Verliebtheit* f || **-telar** vt fam *herzen, liebkosen* || *eifersüchtig machen* || ~**se** fam *sich leidenschaftlich verlieben* || **-tillado** adj *gespannt (Pistole usw)* || Ur *fix und fertig, bereit* || **-tillar** vt *hämmern* || *spannen (Pistole)*
amasable adj *knetbar*
amasa|dera f *Backtrog* m || *Knetmaschine* f, *Kneter* m || **-dero** m *Knetstube* f || **-dor** m *Kneter* m || Am *Bäcker* m || **-dora** f *Knetmaschine* f, || ~ de arcilla *Lehm|mühle, -knetmaschine* f || ~ con dispositivo agitador vertical *Vertikalrührwerk* n, *Knetmischer* m || ~ de mortero *Mörtel|mischer* m, *-mischmaschine* f || ~ de paletas *Zwangs-, Schaufel(wellen)|mischer* m || **-dura** f, **-jo** m *Kneten* n || *Teig* m || *Brotbacken* n || **-miento** m *Sammeln, Zusammenbringen* n || *Kneten* n || ⟨Med⟩ *Massage* f
amasander|ía f Chi Col Ven *kleine Bäckerei* f || **-o** m Chi Col *Bäcker* m
amasar vi/t *einrühren (Teig, Mörtel)* || *kneten (Teig)* || *backen (Brot)* || *anmachen (Mörtel)* || ⟨Med⟩ *massieren* || figf *vorbereiten, einleiten* || fam *befummeln (ein Geschäft)* || fig *häufen (Geld)* || ◊ ~ *el pastel* fig *Ränke schmieden, Intrigen spinnen*
amasia f *Beischläferin, Geliebte* f || *Konkubine* f || **-to** m Mex Pe *wilde Ehe* f
amasijo m *Teig* m || *Kneten* n || *Knetmasse* f || And *Backstube* f || figf *Mischmaschine* m || fig *Arbeit* f || fam *unsauberes Geschäft* n, *Machenschaften* fpl || *Klüngel* m || *Chaos* n, *Wirrwarr* m *(von Ideen)*
amasillar vt *ankitten, mit Kitt befestigen*
amastia f ⟨Med⟩ *Amastie* f, *Brustdrüsenmangel* m
amata f Ec *durch den Sattel wundgeriebene Stelle, Sattelwunde* f
amate m *mexikanischer Feigenbaum* m
amateur m frz *Amateur, Liebhaber* m
amatista f/adj *Amethyst* m || *Amethystkolibri* m || ~ *oriental orientalischer Amethyst* m *(Korund)*
ama|tividad f *Liebestrieb* m || **-tivo** adj *Liebe einflößend* || *zur Liebe neigend* || **-torio** adj *Liebe einflößend* || *erotisch* || *Liebes-* || *filtro* ~ *Liebestrank* m || *cuentos* ~ *Liebesgeschichten* fpl
amatrerado adj *listig, tückisch*
amaurosis f ⟨Med⟩ *Amaurose* f || *Erblindung* f || *schwarzer Star* m

amaxofobia — amén 68

amaxofobia f ⟨Med⟩ Amaxophobie, Wagen|-krankheit, -scheu f
amayuela f ⟨Zool⟩ = **almeja**
amazacotado adj fam plump, schwerfällig || überladen, vollgestopft (& fig)
amazona f Amazone f || Reiterin f || fig Mannweib n || (langes) Reitkleid n der Frauen || Straußenfeder f (für einen Damenhut) || Amazonenpapagei m
Amazonas m Amazonenstrom m || Amazonas (bras. Staat)
amazónico, amazonio adj zu den Amazonen gehörig || auf Amazonas (Staat od Strom) bezüglich || Amazonen-
amb. Abk = **ambiguo**
ambages mpl fig Umschweife mpl im Reden || ~ y rodeos lauter Umschweife || sin ~ unverhohlen || ◊ hablar sin ~ kein Blatt vor den Mund nehmen, frei heraus sprechen
ambagioso adj mehrdeutig || irrig
ámbar m Bernstein m || Amber m, Ambra f (Ausscheidung des Pottwals) || Bisamblume f (**abelmosco**) || ~ amarillo Bernstein m || ~ gris grauer Amber m || ~ negro Gagat, Jet(t) m || ◊ el vino es un ~ figf der Wein ist wie Öl
amba|rado adj bernsteinartig || **–rina** f ⟨Chem⟩ Ambrain n || ⟨Bot⟩ Bisamblume f (→ **abelmosco**) || Am Grindkraut n || **–rino** adj Bernstein-| Amber-| bernsteinfarben || ambraduftend
ambas fpl → **ambos**
Amberes m Antwerpen n
amberino adj aus Antwerpen
ambiciar vt = **ambicionar**
ambición f Ehrgeiz m || Herrschsucht f || Streben n, Eifer m || Anspruch m || fam Gefräßigkeit f || sin ~ anspruchslos
ambi|cionar vt eifrig erstreben, sehnlichst wünschen || beanspruchen || **–cioso** adj ehrgeizig, ambitiös || strebsam || hochfliegend || anspruchsvoll || fam gefräßig || manía ~a Größenwahn m
ambidextro adj gleich geschickt mit beiden Händen || ~ m Beidhändler m
ambientación f Anpassung (bzw Gewöhnung) f an die Umwelt || Luftverbesserung f
ambientador m/adj Raumspray m || Luftverbesserer m
ambientar vt Atmosphäre f verleihen || Stimmung f geben
ambiente adj ⟨Phys⟩ umgebend || naheliegend || medio ~ Umwelt f || contaminación del medio ~ Umweltverschmutzung f || ~ m die uns umgebende Luft f || fig Umwelt, Umgebung f, Milieu n || ⟨Mal⟩ Pleinair, Freilicht n || Atmosphäre, Stimmung f || ~ de firmeza feste Tendenz f (Börse) || ~ rural ländliches Milieu n
ambigú [pl **–ués**] m Mahlzeit f, bei der man alle Gerichte zugleich aufträgt || kaltes Büfett n || Imbiß m || Theaterbüfett n
ambigüedad f Zweideutigkeit f, Doppelsinn m, Ambiguität f
ambiguo adj zweideutig, doppelsinnig || ⟨Gr⟩ beiderlei Geschlechts, doppelgeschlechtig || zweifelhaft || unschlüssig || adv: ~**amente**
ambilátero adj doppelseitig
ambiopía f ⟨Med⟩ Doppelsichtigkeit f
ambi|rar vt Kautabak m mit Tabakbeize versetzen || **–re** Am gekochte Tabakbeize f
ámbito m Umkreis, Umfang m || abgegrenzter Raum m || Bereich m, Gebiet n || ~ de aplicación, ~ de vigencia ⟨Jur⟩ Geltungsbereich m || ~ de escalera Treppenbreite f || ~ de una ley ⟨Jur⟩ Geltungsbereich m e-s Gesetzes
ambivalen|cia f ⟨Psychol⟩ Ambivalenz f, Doppelwertigkeit f || ~ afectiva affektive Ambivalenz f || **–te** adj ambivalent
ambla|(dura) f Paßgang, Zeltergang m || **–dor** m Zelter m (Pferd)

amblar vi Paßgang, Zeltergang gehen (Säugetiere, Pferde)
amblehuelo m zweipfündige Wachskerze f
ambleo m dreipfündige Wachskerze f || Kerzenständer m (für diese Kerze)
ambliopía f ⟨Med⟩ Amblyopie, Verminderung f der Sehschärfe, Augenverdunkelung, Stumpfsichtigkeit f, Trübsehen n
amblótico adj ⟨Med⟩ abtreibend
ambo m Ambe f, Doppeltreffer m im Lotto, Doppelnummer f || Am Hose und Weste f aus gleichem Stoff
amboceptor m ⟨Med⟩ Ambozeptor m (der Seitenkettentheorie)
ambón m Ambo(n) m, Lesepult n neben dem Hochaltar || Emporkirche f || indischer Mispelbaum m
¹**ambos, ~as** adj/pl beide || ~ a dos, ~as a dos alle beide, beide zugleich
²**ambos** m philip. Hohlmaß n
ambrosia, ambrosia f Ambrosia, Götterspeise f || Ambrosienkraut n (Ambrosia spp) || fig köstliche Speise f
ambrosiano adj ambrosianisch
ambrosino adj nach Ambrosia schmeckend
am|bucia f Chil, **–brucia** f Mex Cu Gefräßigkeit f, (Heiß)Hunger m
ambulación f Gehen, Herumwandeln n
ambulacro m Gang, Chorgang m || ⟨Zool⟩ Ambulakrum n, Ambulakralanhang m
ambu|lancia f Ambulanz, Hilfsstation, Sanitätswache f || Feldlazarett n || Unfallhilfe f || Kranken-, Unfall-, Ambulanz|wagen m || ~ de correos Bahnpost f || Bahnpostamt n || ~ volante ⟨Mil⟩ fliegendes Feldlazarett n || **–lante** adj wandernd, umherziehend, Wander- || fahrend, reisend || unstet || wanderlustig || umhergehend (nicht bettlägerig) (Kranker) || tratamiento ~ ⟨Med⟩ ambulante Behandlung f || comercio ~ Straßenhandel m || Hausieren n || hospital ~ ⟨Mil⟩ Feldlazarett m || músico ~ fahrender Musiker, Straßenmusikant m || vendedor ~ Hausierer m || Straßenverkäufer m || fam fliegender Händler m || Laufbursche m || ~ m: ~ de Correos Bahnpostschaffner m
ambu|lar vi umherziehen || poet lustwandeln, spazieren || **–lativo** adj wanderlustig, unstet || **–latorio** adj ohne festen Wohnsitz || ⟨Zool⟩ ambulatorisch || ⟨Jur⟩ nicht ansässig || ⟨Med⟩ ambulant (Behandlung) || ~ m Ambulanz f
ambustión f ⟨Med⟩ Kauterisation f || Ven Verbrennung f
AME Abk = **Acuerdo Monetario Europeo**
ame|ba f ⟨Zool⟩ Amöbe f || **–biasis** f ⟨Med⟩ Amöbiasis, Amöbenkrankheit f
amedrentar vt einschüchtern || ~**se** den Mut verlieren, verzagen
amedulado, amedular adj marklos || amedullär
amelar vi Honig bereiten (Bienen)
amelco|chado adj Cu zärtlich, verliebt || **–char** vt Am Süßigkeiten fpl eindicken (wie gekochten Honig) || ~**se** vr Cu Entgegenkommen n heucheln || Cu sich verlieben
amel|ga f Ackerbeet n, Furchenrain m || **–gado** adj zweiwüchsig (Saat) || ~ m Ar Vermarkung f || **–gar** [g/gu] vt gleichweite Saatfurchen ziehen || Ar (die Grenzen) abmarken
amelia f ⟨Med⟩ Amelie f, Fehlen n von Gliedmaßen
amelocotonado adj pfirsich|ähnlich, -farben
amelonado adj melonen|artig, -förmig || fig geistig beschränkt || fig verliebt, verschossen
amembrillado adj quitten|ähnlich, -farben
¹**amén** m Amen n || sacristán de ~ fam Jasager, blinder Nachbeter m || ◊ decir siempre ~ zu allem ja und amen sagen || en un decir ~ figf im Nu || ¡~! Amen! ja, so sei es! || meinethalben!

²**amén de** adv *ausgenommen* (acc) ‖ *außer* (dat) ‖ *außerdem, daneben* ‖ ~ eso *außerdem* ‖ ~ que *ungeachtet daß*
amenaza f *(Be)Drohung* f ‖ ~ con un mal sensible *Drohung* f *mit e-m empfindlichen Übel* ‖ ~ de guerra *Kriegsdrohung* f ‖ ~ inminente *unmittelbar drohende Gefahr* f ‖ ~ contra la paz *Friedensbedrohung, Bedrohung* f *des Friedens* ‖ bajo la ~ de una pena ⟨Jur⟩ *unter Androhung e-r Strafe*
amena|zador m/adj *(Be)Droher* m ‖ *drohend, bedrohlich* ‖ con aire ~ *mit drohender Miene* ‖ **–zante** adj = **amenazador** ‖ **–zar** [z/c] vt *(an)-drohen* (dat) ‖ *warnen, bedrohen* (acc) ‖ ◊ ~ a uno con el pleito *jdm mit Klage drohen* ‖ ~ a algn. con a. *jdn mit et bedrohen* ‖ ~ intereses vitales *lebenswichtige Interessen* npl od *Lebensinteressen* npl *bedrohen* ‖ más son los amenazados que los acuchillados fig *es wird nichts so heiß gegessen, wie es gekocht wird*
amenguar [gu/gü] vt *beeinträchtigen, schmälern* ‖ fig *entehren, diffamieren*
amenia f ⟨Med⟩ *Ausbleiben* n *der Regel, Amenorrhö(e)* f
amenidad f *Annehmlichkeit* f ‖ *Lieblichkeit* f ‖ fig *Anmut, Grazie* f ‖ *Gemütlichkeit* f ‖ *Reiz* m
amenizar [z/c] vt *anmutig, angenehm, freundlich gestalten* ‖ *unterhaltend machen (Gespräch)* ‖ *verschönern* ‖ ◊ ~ con la música *mit Musik unterhalten (Fest)*
ameno adj *anmutig, lieblich* ‖ *reizend, zierlich* ‖ *ansprechend* ‖ *unterhaltsam (Stil, Gespräch)* ‖ escritor ~ *Belletrist* m ‖ literatura ~a *Belletristik* f ‖ **–amente** adv *annehmlich, lieblich*
amenorrea f ⟨Med⟩ *Amenorrhö(e)* f, *Ausbleiben* n *der Regel*
amentáceas fpl ⟨Bot⟩ *Kätzchenblütler* mpl
amento m *Kinnriemen* m *am Helm* ‖ *Schuhriemen* m ⟨Bot⟩ *Kätzchen* n ‖ ⟨Bot⟩ *Kerzenblüte* f
ameo(s) m(pl) ⟨Bot⟩ *Ammei* n
amerar vt *Flüssigkeiten* fpl *mischen* ‖ *durchsickern (Flüssigkeit)* ‖ *Ar mit Wasser mischen (Wein)*
amerengado adj *baiserartig (Gebäck)* ‖ *zuckersüß (Worte)*
América f *Amerika* n (& pl) ‖ ~ Central *Mittelamerika* n ‖ ~ Hispana *Spanisch-Amerika* n ‖ ~ Latina *Lateinamerika* n ‖ ~ del Norte *Nordamerika* n ‖ ~ del Sur (Am *auch* Sud) *Südamerika* n
ameri|cana f *Amerikanerin* f ‖ *(Herren)-Jacke* f, *(Herren)Jackett* n, *Sakko* m ‖ *gemischter Trank* m *aus Fruchtsirup* ‖ Am *sechssitziger Kutschwagen* m ‖ ~ (de) sport *Sportjacke* f ‖ **–canismo** m *Vorliebe* f *für das Amerikanische* ‖ *national-amerikanische Literaturströmung* f ‖ *amer. Redewendung* f ‖ *Amerikanismus* m ‖ **–canista** m *Amerikanist, Amerikaforscher* m (bes *Ethnograph*) ‖ **–canizar** [z/c] vt *amerikanisieren* ‖ **~se** Cu *nordam. Sitten annehmen* ‖ **–cano** adj *(ibero-* bzw *nord)amerikanisch* ‖ *amerikanisch-* ‖ ~ m *(Ibero-* bzw *Nord)Amerikaner* m ‖ pop *in Amerika reich gewordener Spanier* m ‖ *Wandkalender* m
americio m ⟨Chem⟩ *Amerizium* n
Américo m np *Americus* m
amerindio m *Indianer* m
amerizar vi = **amarar**
ametábolo adj ⟨Zool⟩ *ohne Metamorphose*
ametalado adj *metallähnlich* ‖ *metallisch klingend*
amestizado adj *mischlings|ähnlich, -artig*
ametrallador m/adj *Maschinengewehrschütze, MG-Schütze* m ‖ ~ de a bordo ⟨Flugw⟩ *Bordschütze* m ‖ fusil m ~ *leichtes Maschinengewehr, LMG* n ‖ pistola f ~a *Maschinenpistole* f
ametra|lladora f *Maschinengewehr, MG* n ‖ emplazamiento de ~, nido de ~, puesto de ~s *Maschinengewehrstellung* f ‖ **–llar** vt *unter Maschinengewehrfeuer nehmen*
ametría f *Mißverhältnis* n ‖ ⟨Med⟩ *Fehlen* n *der Gebärmutter*
ametropía f ⟨Med⟩ *Ametropie, Fehlsichtigkeit* f *infolge Abweichungen der Brechkraft des Auges*
ameyal m ⟨Mex⟩ *Abwässerungsgraben* m *e-r Zisterne* ‖ *Filtergrube* f
amezquinarse vr *sich beklagen*
ami m ⟨Bot⟩ = **ameos**
amia f ⟨Fi⟩ *Amia, Kahlhecht, Schlammfisch* m (*Amia calva*)
amianto m *Asbest* m ‖ ~-cemento m *Asbestzement* m ‖ ~ coposo, ~ escamoso *Flockenasbest* m ‖ ~ leñoso, ~ ligniforme *Holzasbest* m ‖ ~ platinado *Platinasbest* m ‖ ~ en plumas *Strahlasbest* m ‖ ~ sedoso *Seidenasbest* m
ami|ba f *Amöbe* f ‖ **–biasis** f ⟨Med⟩ *Amöbiasis, Amöbenkrankheit* f ‖ **–bo** m ⟨Zool⟩ = **amiba**
amical adj *freundschaftlich* ‖ encuentro ~ ⟨Sp⟩ *Freundschaftsspiel* n
amicísimo adj sup. *v.* **amigo**
ami|da f, **–dácido** m *(Säure)Amid* n ‖ **–dina** f *Amidin* n
amielinado adj *marklos (Nervenfaser)*
amiga f *Freundin* f ‖ *Bekannte* f ‖ fam *Geliebte* f ‖ *Mädchenschule* f ‖ *Mädchenschullehrerin* f ‖ ~ de noche ⟨Bot⟩ Mex *Tuberose* f (*Polianthes tuberosa*)
ami|gabilidad f *Freundschaftssinn* m ‖ **–gable** adj *freundschaftlich* ‖ *friedlich* ‖ acuerdo ~ *freundschaftliche Übereinkunft* f, *gütlicher Vergleich* m ‖ ~ componedor ⟨Jur⟩ *Schiedsrichter* m ‖ ~ composición ⟨Jur⟩ *Schlichtung* f, *Vergleich* m, *gütliche Vereinbarung* f ‖ adv: **~mente** ‖ **–gacho** m desp *v.* **amigo**: *Kumpan* m ‖ **–gar** [g/gu] vt *befreunden* ‖ **~se** *in wilder Ehe leben* (con *mit* dat) ‖ fam *sich befreunden* (con *mit* dat) ‖ **–gazo** m Am (*guter, lieber*) *Freund, Kamerad* m
amígdala f ⟨An⟩ *Mandel, Tonsille* f ‖ ~ del cerebelo ⟨An⟩ *Kleinhirnmandel* f ‖ ~ nasofaríngea ⟨An⟩ *Nasenrachenmandel* f ‖ ~ palatina ⟨An⟩ *Gaumenmandel* f ‖ ~ tubaria ⟨An⟩ *Tubenmandel* f
amidalectomía f ⟨Chir⟩ *Tonsillektomie* f
amigdálico adj: ácido ~ ⟨Chem⟩ *Mandelsäure* f
amigda|lino, –loide adj *Mandel-* ‖ *amygdaloid, mandelförmig*
amigdalitis f ⟨Med⟩ *Mandelentzündung* f
amigdalotomía f ⟨Chir⟩ *Tousillotomie* f
amigdalótomo m ⟨Chir⟩ *Mandelmesser* n
amigo m *Freund* m ‖ p. ex. *Bekannter* m ‖ *Liebhaber* m ‖ *Geschäftsfreund* m ‖ ⟨Bgb⟩ *Aufzug* m ‖ ~ de lo ajeno fam *Dieb* m ‖ ~ del alma, ~ íntimo, fam ~ del asa *Busenfreund* m ‖ ~ hasta las aras *Freund* m, *soweit es Religion und Gewissen erlauben* ‖ ~ hasta la muerte *Freund* m *auf Leben und Tod* ‖ ~ de sí mismo *Selbstling, Egoist* m ‖ ~ de taza, ~ de vino, ~ de pelillo fig *Freund* m *aus Eigennutz* ‖ ser ~ de a/c *et gern tun, gern haben* ‖ **~s** fiz: ~ de uña y carne figf *Busenfreunde, dicke Freunde* mpl ‖ ◊ hacerse ~ *sich befreunden* ‖ tener cara de pocos ~ fig *ein unfreundliches Gesicht haben* ‖ ¡tan ~ como antes! *wir bleiben die alten (doch gute) Freunde!* ‖ a muertos y a idos no hay ~ *Tote und Abwesende sind stets die Leidtragenden (der Abwesende muß Haare lassen)* ‖ en tiempo de higos, no faltan ~ *siedet der Topf, so blühet die Freundschaft* ‖ ~ adj *befreundet* ‖ *freundschaftlich* ‖ fig *zugetan, geneigt* ‖ tender una mano ~a a uno *jdm e-e hilfreiche Hand bieten*
ami|gote m augm fam *v.* **–go** ‖ *Spezi* m ‖ *Kumpan* m ‖ **–guero** adj Mex Ec Pe *schnell Freundschaften schließend* ‖ **–guísimo** adj sup fam *v.* **–go** ‖ **–guita** f fam *liebe kleine Freundin* f ‖ fam *Geliebte* f

amiláceo adj *stärkehaltig*
amilamia f Al *gütige Fee* f
amila|nado adj *dem Milan ähnlich* ‖ *eingeschüchtert, feige* ‖ **–namiento** m *Verzagen* n, *Furcht* f ‖ *Einschüchterung* f ‖ **–nar** vt *einschüchtern* ‖ **–narse** vr *in Furcht geraten, verzagen*
amilasa f ⟨Chem⟩ *Amylase* f
Amílcar Barca m np *Hamilkar Barcas* m
amílico adj *aus Stärkemehl bereitet*
amilo m *Amyl* n
amiloide(o) adj *stärke(mehl)ähnlich*
amillaramiento m *Vermögenssteuer* f *vom Tausend des Einkommens erhoben*
amino|ácido m ⟨Chem⟩ *Aminosäure* f ‖ **–benzol** m *Aminobenzol, Anilin* n ‖ **–fenol** m *Aminophenol* n ‖ **–plasta** f *Aminoplast* m
aminoración f *Verminderung* f ‖ ~ *del salario Herabsetzung* f *des Lohns, Lohnkürzung* f
aminorar vt *vermindern* ‖ ◊ ~ *la marcha* ⟨Aut⟩ *Geschwindigkeit* f *verringern, langsamer fahren*
amiostenia f ⟨Med⟩ *Myasthenie, Muskelschwäche* f
amistad f *Freundschaft* f ‖ *Liebe* f ‖ *Zuneigung* f ‖ *Freundschaftsbezeigung, Gunst* f ‖ *Bekanntschaft* f ‖ *Liebesverhältnis* n ‖ *wilde Ehe* f ‖ **~es** pl *Aussöhnung* f ‖ *Bekanntenkreis* m ‖ ◊ hacer ~ *Freunde gewinnen* ‖ hacer las ~ *sich aussöhnen* ‖ romper las ~ *sich verfeinden, sich entzweien* (con *mit* dat)
amis|tado adj *befreundet* ‖ **–tar** vt *befreunden, versöhnen* ‖ **~se** *sich aussöhnen* ‖ *sich befreunden* (con *mit* dat) ‖ **–toso** adj *freundschaftlich* ‖ *gütlich* (*Vergleich*) ‖ adv: **~amente** *gütlich, auf gütlichem Wege*
amito m *Achseltuch* n *des Messe lesenden Priesters* ‖ →a **humerale**
ami|tosis f ⟨Biol⟩ *Amitose, einfache Zellkernteilung* f ‖ **–tótico** adj *amitotisch*
ammoterapia f ⟨Med⟩ *Sandbadtherapie, Psammotherapie* f
amnesia f ⟨Med⟩ *Amnesie, Gedächtnis|schwäche* f, *-ausfall* m
amnícola adj ⟨Biol⟩ *am Flußufer wachsend* od *lebend*
amnios m ⟨An⟩ *Amnion* n, *Fruchtwasserhaut* f ‖ ⟨Bot⟩ *Samensaft* m
amnio|tas fpl, **–tos** mpl ⟨Zool⟩ *Amnioten* pl ‖ **–tótico** adj *amniotisch* ‖ *líquido* ~ *Fruchtwasser* n
amniotomía f ⟨Med⟩ *Amniotomie* f
amnis|tía f *Amnestie* f, *allgemeiner Straferlaß* m ‖ *Begnadigung* f ‖ **–tiar** vt *amnestieren, für straffrei erklären* ‖ *begnadigen*
am.° Abk = **amigo**
amo m *Herr, Hausherr, Gebieter* m ‖ *Eigentümer, Besitzer* m ‖ *Dienstherr* m ‖ *Nuestro* ~ fig pop *die geweihte Hostie* ‖ *der Herr (Gott)* ‖ ◊ ser el ~ *del cotarro* fig *das große Wort führen* ‖ V. es ~ *de hacerlo es steht Ihnen frei* ‖ tal ~, tal criado *wie der Herr, so der Knecht*
amoblado adj: casa ~a Arg *Absteig(e)quartier,* *Stundenhotel* n
amoblar [-ue-] vt = **amueblar**
amodita f ⟨Zool⟩ *Sand-, Horn|otter* f (Vipera ammodytes) ‖ ⟨Bot⟩ *Tragant* m (Astragalus spp)
amodo|rrado adj *schläfrig* ‖ *verschlafen* ‖ **–rramiento** m *große Schläfrigkeit* f ‖ *Schlaftrunkenheit* f ‖ *Benommenheit* f ‖ fam *Katzenjammer* m ‖ **–rrarse** vr *schläfrig werden* ‖ *verdrießlich werden*
amófi|la f ⟨Entom⟩ *Sandwespe* f (Ammophila sabulosa) ‖ **–lo** adj ⟨Biol⟩ *auf sandigem Boden lebend* bzw *wachsend*
amogollarse vr PR *sich verwickeln, sich verwirren*
amohecerse [-zc-] vr *verschimmeln* ‖ *verrosten* ‖ → **enmohecerse**

amohinar vt *aufbringen, ärgern, verdrießen* ‖ ~**se** *unwillig* od *verdrießlich werden*
amohosarse vr Arg Chi *verschimmeln, vermodern*
amojama|miento m *Abmagerung* f, *Abmagern* n ‖ *Dürre* f ‖ **–mar** vt *(Thunfische) einsalzen, trocknen* ‖ ~**se** fig *zusammenschrumpfen* ‖ *mager werden*
amojo|nador m *Grenzscheider* m ‖ **–namiento** m *Vermarkung* f ‖ **–nar** vt *mit Grenzsteinen bezeichnen, vermarken* ‖ *ab|grenzen, -stecken, trassieren*
amojosarse vr Arg = **enmohecerse**
amok m *Amoklauf* m
amoladero adj: (piedra) ~a *Schleifstein* m
amolado adj *geschliffen* ‖ Chi pop *lästig, zudringlich* ‖ fam *belästigt (worden)* ‖ *ruiniert* ‖ ~ m *Schliff* m ‖ ~ basto *Rauhschliff* m ‖ ~ en húmedo *Naß|schleifen* n, *-schliff* m
amo|lador m *Schleifer* m ‖ fam *zudringlicher Mensch* m, *Ekel* n ‖ **–ladora** f *Schleifmaschine* f ‖ ~ *automática de fresas Fräserschleif-, Fräserschärf|automat* m ‖ ~ *de pavimentos Fußbodenschleifmaschine* f ‖ ~ *de piedras Steinschleifmaschine* f ‖ ~ *suspendida Hängeschleifmaschine* f ‖ **–ladura** f *Schleifen, Wetzen* n ‖ ~ pl *Schliff, Schleifstaub* m
amolanchín m *Schleifer* m
amolar [-ue-] vt *schleifen, wetzen* ‖ figf *jdm beschwerlich* od *lästig fallen* ‖ ~ vi ⟨Mus⟩ fam *stümperhaft spielen* ‖ ~**se** vr vulg *Unannehmlichkeiten* fpl *haben* ‖ fam *in der Patsche sitzen*
amol|dadura f *(Ab)Modelung* f, *Modellieren* n ‖ **–dar** vt *(ab)formen, modeln* ‖ fig *gestalten* ‖ *anpassen* (a *an* acc) ‖ ~**se** *sich modeln, sich bilden* ‖ ◊ ~ *a las circunstancias sich den Verhältnissen anpassen*
amole m Mex *Seifenbaumgewächs* n
amolosar vi Chi *verschimmeln*
amollar vi *nachgeben*
amollecer vt/i *erweichen*
amonama f Ec *Honigwabe* f *e–r unter der Erde bauenden Bienenart*
amonarse vr fam *sich beschwipsen* ‖ *sich betrinken*
amondongado adj *kaldaunenähnlich* ‖ fig *feist*
amoneda|ción f *Münzprägung* f ‖ **–do** adj fam *reich, wohlhabend* ‖ *geprägt (Geld)* ‖ **–r** vt *münzen, prägen*
amones|tación f *Ermahnung, Verwarnung* f ‖ *Heiratsaufgebot* n ‖ *richterliche Vorladung* f ‖ ~ *pecuniaria Am gebührenpflichtige Verwarnung* f ‖ **–taciones** fpl *kirchliches Aufgebot* n ‖ ◊ correr las ~ *das Aufgebot erlassen* ‖ *aufgeboten werden* ‖ **–tador** m *Warner, Mahner* m ‖ **–tar** vt *erinnern, ermahnen, verwarnen* ‖ *(Brautpaare) aufbieten* ‖ *(Neupriester) in der Kirche aufbieten* ‖ ~**se** *aufgeboten werden (Brautpaar)*
amoniacal, amoniacado adj *ammoniakhaltig, Ammoniak-* ‖ *Ammonium-*
amoniaco, amoníaco adj *ammoniakhaltig* ‖ *sal* ~a *Salmiak* m ‖ ~ m *Ammoniak* n ‖ *Salmiakgeist* m ‖ *Ammoniakharz* n ‖ ~ *anhidro wasserfreies Ammoniak(gas)* n ‖ ~ *cálcico Kalkammoniak* n ‖ ~ *carbónico englisches Riechsalz* n ‖ ~ *cáustico Ammoniak, Ätzammoniak* n ‖ ~ *líquido flüssiges Ammoniak* n ‖ ~ *sintético synthetisches Ammoniak(gas)* n ‖ *carbonato de* ~ *Ammoniumkarbonat* n
amónico adj *Ammon(ium)-*
amoniemia f ⟨Med⟩ *Ammoniämie* f
amonio m ⟨Chem⟩ *Ammonium* n
amoni|ta f, **–tes** m ⟨Min⟩ *Ammonit* m
amonitratos mpl ⟨Agr⟩ *Ammoniumnitratdünger* m
amonización f ⟨Bot Chem⟩ *Ammonisierung* f
amontar vt *verjagen, verscheuchen* ‖ vi, **–se** vr *entfließen* ‖ *in die Berge fliehen*

amontillado adj: (vino) ~ *feiner heller Jerezwein* m *(nach Art des Montilla* PCórd*)*
amonto|nadamente adv *haufenweise* || **-nado** adj *geschichtet, gestapelt, angehäuft* pop = **amancebado** || **-nador** m *Anhäufer, Stapler* m || **-nadora** f *neumática de granos* ⟨Agr⟩ *Körnergebläse* n || **-namiento** m *Stapeln* n*, Anhäufung,* (*Hoch)Schüttung* f || **-nar** vt *(an)häufen, ansammeln* || *auf\schichten, -stapeln* || ⟨Agr⟩ *häufeln* || ◊ ~ *el algodón en las jaulas Baumwolle aufstocken* || ~ *el estiércol* ⟨Agr⟩ *Mist stapeln* || ~ *el heno Heu* n *in Haufen setzen* || **~se** *sich häufen* || *zusammenlaufen (Menschen)* || figf *zornig, unwillig werden* || fam *sich ärgern* || figf *e-e wilde Ehe eingehen* || Mex *jdn zu mehreren überfallen*
amoñar vi Chi *e-e Haube* f *bekommen (Vögel)*
amor m *Liebe, Zuneigung, Anhänglichkeit* f || *Liebschaft* f || *große Sehnsucht* f || *Geliebter* m, *Geliebte* f*, Liebling* m || *Sanftmut* f || *Einwilligung, Zustimmung* f || *Lust* f*, Genuß* m || *Hingabe* f || ~ *a la independencia Unabhängigkeitsdrang* m || ~ *a la libertad Freiheitsliebe* f || ~ *de hortelano* ⟨Bot⟩ *Klettenlabkraut, Klebkraut* n *(Galium aparine)* || ~ *mío Liebling* m*, Geliebte(r* m*)* f *(als Kosewort)* || ~ *platónico platonische Liebe* f || ~ *propio Eigenliebe* f || *Stolz* m || *Selbstbewußtsein* n || ~ *de sí mismo Eigenliebe* f || *al* ~ *de la lumbre am Feuer* || *am Herd* || *a su* ~ *nach seinem Belieben* || *en* ~ *y compaña* fam *in Frieden und Eintracht* || *por* ~ *a* alg*. jdm zuliebe* || *por* ~ *al arte aus Liebhaberei* || *umsonst* || *por* ~ *de wegen* || *por* ~ *de mi um meinetwillen* || *por* ~ *de Dios um Gottes willen* || ◊ dar ~ ⟨Mar⟩ *schlaff sein (Tau)* || *hacer (el)* ~ *a* alg*. jdm den Hof machen* || fam *mit jdm poussieren (*od *flirten)* || *hacer el* ~ *con* algn. Neol *koitieren* || ~ *con* ~ *se paga Liebe verlangt Gegenliebe* || **~es** pl *Liebschaften* fpl*, Liebelei* f || *mis* ~ *mein Liebster, meine Liebste* || *con mil* ~ *herzlich gern*
amoraduj m ⟨Bot⟩ = **mejorana**
amoragar vt *Fische und Weichtiere am Strand braten*
amoral adj *amoralisch, sittenlos*
amora|lidad f *Sittenlosigkeit* f || **-lismo** m *Amoralismus* m *(Phil. von Stirner und Nietzsche)*
amora|tado adj *schwarzblau, dunkelviolett* || **-tarse** vr *dunkelviolett werden*
amorci|llado adj *blutwurstähnlich* || *verheddert (b. Sprechen)* || **-llarse** vr pop *sich verheddern (b. Sprechen)*
amorcillo m *Amor, Kupido* m || fig *Liebelei* f
amordazar [z/c] vt *knebeln* || fig *unschädlich machen* || fig *mundtot machen*
amorecer vt *decken (bei Schafen)* || *brünstig werden (Schafe)*
amor|fia f *Formlosigkeit* f || ⟨Phys⟩ *Amorphie* f || **-fo** adj *formlos* || *amorph(isch)*
amorfinismo m ⟨Med⟩ *Morphiumabstinenzsyndrom* n
amorgonar vt Ar *(eine Weinrebe) absenken, fechsen*
amoricones mpl fam *Liebeleien, Liebkosungen* fpl
amorío m fam *Liebeln* n*, Liebelei* f
amoriscado adj *den Mauren ähnlich*
amormío m ⟨Bot⟩ *Liebeskraut* n
amorochado adj Ven *nahegelegen* || *verbunden*
amo|rosidad f *Verliebtheit* f*, verliebtes Wesen* n || **-roso** adj *verliebt* || *zärtlich, liebenswürdig* || *liebevoll, liebreich* || *Liebes-* || *zum Anbau tauglich (Feld)* || *locker (Stein), mild, weich (Erde)* || *weich, sanft (von körperlichen Gegenständen)* || fig *sanft (Wetter)* || ~ *(para) con sus padres zärtlich zu seinen Eltern* || *carta* **~a** *Liebesbrief* m || ~ adv/s ⟨Mus⟩ *it zärtlich, innig* || adv: **~amente**
amo|rrado adj fam *maulend, schmollend* || **-rrar** vi fam *den Kopf hängen lassen* || fam *maulen, schmollen* || ⟨Mar⟩ *auf den Strand laufen* || *vorlastig sein (Schiff)* || **-rrarse** vt vulg *sich betrinken*
amorriñarse vr Sal *schwach, krank werden (bes Vieh)*
amorronar vt ⟨Mar⟩ *(die Flagge) in Schau wehen lassen (Notsignal)*
amorrongarse vr Cu *sich einschüchtern lassen, in Furcht geraten*
amor|tajador m *Leicheneinkleider* m || **-tajadora** f *Stoß-, Zapfenloch\maschine* f || **-tajar** vt *ins Leichentuch hüllen, (eine Leiche) einkleiden, zudecken* || *verstecken*
amorte|cer [-zc-] vt/i *(Begierden) abtöten* || *mildern, dämpfen* || **~se** *in tiefe Ohnmacht fallen, ohnmächtig werden* || fig *verwelken* || **-cimiento** m *Milderung, Dämpfung* f || *tiefe Ohnmacht* f
amortiguación f *Dämpfung, Abschwächung* f || ~ *por aceite Öldämpfung* f || ~ *en caucho Gummi(ab)federung* f*, -aufhängung, -lagerung* f || ~ *electromagnética* ⟨El⟩ *elektromagnetische Dämpfung* f || ~ *especifica* ⟨El⟩ *spezifische Dämpfung* f || ~ *geométrica* ⟨Radio⟩ *geometrische Dämpfung* f || ~ *hidráulica Flüssigkeitsdämpfung* f || ~ *de la luz Lichtdämpfung* f || ⟨Aut⟩ *Ab\blendung* f*, -blenden* n || ~ *neumática,* ~ *por aire comprimido Luft\federung, -dämpfung* f || ~ *del ruido Geräuschdämpfung, Schalldämpfung* f || ~ *del sonido Schall\dämpfung, -dämmung* f || ⟨Flugw⟩ *Federung mit Gummilitzen, Gummifederung* f || **-do** adj *er\storben, -loschen* || *gedämpft* || ~ *con muelles abgefedert* || *no* ~ *ungedämpft* || ⟨Radio⟩ *mit voller Lautstärke*
amortiguador m *Dämpfer* m*, Dämpfungsvorrichtung* f || ~ *de balanceo* ⟨Flugw⟩ *transversaler Dämpfer* m || ~ *de chispas* ⟨El⟩ *Funkendämpfer* m || ~ *de choque Fender* m || ~ *de choques Stoß\dämpfer, -fänger* m || ~ *de caucho Gummi\puffer, -stoßdämpfer* m || ~ *por muelles Federstoßdämpfer* m || ~ *de dirección* ⟨Aut⟩ *Lenkungsdämpfer* m || ~ *de faro* ⟨Aut⟩ *Abblendvorrichtung* f || ~ *por fricción* ⟨Aut⟩ *Reibungsstoßdämpfer* m || ~ *de guiñada* ⟨Flugw⟩ *Wendedämpfer* m || ~ *hidráulico hydraulischer Stoßdämpfer* m || ~ *Bremszylinder* m || ~ *de llama de inducción* ⟨Flugw⟩ *Induktionsflammendämpfer* m || ~ *neumático Luftpuffer* m || ~ *oleoneumático Öldruckstoßdämpfer, Ölluftstoßfänger* m || ~ *de oscilaciones Schwingungsdämpfer* m || ~ *de péndolo* ⟨Flugw⟩ *Pendeldämpfer* m || ~ *regulable* ~ *einstellbarer Stoßdämpfer* m || ~ *de resortes Federpuffer* m || ~ *del ruido Schalldämpfer* m || **-guamiento** m *Mildern, Dämpfen* || *Abfederung* f || ~ *de vibraciones Schwingungsdämpfung* f
amortiguar [gu/gü] vt *abtöten* || *der Empfindung berauben* || *abschwächen* || *(Begierden) töten* || fig *dämpfen (Licht, Farben, Aufruhr)* || *mildern, dämpfen, lindern* || *auffangen (Hieb)* || *(Fische) betäuben (durch gewisse Kräuter)* || *(Kräuter) abbrühen* || ⟨Mar⟩ *(die Fahrt) stoppen* || Chi *(ab)brühen (Gemüse)* || **~se** *ersterben* || fig *nachlassen, sich legen*
amorti|zable adj *amortisierbar, tilgbar (Renten)* || *rückzahlbar (Kredit)* || **-zación** f *Tilgung, Ablösung, Amortisierung (einer Rente), Abschreibung* f || *Ab-, Rück\zahlung* f *(von Darlehen)* || *Entschuldigung* f || *caja de* ~ *Schuldentilgungskasse* f || *fondo de* ~ *Schuldentilgungsfonds* m || **-zar** [z/c] vt *amortisieren, tilgen (Renten, Schulden)* || *zur toten Hand veräußern (Grundstück)* || *aufheben (Amtsstellen)* || ◊ ~ *por depreciación,* ~ *por desvalorización* ⟨Com⟩ *abschreiben, entwerten, absetzen* || *abbauen (Beamte\nstellen)*
Amós np m *Amos* m *(Prophet)*

amos|cado adj fam *aufgebracht, gereizt* || **–car** [c/qu] vt *(Fliegen) abwehren, verscheuchen* || **~se** fig *unwillig* od *ärgerlich werden*, fam *aus der Haut fahren, einschnappen* || Cu Mex *in Verlegenheit geraten*
amosquilarse vr *den Fliegen entfliehen (Vieh)*
amostachado adj *schnurrbärtig*
amosta|zado adj fig *erzürnt, verärgert* || **–zar** [z/c] vt fam *reizen, erzürnen* || **~se** *aufgebracht werden* || Ec Hond PR *erröten* || *sich schämen* || *ärgerlich werden*
amotape m Pe *blauer Baumwollstoff* m
amoti|nado m *Aufrührer, Aufständischer, Meuterer* m || **~** adj *meuternd* || **–nador** m *Aufwiegler* m || **~** adj *auf|wieglerisch, -rührerisch* || **–namiento** m *Aufwiegeln* n || *Aufruhr* m, *Meuterei* f || **–nar** vt *aufwiegeln* || fig *aus der Fassung* f *bringen* || *verwirren* || **~se** *sich empören, meutern* || *aufsässig werden* || *sich zusammenrotten*
amo|ver [-ue-] vt *absetzen, des Amtes entheben* || **–vible** adj *abschaffbar, absetzbar* || *austauschbar* || *widerruflich, versetzbar* || *forro* ~ *ausknöpfbares Futter* n || **–vilidad** f *Absetzbarkeit* f || *Widerruflichkeit* f
ampalagua f ⟨Arg ⟨Zool⟩ *Boa, Riesenschlange* f || **~** m/adj Am figf *Vielfraß* m
ampalaya f ⟨Bot⟩ *(Art) Balsamine* f
ampara Ar Nav *Beschlagnahme* f *beweglicher Güter*
amparado adj *geschützt*
ampa|rador m *Beschützer* m || **–rar** vt *(be-)schützen, (be)schirmen, decken, verteidigen* || Ar *mit Beschlag belegen, beschlagnahmen (bewegliche Güter)* || ⟨Mar⟩ *fest anstemmen* || **~se** *sich unter jds Schutz begeben* || *sich verteidigen* || *sich schützen* || ◊ ~ con a. *jds Schutz* m *in Anspruch nehmen*
amparo m *Schutz* m, *Verteidigung* f || *Unterstützung* f || Ar *gerichtliche Beschlagnahme* f || Al Ar *ein bißchen von e–r Sache* || △ *Verteidiger* m *des Gefangenen* || (la Virgen del) ~ *Maria Beschützerin* f *(in Span. üblicher Frauenname)*
ampelis m ⟨V⟩ *Seidenschwanz* m (Bombycilla spp) || ~ americano *Zedernvogel* m || ~ europeo *Seidenschwanz* m
¹**ampelita** f *Erdharz* n, *Bergtorf* m
²**ampelita** f *Zeichenschiefer* m, *schwarzer Tonschiefer* m
ampelografía f *Weinrebenlehre* f || *Rebsortenkunde* f
ampeloterapia f ⟨Med⟩ *Traubenkur* f
ampe|raje m ⟨El⟩ *Stromstärke, Amperezahl* f || **–r(e)** m = **amperio**
amperímetro m ⟨El⟩ *Amperemeter* n, *Strommesser* m || ~ de bolsillo *Taschenamperermeter* n || ~ registrador *Stromschreiber* m
amperio m ⟨El⟩ *Ampere* n || **~-hora** m *Amperestunde* f || **~-horímetro** m *Amperestundenzähler* m || **~-minuto** m *Ampereminute* f || **~s-vueltas** *Amperewindungen* fpl
ampex m ⟨Tel⟩ *Ampex-Maschine* f
△**ampio** m *Öl* n
amplexicaulo adj ⟨Bot⟩ *stengelumfassend (Blatt)*
amplia|ción f *Ausdehnung, Erweiterung* f || *Ausbau* m || ⟨Phot⟩ *Vergrößerung* f || *Erweiterungsbau, Anbau* m || ~ de la demanda ⟨Jur⟩ *Klageerweiterung* f || ~ de la hipoteca ⟨Jur⟩ *Erweiterung* f *der Hypothek* || ~ de la protección ⟨Jur⟩ *Ausdehnung* f *des Schutzes* || ~ parcial ⟨Opt⟩ *Einzelvergrößerung* f || *aparato de* ~ ⟨Phot⟩ *Vergrößerungsapparat* m || **–dor** m ⟨Mal⟩ *Vergrößerer* m || **–dora** f ⟨Phot⟩ *Vergrößerungsapparat* m
ampliamente adv *weitläufig, ausführlich, eingehend* || *reichlich*
ampliar [pres **–ío**] vt *ausdehnen, erweitern* || *ausbauen* || *ausarbeiten (Thema)* || *vergrößern, vermehren* || ⟨Phot⟩ *vergrößern*
ampliativo adj *erweiternd*
ampli|ficación f *Erweiterung* f || *weitere Ausführung* f *(sprachlich, künstlerisch)* || ⟨Phys⟩ *Vergrößerung* f || ⟨Radio⟩ *Verstärkung* f || ~ de entrada ⟨Radio⟩ *Eingangsverstärkung* f || ~ lineal ⟨Radio⟩ *lineare Verstärkung* f || ~ longitudinal ⟨Opt⟩ *Längsverstärkung* f || ~ de sonido *Schallverstärkung* f || ~ ultrasonora ⟨Radio⟩ *Überschallverstärkung* f || **–ficador** m/adj ⟨Radio⟩ *Verstärker* m || *Vergrößerer* m || ~ a. f., ~ de alta frecuencia *HF-Verstärker, Hochfrequenzverstärker* m || ~ de antena *Antennenverstärker* m || ~ de audibilidad, ~ de escucha ⟨Tel⟩ *Abhörverstärker* m || ~ de audiofrecuencia ⟨Tel⟩ *Hörfrequenzverstärker* m || ~ de baja frecuencia *Niederfrequenzverstärker* m || ~ de cables *Kabelverstärker* m || ~ en cascadas *Kaskadenverstärker* m || ~ c. c., ~ de corriente continua *Gleichstromverstärker* m || ~ compensador *Ausgleichsverstärker* m || ~ por cordones ⟨Tel⟩ *Schnurverstärker* m || ~ doble ⟨Radio⟩ *Zweifach-, Zweiröhren|verstärker* m || ~ electrónico *Elektronenverstärker* m || ~ de frecuencia intermedia *Zwischenfrequenz-, Superheterodyn|verstärker* m || ~ intermedio ⟨Tel⟩ *Zwischenverstärker* m || ~ de línea *Leitungsverstärker* m || ~ de medición *Meßverstärker* m || ~ de micrófono *Mikrophonverstärker* m || ~ de potencia *Leistungsverstärker* m || ~ de doble puente ⟨Tel⟩ *Doppelbrückenverstärker* m || ~ de radiodifusión *Rundfunkverstärker* m || ~ de recepción *Empfangsverstärker* m || ~ de resistencia ⟨Radio⟩ *Widerstandsverstärker* m || ~ de resonancia ⟨Radio⟩ *Ton-, Resonanz|verstärker* m || ~ reversible de dos hilos ⟨Tel⟩ *Zweidrahtzwischenverstärker* m || ~ de salida, ~ final ⟨Radio⟩ *Endverstärker* m || ~ del sonido ⟨Tel⟩ *Lautverstärker* m || ~ superheterodino *Superheterodyn-, Zwischenfrequenz|verstärker* m || ~ de tensión *Spannungsverstärker* m || ~ de válvulas electrónicas *Elektronenröhrenverstärker* m || **–ficar** [c/qu] vt *erweitern, ausdehnen* || ⟨Phys⟩ *vergrößern* || ⟨Radio⟩ *verstärken* || **–ficativo** adj *ausdehnend, erweiternd* || *vergrößernd* || *verstärkend*
amplio adj *ausgedehnt, weit, weit|gehend, -läufig* || *umfassend* || *geräumig* || *umfangreich* || *ausführlich* || *reichlich (Mittel)* || ◊ *para más* ~s *informes, dirigirse a Näheres bei*
*****amplión** m Am = **altavoz**
amplísimo adj sup v. **amplio**
amplitud f *Weite, Breite, Ausdehnung* f || *Ausführlichkeit* f || *Amplitude* f, *Scheitelwert* m, *Ausschlag(weite)* f m || ⟨Astr⟩ *Gestirnweite* f || ⟨Mil⟩ *Kurvenlänge* f *der Geschoßbahn* || ⟨Opt⟩ *Spielraum* m *für Belichtung* || ~ de acomodación *Akkomodationsbreite* f || ~ del arco ⟨Arch⟩ *Bogenöffnung* f || ~ de avance ⟨Aut⟩ *Verstellbereich* m *der Zündung* || ~ de corriente *Stromamplitude* f || ~ del derecho de vía *Grundrechtsbreite* f || ~ de desviación *Ausschlag(weite)* f m || ~ doble ⟨El⟩ *Schwingungsbreite* f || ~ de la flecha ⟨Arch⟩ *Pfeilhöhe* f *der Durchbiegung, -shetrag* m || ~ de línea ⟨TV⟩ *Zeilenbreite* f || ~ de (la) marea *Flut|höhe, -größe* f, *-intervall* n, *Tidehub, Gezeitenhub* m || ~ de miras fig *Weit|blick* m, *-sicht* f || ~ de las oscilaciones del péndulo *Pendelausschlag* m || ~ del sonido *Tonstärke* f
ampo m *blendende Weiße* f || *Schneeflocke* f || *como el* ~ (*od los ampos*) *de la nieve* fig *schneeweiß*
ampoa f Chi = **ampolla**
ampolla f *(Brand-, Haut-, Wasser-)Blase* f || *langhalsiges bauchiges Fläschchen* n, *Phiole* f || ⟨Metal⟩ *Lunker* m, *Blase* f || ⟨Arch Zool⟩ *Ampulle* f || ⟨Med⟩ *Ampulle, Hitzblase* f || ⟨Glüh⟩-*Birne* f || ⟨Nucl⟩ *Kolben* m || ~ de congelación *Frostbeule* f || ~ de gas *Gas|pore, -blase* f || ~

sensorial ⟨Zool⟩ *sensorische Ampulle* f ‖ ~ *de vidrio Glasblase* f ‖ ~**s** *pl* kath *Meßkännchen* npl ‖ *Essig- und Öl|ständer* m
ampo|llado adj *voll Blasen* ‖ *geschwollen* ‖ **phiolenartig** ‖ **-llar** adj *phiolenförmig* ‖ *blasenförmig* ‖ ~ vt *mit Blasen bedecken* ‖ *auflockern, erweitern* ‖ *aushöhlen* ‖ ~**se** *sich mit Blasen bedecken* ‖ fig *schuften, sich abrackern* ‖ **-lleta** *f* dim *v.* **ampolla** ‖ *Sanduhr* f ‖ *Eieruhr* f ‖ Chi *Glühbirne* f ‖ ◊ *no soltar la* ~ figf *immer dreinreden* ‖ **-llón** adj Pe *müßig, untätig*
ampón, ona adj *kurz und dick, stämmig, untersetzt* ‖ *ausgehöhlt*
amprar vt Ar *entleihen, jdn anborgen*
ampu|losidad *f Schwulst* m, *Schwülstigkeit* f (*bes im Stil*) ‖ **-loso** adj *hochtrabend, schwülstig, ausladend, weitschweifig (Stil)* ‖ ⟨Mus⟩ *breit*
ampurdanés adj *aus El Ampurdán* (Cat)
ampu|tación *f* ⟨Chir⟩ *Amputation, Abnahme* f (*e–s Gliedes*) ‖ *Ablösen* n *e–s Gliedes* ‖ fig *Verstümmelung* f ‖ fig *Beschneidung, Verkürzung* f ‖ **-tar** vt ⟨Chir⟩ (*ein Glied*) *abnehmen, amputieren* ‖ fig *wegschaffen* ‖ fig *beschneiden* ‖ fig *verstümmeln*
Amsterdam [amstɛrðaˈn] *Amsterdam*
amuchachado adj *knabenhaft, jugendlich*
amuchar vt Am pop = **aumentar**
amueblamiento *m Möblierung* f
amueblar vt (*aus*)*möblieren, mit Möbeln ausstatten, einrichten* ‖ *habitación amueblada möbliertes Zimmer* n ‖ *casa amueblada* Am *Absteighotel* n
amuescar vt *auskerben*
amugamiento *m Abmarkung* f
amugro|namiento *m Absenken* n (*Weinrebe*) ‖ **-nar** vt *eine Weinrebe absenken, fechsen*
amujar vt Chi Arg (*vor dem Stoß*) *das Maul verdrehen, die Ohren spitzen* (*Stier, Pferd*) (→ **amusgar**)
amuje *m* ⟨Fi⟩ Sal *Sälmling, junger Salm* m
amujera|do adj *weibisch, frauenhaft* ‖ *verweichlicht* ‖ **-miento** *m Verweichlichung* f
amular vt (*er*)*würgen* ‖ ~ vi *unfruchtbar sein* ‖ ~**se** vr Sal *sich erzürnen, böse werden* ‖ *unfruchtbar werden* (*Stute*) ‖ Mex *untauglich für die Arbeit werden* ‖ Am fam *bockig werden*
amulatado adj *mulatten|artig, -haft*
amuleto *m Amulett* n
amunicio|namiento *m* ⟨Mil⟩ *Munitionsversorgung* f ‖ **-nar** vt *mit Munition versorgen* ‖ →a **municionar**
amunucarse vr Chi fam *böse werden* ‖ *unwillig werden*
amuñecado adj *puppenhaft*
amura *f* ⟨Mar⟩ *Halsen* fpl, *Backe* f *eines Segels* ‖ ⟨Mar⟩ *Bug* m ‖ ~**s** *pl Halsenlöcher* npl
amu|rada *f* ⟨Mar⟩ *jede der inneren Längsseiten eines Schiffes, Schanzkleid* n ‖ **-rallar** vt *mit Mauern umgeben, einmauern* ‖ ◊ *se amuralló en su silencio* fig *er verharrte in Schweigen* ‖ **-rar** vt/i ⟨Mar⟩ (*die Halsen*) *zusetzen* ‖ ⟨Mar⟩ *anluven*
amur|car [c/qu] vi *mit den Hörnern stoßen* (*Stier*) ‖ **-co** *m Hörnerstoß* m (*Stier*) ‖ **-cón** *m* fam *jähzorniger Mensch* m
amurillar vt (*die Erde an den Bäumen*) *anhäufeln* ‖ Ven *mit Erde beschütten* (*Pflanzen*) ‖ (*Erde*) *häufeln*
amu|rrarse vr Chi Hond *schläfrig werden* ‖ *verdrießlich werden* ‖ **-rriarse** vr prov *e–n Katzenjammer haben*
amurruñarse vr Ven *sich gegenseitig liebkosen*, fam *schmusen*
amusco adj *dunkelbraun*
amusgar [g/gu] vt/i *das Maul verdrehen und die Ohren legen* (*Angriffsstellung der Pferde u. Stiere*) ‖ *mit halbgeschlossenen Augen seitwärts*

schielen ‖ fig *den Kopf vor Scham senken* ‖ ~**se** Col Hond *sich schämen* ‖ Arg *nachgeben*
amusia *f* ⟨Med⟩ *Amusie* f
amustiar vt *verwelken*
Ana *f* np *Anna* f
^{1}**ana** f [el] *Elle* f, $^4/_5$ *Vara (etwa 1 m)*
^{2}**ana**. Abk = **antífona**
^{3}**ana** adv ⟨Pharm⟩ *von jedem gleichviel (auf Rezepten)*
anabaptista *m*/adj *Wiedertäufer, Anabaptist* m
anabasis, anábasis *f Kriegszug* m (*von der Küste*) *nach dem Binnenlande, Anabasis* f ‖ *la* ~ *de Jenofonte* ⟨Hist⟩ *die Anabasis von Xenophon*
anabático adj ⟨Meteor⟩ *anabatisch, aufsteigend* (*v. Winden*) ‖ ⟨Med⟩ *anabatisch, steigend* (*Fieber*)
anabiosis *f* ⟨Biol⟩ *Anabiose* f, *Wiederaufleben* n
anabióticos mpl ⟨Med⟩ *Anabiotika* npl
anábola *f* ⟨Med⟩ *Erbrechen* n
ana|bólico adj *anabolisch* ‖ **-bolismo** *m* ⟨Biol⟩ *Anabolismus, Aufbau, Stoffansatz* m
anacantinos mpl ⟨Fi⟩ *Weichflossenstrahler* mpl
anacarado adj *perlmutter|farben, -ähnlich*
anacardo *m Acaju-, Kaschu|baum* m (*Anacardium occidentale*) ‖ *Acaju|nuß, -mandel* f
anaclorhidria *f* ⟨Med⟩ *Achlorhydrie* f, *Salzsäuremangel* m
anaco *m* Pe Bol (*Art*) *Überwurf* m (*der Indianerinnen*) ‖ Col *Lumpen, Fetzen* m ‖ Am fam *Schlitzrock* m
anacoluto *m* ⟨Gr⟩ *Anakoluth* n
anaconda *f Anakonda* f (*Riesenschlange*)
anaco|reta *m Einsiedler, Klausner, Anachoret* m ‖ **-rético** adj *einsiedlerisch, Einsiedler*
anacre|óntica *f anakreontisches Lied* n ‖ **-óntico** adj *anakreontisch*
ana|crónico adj *anachronistisch, zeitwidrig, unzeitgemäß* ‖ **-cronismo** *m Zeitrechnungsfehler, Anachronismus* m ‖ fig *alter Kram* m
anacu|sia, -sis *f völlige Taubheit* f
ánade m/f [el] *Enterich, Erpel* m, *Ente* f ‖ *entenartiger Vogel* m ‖ ~ *friso* ⟨V⟩ *Schnatterente* f (*Anas strepera*) ‖ ~ *rabudo* ⟨V⟩ *Spießente* f (*A. acuta*) ‖ ~ *real* ⟨V⟩ *Stockente* f (*A. platyrhynchos*) ‖ ~ *silbón* ⟨V⟩ *Pfeifente* f (*A. penelope*) ‖ ~ *silvestre Wildente* f
ana|dear vi *watscheln (wie eine Ente)* ‖ **-deja, -dina** *f*, **-dino, -dón** *m kleine Ente* f
anadiplosis *f* ⟨Rhet⟩ *Anadiplo|se, -sis* f (*Epanalepse*)
anadipsia *f* ⟨Med⟩ *Anadipsie* f ‖ *großer Durst* m
anaero|bio adj ⟨Biol⟩ *anaerob* ‖ **-bionto** *m* ⟨Biol⟩ *Anaerobiont* m ‖ **-biosis** *f* ⟨Biol⟩ *Anaerobiose* f
anafe *m tragbarer Ofen, Kanonenofen* m ‖ *Kohlenbecken* n
anafi|láctico adj *anaphylaktisch* ‖ **-laxia** *f* ⟨Med⟩ *Anaphylaxie* f
anáfora *f* ⟨Rhet⟩ *Anapher, Anaphora* f
anaforesis *f* ⟨Phys⟩ *Anaphorese* f
anafórico adj *mit Wasserantrieb*
anafre *m* = **anafe**
anafrodi|sia *f* ⟨Med⟩ *Anaphrodisie, Geschlechtsabneigung, Frigidität* f ‖ →a **frigidez** ‖ **-síaco, -siaco** *m Anaphrodisiakum* n ‖ **-ta** *m Anaphrodit* m ‖ adj *ohne Zeugungstrieb* m, *zeugungsunfähig* ‖ *frigid*
anagalis *m* ⟨Bot⟩ *Ackergauchheil* m (*Anagallis arvensis*)
anagénesis *f* ⟨Biol⟩ *Anagenese* f
anáglifo *m Relief* n ‖ ⟨Phys⟩ *Anaglyphe* f, *Raumbild* n ‖ *Stereophotographie* f
anagnórisis *f Wiedererkennung* f (*im Drama*)
ana|gogía *f Erhebung* f *der Seele zu Gott* ‖ **-gogo** *m* ⟨Med⟩ *Brechmittel* n ‖ **-grama** *m Anagramm* n, *Buchstabenversetzung* f
anahora adv Pe *sofort, sogleich*

anal adj *After-* ‖ *Steiß-* ‖ *anal* ‖ *aleta* ~ *Afterflosse* f ‖ *región* ~ ⟨An⟩ *Aftergegend* f ‖ *tectrices* ~es *Steißfedern* fpl
analático adj ⟨Opt⟩ *anallaktisch*
analectas fpl *Analekten* pl, *ausgewählte Aufsätze* mpl
analéptico adj ⟨Med⟩ *analeptisch, wiederbelebend* ‖ ~ m *Analeptikum* n, *wiederbelebendes Mittel* n
anales mpl *Jahrbücher* npl, *Annalen* pl
analfa|betismo m *Analphabetentum* n ‖ *Analphabetismus* m ‖ *Mangel* m *an Allgemeinbildung* ‖ **-beto** adj *des Schreibens und Lesens unkundig* ‖ ~ m *Analphabet* m ‖ fig *ungebildeter Mensch* m
anal|gesia f ⟨Med⟩ *Analgesie, Analgie, Schmerzunempfindlichkeit, Unempfindlichkeit* f *gegen schmerzhafte Eindrücke* ‖ **-gésico** adj/m *analgetisch, schmerzstillend* ‖ ~ m *Analgetikum, schmerzstillendes Mittel* n
análisis m/f *Analyse, Zerlegung in die Grundbestandteile* f ‖ *Untersuchung* f ‖ *Zergliederung* f ‖ *Auswertung* f ‖ *Untersuchung* f ‖ *Zerlegung* f ‖ *kritische Beurteilung* f ‖ ⟨Math⟩ *Analysis* f ‖ ⟨Tel TV⟩ *Abtastung* f ‖ ~ *de agua Wasserprobe* f ‖ ~ *de albúmina Eiweiß|probe, -untersuchung* f ‖ ~ *por activación Aktivierungsanalyse* f ‖ ~ *de arbitraje Schiedsanalyse* f ‖ ~ *capilar Kapillaranalyse* f ‖ ~ *por centrifugación Zentrifugalkraftversuch* m *(Kornzerlegung des Zementes)* ‖ ~ *colorimétrico* ⟨Chem⟩ *kolorimetrische Analyse, Farbenanalyse* f ‖ ~ *por combustión Verbrennungsanalyse* f ‖ ~ *cromatográfico* ⟨Chem⟩ *chromatographische Analyse* f ‖ ~ *cualitativo* ⟨Chem⟩ *qualitative Analyse* f ‖ ~ *cuantitativo* ⟨Chem⟩ *quantitative Analyse* f ‖ ~ *de decantación Schlämmanalyse* f *(Bodenkunde)* ‖ ~ *documentario* ⟨Chem⟩ *Beweisanalyse* f ‖ ~ *elemental Elementaranalyse* f ‖ ~ *espectral Spektralanalyse* f ‖ ~ *de la explotación,* ~ *de explotaciones Betriebsanalyse* f ‖ ~ *de factores Faktorenzerlegung* f ‖ ~ *de gas,* ~ *de gases Gasanalyse* f ‖ ~ *por gotas Tüpfelanalyse* f ‖ ~ *granulométrico Siebanalyse* f ‖ ~ *gravimétrico Gewichtsanalyse* f ‖ ~ *individual* ⟨Chem⟩ *Einzel|bestimmung, -analyse* f ‖ ~ *inorgánico anorganische Analyse* f ‖ ~ *isotópico Isotopenanalyse* f ‖ ~ *de la leche Milch|untersuchung, -prüfung* f ‖ ~ *del mercado,* ~ *de los mercados Marktanalyse, Absatzforschung* f ‖ ~ *de la mezcla Gemisch-, Mischungs|-analyse* f ‖ ~ *de orina Harnanalyse* f ‖ ~ *ponderal Gewichtsanalyse* f ‖ ~ *promedial,* ~ *promedio,* ~ *por término medio* ⟨Chem⟩ *Durchschnittsbestimmung* f ‖ ~ *químico chemische Analyse* f ‖ ~ *reductivo* ⟨Psych⟩ *reduktive Analyse* f ‖ ~ *de sangre Blutuntersuchung* f ‖ ~ *por sedimentación Schlämmanalyse* f ‖ ~ *del terreno* ⟨Agr⟩ *Bodenanalyse* f ‖ ~ *del tráfico Verkehrsanalyse* f ‖ ~ *vectorial Vektoranalysis* f ‖ ~ *por vía húmeda (seca) Analyse auf nassem (trockenem) Wege* ‖ ~ *volumétrico Maßanalyse, volumetrische Analyse* f ‖ *línea de* ~ ⟨Tel TV⟩ *Bildzeile* f ‖ *entrelazado de* ~ ⟨Tel TV⟩ *Zeilensprungverfahren* n ‖ *en último* ~ fig *letzten Endes* ‖ *nach reiflicher Überlegung*
analista m *Annalist, Geschichtsschreiber, Chronist* m ‖ *Analytiker* m
analítico adj *analytisch, zergliedernd* ‖ *geometría* ~a *analytische Geometrie* f ‖ adv: ~**amente:** ~ *puro* ⟨Chem⟩ *analysenrein*
analizador adj *analysierend, zergliedernd* ‖ ~ m *Analysator, Analytiker* m ‖ ~ *de armónicos* ⟨Phys⟩ *Oberwellenabtaster* m ‖ ~ *de (los) gases de escape Auspuffgasprüfer* m ‖ ~ *de gases de humo Rauchgasprüfer* m
analizar [z/c] vt *analysieren, zerlegen, zersetzen* ‖ *untersuchen* ‖ *zergliedern* ‖ ⟨Math⟩ *auflösen* ‖ ~ *quimicamente chemisch untersuchen*
ana|logía f *Analogie, Entsprechung, Ähnlich-*
keit f ‖ *ähnlicher Fall* m ‖ **-lógico** adj *ähnlich, analog, entsprechend, übereinstimmend* ‖ *verwandt (Begriffe usw)* ‖ adv: ~**amente**
analogis|mo m ⟨Log⟩ *Analogie-, Ähnlichkeitsschluß* m ‖ **-ta** m *Analogist* m
análogo adj *ähnlich, analog, entsprechend, übereinstimmend* ‖ ~ m *Ähnliches, Entsprechendes* n
anamartesia f *Sündlosigkeit, Tadellosigkeit* f
anamita adj/s *annamitisch*
anamnesis f ⟨Med⟩ *Anamnese, Rückerinnerung* f *des Verlaufs e-r Krankheit* ‖ *Krankenbogen* m
anamorfosis f *Anamorphose* f, *Wandlungsbild* n
ananá(s), anana f *Ananaspflanze* f ‖ *Ananas* f
ananto adj ⟨Bot⟩ *blütenlos*
anapelo m ⟨Bot⟩ *Eisenhut* m, *Akonit* n (→ a *acónito*)
anapesto m *Anapäst* m *(Versfuß)*
ana|quel m *(Kasten) Fach* n, *Schrank-, Quer|-brett* n ‖ ~**es** pl *Fachwerk* n ‖ **-quelería** f *Fachwerk* n ‖ *Laden|schrank* m, *-gestell* n ‖ *Regal* n
anaranjado adj *orange(nfarben)* ‖ ~ m *Orangegelb* n
anaranjear vt *jdn mit Apfelsinen bewerfen*
anarcosindicalismo m *Anarchosyndikalismus* m
anarivel m *Arg (Renn)Bahn* f
anarquía f *Anarchie* f ‖ fig *Gesetzlosigkeit* f ‖ fam *Durcheinander* n ‖ *Unordnung* f
anárquico adj *anarchisch, gesetzlos* ‖ *anarchistisch* ‖ fig *zügellos* ‖ adv: ~**amente**
anar|quismo m *Anarchismus* m ‖ fig *Unordnung, Zügellosigkeit* f ‖ **-quista** m/adj *Anarchist, Umstürzler* m ‖ ~ adj *anarchistisch* ‖ **-quizar** vt *die Anarchie (bzw den Anarchismus) verbreiten*
anasarca f ⟨Med⟩ *Anasarka, Hautwassersucht* f
anascote m *dünner Wollstoff* m
anastasia f ⟨Bot⟩ *Beifuß* m (Artemisia vulgaris)
Anastasio m np *Anastasius* m
anastático adj *anastatisch*
anastigmático adj *anastigmatisch*
anastigmatismo m *Anastigmatismus* m
anastomosis f ⟨Biol⟩ *Anastomo|se, -sis* f
anástrofe f ⟨Gr⟩ *Anastrophe* f *(Verkehrung der Wortfolge)*
anata f *Annate* f, *jährlicher Ertrag* m
anatema m *Bannfluch, Kirchenbann* m, *Anathem* n ‖ fig *Fluch* m, *Verwünschung* f ‖ ◊ *lanzar el* ~ *contra alg. den Bannfluch gegen jd schleudern* ‖ ~**tización** f *Anathematisierung* f ‖ ~**tizar** vt *mit dem Kirchenbann belegen, anathemisieren* ‖ fig *verdammen*
a nativitate adv lat *von Geburt an*
anatocismo m *Anatozismus, Zinseszins* m
Anatolia f *Anatolien* n
anatolio adj/s *anatolisch* ‖ ~ m *Anatolier* m
ana|tomía f *Anatomie, Zergliederung* f ‖ fam pop *Körperbau* m ‖ fig *sorgfältige Untersuchung* f ‖ ~ *comparada vergleichende Anatomie* f ‖ ~ *topográfica topographische Anatomie* f ‖ **-tómico** adj *anatomisch* ‖ adv: ~**amente** ‖ **-tómico, -tomista** m *Anatom* m ‖ **-tomismo** m *Anatomismus* m ‖ **-tomizar** [z/c] vt *zergliedern, zerlegen, sezieren* ‖ *präparieren* ‖ **-tomopatológico** adj *pathologisch-anatomisch*
anatopismo m *Unordnung* f, *Durcheinander* n
anatoxina f *formoliertes Toxin, Anatoxin* n
anaveaje m ⟨Flugw⟩ *Landung* f *auf e-m Flugzeugträger*
anavia f *Rioja Heidelbeerstrauch* m (Vaccinium myrtillus)
anay m *Fil Termite* f
anca f [el] figf *Hinterbacken* m *des Menschen* ‖ *Hinterteil, Kreuz* n *der Tiere* ‖ *Kruppe* f ‖ ⟨Mar⟩ *Windviering* f ‖ *Pe gerösteter Mais* m ‖ ~ *de rana* ⟨Kochk⟩ *Froschschenkel* m ‖ ◊ *no ser* ~ *de rana fam geschickt sein* ‖ ~**s** pl *Gesäß* n ‖ *Hinterteil,*

Kreuz n *der Tiere* ‖ a (las) ~ (de) *rückwärts (od hinten) aufsitzend auf* (dat) ‖ fig *mit Hilfe* (gen) ‖ ◊ ir en ~ *rückwärts (od hinten) aufsitzen* ‖ fam *zueinander gehören* ‖ no sufrir ~ fig *sich nichts gefallen lassen*
ancado adj *kreuzlahm (Pferde)*
anca|na *f* Pe *Gefäß* n *zum Rösten von Maisgebäck* ‖ **–no** *m* Pe *Gläschen* n *Chicha, zu dem der Wirt seine Gäste einlädt*
ancara *f* Arg Pe *trockene Kürbisschale* f
ancarse vr Pe *sich hinter jdm auf die Kruppe e-s Pferdes setzen*
ancestral adj gall *uralt* ‖ *von den Vorfahren überliefert* ‖ → **atávico**
ancia|na *f alte Frau, Greisin* f ‖ **–nidad** *f hohes Alter* n*, Altersjahre* npl ‖ *Anciennität* f ‖ por ~ *nach dem Dienstalter* ‖ **–no** adj *alt, hochbetagt, greis* ‖ ~ *m* Greis m ‖ *Kirchenältester* m *in apostolischen Zeiten* ‖ ~**s** mpl *die Ältesten der Ritterorden* ‖ *Mitglieder* npl *des Sanhedrins*
ancila *f* ⟨poet⟩ *Sklavin* f
ancipital adj ⟨Med⟩ *zweiköpfig* ‖ fig *zweifelhaft*
ancla *f* [el] *(Schiffs) Anker* m ‖ ⟨Arch⟩ *Mauerklammer* f ‖ △ *Hand* f ‖ ~ de amarre *Hafen-, Vertäu|anker* m ‖ ~ de barlovento *Luvanker* m ‖ ~ de capa *Seeanker* m ‖ ~ de las correas *Pfettenanker* m ‖ ~ de emergencia Am *Notanker* m ‖ ~ de esperanza *Notanker* m ‖ ~ flotante *Treib-, See|anker* m ‖ ~ de flujo *Flutanker* m ‖ ~ de fondo *See-, Tief|anker* m ‖ ~ de galga *Bei-, Katt|anker* m ‖ ~ de horma *Notanker* m ‖ ~ de horquilla *Gabelanker (Mauerwerk)* m ‖ ~ de leva *Buganker* m ‖ ~ para muro ⟨Arch⟩ *Maueranker* m ‖ ~ de paraguas *Pilzanker* m ‖ ~ de patente *Patentanker, stockloser Anker* m ‖ ~ de popa *Heck-, Warp|anker* m ‖ ~ de proa *Buganker* m ‖ ~ de reflujo *Ebbeanker* m ‖ ~ de remolque *Schleppanker* m ‖ ~ de respeto, ~ de socorro *Not-, Rettungs|anker* m ‖ ~ de tierra *Wallanker* m ‖ ~ de vega ⟨Arch⟩ *Balken-, Stich-, Zug|anker* m*, Schlauder* f ‖ ◊ estar al ~ ⟨Mar⟩ *vor Anker liegen* ‖ echar ~s ⟨Mar⟩ *Anker werfen* ‖ levar ~s ⟨Mar⟩ *die Anker lichten*
ancla|dero *m Anker|platz, -grund* m ‖ **–do** adj ⟨Mar⟩ *vor Anker liegend* ‖ *m Verankerung* f ‖ **–je** *m Ankern* n*, Verankerung* f ‖ *Ankerplatz* m ‖ *Ankergeld* n ‖ ~ por adherencia *Haftverankerung* f ‖ ~ de balaustre ⟨Arch⟩ *Gebäudestütze* f ‖ ~ de la bóveda *Gewölbeniederhalter* m ‖ ~ de cable, ~ de los cables *Kabelverankerung* f *(Brükkenbau)* ‖ ~ de carril *Schienenverankerung, Schienenklemme* f *gegen Verrutschen (zur Befestigung)* ‖ ~ del carril conductor ⟨El⟩ *Anker* m *der dritten Schiene* ‖ ~ extremo *Endverankerung* f *(Seilbahn)* ‖ ~ de muros ⟨Arch⟩ *Maueranker* m ‖ ~ del pilote *Pfahlverankerung* f ‖ ~ transversal *Querverankerung* f ‖ ~ de vías *Schienenverankerung* f ‖ viga de ~ *Verankerungsträger* m
anclar vi ⟨Mar⟩ *ankern* ‖ vt *ankern* ‖ ⟨Arch⟩ *mit e-m Anker versehen, ausstatten* ‖ **–se** vr fig *sich festsetzen* ‖ *sich einnisten*
anclillo *m* Al *Hausflur* m
anclote *m* ⟨Mar⟩ *Wurfanker* m
ancón *m kleine Bucht* f ‖ Ar *hervorstehende Hinterbacke* f *bzw Hüfte* f ‖ Mex *Ecke* f ‖ Col *Gebiet* n *zwischen zwei Hügeln* ‖ PR *Art Floß* n
anconada *f* = **ancón**
anconaje *m* PR *Floßgeld* n
ancóneo *m* ⟨An⟩ *Knorrenmuskel* m
anconitano adj *aus Ancona (Italien)*
áncora *f* [el] ⟨Mar⟩ *(Schiffs) Anker* m ‖ *Anker* m *in der Uhr* ‖ fig *Anhalt, fester Punkt* m ‖ ~ de salvación, ~ de esperanza fig *Rettungsanker* m ‖ reloj de ~ *Ankeruhr* f
ancoraje *m* ⟨Mar⟩ *Ankern* n
ancorar vi = **anclar**

ancorca *f* ⟨Mal⟩ *Ocker* m*, gelbe Tonerde* f ‖ *Ockergelb* n
ancorería *f Ankerwerkstätte* f
ancosa *f* Bol *Probe* f *e-s Getränkes*
ancua *f* Arg Chi *geröstetes Maisgebäck* n ‖ ~**na** *f* Arg = **ancua** ‖ *Mischung* f *aus Mais- und Johannisbrot|mehl*
ancuco *m* Bol *Konfekt* n *aus Mandeln und Honig*
ancudo adj *mit großem Hinterbacken bzw Hinterteil*
ancusa *f* ⟨Bot⟩ *Ochsenzunge* f
△**ancha** *f* [el] *(Groß) Stadt* f
anchamente adv *weitläufig, ausführlich*
ancheta *f kleines Warenangebot* n ‖ *wenig einträgliches od schlechtes Geschäft* n ‖ *leichter Gewinn, Profit* m ‖ Arg Bol *dummes Gerede* n ‖ ¡buena ~! Mex fig *schöne Bescherung!*
anchi *m* Chi *Mehl* n *aus gekeimter Gerste bzw gekeimtem Weizen*
anchicorto adj *breit und kurz*
ancho adj *breit* ‖ *weit, geräumig* ‖ *ergiebig (Land)* ‖ *großzügig, stolz* ‖ *klaffend (Wunde)* ‖ a lo ~ *nach der Breite* ‖ ~ de boca *mit breitem Munde* ‖ vida ~a fig *flottes Leben* n ‖ ¡–a es Castilla! fam *handeln Sie nach Belieben!* ‖ ◊ estar *(od ponerse)* muy ~ figf *großtun, sich viel einbilden,* fam *sich aufblähen* ‖ el cargo le viene muy ~ *er ist s–m Amt nicht (recht) gewachsen* ‖ el traje le viene muy ~ *der Anzug ist ihm zu weit* ‖ estar a sus ~as *sich sehr wohl od behaglich fühlen* ‖ ~ *m Breite* f ‖ ⟨Web⟩ *Blatt* n ‖ ~ de banda ⟨Radio⟩ *Bandbreite* f *der Frequenz* ‖ ~ del bordón Am *Fußbreite* f *(von Profileisen)* ‖ ~ de la brida Am *Flanschbreite* f ‖ ~ de la calzada *Fahrbahnbreite* f ‖ ~ de la cinta, ~ de la correa *Gurt-, Band|breite* f ‖ ~ de columna ⟨Typ⟩ *Spalten-, Kolonnen|breite* f ‖ ~ de corte *Schnittbreite* f ‖ ~ del diente *Zahnbreite* f ‖ ~ de entalladura *Schlitzbreite* f ‖ ~ interior *lichte Weite* f ‖ ~ limitado *Verkehrsverbot* n *für Fahrzeuge über e–e bestimmte Breite* ‖ ~ de mallas *Maschenweite* f ‖ ~ mínimo *Mindestbreite* f ‖ ~ normal ⟨EB⟩ *Normal-, Regel-, Vollbahn|spur* f ‖ ~ ocupado por el vehículo *Fahrzeugspur* f ‖ ~ de la rendija *Spalt* m*, Spaltweite* f ‖ ~ de rodada ⟨Flugw⟩ *Spur* f *des Fahrgestells* ‖ ~ de la rueda, ~ de la corona de rodamiento *Rad-, Laufkranz|breite* f ‖ ~ de la solera ⟨Ing⟩ *Herdbreite* f ‖ ~ total *Gesamtbreite* f ‖ ~ de trabajo *Arbeitsbreite* f ‖ ~ útil *Nutzbreite* f ‖ ~ de vía ⟨EB⟩ *Spurweite, (Gleis) Spur* f ‖ *Radstand* m ‖ ◊ darse uno tantas en ~ *como en largo* fig *volle Freiheit genießen* ‖ →a **anchura**
anchoa, anchova *f* ⟨Fi⟩ *Sardelle, Anschovis* f *(Engraulis ancrasicholus)* ‖ ~s en filetes ⟨Com⟩ *Anschovis in Streifen*
anchoar vt *Oliven* fpl *mit Anschovis füllen*
anchuelo adj dim *v.* **ancho**
anchu|ra *f*, ***anchor** *m Breite* f ‖ *Weite* f ‖ *Brustweite* f *des Pferdes* ‖ *Spannweite* f *(e–r Brücke)* ‖ ⟨Web⟩ *Bahn* f ‖ *Breite von e–m Stoff)* ‖ fig *Ungeniertheit* f ‖ fig *Zwanglosigkeit* f ‖ con ~ *breit, weit* ‖ fig *frei, bequem* ‖ ~ de construcción *Baubreite* f ‖ ~ de(l) edificio *Gebäudetiefe* f ‖ ~ de explanación *Baubreite* f ‖ ~ de extremo a extremo *Gesamtbreite* f ‖ ~ en el fondo *Sohlenbreite (Kanal)* f ‖ ~ de la grieta *Rißbreite* f ‖ ~ de labor ⟨Web⟩ *Arbeitsbreite* f ‖ ~ de llanta *Felgenbreite* f ‖ ~ de paso *Durchfluß-, Licht|weite* f *(Brücke)* ‖ ~ de (la) puerta *Türweite* f ‖ ~ de la rendija *Spaltweite* f ‖ ~ de tablón *Besäumbreite* f *(b. Brettern)* ‖ →a **ancho** ‖ a mis (tus, sus) ~s *frei, zwanglos, bequem* ‖ ◊ tiene sus ~s *er hat sein gutes Auskommen* ‖ **–roso** adj *weit, geräumig*
anda *f* [el] Am = **andas**
andábata *m Blindfechter* m

andada — andar

andada f Dörrbrot n || Ar *Weideplatz* m || *Am Gehen* n || *Am Wegstrecke* f || ~**s** pl ⟨Jgd⟩ *Wildspuren, Fährten* fpl || ◊ volver a las ~ fig *in e–e schlechte Gewohnheit zurückfallen* || fam *wieder sündigen*
anda|deras fpl *Gängel\wagen* m, *-band* n || *Lauf\-ställchen* n, *-korb* m || ◊ poder andar sin ~, no necesitar ~ fig *fremder Hilfe nicht bedürfen* || **–dero** adj *wegsam, gut begehbar, gangbar* || *befahrbar* || *hin und her laufend*
¹**andado** adj *gebannt, ausgetreten* || *begangen (Straße)* || *(ab)getragen (Kleider)* || *alltäglich, gewöhnlich* || ~ m Hond *Gangart* f || ◊ no se puede desandar lo ~ fig *man kann Geschehenes nicht ungeschehen machen*
²**andado** m fam *Stiefsohn* m
anda|dor adj/m *leichtfüßig* || *guter Fußgänger* m || *Bote* m || *Pflastertreter, Flaneur* m || *Neuigkeitskrämer* m || *Lauf\korb* m, *-ställchen* n *für Kinder* || *Pfad* m *zwischen Gartenbeeten* || ~**es** pl *Gängelband* n || ◊ poder andar sin ~, no necesitar ~ figf *keiner fremden Leitung bedürfen, sich allein zu helfen wissen* || **–dura** f *Gang* m || *Weg* m || *Gangart* f || *paso* de ~ *Schritt* m, *langsame Gangart* f *des Pferdes*
andalón m MAm *leichtfüßiges Pferd* n || ~ adj MAm Mex *gut zu Fuß*
andalotero m Al *Pflastertreter* m
Andalucía f *Andalusien* n
anda|lucismo m and. *Redensart* f || *Liebe* f *zu Andalusien* || **–lucita** f ⟨Min⟩ *Andalusit* m || **–luz** [pl **-ces**] adj *andalusisch* || ~ m, **-luza** f *Andalusier* m, *Andalusierin* f || **–luzada** f fam *Aufschneiderei, Prahlerei* f || *Übertreibung* f || ~ *(kommerzielle) Entstellung* od *Verfälschung* f *des Andalusischen*
anda|miada f, **–miaje** m ⟨Arch⟩ *Gerüst, Baugerüst* n || *Arbeitsbühne* f, *Laufsteg* m || *Gerüsthöhe* f || ~ de carenaje *Kielbank* f || ~ de excavación ⟨Bgb⟩ *Abteufgerüst* n || ~ de montaje *Aufstellungs-, Montage\gerüst* n || ~ sobre pontones *Prahmgerüst* n || ~ para el revestimiento del pozo ⟨Bgb⟩ *Schachtstuhl* m || ~ voladizo *fliegendes Gerüst* n
andamio m ⟨Arch⟩ *Baugerüst* n || *Schaugerüst* n, *Tribüne* f || *Laufsteg* m || ⟨Mar⟩ *Stelling* f || fam *Schuh* m || ~ de caballete *Bockgerüst* n || ~ colgado, ~ colgante *Hänge\gerüst* n, *-rüstung* f || ~ de escalera *Leitergerüst* n || ~ de grada *Hellinggerüst* n || ~ de madera *Holzgerüst* n || ~ escuadrada *Fachwerkgerüst* n || ~ metálico *Stahlgerüst* n, *Rohr-* || ~ de silla *Stuhlgerüst* n || ~ suspendido *Hängegerüst* n || ~ del vertedero *Wehrsteg* m || ~ (en) voladizo *fliegendes Gerüst* n || ~ sobre zancos *Stangengerüst* n || flor de ~ fig pop *schlechter Tabak, Schreberschreck, Knaster* m
¹**andana** f *Reihe* f *aneinanderstoßender Dinge* || *Regal* n *zur Seidenraupenzucht* || *Gehweg* m || ⟨Mar⟩ *Breitseite* f || ⟨Fi⟩ *rechteckiges Netz* n *der span. Ostküste* || ⟨Arch⟩ *Fries* m || *Schrankfach* n || ⟨Mar⟩ *Breitseite* f || Col Dom PR *hervorstehender Zahn* m
²**andana** f: ◊ llamarse ~ fam *sein Versprechen ableugnen* || me llamo ~ fam *mein Name ist Hase (ich weiß von nichts)*
andanada f ⟨Mar⟩ *Salve* f *e–r Breitseite, Breitseitsalve* f || ⟨Taur⟩ *gedeckter Platz (zweiter Rang)* m *in der Stierkampfarena* || *Aufeinanderfolge, Serie* f || figf *derber Verweis* m || *Ungereimtheit* f || ◊ soltar a algn. una ~ *jdm e–n derben Verweis erteilen* || fam *jdn anschnauzen* || por ~s Arg *in Hülle und Fülle*
andancia f And Am = **andancio** || MAm *Glück* n || *Ereignis* n || MAm *Müßiggang* m
andancio m *leichte, seuchenartige Krankheit* f
¡andanda! Sal pop = **¡anda!**
andaniño m *Lauf\korb* m, *-ställchen* n *für Kinder*
andante adj *wandernd* || *herumziehend* || *unstet* || *mal* ~ *unglücklich* || *caballero* ~ *irrender* od *fahrender Ritter* m || *vida* ~ *unstetes Leben* n || ~ m ⟨Mus⟩ it *Andante* n || ~ adv ⟨Mus⟩ *andante, et langsam*
andantesco adj *auf die fahrenden Ritter bezüglich*
andantino m ⟨Mus⟩ *Andantino* n
andanza f *Zufall* m || *Geschick, Schicksal* n || *Reise* f || *Gangart* f || fig *Abenteuer* n || buena ~ *Glück* n || mala ~ *Unglück* n
¹**andar** [-uve] vt *durch\gehen, -laufen, -fahren* || *durch\reiten, -fliegen* || *zurücklegen (Wegstrecke)* || ◊ ~ cinco kilómetros *fünf Kilometer zurücklegen* || ~ tierras fig *in der Welt herumwandern*
~ vi a) *gehen, schreiten* || *fahren, reiten* || *im Gange sein, laufen (Uhr, Maschine)* || *umlaufen (Gerüchte usw)* || *verlaufen, vergehen, verrinnen (Zeit)* || ⟨Mar⟩ *fahren* || *segeln* || ⟨Mar⟩ *abhalten, abfallen* || *sich benehmen* || ◊ a más ~, a todo ~ *eiligst, schleunigst* || allí andan duendes *dort spukt es* || ~ detrás *jdn verfolgen* || fam *hinter e–r Frau (e–m Mann) her sein* || anda el diablo suelto (od en Cantillana) fam *der Teufel ist los* || mal me andarán las manos, si fam *es müßte nicht mit rechten Dingen zugehen, wenn* || andando el tiempo *mit der Zeit* || a más ~ *höchstens* || *schnell, rasch* || ¡anda! oh! unglaublich! || nanu! || recht so! || nur zu! vorwärts! || *e–e schöne Bescherung!* || los! || ¡anda, di! fam *sag mal!* || ¡anda enhoramala! figf *schere dich fort!* || ¡anda a paseo! ¡anda a freir espárragos! figf *mach, daß du fortkommst!* geh zum Teufel! || ¡anda con Dios! ¡anda en buen(a) hora! *Gott befohlen! lebe wohl!* || ¡andando! fam *(rasch) vorwärts! also los! schnell!* || ¡ándele! fam Mex *schnell! los!*
b) fam *sich fühlen (wohl, unwohl)* || *sich befinden, sein* || *sich aufhalten (Ort)* || *(vorhanden) sein* || ◊ ~ alegre *gut aufgelegt* od *vergnügt sein* || ~ bien *sich wohl fühlen* || *gut gehen (Geschäft)* || ~ bien de salud, ~ bueno *gesund sein* || ~ derecho *rechtschaffen handeln* || ~ por los quince años *etwa fünfzehn Jahre alt sein* || ~ mal de dinero *knapp bei Kasse sein* || ~ por las nubes fig *sündhaft teuer sein* || andan rumores *man raunt, man sagt, es gehen Gerüchte* npl *um*
c) in Verb. mit Gerundium *(mit durativer Bedeutung):* ◊ ~ buscando, ~ escribiendo *suchen, schreiben*
d) in Verb. mit Präp.: *1.* in Verb. mit **a**: ◊ ~ a la briba *sich dem Müßiggang ergeben,* fam *ein Lotterleben führen* || ~ a las bonicas fam *sich kein Bein ausreißen* || ~ a la que salta fam *in den Tag hinein leben* || ~ a derechas fig *rechtschaffen handeln* || ~ a golpes, ~ a palos *sich prügeln, sich herumbalgen* || ~ al paso *im Schritt gehen* || ~ a pie *zu Fuß gehen* || ~ a puñetazos, ~ a puñadas *sich mit Faustschlägen traktieren* || ~ a salto de mata *fliehen,* fam *die Flucht ergreifen* || ~ a tiros *Schüsse wechseln* || ~ a una fig *einverstanden sein, sich einig sein* || ~ a inf *sich bemühen (et zu erreichen)*
2. in Verb. mit **con** od **sin**: ◊ ~ con a. mit et *herumhantieren* || ~ con alg. *mit jdm verkehren* || ~ con los pies descalzos *barfuß gehen* || ~ sin recelo *unbesorgt sein* || ~ con rodeos *Umschweife machen* || ~ con atención, ~ con cuidado, ~ con ojo *aufmerksam, vorsichtig sein*
3. in Verb. mit **de**: ◊ ~ de bureo pop *sich (he)rumamüsieren* || ~ de la Ceca a la Meca fam *von Pontius zu Pilatus laufen*
4. in Verb. mit **en**: *sich zu schaffen machen (an et)* || ◊ ~ en bicicleta *radfahren* || ~ en dimes y diretes figf *streiten, sich herumzanken* || ~ en ello s–e Hand im Spiel haben || ~ en el cajón *im Schubfach herumkramen, sich zu schaffen machen* || ~ haciendo a. *dabei sein, et zu tun* || ~ en pleitos *sich in Prozesse einlassen* || ~ en pretensiones *anspruchsvoll sein* || ~**se** *gehen, schreiten* || *los-*

gehen, sich losmachen, sich (ab)lösen ‖ ◊ ~ en los ojos *sich die Augen mit den Fingern reiben* ‖ ~ con bromas *Spaß machen* ‖ ~ por las ramas *fam sich in Lappalien verlieren* ‖ todo se andará *es wird noch alles gut werden* ‖ *es wird schon gehen* ‖ ande yo caliente y ríase la gente *Sinn: die eigene Bequemlichkeit geht über alles* ‖ dime con quién andas, y yo te diré quién eres *sage mir, mit wem du gehst, und ich sage dir, wer du bist*
²**andar** *m Gang* m, *Gangart* f (& pl) ‖ *Vorgangsweise* f ‖ *Boden, Estrich* m ‖ ⟨Mar⟩ *Fahrt* f, *Weg m des Schiffes* ‖ Gal *Stockwerk* n *(eines Hauses)* ‖ a largo ~ *mit der Zeit* ‖ a mal ~ *im ärgsten Falle, schlimmstenfalls* ‖ a todo ~ *eiligen Schrittes* ‖ ⟨Tech⟩ *mit voller Kraft* ‖ a más (od a todo) ~ *höchstens* ‖ a un ~ *auf gleicher Höhe*
anda|raje *m Ziehvorrichtung* f *e-r Stampfwalze* ‖ **-raz** *m* ⟨Zool⟩ Cu *Baum-, Lanzen-, Stachel|ratte* f (Capromys spp) (→ **hutia**, *vgl* **taltuza**) ‖ **-reguear** vi Col *zwecklos hin und her rennen* ‖ **-rica** *f Ast kleine, eßbare Seekrebsart* f ‖ **-riego** *adj schnellfüßig* ‖ *umherstreichend* ‖ *wanderlustig* ‖ *bettelnd* ‖ *schnell trabend (Maultier)* ‖ ~ m *guter Fußgänger* m ‖ *Flaneur* m ‖ **-rín** *m/adj Läufer* m ‖ *passionierter (bzw schneller) Fußgänger* m ‖ **-rines** *pl Schrot, Büchsenschrot* m/n ‖ *Kügelchen npl aus Nudelteig*
andarina *f* = **andorina**
andarivel *m Fährseil* n ‖ ⟨Mar⟩ *Gittertau* n ‖ ⟨Mar⟩ *Spanntau* n, *Ausholer* m ‖ ⟨Mar⟩ *Gangseil* n ‖ Arg *(Ab)Sperrseil* n ‖ **~es** *mpl* Mex *Wirrwarr* m, *Durcheinander* n ‖ Col *Verzierungen fpl* ‖ Hond *Pflasterheber* m
andarrío *m Bad angeschwemmter Gegenstand* m ‖ fam *verächtlicher Mensch* m
andarríos *m* ⟨V⟩ *Wasserläufer* m (Tringa spp) ‖ ~ bastardo ⟨V⟩ *Bruchwasserläufer* m ‖ ~ chico ⟨V⟩ *Flußuferläufer* m ‖ ~ grande ⟨V⟩ *Waldwasserläufer* m ‖ ~ del Terek ⟨V⟩ *Terekwasserläufer* m (Xenus cinereus) ‖ *Bachstelze* f (→ **lavandera**)
andas *fpl Sänfte* f ‖ *Trag-, Toten|bahre* f ‖ *Traggestell* n *für Heiligenfiguren (bei Prozessionen)* ‖ en ~ y en volandas *fig im Fluge* ‖ ◊ llevar a alg. en ~ *figf jdn mit Samthandschuhen anfassen*
andavete *m* Bol *Einliterkrug* m *für Chicha*
andén *m Geh-, Fußgänger|weg* m *(z.B. e-r Brücke)* ‖ ⟨EB⟩ *Bahnsteig* m ‖ *Geländergang* m ‖ *Uferstraße* f ‖ *Emporkirche* f ‖ *Fach, Brett* n *in e-m Schrank* ‖ Guat Hond *Bürgersteig* m ‖ ~ de llegada ⟨EB⟩ *Ankunftsbahnsteig* m ‖ ~ de salida ⟨EB⟩ *Abfahrtsbahnsteig* m ‖ ~ de trasbordo *Verladerampe* f ‖ billete de ~ *Bahnsteigkarte* f ‖ **~es** *mpl* And ⟨Agr⟩ *Terrassen fpl*
andenería *f* ⟨Agr⟩ Pe *Terrassenanbau* m
andera *f Klosterdienerin* f
andero *m Sänftenträger* m
anderoba *m* Ven *Carapabaum* m (Carapa spp)
Andes *mpl* SAm *die Anden* pl *(Bergkette)*
andesi|na *f* ⟨Min⟩ *Andesin* m ‖ **-ta** *f* ⟨Geol⟩ *Andesit* m
andinis|mo *m* SAm *Berg|sport* m, *-steigen* n *in den Anden* ‖ **-ta** *adj Bergsteiger* m *in den Anden*
andino *adj Anden-, aus dem Andengebiet*
ándito *m Umgang* m *(e-s Gebäudes), Galerie* f *(an e-m Hause)* ‖ *Fußgängerweg* m *auf e-r Brücke* ‖ *Gehsteig* m
andolina *f* → **andorina**
andón *m* fam *guter Fußgänger* m ‖ Col Cu Ven *Pferd* n, *das im Laufen ausdauernd ist*
andorga *f* fam *Wanst, Bauch* m ‖ ◊ llenar(se) la ~ fam *sich den Wanst vollschlagen*
andorina *f Schwalbe* f (→ **golondrina**)
andorra *f* fam *Pflastertreterin* f ‖
Andorra *f Andorra (Republik)* ‖ **~no** *adj/s aus Andorra* ‖ ~ m *Andorraner* m
andorre|ar vi fam *herumbummeln* ‖ **-ro** *m*

Pflastertreter m
andosco *m/adj zweijähriges Schaf* n, *zweijährige Ziege* f
andrado *m Burg Stiefkind* n
andragogía *f Erwachsenenbildung* f
andrajero *m Lumpensammler* m
andra|jo *m Lumpen, Hader, Fetzen* m ‖ ◊ estar hecho un ~ figf *schlecht und lumpig gekleidet sein* ‖ **-joso** *adj lumpig, zerlumpt, abgerissen*
andrena *f* ⟨Entom⟩ *Erdgrabbiene* f (Andrena sp)
Andrés *m np Andreas* m
andri|na *f* ⟨Bot⟩ = **endrina** ‖ **-no** *m* ⟨Bot⟩ = **endrino**
androceo *m* ⟨Bot⟩ *Androzäum* n, *Gesamtheit* f *der Staubblätter e-r Blüte*
androfobia *f* ⟨Med⟩ *Männerscheu* f
androfonomanía *f* ⟨Med⟩ *Androphonomanie* f ‖ *Amok* m
an|drógino *adj androgyn* ‖ ⟨Bot⟩ *androgyn, monözisch, zwittrig* ‖ *scheinzwittrig* ‖ **-droginia** *f Androgynie* f ‖ *Scheinzwittrigkeit* f ‖ **-drología** *f Andrologie, Männerheilkunde* f
andrómina *f* fam *List* f ‖ **~s** *fpl* fam *Ausflüchte fpl*
andro(e)sterona *f* ⟨Med⟩ *Androsteron* n
andujareño *aus Andújar* (P Jaén)
andulencia *f* Sal = **andancia**
andullo *m gerolltes Tabakblatt* n ‖ *Handtrommel* f ‖ Ant Mex Ven *Kautabakmasse* f
andurriales *mpl abgelegene Gegend* f (& sg) ‖ V. por estos ~? fam *wie kommen Sie denn hierher?*
anduve → **andar**
anea *f* ⟨Bot⟩ *Rohrkolben* m (Typha spp) ‖ ⟨Bot⟩ *Schwertlilie* f (Iris spp) ‖ *Schilfrohr* n *zum Flechten von Stuhlsitzen*
aneaje *m Ellenmaß* n
¹**anear** *vt mit der Elle messen, nach Ellen messen*
²**anear** *vt* Sant *(Kinder) wiegen*
³**anear** *m Rohrkolbenfeld* n ‖ *Schwertlilienpflanzung* f
aneblar [-ie-] *vt ein-, be|nebeln* ‖ *verdunkeln* ‖ **~se** *sich bewölken* ‖ *sich verdunkeln* ‖ → a **anieblarse**
anécdota *f Anekdote* f, *Geschichtchen* n
anec|dotario *m Anekdotensammlung* f ‖ **-dótico** *adj anekdotisch, anekdotenhaft*
aneciarse *vr verdummen, verblöden*
¹**anega** *f* ⟨Bot⟩ *Dill* m (Anethum graveolens)
²**anega** *f philip. Hohlmaß* n *(3 Liter)*
anega|ción *f Ertränken* n ‖ *Über|schwemmen* n, *-schwemmung* f ‖ **-dizo** *adj/s leicht zu überschwemmen (Gelände)* ‖ *Überschwemmungen ausgesetzt* ‖ **-do** *adj wassergesättigt* ‖ ⟨Mar⟩ *orlastig (Schiff)* ‖ ~ en llanto *tränenüberströmt* ‖ **-miento** m = **anegación**
anegar [g/gu] *vt/i ertränken* ‖ *unter Wasser setzen, überschwemmen* ‖ *belästigen, bedrücken* ‖ *überlasten* ‖ ~ en sangre *blutig unterdrücken* ‖ **~se** *ersaufen* ‖ *ertrinken* ‖ ⟨Mar⟩ *untergehen* ‖ ~ en lágrimas fig *in Tränen zerfließen*
anejo *adj angefügt, verbunden* ‖ *einverleibt* ‖ *zugehörig* ‖ *beiliegend* ‖ ~ m *Tochterkirche* f ‖ *Tochter-, Filial|gemeinde* f ‖ *Anbau* m, *Nebengebäude* n ‖ *Beilage, Anlage* f *(eines Briefes)* ‖ *Beiheft* n *(Zeitschrift)* ‖ *Filiale* f ‖ *Ortsteil* m *(e-r Gemeinde)* ‖ *Kirchspiel* n ‖ ⟨Jur⟩ *Nebensache* f
aneldo *m* ⟨Bot⟩ = **eneldo**
aneléctrico *adj* ⟨El⟩ *leitend, elektrisch*
anélidos *mpl Ringelwürmer, Anneliden* mpl
anemia *f* ⟨Med⟩ *Anämie, Blutarmut* f ‖ ◊ drepanocítica *Sichelzellenanämie* f ‖ ~ infecciosa *ansteckende, infektiöse Anämie* f ‖ ~ por leche de cabra *Ziegenmilchanämie* f ‖ ~ maligna *perniziöse Anämie* f ‖ ~ parasitaria *Wurmanämie* f ‖ ~ perniciosa, ~ progresiva *perniziöse Anämie* f

anemiante — angelar

‖ ~ sideropriva *Eisenmangelanämie* f ‖ ~ tropical *Tropenanämie* f
anemiante adj *anämisierend*
anémico adj ⟨Med⟩ *anämisch, blutarm* ‖ fig *arm, dürftig* ‖ ~ m ⟨Med⟩ *Anämiker* m
anemocoria f ⟨Bot⟩ *Anemochorie, Verbreitung f von Pflanzen durch den Wind*
anemofilia f ⟨Bot⟩ *Anemophilie, Windblütigkeit* f
anemófilo adj ⟨Bot⟩ *anemophil, windblütig*
anemogamia f *Anemogamie, Windbestäubung* f
anemógrafo m *Anemograph, Windschreiber* m, *Schreibanemometer* n
anemómetro m *Anemometer* n, *Windmesser* m ‖ ~ de casquetes en cruz ⟨Flugw⟩ *Schalenkreuzanemometer* n ‖ ~ térmico *Hitzedrahtanemometer* n
anémona, anémone f ⟨Bot⟩ *Anemone* f, *Küchenschelle* f, *Windröschen* n (Anemone sp) ‖ ~ de mar ⟨Zool⟩ *Seeanemone, Meernessel* f
anemoscopio m *Anemoskop* n, *Windzeiger, Windgeschwindigkeitsmesser* m
anemotropismo m ⟨Biol⟩ *Anemotropismus* m
anen|cefalia f ⟨An⟩ *Anenzephalie* f, *Gehirnfehlen* n ‖ **-céfalo** adj *(ge)hirnlos*
anequín: a (od **de**) ~ adv *stückweise, soundso viel für das Stück (bei der Schafschur)*
anergie f ⟨Med⟩ *Anergie* f
aneritropsia f ⟨Med⟩ *Anerythropsie, Protanopie, Rotblindheit* f
aneroide m ⟨Phys⟩ *Aneroid(barometer)* n
anes|tesia f ⟨Med⟩ *Anästhesie, Unempfindlichkeit, Empfindungslosigkeit* f ‖ ⟨Med⟩ *Betäubung* f ‖ ~ de alta presión *Hochdruck(lokal)anästhesie* f ‖ ~ por conducción *Leitungsanästhesie* f ‖ ~ cutánea *Hautunempfindlichkeit* f ‖ ~ por embriaguez *Rauschnarkose* f ‖ ~ general *allgemeine Betäubung, Vollnarkose* f ‖ ~ intravenosa *Venenanästhesie* f ‖ ~ local *örtliche Betäubung* f ‖ ~ lumbar, ~ raquídea *Lumbaranästhesie, Medullaranalgesie* f ‖ ~ mixta *Mischnarkose* f ‖ ~ sacral *Sakralanästhesie* f ‖ ~ superficial *Rauschnarkose* f ‖ **-tesiar** vt ⟨Med⟩ *unempfindlich machen, anästhesieren, betäuben* ‖ **-tésico** m/adj *Anästhetikum, Betäubungs-, Narkose|mittel, anästhetisches Mittel* n ‖ *anästhetisch, betäubend* ‖ **-tesista** m ⟨Med⟩ *Anästhesist, Narkose(fach)arzt* m
aneto m Ar ⟨Bot⟩ *Dill* m (Anethum graveolens)
aneurisma m *Aneurysma* n ‖ *Krampfader* f ‖ ~ de la aorta *Aortenaneurysma* n ‖ ~ linfático *Lymphgefäßerweiterung* f
ane|xidad f ⟨Jur⟩ *Zugehörigkeit* f ‖ **-xión** f *Annexion, Einverleibung* f *(z. B. eines Gebietes), Anschluß* m ‖ **-x(ion)ar** vt *annektieren, einverleiben (bes Land)* ‖ **-xionismo** m *Annexionismus* m, *Einverleibungspolitik* f ‖ **-xionista** m/adj: política ~ *Anschlußpolitik* f
anexitis f ⟨Med⟩ *Adnexitis, Entzündung* f *der Gebärmutteradnexe*
anexo adj *angeschlossen* ‖ *verbunden, verknüpft* ‖ *beiliegend, angeschlossen* ‖ *casa* ~ *Anbau* m ‖ ~ m *Beilage, Anlage* f *(eines Briefes usw)* ‖ *Anbau* m ‖ *Filiale* f ‖ *Seitengebäude* n ‖ ⟨Jur⟩ *Nachtrag, Zusatz* m ‖ **-s** pl ⟨Com⟩ *einschlägige Artikel* mpl ‖ ⟨Med⟩ *Adnexe* mpl, *Anhangsgebiete* npl *der Gebärmutter*
anfiartrosis f *Amph(i)arthrose* f, *Wackel-, Halb|gelenk* n
anfibio m/adj *Amphibie* f, *Lurch* m ‖ *froschartiges Tier* n ‖ *Zwitterwesen* n (& fig) ‖ ~ adj *amphibisch* ‖ fig *zweifelhaft, schwankend* ‖ *(avión)* ~ *Amphibien-, Wasserland|flugzeug* n ‖ operación ~a ⟨Mil⟩ *Kampfhandlung* f *mit Einsatz von See-, Land- und Luft|streitkräften* ‖ vehículo ~ *Amphibienfahrzeug* n ‖ **-s** mpl ⟨Zool⟩ *Lurche* mpl (Amphibia)
anfibol m ⟨Min⟩ *Amphibol* m, *Hornblende* f

anfibolita f ⟨Min⟩ *Amphibolit, Hornblendefels* m
anfibología f *Amphibolie, Zweideutigkeit, Mehrdeutigkeit* f, *Doppelsinn* m
anfibraco m/adj *Amphibrachys* m *(Versfuß)*
anficar|pia f ⟨Bot⟩ *Amphikarpie* f ‖ **-po** adj ⟨Bot⟩ *amphikarp* ‖ *doppelfrüchtig*
anfictiones mpl *Amphiktyonen* mpl *(Altgriechenland)*
anfidiartrosis f *Amphidiarthrose* f
anfigonia f ⟨Biol⟩ *Amphigonie, Fortpflanzung* f *durch Befruchtung*
anfimacro m *Amphimacer, Amphimazer* m *(Versfuß)*
anfión m *Opium* n
anfioxo m ⟨Fi⟩ *Lanzettfischchen* n (Branchiostoma = Amphioxus lanceolatus)
anfipodos mpl ⟨Zool⟩ *Flohkrebse* mpl, *Amphipoden* pl (Amphipoda)
anfipróstilo m ⟨Arch⟩ *Amphiprostylos* m
anfisbena f ⟨Zool⟩ *Doppel-, Wurm|schleiche* f (Amphisbaena spp)
anfiscios mpl *Zweischattige* mpl *(Tropenbewohner)*
anfi|teatral adj *im Halbkreis aufsteigend* ‖ **-teatro** m *Amphitheater* n ‖ ⟨Th⟩ *Rang* m ‖ *Hörsaal* m ‖ *Zuhörer* mpl ‖ ⟨Taur⟩ *Stierarena* f ‖ ~ anatómico ⟨Chir Med⟩ *Seziersaal* m
anfi|trión m figf *Gastgeber, Wirt, Hausherr* m ‖ **-triona** f *Gastgeberin, Dame* f *des Hauses*
anfodiplopía f ⟨Med⟩ *Doppelsichtigkeit* f
ánfora f [el] *Amphora* f ‖ Mex *Wahlurne* f ‖ *altes Hohlmaß* n = 2 *Urnas* ‖ **~s** pl ⟨Kath⟩ *die heiligen Ölgefäße* npl
anfótero adj ⟨Chem⟩ *amphoter*
anfrac|tuosidad f *Krümmung, Unebenheit* f *eines Weges* ‖ *Aushöhlung* f ‖ ⟨An⟩ *Gehirnfurche* f ‖ **-es** pl ⟨An⟩ *Gehirnwindungen* fpl ‖ **-tuoso** adj *krumm, holprig (Straße)*
anganillas fpl Ar *Frauensattel, Quersattel* m ‖ Ar = *aguaderas*
angaria f ⟨Hist⟩ *Frondienst* m ‖ ⟨Mar⟩ *Angarie, Beschlagnahme* f *fremder Schiffe in Hoheitsgewässern (gegen Entgelt)* ‖ *Beschlagnahme* f *von beweglichem Feindesgut* ‖ derecho de ~ *Angarienrecht* n
angarilla f Chi Ec *Tragbahre* f ‖ ◊ echar la ~ Cu *sich unrechtmäßig ein Geschäft aneignen* ‖ **~s** fpl *Tragbahre* f ‖ *Krankentrage* f ‖ *Tragkörbe* mpl *aus Stricken od Bast geflochten (für Lasttiere)* ‖ *Menage* f, *Essig- und Ölgestell* n
anga|rrillada f *Last* f *auf einer Tragbahre* ‖ **-rrillón** m *großer Tragkorb* m ‖ *Fuhre* f, *Transportwagen* m
angaripolas fpl *geschmacklose Verzierungen* fpl *(an Frauenkleidern)*
ángaro m ⟨EB⟩ *Signallicht* n *an der Einfahrt in den Bahnhof*
angarria f Col fam *Schwachmatikus* m
angas fpl Chi: por ~ o por mangas fam *um jeden Preis, so oder so*
angazo m *Fanggerät* n *für Meeresgetier* ‖ *Ast* Gal *Rechen* m, *Harke* f ‖ Ar *Jäthacke* f
ángel m *Engel* m ‖ ⟨Fi⟩ *Meerengel, Engelhai* m (Rhina squatina) ‖ ⟨Mil⟩ *Kettenkugel* f ‖ fig *Anmut* f, *Charme* m ‖ ~ caído, ~ de las tinieblas *Engel* m *der Finsternis* ‖ ~ custodio, ~ de la guarda, ~ tutelar *Schutzengel* m ‖ ~ patudo fam *böser Engel, schlechter Mensch* m ‖ el ~ *Erzengel Gabriel* m ‖ salto de(l) ~ *Kopfsprung* m *(beim Schwimmen)* ‖ ◊ tener ~ fig *ein anziehendes Wesen haben, Charme haben, charmant sein (Mensch)*
Ángel m np *(span. Taufname)*
Ánge|la f np *Angela* f ‖ ¡~ María! fam *du liebe Güte!* ‖ **Los -les** *Stadt in Kalifornien* ‖ *Stadt in Chile*
angelar vi Hond *seufzen*

angélica f ⟨Bot⟩ *Engelwurz* f (Angelica archangelica) || raiz de ~ *Engel-, Brust|wurz* f || ⟨Pharm⟩ *Abführtee* m
Angélica f np *Angelika* f
angelical adj *engelhaft, engelrein* || *Engels-, Engel-* || un ser ~ *ein engehaltes Wesen* || adv: ~**mente**
angélico adj/s *engel|haft, -rein, himmlisch* || fig *kleines Kind* n || salutación ~a *der Englische Gruß, das Ave-Maria*
ange|lito m dim v. **ángel**: *Engelchen* n || fig *reizendes (bzw armes) Kind* n || fig *eben verstorbenes Kind* n || RPl iron *Unschuldsengel* m || RPl iron *Missetäter, ruchloser Mann* m || ◊ estar con los ~s figf *nicht bei der Sache sein, zerstreut sein* || **–iolatría** f *Angelolatrie, Engelanbetung* f || **–iología** f *Angelologie, Lehre* f *von den Engeln* || **–lón** m augm v. **ángel** || ~ de retablo figf *dickwangiger, untersetzter Mensch* m || fam *Posaunenengel* m || **–lote** m augm v. **ángel** figf *pausbäckiges Kind* n || fam *Dickerchen* n || fig *schlichter und gutmütiger Mensch* m || ⟨Fi⟩ *Engelrochen, Meerengel* m (Rhina squatina) (→ a **pez ángel**)
ángelus m *Angelus* n *(Gebet zur Heiligen Jungfrau – 3x Ave Maria u. je ein Vers aus der Frohbotschaft von der Menschwerdung, gefolgt von der Oration Gratiam tuam)* || *Angelusläuten* n || la hora del ~ (~) *die Abendstunde* || toque del ~ *Angelusläuten* n
△**angella** prep = **antes**
angeo m Col *Drahtnetz* n
angevino adj/s *aus (dem Hause) Anjou* || *aus Angers*
angina f ⟨Med⟩ *Angina, Halsentzündung* f || pop *Bräune* f || ~ de pecho *Brust-, Herz|bräune* f || ⟨Med⟩ *Herzkrampf* m (Angina pectoris) || ~s fpl ⟨Med⟩ *Angina, Halsentzündung* f
anginosis f ⟨Med⟩ *Anginose* f
angio|blasto m ⟨Zool⟩ *Angioblast* m || **–grama** m *Angiogramm, Röntgenbild* n *von Blutgefäßen* || **–logía** f *Angiologie, Lehre* f *von den Blutgefäßen* || **–ma** m ⟨Med⟩ *Gefäßgeschwulst* f, *Angiom* n || **–parálisis** f *Gefäßlähmung* f || **–patía** f *Angiopathie* f, *Gefäßleiden* n || **–sarcoma** m *Angiosarkom* n || **–spasmo** m *Gefäßkrampf* m
angiosper|mas mpl ⟨Bot⟩ *Angiospermen* pl, *Bedecktsamige Pflanzen* fpl
angla f [el] *Vorgebirge* n || *Kap* n
△**anglal** adv = **adelante**
anglesita f *Anglesit* m, *Vitriolblei(erz), Bleiglas* n
angli|canismo m *anglikanischer Glaube* m || *Anglikanismus* m || **–cano** adj/s *anglikanisch* || *Anglikaner* m || **–cismo** m/pl *Spracheigenheit* f, *Anglizismus* m || *Vorliebe* f *für engl. Wesen*
anglo adj *englisch (auf die Engeln bezüglich)* || *englisch*
anglo|americano adj/s *anglo-, nord|amerikanisch* || *Angloamerikaner* m || política ~a *angloamerikanische Politik* f || **–boer** adj: la guerra ~ *der Burenkrieg* m
angló|filo m/adj *Englandfreund* m || *englandfreundlich, anglophil* || **–fobo** m/adj *Englandfeind* m || *englandfeindlich, anglophob* || **–fono** adj *englisch sprechend*
anglo|manía f *Anglomanie*, *übertriebene Vorliebe* f *für alles Englische* || **–sajón, ona** adj *angelsächsisch* || ~ m *Angelsachse* m || *die angelsächsische Sprache* || potencias ~as *die angloamerikanischen Mächte* fpl *(1939-45)*
angofrasia f ⟨Med⟩ *Angophrasie* f
angola adj/s Arg *dumm, einfältig* || ~ f *Hond saure Milch* f
Ango|la f *Angola* f || *Provinz* f *Angola* || ≈**lés** adj/s *angolisch* || *Angolaner* m
angollo m Bol *Maisbrei* m
Angora *Angora (Am Angola)* || conejo de ~,

~ *Angorakaninchen* n || gato de ~, ~ *Angorakatze* f || (lana de) ~ *Angorawolle* f
angorra f *Stück Fell* n *als Fußschutz der span. Bauern*
angos|tamente adv *mit Knappheit, beschränkt* || **–tar** vt *verengen* || ~**se** *sich verengen* (& vt) || **–tillo** m Sev *enge Gasse* f || **–to** adj *eng, schmal* || *knapp* || And *schmächtig* || **–tura** f *Enge, Verengung* f || *Schlucht* f, *Engpaß* m || *Meerenge* f || *Angostura(bitter)* m
angra f *Bucht* f
angrelado adj ⟨Her⟩ *gespitzt*
angström, ångström m ⟨Phys⟩ *Ångström* n, *Ångströmeinheit* f
angú m CR Pan *Fleischbrühe* f *mit Bananenbrei*
anguarina f *Bauernmantel* m || *Regenumhang* m
angüiforme adj *schlangenförmig*
anguila f ⟨Fi⟩ *Aal* m (Anguilla anguilla) || ⟨Mar⟩ *Schlittenbalken* m || ~ a la marinera *marinierter Aal* m || ~s fpl fijas ⟨Mar⟩ *feste Schlittenbalken* mpl
angui|lada f *Menge* f *Aale* || **–lado** adj *aalähnlich* || **–lera** f *Aalbehälter* m || *Aalnetz* n, *Aalkorb* m || **–lero** adj: cesto ~ *Aalkorb* m || **–liforme** adj *aalförmig* || **–lilla** f *kleiner Bewässerungsgraben* m || **–lo** m Sant *kleiner, junger Meeraal* m (→ **congrio**)
anguilón m ⟨Arch⟩ *Giebel* m
anguílula f ⟨Fi⟩ *Älchen* n (→ **anguila**) || ⟨Zool⟩ *(Essig-, Kleister-) Älchen, Aaltierchen* n (Anguilulla aceti) || ~ del fresal ⟨Agr⟩ *Erdbeerälchen* n (Aphelencus fragariae) || ~ de las raíces ⟨Agr⟩ *Wurzelälchen* n (Heterodera radicicola) || ~ de la remolacha *Kartoffelälchen* n (Heterodera rostochiensis) || ~ del tallo *Stock-, Stengel|älchen* n (Tylencus sp)
angula f ⟨Fi⟩ *Jung-, Glas|aal* m || ~s pl *Gericht* n *aus jungen Aalen*
angu|lado adj *eckig, kantig* || **–lar** adj *eckig, wink(e)lig, Winkel-* || piedra ~ ⟨Arch⟩ fig *Eck-, Grund|stein* m || *Winkel|stahl* m, *-profil* n || adv: ~**mente** *winkelförmig*
angulema f *Hanfleinwand aus Angoulême* || hacer ~s fam *kriechend schmeicheln* || ~ *Angoulême (Frankreich)*
anguliforme adj *winkelförmig*
ángulo m *Ecke* f, *Winkel* m || *Kante* f || ⟨Math⟩ *Winkel* m || ~ abarcador ⟨Phot⟩ *Bildwinkel* m || ~ de abertura *Öffnungswinkel* m || ~ abrazado *Umschlingungswinkel* m || ~ acimutal, azimutal ⟨Astr⟩ *Azimutal-, Abweichungs|winkel* m || ~ agudo *spitzer Winkel* m || ~ de aguzamiento *Zuschärfungs-, Keil-, Meißel|winkel* m *(Werkzeugmaschine)* || ~ de ajuste *Einstellwinkel* m || ~ de aleta ⟨Flugw⟩ *Hilfsflügelwinkel* m || ~ de aleteo ⟨Flugw⟩ *Schlagwinkel* m || ~ alternativo *Wechselwinkel* m || ~ de apoyo *(Ab)Stützwinkel* m || ~ de ataque *Angriffswinkel* m || *Keil-, Spann-, Brust|winkel* m || ~ de aterrizaje ⟨Flugw⟩ *Lande-, Ausroll|winkel* m || ~ de avance *Voreilwinkel* m, ⟨Text⟩ *Vorlaufwinkel* m || ~ de bloqueo ⟨Uhrm⟩ *Lenkbarkeitswinkel* m || ~ de buzamiento ⟨Geol⟩ *Fallwinkel* m || ~ de cabeceo ⟨Flugw⟩ *Stampfwinkel* m || ~ de la cabeza *Gurt(ungs)winkel* m *(Stahlkonstruktion)* || ~ de caída *Fallwinkel* m || ~ de calado *Voreilwinkel* m || ~ cardiodiafragmático ⟨An⟩ *Herzzwerchfellwinkel* m || ~ cardiohepático ⟨An⟩ *Herz-Leber-Winkel* m || ~ central *Mittelwinkel* m || ~ complementario *Ergänzungs-, Komplement|winkel* m || ~ de conmutación ⟨El⟩ *Voreil-, Steigungs|winkel* m || ~ de conos ⟨Flugw⟩ *Kegelwinkel* m || ~ de contacto *Berührungswinkel* m || ~ correspondiente *korrespondierender Winkel* m || ~ cortante *Schneidenwinkel* m *(Dreherei)* || ~ de corte *Schnittwinkel* m || ~ costal ⟨An⟩ *Rippenwinkel* m || ~ de cruzamiento ⟨EB⟩ *Kreuzungswinkel* m || *Scherenwinkel* m || ~ de la cuña

angulómetro — anillo   80

Keilwinkel m ‖ ~ de decalaje ⟨El⟩ *Voreilwinkel* m ‖ ~ diedro ⟨Math⟩ *Flächenwinkel* m ‖ ~ de depresión ⟨Top⟩ *Depressionswinkel* m ‖ ~ de derivación ⟨Hydr⟩ *Gierungswinkel* m ‖ ~ de descenso *Fallwinkel m (Geschoß)* ‖ ~ de deslizamiento *Gleitwinkel* m ‖ ~ de despojo ⟨Ing⟩ *Ansatzwinkel* m ‖ ~ de desviación *Abweichungs-, Ausschlag|winkel* m ‖ ⟨Opt⟩ *Ablenkwinkel* m ‖ ⟨Radio⟩ *Winkelfehler* m ‖ ~ de directividad ⟨Radio⟩ *Richtfähigkeitswinkel* m ‖ ~ de divergencia *Zerstreuungswinkel* m ‖ ~ de elevación ⟨Top⟩ *Erhöhungswinkel* m ‖ ~ de encuentro ⟨Phys⟩ *Kontaktwinkel* m ‖ ~ entrante *einspringender Winkel* m ‖ ~ de la escápula ⟨An⟩ *Schulterblattswinkel* m ‖ ~ esférico ⟨Math⟩ *Kugelwinkel* m ‖ ~ estrábico ⟨Med⟩ *Schielwinkel* m ‖ ~ externo ⟨Math⟩ *Außenwinkel* m ‖ ~ facial *Gesichtswinkel* m ‖ ~ de fase ⟨El⟩ *Phasenwinkel* m ‖ ~ de filo *Scherenwinkel* m ‖ *Keilwinkel* m *(Werkzeug)* ‖ ~ de fresar *Fräswinkel* m ‖ ~ de fricción *Reibungswinkel* m ‖ ~ de giro, ~ de viraje *Lenkungswinkel* m ‖ ~ de la imagen ⟨Opt⟩ *Bildwinkel* m ‖ ~ de incidencia ⟨Opt⟩ *Einfallwinkel* m ‖ ⟨Math⟩ *Schneidwinkel* m ‖ ~ (de ataque) ⟨Flugw⟩ *Einstell-, Anstell|winkel* m ‖ ⟨Ak⟩ *Einfallwinkel* m ‖ ⟨Ing⟩ *Freiwinkel* m ‖ ~ de inclinación *Neigungswinkel* m ‖ ⟨Bgb⟩ *Fallwinkel* m ‖ ⟨Aut⟩ *Einschlagwinkel* m ‖ ~ interno *Innenwinkel* m ‖ ~ de intersección ⟨Math⟩ *Schnittwinkel* m ‖ ~ de lance ⟨Typ⟩ *Wurfwinkel* m ‖ ~ libre *Freiwinkel* m ‖ ~ límite *Grenzwinkel* m ‖ ~ mandibular ⟨An⟩ *Kieferwinkel* m ‖ ~ de mira, ~ de alza ⟨Mil⟩ *Visierwinkel* m ‖ ~ muerto ⟨Ing⟩ *toter Winkel* m ‖ ~ del objetivo ⟨Phot⟩ *Linsenwinkel* m ‖ ~ de oblicuidad (de las ruedas delanteras) ⟨Aut⟩ *Einschlagwinkel* m *der Vorderräder* ‖ ~ de oblicuidad *Schrägheitswinkel* m ‖ ~ obtuso *stumpfer Winkel* m ‖ ~ opuesto *Gegenwinkel* m ‖ ~ de planeo, ~ de planeado ⟨Flugw⟩ *Gleit(flug)winkel* m ‖ ~ polar ⟨El⟩ *Umfassungswinkel* m *der Polschuhe* ‖ ~ de polarización ⟨Opt⟩ *Polarisationswinkel* m ‖ ~ de posición ⟨Astr⟩ *Positions-, Stand|winkel* m ‖ ~ de proyección *Wurfwinkel* m ‖ ~ de quilla ⟨Flugw⟩ *Kielwinkel* m ‖ ~ recto *rechter Winkel* m ‖ ~ de reflexión *Abstrahlungswinkel* m ‖ ⟨Opt⟩ *Reflexions-, Rückstrahlungs|winkel* m ‖ ~ de refracción ⟨Opt⟩ *Brechungswinkel* m ‖ ~ de salida *Austritts-, Ausfall|winkel* m ‖ ⟨Aut⟩ *Sturzwinkel m (Rad)* ‖ ~ saliente *vorspringender Winkel* m ‖ ~ de separación *Grenzwinkel* m *(Beleuchtung)* ‖ ~ suplementario *Suplementwinkel* m ‖ ~ de tiro ⟨Mil⟩ *Schußwinkel* m ‖ ~ torácico *Thoraxwinkel* m ‖ ~ de torsión *Drill-, Torsions-, Dreh|winkel* m ‖ ~ del útero *Uterushorn* n ‖ ~ vertical *Scheitelwinkel* m ‖ ~ visual, ⤳vivo *Gesichtswinkel* m ‖ ~ de volteo *Kippwinkel* m *(e-s Erdbaulastfahrzeuges)* ‖ ◊ tener el ~ facial muy obtuso fig *sehr blöde sein* ‖ ~s adyacentes *anliegende Winkel* mpl ‖ ~s alternos *Wechselwinkel* mpl ‖ ~s opuestos por el vértice *Scheitelwinkel* mpl
angulómetro m *Winkelmesser* m
anguloso adj *(viel)wink(e)lig* ‖ *eckig (Gesicht)* ‖ *kantig*
¹**angurria** f fam *Harnzwang* m (→ **tenesmo**)
²**angurria** Am pop = **angustia**
³**angurria** f fam Am *Gefräßigkeit* f ‖ *Hunger* m ‖ SAm *Geiz* m
angurriento adj SAm *geizig, knauserig*
△**angustí** f *Finger* m
angustia f *Beklemmung, Betrübnis, Angst* f ‖ *Qual* f ‖ ⟨Med⟩ *Beengung* f ‖ *Kummer* m, *Leid* n ‖ △*Kerker* m ‖ ~ precordial ⟨Med⟩ *Präkordialangst* f ‖ ~ vital ⟨Philos Psychol⟩ *Lebensangst* f ‖ ~s fpl △ *Galeeren(strafe)* fpl ‖ ~ f np span. *Frauenname* m
angus|tiado adj *eingeengt* ‖ *verängstigt* ‖ fig *geizig, filzig, engherzig, knauserig* ‖ **–tiar** vt

ängstigen, quälen ‖ ~**se** *sich ängstigen* ‖ *sich quälen*
angustifolio adj ⟨Bot⟩ *schmalblättrig*
angustioso adj *beängstigend* ‖ *beklemmend* ‖ *angstvoll, verängstigt, ängstlich* ‖ adv: ~**amente**
angustirrostro adj ⟨V⟩ *schmalschnäb(e)lig*
anhe|lante adj *sich sehnend (nach)* ‖ *sehnsüchtig* ‖ *keuchend* ‖ ~ vi *keuchen* ‖ **–lar** vt *heiß begehren, streben (nach* dat*), eifrig wünschen* ‖ *ersehnen*
anhélito m *Kurz-, Schwer|atmigkeit* f ‖ *Atem* m
anhelo m *Sehnsucht, Begierde* f ‖ *Sehnen, Trachten, Verlangen* n *(nach de* dat*)* ‖ con ~ *sehnlichst* ‖ *eifrig* ‖ ~**s** mpl: ~ viajeros *Reiselust* f
anhelo|samente adv *sehnlichst* ‖ **–so** adj *schweratmig, engbrüstig, keuchend* ‖ *ersehnt* ‖ *sehnsüchtig* ‖ *eifrig* ‖ *beklemmend, beengend*
anhidremia f ⟨Med⟩ *Anhydrämie, Bluteindickung* f
anhídrido m *Anhydrid* n ‖ ~ acético *Essigsäureanhydrid* n ‖ ~ arsénico *Arsenpentoxid* n ‖ ~ arsenioso *Arsentrioxid, Arsenik* n ‖ ~ carbónico *Kohlen|säureanhydrid, -dioxid* n ‖ ~ nítrico *Distickstoffpentoxid* n ‖ ~ sulfúrico *Schwefeltrioxid* n ‖ ~ sulfuroso *Schwefeldioxid* n
anhidrita f ⟨Min⟩ *Anhydrit* m
anhidro adj ⟨Chem⟩ *wasserlos, wasserfrei* ‖ *entwässert*
anhidrogenado adj *wasserstoffarm*
anhidrosis f ⟨Med⟩ *Schweißmangel* m, *Anhidrose* f
aniaga f Murc *Jahreslohn* m *der Landarbeiter* ‖ Murc *kleines Stück* n *Land*
Aníbal m np *Hannibal* m
anidamiento m *Nisten* n ‖ ⟨Med⟩ *Einnistung* f
anidar vt *nisten lassen* ‖ fig *beherbergen, unterbringen* ‖ ~ vi *nisten* ‖ *horsten (Greifvögel)* ‖ fig *wohnen* ‖ fam *hausen* ‖ ◊ andar anidando fig *der Niederkunft entgegensehen (Frau)*
anidiar vt Sal *weiß tünchen* ‖ ~**se** vr Sal *sich kämmen*
anieblar vt *vernebeln, umwölken* ‖ *verfinstern, verdunkeln* ‖ ~**se** *neblig werden* ‖ Ar *verdummen* ‖ ⟨Agr⟩ *vom Mehltau befallen werden* ‖ →a **aneblarse**
aniego m = **anegación**
aniejo adj And = **añejo**
anihila|ción f, **–miento** m *Zunichtemachung, Vernichtung* f ‖ ~ de la personalidad *Zerstörung* f *der Persönlichkeit*
anilida f ⟨Chem⟩ *Anilid* n *(Säureamidderivat des Anilins)*
anilina f ⟨Chem⟩ *Anilin* n ‖ colores de ~ *Anilinfarben* fpl *(alte Bezeichnung für Teerfarbstoffe)*
anilismo m *Anilismus* m, *Anilinvergiftung* f
anilla f ⟨Metall⟩ *Ring* m ‖ *Gardinenring* m ‖ *Turnring* m ‖ *Serviettenring* m ‖ *Bauchbinde* f *(Zigarre)* ‖ ⟨Mar⟩ *Schiffsring* m ‖ ~**s** fpl *Ringe* mpl *(Turngeräte)*
ani|llado adj *aus mehreren Ringen bestehend* ‖ *geringelt* ‖ *gerifelt* ‖ ⟨V⟩ *beringt* ‖ ~ m = **anillamiento** ‖ ⟨Her⟩ *Ankerkreuz* n ‖ ~**s** pl ⟨Zool⟩ *Ringelwürmer* mpl ‖ **–llamiento** m *Beringung* f ‖ **–llar** vt *ringeln, kräuseln* ‖ *mit einem Ringe durchziehen* ‖ *beringen (Vögel)* ‖ **–llejo, –llete** m dim v. **anillo**
anillo m *Ring, Reif* m ‖ *Fingerring* m ‖ *Kettenring* m ‖ *Griff* m *eines Schlüssels* ‖ *Radbeschlag* m ‖ *Ring* m, *Ring* m, *Windung* f *einer Schlange* ‖ *Glied* n *e-s Gliederfüßlers* ‖ *Bauchbinde* f *(Zigarre)* ‖ *Locke* f *(Haar)* ‖ ⟨Mar⟩ *Auge* n *eines Taues* ‖ ~ aislador *Isolierring* m ‖ ~ de ajuste *Stell-, Paß|ring* m ‖ ~ anual *Jahresring* m *(beim Holz)* ‖ ~ de apoyo *Stützring* m ‖ ~ arterial ⟨Zool⟩ *arterieller Ring* m ‖ ~ de benzol *Benzolring* m ‖ ~ de boda, ~ de alianza *Trau-, Ehe|ring* m ‖ ~ de

brida *Flanschring* m ‖ ~ de cabo ⟨Mar⟩ *Bucht* f *(e–r Taurolle)* ‖ ~ de calibre, ~ calibrador *Lehrring* m ‖ ~ de cierre, de presión del prensaestopas *Schlußring* m *(Stopfbuchse)* ‖ ~ de círculo *Kreisring* m ‖ ~ colector ⟨El⟩ *Schleif-, Sammel\ring* m ‖ ~ colector de aceite ⟨Aut⟩ *Ölabstreifring* m ‖ ~ del colector ⟨El⟩ *Schlußring* m *(Stromsammler)* ‖ ~ constrictor ⟨An⟩ *Schnürring* m ‖ ~ corredor Text *Läufer, Reiter* m, *Fliege, Mücke* f, *Ohr* n ‖ ~ crural ⟨An⟩ *Schenkelring* m ‖ ~ de la culata ⟨El⟩ *Jochring* m, *Feldgestell* n ‖ ~ de eje *Achsbund* m ‖ ~ elástico *Federring* m, *federnde Unterlegscheibe* f ‖ ~ del émbolo *Kolbenring* m ‖ ~ de engrase, ~ engrasador *Schmier-, Öl\ring* m ‖ ~ episcopal = ~ pastoral ‖ ~ faringeo ⟨An⟩ *Rachen-, Schlund\ring* m ‖ ~ de freno *Bremsring* m ‖ ~ herniario ⟨Med⟩ *Bruchring* m ‖ ~ de impulsión y conducción *Führungsring* m *(der Granate)* ‖ ~ inguinal *Bauch-, Leisten\ring* m ‖ ~ de lubri(fi)cación *Schmier-, Öl\ring* m ‖ ~ lunar *Mondring* m, *Ringfäule* f *(Holz)* ‖ ~ de muelle *Sprengring* m ‖ ~ nupcial *Trauring* m ‖ ~ de objetivo ⟨Phot⟩ *Objektivring* m ‖ ~ pastoral, ~ episcopal *Bischofsring* m ‖ ~ para las patas *Fußring* m ‖ ~ pelviano *Beckenring* m ‖ ~ de refuerzo *Versteifungsring* m ‖ ~ de rodamiento de bolas, Am ~ de cojinete a bolillas *Kugellager-, Lauf\ring* m ‖ ~ de sello, ~ de sellar *Siegelring* m ‖ ~ de tenazas *Zangenring* m ‖ ~ de torbellino ⟨El⟩ *Wirbelring* m ‖ ~ umbilical ⟨An⟩ *Nabelring* m *(der Leibesfrucht)* ‖ ~ de unión ⟨El⟩ *Verbindungsring* m ‖ ◊ venir como ~ al dedo figf *wie gerufen kommen ‖ wie angegossen sitzen* ‖ de ~ fig *nur dem Titel nach (Ehrentitel)* ‖ ~s fpl *Radkränze* mpl *der Mühlräder* ‖ △*Fesseln* fpl ‖ ~ de Saturno ⟨Astr⟩ *Saturnringe* mpl ‖ ◊ no se me caen los ~ por eso figf *mir fällt deswegen kein Stein aus der Krone*
ánima f [el] *Seele* f *(bes die Seele im Fegefeuer)* ‖ *Seele, Bohrung* f, *leeres Innere* n *eines Gegenstandes* ‖ ~ bendita, ~ del purgatorio, ~ en pena *Seele* f *im Fegefeuer* ‖ ◊ *descargar el* ~ *de algn.* fig *jds letzten Willen ausführen* ‖ ¡*en mi* ~! *bei meiner Seele! (Schwurformel)* ‖ ~s pl: a las ~ *beim Abendgeläut* ‖ fig *abends* ‖ (→ a **alma**) ‖ día de las ~ *Allerseelen(tag* m*)* n
ani\|mación f *Beseelung, Belebung* f ‖ *Anziehen* n, *Belebung* f *(Konjunktur)* ‖ fig *Feuer* n, *Lebhaftigkeit* f ‖ *lebhafter Verkehr* m ‖ *große Menschenmenge* f ‖ *reges Leben* n, fam *Betrieb* m ‖ ~ de la demanda ⟨Com⟩ *Nachfragebelebung* f ‖ ~ de los negocios *Geschäftsbelebung* f ‖ ~ de los precios *Anziehen* n *der Preise* ‖ **–mado** adj *beseelt* ‖ fig *belebt, munter, angeregt, lebhaft (Gesellschaft)* ‖ *besucht* ‖ *lebendig* ‖ *verkehrsreich (Straße)* ‖ *rege (Verkehr)* ‖ *dibujos* ~s *(Zeichen) Trickfilm* m ‖ ~ por el deseo (de) *von dem Wunsche beseelt, in dem Bemühen, in dem Bestreben, bemüht, bestrebt (zu)* ‖ **–mador** m *Conférencier* m ‖ *Stimmungsmacher* m ‖ **–a** f *Animierdame* f ‖ *Ansagerin* f *(im Rundfunk, bei bunten Abenden usw)* ‖ *Alleinunterhalterin* f *(Sängerin, Tänzerin)*
animadversión f *Abneigung* f, *Groll* m ‖ *Abscheu* m ‖ *Mißbilligung* f, *Tadel* m ‖ *Feindschaft* f ‖ ~ al trabajo *Arbeitsscheu* f
animal adj *tierisch, animalisch, Tier-* ‖ *sinnlich* ‖ fig *roh, tölpelhaft* ‖ *reino* ~ *Tierreich* n ‖ *vida* ~ *Tierleben* n ‖ ~ m *Tier* n ‖ *Vieh* n ‖ figf *Dummkopf* m ‖ *Grobian* m ‖ ~ de bellota *Schwein* n ‖ fig *rauher Mensch, Grobian* m ‖ ~ de carga *Trag-, Last\tier* n ‖ ~ de casta *Zuchttier* n ‖ ~ de cuatro orejas caza ⟨Jur⟩ *jagdbares Tier* n ‖ ~ de sangre caliente *Warmblüter* m ‖ ~ de sangre fría *Kaltblüter* m ‖ ~ doméstico *Haustier* n ‖ ~ de experimentación, ~ de laboratorio *Versuchstier* n ‖ ~ de lana *Wolltier* n ‖ ~ de

macelo, ~ de matadero *(Stück) Schlachtvieh* n ‖ ~ nocivo, ~ dañino *(tierischer) Schädling* m ‖ ~ de pasto *Weidetier* n ‖ ~ de "pedigree" *Herdbuchtier* n ‖ ~ de raza (pura) *reinrassiges Tier* n ‖ ~ salvaje *wildes Tier* n ‖ ~ de silla *Reittier* n ‖ ~-**testigo** *Kontrolltier* n ‖ *pedazo de* ~ fig *pop Rindvieh* n ‖ ~es mpl: ~ dañinos *schädliche Tiere* npl ‖ ~ de asta *Hornvieh* n ‖ ~ de ceba *Mast\vieh* n, -*tiere* npl ‖ ~ de renta *Nutz-, Wirtschafts\vieh* n ‖ ~ de reproductores, ~ de reproducción *Zucht\|-vieh* n, -*tiere* npl ‖ ~ sueltos *Wildwechsel* m *(Verkehrszeichen)* ‖ *Tiere* npl *(Verkehrszeichen)* ‖ ~ de tiro, ~ de tracción *Zug\|vieh* n, -*tiere* npl ‖ ~ de trabajo *Arbeits\|vieh* n, -*tiere* npl ‖ ~ útiles *Nutztiere* npl ‖ *sociedad protectora de* ~ *Tierschutzverein* m
anima\|lada f fig *dumme, rohe Handlung* f, *Eselei* f ‖ fam *dummer Streich* m ‖ Arg *Viehherde* f ‖ **–laje** m Ven *Viehherde* f ‖ *Tierherde* f ‖ **–lazo** m augm v. **animal** ‖ **animálculo** m *(mikroskopisches) Tierchen* n ‖ **–lejo, –lito** m dim v. **animal** ‖ **–lidad** f *Tierheit, Tiernatur* f, *tierisches Wesen* n ‖ *Lebenskraft* f ‖ **–lización** f *Vertiefung* f ‖ *Umwandlung* f *in tierischen Stoff* ‖ **–lizar** vt *animalisieren* ‖ fig *auf die Stufe e–s Tieres stellen* ‖ **–lizarse** [z/c] vr *in tierische Bestandteile übergehen* ‖ fig *vertieren* ‖ **–lucho** m desp *häßliches Tier* n ‖ fam *Biest* n
animar vt *beseelen, beleben* f ‖ fig *anfeuern* ‖ *ermuntern, aufmuntern* ‖ *ermutigen* ‖ *anregen* ‖ *animieren* ‖ ~ la conversación *die Unterhaltung anregen* ‖ ~ la tierra *die Erde bevölkern, beseelen* ‖ ~se *Leben bekommen, sich aufraffen* ‖ *Mut fassen* ‖ **anime** m ⟨Bot⟩ *Heuschrecken-, Kopal\baum* m *(Hymenaea courbaril)* ‖ *Kopalharz* m
animero m *Almosen für Seelenmessen einsammelnder Mönch* m
anímico adj *psychisch, seelisch* ‖ *Seelen-* ‖ *estado* ~ *Seelenzustand* m
animis\|mo m ⟨Philos⟩ *Animismus* m ‖ **–ta** m *Animist* m
ánimo m *Geist* m ‖ *Seele* f ‖ *Gemüt* n ‖ *Gesinnung* f ‖ *Tapferkeit* f, *Mut* m ‖ *Wille* m, *Absicht* f ‖ *Gedanke* m, *Idee* f ‖ fig *Lust* f, *Verlangen* n ‖ ~ de defraudar ⟨Jur⟩ *Betrugsabsicht* f ‖ ~ de liberalidad ⟨Jur⟩ *Schenkungsabsicht* f ‖ ~ de lucro *Bereicherungsabsicht* f ‖ ◊ (de)caer de ~, perder el ~ fig *den Mut verlieren* ‖ *cobrar* ~ *Mut fassen* ‖ *dilatar el* ~ fig *aufatmen* ‖ *ensanchar el* ~ fig *Mut schöpfen* ‖ *esparcir el* ~ *sich zerstreuen* ‖ *estado de* ~ *Gemütsverfassung* f ‖ *estar en* ~ *de algo.* fig *willens sein (zu), et vorhaben* ‖ *dar (od infundir)* ~ fig *Mut einflößen* ‖ *tener* ~, *hacer* ~ (de) fig *eine Absicht haben* ‖ *presencia de* ~ *Geistesgegenwart* f ‖ *con* ~ *de mit der Absicht zu* (+ inf) ‖ *tener* ~s *para fähig sein zu* ‖ ¡~! *Mut!* ‖ *auf! munter! los!* ‖ ¡buen ~! *Kopf hoch!*
ani\|mosidad f *Groll* m, *Erbitterung* f ‖ *Abneigung, Animosität* f ‖ *Gereiztheit* f ‖ *Feindschaftsgefühl* n, *Feindseligkeit* f ‖ *Kühnheit f ‖ **–moso** adj *tapfer, mutig, beherzt* ‖ *tatkräftig* ‖ adv: ~**amente**
ani\|ñado adj *kindisch* ‖ *kindlich* ‖ **–ñarse** vr *sich kindisch betragen*
anión m ⟨Phys⟩ *Anion* n
aniquila\|ción f = **aniquilamiento** ‖ **–dor** adj *vernichtend* ‖ ~ m *Vernichter* m
aniquilamiento m *Vernichtung* f, *Zerstörung* f ‖ ⟨Phys⟩ *Paarvernichtung* f ‖ ~ económico *wirtschaftliche Vernichtung* f
aniquilar vt *vernichten, zerstören, zunichte machen* ‖ *ausrotten* ‖ fig *zugrunde richten* ‖ ~se *zunichte werden* ‖ fig *sich tief demütigen*
aniridia f ⟨Med⟩ *Aniridie* f, *Fehlen* n *der Regenbogenhaut, Irismangel* m
anís m ⟨Bot⟩ *Anis* m *(Pimpinella anisum)* ‖ *Aniskorn* n ‖ *Aniskonfekt* n ‖ *Anislikör* m ‖ ~

doble *Doppelanis* m *(Likör)* ‖ ~ escarchado *Eisanis, Kristallanis* m ‖ ~ estrellado *Sternanis* m ‖ ◊ ahí está un grano de ~ iron *wirklich, das ist ja sehr wichtig* ‖ no es (un) grano de ~ *das ist sehr wichtig* ‖ fam *das ist kein Pappenstiel* ‖ llegar a los ~es figf *zum Nachtisch, d.h. zu spät kommen*
ani|sado m/adj *Anisbranntwein* m ‖ ~ adj *mit Anis versetzt,* Anis- ‖ **-sal** m Chi *Anisfeld* n ‖ **-sar** vt *mit Anis versetzen, würzen* ‖ **-sar** m *Anisfeld* n ‖ **-sete** m *Anislikör* m ‖ *Anisgeist* m
aniscuria f ⟨Med⟩ *Enurese* f, *unwillkürliches Harnlassen, Bettnässen* n
anisocoria f ⟨Med⟩ *Anisokorie, Pupillenungleichheit* f
anisófilo adj ⟨Bot⟩ *ungleichblätt(e)rig*
anisogamia f ⟨Biol⟩ *Anisogamie* f
ani|sotropía f ⟨Phys Bot⟩ *Anisotropie* f ‖ **-sótropo** adj ⟨Phys⟩ *anisotrop, doppelbrechend*
△**anispa** f *Wespe* f
Ani|ta f np dim *v.* **Ana** ‖ ≖**to** m Fil *Hausgötze* m
anivelar vt = **nivelar**
aniversario adj *alljährlich, jährlich* ‖ ~ m *Jahresfeier* f, *Jahresgedächtnis* n ‖ *Jahrestag* m ‖ *Seelen-, Toten|messe* f *am Jahrestag des Hinscheidens* ‖ *Todestag* m ‖ *Jubiläum* n
¡**anjá!** int Cu *gut! brav!* ‖ *jawohl!*
anjana f Sant *Nixe* f (→ **jana, xana**)
anjeo m *(Art) Segeltuch* n, *grobe Leinwand* f
ano m *After* m ‖ ~ artificial ⟨Chir⟩ *Kunstafter, künstlicher After* m
anobio ⟨Zool⟩ *Holz|wurm, -käfer* m, *Totenuhr* f (Anobium punctatum)
anoche adv *gestern nacht* ‖ *gestern abend* ‖ *antes de* ~ *vorgestern abend*
anoche|cedor adj/s *spät zu Bett gehend* ‖ figf *Nachteule* f ‖ **-cer** [-zc-] vt △ *wegstibitzen* ‖ ~ *v.* impers *Nacht werden* ‖ *dunkel werden* ‖ ~ vi *mit Einbruch der Nacht irgendwo eintreffen* ‖ Ar fam *sich ducken* ‖ ◊ ~le a alg. *en alg. parte* fam *irgendwo von der Nacht ereilt werden* ‖ ~ m *Abenddämmerung* f, *Abend* m ‖ *Dunkelwerden* n ‖ *Nachtzeit* f ‖ al ~ *bei Einbruch der Nacht* ‖ **-cida** f *Abenddämmerung* f ‖ *Abendzeit* f ‖ **-cido** adv Sant *bei Abenddämmerung* f
anódico adj *anodisch, Anoden-*
anodinia f ⟨Med⟩ *Schmerzlosigkeit* f
anodino adj *schmerzstillend, lindernd* ‖ fig *einfältig, geistlos* ‖ fig *nichtssagend* ‖ fig *harmlos* ‖ fig *gemütlich* ‖ ~ m ⟨Med⟩ *schmerzstillendes Mittel* n ‖ ~ de Hoffmann *Hoffmannstropfen* mpl
ánodo m ⟨Phys⟩ *Anode* f ‖ ⟨El⟩ *positive Elektrode* ‖ ~ auxiliar *Hilfsanode* f ‖ ~ de ignición *Zündanode* f
anodoncia f ⟨Med⟩ *Anodontie, Zahnlosigkeit* f
anoea, anoesia f ⟨Med⟩ *Idiotie* f
anofeles m ⟨Entom⟩ *Malariamücke* f (Anopheles)
anolis m ⟨Zool⟩ *Anolis* m ‖ ~ de la Carolina *Rotkehlanolis* m (Anolis carolinensis)
anomalía f *Regelwidrigkeit, Unregelmäßigkeit, Anomalie* f
anómalo adj *regelwidrig, anomal, unregelmäßig* ‖ *abweichend* ‖ *sonderbar*
anomuros mpl ⟨Zool⟩ *Mittelkrebse* mpl (Anomura)
anón m ⟨Bot⟩ = **anona** ‖ fam Guat ⟨Med⟩ *Kropf* m
¹**anona** f *Flaschenbaum* m ‖ *Honigapfel* m ‖ fig MAm *Dummkopf* m
²**anona** f *Lebensmittelvorrat* m ‖ *Lebensmittelbewirtschaftung* f
anonadación f = **anonadamiento**
anona|damiento m *Vernichtung* f ‖ *Zerknirschung* f ‖ fig *demutvolle Selbstvernichtung vor Gott* ‖ **-dar** vt *ausrotten, gänzlich vernichten* ‖

niederschmettern ‖ fig *verringern, schmälern* ‖ fig *demütigen* ‖ fig *erdrücken, gänzlich entmutigen* ‖ ~**se** *sich demütigen*
anonimato m *Anonymität* f ‖ ◊ guardar el ~ *anonym bleiben* ‖ *permanecer en el* ~, *vivir en el* ~ *anonym leben*
anónimo adj *namenlos, ungenannt, anonym* ‖ carta ~a *anonymer Brief* m ‖ (sociedad) ~a *Aktiengesellschaft* f ‖ adv: ~**amente** ‖ ~ m *Ungenannter, Anonymus* m ‖ *anonymer Brief* m
anopluros mpl ⟨Zool⟩ *echte Läuse* fpl (Anoplura)
anopsia f ⟨Med⟩ *Anopsie, Anopie* f, *Nichtsehen* n
anorak m *Anorak* m
ano|rexia f ⟨Med⟩ *Appetitlosigkeit, Anorexie* f ‖ **-rexígenos** mpl *Appetitzügler* mpl, *anorexigene Mittel* npl
anorgánico adj *anorganisch*
anor|mal adj/s *regelwidrig, abnorm(al), ano(r)mal* ‖ *krankhaft* ‖ **-malidad** f *Regelwidrigkeit, Abnormität, Anomalie* f
anorqui(di)a f ⟨Med⟩ *Anorchidie, Anorchie* f, *Fehlen* n *der Hoden*
anorza f ⟨Bot⟩ *Weiße Zaunrübe* f (Bryonia alba)
anos|mático adj *anosmatisch* ‖ **-mia** f *Anosmie, Geruchsinnverlust* m
anostosis f ⟨Med⟩ *Anostose* f, *Knochenschwund* m
ano|tación f *Anmerkung, Notiz* f ‖ *Randbemerkung* f ‖ ~ preventiva ⟨Jur⟩ *Vormerkung* f ‖ ~ de una cancelación *Löschungsvormerkung* f *(im Grundbuch)* ‖ **-tadora** f ⟨Filmw⟩ *Skriptgirl* n ‖ **-tar** vt *anmerken, mit Anmerkungen versehen, aufzeichnen* ‖ *eintragen (in ein Register)* ‖ *verbuchen* ‖ *erläutern* ‖ ~ de conformidad ⟨Com⟩ *gleichlautend buchen* ‖ ~ una orden ⟨Com⟩ *e-e Bestellung* f *vormerken*
anovaria f ⟨Med⟩ *Eierstockmangel* m
anovelado adj *romanhaft*
anoxemia f ⟨Med⟩ *Anoxämie* f, *Sauerstoffmangel* m *(im Blut)*
anquera f Mex *Satteldecke* f
anqueta f dim *v.* **anca** ‖ ◊ estar alg. de media ~ *nur auf den halben Gesäß sitzen*
anquiderribado adj *mit hohem Kreuz und einfallenden Hinterbacken (Pferde und Maultiere)*
an|quiloglosia f ⟨Med⟩ *Ankyloglosson* n, *Zungenverwachsung* f ‖ **-quilope** m ⟨Med⟩ *Gerstenkorn* n
anqui|losarse vr ⟨Med⟩ *steif werden, verknöchern* ‖ fig *starr werden (Glieder)* ‖ fig *verkümmern* ‖ fig *steckenbleiben (in s-r Entwicklung)* ‖ **-losis** f ⟨Med⟩ *Gelenksteifigkeit, Starrheit, Versteifung, Ankylose* f ‖ ~ por adherencias *Gelenkverwachsung* f ‖ ~ de la cadera *Hüftankylose* f ‖ ~ senil *Altersversteifung* f
anquilos|toma m ⟨Zool⟩ *Gruben-, Haken|wurm* m (Ankylostoma sp) ‖ **-tomiasis** f ⟨Med⟩ *Ankylostomiasis, Hakenwurm|krankheit* f, *-befall* m
anqui|muleño adj *mit rundem Kreuz (Pferde und Maultiere)* ‖ **-rredondo** adj *mit runden Hüften* ‖ **-seco** adj *mit dürren Hüften (Pferde und Maultiere)*
Anquises m np *Anchises* m
△**anró** m *Ei* n
ansa f Ar *Griff, Henkel* m
Ansa f [el] *Hanse, Hansa* f, *Hansebund* m
ánsar m *(wilde) Gans* f (Anser spp) ‖ *Gänserich, Ganter* m ‖ ~ campestre ⟨V⟩ *Saatgans* f (A. fabalis) ‖ ~ careto chico ⟨V⟩ *Zwerggans* f (A. erythropus) ‖ ~ careto de Groenlandia, ~ careto grande ⟨V⟩ *Bläßgans* f (A. albifrons) ‖ ~ común ⟨V⟩ *Graugans* f (A. anser) ‖ ~ doméstico ⟨V⟩ *Hausgans* f ‖ ~ nival ⟨V⟩ *Schneegans* f (A. caerulescens) ‖ ~ piquicorto ⟨V⟩

Kurzschnabelgans f (A. brachyrhynchus) ‖ → a ganso
ansar *m* Sant *Uferplatz* m *am Mühlgerinne*
ansarería *f Gänsestall* m
ansarino adj *gänseartig* ‖ *Gänse-* ‖ ~ *m Gänseküken* n
ansarón *m Gans* f ‖ *Gänseküken* n
Anschluss *m* (de Austria, 1938) *Anschluß* m *(Österreichs 1938)*
anseático adj *hanseatisch* ‖ *ciudades* ~as *Hansestädte* fpl
Anselmo *m* np *Anselm* m
anserino adj: *piel* ~a *Gänsehaut* f *(eines Fiebernden)*
ansí adv pop = así
ansia *f* [el] *Angst, Ängstlichkeit* f ‖ *Qual, Beklemmung* f ‖ *Kummer* m ‖ *Brechreiz* m ‖ *Begierde, Sehnsucht* f ‖ △ *Wasser* n ‖△ *Folter* f ‖ ~ *de saber Wißbegierde* f ‖ ~ *de trabajar Arbeitswut* f ‖ ~ *de venganza Rachsucht* f ‖ *con* ~ *mit Ungestüm* ‖ ~ *respiratoria* ⟨Med⟩ *Atemnot* f ‖ ~**s** pl ⟨Med⟩ *Brechreiz* m ‖ ~ *de muerte Todesangst* f, *Schrecken* mpl *des Todes*
ansiar vt *sehnlich begehren, ersehnen, sich nach et* (dat) *sehnen* ‖ ~ vi: ~ *por sich sehnen nach* (dat)
ansiedad *f (Seelen)Angst, Beklemmung* f ‖ *innere Unruhe* f
ansina adv pop = así
ansión *m* Sal *Heimweh* n ‖ *Traurigkeit* f
ansioso adj *begierig, heftig wünschend* ‖ *gierig* ‖ *gierig (nach* dat*)* ‖ *ängstlich, beklommen* ‖ ~ *de erpicht auf* (acc) ‖ ~ *de lucha kampflustig* ‖ ~ *por la comida eßgierig* ‖ adv: ~**amente**
ansotano adj *aus dem Ansótal* (P Hues)
ant. Abk = **anterior** ‖ **antiguo**
anta *f* [el] *Elentier* n, *Elch* m (→ **alce**) ‖ *Am Tapir* m ‖ ⟨Arch⟩ *Eckpfeiler* m ‖ *Menhir* m ‖
antaga|lla *f* ⟨Mar⟩ *Kreuzreff* n ‖ **-llar** vt ⟨Mar⟩ *reffen*
anta|gónico adj *gegnerisch* ‖ *Gegensatz bildend* (a *zu*), *widerstreitend* ‖ *feindlich* ‖ *antagonistisch* ‖ **-gonismo** *m Entgegenwirken* n ‖ *Gegenstreben* n, *Gegnerschaft* f ‖ *Widerstreit* m ‖ *Antagonismus* m ‖ ~ *bacteriano Bakterienantagonismus* m ‖ **-gonista** *m Gegner, Widersacher* m ‖ *Gegenspieler* m ‖ *Nebenbuhler* m ‖ adj ⟨Med⟩ *gegenwirkend, antagonistisch* ‖ *gegenteilig, Gegen-* (→ **antagónico**)
antainar vi Ast *sich beeilen*
an|talgia *f* ⟨Med⟩ *Schmerzlosigkeit* f ‖ **-tálgico** *m Antalgikum, schmerzstillendes Mittel* n
antamilla *f* Sant *(Art) Tasse* f
antana *f*: ◊ *llamarse* ~ fam *sein Versprechen ableugnen* (→ a ²**andana**)
antanino adj Sal *kränklich*
anta|ñada *f* fam *alte Nachricht* f ‖ **-ñazo** adv fam *sehr lange her*
antaño adv *im vorigen Jahre, im Vorjahr* ‖ p. ex. *schon lange her, ehemals, einst*
antarca adv: *caer* ~ Arg = **antarcarse**
antarcarse vr Arg *auf den Rücken fallen*
antárti|co adj *antarktisch* ‖ *Südpol-* ‖ *polo* ~ *Südpol* m ‖ *círculo polar* ~ *südlicher Polarkreis* m ‖ **-tida** *f Antarktis* f
¹**ante** *m* ⟨Zool⟩ *Büffel* m (→ **búfalo** u. **búbalo**) ‖ ⟨Zool⟩ *Elen* n (→ **alce**) ‖ *Elenleder* n ‖ *Büffelleder* n ‖ *Sämisch-, Wild|leder* n ‖ *Lederzeug* n ‖ ⟨Mil⟩ *Lederzeug* n ‖ Arg *Gelb* n
²**ante** prep *vor, eher als* ‖ *vor* (dat), *im Beisein, in Gegenwart* (gen) ‖ *angesichts* (gen) ‖ ~ *mí vor mir* ‖ ~ *todo,* ~ *todas cosas zuerst, vor allem, vor allen Dingen, zunächst* ‖ ~ *este estado de cosas bei dieser Sachlage, so wie die Dinge liegen*
³**ante** *m Vorspeise* f, *Vorgericht* n ‖ Pe *(Art) Erfrischungsgetränk* n ‖ *Guat (Art) Sirup* m ‖ Mex *Biskuitchaudeau* m/n
anteado adj *blaßgelb (wie Sämischleder)* ‖ Mex *beschädigt (Ware)*
antealtar *m Altar(vor)platz* m
ante|anoche adv *vorgestern abend* ‖ **-anteanoche** adv *vorvorgestern abend* ‖ **-anteayer** adv *vorvorgestern* ‖ **-antier** fam = **-anteayer** ‖ **-ayer** adv *vorgestern* ‖ ~ *noche vorgestern abend*
antebrazo *m* ⟨An⟩ *Unterarm* m ‖ *Vorarm* m *(Pferd)*
anteburro *m* ⟨Zool⟩ *mittelamerikanischer Tapir* m (Tapirus bairdi)
ante|cama *f Bett|vorleger* m, *-vorlage* f ‖ **-cámara** *f Vorzimmer* n, *Vorhalle* f ‖ *Vorkammer* f *(des Dieselmotors)* ‖ ⟨Mar⟩ *Vorkajüte* f ‖ ~ *de aire Luftschleuse* f ‖ **-capilla** *f Vorkapelle* f ‖ **-cedencia** *f* = **ascendencia** ‖ **-cedente** adj *früher, vorig* ‖ ~ *m* ⟨Log⟩ *Vordersatz* m ‖ ⟨Gr⟩ *Beziehungswort* n ‖ ⟨Math⟩ *Vorderglied* n ‖ *Präzedenzfall* m ‖ ~**s** pl *Vorleben* n, *frühere Lebensumstände* mpl ‖ ~ *penales Vorstrafen* fpl ‖ *asiento de* ~ *penales Strafvermerk* m ‖ *cancelación de* ~ *penales Tilgung* f *von Strafvermerken* ‖ ◊ *estar en* ~ *im Bilde sein, über die Vorgänge unterrichtet sein* ‖ *poner en* ~ *den Zusammenhang klarmachen* ‖ *sin* ~ *ohne nennenswertes Vorleben* n ‖ *beispiellos, unerhört* ‖ *sin* ~ *penales nicht vorbestraft* ‖ *tener* ~ *penales vorbestraft sein* ‖ **-cedentemente** adv *früher, vormals* ‖ **-ceder** vt = **preceder** ‖ **-cesor** *m Vorgänger* m ‖ *Vorläufer* m ‖ *Vorfahr* m ‖ ~**es** pl *Vorfahren* mpl
anteco *m* ⟨Geogr⟩ *Antöke* m
ante|cocina *f Vorküche* f *(Raum vor der Küche)* ‖ **-coger** [g/j] vt *vor sich hertreiben* ‖ Ar *vor der Zeit pflücken (Früchte)* ‖ **-columna** *f* ⟨Arch⟩ *alleinstehende Vorsäule* f ‖ **-coro** *m Vorchor* m ‖ **-cos** mpl ⟨Geogr⟩ *Antöken* pl ‖ **-cristo** *m* = **Anticristo** ‖ **-cuerpo** *m* ⟨Arch⟩ *Vorbau* m ‖ **-data** *f Zurückdatierung* f ‖ *zurückgesetztes Datum* n ‖ ◊ *poner* ~ *zurückdatieren* ‖ **-datar** vt *zurückdatieren* ‖ **-decir** [irr → **decir**] vt = **predecir** ‖ **-despacho** *m Vorzimmer* n *(eines Amtszimmers)* ‖ **-día,** de ~ adv *einen oder wenige Tage vorher* ‖ **-dicho** adj *ob(en)genannt, obig, vorbenannt*
ante diem [ði'εn] adv lat *vor der Zeit* ‖ *rechtzeitig (vor dem Termin)*
ante|diluviano adj *vorsintflutlich* (& fig) ‖ **-fija** *f,* **-fijo** *m Stirnziegel* m ‖ **-firma** *f der Unterschrift vorangesetzte Höflichkeitsformel* f ‖ *des Ehrentitels* od *der Amtsbezeichnung in Schriftstücken* ‖ **-foso** *m* ⟨Mil⟩ *Außengraben* m ‖ **-grada** *f* ⟨Mar⟩ *Vorhelling* f ‖ **-guerra** *f Vorkriegszeit* f
ante|iglesia *f Vorhof* m *einer Kirche* ‖ *Pfarrkirche* f *in einigen baskischen Dörfern* ‖ *baskisches Dorf* n ‖ *baskische Gemeindebezirk* m ‖ **-islámico** adj = **preislámico**
ante|jardín *m Vorhof* m *eines Gartens* ‖ **-juicio** *m* ⟨Jur⟩ *Vorverhör* n ‖ *Vorverfahren* n ‖ **-lación** *f Vorausgehen* n ‖ *Vorzug* m ‖ *Vorwegnahme* f ‖ *con* ~ *im voraus* ‖ *vorher* ‖ *vorzeitig, verfrüht* ‖ *con la debida* ~ *rechtzeitig* ‖ *con la máxima* ~ *(posible) möglichst frühzeitig*
antelio *m* ⟨Meteor⟩ *Gegensonne* f
ante|mano *m*: de ~ *im voraus* ‖ **-meridiano** adj *vormittägig* ‖
ante meridiem adv lat *vormittags*
antemural *f* ⟨Mil⟩ *Vormauer* f *vor einer Festung, Schutzmauer* f ‖ fig *Schutz, Hort* m
antena *f* ⟨Entom⟩ *Fühlhorn* n, *Fühler* m ‖ ⟨Radio⟩ *Antenne* f ‖ ⟨Mar⟩ *Lateinrahe* f ‖ ~ *aérea* ⟨Radio⟩ *Frei-, Hoch|antenne* f ‖ ~ *de alero Dachrinnenantenne* f ‖ ~ *antiestática störungsarme Antenne* f ‖ ~ *artificial,* ~ *fantasma künstliche Antenne* f ‖ ~ *auxiliar,* ~ *provisional Behelfsantenne* f ‖ ~ *blindada abgeschirmte Antenne* f ‖ ~ *buscarradar Radarsuchantenne* f ‖ ~ *de cinta Bandantenne* f ‖ ~ *cuarto de onda Viertelwellenantenne* f ‖ ~ *colgante Hängean-*

tenne f ‖ *Schleppantenne* f ‖ ~ *de pantalla Schirm(netz)antenne* f ‖ ~ *de compensación Abgleich-, Ausgleich-, Abstimmungs|antenne* f ‖ ~ *de cuadro Rahmenantenne* f ‖ ~ *dieléctrica dielektrische Antenne* f ‖ ~ *difusora Ausstrahlantenne* f ‖ ~ *de dipolo Dipolantenne* f ‖ ~ *direccional Richtantenne* f ‖ ~ *emisora Sendeantenne* f ‖ ~ *incorporada eingebaute Antenne* f ‖ ~ *de media onda Halbwellenantenne* f ‖ ~ *muda verstimmte Antenne* f ‖ ~ *de queso Käse-Antenne* f ‖ ~ *radiogoniométrica Peilantenne* f ‖ ~ *receptora Empfangsantenne* f ‖ ~ *sintonizada abgestimmte Antenne* f ‖ ~ *telescópica Teleskopantenne* f ‖ ~ *cónica Kegelantenne* f ‖ ~ *doble Doppelantenne* f ‖ ~ *exterior,* ~ *libre Außen-, Hoch-, Frei|antenne* f ‖ ~ *interior Innenantenne* f ‖ *Zimmerantenne* f ‖ *aislador de* ~ *Antennenisolator* m
antenacido *adj zu früh geboren*
antenado m/adj *Stiefkind* n ‖ ~ adj *mit Fühlern versehen*
antenoche adv *vor dem Abend, am späten Nachmittag* ‖ → a **anteanoche**
antenombre m *dem Namen vorhergehende Benennung (wie Don, San)*
antenupcial adj *vorehelich*
anteo|jera f *Brillenfutteral* n ‖ ~s pl *Scheuklappen* fpl *(der Pferde)* ‖ **-jero** m *Brillenmacher* m
anteojo m *Fern|glas, -rohr* n ‖ *Augenglas* n ‖ ~ *binóculo Doppelfernglas* n ‖ ~ *de larga vista Fernglas* n ‖ ~ *monóculo einfaches Fernrohr* ‖ ~ *prismático Feldstecher* m, *Prismenglas* n ‖ ~ *de teatro Theaterglas, Opern|glas* n, *-gucker* m ‖ *mirar las cosas con* ~ *de aumento figf et lange voraussahnen* ‖ figf *et übertreiben* ‖ ~s pl *Ferngläser* n ‖ *Feldstecher* m ‖ *Theaterglas, Opern|-glas, -gucker* m ‖ *(Augen)Brille* f ‖ *Scheuklappen* fpl, *Scheuleder* npl ‖ *Stielbrille* f ‖ ⟨EB⟩ *Glasfenster* n *im Lokomotivführerstand* ‖ fig *Schweinsohren* npl *(Gebäck)* ‖ → a **gafas, lentes; gemelos, prismáticos**
anteón m ⟨Bot⟩ *Klette* f (Arctium = Lappa sp)
ante|pagar [g/gu] vt *voraus(be)zahlen* ‖ **-palco** m *Vor|lage* f, *-raum* m *einer Theaterloge* ‖ **-pasado** adj *vorhergeschehen* ‖ ~ m *Vorfahr, Ahnherr, Ahne* m ‖ *Vorgänger* m ‖ *los* ~s *die Ahnen* mpl ‖ **-patio** m ⟨Arch⟩ *Vorhof* m ‖ **-pecho** m *Brüstung, Brustlehne* f ‖ *Fensterbrett* n ‖ *niedrige Mauer* f ‖ ⟨Mil⟩ *Brustwehr, Vorschanze* f ‖ ⟨Mar⟩ *Schiffsgeländer, Schanzkleid* n, *Reling* f ‖ *Lehne* f *am Kutschersitz* ‖ ⟨Bgb⟩ *Erzgang* m ‖ *Brustriemen* m *(der Pferde)* ‖ **-penúltimo** adj *drittletzt* ‖ ~a f ⟨Gr⟩ *vorvorletzt, drittletzte Silbe* f
anteponer [irr → **poner**] vt *vor|anstellen, -ziehen* (& fig), *den Vorrang einräumen (a vor dat)* ‖ ◊ ~ *el deber al placer die Pflicht dem Vergnügen voranstellen* ‖ ~*se sich voranstellen*
antepor|ta(da) f ⟨Typ⟩ *Schmutz-, Vor|titel* m ‖ **-tal** m ⟨Arch⟩ *Vordertor* n
ante|posición f *Voranstellung* f ‖ *Einräumung* f *des Vorrangs* ‖ *Bevorzugung* f ‖ **-proyecto** m *vorläufiger Entwurf, Vorentwurf* m ‖ *Vorplan* m ‖ **-puerta** f *Vortür* f ‖ *Türvorhang* m ⟨Mil⟩ *Vortor* n *einer Festung*, **-puerto** m ⟨Mar⟩ *Vor-, Außen|-hafen* m ‖ *Felspaß* m ‖ **-puesto** pp/irr v. **anteponer**
antequerano adj *aus Antequera* (P Má)
antera f ⟨Bot⟩ *Staubbeutel* m, *Anthere* f
antérico m ⟨Bot⟩ *Graslilie* f (Anthericum spp)
ante|rior adj/s *vorhergehend, früher* ‖ *vorig, vorherig* ‖ *Vorder-* ‖ *el domingo* ~ *am vorigen Sonntag* ‖ *mi* ~ ⟨Com⟩ *mein voriges od letztes Schreiben* ‖ ~ *a früher als* (nom) ‖ ~ *a la fecha unter einem früheren Datum* ‖ **-rioridad** f *Vorzeitigkeit* f ‖ *Frühersein* n ‖ *Priorität* f ‖ *Vorrang* m ‖ *früheres Datum* n ‖ *Amtsalter* n ‖ *Rang* m *nach den Dienstjahren* ‖ *con* ~ *vorher, früher* ‖ *vorzeitig* (→ a **ancianidad, prioridad, precedencia**) ‖ **-riormente** adv *früher (als), vorher* ‖ *weiter oben*
antero m *Sämischlederarbeiter* m
antes 1. adv: *vorher, vorhin* ‖ *eher, früher* ‖ *vormals, ehemals* ‖ *de* ~ *vorig, ehemalig* ‖ *cuanto* ~*, lo* ~ *posible baldmöglichst, möglichst bald* ‖ *poco* ~ *kurz vorher, kurz zuvor* ‖ *desde mucho* ~ *von lange her, seit langem* ‖ *la noche* ~ *die Nacht vorher*
2. im adversativen Sinn: *lieber, eher* ‖ *vielmehr, im Gegenteil* ‖ ~ (bien) *vielmehr* ‖ ~ *morir que vivir mal lieber sterben als elend leben* ‖ ~ *hoy que mañana lieber heute als morgen* ‖ *no lo debe nada,* ~ (bien) *es su acreedor er schuldet ihm nichts, sondern (er) ist vielmehr sein Gläubiger*
3. ~ *de als Präp.* a) ~ *de ayer* = **anteayer** ‖ ~ *de hora vor der Zeit, vorzeitig* ‖ ~ *del mediodía vormittags.* b) vor Inf.: *poco* ~ *de estallar la guerra kurz vor Kriegsausbruch.* c) vor partizipialer Konstruktion: ~ *de acabada la revisión vor Abschluß der Revision*
4. conj: ~ (de) que (subj) *bevor, ehe*
ante|sacristía f *Vorsakristei* f ‖ **-sala** f *Vorsaal* m, *Vorzimmer* n ‖ ◊ *hacer* ~ *im Vorzimmer warten, antichambrieren* ‖ **-salazo** m Chi *langes Warten* n ‖ **-solera** f *Vorboden* m *(Abdeckung der Flußsohle vor e-m Wehrkörper)* ‖ **-trén** m Am *Vordergestell* n *(am Wagen)* ‖ *Vorderkarren* m *(am Pflug)* ‖ **-ver** [irr — **ver**] vt *zuerst sehen, voraussehen* ‖ **-víspera** f *der vorvorige Tag* ‖ *Tag* m *vor dem Vorabend (eines Festes)*
anti- präf adj *anti-, -feindlich, -heilend* ‖ s *Anti-, Gegen-, -feind, -mittel*
antiácido adj *säurewidrig* ‖ *säure|fest, -beständig* ‖ *säureneutralisierend*
antiaéreo adj ⟨Mil⟩ *Flugzeugabwehr-, Fliegerabwehr-, Flak-, Luftschutz-* ‖ ~ m *Flakgeschütz* n
antialcohólico adj *alkoholfeindlich* ‖ *antialkoholisch* ‖ *liga* ~a *Liga f zur Bekämpfung des Alkoholmißbrauchs*
antiar m *Upasgift* n *(Pfeilgift)*
antiar|tístico adj *antikünstlerisch, geschmacklos* ‖ **-artrítico** adj/s *gichtheilend* ‖ **-asmático** m/adj *Antiasthmatikum, Asthmamittel* n
antibautista m *Antibaptist* m
antibiótico adj/s *antibiotisch* ‖ ~ m ⟨Pharm⟩ *Antibiotikum* n ‖ ~s mpl *Antibiotika* npl
antiblanco adj *europäerfeindlich* ‖ *gegen die weiße Rasse gerichtet*
antibo m ⟨Arch⟩ *Versteifung* f
anticalórico adj *hitze|fest, -beständig* ‖ ~ m *Wärmeschutz* m
anticanceroso adj *krebsverhütend, gegen den Krebs gerichtet* ‖ *consultorio* ~ *Krebsberatungsstelle* f ‖ *lucha* ~a *Krebsbekämpfung* f ‖ *prevención* ~a *Krebsfürsorge* f ‖ *remedio* ~ *Krebsbekämpfungsmittel* n
anticariense adj *aus Antequera* (PMá)
antica|rro adj ⟨Mil⟩ *Panzerabwehr-* ‖ *barrera* ~ *Panzersperre* f ‖ *cañón* ~ *Panzerabwehrkanone* f ‖ **-tarral** adj/s *Schnupfen heilend bzw lindernd*
anticátodo m *Antikathode* f *(einer Röntgenröhre)*
anticatólico adj *antikatholisch*
anticíclico adj *antizyklisch*
anticiclón m ⟨Meteor⟩ *Antizyklone* f, *Hoch-(druckgebiet), barometrisches Hoch* n
antici|pación f *zeitliches Vorgreifen* n ‖ *Vorwegnahme, Vorausnahme* f ‖ *Vorempfang, Voraus-schuß* m ‖ *Voraus(be)zahlung* f (→ **anticipo**) ‖ ⟨Astr⟩ *Vorrücken* n ‖ ⟨Mus⟩ *Antizipation* f ‖ ⟨Rhet⟩ *Antizipation* f ‖ *con* ~ *im voraus* ‖ *con un día de* ~ *einem Tag vorher* ‖ *con mucha* ~ *lange vorher* ‖ *aviso con un mes de* ~ *monatliche Kündigung* f ‖ *novela de* ~ *Zukunfts-*

roman m ‖ **–pada** *f verräterischer Überfall* m ‖ *Ausfall, Vorstoß* m *beim Fechten* ‖ **–padamente** *adv vorher, im voraus* ‖ **–pado** *adj vorläufig* ‖ *vorhergehend* ‖ *voreilig, verfrüht* ‖ *pago* ~ *Vorauszahlung* f, *Vorschuß* m ‖ *por* ~ *im voraus*
anticipar *verfrühen, vorläufig geben* ‖ *vorgreifen* (dat), *voraus-, vorweg|nehmen* ‖ *vorauszahlen* ‖ *vorschießen (Geld)* ‖ *vorausschicken* ‖ *beschleunigen* ‖ *zuvorkommen* (dat) ‖ *früher ansetzen* ‖ ◊ ~ *el dia de la marcha den Tag des Abmarsches ansetzen* ‖ *gracias sich im voraus bedanken, im voraus danken* ‖ ~ vi *zuvorkommen* (dat) ‖ **~se** *vorhergehen, vorauseilen* ‖ *sich früher einstellen* ‖ *vorgreifen* (dat) ‖ *sich beeilen* ‖ *vorzeitig kommen* ‖ *sich übereilen* ‖ ◊ ~ *a los acontecimientos den Ereignissen vorgreifen* ‖ ~ *a los tiempos s–r Zeit voraus sein* ‖ *mi rival se me anticipó mein Gegner ist mir zuvorgekommen*
anti|cipo m *zeitliches Vorgreifen* n ‖ *Vorschuß* m, *Vorauszahlung* f ‖ **–cívico** *adj staats- bzw ordnungs|feindlich*
anticleri|cal *adj/s antiklerikal* ‖ ~ m *Antiklerikaler* m ‖ **–calismo** m *Antiklerikalismus* m ‖ *Kirchenfeindlichkeit* f
anticlinal *adj/s sattelförmig* ‖ ~ m ⟨Geol⟩ *Sattel* m, *Antiklinale, Antikline* f
anticoagulante *adj/s gerinnungshemmend* ‖ ~ m *gerinnungshemmendes Mittel, Antikoagulans* n
anti|cohesor m ⟨El⟩ *Gegenfritter, Antikohärer* m ‖ **–colérico** *adj gegen die Cholera (Mittel)*
anticolonialis|mo m *Antikolonialismus* m ‖ **–ta** *adj/s antikolonialistisch* ‖ ~ m *Antikolonialist* m
anticomunis|mo m *Antikommunismus* m ‖ **–ta** *adj/s antikommunistisch* ‖ ~ m *Antikommunist* m
anti|concepcional, –conceptivo *adj/s empfängnisverhütend, schwangerschaftsverhütend, antikonzeptionell* ‖ *píldora* ~a *empfängsnisverhütende Pille* f *(durch Ovulationshemmung)* ‖ *pop Antibabypille* f ‖ ~ m *schwangerschaftsverhütendes Mittel, Antikonzipiens* n ‖ **–concepcionismo** m *Schwangerschafts-, Empfängnis|verhütung* f ‖ **–conformista** m/adj *Nonkonformist* m
anticongelante *adj/s vor Frost schützend* ‖ ~ m *Frostschutzmittel* n
anticonstitucional *adj/s verfassungsfeindlich* ‖ *verfassungswidrig*
anticorrosivo *adj korrosions|fest, -beständig* ‖ ~ m *Korrosions-, Rost|schutzmittel* n ‖ *Säureschutzmittel* n (→ **antiácido**)
anti|cresis f ⟨Jur⟩ *Antichre|sis, -se* f, *Nutzungspfand* n ‖ *Nutzungspfandrecht* n *an Grundstücken* ‖ **–cresista** m *Nutzungspfandgläubiger* m ‖ **–cristiano** *adj/s christenfeindlich, antichristlich* ‖ **–cristo** m *Antichrist* m
anti|cuado *adj veraltet, veraltend, antiquiert, altmodisch (Wort, Gesetz)* ‖ *eingewurzelt* ‖ **–cuario** m *Antiquitätensammler* m ‖ *Antiquitätenhändler, Antiquar* m ‖ **→a arqueólogo** ‖ **–cuarse** vr *veralten*
tico *adj* ⟨Jur⟩ *antikretisch* ‖ *acreedor* ~ *Nutzungspfandgläubiger* m
anti|cuerpos mpl ⟨Med⟩ *Antikörper* mpl ‖ **–demócrata** m *Gegner* m *der Demokratie, Antidemokrat* m ‖ **–democrático** *adj anti-, un|demokratisch* ‖ **–democratismo** m *Demokratiefeindlichkeit* f ‖ **–deportivo** *adj unsportlich* ‖ *fig unfair* ‖ **–deslizante** m *Gleitschutz* m *(z. B. am Automobilreifen)* ‖ **–deslumbrante** *adj blendungsfrei* ‖ ~ m ⟨Aut⟩ *Blendschutz* m ‖ **–detonante** *adj klopf|fest, -frei* ‖ ~ m *Antiklopfmittel* n, *Klopfzusatz* m ‖ **–diftérico** *adj antidiphtherisch* ‖ *vacunación* ~a *Diphtherieschutzimpfung* f ‖ **–dinástico** *adj dynastiefeindlich* ‖ **–distorsión** f *Leitungsentzerrung* f ‖ **–dogmático** *adj antidogmatisch*
antídoto m *Gegengift* n, *Antidot* n ‖ *fig Gegenmittel* n
antieconómico *adj unwirtschaftlich* ‖ *wirtschaftsfeindlich* ‖ *wirtschaftsfremd*

antielectrodo m *Gegenelektrode* f
antiemético m ⟨Med⟩ *Antemetikum, Antimetikum, Mittel* n *gegen Erbrechen* ‖ ~ *adj den Brechreiz stillend*
antiencandilante *adj/s Am* = **antideslumbrante**
antier *adv fam* = **anteayer**
anti|español *adj/s spanienfeindlich* ‖ **–espasmódico** *adj/s antispastisch, krampf|stillend, -lösend (Mittel)* ‖ ~ m *Antispasmotikum, krampflösendes Mittel* n ‖ **–estético** *adj unästhetisch* ‖ *häßlich*
anti|fármaco m *Gegengift, Antidot* n ‖ **–fascismo** m *Antifaschismus* m ‖ **–fascista** *adj/s antifaschistisch* ‖ ~ m *Antifaschist* m ‖ **–faz** [pl **–ces**] m *(Gesichts)-Schleier* m, *Gesichts|maske, Augen-, Larve* f ‖ **–febril** *adj/s fiebersenkend* ‖ ~ m *fiebersenkendes Mittel, Antiphyretikum* n ‖ **~es** mpl ⟨Med⟩ *Antifebrilia* pl ‖ **–flogístico** *adj/s entzündungs|hemmend, -mildernd, antiphlogistisch* ‖ ~ m *Antiphlogistikum* n
antífona f *kath Antiphone* f, *Wechsel|gesang, -chor* m ‖ **~s** pl *joc Hintere*, fam *Po(po)*, pop *Hintern* m
antifonario *adj:* (libro) ~ *Antiphonale, Chorgesangbuch* n *(Kirche)* ‖ ~ m *figf Gesäß* n, *Hintere, Hintern* m
antifrasis f ⟨Rhet⟩ *Antiphrase* f
antigás *adj Gas(schutz)-* ‖ *careta* ~ *Gasmaske* f
antigenicidad f ⟨Med⟩ *Antigenizität* f
antígenos mpl ⟨Med⟩ *Antigene* npl
antigramatical *adj den Regeln der Grammatik zuwider*
antigrisú *adj* ⟨Bgb⟩ *schlagwettersicher*
anti|gualla f *alte Scharteke* f *(altes Buch)* ‖ *fam Schmöker* m ‖ *fam alter Schinken* m ‖ *alte Klamotten* fpl ‖ *alter Plunder* m ‖ **~s** pl *Antiken, Antiquitäten* fpl ‖ *figf Zopf, veraltete Gebräuche* mpl, *alter Kram* m *usw* ‖ *figf olle Kamellen* fpl ‖ **–guamente** *adv in alter Zeit* ‖ *früher, ehemals* ‖ **–guar** [gu/gü] vt = **–cuar** ‖ ~ vi *im Dienste alt werden* ‖ *im Amt aufrücken* ‖ **~se** *veralten*
antigubernamental *adj regierungsfeindlich* ‖ *oppositionell*
antigüedad f *Altertum* n ‖ *Vorzeit* f ‖ *die Alte Welt* ‖ *Altertümlichkeit* f ‖ ~ *clásica das klassische Altertum, die Antike* ‖ *en el servicio Dienstalter* n ‖ *ascenso por* ~ *Beförderung* f *nach dem Dienstalter* ‖ **~es** pl *Kunstaltertümer* npl, *Antiken, Antiquitäten* fpl ‖ *Antiquitätensammlung* f ‖ *tienda de* ~ *Antiquitätengeschäft* n
anti|guo *adj alt, langjährig* ‖ *alt, im Dienst ergraut* ‖ *altmodisch* ‖ *alt, bejahrt* ‖ *antik* ‖ *ehemalig* ‖ *la edad* ~a *Altertum* n ‖ *el mundo* ~ *die Alte Welt* ‖ *die Antike* ‖ ~ *Testamento Altes Testament* n ‖ *montado (od chapado) a la* ~ *fam alt|modisch, -fränkisch* ‖ *de* ~ *von alters her* ‖ *de muy* ~ *seit sehr lange* ‖ *en lo* ~ *vor langer Zeit* ‖ *ehemals* ‖ ~ m *älterer Schüler, Hörer* m ‖ **~s** mpl *die Alten* ‖ *die alten Schriftsteller* fpl ‖ *como decían los* ~ *wie die Alten (od die Klassiker) sagten*
antihalo *adj* ⟨Phot⟩ *lichthoffrei*
antihelio m = **antelio**
antihelmíntico m *Wurmmittel, Anthelminthikum* n
anti|hemorrágico *adj/s blutstillend, gegen den Blutsturz (Mittel)* ‖ **–herpético** *adj/s flechtenvertreibend (Mittel)* ‖ **–hidrótico** *adj/s schweißverhütend* ‖ ~ m *Schweißverhütungsmittel* n ‖ **–higiénico** *adj unhygienisch* ‖ **–histamínico** *adj/s antihistaminisch* ‖ ~ m ⟨Med⟩ *Antihistaminikum* n, *Antihistaminkörper* m ‖ **–humanitario** *adj wider die Menschlichkeit* ‖ **–humano** *adj unmenschlich* ‖ *menschenfeindlich*
antiincrustante m/adj *Kesselsteinverhütungsmittel* n
antiju|ridicidad f *Rechtswidrigkeit* f ‖ **–rídico** *adj rechtswidrig*
antilegal *adj gesetz(es)widrig*

anti|logía f *Widerspruch* m *(im Wortlaut)* ||
-lógico adj *widerspruchvoll* (→ a **ilógico**)
antílope m *Antilope, Hirschziege* f (Antilope cervicapra)
antiluético adj/s *gegen Syphilis (Mittel)*, *antiluetisch* (→ a **antisifilítico**)
antillano adj/s *von den Antillen*
Antillas fpl *die Antillen* || ~ Mayores *Große Antillen* || ~ Menores *Kleine Antillen* || Mar m/f de las ~ *Antillenmeer* n, *Karibische See* f
antimacasar m *Am Schondeckchen* n *(für Sessel usw.)*
antimagnético adj *antimagnetisch*
Antimaquiavelo m *Antimachiavell* m *(Schrift Friedrich d. Gr. gegen Machiavelli)*
anti|materia f ⟨Phys⟩ *Antimaterie* f || **-militarismo** m *Antimilitarismus* m || ~**militarista** adj/s *antimilitaristisch* || ~ m *Antimilitarist* m || **-monárquico** adj *antimonar|chisch, -chistisch*
anti|moniato m ⟨Chem⟩ *Antimoniat* n || ~s mpl ⟨Chem⟩ *Antimonsalze* npl || **-monio** m *Antimon* n || **-monioso** adj *antimonig, spießglanzhaltig*
antimoral adj *sittenfeindlich* (→ a **inmoral**) || ~**ismo** m *Antimoralismus* m
anti|nacional adj *antinational, den Interessen der Nation zuwider* || *volksfeindlich* || **-narcótico** adj/s *gegen die Betäubung (Mittel)* || **-natural** adj *naturwidrig, widernatürlich* || **-neurálgico** adj/s *gegen die Neuralgie (Mittel), antineuralgisch* || **-neutrón** m ⟨Phys⟩ *Antineutron* n || **-nomia** f *(scheinbarer bzw unlösbarer) Widerspruch* m, *Antinomie* f
antiofídico adj: suero ~ *Schlangenserum* n
Antioquía f *Antioquia (Stadt in Kolumbien)*
Antioquía f *Antiochia (Stadt des Altertums)*
antiorgástico m ⟨Med⟩ *Beruhigungsmittel* n
antioxidante m *Antioxidations-, Rostschutz|mittel* n
anti|papa m *Gegenpapst* m || **-papista** m/adj *Papstfeind* m || ~ adj *papstfeindlich*
antípara f *(Licht)Schirm* m, *Ofenschirm* m || *spanische Wand* f || *(Art) Gamasche* f
antiparasitario adj/s *schädlingsbekämpfend, antiparasitarisch* || ~ m *Schädlingsbekämpfungsmittel* n || ⟨Med⟩ *Antiparasitikum* n
antiparásito m ⟨Radio⟩ *Störschutz* m || ~ adj *(funk)entstört*
antiparlamentario adj *antiparlamentarisch* || *oposición* ~a *außerparlamentarische Opposition* f *(APO, Deut)*
antiparras fpl fam *Brille* f || *Schutzbrille* f || *Hornbrille* f
anti|patía f *Widerwille* m, *(natürliche) Abneigung, Antipathie* f || *Unverträglichkeit* f || **-pático** adj *widrig, zuwider, widerwärtig* || *an-, un|sympathisch* || *unausstehlich* || *unverträglich (Farben)* || *abstoßend (Charakter)* || **-patinador** m *Gleitschutz* m *(z. B. am Automobilreifen)* || **-patizar** vi *Am Abneigung* f *empfinden od zeigen* || **-patriota** m *Volksfeind* m || **-patriótico** adj *unpatriotisch* || **-pecas** adj: crema ~ *Sommersprossencreme* f || **-pedagógico** adj *unpädagogisch* || **-pendio** m *Antependium* n *(am Altar)* || **-peristáltico** adj ⟨Med⟩ *antiperistaltisch* || **-peristaltismo** m ⟨Med⟩ *Antiperistaltik* f || **-pestoso** adj *gegen die Pest* f *(Mittel)* || **-pirético** m/adj ⟨Med⟩ *fieberstillendes Mittel, Antipyretikum* n || ~ adj *fieber|stillend, -dämpfend* || **-pirina** f ⟨Pharm⟩ *Antipyrin* n *(Fiebermittel)* || **-pocar** [c/qu] vt/i Ar *(e–e Zahlungspflicht) anerkennen*
antípoda m/adj *Antipode, Gegenfüßler* m || fig *Widerspiel* n || fig *Gegenteil* n *von (de)* || ~ adj *völlig entgegengesetzt* || *en los* ~s fig *weit weg* || figf *wo der Pfeffer wächst*
antipolilla adj *mottensicher*
anti|polo m *Gegenpol* m || **-popular** adj *volksfeindlich* || **-profesional** adj *berufswidrig*
antipútrido adj *fäulnis|verhütend, -(ver)hindernd*
anti|quísimo adj sup. v. **antiguo** *uralt* || **-quismo** m = **arcaísmo**
anti|rrábico adj/m *(Mittel) gegen die Tollwut (bei Hunden)* || suero ~ ⟨Med⟩ *Tollwutserum* n || **-rreflector** adj *entspiegelt, vergütet, mit Antireflexbelag (optisches Glas)* || **-rreglamentario** adj *vorschriftswidrig* || *dienstwidrig* || ⟨StV⟩ *verkehrswidrig* || *allg unerlaubt* || *verboten* || **-rreligioso** adj *religionsfeindlich* || **-rrepublicano** adj/s *republikfeindlich, antirepublikanisch* || ~ m *Antirepublikaner, Gegner* m *der Republik* || **-rreumático** adj/s *gegen Rheumatismus* m *(Mittel)* || **-rrevolucionario** adj *gegenrevolutionär* || **-rrobo** adj/s *Diebstahlschutz-*
anti|semita m/adj *Antisemit, Judenfeind* m || **-semítico** adj *judenfeindlich, antisemitisch* || **-semitismo** m *Antisemitismus* m, *Judenfeindschaft* f || **-sepsia** f ⟨Med⟩ *Antisepsis, Antiseptik* f, *Tötung* f *der Krankheitskeime* || **-séptico** m/adj *keimtilgendes Mittel, Antiseptikum* m || ~ adj *keimtötend, antiseptisch* || **-sifilítico** adj/s *antisyphilitisch* || ~ m *Anti|syphilitikum, -lu(et)ikum* n || **-sísmico** adj *erdbebensicher (Bau)* || **-social** adj *der Gesellschaft(sordnung) feindlich, asozial* || *unsozial*
antistrofa f *Antistrophe* f *(im Versmaß)* || *Gegengesang* m
anti|submarino adj: *lucha (bzw defensa)* ~a *U-Boot-Bekämpfung (bzw -Abwehr)* f || **-sudorífico** adj/s ⟨Med⟩ *die Schweißabsonderung hemmend bzw lindernd*
antitanque adj *Panzerabwehr-, Pak-* || *barrera* ~ *Panzersperre* f || *cañón* ~ *Panzerabwehrkanone* f || *defensa* ~ *Panzerabwehr, Pak* f
antitérmico adj *Wärmeschutz-*
antítesis f *Gegensatz* m, *Antithese* f
antitetánico adj *antitetanisch* || suero ~ *Tetanus-, Wundstarrkrampf|serum* n
antitético adj *gegensätzlich, antithetisch*
anti|tífico adj *gegen den Typhus (Mittel)* || **-totalitario** adj *gegen die totalitäre Staatsform gerichtet* || **-tóxico** adj *entgiftend, giftwidrig, antitoxisch* || **-toxina** f ⟨Med⟩ *Antitoxin* n *(Antikörper der Toxine)* || **-trago** m ⟨An⟩ *Antitragus, Gegenbock, kleiner Wulst* m || **-tropina** f = **anticuerpo** || **-tuberculoso** adj: *lucha* ~a *Tuberkulosebekämpfung* f || *sanatorio* ~ *Lungenheilstätte* f || **-variólico** adj ⟨Med⟩ *gegen Pocken* || **-velo** m ⟨Phot⟩ *Schleierschutz* m || **-venéreo** adj ⟨Med⟩ *gegen Geschlechtskrankheiten wirkend* || **-zímico** adj *gärungsverhindernd*
Ant.º Abk = **Antonio**
antocianina f *Blatt-, Anthok|blau, Zyanin* n || ~s fpl *Anthocyane* pl
antófago adj ⟨Zool Entom⟩ *blütenfressend*
antofilita f ⟨Min⟩ *Anthophyllit* m
antoideo adj *blütenförmig*
anto|jadizo adj *launenhaft, grillenhaft* || *willkürlich lüstern* || **-jado** adj *launisch, lüstern* || **-jarse** vr: ◊ *se me antoja es gelüstet mich, ich habe Lust zu* || *es fällt mir (gerade) ein* || *es kommt mir so vor, als ob ...* || *es scheint mir* || *se me antoja que va a llover mir scheint, es wird regnen* || **-jera** f = **anteojera**
antojo m *Laune, Grille* f, *Einfall* m || fam *Flause* f || *Muttermal* n || *Gelüsten* n *(z. B. von schwangeren Frauen)* || *Gutdünken, Belieben* n || *Vorurteil* n || ~ = **anteojo** || ~s pl *Muttermale* npl || △ *Handschellen* fpl
antolar m Cu *Spitzeneinsatz* m
Antolín m Tfn *Antolin* m
antología f *Blütenlese* f || *Gedichtsammlung* f || *Auswahl* f *von Prosastücken* || *Anthologie* f
Antón m np = **Antonio** || *vaca de San* ~, *vaquita de San* ~ *Marienkäfer* m (→ a **mariquita**)
Antonia f np *Antonie* f
antoniano, antonino m/adj *Antonier* m *(Mönch)*

antonimia f ⟨Rhet⟩ *Gegenüberstellung* f *von Worten entgegengesetzten Sinnes, Antonymik* f
antónimo m *Antonym* n, *entgegengesetzter Begriff* m ((*vgl* **sinónimo**)
Antonio m np *Anton(ius)* m
antono|masia f *Antonomasie* f (*wie el Apóstol für San Pablo*) ‖ *por* ~, -*másticamente adv schlechthin* ‖ **-mástico** adj *antonomastisch*
antónomo m: ~ *del manzano* ⟨Agr Entom⟩ *Apfelblütenstecher* m (Anthonomus pomorum) ‖ ~ *del peral* ⟨Agr Entom⟩ *Birnknospenstecher* m
Antoñito, Antoñuelo m np dim *v*. **Antonio**
antor|cha f *Fackel, Leuchte* f (& fig) ‖ *Läuterkessel* m ‖ ~ *electrónica Elektronenfackel* f ‖ *danza de las* ~s *Fackeltanz* m ‖ *desfile de* ~s *Fackelzug* m ‖ **-chero** m *Fackelständer, Halter für Fackeln*
antozo(ari)os mpl ⟨Zool⟩ *Blumenpolypen* mpl, *Anthozoen* npl (Anthozoa)
antraceno m *Anthrazen* n
antracita f *Anthrazit* m ‖ ~ *gruesa Eierbrikett* n
antracnosis f ⟨Agr⟩ *Anthraknose, Schwarzfleckenkrankheit* f, *schwarzer Brenner* m *(bei Pflanzen)*
antracosis f ⟨Med⟩ *Anthrakose, Kohlenstaublunge* f
ántrax m ⟨Med⟩ *Karbunkel* m ‖ *Milzbrand* m
antro m *Höhle, Grotte* f ‖ *Abgrund* m ‖ *berüchtigtes Lokal od Haus* n ‖ ~ *de corrupción* fig *Lasterhöhle* f ‖ ~ *pilórico* ⟨An⟩ *Magenmundhöhle* f (Antrum pyloricum)
antrópico adj *menschlich, zum Menschen gehörend*
antro|pocéntrico adj *anthropozentrisch* ‖ **-pofagia** f *Anthropophagie, Menschenfresserei* f ‖ *Kannibalismus* m *(bei Menschen)* ‖ **-pófago** m/adj *Menschenfresser, Anthropophage* m ‖ **-pofobia** f *Anthropophobie, Menschenscheu* f ‖ *Menschenhaß* m ‖ **-pófobo** adj *anthropophob* ‖ **-pogenia** f *Anthropogenie, Menschenentstehung (slehre)* f ‖ **-poide** adj/s *menschenähnlich* ‖ *menschen,ähnlich(er Affe* m*)* ‖ ~s *Anthropoiden, Menschenaffen* mpl ‖ **-polatría** f *Menschenkult* m ‖ **-pología** f *Naturgeschichte* f *des Menschen, Anthropologie* f ‖ **-pólogo** m *Anthropologe* m ‖ **-pometría** f *Anthropometrie, Menschenmaßlehre* f ‖ *polizeilicher Erkennungsdienst* m ‖ **-pométrico** adj *anthropometrisch* ‖ **-pomorfismo** m *Anthropomorphismus* m ‖ **-pomorfo** adj *anthropomorph(isch)*, *menschlich gestaltet, menschenähnlich* ‖ **-ponimia** f *Namenkunde* f ‖ **-popiteco** m *Affenmensch* m ‖ **-posofía** f *Anthroposophie* f *(Lehre Rudolf Steiners)* ‖ **-pósofo** m/adj *Anthroposoph* m ‖ *anthroposophisch*
antrue|jada f *Fastnachtspossen* m ‖ *derber Spaß, Possen* m ‖ **-jo** m *Karneval* m
antuerpia adj Pe *sehr ungeschickt (Mensch)*
antuerpiense adj/s *aus Antwerpen*
antuviada f fam *plötzlicher Schlag* m
antuvión m fam *plötzlicher Schlag* m ‖ *unerwartete Begebenheit* f ‖ *Gießbach* m ‖ *Schlucht* f ‖ *de* ~ fam *unvermutet, plötzlich* ‖ *überraschend*
anual adj *jährlich* ‖ *(ein)jährig* ‖ *Jahres-* ‖ *fiestas* ~es fpl *Hauptfeste* npl *der Kirche (Weihnachten usw)* ‖ *plantas* ~es *Sommergewächse* npl ‖ *renta* ~ *Jahreseinkommen* n
anualidad f *jährliche Wiederkehr* f ‖ *Jahres|gehalt* m, *-einkommen* n ‖ *Jahreszahlung* f ‖ *Jahresbetrag* m ‖ *Jahresgebühr* f ‖ *Jahresrate, Annuität* f ‖ *Jahresrente* f
anualmente adv *(all)jährlich*
anuario m *Jahrbuch* n, *Kalender* m ‖ *Adreßbuch* n ‖ ~ *de crecidas Hochwasserstatistik* f ‖ ~ *estadístico statistisches Jahrbuch* n ‖ ~ *de la nobleza Adelskalender*, „Gotha" m ‖ ~ adj = **anual**
anub(arr)ado adj *wolkig, bewölkt* ‖ *wolkenförmig*

anu|blado *bewölkt* ‖ △ *blind* ‖ **-blar** vt *bewölken* ‖ fig *in den Schatten stellen* ‖ *verdunkeln* ‖ △ *zudecken* ‖ △ *verstecken* ‖ ~ *el juicio* fig *die Urteilskraft trüben* ‖ ~**se** *sich be-, sich um|wölken* ‖ fig *welken* ‖ fig *mißlingen* ‖ fig *sich trüben*
anu|damiento m, **-dadura** f s *v*. **-dar:** *Ver|knotung, -knüpfung* f ‖ **-dadora** f *Knüpferin* f *(Arbeiterin)* ‖ ⟨Web⟩ *Knüpf-, Knot|maschine* f, *Knüpfer* m ‖ ~ *de cabos de urdimbre Webkettenanknüpfmaschine* f ‖ ~ *del cordón umbilical* ⟨Med⟩ *Nabelschnurverknotung* f ‖ **-dar** vt *(ver)knoten* ‖ *verschnüren* ‖ *(an)knüpfen, befestigen, anbinden* ‖ fig *ver|einigen, -binden* ‖ fig *anknüpfen* ‖ fig *wiederaufnehmen (Beziehungen)* ‖ ◊ ~ *el hilo a la mecha* ⟨Web⟩ *Fäden* npl *andrehen* ‖ ~**se** *im Wachstum zurückbleiben* ‖ *steckenbleiben* ‖ *Knorren ansetzen (Bäume)* ‖ ◊ *la voz se le anudó* (en la garganta) fig *die Stimme versagte ihm*
anuen|cia f *Zunicken* n ‖ *Zustimmung, Einwilligung* f ‖ **-te** adj *zustimmend* ‖ *willfährig*
anuir [-uy-] vi *bejahend winken* ‖ *einwilligen*
anulabilidad f *Annullierbarkeit* f ‖ ⟨Jur⟩ *Anfechtbarkeit* f
anu|lable adj *umstoßbar* ‖ *annullierbar, anfechtbar* ‖ *aufhebbar* ‖ **-lación** f *Aufhebung* f ‖ *Annullierung* f ‖ *Abbestellung* f ‖ ⟨Jur⟩ *Nichtig(keits)erklärung* f ‖ *Niederschlagung* f *(e-s Verfahrens)* ‖ *Rücknahme* f *(bei rechtswidrigen Verwaltungsakten)* ‖ ~ *de la inscripción Abmeldung* f, *Rücktritt* m ‖ ~ *del matrimonio Aufhebung* f *der Ehe* ‖ ~ *de una marca Löschung* f *e-s Zeichens (Urheberrecht)* ‖ ~ *del permiso de conducir Entziehung* f *der Fahrerlaubnis* ‖ ~ *del permiso de conducir con inhabilitación de tres años para obtenerlo Entziehung* f *der Fahrerlaubnis unter Festsetzung e-r Sperrfrist von drei Jahren* ‖ **-lar** vt *für null und nichtig erklären, annullieren* ‖ *aufheben, umstoßen (Urteil)* ‖ *streichen (Kredit)* ‖ *tilgen (Schuld)* ‖ *abbestellen (Antrag)* ‖ *abstempeln* ‖ *entwerten* ‖ ◊ ~ *el matrimonio* ⟨Jur⟩ *die Ehe aufheben* ‖ ~ *el permiso de conducir die Fahrerlaubnis entziehen* ‖ ~ *una medida e-e Maßnahme rückgängig machen* ‖ ~ *una sentencia* ⟨Jur⟩ *ein Urteil aufheben* ‖ ~ *una visita e-n Besuch* m *absagen* ‖ ~**se** fig *sich demütigen*
anular adj/s *Ring-* ‖ *ringförmig* ‖ (dedo) ~ *Gold-, Ring|finger* m
anulativo adj ⟨Jur⟩ *aufhebend, annullierend*
ánulo m ⟨Bot Zool⟩ *Ring* m
anuloso adj *geringelt* ‖ *ringförmig*
anun|ciación f *Anzeige, Ankündigung* f ‖ ~ (de Nuestra Señora) kath *Mariä Verkündigung* f ‖ ~ *span. Frauenname* ‖ **-ciador** adj *anzeigend* ‖ *an-, ver|kündigend* ‖ *columna* ~a *Anschlag-, Litfaß|säule* f ‖ ~ m *Fallklappe* f *(am Fernsprecher)* ‖ **-ciante** m *Aufgeber e-r Anzeige, Inserent* m *(e-r Zeitung usw)*
anunciar vt/i *(öffentlich) bekannt|geben, -machen, verkünd(ig)en, ankündigen* ‖ *anzeigen, melden* ‖ *anmelden (Person)* ‖ *(in e-r Zeitung) anzeigen, inserieren, annoncieren* ‖ *verheißen* ‖ *vorhersagen* ‖ ⟨Radio⟩ *ansagen* ‖ *ausschreiben (Stelle)* ‖ ~**se** *sich anmelden lassen*
anuncio m *Anzeige* f ‖ *Meldung* f ‖ *Bekanntmachung* f ‖ *Zeitungsanzeige* f ‖ *Reklame* f ‖ *Verheißung* f ‖ *Vorher|sagung, -sage* f ‖ *Vorzeichen* n ‖ ~ *luminoso Leucht-, Licht|reklame* f ‖ ~ *publicitario Werbeanzeige* f ‖ ~ *televisado Fernsehreklame* f ‖ *Fernsehansage* f ‖ ~s *económicos* mpl ⟨Ztg⟩ *kleiner Anzeiger* m, *kleine Anzeigen* fpl ‖ *sección de* ~ *Anzeigenteil* m *(e-r Zeitung)* ‖ *Anzeigenabteilung* f
anuo adj ⟨Bot⟩ *jährlich* ‖ *jährig* ‖ →a **anual**
anuresis f ⟨Med⟩ = **anuria**
anuria f ⟨Med⟩ *Anurie, Harnverhaltung* f
anuro adj ⟨Zool⟩ *ungeschwänzt* ‖ ~**s** mpl ⟨Zool⟩ *Froschlurche* mpl (Anura *pl*)

anverso m Bild-, Vorderseite f | e–r Münze || al ~ auf der Vorderseite
***anzolar** vt angeln
anzuelo m Angelhaken m || (Art) Backwerk n || fig Köder m, Lockmittel n || ◊ morder el ~ fig anbeißen || auf den Leim gehen || picar (en) el ~ fig anbeißen, darauf (od auf et) hereinfallen || roer el ~ fig sich aus der Schlinge ziehen || tragar el ~ fig auf den Leim gehen
ANZUS m ANZUS-Pakt, Pazifik-Pakt n
aña f [el] Al Sant Vizc Amme f || ~ seca Al Sant Vizc Kinderfrau f
añacal m Backbrett n, auf dem das Brot ins Haus gebracht wird
añada f Jahreswitterung f || Erntejahr n || Jahresernte f || 〈Agr〉 Wechselfeld n
aña|dido m Zusatz m || Hinzugefügtes n || Haareinlage f || 〈Typ〉 Nachtrag m zum Text || **–didura** f Zusatz m, Beigabe, Zutat f || Zugabe f beim Einkauf || Zuwachs m || 〈Tech〉 Ansatzstück n || ~ del cuajo Zusetzen n von Lab (Molkerei) || por ~ noch obendrein, außerdem || **–dir** vt/i hinzu|fügen, -tun || hinzurechnen || vergrößern, erweitern || verlängern || annähen || ◊ a esto hay que ~ que dazu kommt, daß
añafea f: papel de ~ Packpapier n
añafil m lange maurische Trompete f || Bläser m des añafil
añagaza f 〈Jgd〉 Lockvogel m || fig Lockung f, Lockvogel, Köder m || fig Finte f im Spiel
añal adj jährlich || (ein)jährig || → anual || ~ m Opfer n (zum Jahrgedächtnis e–s Verstorbenen)
añalejo m kirchliche Agende, Meßordnung f
añangostarse vr Col sich ducken
añapa f And Arg Karobengetränk n || Arg Johannisbrotmehl n || ◊ hacer ~ fam zer|schlagen, -stückeln
añares mpl Ur Jahre pl
añás, añas f 〈Zool〉 PR Skunk m, Stinktier n (→ mofeta)
añas|car vt fam (Plunder) auflesen, zusammenklauben || fam in Unordnung bringen, durcheinanderbringen, verwirren || **–co** m Verwirrung, Verwicklung f
añe|jamiento m Ablagern n, Ablagerung f (Wein) || **–jarse** vr ablagern (Wein) || mit dem Alter an Güte gewinnen od verlieren (Wein, Lebensmittel)
añejo adj alt || alt, überjährig (Wein) || veraltet || alteingewurzelt (Laster) || althergebracht (Brauch) || überholt || vino ~ Firnewein m || überjähriger Wein m
¹**añico** m Ar Jährchen n || ◊ tener sus ~s fam nicht mehr jung sein
²**añicos** mpl Scherben fpl, Fetzen, Splitter mpl, Bruchstücke npl, Brocken mpl || ◊ hacer ~ in kleine Stücke zerbrechen, zerreißen || kurz und klein schlagen, fam zerteppern
añidir vt Sor = **añadir**
añil m 〈Bot〉 Indigo(pflanze f, -strauch) m (Indigofera spp) || Indigo|farbe f, -blau n
añilar vt mit Indigo färben
añina f Lammwolle f der ersten Schur
año m Jahr n || Jahrgang m || fig übermäßig lange Zeit f || fig die Person, die am Silvesterabend durch das Los für das nächste Jahr zum Ritter od zur Dame des Mitlosenden bestimmt wird || ~ abundante, pop ~ bueno 〈Agr〉 ertragreiches Jahr n || ~ agrícola Landwirtschaftsjahr n || Erntejahr n || ~ bisiesto Schaltjahr n || ~ civil Kalenderjahr n || ~ de construcción Baujahr n || ~ común Jahr von 365 Tagen || corriente ~, ~ en curso das laufende Jahr || ~ eclesiástico Kirchenjahr n || ~ económico Rechnungs-, Geschäfts-, Wirtschafts|jahr n || ~ escolar Schuljahr n || ~ estadístico statistisches Jahr n || ~ Geofísico Internacional Internationales Geophysikalisches Jahr n || ~ de gracia das Jahr des Heils || ~ (de) luz, **~-luz** Lichtjahr n || ~ Mundial de los Refugiados Weltflüchtlingsjahr n || ~ nuevo das neue Jahr, Neujahr n || ~ de prioridad Prioritätsjahr n (Urheberrecht) || el ~ pasado Vorjahr n || ~ de prueba Probejahr n || ~ sideral, ~ sidéreo siderisches Jahr || ~ tras ~ Jahr für Jahr, jahraus, jahrein || ~ y vez ein Jahr ums andere || el ~ de cuarenta, el ~ de la nana (od nanita) figf als der Großvater die Großmutter nahm, Anno dazumal, Anno Tobak || el ~ que viene, el ~ próximo das nächste Jahr n || entre ~ während des Jahres || ◊ estar de buen ~ fam dick und rund sein || fin de ~ Jahresende n || ganar ~ fig die Jahresprüfung f bestehen || sacar el vientre de mal ~ fam wieder zu Wohlstand kommen || ¡mal ~ para él! fam der Teufel soll ihn holen, verdammt soll er sein || un ~ con otro im Jahresdurchschnitt || **~s** pl Geburtstag m || ~ de baja natalidad geburtenschwache Jahrgänge mpl || pobres 〈Agr〉 Hungerjahre npl || de pocos ~ jung || entrado en ~ bejahrt || por aquellos ~ zu jener Zeit || ◊ cumplir los ~ seinen Geburtstag erleben, Geburtstag haben || dar los ~ Glück zum Geburtstag wünschen || dentro de cien ~, todos calvos fig in fünfzig Jahren ist alles vorbei || Dios guarde a U. muchos ~ Gott schenke Ihnen ein langes Leben (übliche Schlußformel in span. offiziellen Schriftstücken) || ¡por muchos ~! meine Glückwünsche! prosit! || hace ~, ~ ha vor Jahren || jugar los ~ fam bloß zum Zeitvertreib spielen || con los ~ vienen los engaños mit den Jahren kommt die Enttäuschung || quitarse ~ mit dem Alter schwindeln, das eigentliche Alter (durch Worte bzw falsche Angaben) drücken (od herabsetzen) || todos los ~ jedes Jahr, alljährlich
añoblo m 〈Agr〉 = **añublo**
añojal m 〈Agr〉 Wechselfeld n
añojo m, **añoja** f jähriges Rind n
añoñar vt Pe PR verwöhnen, liebkosen
año|ranza f Sehnsucht f || Heimweh n || wehmütige Erinnerung f (de an acc) || ~ de Sehnsucht nach dat || con ~ sehnsüchtig || **–rar** vt sehnlichst verlangen, wünschen || innig ersehen || vi Sehnsucht, Heimweh empfinden || sich sehnen nach (dat), nachtrauern (dat) || wehmütig klagen
añoso adj bejahrt, alt, betagt
añu|blarse vr brandig werden (Getreide) || **–blo** m Kornbrand m
añudar(se) vt/r = **anudar(se)**
añusgar [g/gu] vi ersticken || sich verschlukken || fig zornig werden || **~se** unwillig, böse werden
aojada f Col Halb-, Giebel|fenster n
ao|jadura f, **–jamiento** m = **–jo**
aojar vt durch den bösen Blick behexen || fig verderben, zugrunde richten
aojo m die Behexung durch den Blick || der „böse Blick" m || fig Blendwerk n
aoristia f Zweifel m, Unschlüssigkeit f
aoristo m 〈Gr〉 Aorist m
aorta f 〈An〉 Aorta f (große Puls-, Schlag|-ader)
aórtico adj 〈An〉 Pulsader- || insuficiencia ~a 〈Med〉 Aorteninsuffizienz, Schließungsunfähigkeit f der Aortenklappen
aortitis f 〈Med〉 Aortitis, Entzündung f der Aorta
aorzado adj krugförmig
ao|vado adj eirund, oval || **–var** vi Eier legen || laichen (Wassertiere)
aovillarse vr fig sich zusammenkauern, sich zusammenrollen
ap. Abk = **aparte** || = **apóstol**
apa adv Chi auf den Schultern
apabilar vt (den Docht zum Brennen) absengen || Ar betäuben (übler Geruch) || **~se** fig den Mut verlieren || fig abmagern
apabullamiento m = **apabullo**

apa|bullar vt fam *plattdrücken* || fig *erdrücken (mit Beweisen)* || fig *zum Schweigen bringen*, fam *das Maul stopfen* || **-bullo** m fam *Plattdrücken* n
apacen|tadero m *Weideplatz* m || **-tamiento** m *Weiden* n || *Hütung* f || *Vieheintrieb* m *(auf die Weide)* || *Weidgang* m || **-tar** [-ie] vt *weiden, auf die Weide führen, hüten (Vieh)* || fig *belehren* || fig *unterweisen* || fig *nähren, schüren* || ~**se** *auf die Weide gehen*
apaci|bilidad f *Sanftmut* f || *Leutseligkeit* f || *Friedfertigkeit* f || *Gemütlichkeit* f || *Milde* f || **-bilisimo** adj sup v. **-ble** || **-ble** adj *sanftmütig, milde* || *lieblich, anmutig* || *gemütlich* || *leutselig* || *rührig, milde (Wetter)* || *angenehm* || adv: **-mente**
apaci|guador m *Friedensstifter* m || ~ adj *beschwichtigend* || **-guamiento** m *Besänftigung* f || *Beschwichtigung* f || politica de ~ *Beschwichtigungspolitik* f || ⟨Tech⟩ *Schalldämpfung* f || **-guar** [g/gu] vt *Frieden stiften (unter* od *zwischen dat)* || *zufriedenstellen* || *besänftigen, beruhigen* || *versöhnen* || *beschwichtigen* || *(einen Aufruhr) dämpfen* || *(Hunger) stillen* || ~**se** *sich beruhigen* || *nachlassen (Gewitter)*
apa|che m/adj *Apache* m *(Indianer[stamm])* || *Apache, Messerheld* m || ◊ *parecer un* ~ fam *sehr verwildert aussehen* || **-churrado** adj Col Cu Mex *untersetzt* || **-churrar** vt = **despachurrar**
apadrinar vt *Patenstelle* f *annehmen (bei* dat*)* || *jdm als Zeuge, Sekundant dienen* || fig *jdm beistehen* || *begleiten (zu Pferde)* || *jdn verteidigen* || *jdn begünstigen* od *fördern* || figf *jdn unter s-e Fittiche nehmen* || *et gutheißen*
apagabroncas m pop *Aufpasser* m *(in Gaststätten usw)* || pop *Rausschmeißer* m
apaga|cigarros m ⟨Instr⟩ *Zigarrentöter* m || **-chispas** m ⟨Instr⟩ *Funkenlöscher* m || **-da** f Am = **apagamiento** || **-dizo** adj *leicht löschbar* || *schwer trennbar*
apagado adj *erloschen (Licht, Blick)* || *glanzlos, matt* || fig *verloschen, blaß* || fig *mutlos* || fig *leise, schwach, gedämpft (Töne)* || *dumpf (Stimme)* || *verblichen, verschossen (Farbe)* || *erstorben, erloschen (Gefühl)* || *rubio* ~ *asch-, blaß|-blond (Haar)*
apaga|dor m *Löschhorn* n || ⟨Mus⟩ *(Schall)-Dämpfer* m || **-incendios** m *Feuerlöscher* m || **-luz** m *Löschhorn* n || **-miento** m *Auslöschen* n || **-penol** m ⟨Mar⟩ *Nockgording* f
apagar [g/gu] vt *(aus)löschen* || *stillen, beschwichtigen* || *ablöschen (Eisen)* || *ausmachen (Licht)* || *mildern (Farben)* || ⟨Ak Mus⟩ *dämpfen* || ⟨Mal⟩ *abdämpfen* || *stillen (Durst)* || *löschen (Koks, Kalk)* || ⟨Mar⟩ *reffen (Segel)* || fig *ausrotten* || ~ *los bríos* fig *den Mut benehmen* || ¡apaga y vámonos! figf *das ist nicht mit anzuhören!* || *das geht nicht so weiter!, jetzt langt's aber!* || ~ *ruhig werden* || *erlöschen* || *verklingen* || *verblassen (Farbe)* || *ausgehen (Feuer)*
apagavelas m *Löschhorn* n || *Meßdiener* m || fam *Herr Dingsda*
[1]**apagón** m *plötzliches Erlöschen* n *der elektrischen Beleuchtung, Stromausfall* m
[2]**apa|gón** Mex, **-gose** Chi adj *schlecht brennend, schwer brennbar (z. B. Zigarre)*
apagullar vt fam = **apabullar**
apainelado adj ⟨Arch⟩ *gekröpft (Bogen)*
apaisado adj *in Querformat (Bücher, Gemälde)* || ⟨Arch⟩ *liegend (Fenster)*
apaisanarse vr Am *die Art der Landbewohner annehmen, verbauern*
apajado adj *strohfarben*
apajarado adj fam *leicht verrückt* || *überspannt* || Chi *leichtsinnig, unbesonnen* || ◊ *estar* ~ fig *eine Meise haben*
apalabrar vt *besprechen, verabreden* || *jdn irgendwohin bestellen* || ~**se** vr *sich verabreden* || *sich absprechen (con mit* dat*)*
apalancar [c/qu] vt *mit einem Hebel bewegen,* einen *Hebel ansetzen, aushebeln*
apalastrarse vr MAm *sich verausgaben* (fig) || *ohnmächtig werden*
apa|leador m *Schläger, Raufbold* m || **-leamiento, -leo** m *Durchprügeln, Schlagen* n
[1]**apalear** vt *schlagen, prügeln* *(Teppiche) klopfen, (Kleidungsstücke) ausklopfen* || ◊ ~ *los duros,* ~ *las pesetas* figf *Geld mit Scheffeln messen, sehr reich sein*
[2]**apalear** vt *umschaufeln, worfeln (Korn)* || ◊ ~ *un árbol e-n Baum mit Stangen schlagen (um die Frucht zu ernten)*
apalearse vr Dom fam *sich ein Gläschen genehmigen*
apaleo m *Herunterschlagen* n *(Oliven, Obst) mit der Stange* || ⟨Agr⟩ *Worfeln* n *(Korn)*
apampar vt Arg *betrügen* || ~**se** vr Arg *verdummen, verblöden*
apanche m Mex *Wasserrohr* n || *Abwässerungsgraben* m
apandar vt fam *klauen, wegraffen, stibitzen* || *verheimlichen*
apan|dillador m *Aufrührer* m || **-dillarse** vr *sich zusammenrotten*
apandorgarse [g/gu] vr *dick, schwerfällig werden (Frauen)*
apanga|do m Am *Tölpel, Dummkopf* m || **-larse** vr Col *verdummen* || *verzagen*
apaninarse vr Mex *sich eingewöhnen*
apanojado adj *rispenförmig* || fig *rotblond*
apanta|llado m ⟨Radio⟩ *Abschirmung* f || ⟨Phot⟩ *Maskierung* f || ~ adj Mex *dumm, einfältig* || **-llar** vt ⟨Tel⟩ *abschirmen* || Mex *in Staunen versetzen*
apantanarse vr *sumpfig werden, versumpfen (Boden)*
apanteonarse vr Chi *verarmen*
apantle m Mex *Wasserrinne* f
apañacuencos m Ar fam *Topfflicker* m || *Schreihals* m
[1]**apañado** adj *tuch\ähnlich, -artig*
[2]**apañado** adj *gewandt, geschickt, anstellig* || *fix* || *passend* || *brauchbar* || *schmuck, zierlich (Mädchen)* || ¡estamos bien ~s! bes Ar *das ist eine schöne Geschichte!* || *jetzt sitzen wir in der Patsche!*
apañar vt fam *ergreifen, packen* || *stehlen,* pop *mausen* || *ausbessern* || *zurechtmachen* || *schön anziehen* || *zudecken, verhüllen* || fam *flicken* || *schmücken* || *herausstreichen* || *weg-, auf\räumen* || ~**se** *es geschickt anstellen* || *sich bequemen, sich fügen* || *sich zusammennehmen*
apañárselas *sich zurechtfinden* || *mit et fertig werden* || *sich zu helfen wissen*
[1]**apaño** m fam *Flicklappen* m || *Flicken* m || *Flicken* n || *Besatz, Schmuck* m || ◊ *el asunto tiene* ~ fam *die Sache ist nicht zu ändern, nicht zu retten*
[2]**apaño** m pop *Liebhaber* m || pop *Geliebte* f || *Stehlen* n || *Geschicklichkeit* f || ◊ *tener buenos* ~s fam *Geschick haben*
[3]**apaño** m pop *Liebhaber* m || pop *Liebesverhältnis* n || fam *(guter) Job* m
apañuscar [c/qu] vt fam *zer\knittern, -knüllen* || fam *stehlen, stibitzen,* pop *mausen* || Ven *zusammendrücken*
apapachar vt Mex *streicheln, verhätscheln*
apara m ⟨Zool⟩ *Gürteltier* n (Dasypus spp)
aparador m *Anrichte* f, *Kredenztisch* m || *Schanktisch* m || *Werkstatt* f || ⟨Com⟩ *Auslage* f, *Schaufenster* n || Ar *Küchengeschirrständer* m || ◊ *estar de* ~ fig *geputzt sein, in Erwartung eines Besuches (Frau)*
aparar vt *(Pflanzen) behacken* || *jäten (Unkraut)* || *ebnen, richten (Gartenbeete)* || *Schuhschäfte nähen* || *(Obst) schälen und zubereiten* || *decken (Tisch)* || vt/i *im Fluge auffangen* || *(die Hände, die Schürze) aufhalten, um et darin*

aparatarse — aparición

aufzufangen ‖ ¡apare V.! *da haben Sie!* ‖ ~se *sich vorbereiten* ‖ *sich putzen*
aparatarse vr *sich herausputzen, sich aufdonnern* ‖ *im Anzug sein (Regen, Gewitter)* ‖ *sich bewölken (Himmel)*
aparatero adj Al Ar Chi = **aparatoso**
aparato *m Apparat* m (& fig) ‖ *Vorrichtung* f ‖ *Instrument* n ‖ *Gerät* n ‖ ⟨An⟩ *Apparat* m ‖ *Fernsprechapparat, Fernsprecher* m ‖ *Flugzeug* n ‖ *Beschaffenheit* f ‖ *Kennzeichen* n ‖ *Begleitung, Begleiterscheinung* f ‖ *Gesamtsymptome* npl *einer schweren Krankheit* ‖ fam *weitläufige Umstände* mpl ‖ *Pomp, Prunk* m ‖ ⟨Chir⟩ *Geradhalter* m ‖ ~ de abonado ⟨Tel⟩ *Teilnehmerstelle* f ‖ ~ de aire caliente *Heißluftapparat* m ‖ ~ de alarma *Alarmvorrichtung* f, *Warngerät* n, *Alarmapparat* m ‖ ~ de arranque ⟨El Aut⟩ *Anlasser* m ‖ ~ automático *Selbstanlasser* m ‖ ~ automático de moneda *Münzautomat* m ‖ ~ de calefacción *Heizapparat* m ‖ ~ por aire caliente *Warmluft-(heiz)apparat* m ‖ ~ circulatorio ⟨An⟩ *Kreislaufapparat* m ‖ ~ de conexión, ~ de distribución ⟨Tel⟩ *Anschaltgerät* n ‖ ~ a la red ⟨Tel⟩ *Netzanschlußgerät* n ‖ ~ de despacho de bebidas *Ausschankapparat* m ‖ ~ digestivo ⟨An⟩ *Verdauungs|apparat, -traktus* m ‖ ~ de dirección de tiro ⟨Mil⟩ *Zielgerät* n ‖ ~ doméstico *Haushaltsgerät* n ‖ ~ eléctrico ⟨Meteor⟩ *Gewitterstörungen* fpl ‖ ~ emisor ⟨Radio⟩ *Sender, Sendeapparat* m ‖ ~ de escucha ⟨Tel⟩ *(Ab)Hör-, (Ab)Horch|gerät* n ‖ ~ fotocopiador *Photokopiergerät* n ‖ ~ fotográfico *Photoapparat* m ‖ ~ frigorífico *Gefrierapparat* m, *Kälteapparat* m ‖ ~ fumígeno *Raucherzeuger* m ‖ ~ genital ⟨An⟩ *Genitalapparat, Geschlechtstraktus* m ‖ ~ heliográfico, ~ de heliocalco ⟨Typ⟩ *Lichtpausapparat* m ‖ ~ indicador *(An)Zeigegerät* n ‖ ~ interno ⟨Tel⟩ *Haus-, Betriebs|fernsprecher* m ‖ ~ de irrigación del inodoro *Klosett|spülung* f, *-spülapparat* m ‖ ~ lanzacable, ~ lanzacuerda ⟨Mar⟩ *Leinenwurfapparat* m ‖ ~ lavacoches *Wagenwaschgerät* n ‖ ~ para limpiar semillas *Saatgutreiniger* m ‖ ~ de lluvia artificial *Regenapparat, (Be)Regner, Sprinkler* m ‖ ~ a chorro llano *Flachstrahlregner* m ‖ ~ de mando, ~ de gobierno *Kommando-, Steuer|apparat* m, *Steuerung* f ‖ ⟨Mar⟩ *Rudermaschine* f ‖ ~ de mesa ⟨Tisch⟩ *Tisch|apparat* m, *-telephon* n ‖ ~ morse *Morse|apparat, -telegraph* m ‖ ~ ortopédico *Drahtbügel, Hülsenapparat, orthopädischer Apparat* m ‖ ~ oxhídrico (para cortar) *Sauerstoff(schneid)vorrichtung* f ‖ ~ de pie *Fußlampe* f ‖ ~ principal de abonado ⟨Tel⟩ *Hauptteilnehmerstelle* f ‖ ~ de protección antigás *Gasschutzapparat* n ‖ ~ de puesta en marcha ⟨El⟩ *Anlasser* m ‖ ~ de puntería ⟨Mil⟩ *Richt-, Ziel|gerät* n ‖ ~ de rayos X, ~ radiológico *Röntgenapparat* m ‖ ~ receptor ⟨Tel⟩ *Aufnahme|gerät* n, *-apparat* m ‖ ~ registrador *Registrierapparat, Schreiber* m, *Schreibgerät* n ‖ ⟨Tel⟩ *Schreibempfänger* m ‖ ~ de ráfagas ⟨Meteor⟩ *Böenschreiber* m ‖ ~ para reproducciones ⟨Phot⟩ *Reproduktionsapparat* m ‖ ~ reproductor ⟨Tel⟩ *Geschlechts-, Genital|apparat* m ‖ ~ respiratorio ⟨An⟩ *Atmungsorgane* npl ‖ ~ de salvamento *Rettungsgerät* n ‖ ~ secretor ⟨An⟩ *Absonderungswerk* n ‖ ~ sensorial ⟨An⟩ *Sinnesorgane* npl ‖ ~ de sintonización ⟨Radio⟩ *Abstimmapparat* m ‖ ~ de sudadura autógena *Autogengerät* n ‖ ~ supletorio *Zusatzgerät* n ‖ ~ de abonado ⟨Tel⟩ *Neben-, Anhängeteilnehmer|stelle* f ‖ ~ telegráfico *Telegraphenapparat* m ‖ ~ de televisión *Fernsehgerät* n, *Fernseher* m ‖ ~ de toma *(Bild)Aufnahmegerät* n ‖ ~ transmisor ⟨Radio⟩ *Sender, Sendeapparat* m ‖ por los ~s *dem Anschein nach, vermutlich*
aparatoso adj *prächtig, prunkvoll* ‖ fig *übertrieben* ‖ fig *übertreibend* ‖ fam *protzig, knallig* ‖ *aufsehenerregend* ‖ *cogida* ~a ⟨Taur⟩ *sehr schwere, komplizierte Verwundung* f *des Stierkämpfers*
apar|cadero *m Parkplatz* m ‖ ~ subterráneo *Tiefgarage* f ‖ –**camiento** *m Parken* n ‖ *Parkplatz* m ‖ –**car** vt/i *parken*
apar|cería f *Genossenschaft, Erwerbsgesellschaft* f ‖ ⟨Jur⟩ *Halb-, Teil|pacht, Anteilwirtschaft* f, *Teilbau* m ‖ ~ pecuaria *Viehpacht* f ‖ –**cero** *m Mitbeteiligter* m ‖ ⟨Jur⟩ *Halb-, Teil|pächter* m ‖ Ar *Hehler* m ‖ Ar *Unruhestifter* m ‖ Arg *Kunde* m ‖ Am pop *Kumpan* m
apare|amiento *m Paarung* f ‖ –**ar** vt *(paarweise) anordnen* ‖ *paaren (besonders Tiere)*
apare|cer [-zc-] vi *(unvermutet) erscheinen, zum Vorschein kommen* ‖ *auftauchen* ‖ *hervortreten* ‖ *sich zeigen* ‖ *hervorsprießen (Pflanzen)* ‖ ~ gall *erscheinen, veröffentlicht werden (Buch, Zeitschrift)* ‖ ◊ ~ en el Registro de la Propiedad *im Grundbuch eingetragen sein, aus dem Grundbuch ersichtlich sein* ‖ ~ frente a terceros ⟨Jur⟩ *nach außen* (od *Dritten gegenüber) hervortreten* ‖ allí –cen espectros *dort spukt es* ‖ ~ (~se) *entre sueños im Schlaf erscheinen* ‖ ¡ya apareció aquello! fam *da haben wir es!* ‖ –**cido** *m Gespenst* n ‖ *Erscheinung* f ‖ –**cimiento** *m Erscheinung* f
apare|jado adj *passend* ‖ *zweckmäßig* ‖ *tauglich, tüchtig* ‖ ◊ *llevar* ~ fig *zur Folge haben* ‖ *mit sich bringen* ‖ ~ *m Pferdegeschirr* n ‖ –**jador** *m Polier* m ‖ *Bau|führer, -meister* m ‖ ⟨Mar⟩ *Takelmeister* m ‖ –**jar** vt *zu-, vor|bereiten* ‖ *schmücken* ‖ *zu-, her|richten* ‖ *anschirren, satteln (Pferde)* ‖ *anspannen* ‖ ⟨Mal Tech⟩ *grundieren* ‖ ⟨Mar⟩ *(auf)takeln, mit Segelwerk ausrüsten* ‖ ~se *sich zurüsten* ‖ *sorgfältig gekleidet gehen* ‖ ◊ ~ a, ~ para *sich rüsten zu* od *für*
aparejería f Cu *Pferdegeschirrgeschäft* n
aparejo *m Vorbereitung, Zurüstung* f ‖ *Pferdegeschirr, Saumzeug* n ‖ *Packsattel* m ‖ *Hilfsmittel* npl ‖ *Vorkehrungen* fpl ‖ ⟨Tech⟩ *Hebezeug* n ‖ *Flaschenzug* m ‖ ⟨Mal⟩ *Grundierung* f ‖ ⟨Chir⟩ *Wundverband* m ‖ ⟨Mar⟩ *Tau-, Takel|werk* n ‖ ⟨Mar⟩ *Segelwerk* n, *Takelung* f ‖ ~ real *Flaschenzug* m ‖ ⟨Arch⟩ *Ziegel-, Mauer|steinverband* m ‖ ⟨Flugw⟩ *Apparat* m, *Vorrichtung* f ‖ ⟨Flugw⟩ *Leinenwerk* n ‖ Pe *Frauensattel* m ‖ ~ de cadena *Kettenflaschenzug* m ‖ ~ de chimenea *Schornsteinverband* m ‖ ~ diferencial *Differentialflaschenzug* m ‖ ~ eléctrico *Elektroflaschenzug* m ‖ ~ elevador ⟨Ing⟩ *Rollenzug* m ‖ ~ español → ~ a tizón ‖ ~ inglés *Blockverband* m ‖ ~ de ladrillos *Mauersteinverband* m ‖ ~ de mampostería *Mauerwerksverband* m ‖ ~ multiplicador *Faktorenflaschenzug* m ‖ ~ de rabiza ⟨Mar⟩ *Handtalje* f, *Jigger* m ‖ ~ a tizón *Binder-, Strecker|verband* m, *Ziegelwerk* n *mit horizontaler Ziegelstellung* ‖ piedra de ~ *Blendstein* m ‖ ~s pl *Gerätschaften* fpl, *Handwerkszeug* n ‖ *Zubehör* n ‖ *Schiffs-, Fischerei|gerät* n ‖ *Angelgerät* n ‖ ~ de dibujo *Zeichengerät* n
aparen|tar vt *vor|spiegeln, -geben* (mit inf) *sich stellen als ob, so tun als ob* (+subj) ‖ ◊ ~ tranquilidad *sich ruhig stellen* ‖ no –la la edad que tiene *er sieht nicht so alt aus, wie er ist* ‖ –**te** adj *anscheinend* ‖ *scheinbar* ‖ *geschickt, passend* ‖ *sichtbar, augenscheinlich* ‖ ⟨Jur⟩ *offenkundig* ‖ pop *hübsch, schön* ‖ ir muy ~ fam *aufgedonnert gehen* ‖ fam *sehr repräsentativ erscheinen* ‖ la persona más ~ del pueblo *die angesehenste Person des Dorfes* ‖ muerte ~ *Scheintod* m ‖ razón ~ *Scheingrund* m ‖ –**mente** adv *offenbar* ‖ *dem Anschein nach, wahrscheinlich*
aparición f *Erscheinung* f ‖ *Erscheinen* n *eines Werkes* ‖ *Auftauchen, Auftreten* n ‖ *Ausbruch* m *(Krankheit)* ‖ *Vision* f ‖ *Gespenst* n ‖ *Erscheinung* f *Christi (Fest)* ‖ ◊ *hacer* ~ *zum Vorschein kommen, sich zeigen*

apariencia — apear

apariencia f *(An)Schein, äußerer Schein* m || *Aussehen* n, *Erscheinung, Erscheinungsform* f || *Wahrscheinlichkeit* f || *Trugbild* n || ~s *pl Theaterdekoration* f || ◊ *salvar las* ~ *den Schein (nach außen hin) wahren* || *según todas las* ~ *allem Anschein nach* || *las* ~ *engañan der Schein trügt* || fig *Kleider machen Leute* (→ a **hábito**)
aparquí m Pe *geflickte Decke* f
apa|rrado adj *weit ausladend (Baum)* || *beleibt, untersetzt (Mensch)* || **-rrar** vt ⟨Agr⟩ *(Zweige) waagrecht ziehen*
aparragarse vr Chi Hond = **achaparrarse**
aparrandado adj CR *betrunken*, pop *besoffen*
aparro|quiado adj *eingepfarrt* || *besucht (Laden)* || **-quiar** vt *Kunden verschaffen* || **~se** vr *Pfarrkind* n e-r *Pfarrkirche werden*
aparta f Arg Chi *Trennung, Sortierung* f *(von Vieh)* || Am *abgesetztes Jungvieh* n || de ~ ⟨Agr⟩ Col *entwöhnt, abgesetzt*
apar|tadamente adv *getrennt, separat* || *heimlich* || **-tadero** m *Ausweichstelle* f || *Weideplatz, Weidestreifen* m *längs einer Landstraße* || *Wollsortierstube* f || ⟨EB⟩ *Abstellgleis* n || ⟨Taur⟩ *Sonderstall* m *für die Kampfstiere* || Mex *Aussonderung* f *(von Vieh)* || **-tadijo** m *Nebenraum* m || *beiseite gelegter Teil* m || *abgesondertes Häufchen* n || *Fach* n *in einem Schreibtisch* || ◊ *hacer* ~s *auseinandernehmen (z. B. Bündel)* || **-tadizo** adj *trennbar* || *unwirsch, ungesellig* || *menschenscheu* || ~ m *Verschlag* m || *abgetrennter Raum* m
apar|tado adj *abgelegen, weit* || *verschieden* || *(des Amtes) enthoben* || ~ m *Verschlag* m || *Hinterzimmer* n, *abgetrennter Raum* m || *Brieffach* n || *Post(schließ)fach* n || ⟨Typ⟩ *Absatz* m || *Sortieren* n || ⟨Taur⟩ *Einstallung* f *der Kampfstiere* || *Trennung, Aussonderung* f *von Vieh* || ⟨Metal⟩ *Vertreiben, Abdestillieren, Scheiden* n || ⟨Web⟩ *Sortierung* f || Mex *Scheideanstalt* f || **-tador** m *Sortierer* m || *Wollsortierer* m || *Schafzähler* m *bei Herden* || ~ de ganado *Viehsortierer* m || △ *Viehdieb* m || ~ de minerales *Erzklauber* m || **-tamento** m *Wohnung* f, *Apartement* n || **-tamiento** m *Entfernung* f || *Absonderung, Trennung* f || *Sortierung* f || *einsamer Ort* m || *Wohnraum* m, *Zimmer* n || ⟨Jur⟩ *Verzichten* m, *Klagerücknahme* f || ~ de ganado *Viehdiebstahl* m || ~ del mundo *Zurückgezogenheit* f *von der Welt* || ~ de meridiano *Meridianbreite* f || ⟨Top⟩ *Meridianabweichung* f || ◊ *hacer* ~ ⟨Jur⟩ *Verzicht leisten* || ⟨Jur⟩ *die Klage zurücknehmen*
apartar vt *absondern, trennen* || *abwenden (die Augen)* || *wegschaffen, entfernen* || *beiseite legen* || *zurücklegen (Geld)* || *abrücken, wegschicken* || *absondern* || *sortieren (Wolle)* || *vertreiben, abdestillieren, scheiden (Metalle)* || fig *abbringen (de von dat)* || *(von einer Verbindlichkeit) lossprechen* || ◊ ~ *casa einen gesonderten Haushalt zu führen anfangen* || ~ *la paja del grano* fig *die Spreu vom Weizen (ab)sondern (od trennen)* || ~ *la mano* fig *die Hand abziehen* || ~ *de sí von sich weisen* || **~se** (& vi) *sich entfernen* || *aus dem Wege gehen, Platz machen* || *beiseite treten* || *sich trennen* || *auseinandergehen* || *die Ehe trennen* || *verzichten auf* (acc) || ◊ ~ *de lo convenido dem Vereinbarten nicht nachkommen* || ~ *del tema* vom *Thema abkommen (od abschweifen)* || ~ *de lo justo vom (Wege des) Rechten abweichen* || ~ *a un lado sich abseits stellen* || *beiseite treten* || *apartándose de in Abweichung von* || *no* ~ de fig *nicht abgehen von* dat
aparte adv *beiseite, seitwärts* || *abgesondert* || *abseits getrennt* || *extra* || *von weitem* || ⟨Th⟩ *für sich, beiseite* || ~ *de abgesehen von* || ~ *de eso außerdem, überdies* || ~ *de que abgesehen davon, daß* || ◊ *dejar* ~ *beiseite lassen, übergehen* || *(dejando) hablilla* ~ *abgesehen von Gerüchten* || *esto* ~ *das nebenbei* || *hacer* ~ ⟨Typ⟩ *einziehen* || *punto y* ~ *Punkt und neuer Absatz (beim Diktieren)* || ~ m

⟨Th⟩ *Aparte, beiseite, zur Seite Gesprochenes* n || *Absatz* m *(in Druck und Schrift)* || fig *Flüstern* n || Am *Viehaussonderung* f
apartheid m *Apartheid* f *(Südafrika)* || fig *Rassentrennung* f
apartidar vt *für jdn Partei ergreifen* || **~se** vr *sich* e-r *Gruppe anschließen*
apartijo m = **apartadijo**
aparvade|ra f *(Art) Rechen* m || **-ro** m *Burg (Art) Rechen* m
aparvar vt *(Garben) schichten* || fig *anhäufen* || fig *sammeln*
apasio|nado adj *leidenschaftlich* || *verliebt* || *eifrig zugetan* || *passioniert* || *leidend, krank (Körperteil)* || ~ *por eingenommen für* || adv: **~amente** || ~ m fam *Liebhaber* m || *Anhänger, Parteigänger* m || *Begeisterter* m || △ *Kerkermeister* m || ◊ *ser* un ~ *del arte ein leidenschaftlicher Kunstliebhaber sein* || **-namiento** m *leidenschaftliche Teilnahme od Liebe* f || *Begeisterung* f (→ **pasión**) || **-nante** adj *erregend, aufwühlend* || *anreizend* || **-nar** vt *für sich einnehmen* || *leidenschaftlich erregen, anreizen* || *mitreißen* || **~se** *por sich erwärmen für* || *Partei ergreifen für* || *sich leidenschaftlich für et einsetzen*
apasito adv Cu *langsam* || Cu *leise*
apasote m ⟨Bot⟩ *Gänsefuß* m (Chenopodium spp)
apastar vt = **apacentar**
apaste m Guat Hond Mex *großer irdener Henkelnapf* m
apastillado adj Mex *rosigweiß*
apatán m Fil *Trockenmaß* n
apatanado adj *bäurisch, grob*
apatía f *Unempfindlichkeit, Gefühllosigkeit* f || *Teilnahmslosigkeit* f || *Apathie* f || *Stumpfsinn* m
apático adj *apathisch, gleichgültig, stumpf, teilnahmslos*
apatita f ⟨Min⟩ *Apatit* m
apátrida m adj/s *heimat-, vaterlands|los* || *staatenlos* || ~ m *Staatenloser* m || *Heimatloser* m || ~ nato *Staatenloser* m *von Geburt, staatenlos Geborener* m
apatronarse vr Chi e-e *Stelle als Dienstbote annehmen* || Chi *mit* e-m *Mann in wilder Ehe leben*
apatura f ⟨Entom⟩ *(großer) Schillerfalter* m (Apatura iris)
apa|tusca f Ar *(Art) Wurfspiel* n *der Knaben* || **-tuscar** [c/qu] vt *(hin)sudeln* || **-tusco** m fam *Putz, Zierat* m || *Gerät* n || fig *Vogelscheuche* f || Ven *Betrügerei, Schwindelei* f
apayasarse vr *sich wie ein Hanswurst benehmen*
ap.[ble] Abk = **apreciable**
ap.[co] Abk = **apostólico**
apd.[a] Abk = **apreciada**
apea f *Spannstrick* m *(für Pferde)* || **~s** *fpl* ⟨Bgb⟩ *Fördergerüst* n
ape|adero m *Trittstein* m *zum Besteigen des Pferdes* || ⟨EB⟩ *Nebenstation, Haltestelle* f || ⟨EB⟩ *Bahnsteig* m || fig *Absteigequartier* n || **-ado** m *mit Stützen versehene Mauer od Wand, Versteifung* f || **-ador** m *Feldmesser* m || ~ de minas *Markscheider, Grubenmesser* m
apealar vt Am *mit dem Lasso zu Falle bringen (ein Tier)*
apear vt *jdm vom Pferde helfen* || *herunterheben* || *absetzen, verdrängen (von einem Amt)* || *herab-, auseinander|nehmen (e-n Wagen)* || *verrammen, mit* e-m *Stein blockieren (e-n Wagen)* || *fällen (Bäume)* || *von* e-r *Absicht od Meinung abbringen (de von dat)* || *stützen (baufälliges Gebäude)* || *durchwaten* || *vermessen und abmarken (ein Feld)* || ⟨Bgb⟩ *mit Stempeln stützen* || fig *beheben, überwinden (eine Schwierigkeit)* || fig *ablegen, unterlassen* || ◊ ~ *el terreno das Gelände vermessen* || ~ *el tratamiento den (gebührenden) Titel vorenthalten od weglassen* || ~ *un caballo*

einem Pferde den Spannstrick anlegen || ~ *un puente (e–e Brücke) fangen* || ~**se** *ab-, aus|steigen* || *ankommen, anlangen* || fig *anderen Sinnes werden* || ~ *de algo von et abkommen* || ~ *del caballo vom Pferde steigen, absitzen* || ~ *por la cola* figf *eine Ungereimtheit sagen* || ~ *de su burro* figf *seinen Irrtum einsehen*
apechar vi fig *sich ungern entschließen (con zu dat)* || *ungern in et einwilligen* || *Am e–r Schwierigkeit trotzen* || PR *bergauf gehen* || ~ vt PR *ein Kind stillen* || → a **apechugar**
apechugar [g/gu] vt *an die Brust drücken* || *aushalten, widerstehen* || *Am jdn gewaltsam schütteln* || ~ vi figf *mit der Brust stoßen* || *sich schwer entschließen* || ◊ ~ *con a. et über sich ergehen lassen, fam in den sauren Apfel beißen* || ~ *con todo sich mit allem abfinden* || Chi *stehlen*
apeda|zado m *Anstückelung* f || **-zar** [z/c] *ausbessern, flicken, aneinanderstückeln* || *zerstückeln*
apedioscopio m ⟨Opt⟩ *Apädioskop* n
apedre|adero m *Spielplatz für Kinder, wo sie sich mit Steinen bewerfen* || **-ado** adj *buntscheckig* || *blatternarbig* || **-amiento, -o** m *Steinigen* n, *Steinigung* f || **-ar** vt *steinigen, mit Steinen bewerfen* || fig *derb kränken* || ~ vi *hageln* || ~**se** *verhageln* || *durch Hagel zerstört werden (Rebenpflanzungen, Getreide)*
ape|gaderas fpl ⟨Bot⟩ Rioja *(große) Klette* f (Arctium lappa spp) || **-gado** adj fam *anhänglich, zugetan* || ~ *al terruño bodenständig, mit der Scholle verbunden, erdverbunden* || adv: ~**amente** || **-garse** [g/gu] vr fig *Zuneigung fassen (a zu dat)*
apego m fig *Anhänglichkeit, Zuneigung* f || ~ *al terruño Liebe zur Scholle, Heimatliebe* f || ◊ *cobrar (od tomar)* ~ *a algn. (bzw a a.) jdn (bzw et) liebgewinnen*
apegostrar vt Sal *Zuneigung fassen* || Mex *kleben*
apegualar vt Arg Chi *mit e–m Bindegurt halten (Tier, Gepäck usw)*
apelable adj ⟨Jur⟩ *wogegen man Berufung erheben kann, berufungsfähig* || *anfechtbar*
apela|ción f ⟨Jur⟩ *Berufung* f || *Beschwerde* f || ~ *adhesiva* ⟨Jur⟩ *Anschlußberufung, Anschließung* f || *tribunal de* ~ *Berufungs|instanz* f, *-gericht* n || *desistimiento de la* ~ ⟨Jur⟩ *Zurücknahme* f *der Berufung* || ◊ *interponer* ~ ⟨Jur⟩ *Berufung einlegen* || *recurso de* ~ ⟨Jur⟩ *Berufung* f || *sin* ~ fig *rettungslos* || *unwiderruflich* || **-do** m ⟨Jur⟩ *Berufungsbeklagter* m
apelado adj *von derselben Hautfarbe (Vieh, Pferd)*
apelambrado m *Enthaarung* f *(Felle)*
apelambrar vt *(Felle) äschern, enthaaren*
apelante, apelador m ⟨Jur⟩ *Berufungskläger* m || *Beschwerdeführer* m || *Rechtsmittelberechtigter* m || ~ *por adhesión* ⟨Jur⟩ *Anschlußberufungskläger, Anschließender* m
¹**apelar** vi ⟨Jur⟩ *Berufung einlegen* || *Beschwerde einlegen* || *einen Appell richten an, appellieren an* || *eine Botschaft richten an (acc)* || ~ *a Hilfe suchen bei (dat)* || fig *seine Zuflucht nehmen (a zu dat)* (& vr) || *sich beziehen auf (acc)* || ~ *a los buenos sentimientos de alg. jds Mitgefühl zu erwecken suchen* || ~ *a la fuga die Flucht ergreifen* || ~ *a otro medio zu einem anderen Mittel greifen* || ◊ ~ *contra (od de) una sentencia* ⟨Jur⟩ *gegen ein Urteil Berufung einlegen* || ~ *a un tribunal ein Gericht anrufen*
²**apelar** vi *von derselben Hautfarbe sein (Vieh, Pferd)*
apelativo adj: *(nombre)* ~ m *Gattungsname* m || Chi *Familienname* m
apel|dar vi *(od* **-darlas)** fam joc *sich aus dem Staube machen* || Sal *sich zusammentun* || **-de** m fam *Entwischen* n || *Glockengeläut* n *vor Tagesanbruch (in Franziskanerklöstern)*
apelgararse vr And fam *auf den Hund kommen*

apelma|zado adj *fest, nicht locker* || *klumpig, klitschig (Brot)* || fig *kompakt* || fig *plump, träge* || fig *dickfellig* || fig *unausstehlich* || **-zar** [z/c] vt *zusammenpressen* || fig *belästigen* || ~**se** *dicht, klumpig werden, sich zusammenballen (z. B. Schnee)* || fig *unausstehlich werden*
apeloto|namiento m *Klumpenbildung* f || ~ *de gente Menschengedränge* n || **-nar** vt *zu einem Knäuel aufwickeln, zusammenballen* || ~**se** *sich zu Klumpen ballen* || ⟨Mil⟩ *einen Schwarm bilden* (& vi) || fig *sich drücken, schmiegen an* acc *(Kind)* || fig *zusammenkauern*
apellado adj *klumpenförmig*
apelli|damiento m *(Be)Nennung* f || *Zuruf* m, *Anrufung* f || ⟨Mil⟩ *Aufgebot* n || **-dar** vt *(be)nennen* || *an|rufen, -flehen* || *aufrufen* || *ausrufen* || ⟨Mil Hist⟩ *einberufen* || ⟨Jur⟩ *die erste Berufung einlegen* || ~**se** *heißen (mit Familiennamen)*
apellido m *Zu-, Familien|name* m || *Beiname* m || *Spitzname* m || ⟨Mil⟩ *Aufgebot* n || *Geschrei* n, *Ruf* m || *Aufruf* m || ~ *de guerra Losungswort* n || → a **nombre**.
apellinarse vr Chi *hart werden, erhärten*
apenamiento m Ar *Erröten* n || *Beschämung* f
apenar vt *mit Kummer erfüllen, bekümmern, schmerzen* || Ar *mit einer Geldstrafe belegen* || Col Hond Mex *erröten* || ~**se** vr *sich sorgen (por um* acc*)* || Am *sich schämen*
¹**apenas,** *****apena** adv *mühsam* || *kaum, beinahe nicht* || *ya* ~ *se oye su voz man hört kaum noch seine Stimme*
²**apenas** conj *sobald, kaum* || ~ *hubo entrado kaum war er eingetreten*
apencar [c/qu] vt/i fam *ungern in et einwilligen* || → a **apechugar**
apendejado adj Ant *schüchtern, feige*
apéndice m *Anhang, Nachtrag, Zusatz* m || fig *Zugabe* f || fig *Ergänzungsband* m || fig *ständig begleitende Person* f, fam *Schatten* m || ~ *caudal Schwanz, Schwanzanhang* m || ~ *(ileo)cecal (od vermiforme) Wurmfortsatz* m *des Blinddarms* || ~ *del ala* ⟨Flugw⟩ *Flügelstummel* m || ~ *xifoides* ⟨An⟩ *Schwertfortsatz* m (→ **apófisis**) || ~**s** pl *Ergänzungs-, Supplement|bände* mpl *(z. B. eines Konversationslexikons)*
apendicectomía f ⟨Chir⟩ *Appendektomie, Entfernung* f *des Wurmfortsatzes des Blinddarms*
apendi|citis f ⟨Med⟩ *Blinddarmentzündung, Appendizitis* f || **-cular** adj *appendikulär*
apendículo m ⟨An Bot⟩ *Läppchen* n
Apenino(s) m(pl) *Apenninen* mpl
apensionarse vr Chi *traurig werden* || *sich für jdn bemühen* od *einsetzen*
apeñuscar [c/qu] vt *anhäufen* || *zerknüllen, zerknittern* || ~**se** *einen Haufen bilden*
apeo m *Feldvermessung, Abmarkung, Geländeabmessung* f || *Fällen* n *(e–s Baumes)* || ⟨Bgb⟩ *Grubenzimmerung* f || *Ab-, Aus|steigen* n || *Abstützen* n *(Gebäude)* || ⟨Arch⟩ *Stützwerk* n *(eines baufälligen Hauses)*
apeonar vi *schnell laufen (Rebhuhn, Vogel)*
apepsia f ⟨Med⟩ *Apepsie* f, *Fehlen* n bzw *Ausfall* m *der Verdauungsfunktion des Magens*
apéptico adj *apeptisch*
apequenado adj Chi *drollig, witzig*
ape|rado adj And *ausgestattet (Bauernhof)* || **-rador** m *Stellmacher, Wagenbauer* m || *Wirtschaftsaufseher, Guts|inspektor, -verwalter* m || *Oberknecht* m || ⟨Bgb⟩ *Steiger* m || **-rar** vt *herstellen, erzeugen (Geräte)*
apercancarse vr Chi *schimmeln, schimmlig werden*
aper|cepción f ⟨Philos Psychol⟩ *Erkenntnisvermögen* n, *(bewußte) Wahrnehmung, Apperzeption* f || *psicología de la* ~ *Apperzeptionspsychologie* f *(Lehre von W. Wundt)* || **-cibido** adj *bereit zu (dat* od *inf)* || *fertig* || ~ *a disparar* ⟨Mil⟩ *schußbereit* || **-cibimiento** m *Zurüstung, Veran-*

staltung f || *Vorbereitung* f || *Erinnerung, Mahnung* f || *Warnung* f || ⟨Jur⟩ *Mahnung* f || *Aufforderung* f || *carta de* ~ *Mahnbrief* m
apercibir vt *(vor)bereiten, bereitlegen* || *ausrüsten* || *benachrichtigen* || *mahnen* || *warnen* || ⟨Jur⟩ *verwarnen* || ⟨Philos Psychol⟩ *apperzipieren* || ~**se** *sich bereithalten* || *gall* = **notar** || ◊ ~ a *(od para) sich rüsten zu dat* || ~ *contra Vorkehrungen treffen gegen* || ~ *de sich versehen mit dat* || *gewahr werden, merken, wahrnehmen*
apercollar [-ue-] vt *fam beim Kragen fassen, packen* || *fam das Genick brechen, den Hals umdrehen* || *fig heimlich wegschaffen* || *fig stibitzen*
aperchar vt Chi *aufhäufen, stapeln*
aperdigonado m ⟨Agr⟩ *Schrotschußkrankheit* f (Clasterosporium carpophilum)
apereá m ⟨Zool⟩ *Meerschweinchen* n (Cavia sp)
apergaminado adj *pergamentartig* || *lederartig (Gesichtshaut)* || *fig zusammengeschrumpft*
apergaminar vt *pergamentieren* || ~**se** vr figf *zusammenschrumpfen*
apergollar vt Mex *(ein Tier) am Hals anbinden* || *beim Kragen packen* || *einsperren*
aperiódico adj *aperiodisch* || *mit gedämpften Schwingungen*
aperitivo m/adj *appetitanregende Speise* f || *appetitanregendes Getränk* m, *Aperitif* m || ⟨Med⟩ *Abführmittel* n || ~ adj *appetitanregend*
aperlado adj *perlartig* || *perlfarbig*
apernar vt [-ie-] ⟨Jgd⟩ *(das Wild) bei den Läufen fassen (von Jagdhunden)*
apero m *Acker-* bzw *Handwerks|gerät* n || *Zug-, Acker|vieh* n || *Schäferhütte* f || *Schafshürde* f, *Pferch* m || Arg *(feines) Pferdegeschirr* n || *Sattel* m || ~**s** pl *Schäferei* f || *(Handwerks)Geräte* npl || ~ *de cultura forestal*, ~ *de silvicultura Forstkulturgeräte* npl || ~ *de descarga Schiffslösch-, Entladungs|anlage* f || ~ *de enganche Anhängegeräte* npl || ~ *de labranza Ackergeräte* npl || ~ *de minería Gezähe* n || *Grubenbedarf* m || ~ *para la preparación del suelo Bodenbearbeitungsgerät* n || ~ *de trabajo Arbeitsgeräte* npl
ape|rreado adj *mühsam, lästig* || *qualvoll* || –**rrear** vt *mit Hunden hetzen* || figf *quälen, belästigen* || ~**se** fam *sich abrackern* || fam *schmachten* (tras *nach* dat) || *hartnäckig bestehen auf* dat || –**rreo, –rr(e)amiento** m fam *Belästigung* f || *Murc Müdigkeit* f
aperrillar vt *spannen (Gewehrhahn)*
aperruchar vt Dom *zusammendrücken* || *zer|knittern, -knüllen*
apersogar [g/gu] vt *(ein Tier) anbinden*
aperso|nado adj: *bien* ~ *von gutem Aussehen* || –**narse** ⟨Jur⟩ *persönlich (vor Gericht) erscheinen* (→ **personarse**)
apertura f *Öffnung* f || *Eröffnung* f *(eines Testaments, Theaters* usw*)* || *Anlegung* f || *Durchbruch* m *(Straße)* || *Durchstich* m *(Tunnel)* || *Beginn* m *(z. B. v. Lehrveranstaltungen)* || ~ *de la bolsa Börsenbeginn* m || ~ *de un crédito Eröffnung* f *e-s Kredits* || ~ *del curso Semester-, Schul|beginn* m || ~ *de hostilidades Eröffnung* f *der Feindseligkeiten* || ~ *de la instrucción previa* ⟨Jur⟩ *Eröffnung* f *der Voruntersuchung* || ~ *a la izquierda*, ~ *a sinistra* (it) ⟨Rel Pol⟩ *Öffnung* f *nach links* || ~ *de la quiebra* ⟨Jur⟩ *Konkurseröffnung* f (Deut) || ~ *de la sucesión* ⟨Jur⟩ *Erbfall* m, *Eröffnung* f *der Erbfolge* || ~ *al tráfico*, ~ *al tránsito Verkehrsübergabe, Freigabe* f *für den Verkehr* || ~ *de la vista* ⟨Jur⟩ *Eröffnung* f *der Hauptverhandlung* || ~ *del juicio* ⟨Jur⟩ *Eröffnung* f *der Verhandlung* || ~ *del plenario* ⟨Jur⟩ *Eröffnung* f *des Hauptverfahrens* || ~ *de una sesión Eröffnung* f *e-r Sitzung* || ~ *del testamento Testamentseröffnung* f || ~ *de la votación Eröffnung* f *der Abstimmung* || ~ *solemne feierliche Eröffnung* f

apesa|dumbrado adj *sehr traurig, tief betrübt* || –**dumbrar, -rar** vt *tief bekümmern* || –**dumbrarse** vr *betrübt werden, sich schweren Kummer machen* (con, por, de *wegen* gen)
apesantez f *Schwerelosigkeit* f
apesa|rado adj *betrübt, kummervoll* || –**ramiento** m *Betrübtheit* f || –**rar** vt = **apesadumbrar**
apesgar [g/gu] vt *belasten, drücken* || ~**se** *sich senken*
apes|tado adj *verpestet* || *von der Pest angesteckt* || ~ *de géneros* ⟨Com⟩ *mit Waren überfüllt* || –**tamiento** m *Verpesten* n || *Pest* f || –**tar** vt *verpesten* || fig *anstecken, verderben (Sitten)* || fig *belästigen, langweilen* acc || fam *auf den Wecker fallen* dat || fig *anekeln* || ~ vi *einen (pestartigen) Gestank verbreiten* || ◊ ~ *a brea nach Teer riechen* || *hiede que apesta es stinkt wie die Pest* || ~**se** *verpestet werden* || Chi pop *verkümmern* || Col pop *sich erkälten* || –**tillar** vt Chi *jdn festhalten, jdn umklammern* || PR *einführen* || –**toso** adj *stinkend* || fam *widerlich*
apétalo adj ⟨Bot⟩ *blütenblattlos, ohne Blumenkrone, apetal* || ~**as** fpl ⟨Bot⟩ *Kelchblumen, Apetalen* fpl
apete|cer [-z/c-] vt *wünschen, sich sehnen (nach* dat*), begehren* || ~ vi *gelegen kommen, zusagen* || ◊ *no me apetece ich habe keinen Appetit auf* (acc) || fig *ich habe keine Lust (zu* inf*)* || –**cibilidad** f *Schmackhaftigkeit* f || –**cible** adj *wünschenswert, begehrenswert* || *schmackhaft, appetitlich* || *poco* ~ *unappetitlich* || –**cido** adj *begehrt, gesucht* || *willkommen*
apetencia f *Eßsucht* f, *Appetit* m || *Verlangen* n || *Sexualverlangen* n || *Appetenz* f || *Begierde, Lust* f || fig *Ansporn* m || ~ *de gloria Ruhmesdrang* m || *Ruhmsucht* f || *comportamiento de* ~ ⟨Ethol⟩ *Appetenzverhalten* n
apete|tite m *Appetitanreger* m || fig *Ansporn, Reiz* m || –**titivo** adj *schmackhaft, appetitlich* || *facultad* ~**a** *Begehren* n || –**tito** m *Eßlust* f, *Appetit* m || *Gelüst, Verlangen* n, *Begierde* f || *Drang* m || fig *Reizmittel* n || ~ *de libertad Freiheitsdrang* m, ~ *de saber Wissens|drang, -durst* m || *falta de* ~ *Appetitlosigkeit* f || –**titoso** adj *schmackhaft, appetitlich* || *anziehend, verführerisch* || *einladend* || *naschhaft, begehrlich* || →**a apetecible** || adv: ~**amente**
ápex m *Apex* m, *Spitze* f || *Helmspitze* f || ~ *solar* ⟨Astr⟩ *Apex* m *der Sonne*
apezonado adj *brustwarzenartig*
apiadar vt *bemitleiden* || ~ vi *Mitleid erregen* || *Mitleid fühlen* (de *mit* dat) || ~**se** *Mitleid haben* (de *mit* dat) || *sich erbarmen* (gen)
apiaradero m *Viehzählung* f
apical adj ⟨Bot Zool Med Phon⟩ *apikal*
apica|rado adj *schelmisch, gaunerhaft, gerieben, durchtrieben* || *expresión* ~**a** *schelmischer Gesichtsausdruck* m || –**rarse** vr *schelmisch werden*
ápice m *Gipfel* m, *Spitze* f || *Zungenspitze* f || fig *Geringfügigkeit* f, *Tüpfel* n || *Winzig-, Nichtig|keit* f || ⟨Gr⟩ *Akzent* m, *Tonzeichen* n || ⟨Phon⟩ *Zungenspitze* f || fig *Angelpunkt* m *e-r Sache* || ◊ *no falta* ~ *es fehlt kein Tüpfelchen* || *no ceder un* ~ *fig um kein Zollbreit nachgeben* || *estar en los* ~**s** *de a/c* figf *e-e Sache gründlich verstehen* || *sein Handwerk verstehen*
apicectomía f ⟨Chir⟩ *Apikotomie* f, *Resektion* f *e-r Zahnwurzelspitze*
apícola adj *bienenzüchterisch* || *Imker-, Bienenzucht-*
api|colisis, –cólisis f ⟨Chir⟩ *Apikolyse* f
apículo m *Spitzchen* n || *feine Zuspitzung* f
api|cultor m *Bienenzüchter, Imker* m || –**cultura** f *Bienenzucht, Imkerei, Apikultur* f
apichu m Pe *Kartoffelpflanze* f
ápidos mpl ⟨Entom⟩ *Körbchensammlerbienen* fpl (Apidae pl) || *bienenartige Insekten* npl

api|lado adj *gestapelt, geschichtet* ‖ **–lador** m *Stapler* m ‖ ~ *de chapas Blechstapler* m ‖ ~ *de hojas,* ~ *de pliegos* ⟨Typ⟩ *Planausleger* m ‖ ~ *de mano Handstapler* m ‖ **–ladora** f *Schoberhäufmaschine* f ‖ **–lamiento** m *An-, Auf\häufen* n ‖ *Stapelung, Schichtung* f ‖ **–lar** vt *auf\schichten, -häufen, stapeln, übereinanderlegen* ‖ **–lonar** vt Arg *stapeln* ‖ Arg fig *vertagen*
apimpollarse vr *Knospen bzw Schößlinge treiben*
api|ñado adj *tannenzapfenähnlich* ‖ *geschlossen (Kohl, Lattich)* ‖ *dichtgedrängt* ‖ **–ñamiento** m *Gedränge* n ‖ **–ñar** vt *zusammendrängen, schichten* ‖ **~se** fig *sich zusammendrängen (Menschenmenge)* ‖ **–ñonado** adj Mex *pinienkernfarben* ‖ *etwas dunkelhäutig (Mensch)*
apio m ⟨Bot⟩ *Sellerie, Eppich* m (Apium spp) ‖ ~ *nabo Knollensellerie* m (Apium graveolens) ‖ *más verde que el* ~ fig *giftgrün* ‖ **~jarse** vr Murc *von Blattläusen befallen werden* (vgl **piojo**)
apiolar vt *e–m Falken Fußriemen anlegen* ‖ *Läufe* mpl *zusammenbinden (des erlegten Wildes)* ‖ fam *packen* ‖ fam *gefangennehmen* ‖ fam *totschlagen*
apiparse vr fam *viel trinken und essen* ‖ fam *sich den Bauch vollschlagen*
apiporrarse vr Burg Sal *sich vollessen, schlemmen*
apique m ⟨Bgb⟩ Col *Schacht* m
apir m Chi *Bergmann* m
api|rético adj Mex *fieberfrei* ‖ **–rexia** f ⟨Med⟩ *Fieberfreiheit, Abfieberung, Apyrexie* f
apiso|nado m *Stampfen* n ‖ *Unterbau* m *(Straße)* ‖ ~ *de arcilla Lehmstampfen* n ‖ ~ *de cal* y *de arena Kalksandstampfbau* m ‖ ~ *de estiércol* ⟨Agr⟩ *Festtreten* n *des Mistes* ‖ ~ *a mano Handstampfung* f ‖ ~ *del terreno* ⟨Agr⟩ *Bodenverdichtung* f, ~ *con rodillos Walzverdichtung* f, *Abwalzen* n ‖ **–nador** m *Stampfer* m ‖ ~ *neumático Preßluftstampfer* m ‖ **–nadora** f *Straßenwalze* f ‖ *Stampfmaschine* f ‖ ~ *de los fondos* ⟨Metal⟩ *Bodenstampfmaschine* f ‖ ~ *de vapor Dampf(straßen)walze* f ‖ **–namiento** m *Stampfen* n ‖ **–nar** vt *feststampfen* ‖ *einrammen* ‖ *walken* ‖ ~ *la arena* ⟨Mil⟩ *verdämmen*
apiste adj Hond *geizig*
api|tar vt Sal *Hirtenhunde* mpl *hetzen* ‖ **–to** m Sal *Schrei* m
apito|nado adj fam *reizbar, empfindlich* ‖ **–nar** vt *mit dem Horn durchstoßen* ‖ vi *hervorbrechen, sprießen (Knospen)* ‖ *Hörner ansetzen (Vieh)* ‖ *die Eierschale anpicken, um zu schlüpfen (Küken, Jungvögel)* ‖ **~se** figf *sich herumzanken* ‖ fam *krakeelen*
apizarrado adj *schieferartig* ‖ *schieferfarben*
apl. Abk = **aplicado**
apla|camiento m *Besänftigung* f ‖ *Hinderung* f ‖ *Versöhnung* f ‖ **–car** [c/qu] vt *besänftigen, beruhigen* ‖ *versöhnen* ‖ *beschwichtigen* ‖ *lindern* ‖ *mildern* ‖ *(Hunger) stillen* ‖ ◊ ~ *la sed den Durst stillen (od löschen)* ‖ **~se** vr *sich beruhigen* ‖ *sich legen, nachlassen (Sturm)*
aplacentados mpl ⟨Zool⟩ *Aplazentalier* pl, *Tiere* npl *ohne Mutterkuchen*
apla|cerado adj *seicht (See)* ‖ **–cible, –ciente** adj *angenehm, gefällig* ‖ **–cimiento** m *Vergnügen* n
aplana|calles m Pe fam *Pflastertreter* m (→ **azotacalles**) ‖ **–dera** f *Pflasterramme* f ‖ **–do** adj *platt, flach* ‖ ⟨Phot⟩ *wenig kontrastreich, flau (Negativ)* ‖ ~ m *Abflachung* f ‖ **–dor** m *Planierhammer* m ‖ *Polierstahl* m ‖ ⟨Typ⟩ *Klopfholz* n ‖ **–dora** f Am *Straßen\walze* f, *-planierer* m ‖ ~ *automotriz Kraftwalze* f ‖ ~ *de bacheo Walze* f *für Flickarbeiten* ‖ **–miento** m *(Ein)Ebnen, Planieren* n, *Ebnung* f ‖ *Abplatten* n ‖ ⟨EB⟩ *Einsinken* n *des Unterbaues* ‖ fig *Niedergeschlagenheit* f

aplanar vt *(ein)ebnen, planieren* ‖ *platt machen* ‖ *glätten, schlichten* ‖ *walzen (Straße)* ‖ *breiten* ‖ figf *in Verlegenheit setzen* ‖ *bestürzen* ‖ *mutlos machen* ‖ **~se** *einstürzen (Gebäude)* ‖ *verfallen* ‖ fig *die Lebensfreude verlieren (Kranker)* ‖ fig *den Mut verlieren* ‖ fig *verfallen*
aplanático adj ⟨Opt⟩ *aplanatisch*
aplanchar vt = **planchar** ‖ ~ vi Chi fam *sitzenbleiben, Mauerblümchen sein (Mädchen beim Tanz)*
aplanético adj ⟨Opt⟩ *aplanatisch*
aplasia f ⟨Med⟩ *Aplasie* f, *angeborenes Fehlen* n *e–s Organs*
aplasmocitosis f ⟨Med⟩ *Aplasmozytose* f, *Fehlen* n *der Plasmazellen im peripheren Blut*
aplastada f ⟨Flugw⟩ *Durchsacken* n
aplastamiento m *Plattdrücken* n, *Zerquetschung* f ‖ *Stauchen* n ‖ ~ *de una rebelión Zerschlagung* f *e–s Aufstandes*
aplastante adj *vernichtend, überwältigend*
aplastapapeles m Am *Briefbeschwerer* m
aplastar vt *plattdrücken* ‖ *zertreten* ‖ *zerquetschen* ‖ *zermalmen* ‖ *ausbreiten (Walzwerk)* ‖ fig *platt-, tot-, fertig|machen, erledigen* ‖ *niederschlagen* ‖ **~se** *sich zusammendrücken* ‖ *einstürzen* ‖ ⟨Flugw⟩ *durch|sacken, -fallen, abfallen*
aplástico adj ⟨Med⟩ *aplastisch, von Geburt an fehlend*
aplatanarse vr *sich gehenlassen* ‖ *faul, liederlich werden* ‖ *verdummen* ‖ *den Ehrgeiz verlieren* ‖ Cu Fil PR *heimisch werden* ‖ PR *den Ehrgeiz verlieren*
aplau|dido adj *beliebt, gefeiert (Schauspieler)* ‖ **–dir** vt *jdm Beifall (Applaus) spenden, klatschen, applaudieren* (dat) ‖ *loben, preisen* ‖ *begrüßen, billigen* ‖ ◊ *aplaudo tu decisión ich begrüße deinen Entschluß* ‖ *la pieza ha sido muy aplaudida* ⟨Th⟩ *das Stück hat sehr gefallen*
aplauso m *Beifall* m, *Beifallklatschen* n ‖ *Zustimmung* f ‖ ~ *atronador stürmischer Beifall* m ‖ ◊ *oir* ~ *Beifall ernten* ‖ *merecedor (od digno) de* ~ *lobenswert*
aplayar vi *über die Ufer treten (Fluß)*
aplazamiento m *Fristverlängerung* f ‖ ⟨Jur⟩ *Vorladung* f ‖ *Zahlungsfrist* f ‖ *Stundung* f ‖ *Vertagung* f ‖ ~ *de la ejecución de pena* ⟨Jur⟩ *Vollstreckungsaufschub* m ‖ ~ *de la entrega (extradición) aufgeschobene Übergabe (Auslieferung* f*)*
aplazar [z/c] vt *vorladen (Zeit und Ort) anberaumen* ‖ *aufschieben, stunden* ‖ *vertagen* ‖ *verlängern (Wechsel)* ‖ ◊ ~ *el debate die Verhandlung vertagen (od verschieben)* ‖ *no es abandonar aufgeschoben ist nicht aufgehoben*
aplebeya|bo adj *pöbelhaft* ‖ **–miento** m *Verpöbelung, Plebejisierung* f ‖ **→a plebeyez**
apli|cabilidad f *Anwendbarkeit* f ‖ **–cable** adj *anwendbar* (a *auf* acc) ‖ **–cación** f *Anwendung* f ‖ *Gebrauch* m ‖ *Verwendung* f *(einer Summe)* ‖ *Verwendungszweck* m ‖ ⟨Med⟩ *Anlegen* n *(eines Verbandes), Verabreichung* f *(e–r Spritze)* ‖ *Schmuck, Besatz* m *an Frauenkleidern, Applikation* f ‖ *Bestimmung* f *(gerichtliche) Zuerkennung* f ‖ fig *Fleiß* m, *Beflissenheit* f ‖ ~ *de fórceps* ⟨Med⟩ *Zangenanlegung* f ‖ ~ *de medidas coercitivas* ⟨Pol⟩ *Anwendung von Zwangsmaßnahmen* ‖ ~ *de la mención de reserva Anbringung* f *des Schutzvermerks (Urheberrecht)* ‖ ~ *de la pena* ⟨Jur⟩ *Strafzumessung, Bemessung* f *der Strafe* ‖ *Strafanwendung* f ‖ ~ *de pintura Auftragen* n *von Farbe* ‖ ~ *práctica Nutzanwendung* f ‖ *campo de* ~ *Anwendungsbereich* m ‖ *de* ~ *a partir de* ⟨Jur⟩ *gültig ab* ‖ **–cado** adj fig *fleißig, strebsam* ‖ *angewandt (Wissenschaft)*
aplicar [c/qu] vt *(dar)auflegen* ‖ *anlegen, auflegen (einen Verband)* ‖ *aufnähen, applizieren (Kleiderschmuck)* ‖ *auftragen (Salbe, Farbe, Lack)* ‖ fig *an-, ver|wenden, gebrauchen* ‖ fig *jdm et zumuten* ‖ fig *bestimmen, widmen* ‖ figf *geben,*

versetzen *(Ohrfeige)* ‖ *zuschreiben* ‖ ⟨Jur⟩ *zuerkennen* ‖ *verabreichen (Spritzen)* ‖ ◊ ~ *el freno die Bremse anziehen, bremsen* ‖ ~ *masilla kitten* ‖ ~ *el oido (aufmerksam) zuhören* ‖ ~ *el procedimiento de urgencia das Dringlichkeitsverfahren anwenden* ‖ ~ *tasas de compensación Ausgleichsteuern* fpl *erheben* ‖ ~**se** *sich befleißigen* (a gen) ‖ *sich verlegen auf* (acc) ‖ *sich hingeben* ‖ ◊ ~ *a gelten für* acc ‖ *zur Anwendung kommen* ‖ *sich beziehen auf* acc ‖ ~ *a los estudios den Studien mit Fleiß nachgehen* ‖ *se aplicará mutatis mutandis gilt sinngemäß*
aplique *m* ⟨Th⟩ *Zusatzkulisse* f, *Ergänzungsstück* n *einer Bühnendekoration* ‖ *gall Wandleuchte* f ‖ *gall Deckenleuchte* f
aplo|mado adj *bleifarben* ‖ *gediegen, fest* ‖ *senk-, lot|recht* ‖ fig *schwerfällig (Stil)* ‖ fig *vernünftig, verständig, umsichtig, ernst* ‖ **−mamiento** *m Lotung* f ‖ **−mar** vt *aus-, ver|bleien* ‖ ⟨Arch⟩ *(ab)loten, absenken* ‖ ⟨Arch⟩ *senkrecht stellen* ‖ fig *beschweren, drücken* ‖ ~ vi ⟨Arch⟩ *senkrecht stehen* ‖ ~**se** *einstürzen, zusammenbrechen (Gebäude)* ‖ fam *vernünftig werden* ‖ *Sicherheit* f *(im Auftreten usw) bekommen, selbstbewußt werden* ‖ Am fam *sich schämen*
aplomo *m Nachdruck* m ‖ *Takt* m, *Sicherheit* f *im Auftreten* ‖ *Umsicht* f, *Ernst* m ‖ *Triftigkeit* f ‖ ⟨Mus⟩ *Taktsicherheit* f ‖ *Beinstellung* f *(Pferd usw)* ‖ *Lot* n ‖ *con* ~ *mit Nachdruck, mit Selbstbewußtsein* ‖ ◊ *perder el* ~ *kleinlaut werden*
aployar vt *Dom verderben,* fam *kaputtmachen* ‖ *Dom töten*
aplustro *m Achterstevenzierat* m *(des römischen Kriegsschiffs)*
ap|nea *f* ⟨Med⟩ *Apnoe, Atem|losigkeit* f, *-stillstand* m ‖ **−noico** adj *apnoisch*
apneumia *f* ⟨Med⟩ *Apneumie* f, *angeborenes Fehlen* n *der Lunge*
apneusis *f* ⟨Med⟩ *Apneusis* f
ápoca *f* ⟨Jur⟩ Ar *Quittung* f
apocado adj fig *kleinmütig, verzagt* ‖ *schüchtern* ‖ fig *geizig, karg* ‖ fig *gemein, niedrig (Herkunft)* ‖ adv: ~**amente**
Apoca|lipsis *m Apokalypse, Offenbarung* f *des Johannes* ‖ *los cuatro jinetes del* ~ *die vier Apokalyptischen Reiter* mpl ‖ **−líptico** adj *apokalyptisch* ‖ fig *geheimnisvoll, dunkel (Stil)* ‖ fig *grauenhaft*
apocamiento *m Verringerung, Verkleinerung* f ‖ *Kleinmut* m ‖ *Verzagtheit* f ‖ fig *Schüchternheit* f ‖ fig *Niedergeschlagenheit* f
apocar [c/qu] vt *verringern, verkleinern* ‖ fig *einschränken* ‖ fig *entmutigen* ‖ fig *herabsetzen* ‖ fig *demütigen* ‖ ◊ ~ *las velas* ⟨Mar⟩ *Segel* npl *reffen* ‖ ~**se** fig *sich erniedrigen* ‖ *sich einschüchtern (lassen)* ‖ *verzagen*
apocarpo adj ⟨Bot⟩ *apokarp, getrenntfrüchtig*
apó|cema, −cima *f* ⟨Pharm⟩ = **pócima**
apócopa *f* ⟨Gr⟩ = **apócope**
apoco|pado adj ⟨Gr⟩ *am Ende verkürzt* ‖ **−par** vt ⟨Gr⟩ *apokopieren, am Ende verkürzen*
apócope *f* ⟨Gr⟩ *Apokope, Endverkürzung* f *eines Wortes* ‖ ⟨Mus⟩ *Apokope* f
apócrifo adj *verborgen, heimlich* ‖ *unecht, falsch* (& fig) ‖ *apokryph* ‖ *untergeschoben* ‖ *fabelhaft, erdichtet* ‖ (libro) ~ *Apokryph* n
apochinarse vr Mex *sich ausfasern (Stoff)*
apochincharse vr Cu *sich vollessen* ‖ Mex *ein Verlangen befriedigen*
apochongarse vr Arg *verzagen, sich entmutigen lassen*
apo|dado adj *einen Spitznamen führend* ‖ **−damiento** *m Spott-, Spitz|name* m ‖ **−dar** vt *mit einem Spitznamen belegen* ‖ fam *(um)taufen* ‖ fam *benamsen*
apode|rado *m Bevollmächtigter* m ‖ *Prokurist* m ‖ *Mandatar* m ‖ ⟨Taur Mus⟩ *Impresario,* Agent, engl *Manager* m ‖ ~ *especial* ⟨Jur⟩ *Handlungsbevollmächtigter* m ‖ ~ *general Generalbevollmächtigter* m ‖ ~ *procesal* ⟨Jur⟩ *Prozeßbevollmächtigter* m ‖ ◊ *constituir* ~ *jdm eine Vollmacht geben, Vollmacht erteilen dat* ‖ **−ramiento** *m Vollmacht* f ‖ *Bevollmächtigung* f ‖ **−rante** *m Vollmachtgeber* m
apoderar vt *bevollmächtigen* ‖ *in den Besitz setzen* ‖ ~**se** *sich bemächtigen* (de gen), *Besitz* m *ergreifen von* ‖ ⟨Mil⟩ *nehmen, erobern, besetzen* ‖ *(die Kunden) abspenstig machen* ‖ ◊ ~ *de la palabra das Wort an sich reißen*
apodia *f* ⟨Med⟩ *Apodie* f, *angeborenes Fehlen* n *beider Füße*
apodicti|co adj ⟨Log⟩ *unwiderleglich, apodiktisch* ‖ **−ca** *f* ⟨Log⟩ *Apodiktik, Lehre* f *vom Beweis*
apodo *m Spitz-, Spott|name* m ‖ ◊ *sacar* (un) ~ fam *einen Spitznamen erfinden* ‖ fam *jdn umtaufen*
ápodo adj ⟨Zool⟩ *apod, fußlos* ‖ ~**s** mpl *Apoden* pl, *Fußlose* mpl
apódosis *f* ⟨Rhet⟩ *Nachsatz* m, *Apodosis* f
apófige *f* ⟨Arch⟩ *Apophysis* f *(einer Säule)*
apófisis *f* ⟨An⟩ *Knochenfortsatz* m, *Apophyse* f ‖ ~ *basilar* ⟨An⟩ *Zapfenfortsatz* m ‖ ~ *coracoides* ⟨An⟩ *Rabenfortsatz, Schulterhaken* m ‖ ~ *esfenoides* ⟨An⟩ *Abhangsvortsatz* m ‖ ~ *estiloide* ⟨An⟩ *Griffelfortsatz* m ‖ ~ *geniana* ⟨An⟩ *Kinnfortsatz* m ‖ ~ *mastoides* ⟨An⟩ *(Brust)-Warzenfortsatz* m ‖ ~ *palatina* ⟨An⟩ *Gaumenfortsatz* m ‖ ~ *pterigoides* ⟨An⟩ *Flügelfortsatz, Gaumenflügel* m ‖ ~ *vertebral* ⟨An⟩ *Wirbelfortsatz* m ‖ ~ *yugular* ⟨An⟩ *Drosselfortsatz* m
apofonía *f* ⟨Li⟩ *Ablaut* m
apogamia *f* ⟨Bot⟩ *Apogamie* f
apogeo *m* ⟨Astr⟩ *Apogäum* n, *größte Erdferne* f *des Mondes (bzw e-s Trabanten)* ‖ fig *Höhepunkt, Zenit, Gipfel* m ‖ ◊ *estar en su* ~ fig *den Gipfel (des Ruhmes) erstiegen haben*
apógrafo *m Ab-, Nach|schrift, Kopie* f, *Apographon* n
apolilla|do adj *wurmstichig (Holz)* ‖ *von Motten zerfressen (od befallen)* ‖ *ideas* fpl ~**das** fig *verstaubte Ansichten* fpl ‖ **−dura** *f Mottenfraß* m ‖ *Holzwurmfraß* m ‖ **−miento** m = **−dura** ‖ **−r** vt *zer-, ange|fressen werden (von Motten, Holzwürmern usw)*
apolinarismo *m Apollinarismus* m *(Ketzerei des Apollinarios, 4. Jh.)*
apolineo adj *apollinisch* ‖ *maßvoll, harmonisch* ‖ vgl **dionisiaco**
apolismar vt *quetschen* ‖ CR *faulenzen* ‖ Cu Guat PR *(in der Entwicklung) zurückbleiben* ‖ CR PR Ven *verzagen, sich einschüchtern lassen, den Mut verlieren*
apolítico adj *a-, un|politisch*
apolitismo *m Staatenlosigkeit* f ‖ *Parteilosigkeit* f
Apolo *m Apollo* m ‖ ~ *schöner Jüngling (bzw Mann)* ‖ ⟨Entom⟩ *Apollo* m *(Parnassius apollo)*
apo|logética *f Verteidigung, Rechtfertigung, Apologetik* f ‖ **−logético** adj *rechtfertigend, verteidigend, apologetisch* ‖ **−logía** *f Rechtfertigungsrede, Verteidigung(srede), Apologie* f ‖ *Verteidigungsschrift* f ‖ ~ *de delitos Verherrlichung* f *von Straftaten* ‖ **−lógico** adj *auf die Lehrfabel bezüglich, apologisch, Gleichnis-, Fabel-* ‖ **−logista** *m Apologet, Verteidiger* m ‖ fig *Ehrenretter* m ‖ **−log(et)izar** [-zc-] vt *verteidigen*
apólogo adj = **apológico** ‖ *fábula* ~**a** *Lehrfabel* f ‖ ~ *m Lehrfabel* f ‖ *Gleichnis* n ‖ *Apolog* m
apoltro|nado adj *faul, träge* ‖ **−namiento** *m Faulenzen, Nichtstun* n ‖ **−narse** vr *faul, bequem werden* ‖ *faulenzen* ‖ *liederlich werden* ‖ *den sittlichen Halt verlieren* ‖ fam *verlottern*
apolvillarse vr Chi *brandig werden (Getreide)*
apomazar vt *mit Bimsstein abreiben, (ab)-bimsen*

apomorfina f ⟨Chem⟩ *Apomorphin* n, *Morphinabkömmling* m
apóndrigo m *Feldsalat* m (Valerianella spp)
aponeurosis f ⟨An⟩ *Aponeurose, Flächensehne* f
apontizar vi *auf dem Landedeck des Flugzeugträgers landen*
apop|lejía f ⟨Med⟩ *Apoplexie* f, *Schlag(Anfall), Gehirnanfall* m ‖ ~ **de los cerezos** *Baumsterben* n, *Valsakrankheit* f (Valsa leucostoma) ‖ **ataque de** ~ *Herzschlag, Schlaganfall* m ‖ **-lético** adj/s *zu Schlaganfällen neigend, apoplektisch* ‖ ~ m *Apoplektiker* m
apopocharse vr Col *sich sättigen*
apoquinar vt fam *(ungern) bezahlen*, fam *berappen*, pop *blechen*
apor|cadora f *Häufelpflug, Häufler* m ‖ **-cadura** f, **-cado** m *Häufeln* n ‖ **-car** [-ue-, c/qu] vt *mit Erde beschütten (Pflanzen), (an)häufeln* ‖ Guat *beschämen*
aporeo m *Aporie* f
aporisma m ⟨Med⟩ *Bluterguß* m, *Ekchymose* f
aporracear vt And = **aporrear**
aporrar vi fam *steckenbleiben, verstummen* ‖ *sprachlos sein*
aporratar vt Chi *monopolisieren*
apo|rreado adj fam *arm, erbärmlich, jämmerlich* ‖ *abgefeimt* ‖ fam *gerieben* ‖ ~ m Cu *(Art) Gericht* n *aus Rindfleisch und Tomaten* ‖ **-rreador** m *Treibfäustel, schwerer Schlägel* m ‖ **-rreadura** f, **-rreamiento, -rreo** m *Prügeln* n, *Prügelei* f ‖ **-rrear** vt *schlagen, (ver)prügeln, schleppen* ‖ *belästigen* ‖ *Fliegen verscheuchen* ‖ Arg *mit Argumenten schlagen* ‖ ~ **las teclas** fam *elend Klavier spielen, auf dem Klavier hacken* ‖ **~se** *sich herumprügeln* ‖ fig *sich abarbeiten* ‖ fam *sich abrackern* ‖ **-rreo** m *Prügeln* n ‖ *Prügelei, Schlägerei* f ‖ fig *Plackerei* f
aporretado adj *kurz und dick*, fam *wurstig (Finger)*
apor|tación f *Zubringen* n ‖ *Anteil* m, *Einlage* f ‖ *Beitrag* m ‖ *Beibringung* f ‖ *Speisung* f ‖ *Eingebrachtes* n *(in die Ehe)* ‖ *eingebrachtes Kapital* n ‖ *Stammeinlage* f *(Kapitalgesellschaften)* ‖ *stille Einlage* f *(stille Gesellschaft)* ‖ ~ **en especie** *Sacheinlage* f ‖ ~ **suplementaria** *Nachschuß* m ‖ ~ **del patrono a los subsidios por enfermedad** *Krankengeldzuschuß* m ‖ **~es personales** fig *persönliche Mitwirkung, Teilnahme* f ‖ **-tadera** f *Tragkorb* m *(der Saumtiere)* ‖ **-tadero** m *Sammelplatz* m
apor|tar vt ⟨Jur⟩ *(in die Ehe) einbringen, einlegen* ‖ *bei|steuern, -tragen* ‖ *veranlassen* ‖ ~ vi ⟨Mar⟩ *einlaufen* ‖ fig *landen, irgendwohin geraten* ‖ ~ **capital** *Kapital beisteuern* ‖ ~ **la prueba** ⟨Jur⟩ *den Beweis erbringen (od liefern, od führen)* ‖ **-te** m *Zufluß* m ‖ *Beitrag* m ‖ *Eingebrachtes* n ‖ **Am** *Pfand* n ‖ → **aportación**
aportillar vt *(eine Mauer usw) durchbrechen, eine Bresche schlagen (in acc)* ‖ *zerbrechen* ‖ **~se** *einstürzen, bersten (Mauer)*
aporuñar vt Chi *horten (Geld, Wertsachen)* ‖ **~se** vr Chi *enttäuscht werden*
aposen|taderas fpl And *Hinterbacken* fpl ‖ **-tador** m *Beherberger* m ‖ ⟨Mil⟩ *Quartiermacher* m ‖ ~ **mayor de palacio** *Haushofmeister* m *des königlichen Palastes* ‖ **-tamiento** m s v. **-tar** ‖ **-tar** vt *beherbergen* ‖ **~se** *Wohnung* f *nehmen* ‖ ~ **las tropas** *Quartier* n *machen* ‖ ⟨Mil⟩ *sich einquartieren, ins Quartier rücken*
aposento m *Zimmer, Gemach* n ‖ *Raum* m ‖ *Wohnung* f ‖ *Herberge* f ‖ *Beherbergung* f ‖ ⟨Mil⟩ *Quartier* n
aposesionarse vr = **posesionarse**
aposi|ción f ⟨Gr⟩ *Apposition, Ergänzung* f, *Beisatz* m ‖ *Anlagerung* f ‖ **-tivo** adj *appositiv, Appositions-*
apósito m ⟨Med⟩ *Wundverband* m ‖ *äußerliches Heilmittel* n ‖ ~ *higiénico Damenbinde* f

aposporia f ⟨Bot⟩ *Aposporie* f
aposta, apostadamente adv fam *absichtlich, mit Willen, mit Fleiß*
aposta|dero m *Posten* m ‖ ⟨Mil⟩ *Sammelplatz* m ‖ ⟨Mar⟩ *Wachtschiff* n ‖ ⟨Mar⟩ *Kriegshafen* m ‖ ⟨Mar⟩ *Marinestation* f ‖ ⟨Mar⟩ *Flottenstützpunkt* m ‖ **-dor** m *Wettender* m
apostal m Ast *Stauwasser* n *im Fluß mit ergiebigem Fischfang*
apostar [-ue-] vt *(ver)wetten* ‖ ⟨Mil⟩ *aufstellen (Posten)* ‖ ~ vi fig *wetten* ‖ *wetteifern* ‖ ◊ ~ **a correr** *um die Wette laufen* ‖ ~ **por un caballo** *auf ein Pferd wetten* ‖ **apuesto** (a) **que sí** *ich wette, daß dem so ist* ‖ **~las, apostárselas a** *(od* **con)** **uno** fam *mit jdm wetten, wetteifern* ‖ *jdn herausfordern* ‖ *jdn bedrohen* ‖ **~se** ⟨Mil⟩ *eine Stellung einnehmen, sich aufstellen* ‖ ⟨Jgd⟩ *auf den Anstand gehen*
apostasia f *Abtrünnigkeit, Apostasie* f, *Abfall* m *vom (christlichen) Glauben*
após|tata m *Abtrünniger, Apostat* m ‖ *Juliano el* ~ *Julian(us) Apostat, Julian der Abtrünnige* ‖ **-tatamente** adv *treubrüchig*
apostatar vi *abtrünnig werden (de dat)* ‖ fig *aus e-m Orden austreten* ‖ fig *Bekenntnis, Weltanschauung od Partei wechseln* ‖ ◊ ~ **de la fe** *vom Glauben abfallen*
apos|tema f ⟨Med⟩ *Abszeß* m, *Geschwür, Apostema* n ‖ **-temar** vt/i ⟨Chir⟩ *in ein Geschwür ausarten* ‖ ◊ **no se le apostema nada figf er kann kein Geheimnis bewahren** ‖ **~se** *schwären, eitern*
a posteriori adv lat *aus der Wahrnehmung gewonnen* ‖ *nachträglich* ‖ *a posteriori*
apostilla f *Randbemerkung, Glosse* f ‖ *Erläuterung* f ‖ *Zusatz* m ‖ *Postille, Predigtsammlung* f ‖ fig *schriftliche Empfehlung* f
apostillar vt *mit Randbemerkungen versehen, glossieren* ‖ *erläutern*
apóstol m *Apostel, Sendbote* m ‖ *Heidenbekehrer* m ‖ fig *Verfechter, begeisterter Vorkämpfer* m ‖ *el* ~ *der hl. Paulus* ‖ *el* ~ *de España der hl. Jakob (Santiago)* ‖ *el* ~ *de las gentes der hl. Paulus* ‖ *Actos de los ⸚es pl Apostelgeschichte* f ‖ ◊ *ser un buen* ~ fam *mit allen Salben geschmiert sein*
apostolado m *Apostel|amt* n, *-würde* f, *Apostolat* n ‖ fig *Ausbreitung* f *(e-r Lehre)* ‖ fig *hoher Beruf* m, *würdige Aufgabe, Sendung* f ‖ fig *Propagandafeldzug* m *(de für acc)* ‖ ~ *laical Laienapostolat* n ‖ ◊ *hacer* ~ *por una idea e-e Idee verfechten*
apostó|licamente adv *nach den apostolischen Lehren* ‖ fam *in Anmut* ‖ fam *schlicht, einfach* ‖ **apostolicidad** f *Apostolizität* f ‖ **-lico** adj *apostolisch* ‖ *päpstlich* ‖ *bendición* ~**a** *Pontifikalsegen* m ‖ *Sede* ~**a** *Heiliger Stuhl* m ‖ *simbolo* ~ *Apostolikum, Apostolisches Glaubensbekenntnis* n ‖ *vida* ~**a** *heiliges Leben* n
aposto|licón m ⟨Pharm⟩ *Apostelsalbe* f ‖ **-lizar** [z/c] vi *(Ungläubige) bekehren*
apostrofar vt ⟨Rhet⟩ *sich plötzlich an jdn wenden, anreden* ‖ *benennen, betiteln* ‖ fam *jdn hart anfahren* ‖ ⟨Gr⟩ *mit e-m Auslassungszeichen versehen, apostrophieren* ‖ **~se** *sich beschimpfen*
apóstrofe m/f ⟨Rhet⟩ *Apostrophe, (feierliche) Anrede* f ‖ fig *Schmährede* f ‖ fig *Verweis* m ‖ **-fo** m ⟨Gr⟩ *Apostroph* m, *Auslassungszeichen* n
apostura f *gefälliges Äußere* n ‖ *Haltung* f ‖ *Anstand* m
apote adv pop *im Überfluß*
apotecio m ⟨Bot⟩ *Apothecium* n, *Fruchtbehälter* m *der Schlauchpilze*
apotegma m *Denk-, Sinn|spruch* m, *Apophthegma* n
apotema m ⟨Math⟩ *Mittelsenkrechte* f
apote|ósico, ótico adj ⟨poet⟩ *verklärt* ‖ **-osis** f *Vergötterung* f ‖ *Verklärung, Apotheose* f ‖ fig *große Ehrenbezeugungen* fpl ‖ fig *Gipfel, Höhe-*

punkt m ‖ ~ *final prächtiges Schlußbild* n *(e-s Bühnenstückes,* & fig*)*
apoterapia *f* ⟨Med⟩ *Nachkur* f
apotincarse vr Chi *sich niederkauern*
a potiori adv lat *vom Stärkeren her* ‖ *von der Hauptsache her, nach der Mehrzahl*
apo|trarse vr RP *wütend werden* ‖ **–trerar** vt Chi *Landbesitz* m *in Weideplätze aufteilen* ‖ Cu *Vieh* n *in Gehege treiben*
apoyadura *f Milchandrang* m *im Euter* bzw *in den Zitzen (beim Säugen)*
apoyamano *m* ⟨Mal⟩ *Malerstock* m
apoyar vt *(unter)stützen (eine Mauer)* ‖ ⟨Bgb⟩ *abstreben, mit Strebepfeilern versehen* ‖ *lagern (Maschine)* ‖ fig *begründen (Meinung, Gesuch)* ‖ fig *verteidigen, verfechten* ‖ fig *begünstigen, fördern, helfen* ‖ fig *den Nachdruck legen auf* acc ‖ *Am (Kalb) anlegen* ‖ ◊ ~ *con citas mit Zitaten belegen* ‖ ~ *el codo en la mesa sich mit dem Ellbogen auf den Tisch stützen* ‖ ~ *la palanca* ⟨Flugw⟩ *den Steuerknüppel drücken* ‖ ~ *una moción e-n Antrag unterstützen* ‖ ~ vi *sich (auf)- stützen, sich auflehnen auf, sich anlehnen* acc ‖ *schwer aufliegen auf* dat ‖ *drücken auf* acc ‖ ~ *sobre el bocado auf Kandare reiten* ‖ ~ *sobre una nota* ⟨Mus⟩ *e-n Ton aushalten* ‖ ~**se** *sich stützen auf* acc ‖ *ruhen auf* dat ‖ *sich berufen auf* acc ‖ ~ *en el bastón sich auf den Stock stützen* ‖ ~ *contra la pared sich an die Wand lehnen*
apoyatura *f* ⟨Mus⟩ *Appoggiatur, Appoggiatura* f, *Vorschlag* m ‖ *(Unter)Stützung* f
apoyo *m Stütze* f ‖ *Lehne* f ‖ *Armlehne* f ‖ *Fensterlehne* f ‖ ⟨Tech⟩ *Unterlage* f ‖ *(Stütz)Lager* n, *Buchse, Büchse* f ‖ *Milchstrahl* m *aus der Mutterbrust* ‖ ⟨Gr⟩ *Betonen* n *e-r Silbe* ‖ fig *Stütze, Hilfe* f ‖ fig *Unterstützung* f, *Rückhalt, Beistand* m ‖ ⟨Mil⟩ *Deckung* f ‖ Am *frische Milch* f ‖ ~ *aéreo* ⟨Mil⟩ *Luftwaffenunterstützung* f ‖ ~ *de báscula Kipplager* n ‖ ~ *de caballete Bockstütze* f ‖ ~ *de cable Tragseilauflager* n ‖ ~ *colgante Hängebock* m ‖ ~ *sobre columna Ständerauflage* f ‖ ~ *de dos péndulos Zweipendel(auf)- lager* n *(Brücke)* ‖ ~ *del eje Achslager* n ‖ ~ *elástico,* ~ *flexible federnde Auflagerung* f *(Brükke)* ‖ ~ *empotrado eingespannte Auflagerung* f ‖ ⟨Tel⟩ Am *Mauerbügel* m ‖ ~ *fino festes Auflager* n ‖ ~ *flotante schwimmende Stütze* f ‖ ~ *(en forma) de gancho* ⟨Tel⟩ *Hakenstütze* f ‖ ~ *de horquilla, horquilla de* ~ ⟨Aut⟩ *Gabelstütze* f ‖ ~ *para la mano Vor-, Auf|lage* f ‖ *Armstütze* f ‖ ~ *de portahélice* ⟨Mar⟩ *Wellenbock* m ‖ ~ *de rodamiento de bolas,* Am ~ *de cojinete a bolillas Kugellagerung* f ‖ ~ *de rodillos Rollenlager* n *(Brücke)* ‖ ~ *de talón* ⟨EB⟩ *Zungendrehstuhl* m ‖ ~ *sobre tejado* ⟨Tel⟩ *Dach|ständer* m, *-gestängen* ‖ ~ *del timón Deichsel-, Gabel|stütze* f ‖ ~ *de ventana Fenster-, Sohl|bank* f ‖ ~ *vertical Steh(auf)lager* n *(Brücke)* ‖ ~ *de (las) vigas Balken|auflager* n, *-auflagerung* f, *-stützung* f ‖ *piezas* fpl *de* ~ ⟨Jur⟩ *Beweisstücke* npl ‖ *punto de* ~ *Stützpunkt* m ‖ *superficie* f *de* ~ *Auflagefläche* f ‖ *con el* ~ *de gestützt auf die Empfehlung(en) von*
apozar vt *durch Balken abteilen* ‖ ~**se** vr Sant Col Chi *sich in Pfützen sammeln (Wasser)*
apraxia *f* ⟨Med⟩ *Apraxie, Handlungsunfähigkeit* f
apre|ciabilidad *f Schätzbarkeit* f ‖ **–ciable** adj *preiswürdig* ‖ *schätzbar, berechenbar* ‖ *wahrnehmbar* ‖ *beachtlich, nennenswert* ‖ ⟨Phys⟩ *wägbar* ‖ *verehrt, geehrt (im Briefstil)* ‖ fig *achtbar, schätzenswert* ‖ ~ *por el oído hörbar* ‖ **–ciación, –ciadura** *f Schätzung, (Wert-)Bestimmung* f ‖ fig *Abschätzung* f ‖ **–ciación** *f de la prueba* ⟨Jur⟩ *Beweiswürdigung* f ‖ *un testimonio según conciencia* ⟨Jur⟩ *freie Bewertung* f *e-r Aussage* ‖ ~ *del trabajo Arbeits|beurteilung, -bewertung* f ‖ **–ciado** adj *schätzbar* ‖ *hochgeschätzt, geehrt (im Briefstil)* ‖ *poco* ~ *nicht geachtet* ‖ **–ciador** *m Schätzer, Taxator* m

apreciar vt *(ab)schätzen, taxieren, den Preis bestimmen (von* dat), *veranschlagen* ‖ *bewerten* ‖ fig *feststellen (e-e Verletzung)* ‖ fig *beurteilen* ‖ fig *zu schätzen wissen* ‖ fig *achten, hochschätzen* ‖ fig *abschätzen* ‖ fig *anerkennen* ‖ ◊ ~ *en mucho hochschätzen* ‖ *la distancia la aprecio en 100 metros* ‖ ~ *lo schätze die Entfernung auf 100 m* ‖ ~ *por beurteilen nach* (dat) ‖ ~ *por los hechos nach den Taten beurteilen*
apre|ciativo adj *schätzend, Schätzungs-, Wert- –cio* m *(Ab)Schätzung, Preisbestimmung* f ‖ *Bewertung, Beurteilung* f ‖ *Ermessen* n ‖ *Würdigung* f ‖ fig *Hochschätzung* f ‖ fig *Achtung* f ‖ fig *Wert* m ‖ ◊ *tener a uno en gran* ~ *jdn hochschätzen*
aprehen|der vt *fassen, ergreifen* ‖ *an sich nehmen, in Besitz nehmen, Besitz* m *ergreifen (von* et) ‖ *verhaften, festnehmen* ‖ *ertappen* ‖ *(Schmuggelwaren) beschlagnehmen* ‖ ⟨Philos⟩ *wahrnehmen* ‖ ◊ ~ *la posesión in Besitz treten* ‖ **–sible** adj *ergreifbar* ‖ *verständlich, faßlich* ‖ **–sión** *f Ergreifung, Festnahme* f ‖ *Vorurteil* n, *Voreingenommenheit* f ‖ ⟨Philos⟩ *Wahrnehmung* f ‖ ⟨Jur⟩ *Beschlagnahme* f ‖ *Verhaftung* f ‖ ⟨Jur⟩ *Ansichnahme, Besitzergreifung* f ‖ **–sivo** adj *wahrnehmungsfähig* ‖ *Verstandes-* ‖ *ängstlich, besorgt*
aprehen|so pp*/irr* v. **–der** ‖ **–sor** *m Ergreifer* m
apre|miadamente adv *unter Zwang* ‖ **–miador** adj *bedrückend* ‖ ~ *m Unterdrücker* m ‖ *Mahner* m ‖ **–miante** adj *bedrückend (Lage)* ‖ *erbittert (Worte)* ‖ *dringend* ‖ **–miar** vt *drücken, drängen* ‖ *zwingen, anhalten (zu)* ‖ *gerichtlich mahnen* ‖ ~ vi *dringend sein* ‖ ◊ *el tiempo apremia die Zeit drängt*
apremio *m Zwang* m, *Zwangsmittel* n ‖ *Bedrückung* f, *Druck* m ‖ *amtliche Aufforderung, Mahnung* f ‖ *Mahngebühren* fpl ‖ *Verzugszinsen* mpl *(Steuern)* ‖ ⟨Jur⟩ *Vorladung, Pfandverwertung* f ‖ *cédula de* ~ *Mahnzettel* m ‖ *por* ~ *de tiempo aus Zeitmangel* ‖ *por vía de* ~ *im Zwangs|wege, -verfahren*
apren|dedor adj/s *gelehrig(er Mensch)* ‖ **–der** vt/i *(er)lernen* ‖ *erfahren* ‖ *et vermuten* ‖ *im Gedächtnis behalten* ‖ ◊ ~ *a leer lesen lernen* ‖ ~ *(para) carnicero das Fleischerhandwerk erlernen* ‖ ~ *de (od* con) *maestro bei dem Lehrer lernen* ‖ ~ *(de memoria) auswendig lernen* ‖ *difícil de* ~ *schwer zu (er)lernen* ‖ ~**se** vr *auswendig lernen* (a et acc)
apren|diz [pl **–ces**] *m Lehr|ling, -junge* m ‖ fam *Anfänger, Neuling* m ‖ ~ *de brujo Zauberlehrling* m ‖ ~ *de comercio Handlungslehrling, kaufmännischer Lehrling* m ‖ ~ *de zapatero Schusterjunge* m ‖ ◊ *entrar de* ~ *in die Lehre treten* ‖ *falta* ~ *Lehrling gesucht* ‖ **–dices** mpl *Nachwuchs(kräfte)* fpl ‖ *m* ‖ **–diza** *f Lehrmädchen* n ‖ fam *Anfängerin* f ‖ **–dizaje** *m Lehr|zeit, Lehre* f, *-jahre* npl ‖ fig *Anfänge, erste Versuche* mpl ‖ ~ *en la explotación familiar Lehre* f *im eigenen Betrieb* ‖ ~ *en explotación ajena Fremdlehre* f ‖ *certificado de* ~ *Lehrbrief* m ‖ *contrato de* ~ *Lehrvertrag* m ‖ ◊ *poner en* ~ *in die Lehre geben*
apren|sador *m (Tuch)Presser* m ‖ **–sar** vt *pressen* ‖ *(hin)eindrücken* ‖ *pressen (Tuch)* ‖ fig *bedrücken* ‖ →a **prensar**
aprensión *f Ergreifung, Verhaftung* f ‖ *Beschlagnahme* f ‖ *leere Einbildung* f ‖ *Furcht, Besorgnis* f ‖ *falsche Vorstellung* f ‖ *Angst(vorstellung)* f ‖ *Vorurteil* n ‖ *Rücksichtnahme, Aufmerksamkeit* f ‖ *Mißtrauen* n ‖ *carente de* ~ *skrupellos* ‖ ◊ *tener poca* ~ *leichtfertig sein*
aprensivo adj *schwierig zu behandeln,* fam *heikel* ‖ *mißtrauisch, furchtsam* ‖ *kleinmütig* ‖ *überängstlich besorgt (um die Gesundheit)* ‖ *rücksichtsvoll*
apre|sador *m* ⟨Mar⟩ *Kaper, Kaperer* m ‖ *See-*

räuber m ‖ **–samiento** m ⟨Mar⟩ *Prise, Seebeute* f ‖ *Kaperei* f ‖ **–sar** vt *fangen, packen (Raubtiere)* ‖ *verhaften, gefangennehmen* ‖ ⟨Mar⟩ *kapern, erbeuten, aufbringen* ‖ **–sasondas** m ⟨Bgb⟩ *Sondefänger* m

apresor m ⟨Mar⟩ = **apresador** m

apres|tadora f *Zuricht-, Appretur|maschine* f ‖ **–tar** vt *zubereiten, zurüsten ‖ appretieren (Stoffe)* ‖ ⟨Mil⟩ *bereitstellen* ‖ **~se** *sich bereitmachen* od *sich anschicken* (a *zu*) ‖ ◊ *~ a la defensa sich zur Verteidigung bereitstellen* ‖ **–te** m *Spannschraube* m *der Wagenfedern* ‖ **–to** m *Zubereitung, Zurüstung* f ‖ *Vorbereitung* f ‖ ⟨Mil⟩ *Bereit|stellung, -schaft* f ‖ *Einrichtung* f ‖ ⟨Web⟩ *Appretur, Ausrüstung, (Textil) Veredelung* f ‖ *fábrica de ~s Appreturfabrik* f

apresu|radamente adv *in Eile, eilig* ‖ **–rado** adj *eilig, beschleunigt* ‖ *voreilig* ‖ **–ramiento** m *Eile* f ‖ *Hast* f ‖ *Eilfertigkeit* f ‖ *Beschleunigung* f ‖ *con ~ eilig, hastig*

apresurar vt *(zur Eile) drängen, antreiben ‖ beschleunigen (e–e Sendung)* ‖ ◊ *~ el paso schneller gehen* ‖ *~ vi eilen, sich sputen, vor(aus)eilen* ‖ **~se** *sich beeilen* ‖ ◊ *~ a venir eilig kommen* ‖ *~ por llegar a tiempo sich beeilen, um nicht zu spät zu kommen* ‖ *me apresuro a acusarle recibo (de)* ⟨Com⟩ *ich beeile mich, Ihnen den Empfang (von...) anzuzeigen* ‖ *apresúrate despacio eile mit Weile*

apre|tadamente adv *eng, knapp* ‖ **–tadera** f *Riemen, Strick* m ‖ *~s* pl figf *Überzeugungsgründe* mpl ‖ *Überredungsversuche* mpl ‖ **–tadero** m *Bruchband* n

apretado adj *eng, knapp* ‖ *straff* ‖ *dicht, fest* ‖ *dicht (Reihe)* ‖ *gedrängt (Schrift)* ‖ fig *schwer* ‖ *gefährlich* ‖ *dringend, drückend* ‖ fam *karg, knauserig, geizig* ‖ ◊ *estar muy ~* figf *in großer Bedrängnis sein* ‖ *andar muy ~ de tiempo* fig *k–e Zeit haben* ‖ *situación ~a schwieriger Fall* m ‖ *~ m Nach|zug* m, *-ziehen* n *(Schraube)*

apreta|dor m *Spannvorrichtung* f ‖ *Rammer, Steinsetzer* m ‖ *ärmelloses Wams, Leibchen* n ‖ *Leibbinde* f *für kleine Kinder* ‖ ⟨Typ⟩ *Schutzleisten* fpl *für Bogenballen* ‖ **–dura** f *Zusammendrücken* n ‖ *Drücken* n ‖ *Druck* m ‖ *Gedränge* n

apretar [-ie-, Am auch regelm.] vt *(an)drücken* ‖ *pressen, drücken* ‖ *spornen, die Sporen geben* ‖ *(an)stacheln* ‖ *kneifen* ‖ *zusammenpressen, -drükken* ‖ *anziehen (Schraube, Bremse)* ‖ *ballen (Fäuste)* ‖ *festklemmen* fig *festbinden* ‖ fig *in die Enge treiben, Druck ausüben* ‖ *jdm hart zusetzen* ‖ fig *ängstigen* ‖ fig *anspornen* ‖ fig *dringend bitten, drängen auf* (acc) ‖ *viel verlangen (bei der Prüfung)* ‖ ◊ *~ el acelerador, ~ el pedal del gas* ⟨Aut⟩ *den Gashebel (durch)treten* ‖ *~ el freno die (Fuß-)Bremse durchtreten* ‖ *~ entre los brazos in die Arme schließen* ‖ *~ las clavijas die Wirbel anziehen (Geige)* (& fig) ‖ *~ (con) las piernas Schenkel geben (Reiten)* ‖ *~ los dientes die Zähne zusammenbeißen* (& fig) ‖ *~ la mano die Hand drücken* ‖ *~ anziehen* ‖ *~ vi drücken, fest aufdrücken* ‖ *heftiger werden (Regen, Gewitter)* ‖ *dringend sein (Geschäfte)* ‖ *~ a correr davonlaufen, losrennen* ‖ *apretó a nevar es fing dicht zu schneien an* ‖ *el calor aprieta die Hitze wird drückend* ‖ *~ con uno* fam *auf jdn losgehen, jdn anfallen* ‖ *~ mucho* fam *es zu weit treiben* ‖ *~ de soleta, ~ los talones* fam *davonlaufen* ‖ *¡aprieta!* fam *nur immer zu! ‖ unglaublich! was Sie sagen! ‖ schön langsam!* ‖ **~se** *sich zusammenziehen* ‖ *sich eng anschließen (Soldaten)* ‖ *sich drängen, enger werden*

apretón m *heftiger Druck* m ‖ *Gedränge* n ‖ fam *Bedrängnis* f ‖ *heftiger Angriff, heftiger Stoß* m ‖ fam *heftiger Stuhldrang* m ‖ fam *kurzer und schneller Lauf, Trab* m ‖ ⟨Mal⟩ *Hervorhebung* f *(durch dunklere Färbung)* ‖ *~ de manos Händedruck* m

apretu|jar vt fam *zerknautschen* ‖ *sehr drücken* ‖ *drängen, drängeln* ‖ **–jón** m fam *Drängeln* n ‖ fam *Drücken* n

apretura f *Gedränge* n ‖ *Enge* f ‖ *Einschnürung* f ‖ *enger Raum* m ‖ *Beengung* f *(in Kleidern)* ‖ fig *Bedrängnis, Not* f ‖ *~s* pl *Eile* f ‖ *Lebensmittelbzw Geld\knappheit* f ‖

aprevenir vt And Col Guat = **prevenir**

apriesa adv pop = **aprisa**

aprietapapel m *Papier\andrücker, -haltebügel* m *(Schreibmaschine)*

aprieto m *Gedränge, Drängen* n ‖ fig *Bedrängnis* f ‖ fig *drückende Not* f ‖ fam *Klemme* f ‖ ◊ *estar en un ~ in der Klemme sitzen*

aprimar vt *verfeinern* ‖ *vollenden*

a priori adv lat *von vornherein, a priori* ‖ *conocimiento ~* ⟨Philos⟩ *Erkenntnis a priori*

aprio|rismo m ⟨Log⟩ *Apriorismus* m ‖ **–rístico** adj *aprioristisch*

aprisa adv *schnell, geschwind* ‖ *¡~! rasch! los!*

apris|car [c/qu] vt *einpferchen* ‖ **–co** m *Pferch* m ‖ *(Schaf)Hürde* f

aprisio|namiento m *Gefangennahme* f ‖ *Einspannung* f, *Festklemmen* n ‖ **–nar** vt *verhaften, einkerkern* ‖ *ein-, fest\klemmen* ‖ *festbinden* ‖ fig *bestricken* ‖ ⟨poet⟩ *fesseln*

aproado adj ⟨Mar⟩ *vorlastig*

aproar vi ⟨Mar⟩ *Kurs nehmen* (a *auf* acc) ‖ fig *fahren nach*

apro|bación f *Billigung, Genehmigung, Gutheißung, Anerkennung* f ‖ *günstige Aufnahme* f ‖ *Zustimmung* f, *Einvernehmen* n ‖ *Druckerlaubnis* f ‖ *Probezeit* f ‖ *año de ~ Probejahr* n *(z. B. in e–m Orden)* ‖ *~ de un balance Genehmigung* f *e–r Bilanz* ‖ *~ de la gestión del consejo de administración Entlastung* f *des Verwaltungsrates* ‖ *~ de una ley Verabschiedung* f *e–s Gesetzes* ‖ *~ del presupuesto Verabschiedung* f *des Haushalts* ‖ *~ judicial* ⟨Jur⟩ *gerichtliche Bestätigung* f ‖ *~ por mayoría Approbation* f *mit Stimmenmehrheit (Prüfung)* ‖ ◊ *su propuesta tiene (od merece) nuestra ~ Ihr Vorschlag findet unseren Beifall* ‖ **–bado** adj *zugelassen, approbiert, genügend, bestanden (bei e–r Prüfung)* ‖ *~ m Genügend, Bestanden* f *(Prüfungsnote)* ‖ *approbierter Kandidat* m ‖ **–bador** m *Beifallspender* m ‖ **–bante** m *Beipflichter* m ‖ *Bücherzensor* m

aprobar [-ue-] vt/i *billigen, gutheißen* ‖ *beipflichten* (gen) *(Meinung, Lehre)* ‖ *jdm Beifall spenden* ‖ *approbieren (Prüfung)* ‖ ◊ *~ el acta de la sesión das Protokoll der Sitzung genehmigen* ‖ *~ con la cabeza zunicken* ‖ *~ una cuenta e–e Rechnung für richtig (an)erkennen* ‖ *~ una ley ein Gesetz verabschieden* ‖ *ein Gesetz beschließen* ‖ *~ una moción e–n Antrag durchgehen lassen* ‖ *~ un curso ein Studienjahr absolvieren* ‖ *~ plebiscitariamente, ~ por plebiscito et durch Volksabstimmung billigen* ‖ *~ todas las asignaturas in allen Unterrichtsfächern bestehen (Prüfung)*

apro|bativo, –batorio adj *beifällig, billigend, zustimmend* ‖ *murmullo ~ Beifallsgemurmel* m

aproches mpl ⟨Mil⟩ *Außenwerke* npl ‖ ⟨Mil⟩ *Laufgräben* mpl ‖ ⟨Mil⟩ *Annäherungsgraben* m ‖ ⟨Mil⟩ *Belagerungsarbeiten* fpl ‖ Bol = *alrededores*

apron|tamiento m *schnelle Anschaffung, Lieferung* f ‖ *Beschaffung* f ‖ *Bereitstellung* f ‖ **–tar** vt *schnell anschaffen, liefern* ‖ *bereitstellen* ‖ *beschaffen* ‖ *bar erlegen (Geld)* ‖ ⟨Mil⟩ *mobil machen (Truppen)* (→ a *movilización*)

apro|piabilidad f *Aneignungsfähigkeit* f ‖ **–piable** adj *aneignungsfähig*

apro|piación f *Zu-, An\eignung* f ‖ *Okkupation* f ‖ *Anpassung* f ‖ *~ de objetos hallados* ⟨Jur⟩ *Fundunterschlagung* f ‖ *~ indebida* ⟨Jur⟩ *Unterschlagung* f ‖ *~ indebida por funcionario* ⟨Jur⟩ *Amtsunterschlagung* f ‖ **–piadamente** adv *auf geeignete Art* ‖ **–piado** adj *geeignet, angemessen,*

sachdienlich, passend || *triftig* || los medios ~s *die geeigneten Mittel* npl || **-piar** vt *anpassen* || *zueignen, zuerkennen* || ◊ ~ para si *für sich anpassen* || **~se** *sich aneignen (*[de] a *et* acc*)*
apropincuarse [c/qu] vr *sich nähern (meistens* joc*)*
aprosexia f ⟨Med⟩ *Aprosexie, Störung f des Aufmerksamkeitsvermögens, Konzentrationsschwäche* f
aprovecer vi Ast *Fortschritte* mpl *machen* || Ast *nützen*
aprove|chable adj *nutzbar, nützlich* || *brauchbar* || *verwertbar* || ⟨Bgb⟩ *abbauwürdig* || **-chadamente** adv *auf nützliche, ersprießliche Art* || **-chado** adj *aufgeweckt, geschickt* || *findig* || fam *fix* || *gelehrt* || *fortgeschritten (Lernen; Kunst* usw*)* || *fleißig (Schüler)* || *übertrieben sparsam* || ◊ *salir* ~ *wohl geraten (Kind)* (& iron) || es un ~ desp *er ist ein Ausnutzer* || con ~a condición ⟨Sch⟩ *mit Erfolg* || **-chamiento** m *Nutzen, Vorteil* m || *Ausnützung* f || *Benutzung, Auswertung* f || ⟨Jur⟩ *Nutznießung* f || *Fortschritt* m || *Vervollkommnung* f || *Erfolg* m || ~ de aguas *Wassernutzung* f || ~ de aguas residuales, ~ de salida *Abwasserverwertung* f || ~ de basuras *Müllverwertung* f || || ~ del calor *Wärmeausnutzung* f || ~ de desperdicios *Abfallverwertung* f || ~ de(l) espacio *Platz-, Raum|ausnutzung* f || ~ forestal *Waldnutzung* f || ~ del gas de escape *Abgasverwertung* f || ~ de pastos *Weidewirtschaft* f || ~ pacífico de la energía nuclear *friedliche Nutzung der Kernenergie* || ~ de los recursos hidráulicos *wasserwirtschaftliche Erschließung* f *(e-s Gebietes)* || ~ del suelo, ~ del terreno, ~ de la tierra *Bodennutzung* f
aprovechar vt *benutzen* || *Nutzen ziehen (aus)* || *anwenden, gebrauchen* || *ausnutzen (Zeit)* || ⟨Mar⟩ *(an)luven (zur vollen Ausnutzung des Windes)* || ◊ ~ una ocasión *e-e Gelegenheit (be)nutzen (od wahrnehmen od ausnutzen)* || ~ vi *nützen, helfen* || fig *Nutzen bringen* || fig *vorwärtskommen* || ¡que aproveche! *wohl bekomm's!* || *guten Appetit!* || ~ en los estudios im *Lernen vorwärtskommen* || no ~ para nada *unbrauchbar sein* || **~se** *sich zunutze machen, sich bedienen* (gen) || *sich vervollkommnen in* (dat) || ◊ ~ de alg. fig *jdn ausnützen, ausbeuten* || *vergewaltigen, mißbrauchen (e-e Frau)*
aprovisio|namiento m *Versorgung, Verproviantierung* f || *Zufuhr* f || *Eindeckung* f || ⟨Mil⟩ *Verpflegung* f || ~ de aguas *Wasserversorgung* f || ~ de materias fisibles *Versorgung* f *mit spaltbarem Material* || **-nar** vt *versehen, verproviantieren (mit)* || *beliefern, verpflegen, versorgen* || *durchladen (Gewehr)* || **-se** vr: ~ de *sich eindecken mit, sich verproviantieren* || ◊ ~ de carburante *Brennstoff* m *aufnehmen* || ~ de gasolina *tanken*
aproxima|ción f *Annäherung, Näherung* f || ⟨Math⟩ *Näherungswert* m || *(in der* span. *Lotterie) Kleingewinn* m, *der auf die restlichen Nummern des den Haupttreffer enthaltenden Hunderts entfällt, Trostprämie* f || ~ automática ⟨Tech⟩ *Selbstzustellung* f || ~ oscilante *Schwingachse* m || cálculo por ~ *ungefähre Berechnung* f, *Überschlag* m || **-damente** adv *ungefähr, etwa, circa, zirka, ca.* || **-do** adj *nächstgelegen, der nächste* || *annähernd, ungefähr (Berechnung)*
aproximar vt *(ab)nähern, heranführen, näher bringen (od stellen)* || **~se** *sich nähern, nahen* || ⟨Mil⟩ *anrücken, sich heranarbeiten* || ◊ ~ al borde de la calzada ⟨Aut⟩ *an den Fahrbahnrand heranfahren* || ~ por el lado derecho ⟨Aut⟩ *von rechts kommen* || la hora decisiva se aproxima *die entscheidende Stunde naht (od rückt heran)*
aproximativamente adv Arg Chi = **aproximadamente**
ápside m ⟨Astr⟩ *Apside* f

aptamente adv *auf geschickte Art (und Weise)*
aptar vt *anpassen*
apterígidas fpl ⟨V⟩ *Kiwis* mpl (Apterygidae)
apterigógenos mpl ⟨Entom⟩ *Urinsekten* npl, *Apterygoten* pl (Apterygota pl)
aptérix m ⟨V⟩ *Kiwi* m
áptero adj/s *ungeflügelt(es Insekt* n*), apterygot*
aptitud f *Fähigkeit, Befähigung* f || *Eignung* f || *Geschick* n || *Tauglichkeit* f || *natürliche Veranlagung* f || ~ para conducir vehículos ⟨Aut⟩ *Eignung* f *zum Führen von Fahrzeugen* || ~ para el engorde *Mastfähigkeit* f *(Tierzucht)* || ~ para los idiomas *Sprachbegabung* f || ~ lechera *Milchleistung* f *(Tierzucht)* || ~ para temple y revenido ⟨Metal⟩ *Vergütbarkeit* f || ~ probatoria ⟨Jur⟩ *Beweisgeeignetheit* f || ~ profesional *berufliche Befähigung* f *(od Eignung)* f || certificado de ~ *Befähigungszeugnis* n || *Reifezeugnis* n
apto adj *fähig, befähigt* || *tauglich, geschickt (zu)* || *brauchbar* || "~ para menores" ⟨Filmw⟩ „*für Jugendliche zugelassen*", *jugendfrei* || ~ para navegar ⟨Mar⟩ *seetüchtig* || ~ para el servicio ⟨Mil⟩ *(dienst)tauglich* || ~ para trabajar *arbeitsfähig* || ◊ ser ~ para todo *zu allem fähig sein, dienen* || **~amente** adv *auf geschickte Art (und Weise)*
apud prep lat *bei (im Werk von)*: ~ Cervantes *bei Cervantes*
apuesta f *Wette* f || *Wettbetrag* m || *Einsatz* m || de ~, por ~, sobre ~ fam *um die Wette* || ◊ hacer una ~ *wetten* || ~s mutuas deportivas *Toto* m *(Fußball-* usw*)*
apuesto adj *ausgeschmückt* || *schmuck* || *nett* || fam *sauber* || *stolz* || adv: **~amente**
apulgarar vi *mit dem Daumen drücken* || **~se** vr *Stockflecken bekommen (feuchte Wäsche)*
apulso m ⟨Astr⟩ *Berührung* f
apunado adj ⟨Arg⟩ *erschöpft* || *schwach* || *mager* || *bergkrank*
apunarse vr Am *an der Soroche(berg)krankheit erkranken*
apun|tación f *Zielen, Richten* n, *Anschlag* m *e-r Schußwaffe* || *Anmerkung, Notierung, Aufzeichnung* f || *Anteilschein* m *an e-m Lotterielos* || ⟨Mus⟩ *Musikschrift* f || ⟨Mus⟩ *Arrangement* n, *Einrichtung* f || **-tado** adj *stachelig, spitz, (zu-) gespitzt* || *angestochen (Wein)* || ~ m ⟨Arch⟩ *Aussteifung* f || **-tador** m *Schleifer, Zuspitzer* m || ⟨Mil⟩ *Zieler* m || ⟨Mil⟩ *(Richt)Kanonier* m, *Richtschütze* m || ⟨Th⟩ *Souffleur* m || ⟨Arg⟩ *Gerichtsbote* m || Arg *Anschreiber* m || concha de ~ ⟨Th⟩ *Souffleurkasten* m || ~ auxiliar ⟨Mil⟩ *Hilfsrichter* m || **-tadora** f ⟨Th⟩ *Souffleuse* f || *Spitzmaschine* f || ~ de alambre *Drahtanspitzmaschine* f
apunta|lamiento m *Abstützen* n || ⟨Bgb⟩ *Grubenzimmerung* f || ~ de galerías ⟨Bgb⟩ *Streckenzimmerung* f || ~ de hierro *Stahlausbau* m || **-lar** vt ⟨Arch⟩ *(ab)stützen, abfangen* || *abspreizen* || *verstreben, absteifen* || ⟨Bgb⟩ *mit Stempeln abstützen, zimmern, verstreben* || Ec *sich mit e-m Imbiß stärken* || ⟨Tech⟩ *(e-n Keil) unterlegen*
apuntamiento m *Zielen* n || *Andeutung* f || *Bemerkung* f || ⟨Th⟩ *Soufflieren* n || *Verzeichnis* n || *Stich* m *des Weins* || ⟨Jur⟩ *Aktenauszug* m || ⟨Jur⟩ *schriftliche Behauptung* f || ⟨Jur⟩ *Terminanberaumung* f
apuntar vt/i *aufs Korn nehmen, abzielen* (a, sobre *auf* acc) || *richten (Schußwaffe)* || *anschlagen (Gewehr)* || *einstellen* || *spitz zuschleifen, zuspitzen* || *mit dem Finger deuten auf* (acc) || *andeuten, zu verstehen geben* || *hinweisen auf*(acc) || *skizzieren* || *verzeichnen, notieren, bemerken, mit e-r Anmerkung versehen* || *(zusammen)heften* || fam *flicken, stopfen (Wäsche)* || *auf e-e Karte setzen (im Spiel)* || ⟨Jur⟩ *anberaumen*

(Termin), ⟨Jur⟩ *in Auszug bringen* ‖ ⟨Th⟩ *soufflieren, nachhelfen* ‖ *ein-, vor|sagen (Schüler)* ‖ ◊ ~ en una lista *in e-e Liste eintragen* ‖ ¡apúntame en esa lista! figf *ganz deiner Meinung!* ‖ lo he apuntado en su Debe ⟨Com⟩ *ich habe damit Ihre Rechnung belastet* ‖ ~ vi *anbrechen (Tag)* ‖ *aufbrechen (Knospen)* ‖ *sprießen (Bart, Pflanze)* ‖ *anfangen, sich zu zeigen (Krankheit)* ‖ *mitspielen (Lotterie)* ‖ fig *auftauchen* ‖ le apunta el bozo *ihm sprießt der (erste) Flaum* ‖ ~ y no dar fig *versprechen und nicht halten* ‖ ¡apunten! ⟨Mil⟩ *legt an!* ‖ ~se *e-n Stich bekommen, umschlagen (Wein)* ‖ fam *e-n leichten Rausch bekommen* ‖ ◊ ~ a un partido fam *in e-e Partei eintreten*
apunte m *Zielen* n ‖ *Anmerkung, Notiz* f ‖ ⟨Mal⟩ *Skizze* f ‖ ⟨Kart⟩ *der einzelne Satz auf e-e Karte* ‖ *Stich* m *im Spiel* ‖ *Punkt* m *(bei e-r Prüfung)* ‖ ⟨Th⟩ *Stichwort* n *des Souffleurs* ‖ ⟨Th⟩ *Souffleur* m ‖ ⟨Th⟩ *Soufflierbuch* n ‖ *Inspizient* m ‖ fam *Spitzbube* m ‖ *Gauner, Schelm* m, pop *Knilch* m ‖ ~ del natural ⟨Mal⟩ *Skizze nach der Natur* ‖ ~s mpl *Aufzeichnungen* fpl ‖ ~ primitivos *Uraufzeichnung* f
apuntillar vt ⟨Taur⟩ *dem Stier den Genickstoß geben*
apuñadar vt Ar = **apuñear**
apuña|lado adj *dolchförmig* ‖ **-lar** vt *jdm Dolchstöße versetzen* ‖ *(jdn) erdolchen, niederstechen* ‖ **-lear** vt Col Chi = **-lar**
apu|ñar vt *mit der Faust packen, schlagen* ‖ ~ vi *die Hand ballen* ‖ **-ñear** vt fam *mit der Faust schlagen* ‖ fam *prügeln* ‖ **-ñegar** [g/gu] vt Ar *mit der Faust schlagen* ‖ fig *zerdrücken* ‖ fig *erzürnen* ‖ Arg *zanken, streiten*
apuñetear vt *mit den Fäusten schlagen*
apuñuscar vt Chi Pe = **apañuscar** ‖ Guat Hond *sich anhäufen*
apupar vt Ec *auf dem Rücken tragen*
apura|cabos m *Lichtsparer* m ‖ *Kerzenhalter* m ‖ **-ción** f *Untersuchung* f ‖ *Vollendung* f ‖ *Ausnutzen* n ‖ = **apuro** ‖ **-damente** adv fam *präzis, zur rechten Zeit* ‖ fam *soeben, genau* ‖ Arg Chi Pe *eilig, überstürzt*
apurado adj *in Verlegenheit, verlegen* ‖ *bedrängt (Lage)* ‖ *leer* ‖ fig *erschöpft* ‖ *arm, mittellos* ‖ *sorgfältig* ‖ *pünktlich* ‖ *ängstlich* ‖ *schwierig, heikel* ‖ fam *scharf ausrasiert* ‖ Arg Chi *eilig, geschäftig* ‖ *de medios in Geldverlegenheit* ‖ ◊ estar (muy) ~ in *(großer) Not sein* ‖ Arg Chi Pe *es eilig haben*
apurador m *Läuterer* m ‖ *lästiger Mensch* m ‖ *Lichtsparer* m
apuralápices m *Bleistiftverlängerer* m
apuranieves f ⟨V⟩ *Bachstelze* f (→ **nevatilla, lavandera** blanca)
apurar vt *reinigen, läutern* ‖ *erschöpfen, aufbrauchen* ‖ *genau untersuchen, erwägen* ‖ *erschöpfen (Geduld)* ‖ *beenden* ‖ ⟨Jur⟩ *erschöpfen* ‖ fig *belästigen* ‖ *jdn zum Äußersten treiben* ‖ fam *ausrauchen (Zigarre)* ‖ *austrinken, leeren* ‖ *zur Eile drängen* ‖ Am *zwingen* ‖ ◊ ~ la copa del dolor hasta las heces fig *den Kelch des Leidens bis zur Neige leeren* ‖ ~ responsabilidades *die Schuldigen zur Verantwortung ziehen* ‖ ~ vi *drängen* ‖ *eilig bzw drückend sein* ‖ fam *scharf ausrasieren* ‖ ~se *sich grämen, sich quälen, sich betrüben* ‖ *sich et. zu Herzen nehmen* ‖ Arg Chi *sich beeilen* ‖ ◊ ~ por poco fig *gleich den Mut verlieren* ‖ ¡no se apure! *haben Sie keine Angst!*
apure m ‖ ◊ ir de ~ fam *zur Neige gehen*
apurismado adj Ec *schwächlich, kränklich*
apuro m *Kummer, Gram* m ‖ *unangenehme Lage* f ‖ *Bedrängnis* f ‖ *Dürftigkeit* f ‖ *(Geld) Verlegenheit* f ‖ *Not* f ‖ Am *Drängen* n ‖ Am *Eile* f ‖ ◊ V. me pone en un ~ *Sie bringen mich in eine heikle Lage* ‖ me da ~ fam *das ist mir peinlich*
apurrir vt Ast Sant *(e-m entfernt Stehenden) et reichen*
apurruñar vt Am *zerknüllen*
aquebrazarse vr Ar *rissig werden (Hand, Fuß)*
aquejar vt *drängen, in die Enge treiben* ‖ fig *quälen, betrüben (z. B. Krankheit)*
aquejumbrarse vr Cu Guat *sich beklagen*
aquel, aquella, aquello [**aquél, aquélla** *wenn alleinstehend ohne* s] pron dem *jener, jenes* ‖ *der, die, das dort* ‖ *dortig* ‖ *der-, die-, das|jenige* ‖ *dort befindlich* ‖ un aquél joc *Dingsda* ‖ con el aquél de que pop *unter dem Vorwand, daß* ‖ todo aquél que *jeder, der* ‖ como aquello de ... *wie man zu sagen pflegt* ‖ *wie die Geschichte von (dat)* ‖ ◊ tener un aquél fam *das gewisse Etwas haben* ‖ ¡ya pareció aquello! fam *da haben wir es!*
aquel m fam *Reiz* m, *Anmut, Grazie* f ‖ fam *das gewisse Etwas* n ‖ *Schick* m ‖ ◊ habla con mucho ~ fam *er spricht sehr unterhaltend, witzig*
aquelarre m *Hexensabbat* m ‖ *Lärm* m
aquellar vt (~se vr) fam *Zeitwort, das gebraucht wird, wenn man den richtigen Ausdruck nicht genau kennt oder nicht anwenden will (vgl Dingsda, Soundso bei Hauptwörtern), «sonst was» sagen od tun*
aquende adv ⟨Lit⟩ *diesseits* ‖ ~ el rio *diesseits des Flusses*
aquenio m ⟨Bot⟩ *Achäne, Schließfrucht* f *(der Korbblütler)*
aqueo adj *achäisch* ‖ *griechisch* ‖ ~s mpl *die Achäer*
aquerarse vr Sor *wurmstichig werden (Holz)* (→ **apolillarse**)
aquerenciarse vr *sich eingewöhnen (irgendwo)* ‖ → a **encariñarse** ‖ ~ a un lugar *sich an einem Ort heimisch machen, gern aufhalten (bes v Tieren)*
Aqueronte m *Acheron* m *(Unterweltsfluß der griechischen Mythologie)* ‖ fig *Hölle* f
aquese (~**sa**, ~**so**) pron dem ⟨poet⟩ = **ese**
aqueste pron dem ⟨poet⟩ = **este**
áqueta f ⟨Entom⟩ *Zikade* f (→ **cigarra**)
aquí adv *hier* ‖ *hierorts, hierzulande* ‖ *(hier) her* ‖ *jetzt* ‖ *abajo hier auf Erden* ‖ ~ cerca, cerca de ~ *hier in der Nähe* ‖ ~ estoy, ⟨Lit⟩ heme ~ *hier bin ich* ‖ de ~ *daher, daraus* ‖ *von dieser Zeit an* ‖ *von hier, hiesig* ‖ no soy de ~ *ich bin nicht von hier, ich bin hier fremd* ‖ ~ mismo *gerade hier, hierselbst* ‖ *auf der Stelle* ‖ de ~ a un poco *bald* ‖ de ~ a (od en) ocho días *heute in acht Tagen* ‖ de ~ en adelante *von nun an, von jetzt an* ‖ de ~ para alli *hin und her* ‖ de ~ (es) que *daher (kommt es, daß ...)* ‖ desde ~ *von hier aus* ‖ estoy de eso hasta ~ pop *es steht mir bis hier, ich habe es satt, es hängt mir zum Halse heraus!* ‖ hasta ~ *bis hierher* ‖ *bis jetzt* ‖ para entre los dos *unter uns gesagt* ‖ por ~ *hier|her, -hin* ‖ *hierdurch* ‖ *daraus, dadurch* ‖ *[unbestimmtes] hier* ‖ ~ está la dificultad *darin liegt die Schwierigkeit* ‖ ~ fue Troya fig *hier ist die Unglücksstätte* ‖ puesto ~ ⟨Com⟩ *ab hier* ‖ ¡~! *aufgepaßt! Achtung!* ‖ ¡~ de Dios! *Gott steh mir bei!* ‖ ¡he ~! ¡ve ~! ¡ved ~! *siehe, siehe da!* ‖ ¡helos ~! *da sind sie!* ‖ ¡tú, por ~! *du hier!* ‖ ¡ven ~! *komm her!* ‖ ~ te cojo, ~ te mato *frisch gefangen, frisch gehangen*
aquiescencia f *Einwilligung, Zustimmung* f *(zu* dat*)*
aquietar vt *beruhigen, besänftigen* ‖ ~se *sich zufriedengeben*
aquifolio m ⟨Bot⟩ *Stechpalme* f (Ilex aquifolium) (→ **acebo**)
aquila|tamiento m s v **-tar** ‖ **-tar** vt *(Gold, Edelsteine) prüfen* ‖ *den Feingehalt bestimmen* ‖ fig *läutern* ‖ fig *prüfen, erproben* ‖ fig *richtig einschätzen*

aquilea f ⟨Bot⟩ *(Schaf)Garbe* f (Achillea spp)
Aquiles m *Achilles* m ‖ *tendón de* ~ ⟨An⟩ *Achillessehne* f ‖ fig *Achillesferse* f ‖ *argumento de* ~ fig *schlagender Beweis* m
aquiliano adj ⟨Jur⟩ *aquilisch, außervertraglich*
aquilino adj ⟨poet⟩ *Adler-* (→ **aguileño**)
aqui|lón m *Norden, Nordpol* m ‖ *Nordwind* m ‖ **–lonal** adj *nördlich* ‖ fig *kalt, winterlich (Wetter)*
aquillado adj *kielförmig* ‖ *mit langem bzw breitem Kiel (Schiff)*
aquimia f ⟨Med⟩ *mangelnde Chymusbıldung* f
Aquisgrán *Aachen (Stadt)*
aquistar vt *erobern* ‖ *erlangen*
aquitano m/adj *Aquitanier* m ‖ ~ adj *aquitanisch*
aquivo m/adj *Achäer* m ‖ ~ adj *achäisch*
¹**ara** f [el] *(Opfer)Altar* m ‖ *Altarstein* m ‖ *en* ~s *de la justicia um der Gerechtigkeit willen* ‖ *en (las)* ~s *de la patria dem Vaterland zum Opfer* ‖ ◊ *acogerse a las* ~s *sich unter jds Schutz stellen*
²**ara** m *Ara* m *(südam. Papagei)*
árabe adj *arabisch* ‖ ~ *saudita* adj/s *saudiarabisch* ‖ ~ m *Saudiaraber* m ‖ *estilo* ~- *español spanisch-arabischer Stil* ‖ *cifras* ~s *arab. Ziffern* fpl ‖ ~ m *Araber* m ‖ *die arab. Sprache* ‖ fam *Flegel* m ‖ Abk: **ár.**
arabesco adj *arabisch (Stil)* ‖ ~ m *Arabeske* f, *Schnörkel* m
Arabia f *Arabien* n ‖ ~ *Feliz das glückliche Arabien* ‖ ~ *Pétrea das steinige Arabien* ‖ ~ *Saudita Saudi-Arabien* n
arábigo adj *arabisch* ‖ *Golfo* ~ *der Arabische Golf* ‖ *goma* ~a *Gummiarabikum* n ‖ *cifras* ~as *arab. Ziffern* fpl ‖ ~, **arábico, arabio** m/adj *arabisch* n, *arab. Sprache* f ‖ *arabisch* ‖ ◊ *hablar en* ~ figf *sich unverständlich ausdrücken*
arabinosa f *Arabinose* f *(einfacher Zucker)*
arabismo m *Arabismus, arabischer Ausdruck* m
arabista m *Arabist, Kenner* m *des Arabischen*
arabi|zación f *Arabisierung* f ‖ **–zar** vt *arabisieren*
arable adj *anbaufähig, urbar, pflügbar (Land)* ‖ *suelo* ~ *Ackerboden* m
arac m *Arrak* m *(Branntwein)*
aráceas fpl ⟨Bot⟩ *Aronstabgewächse* npl (Araceae)
arácnidos mpl ⟨Zool⟩ *Spinnentiere, spinnenartige Tiere* npl, *Arachn(o)iden* pl
aracnodactilia f ⟨Med⟩ *Arachnodaktylie, Spinnenfingrigkeit* f
arac|noide adj *arachnoid, spinnenähnlich* ‖ *spinnwebartig* ‖ ~s f ⟨An⟩ *Arachnoidea, Spinngewebshaut* f *(des Gehirns)* ‖ **–nología** f *Aracnnología, Spinnenkunde* f ‖ **–nólogo** m *Arachnologe, Spinnen|forscher, -kundiger* m
arada f *Ackern, Pflügen* n ‖ *Joch* n *(altes Feldmaß)* ‖ *umgepflügtes Land* n ‖ *Sal Ackerzeit* f
arado m *Pflug* m ‖ *Pflügen, Ackern* n ‖ *Col (Gemüse) Garten* m ‖ ~ *alternativo Wechselpflug* m ‖ ~ *aporcador Häufelpflug, Häufler* m ‖ ~ *automóvil,* ~ *de motor Motorpflug* m ‖ ~ *basculante Kipppflug* m ‖ ~ *binador Hackpflug* m ‖ ~ *común Schwingpflug* m ‖ ~ *de arrastre Anhängepflug* m ‖ ~ *de bancales Beetpflug* m ‖ ~ *de bastidor Rahmenpflug* m ‖ ~ *de canteros Am Beetpflug* m ‖ ~ *de desfonde Tiefkultur-, Umbruch|pflug* m ‖ ~ *de discos Scheibenpflug* m ‖ ~ *de drenaje Dränpflug* m ‖ ~ *escarificador Saatpflug* m ‖ ~ *de manceras Stelzpflug* m ‖ ~ *múltiple Kultivator* m ‖ ~ *de reja Scharpflug* m ‖ ~ *de subsuelo Untergrund|pflug, -lockerer* m ‖ ~ *de tiro,* ~ *de tracción,* ~ *de remolque Gespann-, Zieh|pflug* m ‖ ~ *de tractor Schlepper-, Trecker|pflug* m ‖ ~ *excavador Grabenpflug* m ‖ ~ *para la*

nieve Schneepflug m ‖ ~ *patatero Kartoffel (rode)pflug* m ‖ ~ *rastrojero Schälpflug* m ‖ ~ *romano Schwingpflug* m ‖ ~ *topo,* ~ *de zapa Maulwurfpflug* m ‖ ~ *universal Universalpflug* m ‖ ~ *viñero;* ~ *vitícola Weinbergpflug* m ‖ ◊ *no prende de ahí el* ~ figf *nicht darin liegt die Schwierigkeit*
arador m *Pflüger* m ‖ *Ackers-, Land|mann* m ‖ ⟨Zool⟩ *Milbe* f ‖ *am. Reitlaus* f ‖ ~ *del queso Käsemilbe* f ‖ ~ *de la sarna Krätzmilbe* f (Sarcoptes scabiei) ‖ **–dro** m prov = **arado**
aradura f *Pflügen, Ackern* n
Aragón m *Aragonien,* span. *Landschaft od Region* ‖ *el Alto* ~ *Nordaragonien*
arago|nés es adj *aragon(es)isch* ‖ *jota* –*nesa ar Jota* f *(Nationaltanz)* ‖ ~ m *Aragonier, Aragonese* m ‖ *ar Mundart* f ‖ **–nesismo** m ar *Redensart* f bzw ar *Ausdruck* m
aragoni|ta f, **-to** m ⟨Min⟩ *Aragonit* m
araguato m *Am Brüllaffe* m
ara|lia f ⟨Bot⟩ *Aralie* f (Aralia spp) ‖ **–liáceas** fpl ⟨Bot⟩ *Efeugewächse* npl (Araliaceae)
arambel m *Tapetenleinwand* f ‖ pop *Behang* m ‖ fig *Lumpen* m ‖ fig *Fetzen* m
arambol m *Pal Vall Treppengeländer* n
arameo m/adj *Aramäer* m ‖ ~ adj *aramäisch*
aramio m *Brachfeld* n ‖ ◊ *estar de* ~ *brachliegen (Feld)*
arán m ⟨Bot⟩ *Al Schlehdorn* m (Prunus spinosa) ‖ *Schlehe* f
arana f *Betrug* m ‖ *Lüge* f ‖ fam *Schmu* m
aran|cel m *(Zoll)Tarif* m ‖ *Preistabelle* f ‖ *Gebührentabelle* f ‖ fig *Liste* f, *Verzeichnis* n ‖ fig *Richtschnur* f ‖ ~ *aduanero Zolltarif* m ‖ ~ *de abogado Gebührenverordnung* f *für Rechtsanwälte* ‖ ~ *común* (C. E. E.) *gemeinsamer Außenzoll* m *(EG)* ‖ ~ *preferencial Präferenzzoll(satz)* m ‖ ~ *prohibitivo Sperrzoll* m ‖ ~ *protector (od proteccionista) Schutzzoll* m ‖ **–celar** vt *Am bezahlen* ‖ *Guat (Stamm)Kunde werden* ‖ **–celario** adj *tarifmäßig* ‖ *Gebühren-* ‖ *barrera* ~a *Zollschranke* f ‖ *derechos* ~s *Zölle* mpl ‖ *ley* ~a *Zollgesetz* n ‖ *Zollordnung* f
arándano m *Heidelbeerstrauch* m (Vaccinium myrtillus) ‖ *Heidel-, Blau|beere* f ‖ ~ *americano Moos-, Cran|beere* f (Vaccinium macrocarpon) ‖ ~ *de los pantanos Rauschbeere* f (Vaccinium uliginosum) ‖ ~ *encarnado Preiselbeere* f (V. vitis-idaea)
arandela f *Leuchtertülle* f ‖ *Nabenbüchse* f *am Wagen* ‖ ⟨Tech⟩ *Metall-, Reib|ring* m ‖ *Unterlegscheibe* f ‖ *Lamelle* f ‖ *Wandleuchter* m ‖ *Tischleuchte* f ‖ ⟨Mar⟩ *Pfortluke* f ‖ ⟨Mil⟩ *Scheibenring* m ‖ *Al Schwalbe* f ‖ *Am Halskrause* f ‖ Col *Umschweife* mpl ‖ *Ausflucht* f, *Vorwand* m ‖ ~ *de aceite Ölspritzring* m ‖ ~ *de brida Flanschring* m ‖ ~ *elástica Federring* m, *federnde Unterlegscheibe* f ‖ ~ *de fieltro Filz(unterleg)scheibe* f ‖ ~ *de guarnición Dichtungs|ring* m, *-scheibe* f ‖ ~ *de presión Druck|ring* m, *-scheibe* f ‖ ~ *de seguridad Sicherungsscheibe* f, *Federring* m ‖ ~ *roscada Gewindering* m
arandillo m ⟨V⟩ *Rohrsänger* m (Acrocephalus spp) (→ **carricerín, carricero**)
arandino adj *aus Aranda del Duero* (P Burg)
aranero m *Lügner, Betrüger* m
aranés adj *aus dem Arántal (span Pyrenäen)*
arangorri m ⟨Fi⟩ *Meersau* f (Scorpaena scrofa)
Aranjuez *Aranjuez* (P Madr)
araña f *Spinne* f ‖ *Seespinne* f ‖ *(See)Drache* m ‖ ⟨Bot⟩ *Frauenhaar* n ‖ *Armkronleuchter, Lüster* m ‖ *Wand-, Wurf|netz* n ‖ ⟨Jgd⟩ *Spinnennetz* n ‖ ⟨Mar⟩ *Hahnepot* f ‖ ⟨Bgb⟩ *Verästelung* f *im Gestein* ‖ fig *Straßendirne* f ‖ *Murc Raffen* n ‖ Chi *leichter Wagen* m *(Einspänner)* ‖ Cu *Art Hirse* f ‖ ~ *de agua Wasserspinne* f (Argyroneta aquatica) ‖ ~ *cazadora Jägerspinne* f (Lycosa spp) ‖ *Mauerspinne* f (Salticus scenicus)

Araña — árbol 102

|| ~ de cruz *Kreuzspinne* f (Araneus diadematus) || ~ doméstica, ~ común *Hausspinne* f (Tegenaria domestica) || *in Mittelmeerländern:* (Teutana triangulosa) || ~ de mar, pez ~ *Seespinne* f (Maja squinado) || ~ podadora Am → **podadora** || ~ zancuda *Laufspinne* f (Pholcus sp || Holocnemus sp) *fälschlich: Weberknecht* m (→ **segador** ⟨Zool⟩) || patas de ~ *fam schwache und krumme Beine* npl || *spindeldürre Beine* npl || *tela de* ~, red de ~ *Spinnen\netz, -gewebe* n || ◊ picóme una ~ y atéme una sábana figf *viel Lärm um nichts, aus e–r Mücke e–n Elefanten machen*
Araña np: parecerse al capitán ~ *fam jdm zu e–r S. raten, die man selbst nie tun würde*
ara|ñada f *Menge f von Spinnen* || *Kratzwunde* f || **~ñador** m *Atlasschere* f *(der Tucharbeiter)* || ⟨Mus⟩ fam *schlechter Spieler, Kratzer* m || **–ñamiento** m *(Zer)Kratzen* n
ara|ñar vt *(zer)kratzen, aufkratzen* || *schrammen* || *(auf)ritzen (z.B. Glas)* || *auf\reißen, -wühlen* || fig *zusammenscharren* || Arg *stehlen* || ~ vi *kratzen* || fam *schlecht spielen, kratzen* || **~se** *sich leicht verletzen* || **–ñazo** m *Kratzwunde* f || *leichte Wunde* f || *Schramme* f || fig *Stichelwort* n || ◊ sacar los ojos a ~s *die Augen auskratzen* || **–ñero** m ⟨Web⟩ *Luntenführer* m |▶ **–ñil** adj *Spinnen-* || **~ño** m *(Zer)Kratzen, Aufkratzen* n || *Kratzwunde* f || *leichte Wunde* f || **–ñón** m *große Spinne* f || ⟨Bot⟩ Ar *Schlehdorn* m (Prunus spinosa) || **–ñoso** adj *spinnenartig* || **~ñuela** f dim *v.* **–ña** || ⟨Bot⟩ *Frauenhaar* n || **–ñuelo** m *Saat-, Obst\spinne* f || *Zecke, Schaflaus* f || ⟨Jgd⟩ *Spinnennetz* n || And *Kratzwunde* f || *del manzano* ⟨Agr⟩ *Apfelbaumgespinstmotte* f (Hyponomenta malinella) || ~ de la vid *Bekreuzter Traubenwickler* m (Polychrosis botrana)
arao m ⟨V⟩: ~ aliblanco *Gryllteiste* f (Cepphus grylle) || ~ común *Trottellumme* f (Uria aalge) || ~ de Brünnich *Dickschnabellumme* f (U. lomvia)
arapaima m ⟨Fi⟩ *Arapaima* m (Arapaima gigas)
aráquida f *Erdnuß* f (→ a **cacahuete**)
¹**arar** m ⟨Bot⟩ *Wacholder* m (→ **enebro**)
²**arar** vt *(be)ackern, umackern* || fig *(be-)kratzen* || ~ vi *ackern, pflügen* || fig *scharf blicken, um sich sehen* || ⟨Mar⟩ *los son (Anker)* || ⟨Mar⟩ *den Grund streifen (Schiff)* || **~se** *sich runzeln*
ararao adj Dom *schwarzweiß gestreift (Tier)*
ararut m ⟨Bot⟩ *Pfeilwurz* f (Maranta arundinacea)
arate m *Lästigkeit, Dummheit* f || *Glück* n || △ *Regel, Menstruation* f
araucano adj *araukanisch* || ~ m *Araukaner* m *(Indianer)*
araucaria f ⟨Bot⟩ *Andentanne* f (Araucaria araucana) || *Zimmertanne* f (A. excelsa) || *Araukarie* f (A. spp)
arauja f ⟨Bot⟩ *Schwalbenwurz* f (Araujia sericifera)
arazá f ⟨Bot⟩ *Gua(ya)ve* f (Psidium guajava)
arbellón m *Abflußrinne* f
arbi|trable adj *eigenmächtig* || *schiedsgerichtlich beilegbar* || *willkürlich* || **–tración** f ⟨Jur⟩ *Schiedsspruch* m || **–trador** adj: *(juez)* ~ m *Schiedsrichter, Schiedsmann* m || **–traje** m *Schiedsspruch* m || *Schiedsgerichtsbarkeit* f || *Schiedsverfahren* n || *tribunal de* ~ *Schiedsgericht* n || ⟨Sp⟩ *Schiedsrichteramt* n || *Schlichtung* f || ⟨Com⟩ *Arbitrage, Kursberechnung* f || ~ *obligatorio verbindliche Schiedsgerichtsbarkeit* f || **–tral** adj *schiedsgerichtlich* || *schiedsrichterlich beilegbar* || *Schieds(gerichts)-* || *jurisdicción* ~ *Schiedsgerichtsbarkeit* f || *sentencia* ~ *Schiedsspruch* m

arbitram(i)ento m ⟨Jur⟩ *Schiedsverfahren* n || *Schiedsrichteramt* n || *Schiedsspruch* m
arbitrar vt *(einen Schiedsspruch) fällen, schlichten* || *ausfindig machen* || *besteuern* || ⟨Com⟩ *schätzen auf* || *arbitrieren* || *frei entsscheiden* || ~ *medios Mittel bewilligen* || ~ vi *als Schiedsrichter entscheiden* || *grübeln, sich den Kopf zerbrechen*
arbi|trariedad f *Willkür(herrschaft)* f || *Eigenmächtigkeit* f || *Übergriff* m || **–trario** adj *arbiträr, willkürlich* || *eigenmächtig* || *unumschränkt (Macht)* || *schiedsrichterlich* (→ **arbitral**) || **–trativo** adj *willkürlich* || **–tratorio** adj *schiedsrichterlich*
arbitrio m *freier Wille* m || *unbeschränkter Wille* m || *Willkür* f || *Gutdünken, eigenes Ermessen* n || *Unbeständigkeit* f || *Schiedsspruch* m || *Hilfs\mittel* n, *-quelle* f, *Ausweg* m || *Abgabe, Steuer* f || ⟨Mar⟩ *Gissung* f || ~ *sobre el inquilinato Mietsteuer* f || *al* ~ *nach Willkür* || ◊ lo dejamos al ~ de V. *wir überlassen es Ihrem Gutdünken, wir stellen es in Ihr Ermessen* || **~s** mpl *Steuer* f, *Gebühren* fpl || ~ *municipales* pl *städtische Abgaben* fpl, *Stadtzoll* m, *Gemeindesteuern* fpl
arbitrista m ⟨Com⟩ *Börsen-, Kurs\spekulant* m || *Plänemacher, Schwindler* m
árbitro adj *unumschränkt, frei* || *eigenwillig, arbiträr* || ~ m *Schiedsrichter* m (& Sp) || *Ringrichter* m *(Boxen)* || *Vermittler, Schlichter* m || *unumschränkter Herr, Gebieter* m || *(juez)* ~ *Schiedsrichter* m || *fallo de* ~ *Richterspruch* m
árbol m *Baum* m || ⟨Tech⟩ *Welle* f, *Baum* m || ⟨Tech⟩ *Achse* f || *Spindel* f *(Schnecken-, Wendel\treppe)* || ⟨Mar⟩ *Mast(baum)* m || fig *Stammbaum* m || ⟨Typ⟩ *Kegelhöhe* f *der Lettern* || ⟨Uhrm⟩ *Stempel* m || ⟨Mus⟩ *Registermechanik* f *(der Orgel)* || *Chi Kleiderständer* m || ~ de adorno *Zier-, Garten\baum* m || ~ de benjuí ⟨Bot⟩ *Benzoebaum* m (Styrax spp) || ~ bronquial ⟨An⟩ *Bronchialbaum* m || ~ cardán ⟨Tech⟩ *Kardan-, Gelenk\welle* f || ~ de la ciencia del bien y del mal *Baum* m *der Erkenntnis des Guten und Bösen* || ~ cigüeñal ⟨Tech⟩ *Kurbelwelle* f || ~ de caracol ⟨Uhrm⟩ *Schneckendrehstift* m || ~ del caucho ⟨Bot⟩ *Parakautschukbaum* m (Hevea brasiliensis) || ~ del clavo *Gewürznelkenbaum* m || ~ de contramarcha ⟨Tech⟩ *Vorgelegewelle* f || ~ de costados *Stammbaum* m || ~ de la Cruz ⟨poet⟩ *Kreuz* n *Christi* || ~ de coral ⟨Zool⟩ *Korallenbaum* m || ~ de desembrague *Ausrückwelle* f || ~ del diferencial *Ausgleich-, Differential\welle* f || ~ de dirección ⟨Aut⟩ *Lenk-, Steuer\säule* f || ~ de embrague ⟨Aut⟩ *Schaltwelle* f || *Kupplungswelle* f || ~ de freno *Bremswelle* f || ~ de fuego *Raketenstock* m || ~ de goma laca, ~ gomero ⟨Bot⟩ *Gummi(lack)baum* m (Ficus elastica) || ~ de levas *Steuer-, Nocken\welle* f || ~ mandado *Abtriebswelle, getriebene Welle* f || ~ de mando ⟨Tech⟩ *Antriebswelle* f || ~ de marcha atrás, ~ de retroceso ⟨Aut⟩ *Rücklaufwelle* f || ~ motor *Antriebswelle* f || ~ de Navidad, ~ de Noel *Weihnachtsbaum* m || ~ del pan ⟨Bot⟩ *Brot-(frucht)baum* m (Artocarpus spp) || ~ de pedal ⟨Aut⟩ *Pedalachse* f || ~ de polea ⟨Zim⟩ *Richtbaum* m || ~ de la quina *Chinabaum* m || ~ del té ⟨Bot⟩ *Teestrauch* m (Thea sinensis) || ~ de torno *Drehmaschinenspindel* f || ~ de transmisión *Transmissionswelle* f || ~ del tren de rodaje *Fahrwerkwelle* f || ~ de trinquete ⟨Mar⟩ *Fockmast* m || ~ de turbina *Turbinenwelle* f || ~ de la vida *Baum* m *der Erkenntnis* f ⟨Bot⟩ *Lebensbaum* m (Thuja spp) || ~ en emparrado, ~ en espaldera ⟨Agr⟩ *Spalierbaum* m || ~ hueco ⟨Tech⟩ *Hohlwelle* f || ~ forestal *Waldbaum* m || ~ frutal *Obstbaum* m || ~ genealógico *Stammbaum* m, *Ahnentafel* f || ~ intermedio ⟨Aut⟩

arbolado — arco

baum m (Butyrospermum Parkii) ‖ ~ mayor ⟨Mar⟩ *Hauptmast* m ‖ ~ motor *Antriebswelle* f ‖ ~ portahélice ⟨Flugw⟩ *Propellerwelle* f ‖ ⟨Mar⟩ *Schraubenwelle* f ‖ ~ principal *Hauptwelle* f ‖ ~ receptor *Abtriebswelle, getriebene Welle* f ‖ fiesta del ~ *Baumpflanzungsfest* n ‖ ◊ del ~ caído todos hacen leña *wenn der Baum fällt, bricht jedermann Holz*
arbo|lado adj *baumreich, bewaldet* ‖ *mit Bäumen bepflanzt* ‖ ~ m *Baumgarten* m ‖ *Baumallee* f ‖ *Baumbestand* m ‖ *Bewaldung* f ‖ △ *großer, langer Mann* m, fam *baumlanger Kerl* m ‖ **–ladura** f ⟨Mar⟩ *Mastenwerk* n, *Bemastung* f
arbolar vt/i *auf|pflanzen, -richten (Fahne, -Kreuz)* ‖ *anlehnen* ‖ *emporheben* ‖ ⟨Mar⟩ *hissen (Flagge)* ‖ ⟨Mar⟩ *bemasten* ‖ ◊ ~ la cola *den Schwanz aufrichten (Tier)* ‖ **~se** *sich bäumen (Pferde)*
arbo|lario adj/s *unbesonnen, leichtsinnig* ‖ ~ m *unbesonnener Mensch, Leichtfuß, Luftikus* m ‖ **–lecer** [-zc-] vi = **arborecer** ‖ **–leda** f *Baumgang* m, *Baumallee* f ‖ *Baumpflanzung* f ‖ **–ledo** m *Baumpflanzung* f ‖ **–lejo, –lete** m dim v. **árbol** ‖ ⟨Jgd⟩ *Leimrutenbäumchen* n ‖ ⟨Tech⟩ *kleine Welle* f ‖ **–lillo** m dim v. **árbol** ‖ *Leimrutenbäumchen* n ‖ ⟨Metal⟩ *Schmelzofenwand* f ‖ ⟨Mar⟩ *Spiere* f ‖ **–lista** m *Baumzüchter* m ‖ *Baumhändler* m
arbollón m *Abfluß* m *(e–s Teiches)*
arbore|cer [-zc-] *sich baumartig verästeln* ‖ **–cico** m dim v. **árbol**
arbóreo adj *baummähnlich* ‖ *Baum-*
arbores|cencia f *Heranwachsen* n *zum Baum* ‖ *Verästelung, baumartige Verzweigung* f ‖ **–cente** adj *baumartig (wachsend)*
arbori|cultor, arborista m *Baumzüchter* m ‖ **–cultura** f *Baumzucht* f ‖ **–forme** adj *baumförmig* ‖ **–zación** f ⟨Min⟩ *baumförmige Bildung* f *von Kristallen* ‖ ⟨An⟩ *Verzweigung* f *der Kapillargefäße, Besenreiser* mpl
arbotante m ⟨Arch⟩ *Strebe|bogen, -pfeiler, Schwibbogen* m ‖ ⟨Mar⟩ *Luvbaum* m ‖ **~s** pl ⟨Mar⟩ *Spieren* fpl
arbúsculo m *Bäumchen* n ‖ *Staude* f
arbustivo adj *strauch-, stauden|artig*
arbusto m *Strauch, Busch* m ‖ *Staude* f
arca f [el] *Kasten* m, *Kiste* f ‖ *Truhe* f ‖ *Bundeslade* f ‖ *Geld|kasse* f, *-schrank, Panzerschrank* m ‖ *Sarg* m ‖ *Brunnenbecken* n ‖ *Fischbehälter* m ‖ ⟨Mar⟩ *Läufer* m *eines Giens* ‖ ⟨An⟩ *Weiche* f ‖ *León Schwind-, Lungen|sucht* f ‖ ~ de agua *Wasserturm* m ‖ *Zisterne* f ‖ ~ de caudales *Geld|schrank* m, *-kassette* f ‖ ~ cerrada fig *verschlossener Charakter* m ‖ ~ de Noé, ~ del diluvio *Arche* f *Noah* ‖ ⟨Zool⟩ *Archenmuschel* f *(Arca noae)* ‖ ~ del pan fam *Bauch, Wanst* m ‖ ≃ del *Testamento,* ≃ de la *Alianza die Bundeslade des Alten Testaments* ‖ ◊ es un ~ cerrada figf *er ist ein Buch mit sieben Siegeln* ‖ el buen paño en el ~ se vende *gute Ware verkauft sich von selbst* ‖ **~s** pl *(die königl.) Schatzkammer* f
arcabucear *schießen*
arcabu|cería f ⟨Hist⟩ *Musketen-, Gewehr|-feuer* n ‖ **–cero** m ⟨Hist⟩ *Arkebusier, Büchsenschütze* m ‖ *Musketier* m ‖ **–co** m *Am Dickicht* n
arca|buz [pl **–ces**] m ⟨Hist⟩ *Arkebuse, kleine Muskete, Hakenbüchse* f ‖ *Feuerrohr* n ‖ **–buzazo** m *Büchsenschuß* m ‖ *Büchsenschußverletzung* f
arcachofa f pop = **alcachofa**
arcada f *Säulen-, Bogen|gang* m ‖ *Arkade* f ‖ ⟨Arch⟩ *Bogenwölbung* f ‖ ⟨Arch⟩ *Brückenbogen* m ‖ ⟨Med⟩ *Aufstoßen* n *vor dem Erbrechen* (& pl) ‖ ⟨An⟩ *Bogen* m ‖ ⟨Mus⟩ *Bogenstrich* m
árcade, arcadio adj/s *arkadisch* ‖ ~ m *Arkadier* m
Arcadia f *Arkadien (Land)*

arcádico adj *arkadisch*
arcaduz [pl **–ces**] m *Brunnenrohr* n ‖ *Eimer* m *an einer Wasserkunst* ‖ *Schöpfeimer* m *am Wasserrad* ‖ fig *Kniff, Dreh, Trick* m
ar|caico adj *altertümlich* ‖ fam *altmodisch, veraltet* ‖ *archaisch* ‖ *período* ~ ⟨Geol⟩ *Archaikum, Archäikum* n ‖ **–caísmo** m *veralteter Ausdruck* m ‖ *veraltetes Wort* n, *Archaismus* m ‖ **–caísta** m *Altertümler* m ‖ **–caizar** [z/c] vi *einen alten Stil nachahmen, altertümeln*
arcanamente adv v. **arcano**
arcángel m *Erzengel* m
arcano adj *verborgen, geheim* ‖ ~ m *Geheimnis, Arkanum* n ‖ ⟨Med⟩ *Arkanum, Geheimmittel* n ‖ fig *verschlossener Charakter* m
arcar [c/qu] vt *(die Wolle) schlagen* ‖ **~se** *sich krümmen*
arcazón m *And Bach-, Korb|weide* f
arce m *Ahorn* m (Acer spp) ‖ ~ aplatanado ⟨Bot⟩ *Spitzahorn* m (A. platanoides) ‖ ~ blanco ⟨Bot⟩ *Bergahorn* m, *Sykomore* f (A. pseudo-platanus)
arcea f *Ast* ⟨V⟩ *Waldschnepfe* f (→ **chocha** perdiz)
arcedia|nato m *Erzdiakonat* n ‖ **–no** m *Erz|-diakon, -dechant* m
arcedo m *Ahornwald* m ‖ *Ahornpflanzung* f
arcén m *Rand, Bord* m ‖ *Brüstung* f *am Ziehbrunnen* ‖ ⟨Berg⟩ *Abhang* m
arciforme adj *bogenförmig*
arcifinio m *Gebiet* n *mit natürlichen Grenzen (Berge, Flüsse usw)*
arciláceo adj *tonfarbig*
arcilla f *Ton* m, *Tonerde* f ‖ ~ acética *essigsaure Tonerde* f ‖ ~ árida *magerer Ton, Magerton* m ‖ ~ calcárea *kalkhaltiger Ton, Kalkton* m ‖ ~ cocida *gebrannter Ton* m ‖ ~ de alfarero *Töpfer-, Backstein-, Ball|ton* m ‖ ~ esquistosa *Schieferton* m ‖ *Tonschiefer* m ‖ ~ figulina → **figulino** ‖ ~ grasa *hochplastischer Ton, fetter Ton* m ‖ ~ jabonosa *Seifenton* m ‖ ~ magra *magerer Ton, Magerton* m ‖ ~ para ladrillos *Ziegel|ton* m, *-erde* f ‖ ~ pl stica *plastischer Ton* m ‖ ~ (de) porcelana *Porzellanerde* f ‖ ~ refractaria *feuerfester Ton* m, *Schamotte* f ‖ ~ roja *Lehm* m
arcilloso adj *tonhaltig* ‖ *tonig, tonartig, lehmig* ‖ suelo ~ *Lehmboden* m
arciprestado m Ar = **arciprestazgo**
arciprestazgo m *Würde* f *e–s Erzpriesters* ‖ *Sprengel* m *e–s Erzpriesters* m
arcipreste m *Erzpriester* m
arco m *Bogen* m *(Schußwaffe)* ‖ ⟨An⟩ *Bogen* m ‖ *Reif, Faßreifen* m ‖ ⟨Arch⟩ *Gewölbe-, Brückenbogen* m ‖ ⟨Mus⟩ ⟨Geigen⟩ *Bogen* m ‖ ⟨Mar⟩ *Bogen, Boog* m ‖ ⟨Mar⟩ *Rahe* f ‖ ⟨Mar⟩ *Stich* m ‖ ~ abrazado *Umschlingungs-, Eingriffs|bogen* m ‖ ~ alzado *Stelzbogen* m ‖ ~ apainelado *Korbbogen* m *(Gewölbe)* ‖ ~ aquillado ⟨Mar⟩ *Kielgang* m ‖ ~ árabe, ~ de herradura *Hufeisenbogen* m ‖ ~ botarete *Schwibbogen* m ‖ ~ branquial, ~ de agalla ⟨Zool⟩ *Kiemenbogen* m ‖ ~ carpanel *gedrückter elliptischer Bogen* m ‖ ~ cigomático ⟨An⟩ *Jochbeinbogen, zygomatischer Bogen* m ‖ ~ ciliar ~ superciliar ‖ ~ cimbrado, ~ de medio punto *Halbkreis-, Rund|bogen* m ‖ ~ complementario ⟨Math⟩ *Komplementbogen* m ‖ ~ crural ⟨An⟩ *Schenkel|beuge* f, *-bogen* m ‖ ~ de bóveda *Zirkel-, Gewölbe|bogen* m ‖ ~ de carena *Kielbogen* m ‖ ~ de celosía *Fachwerksbogen* m ‖ ~ de contacto ⟨Arch⟩ *Eingriffsbogen* m ‖ ⟨El⟩ ~ de corriente *Stromabnehmerbügel* m ‖ ~ de circulo *Kreisbogen* m ‖ ~ de descarga ⟨Arch⟩ *Entlastungs-, Stütz|bogen* m ‖ ~ de fundación *Grundbogen* m ‖ ~ de herradura *Hufeisenbogen* m ‖ ~ de iglesia figf *e–e harte Nuß* ‖ ~ iris, ~ celeste, ~ de San Martín *Regenbogen* m ‖ ~ de medio punto =

arcobricense — área 104

~ cimbrado ‖ ~ de niebla ⟨Meteor⟩ *Nebelbogen* m ‖ ~ de pleamar *Flutöffnung* f *(Brückenbau)* ‖ ~ del pie ⟨An⟩ *Fußgewölbe* n ‖ ~ de puente *Brückenbogen* m ‖ ~ de ruedas ⟨EB⟩ *Bandage* f ‖ ~ de toma de corriente ⟨El⟩ *Stromabnehmer-, Fahrdraht|bügel* m ‖ ~ de ventana *Fensterbogen* m ‖ ~ elíptico *Ellipsenbogen* m ‖ ~ frontal *Stirnbogen* m ‖ ~ gótico, ~ ojival *Spitzbogen, gotischer Bogen* m ‖ ~ lateral ⟨El⟩ *Stromabnehmer, seitlicher Bügel* m ‖ ~ maxilar ⟨An⟩ *Kieferbogen* m ‖ ~ parabólico ⟨Math⟩ *Parabelbogen* m ‖ ~ peraltado *Stelzbogen, überhöhter Bogen* m ‖ ~ pubiano ⟨An⟩ *Schambogen* m ‖ ~ realzado *Stelzbogen, überhöhter Bogen* m ‖ ~ rebajado ⟨Arch⟩ *Flachbogen* m ‖ ~ romano *römischer Bogen, Rundbogen* m ‖ ~ senil *Greisenbogen* m ‖ ~ superciliar ⟨An⟩ *Augenbrauenbogen* m ‖ ~ triunfal, ~ de triunfo *Triumphbogen* m ‖ *Festbogen* m ‖ ~ vertebral ⟨An⟩ *Wirbelbogen* m ‖ ~ voltaico ⟨El⟩ *Lichtbogen* m ‖ golpe de ~ ⟨Mus⟩ *Bogenstrich* m ‖ ◊ tender el ~ *den Bogen spannen*
arcobricense adj *aus Arcos de la Frontera* (P Cád)
arcón m augm v. **arca** ‖ *Munitionskasten* m
arcon|tado m *Archontat* n ‖ **-te** m *Archont* m
arcoplasma m ⟨Biol⟩ *Archoplasma* n
arcosa f ⟨Min⟩ *Arkose* f *(feldspatreicher Sandstein)*
árctico adj = **ártico**
***arcuar** vt = **arquear**
archero m *Hatschier, Bogenschütze* m *(altspan. Gardesoldat)*
archi präf *Ober-, Haupt-, Erz-, Ur-* (& s) ‖ *sehr, über-* (& adj)
archi|bribón m fam *Erzgauner* m ‖ **-centenario** adj *uralt* ‖ **-cofrade** m *Erzbruder* m ‖ **-cofradía** f *Erzbruderschaft* f ‖ **-diablo** m joc *Erzteufel* m ‖ **-diácono** m *Erzdechant, Archidiakon* m ‖ **-diócesis** f *Erz|diözese* f, *-bistum* n ‖ **-ducado** m *Erzherzogtum* n ‖ **-ducal** adj *erzherzoglich* ‖ **-duque** m *Erzherzog* m ‖ **-duquesa** f *Erzherzogin* f ‖ **-episcopal** adj *erzbischöflich* ‖ **-fonema** m ⟨Phon⟩ *Archiphonem* n ‖ **-fundido** adj Am *vollständig bankrott* ‖ **-ganzúa** m fam *Löwe* m, *großes Tier* n ‖ **-mandrita** m *Archimandrit* m, *Oberabt in der griech. Kirche* ‖ **-millonario** m *Multimillionär* m
archina f *Arschin* n, *russische Elle*
archi|pámpano m fam joc *Großmogul* m, *hohes Tier* n *(Person)* ‖ fam *Herr* m *Von und Zu* ‖ **-piélago** m *Inselgruppe* f, *Archipel* m ‖ ~ de Bismarck *Bismarck-Archipel* m ‖ **-pobre** m joc *Erzbettler* m ‖ **-preste** m *Erzpriester* m ‖ **-sensible** adj *überempfindlich* ‖ **-vador** m ⟨Com⟩ *Brieforder* m ‖ *Briefschrank* m ‖ *Aktenmappe* f ‖ *Hefter* m ‖ *Kartei, Kartothek* f ‖ **-var** vt *im Archiv aufbewahren* ‖ *zu den Akten nehmen, ablegen, abheften* ‖ ⟨Com⟩ *ordnen, in den Brieforder einreihen* ‖ *aufbewahren* ‖ fam *ad acta legen* ‖ *ablegen (Akten)* ‖ Am fam *ein|sperren, -kerkern* ‖ **-vero, -vista** m *Archivar, Archivbeamte(r)* m ‖ *Urkundsbeamte(r)* m
archivo m *Archiv* n *(Dokumentensammlung)* ‖ *Ablage* f ‖ ⟨Com⟩ *(Karten)Register* n, *Kartothek* f ‖ fig *heimliches Versteck* n ‖ ~ colgante *Hängeregistratur* f ‖ **~logía** f *Archivkunde* f
archivolta f ⟨Arch⟩ *Stirn-, Haupt|bogen* m, *Archivolte* f ‖ ⟨Arch⟩ *Traufleiste* f
arda f [el] = **ardilla** ‖ And *Meeresleuchten* n
ardalear vi *keine vollen Beeren bekommen (Weinstock)*
árdea f ⟨V⟩ *Triel* m (→ **alcaraván**)
Ardenas fpl *Ardennen* pl
arden|tía f *Hitze, Glut* f ‖ *Eifer* m ‖ ⟨Med⟩ *Sodbrennen* n ‖ ⟨Mar⟩ *Meeresleuchten* n ‖ **-tísimo** adj sup v. **ardiente**

ardeola f ⟨V⟩ *Rallenreiher* m (Ardeola ralloides)
arder vt *(ver)brennen* ‖ ~ vi *brennen, angezündet sein* ‖ *in Flammen stehen* ‖ *verbrennen* ‖ *(er)glühen* ‖ *verrotten (Dünger)* ‖ *phosphorartig leuchten (Meer)* ‖ fig *entbrennen* ‖ fig ⟨poet⟩ *lodern* ‖ fig ⟨poet⟩ *(er)glänzen* ‖ fig *wüten (Krieg)* ‖ *verrotten (Mist)* ‖ ◊ ~ en *guerra* fig *von der Flamme des Krieges verzehrt werden (Land)* ‖ *una casa ardiendo ein brennendes Haus* ‖ *la cosa está que arde* figf *die Sache ist äußerst brenzlig* ‖ *estoy que ardo en deseos* (de a.) fig *ich vergehe wirklich vor Begierde danach*, fam *ich bin ganz wild danach* bzw *darauf* ‖ **~se** vr *vor Hitze* bzw *Kälte vergehen (Getreide usw)* ‖ ◊ ~(se) de cólera *in Zorn, in Wut entbrennen*
ardeviejas f fam Span. *Ginster* m (→ **aulaga**)
ardid adj *listig, verschlagen* ‖ ~ m *(Arg-)List* f, *Kniff, Trick* m ‖ *Kunstgriff* m ‖ ~ de guerra *Kriegslist* f ‖ **~es** pl *Ränke* mpl
*****ardidez** [pl **-ces**], **ardideza** f *Kühnheit, Unerschrockenheit* f
ardido adj *durch Hitze verdorben (Korn* usw*)* ‖ *dachbrandig (Tabak)* ‖ prov u. ⟨Lit⟩ *mutig, kühn* ‖ Am *beleidigt, böse* ‖ Hond *zornig*
ardidoso adj Arg *geschickt* ‖ *schlau*
ardiente adj *brennend* (& fig) ‖ *heiß, glühend* ‖ fig *feurig, heftig* ‖ fig *inbrünstig* ‖ ⟨Mar⟩ *luvgierig* ‖ ⟨poet⟩ *hochrot (z.B. Blüte)* ‖ *agua* ~ Chi *Branntwein* m ‖ *capilla* ~ *feierliche Aufbahrung* f ‖ *espejo* ~ ⟨Phys⟩ *Brennspiegel* m ‖ adv: **~mente**
ardilla f *Eichhörnchen* n ‖ ~ voladora *Flughörnchen* n ‖ figf *unruhige Person* f ‖ ◊ *más listo que una* ~ figf *sehr geschäftig, gewandt* ‖ *flink wie ein Wiesel*
[1]**ardimiento** m *Brennen* n, *Brand* m
[2]**ardimiento** m fig *Unerschrockenheit, Kühnheit* f, *Mut* m
ardinal adj *brennbar*
ardiondo adj *voller Mut*
ardita f Col Ven = **ardilla**
ardite m Cast ***kleine Scheidemünze* f ‖ fig Deut, *Pfifferling* m ‖ ◊ *no vale un* ~ figf *es ist keinen Pfifferling wert* ‖ *no falta un* ~ *es fehlt kein Härchen* ‖ *no se me da un* ~ *es ist mir ganz egal*
ardor m *stechende Hitze, Glut* f ‖ fig *Glanz, Schimmer* m ‖ fig *Liebesglut* f ‖ fig *lebhaftes Ungestüm* n ‖ *Eifer* m ‖ *Mut* m, *Tapferkeit* f ‖ ~ de estómago ⟨Med⟩ *Sodbrennen* n ‖ ~ del sol *Sonnenglut* f ‖ en el ~ de la batalla *(od* del combate) fig *in der Hitze des Gefechts*
ardorada f *(plötzliche) Schamröte* f
ardoroso adj *heiß, brennend, glühend* ‖ fig *feurig* ‖ *hitzig, lebhaft* ‖ adv: **~amente**
arduidad f *Schwierigkeit, Mühe* f
arduo adj *schwierig, mühselig* ‖ ⟨poet⟩ *abschüssig*
ardura f Al *Not, Angst* f
ardurán m ⟨Bot⟩ *Mohrenhirse* f
área f [el] *(Ober)Fläche* f ‖ *(Acker-, Bau-)Fläche* f ‖ *Flächeninhalt* m ‖ *Tenne* f ‖ *Raum* m, *Gebiet* n ‖ ⟨Arch⟩ *Bau|platz* m, *-stelle* f ‖ Ar n/m *(Flächenmaß)* = 100 qm ‖ *Am Betätigungsfeld* n ‖ ~ aduanera *Zollgebiet* n ‖ ~ de alta presión (~ **anticiclón**) ⟨Meteor⟩ *barometrisches Hoch* n ‖ ~ de ataque ⟨Mil⟩ *Angriffsraum* m ‖ ~ de aterrizaje y de despegue ⟨Flugw⟩ *Rollfeld* n ‖ ~ barrida ⟨Flugw⟩ *Luftschraubenscheibe* f ‖ ~ de castigo, ~ penalty *Strafraum* m *(Fußball)* ‖ ~ de corrimiento *Rutsch(ungs)gebiet* n ‖ ~ de cultivo ⟨Agr⟩ *Anbaufläche* f, *bebaute Flächen* fpl ‖ ~ del trigo *Weizenanbaufläche* f ‖ ~ de distribución ⟨Bot⟩ *Verbreitungsgebiet, Areal* n ‖ ~ de la libra, ~ de la (libra) esterlina *Sterling-*

block m ‖ ~ del círculo ⟨Math⟩ *Kreisfläche* f ‖ ~ del dólar *Dollar|block, -raum* m ‖ ~ de libre comercio *Freihandelszone* f ‖ ~ de presión del neumático, ~ de presión de la cubierta *Reifendruck* m ‖ ~ de sensación auditiva *Höroberfläche* f ‖ ~ económica *Wirtschaftsraum* m ‖ ~ edificada *bebaute Fläche* f ‖ ~ monetaria *Währungsgebiet* n ‖ ~ total *Gesamt(ober)fläche* f ‖ ‖ ~ total de cultivo ⟨Agr⟩ *Gesamtanbaufläche* f ‖ ~ de una finca agrícola ⟨Agr⟩ *Betriebsfläche* f ‖ ~ verde *Grünfläche* f ‖ ~s *fpl:* ~s monetaria asociadas *angeschlossene Währungsgebiete* npl
areaje m *Vermessen* n *nach dem Ar*
areca f ⟨Bot⟩ *Areka|palme, -nuß* f ‖ ~**ina** f ⟨Chem⟩ *Arekaidin* n
arefacción f *Trockenwerden, Austrocknen* n
arel m *Getreidesieb* n ‖ **-ar** vt *(Korn) sieben*
arena f *Sand, Kies* m ‖ *sandige Gegend* f ‖ *Streusand* m ‖ fig *Kampfplatz* m ‖ *Reitbahn* f ‖ *Arena* f *für Stiergefechte* ‖ fig *Meeresufer* n ‖ ~ asfáltica *Asphaltsand* m ‖ ~ **-asfalto** *Sandasphalt* m ‖ ~ de cuarzo, ~ cuarzosa *Quarzsand* m ‖ ~ del desierto *Wüstensand* m ‖ ~ de mar *See-, Meer|sand* m ‖ ~ de moldeo *Formsand* m *(für die Sandgußherstellung)* ‖ ~ de playa *Küsten-, Strand|sand* m ‖ ~ de revocar *Putzsand* m ‖ ~ de río, ~ fluvial *Flußsand* m ‖ ~ de turba *Torfmüll* m ‖ ~ esquistosa, ~ pizarrosa *Sandschiefer* m ‖ ~ fina *Feinsand* m ‖ ~ gorda, ~ gruesa (→ a **grava**) *Grob-, Schotter|sand* m ‖ ~ movediza *Treib-, Flug-, Schwimm|sand* m ‖ ~ seca *Streusand* m ‖ ~ transportada por el viento *vom Wind angewehter Sand* m ‖ ~ volcánica *Feuerbergsand, natürlicher Schlackensand* m ‖ cajón de ~ ⟨Mil⟩ *Sandkasten* m ‖ reloj de ~ *Sanduhr* f ‖ soplador de chorro de ~ *Sandstrahlgebläse* n ‖ ◊ *edificar sobre ~* fig *auf Sand bauen* ‖ *sembrar en ~* fig *unnütz arbeiten* ‖ ~**s** *fpl* ⟨Med⟩ *Harngrieß* m
arenáceo adj *sandig* ‖ *sandhaltig*
are|nación f ⟨Med⟩ *Sandbad* n ‖ **-nal** m *(Flug)Sandfläche* f ‖ *öffentlicher Spaziergang* m *am Seeufer* ‖ *Sandgrube* f ‖ **-nar** vt *mit Sand bestreuen* ‖ *reiben, putzen (mit Sand)*
aren|cado adj *heringsartig* ‖ fig *dürr, mager* ‖ *-cón* m augm v. **-que**
are|nería f *Sandgrube* f ‖ **-nero** m *Sandgräber* m ‖ *Sandkärrner* m ‖ *Sandhändler* m ‖ *Sandkasten* m *auf der Lokomotive od im Straßenbahnwagen* ‖ ⟨Taur⟩ *Sandstreuer* m *(der blutige Stellen mit Sand bestreut)*
arenga f *(An)Rede, Ansprache* f ‖ figf *lästiges Reden, langes Gerede, Gewäsch* n ‖ *Chi Wortgefecht* n ‖ ◊ *echar una ~* fam *e-e Ansprache halten* ‖ figf *e-e Standpauke halten* → a **arengar**
aren|gador m *(Gelegenheits)Redner* m ‖ **-gar** [g/gu] vt *jdn anreden* ‖ *e-e Ansprache halten an* (acc) ‖ figf *abkanzeln* ‖ ~ vi *e-e Ansprache halten* ‖ *palavern*
arenícola s/adj *Sandbewohner* m ‖ ⟨Zool⟩ *Sandwurm* m *(Arenicola marina)* ‖ *avispa* ~ *Sandwespe* f *(Ammophila sabulosa)* ‖ *escarabajo* ~ *Sand|laufkäfer, -läufer* m *(Cicindela sp)*
are|nilla f *Streusand* m ‖ *Formsand* m ‖ *Feinsand* m ‖ ~**s** pl ⟨Med⟩ *Blasen-, Harn|grieß* m ‖ ~ *biliares* fpl ⟨Med⟩ *Gallengrieß* m ‖ ~ *renales* fpl ⟨Med⟩ *Nierengrieß* m ‖ **-nillero** m *Streusandbüchse* f ‖ **-nisca** f *Sandstein* m ‖ ~ *jurásica* ⟨Geol⟩ *Jurasandstein* m ‖ ~ *margosa Mergelsandstein* m ‖ ~ *num(m)ulítica* ⟨Geol⟩ *Nummulitsandstein* m ‖ ~ *roja reciente* ⟨Geol⟩ *niederer roter Sandstein* m ‖ **-nisco** adj ⟨Geol⟩ *sandig, sandhaltig* ‖ *terreno* ~ *Sandboden* m ‖ **-nita** f *Sandkorn* n ‖ **-noso** adj *sandig, sandreich* ‖ *sandhaltig*
aren|que m ⟨Fi⟩ *Hering* m *(Clupea harengus)* ‖ ~ *ahumado Bück(l)ing, geräucherter Hering* m ‖ ~ *enrollado Rollmops* m ‖ ~ *en escabeche,* ~ *a la marinera marinierter Hering* m ‖ ~ *fresco grüner, frischer Hering* m ‖ ~ *frito Brathering* m ‖ ~ *salado Salzhering* m ‖ ~ *en salmuera Hering* m *in Salzlake* ‖ *ensalada de* ~*s Heringssalat* m ‖ *pesca de* ~ *Heringsfang* m ‖ ~**quera** f *Herings(fang)netz* n
aréola f ⟨An⟩ *Warzenhof* m ‖ *kleiner (Haut-)Bezirk* m, *Feldchen* n, *Areola* f ‖ ⟨Bot⟩ *Areole* f ‖ ~ *mamaria Brustwarzenring* m ‖ ⟨Med⟩ *entzündlicher roter Kreis* m *um die Pusteln*
areolitis f ⟨Med⟩ *Entzündung* f *des Brustwarzenrings*
areómetro m *Senkwaage* f, *Aräometer* n
areopagita m *Richter* m *des Areopags* ‖ fig *unbestechlicher Richter* m
areópago m *Areopag* m ‖ ~ fig *Versammlung* f *ehrwürdiger Männer*
arepa f Ven *(Art) Maiskuchen* m ‖ Col Ven fig *tägliches Brot* n
areopicnómetro m ⟨Phys⟩ *Aräopyknometer* n
areosistilo adj ⟨Arch⟩ *aräosystyl*
areóstilo adj ⟨Arch⟩ *aräostyl, weitsäulig*
arepero m Ven *Tölpel, Dummkopf* m ‖ ~**a** f Ven *Pflastertreterin* f
arepique m Col *Art Milchreis* m
arequi|pa f Pe *Milchgericht* n ‖ Col Mex *Milchreis* m ‖ **-peño** adj *aus Arequipa* (Pe)
ares: ~ *y mares* fig *Wunder, -werke* npl ‖ ◊ *hacer* ~ fig *wahre Wunder* npl *vollbringen*
arestín m ⟨Bot⟩ *Mannstreu* f *(Eryngium* sp) ‖ ⟨Vet⟩ *Mauke* f, *Hufgrind* m *(Pferde)*
arete m dim v. **aro** ‖ *Ohrring* m ‖ *Zierring* m
aretino adj *aus Arezzo (Italien)*
arévacos mpl ⟨Hist⟩ *Einheimische* mpl *der römischen Provinz Hispania Tarraconensis*
ar|fada f ⟨Mar⟩ *Stampfen* n *des Schiffes* ‖ **-far** vt ⟨Mar⟩ *stampfen (Schiff)*
arga|dillo, -dijo m *Haspel* m, *Weife* f ‖ Ar *großer Weidenkorb* m ‖ fam *Zappel|fritz, -philipp* m ‖ ◊ *andar en el* ~ fam *in der Patsche sein*
argado m *listiger Streich* m, *Eulenspiegelei* f
argalia f ⟨Chir⟩ *Suchröhrchen* n, *Katheter* m, *Sonde* f
argallera f *Kesselhaken* m, *Böttchersäge* f
argamen|del m *(von e-m Kleide herabhängender) Lappen* m ‖ *Lumpen, Fetzen* m ‖ **-dijo** m fam *Kleinigkeiten* fpl *zum Putz* usw ‖ *Kleinkram* m ‖ fam *Drum und Dran* n
arga|masa f *(Kalk)Mörtel* m ‖ ~ *de barro Lehmmörtel* m ‖ **-masado** m *Mörtelmasse* f ‖ **-masar** vt *(den Kalk) zu Mörtel anrühren* ‖ **-masilla** f dim v. **-masa** ‖ ~ *mula* m *abgefallenes Mörtelstück* n ‖ **-mula** f ⟨Bot⟩ *And Ochsenzunge* f *(Anchusa* spp)
argán m ⟨Bot⟩ *Eisenholz* n (Argania spp)
árgana f [el] Ar ⟨Tech⟩ *Kran* m ‖ ~**s** pl *Tragkörbe* mpl *für Lasttiere* ‖ *Tragbahre* f
argandeño m ⟨Mar⟩ *Anker|ring* m, *-öse* f, *-auge* n, *-kettenschakel* m
△**argandó** adj *bewaffnet*
árgano m = **árgana**
argavieso m *Wolkenbruch, Platzregen* m
argayo m *Gesteinsbrocken* m *(bei Steinschlag)* ‖ ~ *de nieve Ast Schneelawine* f
Argel m *Algier* n
argelaga f Ar span. *Ginster* m (→ **aulaga**)
Argelia f *Algerien* n
argelino adj/s *algerisch* ‖ ~ m *Algerier* m
*****argén** m *Silber* n ‖ ⟨Her⟩ *silberner Hintergrund* m ‖ fig pop *Geld* n
argent m Ar *Silber* n
argen|tado adj *versilbert* ‖ ⟨poet⟩ *silberfarben* ‖ *voz* ~*a silberhelle Stimme* f ‖ **-tal** adj *silberhaltig* ‖ **-tán** m *(Art) Neusilber* n ‖ **-tar** vt *versilbern (& fig)* ‖ **-tato** m *Argentat* n, *Silber-*

argénteo — arista 106

verbindung f ‖ ~ de yodo *Jodsilberverbindung* f
argénteo adj *silbern* ‖ *versilbert* ‖ fig *silberschimmernd* ‖ ⟨poet⟩ *silberfarben*
argentería f *Silberarbeit* f ‖ *Silbergeschirr* n ‖ fig *Silberklang* m
argéntico adj *Silber-*
argentífero adj *silberhaltig* ‖ *mineral* ~ *Silbererz* n
Argentina f *Argentinien* n ‖ *República* ~ *die Argentinische Republik* ‖ ⁻ f ⟨Bot⟩ *Odermennig* m (Agrimonia spp) ‖ ⟨Entom⟩ *Silberfisch* m → **lepisma, pececillo** de plata ‖ *Schieferspat* m
argentinismo m *Argentinismus* m, *eigentümliche argentinische Redeweise* f
¹**argentino** adj *silber|artig, -rein* ‖ *silbern* ‖ *Silber-* ‖ *silberhell (Stimme)*
²**argen|tino** adj/s *argentinisch, aus Argentinien* ‖ ~ m *Argentinier* m ‖ *argentinische Mundart* f ‖ *argentinische Goldmünze* f *(5 Goldpesos)* ‖ **-tita** f ⟨Min⟩ *Silberglanz* m ‖ **-to** m ⟨poet⟩ *Silber* n ‖ ~ *vivo Quecksilber* n ‖ **-tómetro** m ⟨Phot⟩ *Silbermesser* m ‖ **-toso** adj ⟨Chem⟩ *mit Silber vermischt*
argila, argilla f = **arcilla**
argilícola adj *auf Ton lebend*
argiloso adj = **arcilloso**
argírico adj *silberartig, Silber-*
argi|riasis f ‖ **-rismo** m ⟨Med⟩ *Silbervergiftung, Argyrie* f ‖ **-rita** f ⟨Min⟩ *Silberglanz* m ‖ **-rofilia** f *Argyrophilie, Imprägnierbarkeit* f *mit Silberpräparaten* ‖ **-rófilo** adj *argyrophil, mit Silber anfärbbar* ‖ **-roide** m *(Art) Neusilber* n ‖ **-rosa** f ⟨Min⟩ *Silberglanz* m ‖ **-rosis** f ⟨Med⟩ *Argyrose* f
argivo adj/s *argivisch* ‖ *altgriechisch*
¹**argo** pron *An pop = algo*
²**argo** m → **argón**
argolla f *Metallring* m ‖ *Angelring* m ‖ *Bügelschraube, Zugöse* f ‖ *Halseisen* n ‖ *Ringel-, Krocket|spiel* n ‖ *(Art) Halsschmuck* m ‖ *(Gürtel)Ring* m *(am Fallschirm)* ‖ fig *Pranger* m ‖ *Am fam Trauring* m ‖ *Arg vulg Scheide*, *vulg Fotze* f ‖ ~ *abrazadera* ⟨Arch⟩ *Klammer* f ‖ ◊ *echar a uno una* ~ fig *sich jdm verpflichten* ‖ **~s** pl prov *Handschellen* fpl
argo|llar vt *mit e-m Ring befestigen* ‖ fig *sein Heiratsversprechen* n *geben* ‖ **-llón** m augm *v.* **-lla**
árgoma f [el] ⟨Bot⟩ *Stechginster* m (Ulex sp)
argomal m *Ginsterfeld* n
argón, argo m ⟨Chem⟩ *Argon* n
argonauta m *Argonaut* m ‖ ⟨Zool⟩ *Papierboot* n (Argonauta argo) ‖ fig *erfahrener Seemann* m
Argos m ⟨Myth⟩ *Argus* m ‖ ⁻ ⟨V⟩ *Argusfasan* m ‖ fig *wachsamer Hüter* m
˒**argot** m gall *Argot, Rotwelsch* n ‖ *Gaunersprache* f ‖ fig *Berufs-* bzw *Standes|sprache* f
Argovia f *Aargau* m *(Landschaft)*
argu|cia f *(Arg)List, Spitzfindigkeit* f ‖ ⟨Jur⟩ *Schikane* f ‖ **-cioso** adj *spitzfindig*
argüe m *Winde* f, *Hebezeug* n
argue|llado adj *Ar schmächtig* ‖ **-llarse** vr *Ar schwächlich werden (durch Krankheit)*
árgue|nas, -ñas fpl *Reisesack* m ‖ *Tragbahre* f ‖ *Tragkörbe* mpl ‖ *Satteltaschen* fpl
argüidor m *Gegner, Bestreiter* m
argüir [-uy-] vt *schließen, folgern (aus)* ‖ *anführen, vorbringen, andeuten, beweisen lassen* ‖ *sen auf* (acc) ‖ *beweisen* ‖ *bestreiten, anfechten* ‖ ◊ ~ *a uno de a. jdm et vorwerfen* ‖ ~ vi *streiten, argumentieren*
argullo m Burg *Stolz* m
argumen|tación f *Beweisführung, Begründung, Argumentation* f ‖ *Beweis* m ‖ *Vernunftanschluß* m ‖ ◊ *entrar en ~es sich in Erörterungen ein-*

lassen ‖ **-tar** vt *Schlüsse ziehen, schließen, folgern* ‖ ~ vi *Gegengründe anführen* ‖ *argumentieren* ‖ *Schlüsse ziehen* ‖ **-tista** m *Opponent, Gegner* m ‖ *streitsüchtiger Mensch, Diskutierer* m ‖ *Widerspruchsgeist* m
argumento m *(Vernunft)Schluß* m ‖ *Beweis (grund), Grund* m ‖ *Argument* n ‖ *Schlußfolgerung* f ‖ ⟨Mus⟩ *Thema* n ‖ *Merkmal, Zeichen* n ‖ ⟨Math⟩ *Argument* n ‖ ⟨Astr⟩ *Abweichung* f ‖ ‖ ⟨Th⟩ *Argument* n, *Inhalt* m *e-s Textbuches, e-r Oper, e-s Aktes* ‖ *Inhaltsangabe* f ‖ *Thema* n ‖ ⟨Th Filmw⟩ *(Opern)Text, Filmtext* m, *Drehbuch* n ‖ fig *Ausrede* f ‖ ~ *a báculo lat fam Prügelbeweis* m ‖ ~ *cornuto Doppelschluß* m, *Dilemma* n ‖ ~ *ad hóminem lat handgreiflicher Beweis* m ‖ ~ *tumbativo fam durchschlagendes Argument* n
argumentoso adj fig *streitsüchtig*
arguyente adj *durch Schlüsse beweisend, ausführend*
aria f [el] *Arie, Melodie* f, *Lied* n
Ariadna f ⟨Astr⟩ *Ariadne* f
ariano adj = **ario**
aribe m *Hond frühreifes, aufgewecktes Kind* n
arica f *Ven wilde Biene* f
aricar vt *sehr oberflächlich pflügen* ‖ *rigolen, rajolen*
arid|ecer [-cz-] vt *austrocknen* ‖ *ausdörren* ‖ **~se** *ausdorren (& vi)* ‖ **-ez** [pl **-ces**] f *Dürre, Trockenheit* f *des Erdbodens* ‖ fig *Trockenheit, Langweiligkeit* f ‖ fig *Sprödigkeit*
árido adj *dürr, ausgetrocknet* ‖ *trocken, wüstenhaft, arid* ‖ *unfruchtbar (Boden)* ‖ fig *undankbar (Thema)* ‖ fig *trocken, langweilig* ‖ fig *spröde* ‖ ~ m *Zusatz-, Magerungs|mittel* n ‖ *Zuschlagstoff* m ‖ **~s** mpl *Trockenfrüchte* fpl ‖ *medida para* ~ *Trockenmaß* n
aridura f ⟨Med⟩ *Abzehrung* f
Aries m ⟨Astr⟩ *Widder* m
arieta f dim *v.* **aria**
ariete m ⟨Mil Hist⟩ *Mauerbrecher* m, *Sturmbock, Wurfwidder* m ‖ ⟨Ing⟩ *Ramme*, f, *Widder* m ‖ *(Schiff mit) Rammsporn* m ‖ fig *Angriffsmittel* n ‖ ~ *hidráulico hydraulischer Widder, Stoßheber* m
ari|je adj *rotbeerig (Traube)* ‖ **-jo** adj ⟨Agr⟩ *locker (Erde)*
arilo m ⟨Bot⟩ *Arillus* m ‖ ⟨Chem⟩ *Aryl* n
arillo m *kleiner Reif, Ring* m ‖ *Ohrring* m ‖ *steife Einlage* f *im Halskragen der Geistlichen* ‖ ◊ *hacer entrar a uno por el* ~ figf *jdn zu der eigenen Meinung bekehren*
Arimán m np = **Ahrimán**
arimez [pl **-ces**] m ⟨Arch⟩ *Erker* m
arincarse vr Chi *Verstopfung bekommen*
ario m/adj *Arier* m ‖ *NS europider Mensch* m, *insbes germanischen, insbes nichtjüdischen Blutes* ‖ ~ adj *arisch* ‖ *lenguas ~as arische*, *indogermanische Sprachen* fpl ‖ *raza(s)* ~a(s) *arische Rasse(n* fpl*)* f
arísaro m ⟨Bot⟩ *Mönchskappe* f
arisblanco adj *weißgrannig (Weizen)*
ariscarse vr *barsch werden* ‖ *zornig werden* ‖ PR *entfliehen*
arisco adj *wild, scheu (Tiere)* ‖ *barsch, wider|spenstig, -borstig (Person)* ‖ PR Cu Mex *furchtsam, ängstlich*
arisi m *gemahlener Reis* m
arista f ⟨Bot⟩ *Granne, Ährenspitze* f, *Bart* m *(Ähre)* ‖ *Grat* m, *Schneide* f ‖ *(Schnitt)Kante* f ‖ *Schärfe* f ‖ ⟨Math⟩ *Schnittlinie* f *zweier Flächen* ‖ *Schneide* f *des Säbels* ‖ *Wegsaum* m ‖ *Bergkamm* m ‖ △ *Stein* m ‖ ~ *biselada abgeschrägte Kante* f ‖ ~ *cortante Schneidkante, Bahn* f *an e-m Schneidwerkzeug* ‖ ~ *culminante de un cristal Polkante* f *e-s Kristalls* ‖ ~ *de alero* ⟨Arch⟩ *Vordachkante* f ‖ ~ *del alma Stegkante* f ‖ ~ *delantera Vorderkante* f ‖ ~

de muro *Schnitt* m *e-r Mauer* ‖ ~ de soldadura ⟨Metal⟩ *Schweißkante* f ‖ ~ del terraplén ⟨EB⟩ *Dammkrone* f ‖ ~ de yunque *Amboßrand* m ‖ ~ hidrográfica *Grundwasserspiegel* m ‖ ~ longitudinal *Längskante* f ‖ ~ muerta *(Seiten)Fase* f ‖ ~ roma *stumpfe Kante* f ‖ ~ viva *scharfe Kante* f ‖ bóveda por ~ ⟨Arch⟩ *Rippen-, Kreuz|gewölbe* n
aristado adj ⟨Bot⟩ *grannig*
aristarco *m* fig *strenger Kunstrichter bzw Kritiker* m
Arístides *m* np *Aristides* m
aristiforme adj *grannenförmig*
aris|tín, -tino *m* ⟨Vet⟩ *Mauke* f, *Hufgrind* m *(Pferde)*
Arístipo *m* np *Aristippos* m
aris|tocracia *f Aristokratie* f ‖ *Adelsherrschaft* f ‖ *Adel* m ‖ fig *vornehme Gesellschaft* f ‖ *Vorzüglichkeit* f ‖ **-tócrata** *m Aristokrat* m ‖ *Edelmann, Ad(e)liger* m ‖ fig *feiner, gebildeter Mensch* m ‖ **-tocrático** adj *aristokratisch* ‖ *ad(e)lig* ‖ *fein gebildet* ‖ fig *auserlesen* ‖ adv: **~amente** ‖ **-tocratizar** [z/c] vt *zum Aristokraten machen, adeln*
Aristófanes *m* np *Aristophanes* m
aristoloquia *f* ⟨Bot⟩ *Osterluzei* f (Aristolochia clematitis)
¹**arist|ón** *m* ⟨Arch⟩ *Baukante, Rippe* f ‖ **-ones** pl *Stufenkanten* fpl *(e-r Treppe)*
²**aristón** *m* ⟨Mus⟩ *Ariston* m
aristoso adj ⟨Bot⟩ *grannig* ‖ *kantig*
Aristóteles *m* np *Aristoteles* m
aristotípico adj: papel ~ ⟨Phot⟩ *Aristopapier* n
aritenoides *m* ⟨An⟩ *Geißbeckenknorpel* m
aritmé|tica *f Arithmetik, Rechenkunst* f ‖ ~ comercial *kaufmännisches Rechnen* n ‖ ~ superior *höhere Arithmetik* f ‖ **-tico** adj *arithmetisch, Rechen-* ‖ progresión ~a *arithmetische Reihe* f ‖ ~ *m Rechenkünstler* m ‖ *Arithmetiker* m
aritmógrafo *m Rechenmaschine* f
aritmo|logía *f* ⟨Math⟩ *Arithmologie* f ‖ **-mancia** *f Arithmomantie, Zahlenwahrsagerei, Wahrsagerei* f *aus Zahlen* ‖ **-manía** *f* ⟨Med⟩ *Arithmomanie* f, *krankhafter Zählzwang* m
aritmómetro *m Rechenmaschine* f
△**arjulejar** vt *wegraffen*
arlequín *m Hanswurst, Harlekin* m ‖ *Harlekinkleid* n ‖ *gemischtes Eis* n ‖ figf *Allerlei* n ‖ *eine Kolibriart* ‖ fig *lächerliche Person* f ‖ traje de ~ fig *grellfarbiges Kleid* n
arlequi|nada *f* fig *toller Streich* m, *Harlekinade* f ‖ *Kaspertheater* n ‖ **-nado** adj *buntscheckig* ‖ **-nesco** adj *hanswurstartig* ‖ *possenreißerisch*
arlo *m* ⟨Bot⟩ *Sauerdorn* m, *Berberitze* f (Berberis sp) ‖ *zum Trocknen aufgehängte Traube* f
arlota *f Wergabfall* m
arlote *m* Al Ar *ungepflegter, schlampiger Mensch* m
arma *f* [el] *Waffe* f ‖ *Truppengattung* f ‖ *Waffengattung* f ‖ ⟨Zool⟩ *Horn* n *bzw Krallen* fpl *usw* (→ **armas**) ‖ ~ aérea *Luftwaffe* f ‖ ~ antiaérea *Flak* f ‖ ~ anticarro *Pak* f ‖ ~ atómica *Atomwaffe* f ‖ ~ automática *Maschinenwaffe* f ‖ ~ blanca *blanke Waffe, Stoßwaffe* f ‖ *Seitengewehr* n ‖ △ *Branntwein* m ‖ ~ de a bordo *Bordwaffe* f ‖ ~ de acompañamiento *Begleitwaffe* f ‖ ~ de combate a corta distancia *Nahkampfwaffe* f ‖ ~ cortante, ~ de corte *Hiebwaffe* f ‖ ~ defensiva *Schutz-, Abwehr|waffe* f ‖ ~ de dos filos *zweischneidiges Schwert* n ‖ ~ de fuego *(Hand)Feuer-, Schuß|waffe* f ‖ ~ homicida *Mordwaffe* f ‖ ~ de infantería *Infanteriewaffe* f ‖ ~ negra *Fechtwaffe* f ‖ ~ ofensiva *Angriffswaffe* f ‖ ~ secreta *Geheimwaffe* f ‖ ~ de tiro rápido *Schnellfeuerwaffe* f ‖ ~ utilizada para el hecho ⟨Jur⟩ *Tatwaffe* f ‖ ◊ *enfilar un* ~ (hacia) *e-e Waffe richten (auf* acc*)* ‖ ponerse

en ~ figf *seine Vorkehrungen treffen* ‖ rendir el ~ ⟨Mil⟩ *Ehrenbezeigung* f *vor dem Allerheiligsten machen* ‖ rendir ~s *die Waffen strecken* (& fig) ‖ tocar (al) ~ ⟨Mil⟩ *Alarm blasen* ‖ ~s *pl* ⟨Mil⟩ *Truppengattung* f ‖ ⟨Mil⟩ *Ausrüstung* f ‖ *Kriegshandwerk* n ‖ *Wappen* n ‖ *Wappenschild* m ‖ ⟨Tech⟩ *Armatur* f ‖ fig *Verteidigungsmittel* npl ‖ *Verteidigungsmittel* npl *der Tiere* ‖ ~ ABC *ABC-Waffen* fpl ‖ ~ arrojadizas *Wurfwaffen* fpl ‖ ~ combinadas *verbundene Waffen* fpl ‖ ~ convencionales *konventionelle* (od *herkömmliche*) *Waffen* fpl ‖ ~ de destrucción en masa *Massenvernichtungswaffen* fpl ‖ ~ envenadas *vergiftete Waffen* fpl ‖ ~ estratégicas *strategische Waffen* fpl ‖ ~ nucleares *Kernwaffen* fpl ‖ ~ perforantes *panzerbrechende Waffen* fpl ‖ ~ tácticas *taktische Waffen* fpl ‖ ~ técnicas *technische Waffen* fpl ‖ ~ teledirigidas *Fernlenk-, Fern|waffen, ferngelenkte Waffen* fpl ‖ ~ termonucleares *thermonukleare Waffen* fpl ‖ ~ V *V-Waffen* fpl ‖ escudo de ~ *Wappenschild* m ‖ plaza de ~ *Waffen-, Parade-, Exerzier|platz* m ‖ sala de ~ ⟨Mil⟩ *Fechtsaal* m ‖ *Waffensaal* m ‖ ◊ *alzarse en* ~ *sich empören* ‖ *descansar* (sobre) las ~ ⟨Mil⟩ *Gewehr bei Fuß stellen, um zu ruhen* ‖ *estar sobre las* ~ ⟨Mil⟩ *unter den Waffen stehen* ‖ hacer ~ *kämpfen, Krieg führen* (& fig) ‖ *hacer sus primeras* ~ fig *mit s-r Laufbahn anfangen* ‖ *hacer uso de las* ~ *zu den Waffen greifen* ‖ *hacerse a las* ~ fig *der Not gehorchen* ‖ *licencia* f *de (uso de)* ~ *Waffenschein* m ‖ *llegar a las* ~ *handgreiflich werden* ‖ *pasar por las* ~ *(standrechtlich) erschießen* ‖ *poner en* ~ *zu den Waffen rufen* ‖ *probar las* ~ fig *jdn auf die Probe stellen* ‖ *rendir las* ~ ⟨Mil⟩ *die Waffen strecken* ‖ *ser de* ~ tomar figf *resolut, energisch sein* ‖ *streitbar sein* ‖ *mujer de* ~ tomar fig *Xanthippe* f, fam *Dragoner* m ‖ tomar (las) ~ ⟨Mil⟩ *zu den Waffen greifen* ‖ ~ a la funerala *mit gesenkten Waffen* (zum Zeichen der Trauer) ‖ ¡a las ~! *zu den Waffen!* ‖ *ans Gewehr!* ‖ *an die Gewehre!* ‖ ¡apunten ~! *legt an!* ‖ ~ al hombro! *das Gewehr über!* ‖ ¡descansen ~! *Gewehr ab!*
armada *f (Kriegs)Flotte, Kriegsmarine* f ‖ *Seestreitkräfte* fpl ‖ → **marina**
armadía *f Floß* n
armadijo *m Schlinge, Falle* f *für Vögel und Getier* ‖ *Mausefalle* f
△**armadilla** *f fremdes Geld* n, *mit dem man spielt*
armadillo *m Gürteltier, Armadill* n ‖ *Gürtelkrebs* m
armado adj *bewaffnet, gerüstet* ‖ *ausgestattet, versehen (de* mit *dat)* ‖ ⟨Tech⟩ *armiert, bewehrt* ‖ *beschlagen, besetzt* ‖ *gespickt (Backhuhn)* ‖ Mex figf *gut bei Kasse* ‖ hormigón ~ *Stahlbeton* m ‖ paz ~a fig *bewaffneter Frieden* m ‖ ~ hasta los dientes *bis an die Zähne bewaffnet* ‖ a mano ~a *mit bewaffneter Hand*, fig *gewaltsam* ‖ SS ~as ⟨NS⟩ *Waffen-SS* f ‖ ~ *m Gehanrischter* m *(bei Prozessionen in der Karwoche)* ‖ MAm *Gürteltier, Armadill* n
arma|dor *m (Schiffs)Reeder* m ‖ *Ausrüster* m ‖ *Heuerbaas* m *(für Wal- u Dorsch|fänger)* ‖ *Kaper, Korsar* m ‖ *Waffenrock* m ‖ Bol Chi *Rockweste* f ‖ Ec *Kleiderhaken* m ‖ adj: *casa* ~a *Reederei(firma)* f ‖ **-dura** *f (Ritter)Rüstung* f ‖ *Waffenrüstung* f ‖ ⟨Tech⟩ *Rüststücke* npl, *Armatur* f ‖ *Beschlag* m, *Beschläge* mpl, *Fassung* f ‖ *Gestell* n ‖ *Gerüst* n ‖ *Gerippe* n *(Bau)* ‖ ⟨Zim⟩ *Zimmerwerk* n ‖ ⟨Zim⟩ *Dachstuhl* m, *Dachwerk* n ‖ ⟨Arch⟩ *Fachwerk* n ‖ *Hülle, Umkleidung* f ‖ *Verstärkung* f ‖ *(Brillen-)Fassung* f ‖ ⟨An⟩ *Knochengerüst* n ‖ ⟨Mus⟩ ‖ ⟨Taur⟩ *Gehörn* n (→ **cornamenta**) ‖ ~ del ala ⟨Flugw⟩ *Flügel-,Tragflächen|gerippe* n ‖ ~ arti-

armajal — arnés 108

culada, ~ de pasadores, ~ reticulada *Gelenkbolzenfachwerk* n || ~ de la bobina ⟨El⟩ *Spulenkörper* m || ~ de caldera *Kesselarmatur* f || ~ de cama *Bettgestell* n || ~ de condensador ⟨Radio⟩ *Kondensator\belag* m, *-belegung* f || ~ de fleje *Eisenbandbewehrung* f || ~ de hierro *Eisenbewehrung* f || ~ de imán *Magnetanker* m || ~ de lámpara incandescente *Glühlampenarmatur* f || ~ del macho *Kerneisen* n || ~ de polea *Rollenbügel*, *Block* m || ~ de portaescobillas ⟨El⟩ *Bürstenjoch* n || ~ del relevador *Relaisanker* m || ~ de techo *Dachgerippe* n || ~ de tijera ⟨Zim⟩ *scherenförmiger Träger* m || ~ diagonal *Diagonal\bewehrung*, *-armierung* f || ~ para corbatas *Krawatteneinlage* f || tabla de ~ ⟨Schaltbrett⟩ n ⟨viga de ~ *Rüstbalken* m
armajal *m* Moor n, *Sumpf* m
armaje *m* Arg *Sparrenwerk*, *Gerippe* n
armajo *m* ⟨Bot⟩ *Salzkraut* n (Salsola soda, Halogeton sativum *u andere*)
armamento *m* *Rüsten* n || ⟨Mil⟩ *Ausrüstung* f || ⟨Mil⟩ *Bewaffnung*, *Rüstung* f || ⟨Mar⟩ *Bemannung* f || ⟨Mar⟩ *Schiffsgerät* n || *Bestückung* f || ~ atómico *Atomrüstung*, *atomare Bewaffnung* f || ~ nuclear *Atomrüstung*, *nukleare Rüstung* f || limitación de ~s ⟨Pol⟩ *Rüstungsbeschränkung* f || reducción de ~s *(Teil)Abrüstung* f
Armando *m* np *Hermann* m
armar vt/i *(be)waffnen*, *(aus)rüsten* (con *mit dat*) || *beschlagen*, *(ver)stählen* || *bewehren* (*Magnet*) || *spannen* (*Bogen*) || *montieren*, *aufstellen* (*Maschine*) || *aufstellen* (*Fallen*, *Netze*) || *legen* (*Schlingen*, *Fallstricke*) || *aufschlagen* (*Bett*, *Zelt*) || *anrichten* (*Tisch*) || *aufkrempen* (*Hut*) || ⟨Tech⟩ *armieren*, *bewehren*, *mit Stahleinlagen versehen* f || ⟨Mil⟩ *panzern* || ⟨Mar⟩ *bemannen* || ⟨Mar⟩ *bestücken* || *in Dienst stellen* || fig *kräftigen*, *stärken* || fig *versorgen*, *ausrüsten* || fig *versehen mit* || fig *aussinnen* || fig *verursachen* || fig *veranstalten* || ◊ ~ la bayoneta *das Bajonett* (*od das Seitengewehr*) *aufpflanzen* || ~ bronca *Streit suchen od anfangen* || ~ caballero *zum Ritter schlagen* (a alg. *jdn* acc) || ~ camorra *Händel suchen*, *Streit anfangen*, pop *Stunk machen* || ~ cizaña *Zwietracht stiften* || ~ la clave ⟨Mus⟩ *vorzeichnen* || ~ escándalo *Skandal machen* || la espoleta ⟨Mil⟩ *Zünder scharf machen* || ~ tiendas, ~ carpas *Zelte aufschlagen* || ~ un pleito *einen Streit anfangen* || ~ un puente *eine Brücke schlagen* || ~la fam *Krawall schlagen* || ~ vi *(zum Kriege) rüsten* || *zueinander passen* (*Kleidungsstücke*) || *sich stützen auf* (acc) || *aufliegen auf* (dat) || ~se sich *(be)waffnen*, *sich rüsten* (& fig) || *sich versehen*, *sich wappnen* (de *mit* dat) || *im Anzuge sein* (*Sturm*) || ⟨Taur⟩ *sich zum Endstich vorbereiten* || vulg *steif werden* (*männl. Glied*) || Am *störrisch werden* (*Pferd*) Mex *sich mit Geld versehen* || MAm *sich sträuben* || ◊ ~ de paciencia *sich mit Geduld wappnen* || ~ de valor *sich mit Mut wappnen*, *seinen Mut zusammennehmen*
armario *m* *Schrank*, *Kasten*, *Spind* m || ~ archivo *Aktenschrank* m || ~ clasificador de gavetas *Schubladenaktenschrank* m || ~ de luna *Spiegelschrank* m || ~ de pared *Wandschrank* m || ~ empotrado *eingebauter Schrank* m || ~ para ropa blanca *Wäscheschrank* m || ~ persiana *Rollschrank* m || ~ ropero *Kleiderschrank* m || ~-vitrina *m Glasschrank* m
armatoste *m* *ungefügtes Möbel* n || *Koloß* m || *unnützes Gerät* n || *Schlinge*, *Falle* f *(für Tiere)* || fig *plumper*, *dicker Mensch*, *Tolpatsch* m
armazón f *Zimmerwerk*, *Gespärre* n || *Gerüst* n || *Rahmen* m || ⟨Tech⟩ *Gestell* n, *Armatur* f || *Rahmenkonstruktion* f || *(Beton)Armierung*, *Bewehrung* f || *(Eisen)Beschlag* m || ⟨Mar⟩ *Schiffsgerippe* n || ⟨Mar⟩ *Stauraum* m || ⟨Flugw⟩ *Luftschiffsgerippe* n || Am *Fachwerk* n || *(Geschirr)Bord* n || Chi Pe *Regale* npl *(in einem Laden)* || ~ de anteojos, ~ de gafas *Brillen(ein)fassung* f || ~ del ascensor, ~ del montacargas *Fördergestell* n || ~ de bobinas ⟨El⟩ *Spulenkasten* m || ~ de caja de escalera *säulenförmiges Treppenfenster* n || ~ de cama *Bettstelle* f || ~ de carrete ⟨Radio⟩ *Spulengerippe* n || ~ de corredera ⟨Zim⟩ *Schiebefensterrahmen* m || ~ de flotadores ⟨Flugw Mar⟩ *Schwimmergestell* n || ~ ósea *Knochengerüst* n || ~ de polea *Scheibengehäuse* n || ~ de sierra *Sägebock* m || ~ de (la) silla *Sattelbaum* m || ~ de soporte *Traggerüst* n || ~ de la turbina *Turbinengehäuse* n || ~ para cinta transportadora *Bandbrücke* f
armella f *Ring-*, *Ösenschraube*, *Zugöse*, *Augschraube* f || *Schließklappe* f
Arme|nia f *Armenien* n || **~nio** adj/s *armenisch* || ~ *m Armenier* m
armería f *Rüstkammer* f, *Zeughaus* n || *Waffenmeisterei* f || *Waffenschmiede(kunst)* f || *Waffenhandlung* f || *Waffen\sammlung* f, *-museum* n || *Wappenbuch* n, *Wappenrolle* f || *Wappenkunde* f || *Wappenzeichen* n || → a **heráldica**
armero *m* *Waffenschmied* m || *Waffenhändler* m || *Waffenhersteller* m || *Gewehrständer* m || *Werkzeugschrank* m || ⟨Mil⟩ *Waffengerüst* n || maestro ~ ⟨Mil⟩ *Waffenmeister* m
armígero adj ⟨poet⟩ *waffenführend* || fig *kriegerisch* || ~ *m Schildknappe* m
armilla f ⟨Zim⟩ *Zapfenverband* m || ⟨Arch⟩ *Schaftring* m *(der Säule)*
armillar adj: esfera ~ ⟨Astr⟩ *Armillarsphäre* f
Arminio *m* np *Armin(ius)*, *Hermann* m
armi|ñado adj *Hermelin-*, *hermelinweiß* || *mit Hermelin besetzt* || **~ño** *m Hermelin* n (Mustela erminea) || *Hermelin(pelz)* m
armisticio *m* *Waffenruhe* f || *Waffenstillstand* m || ◊ pactar *(od concertar)* el ~ *den Waffenstillstand schließen*
armón *m* *Scherbalken* m || *caja del* ~ ⟨Mil⟩ *Protz\kasten*, *-wagen* m || ◊ poner los ~es ⟨Mil⟩ *aufprotzen*
armonía f ⟨Mus⟩ *Harmonie(lehre)* f || *Akkordfolge* f || *Wohl\laut*, *-klang* m || *Ebenmaß* n || fig *Ausgeglichenheit* f || fig *Einklang* m, *Harmonie* f || fig *Eintracht*, *Übereinstimmung* f, *Frieden* m || ◊ vivir en ~ *friedlich zusammenleben* || *in Eintracht leben*
armó|nica f *Glasscheibenorgel* f || *Echoregister* n *der Orgel* || ~ (de boca) *Mundharmonika* f || **~nico** adj *harmonisch* || fig *passend*, *entsprechend* || *einträchtig* || *(tono)* ~ ⟨Mus⟩ *harmonischer Oberton* m || adv: **~amente**
armonio, ***armónium** [armoˈnjun] *m* ⟨Mus⟩ *Harmonium* n
armo|nioso adj *harmonisch*, *wohlklingend* || fig *übereinstimmend*, *harmonisch* || fig *ausgeglichen* || adv: **~amente** || **~nización** f *Harmonisierung*, *Angleichung* f || ~ de las fechas de las distintas exposiciones *Abstimmung* f *der Termine der einzelnen Ausstellungen* || ~ de los tipos de aduanas *Angleichung* f *der Zollsätze* || **~nizar** [z/c] va ⟨Mus⟩ *(ein Tonstück) harmonisieren* || fig *in Einklang bringen (mit)* || fig *in Einklang stehen*
armorial *m* *Wappenbuch* n || *Wappenrolle* f
armoricano adj *armorikanisch*, *aus Armorika* (= *Bretagne*)
armuelle f ⟨Bot⟩ *Melde* f (Atriplex spp) || ⟨Bot⟩ = **bledo** || ⟨Bot⟩ = **orzaga**
arnaco *m* Col *Plunder*, *alter Kram* m
arnacho *m* ⟨Bot⟩ = **gatuña**
arnaute m/adj *Arnaut*, *Albanier* m
arnés *m Harnisch*, *Panzer* m || *Sielengeschirr* n || *Reitzeug* n || ◊ *blasonar del* ~ fig *aufschneiden*, *großtun* || ~es de montar figf *Reit|-*

zeug, -geschirr n, Beschirrung f ‖ ~ para cazar Jagdgerät n, Jagdausrüstung f

árnica f [el] ⟨Bot⟩ Arnika f, Wohlverleih m (Arnica sp) ‖ esencia de ~ Arnikageist m ‖ tintura de ~ Arnikatinktur f

¹aro m Ring, Reif(en) m ‖ Bügel m ‖ Serviettenring m ‖ Schlagreifen m ‖ Tischrahmen m ‖ Seitenteile mpl einer Kiste ‖ Spielreif m der Kinder ‖ Arg Chi Ohrring m ‖ Cu Ven Fingerring m ‖ ◊ entrar por el ~, pasar por el ~ fig sich fügen ‖ sich ducken ‖ aufs Wort parieren ‖ ¡~! int Chi Anruf, mit dem man einen Sänger (Tänzer, Redner) unterbricht, um ihm einen Trunk anzubieten ‖ ~ cardán de la brújula Kompaß-, Kardan\ring m ‖ ~ de ajuste Paßring m ‖ ~ de émbolo, ~ de pistón Kolbenring m ‖ ~ de engrase, ~ de lubri(fi)cación Schmierring m ‖ ~ de goma Gummiring m ‖ ~ de llanta Felgenring m ‖ ~ de tapa(dera) Deckelring m ‖ ~ de violín Zarge f ‖ ~ del volante Rad-, Felgen\-kranz m ‖ ~ electrocrómico ⟨Opt⟩ Farbenring m ‖ ~s pl Reifenspiel m

²aro ⟨Bot⟩ Aronstab m (Arum maculatum) ‖ ~ de Etiopía Zimmerkalla f (Zantedeschia aetiopica)

aroma f Blüte f der Duftakazie ‖ ~ m Duft (-stoff), Wohlgeruch m ‖ Aroma n, Blume f, Bukett n des Weines

aro\|mado adj wohlriechend, aromatisch ‖ aromatisiert, mit Aroma versehen ‖ **-mal** m Cu Duftakazienfeld n ‖ **-mar** va = **aromatizar** ‖ **-mático** adj duftend, wohlriechend, aromatisch ‖ Kräuter- ‖ vino ~ Kräuter-, Würz\|wein m ‖ **-matización** f Würzung f ‖ ⟨Chem⟩ Aromatisierung f ‖ **-matizar** [z/c], **-matar** vt würzen, wohlriechend machen (& fig), aromatisieren ‖ ⟨Chem⟩ aromatisieren ‖ **-mo** m Duftakazie, farnesische Akazie f (Acacia farnesiana)

aromoso adj = **aromático**

aron m ⟨Bot⟩ = **aro**

arpa f [el] Harfe f ‖ Gebäckform f ‖ ~ eolia Äolsharfe f ‖ ~ de pedales Pedalharfe f ‖ ◊ tronar como ~ vieja figf ein elendes und plötzliches Ende nehmen

arpado adj harfenähnlich ‖ ⟨poet⟩ lieblich singend (Vogel) ‖ ausgezackt

ar\|padura f Kratzwunde f ‖ **-par** vt/i (zer-) kratzen ‖ zerreißen

arpaz adj raubgierig

arpe\|giar vt/i ⟨Mus⟩ arpeggieren ‖ **-gio** m ⟨Mus⟩ Arpeggio n

arpella f ⟨V⟩ = **aguilucho** lagunero

arpende m altes spanisches Flächenmaß (1250 m²)

arpenta f Morgen m (Feldmaß)

arpeo m Enter-, Wurf\|haken m (zum Festmachen zweier Schiffe)

arpía f ⟨Myth⟩ Harpyie f ‖ fig boshaftes, häßliches, mageres Weib n ‖ fig habsüchtiger Mensch m ‖ ⟨V⟩ Harpie, Harpyie f, Am. Haubenadler m (Harpya harpya) ‖ △ Häscher m

arpilla f (Staub) Decke f

arpi\|llar vt Mex (in Packtuch) einschlagen ‖ **-llera** f Sackleinen n ‖ Pack\|tuch, -linnen n

arpiña f Ec Diebstahl m

arpista m/f Harfenspieler m, -in f ‖ Mex fig Stibitzer, Langfinger m

arpón m Harpune f ‖ ⟨Arch⟩ Eisenklammer, Krampe f ‖ ⟨Taur⟩ Banderillaspitze f mit Widerhaken

arponado adj harpunen\|ähnlich, -förmig

arpo\|n(e)ar vt/i harpunieren, mit Harpunen schleudern, fischen ‖ fig aufgabeln ‖ **-nero** m Harpunenmacher m ‖ Harpunen\|fischer, -werfer m

arque\|ada f Brechreiz m, Aufstoßen n (im Magen) ‖ ⟨Mus⟩ Bogenstrich m ‖ **-ado** adj bogenförmig, gewölbt, gekrümmt ‖ **-ador** m Eich(meist)er, Vermesser m ‖ Wollschläger m ‖ **-aje** m Eichen, Vermessen n eines Schiffes ‖ Tonnengehalt m, Tonnage f (eines Schiffes)

arqueano m ⟨Geol⟩ Archaikum, Archäikum n

¹arquear vt biegen, wölben ‖ (die Wolle) fachen ‖ ◊ ~ las cejas die Brauen hochziehen ‖ fig große Augen machen, die Stirn runzeln ‖ ~ el lomo fig e-n Buckel machen (Tier) ‖ ~ vi Übelkeit, Brechreiz empfinden ‖ **~se** ⟨Mar⟩ versacken ‖ aufwerfen (Brett) ‖ sich krümmen

²arquear vt/i eichen, (den Tonnengehalt) messen ‖ Chi Kassenabschluß machen

arquego\|niadas fpl ⟨Bot⟩ Archegoniaten pl ‖ **-nio** m ⟨Bot⟩ Archegonium n

arquencéfalo m ⟨Zool⟩ Archenzephalon, Urhirn n

¹arqueo m Wölbung, Krümmung f ‖ Wölben n

²arqueo m Kassenabschluß m ‖ Kassen\|revision f, -sturz, Kassastandnachweis m ‖ ⟨Mar⟩ Schiffsvermessung f ‖ Tonnengehalt m, Tonnage f ‖ certificado de ~ ⟨Mar⟩ Meßbrief m

arqueolítico adj altsteinzeitlich

arqueo\|logía f Archäologie, Altertumskunde f ‖ **-lógico** adj archäologisch ‖ fig veraltet, alt

arqueólogo m Archäologe, Altertumsforscher m

arqueópterix m ⟨Paläont⟩ Archäopteryx f/m

arqueozoico m ⟨Geol⟩ Archäozoikum n

arquería f ⟨Arch⟩ Bogenwerk n, Arkade f

arquero m Kastenmacher, Truhenbauer, Schreiner m ‖ ~ m/adj Bogenschütze m ‖ Kassierer m (in Klöstern) ‖ Schatzmeister m

arqueta f Schatulle f, Kästchen n ‖ Sammelgraben m ‖ ⟨Arch⟩ Brunnenstube f ‖ Sickerkasten m

arquetar vt (die Wolle) fachen

arque\|típico adj archetypisch, urbildlich ‖ vorbildlich, mustergültig ‖ **-tipo** m/adj Urbild n, Archetyp m ‖ Vorbild n ‖ ⟨Bot⟩ Urbild n

arquibanco m Kastenbank f

arqui\|diócesis f Erzdiözese f ‖ **-episcopal** adj erzbischöflich ‖ **-fonema** m ⟨Li⟩ Archiphonem n

Arquíloco m np Archilochos m ‖ ~ m archilochischer Vers m

arquilla f Kutschbock m ‖ Kistchen n

Arquímedes m Archimedes m ‖ principio de ~ Archimedisches Prinzip n ‖ rosca de ~ ⟨Phys⟩ archimedische Schraube f

arquimesa f Schreibtisch m mit Fächern, Schreibschrank m ‖ Sekretär m

arquitec\|to m Baumeister, Architekt m ‖ fig Erbauer m ‖ ~ de interiores, ~ decorador Innenarchitekt m ‖ ~ de jardines Gartenarchitekt m ‖ ~ paisajista Landschaftsgestalter m ‖ **-tónico** adj baukünstlerisch, architektonisch ‖ Bau-

arquitectura f Baukunst, Architektur f ‖ Bauart f ‖ fig Gefüge n, Bau m ‖ ~ funcional, ~ utilitaria Zweckbauen n ‖ ~ hidráulica Wasserbaukunst f ‖ ~ naval Schiffbau m ‖ ~ paisajista Landschaftsgestaltung f

arqui\|trabe m ⟨Arch⟩ Architrav m ‖ ~ saliente ⟨Maur⟩ vorspringender Architrav m ‖ ~ transversal ⟨Zim⟩ Querarchitrav m ‖ **-volta** f = archivolta

arra f [el] = **arras** fpl

arrabá [pl **-aes**] m arab. Bogenverzierung f (an Fenstern und Türen)

arra\|bal m Vorstadt f ‖ eingepfarrter Ort m ‖ joc der Hintere ‖ **-es** pl Außenviertel npl, Peripherie f (e-r Stadt) ‖ Umgebung f (e-r Stadt) ‖ **-balera** f fig ordinäres Weib f ‖ **-balero** m/adj Vorstädter m ‖ ~ adj vorstädtisch ‖ desp ordinär, vulgär

arrabiatar vt Am = **rabiatar** ‖ fig Col et kritiklos annehmen

arrabio m Roheisen n ‖ ~ básico basisches Roheisen, Thomasroheisen n ‖ ~ de afino Stahleisen n ‖ ~ del mezclador Mischerroheisen n

arracacinchado adj fam joc gebunden ‖ besorgt ‖ besessen

arracacha f Am *(Art)* Petersilie f (Arracacia spp)
arraca|chá, -chada f fig Col *Albernheit* f ǁ **-cho** m Col *einfältiger Mensch* m
arracada f *Ohr|gehänge* n, *-ring* m ǁ ⟨Mar⟩ *Bügel* m *des Klüvers* ǁ ⟨Typ⟩ *Aussparung* f *(im Satz)* ǁ ◊ le está como a la burra las ~s figf *es steht ihm (od ihr) wie dem Affen ein Schlips*
arraci|mado adj *dicht aneinanderliegend (wie Traubenbeeren)* ǁ *traubenförmig* ǁ **-marse** vr *sich (wie Traubenbeeren) zusammendrängen* ǁ *schwärmen (Bienen)*
arraclán m ⟨Bot⟩ *Faulbaum* m, *Pulverholz* n (Rhamnus frangula) ǁ Ar Sal *Skorpion* m (→ **escorpión**)
arráez [pl **-aeces**] m *Patron* m *e–s maurischen od arabischen Fahrzeugs* ǁ *Leiter* m *des Thunfischfangs*
arrai|gadas fpl ⟨Mar⟩ *Pütting* f/n, *Püttingtaue* npl ǁ **-gado** adj fig *eingewurzelt (Gewohnheit)* ǁ fig *bodenständig* ǁ fig *ansässig* ǁ fig *verstockt, unverbesserlich, eingewurzelt* ǁ *dauernd, anhaltend (Wind)* ǁ prejuicios mpl ~s *eingewurzelte Vorurteile* npl ǁ ~ m ⟨Mar⟩ *Sorren* n ǁ adv: ~amente
arraigar [g/gu] vt/i *Wurzel fassen, (ein-, ver-)wurzeln* ǁ *Wurzel(n) schlagen lassen* ǁ fig *sich (ein, ver)wurzeln, einreißen (Laster)* ǁ *sich festsetzen (Gewohnheit, Irrtum)* ǁ **~se** *Wurzel(n) schlagen* ǁ *sich ansässig machen* ǁ *heimisch werden* ǁ dejar ~ los abusos fig *Mißbräuche mpl aufkommen lassen*
arraigo m *Einwurzelung* f, *Wurzelfassen, Wurzel(n)schlagen* n ǁ *Ansässigkeit* f ǁ *liegende Güter* npl, *Liegenschaften* fpl ǁ *Grundstück* n ǁ hombre de ~ *ein gewichtiger Mann* m ǁ *alteingesessener Mensch* m ǁ ◊ tener ~ fig *Einfluß, Macht haben*
arralar vi *dünn werden* ǁ vt ⟨Agr⟩ *einzeln verziehen* ǁ Am *lichten (Pflanzungen)*
arramblar vt *anschwemmen (von Waldbächen)* ǁ *versanden, mit Schwemmsand bedecken (Fluß)* ǁ fig *mit Gewalt fortreißen* ǁ ~ con *an sich reißen* ǁ con todo fam *sich über alles hinwegsetzen* ǁ *alles an sich reißen* ǁ **~se** vr *versanden, sich mit Schwemmsand bedecken (Fluß)*
arramplar vt fam *alles an sich reißen* (→ **arramblar**)
arrancaclavos m *Nagelzieher* m *(Tischlerwerkzeug)*
arran|cada f *plötzliches Drauflosgehen* n *(Pferd & fig)* ǁ *plötzliche Zunahme* f *der (Fahr)Geschwindigkeit* f ǁ *plötzlicher Start* m ǁ ⟨Mar⟩ *plötzliches Absegeln* n ǁ **-cadera** f *Glocke* f *des Leittieres* ǁ **-cadero** m *Ablaufstelle* f ǁ ⟨Sp⟩ *Start(platz)* m ǁ *Ausgangspunkt* m ǁ Ar *stärkster Teil* m *des Flintenlaufes* ǁ **-cado** adj figf *heruntergekommen, verarmt* ǁ **-cador** m *Anlasser, Starter* m *(Motor)* ǁ ~ automático ⟨El⟩ *Selbstanlasser* m ǁ ~ auxiliar *Hilfsanlasser* m ǁ ~ inversor, ~ reversible *Umkehranlasser* m ǁ **-cadora** f ⟨Agr⟩ *Rode-, Pflug|maschine* f *(zum Wurzelausreißen)* ǁ ~ de patatas *Kartoffelrodemaschine* f ǁ ~ de raices *Wurzelextraktor* m ǁ ~ de remolacha *Rüben|heber, -roder* m ǁ **-camiento** m, **-cadura** f s. v. **-car** ǁ ~ del lino *Flachsraufen* n ǁ ~ (de vides, etc) *Ausmerzung* f *(von Rebstöcken usw)* ǁ **-capinos** m figf *Knirps, Dreikäsehoch* m ǁ **-capuntas** m *Nagelzieher* m
arrancar [c/qu] vt *aus-, ab|reißen* ǁ *ausbrechen, entwurzeln* ǁ *roden* ǁ *(aus)ziehen (Zähne)* ǁ *abbeißen* ǁ *(den Schleim) mit Gewalt hervorholen* ǁ fig *losreißen* ǁ fig *entreißen* ǁ fig *entlocken* ǁ fig *erpressen, erzwingen, abnötigen* ǁ *(Motor) anlassen, anfahren, starten* ǁ ~ el alma a alg. vulg *jdm das Lebenslicht ausblasen* ǁ ~ las patatas *Kartoffeln roden* ǁ ~ una confesión *ein Geständnis erzwingen* ǁ ~ una promesa *jdm ein Versprechen abringen* ǁ ~ de raíz *entwurzeln* ǁ ~ virutas *zerspanen* ǁ vi *e–n Anlauf nehmen, zu laufen anfangen* ǁ ⟨Tech⟩ *anlaufen, anspringen (Maschine)* ǁ *anziehen (Zugtier)* ǁ *anfallen (Stier)* ǁ *losgehen (Person)* ǁ *anfangen sich zu wölben (Gewölbe)* ǁ ⟨Mar⟩ *die Fahrt beschleunigen (Schiff)* ǁ fig *abzweigen* ǁ fam *herrühren (von)* ǁ fam *fortgehen* ǁ fam *losbrausen* ǁ ~ hacia atrás ⟨Aut⟩ *zurück|stoßen, -setzen* ǁ **~se** Mex fam *sterben*

arranciarse vr *ranzig werden*
arrancón m Mex *plötzliches Drauflosgehen* n ǁ Col *Kummer* m ǁ Col *Heftigkeit, Begeisterung* f ǁ Col *Abschied* m
arranchar vt ⟨Mar⟩ *(die Segel od Schoten) festspannen, anziehen, brassen* ǁ ⟨Mar⟩ *nahe vorbeifahren an* (dat) ǁ Am *wegschnappen* ǁ Bol *verhaften* ǁ Mex Ur *in wilder Ehe leben* ǁ Chi *sich zum Essen treffen*
arrancharse vr ⟨Mil⟩ *lagern* ǁ Am *e–n Rancho errichten* (& vi) ǁ *sich irgendwo vorübergehend niederlassen*
arranque m *Losreißen, Entwurzeln* n ǁ *heftiger Stoß* m ǁ *Anspringen* n *e–s Pferdes* ǁ ⟨Tech⟩ *Anfahren, Anspringen* n *e–s Motors* ǁ *Anlaufen* n *e–r Maschine* ǁ *Anlasser* m *(Motor)* ǁ *Start* m ǁ *Anlauf* m ǁ ⟨Arch⟩ *Gewölbeanfang* m ǁ ⟨An⟩ *Wurzelteil* m *e–s Gliedes usw* ǁ ⟨Bgb⟩ *Gewinnung* f ǁ fig *Aufwallung, Heftigkeit* f ǁ fig *Anwandlung* f *(von Zorn usw)* ǁ fig *Entschlußkraft* f ǁ fig *plötzlicher Entschluß* m ǁ fig *schlagfertiger Einfall* m ǁ fig *Ausgangspunkt, Anfang* m ǁ ~ automático *selbsttätiges Anlaufen* n ǁ ~ con el pie *Kickstarter* m *(am Motorrad)* ǁ ~ del aire ⟨Flugw⟩ *Flügelansatz* m ǁ ~ de la bóveda ⟨Arch⟩ *Gewölbeanfang* m ǁ ~ de elevación, ~ de la bomba *Anhub* m, *Ansaugung* f ǁ ~ de inercia ⟨Aut⟩ *Schwungkraftanlasser* m ǁ ~ de piedra *Abbau* m, *Abbauen* n *(Steinbruch)* ǁ ~ sin sacudidas *stoßfreier Anlauf* m ǁ ~ al primer, ~ beim ersten Anlauf m ǁ caballete de ~ *oscilante Kippständer* m ǁ ◊ tener ~ figf *Entschlußkraft* f *haben* ǁ tomar ~ *Anlauf nehmen (beim Springen)* (& fig) ǁ **~s** pl fig *Heftigkeit* f
arranquera f Can Cu Mex *Geldmangel* m ǁ Mex *schmales Brett* n
arrapar vt vulg *packen, entreißen*
arrapiezo m *Lumpen, Fetzen* m *an e–m Kleide* ǁ fig *Lump* m ǁ fig *Gassenjunge, Bube* m, fam *Lausejunge* m
arrapo m *Lumpen, Fetzen* m ǁ *Kleinigkeit* f ǁ *Lappalie* f
arras fpl *An-, Hand|geld* n ǁ *Anzahlung* f ǁ ⟨Jur⟩ Span *Brautgeld* n ǁ ⟨Hist⟩ *Brautgabe* f *(13 Münzen)*
arrasado adj *atlasartig* ǁ *(ein)geebnet* ǁ *zerstört* ǁ *übervoll* ǁ con ojos ~s en *(od* de*) lágrimas mit Tränen in den Augen*
arrasar vt *(ein)ebnen (Acker)* ǁ *schleifen, dem Boden gleichmachen, abtragen, niederreißen (Festung)* ǁ *zerstören, verheeren* ǁ *bis an den Rand anfüllen* ǁ *(Korn) beim Messen abstreichen* ǁ ~ una plaza ⟨Mil⟩ *e–e Festung schleifen* ǁ **~se** *sich aufhellen (Himmel)* (& vi) ǁ ~ en *(od* de*) lágrimas* fig *in Tränen ausbrechen (od zerfließen)*
arrascar Al Burg Sor *kratzen*
arrastrada f fam *(Straßen)Dirne* f
arrastra|dera f *Schleppseil* n ǁ ⟨Flugw⟩ *Schlepp-, Führungs|seil* n ǁ ⟨Mar⟩ *Unterleesegel* n ǁ ⟨EB⟩ *Hemmschuh* m ǁ **-dero** m *Holzweg* m *(zur Holzabfuhr)* ǁ ⟨Taur⟩ *Ausgang* m *zum Fortschleppen der getöteten Tiere* ǁ Mex *Spielhölle* f ǁ **-dizo** adj *ausgetreten (Weg)*
arrastra|do adj/m *mitgenommen* (por v. dat) ǁ *abgeschleppt (durch)* ǁ figf *kümmerlich, armselig* ǁ figf *liederlich* ǁ figf *gerieben, tückisch* ǁ ~ m *Herumtreiber, heruntergekommener Mensch*

arrastramiento — arreglar

m ‖ *Ramsch* m *(Kartenspiel)* ‖ ◊ *andar* ~ figf *in der größten Dürftigkeit leben* ‖ *tute* ~ ⟨Kart⟩ *Tutespiel* n, *bei dem man die Farbe bekennen muß* ‖ *vida* ~a *elendes Leben* n ‖ adv: ~**amente** ‖ **–miento** m s v. **arrastrar**
  arrastrar vt *schleifen* ‖ *fortschleppen* ‖ *abschleppen* ‖ *ziehen (Wagen)* ‖ *mit\reißen, -nehmen* ‖ *nach sich ziehen (Konsequenz)* ‖ *fortreißen* ‖ *abschwemmen (Wasser)* ‖ *an Land schwemmen* ‖ fig *jdn zu seinen Ansichten herüberziehen* ‖ ◊ ~ a la *orilla ans Land spülen* ‖ ~ *el ala* figf *verliebt sein* ‖ ~ *coche* figf *reich, wohlhabend sein* ‖ ~ *por tierra zu Boden werfen* ‖ ~ *su dignidad por los suelos* fig *seine Würde durch den Schmutz schleifen* ‖ *traer* a alg. arrastrado figf *jdm höchst beschwerlich fallen* ‖ ~ vi *kriechen* ‖ ⟨Kart⟩ *Trumpf ausspielen* ‖ *ziehen (Figur)* ‖ Mex ⟨Agr⟩ *eggen* ‖ ◊ *trabajar* arrastrando fam *ungern, liederlich arbeiten* ‖ ~**se** *sich fortschleppen, kriechen, sich erniedrigen* ‖ fig *kriechen*, fam *Speichel lecken*
  arrastre m *Fort\reißen, -schleppen* n ‖ *Zugkraft* f ‖ *Einbringen* n *der Zuckerrohrernte* ‖ *Holzabfuhr* f *aus dem Walde* ‖ *angeschwemmte Erde* f ‖ ⟨Kart⟩ *Trumpfausspielen* n, *Ramsch* m ‖ Mex *Silbererzmühle* f ‖ ~ *de compresibilidad* ⟨Flugw⟩ *Kompressibilitätswiderstand* m ‖ ~ *de correa* ⟨Ing⟩ *Gleiten* n *des Riemens* ‖ ~ *de cuerpos flotantes Treibzeug* n ‖ ~ *de fondo Flußgeschiebe* n ‖ ~ *de perfil* ⟨Flugw⟩ *Profilwiderstand* m ‖ ~ *de sólidos Geschiebe\führung* f, -*transport* m ‖ ~ *parásito* ⟨Flugw⟩ *schädlicher Widerstand* m ‖ ~ *por calle flotante Oberseilbetrieb* m *(Drahtseilbahn)* ‖ *estar para el* ~ fam *dem Ende nahe sein (& fig) ‖ (servicio de)* ~ ⟨Taur⟩ *(Personal zum) Fortschleppen* n *der getöteten Tiere* ‖ ~**s** mpl: ~ *de los glaciares Moräne(n)kies* m, *Gletschergeschiebe* n
  arrate m *Pfund* n *von 16 Unzen*
  arrato|nado adj *von Mäusen zernagt* ‖ **–narse** vr Guat *kümmerlich wachsen (Pflanzen)*
  arrayador m Ec *Streichholz* n *(z. B. zum Kornmensen)*
  arra|yán m ⟨Bot⟩ *(Braut)Myrte* f *(Myrtus communis)* ‖ **–yanal** m *Myrtenfeld* n
  arra(ya)z m = **arráez**
  ¡arre! int *hü! hot! (Zuruf, um Lasttiere anzutreiben)* ‖ *¡* ~ *allá!* fam *scher dich zum Teufel!* ‖ ~ m And *Esel* m ‖ And p ex *Reittier* n
  arrea f Am *Koppel* f *(Lasttiere)*
  arre|ada f Arg Mex *Viehdiebstahl* m ‖ Arg *Überfall* m ‖ ~**ador** m Am *lange Treibpeitsche* f ‖ And *Aufseher* m *der Landarbeiter*
  ¹**arrear** vt *(die Last-, Zug\tiere) antreiben* ‖ fig pop *treiben* ‖ Am *(Vieh, Menschen, Sachen) rauben, entführen* ‖ Cu *führen, befördern* ‖ ~ *un golpe* pop *e–n verpassen* ‖ ~ vi pop *sich beeilen* ‖ *schnell gehen (bzw fahren)* ‖ ~ *demasiado* fig *stark übertreiben* ‖ *¡arrea!* int pop *schnell! geschwind!* ‖ fam *nanu!*
  ²**arrear** vt *(aus)schmücken* ‖ *ausrüsten*
  arreba|ñadura f fam *Zusammenraffen* n ‖ ~**s** fpl *Resteessen* n ‖ *Speisereste, Brosamen* mpl ‖ **–ñar** vt *zusammenraffen* ‖ *aufessen* ‖ *leer essen (Teller)* ‖ fig *ent-, weg\reißen*
  arreba|tadizo adj *übereilt, unbesonnen, impulsiv* ‖ **–tado** adj *ungestüm, heftig* ‖ fig *jähzornig* ‖ *übereilt* ‖ *entzückt* ‖ *glühend (Gesicht)* ‖ adv: ~**amente** ‖ **–tador** adj *fig hinreißend, entzückend* ‖ ~ m *Entführer* m ‖ *Räuber* m ‖ **–tamiento** m fig *Ungestüm* n ‖ fig *Entzücken* n ‖ *Verzückung* f ‖ *Ekstase* f
  arrebatar vt *mit Gewalt entreißen* ‖ *rauben* ‖ *wegraffen (Tod)* ‖ fig *hinreißen, entzücken* ‖ ◊ ~ *de (od entre) las manos aus den Händen reißen* ‖ ~ *la vida jdn ums Leben bringen* ‖ ~**se** *außer sich geraten* ‖ *sich ereifern* ‖ *aufbrausen* ‖ *in Begeisterung geraten* ‖ *zu schnell gar werden*

bzw *anbrennen (Gericht)* ‖ *von der Hitze verbrannt werden (Ernten)* ‖ *¡no se arrebate V.! ereifern Sie sich nicht!*
  arrebatiña f *Aufraffen* n ‖ *Rauferei* f ‖ ◊ *andar* a la ~ fam *sich reißen (um), sich um et raufen*
  arre|bato m *heftige Gemütsbewegung, Anwandlung* f ‖ *Erregung* f ‖ *Verzückung* f ‖ *Entzücken* n ‖ ~ y *obcecación* ⟨Jur⟩ *Affekt* m ‖ *en estado de* ~ *im Zustand der Erregung* ‖ *im Affekt*
  arrebiatar vt Ven = **reatar** ‖ → a **arrabiatar**
  arrebol m *(rote Färbung* f *der Wolken bei der) Morgen-, Abend\röte* f ‖ *rote Schminke* f ‖ ⟨poet⟩ *Röte* f ‖ ~ *vespertino Abendröte* f ‖ ~**es** pl *Morgen-, Abend\röte* f
  arrebo|lada f *sonnenbestrahltes rotes Gewölk* n ‖ *Morgen-, Abend\röte* f ‖ **–lado** adj *rötlich, rosig (Backen, Wolken)* ‖ **–lamiento** m s v. **–lar** ‖ **–lar** vt *rot färben* ‖ *röten* ‖ *rot schminken* ‖ ~**se** ⟨poet⟩ *sich röten* ‖ *sich rot schminken* ‖ Col *sich entrüsten, sich empören* ‖ Ven *sich schmücken*
  arrebollarse vr Ast *sich herabstürzen*
  arrebozar vt *verschleiern* ‖ ~**se** vr *e–e Traube bilden (Ameisen, Bienen)*
  arrebu|jadamente adv fig *undeutlich, verwirrt, übereilt* ‖ **–jar** vt *zerknittern, zerknüllen (Wäsche usw)* ‖ *einwickeln, verhüllen* ‖ ~**se** *sich (in die Bettdecken) einwickeln* ‖ fam *sich einmummeln*
  arrebuñar vt pop = **arrebujar**
  arrecadar vt Sal *in Sicherheit bringen* ‖ *aufbewahren*
  arre|ciar vi *stärker werden, zunehmen (Wind, Fieber)* ‖ ~**se** *stärker werden* ‖ **–cido** adj *vor Kälte erstarrt, klamm, starr*
  arreci|far vt And *e–n Weg pflastern* ‖ **–fe** m *Straßendamm* m, *Chaussee* f, *Fahrdamm* m ‖ *Fahrbahn, Straßendecke* f ‖ ⟨Mar⟩ *(Felsen)Riff* n, *blinde Klippen* fpl ‖ ~ *de coral*, ~ *coralino Korallenriff* n
  arrecirse vr [def, *nur Formen mit* -i-] *erstarren (vor Kälte)*
  arrecharse vr Ven *in Zorn geraten* ‖ Col *schlüpfrig werden*
  arrecho adj Al Burg Sor *aufrecht, feurig* ‖ M Am *mutig* ‖ Am *geil*
  arrechucho m fam *Koller* m, *heftige Anwandlung* f ‖ *Anfall* m
  arrediar vt *einpferchen (Vieh)*
  arredom|ado adj *listig, gescheit* ‖ **–ar** vt △ *vereinigen* ‖ ~**se** vr △ *sich ärgern*
  arredondear vt = **redondear**
  arredrar vt *zurückstoßen* ‖ *erschrecken* ‖ *entfernen* ‖ fig *jdm Furcht einjagen* ‖ ~**se** *verzagen* ‖ *zurückweichen* ‖ *zurückscheuen* ‖ *Angst bekommen*
  arredro adv *(nach) hinten, rückwärts*
  arrega|zado adj fig *aufgeworfen, umgestülpt (Nase)* ‖ *nariz* ~**a** *Stupsnase* f ‖ **–zar** [z/c] *aufstülpen* ‖ ~**se** *sich aufschürzen*
  arreg|ladamente adv fig *ordnungsgemäß* ‖ ~ a *gemäß, nach, laut* ‖ **–lado** adj *ordentlich, regelrecht* ‖ *precio* ~ fam *mäßiger Preis* m ‖ *estar* ~ figf *fertig, erledigt sein*
  arreglar vt *regeln, (an)ordnen* ‖ *zurechtmachen, einrichten, trimmen* ‖ *bestimmen, festsetzen* ‖ *abschließen, ausgleichen (Rechnung)* ‖ *machen (Zimmer)* ‖ *überholen* ‖ *herrichten, vorbereiten, präparieren* ‖ ⟨Mus⟩ *(ein Musikstück) bearbeiten* ‖ *festsetzen (Preis)* ‖ Chi *kastrieren, verschneiden* ‖ ⟨Typ⟩ Am *zurichten, druckreif machen* ‖ ~ *las cuentas mit jdm verrechnen (& fig)* ‖ ~ *una controversia einen Streit(fall) schlichten (od beilegen)* ‖ ~**se** *sich einigen in (dat)* ‖ *sich herrichten* ‖ *sich schminken* ‖ ~ a la *razón zur Einsicht kommen* ‖ ~ *con el acreedor sich mit dem Gläubiger vergleichen* ‖ ~ *el pelo*

sich frisieren ‖ **arreglárselas** fam *sich aus e-r schwierigen Lage heraushelfen* ‖ *mit et fertig werden, et einzurichten wissen* ‖ *sich zurechtfinden* ‖ ¡arréglate! *hilf dir selbst!* ‖ ¡allá se las arregle! fam *soll er doch – aber ohne mich!* ‖ ¡ya me arreglaré con él! fam *mit dem werde ich schon fertig (werden)!*
arre|glista *m* ⟨Mus Th⟩ *Bearbeiter* m ‖ **-glito** *m* dim *v.* **arreglo** ‖ fam *wilde Ehe* f
arreglo *m Regel, Richtschnur* f ‖ *(An)Ordnung, Regelung* f ‖ *Einrichtung* f ‖ *Abmachung* f ‖ *Vereinbarung, Absprache* f ‖ *Beilegung* f ‖ *Bestimmung* f ‖ *Bearbeitung f (Buch)* ‖ *Bezahlung* f *(Rechnung)* ‖ ⟨Mus⟩ *Bearbeitung* f ‖ ⟨Mus⟩ *Arrangement* n ‖ ⟨Typ⟩ *Zurichtung* f ‖ *Abrechnung* f (& fig) ‖ ⟨Jur⟩ *Vergleich* m ‖ *Abkommen* n ‖ fam *wilde Ehe* f ‖ ~ arbitral *schiedsgerichtliche Beilegung* f ‖ ~ judicial *gerichtliche Beilegung* f ‖ con ~ a *gemäß* (dat) ‖ *nach, laut* ‖ la cosa no tiene ~ *das ist nicht wiedergutzumachen* ‖ *dem ist nicht abzuhelfen* ‖ vivir con ~ *sein Auskommen haben* ‖ con ~ a las leyes *nach Maßgabe der Gesetze*
arre|gostarse vr fam *Behagen finden an* (dat) ‖ **-gosto** *m* fam *Behagen* n
arre|jacar [c/qu] vt ⟨Agr⟩ *rigolen, rajolen* ‖ **-jaco** *m Mauer|schwalbe* f, *-segler* m (→ **vencejo**) ‖ ⟨Fi⟩ *(Art) Harpune* f
arrejada f *Pflugreitel* m
arrejaque *m dreizinkige Hacke* f
arrejerar vt ⟨Mar⟩ *mit drei Ankern festmachen (zwei vorn, einer achtern)*
arre|jón *m* Chi *Wagnis* n ‖ **-jonado** adj Chi *waghalsig*
arrelde *m Gewicht* n *von 4 Pfund*
arrelingarse [g/gu] vr Chi fam *sich herausstaffieren* (→ **acicalarse**)
arrellanarse vr *sich bequem zurechtsetzen* ‖ fig *sich's bequem machen*
arrellenarse vr Am barb = **arrellanarse**
arre|mangado adj *aufgeschürzt (Kleid, Rock)* ‖ *gerafft* ‖ *hochgestreift, aufgekrempelt (Ärmel)* ‖ fig *aufgeworfen (Lippen)* ‖ nariz ~a *Stülpnase, aufgebogene Nase* f ‖ **-mangar** [g/gu] vt *auf|streifen, -schürzen* ‖ ~se *sich die Ärmel aufstreifen* ‖ *umkrempeln (Hosen)* ‖ figf *sich schnell entschließen* ‖ fam *sich aufraffen, sich zusammenreißen* ‖ **-mango** m *Auf-, Hoch|streifen* n ‖ *Schurz* m ‖ *Umgekrempelte(s)* n ‖ ◊ tener ~ figf *resolut sein*
arremedar vt *nachahmen*
arreme|tedero *m* ⟨Mil⟩ *Angriffspunkt* m ‖ **-tedor** *m Angreifer* m ‖ **-ter** vt *an|greifen, -fallen* ‖ *an|treiben, -spornen (Pferde)* ‖ ~ vi *losstürzen auf* (acc) ‖ figf *unangenehm auffallen* ‖ ~ al *(od* con, contra el) enemigo *den Feind angreifen, überfallen* (acc) ‖ ~ con el rival *über seinen Gegner herfallen* ‖ **-tida** f, **-timiento** *m Angriff, Überfall* m ‖ *Ansturm* m ‖ *Anlauf* m *des Pferdes*
arremoli|nado adj *wirbelähnlich* ‖ *schichtenweise gelegt (Getreide)* ‖ **-nar** vt *wirbeln* ‖ *Menschenmengen* fpl *anziehen* ‖ ~ vi *wirbelartig wehen* ‖ ~se fig *Wirbel bilden* ‖ figf *sich drängen (Menschenmenge)* ‖ figf *zusammenlaufen*
arrempujar vt *(fort)stoßen, fortschieben* ‖ *auf-, zu|stoßen (Tür)* ‖ fam *schubsen*
arremue(s)co m fam Col *Geschmuse* n
arren|dable adj *vermietbar* ‖ *verpachtbar* ‖ **-dadero** *m Halfterring* m *an der Krippe* ‖ **-dado** adj *zügelfromm* ‖ **-dador** m ⟨Jur⟩ *Vermieter, Verpächter* m ‖ pop *Mieter, Pächter, Pachtnehmer* m
arrendajo *m* ⟨V⟩ *Häher* m ‖ ~ común ⟨V⟩ *Eichelhäher* m *(Garrulus glandarius)* ‖ ~ de los abetos ⟨V⟩ *Tannenhäher* m *(Nucifraga caryocatactes)* ‖ ~ funesto ⟨V⟩ *Unglückshäher* m *(Perisoreus infaustus)* ‖ *Spottdrossel* f (→ **sin-**

sonte) ‖ figf *Nachäffer* m ‖ figf *Nachäffung* f ‖ ◊ ser el ~ de alg. fig *jdm auffallend ähnlich sein*
arren|damiento *m Miete* f ‖ *Vermietung* f ‖ *Pacht* f ‖ *(Ver)Pachtung* f ‖ *Pachtzins* m ‖ *Mietzins* m ‖ ~ a plazo fijo *Zeitpacht* f ‖ ~ contra presentación de trabajo *Arbeitspacht* f ‖ ~ de disfrute de fruto ⟨Jur⟩ *Pacht* f ‖ ~ de una explotación agrícola ⟨Jur⟩ *Hof-, Guts|pacht* f ‖ ~ en especie *Naturalpacht* f ‖ ~ en metálico ⟨Jur⟩ *Geldpacht* f ‖ ~ rústico ⟨Jur⟩ *Landpacht* f ‖ *Pacht, Verpachtung* f ‖ ~ urbano ⟨Jur⟩ *Miete* f ‖ ~ vitalicio *Vitalpacht, Pacht* f *auf Lebenszeit* ‖ ~ de buque, ~ de avión *Chartervertrag* m *(Schiff bzw Flugzeug)* ‖ (contrato de) ~ *Pacht-, Miet|vertrag* m ‖ ◊ dar en ~ *vermieten, verpachten* ‖ tomar en ~ *pachten, mieten* ‖ en ~ *miet- bzw pacht|weise* ‖ **-dante** *m Mieter, Pächter* m
¹**arrendar** [-ie-] vt *(ver)pachten* ‖ *(ver)mieten* ‖ no le arriendo la ganancia fig *ich möchte nicht in seiner Haut stecken*
²**arrendar** [-ie-] vt *zügeln (ein Pferd)* ‖ fig *zähmen* ‖ fig *festhalten*
³**arrendar** [-ie-] vt *nach|äffen, -ahmen*
arrendatario adj: compañía ~a *Handelsgesellschaft* f, *die ein Staatsmonopol gepachtet hat, Monopolgesellschaft* f ‖ ~ m *Pächter* m ‖ *Mieter* m ‖ *Dienstberechtigter* m *(im Dienstvertrag)*
arrendaticio adj ⟨Jur⟩ *zur Miete od Pacht gehörend* ‖ *Miet-, Pacht-*
arrenquin *m* Chi *Sattelknecht* m
¹**arreo** *m Putz* m ‖ ~s pl *Pferdegeschirr* n ‖ *Reitzeug* n ‖ *Zubehör* n ‖ Arg Chi Ven *Koppel* f *Lasttiere*
²**arreo** adv *ununterbrochen* ‖ *schnell*
³**arreo** *m* Chi *Antreiben* n *der Last- und Zug|tiere*
arrepachingarse vr fam *sich bequem und nachlässig hinsetzen, sich rekeln*
arrepápalo *m (Art)(Pfann)Kuchen* m
arrepasarse vr *hin- und herlaufen*
arrepen|tida f *reuige Sünderin, Büßerin* f ‖ ~s fpl *büßende Schwestern* fpl *(Nonnenorden)* ‖ **-tido** adj *reuig, bußfertig* ‖ ◊ estar ~ de a. et *bereuen* ‖ casado y ~ *etwa: vorgetan und nachbedacht hat manchen in groß Leid gebracht,* fig *zu spät zur Einsicht kommen* ‖ **-timiento** *m Reue* f ‖ *Buße* f ‖ *Halslocke* f *der Frauen* ‖ ⟨Mal⟩ *Korrektur* f ‖ ~ activo ⟨Jur⟩ *tätige Reue* f ‖ **-tirse** [-ie-] vr *Reue fühlen* ‖ *bereuen* (de a. et) ‖ ~ de sus pecados *seine Sünden bereuen* ‖ ¡se arrepentirá! fam *das wird er noch bereuen!* ‖ *das soll er noch bereuen!*
arrepiso pp/irr v. **arrepentir(se)**
arrepticio adj *vom Teufel besessen*
arrequesonarse vr *gerinnen (Milch)*
arre(n)quín *m* Am *Leitpferd* n *in e-r Koppel* ‖ fig Chi *liebedienerischer Mensch* m
arrequintar vt Am *fest|schnüren, -binden* ‖ *spannen (Seil)*
arrequives mpl fam *Putz* m, *Schmuck* m ‖ fam *Staat* m ‖ fig ⟨Lit⟩ *Umstände* mpl, *Erfordernisse* npl ‖ con todos sus ~ fig *in vollem Putz od Staat*
arres|tado adj *in Haft genommen, verhaftet* ‖ *mutig, unerschrocken* ‖ fam *schneidig* ‖ ~ *m Arrestant* m ‖ **-tar** vt *verhaften* ‖ *festnehmen, einkerkern* ‖ *in Gewahrsam nehmen* ‖ ~se vr: ~ a *sich heranwagen an* (acc) ‖ ~ a todo *vor nichts verzagen*
arresto *m Haft* f ‖ ⟨Mil⟩ *Verhaftung* f, *Arrest* m ‖ ~ de menores ⟨Jur⟩ *Jugendarrest* m ‖ ~ mayor Span ⟨Jur⟩ *Gefängnis* n, *Gefängnisstrafe* f ‖ ~ menor Span ⟨Jur⟩ *Haft, Haft-, Gefängnis|strafe* f ‖ ~ policiaco *polizeilicher Gewahrsam* m ‖ ~s mpl fam *Schneid(igkeit)* m ‖ ◊ tener ~s *mutig sein,* fam *Schneid haben*

arretranca *f* Am *Schwanzriemen* m *der Pferde* || Col Ec Mex *Wagenbremse* f
arretrancos *mpl* Col Cu *Zugtiergeschirr* n
arrevolver vt And Col = **revolver**
arrezafe *m Distelfeld* n (→ a **yermo**)
arrezagar [g/gu] vt *auf\schürzen, -streifen* || *(empor)heben*
arria *f* [el] *Zug* m *hintereinander gehender Maultiere*, *Koppel* f *Maultiere*
arriada *f* ⟨Mar⟩ *Segelstreichen* n || *Überschwemmung* f *(e-s Flusses)*
arria|nismo *m Arianismus* m, *Lehre des Arius (Arrio)* || **-no** adj/s *arianisch* || *Ariander* m
¹**arriar** [pres **-io**] vt/i *ein-, nieder\holen (Flagge)* || ⟨Mar⟩ *streichen (Flagge)* || *einziehen (Segel)* || ⟨Mar⟩ *(ab)fieren, ausstechen* || *lockern, ablaufen lassen (Tau)* || ◊ ∼ *los botes* ⟨Mar⟩ *die Boote fieren (od niederlassen)* || ∼ *por el chicote* ⟨Mar⟩ *schlippen lassen* || ∼ *en banda* ⟨Mar⟩ *fallen lassen* || ∼ *una vela* ⟨Mar⟩ *ein Segel streichen* (od *reffen)* || ∼ *un cabo* ⟨Mar⟩ *e-e Leine loswerfen* || ∼ *un mastelero* ⟨Mar⟩ *e-e Stange streichen* || ¡arria! ⟨Mar⟩ *fier weg! fall ab!* || *werft los!*
²**arriar** [pres **-io**] vt *überschwemmen* || And fam *herunterhauen (e-e Ohrfeige)* || **∼se** vr *überschwemmen* || *überschwemmt werden*
arriate *m Garten-, Blumen\beet* n, *Rabatte* f || *Rohrgatter* n *in Gärten*
arriaz [*pl* **-ces**] *m Degengriff* m || *Schwertkreuz* n
arriba adv *oben, darüber, darauf* || *obenan* || *nach oben hinauf* || *über, mehr, länger* || *agua* ∼ *stromaufwärts* || *cuesta* ∼ *bergauf* || *de* ∼ *von oben herab* || *von Gott* || Arg *unentgeltlich* || ∼ *de* ∼ *über, mehr als* || *de* ∼ *abajo von oben bis (bzw nach) unten* || fig *von oben herab* || fig *völlig, ganz und gar* || *de dos pesetas* ∼ *von 2 Pesetan an* || ∼ *en el aire hoch in der Luft* || *hasta* ∼ *aufwärts* || *lo de* ∼ *was darüber ist (Geld, Maß usw)* || *la parte de* ∼ *der obere Teil* || *por* ∼ *von oben* || *oberhalb* || *el* ∼ *dicho (od citado) der Oben\erwähnte, -genannte* || ◊ *eso se me hace cuesta* ∼ fam *das ekelt mich an, dazu habe ich keine Lust* || *está todo patas* ∼ figf *es herrscht e-e völlige Unordnung* || *tendrá de setenta años para* ∼ *es ist wohl über siebzig* || *tomar a/c desde* ∼ fig *sehr weit ausholen* || *venir de* ∼ *von oben, von Gott kommen* || *volver lo de* ∼ *abajo* fam *das Unterste zuoberst kehren* || ¡∼! *nur zu! auf! aufstehen!* || ¡∼ *España! Hoch Spanien!*
arri|bada *f Landung* f, *Einlaufen* n || ◊ *llegar de* ∼ *forzosa e-n Hafen als Nothafen anlaufen* || **-baje** *m,* **-bada** *f* ⟨Mar⟩ *(An)Landen, Einlaufen* n || **-bano** *m* Chi Pe *Bewohner* m *der südlichen Provinzen*
arri|bar vi *ankommen* || ⟨Mar⟩ *landen, einlaufen* || ⟨Mar⟩ *abfallen, Abdrift haben* || fig *seinen Zweck erreichen* || ◊ ∼ *en un puerto a causa del mal tiempo* ⟨Mar⟩ *wegen des Unwetters in e-n Hafen einlaufen* || **∼se** *landen, einlaufen* || **-bazón** *f (andrängender) Fischschwarm* m *(in den Küstengewässern)* || Am *Andrang* m || **-beño** *m/*adj Am *Bergbewohner, Hochländer* m || **-bismo** *m (ehrgeiziges, rücksichtsloses) Strebertum* n || **-bista** *m Parvenü, Emporkömmling, Streber* m || *Arrivist, Erfolgsritter* m || **-bo** *m Ankunft* f || ⟨Mar⟩ *Einlaufen* n || **-bota** adv fam augm *v.* **arriba**
arricete *m* ⟨Mar⟩ *Riff* n
arridar vt ⟨Mar⟩ *anholen*
arriendar vt Ven *(ein Pferd) zügelfromm machen*
arriendo *m Pacht* f || *(Ver)Pachtung* f || *Miete* f || *(Ver)Mietung* f || *Pachtzins* m || ∼ *de fincas pequeñas Kleinpacht* f
arriera *f* Am ⟨Entom⟩ *Blattschneiderameise* f (Atta spp)

arrie|raje *m Frachtfuhrwesen* n || *Fuhrleute* fpl || **-ría** *f Frachtfahren* n || *Maultiertreiber-* bzw *Fuhrmanns\gewerbe* n || **-ro** *m Maultiertreiber* m || *Fuhrmann* m
arries|gado adj *gefährlich, riskant* || *waghalsig, unbesonnen* || *dreist* || adv: **∼amente** || **-gar** [g/gu] vt *wagen, aufs Spiel setzen, riskieren* || ∼ *un pleito es auf e-n Prozeß ankommen lassen* || **∼se** *sich (e-r Gefahr) aussetzen* || *sich bloßstellen* || ◊ ∼ *a sich wagen an* (acc) || ∼ *en una empresa dudosa sich in ein unsicheres Geschäft einlassen* || **-gón** *m* Chi *große Waghalsigkeit* f
arrimadera *f* Dom *Annäherung* f
arrima|dero *m Lehne* f || *Stütze* f || *Wandtäfelung* f || ⟨Zim⟩ *Stuhlbrett* n || **-dillo** *m (Art) Wurfspiel* n *der Knaben* || ⟨Arch⟩ *Vertäfelung, Verkleidung* f *in Brustöhe* || **-dizo** adj/s fig *schmarotzerisch*
arrimado *m* adj *nahe* || *in wilder Ehe lebend* || ∼ *a la cola* fam *geistig beschränkt* || ∼ *a su dictamen* fig *auf seine Meinung versessen*
arrima|dor *m großes Holzscheit* n *im Kamin, an das die übrigen Holzstücke angelehnt sind* || **-dura** *f Anlehnung* f || *Annäherung* f
arrimante *m* Bol *Pächter* m
arrimapliegos *m* ⟨Typ⟩ *Bogenanleger* m
arrimar vt *anlehnen* || *anstemmen* || *stützen* || *heran\drücken, -führen* || *(an)nähern* || *hinzufügen* || *anhängen* || fig *beiseite legen* || fig *zurücksetzen, übergehen (bei Beförderungen)* || fam *versetzen (Schlag, Stoß)* || ⟨Arch⟩ *abstützen* || ⟨Mar⟩ *stauen, schichten* || ◊ ∼ *el bastón* fig *den Oberbefehl niederlegen* || ∼ *el hombro (al trabajo)* fam *sich ins Zeug legen* || *sich mächtig anstrengen* || fam *tüchtig mit anpacken* || ∼ *una paliza a algn.* pop *jdn durchprügeln* || ∼ vi *sich (an)lehnen an-, vor\fahren (mit e-m Wagen)* || **∼se** *sich an-, auf\lehnen* || *sich nähern* || *dicht herantreten an* (a acc) || *sich stellen an* (a acc) || *sich aneinanderschmiegen* || fig *eine oberflächliche Kenntnis von e-r S erlangen* || ⟨Taur⟩ *sich furchtlos dem Stiere nähern* || Arg *sich einstellen, erscheinen* || fig *in wilder Ehe leben* || ◊ ∼ *a alg. sich auf jds Seite schlagen* || *jds Gunst suchen* || fam *sich heranmachen an* (a acc) || ∼ *al sol que más calienta* fig *sein Mäntelchen nach dem Wind hängen* || *al que a buen árbol se arrima, buena sombra le cobija* fig *gute Beziehungen muß man haben!*
arrimo *m Annäherung* f, *Nahebringen* n || fig *Stütze, Lehne* f || fig *Gunst* f, *Schutz* m || *Brandmauer* f || fig *Lieblingsaufenthalt* m || fam *Kebsehe, wilde Ehe* f || Cu *Grenzgemäuer* n *(Landbesitz)*
arrimón *m Gaffer auf der Straße, Tagedieb* m || fam *Schmarotzer* m || ◊ *estar de* ∼ fam *auf jdn lange warten* || fam *sich die Beine in den Leib stehen*
arrinco|nado adj fig *verlassen und vergessen* || *abgelegen, (welt)verloren* || **-namiento** *m Zurück-, Ein\gezogenheit* f || **-nar** vt *in e-n Winkel stellen, legen* || fig *übergehen (bei Beförderungen)* || fig *in die Enge treiben* || fig *ab-, weg\legen* || fig *ad acta legen* || fig *beiseite-, zurück\drängen* || fig *vernachlässigen* || figf *zum alten Eisen werfen*
arriñonado adj *nierenförmig*
arrios|tramiento, -trado *m Verspannung, Verstrebung* f || *Verschwertung* f, *Verband* m *(Brükkenbau)* || ⟨Metal⟩ *Absteifen* n, *Absteifung* f || ∼ *anular* ⟨Arch⟩ *Ringverspannung* f || ∼ *contra el viento Windverband* m || ∼ *de cable Seilverspannung* f || ∼ *de cumbrera,* ∼ *de caballete Firstverbindung* f || ∼ *de lacete Schlingverband* m || ∼ *lateral Seitenverspannung* f || ∼ *longitudinal Längsverband* m || **-trar** vt *aus-, ver\steifen, verstreben* || *abspreizen* || ⟨Arch⟩ *spreizen* || ⟨Flugw⟩ *Flügel abfangen* ||∼ *la linea* ⟨El⟩ *die Leitung abspannen*

¹**arriscado** adj *kühn, verwegen, beherzt* ‖ *stolz, dünkelhaft* ‖ *frisch, munter* ‖ *stattlich*
²**arriscado** adj *felsig, schroff, klippig* ‖ Col *aufgestülpt (Nase, Hut)*
arris|camiento m *Kühnheit* f ‖ *Tatkraft* f ‖ –**car** vt [c/qu] *wagen* ‖ ~**se** vr *abstürzen (Vieh)* ‖ fig *wichtig tun, sich aufblasen* ‖ fig *wütend werden* ‖ Col *aufstülpen (z. B. e–e Hutkrempe)* ‖ Pe Salv *sich herausputzen* ‖ fam *sich aufdonnern* ‖ –**co** m *Gefahr* f ‖ *Waghalsigkeit* f ‖ –**cocho** adj Col *aufrührerisch*
arritmia f ⟨Med⟩ *Arrhythmie, unregelmäßige Herzschlagfolge* f ‖ allg *unregelmäßige Bewegung, Arrhytmie* f
arrítmico adj *arrhythmisch*
arritranca f Am *geschmackloser Schmuck*, fam *Firlefanz* m
arritranco m Cu *unnützer Plunder* m
arrivismo m = **arribismo**
arrizar vt [z/c] ⟨Mar⟩ *reffen (Segel)* ‖ *vertäuen (an Bord)*
arroaz [pl –**ces**] m ⟨Fi Zool⟩ *Delphin* m (→ **delfín**)
arroba f *Arro|ba, -be* f*, Gewicht von 25 Pfund = 11,502 Kilogramm* ‖ Ar = $12^1/_2$ *Kilogramm* ‖ ◊ *echar por* ~**s** *übertreiben* ‖ *por* ~**s** fig *in Hülle und Fülle*
¹**arrobado** adj *entzückt, verzückt*
²**arrobado** pp/adj *nach Arroben gemessen*
arro|badizo adj *leicht zu begeistern* ‖ –**bador** adj *entzückend* ‖ –**bamiento** m *Entzücken* n*, Verzückung, Ekstase* f ‖ *Erstaunen* n ‖ –**bar** vt *ent-, ver|zücken* ‖ –**barse** vr *in Verzückung geraten*
arrobero adj *eine Arroba schwer* ‖ ~ m *Gemeindebäcker* m
arrobeta f Ar *Ölmaß* n *von 24 Pfund = 7,7 Kilogramm*
△**arrobiñar** vt *zusammenraffen*
arrobo(s) m(pl) *Verzückung* f
arroçado adj *spindelförmig* ‖ *aufgeschlitzt, weit (Ärmel)*
arrocero adj *Reis-* ‖ ~ *molino* ~ *Reismühle* f ‖ ~ m *Reisbauer* m ‖ fam *großer Reisesser* m
arroci|nado adj *klepperähnlich* ‖ fig *einfältig* ‖ –**nar** vt Arg *vollständig zähmen (Pferd)* ‖ ~**se** fam *sich blind verlieben* ‖ *verdummen, verblöden*
arrodajarse vr CR *sich im Schneidersitz niederlassen*
arrodilla|da f Sal Chi *Niederknien* n*, Kniebeuge* f ‖ –**do** adj *kniend* ‖ *gelenkig* ‖ *geschmeidig* ‖ –**dura** f*, -miento* m *Niederknien* n ‖ *Kniefall* m
arrodillar vt *knien lassen* ‖ ~**se** *niederknien* (& vi) ‖ *sich niederwerfen*
arrodri|gar [g/gu]*, -gonar* vt *(Weinstöcke) anpfählen*
arrogación f *Zuneigung* f ‖ ⟨Jur⟩ *Annahme* f *an Kindes Statt* ‖ ⟨Jur⟩ *Anmaßung* f ‖ *Aneignung* f ‖ ~ *de funciones,* ~ *de un cargo* ⟨Jur⟩ *Amtsanmaßung* f
arrogan|cia f *Dünkel* m*, Anmaßung* f ‖ *Arroganz* f ‖ *Stolz* m ‖ *Aufgeblasenheit* f ‖ –**te** adj *anmaßend, arrogant, vermessen, dünkelhaft* ‖ *stolz* ‖ *forsch, schneidig* ‖ *tapfer* ‖ *dreist* ‖ *großsprecherisch* ‖ ~ *de* ~ *belleza* *von stattlicher Schönheit (Frau)* ‖ ~**mente**
arro|gar [g/gu] vt *an sich reißen* ‖ ⟨Jur⟩ *an Kindes Statt annehmen* ‖ ~**se** *sich aneignen* ‖ *sich anmaßen* ‖ *sich ungebührlich beimessen* ‖ ◊ ~ *funciones,* ~ *un cargo sich ein Amt anmaßen*
arrojadera f Ven *Erbrechen* n
arroja|dizo adj *leicht zu werfen, Wurf-, Schleuder-* ‖ *arma* ~**a** *Schleuder-, Wurf|waffe* f ‖ –**do** adj fig *mutig, kühn* ‖ ⟨Arch⟩ *vorstehend* ‖ adv: ~**amente**

arrojamiento m *Schleudern, Werfen* n ‖ ~ *sin blanco* ⟨Flugw⟩ *Blindabwurf* m *(Bomben)*
arro|jar vt *(weg)werfen, (fort)schleudern* ‖ *hinaus|jagen, -werfen* ‖ *ausschütten* ‖ *vergießen* ‖ *(hervor)treiben (Knospen)* ‖ *ausstrahlen (Licht)* ‖ *sprühen (Feuer)* ‖ *von sich geben, verbreiten (Geruch)* ‖ *abwerfen (Nutzen)* ‖ *ergeben (Resultat)* ‖ *erbrechen* ‖ ◊ ~ *arena besanden* ‖ ~ *bombas Bomben* fpl *(ab)werfen* ‖ ~ *contra el suelo auf den Boden werfen* ‖ ~ *de si fig von sich weisen, wegjagen* ‖ ~ *un grito e–n Schrei ausstoßen* ‖ *la cuenta –ja un saldo de die Rechnung saldiert mit* ‖ ~ *vi sich erbrechen* ‖ *Ast den Ofen zum Glühen bringen* ‖ ~**se** *sich stürzen* (a *auf* od *in,* acc) ‖ *sich erdreisten, sich erkühnen* ‖ ~ *al mar sich ins Meer stürzen* ‖ ~ a *alg. auf jdn losstürzen* ‖ ~ *al suelo sich hin-, sich nieder|werfen* ‖ ~ *con el paracaídas mit dem Fallschirm abspringen* ‖ ~ *de a/c sich herabstürzen von* ‖ ~ *por (*od *de) la ventana sich aus dem Fenster stürzen* ‖ ~ *sobre* acc *herfallen über* ‖ –**jo** m fig *Verwegenheit, Unerschrockenheit* f*, Schneid* m ‖ *con* ~ *furchtlos*
arrolla|do m ⟨Web⟩ *(Auf)Wicklung* f ‖ Chi *Rollfleisch* n *(vom Schwein)* ‖ Arg Chi Pe *Rindsroulade* f ‖ ~ *de amortiguación Dämpfungswicklung* f ‖ ~ *de barras* ⟨El⟩ *Stabwicklung* f ‖ ~ *de bobinas* ⟨El⟩ *Spulenwicklung* f ‖ ~ *del electroimán Magnetwicklung* f ‖ ~ *del inducido* ⟨El⟩ *Ankerwicklung* f ‖ ~ *de tejido Roller, Wickler* m ‖ ~ *de transformador* ⟨El⟩ *Transformatorwicklung* f ‖ ~ *sobre molde* ⟨El⟩ *Schablonenwicklung* f ‖ –**dor** m ⟨Web⟩ *Abzugswalze* f ‖ ⟨Tech⟩ *Wickler* m ‖ –**dora** f ⟨Web⟩ *Auswickelmaschine* f ‖ –**miento** m *(Be)Wick(e)lung* f*, (Be)Wickeln* n ‖ ~ *a mano* ⟨El⟩ *Handwicklung* f ‖ ~ *anular* ⟨El⟩ *Ringwicklung* f ‖ ~ *auxiliar* ⟨El⟩ *Hilfswicklung* f ‖ ~ *bifilar Doppelfadenwicklung, bifilare Wicklung* f ‖ ~ *combinado* ⟨El⟩ *Kompound-, Verbund|wicklung* f ‖ ~ *concéntrico,* ~ *de bobinas concéntricas* ⟨El⟩ *Zylinderwicklung* f ‖ ~ *de arranque* ⟨El⟩ *Außenwicklung* f ‖ ~ *de circuito múltiple* ⟨El⟩ *Vielfachkreiswicklung* f ‖ ~ *de dos circuitos* ⟨El⟩ *Duplexwicklung* f ‖ ~ *de excitación* ⟨El⟩ *Erregerwicklung* f ‖ ~ *del estator Ständer-, Stator|wicklung* f ‖ ~ *de tambor* ⟨El⟩ *Trommelwicklung* f ‖ ~ *diametral* ⟨El⟩ *Durchmesserwicklung* f ‖ ~ *en derivación* ⟨El⟩ *Nebenschlußwicklung* f ‖ ~ *en jaula* ⟨El⟩ *Käfigwicklung* f ‖ ~ *en serie* ⟨El⟩ *Haupt-, Reihenschluß|wicklung* f ‖ ~ *múltiple* ⟨El⟩ *Vielfachwicklung* f ‖ ~ *ondulado* ⟨El⟩ *Wellenwicklung* f
¹**arrollar** vt *auf-, zusammen|rollen, -wickeln* ‖ *fort|rollen, -wälzen* ‖ *wegreißen* ‖ *fortschwemmen* ‖ *überfahren* ‖ *sich hinwegsetzen über* (acc) ‖ fig *überwältigen, -winden* ‖ fig *niederzwingen* ‖ fig *jdn mißhandeln* ‖ *zum Schweigen bringen* ‖ *unverhofft angreifen (Stier)* ‖ Am *aufschürzen (Rock aufkrempeln (Ärmel)* ‖ ◊ ~ *al contrario,* ~ *al enemigo den Gegner nieder|zwingen, -werfen* ‖ ~**se** vr *sich ringeln*
²**arrollar** = **arrullar**
arromadizar vt *Stockschnupfen* m *verursachen* ‖ ~**se** vr *an Stockschnupfen erkranken*
arroman|zado adj ⟨Li⟩ *romanisiert, romanisch* ‖ –**zar** vt *ins Spanische übertragen* ‖ *zu e–r Romanze machen*
arronar vt Sant *wiegen (ein Kind)*
arronzar [z/c] vt ⟨Mar⟩ *(die Anker) lichten* ‖ ~ vi ⟨Mar⟩ *ablaufen, sich nach der Windseite legen*
arropado adj: *vino* ~ m *eingekochter Wein* m
arro|pamiento m s v. –**par** ‖ –**par** vt *(be-)kleiden, bedecken* ‖ *mit Mostsirup versetzen (Wein)* ‖ ~**se** *sich zudecken* ‖ ◊ *arrópese con*

arrope — artefacto

ello fam *damit soll er selig werden*, pop *das kann er sich an den Hut stecken*
arrope *m Mostsirup* m ‖ *Honigseim* m ‖ Am *(Art) Obstkuchen* m ‖ cara de ~ figf *zuckersüßes Gesicht* n
arropeas *fpl Fußschellen* fpl ‖ *Fesseln* fpl
arropera *f Moststiruptopf* m
arropía *f verdickter Honig* m ‖ And *Honigkuchen* m
△ **arroscar** vt *einwickeln* ‖ *zusammenfügen*
arros|trado adj: bien ~ *schön aussehend* ‖ -trar vt *(jdm) trozen, jdm die Stirn bieten* ‖ ◊ ~ la muerte fig *dem Tode trotzen* ‖ vi: ~ los peligros *den Gefahren trotzen* ‖ ~se *sich wagen* (a *an* acc)
arrotado adj Chi *wie ein Landstreicher aussehend*
arrow-root *m* engl = **arrurruz**
arroya|da *f*, **-dero** *m Bachschlucht* f ‖ *Bachtal* n ‖ *Hohlweg* m ‖ -r vt *Gelände auswaschen (Regen)*
arroyarse vr ⟨Agr⟩ *vom Rost befallen werden (Pflanzen)*
arroyo *m Bach* m ‖ *Bachbett* n ‖ *Rinnstein* m ‖ *Straßenrinne, Gosse* f ‖ *Straßenmitte* f, *Fahrdamm* m ‖ fig *Strom* m ‖ ◊ plantar *(od* poner*)* en el ~ fig *jdn auf die Straße setzen, werfen*
arroyue|la *f* ⟨Bot⟩ *Blutweiderich* m (Lythrum salicaria) ‖ -lo *m Bächlein, Rinnsal* n ‖ Col *Kugelspiel* n
arroz [*pl*: -ces] *m Reis* m, *Reispflanze* f ‖ *Reisgericht* n ‖ ~ (a la valenciana) *Reis* m *mit gehacktem Fleisch, Muscheln, Schnecken usw (span. Nationalgericht,* → **paella***)* ‖ ~ sin cáscara, ~ descascarillado *geschälter Reis* m ‖ ~ con cáscara *ungeschälter Reis, Naturreis* m ‖ ~ hervido *Puffreis* m ‖ ~ con leche *Milchreis* m ‖ ~ a la marinera *ein Fischgericht* n *mit Reis* ‖ ~ perlado *Perlreis* m ‖ ~ picón, ~ quebrantado *Bruchreis* m ‖ ~ pulido *glasierter, polierter Reis, Weißreis* m ‖ fam ~ y gallo muerto *Lukullus-, Schlemmer|mahl* n ‖ agua de ~ *Reiswasser* n ‖ polvos de ~ *mpl Reispuder* m
arrozal *m/adj Reisfeld* n
arru|fadura *f* ⟨Mar⟩ *(Deck)Sprung* m, *Erhöhung* f *des Schiffsdeckes* ‖ -far vi ⟨Mar⟩ *Sprung* m *haben* ‖ ~se vr *e-n Buckel machen (Tier)* ‖ Ar *dicktun, sich brüsten* ‖ And Ven *wütend werden* ‖ -fianado adj *zuhälterisch, Zuhälter-* ‖ -fo *m* ⟨Mar⟩ *Sprung* m
arru|ga *f Runzel, Falte* f ‖ *Falte* f *(im Stoff, Papier usw)* ‖ ◊ hacer ~s *Falten werfen* ‖ lleno de ~s, surcado de ~s *runzelig, gefurcht (Stirn)* ‖ -gado adj *runzelig* ‖ *zusammengeschrumpft* ‖ *zerknüllt* ‖ *zerknittert (Kleidung)*
arrugar [g/gu] vt *falten, fälteln* ‖ *zerknüllen* ‖ *zerknittern* ‖ *plissieren* ‖ *(die Stirn) runzeln* ‖ *rümpfen (Nase)* ‖ Cu *belästigen* ‖ ~se *zusammenschrumpfen* ‖ *knittern (Stoff)* ‖ Mex *sich einschüchtern lassen* ‖ *erstaunen*
arrui|nado adj *an den Bettelstab gebracht* ‖ fam *verkommen, ruiniert* ‖ -nar vt *einreißen, umstürzen* ‖ fig *ruinieren* ‖ *zerstören* ‖ *verderben* ‖ *zerrütten* ‖ ◊ ~ un espectáculo ⟨Th⟩ *e-e Vorstellung schmeißen* ‖ ~se *zugrunde gehen* ‖ *verfallen* ‖ *sich zugrunde richten* ‖ *zusammen|fallen, stürzen*
arru|llador adj *schmeichelnd, liebkosend* ‖ *einlullend* ‖ *einschläfernd* ‖ *beschwichtigend* ‖ m *Schmeichler* m ‖ -llamiento *m Einwiegen, Einlullen* n ‖ -llar vt fig *einwiegen, einlullen* ‖ fig *mit Liebe bestricken,* fam *Süßholz raspeln* ‖ ~(se) vi fig *girren, gurren wie die Turteltauben, turteln* ‖ *mit jdm schäkern* ‖ figf *liebeln, turteln* ‖ -llo *m (Ein)Wiegen* n ‖ *Wiegenlied* n ‖ *Girren, Gurren* n *der Tauben* ‖ fig *Liebeln* n
arruma *f* ⟨Mar⟩ *Laderaum* m ‖ Chi *Stapel* m *(z. B. von Büchern)*
arrumaco *m* fam *Naserümpfen* n ‖ fam *Geschmuse* n ‖ ~s *pl* fam *geschmackloser Schmuck* m ‖ *Schäkerei* f
arru|maje *m* ⟨Mar⟩ *Stauung* f ‖ -mar vt *schichten, (ver)stauen* ‖ ~se *sich bedecken (Himmel)* ‖ -mazón *f* ⟨Mar⟩ *Stauen* n ‖ ⟨Mar⟩ *Gewölk* n, *Wolkenbildung* f *am Horizont*
arrumbamiento *m* ⟨Mar⟩ *Ortung, Ortsbestimmung, Peilung* f
arrumbar vt *abstellen* ‖ *wegräumen* ‖ fam *ausrangieren, zum alten Eisen werfen* ‖ *(Weinfässer) in Reihen aufstellen* ‖ And *abfüllen (Wein)* ‖ fig *abtrumpfen* ‖ fig *jdn zum Schweigen bringen,* fam *jdm das Maul stopfen* ‖ fig *jdn ignorieren* ‖ ⟨Mar⟩ *(die Küste) (an)peilen* ‖ *den Kurs festlegen* ‖ ~ a ⟨Mar⟩ *Kurs* m *nehmen auf* ‖ ~se Ar *sich anhäufen*
arruncharse Am *sich (zusammen)knäueln*
arrunzar vt Pe *stehlen*
arrurruz [*pl* -ces] *f Pfeilwurz(el)* f (Maranta arundinacea) ‖ *indisches Stärkemehl* n
arsáfraga *f* ⟨Bot⟩ *Merk* m (Sium spp)
arsenal *m* ⟨Mar⟩ *Schiffs|arsenal, -zeughaus* n ‖ *Zeughaus* n ‖ *Waffenlager* n ‖ *Rüstkammer* f ‖ *Marinewerft* f ‖ es un ~ de conocimientos fam *er ist ein Ausbund von Gelehrsamkeit*
arsenato *m* ⟨Chem⟩ *Arsenat* n
arsenia|do adj *arsen(ik)haltig* ‖ -to *m Arsenat* n ‖ ~ de cal *Kalziumarsenat* n ‖ ~ de plomo *Bleiarsenat* n
arsenical adj *arsen(ik)haltig*
arseni|ciasis *f*, -cismo *m* ⟨Med⟩ *Arsenvergiftung* f
arsénico adj *Arsen-* ‖ ácido ~ ⟨Chem⟩ *Arsensäure* f ‖ ~ *m Arsen(ik)* n ‖ ~ blanco *Arsentrioxid, Arsenik* n ‖ ~ rojo *Rauschgelb* n
arsenífero adj *arsenführend*
arsenioso adj *arsenig* ‖ ácido ~ ⟨Chem⟩ *arsenige Säure* f
arsenito *m* ⟨Chem⟩ *Arsenit* n
arseniuro *m* ⟨Chem⟩ *Arsenid* n
arsenolita *f* ⟨Min⟩ *Arsenolith* m
arsense adj *aus Azuaga* (P Bad)
arsina *f* ⟨Chem⟩ *Arsin* n
arsis *f* [el] *Hebung, Arsis* f *(im Versmaß)*
arsolla *f* ⟨Bot⟩ = **arzolla**
arsonvalización *f* ⟨Med⟩ *hochstromige Elektrotherapie, Arsonvalisation* f
art. Abk = **artículo**
arta *f* [el] ⟨Bot⟩ *Wegerich* m (Plantago spp)
artanita *f* ⟨Bot⟩ *Alpenveilchen, Saubrot* n (Cyclamen europaeum)
artar vt Ar *et benötigen*
arte *m/f* [el] *Kunst* f ‖ *Kunstwerk* n ‖ *Kunstlehre* f ‖ *Gewandtheit, Fertigkeit* f ‖ *Wissenschaft* f ‖ *Kunstgriff* m, *List* f ‖ *Vorrichtung, Maschine* f ‖ *Vorsicht* f ‖ *Handwerk* n ‖ *Fischnetz* n ‖ *Art, Weise, Klasse* f ‖ bélica *Kriegskunst* f ‖ ~ decorativo *Ausstattungskunst, dekorative Kunst* f ‖ ~ estatuaria *Bildgießerei* f ‖ ~ fotográfico *Lichtbildkunst, Photographie* f ‖ ~ industrial *Kunstgewerbe* n ‖ ~ mágica *Zauberei, Magie* f ‖ ~ militar *Kriegskunst* f ‖ ~ poética *Poetik* f ‖ ~ popular *Volkskunst* f ‖ mujer del ~ *(Straßen)Dirne* f ‖ obra de ~ *Kunstwerk* n ‖ por ~ del diablo fig *mit Hilfe des Teufels* ‖ sin ~ fam *unbeholfen* ‖ ◊ tener (buen) ~, darse ~ *geschickt (bzw gescheit) sein* ‖ no tener ~ ni parte en *nichts zu tun haben mit* ‖ ~s: ~ liberales *die freien Künste* fpl ‖ ~ mecánicas *(Kunst-)Handwerk* n ‖ ~ plásticas *die bildenden Künste* fpl ‖ ~ tipográficas, ~ gráficas *Buchdruckerkunst* f ‖ bellas ~ *die schönen Künste* fpl ‖ malas ~ *unwürdige, niederträchtige Mittel* npl ‖ escuela de ~ y oficios *Gewerbeschule* f ‖ quien tiene ~, va por todas partes *Handwerk hat goldenen Boden*
artefacto *m Apparat* m ‖ *Zaubermaschine* f ‖ *Artefakt* m ‖ iron *Möbel* n ‖ *(kleine, selbstfa-*

artejo — artificio 116

brizierte) Bombe f || ~s *mpl:* ~ de iluminación ⟨Mil⟩ *Beleuchtungsgerät* n
artejo *m* ⟨An⟩ *Knöchel* m, *(Finger)Gelenk* n || ⟨Zool⟩ *Glied* n *der Gliederfüßer* || ⟨Bot⟩ *Knoten* m *(Rohr, Stengel)*
artel *m Artel n, Arbeitergenossenschaft der sowjetischen Kollektivwirtschaft*
Artemisa ⟨Myth⟩ *Artemis, Diana* f
artemis(i)a *f* ⟨Bot⟩ *Beifuß* m (Artemisia spp) || *Mutterkraut* n (Chrysanthemum parthenium) || ~ bastarda *(Schaf)Garbe* f (Achillea spp)
arteria *f* ⟨An⟩ *Schlag-, Puls|ader, Arterie* f || *Hauptverkehrs|straße, -ader* f || ~ carótida *Kopf|-arterie, -schlagader* f || ~ cerebelosa *Kleinhirnschlagader* f || ~ cerebral *Hirnschlagader* f || ~ cervical *Halsschlagader* f || ~ coronaria *Kranzschlagader* f || ~ femoral *Oberschenkelschlagader* f || ~ frontal *Stirnschlagader* f || ~ humeral *Armschlagader* f || ~ occipital *Hinterhauptschlagader* f || ~ radial *Armspindelpulsader* f || ~ sacra *Kreuzbeinschlagader* f
artería *f Kniff* m, *Verschlagenheit* f || con ~ *hinterlistig*
arterial *adj Pulsader-, arteriell*
arteriografía *f Arteriographie* f
arterio(e)scle|rosis *f* ⟨Med⟩ *Arterienverkalkung, Arteriosklerose* f || **-rótico** *adj/s arteriosklerotisch* || ~ *m Arteriosklerotiker* m
arterio|la *f* ⟨An⟩ *Arteriole* f || **-logía** *f Arteriologie* f
arteritis *f* ⟨Med⟩ *Schlagaderentzündung, Arteriitis* f
artero *adj listig, schlau*
arterosclerosis *f* ⟨Med⟩ *Atherosklerose, Atheromatose* f
artesa *f (Back)Trog* m || *Mulde* f || *Einbaum* m *(Baumkahn)* || ~ basculante *Kipptrog* m || ~ de amasar *Bäckermulde* f || ~ de colada ⟨Metal⟩ *Gießwanne, Zwischenpfanne* f || ~ de enjuagar *Spülbottich* m || ~ de evaporación *Dampfpfanne* f || ~ de galvanizar ⟨Metal⟩ *Verzinkungspfanne* f || ~ de lavado *Waschbottich* m || ~ del puente *Trog* m *der Brücke* || en forma de ~ *trog-, mulden|förmig*
artesa|nado *m Handwerkerstand* m || *Handwerkerschaft* f || **-nal** *adj handwerklich, Handwerks-*
artesa|nía *f Werkmannsarbeit* f || *(Kunst-)Handwerk* n || *Handwerkerstand* m || *Handwerkerschaft* f, *die Handwerker* mpl || de ~ *Handarbeit* f || ◊ eso es de ~ figf *das ist ein wahres Kunstwerk* || **-no** *m (Kunst)Handwerker* m
artesiano *adj artesisch* || pozo ~ *artesischer Brunnen* m
artesón *m Scheuerfaß* n, *Waschtrog* m || *Bottich* m || *Winzerbütte* f || ⟨Arch⟩ *Felder-, Kassetten|decke* f
arteso|nado *m/adj Tafelwerk* n, *Täfelung, Kassettierung* f || *getäfelt* || **-nar** *vt e-e Decke (aus)täfeln*
artético *adj/s arthritisch* || ~ *m Arthritiker* m
artica *f* Ar = **artiga**
ártico *adj nördlich, arktisch* || *Nord-* || polo ~ *Nordpol* m || círculo polar ~ *nördlicher Polarkreis* m
articu|lación *f* ⟨An⟩ *Knochenfügung* f || *Gelenk* n || *Gliederung* f || ⟨Bot⟩ *Knie* n, *Abzweigung* f || *Glied* n, *Gelenkverbindung* f *einer Maschine* || ⟨Gr⟩ *(Mit)Laut* m || *Lautverbindung* f || *Lautbildung, Artikulation* f || *deutliche Aussprache* f || *Verbinden, Gliedern* n || *Abzweigung* f || ~ aislante ⟨El⟩ *isolierendes Gelenk* n || ~ (de) cardán *Kardangelenk* n || ~ cruciforme, ~ de cruceta *Kreuzgelenk* n || ~ del ala ⟨Flugw⟩ *Flügel-, Landungs-, Spreiz|klappe* f || ~ de banda ⟨Tel⟩ *Bandverständlichkeit* f || ~ de consonante final *schließliche Konsonantenverständlichkeit* f || ~ de consonante inicial *anfängliche Konsonantenverständlichkeit* f || ~ de(l) embrague ⟨Aut⟩ *Kupplungsgelenk* n || ~ de guía *Führungsgelenk* n || ~ de horquilla *Gabelgelenk* n || ~ del codo ⟨An⟩ *Ellbogengelenk* n || ~ de la rodilla, ~ de la rótula ⟨An⟩ *Kniegelenk* n || ~ de la voz *Tonfall* m || ~ de perno, ~ de gorrón *Bolzen|gelenk* n, *-verbindung* f || ~ de pivote *Zapfengelenk* n || ~ de rodadura *Wälzgelenk* n || ⟨Flugw⟩ *Knochen|gelenk* n, *-gelenkkupplung* f || ~ de torsión *Drehgelenk* n || ~ escapulohumeral ⟨An⟩ *Schultergelenk* n || ~ esférica ⟨Tech⟩ *Kugelgelenk* n || ~ fija *festes Gelenk* n || ~ giratoria *Drehgelenk* n || ~ silábica *Silbenverständlichkeit* f || ~ universal ⟨Tech⟩ *Universalgelenk* n || ~ vertebral ⟨An⟩ *Wirbelgelenk* n || ~ vocálica *Vokalverständlichkeit* f || **-ladamente** *adv deutlich, klar* || **gegliedert** || **-lado** *adj gegliedert* || *Gelenk-, Glieder-* || *gelenkig* || *aufklappbar* || *beweglich* || *verstellbar* || fig *klar, deutlich, vernehmbar* || tren ~ *Gliederzug* m || ~ *m* ⟨Jur⟩ *rechtliches Beweismittel* n || *die Artikel* mpl *(e-s Gesetzes)* || **~s** mpl *Gliedertiere* npl, *Artikulaten* pl (Articulata) || **-lar** *adj artikulär, ein Gelenk betreffend* || reumatismo ~ ⟨Med⟩ *Gelenkrheumatismus* m
articu|lar *vt durch Gelenke ineinanderfügen* || *gliedern* || *deutlich aussprechen* || *sagen, hinzufügen* || *Beweismittel* npl *vorlegen* || *in Paragraphen (od Artikeln) aufgliedern* || ⟨Jur⟩ *formulieren (Paragraphen)* || **-lista** *m Artikelschreiber* m

artículo *m* ⟨An⟩ *Gelenk, Glied* n || *Abschnitt, Punkt* m || *Artikel, Paragraph* m || *Artikel, Vokabelabsatz* m *(in einem Wörterbuch)* || *Zeitungsartikel* m || *Warengattung* f, *Warenartikel* m || ⟨Jur⟩ *Fragepunkt* m || *Abschnitt, Glied* n *(der Insekten)* || ⟨Bot⟩ *Glied* n || ⟨Gr⟩ *Artikel* m, *Geschlechtwort* n || ~ barato *preisgünstige Ware* f || ~ de comercio, ~ de consumo *Handels-, Verbraucher|artikel* m || ~ de deporte *Sportartikel* m || ~ de despacho, ~ de oficina *Bürobedarfsartikel* m || ~ de exportación *Ausfuhrartikel* m || ~ determinado ⟨Gr⟩ *bestimmter Artikel* m || ~ de fe *Glaubenssatz* m || ~ de fondo, (~) editorial *Leitartikel* m *(e-r Zeitung)* || ~ de gran consumo ⟨Com⟩ *Massenartikel* m || ~ de importación *Einfuhrartikel* m || ~ indeterminado ⟨Gr⟩ *unbestimmter Artikel* m || ~ de lujo *Luxusartikel* m || ~ de marca *Markenartikel* m || ~ de mercería *Kurzware* f || ~ de (la) muerte *Todes|stunde* f, *-kampf* m || ~ de otra cosa fam *reden wir von et anderem* || ~ de primera calidad *erstklassige Ware* f || ~ de primera necesidad *unentbehrlicher Verbrauchsgegenstand* m || *Artikel* m *des täglichen Bedarfs* || ~ de serie *Massenartikel* m || ~ de tocador *Toilettengegenstand* m || *Kosmetika* npl || ~ fotográfico *photographischer Bedarfsartikel* m || ~ ilustrado *Bilderaufsatz* m || ~ incendiario *Hetzartikel* m || ~ manufacturado *Fertigerzeugnis, Fabrikat* n || ~s pl: ~ de algodón *Baumwollwaren* n || ~ de fantasía *Modewaren* fpl, *modisches Zubehör* n || ~ de moda para caballeros *Herrenmodeartikel* mpl || ~ de punto *Trikotagen* fpl || ~ de piel *Lederwaren* fpl || ~ de reclamo *Reklameartikel* mpl || ~ de uso doméstico *Haushaltwaren* fpl || ◊ hacer el ~ gall *s-e Ware herausstellen* fig *zur Geltung bringen* || trabajar un ~ *e-n Artikel führen*
△**artifara** *m Brot* n
artífice *m Künstler* m || *Kunsthandwerker* m || fig *Urheber* m || ◊ cada uno es ~ de su fortuna *jeder ist seines Glückes Schmied*
artifi|cial *adj künstlich* || *Kunst-* || *unecht* || *nachgemacht* || *dentadura* ~ *künstliches Gebiß* n || seda ~ *Kunstseide* f || adv: **-mente** || **-ciero** *m* ⟨Mil⟩ *Feuerwerker* m || **-cio** *m Kunst(fertig-*

keit) f ‖ *Maschine* f ‖ *Kunststück* n ‖ fig *Kunstgriff* m ‖ *Blendwerk* n ‖ fam *Kniff* m ‖ *Ränke* pl ‖ ~ de fuego *Feuerwerk* n ‖ **–cioso** adj *künstlich, kunstreich* ‖ *gekünstelt* ‖ *unnatürlich* ‖ fig *verschmitzt*

arti|ga f ⟨Agr⟩ *Roden* n, *Rodung* f ‖ *Urbarmachung* f ‖ **–gar** vt *roden* ‖ *urbar machen*

artilugio m *Machwerk* n ‖ fam *Trick, Kniff* m ‖ *Werkzeug* n (→ **instrumento**)

arti|llado m ⟨Mil⟩ *(Artillerie)Bestückung* f ‖ **–llar** vt *bestücken*

artillería f *Artillerie* f ‖ *Geschütz(e)* n ‖ ~ de acompañamiento *Begleitartillerie* f ‖ ~ de acción combinada, ~ de acción de conjunto *Schwerpunktartillerie* f ‖ ~ antiaérea *Flugabwehr-, Flak|artillerie* f ‖ ~ antitanque, ~ anticarro *Panzerabwehrartillerie* f ‖ ~ asignada *angewiesene Artillerie* f ‖ ~ de apoyo *Unterstützungsartillerie* f ‖ ~ directo *Nahkampfartillerie* f ‖ ~ de asalto *Sturmartillerie* f ‖ ~ de campaña, ~ de batalla *Feldartillerie, leichte Artillerie* f ‖ ~ de costa *Küstenartillerie* f ‖ ~ de gran potencia, ~ gruesa *schwerste Artillerie* f ‖ ~ de largo alcance *Fernkampfartillerie* f ‖ ~ de marina *Schiffsartillerie* f ‖ ~ de montaña *Gebirgsartillerie* f ‖ ~ de (un) navío *Bestückung* f *mit Geschützen* ‖ ~ de plaza *Festungsartillerie* f ‖ ~ de posición *Stellungsartillerie* f ‖ ~ de retrocarga *Hinterladerartillerie* f ‖ ~ de sitio *Belagerungs-, Festungs|artillerie* f ‖ ~ de tiro curvo *Steilfeuerartillerie* f ‖ ~ de tiro rápido *Schnellfeuerartillerie* f ‖ ~ ligera *leichte Artillerie* f ‖ ~ motorizada *Kraftzugartillerie* f ‖ ~ pesada *schwere Artillerie* f ‖ pieza de ~ *Geschütz(e)* n

artillero m *Artillerist, Kanonier* m ‖ *Feuerwerker* m ‖ ~ apuntador *Richtkanonier* m

artimaña f *Tierfalle* f ‖ *Betrügerei* f ‖ fam *Kunstgriff* m, *(Arg)List* f ‖ fig *Kniff* m ‖ fam *Nepp* m

artimón m ⟨Mar⟩ *Fock* f

artiodáctilo adj ⟨Zool⟩ *artiodaktyl* ‖ **~s** mpl ⟨Zool⟩ *Paarzeher* mpl *(Artiodactyla)*

artista adj *kunstreich, Künstler*... ‖ ~ m *Künstler* m ‖ ~ f *Künstlerin* f ‖ *Kabarett-, Tingeltangel|sängerin* f ‖ fig *Lebenskünstler(in)* m(f)

artísti|co adj *künstlerisch* ‖ *Kunst-* ‖ *director* ~ ⟨Th⟩ *Regisseur* m, *Spielleiter* m ‖ adv: **~amente**

¹**arto** m ⟨Bot⟩ *Bocksdorn* m (Lycium sp) ‖ *Dorn* m
²**arto** adj pop = **alto**

artolas fpl *Doppel|sitz* m *(auf einem Pferde od Maultier), -sattel* m ‖ *Packsattel* m

artralgia f ⟨Med⟩ *Arthralgie* f, *Gelenkschmerz* m

artrectomía f ⟨Chir⟩ *Arthrektomie, Gelenkresektion* f

artrí|fugo adj/s *gichtheilend (Mittel)* ‖ **–tico** adj/s ⟨Med⟩ *Gicht-, gichtig, arthritisch* ‖ ~ m *Arthritiker, an Gelenkentzündung Leidender* m

artri|tis f ⟨Med⟩ *Gicht, Gelenkentzündung, Arthritis* f ‖ ~ blenorrágica ⟨Med⟩ *Trippergicht* f ‖ ~ nodulosa ⟨Med⟩ *Knotengicht* f ‖ **–tismo** m ⟨Med⟩ *Arthritismus* m ‖ ⟨Med⟩ *Gelenkrheumatismus* m

artro|cele m ⟨Med⟩ *Gelenkgeschwür* n ‖ **–desis** f ⟨Chir⟩ *Arthrodese, Gelenkverödung* f ‖ **–lito** m ⟨Med⟩ *Gelenkstein* m, *Gelenkmaus* f, *Arthrolith* m ‖ **–logía** f *Arthrologie, Gelenkkunde* f ‖ **–lúes** f ⟨Med⟩ *Arthrolues, syphilitische Gelenkerkrankung* f ‖ **–patía** f ⟨Med⟩ *Arthropathie, Gelenkerkrankung* f

artrópodos mpl ⟨Zool⟩ *Gliederfüß(l)er* mpl, *Arthropoden* pl *(Arthropoda)*

artrosco|pia f ⟨Med⟩ *Arthroskopie* f ‖ **–pio** m ⟨Opt⟩ *Arthroskop* n

artrosis f ⟨Med⟩ *Arthrose* f (→ a **artropatía**) ‖ ⟨An⟩ *Gelenk* n

artrotomía f ⟨Chir⟩ *Arthrotomie, Gelenkeröffnung* f

Arturo m np *Arthur* m ‖ = **Artús** ‖ ⟨Astr⟩ *Arktur(us)* m

Artús m np *Artus* m *(Sagenfigur)*

arugas fpl ⟨Bot⟩ *Mutterkraut* n (Matricaria spp)

arundense adj/s *aus Ronda* (PMá)

arundíneo adj *zum Schilfrohr gehörend, Schilfrohr-*

aruñón m fam *Kratzer* m

arúspice m *Haruspex* m

aruspicina f *Haruspizium* n, *Wahrsagung* f *aus den Eingeweiden*

arve|ja f *Platterbse, Wicke* f (Vicia spp) ‖ *Erbse* f (Pisum sativum) ‖ **–jal** m *Wickenfeld* n ‖ **–jo** m *(Platt)Erbse* f ‖ **–jón** m ⟨Bot⟩ And *(Edel-)Platterbse* f ‖ **–jona** f *Wicke* f

arvense adj ⟨Bot Zool⟩ *Feld-, Acker-* ‖ *unter der Saat wachsend*

ar|vícola adj *feld-, acker|bewohnend* ‖ ~ m ⟨Zool⟩ *Scher-, Moll|maus* f (Arvicda sp) ‖ **–vicultura** f *Getreideanbau* m

arzobis|pado m *Erzbistum* n ‖ *Würde* f *e–s Erzbischofs* ‖ **–pal** adj *erzbischöflich* ‖ **–po** m *Erzbischof* m *(Abk:* **arz.** *od* **arzpo.***)*

arzolla f ⟨Bot⟩ *Spitzklette* f ‖ *grüne Mandel* f *mit der ersten Schale*

arzón m *Sattel|baum, -bogen* m

as m *As* n *(altröm. Kupfermünze und Gewicht)* ‖ ⟨Kart⟩ *As, Daus* n ‖ fig *Champion, Meister* m ‖ *Größe* f *(Film, Sport usw)* ‖ fam *Kanone* f ‖ ~ de aviación ⟨Sp⟩ *berühmter Flieger* m ‖ ~ de bastos *Treffas* n ‖ ~ de copas *Herzas* n ‖ ~ de oros *Schellenas* n ‖ pop *der Hintere, Hintern* m

¹**asa** f [el] *Henkel, Griff* m ‖ *Ohr* n ‖ fig *Anlaß, Vorwand* m ‖ ◊ ser (muy) del ~ fam *jds vertrauter Freund sein, dazu gehören* ‖ tener a alg por el ~ figf *jdn in der Hand haben*
²**asa** f [el] ⟨Bot⟩ *Asant* m ‖ ~ fétida → **asafétida**
³**asa** f [el] And = **acebo**

asá adv: así que ~ *so wie so* ‖ así o ~ *so oder so* ‖ *völlig egal*

asacristanado adj *mit den Eigenschaften e–s Sakristans*

asadero adj *Brat-, zum Braten geeignet*

¹**asado** m/adj ganso ~ *Gänsebraten* m ‖ ~ m *Braten* m ‖ *gebratenes Fleisch* n ‖ ~ de buey, ~ de vaca *Rindsbraten, Rinderbraten* f ‖ ~ de carnero *Hammelbraten* m ‖ ~ de ganso *Gänsebraten* m ‖ ~ a la parrilla *Rostbraten* m ‖ ~ de ternera *Kalbsbraten* m
²**asado** adv → **así** ‖ así o ~ fam *so oder so, gleichwie*

asación f *Braten* n ‖ ⟨Pharm⟩ *Abkochung* f *im eigenen Saft*

asa|dor m *Bratspieß* m ‖ *Bratofen* m ‖ *Grill* m ‖ fig *Schwert* n ‖ ◊ echar toda la carne en el ~ figf *alle Trümpfe ausspielen* ‖ parece que (se) come ~es figf *er geht, als hätte er einen Ladenstock verschluckt* ‖ **–dura** f *Geschlinge, Gekröse* n, *Innereien* fpl ‖ *Leber* f ‖ pop *Lahmärschigkeit* f, *Phlegma* n ‖ ~ de gallina *Hühnerklein* n

asaetar vt *mit Pfeilen beschießen bzw töten* ‖ fig *bombardieren, belästigen* (con, a *mit* dat)

asafétida f ⟨Bot⟩ *Stinkasant, Teufelsdreck* m (Ferula sp)

asainetado adj ⟨Th⟩ *schwankähnlich* ‖ → **sainete**

asala|riado m *Lohn|arbeiter, -empfänger* m ‖ *Arbeitnehmer* m ‖ **~s** mpl: ~ (de una empresa) *Belegschaft* f, *Personal* n ‖ **–riar** vt *löhnen* ‖ *besolden*

asalmonado adj *lachsfarben* ‖ trucha ~a *Lachsforelle* f

asal|tador m *Angreifer* m ‖ **–tante** m = **–tador** ‖ **–tar** vt *angreifen* ‖ *an-, über|fallen* ‖ ⟨Mil⟩ *(be-)stürmen, erstürmen* ‖ ⟨Mil⟩ *ausfallen* ‖ ⟨Mil⟩ *Vorstoß machen* ‖ fig *anwandeln (Zweifel)* ‖

asalto — asegurar 118

fig *befallen (Tod, Zweifel)* ‖ fig *bestürmen (Gedanken)*
asalto m *Angriff, Überfall* m ‖ *Anfall* m *einer Krankheit, des Todes* ‖ ⟨Mil⟩ *Angriff, Sturm* m, *Sturmlaufen* n, *Erstürmung* f ‖ ⟨Mil⟩ *Vorstoß, Einbruch* m ‖ *Gang* m *(beim Fechten), Runde* f *(Boxkampf)* ‖ *Asaltospiel* n *(Damespiel)* ‖ *Raubüberfall* m ‖ *Karnevalsfest* n ‖ *unerwartetes Eindringen* n *von Maskengruppen in befreundete Privathäuser (in Span. üblicher Faschingsscherz)* ‖ ◊ dar (el) — ⟨Mil⟩ *Sturm laufen* ‖ tomar por ~ *erstürmen, im Sturm nehmen* (& fig)
asam|blea f *Versammlung, Zusammenkunft* f ‖ *Landtag* m, *Parlament* n ‖ *Konferenz* f ‖ ⟨Mil⟩ *Vergatterung* f, *Zapfenstreich* m, *Sammeln* n ‖ ~ anual *Jahresversammlung* f ‖ ~ constituida en comité *Gesamtausschuß* m ‖ ~ constituyente *verfassungs-, gesetz|gebende Versammlung* f ‖ ~ consultiva *beratende Versammlung* f ‖ ~ de ciudadanos *Gemeindeversammlung* f ‖ ~ de empresa *Betriebsversammlung* f ‖ ~ Federal *Bundesversammlung* f ‖ ~ general *Generalversammlung* f ‖ ~ Hauptversammlung* f *(Vereine, Handelsgesellschaften)* ‖ ~ *Vollversammlung* f *(UNO)* ‖ ~ legislativa *gesetzgebende Versammlung* f ‖ ~ nacional *Nationalversammlung* f ‖ ~ Parlamentaria Europea *Europa-Parlament* n ‖ ~ plenaria *Vollversammlung* f ‖ toque de ~ ⟨Mil⟩ *Sammeln* n *(Signal)* ‖ **-bleísta** m *Versammlungsteilnehmer* m ‖ Am *Parlamentarier* m
asar vt *braten, rösten* ‖ ◊ ~ bien *durchbraten* ‖ ~ en la parrilla *am Spieß braten* ‖ ~ a preguntas figf *mit Fragen bombardieren* bzw *belästigen* ‖ ~se vivo fig *vor Hitze vergehen*, fam *schmoren*
asarabácara f = **ásaro**
asardinado adj *sardinenähnlich* ‖ *aus schrägliegenden Ziegeln (Mauerwerk)*
asarero m ⟨Bot⟩ *Schleh-, Schwarz|dorn* m
asargado adj *sergeartig*
asarina f ⟨Bot⟩ *Löwenmaul* n
ásaro m ⟨Bot⟩ *Nies-, Hasel|wurz* f
△**asaselo** m *Vergnügen* n
△**asaúra** f *Phlegma* n, *Langsamkeit* f, pop *Lahmärschigkeit* f ‖ *Plumpheit* f
asaz adv ⟨poet⟩ *genug* ‖ *sehr, allzu* ‖ → **bastante**
asbesto m *Asbest* m
ascalonia f ⟨Bot⟩ *Schalottenzwiebel* f ‖ *Schalotte* f (Allium ascalonicum)
áscari m ⟨Mil⟩ *Askari, eingeborener Soldat* m
as|cáride f, **áscari** m ⟨Med Zool⟩ *Spulwurm* m, *Askaris* f (Ascaris lumbricoides) ‖ **-cáridos** mpl ⟨Zool⟩ *Spulwürmer* mpl ‖ **-caridiasis, -cariasis** f ⟨Med⟩ *Askaridiasis, Askariasis, Spulwurmkrankheit* f
ascenden|cia f *aufsteigende Verwandtschaftslinie* f ‖ *Ahnen, Vorfahren* mpl ‖ *Abkunft, Abstammung* f ‖ **-te** adj *aufsteigend* ‖ linea ~ ⟨Jur⟩ *aufsteigende Linie (Verwandtschaft)* ‖ nodo ~ ⟨Astr⟩ *aufsteigender Knoten* m ‖ tren ~ *nach Madrid fahrender Zug* m *(von der Küste ins Landesinnere)*
ascen|der [-ie-] vt/i *besteigen* ‖ *hinaufsteigen auf* (acc) ‖ *hinauffahren, bergauf fahren* ‖ ⟨Bgb⟩ *auf-, aus|fahren* ‖ fig *befördern (im Amt)* (a zu dat) ‖ ~ vi *höhersteigen, aufrücken, befördert werden (im Amt)* ‖ ~ a ⟨Com⟩ *sich belaufen auf* (acc) ‖ ⟨Flugw⟩ *(auf)steigen* ‖ **-diente** adj *aufsteigend* ‖ ~ m *Übergewicht, Ansehen* n *(moralischer) Einfluß* m ‖ **~s** *Blutsverwandte* mpl *in aufsteigender Linie* ‖ *Ahnen* mpl
ascen|sión f *Aufsteigen* n, *Aufstieg* m ‖ *Besteigung* f ‖ *Erhebung* f *zu e-r Würde* ‖ *Thronbesteigung* f ‖ ~ de un globo *Aufstieg* m *e-s Luftballons* ‖ ~ (del Señor) *Christi Himmelfahrt* f ‖ span. *Taufname* ‖ **-sionista** m *Berg-, Gipfel|besteiger* m ‖ *Ballonfahrer* m ‖ *Luftschiffer* m ‖ ⟨Kath⟩ *Ascensionist* m
ascen|so m *Aufstieg* m ‖ *Anstieg* m ‖ *Steigung* f ‖ fig *Beförderung* f *(im Amt)* ‖ ~ de la presión *Druckanstieg* m ‖ **-sor** m *(Personen)Aufzug, Fahrstuhl, Lift* m ‖ ⟨Tech⟩ *Elevator* m ‖ ~ con doble mando, ~ con doble control *Doppelsteuerungsfahrstuhl* m ‖ ~ de paternóster, ~ de rosario *Paternoster(aufzug), Umlaufaufzug* m ‖ ~ eléctrico *elektrischer Aufzug* m
ascensorista m/f *Aufzug-, Fahrstuhl|führer(in* f*), Liftboy* m ‖ *Aufzugsmechaniker* m
asceta m *Asket* m ‖ *Büßer* m (& fig)
ascéti|ca f *Askese* f ‖ ⟨Rel⟩ *Aszetik* f ‖ **-co** adj *asketisch* ‖ *büßend*
ascetismo m *Askese* f ‖ *erbauliches Leben* n ‖ *Entsagung* f ‖ ⟨Rel⟩ *Aszese* f
ascitis f ⟨Med⟩ *Bauchwassersucht, Aszites* f
ascle|piadeo adj: (verso) ~ *asklepiadischer Vers* m ‖ **-pias** f ⟨Bot⟩ *Seidenpflanze* f (Asclepias spp)
asco m *Ekel* m, *Übelkeit* f ‖ *Brechreiz* m ‖ fig *Widerwille(n), Ekel* m ‖ figf *Furcht, Angst* f ‖ ◊ es un ~, da ~ figf *es ekelt e-n an* ‖ ¡ese libro es un ~! figf *dieses Buch ist ein Schmöker!* ‖ *dieses Buch ist keinen Pfifferling wert!* ‖ escupir de ~ *vor Ekel ausspucken* ‖ tomar ~ a a/c *sich ekeln vor* (dat) ‖ *estar hecho un ~* fam *wie ein Schwein aussehen, dreckig sein* ‖ ¡qué ~! ¡pfui! ‖ hacer ~s figf *sich zieren, zimperlich tun*
ascogonio m ⟨Bot⟩ *Askogon* n
ascomicetos mpl ⟨Bot⟩ *Askomyzeten* pl, *Schlauchpilze* mpl
asconder vi pop = **esconder**
ascosidad f *Unflätigkeit* f
ascua f [el] *Kohlenglut* f, *Glühfeuer* n ‖ *Glut* f (& fig) ‖ ◊ arrimar al ~ su sardina figf *auf s-n Vorteil bedacht sein* ‖ *estar hecho un ~*, *echar ~s* figf *Feuer und Flamme sein* ‖ *ponerse como una ~ de oro* figf *sich herausputzen* ‖ ser un ~ de oro *glänzen, blitzsauber sein* ‖ *estar en (od sobre)* ~s figf *wie auf glühenden Kohlen sitzen* ‖ *como gato por* ~s figf *eiligst und ängstlich* ‖ ¡~s! pl *potztausend!, Donnerwetter!*
asea|do adj *reinlich* ‖ *niedlich, nett, zierlich* ‖ *sauber* ‖ adv: **~amente**
asear vt *verzieren, (aus)putzen* ‖ *herausstaffieren* ‖ **~se** *sich putzen* ‖ fam *sich richten, sich zurechtmachen*
ase|chador, -chanza → **ase|chador, -chanza** m *Verfolger* m ‖ **-chanza** f *Falle, Schlinge, Hinterlist* f ‖ **~s** fpl *Ränke* mpl ‖ ◊ tender ~ jdm *nachstellen*, **-char** vt jdm *nachstellen, Schlingen* fpl *legen*
asedado adj *seiden|artig, -weich, -ähnlich*
ase|diar vt ⟨Mil⟩ *belagern* ‖ fig *einschließen, umgeben* ‖ ◊ ~ a preguntas *mit Fragen bestürmen* ‖ ~ con pretensiones amorosas *mit Liebesanträgen verfolgen* ‖ **-dio** m ⟨Mil⟩ *Belagerung* f ‖ fig *Verfolgung* f
asegla|ramiento m *Verweltlichung* f ‖ **-rarse** vr *weltlichen Charakter annehmen, verweltlichen (Priester)*
asegundar vt *wiederholen* ‖ *hinzufügen*
asegu|ración f *Versicherung* f ‖ **-rado** m/adj *Versicherter* m ‖ *Versicherungsnehmer* m ‖ adj *gesichert, sicher befestigt* ‖ *versichert* ‖ suma ~a *Versicherungssumme* f ‖ **-rador** m/adj *Versicherer* m ‖ compañía ~a *Versicherungsgesellschaft* f ‖ **-ramiento** m *(Ver)Sicherung* f ‖ ~ de la herencia ⟨Jur⟩ *Sicherung* f *des Nachlasses* ‖ ~ de la prueba ⟨Jur⟩ *Beweissicherung* f ‖ **-ranza** f *Sal Sicherheit, Geborgenheit* f
asegurar vt *ver-, zu|sichern* ‖ *versprechen* ‖ *verbürgen* ‖ ⟨Com⟩ *versichern* ‖ *überzeugen* ‖ *behaupten* ‖ *festnehmen* ‖ *festmachen, befestigen* ‖ *beschützen* ‖ *sichern (Gewehr)* ‖ ~ con alfileres *mit Nadeln anstecken (od anheften)* ‖ ◊ ~ con candado *mit Vorhängeschloß anschließen* ‖ ~ con

clavijas Span, ~ con chavetas Am *versplinten, verpflöcken* || ~ con grapas Span, ~ con grampas Am *verklammern* || ~ con pernos *mit Bolzen befestigen* || ~ contra el robo *gegen Diebstahl versichern* || ~se *sich (ver)sichern* || *e-e Versicherung abschließen* || *sich verlassen auf* (acc) || *sich überzeugen (von)*, *sich vergewissern* (de gen) || *beständig werden (Wetter)*
aseidad *f* ⟨Theol Philos⟩ *Aseität, absolute Unabhängigkeit* f *Gottes*
asélidos *mpl* ⟨Zool⟩ *Wasserasseln* fpl
asemejar(se) vi/r *ähneln, ähnlich sehen*
asemia *f* ⟨Med⟩ *Asemie, Verständigungsunfähigkeit* f
asendere|ado adj *ausgetreten (Wege)* || fig *geplagt* || *erfahren, gewitzigt* || **-ar** vt *(Wege) bahnen* || *verfolgen* || fig *betrüben, plagen* || fig *hetzen*
asengladura *f* ⟨Mar⟩ = **singladura**
asenso *m* *Beifall* m, *Zustimmung* f || ◊ dar su ~ (a) *al gutheißen*
asenta|da *f* *Sitzung* f || de una ~ figf *auf einmal, auf e-n Hieb* || → a **sentada** || **-deras** fpl fam *Gesäß* n || **-dillas** adv: a ~ *im Quer-, im Damen|sitz (Reiten)*
asenta|do pp *dauerhaft* || *beständig* || fig *von gesetztem Betragen, gesetzt, vernünftig* || *solide* || *ruhig* || *bien ~ wohl fundiert* || *barco ~* ⟨Mar⟩ *getrimmtes Schiff* n || ◊ dar por ~ *als ausgemacht betrachten*|| **-dor** *m* *Großeinkäufer, Zwischenhändler* m || *Steinsetzer* m *(Maurer)* || *Streich-, Abzieh|riemen* m *(für Rasiermesser)* || ⟨EB⟩ *Werkmeister* m || ⟨EB⟩ *Streckenarbeiter* m || **-miento** *m* *Niederlassung, (An) Siedlung* f || ⟨Jur⟩ *Besitznahme* f || fig *Klugheit, Vernunft* f
asentar [-ie-] vt *ab-, nieder|setzen, (ab)stellen* || *hinsetzen* || *festsetzen* || *legen (Fundament)* || *ansiedeln* || *versetzen (Schlag)* || *einfassen (Edelsteine)* || *festmachen* || *ansetzen (Waren)* || *glätten* || *abziehen (Rasiermesser)* || *abschließen (Vertrag)* || *verabreden* || *behaupten* || ⟨Mar⟩ *absetzen* || ⟨Com⟩ *buchen* || *ein|tragen, -schreiben* || ⟨Jur⟩ *übereignen (Schuldnerbesitz)* || ◊ ~ *bien su baza* figf *sich auf seinen Vorteil verstehen* || ~ de *conformidad* ⟨Com⟩ *gleichlautend buchen* || ~ *el guante* a *alg.,* ~ *la mano a* ₁alg. figf *jdn züchtigen* || ~ *el pie fest auftreten* || ~ vi *sich setzen, sich niederlassen* || *ruhen* || *passen* || *ein Abkommen treffen* || ~**se** *sich (hin)setzen, sich niederlassen (& fig)* || *sich setzen (Flüssigkeiten, Bau)* || *im Magen liegen(bleiben) (unverdaute Speise)* || *sich aufklären (Wetter)*
asen|timiento *m* *Einwilligung, Zu-, Bei|stimmung* f || **-tir** [-ie-] vi *zu-, bei|stimmen, beipflichten* (a dat) || **-tista** *m* *Bauunternehmer* m || *Verpfiegungslieferant* m *(an Großabnehmer)* || *Heereslieferant* m
aseñorado adj *herrschaftlich* || fig *die feinen Leute nachahmend, iron hochfein*
aseo *m* *Sauberkeit* f || *Reinlichkeit* f || *Nettigkeit, Zierlichkeit* f || *Putz* m || ~ *personal Körperpflege, Toilette* f || con ~ *nett, zierlich* || *(cuarto* de) ~ *Badezimmer* || *los* ~s *mpl* fam *die Toiletten* fpl
asepsia *f* ⟨Med⟩ *Asepsis, Keimfreiheit* f || *Aseptik, keimfreie (Wund)Behandlung* f
asépalo adj ⟨Bot⟩ *asepal, kelchblattlos*
aséptico adj *aseptisch, keim-, fäulnis|frei*
asequible adj *möglich, tunlich* || *erreichbar*
aserción *f* *Behauptung, Aussage* f
aserra|dero *m* *Säge(mühle)* f || *Sägeplatz* m || **-dizo** adj: madera ~a *Säge(rund)holz* n || **-do** adj *sägeförmig* || *ausgezackt (Blätter)* || *madera* ~a *Schnittholz* n || **-dor** *m* *Holz|säger, -schneider* m || **-dura** *f* *Sägen* n || *Sägeschnitt* m || ~**s** *pl Sägespäne* mpl || **-duría, aserrería** *f* *Sägemühle* f
ase|rrar [-ie-] vt *(durch)sägen, entzweisägen* ||

◊ ~ *al hilo Langholz* n *sägen* || ~ vt/i figf *fiedeln, kratzen, schlecht geigen* || *máquina de* ~ *Sägemaschine* f || **-rrín** *m* *Säge|späne* mpl, *-mehl* n
aserruchar vt Col Chi Pe Hond *(durch)sägen, entzweisägen*
aser|tar vt *be|haupten, -teuern, -jahen* || **-tivo** adj *bejahend, behauptend* || *proposición* ~a ⟨Gr⟩ *Aussagesatz* m || adv: ~**amente** || **-to** *m* *Behauptung, Beteuerung* f || *Aussage* f || **-tor** *m* *Verfechter, Befürworter* m || **-torio** adj *bekräftigend, assertorisch* || *juramento* ~ ⟨Jur⟩ *assertorischer Eid* m
asesar vi *klug, verständig werden, Vernunft annehmen* || vt *jdn zur Vernunft bringen*
asesi|nar vt *meuchlerisch umbringen, ermorden* || fig *quälen, peinigen* || fig *treulos behandeln* || **-nato** *m (Meuchel) Mord* m || ~ *en masa Massenmord* m || *jurídico Justizmord* m || ~ *por robo Raubmord* m || ~ *sádico,* ~ *con estupro Lustmord* m || **-no** *m (Meuchel) Mörder* m || fam *Pfuscher* m || fam *Gauner* m || ◊ gritar "al ~" *Zeter und Mordio schreien*
asesor *m* *Ratgeber* m || *Gerichtsbeisitzer, Assessor* m || *Berater* m || ~ *agrícola landwirtschaftlicher Berater* m || ~ *agrónomo Betriebsberater* m || ~ *fiscal Steuerberater* m || ~ *ganadero Zuchtwart* m || ~ *jurídico Syndikus, Rechtsberater* m || ~ *técnico Fachberater, technischer Berater* m
asesoramiento *m* *Beratung* f || ~ *ambulante Wanderberatung* f
aseso|rar vt *jdn raten, mit Rat beistehen, jdn beraten* || ~**se** *beratschlagen* || ◊ ~ *con sich Rat holen bei* (dat) || **-ría** *f* *Amt und Gehalt* bzw *Amt* n *e-s Beisitzers oder Beirats* || *Beratungs|-büro* n bzw *-stelle* f
ases|tadero *m* Ar *Ort* m *der Mittagsruhe* || **-tar** vt *versetzen (Schlag)* || ~ *(el tiro) zielen, (ein Geschütz) richten (auf* acc*), abkommen, anvisieren|abgeben (Schuß)* || *versetzen (Schlag)* || *werfen (Stein)* || ~ [-ie-] vi Ar Sal *Mittagsruhe halten* (→ **siesta**)
aseve|ración *f* *Versicherung, Behauptung* f || **-rar** vt *versichern, behaupten, beteuern* || **-rativo** adj Am *bejahend*
asexual, asexuado adj *asexual, geschlecht(s)los* || *generación* ~, ~**da** ⟨Biol⟩ *ungeschlechtliche Generation* f || ~**idad** *f* ⟨Med Psychol⟩ *Asexualität, Ungeschlechtlichkeit* f
asfal|tado *m/*adj *Asphaltbelag* m, *Asphaltierung* f || *Asphalt* m || **-tar** vt *asphaltieren*
asfáltico adj *erdharzig* || *Asphalt-* || *betún* ~ *Bitumen* m *im engeren Sinne, Asphaltbitumen* n || *pintura* ~a, *barniz* ~ *Asphaltlack* m || *riego* ~ *Asphaltieren* n
asfalto *m* *Asphalt* m, *Erdharz, Bitumen-Mineral-Gemisch* n || *(Asphalt)Bitumen* n || ~ *colado,* ~ *fundido Gußasphalt* m || ~ *comprimido Stampfasphalt* m || ~ *depurado gereinigter Asphalt* m || ~ *emulsionado,* ~ *frio Kaltasphalt* m, *Asphaltemulsion* f || ~ *fluidificado Verschnittbitumen* n, *Weichasphalt* m || ~ *natural Naturasphalt* m
asfictico adj *Erstickungs-*
asfigmia *f* ⟨Med⟩ *Pulslosigkeit* f
asfi|xia *Asphyxie* f || *Stockung* f *des Pulses* || *Stockung f des Atems* || *Scheintod* m || *Erstickung* f || ◊ *morir de* ~ *ersticken* || **-xiado** adj *erstickt* *scheintot* || **-xiante** adj *erstickend* || fig *schwül* || *gases* ~ ⟨Mil⟩ *erstickende Kampfstoffe* mpl || **-xiar** vt *ersticken* || ~**se** *ersticken (z. B. durch Kohlendunst)* || fig *scheintot sein*
asfódelo *m* ⟨Bot⟩ *Affodill, Asphodill* m *(Asphodelus spp)*
asgo → **asir**
[1]**asi** adv *so, auf diese Art* || *also, folglich* || *so viel* || *demnach, daher* || *mithin, also* || *auch, ebenso* || *a decirlo ~ sozusagen* || ~..., ~ *asá soso, leidlich, mittelmäßig* || ~...*como*... *so-*

asi — asimilar 120

wohl ... als auch ... || ~ como ~, ~ que ~ sowieso, allenfalls, ohne weiteres || ~ como, ~ que sowie, sobald (als) || ~ es que daher, folglich, also || ~ mismo auf gleiche Weise | zugleich auch || ~ no más soso, leidlich, mittelmäßig || Am so ohne weiteres, mir nichts, dir nichts || ~ que asá (fam ~ que asado), ~ o ~ so oder so, gleich wie || fam gehupft wie gesprungen || ~ sea Amen, es werde wahr || ~ y todo dessen-, dem|ungeachtet, trotzdem || immerhin || tanto es ~ que kurz und gut ... || (un pastel) de grande so ein großer (Kuchen) || ¿~, ~ me abandonas? du verläßt mich also? || ¡cómo ~! wieso! ist es möglich? || ¡ni tanto ~! nicht im geringsten!
²**así** conj a) in Wunschsätzen: ~ Dios te ayude Gott möge dir beistehen! || ¡~ lo maten!, ¡~ lo aspen! vulg er soll verrecken! b) in Konzessivsätzen: ~ lo mates, no cede wenn du ihn auch totschlägst, wird er doch nicht nachgeben c) in Kausalsätzen (auch bei der Gegenüberstellung): ese hombre, ~ como tiene limitados medios, tiene limitado poder da dieser Mann (einerseits) über beschränkte Mittel verfügt, ist seine Macht (andererseits) auch beschränkt d) in Temporalsätzen (bei unmittelbarer Aufeinanderfolge): ~ que llegó sobald er ankam || ~ como él llegue, partiremos sobald er ankommt, reisen wir ab || sobald er kommt, gehen wir
Asia f [el] Asien n || ~ Central Zentralasien n || ~ Menor Kleinasien n
asiaticismo m Vorliebe f für asiatische Sitten, Gebräuche usw
asiático adj/m asiatisch || Asiat m || lujo ~ orientalische Pracht f
asibilar vt assibilieren
asicar vt Dom belästigen, quälen
así|damente adv in enger Verbindung f || **-dero** m (Hand)Griff, Halter, Henkel m || Heft n || fig Vorwand, Anlaß m || fig Anhabe f || fig Halt m || fig Blöße f || ◊ tener buenos ~s fig einflußreiche Beziehungen haben || **-do** adj 〈Mar〉 glatt (Küste) || ◊ estar ~ a alg. fam jdm nicht von der Seite gehen
asidonense adj/s aus Medina Sidonia (P Cád)
asiduidad f Pünktlichkeit, Regelmäßigkeit f || Fleiß, Eifer m, Emsigkeit f || Stetigkeit f || **~es** fpl Aufmerksamkeiten fpl || dauerndes Bemühen n || **-duo** adj emsig, eifrig || beharrlich, ausdauernd, stetig, pünktlich || regelmäßig beiwohnend (od teilnehmend) (Sitzungen) || anhaltend, häufig || dienstbeflissen, strebsam || parroquiano od tertuliano ~ Stammgast m || adv: **~amente**
asiento m Sitz m || Sitz|gelegenheit f, -platz m || (örtliche) Lage f || Boden m (e-s Gefäßes) || Bodensatz m || Amt m, Stelle f, Posten m || Platz m || Wohnsitz, Aufenthalt m || 〈Mil〉 Abkommen n, Vertrag m || 〈Com〉 Buchung f, Posten m || Eintragung f || Bemerkung f || Ruhe-, Stütz|punkt m || Senkung f e-s Gebäudes || Stabilität f || fig Gesetztheit f, gesetztes Wesen m || Beständigkeit f, Dauer f || richtige Lage, Stellung f || Mundstück, Gebiß n (am Zügel) || Fleischseite f des Leders || Gesäß n || 〈Tech〉 Lagerung f, Lager n 〈Arch〉 Schichtung f (der Steine usw) || Mörtelschicht f (zwischen Lagen) || Auflager n (Brückenbau) || 〈Mar〉 Trimm m, Steuerlastigkeit f || Am Bergwerksgelände n || ~ de aceite Ölsatz, Fuß m; ~ anatómico körpergerechter Sitz m || ~ de estómago Magenverstimmung f || ~ expulsor 〈Flugw Mar〉 Schleudersitz m || ~ de freno Kandarengebiß n (Reiten) || ~ de la caldera Kessellager n || ~ delantero Vordersitz m || ~ de la pena 〈Jur〉 Straffestsetzung f || ~ del cañón 〈Mil〉 Rohrlager n || ~ del conductor Führer-, Fahrer|sitz m || ~ del piloto 〈Flugw〉 Führersitz m || ~ de presentación Eingangsvermerk m (Grundbuch) || ~ de rodamiento de

bolas Span, ~ de cojinete a bolillas Am Kugellagersitz m || ~ de un buque 〈Mar〉 Trimm m e-s Schiffes || Trimmlage f || ~ ocupado belegter Platz m || ~ plegable, ~ rebatible Klappsitz m || ~ posterior, ~ trasero Hinter-, Rück|-sitz m || Fond m || baño de ~ Sitzbad n || culo de mal ~ fig pop unruhiger Geist m, fam Zappelphilipp m || de un ~ einsitzig || de dos ~s zweisitzig || hombre de ~ fig ruhiger, gesetzter, reifer Mensch m || válvula de doble ~ Doppelsitzventil n || ◊ ceder el ~ jdm den Platz frei machen || estar de ~ sich häuslich niedergelassen haben, ansässig sein || hacer ~ sich aufhalten || no calentar el ~ figf (in e-m Amte) nicht lange bleiben || no le hace buen ~ la comida das Essen bekommt ihm schlecht || tener buen ~ e-n guten Schluß haben (Reiter) || tome V. ~ bitte, setzen Sie sich! || ~s pl Gesäß n, Hintere m || Besatz m (an Hemdsärmeln)
asigna|ción f Verleihung f e-s Amtes || Bestimmung f || Anweisung f || Zu|teilung, -weisung f || Los n, Anteil m || (Geld)Bezüge mpl || (Amts)Gehalt n || ~ de divisas Devisenzuteilung f || ~ de ingresos a fines específicos Zweckbestimmung f von Einnahmen || ~ de tráfico Verkehrsumlegung f || ~ especial Sonderzuwendung f || ~ por carestía de vida, ~ por encarecimiento de la vida Teuerungs|zuschlag m, -zulage f || **-do** m 〈Hist〉 Assignate f, franz. Papiergeld n
asig|nar vt anweisen, bestimmen || zuweisen, zuteilen, überweisen || (Gehalt) festsetzen || ◊ ~ a la reserva der Rücklage zuweisen || **-natario** m Assignatar, Empfänger m || Am 〈Jur〉 gerichtlich anerkannter Erbe m || **-natura** f (Lehr)Fach n || Unterrichtsgegenstand m || Lehrgang, Kurs m || ~ comercial Handelsfach n || ◊ aprobar una ~ in e-m Fach bestehen (bei der Prüfung), absolvieren (ein Fach)
asigún Am pop = **según**
asila|do m Insasse m e-s Asyls || 〈Pol〉 unter Asylschutz Stehender m
¹**asilar** vt (in ein Armenhaus) aufnehmen || 〈Pol〉 Asyl gewähren (dat) || **~se** seine Zuflucht nehmen (en zu dat) || Asyl suchen (en bei dat) || **-lo** m Asyl n, Zufluchtsort m, Freistätte f || Waisenhaus n || Heim n || Pflegeanstalt f || Armenhaus n || fig Schutz m || 〈Entom〉 Raubfliege f (Asilus crabroniformis) || ~ de alienados Irrenanstalt f || ~ de ancianos Altersheim n || ~ de bebedores Trinkerheilanstalt f || ~ de niños expósitos Findelhaus n || ~ de trabajo Arbeitshaus n (Strafrecht) || ~ interno, ~ territorial inneres Asyl n (Völkerrecht) || ~ neutral Asylgewährung f durch ein neutrales Land || ~ para desamparados Obdachlosenheim n || derecho de ~ Asylrecht n || sin ~ obdachlos
²**asilar** vt silieren || in Korngruben verwahren (Getreide)
asilvestrado adj verwildert (Pflanze)
asimetría f Mangel m an Ebenmaß, Unebenmäßigkeit, A-, Un|symmetrie f
asimétrico adj unsymmetrisch, asymmetrisch, ungleichartig
asimiento m Greifen, Anpacken n || fig Neigung, Anhänglichkeit f
asimi|lable adj angleichbar || assimilierbar || **-lación** f Assimilierung, Assimilation, Gleichmachung f || Angleichung f || Anartung f || 〈Phys〉 Aneignung, Einverleibung f || Verdauung f || geistige Verarbeitung, Aneignung f || Assimilierung f, völliges Aufgehen n, Eingliederung f (Menschen) || 〈Gr〉 Assimilation f || facultad de ~ Aufnahmefähigkeit f || **-lar** vt assimilieren; angleichen || vergleichen, gleichstellen (a mit) || eingliedern || geistig verarbeiten || 〈Gr〉 angleichen, assimilieren || ~ a los nacionales Ausländer mpl mit eigenen Staatsbürgern gleichstellen || **~se** sich aneignen, einverleiben || sich vergleichen (a

asimilativo — asociación

mit) || *sich angleichen* || *sich assimilieren* || *aufgehen* (a *in*) || *sich zu eigen machen* || *sich die Nährstoffe aneignen, zuführen, verarbeiten (Körper)* || **-lativo** *adj aneignend* || *angleichend* || *proceso* ~ ⟨Phys⟩ *Assimilationsprozeß* m || **-lista** *adj* ⟨Pol⟩ *Assimilations-*
asimina *f* ⟨Bot⟩ *Rahm-, Zucker\apfel, Süßsack* m (Annona squamosa)
asimismo *adv ebenso* || *auch, ebenfalls* || *zugleich*
asimplado *adj dumm aussehend* || *einfältig*
asín, asina *adv fam* = *así*
asin\crónico *adj asynchron, nicht gleichzeitig, entgegenlaufend* || **-cronismo** *m asynchroner Ablauf* m || *asynchrone Bewegung* f
asíncrono *adj* = **asincrónico**
asindético *adj knapp (Stil)* || ⟨Gr⟩ *unverbunden, asyndetisch*
asíndeton *m* ⟨Rhet⟩ *Asyndeton* n
asi\nergia *f* ⟨Med⟩ *Asynergie* f || **-nérgico** *adj asynergisch*
asínino *adj* = **asnino**
asintomático *adj* ⟨Med⟩ *symptom\frei, -los*
asíntota *f* ⟨Math⟩ *Asymptote* f
asintótico *adj* ⟨Math⟩ *asymptotisch*
asir *vt* [*asgo, ases usw*] *ergreifen, packen, (an)fassen* || ◊ ~ *de los cabellos an den Haaren packen* || ~ *por la mano bei der Hand ergreifen* || ~ *vi fassen* || *Wurzel fassen (od schlagen), wachsen (Pflanzen)* || ~**se** *vr sich festhalten* (a, de, *an* dat) || fig *in Wortwechsel geraten, handgemein werden* || ◊ ~ *al terreno* ⟨Mil⟩ *sich ans Gelände klammern* || ~ *de sich anklammern an* (acc) || *sich festhalten an* (dat) || fig *zum Vorwand nehmen*
Asiria *f Assyrien* n
asi\rio *adj assyrisch* || ~ *m Assyrier* m || *das Assyrische* n || **-riología** *f Assyriologie* f || **-riológico** *adj assyriologisch* || **-riólogo** *m Assyriologe* m
Asís *m Assisi (it. Stadt)*
asísmico *adj erdbeben\sicher, -fest*
asisten\cia *f Anwesenheit* f, *Beisein* n || *Beistand* m, *Hilfe* f || *Bedienung, Pflege, Wartung* f || *Unterhalt* m || *die Anwesenden* pl || ~ *a la juventud,* ~ *a los menores Jugendfürsorge* f || ~ *a las embarazadas Schwangerenfürsorge* f || *Mütterschutz* m || ~ *al enfermo Krankenpflege* f || ~ *a los mutilados de guerra Kriegsopferversorgung* f || ~ *a los parados Arbeitslosenfürsorge* f || ~ *en la educación Erziehungsbeistandschaft* f || ~ *en materia penal Rechtshilfe* f *in Strafsachen* || ~ *gratuita* ⟨Jur⟩ *Armenrecht* n, *unentgeltlicher Rechtsbeistand* m || ~ *hostil neutralitätswidrige Dienste* mpl *(Völkerrecht)* || ~ *judicial Hilfe* f *des Gerichts, Rechtshilfe* f || ~ *marítima Hilfeleistung* f *auf hoher See* || ~ *médica,* ~ *facultativa ärztlicher Beistand* m || ~ *pública öffentliche Fürsorge* f || *Fürsorgewesen* n || *Unfallstation* f || Arg *öffentliche Sanitätskolonne* f || ≃ *pública domiciliaria* (APD) *beamtete Ärzteschaft* f || ~ *social Wohlfahrtspflege* f || *Sozialfürsorge* f || ◊ *prestar* ~ *facultativa ärztlich behandeln* || ~**s** *pl* ⟨Jur⟩ *Alimente* npl || **-ta** *Aufwartefrau* f || *Wärterin, Pflegerin* f || *Helferin* f, *(Aushilfs-) Dienstmädchen* n || *Stundenhilfe* f || ~ *social Fürsorgerin* f || **-te** *m Anwesender* m || *Teilnehmer* m || *Gehilfe* m || *Wärter, Krankenwärter* m || *Assistent* m || *Hilfspriester* m || ⟨Mil⟩ *Offiziersbursche, Putzer* m || ~ *a prácticas Praktikant* m || ~ *durante el plazo de prueba Bewährungshelfer* m *(Strafrecht)* || ~ *técnico-sanitaria Arzthelferin* f || ~**s** *pl: los* ~ *die Anwesenden, die Teilnehmer*
asistidora *f* fam *Aufwartefrau* f
asistimiento *m* Sal *Dienst, Beistand* m, *Hilfe* f
asistir *vt jdm beistehen, helfen* || *jdm behilflich sein* || *jdm aushelfen* || *jdm aus der Not helfen* || *ärztlich behandeln* || *jdn bedienen, jdm aufwarten* || *jdm zur Seite stehen* || *jdm als Zeuge dienen (bei Feierlichkeiten)* || ◊ ~ *a los enfermos die Kranken pflegen* || ~ *facultativamente ärztlich behandeln* || ~ *vi zugegen, anwesend sein* || *sich einfinden, erscheinen* || *teilnehmen (an* [dat] *a)* || *besuchen (Schule)* || ⟨Kart⟩ *Farbe bekennen* || ◊ *le asiste la razón er hat recht* || ~ *al Instituto das Gymnasium besuchen* || ~ *a una reunión an einer Veranstaltung teilnehmen*
asis\tolia *f* ⟨Med⟩ *Asystolie, Herzklappenschwäche* f || **-tólico** *adj asystolisch*
askenazi, asquenazi *m Aschkenasi* m *(Bezeichnung für die ost- und mitteleuropäischen Juden)*
asma *f* [el] *Asthma* n || ⟨Vet⟩ *Dämpfigkeit* f || ~ *bronquial Bronchialasthma* n || ~ *cardíaca Herzasthma* n || ~ *del heno Heuasthma* n
asmático adj/*m* ⟨Med⟩ *asthmatisch, kurzatmig* || ⟨Vet⟩ *dämpfig* || ~ *m Asthmatiker* m
asna *f* [el] *Eselin* f
asnacho *m* ⟨Bot⟩ *gelbes Eselskraut* n || *Ochsenbruch* m
asna\da *f* fig *Eselei* f || **-dos** mpl ⟨Bgb⟩ *Strebepfeiler* mpl
asnal *adj eselhaft, -artig, Esel-* || **-mente** *adv eselhaft* || fam *bestialisch, brutal* || fig *dumm*
asne\ar *vi* Chi *eselhaft handeln* || ~ *vt* Chi *jdn Esel nennen, jdm Dummheit vorwerfen* || **-dad** *f* fam *Eselei, Dummheit* f || **-jón** *m* (augm *od* desp *v*. asno) *großer Esel* m || **-ría** *f Herde* f *Esel* || figf *Eselei* f
asni\co *m* Ar dim *v*. **asno** || *Bratspießgabel* f || **-llo** *m* Bock m *(der Maurer)* || ⟨Entom⟩ *(stinkender) Moderkäfer* m (Staphylinus olens) || **-no** *adj* fam *eselhaft, Esel-*
asno *m Esel* m || fig *Dummkopf* m || ~ *cargado de letras* fig *gelehrter Esel, Scheingelehrter* m || ~ *doméstico Hausesel* m || *orejas de* ~ *Eselsohren* npl || *puente de los* ~**s** fig *Eselsbrücke* f || ◊ *apearse de su* ~, *caer de su* ~ figf *seinen Irrtum einsehen* || *no ver tres en un* ~ fam *kurzsichtig sein* || *parecerse al* ~ *de Buridán* fig *unschlüssig sein* || *tener la cabeza de* ~ fam *starrköpfig sein*
asobarcar [c/qu] *vt* fam = **sobarcar**
asocairarse *vr* ⟨Mar⟩ *Schutz vor dem Sturme suchen* || fig *seine Pflicht zu umgehen suchen*
asocar *vt* Cu = **azocar**
asocarronado *adj schelmisch*
asocia\ción *f Vereinigung, Verbindung* f || *Genossenschaft* f, *Verein* m || *Gilde* f || *Handels\genossenschaft, -gesellschaft* f || ~ *agrícola,* ~ *de labradores Bauernverband* m || ~ *comercial Handelsgenossenschaft* f || ~ *con capacidad jurídica rechtsfähiger Verein* m || ~ *de beneficencia Wohltätigkeitsverein* m || ≃ *de Derecho Internacional Vereinigung* f *für Internationales Recht* || ≃ *de Excautivos Span Verband* m *der ehemaligen (politischen) Häftlinge (die während des Krieges 1936-39 in der republikanischen Zone inhaftiert waren)* || ≃ *de Excombatientes Span Verband* m *der ehemaligen Frontkämpfer (des Krieges 1936-39)* || ~ *de fines ideales Idealverein* m || ~ *de ganaderos Viehzüchter\verband* m, *-vereinigung* f || ~ *de ideas Gedanken\verbindung, -verkettung* f || ~ *de intereses Interessengemeinschaft* f || ~ *de los territorios de ultramar Assoziierung* f *der überseeischen Gebiete* || ~ *de patronos,* ~ *patronal Arbeitgeberverband* m || ~ *de plantas* ⟨Bot⟩ *Pflanzengesellschaft* f || ≃ *de Transporte Aéreo Internacional Internationaler Luftverkehrsverband, Verband* m *des Internationalen Luftverkehrs* || ≃ *de Usuarios del Canal de Suez (1956) Vereinigung* f *der Suezkanal-Benutzer (1956)* || ≃ *de Vigilancia Técnica* ⟨Aut⟩ *Technischer Überwachungsverein* m *(TÜV)* || ~ *económica wirtschaftlicher Verein*

asociacionismo — aspereza 122

m ‖ ~ Europea de Libre Cambio, ~ Europea de Libre Comercio *(EFTA) Europäische Freihandelsvereinigung* f *(EFTA)* ‖ ~ Fonética Internacional *Association Phonétique Internationale, Weltlautschriftverein* m ‖ ~ Internacional de Fomento *International Development Association, Vereinigung* f *für Entwicklung* ‖ ~ Internacional de Intérpretes de Conferencia *(AIIC) Internationaler Verband* m *der Konferenzdolmetscher* ‖ ~ Internacional para la protección de la Propiedad Industrial *Vereinigung* f *für gewerblichen Rechtsschutz (IVfgR)* ‖ ~ Internacional de Universidades *Internationaler Universitäts-Verband, Hochschulverband* m ‖ ~ Latinoamericana de Libre Comercio *Lateinamerikanische Freihandelsvereinigung* f ‖ ~ molecular ⟨Chem⟩ *Molekül-Assoziation* f ‖ ~ obrera *Arbeiterverband* m ‖ ~ para un Parlamento Mundial *Verein* m *für ein Weltparlament* ‖ ~ profesional *Berufs-, Fach|verband* m ‖ ~ (reconocida) de utilidad pública *gemeinnütziger Verein* m ‖ ~ registrada, ~ inscrita *eingetragener Verein* m *(e. V.)* ‖ ~ sin capacidad jurídica *nicht-rechtsfähiger Verein* m ‖ ~ Universal de Avicultura Científica *Weltgeflügelzucht-Vereinigung* f ‖ derecho de ~ ⟨Jur⟩ *Recht* n *der Vereinsbildung* f ‖ **–cionismo** m *Vereinswesen* n ‖ **–do** m/adj *Gesellschafter, Partner, Teilhaber* m ‖ *Mitglied* n ‖ *Genosse* m ‖ **–miento** m *Vereinigung* f ‖ *Zusammenschluß* m

asocial adj/s *asozial, gemeinschafts|fremd, -unfähig* ‖ *gesellschaftsschädigend* ‖ ~ m *Asozialer* m

asociar vt *zu-, bei|gesellen* ‖ fig *vereinigen, verbinden* ‖ *in* ⟨Gedanken⟩ *Verbindung bringen* (a, con *mit* dat) ‖ ~**se** *eine* ⟨Handels⟩*Gesellschaft bilden* ‖ *sich zusammentun* (a, con *mit* dat)

asocio m Am *Vereinigung* f ‖ *Verband* m ‖ *Zusammenarbeit* f ‖ en ~ con *in Zusammenarbeit mit*

asola|ción f *Verwüstung, Zerstörung* f ‖ **–dor** adj/m *verwüstend, verheerend* ‖ *Verwüster* m ‖ **–miento** m *Zerstörung, Verwüstung* f

asolanarse vt *verdorren (Früchte usw) unter dem Einfluß des Solanowindes* (→ **solano**)

asolapar vt ⟨Arch⟩ *stufenweise übereinanderlegen (Ziegel)* ‖ ⟨Tech⟩ *überlappen*

¹**asolar** [-ue-] vt *niederreißen, schleifen* ‖ *verheeren, zerstören* ‖ *verwüsten* ‖ ~**se** *sich setzen (Flüssigkeiten)* ‖ *veröden*

²**asolarse** vr *(von der Sonne) verdorrt, versengt werden (Saat)* (→ a **asolearse**)

asoldar [-ue-] vt *in Sold nehmen, besolden* ‖ *dingen* ‖ ~**se** *Sold beziehen*

asole|ada f Am *Sonnenstich* m ‖ **–ado** adj fam *plump, ungeschickt* ‖ **–ar** vt *der Sonnenhitze aussetzen* ‖ ~**se** *sich sonnen* ‖ *sich von der Sonne bräunen lassen* ‖ *verdorren (Pflanzen)* ‖ *ausdörren (Früchte, Getreide)* ‖ Mex *Sonnenstich bekommen (Tiere)* ‖ **–o** m *Sonnen* n

asollamar vt Chi *(ver)sengen* ‖ *absengen (Geflügel)*

asoma|da f *plötzliches, kurzes Erscheinen* n ‖ *Stippvisite* f ‖ **–do** adj fam *beschwipst, angeheitert*

asomagado adj Ec *s-n Rausch ausschlafend* ‖ *schläfrig*

asomar vt *zum Vorschein bringen* ‖ *hinausstrecken, zeigen* ‖ ◊ ~ la cabeza *den Kopf hervorstecken, zeigen* ‖ vi *hervorgucken* ‖ *zum Vorschein kommen* ‖ ~**se** *sich zeigen, erscheinen* ‖ *zum Vorschein kommen* ‖ *hinaussehen (zum Fenster usw)* ‖ fam *sich beschwipsen* ‖ Am *sich von ferne bemerkbar machen* ‖ ◊ ~ a (od por) la ventana *sich aus dem Fenster lehnen, zum Fenster hinausschauen* ‖ "es peligroso ~ al exterior" „nicht hinauslehnen!" ‖ estar asomado a buena ventana fam *gute Aussichten haben*

asomático adj *asomatisch* ‖ ⟨Philos⟩ *körperlos*, *unkörperlich*

asom|bradizo adj *furchtsam, scheu* ‖ **–brado** adj *erstaunt* ‖ **–brar** vt *beschatten, verdunkeln* ‖ fig *bestürzen, in Staunen* (od *in Schrecken) versetzen* ‖ *verwundern* ‖ ~**se** *erschrecken* ‖ *sich wundern, staunen* (de *über* acc) ‖ **–bro** m *Schreck* m ‖ *Entsetzen* n ‖ *(Er)Staunen* n ‖ *Gegenstand* m *der Bewunderung* ‖ **–broso** adj *erstaunlich, entsetzlich* ‖ *verblüffend* ‖ adv: ~**amente**

asomnia f ⟨Med⟩ *Asomnie, Schlaflosigkeit* f

asomo m *Anschein* m, *Anzeichen* n ‖ *Andeutung* f ‖ *Vermutung* f ‖ *Argwohn* m ‖ *Anflug* m (& fig) ‖ ni ~ Am fam *keine Spur* ‖ ni por ~ fam *nicht im entferntesten, kein Gedanke daran, nicht die Spur, beileibe nicht*

asonada f *Auflauf* m, *Zusammenrottung* f ‖ *Aufbruch* m

asonan|cia f ⟨Mus⟩ *Einklang* m, *Harmonie* f (& fig) ‖ *Assonanz* f ‖ ◊ tener ~ con *in Einklang stehen mit* (dat) ‖ **–tar** vi *Assonanzen bilden* ‖ **–te** adj *assonierend, vokalreimend* ‖ *ähnlich lautend, anklingend* ‖ ~ m *Assonanz* f

asonar [-ue-] vi *assonieren, gleichen Ausklang haben (Endworte)* ‖ ~**se** *sich zusammenrotten*

asordar vt *betäuben, taub machen* ‖ *in die Ohren dröhnen*

asorocharse vr SAm *sich die Bergkrankheit (soroche) zuziehen* ‖ Chi fig *erröten*

asortado adj *beglückt, glücklich*

asortir vt *(Waren) sortieren*

asotanar vt *unterkellern (Gebäude)*

¹**aspa** f [el] *Andreaskreuz, liegendes Kreuz* n ‖ *Haspel* m/f ‖ *Windmühlenflügel* m ‖ ~**s** fpl de Borgoña *Burgundisches Kreuz* n ‖ ~ *Fahnenzeichen* n *der span. Traditionalisten und* ⟨Hist⟩ *der belgischen Rexisten*

²**aspa** f [el] Arg Ven *Horn* n (= **asta**)

aspacín adv León = **despacio**

aspa|dera f *Haspel* m/f ‖ **–do** adj *andreaskreuzähnlich* ‖ figf *in e-r zu engen Jacke steckend, eingezwängt* ‖ ~ m *Haspeln* n ‖ **–dor** m *Haspel* m/f ‖ *Haspler (Arbeiter)* ‖ ~ de algodón *Baumwoll|haspler, -weifer* m ‖ ~ de madejas ⟨Web⟩ *Fitzer* m

aspálato m ⟨Bot⟩ *Rhodiserdorn* m (Aspalathus)

aspam(i)ento m Arg = **aspaviento**

aspar vt *(auf-, ab)haspeln* ‖ *ans Kreuz schlagen* ‖ figf *kränken* ‖ *plagen* ‖ ~**se** *sich bemühen, sich recken* ‖ *sich winden (vor Wut* od *Schmerzen)* ‖ ◊ ~ a gritos fig *ein Zetergeschrei erheben, Zeter und Mordio schreien*

asparagina f ⟨Chem⟩ *Asparagin* n

aspaven|tado adj *erschreckt* ‖ **–tar** vt *Furcht einflößen* ‖ vi *Furcht empfinden* ‖ ~**se** *sich sehr erschreckt gebärden* ‖ **–tero, –toso** m/adj fam *Gebärdenmacher, Faxenschneider* m ‖ *aufgeregter Mensch* m

aspaviento m *Gebärde* f od *Ausruf* m *(des Schreckens, des Verdrusses, der Verwunderung)* ‖ *Gezeter, aufgeregtes Getue* n, *Faxen* pl, fam *Wirbel* m ‖ ◊ hacer muchos ~**s** fam *viel Aufhebens machen (de von* dat)

aspeado adj *(arbeits)müde* ‖ *todmüde*

aspecto m *Anblick* m ‖ *Aussehen* n ‖ *Ansicht, Erscheinung* f, *Aspekt* m ‖ *Gesichtspunkt* m ‖ ⟨Astr Gr Bot⟩ *Aspekt* m ‖ ~ de conjunto *Perspektive* f ‖ ~ estival ⟨Bot⟩ *Sommeraspekt* m ‖ ~ frontal *Stirnansicht* f ‖ ~ hiemal ⟨Bot⟩ *hiemaler Aspekt, Winteraspekt* m ‖ ~ lateral *Seitenansicht* f ‖ ~ otoñal, ~ autumnal ⟨Bot⟩ *Herbstaspekt* m ‖ ~ prevernal ⟨Bot⟩ *Vorfrühlingsaspekt* m ‖ ~ vernal ⟨Bot⟩ *Frühlingsaspekt* m ‖ *Blick(punkt)* m ‖ a(l) primer ~ *auf den ersten Blick* ‖ ◊ tener buen ~ *gesund, gut aussehen*

asperarteria f ⟨An⟩ *Luftröhre* f

aspe|rear vi *herb schmecken* ‖ **–reza** f *Rauheit, Härte* f ‖ *Unebenheit* f *(eines Geländes)* ‖ ⟨Geol⟩

asperger — astracanada

Griffigkeit f *(der Steine)* ‖ *Rauheit, Sprödigkeit* f *(der Stimme)* ‖ *Heiserkeit* f ‖ *Herbheit, Bitterkeit* f ‖ *Strenge, Härte* f ‖ *holperige Schreibart* f ‖ *mürrisches Wesen* n ‖ *derber Ausdruck* m
asperger vt = **asperjar**
asper|ges *m Besprengung* f *(mit Weihwasser)* ‖ figf *Weihwasserwedel* m ‖ ◊ *quedarse* ~ *fam sich in seiner Hoffnung getäuscht sehen, fam in die Röhre gucken* ‖ *mit langer Nase abziehen müssen* ‖ **–gilo** *m (Kolben)Schimmelpilz* m (Aspergillus spp) ‖ **–gilosis** *f* ⟨Med⟩ *Aspergillose, Kolben-, Gießkannen|schimmelkrankheit* f
aspérgula *f Klettenkraut* n
aspe|ridad *f =* **–reza** ‖ **–riego** adj (manzano) ~ *Renetteapfelbaum* m, *Renette* f ‖ **–rilla** *f =* ⟨Bot⟩ **aspérula** ‖ **–rillo** *m säuerlicher Nachgeschmack* m
asperjar vt *mit Weihwasser besprengen* ‖ *(be-)sprengen*
asper|mático adj ⟨Med⟩ *aspermatisch, samenlos* ‖ **–mia** *f* ⟨Med⟩ *Aspermie* f ‖ *Samenverhaltung* f ‖ *Erguß* m *ohne Samenfäden*
áspero adj *rauh, hart* ‖ *uneben, holperig (Gelände)* ‖ *schroff, steil* ‖ *struppig* ‖ *rauh (Jahreszeit)* ‖ fig *herb (Geschmack)* ‖ *rauh (Stimme)* ‖ *hart (Wort)* ‖ *spröde (Haut)* ‖ fig *widerlich, schroff, barsch* ‖ ~ *para el gusto herb schmeckend* ‖ ~ *de condición von rauhem Gemüt* ‖ adv: ~**amente**
asperón *m Sand-, Schleif|stein* m ‖ ~ *carbonífero* ⟨Geol⟩ *Kohlensandstein* m
aspérrimo adj sup *v.* **áspero**
asper|sión *f Bespritzung, Besprengung, Aspersion* f ‖ *bautismo* m *de* ~ *Besprengungstaufe* f ‖ ~**es de vapor** ⟨Med⟩ *Dampfspray* m ‖ **–sor** *m Rasensprenger* m ‖ *Sprinkler* m ‖ **–sorio** *m Spreng-, Weih|wedel* m
aspérula *f* ⟨Bot⟩ *Waldmeister* m (Asperula spp)
asperura *f =* **aspereza**
áspid(e) *m (ägyptische) Natter, Viper* f ‖ ⟨Zool⟩ *Aspisviper* f (Vipera aspis)
aspidistra *f* ⟨Bot⟩ *Schusterpalme, Schildblume* f (Aspidistra sp)
aspidobranquios *mpl* ⟨Zool⟩ *Schildkiemer* mpl
aspilla *f And hölzerner Meßstab* m *für Flüssigkeiten*
aspillera *f* ⟨Mil⟩ *Schießscharte* f ‖ ⟨Tech⟩ *Schürloch* n
aspira|ción *f Einatmen, Atemholen* n ‖ *An-, Ein|saugen* n ‖ ⟨Phon⟩ *Aspiration* f, *Aspirieren* n ‖ ⟨Theol⟩ *Streben, Sehnen* n *der Seele zu Gott* ‖ ⟨Mus⟩ *Luftpause* f ‖ fig *Trachten, Streben, Sehnen* n ‖ *Hoffen* n ‖ *Wunsch* m ‖ *Ehrgeiz* m ‖ *tiempo de* ~ *Saughub* m ‖ *tubo de* ~ *Saugrohr* n ‖ **–do** adj: letra ~**a** ⟨Gr⟩ *Hauchlaut* m ‖ **–dor** m *Sauger, Sauglüfter, Exhaustor* m ‖ *Absorber, Absorptionsapparat* m ‖ ~ *centrífugo Zentrifugalexhaustor* m ‖ ~ *de aire Luftsauger* m ‖ ~ *de polvo Staubsauger* m
aspi|rante adj *an-, ein|saugend, Saug-* ‖ ~ e *impelente saugend und drückend* ‖ *bomba* ~ *Saugpumpe* f ‖ ~ *m Bewerber* m ‖ *Anwärter, Aspirant* m ‖ ~ *a oficial* ⟨Mil⟩ *Offiziersanwärter, Fahnenjunker* m ‖ ~ *a la sucesión* ⟨Jur⟩ *Erbanwärter* m ‖ **–rar** vt *einziehen (Luft)* ‖ *einatmen* ‖ *auf-, ein|saugen* ‖ ⟨Gr⟩ *aspirieren, behauchen* ‖ ~ vt/i *bezwecken, abzielen auf* (acc) ‖ ◊ ~ *a streben, trachten (nach dat)* ‖ *sich bewerben (a um acc)* ‖ **–raba a su mano o** *hielt um sie an* ‖ no –ro *a tanto meine Ansprüche sind nicht so hoch* ‖ **–rativo** adj ⟨Gr⟩ *hauchend*
aspirina *f* ⟨Pharm⟩ *Aspirin* n
asplenia *f* ⟨Med⟩ *Asplenie* f, *Fehlen* n *der Milz*
aspra *f* [el] Gal *Bergkette* f
asque|ado adj *angeekelt* ‖ **–ar** *anekeln, anwidern* ‖ ~ vi *Ekel empfinden od äußern* ‖ **–rosidad** *f Ekelhaftigkeit* f ‖ fam *Schweinerei* f ‖ **–roso** adj *ekelhaft, wider|wärtig, -lich* ‖ *unflätig* ‖ *obszön* ‖ adv: ~**amente**
asquiento adj Col Ec = **asqueado**
asta *f* [el] *Lanze* f ‖ *(Lanzen)Schaft* m ‖ *Stange* f *(e–r Fahne, e–s Geweihs)* ‖ *Horn* n *(des Rindviehs)* ‖ ⟨Mal⟩ *Pinselstiel* m ‖ ⟨Arch⟩ *Backsteinlänge* f ‖ ⟨Mar⟩ *Topp* m ‖ *Ankerschaft* m ‖ ⟨Arch⟩ *Binder* m *(Ziegel)* ‖ *de media* ~ *der Länge nach (Lage der Ziegel)* ‖ ◊ *darse de las* ~**s** fam *aneinandergeraten* ‖ *dejar a uno en las* ~**s del toro** figf *jdn im Stiche lassen* ‖ *estar a media* ~ *auf Halbmast wehen (Flagge)*
astabatán *m* ⟨Bot⟩ Al *Andorn* m (Marrubium vulgare)
astacicultura *f Flußkrebszucht* f
ástaco *m* ⟨Zool⟩ *Edel-, Fluß|krebs* m (Astacus fluvialis) (→ **cangrejo**)
astado adj *schaft|ähnlich, -artig* ‖ *gehörnt* ‖ ⟨Bot⟩ *spießförmig* ‖ *el* ~ ⟨Taur⟩ *der Stier* m
astasia *f* ⟨Phys Med⟩ *Astasie* f, *astatischer Zustand* m
astático adj ⟨Phys⟩ *astatisch*
astenia *f* ⟨Med⟩ *Asthenie* f ‖ *Kraftlosigkeit, Schwäche, Asthenie* f (& fig)
asténico adj/s *asthenisch* ‖ ~ *m Astheniker* m
astenopia *f* ⟨Med⟩ *Asthenopie, Sehschwäche* f
ásteo adj *schaftartig*
áster *m Aster(blume)* f
astereognosis *f* ⟨Med⟩ *Astereognosie, Tast|blindheit, -lähmung* f
aste|ria *f* ⟨Min⟩ *Sternstein* m ‖ **–rismo** *m* ⟨Min Phys⟩ *Asterismus* m
asterisco *m (Noten)Sternchen, Sternzeichen* n (*)
asternal adj: *costilla* ~ ⟨An⟩ *kurze, falsche Rippe* f
asteroi|de *m Planetoid, Asteriod* m ‖ *Sternschnuppe* f ‖ **–deos** *mpl* ⟨Zool⟩ *Seesterne* mpl (Asteroiden)
asterónimo *m ein durch Sternchen angegebener Name (z. B. ***)*
astifino adj *mit feinen und dünnen Hörnchen (Stier)*
astigitano adj/s *aus Écija* (P Ser)
astig|mático adj ⟨Med⟩ *astigmatisch* ‖ **–matismo** *m* ⟨Med⟩ *Astigmatismus* m
astil *m Axtstiel* m ‖ *Stiel* m ‖ *Pfeilschaft* m ‖ *Waagebalken* m ‖ *Federkiel* m
asti|lla *f (Holz)Splitter, Span* m ‖ *Lade* f *am Webstuhl* ‖ △ *falsche Karte* f ‖ ~ *de piedra Steinsplitter* m ‖ ~ *de vidrio Glassplitter* m ‖ ~ *muerta* ⟨Mar⟩ *Totholz* n ‖ *sin* ~ *splitterfrei* ‖ *de tal palo, tal* ~ *der Apfel fällt nicht weit vom Stamm* m ‖ ◊ *hacer* ~**s** *holzen* ‖ *hacer* ~ *(de) a/c* figf *zer|schlagen, -stören, zu Kleinholz machen* ‖ *sacar* ~ figf *Nutzen ziehen, zu e–r S. kommen* ‖ **–llado, –llamiento, –llar** vt/i *zersplittern* ‖ *spalten (Holz)* ‖ Mex *zerstören* ‖ **–llarse** vr *absplittern* ‖ *abschiefern* ‖ **–llazo** *m Wunde* f *von einem absprigenden Splitter* ‖ *Krachen* n *(des Holzes beim Springen)*
Astillejos *mpl* ⟨Astr⟩ *die Zwillinge* mpl *im Tierkreis*
asti|llero *m* ⟨Mar⟩ *(Schiffs)Werft, Dock* n ‖ *Helling* f ‖ *Wehrgestell* n ‖ Mex *Holzschlag, zum Holzfällen bestimmter Teil m des Waldes* ‖ △ *Falschspieler* m ‖ *estar en* ~ fam *sich glänzend verstehen* ‖ ◊ *poner a alg. en* ~ fig *jdm eine hohe Würde verleihen* ‖ **–llón** m augm v. **–lla** ‖ **–lloso** adj *splitterig, Splitter-*
asto|mia *f* ⟨Med⟩ *Astomie* f, *Fehlen* n *des Mundes* ‖ **–mo, ástomo** adj *astomat, mundlos*
astorgano adj *aus Astorga* (P León)
Astra|cán *m Astrachan (Stadt)* ‖ ≃ *m Astracham* m, *Astrachan|leder* n, *-leinwand* f ‖ *Persianer(mantel)* m ‖ ≃**canada** *f* fam *phantastisches, derb-komisches Theaterstück* n, *Revue* f ‖ *grober Witz* m

astrágalo *m* ⟨Bot⟩ *Tragant* m *(Astragalus spp)* ‖ *Halsring, Reif* m ‖ ⟨Arch⟩ *Astragal, Hals-, Säulen|ring* m ‖ ⟨An⟩ *Sprungbein* n
¹**astral** *m* Ar *Handbeil* n
²**astral** *adj Stern(en)- /* año ~ *Sternjahr* n ‖ cuerpo ~ (Theosophie) *Astralleib* m
astreñir [e/i] vt = **astringir**
astricción *f* ⟨Med⟩ *Zusammenziehen* n
astrictivo *adj* = **astringente**
astrífero *adj* ⟨poet⟩ *sternübersät, bestirnt*
astrin|gencia *f* ⟨Med⟩ *zusammenziehende Beschaffenheit* f ‖ → **astricción** ‖ **–gente** *adj/s zusammenziehend, adstringierend (Mittel)* ‖ ~ *m Adstringens* n ‖ **–gir** vt *zusammenziehen* ‖ fig *zwingen, nötigen* (a *zu* dat)
astriñir vt = **astringir**
astro *m Gestirn* n, *Stern* m ‖ fig *Stern* m *(Künstler)* ‖ fig *Star* m ‖ ~ *circumpolar* ⟨Astr Mar⟩ *Zirkumpolargestirn* n ‖ ~ *luciente* ⟨Mar⟩ *selbstleuchtendes Gestirn* n ‖ ~ *oscuro* ⟨Mar⟩ *dunkler Himmelskörper* m ‖ el ~ *de la noche* fig *der Mond* ‖ el ~ *rey* ⟨poet⟩ *die Sonne*
astro|física *f Astrophysik* f ‖ **–físico** *adj astrophysikalisch* ‖ **–fotografía** *f Sternphotographie* f ‖ **–grafía** *f Astrographie, Sternbeschreibung* f ‖ **–ide** *f* ⟨Math⟩ *Astroide, Sternkurve* f ‖ ⟨Biol⟩ *Astroid* n ‖ **–labio** *m* ⟨Astr⟩ *Astrolabium* n ‖ **–latría** *f Astrolatrie, Sternverehrung* f ‖ **–lito** *m Meteorstein* m ‖ **–logía** *f Sterndeuterei, Astrologie* f ‖ **–lógico** *adj astrologisch*
astrólogo *m/adj Sterndeuter, Astrologe* m
astro|nauta *m Astronaut, (Welt) Raumfahrer* m ‖ **–náutica** *f Astronautik, Wissenschaft* f *von der Raumfahrt ‖ Raumfahrt* f ‖ **–náutico** *adj astronautisch* ‖ **–nave** *f (Welt) Raumschiff* n
astro|nomía *f Astronomie, Sternkunde* f ‖ ~ *de posición Positionsastronomie* f ‖ ~ *descriptiva darstellende Astronomie* f ‖ ~ *esférica sphärische Astronomie* f ‖ ~ *gravitacional Gravitationsastronomie* f ‖ **–nómico** *adj astronomisch* ‖ figf *astronomisch, sehr hoch (Zahlen, Preise usw)* ‖ adv: **~amente**
astrónomo *m Astronom* m
astrosfera *f* ⟨Biol⟩ *Astrosphäre* f
astro|so *adj ekelhaft* ‖ *schmutzig, unreinlich* ‖ *schlampig, verlottert* ‖ fig *elend, schlecht, schäbig* ‖ adv: **~amente**
△**astruja** *f Pflug* m
△**astrujo** *m Amboß* m
astu|cia *f Geriebenheit, Schlauheit* f ‖ *Tücke, Hinterlist, Arglist* f ‖ *List* f ‖ ◊ *la* ~ *domina a la fuerza List siegt über Kraft* ‖ **–cioso** *adj* =**–to**
astur(iano) *adj asturisch* ‖ ~ *m Asturier* m
asturcón *m Wildpferd* n *in den Bergen Asturiens*
Asturias *fpl Asturien* n ‖ *príncipes de* ~ *ehemaliger Titel m des span. Kronprinzen*
asturicense *adj/s aus Astorga* (P León)
astu|to *adj/s arglistig, gerieben* ‖ *verschlagen* ‖ *schlau* ‖ adv: **~amente**
asú pop = **así**
asuana *f* Pe *Gefäß* n *für chicha* (→ d)
asu|biadero *m Sant Unterschlupf* m *(bei Regen)* ‖ **–biarse** vr Sant *sich unterstellen (bei Regen)*
asubio adv: ◊ *estar* ~ Sant *Obdach gegen Regen haben*
asueto *m halber* od *ganzer Ferientag* m *der Schüler* ‖ *Ruhe-, Feier|stunde* f ‖ *día de* ~ *Ferientag* m ‖ *tarde de* ~ *schulfreier Nachmittag* m ‖ ◊ *dar* ~ *frei geben*
asumir vt *zu sich nehmen, sich aneignen* ‖ *auf-, über|nehmen* ‖ *ergreifen* ‖ ⟨Jur⟩ *vor eine höhere Instanz ziehen* ‖ ◊ ~ *responsabilidad die Verantwortung übernehmen, die Haftung übernehmen* ‖ ~ *una deuda* ⟨Jur⟩ *e-e Schuld übernehmen* ‖ ~ *el cumplimiento* ⟨Jur⟩ *die Erfüllung übernehmen* ‖ ~ *la defensa de un acusado* ⟨Jur⟩ *die Verteidigung e-s Angeklagten übernehmen* ‖ ~ *la garantía die Garantie übernehmen* ‖ ~ *el poder* ⟨Pol⟩ *die Macht ergreifen*
asun|ción *f Übernahme* f ‖ *Beförderung* f *zu einer sehr hohen Würde* ‖ ~ (cumulativa) *de deuda* ⟨Jur⟩ *(kumulative) Schuldübernahme* f, *Schuldbeitritt* m ‖ ~ *de cumplimiento* ⟨Jur⟩ *Erfüllungsübernahme* f ‖ ~ *privativa de deuda befreiende Schuldübernahme* f ‖ ⚹ *Fest* n *der Himmelfahrt Mariä* ‖ span. *Frauenname (Maria)* ‖ *Hauptstadt von Paraguay*
asuncionista *m Ordensgeistlicher* m *der Kongregation von Mariä Himmelfahrt, Assumptionist* m
asunto pp/irr *v.* **asumir** ‖ ~ *m Stoff, Gegenstand* m ‖ *Anlaß* m, *Veranlassung* f ‖ *Geschäft* n ‖ *Angelegenheit*, fam *Geschichte* f ‖ *Sache* f ‖ ⟨Lit⟩ *Thema* n ‖ *Idee* f, *Motiv* n *(eines Bildes)* ‖ ⟨Jur⟩ *Sache* f, *Verfahren* n ‖ ⚹: *Betr:, Betreff:, Betrifft:* ‖ ~ *de honor Ehren|sache* f, *-handel* m ‖ ~ *en cuestión die bewußte* (od *besagte) Angelegenheit* f ‖ ~ *judicial Rechtssache* f ‖ ~ *penal Strafsache* f ‖ ~ *principal Hauptsache* f ‖ ¡~ *concluido!* fam *und Schluß damit!* ‖ ~ *de negocios geschäftliche Angelegenheiten* fpl ‖ ◊ *dormir sobre algún* ~ figf *et gründlich untersuchen* ‖ *es un* ~ *de faldas* fam *das ist Frauensache* ‖ fam *das ist e-e Frauengeschichte* ‖ *tocar de cerca un* ~ fig *in einer Sache sehr bewandert sein* ‖ ~s *particulares Privatgeschäfte* npl ‖ ~s *no despachados Unerledigtes* n ‖ ~s *de la comunidad Angelegenheiten* fpl *der Gemeinschaft* ‖ ~s *de sucesión Erbschaftssachen* fpl ‖ ~s *exteriores auswärtige Angelegenheiten* fpl ‖ *Ministerio de* ⚹s *Exteriores Auswärtiges Amt* n ‖ *Ministro de* ⚹s *Exteriores Minister des Auswärtigen, Außenminister* m
asu|ra *f Unruhe, Angst* f ‖ **–rar** vt *anbrennen lassen (eine Speise)* ‖ **~se** *anbrennen (Speise)* ‖ *verdorren (Saaten)* ‖ fig *sich beunruhigen (por über)* ‖ = **asarse** ‖ Sant *durch den Südwind verdorren (Wiesen, Pflanzen)*
asurcano *adj/s grenzend (de an* acc*), Nachbar-* ‖ *Furchennachbar* m *(bei der Feldbestellung)*
asuso adv *nach oben, hinauf*
asus|tadizo *adj furchtsam, schreckhaft, scheu, ängstlich* ‖ **–tado** *adj erschrocken* ‖ Pe *zurückgeblieben (Kind)* ‖ **–tar** vt *erschrecken, ängstigen* ‖ fam *bange machen* (dat) ‖ ◊ *–ta bonita que está* fam *sie ist verdammt hübsch* ‖ **~se** *sich fürchten, sich ängstigen (vor* dat*)* ‖ ◊ ~ *de* (od *con, por) erschrecken über*
¹**ata** *f* [el] ⟨Bot⟩ *Zistrose* f (Cistus sp)
²**ata** *f* [el] Am *Kopf-, Trag|wulst* m
at.ª Abk = **atenta**
atabaca *f And* = **atarraga**
atabacado *adj tabakfarben* ‖ Bol = **empachado**
ata|bal *m maurische Kesselpauke* f ‖ *kleine Trommel* f ‖ *Tamburin* n ‖ *Pauken-, Trommel|schläger* m ‖ **–balear** vi *pauken* ‖ *trommeln* ‖ *mit den Vorderhufen stampfen (Pferde)* ‖ *mit dem Finger (auf den Tisch) trommeln* ‖ **–balero** *m Paukenschläger, Trommler* m
atabanado *adj:* caballo ~ *Schwarzschecke* m
atabe *m Luftloch* n *(Rohr)*
atabernado *adj:* vino ~ *Schankwein* m
ata|bladera *f flache Egge* f *(aus Holz)* ‖ **–blar** vt *eggen*
ataca|dera *f Stopfer,* ⟨Bgb⟩ *Pfropf* m *zum Verstopfen des Bohrloches* ‖ **–do** *adj* figf *kleinmütig, verzagt* ‖ *zaudernd, zögernd* ‖ fig *karg, filzig* ‖ **–dor** *m Angreifer* m ‖ *Pfeifenbesteck* n ‖ ⟨Mil⟩ *Kanonenstopfer, Ansetzer* m ‖ △ *Dolch* m ‖ ⟨Min⟩ *Stauchhammer* m ‖ ~ *de tender* ⟨Ing⟩ *Stemmeisen* n ‖ **–nte** *m Angreifer* m
atacar [c/qu] vt *angreifen* ‖ *an-, fest|binden, anschnüren ‖ zu|knöpfen, -schnüren ‖ anspannen (Zugtiere)* ‖ *einpressen* ‖ *eintreiben* ‖ *vollstopfen* ‖ ⟨Mil⟩ *(die Geschützladung) aufsetzen* ‖ ⟨Mil⟩ *angreifen* ‖ *anwandeln (Krankheit) befallen*

(Krankheit, Schlaf) || ⟨Chem⟩ *an|fressen, -greifen* || ⟨Mus⟩ *(einen Ton) ansetzen* || *(einen Gesang) anstimmen* || fig *in Angriff nehmen, anfangen* || fig *anfechten, bekämpfen* || fig *in die Enge treiben* || △ *erdolchen* || ◊ ~ *bien la plaza* fam *tüchtig zulangen (bei Tisch)* || ~ *con ácidos* ⟨Chem⟩ *ätzen* || ~ vi ⟨Mus⟩ *ansetzen* || ⟨Mus⟩ *ohne Unterbrechung weiterspielen* || figf *einhauen (tüchtig essen)* || ~*se sich zuknöpfen*
atáctico adj *unregelmäßig* || ⟨Chem⟩ *ataktisch (Polymer)*
atade|ras fpl fam *Strumpfbänder* npl || **-ro** *m Bindeband* n || *Bindering, Haken* m *(zum Festbinden)* || Mex *Strumpfband* n || fig *Verlegenheit* f, *Hindernis* n || ◊ *eso no tiene* ~ fig *das ist leeres Geschwätz, das ist völlig sinnlos*
ata|dijo *m* fam *unordentlich geschnürtes Bändelchen* n || *Ranzen* m || **-do** adj fig *verzagt* || *bestürzt* || *anhänglich* || ~ *m Bändel, Bund* m || *verschnürte Packung* f || fig *Feigling* m || fig *Tolpatsch* m || ~s *de tabaco* pl *Tabak* m *in Bündeln*
ata|dor *m Garbenbinder* m || ~**es** pl *Mützenbänder* npl *der Kinder* || **-dora** *f Binderin* · f || ⟨Agr⟩ *(Garben)Bindemaschine* f || ~ *de haces Garbenbinder* m || **-dura** *f Band* n || *Knoten* m || ⟨Chir⟩ *Binde* f, *Verband* m || *Bindung, Verschnürung* f || fig *Verbindung* f || fig *Zwang* m || ~s fpl *Fesseln* fpl (& fig) || *Gebundensein* n || *las dulces* ~s *del amor die zarten Bande der Liebe*
atafagar [g/gu] vt *betäuben* || fam *belästigen, löchern, aus dem Häuschen bringen*
atafea f *Übersättigung* f
atafetanado adj *taft|artig, -ähnlich*
atagatos *m* fam *Elender, Wicht* m
ataguía f *(Fluß)Wehr* n || *Dammbalken* m || *Spundwand* f, *Fangdamm* m || ⟨Tech⟩ *Achslagerstag* m || ~ *con cubrejuntas Stulpwand, überlappte Bretterwand* f || ~ *de doble pared Kasten-, Doppel|mauerfangdamm* m || ~**s** fpl ⟨Ing⟩ *Gründämme* mpl
ataharre *m Schwanz-, Keulen|riemen* m *(am Pferdegeschirr)*
atahona f = **tahona**
atahorma f ⟨V⟩ *(Eigentlicher) Schlangenadler* m (Circaetus gallicus)
ataire *m Fries* m *(an Tür od Fenster)*
ataja *m* Arg = **ataharre** || Cu *flüchtiger Täter* m
ataja|da f Chi *Nebenweg* m || **-dero** *m Mühlgerinne* n || **-dizo** *m Verschlag* m, *Scheidewand* f || *abgetrennter Raum* m
atajador *m* Mex Chi *Lasttiertreiber* m
atajar vt *abschneiden, (ver)sperren (Weg)* || *abdämmen (Wasser)* || fig *(im Reden) unterbrechen, jdm ins Wort fallen* || fig *zurück-, ab|halten (de von dat)* || fig *verkürzen* || *bezeichnen (Sätze, Worte, Stellen usw in e-m Text, die ausfallen sollen)* || fig *bezwingen* || fig *parieren (Fechten)* || ◊ ~ *el resuello a* Am *jdn abmurksen* || vi *einen kürzeren Seitenweg einschlagen* || ~*se vor Bestürzung verstummen, kleinlaut werden* || And *sich betrinken*
ataja|sangre *m* Col *eine Lianenart* f || **-solaces** *m* fam *Freudenstörer* m
atajo *m Richt-, Neben-, Seiten|weg* m || *Abkürzungsweg* m || *Abkürzung* f || Am *Viehherde* f || ~ *de bribones Haufe(n) Spitzbuben* npl || *Gaunerbande* f || ◊ *echar por el* ~, *tomar el* ~, *coger* ~**s** *den kürzesten Weg einschlagen, den Richtweg nehmen* (& fig || *no hay* ~ *sin trabajo ohne Fleiß kein Preis*
atalajar vt *an-, ein|spannen*
atalaje *m* ⟨Mil⟩ *Gespann* n || ⟨Metal⟩ *Gestell* n || figf *(Braut)Ausstattung, Aussteuer* f
atalanta f *Admiral* m *(Schmetterling)* (Vanessa atalanta)

¹**atalantar** vi *behagen, zusagen, gefallen* || *gelegen kommen*
²**atalantar** vt *betäuben*
atala|ya f *Warte* f, *Wartturm, Wachtturm, Luginsland, einsamer Hügel* m || *Aussichtsturm* m || ~ *m (Turm)Wächter* m || *e-e amerikanische Drossel* f || ~ *Dieb* m || **-yador** *m*/adj *Turmwächter* m || fig *Späher* m || **-yar** vt/i *erspähen* || *beobachten* || fig *spüren, spähen* || ~*se erspähen*
atalu|dadura f *Böschungshobel* m || *Böschungshobeln* n *(Tätigkeit)* || **-dar** vt *abdachen, böschen* || **-zar** vt = **ataludar**
atamán *m Ataman, Kosakenhetman* m
atamiento *m Verknüpfung* f || *Verpflichtung* f || fig *Kleinmut* m, *Befangenheit* f
atanasia f ⟨Bot⟩ *Rainfarn* m (Chrysanthemum [Tanacetum] vulgare) || ⟨Typ⟩ *Mittel* f *(Schriftgrad von 14 Punkten)*
Atanasio *m Atanasius* m
*****atanco** *Hindernis* n (→ **atranco**)
atanor *m Brunnenröhre* f || *Rinnsal* n || *Dränagerohr* n
atanquía f *Seidenwerg* n || *Flockseide* f || *Enthaarungssalbe* f *(aus Ätzkalk und Öl)*
ata|ñedero adj *betreffend, angehend* || **-ñer** vt Sal *(ein scheu gewordenes Tier) auf-, zurück|halten* || ~ vi def [nur 3. pers pres] *betreffen, angehen* || *en lo que atañe (od en lo atañente) a hinsichtlich* (gen) || *eso no me atañe das geht mich nichts an*
atapierna f *Strumpfband* m
atapuzar [z/c] vt Ven *vollstopfen* || *(be)laden*
ataque *m Angriff, Überfall* m || fig ⟨Mus⟩ *Ansatz* m || ⟨Chem⟩ *Ätzen* n || *Zerfressen* n || fig *Krankheitsanfall* m || *Streit* m || *Schlaganfall* m || *Anfall* m || ⟨Phon Mus⟩ *Einsatz* m || ~ *aéreo Luftangriff* m || ~ *a baja altura Tief(flieger)angriff* m || ~ *de diversión Ablenkungsangriff* m || ~ *de terror Terrorangriff* m || ~ *a la bayoneta Bajonettangriff* m || ~ *angular Schrägeeingriff* m *(e-s Getriebes)* || ~ *armado bewaffneter Angriff* m || ~ *con armas nucleares Kernwaffenangriff* m || ~ *de asma* ⟨Med⟩ *Asthmaanfall* m || ~ *de flanco Flankenangriff* m || ~ *de la costa (por el mar) Abbruch der Küste (durch das Meer)* || ~ *de la herramienta Schneideeingriff* m || ~ *de los insectos Insektenbefall* m || ~ *en picado Sturzkampfflugzeugangriff, Stuka-Angriff* m || ~ *envolvente Umfassungsangriff* m || ~ *fingido Scheinangriff* m, *Finte* f || ~ *frontal Frontalangriff* m || ~ *furioso Wutanfall* m || ~ *imprevisto Überfall* m || ~ *ininterrumpido rollender Angriff* m || ~ *de nervios Nervenanfall* m || ~ *nocturno Nachtangriff* m || ~ *por corrosión Korrosionsfraß* m || ~ *por revenido Anlaßätzung* f || ~ *por sorpresa Überraschungsangriff* m || ~ *químico Ätzung, chemische Einwirkung* f, *chemischer Angriff* m || *expuesto a* ~**s** *aéreos luftbedroht* || *línea de* ~ ⟨Sp⟩ *Stürmerreihe* f || *orden* f *de* ~ *Angriffsbefehl* m || *plan de* ~ *Angriffsplan* m || ◊ *desencadenar un* ~ *e-n Angriff ansetzen* || *pasar al* ~ *zum Angriff übergehen* || *preparar para el* ~ *zum Angriff bereitstellen* || *rechazar un* ~ *e-n Angriff abweisen (od abwehren)*
atar vt *(an-, ver-, zu)binden* || *zuknöpfen* || *anknüpfen* || *schnüren* || fig *hemmen, hindern* || ~ *las vides anbinden (Reben)* || ◊ ~ *de pies y manos an Händen und Füßen fesseln* || ~ *a un tronco an einen Baum binden* || ~ *corto a uno* figf *jdn im Zaume halten, jdn kurzhalten* || ~ *cabos* fig *folgern, Rückschlüsse ziehen,* fam *sich e-n Reim auf es* (acc) *machen* || *ni ata, ni desata* figf *er weiß sich keinen Rat* || *er hat nichts zu sagen* || ~*se sich verbinden* || fig *in Bestürzung geraten* || fig *verlegen werden* || ⟨Flugw⟩ *sich anschnallen*
ataráctico adj/s *ataraktisch, beruhigend* || ~ *m Ataraktikum* n

ataranta|do adj *von der Tarantel gestochen* || figf *unruhig, unstet* || *erstaunt* || *entsetzt* || fig *betäubt* || **-miento** m *Betäubung* f
atarantar vt *betäuben* || *außer Fassung bringen* || ~**se** *in Bestürzung geraten* || *die Ruhe verlieren* || Col Chi *übereilt handeln* || Guat Mex *sich beschwipsen*
atarascado adj fam *verrückt*
ataraxia f ⟨Philos⟩ *Seelen-, Gemüt|sruhe, Leidenschaftslosigkeit, Ataraxie* f || *Gleichmut* m || ⟨Med⟩ *Ataraxie* f
atarazana f *Schiffszeughaus* n || *Seilerwerkstatt* f || *Proviantmagazin* n || And *Weinniederlage* f
atarazar [z/c] vi *zerbeißen* (→ **tarazar**)
atardecer [-zc-] vi *Nachmittag werden* || *Abend werden* || *dämmern* || ~ m *Abenddämmerung* f || *Anbruch* m *der Nacht* || al ~ *am Abend, abends*
atareado adj *geschäftig* || *vielbeschäftigt* || ◊ estar muy ~ *sehr beschäftigt sein*
atarear vt *(mit Arbeit) überhäufen* || jdm e-e *Arbeit (auf)geben* || ~**se** *angestrengt arbeiten* || fam *schuften, sich abrackern* || ◊ ~ con *(od* en) *los negocios* eifrig s-n *Geschäften nachgehen*
atarjea f *bedeckte Abzugsrinne* f || Pe *Wasser|turm* m, *-werk* n || Am *Kabelkanal* m || ~ bufa *Zug-, Luft|loch* n *(Mauer)* || ~ tubular ⟨EB⟩ *Röhrendurchlaß* m
atarquinarse vr *sich beschmutzen*
atarraga f ⟨Bot⟩ *klebriges Flohkraut* n (Pulicaria sp)
atarragar vt Ven *festnageln* || Mex *sich vollessen, sich übersättigen*
atarra|ya f *Wurfgarn* n *der Fischer* || **-yar** Ec Pe *mit dem Wurfgarn fischen* || PR *aufgreifen, festnehmen*
ataru|gamiento m s v. **-gar** || **-gar** vt [g/gu] ⟨Zim⟩ *verpflöcken* || *spunden* || *einkeilen* || fig *vollstopfen* || *volladen* || fig *aus der Fassung bringen* || ~**se** figf *aus der Fassung geraten*, fig *sich volladen* || fam *sich verschlucken*, *verlegen schweigen* || ◊ se me atarugó en la garganta fig prov *(er, sie) liegt mir im Magen* || fig *die Sache liegt mir schwer im Magen*
atasa|jado adj fam *auf einem Pferd ausgestreckt liegend* || **-jar** vt *(Fleisch) in Stücke schneiden, zer|legen, -schneiden*
atasca|dero m *Kotpfütze* f || *Schlammloch* n, *in dem die Wagen steckenbleiben* || fig *Hemmung* f || fig *Hindernis* n || **-do** adj Murc *starrköpfig* || **-miento** m = **atasco** || ⟨Mil Tech⟩ *(Lade)Hemmung* f || ⟨Tech⟩ *Festfressen* n
atas|car [c/qu] vt ⟨Mar⟩ *kalfatern* || *zustopfen*, *zuspunden (Ritzen)* || *verstopfen (Löcher)* || fig *hemmen* || *Schwierigkeiten* fpl *machen* || ~**se** *sich verstopfen (Röhren)* || *sich (fest)klemmen, sich festpressen* || *sich in einen mißlichen Handel verwickeln* || *im Schlamm steckenbleiben* || *sich festfahren* || *sich verhaspeln* || ◊ ~ en el barro *im Kot steckenbleiben* || ~ de comida *sich überessen* || se le atascó la frase pop *er konnte nicht ausreden* || **-co** fig *Hindernis* n || *Verstopfung* f || *Verklemmung* f || *Verkehrsstauung* f || **-que** m = **atasco** || **-queria** f Murc *Starrköpfigkeit, Hartnäckigkeit* f || *Stauung* f
ataúd m *Sarg* m || *Leichenbahre* f || ◊ meter en ~ *einsargen*
ataudado adj *sarggähnlich*
atau|jia f *damaszierte Arbeit, Damaszierung* f || **-jiado** adj *tauschiert, damasziert*
ataviar [pres **-ío**] vt *putzen, schmücken* || ~**se** *sich putzen* || *sich herausstaffieren*, fam *sich herausputzen, sich auftakeln* || ◊ ~ con lo ajeno *sich mit fremden Federn schmücken*
atávico adj *atavistisch, rückgeartet* || *(ur)alt, patriarchalisch*
atavío m *Putz, Schmuck* m || *Kleid* n, *Kleidung* f || *Schmucksache* f || fam *Aufmachung* f
atavismo m *Ähnlichkeit* f *mit den Stammeltern, Atavismus* m, *Rückschlagbildung* f, *Rückschlag* m || por ~ *durch Vererbung*
atayotarse vr Pe *erbleichen, bleich werden*
ataxia f ⟨Med⟩ *Ataxie, Störung* f *der Bewegungskoordination* || ~ locomotriz ⟨Med⟩ *Rückenmarkschwindsucht* f
atediar vt *langweilen* || *anekeln, anwidern* || → **tedio, tedioso**
ate|ísmo m *Atheismus* m, *Gottlosigkeit, Gottleugnung* f || **-ista** = **ateo** || **-ístico** adj *atheistisch*
ateje m ⟨Bot⟩ e-e *Rauhblattbaumart* f (Cordia sp)
atejonarse vr Mex *sich ducken*
atelabo m ⟨Agr Entom⟩ *Rebstecher, Zigarrenwickler* m (Byctiscus betulae)
ataleje m ⟨Mil⟩ *Gespann* n, *Bespannung* f
atelec|tasis f ⟨Med⟩ *Atelektase* f || **-tático** adj *atelektatisch, vermindert lufthaltig*
atelia f ⟨Med⟩ *Atelie* f, *Fehlen* n *der Brustwarzen*
atembarse vr Col *verblüfft sein*
atemorizar [z/c] vr *einschüchtern* || *erschrecken* || ~**se** *erschrecken* (de, por *vor* dat)
atempa f Ast *Viehweide* f *in e-r Niederung*
atemperar vt *mäßigen, mildern* || *anpassen* || *richten* (a nach dat) || ~**se** *sich fügen*
atemporalado adj *Sturm-* || viento ~ *Sturmwind* m
atenacear vt *(mit Zangen) zwicken, packen* || *abkneifen* || fig *in die Enge treiben* || *quälen, peinigen*
Atenas f *Athen* n || ~ Castellana fig *Salamanca (span. Stadt)*
atena|zado adj *zangenähnlich* || **-zar** [z/c] vt = **-cear**
atención f *Aufmerksamkeit, Achtsamkeit, Achtung* f || *Höflichkeit, Zuvorkommenheit, Gefälligkeit* f || *Auffassungsvermögen* n || *Sorgfalt* f || *Bedienung, Wartung* f || digno de ~ *beachtenswert* || falta de ~ *Unaufmerksamkeit, Nachlässigkeit* f || falto de ~ *unaufmerksam* || en ~ a *mit Rücksicht auf* || ◊ llamar la ~ a algn *jdn zur Ordnung rufen* || llamar la ~ de algn *jdn aufmerksam machen* (sobre *auf* acc) || *Aufmerksamkeit erregen* || *aus dem Rahmen fallen* || poner ~ *aufpassen, achten* (en *auf* acc) || poner ~ en el trabajo *sorgfältig arbeiten* || prestar ~ *aufpassen* (a *auf* acc) || ¡~! *Achtung! Vorsicht!* || **-es** fpl *Beschäftigungen* fpl, *Geschäfte* npl || *Gebühren* fpl || *Verpflichtungen* fpl || ◊ deshacerse en ~ *überaus aufmerksam (od liebenswürdig) sein* || tener ~ con algn. *jdm gegenüber sehr zuvorkommend sein*
aten|dedor m ⟨Typ⟩ *Korrektor* m || **-dencia** f *Betreuung, Pflege* f || *Beachtung* f
aten|der [-ie-] vt *beachten, berücksichtigen* || *betreuen* || *bedienen* || *bedenken* || *warten, pflegen* || *sich kümmern* (a um acc) || *zuhören* (dat), *hören auf* (acc), *beachten* (acc) || *behandeln (Arzt)* || *abwarten, harren* || ⟨Typ⟩ *(Korrekturen) lesen* || ⟨Com⟩ *einlösen (Tratten)* || ◊ ~ a su subsistencia s-n *Lebensunterhalt bestreiten* || ~ a sus obligaciones s-n *Verpflichtungen nachkommen* || ~ los deseos de la clientela ⟨Com⟩ *den Wünschen der Kundschaft entgegenkommen* || ~ una letra *e-n Wechsel honorieren* || ~ un plazo *e-e Frist einhalten* || ~ vi *aufmerksam* || *aufpassen* || *achtgeben* (a *auf* acc) || *bedacht sein auf* (acc) || ¡atienda V.! *passen Sie auf!* || **-dible** adj *beachtlich* || **-dido** adj *beachtet, berücksichtigt* || *bedient* || Mex SAm *höflich, aufmerksam* || mal ~ *vernachlässigt, liederlich*
Atenea f ⟨Pallas⟩ *Athene* f
atenebrarse vr ⟨poet⟩ *sich verfinstern*
ateneísta m *Athenäumsmitglied* n

ateneo adj = **ateniense** ‖ ≙ m *Athenäum* n *(Gelehrtenverein)*
atenerse [atengo, atuve] vr: ~ a *sich halten an* (acc), *sich richten nach* (dat) ‖ ◊ ~ a la letra de la ley, ~ literalmente a la ley *sich an den Buchstaben des Gesetzes halten* ‖ ~ a lo seguro *auf sicherem Boden stehen* ‖ saber a qué ~ *auf dem laufenden sein* ‖ *mit sich im reinen sein* ‖ *wissen, woran man ist*
ateniense m/adj *Athener* m
atenorado adj: voz ~a *Tenorstimme* f
atenta|do adj *vorsichtig* ‖ *leise* ‖ *behutsam, besonnen* ‖ ~ m *Anschlag* m, *Freveltat* f, *Attentat* n ‖ *Rechtsbruch* m ‖ ~ a la propiedad *Eigentumsvergehen* n ‖ ~ contra el pudor *Sittlichkeitsvergehen* n ‖ ~ contra la vida de algn. *Anschlag* m *gegen jds Leben* ‖ *Mordversuch* m ‖ ~ contra la vida de un Jefe de Estado *Angriff* m *auf das Leben e-s Staatsoberhauptes* ‖ ~ contra la seguridad del Estado *Staatsgefährdung* f ‖ ~ contra las buenas costumbres *Verstoß* m *gegen die guten Sitten, Sittenwidrigkeit* f ‖ ~ de un cónyuge contra la vida del otro ⟨Jur⟩ *Lebensnachstellung* f ‖ **–dor** m *Attentäter* m
atentamente adv *aufmerksam, höflich* ‖ ~ suyo, le saluda ~ *mit vorzüglicher Hochachtung, hochachtungsvoll (Briefschluß)*
¹**atentar** vt/i *ein Attentat auf jdn begehen* ‖ *sich vergreifen an* (dat) ‖ *et gegen die bestehende Ordnung unternehmen* ‖ fig *verletzen* (acc) ‖ ◊ ~ contra alg. *jdm nach dem Leben trachten* ‖ ~ contra la vida de uno *jds Leben gefährden* ‖ ~ contra los fundamentos de la vida politica *die Grundlagen* fpl *des staatlichen Lebens angreifen* ‖ ~ contra las buenas costumbres *gegen die guten Sitten verstoßen*
²**atentar** vi Chi *(herum)tappen*
aten|tatorio adj *antastend, beeinträchtigend, verletzend* ‖ *frevelhaft* ‖ ◊ ~ contra la dignidad humana *menschenunwürdig* ‖ **–tismo** m gall *Attentismus* m, *Politik* f *des Abwartens* ‖ **–to** adj *aufmerksam, rücksichtsvoll* (con *gegen* acc, *zu jdm*) ‖ *sorgfältig* ‖ *ergeben (bes. in Briefen)* ‖ *achtsam* ‖ *höflich* ‖ adv: ~ a que in *Erwägung, daß* ‖ *mit Rücksicht darauf, daß* ‖ da ‖ **–tón** m Chi *Befühlen, Betasten* n
atenu|ación f *Verdünnung* f ‖ *Abschwächung* f ‖ *Milderung, Linderung* f ‖ ⟨Jur⟩ *mildernder Umstand* m ‖ ⟨El⟩ *Schwächung* f ‖ ⟨Phot⟩ *Vergilbung* f ‖ ~ residual ⟨Tel⟩ *Restdämpfung* f ‖ **–ado** adj *gedämpft, (ab)geschwächt* ‖ *verdünnt* ‖ **–dor** m ⟨El⟩ *Abschwächer* m ‖ ~ de potencial ⟨El⟩ *Potentialabschwächer* m ‖ ~ panorámico ⟨Ak⟩ *panoramischer Dämpfer* m ‖ ~ variable ⟨El⟩ *veränderlicher Abschwächer* m ‖ **–ante** m/adj ⟨Jur⟩ *mildernder Umstand* m ‖ adj *(straf)mildernd* ‖ **–ar** [pres -úo] vt *schwächen, mildern* ‖ *vermindern* ‖ *abklingen* ‖ ⟨Chem⟩ *verdünnen*
ateo adj *gottlos, atheistisch* ‖ ~ m *Atheist, Gottloser, Gottesleugner* m
ateperetarse vr *betäubt werden*
atepocate m Mex *Kaulquappe* f
atercianado adj *vom dreitägigen Wechselfieber befallen*
aterciopelado adj *samt|artig, -weich, plüschartig*
atere|cerse vr Sant = **aterirse** ‖ **–cido** adj Sant = **aterido**
aterillado adj *zerstoßen*
aterido adj *starr, erstarrt (vor Kälte)*
aterimiento m *Erstarren* n *(vor Frost)*
aterirse vr def *vor Kälte erstarren*
atérmano adj = **atérmico**
atérmico adj ⟨Phys⟩ *undurchlässig für Wärmestrahlen, wärmeundurchlässig, atherman*
atero m ⟨Bgb⟩ *Gehilfe* m *(der Wasser und Lebensmittel besorgt)*

ateroma m ⟨Med⟩ *Atherom* n, *Grützbeutel* m, *Haarbalggeschwulst* f ‖ **~tosis** f ⟨Med⟩ *Atheromatose, Arteriosklerose* f
aterosclerosis f ⟨Med⟩ *Atherosklerose, Arteriosklerose* f
aterrada f ⟨Mar⟩ *Landung* f ‖ ⟨Mar⟩ *Annäherung* f *an das Land* ‖ ⟨Mar⟩ *Ansteuerung* f
aterrador adj *erschreckend, schrecklich, bestürzend, niederschmetternd*
aterrajar vt *bohren (Gewinde)*
aterraje m ⟨Mar⟩ ⟨Flugw⟩ *Landung* f
aterramiento m *Niederwerfen* n ‖ *Schrecken* m, *Bestürzung* f ‖ *Verlandung* f *(Häfen, Seen)*
¹**aterrar** vt *bestürzen* ‖ *erschrecken, bestürzt machen* ‖ fig *entmutigen* ‖ *niederschmettern* ‖ **~se** *sich entsetzen*
²**aterrar** [-ie-] vt *zu Boden werfen, (um)stürzen* ‖ *zerstören* ‖ *mit Erde bedecken* ‖ *dicht über dem Boden führen (Sense usw)* ‖ ⟨Bgb⟩ *verschütten* ‖ *erden (Antenne)* ‖ ~ vi ⟨Mar Flugw⟩ *landen* ‖ ⟨Mar⟩ *sich dem Lande nähern* ‖ **~se** *(an)landen*
aterrear [-ie-] vt ⟨Bgb⟩ *(taubes Gestein) abkippen*
aterri|zaje m ⟨Flugw⟩ *Landung* f, *Landen* n ‖ ~ a ciegas *Blindlandung* f ‖ ~ con averia(s), ~ con daños *Bruchlandung* f ‖ ~ con mala visibilidad *Schlechtwetterlandung* f ‖ ~ contra viento *Gegenwindlandung* f ‖ ~ forzoso *Notlandung* f ‖ ~ intermedio *Zwischenlandung* f ‖ ~ nocturno *Nachtlandung* f ‖ ~ sobre tres puntos *Dreipunktlandung* f ‖ ~ ventral, ~ sobre panza *Bauchlandung* f, ‖ luz de ~ *Lande|feuer, -licht* n ‖ patín de ~ *Landekufe* f ‖ pista de ~ *Landebahn* f ‖ sistema de ~ por instrumentos *Instrumentenlandesystem* n ‖ tren de ~ *Fahrgestell* n ‖ zona de ~ *Landeraum* m ‖ **–zar** vi [z/c] *landen, niedergehen, aufsetzen (Flugzeug)* ‖ ◊ ~ corto *zu früh zur Landung ansetzen* ‖ ~ largo *über die Landungsstelle hinausschießen* ‖ ~ suavemente *glatt landen*
aterronar vt *Erdschollen, Klumpen zerteilen* ‖ **~se** *schollig werden* ‖ *gerinnen*
aterrorizar vt in *Schrecken versetzen, terrorisieren*
ateruro m ⟨Zool⟩ *Quastenstachler* m (Atherurus sp) *(Stachelschwein)*
atesar vi Cu *schnell davoneilen* ‖ vt ⟨Tech⟩ *(ver)steifen* ‖ Am *straffen*
ateso|ramiento m s v. **–rar** ‖ **–rar** vt *Schätze (an)sammeln, horten* (& fig) ‖ fig *in sich vereinigen (gute Eigenschaften)* ‖ *horten*
atesta|ción f *schriftliches Zeugnis, Attest* n, *Bescheinigung* f ‖ ⟨Jur⟩ *Zeugnis-, Zeugen|aussage* f ‖ **–do** adj *bockig, dickköpfig* ‖ ~ m *Zeugnis* n ‖ *Attest* n ‖ *Protokoll* n ‖ ◊ instruir el ~ ⟨Jur⟩ *den Tatbestand aufnehmen*
¹**atestar** [-ie-] vt *(an)füllen, vollstopfen* (de mit dat) ‖ figf *überhäufen* ‖ *nach-, auf|füllen (Wein)* ‖ **~se** figf *sich vollstopfen* ‖ *atestado de gente gedrängt voll (Raum)*, fam *gerammelt voll*
²**atestar** vt *(be)zeugen* ‖ *bescheinigen* ‖ ◊ venir atestando fam *fluchend und tobend kommen* ‖ fam *herumschimpfen*
atesti|guación f, **–guamiento** m ⟨Jur⟩ *Zeugenaussage* f ‖ **–guar** [gu/gü] vt *bezeugen* ‖ *bekunden* ‖ *bescheinigen* ‖ *attestieren*
ate|tado adj *zitzenförmig, brustwarzenähnlich* ‖ **–tar** vt *säugen (von Tieren), stillen*
atetillar vt *(Bäume) mit e-r Erdscheibe umgeben*
atetosis f ⟨Med⟩ *Athetose* f
ateuco m ⟨Entom⟩ *heiliger Pillen|käfer, -dreher* m (Scarabeus sacer) ‖ → **escarabajo**
ate|zado adj *(kohl)schwarz* ‖ *sonnenverbrannt (Haut)* ‖ *braun, dunkel (Gesichtsfarbe)* ‖ **–zamiento** m s v. **–zar** ‖ **–zar** [z/c] vt *schwärzen* ‖ **~se**

atiar — atolón 128

vr *bräunen (Haut)* ‖ *sich verfinstern* ‖ *schwarz werden*
△**atiar = así**
atibar vt *(mit Erde) zuschütten* ‖ Am *stauen*
atiborrar vt *(mit Flockwolle) ausstopfen* ‖ figf *voll|laden, -stopfen, -pfropfen (mit Essen)* ‖ ~**se** figf *sich vollessen, sich vollpumpen* (de *mit dat*)
atibumar vt Am *sättigen*
Ática *f* [el] *Attika* f
aticismo *m attisches Wesen* n ‖ *Attizismus* m, *feiner Geschmack* m *(im Ausdruck)*
ático adj *attisch, athenisch* ‖ *fein, geschmackvoll (Sprache, Ausdruck)* ‖ ~ *m attische Mundart* f ‖ ⟨Arch⟩ *Dachgeschoß* n ‖ *Attika* f ‖ ~ del oído ⟨An⟩ *Kuppelraum* m
atie|samiento *m Absteifung* f ‖ **–sar** vt *fest-, steif|machen, spannen, straffen* ‖ ~**se** *steif werden*
atifle *m irdener Dreifuß* m *(der Töpfer)*
atigrado adj *getigert* ‖ *caballo* ~ *Tiger* m, *Tigerpferd* n
atigronarse vr Ven *sich verschanzen*
atija|ra *f Belohnung, Vergütung* f ‖ *Ware* f ‖ *Handel* m ‖ *Fracht* f ‖ **–rero** *m Überbringer* m ‖ *Transporteur* m
Atila *m np Attila* m
atilda|do adj *nett, zierlich, sauber* ‖ *adrett* ‖ *heraus|geputzt, -staffiert* ‖ *elegant, tadellos gekleidet* ‖ **–dura** *f*, **–miento** *m Putz* m, *Nettigkeit, Zierlichkeit* f
atildar vt *(auf)putzen* ‖ *tadeln* ‖ ⟨Gr⟩ *mit Tilde versehen (Buchstaben)* ‖ ~**se** figf *sich (heraus)putzen*
ati|nado adj *richtig, triftig, treffend* ‖ ◊ *anda* ~ en ello *darin hat er recht* ‖ adv: ~**amente** ‖ **–nar** vt/i *treffen (beim Schießen)* ‖ *ausfindig machen* ‖ *finden* ‖ *et richtig erraten* ‖ *zufällig das Gesuchte finden* ‖ ◊ ~ al blanco *ins Ziel treffen* ‖ ~ (con) *richtig treffen, erraten* ‖ ~ a pasar *zufällig vorbeigehen*
atincar *m* ⟨Min⟩ *Borax, Tinkal* m
atincar vt Col *auf Glanz glätten*
atinente adj *betreffend, bezüglich, in Frage kommend*
atin|gencia *f Erlangung* f ‖ *Geschicklichkeit* f ‖ Mex *Verhältnis* n ‖ Mex *Treffsicherheit, Geschicklichkeit* f ‖ Pe *Pflicht* f ‖ **–gido** adj Chi *niedergeschlagen*
atiparse vr *sich vollessen*
atipia *f* ⟨Biol Med⟩ *Atypie, Regellosigkeit* f
atipicidad *f Abweichung f vom Typus, Unregelmäßigkeit* f ‖ ⟨Jur⟩ *Mangel m an Tatbestand*
atípico adj ⟨Biol Med⟩ *unregelmäßig, atypisch, vom Typus abweichend*
atip|lado adj: voz ~**a** *Diskantstimme* f ‖ △ **–lar** vi *sich beschwipsen* ‖ ~**se** ⟨Mus⟩ *zum Diskant übergehen* ‖ fig *pfeifend werden, versagen, umkippen (Stimme in Zorn)*
atipo *m* ⟨Zool⟩ *Tapezierspinne* f (Atypus spp)
atiputarse vr Col = **atiparse**
atirantar vt *straffen, straff spannen* ‖ *versteifen (mit Querbalken)*
atiriciarse vr *an Gelbsucht erkranken*
atis|badero *m Guck-, Schau|loch* n ‖ **–bador** *m Aufpasser, Späher* m ‖ **–badura** *f*, **–bamiento** *m*, **-**ba** *f Aufpassen, Lauern, Spähen* n ‖ **–bar** vt/i *aufpassen, (be)lauern* ‖ *aus-, er|spähen* ‖ *(aus)forschen* ‖ **–bo** *m Aufpassen, Spähen* n ‖ *(An)Schein* m ‖ *Anzeichen* n ‖ *Spur* f
atisuado adj *mit Gold* od *Silber durchwirkt* ‖ *gold-, silber|stoffähnlich*
atizacandiles adj/s *neugierig* ‖ *zudringlich* ‖ m/f *Naseweis* m ‖ *Hetzer* m
atiza|dero *m* Schür|haken m, -eisen n ‖ *Schürloch* n ‖ **–dor** *m* Stech-, Schür|eisen n, *Feuerhaken* m ‖ fig *(Auf)Hetzer* m, fam *Ohrenbläser* m ‖ ⟨Th⟩ *Lampenputzer* m ‖ **–dura** *f*, **–miento** *m*

Schüren n
atizar [z/c] vt/i *(an)schüren, stochern (Feuer)* ‖ *putzen (Licht)* ‖ fig *(auf)hetzen, anfachen* ‖ fig *schüren (Haß)* ‖ fig *versetzen (Schläge)* ‖ ◊ ¡atiza! fam *nanu! hört! was du nicht sagst!* ‖ le atizó un puntapié fam *er gab ihm e-n Fußtritt* ‖ ~**se** fam *sich herumbalgen* ‖ ~ un trago, ~ un lamparillazo figf *sich e-n hinter die Binde kippen*
atizonarse vr *brandig werden (Getreide)*
Atlante *m* ⟨Myth⟩ *Atlas* m *(Riese)*
atlante *m* ⟨Arch⟩ *Atlas, Gebälk-, Gesims|träger* m
atlántico adj *atlantisch* ‖ Océano ⪯ *der Atlantische Ozean* ‖ Carta del ⪯ *Atlantikcharta* f ‖ Pacto del ⪯ *Atlantikpakt* m ‖ provincia ~**a** ⟨Geol⟩ *Atlantische Provinz* f ‖ tamaño ~ ⟨Typ⟩ *Bogenformat* n
Atlántida *f Atlantis* f *(Fabelland)*
atlas *m Atlas* m, *Landkartensammlung* f ‖ ⟨An⟩ *Träger* m, *erstes Wirbelbein am Halse* ‖ ⟨Entom⟩ *Atlasfalter, Pappelspinner* m (Stilpnotia salicis) ‖ ⪯ *Atlas* m, *das Atlasgebirge* ‖ ⟨Myth⟩ *Atlas* m *(Riese)* ‖ ~ *anatómico anatomischer Atlas* m ‖ ~ de bolsillo *Taschenatlas* m ‖ ~ portátil *Handatlas* m
atleta *m Athlet* m ‖ *Athletiker* m ‖ fig *Riese* m ‖ fig *entschiedener Verteidiger* m
atlética *f Ringkunst* f
atlético adj *athletisch* ‖ fig *von starkem, kräftigem Körperbau* ‖ fig *sportlich*
atletismo *m Athletik* f ‖ *Turnen* n ‖ ~ (ligero) *Leichtathletik* f ‖ ~ pesado *Schwerathletik* f
atloideo adj ⟨An⟩ *Träger-*
at.^**mo** Abk = **atentísimo**
at|mometría *f Verdunstungsmessung* f ‖ **–mómetro** *m Atmometer* m/n, *Verdunstungsmesser* m
atmólisis *f* ⟨Chem⟩ *Atmolyse* f
atmósfera *f Atmosphäre* f, *Luft-, Dunst|kreis* m ‖ ⟨Phys⟩ *Atmosphäre* f ‖ fig *Luft, Atmosphäre* f ‖ fig *Wirkungs|kreis* m, *-sphäre* f ‖ fig *Stimmung* f ‖ fig *Umgebung* f ‖ fig *Umwelt* f ‖ *(Höhen)Luft* f ‖ ~ de corrupción fig *verdorbene Umgebung* f
atmosférico adj *atmosphärisch* ‖ estado ~ *Wetterlage* f ‖ presión ~**a** *Luftdruck* m ‖ perturbaciones ~**as** *atmosphärische Störungen* fpl
atoar vt ⟨Mar⟩ *schleppen* ‖ *bugsieren* ‖ *warpen* ‖ *verholen* ‖ *treideln*
atoba *f* Murc *Luftziegel, Lehmstein* m (→ a **adobe**)
atocia *f* ⟨Med⟩ *Atokie, Unfruchtbarkeit* f *der Frau*
atoci|nado adj figf *speckig, feist (Person)* ‖ **–nar** vt figf *meuchlerisch ermorden* ‖ pop *abmurksen* ‖ ~**se** figf *aus der Haut fahren* ‖ figf *sich sterblich verlieben*
atocle *m* Mex *fruchtbarer Boden* m
ato|cha *f* ⟨Bot⟩ *Esparto(gras), Pfriemengras* n ‖ ⟨Bot⟩ span. *Ginster* m ‖ **–chado** adj *Sant verdummt, verblödet* (→ **tocho**) ‖ **–chal** *m Espartofeld* n ‖ **–char** *m (mit Espartogras) füllen* ‖ *(aus)polstern* ‖ ⟨Mar⟩ *gegen den Mast wehen (Segel)* ‖ ~**se** vr ⟨Mar⟩ *sich verklemmen* ‖ Sant *ver|dummen, -blöden* ‖ **–chón** *m Esparto|rohr, -gras* n
atojar vt Cu *hetzen, reizen (Tiere)*
atol *m* Cu Guat Ven = **atole**
ato|le *m Atolli* n *(mex. Gericht aus Maismehl, Milch und Zucker)* ‖ *Getränk* n *aus geraspelter Yucca* ‖ Mex *(Art) Volkstanz* m ‖ Mex *(Art) Volkslied* n ‖ ◊ con el dedo a uno Mex fig *jdn an der Nase herumführen* ‖ **–lería** *f Atolliverkauf* m ‖ *Atolliausschank* m ‖ **–lillo** *m* CR Hond *Brei* m *aus Maismehl, Eiern und Zucker* ‖ Mex *(Art) Atolli* m *für Kinder und Kranke* ‖ ~**s** mpl Am *harntreibender Trank* m
atolón *m Atoll* n, *ringförmige Koralleninsel* f

atolon|drado vt *leichtfertig* ‖ *unbesonnen, leichtsinnig* ‖ *unvernünftig* ‖ *übereilt* ‖ *unvorsichtig* ‖ adv: ~**amente** ‖ **–dramiento** m *Betäubung, Verwirrung* f ‖ fig *Unbesonnenheit* f ‖ *Übereilung* f ‖ **–drar** vt *betäuben* ‖ *in Verwirrung bringen, verwirren* ‖ ~**se** *betäubt werden* ‖ *in Verwirrung geraten*
atolladal, atolladar m Extr = **atolladero**
atolladero m *Pfütze, Sumpfläche* f ‖ fig *Patsche* f ‖ fig *Verlegenheit* f ‖ ◊ *sacar del* ~ figf *aus der Patsche ziehen*
atollarse vt *steckenbleiben* (en *in*), *sich festfahren* (& fig) ‖ figf *in Verlegenheit geraten* ‖ *sich in e–e unangenehme Sache zu sehr einlassen*
atomicidad f *Valenz, Wertigkeit* f ‖ *Zahl* f *der Atome e–s Moleküls* ‖ *Atomizität* f
atómico adj *atomar* ‖ *Atom-, Kern-* ‖ *armamento* ~ *Kernwaffen* fpl, *Atombewaffnung* f ‖ *ataque* ~ *Atombombenangriff* m ‖ *bomba* ~a *Atombombe* f ‖ *central* ~a *Atomkraftwerk* n ‖ *club* ~ *fam Atomklub* m ‖ *Comisión de (la) energía* ~a *Atomenergiekommission* f ‖ *Comunidad Europea de (la) Energía* ~a *Europäische Atomgemeinschaft* f *(Euratom)* ‖ *control* ~ *Atomkontrolle* f ‖ *desintegración* ~a *Kern|zerfall* m, *-zertrümmerung* f ‖ *Atomspaltung* f ‖ *energía* ~a *Atomenergie* f ‖ *era* ~a *Atomzeitalter* n ‖ *espectro* ~ *Atomspektrum* n ‖ *experiencia* ~a *Atomversuch* m ‖ *centro de experiencias* ~as *Atomversuchsgelände* n ‖ *fisión* ~a *Kernspaltung* f ‖ *masa* ~a *Atommasse* f ‖ *núcleo* ~ *Atomkern* m ‖ *peso* ~ *Atomgewicht* n ‖ *pila* ~a, *reactor* ~ *Atom|reaktor, -meiler* m ‖ *polvo* ~ *Atomstaub* m ‖ *propulsión* ~a *Atomantrieb* m ‖ *proyectil* ~ *Atomgeschoß* n ‖ *submarino* ~ *Atom-U-Boot* n ‖ *transmutación* ~a *Atomumwandlung* f ‖ *tratado de no proliferación de armas* ~as *Atomsperrvertrag* m ‖ → a **nuclear**
ato|mismo m ⟨Philos⟩ *Atomismus* m ‖ **–mística** f *Atomlehre, Atomistik* f ‖ ⟨Philos⟩ *Atomismus* m ‖ **–mista** m *Atom|forscher, Atomist* m ‖ ~**místico** adj *atomistisch* ‖ **–mización** f *Atomisierung* f ‖ *Sprühen, Nebeln* n ‖ **–mizador** m *Nebelgerät* n, *Nebler* m ‖ *Schaumnebelspritzer* m ‖ *Sprühgerät* n ‖ *Zerstäuber, Spray* m ‖ ~**mizar** vt *atomisieren, in Atome auflösen* (& fig) ‖ *zerstäuben* ‖ *sprühen, nebeln*
átomo m *Atom* n ‖ ~ *de Bohr Bohrsches Atommodell* n ‖ ~ *de impureza Stör(stellen)-, Fremd|atom* n ‖ ~ *excitado angeregtes Atom* n ‖ ~ *fisil spaltbares Atom* n ‖ ~**-gramo** m *Grammatom* n ‖ ~ *mesónico mesonisches Atom* n ‖ ~ *muy excitado heißes Atom, hochangeregtes Atom* n ‖ ~ *nuclear hochionisiertes Atom* n ‖ ~ *padre Mutter-, Ausgangs|atom* n ‖ ~ *pesado schweres Atom* n ‖ *polarizabilidad del* ~ *Polarisierbarkeit* f *e–s Atoms* ‖ *ni un* ~ fig *nicht eine Spur*
atona f *Schaf* n, *das ein fremdes Lamm säugt*
ato|nal adj *atonal* ‖ *música* ~ *atonale Musik* f ‖ **–nalidad** f *Atonalität* f ‖ **–nalista** m *Atonalist* m
atonía f ⟨Med⟩ *Atonie, Abgespanntheit, Schlaffheit, Erschlaffung* f ‖ ~ *cardíaca Herzschlaffheit* f ‖ ~ *fecal Stuhlträgheit* f ‖ ~ *gástrica Magenatonie* f ‖ ~ *intestinal Darmatonie* f ‖ ~ *muscular Muskelerschlaffung* f
atonicidad f ⟨Med⟩ *Attonität, Bewegungslosigkeit* f
atónico adj ⟨Med⟩ *atonisch, abgespannt, erschlafft* ‖ ⟨Gr⟩ *unbetont, tonlos*
atónito adj *erstaunt, bestürzt, verblüfft, verdutzt*
átono adj ⟨Gr⟩ *unbetont, tonlos*
aton|tado adj *dumm, albern* ‖ *verdutzt* ‖ *benommen* ‖ **–tamiento** m *Betäubung* f ‖ *Benommenheit* f ‖ *Dummheit* f ‖ **–tar** vt *betäuben* ‖ *dumm* (*fam verdreht*) *machen* ‖ ~**se** *verdutzt werden* ‖

einfältig (od *kindisch*) *werden, verdummen* ‖ **–tolinar** vt fam = **–tar**
atopadizo adj Ast *gemütlich* ‖ *stark besucht, beliebt (Ort)*
atoque m Ar *Schmuck, Putz* m
atoquillado adj *haubenartig*
atorar vt *in Scheite spalten (Holz)* ‖ *verstopfen*
atorarse vr *steckenbleiben (im Schlamm usw)* ‖ *in der Kehle zurückbleiben (Gräte)* ‖ *sich verschlucken*
atormentar vt *foltern, peinigen* ‖ fig *plagen, quälen* ‖ *belästigen* ‖ *jdm auf die Nerven gehen* ‖ ~**se** *sich ängstigen*
atornasolado adj Col Chi = **tornasolado**
atorni|llador m *Schrauben|dreher, -zieher* m ‖ **–llar** vt *(fest)schrauben, zu(sammen)schrauben* ‖ *an-, ein|schrauben*
atoro m Chi *Hindernis* n ‖ *Bedrängung* f
atorozonarse vr *an Darmentzündung erkranken (Pferde)*
atorrante m Arg *Müßiggänger, Taugenichts* m ‖ fam *Pennbruder* m
atorrar vi Arg *umherstrolchen, herumlungern*
atortajar vt Arg = **atortujar**
atorto|lado adj *turteltaubenähnlich* ‖ **–lar** vt fam *einschüchtern* ‖ *verwirren* ‖ ~**se** fam *sich verlieben*
atortujar, atortillar vt *platt zusammendrücken*
atorunarse vr Chi Ur *mürrisch werden*
atosi|gamiento m fig *Quälerei, Belästigung* f ‖ **–gar** [g/gu] vt *vergiften* ‖ fig *plagen, quälen* ‖ *hetzen, drängen, treiben* ‖ *verfolgen* ‖ *in jdn dringen*
atotumarse vr Col *betäubt werden*
atóxico adj *giftfrei, ungiftig*
atraban|cado adj Ven *verschuldet* ‖ Mex *triebhaft handelnd, unbesonnen* ‖ **–car** vt/i *Hindernisse* npl *überwinden*
atrabanco m fam *Pfuscherei* f ‖ Cu Dom *Hindernis* n
atrabiliario adj *gallensüchtig* ‖ fam *griesgrämig* ‖ *reizbar*
atrabilis f ⟨Med⟩ *Gallensucht* f ‖ ⟨Med⟩ *schwarzgallige Flüssigkeit* f ‖ fig *Griesgrämigkeit* f
atraca|da f ⟨Mar⟩ *Anlegen* n, *Landung* f *an der Pier* ‖ Cu Mex *Magenüberladung* f ‖ Cu Pe *Streit, Zank* m ‖ **–dero** m ⟨Mar⟩ *Landungs-, Anlege|platz* m, *Pier* f ‖ **–dor** m *Straßenräuber* m
atracar [c/qu] vt/i ⟨Mar⟩ *anlegen, festmachen* ‖ ⟨Mar⟩ *längsseits holen* ‖ *Lebensmittel* f ‖ ⟨Mar⟩ *entern* ‖ *annähern, näher rücken an* (acc) ‖ *jdn (auf der Straße) an-, über|fallen* ‖ fam *jdn vollstopfen, überladen* ‖ *fam hetzen, hetzen* ‖ Arg Chi *prügeln* ‖ ~! ⟨Mar⟩ *längsseits kommen!* ‖ ◊ ~ *a un buque ein Schiff überfahren* ‖ ~ *un buque ein Schiff entern* ‖ ~ *con bichero* ⟨Mar⟩ *staken* ‖ ~**se** *sich nähern (Fahrzeug)* ‖ *sich (den Magen) überladen (de mit dat)*
atracción f *Anziehung* f ‖ *Zugkraft* f ‖ fig *Sehenswürdigkeit* f ‖ fig *Reiz* m ‖ *Anziehungskraft* f ‖ ⟨Gr⟩ *Lautassimilation* f ‖ fig *Glanznummer* f ‖ ~ *capilar Kapillarität* f ‖ ~ *local örtliche Vergnügungen und Sehenswürdigkeiten* fpl ‖ ~ ⟨Top⟩ *Ortsanziehung* f ‖ ~ *terrestre Erdanziehung* f ‖ *Sociedad de* ~ *de Forasteros Fremdenverkehrsverein* m ‖ ~ *de personal de otras empresas Abwerbung* f ‖ ~ *de la tierra Erd|anziehungskraft, -schwere* f ‖ ◊ *ejercer* ~ *sobre algn.* fig *jdn anziehen* ‖ **–es** pl *Varieté-, Kabarett|vorstellung* f ‖ *parque de* ~ *Vergnügungspark* m ‖ fam *Rummelplatz* m
atra|co m *(Raub)Überfall* m ‖ **–cón** m *Überladung* f *des Magens* ‖ Chi *starker Stoß* m ‖ Am ⟨Mar⟩ *Landung* f *an der Pier* ‖ ◊ *darse un* ~ fam *sich überladen (de mit dat)*
atractivo adj *anziehend, reizend* ‖ *scharmant* ‖

attraktiv || **fuerza** ~a *f Zugkraft* f || *Anziehungskraft* f || ~ *m Anziehungsmittel* n || *Lockmittel* n || *(Lieb)Reiz* m || *Scharm* m
atractriz adj ⟨Phys⟩ *anziehend*
atraer (atraigo, atraje) vt *anziehen, an sich ziehen* || *anziehen (Magnet)* || *herbeiziehen* || fig *verursachen* || fig *herbeiwünschen (Rache usw)* || fig *(herbei)locken* || fig *gewinnen, sich verschaffen* || fig *für sich einnehmen, gewinnen* || ◊ ~ a algn. *por medio de promesas jdn durch Versprechungen ködern* || ~ a la gente *zugkräftig sein, ziehen (Ware)* || **~se** fig *sich gegenseitig gefallen*
atrafa|gado adj *mit Geschäften überhäuft* || **-gar** vi *sich abmühen* || *ermüden*
atragan|tamiento m *Verschlucken* n || **-tar** vt fig *jdn plagen, jdm zusetzen* || **~se** *sich verschlucken* || fig *in der Rede steckenbleiben* || *sich abrackern, schuften* || ◊ ~ con una espina *sich an e-r Gräte verschlucken* || Fulano se me atraganta figf *ich kann Herrn Soundso nicht ausstehen (pop nicht verknusen)* || se le atragantan las matemáticas figf *er hat keine Ader für die Mathematik*
atraigo → **atraer**
atraillar vt *zusammen-, an|koppeln* || *verfolgen (Wild)* || fig *bändigen*
atraimiento m *Anziehung* f || fig *Lockung* f
atraje → **atraer**
atramentar vt ⟨Tech⟩ *atramentieren (zur Verhütung von Korrosion und Rostbildung)*
atramojar vt Col → **atraillar**
atramparse vr *in e-e Falle, Schlinge geraten* || *sich verstopfen (Röhre)* || *zu|springen, -schnappen (Türschloß)* || figf *in Verlegenheit geraten* || figf *sich verbrennen*
atranca|dura f, **~miento** m s v. ¹**atrancar**
¹**atrancar** [c/qu] vt *verrammeln, verriegeln* || *verstopfen (Röhre)* || **~se** *sich verriegeln* || ⟨Tech⟩ *sich festfressen* || ◊ ~ en el lodo *im Schlamm stekkenbleiben*
²**atrancar** [c/qu] vt *überspringen, überfliegen (beim Lesen)* || ~ vi fam *große, weite Schritte machen*
atranco, atranque m *Verstopfung e-r Röhre* || *Hindernis* n || fam *Patsche* f
atrapamoscas m *Fliegenfalle* f || ⟨Bot⟩ *Sonnentau* m (Drosera) || ⟨V⟩ → **papamoscas**
atrapañar vt Ar *in e-n Hohlsaum einziehen* || fig *sich schnell vom Halse schaffen*
atrapaondas m ⟨Radio⟩ *Wellenfänger* m
atrapar vt fam *einholen, erwischen* || fam *packen, festnehmen* || fam *ergattern* || figf *einwickeln* || *erreichen, durchsetzen* || figf *jdn foppen* || ⟨Radio⟩ *fangen (Wellen)*
atraque m ⟨Mar⟩ *Anlegen* n, *Landung* f *an der Pier* || ~ de un puente *Brückenpfeiler* m
atrás adv *(nach) hinten, rückwärts* || *zurück* || *vorher, früher* || *weiter vorn, früher (in e-m Buche)* || años ~ vor (einigen) *Jahren* || de ~, por ~ von hinten || ◊ hacerse ~ *zurücktreten* || la cosa viene de ~ figf *die Sache hat tiefere Wurzeln* || echar ~ *Am sich rückwärts bewegen* || echarse ~ el pelo *sich das (fallende) Haar hinaufschlagen* || hacerse ~ *rückwärts gehen* || quedarse ~ *zurückbleiben, nicht vorwärtskommen, nicht mitkommen* || fig *et nicht vollkommen verstehen* || volverse ~ fig *sein Wort zurücknehmen, brechen* || ¡vuelva V. ~! *kehren Sie um!* || ¡~! *zurück! zurücktreten!* || ⟨Mil⟩ *kehrt!* || ¡~ a todo vapor! ¡~ a toda máquina! *Volldampf* m *zurück!*
atrasado adj *zurückgeblieben* || *rückständig* || *verschuldet* || *alt, veraltet* || ~ de noticias *der et längst Bekanntes noch nicht weiß*, figf *hinter dem Mond lebend* || de moda ~ *altmodisch (Kleid)* || pagos ~s *ausstehende Zahlungen* fpl || ◊ andar ~, ir ~, estar ~ *nachgehen (Uhr)* ||

|| estar ~ con los pagos *mit der Zahlung im Rückstand sein*
atrasar vt *auf-, hinaus|schieben* || *in Rückstand, in Verzug bringen* || *verlangsamen, verzögern* || *zurückstellen (e–e Uhr)* || *zurück|setzen (Datum), -datieren* || *am Vorwärtskommen hindern* || fig *aufhalten, hemmen* || ~ vi *im Rückstande sein* || *nachgehen (Uhr) (& vr)* || **~se** *zurückbleiben, sich verspäten* || Arg Col *Schaden nehmen (Gesundheit)* || *Verlust erleiden (Geld)* || Col Chi *zurückbleiben (Entwicklung)* || Chi *erkranken* || *sich verletzen*
atraso m *Zurückbleiben* n || *Verspätung* f || *Aufschub* m || *Rückstand* m *e–r Zahlung* || *Rückgang* m *(& fig)* || *Rückständigkeit* f || ◊ el tren lleva ~ (od llega con ~) *der Zug hat Verspätung* || **~s** mpl *Rückstände* mpl || *Außenstände* mpl || cobrar ~ ⟨Com⟩ *Rückstände* mpl *einziehen*
atravesado adj *schräg, quer* || *ein wenig schielend (Blick)* || *quersehend* || *verdreht (Augen)* || fig *falsch, heimtückisch* || *gekreuzt (Tier)* || ◊ fam *tener a algn.* ~ (en la garganta) *jdn nicht ausstehen (pop verknusen) können* || ~ de una bala *von e–r Kugel durchbohrt* || ~ *m And Mulatte* m || *Mestize* m || *Bastard* m *(Tier)*
atravesar [-ie] vt/i *durch|fahren, -queren, -kreuzen, -fliegen, -fließen* || *über|schreiten, -queren* || *quer über den Weg legen* || *gehen, führen (a durch, über et)* || *hindurch-, hinüber|gehen* || *über e–n Fluß setzen* || *fahren über* (acc) || *in dei Quere legen (Balken)* || *(e–n Bissen) herunterschlucken* || *jdm in die Rede fallen* || *durchbohren, durchstechen* || *durchschießen* || ⟨Kart⟩ *ein|setzen, -stechen, wetten* || fam *täuschen, blenden* || fam *hamstern* || ⟨Mar⟩ *bei|legen, -drehen* || fig *durchkreuzen, vereiteln (Plan)* || *durchmachen (Krise)* || ◊ ~ 100 pesetas *um 100 Pesetas (im Spiel) wetten* || ~ el pie *die Füße übereinanderschlagen, kreuzen* || ~ la calzada *die Fahrbahn überschreiten (od überqueren)* || ~ una viga *e–n Balken einziehen* || las circunstancias por que atraviesa el comercio *die jetzige Lage des Handels* || la industria atraviesa una crisis espantosa *die Industrie steht in e–r furchtbaren Krise* || no poder ~ a una persona fig *jdn nicht ausstehen können* || **~se** *jdm in die Quere kommen* || fig *im Halse steckenbleiben (z.B. Gräte, Worte)* || fig *in die Rede fallen* || fig *sich in ein Geschäft einmischen* || *in Streit geraten* || *(um)gesetzt werden (Geld im Spiel)* || ⟨Mar⟩ *anluven* || ◊ ~sele a uno alg. figf *jdn nicht ausstehen können* || ~sele a uno un nudo en la garganta figf *vor Schrecken usw nicht reden können* || se le atraviesan las palabras *er stockt in der Rede (vor Angst usw)* || fam *er hat e–n Kloß im Halse*
atravieso m Chi *Hügel* m || *Bergsattel* m || *Einsatz* m *(im Spiel)*
atrayente adj *anziehend* || *(ver)lockend* || *attraktiv*
atrazar [z/c] vt Ar *durch Ränke (od Intrigen) zuwege bringen*
atraznalar vt Ar = **atresnalar**
atrecista m *Dekorationsmaler* m || ⟨Th⟩ *Regisseur* m
atrecho m PR *Pfad* m || *Steilhang* m
atre|guado adj *mondsüchtig, lunatisch* || *grillenhaft* || →a **atreguar** || **-guar** vt *e–n Aufschub, e–e Atempause gewähren*
atremia f ⟨Med⟩ *Atremie* f
atrendar vt Ar *in Erbpacht* f *geben*
atrenzo m Am *mißliche Lage*, fig *Klemme* f
atrepsia f ⟨Med⟩ *Athrepsie, Atrophie* f *der Säuglinge*
atresia f ⟨Med⟩ *Atresie, Verschlußbildung* f || ~ anal *Afterverschluß* m || ~ cervical *Gynatresie* f || ~ del himen *Gynatresie* f *mit Unperforier-*

barkeit des Hymens || ~ **tricuspidea** *Trikuspidalatresie* f || ~ **vaginal** *Verschluß* m *der weiblichen Scheide*
atresnalar vt ⟨Agr⟩ *(die Garben) aufschichten*
atrever vt *ermutigen* || **~se** *sich erdreisten* || *keck werden* || *wagen* || ◊ ~ a (inf) *(es) wagen zu* (inf) || ~*a a. sich an et* (acc) *heranwagen* || *con alg. sich an jdn heranwagen* || *mit jdm anbinden* || ~ a *protestar zu protestieren wagen* || ~ *con todo el mundo* fam *es mit jedem aufnehmen* || *no me atrevo a afirmarlo das möchte ich nicht behaupten* || *no* ~ *sich nicht (ge)trauen, (es) nicht wagen (et zu tun)* || *si puedo atreverme a decirlo wenn ich so sagen darf*
atrevi|do adj/s *dreist, keck, kühn* || *gewagt, heikel (Theaterstück usw)* || *verwegen* || *riskant* || *wagemutig* || Arg *unverschämt* || adv: **~amente** || **–miento** m *Kühnheit* f || *Dreistigkeit, Unverschämtheit* f || *Verwegenheit* f
atrez(z)o m it ⟨Th⟩ *Ausstattung* f
atri|bución f *Beimessung, Zurechnung* f || *Zuwendung* f || *Zuteilung* f || *Aufbürdung* f || *Verleihung* f *(Preis)* || *Vergebung* f *(Arbeiten)* || *Befugnis, Kompetenz* f || *Geschäftskreis* m, *Wirkungsfeld* n || *Zumutung* f || **–buciones** fpl *Befugnisse, Kompetenzen* fpl || *Aufgabenkreis* m || *Amtsgewalt* f || *Zuständigkeitsbereich* m || *Wirkungsfeld* n || *Geschäftskreis* m || *conflicto de* ~ *Zuständigkeitsstreit* m || *Kompetenzkonflikt* m || *esto sobrepasa mis* ~ *dafür bin ich nicht zuständig* || *por* ~ *zuständigkeitshalber* || **–buir** [-uy] vt *er-, zu|teilen* || *verleihen* || *zuerkennen, zusprechen* || *zuschreiben, bei|messen, -legen* || *zuschieben (Schuld)* || *zumuten* || *jdn et aufbürden, jdn anschuldigen* || *vergeben (Arbeit)* || ◊ ~ a *algn. un cargo jdm ein Amt übertragen* || ~ fe *Glauben beimessen* || *debemos* ~lo *a un error de cuenta wir müssen es einem Rechenfehler zuschreiben* || ~**se** *sich anmaßen (Recht)*
atribu|lación f = **tribulación** f || **–lado** adj *betrübt* || *angstvoll* || **–lar** vt *Kummer, Sorge machen* || *betrüben* || ~**se** *sich betrüben*
atribu|tivo adj *beilegend, zueignend* || ⟨Gr⟩ *attributiv* || **–to** m *Attribut* n, *Eigenschaft* f || *(Kenn)Zeichen, Merkmal* n || *Sinnbild* n || ⟨Gr⟩ *Attribut* n, *Beifügung* f || *Titel* m || ~s *típicos del delito* ⟨Jur⟩ *Tatbestandsmerkmale* npl
atri|ción f *Zerknirschung, bittere Reue* f || ⟨Med⟩ *Quetschwunde* f || **–cionismo** m ⟨Rel⟩ *Attritionismus* m
atricomia f ⟨Med⟩ *Haarausfall* m
atricosis f ⟨Med⟩ *Atrichie, Atrichose, Haarlosigkeit* f
atril m *(Schreib-, Lese-) Pult* n || *(Noten)Pult* n, *Notenständer* m || ⟨Typ⟩ *Manuskripthalter* m
atrillar vt *(aus)dreschen* || fig *züchtigen*
atrincarse vr Mex *sich versteifen (en auf* acc) || △ Mex *stehlen* || *atrincárselas* fam Mex *sich betrinken*
atrinche|rado adj fig *fest auf seiner Meinung beharrend* || *campo* ~ *verschanztes Lager* n || **–ramiento** m ⟨Mil⟩ *Verschanzung* f || *Schanze* f || **–rar** vt ⟨Mil⟩ *verschanzen* || **–rarse** vr ⟨Mil⟩ *sich verschanzen, sich eingraben* || *hartnäckig bestehen (en auf* dat)
atrinchilar vt Am *in die Enge treiben*
atrio m *Atrium* n, *Innenhof* m || *Vorhalle* f *e-s Gebäudes* || *Vorhof* m *(e-r Kirche)* || *Vordach* n *(vor dem Einfahrtstor der Haustür)* || *Diele* f || ⟨An Zool⟩ *Herzvorhof* m || ~ *genital* ⟨Zool⟩ *genitales Atrium* n || ~-**ventricular** → **auriculoventricular**
atrípedo adj ⟨Zool Poet⟩ *schwarzfüßig*
atri|quia, –quiasis f = **atricosis**
atriquinarse vr Col *sich erniedrigen*
atrirrostro adj ⟨V⟩ *schwarzschnäb(e)lig*
atrito adj *zerknirscht, reumütig*

atrocidad f *Scheußlichkeit, Grausamkeit* f, *Greuel* m || fam *Unmenge* f, *Übermaß* n || ¡qué ~! fam *unerhört! was Sie (nicht) sagen!* || ◊ *decir* ~es fpl *die unglaublichsten Dinge sagen* || *hacer* ~es *die unerhörtesten Dinge tun*
atrochar vi *auf e–m Pfad gehen*
atro|fia f ⟨Med⟩ *Atrophie* f, *Schwund* m, *Verkümmerung* f || ~ *adiposa Fettschwund* m || ~ *celular Zellschwund* m || ~ *cerebral Hirnatrophie* f || ~ *gástrica Schrumpfmagen* m || ~ *muscular Muskelschwund* m || ~ *óptica Sehnerven|schwund* m, -*atrophie* f || ~ *senil Altersschwund* m || ~ *xeroftálmica Bindehautvertrocknung* f || **–fiarse** vt ⟨Med⟩ *verkümmern, absterben* (& fig)
atrófico adj ⟨Med⟩ *atrophisch, abzehrend, darrsüchtig*
atrofoder|ma m, **–matosis** f ⟨Med⟩ *Hautatrophie* f
atrojar vt *einfahren (Ernte)* || *speichern* || Mex *jdn zum Schweigen bringen* || ~**se** vr Mex *keinen Ausweg finden* || Cu Mex *sich beruhigen (Pferd)*
atrompetado adj *ausgebaucht*
atrona|do adj *unbesonnen, unbedachtsam, kopflos* || **–dor** adj *donnernd* || *betäubend* || *aplauso* ~ *stürmischer Beifall* m || *ruido* ~ *Höllenlärm* m
atronar [-ue-] vt *(durch Lärm) betäuben* || *(mit Lärm) erfüllen* || ⟨Taur⟩ *(durch e–n Stoß ins Genick) töten* || ~**se** *durch e–n Donner betäubt werden*
atroncarse [c/qu] vr *unbeweglich bleiben*
atropa f *Tollkirsche* f
atropado adj *dicht, nahe beisammen (Bäume, Pflanzen)* || *angehäuft (Gras)*
atropar vt *an-, auf|häufen (Gras)* || *anhäufen (Farben)* || *hinzu|fügen, -bauen* || *zusammenrotten, um sich scharen, versammeln* || ~**se** *sich zusammenrotten*
atropella|damente adv *hastig, mit Hast, übereilt* || ◊ *hablar* ~ *sich im Reden überstürzen* || **–do** adj *übereilt* || *hastig* || **–dor** m *Bedrücker* m || **–miento** m *Über|stürzung* f, -*eilung* f || *Niederrennen* n || *Beleidigung* f || *Beeinträchtigung* f || *Bedrückung* f
atrope|llar vt *über den Haufen rennen, über-, um|rennen* || *überfahren* || *sich hinwegsetzen über* (acc) || *fig jdn anfahren, auf jdn auffahren* || *umwerfen, kollidieren* || *jdn (tätlich) anfassen* || *jdm Gewalt antun* || *schänden, vergewaltigen* || *fam anpöbeln* || ◊ ~ *los años Schul-, Dienst|jahre überspringen* || ~ vi *sich übereilen* || ◊ ~ *por (od* con) *todos los inconvenientes sich über alle Hindernisse od Schwierigkeiten hinwegsetzen* || ~**se** *sich übereilen* || *sich überstürzen* || *im Reden übersprudeln* || ◊ ~ *en las acciones übereilt handeln* || **–llo** m *An-, Auf|fahren, Niederrennen* n, *Zusammenstoß* m || *Verkehrsunfall* m *(durch Überfahren)* || *Gewalttätigkeit* f || *Ungerechtigkeit* f || *Beschimpfung* f || fam *(An)Pöbelei* f
atropina f ⟨Chem⟩ *Atropin* n
atropo m León *Haufe(n)* m
átropos m *Totenkopf* m *(Schmetterling) (Acherontia atropos)* || *e–e am. Weißnatter* f
Atropos f ⟨Myth⟩ *e–e Parze (römische Schicksalsgöttin)*
atroz [pl **-ces**] adj *abscheulich, greulich* || *grausam, unmenschlich* || fam *ungeheuer, riesig* || fam *furchtbar* || ◊ *tengo un hambre* ~ fam *ich habe einen furchtbaren Hunger* || adv: ~**mente**
atruchado adj *forellenähnlich* || ~ (arrabio) *gesprenkelt, halbiert, meliert*
atruhanado adj *liederlich, lumpig*
atta f ⟨Entom⟩ *Blattschneiderameise* f
atto, atto.° *Abk =* **atento**
atucunar vt Hond *vollstopfen (Behälter)* || *sich vollessen*
atuendo m *Prunk* m, *Pracht* f || *Volkstracht*

atufadamente — aúllo 132

f || *Kleidung* f || Sal *alter Kram* m || ~s *pl* Al *Eselgeschirr* n
atufadamente adv *zornig*
atu|far vt fam *ärgern, aufbringen, erzürnen* || ~**se** *einen Stich bekommen (Wein usw)* || *e–n schlechten Geruch bzw Geschmack annehemen (Speise)* || fam *sich durch Kohlengase vergiften* || fam *sich erzürnen, böse werden* || Ec *in Verwirrung geraten* || Guat *hochmütig werden* || **–fo** m fam *Zorn* m
atún m *Thunfisch* m || ~ *en conserva Thunfischkonserve* f || ◊ *es un pedazo de* ~ figf *er ist ein großer Dummkopf* || *ir por* ~ y a ver al duque figf *zwei Fliegen mit e-r Klappe schlagen (wollen)* || *nadar como un* ~ figf *ein sehr guter Schwimmer sein* || fig *sehr gescheit sein* || *tendido como un* ~ figf *müßig hingestreckt*
atu|nara f *Thunfischbank* f || **–nera** f *Thunfischerei* f || **–nero** m *Thunfischfänger* m *(Schiff)* || *Thunfischer* m || *Thunfischhändler* m
atupa f Ec *von Kornbrand befallener Maiskolben* m
aturar vt Ar *ein Tier zum Stehen bringen* || Sal *dauern* || fig *klug, vernünftig handeln*
aturbonarse vr *sich mit Regenwolken umziehen (Himmel)*
aturnear vi Sal *brüllen (Stier)*
aturdi|do adj *betäubt* || *erstaunt* || *unbesonnen* || *unbedachtsam, leicht|sinnig, -fertig* || *kopflos* || *verblüfft* || fam *baff* || **–miento** m *Betäubung* f || fig *heftige Überraschung* f || *Verwirrung* f || fig *Taumel* m || *Unbesonnenheit* f || *Einfalt* f || ⟨Med⟩ *Schwindelanfall* m *(mit Betäubung)*
aturdir vt *betäuben* || fig *in Erstaunen setzen* || fig *aus der Fassung bringen, verblüffen* || ~**se** *betäubt werden* || fig *erstaunen*
aturquesado adj *türkisfarben*
atturrar vt Sal *betäuben* || ~**se** vr Guat *welken*
aturriar vt Sal = **aturrar**
aturru|llado adj *unbesonnen* || *sprachlos* || **–llamiento** m s v. **–llar** || **–llar, aturullar** vt fam *einschüchtern, außer Fassung bringen* || *verwirren* || ~**se** fam *sprachlos bleiben* || *außer Fassung geraten*
aturuxo m *(jodlerähnlicher) Jauchzer* m *bei galicischen Liedern*
atusar vt *die Haare scheren, schneiden* || *beschneiden (Bäume)* || *stutzen, glatt kämmen (Haare)* || ~**se** fig *sich herausputzen* || ~ *el bigote sich den Bart streichen*
atutía f ⟨Metal⟩ *Hüttenrauch* m || ⟨Metal⟩ *Gift|schwamm* m, *-mehl* n || *Zinkoxid* n *(mit anderen Stoffen gemischt)*
atutiplén adv fam → **tutiplén**
atuve → **atener**
auca f [el] *Gans* f (→ **ganso, oca**) || *Gänsespiel* n || Bol *breitkrempiger Filzhut* m
Aud.ª Abk = **Audiencia**
audacia f *Kühnheit, Verwegenheit* f || con ~ *kühn, dreist*
audaz [pl **-ces**] adj *kühn, gewagt* || *verwegen, vermessen, dreist, keck, frech* || adv: ~**mente**
audiatur et altera pars lat *auch die Gegenpartei soll angehört werden*
audibilidad f *Hörbarkeit* f || *Vernehmbarkeit* f || *zona de* ~ *Hör|weite* f, *-bereich* m
audible adj *hörbar* || *vernehmbar* || *estaciones fácilmente* ~**s** ⟨Radio⟩ *leicht hörbare Sendestationen* fpl || adv: ~**mente**
audición f *Hören, Abhören* n || *Anhörung* f, *(Gerichts)Verhandlung* f || *Hörbarkeit* f || *Gehör* n, *Gehörsinn* m || *Vernehmung* f *(Zeuge)* || *Musikaufführung* f || ⟨Radio⟩ *Rundfunkkonzert* n || *Funkstunde* f || *Empfang* m || *Übertragung* f || *künstlerische Wortdarbietung* f || *Rezitationsabend* m || ⟨Tel⟩ *Verständigung* f || ⟨Th⟩ *(Probe-)Vorstellung* f || ~ *de las partes* ⟨Jur⟩ *Parteivernehmung, Einvernehmen* n *der Parteien* || ~ *de los interesados* ⟨Jur⟩ *Anhörung* f *von Beteiligten* || ~ *de testigos* ⟨Jur⟩ *Zeugenvernehmung* f || *error de* ~ *Hörfehler* m || *limites de* ~ *Hörbarkeitsgrenzen* fpl
audiencia f *Anhören, Gehör* n || *Audienz* f, *Empfang* m, *Vorladung* f || *Audienz|zimmer* n, *-saal* m || *Gerichtssaal* m || *Gerichtshof* m || *Justizpalast* m || ~ *de despedida Abschiedsaudienz* f || ~ *del deudor* ⟨Jur⟩ *Anhörung* f *des Schuldners* || ~ *privada Privataudienz* f || ~ *provincial Land(es)gericht* n || ~ *pública öffentliche Audienz* f || *öffentliche Sitzung* f || ~ *territorial span. Oberlandesgericht* n || ◊ *dar* ~ *Gehör erteilen, jdn vorlassen* || *encontrar* ~ *en algn., tener* ~ *bei jdm Gehör (od Anklang) finden* || *pedir* ~ *eine Audienz erbitten* || *recibir en* ~ *jdm Audienz geben, jdn in Audienz empfangen* || ~**s** *pl Einvernahme* f *(vor Gericht)*
audifono, audiófono m *Schallverstärker* m *(Instrument), Schwerhörigengerät, Audiphon* n || ⟨Tel⟩ *Hörer* m
audiofrecuencia f ⟨Radio⟩ *Nieder-, Ton-, Hör|frequenz* f
audiograma m *Audiogramm* n
au|diologia f *Audiologie* f || **–diólogo** m *Audiologe* m
audio|metría f ⟨Med⟩ *Gehör|messung, -prüfung, Audiometrie* f || **–métrico** adj *audiometrisch*
audiómetro m *Hörschwellenmeßgerät, Audiometer* n || ~ *de gramófono Schallplattenaudiometer* n || ~ *de ruido Geräuschspannungsmesser* m
*****audión** m = **triodo** || *receptor* ~ *regenerador* ⟨Radio⟩ *Audionempfänger* m
audiovisual adj: *medios de enseñanza* ~ *audiovisuelle Unterrichtsmittel* npl
audi|tivo adj *(Ge)Hör-* || *conducto* ~ ⟨An⟩ *Gehörgang* m || *tipo* ~ *auditiver Typ, akustischer Typ* m *(Menschenkunde)* || ~ m ⟨Tel⟩ *Hörer* m || **–tor** m *Beisitzer* m || *Kriegs-, Feld|richter* m || Am *Buchprüfer* m || ~ *de nunciatura Auditor* m *e–r Nuntiatur* || **–toria** f *Stand-, Kriegs|gericht* n || Am *Buchprüferpraxis* f || **–torio** adj ⟨An⟩ *Gehör-* || ~ m *Zuhörerschaft* f || *Zuhörerraum* m || *Hörsaal* m, *Auditorium* n || *Gerichtssaal* m || *Audienzsaal* m
augar vi Am pop = **ahogar**
auge m *höchster Gipfel, Scheitelpunkt* m || ⟨Astr⟩ *Erdferne* f || fig *Gipfel* m || *Erweiterung, Zunahme* f || *Aufschwung* m, *Ausweitung* f || ~ *económico Wirtschaftsexpansion* f || ◊ *estar en* ~ fig *blühen* || *tomar* ~ *e–n Aufschwung erleben*
augita f ⟨Min⟩ *Augit* m || ~**-glauconita** f ⟨Min⟩ *Augit|grünstein, -diorit* m
augur m *Augur* m || *Wahrsager* m
auguración f *Vogeldeutung* f
augu|rar vt *wahr-, voraus|sagen, prophezeien* || **–rio** m *Vorbedeutung* f, *Vor-, An|zeichen* n || *de mal* ~ *unheilvoll* || ◊ *ser de buen* ~ *Glück verkünden* || *ave de mal* ~ → **agüero**
Augsburgo m *Augsburg* n
augus|tal adj *Augustus-* || *kaiserlich* || **–to** adj *erhaben, ehrwürdig* || *vornehm, edel* || *ehem. Titel der röm. Kaiser* || adv: ~**amente**
Augusto m *Augustos* m *(Kaiser)* || Tfn *Augustus* m || ~ fam *Clown, August, Hanswurst* m
aula f [el] *Hörsaal* m, *Aula* f || *Klasse* f, *Klassenzimmer* n || *Schule* f
aula|ga f span *Ginster* m || **–gar** m *Ginsterfeld* n
áulico adj *Hof-* || ~ m *Höfling* m
aullador adj: *(mono)* ~ m *südam. Brüllaffe* m *(Aloutta palliata)*
au|llar vi *heulen (von Wölfen und Hunden)* || *brüllen, heulen (& fig)* || **–llido** m *Geheul* n || *Heulen* n || *dar* ~**s** *heulen*
aúllo m = **aullido**

aumenta|ble adj *vergrößerungs-, vermehrungsfähig* ‖ **–ción** f *Vermehrung* f ‖ ⟨Mus⟩ *Augmentation* f ‖ **–do** adj: *sexta* ~da ⟨Mus⟩ *übermäßige Sexte* f ‖ **–dor** m *Vermehrer* m ‖ ~ *de presión Druckverstärker* m ‖ ~ *de válvula* ⟨Radio⟩ *Röhrenverstärker* m

aumen|tar vt *vermehren, vergrößern, erweitern* ‖ *weitläufig ausführen, umschreiben* ‖ *übertreiben, vergrößern* ‖ *vergrößern (Mikroskop)* ‖ *aufstocken (Kapital)* ‖ *steigern, erhöhen (z.B. Gehalt, Miete)* ‖ *(den Preis) erhöhen* ‖ *aufbessern (Gehalt)* ‖ *vermehren (Kräfte)* ‖ ⟨Radio⟩ *verstärken* ‖ ~ vi *sich mehren* ‖ *zunehmen, steigen, wachsen (de um)* ‖ *teurer werden, anziehen (Preise)* ‖ ~ *de volumen an Umfang zunehmen* ‖ *blähen* ‖ ~ *el intercambio comercial den Handelsverkehr steigern* ‖ ~ *el tipo de interés den Zinssatz erhöhen* ‖ ~**se** *sich vermehren* ‖ *zunehmen* ‖ **–tativo** adj ⟨Gr⟩ *steigernd, verstärkend* ‖ ~ m ⟨Gr⟩ *Vergrößerungswort* n ‖ **–to** m *Vermehrung, Vergrößerung, Erweiterung* f ‖ *Zu|nahme* f, *-wachs* m ‖ *Zusatz* m ‖ *Zuschlag* m ‖ *Zulage* f ‖ *Preis|steigerung, -erhöhung* f ‖ ⟨Radio⟩ *Verstärkung* f ‖ ~ *abusivo de los precios Preistreiberei* f ‖ ~ *de capital Kapitalerhöhung* f ‖ ~ *de familia Familienzuwachs* m ‖ ~ *de impulsión Schubsteigerung* f *(Rakete)* ‖ ~ *de peso Gewichtszunahme* f ‖ ~ *de las ventas Absatzsteigerung* f ‖ ~ *de población Bevölkerungszunahme* f ‖ ~ *de porte* ⟨Com⟩ *Frachtzuschlag* m ‖ ~ *de presión Druckanstieg* m ‖ ~ *de rendimiento Leistungsteigerung, Mehrleistung* f ‖ ~ *de renta Mieterhöhung* f ‖ ~ *de salario (od sueldo) Lohn- od Gehalts|erhöhung* f ‖ ~ *marginal Zuwachsrate* f ‖ *lente de* ~ *Vergrößerungsglas* n ‖ ◊ *ir en* ~ *zunehmen* ‖ *fig aufwärtsgehen* ‖ ~**s** pl *Vermögenszuwachs* m ‖ *Gehaltszulage* f

aun *(im Sinne von sogar)*, **aún** *(im Sinne von noch)* adv *noch (immer)* ‖ *auch* ‖ *sogar* ‖ ~ *así bei alledem, trotzdem, auch so noch* ‖ ~ *cuando wenn auch* ‖ *selbst wenn* ‖ *obwohl, ob|gleich, wenn-* ‖ *ni* ~ *nicht einmal* ‖ ~ *no noch nicht* ‖ *ni aun la mitad nicht einmal die Hälfte* ‖ ◊ ¿*no ha venido aún? ist er noch nicht gekommen?*

aunar vt *verbinden, vereinigen*

aunque conj *obschon, obgleich, wenn und wenn, auch, wenngleich, trotzdem, daß* ‖ ~ *más wenn auch noch so sehr* ‖ ~ *no venga wenn er auch nicht käme* ‖ ~ *enfermo, vendré obwohl ich krank bin, werde ich doch kommen*

¡aupa! ¡aúpa! int fam *auf! auf! (Zuruf für Kinder)* ‖ ◊ *tiene un catarro de* ~ *er ist sehr stark erkältet* ‖ *fam er hat e–e dicke Erkältung* ‖ *comimos de* ~ *fam wir haben sehr gut gegessen,* pop *wir haben uns den Panzen vollgeschlagen*

aupar vt fam *ein Kind emporheben* ‖ *loben, preisen* ‖ *zum Aufstehen ermuntern (Kinder)* ‖ *Am auf den Rücken nehmen (Last)*

¹**aura** f [el] *frische Luft* f ‖ *Lufthauch* m, *Lüftchen* n ‖ ⟨poet⟩ *Zephirluft* f, *sanfter Wind* m ‖ *Duft, Hauch* m ‖ ⟨Med⟩ *leichter Anfall* m ‖ fig *Gunst(bezeugung)* f ‖ ~ *popular Volksgunst* f

²**aura** f [el] *Aura* m *(mex. Stinkgeier)* ‖ ⟨V⟩ *Neuweltgeier* m ‖ *Königsgeier* m *(Sarcorhamphus papa)*

³**aura** adv pop *Am* = **ahora**

au|ramina f ⟨Chem⟩ *Auramin* n ‖ **–rantina** f *Aurantin* n ‖ **–rato** m *Aurat* n

aurelia f ⟨Zool⟩ *Ohrenqualle* f *(Aurelia aurita)* ‖ ⚹ *Frauenname*

aurelianense adj *aus Orléans*

Aureli(an)o m np *Aurel(ius)* m

áureo adj *golden, goldfarben, vergoldet* ‖ *goldartig*

aureola, auréola f *Aureole* f, *Heiligenschein* m, *Glorie, Strahlenkrone* f ‖ *Nimbus* m, *Ehrenkrone* f ‖ fig *Ruhm* m ‖ *Lichtkranz* m ‖ ⟨Phot⟩ *Lichthof, Hof* m ‖ ⟨An Med⟩ → **aréola** ‖ ⟨Astr⟩ *Hof* m ‖ ⟨El⟩ *Aureole, Lichthülle* f ‖ ~ *metamórfica* ⟨Geol⟩ *Kontakthof* m

aureo|lado adj *einen Heiligenschein tragend* ‖ *goldfarbig* ‖ *de azul blau gerändert* ‖ **–lar** vt *mit e–m Nimbus umgeben*

aurgitano adj/s *aus Jaén (span. Stadt)*

áurico adj ⟨poet⟩ *golden* ‖ *goldhaltig* ‖ *ácido* ~ ⟨Chem⟩ *Goldsäure* f

aurícula f ⟨An⟩ *Vorhof* m *des Herzens, Herzvorkammer* f ‖ ⟨Bot⟩ *Aurikel* f, *Öhrchen* n *(Primula auricula)*

auricular adj *Ohren-* ‖ *conducto* ~ ⟨An⟩ *Gehörgang* m ‖ *confesión* ~ *Ohrenbeichte* f ‖ *dedo* ~ *kleiner Finger* m ‖ ~ *testigo* ~ *Ohrenzeuge* m ‖ ~ m ⟨Tel⟩ *(Kopf)Hörer* m, *Muschel* f ‖ ~ *piezoeléctrico Piezoempfänger, Kristallkopfhörer* m ‖ ◊ *descolgar el* ~ *abhängen (Fernsprechhörer)* ‖ ~**es** pl ⟨Radio⟩ *Kopfhörer* m

auriculoventricular adj ⟨An⟩ *atrioventrikular, zum Vorhof und zur Herzkammer gehörig*

auriense adj/s *aus Orense (span. Stadt)*

auri|fero adj *goldhaltig* ‖ ⟨Bot⟩ *goldglänzend* ‖ *mineral* ~ ⟨Min⟩ *Golderz* n ‖ **–fico** adj *in Gold verwandelnd* ‖ **–melo** m *Arg Pe Art Pfirsich* m ‖ *Art Pfirsichbaum* m ‖ **–voro** adj ⟨poet⟩ *goldgierig*

auriga m ⟨poet⟩ *Wagenlenker* m ‖ *Kutscher* m ‖ ⟨Astr⟩ *Fuhrmann* m

aurígero adj *goldhaltig*

aurino adj *goldfarben*

aurísono adj ⟨poet⟩ *klingend wie Gold*

aurista m → **otólogo**

aurochs m *Ur-, Auer|ochs* m

aurona f ⟨Bot⟩ *(Art) Eberraute* f

Aurora f *Aurora* f, *Göttin der Morgenröte* ‖ *Tfn Aurora* f ‖ ⚹ f *Morgenröte* f ‖ *Morgenstunde* f, *Morgen* m ‖ fig *Anfang* m ‖ fig *Röte* f *der Wangen* ‖ ⟨Bot⟩ *gelbe Ranunkel* f ‖ *Aurorafalter* m *(Anthocharis cardamines)* ‖ Mex *(Art) Klettervogel* m ‖ ⚹ *boreal* ⟨Astr⟩ *Nordlicht* n ‖ *de color de* ⚹ *rosafarben* ‖ ◊ *despunta (od rompe) la* ⚹ *der Tag bricht an* ‖ ⚹ *es la amiga de las musas Morgenstunde hat Gold im Munde*

auroral adj *auf die Morgenröte bezüglich* ‖ *anfänglich*

aurragado adj *schlecht bestellt (Acker)*

aurrescu m *ein Volkstanz der Basken*

aurúspice m = **arúspice**

auscul|tación f ⟨Med⟩ *Auskultation, Behorchung* f ‖ ~ *inmediata Behorchen, Abhören* n *mit dem bloßen Ohr* ‖ ~ *mediata Behorchen* n *mit dem Hörrohr* ‖ ~ *ultrasonora* ⟨Tech⟩ *Ultraschallprüfung* f ‖ **–tar** vt ⟨Med⟩ *behorchen, abhören, auskultieren*

ausencia f *Abwesenheit* f ‖ *Trennung* f ‖ ⟨Jur⟩ *Verschollenheit* f ‖ *Ausbleiben* n ‖ *Nichterscheinen* n ‖ *Fehlen* n ‖ *Mangel* m, *Ausbleiben* n ‖ ⟨Astr⟩ *Sonnen- und Mond|finsternis* f ‖ ~ *congénita angeborenes Fehlen* n ‖ ~ *del trabajo Arbeitsversäumnis* m ‖ ~ *legal* ⟨Jur⟩ *Verschollenheit* f ‖ ~ *de ruido Geräuschlosigkeit* f ‖ *declaración de* ~ ⟨Jur⟩ *Verschollenheitserklärung* f ‖ ◊ *brillar por su* ~ fig *durch Abwesenheit glänzen* ‖ *hacer* ~ *sich auf einige Zeit entfernen* ‖ *en* ~ *del gato se divierten los ratones wenn die Katze fort ist, tanzen die Mäuse auf dem Tische* ‖ ~**s** *causan olvido (larga* ~ *causa el olvido) aus den Augen, aus dem Sinn* ‖ *guardar* ~ *jdm in der Ferne die Treue halten* ‖ *hacer buenas (malas)* ~**s** *gut (abfällig) von jdm reden (in s–r Abwesenheit)* ‖ *tener buenas (malas)* ~ *e–n guten (üblen) Leumund haben* ‖ *tiene* ~ *er ist (zeitweilig) geistesabwesend* ‖ ~**s** fpl *Geistesabwesenheit, Zerstreutheit* f

ausentado — autofilia 134

ausen|tado adj = **ausente** ‖ **-tar** vt *entfernen* ‖ **~se** *sich wegbegeben, abreisen* ‖ *sich entfernen* ‖ *fernbleiben* ‖ *~ del país natal das Heimatland verlassen* ‖ **-te** adj *abwesend, entfernt* ‖ *verschollen* ‖ *~ de ánimo, ~ de lo que le rodea geistesabwesend* ‖ *~ de sí mismo ohne an sich selbst zu denken* ‖ *el ~ José Antonio Primo de Rivera, Gründer der span. Falange* ‖ **-tismo** m → **absentismo** ‖ *Reisewut* f
ausetano adj *aus Vich* (P Lér)
ausiano adj *auf den katalanischen Dichter Ausias March bezüglich*
Ausias m np *Hosea (Prophet)*
ausol m MAm *Riß* m *in vulkanischem Gebiet* ‖ Salv *Geysir, Geiser* m
auspi|ciar va Am *fördern, unterstützen* ‖ **-cio** m *Vorbedeutung* f, *Anzeichen* n ‖ *Schutz, Beistand* m, *Gunst* f ‖ **~s** pl: *bajo los ~ (de) gestützt auf die Empfehlungen (von* dat*)* ‖ *unter dem Protektorat von* (dat), *unter jds Schirmherrschaft* ‖ *buenos (malos) ~ gute (böse) Vorzeichen* npl **auspicioso** adj *günstig* ‖ *erfolgversprechend* ‖ *glückverheißend*
austenita f ⟨Metal⟩ *Austenit* m *(γ-Eisen)*
auste|ridad f *Strenge, Härte* f, *Ernst* m ‖ *Kasteiung* f ‖ *mürrisches Wesen* n ‖ fig *Schmucklosigkeit* f ‖ fig *Nüchternheit* f ‖ **-ro** adj *streng, ernst* ‖ *mürrisch* ‖ *zurückgezogen* ‖ *sauer, herb (Geschmack)* ‖ *nüchtern (Raum)* ‖ *schmucklos (Gebäude)* ‖ adv: **~amente**
austral adj *südlich , Süd-* ‖ *hemisferio ~ südliche Halbkugel* f ‖ *polo ~ Südpol* m
Austra|lasia f *Australasien, Ozeanien* ‖ **-lia** f *Australien* ‖ **≃liano, ≃liense** adj/s *australisch* ‖ *~ m Australier* m
Austria f *Österreich* ‖ *~ Alemana Deutsch-Österreich* ‖ *Baja ~ Niederösterreich* ‖ *~-Hungría Österreich-Ungarn*
austríaco, austriaco adj *österreichisch* ‖ *planchado ~ Plätterei* f *nach österreichischer Art* ‖ *~ m Österreicher* m
austro m *Südwind* m ‖ *Süden* m
austroasiático adj *südasiatisch*
austrófilo adj/m *österreichfreundlich*
austro|húngaro adj *österreichisch-ungarisch* ‖ *Monarquía ~a österreichisch-ungarische Monarchie* f ‖ **≃-Hungría** f *Österreich-Ungarn*
autarquía f *Autarkie* f ‖ *Selbstgenügsamkeit* f ‖ *Selbstversorgung* f
autárquico adj *autarkisch*
auténtica f *beglaubigte Abschrift* f
autenti|cación f *Beglaubigung* f ‖ **-car** vt *beglaubigen, (öffentlich) beurkunden, legalisieren* **autenticidad** f *Glaubwürdigkeit, Rechtsgültigkeit* f ‖ *Echtheit* f ‖ ◊ *dar fe de ~ beglaubigen* ‖ **-tico** adj *glaubwürdig* ‖ *echt, authentisch* ‖ *rechtsgültig, beglaubigt*
autillo m *Zwergohreule* f (Otus scops)
autismo m ⟨Med⟩ *Autismus* m *(Schizophrenie)*
¹**auto-** präf *selbst-, eigen-, auto-* ‖ *Selbst-, Eigen-, Auto-, Auf-* ‖ *Auto-, Kraftfahr-*
²**auto** m *richterlicher Ausspruch* m ‖ *richterliche Verfügung* f ‖ *Bescheid* m ‖ *amtlicher Befehl* bzw *Beschluß* m ‖ *Auto, Mysterienspiel* n *(dramatisches Stück der älteren span. Literatur)* ‖ *~ de entrada y registro* ⟨Jur⟩ *Durch-, Haus|suchungsbefehl* m ‖ *~ de fe öffentlich vollzogenes Urteil* n *des Glaubensgerichtes, Ketzerverbrennung usw*, *Autodafé* n ‖ *~ sacramental dramatisches Stück (meist allegorisch, mit christlichem Stoff), Sakramentspiel* m ‖ ◊ *hacer ~ de fe de a.* fig *et ins Feuer werfen, et verbrennen* ‖ *~s* pl ⟨Jur⟩ *(Prozeß) Akten* fpl ‖ *Prozeßunterlagen* fpl ‖ *Prozeßhandlungen* fpl ‖ *Gerichtshandlungen* fpl ‖ ◊ *constar de (od* en*) ~ durch Gerichtsakten nachgewiesen, bewiesen sein* ‖ *estar en (los) ~* figf *auf dem laufenden sein* ‖ *lugar de ~* ⟨Jur⟩ *Tatort* m ‖ *poner a uno en ~* fig *jdn einweihen in* (acc) ‖ *po-*

nerse en (los) ~ (de) sich von ... unterrichten ‖ *el día de ~* ⟨Jur⟩ *am inkriminierten Tage*
³**auto** m fam = **automóvil**
auto|abastecimiento m *Selbstversorgung* f ‖ *Selbstbedienungsladen* m ‖ **-ambulancia** f *Krankenwagen* m ‖ **~-ametralladora** m *Straßenpanzerwagen* m ‖ **-aspiración** f *Selbstansaugung* f ‖ **-arrancador** m ⟨El⟩ *Selbst|anlasser, -starter* m ‖ **-aspirante** adj *selbstansaugend* ‖ **-ayuda** f *Selbsthilfe* f
autobio|grafía f *Selbst-, Auto|biographie* f ‖ **-gráfico** adj *zur Selbstbiographie gehörig, autobiographisch*
autobombo m *Selbstbeweihräucherung* f, *maßloses Selbstlob* n
auto|bús m *Autobus, (Auto)Omnibus* m ‖ *~ para excursionistas Aussichtswagen, Reiseomnibus* m ‖ *~ urbano Stadtomnibus* m ‖ **-camión** m *Last(kraft)wagen* m ‖ **-canot* m = **canoa** *automóvil* ‖ **-capacidad** f ⟨Radio⟩ *Eigenkapazität* f ‖ **-car** m *Rundfahrauto* n, *Reise(omni)bus* m ‖ **-carenamiento** m *Selbsttrockenlegung* f ‖ **-carpia** f ⟨Bot⟩ *Autokarpie* f ‖ **-carril** m ⟨EB⟩ *Draisine* f ‖ = **-rriel** ‖ **-catálisis** f *Autokatalyse* f ‖ **-cebante** adj Am *selbstansaugend* ‖ **-centrante** adj *selbstzentrierend* ‖ **-clave** f ⟨Chem⟩ *Autoklav, Dampfdrucktopf* m ‖ **-coagulación** f ⟨Chem⟩ *Selbstausflockung, Autokoagulation* f ‖ **-colimación** f *Autokollimation* f ‖ **-compatible** adj ⟨Bot⟩ *selbstverträglich* ‖ **-condensación** f ⟨Med Phys⟩ *Selbstkondensation* f ‖ **-conducción** f ⟨Med Phys⟩ *Selbstleitung* f ‖ **-confesión** f *Selbstbekenntnis* n ‖ **-conservación** f *Selbsterhaltung* f ‖ **-contratación** f ⟨Jur⟩ *Selbstkontrahieren, In-Sich-Geschäft* n ‖ **-contrato** m *Selbstkontrahieren* n ‖ **-convertidor** m ⟨El⟩ *Selbstumformer* m ‖ **-copia** f *Durchschlag* m, *Kopie* f ‖ **-copista** m *Selbstkopiermaschine* f ‖ **-cracia** f *Autokratie* f, *Selbstherrschaft* f
autócrata m *Autokrat, Selbstherrscher* m
autocrático adj *autokratisch*
autocríti|ca f *Selbstkritik* f ‖ **-co** adj: *juicio ~ Selbstkritik* f
autocrómico, autocromo adj *autochrom*
autóctono adj *eingeboren, autochthon, Ur-* ‖ *~s* mpl *Ureinwohner* mpl
auto|decisión f = **-determinación** ‖ **-defensa** f *Selbstverteidigung* f ‖ **-demolición** f *Selbstzertrümmerung* f ‖ **-denuncia** f *Selbstanzeige* f ‖ **-depuración** f *(biologische) Selbstreinigung* f ‖ **-destrucción** f *Selbstzerstörung* f ‖ **-destructivo** adj *selbstzerstörerisch* ‖ **-determinación** f *Selbstbestimmung* f ‖ *derecho de ~ de los pueblos Selbstbestimmungsrecht* n *der Völker* ‖ **-didacta** m *Autodidakt* m ‖ **-didáctica** f *Selbstunterricht* m ‖ **-didáctico** adj *autodidaktisch* ‖ **-dinámico** adj *selbstwirkend, autodynamisch* ‖ **-dino** m ⟨Radio⟩ *Autodyn, Schwingaudion* n ‖ **-dirección** f *Selbst|steuerung, -lenkung* f ‖ **-disciplina** f *Selbst|zucht, -disziplin* f ‖ **-disparador** m ⟨Phot⟩ *Selbstauslöser* m ‖ **-disolución** f *Selbstauflösung* f *(z. B. e-r politischen Partei)* ‖ **-disolverse** vr *sich von selbst auflösen (z. B. e-e politische Partei)* ‖ **-disparo** m *unbeabsichtigtes Losgehen* n ‖ **-dominio** m *Selbstbeherrschung* f
autódromo m *Auto|drom* n, *-rennbahn* f, *Ring* m *(z. B. Nürburgring)*
auto|editor m *Selbstverleger* m ‖ **-educación** f *Selbsterziehung* f ‖ **-elogio** m *Selbstlob* n ‖ **-emisión** f *Selbststrahlung* f ‖ *Feldelektronenemission* f ‖ **-encendedor** m *Selbstzünder* m *(am Motoer)* ‖ **-encendido** m *Selbstzündung* f ‖ **-erotismo** m *Autoerotik* f ‖ **-escuela** f *Fahrschule* f ‖ **-esterilidad** f *Selbststerilität* f ‖ **-excitación** f *Selbst-, Eigen|erregung* f ‖ **-fagia** f *Autophagie* f
autófago adj *selbstfressend*
auto|fecundación f ⟨Biol⟩ *Selbstbefruchtung* f ‖ ⟨Bot⟩ *Selbstbestäubung* f ‖ **-filia** f ⟨Psychol⟩

autofinanciamento — autoridad

Selbst-, Eigen\liebe, Autophilie f ‖ **–financiamento** *m Selbst-, Eigen\finanzierung* f ‖ **–fónico** adj: *disco ~ selbstbesprochene Platte* f ‖ **–gamia** f ⟨Biol⟩ *Autogamie, Selbstbefruchtung* f
  autógamo adj ⟨Biol⟩ *autogam, selbstbefruchtend*
  auto|garaje *m Auto\garage, -schuppen* m ‖ **–génesis** f ⟨Biol⟩ *Autogenese* f
  autógeno adj *autogen* ‖ *ursprünglich, selbsttätig* ‖ *entrenamiento ~ autogenes Training* n ‖ *soldadura ~a Gasschmelzschweißen* n, *autogene Schweißung* f
  auto|giro *m Tragschrauber* m, *Autogiro* n ‖ **–glorificación** f *Selbstverherrlichung* f ‖ **–gnosia** f ⟨Philos⟩ *Selbsterkenntnis, Autognosie* f ‖ **–gobierno** *m Selbstverwaltung* f ‖ *Selbstregierung* f ‖ **~gol** *m* ⟨Sp⟩ *Eigentor* n ‖ **–grafia** f *Auto(litho)graphie* f ‖ *Steindruck* m ‖ **–grafiar** vt *hektographieren* ‖ **–gráfico** adj *autographisch, eigenhändig*
  autógrafo adj *eigenhändig geschrieben (Brief usw)* ‖ *in der Urschrift* ‖ *~ m Urschrift* f, *Original, Autograph* n ‖ *Autogramm* n ‖ *Umdruckpresse* f
  autoheterodino *m* ⟨Radio⟩ *Selbstüberlagerer* m
  autohipnosis f *Autohypnose* f
  auto|ico adj ⟨Bot⟩ *autoisch* ‖ **–ignición** f *Selbstzündung* f ‖ **–incompatible** adj ⟨Bot⟩ *selbstunverträglich (Befruchtung)* ‖ **–inducción** f ⟨El⟩ *Selbstinduktion* f ‖ **–inductancia** f ⟨El⟩ *Selbstinduktivität* f ‖ **–infección** f ⟨Med⟩ *Selbstansteckung, Autoinfektion* f ‖ **–inflamación** f ⟨Med⟩ *Selbstentzündung* f ‖ **–inmolación** f *Selbstaufopferung* f ‖ **–inmolarse** vr *sich selbst opfern* ‖ **–intoxicación** f ⟨Med⟩ *Selbstvergiftung, Autointoxikation* f ‖ **–latría** f *Selbstvergötterung* f ‖ **–lesión** f *Selbstverstümmelung* f ‖ **–limitación** f *Selbstbeschränkung* f ‖ **–línea** f *Kraftwagenlinie* f ‖ **–lisis** f ⟨Med⟩ *Autolyse* f ‖ **–lubri(fi)cante** adj *selbstschmierend* ‖ **–luminoso** adj *selbstleuchtend*
  automación f = **automatización**
  autómata *m Automat* m ‖ *Maschinen\mensch, -automat* m (& fig) ‖ iron *Maschine* f ‖ fig *willenloses Werkzeug* n
  auto|mático adj *automatisch, selbsttätig* ‖ fig *mechanisch, unwillkürlich (Bewegung)* ‖ *bar ~ Automatenrestaurant* m, *Schnell\gaststätte* f, *-imbiß* m ‖ *distribuidor ~ Waren-, Münz\automat* m ‖ *encendido ~ Selbstzündung* f *(an Motoren)* ‖ *traducción ~a automatische Sprachübersetzung* f ‖ adv: **~amente** ‖ **–matismo** *m Unwillkürlichkeit, maschinenmäßige Tätigkeit* f ‖ ⟨Tech⟩ *Selbsttätigkeit* f, *selbsttätiges Arbeiten* n ‖ **–matización** f *Automatisierung, Automation* f ‖ *vollautomatische Fertigung* f ‖ **–matizar** vt *automatisieren* ‖ **–medonte** *m* ⟨poet⟩ *Wagenlenker* m ‖ *Kutscher* m ‖ **–motor** adj ⟨Tech⟩ *sich selbst bewegend, zum Selbstbetrieb* n (afuste) ‖ *Selbstfahrlafette* f ‖ *coche ~ (elektrischer) Triebwagen* m ‖ Am *Kraft\wagen* m, *-fahrzeug* n ‖ **–motriz** f *elektrischer Triebwagen* m
  automóvil adj *sich selbst bewegend, selbstfahrend* ‖ *~ m Auto(mobil)* n, *Kraft-, Motor\wagen* m, fam *Auto* n ‖ *~ acorazado, blindado Panzerwagen* m ‖ *~ cisterna Tankwagen* m ‖ *~ de alquiler Mietwagen* m ‖ *~ de carreras Rennwagen* m ‖ *~ de deporte Sportwagen* m ‖ *~ de linea Linienbus* m ‖ *~ de repartir Lieferwagen* m ‖ *~ de turismo Touren(kraft)wagen, Personenkraftwagen, Pkw* m ‖ *~ para todo terreno Geländewagen* m ‖ *~ que sale de la fila para adelantar Kolonnenspringer* m ‖ *~ usado Gebrauchtwagen* m ‖ *accidente de ~ Autounfall* m ‖ *carrera de ~es Autorennen* n ‖ *circulación de ~es Kraftfahrzeugverkehr* m ‖ *salón del ~ Automobilausstellung* f ‖ *bomba ~ Automobilspritze* f ‖ *bote ~, canoa ~ Motorboot* n ‖ *club ~ Automobilklub* m ‖ *coche ~ Kraft-, Trieb-, Motor\wagen* m ‖ *vehículo ~*

Kraftfahrzeug n ‖ *servicio de ~es Kraftwagenbetrieb* m
  automovilis|mo *m Automobilsport* m ‖ *Kraftfahrwesen* n ‖ **–ta** *m Auto-, Kraft\fahrer* m ‖ *mapa para ~s Straßenkarte* f ‖ adj: *deporte ~ Automobilsport* m
  automovilístico adj *Automobil-, Kraftfahrzeug-* ‖ *club ~ Automobilklub* m ‖ *industria ~a Automobilindustrie* f
  automutilación f ⟨Mil Med⟩ *Selbst\verstümmelung, -mutilation* f
  auto|nomía f *Autonomie, Selbst\regierung* f, *-verwaltung* f ‖ *Unabhängigkeit, Selbstständigkeit* f ‖ *Selbstbestimmung* f ‖ *Eigengesetzlichkeit* f ‖ *Aktionsradius* m *(Geschoß)* ‖ *~ de las partes* ⟨Jur⟩ *Parteiautonomie* f ‖ *~ de la voluntad* ⟨Jur⟩ *Willensfreiheit* f ‖ *~ de vuelo* ⟨Flugw⟩ *Reich\weite, Flug- f ‖ Flugdauer* f ‖ **–nómico** adj *autonomisch* ‖ **–nomista** *m Autonomist* m
  autónomo adj *autonom* ‖ *selbständig, unabhängig*
  autoobligarse vr *sich selbst verpflichten*
  autopista f *Autobahn* f ‖ *~ de peaje gebührenpflichtige Autobahn* f ‖ *~ elevada Brücken-, Hoch\straße* f ‖ *~ urbana Stadtautobahn* f ‖ *Renn\ring* m, *-bahn* f *für Kraftwagen*
  auto|plastia f ⟨Med⟩ *Autoplastik* f ‖ **–plástico** adj *autoplastisch* ‖ **–polinización** f ⟨Bot⟩ *Selbstbestäubung* f ‖ **–propulsión** f *Selbstantrieb* m
  autopsia f ⟨Med⟩ *Leichen\öffnung, -schau, Autopsie, Obduktion, Sektion* f
  auto|psicosis f ⟨Med⟩ *Autopsychose* f ‖ **–pullman** *m Luxus-Reisebus* m ‖ **–quiria** f ⟨Med⟩ *Selbst\mutilation, -verstümmelung* f
  autor *m Urheber, Schöpfer* m ‖ *Verfasser, Schriftsteller, Autor* m ‖ *(An)Stifter* m ‖ *Erfinder, Entdecker* m ‖ ⟨Jur⟩ *Täter* m ‖ *Anstifter* m ‖ *~ del daño* ⟨Jur⟩ *Schädiger* m ‖ *~ dramático Dramatiker* m ‖ *~ de sus días* fam *sein Vater* ‖ *~ de una moción Antragsteller* m ‖ *~ de un atentado Attentäter* m ‖ *~ de un delito* ⟨Jur⟩ *Täter* m ‖ *~ presunto* ⟨Jur⟩ *mutmaßlicher Täter* m ‖ *derecho(s) de ~ Autor-, Urheber\recht* n ‖ *sociedad de ~es Schriftstellerverband* m
  autora f *Schriftstellerin* f
  autoría f ⟨Jur⟩ *Täterschaft* f ‖ *~ mediata mittelbare Täterschaft* f ‖ *~ moral Urheberschaft, Anstiftung* f
  autori|dad f *Ansehen* n, *Autorität* f ‖ *Gewalt, Macht, Machtbefugnis* f ‖ *Herrschaft* f ‖ *Machtvollkommenheit* f ‖ *Amtsgewalt* f ‖ *Obrigkeit, Behörde* f ‖ *Befugnis* f ‖ *Präsident* m *beim Stierkampf* ‖ fig *Gewährsmann* m ‖ *maßgebliche Person* f ‖ *Gewicht* n, *Einfluß* m ‖ *zwingende Kraft* f *(Gesetz)* ‖ *~ absoluta unumschränkte Gewalt* f ‖ *~ acusadora* ⟨Jur⟩ *Anklagebehörde* f ‖ *~ administrativa Verwaltungsbehörde* f ‖ *~ de extranjeros Ausländerbehörde* f ‖ *~ de (la) cosa juzgada* ⟨Jur⟩ *Rechtskraft* f ‖ *~ de la que emana la comisión rogatoria Behörde* f, *von der das Ersuchen ausgeht* ‖ *~ del Estado Staatsgewalt* f ‖ *~ del puerto, ~ portuaria Hafenbehörde* f ‖ *~ de tutela(s), ~ tutelar* ⟨Jur⟩ *Vormundschaftsbehörde* f ‖ *~ ejecutiva vollziehende Gewalt* f ‖ *~ federal Bundes\gewalt, -behörde* f ‖ *~ inferior untere (od nachgeordnete) Behörde* f ‖ *~ Internacional del Ruhr Internationale Ruhrbehörde* f (1948) ‖ *~ judicial Justiz-, Gerichts\behörde* f ‖ *~ militar Militärbehörde* f ‖ *~ patria* ⟨Jur⟩ *elterliche Gewalt* f (→ **patria potestad**) ‖ *~ pública Staatsgewalt* f ‖ *~ sanitaria Gesundheitsbehörde* f ‖ *~ superior obere (od übergeordnete) Behörde* f ‖ *abuso de ~* ⟨Jur⟩ *Mißbrauch* m *der Amtsgewalt* ‖ *agente de la ~ Polizeibeamter* m ‖ *pasado en ~ de cosa juzgada* ⟨Jur⟩ *rechtskräftig geworden* ‖ *de (su) propia ~ eigenmächtig* ‖ **~es** *fpl competentes zuständige Behörden* fpl ‖ *~ de edificación Baubehörden* fpl

|| ~ de ocupación *Besatzungsbehörden* fpl || ~ de tráfico *Straßenverkehrsbehörden* fpl || **-tario** adj *autoritär* || *despotisch, rechthaberisch, herrisch, gebieterisch* || *régimen* ~ *autoritäre Staatsform* f, *autoritäres Regime* n || **-tarismo** m *autoritäre Staatsform* f || *Lehre* f *des autoritären Staates* || *Autoritätsmißbrauch* m || **-tativo** adj *maßgebend, Autoritäts-* || **-zación** f *Bevoll-, Er|mächtigung* f || *Autorisation, Autorisierung* f *(z. B. e–r Übersetzung)* || *Befähigung, Berechtigung* f || *Beglaubigung* f || ~ de circulación *Zulassung* f *(e–s Fahrzeugs)* || ~ de residencia *Aufenthaltsberechtigung* f || ~ especial *Sondergenehmigung* f || ~ excepcional *Ausnahmegenehmigung* f || ~ judicial *gerichtliche Beurkundung* f || ~ marital *Zustimmung* f *des Ehemannes* || ~ notarial *notarielle Beurkundung* f || para abandonar la nacionalidad *Entlassung* f *aus dem Staatsangehörigkeitsverhältnis* || ~ para circular *Zulassung* f *zum Straßenverkehr* || ~ (por escritura) pública *öffentliche Beurkundung* f || ~ post factum ⟨Jur⟩ *Genehmigung* f || ~ previa *Vorwegwilligung* f || **-zado** adj *ermächtigt* || *befugt* || *zuständig* || *qualifiziert* || *zugelassen* || *angesehen* || *glaubwürdig* || *einflußreich (Kritiker)* || **-zar** [z/c] vt *bevoll-, er|mächtigen, berechtigen, autorisieren* || *beglaubigen* || *bekräftigen* || *genehmigen* || *gutheißen* || *beurkunden* || *erlauben, zulassen, gestatten* || *billigen* || *zustimmen* || ~ con su firma *durch Unterschrift bestätigen*
auto|rradiografía f ⟨Phys⟩ *Autoradiographie* f || **-rregadera** f *(Straßen)Sprengwagen* m || **-rregistrador** adj *selbst|schreibend, -registrierend* || **-rregulación** f *Selbstregelung* f
auto|rrelato m *Selbstbesprechung* f *(e–s Werkes)* || **-rretención** f *Selbst|hemmung, -sperrung* f || **-rretrato** m ⟨Mal⟩ *Selbstbildnis, Autoporträt* || **-rriel** m *Schienen(omni)bus* m || *Dieseltriebwagen* m || **-rrotación** f ⟨Flugw⟩ *Eigendrehung* f
autorzuelo m desp dim v. **autor**
auto|scopia f ⟨Med⟩ *Autoskopie* f || **-scópico** adj *autoskopisch* || **-servicio** m *Selbstbedienung* f || *Selbstbedienungsladen* m || **-stop** m engl: ◊ viajar por ~, hacer ~ *per Anhalter reisen (od fahren)* || **-suficiencia** f *Selbstgenügsamkeit* f || ⟨Com Pol⟩ *Autarkie* f || **-sugestión** f *Selbstbeeinflussung, Autosuggestion* f || **-sustentador** adj *selbsttragend* || **-tipia** f ⟨Typ⟩ *autotypischer Lichtdruck* m || **-tomía** f ⟨Zool Med⟩ *Selbstverstümmelung* f *(bei Tieren)* || *Autotomie* f || **-toxina** f *Autotoxin, Eigengift* n || **-transformador** m ⟨El⟩ *Spartransformator* m || **-transporte** m *Kraftfahrzeugverkehr* m || **-trineo** m *Motorschlitten* m || **-trofía** f ⟨Bot⟩ *Autotrophie* f || **-trófico, -trofo** adj ⟨Bot⟩ *autotroph, sich selbständig von anorganischen Stoffen ernährend* || **-tropismo** m ⟨Biol⟩ *Autotropismus* m || **-vacuna** f ⟨Med⟩ *Autovakzine* f, *Eigenimpfstoff* m || **-vehículo m Kraftfahrzeug* n || **-vía** m *Schienen(omni)bus, Dieseltriebwagen* m || ~ f *Autobahn, Autostraße* f
autumnal adj *herbstlich*
Auvernia f ⟨Geogr⟩ *die Auvergne* || ⊻ ⟨Bot⟩ *Zitronenstrauch* m (Aloysia citriodora)
¹**auxiliar** vt *jdm helfen, beistehen*
²**auxiliar** adj *helfend, mitwirkend* || *Hilfs-, Neben-, Zweig-* || (profesor) ~ *Hilfslehrer* m || verbo ~ ⟨Gr⟩ *Hilfszeitwort* n || ~ m *außerordentlicher (Universitäts)Professor* m || *Gehilfe* m || *Hilfs|person* f, *-mittel* n || servicios ~es ⟨Mil⟩ *Hilfsdienste* mpl
auxilio m *Hilfe* f, *Beistand* m || *Unterstützung* f || ~ en Carreteras span. *Unfalldienst* m *(der Guardia Civil)* || ~ Social span. *Volkswohlfahrtsorganisation* f || ~ de Invierno *Winterhilfswerk* n || ◊ acudir en ~ de uno *jdm zu Hilfe kommen* || pedir ~ *um Hilfe rufen*
a/v Abk = **a vista**
Av. Abk = **Avenida**

avacado adj *kuhartig*
avahar vt *dämpfen* || ~ vi *ausdunsten* || ⟨Bot⟩ *verdorren* (& fig)
aval m *Aval* m, *Wechselbürgschaft* f || *Bürgschaft* f
avalancha f *Lawine* f || fig *Anhäufung* f, *Andrang* m || *Unmenge* f || fig *Flut* f
avalar vt/i *(e–n Wechsel) garantieren* || *e–e Wechselbürgschaft* f *leisten* || *bürgen* || *kontrollieren*
avalen|tonado adj *raufboldmäßig* || *groß|sprecherisch, -mäulig* || **-t(on)arse** vr *renommieren*, fam *angeben*
avalista m *Wechselbürge* m
ava|lorar vt *(be)werten* || *(den Wert) schätzen, bestimmen* || fig *ermutigen* || **-luación** f *(Ab)Schätzung* f || **-luador** m Am *Schätzer* m || **-luar** [pres -úo] vi *(ab)schätzen* || **-lúo** m *(Ab)Schätzung*, *(Be)Wertung* f
avancarga f: artillería de ~ f ⟨Mil⟩ *Vorladegeschütz* n
avance m *Vorrücken* n || ⟨Mil⟩ *Vorstoß, Angriff, Vormarsch* m, *Vordringen* n || *(Geld)Vorschuß* m, *Vorauszahlung* f || *Anzahlung* f || ⟨Com⟩ *Bilanz* f || *(Kosten)Voranschlag* m || ⟨Film⟩ *Voranzeige* f || ⟨Chi⟩ *ein Ballspiel* n || Mex *Plünderung* f || ~ acelerado *Eil|gang, -vorschub* m || ~ al encendido ⟨Ing⟩ *Frühzündung* f || ~ al escape ⟨Ing⟩ *Auslaßvorschub* m || ~ a mano *Handvorschub* m || ~ angular *Winkelvoreilung* f || ~ automático *Selbstzustellung* f || ~ centrífugo ⟨Aut⟩ *Fliehkraftversteller* m || ~ de la mesa *Tischvorschub* m || ~ de barrenado *Bohrvorschub* m || ~ de la abertura *Einschieben* n *der Öffnung (Brücken)* || ~ de la broca *Bohrvorschub* m || ~ de la cinta de la máquina de escribir *Farbbandtransport* m *der Schreibmaschine* || ~ de la chispa *Zündverstellung, Zündungsverstellung* f || ~ de las escobillas ⟨El⟩ *Bürstenvorschub* m || ~ de las obras ⟨Arch⟩ *Bau|fortschritt* m, *-tempo* n || ~ del distribuidor *Schiebervoreilung* f || ~ del encendido ⟨Aut⟩ *Vorzündung* f || ~ de marcha en vacío *Leerlaufvorschub* m || ~ del papel *Papiervorschub* m || ~ de película ⟨Phot⟩ *Filmtransport* m || ~ de precisión *Fein|vorschub* m, *-zustellung* f || ~ discontinuo, ~ intermitente *Sprungvorschub* m, *Sprung-, Spring|schaltung* f || ~ lateral *Verhieb* m || ~ longitudinal *Längsvorschub* m || ~ mecánico *Kraftvorschub* m || ~ rápido ⟨Tech⟩ *Eil-, Schnell|vorschub, -gang* m || ~ semiautomático ⟨Aut⟩ *gemischte Verstellung* f || ~ transversal *Quervorschub* m || ~ vertical *Tiefenvorschub* m || movimiento de ~ *Vorrücken* n || ◊ hacer ~ a alg. fig *jdm entgegenkommen*
avante adv Sal *vorwärts* || ◊ virar por ~ ⟨Mar⟩ *durch den Wind wenden*
avan|trén m ⟨Mil⟩ *Protzwagen* m || *Protze* f || ⟨EB⟩ *Vorzug* m || *Lenkgestell* n || **-zada** f ⟨Mil⟩ *Vor|feld, -gelände* n || *Vorhut* f, *Voraustrupp* m || ~s fpl ⟨Mil⟩ *Vorposten* mpl || **-zadilla** f ⟨Mil⟩ *kleiner Spähtrupp* m || *Stoßtrupp* m || **-zado** adj *vorgerückt* || *vorgeschritten (Krankheit, Alter, Arbeit)* || *vorgeschoben (Posten)* || *fortgeschritten* || *kühn, fortschrittlich (Ideen)* || a una hora ~a *zu vorgerückter Stunde* || de edad ~a *hochbetagt* || ~ m *Fortschrittler* m || **-zar** [z/c] vt *vorwärtsbringen, fördern, vor|rücken, -schicken, -strecken, näherschicken* || *vorausschicken (andeuten)* || *vorstrecken (Geld)* || ~ vi *vorwärts gehen, vorrücken* || *weitergehen* || *weiterkommen* || *vorankommen (im Beruf)* || *vorspringen (Gebäude)* || *fortschreiten* || Cu *sich übergeben* || Mex *stehlen, rauben* || ◊ ~ arrastrándose *vorwärts kriechen* || ~ combatiendo ⟨Mil⟩ *vorstoßen* || ~ cuerpo a tierra ⟨Mil⟩ *robben* || ~ por saltos ⟨Mil⟩ *sich sprungweise vorarbeiten* || ~**se** vr *vor|rücken, -gehen* || *sich nähern* || **-zo** m *Bilanz* f || *Vorschuß* m, *Angeld* n || *Kostenvoranschlag* m

ava|ramente adv = **–riciosamente** || **–ricia** f *Geiz* m, *Habsucht* f || *Knauserei* f || **–riciosamente** adv *geizig, knauserig* || **–ricioso, –riento** adj/s *geizig, filzig, knauserig* || ~ m *Geizhals, Knauser* m
avariosis f ⟨Med⟩ *Syphilis, Lues* f
ava|rismo m *Sparsystem* n || **–ro** adj/s *geizig* || ~ de gloria *ruhmsüchtig* || ~ de palabras *wortkarg* || ~ m *Geizhals, Knauser* m
avasa||llador adj *überwältigend* || **–llar** vt *unter|werfen, -jochen*
avascular adj ⟨Med⟩ *avaskulär, ohne Blutgefäße*
avatar m *Verkörperung* f *Vischnus (Brahmanismus)* || *Verwandlung* f || *Veränderung* f || ~es *mpl* fam *Schwierigkeiten* fpl || *Wechselfälle* mpl || *Abenteuer* npl
¹**ave** m (~ María) lat *Ave Maria* n || ¡~! *ach, du liebe Güte!* || en un ~ fam *im Nu*
²**ave** f [el] *Vogel* m, *Geflügel* n || ~ *acuátil*, ~ *acuática Wasservogel* m || ~ de albarda fam *Esel* m || ~ brava, ~ silvestre *wilder Vogel* m || ~ can(t)ora *Singvogel* m || ~ corredora *Laufvogel* m || ~ fría = **avefría** || *fig geistig träger Mensch* m || ~ nocturna *Nachtvogel* m || *fig fam Nacht|schwärmer, -vogel, Bummler* m || ~ del Paraíso *Paradiesvogel* m || ~ de mal agüero, ~ de mal augurio *figf unheilverkündende Person* f, *fig Unglücksrabe* m || ~ de paso *Zugvogel* m (& *fig*) || ~ de rapiña *Raub|vogel, Greif-* m || ~ de río *Flußvogel* m || ~ divagante ⟨V⟩ *umherstreifender Vogel* m || ~ migrativo ⟨V⟩ *Zugvogel* m || ~ sedentaria ⟨V⟩ *Jahresvogel* m || ~ tonta *Goldammer* f || *fig leicht zu hintergehender Mensch* m || ~ toro = **avetoro** || ~ trepadora *Klettervogel* m || ~s *pl zahmes Geflügel* n || ~ de adorno *Ziervögel* mpl || *Ziergeflügel* n || ~ de corral, ~ domésticas *(Haus)Geflügel* n || ~ de cría *Zuchtvögel* mpl || *Zuchtgeflügel* n || ◊ las ~ por las plumas se conocen *an den Federn erkennt man den Vogel*
avecasina f Chi *Schnepfe* f
avecilla f dim v. **ave** || ~ de las nieves *Bachstelze* f
avecinar vt *annähern* || ~**se** vr *sich nähern* || → **avecindarse**
avecin|damiento m *Einbürgerung* f || *Einbürgerungsort* m || **–darse** vr *sich einbürgern* || *sich häuslich niederlassen*
avechucho m *häßlicher Vogel* m || *fig fam ungestalter Mensch* m, *Vogelscheuche* f
avefría f *Kiebitz* m (Vanellus vanellus)
avejen|tado adj *alt aussehend* || **–tarse** vr *vorzeitig altern*
avejigado adj *blasig*
avella|na f *Haselnuß* f || ~ de la India *Myrobalane* f || **–nado** adj/s *haselnußähnlich* || *haselnußfarben* || nuncia ~a = **chufa** || *runzlig, zusammengeschrumpft* || ~ m ⟨Ing⟩ *Versenkung* f || **–nador** m *Zapfenbohrer, Senker* m || ~ cónico *Spitzsenker* m || ~ helicoidal *Spiralsenker* m || **–nar, –nal** m *Haselgebüsch* n || **–nar** vt *ausbohren, versenken* || ~**se** *zusammenschrumpfen (z. B. Haut)* || **–neda** f, **–nedo** m *Haselbusch* m || **–nera** f *Haselstaude* f || *Haselnußverkäuferin* f || **–no** m *Haselnußstrauch* m, *Haselstaude* f (Corylus avellana) || *Haselholz* n
avemaría, ave María f *Englischer Gruß* m, *Ave Maria* n || *Angelusläuten* n || al ~ *beim Abenddämmern* n || saber u/c como el ~ *fig et gründlich kennen* || en un ~ *im Nu* || ¡~ (Purísima)! *(Ausruf des Staunens)* ach, du liebe Güte! || *Gruß beim Eintritt in ein Haus*
avena f *Hafer* m (Avena sativa) || *Haferkorn* n || ⟨poet⟩ *Hirtenflöte* f || ~ amarilla *Goldhafer* m (Trisetum flavescens) || ~ cabelluna *Fahnenhafer* m (A. orientalis) || ~ desnuda *Sandhafer, Nackter Hafer* m (A. nuda) || ~ elevada, ~ alta *Glatthafer* m, *Französisches Raygras* n (Arrhenatherum elatius) || ~ forrajera *Futterhafer* m || ~ loca, ~ morisca *Flug-, Wind|hafer* m (A. fatua) || ~ mondada *(Hafer)Graupen* fpl, *Hafergrütze* f || ~ oriental *Fahnenhafer* m (A. orientalis) || ~ paniculada *Rispenhafer* m || ~ quebrantada *Hafergrütze* f || ~ rubia *Goldhafer* m (Trisetum flavescens) || ~ vellosa *Flaumhafer* m (A. pubescens) || sopa de copos de ~ *Haferschleimsuppe* f
avenado adj fam *verrückt, toll*
ave|nal m, **–nera** f *Haferfeld* n
ave|namiento m *Entwässerung, Dränage, Dränung, Trockenlegung* f *(durch Gräben)* || **–nar** vt *entwässern, dränieren, trockenlegen (durch Gräben)* || ⟨Bgb⟩ *sümpfen*
avenate m *Hafertrank* m
avenenar vt = **envenenar**
ave|nencia f *Vertrag* m, *Übereinkunft* f || *Lohn* m || *Eintracht* f || *Einigung* f || *Vergleich* m || **–nible** adj *verträglich (con mit)*
aveni|da f *Überschwemmung* f || *Hochwasser* n, *Wasserwuchs* m || *Flußsteigung* f || *Zustrom* m || *Flut* f || fig *Zusammenströmen* n, *Andrang* m || *breite Straße, Chaussee, Allee* f || ⟨Mil⟩ *Zugang* m || ⟨Arch⟩ *Anfahrt* f || fig *Weg* m || Ar *Überlinkunft* f || ~ de circunvalación *Ringstraße* f, *Ring* m || ~ máxima *höchstes Hochwasser* n || ~ de Mayo *Prachtstraße in Buenos Aires* || la Quinta ~ *Fifth Avenue in New York* || **–do** adj *einig* || *ausgesöhnt* || *bien* ~ *einig* || *mal* ~ *uneinig* || *matrimonio mal* ~ *unharmonische Ehe* f || *nulo y no* ~ *null und nichtig*
avenir (pres avengo) vt *einigen* || *vergleichen* || vi *geschehen* || ~**se** vr *sich vergleichen* || *sich vertragen* || *einig werden* || *sich schicken, passen* || *sich anpassen* || *sich bequemen (con zu dat)* || ◊ ~ a todo *sich in alles schicken* || allá se las avenga fam *er mag sehen, wie er fertig wird, das ist seine Sache*
avenoso adj/s *haferartig*
aven|tado adj fig *windig, unbesonnen* || Ven *gefallen (auf dem Schlachtfeld)* || *mit breiten Nasenflügeln* || **–tador** m *Worfschaufel* f || *Fächer* m *zum Anfachen des Feuers* || *Fliegenwedel* m || **–tadora** f *Getreideschwinge* f, *Windsichter* m || ~ centrífuga *Fliehkraftscheider, Zentrifugalsichter* m || **–tadura** f ⟨Vet⟩ *Geschwulst* f *der Pferde*
aventa|jado adj *vorzüglich, ausgezeichnet* || *begabt (Schüler)* || *bevorzugt* || *stattlich (Wuchs)* || ~ m ⟨hist⟩ *Soldat mit erhöhter Löhnung* || **–jar** vt *jdn übertreffen, jdm zuvorkommen* || *bevorzugen, begünstigen* || ~ a sus condiscípulos en aplicación *seine Mitschüler an Fleiß übertreffen* || ~ vi *Vorzüge haben* || ~**se** *sich hervortun*
aventapastores m ⟨Bot⟩ *Herbstzeitlose* f (→ **azafrán** de los prados)
aventar [-ie-] vt *Luft zuführen* || *Luft zufächeln* || *anfachen (Feuer)* || *worfeln, schwingen (Getreide)* || *worfeln (Metalle)* || *fortwehen (vom Wind)* || figf *fortjagen, an die frische Luft setzen* || Cu *(Kaffee) worfeln* || ~**se** fam *davonlaufen* || *sich davonmachen*, pop *abhauen* || Extr *zu riechen anfangen (Fleisch)*
aventu|ra f *Abenteuer* n || *Erlebnis* n || *unerwartetes Ereignis* n || *Wagnis, Wagestück* n || *Zufall* m || Cu *vierte Maiserrte* f *(des Jahres)* || ~ amorosa *Liebes|handel* m, *-abenteuer* n || *contrato de gruesa* ~ ⟨Mar⟩ *Bodmereibrief* m || a la ~ *aufs Geratewohl, auf gut Glück* || ◊ decir la buena ~ a algn. *jdm die Zukunft voraussagen* || ~s bélicas *kriegerische Abenteuer* npl || *novela de* ~s *Abenteuerroman* m || **–radamente** adv *gewagt* || **–rado** adj *gewagt* || *unsicher* || *riskant* || **–rar** vt *e-r Gefahr aussetzen* || *wagen* || *aufs Spiel setzen* || *hinwerfen, versetzen (im Gespräch)* || ◊ aventuró dos pasos hacia delante *er trat vorsichtig zwei Schritte vor* || ~**se** *sich e-r Gefahr aussetzen* || *Gefahr laufen* || *(sich) wagen* || *sich einlassen* (en

aventurero — avión 138

auf) ‖ ~ *en un terreno resbaladizo,* ~ *en un camino peligroso* fig *sich aufs Eis wagen* ‖ *quien no se -ra no pasa la mar wer nicht wagt, gewinnt nicht* ‖ **-rero** adj *abenteuerlich, waghalsig* ⟨Mil⟩ *zusammengerafft (Truppen)* ‖ ~ *m Abenteurer, Glücksritter* m ‖ *Landstreicher* m ‖ Mex *gedungener Landarbeiter* m ‖ Mex *auf dürrem Boden eingesäter Weizen* m ‖ **-rina** f *Aventurin* m
average m adj/s engl *durchschnittlich, mittelmäßig (Ware)* ‖ ~ *m Average* m ‖ *Mittelwert* m, *Mittel* n ‖ ~ *Havarie* f
avergon|zado adj *schamhaft, verschämt, beschämt* ‖ **-zar** [-ie-, z/c] vt *beschämen, erröten machen* ‖ **~se** *sich schämen, erröten*
¹**avería** f ⟨Mar⟩ *Havarie* f, *Seeschaden* m ‖ fam *Schaden* m, *Beschädigung* f ‖ *Transportschaden* m ‖ ⟨Radio⟩ *Störung* f ‖ ⟨Tech⟩ *Versagen* n, *Defekt* m ‖ *Panne* f ‖ ⟨Flugw⟩ *Bruch* m ‖ pop *schwere Geschlechtskrankheit* f ‖ *Chi Unglücksfall* m ‖ ~ *común* ⟨Mar⟩ = ~ *gruesa* ‖ ~ *de la caldera Kesselschaden* m ‖ ~ *de cubierta* ⟨Mar⟩ *Deckschaden* m ‖ ~ *de (la) máquina Maschinenschaden* m ‖ ~ *del fondo* ⟨Mar⟩ *Bodenschaden* m ‖ ~ *del motor Motorpanne* f ‖ **~gruesa,** ~ *general* ⟨Mar⟩ *große Havarie* f, *Generalschaden* m ‖ ~ *insignificante unbedeutender Schaden* m, *leichte Beschädigung* f ‖ ~ *marítima Seeschaden* m ‖ ~ *particular besondere Havarie* f ‖ ~ *por el àgua* ⟨Mar⟩ *Wasserschaden* m ‖ ~ *por el fuego Feuerschaden* m ‖ ~ *simple einfache Havarie* f ‖ *certificado de* ~ *Havarieattest* n ‖ **~s** fpl: ~ *por torpedo Torpedoschaden* m ‖ ◊ ⟨Tel⟩ *llamar a* ~ *die Störungsstelle anrufen*
²**avería** f *Hühnerhaus* n ‖ *Schwarm* m *Vögel*
ave|riado adj *durch Seewasser beschädigt (Ware)* ‖ *fehlerhaft, beschädigt, defekt, schadhaft* ‖ *verdorben (Waren, Obst)* ‖ pop *kränklich, siech* ‖ pop *schwer geschlechtskrank* ‖ fig *mitgenommen* ‖ **-riar** [pres -io] vt *beschädigen* ‖ *verderben* ‖ **~se** ⟨Mar⟩ *Havarie erleiden* ‖ fam *verderben*
averigua|ción f *Untersuchung* f ‖ *Nachforschung* f ‖ *Feststellung* f ‖ *Ermitt(e)lung* f ‖ ~ *de los hechos* ⟨Jur⟩ *Feststellung* f *des Tatbestandes* ‖ **-damente** adv *gewiß, bestimmt* ‖ **-dor** m *Untersucher* m ‖ **-miento** m = **averiguación**
averiguar [gu/gü] vt *untersuchen, feststellen* ‖ *ermitteln* ‖ *ausfindig machen* ‖ *ergründen* ‖ ◊ ~ *el paradero de alg. jds Wohnort ermitteln*
averío m *Schwarm* m *Vögel* ‖ *Geflügelbestand* m
averno m/adj ⟨Myth⟩ *Unterwelt* f ‖ ⟨poet⟩ *Hölle* f
averroís|mo m *Averroismus* m, *Lehre* f *des Averroes* ‖ **-ta** m *Averroist* m
averrugado adj *warzig*
aversión f *Abneigung* f ‖ *Widerwille* m ‖ *Aversion* f
avestruz [pl -ces] m ⟨V⟩ *Strauß* m ‖ figf *Dummkopf* m ‖ ~ *de América* = **ñandú** ‖ ~ *de Australia* ⟨V⟩ *Kasuar* m ‖ *pluma de* ~ *Straußfeder* f ‖ *táctica de* ~ fig *Vogel-Strauß-Politik* f
avetado adj *geädert, streifig*
avetarda f = **avutarda**
avetorillo m ⟨V⟩ *Zwergdommel* f (Ixobrychus minutus)
avetoro m *Rohrdommel* f ‖ ⟨V⟩ *Große Rohrdommel* f (Botaurus stellaris)
aveza f ⟨Ar⟩ *Platterbse, Wicke* f
ave|zado adj *gewohnt* ‖ Am *erfahren* ‖ Am *einer, der den Rummel kennt* ‖ **-zar** [z/c] vt *angewöhnen* ‖ **~se** *sich gewöhnen, sich (an)gewöhnen (a an)*
aviación f *Flugwesen* n ‖ *Luftfahrt, Fliegerei* f ‖ *accidente de* ~ *Flugzeugunglück* n ‖ *campo de* ~ *Flugplatz* m ‖ *compañía de* ~ *Luftfahrtgesellschaft* f ‖ ~ *a vela Segelflugwesen* n ‖ *Segelfliegen* n ‖ ~ *civil Zivilluftfahrt* f ‖ ~ *comercial Handelsluftfahrt, gewerbliche Luftfahrt* f ‖ ~ *deportiva Sportfliegerei* f, *Sportflugwesen* n ‖ ~ *de transporte Verkehrsluftfahrt* f ‖ ~ *marítima,*

~ *naval Seeflugwesen* n ‖ *Marineluftfahrt* f ‖ ~ *militar Heeresflugwesen* n ‖ *Luftwaffe* f ‖ ~ *táctica taktische Luftwaffe* f ‖ ~ *terrestre Landflugwesen* n ‖ *escuela de* ~ *Fliegerschule* f
aviado adj: ◊ *estar* ~ fam *übel d(a)ran sein* ‖ *estamos (bien)* **~s** *da sind wir schön hereingefallen!*
aviador m *Flieger* m ‖ s v. **aviar** ‖ ⟨Tech⟩ *Art Bohrer* m ‖ Am *Homosexueller* m ‖ **~a** f *Cu (Straßen)Dirne* f
¹**aviar** [pres -io] vt *vorbereiten, ausrüsten, für die Reise vorbereiten* ‖ *fertigmachen* ‖ fam *herausputzen* ‖ fam *fördern, betreiben* ‖ fam *(die nötigen Mittel) hergeben* ‖ ⟨Mar⟩ *klarieren* ‖ ◊ ~ *el paso den Schritt beschleunigen* ‖ ¡*vamos aviando! fam nur zu! munter!* ‖ **~se** *para salir sich zur Abreise anschicken*
²**aviar, ~rio** adj: *peste* ~ *Geflügelseuche* f
aviatorio adj *auf das Flugwesen bezüglich, Flug-, Flieger-*
avica f Al ⟨V⟩ *(Sommer)Goldhähnchen* n
Avicena np *Avicenna* ‖ ◊ *más mató la cena, que sanó* ~ *Enthaltsamkeit ist der beste Arzt*
avícola adj: *granja* ~ *Geflügelfarm* f
avicular adj *Vogel-*
avicul|tor m *Vogel-, Geflügel|züchter* m ‖ **-tura** f *Vogel-, Geflügel|zucht* f
ávidamente adv *(be)gierig*
avidez [pl -ces] f *Gier, Gefräßigkeit* f ‖ *Begierde* f ‖ *con* ~ *gierig*
ávido adj *gierig* ‖ *lüstern* ‖ *gefräßig* ‖ ~ *de sangre blutgierig*
aviejado adj *alt aussehend* ‖ *gealtert*
aviejarse vr = **avejentarse**
avien|ta f *Kornschaufeln* n ‖ **-to** m *Wurfschaufel* f ‖ *Strohgabel* f
avieso adj *schief, verkehrt* ‖ *krumm* ‖ fig *boshaft, tückisch* ‖ fam *verdreht*
avifauna f *Vogelwelt* f
avilantez [pl -ces] f *Vermessenheit* f ‖ *Niederträchtigkeit* f
avi|lés adj *aus Avila (span. Stadt)* ‖ **-lesino** adj *aus Avilés*
avilla|nado adj *grob, bäurisch, ungeschliffen* ‖ **-namiento** m/s v. **-nar(se)** ‖ **-narse** vr *gemeine Sitten annehmen* ‖ fig *verbauern, verrohen*
avinado adj *weinartig* ‖ fig *betrunken*
avinagrado adj *essigsauer* ‖ fig *mürrisch, sauertöpfisch*
avinca f Am *Art Kürbis* m
Aviñón *Avignon (franz. Stadt)*
avío m *Ausrüstung* f ‖ *Mundvorrat* m *der Hirten* ‖ *Wegzehrung* f ‖ Am *Vorschuß* m *zur Betreibung von Acker- od Berg|bau* ‖ Pe *Sattel* m *und Geschirr* n ‖ ¡*al* ~! fam *jeder zu seiner Arbeit!* ‖ **~s** pl *Werkzeug* n ‖ *Gewürz* n ‖ ~ *de escribir Schreib|geräte* npl, *-zeug* n
¹**avión** m Mex *Purpurschwalbe* f (Progne purpurea) ‖ *Mauersegler* m, *Dachschwalbe* f ‖ ~ *común* ⟨V⟩ *Mehlschwalbe* f (Delichon urbica) ‖ ~ *roquero* ⟨V⟩ *Felsenschwalbe* f (Ptyonoprogne rupestris) ‖ ~ *zapador* ⟨V⟩ *Uferschwalbe* f (Riparia riparia)
²**avión** m *Flugzeug* n ‖ ~ *ambulancia Sanitätsflugzeug* n ‖ ~ *anfibio Wasser-Land-Flugzeug, Amphibienflugzeug* n ‖ ~ *antisubmarino,* ~ *de lucha antisubmarina U-Boot-Such- und Vernichtungsflugzeug* n ‖ ~ *a reacción,* ~ *de reacción,* ~ *reactor Düsenflugzeug* n ‖ ~ *bimotor zweimotoriges Flugzeug* n ‖ ~ *biplano Doppeldecker* m ‖ ~ *biplaza Zweisitzer* m ‖ ~ *birreactor zweimotoriges Düsenflugzeug* n ‖ ~ *cazabombardero Jagdbomber* m ‖ ~ *cisterna Tankflugzeug* n ‖ ~ *cohete Raketenflugzeug* n ‖ ~ *comercial Verkehrsflugzeug* n ‖ ~ *de acompañamiento Begleitflugzeug* n ‖ ~ *de apoyo directo Schlachtflugzeug* n ‖ ~ *de apoyo táctico Erdkampfflugzeug* n ‖ ~ *de artillería Artillerieflugzeug* n ‖

~ de bombardeo *Bombenflugzeug* n, *Bomber* m ‖ ~ estratégico *strategisches Bombenflugzeug* ‖ ~ en picado *Sturzkampfflugzeug* n, *Stuka* m ‖ ~ de búsqueda y salvamento *Such- und Rettungsflugzeug* n ‖ ~ de caza *Jagdflugzeug* n, *Jäger* m ‖ ~ nocturna (*od* nocturno) *Nachtjäger* m ‖ ~ a reacción *Düsenjäger* m ‖ ~ de combate *Kampfflugzeug* n ‖ ~ de despegue vertical *Senkrechtstarter* m ‖ ~ de escolta *Geleitflugzeug* n ‖ ~ de instrucción, ~ de entrenamiento *Schulflugzeug* n ‖ ~ interceptor *Abfangjäger* m ‖ ~ de la marina *Marineflugzeug* n ‖ ~ de mando delantero *Entenflugzeug* n ‖ ~ de paletas *Schaufelflugzeug* n ‖ ~ deportivo *Sportflugzeug* f ‖ ~ (de propulsión) a chorro *Düsenflugzeug* n ‖ ~ de reconocimiento, ~ de exploración *Aufklärungsflugzeug* n, *Aufklärer* m ‖ ~ táctico *Nahaufklärer* m ‖ ~ de reconocimiento del terreno *Erkundungsflugzeug* n ‖ ~ de salvamento en el mar *Seenotflugzeug* n ‖ ~ de socorro *Rettungsflugzeug* n ‖ ~ supersónico *Überschallflugzeug* n ‖ ~ de turbohélices *Turbopropellerflugzeug* n ‖ ~ de turborreactor *Turboflugzeug* n ‖ ~ embarcado *Schiffsflugzeug* n ‖ ~ escuela *Schulflugzeug* n ‖ ~ monomotor *einmotoriges Flugzeug* n ‖ ~ monoplano *Eindecker* m ‖ ~ monoplaza *Einsitzer* m ‖ ~ pato *Entenflugzeug* n ‖ ~ postal *Postflugzeug* n ‖ ~ publicitaria *Reklameflugzeug* n ‖ ~ remolcador *Schleppflugzeug* n ‖ ~ sin cola *Nurflügelflugzeug* n ‖ ~ supersónico *Überschallflugzeug* n ‖ ~ tanque *Tankflugzeug* n ‖ ~ teledirigido *ferngesteuertes Flugzeug* n ‖ ~ tetramotor *viermotoriges Flugzeug* n ‖ ~ torpedero *Torpedoflugzeug* n ‖ ~ zángano *Drohne* f

³**avión** *m nach innen sich erweiternde Öffnung* f (*Mauerei*)

avioneta f *kleines* (*Sport*)*Flugzeug* n

aviónica f ⟨Flugw⟩ *Bordelektronik* f

avirrostro adj/s *mit e-m Vogelgesicht*

avi|sado adj *klug, schlau* ‖ *vorsichtig* ‖ *mal* ~ *übel beraten, unklug handelnd* ‖ △ ~ m *Richter* m ‖ **–sador** m *Botengänger, Laufbursche* m ‖ ⟨Tel⟩ *Melder* m ‖ *Drilling* m *in der Mühle* ‖ ~ de densidad de humo *Rauchdichtemelder* m ‖ ~ de incendios *Brand-, Feuer*|*melder* m ‖ ~ del nivel del agua *Wasserstandsmelder* m ‖ ~ de pérdida de velocidad ⟨Flugw⟩ *Durchsackmeldegerät* n ‖ ~ de rotura de alambre *Drahtbruchmelder* m ‖ **–sar** vt/i *jdn benachrichtigen, unterrichten* ‖ *jdm et melden* ‖ *erinnern (an)* ‖ *jdm raten* ‖ *jdm e-n Verweis erteilen* ‖ *jdn warnen* ‖ *jdm kündigen, jdm die Kündigung aussprechen* ‖ *Arg bestätigen (Empfang e-s Briefes usw)* ‖ *Am werben, inserieren* ‖ △(*be*)*merken* ‖ ◊ ~ con ocho días de anticipación *mit einer Frist von einer Woche kündigen* ‖ vt/i Am (*in e-r Zeitung*) *anzeigen, inserieren* ‖ **–so** m *Nachricht, Kunde* f ‖ *Benachrichtigung* f ‖ *Bescheid* m ‖ *Anzeige, Meldung* f ‖ *Erinnerung* f ‖ *Ratschlag* m ‖ *Wink* m ‖ *Warnung* f ‖ *Verweis* m ‖ *Sorfalt* f ‖ *Vorsicht* f ‖ *Kündigung* f ‖ Am *Zeitungsanzeige* f, *Inserat* n ‖ ⟨Mar⟩ *Aviso* m (*kleines, schnelles Kriegsschiff*) ‖ ~ de abono *Gutschriftanzeige* f ‖ ~ de adeudo, ~ de cargo *Lastschriftanzeige* f ‖ ~ de giro *Trattenavis, Anzeigebrief* m ‖ ⟨Mar⟩ *Tender* m ‖ ~ de envío *Versandanzeige* f ‖ ~ de tierra *Erdschlußmeldung* f ‖ ~ de tormenta ⟨Meteor⟩ *Sturmwarnung* f ‖ salvo ~ en contrario ⟨Com⟩ *Widerruf vorbehalten* ‖ según ~ *laut Bericht* ‖ sin más ~ *ohne weitere Benachrichtigung* ‖ ◊ andar (*od* estar) sobre ~ *auf der Hut sein* ‖ dar (*od* pasar) ~ a uno *jdn benachrichtigen, wissen lassen* ‖ ¡avisión! fam *vorgesehen! Vorsicht!*

avis|pa f *Wespe* f ‖ figf *sehr schlanke Frau* ‖ figf *gehässiger Mensch, Zankteufel* m, *Ekel* n ‖ figf *schlauer, kluger Mensch* m ‖ figf *Lästerer* m ‖ ~ abejera ⟨Zool⟩ *Bienenwolf* m (*Philanthus triangulum*) ‖ ~ alfarera ⟨Entom⟩ *Pillenwespe* f (*Eumenes coarctata*) ‖ *Töpferwespe* f (*Trypoxylon figulus*) ‖ ~ común *gemeine Wespe* f (*Vespa vulgaris*) ‖ ~ de la arena ⟨Entom⟩ *Sandwespe* f (*Ammophila sabulosa*) ‖ *Sandknotenwespe* f (*Cerceris arenaria*) ‖ ~ gigante de la madera *Riesenholzwespe* f (*Sirex gigas*) ‖ cintura de ~ *Wespentaille* f ‖ **–pado** adj fam *schlau, aufgeweckt* ‖ Chi *erschrocken* ‖ △ *mißtrauisch* ‖ **–par** vt *stacheln, antreiben (Pferde)* ‖ figf *gewitz(ig)t machen* ‖ *aufklären* ‖ *umherspähen* ‖ Chi *erschrecken* ‖ △**–pedar** vi *umherspähen* ‖ **–pero** m *Wespennest* ‖ *Wespenschwarm* m ‖ ⟨Med⟩ *Anthrax* m ‖ *Wabengeschwür* ‖ figf *verwickeltes Geschäft* n ‖ ◊ he hurgado en un ~ figf *ich habe in ein Wespennest gestochen, der Teufel ist los* ‖ **–pita** f Cu *Ameisenwespe* f ‖ **–pón** m *Hornisse* f (*Vespa crabo*) ‖ *große Wespe* f ‖ **–porear** vt Col *aufscheuchen*

avistar vt (*von weitem*) *erblicken* ‖ ~se *zu e-r Besprechung zusammenkommen* (con *mit* dat)

avitaminosis f ⟨Med⟩ *Avitaminose* f

avitelado adj *velin-, pergament|artig*

avitua|llamiento m *Versorgung* f ‖ ~ en especie ⟨Mil⟩ *Naturalverpflegung* f ‖ **–llar** vt ⟨Mil⟩ *verproviantieren, mit Lebensmitteln versorgen*

aviva|damente adv *mit Lebhaftigkeit* ‖ **–do** m *vorhergehende Reinigung* f *e-s zu vergoldenden Gegenstandes* ‖ **–dor** m ⟨Zim⟩ *Falzhobel* m

avivar vt *beleben* ‖ *anfachen, anschüren (Feuer)* ‖ fig *verstärken (Licht)* ‖ *avivieren (Seide)* ‖ ⟨Metal⟩ *auffrischen* ‖ *polieren (Möbel)* ‖ fig *ermuntern, entflammen* ‖ ◊ ~ el paso *schneller gehen* ‖ ~se *munter werden* ‖ fig *aufheben*

avizor adj *lauernd* ‖ *forschend* ‖ *spähend* ‖ ojo ~ mit *Vorbedacht* ‖ ◊ estar ~ *auf der Hut sein* ‖ ~ m *Späher* m ‖ △ ~es mpl *Augen* npl

avizorar vt/i (*umher*)*spähen* ‖ *lauern* ‖ ⟨Mil⟩ (*das Gelände*) *erkunden*

avocar [c/qu] vt *vor e-n höheren Gerichtshof ziehen*

avocastro m Chi *sehr häßlicher Mensch* m

avoceta f ⟨V⟩ *Säbelschnäbler* m (*Recurvirostra avosetta*)

avogalla f *Gallapfel* m

avolcanado adj *vulkanisch*

ávora, avora f *Öl-, Avora*|*palme* f

avorazado adj Mex *habsüchtig*

avu|go m *Holzbirne* f ‖ **–guero** m *Holzbirnbaum* m ‖ **–gués** m Rioja *Bärentraube* f

avulsión f *Abschwemmung* f ‖ ⟨Med⟩ *Abreißung* f

avu|tarda, –casta f *Trappe* f ‖ ⟨V⟩ *Großtrappe* f (*Otis tarda*) ‖ ~ menor → **sisón**

avúnculo m *Onkel* m (*mütterlicherseits*)

axial adj *axial, achsrecht, in der Achsenrichtung, Achsen-* ‖ **–idad** f *Achsigkeit, Axialität* f

axiforme adj *achsenförmig*

axil adj = **axial**

axi|la f ⟨An⟩ *Achselhöhle* f ‖ **–lar** adj *Achsel-, axillar, zur Achselhöhle gehörend* ‖ ⟨Bot⟩ *axillar, achsel-, winkel*|*ständig*

axio|logía f *Wertlehre, Axiologie* f ‖ **–lógico** adj *axiologisch* ‖ **–ma** m *Axiom* n ‖ **–mático** adj *unbestreitbar, axiomatisch*

axiómetro m ⟨Mar⟩ *Ruderzeiger* m, *Axiometer* n

axis m ⟨An Zool⟩ *Axis, zweiter Halswirbel* m ‖ *Axis* m, *Achse, Mittellinie* f ‖ ⟨Zool⟩ *Axishirsch* m

axoideo adj *Axis-*

axolante m ⟨Zool⟩ = **ajolote**

axón m ⟨An Zool⟩ *Axon* n

axono|metría f *Axonometrie* f ‖ **–métrico** adj *axonometrisch*

¹¡**ay**! int *ach! oh!* ‖ ¡~ de mí! *wehe mir!* ‖ ~es mpl *Wehklagen* n

²**ay** m *Faultier* n

³**ay** adv Am pop = **ahí**

aya f [el] *Kinderfrau* f ‖ *Erzieherin* f

ayayay *m* Cu *sentimentaler Volksgesang* m ‖ ¡~! Am *nanu!*
ayear vr *jammern, wehklagen*
ayeaye *m* ⟨Zool⟩ *Aye-Aye* m, *Fingertier* n (Daubentonia madagascariensis)
ayer adv/s *gestern* ‖ fig *neulich* ‖ fig *ehemals* ‖ de ~ acá, de ~ a hoy *seit gestern* ‖ *seit (sehr) kurzer Zeit* ‖ ~ (por la) mañana *(tarde, noche) gestern morgen (nachmittag, abend)* ‖ el ~ de la vida *die Jugendzeit* f
ayermado adj *wüst, öde*
ayo *m Hofmeister, Erzieher* m ‖ fam *Hauslehrer* m
ayocote *m* Mex *große (Schmink)Bohne* f
ayote *m* M Am *Kürbis* m ‖ ◊ dar ~s *mpl* Guat fig *jdm e–n Korb geben*
ayoteste *m* Mex *Gürteltier, Armadill* n
ayu|da *f Hilfe* f ‖ *Hilfskraft* f ‖ *Beistand* m ‖ *Stütze* f ‖ *Unterstützung* f ‖ *Beihilfe* f ‖ *Fürsorge* f ‖ *(Hilfs)Mittel* n ‖ *Gunst* f ‖ *Spornen* n *des Pferdes* ‖ *Einlaufen, Klistier* n ‖ *Wassertrager* m *(bei Herden)* ‖ ⟨Mar⟩ *Hilfs-, Sicherungs|tau* n ‖ ~ administrativa *Amtshilfe* f ‖ ~ a fondo perdido *verlorener Zuschuß* m ‖ ~ al desarrollo, ~ a los países en desarrollo, ~ a los países subdesarrollados *Entwicklungshilfe* f ‖ ~ al extranjero *Auslandshilfe* f ‖ ~ a los refugiados *Flüchtlingshilfe* f ‖ ~ de costa *Geldunterstützung, Beisteuer* f, *Kostenbeitrag* m ‖ ~ de remolcador *Schlepphilfe* f ‖ ~ estatal *staatliche Beihilfe, Staatshilfe* f ‖ ~ exterior *Auslandshilfe* f ‖ ~ financiera *financielle Beihilfe, Finanzhilfe* f ‖ ~ para la educación y formación profesional *Erziehungs- und Ausbildungs|beihilfe* f ‖ ~ técnica *technische Hilfe* f ‖ ◊ acudir en ~ de alg. *jdm zu Hilfe kommen* ‖ con ~ de *mit Hilfe, vermittels* (gen) ‖ llamar a alg. en su ~ *jdn zu Hilfe rufen* ‖ ~s *pl Hilfen (beim Reiten) fpl* ‖ ~ *(Amts)Gehilfe* m ‖ ~ de cámara *Kammerdiener* m ‖ **-dador** *m Helfer* m
ayudan|ta *f Gehilfin* f *(bes. in e–r Mädchenschule)* ‖ **-te** *m Hilfsbeamter* m ‖ *Assistent, Gehilfe* m ‖ *Hilfe* f, *Helfer* m ‖ *Hilfslehrer* m ‖ ~ de buzo *Tauchergehilfe* m ‖ ~ de campo ⟨Mil⟩ *Flügeladjutant* m ‖ ~ de laboratorio *Laborant* m ‖ ~ técnico *Betriebsassistent* m ‖ **-tia** *Amt* n *e–s Hilfsbeamten* ‖ ⟨Mil⟩ *Adjutantenstelle* f
ayudar vt *jdm helfen, beistehen, jdn unterstützen* ‖ *fördern* ‖ vi *beitragen (a zu)* ‖ *erleichtern, begünstigen* ‖ *behilflich sein* (a alg. *jdm*) ‖ ◊ ~ a misa *bei der Messe ministrieren* ‖ ~ a bien morir *jdm in der letzten Stunde beistehen* ‖ ~se *sich zu helfen wissen* ‖ *einander helfen*
ayuga *f* ⟨Bot⟩ *Kriechender Günsel* m (Ajuga reptans)
ayunador *m Faster, Fastender* m ‖ *Hungerkünstler* m
ayu|nar vi *fasten* ‖ *die Fasten halten* ‖ *nüchtern bleiben* ‖ fig *enthaltsam leben, sich enthalten (e–s Genusses)* ‖ **-nas:** en ~ *nüchtern, auf nüchternem Magen* ‖ ◊ estar *(od quedarse)* en ~ figf *bei e–r S. leer ausgehen* ‖ *nicht wissen, wovon die Rede ist* ‖ **-no** *m Fasten* n ‖ adj *nüchtern* ‖ *freiwillig entbehrend* ‖ ~ de noticias fig *ohne Nachrichten, ahnungslos* ‖ día de ~ ⟨Rel⟩ *Fasttag* m ‖ observar un régimen de ~ *e–e Hungerkur machen* ‖ ser más largo que un día de ~, durar más que un día de ~ *e–e Ewigkeit dauern, kein Ende nehmen wollen*
ayuntamiento *m Vereinigung* f, *Versammlung* f ‖ *Rat-, Gemeinde|haus* n ‖ *Gemeinde* f ‖ *Gemeindeverwaltung* f ‖ *Stadtverwaltung* f ‖ *Magistrat* m ‖ *Gemeinderat* m ‖ ~ (carnal) *Begattung* f, *Beischlaf* m
ayuso adv *hinunter, abwärts*
avus|tar v ⟨Mar⟩ *(ver)spleißen, splissen* ‖ **-te** *m* ⟨Mar⟩ *Splissung* f
azaba|chado adj *gagatähnlich* ‖ **-che** *m* ⟨Min⟩ *Gagat, Jet(t)* m ‖ *Pechkohle* f ‖ *Gagatvogel* m ‖ cabello de ~ fig *pechschwarzes Haar* n
azabara *f* ⟨Bot⟩ = *áloe*
aza|cán *m Wasserträger* m ‖ ◊ estar hecho un ~, trabajar como un ~ fam *wie ein Pferd arbeiten* ‖ pop *schuften* ‖ **-caya** *f Schöpfrad* n ‖ *Gran Wasserrohr* n
azache adj: seda ~ *Florettseide* f
aza|da *f Hacke, Haue* f, *Karst* m ‖ *(Art) Spaten* m ‖ ~ con reborde *Spaten* m *mit vorgebogenem Tritt* ‖ ~ para cunetas *Drän-, Stech|spaten* m ‖ ~ rotatoria *Hackfräse* f ‖ **-dada** *f*, **-dazo** *m Spatenstich, Karsthieb* m ‖ **-dico** *m* Ar *Jäthacke* f ‖ **-dilla** *f Jäthacke* f ‖ **-dón** *m Hacke, Haue* f, *Karst* m *mit schmalem und gebogenem Grabscheit* ‖ *(Art) Spaten* m ‖ ~ de brazo *Handhacke, Handhackmaschine* f ‖ ~ de pico *Rodehacke* f ‖ ~ de tractor *Schlepperhacke* f ‖ ~ para cunetas, ~ para drenaje *Drän-, Stech|spaten* m
azado|nada *f Hieb* m *mit dem Karst* ‖ **-nar** vt *behacken, umgraben* ‖ **-nazo** *m Karsthieb, -stich* m ‖ **-nero** *m Karstarbeiter* m
azafata *f (Luft)Stewardeß* f ‖ ⟨Hist⟩ *Kammerfrau* f ‖ *Hofdame* f *der Königin* ‖ *Hostess* f ‖ Chi *Schüssel* f ‖ ~de exposición *Ausstellungshostess* f
azafate *m flaches, feingeflochtenes Körbchen* n ‖ fam *Kredenzteller* m ‖ *Teebrett* n
azafrán *m* ⟨Bot⟩ *(Echter) Safran* m (Crocus sativus) ‖ *Safranblüte* f ‖ *Staubgefäß* n *der Safranblüte (Gewürz)* ‖ *Safranfarbe* f ‖ ⟨Mar⟩ *Ruderschaft* m ‖ Mex ⟨Bot⟩ *Schmetterlingsstrauch* m (Buddleja spp) ‖ ~ bastardo, ~ romí *Saflor* m, *Färberdistel* f (Carthamus tinctorius) ‖ ~ de especia *Safranblüten* fpl ‖ ~ de los prados *Herbstzeitlose* f (Colchicum autumnale)
azafra|nado adj *safrangelb* ‖ *rot (Haar)* ‖ **-nal** *m Safranfeld* n ‖ **-nar** vt *mit Safran färben, würzen* ‖ **-nero** m/adj *Safranzüchter* m
azagadero *m Weg, Pfad* m *für das Vieh*
azagaya *f Wurfspieß* m
azahar *m Orangen-, Zitronen|blüte* f ‖ Mex *Apfelsine* f ‖ ~ del monte ⟨Bot⟩ Mex *Storaxbaum* m (Styrax sp) ‖ agua de ~ *Orangen-, Pomeranzen|blütenwasser* n ‖ flor de ~ *Orangenblüte* f *(Hochzeitsschmuck)*
azaharillo *m süße Feigenart* f *der Kanarischen Inseln*
azainado adj *treulos, hinterlistig*
azalea *f* ⟨Bot⟩ *Azalee, Azalie* f (Azalia spp)
azambado adj Am *mulattenähnlich*
azanahoriate *m in Zucker eingelegte Mohrrübe* f ‖ figf *geziertes Benehmen* n
azándar *m* And = *sándalo*
azanoria *f* ⟨Bot⟩ = *zanahoria*
azar *m unvermutete Begebenheit* f ‖ *blinder Zufall* m ‖ *Unglück* n *im Spiel* ‖ fig *Risiko* n ‖ ~es *mpl Wechselfälle* mpl ‖ *Zufälligkeiten* fpl ‖ al ~ *aufs Geratewohl, blindlings* ‖ por ~ *durch Zufall, zufällig* ‖ *vielleicht* ‖ juego de ~ *Glücks-, Hasard|spiel* n
ázar *m* And *Ahorn* m
azarar vt *erschrecken* ‖ *jdm den (bösen) Blick zuwerfen* ‖ ~se vr *im Spiel verlieren* ‖ *erschrecken* ‖ *Col erröten*
azarbe *m Bewässerungsrinne* f, *Drängraben* m
azarcón *m Mennige* f ‖ ⟨Mal⟩ *kräftige Orangefarbe* f
azarearse vr Guat Hond *erschrecken* ‖ *erröten* ‖ Chi *sich erzürnen, böse werden* (con *auf* acc)
azaro|lla *f* ⟨Bot⟩ Ar *Vogelbeere, Azerolbirne* f ‖ **-llo** *m* ⟨Bot⟩ Ar *Azerol-, Vogelbeer|baum* m, *Eberesche* f (Sorbus sp)
azaroso adj *unheilvoll* ‖ *gewagt, gefährlich, riskant*
azaya *f* ⟨Bot⟩ Gal *Schopflavendel, Welscher Lavendel* m (Lavandula stoechas)

azcarrio m ⟨Bot⟩ Al *Ahorn* m *(Acer* spp)
azcona f *Wurfspieß* m
azeotrópico adj *azeotrop*
aziliense adj: (período) ~ m *Azilien* n *(Kulturgruppe der Mittleren Steinzeit)*
ázimo adj *ungesäuert (Brot)* ‖ *azymisch*
azimut m → **acimut**
azinas fpl ⟨Chem⟩ *Azine* pl
azna|cho, -lla m *Rotfichte* f ‖ *(Zwerg)Fichte* f ‖ *Rotfichtenholz* n ‖ ⟨Bot⟩ *Heuhechel* f
azo|ar vt ⟨Chem⟩ *mit Stickstoff sättigen, aufsticken, nitrieren* ‖ **-ato** m ⟨Chem⟩ *Nitrat* n
azocalar vt Chi *mit e–r Fußleiste versehen (Wand)*
azocar [c/qu] vt ⟨Mar⟩ *an|ziehen, -binden (Taue usw)* ‖ Cu *et zu fest anbinden*
azocolorante m *Azofarbstoff* m
ázoe m = **nitrógeno**
azoemia f ⟨Med⟩ *Azotämie* f
azofaifa f = **azufaifa**
azófar m *Messing* n
azofra f *Frondienst* m
azogado adj *quecksilberartig* ‖ figf *unruhig, beweglich* ‖ *zappelig* ‖ *zitterkrank* ‖ ⟨Bgb, Med⟩ *quecksilberkrank (v. Quecksilberdämpfen)* ‖ ◊ *temblar como un* ~ figf *wie Espenlaub zittern (vor Angst)*
azogamiento m *Belag* m *mit Quecksilber* ‖ *Quecksilbervergiftung* f ‖ fig *große Unruhe und Furchtsamkeit* f
¹**azogar** [g/gu] vt *mit Quecksilber bestreichen* ‖ *belegen (Spiegel)* ‖ **~se** fam *zu zittern anfangen* ‖ fig *zappeln, überängstlich sein* ‖ *sich mit Quecksilber vergiften*
²**azogar** [g/gu] vt *löschen (Kalk)*
¹**azogue** m *Quecksilber* n ‖ *Belag* m *(Spiegel)* ‖ figf *unruhiger Mensch, Zappelphilipp, Quirl* m
²**azogue** m *Marktplatz* m
azoguero m *Quecksilberhändler* m ‖ ⟨Bgb⟩ *Amalgamiermeister* m
azoico adj: ⟨Chem⟩ *salpeter-, stickstoff|haltig* ‖ ⟨Geol⟩ *azoisch* ‖ (período) ~ ⟨Geol⟩ *Azoikum* n
azolar [-ue-] vt *dechseln*
azolea, -lia, -lla f ⟨Bot⟩ *Azolia* f
azol|var vt *verstopfen (Röhre)* ‖ **-ve** m *Schluff* m ‖ Mex *verstopfende Rückstände* mpl *(Röhre)*
azonzar [z/c] vt Am *dumm machen, verdummen* ‖ *betäuben*
azoospermia f ⟨Med⟩ *Azoospermie* f
azopilotado adj fam *einfältig*
azor m ⟨V⟩ *(Hühner)Habicht, Taubenfalke* m *(Accipiter gentilis)* ‖ △ *Meisterdieb* m
azora f *Sure* f, *Korankapitel* n
azora|da f Col = **-miento** ‖ **-do** adj *bestürzt* ‖ **-miento** m *Schrecken* m, *Bestürzung* f
azorar vt *erschrecken* ‖ *ängstigen* ‖ *verwirren* ‖ fig *reizen, ermutigen* ‖ **~se** *in Angst (od Verwirrung) geraten*
azorenco m Salv *Dummkopf, Tölpel* m
azoriniano adj *auf den span. Schriftsteller „Azorín" (J. Martínez Ruiz) bezüglich*
azorocarse vr Hond *sich fürchten vor* (dat)
azo|rramiento m *Benommenheit* f ‖ **-rrarse** vr *e–n schweren Kopf haben, benommen sein* ‖ pop *auf den Strich gehen* (→ **zorra**)
azorrea f ⟨Med⟩ *Azotorrhö* f
azorrillar vt Mex *in s–r Gewalt haben* ‖ *jdn ernieedrigen* ‖ vi Mex *den Mut verlieren, sich einschüchtern lassen* ‖ Mex *gerinnen (Milch)*
azota|calles m figf *Pflastertreter* m ‖ **-da** f *Peitschenhieb* m ‖ *Auspeitschung* f ‖ **-do** adj *bunt (bes. von Blumen)* ‖ *buntscheckig* ‖ ~ m = **-dor** ‖ **-dor** m *Geißler* m
azotaina f fam *Tracht* f *Prügel*
azota|lenguas f And ⟨Bot⟩ *Klette* f ‖ **-miento** m *Peitschen* n ‖ **-perros** m *Hundetreiber* m *(der Hunde aus der Kirche jagt)*

azotar vt *geißeln, peitschen* ‖ *(ver)prügeln* ‖ ◊ ~ *el aire* fig *sich vergebliche Mühe geben* ‖ *la lluvia le azota la cara der Regen schlägt ihm ins Gesicht*
azotato m: ~ *de amoniaco* ⟨Chem⟩ *Ammoniumnitrat* n
azo|tazo m *Peitschen-, Ruten|hieb* m ‖ *Schlag, Klaps* m *mit der Hand auf das Gesäß* ‖ **-te** m *Peitsche, Geißel* f ‖ *Rute* f ‖ *Peitschenhieb* m ‖ fig *Geißel, Landplage* f ‖ **~s** pl *Tracht* f *Prügel* ‖ ◊ *dar* ~ *a* fam *verprügeln (bes. Kinder)* ‖ ~ *y galeras* figf *ordinäre, eintönige Kost* f
azotea f *Söller* m, *flaches Dach* n ‖ *überdachter Fenstererker* m ‖ *Galerie* f ‖ *Altan, Balkon* m ‖ ~-*jardín Dachgarten* m, *Terrasse* f
azotera f Am *vielsträngige Peitsche* f ‖ Am *Peitschenhieb* m
azotina f fam = **azotaina**
azoturia f ⟨Med⟩ *Azoturie*
azre m = **arce**
azteca adj: *aztekisch* ‖ **~s** mpl *Azteken* mpl
azúcar m/f *Zucker* m ‖ fig *Süßigkeit* f ‖ ~ *en bruto Rohzucker* m ‖ ~ *dextrógiro rechtsdrehender, neutraler Zucker* m ‖ ~ *cande,* ~ *candi Zuckerkand* m ‖ *Kandiszucker* m ‖ ~ *cuadradillo Würfelzucker* m ‖ ~ *de bambú Bambusrohrzucker* m ‖ ~ *de caña Rohrzucker* m ‖ ~ *de fécula Stärkezucker* m ‖ ~ *de flor,* ~ *blanco Raffinade* f ‖ *feiner weißer Puderzucker, weißer Farin* m ‖ ~ *de fruta Fruchtzucker* m, *Fruktose* f ‖ ~ *de leche* ⟨Chem⟩ *Milchzucker* m, *Laktose* f ‖ ~ *de leña,* ~ *de madera Holzzucker* m ‖ ~ *de malta Maltose* f ‖ ~ *de pilón Hutzucker* m ‖ ~ *de plomo Blei|zucker* m, *-azetat* n ‖ ~ *de remolacha Rübenzucker* m ‖ ~ *de uva Traubenzucker* m, *Glukose, Glykose* f ‖ ~ *dorado,* ~ *dorada Kochzucker* m ‖ ~ *en terrones Würfelzucker* m ‖ ~ *forrajero,* ~ *forrajera Futterzucker* m ‖ ~ *invertido,* ~ *invertida Invertzucker* m ‖ ~ *levógiro,* ~ *levógira (saurer) linksdrehender Zucker* m ‖ ~ *molido,* ~ *en polvo Streuzucker* m ‖ *Zuckermehl* n ‖ *Puderzucker* m ‖ ~ *moreno,* ~ *negro Melassen-, Farin|zucker* m ‖ ~ *piedra grober Kristallzucker* m ‖ ~ *refinada,* ~ *refinado Raffinade(zucker* m) f ‖ ~ *semirrefinado,* ~ *semirrefinada brauner Zucker* m ‖ ~ *sin refinar Rohzucker* m ‖ *caña de* ~ *Zuckerrohr* n ‖ *fábrica de* ~ *Zuckerfabrik* f ‖ *pan de* ~ *Zuckerhut* m ‖ *tenacillas para* ~ *Zuckerzange* f ‖ **~es** mpl *Zuckerarten* fpl
azuca|rado adj *zuckersüß* (& fig) ‖ *zuckerhaltig* ‖ *gezuckert, zuck(e)rig* ‖ ~ *m Zuckern* n *(des Weines)* ‖ **-rar** vt *(über)zuckern* ‖ *zuckern (Wein)* ‖ figf *versüßen* ‖ **~se** *sich in Zuckerschleim verwandeln* ‖ **-rera** f *Zuckerdose* f ‖ Am *Zuckerfabrik* f
azucare|ría f *Zuckerfabrik* f ‖ Cu Mex *Zuckerladen* m ‖ **-ro** adj *zuckerhaltig* ‖ *Zucker-* ‖ *industria* ~**a** *Zuckerindustrie* f ‖ *remolacha* ~**a** *Zuckerrübe* f ‖ ~ *m Zuckerbäcker* m ‖ *Zuckerstreuer* m *(Tischgerät)* ‖ *Zuckerdose* f
azucarí adj And *gezuckert, zuckersüß*
azucarillo m *leichtes schwammiges Zuckergebäck* n *in Stangen (zum Wasserversüßen)*
azucena f *Madonnenlilie, (weiße) Lilie* f *(Lilium candidum)* ‖ ~ *del bosque Lilienjasmin* m ‖ ~ *de agua Sal Seerose* f ‖ ~ *de fuego Feuerlilie* f *(Lilium bulbiferum)* ‖ ~ *marina Meerlilie* f ‖ *rostro de* ~ fig *unschuldiges Gesicht* n ‖ ◊ *perder la* ~ fig *die Jungfräulichkeit verlieren*
azuche m ⟨Ing⟩ *Pfahlschuh* m
azud m, **azuda** f *alte Wasserpumpe* f *zur Feldberieselung, Wasser-, Schöpf|rad* n ‖ *Stauschleuse* f, *Flußwehr* n
azuela f *Dechsel* f ‖ *Hacke, Krummhaue* f ‖ ~ *(de carpintero) Zimmermannsdechsel* f
azufai|fa f *Rote Brustbeere* f ‖ **-fo** m *Roter Brustbeerbaum* m, *Jujube* f *(Ziziphus jujuba*

azu|frado adj *schwefelartig* ‖ *schwefelig* ‖ *geschwefelt* ‖ *schwefelgelb* ‖ ~ *m Schwefeln* n *(des Weines)* ‖ **-fral** *m Schwefelgrube* f ‖ **-frar** vt *schwefeln (auch z. B. Wein)* ‖ *in Schwefel tauchen* ‖ **-fre** *m Schwefel* m ‖ ~ amorfo *amorpher Schwefel* m ‖ ~ combinado *gebundener Schwefel* m ‖ ~ en barras *Stangenschwefel* m ‖ ~ en estado libre *freier Schwefel* m ‖ ~ oxigenado *Schwefeloxid* n ‖ ~ plástico *plastischer Schwefel* m ‖ ~ sublimado *Schwefelblüte, -blume* f ‖ ~ vegetal *Bärlapp-, Hexen\mehl* n ‖ **-frera** *f* ⟨Bgb⟩ *Schwefelgrube* f ‖ **-froso** adj *schwefelhaltig*
azul adj *blau* ‖ ~ *m Blau* n, *blaue Farbe* f ‖ ~ añil *Indigoblau* n ‖ ~ celeste *Himmelblau* n ‖ ~ claro, ~ zarco *hellblau* ‖ ~ (de) cobalto *Kobaltblau* n ‖ ~ de girasol *Saftblau* n ‖ ~ de Heidelberg *Heidelbergblau* n ‖ ~ de lavado *Wasch-, Neu\blau* n ‖ ~ de metileno *Methylenblau* n ‖ ~ de montañas *Kupfer\blau* n, *-lasur* f ‖ ~ de Prusia *Berliner Blau, Preußisch Blau* n ‖ ~ marino *marineblau* ‖ ~ Nilo *Nilblau* n ‖ ~ oscuro *dunkel-, tief\blau* ‖ ~ pálido *blaß-, licht\-blau* ‖ ~ real *Königsblau* n ‖ ~ sólido *echt-, stabil\blau* ‖ ~ turquí *Türkisblau* n ‖ ~ ultramar (-ino) *Ultramarinblau* n ‖ acritud ~ ⟨Metal⟩ *Blaubruch* m, *-brüchigkeit, -sprödigkeit* f ‖ recocido ~ ⟨Metal⟩ *Blauglühen* n ‖ ◊ revenir al ~ ⟨Metal⟩ *blau anlassen* ‖ fam me dieron el ~ fig *ich habe e-n blauen Brief bekommen*
azu|lado, -leante adj *bläulich* ‖ **-lar** vt *blau färben* ‖ **-lear** vi *ins Blaue spielen*

azule|jar vt *mit Fliesen belegen* ‖ **-jería** *f Beruf* m *des Fliesenlegers* ‖ **-jero** *m Fliesenleger* m ‖ *Fliesenhersteller* m
azu|lejo m *(ursprünglich blaue) Porzellanfliese* f *(zur Wandbekleidung)* ‖ *Wand\platte, -fliese* f ‖ *(Ofen)Kachel* f ‖ *blaue Kornblume* f ‖ *allgemeine Bezeichnung* f *für blaugefiederte Vögel* ‖ ⟨V⟩ *Bienenfresser* m ‖ ⟨V⟩ *dunkelblauer Bischof* m (Cyanocompsa cyanea) ‖ ⟨V⟩ *blauer Kardinal* m (Guiraca caerulea) ‖ *Indigofink* m (Passerina cyanea) ‖ ~ adj *bläulich* ‖ Am *blauweiß (Pferd)* ‖ **-lenco** adj *bläulich* ‖ **-lete** *m bläulicher Glanz* m ‖ Ar *Waschblau* n ‖ **-lillo** *m* Ven *Waschblaulösung* f ‖ **-lona** *f (Art) Taube* f *der Antillen* ‖ **-loso, -lino** adj *bläulich*
azulgrana adj *blaurot*
azumagarse vr Chi *verschimmeln* ‖ *rostig werden (Metalle)*
azumbrado adj fam *beschwipst*
azumbre *f Flüssigkeitsmaß (= 4 cuartillos = 2,016 Liter)*
azur adj/s ⟨Her⟩ *blau* ‖ *azurn, azurblau*
azurita *f* ⟨Min⟩ *Azurit, Lasurstein, Lapislazuli* m
azurumbado adj Guat Hond *unbesonnen, leichtsinnig* ‖ Mex *beschwipst*
azut m Ar ~ azud
azu|zador *m Hetzer, Scharfmacher* m ‖ ~ de un partido *Einpeitscher* m *e-r Partei* ‖ **-zar** [z/c] vt *(an)ketten (Hunde)* ‖ fig *necken, reizen* ‖ **-zón** *m* figf *Hetzer, Zwietrachtsstifter* m

B

b *f* **b** *n* ‖ ~ por ~ *haarklein*
B. Abk = **Beato** ‖ = **Bueno** *(Prüfungsnote)*
Abk = **bajo** ‖ = **bacilo** ‖ = **bacteria** ‖ = **bar**
B.ª Abk = **Bautista**
¹**baba** *f Schleim, Geifer* m ‖ *Abfall* m *von Rohseide* ‖ fam *Bestie* f ‖ ◊ *caérsele a uno la* ~ figf *mit offenem Munde dastehen* ‖ *sterblich verliebt sein, vernarrt sein, sich vergaffen* (con *in* acc) ‖ *tener la* ~ △ *betrunken sein* ‖ *echar* ~s *geifern*
²**baba** *f (Art) südam. Alligator, Kaiman* m (Caiman crocodilus = sclerops)
baba|dor, –dero m *(Kinder) Lätzchen, Geifertuch* n ‖ fam *Vorstecktuch* n *beim Barbieren* (→ a **babero**) ‖ **–ssú** m Bras ⟨Bot⟩ *Riesenpalme* f ‖ **–stibias** m fam Ec *Tölpel, Pantoffelheld* m ‖ **–za** *f Schaum, dicker Schleim* m ‖ ⟨Zool⟩ *Nacktschnecke* f (→ **babosa**)
babayo m Ast Am *Tölpel* m
babazorro adj/s *aus Alava* ‖ Ar *derb* ‖ ~ m fam *Grünschnabel* m, *Rotznase* f
babear vi *geifern* ‖ fam *bis über die Ohren verliebt sein* ‖ *übertreiben, hofieren,* fam *(um e–e Frau) herumscharwenzeln*
Ba|bel *Babel* ‖ ≃ m/f figf *Wirrwarr* m, *Durcheinander* n, *Unordnung* f ‖ *Sprachverwirrung* f ‖ ≃**bélico** adj fig *wirr*
babe|o m *Geifern* n ‖ **–ra** f *Kinnstück* n *am Helm* ‖ **–ro** m *Geifertuch,* (*Kinder) Lätzchen* n ‖ fam *Grünschnabel* m
Babia *f Babia* f, *Berggegend in León* ‖ ◊ *estar en* ~ figf *mit den Gedanken abschweifen*
babichas fpl Mex *Überreste* mpl
Babieca m *Name des Rosses des Cid* ‖ ≃ *Einfaltspinsel, Dummkopf* m (& adj)
babilar m *Klapperstock* m *in der Mühle*
babilejo m Col *(Maurer) Kelle* f
Babi|lonia *f Babylon* ‖ ≃ figf *Unordnung, Verwirrung* f ‖ ≃**lónico** adj *babylonisch* ‖ fig *lärmend, geräuschvoll* ‖ *prächtig* ‖ *wirr* (= **babélico**) ‖ fig *verderbt* ‖ ≃**lonio** adj *babylonisch* ‖ ~ m *Babylonier* m
babilla *f Kniescheibe* f *(Vierfüß[l]er)* ‖ Mex *Kallus* m, *Knochenschwiele* f
babitonto adj *erzdumm*
bable m/adj *asturische Mundart* f
babi|ney m Am *Pfütze* f ‖ *morastiger Boden* m ‖ **–rusa** m ⟨Zool⟩ *Hirscheber, Babiru(s)sa* m (Babirussa babirussa)
babor m ⟨Mar⟩ *Backbord* n ‖ ¡a ~ todo! *hart Backbord!*
babo|sa *f Weg-, Nacktschnecke* f ‖ Ar *Samenzwiebel* f ‖ Ar *Blumenzwiebel* f ‖ ⟨Agr⟩ *Malvasier|traube* bzw *-rebe* f ‖ Ven *Geiferschlange* f ‖ Col Cu ⟨Vet⟩ *Leberseuche* f *(des Rindviehs) (auch deren Erreger)* ‖ ⟨Bot⟩ *Brackendistel* f ‖ ⟨Zool⟩ *Schleimfisch* m ‖ ⟨Taur⟩ *harmloser Stier* m ‖ △ *Seide* f ‖ **–sada** f MAm *verachtenswerte Person* bzw *Sache* f ‖ Guat *Dummheit* f ‖ *Schüchternheit* f ‖ **–sear** vt/i *(be)geifern* ‖ figf *bis über die Ohren verliebt sein* (con *in* acc) ‖ ⟨Typ⟩ *schmutzen* ‖ Mex *betasten* ‖ *jdn verspotten* ‖ Guat *betrügen* ‖ *auf den Straßen herumlaufen* ‖ **–seo** m *Geifern* n ‖ figf *Hofieren, Beschwatzen* f ‖ **–silla** f *Nacktschnecke* f ‖ **–so** adj *geifernd* ‖ *stotternd, stammelnd* ‖ figf *sinnlos verliebt* ‖ figf *leicht entflammbar* ‖ Am *dumm, tölpelhaft* ‖ *gauner|haft, -isch* ‖ Pe *kraftlos* ‖ ~ m *(Art) Schleimfisch* m ‖ figf *Grünschnabel* m, *Rotznase* f ‖ fam *Schmuser* m ‖ **–yana** f Cu ⟨Zool⟩ *kleine Eidechse* f

babucha *f Babusche* f ‖ *Schlappschuh* m ‖ *Pantoffel* m *(ohne Kappe und Hacke)* ‖ Mex *Damenschuh* m *aus Tuch mit Lederspitzen* ‖ ~s fpl Cu *breite Hosen* fpl ‖ ◊ *ir a* ~ *huckepack getragen werden*
babuino m ⟨Zool⟩ *Babuin* m (Papio cynocephalus) ‖ fig *häßlicher* od *dummer Mensch* m
babujal m Cu *Dämon* m
babunuco m Cu *Tragwulst* f *der Neger*
baby m engl *Baby, Kind* n ‖ *Kittel* m *(für Kinder)* ‖ *Kleiderschürze* f ‖ ~**-sitter** m *Babysitter* m
¹**baca** *f Beere* f *(vom Lorbeerbaum, Wacholder usw)* ‖ *Kettenring* m ‖ *weißes, glänzendes Metall* n
²**baca** *f (lederne) Plane, Wagendecke* f ‖ *Gepäckträger* m *(auf dem Wagendach)* ‖ *Dach, Verdeck* n *(Postwagen, Autobusse)* ‖ *Kutschkasten* m
³**baca** *f* pop AAm: ◊ *dar* ~ *Gegendampf geben (Maschinisten)*
baca|lada *f Klippfisch* m ‖ **–ladero** adj/s: *flota* ~a ⟨Fi⟩ *Kabeljaufangflotte* f ‖ ~ m *Kabeljaufangschiff* n ‖ **–lao, –llao** m *Kabeljau, Dorsch* m (Gadus morrhua) ‖ *(frisch getrocknet:) Stockfisch* m ‖ *(gesalzen getrocknet:) Klippfisch* m ‖ ⟨Mar⟩ *Besanstagsegel* n ‖ Chi *Geizhals* m ‖ ~ *frescal frischer Kabeljau* ‖ con ~ *fam klapperdürr* ‖ ◊ *cortar el* ~, *partir el* ~ fig *die Oberhand gewinnen* ‖ *das Regiment führen, das Zepter schwingen* ‖ *den Ton angeben, die erste Geige spielen*
bacán m Arg Bol pop *Geliebte(r)* m ‖ Arg Col *Betuchte(r)* m
bacanal *f fig lärmendes Trinkgelage* n ‖ ~es fpl *Bacchanalien* npl, *Bacchusfeste* npl
bacante *f Bacchantin* f ‖ fig *betrunkenes* bzw *lüsternes Weib* n
bacar(r)á m ⟨Kart⟩ *Bakkarat* n
bacelar m *Weinlaube* f
bace|ra *f* ⟨Vet⟩ *Milzbrand* m ‖ **–ta** *f Stock* m *(im Kartenspiel)*
bacía *f Becken* n, *Napf* m ‖ ~ *de barbero Barbierbecken* n
baciforme adj *beerenförmig*
báciga *f* ⟨Kart⟩ *Dreiblatt* n
baci|lar adj *stabförmig* ‖ *stengelig* ‖ *Bazillen-* ‖ *toxina* ~ *Bazillengift* n ‖ **–lemia** *f* ⟨Med⟩ *Bazillämie* f ‖ **–liforme** adv *stäbchen-, bazillen|förmig, Stäbchen-* ‖ **–lo** m ⟨Med⟩ *Bazillus* m ‖ *búlgaro Joghurtbazillus* m ‖ ~ *coli Kolibazillus* m ‖ ~ *coma,* ~ *virgula Komma-, Cholera|bazillus* m ‖ ~ *de Eberth,* ~ *tífico Typhusbazillus* m ‖ ~ *de Koch,* ~ *tuberculoso Kochscher Bazillus* m ‖ *portador de* ~s *Bazillenträger* m ‖ **–losis** *f* ⟨Med⟩ *Bazillose* f ‖ **–luria** *f* ⟨Med⟩ *Bazillurie* f
bacín m *Nachtgeschirr* n ‖ *Stechbecken* n ‖ → a **bacía, bacineta** ‖ pop *Scheißkerl* m
baci|nero m *Almosensammler* m ‖ **–neta, –na, –nilla** *f kleines Becken* n ‖ *Almosenbecken* n ‖ **–nete** m *Sturmhaube* f, *Sturmhut* m ‖ *Pickelhaube* f ‖ *Sturmhaubenträger* m ‖ ⟨An⟩ *Becken* n
background m Am *Background* m *(Lebenserfahrung)*
Baco m *Bacchus* m *(der Weingott)* ‖ figf *Wein* m
bacón, bacon m engl *(Frühstücks) Speck* m
baconar vt *salzen und räuchern (Fisch)*
baconi|ano adj ⟨Philos⟩ *baconisch* ‖ **–(an)ismo** m ⟨Philos⟩ *Baconismus* m, *Lehre* f *Francis Bacons*
bacteria *f Bakterie* f, *Bakterium* n, *Spaltpilz* m ‖ ~ *intestinal Darmbakterie* f ‖ ~ *luminosa*

Leucht-, Photo|bakterie f ‖ ~ patógena *krankheitserregende Bakterie* f ‖ ~ piógena *Eiterbakterie* f ‖ ~ de prueba, ~ de test *Testbakterie* f ‖ ~ tóxica *toxische Bakterie* f
bacte|riano, -rial, bactérico adj *bakteriell, Bakterien-* ‖ cultivo ~ *Bakterienkultur* f ‖ **-ricida** adj/s *bakterizid, keimtötend* ‖ ~ m *Bakterizid* n
bacte|riemia f ⟨Med⟩ *Bakteriämie* f ‖ **-riófago** adj/s *bakteriophag* ‖ **-riolisis, -riólisis** f ⟨Med⟩ *Bakteriolyse* f ‖ **-riología** f *Bakteriologie* f ‖ **-riológico** adj *bakteriologisch* ‖ **-riólogo** m *Bakteriologe* m ‖ **-riosis** f ⟨Med⟩ *Bakteriose* f ‖ **-riuria** f ⟨Med⟩ *Bakteriurie* f
baculiforme adj *stabförmig* ⟨& Biol⟩
báculo m *Stab, Stock* m ‖ ⟨Mar⟩ *Jakobsstab* m ‖ fig *Stütze* f ‖ ~ pastoral, ~ episcopal *Hirten-, Bischofs|stab* m ‖ ~ de la vejez fig *Altersstütze* f
ba|che m *Unebenheit* f *des Weges* ‖ *(ausgefahrene) Radspur* f ‖ *Schlagloch* n *(im Pflaster)* ‖ ⟨Flugw⟩ *Luftloch* n, *Tiefbö* f ‖ fig *Tiefpunkt* m, *Schwierigkeit* f (→ a *fallo*) ‖ **-cheado** adj *mit vielen Schlaglöchern (Straße)* ‖ **-chear** vt *Schlaglöcher ausbessern*
bachich|a, ~e m Am Arg *(Spottname für) Italiener* m bzw *für das Italienische* n ‖ Mex *Zigarettenstummel* m
bachi|ller m *Abiturient* m ‖ figf *Schwätzer* m ‖ ~ en artes *Abiturient, Bakkalaureus* m ‖ título *(od certificado) de* ~ = **bachillerato** ‖ **-llera** f figf *Blaustrumpf* m ‖ **-llería** f *Schwätzerei* f ‖ *leere Schwätzerei* f ‖ **-llerarse** vr *die Reifeprüfung machen* ‖ **-llerato** m *Abitur* n ‖ *Reifeprüfung* f ‖ ~ elemental *etwa: mittlere Reife* f ‖ ~ laboral *geisteswissenschaftliche und fachliche Ausbildung* f *an e-r Art Fachgymnasium für künftige Landwirte, Seeleute usw (in Span seit 1949)* ‖ ~ laboral elemental (superior) *mittlere Reife* f *(Abitur* n) *des Fachgymnasiums* ‖ ~ superior *Reifeprüfung* f, *Abitur* n ‖ estudiante de ~ *Gymnasiast, Oberschüler* m
bachille|rear vi fam *in den Tag hineinschwatzen, klugreden* ‖ Mex *jdn (ständig) mit dem Doktortitel anreden* ‖ **-ría** f fam *leeres Geschwätz* n, *Geschwätzigkeit* f ‖ fam *Unsinn* m, *dummes Zeug* n ‖ **-ro** adj *geschwätzig* ‖ ~ m *Schwätzer* m
bachure adj Ven *säbelbeinig*
bada|jada f *Schlag* m *des Glockenschwengels* ‖ figf *albernes Geschwätz* n ‖ **-jear** vi figf *in den Tag hinein reden*, fam *quasseln* ‖ **-jo** m (León: **-llo**) *Glockenschwengel, Klöppel* m ‖ figf *alberner Schwätzer* m ‖ **-jocense, -joceño** adj/s *aus Badajoz*
badal m Ar *Fleisch* n *des Schlachtviehs an Schultern und Rippen*
badallar vi Ar *gähnen*
badán m *Rumpf* m *(e-s Tieres)*
badana f *gegerbtes Schafleder* n ‖ *gefärbtes Leder* n *zum Einbinden der Bücher* ‖ *hirschlederartiger Stoff* m ‖ fig *einfältiger Mensch* m ‖ media ~ ⟨Buchb⟩ *Halbfranzband* m ‖ ◊ *zurrar la* ~ *a alg.* figf *jdm das Fell gerben, jdn durchprügeln*
badea f *wässerige Melone* bzw *Gurke* f ‖ SAm ⟨Bot⟩ *Riesengranadilla* f (Passiflora quadrangularis) ‖ figf *gehaltlose Sache* f ‖ figf *Waschlappen* m
badén m *natürliche Regenrinne* f ‖ *(unter der Straße verlegt) Abzugskanal* m ‖ ⟨StV⟩ *Querrinne* f
baderna f ⟨Mar⟩ *Serving* f
badián m ⟨Bot⟩ *Badian* m, *Sternmagnolie* f (Magnolia stellata) ‖ *Echter Sternanis* m (Illicium verum)
badil m *Schürkelle, Feuerschaufel* f ‖ *Schüreisen* n ‖ *Rührkelle* f
badi|la f *Feuerschaufel* f *für das Kohlenbecken*, *Ofenschaufel* f ‖ ◊ *dar a uno con la* ~ *en los nudillos* prov *jdn derb anfahren, rügen*, fam *jdm auf die Finger klopfen* ‖ **-lejo** m *Maurerkelle* f

badín m ⟨Flugw⟩ *Fahrtmesser* m
badina f Ar *Pfütze* f
bádminton m ⟨Sp⟩ *Badminton* n
badomía f *Unsinn* m
badulaque m *(Art) Schminke* f ‖ fam *Dummkopf, Maulaffe* m (& adj) ‖ *Stümper, Pfuscher* m ‖ Chi *Schelm* m
badulaquear vi *Schurkereien treiben*
baffle m engl ⟨Filmw⟩ *Schallschluckhülle* f ‖ ⟨Phys Ak⟩ *Schallschirm* m ‖ ⟨Radio⟩ *Schallwand* f
baga f *Samenkapsel* f *des Flachses* ‖ Ar *(Pack) Strick* m
bagaje m *(Feld)Gepäck* n ‖ *Lasttier* n ‖ ⟨Mil⟩ *Train* m ‖ ⟨Mil⟩ *Troß* m ‖ fam *Ballast* m ‖ ~ intelectual *geistiges Rüstzeug* n
bagaje|ría f *großer Haufen Gepäck* ‖ **-ro** m *Pack-, Troß|knecht* m
bagar [g/gu] vi *Samen ansetzen (Flachs)*
bagasa f *Dirne* f
bagatela f *Kleinigkeit, Bagatelle* f ‖ *Lappalien* fpl ‖ Chi Pe *(Art) Tafelbillard* n
bagazo m *Bodensatz* m, *Trester* m, *Preßrückstände* mpl ‖ *Bagasse* f, *Zuckerrohrabfall* m ‖ Cu PR fig *minderwertiger Bursche* m ‖ ~ de aguardiente *Schlempe* f
bago m Sal *Hürde* f, *Acker* m *(Wein-)Traubenkern* m
bagr|e m ⟨Fi⟩ *Bagrewels* m (Silurus spp) ‖ fig *häßliche Frau* f ‖ CR *Dirne, Hure* f ‖ Bol Col Chi Ec fig *lästiger Mensch* m ‖ *widerlicher Kerl* m ‖ Hond Salv adj/s *klug* ‖ **-io** m Chi *Gruppe* f *häßlicher Frauen*
bagual adj/s Arg *wild (Vieh)* ‖ Chi fam *dummer Flegel* m ‖ **-ada** f Arg *Pferdetrupp* m ‖ Arg *Unsinn* m, *dummes Zeug* n
baguarí m ⟨V⟩ *Amerika-Nimmersatt* m (Mycteria americana)
baguio m Fil *Wirbelsturm* m
bagullo m Sal *Traubenschale* f
¡bah! *Ausdruck der Gleichgültigkeit: bah! ach was!*
baharí [pl -íes] m *(Art) Baumfalke* m
bahía f ⟨Mar⟩ *Bai, Bucht* f ‖ ⟨Geogr⟩ *Bahia (Bundesstaat Brasiliens)* ‖ **≃ Blanca** *arg. Stadt* ‖ ~ de esclusa ⟨Tech⟩ *Vorschleuse* f
bahorrina f fam *Schmutz, Unrat* m ‖ figf *Gesindel* m
bahúno adj *niederträchtig, gemein, niedrig*
¹**baila** f *Tanz* m ‖ *Tanzbelustigung* f
²**baila** f ⟨Fi⟩ *Meersau* f (Scorpaena scrofa) (→ **raño**)
baila|ble adj ⟨Mus⟩ *tanzbar* ‖ música ~ *Tanzmusik* f ‖ ~ m ⟨Th⟩ *Tanzstück* n, *Tanz* m ‖ *Tanzplatte* f ‖ de moda *Tanzschlager* m ‖ **-dero** m prov *Tanzplatz* m ‖ **-dor** m/adj (pop **-or**) *Volks-* bzw *Flamenco|tänzer* m ‖ ojos ~es mpl *bewegliche Augen* npl ‖ **-dora** f (pop **-ora** f) *Volks-* bzw *Flamenco|tänzerin* f
bailar vt/i *(vor)tanzen* ‖ *kreisen* ‖ *tänzeln (Pferd)* ‖ ⟨Typ⟩ *locker sein (Satz)* ‖ ⟨Tech⟩ *Spiel haben* ‖ fig *sich innerlich erregen* ‖ △ *stehlen*, pop *klauen*, fam *stibitzen* ‖ ◊ ~ *el agua delante* figf *sich zerreißen, um jdm zu gefallen* od *jdn zu bedienen* ‖ ~ *con la más fea* figf *in den sauren Apfel beißen (müssen)* ‖ ~ *al son que se toca* figf *mit den Wölfen heulen, das Mäntelchen nach dem Wind hängen* ‖ *sacar a* ~ *zum Tanze auffordern* ‖ ¡que baile! pop *fort mit ihm! ab!* ‖ ¡otro que tal baila! figf *auch so einer! noch einer von der Sorte!*
baila|rín m *(Ballett)Tänzer* m ‖ *Wirbelkäfer* m *(Wasserkäfer)* ‖ Chi *Tanzvogel* m ‖ **-rina** f *Ballettänzerin* f ‖ *(Art) Weinglas* n
¹**baile** m *Tanz* m ‖ *Tanzfest* n, *Ball* m ‖ *Tanzstück, Ballett* n ‖ △ *Dieb* m ‖ ~ de botón *(od cascabel) gordo,* ~ de candil *volkstümliche Belustigung* f, fam *Schwof* m ‖ *Bauerntanz* m ‖

~ de etiqueta *Galaball* m ‖ ~ guerrero *Kriegstanz* m ‖ ~ de máscaras, ~ de disfraces *Maskenball* m ‖ ~ popular, ~ regional *Volkstanz* m ‖ ~ de San Vito ⟨Med⟩ *Veitstanz* m ‖ ~ de salón, ~ de sociedad *Gesellschaftstanz* m ‖ lección de ~ *Tanzstunde* f ‖ maestro de ~ *Tanzmeister* m
²**baile** m ⟨Hist⟩ *Amtmann* m ‖ *Amtsrichter* m ‖ *Landvogt* m ‖ *Schultheiß* m
bailecito m dim v. **baile**
Bailén m *Stadt in Andalusien*
bailete m *Tanzeinlage, kurze Tanzvorführung* f ‖ = **ballet** ⟨bes. Th⟩
bailía f *Amtmannschaft* f
bailón adj fam *tanzlustig*
bailote|ar vi *hüpfen, hopsen,* pop *schwofen* ‖ –o m s v. **-ar** ‖ ~ de las ruedas ⟨Aut⟩ *Flattern* n *der Lenkräder*
bainita f ⟨Metal⟩ *Bainit* m
baja f *Fallen, Sinken* n ‖ *Geschäftsrückgang* m, *Flaute* f ‖ *Steuernachlaß* m ‖ *Preisrückgang* m ‖ *Baisse* f *(Börse)* ‖ *Tod(esfall)* m ‖ ⟨Mil⟩ *Fehl-, Versäumnisliste* f ‖ *Verlust, Kriegsverlust* m ‖ ⟨Mil⟩ *Lazarettschein* m ‖ *Entlassung* f *(aus dem Dienst)* ‖ *Entlassungsschein* m ‖ ⟨Mar⟩ *sinkende Flut, Ebbe* f ‖ *Cu Absicht* f, *Vorhaben* n ‖ movimiento de ~ *rückläufige Bewegung* f ‖ *Abnahme* f ‖ ◊ dar ~ *an Wert sinken (Sache)* ‖ dar de ~ ⟨Mil⟩ *als abwesend od fehlend vermerken* ‖ *aus der Rangliste streichen (Beamte usw)* ‖ fig *für krank od untauglich erklären,* pop *krank schreiben* ‖ *ausscheiden, streichen* ‖ *abmelden* ‖ *ausschließen* ‖ darse de ~ fig *austreten, sich streichen lassen (aus e–m Verein, e–r Liste usw)* ‖ dar de ~ provisional ⟨Mil⟩ *zurückstellen (bei der Musterung)* ‖ estar de ~ fig *im Weichen sein* ‖ estar de ~ por enfermedad *krank geschrieben sein* ‖ jugar a la ~ *à la Baisse spielen (Börse)* ‖ seguir en ~ *immer im Abnehmen sein* ‖ ser ~ ⟨Mil⟩ *s–n Abschied genommen haben* ‖ *entlassen worden sein* ‖ *ausgetreten sein* ‖ los precios tienden a la ~ *die Preise neigen zum Fallen* ‖ **–s** fpl ⟨Mil⟩ *Kriegsverluste* mpl
bajá [pl **-aes**] m *Pascha* m & fig ‖ ⟨Marr⟩ *Stadtgouverneur* m
baja|da f *Hinabsteigen* n, *Abstieg, Hinabmarsch* m ‖ *Berg|abhang* m, *-halde* f ‖ *abschüssiges Gelände* n ‖ ⟨Flugw⟩ *Herunter-, Nieder|-gehen* n ‖ ⟨Arch⟩ *abschüssiges Gewölbe* n ‖ *abschüssige Straße* f ‖ ⟨Bgb⟩ *Einfahrt* f ‖ ⟨Sp⟩ *Abfahrt* f ‖ ~ de aguas *Fallrinne* f ‖ ~ de antena ⟨Radio⟩ *Antennenableitung* f ‖ la ~ a los abismos *(od* a los infiernos) *die Höllenfahrt* ‖ **–dero** m *Sal abwärtsführender Weg* m ‖ **–dizo** adj *gangbar*
bajagua f *Mex schlechter Tabak* m
bajalato m *Paschalik* n ‖ *Paschawürde* f
△**baja|manero** m *Dieb* m ‖ **–mano** adv *unter dem Arm* ‖ **–mar** f ⟨Mar⟩ *Tief-, Niedrig|wasser* n, *Ebbe* f ‖ **–mente** adv *niederträchtig* ‖ *verächtlich* ‖ **–muelles** adj/s *Chi verdauungsfördernd(es Mittel* n) ‖ **–nte** m: ~ de aguas *Fallrinne* f ‖ ~ de tubo *Abflußrohr* n
bajar vt *herab-, herunter|nehmen* ‖ *herab-, herunter|lassen* ‖ *herunterbringen* ‖ *heruntersenken* ‖ *herunterschlagen (Rockkragen)* ‖ *fallen lassen (Frauenrock)* ‖ *bücken, neigen* ‖ *herab|setzen, -drücken (Preis)* ‖ *ab|ziehen, -rechnen* ‖ *stark auswirken (Huf)* ‖ *dämpfen, senken (Stimme)* ‖ *herabsetzen (Fieber)* ‖ *niederschlagen (Augen)* ‖ Arg Cu *bezahlen* ‖ ◊ ~ un bote ⟨Mar⟩ *ein Boot fieren* ‖ ~ la cabeza *den Kopf senken* ‖ fig *nachgeben* ‖ fig *sich demütigen* ‖ fig *sich schämen* ‖ ~ la cuesta *e–n Abhang hinabsteigen (od hinunter|gehen* bzw *-fahren)* ‖ ~ los humos, ~ los bríos, ~ el gallo (a algn) fig *(jds) Stolz beugen,* fam *(jdm) die Flügel stutzen* ‖ *(jdn) demütigen* ‖ ~ las luces *abblenden* ⟨& Aut⟩ ‖ fig *den Stolz beugen* ‖ ~ la mano fig *milder*

verfahren ‖ ~ los ojos, ~ la vista *die Augen niederschlagen, senken* ‖ *zu Boden schauen* ‖ ~ las orejas figf *demütig nachgeben* ‖ fam *ducken* ‖ ~ el punto a a/c fig *et mäßigen* ‖ ~ vi *sinken* ‖ *herunter-, hinabgehen* ‖ *hinunterfahren (e–n Strom)* ‖ *ab-, aussteigen (aus dem Wagen)* ‖ *fallen (Barometer, Preise)* ‖ *leiser werden (Stimme)* ‖ *nachlassen, abnehmen* ‖ *ver|bleichen, -schießen (Farben)* ‖ *landen (Flugzeug)* ‖ ⟨Bgb⟩ *einfahren* ‖ ◊ ~ del cielo *vom Himmel herabkommen* ‖ ~ a la calle *auf die Straße hinuntergehen* ‖ ~ a tierra ⟨Mar⟩ *an Land steigen* ‖ le han bajado las carnes *er ist mager geworden* ‖ *bajando bergab (gehend)* ‖ **–se** *sich herunterlassen, hinunter-, herabsteigen* ‖ *absteigen (vom Pferde)* ‖ *aussteigen (aus dem Wagen)* ‖ *sich bücken* ‖ *sich senken* ‖ *sinken* ‖ fig *sich mäßigen* ‖ *sich herabwürdigen, sich erniedrigen* ‖ Arg *absteigen (Hotel)*
baja|reque m *Cu arme Hütte* f ‖ *Guat Hond Pfahlwand* f *mit Rohrgeflecht (mit Lehm verschmiert)* ‖ **–tivo** m Arg *(Gläschen* n) *Verdauungslikör* m (→ a **bajamuelles)**
*****bajel** m *(See)Schiff* n ⟨& poet⟩
baje|ño adj Arg *aus der Tiefebene* ‖ **–ra** f Mex MAm *Grumpen* pl *(Tabak)* ‖ allg *schlechter Tabak,* fam *Knaster* m ‖ Am fig *Null, Niete* f *(Person)* ‖ **–ro** adj *Unter-* ‖ falda ~ a *Unterrock* m *der Frauen* ‖ **–te** m fam *Knirps* m ‖ ⟨Mus⟩ *Bariton* m
bajeza f *Niederträchtigkeit* f ‖ *Erbärmlichkeit* f ‖ *Niedrigkeit* f *vor Gott*
bajial m Am ⟨Mar⟩ *Meeresstelle* f *mit vielen Untiefen und Sandbänken* ‖ Mex Pe Ven *Tiefland* n *(mit Winterüberschwemmung)*
bajío m ⟨Mar⟩ *Untiefe, Sandbank* f ‖ Am *Tiefland* n ‖ ◊ dar (un) ~ *an Gunst, Macht verlieren* ‖ *auf Hindernisse stoßen*
¹**bajista** m/adj *Baissier, Baissespekulant* m *(Börse)* ‖ fig *Miesmacher* m ‖ tendencia ~ *Baissetendenz* f
²**bajista** m/adj *Cello-, Baßspieler* m (v. **bajo**)
bajito adj/adv = dim v. **bajo**
¹**bajo** adj *niedrig, tief(gelegen)* ‖ *klein (von Wuchs)* ‖ *kurzfüßig (Tiere)* ‖ *platt, dünn* ‖ *gebückt, gesenkt (Kopf, Augen)* ‖ *tieferliegend (Land)* ‖ *seicht (Ufer, Strand)* ‖ *matt (Farben)* ‖ fig *schlecht* ‖ *tief (Ton)* ‖ *leise (Stimme)* ‖ *früh fallend (Feste)* ‖ *platt (Stil)* ‖ *wertlos* ‖ fig *knechtisch* ‖ fig *niedrig, gemein* ‖ fig *niederträchtig* ‖ ~ de estatura *von kleiner Gestalt, kleinwüchsig* ‖ ~ fondo ⟨Mar⟩ *seichte Stelle, Untiefe* f ‖ ~s fondos fig *Unterwelt* f ‖ de ~ fondo *seicht (Fluß)* ‖ ~ a frecuencia *Niederfrequenz* f ‖ ~ latín f *Vulgärlatein* n ‖ ~ monte *Unterholz* n ‖ ~ relieve *Basrelief* n ‖ ~ de ley *ungehaltig (Gold, Silber)* ‖ planta ~ a, piso ~ *Erdgeschoß* n ‖ con la cabeza ~ a *mit gesenktem Haupte* ‖ con los ojos ~ s *mit niedergeschlagenen Augen* ‖ en voz ~ a *leise, mit leiser Stimme* ‖ por lo ~ fig *unterderhand, verstohlen(ermaßen)* ‖ *leise* ‖ el ~ alemán *das Niederdeutsche* ‖ el ≤ *Pirineo* m *die unteren Pyrenäen* ‖ el ≤ *Rin der Niederrhein* ‖ los Países ≤s *die Niederlande* pl
²**bajo** m *Niederung* f, *Tiefland* n ‖ *Tal (gelände)* n ‖ ⟨Mar⟩ *Untiefe, Sandbank* f ‖ *Pferdehuf* m ‖ *Baß* m, *Baßstimme* f ‖ *Baßsänger* m ‖ *Baßinstrument* n ‖ *Baßgeige* f ‖ *Baßgeigenspieler* m ‖ Am Chi *Erdgeschoß* n ‖ ~ cantante *Baßbariton* m ‖ ~ cifrado *bezifferter Baß* m ‖ ~ continuo ⟨Mus⟩ *Generalbaß* m ‖ ~ profundo *tiefer Baß* m ‖ ◊ dar ~ *ausgehen (Wein im Faß)* ‖ ~s die vier Füße mpl *der Pferde* ‖ *Dessous* pl
³**bajo** adv *(nach) unten* ‖ *unten, darunter* ‖ *weiter unten* ‖ medio tono ~ ⟨Mus⟩ *einen halben Ton tiefer* ‖ por ~ *unten*
⁴**bajo** prep *unter (Richtung, Bewegung:* acc, *Zustand, Ruhe:* dat) ‖ ~ este concepto *in dieser Bedeutung* ‖ ~ la condición de (que) *unter der Be-*

dingung, daß ‖ ~ el interés de tres por ciento *zu* 3% ‖ ~ mano *heimlich, unterderhand* ‖ ~ juramento *unter Eid*
bajoca *f* Murc *grüne Bohne* f ‖ Murc *tote, vertrocknete Raupe* f *des Seidenspinners*
¹**bajón** *m* Fagott n ‖ *Baßflöte* f ‖ *Baßsänger, Bassist* m
²**bajón** *m* figf *großer Verlust* m ‖ *Niedergang* m ‖ *Einbuße* f ‖ ◊ dar un ~ figf *viel einbüßen* ‖ *nachlassen* ‖ *herunterkommen*
bajo|nazo *m Kickser* bzw *falscher Ton* m *e–s* Fagotts ‖ ⟨Taur⟩ *Halsstich* m ‖ *Rückgang* m, *starkes Nachlassen* n ‖ **–ncillo** *m* ⟨Mus⟩ *Alt-, Diskant-, Tenor|fagott* n ‖ **–nista** *m Fagott|ist, -bläser* m
bajorrelieve *m Basrelief* n
bajovientre *m Unterbauch(gegend* f*)* m
bajuelo adj dim *v.* **bajo**
bajujo adv: por lo ~ Chi = por !o **bajo**
baju|no adj *gemein, niedrig* ‖ *rüpelhaft* ‖ **–ra** *f Niedrigkeit* f ‖ *seichte Stelle, Untiefe* f
bakelita *f* = **baquelita**
bala *f (Kanonen-, Flinten-) Kugel* f ‖ *Geschoß* n ‖ *(Waren) Ballen* m ‖ *Ballen Papier (10 Ries)* ‖ ~ dumdum *Dumdumgeschoß* n ‖ ~ *perdida verlorene Kugel* f ‖ fig *Leichtfuß* m ‖ fig *Lebemann* m ‖ fig *wilder Junge* m*, Range* f ‖ como una ~, como las ~s figf *pfeilschnell, im Nu, im Handumdrehen* ‖ **~s** *pl Zuckerkügelchen* npl
bala|ca *f* MAm Ec Ur, **–cada** *f* Arg *Großtuerei, Prahlerei* f ‖ **–cear** vt Mex *plänkeln* ‖ **–cera** *f* Mex *Geplänkel* n*, Schießerei* f
balada *f Ballade* f ‖ △ *Abkommen* n*, Vergleich* m
baladí [*pl* **–íes**] adj *wertlos, gering, unbedeutend* ‖ cosa ~ *Kleinigkeit, Lappalie* f
baladrar vi *schreien, heulen*
baladre *m Oleanderbaum* m (→ **oleandro**)
bala|drero *m* fam *Schreihals* m ‖ **–dro** *m Geschrei, Geheul, Gezisch* n ‖ **–drón, ona** adj/s *großsprecherisch* ‖ ~ *m Eisenfresser, Bramarbas* m ‖ **–dronada** *f Aufschneiderei* f
bala|dron(e)ar, –drear vi fam *groß|schnauzig tun, -tun, bramarbasieren*
balagar *m* Ast *Strohschober* m
bálago *m (Winter) Stroh* n *für das Vieh* ‖ *Dachstroh* n ‖ *fetter Seifenschaum* m ‖ ◊ *zurrar a uno el* ~ fam *jdn tüchtig durchprügeln*
bala|gre *m* Hond = **bejuco** ‖ **–jú** adj PR *mager und häßlich*
balalaica *f Balalaika* f
balan|ce *m (Hin- und Her-) Schwanken* n ‖ ⟨Mar⟩ *Rollen, Schlingern* n *des Schiffes* ‖ fig *Unsicherheit* f ‖ Cu *Schaukelstuhl* m ‖ *(Handels) Bilanz* f ‖ *Bücherabschluß* m ‖ *Saldo* m ‖ *Abgleichstange* f ‖ ~ acreedor *Kreditorensaldo* m ‖ ~ anual *Jahresabschluß* m ‖ ~ metabólico, ~ del metabolismo ⟨Physiol Med⟩ *Stoffwechselbilanz* f ‖ ~ nuevo *Saldovortrag* m ‖ ~ pasivo *Unterbilanz* f ‖ ◊ hacer (el) ~ *Bilanz aufstellen, ziehen* ‖ **–ceador** *m* Arg *(Ab) Schätzer* m ‖ **–cear** vt *abwägen* ‖ *ins Gleichgewicht bringen* ‖ ~ vi *schaukeln, sich wiegen* ‖ fig *schwanken, unentschlossen sein,* fig *zaudern* ‖ ⟨Mar⟩ *schlingern, rollen (Schiffe)* ‖ **–ceo** *m Schwanken, Wanken* n ‖ *Pendeln* n ‖ ⟨Mar Flugw⟩ *Schlingern, Rollen* n ‖ *Abwägen, Wiegen* n ‖ fig *Schwanken* n ‖ fig *Zaudern* n ‖ ~ de frecuencia ⟨El⟩ *Frequenzrollen* n ‖ **–cero** *m* = **balanzario**
balancía *f* And *Wassermelone* f ‖ Ar *weiße Rosinentraube* f
balan|cín dim *v.* **–za** ‖ *Deichselquerholz* n*, Vorderwaage* f *an e–m Fuhrwerk* ‖ *Kipphebel* m ‖ *Prägstock* m*, Stoßwerk* n *in e–r Münze* ‖ *Ortscheit* n *(am Wagen)* ‖ *Gleichgewichtsstange* f *der Seiltänzer* ‖ *Schaukelstuhl* m ‖ *Gartenschaukel* f ‖ *Schaukelpferd* n ‖ ⟨Tech⟩ *Schwungarm, Kipparm, Schwinghebel* m ‖ ⟨Mar⟩ *Ausleger* m *(am Boot)* ‖ ~ de válvula ⟨Tech⟩ *Ventilschwing-, Ventilkipp|hebel* m ‖ *contrapeso de* ~ ⟨Flugw⟩ *Horngegengewicht* n ‖ **~es** *pl* ⟨Mar⟩ *Baumgiek* n ‖ ⟨Uhrm⟩ *Unruhräder* npl ‖ ⟨Entom⟩ *Schwingkölbchen* npl *(der Zweiflügler)*
balan|dra *f* ⟨Mar⟩ *Kutter* m ‖ **–drán** *m weiter Oberrock* m ‖ ◊ sacudir el ~ a uno fig *jdn durchprügeln* ‖ **–drista** *m Jollensegler* m ‖ **–dro** *m* ⟨Mar⟩ *Jolle* f
balanitis *f* ⟨Med⟩ *Balanitis, Eicheleitzündung* f ‖ *Eicheltripper* m
bálano, bala|no *m* ⟨An⟩ *Eichel* f ‖ ⟨Zool⟩ *Seepocke, Meereichel* f (Balanus balanoides) ‖ **–nogłósidos** *mpl* ⟨Zool⟩ *Balanoglossiden, Eichelwürmer* mpl (Helminthomorpha)
balanza *f Waage* f ‖ *Waagschale* f ‖ *(Handels-) Bilanz* f ‖ fig *Abwägung, Vergleichung* f ‖ ~ ⟨Astr⟩ *Waage* f ‖ Am *Gleichgewichtsstange* f *der Seiltänzer* ‖ △ *Galgen* m ‖ ~ automática *Schnellwaage* f ‖ ~ comercial *Handelsbilanz* f ‖ ~ de cuadrante, ~ de cruz *Balkenwaage* f ‖ ~ de divisas (pagos) *Devisen-(Zahlungs) Bilanz* f ‖ ~ de ensayos ⟨Chem⟩ *Probierwaage* f ‖ ~ de muelle, ~ de resorte *Federwaage* f ‖ ~ para papel *Papierwaage* f ‖ ~ de precisión hermética ⟨Flugw⟩ *Abdichtdruckwaage* f ‖ ~ romana *Schnellwaage* f *mit Laufgewicht* ‖ ~ de torsión *Drehwaage* f ‖ ~ veloz *Schnellwaage* f ‖ poner la ~ en el fiel fig *haarklein* ‖ ◊ estar en ~ fig *im Zweifel sein* ‖ poner en ~ fig *in Frage stellen* ‖ überlegen, abwägen ‖ torcer la ~ *e–e neue Lage schaffen den Ausschlag geben*
balan|zario *m Münzwäger* m ‖ **–zón** *m* augm. *v.* **–za** ‖ *Schmelztiegel* m
balaquear vi Am *großtun*
balaquero *m* Am *Eisenfresser, Bramarbas, Prahler* m
balar vt/i *blöken* ‖ *meckern (Ziege)* ‖ *schmälen (Reh)* ‖ *röhren (Hirsch)* (→a **bramar**) ‖ ~ por a. figf *nach et* (dat) *lechzen* ‖ figf *nach et* (dat) *schreien* ‖ →a **suspirar** por a.
balarrasa *m* figf *Leichtfuß* m ‖ *Lebemann* m ‖ *Liederjan* m ‖ (→a **bala** perdida) ‖ figf *starker Schnaps,* pop *Rachenputzer* m
balas|tar vt ⟨EB⟩ *beschottern* ‖ **–tera** *f Schottergrube* f ‖ *Schotterhaufen* m ‖ **–to, –te** *m Schotter, Kies* m ‖ ⟨EB⟩ *Schotterbett* n*, Bettung* f
bala|ta *f* ⟨Bot⟩ *Balatabaum* m (Mimusops balata) ‖ *Balatagummi* m ‖ **–te** *m schmaler Abhang* m ‖ *Außenrand* m *e–s Bewässerungskanals*
balaustra|da *f Balustrade* f*, Säulengeländer* n ‖ *Brüstung, Brustlehne* f ‖ **–do** adj *mit e–m Säulengeländer umgeben* ‖ *durchbrochen*
ba|laustre, –laústre *m Geländersäule* f
balay(o) *m* Am ⟨Com⟩ *Binsenkorb* m
balazo *m Kanonen-, Flintenschuß* m ‖ *Schußwunde* f ‖ ◊ matar de un ~ *erschießen* ‖ Am ~ Am fam *Anpumpen* m ‖ ~ adj Chi fam *schlau* ‖ ser un(o) ~ Chi figf *sehr flink sein*
△**balbaló** adj *reich*
balboa *m Goldmünze* f *in Panama (etwa 5 pesetas)*
balbu|cear vi ‖ **–cir** ‖ **–cencia** *f,* **–ceo** *m Stammeln, Stottern* n ‖ *Gestammel* n ‖ *Lallen* n ‖ **–ciente** adj *stotterig* ‖ *lallend* ‖ **–cir** [c/z] vi [def*, nur inf und part pres*] *stammeln, stottern* ‖ *lallen*
Balcanes mpl *Balkanländer* npl, *Balkan* m
balcánico adj *balkanisch, Balkan-* ‖ la Península ⁓a *die Balkanhalbinsel*
balcarrotas fpl Mex *langes Schläfenhaar* n *der Indianer* ‖ Col *Koteletten* npl*, Backenbart* m
bal|cón *m Balkon, unbedeckter Vorbau* m ‖ ⟨Arch⟩ *Erker* m ‖ ⟨Th⟩ *Balkonsitz* m ‖ fig *Aussichtspunkt* m ‖ Chi *Plattform* f *e–s Eisenbahnwagens* ‖ **–conaje** *m Balkonreihe* f ‖ *Bal-*

konbau m ‖ –concillo m dim v. –cón ‖ ⟨Taur⟩ Sitzplatz m oberhalb des Stierstalles
balconear vi fam SAm spähen ‖ Guat sich am Fenstergitter mit der Geliebten unterhalten, fensterln
balda f Fach n in e–m (Wand)Schrank ‖ Ar Val Türklopfer m
baldado adj/s gliederlahm
baldanza f: de ~ fam im Müßiggang, landstreicherartig
balda|quín, –quino m Thronhimmel, Baldachin m ‖ Altarhimmel m
baldar vt lähmen, gliederlahm machen ‖ ⟨Kart⟩ abtrumpfen ‖ fig jdm e–e große Unannehmlichkeit bereiten ‖ fam jdn rupfen ‖ ◊ ~ a alg. a palos fam jdn windelweich schlagen, jdn grün und blau schlagen ‖ ~se gliederlahm werden
bal|de m (Brunnen)Eimer m ‖ de ~ ⟨Mar⟩ lederner Wassereimer m ‖ de ~ umsonst, unentgeltlich, gratis ‖ ◊ estar de ~ übrigbleiben ‖ überflüssig sein ‖ nichts zu tun haben ‖ nichts ausrichten können ‖ en ~ umsonst, vergeblich ‖ ¡no de ~! MAm ach so!, ja, ja! ‖ –dear vt ⟨Mar⟩ (das Deck) waschen
¹baldeo m ⟨Mar⟩ Reinschiff n
²baldeo m Säbel m
baldés m feines Schafleder n ‖ Handschuhleder n
baldío adj unangebaut, öde, brach(liegend) ‖ fig eitel, leer ‖ zwecklos ‖ dem Müßiggang ergeben ‖ haltlos ‖ adv: ~amente ‖ ~ m Ödland n ‖ Brachfeld n ‖ Gemeindeanger m ‖ fig Vagabund, Landstreicher m
baldo m/adj ⟨Kart⟩ Fehlkarte f ‖ ~ adj Col gliederlahm
baldón m Schimpf m, Schande f ‖ Schandfleck m ‖ Beschimpfung, Schmährede f
baldon(e)ar vt öffentlich beschimpfen, schmähen
baldorro m Ar Türklopfer m
baldo|sa f (Fußboden-, Wand)Fliese f ‖ Fayencefliese f ‖ Gehwegplatte f ‖ –sado m Am Fliesenboden m (→ embaldosado) ‖ –sar vt mit Fliesen belegen ‖ –sin m, –silla f dim v. –sa: Fliese f ‖ Kachel f
baldrag(az)as m fam schwacher, feiger Mensch m ‖ fam Schwächling, Feigling m ‖ fam gutmütiger Tropf m
baldraque m fam wertlose Sache f
balduque m Aktenschnur f ‖ Col Gürtelmesser n
baleadoras fpl Am = boleadoras
¹balear adj/s balearisch, von den Balearen ‖ ~ m Baleare m ‖ balearische Mundart f (der katalanischen Sprache) ‖ las Islas ~es die Balearischen Inseln
²balear vt Am auf jdn bzw et schießen ‖ jdn anschießen ‖ MAm SAm erschießen ‖ Chi ⟨Mil⟩ pop beschießen, plänkeln (mit) ‖ ~se sich bewerfen (z. B. mit Schneebällen)
baleárico adj/s balearisch
ba|lénidos mpl ⟨Zool⟩ Glattwale mpl (Balenidae) ‖ –lenoptéridos mpl ⟨Zool⟩ Furchenwale mpl (Balenopteridae)
baleo m kleiner Teppich m ‖ Espartomatte f als Feuerfächer ‖ Sal Besengras n ‖ Am Gepländel n, Schießerei f
bale|ría f, –río m ⟨Mil⟩ Kugel-, Geschoß\vorrat m ‖ –ro m Kugelzange f ‖ Kugelgießform f ‖ Mex Kugelfänger m (Spielzeug) ‖ Am prov = boliche (Kinderspiel)
bali adj Marr alt(ertümlich)
△baliche m Schwein n
balido m Geblök(e), Blöken n (Schaf) ‖ Meckern n (Ziege) ‖ Schmälen n (Reh) ‖ Röhren n (Hirsch) (→ a bramido)
balín m dim v. bala ‖ Flintenschrot n ‖ kleinkalibriges Geschoß n, (Reh- usw)Posten m

balísti|ca f Ballistik f ‖ –co adj ballistiscn ‖ deporte ~ Wurfsport m ‖ problema ~ Flugbahnberechnung f
bali|tadera f ⟨Jgd⟩ Fiepe f ‖ –t(e)ar vi oft blöken usw (→ balar)
bali|za f ⟨Mar Flugw⟩ Bake, Boje f ‖ ⟨Flugw⟩ Leuchtfeuer n ‖ ~ de amaraje, ~ de recalada ⟨Flugw⟩ Ansegelungstonne f ‖ ~ de delimitación ⟨Flugw⟩ Grenzbake f ‖ ~ fondeada ⟨Mar⟩ Seemarke f ‖ ~ luminosa Leuchtbake f ‖ ~s fpl: ~ de aeródromo ⟨Flugw⟩ Flugplatzzeichen npl ‖ ~ de obstrucción ⟨Flugw⟩ Hindernisfeuer npl ‖ –zador m: ~ aéreo ⟨Flugw⟩ schwimmendes Seezeichen n ‖ –zaje m ⟨Mar⟩ Hafengebühr f ‖ Betonnung f ‖ = –zamiento m: ~ luminoso de la línea (od de la ruta) ⟨Flugw⟩ Befeuerung der Flugstrecke, Streckenbeleuchtung f ‖ ⟨StV⟩ Lichtanlage f (bei Bauarbeiten) ‖ –zar vt ⟨Mar Flugw⟩ Bojen od Baken auslegen, betonnen, bebaken
balne|ario m/adj Bade-, Kurort m ‖ Bade-, Kur\haus n ‖ Arg pop Badeanstalt f ‖ ~ climatológico Luftkurort m ‖ ~ adj Bade- ‖ –ología f Balneologie, Bäderkunde f
balneotera|pia, –péutica f Balneotherapie, Heilbadbehandlung f
balom|pédico adj Fußball- ‖ –pié m Fußball m ‖ Fußballspiel m
balón m augm v. bala ‖ großer (Waren)Ballen m ‖ Luftball m ‖ Spielball m ‖ Ballspiel m ‖ kugelförmige Flasche f mit langem Halse ‖ Gasbehälter, Ballon m ‖ ~ de fútbol Fußball m ‖ ~ de papel Papierballen m von 24 Ries ‖ bandaje de ~ ⟨Aut⟩ Ballonbereifung f
balonar vt ⟨Med⟩ ballotieren
balon|cesto m Korbball(spiel n) m ‖ –et m ⟨Flugw⟩ Ballonett n ‖ –manista m Handballspieler m ‖ –mano m Handball(spiel n) m ‖ –volea m Volleyball m
balo|ta f Kugel f (zum Abstimmen) ‖ –tada f Ballotade f (Reitkunst) ‖ –taje m Am Ballotage, Kugelung, Abstimmung f mit Kugeln ‖ –tar vi ballotieren, mit Kugel abstimmen
¹balsa f Floß n ‖ Fähre f ‖ ~ flotante Floßsack m ‖ ~ de salvamento Rettungsfloß m
²balsa f Wasserpfütze f, Tümpel m ‖ Wasserbecken n (für Bewässerung) ‖ Öltrestersumpf m ‖ Am fig töricnter Einfall m ‖ SAm ⟨Bot⟩ Balsabaum m (Ochroma sp) ‖ △ Hindernis n ‖ ◊ estar como una ~ de aceite figf ganz still, ruhig sein ‖ ser una ~ de aceite fig e–e Friedensinsel sein
balsadera f Floßfähre f ‖ Floß\platz m, –lände f
balsa|mar vt (ein)balsamieren ‖ –mera f Balsambüchse f ‖ –mero m Balsambaum m
. balsámico adj/s balsamisch ‖ Balsam-
balsa|mina f ⟨Bot⟩ Balsamine f, Springkraut n (Impatiens spp) ‖ Balsamapfel m ‖ –mita f ⟨Bot⟩ = jaramago
bálsamo m Balsam m, Harzsalbe f ‖ fig Linderung f, Trost m ‖ fig Balsam m, Heilung f ‖ ~ del Canadá Kanadabalsam m ‖ ~ de copaiba Kopaivabalsam m ‖ ~ de Tolú (kolumbianischer) Tolubalsam m ‖ ~ vulnerario Wundbalsam m ‖ ◊ es un ~ fig es ist ein wahrer Nektar (von Weinen)
balse|ar vt (e–n Strom) auf e–m Floß überschreiten ‖ vi Col obenauf schwimmen ‖ –ro m Flößer m ‖ Fährmann m ‖ –te m Ar kleine Pfütze f
balso m ⟨Mar⟩ Hißtau m ‖ Col leichtes Holz n
balsopeto m fam Quersack m, den man auf der Brust trägt
balsoso adj Ec schwammig, weich
báltico adj baltisch, Ostsee- ‖ ⟨Mar⟩ ~ Ostsee f ‖ raza ~a oriental ostbaltische Rasse f
baluarte m Bollwerk n, Bastei, Bastion f (& fig) ‖ fig Schutzwehr f
baluma f ⟨Mar⟩ Segeltiefe f
balum|ba f fam Kram m ‖ Ar Unordnung f,

balumbo — banco 148

Wirrwarr m ‖ Am *Durcheinander n* ‖ **-bo** *m sperriger Gegenstand m*
balurdo *m* Arg *Schwindelpaket n*
baluquero *m* Am *Falschmünzer m*
balle|na *f* ⟨Zool⟩ *Wal m* ‖ *Fischbein n* ‖ *Korsettstange f* ‖ *Kragenstäbchen n (des Hemdes)* ‖ ~ **azul** ⟨Zool⟩ *Blauwal m* (Balaenoptera musculus) ‖ ~ **de Groenlandia** ⟨Zool⟩ *Grönland-, Nord|wal m* (Balaenida mysticetus) ‖ *aceite de ~ Wal(fisch)tran m* ‖ *esperma de ~ Walrat m* (→ **espermaceti**) ‖ **-nato** *m* ⟨Zool⟩ *Jungwal m* ‖ **-nera** *f Walboot n* ‖ *Beiboot n (der Walfänger und Kriegsschiffe)* ‖ **-nero** *m*/adj *Walfischfahrer m (Schiff)* ‖ *Wal(fisch)fänger m (& Schiff)* ‖ *Walfangschiff n* ‖ *flota ~a Walfangflotte f*
balles|ta *f Wurfmaschine f der Alten* ‖ *Armbrust f* ‖ *Vogelfalle f* ‖ ⟨Tech⟩ *Blattfeder f* ‖ ~ **cantilever** ⟨Aut⟩ *Auslegerfeder f* ‖ *a tiro de ~* fig *weit vom Schuß, in ziemlich großer Entfernung* ‖ **~s** *pl Blattfedern fpl* ‖ ⟨Typ⟩ *Spannfedern fpl der Druckpresse* ‖ △ *Schnappsack m* ‖ **-tada** *f,* **-tazo** *m Armbrustschuß m* ‖ **-tear** vt *mit der Armbrust verwunden* ‖ *mit der Armbrust schießen auf (acc)*
balles|tero *m Armbrust-, Bogenschütze m* ‖ **-tilla** *f* dim v. **-ta** ‖ *Wurfangel f* ‖ *(Art) Fischgerät n* ‖ ⟨Astr⟩ *Jakobsstab m* ‖ *de (od a la) ~* ⟨Taur⟩ *mit raschem Degenstich (den Stier töten)* ‖ △ *Kartenschnellen n (Trick der Falschspieler)*
ballet *m* gall *Ballett n* ‖ ~ **acuático** *Wasserballett n*
ballico *m* ⟨Bot⟩ *Rai-, Ray|gras n* (Lolium perenne) ‖ ~ **italiano** *italienisches Raygras n* (L. multiflorum)
ballueca *f* ⟨Bot⟩ *Windhafer m* (Avena fatua) (→ **avena**)
bamba *f Fuchs, Glücksstoß m im Billard* ‖ And *Schaukel f* ‖ Murc *(Art) Kuchen m* ‖ Ven *Silbermünze f =* $^1/_2$ *Peso* ‖ Mex *regionaler Tanz m (aus Veracruz u. Yucatán)* ‖ ◊ *traer en ~* fig *betrügerisch hinhalten*
bambalear(se) vi/r *schwanken, sich hin und her bewegen* ‖ fig *wackeln, wanken* (→ a **bambolear**)
bamba|lina *f* ⟨Th⟩ *Soffitte, Bühnendecke f* ‖ **-linón** *m* ⟨Th⟩ *Soffittengardine f* ‖ **-lúa** *m* Am fig *fauler Flegel m* ‖ **-rria** *m*/adj fam *Einfaltspinsel m* ‖ fam *Fuchs m (beim Billardspiel)* ‖ **-zo** *m* Col fam *Fuchs m (beim Billardspiel)*
bambino *m* Chi RPl *it* = **niño**
bambión *m* Sal *Stoß m*
bambita *f* Guat *Münze f =* $^1/_2$ **real**
bamboa *f* Pan ⟨Bot⟩ = **bambú**
bambo|chada *f (Mal) groteskes Gemälde n* ‖ **-che** *m* fam *kleiner Dickwanst m*
bambo|lear vi *schaukeln, schwingen, schlenkern* ‖ *baumeln* ‖ **~se** vr *schwanken, schaukeln* ‖ fig *wackeln, wanken* ‖ **-leo** *m Schwanken n, Schaukeln n* ‖ *Wackeln n*
bambo|lla *f Prunk, Pomp m* ‖ *Prunksucht f* ‖ Col Mex Pe PR *Aufschneiderei, Prahlerei f* ‖ ◊ *echarla de ~* fig *protzig tun* ‖ **-llero** adj fam *prunksüchtig, protzig*
bambú [pl **-ués**] *m Bambus m, Bambus|rohr, -schilf n, -stock m* (Bambusa arundinacea)
bambuco *m* Col *(Art) Volkstanz m*
bambu|dal *m* Ec *Bambushain m* ‖ **-quear** vi Col *Bambuco tanzen* ‖ **-rrete** adj Ven *dumm*
bambusáceas *fpl Bambusarten fpl*
ban *m* ⟨Hist⟩ *Ban m (Kroatien)*
ba|nal adj gall *alltäglich, platt, gewöhnlich, abgedroschen, banal* ‖ **-nalidad** *f* gall *Alltäglichkeit, Banalität f*
bana|na *f Banane f* (→ **plátano**) ‖ ⟨El⟩ *Bananenstecker m* ‖ **-nal, -nar** *m* CR Guat Am prov *Bananenplantage f* ‖ **-n(er)o** *m Bananenbaum m* ‖ *Bananenschiff n* ‖ ~ adj *Bananen-*
banas|ta *f großer, länglicher Korb m* ‖ *Trag-*

korb m ‖ **-tada** *f ein Korbvoll m* ‖ **-tero** *m Korbflechter m* ‖ △ *Kerkermeister m* ‖ **-tilla** *f* dim v. **-ta** ‖ *Geschenkkorb m* ‖ **-to** *m runder Korb m* ‖ △ *Gefängnis n,* △ *Knast m*
Banato *m Banat n*
banausía *f* fam *Alltäglichkeit f*
ban|ca *f Schemel, Tritt m* ‖ *(Holz)Bank f (ohne Rückenlehne)* ‖ *Verkaufstisch m (auf dem Markt)* ‖ *(Obst- und Gemüse)Stand m* ‖ *Waschbank f* ‖ *Krämertisch m* ‖ *(Wechsel)Bank f* ‖ ⟨Kart⟩ *Bank f* ‖ *Glücksspiel n* ‖ *Bankwelt f* (→ a **finanza**) ‖ *Diskont-, Wechsel|bank f* (→ a **banco**) ‖ Am *(Sitz)Bank f* ‖ Murc *(Garten)Beet n* ‖ Fil *(Art) Kanu n* ‖ Ec *Fisch|zug m, -bank f* ‖ ~ **de hielo** *schwimmender Eisberg m* ‖ ◊ *hacer saltar la ~ die Bank sprengen (beim Spielen)* ‖ *tener ~* figf Arg *einflußreich sein* ‖ **-cable** adj Com *bankfähig* ‖ **-cada** *f* ⟨Mar⟩ *Ruderbank f* ‖ ⟨Bgb⟩ *Schacht-, Abbau|stufe f* ‖ ⟨Arch⟩ *(Stück) Mauerwerk n* ‖ ⟨Ing Tech⟩ *Maschinenbett, Gestell n,* ⟨Grund⟩*Platte, Basis f* ‖ ~ **de carpintero** ⟨Zim⟩ *Werk|bank f, -tisch m* ‖ ~ **de escote** *Drehmaschinenbett n mit Kröpfung* ‖ ~ **de torno** *Drehmaschinenbett n* ‖ **-cal** *m Terrassenbeet n, (Garten)Beet n* ‖ *Bankdecke f* ‖ *Lage, Schicht f*
banca|rio adj *bankmäßig* ‖ *Bank-* ‖ *crédito ~ Bankkredit m* ‖ *informe ~ Bankausweis m* ‖ *negocio ~ Bankgeschäft n* ‖ **-rrota** *f Bankrott m,* fam *Pleite f (& fig)* ‖ fig *Zusammenbruch m* ‖ fig *Verlust m des Ansehens* ‖ ~ *fraudulenta betrügerischer Bankrott m* ‖ ◊ *hacer ~, declararse en ~ bankrott werden,* fam *Pleite machen* ‖ **-rrotero, -rrotista** *m Bankrotteur m*
banco *m* a) *Bank, Sitzbank f* ‖ *Querbank m* ‖ ⟨Mar⟩ *Ruderbank f* ‖ ⟨Pol⟩ *Sitz m,* (Sitz)Bank f ‖ △ *Gefängnis n,* △ *Knast m* ‖ ~ **de los acusados** ⟨Jur⟩ *Bank f der Angeklagten, Anklagebank f* ‖ ~ **azul** Span *~ der gobierno Ministerbank f* ‖ ~ **de pata** *(od de pie) de ~* figf *unsinnig, absurd, verrückt* ‖ *razón de pie (od de pata) de ~* figf *nichtiger Grund m* ‖ *Dummheit f* ‖ ◊ *herrar o quitar el ~ sich so oder so entscheiden* ‖ **~s** *pl Stangen fpl am Pferdegebiß* ‖ b) *Bank, Arbeitsbank f, Werktisch m* ‖ ⟨Web⟩ *Zettelmaschine f* ‖ ⟨Typ⟩ *Preßbank f* ‖ ~ **de ajustador** *Schlosserbank f* ‖ ~ **de carpintero** *Hobelbank f* ‖ ~ **de prueba(s)** *Prüfstand m* ‖ ~ **de torno** *Drehmaschinenbett n* ‖ c) ⟨Handels⟩*Bank, Wechselbank f* ‖ *Bankgebäude n* ‖ ~ **agrícola** *Landwirtschafts-, Agrar|bank f* ‖ ~ **central** *Zentralbank f* ‖ ~ **comercial** *Handelsbank f* ‖ ~ **de crédito** *Kreditbank f* ‖ ~ **inmobiliario** *Bodenkredit-, Hypotheken|bank f* ‖ ~ **depositario** *Depositenbank f* ‖ ≃ **de Desarrollo Africano** *Afrikanische Entwicklungsbank f* ‖ ~ **de descuento** *Diskontbank f* ‖ ~ **de emisión** *Noten-, Zentral|bank f* ‖ ~ **de valores** *Emissionsbank f* ‖ ≃ **de España** *Spanische Staatsbank f* ‖ ≃ **federal** *Bundesbank f* ‖ ~ **de giros,** ~ **de transferencias** *Girozentrale f* ‖ ~ **hipotecario** *Hypothekenbank f* ‖ ~ **industrial** *Industrie-, Gewerbe|bank f* ‖ ≃ **Internacional de Pagos** *Bank f für Internationalen Zahlungsausgleich* ‖ ≃ **Internacional de Reconstrucción y Fomento** *Internationale Bank f für Wiederaufbau und Wirtschaftsförderung (auch Wiederaufbaubank od Weltbank f)* ‖ ≃ **Mundial** *Weltbank f* ‖ ≃ **del Reich** ⟨Hist⟩ *Reichsbank f* ‖ ~ **de préstamo** *Leihbank f* ‖ *Pfandhaus n* ‖ ~ **vitalicio** *Rentenbank f* ‖ *billete de ~ Banknote f* ‖ ◊ *tener dinero en el ~ Geld auf der Bank haben* ‖ d) ~ **de ojos** ⟨Med⟩ *Augenbank f* ‖ ~ **de la sangre** ⟨Med⟩ *Blutbank f* ‖ e) ⟨Geol⟩ *Bank f, Lager n, Schicht f* ‖ ⟨Bgb⟩ *Flöz n* ‖ ⟨Arch⟩ *unterer Mauervorsprung m* ‖ ⟨Mar⟩ *(Sand)Bank, Untiefe f* ‖ *Schwarm m (Fische), Fischzug m* ‖ ⟨Mar⟩ *Senklot m* ‖ ~ **ardiente** ⟨Bgb⟩ *aufgebänktes Feuer n* ‖ ~ **de arena** *Sandbank f* ‖ ~ **de hielo** *Eisberg m* ‖ ~ **de piedra**

banda — bandurrista

Stein\lager n, *-schicht* f ‖ ⟨Bgb⟩ *Querschlaghauer* m ‖ ~ *trasero* ⟨Bgb⟩ *Rückstand* m ‖ f) ⟨Zool⟩ (Art) *Raupenschmarotzer* m
banda f *Schärpe,* (Feld) *Binde* f ‖ *Band* n ‖ *Streifen* m ‖ *Gurt* m ‖ *Ordensband* n ‖ ⟨Kath⟩ *Amikt* m, *Humerale, Schultertuch* n ‖ *Seite* f *e–s Flusses, Schiffes usw* ‖ *Trupp* m, *Schar* f ‖ *Bande, Rotte* f ‖ *Partei* f ‖ *Partisanengruppe* f ‖ ⟨Mil⟩ *Feldbinde* f ‖ *Musikkapelle* f, *Orchester* n ‖ *Schwarm, Zug, Flug* m *der Vögel* ‖ *Fahne* f ‖ *Fahne* f *am Federkiel* ‖ ⟨Phot⟩ *Streifen* m *am Lichtbild* ‖ ⟨Radio⟩ *Band* n ‖ *Bande* f (Billard) ‖ ⟨StV⟩ *Fahrspur* f ‖ ⟨Her⟩ *Schrägrechtsbalken* m ‖ Ar *Radfelge* f ‖ ⟨Taur⟩ Am *Schärpe* f ‖ Guat *Franse* f, *Saum* m ‖ *Hosenbinde* f ‖ Guat *Fenster-, Tür\flügel* m ‖ ~ *de absorción* ⟨Opt⟩ *Absorptionsbande* f ‖ ⟨Phot⟩ *Absorptionsstreifen* m ‖ ~ *exterior de turbina* ⟨Tech⟩ *Turbinenbeschaufelung* f ‖ ~ *de frecuencias* ⟨Radio⟩ *Frequenz\bereich* m, *-band* n ‖ ~ (de frecuencias) *de 25 m* ⟨Radio⟩ *25-m-Band* n ‖ ~ *germinativa* ⟨Gen⟩ *Keimband* n ‖ ~ *de imágenes* ⟨Filmw⟩ *Bild\fläche* f, *-band* n ‖ ~ *militar Militärkapelle* f ‖ ⋩ *municipal städtische Musikkapelle* f ‖ ~ *de onda(s) corta(s)* ⟨Radio⟩ *Kurzwellen\bereich* m, *-band* n ‖ ⋩ Oriental (del Uruguay) *Republik Uruguay* ‖ ~ *de reposo* ⟨Filmw⟩ *nicht modulierte Spur* f ‖ ~ *de rodadura,* ~ *de rodamiento* ⟨Ing Tech⟩ *Lauffläche* f (Reifen) ‖ ~ *de rodamiento* ⟨Ing Tech⟩ *Laufband* n ‖ ~ *de servicio* m ⟨Radio⟩ *Betriebsband* n ‖ ~ *sonora* ⟨Filmw⟩ *Tonstreifen* m ‖ ~ *de transmisión* ⟨El⟩ *Durchlaßbereich* m ‖ *conmutación de* ~ ⟨Radio⟩ *Wellenschaltung* f ‖ *de* ~ fam *ganz, auf einmal* ‖ *de* ~ *a* ~ *durch und durch* ‖ *de la* ~ *de acá del río diesseits des Flusses* ‖ ◊ *caer en* ~ ⟨Mar⟩ *krängen* ‖ *cerrarse a la* ~ figf *auf e–n Entschluß hartnäckig bestehen* ‖ *dar la* ~ ⟨Mar⟩ *krängen* ‖ *Schlagseite haben* ‖ *dar a la* ~ *kielholen* ‖ *dejar en* ~ fam *im Stich lassen* ‖ ~*s* pl ⟨Typ⟩ *Geleise* npl *des Preßkarrens* ‖ ~ *fónicas* ⟨Tel⟩ *Phonbänder* npl ‖ ~ *de ondas* ⟨Radio⟩ *Wellenbänder* npl
banda\da f *Zug, Schwarm* m *Vögel* ‖ **–je** m *gall Bereifung* f (Auto) ‖ ~ *de goma Gummibereifung* f ‖ ~ *macizo Vollgummibereifung* f ‖ **–lla** m *Arg Bösewicht, Verbrecher* m ‖ **–yo** m *Arg Gauner* m ‖ **–zo** m ⟨Mar⟩ *Überholen* n ‖ ⟨Mar⟩ *Krängung* f
bande\ado adj *gestreift* ‖ Am *schwerverwundet* ‖ **–ar** vt/i *schwingen* (z. B. *ein Seil*) ‖ fam *sein Leben fristen* ‖ Am *schwer verletzen* ‖ Am *durchbohren* ‖ MAm *verfolgen* ‖ Chi *durchschießen* ‖ Guat *hofieren* ‖ **–se** Ar *sich schaukeln* ‖ fig *sein Leben einzuteilen verstehen* ‖ ⟨Mar⟩ *Schlagseite haben* ‖ Am *lavieren* ‖ *bandeárselas* fam Ar *sich zurechtfinden* ‖ *lebenstüchtig sein*
bandeja f *Kredenzteller* m, *Teebrett* n ‖ *Tablett* n ‖ *herausnehmbare Einlage* f, *Einlegefach* n (im Koffer) ‖ *Steige, Horde* f (Obst, Gemüse) ‖ ⟨Tech⟩ (Auffang) *Schale* f ‖ ⟨Aut⟩ *Ölwanne* f ‖ Mex *Waschschüssel* f ‖ *Ablegekorb* m (im Büro) ‖ ◊ *servir en* ~ fig *fix und fertig übergeben*
ban\deleta f: ~ *de propaganda* ⟨Postw⟩ *Werbestempel* m ‖ **–deo** m ⟨Jgd⟩ *Weidwundschuß* m
bandera f *Banner* n, *Fahne* f ‖ *Flagge* f ‖ *fig u.* ⟨Lit⟩ *Banner, Panier* n ‖ ⟨Mil⟩ *Fähnlein* n, *Trupp* m (Truppenabteilung) ‖ (Name der) *Kompanie* f *der Falange* (bes *im span. Bürgerkrieg*) ‖ *Kompanie* f (der span. *Legion von Afrika*) ‖ *Gruppe(nmeinung)* f ‖ ~ *de las aspas* (od de la cruz) *de Borgoña Fahne* f *der Requetés* (span. *Traditionalisten*) (→ a **cruz**) ‖ ~ *blanca weiße Fahne* f (& fig) *Schlichtung* f *einer Zwistigkeit* ‖ ~ *de combate* ⟨Mar⟩ *Kriegsflagge* f ‖ ~ *de la compañía de navegación*

⟨Mar⟩ *Reedereiflagge* f ‖ ~ *de la cruz gamada,* ~ *de la svástica Hakenkreuzfahne* f ‖ ~ *de la Cruz Roja Rotkreuzflagge* f ‖ ~ *estrellada Sternenbanner* n ‖ ~ *de la hoz y el martillo Fahne* f *mit Hammer und Sichel* ‖ ~ *nacional Nationalfahne* f ‖ ~ *negra Piraten-, Freibeuter\flagge* f ‖ fig *Feindschaft* f ‖ ~ *roja rote Fahne* f ‖ *Pulver-, Sprengstoff\flagge* f ‖ ~ *roja y gualda,* ~ *rojigualda Rot-Gelb-Rot-Fahne* f (span. *Nationalfahne*) ‖ ~ *del sol naciente Sonnenbanner* n (Japan) ‖ ~ *del yugo y las flechas Fahne* f *mit Joch und Pfeilen* (der span. *Falange*) ‖ *jura de la* ~ *Fahneneid* m ‖ ◊ *arbolar la* ~ *die Fahne hissen* ‖ *llevarse la* ~ fig *den Sieg davontragen, den Sieg an s–e Fahnen heften* ‖ *poner la* ~ *den Richtkranz setzen* (auf e–m *Neubau*) ‖ *rendir la* ~, *batir* ~*s* ⟨Mar⟩ *die Flagge dippen* (zum Gruß) ‖ *a* ~*s desplegadas mit fliegenden Fahnen* ‖ fig *mit Ehren und Erfolg* ‖ ⟨Mil⟩ *a mit allen Ehren* (salir *abziehen*)
bandería f *Partei* f ‖ *Parteilichkeit* f ‖ *Clique* f ‖ *espíritu de* ~ *Parteigeist* m
banderi\lla f ⟨Taur⟩ *Banderilla* f, *Wurfpfeil* m *der Stierkämpfer* ‖ ⟨Typ⟩ *Anhängestück* n ‖ Mex *Prellerei* f ‖ ~ *de fuego* ⟨Taur⟩ *Wurfpfeil* m *mit Schwärmern* ‖ ◊ *clavar* (od *poner*) *a uno una* ~ figf *zu jdm eine heftige Bemerkung machen* ‖ jdm *e–n bösen Streich spielen,* fam jdm *eins auswischen* ‖ Chi Mex PR = **–llazo** m Col Mex Pe fam *Pump* m ‖ *Schwindel, Betrug* m ‖ **–llear** vt/i *den Stier mit Banderillas reizen, treffen* ‖ **–llero** m *Banderillero* m (Stierfechter, *der den Stier mit Wurfpfeilen reizt*)
bande\rín m v. **bandera** ‖ ⟨Mil⟩ *Feldzeichen* n, *Feldzeichenträger* m ‖ *Signalflagge* f ‖ *Wimpel* m ‖ ⟨Mil⟩ *Hilfsausbilder* m ‖ ⟨Aut⟩ *Stander* m ‖ ~ (de enganche) ⟨Mil⟩ *Werbestelle für Rekruten, Rekrutenwerbestelle* f ‖ **–rita** f (Signal-) *Flagge* f ‖ **–rizo** adj/s *parteigängerisch* ‖ *wild, aufgeregt* ‖ ~ m *Parteigänger* m ‖ *Anhänger* m ‖ **–rola** f (Lanzen) *Fähnchen* n ‖ ⟨Mar⟩ *Wimpel* m ‖ ⟨Top⟩ *Absteckfähnchen* n ‖ Arg *Oberlicht* n *über Türen oder Fenstern*
bandi\daje m *Räuber\rotte, -bande* f ‖ *Räubertum, Banditenunwesen* f ‖ **–do** m *Bandit,* (Stratßen) *Räuber* m ‖ *Wegelagerer* m ‖ (Jur) *flüchtiger Angeklagter* m ‖ *compañía de* ~*s* figf ⟨Th⟩ *elende Schauspielertruppe* f
[1]**bando** m *öffentliche Bekanntmachung* f ‖ *feierliche Ausrufung* f ‖ *Erlaß* m ‖ *Verbannung* f, *Bann* m ‖ ~ *del ayuntamiento,* ~ *de la alcaldía Stadtordnung* f ‖ ◊ *echar* (un) ~ *e–n Befehl öffentlich bekanntmachen* bzw *ausrufen*
[2]**bando** m *Partei* f ‖ *Parteilichkeit* f ‖ *Bande* f
[3]**bando** m *Fischzug* m ‖ *Schwarm* m (Fische, *Vögel*) ‖ ~ *de perdices* ⟨Jgd⟩ *Volk* n, *Kette* f *Rebhühner*
bandola f ⟨Mus⟩ *Pandora* f ‖ ⟨Mus⟩ *Mandoline* f ‖ Pe ⟨Taur⟩ *Muleta* f *e–s Stierfechters* ‖ ~*s* pl ⟨Mar⟩ *Notmaste(n)* mpl
[1]**bandolera** f *Bandelier, Schultergehänge* n ‖ ⟨Mil⟩ *Schulter-, Brust\riemen* m ‖ *Pistolenhalfter* n ‖ *colgado a la* ~ *quer umgehängt* ‖ *bolso a la* ~ *Umhängetasche* f
[2]**bandole\ra** f *Räuberbraut* f ‖ **–rear** vi Cu Pe PR *Räuberunwesen treiben*
bandole\rismo m *Räuber(un)wesen* n ‖ **–ro** m (Straßen) *Räuber, Bandit* m ‖ *Wegelagerer* m ‖ fig *elender Mensch* m
bando\lín m ⟨Mus⟩ (Art) *Mandoline* f ‖ **–lina** f ⟨Mus⟩ *Mandoline* f (→ **mandolina**) ‖ **–lón** m ⟨Mus⟩ *Baßmandoline* f ‖ **–neón** m bes Arg *Bandonion* n
bandu\jo m *dicke grobe Wurst* f ‖ **–llo** m fam *Wanst* m *mit den Eingeweiden* ‖ *Geschlinge, Gekröse* n ‖ fam *Bauch* m
bandu\rria f ⟨Mus⟩ *Bandurria,* (12saitige) *spanische Gitarre* f ‖ **–rrista** m *Bandurriaspieler* m

bang — barangay 150

bang m (supersónico) *(Überschall)Knall* m
banga f *Brotpalme* f
banglo m *Färbekraut* n
banjo m Am ⟨Mus⟩ *Banjo* n, *Negergitarre* f
bánova f Ar *Bettdecke* f
banque|ro m *Bankier* m ‖ *Wechsler* m ‖ *Bankhalter* m *beim Spiel* ‖ △ *Kerkermeister* m ‖ **-ta** f *(Fuß)Schemel* m ‖ *Schusterschemel* m ‖ *Fußbänkchen* n ‖ *Bank* f *ohne Rückenlehne* ‖ *Kutschbock* m ‖ ⟨Arch⟩ *Bankett* n ‖ *Kamm* m *(Stausee)* ‖ Mex Guat *Bürgersteig* m
banque|te m = dim v. **banco** ‖ *Gastmahl*, *Bankett* n, *Festschmaus* m ‖ ~ *de bodas Hochzeitsschmaus* m ‖ ~ *de despedida Abschiedsessen* n ‖ ~ *funeral Leichenschmaus* m ‖ ~ *de gala Fest|essen* n, *-tafel* f, *Galadiner* n ‖ ◊ *dar (od ofrecer) un ~ ein Bankett veranstalten* ‖ **-teado** adj Ec *frech, unverschämt* ‖ **-tear** vi *schmausen, festlich tafeln*, fam *schlemmen* ‖ **-tin** m dim v. **banco** bzw v. **banqueta** ‖ ~ *de tijera Klappstuhl* m
banquillo m dim v. **banco** ‖ *Bänkchen* n, *Fußschemel* m ‖ ⟨Jur⟩ *Angeklagtenbank*, *Anklagebank* f ‖ Ec pop *Schafott* n ‖ ~ *de los acusados Angeklagtenbank* f
banquisa f *Eis|bank* f bzw *-feld* n
banzo m *Holm* m *(Leiter usw)* ‖ *Tragstange* f *(der Sänfte)* ‖ *Spannholz* n *(Stickrahmen)*
baña f *Suhle, Suhllache* f
baña|dera f Am *Badewanne* f (→ **bañera**) ‖ **-dero** m *Suhle* f ‖ **-do** m Am *Sumpfgebiet* n ‖ ~ adj *gebadet* ‖ *con los ojos* ~s *en lágrimas mit tränenüberströmten Augen* ‖ ~ *en sudor schweißgebadet* ‖ **-dor** m *Bademeister* m ‖ *Badeanzug* m ‖ *Bade|hose* f bzw *-anzug* m ‖ *Bad, Spülgefäß* n ‖ Ec *Badegast* m (→ **bañista**) ‖ **-dora** f *Badefrau* f
bañar vt *(aus)baden* ‖ *in eine Flüssigkeit tauchen* ‖ *be-, abspülen* ‖ *schwemmen, überziehen, glasieren (de, en mit* dat) *(Backwerk usw)* ‖ *bestreichen, beschmieren* ‖ *tränken (con, de mit* dat) ‖ *befeuchten, benetzen* ‖ *bescheinen (Sonne)* ‖ *bespülen (Ufer usw)* ‖ ⟨Phot⟩ *ins Bad legen, wässern (Platten)* ‖ fig *über|füllen, -fluten* ‖ ~**se** *(sich) baden* ‖ *e-e Bäderkur machen* ‖ Cu *ein Glückskind sein* ‖ ◊ ~ *en agua de rosas* fig *in Wonne schwimmen*
bañe|ra f *Badefrau* f ‖ *Badewanne* f ‖ *Badenäpfchen* n *(für Vögel usw)* ‖ ~ *de hierro esmaltado gußeiserne emaillierte Badewanne* f ‖ **-ro** m *Bademeister* m
bañezano adj/s *aus La Bañeza* (P León)
bañil m ⟨Jgd⟩ *Suhle* f
bañista m *Badegast* m ‖ *Kurgast* m ‖ *Badende(r)* m
baño m *Bad* n ‖ *Baden* n ‖ *Bade|platz, -ort* m ‖ *Badeanstalt* f ‖ *Badewanne* f ‖ *Badezimmer* n ‖ ⟨Tech⟩ *Bad* n ‖ *Überzug* m, *Glasur* f *von Zucker usw* ‖ ⟨Hist⟩ *Bagno* n *(Strafanstalt)* ‖ fig *oberflächliche Kenntnis* f ‖ fam *Anstrich* m ‖ Col *Waschbecken* n ‖ ~ *de agua madre Solbad* n ‖ ~ *de aire Luftbad* n ‖ ~ *(de animales) Schwemme* f ‖ ~ *de arena Sandbad* n ‖ ~ *de asiento Sitzbad* n ‖ ~ *clarificador* ⟨Phot⟩ *Klärbad* n ‖ ~ *completo Vollbad* n ‖ ~ *de chorro Gieß-, Sturzbad* n ‖ ~ *espumoso Schaumbad* n ‖ ~ *de fango(s)*, ~ *de barro Moor-, Schlammbad* n ‖ ~ *fijador (ácido)* ⟨Phot⟩ *(saures) Fixierbad* n ‖ ~ *galvánico Galvanisierbad* n ‖ ~ *de inmersión*, ~ *de sumersión Tauchbad* n ‖ ~ *intestinal* ⟨Med⟩ *Darmbad* n ‖ ~ *local Lokalbad* n ‖ ~ *de oleaje Wellenbad* n ‖ ~ *(de) María Heiz-, Wasser|bad* n ‖ ~ *de pies Fußbad* n ‖ ~ *de revelado* ⟨Phot⟩ *Entwicklungsbad* n ‖ ~ *ruso russisches Dampfbad* n ‖ ~ *de sales Salzbad* n ‖ ~ *de sangre* fig *Blutbad* n ‖ ~ *de sol Sonnenbad* n ‖ ~ *de sudor Schwitzbad* n (→a **bañado** *en sudor*) ‖

~ *turco türkisches Bad* n ‖ ~ *de vapor Dampfbad* n ‖ ~ *vir(ofij)ador* ⟨Phot⟩ *Ton(fixier-) bad* n ‖ *traje de* ~ *Badeanzug* m ‖ fam ◊ *dar un* ~ *baden* ‖ *dar un* ~ *a* alg. ⟨bes Sch⟩ *jdn zeigen, was man kann* ‖ ~**s** pl *Heilbad* n ‖ *Badeanstalt* f ‖ *Badeort* m ‖ *tomar* ~ *e-e Badekur machen*
bañomaría m *Heiz-, Wasser|bad* n
bao m ⟨Mar⟩ *(Deck)Balken* m, *Saling* f ‖ ~ *de los palos* ⟨Mar⟩ *Quersaling* f
baobab m *Baobab, Affenbrotbaum* m (Adansonia digitata)
baptis|ta adj/s ⟨Rel⟩ *baptistisch* ‖ ~ m *Baptist* m ‖ **-terio** m *Taufbecken* n, *Taufstein* m ‖ *Baptisterium* n, *Tauf|kirche, -kapelle* f
baque(tazo) m *Aufschlag* e-s *fallenden Körpers*, fam *Plumps* m
baqueano adj/s = **baquiano**
baquear vi ⟨Mar⟩ *mit der Strömung segeln*
baquelita f *Bakelit* n
baquero adj: *(sayo)* ~ m *langes, rückwärts offenes Kinderkleid* n
baque|ta f *Gerte, Rute* f ‖ *Reit|gerte, -peitsche* f ‖ ⟨Arch⟩ *Rundstab* m ‖ *Fenstersprosse* f ‖ ⟨Mil⟩ *Lade-, Wisch|stock* m ‖ ◊ *tratar a* (la) ~ figf *rücksichtslos behandeln* ‖ ~**s** pl ⟨Mil⟩ *Trommelschlegel* mpl ‖ *carrera de* ~ *Spießrutenlaufen* n ‖ ◊ *correr* ~ *Spießruten laufen (Strafe)* ‖ **-tazo** m *Rutenschlag* m ‖ *(Lade-) Stockschlag* m ‖ →a **batacazo** ‖ ◊ *echar a* ~ *limpio, echar a* ~**s** figf *jdn mit Gewalt an die Luft setzen, jdn gewaltsam hinauswerfen* ‖ **-teado** adj *an Strapazen* bzw *Schikanen gewöhnt, zäh* ‖ Ec *frech, unverschämt* ‖ **-tear** vt *Spießruten laufen lassen* (& fig) ‖ *(Wolle) klopfen* ‖ fig *plagen* ‖ **-tero** m *Rutengänger* m
baquía f Am *genaue Kenntnis* f *e-r Landschaft* ‖ Am *Geschicklichkeit, Gewandtheit* f ‖ *de* ~ = **baquiano**
baquiano adj *erfahren, sich gut auskennend* ‖ *ortskundig* ‖ fig *geschickt* ‖ ~ m *Führer, Wegweiser* m *(bes in unwegsamen Gegenden od in den südam. Pampas)*
baquiar [pres -io] vt Mex *abrichten*
báquico adj *bacchisch* ‖ fig *Wein-, Trink-* ‖ *canción* ~a *Trinklied* n
báqui|ra f, **-ro** m ⟨Zool⟩ Col Ven *Nabelschwein* n (→ **pécari, saino**)
bar m *(Art) Imbißstube* f ‖ *Schankraum* m ‖ ⟨Phys⟩ *Bar* n ‖ ~-*restaurante Barrestaurant* n ‖ *mueble* ~ *Hausbar* f
barahúnda f *Lärm, Tumult, Radau* m ‖ *Wirrwarr* m
bara|ja f *Spiel* n *Karten* ‖ fam *Spielkarte* f ‖ fig *Durcheinander* n ‖ ◊ *echarse en la* ~ fig *sein Vorhaben aufgeben* ‖ ~**s** pl *Streit, Zank* m ‖ ◊ *jugar con dos* ~ figf *doppeltes Spiel treiben* ‖ **-jadura** f = **-je** ‖ **-jar** vt/t *(die Karten) mischen* ‖ fig *verwirren* ‖ fig *vereiteln (e-n Plan)* ‖ prov *zanken* ‖ ◊ ~ *números mit Zahlen jonglieren (od um sich werfen)* ‖ *paciencia y* ~ fam *Geduld!* ‖ ~**se** *fam zanken* ‖ Am fam *verrückt werden* ‖ **-je** m *Kartenmischen* n
barajo m Chi pop = **badajo** ‖ ¡~! euph Col Cu Pe *Donnerwetter!*
barajus|tar vt Col Ven *auseinandersprengen (Viehherde)* ‖ MAm Ven *anfangen, unternehmen* ‖ **-te** m Col Hond Ven *Ausbrechen* n *(Tiere)* ‖ Col *Wutausbruch* m ‖ Ven = **badajo**
baran|da f *Geländer* n *mit Brustlehne, Gitter* n ‖ *Bande* f *am Billard* ‖ ◊ *echar de* ~ fam *aufschneiden* ‖ *übertreiben* ‖ **-dal** m ⟨Arch⟩ *Geländerschwelle* f ‖ **-dilla** f, **-daje, -dado** m *Gitter, (Brücken)Geländer* n ‖ ⟨Mar⟩ *Reling* f ‖ ⟨Taur⟩ *Balkonsitzreihe* f ‖ Mex *Steg* m, *Notbrücke* f ‖ ~ *de protección* ⟨Arch⟩ *Schutzgeländer* n ‖ ~**s** pl Chi *Wagenleiter* f
barangay m Fil *Ruderbarke* f ‖ Fil *Sippe* f

von etwa 50 Eingeborenen- od *Mischlings\familien unter e-m Oberhaupt*
bara|ta *f Billigkeit* f ‖ *Tausch* m ‖ *Wuchergeschäft* n ‖ * u. Mex *Ausverkauf* m, *Ramschgeschäft* n ‖ Mex Pe ⟨Entom⟩ *(Küchen)Schabe* f ‖ a la ~ *unordentlich* ‖ **–tamente** adv fig *leicht, mühelos* ‖ **–tear** vt *unter dem Preis verkaufen, verramschen, verschleudern* ‖ ~ vi * *feilschen* ‖ **–tería** *f* ⟨Jur⟩ *betrügerischer Tauschhandel* m ‖ *Dutzendware* f ‖ ⟨Mar⟩ *Baratterie* f ‖ **–tero** *m Einnehmer* m *(der Abgabe vom Spielgewinn)* ‖ *Boß* m *(e–r Spielhölle)* ‖ Chi Ec pop *Feilscher* m ‖ Am *Ramscher* m
barati|ja *f Kleinigkeit* f *von unbedeutendem Wert* ‖ **~s** *pl Plunder, Ramsch* m ‖ *Nippsachen* fpl ‖ **–llero** *m (Kleider)Trödler* m ‖ **–llo** *m Ausschuß-, Trödel\ware* f, *Ramsch* m ‖ *Plunder* m ‖ *Trödelmarkt* m
bara|tísimo adj *spottbillig* ‖ **–to** adj/adv *wohlfeil, billig* ‖ *preiswert* ‖ fig *billig* ‖ fig *leicht* ‖ a precio ~ *zu niedrigem Preis, billig* ‖ de ~ *unentgeltlich, umsonst* ‖ ◊ *costar* ~ *billig sein* ‖ lo ~ es caro *wohlfeiler Markt, teurer Markt* ‖ dar de ~ figf *gutwillig zugestehen* ‖ echar a ~ fam *et gleichgültig behandeln* ‖ ~ m *Verkauf zu niedrigem Preise, Ausverkauf* m, *Ramschgeschäft* n ‖ ◊ cobrar el ~ figf *e–e Schreckensherrschaft ausüben* ‖ *die Abgabe (vom Spielgewinn) einziehen* ‖ hacer ~ *eine Ware verschleudern* ‖ **–tón** *m* MAm *(Art)(Absteck)Spaten* m
báratro *m* ⟨poet⟩ *Hölle* f
baratujales *mpl* Dom *billiges Zeug* n ‖ *Trödelware* f
baratura *f Billigkeit* f
baraúnda *f =* **barahúnda**
△**baraustado** adj *erdolcht*
baraustar vt *richten bzw parieren (Waffe)*
¹**barba** *f Kinn* n ‖ *Bart* m ‖ *Granne, Spelze* f *(an Ähren)* ‖ *Kehllappen* m *(z.B. des Hahnes)* ‖ *Ziegenbart* m ‖ *Bart* m *einer Vogelfeder* ‖ *Schwarmtraube* f *(Bienen)* ‖ *oberste Abteilung* f *(des Bienenstocks)* ‖ ⟨Mar⟩ *Ansatz* m, *Bewachsung* f *(am Schiffsboden)* ‖ ⟨Metal⟩ *Bart, Grat* m ‖ *Gußnaht* f ‖ ~ de Aarón ⟨Bot⟩ *Aronswurzel* f ‖ ~ de ballena *Fischbein* n ‖ ~ cabruna ⟨Bot⟩ *(Wiesen)Bocks\bart* m, *-kraut* n (Tragopogon pratensis) ‖ ~ de capuchino ⟨Bot⟩ *Gartenzichorie* f ‖ ~ cerrada, ~ corrida, ~ entera *Vollbart* m ‖ ~ de chivo *Ziegenbart* m (→a ~ **cabruna**) ‖ ~ española ⟨Bot⟩ *Greisenbart* m (Tillandsia usneoides) ‖ ~ inglesa *Backenbart* m ‖ ~ honrada fig *ehrenwerte Person* f ‖ ~ en punta *Spitzbart* m ‖ ~ *hombre de* ~ m fig *herzhafter Mann* m ‖ *hombre (pop tío) con toda la* ~ figf *richtiger Mann*, fam *ganzer Kerl* m ‖ ~ a ~ *von Angesicht zu Angesicht* ‖ a la ~, en las ~s (de) *in jds Gegenwart, jdm zum Trotz* ‖ por ~ *auf den Kopf, auf die Person, pro Kopf*, fam *pro Nase* ‖ a ~ reg(al)ada *in Hülle und Fülle* ‖ papel de ~ *Büttenpapier* n ‖ ◊ andar con la ~ sobre el hombro fig *in Furcht und Vorsicht leben* ‖ andar con la ~ por el suelo fig *steinalt sein (Mann)* ‖ echar la ~ a remojar fig *durch anderer Menschen Schaden klug werden* ‖ estar con la ~ a remojo fig *sehr im Druck (bzw in Eile) sein* ‖ hacer la ~ a uno *jdn rasieren, barbieren* ‖ fig *jdn über den Löffel balbieren* ‖ figf *jdn erzürnen* ‖ figf *jdm Böses nachsagen* ‖ Mex fig *jdm um den Bart gehen, südd das Goderl kratzen* ‖ *llevar a uno por la* ~ figf *jdn an der Nase herumführen* ‖ *mentir por la* (mitad de la) ~ figf *frech, unverschämt lügen* ‖ *temblarle a una la* ~ fig *Angst haben* ‖ **~s** *pl Bart* m ‖ ⟨Bot⟩ *Wurzelfasern* fpl ‖ *Papierfasern* fpl ‖ *ungleicher Rand* m *(an Papier, Bücherseiten usw)* ‖ *Fahne* f *des Federkiels* ‖ ⟨Metal⟩ *Bart, Grat* m, *Gußnaht* f ‖ ⟨Mar⟩ *beide Bugankertrossen* fpl ‖ Am *Bart* m *des*

Maiskolbens ‖ *Fasern* fpl *der Kokosnußschale* ‖ ~ de chivo figf *Ziegenbart* m ⟨& Bot⟩ ‖ ~ de hielo *(herunterhängende) Eiszapfen* mpl ‖ ~ de macho figf *Ziegenbart* m ‖ *hombre de* ~ Am *erfahrener Mann* m ‖ ◊ echar a las ~ u/c fig *jdm et unter die Nase reiben, vorhalten* ‖ subirse a las ~ de uno figf *jdm über den Kopf wachsen* ‖ tener buenas ~ figf *entschlossen sein* ‖ *hübsch sein (Frau)* ‖ tener pocas ~ fig *unerfahren sein* ‖ eso tiene (ya) ~ fam *das ist eine längst bekannte Geschichte* ‖ ¡por (*od* para) mis ~! *bei meiner Seele!* (Eidformel) ‖ cuando la(s) ~(s) de tu vecino vieres pelar, echa la(s) tuya(s) a remojar *es geht auch dich an, wenn deines Nachbars Haus brennt*
²**barba** *m* ⟨Th⟩ *Alter* m, *Schauspieler* m, *der die Väterrollen spielt*
³**Barba Azul** *Ritter Blaubart (Märchengestalt)* ⟨Hist Lit⟩ *Beiname des Marschalls Gilles de Rais (1404–1440)*
barbacana *f* ⟨Mil⟩ *Brustwehr* f *e–s Walles* ‖ ⟨Mil⟩ *Schießscharte* f ‖ *Wasserablaufloch* n *(im Mauerwerk)* ‖ ⟨Mil⟩ *Barbakane, vorgeschobene Stellung* f *(zur Verteidigung von Brücken usw)*
barba|coa, –cuá *f* Am *Pfahlbau* m ‖ Mex MAm Cu Ven *(Art) indianischer Feldofen* m ‖ Pe *(Frucht)Speicher* m
barba|da *f Kinnkette* f *am Zaumzeug* ‖ *Kinnriemen* m *am Hut* ‖ ⟨Fi⟩ *(Name mehrerer Arten) Schellfisch* od *Dorsch* m ‖ prov *Radau* m, *Getöse* n *(la Isla)* ~ ⟨Geogr⟩ *Barbados (Insel)* ‖ **–do** adj/s *bärtig* ‖ ⟨Bot⟩ *barthaarig* ‖ ~ m ⟨Agr⟩ *Senker* m ‖ *Setzling* m ‖ *Wurzeltrieb* m ‖ △ *Ziegenbock* m
barbar vi *e–n Bart bekommen* ‖ ⟨Bot⟩ *Wurzeln treiben*
Bárbara *f* Tfn *Barbara* f ‖ *Santa* ~ ⟨Mar⟩ *Pulverkammer* f ‖ →a **santabárbara**
barbárico adj *Barbaren-* ‖ *barbarisch*
barba|ridad *f Barbarei, Grausamkeit* f ‖ *Ungeheuerlichkeit* f ‖ fam *Unmenge* f ‖ fam *Heidengeld* n ⟨Th⟩ *Reißer* m ‖ una ~ de duros fam *große Menge Geld* ‖ ¡qué ~! *welche Ungeheuerlichkeit! unglaublich!* ‖ ◊ cuesta una ~ fam *es kostet ein Heidengeld* ‖ decir ~es fam *Unsinn reden* ‖ **–rie** *f* fig *Barbarei, Roheit* f ‖ *Grausamkeit* f ‖ **–rismo** *m* ⟨Gr⟩ *Sprachwidrigkeit* f, *Barbarismus* m ‖ fam *Barbarei, Roheit* f ‖ **–rizar** [z/c] vi fam *Unsinn reden*
bárbaro adj *barbarisch, Barbaren-* ‖ *grausam* ‖ fig *wild, ungebildet* ‖ fig *roh, grob* ‖ fig *verwegen, dreist* ⟨Gr⟩ *sprachwidrig* ‖ ¡qué ~! *ungeheuerlich!* ‖ ~ m *Barbar* m ‖ *Wüterich* m ‖ *roher Mensch* m ‖ fam *toller Kerl* m ‖ adv: **~amente**
Barbarroja *m Rotbart* m ‖ *Kaiser Barbarossa* m
barbas|trense, –trino adj/s *aus Barbastro* (P Hues)
barbato adj: *cometa* ~ *Bartkomet* m
barbaza *f* augm *v.* **barba**
barbear vi: ◊ *pasar barbeando la orilla* ⟨Mar⟩ *dicht am Ufer fahren* ‖ **~se** fam *auf seiner Meinung beharren*
barbe|chada *f Brachfeld* n ‖ **–char** vt ⟨Agr⟩ *brachen* ‖ **–chazón** *f* ⟨Agr⟩ *Brachzeit* f ‖ **–chera** *f* *frischgehacktes Feld* n ‖ *Brachland* n ‖ *Brachzeit* f ‖ **–cho** *m Brachen* n ‖ *Brachfeld* n, *Brache* f ‖ *frisch geackertes Stoppelfeld* n ‖ ~ completo *Schwarz-, Voll\brache* f ‖ ~ de corto plazo *Halbbrache* f ‖ ◊ *estar de* ~ *brachliegen*
barbelado adj gall: *alambre* ~ *Stacheldraht* m (→ **alambre** de espino)
barbe|ra *f*/adj *Barbierfrau* f ‖ Arg *herber, dunkler Wein* m ‖ **–ría** *f Barbier-, Rasierstube* f ‖ *allg Friseurgeschäft* n (→a **peluquería**) ‖ **–ril** adj fam *Barbier(s)-* ‖ **–ro** m/adj *Barbier, Bader*

barbián — barnacla

m || allg *Herrenfriseur* m (→ **peluquero**) || *Barbier-, Friseur|beruf* m || Al ⟨Fi⟩ *Barbenfangnetz* n || Mex fig *Schmeichler* m
barbián, ana, adj/s fam *mutig, dreist* || fam *stramm, schick (Person)*
barbi|blanco adj *weißbärtig* || **-cacho** m *Kinnband* n *am Männerhut* || **-cano** adj *graubärtig* || **-castaño** adj *mit kastanienbraunem Bart, braunbärtig* || **-corto** adj *kurzbärtig* || **-cubierto** adj *vollbärtig* || **-hecho** adj *frisch rasiert* || fig *tüchtig* || **-lampiño** adj/s *dünnbärtig* || *flaum-, milchbärtig* || figf *unerfahren* || ~ m figf *Gelbschnabel, Neuling* m || **-lindo, -lucio** adj *schönbärtig* || fig *weibisch, süßlich* || *geckenhaft* || *eitel* || ~ m *Geck* m || **-luengo** adj *mit langem Bart*
barbi|lla f *Kinn* n, *Kinnspitze* f || *Bartspitze* f || ⟨Fi⟩ *Barteln, Bartfäden* pl || ⟨Zim⟩ *Versatzung* f || ~ adj Col *dünn-, milch|bärtig* || **-llera** f *Kinn-, Gesichts|binde* f *der Leichen* || **-moreno** adj *braunbärtig* || **-negro** adj *schwarzbärtig* || **-poniente** adj/s fam *flaumbärtig* || figf *unerfahren* || **-rrapado** adj *rasiert* || **-rrojo** adj *rotbärtig* || **-rrubio** adj *blondbärtig* || **-taheño** adj *rotbärtig* || **-tonto** adj *dümmlich aussehend*
barbiquejo m = **barboquejo**
barbi|túrico adj/s: *ácido* ~ ⟨Chem⟩ *Barbitursäure* f || **~s** mpl *Barbiturate* npl || **-turismo** m ⟨Med⟩ *Barbiturismus* m
barbo m *Barbe* f, *Bartfisch* m (Barbus barbus) || ⟨Vet⟩ *Dasselbeule* f || ~ *de mar* ⟨Fi⟩ *Seebarbe* f (Mullus barbatus)
barbole|ta f Bras *Schmetterling* m || **-tear** vi Ur *flatterhaft sein*
bar|bón m *langbärtiger Mann* m || figf *alter(n)der) Mann* m || figf *Laie(nbruder)* m *im Kartäuserorden* m || *Ziegenbock* m || **-bona** adj *bärtige (Frau)*
barboquejo m *Kinn-, Sturm|riemen* m ⟨bes Mil⟩ || *Sturmband* n *am Hut*
barbo|so adj *bärtig* || **-tar** vt/i *(hin)murmeln, in den Bart brumme(l)n* (od *murmeln*) || **-te** m Arg *Lippenpflock* m, *in die Unterlippen gebohrtes Silberstäbchen* n *bestimmter Indianerstämme* || **-tear** = **-tar** || **-teo** m *Gemurmel, Brumme(l)n* n || **-tina** f *Schlicker* m *(Keramik)*
barbuchín adj Guat *dünnbärtig*
barbudo adj *bärtig, behaart* || ~ m *Bartvogel* m || *bärtiger Mann* m || Ant *Bartfisch* m || ⟨Bot⟩ *Setzling* m || △ *(Ziegen)Bock* m
bárbula f ⟨Zool Bot⟩ *Bärtchen* n
barbu|lla f fam *verworrenes Geschrei* n || *Stimmengewirr* n || **-llar** vi fam *verwirrt sprechen, schreien* || *brabbeln, brumme(l)n* || **-llón** m/adj fam *Nuschler*, fam *Brabbelfritze* m
barbuquejo m = **barboquejo**
barca f *Barke* f, *(Fischer)Boot* n, *Kahn*, ⟨poet⟩ *Nachen* m || *Fährgeld* n || *Fähre* f, *Fährboot* n || → a **barco, buque** || ⟨Web⟩ *Trog* m || *Kufe* f *(Färberei)* || ~ *de pasaje* *Fähre* f, *Fährboot* m
barca|da f *Kahnladung* f || *Kahnfahrt* f || *Boots|ladung* bzw *-fahrt* f || **-je** m *Fracht-* bzw *Fähr|geld* n || *Kahnfrachtbeförderung* f || *Bootstransport* m
barcal m ⟨Mar⟩ *(kleine) Schiffsplanke* f || *Freßnapf, Kübel* m || *Trog* m || Gal *Meßgefäß* n *für Wein*
barca|rola f *Gondellied* n, *Barkarole* f || *Seemannslied* n || **-rrón** m *großes, häßliches Schiff* n || **-za** f *Barkasse* f || *Leichter* m || *großes, flaches Boot* n || *Lade-, Hafen|recht* n || ~ *de desembarco Landungsschiff* n || **-zo** m augm v. **barco**
Barcelo|na *Barcelona* f || **=nés, esa** adj *barcelonisch* || ~ m *Barcelonier* m
barcia f *Siebmist* m, *Siebabfälle* mpl *(Getreide)*
barcina f And Mex *Netzsack* m || And *Strohbund* n

barcino adj *graurötlich (Rindvieh)* || ~ m Arg *Opportunist* m
bar|co m *Barke* f, *Boot* n || *Fluß-, See|schiff* n || *kleine Schlucht* f || ~ *de alto porte Seeschiff* n || ~ *de altura* (bajura) *Hochsee- (Küsten)Schiff* n || ~ *auxiliar Tender* m || ~(-)*avión Tragflügelboot* n || ~ *ballenero Walfangschiff* n || ~ *de carga Frachtschiff* n || ~ *de comercio Handelsschiff* n || ~ *fantasma Gespensterschiff* n || ~ *faro Feuerschiff* n || ~ *fluvial Flußschiff* n || ~ *de guerra Kriegsschiff* n || ~ *mercante Handelsschiff* n || ~ *meteorológico Wetterschiff* n || ~ *de un (de dos) palo(s) Ein- (Zwei)Master* m || ~ *de pasaje Passagierschiff* n || ~ *de patrulla*, ~ *patrullero Vorpostenboot* n || ~ *de pesca*, ~ *pesquero Fischerboot* n || ~ *petrolero Tankschiff* n || ~ *de remo(s) Ruderboot* n || ~ *de transporte Transportschiff* n, *Truppentransporter* m || ~ *de vapor Dampfschiff* n || ~ *de vela Segelschiff* n, *Segler* m || ~ *vivienda Hausboot* n || ◊ *ir en* ~ *Boot fahren* || →a **bote, buque, embarcación, nave, navío** || **-cón** m *Leichter(prahm)* m
barchilón m Am *Krankenpfleger* m (→ **enfermero**) || Bol *Kurpfuscher* m (→ **curandero**)
barchilla f Val *(Art) Trockenmaß* n
¹**barda** f *Dornenkrönung* f *auf Mauern* || *Reisigdach* n || ⟨Mar⟩ *dichter, drohender Wolkenstreif* m *(am Horizont)* || Ar *Einzäunung* f *durch e-e Dornenhecke* || Sal *junge Eiche* f || ◊ *aún anda el sol en las* ~s fig *noch ist nicht aller Tage Abend*
²**barda** f *Sattelbausch* m || *Roßharnisch* m
bardaguera f *Korbweide* f
bardal m *Dornenhecke* f || *(Dorn-)Gebüsch* n || →a ¹**barda** || ◊ *saltando* ~es figf *über Stock und Stein, Hals über Kopf* (salir *davonlaufen*)
bardana f ⟨Bot⟩ *Klette* f (Aretium spp) || ~ *menor Spitzklette* f (Xanthium spp)
bardar vt *abdachen (mit Reisig)*
bardasca f *(Spieß)Gerte* f
bardero m *Reisigsammler* m
bardo m *(keltischer) Barde* m || fig *Sänger, Dichter* m
bardoma f Ar *Schmutz, Kot* m
baremo m *Rechentabelle* f || *Satz-, Tarif|tabelle* f *(Gebühren usw)* || *Verrechnungsschlüssel* m || *Rechenbuch* n *(mit Ergebnissen)*
barestesia f ⟨Med⟩ *Barognose* f
bargueño m *geschnitztes* od *eingelegtes (aufklappbares) Möbelstück* n *(Art Sekretär) mit vielen Schubladen und Fächern, ehemals bes in Bargas (PTol) erzeugt* || *(Art) Kommode* f
△**barí** adj *ausgezeichnet*, fam *enorm, großartig*
baria f *Bar* n
bari|bal m ⟨Zool⟩ Am *Schwarzbär, Baribal* m (Ursus americanus) || **-nés** m Ven *Nordostwind* m
bario m ⟨Chem⟩ *Barium* n || ⟨Phys⟩ *Bar* n
barisfera f ⟨Geol⟩ *Barysphäre* f
barista f Am *Bardame* f
bari|ta f *(Ätz)Baryt* m, *Bariumoxid* m || **-tina** f *Schwerspat, Baryt* m || ⟨Chem⟩ *Bariumsulfat* m
baritel m *(Pferde)Göpel* m
barítono m ⟨Mus⟩ *Bariton(sänger)* m *(Art) Gitarre* f
barjoleta adj Mex *dumm, einfältig*
barjuleta f *Ranzen, Tornister* m
barkana f *Barchan* m, *Sicheldüne* f
bar|loa f ⟨Mar⟩ *Spring-, Borg|tau* n || **-loar** vt ⟨Mar⟩ *sorren, festbinden*
barlo|ventear vi ⟨Mar⟩ *lavieren, (auf)kreuzen* || figf *bummeln* || **-vento** m ⟨Mar⟩ *Luv(seite)* f || *de* ~ ⟨Mar⟩ *leewärts*
barman m engl *Bar|keeper, -mixer* m
Bar.na Abk = **Barcelona**
barnabita m adj *Barnabit(ermönch)* m
barnacla f ⟨V⟩: ~ *cariblanca Weißwangengans* f (Branta leucopsis) || ~ *carinegra Ringel-*

barniz — barrena

gans f (B. bernicla) || ~ *cuellirroja Rothalsgans* f (B. ruficollis)
barniz [*pl* –**ces**] *m Firnis, Lack* m || *(Porzellan)- Glasur* f || *(flüssige) Schminke* f || ⟨Typ⟩ *Druckerschwärze* f || fig *oberflächliche Kenntnis* f, *Anstrich* m || ~ *adhesivo Filmklebelack* m || ~ *al aceite Öllack* m || ~ *aislante* ⟨El⟩ *Isolierlack* m || ~ *alcohólico Spirituslack* m || ~ *brillante*, ~ *de lustre Glanzlack* m || ~ *caseoso* ⟨Med⟩ *Haut-, Käse\schmiere* f || ~ *copal Kopallack* m || ~ *cristal Eisblumenlack* m || ⟨Phot⟩ *Glasfirnis* m || ~ *de fondo Grund(ier)lack* m || ~ *para latón Messinglack* m || ~ *para madera Holzlack* m || ~ *para metal Metallack* m || ~ *negativo Negativlack* m || ~ *opaco Mattlack* m || ~ *de pistola Spritzlack* m || ~ *protector Schutzlack* m || ~ *secante Trockenfirnis* m || ~ *sintético Kunstharzlack* m || ~ *de (od para las) uñas Nagellack* m || ◊ *tiene sólo un* ~ *de cultura (er) ist nur halb gebildet*
barni|zada *f* Mex u. Am prov = **–zado** *m Lackierung* f, *Firnissen, Polieren* n || *Anstrich* m || **–zador** *m Lackierer* m || **–zaje** *m* ⟨Taur⟩ *Zurechtmachen* n *der verwundeten Pferde für die nächste Pikadorfahrt* || gall ⟨Mal⟩ *Vernissage* f || **–zar** [z/c] vt *firnissen, lackieren, glasieren*
ba|rógrafo *m* ⟨Meteor⟩ *Barograph* m || **–rometría** *f Barometrie, Luftdruckmessung* f || **–rométrico** adj *barometrisch*
barómetro *m Barometer* n, *Luftdruckmesser* m || fig *Anzeiger* m || ~ *aneroide Aneroidbarometer* n || ~ *de mercurio Quecksilberbarometer* n || ~ *metálico Dosenbarometer* n || ~ *registrador* = **barógrafo** || ◊ *el* ~ *sube, baja das Barometer steigt, fällt*
barón *m Freiherr, Baron* m
baro|nesa *f Baronin* f || *Freiin* f, *Freifräulein* n || **–nesita** *f Baronesse* f || **–net(e)** *m* engl *Baronet* m || **–nía** *f Baronie, Freiherrschaft* f || *Freiherrn|würde* f bzw *-stand* m
baroscopio *m* ⟨Phys⟩ *Baroskop* n
barque|lar vt/i *mit e–m Kahn (od Boot) überführen (bzw über e–n Fluß usw) fahren* || **–ro** *m Kahnführer, Fährmann* m || **–ta** *f* dim *v.* **barca**
–te *m*, **barquía** *f Fischerboot* n || *Fischernetz* n
barqui|chuelo *m* dim *v.* **barco** || **–lla** *f* dim *v.* **barca** || *Ballongondel* f || *Ballonkorb* m || *Waffeleisen* n || ⟨Mar⟩ *Logtafel* f || **–llero** *m Waffelbäcker* m || *Waffelverkäufer* m || *Waffeleisen* n || ⟨Mar⟩ *Boots-, Jollen\führer* m || **–llo** *m Waffel* f
barquín *m Schmiedeblasebalg* m
barquinar vt *mit dem Blasebalg anfachen*
barqui|nazo *m* fam *Fall, Aufschlag*, fam *Plumps m e–s fallenden Körpers* || *Auflaufen* n *(Schiff)* || fig *Torkeln* n *(e–s Betrunkenen)* || And Ec *Schlingern* n *(Schiff)* || **–no** *m (Wein)Schlauch* m
barra *f* ⟨Eisen⟩*Stange* f, ⟨Eisen⟩*Stab* m || *Stab* m || *Schiene* f || *Barren* m || *(Gold-, Silber-) Barre* f || *Seifenriegel* m || *Mandel\kuchen, -streif* m || *Hebebaum* m || *Balken* m || *Querstrich* m *(Maschinenschrift)* || ⟨Mus⟩ *Taktstrich* m || ⟨Mus⟩ *Wiederholungszeichen* n, *Repetition* f || *Querholz* n *am Klavier* || *Sattelbaum* m || *Kinnlade* f *der Pferde* || *Schranke* f || *Gerichtsschranken* fpl || ⟨Mar⟩ *Sandbank* f || ⟨Web⟩ *Streifen* m *(Fehler)* || *Theke* f || *Bar* f || *Sitz* m || ⟨Her⟩ *Schräglinksbalken* m || Am ⟨Bgb⟩ *Kux* m || Am *Fußblock* m *für Sträflinge* || Mex *Anwaltskammer* f || SAm *Zuschauer* mpl *(bei Gerichtsverhandlungen)* || Am ⟨Mar⟩ *Eisen* n *(Fessel)* || Arg *Freundeskreis* m || *Gruppe* f *von Freunden* || Chi *Wurfscheibenspiel* n || ~ *de acoplamiento Kupplungsstange* f || *Spurstange* f *(Motor)* || ⟨Agr⟩ *Anhängeschiene* f || ~ *alta*, ~ *de fija Reck* n, *Querbaum* m *(beim Turnen)* || ~ *de bar Theke* f || ~ *de carmín (para los labios)*, ~ *de labios Lippenstift* m || ~ *colectora* ⟨El⟩ *Sammelschiene* f || ~ *cortadora*, ~ *guadañadora Mähbalken* m || ~ *de conexión* ⟨El⟩ *Verbindungsschiene* f || ~ *de dirección* ⟨Aut⟩ *Lenksäule* f || ~ *de emplomado* ⟨Arch⟩ *Verbleiungsstange* f || ~ *magnética*, ~ *imantada Stabmagnet* m || ~ *de paso a nivel* ⟨EB⟩ *Schranke* f || ~ *de visuales* ⟨Top⟩ *Visierlineal* n || ~ *transversal Querstange* f || *de* ~ *a* ~ fig *durch und durch, von e–r Seite zur anderen* || ◊ *estirar la* ~ fig *sich die größte Mühe geben*, pop *sich am Riemen reißen* || *llevar a la* ~ *a uno* fig *jdn zur Rechenschaft ziehen* || *tener (mucha)* ~ Ar fam *sehr frech sein* || *tirar a la* ~ *Krieg spielen (Barrenspiel)* || a ~ *durch und durch* || ¡qué ~! Ar *wie unverschämt!* || ~**s** *pl:* ~ *de celosía Gitterstäbe* mpl || ~ *del inducido* ⟨El⟩ *Ankereisen* n || ~ *ómnibus de generadores* ⟨El⟩ *Generatorsammelschienen* fpl || ~ *ómnibus de alimentadores* ⟨El⟩ *Speisesammelschienen* fpl || ~ *paralelas* ⟨Sp⟩ *Barren* m || ~ *de socorro* ⟨El⟩ *Hilfsschienen* fpl || *escudo de cuatro* ~ pop *Wappen* n *von Aragonien und Katalonien (4 rote Barren od Schrägbalken auf gelbem Feld)* || a ~ *derechas ohne Lug und Trug* || *sin daño de* ~ fig *ohne Schaden für sich od andere* || ◊ *pararse en* ~ fig *müßig dastehen* || *sin pararse en* ~ *rücksichtslos*, fam *ohne Rücksicht auf Verluste* || *entschlossen*
Barra|bás *m* np *Barabbas* m || ≃ figf *Bösewicht* m || ≃**basada** *f* fam *mutwilliger Streich* m || fam *Schandtat* f
barra|ca *f Bauernhütte, Baracke* f || *Baracke* f, *Notwohnung* f || Val Murc *Bauernhaus* n *von typischer Bauart* || Arg *Holzhandlung* f || ~**(s)** *f(pl)* Span *Elendswohnung* f (→ **barraquismo**) || **–cón** *m* augm. u. desp *v.* **barraca** || *Schau-, Schieß\bude* f *(bei Kirmes usw)*
barrado adj *schräggeteilt, mit Schräglinksbalken (Wappen)*
barragán *m Barchent, Berkan* m || *Barchentmantel* m
barraga|na *f Beischläferin* f || *Konkubine* f || **–nería** *f wilde Ehe* f
barrajar vt Arg *zu Boden werfen, stürzen* || Mex *hinausstürzen*
barran|ca *f* = **barranco** || Am *Steilufer* n *e–s Flusses* || ◊ *conseguir u/c por zancas o* ~**s** fam *e–e S. um jeden Preis erlangen* || **–cal** *m schluchtenreiche Gegend* f || **–co** *m Barranco* m *(nach außen durchbrechende Schlucht)* || *Wasserriß* m || *Engpaß* m || *Steilhang* m || fig *Hindernis* n || ◊ *no hay* ~ *sin atranco* Spr *ohne Fleiß kein Preis* || **–coso, –quero** adv *voll Schluchten*
barrani [*pl* **–ies**] *m* Marr *Ausländer* m
barra|que adv: *a traque* ~ fam *zu jeder Zeit* || **–quear** vt *knurren*
barra|quero *m* Murc *Besitzer* m *e–r barraca* (→ d) || **–queta** *f* Val *Badehäuschen* n || **–quete** *m* Dom fam *pummeliges Kind* n || **–quismo** *m* Neol Span *Vorhandensein* n *von Elendswohnungen* || *Slumwesen* n || **–quista** *m* Neol *Bewohner* m *e–r Elendswohnung* (→ a **barraca**)
barrar vt *mit Lehm verschmieren, beschmutzen* || (→ **embarrar**)
barreal *m* = **barrizal**
barrear vt *verramme(l)n* || *sperren* || Ar *(durch-) streichen*
barreda *f Schranke* f || *Umzäunung* f || *Absperrung* f
barrede|ra *f Straßenkehrmaschine* f || *Schlepp-, Zugnetz* n || ~**s** *pl* ⟨Mar⟩ *Beisegel* npl || **–ro** adj/s *wegfegend* || *Schlepp-* || ~ *m Bäckerbesen, Ofenwisch* m *der Bäcker*
barre|dor *m Auskehrer, Feger* m || **–duela** *f* And *kleiner Platz* m, *meist nur mit e–m Zugang* || **–dura** *f (Aus)Kehren, Fegen* n || ~**(s)** *(pl) Kehricht* m/n || ~**(s)** *de las calles Straßenabraum* m || **–lotodo** *m* figf *Schnüffler* m || fam *Allesverwerter* m || **–minas** *m* ⟨Mar⟩ *Minenräumboot* n
barrena *f (Spreng)Bohrer, Stein-, Gesteins|bohrer* m || ⟨Arch⟩ *Erdbohrer* m || ⟨Flugw⟩

Trudelbewegung f, *Trudeln* n *des Flugzeuges* ‖ ~ anular ⟨Zim⟩ *Ringbohrer* m ‖ ~ de berbiquí → **berbiquí** ‖ ~ de carpintero *Holzbohrer* m ‖ ~ cónica ⟨Tech⟩ *Krauskopf* m ‖ ~ invertida ⟨Flugw⟩ *Rückentrudeln* n ‖ ~ de mano *Handbohrer* m ‖ ~ sacamuestras ⟨Bgb⟩ *Kernbohrer* m ‖ ~ (vertical) horizontal ⟨Flugw⟩ *(senkrechte) Rolle* f ‖ ◊ entrar en ~ ⟨Flugw⟩ *(ab)trudeln*

barre|nado adj fam *halb verrückt* ‖ *närrisch* ‖ ~ m *Bohren* n ‖ *Bohrung* f ‖ ~ a golpe ⟨Bgb⟩ *Stoßbohrung* f ‖ **-nador** m: ~ del maíz ⟨Entom Agr⟩ *Maiszünsler* m ‖ **-nadora** f ⟨Tech⟩ *Bohrmaschine* f ‖ **-nadura** f *Einschnitt* m *(von Holzbohrkäfern)* ‖ **-nar** vt *(an-, aus-, durch)bohren* ‖ fig *vereiteln (Absichten)* ‖ fig *gedanklich durchdringen* ‖ fig *mißachten (Gesetze)* ‖ vi ⟨Flugw⟩ *(ab)trudeln* ‖ **~se** vr: ◊ ~ la sien con el índice fig *sich an die Stirn tippen*, fam *e-n Vogel zeigen*

barren|dera f *Kehrfrau* f ‖ **-dero** m *Straßenkehrer* m

barre|nero m *Bohrer|hersteller*, *-verkäufer* m ‖ ⟨Bgb⟩ *(Sprengloch) Bohrer* m ‖ **-nilla** f *Spund-, Ansteckbohrer* m ‖ **-nillo** m *Knorren* m *im Baum* ‖ ⟨Entom Agr⟩ *Holzbohrkäfer* m (Bostrychus spp) ‖ *Splintkäfer* m (Lyctus spp) ‖ *Borkenkäfer* m (Ips spp) ‖ Cu *Starrköpfigkeit* f ‖ **-no** m *(großer) Bohrer* m ‖ *(Spreng)Bohrloch* n ‖ fig *Eigendünkel* m ‖ figf *Grille*, *Marotte* f ‖ Chi fig *Halsstarrigkeit* f ‖ ◊ llevarle el ~ a alg. figf Mex *jdm nach dem Mund reden*

¹**barre|ño** m, **-ña** f *Lehmschüssel* f ‖ *Schaff* n, *Kübel* m *(aus Lehm)* ‖ *Spülbecken* n

²**barreño** m Guat *ein Volkstanz* m

barrer vt *(aus)kehren*, *weg|kehren*, *-fegen* ‖ *wegspülen* ‖ fig *säubern*, *freimachen (de von dat)* ‖ fig *mit sich fortreißen* ‖ ⟨Mil⟩ *lichten*, *wegfegen (durch Kanonenfeuer)* ‖ *Gase spülen (Motor)* ‖ ~ vi *kehren* ‖ ◊ ~ hacia dentro figf *auf den eigenen Vorteil bedacht sein* ‖ ~ con todo figf *reinen Tisch machen* ‖ **~se** vr Mex *fortlaufen (Pferd)*

¹**barrera** f *Lehmgrube* f ‖ *Schrank* m *(für irdene Töpfe usw)* ‖ *Taubhalden* fpl *(Salpetergewinnung)*

²**barrera** f *Schranke* f, *Schlagbaum* m ‖ ⟨Mil⟩ *Verhau* m ‖ ⟨Mil⟩ *Sperre* f ‖ ⟨Taur⟩ *Schranke* f, *erster Platz* m ‖ fig *Barriere* f, *Hindernis* n, *Einhalt* m ‖ fig *Grenze*, *Begrenzung* f ‖ fig *Schutz* m ‖ ~(s) aduaneras ⟨Zollschranken⟩ fpl ‖ ~ aérea *Luftsperre* f ‖ ~ de arrecifes ⟨Geol Mar⟩ *Barrierenriff* n ‖ ~ biológica *biologische Schranke* f ‖ ~ de globos (cautivos) ⟨Flugw⟩ *(Fessel)Ballonsperre* f ‖ ~ (anti)submarina *U-Boots-Sperre* f ‖ ~ levadiza *Schlag(baum)schranke* f ‖ ~ de seguridad ⟨Flugw⟩ *Schutzsperre* f ‖ ~ sónica ⟨Ak Flugw⟩ *Schallmauer* f ‖ ◊ torniquete de ~ *Drehkreuz* n ‖ ◊ salir a ~ fig *sich dem öffentlichen Gerede aussetzen* ‖ ver los toros desde la ~ figf *als Unbeteiligter (und als Zuschauer) dabei sein* ‖ **~s** pl ⟨EB⟩ *Schranken* fpl ‖ ◊ el pensamiento no tiene ~ *Gedanken sind zollfrei*

barrero m *Töpfer* m ‖ *Sumpf* m ‖ prov = **barrizal** ‖ SAm *salpeterhaltiger Boden* m

barresuelo m Dom *untere Blätter* npl *der Tabakspflanze*, *Grumpen* pl (→ **bajera**)

barreta f dim v. **barra** ‖ *Unterfütterung* f, *Afterleder* n *bei Schuhzeug* ‖ And *würfelartig geschnittener Honigkuchen* m ‖ Mex Bol Pe *Spitzhaube* f

barrete|ar vt *(mit Eisen) sichern* ‖ **-ro** m ⟨Bgb⟩ *Hauer* m

barretina f *katalan. (phrygische) Mütze* f ‖ *Zipfelmütze* f

barriada f *Teil* m *e-s Stadtviertels* ‖ *Stadtviertel* n ‖ Pe *Elendsviertel* n

barrial m Arg *Lehmboden* m (→a **barrizal**) ‖

~ adj Mex *tonig*

barri|ca f *Tonne* f, *(Stück)Faß*, *Gebinde* n ‖ **-cada** f *Barrikade*, *Straßensperre* f ‖ ⟨Mil⟩ *Verhau* m ‖ ◊ levantar ~s *Barrikaden errichten*

barri|da f Am prov, **-do** m *(Aus)Kehren* n ‖ *Kehricht* m/n ‖ *Spülung* f *(Zweitaktmotor)* ‖ ◊ servir lo mismo para un ~ que para un fregado figf *Mädchen für alles sein*

barri|ga f fam *Bauch*, *Wanst* m ‖ *(Gefäß)-Bauch* m, *Wölbung* f *e-s Gefäßes* ‖ *Ausbuchtung*, *Durchbiegung* f *(Wand)* ‖ *dolor de ~* fam *Bauchweh* n ‖ ◊ echar ~ fam *e-n Wanst ansetzen* ‖ estar *(od* hallarse*)* con la ~ en la boca figf *hochschwanger sein* ‖ hinchar la ~ fig *sich (auf)blähen* ‖ sacar la ~ de mal año figf *sich satt essen* ‖ ~ gruesa no engendra entendimiento *dicker Bauch*, *schwacher Kopf* ‖ **-gón**, **-gudo** adj/s fam *dickbäuchig* ‖ ~ m *Dickwanst* m ‖ Ant *Kind* n ‖ **-guera** f *Bauchgurt* m *des Pferdegeschirres*

ba|rril m *(kleines) Faß*, *Fäßchen* n, *kleine Tonne* f ‖ *Faß* n *(als Maß für Erdöl, ca. 165 Liter)* ‖ ~ de duelas *Daubenfaß* n ‖ **-rrila** f *Sant bauchiger Krug* m *mit engem, kurzem Hals* ‖ **-rrilaje** Mex, **-rrilamen** m *Vorrat* m *an Fässern*, *Fässer* npl ‖ *Faßwerk* n ‖ **-rrilejo** m dim v. **barril**

barrile|ría f *Böttcherei* f ‖ *Faßwerk* n ‖ = **barrilamen** ‖ **-ro** m *Böttcher* m ‖ *Faßbinder* m ‖ **-te** m dim v. **barril** ‖ ⟨Zim⟩ *Klammer-*, *Bank|haken* m ‖ *Trommel* f *(Revolver)* ‖ ⟨Uhrm⟩ *Federgehäuse* n ‖ *Drehstift* m *(in Uhren)* ‖ ⟨Opt⟩ *Rohr* n, *Tubus* m ‖ ⟨Phot⟩ *Schlitten* m ‖ ⟨Mus⟩ *Mundstückaufsatz* m *an der Klarinette* ‖ prov *Papierdrache* m ‖ ⟨Mar⟩ *Kreuzknoten* m ‖ ⟨Zool⟩ *Winkerkrabbe* f (Uca tangeri) (→ **boca** de la isla) ‖ *eßbare Schere* f *der Winkerkrabbe* ‖ Mex ⟨Zool⟩ *(Art) großer Lachs* m ‖ ~ de la cuerda ⟨Uhrm⟩ *Aufzugsfederghäuse* n

barri|lla f ⟨Bot⟩ *Salz|kraut* n, *-strauch* m (Salsola sp) ‖ ⟨Bot⟩ *Glasschmalz*, *Queller* m (Salicornia sp) ‖ ⟨Bot⟩ *Sol|de*, *-da* f (Suaeda maritima) ‖ ~ de Alicante ⟨Bot⟩ *Salzkraut* n (Halogeton sativum) ‖ Bol Pe *gediegenes Kupfer* n ‖ **~s** pl *Salzkrautasche* f ‖ **-llar** m *Salzkrautfeld* n ‖ *Sodasiederei* f ‖ **-llero** adj: plantas ~as *Sodapflanzen* fpl

barrillos mpl *Eiterbläschen* npl, *Pickel* mpl *(im Gesicht)*

barrio m *Stadt|viertel* n, *-teil* m ‖ *Ortsteil* m ‖ *Vorstadt* f ‖ *Nebengemeinde* f ‖ ~ judío *G(h)etto* n (→ **judería**) ‖ ~ excéntrico, ~ extraviado, ~ retirado fig *Außenviertel* n ‖ ~ comercial *Geschäftsviertel* n ‖ ~ pobre, ~ bajo *Elendsviertel* n ‖ ~ residencial *Wohnviertel* n ‖ ◊ estar de ~ *in einfachem Hauskleide einhergehen* ‖ irse *(od* marcharse*)* al otro ~ fig *sterben* ‖ los ~s bajos *die unteren Stadtteile* mpl *e-r Großstadt* ‖ *die anrüchigen Viertel* npl ‖ **~tero** adj Cu *pöbelhaft*, *plebejisch*

barris|car [c/qu], **-quear** vt/i And *schnell*, *eifrig kehren* ‖ **-co** m: a ~ *in Bausch und Bogen* ‖ **-ta** m *Barrenturner* m

barrita f dim v. **barra** ‖ *Lippenstift* m ‖ →a **barra**

barri|tar vi *trompeten (Elefant)* ‖ **-to** m *Trompeten* n *(Elefant)*

barrizal m *Lehmboden* m ‖ *Sumpf*, *Morast* m

¹**barro** m *(Straßen)Kot*, *Schlamm* m ‖ *Sumpf (-boden)* m ‖ *Ton*, *Lehm* m ‖ *Kitt* m, *keramische Masse* f ‖ *Töpferwaren* fpl ‖ fig *wertloses Ding* n ‖ fig *Geld* n, fam *Moos* n ‖ ~ artificial ⟨Maur⟩ *Kalksand* m ‖ ~ cocido *gebrannter Ton* m ‖ *Terrakotta* f ‖ ~ glacial ⟨Geol⟩ *Geschiebelehm* m ‖ pipa de ~ *Ton-*, *Gipspfeife* f ‖ ◊ eso no es ~ figf *das ist nicht zu verachten* ‖ *das ist sehr ernst zu nehmen* ‖ *das ist ein starkes Stück!* ‖ **~s** pl *feines Töpfergeschirr* npl ‖ *Tonfiguren*, *Nippsachen* fpl *aus Ton*

²**barro** m *Unebenheit* f *der gegerbten Haut* ‖

Pickel m *(im Gesicht)* || ⟨Vet⟩ *Beule* f || ~s *pl Finnen* fpl
barro|co adj/s *barock (Stil)* || fig *verschroben, überspannt* || (estilo) ~ *Barockstil* m || ~, *época* ~a *Barock(zeit* f*)* m/n || **-quismo** m *barocke Art* f, *Barock* n || fig *Verschrobenheit, Überladung* f || fig *Schrulle* f
barrón m augm. fam v. **barra** u. v. **barro** || ⟨Bot⟩ *Strandhafer* m (Ammophila arenaria)
¹**barroso** adj *kotig, lehmig* || *lehmfarben* | *bräunlich, rötlich, scheckig (Vieh)* || ~ m △ *Krug* m
²**barroso** adj ⟨Med⟩ *finnig* || *pickelig*
barro|te m *Riegelbarren* m || *Eisenbeschlag* m || **-tín** m ⟨Mar⟩ *Schiffsrippe* f
barrudo adj Ar *dreist, keck*
barrueco m *Bruchperle* f
barrullo m Ec *Wirrwarr, Klamauk* m || (→ **barullo**)
barrumbada f fam *protzige Rede* f || *Aufschneiderei, Prahlerei* f || *protzenhafte Verschwendung* f || ◊ *echar* ~s fam *flott leben*
barrun|tar vt *ahnen, merken, mutmaßen* || *vorhersehen* || *wittern (Gefahr)* || **-te** m = **-to** || **-to** m *Mutmaßung, Vermutung* f || *Ahnung* f || *Vorgefühl* n || *Anzeichen* n, *Spur* f || *Witterung* f *(e-r Gefahr)* || en ~s de la muerte im *Vorgefühl des Todes*
barto|la f fam *Schmerbauch* m || a la ~ fam *flegelhaft* || *sorglos* || **-lear** vi Chi fam *faulenzen* || **-lillo** m *(Rahm)Pasteichen* n
bartolina f *Kniff, Kunstgriff* m
Bartolomé m (fam **Bartolo**) np *Bartolomäus* m
bar|tolón m Hond *Bienenstock* m *(der schwarzen Honigbiene)* || **-tul(e)ar** vi Chi *(nach)grübeln*
bártulos mpl fig *Besitzungen* fpl || fam *Kram, Plunder* m || ◊ *coger (od* liar*) los* ~ figf *seine (Sieben) Sachen packen*
baru|llento m/adj RPl fam = **-llero** || **-llero** m *Ränkeschmied, Hetzer* m || *Wirrkopf* m || **-llo** m fam *Wirrwarr* m || *Lärm, Krach* m
bar|za f Ar *Brombeerstrauch* m (→ **zarza** [-mora]) || **-zal** m Am *Sumpf* m (→ **barrizal**)
bar|zón m *Bummel* m || ⟨Agr⟩ *Deichselring* m am *Pflug* || **-zonear** vi *bummeln*
¹**basa** f ⟨Arch⟩ *Säulenfuß* m, *Basis* f || *Sockel* m || fig *Grund(bestandteil)* m || *Grundlage* f || ⟨Arch⟩ *Grundmauer* f
²**basa** f Ar *Wasserpfütze* f || *Vertiefung* f im *Boden*
basal adj *Grund-* || ⟨Bot Zool⟩ *basal*
basáltico adj *Basalt-*
basalto m ⟨Geol⟩ *Basalt* m
basamento m ⟨Arch⟩ *Grund|lage, -mauer, Basis* f || ⟨Arch⟩ *Fußgestell* n || *Unterbau* m || *Stützenfundament* n *(Bergbahn)* || *Sockel* m || ~ de cabria ⟨Bgb⟩ *Hebebockgrube* f
basanita f ⟨Geol⟩ *Basanit* m
basar vt *(be)gründen* (& fig) || *stützen* (sobre *auf* dat) || ⟨Arch⟩ *(den Grund) ausmauern* || ◊ estar basado *beruhen* (en *auf* dat) || ~se fig *fußen* (en *auf* dat) || *bauen* (en *auf* acc)
basáride f ⟨Zool⟩ *Katzenfrett* m (Bassariscus astutus)
basbolero m ⟨Sp⟩ *Baseballspieler* m
¹**basca(s)** f*(pl) Brechlust* f || *Schwindel* m, *Ohnmacht* f || figf *plötzlicher Anfall* m || ◊ ha tenido una ~ es ist ihm übel geworden || le entran ~s es wird ihm übel, er muß sich übergeben
²**basca** f ⟨Vet⟩ *(Schafs)Tollwut* f || fam *Wutanfall* m
basco usw = **vasco**
basco|sidad f *Unrat, Schmutz* m || *Ekelhaftigkeit* f || Ec *Zote* f || **-so** adj/s *an Brechreiz leidend* || Col Ven *ekelhaft* || ~ m Ec *unflätiger Mensch* m

báscula f *Waage* f || *Hebelwaage* f || ⟨Fort⟩ *Hebel, Hebebaum* m || *Auslösung* f, *Unruh* f in der *Uhr* || ⟨Phot⟩ *Kipprahmen* m || ~ *automática automatische Personenwaage* f || ~ *instantánea* ~a *Barock(zeit* f*)* *Schnellwaage* f || ~ decimal *Dezimalwaage* f || ~ médica *Medizinalwaage* f || ~ de puente *Brückenwaage* f || ~ de suspensión *Hängewaage* f
bascu|lador m ⟨Aut EB⟩ *Kipper* m || ⟨Bgb⟩ *Wipper* m || **-lante** adj *kippbar* || *Kipp-* || ~ m ⟨Aut⟩ *Kipperbrücke* f || **-lar** adj *kippbar* || ~ vi *kippend* || *wippen, schwingen*
base f *Basis, Grundlage* f || *Grundfläche* f *e–s Körpers* || *Bodenplatte, Bettung* f || ⟨Chem⟩ *Base* f || ⟨Math⟩ *Grund|linie, -seite, -zahl* f || ⟨Arch⟩ *Fußgestell* n || ⟨Mil⟩ *Basis* f, *Stützpunkt* m || ⟨Mal⟩ *Grundfarbe* f || ⟨Top⟩ *Standlinie, Basis* f || ~ aérea ⟨Flugw⟩ *Flugstützpunkt* m || ~ aeronaval *Seeflughafen* m || ~ del cerebro ⟨An⟩ *(Ge)Hirnbasis* f || ~ del cráneo *Schädel|basis* f, *-grund* m || ~ de discusión f *Diskussionsgrundlage* f || ~ de lanzamiento *Abschußbasis* f *(Raketen)* || ~ naval ⟨Mar⟩ *Flottenstützpunkt* m || *Arsenal* n || ~ de negociaciones *Verhandlungsgrundlage* f || ~ de radar *Radarstützpunkt* m || ~ submarina ⟨Mar⟩ *U-Boot-Stützpunkt* m || ~ de tiempo *Zeitbasis* f *(Kathodenstrahlröhre)* || ~ de operaciones ⟨Mil⟩ *Operationsbasis* f || ~ punto de ~ *Ausgangspunkt* m || a ~ de *auf Grund von* || a ~ de bien fam *sehr gut, ausgezeichnet*, fam *prima* || ◊ comimos a ~ de bien fam *wir haben sehr gut gegessen*
base-ball m engl *Baseball* m (→ a **béisbol**)
Basedow: enfermedad de ~ ⟨Med⟩ *Basedowsche Krankheit* f (→ a **bocio** oftálmico)
basicidad f ⟨Chem⟩ *Basizität* f
básico adj *grundlegend, Grund-* || ⟨Chem⟩ *basisch, Basen-* || principio ~ *Hauptgrundsatz* m || punto ~ fig *Haupt-, Ausgangs|punkt* m || reacción ~a ⟨Chem⟩ *alkalische Reaktion* f
basi|dial adj ⟨Biol⟩ *basidial* || **-dio** m ⟨Bot⟩ *Basidi|um* n, *-e* f || **-dioliquenes** mpl ⟨Bot⟩ *Basidiomoosflechten* fpl || **-diomicetos** mpl ⟨Bot⟩ *Basidiomyzeten* pl, *Ständerpilze* mpl
basilar adj/s *auf die Basis bezüglich* || ⟨Bot⟩ *grundständig* || ⟨Med⟩ *basillar* || ~ m ⟨An⟩ *Keilbein* n || ~es mpl *(Bau)Grund* m
Basilea f *Basel (Stadt)* || △ ≃ f *Galgen* m
basílica f *Basilika* f || (vena) ⟨An⟩ *Basilica* f
basilicón m ⟨Pharm⟩ *Königssalbe* f
basil(i)ense adj/s *aus Basel* || ~ m *Basler* m
Basilio m np *Basilius* m || ≃ m & adj *Basilianermönch* m
basilisco m ⟨Myth⟩ *Basilisk* m || ⟨Zool⟩ *Königs(eid)echse* f || ⟨Hist Mil⟩ *Feldschlange* f || ◊ estar hecho un ~ figf *heftig in Wut geraten*
basket-ball m engl ⟨Sp⟩ *Basketball* m (→ a **baloncesto**)
ba|sofilia f ⟨Med⟩ *Basophilie* f || **-sófilo** adj/s *basophil* || **-sofobia** f ⟨Med⟩ *Basophobie* f
basquear vi *übel sein* || *Übelkeit verspüren* || vt *anekeln, Übelkeit verursachen*
basquiña f *Baskine* f, *Frauenrock* m *(baskische Nationaltracht)*
basset m frz *Basset* m *(französischer Jagdhund)*
¹**basta** f *Heftnaht* f || *Steppnaht* f || *Abnäher* m
²**basta** f Al *(Art) Reitsattel* m
³**¡basta!** int *basta! genug!* (→ **bastar**)
bastante adj *hinlänglich, zureichend, genügend* || lo ~ *genug* || ~ adv *genug* || *ziemlich* || ~ bien || ~ ziemlich gut || ◊ nunca tiene ~ *er ist nie satt, nie zufrieden* || ~ dinero *ziemlich viel Geld* || dinero ~ *Geld genug* || adv: **~mente**
bastante|ar vi ⟨Jur⟩ *e–e Vollmacht beglaubigen (od bestätigen)* || **-o** m ⟨Jur⟩ *Beglaubigung* f *(od Bestätigung) e-r Vollmacht* || **-ro** m *Beamter* m, *der die Vollmacht des Anwalts prüft*
bastar vi *hinreichen, genug sein, genügen*,

bastarda — batanero 156

langen || *reichlich vorhanden sein* || ¡basta! *genug! nicht mehr! basta!* || ◊ basta con (& inf) *es reicht zu* (& inf) || basta con verlo *es genügt, es zu sehen* || *eso me basta das genügt mir* || basta y sobra fam *genug und übergenug* || ~se: ◊ el país se basta para sus necesidades *das Land deckt seinen Bedarf aus sich selbst* || ~ y sobrarse *sich selber helfen können* bzw *sich selber zu helfen verstehen*
bastar|da *f Bastard-, Vor|feile f* || ⟨Typ⟩ = **–dilla** || **–deamiento** *m* ⟨Biol Gen⟩ *Bastardierung f* || *Art- bzw Rassen|kreuzung f* || fig *Entartung f* || fig *Verfälschung f* || **–dear** vt *kreuzen (Arten, Rassen)* || vi *ausarten* || *aus der Art schlagen* || *entarten* || *degenerieren* || fig *verfälschen* || **–dia** *f uneheliche Geburt f* || *Ent-, Ab|artung f* || fig *Gemeinheit, Niederträchtigkeit f* || **–dilla** *f* ⟨Typ⟩ *e–e Schreibschrift f* || ⟨Mus⟩ *(Art) Flöte f* || **–dización** *f* ⟨Gen⟩ = **–deamiento** || **–do** adj *Bastard-* || *ausgeartet* || *unecht, falsch, After-* || *entartet* || *verfälscht* || *un-, außer|ehelich* || fig *niederträchtig, schändlich* || *Misch- Zwitter-* || *hijo* ~ *Bastard (-sohn) m* || (letra) ~a ⟨Typ⟩ *Bastard-, Kursivschrift f* || *manzanilla* ~a *Wermut m* || *silla* ~a *Froschsattel m* || *a la* ~a *im Bastardritt m (Reitart)* || ~ *m Bastard, Bankert m* || *Mischling m* || *uneheliches Kind* n || ⟨Mar⟩ *Racktau* n || *Gal Sal große Schlange f*
¹**bas|te** *m Saumsattelkissen* n || **–tero** *m Saumsattler* m
²**bas|te** *m Steppnaht* f || **–tear** vt *reihen* || *steppen* || *verloren heften*
³¡**baste**! || ¡basta!
baste|dad, –za *f Roheit, Ungeschliffenheit, Plumpheit f*
bastero *m Saumsattler* m
Bastián *m* np pop = **Sebastián**
bastida *f* ⟨Mil Hist⟩ *Sturmbock* m, *Roheit, Ungeschliffenheit f* || *Plumpheit f*
bastidor *m (Wagen-, Stick-, Fenster)Rahmen* m || *(Wagen)Gestell* n || ⟨Flugw⟩ *Rahmen* m || ⟨El⟩ *Gestell* n || ⟨Filmw⟩ *Flachdekor* n || ⟨Phot⟩ *Kassette f* || Col Chi *Rollvorhang* m || ~ del flotador *(Mar Flugw) Schwimmergestell* n || ~es pl ⟨Th⟩ *Kulissen, Schiebwände* fpl || *entre* ~ fam *hinter den Kulissen* || fig *im geheimen*
¹**bastilla** *f Saum, Umschlag* m *am Rande des Tuches*
²**bastilla** *f Zwingburg* f
Bastilla *f Bastille f (in Paris)* || *toma de la* ~ *Erstürmung* f *der Bastille*
bastimen|tar vt *verproviantieren* || **–to** *m* ⟨Mar⟩ *Fahrzeug, Schiff* n || ~(s) (de boca) *Proviant* m
bastión *m* ⟨Mil⟩ *Bastei, Bastion* f, *Bollwerk* n || ⟨Pol⟩ fig *Hochburg f*
¹**basto** adj *grob, roh* || fig *ungeschliffen, plump*
²**basto** *m runder Saumsattel, Packsattel* m || ⟨Kart⟩ *Baste f, Treff* n *(im Lomberspiel)* || *Eichelas* n || Am *Sattelkissen* n
bastón *m Stock, Stab, Stecken* m || *Wanderstab* m || *Spazierstock* m || *Feldherrnstab* m || *Tabaksrolle f* || *Amtsstab* m || ⟨Mar⟩ *Giekbaum* m || ⟨Flugw⟩ *Steuerknüppel* m || ⟨Her⟩ *Pfahl* m || Sal *Schößling* m (od *Stiel* m) *der jungen Eiche* || ~ de alpinista, ~ de montaña *Alpenstock* m || ~ (de) estoque *Stockdegen* m || ~ de golf *Golfschläger* m || ~ de mando *Amtsstab* m || *Kommandostab* m || ~ de mariscal *Marschallstab* m || ~ (de) paraguas *Schirmstock* m || ◊ dar ~ al vino *den Wein peitschen, umrühren* (→ *bastonear*) || empuñar el ~ fig *den Befehl übernehmen, haben* || *meter el* ~ (en) fig *vermitteln*
basto|nada *f* = **–nazo** || *Bastonade f* || *Prügelstrafe f* || **–nazo** *m Stockschlag* m || *Stockstreiche* mpl || ~s mpl *Bastonade f* || fam *Prügel* mpl
baston|cillo, –cito *m* dim v. **bastón** || *schmale Tresse f*
basto|near vt *mit dem Stock schlagen* || *peitschen*

(den Wein) || fig *diktatorisch regieren* || ~ vi Sal *Eichentriebe abweiden (Vieh)* || **–neo** *m Geräusch* n *von Stockschlägen* || **–nera** *f (Schirm- und) Stockständer* m || **–nero** *m Stock|macher, -händler* m || *Stabträger, Zeremonienmeister* m || ⟨Hist⟩ *Stockmeister* m *(im Gefängnis)* || Ven *Zuhälter* m
basu|ra *f Kehricht* m/n, *Müll* m || *Unrat* m || *Pferdemist, Dünger* m || Am *Tabak* m *der schlechtesten Sorte, Kraut* n || *cajón de* ~ *Kehricht-, Mülleimer* m || **–ral** *m* Chi *Misthaufen* m || **–rear** vt vulg RPl *besiegen* || *umbringen,* pop *umlegen* || RPl *plattdrücken* || **–rero** *m Straßenreiniger* m || *Mistbauer* m || *Misthaufen* m || *Müllgrube f* || *Abfallhaufen* m || **–rilla** *f* CR *böser Blick* m || **–rita** *f* Cu pop *Trinkgeld* m || Am *Kleinigkeit f* || *Lappalie* f
¹**bata** *f Schlaf-, Haus|rock* m || *Hauskleid* n, *Kittel* m *für Frauen* || fam *Haus-* bzw *Strand|kleid* n *(der Frauen)* || *(Arbeits)Kittel* m || ~ blanca *weißer Kittel* m *(der Ärzte, Apotheker usw)* || de ~ *im Hauskleid* || *im Morgenrock* || ~ de mañana *Morgenrock* m || ~ de noche *Schlafrock* m
²**bata** *m* Fil *Kind* n || *junger eingeborener Diener* m || Chi *Wäscheschlegel* m
batacazo *m Aufschlag beim Fallen,* fam *Plumps, heftiger Fall* m || fig *Fehlschlag* m || *Fiasko* n || Arg *unerwarteter Erfolg, Glücks(zu)fall* m || ◊ dar (od pegar) un ~ fam *der Länge nach hinfallen* || fig *stürzen* bzw *gestürzt werden*
batahola *f* fam *Geschrei, Getöse* n
batalla *f* ⟨Mil⟩ *(Feld)Schlacht f* || *Kampf* m || ⟨Mal⟩ *Schlachtgemälde* n || *Ritterspiel* n || *Sattelsitz* m || *Hobelsohle* f || ⟨Aut⟩ *Achsabstand* m || fig *Hader, Streit* m || ~ de aniquilamiento *Vernichtungsschlacht f* || ~ del Atlántico *Atlantikschlacht f (1940–45)* || ~ campal *Feld-, Hauptschlacht f* || ~ de *Prügelei, Schlägerei f* || ~ de cerco *Kesselschlacht f* || ~ decisiva *(defensiva) Entscheidungs- (Abwehr)schlacht f* || ~ de desgaste *Zermürbungsschlacht f* || ~ electoral *Wahlkampf* m || ~ de flores *Blumenkorso* m || ~ de material *Materialschlacht f* || ~ de las Naciones *Völkerschlacht f (bei Leipzig 1813)* || ~ naval (aérea) *See- (Luft)schlacht f* || ~ de ruptura *Durchbruchsschlacht f* || ~ de Sadowa *Schlacht f von Königgrätz (1866)* || *campo de* ~ *Schlachtfeld* n || *género de* ~ fam *Dutzendware f* || *Schleuderware f* || *línea de* ~ *Schlachtlinie* f || *en orden de* ~ ⟨Mil⟩ *in Schlachtordnung* || ◊ dar (od librar) u–e ~ *Schlacht liefern* || fig *die Stirn bieten* || *dar la* ~ *kämpfen, den Kampf aufnehmen* || *ganar, perder la* ~ *die Schlacht gewinnen, verlieren* || *presentar (la)* ~ *die Schlacht anbieten* || fig *sich zum Kampf stellen* || ~ ganada, general perdido *Undank ist der Welt Lohn* || *de* ~ figf *für den Alltag* || *strapazierfähig (Kleidung, Stoff)*
bata|llador *m Kämpfer* m || *Fechtmeister* m || fig *streitsüchtiger Mensch* m || ~ adj *kriegerisch* || *kämpferisch* || fig *streitsüchtig* || **–llar** vi *kämpfen, streiten* || fig *Worte scharf wechseln* || fig *schwanken, zaudern* || **–llero** *m* Mex fam *Faselhans* m
¹**batallón** *m* ⟨Mil⟩ *Bataillon* n (= 5 *compañías*) || fig *Schar f* || ~ de reserva *Ersatzbataillon* n || ~ de transmisiones *Nachrichtenabteilung f* || *comandante de* ~ *Bataillonskommandeur* m
²**batallón, ona** adj: *cuestión* ~a fam *Streitfrage* f
batán *m (Tuch)Walke f* || *Walkmaschine* f || *Walkmühle f* || Chi pop *Färberei* f || Ec Pe *Mahlstein* m || Col *Mühe f*
bata|n(e)ar vt ⟨Web⟩ *walken* || fam *(durch)walken, verprügeln* || **–nero** *m Walkmüller* m || ~ adj: *abejorro (od escarabajo)* ~ ⟨Entom⟩ *Walker* m (Polyphylla fullo)

bata|ola f = **batahola** || **-raz** adj Arg *bleigrau mit weißen Flecken (Huhn)*
bata|ta f ⟨Bot⟩ *Batatenwinde* f (Ipomoea batatas) || *Batate(nkartoffel), Süßkartoffel* f || Arg PR fam *Schüchternheit* f || ~ m Am *Tölpel, Dummkopf* m || **-tal, -tar** m *Batatenfeld* n || **-tazo** m *heftiger Schlag* m *beim Fallen* || fig *Miß-, Fehlgriff* m || Chi *unverhofftes Glück* n || Arg Chi Pe *Sieg* m *e–s Außenseiters (Pferderennen)* || **-to** adj Col *von schwarzvioletter Hautfarbe*
bátavo m/adj *Bataver, Holländer* m
batayola f ⟨Mar⟩ *Hängemattenkasten* m
bate m ⟨EB⟩ *Stopfhacke* f || Ant Col *Schlagholz* n *(Ballspiel)* || Cu *Schnüffler* m
batea f *Kredenzteller* m || *(lackiertes) Teebrett* n || *Tablett* n || *Mulde* f, *kleiner Trog* m || ⟨Mar⟩ *Prahm* m, || ⟨EB⟩ *(flacher, offener) Güterwagen* m || SAm *Mulde* f *(zum Goldwaschen)*
bateíta f MAm *klatschsüchtiger Mensch* m
batel m *(Schiffer)Kahn, Nachen* m || Pe *Zusammenkunft bzw Gruppe* f *von Zuhältern* || **-ero** m *Kahnführer* m
bate|lada f ⟨Mar⟩ *Schiffslast* f || **-lera** f *runder Strohhut* m || **-lero** m *Kahnführer* m || **-lón** m SAm *Art Kanu* n *zum Befahren von Stromschnellen*
batemar m ⟨Mar⟩ *Schegg* m
bateo m fam *Taufe* f
bate|ría f ⟨Mil⟩ *Batterie* f || ⟨Mil⟩ *Geschützstand* m || ⟨Th⟩ fig *Rampenlichter* npl || ⟨Mil⟩ *Mauereinbruch* m, *Bresche* f || ⟨Mar⟩ *Stück-, Geschütz|pforte* f || ⟨El⟩ *Batterie* f || ⟨Tech⟩ *Batterie, Reihe* f || ⟨Mus⟩ *Schlag|werk, -zeug* n || ⟨Mus⟩ fig *Trommelschlag* m || fig *heftige Erregung* f || fig *Belästigung(en)* f(pl) || fig *Lästigkeit, Zudringlichkeit* f || ~ *anódica,* ~ *de ánodos* ⟨Radio⟩ *Anodenbatterie* f || ~ *antiaérea,* ~ *de* la D.C.A. *Flakbatterie* f || ~ *de campaña Feldbatterie* f || ~ *central de señalización* ⟨Tel⟩ *Zeichengebungszentralbatterie* f || ~ *de cohetes (de costa) Raketen- (Küsten)batterie* f || ~ *de compensación* ⟨El⟩ *Pufferbatterie* f || ~ *de cría de polluelos Kükenbatterie* f || ~ *de disparo* ⟨El⟩ *Auslösungsbatterie* f || ~ *de filamento Heizbatterie* f || ~ *de llamada* ⟨Tel⟩ *Wählerbatterie* f || ~ *de montaña Gebirgsbatterie* f || ~ *de plaza Festungsbatterie* f || ~ *ponedora Legebatterie* f *(bei Hennen)* || ~ *de cocina (esmaltada) (Email-) Küchengeschirr* n || ~ *eléctrica elektrische Batterie* f || en ~ *aufgefahren (Artillerie)* || ◊ *cargar* la ~ ⟨El⟩ *die Batterie aufladen* || **-rista** ⟨Mus⟩ *Schlagzeuger* m
batero m *Hersteller* m *von Hausröcken*
batial adj: *zona* ~ ⟨Geol MK⟩ *Bathyalzone* f
batibo|lear vt Dom *gestikulieren* || **-leo** m fam *Lärm, Radau* m
bati|borrillo, -burrillo m fam *Mischmasch* m, *Gemansche* n
batic m *Batik* m/f
baticabeza m ⟨Entom⟩ *Schnell-, Spring|käfer, Schmied* m (→ **elatéridos**)
batición f Cu *Schlagen* n
batico|la f *Schwanzriemen* m *der Pferde* || Am *Lendenschurz* m || **-learse** vr Ven fig *sich aufplustern, bramarbasieren*
bati|da f *Treibjagd* f (& fig) || ⟨Mil⟩ *Streife* f || *Razzia* f, *Streifzug* m *(der Polizei)* || *Platzregen* m || Cu StD *Angriff* m *(Hahnenkampf)* || Cu *Angriff* m || **-dera** f *Rührschaufel* f || *Zeidel-, Imker|messer* m || **-dero** m *holperiger Fahrweg* m || *Stuckern* n || *ständiges Schlagen* od *Klappern* n || ⟨Mar⟩ *Schegg* m || ⟨Mar⟩ *killendes Segel* n || fig *sehr besuchter Ort* m || **~s** mpl *Spritzborde* mpl || ◊ *guardar los* **~s** figf *Vorsichtsmaßregeln treffen*
bati|do adj *gebahnt, ausgetreten (Fußweg)* || *ausgefahren (Fahrweg)* || *schillernd (Seidenzeug)* || ~ m *Schütteln* n || *eingerührter Teig* m || *(Milch-) Mischgetränk* n || *Mixgetränk* n || *Eierschnee* m || *geschlagenes Eigelb* n || *geschlagene Eier* npl || ⟨El⟩ *Überlagerung* f || ⟨Arch⟩ *Estrich* m *aus Ton, Lehm usw* || **-dor** m ⟨Mil⟩ *Kundschafter* m *(Kavallerie)* || ⟨Jgd⟩ *Treiber* m || *Schlagholz* n *(der span. Wäscherinnen)* || *großzahniger, weiter Kamm* m || *Rührstange* f || *(Butter-, Teig-) Stößel* m || *Schnee|schläger, -besen, Quirl* m || *Dreschflegel* m || *Flockmaschine* f || ⟨Web⟩ *Weblade* f || ⟨Web⟩ *Schläger* m || ~ *de huevos Schneeschläger* m || ~ *de oro Goldschläger* m || **-dora** f *Rührmaschine* f || *Schneeschläger* m || *Butterkneter* m || *Mixer* m || **-dura(s)** f(pl) ⟨Tech⟩ *Hammerschlag* m
batiente adj *schlagend* || a *mandíbula* ~ fam *aus vollem Halse (lachen)* || a *tambor* ~ ⟨Mil⟩ *mit klingendem Spiel (& fig)* || ~ m *Falz, Anschlag* m || *Fenster- bzw Tür|flügel* m || *Rahmenschenkel* m *e–r Tür* || *Traufplatte* f *am Fenster* || *Dämpfer* m *(am Klavier)* || ⟨Mar⟩ *Felsenklippe* f, *Deich* m *(wo die Wellen sich brechen)*
bati(e)sfera f *Bathysphäre* f
bati|fondo m Arg *Lärm, Tumult* m || *Wirrwarr* m || (→ **alboroto, barahúnda**) || **-grafía** f ⟨MK⟩ *Tiefseeforschung, Bathygraphie* f || **-hoja** m *Blechschmied* m || *Silber-, Gold|schläger* m || **-mento** m ⟨Mal⟩ *Schlagschatten* m
ba|timetría f ⟨MK⟩ *Bathymetrie, Tiefenmessung* f || **-tímetro** = **batómetro**
batimiento m *Münzprägen* n || *Schlagen* n || ⟨Mil⟩ *Beschuß* m
batín m *(kurzer) Hausrock* m || *(Friseur)Kittel* m
batintín m *Gong* m
batiporte m ⟨Mar⟩ *Drempel* m, *Stückpforte* f
batir vt/i *schlagen (Metall, Trommel, Takt)* || *hämmern* || *ausklopfen* || *rütteln* || *rühren, kneten (Teig)* || *schlagen (Eier, Sahne)* || *quirlen* || *unmittelbar bescheinen (Sonne)* || *bespülen, anbranden (an* acc) *(Wellen)* || *an|wehen, -blasen (Wind)* || *prasseln, trommeln (Regentropfen)* || *(das Haar) durchkämmen* || *einreißen (Gebäude, Zelt)* || *schwenken (Fahne)* || ⟨Mil⟩ *(mit schwerem Geschütz) beschießen* || ⟨Mil Jgd⟩ *durchstreifen, erkunden (Gelände)* || ⟨Mil⟩ *schlagen, besiegen* || ⟨Jgd⟩ *treiben, mit Treibern jagen* || *münzen, (Geld) prägen* || *kalt schmieden (Metalle)* || *gärben (Stahl)* || *peitschen (Boden)* || *schlagen (mit den Flügeln)* || ⟨Mus⟩ *den Takt angeben* || *(mit der Trommel) schlagen* || *gall (heftig) schlagen (Herz)* || Ar Nav *et herunterwerfen* || Am *(fort)schleudern* || Am pop *anzeigen, denunzieren* || △ Arg *sich für schuldig erklären,* pop *beichten* || Chi Guat Pe *spülen (Wäsche)* || ◊ ~ *el agua por la ventana das Wasser aus dem Fenster hinausschütten* || ~ *las alas mit den Flügeln schlagen (Vogel)* || ~ *el campo* ⟨Mil⟩ *das Land durchstreifen* || ~ *la catarata* ⟨Chir⟩ *den Star stechen* || ~ *leche buttern* || ~ *oro Gold schlagen* || ~ *palmas (Beifall) klatschen* || ~ *el cobre* figf *das Eisen schmieden, solange es heiß ist* || figf *kämpfen, sich schlagen* || ~ *el parche* figf *bramarbasieren, auf die Pauke hauen* || **-se** *sich schlagen, kämpfen* || *herabstoßen (Raubvogel)* || fig *heftig reden, streiten* || ~ *(en duelo* od *en desafío) sich schlagen (im Zweikampf), duellieren*
batíscafo m ⟨MK⟩ *Bathyskaph* m
batista f *Batist* m
batita f Mex *Sattel* m *(bei e–r Bluse)*
bat.ⁿ Abk = **batallón**
bato m *Tölpel, Einfaltspinsel* m
ba|tofobia f ⟨Med⟩ *Tiefenangst, Bathophobie* f || **-tología** f ⟨Rhet⟩ *unnütze Wiederholung* f || **-tómetro** m ⟨MK⟩ *Tiefenmesser* m, *Tiefseelot,* *Batho-, Bathy|meter* n

bato|jar (Ar **-llar**) vt/i *(das Obst) vom Baume schlagen*
batón m Am *weiter Morgenrock* m *(für Frauen)*
batra|cio m *Lurch* m || *vientre de* ~ ⟨Med⟩ *Froschbauch* m || **-comiomaquia** f ⟨Lit⟩ *Batrachomyomachia* f, *Froschmäusekrieg* m || **~s** mpl ⟨Zool⟩ *Froschlurche und Blindwühlen* pl, *Batrachier* mpl (Batrachomorpha)
batu|car [c/qu], **-quear** vt *heftig schütteln* || fig *fälschen*
batuda f *Trampolinsprünge* mpl
Batue|cas: *Las* ~ *span. Tal bei Hurdes* (PSal) || ◊ *estar en las* ~ figf *nicht bei der Sache sein* || *parece que viene de las* ~ *er hat rohe, ungeschliffene Sitten* ⟂**co** m figf *Tölpel, Dummkopf* m || *Flegel* m
batuque m Am *Lärm* m, *Getöse* n
batu|rra f *aragonische Bäuerin* f || **-rrada** f *Bauernschlauheit* f || *Bauernstreich* m || fig *Rüpelei* f
baturrillo m fam *Mischmasch* m *(Speisenzubereitung)* || fam *Kauderwelsch* m || fam *Gemansche* n
baturro adj *rauh und hartnäckig* || *dickköpfig* || *bauernschlau* || *bäurisch* || *ungeschliffen* || ~ adj *aragon(es)isch* | *cuento* ~ *komische Bauerngeschichte* f *(aus Aragonien)* || ~ m *aragonischer Bauer* m || allg *Arago|nier, -nese* m || fig *rauhbeiniger, hartnäckiger Mensch* m || fig *ungeschlachter, einfältiger Mensch* m
batuta f *Taktstock* m || ⟨Mus⟩ *Takt* m || *bajo la* ~ *de* ... ⟨Mus⟩ *unter der Leitung von ... (Orchester)* || ◊ *llevar la* ~ figf *e-e Körperschaft anführen* || figf *das Regiment führen (Frau)*
baud m ⟨Tel⟩ *Baud* n *(Maßeinheit)*
baúl m *Koffer* m || *Truhe* f *mit gewölbtem Deckel* || *Schrankkoffer* m || *Automobilkoffer* m || figf *Bauch, Wanst* m || ~ *mundo großer Reisekoffer* m || ◊ *cargar el* ~ *die Schuld schieben* [a *auf* (acc)] || figf *den Wanst vollschlagen* || *hacer el* ~ *den Koffer packen* || *llenar el* ~ figf *sich rund und satt essen, das Ranzen füllen*
baule m Chi *Koffer* m (→ **baúl**)
baulero m *Kofferhersteller* bzw *-händler* m
bauprés m ⟨Mar⟩ *Bugspriet* n/m
bau|sa f *Müßiggang* m || *Flegelhaftigkeit* f || **-sador** m Pe *Faulenzer* m || **-sán** m *Strohmann* m || fig *Einfaltspinsel* m || Am prov *Faulenzer* m || **-sano** m Salv *Faulenzer* m
bautis|mal adj *Tauf-* || *agua* ~ *Taufwasser* n || *pila* ~ *Taufstein* m || ◊ *administrar las aguas* ~es *taufen* || **-mo** m *Taufe* f || ~ *del aire* ⟨Flugw⟩ fig *Jungfernflug* m || ~ *de fuego* ⟨Mil⟩ fig *Feuertaufe* f || ~ *in artículo mortis*, ~ *de urgencia Nottaufe* f || ~ *de sangre Bluttaufe* f *(der Märtyrer)* || *fe (od partida) de* ~ *Taufschein* m || *libro de* ~(s) *Taufbuch* n || *nombre de* ~ *(od -mal) Tauf-, Vor|name* m || ◊ *romperle a uno el* ~ fam *jdm den Kopf einschlagen* || **-ta** m *Täufer* m || *San Juan* ~, *el* ⟂ *Johannes der Täufer* || **-terio** = **baptisterio**
bauti|zado m *Täufling* m || *Getaufte(r)* m || **-zar** [z/c] vt *taufen* || fig *benennen* || figf *jdn umtaufen (mit e-m Spitznamen)* || joc *bespritzen* || ◊ ~ *el vino* figf *den Wein taufen (od pan/t/-schen)* || ~ *a los novatos don Neulingen (bes Rekruten od Studenten) e-n Streich spielen* (→ **a novatada**) || **-zo** m *Taufe* f || *Tauffeier* f || *la ceremonia del* ~ *der Taufakt* (→ a **bautismo**)
bauxita f ⟨Min⟩ *Bauxit* m
bau|za f *Holzscheit* n || **-zado** m Sant *Bedachung* f *e-r Hütte* || **-zón** m Ast Sal *(Glas-) Spielkügelchen* n, *Murmel* f
bávaro adj *bay(e)risch* || ~ m *Bayer* m
Baviera f *Bayern* || ⟂ Chi *e-e Bierart* || *Alta* ~, *Baja* ~ *Ober-, Nieder|bayern*
baya f *Beere* f || *Feldlilie* f

bayabe m Cu *(dicker) Strang* m || ◊ *dar* ~ Chi *festbinden*
bayadera f *Bajadere* f
bayajá [pl **-aes**] m Cu *kreuzweise gestreiftes Tuch* n
bayal adj/m: *(lino)* ~ *Herbstflachs* m || ~ adj *unbewässert* || ~ m *Mühlsteinhebel* m
bayarte m *Tragbahre* f
baye|ta f *Boi* m || *Flanell* m || *(feiner) Staublappen* m || *Scheuerlappen* m || Col *Wickelzeug* n || figf *Waschlappen* m || ~ *eléctrica Heizkissen* n || ◊ *arrastrar* ~s figf *an der Universität studieren* || figf *hohe Ansprüche erheben* || figf *sich eifrig um et bemühen* || **-tón** m *Molton* m || *Kalmuck* m
bayo adj *hellbraun, falb (Pferde)* || ~ m *hellbraunes Pferd* n, *Fuchs, Falber* m || ⟨Fi⟩ *Falter* m *des Seidenspinners (als Köder)* || Chi fam *Sarg* m || ◊ *pescar de* ~ *mit dem Falter des Seidenspinners als Köder angeln*
bayoco m Murc *unreif gebliebene Feige* f || *(alte kleine) Kupfermünze* f
bayón m Sal Extr ⟨Bot⟩ *Schwertel* m (→ **espadaña**) || = **arpillera**
Bayo|na f *Bayonne (fr. Stadt)* || ¡*arda* ~! figf *hin ist hin!* || ⟂ f ⟨Mar⟩ *Not-, Stoß|ruder* n || =**nesa** f **baya** = **mayonesa**
bayone|ta f *Bajonett, Seitengewehr* n, *Gewehraufsatz* m || *a la* ~ *mit dem Seitengewehr, Bajonett-* || *carga a la* ~ *Bajonettangriff* m || ◊ *armar, calar la* ~ *das Bajonett aufstecken, fällen* || **-tazo** m *Bajonettstich* m || **-tear** vt Am *mit dem Bajonett verwunden* bzw *töten*
△**bayo|sa** f *Schwert* n || **-ya** f ⟨Zool⟩ Cu *Maskenleguan* m (Liocephalus personatus) || Dom PR fig *Unordnung* f, *Wirrwarr* m || **-yo** adj Cu *reichlich* || ◊ *ponerse* ~ Cu *in Zorn geraten*
bayú m Cu *anrüchiger Ort* m
ba|yuca f fam *Schenke, Kneipe* f || **-yunca** f MAm *Kneipe* f || **-yunco** adj/s Guat *bäurisch* || ~ m fam Guat *Bezeichnung* f *für die übrigen Mittelamerikaner* || **-yunquear** vi MAm *albern*
baza f ⟨Kart⟩ *Stich* m, *Lese* f || ⟨Mar⟩ *schlammiger Grund* m || *hacer* ~ ⟨Kart⟩ *Stiche machen* || figf *Glück in e-m Unternehmen haben* || figf *beteiligt sein* || *meter* ~ figf *sich ins Gespräch einmischen*, fam *seinen Senf dazugeben* || *no dejar meter* ~ figf *niemanden zu Wort(e) kommen lassen* || *sentada esta* ~ figf *dies einmal angenommen* || *tener bien sentada su* ~ figf *in hohem Ansehen stehen* || figf *die Trümpfe in der Hand haben* || figf *ins Schwarze treffen*
bazar m *Ba|zar, -sar* m || *Verkaufshalle* f || *Waren-, Kauf|haus* n
bazo m ⟨An⟩ *Milz* f || ~ adj *gelbbraun* || ~ *amiloide* ⟨Med⟩ *Sago-, Wachs|milz* f || ~ *cardiaco* ⟨Med⟩ *Stauungsmilz* f || *pan* ~ *Roggenbrot* n
bazofia f *Tafelabhub* m, *Speisereste* mpl || figf *schlechtes Essen* n, pop *(Schlangen)Fraß* m
ba|zooka, -zuca m ⟨Mil⟩ *Bazooka, Panzerfaust, reaktive Panzerbüchse* f
bazu|car [c/qu], **-quear** vt *durcheinanderschütteln (Flüssigkeiten)* || *betasten, abgreifen* || **-queo** m *Umrütteln* n || ⟨Med⟩ *Plätschergeräusch* n
[1]**be** f *Buchstabe* m *b*
[2]**be** m *Geblök* n *(der Schafe)*
beaba m figf *die Anfangsgründe* mpl
bearnés adj *aus Béarn (Frankreich)*
beat m ⟨Mus⟩ *Beat* m
bea|ta f *Laienschwester, Begine* f || *fromme, andächtige Frau* f || fam *Betschwester, Frömmlerin* f || △ *Peseta*, -te f *(Münze)* || Mex *Zigarren-, Zigarettenstummel* m *de día* ~, *de noche gata* fig pop *tags Betschwester, nachts Bettschwester* || **-tería** f *Scheinheiligkeit, Betschwesterei* f || **-terio** m *Beginenhaus* n

bea|tificación *f Seligsprechung, Beatifikation* f (→ a **canonización**) ‖ **-car** [c/qu] vt ⟨Kath⟩ *seligsprechen* (→ a **canonizar**) ‖ ⟨Rel⟩ u. fig *seligpreisen* ‖ fig *heiligen* ‖ fig *beseligen, jdn beglücken* ‖ **-tifico** adj ⟨Rel⟩ *selig* ‖ fig *beseligend* ‖ fig *glücklich, selig* ‖ fig *friedlich* ‖ desp *naiv* ‖ **-tisimo** adj sup *v.* **beato** ‖ ≃ Padre *m Heiliger Vater* m *(Titel des Papstes)*
beatitud *f* ⟨Rel⟩ *ewige (Glück)Seligkeit* f ‖ fam *Glück* n ‖ Su ≃ *Seine Heiligkeit (Titel des Papstes)*
beato adj *(glück)selig* ‖ *seliggesprochen, andächtig, fromm* ‖ fig *scheinheilig, frömmlerisch* ‖ desp *naiv* ‖ ~ *m Selige(r)* m ‖ *Seliggesprochene(r)* m ‖ *frommer, von der Welt zurückgezogener Mann* m ‖ fam desp *Betbruder, Frömmler* m ‖ *cara de* ~ *con uñas de gato* fam *Wolf im Schafskleid* ‖ ◊ ser ~ *frömmeln*
Beatriz *f* np *Beatrix*
beatu|co, -cho m/adj desp *schlauer Betbruder, Frömmler* m
be|be *m,* **-ba** *f* fam Arg *kleiner Junge* m, *kleines Mädchen* n ‖ **-bé** *m* gall *Puppe, Zierpuppe* f ‖ *Baby, kleines Kind* n ‖ *Knirps* m
bebe|cina *f* Col *Rausch* m, *Trunkenheit* f ‖ *unstillbarer Durst* m ‖ **-co** m/adj Col Cu *Albino* m, *albinoartig*
bebe|dera *f* Am *(Vieh)Tränke* f ‖ Col *Sauferei* f ‖ **-dero** adj *trinkbar (Wasser, Wein)* ‖ ~ m *Trinknapf* m *der Vögel* ‖ *(Vogel-, Wild-, Vieh-) Tränke* f ‖ *Schnauze* f *(an Trinkgefäßen)* ‖ *Gußloch* n, *Gießtrichter* m *(Gießerei)* ‖ Am *Gefäß* n ‖ Guat Pe *Spirituosenhandlung* f ‖ *Schnapskneipe* f ‖ **-dizo** adj *trinkbar* ‖ ~ *m Heiltrank* m ‖ *Liebestrank* m ‖ *Gifttrank* m ‖ *Zaubertrank* m
bébedo adj Ast *betrunken* ‖ ~ *m* Ast *(alkoholisches) Getränk* n
bebedor m/adj *Trinker, Säufer* m ‖ Ar *Geflügeltränke* f ‖ Ven *(Tier)Tränke* f
bebendurria *f* Pe *Schwips* m ‖ Pe *Trunkenheit* f
beber vt/i *(aus)trinken* ‖ *viel trinken,* fam *saufen* ‖ *saufen (Tier)* ‖ fig *aufsaugen* ‖ *einziehen, (ein)saugen* ‖ fig *schnell er(lernen, aufnehmen, verschlingen* ‖ figf *vertrinken (Geld)* ‖ ◊ ~ *(od apurar) el cáliz hasta las heces* fig *den Kelch bis zur Neige leeren* ‖ ~ *el espíritu a alg.* fig *sich jds Denkart zu eigen machen* ‖ ~ *como una esponja* figf *wie ein Loch saufen* ‖ ~ *el freno auf dem Gebiß kauen (Pferd)* ‖ ~ *a lengüetadas labbern* ‖ *los pensamientos a alg.* fig *jdm et an den Augen ablesen* ‖ ~ *los sesos a alg.* figf *jdn bezaubern, für sich einnehmen, jdm den Kopf verdrehen* ‖ ~ *los vientos,* ~ *los aires* fig *schnell wie der Wind laufen* ‖ ~ *los vientos (por)* figf *in jdn sterblich verliebt sein* ‖ *sin comerlo, ni* ~*lo* figf *ohne den geringsten Anteil daran zu haben* ‖ ~ *en un vaso aus einem Glas trinken* ‖ ~ *a la salud de alg. auf jds Gesundheit trinken* ‖ *al* ~ *beim Trinken* ‖ *dar de* ~ *zu trinken geben* ‖ ⟨Lit⟩ u. *(Vieh) tränken* ‖ ~ *m Trinken* n ‖ *Trinkflüssigkeit* f ‖ *Getränk* n ‖ ~**se** *(aus)trinken* ‖ *hinunterschlucken* (& *figf*) ‖ ◊ ~ *cinco vasos seguidos 5 Glas nacheinander austrinken, leeren* ‖ ~ *las lágrimas* figf *seinen Schmerz verbeißen*
beberegua *f* Mex = **bebecina**
bebe|rrón m/adj fam *Trinker, Säufer* m ‖ ~ adj *trunksüchtig* ‖ **-stible** adj fam iron = **bebible** ‖ ~**s** mpl Arg Pe *Getränke* npl ‖ **-zón** *f* Cu *Rausch, Schwips* m
bebi|ble adj fam *trinkbar* (→ a **bebedero, potable**) ‖ **-da** *f Trinken* n ‖ *Trank* m ‖ *(erfrischendes) Getränk* n ‖ *Heiltrank* m ‖ *Trinken* n ‖ *Trunksucht* f ‖ Ar *(Trink)Pause* f *der Landarbeiter* ‖ ~ *alcohólica alkoholisches Getränk* n ‖ ~ *espirituosa alkoholisches Getränk* n ‖ ~ *gaseosa*

kohlensäurehaltiges Getränk n ‖ ~ *de prueba* ⟨Med⟩ *Probetrunk* m ‖ ◊ *darse a la* ~ *sich dem Trunke ergeben* ‖ **-do** adj *angetrunken* ‖ *betrunken* ‖ ~ *m Arzneitrank* m ‖ *geistiges Getränk* n ‖ **-enda** *f* fam *(alkoholisches) Getränk* n ‖ *Trinken* n ‖ *Trunksucht* f
bebistrajo *m* fam *ekelhaftes Getränk, Gesöff* n
bebón m/adj PR *Trinker,* pop *Säufer* m
beborrotear vi fam *wenig, aber oft trinken, nippen*
beca *f Schärpe* f *als Schulauszeichnung quer über die Brust getragen* ‖ *Kapuze* f ‖ *Stiftung (-spfründe)* f ‖ *Stipendium* n ‖ *Freistelle* f ‖ fig *Stipendiat* m ‖ ◊ *otorgar una* ~ *ein Stipendium verleihen*
beca|cina *f* gall ⟨V⟩ *Bekassine* f (→ **agachadiza común**) ‖ **-da** *f* ⟨V⟩ *(Wald)Schnepfe* f (→ **chocha perdiz**) ‖ **-figo** *m* ⟨V⟩ *Pirol* m (→ **oropéndola**)
△**becaní** *m Fenster* n
becardón *m* Ar ⟨V⟩ *Zwergschnepfe* f (→ **agachadiza chica**)
be|cado, -cario *m Stipendiat* m ‖ **-car** vt *ein Stipendium (od e-e Studienbeihilfe) gewähren*
becasina *f* Arg *Schnepfe* f
becaza *f* ⟨V⟩ *Schnepfe* f
bece|rra *f Färse, junge Kuh* f, *(Kuh)Kalb* n ‖ ⟨Bot⟩ *Löwenmaul* n *(Antirrhinum* spp*)* ‖ Sant *Felsgeröll* n ‖ **-rrada** *f* ⟨Taur⟩ *Stiergefecht m mit jungen Stieren* ‖ **-rrear** vi vulg Arg *ficken, vögeln* ‖ **-rril** adj *Kalbs-* ‖ **-rrillo** *m männliches Milchkalb* n ‖ *gegerbtes Kalbsleder* n ‖ **-rro** *m Farre* m, *Stierkalb* n *(unter e-m Jahr)* ‖ allg *(Rinds-) Kalb* n ‖ *Kalbsleder* n ‖ *Saal-, Lagerbuch* n ‖ *Urkundenbuch* n *e-s Klosters* bzw *e-r Gemeinde* ‖ *amtliches Kirchenverzeichnis* n ‖ ~ *marino See|hund* m, *-kalb* n (→ **foca**) ‖ ◊ *adorar el* ~ *(de oro)* figf *um das Goldene Kalb tanzen*
beco|quín *m Ohrenmütze* f ‖ **-quino** *m* ⟨Bot⟩ *Wachsblume* f *(Cerinthe* spp*)*
becuadro *m* ⟨Mus⟩ *Auflösungszeichen* n
bechamel *f* = **besamel(a)**
beche *m* León *Ziegenbock* m
△**bedar** vt/i *unterrichten* ‖ *beten*
be|del *m Schuldiener* n ‖ *(Universitäts)Pedell* m ‖ **-delía** *f Pedellstelle* f
bedelio *m Gummiharz* n
△**bederre** *m Henker* m
bedoya adj Col *dumm, einfältig*
beduino s/adj *Beduine* m ‖ fig *grober, grausamer Mensch,* fam *Barbar* m
be|fa *f Spott, Hohn* m ‖ ◊ *hacer* ~ *de s-n Spott treiben mit (dat)* ‖ **-far** vt *verspotten, (ver-)höhnen* ‖ *foppen* ‖ vi *die Lippen bewegen (Pferd)*
befedad *f Krummbeinigkeit* f
befo adj *mit dickerer Unterlippe* ‖ *dicklippig* ‖ *krumm-, säbel|beinig* ‖ ~ *m Lippe, Lefze* f *des Pferdes* ‖ *dicklippiger Mensch* m ‖ *krummbeiniger Mensch* m
begardos *m Begarden* mpl *(Sekte)*
bego|nia *f* ⟨Bot⟩ *Begonie* f *(Begonia* spp*)* ‖ **-niáceas** fpl ⟨Bot⟩ *Begoniengewächse* npl *(Begoniaceae)*
begui|na *f* ⟨Rel⟩ *Begine* f ‖ **-nos** mpl = **begardos**
begum *f Begum* f
behaviorismo *m Behaviorismus* m, *Verhaltensforschung* f (→ **etología**)
behetría *f* ⟨Hist⟩ *Freivasallenschaft* f, *Feudalherrschaft* f *mit wählbarem Feudalherrn, (e-m Lehnsherren freiwillig angeschlossen)* ‖ fig *Unordnung* f
beige frz adj *beige*
beilicato *m Beylicat* n
béisbol *m* engl *Baseball* m
bejin *m Bovist, Bubenfist* m *(Pilz)* ‖ figf *Hitzkopf* m
beju|cal *m (Lianen)Dickicht* n ‖ *Röhricht* m ‖ **-co** *m Liane* f *(tropische Schlingpflanze)* ‖ **-quear**

bejuqueda — bendito

vt Ec Guat Mex PR Pe *(ver)prügeln* ‖ *peitschen* ‖ **–queda** *f* = **–cal** ‖ Pe *Tracht f Prügel* ‖ **–quera** *f*, **–quero** *m* Am = **–cal** ‖ Col fig *verwickelte Lage, undurchsichtige Situation* f ‖ **–quillo** *m* ⟨Bot⟩ *Brechwurz, Ipekakuanha* f (→ **ipecacuana**)

Bela, Belisa, Belilla, Beleta *f* fam = **Isabel**
belad *m* Marr *Land, Gelände* n ‖ *Ortschaft* f
Belcebú *m Beelzebub* m ‖ ⌂ ⟨Zool⟩ *Brüllaffe* m (→ a **mono** aullador) ‖ ◊ es un ⌂, es peor que ⌂ fig *er ist schlimmer als der Teufel*
belcho *m* ⟨Bot⟩ *Meerträubel* m, *Ephedra* f (Ephedra distachya)
beldad *f (Frauen)Schönheit* f ‖ *schöne Frau* f
beldar vt ⟨Agr⟩ *worfeln*
beleda *f* Al = **acelga**
belemnita *f* ⟨Paläont⟩ *Belemnit* m *(Kopffüßer)*
Belén *Bethlehem* ‖ ⌂ fig *Darstellung* f *der Krippe in Bethlehem, Krippe* f ‖ figf *Lärm, Wirrwarr* m ‖ fig *Durcheinander* n ‖ figf *Klatschreden* fpl ‖ ◊ es un ~ fig *es ist ein e–e verwickelte Angelegenheit* ‖ estar *en* ~ figf *nicht bei der Sache sein* ‖ meterse en ~es *sich in gefährliche (bzw undurchsichtige) Angelegenheiten einlassen*
beleño *m* ⟨Bot⟩ *Bilsenkraut* n (Hyoscyamus niger) ‖ fig *Gift* n
be|**lérico** *m* → **mirobálano** ‖ **–lermo** *m* Ec *auffällig gekleideter Mensch* m ‖ Ec *Karnevalsfigur* f
belesa *f* ⟨Bot⟩ *Grasnelke* f (Plumbago spp) ‖ *Bleiwurz* f
be|**lez** *m (Trink)Gefäß* n ‖ *Hausrat* m ‖ *Wein- bzw Öl*|**krug** m ‖ **–lezo** *m (Öl)Gefäß* n
belfo adj/s *ungleich hervorstehend (Zahn)* ‖ = **befo** ‖ ~ m *Hänge*|**lippe** f, **-maul** n
belga adj *belgisch* ‖ ~ m *Belgier* m
Bélgi|**ca** *Belgien* ‖ ≅**co** adj *belgisch*
Belgrado *Belgrad*
Belica *f* np pop = **Isabel**
belicis|**mo** *m Kriegslust* f ‖ *Kriegs*|*hetzertum* n, **-treiberei** f ‖ **-ta** adj/s *kriegslüstern* ‖ *kriegshetzerisch, -treiberisch* ‖ ~ m *Kriegs*|*treiber*, **-hetzer**, *Bellizist* m *(vgl.* **pacifista***)*
bélico adj *kriegerisch, Kriegs-* ‖ *ardor* ~ *Kriegslust* f
belico|**logía** *f Kriegslehre* f ‖ *Kriegsforschung* f ‖ **–sidad** *f Kriegslust* f ‖ *Angriffslust* f ‖ **–so** adj/s *kriegerisch* ‖ fig *streitsüchtig*
beli|**fero**, **–gero** adj ⟨poet⟩ *kriegerisch*
beligeran|**cia** *f Kriegführung, Streitbarkeit* f ‖ ⟨Jur⟩ *Status* m *der kriegführenden Parteien* ‖ no ~ ⟨Jur⟩ *Nichtkriegführung* f ‖ ◊ dar ~ a alg. jdn als (ebenbürtigen) Diskussionspartner anerkennen ‖ **–te** adj *kriegführend* ‖ ~ m *Kriegführender* m ‖ las potencias ~s *die kriegführenden Mächte* fpl
belinún *m* Ur *Trottel* m
belio *m* ⟨Phys⟩ *Bel* n
belísono adj ⟨poet⟩ *waffenklirrend*
belitre m/adj ⟨Bot⟩ *(Art) Nieskraut* n ‖ fam *Lump(enkerl)*, *Gauner* m ‖ Ar *Einfaltspinsel* m
Belmonte *m* np *berühmter span. Stierfechter* m ‖ fig *gewandter Stierfechter* m
belorto *m* Cast *Band* n *aus Weidengeflecht*
Beltrán *m* np *Bertram* m ‖ ◊ quien bien quiere a ~, bien quiere a su can Spr *etwa: wer A sagt, der muß auch B sagen*
beluga *f* ⟨Zool⟩ *Weißwal* m (Delphinapterus leucas)
belvedere *m* it *Belvedere* n, *Aussichtsturm* m ‖ *Erker* m
bella|**cada** *f Schurkenstreich* m ‖ **–co** s/adj *Schurke, Schuft, gemeiner Kerl* m ‖ ~ adj *gemein, niederträchtig, verschlagen* ‖ Arg Mex *störrisches Pferd* n ‖ a un ~ otro *auf einen Schelmen anderthalbe* ‖ augm: **–conazo** adv: **~amente**

belladona *f Tollkirsche, Belladonna* f (Atropa belladonna)
bellamente adv *schön, herrlich*
bella|**quear** vi *Schurkenstreiche verüben* ‖ Am *sich bäumen (Pferd)*, Arg fam *bocken (Person)* ‖ **–quera** *f* PR *Geilheit, Schlüpfrigkeit* f ‖ **–quería** *f Schurkenstreich* m, *Gaunerei* f ‖ *Niederträchtigkeit, Gemeinheit* f ‖ **–sombra** *m* And Arg → **ombú**
belleza *f Schönheit* f (& *Person*) ‖ *Anmut* f ‖ ~ ideal *bzw* ideal de ~ *Schönheitsideal* n ‖ certamen (od concurso) de ~ *Schönheitswettbewerb* m ‖ premio de ~ *Schönheitspreis* m ‖ de ~ escultural *bildschön* ‖ **~s** pl fig *zierliche Redensarten* fpl
bellido adj *schön, anmutig*
bellísimo adj sup v. **bello**: *wunderschön*
bello adj *schön* ‖ *wohlgestaltet* ‖ el ~ sexo *das schöne Geschlecht* ‖ la Bella durmiente del bosque *Dornröschen (Märchenfigur)* ‖ Academia de ⌂as Artes *Akademie der schönen Künste* ‖ ◊ pretender algo por su ~a cara fam *etwa: um seiner schönen Augen willen beanspruchen*
bellorita *f* prov ⟨Bot⟩ *Maßliebchen* n
bello|**ta** *f Eichel* f ‖ *Nelkenknospe* f ‖ *Saum* m, *Kugel* f *ohne Fransen* ‖ ⟨An⟩ *Eichel* f (→ **bálano, glande**) ‖ ◊ si lo sacuden da ~s *er ist dumm wie Bohnenstroh, er ist erzdumm* ‖ soltar las ~s fam pop *seinen Mangel an Erziehung merken lassen* ‖ **–te** *m Nagel* m *mit rundem Kopf* ‖ **–t(e)ar** vi *Eicheln fressen (Schweine)* ‖ *Eicheln suchen, lesen* ‖ **–tera** *f Eichelleserin* f *(Zeit der) Eichellese* f ‖ *Eichelmast* f ‖ **–tero** *m Eichelleser* m ‖ ~ adj *eicheltragend* ‖ *eichel(fr)essend* ‖ **-to** *m* ⟨Bot⟩ Chi *Eichellorbeer* m (Cryptocaria sp)
bem|**ba** *f* Ant Col Ven, **–bo** *m* Cu *Neger- bzw Hänge*|*lippe* f ‖ *dicke Lippe* f ‖ **–bé** *m* Cu *alter afrikanischer Tanz* m ‖ **–betear** vi PR *schwatzen, plaudern* ‖ **–beteo** *m* PR *Geschwätz* n ‖ **–bo** adj/s Mex *tölpelhaft* ‖ Cu *von negerischer Herkunft* ‖ **-bón** *m* Cu *Mensch* m *mit wulstigen, dunkelumrandeten Lippen* ‖ **–budo** adj Cu PR *mit wulstigen Negerlippen*
bemol m/adj ⟨Mus⟩ *Erniedrigungszeichen, be* n ‖ ~ doble ⟨Mus⟩ *Doppel-be* (♭♭) ‖ la doble ~ ⟨Mus⟩ *asas* ‖ re ~ *des* ‖ ◊ tener (tres) ~es fam *äußerst schwierig sein* ‖ *ein starkes Stück sein* ‖ ¡tiene ~es! *das ist allerhand!*
bemo|**lado** adj ⟨Mus⟩ *mit b versehen* ‖ **-lar** vt *mit b versehen* ‖ *vertiefen, erniedrigen (Note)* ‖ fig *dämpfen, herabstimmen* ‖ **–ludo** adj vulg *sehr schwierig bzw riskant*
¹**ben** *m* [pl **beni**] *Sohn* m *(in den semitischen Sprachen)*
²**ben** *m Behen-, Salb*|*nuß* f
benaventiano adj *auf den span. Schriftsteller J. Benavente (1866–1954) bezüglich*
benceno *m* ⟨Chem⟩ *Benzol* n
benci|**dina** *f* ⟨Chem⟩ *Benzidin* n ‖ **–lo** *m* ⟨Chem⟩ *Benzyl* n ‖ **–na** *f* ⟨Chem⟩ *Benzin* n ‖ *Wasch-, Wund*|*benzin* n ‖ ~ bruta *Rohbenzin* n
ben|**decir** [pres **–digo**] vt *(ein)segnen, (ein)weihen* ‖ *(lob)preisen* ‖ *taufen (Glocke)* ‖ ◊ ~ la comida, ~ la mesa *das Tischgebet verrichten*
bendición *f (göttlicher) Segen* m ‖ *Segensspruch* m ‖ *Weihe, Segnung* f ‖ *Lobpreisung* f ‖ *Wohltat* f, *Segen* m ‖ ~ de la mesa *Tischgebet* n ‖ ~ nupcial *Trauung* f ‖ ~ pontifical *päpstlicher Segen* m ‖ fruto de ~ fig *eheliches Kind* n ‖ ◊ echar la ~ (a) *den Segen sprechen, segnen* ‖ figf *entsagen (dat), auf et (acc) verzichten* ‖ *Verlorenes abschreiben* ‖ *von jdm nichts mehr wissen wollen* ‖ es una ~, es ~ de Dios figf *es ist ein wahrer Gottessegen*
ben|**digo**, **–dije** → **–decir** ‖ **–ditera** *f* Sant *Weihwasserkessel* m *(in den Kirchen)* ‖ **–dito** adj *gesegnet* ‖ *geweiht* ‖ *heilig* ‖ *glückselig* ‖ *naiv* ‖ *einfältig* ‖ agua ~a *Weihwasser* n ‖ ◊ ¡~ sea Dios!

benedícite — bergantina

Gott sei Dank! || ~ m Segen m *(Gebet)* || *gutmütiger Tropf* m || Ven *(Art) kleine Kapelle* f *an der Landstraße* || ◊ *dormir como un* ~ fig *wie ein Murmeltier schlafen* || *roncar como un* ~ *fam stark schnarchen* || *saber u/c como el* ~ figf Chi *et gründlich kennen*
benedícite m lat *Tisch\gebet* n, *-segen* m
benedic|tino m/adj *Benediktiner(mönch)* m || *Benediktinerlikör* m || ◊ *ser un* ~ fig *sehr gelehrt und arbeitsam sein* || ~ adj *benediktinisch, Benediktiner-* || ⁼to m np *Benedikt* m || *-tus* m ⟨Kath⟩ *Benedictus* n
benefactor adj/s bes Am = **bienhechor**
benefi|cencia f *Wohltätigkeit* f || ~ *pública (öffentliche) Wohlfahrt, (öffentliche) Fürsorge* f || *centro de* ~ *Wohltätigkeitsverein* m || *corrida de* ~ *Stierkampf* m *zu wohltätigen Zwecken* || *Estado de* ~ *Wohlfahrtsstaat* m || *función de* ~ ⟨Th⟩ *Wohltätigkeitsvorstellung* f || *subsidio de* ~ *Wohlfahrtsunterstützung* f || **-centísimo** adj sup v. **benéfico**
beneficia|ción f *Veredelung* f || *Verwertung* f || *Düngung* f || ⟨Bgb⟩ *Ausbeutung* f || ~ *del oro Goldgewinnung* f || **-do** m *Pfründenbesitzer* m || ⟨Th⟩ *Benefiziar* m → **favorecido** || **-dor** adj/s *wohltuend* || = **bienhechor**
benefi|ciar vt *jdm wohltun* || *zustatten kommen* (dat) || *begünstigen* || *verbessern* || *veredeln* || *anbauen (Land)* || *düngen* || ⟨Bgb⟩ *ausbeuten* || *läutern, aufbereiten (Erze)* || *erkaufen (Amt)* || *durch Bestechung in ein Amt gelangen* || *(unter dem Wert) verkaufen, absetzen* || ~ vi *Nutzen bringen* || *Nutzen ziehen* (sobre *aus*) || Am *(Vieh zum Verkaufen) schlachten* || *~se* vr *Nutzen ziehen (de aus dat)* || ◊ ~ *a una mujer* vulg *e-r Frau beiwohnen* || **-ciario** m *Pfründner* m || *Leistungsbzw Zahlungs\empfänger* m || *Wechselinhaber* m || *Anspruchsberechtigte(r)* m || *Begünstigte(r)* m || *(z. B. e-r Versicherung)* || *Nutznießer* m || **-cio** m *Wohltat* f || *Gabe* f, *Geschenk* n || *Gewinn, Vorteil, Nutzen* m || *Verdienst* m || *Vorrecht* n || *(geistliche) Pfründe* f || *Veredelung* f || ⟨Agr⟩ *Düngung* f || ⟨Agr⟩ *Anbau* m || *Läuterung* f || ⟨Bgb⟩ *Ausbeutung* f || *Aufschließung* f *(Bergrecht)* || ⟨Jur⟩ *Rechtswohltat* f || ⟨Jur⟩ *Einrede* f (→ **excepción**) || ⟨Th⟩ *Benefiz(vorstellung)* f) n || ⟨Th⟩ *Ehrenabend* m || *Chi Dünger* m || ~ *de adopción Adoptionsrecht* n || ~ *bruto Brutto-, Roh\gewinn* m || ~ *de defensa gratuita,* ~ *(legal) de pobreza* ⟨Jur⟩ *Armenrecht* n || ~ *de división Rechtswohltat* f *der geteilten Inanspruchnahme (bei Mitbürgen), Recht* n *(e–s Mitbürgen) auf Teilhaftung* || ~ *eclesiástico geistliches Amt* n || ~ *de edad Volljährigkeitserklärung* f || ~ *de excusión Einrede* f *der Vorausklage* || ~ *de inventario beschränkte Erbenhaftung* f *(durch Inventarerrichtung)* || ~ *de inventario* fig *mit Vorbedacht* || *fig soweit es sich lohnt* || *neto,* ~ *líquido Netto-, Rein\gewinn* m (→ a **ganancia**) || a ~ *de zum Besten von* (dat), *zum Besten, zugunsten* (gen) || *kraft, vermöge* (gen) || *sin oficio ni* ~ *ohne Gewerbe und Amt* || *erwerbsunfähig* || *en* ~ *ausgebeutet (Bergwerk)* || *en* ~ *de kraft, vermöge* (gen) || *zum Vorteil von* (dat) || **~s** mpl: ~ *fiscales Steuererleichterungen* fpl || ~ *obtenidos de una cosa según su destino* ⟨Jur⟩ *bestimmungsgemäße Ausbeute* f *e-r Sache* || **-cioso** adj *nützlich* || *einträglich* || *vorteilhaft*
benéfico adj *wohl-, mildtätig* || *gütig* || *wohltuend* || *función* ~a ⟨Th⟩ *Wohltätigkeitsvorstellung* f
Benelux f: *el* ~ *die Beneluxstaaten* mpl
beneméri|ta f: *la* ⁼ *die Gendarmerie* f *(Guardia civil)* || **-to** adj *wohlverdient, verdienstvoll* || ~ *súdam. Ehrentitel* m
bene|plácito m *Genehmigung, Einwilligung* f || *Zustimmung* f || *Einverständnis* n || *Plazet* n || *Exequatur* n *(Diplomatie)* || **-volencia** f *Wohl-*
wollen n, *Gewogenheit* f || **-volente** adj = **benévolo**
benévolo adj *wohlwollend, günstig* || *gütig* || *wohlgesinnt* || *nachsichtig* || *lector* ~ *geneigter Leser* m *(Floskel im Vorwort e–s Buches)* || sup: **benevolentísimo**
Benga|la *Bengalen* || *luz de* ~, *luz de* ⁼ *bengalisches Licht* n || ⁼ f *indisches Rohr* n, *Rotang* m || *Rohrstückchen* n || ⁼**li** [pl **-ies**] adj/s *bengalisch* || ~ m *Bengale* m || *Bengali* n *(Sprache)* || ⟨V⟩ *Tigerfink* m (Amandava amandava) || **-lina** f Chi *Musselin* m
benig|nidad f *Güte, Gutherzigkeit, Milde* f || *Milde* f *(des Klimas)* || ⟨Med⟩ *Gutartigkeit* f, *Benignität* f || **-no** adj *gütig, mild* || *gutmütig* || *mildtätig* || fig *mild, sanft (Wetter)* || *gutartig (Krankheit)* || adv: **-amente**
Benito m np *Benedikt* m || ⁼ adj/s = **benedictino**
Benja|mín m np *Benjamin* m || ⁼ fig *der jüngste Sohn* || *Schoßkind* n || *Nesthäkchen* n || *f:* **-mina**
benjuí m *Benzoe(harz)* n)
benteveo m Arg Ur ⟨V⟩ *Bentevi, Häscher* m (Pitangus sulfuratus) (→ **bienteveo**)
ben|tófilo adj ⟨Zool⟩ *benthophil* || **-tolinético** adj ⟨Zool⟩ *bentholimnetisch* || **-ton** m ⟨Ökol⟩ *Benthon* n || **-tos** m ⟨Ökol⟩ *Benthos* n || ~ *nectónico nektonisches Benthos* n
ben|zoico adj: *ácido* ~ ⟨Chem⟩ *Benzoesäure* f || **-zol** m ⟨Chem⟩ *Benzol* n || *depurador de* ~ *Benzolwäscher* m
Beo|cia f *Böotien* || ⁼**cio** adj/s *böotisch* || fig *einfältig*
beo|dez [pl **-ces**] f *Trunkenheit* f, *Rausch* m || **-do** adj/s *betrunken, berauscht*
be|que m ⟨Mar⟩ *Bugfutter* n || *Matrosenabort* m || Am *Abort* m || **-quet** m *Bergnagel* m *(für Schuhwerk)* || **-quista** m MAm *Stipendiat* m (→ **becario**)
beorí m Am ⟨Zool⟩ = **tapir**
beotismo m *Stumpfsinn* m || ⟨Med⟩ *Idiotie* f (→ **idiotismo**)
ber|bécí m Col fam *Hitzkopf* m || **-bén** m Mex ⟨Med⟩ *Skorbut* m (→ **escorbuto**)
berberecho m ⟨Zool⟩ *(nordspan.) Herzmuschel* f, *Grünling* m (Cardium sp)
berberí adj/s [pl **-íes**] = **bereber** || **-ridáceas** fpl ⟨Bot⟩ *Sauerdorngewächse* npl (Berberidaceae) || **-risco** adj/s *berberisch* || ~ m *Berber* m || *Estados* **~s** ⟨Hist⟩ *Barbareskenstaaten* mpl, *Berberei* f
Berbe|ría f *die Berberei* || ⁼ f ⟨Bot⟩ *Oleanderbaum* m || ⁼**risco** adj/s *berberisch*
bérbero m ⟨Bot⟩ *Berberitzenstrauch, Sauerdorn* m (Berberis vulgaris) (→ **agracejo**) || *Sauerdornbeere* f = *Sauerdorntee* m
berbiquí [pl **-íes**] m *Dreh-, Brust\bohrer* m, *Bohrwinde* f || ~ *de arco Drillbogen* m || ~ *de clavija* ⟨Zim⟩ *Zentrumsbohrer* m || ~ *de manigueta,* ~ *de mano,* ~ *de pecho* ⟨Zim⟩ *Brustleier* f || ~ *helicoidal Drillbohrer* m
bereber(e) adj/s *berberisch, Berber-* || ~ m *Berber* m
berengo adj Mex *einfältig*
berenje|na f *Eierpflanze, Melanzane* f (Solanum melongena) || *Eier\apfel* m, *-frucht, Aubergine* f || **-nal** m *Auberginenfeld* n || figf *Klemme* f || *¡menudo* ~*!* figf *das ist ein sauberes Geschäft!* || **-nín** m dim fam v. **-na**: *Eierfruchtsorte* f *(weiß od violett gestreift)*
bergamo|ta f *Bergamotte(birne)* f || *Bergamotte-Limone* f || *esencia de* ~ *Bergamot(e)öl* n || **-to, -te** m *Bergamott(e)baum* m (Citrus aurantium bergamia)
bergan|te m *(frecher) Spitzbube, Gauner* m || **-tín** m ⟨Mar⟩ *Brigantine, Brigg* f || *Dom PR kräftiger Schlag* m *auf das Auge* || ~ *goleta* ⟨Mar⟩ *goletteartige Brigg, Schonerbrigg* f || **-tina** f ⟨Mar⟩ *Brigantine* f *(im Mittelmeer)*

bergazote — bestializar 162

bergazote adj: higo ~ Can e-e gewöhnliche Feigenart f
beriberi m ⟨Med⟩ Beriberi f
beri|lio m ⟨Chem⟩ Beryllium n || **–lo** m ⟨Min⟩ Beryll m || Aquamarin m
berlanga f ⟨Kart⟩ Krimpelspiel n
Berlin m Berlin n || bollo de ~ Berliner Pfannkuchen m
berlina f Berline f || Eisenbahnwagen m mit e-r Sitzreihe || ◊ poner en ~ a uno figf jdn dem Gelächter aussetzen, lächerlich machen || kompromittieren
berlinés, esa adj/s Berliner(in) m(f) || ~ adj berlinerisch
berlinga f ⟨Mar⟩ Spiere, Futterplanke f am Schaft || And greifender, unbeholfener Mensch m
berma f Berme f, Böschungsabsatz m || ⟨Mil⟩ Grabenabsatz m
berme|jear vt rot färben || ~ vi ins Rötliche spielen || rot schimmern || **–jizo** adj tödlich || ~ m ⟨Zool⟩ Flughund m (Pteropus spp) || **–jo** adj (hoch)rot || rothaarig || rotbraun || strohgelb (Vieh) || **–jón, ona** adj rötlich || **–juela** f ⟨Fi⟩ Bitterling m (Rhodeus amarus) || And Heidekraut n || **–juelo** adj von (schöner) rötlicher Färbung || **–jura** f rote Färbung f || **–llón** m Zinnober m || Lippenrot n
Bermudas fpl: las Islas ~ die Bermudainseln
Berna Bern || convenio (od tratado) de ~ Berner Konvention f, Berner Vertrag m
Bernabé m np Tfn Barnabas f
bernardina, bernaldina f fam Lüge, Aufschneiderei f
Bernardo m np Tfn Bernhard m || (perro del Monte de) San ~ Bernhardiner(hund) m || ~ adj/s Bernhardiner(-) || Bernhardinermönch m || Einsiedlerkrebs m (→ **ermitaño**)
bernegal m breiter, flacher Trinkbecher m || Trinkschale f
berozo m Al = brezo
berraza f ⟨Bot⟩ = berrera
berre|a f Hirschbrunft f || **–ar** vi blöken, brüllen (Kalb) || fig grölen || fig plärren || fam heulen, weinen || fam falsch singen || △ e-e Sache melden || Am in Zorn geraten
berrenchín m Brünsteln, Schäumen n (des wütenden Wildschweins) || figf zorniges Weinen der Kinder || (→ **berrinche**)
berren|dearse vr And sich verfärben (reifendes Getreide) || **–do** adj ⟨Taur⟩ bunt, zweifarbig (Stier) || bläulich verfärbt (Getreide) || PR wütend, zornig || ~ m ⟨Zool⟩ Gabelbock m (Antilocapra americana) || Murc durch Krankheit braun gewordene Seidenraupe f || Extr grobe Leinwanddecke f || △ Stier m || △ Priester m
berre|o m = berrido, berrinche || **–ón** m/adj Sal Schreihals m
berrera f ⟨Bot⟩ Merk m (Sium spp)
be|rretín m Arg Hartnäckigkeit f || **–rriadora** f Col Trunkenheit f, Rausch m
berrido m Blöken, Brüllen n (der Kälber u. fig) || Röhren n (Hirsch) || Kreischen, Quieken n || Grölen n || figf Heulen, Plärren, lautes Weinen n (der Kinder) || figf falsches Singen n
be|rrietas m Col fam weinerliches Kind n || **–rrín** m fam Hitzkopf m
berrin|char vi Dom protestieren || **–che, –chín** m fam Jähzorn m (bes bei Kindern) || Wutanfall m || Geplärr n || Ec Zank, Streit m || Schlägerei f || Am Brunstgestank m (Hengst, Eber) || PR Gestank m || ◊ coger un ~ fam = un Wutanfall bekommen || **–chudo** adj Am jähzornig || ~ m Guat Mex Hitzkopf m || MAm Mex Trinker m
berrizal m Kressenbeet n
berro m (Brunnen)Kresse f (Rorippa nasturtium-aquaticum) || Kressensalat m || ◊ enviar (od mandar) a uno a buscar ~s figf jdn entlassen, fam jdn feuern

berrocal m felsiges Gelände n
berro|char vi Col schreien, lärmen || **–che** m Col Lärm, Radau m || **–chón** m Ruhestörer m
berroqueño adj graniten || fig felsenhart || fig einfältig || (piedra) ~a Granit(stein) m
berrueco m Bruchperle f || Felsenriff n || Granit-, Fels|kegel m
Ber|ta f np Berta f || ⚹ f Besatz m am Leibchen e-s Frauenkleides || Gran „die dicke Berta" (deutsches Geschütz) || **–toldo** m np Bertold m || **–tuco** m np fam = **Alberto**
ber|za f Kohl m, Kraut n || Kohl-, Krautkopf m || ~ agria Sauerkohl m || lombarda, ~ roja Rot|kraut n, -kohl m || ~ perruna Hundskohl m || ~ rizada Krauskohl, Wirsing m || ~ de Saboya Wirsing(kohl) m || ~s fermentadas Sauerkraut n || ◊ picar la ~ fam herumstümpern, ein Neuling sein || **–zal** m Kohl-, Krautfeld n
ber|zo m Gal Wiege f || **–z(ot)as** m fam Null, fam Flasche f (Person) || ◊ ser un ~ figf dumm, einfältig sein
besalama|no m schriftliche Mitteilung mit der Abkürzung B.L.M. (es küßt die Hand) statt Unterschrift || **–nos** m Handkuß m z. B. bei e-r Hoffeierlichkeit || Empfang m bei Hofe || Empfangszimmer n e-r vornehmen Dame || Kuß|zuwerfen n, -hand f
besamel(a) f Béchamelsoße f
besana f ⟨Agr⟩ Richtfurche f || Furchenziehen n || Sal Saatfeld n
besapiés [pl unverändert] m Fußkuß m || Höflichkeits-, Grußformel f e-r Frau gegenüber
besar vt küssen || figf berühren (von leblosen Dingen) || figf unversehens mit jdm zusammenstoßen || ◊ ~ la(s) mano(s) die Hand küssen (bes als mündliche und schriftliche Höflichkeitsformel) || ~ los pies die Füße küssen (mündliche und schriftliche Unterwürfigkeitsformel, bes gegen Damen) || ~ el suelo figf auf das Gesicht fallen || ~ el jarro aus dem Krug (bzw aus der Flasche) trinken || ~ en la boca a jdn auf den Mund küssen || llegar y ~ el santo figf et schnell erreichen || (→ la Abk q. b. s. m., q. b. s. p.) || **~se** vr sich küssen || figf (mit dem Kopfe) unversehens aneinanderstoßen || sich berühren (bes leblose Dinge) || fig zusammenbacken (im Ofen)
Besarabia f ⟨Geogr⟩ Bessarabien n
besito m dim v. **beso** || Arg Col Pe PR kleines Makronengebäck n || Chi kleine Meringe f
beso m Kuß m || Küssen n || figf heftiger Zusammenstoß m zweier Personen (mit dem Kopfe) od zweier Sachen || ~ de buenas noches Gutenachtkuß m || ~ de Judas Judas-, Verräter|kuß m || ~ de paz Friedenskuß m || ◊ comerse a ~s a uno figf jdn ab-, totküssen || echar (od tirar) un ~ e-e Kußhand zuwerfen (a algn. jdm dat)
besotear vt oft küssen, fam schnäbeln (→ **besuquear**)
Bessemer: convertidor ~ ⟨Metal⟩ Bessemer|birne f, -konverter m || proceso (od procedimiento) ~ ⟨Metal⟩ Bessemerverfahren n
bes|tezuela f dim v. **–tia** || Tierchen n || fig kleines Biest n || **–tia** f (vierfüßiges) Tier, Vieh, pop Biest n || Haustier n || fig dummer Mensch m || fig Bestie f || brutaler Kerl m || Rohling, Rüpel m || ~ de albarda Saum-, Pack|tier n || ~ caballar Pferd n || ~ de carga Lasttier n (& fig) || ~ negra fig Sündenbock m || ~ de tiro Zug|vieh, -tier n || augm: **–tiaza** || **–tiaje** m Vieh || Trupp m Lasttiere || **–tial** adj viehisch || bestialisch || brutal || dumm, unsinnig || figf riesig, fam wahnsinnig || fig pop toll (& Frau) || apetito ~ fam Riesenhunger m || ~ m (Stück) Vieh, Rind n || adv: **~mente**
bestiali|dad f viehisches Betragen n, Bestialität f || Gemeinheit f || Dummheit, Eselei f || ⟨Jur⟩ Sodomie, Unzucht f mit Tieren || figf Unmenge f || **–zar** vt verdummen || **~se** vr vertieren

bestiario m Bestiarium, Bestiaire n (bes mittelalterliches Tierbuch)
bes|tión m ⟨Arch⟩ Fabeltier n ‖ **-tionazo** m fig großer Dummkopf m
béstola f Pflugschar f
best seller m Bestseller m
besucar [c/qu] vt = **besuquear**
besugada f Mahlzeit f von Meerbrassen
besu|go m ⟨Fi⟩ Graubarsch, Scharfzähner m (Pagellus centrodontus) ‖ Rot-, Sack|brasse(n m) f (Pagellus erythrinus) ‖ Zahnbrasse(n m) f (Sparus) ‖ figf Dummkopf, Trottel m ‖ △ Leiche f ‖ ojos de ~ figf Glotzaugen npl ‖ ◊ ¡te veo, ~, que tienes el ojo charo! fam Nachtigall, ick hör' dir trapsen! ‖ **-guera** f Brassenpfanne f ‖ Brassenverkäuferin f ‖ Brassenfänger m (Fischkutter) ‖ **-guero** m Brassenhändler m ‖ Ast.Gerät n zum Brassenfang ‖ **-guete** m dim v. besugo ‖ ⟨Fi⟩ Rotbrasse(n m) f (Pagellus erythrinus) (→ **pajel**)
besuque|ar vt fam (ab)küssen, viel und oft küssen, abschmatzen, fam schnäbeln ‖ **-o** m fam oftmaliges Küssen, Abküssen, Knutschen n
¹**beta** f ⟨Mar⟩ Läufer m, Tau n ‖ Ar Band n, Schleife f, Bindfaden m
²**beta** f griech. ß, Beta n ‖ rayos ~ Betastrahlen mpl
beta|bel m Mex Runkelrübe f ‖ **-rraga, -rrata** f Runkelrübe f
betatrón m ⟨Phys⟩ Betatron n, Elektronenschleuder f
betel m ⟨Bot⟩ Betelpfeffer m (Piper betle) ‖ Betel m (Kaumittel) ‖ palmera de ~ Arekapalme f
beter(r)aga f Chi Runkelrübe f
bético adj bätisch, aus Bética, dem heutigen Andalusien ‖ ⟨Lit⟩ andalusisch
betlemita adj s aus Bethlehem ‖ ~ m Bethlehemit m ‖ Bethlehemiter(mönch) m
*****betón** m Beton n ‖ Bienenkitt m
betónica f ⟨Bot⟩ (Gemeiner) Heilziest m, Betonie f (Stachys officinalis)
betu|la f Birke f (→ **abedul**) ‖ **-láceas** fpl ⟨Bot⟩ Birkengewächse npl (Betulaceae)
betún m Bitumen n ‖ Teer n ‖ Teerkitt m ‖ Schuhcreme f ‖ Stiefelwichse f ‖ ⟨Mar⟩ Schmiere, Kalfatermasse f ‖ Bienenkitt m ‖ Steingutglasur f ‖ Cu Tabakwasser n (zur Gärung des Rohtabaks) ‖ ~ de hojalatero Verschnittbitumen n ‖ ~ de injertar Baumwachs n ‖ ~ de Judea Asphalt m ‖ ~ liquido = **nafta** ‖ ◊ dar ~ a wichsen (Schuhe) ‖ dar ~ (a) fam jdm schmeicheln ‖ jdn rühmen ‖ darse ~ fig wichtig-, groß|tun ‖ quedar a la altura de ~ figf sich stark blamieren, sich e–e Blöße geben
betu|near t Cu mit Teer anfeuchten (Tabak) ‖ **-nería** f Teerfabrik f ‖ **-nero** m Schuhcreme|verkäufer bzw -hersteller ‖ Am prov Stiefel-, Schuh|putzer m (→ limpiabotas)
beuna f Ar kleine, rötliche Traube(nart) f ‖ ~ m Wein m aus beuna
bey m Bey, türkischer Statthalter m (heute Titel)
bezo m (dicke) Lippe f ‖ fig Lefze f e–r Wunde
bezoar m Bezoarstein m (im Magen der Wiederkäuer)
bezote m Lippenring m der Indianer
bezudo adj/s dicklippig ‖ dickrandig (Münze)
bi präf zwei-, doppel-, bi-
△**biaba** f Arg Ur pop Stoß, Schlag m ‖ Überfall m
biaja|iba f Ant Cu eßbarer Seefisch m (Mesoprion uninotatus) ‖ **-ní** f Cu ⟨V⟩ Zwergtäubchen n (Columbigallina minuta)
bi|angular adj ⟨Math⟩ zweiwinkelig ‖ **-articulado** adj mit zwei Gelenken ‖ ⟨Zool Tech⟩ mit doppeltem Gelenk ‖ **-arrota** adj aus Biarritz
bi|atómico adj ⟨Chem⟩ zweiatomig ‖ **-auricular** adj beidohrig, auf beiden Ohren ‖ zweiohrig, biaural ‖ mit zwei (Kopf)Hörern ‖ **-axial** doppel-, zwei|achsig ‖ **-básico** adj ⟨Chem⟩ doppelbasisch

bibelot m frz Ziergegenstand, Bibelot m ‖ Nippsache f ‖ **-es** mpl Nippes pl
biberón m Saugflasche f für Säuglinge ‖ Kinderdutte f ‖ ◊ criar al ~ mit der Flasche aufziehen
bibicho m Hond Katze f
bibija|gua f Cu Riesenameise f ‖ ⟨Zool⟩ Blattschneiderameise f (Atta insularis) ‖ Cu fig emsiger, eifriger Mensch m ‖ **-güera** f, **-güero** m Cu Ameisenbau m der bibijagua
¹**Biblia**, ~ f Bibel, Heilige Schrift f ‖ figf dickes Buch n, fam Wälzer m ‖ ~ comentada Bibelwerk n ‖ ~ ilustrada Bilderbibel f ‖ ◊ ¡esto es la ~! vulg das ist allerhand!
²**biblia** f MAm Schlauheit, Hinterlist f
bíblico adj biblisch, Bibel- ‖ sociedad ~a Bibelgesellschaft f
bibliobús m fahrende Bücherei f
bibli|ofilia f Bücher|liebhaberei, -(sammel)-leidenschaft, Bibliophilie f ‖ **-ófilo** m Bücher|liebhaber bzw -sammler, Bibliophile m
bibli|ografía f Bücher|kunde, -beschreibung f ‖ Literaturangabe, Bibliographie f ‖ **-ográfico** adj bibliographisch ‖ **-ógrafo** m Bibliograph m ‖ **-olatría** f fig Bücherkult m ‖ **-ología** f Bücherkunde f ‖ Bibelkunde f ‖ **-omanía** f Bücherwut, krankhafte Bücherliebhaberei, Bibliomanie f ‖ **-ómano** m Büchernarr, Bibliomane m ‖ **-omapa** m Atlas m, Landkartensammlung f ‖ **-opola** m ⟨Lit⟩ Buchhändler m ‖ **-orato** m Arg Ablagemappe f ‖ **-oteca** f Bibliothek, Bücherei f ‖ Büchersammlung f ‖ Bücher|schrank m bzw -gestell n ‖ Büchersaal m ‖ Leihbibliothek f ‖ ~ ambulante figf wandelndes Lexikon n ‖ ~ circular, ~ circulante Leihbibliothek f ‖ ~ de (escritores) clásicos Klassikerbibliothek f ‖ ~ Nacional (öffentliche) Staatsbibliothek f ‖ ~ particular Privatbibliothek f ‖ ~ popular Volksbücherei f ‖ ~ pública öffentliche Bücherei f ‖ Staatsbibliothek f ‖ **-otecario** m Bibliothekar, Bücherwart m ‖ f: ~a ‖ **-oteconomía** f Bibliotheks|wissenschaft (-en) f(pl), -kunde f
biblista m Bibel|kenner bzw -forscher m ‖ streng bibelgläubiger Mensch
bica f Gal ungesäuertes Weizen-, Mais- od Hafergebäck m
△**bicácara** f Skandal m
bical m Lachs m (Männchen)
bica|marista adj Arg, **-meral** adj Zweikammer- ‖ sistema ~ ⟨Pol⟩ Zweikammersystem n ‖ **-meralismo** m ⟨Pol⟩ Zweikammersystem n
bicarbonato m Bikarbonat, Hydrogenkarbonat n ‖ ~ de sosa, ~ sódico Natriumhydrogenkarbonat n
bicarpelado adj ⟨Bot⟩ zweikarpelar
bicéfalo adj zweiköpfig ‖ águila ~a ⟨Her⟩ Doppeladler m
bicentenario adj/s zweihundertjährig ‖ ~ m (Zeitspanne f von) zweihundert Jahre(n) npl
biceps m/adj ⟨An⟩ Bizeps m ‖ ~ braquial zweiköpfiger Armmuskel, Oberarmmuskel m ‖ ~ femoral zweiköpfiger Schenkelmuskel m
bicerra f Bergziege f
bici f fam, **~cleta** f Fahr-, Zwei|rad n ‖ ~ sin cadena kettenloses Fahrrad n ‖ ~ de carretera Tourenrad n ‖ ~ para carreras Rennrad n ‖ ~ doble Doppelrad, Tandem n ‖ ~ con motor auxiliar Fahrrad n mit Hilfsmotor ‖ ~ de rueda libre Fahrrad n mit Freilauf ‖ ~ de señora Damenrad n ‖ ~ de turismo Tourenrad n ‖ ◊ montar la ~, andar en ~, ir en ~ radfahren, fam radeln (estilo de) Wassertreten n (Schwimmart) ‖ **-cletería** f Am Fahrradhandlung f ‖ **-clista** m = **ciclista** ‖ **-clo** m Zwei-, Hoch|rad n
biciliado adj ⟨Biol⟩ doppelbewimpert
bicloruro m ⟨Chem⟩ Di-, Doppel|chlorid n ‖ ~ de mercurio, ~ hidrargírico Quecksilber(II)-chlorid n

bicoca f fam *wertloses Ding* n || *Lappalie* f || fig *Goldgrube* f || Arg Bol Chi *Käppchen* n, *Kopfbedeckung* f *des Priesters in der Kirche*
bicolor adj *zweifarbig, Zweifarben-*
bicóncavo adj ⟨Opt⟩ *bikonkav*
bicon|sonante f ⟨Gr⟩ *Doppelkonsonant* m || **-vexo** adj ⟨Opt⟩ *doppel-, bi|konvex*
bico|queta f Pe *Kopfbedeckung* f, *Käppchen* n *einiger Mönchorden* || Pe = **-quete, -quín** m *Ohrenmütze* f
bicor|ne adj (& poet) *zweihörnig* || *zweizipflig* || ~ m ⟨Taur⟩ fig *Stier* m || **-nio** m *Zweispitz* m *(Hut)*
bicro|mato m ⟨Chem⟩ *Dichromat* n || ~ *de sosa* ⟨Chem⟩ *Natriumdichromat* n || **-mía** f *Zweifarbendruck* m
bicuadrado adj ⟨Math⟩ *biquadratisch*
bicuento m *Billion* f
bi|cúspide, -cuspídeo adj *zwei|spitzig, -zähnig* || *zweizipflig* ⟨An⟩ *mit zwei Wurzeln (Zahn)* || *válvula* ~ *Bikuspidal-, Mitral|klappe f (des Herzens)*
bicha f fam bes And *Schlange* f *(um das für Abergläubische „unheilbringende" Tabuwort* culebra *zu vermeiden)* || fam *Harpyie* f || ⟨Arch⟩ *Fabeltier* n *(in e-m Fries)* || **~rá** m RPl *ausgeblichener Poncho* || *Poncho* m *aus grobem Stoff* || **~rra** f Pe *tönerner Küchenherd* m
bicharraco m desp *ekelerregendes Tier, Viehzeug* n || fig *Biest, Scheusal* n || figf *widriger Mensch* m
biche adj Col *grün, unreif (Frucht)* || Arg Col *schwächlich (Person)* || ~ m Am *großer Topf* m
bich(e)|adero m RPl *Warte* f, *Wartturm* m || **-ar** vt/i *auflauern, jdn heimlich beobachten* || △ *wegstibitzen*
bichejo m desp v. **bicho**
bi|chento adj Pe *neidisch* || Col *rachitisch* || **-chera** f Ur ⟨Vet⟩ *Hautgeschwür* n || Col *Durchfall* m *des Geflügels*
bicherío m fam *Viehzeug* n || *Ungeziefer* n
bichero m ⟨Mar⟩ *Boots-, Enter|haken* m
bichillo m Can *Schweinsrücken* m
bichín m dim fam v. **bicho** || *Hond zerschründete Lippe, Lefze* f
¹**bicho** m fam *Vieh* n || *Ungeziefer, Gewürm* n || *Tier, Vieh* n || ⟨Taur⟩ *(Kampf)Stier* m || fig *ungestalter Mensch* m || *Kerl* m, fam *Nummer* f || ~ *raro* figf *ulkiger Kauz* m || *mal* ~ fig *Otterngezücht* n, *boshafter Mensch, gemeiner Kerl* m || ◊ *allí no hubo (un)* ~ *viviente* fam *man fand keine lebende Seele vor* || *contar a. a todo* ~ *viviente* fam *et überall ausplaudern* || ~ *malo nunca muere Unkraut verdirbt nicht* || *taxi con* ~ figf *besetzte Taxe* f *(= mit Fahrgast)* || *tener* ~ figf *in festen Händen sein, e-n festen Freund haben (Mädchen)*
²**bicho** m (**bicha** f) fam *Knabe* m *(Mädchen* n*)* || MAm *männliches Glied* n, *Penis* m
bicho|co adj Arg Chi RPl *gebrechlich, hinfällig* || **-feo** m RPl ⟨V⟩ = **benteveo** || **-ronga** f Ven *Lappalie* f || Ven *Dirne, Hure* f
bichozno m *Ururenkel* m
bi|dé m (frz *bidet*) *Bidet* n || **-del** m Cu = **-dé**
bidente m/adj (poet) *zweizähnig* || ~ m *Zweizack* m || ⟨Bot⟩ *Zweizahn* m *(Bidens spp)*
bidón m *Blech|dose* f, *-behälter* m || *Kanister* m, *Kanne* f || *Säurefaß* n || *Trommel* f || ~ *de gasolina Benzinkanister* m || ~ *de leche Milchkanne* f
biela f ⟨Tech⟩ *Treib-, Kurbel-, Pleuel|stange* f, *Pleuel* m || *Lenker* m || *Kuppelstange* f ⟨Tretkurbel f (Fahrrad)⟩ || ~ *articulada Gelenkstange* f || ~ *directriz Lenkhebel* m ⟨& Aut⟩ || ~ *de distribución Steuerstange* f || ~ *maestra Hauptschubstange* f || ~ *de mando Steuerstange* f
biel|da f *Strohgabel, große Harke* f || **-dar** vt *Stroh mit der Gabel aufschütten, worfeln* || **-do**,

-go m *Wurf-, Worfel|schaufel* f || *Stroh-, Heu-, Mist|gabel* f || *Rechen* m || **-eta** f dim v. **biela:** ⟨Tech⟩ *Nebenpleuel* m || **-ga** f And *Garbengabel* f
Bielorrusia f *Weißrußland* n
¹**bien** m *Gut* n, *das Gute* || *Wohl* n || *Wohlstand* m || *Nutzen* m || ~ *común (All)Gemeinwohl* n || *el* ~ *público das öffentliche Wohl* || *das (All)Gemeinwohl* n || *hombre de* ~ *rechtschaffener Mensch, Ehrenmann* m || *por* ~ *de paz auf friedlichem Wege* || ◊ *no parar en* ~ *übel ausfallen* || ~ *haya quien wohl dem, der* || *salir con* ~ *de et auf gut überstehen* || *tener a (od por)* ~ *einwilligen in (acc)* || **~es** pl *Güter* npl || ~ *de abolengo ererbtes Vermögen* n, *Habe* f || ~ *de alemanes en el extranjero deutsches Auslandsvermögen* n || ~ *aportados eingebrachtes Gut* n || ~ *comunales (od concejiles) Gemeinde|eigentum* n, *-güter* npl || ~ *comunes Gesamtgut* n || ~ *de consumo Ge-, Ver|brauchsgüter* npl || ~ *dotales Heiratsgut* n || ~ *enemigos* ⟨Pol⟩ *Feindvermögen* n || ~ *de equipo Investitionsgüter* npl || ~ *fiscales,* ~ *públicos Staatsgüter* npl || ~ *de fortuna Vermögen* n || ~ *fungibles vertretbare* od *fungible Sachen* fpl || ~ *iniciales (finales) Anfangs- (End-) vermögen* n || ~ *hereditarios Erb|güter* npl, *-masse* f, *Nachlaß* f || ~ *(in)muebles (un)bewegliche Güter* npl, *Immobilien* pl || ~ *de inversión Investitionsgüter* npl || ~ *mostrencos herrenlose Sachen* fpl bzw *Güter* npl || ~ *parafernales Vorbehaltsgut* n || ~ *públicos öffentliche Sachen* fpl || ~ *raíces Liegenschaften* fpl, *Grundstücke* npl || ~ *relictos Erbgut* n || ~ *sedientes unbewegliche Güter* npl, *Immobilien* pl || ~ *reservales der Sonderfolge unterliegendes Vermögen* n || ~ *reservados Vorbehaltsgut* n || ~ *vacantes herrenlose Sachen* fpl || ~ *vinculados Majoratsgüter* npl || *declaración de* ~ *Vermögenserklärung* f
²**bien** adv 1. rein adverbiell: a) *gut* || *wohl* || *schön* || *richtig* || *recht* || *tüchtig* || *ganz* || *gern, herzlich* || *fein* || b) *Verstärkung, Betonung des Superlativs, etwa: sehr, recht, viel* || c) *Bejahung: jawohl, natürlich* || *ahora* ~ *nun aber* || *also* ~ *nun denn* || *antes* ~ *vielmehr* || *lieber* || ~ *lo compraría yo, pero ... ich würde es gerne kaufen, aber ...* || *(de)* ~ *a* ~, *por* ~ *(herzlich) gern* || *sehr gern* || *de* ~ *en mejor immer besser* || *por* ~ *o por mal gutwillig oder mit Gewalt* || *también* ~ *más* ~ *eher* || ~ *que mal* Am fam *jedenfalls* || *y* ~ *nun* || *y* ~ *¿qué noticias corren? was gibts also Neues?* || *¡bien! ¡*~*!* ja, *vortrefflich, schon gut (als Drohung)* || *¡*~ *hecho! ¡está* ~*! gut (so)! in Ordnung! richtig!* || ~ *mirado recht betrachtet* || *eigentlich* || ~ *tarde* || *recht spät* || *la gente* ~ *die „feinen" Leute* || fam *die oberen Zehntausend* || ◊ ~ *anduvimos tres horas wir sind gute 3 Stunden gegangen* || *dices* ~ *du hast recht* || ~ *lo decía yo das habe ich gleich gesagt* || ~ *es verdad es ist sehr wahr* || *¡*~ *está! es ist mir recht, das ist recht* || *wohlan!* || *no me siento (od no estoy) del todo* ~ *mir ist nicht ganz wohl* || *yo* ~ *lo haría, pero no puedo ich möchte es gern tun, aber ich kann nicht* || ~ *puedes creerlo das kannst du wohl (ohne weiteres) glauben* || ~ *podían suplicarle sie mochten ihn bitten, wie sie wollten* || *estar (a)* ~ *con alg. sich mit jdn gut stehen*
2. in bindewörtlichen Verbindungen: ~ *(asi) como sowie (auch)* || (a) ~ *que obschon, obwohl, obgleich* || *no* ~ *kaum* || *no* ~ *... cuando kaum sobald ... als ...* || *si* ~ *obschon, obgleich, wenn auch* || ~ *...* ~ *... entweder ... oder ...* || ~ *por la derecha,* ~ *por la izquierda sei es links oder rechts* || ~ *sea (od fuese) ... o ... sei es nun ... oder*
bienal adj *zweijährig* || *zweijährlich* || ⚹ f *Biennale* f *(Kunst u. Film)*

bien|amado adj *vielgeliebt* || **-andanza** *f Glückseligkeit f*
bienaventu|rado adj/s *glücklich* || ⟨Rel⟩ *selig* || *iron einfältig* || ~s *los pobres de espíritu selig sind die Armen im Geiste (Bibel)* || ~ *m* ⟨Rel⟩ *Selige(r) m* || fig *Einfaltspinsel m* || **-ranza** *f (Glück)Seligkeit f*
bien|estar *m Wohlbefinden* n || *(Wohl)Behagen* n, *Behaglichkeit f* || *Wohlstand m* || **-hablado** adj *beredt, höflich (im Reden), höflich beredt* || **-hadado, -fortunado** adj *glücklich, beglückt* || **-hecho** adj *wohlgestaltet* || **-hechor** *m*/adj *Wohltäter m* || ~ adj *wohltätig* || **-intencionado** adj *wohl|gesinnt, -meinend*
bienio *m Zeitraum* m *von zwei Jahren, Biennium* n
bien|llegado *m*/adj = **bienvenido** || **-mandado** adj *gehorsam, folgsam* || *unterwürfig* || **-mesabe** *m Zuckerhülle* f *der Sahnenbaisers (Schaumgebäck)* || **-oliente** adj *wohlriechend* || **-parecer** *m Wohlanständigkeit f* || *schöner Schein* m || **-pareciente** adj *schön aussehend* || **-querencia** *f*, **-querer** *m Wohlwollen* n, *Zuneigung f* || **-querer** [-ie-] vt *jdm geneigt sein, jdn lieben, schätzen* || *jdm wohlwollen* || **-quistar** vt *geneigt machen* || ~**se** vr *sich anfreunden* (con *mit jdm* dat), *einander liebgewinnen* || **-quisto** adj *beliebt, allgemein geschätzt* || **-teveo** *m Beobachtungsstand* m *(der Weinbergschützen)* || Par PR Mex ⟨V⟩ = **benteveo** || **-venida** *f glückliche Ankunft f* || *Begrüßung, Bewillkommnung f, Willkomm m* || ◊ *dar la ~ bewillkommnen, jdn willkommen heißen*
Bien|venido *m* np Tfn *Benvenuto* || ⁓ *willkommen* (a *in* dat) || ⁓**vivir** vi *im Wohlstand, anständig leben, ein gutes Auskommen haben* || *ein anständiges Leben führen*
bierzo *m* León *(Art) Leinwand* f
bies *m* gall *Schrägstreifen* m *(Kleidungsbesatz)* || *al* ~ adv *schräg, quer*
biezo *m* Rioja *Birke* f (→ **abedul**)
bifásico adj ⟨El⟩ *zweiphasig*
bife *m* Arg *Beefsteak* n (→ **bistec**) || fig *Ohrfeige* f || ~ *a caballo* Am *Beefsteak* n *mit Spiegeleiern* || ~ *de lomo Lendensteak* n
bífido adj ⟨Bot Zool⟩ *zweispaltig*
bi|filar adj *bifilar, Zweidraht-, zweidrähtig* || **-flor(o)** adj ⟨Bot⟩ *zweiblütig* || **-focal** adj ⟨Opt⟩ *bifokal* || **-foliado** adj ⟨Bot⟩ *doppel-, zwei|blättrig* || **-fosfato** *m* ⟨Chem⟩ *Diphosphat* n || **-frontal** adj ⟨Mil⟩ *Zweifronten-* || *guerra ~ Zweifrontenkrieg* m || **-fronte** adj ⟨poet Lit Wiss⟩ *zweistirnig* || *doppelgesichtig*
biftec *m* = **bistec**
bifur|cación *f* ⟨EB⟩ *Gabelung, Zweiteilung f* || *Abzweigung(stelle) f von der Hauptbahn* || ⟨An⟩ *Bifurkation f* || ~ *de carreteras Straßengabelung f* || ~ *de la tráquea* ⟨An⟩ *Luftröhrengabelung f* || **-cado** adj *gabelförmig* || *zweigeteilt* || **-carse** [c/qu] vr *sich gabeln* || *sich teilen* || ⟨EB⟩ *abzweigen*
bifuselaje *m* ⟨Flugw⟩ *Doppelrumpf* m
biga *f Zweigespann* n, *Biga f*
bigamia *f Doppelehe, Bigamie f*
bígamo adj/s *in Doppelehe lebend* || *Bigamist* m
bigar|da *f* León *Klipperspiel* n *der Kinder* || **-dear** vi *ein liederliches Leben führen* || **-día** *f Verstellung f, Possen, Streich* m || **-do** adj/s fig *ausschweifend, liederlich* || ~ *m Herumtreiber, Streuner* m || **-dón, ona** adj/s *vagabundenmäßig* || Ar *hoch aufgeschossen (Person)* || **-donear** vi fam prov *vagabundieren*
bígaro *m* ⟨Zool⟩ *Strandschnecke* f (Littorina littorea)
biga|rra *f Göpelstange* f || **-rro** *m* = **bígaro** || Ven *großer, wilder Stier* m
bigeminado adj ⟨Biol⟩ *doppelgepaart*
bigno|nia *f* ⟨Bot⟩ *Bignonie, Trompetenblume* f

(Bignonia spp) || **-niáceas** *fpl* ⟨Bot⟩ *Bignoniengewächse* npl (Bignoniaceae)
bigor|nia *f Spitz-, Horn|amboß* m || △ **-nio** *m Raufbold* m
bigote *m Schnurr-, Knebel|bart* m || *Schluß-, Zier|leiste f* || ⟨Metal⟩ *Ablaßöffnung* f *im Schmelzofen* || *Schlackenansatz* m || ⟨Typ⟩ *englische Linie* f || Mex *Krokette* f || ~ *a lo kaiser Schnurrbart m mit aufwärts gedrehten Spitzen, Kaiser-Wilhelm-(II.)-Bart* m || ~ *de moco* fam *herunterhängender Schnurrbart* m || *hambre de* ~ fam *Mordshunger* m || *hombre de ~ Mann* m *von Charakter* || ◊ *estar de ~* fam *toll, großartig sein (Sache)* || *reírse de alg. en sus* ~s figf *jdm ins Gesicht lachen* || *ser de ~ äußerst schwierig (od heikel) sein (Lage, Problem, Angelegenheit)* || *tener ~s* figf *fest im Entschluß sein* || *no tiene malos ~s* figf *sie ist nicht übel (Frau)*
bigo|tera *f (Schnurr)Bartbinde* f || *Trinkrand* m *an der Oberlippe* || *Rücksitz* m *(in e-r zweisitzigen Kutsche)* || *Klappsitz* m || *Schuhlasche* f || *kleiner Reißzirkel, Nullenzirkel* m || And fig *Prellerei* f || ◊ *pegarle a uno una* ~ fam *jdn betrügen* || *tener buenas* ~s figf *hübsch sein (von Frauen)* || **-tudo** adj *schnurr-, schnauz|bärtig* || ⟨V⟩ *Bartmeise* f (Panurus biarmicus)
bigudí *m* [pl **-íes**] *Lockenwickler* m
bija f ⟨Bot⟩ *Ruku, Orleansbaum* m (Bixa orellana) || *Rukufrucht* f || *Rukupaste* f *(Farbstoff)*
bikini *m Bikini* m (→ **biquini**)
bilabi|ado adj *zweilippig* || **-al** adj ⟨Phon⟩ *bilabial (Laut)*
bilateral adj *zweiseitig, bilateral* || ⟨Jur⟩ *wechselseitig verpflichtend*
bilbaíno adj/s *aus* Bilbao
bilbilitano adj/s *aus* Calatayud (P Zar)
bildurra *f* Al *Feigheit* f
bilharzia *f* ⟨Zool Med⟩ *Bilharzie* f || ~**sis** *f* ⟨Med⟩ *Bilharziose* f
biliar adj *gallig, biliär, Gallen-* || *cálculo ~ Gallenstein* m || *cólico ~(io) Gallenkolik* f || *conductos ~es* ⟨An⟩ *Gallengänge* mpl || *litiasis* ~ ⟨Med⟩ *Gallensteine* mpl
bilicianina *f* ⟨Physiol⟩ *Bilizyanin* n, *blauer Gallenfarbstoff* m
bilin|güe adj *zweisprachig, bilinguisch* || **-güismo** *m Doppel-, Zwei|sprachigkeit* f || *doppelsprachiger Unterricht* m *(in gemischtsprachigen Gebieten)*
bilioso adj ⟨Med⟩ *gallsüchtig* || *gallig, biliös, Gallen-* || fig *cholerisch, reizbar* || *fiebre ~a Gallenfieber* n || *temperamento ~ cholerisches, reizbares Temperament* n || (→ a **biliar**)
bilirrubi|na *f* ⟨Physiol⟩ *Bilirubin* n || **-nemia** *f* ⟨Med⟩ *Bilirubinämie f, Blutbilirubinspiegel* m
bilis *f Galle* f || fig *Zorn* m || ◊ *exaltársele a uno la* ~ fam *in Zorn geraten*
bilítero adj *aus zwei Buchstaben bestehend*
biliverdina *f* ⟨Physiol⟩ *Biliverdin* n
bilma *f* Cu Chi Mex Salv *stärkendes, ziehendes Pflaster* m
bilobulado adj ⟨Bot Zool⟩ *zweilappig*
bilocación *f* ⟨Rel⟩ *Bilokation* f
bilogía *f zweibändiges Werk* n
bilon|go *m* Cu *Hexerei f, böser Blick* m || **-guear** vt *behexen* || **-guero** *m Zauberer* m
biltrotera *f* fam *Pflastertreterin* f
bill m engl *Bill* f, *Gesetzentwurf* m || *Parlamentsbeschluß* m
billa *f Treiben* n *e–r Billardkugel in ein Eckloch* || ~ *sucia falscher Ball,* fam *Schwein* n || ◊ *hacer ~ e–e Karambole machen*
billalda *f Klipperspiel* n *(der Kinder)*
billar *m Billard(spiel)* || *Billardzimmer* n || *Billardtisch* m || ◊ *jugar al ~ Billard spielen* || ~ *romano römisches Billard, Tivoli* n || ~**da** *f* =

billardero — birreta 166

billalda || Hond *Eidechsenfalle* f || Hond Guat Mex *Falle* f *für große Fische* || **~dero** m *Besitzer* m *e-s Billardsalons* || **~dista** m *Billardspieler* m
bille|taje m *Vorrat* m *an (Eintritts)Karten* bzw *Fahrscheinen usw*, *deren Gesamtheit* f || **-te** m *Billett* n, *Brief(zettel)* m || *Liebesbrief* m || *Eintritts*- bzw *Fahr|karte* f, *Fahrschein* m || *Anweisung* f || *Bank|schein* m, *-note* f || *Lotterielos* n || ⟨Her⟩ *Schindel* f || ~ *de amor Liebesbriefchen* n || ~ *de andén* ⟨EB⟩ *Bahnsteigkarte* f || ~ *de avión Flugschein* m || ~ *de banco Banknote* f || ~ *circular Rundreise|karte* f, *-heft* n || ~ *colectivo Sammelkarte* f || ~ *de correspondencia Umsteigefahrschein* m || ~ *económico* ⟨EB⟩ *Fahrkarte'* f *zu ermäßigtem Preise* || ~ *entero voller Fahrschein* m || ~ *de empeño Pfandschein* m || ~ *para escolares od estudiantes Schülerfahrkarte* m || ~ *de ferrocarril Eisenbahnfahrkarte* f || ~ *gratuito Frei|karte* f, *-schein* m || ~ *de ida y vuelta* ⟨EB⟩ *Rückfahrkarte* f || ~ *kilométrico* ⟨EB⟩ *Kilometerheft* n || ~ *Rundreiseheft* n || ~ *de loteria Lotterielos* n || ~ *mensual Monatskarte* f || *medio* ~ ⟨EB⟩ *halbe Fahrkarte* f || *Kinderfahrschein* m || ~ (no) *premiado (Niete* f) *Treffer* m *(Lotterie)* || ~ *sencillo*, ~ *de ida (sola)* ⟨EB⟩ *Karte für einfache Fahrt, (Karte für) Hinfahrt* f || ~ *del Tesoro Schatzanweisung* f || ~ *de toros* ⟨Taur⟩ *Anrecht* n *auf mehrere Plätze* || *despacho de* ~s *Fahrkarten|ausgabe* f, *-schalter* m || *viajero sin* ~ *Schwarzfahrer* m || ⟨Mar Flugw⟩ *blinder Passagier* m || ◊ *tomar un* ~ *e-e Fahrkarte lösen*
billete|ra f Am *Banknoten-*, *Brief|tasche* f || **-ro** m *Brief-* bzw *Schein|tasche* f || *Kartenverkäufer* m
billón m *Billion* f *(Zahl)*
billonésimo adj/s *(der) billionste* || *(ein) Billionstel* n
bimano, bímano adj/m *zweihändig (nur von Menschen)* || ~ m *Zweihänder* m
bimba f fam *geflochtenes Schlagholz* n *(zum Ballspiel)* || fam *Zylinderhut* m || Hond *hoch aufgeschossene Person* f, fam *Hopfenstange* f || Mex *Trunkenheit* f, fam *Affe* m
bimbo m Col *Truthahn* m
bimembre adj *zweigliedrig*
bi|mensual adj *vierzehntägig* || *vierzehntäglich* || **-mestral** adj *zweimonatlich* || *zweimonatig, alle zwei Monate vorkommend, erscheinend usw* || **-mestre** m *(Zeitraum* m *von) zwei Monate(n)* mpl || *Zweimonatsbetrag* m *(Miete, Gehalt usw)* || **-metalismo** m *Doppelwährung* f, *Bimetallismus* m || **-motor** adj *zweimotorig* || ~ m *zweimotoriges Flugzeug* n
bina f Agr *Zwiebrachen* n *(zweimaliges Pflügen)*
binación f ⟨Kath⟩ *Bination* f *(der Messe)*
bina|dera f *Brachpflug* m || *Hacke* f *für die zweite Bearbeitung des Weinbergs* || *Fräshacke* f || **-dor** m *Zwiebracher* m *(Arbeiter)* || = **-dera**
binar vt Agr *wenden, rigolen* || *umhacken* || ~ vi *binieren, zwei Messen an e-m Festtag lesen (Priester)*
binario adj ⟨Math Wiss⟩ *binär* || *compás* ~ ⟨Mus⟩ *Zweiertakt* m || & *Zweivierteltakt* m
binazón f = **bina**
binder m *Binder* m *(Zwischenschicht zwischen Baugrund und Straßendecke)*
bingui m Mex *Magueyschnaps* m
bi|nocular adj *beidäugig, binokulär* || **-nóculo** m *Doppelfernrohr, Zwillingsglas, Binokel* n || *Zwicker, Kneifer, Klemmer* m || *Lorgnette, Stielbrille* f (→ **impertinentes**)
binomio m ⟨Math⟩ *Binom* n || *teorema del* ~ *binomischer Lehrsatz* m
binubo adj *zum zweiten Mal verheiratet*
binza f *Eihäutchen* n || *äußere Zwiebelhaut* f || Murc *Tomatenbeiguß* m || *Pimentsame* m

bio|catalizador m ⟨Physiol Chem⟩ *Biokatalysator, Wirkstoff* m || **-cenosis** f ⟨Biol⟩ *Biozönose, Lebensgemeinschaft* f *von Organismen* (→ a **sinecología**) || **-degradable** adj *biologisch abbaubar* || **-electricidad** f ⟨Biol⟩ *Bioelektrizität* f || **-física** f *Biophysik* f || **-génesis** f *Biogenese* f || **-genético** adj *biogenetisch* || **-geografía** f *Biogeographie* f
biogra|fía f *Lebensbeschreibung, Biographie* f || **-fiado** m *Person* f, *deren Biographie geschrieben wird* || **-fiar** vt *jds Lebensgeschichte schreiben*
biográfico adj *biographisch*
biógrafo m *Biograph, Lebensbeschreiber* m || * *Kinotheater* n
bio|logía f *Biologie* f || **-lógico** adj *biologisch*
biólogo m *Biologe* m
biombo m *Kamin-*, *Bett-*, *Fächer|schirm* m || ~ (chinesco) span. *Wand* f
bio|mecánica f *Biomechanik* f || **-metría** f *Biometrie* f || **-nomía** f *Bionomie* f
bio|psia f ⟨Med⟩ *Biopsie* f || **-psiquismo** m ⟨Philos⟩ *Biopsychismus* m || **-química** f *Biochemie* f || **-químico** adj/s *biochemisch* || ~ m *Biochemiker* m || **-satélite** m *Biosatellit* m || **-(e)sfera** f *Biosphäre, (atmosphärische) Umwelt* f || *investigación de la* ~ *Umweltforschung* f || **-sociología** f *Biosoziologie* f || **-tecnia, -técnica** f *Biotechnik* f || **-terapia** f ⟨Med⟩ *Biotherapie* f || **-terapéutico** adj *biotherapeutisch* || *tratamiento* ~ *Frischzellenbehandlung* f || **-tipo** m *Biotyp(us)* m || **-tipología** f *Biotypologie* f || **-topo** m ⟨Biol⟩ *Biotop* m/n, *Lebens|raum* m, *-stätte* f
bi|oxalato m: ~ *de potasa* ⟨Chem⟩ *Kaliumtetraoxalat* n || **-óxido** m ⟨Chem⟩ *Bi-, Di|oxid* n || ~ *de bario* ⟨Chem⟩ *Bariumperoxid* n || **-partidismo** m ⟨Pol⟩ *Zweiparteiensystem* n || **-partido** adj *zweiteilig*
bípedo adj *zweifüßig* || *zweibeinig* || ~ m ⟨Tech⟩ *Zweibein* n || **~s** mpl *Zweifüß(l)er* mpl
biplano m ⟨Flugw⟩ *Doppeldecker* m || ~ adj *doppel-, bi|plan*
bipolar adj *zweipolig* || **~idad** f *Bipolarität, Doppelung* f
bipontino adj *aus Dos Puentes (Zweibrücken in Rheinland-Pfalz)*
biquini m *Bikini* m *(zweiteiliger Badeanzug)*
biricú [pl **-úes**] m *Degengehänge* n
biriji m ⟨Bot⟩ Cu *Gewürznelke* f *(Syzygium spp)*
birimbao m *(Art) Maultrommel* f || *Mundharmonika* f || *Brummeisen* n
bi|rimbi adj/s Col *dünn, wässerig (Speise)* || ~ m *rachitisches, schwächliches Kind* n || **-ringo** adj Col *nackt*
birla f Ar *Kegelspiel* n || Sant *Art Knabenspiel* n
birlabirlonga f: ◊ *vivir a la* ~ figf *in den Tag hinein leben*
bir|lar vt ⟨Kart⟩ *zurückschlagen*, figf *auf e-n Schuß erlegen* || figf *umlegen (töten)* || figf *weghaschen, -schnappen, ergattern* || *vereiteln* || △ *prellen* || △ **-lesca** f *Gauner-, Preller|bande* f || **-lesco** m △ *Gauner, Preller* m
birlibirloque adv: *por arte de* ~ fam *durch Hokuspokus, wie weggezaubert*
birlo|cha f *Papierdrachen* m *(der Kinder)* || **-cho** m *offener Halbwagen* m
birlón m Ar *König* m *(im Kegelspiel)*
birlonga f *Art Kartenspiel* n || ◊ *andar a la* ~ fam *in den Tag hinein leben*
Birma|nia f *Birma* n || *die Birmanische Union* f || **~no** m/adj *Birmane* m || *birmanisch*
birreactor m ⟨Flugw⟩ *zweistrahliges Düsenflugzeug* n
birrefringen|cia f ⟨Opt⟩ *Doppel(strahlen)brechung* f || **-te** adj *doppelbrechend*
birreme f/adj ⟨Hist⟩ *Zweiruderer* m, *Bireme* f
birre|ta f *Birett* n, *randlose Kopfbedeckung* f

birrete — biventral

kath. *Geistlicher* ‖ ~ *cardenalicia Kardinalshut* m ‖ **–te** m *(Haus)Mütze, Nachtmütze* f ‖ *Barett, Birett* n *(z. B. e–s Priesters)*
birrí f ⟨Zool⟩ *Col Greifschwanzotter* f *(Bothrops schlegelii)* ‖ ◊ *estar hecho una* ~ figf Col *sehr wütend sein*
birria f fig *Vogelscheuche* f ‖ fig *ungestalter Knirps* m ‖ *Sudelwerk* n ‖ *Pfuscharbeit* f ‖ *Kitsch* m ‖ ◊ hacer ~ pop *e–n Bock schießen*
birrin|ga f MAm *leichtsinnige Frau* f ‖ **–guear** vt MAm *sich leichtsinnig benehmen (Frauen)* ‖ *schäkern (Frauen)*
birriñaque m Hond *schlecht gebackenes Brot* n
birrión m Cu *länglicher Fleck* m
birriondo adj/s Mex *von verliebter Gemütsart* ‖ ~ m Mex *Frauenheld* m ‖ Mex *Pflastertreter* m
birrotación f *Zweidrehung* f
¹**bis** adv/s ⟨Mus⟩ *da capo, zu wiederholen* ‖ ¡~! ¡~! *bravo! noch einmal!* ‖ *el número 7* ~ *die Nummer 7a (bei doppelten Hausnummern)*
²**bis** m ⟨Bot⟩ Am *Sapotillbaum* m (Manilkara zapota)
bisabue|la f *Urgroßmutter* f ‖ **–lo** m *Urgroßvater* m
bisáceo adj ⟨Bot⟩ *schimmelartig*
bisagra f *(Tür)Angel, Angel* f ‖ *Scharnier* n ‖ *Glättholz* n ‖ *Fitsche* f, *Ein-, Auf|satzband, Fischband* n ‖ ~ a tope *Nußband* n ‖ ~ de *cola de milano* ⟨Zim⟩ *Schwalbenschwanzscharnier* n ‖ ~ de contrafaldón ⟨Zim⟩ *Gegenflanschscharnier* n ‖ ~ de doble efecto ⟨Zim⟩, ~ de mampara *Schraubenscharnier* n ‖ ~ de tope ⟨Zim⟩ *Türangeleisen* n ‖ ~ suelta ⟨Zim⟩ *loses Scharnier* n
bisalto *Ar Nav (Platt)Erbse* f
bisar vt ⟨Mus Th⟩ *wiederholen*
bisbi|s(e)ar vt/i fam *zwischen den Zähnen murmeln* ‖ *lispeln* ‖ **–seo** m *Murmeln, Lispeln* n
bisbita m ⟨V⟩ *Pieper* m ‖ ~ arbóreo ⟨V⟩ *Baumpieper* m (Anthus trivialis) ‖ ~ campestre ⟨V⟩ *Brachpieper* m (A. campestris) ‖ ~ común ⟨V⟩ *Wiesenpieper* m (A. pratensis) ‖ ~ de Richard ⟨V⟩ *Spornpieper* m (A. novaeseelandiae) ‖ ~ ribereño ⟨V⟩ *Wasser-, Strand|pieper* m (A. spinoletta)
biscambra f Arg ⟨Kart⟩ *Briska* f
biscochuelo m Cu *Zwieback* m, *Biskuit* n/m
biscornear vi Cu *schielen*
biscúter m *Kleinstwagen* m
bisecar vt ⟨Math⟩ *halbieren*
bisec|ción f ⟨Math⟩ *Zweiteilung, Halbierung* f ‖ **–triz** f ⟨Math⟩ *(Winkel)Halbierende, Halbierungslinie, Bisektrix* f ‖ ~ aguda *Spitzhalbierende* f
bi|sel m *schiefe Kante, abgeschrägte Kante, Abschrägung, Schräge, Schrägfläche* f ‖ *Abkantung* f ‖ en ~ *schräg (geschliffen)* ‖ **–selado** adj/s *schrägkantig (geschliffen)* ‖ *cristal* ~ *geschliffenes Glas* n ‖ ~ m *Schräg-, Schief|laufen* n ‖ *Abschrägung, Schrägfläche* f ‖ **–selador** m *Schleifer* m ‖ ~ de piedras litograficas ⟨Typ⟩ *Steinschleifer* m ‖ ~ de piedras preciosas *Steinschleifer* m ‖ **–selar** vt *ausschrägen, nach innen erweitern* ‖ *rechteckige Kanten* fpl *abschrägen, abfasen*
bi|semanal adj *zweimal in der Woche erscheinend (z. B. Zeitschrift), zweimal wöchentlich* ‖ **–seriado** adj ⟨Bot⟩ *zweireihig* ‖ **–sexual** adj *doppelgeschlechtig, bisexuell* ‖ *escuela* ~ *Koedukationsschule, Schule für gemeinschaftlichen Unterricht beider Geschlechter* ‖ **–sexualidad** f *Doppelgeschlechtigkeit, Bisexualität* f ‖ **–siesto** adj/s: año ~ *Schaltjahr* n ‖ ◊ mudar (de) ~ fam *sich anders besinnen* ‖ *sein Verhalten ändern* ‖ **–sílabo** m/adj ⟨Gr⟩ *zweisilbiges Wort* n ‖ *zweisilbig* ‖ **–simétrico** adj *doppelsymmetrisch* ‖ **–sinosis** f ⟨Med⟩ *Byssinose Baumwollunge* f
bismu|tita f ⟨Min⟩ *Bismutit, Wismutspat* m ‖ **–to** m ⟨Chem⟩ *Wismut* n(/m Öst) ‖ **–toterapia** f ⟨Med⟩ *Wismuttherapie* f
bisnie|to m, **–ta** f *Groß-, Urenkel(in)* m(f)
biso m *Byssus* m, *Muschelseide* f *(bei Muscheln)* ‖ *Byssus* m *(feines Gewebe)*
bisoideo adj ⟨Bot⟩ *schimmelartig*
bisojo adj/s *schielend*
bisonte m *Bison* m ‖ *Wisent* m ‖ ~ americano ⟨Zool⟩ *Bison, Indianerbüffel* m (Bison bison) ‖ ~ europeo ⟨Zool⟩ *Wisent* m (Bison bonasus)
biso|ñada f figf *unbesonnene Rede* od *Handlung* f ‖ *scherzhafte Behandlung* f *eines neu eintretenden Schülers durch die Mitschüler* ‖ **–ñé** m *kleine Perücke, Scheitelperücke* f ‖ **–ño** adj/m *neu, unerfahren* ‖ ⟨Mil⟩ *neuangeworbener Rekrut* m ‖ fig *Neuling* m ‖ fam *Grünschnabel* m ‖ **–re** adj Col *etwas schielend*
bistec m *Beefsteak* n ‖ ~ a la inglesa *Beefsteak auf englische Art* ‖ ~ poco pasado *wenig durchgebratenes Beefsteak*
bistola f Mancha *Pflugreitel* m
bistorsión f *Kastrierung* f *durch Verdrehung der Samenstränge*
bistorta f ⟨Bot⟩ *Schlangenwurz* f, *Schlangen-, Wiesen|knöterich* m (Polygonum bistorta)
bistraer [irr → **traer**] vt Ar *entlocken (Geheimnisse)* ‖ *vorauszahlen* ‖ *e–e Vorauszahlung* f *erhalten*
bistre adj/s ⟨Mal⟩ *schwarzbraun* ‖ ~ m ⟨Mal⟩ *Bister, Manganbraun* n ‖ *Rußschwarz* n
bistrecha f *Vorschuß* m, *Vorauszahlung* f
bistreta f Ar = **bistrecha**
bistró m franz *Bistro* n, *kleine Schenke, Kneipe* f
bisturí [pl **–ies**] m ⟨Chir⟩ *Bistouri* m/n, *Seziermesser* n (→ **escalpelo**)
bisulcos mpl ⟨Zool⟩ *Spalthufer* mpl
bisul|fato m ⟨Chem⟩ *Hydrogensulfat* n ‖ ~ de amoníaco ⟨Chem⟩ *Ammoniumhydrogensulfat* n ‖ **–fito** m ⟨Chem⟩ *Hydrogensulfit* n ‖ **–furo** m ⟨Chem⟩ *Doppelschwefelverbindung* f
bisunto adj *schmierig, schmutzig*
bisurcado adj *zweifachig* ‖ *doppelt gespalten*
bisutería f *Schmuckwaren* fpl *(mit Schmucksteinen), Bijouterie* f ‖ ~ damasquinada *damaszierte Bijouteriewaren* fpl ‖ *Toledoartikel* mpl ‖ ~ (de) fantasía *Modeschmuck* m ‖ ~ de Gablonz *Gablonzer Waren* fpl ‖ ~ de luto *Trauerschmuck*
bit m *Bit* n *(Informationseinheit)*
bita(s) f(pl) ⟨Mar⟩ *Beting* m/f ‖ *Poller, Schiffs-, Hafen|poller* m
bitácora f ⟨Mar⟩ *Kompaßhaus* n ‖ *cuaderno de* ~ ⟨Mar⟩ *Schiffstagebuch, Logbuch* n
bitadura f ⟨Mar⟩ *Betingschlag* m ‖ ⟨Mar⟩ *Ankerkette* f
bitango adj: *pájaro* ~ *Papierdrachen* m *der Kinder*
bitar vt ⟨Mar⟩ *das Tau an der Beting, am Poller befestigen*
bitartrato m: ~ de potasa *Kaliumhydrogentartrat* n
bitongo adj: *niño* ~ And fam *kindischer Mensch* m, fam *Kindskopf* m
bitoque m *Spund* m *(e–s angestochenen Weinfasses)* ‖ ⟨Med⟩ Col Chi Mex *Kanüle* f, *Rohr* n ‖ Mex *Hahn* m *e–r Wasserleitung* ‖ MAm *Kloake* f ‖ *ojos de* ~ mpl figf *schielende Augen* npl
bitor m *Wachtelkönig* m (→ **guión** de codornices)
bitter m *Bittere* m *(Likör)*
bitu|men *(Teer) Asphalt* m, *Bitumen* n ‖ **–minoso** adj *erdpecharticg, terrhaltig, bituminös*
bivac m *Biwak* n
bi|valencia f ⟨Chem⟩ *Zweiwertigkeit, Bivalenz* f ‖ **–valente** adj ⟨Chem⟩ *zweiwertig, bivalent* ‖ **–valvo** adj *zweischalig, bivalve (Muschel)* ‖ **–vaquear** vi *biwakieren* ‖ **–ventral** adj *zwei-*

bivio — blando 168

bauchig *(Muskel)* ‖ **–vio** *m Scheideweg m* ‖ ⟨Zool⟩ *Bivium n*
bixáceas *fpl* ⟨Bot⟩ *Orleansbaumgewächse npl* (Bixaceae *pl*)
biyaya *f fam* Cu = **bibijagua**
biyoduro *m Doppeljodverbindung f* ‖ ~ de mercurio *Quecksilberjodid n*
biza *f* ⟨Fi⟩ *Thunfisch m*
Bizancio *Byzanz*
bizanti|nismo *m Byzantinismus m* ‖ *Vorliebe f für spitzfindige, nebensächliche Diskussionen* ‖ **–nista** *m Byzantinist m* ‖ *fig Kriecher, Speichellecker m* ‖ **–no** *adj byzantinisch* ‖ *fig nebensächlich, unbedeutend* ‖ *fig ausgeklügelt* ‖ *fig eitel, schal* ‖ ~ *m Byzantiner*
biza|rramente *adv auf heldenhafte Art* ‖ **–rrear** *vi sich mutig zeigen* ‖ *sich freigebig betragen* ‖ **–rría** *f Mut m, Tapferkeit f* ‖ *Stattlichkeit f* ‖ *Edelmut m* ‖ *fam Schneid m*
bizarro *adj mutig, ritterlich* ‖ *edelmütig* ‖ *freigebig* ‖ *fam schneidig* ‖ *stattlich*
bizarrón *m große, dicke Wachskerze f*
bizazas *fpl lederner Quersack m*
bizbirin|da *f Guat freches, schamloses Mädchen n* ‖ **–do** *Mex froh, lebhaft*
bizcaitarra *m radikaler baskischer Nationalist m*
biz|car [c/qu] *vt/i schielen* ‖ *jdm zublinze(l)n* ‖ *jdn schielend ansehen* ‖ **–co** *adj/s schielend*
bizco|chada *f Milchsuppe f mit Zwieback* ‖ *Zwiebackkuchen m* ‖ ⟨Art⟩ *längliches Brötchen n* ‖ **–chado** *adj zwiebackartig (gebacken)* ‖ **–chero** *m Zwieback-, Zuckerbäcker m*
¹**bizcocho** *m Zwieback m, Biskuit n/m* ‖ *Schiffszwieback m* ‖ *Zuckerbrot n, Keks m* ‖ *Biskuitporzellan n* ‖ ~ borracho *Zuckerbrot n mit Wein und Honigseim* ‖ ~ de garapiña *feinster Zwieback m* ‖ ~ helado *Biskuitglacé m* ‖ ◊ *embarcarse con poco* ~ *figf sich ohne gehörige Vorbereitung in ein großes Unternehmen einlassen.*
²**bizcocho,** **~a** *adj Mex von schlechter Qualität* ‖ Mex *feige* ‖ *ängstlich*
bizcoreto *adj/s Hond schielend*
bizcorneado *adj* ⟨Typ⟩ *verschoben (Druckbogen)* ‖ Cu *schielend*
bizcorne|ta *adj Col Mex schielend* ‖ **–to** *adj Col Mex Ven schielend*
bizcotela *f feines Zuckerbrot n*
bizcuerno *adj Ar* = **bizco**
bizma *f stärkendes, ziehendes Pflaster n* ‖ ⟨Med⟩ *Umschlag m* ‖ **~r** *vt Umschläge machen* (dat)
biznaga *f* ⟨Bot⟩ *Zahnstocherkraut n* (Ammi visnaga) ‖ *Zahnstocher m daraus* ‖ Mex ⟨Bot⟩ *Kugelkaktus m* (Echinocactus spp)
biznieto *m* = **bisnieto**
bizquear *vi schielen*
Blanca *f np* Tfn *Blanka f*
blanca *f Weiße f (Rasse)* (→ **raza**) ‖ *Karte f ohne Bild* ‖ Murc *Elster f* ‖ *Null f im Dominospiel* ‖ ⟨Mus⟩ *halbe Note f* ‖ *fig Geld n* ‖ ⟨Guat⟩ *farbloser, fader Rum m* ‖ ◊ *no tener* ~ *fig keinen roten Heller od Pfennig haben, blank sein* ‖ *no importa una* ~ *figf es ist keinen Pfifferling wert* ‖ *pagar* ~ *a* ~ *fig nach und nach abzahlen*
Blancanieves *f Schneewittchen n* ‖ iron *Neger m* ‖ "~ y los siete enan(it)os" „*Schneewittchen und die sieben Zwerge*"
blan|cal *adj: perdiz* ~ *Rebhuhn n* (→ **perdiz pardilla**) ‖ **–carte** *m* ⟨Bgb⟩ *taubes Gestein n*
blancazo *adj fam weißlich*
¹**blanco** *adj weiß(lich), blank* ‖ *gebleicht (Leinwand)* ‖ *hell (Bier), weiß (Wein)* ‖ *fig blaß* ‖ *fig tonlos (Stimme)* ‖ *figf feige, furchtsam* ‖ *fig einfältig* ‖ *fig harmlos (z. B. Buch)* ‖ ~ de leche *milchweiß* ‖ ~ (de) nieve *schneeweiß* ‖ ~ sucio *schmutzigweiß* ‖ carne ~a *Geflügel-, Kalb-, Kaninchenfleisch n* ‖ carta ~a *Blankett n*

fig *(Blanko) Vollmacht f* ‖ cerveza ~a *Weißbier n* ‖ *helles Bier n* ‖ crédito en ~ *Blankokredit m* ‖ matrimonio ~ *Scheinehe f* ‖ pan ~ *Weißbrot n* ‖ ropa ~a *weiße Wäsche f, Weißzeug n* ‖ verso ~ *Blankvers m* ‖ vino ~ *Weißwein m* ‖ como de lo ~ a lo negro *fig grundverschieden wie Tag und Nacht* ‖ dejar a alg. en ~ *jdn sitzenlassen* ‖ *jdn täuschen* ‖ dejar en ~ *offen, unbeschrieben lassen* ‖ firma en ~ *Blankounterschrift f* ‖ pasar la noche en ~ *e-e schlaflose Nacht verbringen* ‖ ponerse ~ *como una pared weiß wie Kreide werden, kreidebleich werden* ‖ ir de punta en ~, estar de punta en ~ *tadellos angezogen sein* ‖ fam *tiptopp, piekfein angezogen sein* ‖ fam *wie aus dem Ei gepellt sein* ‖ se le conoce en lo ~ de los ojos *fig man sieht, daß er keine blasse Ahnung davon hat*
²**blanco** *m weiße Farbe f, Weiß n* ‖ *Weißer m (Rasse)* ‖ *weißes Pferd n, Schimmel m* ‖ *Blesse f (z. B. des Pferdes)* ‖ *Eiweiß n* ‖ *Ziel n, Zielscheibe f, Schießscheibe f* ‖ *Treffer m* ‖ *fig Endziel m* ‖ *(leerer) Zwischenraum m* ‖ ⟨Typ⟩ *Schöndruck m* ‖ ⟨Typ⟩ *Ausgang m* ‖ ⟨Th⟩ *Zwischenaktpause f* ‖ *figf Feigling m* ‖ △ *Tölpel m* ‖ ~ abatible *Klappziel n, Klapp-, Fallscheibe f* ‖ ~ arrastrado *Schleppscheibe f* ‖ ~ brillante *Glanzweiß n* ‖ ~ de antimonio *Spießglanzweiß n* ‖ ~ de ballena *Walrat m/n* ‖ ~ de busto ⟨Mil⟩ *Brustscheibe f* ‖ ~ de cabeza ⟨Mil⟩ *Kopfscheibe f* ‖ ~ de cal *Kalkwasser n* ‖ ~ de cifras ⟨Tel⟩ *Zahlenblanktaste f* ‖ ~ de cinc *Zinkweiß n* ‖ ~ de España *feingepulvertes Kalziumkarbonat n* ‖ *Schlämmkreide f* ‖ ~ para aguazo *Deckweiß n* ‖ ~ del ojo *das Weiße im Auge, Hornhaut f* ‖ ~ de plomo *Bleiweiß n* ‖ ~ de porcelana *Porzellanweiß n* ‖ ~ de la uña *das Weiße des Nagels* ‖ ~ mate *Mattweiß n* ‖ ~ mineral *Mineralweiß n* ‖ ~ momentáneo ⟨Mil⟩ *Augenblicksziel n* ‖ ~ permanente *Blanc fixe, Permanentweiß n* ‖ carpintero de ~ *Tischler, Schreiner m* ‖ de punta en ~ fam *vom Kopf bis zu den Füßen (bewaffnet)* ‖ en ~ *unbeschrieben, leer* ‖ ◊ dar en el ~ *ins Ziel treffen* ‖ *fig das Wahre, das Richtige treffen* ‖ dejar *(od pasar)* en ~ *übergehen, auslassen* ‖ dejar a uno en ~ *fig jdn in seinen Erwartungen täuschen, jdn sitzenlassen* ‖ errar el ~ *das Ziel nicht treffen (& fig)* ‖ hacer ~ *(en) treffen* ‖ firmar en ~ *blanko unterschreiben* ‖ *fig jdm blind vertrauen (& fig)* ‖ pasar en ~ *fig versäumen (Gelegenheit)* ‖ poner los ojos en ~ *fig entzückt vor Wonne sein* ‖ ser el ~ de burlas *Zielscheibe f des Spottes sein* ‖ ~ y Negro *Name e-r span. illustrierten Wochenschrift* ‖ **~s** *pl* ⟨Typ⟩ *Blindmaterial n*
blanconazo *m* Cu *sehr hellhäutiger Mulatte m*
blan|cor *m* = **–cura** ‖ **–cote** *adj augm v.* **blanco** ‖ *fam schmutzigweiß* ‖ *figf feige* ‖ **–cucho** *adj pop et weiß* ‖ *weißlich* ‖ **–cura** *f (das) Weiße, weiße Farbe f* ‖ **–cuzco** *adj weißlich* ‖ *schmutzigweiß*
△**blanda** *f Bett n*
¹**blandear** *vi wanken, schwanken* ‖ *nachlassen, nachgeben* ‖ *vt jdn von seinem Verhalten abbringen, jdn ablenken* ‖ **~se** *sich hin und her bewegen* ‖ *nachgeben*
²**blandear** *vi* = **blandir**
blan|dengue *adj/s figf zu sanft, zu nachgiebig* ‖ *And feige* ‖ *m Waschlappen m* ‖ **–dengueria** *f figf Sanftheit, Weichheit f* ‖ *figf Nachgiebigkeit, Milde f* ‖ *figf Weichlichkeit, Verweichlichung f* ‖ **–dicia** *f Weichlichkeit, Zärtlichkeit f* ‖ *Schmeichelei f* ‖ → **–denguería**
¹**blandir** [def] *vt schwingen (Degen usw)* ‖ *schwenken* ‖ **~se** *hin und her wanken*
²**blandir** *vt/i jdm schmeicheln* ‖ *jdn liebkosen*
blando *adj/adv sanft, weich* ‖ *nachgiebig* ‖ *mild (Auge)* ‖ *mürbe* ‖ *teigig (Obst)* ‖ *lind, mild*

(Wetter) || fig *zart, mollig* || fig *sanft(mütig)* || fig *kraftlos* || fig *lässig* || fig *schlapp* || fig *träge, schlaff* || fig *von verliebter Natur* || figf *weichlich* || figf *feige* || ⟨Taur⟩ *furchtsam, feige (Stier)* || ~ de boca *weichmäulig (Pferde)* || fig *schwatzhaft* || ~ de corazón *empfindsam* || ~ al tacto *weich anzufühlen* || jabón ~ *Schmierseife* f
blandón m *große, dicke Wachskerze* f || *Wachsfackel* f || *Fackelleuchter* m || *großer Kerzenleuchter* m
blandu|jo, -cho adj fam *et weich, weichlich* || **-ra** f *Tauwetter* n || *Milde* f *(Klima)* || *Weichheit* f || fig *Weichlichkeit* f || fig *Willenlosigkeit* f || fig *Sanftmut* f || fig *Nachsichtigkeit* f || fig *Zärtlichkeit* f || *Wonne* f || fig *Schmeichelei* f || fig *Entzücken* n || ⟨Med⟩ *Zugpflaster* n || **-rilla** f *weiße Schminke* f
blanque|ada f Mex = **-o** || **-ado** m Chi = **-o** || **-ador** m *Tüncher, Anstreicher* m || **-adura** = **-o** || **-ar** vt *weißen, weiß machen* || *(weiß) tünchen* || *bleichen* || *(weiß) waschen* || *kalken, weißen* || *entfärben* || *blank machen, reinigen (Metallgegenstände)* || *blanchieren (Leder, Lebensmittel)* || *einwachsen (Bienen)* || vi *weiß aussehen* || *ins Weiße spielen* || *weißlich hervorschimmern* || *ergrauen* || *(nach der Scheibe) schießen* || ~ a algn. Bol Mex *jdn mit e–m Schuß treffen* || sin ~ *ungebleicht* || ~**se** *weiß werden* || **-cer** [-zc-] *weiß sieden (Metalle* || *blank reiben, polieren* || **-cino** adj *weißlich, ins Weiße spielend* || **-o** m *Bleichen, Tünchen, Weißen* n || *weißer Anstrich* m || *Entfärbung* f || ~ al césped, ~ de prado, ~ natural *Rasenbleiche* f, *Naturbleichen* n || ~ con azufre *Schwefelbleiche* f || ~ de cloro *Chlorbleiche* f || ~ total, ~ completo *Vollbleiche, ganze Bleiche* f || *procedimiento por* ~ ⟨Phot⟩ *Ausbleichverfahren* n || **-ría** f *(Leinwand)Bleiche* f || *Bleichplatz* m || *Bleichhaus* n, *Bleicherei* f || **-ro** m Ar *Gerber* m || **-ta** f *weißes Zeug* n *(für Unterwäsche)* || **-te** m *weiße Schminke* f, *Bleiweiß* n
blanquición f *Reinigung* f *(Metallgegenstände)*
blanqui|lla f *weiße säuerliche Weintraube* f || *weißlicher Durchfall* m *der im Käfig gehaltenen Rothühner* || **-llo** adj *weißlich* || *weiß (Weizen und Brot)* || ~ m *Winterweizen* m || Mex *Ei* n || Chi Pe *weißschaliger Herzpfirsich* m || figf *Gauner, Landstreicher* m || **-miento** m *Chlorkalk* m *(Bleichmittel)* || **-negro** adj *meliert (Haar, Bart)* || **-noso** adj *weißlich* || **-rrojo** adj *weißrot* || **-zaje** m Dom *Gewölk* n || **-zal** m *Kreideboden* m || *Kreidegrube* f
Blan|quita f np dim v. **-ca**
blanquizco adj *weißlich*
Blas m np Tfn *Blasius* m || ◊ lo dijo ~, punto redondo figf *da gibt's keinen Widerspruch (gegen rechthaberische Personen)*
blasfe|mador m *(Gottes)Lästerer* m || **-mar** vi *Gott lästern, über et Heiliges lästern, blasphemieren* || fig *schimpfen, fluchen* || ◊ ~ de a/c *et verfluchen* || ~ contra Dios *Gott lästern* || **-mia** f *(Gottes)Lästerung, Blasphemie* f || *Schmähung* f || *Schimpfwort* n, *Schimpfrede* f || *Fluch* m || **-mo** adj/s *(gottes)lästerlich, blasphemisch* || ~ m *Gotteslästerer, Blasphemist* m
blasón m *Wappen* n, *Blason* m || *Wappenschild* m || *Wappenbild* m || *Wappenkunde* f || *Wahlspruch* m || fig *Ruhm* m || fig *Ehre* f || ◊ hacer ~ de fig *et auspōsaunen* || los blasones pl fig *adelige Herkunft* f
blaso|nar vt *ein Wappen entwerfen* od *erklären, blasonieren* || fig *lobpreisen* || fam *auspōsaunen,* || ~ vi fig *sich brüsten (de mit), prahlen (de mit)* || ◊ ~ de *sich aufspielen (als)* || ~ de noble *für hochadelig gelten wollen* || **-nería** f fam *Prahlerei* f
blasonista m *Heraldiker* m
blastema m ⟨Biol⟩ *Blastem* n
blasto|dermo m ⟨Zool⟩ *Blastoderm* n, *Keimhaut* f *(der Blastula)* || **-ftoria** f ⟨Med⟩ *Keim-*

schädigung, Blastophthorie f || **-genia** f *Blastogenese* f || **-ma** m *Gewebsneubildung* f, *Blastom* n
blastómero m ⟨Zool⟩ *Blastomere* f
blasto|miceto m ⟨Bot⟩ *Sproß-, Hefe|pilz, Blastomyzet* m || **-micosis** f ⟨Med⟩ *Sproßpilzkrankheit, Blastomykose* f
blastóporo m *Blastoporus, Urmund* m *(Öffnung des Urdarmes)*
blástula f ⟨Zool⟩ *Blasenkeim* m, *Blastula* f
blaterón, ona adj *geschwätzig*
bledo m ⟨Bot⟩ *Erdbeerspinat* m || *Beermelde* f *(Amaranthus blitum)* || ◊ no vale un ~ figf *es ist keinen Pfifferling wert* || me importa un ~ fam *es ist mir piepegal*
blefaritis f ⟨Med⟩ *Augenlidentzündung, Blepharitis* f
blefaro|diastasis f ⟨Med⟩ *Lidspaltenerweiterung* f || **-fimosis** f ⟨Med⟩ *Blepharophimose* f || **-plastia** f ⟨Med⟩ *Blepharoplastik, künstliche Augenlidbildung* f || **-ptosis** f ⟨Med⟩ *Blepharoptose* f, *Augenlidverfall* m || **-tomía** f ⟨Med⟩ *Blepharotomie* f
blenda f ⟨Min⟩ *(Zink)Blende* f || ~ pícea *Pechblende* f
blenio m *Schleimfisch* m
blenoftalmia f ⟨Med⟩ *schleimige Augenentzündung* f
bleno|rragia f ⟨Med⟩ *entzündlicher Tripper* m, *Gonorrhö(e)* f || ⟨Med⟩ *Blennorrhagie, Blennorrhö(e)* f || ~ gonorreica *Tripper* m || **-rrea** f ⟨Med⟩ *chronischer Tripper* m
bleque m Arg *unreiner Teer* m
blima f Ast *Korbweide* f
blinda f ⟨Mil⟩ *Blende, Blendung* f
blinda|do adj *gepanzert* || *Panzer-* || *abgeschirmt* || fig *immun* || *automóvil* ~ *Panzerwagen* m → a **acorazado** || **-je** m ⟨Mil⟩ *Blendung* f || ⟨Mil Mar⟩ *Panzerung* f || *Panzer* m || *Abschirmung* f || *Blende* f || *Blockdecke* f || *plancha de* ~ f ⟨Mar⟩ *Panzerplatte* f
blindar vt *panzern* || *abschirmen*
blitzkrieg f/m *Blitzkrieg* m
B. L. M. (b. l. m.) Abk = besa la mano (→ a **besalamano**)
bloc m Am *Kalenderblock* m || *Block, Schreib-, Zeichen|block* m || ~ del radiador ⟨Aut⟩ Am *Kühlerblock* m
blocao m ⟨Mil⟩ *Blockhaus* n || *befestigte Stellung* f || *Bunker* m
blof m → **bluff**
¹**blonda** f *Blonde, Spitze* f || *Seidenspitze* f || *Klöppelarbeit* f
²**blonda** f *Blondine, blonde Frau* f
blondín m *Kabelhochbahn* f || ~ de sector *Schwenkkabelkran* m
blondina f *schmale Blonde* f *(Spitze)*
blondo adj ⟨poet⟩ *blond, licht (Haar)* || *gelblich, bräunlich*
bloque m *(Stein)Block* m || *Häuserblock* m || ⟨Typ⟩ *Klotz* m, *Unterlage* f || *Schreib-, Notiz-, Zeichen|block* m || ⟨Bgb⟩ *Stock* m || *en* ~ *in Bausch und Bogen* || ~ celular *Zellenblock* m || ~-cimiento m *Grundblock* m || ~ constituido por tensores en serie *Spannblock* m || ~ de anclaje *Anker|block, -klotz, Verankerungs|block, -klotz* m || ~ de aplanar ⟨Tech⟩ *Planierblock* m || ~ de apuntes *Notizblock* m || ~ de arquitrabe *Architravblock* m || ~ de casas ⟨Arch⟩ *Häuserblock* m || ~ de cilindros *Zylinderblock* m || ~ de cimentación, ~ de los cimientos *Fundamentklotz* m || ~ de contacto *Kontaktklotz* m || ~ de contrapeso *Gegengewichtsklotz* m || ~ de forjado *Deckenstein* m || ~ de fusión *Schmelzblock* m || ~ de guarda *Schutzblock* m || ~ de hormigón *Betonblock* m || ~ de madera *Holzblock* m || ~ de mampostería *Mauerklotz* m || ~ de matriz ⟨Metal⟩ *Matrizenblock* m || ~ de mortero *Mörtelblock* m || ~ de motor *Motorblock* m ||

bloquear — boca 170

~ de paramento *Verkleidungsblock m (Talsperre)* || ~ de paro *Fangklotz m* || ~ de piedra, ~ pétreo, ~ de roca *Fels-, Stein|block m* || ~ de resorte *Feder|satz, -block m* || ~ de sujeción *Spannstock m* || ~ de terminales ⟨El⟩ *Klemmleiste f* || ~ de válvulas *Ventilblock m* || ~ errático, findling *m erratischer Block, Findling m* || ~ hueco *Hohlblockstein m* || ⁓ Ibérico *Iberischer Block m (Spanien und Portugal 1940)* || ~ laminado *Vorblock m* || ~ monolítico *monolithischer Block m* || ~ oriental *Ostblock m* || ~ portapaletas *Turbinenschaufelblock m* || ~ rocoso = ~ de piedra || ⁓ Soviético *Ostblock m* || ~s *pl Blocksteine* mpl, *Quadern* fpl
bloque|ar ⟨Mar Mil⟩ *blockieren, absperren* || *verriegeln* || *zusammen|fassen, -schließen* || *belagern* || *sperren (Kredit)* || *fest|bremsen, -klemmen, -stellen* || ⟨Aut⟩ *scharf anziehen (Bremsen)* || *stoppen (Fußball)* || ⟨EB⟩ *sperren (ein Geleise)* || **-o** *m Einschließung, Blockade, Sperre f* || *Verriegelung* f || ⟨Radio⟩ *Sperrung* f || ⟨Bgb⟩ *Wagensperre* f || ~ a distancia *Seesperre* f || ~ auriculoventricular ⟨Med⟩ *Vorhofkammerblock m* || ~ cardíaco ⟨Med⟩ *Herzblock m* || ~ continental (1806) *Kontinentalsperre f (1806)* || ~ de agujas ⟨EB⟩ *Weichenblockierung* f || ~ de aproximación ⟨EB⟩ *Anrücksperre* f || ~ de Berlin (1948) *Berliner Blockade* f *(1948)* || ~ de gabinete, ~ ficticio, ~ no efectivo, ~ en el papel *Papier-Blockade* f || ~ de interferencias ⟨Radio⟩ *Interferenzsperrung* f || ~ de las ruedas (al frenar) *Blockierung* f *(beim Bremsen)* || ~ de hambre *Hungerblockade* f || ~ doble ⟨Tel⟩ *Doppelblokkierung* f || ~ económico *Wirtschaftsblockade* f || ~ efectivo *effektive, wirksame Blockade* f || ~ inverso *umgekehrte Verriegelung* f *(Beschilderung)* || ~ naval *Seeblockade* f || ~ nervioso ⟨Med⟩ *Leitungsanästhesie* f || ~ pacífico *Friedensblockade, Blockade* f *in Friedenszeiten* || ~ sencillo ⟨Tel⟩ *Einzelblockierung* f || ~ submarino *Unterseeblockade* f || ~ zona de ~ ⟨Mil⟩ *Blockadegebiet* n || ◊ *romper el ~, violar el ~ die Blockade brechen*
B. L. P. (b.l.p.) Abk = besa los pies
blufear vi Chi *bluffen* || *angeben*
bluff *m* engl *Bluff* m, *Spiegelfechterei, Täuschung* f || *Angabe* f
blusa *f Bluse* f, *Kittel* m || *Arbeitsbluse* f || Col *Jacke* f || *Beutel* m *(beim Billard)* || ~ de seda *Seidenbluse* f || ~ de trabajo *Arbeitskittel* m
B.ᵐᵒ P.ᵉ Abk = Beatísimo Padre
b.° Abk = **beneficio**
boa *f Boa, Riesenschlange* f || *Drache* m || *Boa* f *(aus Pelz oder Federn)* || ~ constrictor, ~ divina ⟨Zool⟩ *Königs-, Abgott|schlange* f *(Boa constrictor)*
Boabdil (el Chico) *m Boabdil (letzter Maurenkönig [1481–1492])*
boalar *m Gemeindeweide* f
boarda, boardilla *f Dach|luke* f, *-fenster* n || *Dachstube* f
boato *m Pomp, Prachtaufwand, Prunk* m
boba|da *f Dummheit, Albernheit* f || **-lías** *m/f* fam *Erzdummkopf* m || **-licón, -rrón, ona** adj/s fam *erzdumm, einfältig* || ~ m *Erzdummkopf*, pop *Dussel* m || **-mente** adv *auf alberne Weise* || *ohne Mühe und Sorge* || **-tel** *m* = **-licón**
bobear vi *sich albern betragen*
bobelet *m* frz *kleiner Sportschlitten* m, *Rodel* m/f
bobera *m/f* Cu *dumme, alberne Person* f
bobe|ría, -ra *f Dummheit, Albernheit* f || *Ungereimtheit* f || **-ta** *m/adj* Arg *m Dummkopf* m
bóbilis adv: de ~ ~ fam *mir nichts, dir nichts* || *mühelos* || *umsonst*
bobina *f Spule* f || *Weberspule* f || *Rolle* f *(Papier)* || ⟨Phot⟩ *Rollfilm* m, *Filmspule* f || ⟨Tel⟩ *Scheibe* f || ~ anular *Ringspule* f || ~ apagachispas* ⟨El⟩ *Funkenlöschspule* f || ~ bifilar *Bifilar|-spule, -wicklung* f || ~ cilíndrica ⟨Web⟩ *Schlagrolle* f || ~ cruzada *Kreuzspule* f || ~ chata, ~ plana ⟨Radio⟩ *Flachspule* f || ~ de acoplamiento ⟨Radio⟩ *Kopplungsspule* f || ~ de alambre *Drahtspule* f || ~ de alta frecuencia *Hochfrequenzspule* f || ~ de arranque ⟨Flugw⟩ *Anlaßwindung* f || ~ de atracción ⟨El⟩ *Zugspule* f || ~ de autoinducción *Selbstinduktionsspule* f || ~ de calefacción *Heizspule* f || ~ de cinta *Bandspule* f || ~ de la cinta de la máquina de escribir *Farbbandspule* f || ~ de choque ⟨El⟩ *Drosselspule* f || ~ de encendido, ~ de ignición *Zündspule* f || ~ de impedancia ⟨El⟩ *Impedanzspule* f || ~ de inducción ⟨El⟩ *Induktionsspule* f || ~ de inductancia ⟨El⟩ *Drosselspule* f || ~ de malla ⟨Web⟩ *Tüllspule* f || ~ de panal de abejas, ~ de nido de abejas *Honigwabenspule* f || ~ de reacción ⟨El⟩ *Drosselspule* f || ⟨Radio⟩ *Rückkopplungsspule* f || ~ de reactancia ⟨El⟩ *Drosselspule* f || ~ de reducción, ~ de aplanamiento *Abflachungsdrossel* f || ~ de resistencia ⟨El⟩ *Widerstandsspule* f || ~ doble *Doppelspule* f || ~ en celosía ⟨El⟩ *Spule* f *mit Kreuzwicklung* || ~ fondo de cesta ⟨Radio⟩ *Korbspule* f || ~ giratoria ⟨El⟩ *Drehspule* f || ~ híbrida *Zwitterspule* f || ~ protectora ⟨El⟩ *Schutzspule* f || ~ sintonizadora, ~ seleccionadora ⟨Radio⟩ *Abgleich-, Abstimm|spule* f || ~ térmica ⟨Tel⟩ *Heizspulensicherung* f || ~ trasladadora ⟨El⟩ *Übertrager, Translator* m || **-do** *m* ⟨El⟩ *(Be)Wicklung* f || **-dor** *m* ⟨El⟩ *Wickler* m || ⟨Web⟩ *Spulmaschine* f || ⟨El⟩ *Spulenwickelmaschine* f || ~ de hilo cruzado ⟨Web⟩ *Kreuzspulmaschine* f || ~ de urdimbre ⟨Web⟩ *Kettspulmaschine* f || ~ para husadas ⟨Web⟩ *Kötzerspulmaschine* f || **-r** vt *(be)wickeln, spulen, aufrollen*
bobis → **bóbilis**
bobitonto *m* fam *Erznarr* m
bobo adj *dumm, albern* || *naiv* || *töricht eingenommen (für)* || fam *weit, breit* || (pájaro) ~ ⟨V⟩ *Pinguin* m || ~ de capirote *fam erzdumm* || mangas ~ as *unten weit auslaufende Ärmel* mpl || ~ *m Narr, Dummkopf* m || *verliebter Geck* m || ⟨Th⟩ *Hanswurst* m || Arg *Taschenuhr* f || ~ de Coria fam *närrischer Dummkopf* m || ◊ *a los* ~s *se les aparece la Madre de Dios Dumme haben Glück, die dümmsten Bauern ernten die dicksten Kartoffeln*
boboliche adj Pe *dumm, einfältig*
bobón, ona; bobote *m/adj* fam *Erzdummkopf* m || *erzdumm*
bobsleigh *m* engl ⟨Sp⟩ *Bobsleigh, Bob* m
bobuno adj *dumm* || *auf Dummköpfe bezüglich*
boca *f Mund* m || *Maul* n, *Schnauze* f, *Schnabel* m || *Geschmack* m *im Munde* || *Öffnung* f, *Loch* n, *Eingang, Eintritt* m || *Einfahrt* f || *Schlund* m *(Vulkan)* || *(Fluß)Mündung* f || ⟨Bgb⟩ *Stollen* m || ⟨Mil⟩ *Mundvorrat* m || *Schneide* f *e-s Meißels usw* || ⟨Mus⟩ *Mundstück* n *an Blasinstrumenten* || fig *Blume* f *des Weines* || figf *Schwätzer* m || ~ de alcantarilla *Gully, Einlaufschacht* m || ~ blanca *Dornhai* m (Squalus spp) || ~ de caldera *Mannloch* n, *Einsteigluke* f || ~ de calibre *Lehrenmaul* n || ~ de calor *Luftheizung* f || ~ de carga *(Hochofen) Gichtöffnung* f || ~ de cereza ⟨poet⟩ *kirschroter Mund* m || ~ de dragón ⟨Bot⟩ *Drachenmaul* n || ~ de escorpión fig *Lästermaul* n || ~ de espuerta figf *großer, weiter Mund* m || ~ del convertidor ⟨Metal⟩ *Birnenmündung* f || ~ del estómago *Magenmund* m || ~ del extintor *Sprinkler* m, *Feuerlöschbrause* f || ~ de fuego *Mündung* f *(Feuerwaffe)* || ~ de gachas fig *(infolge Zahnlosigkeit) unverständlich sprechender Mensch* || figf *Mensch* m *mit „feuchter Aussprache"* || *es una* ~ fam *er hat e-n Kloß im Mund* || ~ de galería ⟨Bgb⟩ *Stollenmund* m ||

~ del hogar *Schürloch* n || ~ de horno *Ofenloch* n || ~ de lobo ⟨Mar⟩ *Holländer* m || ⟨Mar⟩ *Soldatengatt* n || noche oscura como ~ de lobo fig *pechschwarze, finstere Nacht* f || ~ de lobo fig *ausgezeichneter Redner* || ~ de pato ⟨Zim⟩ *Vogelschnabel* m || ~ de piñón fam *kleiner, zarter Mund* m || ~ de puerto *Hafeneinfahrt* f || ~ lisa ⟨Vet⟩ *Glattmund* m || ~ rasgada fig *aufgerissener Mund* m || ~ regañada *schiefer Mund* m || ~ de riego *Hydrant* m || *Wasserhahn, Schlauchanschluß* m || ~ tonsurada ⟨Vet⟩ *Schermund* m || a ~ *mündlich* || a ~ de invierno *bei Eintritt des Winters* || a ~ de jarro *aus unmittelbarer Nähe (Schuß)* || ohne *Maß und Ziel (trinken)* || a ~ de noche *bei Eintritt der Nacht* || a pedir de ~ *(od a qué quieres ~)* fig *nach Herzenslust, ganz nach Wunsch* || fig *ganz genau* || ~ a ~ *unter vier Augen, mit jdm allein* || *mündlich* || ~ abajo *auf dem Bauch (liegend)* || ¡calla la ~! *halt den Mund, halt den Schnabel!* pop *mach die Klappe zu!* || calentársele a uno la ~ fig *sich den Mund fusselig reden* || coserse uno la ~ *den Mund halten,* fam *dichthalten* || de ~ en ~ *von Mund zu Mund, öffentlich* || de manos a ~ *plötzlich, unversehens* || ¡de ~ ! fam *leere Worte!* || ¡punto en ~! *still!* || ◊ andar de ~ en ~ fig *Gegenstand des Geredes sein* || buscar a uno la ~ fig *jdn redselig machen* || callar la ~ fam *schweigen* || no se le cae de la ~ *er spricht immer wieder von derselben Sache* || de la abundancia del corazón habla la ~ *wes das Herz voll ist, des fließt der Mund über* || dice lo que se le viene a la ~ fig *er nimmt kein Blatt vor den Mund* || no decir esta ~ es mía *kein Wort sprechen,* fam *den Mund nicht aufmachen* || pop *keinen Mucks(er) von sich geben* || estar pendiente de la ~ de uno fig *jdm in größter Spannung zuhören* || guardar la ~ fig *mäßig im Essen und Trinken sein* || fig *reinen Mund halten, stille sein* || hablar por ~ de ganso fig *et acc dumm nachschwätzen,* fam *nachplappern* || hablar por ~ de otro *nach fremder Weisung handeln* || hacer ~ fig *Eßlust erwecken* || la ~ se le hace agua *der Mund wässert ihm (danach)* || halagar con la ~ y morder con la cola fig *vorne so und hinten so reden* || fam *ein falscher Fuffziger sein* || ir (todo) a pedir de ~ figf *wie am Schnürchen laufen* || írsele la ~ a uno fig *seiner Zunge die Zügel schießen lassen* || *viel und unbedacht reden* || irse de ~ *durchgehen, ausreißen (von Pferden)* || fig *unbesonnen reden* || mentir con toda la ~ figf *frech ins Gesicht lügen, ein Lügenmaul sein* || poner la ~ al viento fam *nichts zu essen haben* || provisiones de ~ *Mundvorrat, Proviant* m || quitar a uno de la ~ a/c fig *jdn nicht ausreden lassen* || quitárselo uno de la ~ fig *sich et am Mund absparen, um es anderen zu geben* || su ~ es medida figf *Ihr Wunsch ist mir Befehl* || tener buena ~ fig *guten Geschmack haben (Wein)* || no tener ~ *hartmäulig sein (Pferde)* || tapar la ~ a uno *jdm das Maul stopfen* || torcer la ~ *den Mund verziehen,* fam *die Nase rümpfen* || traer a. siempre en la ~ fig *immer und immer wieder von demselben reden* || en ~ cerrada no entra(n) mosca(s) *Schweigen ist Gold* || por la ~ muere el pez *etwa: sich den Mund verbrennen* || quien tiene ~, se equivoca *Irren ist menschlich* || ~s pl: ~ de la Isla *eßbare Scheren* fpl *der Winkerkrabben* || las ~ del Danubio *die Donaumündung* || ◊ mantener muchas ~ fam *viele Personen (z. B. Kinder usw) ernähren müssen (Vater, Unternehmer usw)* || traer en ~ a uno fig *jdn (oft) verleumden*

bocabajo adv Cu Pe PR *auf dem Bauch*
boca|calle f *Eingang* m *e-r Straße, Straßeneinmündung* f || *Straßenecke* f || *Seiten-, Querstraße* f || **–caz** [pl **–ces**] m *Durchlaß* m *an Wehren*
bocací [pl **–íes**] m *Doppel-, Futter|barchent* m, *Glanzleinwand* f || *(Steif)Schetter* m || *Drillich* m
bocacha f *Riesenmaul* n (→ **bocazas**) || ⟨Mar⟩ *Blunderbüchse* f
Boca(c)cio m np *Boccaccio* m
boca|dear vt *kleinbeißen, zerstückeln* || **–dillo** m *Stückchen, Bißchen* n || *(sehr dünnes) Band* n, *Schleife* f || *dünne Leinwand* f || *Imbiß* m || *Gabelfrühstück* n || *belegtes Brötchen* || *zweites Frühstück* n, *Appetithappen* m || Hond Mex *Süßigkeit* f *mit Kokosraspeln* || Cu *Süßigkeit* f *aus Süßkartoffeln* || **–dito** m *in e-m Tabaksblatt gedrehte Zigarette* f || ~ de la reina *Süßigkeit* f *aus Milch, Eiweiß und Mehl*
bocado m *Bissen, Schluck, Mundvoll, Happen* m || *Biß* m, *Bißwunde* f || *abgebissenes Stück* n || *Gebiß* n *am Zaum* || *Zaum* m || ~ de Adán ⟨An⟩ *Adamsapfel* m || ~ caro figf *kostspieliges Unternehmen* n || ~ exquisito, ~ regalado *Delikatesse* f || ~ sin hueso fig *Sinekure* f || buen ~ *einträgliches Amt* n || ◊ ¡es un ~! fig *das ist ja e-e feine Sache! das ist ja et Herrliches!* || no poder tragar ~ *keinen Bissen hinunterbringen* || no tengo para un ~ figf *das reicht mir nicht für e-n hohlen Zahn* || tomar ~ *e-n Imbiß nehmen, ein wenig essen* || ~s pl *zerschnittene, eingemachte Früchte* fpl || contarle a uno los ~ *jdm wenig zu essen geben, jdm die Bissen in den Mund zählen* || pegar ~ *beißen (Hund)*
bocajarro adv: a ~ *aus nächster Nähe (Schuß)*
bocal m *kurzhalsiger Krug* m *(mit breiter Öffnung)* || Ar *Mühlgerinne* n
boca|llave f *Schlüsselloch* n || **–manga** f *vordere Ärmelöffnung* f || **~s** pl *Ärmelaufschläge* mpl || **–mina** f ⟨Bgb⟩ *Einfahrt* f *e-s Schachtes, Schacht|eingang* m, *-öffnung, -mündung* f
bocana f ⟨Mar⟩ *schlauchartige Einfahrt* f *e-s Hafens*
bocanada f *Schluck, Mundvoll* m *(Flüssigkeit)* || *Rauchstoß* m *(aus e-m Ofen)* || *Rauchwolke* f || *Zug* m *(beim Rauchen)* || fig *Gerede* n || ~ de aire *Windstoß* m || ~ de humo *Rauchwolke* f || ◊ echar ~s figf *bramarbasieren, großtun*
bocanegra m Chi *Revolver* m
bocaronada f fam *Prahlerei* f
¹**bocarte** m ⟨Bgb⟩ *Poch-, Stampf|werk* n, *Pochmühle* f
²**bocarte** m Sant *junge Sardine* f || costera del ~ Sant ⟨Fi⟩ *Fangzeit* f *des Bocarte*
boca|teja f ⟨Arch⟩ *Firstziegel* m *(am Dach)* || **–tería** f Ven *Schwätzerei, Aufschneiderei* f || **–tero** m Cu Hond Ven *Schwätzer* m || **–tijera** f *Deichselzapfen* m *am Vordergestell des Wagens* || **–toma** f Chi Ec *Öffnung* f || **–za** augm. v. *boca* || **~s** m fam *Groß-, Riesen|maul* n
bocel m *Wulst, Bausch* m || ⟨Arch⟩ *Rundstab* m || *Rand* m *(e-s Gefäßes)* || *Hohlhobel* m
bocelar vt ⟨Arch⟩ *wulsten*
bocera f *Trink-, Speise|rand* m *(an den Lippen)* || ⟨Med⟩ *Faulecke, Ausschlag* m *in den Mundwinkeln* || **~s** m fam *Großmaul* n, pop fig *Waschweib* n || *verachtenswerte Person* f || ¡**~s**! fam *Quatsch!*
boceto m ⟨Mal⟩ *Skizze* f || *Entwurf* m || *Abriß* m
boci|na f *Muschel* f || *(Jagd)Horn, Posthorn* n || *Trompete* f || *Schallverstärker* m || *Sprachrohr* n || *Schalltrichter* m *e-s Grammophons* || *(Automobil)Hupe* f, *Horn* n || ⟨Mar⟩ *Nebelhorn* n || Am *Hörrohr, Schwerhörigengerät* n || **–nar** vi *hupen* || **–nazo** m ⟨Aut⟩ *Hupenstoß* m, *Hupsignal* n
bocio m ⟨Med⟩ *Kropf* m || ~ blenorrágico *Tripperkropf* m || ~ exoftálmico *Glotzaugenkrankheit, Basedow-Krankheit* f || ~ fibroso *Faserkropf* m || ~ gelatinoso, ~ coloideo *Kolloid-, Gallert|kropf* m || ~ parenquimatoso *Drüsengewebekropf* m || ~ quístico *Balg-, Zysten|kropf* m

bock *m deut:* un ~ de cerveza *ein kleines Glas* bzw *ein kleiner Krug Bier*
bocon *m/adj figf Eisenfresser, Großsprecher* m ‖ Chi *Verleumder* m ‖ Am *kurzes Gewehr* n ‖ ⟨Fi⟩ *Sardelle* f (Engraulis sp)
boco|nada *f* Dom *Großsprecherei* f ‖ **-near** vi Dom *groß sprechen, bramarbasieren* ‖ **-nería** *f* Dom *Großsprecherei, Prahlerei* f
bocor *m* Haiti *Hexenmeister, Zauberer* m
bocoy *m* Com *Blechbehälter* m ‖ *Faß* n *für trockene Waren, Bütte* f
bocudo adj *großmäulig*
bocha *f Bocciaspiel* n *(Kugelspiel)* ‖ fam Arg *Kopf* m ‖ Murc *Sackfalte* f *e–s Kleidungsstücks*
△**bochado** adj *hingerichtet*
bochar vt Ven *ärgern*
boche *m kleines Erdloch* n*, nach welchem die Knaben mit Münzen usw werfen* ‖ Chi *Kleie* f ‖ Chi figf *Streit, Lärm* m ‖ figf Ven *Weigerung, Absage* f
△**boche(ro)** *m Henker(sknecht)* m
bochicha *f* Arg *Bauch, Wanst* m
bochinche *m Aufruhr* m ‖ *Meuterei* f ‖ *Lärm*, *Wirrwarr* m ‖ Mex *Hausball* m*, Party* f ‖ Mex *Freudengeschrei* m ‖ Col PR *Klatsch* m ‖ Col PR *armselige Kneipe* f
bochor|no *m Schwüle, schwüle Hitze* f ‖ fig *Aufwallung* f *aus Zorn od Scham* ‖ *Schamröte* f ‖ *Schande* f ‖ ¡qué ~! *wie beschämend! wie peinlich!* ‖ **-noso** adj *schwül, drückendheiß* ‖ fig *beschämend* ‖ *peinlich*
boda *f Heirat, Hochzeit, Vermählung* f ‖ ~ de negros fig *lärmende Gesellschaft* f ‖ los invitados a la ~ *die Hochzeitsgäste* mpl ‖ noche de ~(s) *Brautnacht* f ‖ regalo de ~(s) *Braut-, Hochzeitsgeschenk* n ‖ traje de ~ *Brautkleid* n ‖ ◊ celebrar la ~ *Hochzeit halten, feiern* ‖ ser la vaca de la ~ figf *die gemolkene Kuh sein* ‖ ~s pl *Hochzeit* f ‖ *Heirat* f ‖ ~ de diamante, ~ de brillantes *diamantene Hochzeit* f ‖ ~ de oro *goldene Hochzeit* f ‖ ~ de plata *silberne Hochzeit* f
bode *m (Ziegen)Bock* m
bode|ga *f Weinkeller* m ‖ *Kellerei* f ‖ *Kellerlokal* n ‖ *(Wein)Schenke* f ‖ *Weinernte* f ‖ *Vorratskammer* f ‖ *Scheune* f ‖ ⟨Mar⟩ *Schiffsraum* m*, Ladeluke* f ‖ ⟨Mar⟩ *Warenschuppen* m *in Seehäfen* ‖ Chi ⟨EB⟩ *Güterschuppen* m ‖ Sant *Kellerwohnung* f ‖ Cu *(Kauf)laden* m ‖ ~ de almacenaje *Vorratsraum* m ‖ ~ de popa, ~ posterior ⟨Mar⟩ *Achterraum* m ‖ ~ de carga ⟨Mar⟩ *Laderaum* m ‖ ~ de fermentación *Gär|raum, -keller* m*, -haus* n *(Bier)* ‖ ~ refrigerada *Kühlraum* m ‖ **-gaje** *m* Chi *Einlagerung* f ‖ **-gón** *m Garküche* f ‖ *(Wein)Schenke, Kneipe* f ‖ *Speisekeller* m ‖ pop *Kaschemme* f ‖ ⟨Mal⟩ *Stillleben* n ‖ ◊ echar el ~ por la ventana figf *das Geld zum Fenster hinauswerfen* ‖ fig *in heftigen Zorn geraten* ‖ **-gonero** *m Speisewirt* m ‖ *Kneipwirt* m ‖ **-guero** *m Kellermeister* m ‖ Cu *(Buden)Krämer* m
bodigo *m Opferbrötchen* n
bodijo *m* fam *Mißheirat* f ‖ *armselige Hochzeit* f
bodocal adj: uva ~ *große, schwarzkernige Traube* f
bodollo *m* Ar *Hippe* f
bodón *m im Sommer austrocknender Tümpel* m ‖ pop fig *prunkvolle Hochzeit* f ‖ pop fig *gute Partie* f *(Ehe)*
bodonal *m* Sal *morastiger Boden* m ‖ Sal *Binsengebüsch* n
bodo|que *m Armbrustbolzen* m ‖ *Pack, Bündel* n ‖ *Öltrester* fpl ‖ figf *Einfaltspinsel* m ‖ Mex *Beule* f ‖ Mex *Pfuschwerk* n ‖ **-quera** *Blasrohr* n ‖ **-quero** *m* Am *Schmuggler* m
bodorrio *m armselige Hochzeit* f ‖ *Mißheirat* f ‖ Mex *Hochzeitsfest* n ‖ Am *Festschmaus* m
bodrio *m* Ar *Armensuppe* f ‖ *elende Kost* f ‖ fam *Schlangenfraß* m ‖ *Schweinsblutwurst* f ‖ fig *Gebrodel* n ‖ Arg *Verwirrung, Unordnung* f ‖

fig *Durcheinander* n
bóer *m/adj Bure* m ‖ la guerra de los ~s *der Burenkrieg*
boezulo *m* dim v. **buey**
bofada *f Speise* f *aus Tierlungen*, öst *Beuschel* n
bofadal *m* Arg *Moorboden* m
¹**bofe(s)** *m (pl) Lunge* f *(vom Schlachtvieh)* ‖ PR *leicht erreichbare Sache* f ‖ PR *leichte Arbeit* f ‖ Dom *im Preis stark herabgesetzte Ware* f ‖ ◊ echar el ~ *(od* los ~s*)* figf *sich außer Atem arbeiten* ‖ fam *arbeiten, daß es raucht* ‖ *schmachten (por nach)*
²**bofe** adj MAm *unsympathisch*
bofeña *f* Mancha *(Art) Wurst* f *aus Schweinslunge*
bófeta *f dünner, steifer Baumwollstoff* m
bofe|tada *f Ohrfeige, Maulschelle* f ‖ figf *großer Schimpf* m ‖ Chi *Faustschlag* m ‖ ~ de cuello vuelto fam *sehr derbe Ohrfeige* f ‖ ◊ dar de ~s *ohrfeigen* ‖ pegar una ~ fam *e-e Ohrfeige herunterhauen* ‖ **-tear** vt Chi = **abofetear** ‖ **-tón** *m (derbe) Ohrfeige* f ‖ ⟨Th⟩ *halbe Tür* f *auf der Bühne*
△**bofia** *f* pop *Polente* f*, Bullen* mpl
bofo adj *schwammig* ‖ MAm *unsympathisch*
¹**boga** *f* ⟨Fi⟩ *Boga* m*, Gelbstrieme(n)* f *(m) (Seefisch)* (Box boops) ‖ ⟨Fi⟩ *Nase* f *(Chondrostoma nasus) (Flußfisch)*
²**boga** *f Rudern, Schwimmen* n ‖ fig *Glück* n ‖ *Erfolg* m ‖ ⟨EB⟩ *Drehgestell* m ‖ Col Ec Guat Mex Pe *Ruderer* m ‖ *Bootsführer* m ‖ ◊ estar en ~ *an der Tagesordnung sein, gesucht sein* ‖ *Mode sein* ‖ *hoch im Kurs stehen* ‖ ¡~ babor! ⟨Mar⟩ *Backbord, ruder an!* ‖ ¡~ estribor! ⟨Mar⟩ *Steuerbord, ruder an!*
¹**bogada** *f Ruderschlag* m
²**bogada** *f* Ast *Durchseihen* n ‖ Ast *Einweichen* n *der Wäsche*
bogador *m Ruderer* m
bogar [g/gu] vi *rudern, pullen* ‖ *segeln* ‖ *dahinschwimmen (Schiff)* ‖ ¡~! ⟨Mar⟩ *ruder an!* ‖ ~ con descanso ⟨Mar⟩ *mit langem Schlag rudern* ‖ ◊ ~ de llano ⟨Mar⟩ *englisch rojen*
bogavante *m* ⟨Mar⟩ *vorderster Ruderknecht* m ‖ ⟨Zool⟩ *Hummer* m (Homarus gammarus)
bogie *m* engl Am *Drehgestell* n
bogio *m* Cu = **bohío**
bogomilo *m* ⟨Rel⟩ *Bogomile* m
bogotano adj *aus Bogotá (Kolumbien)* ‖ ~ *m Bogotaner* m
bogue *m* Chi *offener Zweisitzer* m *(Wagen)*
bohardilla *f* = **buhardilla**
Bohemia *f Böhmen* n ‖ cristal de ~ *böhmisches Glas* n ‖ *böhmische Glaswaren* fpl ‖ ~ *f Böhmin* f ‖ *Tschechin* f ‖ fam *Boheme* f*, Bohemeleben* n ‖ *Zigeunerin* f ‖ *liederliche Frau* f
bohémico adj *böhmisch*
bohe|mio adj *böhmisch* ‖ *tschechisch* ‖ *zigeunerisch* ‖ fig *liederlich* ‖ fig *verbummelt* ‖ *leichtlebig* ‖ vida ~a *Bohemeleben* n ‖ *flottes Künstlerleben* n ‖ ~ *m Böhme* m ‖ *Tscheche* m ‖ *Zigeuner* m ‖ fig *Bummler* m ‖ *verbummelter Student* m ‖ *verbummeltes Genie* n ‖ **-mo** adj/s *böhmisch*
bohena *f (Schweins)Lunge* f ‖ *Wurst* f *aus Schweinslunge*
bohío *m* Am *fensterlose Hütte, Rohr-, Schilf|hütte* f
bohordo *m* Kohlstrunk m ‖ *Blütenschaft* m *(z. B. der Lilie)*
boi|cot *m* engl *Boykott* m*, Aussperrung* f ‖ **-cotear** vt/i *boykottieren, (aus)sperren* ‖ **-coteo** *m* = **boicot** ‖ *Boykottierung* f
boil *m* = **boyera**
boina *f Boina* f*, Baskenmütze* f ‖ *rote Karlistenmütze* f ‖ *rote Mütze* f *der Stierfechtergehilfen*
boiquira *f* Am *Klapperschlange* f
boira *f* Ar *Nebel* m ‖ ⟨Mar⟩ *Briggsegel* n

boj m ⟨Bot⟩ Buchsbaum m (Buxus sempervirens) ‖ *Buchsholz* n ‖ ⟨Mar⟩ = **bojo**
boja f ⟨Bot⟩ *Stabwurz, Eberraute* f (Artemisia abrotanum)
Bojara f ⟨Geogr⟩ *Buchara*
bojazo m Col *kräftiger Schlag* m
boje = **boj** ‖ Am fig *Tölpel* m
boj(e)ar vt *ausmessen (Erdreich)* ‖ ⟨Mar⟩ *umschiffen*
bojedad f Mex *Dummheit, Albernheit* f
bojedal m *Buchsbaumwald* m
bojeta f Ar *kleine Sardine* f
bojete m Ven = **bojote**
bojiganga f fig *lächerlicher Aufzug* m
bojo, bojeo m ⟨Mar⟩ *Umschiffen* n ‖ ⟨Mar⟩ *Umfang, Umkreis* m
bojote m Col Hond Ven *Bündel, Paket* n
¹**bol** m *Bowle, Schale, henkellose Tasse* f
²**bol** m *großes Fischnetz* n ‖ *Fischzug* m ‖ *Kegel* m
³**bol** m *Bolus* m, *große Pille* f
⁴**bol** m *Bolus* m *(Mineralgemenge)* ‖ ~ *arménico armenischer Bolus* m
bola f *(Kegel)Kugel* f ‖ *Billardkugel* f ‖ *Ball* m ‖ *Knäuel* n ‖ pop *Kopf* m ‖ *Schuhwichse* f ‖ *Kugelwerfen* n ‖ *Bola* f *südamerik. Wurf- und Fanggerät)* ‖ figf *Lüge* f ‖ *(Zeitungs)Ente* f ‖ △ *(Jahr-)Markt* m ‖ Chi *Stimmkugel* f ‖ Chi *großer, runder Papierdrache* m ‖ Mex *Zusammenlauf, Lärm* m ‖ Cu *schwanzlose Henne* f ‖ ~ *de acero Stahlkugel* f ‖ ~ *cronométrica* ⟨Mar⟩ *Zeit(signal)ball* m ‖ ~ *de esporas* ⟨Bot⟩ *Sporenkugel* f ‖ ~ *de grasa Fettkugel* f ‖ ~ *de marea* ⟨Mar⟩ *Gezeitenball* m ‖ ~ *de molino Mahlkugel* f ‖ ~ *de nieve Schneeball(strauch)* m ‖ ~ *de plomo Bleikugel* f ‖ ~ *portatipos Schreibkopf* m *(der Schreibmaschine)* ‖ ~ *de pudelaje* ⟨Metal⟩ *Puddellupe* f ‖ ~ *de termómetro Thermometerkugel* f ‖ ~ *de vidrio Glaskugel* f ‖ ~ *esclerométrica, ~ de esclerómetro, ~ de presión Druckkugel* f *(Brinellprobe)* ‖ ~ *de velocidad* ⟨Mar⟩ *Fahrtball* m ‖ ~ *rompedora Zertrümmerungskugel* f *(für Straßendecken)* ‖ ◊ ¡*dale* ~! fam *das ist nicht mehr auszuhalten!* ‖ *escurrir la* ~ figf franz. *Abschied nehmen* ‖ *hacer* ~*s die Schule schwänzen* ‖ *no dar pie con* ~ figf *ständig das Falsche tun, überhaupt nicht zurechtkommen, immer wieder danebenhauen* ‖ ¡*ruede la* ~! figf *es mag gehen, wie es will!* ‖ ~*s* pl SAm = **boleadoras** ‖ ◊ *hacer* ~ figf *die Schule schwänzen*
bolacear vi Arg *Unsinn reden*
bolacha f Am *große Kautschukkugel* f *in rohem Zustand*
bolada f *Schub* m *(Kegelspiel)* ‖ *Stoß* m *(Billard)* ‖ Chi *Leckerbissen* m ‖ Cu *Lüge, Ente* f ‖ Ec *Betrug* m
bolado m ⟨Med⟩ *leicht abführendes Zuckergebäck* n ‖ Am *Geschäft* n, *Angelegenheit* f ‖ *Liebesabenteuer* n ‖ MAm fig *Gerücht* m
boladoras fpl Am = **boleadoras**
bolaga f ⟨Bot⟩ Cád Murc *Seidelbast* m (Daphne sp)
bolanchera f Cu *ein kubanischer Tanz* m
bolandista m ⟨kath⟩ *Bollandist* m
bolardo m ⟨Mar⟩ *Poller* m ‖ ⟨Hydr⟩ *Kreuzpfahl, Duckdalbe, Dückdalbe* m ‖ ~ *de amarre* ⟨Mar⟩ *Halte|pfahl, -poller* m ‖ ~ *flotante Schwimmpoller* m
bolate m Col *Wirrwarr* m, *Durcheinander* m
bolazo m *Kugel-, Ball|schlag* m ‖ fig Arg *Lüge* f ‖ *de* ~ figf *schnell und ohne Sorgfalt, schlampig, oberflächlich*
bolchaca f Ar Murc *Tasche* f
bolche|vique adj/s *bolschewistisch* ‖ ~ m *Bolschewist* m ‖ **-vi(qui)smo** m *Bolschewismus* m ‖ **-vista** adj/s = **-vique** ‖ **-vización** f *Bolschewisierung* f ‖ **-vizar** vt *bolschewisieren*

boldre m León *Schlamm, Kot* m
Bolduque m ⟨Geogr⟩ *Bois-le-Duc*
bolea f *Ortscheit* n *des Wagens* ‖ Mex *Faustschlag* m
bolea|da f Am *Jagd* f *(mit Fangleinen)* ‖ Am *Jagdpartie* f ‖ Pe *Durchfall* m *(Prüfung)* ‖ △**-dor** m *e-r, der e-n anderen zu Fall bringt* ‖ *Marktdieb* m ‖ Arg *e-r, der mit Fangleinen jagt* ‖ **-doras** fpl SAm *Wurfriemen* mpl, *Fangleine* f, *ein dreiteiliger Riemen, in dem Stein- od Metallkugeln eingeflochten sind (zum Einfangen des Viehs)*
bolear vt Arg *mit der Fangleine fangen (Tiere)* ‖ fig *prellen* ‖ Am *bei e-r Wahl* (od *Prüfung) durchfallen lassen* ‖ fam *(weg)werfen, schleudern,* fam *schmeißen* ‖ ~ vi Murc fig *stark aufschneiden*
boleco adj Hond *beschwipst*
Bolena: *Ana* ~ ⟨Hist⟩ *Anna Boleyn*
bolencia f Guat *Rausch* m, *Trunkenheit* f
¹**boleo** m *Kegelbahn* f ‖ *Kegel-, Kugelspiel* n ‖ Am = **bobada** ‖ Col *Schlag* m
²**boleo** m *ein gelb blühender span. Strauch* m
bolera f *Kegelbahn* f ‖ *Bowling* n
bolerear vt Ven *ein Pferd durch Festhalten am Schwanz zu Fall bringen*
¹**bolero** adj fam *aufschneiderisch, verlogen (escarabajo)* ~ *Pillendreher* m *(Käfer)*
²**bolero** m *Bolero* m, *ein span. Tanz* ‖ *Bolerotänzer* m ‖ *Bolero* m, *kurzes Frauenjäckchen* n ‖ Col *Falbel* f, *Faltenzierat, Volant* m *(an Frauenröcken)*
³**bolero** m figf *Lügner, Aufschneider* m ‖ figf *Schwindler* m ‖ Guat Hond fam *Zylinderhut* m ‖ Ven *Viehdieb* m
bolerón m Col *große Falbel* f, *großer Volant* m *(an Frauenröcken)*
Boleslao m np *Boleslaus* m
bole|ta f *Geleit-, Passierschein, Ausweis* m ‖ *Bezugsschein* m ‖ ⟨Mil⟩ *Quartierzettel* m ‖ *Anweisung* f ‖ *Bezugsschein* m ‖ *Päckchen* n *Tabak* ‖ Am *Wahlzettel* m ‖ Am *Eintrittskarte* f ‖ **-tería** f *Am Eintrittskarte* f ‖ **-tero** m Am *Billettverkäufer* m ‖ Arg *Lügner* m
boletín m dim v. **boleta** ‖ *Zahlungs|schein* m, *-anweisung* f ‖ *Zettel* m *(amtlicher) Bericht* m ‖ *Passier-, Geleit|schein* m ‖ *Formular* n ‖ ⟨Mil⟩ *Quartierzettel* m ‖ *Preisverzeichnis* n ‖ *Bestellzettel* m ‖ *Sitzungsbericht* m ‖ *Flugschrift* f ‖ Arg *Extrablatt* n ‖ ~ *de cotizaciones Kurszettel* m *(Börse)* ‖ ~ *de denuncia (etwa:) Strafzettel* m ‖ ~ *de equipaje Gepäckschein* m ‖ ~ *de expedición Begleitpapier* n, *Versandschein* m ‖ ~ *de garantía Garantieschein* m ‖ ~ *de información Lagebericht* m ‖ ~ *de inscripción Anmeldeschein* m ‖ ~ *de pedido Bestellschein* m ‖ ~ *de reparto Zuteilungsbrief* m ‖ ~ *médico Krankenbericht* m ‖ ~ *meteorológico Wetterbericht* m ‖ ≏ *Naviero Schiffahrtsanzeiger* m ‖ ≏ *oficial Amtsblatt* n, *Börsenbericht* m ‖ ≏ *Oficial del Estado* (Span) *Gesetzblatt* n, *etwa: Bundesgesetzblatt* n (Deut), *Reichsgesetzblatt* n *(Deutsches Reich)* ‖ ≏ *Oficial de las Comunidades Europeas Amtsblatt* n *der Europäischen Gemeinschaften* ‖ ~ *trimestral Vierteljahresbericht* m
¹**boleto** m *Erdschwamm* m ‖ *Herrenpilz* m
²**boleto** m Am *Fahr-, Theater-, Eintritts|karte* f usw ‖ Am *Kaufschein* m ‖ vulg Arg *Lüge* f ‖ ~ *de abono Dauer-, Zeit|karte* f ‖ ~ *de combinación* Am *Umsteigefahrschein* m ‖ ~ *de ida y vuelta* Am *Rückfahrkarte* f ‖ ~ *de quinielas Totoschein* m ‖ ~ *de votación Stimmzettel* m
bolichada f fam *Glücks|zufall, -zug* m
¹**boliche** m *Bocciaspiel* n ‖ *Kugel-, Kegel|spiel* n ‖ *Kegelbahn* f ‖ *Fangspiel, Spiel* n *mit dem Fangbecher* ‖ *Bleischmelze* f ‖ *kleiner Schwelofen* m ‖ *gedrechseltes Endstück* n, *Spitze* f *(an Möbeln)* ‖ △ *Spielhaus* n ‖ *minderwertiger Tabak* m ‖

boliche — bolladura

And *kleine Schmuggelwaren* fpl ‖ Am *dürftige Kneipe* f ‖ Arg *Trödelladen* m
²**boliche** m *Hand-, Spiel|netz* n ‖ *(Wurf)Netz* n *(für kleine Seefische)* ‖ *(damit gefangener) kleiner Fisch* m ‖ ⟨Mar⟩ *kleine Bulin(e)* f
bolichear vi Arg *sich mit unbedeutenden Geschäften abgeben*
¹**bolichero** m *(Wurf)Netzfischer* m
²**bolichero** m *Spielhalter* m ‖ Arg *Krämer* m
bólido m ⟨Astr⟩ *Feuerkugel* f, *Bolid* m ‖ fig *(schwerer) Rennwagen* m ‖ ◊ *pasar como un ~ vorbei|flitzen, -sausen*
bolígrafo m *Kugelschreiber* m
boli|lla f *Fleischklößchen* n ‖ *Stimmkugel* f ‖ → a **bola** —**llo** m *Spitzenklöppel* m ‖ *gefältelte Handkrause* f ‖ Mex *Weizenbrot* n ‖ PR *Garnrolle* f ‖ Am *Trommelstock* m ‖ ◊ *trabajar al ~ klöppeln* ‖ **~s** pl *Zucker|kringeln, -brezeln* fpl
bolín m: *de ~, de bolán* fam *aufs Geratewohl* m
¹**bolina** f ⟨Mar⟩ *Bulin(e)* f ‖ ⟨Mar⟩ *nach der Windseite hin gesenktes Segel* n ‖ fam *Zänkerei* f ‖ ~ *franca* ⟨Mar⟩ *voll und bei* ‖ ◊ *echar de ~* fam *prahlerisch drohen* ‖ **~s** pl ⟨Mar⟩ *Schovenriet* n
²**bolina** f Guat *Trinkgelage*, pop *Saufgelage* n
bolinero m ⟨Mar⟩ *Aufkreuzer* m ‖ Chi *Unruhestifter* m
bolinga f ⟨Mar⟩ *Toppsegel* n
bolingrín m *Rasenplatz* m *in e—m Garten*
bolinillo m Col = **molinillo**
bolisa f prov *Fünkchen* n ‖ *Woll-, Fasern|flokke* f
bolista m Mex *Unruhestifter* m
bolita f *Kügelchen, Fleischklößchen* n ‖ *Wattebäuschchen* n ‖ Chi *Stimmkugel* f ‖ Am *Gürteltier* n ‖ **~s** pl *Kügelchen* npl ‖ *(Kinderspiel)*
bolito m ⟨Bot⟩ Pe *Art Seifenbaumgewächs* n
bolívar m Ven *Silbermünze* f *(= 1 peseta), (nach dem Befreier Venezuelas, Simón Bolívar [1783 bis 1830], benannt)*
bolivariano adj *auf Simón Bolívar bezüglich*
Bolivia f *Bolivien* n
bolivianismo m *bolivianisches Wort* n, *bolivianische Redewendung* f
boliviano m/adj *Bolivianer, Bolivier* m ‖ *bolivianische Münzeinheit* f
¹**bolo** adj fam *einfältig* ‖ Hond Guat Mex *betrunken* ‖ Cu PR *schwanzlos (Vogel)*
²**bolo** m *Kegel* m ‖ *Kreisel, Brummkreisel* m ‖ ⟨Arch⟩ *Treppenspindel* f ‖ ⟨Kart⟩ *Schlemm* m *im Whist* ‖ ⟨Th⟩ *Einzelvorstellung* f ‖ ⟨Th⟩ *Schauspielertruppe* f *auf Jahrmärkten* ‖ Ar *Klöppelkissen* n ‖ ⟨Pharm⟩ *Bolus* m, *große Pille* f ‖ Mex *Patengeschenk* n ‖ fig *Dummkopf* m ‖ Cu *Silbermünze* f *= 5 Pesetas* ‖ ~ *alimenticio Speisebrei, gekauter Bissen* m ‖ ◊ *dar ~ alle Stiche machen (im Spiel)* ‖ *ser ~ keinen Stich machen* ‖ **~s** pl *Kegelspiel* n ‖ *jugar a los ~ kegeln* ‖ *echar a rodar los ~* fig *lärmen, spektakeln, randalieren*
³**bolo** m = ⁴**bol**
bologote m MAm *Lärm* m ‖ *Aufruhr* m
bolombo adj Col *klein und dick* ‖ *rundlich*
bolón m Ec *kugelförmig angerichtete Masse* f *aus gewürzten, gebratenen Bananen* ‖ Mex *Menschengewimmel* n
bolongo adj Col = **bolombo**
Bolonia f *Bologna (it. Stadt)*
bolonia m *(graduierter) Hörer* m *der span. Schule (Colegio Español) in Bologna* ‖ fig *Dummkopf* m
boloñés adj/s *aus Bologna*
¹**bolsa** f *Beutel, Sack* m ‖ *(Rock-)Tasche* f ‖ *Geldbeutel* m, *(Geld-)Börse* f ‖ *Papierbeutel* m, *Tüte* f ‖ *Schulmappe* f ‖ *Brieftasche* f ‖ *Futteral* n ‖ *Damentasche* f ‖ *e—s Haarbeutel* m ‖ *Fußsack* m ‖ *Sackfalte e—s Kleidungsstücks* f ‖ *beim Billard* ‖ vulg *Hodensack* m ‖ ⟨Mil⟩ *Kessel* m ‖ fig *Vermögen, Geld* n ‖ MAm Mex Pe *(Rock-)Tasche* f ‖ ~ *amniótica* ⟨Biol⟩ *Amnion-, Frucht-, Keim|sack* m, *Eiblase* f ‖ ~ *copulativa* ⟨Zool⟩ *Kopulationsbeutel* m ‖ ~ *de agallo* ⟨Zool⟩ *Kiemenbeutel* m ‖ ~ *de agua* ⟨Arch Ing⟩ *Wassersack* m ‖ ~ *de aire* ⟨Luftw⟩ *Luftloch* m, *Fallbö* f ‖ ⟨Ing⟩ *Lufttasche* f ‖ ~ *de hielo Eisbeutel* m ‖ ~ *de papel Papier|tüte* f, *-sack* m ‖ ~ *de pastor* ⟨Bot⟩ *Hirtentäschel, Täschelkraut* n (Capsella bursa-pastoris) ‖ ~ *externa* ⟨Geol⟩ *Außennest* n ‖ ~ *gutural* ⟨Vet⟩ *Gutturalraum* m ‖ ~ *inguinal* ⟨Zool⟩ *inguinaler Beutel* m ‖ ~ *interna* ⟨Geol⟩ *Innennest* n ‖ ~ *para muestras* ⟨Com⟩ *Versand-, Muster|beutel* m ‖ ~ *propulsora* ⟨Zool⟩ *Antriebsbeutel* m ‖ ~ *rota* fig *Verschwender* m ‖ ~ *sinovial* ⟨An⟩ *Schleimbeutel* m, *Synovialhöhle* f ‖ ◊ *alargar (od estirar) la ~* figf *tief ins Portemonnaie greifen* ‖ *¡la ~ o la vida! Geld oder Leben!* ‖ *tener no cordones de la ~* figf *über das Geld verfügen* ‖ **~s** pl *Hodensack* m ‖ ⟨Geol⟩ *Erdnester* npl ‖ ◊ *hacer ~ sich sacken (Kleid)*
²**bolsa** f *(Handels)Börse* f ‖ ~ *de cambios Effektenbörse* f ‖ ~ *de comercio Handelsbörse* f ‖ ~ *de contratación Waren-, Produkten|börse* f ‖ ~ *de fondos públicos, ~ de cambios Effektenbörse* f ‖ ~ *de mercancías Warenbörse* f ‖ ~ *especializada Spezialbörse* f ‖ ~ *de servicios Dienstleistungsbörse* f ‖ ~ *de trabajo Arbeits|börse* f, *-markt* m ‖ ~ *de valores Effekten-, Wertpapier|börse* f ‖ ~ *extraoficial Freiverkehr*, *nicht amtlicher Verkehr* m, *Kulisse* f ‖ ~ *oficial amtlicher Markt, amtlicher Verkehr* m ‖ *cierre de la ~ Börsenschluß* m ‖ *juego de ~ Börsenspiel* m ‖ *maniobra de ~ Börsenmanöver* n ‖ *operaciones de ~ Börsengeschäfte* npl ‖ ◊ *jugar a la ~ an der Börse spekulieren*
bolsazo m Guat *Betrug* m ‖ *Täuschung* f ‖ Arg Bol ◊ *dar ~ jdm e—n Korb geben*
bolse|ar vi Ar *Falten schlagen (Kleid usw)* ‖ CR Guat Hond Mex *(Geldtaschen) stehlen* ‖ Am fam *jdm e—n Korb geben* ‖ MAm Mex *lügen* ‖ *betrügen* ‖ *täuschen* ‖ —**ría** f *der Beutel-, Sack|herstellung* f ‖ *Stapel* m *Beutel* ‖ Ven *Dummheit, Albernheit* f ‖ —**ro** m *Beutelmacher* m ‖ *Schmarotzer* m
bolsi|co m Chi *Rock-, Hosen|tasche* f ‖ —**cón** m Ec *wollener Rock* m *der Bäuerinnen*
bolsilibro m Neol *Taschenbuch* n
bolsillo m *Rock(Tasche)* f ‖ *Westen-, Hosen|tasche* f ‖ fig *Geldbeutel* m, *Börse* f ‖ *Geld* n ‖ ~ *del abrigo Manteltasche* f ‖ *de(l) chaleco Westentasche* f ‖ ~ *de la chaqueta Sakkotasche* f ‖ ~ *del pantalón Hosentasche* f ‖ *edición de ~ Taschenausgabe* f ‖ *tamaño de ~ Taschenformat* n ‖ ◊ *no echarse nada en el ~* fam *keinen Nutzen haben*, pop *keinen Blumentopf gewinnen* ‖ *pagar de su ~ aus der eigenen Tasche bezahlen* ‖ *rascarse el ~* figf *in den Beutel greifen* ‖ *tener en el ~* fig *in der Tasche, sicher haben*
bolsín m *Vor-, Neben|börse* f
bolsiquear vt SAm *jdm die Taschen untersuchen (um ihn zu bestehlen)*
bolsista m *Börsianer* m ‖ *Börsenspekulant* m ‖ Mex *Taschendieb* m
bolsita f *kleine Tüte* f
bolso m *(Geld)Beutel* m ‖ *Damen-, Hand|tasche* f ‖ *Aktentasche* f ‖ ⟨Mar⟩ *Schwellung* f *(e—s Segels)* ‖ ~ *de aire* ⟨Flugw⟩ *Luftsack* m, *Ballonett* n
bolsón m *augm. v.* **bolso** ‖ Am *Schülermappe* f ‖ Col *Tölpel* m ‖ Bol *beträchtliches Mineralvorkommen* n ‖ Mex *Bodenmulde* f
bolsota m Dom *Trottel, Dummkopf* m
bolsudo m Col *Dummkopf* m
boluca f Mex *Lärm* m ‖ *Aufruhr* m
bolla f León *Milchbrötchen* n ‖ Bol *Pilz* m ‖ SAm *reiches, hochwertiges Mineralvorkommen* n
bolladura f = **abolladura**

bollar vi/t *treiben (Metall)* ‖ *mit Fabrikstempel versehen (Stoffe)*
bolleo m Cu *Wirrwarr* m ‖ *Prügelei* f
bolleria f *Fein-, Zucker|bäckerei* f
bollo m *(Pfann)Kuchen, Krapfen* m ‖ *Milch-, Eier|brot* n ‖ *Höcker, Buckel* m ‖ *Ballen, Klumpen* m ‖ *Beule* f *am Kopf* ‖ *Beule* f ‖ fig *Streit* m ‖ Am *feines Maisbrot* n ‖ Col *(Art) Maispastete* f ‖ Mex *Ziegel, Lehmziegel* m ‖ Hond *Faustschlag* m ‖ ◊ *no cocérsele a uno el ~* figf *vor Neugierde vergehen* ‖ *perdonar el ~ por el coscorrón* fig *auf e-n mit allzugroßem Kraftaufwand verbundenen Nutzen lieber verzichten* ‖ *no está el horno para ~s* figf *sich dies nicht dazu aufgelegt* ‖ iron *du kommst im richtigen Augenblick!*
bollón m *(Schuh)Nagel* m ‖ *Ziernagel* m ‖ Ar *(Reb)Schößling* m, *Knospe* f ‖ Col *rundlicher, guter Mensch* m
bollonado adj *mit Ziernägeln beschlagen*
bolluelo m dim v. **bollo**
¹**bomba** f *Pumpe* f ‖ ⟨Mar⟩ *Schiffspumpe* f ‖ *Feuerspritze* f ‖ ⟨Mus⟩ *Ansatzstück* n *einer Posaune usw* ‖ ⟨Hydr⟩ *Heber* m ‖ ~ *aspirante Saug-, Hub|pumpe* f ‖ ~ *aspirante-impelente Saug- und Druck|pumpe* f ‖ ~ *autocebante selbstansaugende Pumpe* f ‖ ~ *auxiliar Hilfs-, Reserve|pumpe* f ‖ ~ *casera Hauspumpe* f ‖ ~ *centrifuga Kreisel-, Schleuder-, Zentrifugal|pumpe* f ‖ ~ *colgante Unterwassermotorpumpe* f ‖ ~ *chupadora =* ~ *aspirante* ‖ ~ *de aceleración* ⟨Aut⟩ *Beschleunigungspumpe* f ‖ ~ *de achique,* ~ *de carena Lenzpumpe* f ‖ ~ *de agua Wasser|pumpe, -spritze* f ‖ ~ *de aire =* ~ *neumática* ‖ ~ *de alimentación Speisepumpe* f ‖ ~ *de caldera Kesselspeisepumpe* f ‖ ~ *para aceite pesado Schwerölförderpumpe* f ‖ ~ *de arranque Anlaßpumpe* f ‖ ~ *de baldeo Spülpumpe* f ‖ ~ *de carga Aufladepumpe* f *(Motor)* ‖ ~ *de carretilla* ⟨Hydr⟩ *Schubkarrenpumpe* f ‖ ~ *de cebado* ⟨Luftw⟩ *Anlaßpumpe* f ‖ ~ *de dragado Bagger-, Förder|pumpe* f ‖ ~ *de elevación Förderpumpe* f ‖ ~ *de émbolo Kolbenpumpe* f ‖ ~ *de engrase Schmierpumpe, Ölspritze* f ‖ ~ *de evacuación Entleerungspumpe* f ‖ ~ *de expulsión Spülpumpe* f ‖ ~ *de extinción a mano Handfeuer(lösch)spritze* f ‖ ~ *de gasolina Benzinpumpe* f ‖ ~ *de incendios,* ~ *de extinción de incendios Feuerspritze* f ‖ ~ *de inyección Einspritzpumpe* f ‖ ~ *de mano Handpumpe* f ‖ ~ *de nafta* Am *Benzinpumpe* f ‖ ~ *de perforación,* ~ *para pozos Abteuf-, Senk-, Bohrloch|pumpe* f ‖ ~ *de presión Druckpumpe* f ‖ ~ *de riego Berieselungspumpe* f ‖ ~ *de sentina* ⟨Mar⟩ *Lenz-, Bilgen|pumpe* f ‖ ~ *de sondeo,* ~ *de sondaje Tiefbohr-, Bohrloch|pumpe* f ‖ ~ *de vacío Vakuumpumpe* f ‖ ~ *elevadora Hebe-, Förder|pumpe* f ‖ ~ *mezcladora Mischpumpe* f ‖ ~ *neumática Preßluft-, Druckluft|pumpe* f ‖ ~ *sumergida,* ~ *sumergible Tauch-, Unterwasser|pumpe* f ‖ ~ *universal Universal-, Mehrzweck|pumpe* f ‖ ~ *vertical stehende Pumpe* f ‖ *cuerpo de* ~ *Pumpenstiefel* m ‖ ◊ *dar a la* ~ *pumpen* ‖ *dar mucho a la* ~ figf *zügellos, flott leben*
²**bomba** f ⟨Mil⟩ *Bombe* f ‖ *Lampenglocke* f ‖ *Birne* f *(Glühlampe)* ‖ figf *Stegreifverse* mpl ‖ Am fig *Lüge* f ‖ Ec *Luftballon* m ‖ Col Mex *Zylinderhut* m ‖ Pe *Rausch, Schwips* m ‖ Col Hond *Prunk* m ‖ Cu *großer Löffel* m ‖ Cu *unbestätigte Meldung* f ‖ *Falschmeldung* f ‖ Col *schulterlanges Haar* n ‖ Guat Hond ~ A, ~ *atómica Atombombe* f ‖ ~ *de aviación Fliegerbombe* f ‖ ~ *de cobalto Kobaltbombe* f ‖ ~ *de espoleta retardada,* ~ *de relojería Zeitzünderbombe* f ‖ ~ *de fósforo Phosphorbombe* f ‖ ~ *de fragmentación,* ~ *astillosa Splitterbombe* f ‖ ~ *de gas Gasbombe* f ‖ ~ *de mano Handgranate* f ‖ ~ *de napalm Napalmbombe* f ‖ ~ *de profundidad Wasserbombe* f ‖ ~ *de señales Leuchtbombe* f ‖ ~ *explosiva Sprengbombe* f ‖ ~ *fétida Stinkbombe* f ‖ ~ *fumígena Rauch-, Nebel|bombe* f ‖ ~ *gamma Gammabombe* f ‖ ~ H, ~ *de hidrógeno H-Bombe, Wasserstoffbombe* f ‖ ~ *incendiaria Brandbombe* f ‖ ~ *lacrimógena Tränengasbombe* f ‖ ~ *limpia saubere Bombe* f ‖ ~ *luminosa en paracaídas,* ~ *de señales en paracaídas Fallschirmleuchtbombe* f, pop *Christbaum* m ‖ ~ *perforante Aufschlag-, Panzer|bombe* f ‖ ~ *rompedora Sprengbombe* f ‖ ~ *submarina Unterwasserbombe* f ‖ ~ *sucia schmutzige Bombe* f ‖ ~ *teledirigida ferngesteuerte Bombe* f ‖ ~ *termonuclear Atombombe* f ‖ *Wasserstoffbombe* f ‖ ~ 3 F *3-F-Bombe* f ‖ ~ *volante, V1 fliegende Bombe* f, *V1* ‖ *a prueba de* ~ fig *bomben|fest, -sicher* ‖ ◊ *caer como una* ~ figf *unverhofft, plötzlich irgendwo erscheinen* ‖ *estallar como una* ~ *wie e-e Bombe platzen* ‖ *noticia* ~ *sensationelle Nachricht* f ‖ ◊ *arrojar* ~s *sobre Bomben (ab)werfen auf* ‖ *estar echando* ~s figf *vor Wut schäumen, sehr heiß, erhitzt sein* ‖ *tapiz de* ~s *Bombenteppich* m ‖ *tapizar con* ~s *mit Bomben belegen* ‖ ¡~**s!** fam *Achtung! Silentium! (beim Ausbringen e-s Trinkspruches)*
bombacáceas fpl ⟨Bot⟩ *Wollbaumgewächse* npl *(Bombacaceae)*
bombacha f Arg *Pumphose* f *(bes. pl)*
bombacho m, *(calzón)* ~ *kurze, weite Hose* f *mit Seitenschlitz* ‖ *(pantalón)* ~ *Hose* f ‖ *Knickerbocker* pl
bombar|da f ⟨Mil⟩ *Bombarde* f ‖ ⟨Mar⟩ *kleines Kauffahrteischiff* n ‖ *Bombarde, Schalmei* f *(Blasinstrument)* ‖ *Baßbrummer* m *(Orgel)* ‖ **-dear** vt *mit Bomben belegen* ‖ *bombardieren (& fig)* ‖ **-deo** m ⟨Mil⟩ *Bombardierung* f, *Bombardieren, Bombenwerfen, Bombardement* n ‖ *Bombenangriff* m ‖ *Beschießung* f ‖ ~ *a baja altura Bombenangriff* m *aus geringer Höhe* ‖ ~ *a gran altura Bombenangriff* m *aus großer Höhe* ‖ ~ *aéreo Luftangriff* m ‖ ~ *atómico Kern|beschuß* m, *-beschießung* f ‖ ~ *con partículas alfa Beschießung* f *mit Alphateilchen* ‖ ~ *cruzado* ⟨Nucl⟩ *Kreuzfeuer* n ‖ ~ *de precisión Präzisionsabwurf* m ‖ ~ *de terror,* ~ *terrorista Luftterrorangriff* m ‖ ~ *diurno Tag(bomben)angriff* m ‖ ~ *en encabritado Bockenbombardierung* f ‖ ~ *en picado Sturzbomberangriff, Stukaangriff* m ‖ ~ *en tapiz,* ~ *en alfombra Reihenwurf* m ‖ ~ *neutrónico* ⟨Nucl⟩ *Beschießung* f *mit Neutronen* ‖ ~ *nocturno Nacht(bomben)angriff* m ‖ ~ *nuclear Kern|beschuß* m, *-beschießung* f ‖ **-dero** m/adj *Bombenwerfer* m, *Bombenflugzeug* n, *Bomber* m ‖ *Bombenschütze* m ‖ ~ *a reacción,* ~ *de reacción Düsenbomber* m ‖ ~ *cuatrimotor viermotoriger Bomber* m ‖ ~ *diurno Tagbomber* m ‖ ~ *ligero leichtes Kampfflugzeug* n ‖ ~ *nocturno Nachtbomber* m ‖ ~ *de vuelo en picado Sturzkampfflugzeug* n, *Sturzbomber* m, pop *Stuka* m ‖ ~ *pesado schweres Kampfflugzeug* n ‖ **-dino** m ⟨Mus⟩ *Bombardin* n *(Baßtube)* ‖ **-dón** m ⟨Mus⟩ *Bombardon* n
bombasí m *[pl -íes] Bombassin, Baumwollbarchent* m *(Stoff)*
bombástico adj fam *schwülstig, bombastisch* ‖ Col *lobrednerisch*
bombazo m *Platzen e-r Bombe* ‖ *Bombentreffer* m ‖ PR *Anspielung* f ‖ *Seitenhieb* m
bombé m *Wagen* m *mit zwei Rädern und zwei Vordersitzen*
bombeado adj *gewölbt*
bombeador m Arg *Späher* m
¹**bombear** vi/t *mit Bomben beschießen* ‖ *bombardieren* ‖ *pumpen* ‖ Am *spähen, spionieren* ‖ Col *vertreiben* ‖ Guat *stehlen,* fam *wegstibitzen* ‖ Ur *durchfallen (Prüfung)*
²**bombear** vi figf *schwülstig ausposaunen*
bombeo m *Bauchung, Wölbung* f ‖ ⟨Ing⟩ *Krümmung* f ‖ *efecto de* ~ ⟨Phys⟩ *Pumpeneffekt* m

bombera f fam Langeweile f ‖ Cu Langweiligkeit f
bombero m ⟨Mil⟩ Bombenwerfer m ‖ Feuerwehrmann m ‖ Arg Spion m ‖ (cuerpo de) ~s Feuerwehr f
bómbice, bómbix m Seidenspinner m
bombícidos mpl ⟨Zool⟩ Seidenspinner mpl (Bombycidae)
bombilla f Ansaugrohr n e-r Pumpe ‖ (elektrische) Glühlampe f ‖ Kolben m ‖ Am (silbernes) Saugröhrchen in der Matetrinker ‖ Mex großer Löffel m ‖ ~ de filamento metálico Metallfadenlampe f ‖ ~ de filamento simple Einfadenlampe f ‖ ~ de vidrio claro Klarglaslampe f ‖ ~ de vidrio opaco, ~ de vidrio esmerilado, ~ de vidrio mate Mattglaslampe f ‖ ~ económica Sparlampe f ‖ ~ incandescente Glüh|birne, -lampe f
bombillo m Ansaugrohr n ‖ Wasserspülapparat m für Klosetts ‖ MAm PR Dom Pan Col = **bombilla**
bombín m fam (bes Am) steifer Hut m, fam Melone f
bombita f Col pop Verlegenheit f
bombito m V Cu Art Fliegenschnäpper m
¹**bombo** adj fam bestürzt, erschrocken ‖ Cu geschmacklos
²**bombo** m große Trommel f ‖ Kesselpauke f ‖ Trommelschläger m ‖ Pauke f ‖ ⟨Tech⟩ Trommel f, Rollfaß n ‖ ~ para pulir Scheuer|trommel f, -faß n ‖ Urne f für Wahlkugeln ‖ ⟨Typ⟩ Bogenheber m e-r Druckpresse ‖ ⟨Mar⟩ flaches Fahrzeug f ‖ fig Übertreibung, Angabe, Protzenhaftigkeit f ‖ Chi Pomp m ‖ Prunksucht f ‖ con ~ y platillos fig übertrieben, schwülstig (Reklame) ‖ mit Pauken und Trompeten ‖ ◊ dar ~ figf übertrieben loben ‖ auffällige Reklame machen (bes. in der Presse) ‖ darse ~ fig großtun, dick(e)tun, angeben ‖ fig dasein ‖ ~ Am abweisen ‖ geringschätzig behandeln ‖ hacer mucho ~ fam auffällige Reklame machen ‖ ir(se) al ~ Am zugrunde gehen ‖ scheitern ‖ recurrir al ~ die Reklametrommel rühren ‖ tener la cabeza hecha un ~ figf den Kopf voll haben
bombón m Praline f ‖ Bonbon m/n ‖ fig schönes Mädchen m ‖ caja de ~es Pralinenschachtel f ‖ cucurucho de ~es Tüte f Pralinen ‖ ~es mpl Zuckerwerk n ‖ (Art) kubanische Zigaretten fpl ‖ ~ rellenos gefüllte Pralinen
bombo|na f große Transportflasche f ‖ Korbflasche f, Glasballon, Demijohn m ‖ Gasbehälter m ‖ ~ para ácido Säureballon m ‖ -**naje** m ⟨Bot⟩ Panamapalme f (Carludovica palmata) ‖ -**nera** f Bonbonschachtel, Bonbonniere f ‖ fig kleine, elegante Wohnung f
bombotó m PR Brötchen n aus Weizenmehl und Kokosraspeln
bómper m Am ⟨Aut⟩ Stoß|stange f, -fänger m
bonachón, ona adj/s gutmütig ‖ figf einfältig
bonachonería f Gutmütigkeit f ‖ figf Einfältigkeit f
bonaerense adj/s aus (der Provinz, seltener der Stadt) Buenos Aires
bonan|cible adj sanft, mild (bes. Wetter) ‖ ruhig (Meer) ‖ -**za** ⟨Mar⟩ schöne, günstige Witterung f ‖ Meeresstille f ‖ Windstille f, Lullen n des Windes ‖ fig Wohlfahrt f ‖ ◊ ir en ~ ⟨Mar⟩ mit günstigem Winde segeln ‖ fig gedeihen ‖ -**zar** [z/c] vt sich aufheitern (Wetter) ‖ -**zoso** adj heiter (Wetter) ‖ fig glücklich
bonapar|tismo m ⟨Pol⟩ Bonapartismus m ‖ -**tista** m Bonapartist m
bonazo adj/s (augm. v. **bueno**) fam gutmütig, friedliebend ‖ ◊ es un ~ fam er ist ein guter Kerl
bon|dad f Güte, Vortrefflichkeit f ‖ Gutherzigkeit f ‖ Rechtschaffenheit f ‖ Windstille f, Freundlichkeit, Gefälligkeit f ‖ (gute) Qualität f ‖ Berechtigung, Stichhaltigkeit f (Argumente, Gründe) ‖ ◊ tenga

V. la ~ de ... haben Sie die Güte und ... ‖ -**dadoso** adj gütig, rechtschaffen ‖ adv: ~**amente**
boneta|da f fam Hutabnehmen, Mützeziehen n (als Gruß) ‖ -**zo** m Schlag m mit der Mütze
bone|te m viereckiges Barett n ‖ (viereckige) Priestermütze f ‖ fig Weltgeistlicher m ‖ Netzmagen m (der Wiederkäuer) ‖ ⟨Bot⟩ Sternkaktus m, Bischofsmütze f ‖ (Astrophytum spp) ‖ ⟨Bot⟩ Melonenbaum m (Carica spp) ‖ Einmachglas n RP ‖ -**tón** ‖ bravo ~ iron Strohkopf m ‖ Zipfelmütze, (Schlaf)Mütze f ‖ a (od hasta) tente ~ figf aus Leibeskräften, was das Zeug hält ‖ zudringlich ‖ gran ~ fam hohes Tier n ‖ -**tería** f Mützenladen m ‖ Mützenware f ‖ Mex Kurzwarenhandlung f ‖ -**tero** m Mützenmacher m ‖ Mützenhändler m ‖ ⟨Bot⟩ Spindelstrauch m (Evonymus europaeus) ‖ -**tón** m Chi Pfänderspiel n
bonga f ⟨Bot⟩ Fil Arekanuß f ‖ Arekapalme f
¹**bongo** m Am Fähre f
²**bongo** m Am Bongobaum m
bonhomía f gall Offenherzigkeit f ‖ Gutmütigkeit f
boniato m ⟨Bot⟩ Süßkartoffel, Batate f (Ipomoea batatas) ‖ Knolle f der Süßkartoffel
boni|co dim v. **bueno** ‖ niedlich, hübsch ‖ a ~ Ar Murc still, leise ‖ -**cho** adj Chi = **bonito**²
Bonifacio m np Bonifatius m ‖ ~ ⟨Fi⟩ Pe pop = **bonito**
bonifi|cación f Gutschrift f ‖ Vergütung f ‖ Vergünstigung f ‖ Preis|abzug, -abschlag, Nachlaß m ‖ ⟨Agr⟩ Bodenverbesserung, Melioration f ‖ ~ de fidelidad Treuerabatt m ‖ ~ por cantidad Mengenrabatt m ‖ -**car** [c/qu] vt vergüten ‖ Com gutschreiben ‖ ⟨Agr⟩ meliorieren
*****bonillo** adj ziemlich gut
bonina f ⟨Bot⟩ Bertram m, Bertramwurzel f (Anacyclus sp)
bonísimo adj sup v. **bueno**
bonítalo m ⟨Fi⟩ = **bonito**
bonitas fpl fam Probe f (Ballspiel der Kinder)
bonitamente adv v. **bonito** ‖ behutsam ‖ fam gemächlich
bonitera f ⟨Fi⟩ Bonitofang m ‖ Fangzeit f des Bonitos ‖ Bonitofang|schiff bzw -netz n
¹**bonito** adj hübsch, niedlich, schön, nett (& iron) ‖ lobenswert ‖ ◊ ~ soy yo para eso fam das lasse ich hübsch bleiben
²**bonito** m ⟨Fi⟩ Bonito, gestreifter Thunfisch m (Euthynnus pelamis) (→ **atún**)
³△**bonito** m (Art) kastilischer Kittel m
boni|zal m Ast Hirsegrasfeld n ‖ -**zo** m Ast Hirsegras n
bono m Bon n, Schein m ‖ (Staats-)Schuldschein m ‖ Gutschein m ‖ Anweisung f ‖ Bonus m ‖ Brotkarte f ‖ Freitischmarke f ‖ ~ del Tesoro Schatzanweisung f ‖ ~s convertibles Wandelschuldverschreibungen fpl ‖ ~s de empréstito Anleihepapiere npl ‖ ~s en moneda extranjera Auslandsbonds mpl
bonzo m Bonze m (Priester) ‖ → a **cacique**
boñi|ga f Rinderkot, Kuhfladen m ‖ -**go** m Kuhfladen m (auch Fluchwort) ‖ Roßapfel m ‖ -**guero** m Schmutzgeier m (→ **alimoche**)
bookmaker m ⟨Sp⟩ Buchmacher m
boom m engl Boom m, Hochkonjunktur f
boque m Ar (Ziegen)Bock m
△**boqué** m Appetit, Hunger m
boque|ada f Öffnen n des Mundes ‖ ◊ dar la última ~ fig den Geist aufgeben ‖ -**ar** vt hervorbringen (ein Wort) ‖ ~ vi den Mund öffnen ‖ nach Luft schnappen ‖ fig verscheiden ‖ fig den Geist aufgeben ‖ figf zu Ende gehen (z. B. Vorrat) ‖ -**ra** f Öffnung f, Einschnitt m in e-m Bewässerungsgraben ‖ Trinkrand m an den Lippen ‖ ⟨Med⟩ Faulecke f, Ausschlag m in den Mundwinkeln ‖ -**riento** m Chi an Ausschlag m in den Mundwinkeln leidend ‖ fig verachtenswerte Per-

boquerón — bordonería

son f ‖ **-rón** augm v. **boquera** ‖ ⟨Fi⟩ Anschovis f ‖ Sardelle f

boquete m enge Öffnung f ‖ Bresche f, Durchbruch m ‖ ◇ abrir un ~ (en una pared) durch|brechen, -löchern (e–e Wand usw) ‖ tomar ~ fam Reißaus nehmen

boqui|abierto adj mit offenem Mund gaffend ‖ fam baff ‖ **-ancho** adj mit breitem Mund ‖ **-blando** adj weichmäulig ‖ fig geschwätzig ‖ **-che** adj fam Pe geschwätzig ‖ **-duro** adj hartmäulig (Pferde) ‖ fig Cu PR rechthaberisch ‖ fam schnippisch ‖ **-flojo** adj Mex schwatzhaft ‖ **-fresco** adj feuchtmäulig (Pferde) ‖ figf alles frei heraussagend ‖ ◇ es un ~ figf er nimmt kein Blatt vor den Mund ‖ **-hundido** adj mit eingefallenem Munde (alte zahnlose Leute)

boqui|lla f dim v. **boca** ‖ untere Öffnung f der Beinkleider ‖ ⟨Zim⟩ Zapfenloch n ‖ Schloß n an der Börse ‖ Düse f ‖ Verschluß m ‖ Tülle, Hülse f ‖ Schlauchtülle ‖ ⟨Mus⟩ Mundstück n ‖ Pfeifen-, Zigarren-, Zigaretten|spitze f ‖ Brenner m (e–r Gaslampe usw) ‖ ~ angular Winkelstrahl-Mundstück n ‖ ~ cónica Konus|hülse, -büchse f ‖ ~ cuentagotas Tropfdüse f ‖ ~ de aforo Meß-, Stau|düse, Meßblende f ‖ ~ de aspiración Saugmundstück n ‖ ~ de caucho ⟨Aut⟩ Gummitülle f ‖ ~ de corcho Korkmundstück n ‖ ~ de paso Kabeldurchführung f ‖ ~ de reducción Reduziernippel m ‖ ~ de sujeción Klemmhülse, Spannpatrone f ‖ ~ mezcladora Mischdüse f ‖ ~ pilotada gesteuerte Düse f (Heizung) ‖ ~ rociadora Spritzdüse f ‖ ~ roscada (Gewinde)Nippel m ‖ de ~ ohne Geldeinsatz (Spiel) ‖ fam auf fremde Kosten ‖ expresión de ~, manifestación de ~ Lippenbekenntnis f ‖ **-llazo** m Pe mündliche Mitteilung f ‖ **-llero** m Cu PR Schwätzer m ‖ **-muelle** adj weichmäulig (Pferde)

¹**boquin** m Fries, Bajettflanell m
²**boquín** m Henker m

boqui|negro adj mit schwarzem Maul ‖ **-nete** adj Col Mex = **-neto** ‖ **-neto** adj Col Mex Ven hasenschartig ‖ **-pando** adj weitmäulig ‖ fig geschwätzig ‖ **-rrasgado** adj mit breitem Mund ‖ weitmäulig (Pferde) ‖ **-rrojo** adj rotmündig ‖ mit rotem Maul ‖ **-rroto** adj fam schwatzhaft ‖ **-rrubio** adj/s rotmündig ‖ fig einfältig, leicht zu hintergehen ‖ ~ m fam Grünschnabel m ‖ **-seco** adj trockenmäulig (Pferde) ‖ fig leer, gehaltlos ‖ **-sucio** adj Ec redselig ‖ **-sumido** adj = **-hundido** ‖ **-ta** f fam dim v. **boca** ‖ **-torcido, -tuerto** adj schiefmäulig ‖ **-verde** adj fam unanständig redend

boraciar vi RP angeben, bramarbasieren
borácico adj Borax-, boraxhaltig
boracita f ⟨Min⟩ Borazit m
borate|ra f Chi Boratgrube f ‖ **-ro** adj mit Borat arbeitend od handelnd
borato m Borat n ‖ ~ de magnesia natural ⟨Chem⟩ Borazit m ‖ ~ de plomo Bleiborat n ‖ ~ de sosa borsaures Natron n ‖ Borax m ‖ ~ de sosa hidratado Natrium(tetra)borat n ‖ Borax m
borboleta f Bras Schmetterling m
borbo|llar vi (auf)sprudeln, Blasen werfen (Wasser) ‖ **-lleo** m (Auf)Sprudeln n ‖ **-llón** m Auf|sprudeln, -wallen n ‖ a ~es sprudelnd ‖ fig hastig, Hals über Kopf ‖ in Hülle und Fülle ‖ **-ll(on)ear** vi = **-llar**
Borbones mpl Bourbonen mpl
borbónico adj bourbonisch
borborigmo(s) m(pl) ⟨Med⟩ Blähungen fpl, Kollern n im Leib
borbo|ritar vi sieden, sprudeln ‖ **-tar** vi hervorsprudeln, aufwallen (Wasser) ‖ fig stottern ‖ **-rito** m = **-tón** ‖ **-tón** m Sprudeln n ‖ a ~es sprudelnd ‖ fig hastig, Hals über Kopf ‖ aus vollem Halse (lachen) ‖ ◇ hablar a ~es die Worte schnell hervorsprudeln
borceguí [pl **-íes**] m Halbstiefel, Schnürschuh m

borcelana f Mex kleiner, flacher Nachttopf m
borchincho m Mex Schwof m
bor|da f Hütte, Baracke f ‖ ⟨Mar⟩ Bord, Rand m, Reling f (e–s Schiffes) ‖ ◇ arrojar por la ~ über Bord werfen (& fig) ‖ **-dada** f ⟨Mar⟩ Schlag m ‖ ⟨Mar⟩ Gang m ‖ Brett n ‖ ~s largas ⟨Mar⟩ lange Schläge mpl ‖ ◇ dar ~s ⟨Mar⟩ lavieren ‖ figf hin- und her|gehen, spazieren
borda|do m/adj Sticken n ‖ Stickerei f ‖ ~ a canutillo Brokatstickerei f ‖ ~ a mano Handstickerei f ‖ ~ de fantasía Kunst-, Phantasie|stickerei f ‖ ~ de imaginería figurale, geblümte Stickerei ‖ ~ mecánico Maschinenstickerei f ‖ ~ de punto de laberinto Kurbelstickerei f ‖ ~ de realce erhabene Stickerei f ‖ ~ de sobrepuesto Aufnähstickerei f ‖ ~ en blanco Weißstickerei f ‖ ~ en oro Goldstickerei f ‖ ~ a (od al) tambor Ketteln n, Tambourierarbeit f ‖ ◇ te ha salido ~ das hast du aber gut gesagt ‖ ⟨pop⟩ das hast du hingehauen ‖ das hast du wunderbar gemacht ‖ **-dor** m Sticker m ‖ Stickrahmen m ‖ Strandfisch m ‖ **-dora** f Stickerin f ‖ ~ mecánica Stickmaschine f ‖ **-dura** f Sticken n, (Kunst)Stickerei f ‖ ⟨Her⟩ Bordüre, Verbrämung f ‖ fam erdichteter Zusatz m
bordaje m ⟨Mar⟩ Schiffsverkleidung f
bordante m Cu PR Hotel-, Pensions|gast m
bordar vt sticken, ausnähen ‖ fig genau aus|arbeiten, -führen ‖ (e–e Erzählung) ausschmücken ‖ ◇ ~ en cañamazo auf Kanevas sticken ‖ ~ de oro mit Gold sticken ‖ ~ de pasado durchgehend sticken ‖ ~ a (od al) tambor tamburieren ‖ máquina de ~ Stickmaschine f
¹**borde** adj unecht, unehelich ‖ ⟨Bot⟩ wild ‖ ungepfropft (Bäume) ‖ ~ m uneheliches Kind n, Bastard, Bankert m ‖ wilder Rebentrieb m
²**bor|de** m Rand, Saum m ‖ Ufer n, Küste f ‖ Gefäßrand m ‖ ⟨Mar⟩ Bord m e–s Schiffes, Schiffsrand m ‖ ~ de luto Trauerrand m ‖ al ~ de im Begriff zu ‖ **-dear** vi entlang dem Ufer gehen ‖ sich nähern, ⟨Mar⟩ lavieren ‖ begrenzen ‖ ~ los cuarenta años nahe an den Vierzigern sein ‖ **-dejar** vi Ven ⟨Mar⟩ lavieren
bordelés, esa adj/s aus Bordeaux
borderó m RP Einnahme f aus e–r öffentlichen Veranstaltung
bordillo m Rand-, Bord|stein m, Bordkante f ‖ Beeteinfassung f ‖ ~ al ras del pavimento Tiefbordstein m ‖ ~ de hormigón Betonbordstein m ‖ ~ elevado Hochbordstein m, Bordschwelle f ‖ ~ enterrado, ~ rehundido Kanten-, Rand-, Tiefbord|stein m ‖ ~ sobrepasable überfahrbarer Bordstein m
bordo m (Schiffs)Bord m ‖ Guat Rand, Saum m ‖ Mex Teichdamm m ‖ fig Schiff n ‖ a ~ an Bord ‖ al ~ an der Schiffsseite, längsseits ‖ ~ con ~ Bord an Bord ‖ de alto ~ seetüchtig ‖ fig wichtig, einflußreich ‖ buque de alto ~ großes See-, Kriegs|schiff n ‖ franco a ~ frei an Bord, „fob" ‖ personaje de alto ~ fig vornehme Persönlichkeit f ‖ ◇ ir a ~ sich einschiffen ‖ dar ~s ⟨Mar⟩ lavieren
bordón m Pilgerstab m ‖ fig Führer m, Stütze f ‖ Kehrreim, Refrain m ‖ ⟨Web⟩ Rippe f ‖ ⟨Mus⟩ Baßsaite, dicke Darmseite f ‖ Quersaite f an e–r Trommel ‖ Baßregister n in der Orgel ‖ ⟨Mar⟩ Spiere, Stenge f ‖ fig gewohnheitsmäßige Wiederholung f gewisser Wörter (auch bordoncillo) ‖ fig Helfer m, Stütze f ‖ ⟨Typ⟩ Textauslassung f beim Satz ‖ Wulst m ‖ Umschlag m (Blechkante) ‖ Flansch m (am Walzeisen) ‖ (Rad)Spurkranz m ‖ ~ plegado Falzumschlag m (Blech) ‖ ~es f pl ⟨Mar⟩ Spieren zu e–m Bock.
bordona f Arg Baßsaite f (bes an der Gitarre)
bordonadora f Abkantmaschine f
bordo|near vi auf dem Boden tappen, herumfühlen ‖ die Baßsaite anreißen ‖ summen (Insekt) ‖ fig bettelnd herumziehen ‖ **-nería** f

bordonero — borrico 178

bettelhaftes Herumziehen ‖ **–nero** adj/s *umherstreichend* ‖ **–núa** f PR *große, plump bearbeitete Gitarre* f
bordura f ⟨Her⟩ *Verbrämung, Bordüre* f
boreal adj *nördlich, boreal, Nord-* ‖ *aurora* ~ ⟨Astr⟩ *Nordlicht* n ‖ *hemisferio* ~ *nördliche Halbkugel* f
bóreas m *Nordwind, Boreas* m
Borgo|ña f *Burgund* ‖ ~ fig *Burgunderwein* m ‖ *cruz de* ~ *Burgundisches Kreuz* n ‖ ~ *Fahnenzeichen* n *der span. Traditionalisten und* ⟨Hist⟩ *der belgischen Rexisten* ‖ **⁓nón, ona, ⁓ñés, esa** adj/s *burgundisch* ‖ a ~a *auf burgundische Art* ‖ **⁓ñota** f ⟨Art⟩ *Stahlhelm* m
borguil m Ar *Heuschober* m
boricado adj: *agua* ~a ⟨Pharm⟩ *Borwasser* n
bórico adj *borhaltig* ‖ *ácido* ~ ⟨Chem⟩ *Borsäure* f
borinqueño adj/s *aus Puerto Rico*
Borja np *Borgia (it. Fürstengeschlecht span. Ursprungs)*
borla f *Quaste, Troddel* f ‖ *Puderquaste* f ‖ ◊ *tomar la* ~ fig *zum Doktor promoviert werden* ‖ **~s** fpl ⟨Bot⟩ *Tausendschön, Gänseblümchen* n (Bellis perennis)
bor|larse vr SAm *zum Doktor promoviert werden* ‖ **–learse** vr Mex = **–larse**
borlilla f ⟨Bot⟩ *Staubbeutel* m ‖ ⟨Bot⟩ *(Samen)Kätzchen* n
Borna: *enfermedad de* ~ ⟨Vet⟩ *Bornasche Krankheit* f
¹**borne** m, *Klemmschraube, Klemme* f ‖ ⟨Radio⟩ *Pol|klemme, -schuh* m ‖ ⟨Radio⟩ *Drehknopf* m ‖ ⟨Radio⟩ *Anschluß* m ‖ (Draht) *Klemme* f ‖ △*Galgen* m ‖ ~ *articulado Scharnierklemme* f ‖ ~ *de aletas Flügelklemme* f ‖ ~ *de antena Antennenklemme* f ‖ ~ (de carga) *de batería Batterieladeklipp* m ‖ ~ *de conducción de la corriente* ⟨El⟩ *Stromleitungsklemme* f ‖ ~ *de conexión,* ~ *de unión Anschluß-, Kabel-, Leitungs|klemme* f ‖ ~ *de cortocircuito Überbrückungsklemme* f ‖ ~ *de derivación Abzweigklemme* f ‖ ~ *de (la) pila,* ~ *de elemento Elementklemme* f ‖ ~ *de polo Polklemme* f ‖ ~ (*de puesta a) tierra,* ~ *de (toma de) tierra Erd(schluß)klemme* f ‖ ~ *elástico federnde Klemme* f ‖ ~ *prensahilo Klemmrolle* f ‖ ~ *terminal End|klemme, -befestigung* f
²**borne** adj *spröde (Holz)*
borne|adero m ⟨Mar⟩ *Schwoj(en)raum, Raum* m *zum Schwojen* ‖ **–ar** vt *um-, ver|biegen, krümmen* ‖ ⟨Mar⟩ *schwojen* ‖ **~se** *sich werfen (Holz)* ‖ **–o** m *Biegen, Krümmen* n ‖ ⟨Mar⟩ *Schwojen* n ‖ *Drehen* n *des Körpers beim Tanz*
Borneo *(die Insel) Borneo*
borní m ⟨V⟩ *Rohrweihe* f (Circus aeruginosus) ‖ → a *aguilucho lagunero*
△**bornido** m *Gehenkter* m
bornita f *Buntkupfererz* n
bornizo adj/s: *corcho* ~ *erste, von der Korkeiche gewonnene Rinde* ‖ ~ m Ar *Trieb, Schößling* m
boro m ⟨Chem⟩ *Bor* n
borococo m *And Gericht* n *aus Tomaten und Eiern* ‖ Cu fam *heimliche Liebschaft* f ‖ fam Cu *Mischmasch,* m, *Durcheinander* n
borocho adj Nic *schartig*
boro|nía = **alboronía** ‖ PR *Scherben* fpl ‖ **–nillo** adj Cu *in kleine Stücke zerbrochen*
boroschi m Col *Bröselchen, Krümchen* m
borra f *Ziegenhaar* n *(Füllhaar)* ‖ *Polsterhaar* n ‖ *Rohbaumwolle* f ‖ *Scher-, Flock|wolle* f ‖ *Flockseide* f ‖ *(Boden)Satz* m *von Öl usw* ‖ *einjähriges Schaf* n ‖ figf *gehaltloses Geschwätz* n ‖ *Borax* m ‖ ~ *de algodón Putzwolle* f ‖ ~ *de capullos Kokonwatte* f ‖ ~ *de carda Ausputz* m *(Krempel)* ‖ ~ *de lana Flock-, Kratz-, Schlag|wolle* f, *grobe Wolle* f ‖ ~ *de seda Flockseide* f ‖ **~s** *vegetales Pflanzendaunen* fpl ‖ ◊ ¡*acaso es* ~? figf *das ist ja nicht so wichtig!* ‖ *meter* ~ figf *Flickwörter anbringen*
borra|cha f *betrunkenes Weib* n ‖ figf *kleiner Weinschlauch* m ‖ **–chada** f *Handlung* f *e-s Betrunkenen* ‖ **–chear** vi *sich öfters berauschen* ‖ **–chera** f *Rausch* m (& fig) ‖ pop *Suff* m ‖ *Trinkgelage* n ‖ fig *großer Unsinn* m ‖ fig *Taumel* m *(der Begeisterung)* ‖ ~ *de placeres Freudentaumel, Sinnenrausch* m ‖ ~ *de triunfo Siegestaumel* m ‖ **–chez** [*pl* **-ces**] f *Trunkenheit* f ‖ **–chín** m *Gewohnheitstrinker* m ‖ **–cho** adj *betrunken, berauscht* ‖ fam *besoffen* ‖ fig *trunken* ‖ fig *geblendet* ‖ *dunkelviolett (Blumen)* ‖ *mit Wein zubereitet (Backwerk)* ‖ Chi pop *angefault (Früchte)* ‖ ~ *de amor liebestrunken* ‖ **~s** *que una espita* figf *voll wie e-e Strandhaubitze* ‖ ~ m *Trunkenbold* m ‖ **–chón** m/adj *großer Trinker, Säufer* m ‖ **–choso** adj Pe = **–chín** ‖ **–chuela** f ⟨Bot⟩ *Taumellolch* m (Lolium temulentum)
borrado adj Pe *pockennarbig*
borra|dor m *schriftlicher Entwurf* m, *Konzept* n *Entwurf, Raster* m ‖ ~ *Zeichnung* f ‖ *Tageheft* n *der Schüler* ‖ *Kladde, Strazze* f *der Kaufleute* ‖ Gal Vall *Schul|ranzen, -tasche* f ‖ ◊ *hacer* ~ *de entwerfen (Vertrag)* ‖ *sacar de* ~ figf *jdn hübsch herausputzen* ‖ **–dura** f *Ausstreichen* m, *Streichung* f *(aus e-r Liste usw)* ‖ Murc *Hautausschlag* m
borragináceas fpl ⟨Bot⟩ *Borretschgewächse* npl (Borraginaceae)
borra|ja f ⟨Bot⟩ *Borretsch* m, *Ochsenzunge* f (Borrago officinalis) ‖ *agua de* ~s fig *unwichtige Sache, Lappalie* f ‖ *quedar en* ~ figf *im Sande verlaufen* ‖ **–jear** vt *bekritzeln (Papier)* ‖ fig *flüchtig hinwerfen* ‖ **–jo** m *glühende Asche* f ‖ f ‖ *trockene Fichtennadeln* fpl
borrar vt *aus-, durch|streichen (Geschriebenes)* ‖ (*aus)radieren* ‖ *auslöschen* ‖ *löschen (Tonband)* ‖ *abwischen (Tafel)* ‖ *verwischen* ‖ fig *(ver)tilgen* ‖ *goma de* ~ *Radiergummi* m ‖ ◊ ~ *el encerado* ⟨Sch⟩ *die Tafel abwischen* ‖ **~se** *sich verwischen* ‖ *zusammenlaufen (Tinte)* ‖ *auslaufen (Farbe)* ‖ *(ver)schwinden (Schrift, Tinte)* ‖ ~ *de la memoria* fig *aus dem Gedächtnis verschwinden*
borras|ca f *Sturm, jäher Windstoß* m, *Unwetter* m ‖ *Bö* f ‖ fig *Widerwärtigkeit* f ‖ figf *Wutanfall* m ‖ ◊ *tras la* ~ *viene el buen tiempo auf Regen folgt Sonnenschein* ‖ *correr* ~ *(una cosa)* fig Chi *verlorengehen, gestohlen werden (e-e Sache)* ‖ **–coso** adj *stürmisch (Wetter)* ‖ **–quero, –coso** adj *stürmisch* ‖ figf *liederlich, ausschweifend*
borratina f fam Arg = **borradura**
borravino adj Am *weinrot*
borre|gada f *Schafherde* f ‖ Ec *Siesta, Mittagsruhe* f ‖ **–go** m *ein-* od *zweijähriges Lamm* n ‖ *(Art) Zwieback* m ‖ figf *einfältiger Mensch, Schafskopf* m ‖ Cu Mex *Ente, Lüge* f ‖ Mex *wissentlich verbreitener Ehemänner, wissentlicher Hahnrei* m ‖ ◊ *salir* ~ Mex *fehlgehen* ‖ **~s** *pl Zirruswolken* fpl ‖ ◊ *no hay tales* ~ figf *keine Rede! da irren Sie sich!* ‖ **–goso** adj *wolkig, gelockt (Himmel)* ‖ **–guero** adj/s *für die Schafzucht geeignet (Weide, Gebiet)* ‖ ~ m *Lämmerhirt* m ‖ **–guil** adj *Schafs-* ‖ ◊ *tener alma* ~ fig *ein Herdenmensch sein* ‖ **–guillo** m *Schäfchen* n *am Himmel*
borrén m *Sattelbausch* m ‖ ~ *delantero Vorderzwiesel, vorderer Sattelknopf* m ‖ ~ *trasero Hinterzwiesel, hinterer Sattelknopf* m
borreno m Ven = **borrén**
borri|ca f *Eselin* f ‖ fig *dummes Weib* n ‖ **–cada** f *Eselherde* f ‖ **–cal** adj *Esel-* ‖ **–celi** f ‖ **–co** m *Esel* m ‖ *(Säge)Bock* m ‖ fig *Esel, Dummkopf* m ‖ ◊ *apearse del* ~, *caer de su* ~ figf *seinen Irrtum*

einsehen || puesto en el ~ figf *fest entschlossen* || ser un ~ figf *ein Arbeitstier sein* || allzu geduldig sein || *ein Dummkopf sein* || **-cón, -cote** m figf *großer Esel* m || *allzu geduldiger Mensch* m
borrilla f *erste Wolle* f *des Lammes* || *(Tuch-) Wolle* f || *leichter Flaum* m *(auf Früchten)*
borrina f *Ast dichter Nebel* m
borri|queño, -quero adj *Esel-* || cardo ~ *Eselsdistel* f (Onopordum acanthium) || **-quero** m *Eseltreiber* m || **-quete** m *Gerüst-, Säge|bock* m || **-quito** m dim v. **borrico**
borro m *Jährlingslamm* n || fig *träger, schwerfälliger Mensch* m
Borromeo np: San Carlos ~ *der hl. Karl Borromäus*
borrón m *Tintenklecks* m || *Fleck(en)* m || fig *Fehler* m || fig *Schandfleck* m || *Entwurf* m || *Skizze* f || **~es** pl fam *Schriften* fpl
borro|near vt/i *(be)kritzeln* || *schmieren* || **-sidad** f *Unschärfe* f || *Verschwommenheit* f || ~ cinética ⟨Nucl⟩ *Bewegungsunschärfe* f || ~ de emulsión ⟨Phot⟩ *photographische Unschärfe* f || ~ por dispersión ⟨Phys⟩ *Unschärfe* f *durch Streuung* f || **-so** adj *heftig, trübe, flockig (Flüssigkeit)* || *unscharf (z. B. Lichtbild)* || ⟨Bot⟩ *filzig* || *unklar, verschwommen*
borruca f fam *Lärm* m, *Geschrei* n
borrufalla f Ar fam *Kleinigkeiten* fpl
borto m Al Burg Logr *Erdbeerbaum* m
boruca f *Getöse* n, *Lärm* m || *Freudengeschrei* n
boruga f Cu *saure Milch* f *und Zucker*
borujo m *Bündel* n, *Pack* m || *Oliventrester* m
boruquiento Mex *lustig und lärmend*
boruro m ⟨Chem⟩ *Borverbindung* f
borusca f *Reishoiz, Reisig* n || *dürres Laub* n
bosa f ⟨Mar⟩ *Tauende* n
bosado m Col *übertriebenes Hüftwackeln* n
boscaje m *Gebüsch, Gehölz* n || ⟨Mal⟩ *Landschaft* f
boscoso adj *waldreich, bewaldet*
Bósforo: el ~ *der Bosporus (Meerenge)* || **~** m *Meerenge* f
Bosnia f *Bosnien* n
bosníaco, bosnio adj/s *bosnisch* || *Bosnier* m
bosón m ⟨Nucl⟩ *Boson* n
bosorola f MAm *Bodensatz* m || *Ablagerung* f, *Niederschlag* m
bosque m *Wald, Busch* m, *Gehölz* n || ⟨poet⟩ *Hain* m || △ *(Voll)Bart* m || ~ comunal *Gemeindewald* m || ~ de coníferas *Nadelwald* m || ~ de fronda, ~ frondoso *Laubwald* m || ~ espeso *dichter Wald* m || ~ mezclado *Mischwald* m || ~ ralo *lichter Wald* m || dim: **~cillo**
bosque|jar vt ⟨Mal⟩ *skizzieren* || *entwerfen* || *andeuten* || **~se** vr *sich abzeichnen* || **-jo** m ⟨Mal⟩ *Skizze, Entwurfzeichnung* f || *(Ton)Modell* n || fig *Plan* m || fig *ungefähre Vorstellung* f
bosquete m *Wäldchen, Gehölz* n || *Boskett* n
bosquimano m *Buschmann* m
bos|ta f *Kuhfladen* m || *Pferdekot* m, *Roßäpfel* mpl || **-tear** vi Arg Chi *misten (Vieh)*
boste|zar [z/c] vi *gähnen* || **-zo** m *Gähnen* n || ◇ dar un ~, dar ~s *gähnen*
bosticar vi Mex MAm *brummen* || *vor sich hin murmeln*
boston m ⟨Kart⟩ *Boston* n || vals ~ *Bostonwalzer* m *(Tanz)* || **-ear** vi Chi *Walzer tanzen*
bostrico m ⟨Entom Agr⟩ *Holzbohrkäfer* m (Bostrychus spp)
bota f *lederne Weinflasche* f || *(Wein)Faß* n || *Bote* f, *Weinmaß von 516 l* (= 32 cántaras) || *Stiefel, Schuh* m || ⟨Mar⟩ *Balje* f Col Ven PR *lederner Sporenschutz* m *der Kampfhähne* || ~ con botones *Knöpfstiefel* m || ~ con cordones *Schnürstiefel* m || ~ con elásticos *Zugstiefel* m || ~ de agua *Seestiefel* m || ~ de goma *Gummistiefel* m || **~s** de siete leguas *Siebenmeilenstiefel* mpl || ~ de montar, ~ alta fig *Reitstiefel* m || ~ ortopédica *orthopädischer Schuh* m || ◇ estar con las ~s puestas fig *reisefertig sein* || fig *bereit sein* || limpiar las ~ a alg., pop lamer las ~ a alg. fig *vor jdn katzbuckeln, vor jdm kriechen* || ponerse las **~s** figf *zu Wohlstand kommen* || *fein heraus sein*
bota|bala m ⟨Mil⟩ *Ladestock* m || **-barro** m Chi *Kotflügel* m || **-da** f *Daubenholz* n || ⟨Mar⟩ *Stapellauf* m || **-dero** m Pe pop *Misthaufen* m || Mex *Aussatzkippe* f || **-do** adj Am *spottbillig* || Am *unverschämt, dreist* || Am *verschwenderisch* || Am *leichtsinnig* || ~ m Pe *Findelkind* n || fig *schamloser Mensch* m || **-dor** m *Nagelzieher* m || *Auswerfer* m *(Waffe)* || ⟨Mar⟩ *Bootshaken* m || Chi MAm Mex pop *Verschwender* m || ~ de cuñas ⟨Zim⟩ *Keiltreiber* m || ~ de punta ⟨Zim⟩ *Spitzendurchtreiber* m || **-dura** f ⟨Mar⟩ *Stapellauf, Ablauf* m *von den Helgen* || **-fango** m Cu Pe PR *Kotflügel* m || **-fuego** m ⟨Mil⟩ *Zünd-, Lunten|stock, Brander* m || fig *Unruhestifter* m || fam *Hitzkopf* m || **-fumeiro** m Gal *Weihrauchkessel* m *(bes. in der Kathedrale von Santiago de Compostela)*
botalodo m Am *Kotflügel* m
bota|lón m ⟨Mar⟩ *Spiere* f, *Baum, Ausleger, Klüverbaum* m || ⟨Mar⟩ *Brandhaken* m || Col Ven *Pfosten, Pfahl* m, *Stange* f || ~ de cola ⟨Flugw⟩ *Schwanzträger* m || ~ de foque ⟨Mar⟩ *Klüverbaum* m || ~ de pala *Löffelbagger-Ausleger* m || **-men** m *Wasserfässer* npl *an Bord* || **-na** f *Spundzapfen* m *(für Weinfässer)* || figf *Wundpflaster* m || figf *Narbe* f || Col Cu Guat Mex *Sporenschutz* m *für Kampfhähne* || Ven *Trinker* m
botáni|ca f *Botanik, Pflanzenkunde* f || ~ agrícola *landwirtschaftliche Botanik* || ~ aplicada *angewandte Botanik* || ~ farmacéutica *pharmazeutische Botanik* || ~ pura *theoretische Botanik, reine Botanik* || **-co** adj *botanisch* || jardín ~ *botanischer Garten* m || ~ m *Botaniker* m
botanista m = **botánico**
botanomancia f *Pflanzenwahrsagerei* f
botar vt/i *herausstoßen, werfen* || *fortschleudern* || *fortstoßen* || ⟨Mar⟩ *(ein Schiff) vom Stapel laufen lassen, flottmachen* || ⟨Mar⟩ *das Steuer drehen, wenden, das Ruder umlegen* || Am *(weg-)werfen* || Am pop *vergeuden* || Am *entlassen, kündigen (Angestellten), auf die Straße setzen* || MAm Dom PR Col Pe *et verlieren* || Chi *zu Boden werfen* || vi *(auf)springen, tänzeln (störrisches Pferd)* || *auf-, zurück|prallen (bes von Bällen)* || **~se** *ausschlagen (Reitpferd)*
botara|tada f fam *Leichtsinn* m, *Unbesonnenheit* f || fam *unbesonnener Streich* m || **-te** m/adj fam *unbesonn(ener Mensch), Leichtfuß* m || fam *Springinsfeld* m || Chi pop *Verschwender* m || **-tear** vi Arg *unbesonnen, leichtsinnig handeln*
botarel m ⟨Arch⟩ *Bogen-, Strebe|pfeiler* m
botarga f *(Art) Preßwurst* f
bota|silla f ⟨Mil⟩ *Trompetensignal* n *zum Aufsitzen* || **-vante** m ⟨Mar⟩ *Spiere* f || ⟨Mar⟩ *Bootshaken* m || **-vara** f ⟨Mar⟩ *Giekbaum* m || ~ de la mayor ⟨Mar⟩ *Großbaum* m || ~ de mesana ⟨Mar⟩ *Besanbaum* m
¹**bote** m *Schlag* m || *Lanzenstich* m || *Ausfall* m *(beim Fechten)* || *(Auf)Springen* n, *(z. B. des Pferdes)* || *Sprung, Satz* m || *Stoß* m || ⟨Mil⟩ *Abprallen* n *e-s Geschosses* || de ~ y voleo fig *auf der Stelle, sofort* || ◇ pegar un ~ *aufspringen*
²**bote** m *Büchse, Dose* f || ~ de (hoja)lata *Blechbüchse* f || ~ de pintura *Farbtopf* m || ~ de estiraje ⟨Web⟩ *Ansatzkanne* f || ~ de fibra ⟨Web⟩ *Fiberkanne* f || ~ de papel ⟨Web⟩ *Papierkanne* f || ~ de serreta ⟨Web⟩ Am *Kamm|topf, -ofen* m
³**bote** m *Boot* n || ⟨Mar⟩ *Rettungsboot* n || ~ automóvil *Motorboot* n || ~ de asalto ⟨Mil⟩ *Sturmboot* n || ~ aviso ⟨Mil⟩ *Beiboot* n || ~ con camarote *Kajütboot* n || ~ de carrera(s) *Rennboot* n || ~ neumático *Schlauchboot* n || ~ plegable *Faltboot* n ||

bote — bóveda 180

~ de remolque *Beiboot* n || ~ de dos remos *Einer* m || ~ de remos *Ruderboot* n || ~ salvavidas *Rettungsboot* n || cubierta de ~s ⟨Mar⟩ *Oberdeck* n
⁴**bote** *m Rand* m || (lleno) de ~ en ~ figf *gestopft voll (z. B. Lokal)*
boteja *f* Ar = **botijo**
botel *m Botel, schwimmendes Hotel* n
bote|lla *f (Glas)Flasche* f || *Weinmaß* n = $1^{1/2}$ cuartillos || Cu PR *Pfründe* f || ~ con tapón roscado *Flasche* f *mit Schraubverschluß* || **~-correo** ⟨Mar⟩ *Flaschenpost* f || ~ de acero *Stahlflasche* f || ~ de agua *Wasserflasche* f || *Flasche* f *voll Wasser* || ~ de cerveza *Bierflasche* f || ~ de cristal, ~ de vidrio *Glasflasche* f || ~ de gas *Gasflasche* f || ~ de hidrógeno *Wasserstoffflasche* f || ~ de Leiden, ~ de Leyden *Leidener Flasche* f || ~ de oxígeno *Sauerstoffflasche* f || ~ forrada de paja, ~ forrada de mimbre *Korbflasche* f || termos *Thermos-, Isolier|flasche* f || ~ tomamuestras *Isolierflasche, Nansen-Petersonsche Flasche* f *(Ozeanographie)* || cerveza en ~s *Flaschenbier* n || **–llazo** *m Schlag* m *mit e–r Flasche*
botelle|ria *f Flaschenverkauf* m || *Flaschen|-angebot* m *-bestand* m || *Böttcherei* f || **-ro** *m Flaschenkorb* m
botellín *m kleine Flasche* f
botellón *m* Mex *Korbflasche* f
¹**bote|ro** *m Böttcher* m || Am *Schuhmacher* m || **–ría** *f* Am pop *Schuhmacherladen* m
²**botero** *m* ⟨Mar⟩ *Bootsführer* m || *Bootseigner* m
³**Botero** *m:* Pe(d)ro ~ fam *Gottseibeiuns, der Teufel* m
botete *m* Am *Blutmücke* f
botez [pl **-ces**] *f Unbehofenheit* f
boti|ca *f* fam *Apotheke* f || *Arzneimittel* n || prov *Kaufladen* m || △ *Krämerladen* m || **–caria** *f* || *Apothekerin* f || *Apothekersfrau* f || **–cario** *m* fam *Apotheker* m || △ *Krämer* m || ◊ *eso viene como pedrada en ojo de ~* figf *das kommt wie gerufen, sehr gelegen*
botifuera *f:* de ~ Ar fam *unentgeltlich* || fig *zufällig*
boti|ga *f* prov *Kauf-, Kram|laden* m || **–guero** *m* prov *Krämer* m
boti|ja *f weitbauchiger Krug* m *mit kurzem Hals* || Am *Milchkanne* f || fig *Dickwanst* m || Hond PR CR *verborgener Schatz* m || Ur *kleines Kind* n || vulg Am *Bauch* m || ◊ *estar hecho una ~* figf *sehr pummelig sein (Kind)* || *zornig und weinerlich sein (Kind)* || *poner a uno como ~ verde* Am *jdn abkanzeln,* pop *jdn zur Sau machen* || **–jero** *m Krughändler* m || **–jo** *m Kühlkrug* m || *Wasserkrug* m *mit Henkel und Tülle* || fig *dickes Kind* n || tren ~ fam *Bummelzug* m || **–jón** *m* Ven *großer Tonkrug* m
botilla *f Halbstiefel* m
botille|ría *f Erfrischungshalle* f || *Eisdiele* f || **-ro** *m Wein-, Likör|verkäufer* m || *Eis- und Getränke|verkäufer* m || Mex *Schuh|macher, -verkäufer* m
botillo *m kleine lederne Weinflasche* f
¹**botín** *m Halb-, Schnür|stiefel* m
²**botín** *m* ⟨Mil⟩ *(Kriegs)Beute* f *(& fig)*
³**botín** *m* Chi *Socke* f
boti|na *f feiner Damenstiefel* m || **–nero** *adj/s hellfarbig mit schwarzen Füßen (Rindvieh)* || ~ m *Schnürstiefel|macher, -verkäufer* m || ~ RPl *Schuhschrank* m
botion|da *f adj leckend (Ziege)* || **-do** *adj lüstern, geil*
botiquero *m* desp Am = **boticario**
botiquín *m Reiseapotheke* f || *Hausapotheke* f || *Verband(s)kasten* m || *Arzneikästchen* n || ⟨Aut⟩ *Apotheke* f || Ven *kleiner Weinladen* m
botivoleo *m Auffangen* n *des Balles im Fluge* || → a ¹**bote**
¹**boto** *adj/s stumpf(sinnig)* ||fig *plump, schwerfällig*

²**boto** *m kleiner (Wein)Schlauch* m
botón *m (Rock)Knopf* m || *Knopf* m *am Rapier* || *Druckknopf* m || *(Blüten)Knospe* f || ⟨Med⟩ *Blatter* f || *Schaltknopf* m || ⟨Web⟩ *Flocke, Noppe* f, *Knoten* m || ⟨Web *Grob-, Klotz|faden* m ||Arg desp *Bulle* m *(Polizist)* || Cu *derber Verweis* m || ~ *automático,* ~ de presión (en vestidos) *Druckknopf* m *(an Kleidern)* || ~ con presilla *Knopf* m *mit Öse* || ~ de ajuste *Einstellknopf* m || ~ de algodón *Baumwollnoppe* f || ~ de anulación ⟨Tel⟩ *Fehlertaste* f || ~ de arranque ⟨Aut⟩ *Anlasserknopf* m || ~ de contacto ⟨El Radio⟩ *Kontakt-, Umschalt|knopf* m || ~ de fuego ⟨Chir⟩ *Brennkugel* f || ~ de (la) sonda ⟨Med⟩ *Sondenknopf* m || ~ de mando, ~ de maniobra *Steuer-, Bedienungs|-knopf* m || ~ de(l) timbre *Klingelknopf* m || ~ de oro ⟨Bot⟩ *Ranunkel* f || *giratorio,* ~ de control *Drehknopf* m || *pulsador Druckschaltknopf* m || ~ de alarma *Notsignaltaste* f || ~ regulador de ondas ⟨Radio⟩ *Welleneinstellknopf* m || ~ regulador de la sintonización ⟨Radio⟩ *Abstimmknopf* m || al ~ fam Arg *vergebens* || de ~ *gordo* fam *grob, ungeschlacht* || ◊ *oprimir el ~ auf den Knopf drücken* || **–es** *mpl:* ~ *gustativos* ⟨An⟩ *Schmeckbecher* mpl
boto|nadura *f Knopfgarnitur* f || **–nar** vt *zuknöpfen* || Am *mit Knöpfen besetzen* || ~ vi Cu *Knospen treiben*
botoncito *m* dim *v.* **botón**
boto|nera *f Knopfmacherin* f || *Knopfverkäuferin* f || *Knopfloch* n || *Zapfenloch* n || **–nería** *f Knopfladen* m || *Knopfwaren* fpl || **–nero** *m Knopfmacher* m || *Knopfverkäufer* m || **–nes** *m* fam *Laufbursche, Groom, Boy* m || *Page* m *(im Hotel)*
bototo *m* Am *Kürbisflasche* f || **~s** mpl Chi *große, plumpe Schuhe* mpl, fam *Treter* mpl
botrino *m* Al Ar Burg Logr *(Art) Fischreuse* f
botriomicosis *f* ⟨Vet⟩ *Botryomykose, Traubenpilzkrankheit* f
botrión *m* ⟨Med⟩ *Geschwür* n *an der Hornhaut*
botudo adj Mex *weißfüßig (Tier)*
botulismo *m* ⟨Med⟩ *Botulismus* m, *Fleisch-, Konserven-, Wurst|vergiftung* f
bou *m:* ◊ *pescar al ~ gemeinsam mit dem Grundschleppnetz fischen (2 Boote), Grundschleppnetzfischer, Fischtrawler* m
boudoir *m* frz *Boudoir, Damenzimmer* n
bouquet *m* frz *Bukett* n, *Blume* f *des Weines*
bóveda *f Wölbung* f || ⟨Arch⟩ *Gewölbe* n || *Keller* m || *(Toten)Gruft, Krypta* f || *Zimmerdecke* f || ~ *acústica Schallgewölbe* n || ~ *amoldada Muldengewölbe* n || ~ *anular Spindel-, Ring|gewölbe* n || ~ *cáscara Schalen|dach* n, *-kuppel* f || ~ *celeste* ⟨poet⟩ *Himmelsdach, Sternenzelt* n || ~ de *cañón inclinado schiefes Gewölbe* n *(Vielfachlogenmauer)* || ~ *circular Kreisbogengewölbe* n || ~ *continuada Bogen|gang* m, *-laube, Arkade* f || ~ *craneal,* ~ *craneana* ⟨An⟩ *Schädel|gewölbe,* *-dach* n, *-wölbung* f || ~ de *arcos en resalto Gurt-, Zonen|gewölbe* n || ~ de *cañón, ~ de cimiento, ~ corrida Tonnengewölbe* n || ~ de *claustro invertida Sohl(en)gewölbe* n || ~ de *cúpula Kuppelgewölbe* n || ~ de *hormigón Betongewölbe* n || ~ de *ladrillos Ziegel-, Backstein-, Mauerstein|gewölbe* n || ~ de *la caja de fuego Feuerbüchsendecke* f || ~ *del hogar Herdgewölbe* n || ~ de *nervios,* ~ *nervada Rippengewölbe* n || ~ de *sillería,* ~ de (piedras) *sillares,* ~ de *piedras labradas Hausteingewölbe, Gewölbe* n *aus behauenen Natursteinen* || ~ de *soplantes* ⟨Metal⟩ *Blas-, Wind|gewölbe* n || ~ de *vaciamiento Spargewölbe* n || ~ *diafragmática* ⟨An⟩ *Zwerchfellkuppe* f || ~ *en corona Kranzgewölbe* n || ~ *en rampa Schräggewölbe* n || ~ *faríngea* ⟨An⟩ *Rachendach* n, *Schlundhöhle* f ||

~ ojival *gotisches Gewölbe* n ‖ ~ palatina ⟨An⟩ *Gaumen|bogen* m, *-gewölbe* n ‖ ~ parabólica *parabolisches Gewölbe* n ‖ ~ peraltada *überhöhter Bogen* m ‖ ~ reticular *Netz-*, *Rauten|gewölbe* n

bovedilla *f* ⟨Arch⟩ *Sparrenfeld* n ‖ ◊ subirse a las ~s fig*f in Zorn geraten* ‖ fam *aus der Haut fahren, an den Wänden hochgehen*

bóvidos *mpl Rinder* npl ‖ ~ jóvenes *Jungrinder* npl

bovino *adj/s Rind(er)-* ‖ ~ *m Rind* n ‖ ~ de aptitud mixta *Mehrzweckrind* n ‖ ~ de doble utilidad *Zweinutzungsrind* n ‖ ~ de macelo, ~ de matadero *Fleischrind* n ‖ ~ de recría *Aufzuchtrind* n

box *m* engl *Box* f *(Pferdestall)*
boxcalf *m* engl *Boxkalf* n
boxe|ador *m Boxer* m ‖ *-ar* vt/i *boxen* ‖ *-o m Boxkampf* m
bóxer *m Boxer* m *(Hunderasse)*
boxeril, boxístico adj Am *Box-*
bóxers *mpl* engl ⟨Hist⟩ *Boxer* mpl *(politische Partei in China)* ‖ insurrección de los ~ ⟨Hist⟩ *Boxeraufstand* m

boya *f (Anker)Boje* f ‖ ⟨Mar⟩ *Korkboje* f, *Schwimmer* m *(Kork an Netzen)* ‖ fig *Müßiggang* m ‖ Chi *Beule, Verbeulung* f *(am Metall)* ‖ ~ achaflanada *stumpfe Boje, stumpfe Tonne* f ‖ ~ baliza, ~ indicadora *Markierungs-, Topp|zeichen, -boje* f ‖ ~ ciega *unbefeuerte Tonne* f ‖ ~ con asta, ~ con mástil, ~ de espeque *Spieren|tonne, -boje* ‖ ~ cónica, ~ de punta *Spitzboje* f ‖ ~ de amarre *Festmachetonne, Vertäuboje* f ‖ ~ de ancla *Ankerboje* f ‖ ~ de barril *Faß|boje, -tonne* ‖ ~ de brújula *Kompaßboje* f ‖ ~ de campana *Glockenboje* f ‖ ~ de corcho *Korkboje* f ‖ ~ de espía, ~ de maniobra *Verholboje, Warptonne* f ‖ ~ de naufragio *Wracktonne* f ‖ ~ de recalada *Ansegelungsboje* f ‖ ~ de reflector radar *Radarreflektorboje, Radarverkennungstonne* f ‖ ~ de salvamento luminosa *Leucht|boje, -tonne* ‖ ~ salvavidas *Rettungsboje* f ‖ ~ telefónica *Telefonboje* f ‖ estar ~ de buena ~ fig *glücklich sein, Glück* n *haben* ‖ *~s pl Flotten* fpl *an den Fischernetzen* ‖ ~ y balizas *Bojen und Baken* fpl

boyada *f Ochsenherde* f
[1]**boyal** adj *Rinds-, Rindvieh-*
[2]**boyal** *m Rindviehweide* f
boyante adj ⟨Mar⟩ *mit günstigem Winde segelnd* ‖ ⟨Mar⟩ *mit geringem Tiefgang (infolge kleiner Ladung)* ‖ ⟨Taur⟩ *leicht zu behandeln (Stier)* ‖ fig *glücklich* ‖ *beglückt* ‖ ◊ estar ~ fig *Erfolg haben* ‖ *frisch und munter sein*
boyar vi ⟨Mar⟩ *oben treiben* ‖ ⟨Mar⟩ *wieder flott werden, loskommen* ‖ fig *obenauf sein* ‖ Am *schwimmen*
boyardo *m Bojar* m
boyazo *m* augm *v.* **buey** ‖ Am *Faustschlag* m ‖ *derber Schlag* m
boycot *m* → **boicot**
boye|ra, -riza *f Ochsenstall* m ‖ *-ro m Ochsen|hirt, -knecht, -treiber* ‖ ⟨V⟩ Arg Ur *Köhleramsel* f (Turdus flavipes) ‖ ⟨V⟩ Cu *Erdtaube* f (Geotrygon montana) ‖ *-zuelo* m dim *v.* **buey**
boy-scouts *mpl* engl⟨Sp⟩*Pfadfinder* mpl
△**boyuda** *f Spiel* n *Karten*
boyuno adj *Rind(vieh)-*
boza *f* ⟨Mar⟩ *(Ankertau)Stopper* m
bozada *f* Col *Halfter* m
[1]**bozal** *adj/s ungebändigt, unabgerichtet (Tier)* ‖ fig*f unerfahren, ungeübt* ‖ *dumm* ‖ Arg *schlecht Spanisch redend* ‖ negro ~ Arg *neuangekommener Neger* m *aus Afrika* ‖ ~ m fam *Neuling, Anfänger* m ‖ *Dummkopf* m
[2]**bozal** *m Maul-, Beiß|korb* m ‖ Am *Halfterstrick* m ‖ *Pferdeglöckchen* npl
bo|zo *m Flaum-, Milch|bart* m ‖ *die Lippen* fpl ‖ *Oberlippe* f *des Pferdes* ‖ *Strick* m *als Halfter* ‖

echar ~ *den ersten Bart bekommen* ‖ *-zudo* adj *milchbärtig*
B. p. Abk = **Bendición papal**
Br., br. Abk = **bachiller**
Br ⟨Chem⟩ = **bromo**
brabante *m Brabanter Leinwand* f
braban|zón, -ona, -tino adj/s *brabantisch* ‖ *Brabanter* m
Brabanzona *f:* la ~ *die belgische Nationalhymne*
bracamonte *m* Col *Kobold* m
bracarense adj *aus Braga* (Port)
braceada *f heftige Bewegung* f *der Arme*
[1]**brace|aje, -o** *m* ⟨*Münzprägen*⟩ n ‖ *Schlagschatz* m
[2]**brace|aje, -o** *m* ⟨Mar⟩ *Brassentiefe* f ‖ *-ar* vt/i ⟨Mar⟩ *brassen* ‖ ⟨Mar⟩ *die Brassentiefe messen* ‖ ~ vi *die Arme bewegen, gestikulieren, mit den Armen fuchteln* ‖ *umrühren (Metalle)* ‖ *ausstreichen (im Schwimmen)* ‖ *leicht auftreten (Pferd)* ‖ fig *sich widersetzen* ‖ fig *ringen, sich bemühen* ‖ Dom *unerlaubten Profit erringen* ‖ ~ a la cuadra ⟨Mar⟩ *vierkant brassen* ‖ ~ en contra ⟨Mar⟩ *gegenbrassen*
brace|ra *f Zapfensäge* f ‖ *-ro* adj & adv *Arm-* ‖ *Wurf-* ‖ ◊ ir ~ *Arm in Arm gehen* ‖ ~ *m Feldarbeiter* m ‖ *Handlanger* m ‖ *Tagelöhner* m ‖ *Lastträger* m ‖ *ungelernter Arbeiter* m ‖ *-te m* dim *v.* **brazo** ‖ ◊ ir de ~ fam *Arm in Arm gehen*
braci|llo *m Bug* m *am Zaum* ‖ *-tendido* adj fam *faulenzerisch*
brac|mán *m Brahmane* m ‖ *-mánico* adj *brahmanisch*
braco adj/s *stumpf-, stülp|nasig (Mensch)* ‖ perro ~ *Bracke* f, *Brackhund* m
bráctea *f* ⟨Bot⟩ *Deckblatt* n, *Braktee* f
bracte|oide adj ⟨Bot⟩ *deckblattartig, brakteoid* ‖ *-ola* f ⟨Bot⟩ *Deckblättchen* n, *Brakteole* f
bradicardia *f* ⟨Med⟩ *Bradykardie, Verlangsamung* f *der Herzschlagfolge, Pulsschlagverlangsamung* f
bradilalia *f* ⟨Med⟩ *Bradylalie, schleppende Sprechweise* f
bradipódidos *mpl* ⟨Zool⟩ *Faultiere* npl (Bradypodidae)
bradípodo *m Faultier* n
bradiuria *f* ⟨Med⟩ *Bradyurie, verzögerte Harnausscheidung* f
braga *f Kniehose* f ‖ *Strang* m, *Rüst-, Hebe|seil* n ‖ *Flecht-, Schlick|zaum* m, *Flechtwerk* n *(Flußbau)* ‖ Ar *Unterlegetuch* n *der Windeln* ‖ *~s pl Kniehose* f ‖ *Hosen* fpl, *weite Beinkleider* npl ‖ ◊ calzar las ~ fam *die Hosen anhaben (Ehefrau)*
braga|da *f innere Schenkelseite* f *der Vierfüß(l)er* ‖ *-do* adj *andersfarbig zwischen den Beinen (Rindvieh)* ‖ fig *tückisch* ‖ fig *gewagt, mutig, energisch* ‖ *verwegen* ‖ *-dura* f *Beinschlitz, Schritt* m ‖ *-zas* fpl *Pumphosen* fpl ‖ ~ *m* fam *Pantoffelheld* m
brague|ro *m* ⟨Chir⟩ *Bruchband* n ‖ *-ta f Latz, Hosenschlitz* m ‖ ⟨Arch⟩ *Kehlleiste* f ‖ ◊ tener *~s* fig *tapfer, mutig sein* ‖ *-tazo m:* ◊ dar un ~ fam *(unverhofft) e-e gute Partie machen* ‖ *-tón m* ⟨Arch⟩ *Bogenstück* n
braguillas *m* fam *Knirps* m ‖ fam *Hosenmatz* m
Brah|ma *m Brahma* m *(Gottheit der Inder)* ‖ ⸗**mán** *m* = **bracmán**
brain-trust *m* engl.-am. *Brain-Trust,* „*Gehirntrust*" m
brama *f* ⟨Jgd⟩ *Brunftzeit* f ‖ *Brunft* f *(bes. der Hirsche)*
brama|dera *f Kinderschnarre* f ‖ *Viehscheuche* f ‖ *-dero m Brunftplatz* m ‖ Am *Anbindepfosten* m
[1]**bramante** *m*/adj *Bindfaden* m ‖ ⟨Mar⟩ *dickes Segelgarn* n
[2]**bramante** *m* Arg = **brabante**
bra|mar vi *brüllen (Löwe, Meer, Donner), heulen (Wind)* ‖ *schreien (Hirsch)* △ *schreien* ‖

bramido — brazo 182

fig *toben, wüten, tosen* || **–mido** *m Gebrüll* n || *Röhren* n *des Hirsches* || fig *Wüten, Toben, Tosen* n || △ **–mo** *m Gebrüll, Geschrei* n || **–món** *m* fam *heimlicher Angeber, Spitzel* m || **–mona** *f:* soltar la ~ fig *beleidigen* || *beschimpfen* || **–muras** fpl *Großsprecherei, Bramarbasierung* f || *prahlerische Drohung* f
branco adj Col = **blanco**
brandal *m* ⟨Mar⟩ *Fallreep* n, *Strickleiter* f || ~es *pl* ⟨Mar⟩ *Pardunen* fpl
Brandebur|go *m Brandenburg* || **⸗gués, ⸗esa** adj/s *brandenburgisch* || ~ *m/f Brandenburger(in* f*)* m
bran|dy, –di *m* (Am pop **brándises**) engl *Weinbrand* m
branque *m* ⟨Mar⟩ *Vordersteven* m
bran|quia *f Kieme* f || ~s *pl (Fisch) Kiemen* fpl, *Branchien* pl || **–quiado** adj/s ⟨Zool⟩ *durch Kiemen atmend* || ~ *m* ⟨Zool⟩ *Branchiat* m || **–quial** adj: *respiración* ~ *Kiemenatmung* f || **–quífero** adj *mit Kiemen* || **–quiuros** mpl ⟨Zool⟩ *Fischläuse* fpl, *Kiemenschwänze* mpl (Branchiura) || **–quiosaurio** *m* ⟨Paleont⟩ *Branchio|saurier, -saurus* m
braña *f* Ast Sant *(Berg) Sommerweide* f || Ast *Siedlung* f *der Almkuhhirten*
braquete *m Brackhund* m
braquial adj ⟨An⟩ *Arm-, brachial*
braqui|cefalia *f* ⟨An⟩ *Kurz|schäd(e)ligkeit, -köpfigkeit, Brachyzephalie* f || **–céfalo** adj/s *brachyzephal, kurz|schäd(e)lig, -köpfig* || ~ *m Brachyzephale* m
braquíceros mpl ⟨Entom⟩ *Fliegen* fpl (Brachycera)
braqui|dactilia *f* ⟨An Med⟩ *Kurzfing(e)rigkeit, Brachydaktylie* f || **–dáctilo** adj *kurzfing(e)rig, brachydaktyl*
braquilogía *f* ⟨Rhet⟩ *Brachylogie* f
braquiópodos mpl ⟨Zool⟩ *Armfüßer* mpl (Brachiopoda)
braquiuros mpl ⟨Zool⟩ *Krabben* fpl (Brachyura)
brasa *f Kohlenglut* f, *glühende Kohlen* fpl || △ *Dieb* m || ◊ *ponerse como una* ~ fig *feuerrot werden, stark erröten* || *sacar* la ~ *con mano ajena (od* con *mano de gato)* figf *sich von e-m andern die Kastanien aus dem Feuer holen lassen* || *con chica* ~ *se enciende una casa* fig *kleine Ursachen, große Wirkungen* || *estar (como) en* ~s figf *wie auf glühenden Kohlen sitzen* || *estar hecho unas* ~s fig *feuerrot sein* || *salir de llamas y caer en* ~s *aus dem Regen in die Traufe kommen* || *tener ojos como* ~s *feurige Augen haben*
brase|rillo *m kleines Kohlenbecken* n || **–ro** *m Kohlenbecken* n || *Wärmepfanne* f || fig *sehr heißer Ort* m || fig *(Fleckchen) Feuer* n || Mex *Herd* m || Col *(Flächen) Feuer* n || △ *Diebstahl* m
Brasil: el ~ *Brasilien* || palo (del) ~, ≃ *Brasil-, Brasilien-, Pernambuk-, Rot|holz* n
brasileína *f* ⟨Chem⟩ *Brasilein* n
brasi|leño adj (Am = **–lero**) *brasilianisch* || ~ *m Brasilianer* m
brasilina *f* ⟨Chem⟩ *Brasilin* n
braunita *f* ⟨Min⟩ *Braunit* m
bravamente adv *tapfer, wacker* || *grausam* || *sehr gut* || *üppig, in Hülle und Fülle* || ~ *hemos comido* fam *wir haben tüchtig gegessen*
bravanzón *m* fam *Prahlhans* m
brava|ta *f Großsprecherei, Bramarbasierung* f || *prahlerische Drohung* f || *Herausforderung* f || ◊ *echar* ~s fam *prahlerische Drohungen ausstoßen* || **–tería** *f Prahlerei* f || △ **–tero** *m Bramarbas, Großsprecher* m
brave|ar vi *prahlerisch, herausfordernd drohen* || *prahlen, groß sprechen* || **–ro** *m* Cu *Raufbold* m, fam *Schläger* m || **–za** *f Wildheit* f *der Tiere* || *Grimm* m, *Wut* f *(der Elemente)* || *Mut* m, *Tapferkeit* f
bravío adj *wild, ungezähmt (Tiere)* || *ungestüm*

|| ⟨Bot⟩ *wildwachsend* || *unangebaut (Gelände)* || fig *bäurisch, tölpelhaft* || *ungeschliffen* || *unbändig, trotzig* || ~ *m Wildheit, Unbändigkeit* f
bravo adj *tapfer, wacker, brav* || *wild (Tiere)* || ⟨Bot⟩ *wildwachsend* || *reißend (Wasser)* || *stürmisch (Meer)* || *unwegsam, steil* || *mürrisch, barsch* || fam *rauflustig* || fig *bäurisch, ungeschliffen* || fig *ausgezeichnet, prächtig* || ¡~! *bravo!* || ¡~a cosa! fam *Unsinn! dummes Zeug!* || ◊ *no es tan* ~ *el león como lo pintan es ist nicht alles so gefährlich wie es aussieht* || ~ *m Wilder* m || *Raufbold, Eisenfresser* m || *Beifall(sruf)* m || *Bravo* n || △ *Richter* m
bravo|nel *m Bramarbas, Großsprecher* m || *Eisenfresser, Maulheld* m || **–sidad** *f Kühnheit* f || *Anmaßung, Arroganz* f
bravoso adj = **bravo**
bravu|cón, ona adj/s *ruhmredig, großtuend* || ~ *m Maulheld, Eisenfresser, Prahlhans* m || **–conada** *f Großtuerei* f || **–ra** *f Wildheit* f *der Tiere* || *Tapferkeit* f, *(Helden) Mut* m || *Verwegenheit* f, *Schneid* m || *prahlerische Drohung* f || *Zierlichkeit* f, *schönes Aussehen* n || *aria de* ~ ⟨Th⟩ *Bravour|arie* f, *-stück* n
braza *f* ⟨Mar⟩ *Faden* m (= 2 varas = 1,6718 *Meter)* || Fil *Feldmaß* n *(= 36 Quadratfuß)* || ~ *inglesa Faden, Fathom* m *(= 1,8288 m)* || ~s *pl* ⟨Mar⟩ *Brassen* fpl
braza|da *f Armbewegung* f || *ein Armvoll* m || *Ausgreifen* n, *Schwimmstoß* m || Col Chi Mex Ven ⟨Mar⟩ *Klafter* f, *Faden* m || **–de piedra** ⟨Mex⟩ *Steinmaß* n = 4,70 *cbm* || **–do** *m ein Armvoll (Holz, Heu)* || **–je** *m* ⟨Mar⟩ *Fadentiefe* f *des Meeres* || (→ a **braceaje**)
brazal *m Armschiene* f *am Harnisch* || *Handgriff* m *e-s Schildes* || *Armbinde* f || ~ *de luto Trauerflor* m *am Ärmel* || ~es *pl* ⟨Mar⟩ *Randsomhölzer* npl
brazalete *m Armband* n || *Armschiene* f || *Armbinde* f || ⟨Mar⟩ *(Anker) Winde* f || ~ *de la Cruz Roja Armbinde* f *des Roten Kreuzes* || ~ *de luto Trauerflor* m *am Ärmel*
brazo *m Arm* m || *An Oberarm* m || *Vorderbein* n *der Vierfüßer* || *Armlehne* f || *Arm* m *e-s Armleuchters* || *(Waage) Balken* m || *Ast, Zweig* m || fam *Fangarm* m *(Polyp)* || *Tragstange* f *(Bahre)* || *Ausleger* m *(Kran)* || Am *Schwengel* m *(Pumpe)* || *Arbeitskraft* f || *Arbeiter* m || fig *Macht, Gewalt* f || fig *Mut* m, *Tapferkeit* f || ~ *acústico* ⟨Ak⟩ *Tonabnehmerarm* m || ~ *agitador, * ~ *batidor Rührarm* m || ~ *alzable aufklappbarer Ausleger* m *(Kran)* || ~ *articulado* ⟨Tech⟩ *Gelenkarm* m || *Gelenkausleger* m *(Kran)* || ~ *artificial künstlicher Arm* m || ~ *civil bürgerliche Gewalt* f || ~ *de acoplamiento Kupplungsarm* m || ~ *de ancla* ⟨Mar⟩ *Ankerarm* m || ~ *de apoyo Stützarm* m || ~ *de cigüeñal, * ~ *de manivela Kurbelarm* m || ~ *de compás Zirkelschenkel* m || ~ *de contacto* ⟨Tel⟩ *Kontaktarm* m || ~ *de estabilidad* ⟨Flugw⟩ *Stabilitäts|arm, -hebel* m || ~ *de gafas* ⟨Opt⟩ *Brillenbügel* m || ~ *del timón Deichsel|arm* m, *-schere* f || ~ *de mar Meeresarm* m || ~ *de río Flußarm* m || ~ *de silla, * ~ *de sillón Armlehne* f *(am Sessel)* || ~ de(l) *tocadiscos Ton(abnehmer)arm* m || ~ *giratorio, * ~ *rotatorio Dreh-, Schwenk|arm* m || ~ *hectocotilado* ⟨Zool⟩ *Hectocotylus-Arm, hektokotylisierter Arm, Geschlechtsarm* m *der Kopffüßer* (Cephalopoda) || ~ *mural Wand|arm* m, *-stütze* f || ~ *oscilante Schwinge* f, *Schwingarm* m || ~ *secular, * ~ *seglar die weltliche Macht, weltliche Obrigkeit* f || ~ *socavador* ⟨Bgb⟩ *Schrämarm* m || ~ *transbordador Bandausleger* m || ~ *volado, * ~ *voladizo Kragarm* m || *hecho un* ~ *de mar* figf *prächtig gekleidet, in prächtigem Aufzug* || a ~ *mit der Hand* || a ~ *partido Leib gegen Leib (beim Ringen)* || fig *mit Gewalt* || ~ a ~ *aus Leibeskräften* || a *todo* ~ *aus Leibeskräften* || ~ a ~ *Mann gegen Mann* || ◊ *coger por el* ~ *am Arme packen* || *dar*

el ~ jdm den Arm reichen ‖ fig jdn unterstützen ‖ dar el ~ a torcer fig klein beigeben ‖ no dar su ~ a torcer fig den Mut bewahren ‖ sein Leid nicht offenbaren ‖ nicht nachgeben ‖ ir del ~ Arm in Arm gehen ‖ ser el ~ derecho de alg. fig jds rechte Hand sein ‖ tener ~ figf sehr stark sein ‖ ~s pl vordere Gliedmaßen fpl ‖ Scheren fpl (der Krebse) ‖ (Fang)Arme mpl der Polypen ‖ ⟨Mar⟩ Puttingstaue npl ‖ fig Gönner, Beschützer mpl ‖ fig Arbeitskräfte fpl ‖ de áncora ⟨Uhrm⟩ Gabeln fpl ‖ del reino Reichsstände mpl ‖ a fuerza de ~ mit großer Anstrengung ‖ durch eigenes Verdienst ‖ mit Brachialgewalt ‖ con los ~ abiertos fig mit offenen Armen, liebevoll ‖ con los ~ cruzados fig mit verschränkten Armen ‖ gleichgültig ‖ untätig ‖ fig unterwürfig ‖ ◊ dar los ~ a uno figf jdn umarmen ‖ echarse en los ~ de alg., arrojarse en los ~ de alg. figf sich jdn an den Hals werfen, sich in jds Arme werfen ‖ ponerse (od venir) a ~ handgemein werden (con mit) ‖ tender los ~ hacia alg. fig jdn um Hilfe anflehen
 brazola f ⟨Mar⟩ Süll n
 brazofuerte m Mex Ameisenbär m (Myrmecophaga spp)
 brazolargo m Am Spinneaffe m (Brachyteles sp) ‖ Klammeraffe m (Ateles sp)
 brazuelo m Bug m am Zaum
 brea f (Schiffs)Teer m ‖ Pech n ‖ Packtuch n ‖ Arg Teerbaum m ‖ Cu Mex Kot m ‖ Guat Geld n ‖ ~ asfáltica Asphaltteer m ‖ ~ de abedul Birkenteer m ‖ ~ de coque Koks-, Zechen|teer m ‖ ~ grasa Weichpech n ‖ ~ vegetal, ~ de madera Holzteer m ‖ soltar la ~ fig Cu Mex Geld lockermachen ‖ fig Cu Mex die Notdurft verrichten
 break m Break m/n
 breal m Arg Teerbaumhain m
 brear vt ⟨Mar⟩ teeren ‖ fig plagen ‖ fig foppen ‖ figf verprügeln
 brebaje m desp (Arznei)Trank m ‖ widerliches Getränk n ‖ fam Gesöff n
 breca f ⟨Fi⟩ Ukelei, Laube m (Alburnus spp) ‖ (Art) Brasse m
 brécol(es) m(pl) Brokkoli pl, grüner (Blumen-)Kohl, Spargelkohl m
 brecha f ⟨Mil⟩ Bresche f ‖ ⟨Mil⟩ Durchstich m ‖ Mauerdurchbruch m ‖ Riß m in e-r Mauer ‖ ⟨Geol⟩ Breccie, Brekzie f ‖ Lücke, Öffnung f, Spalt m ‖ △ Spielwürfel m ‖ ~ para el asalto ⟨Mil⟩ Sturmgasse f ‖ ◊ abrir ~ ⟨Mil⟩ Bresche schießen (& fig) ‖ figf jdn um Ruf, Ansehen bringen ‖ hacer ~ fig Eindruck machen ‖ estar siempre en la ~ fig immer zur Verteidigung (e-r Sache) bereit sein ‖ fig pop immer am Ball bleiben ‖ immer um et bemüht sein
 bre|ga f Streit m, Gefecht n ‖ Zank m ‖ fig Possen, Streich m ‖ ⟨Taur⟩ Stierkampf m ‖ ◊ andar a la ~ mühsam arbeiten, sich abrackern, schuften ‖ dar ~ a alg. fig jdm e-n Possen spielen, jdn foppen, jdn narrren ‖ **-gador** m Ven unverschämter Kerl m ‖ **-gar** [g/gu] vi/t (Teig) ausrollen ‖ kämpfen, sich herumzanken ‖ fig sich abarbeiten, sehr arbeiten, hart arbeiten ‖ fig Gefahren trotzen ‖ ⟨Mar⟩ kreuzen ‖ **-gón** m Nudel-, Roll|holz n ‖ **-gueta** f Hond Orgie f ‖ **-jeterías** fpl Col Klatsch m, Geschwätz n ‖ **-jetero** m Ven Klatschmaul n
 △**brema** f Arg Spielkarte f
 Brema f Bremen
 bren m Kleie f
 Brena f ⟨Geogr⟩ Brienne
 bre|ña(s) f(pl) Dorngebüsch n ‖ Felsengegend, Felsschlucht f ‖ **-ñal, -ñar** felsige, mit Gestrüpp bewachsene Gegend f ‖ **-ñero** m Cu = **-ñal** ‖ **-ñoso** adj felsig, mit Gestrüpp bewachsen
 breque m ⟨Fi⟩ (Art) Brasse m (→ **breca**) ‖ Am ⟨EB⟩ Gepäckwagen m ‖ Am Gefängnis n ‖ Am Falle f ‖ ⟨Tech⟩ Bremse f ‖ **~ro** m Am ⟨EB⟩ Bremser m
 bres|ca f (Honig)Wabe f ‖ **-car** vt zeideln, ausschneiden (Honigwaben)
 Bretaña f Bretagne f ‖ Gran ~ Großbritannien n ‖ ⁓ f bretonische Leinwand f ‖ ⟨Bot⟩ Hyazinthe f (→ **jacinto**)
 brete m Fußschelle f, Fußeisen n ‖ fig unterdisches Gefängnis n ‖ fig Verlegenheit, Not f ‖ figf Klemme f ‖ Dom Zank, Streit m ‖ PR Liebelei f ‖ ◊ estar en un ~ fam in der Patsche sitzen ‖ poner en un ~ in die Enge treiben ‖ **~ar** vi PR Liebeleien haben
 bretón, ona adj bretonisch ‖ ~ m Bretone m ‖ ~ f bretonische Sprache f ‖ Sprossenkohl m ‖ Kohlsprosse f
 breto|niano adj den span. Schriftsteller Bretón betreffend ‖ **-ñés, esa** adj/s aus Pastoriza (PLugo)
 breva f Frühfeige f ‖ frühreife Eichel f ‖ flache, locker gewickelte Zigarre f ‖ Cu Kautabak m in Teigform ‖ fig Vorteil, Nutzen m ‖ Gelegenheit f, glücklicher Zufall m ‖ de higos a ~s fam ab und zu, selten ‖ ◊ coger buena ~ figf gut abschneiden ‖ chuparse una buena ~ fig pop den Rahm abschöpfen ‖ no nos tocará (od caerá) esa ~ figf daraus wird nichts ‖ das ist zu schön, um wahr zu sein!
 ¹**breve** adj kurz (Zeit, Raum) ‖ schmal ‖ baldig ‖ bündig ‖ kurz (Silbe) ‖ en ~ bald ‖ kurzgefaßt ‖ en ~ plazo kurzfristig ‖ en el más ~ plazo posible in möglichst kurzer Frist, ehestmöglich ‖ ◊ para ser '~ um es kurz zu machen ‖ ser ~ sich kurz fassen
 ²**breve** m Breve, päpstliches Sendschreiben n
 ³**breve** f ⟨Gr⟩ kurze Silbe f ‖ ⟨Mus⟩ doppelte Vierviertaktnote f
 breve|cito adj dim v. breve ‖ **-dad** f (Zeit-)Kürze f ‖ kurze Dauer f ‖ Kürze, Bündigkeit f ‖ a la mayor ~ sobald wie möglich, ehestmöglich ‖ para mayor ~ der Kürze halber ‖ **-mente** adv mit e-m Wort
 brevera f Al Sal Frühfeigenbaum m
 breviario m Brevier n ‖ Leitfaden m ‖ ⟨Typ⟩ Borgis f
 brevipenne adj ⟨V⟩ kurzflügelig ‖ ~s mpl ⟨V⟩ Kurzflügler mpl
 bre|zal m Heide f ‖ **-zo** m Heidekraut n ‖ Schlag-, Knüppel|holz n ‖ ~ en flor de ~ Erika f
 bria|ga f Binsen-, Rüst|seil n ‖ Mex Trunkenheit f ‖ **-go** adj Mex betrunken
 briba f Gaunerleben n ‖ ◊ andar a la ~ fam nach Gaunerart leben ‖ herumschmarotzen, ein Lotterleben führen ‖ sich dem Müßiggang ergeben
 △**bribia** f: ◊ echar la ~ fam Armut vorspiegeln
 bribón, ona adj gaunerhaft ‖ nichtsnutzig ‖ ~ m Faulenzer m ‖ Spitzbube, Gauner, Schuft, Schurke m ‖ Taugenichts m
 bribo|na f Faulenzerin f ‖ Gaunerin f ‖ **-nada** f Gaunerei f, Schurkenstreich m ‖ Nichtsnutzigkeit f ‖ **-nazo** m Erzgauner m ‖ **-near** vi ein Gaunerleben führen ‖ müßig umherstrolchen ‖ **-nería** f Gaunerstreich m ‖ Umher|lungern, -strolchen n ‖ **-nesco** adj spitzbübisch
 bribarca m ⟨Mar⟩ Brigg, Barke f ‖ Barkschoner m
 bricho m (Gold)Lahn m ‖ ~ de plata Rauschsilber m
 bri|da f Zaum, Zügel m ‖ Bügel m, Klammer f ‖ (Verbindungs)Flansch m ‖ Schienenlasche f ‖ Lasche, Rohrschelle f (Brückenbau) ‖ ~ angular Ecklasche f, Winkelflansch m ‖ ~ articulada Gelenkflansch m ‖ ~ ciega, ~ de obturación, ~ tapada Deckel-, Blind-, Abschluß|flansch m ‖ ~ de acoplamiento Kupplungsflansch m ‖ ~ de (árbol) cigüeñal Kurbelwellenflansch m ‖ ~ de calefacción Heizflansch m ‖ ~ de inducido ⟨El⟩ Ankerflansch m ‖ ~ de enganche ⟨EB⟩ Kupp-

lungslasche f || ~ de guarnición *Verschlußflansch* m || ~ de la caja de velocidades ⟨Aut⟩ *Getriebeflansch* m || ~ de llanta *Felgenflansch* m || ~ de muelle *Feder|bund, -bügel* m || ~ de puesta a tierra *Erdungsschelle* f || ~ de soldadura (previa) *(Vor)Schweißflansch* m || ~ de unión *Anschlußflansch* m || ~ de zapata, ~ de patín ⟨EB⟩ *Fußlasche* f || ~ inferior *Unterflansch* m || ~ plana ⟨EB⟩ *Flachlasche* f || ◊ beber la ~ *auf dem Gebiß kauen (Reitpferd)* || a toda ~ fig *in vollem Galopp* || **~s** pl ⟨Chir⟩ *verhärtetes Zellgewebe in der Wundenlefzen* || ◊ volver ~ *zurückreiten* ||
–decú m *Degengehänge* n || **–dón** m *Ersatzmann* m || *(Reit)Trense* f || ⟨poet⟩ *Roß* n
briega f And = **brega**
briga|da f ⟨Mil⟩ *Brigade* f || ⟨Mil⟩ Span *(in etwa) Feldwebel* m || ⟨Mar⟩ *Landungstrupp* m || *Rotte, Kolonne* f || *Trupp* m *Arbeiter* || ~ acorazada, ~ blindada *Panzerbrigade* f || ⚔ *Antiestupefacientes*, ⚔ *de Estupefacientes Rauschgiftdezernat* n || ~ de bomberos *Löschzug* m *(Feuerwehr)* || ⚔ Fluvial *Wasserpolizei* f || ⚔ de Homicidios *Mordkommission* f || ⚔ de Investigación Criminal (B.I.C.) *Kripo* f || agente de la ⚔ ~ *Kriminalbeamter*, pop *Kriminaler* m || ~ de salvamento ⟨Bgb⟩ *Grubenwehr* f || ⚔ Móvil *Bereitschaftspolizei* f || ~ social, ⚔ de Investigación Social *politische Polizei* f || ~ topográfica *Topographentrupp* m || ~s internacionales *Internationale Brigaden* fpl *(1936)* || general de la ~ ⟨Mil⟩ *Generalmajor* m || **–dero** m ⟨Mil⟩ *Führer* m *der Packtiere*
brigantino adj/s *aus La Coruña*
Bright: enfermedad f de ~ ⟨Med⟩ *Brightsche Krankheit* f
Brigida f np *Brigitta, Brigitte* f
Briján m np: ◊ saber más que ~ figf *sehr klug sein*
brillan|te adj *glänzend, leuchtend* || fig *prächtig, blühend* || ⟨Phot⟩ *kräftig (Negativ)* || ejecución ~ *glänzende Ausführung* f || tono ~ ⟨Mus⟩ *hohe Stimmung* f || adv: **~mente** || ~ m *Brillant, Rautendiamant* m || **–tez** [pl **-ces**] f *Glanz* m || *glänzende Art, Vortrefflichkeit* f || *Prunk* m || *Ruhm* m || **–tina** f *glänzender Barchent* m || *Brillantine, Glanzpomade* f. *Haaröl* n || **–tino** adj ⟨poet⟩ Arg Bol *glänzend, leuchtend*
bri|llar vi *glänzen, schimmern* || *funkeln, glitzern, gleißen* || *strahlen, leuchten* || fig *sich auszeichnen, hervorragen (por durch)* ~ por su ausencia fig *durch Abwesenheit glänzen* || **–llazón** f Arg PR *Luftspiegelung* f || **–llo** m *Glanz, Schein* m || fig *Ruhm* m || fig *Prunk* m || fig *Vortrefflichkeit* f || con ~ *glänzend* || **–lloso** adj Arg Pe Dom PR *glänzend, leuchtend*
brimbrán m Dom *Lärm, Krach* m
brincada f Col *Bocksprung* m
brincar [c/qu] vi/t *(über)springen* || *springen, hüpfen* || figf *jdn beim Aufrücken überspringen* || fam *sich aufregen, hochgehen* || figf *jdn od et mit Absicht übergehen* || ◊ ~ de cólera fig *vor Zorn außer sich sein* || está que brinca fam *er zittert vor Wut*
brinco m *Sprung, Satz*, fam *Hopser* m || de un ~ mit e–m *Sprung* || figf *blitzschnell, im Nu* || ◊ dar ~s *Sprünge machen, hüpfen*
brincolear vi Col = **brincar**
brin|dar vt/i *jdm zutrinken, e–n Trinkspruch ausbringen* || fig *darbringen, anbieten* || fig *anlocken* || ⟨Taur⟩ *den Stier widmen* || ◊ ~ por *(od a)* la salud de alg. *auf jds Gesundheit trinken* || brindo a la salud de *ich trinke auf das Wohl von* || ~**se** *sich anbieten* || –dósele una espléndida ocasión *e–e glänzende Gelegenheit bot sich ihm* || **–dis** m *Trinkspruch, Toast* m || *Zutrinken* n || ◊ echar un ~ *e–n Trinkspruch ausbringen*
bringadama f Mex *Rausch, Schwips* m
brinquillo m dim v. **brinco** || Ec *unartiges Kind* n

brinquiño m ⟨poet⟩ *Zuckergebäck* n || *Kleinod od Spielzeug* n *der Frauen* || ◊ estar *(od* ir) hecho un ~ figf *geputzt einhergehen*
△**brinza** f *gekochtes Fleisch* n
briñolas fpl *Prünellen* fpl *(Pflaumen)*
briñón m *Aprikosenpfirsich* m
brio m *Kraft, Stärke* f || fig *Mut, Schneid* m, *Tapferkeit* f || fam *Schmiß* m || fig *Anmut* f || fig *Feuer* n || *Lebhaftigkeit* f || *Heftigkeit* f || hombre de ~s *energischer, feuriger Mensch* m
briocense adj *aus Brihuega* (PGuad)
brioche m frz *(Art) kleines Brötchen* n *aus feinem Mehl, Brioche* f
briofitas fpl ⟨Bot⟩ *Moospflanzen* fpl, *Moose* npl (Bryophyta)
briol m ⟨Mar⟩ *Geitau* n
briología f ⟨Bot⟩ *Mooskunde, Bryologie* f
brionia f ⟨Bot⟩ *Zaunrübe, Bryonia* f (Bryonia sp)
brios: ¡voto a ~ ! fam *bei Gott!*
brioso adj *mutig* || *lebhaft, feurig* || *schneidig*, fam *schmissig* || *heftig* || adv: **~amente**
briozoos mpl ⟨Zool⟩ *Moostierchen, Bryozoen* npl
brique m Col *Brigg* f
briqueta *Brikett* n || *Preßkohle* f, *Brikett* n || ~ comprimida de polvo *Pulverpreßkuchen* m || ~ de hulla *Steinkohlenbrikett* n || ~ de lignito *Braunkohlenbrikett* n || ~ de turba *Torfbrikett* n || ~ ovoide *Eierbrikett* n || ~ prensada en húmedo *Naßbrikett* n || ~ prensada en seco *Trockenbrikett* n
¹**brisa** f *Brise* f, *Nordostwind* m || ⟨poet⟩ *sanfter Wind, Zephir* m || Col *feuchte Brise* f || Cu *Appetit* m, *Eßlust* f || ~ de tierra, ~ terral *ablandige Brise* f
²**brisa** f *Oliventrester* m
brisar vt Dom *(er)brechen, sich übergeben* || vi MAm *wehen (Brise)*
brisca f ⟨Kart⟩ *Briska* f
briscado adj *Seide gewoben (Golddraht)* || ~ m *Hohldraht* m
brisera f Am *geschlossene Laterne, Sturmlaterne* f
Brisgovia f *Breisgau* m
brisura f ⟨Her⟩ *Wappenminderung, Brisur* f
británi|ca f Cu *Britannika* f *(Zigarre)* || **–co** adj *britannisch, britisch* || ~ m *Brite* m || *Imperio* ⚔ *Britisches Reich* n
britano m/adj *Britannier* m || *Brite* m
briza f ⟨Bot⟩ *Zittergras* m (Briza spp)
brizar [z/c] vt *wiegen (Kinder)*
¹**brizna** f *Splitter* m || ⟨Bot⟩ *Faser, Zaser* f || *Fädchen* n || ~ de algodón *Baumwollfaden* m || ~ de paja *Strohhalm* m || ◊ tener ~s de fig *e–n Anstrich haben von*
²**brizna** f Ven *Sprühregen* m || ~**r** vi Ven *nieseln, fein regnen*
briznoso adj *faserig*
brizo m *(Kinder)Wiege* f
broa f *(Art) Zwieback* m || *klippenreiche Bucht* f
broca f *Spule, Spindel* f || *(Drill)Bohrer* m || *Schuster-, Schuh|zwecke* f || ~ angular *Winkel-, Eck|bohrer* m || ~ avellanadora *Senker, Senkbohrer* m || ~ calibrada, ~ de calibre *Kaliberbohrer* m || ~ cilíndrica *Zylinderbohrer* m || ~ cola de pez *Fischschwanzmeißel* m || ~ de ágata *Achatbohrer* m || ~ de centrar *Zentrierbohrer* m || ~ de cincel *Meißelbohrer* m || ~ de corona *Kronenbohrer, vierschneidiger Kreuzbohrer* m || ~ de cuchara *Löffelbohrer* m || ~ de husillo *Lauf-, Tiefloch|bohrer* m || ~ de manguito *Spitz-, Vierlippen|senker, Vierschneider* m || ~ de punta *Spitzbohrer* m || ~ espiral, ~ helicoidal *Drill-, Schnekken-, Spiral|bohrer* m || ~ hueca *Hohlbohrer* m || ~ lisa *glatter Bohrer* m || ~ radial *Radialbohrer* m || ~ rotatoria *Drehbohrer* m || ~ salomónica

Schlangenbohrer m ‖ ~ tubular *Röhren-, Kern|-bohrer* m ‖ ~ de punto *Zapfenbohrer* m
broca|dillo *m mittelfeiner Brokat* m ‖ **-do** *m Leder* n *mit Gold-* od *Silberpressung* ‖ *Brokat (-stoff)* m
brocal *m Brustlehne* f *an e–m Ziehbrunnen, Brunnenrand* m ‖ *Schleusenloch* n ‖ *Mundstück* n *an e–m Schlauch* ‖ *Schildrand* m ‖ ⟨Mil⟩ *Mundblech* n *(Waffe)* ‖ ⟨Mil⟩ *Mündung* f *(Kanone)* ‖ ~ de salvas *Rückstoßverstärker* m *(Maschinengewehr)*
brocatel *m Brokatell* m *(Stoff)*
brocearse vr SAm fig *schiefgehen (Geschäft)*
brócul(i) *m* Ar, **brócol** *m*, **brócoles** *mpl* And = **brécol**
brocha f *(Borsten)Pinsel* m, *Malerbürste* f ‖ *Rasierpinsel* m ‖ *falscher Würfel* m *(beim Spiel)* ‖ *Räumnadel, -ahle* f ‖ MAm *Schmeichler* m ‖ ~ de aire ⟨Mal⟩ *Luftpinsel* m ‖ ~ gorda *Faustpinsel* m ‖ de ~ gorda fig *grob, geschmacklos (z. B. Theaterstück)* ‖ pintor de ~ gorda *Anstreicher* m ‖ fam *Farbenkleckser* m
brocha|da f *Pinselstrich* m ‖ fig iron *Sudelmalerei* f ‖ **-do** adj *(gold)durchwirkt* ‖ **-dora** f *Räummaschine* f ‖ *(Draht)Heftmaschine* f ‖ ~ de superficies exteriores *Außenräummaschine* f
brochal *m* ⟨Zim⟩ *Querbalken* m, *Querholz* n ‖ *Trumpf-, Schlüssel-, Wechsel|balken* m
brochar ⟨Mal⟩ vi fam *sudeln, (hin)schmieren* ‖ *räumen (mit der Räumnadel)*
brochazo *m (grober) Pinselstrich* m
broche *m Haken* m *und Öse* f ‖ *Brosche, Schnalle, Spange* f ‖ *Haarspange* f ‖ *Bücherschloß* n ‖ Chi *Büro-, Heft|klammer* f ‖ **~s** *mpl* Ec PR *Manschettenknöpfe* mpl
brocho adj ⟨Taur⟩ *mit niedrig angesetzten Hörnern (Stier)*
brochón *m* MAm *Schmeichler* m
Brodie: absceso de ~ ⟨Med⟩ *Brodiescher Knochenabszeß* m
brodio *m* = **bodrio**
broja f *Burg Wacholder* m
brollar vi *sprudeln*
brollero, brollo *m* Ven = **embrollón, embrollo**
¹**broma** f *Witz, Scherz, Spaß, Ulk* m ‖ *Unfug* m ‖ *Lärm* m ‖ *Zeitvertreib* m ‖ ~ pesada *derber Spaß* m ‖ en tono de ~ *im Spaß* ‖ ◊ andar en ~s *Spaß machen* ‖ hacer (od gastar) ~ *scherzen, spaßen* ‖ ¡déjese de bromas! ¡~s aparte! *Spaß beiseite !* ‖ no estoy para ~s *ich bin nicht zum Scherzen aufgelegt* ‖ entre ~s y veras *halb scherzhaft, halb ernsthaft*
²**broma** f ⟨Zool⟩ *Pfahl-, Schiffsbohr|wurm* m (Teredo navalis)
³**broma** f *(Bau)Schutt* m ‖ *Hafergrützbrei* m
bromato *m* ⟨Chem⟩ *Bromat* n
bromatología f *Ernährungswissenschaft* f ‖ ~ zootécnica *Fütterungslehre* f
bromazo *m derber Spaß* m
brome|ador *m Spaßmacher* m ‖ **-ar** vi *spaßen, Spaß machen* ‖ *scherzen*
brom|hidrato *m Bromhydrat* n ‖ **-hídrico** adj: ácido ~ ⟨Chem⟩ *Bromwasserstoffsäure* f
brómi|co adj: ácido ~ ⟨Chem⟩ *Bromsäure* f ‖ **-do** *m* ⟨Chem⟩ *Bromid* n
bromífero adj *bromhaltig*
bromismo *m* ⟨Med⟩ *Bromismus* m, *Bromvergiftung* f
bromista m/adj *Spaßvogel* m, fam *fideles Haus* n
¹**bromita** f ⟨Min⟩ *Bromit* m
²**bromita** dim v. **broma**
¹**bromo** *m* ⟨Chem⟩ *Brom* n
²**bromo** *m* ⟨Bot⟩ *Trespe* f (Bromus spp) ‖ ~ del centeno *Roggentrespe* f (B. secalinus) ‖ ~ dulce *Weiche Trespe* f (B. mollis) ‖ ~ erguido *Aufrechte Trespe* f (B. erectus) ‖ ~ inerme *Wehrlose Trespe* f (B. inermis)
bromobencilo *m:* cianuro de ~ ⟨Chem Mil⟩ *Bromobenzylcyanid* n
bromofluoruro *m* ⟨Chem⟩ *Bromfluorid* n
bromoformo *m* ⟨Chem⟩ *Bromoform* n
bromóleo *m* ⟨Phot⟩ *Bromöldruck* m
bromuración f ⟨Chem⟩ *Bromierung* f
bromuro *m:* ~ cálcico, ~ de calcio *Kalziumbromid* n ‖ ~ carbónico, ~ de carbono *Bromkohlenstoff* m ‖ ~ férrico *Eisen(III)-bromid* n ‖ ~ ferroso *Eisen(II)-bromid* n ‖ ~ potásico *Bromkali, Kaliumbromid* n ‖ ~ de amonio, ~ amónico *Ammoniumbromid* n ‖ ~ de cobre *Kupferbromid* n ‖ ~ de mercurio *Quecksilberbromid* n ‖ ~ de oro *Goldbromid* n ‖ ~ de plata, ~ argéntico *Bromsilber, Silberbromid* n ‖ ~ de yodo *Jodbromid* n ‖ papel ~ (de plata) ⟨Phot⟩ *Bromsilberpapier* n
bronca f fam *Zank, Streit* m ‖ fam *Zänkerei* f ‖ *Schlägerei, Rauferei* f ‖ fig *(lebhafte) Auseinandersetzung* f, *Wortstreit* m ‖ *Krach* m ‖ pop *Klamauk* m ‖ fam *scharfer Verweis* m, fam *Rüffel* m ‖ ⟨Taur⟩ *lärmender Protest* m *des Publikums* ‖ And fam *großer Verdruß* m ‖ Arg *Haß* m, *Abneigung* f ‖ ◊ armar ~ fam *lärmen* ‖ *Krawall schlagen* ‖ echar una ~ a alg. fam *jdn die Leviten lesen, jdn ausschelten* ‖ **~mente** adv *derb, rauh*
broncar [c/qu] vt And *biegen*
bronce *m Bronze* f *(Guß)Erz* n, *Bronze* f ‖ *Geschützbronze* f ‖ ⟨poet⟩ *Trompete, Glocke* f *usw* ‖ ~ de aluminio *Aluminiumbronze* f ‖ ~ de campanas *Glockenmetall* n ‖ ~ de cañones *Geschützbronze* f ‖ ~ de espejos *Spiegelbronze* f ‖ ~ de cobre para pinturas subacuáticas *Unterwasserkupferbronze* f ‖ ~ de manganeso, ~ mangánico, ~ manganésico (Am) *Manganbronze* f ‖ ~ en polvo *Bronzepulver* n ‖ ~ florentino, ~ de pintura *echte Bronze, Goldbronze* f ‖ ~ fosforoso *Phosphorbronze* f ‖ ~ líquido *Bronzetinktur* f ‖ ~ para cojinetes *Lagerbronze* f ‖ ~ plomífero *Bleibronze* f ‖ ~ sinterizado *Sinterbronze* f ‖ edad de ~ *Bronzezeit* f ‖ ◊ escribir en ~ fig *mit ehernen Lettern eingraben* ‖ **~s** *pl Bronze|waren, -figuren* fpl
bronce|ado adj *bronzefarben* ‖ *(sonnen)gebräunt (Haut)* ‖ ~ m *Bronzieren* n ‖ **-ar** vt *bronzieren* ‖ *anlaufen lassen (Flintenlauf)* ‖ *bräunen (Haut)* ‖ **-ría** f *Bronzearbeiten* fpl
bron|cíneo adj *bronzen* ‖ fig *ehern* ‖ *(sonnen)gebräunt* ‖ **-cista** *m Bronzefabrikant* m ‖ *Bronzearbeiter* m ‖ **-cita** f ⟨Min⟩ *Bronzit* m
bronco adj *roh, unbearbeitet* ‖ *spröde (Metall)* ‖ fig *wild (Gegend)* ‖ *rauh (Stimme)* ‖ fig *unfreundlich, barsch* ‖ adv: **~amente**
broncofonía f ⟨Med⟩ *Bronchophonie* f
bronco|neumonía f ⟨Med⟩ *Luftröhren- und Lungenentzündung, Bronchopneumonie* f ‖ **-patía** f *Bronchienerkrankung* f ‖ **-rragia** f ⟨Med⟩ *Bronchialblutung* f ‖ **-rrea** f ⟨Med⟩ *Bronchorrhö(e)* f ‖ **-scopia** f ⟨Med⟩ *Bronchoskopie* f ‖ **-scopio** *m* ⟨Med⟩ *Bronchoskop* n ‖ **-spasmo** *m* ⟨Med⟩ *Bronchospasmus* m ‖ **-tomía** f ⟨Med⟩ *Bronchotomie* f
bronquear vt Cu *e–n scharfen Verweis erteilen*
bronquedad f *Sprödigkeit* f *der Metalle* ‖ *Rauheit* f *des Gemütes*
bronquial adj *bronchial* ‖ catarro ~ ⟨Med⟩ *Luftröhren-, Bronchial|katarrh* m
bronquiectasia f ⟨Med⟩ *Bronchiektasie, krankhafte Erweiterung* f *der Bronchien*
bronqui|na f fam *Streit, Zank* m ‖ **-noso** *m* Col Ven *Radaubruder, Krakeeler* m
bronquiolo *m* ⟨An⟩ *Bronchiole* f
bron|quios *mpl* ⟨An⟩ *Luftröhren* fpl ‖ **-quitis** f ⟨Med⟩ *Bronchialkatarrh* m, *Luftröhrenentzündung, Bronchitis* f
bronquista *m Radaubruder, Krakeeler* m
brontosaurio *m Brontosaurus* m

broquel *m (kleiner runder) Schild* m ‖ fig *Schutz, Schirm* m
broquelarse vr = **abroquelarse**
broquelero adj fig *streitsüchtig*
broquelona f fam Bol *Zecke* f, *Holzbock* m
bróquil m Ar = **brécol**
brosquil m Ar *Pferch* m
brota f Chi *Knospen* n
¹**brótano** m ⟨Bot⟩ *Eberraute* f ‖ → a **abrótano**
²**brótano** m *Schößling, Trieb* m
bro|tar vt *hervortreiben (Blätter)* ‖ ~ vi *aufgehen, (hervor)keimen* ‖ *ausschlagen (Bäume)* ‖ *Knospen treiben, knospen* ‖ fig *hervorkommen, erscheinen, hervorquellen* ‖ **-te** m *Rebschößling* m ‖ ⟨Bot⟩ *Knospe* f ‖ fig *Anfang* m ‖ Murc *Brosame* f
browning (pistola ~) f engl *Browning* m *(Schußwaffe)*
broza f *abgefallenes Holz* n ‖ *dürres Laub* n ‖ *Reisig* n ‖ *Dickicht, Gestrüpp* n ‖ *Schutt* m ‖ *Späne* mpl ‖ *Abfall* m ‖ ⟨Typ⟩ *Bürste* f ‖ *Kardätsche* f ‖ fig *unnützes Zeug* n ‖ ◊ *servir de toda* ~ fam *zu allem dienlich sein*
brozar [z/c] vt = **bruzar**
brozoso adj *staubig, beschmutzt*
brucelosis f ⟨Med Vet⟩ *Brucellose* f ‖ *Maltafieber* n ‖ ⟨Vet⟩ *Verkalben* n
brucero m *Bürstenbinder* m ‖ *Bürstenhändler* m
bruces fpl *Lippen* fpl ‖ ◊ *beber de* ~ *auf dem Bauche liegend trinken* ‖ *caer de* ~ fam *aufs Gesicht fallen*, fam *auf die Nase fallen* ‖ *darse de* ~ con fam *sich mit jdm einlassen*
bruja f *Hexe, Zauberin* f ‖ *(Kirch)Turmeule* f ‖ Cu *Dirne, Prostituierte* f ‖ Cu Mex fam *armer Schlucker* m ‖ *caza de* ~s *Hexen|jagd, -verfolgung* f ‖ ◊ *creer en* ~s fig *sehr leichtgläubig sein* ‖ *estar* ~ f fig *knapp bei Kasse sein*
Brujas *Brügge (Stadt in Belgien)*
bruje|ar vi *hexen* ‖ Ven *Wild jagen* ‖ **-ría** f *Hexerei* f ‖ *Zauberei* f ‖ PR *Armut* f ‖ **-ril**, **-sco** adj *Hexen-* ‖ **-z** f Mex *Armut* f
brujilla f *Stehaufmännchen* n
brujo adj Murc *feinkörnig (Sand)* ‖ Cu PR Mex *elend, arm* ‖ Am *unheimlich* ‖ ~ m *Hexenmeister, Zauberer* m ‖ Am *Medizinmann* m *(bei den Indianern)* ‖ Cu ⟨Art⟩ *Dörrfleisch* n ‖ Cu *violette Süßkartoffel* f ‖ *aprendiz de* ~ *Zauberlehrling* m
brújula f *Magnetnadel* f ‖ *(Schiffs)Kompaß* m ‖ ⟨Radio⟩ *Richtungsfinder* m ‖ *Kimme* f *(Visier)*, *Korn* n *(am Schießgewehr)* ‖ *Visiereinrichtung* f ‖ fig *Beobachtungsgabe* f ‖ fig *Richtung* f ‖ ~ *acimutal*, ~ *azimutal*, ~ *de azimutes*, ~ *de marcación Azimutal-, Peil|kompaß* m ‖ ~ *astronómica* ⟨Flugw⟩ *Sternkompaß* m ‖ ~ *de agrimensor Feldmesserbussole* f ‖ ~ *de bolsillo Taschenkompaß* m ‖ ~ *de inclinación Neigungskompaß* m. *Inklinatorium* n, *Inklinationsbussole* f ‖ ~ *de inducción (terrestre)* ⟨Flugw⟩ *(Erd)Induktionskompaß* m ‖ ~ *de limbo solidario* ⟨Top⟩ *feststehende Rose* f ‖ ~ *de marear Schiffskompaß* m ‖ ~ *de minero Grubenkompaß* m ‖ ~ *de prisma* ⟨Top⟩ *Prismenkompaß* m ‖ ~ *de senos Sinusbussole* f ‖ ~ *de tangentes Tangentenbussole* f ‖ ~ *de viaje Reisekompaß* m ‖ ~ *declinatoria*, ~ *de declinación magnetischer Kompaß, Deklinationskompaß* m ‖ ~ *giroscópica Kreiselkompaß* m ‖ ~ *luminosa Leuchtkompaß* m ‖ ~ *maestra Mutterkompaß* m ‖ ~ *marina Schiffskreisel* m ‖ ~ *monogiroscópica Einkreiselkompaß* m ‖ ~ *para aviones Flugzeugkompaß* m ‖ ~ *suspendida Hänge-, Kajüt|kompaß* m ‖ ~ *trigiroscópica Dreikreiselkompaß* m ‖ ◊ *perder la* ~ fig *den Halt verlieren* ‖ *ver por* ~ fig *undeutlich, verschwommen sehen*
brujulear vt fig *vermuten, allmählich dahinterkommen* ‖ *sich geschickt durchs Leben schlagen* ‖ Col *intrigieren* ‖ vi Pe *feiern*
brulote m ⟨Mar⟩ *Branderschiff* n ‖ Arg Chi fam *Schimpfwort* n ‖ SAm *beleidigende Schrift* f

bruma f ⟨Mar⟩ *Nebel zur See, Dunst* m ‖ ~ *humosa* ⟨Mar⟩ *Rauchnebel* m ‖ ~ *ligera* ⟨Mar⟩ *leichter Nebel, Dunst* m
brumar vt prov *verprügeln* ‖ = **abrumar**
brumario m ⟨Hist⟩ *Brumaire, Nebelmonat* m *(im frz. Revolutionskalender)*
bru|mazón m *dichter Nebel* m ‖ **-moso** adj ⟨Mar⟩ *neb(e)lig, diesig, dunstig, mistig*
Brunei m *Brunei* n ‖ *de* ~ *bruneiisch* ‖ *súbdito de* ~ *Bruneier* m
Bruno m np Tfn *Bruno* m
Bruns|wick, -wig *Braunschweig*
bruñi|dera f *Glättafel* f ‖ MAm *Überdruß* m ‖ **-do** adj *glatt, poliert* ‖ ~ m *Glätten* n ‖ *Politur* f ‖ *Glanz* m ‖ **-dor** m *Polierer, Polierstahl* m ‖ **-dora** f ⟨Metal⟩ *Läppmaschine* f
bruñir [perf -ñó] vt *(ab)glätten, polieren, läppen, brünieren* ‖ figf *schminken* ‖ CR Guat *belästigen* ‖ ◊ ~ *con la muela schwabbeln, auf der Schwabbelscheibe polieren*
brusca f ⟨Bot⟩ *Sennesstrauch* m, *Kassie* f (Cassia spp)
¹**brusco** adj *barsch, unwirsch* ‖ *plötzlich, jäh, stoßweise* ‖ *cambio* ~ *Umschwung* m ‖ adv: **~amente**
²**brusco** m *Abfall* m *der Wolle bei der Schafschur*
³**brusco** m ⟨Bot⟩ *Mäusedorn* m (Ruscus)
Bruse|las *Brüssel* ‖ ≃ fpl *Federzange* f *der Uhrmacher* ‖ **-lense** m/adj *Brüsseler* (m)
brusque|dad f *barsches, ungestümes Wesen* n ‖ *Barsch-, Schroff|heit* f ‖ *schroffe Äußerung* f ‖ *Heftigkeit* f ‖ *con* ~ *jäh* ‖ **-ro** m PR *Kleinholz* n
brusquilla f RPl *Kleinholz* n
brutada f = **bruteza**
brutal adj/s *tierisch, viehisch, brutal* ‖ *grob, roh, gemein* ‖ *rücksichtslos* ‖ *gewalttätig* ‖ *ungestüm* ‖ *heftig (Schmerz)* ‖ pop *toll, pfundig* ‖ *de un modo* ~ figf *gräßlich, fürchterlich* ‖ adv: **~mente**
brutalidad f *tierisches Wesen* n, *Brutalität* f ‖ fig *Roheit, Ungeschliffenheit* f ‖ *Gewalttätigkeit, Rücksichtslosigkeit* f ‖ fig *Unhöflichkeit* f. *flegelhaftes Benehmen* n ‖ fig *grobe Worte* npl
brutalizar vt gall *brutal, roh, grob behandeln* ‖ *mißhandeln*
brutar vt prov *sieben, beuteln*
bru|teza f *Roheit* f ‖ *Ungeschliffenheit* f ‖ **-ticie** f fam *Roheit* f ‖ **-to** adj *viehisch, tierisch* ‖ fig *unvernünftig* ‖ fig *grob* ‖ *de registro* ~ (peso) ⟨Mar⟩ *Bruttotonnen|gehalt* m, *-register* n ‖ *en* ~ *im Rohzustand* m ‖ *hierro en* ~ *Roheisen* n ‖ *peso* ~ *Brutto-, Roh|gewicht* n ‖ *producto* ~ *Rohertrag* m ‖ *valor* ~ *reiner Wert* m ‖ adv: **~amente** ‖ ~ m *Tier, Vieh* n ‖ fig *roher Mensch, Rohling* m ‖ ⟨Taur⟩ *Stier* m ‖ Chi *Kampfhahn* m ‖ Chi *nicht reinrassiger Hahn* m ‖ Chi *nicht reinrassiges Tier* n ‖ *el noble* ~ ⟨poet⟩ *das Roß, Pferd* ‖ *pedazo de* ~ figf *Dummkopf, Einfaltspinsel* m ‖ ◊ *enamorarse como un* ~ fig *sich blind verlieben*
Bruto m np *Brutus* m
bruza f *Kardätsche* f ‖ ⟨Typ⟩ *Bürste* f
bruzar [z/c] vt ⟨Typ⟩ *(ab)bürsten*
bruzas, bruzos → **bruces**
bto. Abk = **bulto** ‖ **bruto**
bu m fam *Buhmann, schwarzer Mann* m, *Schreckgespenst* n *der Kinder* ‖ fam *Popanz* m
búa f *Pustel, Eiterbeule* f
buba f *Pustel* f ‖ *Hitzpocke* f ‖ *Geschlechtskrankheit* f ‖ *Syphilis* f ‖ **~s** fpl *Lymphknotenschwellungen* fpl
búbalo m ⟨Zool⟩ *Wasserbüffel* m (Bubalus spp)
bubón m ⟨Med⟩ *Leistendrüsengeschwulst* f ‖ ⟨Med⟩ *Pestbeule* f ‖ ~ *sifilítico* ⟨Med⟩ *Bubo* m
bubónico adj: *peste* **~a** ⟨Med⟩ *Beulenpest* f
bu-bú m fam *Wauwau, Popanz* m ‖ fam *Vogelscheuche* f ‖ ◊ *hacer el* ~ fig *Furcht einjagen*

bucal adj *Mund-* ‖ *cavidad* ~ *Mundhöhle* f
bucanero m Am ⟨Hist⟩ *Seeräuber, Bukanier* m
búcara f Dom *felsige Gegend* f *an der Küste* ‖ ~**s** fpl Dom *schroffe spitze Felsen* mpl
bucarán m *Buckram* m *(Buchbinderleinwand)*
bucardo m Ar ⟨Zool⟩ *Bergbock* m
búcare m Ven *Bukare* m *(Baum)*
búcaro m *wohlriechende Siegelerde* f ‖ *(Blumen)Vase* f *(daraus)*
bucear vi *(unter)tauchen* ‖ fig *forschen, nachdenken*
Bucéfalo m ⟨Myth⟩ *Bukephalos* m *(Pferd)* ‖ fam *Schindmähre* f
bucelas fpl *Kornzange* f
Bucentauro m ⟨Myth⟩ *Buzentaur* m
buceo m *Tauchen* n
bucero adj *schwarzmäulig (Spürhund)* ‖ ~ m ⟨V⟩ *Doppelhornvogel* m (Buceros bicornis)
bucerótidos mpl ⟨V⟩ *Nashornvögel* mpl (Bucerotidae)
buces → **bruces**
bucino m ⟨Zool⟩ *Wellhornschnecke* f (Buccinum undatum)
bucle m *(Haar)Locke, Ringellocke* f ‖ fig *Windung, Schleife* f, *Knick* m ‖ ⟨El⟩ *Rückkopplungskreis* m
¹**buco** m *Ziegenbock* m
²**buco** m *Loch* n, *Öffnung* f
³**buco** m MAm *Lüge* f
bucofaríngeo adj ⟨An⟩ *buccopharyngeus, zu Mund und Rachen gehörend*
¹**bucóli|ca** f *Hirtengedicht* n ‖ *Idylle* f ‖ **–co** adj *bukolisch* ‖ *ländlich* ‖ *Hirten-, Schäfer-* ‖ *poesia* ~**a** *Schäferpoesie* f
²**bucólica** f joc fam *Nahrung* f ‖ Col fam *Hunger* m
bucurú m Bol *(Art) Kartoffel* f ‖ MAm *Be-, Ver|hexung* f ‖ *Hexerei* f
buchaca f Salv *Tasche* f
buchada f *Schluck, Mundvoll* m
buchar vt *verstecken, verbergen*
¹**buche** m *Kropf* m *der Vögel* ‖ *Tiermagen* m ‖ *Labmagen* m *der Wiederkäuer* ‖ *Sackfalte* f *im Kleid* ‖ *Mundvoll* m *(Wasser usw)* ‖ fig *Busen* m. *Herz* n ‖ Mex *Kropf* m ‖ Ec *Zylinderhut* m ‖ Cu *Strolch* m ‖ fam *Ganove* m ◊ *llenar el* ~ fam *sich vollstopfen* ‖ *no le cabe en el* ~ fam *er kann es nicht für sich behalten* ‖ *sacar el* ~ *a uno* figf *jdn auf Herz und Niere prüfen*
²**buche** m *säugendes Eselfüllen* n
buchería f Cu *Flegelhaftigkeit* f
buchete m fam *Pausbacke* f
buchillo m Murc *großes Messer* n
buchinche m *elendes Zimmer*, fam *Loch* n ‖ Cu *armselige Kneipe, Kaschemme* f ‖ Cu *armseliges Café* n
buchógrafo m Pan fam *Gewohnheitstrinker* m
buchón adj: *paloma buchona Kropftaube* f ‖ Col *dickbändig* ‖ Cu *gutmütig*
Buda m np *Buddha* m
Budapest *Budapest*
budare m Ven *flacher Topf* m
búdico adj *buddhistisch*
budín m *(Art) Pudding* m ‖ ~ *inglés Plumpudding* m
budinera f *Puddingbackform* f
budión m ⟨Fi⟩ *Schleimfisch* m (Blennius spp)
budis|mo m *Buddhismus* m ‖ **–ta** s/adj *Buddhist* m
bué m León Sal *Ochse* m
buega f Ar *Grenzstein* m
buen [*statt* **bueno**, *gebräuchlich vor Hauptwörtern od dem* Inf. Praes.] adj/m *gut* ‖ ~ *gusto guter Geschmack* m ‖ ~ *hombre guter Kerl* m ‖ „*mein Bester*" *(Anrede)* ‖ ~ *mozo kräftiger (& hübscher) Bursch* m ‖ *un* ~ *pedazo ein tüchtiges Stück* n ‖ ~ *sentido gesunder Menschenverstand* m ‖ ~ *tiempo schönes Wetter* n ‖ ¡~ *apetito! guten Appetit!* ‖ *al* ~ *tuntún* fam *aufs Geratewohl* ‖ ~ *hombre pero mal sastre* fam *er ist ein guter Mensch, aber auch weiter nichts*
buenamente adv *treuherzig* ‖ *füglich* ‖ *bequem* ‖ *freiwillig*
buenamoza f Col *Gelbsucht* f
buenandanza f = **bienandanza**
buenasnoches m/f Ur *ahnungsloser Mensch* m
buenastardes f ⟨Bot⟩ Am *Dreifarbige Winde* f (Convolvulus tricolor)
buena|ventura f *Glück* n, *Wohlfahrt* f ‖ ◊ *decir la* ~ *aus der Hand wahrsagen* ‖ ≃ m Tfn *Bonaventura* m ‖ **–zo** adj/s *seelengut, kreuzbrav* ‖ ~ m fam *guter Kerl* m
buenecito adj dim v. **bueno**
¹**bueno** adj *gut* ‖ *einwandfrei, genau, richtig* ‖ *günstig* ‖ *angenehm* ‖ *vergnügt* ‖ *gesund* ‖ *groß, stark* ‖ *brav, gutmütig* ‖ *lieb* ‖ *liebenswürdig* ‖ *ordentlich* ‖ *beträchtlich, tüchtig* ‖ *brauchbar* ‖ *befriedigend (Schulnote)* ‖ iron *schön, gelungen* ‖ fam *einfältig* ‖ ~ *de comer gut schmeckend* ‖ *lo* ~ *es que ...* fam *das Schöne dabei ist, daß ...* ‖ *a la* ~*a redlich, aufrichtig* ‖ *a la* ~*a de Dios aufs Geratewohl, auf gut Glück* ‖ *ahora viene lo* ~ *jetzt kommt das Schönste* ‖ *¡* ~ *es él para bromas! mit dem ist nicht zu spaßen!* ‖ *de* ~ *a mejor immer besser* ‖ *dar por* ~ *billigen* ‖ *no estar* ~ *de la cabeza* figf *(halb)verrückt sein* ‖ *hace* ~ *es ist gutes Wetter* ‖ *hacer* ~*a una cantidad e–e Summe gutschreiben* ‖ *hacer* ~*a a/c et beweisen* ‖ *et billigen, gutheißen* ‖ *¡tanto* ~ *por aquí!* fam *willkommen!* ‖ *¿adónde* ~*? wohin des Weges? ‖ ¡* ~*a es ésa!* iron *das ist gelungen!* ‖ pl: *a* ~*as, por la* ~*a, por* ~*as* fig *im guten, gütlich* ‖ *gern, willig* ‖ *de* ~ *(a primeras) auf den ersten Blick, zuerst, sofort* ‖ *mir nichts, dir nichts* ‖ *im Grunde* ‖ *in den Tag hinein* ‖ *las* ~*as letras die Schönen Wissenschaften* fpl ‖ *estar de* ~ fam *gut gestimmt sein* ‖ *¡* ~*s días! guten Tag!* ‖ *¡* ~*as y gordas!* fam *iron gut Heil!* ‖ *cogí un susto de los* ~*s* fam *ich erschrak tüchtig* ‖ *¡muy* ~*as!* pop ... *Tag!* ‖ ◊ *arrímate a los* ~*s y serás uno de ellos mit rechten Leuten wird man was*
²**bueno** adv/adj *genug* ‖ *billig* ‖ *recht* ‖ *¡* ~*!* ‖ *¡* ~ *está! gut! so ist's recht! Schluß jetzt!* ‖ *¡* ~ *va! so geht's gut!*
³**bueno** m *Befriedigend* n *(Prüfungsnote)* ‖ ◊ **Buenos Aires** Arg *Buenos Aires*
bueña f prov *(Blut)Wurst* f
buera f Murc *Pustel* f *am Mund*
buey m *Ochse* m ‖ *Rind* n ‖ fig *lästiger Mensch* m ‖ fig pop *impotenter Mann* m ‖ Mex *Hahnrei, betrogener Ehemann* m ‖ ~ *almizclero* ⟨Zool⟩ *Moschusochse* m (Ovibos moschatus) ‖ ~ *cebado,* ~ *de ceba,* ~ *de engorde Mastochse* m ‖ ~ *de labor,* ~ *de labranza Zugochse* m ‖ ~ *marino Thunfisch* m ‖ ~ *trompeta* Arg *einhörniger Ochse* m ‖ *bilis de* ~ *Ochsengalle* f ‖ *lengua de* ~ ⟨Bot⟩ *Ochsenzunge* f (Anchusa spp) ‖ *un ojo de* ~ △ *ein Duro* m *(5 Pesetas)* ‖ *a paso de* ~ figf *sehr langsam, sehr bedächtig* ‖ ◊ *el* ~ *harto no es comedor Übermaß an Genüssen erregt Ekel* ‖ ~**es** pl △ *Spielkarten* fpl ‖ ◊ *pegar* ~ MAm *einschlafen*
bueye|cillo, –zuelo m dim v. **buey** ‖ **–ro** m Chi fam = **boyero**
¡buf! Chi *pfui! pff!*
¹**bufa** f fam *Spaß, Scherz* m ‖ Cu *Rausch, Schwips* m
²**bufa** f prov *Radreifen* m
³**bufa** f fam *geräuschloser Wind* m
△**bufaire** m *Angeber* m
bufandilla m/f Cu *betrunkene Person* f
búfalo m ⟨Zool⟩ *(Wasser)Büffel* m (Bubalus bubalis) ‖ *(Kaffern)Büffel* m (Syncerus caffer) ‖ *Bison, (Indianer)Büffel* m (Bison bison)
bufanda f *Halstuch* n, *Schal* m ‖ *Busentuch* n *der Frauen* ‖ ◊ *trae una* ~ *que se la pisa* vulg iron *er hat schwer geladen (Trunkenheit)*

búfano adj Cu Ven *schwammig*
bufar vi/t *schnauben (Stiere)* ‖ *(Wasser) aus dem Munde spritzen* ‖ ◊ ~ de ira *vor Zorn schnauben* ‖ ~**se** Mex *sich lockern (Mauerwerk)*
bufarrón m = **bujarrón**
bufeadero m Dom *Grotte* f *an der Küste*
bufeo m ⟨Zool⟩ Arg Pe *Tümmler* m
bufete m *Schreib-, Arbeits|tisch* m ‖ *Ladentisch* m ‖ *Büro* n *e–s Rechtsanwalts* ‖ fig *Praxis e–s Rechtsanwalts* ‖ *Kanzlei* f *(e–s Anwalts)* ‖ *Kredenztisch* m ‖ ◊ abrir ~ *sich als Rechtsanwalt niederlassen*
buf(f)et m gall *Anrichtetisch* m, *Büfett* n ‖ *Restaurationszimmer* n
△**bufia** f *lederne Weinflasche* f
bufido m *Schnauben*, *Brüllen* n *der Tiere* ‖ figf *Wutschnauben* n ‖ figf *Anschnauzen* n
bufo adj *närrisch, spaßhaft* ‖ *possenhaft* ‖ *drollig, komisch* ‖ ópera ~a *komische Oper* f *(Opera buffa)* ‖ ~ m ⟨Th⟩ *Buffo* m
bufón m/adj *Spaßmacher, Possenreißer* m ‖ *Hofnarr* m ‖ *Hanswurst* m ‖ ⟨Th⟩ *lustige Person* f ‖ RPl △ *Revolver* m
bufonada f *Posse, Schnurre* f
bufonería f Ar = **buhonería**
△**bufoso**, ~**a** f/m Arg *Revolver* m
bugalla f *Gallapfel* m
buganvilla f ⟨Bot⟩ *Drillingsblume* f *(Bougainvillea spp)* → **trinitaria**
bugle m gall ⟨Mus⟩ *Klapphorn* n
buglosa f ⟨Bot⟩ *Ochsenzunge* f
bugui-bugui m *Boogie-Woogie* m *(Tanz)*
búgula f ⟨Bot⟩ *Günsel* m ;
buhar|da, –dilla f *Dach|luke* f, *-fenster* n ‖ *Dachstube* f ‖ *Mansarde* f
buharro, buhardo m *Zwergohreule* f
buharrón m = **bujarrón**
búho m *Uhu* m ‖ figf *mürrischer Mensch* m, *menschenscheue Person* f ‖ △ *Spitzel* m ‖ ~ chico ⟨V⟩ *Waldohreule* f *(Asio otus)* ‖ ~ nival ⟨V⟩ *Schneeule* f *(Nyctea scandiaca)* ‖ ~ real ⟨V⟩ *Uhu* m *(Bubo bubo)*
buhone|ría f *Hausiererkasten* m ‖ ~**s** pl *Kurzwaren* fpl ‖ **–ro** m *Hausierer* m ‖ *Krämer* m
buido adj *scharf, spitz* ‖ *gerieft* ‖ *ausgehöhlt* ‖ fig *flink, leichtfertig*
bui|tre m *Geier* m ‖ *Lämmer-, Bart|geier* m ‖ fig *Aasgeier, Wucherer* m ‖ ~ común ⟨V⟩ *Gänsegeier* m *(Gyps fulvus)* ‖ ~ negro ⟨V⟩ *Mönchsgeier* m *(Aegypius monachus)* ‖ ◊ comer como un ~ fig *fressen wie ein Wolf* ‖ **–trear** vt/i Chi *Geier jagen* ‖ Chi figf *Gegessenes sofort erbrechen* ‖ **–trera** f *Schindanger* m ‖ *Geierjäger* m ‖ **–trón** m ⟨V⟩ *Cistensänger* m *(Cisticola juncidis)* ‖ *(Art) Fischreuse* f ‖ *Fangnetz* n, *Kescher* m ‖ *Am Schmelzofen* m *für Silbererz*
bujarrón m *(aktiver) Päderast* m
¹**buje** m ⟨Tech⟩ *Buchse* f ‖ *Radnabe* f ‖ *Radnabenhülse* f ‖ ~ de cojinete *Lager|büchse*, *-buchse* f ‖ ~ hueco *Hohlnabe* f ‖ ~ metálico *Metall|büchse, -buchse* f ‖ ~ para marcha en vacío *Leerlauf|büchse, -buchse* f
²**buje** m Mex = **calabacera**
buje|da, –dal, –do = **bojedal**
bujeo m *morastige Gegend* f
bujería f *Flitterzierat* m ‖ *Kleinkram* m
bujeta f *Büchschen* n
bujía f *Wachs|licht* n, *-kerze* f ‖ *Handleuchter* m ‖ ⟨El⟩ *Kerze* f *(altes Lichtstärkemaß)* ‖ *Zündkerze* f *(e–s Motors)* ‖ ⟨Chir⟩ *Harnröhrensonde, Bougie* f ‖ ~**-centímetro** ⟨Opt⟩ *Zentimeterkerze* f ‖ ~ decimal ⟨Opt⟩ *Dezimalkerze* f ‖ ~ de comparación *Vergleichskerze* f ‖ ~ de encendido ⟨Flugw Tech⟩ *Zündkerze* f ‖ ~ de esperma *Walratkerze* f ‖ ~ de mica *Glimmerzündkerze* f ‖ ~**-hora** *Kerzenstunde* f ‖ ~ incandescente ⟨Tech⟩ *Glühkerze* f ‖ ~ internacional ⟨El Hist⟩ *internationale Kerze* f ‖ ~ métrica, ~**-metro** ⟨El Hist⟩ *Meterkerze* f ‖ ~ miniatura, ~ enana *Zwergzündkerze* f ‖ ~ normal *Normalkerze* f ‖ ~**-pie** *Fußkerze* f

bujo m *Burg* = **boj**
bul m Cu *Getränk* n *aus Bier, Wasser und Zukker* ‖ △ *Steiß* m
bula f *päpstliche Bulle* f ‖ *Dispens* m/f ‖ *Verordnung* f ‖ ~ de la (Santa) Cruzada *Kreuzzugsbulle* f ‖ ~ de oro, ~ carolina *Goldene Bulle* f *(Kaiser Karls IV., 1356)* ‖ ◊ no le vale la ~ de meco fam *ihm ist nicht zu helfen* ‖ tener ~ para todo figf *sich aus nichts ein Gewissen machen* ‖ echar las ~s a uno figf *jdm die Leviten lesen* ‖ vender ~ fig *sich scheinheilig betragen*
bulárcama f ⟨Mar⟩ *Spant* n
bulario m *Bullensammlung* f, *Bullarium* n
bul|bar adj ⟨An⟩ *Augapfel-* ‖ **–bífero** adj ⟨Bot⟩ *zwiebeltragend* ‖ **–biforme** adj ⟨Bot⟩ *zwiebelförmig* ‖ **–billo** m ⟨Bot⟩ *Zwiebelknolle* f ‖ **–bo** m ⟨Bot⟩ *Knolle, Zwiebel* f ‖ *Blumenzwiebel* f ‖ *Wulst* m ‖ ⟨An⟩ *Bulbus* m ‖ ~ de la aorta ⟨An⟩ *Aorten|zwiebel* f, *-bulbus* m ‖ ~ cavernoso ⟨An⟩ *Zwiebelschwellkörper* m ‖ ~ dentario ⟨An⟩ *Zahnpapille* f ‖ ~ del ojo ⟨An⟩ *Augapfel* m ‖ ~ duodenal ⟨An⟩ *Duodenalkappe* f ‖ ~ olfatorio *Riechkolben* m ‖ ~ piloso *Haarzwiebel* f ‖ ~ raquídeo ⟨An⟩ *Kopfmark* n ‖ ~ uretral *Harnröhren|zellkörper* m, *-zwiebel* f ‖ ~ vaginal ⟨An⟩ *Schwellkörper* m *des Scheidenvorhofs* ‖ **–boso** adj ⟨Bot⟩ *knollig* ‖ ⟨An⟩ *wulstig, bulbös*
bulbul m ⟨V⟩ *Bülbül* m ‖ ~ naranjero ⟨V⟩ *Graubülbül* m *(Pycnonotus barbatus)*
buldog m *Bulldogge* f
bule m ⟨Bot⟩ Mex *Flaschenkürbis* m *(Lagenaria vulgaris = L. siceraria)*
bulerías fpl *andalusischer Gesang* m *mit Tanzbegleitung*
bulero m *Bullenverteiler* m ‖ *Ablaßkrämer* m ‖ △ *Preller* m
buleto m *päpstliches Breve* n
bulevar m frz *Boulevard* m, *Ringstraße* f, *Ring* m
búlgaro adj *bulgarisch* ‖ ~ m *Bulgare* m ‖ *bulgarische Sprache* f
búlico adj Mex PR Ven *weißgescheckt (Hühner)*
bulimia f ⟨Med⟩ *Heißhunger* m, *Bulimie* f
búlique adj Mex = **búlico**
bulín f Arg *gut eingerichtetes Appartement* n
buliná f Mex *Fladen* m *aus Schminkbohnenmasse* ‖ fig joc *Hut* m
bulo m *Gerücht* n ‖ pop *Latrinenparole* f
bulón m *Bolzen* m ‖ *Stößel* m *(an Werkzeugmaschinen)* ‖ ~ del émbolo *Kolbenbolzen* m
bulto m *Umfang, Raum* m, *den ein Körper einnimmt* ‖ *körperliche Gestalt* f ‖ *unbestimmbares Etwas* n ‖ *Bildsäule* f ‖ *Büste* f, *Brustbild* n ‖ *Warenballen* m, *Gepäckstück* n ‖ *Bündel* n ‖ *Beule* f, *Geschwulst* f ‖ fig *Bedeutung* f ‖ fig *Körper* m ‖ ⟨Th⟩ fam *Komparse* m ‖ ~ de carga *Frachtstück* n ‖ figura de ~ *Standbild* n ‖ ~ fig *nur obenhin* ‖ *oberflächlich* ‖ *aufs Geratewohl* ‖ grob *gesehen, ungefähr* ‖ de ~ fig *deutlich* ‖ fam *tüchtig* ‖ *wichtig* ‖ sehr ‖ film de ~ pop *plastischer Film, dreidimensionaler Film* m ‖ en ~ im *großen und ganzen* ‖ ◊ buscar a uno el ~ fam *jdm nachstellen* ‖ coger a uno el ~ *jdn packen, festnehmen* ‖ escurrir *(od* huir) el ~ fig *sich verstecken, sich ducken* ‖ fam *sich dünnmachen, sich drücken* ‖ hablar a ~ *ins Blaue hinein reden* ‖ hacer ~ *umfangreich sein* ‖ menear a uno el ~ figf *jdn durchprügeln* ‖ ~**s** mpl ⟨EB⟩ *Stückgut* n ‖ ~ de mano ⟨EB⟩ *Handgepäck* n ‖ ~ grandes ⟨EB⟩ *großes Gepäck* n
buhohí m Ven *Lärm, Radau* m ‖ Dom *Dollar* m ‖ *Peso* m
bulla f *Lärm, Radau* m, *Getöse* n ‖ *Zusammen-*

lauf m, *Menschengedränge* n ‖ PR *Prügelei* f ‖ ◊ armar~, meter ~ figf *Lärm, Getöse machen* ‖ estar de ~ figf *guter Dinge sein* ‖ meter a ~ fam *in die Länge ziehen*
bullabesa *f* frz ⟨Kochk⟩ *Bouillabaisse* f
bullabulla *m* Pan *aufrührerischer Mensch* m
bullado adj Chi Ec Pe *lärmend, geräuschvoll* ‖ *aufsehenerregend*
bullan|ga *f Lärm, Zusammenlauf* m *(von Menschen)* ‖ *Tumult* m ‖ *Zusammenrottung* f ‖ **-guería** *f* Chi Arg = **bulla** ‖ **-guero** adj/s *aufrührerisch* ‖ *streitsüchtig* ‖ ~ m *Unruhestifter* m
bullar vt Ar Nav *mit Fabrikstempel versehen (Stoffe)*
bullaranga *f* Am = **bullanga**
bullarengue *m* fam *Cul de Paris* m, *unter dem Damenkleid getragenes Gesäßpolster* n ‖ fam *Wackelpo(po)* m ‖ Cu *falsche, unechte Sache* f (& fig)
bullaruga *f* Am = **bulla**
bulldog *m* engl *Bulldogge* f *(Hund)*
bulldozer *m* engl ⟨Tech⟩ *Bulldozer* m
bullebulle m/f figf *unstetige Person* f, fam *Zappelphilipp* m
bullerengue *m* Mex = **bullarengue**
bu|llero adj Col Pe Ven = **bullicioso** ‖ **-lliciero** adj Mex MAm = **bullicioso**
bulli|cio *m Geräusch, Getöse* n ‖ *Unruhe* f, *Lärm* m ‖ *Auf\stand, -ruhr* m ‖ **-cioso** adj/s fig *lärmend* ‖ *unruhig, aufrührerisch*
bullidor adj *unruhig, äußerst lebhaft (Person)*
bullir [perf **-lló**] vt fig *bewegen, rühren* ‖ Mex *prellen, anführen* ‖ ~ vi *sieden, kochen* ‖ *(auf-)sprudeln* ‖ *(auf)wallen (Wasser, Blut)* ‖ fig *wimmeln (de von)* ‖ fig *sich regen* ‖ fig *beteiligt sein* (en *an*)
bullista adj Col = **bullicioso**
¹**bullón** *m Absud* m *(Färberei)* ‖ ~es de grasa fig *strotzende Fettigkeit* f *(dicker Personen)*
²**bullón** *m knopfförmiger Zierbeschlag* m *(e-s Buchdeckels)*
³**bullón** *m* Guat Ec Pe *Lärm* m ‖ *Aufruhr* m
bulloso adj Ec = **bullicioso**
bumerang *m Bumerang* m
buna *f Buna(gummi)* m/n ‖ Col *(Art) stechende Ameise* f
bunde m Am *(Art) Negertanz* m ‖ Col *Bedrängnis* f ‖ *Verlegenheit* f
bundear vi Col *mit geringem Erfolg arbeiten* ‖ *umherstreichen* ‖ vt Col *jdn hinauswerfen*
bunga *f* Cu fig *Lüge, Ente* f ‖ Cu *Orchester* n *mit kleiner Besetzung*
buniato m = **boniato**
bunker m ⟨Mil⟩ *Bunker* m
Bunsen: llama de ~ ⟨Chem⟩ *Bunsenflamme* f ‖ mechero de ~ ⟨Chem⟩ *Bunsenbrenner* m
buñole|ría *f Buñuelobäckerei* f ‖ Buden-, *Straßen\bäckerei* f ‖ **-ro** m/adj *Buñuelobäcker* m ‖ *Straßenbäcker* m ‖ fam *Pfuscher* m ‖ ~, a tus buñuelos *Schuster, bleib bei deinen Leisten!*
buñuelo m span. *Spritzkuchen* m *(in Öl gebraten)* ‖ figf *Pfuscherei, Pfuscharbeit* f ‖ ~ de viento *Schaumbrezel* f ‖ *Wind\gebäck* n, *-beutel* m ‖ ◊ *hacer un* ~ fam *et verpfuschen* ‖ eso no es ~ fig *das geht nicht so schnell*
bupréstidos *pl Prachtkäfer* pl (Buprestidae)
buque m ⟨Mar⟩ *Schiffsrumpf* m ‖ *Schiff* n ‖ *Inhalt, Raum* m ‖ ~ abandonado *verlassenes Schiff* n ‖ ~ abordado *Stoßschiff* n ‖ ~ abordador *Enterschiff* n ‖ ~ acorazado *Panzerschiff* n ‖ ~ almirante *Flaggschiff* n ‖ ~ apresor *einbringendes Schiff* n, *Prisemachender* m ‖ ~ armado *bewaffnetes Schiff* n ‖ ~ balicero *Tonnenleger* m ‖ ~ ballenero *Walfänger* m ‖ ~ barreminas *Minenräumer* m ‖ **~-blanco** *Zielschiff* n ‖ ~ buscaminas *Minensucher* m ‖ ~ cisterna *Öltanker* m, *Tankschiff* n ‖ **~-convoy** *Geleitschiff* n ‖ ~ correo *Postschiff* n ‖ ~ costero, ~ de cabotaje *Küsten-*

fahrer m ‖ ~ de agua *Wasserfahrzeug* n ‖ ~ de carga, ~ carguero *Frachtschiff* n ‖ ~ de cartel *Kartellschiff* n *(Parlamentärschiff)* ‖ ~ de dos cubiertas *Zweidecker* m ‖ ~ de dos palos *Zweimaster* m ‖ ~ de guerra *Kriegsschiff* n ‖ ~ de hélice *Schraubendampfer* m ‖ ~ de pasaje *Fahrgastschiff* n ‖ ~ de salvamento *Hebeschiff* n, *Bergungsdamper* m ‖ ~ desarbolado *entmastetes Schiff* n ‖ ~ de superficie *Überwasserschiff* n ‖ ~ de transporte *Transportschiff* n ‖ ~ de transporte de tropas *Truppentransporter* m ‖ ~ de vapor *Dampfschiff* n ‖ ~ de vela *Segelschiff* n ‖ ~ escolta *Begleitschiff* n ‖ ~ escuela *Schulschiff* n ‖ ~ factoría *Walfangmutterschiff* n ‖ ~ fantasma ⟨Th⟩ *Zauberschiff* n *(span. Benennung von Wagners Fliegenden Holländer)* ‖ ~ faro *Feuerschiff* n ‖ ~ fondeador de minas, ~ minador *Minenleger* m ‖ ~ frigorífico *Kühlschiff* n ‖ ~ gemelo, ~ de la misma clase *Schwesterschiff* n ‖ ~ guardacostas *Küstenwachschiff* n ‖ ~ guía *Leitschiff* n ‖ ~ hidrográfico *Vermessungsschiff* n ‖ ~ hospital *Lazarettschiff* n ‖ ~ insignia *Flaggschiff* n ‖ ~ marinero *seefähiges, seetüchtiges Schiff* n ‖ ~ náufrago *Wrack* n ‖ ~ negrero *Sklavenschiff* n ‖ ~ nodriza de aviones *Flugzeugmutterschiff* n ‖ ~ pesquero, ~ de pesca *Fischereifahrzeug* n ‖ ~ petrolero *Tankschiff* n ‖ ~ pirata *Kaperschiff* n ‖ ~ portaaviones *Flugzeugträger* m ‖ ~ portaminas *Minenleger* m ‖ ~ que burla el bloqueo *Blockadebrecher* m ‖ ~ que hace agua *leckes Schiff* n ‖ ~ rompehielos *Eisbrecher* m ‖ ~ transbordador *Fährschiff* n
buqué *m* gall *(Blumen)Strauß* m ‖ gall *Bukett* n *des Weins*
buquenque m/f *Kuppler(in* f) m
buquetero *m* Mex *Blumenvase* f
buquí *m* Dom *gefräßiger Mensch, Vielfraß* m
bura *f* Ven *Maismehlteig* m
buraco *m* vulg *Loch* n ‖ Arg *großes Loch* n
burado adj Col *zurückgeblieben (Entwicklung, Wachstum)*
burata *f* Ven *Geld* n, fam *Moneten* pl
burbaque *m* Dom *Lärm* m ‖ *Aufruhr* m
burbu|ja f *(Wasser)Blase* f ‖ *Luftblase* f ‖ **-jear** vt *Blasen werfen (Wasser), sprudeln, perlen*
burdas fpl, **burdales** mpl ⟨Mar⟩ *Pardunen* fpl
burdégano *m von e-m Hengst und e-r Eselin gezeugter Maulesel* m (→ **macho** romo)
burdel *m Bordell, Freudenhaus* n ‖ figf *übelbeleumdetes Haus* n ‖ fig *Lärm* m, *Getöse* n ‖ ~ adj *wollüstig, geil*
Burdeos *Bordeaux* ‖ vino de ~, ≃ *m Bordeauxwein* m ‖ ≃ adj *bordeauxrot*
burdo adj *grob (Wolle, Tuch, Fehler)* ‖ fig *roh, ungeschliffen* ‖ fig *plump, ungeschickt* ‖ fig *unvollkommen, unvollständig*
burear vt Col *foppen, anführen* ‖ vi Col *sich amüsieren*
burel *m* ⟨Her⟩ *Balken, schmaler Streifen* m
burén *m* Cu Dom Col *(Art) Kocher* m, *(Art) Kochplatte* f
bureo *m* pop *Vergnügen, Fest* n ‖ ◊ ir de ~ fam *sich e-n vergnügten Tag machen*
bureta f ⟨Chem⟩ *Meßglas* n, *Bürette* f
burga *f Warmwasserquelle* f
burgalés, -esa adj/s *aus Burgos*
burginense adj/s *aus Begijar (Jaén)*
burgo *m* ⟨Lit⟩ *Marktflecken* m
burgomaestre *m (nicht spanischer, bes. deutscher, niederländischer und schweizerischer) Bürgermeister* m
burgrave m ⟨Hist⟩ *Burggraf* m
burgueño, burgués *m Einwohner* m *e-s Fleckens*
burgués, esa adj *aus dem Bürgerstande, Bürger-* ‖ desp *spießbürgerlich* ‖ desp *spießig, gewöhnlich* ‖ *kleinstädtisch* ‖ partido ~ *Bürger-*

burguesía — buscona 190

partei f ‖ ~ *m* Bürger m ‖ Bourgeois, Spießbürger, Philister m ‖ pequeño ~ Kleinbürger m
burguesía f Bürgerschaft f, Bürgertum n ‖ wohlhabender Mittelstand m, Bourgeoisie f, Bürgerstand m ‖ Philistertum n ‖ pequeña ~ Kleinbürgertum n
buriel m/adj Burieltuch, grobes, braunes Tuch n ‖ ~ adj rötlichbraun
bu|ril m Gravierstichel m ‖ Meißel m ‖ Nuteisen n ‖ **–rilado** m Meißeln n ‖ **–riladura** f = **–rilado** ‖ **–rilar** vt/i stechen, schneiden, mit dem Stichel eingraben, in Kupfer radieren
burinot m Val Vorrichtung f, um Aale mit der Angel zu fangen
burjaca f Ranzen, Schnappsack m
burla f Spott m, Spötterei f ‖ Hohn m ‖ Possen, Streich m, den man jdm spielt ‖ Neckerei f ‖ Betrug m, Prellerei f ‖ ~ burlando fam unauffällig ‖ so nebenher ‖ unwissentlich ‖ en tono de ~ in spöttischem Ton ‖ ◊ hacer ~ de todo alles ins Lächerliche ziehen ‖ ~s pl: ~ aparte Scherz beiseite, im Ernst ‖ de ~ im Scherz, zum Scherz, zum Spaß ‖ ◊ aguantar ~ Spaß verstehen ‖ no entender de ~ keinen Spaß verstehen ‖ gastar ~ con alg. jdn verulken ‖ mezclar ~ con veras halb im Scherz, halb im Ernst reden ‖ ni en ~ ni en veras, con tu amo partas peras mit großen Herren ist nicht gut Kirschen essen
burla|dero m ⟨Taur⟩ Schutzwand f, Unterschlupf m für die Stierkämpfer ‖ fam Verkehrs-, Straßen|insel f ‖ ~ con parada Haltestelleninsel f ‖ fig Unterschlupf m ‖ **–dor** m Spötter m ‖ Spaßmacher m ‖ Frauenverführer m ‖ Vexierglas n ‖ el ~ de Sevilla fig Don Juan
bur|lar vt verspotten, verlachen ‖ necken ‖ foppen ‖ hintergehen, täuschen ‖ vereiteln (Pläne) ‖ ~ el bloqueo die Blockade brechen ‖ ~ vi Spott, Scherz treiben ‖ ~se: ◊ ~ de alg. sich über jdn lustig machen, jdn zum besten haben ‖ jdn hintergehen ‖ ~ de un tratado sich über e–n Vertrag hinwegsetzen ‖ ser ~lado hintergangen werden ‖ **–lería** f Spaß m ‖ Betrügerei f ‖ Ammenmärchen n ‖ **–lesco** adj fam drollig, schnurrig ‖ **burlesk** ‖ spaßhaft ‖ adv: ~**amente** ‖ **–leta** f dim v. burla
burlete m Keder m ‖ Fenster-, Türabdichtung f ‖ Filz-, Stoff|leiste f, Filzstreifen m (zum Abdichten von Fenstern und Türen)
burlisto m MAm Unruhestifter m
burlón, ona adj spaßhaft ‖ höhnisch ‖ schmähend ‖ ~ m Spaß|vogel, -macher m ‖ Spötter m ‖ adv: ~**amente**
buro m Ar Schlämmkreide f ‖ Ton m
buró m gall Schreibtisch m ‖ Mex Nachttisch m
burocracia f Bürokratie, Beamtenherrschaft f ‖ Beamtenklasse f
burócrata m Bürokrat m
buro|crático adj bürokratisch ‖ la clase ~a der Beamtenstand, die Beamtenklasse ‖ **–cratismo** m Bürokratismus m ‖ Formelkrämerei f
burra f Eselin f ‖ figf dumme Frau f ‖ figf Arbeitstier n (Frau) ‖ Burraspiel n, e–e Art Barrenspiel ‖ Col steifer Hut m, fam Melone f ‖ Arg △Geldschrank m ‖ ~ de leche fam Saugamme f ‖ ◊ caer de su ~ figf seinen Irrtum einsehen ‖ le está como a la ~ las arracadas figf es steht ihm wie dem Affen die Schlips ‖ irsele a uno la ~ figf aus der Schule plaudern
burra|da f Eselherde f ‖ figf Eselei f, dummer Streich m ‖ **–jo** m trockner Pferdemist m zur Ofenheizung
burre|ño m = **burdégano** ‖ **–ría** f fam Eselei f ‖ **–ro** m Eseltreiber m ‖ Esel(milch)händler m ‖ Guat Eselherde f ‖ Col Schwof m
burri|ciego adj ⟨Taur⟩ kurzsichtig (Stier) ‖ fam halbblind, kurzsichtig ‖ **–llo** m fam Merkbüchlein n, Agende f ‖ **–ón** m Guat Hond Kolibri

m ‖ **–quito** m MAm = **borriquito** ‖ **–to** m dim v. burro ‖ Mex kleine Franse f
burro m Esel m ‖ fig dummer Mensch m (& adj) ‖ Sägebock m ‖ ⟨Kart⟩ Dreiblatt n ‖ Mex (Art) Kinderspiel n ‖ Mex Stirnlocke f ‖ Mex Doppelleiter f ‖ Mex ⟨Bot⟩ Kapernstrauch m (Capparis spp) (vgl. **alcaparra**) ‖ ~ de carga Packesel m ‖ fam Arbeitstier n ‖ ~s mpl Arg vulg Pferderennen n ‖ ◊ apearse del ~ fig pop s–n Irrtum einsehen ‖ no ver tres en un ~ pop sehr kurzsichtig sein, sehr schlechte Augen haben ‖
burrunazo m PR Schlag m ‖ Stoß m
bursaca f Ven Beutel m
bursátil adj Börsen- ‖ negocios ~es Börsengeschäfte npl
bursectomía f ⟨Chir⟩ Schleimbeutelentfernung, Bursotomie f
burse|ra f ⟨Bot⟩ Bursera f, Balsambaum m (Bursera spp) ‖ **–ráceas** fpl ⟨Bot⟩ Balsambaumgewächse npl (Burseraceae)
bursiforme adj börsenförmig
bursitis f ⟨Med⟩ Schleimbeutelentzündung, Bursitis f ‖ ~ anterior ⟨Med⟩ Dienstmädchenknie n
buruca f MAm Getöse n, Lärm, Krach m
burujina f PR Wirrwarr m ‖ Krach m
buru|jo m (kleines) Pack, Bündel n ‖ **–jón** m Beule f am Kopf ‖ Cu = **burujina**
Burundi m Burundi n
busa f Blasebalg m ‖ ~ de colada ⟨Metal⟩ Auslaß m, Auslaßloch n
busardo m ⟨V⟩ Bussard m
busca f (Nach)Suchen n, Suche f ‖ ⟨Jgd⟩ Jäger mpl mit Treibern und Meute ‖ en ~ de a/c auf der Suche nach (dat) ‖ ~s fpl Cu Pe Mex Nebeneinnahmen fpl in e–m Amt
busca|da f Suchen n ‖ **–dero** adj leicht zu suchen ‖ **–dor** m/adj Sucher m ‖ ⟨Tel⟩ Sucherwähler m ‖ ~ automático de dirección ⟨Flugw⟩ selbsttätiger Peiler m ‖ ~ de interrupciones ⟨Tel⟩ Störungssucher m ‖ ~ de línea ⟨Tel⟩ Linien-, Leitungs|sucher m ‖ ~ de llamada ⟨Tel⟩ Anrufsucher m ‖ ~ de oro Goldsucher m ‖ **–líos** m fam Störenfried m ‖ grüblerische Person f ‖ **–pié** m hingeworfenes Wort, um et zu erforschen ‖ **–piques** m Pe = **–piés** ‖ **–pleitos** m Am Händelsucher, Zänker, Kampfhahn m, fam Zankbruder m ‖ **–polos** m ⟨Tech⟩ Polsucher m
buscar [c/qu] vt/i (nach)suchen, nachforschen ‖ holen (lassen) ‖ △ geschickt stehlen ‖ Mex pop reizen, aufbringen ‖ buscársela fam sich durchschlagen ‖ ◊ ~ cinco (od tres) pies al gato figf e–n Streit vom Zaune brechen ‖ ~ colocación, ~ empleo sich e–e Stelle suchen ‖ ~ fortuna sein Glück suchen ‖ ~ pendencia Streit suchen ‖ ~ una aguja en un pajar fig et Unmögliches verlangen, fig e–e Stecknadel in e–m Heuschober suchen ‖ andar buscando betteln ‖ ir, venir a ~ (ab)holen ‖ mandar a ~, enviar a ~ holen lassen, schicken nach ‖ no me busques las costillas fam laß mich in Ruhe ‖ ¡busca, busca! apport! (Ruf für Hunde) ‖ quien busca halla wer suchet, der findet
buscarla f ⟨V⟩ Schwirl m ‖ ~ de Pallas ⟨V⟩ Streifenschwirl m (Locustella certhiola) ‖ ~ fluvial ⟨V⟩ Schlagschwirl m (L. fluviatilis) ‖ ~ lanceolada ⟨V⟩ Strichelschwirl m (L. lanceolata) ‖ ~ pintoja ⟨V⟩ Feldschwirl m (L. naevia) ‖ ~ unicolor ⟨V⟩ Rohrschwirl m (L. luscinioides)
busca|rruidos m figf Händelsucher, Kampfhahn, Zänker m ‖ **–vida**(s) m fam Schnüffler m, Spürnase f ‖ ehrlicher Arbeitsuchender m
busco m Blankscheit n (Schleuse)
bus|cón, ona adj forschend, suchend ‖ diebisch, spitzbübisch ‖ ~ m Sucher, Nachforscher m ‖ listiger Dieb m ‖ Gauner, Spitzbube m ‖ (el) ~ Gestalt bei Quevedo ‖ fig ⟨Lit⟩ Geizhals m ‖ **–cona** f (Straßen)Dirne f

bushido m *Buschido, Ehrenkodex* m *des japanischen Militäradels*
busilis m: ◊ *dar en el* ~ fam *das Rechte treffen, ins Schwarze treffen* || *ahí está el* ~ fam *da liegt der Hase im Pfeffer, dies ist der springende Punkt*
búsqueda f *(Auf)Suchen* n, *Suchaktion* f
busquillo m Chi Pe = **buscavidas**
busté Am pop = **usted**
busto m *Brustbild* n, *Büste* f || *Oberkörper* m
bustrófedon m *Bustrophedon* n *(Schrift)*
butaca f *Lehnstuhl* m || ⟨Th⟩ *Parkettplatz* m, *Sperr-, Parterre|sitz* m || ~ *de mimbres Strandkorb* m || ~ *delantera* ⟨Th⟩ *Vordersitz* m || ~ *de orquesta Orchestersessel* m || ~ *de platea Parterresitz* m || ~ *de tijera Klappstuhl* m
butadieno m *Butadien* n
butano m *Butan* n
butaque m Col = **butaca** || Col *einteiliger Kinderanzug* m
buten: *de* ~ fam *erstklassig, glänzend* || pop *dufte, pfundig*
buterola f *Döpper, Gegenhalter, Kopfsetzer, Nietstempel* m
butifarra f *Schwartenmagen, Preßkopf* m || *Preßwurst* f || figf *Schlappschuh* m || *zu weiter Strumpf* || fam *Ziehharmonika* f || Pe *Schinkenbrötchen* n || ~**s** pl Bal fam *Spottname* m *für Ad(e)lige*
butileno m *Butylen* n
butiondo adj = **botiondo**
butirato m *Butyrat* n
butírico adj *buttersauer* || *ácido* ~ ⟨Chem⟩ *Buttersäure* f
butirina f *Butyrin, reines Butterfett* n
butirómetro m *Butyrometer, Galaktoskop* n
butiroso adj *butterartig*
butomáceas fpl ⟨Bot⟩ *Schwanenblumengewächse* npl (Butomaceae)
butrino, butrón m *(Art) Fischreuse* f || *Fangnetz* n
butuco adj Hond *klein und dick* || *rundlich*
butute m Hond *Rinderhorn* n
buxáceas fpl ⟨Bot⟩ *Buchsbaumgewächse* npl (Buxaceae)
buxina f ⟨Chem⟩ *Buxin* n
buyador m Ar *Blechwarenhändler* m
△**buyes** mpl *Spielkarten* fpl
buz m *Handkuß* m || fig *Bückling* m || ◊ *hacer el* ~ fam *vor jdm e–n Bückling machen, katzbuckeln*
buza f ⟨Metal⟩ *Pfannenausguß* m
buzamiento m ⟨Geol⟩ *(Ein)Fallen* n, *Neigung* f || ~ *de la falla* ⟨Geol⟩ *Fallen* n *der Falte*
buzaque m *Betrunkener* m
buzarda f ⟨Mar⟩ *Querspant* n *am Bug*
¹**buzo** m *Taucher* m || fam *geriebener Dieb* m
²**buzo** m ⟨V⟩ *Bussard* m || fig *Tölpel* m
³**buzo** m ⟨Metal⟩ *Boden-, Ofen|sau* f
bu|zón m *Abfluß-, Abzugs|rinne* f || *(Faß-)Spund* m || *Briefkasten* m || ~ *de alcance Spätbriefkasten* m || ◊ *echar en el* ~ *einwerfen (Brief)* || –**zonero** m Chi *Briefkastenentleerer* m
by-pass m engl ⟨Tech⟩ *Umgehungsleitung* f, *Umleitungskanal, Bypass* m

C

c f c n ‖ ⁓ *römische Ziffer = 100* ‖ ~ por b fig *haarklein, genau*
C ⟨Chem⟩ = **carbono**
C ⟨Phys⟩ = **Celsio, centígrado** ‖ **centesimal** ‖ **culombio**
C. Abk = **Caja** ‖ **Contestado** ‖ **Casa** ‖ **Capítulo** ‖ **Ciudad**
c. Abk = **con** ‖ **cuyo** ‖ **cada** ‖ **contra** ‖ **corona** ‖ **corriente** ‖ **capítulo** ‖ **ciudad**
Ca ⟨Chem⟩ = **calcio**
C.A. Abk = **corriente alterna**
C.ª Abk = **Compañía**
c/a Abk = **cuenta abierta**
ca adj pop = **cada**
¡ca! int fam *keine Rede! i wo!*
ca m pop = **casa**
caaba f *Kaaba* f *(in Mekka)*
cabal adj/adv *vollständig, völlig* ‖ *voll(zählig)* ‖ *vollkommen* ‖ *richtig* ‖ fig *vollendet* ‖ *hombre* (a carta) ~ *Ehrenmann, ein ganzer Mann* m ‖ ¡~! *richtig! so ist es!* ‖ justo y ~ *völlig richtig* ‖ ~ m *Vollkommeheit* f ‖ * *Vermögen* n ‖ por sus ~es *wie es sich gebührt* ‖ ◊ no estar en sus ~es fig *nicht richtig bei Verstande sein, nicht bei vollem Verstand sein* ‖ no estar en los ~es fam *nicht recht bei Trost sein*
cábala f *Kabbala* f *(jüdische Mystik)* ‖ *Kabbalistik* f ‖ *Intrige* f, *Ränke* mpl ‖ fig *ränkevoller Anschlag* m ‖ ◊ hacer ~s fig *Vermutungen anstellen* (acerca de *über* acc)
cabalero m Ar *Kind* n, *das kein Anerbe ist*
cabalga|da f *Reiter|zug, -trupp* m, *Kavalkade* f ‖ *Ritt, (Um)Ritt* m ‖ ⟨Mil⟩ *Streifzug* m *(zu Pferd im Feindesland)* ‖ **–dor** m/adj *Reiter* m ‖ **–dura** f *Reittier* n ‖ *Lasttier* n ‖ Ec = **horcajadura**
cabal|gar [g/gu] vt *reiten, besteigen (ein Pferd)* ‖ *bespringen, beschälen, decken (z. B. der Hengst die Stute)* ‖ ~ vi: ◊ en mula *auf e–m Maultier reiten* ‖ fig *aufeinanderliegen* ‖ **–gata** f *Reitertrupp* m, *Kavalkade* f ‖ *Ritt* m ‖ *(lärmende) Schar* f
cabal|ista m *Kabbalist* m ‖ *Ränkeschmied* m ‖ **–lístico** adj *kabbalistisch* ‖ *geheimnisvoll* ‖ *tükkisch*
cabalmente (pop **cabalito**) adv *vollkommen* ‖ *völlig, richtig* ‖ *genau* ‖ *eben, gerade* ‖ *wie es sich gehört*
caballa f (Fi) *Makrele, Seeforelle* f *(Sarda)* (Scomber spp)
caba|llada f *Zug, Trupp* m *(Pferde)* ‖ Am *Dummheit, Eselei* f ‖ **–llaje** m *Bespringen* n *der Stute* ‖ *Sprunggeld* n ‖ **–llar** adj *Pferde-, Roß-* ‖ *ganado* ~ *Pferde* npl ‖ **–llazo** m Chi Mex *Überrennen* n *(mit e–m Pferd)* ‖ Chi fig *heftiger Angriff* m (& pl ingl) ‖ Pe *scharfer Verweis, Tadel* m ‖ Guat *Betrug* m *beim Pferdehandel* ‖ **–llejo** m fam *elendes Pferd* n ‖ *Folterbank* f
caballerango m Mex = **caballerizo**
caballerazo m Pe Chi fam *vollendeter Kavalier* m
caballerear vi *sich wie ein Kavalier benehmen* ‖ *den Kavalier spielen*
caballe|resco adj *ritterlich, Ritter-* ‖ fig *kavaliermäßig* ‖ *libro* ~ *Ritterroman* m ‖ *costumbres* ~as *Ritterbrauch* m ‖ **–rete, –rango** m fam *Fatzke, La(cka)ffe*, Öst *Gigerl* m ‖ Am *junger Mann* m ‖ **–ría** f *Reittier* n ‖ *Reitpferd* n ‖ *Zugvieh* n ‖ *Reitkunst* f ‖ ⟨Mil⟩ *Reiterei, Kavallerie* f ‖ *Ritterschaft* f ‖ *Rittertum* n ‖ *Riterstand* m ‖ ~ de carga *Lasttier* n ‖ ~ de ejército *Heereskavallerie* f ‖ ~

divisionaria Divisionskavallerie f ‖ ~ mayor *Pferd* n ‖ *Maultier* n ‖ ~ menor *Esel* m ‖ ~ ligera ⟨Mil⟩ *leichte Reiterei* f ‖ *libros de* ~ *Ritterromane* npl ‖ ◊ andarse en ~s figf *sich in Komplimenten ergehen* ‖ **–ril** adj *ritterlich, Ritter-* ‖ **–rismo** m *ritterliche Gesinnung* f ‖ **–riza** f *Pferdestall* m ‖ ~**s** fpl *Stallung* f ‖ ~s reales pl *königlicher Marstall* m ‖ **–rizo** m *Stallmeister, Bereiter* m ‖ ⟨Mil⟩ *Pferdepfleger* m ‖ ~ mayor del rey *königlicher Oberhofstallmeister* m
caballero adj *reitend* ‖ fig *hartnäckig bestehend* (en *auf*) ‖ ~ en su asno *auf seinem Esel reitend* ‖ perspectiva ~a *Kavalierperspektive* f ‖ ~ m *Reiter* m ‖ *Ritter* m ‖ *Ordensritter* m ‖ *Ad(e)liger, Edelmann* m ‖ *Freiherr* m *(Titel)* ‖ *vornehmer Herr, Kavalier* m ‖ *mein Herr (als Anrede)* ‖ *Reisiger, berittener Soldat* m ‖ ⟨Min⟩ *Salband* n ‖ *Ablagerung* f *(Erdbau)* ‖ *(Boden)Kippe* f ‖ ~ andante *fahrender Ritter* m ‖ fig *armer Edelmann* m ‖ ~ cubierto span. *Grande* m, *der bedeckten Hauptes vor dem König erscheinen darf* ‖ fig *unhöflicher Mann* m ‖ ~ de industria *Glücks-, Industrie|ritter* m ‖ *Schwindler, Hochstapler* m ‖ ~ de la Cruz de Hierro *Träger* m *des Ritterkreuzes zum Eisernen Kreuz*, pop *Ritterkreuzträger* m ‖ ~ de la orden de San Juan *Johanniter(ritter), Malteser* m ‖ ~ de la Orden teutónica *Deutschordensritter* m ‖ el ⁓ de *Cisne der Schwanenritter* ‖ ⁓ de la Triste Figura *Ritter* m *von der traurigen Gestalt (d. h. Don Quijote)* ‖ ~ en plaza ⟨Taur⟩ *berittener Stierkämpfer* m ‖ ~ a lo ~ *kavaliermäßig* ‖ de a ~ *ritterlich* ‖ fig *ehrlich* ‖ mal ~ desp *schlechter Mensch* m ‖ un perfecto ~ *ein wahrer Kavalier* m ‖ ◊ poderoso ~ es Don Dinero *Geld regiert die Welt* ‖ armar ~ *zum Ritter schlagen* ‖ ~s pl *Erdhaufen* m *längs e–r Landstraße* ‖ ¡~! *meine Herren! (als Anrede)* ‖ ~ pobres Chi *arme Ritter* mpl *(Gebäck)*
caballero|sidad f *Ritterlichkeit* f ‖ *Ehrenhaftigkeit* f ‖ *Großmut* f ‖ **–so** adj *ritterlich* ‖ fig *kavaliermäßig* ‖ *ehrenhaft* ‖ adv: ~**amente**
caballe|ta f *Heuschrecke* f ‖ **–te** m dim v. **caballo** ‖ *Dach|first, -giebel* m ‖ *Gestell* n, *Ständer, (Rüst)Bock* m ‖ *(Pfahl)Joch* n ‖ ⟨Zim⟩ *Stellbock* m ‖ ⟨Mal⟩ *Staffelei* f ‖ ⟨Web⟩ *Scherstock* m ‖ ~ articulado *Gelenk|bock, -stuhl* m *(Brücke)* ‖ ~ de anclaje *Ankerbock* m *(Hängebrücke)* ‖ ~ de apoyo *Stütz-, Lager|bock* m ‖ ~ de aserrar, ~ para aserrar *Sägebock, Schragen* m ‖ ~ de bicicletas *Fahrradständer* m ‖ ~ de campanas *Glockenstuhl* m ‖ ~ de defensa ⟨El⟩ *Scheuerbock* m *(Leitungsmasten)* ‖ ~ de excavación ⟨Bgb⟩ *Abteugerüst* m ‖ ~ de extracción *Förderturm* m ‖ ~ de la grúa *Krangerüst* n ‖ ~ de maniobra ⟨EB⟩ *Stellbock* m ‖ ~ de puntería *Gewehrauflage* f, *Richtübungsgestell* n ‖ ~ de sondaje ⟨Bgb⟩ *Bohrgerüst* n ‖ ~ para alzar las vías ⟨EB⟩ *Gleishebebock* m ‖ ~ portapoleas *Rollen|bock* m, -*stütze* f
caballista m *Pferdekenner* m ‖ *guter Reiter* m ‖ *Kunstreiter* m ‖ Am *berittener Dieb* m ‖ *película de* ~s *Cowboyfilm* m
caballitero m Cu *Seiltänzer* m ‖ Cu *Zirkusbesitzer* m ‖ *Pferdekarussellbesitzer* m ‖ *Pferdekarussellhalter* m
caballito m dim v. **caballo** ‖ *Steckenpferd* n *(für Kinder)* ‖ Mex *kleine Unterwinde* f ‖ Mex *Monatsbinde* f *der Frauen* ‖ Hond fam *Nasenbein* n ‖ ~ del diablo *Libelle, Wasserjungfer* f *(Insekt)* ‖ ~ de mar ⟨Fi⟩ *Seepferdchen* n

(Hippocampus sp)‖ ~ de San Vicente Cu Hond = ~ del diablo ‖ ◊ pasársele a alg. el ~ Chi figf *die Grenzen (des Erlaubten) überschreiten* ‖ ~s *mpl Karussell* n
caballo *m Pferd* n, *Gaul* m ‖ *Hengst* m ‖ *Rüst-, Säge\bock* m ‖ *Springer* m, *Rössel* n *(im Schach)* ‖ 〈Kart〉 *Königin* f ‖ *Seepferdchen* n ‖ 〈Bgb〉 *Taubgestein* n *in e–r Ader* ‖ 〈Mar〉 *Partleine* f ‖ fig *stolze Person* f ‖ fig *herrschsüchtiges Weib* n ‖ Sal *Ranke* f *an den Reben* ‖ Am figf *brutaler Mensch* m ‖ Mex → **caballazo** ‖ ~ *alazán Fuchs* m ‖ ~ *árabe arabisches Pferd* n ‖ ~ *capón*, ~ *castrado Wallach* m ‖ ~ *de batalla Schlachtroß* n ‖ figf *Steckenpferd* n, *jds starke Seite, Stärke* f ‖ fig *Kernpunkt* m *e–s Streites* ‖ ~ *bayo Brauner* m ‖ ~ *blanco Schimmel* m ‖ △ fig *Melkkuh* f ‖ ~ *de brida zugerittenes Pferd* n ‖ ~ *de buena boca zügelfrommes Pferd* n ‖ fig *Mensch* m, *der im Essen genügsam ist* ‖ figf *nicht sehr wählerischer Mensch* m (& fig) ‖ ~ *capón Wallach* m ‖ ~ *de carga Lastpferd* n ‖ ~ *de carreras Rennpferd* n ‖ ~ *de columpio Schaukelpferd* ‖ ~-**hora** 〈Tech〉 *PS-Stunde* f ‖ ~ *de copas* 〈Kart〉 span. *Herzkaball* n ‖ ~ *corredor Rennpferd* n ‖ ~ *Libelle, Wasserjungfer* f *(Insekt)* (→ **libélula**) ‖ ~ *entero Hengst* m ‖ ~ *de guía Leitpferd* n ‖ ~ *de labor*, ~ *de trabajo Arbeits-, Acker\pferd* n ‖ ~ *de madera Holzpferd* n ‖ *Bock* m *(Turnen)* ‖ *Walroß* n ‖ ~ *marino Nilpferd* n ‖ *Seepferdchen* n ‖ ~ *de mano Handpferd* n ‖ ~ *negro Rappe* m ‖ ~ *padre (Zucht)Hengst* m ‖ ~ *de regalo Paradepferd* n ‖ ~ *roano Rotschimmel* m ‖ ~ *sucio Grauschimmel* m ‖ ~ *de (pura) sangre*, ~ *de raza Vollblutpferd* n ‖ ~ *de sangre caliente Warmblut* n, *Warmblüter* m ‖ ~ *de sangre fría Kaltblut* n, *Kaltblüter* m ‖ ~ *semental (Zucht)Hengst*, *(Deck)Hengst, Beschäler* m ‖ ~ *de silla Reitpferd* n ‖ ~ *de tiro Zugpferd* n ‖ ~ *para coches Kutschpferd* n ‖ ~ *gris Schimmel* m ‖ ~ *rodado Apfelschimmel* m ‖ ~ *tordillo Grauschimmel* m ‖ ~ *de Troya Trojanisches Pferd* n ‖ ~ *de varas Stangen-, Gabel\pferd* n ‖ *uña de* ~ 〈Bot〉 *Huflattich* m (Tussilago farfara) ‖ *(fuerza de)* ~ 〈Tech〉 *Pferdekraft* f ‖ *a* ~ *zu Pferd (reitend)* ‖ *¡a* ~*! ‹Mil› aufgesessen!* ‖ *soldado de a* ~ 〈Mil〉 *berittener Soldat, Reiter* m ‖ *a mata* ~ *pfeilschnell, Hals über Kopf* ‖ *plötzlich, ungestüm* ‖ ◊ *huir a uña de* ~ *fam spornstreichs entfliehen* ‖ fig *mit größter Anstrengung sich aus e–r Verlegenheit befreien* ‖ ir (od *montar)* *a* ~ *reiten* ‖ ir *en el caballo de San Fernando* (od *San Francisco)* figf *auf Schusters Rappen reisen* ‖ *subir a* ~ *zu Pferd steigen* ‖ *a* ~ *regalado, no hay que mirarle el diente e–m geschenkten Gaul sieht man nicht ins Maul* ‖ ~**s** *pl* 〈Mil〉 *spanische Reiter* mpl ‖ ~ *de vapor* (CV), ~-**vapor** *Pferdestärke* f *(PS)* ‖ ~ *de vapor efectivos effektive PS* ‖ ~ *de vapor indicados* (CVi) *indizierte PS* ‖ → **caballito, corcel, équidos, garañón, rocín, Rocinante**
caba‖llón *m Furchenrain* m ‖ *Deich* m ‖ *Schwaden, Längs\haufen* m, *-reihe* f ‖ –**lluno** *adj Pferde-*
cabana f 〈Flugw〉 *Spannturm* m
cabanga f MAm *Schwermut* f ‖ *Trübsinn* m
caba‖ña f *(Schäfer)Hütte, Feldhütte* f ‖ *große Schafherde* f ‖ Arg *Landgut* n *für Zuchtzwecke* ‖ –**ñal** *adj: camino* ~ *Weideweg* m *(der Wanderherden)* ‖ –**ñera** f Ar *(Weide)Weg* m *(für Wanderherden)* ‖ –**ñería** f *Proviant* m *(Brot, Öl, Essig und Salz) der (Schaf)Hirten* ‖ –**ñero** *m Schafmeister* m ‖ *armer Bauer* m ‖ *perro* ~ *Hirtenhund* m ‖ –**ñuela** f dim v. **cabaña**
cabaret m frz *Kabarett* n, *Singspielhalle* f ‖ *Nachtlokal* n ‖ *anrüchiges Lokal* n ‖ *artista de* ~ *m(f) Kabarettkünstler(in)* m(f)
cabás *m kleiner Korb* m *(aus Espartogras)* ‖ *Einkaufskorb* m *(der Frauen)*
¹**cabe** *m Stoß* m *beim Argollaspiel* ‖ ~ *de pala*

figf *Glückszufall* m ‖ ◊ *dar un* ~ *al bolsillo* figf *die Börse schröpfen*
²**cabe** prep 〈poet〉 *neben, bei*
cabece|ar vt *Wein verschneiden* ‖ *um\säumen, -nähen* ‖ *anstricken (Strümpfe)* ‖ ~ vi *mit dem Kopfe nicken (bes. vor Schläfrigkeit)* ‖ *den Kopf schütteln (bes. als Zeichen der Mißbilligung)* ‖ *den Kopf auf und nieder bewegen (bes. von Pferden)* ‖ *sich aufbäumen, stampfen (Pferde)* ‖ *die Krone hin und her bewegen*, fig *flüstern (Bäume im Wind)* ‖ *schaukeln, wackeln (Sachen)* ‖ 〈Mar〉 *stampfen (Schiff)* ‖ ~ *al ancla* 〈Mar〉 *reiten* ‖ 〈Mil〉 *bucken (Kanone)* ‖ Chi *Knollen ansetzen (Zwiebel)* ‖ –**o** m s v. -**ar** ‖ *Nicken* n ‖ 〈Flugw Mar〉 *Stampfen* n, *Stampfbewegung* f ‖ *Pe fam* = **agonía**
cabecequia *m* Ar *Aufseher* m *der Bewässerungsgräben*
cabece|ra f *Hauptpunkt* m *e–r Sache* ‖ *Ehrenplatz* m *am Tisch* ‖ *Kopfende* n *des Bettes* ‖ *Kopfkissen* n ‖ *(Bezirks)Hauptstadt* f ‖ 〈Typ〉 *Titelvignette* f ‖ *Kopfstück* n *e–s Kapitelanfangs im Buche, Kopf\zeile, -leiste* f ‖ 〈Arch〉 *Brückenkopf* m ‖ fig *Anfang* m ‖ *médico de* ~ *Hausarzt* m ‖ ~ *estar (od asistir) a la* ~ *de un enfermo e–n Kranken pflegen* ‖ *me gusta la* ~ *alta ich liege gerne hoch* ‖ –**ro** m 〈Arch〉 *Fenster-, Tür\sturz* m ‖ ~ *de ángulo Eckstein* m
cabeciancho adj *breitköpfig*
cabeciduro adj Col Cu *starrköpfig*
cabeci|lla *m Anführer* m ‖ *Rädelsführer* m ‖ *Räuberhauptmann* m ‖ ~ m/f figf *Windkopf* m ‖ Chi *Sattelbogen* m ‖ –**ta** m dim v. **cabeza** ‖ *Köpfchen* n
*****cabe|dero** adj *möglich, tunlich* ‖ –**dor** adj Am *geräumig* ‖ *groß (Flasche)* ‖
cabe|llado adj prov *kastanienbraun schillernd* ‖ –**llejo** m dim v. **cabello** ‖ –**llera** f *Haupthaar* n, *Haare* npl ‖ *Perücke* f ‖ *Mähne* f *des Löwen* ‖ *Schweif* m *(e–s Kometen)*
cabe|llo *m (Haupt)Haar* n ‖ *Bart* m *am Maiskolben* ‖ Arg Chi 〈Bot〉 *Seide* f (Cuscuta spp) ‖ Chi Pe *(Art) Fadennudeln* fpl ‖ Mex Cu Guat PR 〈Bot〉 *Waldrebe* f (Clematis spp) ‖ ~ *del rey* Pe, ~ *de ángel* MAm Ant 〈Art〉 *Ananasgewächs* n (Tillandsia spp) ‖ ~ *corto kurzgeschnittenes Haar* n ‖ fig *Pagen-, Bubi\kopf* m ‖ ~ *merino sehr dichtes, krauses Haar* n ‖ ~ *mit aufgelöstem Haar* ‖ ◊ *estar u/c pendiente de un* ~ figf *an einem Haare hängen, in der Luft schweben* ‖ *hender (od partir) un* ~ *ein ein fig Haarspaltereien treiben* ‖ *llevar a uno en un* ~ figf *jdn um den Finger wickeln* ‖ *llevar el* ~ *corto (largo) die Haare kurz (lang) tragen* ‖ *no montar un* ~ figf *keinen Pfifferling wert sein* ‖ *no tocarle a uno (ni) un* ~ *jdm kein Haar krümmen* ‖ *caída del* ~ *Haarausfall* m ‖ ~**s** *pl: (od* ~*) de ángel del diablo Konfekt* m *von Fasermelonen* ‖ ~ *del diablo* 〈Bot〉 *Seide* f, *Teufelszwirn* m (Cuscuta spp) ‖ *en* ~ *mit entblößtem Haupt* ‖ ◊ *estar colgado de los* ~ figf *sich in e–r peinlichen Lage befinden* ‖ *tirarse de los* ~ *sich die Haare raufen* ‖ *traer a/c por los* ~ figf *et an den Haaren herbeiziehen* ‖ *los* ~ *se le ponen de punta die Haare stehen ihm zu Berge* ‖ –**ludo** adj *(lang)haarig* ‖ *dicht behaart* ‖ *cuero* ~ *Am Haarhaut* f ‖ –**lluelo** m dim v. -**llo**
caber [pres quepo, pret cupe] vt *in sich fassen (räumlich)* ‖ *zulassen, billigen* ‖ ~ vi *enthalten sein (in) (dat)* ‖ *Platz finden, hineingehen (in–)* ‖ *reichen* ‖ *möglich sein* ‖ ◊ ~ *en suerte zuteil werden, zufallen* ‖ *cabe preguntarse man muß sich fragen* ‖ *hoy me cabe la satisfacción de heute habe ich das Vergnügen zu* ‖ *todo cabe alles ist möglich* ‖ *todo cabe en él* figf *dem ist alles zuzutrauen* ‖ *cabe suponer que es ist vorauszusetzen, daß* ‖ *lo que cabe pensar was (überhaupt) denkbar ist* ‖ *was anzunehmen ist* ‖ *si cabe womöglich* ‖ *aun más, si cabe vielleicht noch mehr* ‖ *¿qué*

duda cabe? *wer möchte es bezweifeln?* || ¡qué duda cabe! *sicherlich! bestimmt!* || no nos cabe la menor duda que *wir hegen nicht den geringsten Zweifel, daß* || ¿cuántas veces cabe 4 en 12? *wie oft geht 4 in 12?* || 2 entre 3, no cabe *2 in 3 geht nicht* || no ~ en sí fig *äußerst stolz, übermütig sein* || no ~ en sí de gozo fig *vor Freude außer sich sein* || no ~ en la casa *nicht gern zu Hause sein* || no ~ en toda la casa figf *vor Wut außer sich sein, wütend sein* || no cabe más fig *das ist die Höhe!* || elegante que no cabe más figf *höchst elegant* || no cabe tanta gente en la sala *der Saal faßt nicht so viele Menschen* || no cabe duda *zweifellos* || no cabe equivocación *Irrtum ist ausgeschlossen* || no cabe perdón *es ist nicht zu entschuldigen* || no cabe precisar la edad *das Alter läßt sich nicht feststellen, bestimmen* || los zapatos no me caben *die Schuhe sind mir zu eng* || eso no me cabe en la cabeza figf *das will mir nicht in den Kopf* || eso no cabe aquí *das ist unstatthaft* || el corazón no le cabía en el pecho figf *er war außer sich vor Freude* || tú y yo no cabemos juntos *wir beide passen nicht zusammen* || →a **alfiler**
cabero adj Mex *letzte*
cabestrante m → **cabrestante**
cabes|trar vt *anhalftern, Halfter anlegen* (dat) || **–trear** vt Am *am Halfter führen* || PR Ur Ven fig *führen, regieren* || **–trería** f *Sattlerei* f || **–trero** adj *dem Halfter gehorchend (Pferd)* || ~ m *(Halfter)Sattler* m || *Seiler* m || **–trillo** m ⟨Chir⟩ *(Arm)Binde, Schlinge* f || *Armschiene* f || *Halskette* f || **–tro** m *Halfter* m/n || ⟨Taur⟩ *Leitochse* m || ⟨Chir⟩ *Kinnbinde* f || ◊ *llevar del ~* figf *um den Finger wickeln*
¹**cabeza** f *Kopf* m, *Haupt* n || *Schädel* m || ⟨Arch⟩ *Brückenkopf* m || *Glockenstuhl* m || ⟨An⟩ *Gelenkkopf* m || *(Berg)Gipfel* m || fig *Kopf, Geist* m || fig *Kopf* m, *Hauptperson* f || *Vorsteher, Obmann* m, *Oberhaupt* n || *Anführer* m || →a ~ de familia || fig *Kopf* m, *Stück* n *(Vieh)* || fig *Anfang, Ursprung* m || ⟨Sp⟩ *Köpfler, Kopf|stoß, -ball* m *(Fußball)* || *Eingangsformel* f *(e-r Schrift)* || ⟨Typ⟩ *Kapitelüberschrift* f || *Hauptstadt* f || ~ de alfiler *Nadelkopf* m || ~ de campana *Glockenstuhl* m || ~ de chorlito, ~ a pájaros fig *Windbeutel, Leichtfuß* m || ~ m de familia *Familien|oberhaupt* n, *-vorstand* m || ~ de ganado *(Stück)* *Vieh* n || ~ de línea ⟨Gen⟩ *Stammtier* n || ~ del fémur ⟨An⟩ *(Ober)Schenkelkopf* m || ~ del húmero ⟨An⟩ *Armbeinkopf, Oberarmkopf* m || ~ del martillo ⟨An⟩ *Hammerkopf* m || ~ menor *Stück Kleinvieh* n || ~ de olla *erster Abguß* m *e-r Fleischbrühe* || ~ de partido *Bezirks-, Kreis|hauptstadt* f || ~ de reino *Reichshauptstadt* f || ~ de turco fam *Sündenbock* m || *dolor de ~ Kopfweh* n || *mala ~* fig *törichter, unüberlegter Mensch* m || *tocado de la ~* fig *auf den Kopf gefallen* || ◊ *abrir (od romper) la ~ a alg.* figf *jdm den Kopf einschlagen* || *aprender (od tomar) de ~ auswendig lernen* || *asomar la ~ den Kopf herausstrecken, hervorgucken* || *zum Vorschein kommen* || eso no me cabe en la ~ figf *das will mir nicht in den Kopf* || *cargársela a uno la ~ schwindlig werden* || *dar con la ~ contra la pared* figf *mit dem Kopf gegen die Wand rennen* || *dar de ~ auf den Kopf fallen* || figf *Ansehen verlieren* || *me duele la ~ ich habe Kopfweh* || *escarmentar en ~ ajena* figf *durch fremden Schaden klug werden* || *hablar de ~* fam *in den Tag hinein, unüberlegt reden* || *hacer ~* fam *das Wort führen* || *ir ~ abajo* figf *immer mehr herunterkommen* || *írsele (od andársele) a uno la ~* fig *im Kopf schwindlig sein* || figf *den Verstand verlieren* || *jugarse la ~* figf *Kopf und Kragen riskieren* || *meterse de ~ en un negocio* figf *et mit großem Eifer unternehmen* || *metérsele (od ponérsele) a uno la ~ a/c* figf *sich et in den Kopf setzen* || figf *hartnäckig bei seiner Meinung bleiben* || *otorgar de ~ durch Kopfnicken zustimmen* || *pasar por la ~* figf *einfallen, in den Kopf kommen (Idee)* || *perder la ~* figf *den Kopf, den Halt verlieren* || *quebrarse la ~* figf *sich den Kopf zerbrechen* || *quien no tiene ~, ha de tener pies* figf *was man nicht im Kopf hat, muß man in den Beinen haben* || *quitarse a. de la ~* figf *sich et aus dem Kopf schlagen* || *romperle a uno la ~* jdm den Kopf einschlagen || *romperse (od quebrarse) la ~* figf *sich den Kopf zerbrechen, ziellos grübeln* || *sacar la ~* figf *wieder zum Vorschein kommen, sich wieder zeigen* || *sentar la ~* figf *zur Vernunft kommen* || *subírsele a uno la sangre a la ~* fig *in heftigen Zorn geraten* || *el vino se le ha subido a la ~* figf *der Wein ist ihm zu Kopf gestiegen*, pop *er hat e-n in der Krone* || *tener la ~ a pájaros (od a las once)* figf *e-n tollen Kopf haben, e-e Meise haben* || figf *zerstreut sein* || *tener la ~ como una olla de grillos* figf *nicht wissen, wo e-m der Kopf steht* || *no alza ~, no levanta ~* figf *er kommt gar nicht wieder recht auf die Beine*, pop *er kann sich gar nicht wieder aufrappeln* || *no tener dónde volver la ~* fig *nicht wissen, wo man sein Haupt hinlegen soll* || *torcer la ~* figf *sterben* || *volvérsele a uno la ~* figf *den Verstand verlieren* || *en volviendo la ~* fig *ehe man sich's versieht, im Nu* || *a la ~ voran, an der Spitze* || *con la ~ al aire unbedeckten Hauptes* || *de ~ mit dem Kopf (voran), kopfüber* || *auswendig* || fam *schnurstracks, eiligst* || *de pies a ~ von oben bis unten, vom Kopf bis zu Fuß* || *en ~ Am ohne Hut, barhäuptig* || *por su ~ aus eigenem Entschluß* || *más vale ser ~ de ratón, que cola de león lieber ein kleiner Herr als ein großer Knecht* || **~s** pl ⟨Mar⟩ *beide Enden* npl *e-s Schiffes* || ~ de ganado … *Stück* npl *Vieh* || *tantas ~ tantos pareceres viel Köpfe, viel Sinne*
²**cabeza** f ⟨Tech⟩ usw: *Kopf* m || *Gurt(ung)* m(f) || ⟨Zim⟩ *Kappe* f || *Haube* f || ~ atómica *Atomsprengkopf* m || ~ curvada *gekrümmte Gurtung* f *(Stahlkonstruktion)* || ~ chata, ~ plana *Flachkopf* m || ~ de alfiler *Nadelkopf* m || ~ de arco *Bogengurtung* f *(Brücke)* || ~ de atracadero, ~ de espigón ⟨Mar⟩ *Kopf* m *(od Spitze* f*) des Hafendamms* || →a ~ de malecón || ~ de biela *Pleuelkopf* m *(kolbenseitig)* || ~ de cabrio ⟨Arch⟩ *Sparrenkopf* m || ~ de cepillo *Hobelkopf* m || ~ de cilindro *Zylinderkopf* m || ~ de clavo *Nagelkopf* m || ~ de columna *Säulen|kopf, -knauf* m ⟨Mil⟩ || ~ de desagüe, ~ de drenaje *Dränkopf* m || ~ del eje *Achskopf* m || ~ de embutir *Zieh|werk* n, *-kopf* m || ~ de espigón *Buhnenkopf* m || ~ de estiraje ⟨Web⟩ *Streckkopf* m || ~ de etapa ⟨Mil⟩ *Etappenhauptort* m || ~ de flotilla ⟨Mar⟩ *Flotillenführerschiff* n || ~ de hilera ⟨Mil⟩ *Flügelmann* m || ~ grabadora, ~ de grabadora ⟨Ak⟩ *Aufnahmekopf* m || ~ de horquilla *Gabelkopf* m *(Fahrrad)* || ~ de la barra de acoplamiento ⟨Aut⟩ *Spurstangen|kopf* m, *-gabel* f || ~ de la cuña *Keilrücken* m || ~ de la esclusa *Schleusenhaupt* n || ~ del cajón de los mecanismos *Hülsenkopf* m *(Gewehr)* || ~ del martillo *Hammerkopf* m || ~ del percutor *Schlagbolzenmutter* f || ~ de malecón *Molenkopf* m || ~ de muelle *Steg-, Kai|kopf* m || ~ de muerto ⟨Typ⟩ *Fliegenkopf* m *(als Blockade)* || ~ de (un) parapeto ⟨Mil⟩ *Brustwehrkrone* f || ~ de perno *Bolzenkopf* m || ~ de puente *Brückenkopf* m *(& Mil)* || ~ de remache, ~ de roblón *Nietkopf* m || ~ de retaguardia ⟨Mil⟩ *Vorhut* f *des Nachtrupps, Nachtrupp* m || ~ de roscar *Schneidkopf* m || ~ de suspensión *Hängegurt(ung)* m(f) || ~ de tornillo *Schraubenkopf* m || ~ de vanguardia ⟨Mil⟩ *Vortrupp* m, *Spitze* f *der Vorhut* || ~ panorámica ⟨Filmw⟩ *Panoramakopf* m || ~ tensora *Spannkopf* m || ~ apoyo de ~ ⟨Phot⟩ *Kopfhalter* m

cabe|zada f Stoß m mit dem Kopf ‖ Kopfnicken n ‖ Oberleder n (am Schuh) ‖ Kopfstück n (am Zaum) ‖ ⟨Mar⟩ Stampfen n ‖ Halfter m (Sattelzeug) ‖ ⟨Buchb⟩ Oberleder n ‖ Cu Flußbett n ‖ Arg Ec Sattelbogen m ‖ ~ de brida Hauptgestell n ‖ ~ de cuadra Stallhalfter m, Stalleine f ‖ con la ~ puesta gezäumt (Pferd) ‖ ◊ dar ~s mit dem Kopf nicken, einnicken (Schlaftrunkener) ‖ ⟨Mar⟩ stampfen (Schiff) ‖ darse de ~s por las paredes figf mit dem Kopf gegen die Wand rennen ‖ **-zal** m Kopfkissen n ‖ großes Querpolster n ‖ ⟨Aut⟩ Kopf-, Genick|stütze f ‖ Vordergestell n am Wagen ‖ ⟨Chir⟩ Bäuschchen, Druckläppchen n ‖ ⟨Mar⟩ Sparren m ‖ ⟨Bgb⟩ Feldort n ‖ ⟨Ing⟩ Kopfstück n ‖ ⟨EB⟩ Halslager n ‖ ~ de apagamiento Löschkopf m ‖ ~ de cuchillas, ~ portacuchillas Messerkopf m ‖ ~ divisor Teilkopf m ‖ ~ de escape Auspuffkopf m ‖ ~ de estirado ⟨Metal⟩ Ziehkopf m ‖ ~ de hilera ⟨Metal⟩ Zieheisenkopf m ‖ ~ de inflamación, ~ de ignición Zündkopf m ‖ ~ de inserción ⟨Ing⟩ Einrückkopf m ‖ ~ de pilote ⟨Ing⟩ Pfahlkappe f ‖ ~ de prensa Preßkopf m ‖ ~ de quemador ⟨Metal⟩ Brennerkopf m ‖ ~ de sujeción (Auf)Spannkopf m ‖ ~ de husillo Spindelstock m ‖ ~ móvil Reitstock m ‖ ~ portafresas Fräskopf m ‖ ~ portamuelas Schleifkopf m ‖ **-zalero** m Testamentvollstrecker m ‖ **-zazo** m Stoß mit dem Kopf ‖ ⟨Sp⟩ Köpfler, Kopfstoß m (Fußball) ‖ **-zo** m einsamer Hügel m ‖ Berggipfel m ‖ **-zón**, **ona** adj großköpfig ‖ fig starrköpfig ‖ Chi stark (geistiges Getränk) ‖ ~ m augm v. **cabeza** ‖ Kopfschlitz m am Kleid ‖ Rückenstück n am Hemd ‖ Kappzaum m ‖ fam Starr-, Dick|kopf m ‖ CR Kaulquappe f ‖ Chi scharfer Schnaps m ‖ ◊ traer (od llevar) a alg. de los cabezones figf jdn unter seiner Fuchtel haben
cabezo|nada f fam starrköpfige Handlung, Dickköpfigkeit f ‖ **-rro** m fam dicker, ungestalter Kopf m ‖ **-ta** f/m augm v. **cabeza** ‖ fam großköpfiger Mensch m ‖ Starrkopf m ‖ fam dickes Fingergelenk n ‖ **-te** m Cu Füllsteine mpl
cabe|zudo adj groß-, dick|köpfig ‖ fig starrköpfig ‖ fam sehr stark (Wein) ‖ ~ m ⟨Fi⟩ Groß-, Kaul|kopf m ‖ Ar Kaulquappe f ‖ ⟨Fi⟩ Großkopf m (Mugil cephalus) ‖ pop hochprozentiger Wein m ‖ ~s pl Span großköpfige Puppen fpl aus Pappe, die bei kirchlichen Umzügen herumgetragen werden ‖ **-zuela** f dim v. **-za** ‖ Kleinmehl n ‖ ⟨Bot⟩ Köpfchen n ‖ ⟨Bot⟩ Brakkendistel f
cabiaje m Dachgespärre n
cabiblanco m Col Ven dolchartiges Messer n
cabida f (Raum)Gehalt m, Fassungsvermögen n, Tragfähigkeit f ‖ Flächeninhalt m ‖ ⟨Mar⟩ Ladefähigkeit f ‖ dar ~ Raum gewähren (dat), et zulassen ‖ ◊ tener ~ con alg. bei jdm in Gunst stehen ‖ no tener ~ nicht hineingehen (räumlich) ‖ nicht statthaft sein
cabila f Berber-, Kabylen|stamm m ‖ ⟨Mar⟩ berberische Kriegerschar f
cabil|dada f fam übereilter, unüberlegter Beschluß m (e-r Körperschaft) ‖ **-dear** vi intrigieren (in e-r Körperschaft od Gemeinschaft) ‖ **-dero** m/adj Intrigant m ‖ **-do** m Dom-, Chorkapitel, Stift(skapitel) n ‖ Ordenskapitel n ‖ Gemeinderat m ‖ Kapitelsitzung f ‖ Gemeinderatsitzung f ‖ Ratsaal m ‖ Rathaus n ‖ fig Cu Negerversammlung f ‖ Negergruppe f (Vereinigung von Negersklaven und ihren Nachkommen, entsprechend den Herkunftsstämmen, zu geselligen und wohltätigen Zwecken) ‖ palavernde, beschlußunfähige Versammlung f ‖ ~ abierto Am öffentliche Sitzung f ‖ ~ insular Span Inselrat m ‖ el ~ das alte Rathaus in Buenos Aires
cabilla f (Eisen)Stift m ‖ dicker Draht m ‖ Rundeisen n ‖ ⟨Mar⟩ Handspeiche f des Ruders ‖ ⟨Mar⟩ Bolzen, Zapfen m ‖ ~ de armadura Armierungseisen n
cabillo m ⟨Bot⟩ Stengel, Blatt- bzw Blüten|stiel m
cabina f ⟨Sp⟩ Kabine f, Ankleidezimmer n ‖ Kabine, Kanzel f (im Flugzeug) ‖ ~ a presión, ~ de presión ⟨Flugw⟩ Druckkabine f ‖ ~ de conmutación Schaltschrank m ‖ ~ de escucha, ~ de control ⟨Tel⟩ Abhör|raum m, -kabine f ‖ ~ de estudio ⟨Filmw⟩ Studiokabine f ‖ ~ de la cámara ⟨Filmw⟩ schalldichte Zelle f ‖ ~ del piloto ⟨Flugw⟩ Führerraum m ‖ ~ de pasajeros Passagierraum m ‖ ~ de proyección ⟨Cin⟩ Vorführkabine f ‖ ~ de sonido ⟨Cin⟩ Abhörraum m ‖ ~ electoral Wahlzelle f ‖ ~ giratoria Dreh|kabine f, -führerhaus n (Kran) ‖ ~ radiotelefónica, ~ radiotelegráfica Funkkabine f ‖ ~ telefónica Telephonzelle f
cabio m (Dach)Sparren m ‖ ~ acodado Kniesparren m ‖ ~ cojo Wechselsparren m ‖ ~ común (Dach)Sparren m ‖ ~ de copete Halb-, Schift|sparren, Schifter m ‖ ~ de lima-hoya Kehl(grat)|sparren, -balken m ‖ ~ de lima-tesa Eck-, Grat-. Schift|sparren, Hakenkamm m ‖ ~s mpl Dachgesparre n
cabizbajo adj mit gesenktem Haupt ‖ fig kopfhängerisch, niedergeschlagen, verzagt
cable m ⟨Mar⟩ Kabel(tau n) m, Tau, Seil n, Trosse f ‖ ⟨Mar⟩ Kabellänge f = 185,2 m ‖ Kabelnachricht f, Überseetelegramm n ‖ ~ acanalado ⟨El⟩ Rillenkabel n ‖ ~ aéreo Luftkabel n ‖ ⟨El⟩ Oberleitungsdraht m ‖ ~ sin fin Einseilbahn f ‖ ~ aislado isoliertes Kabel n ‖ ~ armado Panzerkabel, armiertes Kabel n ‖ ~ barnizado ⟨Aut⟩ Lackkabel n ‖ ~ cerrado verschlossenes Seil n ‖ ~ coaxial Koaxialkabel n ‖ ~ conductor Leitungskabel n ‖ ~ costero Küstenkabel n ‖ ~ de acero Stahl(draht)seil n ‖ ~ colado Seil n aus Gußstahldrähten ‖ ~ de alimentación ⟨El⟩ Speise-, Haupt-, Stromzuführungs|kabel n ‖ ~ de alta mar Tiefseekabel n ‖ ~ de alta tensión Hochspannungskabel n ‖ ~ de amarre ⟨Mar⟩ Halte|tau n, -trosse f ‖ ~ de ancla Ankertrosse f ‖ ~ de anclaje, ~ de retención Ankerkabel n ‖ ~ de arrastre Schleppleine f ‖ ~ de artillería Artilleriekabel n ‖ ~ de ascensor, ~ de montacargas Aufzugsseil n ‖ ~ de conexión, ~ de empalme, ~ de unión Anschluß-, Zuführungs|kabel n ‖ ~ de emisión Sendekabel n ‖ ~ de encendido Zündkabel n ‖ ~ de freno Brems|kabel, -seil n ‖ ~ de gran distancia Fernkabel n ‖ ~ de mando Steuerkabel n ‖ ~ de telesquí Skiliftseil n ‖ ~ de servicio interurbano ⟨Tel⟩ Ferndienstleitungskabel n ‖ ~ desnudo blankes, nacktes Kabel n ‖ ~ hidrófugo wasserabweisendes Kabel n ‖ ~ intercontinental Überseekabel n ‖ ~ marítimo de grandes profundidades Tiefseekabel n ‖ ~ metálico Drahtseil n ‖ ~ monoconductor Einleiterkabel n ‖ ~ múltiple, ~ de varios conductores Mehrleiterkabel n ‖ ~ para baja tensión Schwachstrom-, Fernmelde|kabel n ‖ ~ portador, ~ sustentador (cablecarril) Tragseil n ‖ ~ revestido umsponnenes Kabel n ‖ ~ sin fin endloses Kabel n ‖ ~ subacuático Unterwasserkabel n ‖ ~ subfluvial Unterflußkabel n ‖ ~ submarino Seekabel n ‖ ~ subterráneo unterirdisches Kabel, Erd-, Untergrund|kabel n ‖ ~ telefónico Fernsprechkabel n ‖ ~ telegráfico Telegraphenkabel n ‖ ~ transatlántico Überseekabel n ‖ ~ trenzado geflochtenes Kabel n ‖ ◊ avisar por ~ kabeln ‖ tender un ~ ein Kabel versenken bzw legen
cablea|do m Flechtart, Flechtung, Verkabelung f ‖ **-dora** f Drahtlitzen-, Kabel-, Verseil|maschine f ‖ **-je** m Verseilung f ‖ ⟶r vt verseilen, (ver)kabeln
cablecarril m Am (Stand)Seilbahn f
cable|grafiar [pres **-ío**] vi/t kabeln ‖ **-gráfico**

cablegrama — cacagual 196

adj: despacho ~ *Kabelnachricht* f ‖ **-grama** m *Kabelnachricht* f, *Überseetelegramm, Kabelgramm* n ‖ **-o** ⟨El⟩ *Verdrahtung* f ‖ **-ro** adj: buque ~ ⟨Mar⟩ *Kabel\schiff* n, *-leger* m
  cabo *m Ende* n, *Rand* m ‖ *Spitze* f ‖ *Zipfel* m ‖ *Stumpf* m, *übriggebliebenes Stückchen* n ‖ *Stiel, Handgriff* m ‖ *Strähne* f *Garn* ‖ *(Blumen)Stiel* m ‖ *Faden* m ‖ *kleiner Warenballen* m *(im Zollamt)* ‖ fig *Ende* n, *Grenze* f ‖ *(An)Führer* m ‖ ⟨Mil⟩ *Gefreiter, Korporal* m ‖ *Kap, Vorgebirge* n ‖ ⟨Mar⟩ *Tau, Seil* n, *Leine* f ‖ fig *(äußerstes) Ende* n ‖ Am *Bein* n *des Pferdes* ‖ Nav *Stammhaus* n *e-r Adelsfamilie* ‖ ~ de año *Totenmesse* f *am Jahrestag des Hinscheidens e-s Verstorbenen* ‖ ⟨Mar⟩ *Bootsmann* m *zweiter Klasse* ‖ ~ de amarre *Haltetau* n ‖ ~ de cuartel *Kasernenwache* f ‖ ⟨Mar⟩ *Leine* f, *Seil, Reff, Tau* n ‖ *Stiel, Stumpf* m ‖ ~ de escuadra ⟨Mil⟩ *Korporal* m ‖ ~ de fila, ~ de ala ⟨Mil⟩ *Vordermann* m *der Rotte* ‖ *Flügelmann* m ‖ ~ de guardia ⟨Mil⟩ *Wachtpostenführer, Wachdiensthabender* m ‖ ~ del hilo *Fadenende* n ‖ ~ de madeja *Fitzband* n ‖ ~ instructor de quintos ⟨Mil⟩ *Rekrutengefreiter* m ‖ ~ primero *Obergefreiter* m ‖ ~ de vela *Wachsstock* m ‖ ~ para halar ⟨Mar⟩ *Verhol\leine, -trosse* f ‖ al fin y al ~, al ~ (al ~), al ~ y a la postre fam *schließlich, eigentlich, letzten Endes* ‖ al ~ de nach *Verlauf von* dat ‖ al ~ de un año *nach Verlauf e-s Jahres* ‖ al ~ de un rato *kurz darauf* ‖ al fin y al ~ *schließlich, letzten Endes* ‖ hasta el ~ del mundo fam *bis ans Ende der Welt* ‖ de ~ a ~ (de ~ a rabo) fam *von e-m Ende zum andern, durch und durch* ‖ fam *von A bis Z* ‖ por ningún ~ *keineswegs* ‖ ◊ dar ~ (a, de) *vollenden* ‖ *vernichten, zerstören* ‖ estar al ~ (de la calle) figf *et vollkommen verstehen* ‖ *vollkommen unterrichtet sein (von)* ‖ estar (muy) al ~ figf *aus dem letzten Loch pfeifen* ‖ llevar a(l) ~ u/c *et durch-, aus\führen, vollbringen* ‖ fig *et zum Äußersten treiben* ‖ no tener ~ ni cuerda figf *sehr verwickelt sein, weder Hand noch Fuß haben* ‖ ~ de Buena Esperanza *Kap* n *der Guten Hoffnung* ‖ ~ del Norte *Nordkap* n ‖ el ~ *Kapstadt* f ‖ ~s pl *Zutaten* fpl *e-s Kleides* ‖ *Füße* mpl, *Maul* n, *Mähne* f *und Schwanz* m *des Pferdes* ‖ ~ sueltos figf *unvorhergesehene Umstände* mpl ‖ figf *Vermischtes* n, *gesammelte Nachrichten* fpl *(Zeitung)* ‖ ◊ atar *(od* juntar. unir*)* ~ fig *seine Beweisgründe od Gedanken zusammenfassen*
  caboclo *m* Col = colono
  cabortero adj Ur *schwer zu zähmen (Pferd)*
  cabotaje *m* ⟨Mar⟩ *Küsten(schiff)fahrt, Kabotage* f ‖ *Küstenhandel* m ‖ buque de ~ ⟨Mar⟩ *Küstenfahrzeug* n ‖ gran ~ *mittlere Fahrt*
  cabra f *Ziege, Geiß* f ‖ *Ziegenbock* m ‖ *Ziegenleder* n ‖ Chi *leichter, zweirädriger Wagen* m ‖ Col Cu *falscher Würfel* m ‖ Chi ⟨Schmor⟩ *Topf* m ‖ Chi *Kupfermünze* f *im Wert von 1 Centavo* ‖ ~ de Angora *Angoraziege* f ‖ ~ de Cachemira *Kaschmirziege* f ‖ ~ del Tibet *Tibetziege* f ‖ ~ lechera *Milchziege* f ‖ ~ montés *Steinbock* m ‖ ~ española ⟨Zool⟩ *Iberiensteinbock* m (Capra hircus od Capra ibex pyrenaica) ‖ ~ suiza, ~ de los Alpes ⟨Zool⟩ *Alpensteinbock* m (C. ibex ibex) ‖ hijo de ~ vulg *etwa: Schweinehund* m *(Fluchwort)* ‖ pata de ~ ⟨Tech⟩ *Geißfuß* m ‖ ◊ ordeñar la ~ fam *die Kuh melken, Nutzen ziehen* ‖ la ~ (siempre) tira al monte *die Katze läßt das Mausen nicht, man kann seine Natur nie verleugnen* ‖ ~s pl *Schäfchen* npl *(am Himmel)* ‖ ◊ cargar *(od* echar*)* las ~ a uno figf *jdm e-e Schuld aufbürden* ‖ echar (las) ~ figf *um die Zeche spielen*
  cabrá etc. → caber
  cabracho *m* ⟨Fi⟩ *Meersau* f (Scorpaena scrofa)
  cabra\higadura *f* ⟨Biol⟩ *Gallwespenbefruchtung* f ‖ ⟨Agr⟩ *Kaprifikation, Veredelung* f *der Feigen* ‖ **-higo** *m wilder Feigenbaum* m ‖ *wilde Feige* f

cabre\ar vt vulg *ärgern, schikanieren* ‖ ~se vr vulg *sich ärgern, pop einschnappen* ‖ *in Wut geraten* ‖ *sich langweilen* ‖ vi Chi *herumhüpfen, schäkern* ‖ Cu *ausweichen* ‖ *betrügen* ‖ **-o** *m* vulg *Ärgernis* n ‖ *Wut* f, *Zorn* m ‖ **-ra** f *Ziegenhirtin* f ‖ **-ría** f *Ziegenmilchwirtschaft* f ‖ *Ziegenstall* m ‖ **-riza** f *Hütte* f *der Ziegenhirten* ‖ *Frau* f *des Ziegenhirten* ‖ **-ro**, **-rizo** *m Ziegenhirt* m ‖ **-ro** *m* Am *jähzorniger Mensch* m
  cabrestante *m Winde* f ‖ *Spill* n ‖ ~ de ancla *Ankerspill* n ‖ ~ de cadena *Ketten\winde* f, *-spill* n ‖ ~ de extracción ⟨Bgb⟩ *Förderhaspel* f ‖ ~ de mano, ~ accionado manualmente *Hand\winde* f, *-spill* n ‖ ~ de popa *Achterspill* n ‖ ~ móvil *Lauf-, Fahr\spill* n ‖ ~ para arrastre de vagones *Waggonwinde* f
  cabresto *m* Am pop = cabestro ‖ Chi *nicht angriffslustiger (Kampf)Hahn* m
  cabretilla f Chi = cabritilla
  ca\bria f *Hebe\bock* m, *-zeug* n, *Winsch, Winde* f ‖ *(Rad)Lünse* f ‖ ~ de albañiles *Ziegelaufzug* m ‖ ~ de ancla *Ankerwinde* f ‖ ~ de carga *Verladewinde* f ‖ **-briada** f *Bundgespärre* n, *Dach\binder, -bund* m ‖ **-brial** *m Dachsparren* m
  cabri\lla f *Hebe* m v. cabra ‖ ⟨Zim⟩ *Sägebock* m ‖ ⟨Fi⟩ *Ziegenbarsch* m (Serranus cabrilla) ‖ *Hebebock* m, *Dreibein* n ‖ ~s pl ⟨Mar⟩ *Schwäne* mpl. *kleine, schäumende Wellen* ‖ *Froschsteinwerfen* n, *Schnellen von flachen Steinen über die Wasseroberfläche (Kinderspiel)* ‖ **-llear** vi *(herum-)hüpfen* ‖ ⟨Mar⟩ *kurze Wellen schlagen, sich kräuseln, schäumen (Meer)* ‖ *schimmern (Lichter)* ‖ **-lleo** *n Geflimmer* n ‖ ⟨Flugw⟩ *wellenförmige Bewegung* f ‖ s v. = **-llear** ‖ **-llona** f Arg *junge Ziege* f
  cabrio *m* ⟨Arch⟩ *Dach\balken, -sparren* m ‖ ⟨Her⟩ *Sparren* m
  cabrio adj *Ziegen-* ‖ ganado ~ *Ziegen* fpl ‖ macho ~ *Ziegenbock* m
  cabrio\la f *(Bock)Sprung* m ‖ *Luftsprung* m *beim Tanzen* ‖ *Kapriole* f *des Pferdes* ‖ Cu PR *Streich* m ‖ **-l(e)ar** vi *Bocksprünge machen* ‖ **-lé** *m leichter Einspänner* m ‖ ⟨Aut⟩ *Kabriolett* n
  cabrión *m Radhemmung* f ‖ Col Cu *Ziegenhirt* m
  cabri\ta f *Zicklein* n, *junge Ziege* f ‖ **-tilla** f *Ziegen-, Schaf-, Glacé\leder* n ‖ *Handschuhleder* n ‖ *feines Schuh-, Chevreau\leder* n ‖ **-to** *m Zicklein* n, *junger Ziegenbock* m ‖ *Ziegenlamm* n ‖ *Eierschwamm, Pfifferling* m ‖ △ *Freund* m *(e-r Dirne)* ‖ △ *Kunde* m *(e-r Dirne)* ‖ Pe *ausgebeuteter Mensch* m
  cabro *m* Am *Ziegenbock* m ‖ Chi *Junge, Knabe* m
  cabrón *m Ziegenbock* m ‖ figf *wissentlicher Hahnrei* m ‖ fig vulg *Scheißkerl* m *(Schimpfwort)* ‖ Chi *Wirt* m *e-s öffentlichen Hauses*
  cabrona\da f vulg *grober Schimpf* m ‖ *Schikane, Plage* f ‖ △ *Ärger* m ‖ vulg *Sauerei, Hundsgemeinheit* f ‖ **-zo** *m* augm desp v. **cabrón** ‖ Mex *Schlag, Stoß* m
  cabruno adj *Ziegen-* ‖ ganado ~ *Ziegen* fpl
  cabrunar vt Ast *die Sense schärfen*
  △**cabucho** *m Gold* n
  cabujón *m Cabochon* f
  cábula f Am *List* f ‖ *Trick* m ‖ Pe *Lüge* f
  cabu\leo *m* Pe = **cábula** ‖ **-lero** *m* vulg *listiger Mensch* m ‖ Chi *schlauer Mensch* m
  cabuya f *Pita* f ‖ *Pitahanf* m ‖ ◊ dar ~ Am *festschnallen*
  cabuyal *m* Col, **cabuyo** *m* Ec = **cabuya**
  caca f *(Menschen)Kot* m, vulg *Kacke* f ‖ figf *Schmutz* m ‖ figf *Fehler, Mangel* m
  cacada f vulg *Kacke* f
  cacaería f Dom *Schokoladenfabrik* f
  cacagual *m* Cu, **cacaguatal** *m* Guat = **cacahual**

caca|hual m Kakaoplantage f ‖ **–huate** m = **–huete** ‖ ◊ no valer un ~ Mex fig keinen Pfifferling wert sein ‖ ~ adj Mex pockennarbig ‖ **–huete, –hué** m Erd|pistazie, -nuß f

caca|lina f Mex Lappalie f ‖ **–lo** m Mex Unsinn m ‖ **–lota** Hond Schuld f ‖ **–lote** m Mex Rabe m ‖ Mex Cu Unsinn m ‖ **–mata** f Mex zudringliches Weib m

caca|o m Kakao(baum) m ‖ Kakaobohnen fpl ‖ Kakao m (Getränk) ‖ Am Schokolade f ‖ gran ~ Ven fig einflußreicher Mensch m ‖ pasta de ~ Kakaomasse f ‖ **–otal** m Kakaoplantage f

cacaraco, cacaraqueo m Hond Gackern n

cacaraña f Pockennarbe f ‖ **~do** adj pockennarbig

cacare|ar vt fam ausposaunen (e–e Tat, ein Ereignis) ‖ fam jdm et vorplaudern ‖ ~ vi gackern (Hühner) ‖ **–o** m Gackern n ‖ s v. **–ar** ‖ **–ro** m/adj fig Aufschneider m

cacarico m MAm Krüppel m ‖ Hond Krabbe f

cacarizo adj Mex pockennarbig

cacaruso adj Col pockennarbig

cacarro m Al Galle f der Eiche

cacatúa f Kakadu m ‖ fig sehr häßliches Weib n, Hexe f

cacera f Rinne f, Bewässerungsgraben n ‖ Murc = **cacería**

cacereño adj aus Cáceres

cace|ría f Jagd f, Jagdausflug m ‖ ⟨Mal⟩ Jagdstück n ‖ **–rina** f Jagdtasche f ‖ Patronentasche f

cacerola f Kasserolle, Schmorpfanne f

caci|cazgo m Würde f e–s Kaziken ‖ Machtbereich m e–s Kaziken ‖ **–llo** m dim v. **cazo** ‖ **–que** m Kazike m (mittel- bzw südam. Indianerhäuptling) ‖ fig Ortstyrann m, einflußreiche Persönlichkeit f in der Provinz ‖ fig Parteigewaltiger m ‖ fig hohes Tier n ‖ pop Bonze m ‖ Chi Lebemann m ‖ **–quismo, –cato** m ⟨Pol⟩ fam Bonzentum n

cacle m Mex Riemenschuh m ‖ Mex pop Schule m ‖ Cu Pantoffel m

Caco m np Kakus m (Gott der Diebe) ‖ discípulo de ~ joc Dieb m ‖ ≃ m fig geschickter Dieb m ‖ figf sehr feiger Mensch, fam Hasenfuß m

cacodilo m ⟨Chem⟩ Kakodyl m

caco|fonía f Miß|klang, -laut m, Kakophonie f ‖ **–fónico** adj mißtönend, schlecht klingend, kakophonisch ‖ **–genesia, –génesis** f ⟨Biol⟩ Kakogenese f ‖ **–geusia** f ⟨Med⟩ Kakogeusie f, übler Geschmack m ‖ **–grafía** f Kakographie f ‖ **–logía** f fehlerhafte Sprechweise f

caco|rra f Murc Trübsinn m ‖ **–rro** m Col Homosexueller m

ca|cosmia f ⟨Med⟩ Kakosmie, subjektive Empfindung f üblen Geruchs ‖ **–costomía** f Kakostomie f, übler Mundgeruch m

cacreco m MAm Landstreicher m ‖ adj MAm beschädigt, verdorben ‖ unbrauchbar

cac|táceas fpl ⟨Bot⟩ Kakteen fpl, Kaktusgewächse npl (Cactaceae) ‖ **–to** m ⟨Bot⟩ Kaktus m

cacuja f Cu Sahne f

cacumen m *Berg, Gipfel m ‖ fig Scharfsinn m ‖ Witz m

cacuro m Ven Wespennest n (→ **avispero**)

¹cacha f (Paus) Backe f ‖ Sal Hinterbacke f ‖ ~s pl die Schalen fpl e–s Messerstiels ‖ enamorado hasta las ~ fam bis über die Ohren verliebt

²cacha f Col Trinkhorn n ‖ RPl Pe Ec MAm Betrug m ‖ Bol künstlicher Sporn m des Kampfhahnes

cachaciento adj Arg Chi sehr phlegmatisch

cachaco m Col Geck, Stutzer m ‖ Pe Polizeibeamter m

cachada f Am Hornstoß m

cachaderas fpl Chi Intuition f ‖ Einfühlungsvermögen n

cacha|faz [pl **–ces**] adj Am spitzbübisch, ungehemmt ‖ **–fo** m Mex Zigarrenstummel m ‖ **–fú** m Mex altes Gewehr n

cachagua f Mex Abzugsgraben m

cachalandaco adj Col abgerissen, zerlumpt

cachalote m ⟨Zool⟩ Pottwal, Cachelot, Kaschelott m (Physeter catodon)

cachamenta f Ven Gehörn n ‖ Col Zerstörung f

Cachano m fam Teufel m ‖ ◊ llamar a ~ figf umsonst um Hilfe bitten

cachaña f Chi Spott, Hohn m ‖ Chi Belästigung f

cachapucha f figf Mischmasch m

cachaque|ar vi Col angeben ‖ **–ría** f Col Großzügigkeit f

cachar vt zerbrechen, zerstückeln ‖ Am fam erlangen ‖ Chi fam ertappen ‖ Guat Hond mit den Hörnern stoßen

cacharpas fpl Am Trödelkram m

cacha|rrazo m fam kräftiger Trank m ‖ **–rrería** f Töpferladen m ‖ Töpferei f ‖ Töpferwaren fpl ‖ la ≃ der Töpfersaal (im Madrider Athenäum) ‖ **–rrero** m Töpfer m ‖ **–rro** m (gemeiner, irdener) Topf m ‖ Scherbe f ‖ pop alte Mühle f (Fahrzeug) ‖ Col Trödelkram m ‖ **~s** pl fam Küchengerät n

cachava f Klinkerspiel n der Kinder ‖ (Hirten-) Stab m ‖ Krummstab m ‖ **~zo** m Schlag m mit dem (Hirten)Stab

cacha|za f fam phlegmatische Gemütsart f ‖ Phlegma n ‖ Gelassenheit f ‖ Kaltblütigkeit f ‖ **–zo** m Am Hornstoß m ‖ **–zudo** adj/s kaltblütig, ruhig ‖ phlegmatisch ‖ schwerfällig, fam pomadig ‖ ~ m Cu Mex Raupe f e–s Schwärmers (Sphinx carolina) (Schädling m der Tabakpflanzungen)

cache adj Arg liederlich gekleidet

cache|ada f Chi Hornstoß m ‖ **–ar** vt durchsuchen (Taschen), pop filzen ‖ Chi mit den Hörnern stoßen ‖ ◊ ~ a alg. jdn e–r Leibesvisitation unterziehen, jdn durchsuchen

cachelos mpl Gal Salzkartoffeln fpl zu Fleischbzw Fischgerichten

Cachemira f Kaschmir (Land) ‖ ≃ f Kaschmir m (Gewebe)

cachencho m Chi fam Tölpel m ‖ ◊ hacer ~ Chi spotten (über acc)

cacheo m Leibesvisitation f ‖ Taschen|durchsuchung, -revision f (z. B. nach Waffen) ‖ pop Filzen m ‖ Chi Hornstoß m

cachera f grobe Wollkleidung f ‖ Bol künstlicher Sporn m des Kampfhahnes ‖ Am (Straßen-) Dirne f

cache|ría f Arg Guat Salv Kleinigkeit f ‖ Arg Geschmacklosigkeit f (Bekleidung) ‖ **–ro** adj Ven verlogen ‖ Salv bettelnd ‖ MAm aktiv, tätig ‖ Pe spöttisch

¹cachet m ⟨Pharm⟩ = **trocisco**

²cachet m gall Vornehmheit, Eleganz f

cache|tada] Can Am Ohrfeige f ‖ **–tazo** m Am = **–tada** ‖ Guat Schluck m Likör ‖ **–te** m Wange f ‖ Pausbacke f ‖ Faustschlag m ins Gesicht ‖ Ohrfeige f ‖ Genickfänger m ‖ ⟨Taur⟩ Dolch m für den Genickstoß ‖ **–tero** m Dolch m (der Viehschlächter) ‖ Stierfechter m, der dem Stier den letzten Dolchstoß versetzt ‖ Col = peso fuerte ‖ Mex Taschendieb m ‖ **–tina** f Zank m ‖ Faustschläge mpl ‖ **–tón** adj Col Chi = **–tudo** ‖ Chi stolz ‖ Mex unverschämt ‖ CR sympathisch ‖ ~ m Arg Ohrfeige f ‖ **–tudo** adj pausbäckig

cachi m Bol pop Polyp m (Polizist)

cachibajo adj Col = **cabizbajo** ‖ Col fam hinkend

cachica m Cu Teufel m

cachi|cambo m Ec Gürteltier, Armadill n (→ **armadillo**) ‖ **–camo** m Am = **–cambo**

cachicán, ana adj figf listig

cachicubo m Arg Weinfaß n

cachicuerno adj mit e–m Hornheft (Messer, Waffe)

cachicha f Hond *Ärgernis* n
cachidiablo m fam *Teufelsfratz* m
cachiflín m CR *Schwärmer* m *(Feuerwerk)*
cachiflorear vt Col *den Frauen Komplimente schneiden*
cachifo m Col *Kind, Büblein* n
cachifollar vt fam *foppen*
cachigordo adj fam *klein und dick, untersetzt (Person)*
cachillada f *Wurf* m *(junger Tiere)*
cachimán m fam *Versteck* n ‖ *Treppenwinkel* m
cachim|ba f Am *Tabakspfeife* f ‖ Am *seichter Brunnen* m ‖ Hond *(Geschoß) Hülse* f ‖ **–bo** m Cu *Lump* m ‖ *Mensch* m *bzw Gegenstand* m *ohne Bedeutung* ‖ *kleine Zuckerplantage* f ‖ *kleine Trommel* f
cachinegro adj fam *fast schwarz*
cachi|polla f *Eintagsfliege* f ‖ **–porra** f *Knüttel* m ‖ *Keule* f, *Streitkolben* m ‖ ⟨V⟩ Cu *Stelzenläufer* m (Himantopus spp) ‖ Chi *Possenreißer* m ‖ **–porrazo** m *Knüttelschlag* m ‖ **–porrearse** vr Chi *einherstolzieren*
cachirulo m *Branntweinflasche* f ‖ *Blech|flasche, -dose* f ‖ Ar *Kopftuch* n *der Aragonier*
cachirre m Col *kleiner Alligator* m
cachivache(s) m(pl) desp *Gerät, Handwerkszeug* n ‖ desp *Krimskrams* m, *Gerümpel* n, fam *Klamotten* fpl ‖ *Kram* m ‖ fig *unbrauchbarer Mensch* m
¹**cacho** m *Brocken* m, *kleines Stück* n ‖ *Scherbe* f ‖ *Schnitte, Scheibe* f *von Zitronen usw* ‖ ⟨Kart⟩ *Dreiblatt* n ‖ León *irdenes Gefäß* n, *Topf* m ‖ Am *Horn* n ‖ Chi *Trinkhorn* n ‖ Arg *Büschel* n *Bananen* ‖ Arg *Würfelbecher* m ‖ Ven *Spott, Hohn* m ‖ Am fig *lustige Geschichte, Anekdote* f ‖ Chi *unverkäufliche Ware* f, *Ladenhüter* m ‖ Guat *Kipfel, Hörnchen* n *(Gebäck)* ‖ ~ de tonto tum *Dummkopf* m ‖ *por un* ~ fam *spottbillig* ‖ ◊ *echar* ~ *a uno* Col figf *jdm überlegen sein* ‖ *empinar el* ~ Guat fam *gern trinken* ‖ *raspar a uno el* ~ Chi *jdm e–n Verweis geben* ‖ *hacer* ~*s* fam *zer|schlagen, -hauen*
²**cacho** adj = **gacho**
cachola f León fam *Kopf* m
cachón m *auf dem Strand sich brechende Gischtwelle* f ‖ *gischtiger Wasserstrahl* m ‖ Sant *Tintenfisch* m (Sepia sp)
cachona adj/f = **cachonda**
cachon|dear vt pop *sich provozierend bzw herausfordernd benehmen* ‖ Mex pop *befummeln* ‖ **–dearse** vr vulg *(verstohlen) spotten (de über acc)* ‖ **–deo** m vulg *Fopperei, Frotzelei* f, *Ulk* m ‖ fig *Unfug* m ‖ *¡basta de* ~! pop *laß doch deine dummen Scherze!* ‖ *zur Sache!*
cachon|dez [pl **–ces**] f *Läufigkeit* f *(der Hündin)* ‖ *Brünstigkeit* f ‖ fig pop *Geilheit, Brunst* f ‖ **–da** adj/s *läufig, hitzig (Hündin)* ‖ vulg *geschlechtlich erregt, geil (Frau)* ‖ *höhnisch* ‖ **–do** adj/s vulg *geil* ‖ pop *spaßig, witzig (Mann)*
cachopo m *Ast abgestorbener, trockener Baumstamm* m
cacho|rra f *junge Hündin, Löwin* f usw ‖ Can fam *weicher Hut* m ‖ **–rrear** vi Ec *belästigen* ‖ Pe *mit dem Kopf nicken (Schlaftrunkener)* ‖ Col *Streit* m *suchen* ‖ **–rreña** f And fam *Phlegma* n
cacho|rrillo m *Taschenpistole* f ‖ **–rro** m *junger Hund, Wolf, Bär* m usw ‖ *Taschenpistole* f ‖ *Kind* n ‖ *de león Löwenjunges* n ‖ ~ adj Cu *verschmitzt* ‖ Cu PR Ven fig *dickköpfig* ‖ Cu *nachtragend*
cachú [pl **–ués**] m *Katschu, Cachou* n
cachucha f and. *Tanz* m *mit Kastagnetten (im Dreivierteltakt)* ‖ *(Art) Mütze* f ‖ Chi fam *Ohrfeige* ‖ Chi *(Art) Kinderdrachen* m ‖ Bol *Zuckerrohrbranntwein* m
¹**cachucho** m *Nadelbüchse* f ‖ △ *Gold* n ‖ Ec *Verpflegung* f

²**cachucho** m ⟨Fi⟩ *e–e Zackenbarschart* f (Serranus sp)
cachudo adj fam *gerieben, verschmitzt* ‖ Chi Ec Mex *langhörnig*
cachue|la f *Schweinsgekröse* n ‖ **–lo** m ⟨Fi⟩ *Hasel* m (Leneiscus leneiscus) ‖ Pe *Trinkgeld* n
cachufo m Pe *Kampfhahn* m
cachulera f Murc *(Art) Käfig* m
cachupín m *Spanier* m, *der sich in Amerika niederläßt (Spottname)*
cachureco adj Mex *ungestalt* ‖ MAm *scheinheilig, frömmlerisch* ‖ Guat Hond Salv Pol *konservativ*
cachureque adj MAm Pol *konservativ*
¹**cada** adj *jeder, jede, jedes* ‖ ~ *uno,* ~ *cual ein jeder* ‖ ~ *Com pro Stück* ‖ ~ *quisque* fam *jedermann* ‖ ~ *día täglich, jeden Tag* ‖ ~ *día más,* ~ *vez más je länger, je mehr* ‖ ~ *seis días alle 6 Tage* ‖ *el pan nuestro de* ~ *día unser täglich(es) Brot* ‖ ~ *vez peor je länger, je schlimmer* ‖ ~ (vez) *que jedesmal wenn* ‖ *so oft als* ‖ ~ (y) *cuando que jedesmal wenn* ‖ *sobald als* ‖ *uno de* ~ *clase von jedem eins* ‖ ¡me das ~ *sorpresa!* iron *du bereitest mir schöne Überraschungen!* ‖ → a **credo**
²**cada** m ⟨Bot⟩ *Wacholder* m
cadalso m *Schafott, Schau-, Blut|gerüst* n
cada(a)ñero adj *jährlich* ‖ ⟨Agr Zool⟩ *jährlich gebärend*
cadauno m = **cada uno**
cadáver m *Leichnam* m, *Leiche* f ‖ *Kadaver* m ‖ *obediencia de* ~ *Kadavergehorsam* m
cadavérico adj *leichen|haft, -blaß* ‖ *palidez* ~a *Leichenblässe* f
cadaverina f ⟨Chem⟩ *Kadaverin* n
cadaverino adj = **cadavérico**
cadejo m *Flocke, Wolle* f ‖ Arg *Mähne* f ‖ Hond fam *Fabeltier* n *der Nacht*
cadena f *Kette* f ‖ *Hafenkette* f ‖ *Bergkette* f ‖ *Reihe* f ‖ ⟨Tech⟩ *Fließband* n ‖ ⟨Web⟩ *Aufzug, Zettel* m, *Kette* f ‖ ⟨Arch⟩ *Grat* m *des Kreuzgewölbes* ‖ *Rippengewölbe* n ‖ ⟨Arch⟩ *(Eisen-)Klammer* f ‖ ⟨Chem⟩ *Kette* f ‖ ⟨Radio⟩ *Kette* f ‖ fig *Verkettung* f *von Umständen, Verbindung* f ‖ fig *Zwang* m ‖ ~ *abierta,* ~ *de ganchos,* ~ *de Vaucanson Vaucansonkette* f ‖ ~ *antideslizante,* ~ *antipatinante,* ~ *para nieve Gleitschutz-, Schnee|kette* f ‖ ~ *articulada Gelenkkette* f ‖ ~ *bifurcada verzweigte Kette* f ‖ ~ *cortante,* ~ *de fresar Fräskette* f ‖ ~ *de agrimensor,* ~ *de medir Meßkette* f ‖ ~ *de aisladores Isolator(en)kette* f ‖ ~ *de alimentación Aufgabekette* f ‖ ~ *de amarre* ⟨Mar⟩ *Vertäukette* f ‖ ~ *de ancla Ankerkette* f ‖ ~ *de ataláje Zugkette* f ‖ ~ *de barrera Sperrkette* f *(Hafen)* ‖ ~ *de bicicleta Fahrradkette* f ‖ ~ *de cangilones Eimer|kette, -leiter* f ‖ ~ *de cartones* ⟨Web⟩ *Kartenkette* f ‖ ~ *de casquillos* ⟨Metal⟩ *Büchsenkette* f ‖ ~ *de causas Kausalzusammenhang* m ‖ ~ *de centinelas* ⟨Mil⟩ *Postenkette* f ‖ ~ *de chapones* ⟨Web⟩ *Deckelkette* f ‖ ~ *de enganche* ⟨EB⟩ *Kuppel-, Zug|kette* f ‖ ~ *de eslabones Gliederkette* f ‖ ~ *de estaciones de radar* ⟨Radio⟩ *Radarkette* f ‖ ~ *de fuego* ⟨Mil⟩ *Feuerkette* f ‖ ~ *de fuerzas electromotrices Spannungsreihe* f ‖ ~ *de gorrones* ⟨Tech⟩ *Rollenkette* f ‖ ~ *del caracol* ⟨Uhrm⟩ *Schneckenkette* f ‖ ~ *de medición* ⟨Top⟩ *Meßkette* f ‖ ~ *de montaje Fließband* n ‖ ~ *de montañas Bergkette* f, *Gebirgszug* m ‖ ~ *dentada Zahnkette* f ‖ ~ *de oruga* ⟨Aut⟩ *Raupenkette* f ‖ ~ *de pasadores* ⟨Tech⟩ *Rollenkette* f ‖ ~ *de radiodifusión Sendergruppe* f ‖ ~ *de reacción* ⟨Chem⟩ *Reaktionskette* f ‖ ~ *de reactancias* ⟨Tel⟩ *Drosselkette* f ‖ ~ *de reloj Uhrkette* f ‖ ~ *de rodillos Rollenkette* f ‖ ~ *de seguridad Sicherheitskette* f ‖ ~ *de sirga* ⟨Mar⟩ *Verholkette* f ‖ ~ *de tracción Zugkette* f ‖ ~ *eléctrica Spannungsreihe* f ‖ ~ *motriz Antriebs-, Treib|kette* f ‖ ~ *perpetua* ⟨Jur⟩ *lebenslängliches Zuchthaus* n ‖ *lebens-*

cadencia — caer

längliche Festungsstrafe f ‖ ~ *silenciosa geräuschlos laufende Kette* f ‖ ~ *sin fin endlose Kette* f, *Kettenstrang* m ‖ *eslabón de* ~ *Kettenring* m ‖ *reacción en* ~ *Kettenreaktion* f ‖ *transmisión por (od en)* ~ *Kettenübertragung* f ‖ ~s *pl fig Bande* npl, *Knechtschaft* f ‖ ~ *laterales* ⟨Chem⟩ *Seitenketten* fpl ‖ *puente de* ~ *Kettenbrücke* f
caden|cia *f Wortfall, Rhythmus* m *in der Rede* ‖ ⟨Mus⟩ *Kadenz* f ‖ ⟨Mus⟩ *Takt* m ‖ ⟨Tel⟩ *Kadenz* f, *Tonschluß* m ‖ ~ *del paso* ⟨Mil⟩ *Marschgeschwindigkeit* f ‖ ~ *de marcha* ⟨Mil⟩ *Marschtempo* n ‖ ~ *de tiro* ⟨Mil⟩ *Feuergeschwindigkeit* f ‖ ~ *de tiros* ⟨Mil⟩ *Schußfolge* f ‖ ~ *imperfecta,* ~ *plagal Plagalschluß* m ‖ ~ *perfecta,* ~ *auténtica* ⟨Mus⟩ *Ganzschluß* m ‖ **-cioso** adj *taktmäßig, abgemessen* ‖ *harmonisch, wohlklingend*
cadenero m ⟨Top⟩ *Markscheidergehilfe* m ‖ ~ *de atrás* ⟨Top⟩ *Kettenzieher* m
cade|neta *f Kettenspitze* f *(Handarbeit)* ‖ ⟨Arch⟩ *Kettengewölbe* m ‖ ⟨Buchb⟩ *Kapitalband* n ‖ *punto de* ~ *Kettenstich* m ‖ **-nilla** *f dim v.* **-na** ‖ *Kettchen* n ‖ *Schaumkette* f *am Zaum* ‖ ~ *del bocado Kinn-, Kandaren|kette* f ‖ ~ *del cabestro Halfterkette* f ‖ ~ *de coblerón Kumtkette* f ‖
cade|ra *f Hüfte* f ‖ *Keule* f *vom Geflügel* ‖ *Hüften* fpl *des Pferdes* ‖ ⟨Entom⟩ *Hüfte* f *(erstes Beinglied)* ‖ ⟨Mil⟩ *Flanke* f ‖ ◊ *echar* ~s *fam stark werden (von Frauen)* ‖ **-rillas** fpl *Hüftwulst* m *an Frauenkleidern*
cade|tada *f fam Dummejungenstreich* m ‖ **-te** m *Kadett* m ‖ ⟨Pol⟩ *Mitglied* n *der falangistischen Jugendorganisation* ‖ *Arg Lehrling* m ‖ ◊ *enamorarse como un* ~ *fam sich sterblich verlieben* ‖ *hacer el* ~ *figf sich unbesonnen benehmen* ‖ figf *unerfahren handeln*
¹**cadí** *[pl* **-íes]** m *Kadi, mohammedanischer Richter* m
²**cadí** m *Ec* ⟨Bot⟩ *Elfenbeinpalme* f (Phytelephas spp)
cadillo m ⟨Bot⟩ *Spitzklette* f (Xanthium spp) ‖ *Ar junger Hund* m ‖ *Ar Blüte* f *des Olivenbaumes* ‖ ⟨Web⟩ *Schabe* f
Cádiz m *Cádiz (Stadt)* ‖ *mazapán de* ~ *feiner Mandelkuchen* m *mit Obstfüllung*
cadmía *f* ⟨Metal⟩ *Gichtschwamm* m *(an Hochöfen)*
cadmia|do m *Kadmieren* n ‖ **-r** vt *verkadmen, kadmieren*
cadmífero adj *kadmiumführend*
cadmio m ⟨Chem⟩ *Kadmium* n
cado m *Ar Kaninchenbau* m ‖ *Bau bzw Schlupfwinkel* m *e-s Tieres*
cadoce m → **gobio**
cadoz m *Ast =* **cadoce**
cadozo m *(Koch)Topf* m
cadu|cación *f Verfall* m ‖ **-ca(nte)mente** adv *hinfällig*
caducar [c/qu] vi *in Verfall geraten, abnehmen* ‖ *ablaufen (Zeit)* ‖ *verjähren (Frist, Recht)* ‖ *verfallen (Vermächtnis, Testament, Vertrag)* ‖ *außer Gebrauch kommen* ‖ *erlöschen* ‖ *veralten* ‖ *an Kraft verlieren*
caduceo m *Merkurstab, geflügelter Schlagenstab* m *(Symbol des Handels)*
cadu|cidad *f Baufälligkeit* f ‖ *Hinfälligkeit* f ‖ *Verfallbarkeit* f ‖ ⟨Jur⟩ *Hinfälligkeit* f ‖ ⟨Jur⟩ *Verfall* m ‖ ⟨Jur⟩ *Verwirkung* f ‖ *fig Vergänglichkeit* f ‖ ~ *de un derecho Verwirkung* f *e-s Rechtes* ‖ ~ *de patente Patent|verfall, -ablauf* m ‖ **-cifolio** adj ⟨Bot⟩ *laubabwerfend* ‖ **-co** adj *bau-, hin|fällig (Gebäude)* ‖ *gebrechlich, alt (Person)* ‖ ⟨Jur⟩ *verfallen, hinfällig, abgelaufen* ‖ ⟨Bot⟩ *baufällig* ‖ fig *vergänglich* ‖ *mal* ~ ⟨Med⟩ *Fallsucht* f ‖ *membrana* ~a ⟨An⟩ *äußeres Netzhaut* f *der Nachgeburt* ‖ **-quez** *[pl* **-ces]** f *Altersschwäche, Hinfälligkeit* f ‖ *=* **-cidad**

caedizo adj *hinfällig, schwach* ‖ *peras* ~as *Fallbirnen* fpl ‖ ~ m *Col Wetter-, Vor|dach* n
caer [pres *caigo*] vt *umwerfen, zum Fall bringen* ‖ ~ vi *(hin)fallen* ‖ *umfallen* ‖ *stürzen* ‖ *abstürzen (Flugzeug, Bergsteiger)* ‖ *sich stürzen (sobre auf), herfallen (sobre über)* ‖ *einfallen, einstürzen* ‖ *stoßen (sobre auf)* ‖ *ab-, aus|fallen (Blätter, Samen, Zähne, Haare)* ‖ *in e-e Falle (hinein)geraten, gehen* ‖ *auf bestimmte Tage fallen, -schlagen (zum Glück od Unglück)* ‖ fig *ße)* ‖ fig *abnehmen (Gesundheit, Glück)* ‖ fig *in e-e Gefahr geraten* ‖ fig *fällig, zahlbar sein (Zinsen usw)* ‖ fig *sitzen (Kleidung)* ‖ fig *erraten, treffen, auf et kommen,* fam *dahinterkommen* ‖ fig *zufallen, zuteil werden (dat)* ‖ fig *aus|fallen, -schlagen (zum Glück* od *Unglück)* ‖ fig *plötzlich erscheinen, geschehen* ‖ fig *hereinbrechen* ‖ fig *sinken, untergehen (Sonne)* ‖ *sich neigen (Tag)* ‖ *hereinbrechen (Nacht)* ‖ *sich legen (Wind)* ‖ fig *verschießen (Farbe)* ‖ figf *sterben* ‖ fig *(ab)sinken, nachlassen* ‖ *die Aussicht nach e-r gewissen Seite hin haben (z. B. Wohnung)* ‖ fig *hineingehören, mit inbegriffen sein* ‖ ⟨Pol⟩ *stürzen (Regierung)* ‖ ~ *a hinausgehen auf* acc *(Fenster usw)* ‖ *bien* fig *gut sitzen, gut stehen* ‖ fig *gerade recht kommen, zur rechten Zeit kommen* ‖ ◊ ~ *bajo la competencia de ... (dat) unterstehen, unter die Zuständigkeit von ... fallen* ‖ ~ *en a/c et einsehen, begreifen,* fam *dahinterkommen* ‖ *et (be)merken* ‖ ~ *de lo alto von der Höhe herabstürzen, herunterfallen* ‖ ~ *de ánimo den Mut verlieren* ‖ ~ *en el anzuelo,* ~ *en la trampa* fig *auf den Leim gehen, in die Falle gehen (bes* fig*)* ‖ ~ *de bruces* fam *aufs Gesicht fallen,* fam *auf die Nase fallen* ‖ ~ *de cabeza aufs Gesicht fallen* ‖ ~ *en la cuenta et wahrnehmen, begreifen* ‖ ~ *de culo* pop *auf das Gesäß fallen* ‖ ~ *de las nubes,* ~ *de la higuera* fig *wie aus allen Wolken fallen* ‖ ~ *de pie* fig *auf die Beine fallen* ‖ ~ *desmayado in Ohnmacht fallen* ‖ ~ *sobre el enemigo über den Feind herfallen* ‖ ~ *en fallen auf, fallen in* acc *(Fest usw)* ‖ ~ *en cama bettlägerig werden* ‖ ~ *enfermo erkranken, krank werden* ‖ ~ *en gracia gefallen* ‖ ~ *en olvido in Vergessenheit geraten* ‖ ~ *en suerte zufallen* ‖ ~ *en un error in e-n Irrtum verfallen* ‖ ~ *de espaldas auf den Rücken fallen* ‖ ~ *en falta seine Pflicht versäumen, in e-n Fehler verfallen* ‖ ~ *(envuelto) en llamas brennend abstürzen (Flugzeug)* ‖ ~ *de hocico* fam *auf die Nase fallen* ‖ *cae granizo, cae nieve es hagelt, es schneit* ‖ *caen lanzas del cielo* fam *es regnet, als wenn es mit Scheffeln gösse* ‖ ~ *mal* fig *unschicklich sein* ‖ fig *schlecht sitzen, schlecht stehen* ‖ fig *zur unrechten Zeit kommen* ‖ ~ *malo erkranken, krank werden* ‖ ~ *de pies auf die Füße fallen* ‖ fig *Glück haben* ‖ ~ *de plano,* ~ *tendido a la larga der Länge nach hinfallen* ‖ ~ *patas arriba* fam *auf den Rücken fallen* ‖ ~ *a pico steil abstürzen, abschüssig sein* ‖ ~ *redondo* → ~*se* ‖ ~ *en desuso veralten* ‖ ~ *en poder de* fig *in die Hände fallen* ‖ ~ *en tentación in Versuchung fallen* ‖ ~ *en tierra zu Boden fallen* ‖ *cayendo y levantando* figf *mit wechselndem Glück* ‖ *al* ~ *el día (od de la tarde) am Spätnachmittag* ‖ *al* ~ *de la hoja beim Eintritt des Winters* ‖ *dejarse* ~ *sich bequem zurechtsetzen (im Stuhl)* ‖ *niederzinken* ‖ *irgendwo (unverhofft) erscheinen* ‖ *estar al* ~ fig *nahe daran sein, sich zu ereignen; unmittelbar bevorstehen* ‖ *las 3 están al* ~ *es ist fast 3 Uhr* ‖ *hacer* ~ *la conversación sobre das Gespräch bringen auf (acc)* ‖ *ir a* ~ *entre mala gente in schlechte Gesellschaft geraten* ‖ *el ministerio ha caído das Ministerium ist gestürzt* ‖ *la Pascua cae en Abril Ostern ist im April* ‖ *¿ha caído alguna propina?* fam *gibt es Trinkgeld?* ‖ *la ventana cae a la calle das Fenster geht auf die Straße* ‖ *el vestido le cae bien a V.*

das Kleid steht Ihnen gut ‖ ¡ahora caigo! *jetzt verstehe ich!* ‖ no caigo *ich verstehe nicht* ‖ ~se *fallen, einstürzen* ‖ *ausfallen (Zähne, Haare)* ‖ fam *reinfallen, sich blamieren* ‖ ◊ ~ de maduro *reif vom Baum fallen* ‖ fig *sehr erfahren sein* ‖ *altersschwach sein* ‖ ~ muerto de miedo, de risa fam *vor Angst, vor Lachen vergehen* ‖ ~ redondo *plötzlich zu Boden fallen (in Ohnmacht usw)* ‖ ~ de cansancio *vor Müdigkeit umfallen* ‖ ~ de sueño *sich vor Schläfrigkeit nicht aufrecht halten können* ‖ ~ de suyo fig *unhaltbar, unsicher sein* ‖ fig *selbstverständlich sein* ‖ caérsele a uno la casa encima figf *in großer Angst schweben* ‖ ~ de su peso fig *einleuchtend, unwiderleglich sein* ‖ ~ de viejo fig *sehr alt, hinfällig sein* ‖ caérsele a uno la cara de vergüenza fam *vor Scham vergehen* ‖ no tiene sobre qué ~ *muerto liegt er nicht, wo er sein Haupt hinlegen soll* ‖ ¡que se cae V.! fam *Sie gehen zu weit!*

caf Abk engl = **cost, assurance, freight**

café *m* Kaffee *m* ‖ Kaffeebaum *m* ‖ Kaffeebohne f ‖ Kaffeehaus, Café *n* ‖ Chi *scharfer Verweis m* ‖ Mex *Jähzorn m* ‖ ~ cantante *Tingeltangel m/n* ‖ *Konzertcafé n* ‖ *Varieté n* ‖ ~ cargado, ~ fuerte *starker Kaffee m* ‖ ~ completo *Kaffeegedeck n* ‖ ~ con leche *Milchkaffee m* ‖ ~ cortado, ~ corto *(kleine) Tasse Kaffee mit etwas Milch* ‖ ~ descafeinado, ~ sin cafeína *koffeinfreier Kaffee m* ‖ ~ en polvo *gemahlener Kaffee m* Pulverkaffee *m* ‖ expreso, ~ exprés *Espresso m* ‖ ~ flojo, ~ ligero *schwacher, dünner Kaffee m* ‖ ~ helado *Eiskaffee m* ‖ ~ malta *Malzkaffee m* ‖ ~ molido = ~ en polvo ‖ ~ puro, ~ solo, ~ negro *schwarzer Kaffee m (bei Tisch)* ‖ ~ sin tostar *ungebrannter Kaffee m* ‖ ~ soluble *löslicher Kaffee, Kaffee-Extrakt m* ‖ ~ torrefacto, ~ tostado *gebrannter Kaffee m* ‖ ~ geröstete Kaffee, Röstkaffee *m* ‖ (de) color de ~ *kaffeebraun* ‖ cucharilla de ~ *Kaffeelöffel m* ‖ extracto de ~ *Kaffee-Extrakt m* ‖ granos de ~ *Kaffeebohnen fpl* ‖ pastillas de ~, caramelos de ~ *Kaffeebonbons m/n pl* ‖ plantaciones de ~ *Kaffee|pflanzungen, -plantagen fpl* ‖ poso de ~ *Kaffeesatz m* ‖ taza de ~ *Tasse f Kaffee* ‖ Kaffeetasse f ‖ tostadero de ~ *Kaffeerösterei f* ‖ ◊ invitar a ~ *zum Kaffee einladen* ‖ moler ~ *den Kaffee mahlen* ‖ tomar una taza de ~ *e–e Tasse Kaffee trinken*

cafeína f ⟨Chem⟩ *Koffein* n

cafeinado adj *koffeinhaltig*

cafeses pop pl v. **café**

cafe|tal *m* Kaffee*pflanzung, -plantage* f ‖ **–talero** *m* Kaffee*pflanzer, -anbauer m*

cafe|tera f *Kaffeeleserin f (in Kaffeepflanzungen)* ‖ *Kaffeekanne f* ‖ figf *alter Kram m* ‖ pop *alte Mühle f (Auto)* ‖ figf *Stümper m* ‖ fam *Schwips m* ‖ ~ automática *Kaffeemaschine f* ‖ ◊ ser una ~ (rusa) figf *ganz unbrauchbar sein* ‖ **–tería** f *Cafetería f* ‖ PR Col Chi Cu *Kaffeeladen m* ‖ **–tero** adj: industria ~a *Kaffeeindustrie f* ‖ ~ *m Kaffeepflücker m* ‖ *Caféwirt m* ‖ *Kaffeeverkäufer m* ‖ **–tin, –tucho** *m kleines Kaffeehaus n* ‖ desp *dürftiges Kaffeehaus n* ‖ **–to** *m* ⟨Bot⟩ *Kaffeestrauch m* (Coffea arabica)

cafiche *m* Cu *Zuhälter m*

caficul|tor *m Kaffeeanbauer m* ‖ **–tura** f *Kaffeeanbau m*

cafifia f Pe *Kot m* ‖ *Unrat m*

cáfila f fam *Karawane f*

cafiolo *m* Chi *Zuhälter m*

cafiroleta f Cu *Süßigkeit f aus geraspelter Kokosnuß, Zucker und Süßkartoffeln*

cafongo *m* Col *süßes Maisbrot n*

cafre m/adj *Kaffer (Volk)* ‖ fig *roher, gemeiner Mensch m* ‖ figf *Dummkopf m*

Cafrería f *Kaffernland n* ‖ fig *zurückgebliebenes Land n*

caftán *m Kaftan m*

caften *m* Arg *Zuhälter m* ‖ *Mädchenhändler m*

caga|aceite *m* ⟨V⟩ *Misteldrossel f* ‖ **–chín** *m* ⟨V⟩ *Cistensänger m* ‖ ⟨V⟩ *Grasmücke f* ‖ ⟨Entom⟩ *Stechmückenart f* (Culex ciliaris) ‖ **–da** vulg f *Kothaufen m,* vulg *Schiß m,* vulg *Scheiße f,* pop *Dreck m* ‖ fig *mißlungene Unternehmung f* ‖ **–dero** *m* vulg *Abtritt m (Kotgrube)* ‖ **–do** m/adj vulg *Scheißkerl m* ‖ **–fierro** m *Eisenschlacke f* ‖ **–ján** pop *m Haufe (Tier)Kot m* ‖ pop *Pferdeapfel m*

caga|lar *m*: tripa del ~ *Mastdarm m* ‖ **–lera** f fam *Durchfall m* ‖ ¡brava ~! fam vulg *e–e schöne Bescherung!* ‖ **–nidos** *m* fam *jd, der oft die Wohnung wechselt* ‖ **–ntina** f Dom *Durchfall m* ‖ Dom *Verlust m im Spiel* ‖ **–oficios** *m* fam *jd, der in keiner Stelle aushält* ‖ **–puesto** *m* Ec = **–oficios**

cagar [g/gu] vt *durch den After ausleeren,* vulg *bescheißen* ‖ figf *besudeln, beflecken* ‖ figf *verpfuschen, verderben* ‖ ~ vi *seine Notdurft verrichten,* vulg *kacken, scheißen* ‖ ~se *seine Notdurft verrichten* ‖ vulg *sich bescheißen* ‖ ◊ ¡me cago! vulg *Donnerwetter!* ‖ ¡la hemos cagado! vulg *da sitzen wir in der Patsche*

cagarrache *m* ⟨V⟩ *Misteldrossel f*

cagarria f ⟨Bot⟩ *Morchel f* (Morchella spp) *(Pilz)*

cagarropa *m* ⟨Entom⟩ *e–e Stechmückenart f* (Culex ciliaris)

caga|rruta f *Schaf-, Ziegen|kot m* ‖ Arg *Feigling m* ‖ **–tinta(s)** *m* desp *Schreiber, Federfuchser m* ‖ fam *Bürohengst m* ‖ fam *(Staats)Beamte(r) m* ‖ **–torio** *m* = **–dero** ‖ **–vino** *m* ⟨Fi⟩ Arg Ur *Deckenfisch m* (Stromateus sp)

cagón m/adj vulg *Scheißer, Scheißkerl m* ‖ fig *Feigling m*

caguajasa f ⟨Bot⟩ Cu *e–e Passionsblumenart f* (Passiflora spp)

cagua|ma f ⟨Zool⟩ *Meeresschildkröte f* (Chelonia sp) ‖ **–mo** *m Panzer m der Meeresschildkröte*

caguaré *m* ⟨Zool⟩ MAm *(Art) Ameisenbär m* (Myrmecophila tetradactyla)

caguayo *m* Cu *Mauereidechse f*

cague *m* ⟨V⟩ Chi *(Art) Gans f* (Anser antarcticus)

cagueta(s) *m* Angsthase *m,* pop *Hosenscheißer m* ‖ vulg *Schiß, Bammel m*

cahuil *m* ⟨V⟩ Chi *(Art) Möwe f* (Larus cirrocephalus)

cahuín *m* Chi *Rausch m, Trunkenheit f* ‖ Chi *Schwätzer m*

cahíz [pl **–ces**] *m Trockenmaß =* 12 Fanegas = 666 Liter ‖ Madrid: Gewicht = 15 quintales

cai *m* ⟨Zool⟩ Arg Pe Par Ur Ven *Kapuziner m* (Cebus capucinus)

caíble adj *was leicht hinfällt* ‖ *hinfällig*

caicobé f Am *Sinnpflanze f*

caíd, caid *m Kaid m, hoher (maurischer) Beamte(r) m*

caída f *Fallen n* ‖ *Fall, Sturz m* ‖ *Fall m des Wassers, Gefälle n* ‖ *Abhang, jäher Abfall m* ‖ *Neigung, Schräge f* ‖ *herabfallende Falte f e–s Vorhangs* ‖ *Zipfel m e–s Mantels* ‖ fig *der Sündenfall* ‖ fig *Sturz m, Ungnade f* ‖ ⟨Flugw⟩ *Absturz m* ‖ ⟨Mar⟩ *Liek n* ‖ *Auf-, Ein|schlag m (Kugel)* ‖ *Fallhöhe f (Hydraulik)* ‖ △ *Schimpf m* ‖ ~ anódica *Anodenfall m* ‖ ~ de bloques de piedra *Steinfall m* ‖ ~ de impedancia ⟨El⟩ *Impedanz-Spannungsabfall m* ‖ ~ de la capacidad térmica *Wärmegefälle n* ‖ ~ de la carga ⟨Metal⟩ *Stürzen n der Gicht* ‖ ~ de la hoja ⟨Bot⟩ *Blätterabfall m* ‖ ~ de la moneda *Sturz m der Währung* ‖ ~ de la lluvia *Regenfall m* ‖ ~ de los cambios *Kurseinbruch m* ‖ ~ del Tercer Reich *Zusammenbruch m des Dritten Reiches* ‖ ~ de piedras *Steinschlag m* ‖ ~ de los precios *Preissturz m* ‖ ~ vertical de los precios *Preiseinbruch m* ‖ ~ del primer hombre *Sündenfall m* ‖ ~ de

potencial *Potentialgefälle* n ‖ ~ de presión *Druckgefälle* n ‖ ~ de (un) rayo *Blitzschlag* m ‖ ~ de temperatura *Temperaturabfall* m ‖ ~ de tensión ⟨El⟩ *Spannungsabfall* m ‖ ~ de una vela ⟨Mar⟩ *Liek* n *e–s Segels* ‖ ~ de un régimen *Sturz* m *e–s Regimes* ‖ ~ inductiva ⟨El⟩ *Spannungsabfall* m ‖ ~ libre *freier Fall* ‖ ~ óhmica *Widerstandsverlust, ohmscher Spannungsabfall* m ‖ ~ por reactancia ⟨El⟩ *Reaktanz-Spannungsabfall* m ‖ la ~ de ojos *das Augenniederschlagen (e–r schönen Frau)* ‖ a la ~ de la tarde *bei Einbruch der Nacht* ‖ ◊ ir, andar de (capa) ~ figf *in Verfall geraten* ‖ ~s pl *Raufwolle* f ‖ fig *witzige Einfälle* mpl
caído adj *herabhängend* ‖ fig *kleinmütig* ‖ *schlaff* ‖ *zurückgeschlagen (Mantel)* ‖ *heruntergeschlagen (Hutkrempe)* ‖ ~ de ánimo *niedergeschlagen* ‖ ~ de color *bleich* ‖ *verblichen* ‖ ~s mpl *fällige Zinsen* mpl ‖ los ~ *die Gefallenen* ‖ Día de los ⁓ Span *Heldengedenktag* m ‖ Valle de los ⁓ Span *Tal* n *der Gefallenen*
caifa adj Ven *schlau* ‖ *verschlagen*
caigo → **caer**
caima adj/s Am *schwerfällig, plump* ‖ *stumpfsinnig*
caimán m *Kaiman, Alligator* m ‖ fig *hinterlistiger Mensch* m ‖ ~ adj Col *geizig* ‖ Ec *träge*
caima|nazo m Col *Purzelbaum* m ‖ **–near** vt Col Mex *betrügen* ‖ **–neso** m Col *Vertreter* m *auf Zeit* ‖ **–nzote** m Ec *Faulenzer* m, fam *Faulpelz* m
caimiento m *Fall* m ‖ fig *Niedergeschlagenheit* f ‖ *Ohnmacht* f
Caín m np *Kain* m ‖ alma de ~ fig *herzloser Mensch* m ‖ ◊ pasar las de ~ fam *im Elend leben*
cainar vi Ec *den Tag irgendwo verbringen*
cainita f ⟨Min⟩ *Kainit* m
caique m ⟨Mar⟩ *Kaik* n, *Kaike* f *(Schiff)*
△**caire** m *Geld* n
cai|rel m *Haaraufsatz* m ‖ *Perückennetz* n ‖ *Fransenbesatz* m *an e–m Kleid* ‖ Cu ⟨Bot⟩ *Färberliane* f ‖ **–es** pl ⟨Mar⟩ *Barkhalter* mpl ‖ **–relado** adj *zerfasert (Nagel)*
Cairo: el ~ *Kairo*
caja f *Kiste, Kasten* f ‖ *Büchse* f ‖ *Kasten* m ‖ *Dose* f ‖ *Futteral* n ‖ *Kasse* f, *Geldschrank* m ‖ *Zahlstelle* f ‖ *Sparkasse, Bank* f ‖ *Schatzkammer* f ‖ *Kassenbestand* m ‖ (*& m*) *Kassier(er)* m ‖ *Gleichgewichtspunkt* m *e–r Waage* ‖ ⟨Bot⟩ *Samenhülse* f ‖ *Messerbehälter* m ‖ *Tabak|dose, -büchse* f ‖ *Schaft* m *(Gewehr)* ‖ ⟨Ak⟩ *Resonanzboden* m ‖ ⟨Zim⟩ *Einlaß* m ‖ ⟨Zim⟩ *Gehäuse* n ‖ ⟨Web⟩ *Wechsellade* f ‖ ⟨Typ⟩ *Schrift-, Setz|kasten* m ‖ *Straßen|koffer, -kasten* m, *-bett* n ‖ *(Uhr)Gehäuse* n ‖ *Lade, Truhe* f ‖ *Sarg* m ‖ *Fuge* f, *Falz* m ‖ *Zapfenloch* n ‖ ⟨Mus⟩ *Pauke, (große) Trommel* f ‖ ⟨An⟩ *Schädelhöhle* f ‖ Chi *Flußbett* n ‖ ~ alta ⟨Typ⟩ *Kapitalkasten* m ‖ ~ anular *Ringbüchse* f ‖ ~ baja ⟨Typ⟩ *Unterkasten* m ‖ ~ cilíndrica *Lauf|büchse, -buchse* f ‖ ~ clasificadora ⟨Bgb⟩ *Setzkasten* m ‖ ~ de acometida ⟨El⟩ *Anschlußkasten* m ‖ ~ de agua ⟨EB⟩ *Wasser|kasten, -tank* m ‖ ~ de ahorros *Sparkasse* f ‖ ~ para la construcción *Bausparkasse* f ‖ ~ de alimentación *Speise-, Stromzuführungs|kasten* m ‖ ~ de alquiler, ~ de seguridad *Safe* m *(in e–r Bank)* ‖ ~ de arcilla refractaria *Brennkapsel* f *(Keramik)* ‖ ~ de bobinas ⟨El⟩ *Spulenkasten* m ‖ ~ de botánica *Botanisiertrommel* f ‖ ~ de cartón *(Papp)Schachtel* f ‖ ~ de cartuchos *Patronentrommel* f *(Revolver)* ‖ ~ de caudales, ~ fuerte *Geldschrank, Tresor* m ‖ ~ de cerillas, ~ de fósforos *Zündholzschachtel* f ‖ ~ de colada, ~ de pilada *Abmeß-, Zumeß|kiste* f, *Meßgefäß* n *(Betonaufbereitung)* ‖ ~ de compases *Reißzeug* n, *Zirkelkasten* m ‖ ~ de compensación *Ausgleichskasse* f ‖ ~ de conexión, ~ de unión ⟨El⟩ *Verbindungs|dose* f, *-kasten* m, *Anschluß-*

kasten m ‖ ~ de construcciones *Baukasten* m ‖ ~ de contacto, ~ de empalme, ~ de enchufe ⟨El⟩ *Anschlußdose* f ‖ ~ de contador ⟨El⟩ *Zählergehäuse* n ‖ ~ de cortacircuito *Sicherungsdose* f ‖ ~ de cuna *Wiegenboden* m *(Geschütz)* ‖ ~ de distribución ⟨El⟩ *Schalt|dose* f, *-kasten, Verteilerkasten* m ‖ ⟨Typ⟩ *Ablegekasten* m ‖ ~ de ecos *Echohohlraumresonator* m *(Radar)* ‖ ~ de enchufe *Steck-, (Wand)Anschluß|dose* f ‖ ~ de enfermedad *Krankenkasse* f ‖ ~ de la empresa *Betriebskrankenkasse* f ‖ ~ local *Ortskrankenkasse* f ‖ ~ de fusibles ⟨Aut⟩ *Sicherungs|dose* f, *-kasten* m ‖ ~ de fusil *Gewehrschaft* m ‖ ~ de gases *Gaskammer* f *(MG)* ‖ ~ de herramientas *Werkzeug-, Geräte|kasten* m ‖ ~ de imprenta *Satz-, Schrift|kasten* m ‖ ~ del alza *Aufsatzüberzug* m *(Gewehr usw)* ‖ ~ del armón *Protzkasten* m *(Geschütz)* ‖ ~ del ascensor, ~ del montacargas *Förderbahn* f *(Aufzug)* ‖ ~ de la brújula *Kompaßgehäuse* n ‖ ~ del carro de combate ⟨Mil⟩ *Panzerkasten* m ‖ ~ de la cerradura *Schloßkasten* m ‖ ~ del embrague ⟨Aut⟩ *Kupplungsgehäuse* n ‖ ~ de marchas ⟨Aut⟩ *Schaltkasten* m ‖ ~ (del mecanismo) de dirección ⟨Aut⟩ *Lenkgehäuse* n ‖ ~ de municiones *Patronen-, Munitions-, Protz|kasten* m ‖ ~ de música *Spieldose* f ‖ ~ de palastro *Blech|büchse, -dose* f ‖ ~ de pensiones para la vejez *Altersrenten-, Pensions|kasse* f ‖ ~ de perdidos ⟨Typ⟩ *Defektkasten* m, *Zwiebelfischkasten* n ‖ ~ de pinturas *Farbenkasten* m ‖ ~ de préstamos *Vorschußkasse* f ‖ ~ de provisiones *Proviant-, Vorrats|kiste* f ‖ ~ de (radior)receptor *Empfängergehäuse* n ‖ ~ de reaseguro *Rückversicherungskasse* f ‖ ~ de recluta ⟨Mil⟩ *Rekrutendepot* n ‖ ~ de reclutamiento ⟨Mil⟩ *Ersatzbezirk* m, *Bezirkskommando* n ‖ ~ de reloj *Uhrgehäuse* n ‖ ~ de resistencia ⟨Mil⟩ *Widerstandskasten* m ‖ ~ de resonancia *Resonanz|boden, -kasten* m ‖ ~ de retiro *Pensionskasse* f ‖ ~ de seguros de enfermedad *Krankenkasse* f ‖ ~ de socorro *Verbandkasten* m ‖ ~ de socorros *Unterstützungskasse* f ‖ ~ de tobera ⟨Metal⟩ *Windkasten* m ‖ ~ de turbina *Turbinengehäuse* n ‖ ~ de velocidades ⟨Aut⟩ *Getriebe|gehäuse* n, *-kasten* m ‖ ~ de viento ⟨Ak⟩ *Windkasten* m ‖ ~ gremial de enfermedad (Alemania) *Innungskrankenkasse* f (Deut) ‖ ~ postal de ahorros *Postsparkasse* f ‖ ~ protectora *Schutzkasten* m ‖ ~ de ruedas, ~ de engranajes *Radschutz* m ‖ ~ relaminadora ⟨Metal⟩ *Nachwalzgerüst* n ‖ ~ registradora *Registrier-, Kontroll|kasse* f ‖ ~ timpánica ⟨An⟩ *Pauken-, Trommel|höhle* f ‖ ~ torácica ⟨An⟩ *Brust|korb, -kasten* m ‖ avance de ~ *Kassenvorschuß* m ‖ balance de ~ *Kassen|bilanz* f, *-abschluß* m ‖ bono de ~ *Kassenanweisung* f ‖ libro de ~ ⟨Com⟩ *Kassabuch* n ‖ libreta de ~ de ahorros *Sparkassenbuch* n ‖ ◊ entrar en ~ figf *in Ordnung kommen* ‖ fig *genesen* ‖ ⟨Mil⟩ *einrücken, eingezogen werden* ‖ estar en ~ *das Gleichgewicht anzeigen (Zunge der Wage)* ‖ figf *stark und gesund sein* ‖ ingreso en ~, entrada en ~ *Kasseneingang* m ‖ ~s pl: ◊ echar (od despedir) a uno con ~ *destempladas* figf *jdn barsch abweisen, jdn hinauswerfen*
cajear vt *nuten* ‖ ⟨Zim⟩ *einstemmen* ‖ *langlochbohren* ‖ Mex *bei e–r Bank in Schulden geraten* ‖ CR *prügeln*
caje|ra f *Kassier(er)in, Kassenbeamtin* f ‖ ⟨Ing⟩ *Keil-, Neben|nut* f ‖ ~ del alza *Aufsatzgehäuse* n *(Gewehr usw)* ‖ **–ro** m *Kassier(er)* m ‖ *Schachtelmacher* m ‖ *Kassenmacher* m ‖ primer ~ *Hauptkassier(er)* m ‖ **–ta** f dim v. **caja** ‖ Ar *Opferstock* m ‖ Ec Pe CR *Person* f *mit hervorspringendεr Unterlippe* ‖ Cu *Tabakdose* f ‖ de ~ Mex *vortrefflich* ‖ **–te** m Guat Mex *kleine Kasserolle* f ‖ Mex *zum Umpflanzen ausgehobenes Erdloch* n ‖ **–tear** vt Mex *ein Erdloch aus-*

heben (zum Umpflanzen) || Dom *hämmern* || fig *auf et dringen* || *schießen* || **-tilla** *f Päckchen* n *Tabak* || *Schachtel* f *Zigaretten* || Chi *Gebäck* n *in e-r Papierhülle* || **-tin** *m* dim *v.* **cajeta** || *Aktenstempel* m *(in e-m Büro)* || **-tón** *m* PR *Raufbold* m || *Bramarbas, Angeber* m
  caji|ga *f* ⟨Bot⟩ *Traubeneiche* f (Quercus petraea) || *Eiche* f || **-gal** *m (Trauben)Eichenwald* m || ⟨Bot⟩ Cu *Zinnie* f (Zinnia elegans)
  cajillas *fpl Kinnlade* f
  cajín adj Murc *rotkörnig (Granatapfel)*
  cajista *m* ⟨Typ⟩ *(Schrift)Setzer* m
  cajita *f* dim *v.* **caja** || *Kassette* f || *Puderdöschen* n || *Holzkistchen* n || *Räucherkästchen* n || *Nähkästchen* n || ~ *para bombones Bonbondose* f || ~ *de cerillas Streichholzschachtel*
  cajón m augm *v.* **caja** || *(große) Kiste* f || *Truhe* f || *Mülleimer* m || *Lade* f || *Schublade* f || *Krambude* f || ⟨Zim⟩ *Kastenpfosten* m || ⟨Web⟩ *Wechsellade* f || *Fach* n *in e-m Bücherschrank* || ⟨Tech⟩ *Caisson, Senkkasten* m || Am *Sarg* m || ⟨Am⟩ *Kaufladen* m || ~ *alemán* ⟨Bgb⟩ *Schlämmherd* m || ~ *flotante* ⟨Ing⟩ *Grundkasten* m || ~ *sumergible Senk-, Schwimm\|kasten* m || ~ *de sastre* fam *Sammelsurium* n, *Mischmasch* m || *aparato de* ~ ⟨Phot⟩ *Kastenkamera* f || *frase de* ~ fam *geflügeltes Wort* n || fam *obligate Redensart* f || ◊ *ser de* ~ fam *üblich sein* || fam *offensichtlich sein*
  cajoncito *m* adj *v.* **cajón**
  cajo|near vi Mex *e-n Einkaufsbummel machen* || **-nera** *f* Mex *Krämerin* f || *Ladenbesitzerin* f || **-nería** *f Fachwerk* n *(e-s Schrankes* || **-nero** *m* Am *Krämer* m || *Ladenbesitzer* m || adj ; ◊ *ser* ~ *üblich sein* || *offensichtlich sein*
  cajuela *f* Mex *Hohlraum* m *unter den Wagensitzen* || MAm *Hohlmaß* n *(etwa 16 Liter)*
  cajuil *m* ⟨Bot⟩ Ant *Acaju-, Kaschu\|baum* m (Anacardium occidentale)
  cajún *m* Fil *Agave, Pitta* f
  cal *f Kalk* m || ~ *apagada Löschkalk, gelöschter Kalk* m || ~ *calcinada gebrannter Kalk, Branntkalk* m || ~ *cáustica Ätzkalk* m || ~ *endurecida por el aire Luftkalk* m || ~ *hidráulica Wasserkalk, hydraulischer Kalk* m || ~ *muerta gelöschter Kalk* m || ~ *viva ungelöschter Kalk* m || *de* ~ *y canto* figf *felsenfest, dauerhaft* || *una de* ~ *y otra de arena* figf *immer abwechselnd* || ◊ *ahogar (od apagar) la* ~ *den Kalk löschen* || *enlucir con* ~ *bekalken, mit Kalk tünchen*
  ¹**cala** *f Schnitte, Scheibe* f *e-r Frucht* || ⟨Chir⟩ *Sonde, Suchnadel* f || ⟨Med⟩ *Stuhlzäpfchen* n || *Angelblei* m || ⟨Mar⟩ *Tiefgang* m || ⟨Mar⟩ *Kielraum* m || △ *Loch* n || ◊ *hacer* ~ *et untersuchen, genau beobachten*
  ²**cala** *f* ⟨Mar⟩ *kleine Bucht* f, *Schlupfhafen* m || *Angelgrund* m
  ³**cala** *f* ⟨Bot⟩ *Kalla* f (Calla spp)
  calaba|cear vt figf *jdm e-n Korb geben* || ⟨Sch⟩ *durchfallen lassen* || **-cera** *f Kürbispflanze* f (→ **calabaza**) || **-cero** *m Kürbishändler* m || △ *Einbrecher* m || ⟨Sch⟩ *durchgefallener Student* m || **-cil** adj *kürbisförmig* || *pera* ~ *kürbisförmige Birne* f || **-cillas** *fpl birnförmige Ohrringe* mpl || **-cín** *m*, **-cita** *f grüner, länglicher Kürbis* m || *kleiner, unreifer Kürbis* m *als Salat* || fig *blöder Mensch* m
  calabaci|nate *m Kürbisspeise* f || **-no** *m Kürbisflasche* f
  calaba|za *f Gartenkürbis* m (Cucurbita pepo) || *Kürbis* m || *Kürbisflasche* f || pop *Kopf* m || figf *unfähiger Mensch* m, fam *Schafskopf, Einfaltspinsel* m || figf ⟨Mar⟩ *elendes Schiff* n || figf *Abweisung* f *e-s Freiers*, fam *Korb* m || *Durchfallen* n *bei e-r Prüfung* || △ *Dietrich* m || ~ *vinatera Flaschenkürbis* m || *Kürbisflasche* f || ◊ *dar* ~ *figf* im *trüben fischen* || *dar* ~s *(od* ~) *a uno* figf *jdn bei der Prüfung durchfallen lassen* || *fam*

jdm (beim Freien) e-n Korb geben, jdn abweisen || *echar en* ~ figf *auf Sand bauen* || *llevar(se)* ~s figf *durchfallen (im Examen)* || figf *e-n Korb bekommen* || *nadar con* ~s *mit leeren Kürbissen auf dem Rücken schwimmen (lernen)* || *nadar sin* ~s fig *sich ohne fremde Hilfe durchschlagen* || *salir* ~ figf *sich als unbrauchbar erweisen (Beamte usw), vollkommen versagen*, fam *e-e Niete sein, e-e Null sein* || **-zada** *f Schlag* m *auf den Kopf* || *darse de* ~s figf *sich den Kopf zerbrechen über* (acc) || **-zano** adj/s fam *durchgefallen(er Schüler)* || **-zar** *m Kürbis\|feld* n, *-pflanzung* f || **-zazo** *m* fam *Schlag* m *auf den Kopf* || **-zo** *m (trockener Flaschen)Kürbis* m || Cu *(Art) Musikinstrument* n *aus e-m Kürbis* || **-zón** *m* Al *(Art) Edelkirschbaum* m || **-zona** *f* Al = **-zon** || Murc *Winterkürbis* m || **-zuela** *f* Sev *ein Heilkraut* n *(Mittel gegen Schlangenbiß)*
  calabobos *m* fam *gelinder, anhaltender Sprühregen, Nieselregen* m
  calabocear vt Guat *mit dem Degen stoßen*
  ¹**calabozo** *m Kerker* m, *Verlies, unterirdisches Gefängnis* n || *Zellengefängnis* n
  ²**calabozo** *m Gärtnerschere* f || Cu *Jätsichel* f || Col *Messer* n, *Degen* m
  cala|brés, esa adj *kalabr(es)isch* || ~ *m Kalabrese, Kalabrier* m || **-bria** *f Kalabrien* n
  calabrote *m* ⟨Mar⟩ *Wurfankertau* n, *Trosse* f, *dickes Kabel* n || Ven *liederlicher Mensch* m
  calaca *f* Mex *Tod* m
  calacear vt Guat *schlagen*
  calache *m* Hond *Kram* m || *Gerümpel* n || MAm *ein gewisser Jemand* m
  calada *f Ein\|dringen, -sickern* n *(e-r Flüssigkeit in e-n undichten Körper)* || *(Ein)Tauchen* n || ⟨Mar⟩ *Auswerfen* n *e-s Netzes* || ⟨Web⟩ *Fach* n || ◊ *dar una* ~ *a uno* figf *jdm e-n derben Verweis erteilen*
  caladera *f* Murc *(Art) Fangnetz* n
  cala|dizo adj fig *scharfsinnig* || **-do** adj ⟨Mar⟩ *tiefgehend* || ~ *hasta los huesos* figf *bis auf die Haut durchnäßt (vom Regen)* || ~ *m durchbrochene Arbeit, (Loch)Stickerei* f || *Hohlsaum* m || ⟨Mar⟩ *Tiefgang* m *e-s Schiffes* || ~ *a popa* ⟨Mar⟩ *Tiefgang* m *hinten* || ~ *a proa Tiefgang* m *vorn* || ~ *de papel geschnitzeltes Papier* n || **-dor** *m* ⟨Chir⟩ *Sonde* f || Arg *Stöbereisen* n *der Zollbeamten*
  caladre *f Lerche* f
  caladura *f Anschnitt* m *e-r Frucht*
  calafate *m* ⟨Mar⟩ *Kalfaterer* m || ⟨Mar⟩ *Schiffszimmermann* m
  calafateado *m* ⟨Mar⟩ *Kalfaterung, Abdichtung* f, *Pichen* n || ⟨Ing⟩ *Verstemmung* f
  calafatear vt ⟨Mar⟩ *kalfatern, abdichten, Fugen teeren, pichen, Ritzen verstopfen, verstemmen*
  calafateo *m* = **calafateado**
  calafatín *m Kalfatererlehrling* m
  calagraña *f* e-e *minderwertige Traubenart* f
  calaguasca *f* Col *Branntwein*, fam *Schnaps* m
  calaguatazo *m* Hond *Steinwurf* m *an den Kopf*
  calagurritano adj/s *aus Calahorra* (PLogr)
  Calainos np: *coplas de* ~ fam *unnützer Plunder* m
  ¹**calamaco** *m Kalmank, Lasting* m
  ²**calamaco** *m* Mex *(Schmink)Bohne* f || Mex *Branntwein* m
  calamar, *m Tintenfisch, Gemeiner Kalmar* m (Loligo vulgaris) || ◊ *parecer un* ~ figf *sehr mager sein*
  calambre *m* ⟨Med⟩ *(Muskel)Krampf* m || *Wadenkrampf* m || pop *elektrischer Schlag* m || ~ *de los escribientes Schreibkrampf* m || ~ *de estómago Magenkrampf* m
  calambuco *m Kalmbuk\|baum* m, *-harz* n || Col *Milchkrug* m

¹**calambur** m *indisches Aloeholz* n
²**calambur** m gall *Kalauer* m, *Wortspiel* n
calami|dad f *schwerer Unglücksfall* m || *Mißgeschick* n, *Verlegenheit* f || *Not* f || *Unheil* n || *Elend* n || *Landplage* f, *Landesunglück* n || *Katastrophe* f || fam *Unglücksmensch*, *Pechvogel* m || ◊ es una ~ figf *er ist e–e Plage* f, *ein unbrauchbarer Mensch* m || *das ist verheerend* || hecho una ~ fam *übel zugerichtet* || **–toso** adj *unheilvoll* || *unglücklich* || *erbärmlich* || *elend* || *traurig* || adv: ~**amente**
calamina f ⟨Min⟩ *Galmei, Smithsonit, Zinkspat* m, *Kieselzinkerz* n, *Hemimorphit* m || ⟨Aut⟩ *Ölkohle* f
calamistro m ⟨Zool⟩ *Calamistrum* n, *kammzinkähnliche Borsten* fpl *der Hinterbeine gewisser Spinnen (Kräuselfadenweberinnen)* (*Cribellatae*) (→ **cribelo**)
¹**calamita** f ⟨Min⟩ *Kalamit* m → **brújula, piedra imán** || ~**ción** f ⟨Phys⟩ *Magnetisierung* f
²**cala|mita, –mite** f ⟨Zool⟩ *Kreuzkröte* f (Bufo calamita)
cálamo m *Rohrpfeife, Schalmei* f || ⟨V⟩ *Calamus* m, *Spule* f *(bei Vogelfedern)* || ⟨poet⟩ *Rohr* n || ⟨poet⟩ *Schreibfeder* f || ⟨Bot⟩ *Bartgras* n (Andropogon sp) || ~ aromático ⟨Bot⟩ *Kalmus* m, *Magenwurz* f (Acorus calamus)
calamo|cano adj/s fam *halb berauscht, angeheitert, beschwipst* || fam *faselnd, kindisch (infolge Altersschwäche)* || **–co** m *Eiszapfen* m *an Dächern*
cálamo currente lat fig *aus dem Stegreif, unvorbereitet*
¹**calamón** m *Tapeziernagel* m
²**calamón** m ⟨V⟩ *Purpurhuhn* n (Porphyrio porphyrio)
calamonarse vr Ar *gären (Heu)*
calamorra f fam *Kopf* m
calamorrazo m fam *Stoß* m *vor den Kopf*
calamorro m Chi *derber Schuh* m
calanchín m Col *Spieler* m || Col *Kniff* m *beim Spiel*
calandra|ca f Murc figf *albernes Gerede* n || **–jo** m fam *alter Lumpen* m || figf *Hanswurst* m || Sal *Gerücht, Gerede* n || *Vermutung* f
calandrar vt *kalandern, satinieren (Papier)* || *mangeln, rollen (Wäsche)* || ⟨Web⟩ *kalandern, glattwalzen*
¹**calandria** f *(Kalander) Lerche* f || ~ aliblanca ⟨V⟩ *Weißflügellerche* f (Melanocorypha leucoptera) || ~ común ⟨V⟩ *Kalanderlerche* f (M. calandra) || ~ negra ⟨V⟩ *Mohrenlerche* f (M. yeltoniensis) || △ *Ausplauderer* m
²**calandria** f *Kalander* m, *Satiniermaschine* f *(in Papierfabriken)* || *Tretmühle* f || *Mangel, Zeugrolle* f || fig *Simulant* m || Mex fig *Faulenzer* m || ~ de agua, ~ húmeda *Wasser-, Naß|kalander* m || ~ gemela *Doppelbogenkalander* m || ~ para gofraje *Prägekalander* m
calaña f *Muster, Vorbild* n || *Beschaffenheit, Gemütsart* f || fam *Sorte* f || *hombre de mala* ~ fig *verdächtiger, gefährlicher Mensch* m
calañés adj/s *aus Calañas* (PHuel) || *(sombrero)* ~ *Calañeser (Filz) Hut* m
cálao m ⟨V⟩ *Doppelhornvogel* m (Buceros bicornis)
calapé m Am *in ihrem Panzer gebratene Schildkröte* f
calapié m → **calzapié**
calapitrinche m Pe *Laffe, Geck* m
¹**calar** adj *kalkartig*
²**calar** m *Kalkstein|lager* n, *-bruch* m
³**calar** vt/i *hinein|stoßen, –drücken* || *(ein)senken, herablassen* || *durch-, an|bohren* || *durchstoßen* || *einweichen (Brot), durch|nässen, –tränken* || *ausschneiden, schnitzen (Holz, Papier)* || *anschneiden (Melone)* || *durchbrochen sticken* || *ins Gesicht (d)rücken (Hut)* || *eichen* || figf *er-*

forschen, ergründen, jdn durchschauen || ⟨Mar⟩ *niederlassen, streichen* || *spannen (den Hahn e–s Gewehres)* || Col fam *plattdrücken* || Mex mit *dem Stöbereisen anbohren (Zollbeamte)* || ◊ ~ la bayoneta ⟨Mil⟩ *das Bajonett, das Seitengewehr fällen* || ~ vi *ein-, durch|dringen (bes von Flüssigkeiten)* || *durchregnen* || *ein-, nieder|sinken* || ⟨Mar⟩ *Tiefgang* m *haben, eintauchen* || ~**se** *eindringen (Feuchtigkeit)* || figf *sich Eingang verschaffen, sich einschleichen* || *herabschießen (Greifvogel)* || ◊ ⟨Aut⟩: *el motor se cala pop der Motor setzt aus* || ~ el sombrero *den Hut tief ins Gesicht drücken* || ~ hasta los huesos *bis auf die Haut naß werden (durch Regen)*
calasancio adj *Piaristen-* || *auf den heiligen José de Calasanz, den Gründer des Piaristenordens, bezüglich*
calatear vt Pe *ausziehen*
calato adj Pe *(splitter)nackt*
Calatra|va f *Kalatravaorden* m *(span. Ritterorden)* || cruz de ~ *Kalatravakreuz* n || **–veño** adj *aus Calatrava (Mancha)* || **–vo** m/adj *Ritter* m *des Kalatravaordens*
calave|ra f *Hirnschale* f || *Schädel, Totenkopf* m || *Totenkopf* m (Acherontia atropos) *(Nachtschwärmer)* || ~ m/f fig *Leichtfuß, Hohlkopf* m || fig *Bummler, Nachtschwärmer, Windhund, Lebemann, Liederjan* m || **–rada** f fam *törichter Streich* m || **–rear** vi *dumme Streiche machen* || **–rón** m fig *sehr ausschweifender Mensch* m
calazo m Guat *Zusammenstoß* m
calazón f ⟨Mar⟩ *Tiefgang* m
calbote m Sal *gebratene Kastanie* f || ~**s** mpl Al *grüne Bohnen* fpl
△**calca** f ⟨Mar⟩ || Pe *Getreidespeicher* m
calca|do adj: ~ de alg. *(jdm) bildähnlich* || ~ m *durchgepauste Zeichnung, Pause* f || **–dor** m *Durchpausapparat* m
calcáneo m ⟨An⟩ *Fersenbein* n, *Calcaneus* m
calcantita f ⟨Min⟩ *Kupfervitriol* n
calca|ñal, –ñar, –ño m *Ferse* f || *Hinterkappe* f *(Schuh)*
¹**calcar** m ⟨Zool⟩ *Calcar, Sporn* m
²**calcar** [c/qu] vt/i *durch|zeichnen, -pausen, abklatschen* || *(mit dem Fuß) drücken, treten* || fig *(sklavisch) nachahmen* || *papel de* ~ *Pauspapier* n
calcáreo adj *Kalk-, kalk(halt)ig, kalkartig*
Calcas m *(griechische Sagengestalt) Kalchas* m
calce m *Rad|felge, -schiene* f || *Beilage, Zwischenlegscheibe* f || *Bremsklotz* m || ⟨El⟩ *Blechzwischenlage* f || ⟨Arch⟩ *Keil, Unterlage* f || Al *Flußbett* n || Am figf *Gelegenheit* f
calcedonia f *Chalzedon* m *(Edelstein)*
calcemia f ⟨Med⟩ *Blutkalk* m, *Kalzämie* f
calceolaria f ⟨Bot⟩ *Pantoffelblume* f (Calceolaria spp)
calcera f Huel *Kalkwerk* n || Sant *Rinne* f, *Bewässerungs-, Wasser|graben* m
calcés m ⟨Mar⟩ *Mast|korb, -topp* m
calce|ta f *(Knie)Strumpf* m || fig *Fußschelle* f || Murc *(Art) Wurst* f || ~ adj Arg *rauhfüßig (Vogel)* || ◊ hacer ~ *stricken* || hacer ~**s** fam joc *vor Kälte zittern* || **–tar** vi *stricken* || *máquina de* ~, **–tadora** *(Strumpf)Strickmaschine* f || **–tera** f *Strickerin* f || *Strumpfflickerin* f || **–tería** f *Strumpfladen* m || *Strumpfwaren* fpl || **–tero** m *Strumpfmacher* m || *Strumpfwirker* m || *Strumpfhändler* m || **–tín** m dim v. **calceta** || *Socke* f, *Halbstrumpf* m || **–to** adj Col *rauhfüßig (Huhn)* || Mex *weißfüßig (Pferd)* || **–tón** m *Stiefelstrumpf* m
cálcico adj *kalzium|artig, -haltig*
calcícola adj ⟨Bot⟩ *kalkliebend, auf kalkigem Boden wachsend*
calcicosis f ⟨Med⟩ *Steinhauerkrankheit* f
calcífero adj *kalk|führend, -haltig*
calci|filo adj ⟨Bot⟩ *auf Kalk wachsend* || **–fobo** adj ⟨Bot⟩ *kalkscheu*

calcifi|cación f Kalkbildung, Verkalkung, Kalzifikation f || **–car** [c/qu] vt verkalken, in Kalk verwandeln
calci|lla f kleine Strumpfhose f || Ar (Art) Gamasche f || **–llas** m figf schüchterner Mensch m || fam kleiner Knirps m
*calci|na f Steinmörtel m || **–nación** f Kalkbrennen n || Rösten n (von Erzen) || ~ blanca ⟨Chem⟩ Weißbrennen n || ~ de yeso Gipsbrennen n || ~ previa Vorrösten n von Erzen || horno de ~ Ausglühofen m || **–nado** adj gebrannt, kalziniert || ocre ~ gebrannter Ocker m || **–nar** vt kalzinieren, brennen, ausglühen || rösten (Erz) || brennen (Porzellan) || fig dörren, rösten || **–nero** m Kalkbrenner m
calcio m ⟨Chem⟩ Kalzium n
calcita f Kalzit, Kalkspat m
calcitrar vi ⟨poet⟩ stoßen (Vieh)
calco m durchgepauste Zeichnung, Pause f || blinde (sklavische) Nachahmung f || ⟨Philol⟩ Lehnübersetzung f (Calx) || △ Schuh m
calco|cha f Chi kleiner Papierdrache(n) m (Spielzeug) || **–cho** adj Chi pockennarbig || Chi halb verdorben
calcografía f Kupferstechkunst f || Heliogravüre f
calcógrafo m Kupferstecher m
calcomanía f Bilderabziehen n || Abziehbild n (für Kinder) || Abziehbilderbogen m
calcopirita f Kupferkies, Chalkopyrit m
△**calco|rrear** vi laufen, fliehen || △ **–rro** m Schuh, Stiefel m
calcosiderito m Grüneisen|erz n, -stein, Chalkosiderit m
calcosina f Am Kupferglanz m
calcula|ble adj berechenbar, zählbar || **–ción** f Berechnung f, Kostenvoranschlag m || **–damente** adv mit (genauer) Berechnung || **–do** adj berechnet || ◊ ~ en geschätzt auf acc || ~ hasta la segunda decimal bis zur zweiten Stelle hinter dem Komma berechnet || **–dor** m Rechner, Rechnungsführer m || Rechen|stab, -schieber m || Rechenmaschine f, Rechner m || **–dora** f Rechenmaschine f, Rechner m
calcu|lar vt (aus)rechnen, berechnen, veranschlagen || fig ausdenken, (voraus)bedenken || ~ vi Berechnungen machen || ¡calcule Vd.! denken Sie sich nur! || **–latorio** adj zum Rechnen gehörig, Rechen-, kalkulatorisch, rechnerisch || **–lista** m/adj (Be)Rechner m
cálculo m (Aus)Rechnung, Berechnung, Kalkulation f || Schätzung f, Überschlag m || Rechenkunst, Arithmetik f || Rechnen n (Unterrichtsfach) || Med⟩ Blasen-, Nieren-, Gallen|stein m || fig Plan m || ⟨Mar⟩ Gissung f || ~ algebraico Algebra, Buchstabenrechnung f || ~ aproximado Überschlag m, ungefähre Schätzung f || ~ aritmético Arithmetik f || ~ biliar Gallenstein m || ~ decimal Dezimalrechnung f || de cuotas, ~ de contribuciones Beitragsberechnung f || ~ de errores Fehlerrechnung f || ~ de fracciones Bruchrechnung f || ~ de gastos Kostenberechnung f || ~ de la media (estadística) Mittelung f || ~ de los impuestos Steuerermittlung f || ~ de los intereses Zins(be)rechnung f || ~ de(l) peso Gewichtsberechnung f || ~ del salario Lohnberechnung f || ~ de probabilidades Wahrscheinlichkeitsberechnung f || ~ de rentabilidad Rentabilitätsberechnung f || ~ de volumen Massenberechnung f || ~ destajista Akkordberechnung f || ~ diferencial Differentialrechnung f || ~ gráfico graphische Berechnung f || ~ infinitesimal Infinitesimalrechnung f || ~ integral Integralrechnung f || ~ logarítmico logarithmische Rechnung f || ~ mental, ~ de cabeza Kopfrechnen n || ~ mercantil kaufmännisches Rechnen n || ~ renal Nierenstein m || ~ vectorial Vektorenrechnung f || ~ vesical Blasenstein m || base de ~ Kalkulationsbasis f || por ~ fig aus Berechnung, wohlüberlegt || regla de ~ Rechenschieber m || según el ~ nach der Berechnung || ◊ determinar por vía de ~ errechnen || equivocarse en sus ~s fig sich verrechnen || error de ~ Rechenfehler m || hacer a alg. el ~ de a. jdm et vorrechnen || hacer ~s Berechnungen anstellen || hacer la prueba de un ~ die Probe machen || ~s pl ⟨Med⟩ Steinkrankheit f || ~ biliares Gallensteine mpl || ~ renales Nierensteine mpl || ~ urinarios Harnsteine mpl
calcha f Chi Befiederung f der Vogelfüße || Arg Chi Bekleidung und Bettwäsche f der Arbeiter
calchón adj Chi rauhfüßig (Vogel)
calchona f Chi böser Geist m || Chi Hexe f || Chi altes, häßliches Weib n
calchudo adj Chi gewandt, gescheit || Chi schlau || Chi = **calchón**
calda f Wärmen n, Heizung f || ◊ dar (una) ~ a uno figf jdn anfeuern, erhitzen || ~s pl warme Heilquellen, Thermalquellen fpl
caldaico adj chaldäisch
calde|amiento m Erhitzung, Erwärmung f || Erhitzen n || **–ar** vt (durch)wärmen || erhitzen || beheizen || verbrühen || ~se heiß, glühend werden
¹**caldeo** adj chaldäisch || ~ m Chaldäer m
²**caldeo** m Feuerung f || ~ a período simple ⟨El⟩ Einschlagheizung f || ~ dieléctrico dielektrische Heizung f || ~ por corriente de capacidad Kapazitätsstromheizung f || ~ por radiofrecuencia Radiofrequenzheizung f || ~ progresivo zunehmende Heizung f
calde|ra f Kessel m || Kesselvoll m || Dampfkessel m || Paukenkessel m || ⟨Geol⟩ Caldera f || Chi Teekanne f || fig schlechte Taschenuhr f || fig alter Kram m || ~ acuotubular Wasserrohrkessel m || ~ de alimentación Speisekessel m || ~ de asfalto, ~ para asfalto Asphaltkocher m || ~ de calefacción Heizkessel m || ~ de cobre Kupferkessel m || ~ de gran cabida Groß(wasser)raumkessel m || ~ de jabón Seifensiederei f || ~ de locomotora Lokomotivkessel m || ~ de presión Druckkessel m || ~ de radiación Strahlungskessel m || ~ de recuperación Abhitze-, Abwärme|kessel m || ~ de termosifón Thermosiphonkessel m || ~ de vapor Dampfkessel m || ~ marina Schiffskessel m || ~ para conservas Einkochkessel m || ~ para mosto Würzepfanne f || las ~s de Pero (od Pedro) Botero figf die Hölle f || **–rada** f Kesselvoll m || Gebräu n || Kesselinhalt m (Lauge, Sud, Wasser usw) || **–ría** f Kesselschmiede f || Chi Teekanne f || fig schlechte Taschenuhr f || **–rero** m Kupferschmied m || Kesselflicker m || **–retero** m Mex Guat = **–rero** || **–rilla** f Weihwasserkessel m || Kupfergeld n || Kleingeld n || **–ro** m (Schöpf)Eimer m || Bottich m || Topf m || ~ de colada ⟨Metal⟩ Gießpfanne f || ~ para fundir Schmelztopf m || ~ para lavar la ropa Waschkessel m || ~ echar la soga tras el ~ figf die Flinte ins Korn werfen || **–rón** m augm v. **–ra** || ⟨Mus⟩ Fermate f, Orgelpunkt m ( ) || ⟨Mus⟩ Kadenz f || ⟨Zool⟩ Grind-, Pilot|wal m (Globicephala melaena)
calderoniano adj: la época ~a das Zeitalter von Pedro Calderón de la Barca
caldibache m desp schlechte Brühe f
cal|dillo m Kraftbrühe f || dünne Brühe f || Mex gewürztes Hackfleisch n mit Brühe || Chi Pe Brühe f mit Zwiebeln, Ei und geröstetem Brot || **–dista** m Händler m mit Öl, Wein usw || **–do** m (Fleisch)Brühe f, Kraftbrühe f || Suppe f || Salatbrühe f || Obst-, Wein|suppe f usw || Bact Bouillon f || ~ con huevo(s) Bouillon f mit Ei || ~ de carne Fleischbrühe, Bouillon f || ~ de cultivo Nährboden m || ~ de pollo Hühnerbrühe f || ~ para pulverizar Spritzmittel n (Pflanzenschutz) || ~ sulfocálcico Schwefelkalkbrühe f (Pflanzenschutz) || ~ vegetal Kräutersuppe f || ~ de vino Weinbrühe f (bei der Weinbereitung) ||

calducho — calichoso

cultivo en ~ Bact *Bouillonkultur* f || ◊ *amargar el* ~ fig *jdm Kummer bereiten* || *revolver el* ~ figf *neuen Anlaß zu Streitigkeiten geben* || **~s** *pl* ⟨Mar⟩ *flüssige Ladung* f *(Wein, Öl, Obstsaft)* || **–ducho** *m* desp *schlechte Brühe* f || Chi *Kurzurlaub* m || **–dudo** adj *dünn, mager (Suppe)*
   cale *m leichter Schlag* m *mit der Hand*
   △¹**calé** *m Geld* n || fam *Zaster* m || *no tener un* ~, *no tener calés* fam *keinen Pfennig besitzen*
   ²**calé** *m Zigeuner* m || *Zigeunersprache* f
   calecer [-zc-] vi *warm werden* || **~se** vr *Sal verderben, madig werden (Fleisch)*
   calecico *m* dim *v.* **cáliz**
   Caledo|nia f *Kaledonien* || **⁼niano** adj ⟨Geol⟩ *kaledonisch* || **⁼nio** adj/s *kaledonisch* || *Kaledonier* m
   calefac|ción f *Etwärmung* f || *Heizung, Heizvorrichtung* f || ~ *a distancia Fernheizung* f || ~ *central Zentralheizung* f || ~ *para un grupo de edificios Sammelheizung* f || ~ *central urbana Stadtfernheizung* f || ~ *de (od por) agua caliente Warmwasserheizung* f || ~ *de aire caliente Warmluftheizung* f || ~ *de aire frío* ⟨Aut⟩ *Frischluftheizung* f || ~ *de gas Gasheizung* f || ~ *de hulla Steinkohlenfeuerung* f || ~ *de techo Deckenheizung* f || ~ *directa unmittelbare Feuerung* f || ~ *externa äußere Feuerung* f || ~ *individual*, ~ *por pisos Etagenheizung* f || ~ *por aceite*, ~ *por fuel-oil Ölheizung* f || ~ *por irradiación Strahlungsheizung* f || ~ *por tuberías embebidas Heizung* f *durch eingesenkte Röhren* || ~ *por vapor Dampfheizung* f || *tensión de* ~ ⟨Radio⟩ *Heizspannung* f || **–tor** *m Heiz|vorrichtung* f, *-körper* m || *Heizer* m
   caleidos|cópico adj *kaleidoskopisch, bunt und ständig wechselnd* || **–copio** *m Kaleidoskop* n
   calejo *m* Sal *runder Kieselstein* m
   calendario *m Kalender* m || *Kalendarium* n || ~ (en) *bloque*, ~ *en hojas Abreißkalender* m || ~ *de bolsillo Taschenkalender* m || ~ *gregoriano*, ~ *reformado Gregorianischer Kalender* m || ~ *juliano Julianischer Kalender* m || ~ *de pared*, *mural Wandkalender* m || ~ *perpetuo Dauerkalender, immerwährender Kalender* m || ~ *de propaganda*, ~ *de reclamo Reklamekalender* m || ◊ *hacer* ~s figf *Grillen fangen* || figf *Luftschlösser bauen*
   calendas *fpl Kalenden* pl || *para las* ~ *griegas*, ⟨lat⟩ ad ~ *graecas* iron *auf den Nimmerleinstag (aufschieben)*
   caléndula f ⟨Bot⟩ *Ringelblume* f (Calendula spp)
   calenta|dor *m Heizer* m || *Kocher* m || *Bettwärmer* m, *Wärmflasche* f || *Badeofen, Wasserwärmer* m || *Bierwärmer* m || figf *große Taschenuhr* f, fam *Zwiebel* f || ~ *de agua circulante Durchlauferhitzer* m || ~ *de aguas Warmwasserbereiter, Boiler* m || ~ *de aire Luft-, Wind|erhitzer, Luftheizapparat* m || ~ *de baño Badeofen* m || ~ (superficial) *de firmes asfálticos Bitumendeckenerhitzer* m || ~ *de inmersión Tauchsieder* m || ~ *de leche Milcherhitzer* m || **~a-alisadora** f *Decken-, Oberflächen|erhitzer* m *(Straßenunterhaltung)* || **–miento** *m (Er)Wärmen, Erhitzen* n || *Beheizung* f || ⟨Med⟩ *Erhitzung* f *des Blutes*
   calentano adj *aus Tierra Caliente (SAm)*
   calentar [-ie-] vt *(er)wärmen* || fig *beleben, ermuntern* || figf *(durch)prügeln* || Chi *belästigen* || Chi Ven *böse werden* || ◊ ~ *demasiado über|heizen, -hitzen* || ~ *la silla*, ~ *el asiento* figf *e–n Besuch so lange ausdehnen, daß man lästig wird* || ~ *previamente vor|wärmen, -erhitzen* || ~ *al rojo (vivo) rotglühend machen* || **~se** *sich erhitzen, heiß werden* || *heiß-, warm|laufen* || *brünstig werden (Tier)* || vulg *geil werden* || figf *sich ereifern*
   calenti|to adj [dim v. **caliente**] *schön warm* || figf *frisch, neu* || **–to(s)** *m(pl)* And *(Art) Pfannkuchen* m

   calen|tón *m*: ◊ *coger un* ~ vulg *geil werden* || *darse un* ~ fam *sich (bei e–m starken Feuer) schnell erwärmen* || **–tura** f *Fieber* n || fig *Unruhe* f || ⟨Bot⟩ Cu *Curaçao-Seidenpflanze* f (Asclepias curassaoica) || Col *Cholera* f || Chi *Schwindsucht* || PR *dreitägiges Wechselfieber* n || ◊ *tener* ~, *estar con* ~ *Fieber haben* || *cortar la* ~ *das Fieber vertreiben* || ~ *de pollo por comer gallina* figf *Schul-, Faul|fieber* n || *no me da frío ni* ~ figf *das läßt mich kalt* || **~s** *pl* ⟨Med⟩ *Malaria* f || **–turiento, –turoso** adj *fiebernd, fieberkrank* || Chi *schwindsüchtig*
   caleño adj *kalkhaltig* || *piedra* ~*a* ⟨Min⟩ *Kalkstein* m
   calepino *m* fig *lateinisches Wörterbuch* n *(von Ambrosio Calepino)* || fig *Notizbuch* n || fig ⟨Sch⟩ *Spickzettel* m
   *****caler** vi impers: *cale es ziemt sich* || *no cale es ist nicht nötig*
   cale|ra f *Kalk(stein)bruch* m || *Kalkofen* m || *Schaluppe* f, *Fischkutter* m || **–ría** f *Kalkbrennerei* f || **–ro** adj *Kalk-* || ~ *m Kalkbrenner* m
   cale|sa f *Kalesche* f, *leichter, offener Wagen* m || Sal *Fleischmade* f || **–sera** f *(Art) andalusisches Lied* n || **–sero** *m Lohnkutscher* m || **–sín** *m leichter Einspänner* m || **–sita(s)** f(pl) Arg *Karussell* n
   caleta f *kleine Bucht* f || PR *kurze, ins Meer mündende Straße* f
   caletre f fam *Klugheit* f, *Verstand* m || fam *Köpfchen* n || *de su* ~ fam *aus seinem eigenen Kopf*
   calibo *m* Ar *glühende Asche* f
   cali|bración f, **–brado** *m Eichung, Gradeinteilung* f || *Feineinstellung* f || *Kalibrierung* f || **–brador** *m (Kaliber)Lehre* f || *Reiß-, Streich|maß* n || ~ *de alambres Drahtlehre* f || ~ *de ánima Kaliberzylinder* m *(Waffen)* || ~ *de corredera Schublehre* f || ~ *de espesores Dickenlehre* f || ~ *de profundidades Tiefenlehre* f || ~ *de ionización Ionisierungslehre* f || **–braje** *m Kaliber(maß)* n || **–brar** vt *ausmessen, kalibrieren* || *eichen* || **–bre** *m Kaliber* n, *(Seelen)Durchmesser* m *e–r Feuerwaffe* || ⟨Arch⟩ *Stärke* f *der Säulen* || *innere, lichte Weite* f *(e–r Röhre usw)* || *Größe* f *der Kugeln* || fig *Art, Beschaffenheit* f || *Größe* f || *Tragweite* f || *Bedeutung* f || *anular Lehrring* m || ~ *de ajuste*, ~ *de graduación Einstellehre* f || ~ *de alambre Drahtlehre* f || ~ *de bolas Kugellehre* f || ~ *de comparación Vergleichs-, Normal|maß* n, *Vergleichs-, Normal|lehre* f || ~ *de comprobación Revisions-, Prüf|lehre* f || ~ *de espesor Spion* m, *Dickenlehre* f || ~ *de flejes Bandeisenlehre* f || ~ *de gruesos Schublehre* f || ~ *de perforación* ⟨Bgb⟩ *Bohrlehre* f || ~ *de profundidad Tiefenlehre* f || ~ *de tolerancia Grenz(rachen)lehre* f || ~ *hembra Rachenlehre* f || ~ *límite* = ~ *de tolerancia* || ~ *maestro*, ~ *normal* = ~ *de comparación* || ~ *macho*, ~ *de interiores Lehr-, Kaliber|dorn* m || ◊ *ser de buen* ~ fig *von Wert, von Wichtigkeit sein*
   calicanto *m festgefügtes Mauerwerk* n
   calicata f ⟨Bgb⟩ *Mutung, Schürfung* f
   calici|floras fpl ⟨Bot⟩ *Kelchblumen* fpl || **–forme** adj ⟨Bot⟩ *kelchförmig* || **–nal** adj ⟨Bot⟩ *zum Kelch gehörig*
   calicó [pl **–oes**] *m Kaliko* m *(Baumwollgewebe)*
   caliculo *m* ⟨Bot⟩ *Außen-, Hüll-, Neben|kelch* m || ⟨Zool⟩ *Nebenkelch* m
   calichar vt Ec *anzapfen* || **~se** vr Ec *auslaufen (Flüssigkeit)*
   cali|che *m Kalkabfall* m *von Zimmerwänden* || And *Sprung* m *an e–m Topf* || Chi *Caliche* m *(ungereinigter Salpeter)* || *Salpeterlager* n || Pe *Erdhaufe(n)* m || Col *steiniger Ort* m || Ec *Geschwür* n || **–chera** f Chi *Salpeterlager* n || **–choso** adj Col *steinig*

calidad — calor

¹**calidad** *f Eigenschaft, Beschaffenheit, Qualität* f ‖ fig *Wichtigkeit, Bedeutung* f ‖ ~ de comerciante *Kaufmannseigenschaft* f ‖ ~ de miembro individual *Einzelmitgliedschaft* f ‖ ~ de socio *Mitgliedschaft* f ‖ a ~ de que *unter der Bedingung, daß* ‖ género (*od* mercancía) de ~ *Qualitätsware* f ‖ ~ en ~ de *als* ‖ una persona de ~ e–e angesehene, vornehme Persönlichkeit f ‖ ◊ dineros son ~ *Geld regiert die Welt* ‖ ~es pl *Geistesgaben* fpl, *Talent* n, *Begabung* f
²**calidad** *f Zustand* m ‖ *Stand, Rang* m
³**calidad** *f* = **calidez**
  calidez [*pl* –ces] *f Wärme* f ‖ ⟨Med⟩ *Hitze* f
  cálido adj *warm, heiß* ‖ ⟨Mal⟩ *warmtönig, warm (Farbe, Tönung)* ‖ zona ~a *heiße Zone* f
  calidoscopio *m Kaleidoskop* n ‖ → a **caleidoscopio**
  calienta|aguas *m Warmwasserbereiter* m ‖ –**baños** *m Badeofen* m ‖ –**camas** *m Bettwärmer* m ‖ –**cerveza** *m Bierwärmer* m ‖ –**pies** *m Fußwärmer* m ‖ –**platos** *m Tellerwärmer* m ‖ –**pollas** *f* sehr vulg *provozierendes Weib* n *(das nicht hält, was es verspricht)* ‖ –**puestos** *m/f* Col *derjenige, der es in keiner Stelle aushält* ‖ fig *unsteter Mensch* m ‖ –**rremaches** *m Nietenwärmer* m
  caliente adj *heiß* ‖ *glühend* ‖ *hitzig* ‖ ⟨Mal⟩ *warmtönig* ‖ fig *hitzig, heftig (Streit)* ‖ fig *hitzig, erregt (Gemüt)* ‖ fig pop *geschlechtlich erregt* ‖ Col *tapfer* ‖ ~ de cascos fig *hitzköpfig* ‖ en ~ *sogleich, auf der Stelle, unverzüglich* ‖ ◊ estar ~ fig *brünstig sein (Tier)* ‖ fig *geschlechtlich erregt sein* ‖ ¡~! *heiß! (beim Raten)* ‖ tener la cabeza ~ fig *beschwipst sein* ‖ fig *erregt sein* ‖ al hierro ~, batir de repente *schmiede das Eisen, solange es warm ist*
  cali|fa *m Kalif* m ‖ –**fal** adj *Kalifen-* ‖ –**fato** *m Kalifat* f ‖ *Zeitalter* n *der Kalifen*
  calífero adj *kalkhaltig*
  califi|cable adj *benennbar, qualifizierbar* ‖ –**cación** *f Benennung, Bezeichnung* f ‖ *Qualifikation, Eignung* f *(e–s Mitarbeiters)* ‖ *Note* f, *Zeugnis* n *(e–s Schülers, e–s Studenten)* ‖ *Beiname* m ‖ ~ de los hechos ⟨Jur⟩ *Würdigung* f *des Sachverhalts* ‖ ~ de puestos de trabajo *Arbeitsplatzbewertung* f ‖ obrero sin ~ *ungelernter Arbeiter* m ‖ –**cadamente** adv *auf geeignete Art* ‖ *wohlverdient* ‖ –**cado** adj *angesehen* ‖ *befähigt, fähig* ‖ *bewährt* ‖ *qualifiziert* ‖ *bedeutend* ‖ *geeignet* ‖ *ausgegeben, bezeichnet, geschult* ‖ productor (Span) ~, obrero ~ *Facharbeiter* m ‖ *gelernter Arbeiter* m ‖ –**cador** m/adj *Beurteiler, Würdiger* m ‖ tribunal ~ *Prüfungskommission* f ‖ –**car** [c/qu] vt *benennen, kennzeichnen* ‖ *qualifizieren* ‖ *beurteilen, würdigen* ‖ *erklären (de für)* ‖ *verherrlichen* ‖ *bezeichnen (de als)* ‖ ~se fig *Adelsbeweise beibringen* ‖ *sich ausgeben, sich bezeichnen (de als)* ‖ *sich ausweisen, sich qualifizieren (como als)* ‖ ~s–e *Befähigung nachweisen (para für)* ‖ –**cativo** adj *bestimmend* ‖ *bezeichnend* ‖ adjetivo ~ *Eigenschaftswort* n ‖ ~ *m Beiname* m
  Califor|nia *f Kalifornien* n ‖ ≃ RPl *Pferderennen* n ‖ PR *Goldmünze* f (= 20 Pesos bzw = 20 Dollar) ‖ ⁼**ni(an)o, californico** adj/s *kalifornisch*; *Kalifornier* m ‖ ⁼**nio** *m* ⟨Chem⟩ *Californium* n
  caligine *f Nebel* m, *Finsternis* f ‖ barb *große, schwüle Hitze* f
  caliginoso adj *nebelartig, finster, düster* ‖ *muffig*
  caligra|fía *f Schönschreibekunst, Kalligraphie* f ‖ *Schönschrift* f ‖ –**fiar** [pres –**io**] vt *in Schönschrift ausführen*
  caligráfico adj *kalligraphisch*
  calígrafo *m Schönschreiber* m
  calilo adj Ar *dumm, einfältig*
  calilla *f* ⟨Med⟩ *Stuhlzäpfchen* n ‖ Chi *lästiger Mensch* m ‖ Am fam *Widerwärtigkeit* f ‖ Chi fam *Schulden* fpl ‖ –**r** vt Mex *belästigen*

¹**calima** *f Netzkork* m
²**calima** *f* ⟨Mar⟩ = **calina**
  calim|bar vt Cu *mit e–m glühenden Eisen stempeln (Vieh)* ‖ –**bo** *m* fig *Kennzeichen* n
  calimete *m* Dom *Trinkhalm* m
  calina *f* ⟨Mar⟩ *dicker Nebel* m ‖ *Hitznebel* m ‖ *Dunst* m
  calin|da, –ga *f* Cu *anstößiger Negertanz* m
  calino adj *kalk|artig, –haltig*
  calinoso adj *neblig* ‖ *dunstig*
  calipigia adj/s ⟨Lit⟩ *mit schönem Gesäß* ‖ ≃ *f Kallipygos* f *(Beiname* m *der Aphrodite)*
  calípedes *m* ⟨Zool⟩ *Faultier* n
  calipedia *f Kallipädie* f
  caliptra *f* ⟨Bot⟩ *Mooskapsel* f ‖ ⟨Bot⟩ *Wurzelhaube, Kalyptra* f *(Moos)*
  Calixto *m* np Tfn *Kalixt* m
  cáliz [*pl* –ces] *m Kelch, Becher* m ‖ ⟨poet⟩ *Glas, Trinkgefäß* n ‖ ⟨Bot⟩ *Blumenkelch* m ‖ ⟨Zool⟩ *Kelch* m ‖ ~ de amargura, ~ de dolor fig *Leidens-, Schmerzens|kelch* m ‖ ~ renal ⟨An⟩ *Nierenbecher* m ‖ ◊ ¡Padre mío, aparta de mí este ~! *Vater, laß diesen Kelch an mir vorübergehen!* ‖ apurar el ~ hasta las heces fig *den Kelch (des Leidens) bis auf die Neige leeren* ‖ tubo del ~ ⟨Bot⟩ *Kelchrohr* n
  cali|za *f Kalkstein* m ‖ ~ carbonífera *Kohlenkalkstein* m ‖ ~ conquilífera *Muschelkalk* m ‖ ~ coralina *Korallenkalk* m ‖ ~ dolomítica *Dolomitkalk* m ‖ ~ jurásica *Juraskalk* m ‖ ~ lenta *Dolomit* m ‖ ~ liásica *Liaskalk* m ‖ ~ numulítica *Nummulitenkalk* m ‖ ~ oolítica *oolithischer Kalkstein* m ‖ ~ pérmica *Zechsteinkalk* m ‖ ~ primitiva *Urkalk* m ‖ ~ triásica *Triaskalk* m ‖ –**zo** adj *kalkhaltig, Kalk–*
  calma *f Wind-, Meeres|stille* f ‖ fig *Stille, Ruhe* f ‖ fig *Geräuschlosigkeit* f ‖ fig *Gemütsruhe* f ‖ figf *Phlegma* n, *Gleichgültigkeit* f ‖ fig *Stillstand* m, *Ruhe, Stockung* f ‖ con toda ~ *in aller Ruhe* ‖ ◊ conservar la ~ *s–e Ruhe bewahren* ‖ ~ chicha, ~ muerta *vollständige Windstille* f *mit drückender Hitze* f ‖ fig *Trägheit* f, *Müßiggang* m ‖ proceder con ~ *mit ruhiger Überlegung vorgehen* ‖ estar, quedar en ~ *still sein, bleiben* ‖ gran ~, señal de agua *stille Wasser sind tief* ‖ ¡tómalo con ~! *immer mit der Ruhe!*
  calmado adj Sal *schweißbedeckt, müde*
  cal|mante adj/s *lindernd(–es Mittel)* ‖ –**mar** vt *beruhigen, stillen, lindern* ‖ *besänftigen* ‖ vi *abflauen (Wind)* ‖ ~ el mercado *den Markt beruhigen, marktberuhigenden Einfluß ausüben* ‖ ~se *sich beruhigen* ‖ –**mo, –moso, –mudo** adj *still, ruhig* ‖ figf *langsam, phlegmatisch*
  calmuco *m Kalmück* m *(Volksangehöriger)*
  calo *m* Sant *Lottiefe* f
  caló *m Zigeuner-, Gauner- und Diebs|sprache* f, *Rotwelsch* n
  calo|céfalo adj *schönköpfig* ‖ –**filo** adj ⟨Bot⟩ *schönblättrig*
  calofriarse vr *Fieberschauer bzw Schüttelfrost haben*
  calofrío(s) *m(pl) Fieberschauer* m ‖ *Schüttelfrost* m
  calomel(ano) *m Kalomel, Quecksilberchlorid* n
  calón *m* ⟨Mar⟩ *Tieflot* n ‖ *runder, dicker Pfahl* m
  calóptero adj *schönflüglig*
  calor *m (*f) *Wärme, Hitze* f ‖ *Fieberhitze* f ‖ fig *Eifer* m ‖ fig *Lebhaftigkeit* f ‖ fig *Feuer* n, *Glut* f ‖ fig ⟨Mil⟩ *Hitze* f *des Gefechts* ‖ fig *Herzlichkeit, Zärtlichkeit* f ‖ fig *Inbrunst* f ‖ ~ animal *tierische Wärme* f ‖ ~ atómico *Atomwärme* f ‖ ~ blanco *Weiß|glut, –glühhitze* f ‖ ~ de combustión *Verbrennungswärme* f ‖ ~ de composición ⟨Chem⟩ *Verbindungswärme* f ‖ ~ de desintegración radio(o)activa ⟨Nucl⟩ *Zerfallswärme* f ‖ ~ de disolución ⟨Chem⟩ *Lösungswärme* f ‖ ~ de evaporación *Verdampfungswärme* f ‖ ~ de formación ⟨Chem⟩

Bildungs-, Entstehungs|wärme ‖ ~ *de fraguado Abbinde-, Erstarrungs|wärme (Zement)* ‖ ~ *de fricción Reibungswärme* ‖ ~ *de fusión Schmelzwärme* ‖ ~ *de invernadero Treibhaushitze* f ‖ ~ *de la corriente Stromwärme* ‖ ~ *del hígado* fam ⟨Med⟩ *Leberfleck* m ‖ ~ *específico spezifische Wärme* ‖ ~ *latente Umwandlungswärme, latente Wärme* ‖ ~ *natural natürliche Körperwärme* ‖ ~ *radiante strahlende Wärme* ‖ ~ *radiogénico* ⟨Nucl⟩ *radiogene Wärme* ‖ ~ *rojo Rotglut* f ‖ ~ *sofocante drückende, schwüle Hitze* ‖ ~ *útil verfügbare Wärme* ‖ *con* ~ fig *hitzig, eifrig* ‖ 30 *grados de* ~ *30 Grad Wärme* ‖ *área de* ~ ⟨Zool⟩ *Wärmepunkt* m ‖ *ola de* ~ *Hitzewelle* f ‖ *resistencia al* ~ *Hitzebeständigkeit* f ‖ ◊ *asarse (od freírse) de* ~ fig *vor Hitze vergehen* ‖ *coger* ~ *sich erhitzen, Fieber bekommen* ‖ *dar* ~ *a uno* fig *jdn beleben, aufmuntern* ‖ *entrar en* ~ fig *in Wärme geraten, sich erwärmen (z. B. Kranke)* ‖ *hace mucho* ~ *es ist sehr heiß* ‖ *ir al* ~ *de* fig *nachgehen* (dat) ‖ *meter en* ~ fig *in Eifer, in Hitze bringen* ‖ *fig anspornen* ‖ *jdn vermögen (zu)* ‖ *tomar* ~ *in Wärme geraten* ‖ fig *in Bewegung geraten* ‖ *tomar con* ~ fig *et mit Eifer unternehmen*
  calorar vt Am *wärmen*
  caloría f *Kalorie* f *(Wärmeeinheit)* ‖ **~-gramo** *Grammkalorie* f ‖ ~ *grande große Kalorie* ‖ **~-kilogramo** *Kilokalorie* ‖ **~-libra** *Pfundkalorie* ‖ ~ *media mittlere Kalorie* ‖ ~ *pequeña kleine Kalorie* ‖ *consumo de* ~s *Kalorienverbrauch* m
  calorí|fero m/adj *Heiz|vorrichtung* f, *-körper, (Zimmer) Heizapparat* m ‖ *Fußwärmer* m ‖ **-fico** adj ⟨Phys⟩ *wärmeerzeugend, kalorisch* ‖ **-fugo** adj *nicht wärmeleitend, wärmeisolierend*
  calo|rimetría f *Wärme(mengen)messung* f ‖ **-rímetro** m *Kalorimeter* n
  calorina f fam *Hitzewelle* f ‖ *Murc* = **calina**
  calosfrío m = **calofrío**
  caloso adj *faserig (Papier)*
  calostro(s) m(pl) *erste Milch* f *der Wöchnerinnen, Vormilch, Kolostralmilch* f, *Kolostrum* n ‖ ⟨Zool⟩ *Biestmilch* f *(Kuh)*
  calota f ⟨Web Kath⟩ *Kalotte, Kugelkappe* f
  calotear vt Arg pop *betrüben* ‖ *täuschen* ‖ *stehlen*
  caloviense m ⟨Geol⟩ *Callovien, Callovium, Kelloway* n
  caloyo m *neugeborenes Lämmchen* od *Zicklein* n ‖ Al Murc fig *Rekrut* m
  Calpe np *Kalpe (antike Bezeichnung für Gibraltar)*
  calpián m Hond *Wächter* m
  caltrizas fpl Ar *Trage* f *(für Lasten)*
  calum|barse vr Sant Ast *untertauchen* ‖ **-bo** m Sant Ast *Untertauchen* n
  calum|nia f *Verleumdung* f ‖ *falsche Anklage, Beschuldigung* f ‖ **-niador** m/adj *Verleumder* m ‖ **-niar** vt *verleumden* ‖ *falsch anklagen* ‖ **-nioso** adj/s *verleumderisch* ‖ adv: **~amente**
  caluro m ⟨V⟩ MAm *Quesal, Quetzal* m *(Pharomachrus mocinno)* ‖ → **quetzal**
  caluroso adj *heiß, hitzig* ‖ fig *lebhaft, herzlich* ‖ adv: **~amente**
  cal|va f *Glatze* f, *Glatz-, Kahl|kopf* m ‖ *kahle Stelle* f ‖ *Lichtung* f *im Wald* ‖ *Kalvaspiel* n *(Kinderspiel)* ‖ ~ *frontal Stirnglatze* f ‖ ~ *occipital Wirbelglatze* f ‖ **-var** vt fam *betrügen, prellen*
  Calvario (Monte ~) np *Kalvarienberg* m, *Golgatha* n, *Schädelstätte* f ‖ *Kreuzweg* m ‖ *Via Crucis* f, *die zwölf Leidensstationen* fpl *Christi* ‖ ⁓ m *Leidensweg* m, *Leiden* n
  calvatrueno m fam *vollständige Glatze, Vollglatze* f, fam *Vollmond* m ‖ figf *unbesonnener Mensch, Faselhans* m
  calve|rizo adj *mit vielen Lichtungen (Wald)* ‖ **-ro** m *Lichtung* f *in Wäldern* ‖ **-te** *iron din* v.
  calvo

cal|vicie, -vez [pl **-ces**] f *Kahlheit* f ‖ *Kahlköpfigkeit* f
calvi|jar, -tar m = **calvero**
calvinis|mo m *Kalvinismus* m ‖ **-ta** m/adj *Kalvinist* m ‖ *kalvin(ist)isch*
calvo adj *kahl(köpfig), haarlos* ‖ *fadenscheinig (Kleider)* ‖ *kahl (ohne Gras, Federn)* ‖ ◊ *quedarse* ~ *kahlköpfig werden* ‖ ¡*dentro de cien años, todos* ~s! *in fünfzig Jahren ist alles vorbei!* ‖ ¡*ni tanto ni tan* ~! fam *nur keine Übertreibung!* ‖ ~ m *Kahlkopf, kahlköpfiger Mensch* m
calza f *(Knie)Hose* f ‖ *(Stütz)Keil* m ‖ *Sal Radschiene* f ⟨Bgb⟩ *Hemmschuh* m ‖ ⟨Zim⟩ *Keil, Unterlegklotz* m ‖ ~ *polonesa Fußlappen* m ‖ ◊ *meter en una* ~ fam *jdn in die Enge treiben* ‖ **~s** pl *Beinkleider* npl, *Hosen* fpl ‖ *Strümpfe* mpl ‖ *enganliegende Kniehosen* fpl ‖ △ *Fesseln, Schellen* fpl ‖ *medias* ~ *kurze Beinkleider* npl ‖ *hombre de* ~ *atacadas* figf *altmodischer Mann* m ‖ ◊ *verse en* ~ *prietas* figf *sich in e–r argen Klemme befinden* ‖ ~ *calzón m längere Kniehosen* fpl
calza|da f *Steindamm* m *längs e–s Flusses* ‖ *Pflasterstraße* f ‖ *Fahrdamm* m ‖ *Fahrbahn* f ‖ *Chaussee* f ‖ *Dom Bürgersteig* m ‖ Cu *Freitreppe* f ‖ **-dera** f *Hanfschnur* f *der Bauernschuhe* ‖ *Wagenbremse* f *(Radfelge)* ‖ ◊ *apretar las* ~s figf *Reißaus nehmen* ‖ **-do** adj *weißfüßig (Pferde)* ‖ ⟨V⟩ *rauhfüßig* ‖ ⟨Zool⟩ *beschuht* ‖ △ *gefesselt (mit Fußschellen)* ‖ *frente* ~a *niedrige Stirn* f ‖ ~ m *Beschuhung* f, *Schuh|werk, -zeug* n, *Schuhe, Stiefel* mpl ‖ ~ *clavado genageltes Schuhwerk* n ‖ ~ *cosido (durch)genähtes Schuhwerk* n ‖ ~ *de lujo Luxusschuhwerk* n ‖ *cepillo del* ~ *Schuhbürste* f ‖ *industria del* ~ *Schuh|industrie* f ‖ **~s** pl *Fußbekleidung* f ‖ **-dor** m *Schuh|anzieher, -löffel* m ‖ Arg *Federhalter* m ‖ Arg *Zahnstocherbüchschen* n ‖ Bol *Bleistift* m ‖ ~ *de neumáticos* ⟨Aut⟩ *Reifenaufzieher* m ‖ ◊ *entrar con* ~ *sehr eng sein, spannen (Schuhwerk)* ‖ fig *schwer durchführbar sein* ‖ **-dura** f *Anziehen* n *der Schuhe* ‖ *Radbeschlag* m ‖ **-miento** m: ~ *del cañón* ⟨Mil⟩ *Verankerung* f *des Geschützes* ‖ **-pié** m *Pedalhaken* m *(am Fahrrad)*
calzar [z/c] vt *anziehen (Fußbekleidung)* ‖ *mit Schuhen od Strümpfen versehen* ‖ *für jdn arbeiten (Schuhmacher)* ‖ *anhaben, tragen (Schuhe, Handschuhe)* ‖ *durch e–e Unterlage verstärken* ‖ *mit Erde umgeben (Bäume)* ‖ *häufeln (Pflanzen)* ‖ *verstählen (Werkzeug)* ‖ *unter|keilen, -legen* ‖ *verkeilen, sichern (durch e–n Stützkeil)* ‖ *verkeilen (Rad)* ‖ *beschlagen (Rad)* ‖ ◊ ~ *coturno den Kothurn anlegen (& fig)* ‖ ~ *el vehículo Keile unterlegen (unter die Räder)* ‖ ~ *las espuelas die Sporen anschnallen* ‖ ~ vi/t *e–e bestimmte Spannweite haben (Schuhe)* ‖ *ein bestimmtes Kaliber besitzen (Gewehr)* ‖ ◊ ~ *ancho* fig *ein lockeres Leben führen* ‖ ~ *el cuarenta y dos Schuhgröße 42 haben* ‖ ~ *poco* figf *wenig Befähigung haben* ‖ **~se** *sich die Schuhe od Strümpfe anziehen* ‖ fig *et erreichen* ‖ *sich versehen (con mit)* ‖ ◊ ~ *a alg.* figf *jdn beherrschen* ‖ ~ *a una mujer* vulg *e–e Frau beschlafen* ‖ *calzárselas al revés* fam *Verkehrtes tun*
cal|zo m *Radschiene* f ‖ *Spanneisen* n ‖ ⟨Mar⟩ *Kielklampe, Stütze* f ‖ ⟨Arch⟩ *Unterleger, Zwikker* mpl ‖ ⟨Tech⟩ *Hemmschuh* m ‖ ~ *de coche Hemmkeil* m ‖ ~ a ~ ⟨Flugw⟩ *Klotz zu Klotz* ‖ **~s** pl ⟨EB⟩ *Schienenlaschen* fpl ‖ **-zón** m augm v. **calza** ‖ *Kniehose* f, *kurze Beinkleider* npl (& pl) ‖ *Unterhose* f (SAm bes v. *Frauen*) ‖ *Sicherungsseil* n *der Dachdecker* ‖ ⟨Kart⟩ *Tresillospiel* n ‖ ~ *de baño Badehose* f ‖ ~ *bombacho an e–r Seite offene Beinkleider* npl *(z. B. in And. getragen)* ‖ *Knickerbocker* pl ‖ ◊ a ~ *quitado* figf *unverschämterweise, ohne Rücksichtnahme* ‖ **~nes** pl:

calzonarias — cama 208

◊ hacérselo en los ~, vulg cagarse en los ~ fam *in die Hosen machen,* vulg *in die Hosen scheißen* ‖ ponerse (*od* calzarse, tener) los ~ figf *das Regiment führen, die Hosen anhaben (Frau)* ‖ tener (bien puestos los) ~ figf *ein ganzer Mann sein*
 calzo|narias *fpl* Col *Hosenträger m* ‖ Col *Unterhose* f *der Frau, Schlüpfer* m ‖ **–nazos** *m* figf *nachgiebiger Mensch* m ‖ *Feigling* m ‖ fam *Pantoffelheld* m ‖ fam *Angsthase* m
 calzoncillo *m Unterhose* f ‖ **~s** *pl Unterhose* f ‖ ◊ dejar a uno en ~ figf *jdn ganz ausziehen, jdn rupfen*
 calzoncitos *mpl* ⟨Bot⟩ Col *Hirtentäschelkraut* n (Capsella bursa-pastoris)
 calzone|ar vi pop Mex *entleeren (Darm),* vulg *scheißen* ‖ **–ras** *fpl* Mex *(an den Seiten geknöpfte) Reithose* f
 calzonudo adj fam Mex *tapfer, mutig* ‖ Arg Pe *kleinmütig, feige*
 calzorras *m* figf = **calzonazos**
 callacuece *m* And fam *Duckmäuser* m
 ¹**callada** *f Schweigen, Stillsein* n ‖ *(Wind) Stille* f ‖ ◊ dar la ~ por respuesta fam *mit Stillschweigen beantworten* ‖ de ~, a las ~s fam *heimlich*
 ²**callada** *f Kaldaunen-, Kuttelfleck|gericht* n
 calla|dito adv fam = **callandito** ‖ ~ *m Am Tanz* m *ohne Gesangbegleitung* ‖ **–do** adj *verschwiegen* ‖ *schweigend* ‖ *schweigsam* ‖ *heimlich handelnd* ‖ adv: **~amente**
 callamba *f* Col Chi Ec → **callampa**
 callampa *f* Chi *Pilz* m ‖ figf *Filzhut* m ‖ Chi fig *großes Ohr* n ‖ *Elendsviertel* n
 callana *f* Am *Schmelz-, Probier|tiegel* m ‖ Chi fig *sehr große Taschenuhr* f ‖ Pe *Scherbe* f ‖ Chi *Blumentopf* m
 callan|dico, –d(it)o adv fam *ganz leise, ohne Lärm*
 callanudo adj Chi *unverschämt, frech*
 callao *m (Bach)Kiesel, Flußkiesel* m ‖ Can ⟨Mar⟩ *Kieselgrund* m
 callapo *m* And ⟨Bgb⟩ *Grubenstempel* m ‖ Pe *Tragbahre* f ‖ *Floß* n
 callar vt *verschweigen* ‖ *zum Schweigen bringen* ‖ *mit Stillschweigen übergehen* ‖ ⟨Gr⟩ *(e–n Buchstaben) auslassen* ‖ ◊ ~ la boca, ~ el pico fan *den Mund halten* ‖ ~ un secreto *ein Geheimnis bewahren* ‖ ¡calla esa boca! *schweig!* vulg *halt's Maul!* ‖ ~ vi *schweigen (aufhören zu sprechen, zu spielen usw)* ‖ poet *verstummen, aufhören (z. B. Sturm)* ‖ mátalas callando fam *Duckmäuser* m ‖ calla callando fam *heimlich, jmn stillen* ‖ ¡calla! ¡calla! fam *warte nur! paß auf!* ‖ *unglaublich! was Sie sagen!* ‖ el ~ *das Schweigen* ‖ al buen ~ llaman Sancho fig *Schweigen ist Gold* ‖ ~ como un muerto *wie das Grab schweigen* ‖ ¡comer y ~! *wes Brot ich eß', des Lied ich sing!* ‖ quien calla, otorga *wer schweigt, stimmt zu* ‖ **~se** *(still)schweigen* ‖ *innehalten (im Reden), aufhören zu schreien, zu weinen usw*
 calle *f Straße, Gasse* f ‖ *Baumgang* m, *Allee* f (→ **avenida**) ‖ ⟨Typ⟩ *Gießbach* m *(übereinanderstehende Zwischenräume im Satz)* ‖ fig *Ausweg, Vorwand* m ‖ fig *Befähigung* f ‖ Vasc *altes (Stadt)Viertel* n ‖ ~ adoquinada *Pflasterstadtstraße* f ‖ ~ animada *belebte Straße* f ‖ ~ arriba (abajo) *straßauf (straßab)* ‖ ~ cerrada *Sackstraße* f ‖ ~ al tráfico *Straße* f *ohne Durchgangsverkehr* ‖ ~ comercial *Geschäfts-, Laden|straße* f ‖ ~ de acceso *Zufahrts-, Zugangs|straße* f ‖ ~ de árboles, ~ arbolada *Baumallee* f ‖ ~ de casas (de vecindad) *Wohnstraße* f ‖ ~ de circunvalación, ~ de contorneo *Umgehungsstraße* f ‖ ~ de dirección única, ~ de una sola mano *Einbahnstraße* f ‖ ~ de paso, ~ de atajo *Durchgangsstraße, Ortsdurchfahrt* f ‖ ~ de prioridad, ~ de preferencia de paso *Vorfahrtsstraße* f ‖ ~ de salida *Ausfallstraße* f ‖ ~ desigual, ~ con baches *holperige, unebene Straße* f ‖ ~ des-

gastada *ausgefahrene Straße* f ‖ ~ de turbulencia ⟨Flugw⟩ *Wirbelstraße* f ‖ ~ de viviendas aisladas *Siedlungsstraße* f ‖ ~ elevada *Hoch-, Brükken|straße* f ‖ ~ hita adv *von Haus zu Haus* ‖ ~ lateral, ~ adyacente *Seiten-, Neben|straße* f ‖ ~ mayor *Hauptstraße* f ‖ ~ principal *Hauptstraße* f ‖ ~ pública *offene Straße* f ‖ ~ subterránea *Unterpflaster-Autostraße* f ‖ ~ transversal *Querstraße* f ‖ ◊ abrir ~, hacer ~ figf *Platz machen, Bahn brechen* ‖ alborotar la ~ figf *viel Lärm machen* ‖ coger la ~ fam *fort-, weg|gehen* ‖ doblar la ~ *um die Ecke biegen* ‖ echar algo a (od en) la ~ figf *et an die Öffentlichkeit bringen,* fam *an die große Glocke hängen* ‖ fam *et auspo*saunen ‖ echar por la ~ de en medio figf *rücksichtslos zu Werke gehen* ‖ Mex *auf den Strich gehen* ‖ echar (*od* plantar, poner, dejar) a uno en la ~ figf *jdn vor die Tür setzen, jdn hinauswerfen* ‖ *jdm kündigen* ‖ *jdn derb abweisen* ‖ echarse a la ~ fig *in die Öffentlichkeit treten* ‖ *sich empören* ‖ *auf den Strich gehen* ‖ llevar(se) a uno de ~ figf *über jdn Herr werden, jdn besiegen* ‖ figf *jdn durch triftige Gründe überzeugen* ‖ pasear (*od* rondar) la ~ a una mujer figf *e–r Frau den Hof machen* ‖ ponerse en la ~ fig *an die Öffentlichkeit treten* ‖ quedar(se) en la ~ figf *auf der Straße sitzen* ‖ sacar (*od* echar) a la ~ figf *unter die Leute bringen, öffentlich bekanntmachen* ‖ tomar la ~ fig *zur Gewalt greifen* ‖ **~s** *pl*: *movimiento de las* ~ *Straßenverkehr* m ‖ ◊ azotar ~ figf *auf den Straßen herumlaufen* ‖ *sich herumtreiben* ‖ coger las ~ *die Straßen sperren* ‖ ir desempedrando las ~ figf *wie rasend durch die Straßen fahren od reiten*
 calle|ja *f Gäßchen* n ‖ *Neben-, Sack|gasse* f ‖ △ *Entweichen* n *e–s Verbrechers* ‖ **–jear** vi *auf den Straßen herumlaufen, durch die Straßen bummeln* ‖ *sich herumtreiben* ‖ *streunen* ‖ **–jeo** *m Pflastertreten* n ‖ *Straßenleben* n ‖ **–jero** adj *Straßen-, Gassen-* ‖ aire ~ *Gassenhauer* m ‖ música **~a** *Straßenmusik* f ‖ vida **~a** *Straßenleben* n ‖ ~ m *Pflastertreter* m ‖ *Straßenplan* m ‖ **–jo** m Sant = **–ja** ‖ Sant *Falle* f ‖ **–jón** augm v. **–ja** ‖ *enge Gasse* f ‖ *Sackgasse* f ‖ *Bergpaß* m ‖ ⟨Typ⟩ *Gasse* f ‖ ⟨Taur⟩ *Schranke* f ‖ ~ sin salida *Sackgasse* f ‖ figf *sehr verwickeltes Geschäft* n ‖ figf *sehr schwierige Lage* f ‖ **–juela** *f* dim desp *v.* **–ja** ‖ *enge Gasse* f, *Quergäßchen* n ‖ figf *Aus|flucht,* *-rede* f ‖ ◊ todo se sabe hasta lo de la ~ figf *die Sonne bringt es an den Tag*
 call(-)girl *f Callgirl* n
 callicida *m Hühneraugenmittel* n
 callista *m Hühneraugenoperateur, Fußpfleger* m
 ¹**callo** *m Schwiele, Hautverdickung* f ‖ *Hornhaut* f ‖ *Hühnerauge* n ‖ ⟨Chir⟩ *Kallus* m, *Verdickung* f *an der Stelle e–s vernarbten Knochenbruchs* ‖ fig *Gefühllosigkeit* f ‖ ◊ pisar un ~ a alg. *jdm auf die Hühneraugen treten* ‖ **~s** *pl Kaldaunen* fpl, *Kuttelflecke* mpl ‖ ◊ criar (*od* hacer, tener) ~ *Schwielen bekommen, sich zur Arbeit abhärten* ‖ tener ~ en los oídos fig *kein Gehör haben, unmusikalisch sein*
 ²**callo** *m* prov *Vogelscheuche* f, *sehr häßliches Weib* n
 Callo np fam = **Carlos**
 callón adj *verschwiegen, schweigsam*
 callonca adj/f *halb gebraten (Kastanie, Eichel)* ‖ fam *Frau* f *mit Vergangenheit* ‖ *Dirne* f
 callo|sidad *f Hornhaut, Hautverdickung, Schwiele* f ‖ *Schwieligkeit* f ‖ ~ isquiática ⟨Zool⟩ *Gesäßschwiele* f *(bei den Altweltaffen)* ‖ **–so** adj *schwielig, hornhäutig* ‖ (cuerpo) ~ ⟨An⟩ *Gehirnkern* m
 Cam *m* np *Ham* m *(Bibel)*
 ¹**cama** *f Bett* n ‖ *Bett|statt, -stelle* f ‖ *Bettzeug* n ‖ *Betthimmel* m ‖ fig *Lager* n *der Tiere* ‖ *Strohlager* n, *Streu* f *fürs Vieh* ‖ fig *Lage, Schicht* f ‖

fig *Boden* m *e–s Wagens* ‖ ⟨EB⟩ *Bett* n ‖ *Wurf* m *e–r Hündin* ‖ *(Garten)Beet* n ‖ ~ *armario Schrankbett* n ‖ ~ de(l) *arado Pflug\balken, -baum, Grindel* m ‖ ~ del *camino*, ~ de la *carretera Straßen\kasten* m, *-bett* n ‖ ~ de *campaña Feldbett* n ‖ ~ con *colgadura Vorhangbett* n ‖ ~ *dorada Messingbett* n ‖ ~ con *dosel*, ~ con *imperial Himmelbett* n ‖ ~ *francesa zusammenlegbares Bett* n ‖ ~ *hidrostática* ⟨Med⟩ *Wasserbett* n ‖ ~ de *hierro Eisenbett* n ‖ ~ de *galgos*, ~ de *podencos* figf *elendes Bett, Hundebett* n ‖ ~ de *matrimonio Ehe-, Doppel\bett* n ‖ ~ de *monja mittelgroßes Bett* n ‖ ~ de *tijera Feldbett* n ‖ ~ *ortopédica* ⟨Med⟩ *Streckbett* n ‖ ~ *plegable Klappbett* n ‖ ~ *turca Couch* f ‖ *media* ~ *einschläfriges Bett* n ‖ *ropa de* ~ *Bettwäsche* f ‖ *sirvienta con* ~ *afuera Arg Tagmädchen* n, *Dienstmädchen*, *das außer dem Hause schläft* ‖ *apartar* ~ *nicht beisammen schlafen (Eheleute)* ‖ *cabecera de la* ~ *Kopfende* n *des Bettes* ‖ *caer en* (la) ~ *bettlägerig werden* ‖ **coche-**~ *Schlafwagen* m ‖ ◊ *guardar* (la) ~, *hacer* ~, *estar en* ~ *das Bett hüten* ‖ *hacer la* ~ *das Bett machen, aufbetten* ‖ *ir a la* ~ *zu Bett gehen* ‖ *meter en la* ~ *zu Bett bringen (z. B. Kind)* ‖ *morir en la* ~ fig *e–s natürlichen Todes sterben* ‖ *pies de la* ~ *Fußende* n *des Bettes* ‖ *rehacer la* ~ *das Bett aufschütteln* ‖ *saltar de la* ~ figf *aus dem Bett fahren* ‖ *frisch, munter aufstehen* ‖ *según se hace uno la* ~, *así se acuesta wie man sich bettet, so schläft man* ‖ ~**s** *fpl:* ~ *gemelas Ehebetten* npl
²**cama** f *Spange* f *am Zügel, Zügelarm* m ‖ *Sterzbett* n *am Pflug* ‖ *Radfelge* f
camachuelo m ⟨V⟩ *Gimpel, Dompfaff* m ‖ ~ *carminoso* ⟨V⟩ *Karmingimpel* m *(Carpodacus erythrinus)* ‖ ~ *común* ⟨V⟩ *Gimpel, Dompfaff* m *(Pyrrhula pyrrhula)* ‖ ~ *picogrueso* ⟨V⟩ *Hakengimpel* m *(Pinicola enucleator)* ‖ ~ *róseo* ⟨V⟩ *Rosengimpel* m *(Carpodacus roseus)* ‖ ~ *trompetero* ⟨V⟩ *Wüstengimpel* m *(Bucanetes githagineus)*
camada f ⟨Jgd⟩ *Wurf* m *junger Tiere (Hunde, Wölfe, Kaninchen usw)* ‖ *Brut* f, *Nestvoll* n ‖ ⟨Tech⟩ *Schicht, Lage* f ‖ fam *(Räuber)Bande* f ‖ ◊ *son lobos de una misma* ~ figf *sie sind alle von e–m Schlage*
camafeo m *Kamee, Gemme* f ‖ ⟨Mal⟩ *Kameenbild* n
camagua f Cu *ein kubanischer Baum, dessen Früchte als Viehfutter dienen* (Wallenia laurifolia) ‖ adj CR Salv Hond Mex *heranreifend (Mais)*
camagüe adj Guat = **camagua** ‖ ~**yano** adj *aus Camagüey* (Cu)
camaina m Ven *Teufel* m
camaján adj Mex *schlau, listig*
camal m *Halfter* m ‖ Ar *dicker Ast* m ‖ Pe *Zentralschlachthaus* n
ca\máldula f ⟨Kath⟩ *Kamaldulenserorden* m ‖ **-maldulense** m *Kamaldulenser* m
camaleón m *Chamäleon* n, *Schillereidechse* f ‖ fig *wankelmütiger Mensch* m ‖ CR *Buntfalke* m *(Falco sparverius)* ‖ Arg Bol Cu *(Art) Anolis* m *(Echsengattung)* ‖ Bol *Leguan* m ‖ ◊ *como el* ~, *que se muda de colores do se pon* figf *gleisnerisch, heuchlerisch* ‖ ~**ico** adj fig *sehr wankelmütig* ‖ ~**idos** mpl *Chamäleons* npl (Rhiptoglossa, Chamaeleonidae)
camalo m ⟨Mar⟩ *Saumtier* m
camalote m Am *Kamelottgras* n
camama f fam *Nasführung, Prellerei* f ‖ *Lug und Trug* m ‖ *Spott, Hohn* m
camamila f ⟨Bot⟩ = **camomila**
camándula f *Schlau-, Gerissen\heit* f ‖ ◊ *tener muchas* ~**s** figf *voller Schliche und Kniffe sein*, fam *es faustdick hinter den Ohren haben*
camandulero m/adj *Scheinheiliger, Heuchler* m ‖ *Lügner* m

cámara f *Zimmer, Gemach* n, *Kammer, Stube* f ‖ *Saal* m ‖ ⟨Aut⟩ *Schlauch* m *(eines Reifens)* ‖ *(gesetzgebende) Kammer* f ‖ *Hoher Rat* m ‖ ⟨Bot⟩ *Fruchthülle* f ‖ *Stuhlgang* m ‖ *Entleerungen* fpl ‖ ~ *acorazada Panzerkasse, Stahlkammer* f, *Tresor* m ‖ ~ *adaptable* ⟨Phot⟩ *Aufsetzkamera* f ‖ ~ *ampliadora* ⟨Phot⟩ *Vergrößerungsapparat* m ‖ ~ *alta zweite Kammer* f *(z. B. Senat)* ‖ *Oberhaus* n ‖ ~ *ardiente*, ~ *mortuoria Sterbezimmer* n *mit erleuchtetem Katafalk* ‖ ~ *baja erste Kammer, Volkskammer* f ‖ *Unterhaus* n ‖ ~ *cinematográfica Laufbild-, Filmaufnahme\kamera* f ‖ ~ *clara*, ~ *lúcida* ⟨Phys⟩ *Camera lucida* f ‖ ⟨Top⟩ *optischer Pantograph* m ‖ ~ *constituida en comité Gesamtausschuß* m ‖ ~ *corporativa Ständekammer* f ‖ ~ *de aire* ⟨Aut⟩ *(Luft)Schlauch* m ‖ ~ *Luftkasten* m *(Heizung)* ‖ ~ *de burbuja* ⟨Nucl⟩ *Blasenkammer* f ‖ ~ *de comercio Handelskammer* f ‖ ⋏ *de Comercio e Industria Industrie- und Handelskammer* f ‖ ⋏ *de Comercio Internacional Internationale Handelskammer* f ‖ ~ *de desnazificación*, ~ *de desnacificación*, ~ *de depuración Spruchkammer* f ‖ ~ *de diputados Abgeordnetenhaus* n ‖ ~ *de ejecución Hinrichtungsraum* m ‖ ~ *Todeszelle* f ‖ ~ *de esclusa Schleusenkammer* f ‖ ~ *de fuego Feuerkammer* f *(Lokomotive)* ‖ ~ *de fuelle* ⟨Phot⟩ *Klappkamera* f ‖ ~ *de gas Gaskammer* f ‖ ~ *de humo Rauchkammer* f *(Lokomotive)* ‖ ~ *de ionización* ⟨Nucl⟩ *Ionisationskammer* f ‖ ~ *del corazón* ⟨An⟩ *Herzkammer* f ‖ ~ *del ojo* ⟨An⟩ *Augenkammer* f ‖ ⋏ *de los Comunes brit. Unterhaus* n ‖ ~ *de los instrumentos* ⟨Flugw Mar⟩ *Navigationsraum* m ‖ ⋏ *de los Lores brit. Oberhaus* n ‖ ~ *del polen* ⟨Bot⟩ *Pollenkammer* f ‖ ~ *de niebla* ⟨Nucl⟩ *Nebelkammer* f ‖ ~ *de oficiales* ⟨Mil⟩ *Offiziers\messe* f, *-kasino* n ‖ ~ *de representantes Abgeordneten\haus* n, *-kammer* f ‖ ~ *de pólvora* ⟨Mar⟩ *Pulver-, Munitions\kammer* f ‖ ~ *de rayos catódicos Kathodenstrahlkammer* f ‖ ~ *de refrigeración Kühlraum* m ‖ ~ *de turbulencia Wirbelkammer* f *(Motor)* ‖ ~ *electrónica Elektronenkamera* f ‖ ~ *frigorífica Kühlraum* m ‖ *Tiefkühltruhe* f ‖ ~ *lenta Zeitdehnerfilmkamera* f ‖ *Zeitlupenverfahren* n ‖ ~ *métrica* ⟨Flugw Phot⟩ *Meßkammer* f ‖ ~ *aérea Luftbildkamera* f ‖ ~ *nupcial* ⟨Entom⟩ *Hochzeitskammer* f ‖ ⋏ *Oficial de Artesanía Handwerkskammer* f ‖ ~ *oscura* ⟨Phot⟩ *Dunkelkammer* f ‖ ~ *plegable* ⟨Phot⟩ *Klappkamera* f ‖ ~ *portátil* ⟨Phot⟩ *Handkamera* f ‖ ~ *sorda* ⟨Ak⟩ *reflexionsfreier Raum* m ‖ ~ *sincrónica* ⟨Filmw⟩ *Synchronkamera* f ‖ ~ *submarina* ⟨Phot⟩ *Seetiefenkamera* f ‖ ~ *única* ⟨Pol⟩ *einzige Kammer* f ‖ *a* ~ *lenta* ⟨Filmw⟩ *in Zeitlupe* ‖ *ayuda de* ~ *Kammerdiener* m ‖ *doncella de* ~ *Kammerzofe* f ‖ *gentilhombre de* ~ *Kammerherr* m ‖ *médico de* ~ *königlicher Leibarzt* m ‖ *música de* ~ *Kammermusik* f ‖ *pintor de* ~ *Hofmaler* m ‖ ◊ *hacer* ~ *zu Stuhl gehen* ‖ ~**s** pl ⟨Med⟩ *Durchfall* m ‖ *Stuhlgang* m ‖ ◊ *irse de* ~ *unwillkürlichen Stuhlgang haben* ‖ *padecer* ~ *an Durchfall leiden* ‖ *tener* ~ *en la lengua* figf *aus der Schule plaudern*
¡camará! pop = **¡caramba!**
cama\rada m *Kamerad, Gefährte* m ‖ *Genosse* m ‖ *Schulfreund* m ‖ *Amtsgenosse* m ‖ ~ *de correrías* fam *Bummelgenosse, Mitbummler* m ‖ ~ *de la infancia Jugendfreund* m ‖ ~ *del partido Parteigenosse* m ‖ **-radería** f *Kameradschaft* f ‖ **-ranchón** m desp *Rumpelkammer* f *auf dem Dachboden* ‖ *Dach-, Hänge\boden* m ‖ fig *versteckter Winkel* m ‖ **-rera** f *Hofdame* f ‖ *Kammer\zofe, -frau* f ‖ *Stubenmädchen* n ‖ *Kellnerin* f ‖ ⟨Mar⟩ *Stewardeß* f ‖ ~ *mayor erste Hofdame* f ‖ **-rero** m *Kammerherr* m ‖ *(päpstlicher) Kämmerer* m ‖ *Kammerdiener* m ‖ *Kellner* m ‖ ⟨Mar⟩ *Steward* m ‖

|| ~ de cubierta ⟨Mar⟩ Decksteward m || ~ mayor Oberkammerherr m || primer ~, ~ cobrador, ~ mayor Oberkellner m

camarí m Ec → **regalo**

camarico m Chi fig Lieblingsort m || Chi figf Liebelei f || Tribut m, den die Indianer erst den Priestern und später den Spaniern zahlten

camariento adj an Durchfall leidend

camari|lla f fig Kamarilla, Hofpartei f || fig Clique f || fig Hofschranzentum n, Intrige f || **–llesco** adj desp auf e–e Kamarilla bezüglich

camarín m dim v. **cámara** || Altarkapelle f hinter dem Altar || Heiligen|schrein, -nische m hinter dem Altar || Ankleidezimmer n || ⟨Th⟩ Putz- und Ankleidezimmer n der Schauspieler || Privatbüro n in e–m Geschäftshaus || Fahrstuhlkabine f

camarinas m ⟨Bot⟩ Krähen-, Rausch|beere f (Empetrum nigrum)

camarista m Mex Kellner m

camarita f Ven steifer Hut, fam Melone f

camarlengo m Camerlengo, (päpstlicher) Kardinalkämmerling m

camarón m Garnele f (Leander spp, Palaemon spp) (Krebstier) || Sägegarnele f (Palaemon [= Leander] serratus) || CR Trinkgeld n || Pe ⟨Pol⟩ Opportunist m || Pe fam 10 Soles (Geld) Schein m || Col Pan Gelegenheitskauf m || gutes Geschäft n || unbedeutendes Geschäft n || ◊ al ~ que se duerme se lo lleva la corriente figf wer rastet, der rostet

camaronero m Pe (Art) Eisvogel m

camarote f ⟨Mar⟩ Kajüte, Kabine, Schlafkoje f || ~ de cubierta Deckskajüte f || ~ de lujo Luxuskabine f

camarotero m ⟨Mar⟩ Am Steward m

camarroya f ⟨Bot⟩ wilde Zichorie f

camarú f ⟨Bot⟩ Arg Ur Schein-, Süd|buche f (Nothofagus sp)

camasquince adj fam zudringlich || vorlaut, naseweis

camas|tra f Chi Tücke f || **–tro** m desp elendes Bett n || **–trón** m/adj hinterlistig(er Mensch m) || fam locker(er Vogel m) || pop gerissen(es Luder n) || **–tronería** f Gerissenheit f

camatón m Ar kleines Holzbündel n

camaya f Ven Korb m

camba f Spange f am Zügel || Ast Sant Sal Radfelge f || **~s** pl Zwickel mpl am Mantel

cambado adj RPl sichelbeinig

cambala|che m fam Tausch, Kuhhandel, Schacher m || Arg Trödlergeschäft n || **–ch(e)ar** vt/i fam (ver)schachern || **–chero** m/adj fam Trödler m || Schacherer m

cambalada f And schwankender Gang m e–s Betrunkenen

cambam|ba f Col Streit, Zank m || Streich m || **–bero** adj Col unüberlegt, leichtsinnig

cambar vt Arg Ven biegen, krümmen

cámbaro m ⟨Zool⟩ Strandkrabbe f (Carcinus maenas) || ~ mazorgano Samtkrabbe f (Portunus puber)

cambera f ⟨Fi⟩ kleines Fangnetz n für Krebstiere || Sant Karrenweg m

cambia|ble adj auswechselbar || austauschbar || **–correa(s)** m Riemenausrücker m || **–diapositivas** m Dia(positiv)wechsler m || **–dor** m Aus-, Um|tauscher m || △ Kuppler m || Mex ⟨EB⟩ Weichen|steller, -wärter m || **–dora** f Arg ⟨EB⟩ Rangierlokomotive f || **–lanzaderas** m ⟨Web⟩ Schützenwechsler m

cambial f ⟨Wir⟩ (gezogener) Wechsel m, Tratte f

cambiante adj: color ~ Schillerfarbe f || ~ m ⟨Mal⟩ Schillertaffet m || (Geld) Wechsler m || **~s** pl Farbenschillern n (der Stoffe)

cambia|objetivos m Objektivwechsler m || **–oculares** m Okularwechsler m

cambiar vt aus-, um-, vertauschen || umsetzen,

wechseln || ersetzen || (ver)ändern, ab-, um|ändern || verwandeln, umgestalten || ⟨Mar⟩ wenden || verstellen (Stimme) || trockenlegen (Kind) || einwechseln, umtauschen (Geld) || umrechnen || schalten (Getriebe) || ⟨Tech⟩ auswechseln || ⟨Tel⟩ verschränken, übergreifen || ◊ ~ con (od por) vertauschen, auswechseln || ~ de aspecto das Aussehen ändern || ~ de bordo ⟨Mar⟩ wenden || ~ de conversación, pop ~ de disco dem Gespräch e–e Wendung geben, pop e–e andere Platte auflegen || ~ de color sich verfärben || ~ de frente ⟨Mar⟩ nach der Seite abschwenken || ~ de lugar um-, ver|stellen || ~ de marcha, ~ de velocidad ⟨Aut⟩ schalten, e–n Gang einschalten || ~ de objetivo das Ziel wechseln || ~ de repente, ~ súbitamente umschlagen (Wetter) || ~ de residencia s–n Wohnort wechseln || ~ de sentido die Richtung ändern || ~ el rumbo ⟨Mar⟩ ab|drehen, -biegen, wenden || ⟨Flugw⟩ den Kurs ändern || ~ el (od de) domicilio die Wohnung wechseln, umziehen || ~ impresiones (con) fig sich aussprechen (mit) || ~ la peseta fam sich erbrechen || ~ las agujas ⟨EB⟩ die Weichen stellen || ~ el vestido sich umkleiden || ~ vi (die Wohnung) wechseln || ⟨Mar⟩ umspringen, umschlagen, sich drehen (Wind) || sich verändern || ~ de conducta das Benehmen ändern || ~ de estado seinen (Zivil-) Stand ändern || ~ de tren umsteigen || **~se** seine Meinung ändern || ⟨Mar⟩ umspringen (Wind) || Am aus-, um|ziehen

cambia|vía m Cu Mex ⟨EB⟩ Weichensteller m || Cu PR ⟨EB⟩ Weiche f || **–zo** m augm v. **cambio** || Mex Betrug m || ◊ dar el ~ et betrügerisch umtauschen || jdn prellen || fam jdm Sand in die Augen streuen

cambija f Wasserturm m

cambio m (Um)Tausch m || Austausch m || Wechselhandel, Geldwechsel m || Wechselstube f || Klein-, Wechsel|geld n || Diskont m, Wechselgebühr f || Aufgeld, Agio n || (Geld)Kurs, Wechselkurs m, Valuta f || Veränderung, Versetzung f || Wandelbarkeit f || Wandel m || ⟨Web⟩ Umkehraufrollen n || ⟨El⟩ Umschaltung f || Schaltung f || ⟨Tech⟩ Umsteuerung f || ⟨Tech⟩ Aus|tausch m, -wechslung f || ⟨Mil⟩ Wendung f || ⟨EB⟩ Weichenwechsel m || ~ a la par Parikurs m || ~ brusco de temperatura starker Temperaturwechsel m || ~ de aceite Ölwechsel m || ~ de agujas ⟨EB⟩ Weiche f || ~ de ambiente Umgebungswechsel m || ~ de barras ⟨Tech⟩ Stabvertauschung f || ~ de cajones ⟨Web⟩ Fachwechsel m || ~ de canilla ⟨Web⟩ Webschützen m || ~ de cañón ⟨Mil⟩ Laufwechsel m (MG) || ~ de color Farbwechsel m || Verfärbung f (& Gesicht) || ~ de colores Farb(en)|änderung, -wandlung f, -wechsel m || ~ de conversión Umrechnungskurs m || ~ de demanda ⟨Jur⟩ Klageänderung f || ~ de dirección Adressenänderung f || ⟨StV⟩ Richtungsänderung f || ~ de la corriente Änderung f der Stromrichtung f || ~ de dirección de marcha Fahrtrichtungswechsel m || ~ de domicilio ⟨Jur⟩ Wohnungswechsel m || Geschäftsverlegung f || ~ de empleo Arbeitsplatzwechsel m || ~ de estatuto ⟨Jur⟩ Statuten|änderung f, -wechsel m || ~ de estructura Strukturwandel m || ~ de formación ⟨Mil⟩ Formveränderung f || ~ de gobierno Regierungswechsel m || ~ de hielo y deshielo Frost-Tau-Wechsel m, Gefrier- und Auftau-Folge f || ~ del día ⟨Com⟩ Tageskurs m || ~ de máquina Cin Überblendung f || ~ de marcha ⟨Aut⟩ Umschaltung f, Gangwechsel m || ~, ~ de velocidades ⟨Aut⟩ Schalt-, Wechsel|getriebe n || ~ de marcha sincronizado ⟨Aut⟩ Synchrongetriebe n || ~ de nombre ⟨Jur⟩ Namensänderung f || ~ de notas ⟨Pol⟩ Noten|wechsel, -austausch m || ~ de opinión Meinungsänderung f || ~ de pabellón Flaggenwechsel m || ~ de pendiente Gefällewechsel m || ~ de posición ⟨Mil⟩ Stellungswechsel m || ~ de profesión

Berufswechsel m ‖ ~ de rango *Rangänderung* f ‖ ~ de rasante ⟨StV⟩ *Querrinne, Unebenheit* f ‖ ~ de sentido (de marcha) *Richtungsänderung* f ‖ ~ de sitio, ~ de lugar *Platzänderung* f ‖ ~ de signo de la coyuntura ⟨Wir⟩ *Konjunkturumschwung* f ‖ ~ de soberanía *Wechsel* m *der Staatszugehörigkeit* f ‖ ~ de temperatura *Temperaturwechsel* m ‖ ~ de tendencia ⟨Wir⟩ *Umschwung* m ‖ ~ de tiempo *Witterungsumschlag* m ‖ ~ de tren *Umsteigen* n ‖ hay ~ *man muß umsteigen* ‖ ~ de velocidades, ~ de marcha ⟨Aut⟩ *Gang-, Wechsel-, Schalt|getriebe* n ‖ ~ hidráulico ⟨Tech⟩ *Strömungsgetriebe* n ‖ ~ de vía ⟨EB⟩ *Weiche* f ‖ ~ doble, ~ mixta ⟨EB⟩ *zweispurige Weiche* f ‖ ~ exterior, ~ (sobre el) extranjero ⟨Wir⟩ *Auslandskurs* m ‖ ~ límite ⟨Wir⟩ *Limitkurs* m ‖ ~ menudo *Geldwechsel* m, *Kleingeld* n ‖ ~ morfológico ⟨Geol⟩ *Formveränderung* f ‖ ~ oficial *amtlicher, offizieller Kurs* m ‖ ~ radical *Wendepunkt* m ‖ ~ de la situacion *Umschwung* m *der Lage* ‖ ~ territorial ⟨Pol⟩ *Gebietsveränderung* f ‖ ~ volumétrico, ~ de volumen *Volumen|änderung* f, *-wechsel* m ‖ agente de ~ *Wechselagent, Börsenmakler* m ‖ baja del ~ *Fall* m *des Kurses* ‖ derecho de ~ *Wechselrecht* n ‖ letra de ~ *Wechsel(brief)* m ‖ libre ~, ~ libre *Freihandel* m ‖ pérdida de ~ *Kursverlust* m ‖ primera de ~ *Primawechsel* m ‖ a las primeras de ~ fig *auf den ersten Blick* ‖ *am Anfang, zuerst* ‖ ◊ dar el ~ *Kleingeld geben* ‖ dar en ~ *in Tausch geben* ‖ a ~ de *gegen, für* ‖ a ~ de esto *hingegen* ‖ en ~ *statt dessen, dafür* ‖ *da-, hin|gegen* ‖ endosar un efecto de ~ *e-n Wechsel indossieren* ‖ ganar al ~ *am Kurs gewinnen* ‖ hacer un ~ *et umtauschen* ‖ / negociar letras de ~ *Wechsel begeben* ‖ reembolsar una letra de ~ *e-n Wechsel einlösen* ‖ ~s pl ~ *diferenciales differenzierte Kurse* mpl ‖ ~ firmes *feste Kurse* mpl ‖ ~ múltiples *mehrfache Wechselkurse* mpl ‖ boletín de ~ *Kurszettel* m ‖ infracción de los ~ *Devisenvergehen* n

cambista m *(Geld)Wechsler* m ‖ *Bankier* m ‖ Arg *Weichensteller* m
cambizo m Sal *Schaft* m *e-s Dreschflegels*
cambocho adj Ven *sichelbeinig*
Cambodia, Camboya m ⟨Geogr⟩ *Kambodscha*
camboyano adj *kambodschanisch*
cambray f *Kammertuch* n
cambriano, cámbrico adj ⟨Geol⟩ *kambrisch*
cambrillón m *(Schuh) Einlage* f
cambrón m ⟨Bot⟩ *Bocksdorn* m (Lycium europaeum) ‖ *Kreuzdorn* m (Rhamnus spp) ‖ ~es m *Christdorn* m (Paliurus spina-christi)
cambro|nal m *Bocks-* bzw *Kreuz|dorngebüsch* n ‖ *-nera* f = **cambrón**
cambrún m Col *(Art) Wollstoff* m
cambucha f Ast *Radfelge* f ‖ *kleiner Kinderdrachen* m
cambucho m Chi *(Papier)Tüte* f ‖ *Papierkorb* m ‖ *Wäschekorb* m ‖ *elende Bude* f ‖ *Papierdrache* m *der Kinder*
cambueca adj Ur *krummbeinig*
cambujo m/adj Mex *Sohn* m *e-s Zambaigo und e-r China* od *umgekehrt* ‖ Mex *schwarz|häutig u. -gefiedert (Geflügel)*
cambulera f Col *Gefängnis* n
cambullón m Chi *(politischer) Streich* m ‖ Mex Col *Trödlergeschäft* n ‖ *Schacher* m ‖ Ven *Volksweise (art)* f
cambur m ⟨Bot⟩ *Banane* f (Musa sapientum)
cambu|ta f Col *Buhmann, Popanz, Kinderschreck* m ‖ *-te* m, *-tera* f ⟨Bot⟩ Cu *Sternwinde* f (Quamoclit spp) ‖ *-to* adj Pe *klein, untersetzt*
CAME = Consejo de Ayuda Mutua Económica *(RGW)*
camedrio m ⟨Bot⟩ *Gamander* m (Teucrium)
camedrita m *Gamanderwein* m
camelar vt/i *schmeicheln, (den Frauen) den Hof machen* ‖ *umschmeicheln* (acc), fam *einfangen,* pop *einseifen, jdm um den Bart gehen* ‖ *foppen, necken* ‖ fam *schmeichelnd hintergehen*
camelia f ⟨Bot⟩ *Kamelie* f ‖ Cu *Klatschrose* f ‖ la dama de las ~s *die Kameliendame*
camélidos mpl ⟨Zool⟩ *Kamele* npl (Camelidae)
camelina f ⟨Bot⟩ *Lein-, Öl|dotter* n (Camelina spp)
camelo m fam *Liebeswerben* n, *Liebelei* f ‖ fam *Schmeichelei* f ‖ fam *Foppen, Necken, Uzen* n ‖ *(Zeitungs)Ente* f
camelopardal m *Giraffe* f
camelote m *Kamelott, Wollstoff* m
¹**camella** f *Kamelstute* f
²**camella** f *Freß-, Tränk|trog* m *fürs Vieh*
³**camella** f *Bogen* m *am Ochsenjoch*
⁴**camella** f ⟨Agr⟩ *Furchenrain* m
came|llero m *Kameltreiber* m ‖ *-llo* m *Kamel* n ‖ ~ bactriano ⟨Zool⟩ *Trampeltier, zweihöckriges Kamel* n (Camelus bactrianus) ‖ ~ dromedario *Dromedar, einhöckriges Kamel* n (C. dromedarius) ‖ ⟨Ing⟩ *Kamel* n ‖ hilo de ~ *Kamelhaar* n
camellón m ⟨Agr⟩ *Furchenrain* m ‖ *Tränktrog* m *fürs Vieh, Rindertränke* f
camembert m frz *Camembertkäse* m
came|na f ⟨poet⟩ *Muse* f ‖ *-nal* adj *Musen-, musisch*
cámera f → **cámara**
camero m *Bettapezierer* m ‖ Col *Landstraße* f ‖ ~ adj: colchón ~ *Bettmatratze* f ‖ manta ~a *breite Bettdecke* f
Came|rún m *Kamerun* n ‖ *-runés* adj *kamerunisch* ‖ ~ m *Kameruner* m
camiar vt pop = **cambiar**
cámica f Chi *Abdach* n
camichi m ⟨V⟩ Am *Wehrvogel* m (Palamedea spp)
camile m Pe *wandernder Kurpfuscher* m
Cami|la f np *Kamilla* f ‖ *-lo* m np *Kamill(o)* m
cami|lla f dim v. **cama** ‖ *Ruhebett* n ‖ *Krankenbahre* f ‖ *Schnurgerüst* n ‖ *(Art) Klapptisch* m mit *e-r abnehmbaren Platte und e-m Untersatz für ein Kohlenbecken (bes in Altkastilien üblich)* ‖ ⟨Mar⟩ *Koje* f ‖ en ~s *rittlings*, fam *huckepack* ‖ *-llero* m *Sänften-, Kranken|träger* m ‖ *Sanitäter* m
cami|nador m *guter Fußgänger* m ‖ *-nante* m *Wanderer, Fußgänger* m ‖ *Reisender* m ‖ *-nar* vt/i *zurücklegen (eine Entfernung)* ‖ *wandern, gehen* ‖ *reisen* ‖ *vorrücken* ‖ ◊ ~ con pies de plomo figf *allzu bedächtig zu Werke gehen* ‖ ~ por la izquierda ⟨StV⟩ *links gehen* ‖ *-nata* f fam *weiter Spaziergang* m ‖ *Wanderung* f ‖ *Fußreise* f ‖ *-nero* adj: peón ~ *Straßen|wärter, -arbeiter* m
camino m *Weg* m ‖ *(Land)Straße* f ‖ *Pfad* m ‖ *Bahn* f ‖ *Wegstrecke* f ‖ ⟨Mar⟩ *zurückgelegte Strecke* f ‖ *Reise* f ‖ *Gang* m ‖ fig *Mittel* n ‖ fig *Art und Weise* f ‖ fig *Arbeitsweise* f ‖ ~ artificial ⟨Ing⟩ *Kunststraße* f ‖ de ~ *nach, zu* ‖ *unterwegs* ‖ ~ de Burgos *auf dem Wege nach Burgos* ‖ ~ calzado *gepflasterter Weg* m ‖ ~ carretero, ~ carril *Fahrweg* m ‖ ~ costero *Strand-, Küsten|weg* m ‖ ~ cubierto, ~ desenfilado ⟨Mil⟩ *gedeckter Weg* m ‖ ~ de desviación, ~ de desvio *Umgehungsstraße* f ‖ ~ de dique *Deichweg* m ‖ ~ de herradura *Reitweg* m ‖ ~ de hierro *Eisenbahn* f ‖ ~ forestal *Holz-, Wald|weg* m ‖ ~ hondo *Hohlweg* m ‖ ~ de macadam *Makadamstraße* f ‖ ~ de peatones *Fußweg* m ‖ ~ particular *Privatweg* m ‖ ~ real *Haupt-, Heer|straße* f ‖ ~ recorrido *zurückgelegter Weg* m ‖ ~ de repliegue, ~ de retirada ⟨Mil⟩ *Rückzugsweg* m ‖ ~ rural *Feldweg* m ‖ ~ de ruedas *Fahrweg* m ‖ ~ de salida *Abgangsweg* m ‖ ~ trillado *ausgetretener Weg* m ‖ fig *Schlendrian* m ‖ ~ vecinal *Gemeindestraße* f ‖ *Feld-, Dorf|weg* m ‖ ~ traje de ~ *Reiseanzug* m ‖ ◊ abrir ~ *Bahn brechen* ‖ fig *die Lösung bringen* ‖ ~se ~ fig *sich e-n Weg bahnen* ‖ ahorrar ~ *ein Stück Weg abschneiden* ‖ apar-

camión — campanense 212

tarse del ~ recto fig *auf Abwege geraten* ‖ cerrar el ~ den Weg versperren ‖ echar por un ~ einen Weg einschlagen ‖ detenerse a medio ~, detenerse a mitad del ~ fig *auf halbem Wege stehenbleiben* ‖ encontrar piedras en el ~ fig *auf Schwierigkeiten stoßen* ‖ encrucijada de ~s *Kreuzweg* m ‖ entrar (*od* meter) a uno por ~ fig *jdn zur Vernunft bringen* ‖ hacer la mitad del ~ fig *auf halbem Weg entgegenkommen* ‖ ir (*od* ser) fuera de ~ *sich irren* ‖ fig *unbesonnen handeln* ‖ llevar ~ fig *richtig sein, seinen Grund haben, auf dem rechten Wege sein* ‖ fig *den Anschein haben* (de *zu*) ‖ ponerse en ~ *sich auf den Weg machen, sich auf die Reise geben* ‖ romper el ~ *vorangehen, den Marsch eröffnen* ‖ salir al ~ fig *jdm entgegengehen* ‖ fig. *den Plänen jds zuvorkommen* ‖ seguir derecho (*od sin vacilaciones*) su ~ *sich nicht beirren lassen* ‖ ser más viejo que los ~s, ser tan viejo como los ~s *stein-, ur|alt sein* ‖ todos los ~s llevan a Roma fig *alle Wege führen nach Rom* ‖ tomar un ~ *einen Weg einschlagen* ‖ de ~ *unterwegs, im Vorbeigehen* ‖ a medio ~ *halbwegs* ‖ por el ~ *unterwegs*

camión m *Last|(kraft)wagen* m, *-auto* n, *LKW* m ‖ ~ carbonero *Kohlenwagen* ‖ ~ cisterna, ~ tanque *Tankwagen* ‖ ~ de la basura *Müllwagen* ‖ ~ de infantería *Infanterieträger* m ‖ ~ de mudanzas *Möbelwagen* m ‖ ~ Diesel *Diesellastwagen* ‖ ~ para cargas pesadas *Schwerlastwagen* ‖ ~ portacarros ⟨Mil⟩ *Panzer-(kampfwagen)transportwagen* m ‖ ~ remolcador *Zugwagen, Lastkraftwagen mit Anhänger* ‖ ~**-taller** *Kraftwagenwerkstattzug* m ‖ ~ volquete *Kipper* m ‖ por ~ *per Achse*

camio|naje m *Straßentransport* m ‖ *Fuhrlohn* m, *Rollgeld* n ‖ **-nero** m *Lastwagen|fahrer, -besitzer* m ‖ **-neta** f *Lieferwagen* m ‖ *Bereitschaftswagen* m ‖ *Vorstadtautobus* m

camisa f *Hemd* n ‖ *geplättetes Hemd* n ‖ ⟨Bot⟩ *Fruchthäutchen* n ‖ *abgestreifte Schlangenhaut* f ‖ (*Gas*) *Glühstrumpf* m ‖ (*Kalk*) *Lage* f ‖ (*Mauer-*) *Bewurf* m ‖ *Mantel* m, *Hemd, Futter* n *einer Gußform* ‖ ~ de aire ⟨Arch⟩ *Luft-, Rauchfang|mantel* m ‖ ~ de caldera *Kesselmantel* m ‖ ~ de(l) capullo *Kokonhaut* f ‖ ~ de(l) convertidor ⟨Metal⟩ *Konverterfutter* n ‖ ~ de día, ~ de vestir *Oberhemd* n ‖ ~ del proyectil *Geschoßmantel* m ‖ ~ dominguera, * ~ galana *Sonntagshemd* n ‖ ~ de fuerza *Zwangsjacke* f ‖ ~ gallega *weiter Kittel* m *der Galicier* ‖ ~ de hombre, ~ de caballero *Herrenhemd* n ‖ ~ interior *Unterhemd* n ‖ ~ de noche, ~ de dormir *Nachthemd* n ‖ ~ de sport *Sporthemd* n ‖ ~ de vestir *Oberhemd* n ‖ ~ planchada *Plätthemd* n ‖ ~ vieja m fig *alter Kämpfer* m (*der Falange Española*) ‖ ◊ cambiar de ~ fig *sein Mäntelchen nach dem Wind hängen* ‖ dar hasta la ~ fig *das Letzte (her)geben* ‖ no llegarle a uno la ~ al cuerpo fig *große Angst empfinden* ‖ meterse en ~ de once varas figf *sich in ein verwickeltes Geschäft einlassen, sich übernehmen* ‖ en ~ *im Hemd* ‖ fig *ohne Mitgift (Braut)* ‖ en cuerpo de ~ *bis an die Hüfte, in bloßem Hemd* ‖ en mangas de ~ *in Hemdsärmeln* ‖ ¿estás en tu ~? fam *bist du bei Sinnen?* ‖ ~s azules fig *Blauhemden* npl, span. *Falangisten* mpl ‖ ~s pardas *Braunhemden* npl, deut. *Nationalsozialisten* mpl ‖ ~s negras fig *Schwarzhemden* npl, ital. *Faschisten* mpl ‖ ~s rojas *Garibaldiner* mpl ‖ ~s viejas *alte Kämpfer* mpl *der Falange Española*

camise|ra f *Hemdennäherin* f ‖ ~ adj: blusa ~ *Hemdbluse* f ‖ **-ría** f *Hemdenladen* m, *Herrenwäschegeschäft* n ‖ **-ro** m *Hemdenfabrikant,* (*Herren*)*Wäschehändler* m ‖ **-ta** f *kurzes, weitärmeliges Hemd* n ‖ *Leibchen* n, *Unterjacke* f ‖ ~**-calzoncillo** *Hemdhose* f

cami|sola f *feines Herrenhemd* n ‖ *gestärktes Oberhemd* n ‖ *Frackhemd* n ‖ *Vorhemdchen* n ‖ Chi *Leibchen* n ‖ RPl *Bluse* f ‖ **-són** m augm v. **-sa**

‖ *langes Hemd* n ‖ *Nachthemd* n ‖ prov *Herrenhemd* n ‖ Am *Frauenhemd* n ‖ Chi *langes Frauenkleid* n ‖ Col Chi Ven *farbiges* od *weißes Frauenkleid* n

camisote m ⟨Hist⟩ *Panzerhemd* n

camistrajo m desp *elendes Bett* n

ca|mitas mpl *Hamiten* mpl ‖ **-mítico** adj *hamitisch*

ca|moatí, -muatí m RPl *(Art) Wespe* f (Polybia scutellaris) ‖ *Nest* n *der Polybia*

camochar vt ⟨Hond⟩ *beschneiden (Bäume)*

△**camodar** vt *vertauschen*

camomila f ⟨Bot⟩ *Kamille* f (Matricaria chamomilla) ‖ *Kamillenblüte* f

¹**camón** m augm v. ¹**cama** ‖ *tragbares Bett* n *für Kranke* ‖ Cu *Radfelge* f

²**camón** m augm v. ²**cama** ‖ ⟨Arch⟩ *Obersparren* m *eines Mansardendaches* ‖ *Lehrbogen* m

camo|rra f *Streit* m ‖ *Schlägerei* f ‖ ◊ armar ~, **-rrear** *Streit, Händel anfangen* ‖ **-rrista** adj/s fam *streit-, händelsüchtig* ‖ ~ m *Radaubruder, Krakeeler* m

camota f Burg fam *Dickkopf* m ‖ ~ m/f Murc *stumpfsinniger Mensch, Tölpel* m

camotal m Am *Süßkartoffelfeld* n

camote m Am ⟨Bot⟩ *Batatenwinde, süße spanische Batate, Süßkartoffel* f ‖ Am *Blumenzwiebel* f ‖ fig Am *Verliebtsein* n ‖ fig Am *Geliebte* f ‖ Am *Lüge, Ente* f ‖ Mex *Gauner* m ‖ Salv *blauer Fleck* m ‖ Ec Mex fig *Tölpel* m ‖ Guat *Wade* f ‖ Bol Ec *innige Freundschaft* f

cam|pa adj: tierra ~ *ebenes und baumloses Gelände* n ‖ **-pal** adj: batalla ~ ⟨Mil⟩ *Feldschlacht, entscheidende Schlacht* f

campa|mento m *(Feld)Lager* n ‖ *Truppenlager* n ‖ *Lagerplatz* m ‖ ~ de trabajo *Arbeitslager* n ‖ material de ~ *Lager-, Zelt|ausrüstung* f ‖ **-miento** m *Hervorragen* n ‖ *Prangen* n

campana f *Glocke* f ‖ *Kirchspiel* n ‖ *Glassturz* m ‖ prov *Abendläuten* n ‖ *Herdmantel* m ‖ *Stiefelstulp* m ‖ *Deckglas* n *(am Mikroskop)* ‖ *Nabe* f ‖ △ *Frauenrock* m ‖ fig *Kirchsprengel* m ‖ ~ de aislador ⟨El⟩ *Isolatorglocke* f ‖ ~ de alarma *Signalglocke* f ‖ ~ de calado ⟨Mar⟩ *Tiefgangglocke* f ‖ ~ de chimenea ⟨Arch⟩ *Kaminsturz,* (*Rauch*)*Abzug, Rauchfang, Herdmantel* m ‖ ~ de inmersión, ~ de buzo *Taucherglocke* f ‖ ~ de protección *Schutzglocke* f *(Glassturz)* ‖ ~ de rebato *Sturmglocke* f ‖ ~ de recocer ⟨Metal⟩ *Glühhaube* f ‖ ~ de salvamento ⟨Bgb⟩ *Fangglocke* f ‖ ~ de sinterización con vacío ⟨Metal⟩ *Vakuumsinterglocke* f ‖ ~ de tragante ⟨Metal⟩ *Gichtglocke* f ‖ ~ natatoria ⟨Zool⟩ *Schwimmglocke* f ‖ ~ del Schlaguhr f ‖ ~ vuelta de ~ *Umkippen* n *(z. B. e-s Kraftwagens)* ‖ *Purzelbaum* m ‖ toque de ~, a ~ herida *mit dem Glockenschlag* ‖ fig *schnell, eilig* ‖ ◊ hacer ~ ⟨Sch⟩ *die Schule schwänzen* ‖ cual es la ~, tal la badajada *wie der Mensch, so die Tat* ‖ ~s pl: ◊ tocar (*od* doblar) las ~ *die Glocken läuten* ‖ oír ~ y no saber dónde figf *die Glocken hören und nicht wissen, wo* ‖ *nicht wissen, was los ist* ‖ echar las ~ al vuelo *mit allen Glocken läuten* ‖ fig *feierlich verkünden* ‖ fam *sich wie ein Schneekönig freuen* ‖ no se puede repicar las ~ e ir en la procesión figf *niemand kann zwei Herren dienen* ‖ fundidor de ~ *Glockengießer* m

campa|nada f *Glockenschlag* m ‖ *Glockenklang* m ‖ fig *Skandal* m ‖ dar una ~ figf *e-n Skandal machen* ‖ **-nario** m *Glockenturm, Kirchturm* m ‖ fig *engere Heimat* f ‖ Sal *Ananasblüte* f ‖ veleta de ~ fig *Wetterfahne* f ‖ proceder de ~ fig *rohes, niederträchtiges Vorgehen* n ‖ ¡quieto el ~! fam *kein Wort mehr!* ‖ **-near** vi *anhaltend läuten (locken)* ‖ ◊ allá se las campanen fam *das mögen sie untereinander ausmachen*

campanense adj/s *aus der Champagne (Frankreich)*

campa|neo m Glockengeläute n || figf gezierter, wackelnder Gang m || **-nero** m Glockengießer m || Glöckner m || ⟨V⟩ Glockenvogel m (Procnias nudicollis) || ⟨Entom⟩ Gottesanbeterin f (Mantis religiosa) || MAm Pe fig Schwätzer m || **-niforme** adj glockenförmig || **-nil** adj: (metal) ∼ Glockengut n, -speise f || ∼ m Glockenturm m || **-nilla** f dim v. **-na** || Glöckchen n, Klingel, Schelle f || Blase f, Bläschen || ⟨An⟩ Zäpfchen n im Hals || glockenförmige Verzierung f || glockenförmige Blüte f, Glöcklein n || Cu ⟨Bot⟩ Liane f || ∼ blanca ⟨Bot⟩ Schneeglöckchen n (Galanthus nivalis) || ∼**s** pl: de ∼ fam von Rang (Person) || ◊ tener muchas ∼ figf viele Würden bekleiden **campani|llazo** m starkes (An)Klingeln n || **-lleo** m anhaltendes Klingeln n || **-llero** m Klingler, Scheller m
campano m Viehschelle f || Glocke, Klingel f
campante adj hervorragend || fam kräftig, rüstig || vergnügt || tan ∼ fam mir nichts, dir nichts; kreuzfidel, quietschvergnügt
campanudo adj ⟨Bot⟩ glockenförmig || bauschig (Frauenrock) || voll, kräftig (Schall) || schwülstig, hochtönend (Stil) || fam famos, glänzend
cam|pánula f Glockenblume f (Campanula spp) || **-panuláceas** fpl ⟨Bot⟩ Glockenblumengewächse npl (Campanulaceae)
campaña f Feld, Flachland n || ⟨poet⟩ Flur f, Gefilde n || ⟨Mil⟩ Feldzug m || Militärdienst m || ⟨Mil⟩ Lager n || ⟨Mar⟩ Kreuzfahrt f || ⟨Agr⟩ Kampagne f || ⟨Her⟩ Schildfuß m || fig Feldzug m, Kampagne f || ∼ antiparasitaria, ∼ contra los animales dañinos Schädlingsbekämpfung, Ungezieferverichtung f || ∼ azucarera Zuckerkampagne f || ∼ de Francia Frankreichfeldzug m (1940) || ∼ de pesca ⟨Fi⟩ Fangzeit f || ∼ de prensa Pressefeldzug m || ∼ de propaganda Werbefeldzug m || ∼ publicidad, ∼ publicitaria Werbefeldzug m || ∼ de Rusia Rußlandfeldzug m || ∼ de silencio Lärmbekämpfung f || ∼ electoral Wahlkampf m || artillería de ∼ Feldartillerie f || pieza de ∼ Feldgeschütz n || plan de ∼ Feldzugsplan m || servicio en ∼ Felddienst m || soldado de muchas ∼s altgedienter Soldat, Veteran m || tienda de ∼ Feldzelt n || ◊ estar en ∼ ⟨Mil⟩ im Felde stehen
campañol m ⟨Zool⟩ Scher-, Moll-, Wühl|maus f (Arvicola sapidus) || Kleinwühlmaus f (Pitymys subterraneus)
campar vi sich hervortun || den Hochmütigen spielen || ⟨Mil⟩ lagern || ◊ ∼ con su estrella fig Glück haben || ∼ por su respeto → respeto
campatedije m Mex fam Herr Soundso m
campe|ador m/adj Kämpe, tapferer Krieger m || el ∼ Beiname des Cid || **-ar** vi auf die Weide gehen (Tiere) || zu grünen anfangen (Saatfelder) || ⟨Mil⟩ im Felde liegen || flattern (Fahne) || sich auszeichnen, sich hervortun || Chi Felder durchkreuzen || ◊ ∼ de sol a sombra fig den ganzen Tag auf dem Felde arbeiten || **-cito** m dim v. campo
campechanería f Arg Pe PR = campechanía
campecha|nía f And ungezwungenes Wesen n || **-no** adj ungezwungen, gemütlich || fam freigebig, großmütig || adv: ∼**amente**
campeche m (palo) ∼ Kampesche-, Blau|holz n || Pe sehr schlechter Wein m
campe|ón m Kämpfer, Kämpe m || Verfechter m einer Lehre usw || fig Vorkämpfer m || fig Verteidiger m || ⟨Sp⟩ Champion, Meister(spieler) m || ∼ de boxeo Boxmeister, Meisterschaftsboxer m || ∼ de Europa, ∼ del mundo Europa-, Welt|meister m || ∼ de la fe Glaubensstreiter m || ∼ olímpico Olympiasieger m || **-onato** m Wett|streit, -kampf m || ⟨Sp⟩ Meisterschaft(skampf m)f || ∼ de fútbol Fußballmeisterschaft f || ∼ internacional Länderkampf m || ∼ mundial Weltmeisterschaft f || (luchas etc) Meisterschaftsspiele npl || **-ro** adj frei || frei umherlaufend (Vieh) || im Freien nächtigend (Vieh) || Mex leicht

(Pferdetrab) || RPl in Feldarbeiten bewandert (Person) || ∼ m Hirt m der immer auf dem Felde bleibt || **-ruso** adj Ven bäurisch
campesi|na f Landbewohnerin, Bäuerin f || **-nado** m Bauerntum n || Bauernstand m || **-no** adj ländlich, Land-, Feld- || bäu(e)risch || vida ∼a Landleben m || ∼ m Landmann (pl Landleute), Bauer m || Bewohner m der Tierra de Campos (Altkastilien)
campestre adj ländlich || Feld-
campillo m dim v. campo || Gemeindetrift f
camping m engl Camping, Zeltleben n || Campingplatz m || Zelten n
campiña f flaches Land, Ackerland n || Landschaft f || Ländereien fpl || Kulturlandschaft f || Flur f, bebautes Land n || Feldmark f || Landbezirk m || ⟨poet⟩ Gefilde n, Flur f || Umgegend f eines Ortes || ◊ cerrarse de ∼ figf an einem Entschluß hartnäckig festhalten
campiñés, esa adj/s aus Villacarillo (PJaén)
campirano adj/s CR bäurisch || Mex ländlich || bäurisch || in Feldarbeiten bewandert
cam|pista m Neol Camper, Zeltplatzbenutzer, Zelt(l)er m || **-pisto** adj Am = campesino
campo m (freies) Feld n || Acker m, Acker-, Saat|feld n || Landgut n || Land n (im Gegensatz zur Stadt) || Heideland n || ⟨Mal⟩ fig unbemalte Fläche f || Fläche f einer Münze || ⟨Her⟩ Grund m, Feld n || Kampf-, Sport|platz m, Rennbahn f || Wettkampf m || ⟨Mil⟩ (Feld)Lager n || ⟨Mil⟩ (Schlacht)Feld n || Schauplatz m || fig Feld, Gebiet n || ⟨Opt⟩ Gesichtsfeld n || Sehweite f || ⟨Phot Filmw⟩ Bildfeld n || Bildfläche f || fig Anlaß m, Gelegenheit f || fig Bereich, Spielraum m, Gebiet n || fig Blickfeld n || poet Flur f || ∼ abierto freies Gelände n || adicional ⟨Tel⟩ Ansatzfeld n || ∼ alternante ⟨El⟩ Wechselfeld n || ∼ animal ⟨Gen⟩ tierisches Feld n || ∼ de acción Wirkungs|bereich m, -feld, Tätigkeitsgebiet n || ∼ de Agramante fig polnischer Reichstag m, Babel n || ∼ de aplicación Anwendungs-, Verwendungs|bereich m, -gebiet n || ∼ de ampliación ⟨Phot⟩ Vergrößerungsbereich m || ∼ de aterrizaje ⟨Flugw⟩ Landeplatz m || ∼ avanzado ⟨Mil⟩ Gefechtslandeplatz m || ∼ de aterrizaje forzoso, Am ∼ de aterrizaje de emergencia Notlandeplatz m || ∼ de aviación Flug|platz m, -feld n || Fliegerhorst m || ∼ de batalla Schlachtfeld n || ∼ de barracas Barackenlager n || ∼ de comunicaciones ⟨Tel⟩ Anschlußbereich m || ∼ de concentración Konzentrationslager n || ∼ de deportes, ∼ deportivo Sportplatz m || ∼ de derrumbamiento ⟨Bgb⟩ Bruchfeld n || ∼ de dispersión ⟨El⟩ Streufeld n || ∼ de excitación ⟨El⟩ Erregerfeld n || ∼ de experimentación ⟨Agr⟩ Versuchsstation f || ∼ de explotación ⟨Bgb⟩ Abbaubereich m || ∼ de exterminio Vernichtungslager n || ∼ de focalización ⟨Agr⟩ Rieselfeld n || ∼ de fuerza ⟨El⟩ Kraftfeld n || ∼ de fútbol Fußballfeld n || ∼ de gravitación ⟨Phys⟩ Schwere-, Gravitations|feld n || ∼ de imagen ⟨Opt⟩ Bildfeld n || ∼ de instrucción ⟨Mil⟩ Truppenübungs-, Exerzier|platz m || ∼ de internamiento Internierungslager n || ∼ de irrigación Rieselfeld n || ∼ de investigación Forschungsgebiet n || ∼ del honor fig Feld n der Ehre || Schlachtfeld n || ∼ del inducido ⟨El⟩ Ankerfeld n || ∼ de juego Spielplatz m || ∼ de maniobras ⟨Mil⟩ = ∼ de instrucción || ∼ de mies Kornfeld n || ∼ de minas, ∼ minado ⟨Mil⟩ Minenfeld n || ∼ de prisioneros (Kriegs)Gefangenenlager n || ∼ de puntería = ∼ de tiro || ∼ de refugiados Flüchtlingslager n || ∼ de regadío künstlich bewässertes Feld n, Rieselfeld n || ∼ de tiro ⟨Mil⟩ Schießplatz m || ∼ de tiro horizontal Höhenrichtfeld n || ∼ de tiro lateral Seitenrichtfeld n || ∼ de tiro vertical Seitenrichtfeld n || ∼ de trabajo Arbeitslager n || ∼ de vacaciones Ferienlager n || ∼ de visibilidad Sichtbereich m || ∼ de vigencia

campofilo — canasta 214

⟨Jur⟩ *Geltungsbereich* m ‖ ~ de vigencia espacial ⟨Jur⟩ *räumlicher Geltungsbereich* m ‖ ~ de vigencia material ⟨Jur⟩ *sachlicher Geltungsbereich* m ‖ ~ disciplinario, ~ de castigo *Straflager* n ‖ ~ labrado *Acker* m ‖ ~ magnético *magnetisches Feld, Magnetfeld* n ‖ ~ mesónico ⟨Nucl⟩ *Mesonenfeld* n ‖ ~ nuclear ⟨Nucl⟩ *Kernfeld* n ‖ ~ petrolífero *Ölfeld* n ‖ ~ raso *offenes Gelände* n ‖ ~ retardador ⟨Nucl⟩ *Verzögerungsfeld* n ‖ ~ roturado ⟨Agr⟩ *Sturzacker* m ‖ ~ santo = **camposanto** ‖ ~ transversal ⟨Nucl El⟩ *Querfeld* n ‖ ~ uniforme ⟨Nucl⟩ *einheitliches, uniformes Feld* n ‖ ~visual, ~ de visión *Gesichts-, Seh*|*feld* n ‖ mariscal de ~ ⟨Mil⟩ *Feldmarschall* m ‖ ~ a ~ ⟨Mil⟩ *unter Aufgebot aller Kräfte* ‖ a ~ abierto, en ~ franco *in offenem Feld (Zweikampf)* ‖ *unter freiem Himmel* ‖ a ~ raso *unter offenem Himmel, im Freien* ‖ a ~ través, a ~ traviesa *querfeldein* ‖ ◊ abandonar el ~ *abwandern (vom Lande)* ‖ batir el ~ ⟨Mil⟩ *die Gegend auskundschaften* ‖ correr el ~ *feindliche Einfälle machen* ‖ dejar el ~ libre *das Feld räumen* ‖ en pleno ~ *auf freiem Felde* ‖ ir al ~ *eine Landpartie machen* ‖ levantar el ~ ⟨Mil⟩ *das Lager abbrechen* ‖ fig *aufgeben* ‖ salir al ~ *aufs Land gehen (z. B. auf Sommerfrische)* ‖ ~**s** pl *Saatfelder* npl ‖ *Ländereien* fpl ‖ Am *große Grasflächen* fpl ‖ los ≃ Elíseos *(od Elíseos) die Elysäischen Felder* npl ‖ ◊ irse por esos ~ de Dios fig *sinnlos reden*

campofilo m ⟨V⟩ *Herrenspecht* m (Campophilus sp)

Campos f: Tierra de ~ *der fruchtbarste Teil von Altkastilien* (PVall)

campo|**santo** m *Gottesacker* m, *Fried-, Kirch*|*hof* m ‖ –**sino** adj/s *aus Villalcampo* (PZam)

campuno adj Dom = **campesino**

campuroso adj Sal *geräumig*

campurriano adj *aus Aguilar de Campoo* (PSant)

campusanʊ adj Arg Pan = **campesino**

campu|**sio, –so** adj MAm = **campesino**

camuatí m Arg = **camoatí**

camucha f fam desp v. **cama**

camue|**sa** f *Kantapfel* m ‖ –**so** m *Kantapfelbaum* m ‖ figf *Einfaltspinsel* m

camufla|**je** m gall ⟨Mil⟩ *Verschleierung* f *einer Stellung* ‖ *Tarnung* f ‖ ~ antiaéreo ⟨Mil⟩ *Tarnung* f *gegen Fliegersicht* ‖ –**r** vt gall *tarnen* ‖ *verschleiern* ‖ *verdecken* ‖ pop *frisieren* ‖ ◊ ~ con niebla artificial *einnebeln* ‖ ~**se** vr fam *sich verstecken, sich vor ei drücken*

camuliano adj Hond *heranreifend (Obst)*

camuñas m fam *Popanz* m, *Schreckgespenst* n

camuza f = **gamuza**

¹**can** m ⟨poet⟩ prov *Hund* m ‖ *Flintenhahn* m ‖ ⟨Hist⟩ *kleines Geschütz* n, *Feldschlange* f ‖ ⟨Arch⟩ *Sparrenkopf* m ‖ △ *Ohr* n ‖ ◊ ~ que mucho ladra, ruin es para la casa *Hunde, die viel bellen, beißen nicht* ‖ ≃ Mayor ⟨Astr⟩ *der Große Hund* ‖ ≃ Menor ⟨Astr⟩ *der Kleine Hund*

²**can** m *Khan, Tatarenfürst* m (→ **kan**)

³**can(a)** Cat = **en casa de**

⁴**can** m Dom *(Familien)Kränzchen* n ‖ *Stammtisch* m ‖ *Krach, Radau* m

¹**cana** f *weißes Haar* n ‖ ◊ echar una ~ al aire figf *sich ergötzen, sich einen vergnügten Tag machen*, pop *e–n auf die Pauke hauen* ‖ echar ~**s** *graue Haare bekommen* ‖ peinar *(od* tener*)* ~ figf *alt sein*

²**cana** f Cat *ein Ellenmaß = 2 varas*

³**cana** f Arg Pe △ *Kerker* m, *Gefängnis* n

Caná ⟨Geogr⟩ *Kana*

Canaán: Tierra de ~ *das Land Kanaan*

cana|**ca** adj Chi desp *gelbrassisch* ‖ ~ m Chi *Bordellbesitzer* m ‖ *Bordell* n ‖ –**co** adj Chi Ec *bleich, gelblich* ‖ ~ m *Kanake* m

Cana|**dá**: el ~ *Kanada* ‖ *bálsamo del* ~ *Kanadabalsam* m ‖ ≃**diense** adj/s *kanadisch, aus Kanada*

‖ ~ f *Kanadier-, Mantelsport*|*jacke, Windbluse* f

canal m *Kanal, Abzugsgraben* m ‖ *Bewässerungsgraben* m ‖ ~ m/f *(Straßen)Rinne* f ‖ ~ m *Dachrinne* f ‖ *Traufziegel* m ‖ *Tränktrog* m *für Vieh* ‖ *Flußbett* n ‖ *Falz* m, *Hohlkehle* f ‖ ⟨Arch⟩ *Kehlgerinne* n ‖ *Zug* m *im Gewehrlauf* ‖ ⟨An⟩ *Rachen* m ‖ *Schnitt* m *der Bücher an der Außenseite* ‖ *ausgeweidetes Schlachtvieh* n ‖ ~ aferente ⟨Med⟩ *Zuführungskanal* m ‖ ~ colector ⟨Metal⟩ *Sammelfuchs* m ‖ *Sammelkanal* m *(Wasser)* ‖ ~ de aire ⟨Bgb⟩ *Luft-, Wetter*|*kanal* m ‖ ~ de alimentación *Speisekanal, Zubringer* m ‖ *Speisungsgraben* m ‖ ~ de bajada *Tieflauf* m ‖ ~ de colada ⟨Metal⟩ *Gießrinne, Abstichgrube* f ‖ ~ de conducción *Leitkanal* m ‖ ⟨El⟩ *Leitungskanal* m ‖ ~ de desagüe *Entwässerungs*|*kanal, -graben* m ‖ ~ de riego *Bewässerungskanal* m ‖ ~ de sangría ⟨Metal⟩ *Roheisen-Abstichrinne* f ‖ ~ de televisión *Fernsehkanal* m ‖ ~ de ventilación ⟨Bgb⟩ *Wetterkanal* m ‖ ~ interoceánico *Seekanal* m ‖ ~ medular ⟨An Zool⟩ *medullärer Kanal* m ‖ ~ navegable, ~ de navegación *Schiffahrtskanal* m ‖ ~ neural ⟨An⟩ *Neuralrohr* n ‖ ~ vertedero *Ablaufkanal* m ‖ ~ aliviadero de crecidas *Überlauf-, Hochwasserentlastungs*|*kanal* m ‖ ◊ abrir en ~ *in zwei Hälften teilen (geschlachtetes Tier)* ‖ el ≃ de la Mancha *der Ärmelkanal* ‖ el ≃ de Suez *der Suezkanal* ‖ el ≃ de Panamá *der Panamakanal*

cana|**lador** m *Feder-, Spund*|*hobel* m ‖ –**ladura** f ⟨Arch⟩ *Auskehlung* f ‖ –**leja** f dim v. **canal** ‖ –**lera** f Ar *Dachrinne* f ‖ Ar *Traufwasser* n ‖ Ar *Mühltrogschuh* m ‖ –**leta** f *Ablaufrinne, Sicke* f, *Ausguß* m ‖ *Schiffsbeladerutsche* f ‖ Arg *Rutschbahn* f *(für Getreidesäcke beim Verladen aufs Schiff)* ‖ ~ de desagüe *Wasserablaufrinne* f ‖ –**lete** m *Kanupaddel* n ‖ Col *Bach* m ‖ –**letear** vi Col Ven *paddeln*

canalí [pl –ies] m Cu ⟨Mar⟩ *Löffelruder* m

canalículo m *kleine Röhre* f ‖ *Rille* f

canalista m Chi *Aktionär* m *e–r Kanalgesellschaft*

canali|**zable** adj *kanalisierbar* ‖ –**zación** f *Kanalisierung, Kanalisation* f, *Kanalsystem* n ‖ *Kanalbau* m ‖ –**zar** [z/c] vt *kanalisieren, schiffbar machen* ‖ fig *lenken* ‖ –**zo** m ⟨Mar⟩ *Fahrwasser* n, *schmaler Kanal* m

canalón m *Regen-, Ablaufrinne* f ‖ *Guß-, Wasser*|*stein* m ‖ *Strohhut* m ‖ Col *Schöpfeimer* m ‖ *großer Wasserkrug* m

cana|**lla** figf *Gauner, Schurke, Drecksack, Lump, Schuft* m, *Kanaille* f ‖ ~ f *Hundekoppel* f ‖ figf *Gesindel, Pack* n, *Pöbel, Mob* m ‖ –**llada** f *Gaunerstreich* m ‖ *Schuftigkeit* f ‖ –**llería** f = –**llada** ‖ –**llesco** adj *gaunerhaft, schurkisch, pöbelhaft*

canana f *Patronen*|*gürtel* m, *-tasche* f ‖ Col *Zwangsjacke* f ‖ MAm *Kropf* m ‖ *Ziegenpeter* m ‖ Dom *Schelmenstreich* m

cananeo adj/s *kananäisch* ‖ ~ m *Kananiter* m

canapé m *Kanapee, Sofa* n, *Couch* f ‖ *Diwan* m ‖ ~ in Butter *geröstete Brotschnitte* f ‖ *Appetithappen* m

canard m frz *(Zeitungs)Ente* f

canarí m Dom *Tongefäß* n

canaria f *Kanarienvogelweibchen* n

Canarias fpl: las Islas ~ *die Kanarischen Inseln* ‖ **cana**|**ricultura** f *Kanarien(vogel)zucht* f ‖ –**riera** f *Zuchtkäfig* m *für Kanarienvögel* ‖ fig *helle, freundliche Wohnung* f ‖ Mex ⟨Bot⟩ *Kapuzinerkresse* f (Tropaeolum spp)

¹**canario, canariense** adj/s *von den Kanarischen Inseln*

²**canario** m *Kanarienvogel* m ‖ ⟨V⟩ *Kanar(i)envogel* m (Serinus canaria) ‖ Arg *100-Peso-Schein* m ‖ ~ flauta ⟨V⟩ *(Edel)Roller* m ‖ ¡~! *Donnerwetter!*

canas|**ta** f *flacher Binsen(korb)* m *(mit zwei*

Henkeln) || **Canasta** n *(Kartenspiel)* || *And Olivenmaß* n = $^1/_2$ fanega || ⟨Mar⟩ *Mastkorb* m || **-tada** *f ein Korbvoll* m || **-tera** *f* ⟨V⟩ *Brachschwalbe* f (Glareola pratincola) || **-tero** *m Korbflechter* m || Chi *Hausierer* m *mit Gemüse und Obst* || Chi ⟨V⟩ *Buschschlüpfer* m (Synallaxis sordida) || **-tilla** *f (Näh)Körbchen* n || *Säuglings-, Baby|ausstattung* f || *And Brautausstattung* f || ◊ hacer la ~ *Kinderzeug* n *in Bereitschaft halten* || **-tillo** *m kleiner (Binsen)Korb* m || *Frucht-, Blumen|körbchen* n || Arg PR *Säuglingsausstattung* f || *(Braut)Aussteuer* f || **-to** *m oben enger, unten weiter Korb* m || ¡~s! fam *Donnerwetter!*

cáncamo *m Öse* f || ~ de argolla *(Festhalte-) Tragöse* f || *Augbolzen* m || ⟨Mar⟩ *große Welle* f || *Wellenbewegung* f || Cu *Taugenichts* m || *häßliche Frau* f

canca|murria *f* fam *Traurigkeit* f || *Trübsinn* m || **-musa** *f* fam *Fopperei* f || fam *Hinterlist* f || **-muso** *m* Cu fam *alter Lustgreis* m

¹**cancán** *m Cancan* m *(Tanz)*
²**cancán** *m* Murc *Widerwärtigkeit* f

cáncana *f Hausspinne* f *(bes* Tegenaria domestica*)*

cancane|ado adj Sant CRica *pockennarbig* || **-ar** vi fam *herumlungern* || Col CR Mex *stottern* || **-o** *m* Col CR Mex fam *Stottern* n

cáncano *m* fam *Laus* f

canca|no adj Sal *einfältig* || **-noso** *m* Murc *lästiger Schwätzer* m

can|cel *m Doppel-, Vor|tür* f || *Windschutztür* f || *Windfang* m *(vor e-r Tür)* || *Windschirm* m || *Durchsicht* f *in e-r Mauer* || Mex span. *Wand* f || ~ *giratorio Drehtür* f || **-cela** *f Gitter* n *an Haustüren* || *And Gittertür* f

cance|lación *f Löschung, Streichung, Tilgung, Auflassung* f || *Nichtigkeitserklärung* f || ~ *de antecedentes penales* ⟨Jur⟩ *Tilgung* f *von Strafvermerken* || ~ *de una marca* ⟨Jur⟩ *Löschung* f *e-s Zeichens* || **-lar** vt *aus-, durch|streichen (Schrift)* || *löschen (Eintragung)* || *sperren (Scheck)* || *annullieren, zurückziehen (Auftrag)* || *tilgen, ungültig machen (Urkunde usw)* || *begleichen (Rechnung)* || *abschreiben (Schuld)* || ⟨Com⟩ *stornieren (Posten)* || fig *aus dem Gedächtnis streichen* || **-laría** *f päpstliche Kanzlei* f

cáncer *m* ⟨Med⟩ *Krebs* m, *Krebsgeschwür, Karzinom* n || fig *Geiz, Selbstsucht* f || ~ ⟨Astr⟩ *Krebs* m *im Tierkreis* || ~ *bronquial Bronchialkarzinom* n || ~ *cutáneo Hautkarzinom, Epitheliom* n || ~ *del cuello uterino Zervix(höhlen)karzinom* n, *Gebärmutterhalskrebs* m || *del esófago Speiseröhrenkrebs* m || ~ *del estómago Magenkrebs* m || ~ *de los deshollinadores Schornsteinfegerkrebs* m || ~ *de mama Brust(drüsen)krebs* m || ~ *de pulmón Lungenkrebs* m || ~ *profesional Berufskrebs* m || ~ *uterino,* ~ *de la matriz Gebärmutterkrebs* m || ~ *lucha contra el* ~ *Krebsbekämpfung* f || →a **carcinoma, leucemia, malignoma, melanoma, sarcoma**

cancerado adj *krebsartig* || *krebsleidend* || fig *lasterhaft* || fig *bösartig*

cancerar vt fig *abzehren, zerstören* || fig *plagen, quälen* || ~**se** ⟨Med⟩ *krebsartig werden*

Cancerbero *m Zerberus* m *(der den Eingang der Unterwelt bewachende Hund der griechischen Sage)* || fig *unbestechlicher Wächter* m || fam *(grober) Türsteher* m

cance|riforme adj ⟨Med⟩ *krebsförmig* || **-rofobia** *f* = **carcinofobia** || **-rógeno** adj *krebserzeugend, kanzerogen, karzinogen* || **-roso** adj ⟨Med⟩ *krebsartig, Krebs-, karzinomatös, kanzerös* || *presunto* ~ *krebsverdächtig* || ~ *m Krebsdächtiger* m

cancilla *f Gittertor* n

canciller *m (Reichs-, Bundes)Kanzler* m || *Staatssekretär* m *für Auswärtige Angelegenheiten* || *Konsulats-, Gesandtschafts|sekretär* m || *el* ~ *de Hierro* fig *der Eiserne Kanzler (Bismarck)* || *gran* ~ *Groß-, Ordens|kanzler* m

cancille|resco adj: *estilo* ~ *Kanzleistil* m || **-ría** *f Kanzleramt* n || *(Staats)Kanzlei* f || *Amtsraum* m *e-r Gesandtschaft usw* || Col Chi *Auswärtiges Amt* n || ~ *del Reich Reichskanzlei* f || ~ *federal Bundeskanzleramt* n

cancín *m Sal einjähriges Lamm* n

canción *f Gesang* m, *Lied* n || *Kanzone* f *(Strophenform)* || ~ *de amor,* ~ *amatoria Liebeslied* n || ~ *de cuna Wiegenlied* n || ~ *de gesta hist Heldenlied* n || ~ *de marcha Marschlied* n || ~ *de niños,* ~ *infantil Kinderlied* n || ~ *popular Volkslied* n || ~ *sagrada geistliches Lied* n || ◊ *eso es otra* ~ fig *das hört sich schon anders an* || *mudar de* ~ fig *e-n anderen Ton anschlagen* || *volver a la misma* ~ fig *immer das alte Lied singen, anstimmen* || ¡siempre la misma ~! fam *immer dieselbe Leier!*

cancioncita *f* dim *v.* **canción**

cancio|nera *f Lieder|dichterin, -sängerin* f || **-nero** *m Lieder|buch* n, *-sammlung* f || *Liedersänger* m || Col fam *Spaßvogel* m || ~ *de estudiantes Kommersbuch* n || **-neta** *f* dim *v.* **canción** || **-nista** *m/f Lieder|sänger(in), -dichter(in)* m(f) || *Kabarettsänger* m || *Brettlsängerin, Chansonette* f

canclillos adj Col *kränklich, schwächlich*

canco *m* Chi *Blumentopf* m || Bol *Gesäß* n || ~**s** *mpl* Chi *breite Hüften (der Frau)*

cancón *m* fam *Popanz, Kinderschreck* m

cancona *f* Chi *breithüftige Frau* f

can|cro *m* ⟨Med⟩ *Krebs* m || ⟨Bot⟩ *Knicker* m *(Pilzkrankheit)* || ⟨Zool⟩ *Krabbe* f || **-fobia** *f* = **carcinofobia** || **-croide** m/adj ⟨Med⟩ *krebsartiges Geschwür* n || *Spinaliom* n || ~ adj *krankroid, krabbenähnlich*

¹**cancha** *f Spielplatz* m *(für Fußball, Hahnenkämpfe usw)* || *Spielraum* m *der baskischen Ballspieler* || Am *Spielhölle* f || Am *großer, freier Platz, Sportplatz* m || Chi Pe ⟨Bgb⟩ *Kippe* f *für Mineralien* || Am *Rennbahn* f || Ur *Pfad, Weg* m || ◊ *abrir (od dar)* ~ *a uno* Arg fig *jdn e-n Vorteil gewähren* || *estar en su* ~ Chi fig *in seinem Element sein* || *tener* ~ fig Arg *geschickt sein, Talent haben* || ¡~! RPl *Platz! aus dem Wege! Bahn frei!* || ~**s** *fpl* Ur *Kniff* m

²**cancha** *f* Pe *gerösteter Mais* m || SAm *geröstete Bohnen* fpl

³**cancha** *f* Col *Krätze, Räude* f || *Hautkrankheit* f

canchador *m* Pe *Dienstmann* m

canchal *m felsiger Ort* m || Sal *Vermögen* n

canchalagua *f* ⟨Bot⟩ *am. Ginster* m

canchar vi Pe fam *verdienen, Geschäfte machen* || Chi = **canchear**

cancharas *fpl* Dom *Gestrüpp* n

cancharrazo *m* Cu Ven *kräftiger Schluck* m

canche adj Guat *blond* || Col *schlecht gewürzt*

canche|ador *m* SAm *Faulenzer* m || **-ar** vt/i Am *die Zeit vertrödeln, sich herumtreiben* || **-o** *m* Chi *Müßiggang* m || **-ra** *f* Sal *große Wunde* f || *Geschwür* n || **-ro** *m* Am *Besitzer* m *e-r Spielhölle* || Pe *gewissenloser Geistlicher* m || Arg *Müßiggänger* m || Chi *Markör* m *beim Spiel* || Chi *Laufbursche* m || ~ adj Arg *bewandert*

canchinfliu *m* Guat *Schwärmer* m *(Feuerwerk)*

cancho *m Fels, Stein* m || Sal *Kante* f, *Rand* m || Sal *Pfefferschote* f || Col *unreife Banane* f

candado *m (Vor)Hänge-, Vorlege|schloß* n || Extr *Ohrring* m || Col *Spitzbart* m || ~ *de secreto,* ~ *de combinación Vexier-, Alphabet|schloß* n || ~ *de seguridad Sicherheitsschloß* n || ◊ *echar (od poner)* un ~ *a los labios* fig *jdm ein Schloß vor den Mund legen* || *poner bajo siete* ~**s** figf *sehr sorgfältig verwahren*

candaliza *f* ⟨Mar⟩ *Geitau* n, *Talje* f

cándalo — canelón 216

cándalo m Sal *entkörnter Maiskolben* m ‖ Sal *entblätterter Ast* m
candalo m And *e–e Fichtenart* f
candanga m MAm Cu fam *Teufel* m ‖ Cu *Dummkopf, Tölpel* m
cándano m Sal *Bodensatz* m *e–r Flüssigkeit*
candar vt prov *(zu)schließen*
cándara f Ar *Sieb* n
¹**cande** adj *Ast weiß*
²**cande** adj: *azúcar* ~ *Kandiszucker, Zuckerkand* m
candeal adj *weiß (Weizen und Brot)* ‖ Sal fig *redlich, edelmütig* ‖ ~ m Arg *Cremespeise* f ‖ RPl Chi *Punsch* m, *Bowle* f ‖ (pan) ~ *Weizenbrot* n ‖ (trigo) ~ *Weizen, Winterweizen* m
cande|la f *Licht* n, *Kerze* f ‖ *Talg-, Wachs\licht* n ‖ *(Kerzen)Leuchter* m ‖ fam *(Kohlen)Feuer* n ‖ ⟨Bot⟩ *Kerzen-* bzw *Kastanien\blüte* f ‖ *Abstand* m *zwischen dem Gleichgewichtspunkt und dem Zünglein der Waage* ‖ ⟨Jgd⟩ *Kätzchen* n ‖ ⟨Phys⟩ *Candela* f *(Maßeinheit für die Lichtstärke)* ‖ ⟨Web⟩ *Hubstange* f ‖ Al *Eiszapfen* m ‖ Al *Leuchtkäfer* m ‖ Cu Ven *Brand* m ‖ ◊ *arrear* ~ *(od arrimar)* ~ fig *(ver)prügeln, schlagen* ‖ *pedir* ~ And *wechselt eure Plätze! (Kinderspiel)* ‖ *pegar* ~ a a. Cu Ven *et in Brand setzen* ‖ *estar con la* ~ *en la mano* fig *im Sterben liegen* ‖ *en* ~ ⟨Mar⟩ *kerzengerade (Mast)* ‖ *fiesta de las* ⁀s ⟨Kath⟩ *Lichtmeß* f ‖ **-labro** m *Armleuchter, Kandelaber, Lichtständer* m ‖ Arg ⟨Bot⟩ *Riesensäulenkaktus* m (Cereus giganteus) ‖ ~ *de pared Wandleuchter* m ‖ ~ *de los siete brazos Menora* f, *siebenarmiger Leuchter* m *(im Tempel Salomonis)* ‖ **-las** fpl Col *Liebeleien* fpl ‖ **-lada** f *Lagerfeuer*, *(Flacker)Feuer* n ‖ Cu *Licht* n, *Kerze* f ‖ Col ⟨Fi⟩ *Laichzeit* f
Candelaria f ⟨Kath⟩ *Lichtmeß, Mariä Reinigung* f ‖ ⁀ f ⟨Bot⟩ *Königskerze* f (Verbascum sp)
candelario adj Pe *dumm, einfältig*
candele|ja f Chi *Lichtknecht* m ‖ **-jón** m/adj Am *Tölpel* m ‖ **-ro** m' *Leuchter* m ‖ *Lampe* f ‖ ⟨Mar⟩ *Mink, Klau* ‖ Col *Heizer* m ‖ Col *Kuppler* m ‖ Col *Schlüsselbein* m ‖ Ven *(Art) Efeu* m ‖ ◊ *estar en* ~ fig *hoch stehen (in Würde)* ‖ *sehr einflußreich sein* ‖ ~**s** pl ⟨Mar⟩ *Sonnensegelstützen* fpl ‖ *Zelt-* bzw *Geländer\stützen* fpl
candeli|lla f dim v. **candela** ‖ *Nachtlicht* n ‖ ⟨Bot⟩ *Kätzchen* n ‖ ⟨Bot⟩ *Weidenkätzchen* n ‖ CR Chi Hond *Leuchtkäfer* m ‖ Arg Chi *Irrlicht* n ‖ Cu *Nacht* f ‖ ⟨Bot⟩ *Kerzenblüte* f ‖ *(Kork-)Eichenblüte* f ‖ Chi *Harnröhrenkerze* f ‖ ~**s** fpl Col *Frostbeulen* fpl ‖ ◊ *muchas* ~**s** *hacen un cirio pascual viele Körner geben e–n Haufen* ‖ **-zo** m fam *Eiszapfen* m
candelo m ⟨V⟩ *Sommertangare* f (Piranga rubra)
candelón m ⟨Bot⟩ Ant Mex *Mangrovebaum* m (Rhizophora mangle)
canden|cia f *Weißglut* f ‖ **-te** adj *weißglühend* ‖ *cuestión* ~ fig *brennende Frage*
candi adj = ²**cande**
Candía f *Kreta (Insel)*
candial adj Am = **candeal** ‖ ~ m Arg *Getränk* n *aus Ei, Milch und Branntwein*
Cándida f Tfn *Candida* f
candidación f *Kristallisierung* f *(Zucker)*
cándidamente adv v. **cándido**
candida|ta f fem v. **-to** ‖ **-to** m *Kandidat*, *(Amts)Bewerber (a um), Anwärter (a auf), Gegenkandidat* m ‖ ◊ *presentarse* (como) ~ ⟨Pol⟩ *kandidieren* ‖ *ser* ~ *a un puesto sich um e–e Stelle bewerben* ‖ *ser* ~ *a un examen sich zur e–r Prüfung melden* ‖ **-tura** f *Kandidatur, (Amts)Bewerbung, Anwartschaft* f ‖ ⟨Pol⟩ *Kandidatenliste* f ‖ ◊ *presentar su* ~ ⟨Pol⟩ *kandidieren* ‖ *sich als Kandidat aufstellen lassen (a für)*

candidez [pl **-ces**] f *Weiße, weiße Farbe* f ‖ *Unschuld* f ‖ *Aufrichtigkeit, Redlichkeit* f ‖ *Einfalt* f ‖ *Naivität, Harmlosigkeit* f
candidiasis f ⟨Med⟩ *Soor* m
cándido adj *weiß, glänzendweiß* ‖ *unschuldig* ‖ *aufrichtig, treuherzig* ‖ *einfältig* ‖ *naiv, harmlos* ‖ *arglos*
candiel m And *Gericht* n *aus Weißwein, Eidottern, Mehl, Zucker und Gewürz*
candil m *Zinn-, Schnabel\lampe* f ‖ *Öllampe*, fam *Ölfunzel* f ‖ *(Küchen)Lampe* f ‖ *Blendleuchter* m *zum Fischfang* ‖ ⟨Mar⟩ *Kalfaterlöffel* m ‖ Mex *Armkronenleuchter* ‖ Cu ⟨Fi⟩ *Schleimkopf* m (Holocentrum, Myripristis) ‖ *baile de* ~ fam *Schwof, Gesindeball* m ‖ ◊ *arder en un* ~ figf *sehr stark sein (Wein, Worte usw)* ‖ figf *allerhand sein* ‖ *ni buscado con un* ~ fam *sehr gelegen, wie vom Himmel gefallen* ‖ *sehr geschickt (Person)* ‖ *pescar al* ~ *bei Nachtlicht* n *fischen* ‖ fig *im trüben fischen* ‖ ~**es** pl ⟨Jgd⟩ *Enden* npl *des Hirschgeweihs, Krone* f ‖ *sombrero de tres* ~ *dreieckiger Hut, Dreispitz* m ‖ ◊ *adóbame esos* ~ figf *das machen Sie e–m anderen weis!*
candi|la f ⟨Bgb⟩ *Bergmannslaterne* f ‖ **-lada** f fam *Öllinhalt* m *e–r Lampe* ‖ **-lazo** m *Schlag* m *mit der Öllampe* ‖ fig *Abend\rot* n, *-röte* f ‖ **-leja** f *Öl\behälter* m, *-gefäß* n *(e–r Lampe)* ‖ *(Öl-)Lämpchen* n ‖ ~**s** pl ⟨Th⟩ *Rampenlichter* npl ‖ **-lera** f ⟨Bot⟩ *Gelbleuchte* f ‖ **-letear** vi Ar figf *schnüffeln* ‖ **-letero** m Ar fam *Schnüffler* m
candín adj Sal *hinkend*
candinga f Chi *Belästigung, Plage* f ‖ Hond *Wirrwarr* m ‖ Mex *Teufel* m ‖ Arg fig *armer Teufel* m
candio|ta f *(Wein)Fäßchen* n ‖ ~ m adj *aus Candia, kandiotisch (kretisch)* ‖ ~ m *Kandiot* m *(Kreter)* ‖ **-tero** m *Böttcher* m
candirse vr Ar *hinsiechen*
candombe m *anstößiger Negertanz* m ‖ RPl fam *politische Machenschaft* f
candon|ga f fam *Fopperei, derbe Neckerei* f, *Ulk* m ‖ fam *Fuchsschwänzerei* f ‖ fam *Last-, Maul\tier* n ‖ ◊ *dar* ~ *verulken*, fam *jdn auf den Arm nehmen* ‖ ~**s** pl Col *Ohrgehänge* n ‖ **-go** adj/s fam *schmeichlerisch* ‖ *gerieben* ‖ fam *arbeitsscheu* ‖ ~ m *Drückeberger* m ‖ **-guear** vi *mit jdm derben Scherz treiben, verulken, hänseln* ‖ fam *sich drücken (von der Arbeit)* ‖ **-guero** m fam *Faulenzer, Faulpelz, Drückeberger* m
can|dor m *blendende Weiße* f ‖ *Arglosigkeit, Offenherzigkeit, Seelenreinheit, Naivität, Harmlosigkeit* f ‖ *Einfalt* f ‖ *con* ~ *offenherzig, aufrichtig,* (→ **candidez**) ‖ **-doroso** adj *arglos, offenherzig* ‖ *naiv* ‖ *unbefangen, harmlos* ‖ *seelenrein* ‖ adv : ~**amente**
canducho adj Sal *kräftig, rüstig*
△**candujo** m *(Hänge)Schloß* m
candungo adj/s Pe *spaßig* ‖ *lustig* ‖ Pe *dumm, einfältig* ‖ ~ m *Dom Würfelbecher* m
canear vi And *grau werden (Haare)* ‖ vt Murc *et in der Sonne erhitzen*
cane|ca f, **-co** m *irdene Likörflasche* f ‖ Cu *(Art) Flüssigkeitsmaß* n ‖ Ec *Kühlkrug* m ‖ Arg *Kiepe* f *(zur Weinlese)* ‖ → **cantimpl̄ora** ‖ **-co** adj Bol *angetrunken, beschwipst*
canéfora f *Kanephore, korbtragende Bildsäule* f
¡canejo! fam = **¡carajo!**
cane|la f *Kaneel, Zimt* m ‖ *Zimtrinde* f ‖ fig *sehr feine Sache* f, fam *Feinste, Beste* n ‖ ◊ *eso es (la flor de la)* ~ figf *das ist das Feinste, was es gibt* ‖ *wundervoll!* ‖ **-lado** adj *zimtfarben* ‖ ~ m *Zuckerwerk* n *mit Zimt* ‖ **-lar** m *Zimtpflanzung* f ‖ **-lazo** m Ec *Aufguß* m *aus Branntwein und Zimt* ‖ **-lero** m *Zimtbaum* m ‖ **-lo** adj/s *zimtfarben (Pferde und Hunde)* ‖ ~ m ⟨Bot⟩ *Zimtbaum* m (Cinnamomum sp) ‖ Chi *(Art) Magnolienbaum* m ‖ Col *Zimtlorbeer* m
canelón m *Eiszapfen* m *auf dem Dach* ‖ *Quasten-*

schnur f, ⟨Mil⟩ *Raupe, Achselschnur* f ‖ ⟨Kath⟩ *Geißelende* n ‖ ~**es** *pl* fam *die knotigen Enden* npl *e-r Mönchsgeißel* ‖ ⟨Kochk⟩ *Cannelloni* pl
canero *m* Dom *Unruhestifter* m
canes *mpl* ⟨Zim⟩ *Schultern* fpl
canesú [*pl* **-úes**] *m Rundspenzer* m, *Leibchen* n *ohne Ärmel* ‖ *Oberteil* m *des Hemdes*
canevá [*pl* **-ás**] *m* gall = **cañamazo**
cánevas *m Gitternetz* n
caney *m* Cu *Einbuchtung* f *e-s Flusses, Flußbiegung* f ‖ Col Cu *(keilförmige) Hütte* f ‖ Col *Schuppen* m
can|fin *m* CR, **-fina** *f* Guat *Erdöl* n ‖ **-finfora** *f* Ven *Lärm, Tumult* m ‖ *Streit* m
canfórico adj: *ácido* ~ ⟨Chem⟩ *Kampfersäure* f
¹**canga** *f* Am *lehmhaltiges Eisenerz* n
²**canga** *f* Sal *Pflug* m *(mit e-m Pferd)* ‖ *And Gespann* n *Pferde* bzw *Maultiere*
canga|lla *f* Sal *Lumpen, Hader* m ‖ Arg Pe *Feigling, Schwächling* m ‖ Col *mageres Tier* n ‖ *magere Person* f ‖ △ *Karren* m ‖ Bol Chi *Erzdiebstahl* m *(in Bergwerken)* ‖ **-llero** *m* Chi Pe *Erzdieb* m *(in Bergwerken)* ‖ Pe *Trödler, Hausierer* m ‖ △ *Fuhrmann* m ‖ **-llo** m And fam *großer, magerer Mensch* m ‖ Sal *Plunder, Kram* m ‖ Sal *Fersenbein* n ‖ △ *Wagen* m
cangar vt Ast *stören*
cangarejera *f* Col *Voreingenommenheit* f
cangilón *m großer Wasserkrug* m ‖ *Schöpf-, Brunnen|eimer, Aufzugskorb, Baggerkübel* m ‖ *Radspur* f, *Radeindruck* m ‖ ~ *de arrastre Seilschrapper* m ‖ ~ *de carga automática*, ~ *autoprensor selbstgreifender Baggereimer, Greiferkübel* m ‖ ~ *de descarga automática selbstöffnender Baggereimer* m ‖ **-es** *pl Falten* fpl *e-r Halskrause* ‖ Col *Unebenheiten* fpl *des Weges*
cangre m Cu *Körperkraft* f
cangre|ja adj/s ‖ ~ *f* ⟨Mar⟩ *Gaffel* f ‖ *(vela)* ~ ⟨Mar⟩ *Gaffelsegel* n ‖ **-jada** *f* Ec *Dummheit* f ‖ Pe *Gemeinheit* f ‖ **-jear** vt pop *befummeln* ‖ **-jera** *f*, **-jal** *m Brutplatz* m *der Krebse* ‖ **-jero** *m Krebsfänger* m ‖ Chi *Krebsloch* n ‖ **-jo** *m (Fluß)Krebs* m ‖ *Krabbe* f ‖ *Steinkarren* m ‖ ⟨Mar⟩ *Drehrahe* f ‖ Dom fig *Homosexueller* m ‖ Ec *Dummkopf, Tölpel* m ‖ Dom *Schwächling* m ‖ Pe *Verräter* m ‖ *Schelm* m ‖ ~ *de los cocoteros* ⟨Zool⟩ *Palmendieb, Kokosnußräuber* m (Birgus latro) ‖ ~ *de mar*, ~ *común gemeine Strandkrabbe* f (Carcinus maenas) ‖ ~ *de río Fluß-, Edel|krebs* m (Astracus fluviatilis) ‖ ~ *ermitaño Einsiedlerkrebs, Eremit* m (Eupagurus bernardus) ‖ ~ *faquín Wollkrabbe* f (Dromia vulgaris) ‖ ⟨Med⟩ *ojos de* ~ *Krebsaugen* npl
can|grena *f* = **gangrena** ‖ **-grina** *f* Chi = **gangrena** ‖ Cu *Karbunkel* m ‖ Col *Belästigung* f
cangro *m* Am ⟨Med⟩ *Krebs* m
△**canguelo** *m* pop *Angst* f, pop *Bammel* m
canguerejera *f* Col = **cangarejera**
cangüeso m ⟨Fi⟩ *Schleimfisch(art* f*)* m ‖ *Meergrundel(art* f*)* m
canguro m *Känguruh* n
caníbal *m*/adj *Kannibale, Menschenfresser* m ‖ fig *roher, wilder Mensch* m ‖ ~ adj *kannibalisch*
canibalismo *m Menschenfresserei* f ‖ *Artgenossenfresserei* f *(Tiere)* ‖ *Kannibalismus* m ‖ fig *Wildheit* f ‖ fig *Unmenschlichkeit* f
canica *f Murmel, Marmel* f ‖ *Murmelspiel* n
canicida adj *hundetötend*
canicie *f Ergrauen* n *des Haares*
canícula *f Hundstage* mpl ‖ *Sommerhitze* f ‖ ⟨Astr⟩ *Hundsstern, Sirius* m
canicular adj: *(días)* ~**es** *Hundstage* mpl
canículo *m* Cu *Tor, Narr* m ‖ *Schwachsinniger* m
cánidos *m pl* ⟨Zool⟩ *hundeartige Raubtiere* npl (Canidae)
canijo adj/s fam *schwächlich, kränklich* ‖ ~ *m*

pop *Schwachmatikus* m ‖ → **encanijado**
canil *m Kleienbrot* n ‖ Ast *Fangzahn* m
¹**canilla** *f* ⟨An⟩ *Schienbein* n ‖ ⟨An⟩ *Ellbogenbein* n, *Elle* f ‖ *Flügelknochen* m *der Vögel* ‖ *Weberspule* f ‖ *Zimtrinde* f ‖ ◊ *irse de* ~ figf *sehr starken Durchfall haben* ‖ figf *den Mund nicht halten können*
²**canilla** *f Faßhahn, Faßzapfen* m ‖ Arg *Faß-, Wasser|hahn* m ‖ Col *Wade* f ‖ Mex fig *Stärke* f
cani|llera *f* ⟨Web⟩ *Kötzerspulmaschine* f ‖ ~ *de vaso* ⟨Web⟩ *Becherspulmaschine* f ‖ Col *Erschöpfung* f ‖ Col *Angst* f ‖ **-llero** *m Zapf-, Spund|loch* n *(am Faß)* ‖ **-llita** *m* Arg *Zeitungs|junge, -austräger* m ‖ **-llón** adj Ec = **-lludo** ‖ **-lludo** adj Am *hochaufgeschossen (Kind)*
cani|na *f Hundekot* m ‖ **-nez** *f Gefräßigkeit* f ‖ **-no** adj *Hunde-, Hunds-* ‖ (hambre) ~**a** *Heiß-, Bären-, Wolfs|hunger* m ‖ (diente) ~ *Augen-, Eck|zahn* m ‖ *exposición* ~ *Hundeausstellung* f (dientes) ~**s** *mpl die Augen-, Eck|zähne* mpl ‖ adv: ~**amente**
Canita np *f* fam = **Carmen**
canivete *m* Sal *Gartenmesser* n
can|je *m Wechsel, Austausch* m ‖ *Austausch* m *(Vollmachten, Gefangene, Zeitungen)* ‖ *Wechselgeld* n ‖ ~ *de los instrumentos de ratificación Austausch* m *der Ratifizierungsurkunden* ‖ ~ *de notas Noten|wechsel, -austausch* m ‖ ~ *de poblaciones Bevölkerungsaustausch* m ‖ ~ *de prisioneros (de guerra) (Kriegs)Gefangenenaustausch* m ‖ **-jear** vt *aus|wechseln, -tauschen (z. B. Briefmarken)* ‖ *umtauschen*
canjiar *m Kandjar* m *(Dolch)*
can|na *f* ⟨Bot⟩ *Kanna* f, *Blumenrohr* n (Canna spp) ‖ **-náceas** *fpl* ⟨Bot⟩ *Schwanenblumengewächse* npl (Cannaceae)
cano adj/s *grau, weiß (Haupthaar)* ‖ *grau, weiß|haarig* ‖ fig *alt(ertümlich)* ‖ fig *klug, weise* ‖ fig poet *schneebedeckt*
cano|a *f Kanoa* f, *Baumkahn, Einbaum* m *der Naturvölker* ‖ ⟨Sp⟩ *Kanu* n ‖ ⟨Mar⟩ *leichtes Kapitänsboot, Paddelboot* n ‖ fam *(Zylinder)Hut* m ‖ CR Chi *Dachrinne* f ‖ Chi *Dachtraufe* f ‖ ~ *automóvil Motorboot* n ‖ ~ *de salvamento Rettungsboot* n ‖ ~ *plegadiza Faltboot* n ‖ *sombrero de* ~ *Schaufelhut* m ‖ **-aje** *m Bootsfahrt* f
canó|dromo *m Hunderennbahn* f ‖ **-filo** *m Hundeliebhaber* m
canoero *m Kanu|führer, -fahrer, Kanute* m ‖ ~**s** *mpl Bootsbesatzung* f
canon *m* [*pl* **cánones**] *Regel, Vorschrift, Richtschnur* f ‖ *Kirchengesetz* n ‖ *Katalog* m, *Verzeichnis* n ‖ *kirchlicher Festkalender* m ‖ *Kanon* m *(Teil des Gottesdienstes)* ‖ *feste Ertrags-, Betriebs|steuer* f ‖ ⟨Jur⟩ *Pachtzins* m ‖ *Pacht* f ‖ *pauschale Zoll- od Steuer|abgabe* f ‖ ⟨Mus⟩ *Kanon* m ‖ ⟨Typ⟩ *Kanonschrift* f *(veraltete Bezeichnung für Schriftgrade von 24 bis zu 72 typographischen Punkten)* ‖ ~ *enfitéutico* ⟨Jur⟩ *Erb(pacht)zins* m ‖ *Kanon* m ‖ ~ *máximo Höchstpacht* f ‖ ~**es** *pl kanonisches Recht* n *(Einzelbestimmungen des kath. Kirchenrechts, enthalten im Codex Iuris Canonici)*
canonesa *f Kanonissin, Stiftsdame, Chorfrau* f
canónica *f Ordensregel* f
cano|nical adj *Dom- und Stiftsherren-* ‖ *kanonisch, vorschriftsmäßig* ‖ **-nicato** *m Domherrnwürde* f
canóni|co adj *kanonisch* ‖ fig *mustergültig* ‖ *derecho* ~ *kanonisches Recht, katholisches Kirchenrecht* n ‖ adv: ~**amente** ‖ **-ga** *f* fam *Mittagsschlaf* m *vor dem Essen* ‖ **-go** *m Dom-, Stifts|herr* m ‖ ~ *capitular Domkapitular* m ‖ *vida de* ~ fig *gemächliches Leben* n
cano|nista *m Kenner* m *des Kirchenrechts, Kanonist* m ‖ **-nización** *f Heiligsprechung, Kanonisation* f ‖ **-nizar** [z/c] vt *heiligsprechen, kanonisieren* ‖ fig *loben, preisen* ‖ fig *gutheißen*

canonjía f Domherrnpfründe f, Kanonikat n || figf Sinekure f, Ruheposten m
canorca f Val Grotte, Höhle f
canoro adj wohlklingend || melodienreich || anmutig singend (Vogel) || aves ~as Singvögel mpl
canoso adj weißhaarig, grau(haarig) || fig alt
cano|taje n gall Kahnfahren n || Rudersport m || **-tier** m frz flacher, runder Strohhut m
cansado adj müde, matt, ermattet, ermüdet || schwach || erschöpft (Boden) || lahm (Feder), anstrengend (Arbeit) || lästig, ermüdend || langweilig || ◊ tener vista ~a kurzsichtig sein || estoy ~ de oírlo fam es hängt mir zum Halse heraus || adv: **~amente**
cansancio m Müdigkeit, Mattigkeit f || Ermüdung f || fam Langeweile f || ◊ caerse de ~ vor Müdigkeit umfallen || ~ del material Werkstoffermüdung f || ~ de la guerra Kriegsmüdigkeit f
cansar vt/i ermüden, abmatten || abnützen || aussaugen, erschöpfen (Boden) || anstrengen (Arbeit) || jdn abjagen, abhetzen || fig belästigen, ärgern || langweilen || **~se** sich ermüden, müde werden || sich abplagen, sich fertigmachen || sich bemühen, anstrengen (con, de mit) || sich langweilen || erschlaffen lassen (Gesichtszüge) || überanstrengt werden (Augen) || ◊ ~ de a. e-r Sache überdrüssig werden, fam satt kriegen || ~ de hablar des Redens überdrüssig werden
can|sera f fam Belästigung, Zudringlichkeit f || Sal Mattigkeit f || Am Zeitverlust m || **-sino** adj erschöpft, matt (Kind) || abgehetzt, überanstrengt, übermüdet || **-so** adj Am = **-sado**, **-són** adj PR Ven leicht ermüdbar
cantable, cantábile m/adj ⟨Mus⟩ Kantabile n || Gesangnummer f
cantábrico adj kantabrisch || Mar ≏ Kantabrisches Meer n || Golf m von Biskaya
cántabro m/adj Kantabrer m (aus Cantabria = heute PSant)
canta|da f Kantate f, Gesangstück n || Mex Geheimnisenthüllung f || **-do** adj: misa ~a Figuralmesse f || ~ m Gesang m || **-dor** m (Volks)Sänger m || **-dora** f (Volks)Sängerin f
cantal m großer Eckstein m || steiniges Feld n
canta|lear vi girren (Tauben) || **-leta** f fam Spott, Hohn m || Hond Lieblingswort n || Col stetiger Streit m || ◊ dar ~a uno fam jdn prellen || **-letear** vt Am ständig, lästig wiederholen || Mex jdn prellen || **-linoso** adj steinig
cantamisano m Mex Priester m, der s-e erste Messe liest
cantante m(f) (Opern)Sänger(in) m(f)
cantaor m Flamencosänger m
¹**cantar** vt/i (be)singen, rühmen, preisen, loben, bejubeln || fam reden, erzählen, sagen, pop verpfeifen, verraten || summen, singen (Wasser, Milch vor dem Kochen) || ⟨Mus⟩ mit Gefühl vor|tragen, -singen || krähen (Hahn) || quaken (Frosch) || zirpen (Grille) || singen, zwitschern (Vogel) || trillern (Lerche) || schlagen (Nachtigall) || murmeln, rauschen (Quelle) || knarren (Wagenrad) || quietschen (z. B. schlecht geölte Tür) || fam nicht dichthalten, singen || ⟨Mar⟩ pfeifen (Kommando) || ⟨Kart⟩ seine Karten angeben || fam eingestehen, bekennen (Geheimnis, Schuld) || ◊ ~ a dos voces zweistimmig singen || ~ la hora die Stunde ausrufen (Nachtwächter) || ~ de plano fig alles bekennen, was man weiß || a plenos pulmones aus voller Kehle, aus vollem Halse singen || ~ a primera vista, ~ de repente ⟨Mus⟩ vom Blatt singen || ~ (la) misa Messe lesen || ~ la palinodia Widerruf leisten || ~ la tabla das Einmaleins hersagen || ~ las claras fam et freiheraus sagen || ~ victoria fam hurra schreien || es cosa y ~ fig das ist spielend leicht || das ist e-e Wonne || V. puede ~ gloria figf Sie haben es gewonnen || es como si cantara figf es ist ganz zwecklos, es ist alles in den Wind gesprochen

²**cantar** m Lied n || (Tanz)Weise f || eintöniges Singen n bei der Arbeit || ~ de gesta Heldenepos n || El ≏ del mío Cid das altspanische Cidepos || El ≏ de los ~es m das Hohelied Salomos || ◊ es otro ~ das ist et anderes || es la eterna ~ es ist immer dieselbe Leier
cántara f = ~o || Weinmaß = 8 Azumbres = 16,13 Liter || Kanne f, Krug m || ⟨Web⟩ Schweifgestell n
cantarada f e-e Kanne-, ein Krug|voll m
cantarela f ⟨Mus⟩ Quinte f, höchste Saite der Geige || ein eßbarer Schwamm m
cantare|ra f Gestell n für Krüge, Topfbank f || **-ría** f Krugmarkt m
cantárida f Kantharide, Spanische Fliege f, Blasenkäfer m (Lytta vesicatoria) || spanisches Fliegenpflaster n || ◊ aplicarle a uno ~s figf jdm bissige Dinge sagen
cantari|dina f ⟨Pharm⟩ Kantharidin n, Kantharidenkampfer m || **-dismo** m ⟨Med⟩ Kantharidenvergiftung f
canta|rilla f dim v. **cántara** || Col Verlosung f || Kantilene f || **-rillo** m dim v. **cántaro** || ◊ ~ que muchas veces va a la fuente, o deja el asa o la frente fig wer die Gefahr sucht, kommt darin um || →a cántaro
cantarín adj/s sangeslustig || ⟨Lit⟩ murmelnd (Quelle) || ~ m Berufssänger m || fam Sangesbruder m
cantari|na f (Berufs)Sängerin f || **-no** adj ⟨poet⟩ singend
cántaro m Henkelkrug m || Kanne f, Krug m || e-e Kannevoll f, ein Krugvoll m || ein (regional unterschiedliches) span. Weinmaß f || Wahl-, Los|urne f || a ~s fig in Hülle und Fülle || alma de ~ figf Einfaltspinsel, Tropf m, pop Depp m || moza de ~ Hausmagd f || fig derbes, dralles Frauenzimmer n || ◊ volver las nueces al ~ fig alten Tee aufwärmen, e-e erledigte Sache wieder aufrühren || llover a ~s fig regnen, als ob es mit Scheffeln gösse || tanto (od tantas veces) va el ~ a la fuente, que al fin se rompe (od que deja el asa o la frente) der Krug geht so lange zum Brunnen, bis er (zer)bricht
cantarrana f Al Froschschnarre f (Spielzeug)
canta|ta f ⟨Mus⟩ Kantate f || fig langweilige Geschichte f || siempre la misma ~ figf immer dieselbe Geschichte! immer die alte Leier! || **-triz** [pl **-ces**] f Sängerin f
cantazo m Steinwurf m || PR Schlag m mit e-m Knüppel || Col Peitschenschlag m || PR kräftiger Schluck m (Wein, Likör)
cante m And Singen n, Gesang m || And Volksweise f || fig Klatsch m || Ast Gesang m || Klingklang m || andaluz Flamenco m (im weiteren Sinne) || (and.) Zigeuner|tanz m, -tanzlied n || ~ grande, ~ hondo, ~ jondo (and.) Spielart f des Flamenco || ~ chico Flamenco m im engeren Sinne || ~ flamenco (and.) Zigeunerweise f
cantear vt ⟨Zim⟩ abschrägen, abkanten || (die Ziegel) auf die schmale Seite legen || ⟨Arch⟩ besäumen, abrichten || Sal steinigen || Chi behauen (Stein) || Guat schlecht abwickeln (Geschäft) || ~se schief werden, sich verschieben
cantegril m Ur Elendsviertel n
cante|ra f (Stein)Bruch m || Grube f || natürliche Anlage f || fam Hader, Streit m || Mex = **-ría** || ~ de arena Sandgrube f || ~ de grava Kies-, Schotter|grube f || ~ de marga Mergelgrube f || ~ de mármol Marmorbruch m || ~ de piedra Steinbruch m || ~ de pizarra (Dach)Schieferbruch m || ◊ armar una ~, levantar una ~ figf e-e Krankheit hervorrufen bzw verschlimmern || figf in ein Wespennest stechen || **-ría** f Mauerwerk n von Quadersteinen || Quaderstein f || **-rito** m Stückchen n Brot || ~ro m Steinbrecher m || Steinhauer, -metz m || Ranftstück n, Kanten m am Brot, fam Knust m || Ecke, Kante f || Sal Stück n

Feld ‖ *Am Gartenbeet* n ‖ *un* ~ *de pan ein Stück* n *Brot*
canticio *m fam stetiges, lästiges Lied* n
cántico *m Lobgesang* m ‖ *Choral* m ‖ ⟨poet⟩ *Gedicht* n ‖ ~ *de amor Liebeslied* n
cantidad *f Anzahl, Menge* f ‖ *Summe* f *Geldes* ‖ *Größe, Vielheit, Quantität* f ‖ *Gehalt* m *(de an)* ‖ *Quantum* n ‖ ~ *alzada Gesamtsumme* f *in e-m Kostenanschlag* ‖ ~ *constante* ⟨Math⟩ *konstante Größe* f ‖ ~ *de alcohol en la sangre* ⟨StV⟩ *Blutalkohol|konzentration* f *(BAK)*, *-gehalt* m ‖ ~ *de aspiración* (*An)Saugmenge* f ‖ ~ *debida Sollmenge* f ‖ ~ *de lluvia anual Jahresregenmenge, jährliche Regenmenge* f ‖ ~ *de movimiento* ⟨Math Tech⟩ *Bewegungsgröße* f ‖ ~ *de trabajo Arbeitsleistung* f ‖ ~ *diferencial*, ~ *infinitamente* (*grande*) *pequeña* ⟨Math⟩ *unendlich (große) kleine Größe* f ‖ ~ *entregada gelieferte Menge, Liefermenge* f ‖ ~ *a entregar gall*, ~ *que ha de entregarse zu liefernde Menge, Liefermenge* f ‖ ~ *escalar* ⟨Math⟩ *Skalargröße* f ‖ ~ *extraída* ⟨Bgb⟩ *Förder|menge, -leistung* f ‖ ~ *global Pauschalsumme* f ‖ ~ *imaginaria* ⟨Math⟩ *imaginäre Größe* f ‖ ~ *necesaria Bedarf* m ‖ ~ *parcial Teilbetrag* m ‖ ~ *ponderable wägbare Menge* f ‖ ~ *radical* ⟨Math⟩ *Wurzelgröße* f ‖ ~ *sobrante überschießende Summe* f, *Überschuß* m ‖ ~ *transportada Förder|menge, -leistung* f ‖ ~ *vectorial* ⟨Math⟩ *Vektorgröße* f ‖ *descuento por* ~*es Mengenrabatt* m ‖ *en* ~*es industriales* figf *in Menge, haufenweise* ‖ ◊ *hacer buena una* ~ *e-e Summe begleichen, bezahlen*

cántiga, cantiga *f (altspan.) Lobgesang* m
cantil *m* ⟨Mar⟩ *steile Klippe, Steilklippe* f ‖ *Felsenriff* n
cantilena *f* ⟨Mus⟩ *Kantilene* f, *einfaches Liedchen* n ‖ ¡*siempre la misma* ~! figf *immer dieselbe Leier!, immer dieselbe Geschichte!*
cantiléver *adj/s einseitig eingespannt, freitragend* ‖ ~ *m Kantilever, freitragender Flügel* m ‖ *vorkragende Aufhängung* f ‖ *puente* ~ *Ausleger(bogen)brücke* f
Cantillana *Ort in der Prov. Sevilla* ‖ ◊ *anda el diablo en* ~ figf *der Teufel ist los*
cantillo *m Steinchen* n ‖ *Ecke* f
cantimplora *m (Wein) Heber, Weinzieher* m ‖ *Kühlgefäß* n ‖ *Kürbisflasche* f ‖ *Flaschenkürbis* m ‖ *flache Feldflasche, Labeflasche* f ‖ *Sal großer (Koch)Topf* m ‖ *Guat fam Kropf* m ‖ *Col Pulverflasche* f
canti|na *f Weinkeller* m, *Kellergemach* n ‖ (*Bahnhofs)Kantine* f *(Wirtschaft)* ‖ *Flaschenkiste* f ‖ *Proviantkiste* f ‖ ⟨Mil⟩ *Kantine* f, *Ausschank* m *in der Kaserne* ‖ *Ort* m *im Hause, wo das Wasser zum häuslichen Gebrauch aufbewahrt wird* ‖ ~ *de empresa Werk(s)kantine* f ‖ ~*s fpl Mex Doppeltragkorb* m *für Lasttiere* ‖ **-near** vi *Guat Salv verliert machen* ‖ **-nela** *f* = **lena** ‖ **-nera** *f Kantinenwirtin* ‖ ⟨Hist⟩ *Marketenderin* f ‖ **-nero** *m Kantinen-, Schenk|wirt* m ‖ *hist Marketender* m ‖ **-ña** *f fam Gassen|lied* n, *-hauer* m ‖ **-ñear** va/n *prov* = **canturrear**
cantizal *m Kieselfeld* n
¹**canto** *m Gesang* m ‖ *Singen* n ‖ *Gesangskunst* f ‖ *Dichtkunst* f ‖ *Gesang* m *e-s epischen Gedichtes* ‖ *Gedicht* n ‖ *Lied* n, *Weise* f ‖ ⟨Mus⟩ *Arie* f ‖ *Zirpen* n (*Grille*) ‖ *Krähen* n (*Hahn*) ‖ *Trillern* n (*Lerche*) ‖ *Schlagen* n (*Nachtigall*) ‖ *Vogelgesang* m ‖ *Zwitschern* n (*Vögel*) ‖ ~ *ambrosiano Ambrosianischer Gesang* m ‖ ~ *bélico Kriegslied* n ‖ ~ *de arada*, ~ *de siega Cast bei der Feldarbeit gesungenes Lied* n ‖ ~ *de cisne* fig *Schwanengesang* m ‖ ~ *figurado* ⟨Mus⟩ *figurierter Gesang* m ‖ ~ *fúnebre Grab-, Trauer|lied* n ‖ ~ *del gallo Krähen* n *des Hahnes* ‖ *al* ~ *del gallo fam beim ersten Hahnenschrei, bei Tagesanbruch* ‖ ~ *gregoriano*, ~ *llano* ⟨Mus⟩ *Gregorianischer (Chor)Gesang* m ‖ ~ *del grillo Zirpen* n *der Grille* ‖ ~ *guerrero Kampflied* n ‖ ~ *nupcial Hochzeitslied* n ‖ *profesor de* ~ *Gesanglehrer* m ‖ *escuela de* ~ *Gesangs-, Sing|schule* f ‖ ◊ *entonar un* ~, *interpretar un* ~ *e-n Gesang anstimmen, e-n Gesang vortragen* ‖ *ser* ~ *llano* fig *geläufig, leicht sein* ‖ fig *schlicht, einfach sein* ‖ *por el* ~ *se conoce el pájaro den Vogel erkennt man am Gesang*
²**canto** *m Rand* m ‖ *Kante, äußere Seite* f *e-r Sache* ‖ *Ecke, Spitze* f ‖ *Saum* m *(am Kleid)* ‖ *Messerrücken* m ‖ *(Bruch)Stück* n ‖ *Brotranft* m ‖ *Dicke* f *e-s Brettes* ‖ ⟨Zim⟩ *Holzleiste* f ‖ *(Bau-)Stein* m ‖ *Fels(block)* m ‖ *Werk-, Quader|stein* m ‖ *vorderer Schnitt e-s Buches, Buchschnitt* m ‖ *Wurfspiel, Steinwerfen* n ‖ ~ *biselado Fehlkante* f ‖ *abgeschrägter Rand* m, *abgeschrägte Kante* f ‖ *un* ~ *de pan ein Stück* n *Brot* ‖ ~ *pelado*, ~ *rodado Rollstein* m, *Geröll, Geschiebe* n ‖ ~ *romo* ⟨Arch⟩ *rundkantige Ecke* f ‖ *a* ~ *sehr nahe daran, fast* ‖ *con un* ~ *a los pechos fam freudig, mit viel Vergnügen* ‖ ~ *de* ~ *hochkant(ig)* ‖ *ni un* ~ *de la uña* figf *rein gar nichts* ‖ ◊ *echar* ~*s* fig *vor Wut außer sich sein, wüten*

cantón *m Ecke* f ‖ *Kanton* m ‖ *Landstrich, Kreis, Bezirk* m ‖ ⟨Mil⟩ *Quartier* n, *Belegung* f *von Ortschaften mit Truppen* ‖ ⟨Mil⟩ *Lagerplatz* m ‖ ⟨Her⟩ *Obereck* n ‖ *Lago de los Cuatro* ~*es Vierwaldstätter See* m
cantonada *f Ar Ecke* f ‖ ◊ *darle a uno* ~ figf *jdn an der Nase herumführen*
canto|nal *adj kantonal, Kantonal-* ‖ **-nalismo** *m* ⟨Pol⟩ *Kantonalismus* m ‖ **-nar** vt = **acantonar** ‖ **-near** vi *herumschlendern* ‖ **-nera** *f Eckbeschlag* m *(an Tischen, Büchern)* ‖ *Eckenschoner, Kantenschutz* m, *Eckschiene* f ‖ *Kolben|blech* n, *-kappe* f *(Gewehr)* ‖ ⟨Math⟩ *Winkel|eisen, -maß* n ‖ *Ecktisch* m ‖ *Eckschrank* m ‖ fam *Dirne* f, pop *Nutte* f ‖ **-nero** *m/adj Eckensteher* m ‖ fig *Pflastertreter, Bummler* m

cantor *adj Sing-* ‖ *arroyo* ~ ⟨poet⟩ *murmelnder Bach* m ‖ *ave* ~*a Singvogel* m ‖ *caballero* ~ *Minnesänger* m ‖ *maestro* ~ *Meistersinger* m ‖ *Los maestros* ~*es de Núrenberg Die Meistersinger von Nürnberg* ‖ ~ *m (Vor)Sänger* m ‖ ⟨poet⟩ *Sänger, Dichter* m ‖ *Singvogel* m ‖ *Chi fam Nachttopf* m ‖ △ fam *Trinker* m ‖ ~ *de feria Bänkelsänger* m ‖ ~ *de ópera Opernsänger* m
canto|ra *f Sängerin* f ‖ *Chi fam Nachttopf* m ‖ ~*s fpl* ⟨V⟩ *Singvögel* mpl (Oscines) ‖ **-ral** *m Chorbuch* m
cantorral *m steiniges Gelände* n
cantoso *adj steinig (Gegend)*
cantuariense *adj/s aus Canterbury in England*
cantuda *f prov Schwarzbrot* n
cantueso *m* ⟨Bot⟩ *Stochaskraut* n, *Schopflavendel* m (Lavandula stoechas)
cantuja *f Pe Rotwelsch* n
canturía *f Singsang* m, *(Sing) Weise, Melodie* f
cantu|rria *f And Pe eintöniger Gesang* m ‖ **-rrear, -rriar** vi fam *(halblaut vor sich hin) trällern, vor sich hin summen* ‖ figf *herleiern*
*****cantusar** vt fam *berücken, betören* ‖ vi *And Murc* = **canturrear**
cantuta *f Am* ⟨Bot⟩ *Bartnelke* f (Cantua sp)
cánula *f dünnes Rohr* n ‖ *Spritzröhrchen* n ‖ *Kanüle* f ‖ ~ *rectal After-, Mastdarm|rohr* n ‖ ~ *traqueal Trachealkanüle* f ‖ ~ *vaginal Scheidenrohr* n
canu|lar *adj spritzröhrenförmig* ‖ **-tero** *m Am (Füll)Federhalter* m ‖ **-tillo** *m* = **cañutillo** ‖ **-to** *m* = **cañuto** *m*
canzoneta *f Kanzonette* f *(Gedicht)* ‖ *Lied(-chen)* n
caña *f (Stroh)Halm* m ‖ *(Schilf)Rohr, Ried* n ‖ *Stockpalme* f ‖ *Zuckerrohr* n ‖ *Zuckerrohr|branntwein, -schnaps* m ‖ *Stiefelschaft* m ‖ *Schaft* m *e-s Strumpfes* ‖ *(Spazier)Stock* m ‖ *Stange* f, *hohes Weinglas* n *(bes für Manzanilla)*

|| *(Art) Weinmaß* n || *Säulenschaft* m || *Ruderschaft* m || *Gewehrschaft* m || *Stiefelschaft* m || ⟨Mus⟩ *Rohrmundstück, Ansatzrohr* n *(für Oboe usw)* || ⟨An⟩ *Röhrenknochen* m || *(Knochen-)Mark* n || ⟨Mar⟩ *Pinne* f || fig *schwacher, haltloser Mensch* m || Col *gewisser Tanz* m || Col *Bramabasierung, Großsprecherei* f || Col Ec Ven pop *Gerücht* n, *Latrinenparole* f || Ven *Schluck* m *Likör* || △ *Strumpf* m || ~ del ancla ⟨Mar⟩ *Ankerschaft* m || ~ de azúcar, ~ dulce, ~ miel *Zuckerrohr* n || ~ de Batavia *Bataviarohr* n || ~ de Bengala *Spanisches Rohr* n (Palmijuncus) || ~ blanca, ~ brava *Bambusrohr* n (Bambusa) || ~ de Castilla Mex *Zuckerrohr* n || ~ del poste ⟨El⟩ *Mastschaft* m || ~ del remo *Ruderschaft* m || ~ del trole ⟨El⟩ *Stromabnehmerstange* f || ~ de pescar *Angelrute* f || ~ de timón Ar *Weinmaß* n, *-pinne* f || ~ de vidriero *Blasrohr* n, *Glasmacherpfeife* f || *aguardiente de* ~ *Zuckerrohrbranntwein* m || *de media* ~ *muldenförmig ausgehöhlt* || ~s pl *Schilfrohr* n || ◊ *correr* o *jugar* ~ *im Mittelalter: Ringelstechen halten* || *hubo toros y* ~ fig *es hat tüchtigen Streit und Zank gegeben* || *las* ~ *se vuelven lanzas Scherz wird oft zu Ernst*
cañabota f ⟨Fi⟩ Cu *Marderhai* m (Mustelus vulgaris)
cañacoro m ⟨Bot⟩ *Blumenrohr* n (Canna spp)
caña|da f *Engpaß, Hohlweg* m || *Weide- und Wander|weg* m *für Schafherden* || Arg *ausgewaschenes Flußbett* n || *Llano* n || *hasta la* ~ *de los huesos* fig *bis an die Knochen* || **-do** m Gal *Weinmaß* n *(= ca. 37 l)* || **-dón** m augm v. **-da** || Chi *Weidegrund* m || **-duz** [pl **-ces**] f And Col *Zuckerrohr* n || **-duzal** m And Col *Zuckerrohrplantage* f || **-fistola, -fístula** f *Fistelrohr* n || **-flota** f Ven = **-fistula**
cañaheja, cañ(ah)erla f *Gummi-, Harz|kraut* n, *Riesenfenchel* m (Ferula communis)
caña|hua f *peruanische Hirse, aus der die Chicha bereitet wird* || Col *Guajakbaum* m || **-hueca** m/f fig *Plaudertasche* f
cañal m, **cañaliega** f = **cañaveral** || *Fischwehr* n
caña|mar, -mal m *Hanffeld* n || **-mazo** m *Hanfkanevas* m, *Stickgaze* f || *Packtuch, Sackleinen* n || ~ *de algodón Baumwollstramin* m || *Sickleinwand* f || **-meño** adj *Hanf-* || **-mero** m Al *Grünfink* m || **-miza** f *Hanfschäbe* f
caña|melar m *Zuckerrohrfeld* n || **-miel** f *Zuckerrohr* n
cáña|mo m *Hanf* m (Cannabis sativa) || *Hanfleinwand* f || ⟨poet⟩ *Strick* m, *Tau* n usw || Chi *Hanfstrick* m || ~ *bruto roher Hanf* m || ~ *de Guinea Rosellahanf* m (Hibiscus sp) || ~ de Manila *Manilahanf* m || ~ *embreado geteerter Hanf* m || ~ *espadado gepochter Hanf* m || ~ *para calafatear Kalfaterwerg* n || ~ *en rama Basthanf* m || *estopa de* ~ *Hanfflachs* m
cañamón m *Hanf|samen* m, *-korn* n
cañandonga f Cu *schlechter (Zuckerrohr-) Branntwein* m
¹**cañar** m *Röhricht* n || *Fischwehr* n
²**cañar** vi *Likör trinken* || Col *großsprechen, angeben*
cañareja f = **cañaheja**
cañarí (pl **-íes**) adj And *hohl wie ein Rohr*
cañarico m Ec *Tanz* m *des Pöbels*
cañariego adj *mit den wandernden Schafherden ziehend (Hirt, Hund)*
cañarroya f ⟨Bot⟩ *Glas-, Mauer|kraut* n (Parietaria spp) → **a parietaria**
cañave|ra f *Stuhl-, Dach|rohr* n || **-ral** m *Röhricht* n || *Rohrdickicht* n || *Rohrfeld* n || *Zuckerrohrpflanzung* f
cañazo m *Schlag* m *mit e-m Rohrstock* || Am *Zuckerrohrbranntwein* m || Cu PR fig *kräftiger Schluck* m *Likör* || ◊ *dar* ~ *a uno* fig *jdn nachdenklich stimmen* || *darse* ~ fig Cu *sich täuschen*
cañe|do m = **cañaveral** || **-ngo** adj Col Cu = **-ngue** || **-ngue** adj Cu fam *mager, spindeldürr* || **-ra** f Dom *Feigheit* f || **-ría** f *Röhrenführung, Rohrleitung* f || *Rohrnetz* n || ⟨Tech⟩ *Stammleitung* f || ~ *de admisión Einlaßleitung* f || ~ *de agua Wasserleitung* f || ~ *de aspiración Saugleitung* f || *(de transporte) de combustible Kraftstoff-, Brennstoff|leitung* f || ~ *de desagüe Abflußleitung* f || ~ *de gas Gas(rohr)leitung* f || ~ *de recuperación de petróleo de fuga Leckölrückleitung* f || ~ *maestra Hauptrohrleitung* f
¹**cañero** m *Brunnen-, Rohr|meister* m
²**cañero** m *Angelfischer, Angler* m || Cu *Zuckerrohrverkäufer* m
³**cañero** m Col Ven *Bramarbas, Angeber* m || Col Ven Ec *Lügner* m
⁴**cañero** adj *Zuckerrohr-*
△**cañí** m/f *Zigeuner(in)* m(f)
cañi|hueco adj *hohlhalmig (Weizen)* || **-lavado** adj *dünnbeinig (Pferde)* || **-lero** m Sal *Holunder* m || **-lla** f *dünnes Rohr, Schilf* n || **-llera** f *Beinschiene* f
cañinque adj Am *kränklich*
cañirla f = **caña**
cañista m *Rohrflechter* m
cañita f PR *billiger, schlechter Rum* m || Ven *Schnapstrinker* m
cañi|vano adj *hohlhalmig (Weizen)* || **-za** f *(Art) grobe Leinwand* f || **-zal** m *Röhricht, Rohrdickicht* n || **-zo** adj: *madera* ~a *Maser-, Knoten|holz* n || ~ m *Rohrgeflecht* n || ⟨Arch⟩ *Rohrputzgrund* m *für Decken* || Sal *Gittertor* n
caño m *Röhre* f, *Rohr* n || *Abzugsgraben* m || *Brunnenrohr* n || *Springbrunnen* m || *Kühlkeller* m || *Orgelpfeife* f || ⟨Jgd⟩ *Dachsbau* m || *ausgetrocknetes Flußbett* n || ⟨Bgb⟩ *Stollen, Schacht* m || ⟨Mar⟩ *schmales Fahrwasser* n *zwischen Untiefen* || Ar *Teich* m || Col *wasserreicher Bach, Fluß* m || Am = **cañón** || ~ *calorífero,* ~ *de calefacción Heizrohr* n || ~ *cloacal Schmutzwasserrohr* || ~ *de acero Stahlrohr* n || ~ *de bajada Abfallrohr* n || ~ *de caldera Kesselrohr* n || ~ *de desagüe Wasserabflußrohr* n, *Dachröhre* f, *Fallrohr* n || ~ *de drenaje Entwässerungs-, Sicker|rohr* n || ~ *de empalme Ansatzrohr* n || ~ *de escape Auspuffrohr* n || ~ *de lubri(fi)cación Schmierrohr* n || ~ *en U Doppelkrümmer* m || ~ *para agua Wasser(leitungs)rohr* n || ~ *perforado Brauserohr* n || ~ *roscado Gewinderohr* n || ~s mpl *para la sangría de escoria* ⟨Metal⟩ *Schlackenabfluß* m
cañón m *Rohr* n *e-s Blasebalgs usw* || *Lauf* m *e-s Schießgewehrs, Geschützlauf* m || ⟨Mil⟩ *Kanone* f, *Geschütz, Stück* n || *Brunnenrohr* n || *Orgelpfeife* f || *(Feder)Kiel* m || *Bartstoppel* f || *Strohhalm* m || *Bein* n *e-r Hose* || *Schaft* m *e-s Stiefels* || ⟨Bgb⟩ *Stollen* m || ⟨Geogr⟩ *Cañon* m || △ *Landstreicher* m, *Strolch* m || Pe *(Hohl)Weg* m || Col *Baumstamm* m || ~ *antiaéreo (DCA) Flugabwehrgeschütz* n *(Flak* f*)* || ~ *anticarro,* ~ *antitanque,* ~ *contra carros Panzerabwehr|geschütz* n, *-kanone* f *(Pak)* || ~ *arponero Harpuniergeschütz* n || ~ *atómico Atomgeschütz* n || ~ *automático Maschinenkanone* f || ~ *automotor Selbstfahrgeschütz* n || ~ *avión Flugzeugkanone* f || ~ *de acompañamiento Begleitgeschütz* n || ~ *de anteojo Rohr* n *e-s Fernrohrs* || ~ *de asalto Sturmgeschütz* n || ~ *de bocacarga Vorderladegeschütz* n || ~ *de campaña Feldgeschütz* n || ~ *de carga rápida Schnelladegeschütz* n || ~ *de chimenea Zug* m, *Schornstein* m, *Kaminrohr* n || ~ *de dirección Nullgeschütz* n || ~ *de electrones* ⟨Nucl⟩ *Elektronenkanone* f || ~ *de fusil,* ~ *de escopeta Gewehr-, Flinten|lauf* m || ~ *giratorio* ⟨Mar Mil⟩ *Dreh-, Pivot|geschütz* n || ~ *de gran alcance weittragendes Geschütz* n || ~ *de infantería Infanteriegeschütz* n || ~ *lanzacabos Seilwerfer* m *(Raketenapparat zur Rettung von*

cañonazo — capacidad

Schiffsbrüchigen) ‖ ~ de horno *Ofenröhre* f ‖ ~ obús *Haubitze* f ‖ ~ de órgano *Orgelpfeife* f ‖ ~ de pipa *Pfeifenröhre* f ‖ ~ de plaza *Festungsgeschütz* n ‖ ~ de pluma *Federkiel* m ‖ ~ rayado *gezogenes Geschütz* n ‖ ~ de reglamento, ~ normal *Normalgeschütz* n ‖ ~ de retrocarga *Hinterlader* m *(Geschütz)* ‖ ~ de sitio *Belagerungsgeschütz* n ‖ ~ de tiro rápido *Schnellfeuergeschütz* n ‖ ~ de trayectoria llana *Flachbahngeschütz* n ‖ ~ entupido *verstopfter Lauf* m ‖ ~ lanzacohetes *Raketenapparat* m ‖ ~ largo *Langrohrgeschütz* n ‖ ~ liso *glatter Lauf* m ‖ ~ rayado *gezogener Lauf* m ‖ ~ provocador de lluvia *Regenkanone* f ‖ ~ pulverizador *Spritzrohr* n ‖ ~ zunchado *Ringkanone* f ‖ bala de ~ *Kanonenkugel* f ‖ boca de ~ *Geschützmündung* f ‖ a boca de ~ *ganz aus der Nähe (Schuß)* ‖ carne de ~ fig *Kanonenfutter* n ‖ ◊ el ~ ruge, el ~ truena *die Kanone donnert*

caño|nazo m *Kanonenschuß* m ‖ *Kanonendonner* m ‖ Arg Pe PR fig *überraschende Nachricht* f ‖ destruir a ~s *durch Artilleriefeuer zerstören* ‖ disparar un ~, tirar un ~ *e-n Kanonenschuß abfeuern* ‖ **-near** vt *mit Geschützfeuer belegen* ‖ **-neo** m *Geschützsalve* f ‖ *Beschießung* f ‖ **-nera** f *Schießscharte* f ‖ *Feldzelt* n ‖ ⟨Mar⟩ *Stückpforte* f, *Geschützstand* m ‖ ⟨Mar⟩ = **-nero** ‖ Am *Pistolenhalfter* m ‖ ~ de eje ⟨Aut⟩ *Steuer-, Achs-, Lenk|schenkel* m ‖ **-nero** m ⟨Mil Mar⟩ *Kanonier* m ‖ ~ m (Am **-nera** f) ⟨Mil⟩ *Kanonenboot* n ‖

cañota f ⟨Bot⟩ *Schilfrohr* n (Phragmites sp)
cañudo adj Dom *kühn, verwegen*
cañuela f ⟨Bot⟩ *Schwingel* m (Festuca spp)
cañu|tazo m *Hinweis, Wink* m ‖ *Klatsch* m ‖ **-tería** f *Silber-* od *Gold|drahtstickerei* f ‖ **-tero** m *(Steck)Nadelbüchse* f ‖ **-tillo** m *kleine Röhre* f ‖ *Schmelzglas* n ‖ *geschlungener Gold-* od *Silber|-draht* m *zum Sticken* ‖ ◊ *injertar de* ~ *hinter die Rinde pelzen (Pfropfart)* ‖ **-to** m *kurze Röhre* f ‖ *Büchse* f ‖ Ar *Nadelbüchse* f ‖ fig *heimlicher Angeber* m

cao m Cu ⟨Art⟩ *Rabe* m (Corvus jamaicensis)
cao|ba f *Mahagonibaum* m ‖ *Mahagoniholz* n ‖ ~ bastarda *afrikanisches Mahagoniholz* n ‖ ~ veteada *adriges, maseriges Mahagoniholz* n ‖ **-bana** f, **-bo** m *Mahagonibaum* m ‖ **-billa** f *hellfarbiges Mahagoniholz* n

caolín m *Kaolin* m/n, *Porzellanerde* f
caolinización f ⟨Geol Chem⟩ *Kaolinisierung* f
caos m *Chaos* n ‖ figf *Verwirrung* f, *Wirrwarr* m
caótico adj *chaotisch, verwirrt*
cap. Abk = **capítulo** ‖ = **capitán**
capa f span. *(ärmelloser)Männermantel* m ‖ engl *Cape* n ‖ *Frauenmantel* m, *Pelerine* f ‖ *(Erd)Schicht* f, *Lage* f ‖ *Sahne* f, *Rahmschicht* f ‖ *Flözschicht* f ‖ *Decke, Hülle* f ‖ *Übertünchung* f ‖ *Deckblatt* n *(e-r Zigarre)* ‖ *Anstrich* m ‖ ⟨Com⟩ *Primgeld* n ‖ ⟨Geol⟩ *Ablagerung* f, *Deckgebirge* f ‖ ⟨Geol⟩ *Bett* n ‖ ⟨Nucl Chem⟩ *Schale* f ‖ ⟨Mar⟩ *Schönfahrsegel* n ‖ ⟨Bgb⟩ *Flöz* n ‖ fig *Vermögen* n ‖ fig *Vorwand* m ‖ △ *Nacht* f ‖ ~ acuífera ⟨Geol⟩ *Grundwasserträger* m ‖ ⟨Bgb⟩ *wasserführende Schicht* f ‖ ~ aislante *Isolierschicht* f ‖ *Sperrschicht* f *(Anodenüberzug)* ‖ ~ anticorrosiva *korrosionsfeste Schicht* f ‖ ~ antihalo ⟨Phot⟩ *lichthoffreie Schicht* f ‖ ~ anual ⟨Bot⟩ *Jahres(holz)ring* m ‖ ~ arable ⟨Agr⟩ *Acker-, Boden|krume* f, *Mutterboden* m ‖ ~ basidial ⟨Bot⟩ *Grundschicht* f ‖ ~ calcárea *kalkartige Schicht* f ‖ ~ cementada ⟨Metal⟩ *Einsatzschicht* f ‖ ~ condriosomal ⟨Biol⟩ *Chondriosommantel* m ‖ ~ D ⟨Radio⟩ *D-Schicht* f ‖ ~ de agua *Wasserschicht* f ‖ *wasserführende Schicht* f ‖ ~ de asiento *Packlage* f *(Straßenbau)* ‖ *Ballastbett* n *(Straßenbau)* ‖ ~ de azúcar *Zuckerguß* m ‖ ~ de balasto ⟨EB⟩ *Bettung* f ‖ ~ de carga ⟨Nucl⟩ *Ladungsschicht* f ‖ ~ de cementación ⟨Metal⟩ *Einsatz-*härteschicht f ‖ ~ de césped *Grasnarbe* f ‖ ~ de fibras *Faserschicht* f ‖ ~ de fraguado *Bindungsschicht* f ‖ ~ de grasa *Fettschicht* f ‖ ~ de hielo *Eisdecke* f ‖ ~ de hilos ⟨Web⟩ *Fadenlage* f ‖ ~ de ladrones fig *Diebeshehler* m ‖ ~ de mortero *Mörtelschicht* f ‖ ~ de seguridad ⟨Phot⟩ *Verdunkelungsstoff* m ‖ ~ de valencia ⟨Nucl⟩ *Valenzschale* f ‖ ~ de viaje *Reisemantel* m ‖ ~ E ⟨Radio⟩ *E-Schicht* f ‖ ~ electrónica ⟨Nucl⟩ *Elektronenschale* f ‖ ~ F ⟨Radio⟩ *F-Schicht* f ‖ ~ filtrante, ~ de drenaje *Filter-, Drän|schicht* f ‖ ~ fosilífera ⟨Geol⟩ *Bonebed* n, *Knochenbreccie* f ‖ ~ fotosensible *Photoschicht* f ‖ ~ ionosférica *Ionosphärenschicht* f ‖ ~ límite ⟨Flugw⟩ *Grenzschicht* f ‖ ~ pluvial ⟨Kath⟩ *Pluviale* n ‖ ~ protectora *Schutzschicht* f ‖ ~ sensible ⟨Phot⟩ *Emulsionsschicht, empfindliche Schicht* f ‖ ~ torera *Stierkämpfermantel* m ‖ And *kurzer Mantel* m ‖ ~ turbulenta ⟨Chem⟩ *Wirbelschicht* f ‖ comedia de ~ y espada ⟨Th⟩ *Mantel- und Degen|stück* n *(Ritterschauspiel)* ‖ con ~ de amigo fig *unter dem Vorwand der Freundschaft* ‖ de so ~ figf *heimlich, verstohlen* ‖ gente de ~ negra *wohlhabende Leute* pl ‖ gente de ~ parda fig *Landleute, Bauern* ‖ ◊ andar *(od ir)* de ~ caída figf *herunterkommen, an Ansehen verlieren* ‖ *jämmerlich aussehen* ‖ aplicar en ~ espesa *dick auftragen (Farbe)* ‖ dar la ~ fig *alles bis aufs Hemd hergeben* ‖ no dejarse cortar la ~ figf *mit sich nicht spaßen lassen* ‖ derribar la ~ *den Mantel zurückschlagen* ‖ echar la ~ al toro figf *jdm in e-m schwierigen Geschäft beistehen* ‖ estarse a la ~ ⟨Mar⟩ *beiliegen* ‖ fig *die günstige Gelegenheit abpassen* ‖ hacer de su ~ un sayo fig *mit s-n Sachen machen, was man will* ‖ hacerle a alg. la ~ fig *jdn in Schutz nehmen* ‖ parecerse a la ~ de estudiante figf *sehr abgetragen sein (Kleid)* ‖ pasear la ~ *fam Pflaster treten, spazieren* ‖ poner la ~ como viniere el viento figf *den Mantel nach dem Winde hängen* ‖ ponerse a la ~ ⟨Mar⟩ *beidrehen* ‖ fig *die günstige Gelegenheit abpassen* ‖ sacar la ~ *(od su)* ~ fig *sich geschickt aus e-r Verlegenheit ziehen* ‖ ser de ~ y espada *einfach, geläufig sein* ‖ tirar a uno de la ~ figf *jdm e-n geheimen Wink geben* ‖ la ~ *(od una buena* ~) todo lo tapa *ein weiter Mantel verdeckt alles*

capacete m ⟨Hist⟩ *Sturm|haube* f, *-hut* m ‖ Ar fam *Kopfgrind* m

capacidad f *körperlicher Inhalt, Umfang* m, *Weite* f ‖ *Fassungsvermögen* n ‖ *Raumgehalt, Kubikinhalt* m ‖ ⟨Mar⟩ *Ladefähigkeit, Tonnage* f ‖ *Befähigung, Tüchtigkeit* f ‖ ⟨Jur⟩ *Rechtsfähigkeit* f ‖ *Kompetenz* f ‖ ⟨El⟩ *Kapazität* f ⟨Chem⟩ *Gehalt, Inhalt* m ‖ ⟨Tech⟩ *Arbeitsertrag* m, *Leistungsfähigkeit* f ‖ ⟨Bgb⟩ *Fördermenge* f ‖ fig *Klugheit* f, *Talent* n ‖ fig *geistige Weite* f ‖ fig *Kapazität* f, *fähiger Kopf* m ‖ *Fähig-, Tüchtig|keit, Eignung* f ‖ fig *Qualifikation* f ‖ fig *Tauglichkeit* f ‖ fig *Gelegenheit* f ‖ ~ adquisitiva, ~ de compra *Kaufkraft* f ‖ ~ aglutinante *Binde|kraft, -fähigkeit* f ‖ ~ anual de producción *Jahres|ausstoß* m, *-produktion* f ‖ ~ ascensional ⟨Flugw⟩ *Steigfähigkeit* f ‖ ~ asignada *Nennleistung* f ‖ ~ aspirante *Saugfähigkeit* f ‖ ~ calorífica *thermische Aufnahmefähigkeit* f ‖ *Wärmeinhalt* m ‖ *spezifische Wärme* f ‖ ~ colmada *gehäuftes Fassungsvermögen* n ‖ ~ competitiva *Wettbewerbsfähigkeit* f ‖ ~ contributiva, ~ de imposición *Steuerkraft* f ‖ ~ cúbica *Kubikinhalt* m ‖ ~ de absorción *Aufnahmefähigkeit* f ‖ ~ de adaptación *Anpassungsfähigkeit* f ‖ ~ de adsorción *Adsorptionsfähigkeit* f ‖ ~ de antena *Antennenkapazität* f ‖ ~ de ascenso ⟨Aut⟩ *Bergsteigefähigkeit* f ‖ ~ de carga *Belastbarkeit, Tragfähigkeit* f, *Ladevermögen* f ‖ ~ de compra = ~ adquisitiva ‖ ~ de conducir ⟨StV⟩ *Fahrtüchtigkeit* f ‖ ~ de contraer matrimonio

⟨Jur⟩ *Ehefähigkeit* f ‖ ~ de contratar, ~ para contratar ⟨Jur⟩ *Geschäftsfähigkeit* f ‖ ~ de descarga *Entlade\fähigkeit, -leistung* f ‖ ~ de deslizamiento *Gleit\fähigkeit* f, *-vermögen* n ‖ ~ de discernimiento *Urteilsfähigkeit* f ‖ ~ de ejercicio, ~ de obrar ⟨Jur⟩ *Handlungsfähigkeit* f ‖ ~ de pago *Zahlungsfähigkeit* f ‖ ~ de pasar trincheras ⟨Mil⟩ *Grabenüberschreitfähigkeit* f ‖ ~ de planeo ⟨Flugw⟩ *Gleitvermögen* n ‖ ~ de penetración *Durchschlags\fähigkeit, -kraft* f *(e—s Geschosses)* ‖ ~ de prestación ⟨Jur⟩ *Leistungsfähigkeit* f ‖ ~ de producción, ~ productiva *Leistungsfähigkeit* f ‖ ~ de reacción *Reaktions\-fähigkeit* f, *-vermögen* n, *Reaktivität* f ‖ ~ de retención de agua *Wasserspeicherungsvermögen* n ‖ ~ de sobrecarga *Überlastungsfähigkeit, Überlastbarkeit* f ‖ ~ de suceder, ~ sucesoria ⟨Jur⟩ *Erbfähigkeit* f ‖ ~ de testar ⟨Jur⟩ *Testierfähigkeit* f ‖ ~ de trabajo *Arbeitsfähigkeit* f ‖ ~ de tracción *Zugvermögen* n ‖ ~ de transporte *Förderleistung* f ‖ ~ de trepar *Kletterfähigkeit* f *(z. B. e—s Panzers)* ‖ ~ de una máquina *Maschinen\leistung, -kraft* f ‖ ~ disolvente *Lösungsvermögen* n ‖ ~ enrasada, ~ al ras *gestrichenes Fassungsvermögen* n, *gestrichener Inhalt* m ‖ ~ expansiva, ~ de expansión *Ausdehnungsvermögen* n ‖ ~ funcional ⟨Biol⟩ *Funktions-, Leistungs\fähigkeit* f *(e—s Organs)* ‖ ~ higroscópica *Aufnahmefähigkeit für Feuchtigkeit, hygroskopische Aufnahmefähigkeit* f ‖ ~ jurídica, ~ civil ⟨Jur⟩ *Rechtsfähigkeit* f ‖ ~ laboral ⟨Jur⟩ *Arbeitsfähigkeit* f ‖ ~ (limitada) de *(od para)* contratar ⟨Jur⟩ *(beschränkte) Geschäftsfähigkeit* f ‖ ~ para ser parte ⟨Jur⟩ *Parteifähigkeit* f ‖ ~ activa ⟨Jur⟩ *Aktivlegitimation* f ‖ ~ para ser parte demandada ⟨Jur⟩ *Passivlegitimation* f ‖ ~ procesal ⟨Jur⟩ *Prozeßfähigkeit* f ‖ ~ máxima *Höchstleistung* f ‖ *Höchstzuladung* f ‖ ~ productora de carne *Fleischleistung* f ‖ ~ refractiva ⟨Opt⟩ *Brech\ungsvermögen* n, *-kraft* f ‖ ~ térmica *Wärme\kapazität* f, *-inhalt* m ‖ ~ visual *Seh\vermögen* n, *-stärke* f ‖ medida de ~ *Hohlmaß* n ‖ ◊ carecer de ~ para *keine Begabung haben für, unfähig sein zu* ‖ tener ~ para a. *befähigt sein, et zu tun* ‖ ⟨Jur⟩ *befugt sein, et zu tun* ‖ tener mucha ~ figf *ein sehr fähiger Kopf sein* ‖
capación f Ur *Kastrieren, Verschneiden* n
capacitación f *(Berufs)Schulung, Fortbildung* f ‖ ~ profesional *Berufsausbildung* f ‖ cursillo de ~ *Fortbildungskurs* m
capaci|tancia f ⟨Radio⟩ *Kapazitätsreaktanz* f ‖ **-tar** vt *instand setzen* ‖ *befähigen* ‖ Chi *bevollmächtigen* ‖ **~se** s. *Fähigkeiten aneignen* ‖ *s—e Eignung nachweisen* ‖ **-tivo** adj *kapazitiv*
capa|cha f *(flacher) Korb* m ‖ *(Obst)Körbchen* n ‖ Arg Bol Chi fam *Gefängnis* n ‖ **-chero** m *Korb-, Obst\träger* m ‖ **-cho** m *Obstkiepe* f, *(großer) Obstkorb* m ‖ *flacher Korb* m ‖ *Tragkorb* m, *Kiepe* f ‖ *biegsamer Arbeitskorb* m *(der Maurer)* ‖ figf *Mönch* m *vom Orden San Juan de Dios* ‖ Ven *Chero eßbares Blumenrohr* n, *eßbare Schwanenblume* f *(Canna edulis)* ‖ *Rhizom* n *der C. edulis* ‖ Pe *Reisesack* m ‖ Arg Bol *alter Hut* m ‖ Ec *Gefängnis* n, *Kerker* m
capa|dero m Mex *Fest* n *anläßlich des Viehverschneidens* ‖ **-dor** m *(Schweine)Schneider* m ‖ **-dura** f *Verschneiden, Entmannen, Kastrieren* n ‖ *vom Entmannen zurückbleibende Narbe* n ‖ *Tabak* m *für Zigarreneinlagen*
capar vt *(ver)schneiden, kastrieren, entmannen* ‖ *kapaunen (Geflügel)* ‖ *beschneiden, vermindern (Einkünfte, Gehalt)* ‖ Cu PR *beschneiden (Bäume)* ‖ Col fam *schwänzen (Schule)*
caparachón m = **caparazón**
caparazón m ⟨Hist⟩ *Schabrake, Satteldecke* f ‖ *Kutschenhimmel* m ‖ *Wagenverdeck* n ‖ *Futtersack* m *(der Pferde)* ‖ *Hautskelett* n, *Panzer* m *der Krebse, Schildkröten usw* ‖ *Deckflügel* mpl

der Käfer ‖ *Gerippe* n *(Geflügel)*
caparidáceas fpl ⟨Bot⟩ *Kaperngewächse* npl (Capparaceae)
caparina f Ast *Schmetterling* m
¹**caparra** f prov *Holzbock* m, *Zecke* f (Ixodes sp) ‖ Ar fig *lästig redender Mensch* m
²**caparra** f *An-, Auf\geld* n
³**caparra** f Ar *Kaper* f
caparro m Col Ven *Wollaffe* m (Lagothrix sp)
caparrón m *(Baum)Knospe* f, *Auge* n ‖ *Al kugelförmige Bohne* f
caparrosa f *Vitriol* n ‖ ~ azul *Kupfervitriol* n ‖ ~ verde *Eisenvitriol* n
capa|taz [pl **–ces**] m *Aufseher, Werkmeister* m ‖ *Vorarbeiter* m ‖ *Großknecht* m ‖ *Münzmeister* m ‖ ⟨Arch⟩ *Polier* m ‖ ⟨Bgb⟩ *(Gruben)Steiger* m ‖ *Tonangeber, Parteiführer* m ‖ ~ de cultivo *landwirtschaftlicher Hilfsverwalter* m ‖ ~ de brigada, ~ de equipo *Kolonnenführer* m ‖ ~ de máquinas *Maschinenmeister, Maschinist* m ‖ ~ de mina ⟨Bgb⟩ *Steiger* m ‖ ~ de obras *Maurerpolier* m ‖ **–taza** f *Frau* f *e—s capataz* ‖ *Vorarbeiterin* f
capaz [pl **–ces**] adj *geräumig, weit* ‖ *fähig, tauglich* ‖ *befähigt* ‖ *berechtigt* ‖ *imstande* ‖ *leistungsfähig* ‖ fig *begabt, geschickt* ‖ ⟨Jur⟩ *gesetzlich berechtigt, befugt* ‖ ⟨Jur⟩ *geschäftsfähig* ‖ ~ para un cargo *für ein Amt befähigt* ‖ ~ de competir *konkurrenz-, wettbewerbs\fähig* ‖ ~ de delinquir ⟨Jur⟩ *deliktsfähig* ‖ ~ de derechos y obligaciones, jurídicamente ~ *rechtsfähig* ‖ ~ de ganar, ~ de trabajar *erwerbsfähig* ‖ ~ de gestión, ~ de gestionar ⟨Jur⟩ *geschäftsfähig* ‖ ~ de servir pronto los pedidos ⟨Com⟩ *leistungsfähig* ‖ ◊ ser ~ de pegar un susto al miedo figf *sehr häßlich sein* ‖ →a **capacidad** ‖ adv: **~mente**
capa|za f Ar *flacher Obstkorb* m ‖ **–zo** m *Binsenkorb* f ‖ *Korb* m
capazón f Mex *Verschneiden* n
capción f *Erschleichung* f ‖ *Verhaftung* f
capcio|sidad f *Verfänglichkeit* f ‖ **–so** adj *verfänglich, trügerisch* ‖ *bestechend* ‖ pregunta **~sa** *Beeinflussungs-, Fang\frage* f ‖ argumento ~ *trügerisches Argument* n ‖ adv: **~amente**
cape|a f ⟨Taur⟩ *Reizen* n *des Stieres mit dem Mantel* ‖ ⟨Taur⟩ *Gefecht mit jungen Stieren, woran nichtberufsmäßige Stierfechter teilnehmen* ‖ **-ada** f Chi *Prellerei, Fopperei* f ‖ **–ador** m ⟨Taur⟩ *der den Stier mit dem Mantel reizende Stierkämpfer* m ‖ **-ar** vt/i ⟨Taur⟩ *dem Stier den Mantel entgegenhalten, um ihn zu reizen oder sich vor ihm zu retten* ‖ *an einer capea teilnehmen* ‖ ⟨Mar⟩ *beidrehen* ‖ fig *jdn an der Nase herumführen* ‖ fig *mit Ausreden hinhalten* ‖ ~ el temporal figf *Ausflüchte* fpl *gebrauchen* ‖ **–ja** f desp *kleiner, schlechter Mantel* m
capelán m ⟨Fi⟩ *Kapelan* m (Mallotus villosus)
Capeletes mpl → **Capuletos**
cape|lina f ⟨Chir⟩ *haubenartiger Verband* m ‖ Col MAm *Haarnetz* n ‖ *Damenkappe* f ‖ **–lo** m *Kardinalshut* m ‖ fig *Kardinalswürde* f ‖ Am *Glassturz* m ‖ ~ de doctor Am *Doktorhut* m
capellada f *(Schuhm) Ober-, Vorschub-, Fahl\leder, Blatt* n
cape|llán m *(Haus)Kaplan, Hilfspriester* m ‖ *Geistlicher* m ‖ *Feldprediger* m ‖ ~ castrense ⟨Mil⟩ *Feld\kaplan, -geistlicher* m ‖ **–llanía** f ⟨Jur⟩ *Kapellanei, Kaplanpfründe* f ‖ Col fam *Groll* m, *Feindschaft* f ‖ ⟨Hist⟩ *Helmkappe* f ‖ **–llina** f ⟨Chir⟩ *haubenförmiger Verband* m
capense adj Mex *auswärtig (Schüler)*
cape|o m ⟨Taur⟩ *Necken* n *des Stieres mit dem Mantel* ‖ ⟨Mar⟩ *Beidrehen* n ‖ ⟨Taur⟩ *junger Stier* m, *den man mit dem vorgehaltenen Mantel neckt* ‖ **–ro** adj: tabaco ~ *Deckblattabak* m ‖ ~ m Pe *(Dorf)Musikant* m

caperucita f dim v. **caperuza** ‖ ∽ (od Caperuza) roja Rotkäppchen n (Märchenfigur)

caperuza f kapuzenartige Mütze f mit nach hinten geneigter Spitze ‖ Kapuze f ‖ Mütze, Kappe f ‖ Schornsteinaufsatz m ‖ ⟨Zool⟩ Haube f ‖ ∽ del objetivo ⟨Phot⟩ Linsenhaube f

capetonada f Erbrechen n der Weißen in den heißen Klimazonen

capi m Am Mais m ‖ Chi grüne Schote f ‖ Bol Maismehl n

capia f Arg Col Zuckerteig m mit Mais ‖ Bol Mehl n aus geröstetem Mais

capialzado m ⟨Arch⟩ Bogenwölbung f über Portalen

capibara m ⟨Zool⟩ Wasserschwein, Capybara n (Hydrochoerus hydrochaeris)

capicúa f symmetrische Zahl f (z. B. 19891) ‖ Straßenbahn- od Lotterie|billett n mit symmetrischer Nummer ‖ Palindrom n (ein nach beiden Richtungen gleich lesbarer Ausdruck od Satz) (→ **abad**)

capigorra m/adj = **capigorrón**

capigorrón m/adj pop Tagedieb m ‖ Müßiggänger m

capiguara m Am = **capibara**

capi|lar adj haar|dünn, -fein, Kapillar- ‖ haarförmig ‖ kapillar ‖ agua ∽ Kapillarwasser n ‖ fractura ∽ ⟨Chir⟩ haarförmiger Schädelbruch m ‖ loción ∽ Haarwasser n ‖ tubo ∽ Kapillare f, Kapillarrohr n ‖ ∽ m ⟨An⟩ Haargefäß n, Kapillare f ‖ **–laridad** f Haarfeinheit f ‖ ⟨Phys⟩ Kapillarität f ‖ **–larímetro** m ⟨Med⟩ Kapillarometer n ‖ **–liforme** adj haarförmig

capiluvio m Kopfbad n

capilla f Kapuze f ‖ Mantel-, Mönchs|kappe f ‖ Kapelle f, Kirchlein n ‖ Musikkapelle f (in e-r Kirche) ‖ ⟨Typ⟩ Aushängebogen m ‖ fig Gruppe, Clique f ‖ ∽ ardiente fig erleuchteter Katafalk m ‖ ∽ mayor Altarraum m ‖ ∽ real königliche Schloßkapelle f ‖ ≃ Sixtina Sixtinische Kapelle f ‖ maestro de ∽ Chorleiter m in e-r Kirche ‖ ◊ estar en ∽ zum Tod verurteilt sein (von Gefangenen, die sich in der Gefängniskapelle zur Hinrichtung vorbereiten) ‖ tausend Ängste ausstehen ‖ in tausend Ängsten schweben

capillada f Schlag m mit e-m Mantel od mit e-r Kapuze ‖ Inhalt m e-r Kapuze

capillo m Taufmütze f der Kinder ‖ ⟨Jgd⟩ Kaninchennetz n ‖ Falkenhaube f ‖ Stemmleder n am Schuh ‖ Kokonhülle f des Seidenspinners ‖ Blumenknospe f ‖ ⟨An⟩ Vorhaut f des männlichen Gliedes ‖ erste Deckblatt n e-r Zigarre

capincho m RPl = **capibara**

capingo m Arg kurzer, ärmelloser Mantel m, engl Cape n

capipardo m joc Graumantel m, Mönch m

capiro|tada f Tunke f aus Eiern, Kräutern, Knoblauch usw ‖ Mex Massengrab n ‖ **–tazo** m Nasenstüber m, Kopfnuß f ‖ **–te** adj/m mit andersfarbigem Kopf (Rindvieh) ‖ ∽ m Doktormantel m mit Kapuze ‖ spitze Pappenmütze f der Büßenden in der Karwoche ‖ aufklappbares Wagenverdeck, Klappverdeck n ‖ Nasenstüber m ‖ ⟨Jgd⟩ Falkenhaube f ‖ ⟨Agr⟩ Bienenkorbabdeckung f ‖ tonto de ∽ fam erzdumm, pop saudumm

capirucho m fam Kapuze f

capisayo m Mantelrock m ‖ Bischofsgewand n ‖ Col Unterhemd n

capis|col m Kantor m (in Kirchen) ‖ prov Leiter m des Kirchenchores ‖ △ Hahn m ‖ **–colía** f Kantorwürde f

capitá m SAm ⟨V⟩ Graukardinal m (Paroaria sp)

cápita: (cuota) per ∽ pro Kopf

capitación f ⟨Hist⟩ Kopfsteuer f ‖ Autobahngebühr f

¹**capital** adj Kopf- ‖ fig hauptsächlich, wesentlich, entscheidend ‖ Haupt- ‖ ⟨Jur⟩ todeswürdig ‖ Todes- ‖ Kapital- ‖ delito ∽ schweres Verbrechen n ‖ enemigo ∽ Todfeind m ‖ error ∽ Grundirrtum m ‖ letra ∽ Versal, großer (Anfangs)Buchstabe, Großbuchstabe m ‖ pecado ∽ Todsünde f ‖ pena ∽ Todesstrafe f ‖ sentencia ∽ Todesurteil n

²**capital** m Kapital, Stammgeld, Vermögen n ‖ (Geld)Mittel, Gelder npl ‖ Fonds m ‖ ∽ ajeno Fremdkapital n ‖ ∽ amortizable rückzahlbares Kapital n ‖ ∽ aportado Kapital-, Geld|einlage f ‖ ∽ circulante Umlaufvermögen, Betriebskapital n ‖ ∽ de aportación Einlage-, Stamm|kapital n ‖ ∽ de explotación Betriebs|vermögen, -kapital n ‖ ∽ de fundación Gründungskapital n ‖ ∽ de inversión Anlagekapital n ‖ ∽ desembolsado eingezahltes Kapital n ‖ ∽ disponible, ∽ líquido verfügbares, flüssiges Kapital n ‖ ∽ en acciones Aktienkapital n ‖ ∽ en participación Beteiligungskapital n ‖ ∽ fijo Anlagevermögen, festes, unbewegliches Kapital n ‖ ∽ flotante schwebendes Kapital n ‖ ∽ inactivo unbenutztes Kapital n ‖ ∽ inicial Anfangs-, Stamm|kapital n ‖ ∽ inmovilizado = ∽ fijo ‖ ∽ invertido = ∽ fijo ‖ ∽ mobiliario Kapitalvermögen n ‖ ∽ nominal Nennkapital n ‖ ∽ del negocio, ∽ de explotación Betriebskapital n ‖ ∽ original Anlagekapital n ‖ ∽ social Gesellschaftskapital n ‖ ∽ suscrito gezeichnetes Kapital n ‖ ∽ totalmente desembolsado voll eingezahltes Kapital n ‖ acumulación de ∽es Kapitalanhäufung f ‖ absorción de ∽es Kapitalabschöpfung f ‖ ◊ aportar ∽ Kapital einlegen ‖ aporte de ∽ Geschäftseinlage f ‖ fuga de ∽es Kapitalflucht f ‖ colocar ∽, invertir ∽ Kapital hineinstecken ‖ Kapital anlegen ‖ mercado de ∽es Kapitalmarkt m ‖ por falta de ∽ aus Kapitalmangel ‖ disponer de fuertes ∽es über großes Kapital verfügen

³**capital** f Hauptstadt f

capita|lismo m Kapitalismus m ‖ Großkapital n ‖ ∽ de estado Staatskapitalismus m ‖ **–lista** m Kapitalist m ‖ adj kapitalistisch ‖ socio ∽ ⟨Com⟩ Teilhaber, der Geld einbringt; Geldgeber, stiller Teilhaber m ‖ **–lización** f Kapitalisierung f ‖ Kapitalbildung f ‖ **–lizar** [z/c] vt kapitalisieren, in Kapital verwandeln ‖ ◊ ∽ una renta e-e Rente ablösen

capitalmente adv schwer, tödlich

capitán m ⟨Mil⟩ Hauptmann m ‖ ⟨Mil⟩ Rittmeister m ‖ ⟨Mar⟩ (Schiffs)Kapitän m ‖ ⟨Mil⟩ Heerführer m ‖ fig Führer m ‖ fig Feldherr m ‖ ⟨Sp⟩ Mannschafts|führer, -kapitän m ‖ ∽ aviador Fliegerkapitän m ‖ Hauptmann m der Luftwaffe ‖ ∽ de bandidos Räuberhauptmann m ‖ ∽ de caballería Rittmeister m ‖ ∽ de corbeta ⟨Mar⟩ Korvettenkapitän m ‖ ∽ de fragata Fregattenkapitän m ‖ ∽ general Span Generalkapitän m ‖ Statthalter m ‖ Span Oberbefehlshaber m der Landwehrtruppen ‖ ∽ general de la armada ⟨Mar⟩ Großadmiral m ‖ ∽ de ejército ⟨Mil⟩ Generalfeldmarschall m ‖ ∽ de industria Industriekapitän m ‖ ∽ de marina ⟨Mar⟩ Admiral m ‖ ∽ de maestranza Zeughauskommandant m ‖ ∽ de navío ⟨Mar⟩ Kapitän m zur See ‖ ∽ de navío, ∽ de alto bordo ⟨Mar⟩ Linienschiffskommandant m ‖ ∽ del puerto ⟨Mar⟩ Hafenmeister m ‖ ∽ de salteadores Räuberhauptmann m ‖ ◊ son cuentas del Gran ≃ (Ansp. auf den span. Feldherrn D. Gonzalo de Córdoba, 1453–1515) fam es kommt riesig teuer, das kann kein Mensch bezahlen

capita|na f Anführerin f ‖ fam Hauptmannsgattin f ‖ ⟨Mar⟩ Admiral-, Flagg|schiff n ‖ **–near** vt befehligen, anführen (Truppen) ‖ anführen (Verschwörung) ‖ fig leiten ‖ fig führen ‖ **–nía** f ⟨Mil⟩ Hauptmannsstelle f ‖ ⟨Mar⟩ Hafenhehörde f ‖ fig Führertum n ‖ fig Führerschaft f ‖ fig Führung f ‖ ∽ general Span Generalkapitanat n ‖ Statthalterschaft f

capitel m ⟨Arch⟩ Kapitell n (einer Säule) ‖ ⟨Arch⟩ Turmspitze f ‖ ∽ acampanado glockenförmiges Kapitell n ‖ ∽ arquitrabado Kapitell n

capitolino — captar 224

mit Kämpferaufsatz ‖ ~ *de chimenea Schornsteinaufsatz* m ‖ ~ *de una anta Kapitell* n *mit e-m Eckpfeiler*
capito|lino adj *aufs Kapitol bezüglich* ‖ ~ m *Edelsteinsplitter* m ‖ ≟**lio** m *Kapitol* n *(in Rom)* ‖ *Hochburg* f ‖ fig *prächtiges Gebäude* n ‖ el ~ *das ehemalige Kongreßhaus in Havanna* ‖ *los gansos del* ~ *die Gänse des Kapitols*
capitón m Sal *Schlag* m *auf den Kopf* ‖ Sal *Kopfnicken* n *e-s Schläfrigen* ‖ Sal *Luftsprung* m
capito|né adj/s gall *(aus)gepolstert* ‖ ~ m *gepolsterter Möbelwagen* m ‖ **–near** vt Arg *(aus)polstern*
capitoso adj gall *zu Kopf steigend, berauschend*
capítula f *Stelle* f *aus der Heiligen Schrift, die beim Gottesdienst gelesen wird*
capitulación f *Vertrag, Vergleich* m ‖ ⟨Mil⟩ *Übergabe, Kapitulation* f ‖ ~ *incondicional bedingungslose Kapitulation* f ‖ **–es** pl ⟨Jur⟩ *Ehevertrag* m ‖ *Kapitulationen* fpl *(Völkerrecht)*
¹**capitular** vt *vertraglich regeln, vertragsmäßig festsetzen* ‖ *zur Verantwortung ziehen (Beamte)* ‖ ~ vi ⟨Mil⟩ *kapitulieren, sich ergeben*
²**capitular** adj *Dom-, Stifts-* ‖ *zu e-m Kapitel gehörig* ‖ *casa(s)* ~(**es**) *Stifts-, Ordens|haus* n ‖ *manto* ~ *Ordensmantel* m ‖ *sala* ~ *Kapitelsaal* m
³**capitular** m *Dom-, Stifts|herr* m ‖ *Ratsherr* m ‖ ~**es** pl *Ordensregeln* fpl
capitu|lear vi Chi Pe *intrigieren* ‖ **–leo** m Chi Pe *List, Intrige* f
capituliforme adj ⟨Bot⟩ *kopfförmig, köpfchenförmig*
capítulo m *(Dom)Kapitel, Stift* n ‖ *Ordenskapitel* n ‖ *Anklage, Beschuldigung* f *gegen e-n öffentlichen Beamten* ‖ *Abschnitt* m, *Kapitel* n *in e-m Buch* ‖ fig *Gegenstand* m *e-s Gesprächs, Punkt* m ‖ fig *Beschluß* m ‖ ~ *de cargos Sündenregister* m ‖ ◊ *ganar* ~ fig *seinen Zweck erreichen* ‖ *llamar a uno a* ~ fig *jdn zur Rechenschaft ziehen* ‖ ~**s** pl: ~ *matrimoniales Ehevertrag* m
capizana f *Halsstück* n *(des Roßharnisches)*
capnomancia f *Rauchwahrsagerei* f
capó m gall ⟨Aut⟩ *(Motor)Haube* f *(→* **capot***)*
capo|lado m Ar *Hackfleisch* n ‖ **–lar** vt *kleinhacken (Fleisch)* ‖ Murc *enthaupten*
¹**capón** m/adj *Verschnittener, Kastrat* m ‖ *verschnittenes Tier* n ‖ *Kapaun* m ‖ *verschnittener Haushahn* m ‖ *Rebenbündel* n ‖ fam *Schlag* m *an dem Kopf mit dem Knöchel des Mittelfingers* ‖ ⟨Mar⟩ *Ankerkatt* n ‖ RPl *Hammel* m ‖ Ur *einzelner Berg* m
²△ **capón** m fam *Nasenstüber* m, *Kopfnuß* f *(→ caste, coco, coscorrón, lapo)*
capo|na f *ärmelloses Chorhemd* n ‖ ⟨Mil⟩ *Schulterstück* n, *Achselklappe* f ‖ **–nar** vt *(Rebenableger) aufbinden*
caponera f *Kapaunkäfig* m ‖ fig *Ort* m, *an dem alle möglichen Bequemlichkeiten kostenfrei geboten werden* ‖ fig *Gefängnis* m
caponización f *Kapaunen, Kapaunisieren* n
caporal m *Anführer, Aufseher* m ‖ ⟨Mil⟩ *Korporal* m ‖ △ *Hahn* m ‖ Am *Aufseher* m *e-r Viehgroßfarm* ‖ Ur *erstklassiger Tabak* m ‖ Arg *minderwertiger Tabak* m
capot m ⟨Aut⟩ *(Motor)Haube* f
¹**capota** f *Verdeck* n *(Kraftwagen usw)* ‖ ⟨Flugw⟩ *Baldachin* m ‖ ~ *arrollable* ⟨Aut⟩ *Rollverdeck* n ‖ ~ *de la hélice Propellerhaube* f ‖ ~ *de lona* ⟨Aut⟩ *Segeltuchverdeck* n ‖ ~ *de paracaídas* ⟨Flugw⟩ *Fallschirmkappe* f ‖ ~ *lanzable* ⟨Flugw⟩ *abwerfbare Haube* f
²**capota** f *kurze Mantelkappe* f ‖ *Kapotte* f, *Kapotthut* m ‖ *Mantel* m *ohne Halskragen*
capo|taje m ⟨Flugw⟩ *Kopfstand* m ‖ ⟨Tech⟩ *Verkleidung* f *mit e-r Haube* ‖ **–tar** vt ⟨Aut⟩ *aufstürzen, sich auf den Kopf stellen* ‖ ⟨Aut Flugw⟩ *aufschlagen, sich überschlagen*

capotasto m *Kapodaster, Hauptbund* m *an der Gitarre*
capotazo m *Schlag* m *mit e-m Mantel* od *e-r Kapuze* ‖ ⟨Taur⟩ *Figur* f *mit dem capote (→ capote)*
capote m *Militärmantel* m ‖ *Regenmantel* m ‖ *Umhang* m ‖ *weiter Überrock* m ‖ *Arbeitsmantel* m ‖ *Stierfechtermantel* m ‖ ⟨Tech⟩ figf *Schutzmantel* m ‖ figf *bedeckter Himmel* m ‖ figf *finstere Miene* f ‖ Mex Chi *Prügel* m ‖ ~ *de monte* Am *Decke* f *mit Kopföffnung (Art Poncho)* ‖ ◊ *dar* ~ ⟨Kart⟩ *alle Stiche machen* ‖ fig *alle Trümpfe in der Hand haben* ‖ *dar* ~ *a* alg. figf *jdn zum Schweigen bringen, jdm nicht den Wind aus den Segeln nehmen* ‖ Chi *jdn foppen, anführen* ‖ *decir a/c a (od para) su* ~ figf *et für sich sagen, et bei sich denken* ‖ fam *nur so meinen* ‖ *llevar* ~ ⟨Kart⟩ *keinen Stich machen* ‖ *poner* ~ *ein finsteres Gesicht machen*
capo|tear vt/i ⟨Taur⟩ *(den Stier) mit dem Mantel reizen* ‖ fig *jdn foppen* ‖ Arg *prügeln* ‖ Hond *ständig dieselbe Kleidung tragen* ‖ Col *Hähne* mpl *zum Kampf abrichten* ‖ **–tera** f Am *Kleiderhaken* m ‖ Ven *leichte Reisetasche* f ‖ **–tero** adj: agu|**–a** *sehr dicke Nähnadel* f ‖ **–tudo** adj *finster, mürrisch blickend*
capra f *hispánica* lat ⟨Zool⟩ *Iberiensteinbock* m ‖ → **cabra**
Capricornio m ⟨Astr⟩ *Steinbock* m
capri|cho m *Eigensinn* m ‖ *Kaprice, Grille, Laune* f ‖ *Willkür* f ‖ *Schrulle* f ‖ *(plötzlicher) Einfall* m ‖ *Liebelei* f ‖ Öst *Kaprize* f ‖ fig *Unbeständigkeit* f ‖ ⟨Mus⟩ *Capriccio* n ‖ ~ *de la naturaleza Naturspiel* n ‖ *a* ~ *nach Wunsch, nach Belieben* ‖ *por mero* ~ *aus purer Laune* ‖ *tener* ~ *por* alg. *an jdm e-n Narren gefressen haben* ‖ **–choso** adj *launisch, launenhaft* ‖ *willkürlich* ‖ *eigensinnig* ‖ *wunderlich, bizarr* ‖ adv: ~**amente** ‖ **–chudo** adj *eigensinnig* ‖ *launisch*
cápridos mpl ⟨Zool⟩ *ziegenartige Wiederkäuer, Böcke* mpl *(Capridae)*
caprificación f ⟨Bot⟩ *Kaprifizierung, Befruchtung* f *durch Gallenwespen* ‖ → **cabrahigadura**
caprifoliáceas fpl ⟨Bot⟩ *Geißblattgewächse* npl *(Capifoliaceae)*
caprino adj ⟨poet⟩ = **cabruno**
caprípede adj ⟨poet⟩ = **caripedo**
caprípedo adj *bocksfüßig*
caprizante adj ⟨Med⟩ *hüpfend (Puls)*
caproico adj: *ácido* ~ *Kapronsäure* f
cápsula f *Hülse, Kapsel* f ‖ *Gehäuse* n, *Büchse* f ‖ *Flaschen-, Wein|kapsel* f ‖ ⟨Mil⟩ *Zündkapsel* f ‖ ⟨Pharm⟩ *Arzneikapsel* f ‖ ⟨Bot⟩ *Samenkapsel* f ‖ ⟨An⟩ *Hautscheide* f ‖ ⟨Chem⟩ *Abdampfschale* f ‖ ~ *adiposa Fettkapsel* f ‖ ~ *auricular* ⟨Tel⟩ *Hör(er)kapsel* f ‖ ~ *cebada Zündhütchen* n ‖ ~ *de freno* ⟨Aut⟩ *Bremskapsel* f ‖ ~ *del cristalino* ⟨An⟩ *Linsenkapsel* f ‖ ~ *del micrófono* ⟨Tel⟩ *Sprechkapsel* f ‖ ~ *(de pólvora) fulminante Zündhütchen* n, *Zünd-, Spreng|kapsel* f ‖ ~ *de retenida Sperrkapsel* f ‖ ~ *detonante Zünder* m, *Sprengkapsel* f ‖ ~ *expulsable* ⟨Flugw⟩ *Auswerfkapsel* f ‖ ~ *folicular* ⟨An⟩ *Balgkapsel* f ‖ ~ *de receptor,* ~ *receptora Fernhörerkapsel* f ‖ ~ *seminal Samenkapsel* f ‖ ~**s** *suprarrenales* ⟨An⟩ *Nebennieren* fpl
¹**capsular** adj *kapselförmig, Kapsel-*
²**capsular** vt *(ver)kapseln (Flaschen)*
capta|ción f *Erschleichung* f ‖ *Erbschleicherei* f ‖ *Erbschleichung* f ‖ *Beschwindeln* n, *Erschmeichelung* f ‖ *Schwindel* m ‖ ⟨Nucl⟩ *Einfangen* n ‖ *Quellfassung* f, *Fassen* n *(Wasser)* ‖ ⟨Tel⟩ *Gehöraufnahme* f ‖ ~ *de fuente Quellfassung* f ‖ ~ *de herencia(s) Erb|schleicherei, -schleichung* f ‖ **–dor** m/adj *Erschleicher* m ‖ *Erbschleicher* m ‖ ⟨Tech⟩ *Fühler* m
cap|tar vt *sich geneigt machen* ‖ *erstreben* ‖ *erschleichen, erschmeicheln* ‖ *auffangen (das Was-*

ser einer Mineralquelle) || fassen (Quelle) || leiten (Wasser, elektr. Strom) || ⟨El⟩ anzapfen || ⟨Radio⟩ auffangen || ⟨Tel⟩ abhören || einfangen (Licht) || ⟨Tech⟩ aufsaugen (Rauch, Staub) || gewinnen (Vertrauen) || ◊ ~ la atención die Aufmerksamkeit fesseln || ~(se) sin simpatías de alg. sich bei jdm beliebt machen || ~ la onda peilen || ~ señales e–n' Funkspruch abhören || **–tor** m ⟨Mar⟩ Kaperer m || **–tura** f Verhaftung f || Fang m || Festnahme f || Beute f, Fang m || ⟨Mil⟩ Gefangennahme f || ⟨Mar⟩ Prise f || Aufbringen, Kapern n || ⟨Phys⟩ Einfangen n || **–turar** vt verhaften, fangen || festnehmen || ⟨Schiffe⟩ kapern, aufbringen || ⟨Mil⟩ gefangennehmen || ⟨Mil⟩ erbeuten (Material) || ◊ ~ noticias ⟨Mil⟩ Meldungen abfangen
capuana f fam Tracht f Prügel
capuano adj/s aus Capua
capu|cha f Frauenkappe f || Kapuze f || ⟨Gr⟩ Zirkumflex m (ê) || **–china** f Kapuzinernonne f || ⟨Bot⟩ Kapuzinerkresse f (Tropaeolum majus) || Kapuzinerbohne f || ⟨Mar⟩ Krummholz n || ⟨Typ⟩ Anlegemarke f || **–chino** adj Kapuziner- || Chi klein, verkümmert (Frucht) || mono ~ Kapuzineraffe m || ~ m Kapuziner(mönch) m || fig Gleißner m || **–cho** m Kapuze f || **–chón** m augm v. **–cha** || kapuzenartiger Frauenmantel, Überwurf m || Kapuzenmantel m (bes als Gefangenenkleidung) || △ Kerker m || ◊ ponerse el ~ figf ins Gefängnis kommen, pop hinter schwedische Gardinen kommen || **–zar** [z/c] vt Arg jdm zuvorkommen (in der Rede) || Arg entreißen
Capuletos mpl die Capuletti in Verona (in „Romeo und Julia")
capulina f Mex (Straßen)Dirne f || Am e–e Kirschenart f || ⟨Zool⟩ Mex Schwarze Witwe f (Latrodectus mactans)
capullina f Sal Baumkrone f
capullo m (Seidenraupen)Kokon m || Seidenbälglein n || Strähne f Flachs || Samenhülse f || Blütenknospe f || Eichelnäpfchen f || en ~ knospend (Blüte) || beato de ~s Florettseide f
capuz [pl **–ces**] m Kapuze f, Kappe f, Mantelkragen m || Mütze f || Rauchfangkappe f
capuzar [z/c] vt = chapuzar
caquéctico adj ⟨Med⟩ hinfällig, kachektisch
caquexia f ⟨Med⟩ Kräfteverfall m, Kränklichkeit, Kachexie f || ~ senil Alterskachexie f
caqui m Khaki(stoff) m für Militäruniformen || Khakifarbe f (braungrün) || ⟨Bot⟩ Kakibaum m (Diospyros kaki) || Kakipflaume f || ◊ marcar el ~ fam Soldat sein
caquiro m Am Getränk n aus der Yuccawurzel, Yuccawein m
¹**cara** f (An)Gesicht, Antlitz n || Oberfläche f e–r S., Miene f, Blick m || fig Aussehen n || fig Äußeres n || fig Haltung f || Gesichtsausdruck m || fig Wagnis n, Dreistigkeit f || fig Unverschämtheit, Stirn f || ~ de acelga figf blasses Gesicht n || ~ acontecida kummervolles Gesicht n || ~ adelante nach vorn || ~ de aleluya figf freudestrahlendes Gesicht n, ~ atrás nach hinten || ~ de beato y uñas de gato figf Wolf m im Schafspelz (→ **cariacontecido**) || ~ de cartón, ~ de corcho runzliges Gesicht n || ~ y cruz Bild oder Schrift (Spiel) || ~ dura figf Dreistigkeit, Unverschämtheit, Stirn f (→ **caradura**) || ~ de gualda figf quittegelbes Gesicht n || ~ de hereje, ~ de judío figf abschreckendes Gesicht n, pop Galgenvisage f || ~ de (justo) juez figf strenges, unbarmherziges Gesicht n || ~ de Pascua, ~ de risa figf fröhliches, heiteres Gesicht n || ~ de perro figf zorniges, grimmiges Gesicht n || ~ de pocos amigos figf abstoßender, mürrischer Mensch m || ~ de rallo figf pockennarbiges Gesicht n || ~ al sol der Sonne entgegen (of der Sonne ausgesetzt, gegen die Sonne || ~ al sol Hymne f der Falange Española || ~ de tomate figf brennrotes Gesicht n || ~ de viernes figf hageres, trauriges Gesicht n || ~ de vinagre figf sau-

res Gesicht n || ~ a ~ von Angesicht zu Angesicht || in jds Gegenwart || a ~ descubierta fig öffentlich, vor aller Welt || con buena ~ fig freundlich, freudig || de ~ gegenüber || von vorn || de ~ al este nach dem Osten hin || de dos ~s falsch, doppelzüngig || hombre de dos ~s figf falscher Fünfziger m || en la ~ se le conoce fam das sieht man ihm am Gesicht an || ◊ cambiar de ~ fig die Farbe wechseln, rot od bleich werden || cruzarle a uno la ~ jdm e–e Ohrfeige geben || el sol da de ~ die Sonne scheint gerade ins Gesicht || dar la ~ fig die Stirn bieten, einstehen (für), entgegentreten || no dar la ~ fig sich verbergen, sich ducken || dar (od sacar) la ~ por alg. figf sich für jdn einsetzen || figf für jdn bürgen || dar en ~ a uno fig jdm et vorwerfen || dar a alguno con la puerta en la ~ figf jdm die Tür vor der Nase zuschlagen || decírselo a alg. en la ~ fig jdm ins Gesicht sagen || echar a ~ o cruz a/c fig et aufs Spiel setzen || echarle a/c en (la) ~ (od a la ~) jdm et vorwerfen (z. B. auch e–e erhaltene Wohltat) || guardar la ~ fig sich verbergen || hacer ~ die Stirn bieten || sich stellen (Hirsch) || hacer a dos ~s figf doppelzüngig sein || huir la ~ figf vor jdm fliehen || lavar la ~ a uno figf jdm Honig um den Mund streichen || no mirar la ~ a uno figf mit jdm verfeindet sein || poner buena (mala) ~ fam ein (un)freundliches Gesicht machen || (pretender a.) por la ~ fam um s–r (ihrer) schönen Augen willen (et beanspruchen) || te voy a partir (od quitar) la ~ fig ich werde dir den Schädel einschlagen (als Drohung) || saltar a la ~ figf jdn derb anfahren || eso salta a la ~ fig das sticht in die Augen, das ist doch klar || salvar la ~ figf das Gesicht, den Schein wahren (→ **salvar** las apariencias) || tener ~ de corcho figf unverschämt, schamlos sein || tener dos ~s doppelzüngig sein || tener mucha ~ figf schamlos, unverfroren sein || tiene ~ de ello er sieht (wohl) danach aus || nos veremos las ~s figf wir treffen uns noch! (Drohung) || volverle a uno a la ~ u/c figf et mit Verachtung abschlagen || no volver la ~ atrás fig nicht verzagen || no me volvió ~ er würdigte mich keines Blickes || por su bella (od linda) ~ figf um seiner (ihrer) schönen Augen willen, aus reiner Gefälligkeit || ~ de beato, y uñas de gato Wolf m im Schafspelz
²**cara** f Vorderseite f || rechte Seite f e–s Gewebes || rechte, erste Blattseite f || Kopf-, Haupt-, Bild|seite f (e–r Münze) || Avers m || Außenseite f || Fläche f (e–s Kristalls) || ⟨Uhrm⟩ Zifferblatt n || ~ de anverso, ~ del pelo Haarfläche f (beim Leder) || ~ de asiento ⟨Arch⟩ Gesteinslager n || Paß-, Sitz|fläche f (Klempnerei) || ~ de ensamblaje perpendicular del cuartón ⟨Arch⟩ Lotschmiege f || ~ delantera Vorderfläche f || ~ del distribuidor Schieber|fläche f, -spiegel m (Dampfmaschine) || ~ de la carne Aas-, Fleisch|seite f (beim Leder) || ~ de la flor Haar- bzw Narbenseite f (beim Leder) || ~ del tizón ⟨Arch⟩ Binderkopf m || ~ de trabajo ⟨Zim⟩ Arbeitsfläche f || ~ de un cubo ⟨Metal⟩ Würfelfläche f || ~ de válvula Schieberfläche f || ~ de yunque Amboßbahn f || ~ exterior del sillar Haupt n (od Stirn) des Quaders || ~ inferior (superior) del sillar untere (obere) Lagerfläche f des Quaders || ~ polar ⟨El⟩ Polfläche f || ~ posterior Hinterfläche f || ~ pulida polierte Fläche f
caraba f pop Außergewöhnliches, Erstaunliches n || Sal Spaß m, Freudengeschrei n || Streich m || ◊ ¡esto es la ~! pop das ist allerhand! (lobend bzw tadelnd)
cárab f Schiff n der Ostküste Spaniens, der Levante und der Philippinen
Carabaña f Ort in der Prov. Madr || agua de ~, ≃ abführendes Heilwasser n aus Carabaña
carabañuela f Col (Art) Krokette f
carabao m Fil Mindorobüffel m (Anoa sp)
cárabe m = ámbar

carabear vi Sal *müßig dastehen* ‖ ◊ *el tiempo no carabea die Zeit bleibt nicht stehen!*
carabela f *Karavelle* f, *Schiff mit lateinischen Segeln* ‖ Gal *auf dem Kopfe getragener Korb* m ‖ Col *Nebenbuhlerin* f
carabelón m ⟨Mar⟩ *kleine Karavelle* f
carabero m Sal *Müßiggänger* m
carábidos mpl ⟨Entom⟩ *Laufkäfer* mpl (Caraboidea)
carabi|na f *Büchse* f, *Stutzen* m ‖ ⟨Mil⟩ *Karabiner* m ‖ *Karabinerhaken* m ‖ *Sprungring* m ‖ fam *Anstands|dame* f, *-drache, -wauwau* m ‖ Cu ~ de salón *Salonbüchse* f ‖ ◊ es la ~ de Ambrosio fam *es ist völlig unbrauchbar, es taugt nichts* ‖ **–nera** f Sal *Haubenlerche* f (Galerida cristata) ‖ **–nero** m *Karabinier* m ‖ *bewaffneter Zollwächter* m *(gegen den Schmuggel)*, *Gendarmeriesoldat* m ‖ ⟨Zool⟩ *Geißelgarnele* f
carablanca m Col CR *Kapuziner, Rollschwanzaffe* m (Cebus sp)
¹**cárabo** m ⟨Mar⟩ *kleines maurisches Fahrzeug* n ‖ ⟨Entom⟩ *Laufkäfer* m (Carabus spp)
²**cárabo** m ⟨V⟩ *Waldkauz* m (Strix aluco)
caracaballa f ⟨Mar⟩ Pan *Küstenschiff* n
caracal m *Wüstenluchs*, *Karakal* m (Lynx caracal) ‖ *Karakalpelz* m
caracará m RPl *Karakara, Geierfalke* m (Polyborus sp)
caracas m *Kakao* m *von Caracas* (Ven) ‖ Mex figf *Schokolade* f
caraceño adj *aus Carazo (Nicaragua)*
caracoa f Fil *Ruderschiff* n
cara|col m (*Garten-, Schnirkel-, Weinberg-) Schnecke* f ‖ *Schneckenhaus* n ‖ *Schneckenmuschel* f ‖ ⟨An⟩ *Schnecke f im Ohr* ‖ *Stirn-, Schläfenlocke* f *der span. Tänzerinnen* ‖ *Haarlocke* f ‖ *cuernos del* ~ *Fühler* mpl *der Schnecke* ‖ *escalera de* ~ *Wendeltreppe* f ‖ *en* ~, *de* ~ *schnecken-, spiralförmig gewunden* ‖ ◊ andar *(od* ir) *como un* ~ *im Schneckentempo gehen* ‖ *no se me da un* ~ fig *das ist mir gleichgültig*, fam *das ist mir schnuppe* ‖ *hacer* ~es fig *sich herumtummeln (Pferd)* ‖ *sich tummeln* ‖ fam *torkeln (Betrunkener)* ‖ *¡~!* fam = **¡caramba!** ‖ **–cola** f *(große) Seemuschel* f *als Sprachrohr für die Feldarbeiter* ‖ Ar *weiße Schnecke* f ‖ Ar *Schraubenmutter* f
caraco|lada f *Gericht* n *aus Schnecken* ‖ **–lear** vi *tänzeln, Wendungen machen (Pferd)* ‖ **–lejo** m dim v. **caracol** ‖ **–leo** m v. **–lear** ‖ **–lero** m *Schnecken|verkäufer, -fänger* m ‖ **–lillo** m dim v. **caracol** ‖ ⟨Bot⟩ *Amerikanische Schneckenbohne* f ‖ *Perlkaffee* m *(sehr geschätzte Kaffeesorte)* ‖ *Hippe* f *(Backwerk)* ‖ SAm *Mahagonibaum* m (Swietenia sp)
carácter m [pl **caracteres**] *Erkennungs-, Kenn|zeichen, Merkmal* n ‖ *Ausdruck, Charakter* m, *Gepräge* n ‖ *Buchstabe* m, *Schriftzeichen* n ‖ *Ziffer* f, *Zahlzeichen* n ‖ *Schrift(art)* f ‖ *Charakter* m ‖ *Wesen* n, *Eigenart, Natur* f ‖ *Gemütsart* f ‖ *Charakterzug* m ‖ *Charakterstärke, Festigkeit* f ‖ *Mut* m ‖ *Beschaffenheit* f ‖ *Erbanlage* f ‖ *Eigenschaft* f ‖ *Stand* m, *Würde, Stellung* f ‖ ~ accesorio ⟨Biol⟩ *akzessorisches Merkmal* n ‖ ~ adquirido ⟨Gen⟩ *erworbenes Merkmal* n, *erworbene Eigenschaft* f ‖ ~ de unidad ⟨Gen⟩ *Einheitsanlage* f ‖ ~ diagnóstico ⟨Biol⟩ *diagnostisches Merkmal* n ‖ ~ dominante, ~ predominante ⟨Gen⟩ *dominante Erbanlage* f ‖ ~ específico ⟨Biol⟩ *spezifisches Merkmal* n ‖ ~ estatal *Staatlichkeit* f ‖ ~ hereditario ⟨Gen⟩ *Erbanlage* f ‖ *Erblichkeit* f ‖ ~ de un cargo *Erblichkeit* f *e-s Amtes* ‖ ~ mendeliano ⟨Gen⟩ *Mendelsches Merkmal* n ‖ ~ oficial *amtliche Eigenschaft* f ‖ ~ punible ⟨Jur⟩ *Strafbarkeit* f ‖ ~ tutelar *Schutzcharakter* m ‖ ~ recesivo ⟨Gen⟩ *rezessive Erbanlage* f ‖ ~ solemne *Feierlichkeit* f ‖ comedia de ~ *Charakterstück* n ‖ film *de* ~ *Hauptfilm*

m ‖ drama de ~ *Charakterdrama* n ‖ hombre de ~ *Mann von Stande* ‖ de tal ~ *derartig* ‖ en ~ de als ‖ en ~ de consignación ⟨Com⟩ *auf Konsignation* ‖ rasgos de ~ *Charakterzüge* mpl ‖ ◊ revestir ~ universal *universell gehalten sein* ‖ ~es pl *(Druck) Lettern* fpl ‖ *Merkmale* npl ‖ ~ cuneiformes *Keilschrift* f ‖ ~ cursivos, ~ itálicos *Kursiv-, Schräg|schrift* f ‖ ~ de imprenta *Druckschrift* ‖ ~ espaciados *Sperrdruck* m ‖ ~ góticos *Fraktur* f ‖ ~ para carteles *Plakatschrift* f ‖ ~ romanos *Antiqua* f ‖ ~ rúnicos *Runenschrift* f ‖ ~ sexuales primarios (secundarios) *primäre (sekundäre) Geschlechtsmerkmale* npl
característi|ca f ⟨Math⟩ *Charakteristik, Kennlinie* f ‖ *Kennziffer* f ‖ *Unterscheidungsmerkmal* n ‖ *Charakteristik* f ‖ *Charakteristikum* n ‖ *Besonderheit, besondere Eigenschaft* f ‖ *Kennzeichnung* f ‖ ⟨Radio⟩ *Pausen-, Zeit|zeichen* n ‖ **–co** adj *charakteristisch, bezeichnend, typisch*, ‖ ⟨Th⟩ *Charakterspielerin* f ‖ ~ a circuito abierto ⟨El⟩ *Leerlaufcharakteristik* f ‖ ~ de bondad, ~ de calidad *Güteeigenschaft* f ‖ ~ de cómputo, ~ de meseta ⟨Nucl⟩ *Zählrate-, Plateau|charakteristik* f ‖ ~ de cortocircuito *Kurzschlußcharakteristik* f ‖ ~ de la corriente de ánodo ⟨Nucl⟩ *Anoden(strom)kennlinie* f ‖ ~ de la corriente de rejilla ⟨Nucl⟩ *Gitterstromcharakteristik* f ‖ ~ de las estaciones de radio ⟨Radio⟩ *Rufzeichen* n ‖ ~ del logaritmo *Kennziffer* f *des Logarithmus* ‖ ~ de respuesta espectral ⟨Nucl⟩ *spektrale Verteilungscharakteristik* f ‖ ~ de tiempo ⟨El⟩ *Zeitcharakteristik* f ‖ ~ dinámica ⟨Radio Nucl⟩ *dynamische Charakteristik* f ‖ ~ en derivación ⟨El⟩ *Nebenschlußcharakteristik* f ‖ ~ en vacío ⟨El⟩ *Leerlaufcharakteristik* f ‖ ~ par-velocidad ⟨El⟩ *Paar-Geschwindigkeit-Charakteristik* f ‖ **–co** adj *charakteristisch, bezeichnend, typisch, unterscheidend* ‖ m ⟨Th⟩ *Charakterspieler* m ‖ adv: **~amente**
caracteri|zado adj *hervorragend, vornehm* ‖ **–zar** [z/c] vt/i *charakterisieren* ‖ *darstellen, schildern* ‖ *jdm eine Würde erteilen* ‖ ⟨Th⟩ *genau, lebenswahr verkörpern* ‖ ⟨Th⟩ *maskieren* ‖ **~se** ⟨Th⟩ *sich maskieren*
caracte|rología f *Charakterkunde, Persönlichkeitsforschung, Charakterologie* f ‖ **–rólogo** m *Charakterologe* m ‖ **–ropatía** f ⟨Med⟩ *erworbene charakterliche Abnormität, Charakteropathie* f
cara|cú m Arg Bol Chi Par Ur *Markknochen* m ‖ RPl *Fleischrinderrasse* f ‖ **–cul:** raza de ~ *Karakul-Schafrasse* f ‖ piel de ~ *Karakulpelz* m ‖ →a caracal
caracha f Pe *Krätze* f
¹**caracho** adj *violettfarbig, bläulich*
²**¡caracho! ¡carácholes!** fam = **¡carajo!**
carachoso adj Pe *krätzig*
carachupa f Pe ⟨Zool⟩ *Beutelratte* f (Didelphis sp)
carado adj: bien ~ *schön von Gesicht*
caradriformes pl ⟨V⟩ *Regenpfeifer* mpl (Charadriidae)
caradura adj *unverschämt, unverfroren* ‖ *schamlos* ‖ ~ m *unverschämter Kerl*
¡caráfita! Chi = **¡caramba!**
¡carai! Am = **¡caramba!**
caraibes mpl = **caribes**
caraira f Cu = **caracará**
carajo m vulg *männliches Glied* n ‖ vulg *Schwanz* m ‖ *¡~!* int vulg *Donnerwetter! verdammt noch mal!* ‖ ◊ ¡vete al ~! vulg *geh zum Teufel!*
caraman|chel m Arg *Dorfschenke* f ‖ Pe *Schuppen* m, *Halle* f ‖ **–chón** = **camaranchón**
carama|ñola f *Feldflasche* f ‖ **–yola** f Chi ⟨Mil⟩ *Feldflasche* f
¡caramba! int *Donnerwetter! zum Teufel! (Zorn, Überraschung, Freude usw)*
carámbano m *Eiszapfen* m ‖ Cu *große Laus* f

¡carambita! int dim v. **¡caramba!**
¹**carambo|la** f Frucht f des Sternapfelbaumes ‖ **-lo** m ⟨Bot⟩ Karambola-, Sternapfel\baum m (Averrhoa carambola)
²**carambo|la** f Karambolage f (auf dem Billard) ‖ figf Prellerei f ‖ △ Zufall m ‖ por ~ figf indirekt, durch Umwege ‖ **-leado** adj Chi fam betrunken ‖ **-lear** vi karambolieren ‖ Chi sich betrinken ‖ Chi fam torkeln (Betrunkener) ‖ **-lista** m guter Billardspieler m
caramel m ⟨Fi⟩ Sprotte f (Clupea sprattus)
carame|lar vt karamelisieren, (den Zucker) bräunen ‖ **-lear** vt Col et verzögern, et auf die lange Bank schieben ‖ PR schmeicheln ‖ **-lo** m Karamel\zucker m, -bonbon m, brauner Zuckerkand m ‖ Zuckerwerk n ‖ Praline f ‖ hecho un ~ fam süßlich ‖ weich, nachgiebig
caramente adv teuer, hoch (im Preise) ‖ inständig
carame|ra f Ven unregelmäßiges Gebiß n ‖ **-ro** m Ven = **-ra** ‖ Col Pfahlwerk n
caramiello m Kopfputz m der Frauen (in Ast u. León)
carami|lla f ⟨Min⟩ Galmei m ‖ **-lleras** fpl Sant Kesselhaken m ‖ **-llo** m ⟨Bot⟩ Salzkraut n (Salsola sp) ‖ Schalmei, Hirtenflöte f ‖ Wirrwarr m, fam Durcheinander n ‖ fam Gerede n, Klatsch m ‖ **-lloso** adj fam neckisch ‖ heikel, kitzlig ‖ empfindlich
caramiña f Rauschbeere f
△**cáramo** m Wein m
carancho m Arg Vermittler m ‖ Am Geierfalke m (Polyborus sp)
carángano m Am Laus f
carantamaula f fam häßliche Person f ‖ Hexengesicht n ‖ Scheusal n
carantón adj Chi breitgesichtig
caranto|ña f figf alte Hexe f (häßliche Frau) ‖ ~**s** pl fam Schmeicheleien fpl, Schöntun n ‖ **-ñero** m fam Schmeichler, Schöntuer m
carañuela f Cu Mogelei f
caráota f Ven Bohne f
carapacha f Col (Baum) Rinde f
carapacho m Rückenschild m der Schildkröten, Krebse usw ‖ Schildpatt n ‖ → **caparazón**
carapato m Rizinusöl n
¡carape! int = **¡caramba!**
carapucho m Ast Kapuze f ‖ Ast verbogener Hut m ‖ Pe ⟨Bot⟩ Trespe f (Bromus spp)
carapulca f ein Fleischgericht n der Kreolen
caraqueño adj aus Caracas (Ven)
carate m e–e Hautkrankheit f der Neger in den Tropenländern ‖ ⟨Sp⟩ Karate n
carato m Ven ein erfrischendes Getränk n aus Reis- od Mais\mehl
carátula f Larve, Maske f ‖ Bienenmaske f ‖ fig Bänkelsängerei f ‖ Am Titelblatt n (eines Buches) ‖ Mex Zifferblatt n
caraú m ⟨V⟩ Riesenralle f (Aramus sp)
¹**carava|na** f Karawane f ‖ Pilgerzug m ‖ fig (große) Reisegesellschaft, Karawane f ‖ lange Reihe f ‖ (Reise)Gesellschaft, Gruppe f ‖ Treck m ‖ ⟨Aut⟩ Wohnanhänger m ‖ ~**s** pl Arg Ohrringe mpl ‖ Arg Ohrmarken fpl zum Kennzeichnen von Vieh ‖ Mex Kompliment n ‖ Höflichkeit f ‖ ~ de automóviles Autokolonne f ‖ comercio por ~ Karawanenhandel m ‖ ◊ ir en ~ mit Wohnwagen reisen ‖ trecken ‖ **-nero** m Führer m der Karawanentiere
²**caravana** f ⟨V⟩ Col = **alcaraván**
¹**caray** m = **carey**
²**¡caray!** int = **¡caramba!**
caraza f augm v. **cara**
carbizo m Sal Kastanieneiche f
carbografía f ⟨Phot⟩ Karbographie f
carbólico adj = **fénico**
carbo|líneo m Karbolineum n ‖ **-lizar** vt mit Karbol tränken

carbón m Kohle f ‖ Glühkohle f ‖ Kohlenasche f ‖ ⟨Mal⟩ Kohlestift m, Zeichenkohle f ‖ ⟨Phot⟩ Kohlendruck m ‖ Am (Getreide)Brand m ‖ ~ activado, ~ activo Aktivkohle f ‖ ~ aglomerado Preßkohle f, Brikett n ‖ ~ animal Tier-, Knochen\kohle ‖ ~ bituminoso Weichkohle ‖ ~ brillante Glanzkohle ‖ ~ bruto Roh-, Förder\kohle ‖ ~ cobreado ⟨El⟩ verkupferte Kohle, Kupferkohle ‖ ~ con mecha Dochtkohle ‖ ~ con (od de) mucha escoria stark schlackende Kohle ‖ ~ de antracita Anthrazitkohle ‖ ~ de bujía Kännelkohle ‖ ~ de dibujo Zeichenkohle ‖ ~ de hulla, ~ de piedra Steinkohle ‖ ~ de leña Holzkohle ‖ ~ de lignito Braunkohle ‖ ~ del maíz ⟨Agr⟩ Maisbrand m ‖ ~ de llama corta kurzflammige Kohle ‖ ~ de llama larga Gasflammkohle ‖ ~ de turba Torf m ‖ ~ escogido ausgelesene Kohle ‖ ~ fino, ~ granulado Feinkohle ‖ ~ foliado, ~ esquistoso Blätterkohle ‖ ~ grafítico Graphitkohle ‖ ~ graso Fettkohle ‖ ~ magro Magerkohle ‖ ~ menudo Grus-, Klein\kohle ‖ ~ (Kohlen)Grus m ‖ ~ mineral, ~ de piedra Mineralkohle f ‖ Steinkohle f ‖ ~ para arco voltaico Lichtbogenkohle ‖ ~ pobre en gases gasarme Kohle ‖ ~ pulverizado, ~ en polvo Staubkohle f, Kohlenklein n ‖ ~ residual Abfallkohle ‖ ~ rico en gases Gaskohle ‖ ~ sin escoria schlackenlose Kohle ‖ ~ vegetal Holz-, Meiler\kohle f ‖ aglomerados de ~ Preßkohle f, Briketts npl ‖ dibujo al ~ Kohlezeichnung f ‖ escobilla de ~ Kohle\schleifstück n, -bürste f ‖ mina de ~ Zeche f ‖ ~ Kohlepapier n ‖ pila de ~ Kohlenmeiler m ‖ ◊ ¡se acabó el ~! fam basta! Schluß damit!
carbona|da f (einmalige) Ofenladung f ‖ gehackter Rostbraten m, Karbonade f ‖ (Art) Backwerk n ‖ Arg Chi Pe Nationalgericht n (aus Hackfleisch, Kartoffeln, Reis usw) ‖ **-do** adj ⟨Chem⟩ Kohlensäure enthaltend ‖ ~ m schwarzer Diamant m ‖ **-lla** f Kohlengestübe n
carbo|nar vt mit Kohle schwärzen ‖ verkohlen ‖ ~**se** zu Kohle werden ‖ **-narios** mpl ⟨Hist⟩ Karbonari pl (Italien, 19. Jh.) ‖ ⟨Hist⟩ it Verschwörer m
carbona|tación f ⟨Chem⟩ Sättigen n mit Kohlensäure ‖ **-tado** adj ⟨Chem⟩ mit Karbonat verbunden ‖ **-to** m ⟨Chem⟩ Karbonat n ‖ ~ de amoníaco Ammoniumkarbonat n ‖ ~ cálcico, ~ de cal Kalziumkarbonat n ‖ ~ de cobre Kupferkarbonat n ‖ ~ de sosa Natriumkarbonat n ‖ ~ potásico Pottasche f, Kaliumkarbonat n ‖ ~ crudo Schweißasche f ‖ ~ sódico Natriumkarbonat n
carboncillo m Reiß-, Zeichen\kohle f ‖ Kohlenstaub m ‖ Kohlenpilz m
carbone|ar vt verkohlen, brennen ‖ ~**se** vr ⟨Geol⟩ verkohlen, zu Kohle werden ‖ ~ m Kohlenbrennen n ‖ Meilerei, Köhlerei f ‖ **-ra** f Kohlenmeiler m ‖ Kohlengrube f ‖ ⟨Mar⟩ Kohlen\bunker, -raum m ‖ Kohlenkeller m ‖ Kohlenkasten m ‖ Kohlenhändlerin f ‖ **-ría** f Kohlenmarkt m ‖ Kohlenhandlung f ‖ **-rica** f Al Kohlmeise f ‖ **-ro** adj Kohlen- ‖ industria ~**a** Kohlenindustrie f ‖ ~ m Kohlenbrenner m ‖ Kohlenhändler m ‖ Kohlenträger m ‖ ⟨Mar⟩ Kohlentrimmer m ‖ ⟨V⟩ Meise f ‖ ~ común, paro ~ ⟨V⟩ Kohlmeise f (Parus major) ‖ ~ garrapinos ⟨V⟩ Tannenmeise f (P. ater) ‖ ~ palustre ⟨V⟩ Sumpfmeise f (P. palustris) ‖ fe de ~ fam blindes Vertrauen n, Köhlerglaube m
carbónico adj ⟨Chem⟩ kohlenstoffhaltig, Kohlen- ‖ kohlensauer ‖ ácido ~ ⟨Chem⟩ Kohlensäure f
carbo|nífero adj kohle(n)führend, kohlehaltig ‖ cuenca ~**a** Kohlen\becken, -revier n ‖ período ~ Karbon n ‖ rocas ~**as** ⟨Geol⟩ karbonische Eruptivgesteine npl ‖ yacimiento ~ ⟨Geol⟩ Kohlenlager n ‖ **-nilla** f ⟨Kohlen-, Koks⟩staub m ‖ Zeichenkohle, Kohle f ‖ ⟨Aut⟩ Schmierölrückstände mpl, Ölkohle f

carboni|zación f *Verkohlung, Karbonisation* f ǁ ~ **de paños** *Tuchkarbonisation* f ǁ ~ **de trapos** *Lumpenauskohlung* f ǁ ~ **de turba** *Torfverkokung* f ǁ ~ **lenta del carbón** *Kohlenschwelung* f ǁ ~ **lenta del lignito** *Braunkohlenschwelung* f ǁ ~ **de madera** *Holzverkohlung* f ǁ **–zar** [z/c] vt *verkohlen, verkoken, karbonisieren* ǁ ⟨Chem⟩ *mit Kohlenstoff verbinden* ǁ ◊ ~ *lentamente,* ~ **a baja temperatura** *schwelen* ǁ **quedar –zado** *verkohlen, völlig verbrennen (z.B. durch Berührung e–r Starkstromleitung)* ǁ **~se** Ur *verkohlen*
carbo|no m ⟨Chem⟩ *Kohlenstoff* m ǁ **–noso** adj *kohlen(stoff–)haltig*
carbor|undo, –úndum [–dun] m *Karborundum* n ǁ **muela de ~** ⟨Tech⟩ *Karborundscheibe* f
carbun|clo, –co m *Karbunkel* m, *Blutgeschwür* n ǁ ~ **sintomático** ⟨Vet⟩ *Rauschbrand* m
carbúnculo m *Karfunkel* m *(Edelstein)* ǁ *Rubin* m
carbu|ración f *Kohlung* f *des Eisens* ǁ *Vergasung* f *(im Motor)* ǁ ⟨Chem⟩ *Verkohlungsprozeß* m ǁ **–rador** m *Vergaser* m *(e–s Motors usw)* ǁ ~ **de inyector** *Düsenvergaser* ǁ ~ **de mecha** *Dochtvergaser* ǁ ~ **de nivel constante,** ~ **con flotador** *Schwimmervergaser* ǁ ~ **de pulverización** *Spritzvergaser* ǁ ~ **de registro,** ~ **de pantalla obturada** *Register–, Mehrdüsen|vergaser* ǁ ~ **horizontal** *Flachstrom–, Horizontal|vergaser* ǁ **–rante** m *Kraft–, Brenn–, Treib–, Betriebs|stoff* m ǁ ~ **antidetonante** *klopffester Brennstoff* ǁ ~ **gaseoso** *Treibgas* n ǁ **–rar** vt ⟨Chem⟩ *vergasen, verkohlen* ǁ ⟨Chem⟩ *mit Kohlenstoff verbinden, verkohlen* ǁ **–ro** m *Kohlenstoffverbindung* f, *Karbid* n ǁ ~ **de calcio** ⟨Chem⟩ *Kalziumkarbid* n
carca adj/s desp = **carlista** ǁ ~f Am *Schmutzigkeit* f, *Dreck* m
carcacha f Mex fam *alte Mühle* f, *alter Kasten* m *(Wagen)*
carcahuesal m RPl *Morast* m, *Sumpfgelände* n
carcaj m *(Pfeil)Köcher* m ǁ *Gürtel* m zum *Tragen des Kreuzes bei Prozessionen* ǁ Am *Gewehrfutteral* n *am Sattel*
carcajada f *Gelächter, lautes Auflachen* n, *Lachsalve* f ǁ ◊ **soltar una ~** *laut auflachen* ǁ **reírse a ~s** *(od a ~ tendida) aus vollem Halse lachen*
carcajear vi *laut herauslachen*
carcamal m/adj fam *abgelebter Greis* m ǁ fam *alte Schindmähre* f
¹**carcamán** m ⟨Mar⟩ *alter Kasten* m *(schwerfälliges Fahrzeug)*
²**carcamán** m Cu *Spottname* m *für mittellose Ausländer* ǁ Arg *Spottname* m *für Italiener* ǁ Pe Mex = **carcamal**
carcañal m = **calcañal**
carcasa f *Brandbombe* f ǁ gall *Gehäuse* n *(z.B. Motorgehäuse)* ǁ gall *Gerippe* n ǁ gall *Rumpf* m *(& von Vögeln usw)* ǁ gall *Karkasse* f *(e–s Reifens)* ǁ → **caparazón**
Carcasona f frz *Carcassonne*
cárcava f *(Wasser)Graben* m ǁ *Grabloch* m
carcavinar vi Sal *nach Verwesung riechen (Grabstätte)*
carcavón m *vom Wasser ausgewaschene Schlucht* f
carcax, carcaza f = **carcaj**
cárcel f *Kerker* m, *Gefängnis* n ǁ *Haft* f ǁ *Schraubstock* m, *Zwinge* f *(der Tischler)* ǁ *Schleusenzwinge* f ǁ ⟨Typ⟩ *Brücke* f *an der Buchdruckerpresse* ǁ *Maßeinheit* f *für den Holzverkauf* ǁ ~ **de menores** *Jugendgefängnis* n ǁ ~ **preventiva** *Schutzhaft* f ǁ **visita de ~es** *Gefängnisinspektion* f ǁ ◊ **meter en la ~ einkerkern, ins Gefängnis setzen**
carce|lario, –lero adj *Kerker–, Gefängnis–, Haft–* ǁ **–lazo** m Chi Ec Pe PR *Gefängnisaufent-*

halt m ǁ **–lera** f *Gefangenwärterin* f ǁ *Kerkerlied* n *(and. Volkslied)* ǁ **–lería** f *Haft* f ǁ *gezwungener Aufenthalt* m ǁ **–lero** m/adj *Kerkermeister, Gefängnis|wärter, –aufseher* m
carcino|fobia f ⟨Med⟩ *Krebsangst, Karzinophobie* f ǁ **–ide** adj *krebsähnlich* ǁ ~ m *Karzinoid* n ǁ **–logía** f *Karzinologie, Lehre* f *von den Krebskrankheiten* ǁ ⟨Zool⟩ *Krebstierkunde* f ǁ **–ma** ⟨Med⟩ *Krebs* m, *Krebsgeschwulst* f, *Karzinom* n ǁ **–matoso** adj *krebsartig, karzinomatös* ǁ **–sis** f ⟨Med⟩ *Karzinose* f
carcocha f Pe = **carcacha**
cárcola f ⟨Web⟩ *Schemel* m
carco|ma f *Bockkäfer* m (Cerambyx spp) ǁ *Holzwurm, Klopfkäfer* m (Anobium spp) ǁ *Holzmehl* n ǁ *Wurmstichigkeit* f ǁ fig *nagender Kummer, Gram* m ǁ fig *Verprasser* m ǁ △ *Weg* m ǁ **–mer** vt *zernagen, zerfressen (wie Würmer)* ǁ *das Holz anbohren (Holzwurm)* ǁ fig *langsam und allmählich verzehren, untergraben (Gesundheit usw)* ǁ **~se** *wurmstichig werden* ǁ fig *sich abzehren, verfallen* ǁ **–mido** adj *wurm|stichig, –zerfressen* ǁ fig *morsch*
carcomi|lla f Cu, **–llo** m PR *Neid* m
carcunda adj/s desp = **carlista**
car|chada f Ur *Streit* m ǁ **–char** vt Ur *stehlen* ǁ **–cheo** m Ur *Diebstahl* m
carda f ⟨Bot⟩ *(Distel)Karde* f (Dipsacus spp) ǁ *Karde, Krempel* f ǁ *Krempeln* n ǁ fam *Prügel* m ǁ figf *Verweis* m ǁ Arg *(Art) Kaktus* m ǁ ~ **abridora** ⟨Web⟩ *(Reiß)Wolf, Öffner* m, *Reißkrempel* f ǁ ~ **acabadora** ⟨Web⟩ *Fein|karde, –kratze, –krempel* f ǁ ~ **continua** ⟨Web⟩ *Vorspinnkrempel* f ǁ ~ **de chapones** *Deckelkarde* f ǁ ~ **mezcladora** *Mischkrempel* f ǁ ~ **raspadora** *Pelzkarde* f ǁ ~ **vegetal** *Weberkarde* f ǁ ◊ **dar una ~ a uno** figf *jdm den Kopf waschen*
carda|da f ⟨Web⟩ *Krempelmenge* f ǁ **–deras** fpl *Wollenkarde* f ǁ **–do** m *Krempeln* n ǁ *Krempelarbeit* f ǁ ~ **en grueso** *Schrubbeln, Schlumpen* n ǁ ~ **preliminar** *Vorkrempeln* n ǁ **–dor, cardero** m ⟨Web⟩ *Kardenarbeiter* m ǁ **–dora** f ⟨Web⟩ *Rauhmaschine* f ǁ **–dura** f ⟨Web⟩ *Krempeln* n
cardal m Am *Distelfeld* n
cardamomo m ⟨Bot⟩ *Kardamome* f
cardán m *Kardan–, Kreuz|gelenk* n
cardar vt *krempeln* ǁ *rauhen (Tuch)* ǁ fam *durchprügeln* ǁ ◊ ~ **la lana a alg.** figf *jdm den Kopf waschen* ǁ **unos tienen la fama y otros cardan la lana** *der eine hat den Ruhm und der andere hat die Arbeit*
cardario m ⟨Fi⟩ *(Art) Rochen* m (Raja fullonica)
cardelina f prov *Stieglitz* m
¹**cardenal** m *Kardinal* m ǁ am. *Kardinalvogel* m ǁ *Kardinalschnecke* f ǁ *Kardinalfalter* m ǁ *Kardinalkäfer* m ǁ *Lobelie, Kardinalsblume* f ǁ Chi ⟨Bot⟩ *Storchschnabel* m ǁ ~ **camarlengo** *Kardinalkämmerer* m ǁ ~ **de curia** *Kurienkardinal* m ǁ ~ **de Virginia** ⟨V⟩ *Roter Kardinal* m (Richmondena cardinalis) ǁ **creación de un ~** *Ernennung* f *e–s Kardinals*
²**cardenal** m *Strieme* f, *blauer Fleck* m
cardena|lato m *Kardinalswürde* f ǁ **–licio** adj *Kardinals–* ǁ **púrpura ~a** ⟨poet⟩ *Kardinalswürde* f
cardencha f *Karde* f (Dipsacus spp) ǁ ⟨Web⟩ *Krempel, Karde* f
cardenillo m *Grünspan, Kupferrost* m ǁ ⟨Mal⟩ *Spangrün* n
cárdeno adj *maulbeerfarben, schwarzblau* ǁ *schwarzbleich (Stier)* ǁ *braun und blau* ǁ *veilchenblau* ǁ *tief–, purpur|rot* ǁ *opalisierend (Wasser)*
cardería f *Wollkämmerei* f
cardero m ⟨Web⟩ *Kardenarbeiter* m
car|diaca, –diaca f ⟨Bot⟩ *Echtes Herzgespann* n (Leonurus cardiaca)
cardiaco, cardíaco adj/s ⟨An⟩ *Herz–,* zum

cardialgia — carga

Herzen gehörig ‖ *herzkrank* ‖ ⟨Med⟩ *herzstärkend (Mittel)*
cardialgia f ⟨Med⟩ *Kardialgie* f
cardias m ⟨An⟩ *oberer Magenmund* m, *Kardia* f
cardillo m ⟨Bot⟩ *Goldwurzel* f (Scolymus hispanicus) ‖ Mex *Kringel* m *(der Sonnenstrahlen)*
cardinal adj *hauptsächlich* ‖ *Haupt-, Kardinal-* ‖ números ~es ⟨Gr⟩ *Grundzahlen* fpl ‖ punto ~ *Kardinal-, Haupt|punkt* m ‖ las virtudes ~es *die Haupt-, Kardinal|tugenden* fpl
car|digrafia f *Kardiographie* f ‖ *Herzbeschreibung* f ‖ **–diógrafo** m ⟨Med⟩ *Kardiograph* m ‖ **–grama** m *Kardiogramm* n ‖ **–dioide** f ⟨Math⟩ *Kardioide* f ‖ **–diologia** f ⟨Med⟩ *Kardiologie* f ‖ **–diólogo** m *Kardiologe* m ‖ **–diomegalia** f ⟨Med⟩ *Herzvergrößerung* f ‖ **–diopatía** f *Herzleiden* n, *Kardiopathie* f ‖ **–ditico** adj *Herz-, zum Herzen gehörig* ‖ **–ditis** f ⟨Med⟩ *Herzentzündung, Karditis* f
cardizal m *Distelfeld* n
Card.¹ = ¹**cardenal**
car|do m *Distel(pflanze)* f ‖ ~ borriquero, ~ borriqueño *Eselsdistel* f (Onopordum acanthium) ‖ ~ comestible *Kardone, Gemüseartischocke* f (Cynara cardunculus) ‖ ~ común *Wegdistel* f (Carduus acanthoides) ‖ ~ de las playas *Stranddistel* f (Eryngium maritimum) ‖ ~ de los campos *Brachdistel* f, *Feldmannstreu* m (E. campestre) ‖ ~ adj pop *ungesellig, kratzbürstig* ‖ **–dón** m *Weber-, Kratz|distel* f ‖ Am *Name verschiedener Kakteenarten*
Cardona np: más listo que ~ figf *sehr gewandt, sehr geschickt (Ansp. auf die plötzliche Flucht des Vicomte von Cardona, 1363)*
cardume(n) m *Fischschwarm, Zug* m *wandernder Fische*
carduzal m = **cardizal**
care|ada f Pe *Gegenüberstellung* f, *Vergleichen* n ‖ **–ado** m ⟨Maur⟩ *Kopfseite* f *e–s Steines* ‖ **–ador** adj Sal: perro ~ *Schäferhund* m ‖ **–ar** vt/i ⟨Jur⟩ *(Angeklagten) Zeugen gegenüberstellen* ‖ fig *vergleichen* ‖ *gegeneinanderhalten* ‖ Am *für den Kampf abrichten (Kampfhähne)* ‖ Sal *verscheuchen, verjagen* ‖ ~ vi Sal *Vieh weiden* ‖ ~**se** *zu e-r Besprechung zusammenkommen*
carecer [–zc–] vi *ermangeln, entbehren* (gen) ‖ *nicht haben* ‖ *et nicht mehr (vorrätig) haben* ‖ ◊ ~ de un artículo ⟨Com⟩ *einen Artikel nicht (mehr) haben* ‖ ~ de fuerza *nicht stichhaltig sein (Grund)* ‖ ~ de fundamento *unbegründet sein* ‖ ~ de medios *mittellos sein* ‖ no ~ de interés *nicht uninteressant sein*
carecimiento m = **carencia**
¹**carena** f ⟨Mar⟩ *Ausbesserung, Schiffsreparatur* f *(am Rumpf)* ‖ ⟨Flugw Aut⟩ *Tragkörper* m, *Hülle* f ‖ ⟨poet⟩ *Schiff* n ‖ ⟨Bot⟩ *Blattkiel* m ‖ dar ~ = **carenar** ‖ dique de ~ ⟨Mar⟩ *Trockendock* n
²**carena** f fam *Stichelei, Neckerei* f
carenado adj *windschlüpfig, stromlinienförmig* ‖ ~ m ⟨Flugw Aut⟩ *(aerodynamische) Verkleidung* f
carenadura f s. v. **carenar**: → **carena**
caren|cia f *Mangel* m, *Fehlen* n, *Entbehrung* f ‖ *Abgang, Verlust* m ‖ ~ de medios *Mittellosigkeit* f ‖ **–cial** adj ⟨Med⟩: enfermedad ~ *Mangelkrankheit* f ‖ fenómeno ~ *Mangelerscheinung* f ‖ período ~ *Wartezeit, Karenz(zeit)* f *(Versicherung)*
carenar vt/i ⟨Mar⟩ *kielholen (zum Ausbessern)* ‖ ⟨Mar⟩ *ausbessern (Schiffsrumpf)* ‖ *überholen* ‖ *verkleiden* ‖ **–nero, –naje** m ⟨Mar⟩ *Kielholplatz* m
carente pp/irr v. **carecer** ‖ ~ de medios *mittellos*
careo m ⟨Jur⟩ *Gegenüberstellung* f *(der Zeugen od Angeklagten)* ‖ *Gegeneinanderhalten, Vergleichen* n ‖ Sal *Weide* f ‖ Sal fig *Gespräch* n, *Unterhaltung* f ‖ ◊ celebrar ~, practicar ~ ⟨Jur⟩ *gegenüberstellen*
carero m fam *Verkäufer* m *mit hohen Preisen*
carestía f *hoher Preis* m ‖ *Teuerung, teure Zeit* f ‖ *Übertuerung* ‖ *Not* f, *Mangel* m ‖ *Hungersnot* f ‖ suplemento de ~ *Teuerungszuschlag* m ‖ plus por ~ de vida, suplemento de ~ de vida *Teuerungszulage* f
care|ta f *Maske, Larve* f ‖ *Ballmaske* f ‖ *Zukkermaske* f ‖ *Fechtmaske* f ‖ fig *Deckmantel, äußerer, falscher Schein* m ‖ ⟨Bot⟩ *Narbe* f ‖ ~ antigás, ~ contra gases ⟨Mil⟩ *Gasmaske* f ‖ ~ anestésica ⟨Med⟩ *Äther-, Chloroform|maske* f ‖ ~ antipolvo, ~ contra el polvo *Staubmaske* f ‖ ~ de oxígeno, ~ respiratoria *Sauerstoffgerät* n ‖ ~ protectora *Schutzmaske* f ‖ ◊ arrojar la ~, quitarse la ~ fig *die Maske fallen lassen* ‖ ponerse la ~ *sich maskieren* ‖ quitarle la ~ (a) figf *jdn entlarven, jdm die Maske herunterreißen* ‖ **–to** adj *mit e–r Blesse (Pferd, Kuh)*
caretudo adj Cu *unverschämt, schamlos*
carey m *Karettschildkröte* f (Eretmochelys imbricata) ‖ *Schildpatt* n, *Schildkrötenschale* f ‖ tortuga ~ *Karettschildkröte* f
carga f *Last, Bürde* f ‖ *Fracht* f ‖ *Ladung* f (& ⟨Mil⟩) ‖ *Frachtgut* n ‖ *Bepackung* f ‖ *Wagenvoll* m, *Fuhre* f, *Fuder* n ‖ ⟨Mar⟩ *(Schiffs)Ladung, Befrachtung* f ‖ *Ladung* f *e–s Schießgewehrs* ‖ ⟨El⟩ *(Auf)Ladung* f ‖ ⟨Bgb⟩ *Sprengladung* f ‖ *Durchsatz* m *(Ofen)* ‖ *Filmeinfädelung* f ‖ *Füllstoff* m ‖ ⟨Jur⟩ *Beschuldigung* f ‖ fig *Last, Beschwerde* f ‖ *Obliegenheit* f ‖ *Grundstücksbelastung* f ‖ *Beanspruchung* f ‖ fig *Pflicht, Verpflichtung* f ‖ ⟨Mil⟩ *Angriff, Sturm* m ‖ ~ a baste *Traglast* f ‖ ~ adicional *Zuladung, zusätzliche Belastung* f ‖ ⟨Mil⟩ *Bei-, Zusatz|ladung* f ‖ ~ admisible *zulässige Belastung* f ‖ ~ aérea *Luftfracht* f ‖ ~ a la bayoneta *Bajonettangriff* m ‖ ~ alar ⟨Flugw⟩ *Flügel-, Flächen|belastung* f ‖ ~ atómica *Kernladung* f ‖ ~ eficaz *effektive Atomladung* f ‖ ~ axial *Axial-, Längs|belastung* f ‖ ~ cerrada *Säbelangriff* m *in geschlossener Reihe* ‖ figf *scharfer Verweis* m, fam *Wischer, Putzer* m ‖ ~ cinética ⟨Hydr⟩ *kinetisches Gefälle* n ‖ ~ comercial ⟨Flugw⟩ *zahlende Nutzlast* f ‖ ~ continua *Dauer|last, -belastung* f ‖ ~ creciente ⟨El⟩ *wachsende Belastung* f ‖ ~ de alegación ⟨Jur⟩ *Darlegungslast* f ‖ ~ de área barrida ⟨Flugw⟩ *Luftschraubenscheibebelastung* f ‖ ~ de arranque *Anlaufbelastung* f ‖ ~ de aspa ⟨Flugw⟩ *Belastung* f *des Rotorflügels* ‖ ~ de aspiración *Saughöhe* f *(Pumpe)* ‖ ~ de barreno, ~ explosiva *Bohrloch-, Spreng|ladung* f ‖ ~ de bultos sueltos ⟨Com⟩ *Stückgutladung* f ‖ ~ de caballería *Attacke* f ‖ ~ de carbón *Kohlengicht* f ‖ ~ de empuje ⟨Flugw⟩ *Schubbelastung* f ‖ ~ de ida *Hinfracht* f ‖ ~ y vuelta ⟨Com⟩ *Aus- und Rück|fracht* f ‖ ~ de hundimiento ⟨Arch⟩ *Setzungslast* f ‖ ~ de ignición *Zündladung* f ‖ ~ de la rueda *Rad|last* f, *-druck* m ‖ ~ de la prueba ⟨Jur⟩ *Beweislast* f ‖ ~ de la válvula *Ventilbelastung* f ‖ ~ del circuito ⟨El⟩ *Kreisbelastung* f ‖ ~ del conductor ⟨El⟩ *Leiterbelastung* f ‖ ~ del electrón ⟨Nucl⟩ *Ladung* f *des Elektrons, elektrisches Elementarquantum* n ‖ ~ del émbolo *Kolbenbelastung* f ‖ ~ del horno *Ofenfüllung* f ‖ ~ del resorte *Federbelastung* f ‖ ~ de mina *Schuß|ladung* f ‖ ~ de pago ⟨Flugw⟩ *zahlende Nutzlast* f ‖ ~ de potencia ⟨Flugw⟩ *Leistungsbelastung, Belastung* f *je Pferdestärke* ‖ ~ de presión ⟨Hydr⟩ *Druckhöhe* f ‖ ~ de profundidad *Wasserbombe* f ‖ ~ de proyección ⟨Mil⟩ *Treibladung* f ‖ ~ de rotura ⟨Flugw Ing⟩ *Bruchlast* f ‖ ~ de seguridad ⟨Ing⟩ *Sicherheitslast* f ‖ ~ de una partícula ⟨Nucl⟩ *Teilchenladung* f ‖ ~ de vagón *Wagen-, Waggon|ladung* f ‖ ~ de viento, ~ debida a la presión del viento *Windbelastung* f ‖ ~

cargada — cargo 230

electrónica *Elektronenladung* f || ~ espacial ⟨El Nucl⟩ *Raumladung* f || ~ específica por unidad de superficie ⟨Flugw⟩ *Flächenbelastung* f || ~ explosiva *Sprengladung* f || ~ fantasma ⟨Tel⟩ *Phantombelastung* f || ~ fibrosa ⟨Ak⟩ *faseriger Füllstoff* m || ~ fiscal *steuerliche Belastung, Steuerlast* f || ~ latente ⟨El⟩ *gebundene Ladung* f || ~ legal *gesetzliche Pflicht* f || ~ límite *Grenzbelastung* f || ~ máxima *Höchst-, Maximal|belastung* f || ~ admisible *höchstzulässige Belastung* f || ~ móvil *Verkehrslast* f *(Brückenbau)* || ~ muerta *Totlast, tote Last* f || ~ nominal *Nennlast* f || ~ nuclear ⟨Nucl⟩ *Kernladung* f || ~ nula *Nullast* f || ~ parcial *Teillast* f || ~ probatoria ⟨Jur⟩ *Beweislast* f || ~ propulsora *Treibladung* f || ~ residual ⟨El⟩ *Restladung* f, *Ladungsrückstand* m || ~ superficial ⟨Flugw⟩ *Flächenbelastung* f || ~ total *Gesamt|last, -belastung* f || ~ transversal *Querbelastung* f || ~ uniformemente repartida ⟨Arch Ing⟩ *gleichmässige Gewichtsverteilung* f || ~ útil *Nutzlast* f || ~ nominal ⟨Aut⟩ *Nenn-Nutzlast* f || ~ gran velocidad (G.V.) *Eilgut* n || a plena ~ *bei Vollast* f || avería de la ~ *Ladungsschäden* mpl || bodega de ~ *Frachtschuppen* m || boleto de ~ *Ladeschein* m || buque de ~ ⟨Mar⟩ *Frachtschiff* n || ◊ certificado de máxima ~ *Freibordbrief* m || conocimiento de ~ *Konnossement* n || corredor de ~ *Frachtmakler* m || derechos de ~ *Ladegebühr* f || estación de ~ *Güter-, Verlade|bahnhof* m || exceso de ~ *Über|ladung, -fracht* f, *Mehrgewicht* n || *Überschuldung* f || faenas de ~ y descarga *Ladearbeiten* fpl || guía de ~ *Frachtbrief* m || libre de toda ~ *frei von jeder Last* || póliza de ~ *(See) Ladeschein* m, *(See) Konnossement* n, *Schiffsfrachtbrief* m || prueba de ~ *Belastungsbeweis* m || tarifa de ~ *Frachtsatz, Gütertarif* m || ◊ admitir ~ *Ladung einnehmen (Schiff)* || dar con la ~ en el suelo fig *der Arbeit, Not unterliegen* || echar la ~ a uno fig *jdm die schwerste Last aufbürden* || echar la ~ de sí fig *et von sich abschieben* || echarse con la ~ figf *die Flinte ins Korn werfen* || estar a la ~ *in Ladung liegen (Schiff)* || llevar la ~ fig *die schwerste Arbeit verrichten* || ser en ~ *lästig sein* || soltar la ~ fig *eingegangene Verpflichtungen willkürlich aufheben* || volver a la ~ fig *wieder anfangen* || *wieder auf et zurückkommen* || a ~ cerrada *in Bausch und Bogen (Kauf)* || fig *ohne Überlegung* || fig *rücksichtslos* || fig *zugleich* || de ciento en ~ figf *von sehr geringem Wert, vom Dutzend obenauf* || no hay ~ más pesada que tener la conciencia cargada *ein gutes Gewissen ist ein sanftes Ruhekissen* || **~s** pl *Amtspflichten, Verbindlichkeiten* fpl || ~ fiscales *Steuerlast* f || ~ reales *Reallasten* fpl || ~ sociales *Soziallasten* fpl || a ~ figf *haufenweise, im Überfluß* || ◊ echar las ~ a uno figf *jdn fälschlich beschuldigen*

cargada f *Ladung* f
carga|dera f ⟨Mar⟩ *Geitau* n || **–dero** m *(Ab)-Ladeplatz* m || *Gicht-, Form|öffnung (Ofen)* || ⟨Zim⟩ *Oberschwelle* f, *Sturz* m || ⟨Mar⟩ *Löschplatz* m || ⟨Bgb⟩ *Füllort* n || ⟨Tech⟩ *Gicht* f *(Hochofen)* || **–dilla** f *Erhöhung* f *e-r Schuld durch Zinszuschlag* || **–do** adj *voll* || *überladen* || *gedrängt* || *schwül (Wetter)* || *trächtig (Schaf)* || *kräftig (Suppe, Kaffee)* || *eingenommen (Kopf)* || *überladen* || *de años betagt, hochbejahrt* || *con* ~ bala *scharf geladen (Gewehr)* || ~ de deudas *überschuldet* || ~ de espaldas *hochschultrig* || ~ höckerig || ~ de sueño *schlaftrunken* || ~ en la proa ⟨Flugw⟩ *buglastig* || ~ en la popa ⟨Mar⟩ *achterlastig* || estar ~ fam *angetrunken sein* || **–dor** m *Auflader, Verlader* m || *Ladegerät* n || *Ladevorrichtung* f *(einer Schußwaffe)* || *(Patronen) Magazin* n || *Maschinengewehrgurt* m || *Ladestreifen* m *(Revolver)* || *Gabel* f *zum Strohladen* || ⟨Mar⟩ *Schiffs|befrachter, -belader* m || ⟨Web⟩ *Magazin* n || ⟨Aut⟩ *Lader* m || ⟨Bgb⟩ *Kohlen-*

wagenfüller m || **–dora** f *Ven Kindermädchen* n || **–mento** m ⟨Mar⟩ *Schiffsladung, Fracht* f || *Beförderung, Verladung* f || ⟨EB⟩ *Waggonladung* f || ~ de retorno *Rückladung* f || libro de ~ *Ladebuch* n || póliza de ~ ⟨Mar⟩ *Ladeschein* m, *Konnossement* n || lugar de ~ ⟨Mar⟩ *Ladeplatz* m || seguro sobre el ~ *Fracht-, Ladungs|versicherung* f

cargancia f Sal *Belästigung* f
cargante adj fam *beschwerlich, lästig*
cargar [g/gu] vt/i *(auf)laden* || *beladen* || *verladen* || *tragen* || *belasten, belegen* || *übernehmen (Verpflichtungen)* || fig *belasten, beschweren* || fig *belästigen* || figf *auf die Nerven fallen* || fig *auferlegen (Steuern)* || *laden (Feuerwaffe und Elektrizität)* || *befrachten (Schiff)* || *angreifen (Feind)* || ⟨Phot⟩ *laden (Kassetten)* || *beschicken, begichten (Hochofen)* || ⟨El⟩ *(auf)laden* || *spannen (Armbrust)* || *überladen (Speisen mit Gewürz)* || *stopfen (Pfeife)* || *über|häufen, -laden* || figf *sich mächtig daranhalten (beim Essen)* || fig *aufbürden, zur Last legen* || fig *bezichtigen, anschuldigen* || *an-, be|rechnen (Preis)* || ⟨Com⟩ *belasten, zu Lasten schreiben* || *aufhalsen, einhängen (Schuld)* || ⟨Kart⟩ *(über)stechen* || ⟨Mil⟩ *anfallen, angreifen* || ⟨Mar⟩ *(ver)laden* || ⟨Mar⟩ *einziehen (Segel)* || *Am bei sich führen, mithaben* || ◊ ~ combustible ⟨Aut⟩ *tanken* || ~ el acento (en) *betonen (Wort, Silbe)* || ~ en cuenta *auf Rechnung stellen* || *zu Lasten schreiben, debitieren* || ~ de deudas *mit Schulden beladen* || ~ la mano *zuviel geben, überladen (de mit)* || ~ los aumentos sobre los precios de venta ⟨Com⟩ *abwälzen* || ¡~ y asegurar! ⟨Mil⟩ *Laden und sichern!* || ¡carguen armas! ⟨Mil⟩ *Laden!* || ~ vi *lasten, aufliegen dat* || *drücken* || *sehr viel essen* fam *tüchtig einhauen* || pop *saufen* || *viel Obst tragen (Bäume)* || *sich zusammenziehen (bes Sturmwolken)* || *sich drängen, sich stauen (Volksmenge)* || ⟨Gr⟩ *fallen (Betonung)* || *zunehmen (Wind)* || ⟨Mar⟩ *sich auf e-e Seite neigen, krengen* || ~ mucho *zu viel essen od trinken, sich den Magen überladen* || ~ con alg. a *(od en) hombros jdn auf den Rücken nehmen* || ~ con a. et *aufladen, et tragen* || *et auf sich nehmen, übernehmen* acc || *et mitnehmen* || *et heran-* bzw *weg|schleppen* || ~ contra el enemigo ⟨Mil⟩ *auf den Feind losgehen* || ~ sobre alg. *auf jdn eindringen, jdn zusetzen* || ~ sobre sí *auf sich nehmen (Pflicht, Last)* || estar cargando *in Ladung begriffen sein (Schiff)* || **~se** *den Körper nach e-r Seite hin neigen* od *tragen* || *sich bedecken (Himmel)* || fam *aufgebracht werden, sich ärgern* || ~ a uno pop *jdn umbringen, jdn umlegen* || a éste me lo cargo pop *diesen hier mache ich fertig* || ~ de lágrimas *sich mit Tränen füllen (Augen)* || se le carga la cabeza *es wird ihm schwindlig* || fam *er gerät in Harnisch* || empezar a ~ los platos *anfangen, die Teller zu zerschmeißen*

carga|reme m *(Kassen)Quittung* f || *Annahmeanordnung* f || **–zón** f ⟨Mar⟩ *(Schiffs)Ladung* f, *Kargo* m || ⟨Med⟩ *Schwere* f, *Drücken* n || *Kopfdruck* m || *Magendruck* m || *dickes Gewölk* n
cargo m *(Auf)Laden, Beladen* n || *Last, Ladung* f, *Kargo* m || *Gewicht* n || ⟨Com⟩ *Soll, Debet* n || *Anklage, Beschuldigung* f || *Einwand, Vorwurf* m || *Auftrag* m || fig *Pflicht, Obliegenheit* f || fig *Posten* m, *Amt* n, *Stelle, Würde* f || ~ de conciencia *Gewissensbedenken* n || ~ en cuenta *Lastschrift* f || ~ honorífico *Ehrenamt* n || ~ y data *Soll* n *und Haben* n || nota de ~ ⟨Com⟩ *Debetnote* f (correr) a ~ de alg. *zu jds Lasten unter jds Oberbefehl* od *Aufsicht* || ~ a **destitución** del ~ || ◊ cesar en el ~ *aus dem Amt scheiden* || conocimiento de ~ *Konnossement* n || débitos a nuestro ~ *Nostroverbindlichkeiten* fpl || desempeñar un ~ *e-e Stelle versehen, ein Amt verwalten* || destitución del ~ *Absetzung* f *vom (be-*

cargosear — carlear

treffenden) Amt ‖ documento de ~ *Lastschrift f* ‖ exonerarse de un ~ *ein Amt niederlegen* ‖ formalizar un ~ ⟨Jur⟩ *die Anklage erheben* ‖ formular un ~ *beschuldigen* ‖ hemos girado a ~ de V. ⟨Com⟩ *wir haben auf Sie gezogen* ‖ hacer ~ a uno de a/c *jdm et zuschreiben, vorwerfen* ‖ hacerse ~ de a/c *et übernehmen* ‖ *et erwägen, untersuchen* ‖ *et begreifen, verstehen* ‖ *¡hazte ~! denke nur an!* ‖ eso corre (od va) de mi ~ *das ist meine Sache, dafür werde ich selbst sorgen* ‖ incorporación al ~ *Amtseinführung* f ‖ jurar el ~ den Amtseid ablegen, auf ein Amt vereidigt werden ‖ partida de ~ *Lastschrift* f ‖ pliego de ~ ⟨Sp⟩ *belastender Schriftsatz* m *(Arbeitsrecht)* ‖ remoción del ~ *Amtsenthebung, Absetzung* f ‖ tener a su ~ a/c *für et sorgen* ‖ testigo de ~ ⟨Jur⟩ *Belastungszeuge* m ‖ titular del ~ *Amtsinhaber* m ‖ ~s son cargas (~ lleva carga) *Würde bringt Bürde* ‖ acumulación de ~s *Ämterhäufung* f ‖ inhabilitación para ~s públicos *Unfähigkeit* f *zur Bekleidung öffentlicher Ämter*
 car|gosear vt Chi *belästigen*‖ **-gosería** f Chi *Belästigung* f ‖ **-goso** adj *lästig* ‖ *beschwerlich* ‖ Arg *aufdringlich* ‖ Arg *nachteilig* ‖ **-gue** m *(Schiffs-)Ladung* f ‖ **-guera** f Ven *Kindermädchen* n ‖ **-guero** m Arg *Lasttier* n ‖ *Lastträger* m ‖ Am *Frachtschiff* n, *Frachter* m ‖ **-guío** m *Frachtgüter* npl *(Wagen)Ladung, Last* f ‖ *Schiffsladung* f
 cari adj Arg *hellbraun* ‖ Chi *hellgrün* ‖ ~ m Am *Brombeere* f ‖ Arg *(Art) Poncho* m
 caria f ⟨Arch⟩ *Säulenschaft* m ‖ Marr *Landgut* n
 cariacedo adj *sauertöpfisch, mürrisch*
 cariaco ~ m ⟨Zool⟩ *Weißwedel-, Virginia|hirsch* m *(Odocoileus virginianus)*
 cariaco m *ein kubanischer Volkstanz* m
 cariacontecido adj fam *mit traurigem Gesicht, betrübt* ‖ Col *mit heiterem Gesicht*
 cariacuchillado adj *mit narbigem Gesicht*
 caria|do adj *vom Knochenfraß befallen* ‖ *faul, angefault, kariös (hohler Zahn)* ‖ **-dura** f *Knochenfäule* f
 cari|alegre adj *heiter, fröhlich, froh* ‖ **-ampollado** *pausbackig* ‖ **-ancho** adj fam *mit breitem Gesicht*
 cariar [pres -io] vt *zum Faulen bringen* ‖ ~**se anfaulen (Knochen)** ‖ *hohl werden (Zahn)*
 cariátide f ⟨Arch⟩ *Karyatide* f ‖ *Gebälk-, Gesimsträger* m
 Caribdis f *Strudel* m *in der Meerenge von Messina* ‖ ◊ *se libró de* ~ *y cayó en Escila* figf *er ist vom Regen in die Traufe geraten*
 caribe adj *kar(a)ibisch, Kar(a)iben-* ‖ Mar ≃ *Kar(a)ibisches Meer* n ‖ ~ m *Kar(a)ibe (antillischer Volksstamm)* m ‖ *kar(a)ibische Sprache* f ‖ fig *grausamer Mensch* m ‖ Ven ⟨Fi⟩ *gefleckter Sägesalmler* m *(Serrasalmo rhombëus)*
 cari|bello adj *mit dunkelfarbigem Kopf und weißgefleckter Stirn (Stier)* ‖ **-blanco** adj *mit weißem Gesicht*
 caribú m *Karibu* m *(Rangifer tarandus caribou)*
 carica f Pan *nackthalsiges Huhn* n
 caricáceas fpl ⟨Bot⟩ *Melonenbaumgewächse* npl *(Caricaceae)*
 caricato m ⟨Th⟩ *Baßbuffo* m
 caricatu|ra f *Zerr-, Spott|bild* n ‖ *bildliche Satire, Karikatur* f ‖ *Karikaturzeichnung* f ‖ *lächerliche Erscheinung, Schießbudenfigur* f ‖ **-resco** adj *zur Karikatur geworden, karikaturenhaft* ‖ **-rista** m *Karikaturenzeichner, Karikaturist* m ‖ **-rar, -rizar** [z/c] vt *karikieren, lächerlich machen*
 cari|cia f *Streicheln* n ‖ *Liebkosung, Schmeichelei* f ‖ *hacer* ~s, *hacer una* ~ *(a) jdn liebkosen, streicheln* ‖ colmar de ~s *mit Zärtlichkeit überhäufen* ‖ **-cioso** adj *liebkosend, liebreich*

 cari|compuesto adj *von sittsamem Ansehen* ‖ **-chato** adj *mit flachem, plattem Gesicht*
 caridad f *christliche Nächstenliebe* f ‖ *Liebeswerk* n, *milde Gabe* f ‖ *Mitleid* n ‖ *Barmherzigkeit* f ‖ *Wohltätigkeit* f ‖ *Almosen* n ‖ ⟨Theol⟩ *Caritas, Agape* f ‖ ⟨Mar⟩ *Notanker* m ‖ Mex *Gefangenenkost* f ‖ hermana de (la) ≃ *Barmherzige Schwester* f ‖ casa de ~ *Armenhaus* n ‖ ◊ hacer una ~ *ein Almosen geben* ‖ obra de ~ *Liebeswerk* n, *milde Tat* f ‖ pedir una ~ a alg. *jdn um ein Almosen bitten* ‖ la ~ bien entendida comienza por uno mismo *jeder ist sich selbst der Nächste* ‖ ≃ span. *Frauenname* (Tfn)
 caridelantero adj fam *naseweis, keck* ‖ *aufdringlich*
 caridoliente adj *mit traurigem Gesicht*
 cariduro adj Cu = **caradura**
 caries f ⟨Chir⟩ *Knochenfraß* m, *Karies* f ‖ *Holzfäule* f, *Brand* m ‖ Am *(Getreide)Bund* m ‖ ~ dental *Zahnfäule* f
 cari|fruncido adj fam *mit runzligem Gesicht* ‖ *mürrisch, barsch* ‖ **-gordo** adj fam *vollwangig, paus-, dick|backig* ‖ **-justo** adj *mit scheinheiligem Gesicht* ‖ **-lampiño** adj Chi Pe *dünn-, flaum|bärtig* ‖ **-largo** adj fam *mit langem Gesicht* ‖ figf *betrübt, traurig* ‖ **-lavado, -lucio** adj fam *mit fettglänzendem Gesicht* ‖ **-limpio** adj Col Pan Pe PR *frech, unverschämt* ‖ **-liso** adj Col = **-limpio** ‖ **-lla** f *Maske* f ‖ *Bienenschleier* m, *Imkerkappe, (Imker) Maske* f ‖ *(Blatt) Seite* f ‖ **-lleno** adj fam *dickbackig*
 carillo adj dim v. **caro** ‖ *sehr teuer, sehr lieb*
 carillón m ⟨Mus⟩ *Glockenspiel* n
 carimbar vt Bol Pe PR *brandmarken (Vieh)*
 carinegro adj *von schwarzbrauner Gesichtsfarbe*
 carininfo adj *mit weichlichem Gesicht*
 Carin|tia f *Kärnten (Land)* ‖ **-tio** adj/s *aus Kärnten* ‖ ~ m *Kärntner* m
 cariñar vi Ar *Heimweh empfinden*
 cariñena m *Wein aus Cariñena* (PZar)
 cari|ño m *Liebe, Zuneigung* f ‖ *Freundlichkeit* f ‖ *Wohlwollen* n ‖ fig *Liebkosung* f ‖ fig *Eifer* m ‖ fig *Anhänglichkeit, Zärtlichkeit* f ‖ con mucho ~ *sehr liebevoll* ‖ tener ~ a alg. *jdn gern haben* ‖ **-ñoso** adj *zärtlich, liebevoll* ‖ *wohlwollend* ‖ *freundlich* ‖ *zutraulich (Kind)* ‖ adv: **-amente**
 carioca adj/s SAm *aus Río de Janeiro* ‖ RPl *aus Brasilien* ‖ ~ f *brasilianischer Volkstanz* m
 cario|cinesis f ⟨Gen⟩ *Karyokinese* f ‖ **-cinético** adj *karyokinetisch*
 cariofiláceas fpl ⟨Bot⟩ *Nelkengewächse* npl *(Caryophyllaceae)*
 cariópside f ⟨Bot⟩ *Schalkern* m, *Karyopse* f
 carioteca f ⟨Gen⟩ *Zellkernhülle* f
 cari|parejo adj fam *mit unveränderlichen Gesichtszügen* ‖ **-rraído** adj fam *frech, schamlos* ‖ **-rredondo** adj fam *rundbackig*
 caris|ma m ⟨Theol⟩ *göttliche Gnadengabe* f, *Charisma* n ‖ **-mático** adj *charismatisch*
 Carita, Cachita f np Tfn fam = **Caridad**
 cáritas f ⟨Kath⟩ *Karitas* f *(Deutscher Caritasverband)* ‖ parroquial *Pfarrkaritas* f
 caritativo adj *liebreich, barmherzig, mildtätig, karitativ* ‖ obra ~a *Liebeswerk* n
 caritieso adj *mit strengen Gesichtszügen*
 carito adj = **carillo**
 cariz [pl **-ces**] m *Wetterstand* m, *Wetter* n ‖ *Geschäftslage* f ‖ figf *Eindruck* m ‖ *Gestalt* f ‖ de tal ~ *derartig* ‖ ◊ la cosa va tomando mal ~ *es sieht bedenklich (pop mulmig) aus*
 carlan|ca f *Stachelhalsband* n *für Hunde* ‖ figf *Verschmitztheit* f ‖ △ *Hemdkragen* m ‖ Col CR *Fußeisen* n ‖ Hond *lästiger Mensch* m ‖ ◊ tener (muchas) ~s figf *sehr schlau sein* ‖ **-cón** m/adj fam *Schlaukopf* m
 carlanga f Mex *Fetzen* m
 carlear vi *keuchen*

carlincho m Al Heckendistel f
carlinga f ⟨Mar⟩ *(Masten)Spur* f || ⟨Mar⟩ Kielschwein n || ⟨Flugw⟩ Kiste f, Piloten-, Führer|raum m, -kanzel f
car|lismo m Karlismus m || Karlistentum n || **-lista** adj *karlistisch* || *guerra* ~ Span Karlistenkrieg m || ~ m Karlist, Anhänger des Don Carlos in Spanien
Carlitos np dim *v.* **Carlos**
Carlomagno Karl der Große || → **carolingio**
Car|los m np (dim: **-litos**) *Karl* || ~ V (Quinto) *Karl V.* || San ~ Borrɐmeo *(der hl.)* Karl Borromäus || **-lota** np Charlotte f
carlovingio adj/s = **carolingio**
carmel m ⟨Bot⟩ Spitzwegerich m (Plantago lanceolata) || → **llantén**
Carme|la f np fam = **Carmen** || **-lita** m/adj *Karmeliter(mönch)* m || **-litano** adj *auf den Karmeliterorden bezüglich* || **-lo** m Karmel m *(Berg in Palästina)* || Karmeliterorden m || ~ span. Taufname m
Carmen m *Berg Karmel (in Palästina)* || (Virgen del) ~ Carmen, hl. Jungfrau v. Karmel || span. Frauenname
¹**carmen** m Karmeliterorden m
²**carmen** m Gedicht n
³**carmen** m Gran Land-, Garten|haus m
carme|nador m Wollkämmer m (→ **carda**) || **-nadura** f Wollkämmen n || **-nar** vt *zupfen, kämmen (Wolle)* || fig *zausen, rupfen (Haar)* || fig *jdn rupfen, begaunern*
Carmencita np fam dim *v.* **Carmen**
carmesí [pl **-íes**] adj/s *karmesin-, scharlachrot* (→ **carmíneo**)
carmín m *Karmin(rot)* n || fig Röte f *der Wangen* || hochrote Feldrose f
carminativo m/adj ⟨Med⟩ blähungtreibendes Mittel, Karminativum n
carmíneo adj *karm(es)in|farben, -rot*
carminoso adj = **carmíneo**
carna|ción f Fleischfarbe f || **-da** f Fleischköder m *für Fische* || fig *Köder* m, *Falle* f || **-dura** f Beleibtheit f || Fleischteile mpl *des menschlichen Körpers*
car|nal adj *fleischern, aus Fleisch* || *fleischlich* || *sinnlich, wollüstig* || *blutsverwandt, leiblich (bei Verwandtschaftsgraden)* || fig *irdisch, weltlich* || *acto* ~, *comercio* ~ Beischlaf m || **-nalidad** f Fleischlichkeit, Sinnenlust f || Sinnlichkeit f
carna|val m Fastnacht f, Fasching m, Karneval m || Karnevalsvergnügen n || Martes de ⁓ Fastnachtsdienstag m || ◊ *es un* ~ fig *da geht es sehr lustig zu* || fig *es ist ein schmutziger Handel* || **-valada** f Faschingsscherz m || Karnevalstreiben n || fig Farce f || **-valesco** adj *Karneval-, Faschings-*
carna|za f Aas-, Fleisch|seite f *e–r Haut* || Fleischköder m *für Fische* || fig Beleibtheit f || desp ⟨Rel⟩ Fleisch(lichkeit f) n || **-zón** f Sal Wundbrand m
carne f Fleisch n *des tierischen Körpers* || Fleischspeise f || Fleisch n *von Obst und Früchten* || Haut(farbe) f || ⟨Mal⟩ Fleischfarbe f || *menschliche Natur* f, *Fleisch* n || ~ adobada Pökelfleisch n || ~ ahumada Rauchfleisch n || ~ asada *gebratenes Fleisch* n || Braten m || ~ de caballo Pferdefleisch n || ~ de cañón fig Kanonenfutter n || ~ de carnero Hammelfleisch n || ~ congelada Gefrierfleisch n || ~ de conserva Konservenfleisch n || ~ estofada Schmorfleisch n || ~ de falda Bruststück n || ~ de gallina Hühnerfleisch n || fig Gänsehaut f || Schauder m || ~ helada Gefrierfleisch n || ~ sin hueso fig Sinekure f || ~ en lata, Arg ~ enlatada Büchsenfleisch n || ~ de membrillo Quittenmus n || ~ magra *mageres Fleisch* n || ~ de pelo *Fleisch* n *der Hasen, Kaninchen und aller Tiere, die mit der Haut verkauft werden* || ~ de pluma *Fleisch* n *von Geflügel* || ~ de puerco, ~ de cerdo Schweinefleisch n ||
~ de ternera Kalbfleisch n || ~ fresca Frischfleisch n || ~ fría *(kalter)* Aufschnitt m || ~ picada Hackfleisch, Gehacktes n || ~ salada *eingesalzenes Fleisch* || Pökelfleisch n || ~ salvajina Wildbret n || ~ seca Dörrfleisch n || ~ tierna *mürbes Fleisch* n || ~ de vaca Rindfleisch n || ~ viva *gesundes Fleisch* n *(bes bei Wunden)* || *bloßliegendes Fleisch* n || color ~ *fleischfarben (z. B. Strümpfe)* || conserva de ~ Fleischkonserve f || de ~ y hueso *leibhaftig* || fig *wirklich* || extracto de ~ Fleischextrakt m || mosca de la ~ Fleischfliege f || plato de ~ Fleischspeise f || ◊ *hacer* ~ fig *töten (Raubtiere·)* || fig *verwunden* || *herir en* ~ viva fig *zutiefst verletzen* || *poner (od echar)* toda la ~ *en el asador* figf *alles auf e–e Karte setzen* || *Himmel und Erde in Bewegung setzen* || *salirle (od ponérsele) a uno* ~ *de gallina* figf *Angst, Schauder bekommen*, fig *e–e Gänsehaut bekommen* || *ser uña y* ~ figf *ein Herz und e–e Seele sein (von Freunden)* || *no ser* ~ *ni pescado* figf *weder Fisch noch Fleisch sein* || *tener* ~ *de perro* figf *e–e eiserne Natur haben* || *tomar* ~ *sich verkörpern* || *en* ~ *y hueso* fig *wirklich* || *en* ~ *viva mit bloßliegendem Fleisch (z. B. durch Verwundung)* || ~s pl Fleisch n, *bloße Haut* f || ⟨Mal⟩ Fleischteile mpl || ~ blancas *Fleisch von Geflügel und Schlachtvieh* || ~ negras *Schwarzwildfleisch* n || *en (vivas)* ~ *nackt, splitternackt* || ◊ *echar* ~ *(od poner, criar, tomar)* ~ fam *Fleisch ansetzen, stark, beleibt werden* || *abrir las* ~ a *azotes jdn durchprügeln* || *estar en* ~ *wohlgenährt, dick sein* || *perder* ~ *mager werden, abnehmen* || *tener buenas* ~ *wohlgenährt sein und frisch aussehen* || *me tiemblan las* ~ figf *mir zittern alle Glieder*
carné m = **carnet**
carne|ada f Am Viehschlachten n, Viehschlachtung f || **-ar** vt Am *schlachten (Vieh)* || Chi fig *prellen, betrügen* || Mex Arg *töten, erstechen* || **-cería** f Am = **carnicería** || **-momia** f Mumienfleisch n
carne|rada f Hammel-, Schaf|herde f || **~r(ari)o** m Ar *(Massen)Grab* n || **-rear** vt Arg *streichen (von e–r Bewerberliste)* || **-rero** m Schafhirt, Schäfer m || **-ril** adj Schaf- || dehesa ~ Schafweide f || **-ro** m Widder, Schafbock m || Schaf n || Hammel m || Hammelfleisch n || *gegerbtes Schaffell* n || Arg Lama n, Kamelziege f || Arg Chi *willenloser Mensch* m || △ Streikbrecher m || ~ asado, asado de ~ Hammelbraten m || ~ merino Merinoschaf n || ~ de la sierra Arg Kamelziege f || ~ padre Zuchtwidder m || ~ para carne Fleischschaf n || ~ para lana Wollschaf n || ~s pl Nebelwolken fpl, Schäfchen npl || rebaño de ~ Schafherde f || no hay tales ~ fam *das stimmt nicht* || *keine Rede!* || **-runo** adj *Hammel-, schafartig*
carneriano adj *auf den katalanischen Dichter J. Carner (1884–1970) bezüglich*
carnestolendas fpl Fastnachtszeit f, *die drei dem Aschermittwoch vorausgehenden Tage* || Fasching, Karneval m
carnet m gall Notizbuch n || Ausweiskarte, Legitimation f, Personalausweis m || Abonnements-, Dauer|karte f || Rundreiseheft n || ~ de baile Tanzkarte f || ~ de conducir, (~ de conductor) Führerschein || retirada *(od privación)* del ~ Führerscheinentzug m || suspensión temporal del uso del ~ de conducir *Entziehung f des Führerscheins für bestimmte Zeit* || ~ de cupones *(od billetes)* ⟨EB⟩ Fahrscheinheft n || ~ de expositor Messeausweis m || ~ de identidad Personalausweis m || ~ de parado Arbeitslosigkeits-, Stempel|buch n || ~ de ruta Fahrtenbuch n || ~ de socio Mitgliedskarte f || ~ de trabajo Arbeits|buch n, -karte f
carnice|ría f Fleischbank f || Fleischerei, Metzgerei f || Schlachthaus n || figf Blutbad, Gemetzel n

‖ **-ro** adj *fleischfressend* ‖ *gern Fleisch essend (Person)* ‖ fig *blutgierig* ‖ ave ~a *Raubvogel* m ‖ libra ~a *Fleischerpfund* n ‖ ~ m *Fleischer, Metzger* m ‖ fig *grausamer Mensch, Schinder* m ‖ ~s *mpl Raubtiere* npl ‖ → **carnívoro**
cárnico adj *Fleisch-* ‖ productos ~s *Fleischwaren* fpl
carnicol m *Klaue* f ‖ *Sprungbein* n
carnícoles *mpl:* ◊ estar en ~ Sal *mausern (Vogel)*
carnificación f ⟨Med⟩ *Karnifikation* f
carniola f ⟨Min⟩ *Karneol* m
Carniola: la ~ *Krain (Provinz)*
carniseco adj *mager, hager*
carnívoro adj *fleischfressend* ‖ *karnivor* ‖ ~s *mpl Fleischfresser* mpl, *Raubtiere* npl ‖ → **carnicero**
carniza f fam *Abfälle* mpl *vom Schlachtfleisch*
carno|**sidad** f ⟨Chir⟩ *Fleischwucherung* f ‖ *Beleibtheit* f ‖ **-so** adj *Fleisch-, fleischig* ‖ *fett* ‖ *markig*
carnotita f ⟨Min⟩ *Carnotit* m
car|**nudo** adj *fleischig* ‖ **-nuz** [pl **-ces**] m Ar *Aas, Luder* n ‖ **-nuza** f, **-nuzo** m desp *minderwertiges, billiges Fleisch* n
¹**caro** adj/adv *teuer (Ware)* ‖ *teuer, lieb, wert* ‖ *kost*|*bar, -spielig* ‖ ~ *bocado* figf *teures Vergnügen* n ‖ mi ~a *mitad* fam *meine bessere Hälfte, meine Frau* f ‖ ◊ *costar (od resultar)* ~ *viel kosten, teuer zu stehen kommen* ‖ ¡eso te saldrá ~! fam *das sollst du mir büßen!*
²**caro** m *Fleisch, Muskelgewebe* n ‖ ⟨Kochk⟩ Cu *Krebslaich* m
caroca f *Posse* f im *Volksstil* ‖ *Straßendekoration* f *(bei Festzügen usw)* ‖ figf *Schmeichelei* f ‖ *Liebedienerei* f ‖ figf *Flause, Aufschneiderei* f
Caroli|**na** f np *Karoline* ‖ **-nas** fpl *Karolineninseln* fpl
caro|**lingio** adj *karolingisch* ‖ ~s mpl *Karolinger* mpl ‖ → **Carlomagno** ‖ **-lino** adj *von den Karolineninseln* ‖ *die Regierung e-s Herrschers namens Karl betreffend*
Carón m ⟨Myth⟩ *Charon* m
carón, ona adj Chi *mit großem Gesicht* ‖ Am *dickbackig* ‖ Col *frech, unverschämt*
carona f *Sattelpolster* n ‖ *Sattelgerippe* n ‖ △ *Hemd* n
caron|**chado** Sal *wurmstichig (Holz)* ‖ **-cho** m Ast Sal *Holzwurm* m ‖ **-choso** adj Sal = **-chado**
caronería f Col *Frechheit, Unverschämtheit* f
caronjo m *León* = **caroncho**
caroñoso adj *wund gerieben (Pferde)*
caroso adj Pe *entfärbt, geblichen*
carota adj pop *unverschämt, schamlos* (→ **caradura**)
caroteno m ⟨Chem⟩ *Karotin* m
carótida f ⟨An⟩ *Kopf-, Hals*|*schlagader, Karotis* f
caroti|**na** f ⟨Chem⟩ *Karotin* n ‖ **-noides** mpl *Karotinoide* m
carozo m *Mais*|*hülse, -rispe* f ‖ Am *Obstkern, Stein* m *(bes des Pfirsichs)*
¹**carpa** f ⟨Fi⟩ *Karpfen* m (Cyprinus carpio) ‖ ~ *desnuda Spiegelkarpfen* m ‖ ~ a la *marinera marinierter Karpfen* m
²**carpa** f *Traubenbüschel* n
³**carpa** f Pe Arg *Feldzelt* n ‖ Am *Jahrmarktsbude* f, *Stand* m
carpancho m Sant *flacher Weidenkorb* m *(der Fischerinnen* bzw *Gemüseverkäuferinnen)*
carpanta f fam *Heißhunger* m ‖ Sal *Faulheit* f ‖ Mex *(Räuber) Bande* f
carpático adj *aus den Karpaten, Karpaten-*
Cárpatos mpl: los ~ *die Karpaten* pl *(Gebirge)*
carpe m *Hain-, Weiß-, Hage*|*buche* f (Carpinus betulus)
carpe diem lat *pflücke (d. h. nütze) den Tag (Horaz)*

carpelo m ⟨Bot⟩ *Fruchtblatt, Karpell(um)* n
carpera f *Karpfen*|*weiher, -teich* m
carpe|**ta** f *Tisch*|*decke* f, *-tuch* n ‖ *Schreib*|*-unterlage, -mappe* f ‖ *Akten*|*tasche, -mappe, Kollegmappe* f ‖ *Portefeuille* n ‖ *Zinsleiste* f *e-s Staatspapiers* ‖ Ar *Briefumschlag* m ‖ Pe *Pult* n ‖ ~ *de asuntos pendientes Wiedervorlagemappe* f ‖ ~ *flexible Schnellhefter* m ‖ ◊ *ser de* ~ figf *gang und gäbe, üblich sein* ‖ **-tazo** m: dar ~ a una *demanda* fig *ein Gesuch unberücksichtigt lassen,* fam *in den Papierkorb werfen* ‖ *e-n Vorgang liegen lassen, et unerledigt zu den Akten legen*
carpetano adj/s *aus Toledo*
carpidor m Am *Jäthacke* f
carpincho m SAm *Wasserschwein, Capybara* n (Hydrochoerus hydrochaeris)
carpinte|**ar** vi fam *zimmern, tischlern* ‖ **-ra** adj/s: abeja ~ *Holzbiene* f (Xylocopa violacea) ‖ **-ar** ‖ **-ría** f *Tischlerwerkstätte* f, *Tischlerei* f ‖ *Zimmerhandwerk* n ‖ ~ *exterior Fenstergruppierung* f ‖ **-ro** m *Zimmermann* m ‖ *Tischler, Schreiner* m ‖ (pájaro) ~ ⟨V⟩ *Schwarzspecht* m ‖ (→ **pico** ⟨V⟩) ‖ ~ *de blanco Tischler, Schreiner* m ‖ ~ *de carros Wagner* m ‖ ~ *de obras Zimmermann* m ‖ ~ *de ribera,* ~ *de navío Schiffszimmermann* m ‖ ~ *modelista Modell*|*tischler, -schreiner* m ‖ **-sa** f ⟨Entom⟩ *Gottesanbeterin* f (Mantis religiosa)
carpir vt *(wund) kratzen* ‖ *betäuben* ‖ Am *(aus)jäten* ‖ **~se** *ohnmächtig werden*
carpo m ⟨An⟩ *Handwurzel* f, *Faustgelenk* n
carpó|**fago** adj ⟨Zool⟩ *obst-, frucht*|*fressend* ‖ **-foro** m ⟨Bot⟩ *Karpophor, Fruchthalter* m *der Doldenblütler*
carpogonio m ⟨Bot⟩ *Eckenfrucht* f, *Karpogon* n *(der Rotalgen)* ‖ **-logía** f ⟨Bot⟩ *Karpologie, Lehre* f *von den Pflanzenfrüchten*
carquesa f ⟨Tech⟩ *Frittofen* m *für Glas*
carquiento adj Pe *liederlich*, fam *schlampig*
carquiñol m *(Art) Mandel*|*brötchen* n, *-zwieback* m
carquis m Mex *Geck, Fatzke* m
¹**carraca** f ⟨Mar⟩ *großes schwerfälliges Schiff* ‖ figf *Rumpelkasten, alter Plunder* m ‖ **Schiffswerft* f
²**carraca** f *Schnarre, Klapper* f, *in der Karwoche gebraucht* ‖ *(Kinder) Knarre* f ‖ ⟨Tech⟩ *Knarre, Ratsche* f ‖ ◊ *estar hecho (od como) una* ~ figf *ein Klappergreis sein*
³**carraca** f ⟨V⟩ *Blauracke* f (Coracias garrulus)
carracero adj/s *aus Alcarraz* (Prov. Lér)
carraco adj fam *gebrechlich, altersschwach, kränklich* ‖ fam *klapperig*
Carracuca np: ◊ *estar más perdido que* ~ fam *schon in die Tinte geraten sein* ‖ *ser más tonto (*bzw *feo) que* ~ *erzdumm (häßlich wie die Nacht) sein*
carrada f *Wagenladung* f
carrafa f Sal *Johannisbrot* n *(Frucht)*
carral m *(Wein) Faß* n, *Tonne* f ‖ Sal *Murc* = **carraco**
carraleja f ⟨Entom⟩ *Maiwurm, Ölkäfer* m (Meloë proscarabaeus)
carralero m *Böttcher* m
carramarro m Al = **cámbaro**
carranca f *Stachelhalsband* n *für Hunde*
carrancear vt Mex *stehlen*
carran|**cha** f *Stachelhalsband* n ‖ **-cho** m Arg *Truthahngeier* m (Cathartes aura) ‖ **-choso** adj Cu *rauh, schuppig* ‖ **-danga** f Col *Haufe* m ‖ **-dilla** f Chi = **carrendilla**
carran|**za** f *Stachel* m *am Hundehalsband* ‖ **-zudo** adj fam *eingebildet* ‖ *stolz*
carra|**ña** f Ar *Zorn* m ‖ Ar *zorniger Mensch* m ‖ **-ñón, ñona;** **-ñoso** adj *mürrisch, zänkisch*
carraos mpl Cu *schlechte* bzw *alte Schuhe* mpl

carrapla|na f Dom *Dummheit* f || **–near** vt Dom *belästigen*
carras|ca f *(kleine) Steineiche, immergrüne Eiche* f (→ **chaparro, encina**) || Am *Musikinstrument* n *der Neger* || **–cal** m *Steineichenwald* m || Chi *steiniges Erdreich* n || **–co** adj: pino ~ *Schwarzfichte* f || ~ m *Steineiche* f || **–cón** m augm v. **–ca** || **–coso** adj *mit Steineichen bewaldet*
carraspada f *Getränk* n *aus Rotwein, Wasser, Honig und Gewürzen*
carras|pear vi *heiser sein* || *heiser sprechen* || *hüsteln* || **–peño** adj *heiser, rauh (Stimme)* || **–peo** m *Heiserkeit* f || *Hüsteln* n || **–pera** f fam *(Halsschmerzen* mpl, *verbunden mit) Heiserkeit* f || **–pique** m ⟨Bot⟩ *Schleifenblume* f (Iberis spp) || **–poso** adj/s *heiser* || Col Ven *rauh anzufühlen* || Ec *rauh* || *scharf, hart*
carras|quear vi Al *krachen (beim Kauen)* || **–queño** adj *auf die Steineiche bezüglich* || fam *rauh, mürrisch* || **–quera** f = **–cal** || **–quilla** f Ar ⟨Bot⟩ *Wegdorn* m (Rhamnus alaternus)
carra|za f Ar *Zopf, Bund* m *Zwiebeln* || **–zo** m Ar *kleine (Wein) Traube* f || **–zón** m Ar *große Schnellwaage* f
carredano adj *aus Villacarriedo* (PSant)
carregadora f bras. *Wanderameise* f
carrejo m prov *(Durch)Gang* m *in e–m Hause*
carren|dera f Sal *Landstraße* f || **–dilla** f Chi *Schnur* || Chi *Reihe* f || Chi *(Menschen) Menge* f
carrera f *voller Lauf* m, *Laufen* n || *Rennen* n || *Wett|lauf* m, *-rennen* n || *Lauf-, Renn|bahn* f || ⟨Astr⟩ *Sternenbahn* f || *Landstraße* f || *Gasse, Straße* f *(an Stelle e–r früheren Landstraße)* || *Wegstrecke* f || *Droschkenfahrt* f || *Baumgang* m, *Allee* f || *Reihe* f || *(Haar)Scheitel* || ⟨Mar⟩ *Rennen* n || ⟨Mus⟩ *Lauf* m || *Tanzschritt* m || *Laufmasche* f *(Strumpf)* || *Tragbalken* m || ⟨Uhrm⟩ *Ablaufen* n || ⟨Zim⟩ *Geländerriegel* m || ⟨Zim⟩ *Schwellholz* n || ⟨EB⟩ *(Bahn)Schwelle* f || ⟨Tech⟩ *(Kolben)Hub*, *-weg* m || *Ziehlänge* f || ⟨Hydr⟩ *Deck-, Ober|schwelle* f, *Jochträger* m || *Holm (am Brückenjoch)* || *Pfette* f || fig *Beruf, Erwerbszweig* m, *Fach* n || fig *Laufbahn, Karriere* f || fig *Lebensweise* f || fig *Mittel* n || ~ bancaria *Bank|laufbahn* f, *-fach* n || ~ de árboles fig *Baumreihe, Allee* f || ~ ciclista *Radrennen* n || ~ eliminatoria *Vorlauf* m || ~ comercial *kaufmännische Laufbahn* f || ~ completa ⟨Tech⟩ *Vollhub* m || ~ en cuesta ⟨Sp⟩ *Bergrennen* n || ~ de admisión ⟨Tech⟩ *Einlaßhub* m || ~ de armamentos *Wettrüsten* n || ~ atomares *Atomwettrüsten* n || ~ de arranque, ~ de lanzamiento ⟨Flugw⟩ *Anlauf* m || ~ de aterrizaje ⟨Flugw⟩ *Auslauf* m || ~ de automóviles *Auto(mobil)rennen* n || ~ de baquetas *Spießrutenlaufen* n || ~ de (las) bolas, ~ de (las) bolillas *Laufbahn* f *(Kugellager)* || ~ de escape *Auspuffhub* m || ~ de esquies *Skilaufen* n || ~ de explosión *Explosionshub* m || ~ de expulsión, ~ de barrido ⟨Aut⟩ *Ausspülhub* m || ~ de galgos *Windhundjagd* f || ~ con obstáculos, ~ de campanario *Hürdenrennen* n || ~ de la cadena *Kettenzug* m || ~ de la lanzadera ⟨Web⟩ *Schützenbahn* f || ~ de oficial *Offiziérskarriere* f || ~ de patines *Eislauf* m || ~ a pie *Wettlauf* m || ~ del pistón ⟨Tech⟩ *Kolbenhub* m || ~ del sol ⟨Astr⟩ *Sonnenbahn* f || ~ de muro *Mauerlatte, -schwelle* f || ~ de obstáculos *Hindernislauf* m || *Hürdenlauf* m (= ~ de vallas) || *Hindernisrennen* n || ~ de prueba *Probe|fahrt* f, *-lauf* m || ~ de (prueba de) resistencia ⟨Aut⟩ *Zuverlässigkeitsfahrt* f || ~ de relevos *Staffellauf* m || ~ de retroceso, ~ a la inversa *Rückwärtshub* m || ~ de sacos *Sackhüpfen* n || ~ de trabajo ⟨Tech⟩ *Arbeitshub* m || ~ de válvula *Ventilhub* m || ~ de vallas *Hürdenlauf* m || ~ en tierra ⟨Flugw⟩ *Landeweg* m, *Rollstrecke* f, *Rollen* n || ~ para decolar ⟨Flugw⟩ *Startweg* m || ~ en vacío ⟨Tech⟩ *Leerhub* m || ~ final en tierra ⟨Flugw⟩ *Auslauf* m || ~ gimnástica *Dauerlauf* m || ~ judicial *Richterlaufbahn* f || ~ muerta ⟨Aut⟩ *toter Gang* m || ¡~ (m)ar! ⟨Mil⟩ *marsch, marsch!* || de ~ *Akademiker* m || de ~ corta ⟨Tech⟩ *kurzhübig* || de ~ larga ⟨Tech⟩ *langhübig* || auto de ~ *Rennwagen* m || hombre de ~ *studierter Mensch, Intellektueller* m || joven (fam chico) de ~ *Jungakademiker* m || a ~ abierta (od tendida), a la ~ in vollem Lauf || ◊ dar ~ a alg. *jdn studieren lassen* || diplomático de ~ *Berufsdiplomat* m || estar en ~ de inf *auf dem besten Wege sein zu* inf || funcionario de ~ *Beamter* m || juez de ~ *Berufsrichter* m || mujer de ~ fam *(Straßen)Dirne* f || de ~ *spornstreichs* || fig *sehr eilig, unüberlegt* || partir de ~ fig *unüberlegt, leichtsinnig zu Werke gehen* || seguir la ~ *den Studien obliegen* || *studieren (ein Fach)* || seguir la ~ de abogado *Jura studieren* || entrar por ~ fig *sich den Umständen fügen* || hacer la ~ pop *auf den Strich gehen* || hacer ~ *Karriere machen* || *vorwärtskommen (im Leben, Beruf)* || no poder hacer ~ de alg. *mit jdm nicht zurechtkommen* || pista de ~ *Rennstrecke* f || tomar ~ *Anlauf nehmen* || ~s de caballos *Pferderennen* npl
carre|reado adj Mex *in Eile gemacht* || **–rear** vt Mex *zur Eile antreiben* || vi Sud *laufen, rennen* || **–rero** m Chi *Liebhaber* m *von Pferderennen*
carre|rilla f ⟨Mus⟩ *kurzer Lauf, Läufer* m || saber a. de ~ ⟨Sch⟩ *et im Schlaf können* || **–rista** m *Rennfahrer* m || *Rennsportler* m || *Liebhaber* m *von Pferderennen* || **–ro** m *Fuhrmann* m || Ast *Rad-, Fuß-, Pfoten|spur* m || Ast *Kielwasser* n || **–ruelas** fpl *Stufen* fpl *beim Haarschnitt*
carre|ta f *zweirädriger Wagen, Karren* m || Ec *Garnrolle* f || ◊ hacer la ~ *schnurren (Katze)* || **–tada** f *Karren-, Wagen|ladung* f || a ~s figf *haufenweise* || **–taje** m *(Karren)Fahren* n || *Fuhrlohn* m
carrete m *Spule* f *zum Abhaspeln* || *Angelspule* f || ⟨Phot⟩ *(Film)Spule* f || *Garnrolle, Bobine* f || El *Wickelkörper* m || ⟨Phys⟩ *Induktionsspule* f || ~ aplanado *Flachspule* f || ~ de autoinducción *Drosselspule* f || ~ de alambre *Drahtspule* f || ~ de bramante, ~ de cordel *Bindfadenrolle* f || ~ de excitación, ~ de la magneto, ~ del electroimán *Magnetspule* f || ~ de extinción de chispa *Funkenlöschspule* f || ~ de hilo *Garnrolle* f || ~ de inducción (de Ruhmkorff) *Funkeninduktor* m || ~ de la cinta de la máquina de escribir *Farbbandspule* f || ~ del inducido *Ankerspule* f || ~ de sintonización ⟨Radio⟩ *Abstimmspule* f || ~ de valonas ⟨Web⟩ *Scheibenspule* f || ~ fondo de cesta ⟨Radio⟩ *Korbspule* f || ~ para tejer *Webspule* f || ◊ dar ~ *die Angelschnur nachlassen* || figf *jdn spitzfindig* (od *mit Ausflüchten) vertrösten, jdn hinhalten*
carretear vt *(auf e–m Wagen) fortschaffen, fahren* || ⟨Flugw⟩ *(ab)rollen* || **~se** vr *sich ins Geschirr stemmen (Zugtiere)*
carretel m ⟨Mar⟩ *Logrolle* f || Extr *Angelspule* f || Am *Garn|spule, -rolle* f
carrete|la f *leichte, viersitzige Kutsche* f, *Kalesche* f *mit Klappverdeck* || Chi *Stellwagen* m || **–o** m *Beförderung* f *mit dem Wagen* || **–ra** f *Landstraße* f || ~ adoquinada *Pflasterstraße* f || ~ afirmada *befestigte (Land)Straße* f || ~ alquitranada *Teerstraße* f || ~ costanera *Küstenstraße* f || ~ de acceso *Zufahrts-, Zugangs|straße* f || ~ de cintura *Ringstraße* f || ~ de cuatro pistas, ~ cuadriviaria *vierspurige Straße* f || ~ de enlace *Verbindungsstraße* f || ~ de fomento, ~ de penetración *Erschließungs|straße* f, *-weg* m || ~ de hormigón *Betonstraße* f || ~ de macadam od macadán, ~ macadamizada *Makadamstraße* f || ~ de montaña *Gebirgsstraße* f || ~ de peaje, ~ de portazgo *gebührenpflichtige Straße* f || ~ de primer orden, ~ principal *Straße* f *erster Ordnung* || ~ de tres circulaciones *dreispurige Straße*

carretería — carrocero

f ‖ ~ de vías múltiples *mehr-, viel\|spurige Straße* f ‖ ~ en cornisa, ~ de media ladera, ~ en balcón *Hangstraße* f ‖ ~ federal *Bundesstraße* f ‖ ~ matriz *(Groß)Verkehrsader, Hauptfernverkehrsstraße* f ‖ ~ municipal *Kommunal-, Gemeinde\|straße* f ‖ ~ nacional *National-, Staats-, Reichs-, Bundes\|straße* f ‖ ~ para tráfico de lejanías, ~ de recorridos largos *Fernverkehrsstraße* f ‖ ~ provincial *Provinzstraße* f ‖ ~ real *Staats-, Heerstraße* f ‖ ~ vecinal *Gemeinde-, Ortsverbindungsstraße* f ‖ red de ~s *(Land)Straßennetz* n ‖ **–ría** f *Wagnerwerkstatt* f ‖ *Wagnerarbeit, Stellmacherei* f ‖ **–ril** adj *Fuhrmanns-* ‖ **–ro** adj: camino ~ *Fuhr-, Fahr\|weg* m ‖ ~ m *Karrenführer, Kärrner, Fuhrmann* m ‖ *Wagner, Stellmacher* m ‖ *bäurischer Kerl* m ‖ △ *Falschspieler* m ◊ jurar como un ~ figf *lästern, fluchen wie ein Türke* ‖ voz de ~ figf *grobe Stimme* f

carre|til adj *fahrbar, befahrbar (Weg)* ‖ **–tilla** f *Hand-, Schub-, Schiebe\|karren* m ‖ *Lauf-, Roll\|wagen* m *(bes für Kinder)* ‖ *Brotstempel* m ‖ ~ bolsera Am *Stech-, Sack\|karren* m ‖ ~ elevadora *Hub\|karren, -stapler* m ‖ ~ de horquilla *Gabelstapler* m ‖ ~ de montaje ⟨Aut⟩ *Montageroller* m ‖ ~ eléctrica *Elektro\|flurfördermittel, -karre(n)* f(m) ‖ ~ industrial *Fabrik-, Industrie\|karre(n)* f(m) ‖ ~ de fam *schlendrian-, gewohnheits\|mäßig* ‖ *auswendig* ‖ ◊ (me) no lo sé de ~ ⟨Sch⟩ *ich kann das im Schlaf* ‖ **–tón** m *kleiner (ein- od zwei)rädriger) Karren* od *Wagen* m *mit offenem Kasten* ‖ *Blockwagen* m ‖ *Schubkarren* m ‖ *Kinderwägelchen* n ‖ *Rollwägelchen* n *(für Kranke)* f ⟨Tech⟩ *Schlitten* m ‖ ⟨Ing⟩ *Drehgestell* n ‖ ⟨Mil⟩ *Leitrad* n *(am Panzer)* ‖ Arg Mex Pe PR *Planwagen* m ‖ Col *Klee* m ‖ Hond PR *Garnrolle* f ‖ adj Ec Dom *heiser* ‖ Pe *knauserig* ‖ **carreto|naje** m *Karrenfahren* n ‖ Chi *Fuhrgeld* n ‖ **–nero** m *Führer* m *e–s Rollwägelchens für Kranke*

carri|cerín m ⟨V⟩ *Rohrsänger* m ‖ ~ común ⟨V⟩ *Schilfrohrsänger* m (Acrocephalus schoenobaenus) ‖ **–cero** m *Rohrsänger* m ‖ ~ común *Teichrohrsänger* m (A. scirpaceus) ‖ ~ tordal *Drosselrohrsänger* m (A. arundinaceus)

carri|coche m *zwei-* od *vier\|rädriger geschlossener Wagen* m ‖ *Proviantwagen* m ‖ Murc *Kotkarre* f, *Mistwagen* m ‖ desp *Rumpelkasten* m ‖ **–cuba** f *Sprengwagen* m *(zur Straßenbesprengung)*

carriego m *(Art) Fischreuse* f ‖ ⟨Web⟩ *Behälter* m *(zum Flachsbleichen)*

carriel m CR *Reise-, Geld\|tasche* f

carril m *(Wagen)Geleise* n ‖ *Rad-, Fahr\|spur* f *(auf Feldwegen)* ‖ *enger, schmaler Fahrweg* m ‖ *(Pflug)Furche* f ‖ ⟨EB⟩ *(Bahn)Schiene* f ‖ Chi PR *Eisenbahn* f ‖ ~ activo ⟨El⟩ *tätige Schiene* f ‖ ~ conductor ⟨El⟩ *Leitungsschiene* f ‖ ~ de aguja ⟨EB⟩ *Zungenschiene* f ‖ ~ de apoyo, ~ de contraaguja *Anschlag-, Backen\|schiene* f ‖ ~ de cabeza doble *Doppelkopfschiene* f ‖ ~ de cremallera *Zahnradschiene* f ‖ ~ de grúa *Kranschiene* f ‖ ~ de guía *Führungs-, Leit-, Zwangs\|schiene* f ‖ ~ de patín, ~ de base ancha *Breitfuß-, Kopf\|schiene, amerikanische Schiene* f ‖ ~ de pestaña ⟨EB⟩ *Kantenschiene* f ‖ ~ de puente *Brückengleis* n ‖ ~ de ranura *Rillenschiene* f ‖ ~ de rodadura (para puerta) *(Tür)Laufschiene* f ‖ ~ de sangre ⟨Tech⟩ *Pferdebahn* f ‖ ~ de tranvía *Straßenbahnschiene* f ‖ ~ de vía portátil, ~ de vía Decauville *Feldbahnschiene* f ‖ ~ hueco *Hohlschiene* f ‖ ~ lleno, ~ de alma llena *Blockschiene* f ‖ ~ normal *Voll-, Regel\|schiene* f ‖ ~ protector *Leitplanke* f *(an Autostraßen)* ‖ ~ provisional *Vorstreckschiene* f ‖ ◊ entrar en (el) ~ fig *ins (richtige) Geleise kommen*

carrilada f *Geleise* n, *Radspur* f

carri|lano m Chi *Bahnarbeiter* m ‖ Chi *Räuber, Strolch* m ‖ **–lear** vi pop *spuren (weisungs- und*

ordnungs\|gemäß handeln) ‖ **–lera** f *Radspur* f ‖ Cu ⟨EB⟩ *Weiche* f ‖ **–lero** m Pe *Bahnarbeiter* m

carri|llada f *Schweinsbacken* m ‖ *Kiefer* m, *Kinnlade* f ‖ *Zähneklappern* n ‖ **–llera** f *Kiefer* m, *Kinnlade* f, *Kinnriemen* m ‖ ~ del morrión *Sturmriemen* m

carri|llo m *Backe, Wange* f ‖ *Flaschenzug* m ‖ ⟨Mar⟩ *Blockrolle* f ‖ ⟨Hydr⟩ *Stemmung* f ‖ ~s de trompetero figf *Pausbacken* fpl ‖ ◊ comer *(od masticar)* a dos ~ figf *mit vollen Backen essen* ‖ *gierig essen* ‖ fig *zwei einträgliche Ämter zu gleicher Zeit bekleiden* ‖ fig *zwei Eisen im Feuer haben* ‖ figf *doppelzüngig sein* ‖ ~ de mina ⟨Mil⟩ *Minenhund* m ‖ ~**-remolque** ⟨Mar Flugw⟩ *Schleppwagen* m *(für Wasserflugzeuge)* ‖ **–lludo** adj *pausbäckig*

carrindanga f Arg desp *Rumpelkasten* m

carriola f ⟨Tech⟩ *Rollbett* n

carrito m dim v. **carro** ‖ ⟨Bgb⟩ *Förderwagen* m ‖ Am *Servierwagen* m ‖ Cu *Straßenbahn* f ‖ ~ urbano Chi *Straßenbahn* f

carri|zal m *Röhricht* n ‖ **–zo** m ⟨Bot⟩ *Schilfrohr* n (Phragmites vulgaris) ‖ *Bandweide* f, Ast ⟨V⟩ *Zaunkönig* m (→ **chochin**) ‖ Guat *Spule* f ‖ ¡~! Col = ¡caramba!

¹**carro** adj Al *faul (Frucht)*

²**carro** m *Wagen* m ‖ *Fuhrwerk, Gefährt* n ‖ *Wagengestell* n ‖ *Fuhre* f, *Fuder* n ‖ *Wagen, Schlitten* m *(e–r Schreibmaschine)* ‖ Am *Kraftwagen* m ‖ ⟨Web⟩ *Wagen* m ‖ ⟨Tech⟩ *Laufkatze* f ‖ ⟨Typ⟩ *Preßkarren* m ‖ ⟨Sp⟩ *Hantel* f ‖ Ven *Schwindler, Hochstapler* m ‖ *Betrug* m, *Schwindelei* f ‖ △ *(Glücks)Spiel* n ‖ ~ armado con cañón ⟨Mil⟩ *Geschützpanzerkampfwagen* m ‖ ~ barrenador *Bohrwagen* m ‖ ~ basculante *Kippwagen* m ‖ ~ cargador *Ladewagen* m ‖ ~ con elementos de combate ⟨Mil⟩ *Gefechtswagen* m ‖ ~ corredizo *Laufkatze* f ‖ ~ corto ⟨Tech⟩ *Kurzschlitten* m ‖ ~ de acompañamiento, ~ de combate a corta distancia *Nahkampfwagen* m ‖ ~ de asalto ⟨Mil⟩ *Panzerwagen* m ‖ ~ de bancada *Bettschlitten* m *(Drehbank)* ‖ ~ de campaña ⟨Mil⟩ *Feldwagen* m ‖ ~ de cargamento profundo *Tieflader* m ‖ ~ de colada ⟨Metal⟩ *(Stahl)Gießwagen* m ‖ ~ de combate *Panzer(kampfwagen)* m ‖ ~ de cosecha ⟨Agr⟩ *Erntewagen* m ‖ ~ de cremallera *Zahnstangenschlitten* m ‖ ~ de grúa *Kran(lauf)katze* f ‖ ~ accionado por cable *Seillaufkatze* f ‖ ~ de grúa con cuchara automática *Greifer(lauf)katze* f ‖ ~ de labranza *Ackerwagen* m ‖ ~ de mano *Hand-, Schiebe-, Schub\|karren* m ‖ ~ de mudanzas *Möbelwagen* m ‖ ~ de la basura *Müll(abfuhr)wagen* m ‖ ~ de la peinadora ⟨Web⟩ *Kluppen\|bahn* f, *-halter* m ‖ ~ de perforadora, ~ de taladradora ⟨Bgb⟩ *Bohr\|wagen, -werksupport* m ‖ ~ de riego *Sprengwagen* m ‖ ~ de rodillo ⟨Typ⟩ *Walzenstuhl* m ‖ ~ eléctrico Arg *Straßenbahn* f ‖ ~ entoldado *Planwagen* m ‖ ~ estibador *Stapler, Stapelkarren* m ‖ ~ giratorio *Lenk-, Dreh\|schemel* m, *Drehgestell* n *(Kran)* ‖ ~ lechero *Melkwagen* m ‖ ~ Mayor ⟨Astr⟩ *großer Bär* m ‖ ~ Menor ⟨Astr⟩ *kleiner Bär* m ‖ ~ monorraíl suspendido *Einschienenhängekatze* f ‖ ~ para la hierba *Heuwagen* m ‖ ~ portacrisol ⟨Metal⟩ *Gießpfannenwagen* m ‖ ~ portacucharas ⟨Metal⟩ *Pfannenwagen* m ‖ ~ portahusillo *Spindelschlitten* m ‖ ~ portalingotes ⟨Metal⟩ *Blockwagen* m ‖ ~ quitanieves *Schneepflug* m ‖ ~**-porte** *Schlitten, Support* m ‖ ~ suspendido *Hängelaufkatze* f ‖ ~ triunfal *Triumphwagen* m ‖ ~**-vivienda** m *Wohnwagen* m *(der Schausteller)* ‖ ◊ cogerle *(od atropellarle)* a uno el ~ *überfahren werden* ‖ figf *et Unangenehmes erfahren* ‖ parar el ~ figf *sich beherrschen, seinen Zorn mäßigen* ‖ tirar del ~ figf *die größte Last tragen* ‖ untar el ~ figf *bestechen,* fam *schmieren*

carro|cería f *Wagenfabrik* f ‖ *Wagenbau* m ‖ ⟨Aut⟩ *Wagenaufbau* m, *Karosserie* f ‖ **–cero** m

carrocín — cartel

Wagner, Stellmacher m ‖ ⟨Aut⟩ Karosseriebauer m ‖ **-cín** m Kabriolett n (Gabelkutsche)
carro|cha f Brut f der Blattläuse bzw Eier npl anderer Insekten ‖ **-char** vi Eier legen (Insekten)
carroma|tero m Kärrner, Karrenführer, Fuhrmann m ‖ **-to** m zweirädriger Karren, Lastwagen m ‖ desp Klapperkiste, fam Karre f, Vehikel n
carro|ña f Aas, Luder n (auch als derbes Schimpfwort) ‖ **-ño** adj verfault, aasig ‖ Col pop feige ‖ ~ m Col untauglicher, feiger Kampfhahn m ‖ **-ñoso** adj nach Aas riechend ‖ **-so** adj verdächtig
carro|za f Pracht|kutsche f, -wagen m, Karosse f ‖ Leichenwagen m ‖ ⟨Mar⟩ (Boots)Verdeck n ‖ ⟨Mar⟩ Sonnenzelt n ‖ **-zar** vt mit e-r Karosserie versehen
carrua|je m (Reise)Fuhrwerk n ‖ Kutsche. f ‖ Wagen m ‖ Fahrzeug, Fuhrwerk n ‖ Wagen|bereitschaft f, -park m ‖ celular Gefangenenwagen m ‖ **-jero** m Kutscher m ‖ Am Wagenbauer m
carrucha f = **garrucha** ‖ CR Mex Ven Spule f
carruchera f Murc Richtung f ‖ Weg m
carrujo m Baumkrone f
carrusel m Karussell n, Rummelbahn f
carta f Brief m, Schreiben n ‖ Bericht m ‖ Urkunde f, Dokument n ‖ Satzung f ‖ Charta f, Charter f/m ‖ Anzeige f ‖ Staatsgrundgesetz n ‖ Verordnung f ‖ Patent n ‖ Land-, See|karte f ‖ (Spiel-)Karte f ‖ ~ abierta offener (für die Öffentlichkeit bestimmter) Brief m ‖ königlicher Erlaß m ‖ ⟨Com⟩ offener Kreditbrief m ‖ ~ de acarreo Frachtbrief m, Ladeschein m ‖ ~ aclaratoria erläuterndes Schreiben n ‖ ~ admonitoria, ~ de aviso Mahnung f, Mahnschreiben n ‖ ~ aerofotogramétrica Luftbildkarte f ‖ ~ amorosa, ~ de amor Liebesbrief m ‖ ~ del Atlántico Atlantikcharta f ‖ ~ de gruesa aventura ⟨Mar⟩ Bodmereibrief m ‖ ~ por avión Luftpostbrief m ‖ ~ blanca ⟨Jur⟩ Blankett n, Blankovollmacht f ‖ fig Verhandlungsfreiheit f ‖ dar ~ blanca unbeschränkte Vollmacht geben ‖ ~ cecográfica cecographischer Brief m ‖ ~ certificada Einschreibebrief m, Einschreiben n ‖ ~ con acuse de recibo Einschreiben n mit Rückschein ‖ ~ del cielo ⟨Mar⟩ Stern|karte, -tafel f ‖ ~ circular Rundschreiben n ‖ ~ de ciudadanía Einbürgerungs-, Naturalisierungs|urkunde f ‖ Bürgerbrief m ‖ ~ confirmadora Bestätigungsschreiben n ‖ ~ conminatoria Drohbrief m ‖ ~ de las corrientes ⟨Mar⟩ Stromkarte f ‖ ~ credencial Beglaubigungsschreiben n (e-s Diplomaten) ‖ Kreditbrief m, Akkreditiv n ‖ ~ de crédito Kreditbrief m ‖ (in)transferible (un)übertragbarer Kreditbrief m ‖ ~ de crédito renovable erneuerbarer (od widerruflicher) Kreditbrief m ‖ ~ de crédito turístico Reisekreditbrief m ‖ ~ de derrota ⟨Mar⟩ Kurs-, Segel-, Track|karte f ‖ ~ de despedida Abschiedsbrief m ‖ ~ devuelta unzustellbarer Brief m ‖ ~ de dimisión Rücktrittsschreiben n ‖ ~ ejecutoria (de nobleza), ~ de hidalguía Adelsbrief m ‖ ~ de embarque Konnossement n ‖ ~ de emplazamiento ⟨Jur⟩ Vorladung f ‖ ~ familiar Familien-, Privat|brief m ‖ ~ de favor Empfehlungsbrief m ‖ ~ de felicitación Glückwunschschreiben n ‖ ~ de fletamento ⟨Mar⟩ Schiffsvertrag m, Charterpartie f ‖ ~ (no) franqueada (un)frankierter Brief m ‖ ~ de gracias Dankschreiben n ‖ ~ hidrográfica Wasserkarte f ‖ ~ hipotecaria Hypothekenbrief m ‖ ~ de identidad Kennkarte f ‖ Personalausweis m ‖ ≃ Magna de Inglaterra, Gran ≃ Magna Charta f von 1215 ‖ ~ de las mareas ⟨Mar⟩ Gezeitenkarte f ‖ ~ marina Seekarte f ‖ ~ misiva Sendschreiben n ‖ ~ monitoria Mahnschreiben n ‖ Mahnbrief m ‖ ~ muda Landkarte f ohne Namenbezeichnung der Orte, stumme Karte f ‖ ~ mural Wandkarte f ‖ ≃ de las Naciones Unidas, ≃ de la ONU Satzung der Vereinten Nationen, Charta f der UNO ‖ ~ de naturaleza, ~ de naturalización Naturalisierungsurkunde f ‖ tomar ~ de naturaleza sich naturalisieren, sich einbürgern lassen ‖ ~ náutica Seekarte f ‖ ~ de negocios, ~ comercial Geschäftsbrief m ‖ ~ neumática, ~ de correo neumático Rohrpostbrief m ‖ ~ orden schriftlicher Befehl, Auftrag m ‖ ~ orográfica Gebirgskarte f ‖ ~ de pago Zahlkarte f ‖ Empfangsbestätigung, Quittung f ‖ Annahmeanordnung f (Haushalt) ‖ ~ particular Privatbrief m ‖ ~ partida Charterpartie f, Schiffsvertrag m ‖ ~ pastoral Hirtenbrief m ‖ ~ patente Beglaubigungsschreiben n ‖ ~ de pésame Beileidsschreiben n, Kondolenzbrief m ‖ ~ petitoria Bitt|schrift f, -schreiben n ‖ ~ de porte Frachtbrief m, Ladeschein m, Frachtgutverzeichnis n ‖ ~ de porte aéreo Luftfrachtbrief m ‖ ~ de porte a la orden Orderladeschein m ‖ ~ de porte al portador Inhaberladeschein m ‖ ~ de presentación, ~ de recomendación Empfehlungsschreiben n ‖ ~ privada Privatbrief m ‖ ~ de procuración Prozeßvollmacht v ‖ ~ de reclamación Beschwerdeschreiben n ‖ ~ registrada ⟨Mex⟩ Einschreibebrief m, Einschreiben n ‖ ~ con acuse de recibo ⟨Mex⟩ Einschreiben n mit Rückschein ‖ ~ de requerimiento = ~ admonitoria ‖ ~ requisitoria ⟨Jur⟩ Ersuchungsschreiben, Rechtshilfeersuchen n ‖ ~ de sanidad Gesundheitspaß m, Quarantäneattest n ‖ ~ de solicitud Bewerbungsschreiben n ‖ ~ de represalia Kaperbrief m ‖ ~ tarjeta Kartenbrief m ‖ **-telegrama** ~ telegramm n ‖ ~ urgente Eilbrief m ‖ ~ de Urías fig Uriasbrief m ‖ ~ con valor(es) declarado(s) Geld-, Wert|brief m ‖ ~ de venta Verkaufsurkunde f, Kaufbrief m ‖ ~ de vientos ⟨Mar⟩ Windkarte f ‖ a ~ cabal vollständig, durch und durch ‖ hombre (honrado) a ~ cabal rechtschaffener Mann, Ehrenmann m ‖ ◊ cerrar la ~ e-n Brief zukleben ‖ comer a la ~ à la carte speisen ‖ dar ~ blanca freie Hand lassen ‖ echar una ~ al correo e-n Brief zur Post bringen ‖ fig seine Notdurft verrichten ‖ franquear una ~ e-n Brief freimachen (od frankieren) ‖ jugar la última ~ fig den letzten Trumpf ausspielen ‖ pecar por ~ de más o de menos fig des Guten zuviel oder zuwenig tun ‖ no saber a qué ~ quedarse fig unschlüssig sein ‖ no ver ~ fig schlechte Karten haben ‖ ~ canta fam die Dokumente sprechen ‖ **~s** pl Spielkarten fpl ‖ ~ credenciales Beglaubigungsschreiben n ‖ copiador de ~ Kopierbuch n ‖ papel para ~ Briefpapier n ‖ ◊ echar las ~ die Karten auslegen ‖ jugar a ~ vistas figfig mit offenen Karten spielen ‖ no tener ~ (en) fam nichts zu tun haben (mit) ‖ tomar ~ en sich befassen mit dat ‖ sich einmischen in acc
cartabón m ⟨Zim⟩ Winkelmaß, Zeichendreieck n ‖ Eck-, Knoten|blech n ‖ a ~ im rechten Winkel ‖ ◊ echar el ~ fig seine Maßregeln gut treffen
cartagenero adj aus Cartagena (PMurc)
cartaginense, cartaginés m/adj Karthager m
cártamo m ⟨Bot⟩ Saflor m (Carthamus sp) ‖ ⟨Chem⟩ Saflorrot, Karthamin n
cartapacio m Schreibheft, Notizbuch n ‖ Schulmappe, Schreibmappe f ‖ Schul|tasche f, -ranzen m ‖ Schreibunterlage f ‖ razón de ~ fig ausgeklügelter Grund m
cartear vi Karten ausspielen, die nicht Trumpf sind ‖ **~se** in Briefwechsel stehen, Briefe wechseln
¹**cartel** m Anschlag(zettel) m, Plakat n ‖ Wandtafel f im Schulunterricht ‖ Theaterzettel m ‖ ⟨Th⟩ Besetzung f ‖ Filmprogramm n ‖ Stierkampfzettel m ‖ Schmähschrift f ‖ Pasquill n ‖ de ~ berühmt, prominent, tonangebend ‖ ~ electoral Wahlplakat n ‖ torero de ~ berühmter Stierkämpfer m ‖ ◊ fijar un ~ ein Plakat anschlagen

|| tener ~ fig *guten Namen haben* || *se prohibe fijar* ~*es Zettelankleben verboten!*
²**cartel, cártel** *m Kartell* n, *Interessengemeinschaft* f, *Wirtschaftszusammenschluß* m || *desconcentración de carteles* (*od* cártels) *Entflechtung, Dekartellierung* f
car|tela *f Anschlagbrett* n || *Schreibtäfelchen* n || ⟨Arch⟩ *Kragstein* m || *Gesims* n || *Eck-, Knoten|blech* n || ⟨Her⟩ *Schindel* f || **–telar** vt *kartellieren* || **–telera** *f Theaterzettel* m || *Tagesprogramm* n || *große Aushängetafel* f *(für Anzeigen, bes Film-, Theater|zettel usw)* || *Schwarzes Brett* n || *Plakat-, Litfaß|säule* f || ~ (de espectáculos) *Tagesprogramm* n *(in Zeitungen)* || *Veranstaltungskalender* m || **–telero** *m Plakatkleber* m || (vgl **taquillero**) || **–telón** *m* augm *v.* **cartel**
cartello *m* it: *de primissimo* ~ *erstklassig*
carteo *m Briefwechsel* m || ⟨Kart⟩ *(einsatzloses) Spiel* n
carter, cárter *m* ⟨Tech⟩ *Motor-, Kurbel|gehäuse* n || *Ketten(schutz)kasten* m *(am Fahrrad usw)* || ⟨Aut⟩ *Ölwanne* f || ~ *de carburador Vergasergehäuse* n || ~ *del cigüeñal Kurbelgehäuse* n || ~ *de dirección* ⟨Aut⟩ *Steuer-, Lenk|gehäuse* n || ~ *de engranaje Zahnrad(schutz)kasten* m || ~ *del motor Motorgehäuse* n || ~ *del volante Schwungradgehäuse* n
carte|ra *f Brieftasche* f || *Aktentasche* f *(Schreib-, Brief-) Mappe* f || *Zeichenmappe* f || *Taschenklappe* f || fig *Ministerportefeuille* n || fig *Ressort* n || fig *Bestand* m *(an Wertpapieren)* || fig *Versicherungsbestand* m || Am *Handtäschchen* n || ~ *de efectos Wechsel|bestand* m, *Portefeuille* n || ~ *de hacienda Finanzministerium* n || ~ *de letras de tesorería Schatzwechselbestand* m || ~ *de mano Damentasche* f || ~ *de música Notenmappe* f || ~ *de pedidos Auftragsbestand* m || ~ *de valores Anlagepapiere* npl || ~ *morosa überfälliger Wechsel* m || *cesión de* ~ *Portefeuilleübertragung* f || *documentos en* ~ *Wechselbestand* m || *gestión de* ~ *Verwaltung* f *von Wertpapieren* || *letras en* ~ *Wechselbestand* m || *ministro sin* ~ *Minister* m *ohne Portefeuille* || *sociedad financiera de* ~ *Anlage-, Holding-, Investment|gesellschaft, Investitionsbank* f || *valores mobiliarios en* ~ *Wertpapierbestand* m || **–ría** *f Briefträgeramt* n || *Brief|post, -aufgabe, -ausgabe* f || **–rista** *m Taschendieb* m || **–ro** *m Briefträger, Postbote, (Brief)Zusteller* m
carte|sianismo *m* ⟨Philos⟩ *Kartesianismus* m || **–siano** adj *kartesi(ani)sch, auf Descartes bezüglich* || ~ *m Kartesianer* m
cartilaginoso adj *knorpelartig, kartilaginös*
cartílago *m Knorpel, Cartilago* m || ~ *auricular* ⟨An⟩ *Ohrenknorpel* m || ~ *branquial* ⟨Zool⟩ *Kiemenknorpel* m || ~ *del hueso Knochenknorpel* m || ~ *intervertebral Bandscheibe* f || ~ *nasal Nasenknorpel* m
cartilla *f (Kinder)Fibel* f || *Leitfaden* m, *Handbuch* n || *Elementarbuch* n || *Sparkassen-, Einlage|buch* n || *Kirchenagende* f || ⟨Mar⟩ *Schiffsinventar* n || ~ *de ahorro Spar(kassen)buch* n || ~ *de escolaridad Schülerbuch* n || ~ *de identidad Personalausweis* m || ~ *del pan Brotkarte* f || ~ *de racionamiento Bezug(s)schein* m || ~ *alimenticia Lebensmittelkarte* f || ~ *militar Militärpaß* m, *Soldbuch* f || ◊ *cantarle* (*od* leerle) *a uno la* ~ figf *jdm die Leviten lesen* || *no saber ni la* ~ figf *k–n blassen Schimmer* (od *k–e Ahnung) haben*
cartillero adj *affektiert und vulgär (Schauspieler)*
cartivana *f* ⟨Buchb⟩ *Ansetzfalz* m
car|tografía *f Kartographie* f || **–tográfico** adj *kartographisch* || **–tógrafo** *m Kartograph* m
cartolas fpl *Doppelsattel* m
carto|mancia *f Kartomantie, Kartenlegekunst* f || **–mántica** *f Kartenlegerin* f

carto|metría *f Kartometrie* f || **–métrico** adj *kartometrisch*
cartón *m Pappe* f, *Karton* m || *Pappdeckel* m || *Pappschachtel* f, *Karton* m || ⟨Typ⟩ *Auswechselblatt* n || *Papiermasse* f || ~ *cuero Lederpappe* f || ~ *duro Hartpappe* f || ~ *gris Graupappe* f || ~ *lustrado Glanzpappe* f || ~ *ondulado Wellpappe* f || ~ *piedra Steinpappe* f, *Pappmaché* n || ~ *satinado Glanzkarton* m || *encuadernación en* ~ *Kartonage* f
carto|naje *m Pappdeckel* m || *Papp(en)arbeit, Kartonage* f || **–né** adj gall *in Kartoneinband, kartoniert (Buch)*
cartonci|llo, –to *m* dim *v.* **cartón**
cartone|ra *f große Pappschachtel* f || *Pappschneidemaschine* f || Am *Papierwespe* f || **–ría** *f Kartonfabrik* f || *Kartonagengeschäft* n || *Pappwaren* fpl || **–ro** *m Pappwarenhändler* m || *Papparbeiter* m
cartucha adj Chi *jungfräulich, unberührt*
cartu|chera *f* ⟨Mil⟩ *Patronentasche* f || *Patronengürtel* m || *Kartuschenkiste* f || ◊ *quien manda, manda, y* ~ *en el cañón* fam *Befehl ist Befehl* || **–cho** *m* ⟨Mil⟩ *Kartusche, Patrone* f || ⟨Mil⟩ *Kartätsche* f *(für Geschütze)* || ⟨Mil⟩ *Filtereinsatz* m *(Gasmaske)* || *Zierteitel* m, *Schönleiste* f || *Papiersack* m || *Bonbonschachtel* f || *Tüte* f || *Hülse, Hülle* f || *Geldrolle* f || ⟨Bgb⟩ *Zündschnur* f || ⟨Phot⟩ *Patrone* f || ~ *con bala* ⟨Mil⟩ *scharfe Patrone* f || ~ *de bala trazadora Leuchtspurpatrone* f || ~ *calibrador Patronenmeßlehre* f || ~ *sin bala Platzpatrone, blinde Patrone* f || ~ *de calefacción Heizpatrone* f || ~ *de correo neumático Rohrpostbüchse* f || ~ *de fusil Mauser Mauserpatrone* f || ~ *de instrucción,* ~ *de ejercicio Exerzier-, Übungs|patrone* f || ~ *de fogueo Platzpatrone, Manöverkartusche* f || ~ *de fusible,* ~ *de cortacircuito* ⟨El⟩ *Sicherungspatrone* f || ~ *de guerra scharfe Patrone* f || ~ *explosivo Sprengpatrone* f || ~ *filtrante Filtereinsatz* m *(Gasmaske)* || ~ *fulminante Zünd-, Spreng|patrone* f || ~ *fusible* ⟨El⟩ *Schmelzpatrone* f || ~ *luminoso Leuchtpatrone* f || ~ *vacío abgeschossene Hülse* f || ~ *de pistola automática Browningpatrone* f || ◊ *quemar el último* ~ fig *den letzten Trumpf ausspielen*
Cartu|ja *f Kartäuser|orden* m, -*kloster* n || ≃ fig *Einsiedelei* f || *Chartreuse* f *(Likör)* || **=jo** m/adj *Kartäuser(mönch)* m || fig *Einsiedler* m || fig *asketischer Mensch* m
cartulario *m Chartularium, Kopialbuch;; Buch* n, *in das Privilegien eingetragen wurden* || Mex *Notar* m
cartulina *f dünne Pappe* f *(für Visitenkarten usw)* || ~ *marfil Elfenbeinkarton* m
cartusiano adj = **cartujano**
carucha *f* dim *v.* **cara**
caruja *f* León *herbe Winterbirne* f
carúncula *f* ⟨Med Zool⟩ *Karunkel* f || *kleine Fleischwarze* f || ⟨Bot⟩ *Anschwellung* f || ~ *lagrimal* ⟨An⟩ *Tränen|hügel* m, -*warze* f || ~*s mirtiformes* ⟨An⟩ *Hymenreste* mpl
caruncu|lado adj ⟨An⟩ *mit Fleischauswuchs* || **–loso** adj *karunkelähnlich*
carura *f* Ec *(Über)Teuerung* f || *Mangel* m
carva|jal = **–jo** *m* = **–llar** = **–llo**
carva|llar, –lledo *m Eichenwald* m || **–llo** *m Eiche* f || **–yo** *m* Ast *Eiche* f
cas prov pop Apokope *von* **casa** || *en cas Fulano bei Herrn Soundso*
casa *f (Wohn)Haus* n || *Gebäude* n || *Wohnung* f || *Dienerschaft* f || *Hausarbeit* f || *Haushalt* m || *Hausgemeinschaft* f || *Hauswesen* n || *Handelshaus* n, *Firma* f || *Unternehmen* n || *Niederlassung* f || *Sippe* f || *Familie* f || *Stammhaus* n || *Feld* n *(auf dem Schachbrett)* || ~ *aliada befreundete Firma* f || ~ *de alquiler Mietshaus* n || ~ *de banca Bankhaus* n || ~ *bancaria de cambio (Wechsel)Bank* f

casaca — casar 238

‖ ~ de beneficencia, ~ de caridad *Armenhaus* ‖ la ⁓ Blanca *das Weiße Haus (in Washington)* ‖ ~ de cambio, ~ cambiaria *Wechsel|stube, -bank* f ‖ ~ de campo *Landhaus* n, *Villa* f ‖ ~ celeste ⟨Astr⟩ *Himmelshaus* n ‖ ~ central *Stammhaus* n, *Hauptniederlassung, Zentrale* f ‖ ~ de citas *Stundenhotel* n ‖ ~ civil (del Jefe del Estado) Span *Hofverwaltung* f *für zivile Angelegenheiten* ‖ ~ de comercio *Handelshaus* n ‖ ~ de comidas *(einfaches) Speise-, Gast|haus* n ‖ ~ de comisiones *Kommissionsgeschäft* n ‖ ~ consignataria Span *Reedereiagentur* f ‖ ~ consistorial, ~s consistoriales *Stadtamt, Rathaus* n ‖ ~ de contratación *Wertpapierbörse* f ‖ Pe *Warenbörse* f ‖ ~ de convalecencia *Erholungsheim* n ‖ ~ de corrección *Erziehungs-, Besserungs|anstalt* f ‖ ~ de correos *Post* f, *Postgebäude* n ‖ ~ cuna *Säuglingsheim* n ‖ *Kinderkrippe* f ‖ ~ del cura *Pfarrhaus* n ‖ ~ de Dios, ~ del Señor *Gotteshaus* n ‖ ~ de distribución ⟨El⟩ *Schalthaus* n ‖ ~ distribuidora *Verteilerfirma* f ‖ ~ editorial *Verlags|anstalt* f, *-haus* n ‖ ~ de empeños *Leih-, Pfand|haus* n ‖ ~ expedidora *Versandhaus* n ‖ ~ exportadora, ~ de exportación *Exporthaus* n ‖ ~ de (niños) expósitos *Findelhaus* n ‖ ~ de fieras *Tierhaus* n, *zoologischer Garten* m ‖ ~ para el fin de semana *Wochenendhaus* n ‖ ~ gremial *Zunfthaus* n ‖ ~ habitación *Wohnung* f ‖ ~ de huéspedes *(Familien) Pension* f ‖ ~ importadora *Importfirma* f ‖ ~ de juego *Spiel|haus* n, *-hölle* f ‖ ~ de labor, ~ de labranza *Bauernhof* m *Landgut* n ‖ ~ de lenocinio *Bordell, Freudenhaus* n ‖ ~ de locos *Irrenhaus* n ‖ ~ de maternidad *Entbindungsanstalt* f ‖ ~ del marino Span *Seemannsheim* n ‖ ~ matriz ⟨Com⟩ *Stammhaus* n ‖ ⟨Rel⟩ *Mutterhaus* n ‖ ~ militar (del Jefe del Estado) Span *Hofverwaltung* f *für militärische Angelegenheiten* ‖ ~ de moneda *Münze* f ‖ ~ del montero *Jagdhaus* n ‖ ~ mortuoria *Trauerhaus* n ‖ ~ de muñecas *Puppen|haus* n, *-stube* f ‖ ~ de noviciado *Novizenhaus* n ‖ ~ de oración, ~ de devoción *Bethaus* n ‖ fig *Kirche* bzw *Kapelle* f ‖ ~ de orates *Irren|anstalt* f, *-haus* n (& fig) ‖ ~ pairal Cat *Familiengesellschaft* f ‖ ~ particular *Privathaus* n ‖ ~ paterna *Vater-, Eltern|haus* n ‖ ~ de pisos (de alquiler) *Mietshaus* n ‖ ~ de placer *Freudenhaus* n ‖ ~ popular *im sozialen Wohnungsbau errichtetes Haus* n ‖ ~ prefabricada *Fertighaus* n ‖ ~ propia *Eigenheim* n ‖ ~ de prostitución *Freudenhaus* n ‖ ~ de préstamos *Leih-, Pfand|haus* n ‖ ~ pública *öffentliches Haus* n ‖ ~ de puerta abierta *Haus* n *der offenen Tür* ‖ ~ *Rathaus* n ‖ ~ de pupilos *Pension* f ‖ ~ real *Königspalast* m ‖ *kgl. Hof* m ‖ ⁓ Rosada *Regierungspalast* m *in Buenos Aires* ‖ ~ rústica *Bauernhaus* n ‖ ~ de salud *Heilanstalt* f ‖ ~ señorial *Herrenhaus* n ‖ ~ seria ⟨Com⟩ *solide Firma* f ‖ ~ sindical *Gewerkschaftshaus* n ‖ Span *Haus* n *der Syndikate* ‖ ~ de socorro *Unfallstation, Sanitätswache* f ‖ ~ solar(iega) *Stammhaus* n *(e-r Adelsfamilie)* ‖ *Stammschloß* n ‖ *alter Herrensitz* m ‖ ~ de tía fam *Gefängnis, Loch* n ‖ ~ de tócame Roque figf *Mietskaserne* f ‖ ~ de tolerancia *Freudenhaus* n ‖ ~ de trata (od trato) *öffentliches Haus, Bordell* n ‖ ~ de trueno figf *verrufenes Haus* n ‖ ~ unifamiliar, ~ para una familia *Einfamilienhaus* n ‖ ~ de vecindad *kleines Bürger-, Wohn|haus, Mietshaus* n ‖ *gente de ~ Nachbarn* mpl, *bekannte Leute* pl ‖ *a ~ nach Haus* ‖ *ir a ~ de alg. zu jdm gehen* ‖ *como una ~* figf *turmhoch, ungeheuer (z. B. Lüge)* ‖ *de ~ von Haus* ‖ *de ~ hausgemacht* ‖ *comida de la ~ Hausmannskost* f ‖ *de ~ en ~ von Haus zu Haus* ‖ *de su ~* fam *aus eigenem Kopfe* ‖ *los de ~ die Angehörigen* mpl, *die Familie* ‖ *en (su) ~ zu Hause* ‖ *en ~ de alg. in jds Hause, bei jdm* ‖ *fuera de ~ aus (außer) dem Hause* ‖ *hecho en ~ selbstgebacken* ‖ *por ~ Haus für Haus* ‖ ◊

asentar ~ fam *e-n neuen Haushalt gründen* ‖ *no caber en toda la ~* figf *sehr aufgebracht, aus dem Häuschen sein* ‖ *echar la ~ por la ventana* figf *das Geld zum Fenster hinauswerfen, flott leben* ‖ *großartig feiern* ‖ *estar de ~* fig *im Hausgewand sein* ‖ fig *sich ohne viel Umstände bewegen* ‖ *está V. en su casa tun Sie, als ob Sie zu Hause wären!* ‖ *guardar la ~* fig *zu Hause bleiben (müssen)* ‖ *llevar la ~ den Haushalt führen, haushalten* ‖ *¡pase V. por mi casa! kommen Sie einmal bei mir vorbei!* ‖ *poner ~ e-n eigenen Hausstand gründen, ein Haus beziehen* ‖ *ser de la ~ (gewissermaßen) zum Hause gehören* ‖ *ser muy de ~ ein Vertrauter der Familie sein* ‖ *tomar ~ sich niederlassen, sich ansiedeln* ‖ *ya sabe V. su ~ (od ahí tiene V. su ~) besuchen Sie mich bitte (bald) wieder (Höflichkeitsformel)* ‖ *en ~ del gaitero todos son danzantes wie die Alten sungen, so zwitschern die Jungen* ‖ *der Apfel fällt nicht weit vom Stamm* ‖ *cada uno manda en su ~ jeder ist Herr in seinem Haus* ‖ **~s** fpl: *baratas im sozialen Wohnungsbau errichtete Häuser* npl ‖ *junta de ~* Span *Körperschaft* f *zur Förderung des sozialen Wohnungsbaus*

casa|ca f *(Manns)Rock* m ‖ *Wams* n ‖ *Kittel* m ‖ fam *Heirat* f ‖ Guat *Gesellschaft, Begleitung* f ‖ Guat Hond *lebhaftes Tuscheln* n ‖ *volver (od cambiar)* (la) ~ fig *die Gesinnung ändern, umsatteln* ‖ figf *sein Mäntelchen nach dem Wind hängen* ‖ **-cón** m augm v. **casaca**

casación f ⟨Jur⟩ *Aufhebung e-s Endurteiles durch die höchste Instanz, Ungültigkeitserklärung* f ‖ *Kassation* f ‖ *Revision f (Rechtsmittel)* ‖ *fundamentos de la ~ Revisions|begründung* f, *-gründe* mpl ‖ *recurso de ~ en la forma Revision* f *wegen Verfahrensmängel* ‖ *recurso de ~ por infracción de ley Revision* f *wegen Verletzung materiellen Rechts* ‖ ◊ *acoger un ~ in der Revision berücksichtigen* ‖ *(des)estimar un motivo de ~ e-n Revisionsgrund für (nicht) durchschlagend ansehen*

casa|da f *Verehelichte, Vermählte, Ehefrau* f ‖ Ar *Landhaus* n ‖ *Meierei* f ‖ **-dero** adj *heirats|fähig, -lustig* ‖ **-do** adj *verheiratet, verehelicht* ‖ ⟨Jur⟩ *kassiert (Urteil)* ‖ ◊ *estar ~ a media carta, estar ~ por detrás de la iglesia* joc *in wilder Ehe leben* ‖ *~ y arrepentido (od ~ y cansado) etwa: vorgetan und nachbedacht hat manchen in groß Leid gebracht*, figf *spät zur Einsicht gekommen* ‖ *~ m Ehemann* m ‖ *Nahtbearbeitung* f *(der Karten)* ‖ ⟨Typ⟩ *Kolumnenanordnung* f ‖ *los recién ~s die Neuvermählten* pl, *das junge Paar*

casal m *Meierei* f ‖ *Landhaus* n ‖ RPl *Pärchen* n

casalicio m *Haus, Gebäude* n ‖ *Gehöft* n

casamata f ⟨Mil⟩ *Kasematte* f ‖ *Unterstand, Bunker* m ‖ *unterirdisches Gefängnis* n

casa|mentero m *Heirats|stifter, -vermittler* m, ‖ Ar *Vermittler* m *bei Erstellung des Güterrechtsvertrags* ‖ **-miento** m *Heirat, Ehe, Verehelichung, Verheiratung* f ‖ *Trauakt* m ‖ *Ehevertrag* m ‖ *Mitgift* f ‖ *~ civil Zivilehe, standesamtliche Trauung* f ‖ *~ de conveniencia, ~ por reflexión Vernunftheirat* f ‖ *~ por amor Liebesheirat* f ‖ *~ desigual nicht standesgemäße Heirat* f *(→ **matrimonio** morganático)* ‖ *~ por dinero Geldheirat* f ‖ *~ por poder Ferntrauung* f ‖ ◊ *~ religioso kirchliche Trauung* f ‖ ◊ *adquirir una propiedad por ~ in ein Gut (hin)einheiraten* ‖ →a **matrimonio** ‖ **-mpulga** f Mex MAm = **cazampulga**, **-nga** f Col *Hochzeit, Heirat* f ‖ **-puerta** f *überdachter Eingang* m ‖ *Vorhaus* n, *Flur* m/f

casa|quilla f *kurze Jacke* f ‖ **-quín** m *kurzes Wams* n ‖ **-quinta** f prov *Landhaus* n, *Villa* f

¹**casar** vt *ver|heiraten, -ehelichen* ‖ *trauen* ‖ fig *paaren* ‖ fig *anpassen* ‖ fig *zusammen|fügen, -setzen* ‖ fig *vereinigen* ‖ ~ vi *heiraten, die Ehe schließen* ‖ *zusammenpassen* ‖ *harmonieren (Farben,*

Maße) || *übereinstimmen* || Cu *vereinbaren, abmachen* || Cu PR *wetten* || PR Ven *pfropfen* || ◊ *por* ~ *heirats|fähig, -lustig* || ~**se** *(sich ver)heiraten, sich trauen lassen* || ◊ ~ *civilmente,* ~ *por lo civil sich standesamtlich trauen lassen* || ~ *por la Iglesia sich kirchlich trauen lassen* || *antes (de) que te cases, mira lo que haces drum prüfe, wer sich ewig bindet... (, ob sich das Herz zum Herzen findet)* || *no* ~ *con nadie* figf *sich von niemandem beeinflussen lassen*

²**casar** *m einzelne Häuser* npl *auf dem Felde*

³**casar** vi ⟨Jur⟩ *aufheben, für ungültig erklären, kassieren*

casa|riego adj Ast *häuslich* || **-tienda** *f Kaufladen m mit Wohnung*

casca *f Weintrester* pl || *Fruchtschale* f || *Gerberinde* f || Tol *Tresterwein m* || ¡~! prov = **¡caramba!**

cascabel *m Schelle* f, *kugelförmiges Glöckchen* n || fig *Hohlkopf m* || *culebra (od serpiente) de* ~ *Klapperschlange* f || *de* ~ *gordo* figf *von billigem Effekt, blendend, effektheischend (Kunstwerke)* || ◊ *echar (od soltar) el* ~ (a) figf *e-n Fühler ausstrecken, einige Worte hinwerfen, bei jdm auf den Busch klopfen* || *tener* ~ figf *Grillen im Kopfe haben* || *¿quién le pone el* ~ *al gato?* fig *wer hängt der Katze die Schelle um?*

cascabe|la *f* CR *Klapperschlange* f || **-lada** *f* fam *Unbesonnenheit* f || **-lear** vt fam *betören, foppen, spiegeln, an der Nase herumführen* || vi *klappern (Schlange)* || figf *unvernünftig reden* || figf *Unsinn machen* || Chi fig *brummen* || **-lero** *m Kinderklapper* f || fam *Windkopf m* || **-lillo** *m* dim *v.* **cascabel** || *Rosinenpflaume* f

casca|billo *m Schelle* f, *Glöckchen* n || ⟨Bot⟩ *Hülse f des Weizens* || ⟨Bot⟩ *Eichelnäpfchen* n || **-bullo** *m* Sal *Hülse f des Weizens* || **-ciruelas** *m* figf *Taugenichts* m || **-da** *f Wasserfall m, Kaskade* f || **-dera** *f Piniennußknacker m* || **-do** adj *zerbrochen* || *gebrochen, brüchig (Stimme)* || figf *hinfällig, altersschwach* || figf *verbraucht* || **-dura** *f Zer|brechen, -schlagen* n || fam ⟨Med⟩ *Bruch m* || fam *Tracht f Prügel*

casca|jal, -jar *m sandiger Ort* m || *Kiesgrube* f || **-jero** *m* Col || **-jal** Col *aufgegebene Goldgrube* || **-jo** *m Füllsteine* mpl, *Kies m* || *Scherben* fpl || *Schalobst* n || *Scherben* mpl || fig *Kupferscheidemünze* f || fig *unbrauchbares Gerät* n || fam *Klamotte* f || Dom PR *Geld* n || ◊ *estar hecho un* ~ figf *alt und gebrechlich sein* || **-joso** adj *kiesig, voll Kies*

cascalbo adj *weißgrannig (Weizen)*

cascalleja *f* Al ⟨Bot⟩ *wilde Johannisbeere* f

cascallo *m* bras *Diamantenfeld* n

cascamajar vt *zerdrücken*

casca|nueces *m Nußknacker m* || ⟨V⟩ *Tannenhäher m (Nucifraga caryocatactes)* || figf *Windbeutel m* || **-piedras** *m* ⟨EB⟩ *Bahnräumer m* || **-piñones** *m Piniennußknacker m*

cascar [c/qu] vt/i *zer|brechen, -schlagen, zerknabbern* || figf *schlagen, (ver)prügeln, verhauen* || fig *jds Gesundheit untergraben* || figf *schwätzen, plaudern* || fig pop *sterben,* pop *kaputt-, ein|gehen* || ⟨Sch⟩ *durchfallen lassen* || fam *draufknallen (Zensur)* (a *jdm* dat) || ◊ ~ *las liendres* vulg *das Fell gerben* || ~**se** fam *hinfällig werden, vor der Zeit altern*

cáscara *f Schale* f *(von Nüssen, Früchten usw)* || *Eierschale* f || *(Baum)Rinde* f || ~ *sagrada* Am *Faulbaumrinde f (Abführmittel)* || *de (la)* ~ *amarga* figf *liederlich und händelsüchtig* || *sehr fortschrittlich gesinnt* || ⟨Pol⟩ *republikanisch* || ⟨Pol⟩ *linksradikal* || *irreligiös* || ~ *de limón Zitronenschale* f || *patatas cocidas con* ~ *Pellkartoffeln* fpl || *de mucha* ~ figf Am *sehr gescheit (Person)* || ¡~**s**! fam = **¡caramba!**

△**cascarada** *f Zank* m || *Prügelei* f

cascara|ña *f* Cu *Pockennarbe* f || **-ñado** adj

Cu PR *pockennarbig* || Chi *pestkrank* || **-zo** *m* Col *Peitschenhieb m* || Col PR *Faustschlag m* || PR *tüchtiger Schluck m (Likör)*

cascarear vt Col Hond PR *schlagen, prügeln* || vi Guat fam *blank sein*

cascari|lla *f Kaskarillrinde (Art Fieberrinde)* f || *falsche Chinarinde* f || *Puder m aus Eierschalen oder fein zerstoßenen Muscheln, den arme Frauen auf Kuba zum Schminken benutzten* || *Kakaoschalen* fpl || ⟨Metal⟩ *Zunder, Glühspan, Hammerschlag* m || ~ *de laminación* ⟨Metal⟩ *Glüh-, Walz|zunder m* || *resistente a la formación de* ~ *zunderbeständig* || *botones de* ~ *metallbeschlagene Knöpfe* mpl || **-llo** *m unechter Fieberrindenbaum m*

casca|rón *m* augm *v.* **cáscara** || *leere Eierschale* f || fig *kleines Boot n* || ⟨Mar⟩ fig *Seelenverkäufer m* || Col *Klepper m, Schindmähre* f || *salirse del* ~ figf *sich zuviel herausnehmen* || ¡~**es**! prov = **¡caramba**! || **-rrabias** *m* fam *Wüterich, jähzorniger Mensch* m, fam *rabiater Kerl m* || **-rrañado, -rrañoso** adj Ven *pockennarbig* || **-rrina** *f* Al *Hagel m* || **-rrón, ona** adj fam *rauh, barsch* || ⟨Mar⟩ *scharf, rauh (Wind)* || **-rudo** adj *dickschalig* || **-ruja** *f* Murc *Schalobst n*

casco *m Helm m* || *Scherbe* f || ⟨An⟩ *Schädel* m, *Hirnschale* f || *Haut f (der Zwiebel)* || *(Apfelsinen)Scheibe* f || *Oberteil m des Hutes* || ⟨Mil⟩ *Sturmhaube* f || ⟨Mil⟩ *(Granat)Splitter m* || ⟨Flugw⟩ *Sturzhelm m* || *(Pferde)Huf m* || *Bauch m e-s Kessels* || *Sattelbaum m* || *(Wein)Faß n, Tonne* f || *leere Flasche* f || ⟨Mar⟩ *Schiffsrumpf m* || ⟨Flugw⟩ *Flugzeugrumpf m* || *Körper, Rauminhalt m* || *Umfang m (e-r Ortschaft)* || ⟨Radio⟩ *Kopfhörer m* || ~ *de acero Stahlhelm m* || ⟨& Pol⟩ || ~ *antiguo altes Viertel n einer Stadt* || *Altstadt* f || ~ *auricular* ⟨Radio⟩ *Kopfhörer m* || ~ *de aviador Sturzhelm m* || ~ *de bomba,* ~ *de granada Bomben-, Granat|splitter* mpl, *Sprengstück n* || ~ *de bombero Feuerwehrhelm m* || ~ *de buzo Taucherhelm m* || ~ *de corcho,* ~ *colonial,* ~ *tropical Tropen|hut, -helm m* || ~ *cubrecabeza* ⟨Flugw⟩ *Fliegerhelm m* || ~ *de motociclista Sturzhelm m* || ~ *de piedra Steinsplitter m* || ~ *de la población Stadtinneres n* || ~ *secador Trockenhaube* f || ~ *de (la) silla Sat-tel|gestell, -gerüst n* || ~ *seguro del* ~ *Kaskoversicherung* f || ~**s** pl *Schädel m* fig *Hirn n, Verstand m* || ~ *azules Blauhelme* mpl *(UN-Soldaten)* || *ligero de* ~ fam *unbesonnen, leichtsinnig* || ◊ *levantar de* ~ *a uno* figf *jdn betören* || *ponerse (od meterse) en los* ~ *u/c* fam *sich et in den Kopf setzen* || *quitarle a uno del casco a/c* figf *jdn von e-r Sache abbringen* || *romper a alg. los* ~ fam *jdn den Kopf einschlagen (Drohung)* || *romperse (od calentarse) los* ~ fam *sich den Kopf zerbrechen (bes mit Lernen)*

cascorvo adj Col = **cazcorvo**

casco|tazo *m* fam *Steinwurf m* || *Steinsplitter m* || **-te** *m (Bau)Schutt m* || *Schotter m* || ~**s** mpl *Bauschutt, Ziegel|bruch m, -stücke* npl

cascudo adj *starkhufig*

cascundear vt MAm *prügeln*

caseación *f Verkäsung f (der Milch)*

casei|ficación *f Kaseinbildung* f || *Käsebereitung* f || ⟨Med⟩ *Verkäsung* f || **-ficar** [c/qu] vt *käsen lassen* || *verkäsen* || **-forme** adj *käseartig, käsig*

caseína *f* ⟨Chem⟩ *Kasein* n

cáseo *m geronnene Milch* f || *Quark m* || ~ adj *käsig*

caseoso, cáseo, caseico adj *käsig* || *käseartig, Käse-*

case|ra *f* Ar *Haushälterin f (bei e-m alleinstehenden Mann)* || Hond *Beischläferin* f || Cu *Haus|besitzerin, -frau* f || **-ramente** adv *ohne Umstände, ungezwungen* || **-ria** *f (einzelstehendes) Bauernhaus* n || *Meierhof m* || Am *Stammkundschaft f (e-s Ladens)* || **-rillo** *m Hausmacherlein-*

caserío — casquillo

wand f ‖ **-río** m Gruppe f von Häusern ‖ Gesamtheit f der Häuser e-s Ortes ‖ (einzelstehendes) Bauernhaus n ‖ Gehöft n ‖ Weiler m ‖ **-rita** f Cu Haus\besitzerin, -frau f ‖ **-rna** f ⟨Mil⟩ bombensicheres Gewölbe n ‖ **-ro** adj Haus-, häuslich ‖ haus\backen, -gemacht ‖ fam haushälterisch ‖ fam in Hauskleidung ‖ fig schlicht, einfach ‖ fig gemütlich ‖ industria ~a Hausindustrie f ‖ pan ~ hausbackenes Brot n ‖ remedio ~ Hausmittel m ‖ ~ m Haus\besitzer, -herr m ‖ Hausverwalter m ‖ Meier m ‖ Mieter m ‖ Pächter m ‖ Am Kunde m e-s Ladens ‖ Arg ⟨V⟩ Töpfervogel m (Furnarius sp) (→ **hornero**) ‖ **-rón** augm v. **casa** ‖ großes, baufälliges Haus n ‖ pop Wohnmaschine f ‖ **-ta** f Bade\häuschen n, -zelle, Kabine f ‖ Telefonzelle f ‖ Bude f ‖ Stand m (auf e-r Messe) ‖ ⟨EB⟩ Bahnwärterhäuschen n ‖ ⟨Mar⟩ Deckhaus n ‖ ~ de baño Ankleidezelle f ‖ ~ de derrota, ~ de navegación ⟨Mar⟩ Karten-, Kompaß\haus f ‖ ~ de interruptores Schaltstation f ‖ ~ del timón ⟨Mar⟩ Ruderhaus f ‖ ~ termométrica, ~ de Stevenson Thermometerkasten, Stevensonscher Kasten m ‖ **-to** m prov = **-ta** ‖ **-tón** m ⟨Arch⟩ Einsatzrose f ‖ Kassette f (e-r Kassettendecke) ‖ (→ **artesón**)
  casi adv beinahe, fast, nahe daran ‖ annähernd ‖ kaum ‖ ~ terminado halbfertig ‖ ~ ~, ~ que um ein Haar, es fehlte wenig, so ‖ ~ que parece de ayer als ob es gestern geschehen wäre
  casia f ⟨Bot⟩ Kassie, Gewürzrinde f (Cassia spp)
  casicontrato m ⟨Jur⟩ = **cuasicontrato**
  casida f Kasside, arab. Gedichtgattung f ‖ ⟨Entom Agr⟩ Nebelschildkäfer m (Cassida nebulosa)
  Casilda f np Tfn Kasilde f
  casi|lla f kleines einsames Haus n, Hütte f ‖ Bauwächterhäuschen n ‖ ⟨EB⟩ Bahnwärterhäuschen n ‖ (Bienen)Zelle f ‖ Feld n (Dame-, Schach\brett) ‖ Kästchen n (auf quadriertem Schreibpapier) ‖ Fach n, Spalte f (in Tabellen) ‖ Abteilung f (des Grundbuches) ‖ Fach n (im Büchergestell) ‖ Fahrkartenschalter m ‖ prov Theaterkasse f ‖ Ec Toilette f ‖ Am\correo Am Post(schließ)fach n ‖ ~ de obra Bau\bude, -hütte f ‖ ◊ sacar a alg. de sus ~s j-n aus dem Häuschen bringen ‖ salirse de sus ~s fig aus der Haut fahren ‖ fam aus dem Häuschen geraten ‖ **-llero** m Fächerschrank m
  casimi|r m, **-ra** f Kaschmirtuch n
  Casimiro m np Tfn Kasimir m
  casimiro adj iron Chi schielend, einäugig
  casimpulga f Nic = **cazampulga**
  casinete m Ec Ven billiger Stoff m
  casino m Kasino n, geschlossene Gesellschaft f ‖ Kasino, Vereins-, Gesellschafts\haus n ‖ (politischer) Klub m ‖ Klublokal n ‖ Kurhaus n ‖ ~ de contratación Winkelbörse f ‖ ~ militar Offizierklub m
  Casio|pea f ⟨Astr⟩ Kassiopeia f (Sternbild) ‖ **=peo** m ⟨Chem⟩ Kassiopeium n *Cassiopeium n
  casis f ⟨Bot⟩ Schwarze Johannisbeere f (Ribes nigrum) ‖ ~ m ⟨Zool⟩ Sturmhaube f (Cassis cornuta)
  casita f dim v. **casa** ‖ (Stroh)Hütte f ‖ prov öffentliches Haus n ‖ Chi Toilette f
  casiterita f ⟨Min⟩ Kassiterit f
  cas|mogamia f ⟨Bot⟩ Chasmogamie, Fremdbestäubung f (bei geöffneter Blüte) ‖ **-mógamo** adj chasmogam ‖ →a **cleistogamia**
  ¹**caso** m (Vor)Fall m, Ereignis n ‖ Zufall m ‖ Grund, Anlaß m ‖ Umstand m ‖ Angelegenheit f ‖ Erzählung f ‖ ⟨Gr⟩ Kasus, Fall m ‖ ⟨Jur⟩ Rechtsfall m ‖ Streitfrage f ‖ ⟨Med⟩ Krankheitsfall m ‖ Schrift\weise, -art f ‖ ~ aislado Einzelfall m ‖ ~ de conciencia Gewissensfrage f ‖ ~ de fallecimiento Todesfall m ‖ ~ de fuerza mayor (Fall m) höhere(r) Gewalt f ‖ en ~ bei höherer Gewalt ‖ ~ directo ⟨Gr⟩ unabhängiger Verhältnisfall, Casus rectus m ‖ ~ dudoso Zweifelsfall m ‖ ~ excepcional Ausnahmefall m ‖ ~ extremo, ~ límite Grenzfall m ‖ ~ fortuito zufälliges Ereignis n ‖ eximente de ~ ⟨Jur⟩ Rechtfertigungsgrund m des Zufalls ‖ ~ litigioso Streit-, Rechts\fall m ‖ ~ perdido aussichtsloser Fall m ‖ ~ típico, ~ tipo Musterfall m ‖ ~ de necesidad Notfall m ‖ ~ de reincidencia Wiederholungsfall m ‖ ~ de siniestro Schadensfall'm ‖ ~ de supervivencia Überlebensfall m ‖ ~ oblicuo ⟨Gr⟩ abhängiger Verhältnisfall, Casus obliquus m ‖ ~ que, en ~ de que (subj), ~ de (¡rr) falls, im Falle daß, wofern ‖ ◊ dado ~ que vorausgesetzt, daß ‖ demos ~ que setzen wir den Fall, daß ‖ se da el ~ de que es kommt vor, daß ‖ es que die Sache liegt so, daß nämlich ‖ es fragt sich nun, ob ‖ el ~ es que no puedo hacerlo ich kann es beim besten Willen nicht tun ‖ estar en el ~ fam auf dem laufenden sein ‖ hablar al ~ zur Sache, zweckgemäß sprechen ‖ hacer ~ de Rücksicht nehmen auf (acc) ‖ sich um... acc kümmern ‖ Aufhebens machen (von) ‖ große Stücke halten auf (acc) ‖ hacer gran ~ de a. viel Wesens machen von et dat, großen Wert legen auf (acc) ‖ hacer ~ omiso (de) unbeachtet lassen ‖ hacer ~ od venir al ~, ser del ~ fam schicklich, angebracht sein ‖ ho hacer al ~ nicht zur Sache gehören ‖ nicht passen ‖ gar nichts ausmachen ‖ no me hace ~ er läßt sich von mir nichts sagen ‖ no le hagas caso! glaube ihm nicht! laß ihn! höre nicht auf ihn! ‖ no hacer ningún ~ de sich nichts machen aus ‖ ir al ~ auf die Hauptsache losgehen ‖ indemnización en ~ de accidente Unfallentschädigung f ‖ ¡vamos al ~! zur Sache! ‖ poner (por) ~ den Fall setzen ‖ de ~ pensado absichtlich ‖ del ~ dazugehörig, betreffend ‖ en ~ necesario (od de necesidad) nötigenfalls ‖ dirección en ~ necesario Notadresse f (Wechsel) ‖ en el ~ de autos ⟨Jur⟩ im vorliegenden Fall ‖ en ningún ~ keinesfalls ‖ en su ~ beziehungsweise ‖ gegebenenfalls ‖ yo en el ~ de V. ich an Ihrer Stelle ‖ en tal ~ in diesem Falle, dann ‖ en todo ~ jeden-, allen\falls ‖ en último ~ notfalls ‖ para el ~ que für den Fall, daß ‖ por el mismo ~ eben deshalb ‖ si es ~ vielleicht, in dem Falle
  ²**caso**: ¡me ~! vulg Donnerwetter! (für ¡me cago!)
  caso|lero adj prov fam stubenhockerisch ‖ **-na** f, **casón** m, augm v. **casa** ‖ **casón** m Sant altes Herrenhaus n ‖ **-rio** m Heirat f ‖ übereilte Heirat f ‖ Bettelheirat f ‖ Mißheirat f
  cas|pa fpl (Haar)Schuppen fpl, Schinn m ‖ Grind m ‖ Sal Moos n der Baumrinde ‖ **-paletear** vi Col verzweifeln ‖ **-pera** f Staubkamm m
  caspia f Ast Apfeltrester mpl
  caspio adj kaspisch ‖ el Mar ⁓ das Kaspische Meer
  caspicias fpl fam (wertlose) Reste mpl, Überbleibsel n(pl)
  ¡cáspita! fam potztausend! Donnerwetter!
  caspolino adj aus Caspe (PZar)
  casposo adj schuppig ‖ grindig
  casque|tada f fam unbesonnener Streich m ‖ **-tazo** m Stoß m mit dem Kopfe ‖ **-te** m Helm m, Sturmhaube f ‖ Kappe, Mütze f ‖ Scheitelperücke f ‖ ~ de aislador ⟨El⟩ Isolatorkappe f ‖ ~ de cierre Verschlußklappe f ‖ ~ de la raíz ⟨Bot⟩ Wurzelkappe f ‖ ~ esférico ⟨Math⟩ Kugelabschnitt m ‖ ~ polar Polarkappe f ‖ ⟨Gen⟩ Polkappe f
  casqui|blando adj weichhufig (Pferd) ‖ **-derramado** adj breithufig (Pferd) ‖ **-jo** m Kies, Mörtelsand m ‖ Schotter m ‖ Füllsteine mpl ‖ **-lucio** adj fam unbesonnen ‖ **-lla** f Königinnenzelle f (im Bienenstock) ‖ **-llo** m Zwinge f ‖ Eisenbeschlag m (am Stock) ‖ Metallring m (e-r Gewehrpatrone) ‖ leere Patronenhülse f ‖ abge-

schossene *Hülse* f ‖ **Radbuchse** f ‖ **Muffe** f ‖ ⟨Radio⟩ *Sockel* m ‖ *dünne Schale* (*am Obst*) ‖ *Backform* f ‖ *Fußknöchel* m ‖ (*Schuh*) *Kappe* f ‖ Am *Huf* m, *Hufeisen* n ‖ CR *Federhalter* m ‖ Cu *Feigheit* f ‖ ~ de acoplamiento *Kupplungsbüchse* f ‖ ~ de bayoneta *Bajonettsockel* m ‖ ~ mignon ⟨El⟩ *Mignonbajonettsockel* m ‖ ~ de bombilla *Lampensockel* m ‖ ~ de cojinete *Lager*|*buchse*, -*büchse* f ‖ ~ de derivación *Abzweigmuffe* f ‖ ~ de eje *Achsschelle* f ‖ ~ de enchufe *Steckdose* f ‖ ~ de extracción *Abziehhülse* f ‖ ~ del pálmer *Mikrometerkappe* f ‖ ~ de marcha en vacío *Leerlaufbüchse* f ‖ ~ de Edison ⟨El⟩ *Edison-*, *Schraub*|*sockel* m ‖ ~ principal *Königspfanne* f ‖ ~ reductor del calibre *Einstecklauf* m ‖ ~ roscado *Gewindebuchse* f ‖ ⟨El⟩ *Gewindesockel* m

casquimuleño adj *schmalhufig* ‖ ~ m ⟨Tech⟩ *Hülse*, *Büchse* f ‖ fam *Puppe* f (*bestimmter Insekten*)

casquín m MAm (*leichter*) *Schlag* m *auf den Kopf*

casquivano adj fam *unbesonnen*, *unüberlegt*, fam *windig*

casta f *Stamm* m, *Geschlecht* n ‖ *Zucht*, *Art*, *Rasse* f ‖ *Blut* n (*von Tieren*) ‖ (*Gesellschafts-*) *Klasse* f ‖ *Kaste* f ‖ fig *Art*, *Beschaffenheit* f ‖ espíritu de ~ *Kastengeist* m ‖ perro de ~ *Rassehund* m ‖ ◊ venir de ~ *angeboren sein*

castado adj PR *tapfer*

castamente adv *auf keusche*, *unschuldige Art* ‖ *sittsam*, *züchtig*

castáneo adj ⟨Bot⟩ *kastanienartig* ‖ *kastanienfarben*

casta|**ña** f *Kastanie* f ‖ *Korbflasche* f ‖ (*mit e-m Band gebundener*) *Haar*|*knoten*, -*wulst* m ‖ *Kopfnuß* f (→ ²**capón, caste, coco, coscorrón, lapo**) ‖ Mex *Fäßchen* n ‖ fig vulg *Scham*|*gegend* f, -*berg* m ‖ ~ asada *Röstkastanie* f ‖ ~ pilonga *Dörrkastanie* f ‖ ~ de Indias *Roßkastanie* f ‖ ~ del Marañón, ~ americana, ~ del Brasil *Paranuß*, *amerikanische Nuß* f ‖ ◊ dar la ~ a uno figf *jdn prellen*, *jdn übers Ohr hauen* ‖ se parecen como una ~ a un huevo figf *sie haben gar keine Ähnlichkeit miteinander* ‖ ser una ~ fam prov *ein Stümper sein* ‖ ¡hay ~! *pop da steckt ei dahinter!* ‖ sacarle a alg. las ~s del fuego fig *für jdn die Kastanien aus dem Feuer holen* ‖ –**ñal**, –**ñar** m, –**ñeda** f *Kastanienpflanzung* f ‖ –**ñedo** Ast = –**ñeda** ‖ –**ñera** f *Kastanienverkäuferin* f ‖ Ast = –**ñal** ‖ –**ñero** m *Kastanienverkäufer* m ‖ ⟨V⟩ = **colimbo**

castañe|**ta** f *Kastagnette* f, *spanische Tanzklapper* f ‖ *Fingerschnalzer* m ‖ *bauschige Falte* f ‖ Al ⟨V⟩ *Zaunkönig* m ‖ –**tazo** m, –**tada** f *Knall* m *e–r im Feuer zerplatzenden Kastanie* ‖ *Zusammenschlagen n der Kastagnetten* ‖ *Schnalzer m mit Mittelfinger und Daumen* ‖ *Knacken n der Knochen* ‖ *Schlag* m ‖ –**teado** m *Kastagnettenrhythmus* m ‖ –**tear** vi *mit den Kastagnetten klappern* ‖ *mit den Zähnen klappern* ‖ (*mit den Fingern*) *schnalzen*, *knacken* ‖ *rufen*, *glucken* (*Feldhuhn*) ‖ –**teo** m *Kastagnettengeklapper* n ‖ *Zähneklappern* n

casta|**ño** adj (*kastanien*)*braun* ‖ ~ claro *hell*-(*kastanien*)*braun* ‖ pelo ~ *braunes Haar* ‖ ◊ eso pasa de ~ oscuro figf *da hört sich alles auf!*, *das geht über die Hutschnur!*, *das ist der Gipfel!* ‖ ~ m *Kastanienbaum* m, (*Edel*)*Kastanie* f (*Castanea sativa*) ‖ ~ de Indias *Roßkastanie* f (*Aesculus* spp) ‖ ~ (Fi) *Goldkopf* m (*Brama* spp) ‖ *Kastanienholz* n ‖ –**ñuela** f *Kastagnette*, *Tanzklapper* f ‖ *Schilf* n *zur Bedachung* ‖ *Keilklaue* f, *Steinwolf* m ‖ ◊ estar como unas ~s figf *munter und fröhlich sein*, fam *quietschvergnügt sein*

caste m fam *Kopfnuß* f (→ **castaña**)
castel m ⟨Hist⟩ = **castillo**
Caste|**lar** np *berühmter span. Redner* (*1832 bis 1899*) ‖ ◊ ser un ~ figf *ein gewandter Redner sein* ‖ adj: –**larino**

castella|**na** f *Kastilierin* f ‖ *Spanierin* f ‖ *Burg-*, *Schloß*|*herrin* f ‖ *grüne Pflaume* f ‖ *Vierzeiler* m, *Stanze* f *aus vier achtsilbigen Versen* ‖ *e–e Hühnerrasse* f ‖ –**nía** f ⟨Hist⟩ *autonomer Bezirk* m, *Burgvogtei* f ‖ –**nismo** m *dem Kastilischen eigene Redensart* f ‖ –**nizar** [z/c] vt (*Wörter*) *hispanisieren* ‖ *dem Kastilischen* (*Spanischen*) *anpassen* ‖ –**no** adj *kastilisch* ‖ *spanisch* (*Sprache*) ‖ a la ~a *nach spanischer Art* ‖ la ~a *Prachtstraße in Madrid* ‖ ~ m *Kastilier* m ‖ *Spanier* m ‖ *kastilische Mundart* f ‖ *spanische Sprache* f ‖ *Burg-*, *Schloß*|*herr* m ‖ *Burgvogt* m ‖ *Kastellan* m ‖ *Burggraf* m ‖ en (buen) ~ figf *ganz klar*, *offen heraus*, *deutlich* ‖ And *edel* ‖ en ~ (*auf*) *spanisch*

casti|**cidad** f *Rassenreinheit* f ‖ *Stilreinheit* f ‖ *Echtheit* f ‖ –**cismo** m *Vorliebe* f *für nationale Urwüchsigkeit* f ‖ *Purismus* m ‖ *Vorliebe* f *für Reinheit der Sitten u. Gebräuche usw* ‖ –**dad** f *Keuschheit*, *Sittsamkeit* f ‖ voto de ~ *Keuschheitsgelübde* n

casti|**gado** adj *gepflegt* (*Stil*) ‖ ⟨Jur⟩ *vorbestraft* ‖ –**gador** adj *züchtigend*, *strafend* ‖ ~ m figf *Herzensbrecher* m ‖ –**gadora** f etwa: *Vamp* m (→ **vampiresa**) ‖ –**gar** [g/gu] vt *züchtigen*, *strafen* ‖ *betrüben*, *kränken* ‖ *kasteien* (*sein Fleisch*) ‖ *heimsuchen* ‖ *kämmen* (*z. B. Wolle*) ‖ fig *verbessern*, *ausfeilen* ‖ *glätten*, (*aus*)*feilen* (*Stil*) ‖ fig *schwärzen*, *ausmerzen* ‖ fig *vermindern* (*Ausgaben*) ‖ figf *die Herzen brechen* ‖ ◊ ~ duramente al enemigo ⟨Mil⟩ *dem Feind e–e schwere Niederlage beibringen* ‖ ~ por pereza *wegen Faulheit bestrafen* ‖ facultad de ~ ⟨Jur⟩ *Strafbefugnis* f ‖ ya castigado ⟨Jur⟩ *vorbestraft* ‖ –**go** m *Züchtigung*, *Strafe* f ‖ fig *Verbesserung* f ‖ ~ disciplinario *Disziplinar-*, *Dienst*|*strafe* f ‖ ◊ ser de ~ fig *schwierig*, *mühsam sein* ‖ exento de ~ *straffrei* ‖ ~s anteriores *Vorstrafen* fpl

castila adj/s Fil *spanisch* ‖ ~ m *Spanier* m ‖ *spanische Sprache* f

Castilla f *Kastilien* f ‖ la Nueva ~ *Neukastilien* ‖ ~ la Vieja *Altkastilien* ‖ ¡ancha es ~! fig *tun Sie sich* (*nur*) *k–n Zwang an! nur Mut!*

casti|**llejo** m dim v. –**llo** ‖ *Gängelwagen* m, *Laufkorb* m *für Kinder* ‖ *Nußwerfen* n (*Kinderspiel*) ‖ *Hebegerüst* n *an Bauwerken* ‖ ⟨Hist⟩ –**llero** m *Schloßherr* m ‖ –**llete** m dim v. –**llo** ‖ *Seilbahnstütze* f ‖ ⟨Metal⟩ *Ständer* m ‖ ⟨El⟩ *Leitungsmast* m ‖ ~ de extracción, ~ de pozo ⟨Bgb⟩ *Förderturm* m, *Schachtgerüst* n ‖ ~ de laminación ⟨Metal⟩ *Walz*(*en*)*ständer* m ‖ ~ de sondeo ⟨Bgb⟩ *Bohrturm* m ‖ –**llo** m *Schloß* n, *Burg*, *Kastell* n ‖ *Turm* m *im Schachspiel* ‖ *Zelle* f *der Bienenkönigin* ‖ *Wagenkasten* m ‖ ⟨Mil⟩ *Zitadelle* f ‖ *Burg* f od *Kastell* n *im Wappen* ‖ ~ de naipes *Kartenhaus* n (& fig) ‖ ~ de popa ⟨Mar⟩ *Achter*|*hütte* f, -*deck* n ‖ ~ de proa ⟨Mar⟩ *Back*, *Schanze* f, *Vordeck* n ‖ ~ roquero *Felsenburg* f ‖ –**s** pl: ~ de pólvora *Feuerwerk* n ‖ ◊ hacer ~ en el aire fam *Luftschlösser bauen* ‖ unos mozos como ~ fam *stramme Burschen* mpl

castina f *Kalkstein* m (*als Flußmittel bei Schmelzprozessen*)

cas|**tizo** adj *von reiner Abkunft* ‖ *Vollblut-*, *urwüchsig* (*Person*) ‖ *echt*, *rein*, *typisch* (*Volkstum*, *Volkscharakter*) ‖ *echt* ‖ *rein* (*Sprache*) ‖ *gefeilt*, *korrekt* (*Stil*) ‖ hombre ~ fam *urwüchsiger*, *origineller Mensch* m ‖ ~ m ⟨Mex⟩ *Kastize*, *Mischling* m *zwischen* (*span.*) *Weißen und Mestizen* ‖ –**to** adj *keusch und züchtig* ‖ fig *ehrbar*, *sittsam* ‖ fig *rein*, *unbefleckt*

castor m *Biber* m (*Castor fiber*) ‖ *Biber*|*pelz* m, -*fell* n ‖ ⟨Web⟩ *Biber* m (*Baumwollstoff*) ‖ *Biberhut* m ‖ ⟨Mex⟩ (*Frauen*)*Unterrock* m ‖ aceite (de) ~ Am *Rizinus-*, *Kastor*|*öl* n

Cástor y Pólux m ⟨Astr⟩ *Zwillinge* mpl (*im Tierkreis*) ‖ ⟨Myth⟩ *Kastor und Pollux* ‖ fig *sehr eng befreundete Männer*

casto|ra f ⟨Taur⟩ Pikadorhut m ‖ pop Zylinderhut m ‖ **–reño** m/adj Biberhut m ‖ ⟨Taur⟩ Pikadorhut m
castóreo m Castoreum n, Bibergeil n
castra f Verschneidung, Kastrierung f ‖ Beschneiden n der Bäume ‖ Zeideln n (Imker)
castra|ción f Kastrierung, Verschneidung, Entmannung f ‖ **–dera** f Zeidelmesser n ‖ **–do** m Kastrat, Verschnittene(r) m ‖ **–dor** m Kastrierer, Verschneider m ‖ Schweineschneider m ‖ **–dura** f Kastrieren, Verschneiden n ‖ **–metación** f ⟨Mil⟩ Lagerkunst f ‖ **–puercas** m Pfeife f, mit der sich der Verschneider ankündigt
cas|trar vt/i kastrieren, verschneiden ‖ entmannen (Mann) ‖ legen (Pferde) ‖ zeideln (Bienenstöcke) ‖ ausrauben, beschneiden (Zweige) ‖ fig verstümmeln ‖ fig (Bücherstellen) ausmerzen ‖ fig schwächen ‖ ◊ ~ una colmena e–n Bienenstock ausnehmen, zeideln ‖ **–trazón** f Zeidelzeit f ‖ Zeideln n
cas|trense adj soldatisch ‖ Militär-, Feld- ‖ capellán ~, cura ~ Feldgeistlicher m ‖ médico ~ Militär-, Stabsarzt m ‖ virtudes ~s soldatische Tugenden fpl ‖ **–treño** adj/s aus Castro-Urdiales (P Sant) bzw Castrojeriz (P Burg)
castrismo m Castrismus m (Kommunismus des kuban. Politikers Fidel Castro)
castro m iberische bzw römische Burg oder Festung f ‖ Ast Gal Anhöhe f mit Burgruinen ‖ Ast Sant ins Meer ragender Fels m ‖ Ast Sant küstennahe, aus dem Meer ragende Felsenklippe f, Küstenriff n ‖ **–s** pl prov (Festungs-, Burg) Ruine f
castrón adj Sant schlau, hinterlistig ‖ ~ m verschnittener Ziegenbock m ‖ fig *Kastrat m
casual adj zufällig, ungewiß ‖ ~ m: por un ~ pop zufällig(erweise)
casualidad f Zufälligkeit f, Zufall m ‖ de ~, por ~ zufälligerweise ‖ ha dado la ~ de que der Zufall hat gewollt, daß
casualismo m ⟨Philos⟩ Kasualismus m
casualmente adv zufälligerweise)
ca|suáridas fpl ⟨V⟩ Kasuare mpl (Casuariidae) ‖ **–suarina** f ⟨Bot⟩ Kasuari|na, -ne f (Casuarina equisetifolia) ‖ **–suario** f ⟨V⟩ Kasuar m (Casuarius spp)
casuca, casucha f desp v. casa kleines, ärmliches Häuschen n ‖ Hütte, Baracke f ‖ **casuca** r Sant = casita
casu|ismo m Kasuistik f ‖ **–ista** m Kasuist m
casuísti|ca f Kasuistik f ‖ ⟨Theol⟩ Lehre f von den Gewissensfällen ‖ ⟨Med Jur⟩ Sammlung f von Fällen ‖ fig Pfiffigkeit f ‖ → a **bizantinismo** ‖ **–co** adj kasuistisch ‖ fig spitzfindig ‖ (Sonder)Gesetzgebung f
casulla f Meßgewand n, Kasel f
ca|sumba f Col = casucha ‖ **–sunguear** vt Pe (ver)prügeln ‖ **–supo** m Strohhülle f für Flaschen
casusa f CR Rum m
casus belli m lat Casus belli m, Kriegs|ursache f, -fall m
cata f Kosten, Versuchen n von Getränken ‖ (Wein)Probe f ‖ ⟨Bgb⟩ Schürfung f ‖ Col verborgene Sache f ‖ Arg Schwätzer m ‖ Arg Chi Sittich m ‖ ◊ dar(se) ~ de fam gewahr werden (gen) ‖ sin darse ~ Am unwillkürlich
catabático adj ⟨Meteor⟩ katabatisch ‖ viento ~ ⟨Meteor⟩ katabatischer Wind m
catabejas m ⟨V⟩ Kohlmeise f
cata|biosis f Katabiose f ‖ **–bólico** adj katabol (-isch) ‖ **–bolismo** m ⟨Biol⟩ Katabo|lie f, -lismus m
cata|bre m Ven Korb m ‖ Kalebassengefäß n ‖ **–bro** m Col = **–bre** ‖ **–brón** m Col Wäschekorb m
catacaldos m figf Schnüffler, Topfgucker m ‖ Flattergeist m
cata|clismo m ⟨Geol⟩ Erdumwälzung f (durch Fluten, Erdbeben usw.) ‖ Kataklysmus m ‖ fig welterschütterndes Ereignis n ‖ fig Katastrophe f ‖

–cresis f Katachrese f ‖ **–cumbas** fpl Katakomben fpl
catacústica f Katakustik, Schallbrechungslehre f
cata|dor m Koster, Wein|prober, -prüfer m ‖ **–dura** f Kosten, Versuchen n ‖ Gesichtsausdruck m ‖ de mala ~ fam sehr häßlich ‖ verdächtig aussehend
catafalco m Katafalk m ‖ feierliche Aufbahrung f
cataforesis f ⟨Phys⟩ Kataphorese f
catagma f ⟨Med⟩ Bruch m
cataja|rria, -rría f Ven Schnur f ‖ Reihe f
catalán, ana katalanisch, katalonisch ‖ gorro ~ phrygische (rote od violettblaue) Mütze f der Katalanen ‖ ~ m Katalane, Katalonier m ‖ katalanische Sprache f ‖ los ~es, de las piedras sacan panes pop sprichw. Ansp. auf den Fleiß der Katalanen
catala|nidad f Katalanentum n ‖ katalanisches Wesen n ‖ **–nismo** m eigentümliche katalanische Redeweise f ‖ Selbständigkeitsbewegung f in Katalonien ‖ **–nista** adj: partido ~ Katalanistenpartei f ‖ ~ m Katalanist m ‖ katalanische Separist m ‖ **–nizar** [z/c] vt katalanisieren
cataláunico adj: los Campos ~s die Katalaunischen Felder npl
cataléctico, catalecto adj: (verso) ~ mit e–m unvollständigen Fuß endender Vers, katalektischer Vers m
catalejo m Fernglas n
cata|lepsia f ⟨Med⟩ Katalepsie, Starrsucht f ‖ **–léptico** ⟨Med⟩ kataleptisch
catalicores m Al Probierröhrchen n für Flüssigkeiten
Catalina f np Katharina, Käthe f ‖ ≈ adj: rueda ~ Steigrad m in der Uhr
catalisis, catálisis f ⟨Chem Phys⟩ Katalyse f
catalizador m ⟨Chem⟩ Katalysator m
cata|logación f Katalogisierung f ‖ Titelaufnahme f ‖ **–logar** [g/gu] vt katalogisieren ‖ verzetteln ‖ kartei-, listen|mäßig erfassen ‖ fig einstufen
catálogo m Katalog m, Verzeichnis n ‖ ~ de autores Verfasserkatalog m ‖ ~ de libros de fondo Verlagskatalog m ‖ ~ de libros de lance, ~ de libros de ocasión Antiquariatskatalog m ‖ ~ de materias, ~ ideológico Sachkatalog m ‖ ~ de materias por orden alfabético Schlagwortkatalog m ‖ compra por ~ Versandkauf m ‖ precio de ~ Listenpreis m
catalpa f ⟨Bot⟩ Katal|pa, -pe f, Trompetenbaum m (Catalpa spp)
Catamarca f arg. Provinz und Stadt
catame|nial adj Menstruations- ‖ **–nio** m Menstruation f
catamita f Col Schmeichelei f
catana f Arg desp Polizistensäbel m ‖ Cu plumpes Ding n ‖ Pe Schlag m
Catana f pop = **Catalina**
catanga f Arg Chi ⟨Entom⟩ (Art) Pillendreher m (Megathopa villosa) ‖ Col Fischreuse f ‖ RPl Bol Rumpelkasten m ‖ RPl Buschmesser m ‖ Bol einträdriger Obstwagen m
cataplasma f ⟨Chir⟩ Kataplasma n, (heißer) Breiumschlag m ‖ Guttaplast n ‖ fig kränkliche Person f ‖ ◊ es una ~ figf er ist ein lästiger, langweiliger Mensch m ‖ ¡~! pop Unsinn!
cataplexia f ⟨Med⟩ Kataplexie, Schreck|lähmung, -starre f
¡cataplún! ¡cataplum! [kataplu'n] int plumps, kladderadatsch!
catapul|ta f Katapult m/n, Wurfmaschine f ‖ ⟨Flugw⟩ (Flugzeug)Schleuder, Startschleuder f ‖ ~ de lanzamiento Startkatapult m/n ‖ **–tar** vt ⟨Flugw⟩ schleudern, mit dem Katapult abschießen ‖ **–teo** m ⟨Flugw⟩ Schleuderstart m
catar vt/i kosten, versuchen ‖ untersuchen,

beobachten ‖ *(an)sehen, e–r S zusehen* ‖ *denken an* (acc), *bedacht sein auf* (acc) ‖ *auf-, nach|suchen* ‖ *fig überlegen, bedenken, meinen, denken* ‖ *zeideln, schneiden (Bienenstöcke)* ‖ ◊ ~ *el vino den Wein probieren* ‖ *no* ~ *mendrugo fig keinen Bissen zu sich nehmen* ‖ ¡cata! ¡cátale! *siehe! sieh da!* ‖ ~**se** *sich versehen* ‖ *cuando menos se cata uno ehe man sich's versieht* ‖ *cátete ahí (que …) pop sieh da* ‖ *da auf einmal (…)*
catarata *f Wasserfall, Katarakt m* ⟨Med⟩ *Katarakt f, grauer Star m* ‖ ~ *diabética Zuckerstar m* ‖ ~ *lenticular Linsenstar m* ‖ ~ *senil Greisenstar, Alterskatarakt m* ‖ ~ *verde grüner Star m* ‖ ◊ *batir la* ~ ⟨Chir⟩ *den Star stechen* ‖ *las* ~s *del cielo fig die Schleusen fpl des Himmels* ‖ *tener* ~ *figf verblendet sein (vor Leidenschaft)*
catarinas *fpl Mex Sporen mpl*
cátaros *mpl* ⟨Hist Rel⟩ *Katharer mpl*
cata|rral *adj* ⟨Med⟩ *katarrhalisch* ‖ **–rro** *m* ⟨Med⟩ *Katarrh, Schnupfen m* ‖ *Erkältung f* ‖ ~ *bronquial Bronchialkatarrh m* ‖ ~ *gástrico Magenkatarrh m* ‖ ~ *intestinal Darmkatarrh m* ‖ ~ *laríngeo Kehlkopfkatarrh m* ‖ ~ *nasal Nasenkatarrh, Schnupfen m* ‖ ~ *nasofaríngeo Nasen-Rachen-Katarrh m* ‖ ~ *pulmonar Lungenkatarrh m* ‖ ◊ *coger un* ~ *Schnupfen bekommen, sich erkälten* ‖ **–rroso** *adj* ⟨Med⟩ *mit Schnupfen od Katarrh behaftet*
ca|tarsis *f* ⟨Lit Psychol Rel⟩ *Katharsis f* ‖ ⟨Med⟩ *Purgation, Reinigung f* ‖ *fig Reinigung, Läuterung f* ‖ **–ártico** *adj* ⟨Med⟩ *abführend* ‖ ⟨Psychol Rel⟩ *kathartisch* ‖ *fig reinigend*
catasalsas *m* = **catacaldos**
catasarca *f* ⟨Med⟩ *Hautwassersucht f*
catástasis *f* ⟨Rhet⟩ *Katasta|se, -sis f (Höhepunkt, bes. im antiken Drama)*
catas|tral *adj Grundbuch-* ‖ **–tro** *m Kataster m* ‖ *Grundbuch n* ‖ *Katastersteuer f* ‖ *Katasterabschätzung f* ‖ ◊ *anotar en el* ~, *inscribir en el* ~ *ins Grundbuch eintragen*
catástrofe *f* ⟨Th⟩ *Katastrophe f (entscheidende Wendung)* ‖ *großer Unglücksfall m, Katastrophe f* ‖ ~ *de aviación Flugzeugunglück n* ‖ ~ *ferroviaria Eisenbahnkatastrophe f* ‖ ~ *marítima Seeunfall m*
catastrófico *adj katastrophal, unheilvoll* ‖ *fam furchtbar, schrecklich* ‖ *fam kolossal, ungeheuer*
cata|tán *m* Chi *fam Züchtigung f* ‖ *Strafe f* ‖ **–tar** *vt* Am *bezaubern, faszinieren* ‖ **–tumba** *f* ⟨Mex⟩ *Purzelbaum m*
cata|viento *m* ⟨Mar⟩ *Windfahne f auf Schiffen* ‖ **–vino** *m Stech-, Heck|heber m zum Weinkosten aus dem Faß* ‖ *Probierglas m* ‖ *Probierloch n im Faß* ‖ **–vinos** *m Wein|koster, -prüfer m* ‖ *pop Saufbruder m* ‖ *figf müßiger Zecher, Schmarotzer m*
catazumba *f* Mex *Kram, Krempel m*
cate *m Ohrfeige f* ‖ *Schlag m* ‖ ⟨Schul⟩ *Durchfallen n (bei der Prüfung)* ‖ *le han dado un* ~ ⟨Schul⟩ *er ist (bei der Prüfung) durchgefallen*
catear *vt/i* Am ⟨Bgb⟩ *schürfen* ‖ Am ⟨Jur⟩ *Haus(durch)suchung (bei jdm) halten* ‖ *figf bei der Prüfung durchfallen lassen* ‖ ◊ *lo han cateado* ⟨Schul⟩ *man hat ihn durchfallen lassen (bei der Prüfung)*
catecismo *m Katechismus m* ‖ *Fragelehrbuch n* ‖ *Handbuch n* ‖ *fig f Religionsstunden fpl (in der Schule)*
catecú [*pl* -**úes**] *m* ⟨Pharm⟩ *Katechu, Cachou n*
catecúmeno *m Katechumen(e), Katechetenschüler m* ‖ *Konfirmand m (bei Protestanten)* ‖ *Neuling m* ‖ *fig Anfänger m* ‖ *figf Anwärter m*
cátedra *f Katheder m/n, Lehrstuhl m* ‖ *fig Lehrstelle, Professur f* ‖ *Hörsaal m* ‖ *fig Lehrfach n* ‖ ~ *de San Pedro Stuhl m Petri* ‖ ~ *libre freie Dozentur f, Lektorat n* ‖ ◊ *hacer oposiciones a una* ~ *sich um e–e Lehrstelle od e–n Lehrstuhl bewerben* ‖ *e–e Probevorlesung halten* ‖ *pasear la* ~ *fig vor e–m leeren Hörsaal lesen (Professor)* ‖ *poder poner* ~ *fig e–e Wissenschaft od Kunst meisterlich beherrschen* ‖ *poner* ~ *fig schulmeisterlich reden* ‖ *provisión de* ~ *Besetzung f e–s Lehrstuhls* ‖ *ex* ~ *von oben herab* ‖ *von Amts wegen* ‖ *kraft obrigkeitlicher Würde* ‖ *hoy no tiene* ~ *heute liest er nicht (Professor)*
catedral *f Haupt-, Domkirche, Kathedrale f, Münster n* ‖ *cabildo de* ~ *Domkapitel n* ‖ **–icio** *adj Dom-, Münster-* ‖ *cabildo* ~ *Domkapitel n*
catedrático *m Professor m* ‖ *Hochschullehrer m* ‖ Arg *iron Schulmeister m* ‖ Cu *iron affektiert sprechender Neger m* ‖ ~ *auxiliar außerordentlicher Professor, Aushilfsprofessor m* ‖ ~ *de Instituto Gymnasiallehrer m* ‖ *Studienrat m* ‖ ~ *libre Privatdozent m* ‖ ~ *ordinario,* ~ *numerario,* ~ *titular ordentlicher Professor m* ‖ ~ *de segunda enseñanza Gymnasiallehrer m* ‖ *Studienrat m* ‖ ~ *supernumerario außerordentlicher Professor m* ‖ ~ *visitante,* ~ *invitado Gastprofessor m* ‖ ~ *de (la) Universidad Hochschullehrer m* ‖ *Universitätsprofessor m*
categoría *f Kategorie, Begriffsklasse f* ‖ *Klasse, Art f* ‖ *Gruppe f* ‖ *Gehaltsgruppe f* ‖ *fig Rang m, Rangstufe f* ‖ *Gattung f* ‖ *Dienstrang m* ‖ ~ *fiscal Steuerklasse f* ‖ ~ *profesional Berufs|gruppe, -kategorie f* ‖ *persona de* ~ *hochgestellte, geachtete Persönlichkeit f* ‖ *el de menos* ~ *der unbedeutendste*
categóri|camente *adv entschieden, unbedingt* ‖ **–co** *adj kategorisch, vernunftgemäß* ‖ *entscheidend, bestimmt* ‖ *imperativo* ~ *(Kants) kategorischer Imperativ m* ‖ *respuesta* ~**a** *bestimmte, entschiedene Antwort f*
cate|naria *f* ⟨Math⟩ *Kettenlinie f* ‖ ⟨El⟩ *Fahr-, Ober-, Strom|leitung f* ‖ ⟨Maur⟩ *Kettenbogen, gedrückter Bogen m* ‖ **–nular** *adj kettenförmig*
cateo *m s v.* **catear** ‖ Mex ⟨Bgb⟩ *Schürfung f* ‖ *Schürfen n*
cate|quesis *f Katechese f, religiöse Unterweisung f* ‖ **–quismo** *m Katechismus(lehre f) m* ‖ *Unterricht m in Form von Fragen und Antworten* ‖ **–quista** *m Katechet, Religionslehrer m* ‖ **–quizar** [z/c] *vt in der christlichen Lehre unterrichten* ‖ *fig in jdn dringen* ‖ *jdn betören, beschwatzen, fig breitschlagen*
catergol *m Katergol m (Raketentreibstoff)*
caterva *f bunter Haufe m* ‖ *Rotte f (Menschen)* ‖ *großes Gedränge n* ‖ ~ *de diablos Teufelspack n*
catete *m* Chi *pop Teufel m*
catéter *m* ⟨Med⟩ *Katheter m, Harnsonde f*
cateterismo *m* ⟨Chir⟩ *Einführung f des Katheters, Katheterisieren n* ‖ *fiebre del* ~ ⟨Med⟩ *Katheterfieber n*
¹**cateto** *m* ⟨Math⟩ *Kathete f*
²**cateto** *m fam Bauer(nlümmel) m* ‖ *pop Dummkopf m*
catetómetro *m Kathetometer n*
catgut *m Katgut n*
catibía *f* Cu *zerriebene u. gepreßte Yuccawurzel f*
catil *m* Pe *dunkelrote Baumwolle f*
catilinaria *f katilinarische Rede f (Ciceros)* ‖ *fig Streitschrift f*
catim|bao *m* Am = **–bado** ‖ **–bado** *m* Chi Pe *Maske f bei Fronleichnamsprozessionen* ‖ *fig lächerlich gekleidete Person, Vogelscheuche f* ‖ Chi *Clown m* ‖ Pe *fig gedrungener, dicklicher Mensch m*
catin|ga *m* Am *Schweißgeruch m (der Neger)* ‖ Am *übler Geruch m einiger Tiere bzw. Pflanzen* ‖ Chi ⟨Mar⟩ *desp Spitzname m für den Soldaten des Heeres* ‖ **–go** *adj* Bol *herausstaffiert* ‖ *adrett* ‖ **–goso** *adj* Arg *übelriechend*
catión *m* ⟨Phys⟩ *Kation, positives Ion n*
cati|ra *f* ⟨Bot⟩ Ven *(Art) bittere Yucca f* ‖

→**a –ro** || **–re** adj/s Am *rothaarig(er Mensch* m *mit grünlichen* od *gelblichen Augen [Abkömmling von Mulatten und Weißen])* || **–ro** adj Co Pe Ven Ec *blond*
catirrinos mpl ⟨Zool⟩ *Schmalnasen, Altweltaffen* mpl (Catarrhina)
catirrucio adj Ven *blond*
catita f Arg *ein blaugrüner Papagei* m
catite m Am *leichter Schlag* m *ins Gesicht* || Mex *Seidenstoff* m || *Zuckerhut* m *aus stark raffiniertem Zucker* || *(Art) hoher Hut* m
catitear vi Arg *mit dem Kopf wackeln (z. B. Greis)* || Arg fig *wenig Geld haben*
cativo adj ⟨Hist⟩ *unglücklich* || ~ m ⟨Bot⟩ *Kopaiva-Baum* m (Copaifera spp) || *bálsamo de* ~ *Kopaivabalsam* m || Cu fig *Bauernlümmel* m
catizumba f Guat Hond *Menge, Vielzahl* f
cato m *Katechu, Cachou* n
catoche m Mex fam *schlechte Laune* f
católico adj ⟨Phys⟩ *kathodisch*
cátodo m ⟨Phys⟩ *Kathode* f, *negativer Pol* m || ~ *compensado* ⟨Nucl⟩ *Vorratskathode* f || ~ *frío* ⟨Nucl⟩ *Kaltkathode* f || ~ *incandescente* ⟨Radio⟩ *Glühkathode* f || ~ *virtual* ⟨Nucl⟩ *virtuelle Kathode* f
catodonte m → **cachalote**
catoli|cidad f *Katholizität* f || *katholischer Charakter* m || *katholische Welt* f || **–cismo** m *Katholizismus* m, *katholischer Glaube* m
católico adj *allumfassend, universal* || *(römisch-)katholisch* || *rechtgläubig* || figf *wahr, echt, unfehlbar (Lehre)* || figf *gesund, guter Laune* || fig *normal, recht* || los *Reyes* ≃ *Ferdinand V. von Aragonien und Isabella I. von Kastilien* || ◊ *no estar muy* ~ figf *sich nicht besonders wohl fühlen* || *no ser muy* ~ figf *nicht ganz astrein sein, verdächtig sein* || ~ m *Katholik* m || *Rechtgläubiger* m || adv: ~**amente**
catolicón m *(Art) abführende Latwerge* f
catolizar [z/c] vt *zum katholischen Glauben bekehren, katholisieren*
Catón m np *Cato, Kato* m || ◊ *ser un* ~ fig *sehr gebildet sein* || *sehr ernst und streng sein* || ≃ m *Lesebuch* n *für Anfänger* || fig *strenger Kritiker* m
cato|niano adj *katonisch* || fig *streng* || **–nizar** vi *sehr streng urteilen*
catóp|trica f *Katoptrik, Lehre* f *von der Lichtreflexion* || **–trico** adj *katoptrisch*
catoptroman|cia, -cía f *Spiegelwahrsagerei* f
cator|ce adj/s *vierzehn* || Luis ≃ *Ludwig XIV.* || *el* ~ *de mayo am vierzehnten Mai* || *los* ~ *puntos de Wilson* ⟨Pol⟩ *die Vierzehn Punkte* mpl *von Wilson (1918)* || **–cena** f *14 Einheiten* fpl || **–ceno, –zavo** m/adj *Vierzehntel* n || ~ m *(Art) Tuch* n || *Vierzehnjährige(r)* m
cato|rrazo m Mex *Schlag* m || **–rro** m Mex *derber Zusammenstoß* m || **–ta** f Mex *Murmel* f
catracho m/adj MAm iron *aus Honduras*
catre m *Gurt-, Feld|bett* n, *Pritsche* f || ⟨Mar⟩ *Schiffsbettstelle* f || ~ *de tijera Klappbett, zusammenklappbares Feldbett* n, *Klappstuhl* m || ⟨Mar⟩ *Bordsessel* m
catrecillo m dim v. **catre** || *Klappstuhl* m
catricofre m *Bettkoffer* m
ca|trín m Mex *Geck, Fatzke* m || **–trina** f *Pulquemaß* m *(zirka 1 Liter)* || **–trinear** vi Guat *sich auf s–e Eleganz einbilden* || **–trintre, –trintro** m Chi *Käse aus entrahmter Milch* || Chi fig *zerlumpter Mensch* m || **–trivoliado** adj Pan *erfahren, bewandert* || **–tuán** adj Dom *faul, träge* || **–tuche** m Am ⟨Bot⟩ *Cherimoya* f (Annona cherimolia)
Catuca, Catufa, Catunga, Catuja f pop = **Catalina**
catufo f Col *Röhre* f
caturra f Chi *Sittich* m
catzo m Ec *Käfer* m

caucarse vr Chi *erkranken, krank werden (älterer Mensch)* || *ranzig werden*
caucá|seo, caucasiano adj/s *kaukasisch* || **–sico** adj: *raza* ~**a** *indogermanische, arische Rasse* f
Cáucaso m: *el* ~ *der Kaukasus* || *Kaukasien* n
cauce m *(Fluß)Bett* n, *Rinnsal* n || *Abzugsgraben* m || *Wassergraben* m || *Fahrwasser* n || fig *Richtung* f || ~ *jurídico* ⟨Jur⟩ *Rechtsweg* m || ◊ *entrar en (od por) el* ~ *legal den Rechtsweg beschreiten* || *volver a su* ~ fig *ins normale Geleise kommen*
cau|ción f *Behutsamkeit* f || *Vorsicht (smaßregel)* f || *(Sicherheits)Bürgschaft, Bürgschaftsleistung, Kaution, Sicherheit, Gewähr* f || *Bürgschaftssumme* f || ~ *judicatum solvi* ⟨Jur⟩ *Vorschußpflicht, Sicherheitsleistung* f *für die Prozeßkosten* || ~ *de licitación Bietungs|garantie, -kaution* f || ~ *procesal Sicherheitsleistung* f *für Prozeßkosten* || ~ *subsidiaria Ersatzbürgschaft* f || *bajo* ~ *gegen Sicherheitsleistung, gegen Kaution* || *prestación de* ~ *Sicherheitsleistung* f || *valores en* ~ *zur Sicherheit dienende Wertpapiere* || ~**cionamiento** m *Sicherheitsleistung* f || **–cionar** vt *(ver)bürgen, Sicherheit leisten*
cau|chal, –chera f Col *Kautschukwald* m || **–chera** f *Kautschukpflanze* f || **–chero** m/adj *Kautschuk|sammler, -gewinner* m || *Kautschukarbeiter* m || *industria* ~**a** *Kautschukindustrie* f || **–cho, –chú** [pl **–ués**] m *Kautschuk* m, *Gummielastikum* n || PR *Sofa* n, *Polsterbank* f || ~ *artificial,* ~ *sintético Kunst-, Synthese|kautschuk* m || ~ *esponjoso Schaum-, Schwamm|gummi* m || ~ *regenerado regenerierter Kautschuk* m || ~ *virgen,* ~ *bruto Rohkautschuk* m || ~ *vulcanizado vulkanisierter Kautschuk* m, *Gummi* n || *árbol del* ~ *Kautschukbaum* m
cauchutar vt *gummieren*
cauda f *Schleppe* f || ⟨poet⟩ *Schwanz* m ⟨Zool⟩ *Schwanz* m || ~ *trémula* ⟨V⟩ = **caudatrémula, –tario** m ⟨kath⟩ *Schleppenträger* m
caudado adj ⟨V⟩ *geschwänzt* || ⟨Bot Zool⟩ *schweifförmig (verlängert)* || ⟨Her⟩ *geschweift*
¹**caudal** adj *reich, reichhaltig* || *wasserreich*
²**caudal** adj *Schwanz-*
³**caudal** m *Vermögen* n, *Reichtum* m || *Schatz* m || fig *Fülle* f || *Einkommen* n, *Ertrag* m || *Vorrat* m || *Wassermenge* f *e–s Flusses* || *Ergiebigkeit* f *(der Quelle)* || ~ *anual Jahresabfluß (wassermenge* f*)* m || ~ *de crecida Hochwasserabfluß* m || ~ *de paso Durchflußmenge* f || ◊ *hacer* ~ *de a/c et schätzen, werthalten* || *caja de* ~*es Geldschrank* m
caudaloso adj *wasserreich* || *reich (haltig), gehaltvoll* || *reichlich* || *reich, vermögend* || adv: ~**amente**
caudato adj ⟨Biol⟩ *geschwänzt, geschweift*
caudatrémula f ⟨V⟩ ⟨Bach⟩ *Stelze* f, *Wippsterz*, nordd *Wippsteert* m (→ **lavandera**)
caudi|llaje m *Herrschaft, Führerschaft* f || *Führertum* n || *principio de* ~ *Führerprinzip* n || *régimen de* ~ *Führerregime* m || Am fam *Bonzentum* n || **–llo** m *Führer* m || *Heerführer* m || *Anführer* m || ≃ *Caudillo* m, *Titel des span. Staatschefs General Francisco Franco Bahamonde (ab 1937)*
caudino adj *kaudinisch, aus Caudium* || ◊ *pasar por las horcas* ~**as** fig *et gezwungenerweise tun* || *e–e klägliche Niederlage hinnehmen (müssen)*
caudón m ⟨V⟩ = **alcaudón**
caula f Chi *List* f, *Betrug* m || MAm *Intrige* f
caulescente adj ⟨Bot⟩ *stengeltreibend (vgl: acaule)*
cau|lículo m ⟨Arch⟩ *Blattstengel* m || **–lífero** adj ⟨Bot⟩ *kauliflor* || **–liforme** adj ⟨Bot⟩ *stengelförmig* || **–loma** m ⟨Bot⟩ *Sproßachse* f
cauncha f Col *geröstetes, gesüßtes Maismehl* n
cauque m Chi *Ährenfisch* m || Chi fig *kluger Mensch* m || Chi iron *einfältiger Mensch* m
cauro m *Nordwestwind* m

¹**causa** f Ursache f || Anlaß, Grund m, Veranlassung f || Rechtsgrund m || Prozeßgrund m || Zweck m des Rechtsgeschäfts || Rechtsstreit m, Rechtssache, Klage f, Prozeß m || Gerichtsverhandlung f || ~ civil ⟨Jur⟩ Zivilprozeß m || ~ criminal ⟨Jur⟩ Strafsache f || ~ cualificadora, ~ de cualificación ⟨Jur⟩ Qualifizierungsgrund m || ~ de la acción, ~ de la demanda Klagegrund m || ~ de insolvencia Konkursverfahren n || ~ final Endzweck m || Anstoß m || ~ justa de despido Kündigungsgrund m || ~ legal, ~ legítima Rechtsgrund, gesetzlicher Grund m || ~ onerosa ⟨Jur⟩ lästige Bedingung f || ~ penal Strafsache f || ~ pública öffentliches Wohl n || ~ temporal weltliche Sache f (Kirchenrecht) || a (od por) ~ de wegen || por mi ~ um meinetwillen || meinetwegen || ◊ alegar justa ~ a juicio del tribunal e-n nach der Meinung des Gerichts stichhaltigen Grund vorbringen || conocer de una ~ ⟨Jur⟩ in e-r Rechtssache erkennen, Recht sprechen, den Rechtsstreit entscheiden || conocer una ~ e-n Fall verhandeln || conocimiento de ~ Sachkenntnis f || cuantía de la ~ Streitwert m || dar la ~ por conclusa ⟨Jur⟩ den Rechtsstreit für spruchreif erklären || formación de ~ Beginn m e-s Prozesses || hacer ~ común con gemeinsame Sache machen mit || hacer ~ común con un partido sich e-r Partei anschließen || hacer la ~ de alg. sich jds annehmen || instrucción de la ~ Ermittlungsverfahren n || parte de ~ Streitteil m || pequeña(s) ~(s), grandes efectos kleine Ursachen, große Wirkungen || seguir (od ver) una ~ ⟨Jur⟩ e-n Prozeß führen || vista de la ~ Hauptverhandlung f
²**causa** f Chi fam leichte Mahlzeit f
causador m Urheber, Anstifter m
causahabiente m ⟨Jur⟩ Rechtsnachfolger m || ~ particular Einzelrechtsnachfolger m || ~ universal Gesamtrechtsnachfolger m
cau|sal adj ursächlich, kausal, Kausal- || ~ m Veranlassung f || **-salidad** f ursächlicher Zusammenhang m, Kausalität, Ursächlichkeit f || Grund m, Ursache f || principio de ~ Kausalitätsgesetz n || relación de ~ ursächlicher Zusammenhang m Kausalzusammenhang m, Ursächlichkeit f || teoría de la ~ Kausalitätstheorie f ||**-sante** m Urheber m || ⟨Jur⟩ Erblasser m || Rechtsvorgänger m || Mex Steuerzahler m || ~ de la herencia, ~ de la sucesión Erblasser m || muerte del ~ ⟨Jur⟩ Erbfall m || **-sar** vt bewirken, verursachen, veranlassen, herbeiführen || hervor|bringen, -rufen || anstiften || ◊ ~ daño Schaden anrichten || ~ gastos Unkosten verursachen || ~ una pérdida einen Verlust bringen || me causa risa ich muß darüber lachen || ~ una impresión favorable e-n günstigen Eindruck machen || ~ vi Ar e-n Prozeß führen
causativo adj Grund-
causear vi Chi vespern, außerhalb der Mahlzeiten essen (bes Süßigkeiten) || vt Chi fig jdn leicht besiegen || Chi (kalt) essen
causídico adj ⟨Jur⟩ Prozeß-, den Prozeß betreffend
causón m ⟨Med⟩ heftiger, vorübergehender Fieberanfall m
cáustica f ⟨Phys⟩ Kaustik f (Brennfläche, Brennlinie)
causticidad f Ätz-, Beiz|kraft f || fig Bissigkeit f || fig Spottsucht f
cáustico adj ätzend, beizend, kaustisch || ⟨Med⟩ blasenziehend || fig beißend, bissig || sosa ~a ⟨Chem⟩ kaustische Soda f, Sodastein m || ~ m Ätzmittel, Kaustikum n || ⟨Med⟩ Zugpflaster n
caute|la f (listige) Vorsicht, Behutsamkeit f || Vorsichtsmaßregel f || Vorbehalt m || Arglist, Verschmitztheit, Verschlagenheit f || sin ~ unbesorgt || **-lar** vt verhüten || vorbeugen (dat) || **-larse** vr : ~ de sich hüten vor dat || **-loso** adj vorsichtig,

behutsam || verschlagen, arglistig, abgefeimt || mißtrauisch || adv: ~amente
caute|rio m Brennmittel n || Brenneisen n, Kauter m, Kauterium n || ⟨El⟩ Glühstift m || fig wirksames Vorbeugungsmittel n || **-rización** f ⟨Chir⟩ Kauterisation f || **-rizar** [z/c] vt ⟨Chir⟩ (aus)brennen, ätzen, kauterisieren || fig brandmarken
cautín m Lötkolben m
cauti|va f Gefangene, Sklavin f || **-var** vt gefangennehmen || zum Sklaven machen || fig jdn fesseln, entzücken, für sich einnehmen, gewinnen || ◊ ~ la atención die Aufmerksamkeit fesseln, auf sich lenken || **-verio** m, **-vidad** f Gefangenschaft f || Knechtschaft, Sklaverei f || el ~ de Babilonia die Babylonische Gefangenschaft f (& fig) || ~ de guerra Kriegsgefangenschaft f || **-vo** adj (kriegs-)gefangen || in Sklaverei lebend || fig gefangen, gebunden || aves ~as Käfigvögel, gefangene Vögel mpl || → a globo || ~ m (Kriegs)Gefangener m || Sklave m || ex ~ ehemaliger Gefangener (bes im span. Krieg 1936–1939)
cauto adj vorsichtig, behutsam || schlau || adv: ~amente
cava f (Um)Graben n || Behacken n (bes der Weinberge) || Hofkellerei f im königlichen Palast || ⟨Bgb⟩ Schürfen n
cavadera f And Hacke f, Karst m
cava|dizo adj (aus)gegraben (Erdreich) || **-dor** m (Um)Gräber m || ~ de oro Goldgräber m || **-dura** f (Um)Graben n || Grube f
caván m philip. Hohlmaß n = 75 Liter
cavar vt/i graben || um-, aus-, untergraben || hacken || behacken (den Weinstock) || fig (nach-)grübeln
cavaril m Sal = **cavador**
cavatina f ⟨Mus⟩ Kavatine f
cavazón f Um-, Auf|graben n (der Erde)
caver|na f Höhle, Grotte f || Schlupfwinkel m || ⟨Med⟩ Kaverne f || △ Haus n || hombre de las ~s Höhlenmensch m || **-nícola** m/adj Höhlenbewohner m (Urmensch) || **-n(os)idad** f Aushöhlung, Höhle f || Hohlsein n || **-noso** adj voller Höhlen, höhlenreich || ausgehählt || ⟨An⟩ Hohlräume enthaltend, schwammig || ⟨Med⟩ kavernös || fig hohl (Stimme) || cuerpo ~ ⟨An⟩ Schwellkörper m des männlichen Gliedes || estertor ~ ⟨Med⟩ Höhlenrasseln n || tos ~a hohlklingender Husten m || voz ~a Grabesstimme f
caviar, cavial m Kaviar m
cavi|cornio adj hohlhörnig || ~s mpl Ziegentiere npl || **-dad** f Hohlraum m || Höhlung, Mulde, Vertiefung f || ⟨Med⟩ Höhle f || ⟨Metal⟩ Lunker m || ⟨Tech⟩ Aussparung f || ⟨Bgb⟩ Weitung, Mulde f || ~ abdominal Bauchhöhle f || ~ articular Gelenkhöhle f || ~ bucal, ~ oral Mundhöhle f || ~ cotiloidea Hüftgelenkpfanne f || ~ craneal Schädelhöhle f || ~ de experimentación biológica ⟨Nucl⟩ Strahlenkanal m für biologische Versuche || ~ glenoidea Höhlung f der Gelenkpfanne || ~ pelviana Beckenhöhle f || ~ por contracción ⟨Metal⟩ Lunker m || ~ purulenta Eiterhöhle f || ~ torácica Brusthöhle f
cavi|lación f Grübelei f, Nachdenken n || Spitzfindigkeit f || Kniff m || **-lar** vi (nach)grübeln || sinnen, nachsinnen (sobre über acc)
cavilo|sidad f Befangenheit f || Voreingenommenheit f || Argwohn m || **-so** adj nachgrübelnd, grüblerisch || argwöhnisch || spitzfindig || Col händel-, streit|süchtig || MAm Schwätzer m || adv: ~amente
cavío m Sal (Um)Graben n
cavitación f ⟨Tech⟩ Kavitation f
cavo adj: vena ~a ⟨An⟩ Hohl|ader, -vene f
cay m Arg ⟨Zool⟩ Kapuziner, Rollschwanzaffe m (Cebus spp)
caya|dilla f Schüreisen n der Hufschmiede || **-do** m Schäfer-, Hirten|stab m || Krummstab m ||

cayapa — cebar 246

Krückstock m || ~ *de la aorta* ⟨An⟩ *Aortabogen* || ~ *pastoral Bischofs-, Krumm|stab m*
caya|pa *f* Ven *Rotte* f || **-pear** *vi* Ven *sich zusammenrotten (um jdn zu überfallen)*
Cayena *f Cayenne*
cayendo, cayente → **caer**
cayeputi *m* ⟨Bot⟩ *Kajeputbaum m (Melaleuca leucadendra)*
Cayetano *m* np Tfn *Kajetan m*
Cayo *m* np Tfn *Gajus* m || ~ *Hueso, Cayo-hueso Key West (Florida)*
cayó → **caer**
cayota *f* Ast Arg = **cayote**
cayote *m Kajotte f (kürbisartige Frucht)* || cidra ~ *Bergamottpomeranze f*
cayubro adj Col *blond* || *rot, rötlich* || Col fig *händelsüchtig*
cayuca *f* fam Cu *Kopf m*
cayuco *m Indianerboot n (ohne Kiel)* || Cu *dickköpfige Person* f || Cu *Dummkopf m*
caz [pl **-ces**] *m Abzugsgraben* m || *Bewässerungsgraben* m || *Mühlgerinne* n
¹**caza** *f Jagd* f || *Birsch, Pirsch* f || *Jagdbeute f* || *Wild(bret)* n || *Jagd|bezirk m, -revier* n || ⟨Flugw⟩ *Jagd|fliegerei f, -geschwader* n || *Verfolgung* f || *Flucht* f || fig *Beute* f || ~ *con reclamo Jagd* || *mit Lockruf* || ~ *de votos* ⟨Pol⟩ *Stimmenfang* m || ~ *mayor Hochjagd* f || ~ *(muerta)* ⟨Mal⟩ *Stilleben n (Jagdstück)* || ~ *de montería Jagd* f *auf Hochwild* || ~ *de* ~ *Beizvögel* mpl || *avión de* ~ *Jagdflugzeug* n || *coto de* ~ *Jagdrevier* n || *partida de* ~ *Jagdausflug* m || *permiso de* ~, *licencia de* ~ *Jagdschein m* || *perro de* ~ *Jagdhund m* || *vedado de* ~ *Eigenjagdbezirk* m || ◊ *andar a* ~ *(de)* fig *eifrig betreiben* (dat) || *dar* ~ *(a) verfolgen, verjagen* || *dar* ~ *a un empleo* fig *auf der Ämterjagd sein* || *espantar la* ~ fig *durch Übereilung seinen Zweck verfehlen,* fig *die Pferde scheu machen* || *estar de* ~ *auf der Jagd sein* || *ir (od salir) de* ~ *auf die Jagd gehen* || *levantar (od alborotar) la* ~ fig *den Hasen aufjagen* || *vedar la* ~ *die Jagd untersagen* || *se le vino a las manos la* ~ fig *das Glück ist ihm in den Schoß gefallen*
²**caza** *m* ⟨Mil Flugw⟩ *Jagdflugzeug* n || ~ *de bombardeo* ⟨Flugw⟩ *Jagdbomber, Jabo* m || ~ *de reacción Düsenjäger* m || ~ *nocturno Nachtjäger* m || →a **avión**
cazautógrafos *m Autogrammjäger m*
cazabe *m* Am *Kassawa* f, *Mehl und Brot aus der Maniokwurzel*
cazada *f Pfannevoll f*
caza|dero *m Jagdrevier* n || **-dor** *m*/adj *Jäger* m ⟨& Mil⟩ || ⟨Flugw⟩ *Jagdflieger* m || ⟨Mar⟩ *Rackleine* f || ~ *alpino* ⟨Mil⟩ *Alpen-, Gebirgs|jäger m* || ~ *de cabelleras Skalpjäger m (Indianer)* || ~ *de cabezas Kopfjäger m* || ~ *festivo,* ~ *dominguero,* ~ *bisoño Sonntagsjäger m* || ~ *furtivo Wilddieb, Wilderer m* || ~ *mayor Oberjägermeister m* || ◊ *al mejor* ~ *se le escapa la liebre auch der Klügste kann irren* || **-dora** *f Jägerin* f || *Jagdrock* m || *Joppe* f, *Jackett* n || *Gürteljacke* f || MAm *Lieferwagen m*
cazadotes *m* fam *Mitgiftjäger m*
cazalla *f Anislikör m aus Cazalla (PSev)*
cazamoscas *m* ⟨V⟩ *Fliegenschnäpper* m (→ **papamoscas**) || *Fliegenfänger m*
cazampulga *f* Mex MAm *Schwarze Witwe f (Spinne)* (Latrodectus sp)
cazar [z/c] vt *jagen* || *nachjagen* (dat) || *fangen, erlegen* || fig *erhaschen, erwischen, ergattern* || figf *ertappen* || ⟨Mar⟩ *(die Schoten) anziehen* || ~ vi *jagen* || ◊ *ir a* ~ *auf die Jagd gehen* || ~ *a espera,* ~ *en puesto auf dem Ansitz (Anstand) jagen* || ~ *a lazo mit der Schlinge jagen* || ~ *moscas* fig *Mücken fangen* || ~ *en terreno ajeno* fig *e-m andern ins Gehege kommen* || ~ *en vedado auf verbotenem Revier jagen* || ~ *al vuelo im Fluge*

(herunter)schießen
caza|rreactor *m* ⟨Flugw⟩ *Düsenjäger* m || **-submarinos** *m U-Boot-Jäger m* || **-torpedero** *m* ⟨Mar⟩ *Torpedoboot|zerstörer, -jäger m*
cazca|lear vi fam *zwecklos hin und her rennen od laufen* || **-rria(s)** fpl *Kotspritzer, Schmutz m (unten am Kleid)* || *(trockener) Kot m auf dem Fell der Tiere* || RPl *Schafkot* m || **-rriento** adj fam *schmutzig, kotig*
cazcorvo adj *mit Stellungsfehler (Pferd)*
cazo *m Stielpfanne* f || *Schöpflöffel* m || *Leimtiegel* m || *Messerrücken* m || ⟨Bgb⟩ *Schöpfgefäß* n || ⟨Flugw⟩ *Klappkübel* m || fam *Kasernenkost f*
cazo|lada *f eine Kasserolle voll* || **-leja** *f* dim *v.* **cazuela** || **-lero** adj fam *überaus geschäftig* || *schnüfflerisch* || ~ *m Topfmacher* m || figf *Ohrenbläser, Schnüffler m* || And fam *Topfgucker* m || **-leta** *f* dim *v.* **cazuela** *Kasserolle* f || *Zündpfanne* f *(an alten Feuerwaffen)* || *Gefäß* n *(der Hiebwaffe)* || *Leuchtertülle* f || *Pfeifenkopf* m || *Räucherpfanne* f || **-lón** *m* augm *v.* **cazuela**
cazón *m* ⟨Fi⟩ *Hausen m* (Acipenser huso) *(und andere mehr)* || *Hausenblase f (Leim)*
cazonal *m Fischgerät* n *zum Hausenfang* || fam *Patsche f*
cazudo adj *breitrückig (Messer)*
cazuela *f Pfanne, Kasserolle* f || *(Schmor-)Tiegel* m || *irdener Napf* m || *Mischgericht, Schmorfleisch* n || ⟨Th⟩ *Olymp* m, *oberste Galerie* f || ⟨Typ⟩ *breiter Winkelhaken m* || ◊ *parece que ha comido en* ~ figf *er ist ein großer Schwätzer*
cazuelero adj Cu = **cazolero**
cazumbre *m Stopfwerg* n || Ast *Saft m (Bäume, Obst)*
cazu|rría *f* fam *Trübsinn* m || **-rro** adj fam *trübsinnig, verschlossen* || *ungesellig* || *wortkarg* || ◊ *hacerse el* ~ fam *den Unwissenden spielen*
ca|zuz *m Efeu* m || **-zuzo** adj Chi *hungrig*
C.B. Abk ⟨EB⟩ = **coche butacas**
C.C. Abk ⟨EB⟩ = **coche camas**
c.c., c/c Abk = **centímetro cúbico** | **cuenta corriente** | **corriente continua**
c/d Abk = **con descuento**
Cdad. = **Ciudad**
CECA Abk *Comunidad Europea del Carbón y del Acero*
C. de J. Abk = **Compañía de Jesús**
¹**ce** *f c* n || ~ *por be* figf *haargenau* || *umständlich* || *por* ~ *o por* be *so oder so*
²**¡ce!** *pst! he! hierher!*
ceba *f (Vieh) Mästung, Mast* f || *Mastfutter* n || Sant *Heu* n *zur Winterfütterung* || Chi *Behagen* n || ~ *precoz Frühmast f*
ceba|da *f* ⟨Bot⟩ *Gerste* f (Hordeum vulgare) || *Gerstenkorn* n || ~ *fermentada Malz* n || ~ *mondada Gerstengraupen* fpl || ~ *para cerveza Braugerste* f || ~ *de pienso Futtergerste* f || ~ *perlada Perlgraupen* fpl || *Grütze* f || *de atrás viene* ~ fig *das hat e-e lange Vorgeschichte* || **-dal** *m Gerstenfeld* n || **-dar** vt *mit Gerste füttern (Vieh)* || **-dazo** adj *Gersten-* || *paja* ~a *Gerstenstroh* n || **-dera** *f Futtersack* m || Am *Mategefäß* n || **-dero** *m Gerstenverkäufer m* || *Stallknecht m, Leitpferd* n *(e-r Maultierherde)* || *Mast(weide)* f || *Futterplatz* m || ⟨Jgd⟩ *Luderplatz* m || ⟨Metal⟩ *Beschickungs-, Chargier-, Gicht|öffnung f*
cebadilla *f Wilde Gerste* f (Hordeum murinum) || *Nieswurz* f (Helleborus sp) || Am prov *Sebadillastaude* f (Schoenocaulon officinale) || *Trespe* f (Bromus spp) || *Bez. verschiedener Pflanzen (Art) Niespulver* n || *Insektenvertilgungsmittel* n || Arg *Bluthirse* (→ **mijo**)
cebadura *f Ködern* n || *Füttern* n || *Mästen* n
cebar vt *füttern* || *mästen* || *(be)ködern (Fischangel)* || *beschicken (Hochofen)* || *anlassen (Maschine)* || *auffüllen (Pumpe)* || *Zündsatz anbringen (bei Raketen)* || Am *anrichten (Mate)* || fig

nähern, schüren *(Feuer, Leidenschaft)* || fig *speisen, mit Zündstoff usw versehen* || fig *anzünden (Feuer)* || fig *ermutigen* || ◊ ~ el mate Am *Matetee bereiten* || ~ vi fig *Pulver auf die Zündpfanne schütten* || fig *eindringen, ziehen, fassen (Schraube usw)* || ◊ según cebas, así pescas *wie man sich bettet, so liegt man* || **~se** vr fig *s–e Wut auslassen* (con, en *an* dat) || ◊ ~se en la matanza fig *sich am Mord weiden, mordgierig sein*
cebellina *f* = **cibelina**
cebellino adj *Zobel-* || (marta) ~a *Zobel* m (Martes zibellina)
cebero *m* Murc *Futterkorb* m
cebo *m (Mast)Futter* n, *Fraß* m || *Mastfutter* n || *Lockspeise* f, *Köder* m (& fig) || *Zündpulver* n *für Schießgewehre* || *Beschickung, Speise* f *(e–s Hochofens)* || *Brand-, Zünd\satz* m, *Zündung* f || fig *Anreiz* m *(zu e–r Leidenschaft), Nahrung* f *(e–r Leidenschaft)* || ~ del cartucho *Zündhütchen* n || ~ de percusión *Schlagzünder* m || ~ envenenado *Giftköder* m || ~ retardante *Verzögerungssatz* m || ◊ morder el ~ *anbeißen (Fisch)* (& fig)
cebo|lla *f Zwiebel* f || *(Zwiebel)Knolle* f || *Blumenzwiebel* f || fig *Ölbehälter* m *der Lampe* || *Aufsatz* m || *Filteraufsatz* m *bei e–r Wasserleitung* || *Ringschäle* f *(des Holzes)* || *Kernfäule* f *(des Holzes)* || ~ albarrana *Meerzwiebel* f || ~ escalonia *Schalottenzwiebel* f || ◊ contigo, pan y ~ fig *mit dir will ich alle Leiden teilen* || *mit dir gehe ich durch dick und dünn* || sopa de ~ *Zwiebelsuppe* f || **–llada** *f Zwiebelgericht* n || **–llana** *f Salatzwiebel* f || **–llar** *m Zwiebelfeld* n || **–llero** adj: grillo ~ *Maulwurfsgrille* f (Gryllotalpa vulgaris) (→ **grillotopo**) || ~ *m Zwiebelhändler* m || **–lleta** *f Eß-, Samen|zwiebel* f || *(kleine) Blumenzwiebel* f || *Schnittlauch* m || **–llino** *m Zwiebelsamen* m || *Samenzwiebel* f || escardar ~s figf *unnütze Arbeit leisten, zu nichts taugen* || ¡vete a ~! *zum Teufel mit dir!* || ~ inglés, ~ francés *Schnittlauch* m || **–llón** *m* augm *v.* **cebolla** || figf *große Taschenuhr* f, fam *Zwiebel* f || Chi *Junggeselle* m || **–lludo** adj *zwiebelartig* || fam *plump, bäurisch*
cebón *m/adj Mastschwein* n || fig *fetter Mensch* m || fam *Dickwanst* m || ~ adj *gemästet, Mast-*
ceboso adj Ven *leicht entflammt, liebebedürftig*
ce|bra *f Zebra* n || ~ de las estepas *Steppenzebra* n (Equus quagga) || ~ de las montañas *Bergzebra* n (E. zebra) || paso de ~ ⟨StV⟩ *Zebrastreifen* mpl || **–s** ⟨StV⟩ *Zebrastreifen* mpl || **–brado** adj *zebraartig gestreift, zebrafarben*
Cebrián *m* np Tfn *Zyprian* m
cebruno adj *hirschfarben* || *fahl (Pferd)* || Am *gestreift (Pferd)*
cebú [pl **–ués**] *m* ⟨Zool⟩ *Zebu* m, *Buckelrind* n *(Zuchtrasse)* || Arg *schwarzer Brüllaffe* m (Alouata caraya)
ceburro adj *Winter-* (bes *Weizen und Hirse)* || mijo ~ *Moorhirse* f || trigo ~ *Weichweizen* m
ceca *f Münze* f || Marr *Geld* n
Ceca *f Moschee* f *in Córdoba* || ◊ andar de ~ en Meca, ir de la ~ a la Meca figf *von Pontius zu Pilatus laufen*
cecal adj *Blinddarm-* || apéndice ~ ⟨An⟩ *Wurmfortsatz* m *des Blinddarms* || región ~ *Blinddarmgegend* f
cecé *m* fam *Pst-Ruf* m
cece|ar vt *jdm* ¡ce! *(pst!) zurufen* || ~ vi *das span s wie ein c aussprechen, lispeln (wie die Andalusier)* || **–o** *m s v.* **–ar** || →a **seseo** || **–oso** adj *lispelnd (Aussprache)*
cecial *m Stockfisch* m (bes *Seehecht)* || → **bacalao, merluza**
ceci|doa *f* ⟨Bot Zool⟩ *Zezidie, Pflanzengalle* f || **–diología** *Lehre* f *von den Pflanzengallen*
Ceci|lia *f* np *Cäcilie* f || ≈ *Wurmwühle* f (Caecilia spp) || **–lio** *m* np *Cäcilius* m

cecina *f Rauch-, Dörr|fleisch* n, *(an der Sonne, an der Luft) getrocknetes Fleisch* n || ◊ echar en ~ *einsalzen und räuchern* || estar como una ~ figf *spindeldürr sein*
ceco|grafía *f Blindenschrift* f || **–stomía** ⟨Chir⟩ *Zökostomie* f || **–tomía** ⟨Chir⟩ *Zökotomie* f
¹**ceda** *f das span. z*
²**ceda** *f Roßhaar* n, *Borste* f
ceda|cería *f Siebmacherei* f || **–cero** *m Sieb|-macher, -verkäufer* m || **–cillo** *m* ⟨Bot⟩ *Zittergras* n (Briza media) || **–zo** *m Sieb* n || *(Art) großes Fischnetz* n || ~ harinero *Mehlsieb* n || ~ para grano *Getreidesieb* n || ~ para basura *Kiessieb* n
cedente *m* ⟨Jur⟩ *Zedent, Abtretender* m || *Veräußerer* m || ⟨Com⟩ *Zedent, Girant, Indossant* m
ceder vt *abtreten, (über)lassen* || ⟨Jur⟩ *zedieren* || ~ vi *(zurück)weichen* || *nachgeben* || *sich biegen (Ast)* || *nachlassen (Fieber)* || Pe PR Arg *gestatten, billigen, zulassen* || ◊ ~ a la necesidad *sich in das Unvermeidliche fügen* || ~ a los ruegos *sich durch Bitten erweichen lassen* || ~ de su derecho *von Recht aufgeben* || ceda el paso ⟨StV⟩ *Vorfahrt f beachten!* || el paso (a) *jdm nachgeben, jdm den Vorrang lassen* || *jdn überholen lassen* || ~ terreno ⟨Mil⟩ *sich zurückziehen (*a vor*)* || ~ en arriendo *vermieten* || ~ la posesión *den Besitz übertragen* || no ~ a nadie (en) *niemandem nachstehen (in* dat*)* || el interés particular debe ~ ante el (interés) general *Gemeinnutz geht vor Eigennutz*
cedilla *f Cedille* f
cedizo adj *leicht verdorben (Speise)*
*****cedo** adv *schnell* || *sogleich*
cedoaria *f* ⟨Bot⟩ *Rhizom* n *der Kurkuma, Gelbwurzel* (Curcuma longa)
cedral *m Zedernwald* m
cedri|a *f Zedernharz* n || **–no** adj *Zedern-* || **–to** *m Zedernwein* m
cedro *m Zeder* f, *Zederbaum* f (Cedrus spp) || *Zedernholz* n || los ~s del Líbano *die Zedern des Libanon* || fig *die Mächtigen dieser Erde*
cedrón *m* ⟨Bot⟩ *Zitronenstrauch* m (Aloysia citriodora) (→ **hierba** luisa)
cédula *f Zettel, Schein* m || *Handzettel* m || *Verordnung* f || *schriftliche Vorladung* f || *Urkunde* f || *Anschlagzettel* m || ~ de apremio *Mahnzettel* m || ~ de citación *Ladung* f *(zum Termin)* || ~ de confesión *Beichtzettel* m || ~ de emisión *Gründeraktie* f || ~ de identidad Am *Personalausweis* m || ~ de notificación *Zustellungsurkunde* f || ~ personal *Aufenthalts|karte* f, *-schein, Bürgerbrief* m || *Personal|ausweis* m, *-steuer, Steuerkarte* f || pignoraticia *Lagerpfandschein* m || ~ de sangre *Ahnenpaß* m || ~ de tesorería, ~ del Tesoro *Schatzanweisung* f || ~ testamentaria *Kodizill* n, *Testamentsnachtrag* m || ~ de transeúnte *Aufenthaltsschein* m || ~ de vecindad, ~ personal *Heimatschein* m || impuesto de ~ *Cédulasteuer* f *in Spanien*
cedu|lación *f Eintragung, Registrierung* f || **–lar** vt *(durch Anschlagzettel) anzeigen* || *eintragen, registrieren* || **–lario** *m* ⟨Hist⟩ *Sammlung* f *königlicher Urkunden* || **–lón** *m Anschlagzettel* m, *Plakat* n || fig *Schmähschrift* f
CE Abk = Comunidad Europea
CEE Abk = Comunidad Económica Europea
CEEA Abk = Comunidad Europea de la Energía Atómica
cefalalgia *f* ⟨Med⟩ *Kopfschmerz* m, *Zephalalgie* f
cefalea *f* ⟨Med⟩ *hartnäckiger Kopfschmerz* m, *Cephalaea* f
cefálico adj ⟨Med⟩ *Kopf-, Haupt-* || índice ~ *Schädelindex* m || ~s *pl* Am *Mittel* n *gegen Kopfschmerzen* || Am pop *Kopfschmerzen* mpl
cefa|lina *f* ⟨Med⟩ *Gehirnextrakt* m *(in der Organotherapie)* || **–litis** *f* ⟨Med⟩ *Kopfentzün-*

cefalo — celentéreos 248

dung f ‖ **-lo-** ⟨An Med⟩ *Kopf-, Kephal(o)-, Zephal(o)-* ‖ **-lofaríngeo** *adj Kopf und Lufträhre betreffend* ‖ **-lograma** *m Kephalogramm* m ‖ **-loideo** *adj kopfförmig* ‖ **-lometría** *f Schädelmessung, Kephalometrie* f ‖ **-lópodos** *mpl Kopffüß(l)er, Zephalopoden* mpl (Cephalopoda) ‖ **-lotórax** *m* ⟨Zool⟩ *Kopfbruststück* n ‖ **-lotripsia** *f* ⟨Chir⟩ *Kephalotripsie* f
cefear *vi Sal wühlen (Schweine)*
Ceferino *np Tfn Zephirin*
céfiro *m Westwind* m ‖ *Zephir, sanfter Wind* m ‖ ⟨Web⟩ *Zephir* m ‖ *Dom Defizit* n, *Fehlbetrag* m
cefo *m* ⟨Zool⟩ *Blaumaul-Meerkatze* f (Cercopithecus cephus) ‖ ~ *del grano* ⟨Entom⟩ ⟨Agr⟩ *Getreidehalmwespe* f (Cephus pygmaeus)
cefrado *adj Extr müde, erschöpft (bes nach dem Rennen)*
cega|dor *adj blendend* ‖ **-joso** *adj/s triefäugig* ‖ **-ma** *m/f Al Kurzsichtige(r), Halbblinde(r* m*)* f ‖ **-nitas** *adj* ⟨poet⟩ *halbblind*
cegar [-ie-, g/gu] *vt blind machen, blenden* ‖ *fig zu-, ver|mauern, vernageln (Tür, Fenster usw)* ‖ *versperren (Weg)* ‖ *ver|schütten, -sanden, zuschütten (Graben, Brunnen)* ‖ *verstopfen (Röhre)* ‖ *fig (ver)blenden* ‖ ◊ ~ *una cañería e-e Rohrleitung verstopfen* ‖ ~ *una vía de agua ein Leck dichten, ein Leck stopfen* ‖ ~ *un camino e-n Weg versperren* ‖ ~ *un foso e-n Graben zuschütten* ‖ ~ *vi erblinden* ‖ ~*se por una mujer fam in eine Frau blind verliebt sein* ‖ ~ *por a. für et blind sein* ‖ *et nicht (ein)sehen wollen* ‖ ~ *de ira blind vor Wut werden*
cega|rra *adj/s fam* **-to** ‖ **-rrita** *m/adj Kurzsichtige(r)* m, *kurzsichtig* ‖ *a (ojos)* ~s *fam blindlings* ‖ **-tero** *m Trödler* m ‖ **-to** *adj kurzsichtig, halbblind* ‖ **-tón** *adj Am* = **-to** ‖ **-toso** *adj triefäugig*
cegesimal *adj Zentimeter-Gramm-Sekunden-, CGS-*
cegue|cillo, -zuelo *adj/s dim v. ciego* ‖ **-dad, -ra** *f Blindheit* f ‖ *fig Verblendung* f ‖ *fig Wahn* m ‖ ~ *azul* ⟨Med⟩ *Blaublindheit, Azyanoblepsie* f ‖ ~ *a los colores Farbenblindheit, Achromatopsie* f ‖ ~ *de la(s) nieve(s) Schneeblindheit* f ‖ ~ *diurna Tagblindheit, Nyktalopie* f ‖ ~ *nocturna Nachtblindheit, Hemeralopie* f ‖ ~ *(p)síquica Seelenblindheit* f ‖ ~ *verbal Wortblindheit, Alexie* f
ceib|a *f* ⟨Bot⟩ *Korallenstrauch* m (Erythrina crista-galli) ‖ **-o** *m* ⟨Bot⟩ *Kapokbaum* m (Ceiba emarginata) ‖ ⟨Bot⟩ *Korallenstrauch* m (Erythrina crista-galli) ‖ **-ón** *m Kapokbaum* m (C. pentandra)
Cei|lán, Cey|lán *Ceylon (Insel)* ‖ **-lanés** *adj ceylonesisch* ‖ ~ *m Ceylonese* m
ceja *f Augenbraue* f ‖ *Vorstoß* m *(am Kleid)* ‖ ⟨Mus⟩ *Saitenhalter* m ‖ ⟨Mus⟩ *Kapodaster* m *e-r Gitarre* ‖ *fig Wolkenstreif* m *(am Himmel)* ‖ *Bergspitze* f ‖ *Cu enger Waldpfad* m ‖ *Col Anhöhe* f ‖ ◊ *tener a/c entre* ~ *y* ~ *figf an et beständig denken* ‖ *figf et im Auge haben* ‖ *tener a uno entre* ~ *y* ~ *figf jdn im Magen haben, jdm grollen, pop jdn nicht verknusen können* ‖ *arquear las* ~s *fig große Augen machen* ‖ *die Nase rümpfen* ‖ *fruncir las* ~s *die Stirn runzeln* ‖ *quemarse las* ~ *fig, fam büffeln, paucken* ‖ *hasta las* ~ *figf (bis) aufs äußerste*
ceja|dera *f* ⟨Aut⟩ *Haltekette* f ‖ **-dero, -dor** *m Schirrkette* f *(am Wagen)*
cejar *vi rückwärts fahren (Fuhrwerk)* ‖ *zurückweichen* ‖ *fig nachgeben* ‖ *fig nachlassen* ‖ ~ *ablassen (en von)* ‖ ◊ *no* ~ *en su empeño seinen Vorsatz nicht aufgeben* ‖ *sin* ~ *unverdrossen*
ceji|junto *adj mit zusammengewachsenen Augenbrauen* ‖ *fig düster(blickend)* ‖ **-lla** *f* ⟨Mus⟩ = **ceja** ‖ **-negro** *adj mit schwarzen Augenbrauen*
cejo *m Frühnebel* m *(über Gewässern)* ‖ *Bindfaden* m *aus Esparto*

cejudo *adj mit buschigen Augenbrauen*
cejuela *f dim v.* **ceja**
cejunto *adj pop* = **cejijunto**
cela *f Cella* f *(im antiken Tempel)*
¹**celada** *f (Stech)Helm* m, *Sturmhaube* f
²**cela|da** *f* ⟨Mil⟩ *Hinterhalt* m ‖ *fig Fallstrick* m, *Falle* f ‖ *Schlinge* f ‖ ◊ *caer en la* ~ *fig in die Falle gehen* ‖ *descubrir* ~ *figf jdm einweihen, jdm ein Geheimnis enthüllen* ‖ *tender una* ~, *preparar una* ~ *a alg. fig jdm e-e Schlinge legen, jdm e-e Falle stellen* ‖ **-dor** *m (Studien)Aufseher* m ‖ *Inspektor* m ‖ *Gefängnisaufseher* m ‖ *Prüfungsbeamter* m ⟨Zoll⟩ = ⟨EB⟩ *Streckenaufseher* m ‖ *Ur Polizeibeamter* m ‖ *adj wachsam*
celaje *m aufgetürmte Wolkenmasse* f ‖ *Dach-, Gitterfenster* n ‖ *fig Ahnung* f ‖ *fig gutes Vorzeichen* n ‖ *Pe PR Gespenst* n, *Geist* m ‖ ~ *negativo* ⟨Phot⟩ *Wolkennegativ* n ‖ *como un* ~ *Chi fig sehr schnell* ‖ ~s *pl rötliche Schleierwolken* fpl *(beim Auf- und Unter|gang der Sonne)*
celandés, esa *adj/m aus Seeland*
¹**celar** *vt/i überwachen, wachen über* acc ‖ *beobachten, bewachen (e-n Verdächtigen)* ‖ *eifersüchtig sein (auf)* ‖ *für et sorgen* ‖ *eifern (de wegen)*
²**celar** *vt ver|bergen, -hehlen* ‖ *verstecken* ‖ *verheimlichen*
³**celar** *vt stechen, gravieren, graben (mit dem Grabstichel)* ‖ *schnitzeln, meißeln*
celastráceas *fpl* ⟨Bot⟩ *Spindelbaumgewächse* npl (Celastraceae)
celastro *m Kelaster* m, *Hottentottenkirsche* f
cel|da *f (Kloster)Zelle* f ‖ *Gefängniszelle* f ‖ *Bienenzelle* f ‖ *Telefonzelle* f ‖ *fig Zelle, Einsiedelei* f ‖ *figf enge Wohnung* f ‖ ~ *acolchada Gummizelle* f *(Irrenanstalt)* ‖ ~ *del ala* ⟨Flugw⟩ *Flügelzelle* f ‖ **-dilla** *f Bienenzelle* f ‖ ⟨Arch⟩ *Nische* f ‖ **-drana** *f Murc große Olivenart* f
cele *adj MAm grün, unreif (Obst)*
cele|bérrimo *adj sup v.* **célebre** ‖ **-bración** *f Feier, feierliche Verrichtung* f ‖ *Begehung, Abhaltung* f ‖ *Messelesen* n ‖ *Beifall* m ‖ *Lob* n ‖ ⟨Jur⟩ *Vornahme* f *(e-s Rechtsgeschäfts)* ‖ ~ *del aniversario Geburtstagsfeier* f ‖ ~ *de elecciones Abhaltung* f *von Wahlen* ‖ ~ *del juicio* ⟨Jur⟩ *Prozeßführung* f ‖ ~ *del matrimonio Eheschließung* f ‖ ~ *del santo Namensfeier* f ‖ *lugar de* ~ *del negocio jurídico Abschlußort* m ‖ **-brado** *adj berühmt* ‖ **-brante** *m/adj der die Messe lesende Priester, Zelebrant* m
celebrar *vt loben, preisen, rühmen* ‖ *lesen, zelebrieren (Messe)* ‖ *feiern* ‖ *feierlich begehen* ‖ *verrichten, abhalten, vollziehen (Geschäft)* ‖ *veranstalten* ‖ *abschließen (Vertrag)* ‖ ⟨Jur⟩ *vornehmen (Rechtsgeschäft)* ‖ *Cu verlieben* ‖ ◊ ~ *una audiencia e-e Sitzung abhalten* ‖ ~ *una conferencia de prensa e-e Pressekonferenz abhalten* ‖ ~ *(un) juicio* ⟨Jur⟩ *e-n Fall verhandeln* ‖ ~ *una misa de difuntos e-e Totenmesse lesen* ‖ ~ *una reunión e-e Versammlung abhalten, zusammenkommen* ‖ ~ *una subasta e-e Versteigerung durchführen* ‖ *celebro conocerlo a V. freut mich, Ihre Bekanntschaft zu machen* ‖ *lo celebro mucho es freut mich sehr, das höre ich sehr gern* ‖ *lo celebro por él ich gönne es ihm* ‖ ~ *vi Messe lesen* ‖ **-se** *gefeiert werden* ‖ *stattfinden, abgehalten werden* ‖ ⟨Sp⟩ *ausgetragen werden (Spiel)*
célebre *adj berühmt, gefeiert* ‖ *namhaft* ‖ *denk-, merk|würdig* ‖ *fam witzig, unterhaltend* ‖ *adv:* ~**mente**
celebridad *f Berühmtheit* f ‖ *Ruhm, Ruf* m ‖ *Festlichkeit, Feier* f
celebro *m* = **cerebro**
celemín *m Metze* f, *Getreidemaß* n *(Cast:* $1/12$ *Fanega = 4,625 Liter)* ‖ ◊ *contar las onzas por* ~es *figf steinreich sein*
celentéreos *mpl* ⟨Zool⟩ *Hohltiere* npl, *Zölenteraten* mpl (Coelenterata)

celeque adj Salv Hond = **cele**
celera f Eifersucht f
célere adj schnell, rasch ‖ ⟨poet⟩ behend(e) ‖ ~s fpl ⟨Myth⟩ Stunden fpl
cele|ridad f Schnelligkeit f ‖ **-rímetro** m Schnelligkeitsmesser m ‖ **-rípedo** adj ⟨poet⟩ schnellfüßig
celes|ta f ⟨Mus⟩ Celesta f ‖ **-te** adj himmlisch, Himmels- ‖ göttlich ‖ azul ~ himmelblau ‖ bóveda ~ Himmels|gewölbe, -zelt n ‖ cuerpo ~ Himmelskörper m ‖ **-tial** adj himmlisch ‖ göttlich ‖ fig vortrefflich ‖ köstlich ‖ iron einfältig ‖ armonía ~ f Sphärenmusik f ‖ la corte ~ die himmlischen Heerscharen fpl ‖ música ~ iron erbärmliche Musik f, fam Katzenkonzert n ‖ la ⁓ Señora die Jungfrau Maria ‖ adv: ~**mente** ‖ **-tialidad** f Seligkeit f
¹**celestina** f ⟨Min⟩ Zölestin m
²**Celesti|na** f np Tfn Zölestine f ‖ ⁓ f fig Kupplerin f (nach e-r Person der Tragikomödie Calixto y Melibea) ‖ =**nesco** adj fam kupplermäßig ‖ **-no** m np Tfn Zölestin m
celia|ca f ⟨Med⟩ Zöliakie f ‖ **-co** adj ⟨Med⟩ Bauch-, zur Bauchhöhle gehörend, coeliacus
celiano adj/s auf den span. Schriftsteller Camilo José Cela (*1916) bezüglich
celiba|tario m gall = **célibe** ‖ **-to** m Ehelosigkeit f ‖ Zölibat m/n ‖ Junggesellenleben n ‖ fam Junggeselle, Hagestolz m ‖ ~ sacerdotal, ~ eclesiástico Zölibat n/m der Priester ‖ **-tón** m fam alter Hagestolz, eingefleischter Junggeselle m ‖ **-tona** f fam alte Jungfer f
célibe adj/s ledig, unverheiratet ‖ ~ m Junggeselle, Hagestolz m ‖ ~ f unverheiratete Frau f
célico adj ⟨poet⟩ himmlisch
celícola m Himmelsbewohner m
celido|nia f Schöllkraut n (Chelidonium majus) ‖ ~ menor Scharbockskraut n (Ranunculus ficaria) ‖ =**nio** m np Tfn Celidonius m
celinda f ⟨Bot⟩ Falscher Jasmin m (Philadelphus coronarius)
celindrate m Fleischgericht n mit Koriander
celita f e-e Fischart
celo m Eifer m, eifriges Bestreben n ‖ Inbrunst f ‖ Glaubenseifer m ‖ Pflicht-, Dienst|eifer m ‖ ⟨Zool⟩ Brunst f ‖ Brunft f (Jagd) ‖ con ~ eifrig ‖ en ~ (Tier) brünstig ‖ brüftig (Wild) ‖ läufig ‖ período del ~ Brunst-, Paarungs|zeit f ‖ ◊ estar en ~ in der Brunst sein (Tier) ‖ ~**s** pl Eifersucht f ‖ Neid m ‖ Argwohn, Verdacht m ‖ drama de ~ Eifersuchtsdrama n ‖ ◊ dar (od infundir) ~ eifersüchtig machen ‖ tener ~ eifersüchtig sein (de auf acc) ‖ por ~ aus Eifersucht
celo|biosa f ⟨Chem⟩ Zellobiose f ‖ **-fán** m Cellophan m
celoidina f ⟨Phot⟩ Zelloidin(papier) n
celoma m ⟨Med⟩ Zölom n, embryonale Leibeshöhle f
celo|manía f ⟨Med⟩ krankhafte Eifersucht f ‖ **-sía** f Gitterladen m ‖ Fenstergitter n ‖ Rollladen m, Jalousie f ‖ Eifersucht f ‖ ⟨Maur⟩ Netzwerk n ‖ Fachwerk n ‖ ~ de acero Stahlrolladen m ‖ ~ de diagonales Strebenfachwerk n (Brükkenbau) ‖ ~ en el espacio Raumfachwerk, räumliches Fachwerksystem n ‖ ~ longitudinal Längsverband m ‖ ~ transversal Querverband m ‖ **-so** adj eifrig, sorgfältig, wachsam ‖ eifersüchtig (de auf acc) ‖ argwöhnisch ‖ neidisch ‖ brünstig, läufig (Tiere) ‖ ⟨Mar⟩ rank ‖ Am sehr empfindlich (Waage) ‖ adv: ~**amente**
ce|lostato, -lóstato m Zölostat m
celotipia f (krankhafte) Eifersucht f
celsitud f Erhabenheit, Größe f
cel|ta adj keltisch ‖ ~ m keltische Sprache f ‖ ~s pl die Kelten mpl, das keltische Volk n ‖ **-tíbero, -tibérico** adj keltiberisch ‖ fig erzspanisch (auch iron) ‖ ~**s** mpl die Keltiberer mpl
céltico adj keltisch
cel|tismo Vorliebe f für das Keltische ‖ Keltismus m ‖ **-tista** m Erforscher m des Keltischen, Keltist ‖ **-tohispano, -tohispánico** adj keltospanisch ‖ **-tología** f Keltologie f ‖ **-tólogo** m Keltologe m
célula f kleine Zelle, Höhlung f ‖ ⟨Biol⟩ Zelle f ‖ Fach n im Kernobst ‖ ~ acopada, ~ caliciforme ⟨Bot Zool⟩ Becherzelle f ‖ ~ adiposa ⟨An⟩ Fettzellchen n ‖ ~ aerobia, ~ aeróbica ⟨Biol⟩ Aerobe f ‖ ~ anaerobia, ~ anaeróbica Anaerobe f ‖ ~ caliente ⟨Nucl⟩ heiße Zelle f ‖ ~ cancerosa Krebszelle f ‖ ~ cebada Mastzelle f ‖ ~ cónica Zapfen(zelle f) m (der Retina) ‖ ~ de bastón Stäbchenzelle f (der Retina) ‖ ~ de cristal ⟨TV⟩ Kristallzelle f ‖ ~ de empresa Betriebszelle f ‖ ~ del espacio de fase ⟨Nucl⟩ Phasenraumelement n ‖ ~ del timón de profundidad ⟨Flugw⟩ Höhenruderzelle f ‖ ~ de radio Radiumzelle f ‖ ~ de refrigeración Kühlzelle f ‖ ~ de renuevo ⟨Bot⟩ Sproßzelle f ‖ ~ de vacío Vakuumzelle f ‖ ~ diploide diploide Zelle f ‖ ~ elemental ⟨Nucl⟩ Elementarzelle f ‖ ~ epitelial Epithelzelle f ‖ ~ espicular ⟨Bot⟩ nadelartige Zelle f ‖ ~ fotoeléctrica photoelektrische Zelle, Photozelle f ‖ ~ fotoquímica photochemische Zelle f ‖ ~ generativa ⟨Bot⟩ Zeugerzelle f ‖ ~ germinal Keimzelle f ‖ ~ hermana ⟨Biol⟩ Schwesterzelle f ‖ ~ neoplásica neugebildete Zelle f ‖ ~ nerviosa Nervenzelle f ‖ ~ sanguínea Blutzelle f ‖ ~ nuclear Kernzelle f ‖ ~ sensorial Sinneszelle f ‖ ~ sexual Keimzelle f ‖ ~ somática somatische Zelle f
celu|lado adj zellig, zellenförmig ‖ **-lar** adj Zell-, Zellular- ‖ coche ~ Zellenwagen m, pop grüne Minna f ‖ hormigón ~ Porenbeton m ‖ prisión ~ Zellengefängnis n ‖ tejido ~ ⟨Biol⟩ Zellengewebe n ‖ **-liforme** adj zellenförmig ‖ **-litis** f ⟨Med⟩ Zellulitis, Zellgewebsentzündung f ‖ **-loide** m ⟨Chem⟩ Zelluloid n ‖ **-losa** f ⟨Chem⟩ Zellulose, Zellstoff m ‖ ~ alcalina Alkalizellulose f ‖ ~ de madera Holzzellstoff m ‖ ~ de paja Strohzellstoff m ‖ ~ nítrica Nitrozellulose f, Zellulosenitrat m ‖ ~ sódica Natronzellstoff m ‖ ~ transparente Zellglas n (z. B. Cellophan) ‖ **-losidad** f zellenartige Beschaffenheit f ‖ **-loso** adj Zellen-
celladura f neue Bereifung f alter Fässer
cellen|ca f fam (Straßen)Dirne f ‖ **-co** adj fam altersschwach
cellis|ca f heftiges Schneegestöber n (mit Regen) ‖ **-quear** vi stöbern (Schneewasser)
cello m Faßreif m
cémbalo m ⟨Mus⟩ Zimbel f ‖ ⟨Mus⟩ Spinett, Cembalo m
cembo m León Rain m (am Fluß, Weg, Pfad usw)
cembro m ⟨Bot⟩ Zirbelkiefer f (Pinus cembra)
cemen|tación f Zementierung f, Zementieren n, Aufkohlung f ‖ ⟨Geol⟩ Zementation f ‖ Versteinung f (im Bohrloch) ‖ ~ con carbono ⟨Metal⟩ Kohlenstoffeinsatzhärtung f ‖ ~ con gas ⟨Metal⟩ Gas|einsatzhärtung, -zementierung f ‖ ~ líquida Badaufkohlen n ‖ ~ profunda Tiefzementieren n ‖ **-tante** m Einsatzmittel n (für Einsatzhärtung) ‖ **-tar** vt aufkohlen, zementieren
cementerio m Kirch-, Fried|hof m ‖ ~ central Zentralfriedhof m ‖ ~ civil Span Friedhof m für Nichtkatholiken ‖ ~ de guerra Soldatenfriedhof m ‖ ~ de guerra Kriegsgräber npl
cementita f Zementit m
cemen|to m Zement m ‖ Zahnzement m ‖ ~ aluminoso (fundido) Tonerdeschmelzzement m ‖ ~ armado Stahlbeton m ‖ ~ con ladrillos de vidrio Glasstahlbeton m ‖ ~ asfáltico Asphaltzement m, Straßenbaubitumen n ‖ ~ de escoria de altos hornos Hochofenzement m ‖ ~ de tras Traßzement m ‖ ~ ferroportland Eisenportlandzement m ‖ ~ hidráulico hydraulischer Zement m ‖ ~ líquido dünnflüssiger Zement m ‖ ~ metalúrgico

cempasúchil — cenzontle 250

Hüttenzement m || ~ *muerto totgebrannter Zement* m || ~ *para carreteras Straßenbauzement* m *(hydr. Bindemittel)* || ~ *para la construcción de grandes presas Talsperrenzement* m || ~ *para mampostería Mauerwerkszement* m || ~ *Portland Portlandzement* m || ~ *rápido,* ~ *de fraguado rápido schnellabbindender Zement* m || ~ *refractario feuerfester Zement* m || ~ *romano Romankalk* m || ~ *siderúrgico Hüttenzement* m || ~ *sobresulfatado,* ~ *supersulfatado Sulfathütten-, Gipsschlacken|zement* m || **–toso** *adj zementartig*
cempasúchil, cempoal m Mex ⟨Bot⟩ *Sammet-, Hoffarts|blume* f (Tagetes spp)
cena f *Nacht-, Abend|essen* n || *Essen, Speisen* n || *Abendmahlzeit* f || *la* (Santa) ≃ *(Christi-)Abendmahl* n || **~aoscuras** m/f figf *Eigenbrötler* m, *ungesellige Person* f || *knauseriger Mensch, Knicker, Geizhals* m
cenáculo m *Abendmahlsaal* m *(biblisch)* || fig *literarischer Zirkel, Klub* m || fig *Kreis* m *(Gleichgesinnter)*
cenacho m *Marktkorb, (Gemüse)Korb* m || *Lebensmitteltasche* f || PR *elendes Lager* n
cena|dero m *Speisesaal* m || *Gartenlaube* f || **–do** adj ; ◊ *bien* ~ *gut gespeist* || *llegar* ~ *nach dem Abendessen kommen* || **–dor** m *Gartenlaube* f, *Pavillon* m || *Gran bedeckter Gang* m *um den Hofraum der Häuser* || **–duría** f Mex *Gar-, bes Abend|küche* f
cena|gal m *Pfütze, Kotlache* f || *Moor* n || *Morast* m || figf *mißliches Geschäft* n || fig *heikle Lage* f, pop *Klemme* f || **–goso** adj *kotig, sumpfig, schlammig*
cenal m ⟨Mar⟩ *Geitau* n
cenancle m Mex *Maiskolben* m
cenar vt/i *zu Abend essen, speisen* || ◊ *invitar a* ~ *zum Abendessen einladen* || *quedarse sin* ~ *nicht zu Abend essen*
cenata f Col Cu *Abendessen* n *(im Freundeskreis)*
cencellada f Sal *Tau, Reif* m
cenceño adj *schlank, schmächtig* || *ungesäuert (Brot)*
cence|rrada f fam *Katzenmusik* f *am Polterabend zweier Verwitweter* || fam *elende Musik, Klamaukmusik* f || ◊ *dar* ~ *a uno* fam *jdm e-e Katzenmusik machen* || **–rrear** vi *klingeln, läuten (Viehglocken)* || figf *klappern* || fig *klirren* || figf ⟨Mus⟩ *klimpern, schlecht spielen* || figf *Katzenmusik machen* || fig *quietschen, knarren (Tür, Wagen)* || fig *schwatzen (bes Kinder)* || **–rreo** m *Schellengeklingel* n || **–rrería** f *lautes Schellengeklingel* n || fig *Lärm, Radau* m || **–rrillas** fpl Al *Kummet* n *mit Glöckchen* || **–rro** m *Vieh|glocke, -schelle* f || *loco como un* ~ fam *ganz verrückt* || *a* ~s *tapados* fig *heimlich, verstohlen* || ◊ *llevar al* ~ figf *der Anführer (fam der Leithammel) sein* || **–rrón** m augm v. **–rro** || *einzelne, nach der Lese hängengebliebene kleine Traube* f
cencia f pop = **ciencia**
cencido adj *unbetreten (Gras, Weide)*
cencío adj Sal *fruchtbar (Boden)* || ~ m Sal *kühle Uferluft* f
cencivera f Ar *(Art) kleine, frühe Traube* f
cencuate m Mex *Bullennatter* f (Pituophis spp)
cencha f ⟨Tech⟩ *Quer-, Bindeholz* n
cendal m *Zindeltaft* m || *Bart* m, *Fahne* f *(e-r Feder)* || *Achseltuch* n *(des Priesters)* || *Band* n, *Gürtel* m || fig *Regen- bzw Nebel|wand* f || Col *Fetzen* m || **~es** pl *Baumwolle* f, *die man ins Tintenfaß legt*
cendolilla f *leichtsinniges Mädchen* n
cen|dra f ⟨Metal⟩ *Kläre, Kapellenasche* f || **–drada** f *Bleiasche* f
cenefa f *Einfassung* f, *Saum, Rand* m *(Taschentuch, Kleid usw)* || *mittlerer Streifen* m *(am Meßgewand)* || ⟨Mar⟩ *Marsrand* m || ⟨Mar⟩ *Einfas-*

sungsrand m *des Sonnensegels* || *Sockel, Randstreifen* m *(Wand, Decke)* || *Lambrequin* m *(Fensterschmuck)* || ⟨Arch⟩ *Randverzierung* f || ~ *de la toldilla* ⟨Mar⟩ *Schanzkleid* n
cenegoso adj MAm = **cenagoso**
△**ceneque** m ⟨Mil⟩ *Kommißbrot* n
cenero m Ar *nicht abgeweidete Wiesenfläche* f
cenes|tesia f ⟨Philos Med⟩ *Kinästhesie* f || *Bewegungsgefühl* n || *Muskelsinn* m || **–tésico** adj *kinästhetisch* || **–tillo** m PR *Körbchen* n
cenetista m ⟨Hist Pol⟩ *Mitglied (od Anhänger) der CNT (span. anarchistische Gewerkschaft)*
cenia f *Wasserhebemaschine* f || (vgl **azud, noria**)
ceni|cense adj *aus Cenia* (P Tarr) || **–cerense** adj *aus Cenicero* (P Logr)
ceni|cero m *Aschengrube* f *am Herd* || ⟨EB⟩ *Aschenfall* m *(an Lokomotiven)* || ⟨Metal⟩ *Lösch-, Aschen|grube* f || ⟨Mar⟩ *Aschenraum* m || *Aschen|schale* f, *-becher* m || **≈cienta** f *Aschenbrödel, -puttel* n *(Märchenfigur)* (& fig) || **–ciento** adj *aschgrau* || *rubio* ~ *aschblond (Haar)* || **–cilla** f ⟨Agr⟩ *Mehltau* m (Oidium sp)
cenismo m *Mundartenmischung* f
ce|nit m ⟨Astr⟩ *Zenit, Scheitelpunkt* m || fig *Gipfel(punkt)* m || **–nital** adj *Zenit-* || *distancia* ~ ⟨Astr⟩ *Zenitdistanz* f
ceni|za f *Asche* f || *Laugenasche* f || ⟨poet⟩ *Staub* m || ~ *arrastrada,* ~ *volante (Kessel-)Flugasche* f || ~ *de carbón (vegetal) Kohlenlösche* f || ~ *de hulla Steinkohlenasche* f || ~ *radi(o)activa radioaktive Asche* f || ~ *vegetal Pflanzenasche* f || ~ *volcánica vulkanische Asche* f || *mantón* ~ *aschfarbenes Umschlagetuch* n || *Miércoles de* ≃ *Aschermittwoch* m || ◊ *descubrir la* ~ figf *vergessene Streitigkeiten wieder aufwärmen* || *escribir en la* ~ fig *in den Sand schreiben* || *huir de la* ~ *y caer en las brasas* fig *vom Regen in die Traufe kommen* || *recibir (od tomar) la* ~ *sich am Aschermittwoch äschern* || **~s** f || fig *Asche, sterbliche Hülle* f, *sterbliche Überreste* mpl *(e-s Verstorbenen)* || ◊ *reducir a* ~ fig *zerstören, vernichten, einäschern (bes im Kriege)* || *vengar las* ~ *de* alg. ⟨poet⟩ fig *jds Tod rächen* || **–zal** adj *Aschen-* || **–zo(so)** adj *aschenhaltig* || *aschgrau* || *mit Asche bedeckt* || **–zo** m fam *Unglücksbringer* bzw *Pechvogel (bes beim Spiel)* || fam *Spielverderber* m || ⟨Agr Bot⟩ *Mehltau* m || ⟨Agr Bot⟩ *Graufäule* f || ⟨Bot⟩ *Graugrüner Gänsefuß* m (Chenopodium glaucum)
ceno|bio m *Kloster, Zönobium* n || ⟨Biol⟩ *Zell|gemeinschaft, -kolonie* f || **–bita** m *Klostermönch, Zönobit* m || ◊ *hacer vida de* ~ fig *zurückgezogen und asketisch leben* || **–bítico** adj *klösterlich, zönobitisch* || **–bitismo** m *Mönchsleben* n (& fig)
ceño|génesis f ⟨Gen⟩ *Caenogenesis* f || **–genético** *caenogenetisch*
cenojil m *Strumpfband* n || *Knieband* n
cenología f ⟨Phys⟩ *(alte Bezeichnung für) Vakuumphysik* f
cenotafio m *Zenotaph, Kenotaph* n
cenozoico m ⟨Geol⟩ *Känozoikum* n
cen|salista m Ar = **–sualista** || **–sar** vi CR *die Einwohner zählen* || **–satario** m *Rentenberechtigte(r)* m || *Zins-, Renten|pflichtige(r)* m || **–so** m *Volkszählung* f || *Einwohnerverzeichnis* n || *Vermögensabschätzung* f || *statistische Erhebung* f || *Pachtvertrag* m, *Pacht* f || *Pachtzins* m || *Abgabe* f || *(Kapital)Zins* m || ~ *de Rente* f || *Erbzins* m || ~ *de bienes Inventar* n || ~ *de empadronamiento,* ~ *demográfico,* ~ *de población Volkszählung* f || ~ *de tráfico Verkehrszählung* f || ~ *de por vida,* ~ *vitalicio Rente* f *auf Lebenszeit* || ~ *electoral Wählerliste* f || ~ *enfitéutico Erbpacht, Emphyteuse* f || ~ *ganadero Viehzählung* f || ~ *hereditario Erbzins* m || ~ *irredimible unablösbare Rente, ewige Rente* f || ~ *redimible ablösbare Rente* f || **–sonte, –zontle** Am ⟨V⟩ = **sinsonte**

ser un ~ (perpetuo) figf *e–e (ewige) Quelle von Ausgaben sein* || **-sor** *m Zensor m* || *Beurteiler, Kritiker m* || *Bücherzensor m* || *Krittler m* || ⟨Sch⟩ *Klassenaufseher m* || Span *Aufsichtsratmitglied n* || ~ *(jurado) de cuentas (vereidigter) Buchprüfer m* || ~es *de cuentas Aufsichtsrat m* || **-soría** *f Amt n e–s Zensors* || **-sorino** adj *kritt(e)lig, tadelsüchtig* || **-sorio** adj *Zensor-* || *Catón ≈ Cato Censorius* || **-sual** adj *(Grund)Zins- Renten(schuld)-* || *Erbzins-* || **-sualista** *m Zinsmann m* || *Renten|berechtigter, -inhaber m* || *Erbzinsberechtigter m* || *Erbverpächter m*

censu|ra *f Presse-, Bücherzensur* f || *Zensoramt n* || *Zensurbehörde* f || *Tadel* m, *Rüge* f || *scharfe Kritik* f || *Mißtrauensvotum n (Parlament)* || *Verleumdung* f || *digno de* ~ *tadelnswert* || ~ *cinematográfica Film|zensur, -kontrolle* f || ~ *eclesiástica Kirchenzensur* f || *militar Militärzensur* f || ~ *previa Vorzensur* f || *votación de* ~, *voto de* ~ *Mißtrauensvotum n* || ◊ *someter a la (previa)* ~ *der Zensur unterwerfen* || *suprimido por la* ~ *konfisziert, zensiert, v. der Zensur gestrichen (Artikel usw)* || ~**s** *pl fam Gerede n* || **-rable** adj *tadelnswert* || **-rar** vt *beurteilen, tadeln, rügen* || *zensieren* || *streichen, verbieten (Zensur)* || ⟨Kath⟩ *bestrafen, mit Kirchenstrafe belegen, e–e Disziplinarstrafe verhängen* || *verdammen* || *(Fehler) beanstanden, bemängeln* (en, a *an* dat)

centau|r(e)a, centáurea *f Flockenblume* f (Centaurea) || *Tausendgüldenkraut n* (Centaurium) || ~, (azul), ~ mayor *Kornblume* f (Centaurea cyanus) || ~ mayor *Sampaio, Großes Tausendgüldenkraut* (Centaurium scilloides) || ~ menor *Fieberkraut n* (Centaurium minus) || **-ro** *m* ⟨Myth⟩ *Zentaur, Kentaur m* || **-romaquia** *f Zentaurenkampf m*

centavería *f* Ec *Viehstall m*

centavo adj: *la parte* ~**a** *der hundertste Teil* || ~ *m Hundertstel n* || *Centavo m (Kupfer-* od *Nickel|münze* = ¹/₁₀₀ *Peso)*

cente|lla *f Funke(n) m* || *Blitz|(strahl), -schlag m* || fig *Geist m* || *Sal Sumpfdotterblume* f (Caltha palustris) || Chi *Ranunkel* f (→ **ranúnculo**) || △*Schwert n* || ◊ *echar* ~s, *arrojar* ~s fig *Funken sprühen* || *ser (vivo como) una* ~ fig *sehr lebhaft sein* || *de pequeña* ~ *gran hoguera* fig *kleine Funken, großes Feuer* || *llazo m* PR *kräftiger Schlag m* || **-ll(e)ar** vi *funkeln* || *leuchten, glänzen (Sterne)* || *flimmern* || *glitzern (Edelstein)* || *schimmern* || fig *strahlen (Augen)* || fig *funkeln (Augen, Stil usw)* || **-lleo** *m Funkeln, Funkensprühen n* || *Augenflimmern n* || →**a** **-ll(e)ar** *m* ⟨Nucl Astr⟩ *Szintillation* f || **-llografía** *f* ⟨Med⟩ *Szintigraphie* f || **-llómetro** *m Szintillationszähler m*

cen|tén *m* altspan. *Goldmünze* f *(100 reales)* || **-tena** *f das Hundert* || *Hunderterstelle* f || **-tenada** *f Hundert n* || a ~**s** fig *in Hülle und Fülle* || **-tenal** *m* = ²**-tenar**

cente|nal, ¹**-nar** *m Roggenfeld n*

²**cente|nar** *m Hundert n* || *hundertjähriges Fest n, Hundertjahrfeier* f || ~es *de devotos Hunderte* npl *von Andächtigen* || a ~ *zu Hunderten* || fig *in Hülle und Fülle* || **-nario** adj *auf hundert bezüglich* || *hundertjährig* || fig *uralt* || ~ *m hundertjähriger Greis, Zentenar m* || *Hundertjahr-, Jahrhundert|feier* f || *hundertjähriger Geburts-* od *Todes|tag, 100. Jahrestag m, hundertjähriges Jubiläum n, Hundertjahrfeier* f || **-no** adj *der, die, das hundertste*

centeno *m Roggen m, Korn n* (Secale cereale) || ~ *forrajero Futterroggen m* || ~ *molido Schrot n* || *pan de* ~ *Roggenbrot n*

cen|tesimal adj *hundertteilig, Hundert-, zentesimal* || **-tésimo** adj/s *der, die, das hunderste* || *el* ~, *la* ~**a** *parte das Hundertstel*

cen|tiárea *f Zentiar n (* = ¹/₁₀₀ *Ar)* || **-tifolio**
adj ⟨Bot⟩ *hundertblättrig* || *rosa* ~**a** ⟨Bot⟩ *Zentifolie, hundertblättrige Rose* f || **-tigrado** adj *hundertgradig* || *termómetro* ~ *Thermometer n nach Celsius* || *grado* ~ *Celsiusgrad,* °C *m* || **-tigramo** *m Zentigramm n* || **-tilitro** *m Zentiliter m/n* || **-tímetro** *m Zentimeter m/n* || ~ *cuadrado Quadratzentimeter m/n* || ~ *cúbico Kubikzentimeter m/n*

céntimo adj = **centavo** || ~ *m Hundertstel n* || *Céntimo m (Münze* = ¹/₁₀₀ *Peseta)* || ~ *de marco Pfennig m* || *al* ~ fig *genau* || ◊ *no tener un* ~ figf *bettelarm sein* || *no vale un* ~ figf *das ist keinen Pfifferling wert*

centinela f/m ⟨Mil⟩ *(Wach)Posten m, Schildwache* f || pop *Kaktus, Kothaufen m* || fig *Auflauerer m* || ~ *a las armas Posten vor Gewehr* || ~ *de campaña Feldposten m* || ~ *de control Durchlaßposten m* || ~ *doble Doppelposten m* || ~ *vecino Nebenposten m* || ~ *de vigilancia antiaérea Luftspäher m* || ~**s** *avanzadas Vorposten* mpl || ◊ *estar de* ~, *hacer* ~ ⟨Mil⟩ *Schildwache, Posten stehen,* pop *Wache schieben* || fig *auf der Lauer liegen, aufpassen*

centinodia *f* ⟨Bot⟩ *Vogelknöterich m* (Polygonum aviculare)

cen|típedo adj *hundertfüßig* || **-tipondio** *m Zentner m* || **-tisecular** adj fig *uralt*

cento(l)la *f,* **-llo** *m See-, Meer|spinne, Teufelskrabbe* f (Maja squinado)

cen|tón *m Flickendecke* f || fig *Flickwerk, zusammengestoppeltes Werk n* || *Mischmasch m* || ~ *de conocimientos* fam *Ausbund m an Gelehrsamkeit* || **-tonar** vt fig *zusammenstoppeln*

cen|trado adj/s *mittig* || *zentriert* || ⟨Her⟩ *bedeckt* || ~ *m Aus|richten n, -richtung* f || *Mitteleinstellung* f || *Zentrierung* f || **-traje** *m* ⟨Tech⟩ *Zentrierung, Trimmung, Mitteleinstellung* f || **-tral** adj *zentral* || *im Mittelpunkt gelegen* || *Mittel-, Zentral-* || *calefacción* ~ *Zentralheizung* f || *casa* ~ ⟨Com⟩ *Stammhaus n* || *estación* ~ *Hauptbahnhof m* || ~ *f Zentrale, Haupt|stelle, -niederlassung* f || *Werk n, Zentrale* f || *(Telephon-)Zentrale, Fernsprechvermittlung(sstelle)* f, *Amt n* || *Mittelpunktslinie* f || Cu Pe *große Zuckerfabrik* f || ~ *aeroeléctrica,* ~ *eólica Windkraftwerk n* || ~ *atómica Kern(energie)kraftwerk n* || ~ *automática* ⟨Tel⟩ *Selbstwähl|vermittlungsstelle f, -amt n* || ~ *cooperativa* ⟨Agr⟩ *Genossenschaftszentrale* f || ~ *de acumulación,* ~ *de embalse Speicherkraftwerk n* || ~ *de comunicaciones* ⟨Tel⟩ *Vermittlungsstelle, Zentrale* f || ~ *de compras Einkaufszentrale* f || ~ *de conexión a distancia ferngesteuerte Hauptschaltstation* f || ~ *de Correos Hauptpost(amt n)* f || ~ *de empalme,* ~ *de enlace* ⟨Tel⟩ *Knoten|vermittlungsstelle* f, *-amt n* || ~ *de giros Girozentrale* f || ~ *de teléfonos,* ~ *telefónica (Haupt)Fernsprechvermittlungsstelle* f || ~ *de telégrafos,* ~ *telegráfica Telegrafenamt n* || ~ *de ventas Absatzstelle* f || ~ *eléctrica Elektrizitätswerk, Kraftwerk n* || ~ *eléctrica accionada por aire Windkraftwerk n* || ~ *de aprovechamiento de las mareas Gezeitenkraftwerk n* || ~ *eléctrica fluvial Flußkraftwerk n* || ~ *hidroeléctrica Wasserkraftwerk n* || ~ *interurbana* ⟨Tel⟩ *Fernvermittlungsstelle* f || ~ *manual* ⟨Tel⟩ *Handvermittlungsstelle* f || ~ *nuclear,* ~ *de energía nuclear Kern(energie)kraftwerk n* || ~ *retransmisora* ⟨Radio⟩ *Funkübertragungszentrale* f || ~ *rural* ⟨Tel⟩ *Land|amt n, -vermittlungsstelle* f || ~ *sindical Zentrale f der Syndikate* || ~ *gewerkschaftliche Spitzenorganisation* f || ~ *térmica Wärmekraftwerk, kalorisches* od *thermisches Kraftwerk n* || ~ *urbana* ⟨Tel⟩ *Ortsvermittlungsstelle* f || **-tralilla, -tralita** *f* ⟨Tel⟩ *Fernsprechhausvermittlung* f || ~ *de chapitas,* ~ *de avisadores* ⟨Tel⟩ *Klappenschrank m* || ~ *privada* ⟨Tel⟩ *Nebenstellenzentrale* f

centra|lizado adj *zentralisiert* || *einheitlich, mit*

gemeinsamem *Mittelpunkt* ‖ **–lismo** *m Zentralismus* m, *Einheitsstreben* n ‖ **–lista** *m/adj Zentralist*, *Anhänger* m *des Zentralisierungssystems* ‖ Cu *Eigentümer* m *e–r Zuckerfabrik* ‖ **–lización** *f Zentralisierung* f ‖ **–lizar** [z/c] *vt vereinheitlichen, (politisch) zentralisieren*
centrar *vt* ⟨Math Tech⟩ *in den Mittelpunkt bringen, zentrieren, mittig einrichten* ‖ *körnen (Rundblöcke), ankörnen* ‖ *máquina de* ~ *Ankörnmaschine* f
centrarco *m* ⟨Fi⟩ *Sonnenbarsch* m (Centrarchus spp)
céntrico *adj mittig, zentrisch, Zentral-, Mittel-* ‖ *punto* ~ *Zentral-, Mittel\punkt* m ‖ *fig zentral gelegener Ort* m *(Haus usw)*
centrifuga *f Zentrifuge* f ‖ *Am Zuckerschleuder* f
centrifu|gador *m* ⟨Tech⟩ *Zentrifuge* f ‖ **–gadora** *f Schleuder(maschine), Zentrifuge* f ‖ ~ *de aceite Ölschleuder* f ‖ ~ *de apicultor,* ~ *de miel Honigschleuder* f ‖ ~ *de ropa Wäscheschleuder* f ‖ **–gación** *f Schleudern, Zentrifugieren* n ‖ **–gar** [g/gu] *vt (aus)schleudern (Flüssigkeiten), zentrifugieren*
centri|fugo *adj zentrifugal, vom Mittelpunkt wegstrebend* ‖ *Flieh-* ‖ *fuerza* ~a ⟨Phys⟩ *Fliehkraft* f ‖ **-peto** *adj* ⟨Phys⟩ *zentripetal, nach dem Mittelpunkt hinstrebend*
centrisco *m* ⟨Fi⟩ *Schnepfenfisch* m (Centriscus spp)
centrista *m/adj* ⟨Pol⟩ *Zentrumsanhänger* m
centro *m Mittelpunkt* m, *Mitte* f, *Zentrum* n ‖ *Verein* m, *Vereinigung* f ‖ *Vereinshaus* n ‖ *Institut* n ‖ *Stätte* f ‖ *Stelle* f ‖ *Anstalt* f ‖ *Klubheim* n ‖ ⟨Pol⟩ *Partei* f *der Mitte, Zentrum* n ‖ fig *Mittelpunkt* m ‖ fig *Hauptzweck* m ‖ fig *Stadtzentrum* n ‖ ⟨Sp⟩ *Mittelstoß* m *(Boxen)* ‖ Cu *Hose* f, *Hemd* n *und Weste* f ‖ Mex *Hond Weste* f ‖ ~ *aerodinámico* ⟨Flugw⟩ *aerodynamischer Mittelpunkt* m ‖ ~ *colector de leche Milchsammelstelle* f ‖ ~ *comercial Handelsplatz* m ‖ *Einkaufszentrum* n ‖ ~ *Común de Investigación Nuclear Gemeinsame Kernforschungsstelle* f ‖ ~ *culminante* ⟨Mil⟩ *Brennpunkt* m ‖ ~ *cultural Kulturzentrum* n ‖ ~ *de alimentación* ⟨El⟩ *Speisepunkt* m ‖ ~ *de altas (bajas) presiones* ⟨Meteor⟩ *Hoch-, Tief\druckgebiet* n ‖ ~ *de armamento Rüstungsamt* n ‖ ~ *de capacitación,* ~ *de formación Ausbildungsstätte* f ‖ ~ *de congresos Kongreßzentrum* n ‖ ~ *de contratación schwarze Börse* f, *Winkelbörse* f ‖ ~ *de control de tráfico aéreo Luftverkehrskontrollzentrum* n ‖ ~ *de curvatura Krümmungsmittelpunkt* m ‖ ~ *de distribución Verteilungspunkt* m ‖ ~ *de documentación Dokumentations|zentrum* n, *-zentrale* f ‖ ~ *de esparcimiento Vergnügungsstätte* f ‖ ~ *de estudios Studienzentrum* n ‖ ≃ *de Estudios Históricos Vereinigung f für Geschichtsforschung (in Madrid)* ‖ ~ *de giro Dreh-, Angel\punkt* m ‖ ~ *de gravedad Schwerpunkt* m (& fig) ‖ ~ *de información Informationsstelle* f ‖ ~ *de información matrimonial Eheberatungsstelle* f ‖ ≃ *de Información y Documentación Zentralstelle f für Information und Dokumentation* ‖ ~ *de inseminación artificial Besamungsstätte* f ‖ ~ *de investigación Forschungsstätte* f ‖ ~ *del blanco Spiegel* m *in der Scheibe* ‖ ~ *de mesa (Tafel-) Aufsatz, Schmuck* m *der Tafel* ‖ ~ *de orientación profesional Berufsberatungsstelle* f ‖ ~ *de oscilación* ⟨Phys⟩ *Schwingungsmittelpunkt* m ‖ ~ *de percusión Stoß(mittel)punkt* m ‖ ~ *de perfeccionamiento Ausbildungsstätte* f ‖ ~ *de propulsión Vortriebsmittelpunkt* m ‖ ⟨Flugw⟩ *Antriebsmittelpunkt* m ‖ ~ *de rotación Drehpunkt, Umdrehungspunkt* m ‖ ~ *docente Unterrichtsanstalt* f ‖ ~ *emisor Funksendezentrale* f ‖ ~ *fabril,* ~ *industrial Industriezentrum* n, *Fabrikstadt* f ‖ ~ *ferroviario Eisenbahnknotenpunkt* m ‖ ~ *fitogenético* *Pflanzenzuchtstation* f ‖ ~ *obrero Arbeiterverein* m ‖ ~ *regulador del mercado Einfuhr- und Vorrats\stelle* f ‖ *medio* ~ *Mittelläufer* m *(Fußball)* ‖ *mesita de* ~ *Ziertischchen* n *in e–m Salon* ‖ ◊ *estar en su* ~ fig *in seinem Element sein*
centroafricano *adj zentralafrikanisch*
Centro|américa *f Mittelamerika* ‖ ≃**americano** *adj/s aus Mittelamerika, mittelamerikanisch* ‖ **–europa** *f Mitteleuropa* ‖ ≃**europeo** *adj/s mitteleuropäisch, aus Mitteleuropa*
centrómero *m* ⟨Gen⟩ *Zentromer* n
cénts. Abk = **céntimos**
centuplicar [c/qu] *vt verhundertfachen*
céntuplo *m/adj das Hundertfache* ‖ *hundertfach*
centu|ria *f altrömische Zenturie, Hundertschaft* f ‖ *Zenturie, Hundertschaft* f *der span. Falange (bzw des ital. Faschismus)* ‖ *Jahrhundert* n ‖ *jefe de* ~ *Hundertschaftsführer* m *(der Falange)* ‖ **–rión** *m Befehlshaber* m *e–r römischen Zenturie, Zenturio* m
cenurosis *f* ⟨Vet⟩ *Drehkrankheit* f
cénzalo *m Stechmücke* f
cenza|ya *f* Al *Kinderwärterin* f ‖ **-yo** *m* Al *Ehemann* m *e–r Kinderwärterin*
cenzontle *m* MAm Mex ⟨V⟩ = **sinsonte**
ceñar *vi* Ar *jdm zuzwinkern*
ceñi|do *adj eng anliegend* ‖ *eng, knapp* ‖ fig *beschränkt, sparsam* ‖ *traje* ~a ⟨Taur⟩ *enganliegendes Kleid* n ‖ *faena* ~a ⟨Taur⟩ *Necken* n *des Stieres von nächster Nähe* ‖ **–dor** *m Gürtel* m ‖ *Leibbinde* f ‖ **–dura** *f (Um)Gürten* n
ceñir [-i-, perf ciñó] *vt (um)gürten* ‖ *umgeben, einfassen* ‖ *umschnallen* ‖ fig *einschränken* ‖ ◊ ~ *bien el cuerpo gut sitzen (Kleid)* ‖ ~ *corona die Krone tragen, König werden* ‖ *la música se ciñe al verso die Musik schmiegt sich dem Vers (Text) an* ‖ ~**se** *sich gürten* ‖ fig *sich kurz fassen, sich einschränken* ‖ ◊ ~ *a lo justo sich auf die gerechte Forderung beschränken* ‖ ~ *a una ocupación sich e–r Beschäftigung ausschließlich widmen*
¹**ceño** *m Stirnrunzeln* n ‖ fig *finsterer Blick* m ‖ fig *finstere Miene* f ‖ fig *Gesichtsausdruck* m
²**ceño** *m Reif* m, *Zwinge* f ‖ ⟨Vet⟩ *Hufverwachsung* f
ceñudo, *ceñoso *adj finsterblickend, düster* ‖ *mürrisch* ‖ *stirnrunzelnd*
ceo *m* ⟨Fi⟩ *Petersfisch, Heringskönig* m (Zeus faber)
cepa *f (Weinreb) Stock* m ‖ *Baumstrunk* m ‖ ⟨Arch⟩ *Widerlager* n *(e–s Gewölbes)* ‖ fig *Stamm, Ursprung* m, *Sippe* f ‖ Mex *Höhle, Grube* f ‖ *aragonés de pura* ~ fig *echter, unverfälschter fam waschechter Aragonier* m
cepastro *m wilder Knoblauch* m
cepedano *adj/s aus Quintana del Castillo* (PLeón)
cepejón *m dicke Wurzel* f
cepellón *m Wurzeln* fpl *und Erde* f *(beim Ausreißen e–r Pflanze)*
cepilla|do *m Hobeln* n ‖ **–dora** *f Hobel-, Bürst|maschine* f ‖ ~ *de mesa Tischhobelmaschine* f ‖ ~ *de planchas Plattenhobelmaschine* f ‖ ~ *de ruedas dentadas Zahnradhobelmaschine* f ‖ **–duras** *fpl Hobelspäne* mpl
cepi|llar *vt hobeln* ‖ *bürsten* ‖ *abschleifen* ‖ Chi *schmeicheln* ‖ *sin* ~ *ungehobelt* ‖ **–llarse** *vr* ‖ ~ *a alg. pop jdn umbringen pop jdn abmurksen* ‖ **–llera** *f Bürstennapf* m ‖ **–llería** *f Bürstenwaren* fpl ‖ **–llito** *m dim v.* **-llo** ‖ *Zahn-, Nagel|bürste* f
cepillo *m Hobel* m ‖ *Bürste* f ‖ *Almosenkasten, Opferstock* m ‖ *Klingelbeutel* m ‖ *Kardätsche* f ‖ ~ *ahuecador Kehlhobel* m ‖ ~ *alisador Schlichthobel* m ‖ ~ *angular Winkelhobel* m ‖ ~ *batidor Schlagbürste* f ‖ ~**-bocel** *Kehlhobel* m ‖ ~ *cilindrico,* ~ *para limpiar tubos Rohrbürste* f ‖ ~ *circular Rundbürste* f ‖ ~ *de alisar Schlichthobel* m ‖ ~ *de amortajar Nuthobel* m ‖ ~ *de astrágalos*

Halsbandhobel m ‖ ~ de cantear *Abkanthobel* m ‖ ~ de desbastar *Schrupphobel* m ‖ ~ de dientes *Zahnbürste* f ‖ ~ de fondo *Nuthobel* m ‖ ~ de los pobres *Armenbüchse* f ‖ ~ de machihembrar *Spundhobel* m ‖ ~ de molduras *Leistenhobel* m ‖ ~ de nylon *Nylonbürste* f ‖ ~ de pulir *Schlichthobel* m ‖ ~ de uñas *Nagelbürste* f ‖ ~ metálico *Drahtbürste* f ‖ ~ para limas *Feilenbürste* f ‖ ~ para dar brillo al suelo (*od* a la cera) *Bohner-, Glanz|bürste* f ‖ ~ para el cabello, ~ para el pelo, ~ para la cabeza *Haarbürste* f ‖ ~ para el calzado, ~ para los zapatos *Schuhbürste* f ‖ ~ para encerar *Auftragbürste* f ‖ ~ para la ropa *Kleiderbürste* f ‖ ~ para sombreros *Hutbürste* f ‖ ~ para terciopelo *Nagelbürste* f ‖ ◊ pasar el ~, limpiar con el ~ *(ab)bürsten* ‖ pelo cortado a ~ *Bürstenhaarschnitt* m, fam *Meckifrisur* f

cepo *m Ast, Baumast* m ‖ *(Amboß)Klotz* m ‖ *Halsstock* m, *Block m für Sträflinge* ‖ *Prägestock* m *in der Münze* ‖ *Opferstock, Almosenkasten* m ‖ *Zeitungshalter* m ‖ ⟨Jgd⟩ *Fang-, Tritteisen* n ‖ ⟨Mar⟩ *Ankerstock* m ‖ fig *ungehobelter Mensch, Grobian* m ‖ ¡~s quedos! figf *stille, ruhig!* ‖ ◊ afeita un ~, (y) parecerá (un) mancebo fig *Kleider machen Leute* ‖ →a **cefo**

ceporro *m alter, verdorrter Weinstock, Rebknorren* m ‖ fig *roher Mensch* m ‖ fig *Lümmel* m ‖ ◊ dormir como un ~ fig *wie ein Murmeltier schlafen*

ceprén *m Ar Hebel* m

ce|queta *f* Murc *schmaler Bewässerungsgraben* m ‖ **-quiaje** *m Wassergeld* n *(Kanal)* ‖ **-quión** *m* Murc *Mühlgerinne* n ‖ Chi *breiter Bewässerungsgraben* m

cera *f Wachs* n ‖ *Wachslicht* n ‖ *Ohrenschmalz* n ‖ ~ de abejas *Bienenwachs* n ‖ ~ bruta *Rohwachs* n ‖ ~ de cables *Kabelwachs* n ‖ ~ de dorador *Vergolderwachs* n ‖ ~ de escultores *Modellwachs* n ‖ ~ de moldear *Modellier-, Form|wachs* n ‖ ~ de palma *Palm(blätter)wachs* n ‖ ~ en discos *Scheibenwachs* n ‖ ~ mineral, ~ fósil *mineralisches Wachs* n ‖ ~ para dar brillo, ~ para lustrar *Glanzwachs* n ‖ ~ para esquí *Skiwachs* n ‖ ~ para pisos *Bohnerwachs* n ‖ ~ termosoldable *Heißsiegelwachs* n ‖ ~ vegetal *pflanzliches Wachs* n ‖ ~ *Baumwachs* n ‖ ~ virgen *Rohwachs* n ‖ ~ vulneraria *Wundwachs* n ‖ ~ amarillo como la ~ *quitte(n)gelb* ‖ ◊ es como ~ en sus manos *er kann alles mit ihm machen* ‖ hacer de uno ~ y pábilo figf *jdn um den Finger wickeln* ‖ llorar ~ fam *bitterlich weinen* ‖ fam *sich gerührt zeigen* ‖ ser como una ~ fig *sehr weich, sehr empfindlich sein,* fam *mimosenhaft sein*

ceráceo adj *wachs|artig, ähnlich*

cerado *m Tränkung* f *mit Wachs (Leinwand usw)*

cerafolio *m* ⟨Bot⟩ *Kerbel* m

cerambícidos *mpl* ⟨Entom⟩ *Bockkäfer* mpl (Cerambycidae)

ceramia *f* ⟨Bot⟩ *Hornrotalge* f (Ceramium spp)

cerámi|ca *f Keramik* f ‖ *Töpferkunst* f ‖ ~ artística *Kunstkeramik* f ‖ ~ sanitaria *sanitäre od sanitätstechnische Keramik* f ‖ **-co** adj *keramisch* ‖ arte ~a *Keramik, Töpferkunst* f

ceramista *m/adj Kunsttöpfer, Keramiker* m

cerapez [*pl* **-ces**] *f Schusterpech* n

cerargir(it)a *f* ⟨Min⟩ *Kerargyrit* m

cerasina *f Kerasin* n

cerasita *f* ⟨Min⟩ *Kerasit* m *(Cordierit)*

ceras|ta, -tas, -tes *f Hornviper* f (Cerastes cornutus)

ceraste *m →* **cerasta**

ceratita *f (Art) Feldmohn* m

cerato *m Zerat* n, *Wachssalbe* f ‖ *Wachs-, Pech|pflaster* n

cerato|céfalo *m* ⟨Bot⟩ *Sichelfrüchtiger Hahnenfuß* m (Ceratocephalus fulcatus) ‖ **-filáceas** *fpl* ⟨Bot⟩ *Hornblattgewächse* npl (Ceratophyllaceae) ‖ **-ideo** adj *hornähnlich*

ceraunómetro *m* ⟨Phys⟩ *Blitzmesser* m

cerbatana *f Pfeilschleuder* f ‖ *Schleuderrohr* n *der südam. Indianer* ‖ *Blasrohr* n ‖ *Hörrohr* n

cerbera *f Schellenbaum* m

Cerbero *m* np: Can ~ = **Cancerbero** ‖ ≂ *m* fig *strenger Wächter,* (grober) *Pförtner* m

cerbillera *f (Kopf)Grind* m

¹**cerca** *f Einfriedigung* f, *Gehege* n, *Einzäunung* f, *(Bretter)Verschlag* m ‖ *Hecke* f, *Zaun* m ‖ ~ de alambre *Drahtzaun* m ‖ ~ de púas *Stacheldrahtzaun* m ‖ ~ viva *Zaunhecke* f ‖ ~ eléctrica *Elektrozaun* m

²**cerca** 1. adv: *nahe, in der Nähe* ‖ *um, herum* ‖ aquí ~ *hier in der Nähe* ‖ de(sde) ~ *in, aus der Nähe* ‖ ◊ anda ~ de rendirse fam *er ist zum Umfallen müde* ‖ examinar de ~ *näher prüfen* ‖ situado lo más ~ *nächstgelegen* ‖ son ~ de las dos *es ist ungefähr 2 Uhr* ‖ embajador ~ del gobierno español *Botschafter* m *bei der span. Regierung*
2. de prep *bei, neben, an* ‖ *ungefähr, beiläufig* ‖ = acerca de ‖ ~ de aquí, por aquí ~ *hier in der Nähe* ‖ ~ de mí, * ~ mío *bei mir*

³**cerca** *m*: ◊ tener buen ~ *in der Nähe betrachtet gewinnen* ‖ ~s *mpl* ⟨Mal⟩ *Vordergrund* m

cerca|do *m Gehege, eingefriedigtes Grundstück* n ‖ *Umzäunung, Einfriedigung* f ‖ ~ eléctrico *Elektrozaun* m ‖ ~ de espino *Stacheldrahtzaun* m ‖ *Dornenhecke* f ‖ ~s para el ganado *Koppelflächen* fpl ‖ **-dor** *m Ziselier|eisen* n, *-stift* m, *Punze* f ‖ *Belagerer* m

cerca|nía *f Nähe, Nachbarschaft* f ‖ en las ~s *in der Umgebung, in der Umgegend* ‖ **-no** adj ‖ ~ pariente ~ *naher Verwandter* m ‖ adv: **~amente**

cercar [c/qu] vt *umgeben (de mit)* ‖ *umzäunen, einfriedigen* ‖ *einschließen* ‖ *umzingeln* ‖ *einkreisen* ‖ *umringen* ‖ ⟨Mil⟩ *belagern*

cercaria *f* ⟨Zool⟩ *Zerkarie* f, *Larvenstadium* n *der Saugwürmer*

cercear vi León *wehen (Nordwind)* (→ **cierzo**)

cercén adv: a ~ *ganz und gar, durch und durch* ‖ ◊ cortar a ~ *an der Wurzel abschneiden*

cercena|damente adv *unvollständig, lückenhaft* ‖ **-dera** *f Messer* n *der Lichtzieher* ‖ **-dura** *f Beschneiden* n ‖ *Schnitzel* n ‖ **-miento** *m* = **-dura**

cercenar vt *beschneiden (Papier, Haare, Tuch usw.)* ‖ *abschneiden* ‖ fig *einschränken* ‖ *kürzen, schmälern* ‖ *ausmerzen (e-e Stelle aus e-m Buche)* ‖ ◊ ~ la moneda *die Münzen verringern* ‖ ~ los gastos *die Ausgaben einschränken, Sparmaßnahmen ergreifen*

cércene adv Sal = **cercén**

cercera *f* Ar *anhaltender, starker Nordwind* m (→ **cierzo**)

cerceta *f Krickente* f (Anas crecca) ‖ ~ aliazul *Blauflügelente* f (A. discors) ‖ ~ carretona *Knäkente* f (A. querquedula) ‖ ~s *pl* ⟨Jgd⟩ *Spieße* mpl *der Hirschkälber od Spießer*

cercillo *m Gabelranke* f *der Rebe*

cerciorar(se) vr *(sich) vergewissern (de daß), (sich) überzeugen (de von dat), sich Gewißheit verschaffen (de über et)*

cer|co *m (Um)Kreis, Umfang* m ‖ *(Faß)Reif* m ‖ *Fenster-, Tür|rahmen* m ‖ *Zauberkreis* m ‖ *Kreisbewegung* f ‖ ⟨Opt⟩ *(Licht)Hof* m ‖ ⟨Mil⟩ *Belagerung* f ‖ ⟨Zool⟩ *Afterschwanz* m *(bei Gliedertieren)* ‖ △*Um-, Ab|weg* m ‖ △*öffentliches Haus* n ‖ Hond *Hecke* f ‖ ~ alrededor del Sol *Lichthof* m ‖ ~ de puerta ⟨Bgb⟩ *Türstock* m ‖ ~ de sujeción ⟨EB⟩ *Schließung* m *am Radreifen* ‖ ◊ poner ~ a una ciudad ⟨Mil⟩ *e-e Stadt belagern* ‖ alzar (*od* levantar) el ~ *die Belagerung aufheben* ‖ ~s *pl Jahresringe* mpl *(an Bäumen)* ‖

cercoleptes — cernícalo 254

–**coleptes** m Wickelbär m (Potos flavus) ‖ –**copitécidos** mpl Hundskopfaffen mpl (Cercopithecidae) ‖ –**copiteco** m Hundskopfaffe m (Cercopithecus spp) ‖ –**cote** m Sperrnetz n (Fischernetz)
cer|cha f ⟨Zim⟩ Schrägmaß n, Schmiege f ‖ Spriegel m ‖ Ringsegment n (aus Holz) ‖ Wagenbügel m zum Überspannen mit Plane ‖ Cu Stange f für Moskitonetz ‖ ⟨Mar⟩ Reif m des Steuerrades ‖ ⟨Mar⟩ Marsrand m ‖ ⟨Arch⟩ Bogengerüst n ‖ ~ de bóveda Gerüstschale f ‖ –**chón** m ⟨Arch⟩ Lehrgerüst n ‖ →a **cimbra**
cerda f Sau f ‖ (Schweins) Borsten fpl ‖ Roßhaar n ‖ △Messer n ‖ ~ de la brocha Pinselborste f ‖ colchón de ~ Roßhaarmatratze f ‖ ganado de ~ Borstenvieh n ‖ ◊ poner nueva ~ al arco den Violinbogen neu beziehen ‖ ~**s** pl Steckgarn n (zum Vogelfang)
cerda|da f Sau-, Schweine|herde f ‖ fig pop Schweinerei f ‖ ◊ hacerle a alg. una ~ vulg jdm e–n üblen Streich spielen ‖ –**men** m Büschel n Borsten
Cerdaña f (die) Cerdagne, Landschaft in den Pyrenäen
△**cerdañí** m (Klapp) Messer n
cerdear vt auf den Vorderbeinen einknicken (Tier) ‖ schnarren (Saiten) ‖ fig pop sich gemein bzw unwürdig benehmen ‖ fig sich drücken
Cerdeña f Sardinien n
cer|do m Schwein n ‖ Schweinefleisch n ‖ fig schmieriger, grober Kerl m, vulg (Dreck) Schwein n, Sau f, Schweinigel m ‖ ~ cebón Mastschwein n ‖ ~ de matanza, ~ para la matanza Schlachtschwein n ‖ ~ graso Fett-, Speck|schwein n ‖ ~ magro Fleischschwein n ‖ ~ marino ⟨Zool⟩ Schweinswal, Braunfisch m (Phocaena phocaena) ‖ –**doso**, –**dudo** adj borstig
cereal adj Getreide-, Korn- ‖ trigo ~ Weizen m ‖ ~**es** mpl Getreide n, Zerealien pl ‖ ~ de siembra Saatgetreide n ‖ ~ forrajeros Futtergetreide n ‖ ~ panificables Brotgetreide n ‖ ~ secundarios Getreide n außer Weizen ‖ Futtergetreide n ‖ ~**icultura** f Getreide(an)bau m ‖ ~**ista** m Getreidebauer m
cere|belar adj zerebellar, auf das Kleinhirn bezüglich ‖ –**belo** m An Kleinhirn n ‖ –**bral** adj ⟨An⟩ Gehirn-, Hirn-, zerebral ‖ fig geistig ‖ ~ platonisch (Liebe) ‖ conmoción ~ Gehirnerschütterung f ‖ ~ m fig Intellektuelle(r), gebildeter Mensch m ‖ –**bralidad** f fig Verstandeskraft f ‖ –**bralización** f Zerebralisation, Gehirnbildung f ‖ –**brar** vi denken
cerebria f Wahnsinn m ‖ manisch-depressives Irresein n
cerebri|forme adj hirnförmig ‖ –**no** adj Gehirn- ‖ –**tis** f ⟨Med⟩ Gehirnentzündung f
cerebro m (Ge)Hirn n ‖ fig Kopf, Verstand, Geist m ‖ ~ electrónico fam Elektronengehirn n
cerebro|espinal adj ⟨An⟩ auf Gehirn und Rückenmark bezüglich, zerebrospinal ‖ –**meningitis** f ⟨Med⟩ Gehirnhautentzündung f
cere|ceda f Kirschgarten m ‖ –**cilla** f span. Pfeffer m ‖ –**cina** f dim pop v. **cereza**
ceremo|nia f Zeremonie f, feierlicher, festlicher Brauch m ‖ Feierlichkeit f ‖ Förmlichkeit f ‖ Umstände mpl ‖ übertriebene Höflichkeit f ‖ ~ de apertura Eröffnungsfeierlichkeit f ‖ ~ de la coronación Krönungs|feierlichkeit, -zeremonie f ‖ ~ inaugural = ~ de apertura ‖ oficial feierlicher Staatsakt m ‖ de ~ feierlich ‖ traje de ~ Amtstracht f, Galaanzug m, Festkleid n ‖ Gesellschaftsanzug m ‖ visita de ~ Höflichkeitsbesuch m ‖ por ~ bloß der Form wegen, zum Schein ‖ sin ~ ohne Umstände, ungeniert ‖ ~**s** fpl: maestro de ~ Zeremonienmeister m ‖ –**nial** adj förmlich ‖ ~ m Brauch m, Zeremoniell n ‖ Höflichkeitsformen fpl, Etikette f ‖ Kirchengebräuche mpl ‖ ~ diplomático diplomatisches Zeremoniell n ‖

–**niático** adj = –**nioso** ‖ –**niero** adj/s förmlich, umständlich ‖ ~ m Zeremonienmeister m ‖ Protokollchef m ‖ –**nioso** adj/s zeremoniös, förmlich ‖ übertrieben höflich ‖ adv: ~**amente**
¹**cereño** adj wachsfarben (Hund)
²**cereño** adj Ar stark, kräftig
¹**céreo** adj wächsern ‖ Wachs-
²**céreo** m ⟨Bot⟩ Säulenkaktus m (Cereus spp)
cere|ría f Wachszieherei f ‖ Wachswaren fpl ‖ –**ro** m Wachszieher m ‖ Wachskerzenhändler m
Ceres f ⟨Myth⟩ Ceres f (Göttin)
ceresina f Zeresin n
cereta f PR Angst, Furcht f
ceretano adj/s aus Puigcerdá (PGer)
cerevisina f Bierhefe f
cere|za f (Herz) Kirsche f ‖ ⟨Mal⟩ Kirschrot n ‖ Cu Schale f des Kaffeekerns ‖ ~ de aves, ~ dulce Süßkirsche f ‖ ~ garrafal Herzkirsche f ‖ ~ gordal, ~ mollar rötliche Herzkirsche, Tafelkirsche f ‖ póntica Sauerkirsche f ‖ ~ silvestre Vogelkirsche f ‖ rojo ~ kirschrot ‖ sus labios de ~ ⟨poet⟩ ihre kirschroten Lippen fpl ‖ –**zal** m Kirschgarten m ‖ Ast Sal Kirschbaum m ‖ –**zo** m Kirschbaum m (Prunus sp) ‖ Kirschbaumholz n ‖ Mex Malpighiengewächs n (Malpighia spp) ‖ Am verschiedene Arten der Gattung Cordia ‖ ~ de Cayena Kirschmyrte f (Eugenia uniflora) ‖ Am strauchartige Steineiche f ‖ ◊ subirse al ~ figf aus der Haut fahren
ceriballo m Sal Spur f
cerífero adj wachs|bringend, -tragend
cerificar [c/qu] vt Wachs läutern
cerífico adj: pintura ~**a** Wachsmalerei f
ceri|flor f Wachsblume f (Cerinthe spp) ‖ –**le** m ⟨V⟩ Graufischer m (Ceryle rudis) ‖ –**lla** f Wachsstock m ‖ dünnes Wachslicht n ‖ Ohrenschmalz n ‖ ~**s** pl Zünd-, Streich|hölzchen npl ‖ caj(it)a de ~ Streichholzschachtel f ‖ –**llera** f, –**llero** m Streichholzschachtel f ‖ ~ m Streich-, Zünd|holzverkäufer m ‖ –**llo** m Wachsstock m ‖ And Cu Mex Streichholz n
cerina f Korkeichenwachs n ‖ Zerin n ‖ Zersilikat n
cerineo adj pop = **cireneo**
cerio m ⟨Chem⟩ Cer(ium) n
ceriondo adj Sal heranreifend, wachsfarben (Getreide)
ceritio m Nadelschnecke f (Cerithium spp)
cerito m ⟨Typ⟩ kleine Null f
cerme|ña f Muskatellerbirne f ‖ –**ño** m/adj (Art) Muskatellerbirnbaum m (Pyrus achras) ‖ fig dummer, schmieriger Kerl m ‖ fig Schmutzfink m
cerne f Gal = **cerne**
cerna|da f Laugenasche f ‖ ⟨Mal⟩ Grundierung f von Asche und Leimwasser ‖ León die im Herd zurückbleibende Asche f ‖ –**dero** m Laugentuch n ‖ * Scheuerlappen m
cernaja(s) f(pl) Sal Fransennetz n (am Kopfe der Zugochsen)
cerne m Kernholz n (e–s Baumstammes)
cerne|ar vt Sal heftig bewegen, schütteln ‖ –**dera** f Sieb n ‖ –**dero** m Beutel|kammer f, -werk n (in e–r Mühle) ‖ –**dor** m Beutelwerk n (in e–r Mühle) ‖ –**jas** fpl Haarzotten fpl am Pferdefuß
cerner [-ie-] vt sieben, sichten, beuteln (Mehl) ‖ fig auskundschaften, ausspähen (nach), beobachten ‖ fig läutern, klären, sichten ‖ ~ vi die Frucht ansetzen (Getreide, Weinstock) ‖ fig rieseln, nieseln, dünn regnen ‖ flattern (Vogel) ‖ Sant herumwirtschaften ‖ ~**se** schweben bzw flattern (Raubvögel) ‖ drohen, schweben, im Anzug sein (Gefahr) ‖ fig in der Luft liegen
cernícalo m Turmfalke m (Falco tinnunculus) ‖ ~ patirrojo Rotfußfalke m (F. vespertinus) ‖ ~ primilla Rötelfalke m (F. naumanni) ‖ fig grober Mensch m ‖ figf Esel m ‖ △Frauenmantel

m ‖ ◊ coger un ~ figf *sich beschwipsen, sich einen Rausch antrinken*
cerni|dero m Sal = **cernedero** ‖ **-dillo** m *Sprühregen* m, *Rieseln, Nieseln* n ‖ **-do** m/adj *Beuteln* n *(z. B. des Mehls)* ‖ *Beutelmehl* n ‖ *harina* ~a *Beutelmehl* n ‖ *oro* ~ *Goldstaub* m ‖ **-dor** m Am = **cernedor** ‖ *Sieb* n ‖ Am *(Art) Schürze* f ‖ Ec *Lügner, Betrüger* m ‖ **-duras** fpl *Siebsel* n *(vom Mehl)*
cernina f Ast *Mogelei* f
cernir [-ie-] vt = **cerner** ‖ Ec *lügen*
cerno m = **cerne**
cero m *Null* f ‖ *Nullpunkt* m ‖ *Zero* f ‖ *dos grados bajo (sobre)* ~ *zwei Grad unter (über) Null* ‖ *ser (un)* ~ *(a la izquierda)* figf *e-e Null sein* ‖ *hora* ~ *0 Uhr* f ‖ *punto* ~ fig *Ausgangspunkt* m ‖ ◊ *empataron a* ~ *tantos* ⟨Sp⟩ *das Treffen blieb unentschieden, 0:0* ‖ *volver a empezar a* ~, *partir de* ~ *wieder von vorn anfangen*
cerografia f ⟨Typ⟩ *Zerographie, Wachsgravierung* f
cerógrafo m *Zerograph* m ‖ *Wachssiegelring* m
ceroideo adj *wachsartig*
cerollo adj prov *noch nicht ganz reif (eingeerntetes Getreide)*
ceromancia f *Wachswahrsagerei* f, *Wachsgießen* n
cerón m *Wachstreber* m
cero|pez [pl **-ces**] f *Salbe* f *aus Wachs und Pech* ‖ *Schusterpech* n ‖ **-plástica** f *Zeroplastik, Wachsbildnerei* f ‖ *Erzeugnis* n *der Zeroplastik* ‖ **-so** adj *wachsartig* ‖ *Wachs-* ‖ ~ n Mex *weichgekochtes Ei* n ‖ **-te** m *Schusterpech* n ‖ figf *(große) Angst* f ‖ Chi *Kerzentropfen* m ‖ Chi *Kerzenstummel* m ‖ ◊ *estar hecho un* ~ figf *sehr schmutzige Kleider anhaben* ‖ **-tear** vt *pichen (Pechgarn)* ‖ ⟨Schuhm⟩ *einwachsen (Faden)* ‖ **-to** m ⟨Pharm⟩ *Pechpflaster* n
cer|quero adj Am *Pferch-(Vieh)* ‖ **-quillo** m *Tonsur* f *(der Geistlichen)* ‖ *Tellerring* m ‖ *einfacher Goldring* m *ohne Stein* ‖ *Brandsohle* f *des Schuhes* ‖ Ar Am *Stirnlocke* f ‖ **-quininga** adv fam Dom = **-quita** ‖ **-quita** adv dim v. **cerca ganz nahe**
△**cerra** f *Hand* f
cerracatín f fam *Geizhals* m
¹**cerrada** f *Rückenhaut* f *(von Tieren)*
²**cerrada** f *Zuschließen* n ‖ ◊ *hacer la* ~ figf *ganz und gar im Irrtum sein*
cerra|dera f = **-dero** ‖ ◊ *echar la* ~ figf *et gänzlich verweigern, jdn abblitzen lassen* ‖ **-dero** m *Schließ|blech* n, *-kappe* f *(am Schloß)* ‖ adj *(ver)schließbar* ‖ **-dizo** adj *(ver)schließbar* ‖ **-do** adj *geschlossen* ‖ fig *verschlossen, zurückhaltend, zugeknöpft* ‖ *alt, erwachsen (Tier)* ‖ fig *stürmisch (Beifall)* ‖ fig *dicht (Wald)* ‖ fig *gedrängt (Schrift)* ‖ fig *schwer von Begriff* ‖ figf *dumm* ‖ fig *eigensinnig, hartnäckig, dickköpfig* ‖ fig *heimlich, geheimnisvoll* ‖ fig *schwül (Wetter)* ‖ fig *dicht bewölkt, bedeckt (Himmel)* ‖ ~ *de barba mit Vollbart* ‖ ~ *de mollera* figf *dumm, einfältig* ‖ ~ *herméticamente luftdicht verschlossen* ‖ *barba* ~a *Vollbart* m ‖ *noche* ~a *tiefschwarze Nacht* f ‖ ~ *creer a ojos* ~s figf *blind(lings) glauben* ‖ *estar* ~ *para a* fig *für et keinen Sinn, für et kein Verständnis haben* ‖ ~ m *Einsperren* n, *Einfriedigung* f ‖ *Gehege* n ‖ *oler a* ~ *dumpfig, muffig riechen (bei mangelhafter Lüftung)* ‖ **-dor** m *Schließer* m ‖ **-dura** f *(Zu)Schließen* n ‖ *Schließvorrichtung* f ‖ *(Tür)Schloß* n ‖ ~ *de caja Kasten-, Schatullen|schloß* n ‖ ~ *de cilindro Zylinderschloß* n ‖ ~ *de (od a) golpe, de presión Schnappschloß* n ‖ ~ *de dos vueltas zweitouriges Schloß* n ‖ ~ *de media vuelta Halbtourschloß* n ‖ ~ *de muelle Feder(tür)schloß* n ‖ ~ *de pestillo Spring-, Riegel|schloß* n ‖ ~ *de secreto,* ~ *de*

combinación Vexier-, Geheim|schloß n ‖ ~ *de seguridad Sicherheitsschloß* n ‖ ~ *embutida,* ~ *empotrada eingelassenes Schloß* n ‖ *el ojo de la* ~ *das Schlüsselloch*
¹**cerraja** f *(Tür) Schloß* n
²**cerraja** f ⟨Bot⟩ *(Kohl) Gänsedistel* f *(Sonchus oleraceus)* → **agua**
cerraje|ría f *Schlosserhandwerk* n ‖ *Schlosserwerkstätte, Schlosserei* f ‖ *Schlosserarbeit* f ‖ **-rillo** m Al ⟨V⟩ *Zaunkönig* m ‖ **-ro** m *Schlosser* m ‖ ~ *de arte Kunstschlosser* m ‖ ~ *de obras Bauschlosser* m
cerrajón m *hoher, steiler Hügel* m
cerralle m = **cerco**
cerramiento m s v. **cerrar** *Verschließen* n, *Verschluß* m ‖ *Umschließung* f ‖ ⟨Bgb⟩ *Absperrdamm* m
cerrar [-ie-] vt *(ab-)(ver)schließen, zusperren, zumachen, zuziehen* ‖ *schließen (Augen)* ‖ *schließen (Vertrag)* ‖ *umzäunen, einfrieden* ‖ *zuklappen (Buch, Messer, Regenschirm)* ‖ *zuschieben (Schublade)* ‖ *zusammenklappen (Fächer)* ‖ *zunähen* ‖ ~, *verstopfen* ‖ *zuschütten (Grube, Loch)* ‖ *versiegeln* ‖ *(ab)schließen (Rechnung, Vertrag)* ‖ *zukleben, schließen (Brief)* ‖ *zudrehen (Hahn)* ‖ *ballen (Faust)* ‖ *abschalten, ausdrehen (Licht)* ‖ *für geschlossen erklären (Wettbewerb)* ‖ fig *(be)enden* ‖ fig *einstellen (Tätigkeit)* ‖ fig *beendigen (Diskussion)* ‖ fig *aufgeben (Praxis)* ‖ ◊ ~ *la boca* fam *still werden, verstummen* ‖ ~ *a alg.* fam *jdm den Mund stopfen* ‖ ~ *con cerrojo verriegeln* ‖ ~ *con llave zuschließen* ‖ ~ *con (un) dique verdämmen* ‖ ~ *con (un) gancho zuhaken* ‖ ~ *con pérdida mit Verlust abschließen (Bilanz)* ‖ ~ *la cuenta: la cuenta cerrada al... abgeschlossen bis (Rechnung)* ‖ ~ *de golpe zuschnappen (Federschloß)* ‖ ~ *el molde* ⟨Typ⟩ *(fest)keilen* ‖ ~ *las escotillas* ⟨Mar⟩ *luken* ‖ ~ *la marcha als letzter (hinterher) marschieren* ‖ ~ *la sesión die Sitzung schließen* ‖ ~ *el ojo* fam *sterben* ‖ *no* ~ *(fam pegar) el ojo en toda la noche* fam *die ganze Nacht kein Auge zutun* ‖ ~ *los ojos die Augen schließen* ‖ *die Augen zudrücken (e-r Leiche)* ‖ ~ *sobre a. bei et ein Auge zudrücken* ‖ *a ojos cerrados blindlings* ‖ *en un (abrir y)* ~ *de ojos* figf *in e-m Augenblick, im Nu* ‖ ~ *el obturador* ⟨Phot⟩ *abblenden* ‖ ~ *el pico* fam *den Schnabel halten* ‖ ~ *a piedra y lodo mauerfest verschließen* ‖ ~ *plaza* ⟨Taur⟩ *der letzte sein (Kampfstier)* ‖ ~ *por soldadura zulöten* ‖ ~ *un vacío e-e Lücke ausfüllen* ‖ ~ *vi (sich) schließen (Schloß)* ‖ *in sich fassen* ‖ *anbrechen (die Nacht)* ‖ *ablaufen, zu Ende sein (Frist)* ‖ *zuheilen (Wunde)* ‖ ~ *con alg. auf jdn losstürzen* ‖ ~ *con (od contra) el enemigo* ⟨Mil⟩ *den Feind angreifen* ‖ *al* ~ *el día bei Anbruch der Nacht* ‖ *hora de* ~ *Polizeistunde* f ‖ *ha cerrado la noche es ist schon finstere Nacht* ‖ *la puerta cierra bien (mal) die Tür schließt gut (schlecht)* ‖ *ir cerrando langsam zuheilen (Wunde)* ‖ ¡*Santiago y cierra España! greif an, Spanien!* (*mit der Hilfe des hl. Jakobus - alter Schlachtruf der Spanier*) ‖ **-se** *zuheilen (Wunde)* ‖ *sich überziehen, sich bewölken (Himmel)* ‖ ◊ ~ *en callar hartnäckig schweigen* ‖ ~ *en su opinión hartnäckig auf seiner Meinung bestehen*
cerrazón f *dicht bedeckter Wolkenhimmel* m ‖ *Gewitterwolken* fpl ‖ fig *Stumpfsinn* m ‖ prov *Dickicht* n
cerrejón m *kleiner Hügel* m
cerre|ría f fam *(allzu)freies Benehmen* n ‖ **-ro** adj/s *umherstreifend* ‖ *ungebunden, frei* ‖ *bergig, uneben* ‖ fig Am *roh, ungebildet* ‖ Ven *nicht süß* ‖ ~ m *Landstreicher, Vagabund* m ‖ **-ta** f ⟨Mar⟩ *Spiere* f
cerrica f Ast *Zaunkönig* m (→ **chochín**)
cerril adj *bergig* ‖ *wild (Tier)* ‖ figf *grob, un-*

cerrilero — cervigudo 256

geschliffen, pop *ruppig* || fig *jung, unerfahren* || adv: ~**mente**
cerrilero m And *Fohlenhüter* m
cerri|lidad *f Wildheit, Ungezähmtheit* f *(Tier)* || fig *Grobheit, Ungeschliffenheit* f || fig *Sturheit* f || **–lismo** m *Engstirnigkeit* f || **–lmente** adv *grob* || *stur*
cerri|lla *f Rändelmaschine* f *für Münzen* || **–llada** *f* SAm *niedrige Hügelkette* f || **–llar** vt *rändeln (Münzen)* || **–llo** m dim *v.* **cerro** ~**s** mpl *Rändel|eisen* n, *-stempel* m
cerrión m *Eiszapfen* m
cerro m *Hügel* m, *steile Anhöhe* f || *Hals* m, *Genick* n *(der Tiere)* || *Büschel* m/n *Flachs* f ⟨Bot⟩ *Zerreiche* f (Quercus cerri) || en ~ figf *ungesattelt (Pferd)* || *einfach, ohne Zutat* || ◊ *beber en* ~ fam *auf leeren Magen trinken* || *echar por esos* ~s figf *irregehen, Ungehöriges sagen od tun* || *como por los* ~ *de Úbeda* figf *wie die Faust aufs Auge* || *ganz unpassend* || *salir (od echar, ir, irse) por los* ~ *de Úbeda* figf *unpassend, kopflos antworten* || figf *dumm daherschwätzen*
cerro|jazo m *Schließen* n *mit dem Riegel* || *plötzliche Verriegelung* f || ◊ *dar* ~ *schnell verriegeln* || fig *schnell schließen (z. B. Parlament)* || *dar un* ~ (a) figf *e–n Korb geben* || **–jeo** m Pe *Herumwirtschaften* n || **–jillo, –jito** m *Kohlmeise* f || **–jo** m *Riegel* m || ⟨Bgb⟩ *T-förmige Stollenkreuzung* f || ~ *de armario Schrankriegel* m || ~ *de cañón Verschluß* m || ~ *de fusil Gewehrschloß* m || ~ *de pestaña Einsteckschloß* n || ~ *de resbalón,* ~ *pasador Schubriegel* m || ◊ *correr el* ~ *den Riegel zurückschieben* || *echar el* ~ (a) *verriegeln*
△**cerrón** m *Schlüssel, Riegel* m
△**certa** *f Hemd* n
certamen m *(künstlerischer, wissenschaftlicher) Wettbewerb* m || *Preisausschreiben* n || *Ausstellung* f || ~ *de belleza Schönheitskonkurrenz* f || ◊ *celebrar un* ~ *ein Preisausschreiben durchführen*
certeneja *f* Mex *kleiner, tiefer Sumpf* m
certe|ría *f Treffsicherheit* f *(beim Schießen usw.)* || **–ro** adj *(treff)sicher, treffend* || *passend, triftig* || *zuverlässig* || *genau unterrichtet* || adv: ~**amente,** **–za** *f Gewißheit, Bestimmtheit* f || *con* ~ *bestimmt*
certidumbre *f Gewißheit, Sicherheit* f || ~ *del derecho Rechtssicherheit* f
certifi|cación *f Beglaubigung* f || *Bescheinigung* f || *Ausfertigung* f || *Beweis* m || *Bestätigung* f *(e–s Schecks)* || ~ *de salida* ⟨Com⟩ *Ausfuhrschein* m || **–cado** adj *beglaubigt (Kopie, Zollfaktura)* || *bestätigt (Scheck)* || *eingetragen* (carta) ~a *eingeschriebener Brief* m || *impreso* ~ *eingeschriebene Drucksache* f *(Drucksache-Einschreiben)* || ~ *m Bescheinigung* f || *eingeschriebener Brief* m || *Einschreiben* n *(als Briefaufschrift)* || *Bekräftigung* f || ~ *de antecedentes penales Strafregisterauszug* m || ~ *de aprendizaje Lehrbrief* m || ~ *de aptitud Befähigungs|nachweis* m, *-zeugnis* n || ~ *de asistencia Bescheinigung* f *der Teilnahme (an e–m Kurs)* || ~ *de autorización de exportación Ausfuhrberechtigungsschein* m || ~ *de avería Schadenszertifikat* n || ~ *de bachiller(ato) Abiturientenzeugnis* n || ~ *de buena conducta (polizeiliches) Führungszeugnis* n || *Leumundszeugnis* n || ~ *de daños* ⟨Com⟩ *Schadenbescheinigung* f || ~ *de defunción Todesschein* m, *Sterbeurkunde* f || ~ *de depósito* ⟨Com⟩ *Lagerschein* m || ~ *de desempleo Arbeitslosigkeitsbescheinigung* f || ~ *de escolaridad Schulzeugnis* n || ~ *de examen Prüfungszeugnis* n || ~ *de existencia Lebensbescheinigung* f || ~ *franco-bordo Fahrterlaubnisschein* m || ~ *de franquicia aduanera Zollfreischein* m || ~ *de incapacidad laboral Arbeitsunfähigkeitsbescheinigung* f || ~ *justificante* ⟨Com⟩ *Zollrückgabeschein* m || ~ *de matrimonio Heiratsurkunde* f || ~ *de nacimiento Geburtsurkunde* f || ~ *de no objeción Unbedenklichkeitsbescheinigung* f || ~ *de origen* ⟨Com⟩ *Ursprungszeugnis* n || ~ *de reconocimiento de deuda Schuld|bescheinigung, -anerkenntnis* f || ~ *de sanidad Gesundheitspaß* m || ~ *de seguro Versicherungsschein* m || ~ *de vacuna Impfschein* m || ◊ *extender un* ~ *ein Zeugnis ausstellen* || **–car** [c/qu] vt *bescheinigen* || *beurkunden* || *beglaubigen* || *versichern* || ◊ (hacer) ~ *una carta e–n Brief einschreiben (lassen)* || ~ *una firma e–e Unterschrift beglaubigen* || ~**se** *sich vergewissern* || **–cativo** adj *überzeugend* || **–catorio** adj *beglaubigend, bescheinigend*
cer|tísimo adj sup *v.* **cierto** || **–titud** *f* = **certeza**
ceruca *f* Al *Schote, Hülse* f
cerúleo adj *himmelblau* || *dunkelblau (Meer, See)*
ceruliñona *f Blauöl* n
ceruma *f Fesselgelenk* n
cerumen m *Ohrenschmalz, Cerumen* n
cerus(it)a *f* ⟨Min⟩ *Zerussit* m
cerval adj *Hirsch-* || *hirschähnlich* || *wild (Tier)* || *miedo* ~ *panischer Schrecken* m, *Todesangst* f
Cervan|tes np *Cervantes* || = **Servando** (Tfn) || ◊ *ser un* ~ figf *ein berühmter Schriftsteller sein* || ⁼**tesco,** ⁼**tino, cervántico** adj *in der Manier od dem Stil des Cervantes* || *biblioteca* **–tina** *Cervantesbibliothek* f || **–tismo** m *cervantinischer Ausdruck* m || *literarischer Einfluß* m *von Cervantes* || **–tista** m/adj *Cervantist, Cervantesforscher* m || **–tófilo** m/adj *Cervantesverehrer* m
cervatana *f* → **cerbatana**
cerva|tillo m dim *v.* **–to** || **–to** m *Hirschkalb* f
cervece|ría *f (Bier)Brauerei* f || *Brauhaus* n || *Bierhalle* f, *Schenke, Bierstube* f || *Gasthaus* n || **–ro** *m (Bier)Brauer* m || *Mälzer* m || *Bierwirt* m || *Gast-, Schenk|wirt* m || ~ adj *Bier-* || *Brauereiindustria* ~a *Brauerei|industrie* f, *-gewerbe* n
cerverano adj *aus Cervera de Pisuerga* (PPal) bzw *C. de Rio Alhama* (PLogr)
cerveza *f Bier* n || ~ *blanca (de Berlín) (Berliner) Weißbier* n || ~ *en botellas,* ~ *embotellada Flaschenbier* n || ~ *de barril Faßbier* n || ~ *de cebada Gerstenbier* n || ~ *clara,* ~ *dorada,* ~ *rubia,* ~ *blanca helles Bier* n || ~ *doble Doppel-, Märzenbier* n || ~ *espumosa Schaumbier* n || ~ *de exportación Exportbier* n || ~ *de fermentación alta (baja) ober- (unter-)gäriges Bier* n || ~ *floja (fuerte) Dünn- (Stark-)Bier* n || ~ *de 12 grados 12gradiges Bier* n || ~ *granate Granatbier* n || ~ *de invierno,* ~ *de verano Winter-, Sommer|bier* n || ~ *de jengibre Ingwerbier* n || ~ *de malta Malzbier* n || ~ *de marzo Märzenbier* n || ~ *medicinal Medizinalbier* n || ~ *de mostrador Ausschank-, Schenkbier* n || ~ *de Munich Münchner Bier* n || ~ *negra Schwarzbier, dunkles Bier* n || ~ (de) *Pilsen Pilsener Bier* n *(aus Pilsen)* || fig *helles Bier* n || ~ *tipo Pilsen Pilsner Bier* n || ~ *Quilmes* Am *Quilmes-Bier* n *(Buenos Aires)* || ~ *reciente junges Bier* n || ~ *reposada,* ~ *añeja Lagerbier* n || ~ *sencilla Einfachbier* n || ~ *en toneles,* ~ *del tonel Faßbier* n || *un doble de* ~ *ein Glas (ungefähr* $^{1}/_{8}$ *l) Bier* || *fábrica de* ~ *Brauerei* f || *un jarro, un vaso, un bock de* ~ *ein Krug, ein Glas Bier* || *heces de* ~ *Bierhefe* f || ◊ *tomar o vaso de* ~ *ein Glas Bier trinken*
cervicabra *f Hirschziegenantilope* f (Antilope cervicapra)
cervic(ul)ar adj *Genick-, zervikal*
cérvidos mpl *hirschartige Tiere* npl, *Hirsche* mpl (Cervidae)
cervi|gal *m (Kopf)Kissen* n || **–gón** adj = **–gudo** || ~ *m* fam *Speck-, Stier|nacken* m || *dicker Nacken* m || **–gudo** adj *mit feistem Nacken* ||

fig *trotzig, halsstarrig* ‖ **–guillo** m *dicker Nacken* m
cervino adj *Hirsch-*
cerviz [pl **-ces**] f *Genick* n, *Nacken* m ‖ **de dura** ~ fig *halsstarrig* ‖ ◊ **bajar** (*od* **doblar**) **la** ~ fig *sich demütigen* ‖ **levantar la** ~ fig *den Kopf hoch tragen* ‖ **ser de dura** ~ figf *halsstarrig sein*
cervuno adj *hirschfarben* ‖ *fahl (Pferd)*
cesación f *Aufhören* n, *Unterbrechung, Beendigung, Aufhebung, Einstellung* f ‖ *Aussetzen, Erlöschen* n ‖ ⟨Med⟩ *Ausbleiben* n *(der Regel)* ‖ ~ **a divinis** *Strafe* f *der Aufhebung der Kirchentätigkeit in e-m Gebiet* ‖ ~ **de industria,** ~ **de la explotación** *Betriebseinstellung, Außerbetriebsetzung* f ‖ ~ **de la acción** *Aussetzen* n *des Verfahrens* ‖ ~ **de la ley** *Außerkrafttreten* n *des Gesetzes* ‖ ~ **de hostilidades** *Einstellung* f *der Feindseligkeiten* ‖ ~ **del gobierno** *Abdankung* f *der Regierung* ‖ ~ **del trabajo** *Arbeitsniederlegung, -einstellung* f ‖ ~ **de pagos** *Zahlungseinstellung* f ‖ ~ **de vigencia** *Außerkrafttreten* n ‖ ~ **en el oficio** *Verlust* m *der dienstlichen Stellung (Kirchenrecht)*
cesan|te m *entlassene(r), seines Amtes enthobene(r) Beamte(r)* m ‖ *Beamter* m *im Wartestand* ‖ ◊ **dejar** ~ **entlassen** (*Beamte*) ‖ **–tía** f *(einstweilige) Amtsenthebung* f ‖ *Abbau* m *(v. Beamten)* ‖ *einstweiliger Ruhestand* m ‖ *Stellen-, Arbeitslosigkeit* f ‖ *Wartegeld* n ‖ *Abgeordneten-, Minister|pension* f ‖ **indemnización por** ~ *Entlassungsentschädigung* f
cesar vt/i *ablassen* ‖ *erlöschen* ‖ *aufhören* ‖ *einstellen, aufgeben,* ‖ *abbrechen (Kampf)* ‖ *ausscheiden (aus dem Amt)* ‖ ◊ ~ **de correr** *aufhören zu laufen* ‖ ~ **de estar en vigor** ⟨Jur⟩ *außer Kraft treten* ‖ ~ **el fuego** *das Feuer einstellen* ‖ ~ **en el trabajo** *die Arbeit niederlegen* ‖ ~ **en su empleo** *aus dem Amt scheiden* ‖ **no** ~ **de hacer a.** *unaufhörlich et tun* ‖ **sin** ~ *unaufhörlich, beständig*
César m *Cäsar, Kaiser* m ‖ ◊ ~ **o nada** fig *entweder alles oder nichts* ‖ ◊ **lo que es de** ~, **dése a** ~, **lo que es de Dios, a Dios** *gebt dem Kaiser was des Kaisers ist und Gott, was Gottes ist*
cesaraugustano adj/s *aus Caesarea Augusta (heute Zaragoza / Saragossa)*
Césare|a *Cäsarea (Stadt)* ‖ **=o** adj *cäsarisch, kaiserlich* ‖ **operación** ~**a** ⟨Chir⟩ *Kaiserschnitt* m
cesari(a)no adj *Julius Cäsar betreffend* ‖ *cäsarisch, kaiserlich*
cesa|rismo m *Cäsarentum* n ‖ ⟨Pol⟩ *Cäsarismus, Zäsarismus* m ‖ **–ropapismo** m *Cäsaropapismus* m
ce|se m *Aufhören* n ‖ *Unterbrechung* f ‖ *Ausscheiden* n, *Entlassung* f ‖ *Vermerk* m *über das Aufhören e-r Zahlung* ‖ *Aufgabe* f *eines Geschäftes* ‖ ~ **de alarma** ⟨Mil⟩ *Entwarnung* f ‖ ~ **de hostilidades** *Einstellung* f *der Feindseligkeiten* ‖ ~ **de la prestación** ⟨Jur⟩ *Wegfall* m *der Leistung* ‖ ~ **en el cargo** *Ausscheiden* n *aus dem Amt* ‖ **–sibilidad** f *Abtret-, Zedierbarkeit* f ‖ **–sible** adj ⟨Jur⟩ *abtretbar*
cesio m ⟨Chem⟩ *Cäsium* n
cesión f *Abtretung, Zession, Überlassung* f
cesio|nario m *(Über)Nehmer* m *(e-s abgetretenen Rechtes)* ‖ *Rechtsnachfolger, Zessionar* m ‖ **–nista** m *Zedent, Überlasser* m ‖ *Verzichtleistender* m
césped m *Rasen(platz)* m ‖ **campo de** ~ ⟨Sp⟩ *Rasen(spiel)platz* m ¶ ◊ **sacar** ~ *Rasen stechen*
cespedera f *Rasen-, Grasplatz* m
¹**cesta** f *(runder) Korb, Tischkorb* m ‖ **con asas** *Henkelkorb* m ‖ ~ **para frutas** *Obstkorb* m ‖ ~ **de mordaza** ⟨Tech⟩ *Greifkorb* m *(Bagger)* ‖ ~ **de papeles** *Papierkorb* m ‖ ~ **de la ropa** *Wäschekorb* m ‖ ◊ **no decir** ~ **ni ballesta** figf *kein Wort antworten, hartnäckig schweigen,* fam *k–n Piep sagen*
²**cesta** f *Wurf-, Schlag|korb* m *der baskischen Ballspieler*
ces|tada f *ein Korbvoll* m ‖ **–tería** f *Korbflechterei* f ‖ *Korbwaren* fpl ‖ **–tero** m *Korb|flechter, -händler* m ‖ **–tita** f dim v. **-ta**
¹**cesto** m *großer, hoher Korb* m *(aus Rohr od ungeschälten) Weiden* ‖ *Tragkorb* m ‖ ~ **de los papeles** *Papierkorb* m ‖ ◊ **estar hecho un** ~ figf *schlaftrunken sein* ‖ *berauscht sein* ‖ **ser un** ~ *ungeschliffen, unkultiviert sein,* pop *bekloppt sein* ‖ **quien hace un** ~, **hace ciento (si le dan mimbres y tiempo)** *wer einmal aus dem Blechnapf fraß . . . (etwa: einmal Dieb, immer Dieb)*
²**cesto** m ⟨Hist⟩ *Kampfhandschuh* m *der Faustkämpfer*
³**cesto** m ⟨Zool⟩ *Venusgürtel* m *(Cestus veneris)*
cestodos mpl ⟨Zool⟩ *Bandwürmer* mpl, *Zestoden* pl *(Cestodes)*
cestón m augm v. **cesto**
cesura f *Zäsur* f
ceta f = **zeta**
cetáceo m *Wal* m ‖ ~**s** pl *Waltiere* npl, *Wale* mpl *(Cetacea)*
cetina f *Walrat* m ‖ ⟨Chem⟩ *Zetin* n
Cetinia f ⟨Geogr⟩ *Cetinje (Stadt in Jugoslawien)*
cetodóntidos mpl ⟨Zool⟩ *Zahnwale* mpl ‖ → **odontocetos**
cetona f ⟨Chem⟩ *Keton* n
cetonia f ⟨Entom⟩ *Rosenkäfer* m *(Cetonia aurata)*
cetraria f ⟨Bot⟩ *Isländisches Moos (Cetraria islandica)*
cetrería f *Falknerei* f ‖ *Falken-, Beiz|jagd* f ‖ *Falkenzucht* f
¹**cetrero** m *Falkenier, Falkner* m
²**cetrero** m *Zepterträger* m
cetrífero adj ⟨poet⟩ *zeptertragend*
cetrino adj *grün-, zitronen|gelb* ‖ *zitratartig* ‖ fig *trübsinnig, grämlich*
cetro m *Zepter* n/m ‖ *Kirchenzepter* n/m ‖ fig *Regierung(szeit)* f ‖ fig *Königs-, Kaiser|würde* f ‖ ◊ **empuñar el** ~ fig *die Regierung antreten*
ceugma f ⟨Rhet⟩ *Zeugma* n
ceutí [pl **-íes**] m/adj *Einwohner* m *von Ceuta*
Cevenas fpl: **las** ~ *die Cevennen*
cevil adj pop = **civil**
Ceylán *Ceylon (Insel)*
cf. Abk = **confesor** ‖ = **confirma(n)**
c. f. (y) s. Abk = **coste, flete y seguro**
cg. Abk = **centigramo**
C.G.S. Abk = **sistema cegesimal** *CGS-System* n
ch *besonderer span. Buchstabe:* → *nach C!*
C.^{ia}, Cía. Abk = **Compañía**
¹**cía** f ⟨An⟩ *Hüftbein* n
²**cía** f ⟨Mar⟩ *Rückwärtsrudern* n
³**cía** f ⟨Ar⟩ *Getreidespeicher, Silo* m
ciaboga f ⟨Mar⟩ *Wenden* n *des Schiffes* ‖ ◊ **hacer** ~ fig *Reißaus nehmen*
ciamasa f *Zyamase* f
ciamidos mpl ⟨Zool⟩ *Walfischläuse* fpl *(Cyamidae)*
cianamida f ⟨Chem⟩ *Zyanamid* n ‖ ~ **cálcica,** ~ **de calcio** *Kalziumzyanamid* n ‖ *Kalkstickstoff* m
cianato m *Zyanat* n ‖ ~ **de potasio** *Kaliumzyanat* n
cianea f ⟨Zool⟩ *Haarqualle* f *(Cyanea spp)* ‖ *Nesselqualle* f *(C. lamarcki)*
cian|hídrico adj: **ácido** ~ ⟨Chem⟩ *Blausäure* f ‖ **–hidrosis** f ⟨Med⟩ *Blauschwitzen* n
ciánico adj: **ácido** ~ *Zyansäure* f
cianita f ⟨Min⟩ *Zyanit* m
ciano|fíceas fpl ⟨Bot⟩ *Blaualgen* fpl, *Zyanophyzeen* pl *(Cyanophyceae)* ‖ **–gráfico** adj: **papel** ~ ⟨Phot⟩ *Blaudruckpapier* n ‖ **cianómetro** m ⟨Meteor⟩ *Zyanometer* n ‖ **–psia** f ⟨Med⟩ *Blausehen* n, *Zyanopsie* f ‖ **–sis** f ⟨Med⟩ *Blausucht,*

cianótico — cidro　　　　　　　　　　　　　　　　　　　　　　　　258

Zyanose f ‖ **cianótico** adj *zyanotisch* ‖ **–tipia** *f* ⟨Typ⟩ *Blaudruck* m, *Zyanotypie* f
cianu|ria *f* ⟨Med⟩ *Blauharnen* n, *Zyanurie* f ‖ **–ro** *m Zyanid* n ‖ ~ *cúprico Kupfer(II)-zyanid* n ‖ ~ *cuproso Kupfer(I)-zyanid* n ‖ ~ *férrico Eisen(III)-zyanid, Eisenhexazyanoferrat (III)* n
ciar [pres *cío*] vi *hufen (Pferde usw)* ‖ *rückwärts gehen* ‖ ⟨Mar⟩ *rückwärts rudern, streichen, zurückschlagen* ‖ ⟨Mar⟩ *rückwärts fahren* ‖ ¡cía! ⟨Mar⟩ *streich!* ‖ ¡cía babor (estribor)! ⟨Mar⟩ *streich backbord (steuerbord)!* ‖ fig *erschlaffen*
ciáti|ca *f Hüftweh* n, *Hexenschuß* m, *Ischialgie* f, *Ischias* f/m ‖ **–co** adj ⟨An⟩ *Hüft-*
ciatiforme adj ⟨Bot⟩ *becherförmig*
Cibeles ⟨Myth⟩ *Kybele* f ‖ ⟨Astr⟩ *die Erde* f ‖ la ~ pop *bekannter Brunnen in Madrid*
cibelina *f* ⟨Zool⟩ *Zobel* m (Martes zibellina) ‖ *Zobelpelz* m ‖ ⟨Web⟩ *Zibeline* f
cibera adj → **agua** ‖ ~ *f Futter\pflanzen* fpl, *-korn* n ‖ *Trester* pl *(von Mandeln, Nüssen usw)* ‖ Extr *Mühltrichter* m ‖ ◊ *moler a uno como ~* figf *jdn derb verprügeln*
cibernéti|ca *f Kybernetik* f ‖ **–co** adj *kybernetisch*
cibi|ca *f* ⟨Mar⟩ *Krampe* f ‖ **–cón** *m untere Achsenschiene* f *(e–s Wagens)* ‖ →a **cibica**
△**cibó** adv *heute*
cíbolo *m* Mex *Bison* m
ciborio *m* ⟨Kath⟩ *Ziborium* n
△**cica** *f Geldbeutel* m
ci|cada *f* = **cigarra** ‖ **–cadáceas** *fpl* ⟨Bot⟩ *Zykad(az)een* pl, *Palmfarne* mpl (Cycadaceae) ‖ **–cádeo** adj *zikadenähnlich* ‖ **–cádidos** *mpl* ⟨Entom⟩ *Zikaden* fpl (Cicadina)
cicate|ar vi fam *knausern* ‖ **–ría** *f Knauserei* f ‖ **–ro** adj/s *knauserig* ‖ *Knauser, Knicker* m ‖ △*Taschendieb* m
cica|trícula *f* ⟨Wiss⟩ *kleine Narbe* f ‖ **–triz** [*pl* **–ces**] *f Narbe* f, *Wundmal* n ‖ *Schmarre* f ‖ fig *schmerzliche Rückerinnerung* f ‖ ~ *de esgrima Mensurnarbe* f ‖ *Schmiß* m ‖ ◊ *la ~ se va cerrando die Narbe heilt allmählich zu*
cicatri|zación *f Vernarbung, Narbenbildung, Überhäutung, Heilung* f (& fig) ‖ **–zado** adj *vernarbt* ‖ fig *gestillt, beruhigt (Schmerz)* ‖ **–zal** adj *Narben-* ‖ **–zante** adj/s *vernarbend, narbenbildend(es Mittel)* ‖ **–zar** [z/c] vt *benarben, heilen* ‖ fig *vergessen machen* ‖ **~se** *vernarben, (ver-, zu)\heilen* (& fig)
cícera, ci|cércula, –cercha *f Platterbse* f
cícero *m* ⟨Typ⟩ *Cícero* f
Cice|rón *m* np *Cicero* m ‖ fig *sehr guter Redner* m ‖ **–rone** *m Cicerone, Fremdenführer* m ‖ **–roniano** adj *ciceronisch, Cicero-*
cicimate *m* Mex *Greis-, Kreuz|kraut* n (Senecio sp)
cicindela *f Sandlaufkäfer* m (Cicindela) ‖ ~ *campestre Feldsandläufer* m (C. campestris) ‖ ~ *de las playas Strand(sand)läufer* m (C. maritima)
cición *f* Tol *dreitägiges Wechselfieber* n
Cícladas *fpl*: las ~ *die Kykladen (Inseln)*
cicla|mino, –men *m,* **–ma** *f Alpenveilchen* n (Cyclamen) ‖ **–mor** *m Sykomore* f, *Maulbeerfeigenbaum* m, *Eselsfeige* f (Ficus sycomorus)
ciclán *m* adj *einhodig* ‖ ~ *m kryptorches Lamm* n ‖ *Klopfesel* m
ciclantáceas *fpl* ⟨Bot⟩ *Scheibenblumengewächse* npl (Cyclanthaceae)
ciclar vt *glätten (Edelsteine)*
cíclico adj *zyklisch* ‖ *regelmäßig wiederkehrend* ‖ *Sagenkreis-* ‖ ⟨Bot⟩ *zyklisch, Kreis-* ‖ *poema ~ Sagendichtung* f ‖ *poetas ~s Kykliker, Kykliker* mpl
ciclida *f* ⟨Math⟩ *Zyklide* f
ciclis|mo *m Fahrradsport, Rad(fahr)sport* m ‖ ~ *en pista Bahnfahren* n ‖ **–ta** *m*/adj *Radfahrer* m ‖ *Radler* m ‖ ~ adj *Rad-* ‖ *carrera ~ Radrennen* n
ciclización *f* ⟨Chem⟩ *Ringbildung* f

ciclo *m Zyklus, Zeitkreis* m ‖ *Kreislauf* m ‖ *Kreisprozeß* m ‖ *Reihe* f, *Zyklus* m ‖ *Sagen-, Liederkreis* m ‖ ⟨Chem⟩ *Ring* m ‖ ~ *abierto offener Kreislauf* m ‖ ~ *agrícola Agrarzyklus* m ‖ ~ *bretón bretonischer Sagenkreis* m ‖ ~ *carlovingio (od carolingio) Sagenkreis* m *Karls des Großen und seiner Paladine* ‖ ~ *cerrado (geschlossener) Kreislauf* m ‖ ~ *de conferencias Vortragsreihe* f ‖ ~ *coyuntural Konjunkturzyklus* m ‖ ~ *cromosómico* ⟨Gen⟩ *Chromosomenzyklus* m ‖ ~ *de adsorción Adsorptionszyklus* m ‖ ~ *de Brückner* ⟨Meteor⟩ *Brücknerscher Zyklus* m ‖ ~ *de Carnot Carnotscher Kreisprozeß* m ‖ ~ *de cuatro tiempos* ⟨Tech⟩ *Viertakt(prozeß)* m ‖ ~ *de dos tiempos* ⟨Tech⟩ *Zweitakt(prozeß)* m ‖ ~ *de estruación* ⟨Zool⟩ *Brunstperiode* f ‖ ~ *de histéresis* ⟨El⟩ *Hysteresisschleife* f ‖ ~ *del carbono Kohlenstoffzyklus* m ‖ ~ *del nitrógeno Stickstoffkreislauf* m ‖ ~ *del rey Artús (od Arturo) Sagenkreis* m *vom König Artus* ‖ ~ *de manchas solares* ⟨Astr⟩ *Sonnenfleckenzyklus* m ‖ ~ *económico Konjunkturablauf* m ‖ ~ *energético Energiekreislauf* m ‖ ~ *épico feudal Zyklus* m *der Ritterepen* ‖ ~ *ígneo,* ~ *magmático* ⟨Geol⟩ *magmatischer Zyklus* m ‖ ~ *múltiple Mehrfachkreislauf* m ‖ ~ *térmico* ⟨Nucl⟩ *Wärmeübertragungssystem* n ‖ ~ *troyano trojanischer Sagenkreis* m ‖ ~ *vital,* ~ *de vida Lebenszyklus* m ‖ *en ~ kreisförmig* ‖ *zyklusartig*
ciclo|hexamina *f* ⟨Chem⟩ *Zyklohexamin* n ‖ **–hexano** *m Zyklohexan* n
cicloide *f* ⟨Math⟩ *Radkurve, Zykloide* f
ciclometría *f* ⟨Math⟩ *Zyklometrie, Maßbestimmung* f *am Kreis*
ciclomotor *m Moped* n
ciclón *m Zyklon, Wirbelsturm* m ‖ ⟨Tech⟩ *Zyklon* m ‖ *como un ~* figf *plötzlich, jäh*
cíclope, ciclope *m* ⟨Myth⟩ *Zyklop* m ‖ ⟨Zool⟩ *Hüpferling* m (Cyclops fuscus)
ciclopedestrismo *m* ⟨Sp⟩ *(Rad)Querfeldeinrennen* n
ciclópico, ciclópeo adj *zyklopisch* ‖ fig *riesig, riesenhaft* ‖ *muro ~ Zyklopenmauer* f
ciclorama *m Rundschau* f
ciclostilo *m* ⟨Com⟩ *Vervielfältigungsmaschine* f
ci|clostoma, –clóstoma *m* ⟨Fi⟩ *Rundmaul, Zyklostome* m ‖ **–clostómidos** *mpl* ⟨Fi⟩ *Rundmäuler* npl (Agnatha)
ciclo|timia *f* ⟨Med⟩ *Zyklothymie* f ‖ **–tímico** adj/s *zyklothym* ‖ ~ *m Zyklothyme* m ‖ **–tomía** *f* ⟨Chir⟩ *Zyklotomie, Durchtrennung* bzw *Einkerbung* f *des Ziliarmuskels*
ciclotrón *m* ⟨Phys⟩ *Zyklotron* n
cicloturismo *m Radwandern* n
cicoleta *f* Ar *sehr kleiner Bewässerungsgraben* m
cicónidas *fpl* ⟨V⟩ *Störche* mpl (Ciconiidae)
cico|te *m* Cu *Schmutz* m *an den Füßen* ‖ **–tera** *f* Cu *übler Fußgeruch* m ‖ *Schweißfuß* m
cicuta *f* ⟨Bot⟩ *Schierling* m (Cicuta sp) ‖ ~ *menor* → **etusa**
Cid (el Campeador) *m der Cid Rodrigo Díaz de Vivar – spanischer Held,* † 1099) ‖ *Cantar de Mío ~ span. (National)Epos* n *aus dem 12. Jh.* ‖ ◊ *ser un ~* fig *ein Held sein*
cid *m* prov ⟨V⟩ *Meise* f (Parus spp)
cidi *m Herr* m *(arabischer Titel)*
cidiano adj *auf den Cid bezüglich, zum Cid gehörig*
cido(no)mel *m Eingemachtes* n *von Quitten und Honig*
ci|dra *f Zitronat* n, *Bergamottpomeranze, Zedratzitrone* f ‖ ~ *cayote Faser|kürbis* m, *-melone* f *(aus der das span. Konfekt cabello de ángel bereitet wird)* ‖ **–drada** *f Zidrakonserve* f ‖ **–dral** *m Pflanzung* f *von Bergamottzitronenbäumen* ‖ *Bergamottzitronenbaum* m ‖ *Zitronentrank* m
ci|dro, –drero *m Zitronat-, Zedrat|baum* m (Citrus medica)

ciega f blinde Frau, Blinde f
ciega|mente adv blind(lings) ‖ aufs Geratewohl ‖ **-yernos** m figf Flitter m, Flitterwerk n
ciego adj blind ‖ fig verstopft (Rohr) ‖ fig blind, verblendet ‖ fig s–r Sinne nicht mächtig ‖ unkritisch ‖ ~ m Blinder m ‖ blinder Straßenmusikant m ‖ ⟨An⟩ Blinddarm m ‖ kurze, dicke Blutwurst f ‖ el dios ~ fig Amor m ‖ ~ de amor blind vor Liebe, rasend verliebt (por in acc) ‖ ~ de guerra Kriegsblinder m ‖ ~ de nacimiento blind geboren ‖ Blindgeborener m ‖ ~ de ira blind vor Zorn ‖ gallina ~a Blindekuh f (Spiel) ‖ alfabeto de los ~s Blindenschrift f ‖ asilo de ~s Blindenanstalt f ‖ asistencia a los ~s Blindenfürsorge f ‖ intestino ~ Blinddarm m ‖ a ciegas blindlings ‖ fig ohne Überlegung ‖ ◊ hablar de algo como el ~ de los colores fig von er reden, wie der Blinde von der Farbe ‖ sus ojos son capaces de hacer ver a un ~ fam sie hat wunderschöne, unwiderstehliche Augen (Frau) ‖ no hay peor ~ que el que no quiere ver die schlimmste Blindheit ist die, nicht sehen zu wollen ‖ en tierra de (los) ciegos, el tuerto es rey unter Blinden ist der Einäugige König
ciegue|cico, –cito, –zuelo adj/s dim v. **ciego**
la –cita ein Kinderspiel n
cie|lín m dim v. **cielo** (bes als Kosename für Kinder) ‖ **–lito** m südam. Volksweise f
cielo m Himmel m ‖ Luft, Atmosphäre f ‖ Himmelsstrich m ‖ Klima n ‖ Himmel, Wohnsitz m der Seligen ‖ fig Glückseligkeit f ‖ fig Paradies n ‖ fig Gott m ‖ Bett-, Thron|himmel m ‖ ⟨Flugw⟩ Verdeck n ‖ ⟨Bgb⟩ Hangendes n ‖ ~ aborregado Himmel m mit Schäfchenwolken ‖ ~ cubierto bedeckter Himmel m ‖ ~ de la boca Gaumen m ‖ ~ de la cama Betthimmel m ‖ ~ raso freier Himmel m ‖ ⟨Arch⟩ glatte Zimmerdecke f, Plafond m ‖ sereno heiterer Himmel m ‖ a ~ abierto unter freiem Himmel ‖ ⟨Bgb⟩ im Tagebau, über Tage ‖ en el séptimo ~ figf im siebenten Himmel ‖ bóveda del ~ Himmelsgewölbe n ‖ ◊ despejarse (od desencapotarse) el ~ sich aufklären (Himmel) ‖ escupir al ~ fig unvernünftig und tollkühn handeln ‖ estar en el quinto (o séptimo) ~ fig im siebenten Himmel sein ‖ fuego del ~ fig Strafe f des Himmels ‖ ganar el ~ fig die ewige Seligkeit erwerben, in den Himmel kommen ‖ ir al ~ in den Himmel kommen ‖ como llovido del ~ fig wie vom Himmel gefallen ‖ wie gerufen (kommen) ‖ mover ~ y tierra fig Himmel und Hölle in Bewegung setzen ‖ subir (od volar) al ~ fig das Zeitliche segnen, sterben, heimgehen ‖ tocar (od tomar, coger) el ~ con las manos figf außer sich sein (vor Zorn, Freude usw) ‖ venirse el ~ abajo in Strömen regnen ‖ fig sehr lärmen, großen Radau machen ‖ ver el ~ abierto figf vor Freude außer sich sein, den Himmel voller Geigen sehen ‖ al que al ~ escupe, en la cara le cae wer über sich spuckt, dem fallen die Späne ins Gesicht ‖ ~s pl: herir los ~ con lamentos figf herzzerreißend klagen, jammern ‖ ¡~! ¡Santo ⌁! gerechter Himmel! ‖ reino de los ~ Himmelreich n
cielor(r)aso m ⟨Arch⟩ Zwischendecke f, Himmelsdecke f ‖ Am Gaumen m
ciempiés m Tausendfüß(l)er m (→ **miriápodos**) ‖ fig kopfloses Arbeit f ‖ ◊ esto es un ~ figf das hat weder Hand noch Fuß
cien adj hundert (vor Haupt- oder substantivischen Zahlwörtern, sonst **ciento**) ‖ rosa de ~ hojas hundertblättrige Rose f ‖ ~ mil hunderttausend ‖ ◊ se lo he dicho ~ veces fam das habe ich ihm tausendmal gesagt
ciénaga f Pfütze, Kotlache f ‖ Sumpf, Morast m ‖ Moor n
cienagal m CR PR = **cenagal**
ciencia f Wissen n ‖ Wissenschaft f ‖ Lehre f ‖ Kunde, Kenntnis f ‖ fig Kenntnisse fpl ‖ fig Bildung f ‖ fig Geschicklichkeit f ‖ fig Einsicht, Erfahrung f ‖ gaya ~ (edle) Dichtkunst f ‖ a (od de) ~ cierta ganz bestimmt, zweifellos ‖ a ~ y paciencia fig mit Wissen und Billigung ‖ ~ de la administración Verwaltungslehre f ‖ ~ de la educación Erziehungswissenschaft f ‖ ~ del derecho Rechtswissenschaft, Jurisprudenz f ‖ **~-ficción** Science-fiction f ‖ ~ del suelo Bodenkunde, Pedologie f ‖ ~ política Staatswissenschaft f ‖ ◊ ser un pozo de ~ fig ein Ausbund an Gelehrsamkeit sein, fam ein gelehrtes Haus sein ‖ hombre de ~ Gelehrte(r), Wissenschaftler m ‖ las ~s exactas die exakten Wissenschaften fpl ‖ ~s económicas (Volks)Wirtschaftslehre f, Wirtschaftswissenschaften fpl ‖ ~s morales y políticas politische und Geisteswissenschaften fpl ‖ ~s naturales (beschreibende) Naturwissenschaften fpl ‖ ~s sociales Sozialwissenschaften fpl
ciénego m Arg Ec = **ciénaga**
cien|milésimo/adj Hunderttausendstel n ‖ **–millonésimo** m/adj Hunderttausendmillionstel n
cieno m Schlamm, Schlick m ‖ Schmutz, Dreck m (& fig) ‖ ◊ cubrir a alg. de ~ fig jdn mit Schmutz bewerfen
cientificismo m (übertriebene) Wissenschaftsgläubigkeit f
científico adj wissenschaftlich, Wissenschafts- ‖ adv: **~amente** ‖ ~ m Wissenschaftler m
ciento m/adj hundert (alleinstehend oder vor Zahlwörtern, sonst **cien**) ‖ ~ diez 110 ‖ el año ~ das hundertste Jahr ‖ número ~ Hundert n ‖ pop Toilette (WC) f ‖ el tanto por ~ Prozent n, Prozentsatz m ‖ es español al ~ por ~ fig er ist ein hundertprozentiger Spanier ‖ cinco por ~ (5 por %) 5% ‖ ~s y ~s Hunderte und aber Hunderte npl, e–e (Un)Menge f ‖ a ~ zu Hunderten
cientopiés m = **ciempiés**
cierne m Bestäubung f ‖ Blüte, Befruchtungszeit f (der Rebe) ‖ en ~ in Blüte (z. B. Rebe) ‖ en ~s fig angehend, in spe, zukünftig (z. B. Dichter) ‖ ◊ fig estar en ~ (od ~s) fig ganz am Anfang stehen, (ein) Anfänger sein
cierre m Verschluß m ‖ Schließen n ‖ Abschluß m (Vertrag, Konto) ‖ Schluß m ‖ Aussperrung f (Arbeitsrecht) ‖ Geschäfts-, Laden|schluß m ‖ Druckknopf m ‖ Brief(heft)klammer f ‖ ⟨Tech⟩ Lagerdeckel m ‖ Verriegelung f ‖ Verschluß m (Kanone) ‖ de balance ⟨Com⟩ Aufstellung f der Bilanz ‖ ~ de bayoneta Bajonettverschluß m ‖ ~ de bisagra Klappenverschluß m ‖ ~ de bolsa Börsenschluß m ‖ ~ para bolsas Taschenbügel m ‖ ~ de caja Kassenabschluß m ‖ ~ de cerrojo Riegelverschluß m (Gewehr) ‖ ~ de un contrato Schließung f eines Vertrages ‖ ~ de cremallera Reiß-, Blitz|verschluß m ‖ ~ de culata Bodenverschluß m ‖ ~ de chaveta Keil-, Stangen|schloß m ‖ ~ de ejercicio ⟨Com⟩ Jahresabschluß m ‖ ~ financiero Abschluß m des Geschäftsjahres ‖ ~ de estribo Bügelverschluß m ‖ ~ de la cubierta ⟨Aut⟩ Haubenverschluß m ‖ ~ de las oficinas Büroschluß m ‖ ~ de las tiendas Ladenschluß m ‖ ~ de persiana Rollverschluß m ‖ ~ de relámpago Arg Reißverschluß m ‖ ~ de seguridad Sicherheitsverschluß m ‖ ~ de una fábrica Betriebseinstellung f ‖ ~ de urgencia Notverschluß m ‖ ~ dominical Sonntagsruhe f (in Geschäften) ‖ ~ hermético luft-, wasser|dichter, hermetischer Verschluß m ‖ ~ hidráulico Wasserverschluß m ‖ ~ patronal Aussperrung f ‖ balance de ~ Abschlußbilanz f ‖ cambio de ~, cotización de ~ Schlußkurs m ‖ hora de ~ Geschäftsschluß m (precio de) ~ Schlußpreis m (Börse)
cierro m Zu-, Ver-, Ein|schließen n ‖ Sant Gehege n ‖ Chi Umzäunung, Mauer f ‖ Chi Briefumschlag m ‖ ~ de cristales And Fenstererker m
△**cierta** f Tod m
ciertamente adv gewiß, sicherlich, unzweifelhaft
[1]**cierto** adj gewiß, sicher, zuverlässig ‖ bestimmt, festgesetzt ‖ wahr ‖ ~ día e–s Tages ‖

cierto — cilindro 260

con (una) ~a desilusión *gewissermaßen enttäuscht* ‖ de ~a edad *ältlich, nicht mehr so jung* ‖ ~a vez *einst* ‖ ~ sujeto *ein gewisser* ‖ ~ de su triunfo *siegessicher* ‖ estoy ~ de encontrarle *ich werde ihn sicher finden* ‖ ella, es ~, está enferma ... *sie ist zwar (od wohl) krank* ... ‖ es cosa ~a *das ist sicher* ‖ ◊ estar en lo ~ *genau unterrichtet sein* ‖ recht haben ‖ eso no es ~ *das ist nicht richtig, das ist nicht wahr* ‖ lo ~ es que *soviel ist gewiß, daß* ‖ ~s artículos ⟨Com⟩ *bestimmte Artikel* mpl
²**cierto** adv *gewiß, sicher* ‖ *jawohl, natürlich* ‖ de ~ *sicher, ganz gewiß* ‖ por ~ *gewiß, wohl, natürlich* ‖ *zwar* ‖ si, ~ aber sicher ‖ no, por ~ *gewiß nicht* ‖ ◊ tan ~ como hay Dios (*od* como dos y dos son cuatro) fig *so sicher wie Amen im Gebet*

cier|va *f* ⟨Jgd⟩ *Hirschkuh*, ⟨poet⟩ *Hindin* f ‖ **-vo** *m Hirsch, Edelhirsch* m ‖ ~ volante *Hirschkäfer, Feuerschröter* m (Lucanus cervus) ‖ caza de ~ *Hirschjagd* f

cierzas *fpl Rebensetzlinge* mpl

cierzo *m Nord(ost)wind* m

cif. *od* **CIF** Abk ⟨Com⟩ = **coste, seguro y flete**

cifela *m Dach-, Schindel|pilz* m

cifosis *f* ⟨Med⟩ *Wirbelsäulenverkrümmung nach hinten, Kyphose* f

cifra *f Ziffer, Zahl* f ‖ *Kennzahl, Chiffre* f ‖ *Betrag, Preis* m, *Summe* f ‖ *Namenszug* m ‖ *Schriftzeichen* n ‖ *Geheimschrift* f ‖ *Geheimsprache* f ‖ *Zahlenkombination* f ‖ *Bruchziffer* f ‖ ⟨Mus⟩ *Ziffer* f *(im Generalbaß)* fig *Auszug* m, *Abkürzung* f ‖ fig *Sinnbild* n ‖ fig *Inbegriff* m, fam *Ausbund* m ‖ △*List* f ‖ ~ anual *Jahresumsatz* m ‖ ~ comparativa *Vergleichszahl* f ‖ ~ de acidez *Säure|ziffer, -zahl* f ‖ ~ de defunciones *Sterbeziffer* f ‖ ~ de efectivos *Iststärke* f ‖ ~ estimada *Richtzahl* f ‖ ~ de llamada ⟨Typ⟩ *Notenziffer* f, *Hinweis* m (¹), ²) ... ‖ ~ de negocios (anual), ~ de transacciones *(Jahres)Umsatz* m ‖ ~ no contabilizada *schwarzer Umsatz* m ‖ ~ de población *Bevölkerungszahl* f ‖ ~ de producción *Produktionsziffer* f ‖ ~ de tirada *Auflage, Auflagenhöhe* f ‖ ~ de ventas *Absatz* m, *Verkaufsziffer* f ‖ ~ global *Pauschalbetrag* m ‖ limite *Stichzahl* f ‖ ~ récord *Rekordziffer* f ‖ comisión sobre la ~ de negocios *Umsatzprovision* f ‖ de una sola ~ *einstellig* ‖ de dos ~s *zweistellig* ‖ en ~ fig *abgekürzt* ‖ *chiffriert (Telegramm)* ‖ escribir en ~ *chiffrieren, verschlüsseln* ‖ impuesto sobre la ~ de negocios *Umsatzsteuer* f

cifra|damente adv *abgekürzt, kurzgefaßt* ‖ **-do** adj *chiffriert* ‖ telegrama ~ *Chiffretelegramm* n ‖ ~ *m Chiffrieren* n ‖ sección de ~ *Chiffrierabteilung* f

cifrar vt *beziffern* ‖ *in Geheimschrift wiedergeben, chiffrieren, verschlüsseln* ‖ *markieren (Wäsche)* ‖ fig *abkürzen* ‖ fig *zusammendrängen* ‖ ◊ ~ la dicha en el amor *sein Glück auf die Liebe bauen* ‖ ~ en la uña prov *an den Fingern herzählen (können)* ‖ ~se fig *sich beschränken (en auf* acc) ‖ *bestehen (in* dat) ‖ ~ su esperanza en *seine Hoffnung setzen auf* (acc)

cigala *f* ⟨Zool⟩ *Schlank-, Kronen|hummer, Kaisergranat* m (Nephrops norvegicus)

ciga|rra *f* ⟨Entom⟩ *Zikade, Baumgrille* f (Cicada sp) ‖ ⟨Zool⟩ *großer bzw kleiner Bärenkrebs* m (Scyllarides latus bzw Scyllarus arctus) ‖ = **cigala** ‖ △*Geldbeutel* m ‖ canto de la ~ *Zirpen* n *der Zikade* ‖ ◊ cantar como una ~ figf *jämmerlich singen* ‖ **-rral** *m* Tol *Landgut* n *mit Villa*

cigarre|ra *f*/adj *Zigarren-, Zigaretten|arbeiterin* f ‖ *Zigarren|kästchen* n, *-kiste* f ‖ *Zigarrentasche* f ‖ Virgen ~ fam *die siegreiche Mutter Gottes* (N.ªS.ª de la Victoria) *in Sevilla* ‖ **-ria** f And Am *Zigarrengeschäft* n, *Tabakladen* m ‖ Cu *Zigarrenfabrik* f ‖ **-ro** *m Zigarren|macher, -händler* m ‖ ⟨Agr Entom⟩ *Rebstecher, Zigarrenwickler* m (Bytiscus betulae)

ciga|rrillo *m Zigarette* f ‖ ~ (de) filtro *Filterzigarette* f ‖ **-rrista** *m (starker) Zigarrenraucher* m ‖ **-rro** *m Zigarre* f ‖ Am *Zigarette* f ‖ Ec *Wasserjungfer, Libelle* f (→ **libélula**) ‖ ~ de estanco, ~ de hoja *gewöhnliche Zigarre* f ‖ ~ flojo (fuerte) *leichte (schwere) Zigarre* f ‖ ~ habano *Havanna(zigarre)*, *Importe* f ‖ ~ de papel *Papierzigarre, Zigarette* f ‖ (~) puro *Zigarre* f ‖ ~ seco *gut abgelagerte Zigarre* f ‖ ~ suizo *Stumpen* m ‖ colilla de ~ *Zigarrenstummel* m ‖ hacer, liar un ~ (*od* cigarrillo) *e–e Zigarette drehen* ‖ encender un ~ *e–e Zigarre anstecken* ‖ ~s de desecho *Ausschußzigarren, Fehlfarben* fpl ‖ fumador de ~s *Zigarrenraucher* m ‖ una caja de ~s *e–e Kiste* f *Zigarren*

cigarrón *m* augm v. **cigarra** *od* **cigarro** ‖ *(große) Heuschrecke* f ‖ fig *die Bequemlichkeit liebender Mensch* m ‖ △*großer Beutel* m

cigo|ma *m* An *Jochbein* n ‖ *Jochbogen* m, *Zygoma* n ‖ **-mático** adj *zygomatisch* ‖ arco ~ *Jochbogen* m ‖ **-micetos** mpl ⟨Bot⟩ *Zygomyceten* pl (Zygomycetes) ‖ **-morfo** adj ⟨Bot⟩ *zygomorph*

cigoñal *m Brunnenschwengel* m ‖ *Ziehbrunnen* m ‖ ⟨Mil⟩ *Zugbalken* m *e–r Zugbrücke*

cigoñino *m*, **~a** *f Storchjunges* n

cigoñuela *f* dim v. **cigüeña** ‖ *Zwergstorch* m

cigoto *m* ⟨Gen⟩ *Zygote, befruchtete Eizelle* f

ciguatera *f* ⟨Med⟩ *Gelbsucht* f *nach dem Genuß gewisser Fische aus dem mex. Meerbusen*

cigüe|ña *f Storch* m (Ciconia sp) ‖ *Kurbel* f ‖ *Krummhebel* m ‖ *Glockenhenkel* m ‖ *Zange* f *mit verschränkten Armen* ‖ *Griff* m, *Handhabe* f ‖ ~ común ⟨V⟩ *Weißstorch* m (C. ciconia) ‖ ~ negra *Schwarzstorch* m (C. nigra) ‖ (codo de) ~ ⟨Tech⟩ *Kröpfung* f ‖ ⟨Bot⟩ pico de ~ *Storchschnabel* m (Geranium spp) ‖ ◊ pintar la ~ figf *den großen Herrn spielen* ‖ **-ñal** *m Kröpfung* f ‖ *gekröpfte Welle* f ‖ *Kurbel* f (árbol) ‖ ⟨Tech⟩ *Kurbelwelle* f ‖ ~ compuesto *zusammengesetzte Kurbelwelle* f ‖ ~ de tres codos *dreifach gekröpfte Kurbel* f ‖ codo de ~ *Kurbelkröpfung* f ‖ de dos ~es *doppelt gekröpft (Welle)* ‖ ◊ formar el ~ *kröpfen* ‖ **-nar** vi *klappern (Storch)* ‖ **-ño** *m männlicher Storch* m ‖ **-ñuela** *f* ⟨V⟩ *Stelzenläufer* m (Himantopus himantopus)

cigüete adj: (uva) ~ *(Art) Gutedeltraube* f

cija *f Schafpferch* m ‖ *Strohschober* m ‖ Ar *Kornboden* m, *Scheune* f ‖ Ar *Gefängnis* n

ci|jo *m* Chi *Kohlenstaub* m ‖ **-juta** *f* Chi = **cicuta**

cilampa *f* CR Salv *Sprühregen* m ‖ Pan *Morgenkühle* f ‖ Pan *Gespenst* n

cilanco *m tiefe Lache* f *von ausgetretenem Wasser*

cilantro *m* ⟨Bot⟩ *Koriander* m

ciliado adj ⟨Biol⟩ *gewimpert* ‖ ~ *m* ⟨Zool⟩ *Wimpertierchen* n

ciliar adj ⟨An⟩ *(Augen)Wimpern-, Ziliar-*

cilicio *m Büßerhemd, härenes Hemd* n ‖ *Bußgürtel* m ‖ fig *Buße* f

cilin|drada *f* ⟨Tech⟩ *Zylinder|inhalt* m, *-volumen* n ‖ *Ladung* f ‖ ⟨Aut⟩ *Hubraum* m ‖ volumen de la ~ *(Kolben)Hubvolumen* n ‖ **-drado**, **-draje** *m Langdrehen* n ‖ *Walzen, Plätten* n ‖ **-drar** vt *walzen, plätten* ‖ *rund-, lang|drehen* ‖ *satinieren (Papier)* ‖ **-dricidad** *f Zylindrizität*, *zylindrische Form* f

cilíndrico adj *walzenförmig, zylindrisch*

cilin|dro *m Zylinder* m, *Walze* f ‖ *Rolle, Welle* f ‖ ⟨Tech⟩ *(Haupt)Stamm* m *einer Presse* ‖ ⟨Typ⟩ *Walze, Druckzylinder* m ‖ *Satinierwalze* f ‖ *Motorzylinder* m ‖ *Zylinder* m *einer Uhr* ‖ Mex *Drehorgel* f ‖ Hond pop *Revolver* m ‖ Arg *Zylinderhut* m ‖ ~ abridor ⟨Web⟩ *Reißtrommel* f, *Vorreißer* m ‖ ~ acabador ⟨Metal⟩ *Fertigwalze* f ‖

~ acanalado, ~ estriado ⟨Web⟩ *geriffelte Walze* f ‖ ~ alimentador *Zu-, Ein\führungswalze, Speisewalze* f ‖ ~ aplanador *Plätt-, Streck\walze* f ‖ ~ batidor *Dreschtrommel* f ‖ ⟨Web⟩ *Schlagwalze* f, *Batteur* m ‖ ~ cardador *Kratzenwalze* f ‖ ~ compresor *Druck-, Preß\zylinder* m ‖ *Druckwalze* f ‖ ~ dador, ~ entintador ⟨Typ⟩ *Farbauftragwalze* f ‖ ~ de alta (baja) presión *Hoch-(Nieder)\Druckzylinder* m ‖ ~ de arrastre *Schlepp-, Vorzieh\walze* f ‖ ~ de blanqueo *Bleichholländer* m *(Papierherstellung)* ‖ ~ de cuchilla ⟨Typ⟩ *Abreißwalze* f ‖ ~ de estirar alambre *Drahtwalze* f ‖ ~ de freno *Bremszylinder* m ‖ ~ de laminación *Walzzylinder* m, *Walzwerkswalze* f ‖ ~ de mando ⟨Filmw⟩ *Schaltrolle* f ‖ ~ de molienda *Mahlzylinder* m ‖ ~ de pulir *Schleiftrommel* f ‖ ~ desborrador ⟨Web⟩ *Abschläger, Putzer* m ‖ ~ de vapor *Dampfzylinder* m ‖ ~ de vaporización *Dämpfzylinder* m ‖ ~ elevador *Hubzylinder* m ‖ ~ escalonado *Staffel-, Stufen\walze* f ‖ ~ estirador ⟨Web Metal⟩ *Auszieh-, Streck\walze* f ‖ ~ guíapapel *Papierführungsrolle* f *(Schreibmaschine)* ‖ ~ hueco *Hohlwalze* f ‖ ~ hundidor ⟨Web⟩ *Eindrücker* m ‖ ~ impresor ⟨Typ⟩ *Druck\walze* f, *-zylinder* m ‖ ~ peinador ⟨Web⟩ *Kamm-, Nadel\walze* f, *Igel* m ‖ ~ portacuchillas *Messerwalze* f ‖ *Holländerwalze* f *(Papierherstellung)* ‖ ~ portapapel *Papier\walze* f, *-träger* m *(Schreibmaschine)* ‖ ~ prensador *Druck-, Preß\walze* f ‖ ~ pulidor *Glättwalze* f ‖ ~ secador *Trockentrommel* f ‖ ~ sólido ⟨Math⟩ *Zylinderkörper* m ‖ ~ triturador *Brechwalze* f ‖ **–droeje** m ⟨An⟩ *Axon* n, *Achsenzylinderfortsatz* m **-droide** m ⟨Math⟩ *Zylindroid* n ‖ **–droideo** adj *walzenförmig* ‖ **–droma** m ⟨Med⟩ = **epitelioma**
cilio m ⟨Biol⟩ *Wimper* f, *Flimmer* m, *Flimmerhärchen* n
cillero m ⟨Hist⟩ *Zehntverwalter* m ‖ *Kornkammer* f ‖ *Weinkeller* m
cima f *Gipfel, First* m ‖ *(Berg)Spitze* f ‖ *Baumwipfel* m ‖ ⟨Bot⟩ *Dolde* f ‖ fig *Vollendung, Ergänzung* f ‖ por ~ *oben* ‖ por ~ de *über* ‖ ◊ dar ~ (a) *glücklich zu Ende führen* ‖ estar muy por ~ de a. *turmhoch über et stehen*
cimacio m *Abschluß-, Brüstungs-, Gesims\leiste* f ‖ *Sima* f
cima\rra f: ◊ hacer ~ Arg fam *die Schule schwänzen* ‖ **–rrón, –ona** adj Am *verwildert (Tier)* ‖ ⟨Bot⟩ *wildwachsend* ‖ fig *faul, arbeitsscheu (Seemann)* ‖ Am (negro) ~ *entsprungener, in das Gebirge geflüchteter Neger* m ‖ Am *bitterer Matetee* m ‖ ⟨Mar⟩ fig *lässiger, fauler Matrose* m ‖ **–rronear** vi Am *entfliehen (Neger)* ‖ vt Arg *bitteren Matetee trinken*
cimba f Bol *Haarzopf* m *der Neger*
cimbalero m ⟨Mus⟩ *Zimbelschläger* m
címbalo m *kleine Glocke* f ‖ ⟨Mus⟩ *Zimbel* f
cimbel m ⟨Jgd⟩ *Lockvogel* m
cim\bornio, –borro adj Ven *dumm, einfältig*
cimbor(r)io m ⟨Arch⟩ *Kuppel* f , *Kuppelgewölbe* n
cim\bra f ⟨Arch⟩ *Bogenlehre* f ‖ *Lehrgerüst* n ‖ *Bogenrundung* f ‖ **–brado** m *schnelle Körperverbeugung* f im span. Tanz ‖ **–br(e)ar** vi *fuchteln, schwingen (Peitsche)* ‖ *niederknüppeln* ‖ ⟨Arch⟩ *wölben* ‖ ~ se *sich krümmen* ‖ fig Am ⟨Bgb⟩ *Stollen* m ‖ **–breante, –brador** adj *biegsam, schlank* ‖ **–breño** adj *biegsam, geschmeidig* ‖ fig *schlank (Körper)* ‖ **–breo** m *Biegung, Wölbung* f ‖ figf *Prügel* pl ‖ **–bria** f ⟨Arch⟩ *Leiste* f
címbrico adj *zimbrisch, kimbrisch*
cimbr(i)o adj/s *zimbrisch, kimbrisch* ‖ *Zimber, Kimber* m ‖ span. *Monarchist* m *(1868)*
cim\brón m Ec *Stich, stechender Schmerz* m ‖ Mex = **–bronazo** ‖ **–bronazo** m *Fuchtelhieb* m ‖ Col CR *kräftiger Schauder* m ‖ Ven *Erdbeben* n
cimelio m ⟨Hist⟩ *Zimelium* n ‖ *antiker bzw mittelalterl. Besitz* m *e–r Bibliothek* ‖ *Kleinod* n

(bes der Kirche)
cimen\tación f *Grundlegung, Gründung, Fundamentierung* f ‖ *Grundlage* f, *Fundament* n ‖ ~ con emparrillado ⟨Arch⟩ *Rostgründung* f ‖ ~ ordinaria *direkte Gründung* f ‖ ~ sobre pilotes *Pfahlgründung* f ‖ → a **cimiento** ‖ **–tar** [–ie–] vt *gründen, verankern, einbetten* ‖ *mit Zement vergießen* ‖ *läutern (Gold)* ‖ fig *begründen, fest\setzen, -legen*
cimenterio m = **cementerio**
cimento m = **cemento**
cime\ra f *Helm\stutz, -bügel* m ‖ ⟨Her⟩ *Helmzier* f ‖ **–ro** adj *oberst, Ober-* ‖ fig *hervorragend*
cimicaria f ⟨Bot⟩ *Attich, Zwerg\holunder* m, *-blatt* n (Sambucus ebulus)
cimi\cida adj *wanzentötend* ‖ **–cífugo** adj *wanzenverscheuchend*
cimiento(s) m(pl) *Fundament* n, *Grund* m, *Grundlage* f *(e–s Gebäudes)* ‖ fig *Grund, Anfang, Ursprung* m ‖ *Wurzel, Quelle* f ‖ ~ de aire comprimido *Druck-, Preß\luftgründung* f ‖ ~ de firme *(Straßen)Unterbau* ‖ ~ de hormigón *Betonfundament* n ‖ ~ de placa *Plattengründung* f ‖ ~ sobre pilotes *Pfahlgründung* f ‖ ~ sobre tubos hincados *Senkröhrengründung* f ‖ ~ somero *Flachgründung* f ‖ ◊ abrir los ~s ⟨Arch⟩ *den Grund graben* ‖ sentar los ~s fig *die Grundlagen, das Fundament legen*
cimillo m ⟨Jgd⟩ *Sillrute* f
cimitarra f *Türken- od Mauren\säbel* m
cimo m = **zimo**
cimoleta, cimolia f ⟨Min⟩ *Cimolit* m *(Bolus-Art)*
cimología = **zimología**
cimómetro m ⟨Radio⟩ *Wellenmesser* m
cimpa f Pe *Zopf* m
cina\brino adj *zinnoberrot* ‖ **–brio** m *Zinnober* m ‖ *Zinnoberrot* n
cinacina f ⟨Bot⟩ *Parkinsonia* f (Parkinsonia aculeata)
cinámico adj ⟨Chem⟩ *Zimt-* ‖ *ácido* ~ *Zimtsäure* f
cínamo m ⟨poet⟩ *Zimt* m
cina\momo m ⟨Bot⟩ *Zedrach(baum)* m (Melia azedarach) ‖ *Zimt(baum)* m (Cinnamomum spp) ‖ *wohlriechender Myrrhensaft* m ‖ **–món** m ⟨V⟩ *Baumläufer* m *(Klettervogel)*
cinapio m ⟨Bot⟩ *Hundspetersilie* f (Aethusa cynapium)
cinarra f Ar *Pulverschnee* m
cinc m ⟨Chem⟩ *Zink* n ‖ ~ colado bajo presión *Zinkspritzguß* m ‖ ~ de obra, ~ de trabajo *Werkzink* n ‖ ~ para galvanización *Verzinkereizink* n ‖ chapa de ~ *Zinkblech* n ‖ flores de ~ *Zinkblüte* f
cinca f *Fehlwurf* m *(beim Kegelspiel)*, fam *Pudel* m
cincel m *Meißel* m ‖ *Stemmeisen* n ‖ *Brechbeitel* m ‖ *Grabstichel* m ‖ ~ agudo *Kreuzmeißel* m ‖ ~ ancho *Scharriereisen* n ‖ ~ de biselar *Stemm-meißel* m ‖ ~ de desbastar *Hart-, Schrot\meißel* m ‖ ~ de esquina, ~ de rincón *Geißfuß* m ‖ ~ de minero ⟨Bgb⟩ *Abbaumeißel* m ‖ ~ dentado *Zahneisen* n ‖ ~ neumático *Druckluftmeißel* m ‖ ~ para ranurar *Falzeisen* n ‖ ~ plano *Flachmeißel* m ‖ ~ puntiagudo *Spitzmeißel* m ‖ grabado (od labrado) a ~ *gestochen, getrieben (Arbeit)*
cincela\da f *Schnitt, Stich* m *(mit dem Grabstichel)* ‖ **–do** m, **–dura** f *gestochene, getriebene Arbeit* f ‖ *Ziselierarbeit* f ‖ *Scharrieren* n ‖ **–dor** m *(Kunst)Stecher* m ‖ *Ziseleur* m
cincelar vt *(mit dem Grabstichel od Meißel) stechen, eingraben* ‖ *scharrieren* ‖ ⟨Typ⟩ *ziselieren*
cíncico adj *Zink-*
cincífero adj *zink\führend, -haltig*
cinclo m ⟨V⟩ *Wasseramsel* f ‖ (→ mirlo acuático)
cinco adj/s *fünf* ‖ ◊ han dado las ~ *es hat fünf*

cincoenrama — cinta 262

Uhr geschlagen ‖ el ~ de mayo *der fünfte Mai* ‖ levantarse a las ~ *um fünf Uhr aufstehen* ‖ saber cuántas son ~ fam *den Rummel verstehen* ‖ yo le diré cuántas son ~ figf *ich werde ihm zeigen, wo Bartel den Most holt* ‖ no está en sus ~ fam *er hat seine fünf Sinne nicht beieinander* ‖ tener los ~ muy listos fam *lange Finger haben* ‖ ¡vengan esos ~! *Hand darauf! abgemacht!* ‖ ~ *m Fünf* f, *Fünfer* m ‖ *König* m *im Kegelspiel* ‖ *fünfsaitige Gitarre* f ‖ Chi *Silbermünze* f *von 5 Centavos* ‖ Mex fam *Hinterteil* n ‖ **~enrama** *f* ⟨Bot⟩ *Fünffingerkraut* n (Potentilla spp)
cinco|grabado *m* ⟨Typ⟩ *Zinkätzung* f ‖ **-grafía** *f* ⟨Typ⟩ *Zinkographie* f, *Zinkdruck* m, *Zinkätzung* f ‖ **-grafiar** vt *auf Zink ätzen*
cincógrafo *m Zinkstecher* m
cinco|llagas *m* Cu Mex ⟨Bot⟩ *Sammet-, Hoffarts|blume* f (Tagetes spp) ‖ **-mesino** adj *fünf Monate alt* ‖ **-negritos** *m* CR ⟨Bot⟩ *Wandelröschen* n (Lantana camara)
cincona *f Chinarindenbaum* m (Cinchona succirubra)
cincotipia *f Zink(hoch)ätzung, Zinkotypie* f
cincuen|ta adj/s *fünfzig* ‖ *fünfzigste* ‖ ~ *m Fünfzig* f ‖ **-tena** *f 50 Stück* ‖ *etwa fünfzig* ‖ tiene los ~ corridos figf *er ist ein guter Fünfziger* ‖ *Fünfzigstel* n ‖ de una ~ de años *fünfzigjährig* ‖ **-tenario** *m fünfzigjähriger Gedächtnistag* m ‖ *Zeitraum* m *von fünfzig Jahren* ‖ = **-tón** *m* ‖ **-teno** adj *fünfzigste* ‖ **-tón** *m*/adj *Fünfziger* m *(Mann von 50 Jahren)* ‖ ~ adj *fünfzigjährig*
cin|cha *f (Sattel)Gurt* m ‖ Arg fig *Mogelei* f ‖ ~ cargadora de ametralladora *Maschinengewehrgurt* m ‖ ~ de brida *Sattelgurt* m *mit drei Gurten* ‖ ~ de jineta *Sattelgurt* m *mit zwei Gurten* ‖ ~ maestra *Mittelgurt* m *am Sattel* ‖ a revienta ~s fig *in rasendem Galopp* ‖ Mex Pe CR fig *ungern* ‖ **-chadura** *f Gurten* n ‖ **-char** vt *gurten (Sattel)* ‖ bereifen *(Faß, Kisten)* ‖ Chi *am Sattelgurt tragen* ‖ ~ vi Arg *hart und mühsam arbeiten* ‖ **-chazo** *m* CR *Fuchtelhieb* m ‖ **-chera** *f Gurtstelle* f *(am Pferd)* ‖ *Gurtlage* f
cin|cho *m Leib|gurt* m, *-binde* f ‖ *Gurtriemen* m *der Pferde* ‖ *Nabenring* m ‖ ⟨Arch⟩ *überragender Bogenteil* m *in e-m Tonnengewölbe* ‖ *Faß-, Eisen|reif* m ‖ *Wulst* f *am Huf (Pferdekrankheit)* ‖ Mex *Sattelgurt* m ‖ ~ de pilote ⟨Ing⟩ *Pfahlreif* m ‖ ~s del inducido ⟨El⟩ *Ankerbandagen* fpl ‖ **-chón** *m* Ec *Faßreif* m ‖ RPl *(Art) Obergurt* m *am Sattel* ‖ **-chuela** *f* dim v. **-cha** ‖ *schmaler Zeugstreifen* m
cine *m Lichtspieltheater* n, fam *Kino* n ‖ *Filmvorführ(ungs)raum* m ‖ *Filmkunst* f ‖ ~ de estreno *Erstaufführungskino* n ‖ ~ de reestreno, ~ de reposiciones *Wiederaufführungskino* n ‖ ~ en color(es) *Farbfilm* m ‖ ~ en relieve, ~ tridimensional *dreidimensionaler Film* m ‖ ~ mudo *stummer Film* m ‖ ~ hablado, ~ *parlante, ~ sonoro *Tonfilm* m ‖ actriz de ~ *Filmschauspielerin* f ‖ crítica de ~ *Filmkritik* f ‖ ◊ estar en el ~ fam *im Filmgeschäft tätig sein* ‖ función de ~ *Kinovorstellung* f ‖ guionista de ~ *Drehbuchautor* m ‖ industria del ~ *Filmindustrie* f ‖ sala de un ~ *Zuschauerraum* m ‖ toma de sonido de ~ *Tonaufnahme* f ‖ ◊ hacer ~ *in e-m Film mitspielen* ‖ *filmen* ‖ die Regie e-s Filmes führen ‖ ir al ~ *ins Kino gehen* ‖ → a **cinematográfico**
cine|asta *m Film|fachmann, -techniker* m ‖ *Filmschauspieler* m ‖ **-club** *m Filmklub* m ‖ **-comedia** *f Filmkomödie* f ‖ **-drama** *m Kino-, Film|drama* n
cinéfilo *m eifriger Kinogänger* m
cinegéti|ca *f Jagdwesen* n, *Jägerei* f ‖ *Jagdkunde, Kynegetik* f ‖ **-co** adj *Jagd-* ‖ arte ~a *Jagdkunst, Jägerei* f ‖ huésped ~ *Jagdgast* m
cine|grafía f, **-gráfico** = **-matografía, -matográfico** ‖ **-grama** *m Filmnachrichten* fpl *(Zeitung)* ‖ =**landia** *f* fam *Kino-, Film|land* n *(früher meist Hollywood)*
cinema *m* fam *Kintopp* m ‖ → a **cinematógrafo**
cinemascopio *m Cinemascope* n ‖ *película en ~ Breitwandfilm* m *(im Cinemascope-Verfahren)*
cinemateca *f Dokumentarfilmsammlung* f, *Filmarchiv* n, *Kinemathek* f
cinemáti|ca *f* ⟨Phys⟩ *Kinematik* f ‖ **-co** adj *kinematisch*
cinema|tografía *f Kinematographie, Filmkunst* f ‖ ~ en colores *Farbfilmaufnahmen* fpl ‖ *Farbfilmtechnik* f ‖ **-tografiar** [pres -io] vt *filmen* ‖ **-tográfico** adj *Film-, Kino-* ‖ actor ~ *Filmschauspieler* m ‖ cinta ~a *(Kino)Film* m ‖ director ~ *(Film)Regisseur* m ‖ guión ~ *Drehbuch* n ‖ función ~a *Kinovorstellung* f ‖ productor ~ *Filmproduzent* m ‖ proyección ~a *Filmvorführung* f ‖ proyector ~ *Filmvorführungsgerät* n ‖ teatro ~ *Filmtheater* n ‖ versión ~a, adaptación ~a *Verfilmung* f *(e-s Romans usw)* ‖ → a **cine** ‖ **-tógrafo** *m Kinematograph* m ‖ fam *Kino* n ‖ **-tograma** *m Bewegungsschaubild* n ‖ **-tología** *f Filmwissenschaft* f ‖ **-tólogo** *m Filmwissenschaftler* m
cinemelografía *f Musikfilm* m
cinemodervómetro *m* ⟨Flugw⟩ *Kinemo|abtriftmesser* m, *-derivometer* n
cine|ria *f Aschenpflanze* f (Senecio bicolor) ‖ **-rio** adj ⟨Aschen-⟩ ‖ urna ~a *Aschenkrug* m
cinéreo adj *aschgrau* ‖ *Aschen-*
cinericio adj *aschgrau*
cines mpl Ant Ven *Mehrzahl* f *von* Cinc
cinescopio *m* ⟨TV⟩ *Bildwiedergaberöhre* f
cinesiterapia *f* ⟨Med⟩ *Kinesio-, Bewegungs|therapie* f
cines|tesia *f Bewegungsgefühl* n, *Kinästhesie* f ‖ **-tésico, -tético** adj *kinästhetisch*
cineversión *f Verfilmung* f *(z. B. e-s lit. Werkes)*
cinéti|ca *f* ⟨Phys⟩ *Kinetik* f ‖ **-co** adj *Bewegungs-, kinetisch*
cingalés m/adj *Singhalese, Bewohner* m *von Ceylon, Ceylonese* m ‖ ~ adj *ceylonesisch*
cínga|ra f/adj *Zigeunerin* f ‖ **-ro** m/adj *Zigeuner* m ‖ ~ adj *Zigeuner-, zigeunerhaft*
cingiberáceas fpl ⟨Bot⟩ *Ingwergewächse* npl (Zingiberaceae) (→ **jengibre**)
cin|glado *m* ⟨Metal⟩ *Zängen, Quetschen* n ‖ **-glador** *m Schmiedehammer* m
¹**cinglar** vt ⟨Mar⟩ *ein Boot mit e-m Ruder fortbewegen, treideln*
²**cinglar** vt *ausschmieden (Schweißluppen)*
cinglo *m* ⟨Fi⟩ *Zingel(barsch)* m (Aspro zingel)
cíngulo *m Gürtel* m ‖ *Zingulum* n, *Priestergürtel* m
cínico adj ⟨Philos⟩ *zynisch* ‖ fig *schamlos, frech* ‖ *unzüchtig, unflätig* ‖ ~ *m Zyniker* m ‖ fig *schamloser Mensch* m ‖ fig *Spötter* m ‖ adv: **~amente**
cínife, cinipe *m (Stech)Mücke* f
cinípidos mpl ⟨Entom⟩ *Gallwespen* fpl (Cynipidae)
cinismo *m* ⟨Philos⟩ *Zynismus* m ‖ fig *schamloses Betragen* n, *Grobheit* f ‖ *Liederlichkeit* f ‖ *Schamlosigkeit* f ‖ *Hohn, Spott* m
cino|céfalo *m Babuin* m (Papio cynocephalus) ‖ ~s mpl *Hundskopfaffen* mpl (Cercopithecidae) ‖ **-glosa** *f* ⟨Bot⟩ *Hundszunge* f (Cynoglossum sp) ‖ **-morfo** adj/s *hundsähnlich* ‖ ~ = **-céfalo**
cinqueño *m Lomberspiel* n *zu fünft*
cinquero *m Zinkarbeiter* m
cinta *f Band* n ‖ *Streifen* m ‖ *Seiden-, Zwirn-, Zopf|band* n ‖ *Hutband* n ‖ *Haarschleife* f ‖ *Reifen* m *(Faß)* ‖ ⟨Tel⟩ *Papierstreifen* m *des Morseapparates* ‖ ⟨Tech⟩ *Maschinenband* n ‖ *Ordensband* n *der Komture* ‖ ⟨Her⟩ *(Spruch-)Band* n ‖ *Film* m, *Film|band* n, *-streifen* m ‖ *Bandfisch* m ‖ *Rand* m *des Bürgersteiges* ‖ ⟨Arch⟩ *(Band)Leiste* f, *Überschlag* m ‖ ⟨Mar⟩ *Bark-*

holz n ‖ ⟨Fi⟩ *Thunfisch(fang)netz* n ‖ ⟨Fi⟩ *roter Bandfisch* (Cepola rubescens) ‖ ~ *adhesiva,* ~ *adherente Klebeband* n ‖ ~ *aislante,* ~ *aisladora Isolierband* n ‖ ~ *alimentadora Aufgabeband* n ‖ ~ (autográfica) ⟨Phot⟩ *Autographenfilm* m ‖ la ≏ *azul das Blaue Band* n *(Preis für schnelle Ozeandampfer)* ‖ ~ bicolor *Zweifarbenband* n *(Schreibmaschine)* ‖ ~ *cinematográfica Film* m, *Film\band* n, *-streifen* m ‖ ~ *conductora* ⟨Tech⟩ *Leitband* n ‖ ~ *continua Fließ-, Lauf-, Förder-, Montage\band* n ‖ ~ *de agrimensor Meßfaden* m ‖ ~ *de freno Bremsband* n ‖ ~ *de guarnición de carda* ⟨Web⟩ *Kardenband* n ‖ ~ *de oruga Raupenband* n ‖ ~ *de paja Strohseil* n ‖ ~ *de parche aglutinante,* ~ *de esparadrapo* ⟨Pharm⟩ *Heftpflasterband, Leukoplast* n ‖ ~ *de puntillas Spitzenband* n ‖ ~ *de seda Seidenband* n ‖ ~ *descargadora,* ~ *colectora Abzugsband* n ‖ ~ *elástica,* ~ *de goma elastisches Band, Gummiband* n ‖ ~ *extensométrica Dehnungsmeßstreifen* m ‖ ~ *hablada,* ~ *parlante Sprechfilm* m ‖ ~ *magnética Magnetband* n ‖ ~ *magnetofónica Magnetophonband* n *(Tonband)* ‖ ~ *métrica Meßband, Bandmaß* n ‖ ~ *para registro de sonido Tonband* n ‖ ~ *perforada Lochband* n ‖ ~ *sin fin laufendes Band, Fließ-, Förder\band* n ‖ ~ *sonora Tonstreifen* m ‖ ~ *Tonfilm* m ‖ ~ *transportadora Transport-, Förder\band* n ‖ ~ *cambio de la* ~ *Farbbandumstellung* f *(Schreibmaschine)* ‖ ~ *sierra de* ~ *Bandsäge* f ‖ *transportador de* ~ *Bandförderer* m ‖ **en** ~ *in Zwang, in Abhängigkeit* ‖ *schwanger (Frau)* [*falsch statt* encinta adj (→d)] ‖ **~s** *sacapliegos* ⟨Typ⟩ *Abreißbänder* npl *(Rotationsmaschine)* ‖ **cinta\do** adj ⟨Arch⟩ *mit Bandleisten versehen* ‖ **-gorda** f *Band-, Hanf\netz* n *(Thunfischfang)* ‖ **-jo** m desp v. **cinta**
cintar vt Ar *bekränzen (Gebäude)*
cinta\razo m *Fuchtelhieb, Hieb* m *mit der flachen Klinge* ‖ *Rutenschlag* m ‖ **-rear** vt/i *fuchteln* ‖ *mit der flachen Klinge schlagen* ‖ **-rrón** m Col augm v. **cinta**
cinteado adj *bebändert*
cinte\ría f *Bandarbeit* f ‖ *Band-, Posamentier\ware, Posamenten* npl ‖ *Posamentier-, Posamenten\geschäft* n ‖ **-ro** m *Band\macher, -händler, Posamenter* m ‖ *starker Strick* m *zum Umbinden* ‖ Ar *Bruchband* n
cinteta f *(Art) Fischfangnetz* n *(des Mittelmeers)*
cintilar vt = **centellear**
cinto pp/irr v. **ceñir** ‖ ~ m *Lendenteil* m *des Körpers, Gürtel* m, *Taille* f ‖ ⟨Astr⟩ *Tierkreis* m ‖ *espada en* ~ *mit dem Degen am Gurt*
cin\tra f ⟨Arch⟩ *Bogenkrümmung* f ‖ ≏ f *Cintrapark bei Lissabon* ‖ **-trado** adj ⟨Arch⟩ *gekrümmt (Bogen, Gewölbe)* ‖ ~ m ⟨Arch⟩ *Lehr-, Bogen\gerüst* n
cintrar vt ⟨Typ⟩ *(Linien) biegen*
cintu\ra f *Lendenteil* m *des Körpers, Gürtel* m, *Taille* f ‖ *Gürtel, Gurt* m ‖ *Gürtellinie* f ‖ *oberer Teil e–s Herdmantels* ‖ *Taille* f *(von Kleidern)* ‖ ~ *portalias Strumpfhaltergürtel* m → a **liguero** ‖ ⟨Mar⟩ *Befestigung* f *des Tauwerkes am Mast* ‖ ◊ *meter en* ~ a alg. figf *jdn zur Vernunft bringen* ‖ *de* ~ *para abajo unter der Gürtellinie* (& fig) ‖ *de* ~ *para arriba todos somos buenos Sinnlichkeit ist der Verderb des Menschen* ‖ **-rón** m augm v. **cintura** ‖ *(Degen)Koppel* f, *-gehänge* n ‖ *(Leib-) Gürtel* m ‖ *Gurt* m ‖ *Hosengürtel* m ‖ *Blusengürtel* m ‖ ~ *abdominal Leibgürtel* m ‖ ~ *de amarre,* ~ *de seguridad* ⟨Flugw⟩ *Anschnallgurt* m ‖ ~ *de castidad* ⟨Hist⟩ *Keuschheitsgürtel* m ‖ ~ *de corcho Korkgürtel* m ‖ ~ *de cuero Ledergürtel* m ‖ ~ *de natación Schwimmgürtel* m *(zum Lernen)* ‖ ~ *del paracaidas Fallschirmgurt* m ‖ ~ *de salvamento,* ~ *salvavidas Schwimm-, Rettungs\gürtel* m ‖ ~ *de seguridad*

⟨Aut Flugw⟩ *Sicherheits-, Anschnall\gurt* m ‖ ~ *de Venus* ⟨Zool⟩ *Venusgürtel* m (Cestus veneris) ‖ ~ *elástico Gummigürtel* m ‖ ~ *escapular* ⟨An⟩ *Schultergürtel* m ‖ ~ *pelviano Beckengürtel* m ‖ fig *Gürtel* m, *Reihe* f ‖ ~ *verde Grüngürtel* m *(e–r Stadt)* ‖ ◊ *apretarse el* ~ figf *sich den Gürtel enger schnallen, auf et verzichten* ‖ *usen* **~es** ⟨Flugw⟩ *bitte, anschnallen*
cinura f ⟨Bot⟩ *Hundeschwanz* m
cinzaya f Al Burg *Kinderwärterin* f
cinzolín adj *rötlich-violett*
ciño → **ceñir**
ciñobe m Am *(Art) Kürbis* m
ciñuela f Murc *eine Granatapfelart* f
Ción f fam = **Asunción**
cipa f Ven *Schlamm* m ‖ *Schmutz, Dreck* m
cipariso m ⟨poet⟩ *Zypresse* f
cipayo m ⟨Hist⟩ *Sepoy* m, *indischer Soldat* m *in europäischen Diensten* ‖ *berittener türkischer Soldat* m ‖ ⟨Hist⟩ *franz. Kavallerist* m *in Algerien* ‖ *gobierno* ~ ⟨Pol⟩ *Marionetten-, Schein\regierung* f ‖ **~s** ⟨Pol⟩ *Erfüllungsgehilfen* mpl, *Handlanger* mpl *(fremder Mächte)*
¹**cipe** adj CR *kränklich, schwächlich (Säugling)*
²**cipe** m Salv *Harz, Baumharz* m ‖ CR *Aschenkobold* m
ciperáceas fpl *Zyper-, Ried\gräser* npl (Cyperaceae) ‖ → a **chufa**
cipipa f Am *Mandiokmehl* n
cipitillo m Salv *Aschenkobold* m
cipizafe m = **zipizape**
cipo m *Zippus* m ‖ *Gedenkstein, Grenzstein* m ‖ ~ adj Ec *pockennarbig*
cipó m Am *e–e faserige Lianenart* f
cipolino adj/s: *mármol* ~ *Cippolin, Zwiebelmarmor* m
cipotazo m Col Ven *kräftiger Schlag* m
cipote adj Col *einfältig* ‖ Guat *fettleibig, untersetzt* ‖ Hond *bübisch, gerieben* ‖ ~ m And *Trommelschlegel* m ‖ vulg △ *männliches Glied* n, vulg *Stange* f ‖ Ven *Bagatelle, Lappalie* f ‖ Ven *sehr entfernter Ort* m
ciprés m *Zypresse* f (Cupressus sp) ‖ *Zypressenholz* n ‖ ~ *de Levante breitastige Zypresse* f
cipre\sal m *Zypressenhain* m ‖ **-sino** adj *zypressenartig* ‖ *Zypressen-*
cipridología f ⟨Med⟩ *Lehre* f *der Geschlechtskrankheiten*
ciprino m *(Fluß)Karpfen* m (Cyprinus sp)
ciprinoides, ciprínidos mpl ⟨Zool⟩ *karpfenartige Fische, Karpfenfische* mpl (Cyprinidae)
ciprio adj, **cipriota** m = **chipriota**
△**ciquiribaile** m *Dieb* m
ciquiricata f fam *Liebkosung, Schmeichelei* f
ciquitroque m prov *(Art) Tomatengericht* n
*****ciquizaque** m *Zickzack* m
circaeto m ⟨V⟩ *Schlangenadler* m (Circaetus gallicus)
circar [c/qu] vt ⟨Bgb⟩ *abschürfen (Bergader)*
Circa\sia f ⟨Hist⟩ *Zirkassien, Tscherkessenland* n ‖ ≏**siano** adj/s *tscherkessisch* ‖ ~ m *Tscherkesse* m
Circe f ⟨Myth⟩ *Circe, Kirke* f ‖ ≏ fig *verschmitzte, arglistige Frau* f
circea f *Hexenkraut* n (Circaea lutetiana)
cir\cense adj *Zirkus-, zirzensisch* ‖ *juegos* **~s** *Zirkusspiele* npl *(Rom)* ‖ *****s m pl *Zirkusbesucher* mpl ‖ **-cinado** adj ⟨Bot⟩ *schneckenförmig aufgerollt* ‖ **-co** m *Zirkus* m *(Rom)* ‖ *Kampfplatz* m ‖ *Zirkus\theater, -gebäude* n ‖ *Zirkusvorstellung* f ‖ *Reit-, Renn\bahn* f ‖ *Zuschauerraum* m ‖ fig *Zuschauer* mpl ‖ ~ *ambulante Wanderzirkus* m ‖ ~ *ecuestre Pferdezirkus* m ‖ *función de* ~ *Zirkusvorstellung* f
circón m ⟨Min⟩ *Zirkon* m
circonio m ⟨Chem⟩ *Zirkonium* n
circuir [-uy-] vt *umkreisen, umgehen*

circuito m Umfang, Umkreis m ‖ Kreis\lauf m, -bewegung f ‖ Rund\fahrt, -reise f, -flug m ‖ Umriß m‖ Umschweife pl im Reden‖ ⟨Tech⟩ Schaltung f, Stromkreis m‖ ⟨Sp⟩ Rennstrecke f, Ring m ‖ corto ~ ⟨El⟩ Kurzschluß m ‖ ~ abierto (cerrado) offener (geschlossener) Stromkreis m ‖ ~ amortiguador Dämpfungskreis m ‖ ~ anódico Anoden (-strom)kreis m ‖ ~ astable ⟨Radio⟩ astabiler Kreis m‖ ~ cazaimágenes ⟨TV⟩ Bildjägerkreis m‖ ~ de abonado ⟨Tel⟩ Teilnehmerkreis m ‖ ~ de arranque ⟨Aut Tel⟩ Anlasserstromkreis m ‖ ~ de construcción ⟨El⟩ Bauschaltung f‖ ~ de contestación, ~ de pedir línea ⟨Tel⟩ Abfragestromkreis m‖ ~ de contraste ⟨El⟩ Eichkreis m ‖ ~ de conversación ⟨Tel⟩ Sprechkreis m‖ ~ de encendido Zündstromkreis m ‖ ~ de enlace ⟨Tel⟩ Vermittlungskreis m‖ ~ de generador ⟨Radio⟩ Generatorstromkreis m ‖ ~ de llamada Rufschaltung f ‖ ~ de mando Steuerstromkreis m ‖ ~ de reactancia ⟨Tel⟩ Drosselkreis m ‖ ~ de rejilla ⟨Radio⟩ Gitterkreis m ‖ ~ de retorno ⟨El⟩ Rückleitung f ‖ ~ de tierra geerdete Leitung, Erdleitung f ‖ ~ emisor Sendekreis m ‖ ~ excitador ⟨Tel⟩ Erreger(strom)kreis m ‖ ~ fantasma ⟨Tel⟩ Phantom-, Doppelstrom\kreis, Vierer m ‖ ~ filtro ⟨Radio⟩ Sperrkreis m ‖ ~ impreso gedruckte Schaltung, Druckschaltung f ‖ ~ oscilante Schwingungskreis m ‖ ~ regulador de cuadro ⟨TV⟩ Bildeinstellspule f ‖ ~ separador ⟨TV⟩ Trennungskreis m ‖ ~ telefónico Fernsprechleitung f ‖ Sprechkreis m ‖ ~ transmisor Sendekreis m ‖ ◊ poner fuera de ~ ausschalten ‖ retirarse del ~ ⟨TV⟩ aus der Leitung gehen
circulación f Kreis-, Um\lauf m ‖ Straßen-, Stadt\verkehr m‖ Bewegung f ‖ ⟨Tech⟩ Umwälzung f, Umlauf, Kreislauf m ‖ ⟨Com⟩ Warenverkehr m ‖ Verbreitung f ⟨Nachrichten, Ideen) ‖ Auflagenhöhe f ‖ ~ aérea Luftverkehr m ‖ ~ de aire Luftzug m ‖ ⟨Bgb⟩ Wetterbewegung f ‖ ~ automóvil Autoverkehr m ‖ ~ cambiaria Wechselumlauf m ‖ ~ colateral Kollateralkreislauf m (des Blutes) ‖ ~ de bienes Güterumlauf m ‖ ~ de billetes (de banco) (Bank) Notenumlauf m ‖ ~ de billetes y monedas Bargeldumlauf m ‖ ~ de capitales Kapitalverkehr m ‖ ~ de la sangre Blutkreislauf m ‖ ~ de mercancías Warenverkehr m ‖ ~ de peatones Fußgängerverkehr m ‖ ~ de tránsito Durchgangsverkehr m ‖ ~ en prueba Probefahrt f ‖ ~ en transporte ⟨Aut⟩ Überführungsfahrt f ‖ ~ ferroviaria Eisenbahnverkehr m ‖ ~ fiduciaria Noten-, Papier\geldumlauf m ‖ ~ general Körperkreislauf m‖ ~ monetaria Geldumlauf m ‖ ~ pulmonar Lungenkreislauf m ‖ ~ punta Spitzenverkehr m ‖ ~ rodada Rollverkehr m (Fahrverkehr) ‖ ~ sanguínea Blutkreislauf m ‖ ~ urbana Stadtverkehr m ‖ ~ viaria Straßenverkehr m ‖ ~ accidente de ~ Verkehrsunfall m ‖ agua de ~ ⟨Tech⟩ (Motor) Kühlwasser n ‖ autorización de ~ ⟨Aut⟩ Zulassung f ‖ capital en ~ Umlaufskapital n ‖ código de (la) ~ Straßenverkehrsordnung f ‖ derecho de ~ Verkehrsrecht n ‖ derecho de libre ~ Freizügigkeit f ‖ diario de gran ~ sehr verbreitete Zeitung f ‖ fondos en ~ Umlaufmittel npl ‖ fuera de ~ außer Kurs (Geld) ‖ licencia de ~, permiso de ~ Fahrerlaubnis f ‖ Zulassung f (Kraftfahrzeug) ‖ obstáculo a la ~ Verkehrshindernis n ‖ reglamento de la ~ ~ Verkehrsordnung f ‖ ◊ abrir a la ~ dem Verkehr übergeben (Straße) ‖ poner en ~ verbreiten, in Verkehr bringen ‖ ⟨Com⟩ in Umlauf setzen (Wechsel, Geld) ‖ quitar de la ~ ⟨Com⟩ außer Kurs setzen
¹**circular** vt umgeben, umringen ‖ verbreiten, in Umlauf setzen ‖ ~ vi umlaufen, kreisen, zirkulieren ‖ umlaufen, kursieren (Geld) ‖ herum-, umher\gehen ‖ hin- und herfahren, reiten, sich bewegen ‖ verkehren (Züge) ‖ strömen (Luft) ‖ steigen (Saft) ‖ fließen (Strom, Fluß) ‖ fig sich verbreiten, umgehen (Gerücht) ‖ fig in Umlauf sein ‖ Am herumgereicht werden (Matetee) ‖ ◊ ~ de mano en mano von Hand zu Hand gehen ‖ ~ en fila india ⟨StV⟩ hintereinander, in Kolonne fahren ‖ ~ en pareja, ~ en posición paralela ⟨StV⟩ nebeneinander fahren ‖ circula una noticia e–e Nachricht läuft von Mund zu Mund, es geht das Gerücht ‖ hacer ~ un rumor ein Gerücht in Umlauf setzen ‖ ¡circulen! weitergehen!
²**circular** adj kreisförmig, Kreis- ‖ rund ‖ gebogen ‖ billete ~ Rundreisefahrschein m ‖ carta ~ Rundschreiben n ‖ de forma ~ kreisförmig, rund ‖ movimiento ~ Kreisbewegung f ‖ viaje ~ Rundreise f ‖ ◊ arrojar una mirada ~ (sobre) seinen Blick schweifen lassen (über) ‖ ~ f ⟨Com⟩ Zirkular, Rundschreiben n ‖ ◊ repartir ~es ⟨Com⟩ Rundschreiben versenden
circulatorio adj umlaufend ‖ ⟨Med⟩ Kreislauf- ‖ aparato ~ Blutzirkulationsapparat m, Blutbahn f ‖ movimiento ~ Kreisbewegung f ‖ perturbaciones ~as, trastornos ~s ⟨Med⟩ Kreislaufstörungen fpl
círculo m Kreis m, Kreisfläche f ‖ Kreislinie f ‖ Zirkel m ‖ Reif m ‖ Ring m ‖ Klub m, Gesellschaft, Gemeinschaft f, Kränzchen, Kasino n ‖ fig Umkreis, Umfang, Bereich m ‖ Lebenskreis m ‖ ~ antártico antarktischer, südlicher Polarkreis m ‖ ~ anual ⟨Bot⟩ Jahresring m ‖ ~ ártico nördlicher, arktischer Polarkreis m ‖ ~ artístico Künstlerklub m ‖ ~ cenital ⟨Astr⟩ Scheitelkreis m ‖ ~ circunscrito ⟨Math⟩ Umkreis m ‖ ~ cultural Kulturkreis m ‖ ~ de aberración Abirrungskreis m ‖ ~ de acción Drehkreis m (Kran) ‖ ~ de crecimiento ⟨Bot⟩ Jahresring m ‖ ~ de declinación ⟨Astr⟩ Deklinationskreis m ‖ ~ de divergencia ⟨Phys⟩ Zerstreuungskreis m ‖ ~ de estudios Arbeitsgemeinschaft f ‖ ~ de familia Familienkreis m ‖ ~ de lectura Lesezirkel m ‖ ~ envolvente Wälzkreis m ‖ ~ galáctico ⟨Astr⟩ galaktischer Kreis m ‖ ~ graduado Teilkreis m ‖ ~ horario Stundenkreis m ⟨Kompaß⟩ ‖ ~ inscrito ⟨Math⟩ Inkreis m ‖ ~ mágico Zauberkreis m ‖ ~ mamario ⟨An⟩ Brustwarzenring m ‖ ~ militar Krieger-, Offiziers\verein m ‖ ~ polar Polarkreis m ‖ ~ recreativo, ~ de recreo Klub m ‖ Kasino n ‖ ~ vicioso Circulus vitiosus, Zirkelschluß m, Kette f von Trugschlüssen ‖ ~ visual Gesichtskreis m ‖ fig Schraube f ohne Ende ‖ en ~ kreisförmig ‖ los ~s políticos die politischen Kreise mpl ‖ ~s allegados al gobierno der Regierung nahestehende Kreise ‖ →a **circuito**
circum\circa [θirkunθi'rka] adv lat fam ungefähr ‖ **–navegación** f Umseg(e)lung f ‖ Umschiffung f ‖ **–del mundo** Weltumseg(e)lung f ‖ **–navegar** vi um\fahren, -schiffen, -segeln ‖ **–polar** adj um den Pol herum liegend, zirkumpolar
circun\ceñir [–i–] vt umgürten ‖ **–cidar** vt ⟨Med Rel⟩ beschneiden (& fig) ‖ **–cisión** f ⟨Med Rel⟩ Beschneidung f ‖ ⸺ (del Señor) Fest n der Beschneidung Christi (ehemals am 1. Januar) ‖ **–ciso** pp/irr v. **–cidar** ‖ ~ m Beschnittener m ‖ **–dante** adj umherliegend, umgebend ‖ Nachbar- ‖ mundo ~ Umwelt f ‖ Milieu n ‖ Umgebung f ‖ **–dar** vt umgeben, umringen ‖ einfassen ‖ ⟨Arch⟩ einfried(ig)en, umgeben ‖ **–ferencia** f Umkreis m, Peripherie f ‖ Umfang m ‖ ◊ trazar una ~ e–e Kreislinie ziehen ‖ **–ferir** [–ie–] vt um-, be\grenzen ‖ **–flejo** adj: (acento) ~ ⟨Gr⟩ Zirkumflex m ‖ **–locución** f Umschreibung f, Umschweife pl (in der Rede) ‖ **–loquio** m mit Umschweifen Reden, Umschweife pl ‖ **–navegación** f → **circumnavegación**
circuns\cribir vt eingrenzen, einschließen ‖ ⟨Math⟩ umschreiben ‖ fig beschränken ‖ ◊ ~ un pentágono a un círculo ⟨Math⟩ e–n Kreis um ein Fünfeck beschreiben ‖ **–cripción** f Ein-, Be\grenzung f ‖ ⟨Math⟩ Umschreibung f ‖ e–r

Figur ‖ *Verwaltungsbezirk* m ‖ ~ *electoral Wahlkreis* m ‖ ~ *militar Wehrbezirk* m ‖ ~ *única*, ~ *uninominal Wahlkreis* m *mit e–m Kandidaten* ‖ **–cri(p)to** pp/irr v. **–cribir** ‖ *umschrieben (Geschwulst)* ‖ **–pección** f *Umsicht* f, *Bedacht* m ‖ *Zurückhaltung* f ‖ *Ernst* m, *Würde* f ‖ con ~ *bedachtsam* ‖ **–pecto** adj *vorsichtig, umsichtig* ‖ *ernst, gesetzt*
circuns|tancia f *Umstand* m, *Lage, Gegebenheit, Beschaffenheit* f ‖ *Verhältnisse* npl ‖ *Umwelt* f ‖ *Umstand* m ‖ *Eigenschaft* f ‖ Am *(Rechts–) Streit* m ‖ ~ *agravante* ⟨Jur⟩ *erschwerender Umstand* m ‖ ~ *atenuante mildernder Umstand* m ‖ ~ *cualificativa qualifizierender Umstand* m ‖ ~ *eximente Schuldausschließungsgrund* m ‖ las ~s *personales die Personalien* pl ‖ *persona de* ~s *vornehme, begüterte Person* f ‖ *pieza de* ~s ⟨Th⟩ *Gelegenheitsstück* n ‖ *poeta de* ~s Am *Gelegenheitsdichter* m ‖ con ~s *umständlich* ‖ *a causa de* ~s *imprevistas infolge unvorhergesehener Umstände* ‖ *en tales* ~s *unter solchen Umständen* ‖ *en las* ~s *actuales unter den gegenwärtigen, obwaltenden Verhältnissen* ‖ ◊ *aprovechar las* ~s ⟨Com⟩ *die Konjunktur ausnutzen* ‖ **–tanciado** adj *umständlich* ‖ adv: **~amente** ‖ **–tancial** adj *den Umständen gemäß* ‖ *von den Umständen abhängig* ‖ *Umstands-* ‖ **–tancialidad** f *Umstandsbedingtheit* f ‖ **–tanciar** vt *umständlich schildern, darlegen* ‖ *auf bestimmte Fälle beschränken* ‖ **–tante** adj *(um et) herumstehend* ‖ *umgebend* ‖ *anwesend* ‖ los ~s *die Umstehenden, Anwesenden* pl
circun|terrestre adj *die Erde umfassend* ‖ **–valación** f ⟨Mil⟩ *Umwallung* f ‖ *Umgehungsstraße* f *(bei Städten)* ‖ *Ring* m *(Straßenbahn)* ‖ *carretera de* ~ *Umgehungsstraße* f ‖ *linea de* ~ *Ringstrecke* f *(Stadtbahn)* ‖ *tranvía de* ~ *Ringbahn* f ‖ **–valar** vt *umzäunen* ‖ ⟨Mil⟩ *umwallen, umschanzen* ‖ **–vecino** adj *umliegend, benachbart* ‖ **–visión** f *Umschau* f, *Überblick* m ‖ **–volar** [–ue–] vt/i *(rund her)umfliegen (um)* ‖ **–volución** f *Windung, Krümmung* f ‖ *Umdrehung* f ‖ *circunvoluciones cerebrales* ⟨An⟩ *Gehirnwindungen* fpl ‖ **–yacente** adj *umliegend*
cire|naico adj *kyrenäisch* ‖ ~ m ⟨Philos⟩ *Kyrenaiker* m ‖ **–neo** adj = **–nacio** *Simón el* ~ *Simon von Kyrene, Zyrenäus (Bibel)* (→ a **Cirineo**)
cirial m *Altarleuchter* m
cirigallo m fam *müßig herumschlendernder Mensch* m
cirigaña f *And Schmeichelei* f ‖ *And Kleinigkeit, Lappalie* f
cirílico adj *kyrillisch* ‖ *caracteres* ~s *kyrillische Schrift, Kyrilliza* f
Ciri|lo m *Kyrill(os)* ‖ f: **–la**
Cirineo np *Zyrenäus (Bibel)* ‖ ⁓ m figf *Gehilfe, Helfer* m ‖ figf *armer Schlucker* m
cirio m *(Altar)Kerze* f ‖ △ *Brötchen* n ‖ ~ *pascual Osterkerze* f
Ciro m np *Cyrus, Kyros* m
ciro|laza f augm v. **ciruela** ‖ **–lero** m *Pflaumenbaum* m ‖ **–lilla, –lita** f *kleine Pflaume* f
ciroso adj *wachsartig*
cirrípedos, cirrópodos mpl ⟨Zool⟩ *Rankenfüßer* mpl (Cirripedia)
¹**cirro** m ⟨Chir⟩ *verhärtete Geschwulst* f
²**cirro** m ⟨Bot⟩ *Wickelranke* f ‖ ⟨Zool⟩ *Rankenfuß, Zirrus* m *(der Rankenfüßer)* ‖ ~s m(pl) *Zirren* mpl, *Feder-, Faser|wolken* fpl
cirrocúmulo m ⟨Meteor⟩ *Zirrokumulus* m, *Schäfchenwolke* f
cirro|sis f ⟨Med⟩ *Zirrhose* f ‖ ~ *hepática Leber|zirrhose, -schrumpfung* f ‖ **–so** adj ⟨Bot⟩ *rankig, mit Ranken* ‖ figf *zerzaust*
cirrostrato m ⟨Meteor⟩ *Zirrostratus* m, *Schleierwolke* f
cirrótico adj ⟨Med⟩ *auf die Zirrhose bezüglich*
cirrus m(pl) *Zirren* mpl, *Feder-, Faserwolken* fpl
cirtosis f ⟨Med⟩ = **cifosis**
cirue|la f *Pflaume, Zwetschke, Zwetsch(g)e* f ‖ ~ *amarilla Mirabelle* f ‖ ~ *claudia Reneklode, Reineclaude, Ringlotte* f ‖ ~ *de corazoncillo grüne Herzpflaume* f ‖ ~ *damascena Damaszenerpflaume* f ‖ ~ *de fraile große, spitze, gelbe Pflaume* f ‖ ~ *mirabela Mirabellenpflaume* f ‖ ~ *pasa Dörrpflaume* f ‖ ~ *tostada Backpflaume* f ‖ *mermelada de* ~s *Pflaumenmus* n ‖ **–lo** m *Pflaumenbaum* m (Prunus domestica) ‖ fig *Tölpel* m
cirugía f *Chirurgie* f ‖ ~ *dental Zahnheilkunde, Zahnchirurgie* f ‖ ~ *estética Schönheitschirurgie* f ‖ ~ *general allgemeine Chirurgie* f ‖ ~ *mayor (menor) große (kleine) Chirurgie* f ‖ ~ *plástica plastische Chirurgie* f
cirujal m *e–e Olivenbaumart* f
cirujano m *Chirurg* m
cis|alpino adj *zisalpin(isch) (zwischen den Alpen u. Rom)* ‖ **–andino** adj *diesseits der Anden*
cisca f ⟨Bot⟩ *Schilfrohr* n (Phragmites communis) ‖ Mex vulg *Schamröte* f ‖ *Scham* f ‖ *Zorn* m
ciscar [c/qu] vt fam *besudeln, beschmutzen* ‖ ~**se** vulg *ins Hemd machen* ‖ Mex vulg *sich schämen*
cis|co m *Kohlenstaub, Grus* m ‖ figf *Lärm, Krach* m ‖ *Schlägerei* f ‖ ◊ *armar* ~ fam *Lärm anfangen* ‖ *hacer* ~ fam *in Klump hauen* ‖ **–cón** m *Kohlen|grus, -staub* m
cisionar vt Am *(politisch) zergliedern*
cis|ma m/f *Schisma* n, *Kirchenspaltung* f (& fig) ‖ fig *Trennung* f, *Bruch* m ‖ fig *Abweichung* f ‖ **–mar** vi Sal *Zwietracht stiften* ‖ **–mático** m/adj *Schismatiker, Ketzer* m ‖ *Zwietrachtstifter* m ‖ fig *Abtrünniger* m ‖ ~s ⟨Pol⟩ *Abweichler* mpl ‖ adv: **~amente** ‖ **–moso** adj/s *Unfrieden stiftend*
cisne m *Schwan* m ‖ ⟨poet⟩ *(Ton)Dichter* m ‖ △ *(Straßen)Dirne* f ‖ *Arg weiße Puderquaste* f ‖ ~ *cantor* ⟨V⟩ *Singschwan* m (Cygnus cygnus) ‖ ~ *vulgar* ⟨V⟩ *Höckerschwan* m (C. olor) ‖ *canto del* ~ *Schwanengesang* m ‖ fig *letztes Werk* n ‖ *cuello de* ~ *Schwanenhals* m (& fig) ‖ *(borla de)* ~ *feine Puderquaste* f ‖ ~**o** adj *schwanenartig*
cisorio adj: *arte* ~**a** *Vorschneidekunst* f
cispadano adj *zispadanisch, diesseits des Pos (zwischen dem Po u. Rom)*
cisque|ra f *Kohlenstaubgrube* f ‖ **–ro** m *Kohlenstaubhändler* m ‖ *Staubbeutel* m *(zum Bestäuben)*
cisrenano adj *diesseits des Rheins, rechtsrheinisch*
cistalgia f ⟨Med⟩ *Blasenschmerz* m, *Zystalgie* f
cis|tel, –ter, císter m *Zisterzienserorden* m ‖ **–terciense** adj/s *Zisterzienser-* ‖ *Zisterzienser* m
cisterna f *Zisterne* f, *Sammelbrunnen* m *für Regenwasser*
cisti|cerco m ⟨Zool Med⟩ *Zystizerkus* m, *Finne* f *des Bandwurms* ‖ **–cercosis** f ⟨Med⟩ *Zystizerkose, Erkrankung* f *durch Befall mit Zystizerken*
cístico adj *zystisch* ‖ *blasenartig* ‖ *auf die Zyste bezüglich* ‖ *canal* ~ ⟨An⟩ *Ausführungsgang* m *der Gallenblase*
cisti|patía f ⟨Med⟩ *Blasen|erkrankung, -krankheit* f ‖ **–tis** f ⟨Med⟩ *Blasenentzündung, Zystitis* f
cisto m *Zistus* m, *Zist(en)röschen* n ‖ ⟨Bot⟩ *Samenhülle* f
cisto|cele m ⟨Med⟩ *Blasenvorfall* m, *Zystozele* f ‖ **–(e)spasmo** m *Blasenkrampf, Zystaspasmus* m ‖ **–lito** m ⟨Med⟩ *Blasenstein* m ‖ **–ma** m = **quiste** ‖ **–scopia** f ⟨Med⟩ *Zystoskopie* f ‖ **–scopo** m ⟨Med⟩ *Zystoskop, Blasenspiegel* m ‖ **–so** adj *Zysten-* ‖ **–tomía** f ⟨Chir⟩ *Blasensteinschnitt* m, *Zystotomie* f

cita f Bestellung, Einladung f zu e–r Zusammenkunft ‖ Vorladung f ‖ Stelldichein n, Verabredung f ‖ Zitat n, Anführung f ‖ Fußnote, Erläuterung f ‖ Span Benennung f von Zeugen (Ermittlungsverfahren) ‖ ◊ acudir a una ~ sich zu e–m Stelldichein einfinden ‖ zu e–r Besprechung erscheinen ‖ dar (una) ~ a alg. jdm ein Stelldichein geben ‖ → **casa**
cita|ción f ⟨Jur⟩ (Vor)Ladung f, Termin m ‖ Zitat n, Anführung f ‖ ~ a comparecer Ladung f zum Termin ‖ ~ bajo apescibimiento de arresto Ladung f unter Haftdrohung ‖ ~ honorífica ehrenvolle Erwähnung f ‖ ~ por edicto öffentliche Ladung f ‖ cédula de ~ Ladungsurkunde f ‖ providencia de ~ Ladung f ‖ →a **citar** ‖ **–dor** m Zitator m
*__citano__ m fam = zútano
citar vt/i (gerichtlich vor)laden ‖ zu e–r Zusammenkunft bestellen ‖ anführen, zitieren ‖ ⟨Taur⟩ (den Stier) auf die Mitte des Platzes treiben, damit er angreift; (den Stier) reizen, locken ‖ ◊ ~ como referencias ⟨Com⟩ als Referenz(en) anführen, nennen ‖ ~ judicialmente gerichtlich laden ‖ ~ de remate zur Versteigerung laden ‖ textualmente im genauen Wortlaut zitieren ‖ →a **citación** ‖ la suma citada der erwähnte Betrag ‖ ~se vr sich verabreden
cítara f e–e kleine Lautenart f ‖ ⟨Mus⟩ Zither f ‖ ◊ pulsar la ~ die Zither schlagen
citarista m/f Zitherspieler(in) m/f
cita|rón m, **–ra** f ⟨Arch⟩ gemauerter Unterbau m für Fachwerk
citasis f ⟨Med⟩ Zytase f
citato|ria f Vorladungsschreiben n, Ladungsschrift f ‖ **–rio** adj ⟨Jur⟩ Vorladungs- ‖ mandamento ~ ⟨Jur⟩ Vorladungsschreiben n
citereo adj: Venus ⋆a Kythera f (Aphrodite) ‖ **citerior** adj diesseitig ‖ España ⋆ römische Provinz Tarragonien
citiso, citiso m ⟨Bot⟩ = codeso
cito|cromia f ⟨Typ⟩ Farbendruck m ‖ **–fagia** f ⟨Biol⟩ Phagozytose f ‖ **–gamia** f Zytogamie f ‖ **–génesis** f Zytogenese, Zellteilung f ‖ **–genética** f Zytogenetik f ‖ **–gonia** f Zytogonie f ‖ **–lisis** f Zytolyse, Auflösung f der Zellen ‖ **–logía** f Zellenlehre, Zytologie f ‖ **–lógico** adj zytologisch ‖ **–plasma** m Zell-, Zyto|plasma n
citola f Mühlklapper f
cítora f Murc ⟨Art⟩ Harpune f
cito|scopia f Zyto|skopie, -diagnostik f ‖ **–soma** m Zytosom(a) n, Mitochondrien pl ‖ **–stoma** m Zellmund m der Einzeller, Zytostom n
citote m fam nachdrückliche Einladung f
citotoxina f Zellgift, Zytotoxin n
citozoario m ⟨Biol⟩ Einzeller m
citrato m Zitrat n
cítrico adj zitronensauer ‖ ácido ~ Zitronensäure f ‖ ~s mpl Zitrusfrüchte fpl, Agrumen pl (Citrus spp)
citri|na f ⟨Min⟩ Zitrin m ‖ Zitronenöl n ‖ **–no** adj zitronengelb
citrón m Zitrone f (→ limón)
citronato m Zitronat n (in Zuckersirup eingekocht)
ciudad f Stadt f (mit allen Vorrechten) ‖ Stadtgebiet n ‖ fig Staat m ‖ Stadtobrigkeit f ‖ la ⋆ Condal Barcelona ‖ la ⋆ Eterna fig Rom ‖ la ⋆ Imperial = Toledo ‖ la ~ natal die Heimat-, Vater|stadt ‖ la ~ Universitaria de Universitätsstadt (z. B. bei Madrid) ‖ ~ abierta ⟨Mil⟩ offene Stadt f ‖ ~ de Dios (San Agustín) Gottesstaat m (Augustins) ‖ ~ imperial Reichsstadt f ‖ ~ fronteriza Grenzstadt f ‖ ~ jardín Gartenstadt f ‖ ~ lacustre Pfahlbausiedlung f ‖ ~ libre freie Stadt f ‖ ~ lineal Bandstadt f (nach der Theorie des Spaniers Soria y Mata, 1882) ‖ ~ marítima Hafenstadt f ‖ ~ modelo Musterstadt f ‖ ~ obrera Arbeitersiedlung f ‖ ~ satélite Trabanten-, Sa-

telliten|stadt f ‖ hombre de ~ Städter m ‖ planta de ~ fig Stadtmensch m ‖ ⋆ Loco Hier, am Ort (auf Briefanschriften)
ciudada|na f Städterin f ‖ Bürgerfrau, Bürgerin f ‖ **–nía** f, **–nismo** m Bürgertum n ‖ Bürgerrecht n ‖ Bürgerschaft f ‖ Staatsangehörigkeit f ‖ carta de –nía Bürgerbrief m ‖ Einbürgerungsurkunde f ‖ ~ doble doppelte Staatsangehörigkeit f ‖ ~ de honor Ehrenbürgerrecht n ‖ ~ múltiple mehrfache Staatsangehörigkeit f ‖ ◊ tener ~ das Bürgerrecht besitzen ‖ **–no** m/adj Stadtbewohner, Städter m ‖ (Stadt)Bürger m ‖ Mitbürger m ‖ fam Individuum n ‖ ~ del mundo Weltbürger m ‖ ~ por nacimiento Staatsbürger m von Geburt ‖ ~ por naturalización Staatsbürger m durch Einbürgerung ‖ ~ por opción Staatsbürger m durch Option ‖ ~ adj städtisch ‖ **–za** f desp v. ciudad
ciudadela f Zitadelle, Stadtfeste f
ciudad-realeño adj aus Ciudad Real
ciútico adj Bol Chi kitschig, geschmacklos
cive|ta f Zibetkatze f ‖ ~ africana Afrikanische Zibetkatze, Zivette f (Civettictis civetta) ‖ ~ india Indische Zibetkatze f (Viverra zibetha) ‖ **–to** m Zibet m (Absonderung der Duftdrüsen der Zibetkatze) (→a **algalia**)
cívico adj Bürger- ‖ heroísmo ~, valor ~ bürgerliche Tapferkeit, Zivilcourage f
civil adj bürgerlich, Bürger- ‖ bürgerlich, Zivil- ‖ einheimisch ‖ höflich, gesittet ‖ *__gemein__, niedrig ‖ el brazo ~ der weltliche Arm ‖ corona ~ Bürgerkrone f (Rom) ‖ derecho ~ Zivilrecht n ‖ educación ~ staatsbürgerliche Erziehung f ‖ guardia ~ (Feld)Gendarmerie f ‖ guerra ~ Bürgerkrieg m ‖ matrimonio ~ Zivilehe f ‖ ~ m fam Gendarm m
civi|lidad f Höflichkeit, Bildung f ‖ **–lista** m Kenner m des bürgerlichen Rechts, Zivilrechtler m ‖ Zivilrechtslehrer m
civili|zación f Bildung, Gesittung f ‖ Kultur f ‖ Zivilisation, Sittenverfeinerung f ‖ Zivilisierung f ‖ **–zado** adj gesittet, gebildet ‖ hombre ~ Kulturmensch m ‖ el mundo ~ die zivilisierte Welt ‖ **–zar** [z/c] vt gesittet machen, verfeinern ‖ erziehen, bilden ‖ zur Kultur erziehen, zivilisieren ‖ ~se feine Sitten annehmen ‖ Kultur annehmen ‖ fam gesitteter werden
civilmente adv v. civil ‖ ◊ casarse ~ sich standesamtlich trauen lassen ‖ ser responsable ~ zivilrechtlich haften
civismo m Bürger|sinn m, -tugend f ‖ staatsbürgerliche Erziehung f
cizallamiento m Scherung, Abscherung f ‖ Schub m ‖ Schubkraft f
ciza|lla(s) f(pl) Blech-, Metall|schere f ‖ kleine Schneidemaschine f ‖ Metallspäne mpl ‖ fig Scheren fpl (z. B. der Krebse) ‖ ~ circular Kreisschere f ‖ ~ de contornear Aushauschere f ‖ ~ de mano Handschere f ‖ ~ de palanca Hebel(blech)schere f ‖ ~ en caliente Warmschere f ‖ ~ para cortes circulares Rundschneideschere f ‖ ~ para lingotes Blockschere f ‖ ~ para llantones Brammenschere f ‖ ~ para palanquillas Knüppelschere f ‖ ~ para planchas Tafelschere f ‖ ~ para remaches Nietschere f ‖ ~ para tronzar Trennschere f ‖ ~ para vigas Trägerschere f ‖ **–llamiento** m s. v. **–llar** ‖ centro de ~ ⟨Metal⟩ Schubmittelpunkt m ‖ límite de ~ Schubfließgrenze f ‖ módulo de ~ Schubmodul m ‖ **–llar** vt schneiden (Blech) ‖ beschneiden (Karten)
ciza|ña f ⟨Bot⟩ (Taumel)Lolch m, Tollgerste f (Lolium temulentum) ‖ fig Unkraut n ‖ fig Zwietracht f, Gift m ‖ ◊ sembrar ~, fam meter ~ Unruhe stiften, Zwietracht säen ‖ **–ñador, –ñero** m/adj Zwietrachtstifter, Störenfried m ‖ **–ñar** vi Unruhe stiften
cl. Abk = centilitro(s)
clac m Klapphut, Chapeau claque m

claco m Guat Mex *wertlose Sache, Lappalie* f
clacopacle m Mex ⟨Bot⟩ *Osterluzei* f (Aristolochia mexicana)
clacota f Mex *kleines Geschwür* n, *Furunkel* m
clacua|che, -chi m Mex *Beutelratte* f, *Opossum* n (Didelphis sp)
cladóceros mpl ⟨Zool⟩ *Wasserflöhe* mpl (Cladocera)
clamar vt/i *schreien* ‖ *flehen, jammern (nach dat por)* ‖ *bitten* ‖ *stürmisch verlangen (nach dat por)* ‖ *protestieren* ‖ ◊ ~ *venganza nach Rache rufen* ‖ ~ contra alg. *gegen jdn Einrede erheben* ‖ una injusticia que clama al cielo *eine himmelschreiende Ungerechtigkeit* f
clámide f *Chlamys* f, *altgriechisches Obergewand* n
clamido|bacterias fpl *Chlamydo-, Faden|bakterien* fpl ‖ **-saurio** m *Kragenechse* f (Chlamydosaurus kingii)
△**clamo** m *Zahn* m ‖ *Krankheit* f
clamor m *(Jammer)Geschrei* n ‖ *Klage* f ‖ *Totengeläut(e)* n ‖ Ar *(durch Regen aufgerissene) Schlucht* f
clamo|reada f *(Jammer)Geschrei* n ‖ **-rear** vt/i *kläglich bitten, (be)jammern* ‖ *läuten (Totenglocke)* ‖ las campanas clamorean a muerto *die Totenglocken läuten* ‖ **-reo** m *Zetergeschrei* n ‖ *Totengeläute* n ‖ fam *dringendes Bitten* n ‖ ~s de protesta *Protestrufe* mpl ‖ **-roso** adj *klagend* ‖ *schreiend* ‖ éxito ~ *schlagender Erfolg* m
clan m *Clan, schottischer Stammesverband* m ‖ *Sippe* f ‖ *Stamm* m ‖ fig *Klüngel* m, *Clique* f
clandesti|nidad f *Heimlichkeit, Verstohlenheit* f ‖ *impedimento de* ~ *Hindernis* n, *e–e geheime Ehe vor e–m anderen als dem eigenen Pfarrer zu schließen (kanonisches Recht)* ‖ en la ~ ⟨Pol⟩ *im Untergrund* ‖ **-nista** m Guat *Branntweinschmuggler* m ‖ **-no** adj *heimlich, ver|stohlen, -borgen* ‖ *unerlaubt* ‖ *Geheim-* ‖ *Schwarz-* ‖ comerciante ~ *Schieber, Schwarzhändler* m ‖ emisora ~a *Schwarzsender* m ‖ impresión ~a, impreso ~ *unerlaubter Nachdruck* m ‖ imprenta ~a *Geheimdruckerei* f ‖ matrimonio ~ *heimliche Ehe* f ‖ pasajero ~ *blinder Passagier* m ‖ publicación ~a *unerlaubtes Druckwerk* n ‖ *Nachdruck* m ‖ radioescucha ~ *Schwarzhörer* m ‖ adv: ~amente
clangor m ⟨poet⟩ *Trompetengeschmetter* n ‖ *Geschrei* n *einiger Tiere*
clapa f Ar *Blöße* f *im Ackerfeld* ‖ Mex *Rizinus* m
clapo m Mex *Nußschale* f
claque f fam ⟨Th⟩ *Claque* f
claquear vi *schnalzen (mit der Zunge)*
claqueta f ⟨Filmw⟩ *Klappe* f
Clara f np Tfn *Klara* f
clara f *Eiweiß* n ‖ *durchsichtige, undichte, dünne Stelle* f *(im Tuch, Strumpf usw)* ‖ *unbehaarte Stelle* f *(des Kopfes)* ‖ *Lichtung* f *(im Walde)* ‖ ~ batida *Eierrahm* m ‖ ~ (de huevo) *Eiweiß* n
claraboya f ⟨Arch⟩ *Dachfenster, Oberlicht* n, *Luke* f ‖ ⟨Mar⟩ *Bullauge* n
claramente adv *deutlich, verständlich*
△**clarea** f *Tageslicht* n
clare|ar vt *erhellen* ‖ *lichten (Wald)* ‖ △ *gebären* ‖ ~ vi *sich auf|heitern, -klären (Wetter)* ‖ *tagen, Tag werden* ‖ ◊ clarea *der Tag bricht an, es tagt* ‖ ~se *durchsichtig sein* ‖ *durchschimmern* ‖ fig *sich aufklären* ‖ *durchsichtig werden* ‖ fam *sich verraten* ‖ **-cer** [-zc-] vi *tagen, Tag werden* ‖ *anbrechen (Tag)* ‖ **-o** *Lichten* n *(e–s Waldes)* ‖ **-te** m/adj *Klarett, Roséwein* m ‖ *Weißherbst* m ‖ salsa ~ ⟨Art⟩ *Weinsoße* f
claretianos mpl *Claretiner* mpl *(von hl. Antonio Maria Claret gegründeter Orden)*
clarias m ⟨Fi⟩ *Aalwels* m (Clarias anguillaris)

claridad f *Helle, Klarheit* f ‖ *Licht* n, *Schein* m ‖ *Deutlichkeit, Klarheit, Anschaulichkeit* f ‖ *Durchsichtigkeit* f ‖ fig *Verklärtheit* f ‖ fig *Reinheit* f ‖ *Deutlichkeit, Verständlichkeit* f ‖ *Offenherzigkeit* f ‖ *Berühmtheit* f ‖ ⟨Tel⟩ *Verständlichkeit* f ‖ ~ en la sintonización ⟨Radio⟩ *Abstimmschärfe* f ‖ ~**es** pl fig *derbe Wahrheiten* fpl
claridoso adj Mex *offenherzig*
clarifi|cación f *Läuterung, (Ab)Klärung* f (& fig) ‖ *instalación de* ~ *Kläranlage* f ‖ **-cador** m *(Wein)Klärmittel* n ‖ **-cadora** f *Klärmaschine* f ‖ **-car** [c/qu] vt *erhellen, erleuchten* ‖ *läutern, reinigen* ‖ *aufklären, erläutern, verständlich machen (ab)klären (Flüssigkeit)* ‖ *klären (Wein)* ‖ **-cativo** adj *läuternd, klärend*
clarífico adj ⟨poet⟩ *glänzend*
clarilla f And *Lauge* f
clarín m *kleine (Signal)Trompete* f, *(Signal-)Horn* n ‖ *helle Trompete* f ‖ *Trompeter* m ‖ ⟨poet⟩ *kriegerische Trompete* f ‖ *feine, dünne Leinwand* f ‖ *Schleiertuch* n ‖ toque de ~ *Trompetenstoß* m
clari|nada f fam *unzeitgemäßer, unangebrachter Spruch* m ‖ **-neo** m *Trompetengeschmetter* n ‖ **-nero** m *Trompeter* m ‖ **-nete** m ⟨Mus⟩ *Klarinette* f ‖ *Klarinettist* m ‖ ~ de contrabajo *Baßklarinette* f ‖ ◊ es ~ fam joc *das ist ganz klar* ‖ **-netista** m *Klarinettist* m
clarión m *Schlämmkreide* f ‖ *Schul-, Tafel-, Schreib|kreide* f
△**clariosa** f *Wasser* n
clarioso adj Cu *offenherzig*
clarisa f/adj *Klarissin (Nonne)* f ‖ △ *Wasser* n ‖ ≈ f Tfn *Klarissa* f
clarísimo adj sup v. *claro* ‖ fig *erlaucht, hochberühmt (Titel)*
clarividen|cia f *Hellseherei* f ‖ fig *Scharfblick* m ‖ **-te** adj/s fig *hellseherisch, scharfsichtig* ‖ *weit vorausehend, weitblickend*
¹**claro** adj/s *hell, licht, klar* ‖ *lauter* ‖ *klar, heiter, wolkenlos (Himmel)* ‖ *hell, schön (Tag)* ‖ *klar, rein (Wasser)* ‖ *glänzend, leuchtend, blank* ‖ *dünn, spärlich (Haar)* ‖ *nicht zu dick, dünn (-flüssig)* ‖ *durchsichtig (Flüssigkeit)* ‖ *licht (Wald)* ‖ *unbefruchtet (Ei)* ‖ *bleich, blaß, hell* ‖ fig *verständlich, klar, deutlich* ‖ *übersichtlich* ‖ *offenherzig, frei* ‖ *berühmt, erlaucht* ‖ *scharf|sinnig, -blickend* ‖ ⟨Taur⟩ *plötzlich losstürzend (Stier)* ‖ ~ y oscuro ⟨Mal⟩ *helldunkel* (& s) ‖ ~ y sencillo *offen, ohne Umschweife* ‖ azul ~ *hellblau* ‖ castaño ~ *hellbraun* ‖ de ~ en ~ fig *von Anfang bis Ende* ‖ *klipp und klar* ‖ noche ~a *heitere, schöne Nacht* f ‖ *Mondnacht* f ‖ ~ como la luz del día, más ~ que el sol *sonnenklar* ‖ por lo ~ *deutlich, unumwunden* ‖ a la ~a, a las ~as *deutlich, unverhohlen* ‖ ◊ hacer cuentas ~as *die Rechnung in Ordnung bringen* ‖ fig *reinen Tisch machen* ‖ mientras más amigos, más ~s fam *mit seinen besten Freunden muß man am freimütigsten sprechen* ‖ ~ está *natürlich, freilich,* wohl ‖ zwar ‖ ¡~ (está)! *natürlich, freilich* ‖ ¡~ a popa (proa)! ⟨Mar⟩ *klar achteraus (voraus)!*
²**claro** adv *klar, deutlich* ‖ bien ~ *recht deutlich* ‖ ◊ hablar ~ *deutlich reden* ‖ sembrar ~ *dünn säen* ‖ ¡~! *natürlich, freilich*
³**claro** m *Helle* f, *Licht* n ‖ *lichte, helle, dünne Stelle* f ‖ *Blöße* f ‖ *Zwischenraum* m ‖ *Fenster-, Tür|öffnung* f ‖ *unbeschriebene Stelle* f ‖ *Lücke* f ‖ *Abstand* m ‖ *innere, lichte Weite* f *(e–r Röhre usw)* ‖ ⟨Arch⟩ *Oberlicht* n ‖ ⟨Arch⟩ *Säulenweite* f ‖ *Lichtung* f *(im Walde)* ‖ ⟨Typ⟩ *Fenster* n *im Druckstock* ‖ △ *Tageslicht* n ‖ ~ de luna *Mondschein* m ‖ *libre* ⟨Mar⟩ *freie Breite* f ‖ de ~ en ~ *vom Abend bis zum Morgen, offenbar, deutlich* ‖ en ~ *klar, deutlich* ‖ ◊ pasar la noche en ~ *die Nacht schlaflos verbringen* ‖ pasarse las noches en ~ *ein Nachtleben führen* ‖ pasar de ~ fig *durchbohren (mit dem Blicke)* ‖ poner en ~

claror — clavar 268

ins reine setzen ‖ richtigstellen ‖ se puso en ~ que es stellte sich heraus, daß ‖ ~s pl: ◊ meter en ~ ⟨Mal⟩ Lichter aufsetzen
claror m Helle, Klarheit f ‖ Glanz m
claroscuro m/adj ⟨Mal⟩ Helldunkel, Clairobscur n ‖ Kontraste mpl ‖ einfarbiges Bild n ‖ ⟨Mus⟩ richtige Abstufung f ‖ ~ adj helldunkel
clarucho adj iron sehr dünn (Suppe)
clascal m Mex Maisfladen m
clase f Abteilung, Klasse f, Fach n ‖ Gattung, Ordnung f ‖ ⟨Bot Zool⟩ Klasse f ‖ Art, Sorte f ‖ Marke f ‖ Gesellschaftsklasse f, Stand, Rang m ‖ (Schul)Klasse f ‖ Hör-, Lehr\saal m, Lehrzimmer n ‖ Lehrstunde f ‖ Schulunterricht m ‖ Vorlesung f (an der Universität) ‖ Jahrgang m ‖ ⟨EB⟩ Wagenklasse f ‖ ~ arancelaria Tarifeinstufung f ‖ ~ burguesa bürgerliche Klasse f ‖ ~ de adelantados Klasse f für Fortgeschrittene ‖ ~ corriente ⟨Com⟩ gangbare Sorte f ‖ ~ dominical Sonntagsschule f ‖ ~ elevada Oberschicht f ‖ ~ de idiomas Klasse f für Sprachenunterricht, Sprachunterricht m ‖ ~ de lujo Luxusklasse f ‖ ~ dirigente führende, herrschende Klasse f ‖ ~ empresarial Unternehmertum n ‖ ~ estudiantil Studentenschaft f, Studenten mpl ‖ ~ media Mittelstand m ‖ ~ médica Ärzteschaft f, Ärzte mpl ‖ ~ modesta Unterschicht f ‖ ~ obrera Arbeiterklasse f ‖ ~ particular Privatunterricht m ‖ ~ de papel Papiersorte f ‖ ~ de principiantes Anfängerklasse f ‖ Kurs m für Anfänger ‖ ~ social gesellschaftliche Klasse, Volksschicht f ‖ ~ superior höhere Klasse f ‖ hervorragende Qualität f ‖ ~ de tipo ⟨Typ⟩ Schriftgattung f ‖ ~ de tropa ⟨Mil⟩ einfacher Soldat m ‖ ~ turista Touristenklasse f ‖ compañero de ~ Klassenkamerad m ‖ espíritu de ~ Klassengeist, Standesdünkel m ‖ gobierno de ~ Klassenherrschaft f ‖ ir a ~ die Schule besuchen (profesor) encargado de (una) ~ Klassenlehrer m ‖ libro de ~ Schulbuch n ‖ prejuicio de ~ Standesvorurteil n ‖ sala de ~ Klassen-, Schul\zimmer n ‖ toda ~ de artículos aller\lei, -hand Artikel mpl ‖ de esta(od tal) ~ derartig, solch ein(e) ... ‖ de primera ~ erstklassig, hervorragend ‖ de todas ~s jeder Art, allerhand ‖ coche de primera ~ ⟨EB⟩ Wagen m erster Klasse ‖ ◊ asistir a las ~s (od a la ~) dem Unterricht beiwohnen, die Schule besuchen ‖ dar ~ Unterricht erteilen ‖ die Schule besuchen, unterrichten ‖ faltar a la ~ in der Schule fehlen ‖ hoy no tenemos (od no hay) ~ heute haben wir frei (Schule) ‖ ~s pl: las ~ directoras die oberen (herrschenden) Schichten (Klassen) fpl (der Gesellschaft) ‖ las ~ pasivas die Erwerbsunfähigen mpl (Pensionäre usw) ‖ lucha de ~ Klassenkampf m ‖ odio de ⁓ Klassenhaß m ‖ las ~ poseyentes (od pudientes) die besitzenden Klassen fpl ‖ de mil ~ tausenderlei ‖ sociedad sin ~ klassenlose Gesellschaft f
clasi\cismo m Klassizismus m ‖ –cista m/adj Anhänger m des Klassischen, Klassizist m ‖ adj klassizistisch
clásico adj klassisch ‖ mustergültig, ersten Ranges ‖ ~ romántico klassisch-romantisch ‖ autor ~ Klassiker, klassischer Autor m ‖ un ejemplo ~ ein klassisches Beispiel n ‖ biblioteca de (autores) ~s Klassikerbibliothek f ‖ ~ m Klassiker m ‖ adv: ~amente
clasifi\cación f Einteilung f in Klassen, Arten ‖ Klassifizierung f ‖ Aussonderung f ‖ Einstufung f, Aufschlüsselung, Aufgliederung f ‖ Sortieren n (Briefe) ‖ Zeugnis n, Note f (Schule) ‖ ⟨Sp⟩ Tabellenstand f ‖ Titrierung, Garn-, Feinheits\bestimmung f (Seide) ‖ ~ arancelaria Tarifeinstufung f ‖ ~ basta Grobsortierung f‖ ~ de artículos Warensortierung f ‖ ~ decimal Dezimalklassifikation f ‖ ~ del personal Einstufung n ‖ ~ filéctica ⟨Bot Zool⟩ phyletische Einteilung f ‖ ~ hidrodinámica Schlämmtrennung, Schläm-

mung f ‖ ~ natural ⟨Bot Zool⟩ natürliche Klassenordnung f ‖ ~ neumática Windsichtung f ‖ ~ por tamaños Größenklasseneinteilung f‖ –cador m Akten-, Brief\ordner m ‖ Hefter m ‖ Registratur f (Möbelstück) ‖ ⟨Metal⟩ Sortierer m, Setzmaschine f ‖ ⟨Bgb⟩ Trieur, Sichter m ‖ –cadora f Sichtmaschine f ‖ Sortiermaschine f ‖ ~ de grano fino ⟨Bgb⟩ Feinkornsetzmaschine f ‖ ~ de grano Getreidesortiermaschine f ‖ ~ de trapos Hadernsortiererin f (Arbeiterin) ‖ Hadernsortiermaschine f ‖ –car [c/qu] vt klassifizieren, sortieren ‖ scheiden ‖ einordnen ‖ gliedern
clasismo m Klassismus m, Klassentrennung f
clástico adj ⟨Geol⟩ klastisch
clatole m Mex geheime Unterredung f
△**clauca** f Dietrich m
claudia adj → **ciruela**
claudi\cación f Hinken n ‖ zweideutiges Benehmen n ‖ ~ intermitente ⟨Med⟩ intermittierendes Hinken ‖ –car [c/qu] vi hinken ‖ fig sich zweideutig benehmen, wanken ‖ fig die eigene Überzeugung verraten, fam umfallen ‖ ~ (con) nachgeben, sich fügen (dat) ‖ ein Kompromiß eingehen (mit)
claus\tral adj klösterlich, Kloster- ‖ vida ~ Klosterleben n (& fig) ‖ –tro m ⟨Arch⟩ Kreuzgang m ‖ Klostergang m ‖ fig Mönchstand m ‖ fig Klosterleben n ‖ ~ materno Mutterleib m ‖ ~ (de profesores) akademischer Senat m ‖ Lehrkörper m
claustro\filia f ⟨Med⟩ Klaustrophilie f ‖ ⟨Psychol⟩ Hang m zur Einsamkeit ‖ –fobia f ⟨Med⟩ Klaustrophobie f
cláusula f Klausel f, Vorbehalt m ‖ Bestimmung, Bedingung f ‖ ⟨Gr⟩ Satz m, Periode f ‖ Stelle f in e-m Buch ‖ Redensart f ‖ ~ compuesta ⟨Gr⟩ Satzgefüge n ‖ ~ ad cautelam (lat) Widerrufbeschränkung f (Testament) ‖ ~ contractual Vertragsklausel f ‖ ~ de arbitraje Schieds(gerichts)-klausel f ‖ ~ de caducidad Verfallklausel f ‖ ~ de exclusión Ausschlußklausel f (Versicherungsvertrag) ‖ ~ de riesgos Risikoausschlußklausel f ‖ ~ de nación más favorecida Meistbegünstigungsklausel f ‖ ~ de paridad Paritätsklausel f ‖ ~ de ratificación Ratifikationsklausel f ‖ ~ de reciprocidad Gegenseitigkeitsklausel f ‖ ~ de renuncia Verzichtsklausel f ‖ ~ de retroventa Rückkaufsklausel f ‖ ~ derogatoria Aufhebungs-, Widerrufs\klausel f ‖ ~ limitativa de responsabilidad Haftungsbeschränkungsklausel f ‖ ~ penal Konventionalstrafklausel f ‖ ~ preferencial Vorzugsklausel f ‖ ~ rebus sic stantibus (lat) Klausel „gemäß den jetzigen Bedingungen", Derzeitklausel f ‖ ~ tacita stillschweigende Vereinbarung f
clausu\lado m ⟨Jur⟩ Gesamtheit f von Klauseln ‖ –lar vt in kurzen Sätzen abfassen ‖ bedingen, durch Bedingungen sichern ‖ –ra f Schluß m ‖ Kloster\zwang m, -leben n ‖ ⟨Pol⟩ Tagungsschluß, Schluß m (e–r Sitzung) ‖ (sesión de) ~ Schlußsitzung f ‖ vida de ~ Klosterleben n ‖ –rar vt (feierlich) schließen (Ausstellung, Tagung) ‖ sperren, schließen (Geschäft, Sitzung, Lehranstalt usw) ‖ ◊ ~ la discusión die Aussprache (od die Diskussion) schließen
clava f Keule f ‖ ⟨Mar⟩ Speigatt n
clava\d(iz)o adj mit Ziernägeln beschlagen ‖ –do adj fig pünktlich, genau ‖ ◊ le dejó ~ fam er ließ ihn mit offenem Munde dastehen ‖ Am er hat ihn angeführt ‖ eso me viene ~ fam das kommt mir wie gerufen ‖ ¡~! fam genauso! ‖ tener los ojos ~s (en alg).fig (jdn) anstieren ‖ –dura f Vernageln n ‖ ⟨Vet⟩ Vernagelung f (Hufverletzung durch unsachgemäß eingeschlagenen Hufnagel) ‖ –miento m. s. v. **clavar**
clavar vt (an)nageln ‖ fest-, ver-, zu\nageln ‖ befestigen ‖ hineinstoßen (Dolch) ‖ ein\rammen, -schlagen (Pfahl) ‖ fassen (Edelsteine) ‖ ⟨Typ⟩

aufklotzen (Klischee, Platte) || ⟨Mar⟩ *spiekern* || ⟨Mar⟩ *schalken* || fam *aufbürden* || Ar Am fig *foppen, prellen, betrügen* || ◊ ~ un alfiler *e–e Stecknadel einstechen* || ~ la divisa al toro ⟨Taur⟩ *dem Stier die Kokarde ins Genick heften* || ~ la vista en alg. fig *jdn starr ansehen* || ~ en (*od* a) la pared *an die Wand nageln* || máquina de ~ cajas *Kistennagelmaschine* f || ~**se** *eindringen (Nagel, Splitter, Dorn)* || fig *sich täuschen, sich irren* || Am *hereinfallen, sich anführen lassen* || ◊ ~ una espina, una astilla *sich e-n Dorn, e-n Splitter einjagen*
   clavario *m Schlüsselmeister* m *(in kath. Orden)*
   clavazón *f (Nagel)Beschlag* m
   ¹**clave** *f* ⟨Arch⟩ *Schlußstein* m *e–s Gewölbes* || ⟨Mus⟩ *Schlüssel* m || *Schlüssel* m *zu e–r Zifferschrift, Code* m || *Kontrollziffer* f || *Schlüssel* m, *Erläuterung* f *(e–s Buches)* || fig *Lösung* f || fig *Lösungsheft* n *(Aufgaben)* || ~ de bóveda *Schlußstein, Bogenschluß* m || ~ de distribución *Aufbringungs-, Verteilungs|schlüssel* m || ~ (telegráfica) ⟨Com⟩ *(Telegramm)Code* m || ~ secreta *Geheimcode* m || número ~ *Schlüsselzahl* f || palabra ~ *Codewort* m || ◊ echar la ~ fig *abschließen, beendigen (Geschäft)* || no dar con la ~ fam *nicht dahinterkommen*
   ²**clave** *m Spinett* n
   clavecín *m Cembalo* n
   clavel *m Nelke(npflanze)* f (Dianthus spp) || *(Bart)Nelke* f (D. barbatus) || ~ cultivado, ~ de jardín *Gartennelke* f (D. caryophyllus) || ~ doble *Vollnelke* f || ~ de fantasía, ~ flamenco *bunte Gartennelke* f || ~ de pluma *Federnelke* f || ~ silvestre *Feldnelke* f
   clave|lina *f* Ar *Bartnelke* f (Dianthus barbatus) || Chi *(Feder)Nelke* f (D. plumarius), *Toten-, Sammet|blume* f (Tagetes erecta) || **–lón** *m* Mex *Stinknelke* f
   clavellina *f Bartnelke* f (→ **clavelina**) || SAm *Wunderblume* f (Mirabilis jalapa)
   clavera *f Nageleisen* n || *Nagelloch* n
   ¹**clavero** *m Schlüsselmeister* m *(& bei kath. Orden)* || *Pfennigmeister* m *bei den Karmelitern*
   ²**clavero** *m Gewürznelkenbaum* m (Syzygium aromaticum) Mex *Kleiderrechen* m
   clave|ta *f Holznagel* m, *Schuhzwecke* f || **–te** dim *v.* **clavo** *Spielblättchen* n *für die Bandurriagitarre* || **–tear** vt *(mit Nägeln) beschlagen* || fig *fest abschließen,* fam *unter Dach und Fach bringen (Geschäft usw)*
   clavi|cémbalo *m Clavicembalo* n || **–címbalo** *m* = **–cordio** || ⟨Mus⟩ *Klavichord* n *(primitives Klavier)* || **–corno** *m* ⟨Mus⟩ *Klapphorn* n
   clavícula *f* ⟨An⟩ *Schlüsselbein* n
   clavi|cular adj ⟨An⟩ *Schlüsselbein-* || **–esternal** adj ⟨An⟩ *auf Schlüssel- und Brust|bein bezüglich*
   cla|vigéridos *mpl* ⟨Entom⟩ *Keulenkäfer* mpl (Clavigeridae) || **–vígero** *m Keulenkäfer* m *(Ameisengast)*
   clavígrafo *m* ⟨Mus⟩ *Notenrolle* f *e–s Selbstspielklaviers*
   clavi|ja *f Stift, Pflock, Bolzen, Zapfen, Nagel* m || ⟨Mus⟩ *Wirbel* m || ⟨Arch⟩ *Eckkropf* m || *Wirbel* m *an der Daumzwinge (Folter)* || ~ antiparasitaria ⟨Aut Radio⟩ *Störschutz-, Entstör|stecker* m || ~ con hembrilla *Bananenstecker* m || ~ de acoplamiento *Kuppelbolzen* m || ~ de adorno *Zierwirbel* m || ~ de ánodo *Anodenstecker* m || ~ de banana *Bananenstecker* m || ~ de conexión ⟨Tel⟩ *Verbindungsstöpsel* m || ~ de contacto ⟨El⟩ *Kontaktstöpsel, Stecker* m || ~ de corte *Ausschaltstöpsel* m || ~ de charnela *Scharnierstift* m || ~ de encendido *Zündstift* m || ~ de enchufe *Stecker* m || ~ de llamada ⟨Tel⟩ *Ruf|stöpsel, -taster* m || ~ de respuesta, ~ de contestación ⟨Tel⟩ *Antwort|stöpsel, -taster* m || ~ selector ⟨Tel⟩ *Wahlstöpsel* m || ~ de unión

Verbindungsstecker m || ~ indicadora ⟨Tel⟩ *Hinweisstöpsel* m || ~ maestra *Span-, Deichsel|nagel* m || ◊ apretarle a uno las ~s fig *jdm hart zusetzen, jdm Daumenschrauben aufsetzen* || **–jero** *m* ⟨Mus⟩ *Wirbelbrett* n || **–llo, –to** *m* ⟨Kochk⟩ *Gewürznelke* f || Mex ⟨Bot⟩ *Orangenblume* f (Choisya ternata) || ~ de hebilla *Dorn* m *an der Schnalle* || ~**s** *pl Wirbelkasten* m *(am Klavier)* || **–órgano** ⟨Mus⟩ *Orgelklavier* n
   clavo *m Nagel, Drahtstift* m || ⟨Mar⟩ *(Brett-)Spieker* m || *Hühnerauge* n, *Leichdorn* m || *Eiterpfropf(en)* m || ⟨Vet⟩ *Fesselgeschwulst* f *der Pferde* || ⟨Chir⟩ *Bausch* m || ⟨Kochk⟩ *Gewürznelke* f || ⟨Mar⟩ *Steuer* n || fig *nagender Kummer* m || *unverkäufliche Ware* f, *Ladenhüter* m || Am *unerträglicher, einfältiger Mensch* m *usw.,* pop *Niete* f || Am *schwer zu verheiratende Tochter* f || Chi *Unannehmlichkeit* f, *Schaden* m || Col *schlechtes Geschäft* n || *Enttäuschung* f || Bol *Silbererzgang* m || ~ de ala de mosca *Hakennagel* m || ~ aromático *Gewürznelke* f || ~ de balsa *Floßnagel* m || ~ bellotillo *etwa 15 cm langer Nagel* m || ~ de cabeza ancha *Breitkopfnagel* m || ~ de cabeza perdida, ~ embutido *versenkter Nagel, Fußbodennagel* m || ~ de cabota *Drahtnagel* m *mit gestauchtem Kopf* || ~ calamón *Tapeziernagel* m || ~ de chilla, ~ chillón *Schindelnagel* m || ~ de especia *Gewürznelke* f || ~ estaca, ~ estaquilla *Brettnagel* m || ~-gancho *Rohrhaken* m || ~ de grapa *Schindelnagel* m || ~ de herradura *Hufnagel* m || ~ de herrar *Beschlagnagel* m || ~ histérico *Stechen* n *im Kopfe* || ⟨Med⟩ *hysterischer Nagel* m || ~ de macho *Kernnagel* m || ~ de madera *Schuhzwecke* f || ~ de moldeador *Halte-, Form|stift* m || ~ de olor *Gewürznelke* f || ~ de remachar *Nietnagel* m || ~ de rosca *Schraube* f || ~ de roseta *Ziernagel* m || ~ de suela *Sohlennagel* m || ~ de uña *eiserne Holzschraube* f || ~ tablero *Lattennagel* m || ~ tachuela *Zwecke* f || ~ de ~ pasado fig *augenscheinlich, unbestreitbar leicht ausführbar* || ◊ agarrarse a un ~ ardiendo figf *sich an e–n Strohhalm klammern* || arrimar el ~ figf *jdn anführen, foppen* || clavar un ~ con la cabeza mit dem Kopf gegen die Wand rennen* || dar en el ~ fig *das Rechte treffen, den Nagel auf den Kopf treffen* || dar una en el ~ y ciento en la herradura fam *oft danebenhauen* || esencia de ~ *Gewürznelkenöl* n || no dejar ~ ni estaca *(od* ni un ~) en la pared figf *mitnehmen, was nicht niet- und nagelfest ist* || hacer ~ *sich binden (Mörtel)* || no importa un ~ fig *es ist nicht das geringste daran gelegen* || remachar el ~ figf *sich in e–n Irrtum verbohren (od verrennen)* || sacar un ~ con otro ~ figf *den Teufel mit Beelzebub austreiben* || un ~ saca otro ~ *ein Keil treibt den anderen* || por un ~ se pierde una herradura *etwa: kleine Ursachen, große Wirkungen* || ~**s** *pl:* ~ de especia *Gewürznelken* fpl || ~ de peso ⟨Com⟩ *Pfundnägel* mpl
   clavonado adj Am *beschlagen (mit Eisen)*
   clavulado adj ⟨Bot⟩ *keulenförmig*
   claxon *m Hupe* f || ⟨Filmw⟩ *Hupenzeichen* n
   cleis|togamia *f* ⟨Bot⟩ *Kleistogamie* f *(Selbstbestäubung geschlossener Blüten)* || **–tógamo** adj *kleistogam* || →a **casmogamia**
   clemátide *f Waldrebe, Rebwinde, Klematis* f (Clematis spp)
   clemen|cia *f Milde, Gnade* f || ≃ *f* Tfn *Klementia, Klementine* f || petición de ~ *Gnadengesuch* n || **–te** adj *mild, huldreich, gnädig* || ≃ *m* np Tfn *Klemens* m || **–tino** adj *klementinisch*
   clémidos *mpl* ⟨Zool⟩ *Wasserschildkröten* fpl
   Cleopatra *f* np *Kleopatra* f
   clepsidra *f Wasseruhr* f
   cleptofobia *f* ⟨Med⟩ *Kleptophobie* f
   cleptógrafo *m Warnschloß* n
   clep|tomanía *f* ⟨Med⟩ *Kleptomanie* f, *krankhafter Stehltrieb* m || **–tomaníaco** adj *kleptomanisch* || **–tómano** *m Kleptomane* m

clerecía *f Geistlichkeit* f, *Klerus* m ‖ *Priestertum* n ‖ *mester de* ~ *mittelalterliche gelehrte Poesie (Vierzeiler aus gleichreimenden Alexandrinern)* (→ **cuaderna** via)
clerén *m Dom Zuckerrohrbranntwein* m
clergyman *m* engl *Koller* m *(der Geistlichen)*
cleri|cal adj *geistlich* ‖ *klerikal (Partei)* ‖ *estado* ~ *geistlicher Stand* m ‖ **-calismo** *m Klerikalismus* m, *streng kirchliche Gesinnung* f ‖ **-cato** *m geistlicher Stand* m ‖ **-cofascismo** *m Klerikofaschismus* m
cléridos *mpl* ⟨Entom⟩ *Buntkäfer* mpl (Cleridae)
clerigalla *f* desp *Klerisei* f, *Pfaffen* mpl
clérigo *m Geistlicher, Weltpriester* m ‖ *Tonsurpriester* m ‖ *Kleriker* m ‖ ~ *de misa Meßpriester* m ‖ ~ *de misa y olla joc unwissender Priester* m ‖ ~ *regular Klostergeistlicher* m ‖ ~ *secular Weltgeistlicher* m ‖ ~s *menores Minoriten* mpl *(Orden)*
cleri|guezca, -guicia *f* desp *Klerisei* f ‖ **-guillo** *m* desp dim *v.* **clérigo** ‖ **-mán** *m* = **clergyman** ‖ **-zón** *m Chorknabe* m ‖ **-zonte** *m* desp *schlecht gekleideter od sittenloser Geistlicher* m
clero *m Geistlichkeit, Priesterschaft* f, *Klerus* m ‖ *fam Priester* mpl ‖ ~ *regular Klostergeistlichkeit* f ‖ ~ *secular Weltgeistlichkeit* f ‖ **~fobia** *f Priesterhaß* m
Cleto *m* np Tfn *Kletus* m
¡clic! ¡clac! *klitsch, klatsch! (Peitschenknall)*
clica *f* ⟨Zool⟩ *Ochsenherz* n *(eßbare Muschel)* (Glossus rubicundus, Isocardia cor)
cliché *m* gall = **clisé**
clien|te *m|f* ⟨Com⟩ *Kunde, Abnehmer, Käufer* m ‖ *Schützling* m ‖ *Klient* m *e-s Rechtsanwalts* ‖ *Patient* m *(e-s Arztes)* ‖ *Auftraggeber* m ‖ *Besteller* m ‖ *Gast* m *(e-s Hotels)* ‖ ◊ *contar entre los* ~s *zur Kundschaft zählen* ‖ *hacer un nuevo* ~ *e-n neuen Kunden gewinnen* ‖ **-tela** *f Kundenkreis* m, *Kundschaft* f ‖ *Praxis* f *(e-s Arztes, e-s Anwalts)* ‖ *Patienten* mpl *(e-s Arztes)* ‖ *Abnehmer(gruppe* f*)* mpl ‖ ~ *habitual,* ~ *fija Stammkundschaft* f ‖ ~ *de paso,* ~ *eventual,* ~ *ocasional,* ~ *no fija Laufkundschaft* f ‖ ~ *de temporada Saisonkundschaft* f ‖ ◊ *tener mucha* ~ *viel Zuspruch haben* ‖ *viel besucht sein (Laden)* ‖ *quitar la* ~ (a) *die Kunden abspenstig machen* (dat) ‖ *servicio a la* ~ *Kundendienst* m
clima *m Klima* n ‖ *Land* n, *Gegend* f, *Himmelsstrich* m ‖ *Witterung* f, *Witterungsverhältnisse* npl ‖ *Wetter* n ‖ *Zone* f ‖ fig *Atmosphäre* f, *Milieu* n ‖ ~ *de altura Gebirgsklima* n, *Höhenluft* f ‖ ~ *cálido Tropenklima* n ‖ ~ *de distensión Entspannungsklima* n ‖ ~ *social de una empresa Betriebsklima* n ‖ *cambio de* ~ *Klimawechsel* m
clima|térico adj *entscheidend, kritisch (Lebensjahre)* ‖ *in e-m Übergangszustand befindlich* ‖ ⟨Med⟩ *klimakterisch* ‖ fig *bedenklich, gefährlich* ‖ *época* ~a ⟨Med⟩ *Wechseljahre* npl ‖ *kritische Zeit* f ‖ ◊ *estar* ~ figf *verstimmt sein* ‖ **-terio** *m* ⟨Med⟩ *Wechseljahre* npl, *Klimakterium* n
climático adj *klimatisch* ‖ *factor* ~ *Klimafaktor* m
clima|terapia *f* ⟨Med⟩ *Anwendung* f *des Klimas zu Heilzwecken* ‖ **-tización** *f Klima-, Beweterungs|anlage* f ‖ *Klimatisieren* n ‖ **-tizado** adj *mit Klimaanlage* f ‖ **-tizador** *m* (por aire acondicionado) *Klimaanlage* f ‖ **-tografía** *f Klimatographie* f ‖ **-tología** *f Klimatologie, Klimakunde* f ‖ **-tura** *f Einfluß* m *des Klimas*
clímax [pl invar] *m* ⟨Rhet⟩ *rednerische Steigerung, Klimax* f ‖ ⟨Med⟩ *Klimakterium* n ‖ ~ *biótico* ⟨Bot⟩ *biotische Klimax* f ‖ ~ *forestal* ⟨Bot⟩ *Waldklimax* f
clíni|ca *f Klinik* f ‖ ~ *particular Privatklinik* f ‖ ~ *de urgencia Sanitätswache* f ‖ **-co** adj *klinisch* ‖ *ojo* ~ figf *Scharf|sinn, -blick* m ‖ ~ *m* ⟨Med⟩ *Kliniker* m
cli|nocefalia *f* ⟨Med⟩ *Klinozephalie* f, *Sattelkopf* m ‖ **-nocloro** *m* ⟨Min⟩ *Klinochlor* n ‖ **-nografía** *f Klinographie* f ‖ **-nógrafo** *m Klinograph* m ‖ **-nómetro** *m* ⟨Mar Flugw Top⟩ *Klinometer* n, *Gefällemesser* m
clino|podio *m* ⟨Bot⟩ *Wirbeldost* m ‖ **-rrómbico** adj ⟨Min⟩ *klinorhombisch* ‖ **-terapia** *f Klinotherapie* f ‖ **-trópico** adj ⟨Bot⟩ *klinotropisch*
Clío *f* np *Klio* f *(Muse)*
cliona *f* ⟨Zool⟩ *Bohrschwamm* m (Cliona celata)
clip *m* engl *Klipp* m ‖ *Druckknopf* m ‖ *Heft-, Büro-, Brief|klammer* f
clípeo *m* ⟨Hist⟩ *Clypeus* m *(Schildart)* ‖ ⟨Entom⟩ *Clypeus, Clipeus, Kopfschild* m
cli|sar vt *abklatschen* ‖ ~ vi ⟨Typ⟩ *stereotypieren* ‖ **~se** Chi *sich im Gesicht verwunden* ‖ Chi *rissig, zerbrechlich werden (Glas, Holz)* ‖ **-sé** *m* ⟨Typ⟩ *Stereotypplatte* f ‖ *Druckstock* m, *Klischee* n ‖ ⟨Phot⟩ *(Trocken)Platte* f ‖ *Negativ* n
△**clisos** mpl *Augen* npl
clis|tel, -ter *m Klistier* n, *Einlauf* m ‖ **-térico** adj *Klistier-* ‖ **-terizar** [z/c] vt *mit e-m Klistier behandeln*
clistrón *m* ⟨Radio⟩ *Triftröhre* f, *Klystron* m
Clitemnestra *f* np *Klytämnestra* f
clitógrafo *m* ⟨Top⟩ *Klitograph* m
clitori(dec)tomía *f* ⟨Chir⟩ *Klitor(id)ektomie*, *operative Entfernung* f *des Kitzlers*
clítoris *m* ⟨An⟩ *Klitoris* f, *Kitzler* m
clito|rismo *m* ⟨Med⟩ *Klitorismus* m, *übermäßige Entwicklung* f *des Kitzlers* ‖ **-ritis** *f Klitoritis*, *Entzündung* f *des Kitzlers*
clivia *f* ⟨Bot⟩ *Clivia, Klivie* f
clivoso adj ⟨poet⟩ *abschüssig*
clo onom: ◊ *hacer* ~, ~ *gluck(s)en, gackern (Henne)*
cloa|ca *f Sicker-, Schlamm|grube, Kloake* f ‖ ⟨Zool⟩ *Kloake* f ‖ ⟨Med⟩ *Fistelgang* m ‖ *Mastdarmende* n *der Vögel* ‖ fig *Schweinestall* m ‖ **-cal** adj *Kloaken-*
cloasma *m* ⟨Med⟩ *Haut-, Leber|fleck* m, *Chloasma* n
¡cloc, ~**,** ~**!** onom *Glucksen* n *(der Henne)*
clocar [-ue-, c/qu] vi *gluck(s)en*
Clodoveo *m* np *Chlodwig* m
Cloe *f* ⟨Myth⟩ *Chloe* f
clónico adj *klonisch* ‖ *espasmo* ~ ⟨Med⟩ *Zuckkrampf, Klonus* m
clonismo *m* ⟨Med⟩ *Zuckkrampf, Klonus* m
clon(o) *m* ⟨Biol⟩ *Klon* m
cloque *m* ⟨Mar⟩ *Bootshaken* m ‖ *Fischhaken* m *zum Aufspießen des Thunfisches*
¹**cloquear** vt *mit dem Fischhaken aufspießen (Thunfische)*
²**cloque|ar** vi *gluck(s)en, gackern (Henne)* ‖ *klappern (Storch)* ‖ **-o** *m Gluck(s)en, Gackern* n *der Henne* ‖ **-ra** *f Brut(zeit)* f *der Vögel, bes der Henne*
cloracético adj: *ácido* ~ ⟨Chem⟩ *Chloressigsäure* f
cloración *f Chloration* f *(bei der Goldgewinnung)* ‖ *Chlor(ier)en* n, *Chlorung* f
clo|rado adj ⟨Chem⟩ *chlorhaltig* ‖ **-ral** *m* ⟨Chem⟩ *Chloral* n ‖ **-ramina** *f Chloramin* n ‖ **-rato** *m Chlorat* n
cloremia *f* = **clorosis**
clor|hidrato *m* ⟨Chem⟩ *Chlorhydrat* n ‖ **-hídrico** adj: *ácido* ~ ⟨Chem⟩ *Salzsäure* f ‖ **-hidrina** *f* ⟨Chem⟩ *Chlorhydrin* n
clórico adj *chlorhaltig* ‖ *ácido* ~ ⟨Chem⟩ *Chlorsäure* f
clori|do *m* ⟨Chem⟩ *Chlorid* n ‖ **-ta** *f* ⟨Min⟩ *Chlorit* n ‖ **-to** *m* ⟨Chem⟩ *Chlorit* n
clorización *f* = **cloración**

clorocresol *m* Chlorkresol *n*
cloro|fíceas *fpl* Grünalgen, Chlorophyzeen fpl (Chlorophyceae) ‖ **-fila** *f* ⟨Chem⟩ Chlorophyll, Blattgrün n ‖ **-filasa** *f* Chlorophyllase f ‖ **-filoso** *adj* chlorophyllhaltig ‖ **-fórmico** *adj* ⟨Chem⟩ Chloroform- ‖ **-formar, -formizar** [z/c] *vt* chloroformieren ‖ **-formo** *m* ⟨Chem⟩ Chloroform n ‖ **-micetina** *f* ⟨Pharm⟩ Chloromycetin n ‖ **-plasto** *m* ⟨Bot⟩ Chloroplast m ‖ **-psia** *f* Grünsehen n, Chloropsie f ‖ **-sis** *f* ⟨Med⟩ Bleichsucht, Chlorose f ‖ **-so** *adj* ⟨Chem⟩ chlorhaltig
clorótico *adj/s* ⟨Med⟩ bleichsüchtig, chlorotisch
cloru|rado *adj* ⟨Chem⟩ chloriert ‖ chloridhaltig ‖ Chlor- ‖ **-rar** *vt* chlorieren ‖ **-ro** *m* ⟨Chem⟩ Chlorid n ‖ ~ amónico Ammoniumchlorid n ‖ ~ cúprico Kupfer(II)-chlorid n ‖ ~ cuproso Kupfer(I)-chlorid n ‖ ~ de cinc Zinkchlorid n ‖ ~ de polivinilo Polyvinylchlorid n (PVC) ‖ ~ mercúrico Quecksilber(II)-chlorid n ‖ ~ mercurioso Quecksilber(I)-chlorid n‖ ~ sódico ⟨Chem⟩ Natriumchlorid n ‖ Kochsalz n
clota *f* Ar Pflanzloch n für Bäume
clown *m* engl Clown m
club [*pl* -s & Am **-es**] *m* Klub m, geschlossene Gesellschaft f ‖ Verein m ‖ ~ alpino Alpenverein m ‖ ~ aéreo = **aeroclub** ‖ ~ atómico ⟨Pol⟩ Atomklub m ‖ ~ de natación Schwimmverein m
clubi|ón *m*, **-ona** *f* ⟨Zool⟩ Röhrenspinne f (Clubiona spp)
clubista *m* Mitglied n e-s Klubs
clucas *adj* CR krummbeinig
clue|ca *f* Gluck-, Bruthenne f ‖ **-co** *adj* gluckend, gackernd ‖ fam altersschwach ‖ **-quera** *f* pop = **cloquera** ‖ Ec Feigheit f
cluniacense *m/adj* Kluniazenser, kluniazensich
clupeidos *mpl* ⟨Fi⟩ Heringsfische mpl (Clupeoidae)
cllo. Abk = **cuartillo**
C.M. Abk ⟨EB⟩ = **coche(-camas) mixto** ‖ ⟨Jur⟩ **código mercantil**
c/m Abk = **cuenta a mitad**
cm (cms) Abk = **centímetro(s)**
C.M.B. (c.m.b.) Abk = **cuyas manos beso**
cmn. Abk = **comisión**
c/n Abk = **cuenta nueva**
cnemidio *m* ⟨V⟩ Stiefel, Lauf m
cni|darios *mpl* ⟨Zool⟩ Nesseltiere npl (Cnidaria) ‖ **-doblasto** *m* ⟨Zool⟩ Nesselzelle f
cnidosis *f* ⟨Med⟩ Knidose, Urtikaria, Nesselsucht f
c/o Abk = **carta orden**
c.° Abk = **cambio**
coa *m* Mex Guat ⟨V⟩ Nageschnäbler m (Trogon spp) ‖ Chi Rotwelsch n, Gefangenensprache f
coac|ción *f* Zwang m, Nötigung, Erzwingung f ‖ ~ administrativa Verwaltungszwang m ‖ ~ electoral Wahlbeeinflussung f ‖ estado de ~ Nötigungsstand m ‖ **-cionar** *vt* zwingen, nötigen
coaceptación *f* Mitannahme f
co|acervar *vt* an-, auf|höhen ‖ **-acreedor** *m* Mitgläubiger m
coac|tar *vt* pop mit Gewalt zwingen (zu) ‖ **-tivo** *adj* Zwangs-
coacusado *m/adj* Mitangeklagter m
coadju|tor *m* Gehilfe, Mithelfer m ‖ Amtsgehilfe m ‖ Koadjutor, Vikar, Hilfsgeistlicher m ‖ obispo ~ Weihbischof m ‖ **-tora**, **-triz** [*pl* -ces] *f* Mithelferin f ‖ **-toría** *f* Amt n des Koadjutors, Koadjutorie f
coadministrador *m* Mitverwalter m ‖ Generalvikar m e-s Bischofs
coadqui|rente, **-ridor** *m* Mit|erwerber, -käufer m ‖ **-rir** [-ie-] *vt* miterwerben ‖ **-sición** *f* Miterwerb m
coadunar *vt* vereinen, vermischen ‖ ~se ein Ganzes bilden
coadyu|tor *m* = **coadjutor** ‖ **-torio** *adj* mit-

helfend ‖ hilfreich ‖ **-vador, -vante** *m* Mithelfer m ‖ **-vante** *m* ⟨Pharm⟩ Hilfsmittel n ‖ ~ *adj*: circunstancias ~s Nebenumstände mpl
coagente *m* Mitwirkender m ‖ mitwirkende Kraft f
coagu|labilidad *f* Gerinnbarkeit f ‖ **-lación** *f* Gerinnen n, Gerinnung, Koagulation f ‖ **-lante** *m/adj* Gerinnungsmittel, Koagulans n ‖ **-lar** *vt* zum Gerinnen bringen, verdicken, koagulieren ‖ ~se gerinnen
coágulo *m* Gerinnsel, Geronnenes, Koagulum, Koagulat n ‖ ~s de sangre geronnenes Blut n
coagu|lativo, -loso *adj* zum Gerinnen bringend
coai|ta, -tá *m* MAm Koata, SchwarzerKlammeraffe m (Ateles spp)
coala *m* Koala, Beutelbär m (Phascolarctos sp)
coalescencia *f* Koaleszenz f, Zusammenwuchs m
coali|ción *f* Koalition f, Bund, Zusammenschluß m, Bündnis n ‖ ⟨Med⟩ Verwachsen n ‖ ~ bipartidista Zweiparteienkoalition f ‖ ~ de derechas (izquierdas) Rechts-(Links)koalition f ‖ ~ gubernamental Regierungskoalition f ‖ gobierno de ~ Koalitionsregierung f ‖ **-cionarse** *vr* sich verbinden
coaligar [g/gu] *vt* = **coligar**
coalla *f* ⟨V⟩ Schnepfe f (→ **chocha** perdiz)
coa|na *f*, **-no** *m* ⟨An⟩ trichterförmige Höhlung f ‖ ~ nasal hintere Nasenöffnung f
coaptación *f* ⟨Chir⟩ Anpassung, Zusammenfügung f, Einrichten n (Knochenbruch)
coarrendar [-ie-] *vt* mitpachten
coar|tación *f* Ein-, Be|schränkung f ‖ **-tada** *f* Alibi m ‖ ◊ preparar la ~ das Alibi konstruieren ‖ presentar la ~ das Alibi beibringen ‖ probar la ~ ⟨Jur⟩ sein Alibi nachweisen ‖ **-tar** *vt* einschränken (Freiheit, Willen) ‖ ein-, ver|engen ‖ **-tatorio** *adj* einschränkend
coasegura|do *m* Mitversicherte(r) m ‖ **-dor** *m* Mitversicherer m
coasociado *m* Mitteilhaber m
coate *adj* Mex Zwillings- ‖ ähnlich
coatí [*pl* -íes] *m* ⟨Zool⟩ Coati m (Nasua nasua)
coautor *m* ⟨Jur⟩ Miturheber m ‖ ⟨Jur⟩ Mittäter m ‖ ~ía *f* Miturheberschaft f ‖ Mittäterschaft f
coaxial *adj* gleichachsig, koaxial
¹**coba** *f* fam scherzhafte Lüge f, unschuldiger Betrug m ‖ Schmeichelei f ‖ ◊ dar (la)~ a alg. figf jdm sehr schmeicheln, Honig m ‖ jdm er vorreden ‖ jdn anführen ‖ fam jdm Honig um den Bart schmieren ‖ jdn belästigen
²**coba** *f* △ Henne f ‖ △ Real m (25 cénts.)
³**coba** *f* Marr Gebäude n mit e-r Kuppel ‖ Marr Heiligengrabstätte f ‖ Sultanszelt n
cobáltico *adj* Kobalt-
cobaltina *f* ⟨Min⟩ Kobalt|it, -glanz m
cobal|to *m* Kobalt n ‖ ~ 60 ⟨Med Nucl⟩ Kobalt 60 n ‖ bomba de ~ Kobaltbombe f ‖ **-toso** *adj* kobalthaltig
cobanillo *m* prov = **cuévano**
cobar|de *adj* feige, zaghaft ‖ schüchtern, furchtsam ‖ fig niederträchtig ‖ fig schwach (Augen) ‖ ~ m Feigling m, Memme f ‖ *adv*: **~mente** ‖ **-dear** *vi* sich feige benehmen ‖ **-día** *f* Feigheit, Zaghaftigkeit f ‖ Nieder|trächtigkeit, -tracht f ‖ **-dón**, **-ona** *adj* fam augm *v.* **cobarde**
cobayo, **cobaya** *f* Am Meerschweinchen n (Cavia spp)
cob.do Abk = **cobrado**
cobea *f* ⟨Bot⟩ Glocken|rebe, -winde f (Cobaea scandens)
cobechar *vt* (den Acker) zur Saat vorbereiten
cober|tera *f* (Topf)Deckel m, Stürze f ‖ Uhrdeckel m ‖ Decke f ‖ Kopfbedeckung f ‖ Tol Wasser|rose, -lilie f ‖ fig Kupplerin f ‖ ~s ⟨V⟩ Flügeldecken fpl ‖ **-tizo** *m* Vordach n ‖ Schutz-

dach n || *Hütte* f || *Schuppen* m || *bedeckter Gang* m || ⟨Sp⟩ *Hangar* m || **–tor** *m (warme) Bettdecke* f || *Deckel* m, *Decke* f || **–tura** *f Decke* f || ⟨Com⟩ *Deckung* f || ~ *autorizada por la ley Haftsummenzuschlag* m || ~ *de divisas Devisendecke* f || ~ *oro Golddeckung* f || ~ *de pérdidas Verlustdeckung* f || *compra de* ~ *Deckungskauf* m || *fondo de* ~ *Einlösungsfonds* m || *fondos de* ~ *Deckungsmittel* npl || *fórmula de* ~ *de riesgos Risikodeckungsformel* f
cobez [*pl* **–ces**] *m e–e Falkenart* f
cobija *f First-, Kehl\ziegel, Firstreiter* m || *kurzer Frauenschleier* m || *Deckel* m, *Bedeckung* f || Mex Ven *Decke* f || Ven *Carnaubapalme* f (Copernicia sp) || ◊ *irse a la* ~ Ven *kühn angreifen* || **~s** *fpl* Am *Bettwäsche* f
cobijar vt *be-, zu\decken* || fig *beschützen, beschirmen* || fig *beherbergen* || fig *hegen* || Cu *decken (Dach)* || **~se** *Obdach finden* || *in Deckung gehen* || *sich unterstellen*
cobio *m* Cu *Freund, Vertrauter* m
cobista adj/s fam *schmeichlerisch, schöntuend* || ~ *m Schmeichler, Schönredner,* pop *Kriecher,* fam *Radfahrer* m
cobla *f* Cat *Cobla, Sardanakapelle* f
coblenciense adj *aus Koblenz, koblenzisch*
¹**cobra** *f Gespann* n *von Stuten zum Dreschen* || *Jochriemen* m
²**cobra** *f Kobra, Brillenschlange* f (Naja spp) || *Gift* n *der Brillenschlange*
³**cobra** *f* ⟨Jgd⟩ *Suche* f *des Jagdhundes nach dem getöteten oder angeschossenen Wilde*
cobra\ble, –dero adj *einziehbar (z. B. Forderungen)* || *fällig* || **–dor** *m:* (perro) ~ ⟨Jgs⟩ *apportierender Hund* m || ~ *m/adj Einnehmer, Kassierer, Zahlungsempfänger* m || *Wechselnehmer* m || *Omnibusführer* m || *in e–m Einmannwagen)* || *(Straßenbahn) Schaffner* m || *Zahlkellner* m || ~ *de impuestos Steuereinnehmer* m || **–dora** *f Einnehmerin* f
cobranza *f Erhebung, Eintreibung* f *(von Geldern)* || *Ein\nahme* f, *-kassieren, Inkasso* n || *Obstlese, Ernte* f || ⟨Jgd⟩ *Auflesen* n *des geschossenen Wildes* || ~ *de créditos* ⟨Com⟩ *Einziehung* f *von Schulden* || *gastos de* ~ *Einziehungs\gebühr* f, *-kosten* pl || *sección de* ~ *Inkassoabteilung* f
cobrar vt/i *ein\nehmen, -kassieren* || *zu et dat kommen* || *einziehen* || *einlösen* || *abverlangen (Geld), (wieder)erlangen, wiederbekommen* || *ab-, er\heben, beziehen (Geld)* || *verdienen* || *sammeln (Spende)* || *erheben (Zinsen)* || *eintreiben (Schulden)* || *beitreiben (Steuer)* || *einfordern* || *(in Besitz) nehmen, zurücknehmen* || *(ein Seil) spannen* || *fig rächen* || ◊ ~ *afición a algo et liebgewinnen* || ~ *aliento frischen Atem, frischen Mut schöpfen* || ~ *anchura an Breite zunehmen* || ~ *ánimo (od espíritu, valor) Mut fassen* || ~ *atrasos* ⟨Com⟩ *die Außenstände einziehen* || ~ *cariño, amistad a alg. jdn liebgewinnen, zu jdm Zuneigung fassen* || ~ *fama Ruf erlangen* || ~ *fuerzas wieder zu Kräften kommen* || ~ *intereses Zinsen* mpl *einnehmen* || ~ *miedo in Furcht geraten* || ~ *muchas piezas* ⟨Jgd⟩ *viel erlegen* || ~ *la razón* fam *zur Vernunft kommen* || ~ *en metálico in Bargeld einkassieren* || *por* ~ *ausstehend* || *¡vas a* ~*! fam du bekommst Prügel!* || *¿quiere* ~*? ¡cobre V. (la cuenta)! ich möchte zahlen! (dem Kellner)* || *la suma cobrada der erhobene Betrag* || *gastos cobrados sobre la mercancía* ⟨Com⟩ *die der Ware nachgenommenen Spesen* pl || **~se** *wieder zu sich kommen* || ⟨Com⟩ *sich erholen* || *sich bezahlt machen* || *eingehen (Betrag)* || *¡cóbrese! Am Mut!* || *cóbrese al destinatario vom Empfänger zahlbar* || *cóbrese o devuélvase bei Nichtzahlung durch Empfänger an Absender zurück.*
¹**cobre** *m Kupfer* n || *Kupfergeschirr, kupfernes Küchengeschirr* n || *Kupfererz* n || *Kupferstich* m

|| *Kupfermünze* f || ⟨Mus⟩ *Blechmusik* f || ~ *amarillo Messing* n || ~ *batido gehämmertes Kupfer* n || ~ *electrolítico Elektrolytkupfer, E-Kupfer* n || ~ *en barras Stangenkupfer* n || ~ (en) *bruto Konverter-, Schwarz-, Roh\kupfer* n || ~ *en cizalla Schrotkupfer* n || ~ *friable,* ~ *quebradizo kaltbrüchiges Kupfer* n || ~ *gris Fahlerz* n || ~ *nativo gediegenes Kupfer* n || ~ *negro* = ~ (en) *bruto* || ~ *piritoso, pirita de* ~ *Kupferkies* m || ~ *en planchas Kupferblech* n || ~ *vesicular Blisterkupfer* n || *grabado en* ~ *Kupferstich* m, *Radierung* f || *mineral de* ~ *Kupfererz* n || *el siglo de* ~ *das Eherne Zeitalter* || ◊ *batir el* ~ *fig das Eisen schmieden, solange es heiß ist* || *allí se bate el* ~ figf *dort geht man energisch vor* || figf *dort geht es hoch her*
²**cobre** *m ein paar zusammengebundene Stockfische* mpl
cobre\ado *m Verkupferung* f || **–ar** vt *verkupfern*
co\breño, ña adj *kupfern, aus Kupfer* || **–brizo** adj *kupferfarben* || ~ *pirita* ~a *Kupferkies* m
cobro *m Erhebung* f *(Steuer, Gebühr)* || *Eintreibung* f, *Inkasso* n || *Wiedererlangen* n || *Ein\nahme, -ziehung* f *(Schuld, Steuer)* || *Nutzen, Vorteil* m || *crédito de* ~ *dudoso dubiose Forderung* f || *gastos de* ~ *Inkassospesen* pl || *de* ~ *difícil schwer einzutreiben (Schuld)* || ~ *de lo indebido* ⟨Jur⟩ *ungerechtfertigte Bereicherung* f || *endoso al* ~ *Inkassoindossament* n || ◊ *activar el* ~ *eintreiben* || *encargar a uno del* ~ *jdm mit dem Inkasso betrauen* || *poner* ~ *en a/c bedacht sein auf* (acc) || *die Erlangung e–r S. anstreben* || *efectuar el* ~ *de una cantidad die Einziehung e–r Summe besorgen* || *poner(se) en* ~ *(sich) in Sicherheit bringen* || *presentar al* ~ ⟨Com⟩ *zum Inkasso verzeigen* || *salvo buen* ~ *Eingang* m *(von Geldern) vorbehalten* || **~s** pl ⟨Com⟩ *Außenstände* pl || *riesgo eventual de* ~ *pendientes Delkredere*
Coburgo *m* np *Coburg*
¹**coca** *f Kokastrauch* m, *Koka* f (Erythroxylum coca) || *Kokablätter* npl || ~ *de Levante Kokkelspflanze, Scheinmyrte* f (Anamirta cocculus)
²**coca** *f (Frucht)Beere* f || *Chi Nuß* f || Col *Schale, Haut* f
³**coca** *f* fam *Schlag, Puff* m
⁴**coca** *f gescheitelte Haare* npl *der Frauen, Haarscheitel* m || fam *Kopf* m || Col *Bolichespiel* n || *de* ~ Mex *unentgeltlich, umsonst*
⁵**coca** *f* Ar *flacher Obst-, Oster\kuchen* m
⁶**coca** *f* Gal prov *Drachenbild* n || Ven *Gespenst* n || Ven *große Zikade* f (Cicada grossa)
cocacolo *m* Pe *Halbstarke(r)* m
cocacho *m Schlag, Puff* m
cocada *f Kuchen* m *aus Kokosraspeln* || Bol Col *(Art) Mandelkuchen* m (turrón)
cocaína *f* ⟨Chem⟩ *Kokain* n
cocai\nismo *m Kokainvergiftung* f || ⟨Med⟩ *Kokainismus* m, *Kokainsucht* f || **–nizar** vt *mit Kokain betäuben* || **–nomanía** *f* = **–nismo** || **–nómano** *m Kokainsüchtiger, Kokainist* m
cocaísmo *m* SAm *Sucht* f, *Kokablätter* n *kauen*
cocal *m* PR Ven *Kokoswald* m || Pe *Kokastrauch* m || Pe *Kokastrauchfeld* n || Guat *Kokospalme* f
cocar [c/qu] vt/i fam *Gesichter schneiden* || fig *schmeicheln*
cocarda *f* = **cucarda** || **~s** pl *Stirnschmuck* m *der Pferde*
coccígeo adj ⟨An⟩ *Steißbein-*
cocci\nela *f Marienkäfer* m (Coccinella sp) || **–nélidos** mpl ⟨Entom⟩ *Marienkäfer* mpl (Coccinellidae)
coccíneo adj *purpurn, purpurfarben*
cocción *f* ⟨Chem⟩ *(Ab)Kochen* n || *Dämpfen* n || *Sieden* n || *Sud* m || *Backen* n *(Brot)*
cóccix *m* ⟨An⟩ *Steißbein* n

cocea|dor m Schläger, Keiler m (Pferd) ‖ **-dura** f Ausschlagen n (von Pferden)
cocear vi/t (hinten) ausschlagen (von Pferden) ‖ figf sich widersetzen ‖ widerspenstig sein
coce|dero, -dizo adj leicht zu kochen, kochbar ‖ **-dero** m Koch-, Back|stube f ‖ **-dura** f Kochen n
cocer [cuezo, c/z] vt kochen, sieden, gar machen ‖ backen (Brot) ‖ braten ‖ backen ‖ dörren ‖ rösten (Flachs) ‖ brauen (Bier) ‖ aus|kochen, -glühen ‖ pop verdauen ‖ ~ vi kochen, backen, brennen ‖ vergären (Most) ‖ gären (& fig) ‖ eitern (Geschwür) ‖ a medio ~ halb|gar, -gekocht ‖ sin ~ ungebrannt (Ton) ‖ **~se** fig sich innerlich verzehren, vor Schmerz vergehen
coces → coz
cocido adj gekocht ‖ gebacken ‖ fig bewandert, geübt, beschlagen ‖ ◊ estar muy ~ en figf sehr bewandert, geübt sein in (dat) ‖ ~ m spanisches Mischgericht n aus Fleisch und Gemüse ‖ Kalzinieren n ‖ gebrannter Kalk m
cociente m ⟨Math⟩ Quotient m, Teilzahl f ‖ ~ de inteligencia Intelligenzquotient m ‖ diferencial ⟨Math⟩ Differentialquotient m ‖ ~ respiratorio respiratorischer Quotient m
cocimiento m ⟨Med⟩ (Ab)Kochen n ‖ ⟨Med⟩ Absud m
coci|na f Küche f ‖ Kochkunst f ‖ Kost f ‖ (Gemüse)Suppe f ‖ Fleischbrühe f ‖ Küchenpersonal n ‖ ⟨Mar⟩ Bordküche, Kombüse f ‖ ~ casera Hausmannskost f ‖ ~ de campaña Feldküche, fam Gulaschkanone f ‖ ~ de elementos combinables Anbauküche f ‖ ~ funcional moderne Küche f ‖ ~ económica Sparküche f ‖ batería de ~ Küchengeschirr n ‖ cuchillo de ~ Küchenmesser n ‖ libro de ~ Kochbuch n ‖ **-nar** vt zurichten, bereiten (Speise) ‖ ~ vi kochen, die Küche besorgen ‖ fam sich in fremde Angelegenheiten einmischen
cocinela = coccinela
coci|nera f Köchin f ‖ **-nería** f Chi Pe Speisewirtschaft f ‖ **-nero** m Koch m
¹**coci|nilla, -nita** f Spirituskocher m ‖ Koch|ecke, -nische f
²**cocinilla** m fam Topfgucker m
cocktail m engl = cóctel
cóclea f ⟨An⟩ Gehörschnecke f
coclearia f ⟨Bot⟩ Löffelkraut n (Cochlearia officinalis)
¹**coco** m Kokos|baum m, -palme f ‖ Kokosnuß f ‖ Perkal m (Baumwollgewebe) ‖ Ec vulg Jungfräulichkeit f ‖ Ant Arg Col Pe fig desp Hohlkopf m
²**coco** m Made f, Wurm m, der die Früchte annagt ‖ **~s** mpl Kokken pl, Kugelbakterien fpl
³**coco** m Kokkelskörner npl (für Rosenkränze) ‖ ~ de Levante Kokkelspflanze f ‖ → a ¹**coca**
⁴**coco** m Gebärde, Fratze f ‖ Popanz, Kinderschreck m ‖ unartiges Kind n, Balg m/n ‖ Cu Mex Ven ⟨V⟩ Ibis m ‖ ◊ parecer (od ser) un ~ figf abschreckend häßlich sein ‖ hacer **~s** fam lieb|kosen, -äugeln ‖ Gesichter schneiden
⁵**coco** m/f Am fam Koks m (Kokain)
⁶**coco** m fam Kopf m, fam Birne f
cocó m Cu weiße Mörtelerde f ‖ Arg Kot m (der Kleinkinder)
cocobolear vt Col henken
cocode f pop = cocote
coco|drílidos mpl ⟨Zool⟩ Krokodile npl (Crocodylidae) ‖ **-drilo** m Krokodil n ‖ fig tückischer, geriebener Mensch m ‖ ⟨EB⟩ fam Alarmapparat m ‖ lágrimas de ~ Krokodilstränen fpl ‖ piel de ~ Krokodilleder n
cocol m Mex pop Raute f, Rhombus m ‖ Mex rautenförmiges Brot n ‖ Mex Haarlocke f
cocolero m Mex fam Bäcker m
cocolía f Mex Widerwille m, Abneigung f
cocoliche m Arg italienisch-spanische Mischsprache f
cocoliste m Mex Seuche f ‖ Mex Scharlachfieber n
coco|lo m Ant Neger m der karibischen Inseln ‖ **-lón** m Ec jüngstes Kind n e-r Familie, fam Nesthäkchen n
coconete adj Mex fam sehr klein, winzig
cócora adj/s lästig, eindringlich ‖ ~ f Pe Groll, Haß m ‖ Col Wut f, Zorn m ‖ Col Cu PR Belästigung f
cocorear vt Mex belästigen
cocoricamo m Cu Hexerei f ‖ ◊ tener ~ Cu figf Schwierigkeiten haben
coco|rino adj Mex lästig ‖ **-rioco** m Cu abstoßende Häßlichkeit f ‖ **-rismo** m Mex Belästigung, Unschicklichkeit f
cocorocó m (onom) Arg Chi Kikeriki n (des Hahnes)
coco|rota f fam Kopf, fam Kürbis m ‖ Col (Art) Kamm m ‖ **-rote** m Col Krone f e-s Baumes ‖ Col Popanz, Kinderschreck m
cocoso adj wurmstichig (Obst)
cocotal m Kokoswald m
cocotazo m Ar Am Schlag m am Kopf ‖ Cu Schluck m Likör
coco|t(t)e, -ta f gall Straßendirne f (frz cocotte) ‖ **-tear** vi fam sich wie e-e Straßendirne benehmen
coco|tero m Kokospalme f ‖ **-tudo** adj Cu dickköpfig
cóctel m engl Cocktail m (Getränk) ‖ ~ Molotov Molotow-Cocktail m
coctelera f Cocktailmixbecher, Shaker m
cocuche adj Mex gerupft
cocuma f Pe gerösteter Maiskolben m
cocuy(o) m am. Leuchtkäfer, Cucujo m (Pyrophorus spp)
coch, goch Rufwort n (für Schweine) ‖ → a ²**coche**
cocha f Chi Lagune, Lache f
cochada f Am Wagenladung f ‖ Col = **cochura**
cocham|bre m fam Schmutz, Unrat m, Schweinerei f ‖ **-brero, -broso** adj/s fam schmutzig, schmierig ‖ **-briento** adj Pe = **-broso**
cochar vi Guat mit Schweinen handeln
cochayuyo m SAm e-e eßbare Algenart f (Durvillaea utilis)
¹**coche** m Kutsche f, Wagen m ‖ Halbwagen m ‖ (Eisenbahn)Wagen m ‖ Kraftwagen m, Automobil, Auto n ‖ ~ automotor ⟨EB⟩ (Motor)Triebwagen m ‖ **~-cama** Schlafwagen m ‖ combinado Kombiwagen m ‖ comedar, ~ restaurante ⟨EB⟩ Speisewagen m ‖ **~-correo** (pl **~s-correo**) ⟨EB⟩ Postwagen m ‖ ~ corrido, ~ de pasillo D-Zug-Wagen, Durchgangswagen m ‖ **~-cuna**, ~ de niños Kinderwagen m ‖ ~ de alquiler Mietwagen m ‖ Autodroschke f ‖ ~ de ambulancia Krankenwagen m ‖ ~ de un caballo Einspänner m ‖ ~ de camino Reisewagen m ‖ ~ de comercio Am Postwagen m ‖ ~ de metro(politano) U-Bahn-Wagen m ‖ ~ de turismo Personenkraftwagen, Pkw m ‖ ~ directo ⟨EB⟩ durchgehender Wagen m ‖ ~ fúnebre Leichenwagen m ‖ grúa ⟨Aut⟩ Kranwagen m ‖ ~ jardinera fam (offener) Anhängewagen m (der Straßenbahn) ‖ ~ de lujo ⟨EB⟩ Luxuswagen m ‖ ~ ómnibus Omnibus m ‖ ~ parado fig Balkon m, von dem aus man öffentliche Aufzüge beobachtet ‖ ~ de posta Am Postwagen m ‖ ~ de punto, ~ de plaza Droschke f ‖ Cu ~ radiopatrulla Funkstreifenwagen m ‖ ~ remolcador Anhänge-, Abschlepp|wagen m ‖ ~ salón Salonwagen m ‖ **~-silla** Kinder|sportwagen m, -karre f ‖ ~ simón Mietkutsche, Droschke f ‖ ~ de sitio Am Droschke f ‖ ~ tumbón Kutsche f mit gewölbtem Verdeck ‖ ~ usado ⟨Aut⟩ Gebrauchtwagen m ‖ ~ utilitario Nutz-, Gebrauchs|fahrzeug n ‖ p.ex Kleinwagen m ‖ ~ de viajeros ⟨EB⟩ Personenwagen m ‖ ~ vivienda Wohnwagen m ‖ ¡señores viajeros, al ~ (od tren)! Einsteigen! (Ruf des Eisenbahnschaffners) ‖ ◊ ir en ~ (mit der Drosch-

ke) fahren ‖ *ir (od caminar) en el ~ de San Fernando (... unas veces a pie y otras ándando) zu Fuß gehen,* fam *auf Schusters Rappen reiten* ‖ → a **auto**
²**coche** m prov *Schwein* n ‖ *Rufwort* n *für Schweine*
coche|ar vi *kutschieren, e–e Kutsche führen* ‖ *sehr oft mit dem Wagen fahren,* fam *herumkutschieren* ‖ **–cillo, –cito** m dim v. **coche** ‖ ~ *de inválido Rollstuhl* m
coche-coche m Hond *weibischer Mann, Weichling* m
coche|ra f *Kutscherfrau* f ‖ *Kutschen|schuppen* m, *-mietstelle* f ‖ *Wagenhalle, Remise* f *(bes für Straßenbahnwagen)* ‖ **–rada** f Mex *Grobheit, Roheit* f ‖ **–ría** f Arg *Kutschenmietstelle* f ‖ **–ril** adj fam *kutschermäßig*
¹**cochero** m *Kutscher* m ‖ **Wagenbauer* m ‖ ~ *de punto Droschkenkutscher* m ‖ ◊ *portarse como un ~* figf *sich grob benehmen*
²**cochero** adj *leicht zu kochen*
¹**cocherón** m *Wagenhalle, Remise* f *(bes für Straßenbahnwagen)*
²**cocherón** adj: *puerta ~ona Hauptor* n ‖ *Einfahrt* f
cochevira f *Schweineschmalz* n
cochevís f *Hauben-* bzw *Thekla|lerche* f (→ **cogujada**)
cochi m prov Chi *Lockruf* m *für Schweine*
cochifrito m *vorgekochtes, gebratenes u. gewürztes Lammfleisch* n
cochi|na f *(Mutter)Sau* f *(& fig)* ‖ **–nada** f *Schweinerei, Unflätigkeit* f, *Unflat* m ‖ *Niederträchtigkeit* f ‖ **–namente** adv *auf unflätige Art* ‖ figf *niederträchtig* ‖ **–nata** f ⟨Mar⟩ *Wrange* f ‖ Cu *junge Sau* f
Cochinchina f ⟨Hist⟩ *Kotschinchina (in Hinterindien)*
cochine|ar vi fam *schmutzige Gespräche führen, zoten* ‖ **–ría** f fam = **cochinada** ‖ **–ro** adj *zweitklassig, minderwertig (Obst, Kartoffeln: zur Verfütterung an die Schweine* [= **cochinos**]*)* ‖ *habas ~as Saubohnen* fpl ‖ *trote ~* fam *Schweinsgalopp (kurzer und schneller Trab), kurzer Zukkeltrab* m
cochini|lla f *Kellerassel* f ‖ ~ *de San Antón* And *Marienkäfer* m ‖ ⟨Entom⟩ *Koschenille(schild)laus* f (Dactylopius coccus) ‖ *Schellack* m *der Koschenillelaus, Koschenille* f ‖ ~ *algodonosa de la vid Wollige Rebenschildlaus* f (Pulvinaria vitis) ‖ ~ *de humedad Kellerassel* f ‖ **–llo, –to** m *Ferkel, junges Schwein* n ‖ ~ *asado Ferkelbraten* m ‖ **-to** *de San Antón* And *Marienkäfer* m
cochino m *Schwein* n ‖ figf *Geizhals, Knicker* m ‖ fig vulg *(Dreck)Schwein* n, *Schweinigel* m, *Sau* f ‖ Cu *Schweins-, Drücker|fisch* m (Ballistes sp) ‖ ~ *de leche Ferkel* n ‖ ~ adj *schweinisch, säuisch, Schweine-* ‖ fig *unflätig, zotig* ‖ *perro ~* vulg *Schweinehund* m ‖ *la vida ~a* vulg *das verfluchte Leben* ‖ *por unas ~as pesetas, por unos ~s duros für ein paar dreckige Taler*
cochiquera f *Schweinestall* m
cochistrón m fam *Schmutzfink* m
cochite hervite adv fam *Hals über Kopf* ‖ ~ m fam *leichtsinniger Mensch, Windbeutel* m
cochitril m fam *Schweinestall* m ‖ figf *Spelunke* f, *schmutziges Loch* n, pop *Saustall* m
¹**cocho** pp/irr v. **cocer** ‖ Col *ungekocht* ‖ ~ m Chi *(Art) Brei* m *aus gerösteten Mehl*
²**cocho** m Ast Gal *Schwein* n (fig & adj)
cochón m Hond *weibischer Mann, Weichling* m
cochoso adj Ec *schmutzig, schweinisch*
cochura f *Kochen, Backen* n ‖ *Brennen* n *(Keramik)* ‖ figf *Plage, Mühe* f ‖ *de buena ~ leicht zu kochen*
cochurra f Cu *Guavengelee* m/n
¹**coda** f Ar *Schwanz* m ‖ ⟨Mus⟩ *Koda* f
²**coda** f ⟨Zim⟩ *Keilstück* n
codadura f ⟨Agr⟩ *Absenker* m

codal adj *ell(en)bogenartig, Ell(en)bogen-* ‖ ~ m ⟨Zim⟩ *Riegelband* n ‖ ⟨Arch⟩ *Spreize* f ‖ *Rebfechser* m ‖ ⟨Bgb⟩ *Stützbogen* m ‖ Mex *kurze, dicke Kerze* f ‖ **~es** pl *Griffe* mpl *der Säge*
codaste m ⟨Mar⟩ *Achtersteven, Hintersteven* m ‖ ⟨Flugw⟩ *Abschlußspant* n
codazo m *Ell(en)bogenstoß* m ‖ ~ *en el costado,* ~ *en las costillas Rippenstoß* m, fam *Knuff* m ‖ ◊ *dar (un)* ~ *a uno* fam *jdm einen heimlichen Wink geben* ‖ *abrirse paso a ~s sich durchdrängen (durch eine Menschenmenge)*
code m engl ⟨Com⟩ *Telegrafenschlüssel, Code* m
codeador m ⟨Mar⟩ *(Holz)Vermesser* m ‖ Chi Ec Pe *(zudringlicher) Bettler* m
codear vt ⟨Mar⟩ *vermessen (Holz)* ‖ Am *dringen (auf acc)* ‖ ~ vi *mit den Ell(en)bogen stoßen* ‖ **~se:** *poder ~ con alg.* fig *sich mit jdm messen können, auf du und du mit jdm stehen können*
codeína f ⟨Pharm⟩ *Kodein* n
code|lincuencia f ⟨Jur⟩ *Teilnahme* f *(an Straftat)* ‖ **–lincuente** m *Mittäter* m ‖ *Mitschuldiger* m ‖ **–mandado** m *Mitbe-, Mitver|klagter* m ‖ **–mandante** m ⟨Jur⟩ *Mitkläger* m
code|o m *Stoßen* n *mit dem Ell(en)bogen* ‖ Chi *Geselle, Kumpan* m ‖ Am *Prellerei* f ‖ **–ra** f *Verzierung* f *am Ell(en)bogen des (männlichen) Rockärmels (bes in Südspanien)* ‖ *Flickeinsatz* m *am Ell(en)bogen* ‖ ⟨Mar⟩ *Heckleine, Spring* f
code|sera f *Geißkleefeld* n ‖ **–so** m ⟨Bot⟩ *Geißklee* m (Cytisus spp)
codeudor m/adj ⟨Jur⟩ *Mitschuldner* m ‖ *Mitverpflichteter* m
códex m lat = **códice**
códice m *alte Handschrift* f, *Kodex* m
codi|cia f *Habsucht, Gier, Begierde* f ‖ *Lüsternheit* f ‖ *Neid* m ‖ *Trieb* m, *Verlangen* n ‖ *Eigennutz* m ‖ fig *Gelüsten* n ‖ *Sehnsucht* f ‖ ◊ *poner ~ neidisch machen* ‖ *la ~ rompe el saco Habgier zerreißt den Sack* ‖ **–ciable** adj *begehrenswert* ‖ **–ciar** vt *begehren, sehnlichst wünschen*
codici|lar adj *Kodizill-* ‖ **–lo** m *Kodizill* n, *Testamentsnachtrag* m
codicioso adj/s *habsüchtig* ‖ *lüstern* ‖ figf *emsig, rührig* ‖ ~ *de dinero geldgierig*
codificar [c/qu] vt *(vereinzelte Gesetze) in einem Gesetzbuch sammeln* ‖ *kodifizieren* ‖ *chiffrieren, kodieren*
código m *Gesetzbuch* n, *Kodex* m ‖ *Landesgesetzbuch* n ‖ *Justinianisches Gesetzbuch* n ‖ fig *Vorschriftensammlung* f, *Gesetze* npl ‖ fig *Kodex* m *(des guten Tones usw.)* ‖ *(Telegrafen)Schlüssel, (Chiffrier)Schlüssel, Code* m ‖ *Stichzahl* f ‖ ~ *del aire Luftfahrtgesetzbuch* n ‖ ~ *antidumping Antidumpingkodex* m *(EWG)* ‖ ~ *de la circulación (Straßen)Verkehrsordnung* f ‖ ~ *de enjuiciamiento Prozeßordnung* f ‖ ~ *de ética profesional berufsständischer Ehrenkodex* m ‖ ~ *de honor Ehrenkodex* m ‖ ~ *mercantil Handelsgesetzbuch* n ‖ ~ *penal,* ~ *criminal Strafgesetzbuch* n ‖ ~ *telegráfico Telegrafenschlüssel* m
codillera f ⟨Vet⟩ *Geschwulst* f *am Schulterblatt*
codillo m *Vorarm* bzw *Ell(en)bogen* m *der Vierfüßer* ‖ *(Mauer)Ecke* f ‖ *Bugstück* n *(einer Röhre)* ‖ *Steigbügel* m ‖ ⟨Tech⟩ *Knie* n ‖ ⟨Jgd⟩ *Blatt* n ‖ ⟨Kochk⟩ *Spitzbein* n *am Schinken* ‖ ⟨Mar⟩ *Kielende* n ‖ Chi *Gurtwunde* f *(der Pferde)* ‖ ◊ *dar ~ Kodille gewinnen (im Lomber)* ‖ *jugársela a uno de ~* figf *jdm ins Gehege kommen* ‖ *tirar a uno al ~* figf *jdn mit allen Mittel zu schädigen suchen*
codín m Sal *enger Rockärmel* m
codina f Sal *(Art) Salat* m *aus gekochten Kastanien*
codirector m *Mitleiter* m

codisfrute m Mitgenuß m
codito adj Mex knauserig
¹**codo** m ⟨An⟩ Ell(en)bogen m ‖ Vorderbug m (der Tiere) ‖ Knierohr n, Krümmer m ‖ Bugstück n (einer Röhre) ‖ Winkel m, Beugung, Krümmung, Biegung f ‖ Winkeleisen n ‖ Elle f (Maß) ‖ ⟨Tech⟩ Kröpfung f ‖ ⟨Tech⟩ Kropfachse f ‖ ⟨Zim⟩ Wendung f (Treppengeländer) ‖ Kniestück n (Klempnerei) ‖ ⟨Phot⟩ Krümmung f ‖ ⟨Mar⟩ Krummholz n ‖ ~ con ~ fig Schulter an Schulter ‖ ~ de ánodo ⟨Nucl⟩ Anodenkrümmung f ‖ ~ de escape Auspuffkrümmer m ‖ ~ del cigüeñal Kurbelkröpfung f ‖ ~ de tres bocas Dreiwege(rohr)krümmer m ‖ ~ de un río Flußkrümmung f ‖ ~ recto 90°-Krümmer m (Klempnerei) ‖ ~ real, ~ de ribera Elle f von 574 mm ‖ del ~ a la mano fig von kleiner Gestalt ‖ ◊ alzar (od empinar) el ~ figf zechen, sich dem Trunk` ergeben, gern e–n heben ‖ apoyar el ~ (en) den Ell(en)bogen auflegen ‖ dar con el ~ (a) den Ell(en)bogen stoßen (an) ‖ dar de ~ (a) pop et verachten ‖ dar el (od del) ~ a alg. fam jdn mit dem Ell(en)bogen anstoßen ‖ –s pl: ◊ apoyar los ~ en las rodillas die Ell(en)bogen auf die Knie stützen ‖ con los ~ sobre la mesa auf die Ell(en)bogen gestützt ‖ fig unentschlossen ‖ estar metido hasta los ~ (en) fig bis zum Halse stecken (in) (dat) ‖ hablar (od charlar) por los ~ figf viel sprechen, schwatzen, quatschen ‖ llevar ~ con ~ a alg. jdn einbuchten, verhaften ‖ mentir por los ~ figf unverschämt lügen, das Blaue vom Himmel herunterlügen ‖ ponerse (od echarse) de ~ sich auf die Ell(en)bogen stützen ‖ roerse (od comerse) los ~ de hambre figf bitterste Hunger leiden, am Hungertuch nagen ‖ romperse los ~ (estudiando) figf pauken, büffeln
²**codo** m Guat Mex Geizhals m
codoco m ⟨Zool⟩ (Art) Muschel f ‖ ~ adj Guat einarmig
codonante m Mitspender m ‖ Mitschenker m
codoñate m Quitten|brot n, -paste f
codorniz [pl **–ces**] f Wachtel f (Coturnix coturnix) ‖ Cu kubanische Wachtel f (Colinus cubanensis) ‖ guión de las ~ces, rey de ~ces ⟨V⟩ Wachtelkönig m (Crex crex) ‖ la ⚔ span. Witzblatt n
codorno m Sal Brotkruste f
codorro adj/s Sal halsstarrig
codujo m Ar fam Knirps m ‖ Knabe m
coe|ducación f gemeinschaftliche Schulerziehung f für beide Geschlechter, Gemeinschaftserziehung, Koedukation f ‖ **–ficiencia** f Mitursächlichkeit f ‖ **–ficiente** adj mitwirkend, mitursächlich ‖ ~ m Koeffizient m ‖ Bewertungs-, Richt|zahl f, Beiwert, Faktor m ‖ △Gönner m ‖ ~ de conductibilidad calorifica (od térmica) Wärmeleitzahl f ‖ ~ de dilatación Dehnungs|beiwert, -koeffizient m ‖ ~ de distorsión (no lineal) Klirrfaktor m ‖ ~ de fricción Reibungskoeffizient m ‖ ~ de fuerza ascensional ⟨Flugw⟩ Auftriebszahl f ‖ ~ de liquidez Liquiditätskoeffizient m ‖ ~ de mortalidad Sterberate f ‖ ~ de natalidad Geburtenrate f ‖ ~ de pandeo Knickzahl f ‖ ~ de penetración ⟨Radio⟩ Durchgriff m ‖ ~ de pérdida Schwundsatz m ‖ ~ de planeo ⟨Flugw⟩ Gleitzahl f ‖ ~ de refracción ⟨Opt⟩ Brechungskoeffizient m ‖ ~ de resistencia ⟨Aut Flugw⟩ Widerstandskoeffizient m ‖ ~ de rotura ⟨Flugw⟩ Bruchlastvielfaches n ‖ ~ de rozamiento = ~ de fricción ‖ ~ de viscosidad ⟨Phys⟩ Zähigkeitszahl f
coencausado m ⟨Jur⟩ Mitangeklagter m
coer|cer [c/z] vt zwingen ‖ nötigen (a zu) ‖ fig einschränken ‖ **–cible** adj (be)zwingbar ‖ **–ción** f Zwang m, Zwangsrecht n ‖ Rechtszwang m ‖ ~ legal Rechtszwang m ‖ poder de ~ Zwangsgewalt f ‖ **–citivo** adj ⟨Jur⟩ Zwangs- ‖ ⟨Phys⟩ Koerzitiv-

coe|sencia f Wesensgleichheit f ‖ **–táneo** adj ‖ gleichaltrig ‖ gleichzeitig, zeitgenössisch ‖ ~ m Altersgenosse, Gleichaltriger, Zeitgenosse m ‖ **–vo** adj/s aus demselben Zeitalter
coexis|tencia f gleichzeitiges Bestehen n, Koexistenz f ‖ ~ pacifica ⟨Pol⟩ friedliche Koexistenz f ‖ **–tente** adj gleichzeitig bestehend ‖ **–tir** vi gleichzeitig bestehen ‖ nebeneinander bestehen, koexistieren
coextenderse vr sich zugleich ausdehnen
cofa f ⟨Mar⟩ Topp, Mastkorb, Mars m, Schwalbennest n ‖ ~ de mesana Besan-, Kreuz|mars m ‖ ~ de trinquete Vormars m ‖ ~ de vigía Krähennest n
cofaina f Waschbecken n → **jofaina**
cofia f Haarnetz n, (Frauen)Haube f ‖ ⟨Mil⟩ Schutzhaube (od Kappe) f einer Granate ‖ ⟨Meteor⟩ (Wolken)Haube f
cofiador m ⟨Jur⟩ Mitbürge m
cofin m Trag-, Obst|korb m
cofirmante m Mitunterzeichner m (bes Staat)
cófosis f ⟨Med⟩ völlige Taubheit, Kophosis f
cofra|de m Mitglied n einer Laienbrüderschaft, eines Vereins ‖ △ ~ de pala Diebeshelfer m ‖ **–día** f Laienbrüderschaft ‖ Genossenschaft, Zunft f ‖ Span Berufsvereinigung f ‖ △Diebespack n ‖ ~ de pescadores Span Berufsvereinigung f der Fischer ‖ △ser de la ~ de San Marcos verheiratet sein
cofre m Koffer m, Kiste, Truhe f ‖ Kleiderkiste f ‖ Kasten m ‖ Schatulle f, Kästchen n ‖ ⟨Typ⟩ Preßkarren m ‖ Kofferfisch, Vierhorn m (Ostracion quadricornis) ‖ Arg Col Schmuckkästchen n, Juwelenkassette f ‖ pelo de ~ figf Rotkopf m
cofre|cito, –cillo dim v. **cofre** ‖ **–ro** m Koffermacher m
cogaran|te m Mitbürge m ‖ **–tía** f Mit-, After|bürgschaft f
coge|bocados m ⟨Typ⟩ Auswerfgreifer m ‖ **–cha** f Burg Sor = **cosecha** ‖ **–dera** f Holzzange f zum Obstpflücken, Obstpflücker m ‖ Gebäckzange f ‖ Schwarmkasten m (der Imker) ‖ **–dero** adj pflückbar, reif, pflückreif ‖ ~ m Griff, Stiel m, Heft n ‖ **–dizo** adj leicht zu fassen ‖ **–dor** m Pflücker, Sammler m ‖ Kohlenzange f ‖ Kehricht-, Aschen|schaufel f ‖ Schaufel f ‖ Kehricht-, Mist|korb m ‖ **–dura** f (Ein)Sammeln n
coger (g/j) vt/i ergreifen, fassen, nehmen ‖ pflücken ‖ einsammeln, auflesen, ernten ‖ aufheben (von der Erde) ‖ anfassen ‖ fassen, in sich enthalten ‖ ausfüllen, einnehmen ‖ auf-, ab|fangen ‖ packen ‖ einklemmen ‖ (den Stierfechter) aufspießen ‖ ⟨Kart⟩ nehmen ‖ schöpfen (Wasser) ‖ inneholen ‖ finden, antreffen ‖ fühlen, empfinden (Wärme, Kälte) ‖ über|raschen, -fallen (vom Regen usw.) ‖ ertappen, erwischen, erhaschen fam kriegen ‖ erreichen ‖ fig (bes Am) decken, bespringen, beschälen (weibliche Tiere) ‖ Arg Cu Mex Geschlechtsverkehr haben, vulg ficken ‖ fig pop verstehen, begreifen, erfassen ‖ ⟨Mal⟩ treffen ‖ ◊ ~ una agua ⟨Mar⟩ ein(en) Leck stopfen ‖ ~ agua en cesto figf eine vergebliche Arbeit tun ‖ ~ de los cabellos a uno jdn an den Haaren packen ‖ ~ las calles ⟨Mil⟩ die Straßen besetzen ‖ ~ cariño a alg. jdn lieb gewinnen, zu jdm Zuneigung fassen ‖ ~ una chispa (od mona, papalina, pítima, turca, curda, merluza, castaña etc.) fam sich einen Rausch antrinken ‖ ~ corriendo a uno jdn einholen ‖ ~ por el cuello am Kragen packen, fam beim Schlafittchen nehmen ‖ ~ el dedo con el martillo den Finger unter den Hammer bekommen ‖ ~ la delantera einen Vorsprung gewinnen ‖ ~ a uno desprevenido jdn über|raschen, -rumpeln ‖ ~ flores Blumen pflücken ‖ ~ al enemigo entre dos fuegos ⟨Mil⟩ den Feind zwischen zwei Feuer nehmen ‖ ~ una enfermedad erkranken ‖ ~ frío sich erkälten, sich e–n Schnupfen holen ‖ ~ de (od

cogerente — cohibir 276

por) la mano *bei der Hand nehmen, fassen* ‖ ~ en mentira fam *jdn Lügen strafen* ‖ ~ de nuevo, ~ de nuevas, ~ de golpe, ~ de sorpresa *überraschen, befremden (Nachricht)* ‖ ~ prisioneros ⟨Mil⟩ *Gefangene* mpl *machen* ‖ ~ la puerta *(od calle)* fam *sich fortmachen* ‖ ~ entre puertas a uno figf *jdn überrumpeln* ‖ ~ un punto *e-e Masche aufnehmen* ‖ ~ un resfriado *sich erkälten, sich einen Schnupfen holen* ‖ ~ respeto a alg. fam *vor jdm Respekt bekommen* ‖ ~ rizos ⟨Mar⟩ *reffen* ‖ ~ el sentido *den Sinn verstehen* ‖ ~ dahinterkommen ‖ ~ el sueño *einschlafen* ‖ ~ a tiro *in den Schuß bekommen* ‖ ~ tierra ⟨Mar⟩ *landen* ‖ ~ la vez a uno *jdm zuvorkommen* ‖ ~ a uno en mal latin fam *jd bei einem Fehler ertappen* ‖ ~ a uno con las manos en la masa fig *jdn auf frischer Tat ertappen* ‖ ~ a uno la palabra fig *jdn beim Wort nehmen* ‖ ~ y marcharse *stehenden Fußes fortgehen* ‖ está que coge moscas figf *er ist ganz außer sich* ‖ me coge al *(od* de*)* paso *es ist (gerade) mein Weg* ‖ esto no me coge *das bezieht sich nicht auf mich* ‖ esto no hay por donde ~lo *man weiß wirklich nicht, wie man diese Sache angehen soll* ‖ aqui te cojo y aqui te mato figf *gesagt, getan* ‖ no ha cogido una fam *er hat nichts begriffen,* pop *er hat nicht geschaltet* ‖ ¡cogite! fam *gefangen!* ‖ ~ vi *Raum, Platz haben* ‖ *Am* vulg *geschlechtlich verkehren,* vulg *vögeln, ficken (& vt)* ‖ ◊ esto no coge aqui *dafür ist hier nicht Raum genug* ‖ ~se *sich einlassen, sich verwickeln (en in* acc*)* ‖ fam *auf den Leim gehen* ‖ ~ a alg. *sich an jdn schmiegen* ‖ *jdn umarmen*

cogerente m ⟨Com⟩ *Mitleiter, Mitgeschäftsführer* m

cogestión f *Mitbestimmung* f ‖ *Mitwirkung* f ‖ ~ obrera *Mitbestimmung* f *der Arbeiter* ‖ *derecho de ~ Mitbestimmungsrecht* n

cogetortas m *Kuchenschaufel* f

cogi|da f fam *(Obst)Ernte* f ‖ ⟨Taur⟩ *Aufspießen, -reißen* n *eines Stierkämpfers durch den Stier* ‖ ◊ tener *(od* sufrir*)* una ~ *aufgespießt werden (Stierkämpfer)* ‖ △*sich eine Geschlechtskrankheit zuziehen* ‖ **-do** adj *geschmückt, verbrämt* ‖ tener ~ a alg. fig *jdn in der Zange haben* ‖ ~s de las manos *Arm in Arm* ‖ ~ a la falda de su madre *an den Rockschößen seiner Mutter (Kind)* ‖ ~ m *Falte* f *(Vorhang, Kleider)*

cogita|bundo adj ⟨Lit⟩ *nachdenklich, grübelnd* ‖ **-ción** f *Nachdenken* n ‖ *Grübelei* f ‖ **-tivo** adj *grübelnd*

cogna|ción f *(Bluts)Verwandtschaft* f *(bes von mütterlicher Seite), Kognation* f ‖ ~ carnal *Blutsverwandtschaft* f ‖ ~ espiritual *geistliche Verwandtschaft* f *(des Taufpaten)* ‖ ~ legal *gesetzliche Verwandtschaft* f ‖ **-do** m *Blutsverwandter* m *(mütterlicherseits)* ‖ **-ticio** adj *blutsverwandt, mütterlicherseits verwandt*

cognición f *Erkenntnis* f ‖ acción de ~ *Feststellungsklage* f ‖ juicio de ~ *Erkenntnisverfahren* n

cognomento m *Bei-, Zu|name* m*, Kognomen* n

cognoscitivo adj: potencia ~a *Erkenntnisvermögen* n

cogo|llo m *Herz* n *(vom Kohl, Salat usw.)* ‖ ⟨Bot⟩ *Schößling* m ‖ *oberer Teil* m *der Fichtenkrone* ‖ fig *das Feinste* ‖ Arg *eine große Zikadenart* f *(Tympanoterpis gigas)* ‖ Col ⟨Bgb⟩ *Erzkruste* f ‖ ~s ⟨Arch⟩ *Blätterzierat* m ‖ **-lludo** adj *dichtblätterig, mit schönem Kopf (Kohl)*

cogombro m = **cohombro**

cogor|za, -zo m fam *Rausch* m*, Betrunkenheit* f

cogo|tazo m: dar un ~ a uno *jdn auf den Hinterkopf (mit der offenen Hand) schlagen* ‖ **-te** m *Hinter|kopf* m, *-haupt* m, *Nacken* m ‖ tieso de ~ figf *stolz, aufgeblasen* ‖ se caló el gorro hasta el ~ *er drückte die Mütze tief ins Gesicht* ‖ coger por el ~ *am Kragen packen* ‖ **-tera** f *Nackenschleier* m *der Kopfbedeckung (z. B. an einer Uniformmütze, als Schutz gegen die Sonne)* ‖ *Nackenschutz* m *(an Helm)* ‖ *Sonnenhut* m *(der Pferde)* ‖ **-tudo** adj *mit dickem Nacken* ‖ figf *stolz, eingebildet* ‖ •Cu fig *mächtig* ‖ *willensstark* ‖ Am *Neureicher* m

cogu|jada f *Haubenlerche* f ‖ ~ común ⟨V⟩ *Haubenlerche* f *(Galerida cristata)* ‖ ~ montesina ⟨V⟩ *Theklalerche* f *(G. theklae)* ‖ **-jón** m *Zipfel* m *(eines Kissens)*

cogulla f *Kutte* f ‖ *(Mönchs)Kapuze* f

cogullo m pop = **cogollo**

cohabi|tación f *Beischlaf* m*, Kohabitation* f ‖ ⟨Jur⟩ *eheliches Zusammenleben* n ‖ *Zusammenleben* n ‖ **-tar** vi *zusammen wohnen (mit)* ‖ ⟨Jur⟩ *ehelich zusammen leben* ‖ *den Beischlaf vollziehen, kohabitieren*

¹**cohechar** vt *bestechen* ‖ *betören*

²**cohechar** vt/i *den Feldern die letzte Bestellung geben*

¹**cohecho** m *Bestellzeit* f *der Felder*

²**cohecho** m *Bestechung* f ‖ *Beamtenbestechung* f ‖ fam *Schmiergeld* n ‖ ◊ hacer ~ *sich bestechen lassen*

cohén m *Zauberer* m ‖ *Kuppler* m

coheredero m *Miterbe* m

coheren|cia f *Zusammenhang* m ‖ ⟨Philos⟩ *Kohärenz* f ‖ ⟨Phys⟩ *Kohäsion* f ‖ ⟨Med⟩ *Kohärenz, Verwachsung* f ‖ factor de ~ ⟨Psychol⟩ *Kohärenzfaktor* m ‖ principio de ~ ⟨Philos⟩ *Kohärenzprinzip* n ‖ ◊ hablar con ~ *zusammenhängend, vernünftig reden* ‖ **-te** adj *zusammenhängend, kohärent* ‖ ⟨Med⟩ *angewachsen*

cohe|sión f *Anhaften* n*, Haftfestigkeit* f ‖ ⟨Phys⟩ *Kohäsion* f ‖ ⟨Radio⟩ *Frittung* f ‖ **-sivo** adj ⟨Phys⟩ *kohäsiv* ‖ **-sor** m ⟨Radio⟩ **Kohärer, Fritter* m ‖ ~ autorrestaurador ⟨Radio⟩ *Fritter* m *mit Selbstwiederherstellung* ‖ ~ de acero, ~ Braun *Stahlfritter* m ‖ ~ de granalla, ~ de limaduras *Körnerfritter* m ‖ ~ de polvo *Pulverfritter* m ‖ ~ en vacio *Vakuumfritter* m ‖ corriente del ~ *Fritterstrom* m ‖ polo de ~ *Fritterpol* m

cohe|te m *Rakete* f ‖ *Schwärmer* m *(Feuerwerk)* ‖ figf *Furz* m ‖ Mex ⟨Bgb⟩ *Sprengloch* n ‖ ~ antiaéreo ⟨Mil⟩ *Flugabwehrrakete* f ‖ ~ anticarro ⟨Mil⟩ *panzerbrechende Rakete* f ‖ ~ balistico *ballistische Rakete* f ‖ ~ corredor *Schwärmer* m ‖ ~ cósmico *Raumrakete* f ‖ ~ chispero *Funkenrakete* f ‖ ~ de arranque, ~ de despegue ⟨Flugw⟩ *Anlaß-, Start|rakete* f ‖ ~ de freno *Bremsrakete* f ‖ ~ de percusión *Aufschlagzünder* m ‖ ~ de rotación *Rotationsrakete* f ‖ ~ de señales *Signalrakete* f ‖ ~ dirigido *ferngelenkte Rakete* f ‖ ~ escalonado, ~ de escalones múltiples, ~ de etapas, ~ polifásico, ~ de varios segmentos *Mehrstufenrakete* f ‖ ~ estratosférico *Stratosphärenrakete* f ‖ ~ intercontinental *interkontinentale Rakete* f ‖ ~ interplanetario *Weltraumrakete* f ‖ ~ luminoso *Leuchtrakete* f ‖ ~ con paracaidas *Leuchtfallschirmrakete* f ‖ ~ lunar *Mondrakete* f ‖ ~ portador *Trägerrakete* f ‖ ~ propulsor *Antriebsrakete* f ‖ ~ retardado *Verzögerungszünder* m ‖ ~ sideral *Weltraumrakete* f ‖ ~ teledirigido *ferngelenkte Rakete* f ‖ ~ tronador *Rakete* f *mit Donnerschlägen* ‖ ~ V2 *V2-Rakete* f ‖ ~ volador *fliegende Rakete* f ‖ al ~ Arg Bol Ur *vergeblich* ‖ auto ~ *Raketenauto(mobil)* n ‖ como un ~ figf *blitz-, pfeil|schnell* ‖ lanzamiento de un ~ *Raketenstart* m ‖ rampa de ~ *Raketenabschußbasis* f ‖ olla de ~s figf *Pulverfaß* n*, große Gefahr* f ‖ **-tear** vt Mex ⟨Bgb⟩ *(auf)bohren* ‖ **-tería** f *Raketenfabrik* f ‖ *Raketen* fpl ‖ *Raketentechnik* f ‖ **-tero** m *Feuerwerker* m

cohibi|ción f *Verbot* n*, Einschränkung* f ‖ *Einschüchterung* f ‖ *Hindernis* n ‖ *Hemmnis* n ‖ **-do** adj *zurückhaltend* ‖ *schüchtern* ‖ *befangen*

cohibir vt *zügeln, hemmen* ‖ *zurückhalten*

(Blutung) ‖ *einschüchtern* ‖ *beengen* ‖ Mex *zwingen* ‖ ~**se** *schüchtern, mutlos werden*
cohobo *m Hirschleder* n ‖ Ec Pe *Hirsch* m ‖ ⟨Chem⟩ *Kondensat* n
cohombrar vt *häufeln (Erde)*
cohombro *m Schlangenhaargurke* f (Trichosanthes anguina) ‖ *gurkenförmiges Gebäck* n ‖ ~ de mar *Holothurie, See\|gurke, -walze* f (Holothuria spp) ‖ ensalada de ~s *Gurkensalat* m ‖ → a **pepino**
cohonestar vt *et beschönigen, bemänteln*
cohorte *f Kohorte* f ‖ fig *große Menschenmenge* f
coi *m* = **coy**
coi\|co adj Chi *bucklig* ‖ **–coy** *m Art kleiner Kröte* f (Cystignathus bibronii)
coigual adj *völlig gleich* (a *mit*)
coihué *m* Arg Pe, **coihué** *m* Chi *Scheinbuche, Südbuche* f (Nothofagus sp)
coi\|la *f* Chi *Lüge, Ente* f ‖ **–lero** *m* Chi *Lügner* m
¹**coima** *f Spiel-, Karten\|geld* n ‖ Am fam *Schmiergeld* n
²**coima** *f Beischläferin* f, *Kebsweib* n, *Geliebte* f
coime *m Spielhausbesitzer* m ‖ △*Hausherr* m ‖ Arg *Bestecher* m ‖ ~**ro** *m* Arg Chi *Bestecher* m
△**coin** = **quién**
coinci\|dencia *f Gleichzeitigkeit, zeitliche Überschneidung, Koinzidenz* f ‖ *Übereinstimmung* f ‖ *Zusammentreffen* n *von Umständen* ‖ **–dente** adj *zugleich eintretend, gleichzeitig* ‖ **–dir** vi *zusammen\|treffen, -fallen, gleichzeitig geschehen* ‖ *entsprechen* ‖ *übereinstimmen* (con *mit*)
coindica\|ción *f* ⟨Med⟩ *Mitanzeige* f ‖ **–do** adj *mitangezeigt*
co\|inquilino *m Mitmieter* m ‖ **–interesado** *m Mit\|interessent, -beteiligter* m
coi\|po, –pú *m* Arg Chi *Nutria, Biberratte* f (Myocastor coypus)
Coira: la ~ *Chur (in der Schweiz)*
coi\|rón *m* Chi Pe *Bartgras* n (Andropogon spp) ‖ **–ronal** *m Bartgrasfeld* n
coitado adj prov = **cuitado**
coito *m Beischlaf* m, *Begattung* f *(von Menschen)* ‖ ⟨Med⟩ *Beischlaf, Koitus* m ‖ ~**fobia** *f* ⟨Med⟩ *Angst* f *vor dem Beischlaf*
¹**coja** etc. → **coger**
²**coja** *f hinkende Frau* f ‖ figf *verrufene Frau* f
cojear vi *hinken* ‖ *wackelig sein, wackeln (Möbelstück)* ‖ *humpeln* ‖ *falsch handeln* ‖ *es an der (zu erwartenden) Redlichkeit fehlen lassen* ‖ △ *verrufen sein (Frau)* ‖ ◊ ~ del mismo pie figf *mit demselben Fehler behaftet sein* ‖ sé muy bien de qué pie cojea figf *ich weiß sehr gut, was bei ihm faul ist*
cojer vi inc *für* **coger**
cojera *f Hinken* n ‖ con leve ~ *leicht hinkend*
cojijo *m Viech* n ‖ *Tier, Gewürm* n ‖ *Verärgerung* f ‖ ~**so** adj/s *wehleidig* ‖ *empfindlich*, fam *pimpelig*
cojín *m (großes) Kissen* n ‖ *Sofa-, Ruhe\|kissen* n ‖ *Sattelkissen* n ‖ *Polster* n ‖ *Polsterholz* n, *Zwischendecke* f ‖ ⟨EB⟩ *Leihkissen* n ‖ ~ de agua ⟨Tech⟩ *Wasser\|kissen, -polster* n ‖ ~ de fieltro ⟨Buchb⟩ *Filz\|deckel* m, *-unterlage* f ‖ ~ de tinta *Stempel-, Farb\|kissen* n ‖ ~ eléctrico *Heizkissen* n ‖ ~ neumático, ~ de aire *Luftkissen* n

coji\|nete *m* dim *v.* **cojín** ‖ *Nähkissen* n ‖ ⟨Tech⟩ *(Wellen)Lager* n ‖ *Zapfenlager* n ‖ ⟨EB⟩ *Schienenstuhl* m ‖ ~ angular *Schräglager* n ‖ ~ axial *Axial-, Druck\|lager* n ‖ ~ cónico *Konuslager* n ‖ ~ de agujas *Nadellager* n ‖ ~ de apoyo *Abstütz-, Trag\|lager* n ‖ ~ de bolas, ~ a bolillas *Kugellager* n ‖ ~ de cabeza de biela *Pleuelstangenkopflager* n ‖ ~ de carril ⟨EB⟩ *Schienenstuhl* m ‖ ~ de collar *Halslager* n ‖ ~ de corona de rodillos *Rollenkranzlager* n ‖ ~ de eje *Achslager* n ‖ ~ de empuje *Drucklager* n ‖ ~ de fricción *Gleitlager* n ‖ ~ de pedal *Tretlager* n ‖ ~ de(l) perno del émbolo *Kolbenbolzenlager* n ‖ ~ de rodillos *Rollenlager* n ‖ ~ de traviesa ⟨EB⟩ *Schwellenstuhl* m ‖ ~ esférico *Kugelpfanne* f ‖ ~ frontal *Stirnlager* n ‖ ~ intermedio *Zwischenlager* n ‖ ~ principal *Grund-, Haupt\|lager* n ‖ ~ rozante *Wälzlager* n ‖ ~ transversal *Querlager* n ‖ casquillo de ~ *Lagerbuchse* f ‖ revestimiento de ~ *Lagerausguß* m ‖ ~**s** *pl* ⟨Typ⟩ *Zylinderhalter* mpl
cojinillo *m* Am *lederne Satteldecke* f
coji\|núa, –nuda *f* Cu ⟨Fi⟩ *Stachelmakrele* f, *Stöcker* m (Caranx spp)
cojitranco adj/s desp *herumhinkend, hin und her laufend*
cojo adj *hinkend* (& fig) ‖ *(fuß)lahm* ‖ fig *wackelig (Möbelstück)* ‖ verso ~ *hinkender Vers* m ‖ ◊ andar a la pata ~a *auf einem Bein hüpfen, gehen* ‖ △irse ~ *nur ein Glas trinken* ‖ ~ *m Hinkender, Lahmer* m
cojobo *m am. Jabibaum* m
cojolite *m* Mex ⟨V⟩ *Schakuhuhn* n (Penelope purpurescens)
cojonazos *m* vulg *Feigling* m, *Memme* f ‖ vulg *phlegmatischer Mensch* m
cojón *m* vulg *Hode* m/f ‖ ¡~**es!** vulg = ¡**caramba!** ‖ ◊ tener ~es vulg *männlich, tapfer sein* ‖ no tener ~ vulg *k–n Mumm haben, ein Waschlappen sein* ‖ ¡los ~! vulg *denkste!*
cojonudo adj vulg *fabelhaft, kolossal*, fam *prima* ‖ vulg *verflucht schwer* ‖ ◊ ser ~ vulg *tapfer sein* ‖ vulg *fabelhaft, phantastisch sein* ‖ estar ~a vulg *ein tolles Weib sein* ‖ adv: ~**amente**
cojudo adj *unverschnitten (Tiere)* ‖ Am = **cojonudo**
cojuelo adj/s *(ein wenig) hinkend* ‖ el Diablo ~ ⟨Lit⟩ *Der hinkende Teufel (von Vélez de Guevara)*
cok(e) *m* engl *Koks* m ‖ → **coque**
col *f (Weiß)Kohl* m ‖ ~ blanca *Weißkohl* m ‖ ~ de Bruselas *Brüsseler Kohl, Rosenkohl* m ‖ ~ fermentada, ~ escabechada *Sauerkraut* n ‖ ~ repollo *Kopfkohl* m ‖ *Kraut* n ‖ ~ rizada, ~ bretona *Kraut-, Winterkohl* m ‖ ~ de Milán *Wirsingkohl* m ‖ ~ roja, ~ encarnada, ~ lombarda *Rotkohl* m ‖ entre ~ y col lechuga figf *Abwechslung ergötzt* ‖ ◊ ~es que no has de comer déjalas cocer *jeder kehre vor seiner eigenen Tür*
col., col.ᵃ Abk = **columna** ‖ = **colonia**
¹**cola** *f Schwanz, Schweif* m *der Tiere* ‖ *Schwanz, Sterz* m *(bes der Vögel)* ‖ *Schleppe* f *am Kleid* ‖ ⟨Astr⟩ *Kometenschweif* m ‖ *Schauende* n *(am Tuch)* ‖ ⟨Mus⟩ *Schlußton* m ‖ ⟨Flugw⟩ *Schwanz, Rumpfhinterteil* m ‖ fig *Ende* n, *Schluß* m ‖ fig *Folgen* fpl ‖ fig *Strafplatz* m *in der Schule* ‖ ~ de caballo ⟨Bot⟩ *Pferdeschwanz, Schachtelhalm* m (Equisetum spp) ‖ *Pferdeschwanz* m *(Frisur)* ‖ ~ de cometa *Kometenschweif* m ‖ ~ de cureña ⟨Mil⟩ *Lafettenschwanz* m, *Hinterlafette* f ‖ ~ del disparador *Abzug* m *(Gewehr)* ‖ ~ de milano ⟨Zim⟩ *Schwalbenschwanz* m ‖ en ~ de milano ⟨Zim⟩ *schwalbenschwanzförmig* ‖ ~ de mono Am *Getränk* n *aus Branntwein, Kaffee und Milch* ‖ ~ de operador ⟨Filmw⟩ *Startband* n ‖ ~ de pavo *Pfauenschwanz* m ‖ ~ de zorra ⟨Bot⟩ *Fuchsschwanz* m (Alopecurus spp) ‖ ensambladura a ~ de milano ⟨Zim⟩ *Spundung* f *auf Schwalbenschwanz* ‖ ◊ apearse por la ~ figf *eine dumme Antwort geben* ‖ figf *ins Fettnäpfchen treten* ‖ atar por la ~ a/c figf *et an unrechten Ende anfassen, das Pferd von hinten aufzäumen* ‖ dejar a ~ figf *hinter sich lassen* ‖ la ~ falta por desollar figf *das Schlimmste steht noch bevor* ‖ empezar (*od* comenzar) a leer por la ~ *von hinten anfangen zu lesen (Roman)* ‖ hacer bajar la ~ a alg. figf *jdn demütigen* ‖ hacer ~ figf *zurückbleiben* ‖ *sich anstellen, Front stehen, Schlange stehen* ‖ ¡haga V. ~! *gehen Sie hinterher! stellen Sie sich hinten an!* ‖ halagar con la boca y

cola — colección

morder con la ~ figf *ein falscher Fünfziger (od doppelzüngig) sein* ‖ ir a la ~ fig *der letzte sein* ‖ ⟨EB⟩ *in dem letzten Wagen fahren* ‖ *der allerletzte in der Reihe sein (Schulstrafe)* ‖ llevar (la) ~, ser ~ fig *der Allerletzte im Examen sein* ‖ ser arrimado a la ~ figf *einfältig, beschränkt sein* ‖ tener (*od* traer) ~ figf *Folgen nach sich ziehen* ‖ a la ~ figf *hinten, zu allerletzt, am Schluß*
²**cola** *f (Tischler) Leim* m ‖ ⟨Med⟩ *Kolla* f ‖ ⟨Web⟩ *Schlichte* f ‖ ~ animal *tierischer Leim* m ‖ ~ de boca, ~ de carpintero *Tischlerleim* m ‖ ~ de huesos *Knochenleim* m ‖ ~ de pescado *Fischleim* m ‖ ~ de retal *Vergolderleim* m ‖ ~ fría *Kaltleim* m ‖ ~ fuerte *gewöhnlicher Leim* m ‖ ~ hidráulica *hydraulischer Leim* m ‖ ~ impermeable *Schiffsleim* m ‖ ~ liquida *flüssiges Gummiarabikum* n ‖ ~ vegetal *pflanzlicher Leim, Pflanzenleim* m ‖ ◊ dar de ~ ⟨Zim⟩ *(auf)leimen* ‖ eso no pega ni con ~ figf *das ist reiner Unsinn*
³**cola** *f afr.* Kolabaum m (Cola acuminata) ‖ nuez de ~ *Kolanuß* f
cola|bilidad f ⟨Metal⟩ *(Ver)Gießbarkeit* f ‖ –**ble** adj ⟨Metal⟩ *(ver)gießbar*
colabo|ración f *Mitwirkung* f ‖ *Mitarbeit(erschaft)* f ‖ en ~ con *unter Mitarbeit* (gen) ‖ ⟨Pol⟩ *Kollaboration, Zusammenarbeit* f *mit dem Feinde* ‖ –**racionista** m ⟨Pol⟩ *Kollaborateur* m ‖ –**rador** m *(literarischer) Mitarbeiter* m ‖ ~ social *Sozialpartner* m ‖ –**rar** vi *mit|wirken, -arbeiten* (en *an* dat) ‖ ⟨Pol⟩ *kollaborieren, mit dem Feinde zusammenarbeiten* f ‖ ◊ ~ en la prensa *Mitarbeiter der Presse sein*
cola|ción f *Vergleich* m, *Gegeneinanderhalten* n, *Kollation* f ‖ *Ausgleichung* f *(unter Miterben)* ‖ *Urkundenvergleich* m ‖ *Verleihung* f *(e–r Würde)* ‖ ⟨Jur⟩ *Übergabe* f ‖ *(festlicher) Imbiß* m ‖ *Vesperbrot* n ‖ *leichtes Abendessen* n *(an Festtagen)* ‖ *Festgeschenk* n ‖ ◊ sacar (*od* traer) a ~ figf *aufs Tapet bringen* ‖ figf *Beweise vorbringen* ‖ –**cionable** adj *auszugleichen (unter Miterben)* ‖ –**cionar** vt/i *kollationieren, vergleichen* ‖ zur *Ausgleichung bringen, ausgleichen (unter Miterben)* ‖ *vergleichen (Urkunden)* ‖ *verleihen (eine Würde)*
colactáneo m/adj *Milchbruder* m
¹**colada** f *Waschen* n, *Wäsche* f ‖ *große Wäsche* f ‖ *schmutzige Wäsche* f ‖ *Waschlauge* f ‖ *Engpaß* m, *Bergenge* f ‖ ⟨Metal⟩ *Schmelze* f ‖ *Vergießen* f ‖ *Guß* m ‖ ⟨Bgb⟩ *(Hochofen) Abstich* m ‖ ~ de producción ⟨Metal⟩ *Betriebsschmelze* f ‖ ~ directa *Fallendgießen* n ‖ ~ refundida *Umschmelze* f ‖ día de ~ *Waschtag* m ‖ hacer la ~ *große Wäsche haben* ‖ ⟨Metal⟩ *den Hochofen abstechen* ‖ ◊ echar a la ~ *auslaugen* ‖ *einweichen* ‖ fosa de ~ ⟨Metal⟩ *Gießgrube* f ‖ grúa de ~ ⟨Metal⟩ *Gießkran* m ‖ nave de ~ ⟨Metal⟩ *Gießhalle* f ‖ procedimiento de ~ continua ⟨Metal⟩ *Stranggußverfahren* n ‖ ◊ todo saldrá en la ~ figf *die Sonne bringt es an den Tag*
²**colada** f fam *gutes Schwert* n *(Anspielung auf ein Schwert des Cid)* ‖ Col *(Art) Milchreis* m
cola|dera f *Seihe* f, *Filtersack* m ‖ –**dero** m *Sieb* n, *Seiher* m, *(enger) Durchschlag* m ‖ *schmaler Gang, Engpaß* m ‖ *Seihe* f, *Sieb* n ‖ ⟨Bgb⟩ *Aufbau* m ‖ ⟨Sch⟩ *Diplomfabrik* f *(wo man sehr leicht die Prüfung besteht)* ‖ –**dizo** f *sich überall einschleichend* ‖ –**do** adj: aire ~ *Zugluft* f ‖ hierro ~ *Gußeisen* n ‖ ◊ estar ~ figfam *blind verliebt sein* ‖ –**dor** m *Durchschlag, Seiher* m, *Sieb* n ‖ *Filtersack* m *(für Kaffee)* ‖ ~ de té *Teesieb, -ei* n ‖ –**dora** f *Wäscherin* f ‖ *Waschmaschine* f ‖ –**dura** f *Durchlassen, Seihen* n ‖ *Durchgeseihtes* n ‖ figf *Flunkerei* f ‖ figf *Reinfall* m, *Blamage* f, *grobes Versehen* n ‖ figf *blinde Liebe* f, *blindes Lieben* n
colágeno m *Kollagen* n *(in Sehnen, Knorpeln und Knochen)*
colagogo adj ⟨Med⟩ *gallabtreibend*
colagón m Mex *Leitung* f, *Kanal* m

colambre f = **corambre** ‖ Mex *Weinschlauch* m
¹**colana** f fam *Schluck, Trank* m
²**cola|na, –ña** f *Geländerwand* f *(an Treppen)* ‖ –**nilla** f *kleiner (Tür) Riegel* m
cola|pez [*pl* –ces], –**piscis** f *Fischleim* m
colapso m *Zusammenbruch* m *(der Kräfte)* ‖ ⟨Med⟩ *plötzliche Entkräftung* f, *plötzlicher Schwächeanfall, Kollaps* m ‖ ~**terapia** f ⟨Med⟩ *Kollapstherapie* f
colapto m ⟨V⟩ *Goldspecht* m (Colaptes spp)
colar [-ue-] vt *durch|seihen, -lassen, -sieben waschen, in der Lauge ziehen lassen, einweichen (Wäsche)* ‖ ⟨Metal⟩ *das Roheisen ablassen (ab-, ver)gießen* ‖ ◊ ~**la** a uno fam *jdm et weismachen* ‖ ¡a mí no me la cuelas! fam *das mache e–m anderen weis!* ‖ ~ vi *ein-, durch|sickern* ‖ *durchstreichen (Luft)* ‖ ⟨Mar⟩ *untergehen* ‖ fam *zechen, Wein trinken* ‖ figf *aufschneiden, kohlen* ‖ eso no cuela fam *da hast du e–n Bock geschossen!* ‖ *das stimmt nicht!* ‖ ~**se** *sich ein-, durch|schleichen* ‖ *sich einschmuggeln* ‖ figf *hereinfallen, sich blamieren* ‖ figf *e–n Unsinn sagen* ‖ ¡me colé! fam *da bin ich schön reingefallen!*
Colás m np fam = **Nicolás**
colateral adj *in der Seitenlinie, Seiten- parallel laufend* ‖ ⟨Med⟩ *kollateral* ‖ circulación ~ ⟨Med⟩ *Kollateralkreislauf* m ‖ linea ~ *Seitenlinie* f ‖ (pariente) ~ *Seitenverwandter* m
colatitud f ⟨Astr⟩ *komplementäre Breite* f
colativo adj ⟨Jur⟩ *verleihbar (Würde, Benefiz)* ‖ *ausgleichbar (unter Erben)*
colatura f *durchgeseihte Flüssigkeit* f
colayo m ⟨Fi⟩ = **pimpido**
colazo m Chi = **coletazo**
colbac m *Kalpak* m
cólcedra f *Wollmatratze* f
colcótar m *Caput mortuum* n *(rotes Eisen/III/-oxid), Kolkothar* m
col|cha f *Bett-, Stepp|decke* f ‖ *Deck-, Ober|bett* n ‖ ⟨Web⟩ *Kotze* f ‖ ~ de un cabo ⟨Mar⟩ *Kink* f ‖ ~ de e–s Taues ‖ ~ guateada *Steppdecke* f ‖ ~ de pluma(s) *Federbett* n ‖ –**chado** m *Steppzeug, Gestepptes* n ‖ *Polsterung* f ‖ –**chadura** f *Steppen, Abnähen* n ‖ ⟨Mar⟩ *Verseilen, Schlagen* n *(e–s Taues)* ‖ –**char** vt *steppen, abnähen* ‖ *polstern* ‖ Chi *streiten* ‖ ~ un cabo ⟨Mar⟩ *ein Tau verseilen (od schlagen)* ‖ –**chero** m *Steppnäher, Polsterer* m ‖ –**chón** m *Matratze* f ‖ *Unterbett* n ‖ ⟨Web⟩ *Pelz* m ‖ ~ de agua *Wasser|kissen, -polster* n ‖ ~ de lana *wollene Matratze* f ‖ ~ de muelles, ~ elástico *Federmatratze* f ‖ ~ de tela metálica *Drahtnetzmatratze* f ‖ ~ de pluma(s) *Federbett* n
colcho|nería f *Matratzenhandlung* f, *Tapezierladen* m ‖ artículos de ~ *Tapezierartikel* mpl ‖ –**nero** adj: aguja ~**a** *Stepp-, Tapezier|nadel* f ‖ ~ m *Matratzenmacher, Polsterer* m ‖ –**neta** m *Sitzpolster, Bankkissen* n ‖ ⟨Sp⟩ *Springmatratze* f *(Turnen)*
cole m Sant fam *Untertauchen* n *(mit Kopfsprung)*
coleada f ⟨Schweif⟩ *Wedeln* n ‖ ⟨Aut⟩ *Schleudern* n
coleado adj Chi *durchgefallen (Prüfung)* ‖ Chi *geschlagen (Wahlkampf)*
colear vt/i ⟨Taur⟩ *(den Stier) beim Schwanze packen, um ihn zu Fall zu bringen* ‖ Guat *jdm nachgehen, folgen* ‖ PR *zurichten (Kampfhähne)* ‖ Col Ven *belästigen, jagen, hetzen* ‖ Dom *den Hof machen* ‖ ~ vi *(mit dem Schwanze) wedeln* ‖ *stampfen* ‖ fig *wimmeln (Fische)* ‖ ◊ todavía colea figf *der wird noch zu schaffen geben* ‖ figf *es wird noch Folgen haben* ‖ figf *das hat noch gute Weile* ‖ vivito y coleando fam *kräftig und gesund*
colec|ción f *Sammlung* f ‖ *Auswahl* f ‖ *Reihe* f *(Bücher)* ‖ Com *(Muster) Kollektion* f ‖ fam *Menge* f ‖ ~ de cuadros (*od* pinturas) *Gemälde-*

galerie f ‖ ~ *de modas Modekollektion* f ‖ ~ *purulenta* ⟨Med⟩ *Eiteranhäufung* f ‖ ~ *de sellos (postales) Briefmarkensammlung* f ‖ ◊ *hacer* ~ *de sammeln, e-e Sammlung anlegen von* ‖ **–cionar** vt *sammeln* ‖ **–cionista** m/f *Sammler(in)* m/f
colecistitis f ⟨Med⟩ *Gallenblasenentzündung* f
colecistografía f ⟨Med⟩ *Cholezystographie* f
colec|ta f *Collecta, Kollekte* f *(Altargebet)* ‖ *Geldsammlung, Kollekte* ‖ *Einsammlung* f *von Almosen* ‖ *Spendensammlung* f ‖ *Bettelfahrt* f ‖ **–tación** f *Geldsammlung, Kollekte* f, *Kollektieren* n ‖ **–tánea** f *Sammelbuch* n ‖ **–tar** vt *einziehen (Steuern)* ‖ *sammeln, kollektieren (Geld)*
colecti|vamente adv *zusammengenommen* ‖ *gemeinschaftlich* ‖ *insgesamt* ‖ **–vidad** f *Gesamtheit* f ‖ *menschliche Gemeinschaft* f ‖ *Kolonie* f *(von Ausländern)* ‖ *Kollektiv* n ‖ *– gemeinsame Arbeiterschaft* f ‖ **–vismo** m *Kollektivismus* m ‖ **–vista** adj *kollektivistisch* ‖ ~ m *Kollektivist* m ‖ **–vización** f *Vergemeinschaftung, Vergesellschaftung* f ‖ *Überführung* f *in Gemeinbesitz* ‖ *Sozialisierung, Kollektivierung* f ‖ ~ *forzosa Zwangskollektivierung* f ‖ **–vo** adj *gesamt, ganz* ‖ *zusammenfassend* ‖ *gemeinschaftlich, kollektiv* ‖ ~ m *Sammelbegriff* m ‖ ⟨Pol⟩ *Kollektiv* n ‖ *alma* ~ a *Kollektivseele* f ‖ *automóvil* ~ *Am Autobus* m ‖ *billete* ~ *Gesellschaftsfahrkarte* f ‖ *contrato* ~ *de trabajo Gesamtarbeitsvertrag* f ‖ *Tarifvertrag* m ‖ *excursión* ~a *gemeinsamer Ausflug* m ‖ *expedición* ~a ⟨EB⟩ *Sammelladung* f ‖ *exposición* ~a *Gesamtausstellung* f ‖ *nombre* ~ ⟨Gr⟩ *Sammelname* m ‖ *poder* ~ ⟨Com⟩ *Kollektivprokura* f ‖ *sociedad (od compañía)* ~a *Offene Handelsgesellschaft* f ‖ *viaje* ~ *Gesellschaftsreise* f
colec|tor m *Sammler* m ‖ *Steuereinnehmer* m ‖ *Lotterieeinnehmer* m ‖ *Sammel|rohr* n, *-kasten* m ‖ ⟨El⟩ *Kollektor* m *(Transistor)* ‖ ⟨El⟩ *Kommutator, Stromwender, Kollektor* m ‖ ~ *adicional* ⟨El⟩ *Vorsatzkollektor* m ‖ ~ *de aceite Ölfänger* m ‖ *Sumpf* m, *Ölwanne* f *(Motor)* ‖ ~ *de cenizas volantes Flugaschenfang* m ‖ ~ *de condensación Kondens|topf, -wasserabscheider* m ‖ ~ *de contribuciones,* ~ *de impuestos Steuer|einnehmer, -erheber* m ‖ ~ *de escape Auspuffkrümmer* m ‖ ~ *de fango,* ~ *de lodos Schlamm|sammler, -kasten* m ‖ ~ *de hollín Rußvorlage* f ‖ ~ *de humos Rauchfänger* m ‖ ~ *de polvo Staubfänger* m ‖ ~ *de residuos,* ~ *de desechos Abfallsammelanlage* f ‖ ~ *de vapor Dampf|sammler* m, *-kammer* f ‖ ~ *de virutas Späne|fang* m, *-schale* f ‖ ~ *sumidero Abfluß, Gully* m ‖ **–turía** f *Einnehmeramt* n, *Kollektur, Sammelstelle* f
colédoco m ⟨An⟩ *Choledochus* m
colega m *Kollege, Amtsgenosse* m ‖ pop *Kamerad* m ‖ ~ *f Kollegin* f
colegatario m *Mitvermächtnisnehmer, Mitlegatar* m
cole|giación f *Aufnahme* f *in e-e Kammer* ‖ *Mitgliedschaftserwerb* m *in e-r Anwaltskammer* ‖ **–giado** adj *e-m Kollegium als Mitglied angehörig, registriert, eingetragen* ‖ *abogado* ~ *in der Anwaltsliste geführter Rechtsanwalt* m ‖ *nobleza* ~a *beim Heroldsamt eingetragener Adel* m ‖ **–gial** adj *zum Kollegium, zur Schule gehörig (iglesia)* ~ *Stiftskirche* f ‖ ~ m *Kammermitglied* n ‖ *Mitglied* m *e-r Anwaltskammer* ‖ *Stiftsgenosse* m *e-r Lehranstalt* ‖ *Schüler* m, *Schulkind* n ‖ *Freischüler* m ‖ *Zögling* m ‖ figf *unerfahrener Junge* m ‖ ~ *medio pensionista zahlender Schüler, der in der Schule Unterricht und Kost erhält* ‖ ~ *pensionista Vollschüler* m ‖ ◊ *portarse como un* ~ *fam sich bubenhaft benehmen* ‖ **–giala** f *(Kost)Schülerin* f ‖ *Freischülerin* f ‖ *Schulmädchen* n ‖ figf *Backfisch, Teenager* m ‖ **–giarse** vr *ein Kollegium, e-e Berufsorganisation bilden* ‖ *e-r Kammer beitreten* ‖ **–giata** f *Stifts-, Dom|kirche* f, *Kollegiat* n ‖ **–giatura** f *Stipendium* n *(für Schüler)* ‖ *Freistelle* f *in e-m Internat*
colegio m *Schule* f ‖ *(höhere) Privatschule* f ‖ *Schulgebäude* n ‖ *Stift* n, *Stiftungsanstalt* f ‖ *(Mädchen)Erziehungsanstalt* f ‖ *Berufs|verein* m, *-genossenschaft* f ‖ ~ *de abogados (Rechts-) Anwaltskammer* f ‖ ~ *apostólico Gemeinschaft* f *der Apostel* ‖ ~ *cardenalicio,* ~ *de cardenales Kardinalskollegium* n ‖ ~ *de ciegos Blindenanstalt* f ‖ ~ *de corredores de comercio Berufsvereinigung* f *von Handelsagenten* ‖ *Maklerkammer* f ‖ ~ *electoral Wahlversammlung* f ‖ *Wahllokal* n ‖ *Wahlkörper* m *(Kirchenrecht)* ‖ ⇌ *Español span. Anstalt in Bologna* ‖ ~ *de internos Schülerheim, Internat* n ‖ ~ *de jueces Richterkollegium* n ‖ ~ *de médicos Ärztekammer* f ‖ ~ *de párvulos Kindergarten* m ‖ ~ *de primera enseñanza Elementar-, Volks|schule* f ‖ ~ *de segunda enseñanza Mittelschule* f ‖ ~ *mayor Span Studenten(wohn)heim* n *(in Universitätsstädten)* ‖ ~ *nacional (staatliche od städtische) Volksschule* f ‖ *Am staatliche höhere Schule* f ‖ ~ *notarial Notarkammer* f ‖ ~ *de niños Knabenschule* f ‖ ~ *de niñas,* ~ *de señoritas Mädchenschule* f ‖ ~ *oficial de farmacéuticos Apothekerkammer* f ‖ ~ *particular Privatschule* f ‖ ~ *de primera enseñanza Volksschule* f ‖ ~ *de procuradores Kammer der nicht plädierenden Anwälte, Kammer* f *der Prozeßvertreter* ‖ *decano* m *del* ~ *Kammerpräsident* m ‖ ~ *de abogados Präsident* m *der Rechtsanwaltskammer* ‖ ◊ *ir al* ~, *frecuentar el* ~ *die Schule besuchen* ‖ *Ilustre* ~ *de Madrid Anwaltskammer* f *von Madrid* ‖ *sacro* ~ *Kardinalskollegium* n ‖ →a **escuela**
colegir [colijo] vt *zusammenbringen* ‖ *folgern, schließen* ‖ ◊ *de esto colijo que daraus schließe ich, daß*
colegislador adj *mitgesetzgebend (Kammer)*
coleli|tiasis f ⟨Med⟩ *Gallensteinbildung, Cholelithiasis* f ‖ **–to** m *Gallenstein* m ‖ **–tomía** f ⟨Chir⟩ *Entfernung* f *e-s Gallensteins, Cholelithomie* f
colemanita f ⟨Min⟩ *Colemanit* m
colémbolos mpl ⟨Entom⟩ *Springschwänzchen* npl, *Kollembolen* mpl *(Collembola)*
colemia f ⟨Med⟩ *Cholämie* f, *Übertritt* m *der Galle ins Blut*
colendo adj *zum Gottesdienst bestimmt (Tag)*
coleo m s v. **colear** *(Schweif)Wedeln* n
cole|óptero m *Käfer, Deckenflügler* m ‖ ⟨Flugw⟩ *Ringflügelflugzeug* n, *Coleopter* m ‖ **~s** pl ⟨Entom⟩ *Käfer* mpl, *Koleopteren* fpl *(Coleoptera)* ‖ pop = **colistas** ‖ *colección de* ~ *Käfersammlung* f ‖ **–opterología** f *Käferkunde, Koleopterologie* f ‖ **–opterólogo** m *Käferkündige(r), Koleopterologe* m
coleóptilo m ⟨Bot⟩ *Koleoptile, Sproßscheide* f *der Gräser*
coleoptosis f ⟨Med⟩ *Scheidenvorfall* m, *Koleoptose* f
colepoyesis f *(normale) Gallenbildung, Cholepoese* f
[1]**cólera** f *Galle* f ‖ fig *(Jäh)Zorn, Unwille* m ‖ *acceso de* ~ *Wut|anfall, -ausbruch* m ‖ ◊ *aplacar la* ~ *(de) jdn beschwichtigen* ‖ *cortar la* ~ figf *e-n Imbiß nehmen* ‖ *cortar la* ~ a alg. figf *jds Zorn besänftigen, jdn entwaffnen* ‖ *descargar la* ~ fig *seinen Zorn auslassen (en an dat)* ‖ *montar en* ~ *in Zorn geraten* ‖ fam *aufbrausen* ‖ *tomar(se de la)* ~ figf *wütend werden*
[2]**cólera** m ⟨Med⟩ *Cholera* f ‖ ~ *aviar Geflügelcholera* f ‖ ~ *morbo (asiático) epidemische Cholera* f ‖ ~ *nostras europäische Cholera* f
colérico adj/s *cholerisch, gallig* ‖ fig *aufbrausend, jähzornig* ‖ *erzürnt* ‖ ◊ *estar* ~ *in Zorn sein* ‖ *ser* ~ *von zorniger Natur sein* ‖ ~ m *Choleriker* m
[2]**colérico** m/adj ⟨Med⟩ *Cholerakranker* m
colerina f ⟨Med⟩ *Cholerine* f
colero m *Chi* fam *Zylinderhut* m

colerragia f ⟨Med⟩ *übermäßiger Ausfluß m von Galle, Cholerrhagie* f
colesteatoma m ⟨Med⟩ *Cholesteatom* n
coleste|rina f ⟨Chem⟩ *Cholesterin* n ‖ **–rinemia** f ⟨Med⟩ *Cholesterinämie* f ‖ **–rol** m *Cholesterin* n
cole|ta f *kurzer Schopf, Nackenschopf* m ‖ *Haar-, Perücken|zopf* m ‖ ⟨Taur⟩ *Zopf* m *der Stierfechter* ‖ (Art) *Linnen* n ‖ figf *Nachschrift* f ‖ Cu *Hanfleinwand* f ‖ Mex *Nanking* m (Gewebe) ‖ *gente de ~ Stierfechter* m ‖ ◇ *cortarse la ~* fig *sich vom Stierkämpferberuf zurückziehen* ‖ *fam seinen Beruf aufgeben* ‖ **–tazo** m *Schlag* m *mit dem Schwanz* ‖ ◇ *dar ~s mit dem Schweif wedeln* (Vieh)
coletero m *Kollermacher, Beutler* m
cole|tilla f *dim* v. **-ta** ‖ *kurzer Zopf* m *der Stierkämpfer Perückenzopf* m
cole|tillo m *Jäckchen* n *ohne Ärmel der kastilischen Gebirgsbewohnerinnen* ‖ **–to** m (Leder)-*Koller* n ‖ *Wams* n ‖ *Sport-, Reit|jacke* f ‖ *Jacke* f ‖ Col Ven *Frechheit, Unverschämtheit* f ‖ *decir para su ~* figf *für sich sagen, denken* ‖ *echarse al ~* figf *verschlingen, austrinken, hinter die Binde gießen* ‖ figf *von A bis Z lesen* (Buch, Schrift) ‖ **–tón** m Ven *Sacktuch* n ‖ Ven *verachtenswerter Kerl* m ‖ **–tudo** adj *einen Zopf tragend* ‖ Col *dreist*
coletuy m ⟨Bot⟩ *Kronwicke* f (Coronilla spp)
colga|dero adj *zum Aufhängen* (Trauben) ‖ *~ m* (Wand)*Haken* m ‖ *Kleiderhaken* m ‖ *Fleischerhaken* m ‖ *Henkel* m ‖ **–dizo** adj *zum Aufhängen dienlich* ‖ *~ m Wetter-, Vor|dach* n ‖ *Galerie* f ‖ ⟨Arch⟩ *Dachbinder* m
colga|do adj *hängend* ‖ fig *gespannt* ‖ *behängt, geschmückt* (Balkon) ‖ figf *im ungewissen schwebend* ‖ ◇ *dejar ~ a alg*. figf *jdn in seinen Erwartungen täuschen* ‖ *estar ~ de los cabellos* figf *wie auf Kohlen sitzen* ‖ *estar ~ sobre* ⟨Arch⟩ *über|hängen, -stehen* ‖ *estaba ~ de sus palabras* fig *er hing an seinen Lippen* ‖ *quedar ~* figf *in peinlicher Ungewißheit sein* ‖ **–dor** m *Kleiderbügel* m ‖ ⟨Typ⟩ *Aufhänger* m (für Druckbogen) ‖ Am *Kleiderrechen* m ‖ ⟨Bgb⟩ *Anschläger* m (Arbeiter) ‖ ⟨Bgb⟩ *~ de vagones Stollenaufzug* m ‖ **–dura** f *Tapete* f ‖ *Wandbehang* m ‖ *~ de cama Bettvorhang* m ‖ **–s** pl *Teppichbehänge, Vorhänge* mpl ‖ **–jo** m *Fetzen* m *an e-m Kleid* ‖ *hängender Wandschmuck* m ‖ *zum Trocknen aufgehängte Trauben* fpl ‖ *Schlüsselbund* m ‖ ⟨Chir⟩ *Lappen* m ‖ △*Anhängsel* n ‖ **–miento** m *Aufhängen* n ‖ *Erhängen* n

colgan|dero adj = **-te** adj *überhängend* (Mauer) ‖ *hängend* ‖ *con la lengua ~ mit heraushängender Zunge* (Hund) ‖ *ferrocarril ~ Schwebebahn* f ‖ *puente ~ Hänge-, Zug|brücke* f ‖ *~ m* ⟨Arch⟩ *Blumengewinde* n ‖ *Anhänger* m (Schmuck) ‖ *Behang* m ‖ Am *Ohrring* m ‖ *Uhrgehänge* n ‖ PR *kurze, dicke Uhrkette* f ‖ **–s** pl *herunterhängende Fransen* fpl ‖ *Hals|schmuck* m, *-gehänge* n ‖ △*Hoden* mpl ‖ fig *Stärke, Kraft* f
colgar [-ue-, g/gu] vt (auf-), an|*hängen* ‖ *umhängen* ‖ *henken, aufhängen* ‖ *behängen* ‖ *tapezieren* ‖ ⟨Tel⟩ *den Hörer auflegen* ‖ figf (zum Angebinde) *schenken* ‖ figf *jdn et beimessen, anhängen, zuschieben* ‖ figf *durchfallen lassen* (in e-r Prüfung) ‖ ◇ *~ de un clavo an e-n Nagel hängen* ‖ *~ en* (od de) *la percha an den Kleiderrechen hängen* ‖ *~ a uno el santo pop die Schuld auf jdn schieben* ‖ *me han colgado* ⟨Schul⟩ *ich bin durchgefallen* (Prüfung) ‖ *~ vi* (herab-, heraus)*hängen* ‖ *abhängen* ‖ figf *in der Patsche sein* ‖ ◇ *y lo que cuelga* fam *und was drum und dran hängt* ‖ *lámpara colgando del techo von der Decke herunterhängende Lampe* f ‖ *con la lengua colgando mit heraushängender Zunge* (Hund) ‖ *~se sich auf-, er|hängen* ‖ ◇ *~ del* (od la) *cuello* (a, de) *jds Hals umschlingen*
colibaci|lo m ⟨Zool⟩ *Kolibazillus, Darmspalt-*

pilz m ‖ **–losis** f ⟨Med⟩ *Kolibazillose* f ‖ **–luria** f ⟨Med⟩ *Koliurie* f
coliblanco adj *mit weißem Schwanz* (Schweif) ‖ *weißhalsig*
colibrí [pl **–íes**] m ⟨V⟩ *Kolibri* m
colicano adj *mit stichelhaarigem Schweif* (Pferd)
¹**cólico** adj: *ácido ~* ⟨Chem⟩ *Cholsäure* f
²**cólico** m ⟨Med⟩ *Kolik* f, *Leibschneiden, Bauchgrimmen* n ‖ *~ bilioso, ~ biliario Gallenkolik* f ‖ *~ hepático Gallen*(stein)*kolik* f ‖ *~ mucomembranoso Schleimkolik* f ‖ *~ nefritico Nierenkolik* f ‖ *~ saturnino, ~ de plomo Bleikolik* f ‖ ◇ *no morirá de ~ cerrado* figf *er ist ein großer Schwätzer* ‖ *¡asi te dé el ~! vulg verrecken sollst du!*
colicoli m Chi ⟨Entom⟩ *e-e Art Bremse* f
colicorto adj *mit kurzem Schweif, kurzgeschwänzt*
coli|cuación f *Zerfließen* n, *Auflösung* f ‖ *Schmelzen* n ‖ **–cuar, –cuecer** [-zc-] vt/i *schmelzen, flüssig machen* ‖ **~se** *sich auflösen*
coliculo m An ⟨Med⟩ *Hügelchen* n
coliche m fam *Familienfest* n
colidir vt *zusammenstoßen, aneinanderprallen* ‖ ⟨Jur⟩ *kollidieren* (Normen)
coliflor f *Blumenkohl* m
coli|gación f *Verbindung* f ‖ *Bündnis* n, *Bund, Zusammenschluß* m ‖ *~ patronal Aussperrung* f ‖ **–gado** m/adj *Bundesgenosse* m ‖ **–gadura** f, **–gamiento** m *Zusammenschluß* m ‖ **–gar** [g/gu] vt *vereinigen* ‖ **~se** *sich verbünden* (con mit)
¹**coligrueso** adj *dickschwänzig*
²**coligrueso** adj *dickhalsig*
³**coligrueso** m Arg *Beutelilitis* m, *Dickschwanzbeutelratte* f (Lutreolina crassicaudata)
coliguacho m Chi (Art) *Bremse* f (Tabanus depressus)
colihemia f ⟨Med⟩ = **colemia**
colihuacho adj Chi *dunkelbraun* ‖ Chi fam *sehr groß*
coli|hue, –güe m Chi *Dachgras* n ‖ *e-e südam. Bambusart* f (Chusquea spp)
colijo → **colegir**
coli|larga f Chi ⟨V⟩ *Buschschlüpfer* m (Synallaxis sp) ‖ **–largo** adj *langschwänzig* ‖ *~ m Am* (Art) *langschwänzige Ratte* f (Hesperomys longicaudatus)
coli|lla f (Zigarren-, Zigaretten)*Stummel* m, *Kippe* f ‖ figf *armer Schlucker* m ‖ figf *verachtenswerter Mensch* m ‖ **–llero** m fam *Kippensammler* m
colima|ción f ⟨Opt⟩ *Kollimation* f ‖ **–dor** m *Kollimator* m ‖ *~ neutrónico Neutronenkollimator* m
colimbo m ⟨V⟩ *Taucher* m (Gavia spp) ‖ *~ ártico Prachttaucher* m (G. arctica) ‖ *~ chico Sterntaucher* m (G. stellata) ‖ *~ de Adams Gelbschnabel-Eistaucher* m (G. adamsii) ‖ *~ grande Eistaucher* m (G. immer)
colín adj *kurzschwänzig* (Pferd) ‖ *~ m Baumwachtel, Virginische Wachtel* f (Colinus virginianus) ‖ Cu Dom *Buschmesser* m
¹**colina** f *Hügel* m, *Anhöhe* f ‖ *~ de potencial* ⟨El⟩ *Potential|berg, -wall* m
²**colina** f, **–no** m *Kohlsame* m
³**colina** f ⟨Chem⟩ *Cholin* n (Gallenwirkstoff)
colinabo m *Kohlrabi* m
colincho adj Arg Ec *kurzschwänzig* ‖ *schwanzlos*
colindante adj *angrenzend, benachbart* (Felder) ‖ *propietario ~ Grenznachbar, Anlieger, Anrainer* m
colineación f ⟨Math⟩ *Kollineation* f
colineta f *Tafelaufsatz* m *mit Früchten und Zuckerwerk*
colino adj And *kurzschwänzig* (Pferd) ‖ *~ m Kohlfeld* n ‖ *Kohlsame* m ‖ Am *kleine Banane* f
colio m ⟨V⟩ *Mausvogel* m (Colius sp)

colipavo adj: paloma ~a *Pfautaube* f
colirio m *(äußerliches) Augenmittel* n ‖ *Augenwasser* n ‖ △*Wein* m
colirrábano m *Kohlrettich* m
colirrojo m ⟨V⟩ *Rotschwanz* m (Phoenicurus) ‖ ~ real, ~ de los jardines *Gartenrotschwanz* m (Ph. phoenicurus) ‖ ~ tizón *Hausrotschwanz* m (Ph. ochruros)
colisa f gall ⟨Tech⟩ *Kulisse* f
Coliseo m *Kolosseum* n *(Rom)* ‖ ⁁ *Schauplatz* m ‖ *Schauspielhaus* n
colisión f *Zusammenstoß* m, *Aneinanderprallen* n ‖ *Scheuerwunde* f ‖ fig *Kollision* f, *Widerstreit* m *der Interessen* ‖ fig *Kollision* f *(von Rechtsvorschriften)* ‖ *Reibung* f ‖ ~ de deberes *Pflichtenkollision* f ‖ ~ de derechos, ~ de normas *Normenkollision* f ‖ ~ frontal, ~ de frente ⟨Nucl⟩ *geradlinige Kollision* f ‖ ~ de *(od* con*)* intercambio de energía ⟨Nucl⟩ *Kollision* f *mit Energieauswechs(e)lung* ‖ ~ del electrón con el átomo *Elektronenaufprall* m ‖ ~ elástica ⟨Nucl⟩ *elastische Kollision* f, *elastischer Stoß* m ‖ ~ inelástica ⟨Nucl⟩ *unelastische Kollision* f, *unelastischer Stoß* m ‖ ~ originada por la deriva ⟨Mar⟩ *Triftkollision* f ‖ derecho de ~ *Kollisionsrecht* n ‖ ionización por ~ ⟨Phys⟩ *Stoßionisation* f ‖ norma de ~ *Kollisionsnorm* f
colisionar vt fam → **colidir** ‖ ◊ ~ con fam *zusammenstoßen mit, fahren gegen*
colistas mpl pop *Leute, die vor der Madrider Münze das Ergebnis der Hauptziehung der span. Weihnachtslotterie abwarten*
Colita m fam = Tfn **Nicolás**
colitear vt Guat *hinter jdm hergehen*
colitigante m/f *Gegenpartei* f, *Streitgenosse* m
colitis f ⟨Med⟩ *Kolitis* f
coli|toxemia f ⟨Med⟩ *Kolibazillämie* f ‖ **–uria** f ⟨Med⟩ *Koliurie* f
coliza f ⟨Mar⟩ = **colisa**
colma f fam *schwere Last* f
colma|damente adv *in Hülle und Fülle* ‖ **–do** adj *reichlich, voll, angefüllt ‖ überhäuft ‖ beladen ‖ reich|besetzt, -gedeckt (Tisch)* ‖ ~ de riquezas fig *steinreich* ‖ ~ m *Spezereiladen* m ‖ *Lebensmittelgeschäft* n ‖ *Feinkosthandlung* f ‖ *Imbißstube* f ‖ **–dura** f *An-, Über|füllen* n ‖ And *(Art) Bar* f
colmar vt *überfüllen ‖ anhäufen ‖ bis über den Rand füllen ‖ (an)füllen (de mit)* ‖ ⟨Arch⟩ *zuschütten, ausfüllen* ‖ ◊ ~ de honores *mit Ehren überhäufen* ‖ ~ lagunas *Lücken* fpl *ausfüllen*
colmataje m *Auflandung, Kolmation* f
colme|na f *Bienen|korb, -kasten* m ‖ Mex *Biene* f ‖ fam *Zylinderhut* m ‖ ~ de paja *Stülpkorb* m ‖ ~ fija, ~ de cuadros fijos *Stabilwohnung* f ‖ ~ movilista, ~ de cuadros movibles *Mobil|wohnung, -beute* f ‖ ◊ tener la casa como una ~ figf *das Haus mit allem wohl versehen haben* ‖ **–nar** m *Bienenstand* m ‖ **–nero** m *Zeidler, Imker, Bienenzüchter* m ‖ **–nilla** f ⟨Bot⟩ *Morchel* f *(Morchella* spp)
colmi|llada f = **–llazo** ‖ **–llazo** m *Biß, Riß* m *von einem Fangzahn* ‖ ◊ arrancar a ~s *abbeißen (Hund)* ‖ **–llo** m *Augen-, Spitz|zahn* m ‖ *Hauer, Reiß-, Fang|zahn* m *(des Hundes)* ‖ *Elefantenzahn* m ‖ ◊ escupir por el ~ figf *bramarbasieren* ‖ figf *rücksichtslos auftreten* ‖ pop *große Bogen spucken* ‖ enseñar los ~s figf *die Zähne zeigen* ‖ *Furcht einflößen* ‖ ~ retorcido, tener el ~ retorcido figf *sehr gerieben und verschlagen sein* ‖ **–lludo** adj *mit großen Fangzähnen* ‖ fig *gerieben, verschlagen*
¹**colmo** m *Über|maß* n, -*häufung* f ‖ fig *Gipfel, Scheitelpunkt* m ‖ *Fülle* f *(des Glücks)* ‖ *scherzhaftes Rätsel* (vgl *deutsch: Was ist die Höhe?*) ‖ ⟨Com⟩ *Zugabe* f ‖ figf *Höhe* f ‖ Gal *Strohdach* n ‖ a ~ *reichlich, in Hülle und Fülle* ‖ en ~ *(über)voll (Korb, Krug)* ‖ con ~ *gehäuft (Getreidemaß)* ‖ en el ~ de la sorpresa *höchst überrascht* ‖ ¡es el ~! fam *da hört doch alles auf! das ist doch der Gipfel!* ‖ y para ~ *und noch dazu* ‖ para ~ de la desgracia fam *um das Unglück vollzumachen* ‖ ◊ llegar a (su) ~ figf *den Gipfel, die letzte Vollendung erreichen*
²**colmo** adj *bis an den Rand gefüllt (Maß)*
colobo m *Stummelaffe, Guereza* m (Colobus spp)
colobrí m Arg = **colibrí**
colocación f *(Auf)Stellung, Anordnung* f ‖ *Lage* f ‖ *Geldanlage* f ‖ *Stelle, Anstellung* f ‖ *Versorgung, Unterbringung* f ‖ *Sitzordnung* f ‖ ⟨Li⟩ *Kollokation* f ‖ ⟨Com⟩ *Anbringung* f *der Ware* ‖ ~ al tresbolillo *versetzte Anordnung* f ‖ a título de prueba *Einstellung* f *zur Probe* ‖ ~ de cables *Kabelverlegung* f ‖ ~ de capital *Kapitalanlage* f ‖ ~ de conductores ⟨El⟩ *Leitungsverlegung* f ‖ ~ de mercancías *Warenunterbringung* f ‖ ~ de minas ⟨Mil⟩ *Minenlegen* n ‖ ~ de trabajadores sin empleo, ~ de parados *Arbeitslosenvermittlung* f ‖ ~ de tubos, ~ de cañas *Rohrverlegung* f ‖ ~ en prensa ⟨Typ⟩ *Einheben* n ‖ ~ de vías férreas *Gleisverlegung* f ‖ ~ rígida ⟨Tech⟩ *Einspannung* f ‖ agencia de ~(es) *Stellenvermittlungsbüro* n ‖ de fácil ~ *absatzfähig* ‖ demanda *(od* solicitud) de ~ *Stellungsgesuch* n ‖ oficina de ~ *Arbeitsamt* n ‖ orden de ~ *Anordnung* f ‖ ◊ pedir *(od* solicitar) una ~ *sich um e-e Stelle bewerben*
colocador m *Aufleger* m, *Auflagevorrichtung* f ‖ ~ de baldosas *Fliesen-, Platten|leger* m ‖ ~ de tuberías *Rohrleger* m ‖ ~ de lingotes *Blockauflegevorrichtung* f
colocar [c/qu] vt *(auf)stellen, legen, (an-, ein-)ordnen ‖ setzen ‖ anbringen ‖ unterbringen, versorgen ‖ anstellen ‖ anlegen (Geld)* ‖ *unter-, anbringen, absetzen, verkaufen (Ware)* ‖ *e-n Platz anweisen* (a alg. *jdm*) ‖ *legen (Leitungen)* ‖ ⟨Taur⟩ *einstechen (Banderillas)* ‖ ◊ ~ al revés *falsch einsetzen, versetzen* ‖ ~ a plomo *senkrecht aufstellen* ‖ ~ calzos ⟨Aut⟩ *Keile unterlegen (Räder)* ‖ ~ en ángulo recto, ~ perpendicularmente *rechtwinklig ansetzen* ‖ ~ en caliente *warm aufziehen, heiß einbauen* ‖ ~ en otro sitio *woanders hinstellen, umstellen* ‖ ~ la mercancía en otra parte *über die Ware anderweitig verfügen* ‖ ~ la primera piedra *den Grundstein legen* ‖ ~ pedidos *disponieren* ‖ ~ (por) orden *reihenweise aufstellen, ordnen* ‖ ~ sobre el papel fig *aufs Papier bringen, niederschreiben* ‖ ~ una emisión e-e *Emission unterbringen* ‖ ~ un pedido *e-n Auftrag vergeben* ‖ ~ vigas *Balken einziehen* ‖ **~se** *e-e Stellung einnehmen ‖ angestellt werden* (con, en *bei*, in) ‖ *e-e Anstellung finden* ‖ ⟨Com⟩ *Absatz finden* ‖ ⟨Sp⟩ *sich plazieren* ‖ ◊ ~ primero ⟨Sp⟩ *den ersten Preis gewinnen*
colocolo m Chi *Fabeltier* n *(Art Echse od Fisch)* ‖ Arg Chi *Pampaskatze* f (Lynchailurus spp)
colocutor m *Mitredender* m
colo|dión m ⟨Chem⟩ *Kollodium* n ‖ emplasto de ~ ⟨Pharm⟩ *Kollodiumpflaster* n ‖ **–dionizar** vt *mit Kollodium bestreichen*
colodra f *hörnernes Gefäß* n *der Hirten* ‖ *Melkkübel* m ‖ figf *tüchtiger Zecher* m ‖ Sant Pal *hölzerne Wetzsteinbüchse* f *der Mäher*
colodrillo m *Hinterhaupt* n, *(Hinter)Kopf* m
colodro m *Holzschuh* m ‖ ²**zoco**
colofón m *Kolophon* m ‖ *Kennmarke* f ‖ ⟨Typ⟩ *Schlußvermerk* m *am Ende e-s Buches, Kolophon* n ‖ fig *Abschluß* m ‖ para ~ fig *zum Schluß*
colofonia f *Kolophonium, Geigenharz* n
coloi|dal, –deo adj *von der Beschaffenheit der Kolloide, kolloidal* ‖ reacción ~ ⟨Med⟩ *Kolloidreaktion* f ‖ **–de** m ⟨Chem⟩ *Kolloid* n
Colombia f ⟨Geogr⟩ *Kolumbien* n ‖ ⁁ ⟨Bot⟩

colombianismo — colorante 282

Kolombowurz f (Jateorhiza palmata) || ~ *Británica Britisch-Kolumbien* n || ⤴**nismo** *m kolumbianische Spracheneigentümlichkeit* f || ⤴**no** *m*/adj *Kolumbi(an)er* m, *kolumbianisch*
 colom|bicultura *f Taubenzucht* f || **–bíneas** *fpl* ⟨Zool⟩ *Taubenarten* fpl
 ¹**colombino** adj *auf Kolumbus bezüglich* || *Biblioteca* ⤴a *Kolumbinische Bibliothek* f
 ²**colombino** adj *taubenartig* || *taubenähnlich* || *Tauben-* || *taubenblau (Granat)* || fig *rein, unschuldig*
 colombio *m* = **niobio**
 colombo *m Kolombo-, Kolumba|wurzel* f || → a **colombia**
 colombófilo adj: *sociedad* ~a *Verein* m *für Taubenzucht* || *Brieftaubenzüchterverein* m || ~ *m Taubenliebhaber* m
 colon *m* ⟨An⟩ *Grimmdarm* m, *Kolon* n || ⟨Gr⟩ *Hauptglied* n *in e–r Periode* || ⟨Rhet⟩ *Kolon* n *(Sprecheinheit)* || *Doppelpunkt* m, *Kolon* n || *Strichpunkt* m, *Semikolon* n
 Colón *m* np *Kolumbus* m || ⤴ *Währungseinheit in* CR *und* Salv || *huevo de* ~ fig *Ei* n *des Kolumbus* || *monumento a* ~ *Kolumbusdenkmal* n
 colo|nato *m Kolonisierungssystem* n || ⟨Jur⟩ *Kolonat* n || **–nema** *m* ⟨Med⟩ *Myxom, Kollonema* n || **–nense** adj/s *aus Colón* (Cu) || **–nés, esa** adj/s *aus Köln* (Deut)
 Colonia *f Köln* || *agua (de)* ~ *Kölnischwasser* n
 colo|nia *f Ansiedlung, Niederlassung, Kolonie* f || *Pflanz-, Tochter|stadt* f || *Tochterland* n || *Pflanzung* f || Mex *neues Stadtviertel* n || ~ *de abejas,* ~ *de hormigas,* ~ *de termes Bienenvolk* n, *Ameisenhaufen* m, *Termiten|kolonie* f, *-staat* m || ⤴ *del Cabo Kap|kolonie* f, *-land* n || ~ *escolar Schülerkolonie* f || ~ *penitenciaria Strafkolonie* f || ~ *residencial Wohnsiedlung* f || ~ *veraniega Ferienkolonie* f || ~**s** *penales Verbrecherkolonien* fpl *(zur Besiedelung)* || **–niaje** *m* Am: *tiempo de(l)* ~ Am *Kolonialzeit* f || **–nial** adj *zu e–r Kolonie gehörig, kolonial, Kolonial-* || Am *ländlich* || *estilo* ~ *Kolonialstil* m || *frutos* ~es *Kolonial-, Süd|früchte* fpl || *productos* ~ *Kolonialwaren* fpl || **–nialismo** *m Kolonialismus* m || **–nialista** adj *kolonialistisch* || ~ *m Kolonialist* m
 coloni|zación *f* ⟨An⟩*Siedlung* f || *Besied(e)lung* f || *Kolonisierung, Kolonisation* f || *Gründung* f *e–r Kolonie* || ~ *agrícola Siedlung* f || ~ *forzosa Zwangsansiedlung* f || ~ *interior Ansiedlung, innere Kolonisation* f || *Instituto español de* ~ *Span. Institut für Siedlungswesen* || *política de* ~ *Siedlungspolitik* f || **–zador** *m*/adj *(An)Siedler, Siedler* m || *Kolonisator* m || adj *kolonisatorisch* || **–zar** [z/c] vt/i *kolonisieren, besiedeln*
 colono *m Kolonist, (An)Siedler* m || ⟨Hist⟩ *Kolone* m || *(Pacht)Bauer, Landmann* m || *aparcero Teilpächter* m
 coloño *m* Sant *Last* f *(Holz, Heu)* || *Burg Korb* m
 coloquial adj *umgangssprachlich* || *Kolloquium(s)-*
 coloquiar vi prov *sprechen, reden* || *plaudern*
 coloquíntida *f* ⟨Bot⟩ *Koloquinte* f (Citrullus colocynthis)
 coloquio *m Gespräch* n, *Besprechung, Unterredung* f || *Zwiegespräch* n || *Kolloquium* n
 color *m (Maler)Farbe, Färbung* f, *Kolorit* n || *Gesichtsfarbe* f || *Tönung* f, *Farbton* m || *Schminke* f || fig *Darstellungsweise* f || fig *politische Schattierung, Färbung, Richtung* f || fig *Eigenart* f || fig *Vorwand, Schein(grund)* m || ~ *de acuarela Aquarellfarbe* f || ~ *de aguada Wasserfarbe* f || ~ *de alizarina Alizarinfarbstoff* m || ~ *de amapola hellrot* || ~ *de anilina Teerfarbstoff* m || ~ *antioxidante (Rost)Schutzfarbe* f || ~ *de azabache tiefschwarz* || ~ *básico Grundfarbe* f || ~ *blando,* ~ *en tubos Tubenfarbe* f || ~ *brillante Glanzfarbe* f || *helle, grelle Farbe* f || ~ *café*

(kaffee)braun || ~ *canela zimtfarben* || ~ *celeste himmelblau* || ~ *de cera wachsgelb, gelblich* || ~ *complementario Ergänzungs-, Komplementär|farbe* f || ~ *chillón schreiende Farbe* f || ~ *durable,* ~ *fijo Dauerfarbe* f || ~ *de esmalte Emailfarbe* f || ~ *de fondo Grundfarbe* f || ~ *de fuego,* ~ *ígneo Feuerfarbe* f || *feuerrot* || ~ *inofensivo giftfreie Farbe* f || ~ *local Lokal\färbung* f, *-kolorit* n *(z. B. in e–m Roman)* || ~ *llamativo auffallende Farbe* f || ~ *para madera Holzfarbe* f || ~ *malva hellviolett* || ~ *marrón,* ~ *castaño kastanienbraun* || ~ *de moda Modefarbe* f || ~ *neutro,* ~ *neutral Neutralfarbe* f || ~ *ocre ockergelb* || ~ *al óleo,* ~ *barniz Ölfarbe* f || ~ *opaco Deckfarbe* f || ~ *a pastel Pastellfarbe* f || ~ *pigmentario Pigmentfarbe* f || ~ *predominante Hauptfarbe* f || *quebrado,* ~ *mate matte Farbe* f || ~ *rosa rosenrot* || ~ *sólido beständige Farbe, Echtfarbe* f || ~ *al temple Temperafarbe* f || ~ *de tierra erdfarben* || ~ *para vidrio Glasfarbe* f || ~ *vivo grelle, lebhafte Farbe* f || *efecto de* ~ *Farbeneffekt* m || *gente de* ~ *farbige Völker* npl *(Neger, Mulatten usw)* || *película en* ~ *Farbfilm* m || *televisión en* ~ *Farbfernsehen* n || *de* ~ *farbig, bunt* || *so* ~ *(de) unter dem Vorwand (Deckmantel) (gen)* || ◊ *cambiar de* ~ fig *von e–r Partei zu e–r anderen übergehen* || fam *umsatteln* || *dar* ~ *(od* ~es) fig *ausmalen* || *wahrscheinlich machen* || *dar de* ~ *(a) et bemalen, anstreichen* || *un* ~ *se le iba y otro se le venía* fam *er war ganz außer sich (vor Scham, Erregung)* || *meter en* ~ ⟨Mal⟩ *die Farben abstufen* || *mudar de* ~ fam *vor Scham, Zorn usw. erröten od erbleichen* || *perder la* ~ *verschießen, -bleichen* || *subido de* ~ fam *pikant, gepfeffert, obszön (Geschichte)* || *tomar* ~ *sich färben (Früchte)* || *verlo todo de* ~ *de rosa* fig *alles in rosigem Licht sehen* || ¡*no les verás tú el* ~! fam *die wirst du nimmermehr zu sehen bekommen!* || ~**es** *pl: Malerfarben* fpl || *Farbwaren* fpl || fig *Schamröte* f || ~ *amortiguados matte Farben* fpl || ~ *espectrales Spektralfarben* fpl || ~ *fundamentales Grundfarben* fpl || ~ *heráldicos Wappenfarben* fpl || ~ *del iris Grundfarben* fpl || ~ *litúrgicos liturgische Farben* fpl || ~ *nacionales Landes-, Staats|farben* fpl || *caja de* ~ fam *Mal-, Farb|kasten* m || *cubierta en* ~ *farbiger Umschlag* m *(Buch)* || *a (od* en) *dos* ~ *zweifarbig* || *fotografía en* ~ *Farbphotographie* f || *de muchos* ~ *vielfarbig, bunt* || ◊ *no distinguir de* ~ figf *nicht klarsehen, verwechseln* || *pintar con negros* ~ fig *schwarzsehen* || *ponerse de mil* ~ figf *tief erröten* || *sacarle a uno los* ~ fig *jdn erröten machen* || *salirle (od subírsele) a uno los* ~ fig *schamrot werden*
 colo|ración *f Färbung* f, *Färben* n || ⟨Mal⟩ *Kolorit* n || *Farbgebung* f || ~ *críptica* ⟨Zool⟩ *kryptische Färbung* f || ~ *engañosa* ⟨Zool⟩ *betrügliche Färbung* f || → a **mimetismo** || ~ *específica* ⟨Zool⟩ *spezifische Färbung* f || ~ *indicadora* ⟨Zool⟩ *Anzeigefarbe* f || ~ *sexual* ⟨Zool⟩ *geschlechtliche Färbung* f || **–rado** adj/s *farbig* || *farben\froh, -kräftig* || *(hoch)rot* || *gefleckt (Vieh)* || figpikant *(Witz)* || figscheinbar || ◊ *poner* ~ *a alg. jdn erröten machen* || *ponerse* ~ *(hasta las orejas)* fam *tief erröten, schamrot werden* || *la* ~a *die Schecke* f *(Kuh)* || ¡*adiós con la* ~a! Am fam *das ist gelungen!* || ~ *m* Cu *Scharlachfieber* n || (el) ⤴ *Staat und Fluß in Nordamerika* || *escarabajo del* ⤴ *Kolorado-, Kartoffel|käfer* m (Leptinotarsa decemlineata) || ~**s** *pl Koloradozigarren* fpl
 colo|rante *m*/adj *Farbstoff* m, *Färbemittel* n, *Farbe* f || ~ *corrosivo Beizfarbstoff* m || ~ *del azafrán Farbstoff* m *des Safrans* || ~ *de azufre Schwefelfarbstoff* m || ~ *de desarrollo Entwicklungsfarbstoff* m || ~ *de productos alimenticios Lebensmittelfarbstoff* m || ~ *directo*

substantiver Farbstoff, Direktfarbstoff m ‖ ~ mordiente = ~ corrosivo ‖ ~ vegetal *Pflanzenfarbstoff* m ‖ ~s a la tina *Küpenfarbstoffe* mpl ‖ ~s de anilina *Teerfarbstoffe* mpl ‖ **-rativo** adj *Färbe-* ‖ **-r(e)ar** vt *färben* ‖ fig *vorgeben* ‖ fig *beschönigen* ‖ ~ vi *ins Rötliche spielen* ‖ **-rete** m *rote Schminke* f ‖ *Lippenstift* m ‖ ◊ **ponerse** (*od* darse) ~ *sich schminken* ‖ **-rido** m *Farbe, Färbung* f ‖ ⟨Mal⟩ *Kolorit, Farbenspiel* n ‖ fig *Vorwand* m ‖ **-rimetría** f *Kolorimetrie* f ‖ **-rímetro** m *Kolorimeter* n ‖ **-rín** m *Stieglitz* m ‖ Chi *rothaarige Person* f ‖ ◊ tener muchos ~es *grelle Töne haben* ‖ ~ colorado este cuento se ha acabado fam *übliche Schlußformel* f *in span. Märchen* ‖ **-rinche** m Arg Ur *geschmacklose Farbzusammenstellung* f *(Gemälde, Stoff)* ‖ **-rir** vt *bemalen* ‖ *anstreichen* ‖ *kolorieren* ‖ fig *vorgeben* ‖ fig *beschönigen* ‖ **-rismo** m ⟨Mal⟩ *Kolorismus* m ‖ **-rista** m ⟨Mal⟩ *Kolorist* m ‖ *effektvoller Stilist* m ‖ **-rización** f ⟨Phys⟩ *Färbung* f
colosal adj *riesig, kolossal, fabelhaft* ‖ tamaño ~ *Riesengröße* f ‖ adv: **~mente**
colo|senses, -sios mpl *die Kolosser (die Einwohner von Kolossä)*
coloso m *Koloß* m ‖ *Riesengestalt* f ‖ *Riesenstandbild* n ‖ fig *hervorragender Mensch* m
co|lostomía f ⟨Chir⟩ *Kolostomie* f ‖ **-lostro** m = calostro
colote m Mex *Weidenkorb* m
colotipia f ⟨Typ⟩ *Collotype-Verfahren* n *(Lichtdruck)*
colotomía f ⟨Chir⟩ *Kolotomie* f
colpa f ⟨Chem⟩ *Kapelle* f
cólquico m ⟨Bot⟩ *(Herbst) Zeitlose* f (Colchicum spp)
Cólquide f ⟨Geogr⟩ *Kolchis*
colúbridos mpl ⟨Zool⟩ *Nattern* fpl (Colubridae)
colubri|forme adj *schlangenförmig* ‖ **-na** f *philipp. Schlangenstrauch* m
coludirse ⟨Jur⟩ vr *sich verabreden, sich verschwören, kolludieren* (& vi)
coludo adj Am *langschwänzig* ‖ Arg Ur *lästig* ‖ *ungelegen*
columbario m ⟨Hist⟩ *Kolumbarium* n, *Urnenhain* m ‖ *Urnenhalle* f
Columbia (Británica) f *Britisch-Kolumbien* n *(Kanada)*
colúmbidas fpl *Taubenvögel* mpl
columbino adj = colombino
columbio m = niobio
columbón m León *Wippe* f
colum|brar vt *von weitem entdecken, erspähen, ausmachen* ‖ fig *mutmaßen, ahnen* ‖ **-bre, -bramiento** m s v. **-brar** ‖ △**-bres** mpl *Augen* npl
columna f ⟨Arch⟩ *Säule* f, *Pfeiler, Pfosten* m ‖ ⟨Typ⟩ *Spalte, Kolumne* f ‖ ⟨Chem⟩ *Kolonne* f, *Turm* m ‖ ⟨Math⟩ *Spalte (e-r Matrix)* ‖ ⟨Mil⟩ *Heersäule* f, *(Marsch)Kolonne* f ‖ *Gedenksäule* f ‖ fig *Stütze* f ‖ fig *Stapel* m, *aufeinandergelegte Dinge* npl ‖ ~ anunciadora *Anschlag-, Litfaß|säule* f ‖ ~ ascendente ⟨El⟩ *Steigleitung* f ‖ ~ automóvil ⟨Mil⟩ *Kraftwagenkolonne* f ‖ ~ barométrica *Barometersäule* f ‖ ~ colgante *Hängesäule* f ‖ ~ de acarreo ⟨Mil⟩ *Nachschubkolonne* f ‖ ~ de agua *Wassersäule* f ‖ ~ de aire *Luftsäule* f ‖ ~ de alimentación ⟨El⟩ *Speisesäule* f ‖ ~ de anuncios *Span*, ~ de carteles *(od afiches)* Am *Anschlag-, Plakat-, Litfaß|säule* f ‖ ~ de asalto ⟨Mil⟩ *Sturmkolonne* f ‖ ~ de a dos ⟨Mil⟩ *Kolonne* f *zu zweien, Doppelreihe* f ‖ ~ de a uno ⟨Mil⟩ *Einerkolonne* f ‖ ~ de balaustre *Geländersäule* f, *Docke* f ‖ ~ de desembarco ⟨Mil⟩ *Landungskorps* n ‖ ~ de dirección ⟨Aut⟩ *Steuersäule* f ‖ ~ de distribución ⟨El⟩ *Schaltsäule* f ‖ ~ de fraccionamiento ⟨Chem⟩ *Fraktionier|turm* m, *-kolonne* f ‖ ~ de humo *Rauchsäule* f ‖ ~ del debe *Sollseite* f ‖ ~ de mando ⟨Tech⟩ *Steuersäule* f ‖ ~ de marcha *Marschkolonne* f ‖ ~ de mercurio *Quecksilbersäule* f ‖ ~ de perforación ⟨Bgb⟩ *Bohrsäule* f ‖ ~ de socorro *Rettungskolonne* f ‖ ~ de totales *Gesamtbetragspalte* f ‖ ~ doble ⟨Mil⟩ *Doppelkolonne* f ‖ ~ dórica, ~ jónica, ~ corintia *dorische, jonische, korinthische Säule* f ‖ ~ giratoria *Drehsäule* f ‖ ~ hipomóvil ⟨Mil⟩ *bespannte Kolonne, Fahrkolonne* f ‖ ~ maciza *Voll-, Massiv|säule* f ‖ ~ motorizada ⟨Mil⟩ *motorisierte Kolonne, Kraftwagenkolonne* f ‖ ~ movible ⟨Mil⟩ *Streifkorps* n ‖ ~ rectangular *rechtwinklige Säule* f ‖ ~ semiembebida *Halbsäule* f ‖ ~ sepulcral *Grabsäule* f ‖ ~ triunfal *Siegessäule* f ‖ ~ vertebral *Wirbelsäule* f ‖ *Rückgrat* n ‖ ◊ desfilar en ~s de a nueve *in Neunerreihen vorbeimarschieren* ‖ formar en ~ *sich in Marschrichtung aufstellen* ‖ la quinta ~ *die fünfte Kolonne*
columna|rio adj/s ⟨Hist⟩ *zwei Säulen im Gepräge tragend, mit der Inschrift Plus ultra (in Am. geprägte span. Münze)* ‖ **-ta** f *Säulengang* m, *Kolonnade* f
colum|piar vt *schaukeln* ‖ **~se** *sich schaukeln* ‖ figf *sich im Gehen hin- und her|wiegen* ‖ figf *sich bloßstellen* ‖ **-pio** m *Schaukel* f ‖ Chi *Schaukelstuhl* m
colunia f Ven *Gesindel* n
coluro m ⟨Astr⟩ *Kolur* m
colu|sión f ⟨Jur⟩ *geheimes Einverständnis* n, *Kollusion* f ‖ **-sor** m ⟨Jur⟩ *der bei e-r Kollusion Beteiligte* m
colutorio m ⟨Chir Med⟩ *Mund-, Gurgel|wasser* n ‖ para ~s *für Spülzwecke (Arznei)*
coluvie f *Gesindel* n ‖ fig *anrüchiger Ort, Sumpf* m
colza f *Raps* m (Brassica napus oleifera) ‖ *Rübsame(n)* m ‖ aceite de ~ *Rüböl* n ‖ ~ triturada *Rapsschrot* m
¹**colla** f *Koppel* f *(Jagdhunde)* ‖ ⟨Mar⟩ *Gruppe, Truppe, Kolonne* f ‖ Val *Trupp* m ‖ *Gruppe* f ‖ △ *Räuberbande* f
²**colla** m Arg *indianischer Mestize* m ‖ Arg *Bolivianer* m ‖ Arg figf *geiziger Mensch* m ‖ ~ adj SAm figf *arm, elend*
colla|da f *Berg|sattel, -paß* m, *Joch* n ‖ **-día** f *hügeliges Gelände* n ‖ **-diello** m = **-do** ‖ **-do** m *Anhöhe* f, *Hügel* m ‖ *Berg|sattel, -paß* m ‖ ~ barométrico ⟨Meteor⟩ *barometrische Einsattelung* f
collalba f ⟨V⟩ *Steinschmätzer* m (Oenanthe spp) ‖ ~ gris *Steinschmätzer* m (O. oenanthe) ‖ ~ negra *Trauersteinschmätzer* m (O. leucura) ‖ ~ pía *Nonnensteinschmätzer* m (O. pleschanka) ‖ ~ rubia *Mittelmeersteinschmätzer* m (O. hispanica)
collar m *Hals|band* n, *-kette, -schnur* f, *Kollier* n ‖ *Ordenskette* f ‖ *Halskrause* f ‖ *Halseisen* n *(für Missetäter)* ‖ *Kum(me)t* n ‖ *Halsband* n *für Hunde usw.* ‖ ⟨Eisen⟩ *Ring, Preßring* m ‖ ⟨Tech⟩ *Schelle* f, *Anlauf* m ‖ *Anschlag, Bund* m ‖ ⟨Mar⟩ *Band* n ‖ ⟨Med⟩ *Ringflechte* f ‖ ⟨Med⟩ *Geradehalter* m ‖ ⟨Zool V⟩ *(Hals)Ring* m ‖ Cu Mex *Kum(me)t* n ‖ ~ cadenilla *Halskette* f ‖ ~ compensador ⟨Ing⟩ *Ausgleichring* m ‖ ~ de armadura ⟨Tech⟩ *Ankerring* m ‖ ~ de eje *Achsbund* m ‖ ~ del árbol ⟨Tech⟩ *Wellenbund* m ‖ ~ del gozne ⟨Zim⟩ *Hals-, Angel|eisen* n ‖ ~ de muelle *Feder|bund, -bügel* m ‖ ~ de perlas *Perlenhalsband* n, *Perlschnur* f ‖ ~ de perro *Hundehalsband* n ‖ ~ de portaescobillas *Bürsten|brücke* f, *-träger* m ‖ ~ de retención *Verankerungsbügel* m *(Dammbalkenwehr)* ‖ ~ de sujeción *Klemmschelle* f ‖ ~ de tubo *Rohr|klemme, -schelle* f ‖ ~ protector *Kragenschoner* m ‖ ◊ comprar el ~ antes que el galgo fig *das Fell des Bären verkaufen, ehe man ihn geschossen hat* ‖ son los mismos perros con diferentes ~es figf *es sind immer dieselben (im bösen Sinn)*
colla|reja f CR Mex *Wiesel* n ‖ **-rejo** m dim v.

collar ‖ **-rín** m steifer Halskragen m der Geistlichen, Collar n ‖ schmaler Halskragen m am Kleid
  collarón m = **collerón**
  collazo m Mitbedienstete(r) m ‖ Milchbruder m ‖ Schlag m ins Genick
  colleja f ⟨Bot⟩ Lichtnelke f (Lychnis spp)
  colle|ra f Kum(me)t n ‖ Halsschmuck m der Pferde ‖ And Paar n (Geflügel usw.) ‖ PR Ur (Treib)Riemen m ‖ Arg Ur Chi Koppel f Tiere ‖ ~s fpl Arg Ur Hemd-, Manschetten|knöpfe mpl ‖ **-rín** m Chi = **collarín** ‖ **-rón** m augm v. **collera** ‖ (großes) Kum(me)t n
  colleta f Rioja kleiner Wirsingkopf m
  collie m Collie, schottischer Schäferhund m
  collo adj fam Am besiegt ‖ gefangen
  collón m Kujon, Schurke m ‖ Feigling m, Memme f ‖ ~ adj feige
  collonada f fam Memmentat f
  collonco adj Chi schwanzlos (Tier)
  collonería f Angst, Feigheit f
  collota f Pe (Mörser)Stößel m
  ¹coma m ⟨Med⟩ Koma n
  ²coma f ⟨Typ⟩ Komma n, Beistrich m ‖ ⟨Mus⟩ fünfter Teil m e–s Tones ‖ ⟨Opt⟩ Asymmetriefehler m, Koma f ‖ Am ein Baumschmarotzer m ‖ ~ anisótropo ⟨TV⟩ anisotrope Koma f ‖ ◊ sin faltar una ~ figf peinlich genau ‖ vollständig
  comabacilo, bacilo coma m ⟨Med⟩ Kommabazillus m
  coma|drada f Chi Weibergeschichte f ‖ **-drazgo** m Gevatterschaft f ‖ **-dre** f Geburtshelferin, Hebamme f ‖ Gevatterin, Taufpatin f ‖ Frau Nachbarin f ‖ fig Klatschbase f ‖ Kupplerin f ‖ △ homosexueller Mensch m ‖ chismes de ~s fam Gerede n, Klatsch m
  comadre|ar vi fam klatschen, tratschen (bes Frauen) ‖ **-ja** f Wiesel n (Mustela spp) ‖ Wieselfell n ‖ Am Beutelratte f (Didelphis, Lutreolina usw) ‖ fig feiger, grausamer Mensch m ‖ △ Diebeshelfer m ‖ **-o** m fam Klatsch m, Klatscherei f ‖ **-ra** f Klatschbase f ‖ **-ría** f fam Klatsch m, Gerede n
  coma|drón m ⟨Med⟩ Geburtshelfer m ‖ **-drona** f Hebamme f
  coma|lecer(se) [-zc-] vi/r prov (da)hinsiechen (Person) ‖ **-lecido** adj kränklich, hinsiechend
  comandan|cia f ⟨Mil⟩ (Orts)Kommandantur, Hauptmannschaft f ‖ Majorrang m ‖ ~ general de bases navales Span Kommando n e–r Flottenbasis ‖ **-ta** f fam Gattin f e–s Kommandanten ‖ Majorsfrau f ‖ **-te** m ⟨Mil⟩ Major m ‖ ⟨Mil⟩ (Festungs)Kommandant m ‖ ⟨Mil⟩ Kommandeur, Führer, Befehlshaber m ‖ ⟨Mar⟩ Befehlshaber m ‖ ~ adj kommandierend ‖ ~ de batallón Bataillonskommandeur m ‖ ~ de la aeronave Flugzeug|führer, -kommandant m ‖ ~ de compañía Kompaniechef m ‖ ~ de submarino Unterseeboot-, U-Boot-|Kommandant m ‖ ~ de un puerto Hafenkommandant m ‖ ~ general kommandierender General m ‖ ~ general de escuadra Geschwaderführer, Admiral m ‖ ~ mayor ⟨Mil⟩ Oberzahlmeister m ‖ ~ militar Militärbefehlshaber m
  coman|dar vt/i ⟨Mil⟩ befehligen, kommandieren, das Kommando führen ‖ **-datario** m Mitbevollmächtigter, Mitbeauftragter m ‖ **-dita** f Kommandit- ‖ sociedad en ~ (S. en C.) Kommanditgesellschaft f ‖ **-ditar** vi ⟨Com⟩ stiller Teilhaber sein ‖ vt finanzieren ‖ **-ditario** m/adj stiller Teilhaber, Gesellschafter, Kommanditist m ‖ **-do** m ⟨Mar Mil⟩ Kommando n, Oberbefehl m, Führung, Befehlsstelle f ‖ (Sonder-) Kommando n, Truppenabteilung f mit Sonderauftrag ‖ fig Befehlsgewalt f ‖ ~ de dirección ⟨Flugw⟩ Seitensteuerung f ‖ Seitensteuer n ‖ ~ de ejército Armeeoberkommando n ‖ ~ de profundidad ⟨Flugw⟩ Höhensteuer n ‖ ~ en jefe de un ejército Heeresleitung f ‖ inferior

untera Führung f ‖ ~ superior obere Führung f ‖ ~ supremo oberste Heeresleitung f, Oberkommando n
  comar|ca f Gegend f ‖ Land|strich m, -schaft f ‖ Umgegend f ‖ **-cano** adj/s umliegend ‖ ~ m Grenznachbar m ‖ **-car** [c/qu] vi angrenzen (con an acc) ‖ vt Bäume pflanzen in der Anordnung nach Art der Fünf an dem Würfel
  comatoso, comático adj ⟨Med⟩ auf das Koma bezüglich, komatös ‖ estado ~ komatöser Zustand m
  comba f Krümmung, Biegung f (von Balken usw) ‖ Durchhang m (Seil) ‖ ⟨Zim⟩ Knie n ‖ Seilspringen, Springspiel n der Kinder ‖ △ Grab n ‖ ~ de oscilación ⟨Radio⟩ Schwingungsbauch m ‖ ◊ saltar a la ~ (über das) Seil springen (Spiel) ‖ hacer ~s fam krumme Beine haben
  comba|do adj geworfen (Holz) ‖ krumm, schief, verbogen ‖ ~ de ala ⟨Flugw⟩ Flügelwölbung f ‖ **-dura** f Werfen n des Holzes, Ausbuchtung f
  combalacharse vr fam sich heimlich besprechen (con mit)
  combar vt krümmen, biegen ‖ ~se sich werfen, sich verziehen (Holz) ‖ durchhängen
  comba|te m Kampf m, Gefecht n ‖ Widerstreit m ‖ fig Widerspruch m ‖ ⟨Sp⟩ Kampf m ‖ ~ a corta distancia Nahkampf m ‖ ~ aéreo Luftkampf m ‖ ~ aislado Einzelkampf m ‖ ~ a pie Gefecht zu Fuß, Fußgefecht n ‖ ~ de boxeo Boxkampf m ‖ ~ de encuentro Begegnungsgefecht n ‖ ~ defensivo Abwehrkampf m ‖ ~ dilatorio, ~ retardante hinhaltendes Gefecht n ‖ ~ en bosques Waldgefecht n ‖ ~ en localidades Ortsgefecht n, Häuserkampf m ‖ ~ interior fig Seelenkampf m ‖ ~ naval See|gefecht n, -schlacht f ‖ ◊ aceptar ~ sich zum Kampf stellen ‖ avión de ~ Kampfflugzeug n ‖ carro de ~ Kampfwagen m ‖ desarrollo del ~ Gefechts|verlauf m, -entwicklung f ‖ dispuesto al ~ kampfbereit ‖ dispuesto para el ~ ⟨Mar⟩ klar zum Gefecht ‖ en el ardor del ~ in der Hitze des Gefechts ‖ ingenios (od medios) de ~ Kampfmittel npl ‖ pausa en el ~ Gefechtspause f ‖ hacer ~ nulo ⟨Sp⟩ unentschieden spielen ‖ poner fuera de ~ ⟨Mil⟩ kampfunfähig machen ‖ ~ singular Zweikampf m ‖ fuerzas de ~ Streitkräfte fpl ‖ situación de ~ Gefechtslage f ‖ terreno de ~ Gefechtsfeld n ‖ zona de ~ Kampfgebiet n ‖ **-tiente, -tidor** m ⟨Mil⟩ Kämpfer, Streiter m ‖ Kriegsteilnehmer m ‖ ex- ~ ehemaliger Kriegsteilnehmer m ‖ **-tiente** m ⟨V⟩ Kampfläufer m (Philomachus pugnax) ‖ **-tir** vt bekämpfen ‖ fig anfechten ‖ fig befallen (Leidenschaft) ‖ ~ vi streiten, fechten ‖ ◊ ~ con (od contra) el enemigo mit dem Feinde kämpfen ‖ ~se sich schlagen ‖ **-tividad** f Streit-, Kampf|lust f ‖ Kampfgeist m ‖ ⟨Mil⟩ Kampfkraft f ‖ **-tivo** adj kampflustig ‖ ánimo ~ Kampfgeist m
  combazo m Chi Faustschlag m
  combés m freier Platz m ‖ ⟨Mar⟩ Oberdeck n des Vorderschiffs
  combina f pop = **combinación**
  combi|nación f Zusammen|stellung, -fügung f ‖ Kombination f (im Spiel) ‖ Verbindung f ‖ ⟨Tel⟩ Mischung f ‖ ⟨EB⟩ Anschluß m ‖ Berechnung f ‖ ⟨Chem⟩ Verbindung f ‖ Unter|kleid n, -rock m ‖ Kombination, Hemdhose f (weibliches Unterkleid) ‖ Schutzanzug m, Kombination f ‖ ⟨Math⟩ Kombination f ‖ ~ de plan Plan, Anschlag m ‖ ~ de ideas Gedankenverbindung f ‖ ~ de piloto Fliegerkombination f ‖ ~ ministerial Einigung f über die Regierungsbildung ‖ ~ quimica chemische Verbindung f ‖ cerradura de ~ Geheimschloß n ‖ dotes de ~ Kombinationsgabe f ‖ juego de ~ ⟨Sp⟩ Zusammenspiel n ‖ ◊ estropear a una la ~ fam jds Pläne durchkreuzen, vereiteln ‖ **-nado** adj zusammengesetzt, kombiniert ‖ ⟨Chem⟩ gebunden ‖ juego ~ ⟨Sp⟩ Zusammenspiel n ‖ ~ m ⟨Zim⟩

Mehrzweckmaschine f ‖ ⟨Tel⟩ *Handapparat* m, *Mikrotelefon* n ‖ **-nar** vt *zusammen|stellen, -fügen* ‖ *anordnen, kombinieren* ‖ ⟨Chem⟩ *verbinden* ‖ fig *berechnen, ausdenken, kombinieren* ‖ ~ vi ⟨Sp⟩ *kombinieren* ‖ **~se** *sich verbinden* ‖ **-natoria** f ⟨Math⟩ *Kombinatorik, Kombinations¹ehre* f ‖ **-natorio** adj *Verbindungs-* ‖ *kombinatorisch*
　combo m *(Wein)Faßuntersatz* m ‖ Am *Keule* f, *Stößel* m ‖ Chi *Faustschlag* m ‖ ~ adj prov *schief, verbogen, krumm*
　comboso adj = **combado**
　comburente adj ⟨Phys⟩ *die Verbrennung bewirkend* (od *fördernd*), *Brenn-* ‖ ~ m *Oxydator, Sauerstoffträger* m
　combus|tibilidad f *(Ver)Brennbarkeit* f ‖ **-tible** adj *(ver)brennbar* ‖ *leicht entzündbar,* fig *feuergefährlich* ‖ ~ m *Brenn|stoff* m, *-material* m, *Kraft-, Treib|stoff* m ‖ *Brennholz* n ‖ ~ antidetonante *klopffester Brennstoff* m ‖ ~ coloidal *kolloidaler Brennstoff* m ‖ ~ gaseoso *gasförmiger Brennstoff* m ‖ ~ nuclear *Kernbrennstoff* m ‖ ~ reciclado ⟨Nucl⟩ *erneut verwendetes (aufgearbeitetes) Spaltmaterial* n ‖ ~ regenerado ⟨Nucl⟩ *aufgearbeitetes Spaltmaterial* n ‖ ~ sólido *fester Brennstoff* m ‖ **-tión** f *Verbrennung* f, *Verbrennen* n ‖ *Verheizung, Verfeuerung* f ‖ ~ completa, ~ perfecta *vollkommene Verbrennung* f ‖ ~ espontánea *Selbstentzündung* f ‖ ~ incompleta *unvollkommene Verbrennung* f, *Schwelen* n ‖ ~ lenta *Glimmen* n ‖ ~ retardada *Nachverbrennung* f ‖ ~ sin llama *flammenlose Verbrennung* f ‖ ~ sumergida en el seno de líquidos *untergetauchte Verbrennung* f ‖ ~ superficial *Oberflächenverbrennung* f ‖ cámara de ~ *Verbrennungsraum* m ‖ motor de ~ *Verbrennungsmotor* m ‖ tiempo de ~ *Brennzeit* f *(Rakete)* ‖ **-to** adj *verbrannt*
　comear vt *Kommata setzen (Schrift)* ‖ *die richtigen Pausen beim Sprechen od Lesen einhalten*
　comebolas m Col fig *Pflastertreter, Faulpelz* m ‖ Cu fig *Einfaltspinsel, Trottel* m
　COMECON (= Consejo m de Asistencia Económica Mutua) *COMECON* (= *Rat* m *der Ostblockstaaten für gegenseitige wirtschaftliche Hilfe)*
　comedero adj *eßbar* ‖ ~ m *Vogelnäpfchen* n ‖ *Futter-, Freß|trog* m ‖ *Futterplatz* m ‖ *Speisesaal* m ‖ fam *Essen* n, *Kost* f ‖ Cu Mex *Lieblingsort* m ‖ Cu *Absteigehotel* n ‖ ◊ *limpiarle a uno el ~* pop *in den Erwerb nehmen*
　comedia f *Lustspiel* n, *Komödie* f ‖ *Schauspiel* n ‖ *Theater, Schauspielhaus* n ‖ fig *Verstellung, Komödie* f, *Spiel* n, *Schein* m, fam *Mache* f ‖ fig *Scherz, Ulk* m ‖ ~ de capa y espada *Mantel- und Degen|stück, Ritterstück* n *(bes im 17. Jh.)* ‖ ~ de carácter *Charakterstück* n ‖ ~ de costumbres, ~ costumbrista *Sittenkomödie* f, *Volksstück* n ‖ *Gesellschaftsdrama* n ‖ ~ divina, ~ religiosa *geistliches Schauspiel* n ‖ ~ de enredo *Intrigenstück* n ‖ ~ de figurón span. *Sittenkomödie f des 17. Jh.* ‖ ~ heroica *Heldendrama* n ‖ ~ de intriga *Intrigenstück* n ‖ ~ lírica *komische Oper* f ‖ ~ de magia *Zauberstück* n ‖ ~ en un acto ⟨Th⟩ *Einakter* m ‖ ◊ hacer ~ ⟨Th⟩ *ein Schauspiel aufführen, spielen* ‖ hacer la ~ fig *Komödie spielen* ‖ ir a la ~ fam *ins Theater gehen* ‖ figf *essen gehen*
　come|dianta f ⟨Th⟩ *Schauspielerin* f ‖ fig *Heuchlerin, Komödiantin*f ‖ **-diante** m ⟨Th⟩ *Schauspieler* m ‖ *Gaukler* m ‖ fig *Heuchler, Komödiant* m ‖ ~ de la legua *Wander-, Schmieren|schauspieler* m
　comediar vt *halbieren*
　comedi|do adj *höflich, anständig* ‖ *artig* ‖ *bescheiden, zurückhaltend* ‖ Ec *nasweis* f ‖ adv: **~amente** ‖ **-miento** m *gesetztes Wesen* n ‖ *Anstand* m ‖ *Zurückhaltung* f ‖ *Höflichkeit* f
　comedio m *Mittelpunkt* m

comediógrafo m *Komödienautor* m ‖ *Bühnenautor* m ‖ *Dramaturg* m
　comedión m augm. desp v. **comedia**
　comedirse [-i-] vr *sich mäßigen* ‖ *sich vorbereiten* ‖ SAm *übertrieben höflich sein* ‖ Ec *sich unberufen einmischen (en in acc)* ‖ ◊ ~ en las palabras fig *seine Worte wägen*
　come|dón m *Mitesser* m ‖ **-dor** adj *gefräßig* ‖ ~ m *starker Esser,* fam *Fresser* m ‖ *Speise|saal* m, *-zimmer, Eßzimmer* n
　come|frío m Col *Zuhälter* m ‖ **-gente** m Ec PR *Vielfraß,* pop *Freßsack* m
　come|jén m *Termite, „weiße Ameise"* f ‖ *Holzkäfer* m ‖ **-jenera** f *Termitennest* m ‖ Ven figf *verrufenes Haus* n
　come|lata f Cu PR, **-lona** f Dom PR pop joc *Fresserei* f (→ **comilona**)
　comenda|dor m *Komtur* m *(e-s Ordens)* ‖ *(Kloster)Prior* m ‖ ~ mayor *Großkomtur* m ‖ ◊ i ~!, *que me pierdes!* fam *jetzt bin ich verloren (Stelle aus dem Drama Don Juan Tenorio v. Zorilla)* ‖ **-dora** f *Priorin* f *(e-s Frauenklosters)*
　comendante m Am = **comandante**
　comendatorio adj *Empfehlungs-* ‖ carta ~a *Empfehlungsbrief* m
　Come|nio m np *Comenius* m ‖ *Sociedad ~niana Comeniusgesellschaft* f
　comen|sal m *Tisch|genosse, -gast* m ‖ *Kostgänger* m ‖ ⟨Biol⟩ *Kommensale* m ‖ **-salía** f *Tischgenossenschaft* f ‖ **-salismo** m ⟨Biol⟩ *Kommensalismus* m, *Zusammenleben* n *artfremder Tiere (od Pflanzen) in Ernährungsgemeinschaft*
　comen|tación f **-to** ‖ **-tador** m *Erklärer, Ausleger* m ‖ *(Rundfunk)Kommentator* m ‖ fam *Klatschmaul* m ‖ **-tar** vt/i *auslegen, erläutern, kommentieren* ‖ *besprechen* ‖ fam *kritisieren, bekritteln, besprechen* ‖ el muy –tado hecho *die vielbesprochene Tatsache*
　comenta|riar vt Chi = **comentar** ‖ **-rio** m *Kommentar* m, *Auslegung, Erklärung* f ‖ ◊ me abstengo de todo ~ *ich enthalte mich jeglicher Kritik* ‖ **~s** mpl *Bemerkungen* fpl ‖ ~s de César *Cäsars Denkwürdigkeiten* fpl ‖ ◊ dar lugar a ~ figf *dem Gerede Nahrung geben* ‖ sin más ~ fig *ohne weiteres* ‖ **-rista** m *Ausleger* m
　comento m *Auslegung* f ‖ *Kommentar* m
　comenzar [-ie-, z/c] vt *anfangen, beginnen, einleiten* ‖ *in Angriff nehmen* ‖ *am Anfang stehen* ‖ *antreten (Reise)* ‖ *anschneiden (Melone)* ‖ ~ vi *anfangen, beginnen, einsetzen* ‖ *anlaufen (Arbeit)* ‖ ◊ ni comienza ni acaba fam *er kommt nie zum Ende* ‖ ~ a escribir *zu schreiben anfangen* ‖ comenzó por decir (od diciendo) *er erklärte zuerst*
　comepiojo m Arg ⟨Entom⟩ *Gottesanbeterin* f (→ **mantis**)
　¹**comer** vt *essen, speisen, verzehren* ‖ pop *fressen* ‖ *fressen (Tier)* ‖ *abweiden* ‖ *weg|essen, -fressen* ‖ fig *durchbringen, verbrauchen (Vermögen)* ‖ fig *fressen (Rost)* ‖ fig *fressen, nagen (Kummer)* ‖ fig *(Worte) auslassen, verschlucken* ‖ fig *blasen (im Damenspiel)* ‖ sala de ~ *Speise|saal* m, *-zimmer* n ‖ ◊ ~ a caricias fig *vor Liebe aufessen* ‖ me lo comería vivo fig *ich möchte ihn vor Wut zerreißen* ‖ con su pan se lo coma fam *es ist seine Sache, er hat es zu verantworten* ‖ la gorra le comía media cara *die Mütze verdeckte ihm e–e Hälfte des Gesichts* ‖ está diciendo comedme fig *es ist sehr anziehend, appetitlich* ‖ sin comerlo ni beberlo figf *mir nichts, dir nichts, ohne daran die geringste Schuld zu haben* ‖ ¿con qué se come eso? fam *was bedeutet denn das?* ‖ lo que no has de ~, déjalo cocer *was dich nicht brennt, das blase nicht* ‖ ~ vi *essen, speisen* ‖ *fressen (von Tieren)* ‖ *die Hauptmahlzeit einnehmen* ‖ *zu Mittag speisen* ‖ *jucken, beißen* ‖ ~ en el plato *aus dem Teller essen* ‖ ¿cuándo hemos comido en el mismo plato? figf *wann haben wir*

comer — cómico 286

denn Brüderschaft getrunken? || ~ y callar fam wes Brot ich ess', des Lied ich sing' || ~ a dos carrillos fig zwei (einträgliche) Ämter zugleich verwalten || ~ como un buitre figf wie ein Wolf essen || ~ como el chico del esquilador, ~ como un cavador figf wie ein Scheunendrescher essen || ~ de mogollón auf Kosten e-s anderen essen || schmarotzen || ~ con plata auf Silber speisen || ~ de vigilia Fastenspeisen genießen || fasten || antes de ~ vor Tisch || después de ~ nach dem Essen || nach dem Mittagessen, nachmittags || gana(s) de ~ Eßlust f || ¿qué hay de ~? was gibt es (zu essen)? || el apetito viene comiendo fig der Appetit kommt beim Essen || me come todo el cuerpo fig es juckt mich am ganzen Leibe || dar de ~ zu essen geben || füttern || ganar de ~ (auf, für) seinen Lebensunterhalt verdienen || ¡quédese V. hoy a ~ con nosotros! bleiben Sie heute bei uns zum Essen! || ser de buen ~ ein guter Esser sein || wohlschmeckend sein || tener qué ~ figf sein Auskommen haben || ~se (auf)essen, verzehren || fig abschwächen, vermindern || ◊ ~ los codos de hambre fig am Hungertuch nagen || ~ crudo a uno fam jdn in die Tasche stecken || ~ de envidia fig vor Neid vergehen || ~ las palabras fig die Wörter verschlucken || ~ a los santos figf ein Betbruder sein || ~ unos a otros fig einander auffressen (Streitende) || ~ u/c con la vista (od con los ojos) fig et mit den Augen verschlingen || ~ por a/c e-r Sache eifrig nachstreben

²**comer** m Essen n || el ~ y el rascar, todo es empezar figf der Appetit kommt beim Essen

comer|ciable adj verkäuflich, umsetzbar, marktfähig || fig gesellig, umgänglich || **-cial** adj handelsmäßig, gewerblich, kaufmännisch, kommerziell, Handels-, Geschäfts- || actividad ~ Geschäftstätigkeit f || agregado ~ Handelsattaché m || casa ~ (Handels)Firma f || correspondencia ~ Handelskorrespondenz f || empresa ~ Handelsunternehmen n || éxito ~ geschäftlicher Erfolg m || el mundo ~ die Handelswelt || práctica ~ Geschäftspraxis f || tráfico ~ Handelsverkehr m || transacción ~ (Handels)Geschäft n || tratado ~ Handelsvertrag m || uso ~ Handelsbrauch m || de ~ handelsüblich || viaje ~ Handelsreise f || ~mente, **-cialidad** f handelsrechtlicher Charakter m || Absatzfähigkeit, Verkäuflichkeit f || **-cialismo** m Geschäftstüchtigkeit, Geschäftemacherei f (um jeden Preis), Geschäftssinn m || **-cializar** vt vermarkten || **-ciante** m Kauf-, Handels-, Geschäfts|mann m || ~ al por mayor (menor) Groß- (Klein)Händler m || ~ en madera Holzkaufmann m || ~ en vinos Weinhändler m || ~ individual, ~ particular Einzelkaufmann m || → **comercio** || **-ciar** vi/t handeln, Handel treiben || fig Umgang haben (con mit dat) || ◊ ~ en (od con) granos Kornhandel treiben || ~ por mayor Großhandel treiben

comercio m Handel m || Handlung f || Geschäft n, Laden m || Geschäfts|leben n, -kreise mpl, -welt f || Handelsverkehr m || fig Verkehr, Umgang m || (Art) Kartenspiel n || ~ al detall(e) Klein-, Einzel|handel m || ~ ambulante Wander|-handel m, -gewerbe n, ambulanter Handel m || ~ callejero Straßenhandel, Schacher m || carnal Geschlechtsverkehr m || ~ clandestino, ~ ilícito Schleichhandel m || ~ de cabotaje, ~ costero Küstenhandel m || ~ de comisión Kommissionshandel m || ~ de corretaje Zwischenhandel m || ~ de esclavos, ~ de negros Sklavenhandel m || ~ de exportación, ~ de importación Export-, Import|handel m || ~ entre las dos Alemanias innerdeutscher Handel m || ~ exterior Außenhandel m || ~ de géneros coloniales, ~ de ultramarinos Kolonialwarenhandlung f || ~ humano, ~ de las gentes Menschenverkehr,

Verkehr m mit Menschen || ~ interior Binnenhandel m || ~ intermediario Zwischenhandel m || ~ interzonal Interzonenhandel m || ~ libre Freihandel m || ~ marítimo Seehandel m || ~ al por mayor, ~ mayorista Großhandel m || ~ al por menor Kleinhandel m || ~ mundial Welthandel m || ~ nacional Inlands-, Binnen|handel m || ~ pecuario, ~ de ganado Viehhandel m || ~ sedentario seßhafter Handel m || ~ de sucursales múltiples Filialgeschäft n || ~ de tránsito Durchgangs-, Durchfuhr-, Transit|handel m || ~ triangular Dreieckshandel m || ~ de trueque Tauschhandel m || ~ de ultramar überseeischer Handel m || ~ de ventas por correspondencia Versandgeschäft n || artículo de ~ Handelsartikel m || cámara de ~ Handelskammer f || casa de ~ Handelshaus n || corredor de ~ Handelsmakler m || derecho de libre ~ Recht n auf freien Verkehr || escuela od academia de ~ Handels|schule, -akademie f || fomento del ~ Hebung f des Handels || ramo de ~ Handelszweig m || represión (od restricción) del ~ Handelsbeschränkung f || zona de libre ~ Freihandelszone f || no estar en el ~ nicht verkehrsfähig sein || retirar del ~ aus dem Verkehr ziehen

comesebo m Chi ⟨V⟩ Buschschlüpfer m (Synallaxis spp)

comestible adj eßbar, ~s mpl Eßwaren fpl, Lebensmittel npl || tienda de ~ Lebensmittelgeschäft n || tienda de ~ finos Feinkost-, Delikatessen|geschäft n

¹**cometa** m ⟨Astr⟩ Komet, Schweifstern m || △Pfeil m

²**cometa** f (Papier)Drache m || ◊ echar (od hacer subir) una ~ e-n Drachen steigen lassen

come|ter vt auf-, über|tragen (Aufgabe) || beauftragen, jdm e-n Auftrag geben || tun, begehen, sich zuschulden kommen lassen (Irrtum, Verbrechen) || machen (Dummheit) || ◊ ser capaz de ~ cualquier villanía jeder Niederträchtigkeit fähig sein || ~ adulterio die Ehe brechen, Ehebruch begehen, ehebrechen || ~ un error e-n Fehler begehen || ~ de cálculo sich verrechnen || ~ un crimen ein Verbrechen verüben || ~se sich e-r Gefahr aussetzen || **-tido** m Auftrag m, Besorgung f || Aufgabe, Obliegenheit f || ◊ cumplir con su ~ seine Pflicht erfüllen

cometología f ⟨Astr⟩ Kometenkunde f

cometón m Cu = ²**cometa**

come|vivos m fam Menschenfresser m || **-zón** f (Haut)Jucken n || fig heimliches Verlangen, Gelüste n, Kitzel m || fig Unruhe f || ~ del saber fig Wissensdurst m || ~ interna fig innere Unruhe, Seelenangst f || ◊ sentir la ~ de fam (unwiderstehliche) Lust haben zu

comi f pop Madr = **comisión**

comible adj fam eßbar, (ziemlich) schmackhaft

cómica f ⟨Th⟩ Schauspielerin f || fam desp Schauspielerin f || fam (película) ~ komischer Film m

comicalla m fam verschwiegener Mensch m

cómicamente adv auf komische, witzige Art

comicastro m desp Schmierenkomödiant m (& fig)

comicial adj Versammlungs- || Wahl-

comicidad f Komik f || komische Beschaffenheit f || Heiterkeit f

comicio m Wahlversammlung f || Wählerversammlung f || Wahlbezirk m || Wahlausschuß m || ~ electoral Wahlversammlung f || ~s mpl ⟨Hist⟩ Komitien pl, altrömische Bürgerversammlungen fpl

cómico adj komisch || Lustspiel- || lustig, spaßhaft, possierlich || juguete ~ kurzes Lustspiel n || ópera ~a komische Oper || película ~a Filmkomödie f, komischer Film m || ~ m Schauspieler, Komiker m || Lustspielschreiber m || fig

comichear — comisionado

Hanswurst, Spaßmacher, fam *Witzbold* m ‖ ~ ambulante, ~ de la legua fam *wandernder, minderwertiger Schauspieler* m ‖ ◊ *ser más pobre que* ~ *en cuaresma* fig *bettelarm sein*
 comichear vt Ar *naschen*
 comi|da f *Speise, Nahrung* f ‖ *Essen* n ‖ *Kost* f ‖ *Mahlzeit* f ‖ *Mittagsmahl* n ‖ *Mahl, Gastmahl* n ‖ Am *Abendessen* n ‖ la ⋩ *de los Apóstoles das heil. Abendmahl* n ‖ ~ de boda *Hochzeitsschmaus* m ‖ ~ de carne *Fleischkost* f ‖ ~ casera *Hausmannskost* f ‖ ~ de dieta, ~ dietética *Diätkost* f ‖ ~ de pescado *Fischkost* f *(Fastenkost)* ‖ ~ principal *Hauptmahlzeit* f ‖ ~ de vigilia *Fastenkost* f ‖ ◊ cambiar la ~ *erbrechen, Erbrechen haben* ‖ hacer la ~ *das Essen bereiten, kochen* ‖ reposar la ~ *nach dem Essen ausruhen* ‖ tener ~ y alojamiento *freie Station haben, Unterkunft und Verpflegung frei haben* ‖ hacer tres ~s diarias *dreimal täglich essen* ‖ **-dilla** f fig *Lieblingsbeschäftigung* f, *Steckenpferd, Hobby* n ‖ ◊ ser la ~ de la gente figf *im Munde aller Menschen sein* ‖ **-do** adj *satt, gesättigt* ‖ *nach dem Essen* ‖ *gut genährt* ‖ ~ de orín *verrostet, rostig* ‖ ~ por servido fam *aus der Hand in den Mund (leben)* ‖ *man verdient nichts dabei* ‖ ~ y bebido fam *den ganzen Unterhalt habend* ‖ ◊ es pan ~ fam *das ist e-e fertige Geschichte* ‖ *das ist sehr leicht zu machen* ‖ llegar ~ *nach dem Essen kommen*
 comienzo m *Anfang, Beginn, Ursprung* m ‖ al ~ *am Anfang, anfangs, anfänglich* ‖ desde el ~ *von Anfang an* ‖ ◊ los ~s *son siempre difíciles aller Anfang ist schwer*
 comi|lón m/adj fam *gefräßiger Mensch, Vielfraß* m ‖ *Schlemmer* m ‖ **-lona** f fam *Fresserin* f ‖ fam *Schmauserei* f, pop *Fresserei* f ‖ ◊ estar de ~ fam *schmausen*
 comilla f dim v. **coma** ‖ ~s pl: ⟨Typ⟩ *Gänsefüßchen, Anführungszeichen* npl ‖ ~ finales ⟨Typ⟩ *Abführung* f ‖ ~ iniciales, ~ de abertura ⟨Typ⟩ *Anführung* f ‖ ◊ poner entre ~ *in Gänsefüßchen setzen*
 comi|near vt *sich mit Tändeleien befassen, sich mit Weiberkram beschäftigen (od abgeben)* ‖ **-nero** m/adj fam *Kleinigkeitskrämer, Topfgukker* m
 Cominform m *Kominform* n *(1947–1956)*
 comino m *Kümmel* m ‖ *Kümmelpflanze* f (Carum spp) ‖ *Kreuzkümmel* m (Cuminum cyminum) ‖ *Kümmelkorn* n ‖ ~ silvestre *Bastardkümmel* m ‖ ◊ no vale un ~ figf *es ist keinen Pfifferling wert*
 Comintern f *Komintern* f *(1919–1943)*
 comi|quear vi fam *Schauspieler sein* ‖ *schauspielern* ‖ **-quillo** dim v. **cómico**
 comi|sar vt *einziehen, beschlagnahmen* ‖ **-saria** f fam *Frau* f *des Kommissars* ‖ **-saría** f, **-sariato** m *Kommissariat* n ‖ *Polizeirevier* n ‖ ⋩ de aguas Span *Wasserbehörde* f ‖ ~ general de abastecimientos y transportes Span *Bewirtschaftungsbehörde* f ‖ ~ del plan *Planungsbehörde* f ‖ ⋩ del Plan de desarrollo económico y social Span *Behörde* f *zur Durchführung des Planes zur wirtschaftlichen und sozialen Förderung* ‖ ⋩ del seguro obligatorio de viajeros Span *Behörde* f *für die Passagierzwangsversicherung* ‖ **-sario** m (Abk = **comis.**°) *Kommissar* m ‖ *Beauftragter* m ‖ *Vertreter* m ‖ *Konkursverwalter* m ‖ *Treuhänder* m ‖ ⟨Mar⟩ *Zahlmeister* m ‖ ⟨Mex⟩ *Polizeiinspektor* m ‖ ~ del plan *Planbeauftragter* m ‖ ~ de policía *Polizeikommissar* m ‖ ~ del pueblo *Volkskommissar* m ‖ ~ testamentario *Testamentsvollstrecker* m
 comiscar [c/qu] vt/i *naschen* ‖ *wenig und oft essen* ‖ **-quillo** dim v. **cómico** ‖ *ätzen (Rost)*
 comisión f *Auftrag* m, *Bestellung* f ‖ *Abordnung* f ‖ *Provision, Vermittlungsgebühr, Vergütung* f ‖ *Kommission, Delegation, Deputation* f ‖ *Komitee* n ‖ ⟨Pol⟩ *Ausschuß* m ‖ *Begehen* n,

Begehung f *(e-r Sünde, e-s Verbrechens)* ‖ ~ administrativa *Verwaltungskommission* f ‖ ⋩ para la Seguridad Social *Verwaltungskommission* f *für Soziale Sicherheit (EWG)* ‖ ~ asesora *Beirat, Beratungsausschuß* m, *beratende Kommission* f ‖ ~ bancaria *Bank-, Wechsel|provision* f ‖ ~ calificadora *Prüfungskommission* f ‖ ~ consultiva = ~ asesora ‖ ⋩ de Asuntos Administrativos y de Presupuesto *Beratender Ausschuß* m *für Verwaltungs- und Haushalts|fragen* ‖ ~ culposa ⟨Jur⟩ *fahrlässige Begehung* f ‖ ~ de acreedores *Gläubigerausschuß* m ‖ ⋩ de Administración Fiduciaria *Ausschuß* m *für Treuhandschaft, einschließlich der nicht selbstständigen Gebiete (UNO)* ‖ ~ de arbitraje, ~ de conciliación *Schieds-, Schlichtungs|ausschuß* m ‖ ⋩ de Armamentos de Tipo Convencional *Ausschuß* m *für konventionelle Rüstung (UNO)* ‖ ~ de asuntos exteriores *auswärtiger (od außenpolitischer) Ausschuß* ‖ ⋩ de Asuntos Sociales *Kommission* f *für soziale Fragen (UNO)* ‖ ~ de control *Kontroll-, Überwachungs|kommission* f ‖ ~ de defensa *Verteidigungsausschuß* m ‖ ~ de desarme *Abrüstungsausschuß* m ‖ ~ de empleados y trabajadores intelectuales *Beratender Ausschuß* f *für Angestellte und geistige Arbeiter* ‖ ~ de encuesta *Untersuchungskommission* f ‖ ⋩ de Energía Atómica (del Consejo de Seguridad) *Atomenergie-Kommission* f *(des Sicherheitsrates)* ‖ ⋩ de Estadística *Kommission* f *für statistische Fragen (UNO)* ‖ ⋩ de Estupefacientes *Kommission* f *für Rauschgiftbekämpfung (UNO)* ‖ ~ de examen de cuentas *Rechnungsprüfungsausschuß* m ‖ ~ de expertos *Sachverständigen-, Fach|ausschuß* m ‖ ~ para la aplicación de convenios y recomendaciones *Sachverständigenausschuß* m *für die Durchführung von Übereinkommen und Empfehlungen* ‖ ~ de hacienda *Finanzausschuß* m ‖ ~ de la C.E.E. *EWG-Kommission* f ‖ ⋩ del Danubio *Donaukommission* f ‖ ~ delegada Span *Kabinettsausschuß* m ‖ ~ de asuntos económicos Span *Kabinettsausschuß* m *für Wirtschaftsfragen* ‖ ~ delegada del gobierno Span *Kabinettsausschuß* m ‖ ~ delegada de sanidad y asuntos sociales Span *Kabinettsausschuß* m *für Gesundheit und Sozialwesen* ‖ ⋩ de Derechos Humanos, ⋩ de los Derechos del Hombre *Kommission* f *für Menschenrechte* ‖ ~ de presupuestos *Haushaltsausschuß* m ‖ ~ dictaminadora *Gutachterkommission* f ‖ ⋩ Económica para Europa *Wirtschaftskommission* f *für Europa* ‖ ~ económica y financiera *Wirtschafts-, und Finanz|ausschuß* m ‖ ⋩ Ejecutiva y de Enlace *Vollzugs- und Verbindungs|kommission* f ‖ ⋩ Internacional de Navegación Aérea *Internationale Luftfahrtkommission* f ‖ ~ mercantil *Kommissionsgeschäft* n ‖ ~ organizadora *Veranstaltungskommission* f ‖ ~ paritaria *paritätischer Ausschuß* m ‖ ~ percibida *Provisionseinnahme* f ‖ ~ permanente *ständiger Ausschuß, geschäftsführender Vorstandsausschuß* m ‖ ~ por omisión ⟨Jur⟩ *Begehung* f *durch Unterlassung* ‖ ~ rogatoria *Rechtshilfeersuchen* n ‖ ~ sobre el volumen de ventas *Umsatzprovision* f ‖ → a **comité** ‖ acto de ~ ⟨Jur⟩ *Begehungshandlung* f ‖ agente de ~ *Geschäftsvermittler* m ‖ base de ~ *Provisionsbasis* f ‖ a ~ *auf Provisionsbasis* ‖ comercio *(od negocio)* de ~ *Kommissionsgeschäft* n ‖ lugar de ~ del delito *Begehungsort* m ‖ pecado de ~ *Tatsünde* f ‖ ◊ cargar una ~ *e-e Provision berechnen* ‖ dar en ~ *in Kommission geben* ‖ vender en ~ *kommissionsweise verkaufen* ‖ vengo en ~ de *ich bin beauftragt zu* ‖ trabajar a ~ *auf Provision arbeiten* ‖ -es y representaciones fpl ⟨Com⟩ *Kommissionsgeschäft(e)* n(pl)
 comisio|nado m/adj *Bevollmächtigte(r), Kommissar, Vertreter* m ‖ ⟨Com⟩ *Kommissionär* m ‖ ⟨Jur⟩ *beauftragter Richter* m *(zur Beweisauf-*

comisionar — comodidad

nahme) ‖ **-nar** vt *beauftragen, bevollmächtigen (als Deputation) aussenden* ‖ **-nista** m ⟨Com⟩ *Zwischenhändler, Kommissionär* m ‖ *Verkäufer* m *gegen Provision* ‖ *Agent, Handelsvertreter* m *de transportes Speditor* m ‖ ~ *de aduanas Zollspediteur* m ‖ ~ *de transportes Spediteur* m ‖ *librero* ~ *Kommissionsbuchhändler* m

comisivo adj ⟨Jur⟩ *Begehungs-*

comiso m *Einziehung, Beschlagnahme* f ‖ *Heimfall* m *(e–r Sache an den Eigentümer)* ‖ *Verfall* m *(e–r Sache an den Staat)* ‖ *de* ~ *gerichtlich beschlagnahmt*

comisorio adj ⟨Jur⟩ *befristend, auflösend, Verfall-* ‖ *cláusula* ~a *Verfallklausel* f

comisquear vt fam *wenig und oft essen, naschen*

comistrajo m fam *Gemengsel* n *von Speisen*, pop *Hundefraß* m

comisura f ⟨Zool⟩ *Verbindungsstelle, Naht* f ‖ ⟨An⟩ *Schädelnaht* f ‖ ~ *de los labios Mundwinkel, Lippenschluß* m ‖ ~ *de los párpados,* ~ *palpebral Augenlidwinkel* m

comi|té m *Komitee* n, *Ausschuß* m ‖ *Fraktion* f *(Parlament)* ‖ ~ *Científico y Técnico Ausschuß* m *für Wissenschaft und Technik* ‖ ~ *Consultivo Internacional Telefónico Internationaler Beratender Ausschuß* m *für den Fernsprechdienst* ‖ ~ *de Cooperación con los Países en Desarrollo Entwicklungshilfeausschuß* m ‖ ~ *de coordinación Koordinierungsausschuß* m ‖ ~ *de huelga Streikleitung* f ‖ ~ *(de inspección)* ⟨Com⟩ *Gläubigerausschuß* m ‖ ~ *del congreso Kongreßausschuß* m ‖ ~ *de liquidación,* ~ *liquidador Liquidationsausschuß* m ‖ ~ *de supervisión,* ~ *de control Kontrollausschuß* m ‖ ~ *ejecutivo ausführendes Komitee* n, *Vollzugs-, Exekutiv|ausschuß* m ‖ ~ *Internacional de la Cruz Roja Internationales Transportkomitee* n ‖ ~ *Internacional de Transporte Aéreo Luftverkehrsausschuß* m ‖ ~ *Internacional Olímpico Internationales Olympisches Komitee* n ‖ ~ *organizador geschäftsführender Ausschuß* m ‖ ~ *paritario paritätischer Ausschuß, Schlichtungsausschuß* m ‖ ~ *regional Span Provinzialvertretung* f ‖ →a **comisión** ‖ **-tente** m ⟨Jur⟩ *Auftraggeber* m ‖ *Vollmachtgeber* m ‖ *Versender* m *(Spedition)* ‖ **-tiva** f *Begleitung* f, *Gefolge* n ‖ ~ *fúnebre Trauerzug* m

cómitre m ⟨Mar⟩ *Rudermeister, Schiffshauptmann* m

¹**como** adv *(so)wie* ‖ *gleichsam, gewissermaßen*
a) *Vergleich, Gleichstellung:* un hombre ~ él *ein Mensch seiner Art* ‖ cabello rubio ~ el oro *goldblondes Haar* n ‖ ~ se dice *wie man sagt* ‖ ~ quien dice *sozusagen* ‖ ~ es *zum Beispiel* ‖ ~ sea *wie immer* ‖ ~ *auf beliebige Art* ‖ se quedó ~ muerto *er blieb halbtot (liegen)* ‖ (es verdad) ~ hay Dios pop *es ist die reinste Wahrheit* ‖ V. quiera ~ Ud. *wie Sie wünschen, nach Ihrem Belieben* ‖ era ~ artesano o ~ estudiante *er sah halb wie ein Handwerker und halb wie ein Student aus*
b) *Eigenschaft, Amt, Würde:* asistió ~ testigo *er wohnte als Zeuge bei* ‖ te lo digo ~ tu padre *ich sage es Dir als Dein Vater* ‖ ~ tal, no puede hacerlo *in seiner Stellung (als solcher) kann er es nicht tun* ‖ lo considero (~) un hombre sensato ‖ *ich halte ihn für e-n vernünftigen Menschen*
c) *annähernde Bezeichnung, Beziehung:* etwa, ungefähr, annähernd ‖ hará ~ dos semanas *es dürfte 2 Wochen her sein* ‖ eran ~ las dos *es war ungefähr 2 Uhr*
d) *Ausdruck der Verlegenheit, des Zögerns, Nachdenkens:* ~ saberlo, no lo sé pop *wenn ich aufrichtig sein soll, weiß ich es nicht* ‖ ~ haber fondas, las hay *was Gasthäuser anbetrifft, gibt es deren genug (hier)*

²**cómo** adv a) *direkt oder indirekt fragend*: ¿~? *wie?* ‖ *was?* ‖ *warum?* ‖ ¿a ~ está el cambio? *wie steht der Kurs?* ‖ ¿~ así? ¿~ pues? ¿~ qué? *wieso?* ‖ ¿~ (le) va (de salud)? *wie geht es Ihnen?* ‖ *wie steht's?* ‖ ¿a ~ estamos hoy? *den wievielten haben wir heute?* ‖ no sé ~ remediarlo *ich weiß nicht, wie ich dem abhelfen soll* ‖ no sé ~ no lo mato *ich würde ihn am liebsten totschlagen* ‖ esperamos sus noticias de ~ ha de hacerse la expedición *wir erwarten Ihre Nachrichten darüber, wie der Versand vorgenommen werden soll* ‖ sin saber ~, ni ~ no *ohne zu wissen, wann und wie* ‖ según y ~ *wie man es nimmt, je nachdem* ‖ ¿tienes ~ comprarlo? *Am hast du Geld genug, um es zu kaufen?*
b) *im Ausruf:* ¡~ (sehr)! ‖ *bis zu welchem Grade* ‖ ¡~! ¡wie! *was Sie sagen!* ‖ ¡~ llueve! *welch ein Regen!* ‖ ¡~ ha cambiado! *hat sich der Mensch verändert!* ‖ ¡~ que no! *wieso nicht!* ‖ ¡~ si lo soy! *ob ich es bin!* ‖ *ich bin es wohl!* ‖ ¡~ no! *jawohl, natürlich, selbstverständlich* ‖ ¡~ le va! Am *nanu! was Sie sagen! unglaublich!* ‖ ¿qué tal y ~ le va? Am *wie geht es Ihnen?*
c) *nachdrückliche Behauptung, Sicherheit*: ~ se conoce que no eres médico *man merkt dir gleich an, daß du kein Arzt bist*
d) *hauptwörtlich:* el ~ y el cuándo *das Wie und das Wann*

³**como** conj a) *Vergleich, Gleichstellung, Gegenüberstellung: gerade wie, ebenso wie* ‖ si, ~ que *als wenn, als ob* ‖ así ~ *so wie, während* ‖ tal ~ *so wie* ‖ se porta ~ si fuera joven *er benimmt sich wie ein Jüngling* ‖ lo dices ~ si lo dudaras *du sagst es, als ob du daran zweifeltest* ‖ ~ mejor proceda ⟨Jur⟩ *und alle gegebenen Ansprüche (Klageformel)* ‖ ~ si tal cosa fam *mir nichts, dir nichts* ‖ así ~ tú eres rico, él es pobre *während du reich bist, ist er arm* ‖ hizo ~ que le amenazaba *er tat, als ob er auf ihn losgehen wolle*
b) *in Zeitsätzen: als, sobald, gerade da, in dem Augenblick wo* ‖ así ~, tan pronto ~, (tan) luego ~ *sobald, als* ‖ así ~ llegamos *sobald wir ankamen* ‖ ~ nos vió, se acercó *sobald er uns sah, trat er näher* ‖ tan pronto ~ vuelvas, *sobald du zurückkommst*
c) *in Bedingungssätzen: wenn* ‖ *wenn nur, wofern nur* ‖ ~ es sei denn ‖ *ob* (= si) ‖ ~ no te enmiendes, dejaremos de ser amigos *wenn du dich nicht besserst, wird unsere Freundschaft aufhören* ‖ ~ venga, se lo diré, *wenn er kommt, werde ich es ihm sagen* ‖ verás ~ (od cómo) lo hago *du wirst sehen, ob (od daß) ich es tue*
d) *in Kausal-, Begründungssätzen: weil, da* ‖ ~ (que), ~ quiera (*~ quier) que *da, weil* ‖ da ja ‖ ~ nada dijiste, nada pude hacer yo *da du nichts sagtest, konnte ich nichts tun* ‖ ~ que tú mismo lo afirmas *da du es ja selbst behauptest* ‖ ~ nada contestara (od contestaba) su amigo, prosiguió *da sein Freund nichts antwortete, fuhr er fort* ‖ ~ quiera que sea *es sei wie es wolle*
e) *in Final- u. Objektsätzen: daß, damit* ‖ ellos deben procurar ~ no haya peligro *sollen Sorge tragen, daß es keine Gefahr gibt* ‖ verás ~ (= que) todo ha salido bien *du wirst sehen, daß alles gut ausgefallen ist*

cómoda f *Kommode* f ‖ *Kleider-, Wäsche|-kasten* m

comodable adj ⟨Jur⟩ *(ver)leihbar*

cómodamente adv *bequem, leicht, passend* ◊ estar ~ *sich behaglich fühlen* ‖ muy ~ *mit allerhand Bequemlichkeit*

como|dante m *Verleiher, Darleiher* m ‖ **-datario** m *Entleiher* m ‖ **-dato** m *(Gebrauchs)Leihe* f ‖ dado en ~ *geliehen*

comodidad f *Bequemlichkeit* f ‖ *Gemächlichkeit* f ‖ *Wohnlichkeit* f ‖ *Wohlstand* m ‖ *Wohlhabenheit* f ‖ *Nutzen, Vorteil* m ‖ *Gelegenheit* f ‖ fam *zu allem brauchbarer Mensch* m ‖ a su ~ *nach*

(Ihrem) Belieben ‖ ~**es** *fpl Annehmlichkeiten* fpl, *Komfort* m ‖ ◊ *vivir con* ~ *in Wohlstand leben* ‖ *las* ~ *modernas der moderne Komfort*
  comodidoso adj CR = **comodón**
  comodín *m* dim *v.* **cómoda** ‖ *Joker* m *(beim Kartenspiel)*
  comodino adj Mex = **comodón**
  comodista adj/s *selbstsüchtig*
  cómodo adj *bequem, gemächlich* ‖ *leicht, mühelos* ‖ *wohnlich* ‖ *gelegen* ‖ *angemessen* ‖ ⇄ *span. Taufname* ‖ Don ⇄ fam *Liebhaber* m *der Bequemlichkeit*
  comodón, ona adj/s *die Bequemlichkeit liebend*
  comodoro *m* ⟨Mar Flugw⟩ *Kommodore, Geschwaderführer* m
  Com.ᵒⁿ Abk = **comisión**
  comoquiera: un ~ prov *ein Dutzendmensch* m
  comorar vi *zusammenwohnen* (con *mit*)
  comoriente *m* ⟨Jur⟩ *Kommorient* m
  Comp.ᵃ Abk = **compañía**
  compacidad *f Kompaktheit, Gedrungenheit* f ‖ ⟨Phys⟩ *Dichtheit* f
  compac|tación *f* ⟨Arch⟩ *Verdichtung* f ‖ **–tador** *m* ⟨Arch⟩ *Verdichtungsgerät* n ‖ **–tar** vt ⟨Arch⟩ *verdichten* ‖ Chi *zusammendrängen* ‖ **–to** adj *dicht, fest, zusammengedrängt, kompakt, gedrungen* ‖ *dicht (Holz)* ‖ *stark, voll (Wein)* ‖ ⟨Typ⟩ *kompreß, undurchschossen (Zeilen)*
  compade|cer [-zc-] vt *bemitleiden, bedauern* ‖ *bei jdm Mitleid erregen* ‖ *mitfühlen, mitempfinden* ‖ ~**se** *mitfühlen, Mitleid fühlen (de mit)* ‖ *zusammen|passen, -stimmen, sich vertragen* (con *mit*) ‖ ~ *de alg. Mitleid empfinden mit jdm* ‖ **–cido** adj *mitleidig, gerührt, mitfühlend*
  compa|draje *m* desp *Clique, Kamarilla* f ‖ *Kumpanei* f ‖ **–drar** vi *Gevatter werden* ‖ *jds Freund werden* ‖ **–drazgo** *m Gevatterschaft* f ‖ = **–draje** ‖ **–dre** *m Pate, Gevatter, Taufzeuge* m ‖ fam *(bes* And*) Freund, Kamerad* m ‖ Am = **–drito** ‖ **–drear** vi fam *auf freundschaftlichem Fuß leben* (con *mit*) Am *plaudern* ‖ Arg Ur *sich wie ein Geck benehmen, sich aufspielen* ‖ **–drería** *f* fam *Gevattergeschwätz* n ‖ **–drito** *m* Arg *Geck, Stutzer, Dorfjunker* m ‖ ◊ *echarla de* ~ fig Am *den Helden spielen*
  compagi|nación *f* ⟨Typ⟩ *Seiten|ordnung, -bezeichnung* f ‖ ⟨Typ⟩ *Umbruch* m, *Umbrechen* n *des Satzes* ‖ **–nador** *m* ⟨Typ⟩ *Metteur* m ‖ **–nar** vt ⟨Typ⟩ *nach den Seitenzahlen ordnen* ‖ ⟨Typ⟩ *umbrechen (den Satz)* ‖ fig *zusammenfügen* ‖ ◊ ~ con fig *in Einklang bringen mit dat* ‖ ~ con su dignidad fig *mit seiner Würde vertragen* ‖ ~**se** *zusammenpassen* ‖ *sich vertragen (z. B. Farben)*
  companga *f* Cu desp = **compañera**
  compango *m*: ◊ *estar a* ~ *die Tagesportion Brot (außer dem Barlohn) erhalten (Landarbeiter)*
  compa|ña *f* = **compañía** ‖ ¡buenos días, Juan y la ~! pop *guten Morgen, Hans und alle miteinander!* ‖ en (buen) amor y ~ fam *in Liebe und Einigkeit* ‖ la Santa ⇄ ⟨Myth⟩ *der Zug m von Totengeistern* ‖ **–ñera** *f*/adj *Gefährtin, Genossin, Begleiterin, Kameradin* f ‖ fam *Gemahlin* f ‖ ◊ *estas dos botas no son* ~s *diese zwei Schuhe gehören nicht zusammen* ‖ **–ñerismo** *m Kameradschaft* f, *freundschaftliches Verhältnis* n ‖ *Kameradschaftlichkeit* f ‖ *Kollegialität* f ‖ **–ñero** *m*/adj *Gesellschafter, Genosse, Kamerad, Kumpan, Freund* m ‖ *Gefährte, Begleiter* m ‖ *Amtsgenosse, Kollege* m ‖ *Parteigenosse* m ‖ *Mitschüler, Kollege* m ‖ fam *Ehemann* m ‖ *(Mit)Teilnehmer* m ‖ *Mitspieler* m ‖ *Mitarbeiter* m ‖ fig *Seiten-, Gegen|stück* n ‖ *Pendant* n ‖ ⟨Astr⟩ *Begleiter* m ‖ ~ *de armas Waffenbruder, Kriegskamerad* m ‖ ~ *de estudio(s) Mitschüler* m ‖ *Kommilitone* m ‖ ~ *de fatigas* fam *Arbeitsgenosse* m ‖ ~ *de (la) infancia Jugendgefährte* m ‖ ~ *de juego Mitspieler* m ‖ ~ *de viaje Reisegefährte* m ‖ *Mitreisende(r)* m ‖ ◊ no

tener ~ fig *nicht seinesgleichen haben* ‖ *estos dos guantes no son* ~s *diese Handschuhe sind nicht von demselben Paar*
  compa|ñía *f Begleitung* f ‖ *Gesellschaft* f ‖ *Begleiter, Gefährte* m ‖ ⟨Th⟩ *Schauspieler|gesellschaft, -truppe* f ‖ ⟨Mil⟩ *Kompanie* f ‖ *Handelsgesellschaft* f ‖ ~ *aérea,* ~ *de aeronavegación Flug-, Luftfahrt|gesellschaft* f ‖ ~ *ambulante* ⟨Th⟩ *Wandertruppe* f ‖ ~ *anónima Aktiengesellschaft* f ‖ ~ *arrendataria Pachtgesellschaft, Konzessionärin* f *e-s Staatsmonopols* ‖ ⇄ *de tabacos Span Staatliche Tabakmonopolgesellschaft* f ‖ ~ *aseguradora,* ~ *de seguros Versicherungsgesellschaft* f ‖ ~ *de ametralladoras Maschinengewehrkompanie* f ‖ ~ *de bandidos* fam ⟨Th⟩ *Schmiere* f ‖ ~ *de comedia,* ~ *de verso* ⟨Th⟩ *Schauspielertruppe* f ‖ ~ *cooperativa,* ~ *de consumo Konsumverein* m ‖ ~ *de fusileros,* ~ *de tiradores Schützenkompanie* f ‖ ~ *de honor Ehrenkompanie* f ‖ ⇄ *de Jesús Gesellschaft* f *Jesu, Jesuitenorden* m ‖ ~ *de la legua Wanderbühne, wandernde Schauspielertruppe* f ‖ ~ *de navegación Schiffahrtsgesellschaft, Reederei* f ‖ ~ *de ópera* ⟨Th⟩ *Operntruppe* f ‖ ~ *de seguros (contra incendios) (Feuer)Versicherungsgesellschaft* f ‖ ~ *punta,* ~ *de descubierta* ⟨Mil⟩ *Spitzenkompanie* f ‖ ⇄ *Telefónica Nacional span. Telefongesellschaft* f ‖ ~ *de zarzuela* ⟨Th⟩ *(span.) Operettentruppe* f ‖ *Casa Vidal y Cía.* (= compañía) *Firma* f *Vidal & Co.* ‖ △la quinta ~ *das Gefängnis* ‖ ◊ *hacer* ~ a uno *jdm Gesellschaft leisten* ‖ *resistir la* ~ fig *sich e-m anderen gleichstellen können* ‖ ~**s** *fpl: malas* ~ *schlechte Gesellschaft* f ‖ **–ñón** *m Hode* m/f ‖ ~ *de perro* ⟨Bot⟩ *Kuckucksblume, Waldhyazinthe* f (*Platanthera sp*)
  compara|bilidad *f Vergleichbarkeit* f ‖ **–ble** adj *vergleichbar, zu vergleichen* ‖ **–ción** *f Vergleich* m, *Gegeneinanderhalten* n ‖ *Gleichnis* n ‖ ⟨Gr⟩ *Steigerung* f ‖ en ~ *im Vergleich* (con *zu*) ‖ ◊ *correr la* ~ *untereinander gleich sein* ‖ *hacer* ~es *vergleichen* ‖ *pongamos por* ~ *nehmen wir vergleichsweise an* ‖ *punto (od término) de* ⇄ *Vergleichs|punkt, -maßstab* m ‖ *no tener* ~, *ser superior a toda* ~ *unvergleichlich sein* ‖ **–do** adj *vergleichend (Grammatik, Anatomie)* ‖ **–dor** *m* ⟨Tech⟩ *Komparator* m ‖ *Meßuhr* f ‖ *Meßgerät* n ‖ **compa|ranza** *f Gegenüberstellung* f ‖ **–rar** vt/t *vergleichen, gegeneinanderhalten* ‖ ◊ ~ *el original con la copia die Urschrift mit der Abschrift vergleichen* ‖ *no se puede* ~ *es ist nicht zu vergleichen*
  comparati|vamente adv *vergleichsweise* ‖ **–vo** adj *vergleichend* ‖ *adjetivo* ~ ⟨Gr⟩ *vergleichendes Beiwort* n ‖ *cuadro* ~ *Gegenüberstellung, vergleichende Tabelle* f ‖ ~ *m* ⟨Gr⟩ *Komparativ* m
  compare *m* And fam = **compadre**
  compare|cencia *f* ⟨Jur⟩ *Erscheinen, Auftreten* n *vor Gericht* ‖ *auto (od aviso) de* ~ ⟨Jur⟩ *Ladung* f *(zum Termin)* ‖ *no* ~ *Terminversäumnis* f, *Nichterscheinen* n ‖ ~ *por sí Auftreten* n *ohne Anwalt* ‖ **–cer** [-zc-] vi: ~ (en juicio) ⟨Jur⟩ *vor Gericht erscheinen* ‖ **–ciente** m/f ⟨Jur⟩ *vor Gericht Auftretende(r* m*)* f, **Komparent* m
  comparecencia *f* Arg Chi = **comparecencia**
  compa|rendo *m* ⟨Jur⟩ *Vorladung* f ‖ Chi *heftiger Wortwechsel* m ‖ **–rente** *m* = **compareciente** ‖ **–rición** *f* ⟨Jur⟩ *Erscheinen* n *vor Gericht* ‖ *Ladung* f
  comparente *m Mitverwandte(r)* m
  compar|sa m/f ⟨Th⟩ *Statist(in)* m (f), *stumme Person* f, *Komparse* m ‖ ⟨Th⟩ ~ f *stummes Gefolge* n, *Komparserie* f ‖ *Faschingstrupp* m ‖ *cabo de* ~s ⟨Th⟩ *erster Statist* m ‖ ¡vaya una ~! fam *iron e-e saubere Gesellschaft!* ‖ **–sería** *f* ⟨Th⟩ *Komparserie* f
  compar|te m/f ⟨Jur⟩ *Mitpartei* f, *Mitkläger*

compartimiento — competencia 290

(*-in*) m/f || ⟨Jur⟩ *Mitteilhaber(in)* m/f || **-timiento** (Am *auch* **-timento**) *m Ein-, Ver|teilung* f || *Abteilung* f, *Fach* n || *Feld* n *(des Schachbretts)* || ⟨EB⟩ *Wagenabteil, Coupé* n || ~ estanco ⟨Mar⟩ *wasserdichtes Abteil* n || ~ frigorífico *Kühlzelle* f || ~ para equipajes ⟨EB⟩ *Gepäck|abteil* n, *-raum* m || ~ para (no) fumadores ⟨EB⟩ *(Nicht)Raucherabteil* n || **-tir** vi *(regelmäßig) ab-, ein|teilen* || verteilen || ◇ ~ con *teilen mit* || ~ las penas con alg. *jds Sorgen teilen* || ~ entre muchos *unter viele verteilen* || ~ las ideas *(od* el ideario) de alg. *jds Gesinnung teilen*
comparto *m* Col *Steuer, Last* f
compás *m* ⟨Math⟩ *Zirkel* m || fig *Richtschnur* f, *Maß* n || *Ordnung* f || *Bezirk, Bereich* m || *Größe* f, *Format* n || ⟨Mus⟩ *Takt* m, *Tonmaß* n || ⟨Mil⟩ *Marschtempo* n || ⟨Mar⟩ *Kompaß* m || ~ ajustable *Stellzirkel* m || ~ binario ⟨Mus⟩ *zwei|gliedriger, -teiliger Takt* m || ~ de calibrar *Kalibermaßstab* m || ~ de campo ⟨Arch⟩ *Stabzirkel* m || ~ de capacidad *Hohlzirkel* m || ~ de cinco por ocho ⟨Mus⟩ $^5/_8$-*Takt* m *(z. B. in e–m baskischen zortzico)* || ~ de construcción *Aufreißzirkel* m || ~ de cuadrante *Bogen-, Quadrant|zirkel* m || ~ curvo *Bogenzirkel* m || ~ doble *Doppeltaster* m || ~ de doble articulación *Doppelgelenkzirkel* m || ~ de dos por cuatro $^2/_4$-*Takt* m || ~ de elipses *Ellipsenzirkel* m || ~ de espejo *Spiegelkompaß* m || ~ de espera ⟨Mus⟩ *leerer Takt* m, *Eintaktpause* f || fig *Pause* f || ~ de espesores *Greifzirkel, (Außen-)Taster* m || *Dickentaster* m || ~ de exteriores *Greifzirkel, (Außen)Taster* m || ~ de interiores *Innentaster* m || ~ de medida *Meßzirkel* m || ~ de muelle *Federzirkel* m || ~ de oro ⟨Uhrm⟩ *Doppel-S-Taster* m || ~ de perfil *Umrißtaster* m || ~ de precisión *Präzisionszirkel* m || ~ de puntas *Spitzen-, Stech|zirkel* m || ~ de punta seca *Stechzirkel* m || ~ de resorte *Federzirkel* m || ~ ternario ⟨Mus⟩ *dreigliedriger Takt* m || ~ a tornillo *Stellzirkel* m || ~ de trazar *Anreißzirkel* m || ~ de vara(s) *Stangenzirkel* m || ~ micrométrico *Mikrometerzirkel* m || ~ portalápiz *Zirkel* m *mit Bleieinsatz* || caja *(od* estuche) de ~ es *Zirkelkasten* m || ◇ guardar el ~, tocar *(od* ir) en ~ *Takt halten, im Takt spielen* || llevar el ~ *den Takt angeben* || fig *das Wort führen* || hacer las cosas a ~ fig *behutsam zu Werke gehen* || marchar a ~ *im Gleichschritt gehen* || salirse del ~ fig *das Maß überschreiten* || figf *aus der Reihe tanzen* || tiene el ~ en el ojo figf *er hat gutes Augenmaß* || a ~ *nach dem Takt* || a su ~ *in Übereinstimmung mit ihm* || al ~ *nach Maßgabe* || ⟨Mil⟩ *im Gleichschritt* || en ~ *im Takt, gleichmäßig*
compa|sado adj *taktmäßig | abgemessen | wohlgeordnet* || adv: **~amente** || **-sar** vt *abzirkeln* || fig *abmessen* || **-sible** adj *bemitleidenswert | mitleidig* || **-sillo** m ⟨Mus⟩ $^4/_4$-*Takt* m || **-sión** f *Bei-, Mit|leid, Mitgefühl* n || lleno de ~ *mitleidsvoll* || ¡por ~! *um Gottes willen!* || sin ~ *erbarmungslos | rücksichtslos* || ◇ dar *(od* despertar) ~ *Mitleid erwecken* || es una ~ *es ist zum Erbarmen* || tener ~ *Mitleid haben (de mit)* || **-sivo** adj *mitleidig | mitfühlend*
compaternidad f *Patenschaft* f
compati|bilidad f *Ver|einbarkeit, -träglichkeit, Kompatibilität* f || *Harmonieren, Zusammenpassen* n || **-ble** adj *ver|einbar, -träglich, kompatibel* || *zusammenpassend, harmonierend* || ~ con *im Einklang mit* || ◇ no es ~ con nuestros principios *es verträgt sich nicht mit unseren Grundsätzen*
compatriota *m/f Lands|mann* m, *-männin* f
compa|trón, -trono *m Mitpatron* m || **-tronato** *m Kompatronat* n *(Kirchenrecht)*
compe|lación f ⟨Jur⟩ *Verhör* n || **-ler** vt *nötigen, anhalten, zwingen* || ◇ ~ al pago *zur Zahlung zwingen*
compen|diadamente adv *kurz zusammengefaßt*

|| **-diar** vt *abkürzen* || *zusammenfassen* || *im Auszug bieten* || **-dio** *m Auszug* m, *kurze Darstellung* f || *Grundriß* m || *Zusammenfassung* f || *Abriß* m || *(wissenschaftlicher) Leitfaden* m, *Kompendium* n || *Auswahl* f || en ~ *kurzgefaßt* || **-dioso** adj *abgekürzt | gedrängt* || adv: **~amente**
compene|tración f *gegenseitige Durchdringung* f || *Eindringen* n *in die geringste Einzelheit* || ⟨Sp⟩ *methodisches Spiel* n || fig *(volles, gemeinsames) Verständnis* n || **-trar** vt Am *etwas richtig (od völlig) verstehen* || **-trarse** vr *sich gegenseitig durchdringen* || *bis in die geringsten Einzelheiten eindringen* || fig *sich od einander geistig durchdringen* || fig *ineinander aufgehen*
compen|sación f *Ersatz* m || *Entschädigung, Vergütung* f || *Kompensation, Verrechnung* f || *Verrechnungsvorgang* m || *Skonto* n, *Skontierung, Skontration* f || *Clearing* n || *Ausgleich* m || *wechselseitiges Aufwiegen* n || ~ del amplificador ⟨Tel⟩ *Verstärkerabgleichschaltung* f || ~ de (la) balanza de pagos *Zahlungsausgleich* m || ~ de la brújula *Kompaß|ausgleichung, -berichtigung* f || ~ de cargas *Lastenausgleich* m || ~ de costas *(od* costos) *Kosten|ausgleichung, -aufrechnung* f || ~ de culpa *Schuldkompensation* f || ~ de daño *Schaden(s)ersatz* m || ~ de errores *Fehlerausgleichung* f || ~ de freno, ~ de frenado ⟨Aut⟩ *Bremsausgleich* m || ~ de precios *Preisausgleich* m || ~ de los riesgos *Risikoausgleichung* f || ~ de la tensión ⟨El⟩ *Spannungsausgleich* m || ~ de punta ⟨El⟩ *Spitzendeckung* f || ~ de la válvula *Ventilentlastung* f || ~ en especie *Naturalersatz* m || ~ en serie, ~ longitudinal ⟨Tel⟩ *Längsentzerrung* f || ~ impositiva, ~ de impuestos *Steuererstattung* f || ~ por paro *Arbeitslosenunterstützung* f || ~ por pérdida de ganancia *Verdienstausfallentschädigung* f || caja de ~ *Ab-, Ver|rechnungsstelle, Ausgleichskasse* f || contrato de ~ *Skontrovertrag* m || convenio de ~ *Verrechnungsabkommen* n || cuenta de ~ *Verrechnungskonto* n || exacción de ~ *Ausgleichsabgabe* f || operación de ~ *Verrechnungsgeschäft* n || pago de ~ *Ausgleichszahlung* f || pago por ~ *nur zur Verrechnung (Scheck)* || saldo de ~ *Abrechnungssaldo* m || válvula de ~ ⟨Tech⟩ *Gegengewichtventil* n || en ~ *als Ersatz (de für)* || **-sador** m/adj *Ausgleichspendel* n *in Uhren* || ⟨El⟩ *Ausgleicher, Entzerrer* m, *Kompensator* m || ⟨Filmw⟩ *Geschwindigkeitsregler* m || ~ de amortiguación *Dämpfungsausgleicher* m || ~ de corriente continua *Gleichstromkompensator* m || ~ de choques *Stoßausgleicher* m || ~ de distorsión de linea ⟨El⟩ *Leitungsentzerrer* m || ~ de linea ⟨El⟩ *Linienausgleicher* m || ~ de fases ⟨El⟩ *Phasenschieber* m || ~ de lira *Lyra-Dehnungsausgleicher, Lyra-Bogen* m || ~ de torsión *Drallausgleicher* m || **-sar** vt *ausgleichen | ersetzen, vergüten, entschädigen | vergelten | verrechnen | kompensieren | abgelten | skontieren* || ◇ ~ los gastos *Kosten ersetzen* || ~ una pérdida *e–n Verlust aufwiegen* || ~ las pérdidas con las ganancias *Verlust und Gewinn ausgleichen* || **~se** *sich (gegenseitig) aufwiegen* || **-sativo** adj = **-satorio** || **-satorio** adj *ausgleichend*
competen|cia f *Zwist* m, *Streitigkeit* f || *Wettkampf, -streit* m || *Wetteifer* m || *Wettbewerb* m, *Konkurrenz* f || ⟨Li⟩ *Kompetenz* f || *Zuständigkeit* f || *Befugnis, (Rechts)Zuständigkeit* f || *Amtsbefugnis* f || *Fähigkeit, Tauglichkeit* f || *Obliegenheit* f, *Aufgabenkreis, Geschäftsbereich* m, *Ressort* n || fig *Fach* n || fig *Fach-, Sach|kenntnis* f || ~ absoluta *ausschließbare (od absolute) Zuständigkeit* f || ~ acumulativa *nicht ausschließbare Zuständigkeit* f || ~ desleal, ~ ilicita, ilegal, ~ de mala fe *unlauterer Wettbewerb* m || ~ de velocidad *Wettrennen* n || ~ judicial *Gerichtsstand* m || ~ leal, ~ licita *lauterer Wettbewerb* m || ~ material *sachliche Zuständigkeit* f || ~ ruinosa *ruinöser Wettbewerb* m || ~ territo-

competente — componer

rial *örtliche Zuständigkeit* f ‖ ~ *judicial (gesetzlicher) Gerichtsstand* m ‖ *abuso de la* ~ *Wettbewerbsverzerrung* f ‖ *a* ~ *um die Wette* ‖ ◊ *batir, vencer (od eliminar) la* ~ *die Konkurrenz schlagen* ‖ *conflicto de* ~, *cuestión de* ~ *Kompetenzkonflikt, Zuständigkeitsstreit* m ‖ *defecto de* ~ *Zuständigkeitsmangel* m ‖ *hacer (la)* ~ *Konkurrenz machen, konkurrieren* ‖ *política de* ~ *Wettbewerbspolitik* f ‖ *precio de* ~ *konkurrenzfähiger Preis* m ‖ *régimen de* ~ *Wettbewerbswirtschaft* f ‖ *tribunal de defensa de la* ~ Span *Kartellgericht* n ‖ *esto sale de mi* ~, *esto queda fuera de mi* ~ *dafür bin ich nicht zuständig* ‖ **-cias** fpl *Zuständigkeitsstreitigkeiten* fpl ‖ *exceder las* ~ *die Befugnisse überschreiten* ‖ **-te** adj *zukommend, gebührend* ‖ *tauglich, gehörig* ‖ ⟨Jur⟩ *befugt, zuständig* ‖ ◊ *no soy* ~ *en ello es schlägt nicht in mein Fach (ein)* ‖ adv: ~**mente**
compe|ter vi ⟨Jur⟩ *rechtmäßig zustehen* ‖ *befugt sein, zuständig sein* ‖ **-tición** f = **-tencia** ‖ *Wett|streit, -bewerb* m ‖ ~ *deportiva* ⟨Sp⟩ *Wettkampf* m ‖ ~ *electoral Wahlkampf* m ‖ **-tidor** m/adj *Mitbewerber* m ‖ *Gegner, Nebenbuhler* m ‖ ⟨Handels⟩ *Konkurrent* m ‖ *Preisbewerber* m ‖ ~ adj *Konkurrenz*- ‖ *casa* ~a *Konkurrenzfirma* f
competir [-i-] vi *werben* (um acc) ‖ *(sich) mitbewerben* ‖ *streiten* ‖ *konkurrieren* ‖ *gleich gut sein (gleichwertige Dinge)* ‖ *wetteifern* (con mit) ‖ ◊ ~ *en calidad* ⟨Com⟩ *in Qualität konkurrieren* ‖ *capaz de* ~ *konkurrenzfähig* ‖ *obligación de no* ~ *Wettbewerbsverbot* n
competitivo adj *wettbewerbs-, konkurrenz|-fähig* ‖ *Konkurrenz-* ‖ *Wettbewerbs-*
Compieña Frz *Compiègne*
compi|lación f *Kompilation* f, *Sammelwerk* n ‖ *Zusammenstellung* f ‖ *Sammlung* f ‖ ~ *de leyes Gesetzessammlung* f ‖ **-lador** m *Mitarbeiter* m *an e-m Sammelwerk, Kompilator* m ‖ fam *Zusammenstoppler* m ‖ **-lar** vt *aus verschiedenen Werken sammeln, zusammenstellen, kompilieren* ‖ fam *zusammenstoppeln*
compinche m/f *Spießgeselle* m ‖ fam *Genosse, Kumpan* m *(oft in schlechtem Sinn), Genossin* f
`**cómpite** m Ven *Komplize* m ‖ ~ adj Col = **competente**
compito → **competir**
compitura f Ven *Mitschuld* f
compla|cedero adj = **-ciente** ‖ **-cencia** f *Gefälligkeit, Bereitwilligkeit* f ‖ *Wohlgefallen, Vergnügen* n ‖ *Selbstgefälligkeit* f ‖ *Entgegenkommen* n ‖ *por* ~ *aus Gefälligkeit* ‖ *certificado de* ~ *Gefälligkeitsattest* n ‖ *endoso de* ~ *Gefälligkeitsgiro* ‖ *letra de* ~ ⟨Com⟩ *Gefälligkeitswechsel* m ‖ **-cer** [-zc-] vt/i *jdm entgegenkommen* ‖ *gefällig sein, willfährig sein* (a alg. jdm), *willfahren* ‖ *befriedigen* ‖ ◊ *me* **-ce** *(od me* **-zco** *en) comunicarle* ⟨Com⟩ *ich beehre mich, Ihnen mitzuteilen* ‖ ~**se** *Gefallen finden an* (de, en, con an dat) ‖ **-cido** adj *vergnügt, zufrieden* ‖ **-ciente** adj/s *gefällig, dienstfertig, zuvorkommend* ‖ *nachsichtig (Ehemann)*
comple|jidad f *Zusammengesetztheit* f ‖ *Kompliziertheit* f ‖ *Schwierigkeit* f ‖ *Vielgestaltigkeit, Komplexität* f ‖ *Gegensätzlichkeit* f ‖ **-jo** adj *zusammengesetzt, verwickelt* ‖ *vielgestaltig* ‖ *komplex* ‖ *gegensätzlich* ‖ ⟨Bgb⟩ *verwachsen* (números) ~**s** ⟨Math⟩ *komplexe Zahlen* fpl ‖ ~ m *Ver|bindung, -einigung* f ‖ *Ganze(s)* n ‖ *Gesamtheit* f ‖ *Inbegriff* m ‖ ⟨Psychol⟩ *Komplex* m ‖ ⟨Tech⟩ *Komplex* m ‖ ~ *de Edipo* ⟨Psychol⟩ *Ödipuskomplex* m ‖ ~ *de inferioridad Minderwertigkeitskomplex* m ‖ ~ *económico Wirtschaftskomplex* m ‖ ~ *fundamental* ⟨Geol⟩ *Grundkomplex* m ‖ ~ *genético* ⟨Gen⟩ *genetischer Komplex* m ‖ ~ *ígneo* ⟨Geol⟩ *Eruptivkomplex* m ‖ ~ *vitamínico* B_2 *Vitamin-*B_2*-Komplex* m
complemen|tar vt *ergänzen, vervollständigen* ‖ **-tario** adj *nachträglich* ‖ *ergänzend, Ergänzungs-* ‖ *Nach-* ‖ ⟨Math Phys⟩ *Komplementär-* ‖ *ángulo* ~ *Komplementwinkel* m ‖ *proposición* ~a ⟨Gr⟩ *Objektsatz* m ‖ **-to** m *Ergänzung* f, *Komplement* n ‖ *Vollendung* f ‖ *Zuschlag* m, *Zulage* f ‖ ⟨Astr Mus Math⟩ *Komplement* n ‖ ~ *circunstancial* ⟨Gr⟩ *adverbiale Bestimmung* f ‖ ~ *de destino Arbeitsplatzzulage* f ‖ *Zulage* f *an leitende Beamte* ‖ ~ *directo* ⟨Gr⟩ *direktes Objekt, Akkusativobjekt* n ‖ ~ *indirecto* ⟨Gr⟩ *indirektes Objekt* n ‖ ~ *de* ~ ⟨Mil⟩ *Reserve-* ‖ *clases de* ~ ⟨Mil⟩ *Reserveunteroffizierskorps* n ‖ *oficial de* ~ ⟨Mil⟩ *Reserveoffizier, Offizier* m *des Beurlaubtenstandes*
comple|tamente adv *vollständig, völlig* ‖ *gänzlich* ‖ *ganz und gar* ‖ *absolut* ‖ **-tar** vt *ergänzen, vervollständigen, komplettieren* ‖ *vollenden* ‖ **-tas** fpl ⟨Rel⟩ *Komplet* f ‖ **-tivo** adj *Ergänzungs-* ‖ **-to** adj *vollständig (eingerichtet)* ‖ *vollkommen* ‖ *gründlich (Arbeit)* ‖ *besetzt (Straßenbahnwagen etc.)* ‖ ⟨Th⟩ *vielseitig (Schauspieler)* ‖ ⟨Th Filmw⟩ *ausverkauft* ‖ *un traje* ~ *ein ganzer Anzug* m ‖ ◊ *poner el* ~ fig *Schluß machen, Einhalt gebieten* ‖ *pedir un* ~ fam *ein komplettes Frühstück bestellen* ‖ *pagar el* ~ Col PR *den Rest e–r Schuld bezahlen* ‖ *estar* ~ *vollzählig sein* ‖ *por* ~ = **-tamente**
comple|xidad f = **-jidad** ‖ **-xión** f *Leibesbeschaffenheit, Komplexion* f ‖ *Haut-, Gesichtsfarbe* f ‖ *Aussehen* n ‖ *de* ~ *fuerte von kräftigem Körperbau* ‖ **-xionado** adj: *bien* ~ *kräftig gebaut (Person)* ‖ **-xional** adj *Körperbau-* ‖ **-xo** adj/s = **-jo**
compli|cación f *Ver|wicklung, -kettung, Verwirrung, Komplikation* f ‖ *Schwierigkeit* f ‖ *verwickelter Aufbau* m, *Kompliziertheit* f ‖ *Zusammentreffen* n *von Umständen* ‖ ⟨Med⟩ *Komplikation* f ‖ **-cado** adj *ver|wickelt, -worren, kompliziert* ‖ **-car** [c/qu] vt *ver|wickeln, -wirren, komplizieren* ‖ *schwierig, kompliziert machen* ‖ ~**se** *sich verwickeln* ‖ *sich verschlimmern (Krankheit)* ‖ ◊ *el asunto se va* **-cando** *der Fall wird immer verwickelter.*
cómplice m/f *Mitschuldige(r)* m/f ‖ *Mittäter (-in)* f m ‖ *Komplice, Komplize, Gehilfe* m *(an der Straftat)* ‖ *Helfershelfer(in)* m (f) ‖ ~ *primario Mittäter* m ‖ ~ *secundario Gehilfe* m
complicidad f *Mitschuld* f ‖ *Beihilfe, Teilnahme* f ‖ *geheimes Einverständnis* n ‖ ~ *secundaria,* ~ *por asistencia* ⟨Jur⟩ *Beihilfe* f ‖ ◊ *actuar en* ~ *con alg. jdm Beihilfe leisten*
com|plot m *Komplott* n, *Verschwörung, Verbrechensverabredung* f, *Anschlag* m ‖ *geheimes Einverständnis* n ‖ ◊ *urdir (od tramar) un* ~ *ein Komplott schmieden, e-e Verschwörung anzetteln* ‖ **-plotarse** vr gall *sich verschwören* ‖ fam *heimlich verabreden*
complutense adj/s *aus Alcalá de Henares* (P Madr)
compluvio m ⟨Hist Arch⟩ *Compluvium* n
compodrecerse [-zc-] vr *faulen*
compo|nedor m ⟨Typ⟩ *Winkelhaken* m ‖ ⟨Typ⟩ *Setzer* m ‖ *(amigable)* ~ *Schiedsrichter, Vermittler* m ‖ **-nedora** f ⟨Typ⟩ *Setzmaschine* f ‖ **-nenda** f fam *Ausgleich* m, *freundliche Vermittlung* f ‖ fam *Machenschaft* f ‖ **-nente** m/adj *(Bestand)Teil* m ‖ *Mitglied* n ‖ ⟨Math Phys⟩ *Komponente* f ‖ fig *Element* m ‖ ~ *activa* ⟨El⟩ *Wirkwert* m, *Wirkkomponente* f ‖ ~ *reactiva,* ~ *devatada* ⟨El⟩ *Blindkomponente, wattlose Komponente* f ‖ ~ *de vatio* ⟨El⟩ *Wirkkomponente* f ‖ ~ *efectiva* ⟨El⟩ *Wirkwert* m ‖ ~ *horizontal (vertical) Horizontal- (Vertikal)komponente* f
compo|ner vt/i [irr → **poner**] *in Ordnung bringen, anordnen* ‖ *ein-, her|richten* ‖ *zusammensetzen* ‖ *mischen (Flüssigkeiten)* ‖ *verfertigen* ‖ *zustande bringen* ‖ *ausmachen, bilden (ein Ganzes)* ‖ *ausmachen (Betrag)* ‖ *ab-, ver|fassen (Gedicht,*

componible — comprender

Buch) ‖ *aufsetzen (Brief)* ‖ ⟨Mus⟩ *in Musik setzen, komponieren* ‖ *schmücken, aufputzen* ‖ *ausbessern, flicken (z. B. Schuhe)* ‖ fig *wiederherstellen* ‖ *beilegen, schlichten, vergleichen (Streitigkeit)* ‖ *beruhigen* ‖ ⟨Typ⟩ *(ab)setzen* ‖ Am *abrichten (Rennpferd)* ‖ Col *verhexen, verzaubern* ‖ Chi Mex Pe *verschneiden, kastrieren* ‖ ◊ ~ *amistosamente* ⟨Jur⟩ *vergleichweise schlichten* ‖ ~vi *dichten, Verse machen* ‖ ⟨Mus⟩ *komponieren* ‖ ◊ *debuen~gutmütig* ‖ ~*se in Ordnung kommen* ‖ *sich putzen* ‖ *bestehen* (de *aus)* ‖ ◊ ~ *el pelo sich das Haar ordnen* ‖ *componérselas* figf *sich zurechtfinden, sich zu helfen wissen, e–n Ausweg finden* ‖ ¿cómo se las compondrá? fam *wie wird er sich aus der Geschichte herausziehen?* ‖ **–nible** adj *vereinbar* ‖ *passend* ‖ *beilegbar (durch Vergleich)* ‖ **–nimiento** m *Zurückhaltung, Sittsamkeit* f
  comporta f *Weinbütte* f, *Zuber* m *(bes für Weintrauben)*
  compor|table adj *erträglich* ‖ *leidlich* ‖ **–tamiento** m *Betragen, Benehmen, Verhalten* n ‖ ⟨Psychol Zool⟩ *Verhalten* n, *Verhaltensweise* f (→ a **etología**) ‖ *Verhalten* n *(e–s Stoffes)* ‖ ~ an*tirreglamentario vorschriftswidriges (od regelwidriges* [bes Sp]) *Verhalten* n ‖ forma *(od* tipo) de ~ *Verhaltensweise* f ‖ *Anstand* m ‖ **–tarse** vr *sich betragen, sich benehmen* ‖ ~**te** m *Betragen* n ‖ *(Körper)Haltung* f ‖ △*Gastwirt* m ‖ **–tero** m *Weinbütten|macher, -händler* m
  composición f *Zusammensetzung* f ‖ *Mischung* f ‖ *Bildung, Verfertigung* f ‖ *(Geistes)Werk* n ‖ *Dichtung* f ‖ *Musik-, Ton|stück* n ‖ ⟨Mus⟩ *Tonsetzkunst, Komposition* f ‖ *(schriftlicher) Aufsatz* m ‖ *Stilübung* f ‖ *Schul|aufgabe, -arbeit* f ‖ ⟨Typ⟩ *Satz* m, *Setzen* n ‖ *Anstand* m, *Sittsamkeit* f ‖ ⟨Jur⟩ *Schlichtung* f ‖ *Vergleich* m ‖ ⟨Mil⟩ *(Truppen)Gliederung* f ‖ ⟨Chem⟩ *Verbindung* f ‖ ⟨Gr⟩ *Zusammensetzung* f ‖ ~ a mano, ~ manual ⟨Typ⟩ *Handsatz* m ‖ ~ *cíclica* ⟨Chem⟩ *Ringverbindung* f ‖ ~ con los acreedores *Vergleich* m *mit den Gläubigern* ‖ ~ de fuerzas *Zusammensetzung* f *von Kräften* ‖ ~ de grotesca clásica, ~ en forma de bloque ⟨Typ⟩ *Blocksatz* m ‖ ~ del dique *Dammschüttung* f ‖ ~ de tablas, ~ en forma de tabla ⟨Typ⟩ *Tabellensatz* m ‖ ~ de un tren *Zugstärke* f ‖ ~ entre herederos *Erbvergleich* m ‖ ~ espaciada ⟨Typ⟩ *Sperrdruck* m ‖ ~ explosiva *Sprengmittel* m ‖ ~ florística ⟨Bot⟩ *Blumenanordnung* f ‖ ~ fotográfica ⟨Typ⟩ *Photosatz* m ‖ ~ fulminante *Zündsatz* m ‖ ~ genérica ⟨Phot⟩ *Genreanordnung* f ‖ ~ mecánica ⟨Typ⟩ *Maschinensatz* m ‖ ~ para distribuir ⟨Typ⟩ *Ablegesatz* m ‖ ~ poética *poetisches Werk* n ‖ ~ procesal *Prozeßvergleich* m ‖ ~ química *chemische Zusammensetzung* f ‖ ~ *Verbindung* f ‖ ~ tipográfica *Schriftsatz* m ‖ sin ~ *unverfälscht, echt* ‖ taller de ~ ⟨Typ⟩ *Setzerei* f ‖ ◊ hacer ~ de lugar fig *alle Mittel und Umstände bei e–m Geschäft genau erwägen*
  compositi|floras fpl ⟨Bot⟩ *Korbblütler* mpl (Compositae) ‖ **–vo** adj: partícula ~a ⟨Gr⟩ *Vorsilbe* f, *Präfix* n
  compositor m/adj: (maestro) ~, ~ (de música) *Komponist, Tonsetzer* m ‖ ⟨Arg⟩ *(Pferde)Bereiter* m
  compostelano adj/s *aus Santiago de Compostela* (PCor)
  compostura f *Zusammensetzung, Verfertigung* f ‖ *Anordnung, Einrichtung* f ‖ *Bauart* f, *Bau* m ‖ *Ausbesserung, Wiederherstellung* f ‖ *Aufarbeitung* f ‖ *Art, Beschaffenheit* f ‖ *Putz, Schmuck* m, *Zierde* f ‖ *Anstand* m, *Sittsamkeit* f, *gesetztes Wesen* n ‖ *(gütlicher) Vergleich* m ‖ ◊ guardar ~ *den Anstand (be)wahren* ‖ tener ~ *gefälscht, gemischt sein* ‖ esto no tiene ~ fig *hier ist nichts zu retten*
  compo|ta f *Kompott* n ‖ *Obstmus* n ‖ **–tera** f *Kompott|schale, -büchse* f
  compound m/adj engl *Vergieß-, Verguß|masse* f ‖ ~ adj *Compound-, Verbund-*
  compra f *Kauf, Ein-, An|kauf* m ‖ *Gekauftes* n ‖ *Erwerb* m, *Anschaffung* f ‖ ~ a entrega *Kauf* m *auf Lieferung* ‖ ~ al contado, ~ en efectivo *Barkauf* m ‖ ~ a crédito *Kauf* m *auf Kredit* ‖ ~ anticipada *Vorkauf* m ‖ ~ de bienes raíces *Grundstückskauf* m ‖ ~ por catálogo, ~ por correspondencia *Versandkauf* m ‖ ~ especulativa *Kauf* m *auf Spekulation* ‖ ~ en firme, ~ (en cuenta) fija *Kauf* m *auf fest, Festkauf* m ‖ ~ de lance, ~ de ocasión *Gelegenheitskauf* m ‖ ~ a plazos *Kauf* m *auf Zeit, Raten-, Kredit|kauf* m ‖ ~ simulada *Scheinkauf* m ‖ ~ de votos ⟨Pol⟩ *Stimmenkauf* m ‖ agente de ~ *Kaufagent* m ‖ autorización de ~ *Einkaufsermächtigung* f ‖ capacidad (*od* potencia, poder) de ~ *Kaufkraft* f ‖ comunidad de ~ *Einkaufsgemeinschaft* f ‖ contrato de ~ *Kaufvertrag* m ‖ negocio de compra y venta *Trödler-, Tausch|geschäft* n ‖ ocasión de ~ *Kaufgelegenheit* f ‖ opción de ~ *Kaufoption* f ‖ orden de ~ *Kaufauftrag* m ‖ país de ~ *Einkaufsland* n ‖ poder de ~ *Kaufkraft* f ‖ precio de ~ *Kaufpreis* m ‖ proposición de ~ *Kaufantrag* m ‖ valor de ~ *Anschaffungswert* m ‖ escasa (*od* poca) tendencia a (hacer) ~s *geringe Kauflust* f ‖ ◊ efectuar una ~ *e–n Kauf vornehmen* ‖ hacer (*od* cerrar) una ~ *e–n Kauf abschließen* ‖ ir a la ~ *auf den Markt gehen (Frau)* ‖ ofrecer a la ~ *zum Kauf anbieten*
  compra|ble, –dero, –dizo adj *käuflich, feil*
  compra|dor m/adj *Käufer* m ‖ *An-, Ein|käufer* m ‖ *Abnehmer, Bezieher* m *(Ware)* ‖ ~ comisionista *Einkaufskommissionär* m ‖ ~ de buena fe *gutgläubiger Käufer* m ‖ ~ en virtud de un pacto de retroventa *Wiederkäufer* m ‖ carnet de ~ *Käuferkarte* f *(bei e–r Messe)* ‖ ◊ encontrar ~ (–es) *Absatz finden* ‖ mercado de ~(es) *Käufermarkt* m ‖ **–dora** f *Käuferin* f
  compranté m/adj *Käufer* m
  comprar vt/i *(ab)kaufen* ‖ *einkaufen* ‖ *anschaffen, beziehen, abnehmen* ‖ fig *bestechen* ‖ △*stehlen* ‖ ◊ se lo compré *ich kaufte es ihm ab* ‖ ~ barato (caro) *billig (teuer) kaufen* ‖ ~ al contado *bar kaufen* ‖ ~ a plazo, a crédito *auf Ziel, auf Raten, auf Kredit, auf Borg kaufen*, fam *auf Stottern kaufen* ‖ ~ por cuenta ajena (propia) *auf fremde (eigene) Rechnung kaufen* ‖ ~ de estraperlo fam *schwarz kaufen* ‖ ~ en globo, ~ en una liquidación *in Ramsch kaufen* ‖ ~ de lance, ~ de ocasión *gebraucht (od als Gelegenheit) kaufen* ‖ ~ de primera (segunda) mano *aus erster (zweiter) Hand kaufen* ‖ estar animado *(od* inclinado, dispuesto) a ~ *kauflustig sein* ‖ incitar a ~ *die Kauflust wecken* ‖ tendencia a ~ *Com lebhafte Tendenz* f
  compraventa f *Kauf* m *(als Rechtsgeschäft)* ‖ ~ aleatoria ⟨Jur⟩ *Hoffnungskauf* m ‖ ~ con cláusula de opción *Kauf* m *mit Rücktrittsvorbehalt* ‖ ~ de mercancías *Warenvertrieb* m ‖ ~ mercantil *Handelskauf* m ‖ ~ real *Handkauf* m ‖ contrato de ~ *Kaufvertrag* m ‖ escritura de ~ *Kaufurkunde, Verkaufsurkunde* f
  comprehensivo adj = **comprensivo**
  compren|der vt/i *umfassen, umschließen* ‖ *begreifen, in sich fassen, enthalten* ‖ *einbeziehen, mitrechnen* ‖ *verstehen, einsehen, erfassen, begreifen*, fam *kapieren* ‖ *(auf)fassen* ‖ *meinen, dafürhalten* ‖ ◊ ~ mal *falsch verstehen* ‖ no ~ nada de nick *klug werden aus* ‖ sin ~ *el seguro ausschließlich Versicherung* ‖ hacer ~ a. alg. *jdm et begreiflich machen* ‖ hacerse ~ *sich verständlich machen* ‖ V. ~á que... *Sie werden wohl einsehen, daß* ‖ haber ~dido *verstanden haben*, fam *spitzgekriegt haben*, vulg *gefressen haben* ‖ ~*se enthalten, begriffen sein* (en in) ‖ *einander verstehen* ‖ ◊ *se comprende das ist begreiflich,*

natürlich || *los números no –didos en el registro die im Verzeichnis nicht aufgeführten Nummern* || **-sible** *adj begreiflich, verständlich* || **-sión** *f Begreifen, Fassen* n || *Auffassung* f || *Fassungskraft* f || *(Er-)Kenntnis* f || *Verstand* m || *Verständnis* n || *Begriffs\inhalt, -umfang* m || **-sivo** *adj begreifend* || **-so** pp/irr v. **-der** || **-sor** m/adj *jd, der versteht*

compresa f ⟨Med⟩ *Kompresse* f, *Umschlag* m || ◊ *aplicar una ~ e–n Umschlag anlegen*

compre|sibilidad f *Zusammendrückbarkeit, Kompressibilität* f || **-sible** *adj zusammendrückbar* || **-sión** *f Zusammen\drückung, -pressung* f || *Kompression, Verdichtung* f || *bomba de ~ Luftpumpe* f || *Druckpumpe* f || *~ de Bier* ⟨Med⟩ *Biersche Stauung* f || *~ del suelo Boden\druck* m, *-pressung* f || *~ sivo adj zusammendrückend, Preß-* fig *Unterdrückungs-, Zwangs-* | *venda ~a* ⟨Chir⟩ *Kompressions-, Druck\verband* m || **-so** pp/irr v. **comprimir** || **-sor** m/adj *Kompressor, Verdichter* m || ⟨Web⟩ *Presser, Preßfinger* m || *~ blindado gekapselter Kompressor* m || *~ centrifugo Kreiselverdichter* m || *~ compound Verbundkompressor* m || *~ de alta presión Hochdruck\-verdichter, -kompressor* m || *~ de émbolo libre Freikolbenkompressor* m || *~ de sobrecarga Aufladekompressor* m || *~ de varios pisos mehrstufiges Gebläse* n || *~ helicoidal Schraubenverdichter* m || *~ rotativo volumétrico Umlauf-, Drehkolben-, Rotations\verdichter* m

comprimaria f ⟨Th⟩ *Nebenrolle* f

compri|mible *adj* = **compresible** || **-mido** *adj gepreßt, halb erstickt (Stimme)* || *aire ~ Druckluft* f || *bomba de aire ~ Druckpumpe* f || *~ m* ⟨Pharm⟩ *Tablette* f || **-mir** vt *zusammen\drücken, -pressen* || fig *unterdrücken* || fig *in Schranken, im Zaum halten* || **~se** *sich mäßigen*

compro|bable *adj feststellbar* || *meßbar* || **-bación** f *Beglaubigung, Beurkundung* f || *Bestätigung* f, *Beweis* m || *Feststellung* f || *Kontrolle* f, *Nachweis* m || *~ de las cuentas Vergleichung* f *der Rechnungen* || *~ del balance Bilanzprüfung* f || *~ de justicia Prüfung* f *auf Verfahrensfehler* || *~ estadística statistischer Nachweis* m || *balance de ~ Probebilanz* f || *de dificil ~ schwer festzustellen* || *error de ~ statistischer Ermittlungsfehler* m || **-bador** *m Prüfer* m || *Prüfgerät* n, *-vorrichtung* f || *~ de baterias Batterieprüfer* m || *~ de líneas* ⟨El⟩ *Leitungsprüfer* m || *~ de presión en los neumáticos* ⟨Aut⟩ *Reifen\druckmesser, -prüfer* m || *~ de niveles* ⟨Top⟩ *Libellenkontroller* m || **-bante** m/adj *Kontroll-, Beleg\schein, Beleg* m || *Unterlage* f || *Ausweis* m *(Buchhaltung)* || ⟨Jur⟩ *Beweismittel* n || *~ de adeudo Schuldurkunde* f, *Forderungsbeleg* m || *~ de entrega Übergabenachweis* m || **-bar** [-ue-] vt *beglaubigen, beurkunden* || *beweisen, bestätigen* || *über-, nach\-prüfen, kontrollieren* || *feststellen* || ◊ *~ la identidad die Personalien feststellen, identifizieren* || *dificil de ~ schwer festzustellen* || **-bativo, -batorio** *adj beweiskräftig* || *Kontroll-*

comprome|tedor *adj\s kompromittierend* || *heikel* | *belastend* || *situación ~a heikle Lage* f || **-ter** vt *jdn bloßstellen, blamieren* || *kompromittieren, in Verlegenheit bringen* | *gefährden, in Gefahr bringen, aufs Spiel setzen* | *belasten* || *verantwortlich machen* || ⟨Jur⟩ *vereinbaren (als Schuldner)* || *sich beim Schiedsgericht unterwerfen* || **~se** *sich e–r Bloßstellung aussetzen* || *sich anheischig machen* | *sich verpflichten (a zu)* || *sich verloben* || ◊ *~ con alg. sich jdm gegenüber verpflichten* || *~ con hipoteca sich hypothekarisch verpflichten* || **-tido** *adj gefährlich, heikel* | *peinlich* || ⟨Com⟩ *vergeben (Ware)* || *betroffen (Wein)* || *verlobt* | *engagiert* || ◊ *su fama está ~a sein guter Name steht auf dem Spiel* || *estar ~ con sumas fuertes* ⟨Com⟩ *sich mit starken Summen ohne Deckung befinden* || *literatura ~a en-gagierte Literatur* f || **-timiento** m s v. **-ter(se)**

compromi|sario m/adj *Schiedsrichter* m || *Vermittler* m || *Wahlmann* m || **-so** m *Berufung* f *auf e–n Schiedsspruch* | *Schiedsvertrag* m || *Kompromiß* m || *übernommene Verpflichtung* f || *Verbindlichkeit* f || *Bestellung* f *zum Wahlmann* || *Engagement* n || *Verlegenheit, Blamage* f || *Verlobung* f || *~ arbitral Schiedsvertrag, Kompromiß* m || *~ de crédito Kreditengagement* n || *~ eventual bedingte Verpflichtung* f || *~ de pago Zahlungsverpflichtung* f || *~ preferente bevorrechtigte Forderung* f || *~ solidario gesamtschuldnerische Verpflichtung* f || *~ de venta Verkaufsvortrag* m || *libre de ~* ⟨Com⟩ *freibleibend* || *por ~ aus Zwang* || *der Form wegen* || *contrato de ~ Schiedsrichtervertrag* m || *endoso sin ~ Indossament* n *ohne Obligo* || *excepción de ~ previo* ⟨Jur⟩ *Vergleichseinrede* f || *oferta sin ~ freibleibendes (od unverbindliches) Angebot* n || *precio sin ~ unverbindlicher (Richt)Preis* m || *sin ~ (Lieferung, Preise) freibleibend* || ◊ *contraer un ~ e–e Verpflichtung eingehen* || *declinar todo ~ jede Verantwortung ablehnen* || *estar en ~ fraglich sein* || *estar (od hallarse) en un ~ sich in e–r schwierigen, heiklen Lage befinden* || *es un ~ para mí es ist unangenehm für mich* || *faltar a su ~ sein Wort nicht halten* || *poner en ~ in Zweifel ziehen* || *poner en un ~ a alg. jdn bloßstellen, jdn kompromittieren* || *salir del ~ sich aus der Verlegenheit ziehen* || **~s** pl: *no poder satisfacer todos sus ~ nicht allen seinen Verpflichtungen nachkommen können* || *entrar en ~ Verbindlichkeiten eingehen* || *casa de ~ fam verrufenes Haus* n || **-sorio** *adj schiedsrichterlich* || *cláusula ~a Schiedsgerichtsklausel* f || **-tente** m *Wähler* m *der Wahlmänner* || *Partei* f *e–s Schiedsvertrags*

comprovinciano m/adj *Landsmann* m *(aus derselben Provinz)*

comps. Abk = **compañeros**

compuerta f *Vor-, Schutz\tür* f || *Schütztafel, Falle* f *an der Schleuse, Schleusentor* n || *Wehr* n || ⟨Mar⟩ *Schottentür* f || *Tür* f *in e–m Haustor* || *Falltür* f || *Schleuse* f || *~ arrollable* ⟨Ing⟩ *Wehr* n *mit Rolltafeln* || *~ basculante Pendelklappe* f || *~ contra incendios* ⟨Arch⟩ *Brandschleusentor* n || *~ de agua Wasserschieber* m || *~ de celosía Jalousieschütz(e)* n(f) || *~ de descarga Entleerungsschieber* m || *~ de draga Baggerloch* n || *~ del aliviadero Schütz* n *des Entlastungswehrs* || *~ del fondo Boden\klappe* f, *-schieber* m || *~ de mareas Flut-, Gezeiten\tor* n || *~ deslizante Gleitschütz* n || *~ de tajadera Abschlußtor* n || *~ de viento* ⟨Metal⟩ *Windschieber* m || *~ giratoria Schleusendrehtor* n || *~ rodante Rollschütz(e)* n(f) || *~ sumergida versenktes Schütz* n

compues|tas fpl ⟨Bot⟩ *Korbblütler* mpl (*Compositae*) || **-to** pp/irr v. **componer** || *adj zusammengesetzt (Zahl)* || fig *anständig, zierlich* || fig *umsichtig* || fig *gesetzt, ordentlich* || ⟨El⟩ *verketet* || *interés ~ (& pl) Zinseszins* m || ◊ *estar ~ de besthen aus (dat)* || *quedarse ~a y sin novio* figf *e–n unverhofften Mißerfolg haben (Frau)* || adv: **~amente** || *~ m Zusammensetzung, Mischung* f || ⟨Chem⟩ *Verbindung* f

compul|sa f *gerichtliche Beglaubigung* f || *beglaubigte Abschrift* f || *Schriftvergleichung* f || *Ausfertigung* f *(e–r Urkunde)* || **-sar** vt *vergleichen (Urkunden), e–e beglaubigte Abschrift (od e–e Ausfertigung) erteilen* || **-sión** f *(gerichtlicher) Zwang* m || *Zwangsvollzug* m *gerichtlicher Anordungen* || *~ de repetición* ⟨Psychol Med⟩ *Wiederholungszwang* f || **-sivo** *adj Zwangs-* || **-so** pp/irr v. **compeler** || **-soria** f ⟨Jur⟩ *Mahnbrief* m || **-sorio** *adj Zwangs-*

compun|ción f *Zerknirschung* f *des Herzens* || *Mit\leid, -gefühl* n || **-gido** *adj zerknirscht, reuevoll* || *(tief) betrübt* || adv: **~amente** || **-gir** [g/j]

compurgación — comunidad 294

vt *rühren* ‖ ~**se** *innige Reue fühlen, empfinden* ‖ *zerknirscht sein*
compur|gación f ⟨Jur⟩ *Rechtfertigung* f ‖ ⟨Jur⟩ *Entlastung* f ‖ **-gar** [g/gu] vi/t *sich dem Beweis durch Entlastungszeugen unterwerfen* ‖ Mex *abbüßen (Strafe)*
compuso → **componer**
compu|tación f *Berechnung* f ‖ *Fristberechnung* f ‖ → a **cómputo** ‖ **-tador** m, **-tadora** f *elektronische Rechenmaschine* f, *Computer* m (engl) ‖ **-tar** vt *aus-, be|rechnen*
cómputo m *Berechnung* f ‖ *Fristberechnung* f ‖ *Einrechnung* f *(der Strafzeit)* ‖ ~ *astronómico ortsübliche Zeitrechnung* f ‖ ~ *de intereses Zins(be)rechnung* f ‖ ~ *eclesiástico kirchliche Jahreseinteilung* f ‖ ~ *presupuesto* Am *Kostenüberschlag* m ‖ ~ *usual übliche Zeitrechnung* f
comucho m Chi *Menge* f, *Haufe(n)* m
comul|gante m/adj ⟨Rel⟩ *Abendmahlsgast* m ‖ **-gar** [g/gu] vt *die heilige Kommunion geben* ‖ ~ vi *das heilige Abendmahl, die (heilige) Kommunion empfangen, kommunizieren* ‖ ◊ ~ con alg. *jds Gesinnung teilen* ‖ ~ *con ruedas de molino* figf *allzu leichtgläubig, einfältig sein* ‖ ~ in a/c *et annehmen, anerkennen* ‖ **-gatorio** m *Abendmahlsgitter* n, *Kommunionbank* f, *Tisch* m *des Herrn*
¹**común** adj *gemeinschaftlich, gemein(sam)* ‖ *allgemein (bekannt)* ‖ *alltäglich, gewöhnlich* ‖ *häufig* ‖ *gering (Qualität)* ‖ *gemein, schlecht* ‖ ~ *divisor* ⟨Math⟩ *gemeinsamer Teiler* m ‖ a *cuenta* ~ *auf gemeinschaftliche Rechnung* ‖ *de* ~ *acuerdo nach gegenseitiger Übereinkunft* ‖ *nuestro amigo* ~ *unser gemeinschaftlicher Freund* m ‖ *lugar* ~ fig *Gemeinplatz* m, *geflügeltes Wort* n ‖ *Abtritt, Abort* m ‖ *nombre* ~ ⟨Gr⟩ *Gattungsname* m, *Appellativ* n ‖ *sentido* ~ *gesunder Menschenverstand* m ‖ *en* ~ *gemeinschaftlich* ‖ *insgemein* ‖ *de fuerza de voluntad poco (od nada, no)* ~ *von außergewöhnlicher Willenskraft* ‖ *por lo* ~ *gemeinhin, gewöhnlich* ‖ *pastos* ~ *es Gemeindetrift* f
²**común** m *Gemein(d)e* f ‖ *Gemeinwesen* n ‖ *Genossenschaft* f ‖ *Volk* n ‖ *Abtritt, Abort* m ‖ Mex *Gesäß* n ‖ ~ *de dos* ⟨Gr⟩ *doppelgeschlechtiges Hauptwort* n ‖ *el* ~ *de las gentes die meisten Leute* ‖ *Cámara de los Comunes* ⟨Pol⟩ *Unterhaus* n
comu|na f Cat *Abort, Abtritt* m ‖ Murc *Hauptbewässerungsgraben* m ‖ Arg gall *Gemeinde* f ‖ *casa* ~ *Rathaus* n ‖ *m*, **-nería** f *Völkerschaft* f ‖ **-nalismo** m ⟨Zool⟩ *Kommunalismus* m ‖ **-nero** adj *leutselig, menschenfreundlich* ‖ *Gemeinde-* ‖ ~ m *Mitbesitzer* m *e-s Landgutes* ‖ Am *Pächter* m *e-s Staatguts* ‖ *retracto de* ~s ⟨Jur⟩ *Vorkaufsrecht* n *der Miteigentümer* ‖ ~**s** pl *Anhänger* mpl *der aufrührerischen Comunidades de Castilla unter Karl V.* ‖ Span *politische Partei* f *in den Jahren 1820-23* ‖ **-nial** adj *Gemeinde-*
comunica|bilidad f *Leutseligkeit* f ‖ *Mittelbarkeit* f ‖ *Anwendbarkeit* f *auf andere* ‖ *Verbindbarkeit* f *(Wasserwege)* ‖ **-ble** adj *gesellig* ‖ *mittelbar* ‖ *verbindbar (Wasserwege)*
comunica|ción f *Mitteilung* f ‖ *Umgang* m ‖ *Kommunikation* f ‖ *Verbindung* f ‖ *Verkehr* m ‖ *Zusammenhang* m ‖ *(amtliche) Mitteilung* f ‖ *Übertragung* f *(Bewegung)* ‖ *Austausch* m *(Gedanken)* ‖ ⟨Tel⟩ *Anschluß* m, *Verbindung* f ‖ *Übermittlung* f ‖ *Telefongespräch* n ‖ ⟨Mil⟩ *Nachschubweg* m ‖ *Verbindungs|weg* m, *-stück* n ‖ fig *Kontakt* m, *Fühlung* f (con *mit*) ‖ ~ al *público Veröffentlichung* f ‖ ~ *colectiva* ⟨Tel⟩ *Sammel-, Konferenz|gespräch* n ‖ *Sammelanschluß* m ‖ ~ *con aviso de llamada,* ~ *con preaviso* ⟨Tel⟩ *Gespräch* n *mit Voranmeldung* ‖ ~ *de autos* ⟨Jur⟩ *Akteneinsicht* f ‖ ~ *de los libros Vorlegung* f *der (Handels)Bücher* ‖ ~ *de retaguar-*

dia, ~ *hacia atrás* ⟨Mil⟩ *rückwärtige Verbindung* f ‖ ~ *de tránsito Durchgangsverbindung* f ‖ ~ *directa* ⟨Tel⟩ *Direktverbindung* f ‖ ~ *intercontinental Überseeverbindung* f ‖ ~ *internacional* ⟨Tel⟩ *Auslandsgespräch* n ‖ ~ *interurbana* ⟨Tel⟩ *Fern|gespräch* n, *-verbindung* f ‖ ~ *oficial amtliche Mitteilung* f ‖ ~ *por ferrocarril,* ~ *ferroviaria Eisenbahnverbindung* f ‖ ~ *postal Postverbindung* f ‖ ~ *radiotelegráfica Funkverbindung* f ‖ ~ *telefónica Fernsprech|verbindung* f, *-verkehr* m ‖ ~ *Telefongespräch* n ‖ ~ *transversal Querverbindung* f ‖ ~ *urbana,* ~ *local* ⟨Tel⟩ *Orts|gespräch* n, *-verbindung* f ‖ ~ *urgente* ⟨Tel⟩ *dringendes Gespräch* n ‖ *medio de* ~ *Verkehrsmittel* n ‖ ◊ *cortar (od interrumpir) la* ~ *die Verbindung unterbrechen* ⟨bes Tel⟩ ‖ *entrar en* ~ *con alg. sich mit jdm in Verbindung setzen* ‖ *establecer la* ~ *e-e Gesprächsverbindung herstellen* ‖ *pedir* ~ *telefónica um (Telefon)Verbindung ersuchen* ‖ *poner en* ~ ⟨Tel⟩ *verbinden* ‖ *póngame V. en* ~ *con el número ... verbinden Sie mich mit Nummer ...* ‖ *via de* ~ *Verkehrs-, Verbindungs|weg* m ‖ ~**es** pl *Verkehrswege* mpl ‖ ~ *postales Postverkehr* m ‖ *Postwesen* n ‖ ~ *telefónicas,* ~ *telegráficas Telefon-, Telegramm|verkehr* m ‖ *comisión de transportes y* ~ Span *Kabinettsausschuß* m *für Verkehr und Nachrichten* ‖ *red de* ~ *Verkehrsnetz* n ‖ *servicio de* ~ *Verkehrswesen* n ‖ *transportes y* ~ *Verkehrswesen* n ‖ **-do** m *Eingesandt* n *(in der Zeitung)* ‖ *(amtliche) Mitteilung, Verlautbarung* f, *Kommuniqué* n ‖ ~ *oficial amtliche, offizielle Mitteilung* f ‖ ~ *de las Fuerzas armadas (alemanas) Wehrmachtsbericht* m ‖ **-dor** m *Mitteilende(r)* m
comuni|cante m *Mitteilende(r), Korrespondent* m ‖ ~ adj ⟨Phys⟩ *kommunizierend* ‖ **-car** [c/qu] vt *jdm et mitteilen* ‖ *jdn benachrichtigen* ‖ *notifizieren* ‖ fig *mitteilen (Krankheit)* ‖ *über|tragen, -mitteln* ‖ *verbinden, in Verbindung setzen* (con *mit*) ‖ ◊ ~ a. a alg. *jdn von et in Kenntnis setzen* ‖ ~ *por escrito schriftlich mitteilen* ‖ ~ vi *in Verbindung stehen* ‖ *ineinandergehen (Zimmer, Räume)* ‖ ◊ *están –cando besetzt! (Mitteilung der Telefonzentrale)* ‖ ~**se** *sich über et besprechen* ‖ ~ (entre sí) *Umgang miteinander haben* ‖ *Briefe wechseln* ‖ ~ *por señas sich durch Zeichen verständigen* ‖ **-cativo** adj *gesellig* ‖ *leutselig, gesprächig* ‖ *kommunikativ* ‖ ⟨Jur⟩ *mitteilsam* ‖ fig *ansteckend (Freude)* ‖ *virtud* ~a *Mitteilungsgabe* f ‖ adv: ~**amente**
comunidad f *Gemeinschaft, Gemeinsamkeit* f ‖ *Gemeinde* f ‖ *(Kloster)Gemeinde* f ‖ *Körperschaft* f ‖ *Miteigentum* n ‖ ~ *aduanera Zollgemeinschaft* f ‖ ~ *agrícola Landwirtschaftsunion* f ‖ ~ *arancelaria Tarifgemeinschaft* f ‖ ~ *Británica de Naciones Británisches Commonwealth* n ‖ ~ *conyugal eheliche Gemeinschaft* f ‖ ~ *de administración y disfrute Güterstand* m *der ehemännlichen Verwaltung und Nutznießung* ‖ ~ *de bienes Miteigentum* n ‖ *Gütergemeinschaft* f ‖ ~ *de disfrute Nutzungsgemeinschaft* f ‖ ~ *de gananciales Zugewinngemeinschaft* f ‖ ~ *de gananciales Errungenschaftsgemeinschaft* f ‖ ~ *de habitación,* ~ *entre inquilinos Wohngemeinschaft* f ‖ ~ *de intereses Interessengemeinschaft* f ‖ ~ *de pastos Weidegemeinschaft* f ‖ ~ *de regantes Wasserverband von Bewässerern* ‖ ~ *de techo Hausgemeinschaft* f *(der Ehegatten)* ‖ ~ *de trabajo Arbeitsgemeinschaft* f ‖ ~ *de vida Lebensgemeinschaft* f ‖ ~ *Económica Europea (C.E.E.) Europäische Wirtschaftsgemeinschaft* f *(EWG)* ‖ ~ *escolar Schulgemeinde* f ‖ ≃ *Europea del Carbón y del Acero (C.E.C.A.) Europäische Gemeinschaft* f *für Kohle und Stahl (EGKS), Montanunion* f ‖ ≃ *Europea de Defensa (C.E.D.) Europäische Verteidigungsgemeinschaft* f *(EVG, 1952 gescheitert)* ‖ ≃ *Europea de Energía Atómica Europäische Atomgemeinschaft* f *(EURATOM)* ‖ ~ *familiar Haus-*

gemeinschaft f ‖ ~ **internacional** *Völker(rechts)gemeinschaft* f ‖ ~ **jurídica** *Rechtsgemeinschaft* f ‖ ~ **mancomunada**, ~ **en mancomún** *Gesamthandsgemeinschaft* f ‖ ~ **matrimonial** *Gütergemeinschaft* f ‖ ~ **monetaria** *Währungsgemeinschaft* f ‖ ⁓ **Política Europea (C.P.E.)** *Europäische Politische Gemeinschaft* f *(EPG)* ‖ ~ **religiosa** *Religionsgemeinschaft* f ‖ ~ **rural** *Landgemeinde* f ‖ ~ **sucesoria** *Erbengemeinschaft* f ‖ **en** ~ **in Gesamtheit** ‖ **régimen de la** ~ **conyugal** *eheliche Gütergemeinschaft* f ‖ ⁓**es** *pl Volksaufstand* m *in Kastilien unter Karl V.*

comunión f *Gemeinsamkeit* f ‖ *Glaubens-, Kirchen\gemeinschaft* f ‖ *heilige Kommunion* f, *heiliges Abendmahl* n *(Sakrament)* ‖ fig *politische Partei* f ‖ fig *Gemeinsamkeit* f *der Empfindungen und Anschauungen, Seelenbündnis* n ‖ ~ **de la Iglesia**, ~ **de los Santos** *Gemeinschaft* f *der Kirche* ‖ ⁓ **tradicionalista** Span *Traditionalistenpartei, Politische Vereinigung* f *der Requetés* ‖ ◊ **hacer la** ⁓, **ir a la** ~ **zur Kommunion gehen**

comunis|mo m ⟨Pol⟩ *Kommunismus* m ‖ → **bolchevismo, Cominform, Comintern, soviet** ‖ **-ta** m/adj *Kommunist* m ‖ ~ adj *kommunistisch* ‖ **partido** ~ *kommunistische Partei* f ‖ ~**Alemán** *Deutsche Kommunistische Partei* f *(DKP)*

comúnmente adv *im allgemeinen* ‖ *häufig, oft*

comuña f *Mengkorn* n ‖ *Ast Pacht* f *(bes Viehteilpacht)*

con prep *mit* dat, *vermittels* gen, *nebst* dat, *zugleich mit* dat ‖ *durch* acc ‖ *bei* dat ‖ *in* dat ‖ *aus* dat ‖ *nach* dat ‖ *zu* dat ‖ *gegen* acc ‖ *(gegen-) über* dat ‖ *unter* dat ‖ *vor* dat
 1. Örtliche Bedeutung
 a) Begleitung, Verbindung, Gleichzeitigkeit: **café** ~ **leche** *Kaffee* m *mit Milch* ‖ **pan** ~ **mantequilla** *Butterbrot* n ‖ **acompañarse** ~ **uno** *sich von jdm begleiten lassen* ‖ **estar** ~ **alg.** *auf jds Seite stehen* ‖ **estar de acuerdo** ~ **alg.** ‖ **mit jdn einig sein** ‖ **estar** ~ **fiebre** *Fieber haben* ‖ **vivir** ~ **alg.** *mit jdm zusammenleben* ‖ ¡**vaya V.** ~ **Dios! leben Sie wohl!** ‖ → **conmigo, contigo, consigo**
 b) Beziehung, Gegenseitigkeit, Verkehr, Umgang: ~ **él no se sabe nunca** *bei ihm weiß man nie (, woran man ist)* ‖ **amable (para)** ~ **nosotros** *freundlich zu uns* ‖ **estar a mal** ~ **alg.** *mit jdm schlecht stehen* ‖ **dar clase** ~ **alg.** ‖ **Stunden bei jdm nehmen** ‖ **galante** ~ **las damas** *liebenswürdig zu den Damen* ‖ **uno** ~ **otro** ⟨Com⟩ *e-s zum anderen gerechnet* ‖ *in Bausch und Bogen* ‖ **nada tiene que ver** ~ **ello** *es hat damit nichts zu tun* ‖ **no se meta V.** ~ **nosotros** *lassen Sie uns in Ruhe!*
 2. Mittel, Werkzeug: ~ **paciencia** *mit Geduld* ‖ **cortar** ~ **el cuchillo** *mit dem Messer schneiden* ‖ **tiene** ~ **qué** *vivir er hat zu leben* ‖ **me visto** ~ **ese sastre** *ich lasse meine Kleider bei diesem Schneider machen*
 3. Begleitende Umstände *(in übertragenem Sinne)*
 a) Besitz, Zugehörigkeit, geistiges Vermögen: ~ **este tiempo** *bei diesem Wetter* ‖ **me veo** ~ **facultades de emprenderlo** *ich halte mich für befähigt, es zu unternehmen* ‖ ~ **aire satisfecho** *mit zufriedener Miene* ‖ ~ **ardor** *feurig* ‖ ~ **brío** *lebhaft, feurig, kräftig* ‖ ~ **fervor** *inbrünstig* ‖ ~ **furia** *zornig, wütend*
 b) Gegensatz, Gegenüberstellung, Folgerung: ~ **todos sus defectos es muy amable** *trotz (bei) allen seinen Fehlern ist er sehr liebenswürdig* ‖ ~ **todo eso** *trotz alledem, dessenungeachtet* ‖ ~ **eso** *damit, daher* ‖ *hierauf, dann* ‖ ~ **mucho** *bei weitem* ‖ **ni** ~ **mucho** *bei weitem nicht, lange nicht*
 4. mit dem Infinitiv:
 a) als Ersatz für das Gerundium (in Temporal- od Bedingungssätzen): ~ **declarar se libró del castigo** *durch sein Geständnis ging er straffrei aus* ‖ ~ **trabajar (si trabajas** *od* **trabajando) lo conseguirás** *wenn du viel arbeitest, wirst du es erreichen*
 b) einräumend *(statt e-s Nebensatzes mit* **aunque***)*: ~ **ser muy trabajador, gana poco** *obwohl er sehr arbeitsam ist, verdient er wenig*
 5. In bindewörtlichen Verbindungen:
 a) einleitend *od* folgernd *(mit* ind): ~ **que nunmehr, nun** ‖ **also, folglich** ‖ ¿~ **qué vienes tan tarde?** *du kommst also so spät?* ‖ ~ **que** ¡**andando! fam vorwärts, also geschwind!**
 b) *(nachdrücklich)* bedingend *(mit* subj*)*: ~ (tal) que *wenn nur, unter der Bedingung, daß, wofern, vorausgesetzt, wenn nur* ‖ **divertíos** ~ **tal que cumpláis** ~ **vuestra obligación** *unterhaltet euch nur, erfüllt dabei aber eure Pflicht* ‖ **te perdono** ~ **que te enmiendes** *ich verzeihe dir, wenn du dich nur besserst (*od *vorausgesetzt, daß du dich besserst)* ‖ **yo te perdono la ofensa** ~ **sólo que me prometas... ich vergebe Dir die Beleidigung, wofern du mir versprichst...**

conato m *Bemühung* f, *Bestreben* n ‖ *Versuch* m ‖ *Absicht* f ‖ ~ **de asesinato** *Mordversuch* m ‖ ~ **de rebelión** *fehlgeschlagener Aufstand* m

conaza f Pan *Bambus* m

conca f *Muschel, Schnecke* f ‖ △*Suppennapf* m

concade|namiento m, **concatenación** f *Verkettung* f ‖ ~**nar** vt fig *verketten*

concau|sa f *Mitursache* f ‖ **-salidad** f *Mitursächlichkeit* f

cóncava f *Höhlung* f

concavidad f *Rundhöhlung, Hohlrundung, Höhlung* f ‖ *Konkavität* f

cóncavo adj *konkav, Hohl-* ‖ ~ m *Rundhöhlung, Hohlrundung, Konkavität* f ‖ ~**-convexo** adj ⟨Opt⟩ *konkavkonvex*

conce|bible adj *begreiflich, faßbar, verständlich* ‖ *vorstellbar* ‖ **no es** ~ *es ist nicht zu begreifen* ‖ **-bir** [-i-] vt ⟨Biol⟩ *empfangen (den befruchtenden Samen,)* ‖ fig *begreifen, (er)fassen* ‖ fig *verstehen* ‖ *ersinnen, ausdenken* ‖ *fassen (Vertrauen, Plan)* ‖ *abfassen (Geisteswerke)* ‖ *entwerfen (Plan)* ‖ *schöpfen (Hoffnung, Verdacht)* ‖ *ergriffen werden von (Liebe, Haß)* ‖ ◊ ~ **afecto por alg.** *jdn liebgewinnen* ‖ ~ **esperanzas** *sich Hoffnungen machen* ‖ ~ **sospechas** *Verdacht schöpfen* (**contra, de** *gegen*) ‖ **concebido en estos términos** *mit folgendem Wortlaut* ‖ **vi** *schwanger werden (Frau)* ‖ *trächtig werden (Tier)* ‖ ~**se:** **eso no se concibe** *das ist unbegreiflich* ‖ **sin pecado -bida** *ohne Sünde empfangen (Jungfrau Maria)* ‖ *Antwort auf den Gruß „Ave Maria Purísima"*

conce|dente m *Konzessionsgeber, Verleiher* m ‖ **-der** *zugewähren, zugestehen, zubilligen, erlauben* ‖ *überlassen* ‖ *verleihen, einräumen, zugeben* ‖ *erteilen* ‖ *zuteilen* ‖ *zulassen* ‖ ◊ ~ **atención a achten auf** (acc) ‖ ~ **audiencia** *(rechtliches) Gehör gewähren* ‖ ~ **comisión** *e-e Provision zugestehen* ‖ ~ **descuento,** ~ **rebaja** *e-n Rabatt gewähren* ‖ ~ **facilidades** *Erleichterungen zugestehen* ‖ ~ **la gracia a uno** *jdn begnadigen* ‖ ~ **importancia** *Wert beilegen* ‖ ~ **indulgencias** ⟨Kath⟩ *Ablässe* mpl *gewähren* ‖ ~ **la palabra** *das Wort erteilen* ‖ ~ **moratoria** *ein Moratorium bewilligen, stunden* ‖ ~ **privilegios fiscales** *Steuererleichterungen* fpl *gewähren* ‖ ~ **prórroga** *stunden (Steuern)* ‖ ~ **una patente** *ein Patent erteilen* ‖ ~ **una pensión** *e-e Rente gewähren* ‖ ~ **un plazo** *e-e Frist bewilligen, geben* ‖ ~ **una prestación** *e-e Leistung gewähren*

conce|jal m *Stadtrat, Ratsherr* m, *Gemeinderatsmitglied* n ‖ ~ **jurado** Span *Beigeordneter* m ‖ **-jalía** f *Ratsherren-, Gemeindevertreter|amt* n ‖ **-jil** adj *gemeindeeigen, Gemeinde-* ‖ ~ m *Stadt-*

verordnete(r) m || prov *Findelkind* n || **-jo** m *Stadt-, Gemeinde\rat* m *(als Körperschaft)* || Ast Gal León *Gebiet* n *mit mehreren Gemeinden mit ,,capital"* in *e-r von ihnen* || Nav *kleines Dorf* n || ~ abierto *Bürgerversammlung* f || ~ de la Mesta ⟨Hist⟩ *Zunft* f *der Herdenbesitzer* || ~ deliberante Arg *Stadtverordnetensitzung* f || ~ municipal *Stadtrat* m *(Körperschaft)* || sesión del ~ *Kabinettsitzung, Sitzung* f *des Ministerrates* || **-ller** m Ar Cat *Ratsherr* m || **-llo** m Ar *Ratsherr, Gemeinderat* m
  con\cenar vi *mit jdm speisen* || **-cento** m *Wohl-, Ein\klang* m
  concen\trabilidad f *Vereinigungsfähigkeit* f || **-tración** f *(örtliche) Vereinigung* f || *Konzentrierung, Konzentration* f || *Ansammlung* f || *Versammlung* f || *Eindampfen* n, *Eindickung* f *(Flüssigkeit)* || ⟨Bgb⟩ *Anreicherung, Aufbereitung* f || ⟨Mil⟩ *Versammlung* f, *Aufmarsch* m, *Massierung, Zusammenziehung* f || *Zusammenballung* f *(Menschen)* || *Gliederung, Zusammenfassung* f *(Industrien)* || ⟨Com⟩ *Gruppierung* f *(Handelszweige)* || ⟨Chem⟩ *Konzentration* f || fig *Geistes\gegenwart*, *-ruhe* f || ~ de empresas *Unternehmenszusammenschluß, Konzern* m || ~ de esfuerzos *Schwerpunktbildung* f || ~ de fuego ⟨Mil⟩ *Feuervereinigung* f || ~ de llamadas ⟨Tel⟩ *Anrufzusammenfassung* f || ~ de masas *Massenversammlung* f || ~ horizontal *horizontaler Zusammenschluß* m, *horizontale Konzentration* f || ~ industrial *industrielle Zusammenballung* f || ~ parcelaria *Flurbereinigung, Um-, Zusammen\legung* f || autorizar una ~ *vertikale Konzentration* f || autorizar una ~ *e–n Zusammenschluß genehmigen* || campo de ~ ⟨Mil⟩ *Konzentrations-, Gefangenen\lager* n || ⟨Pol⟩ *Konzentrationslager, KZ* n || de alta ~, de máxima ~ ⟨Chem⟩ *hochgradig, höchstgradig* || decreto de ~ *Umlegungsdekret* n || facultad de ~ *Konzentrationsfähigkeit* f || falto de ~ *zerstreut* || movimiento de ~ ⟨Mil⟩ *Aufmarschbewegung* f || plan de ~ ⟨Mil⟩ *Aufmarschplan* m || servicio de ~ parcelaria Span *Umlegungsbehörde* f || teoría de la ~ *Konzentrationstheorie* f || tiro de ~ ⟨Mil⟩ *zusammengefaßtes Feuer* n || zona de ~ parcelaria *Flurbereinigungs-, Zusammenlegungs\gebiet* n || **-tracionario** adj ⟨Pol⟩ *Konzentrations-* || **-trado** adj *zusammengezogen, konzentriert* || ⟨Chem⟩ *konzentriert, gesättigt (Lösung)* || *glühend (Haß)* || *verhalten (Wut)* || fig *eingekapselt, verschlossen* || **-trar** vt *(örtlich) vereinigen* || ⟨Mil⟩ *konzentrieren, zusammenziehen, massieren, verdichten* || ⟨Pol⟩ *zusammenziehen* || *zusammennehmen (Gedanken)* || fig *richten, häufen (sobre auf)* || ◊ ~ la atención *die Aufmerksamkeit auf sich lenken* || **-se** fig *sich sammeln* || *sich konzentrieren* || *sich ver-, ab\schließen* || ⟨Mil⟩ *aufmarschieren, sich versammeln* || **-tricidad** f *Konzentrizität* f
  concéntrico adj *konzentrisch*
  concentuoso adj *wohlklingend*
  concep\ción f ⟨Biol⟩ *Empfängnis, Befruchtung* f || fig *Fassungskraft* f || *Auffassung* f || *Erfindungskraft* f || *Vorstellung* f || *Eingebung* f || *Einfall, Gedanke* m || *Konzeption* f || fig *Gestaltung, Planung* f || fig *Bauart* f || la fiesta de la Inmaculada (od Purísima) ~ *(de Nuestra Señora) Mariä Empfängnis (Fest), (Fest der) Unbefleckte(n) Empfängnis* f *(Mariä)* (8. *Dezember)* ~ span. *Frauenname* || (La) ~ *e–e Stadt in Chile* || ~ del mundo *Weltanschauung* f || ~ fundamental *Grundbegriff* m || ~ idealista de la vida *(od de las cosas) idealistische Weltanschauung* f || ~ normativa de culpa ⟨Jur⟩ *normative Schuldauffassung* f || fruto de la ~ ⟨Jur⟩ *Leibesfrucht* f || término de la ~ *Empfängniszeit* f || **-cional** adj *Empfängnis-, konzeptionell* || **-cionero** adj *aus Concepción* (Arg Par)
  conceptáculo m ⟨Bot⟩ *Konzeptakel* n
  concep\tear vi *witzeln* || **-tible** adj *faßlich* ||

-tismo m *manierierte, gekünstelte Schreibart* f || *Konzeptismus* m, *Stil* m *Góngoras (1561–1627) und seiner Schule* || **-tista** m/adj *manierierter Schriftsteller, Konzeptist* m || **-to** m *Begriff* m || *Idee* f, *Gedanke* m || *Auffassung* f || *Hinsicht* f || *Meinung* f, *Urteil* n || *Achtung, Schätzung* f || *(guter) Ruf* m || *Wortspiel* n || ~ cabal *richtige Auffassung* f || ~ de valor *Wertbegriff* m || falso ~ *falsche Auffassung* f || ~ fundamental *Grundbegriff* m || ~ general *Allgemeinbegriff* m || ~ jurídico, ~ del derecho *Rechtsbegriff* m || ~ superior *Oberbegriff* m || ◊ emitir ~ (sobre) *sein Urteil äußern (über)* || formarse ~ *de sich e–n Begriff machen (von dat)*, *sich e–e Meinung bilden über* acc || gozar de un buen ~ *e–n guten Ruf genießen* || tener un alto ~ de *e–e hohe Meinung haben von* || en ~ de *(in der Eigenschaft) als* || en ~ de honorario *als Honorar* || en mi ~ *nach meinem Dafürhalten* || en un ~ fam *mit e–m Wort, kurz und gut* || mi ~ de la vida *meine Lebensauffassung* f || bajo todos los ~s *unter allen Umständen* || bajo ningún ~ *unter keinen Umständen* || por todos ~s *in jeder Hinsicht*
  concep\tual adj *begrifflich* || *análisis* ~ *Begriffsanalyse* f || **-tualismo** m ⟨Philos⟩ *Konzeptualismus* m *(Scholastik)*
  concep\tuar [pres -úo] vt *ausdenken, entwerfen* || ◊ ~ de interés *für nützlich, ersprießlich halten* || ~ por *(od de) erachten als, halten für* acc || ser -tuado de *gehalten werden für* || **-tuosidad** f *Witz, Scharfsinn* m || *gesucht (od gewollt) geistreich* || *witzig* || Am *rühmend*
  concercano adj *nah, angrenzend*
  concer\niente adj *betreffend, betreffs, bezüglich* || ~ (a) *eso in der Hinsicht* || **-nir** [-ie-] def vi *betreffen, anbelangen* || en lo que concierne (a) *hinsichtlich* (gen)
  concer\tación f *Verabredung, (Preis) Vereinbarung* f || *Konzertierung* f || **-tado** adj *geordnet, geregelt* || *pauschal* || *konzertiert* || *franqueo* ~ *pauschale Frankierung* f *(bei Druckschriften usw.)* || **-tador** adj: *maestro* ~ ⟨Th⟩ *Korrepetitor, Chorlehrer* m || ~ *Vermittler* m || **-tante** adj/s ⟨Mus⟩ *konzertierend, konzertant*
  concer\tar [-ie-] vt *ordnen, einrichten* || *in Einklang bringen* (con *mit*) || *festsetzen, ausbedingen (Preis)* || *abschließen (Kauf, Geschäft)* || *abmachen, vereinbaren* || *in Einklang bringen* || ⟨Mus⟩ *stimmen* || fig *versöhnen, vergleichen* || ◊ ~ las paces *entre dos rivales zwei Widersacher miteinander versöhnen* || ~ el seguro *die Versicherung abschließen* || ~ en firme *abschließen* || ~ una operación *e–n Abschluß tätigen* || ~ una transacción *e–n Vergleich schließen, sich gleichen* || ~ un contrato *e–n Vertrag schließen* || ~ un préstamo *ein Darlehen aushandeln* || ~ un tratado *e–n Vertrag schließen* || vi *übereinstimmen, (zusammen)passen* || ~**se** *übereinkommen* || *sich verabreden, fam abkarten* (para *zu*) || **-tina** f *Konzertina* f *(Ziehharmonika)* || **-tino** m ⟨Mus⟩ *Konzertmeister* m || *erster (Orchester)Geiger* m || **-tista** m *Konzert\meister, -spieler, -sänger* m || ⟨Mus⟩ *Ausführender* m || ~ de violín *Geigenvirtuose* m
  conce\sible adj *gewährbar* || *verleihbar* || **-sión** f *Bewilligung, Verleihung, Gewährung* f || *Abtretung, Überlassung* f || *Vergebung* f *(von öffentlichen Arbeiten)* || *Konzession, Lizenz* f || *Erlaubnis, Genehmigung* f || *Zugeständnis* n || *Einräumung* f || ~ administrativa *behördliche Konzession* || ~ am Meeresstrand *(z. B. Badeanstalt)* || ~ arancelaria *Zolltarifzugeständnis* n || ~ de anticipo *Vorschußgewährung* f || ~ de aprovechamiento de aguas, ~ de aprovechamiento hidráulico *Wassernutzungsrecht* n || ~ de ciudadanía *Verleihung* f *der Staatsangehörigkeit* || ~ de divisas *Devisenzuteilung* f || ~ de ferrocarriles, ~ ferroviaria

Eisenbahnkonzession f || ~ de nobleza *Nobilitierung* f || ~ de pensión *Zuerkennung* f *e-r Rente* || ~ minera *Abbaurecht* n, *Bergwerkskonzession* f || ~ monopolística, ~ de monopolio *Monopolerteilung* f || ~ para expedir bebidas alcohólicas *Schankkonzession* f || ◊ hacer ~es *Zugeständnisse machen* || **–sionar** vt Mex *e–e Konzession gewähren* || **–sionario** m *Lizenz-, Patent|inhaber, Konzessionär* m
  concia f *Wildgehege* n
  concibo → **concebir**
  concien|cia f *Gewissen* n || *Gewissenhaftigkeit* f || *Bedenken* n || *Bewußtsein* n || ~ colectiva *Kollektivbewußtsein* n || ~ de clase *Klassenbewußtsein* n || ~ de la antijuridicidad *Bewußtsein* n *der Rechtswidrigkeit, Unrechtsbewußtsein* n || ~ de la culpabilidad *Schuldbewußtsein* n || ~ de la ilicitud = ~ de la antijuridicidad || ~ del deber *Pflichtbewußtsein* n || ~ del mundo exterior *Bewußtsein* n *der Außenwelt* || ~ del yo *Ichbewußtsein* n || ~ individual *Individualbewußtsein* n || ~ nacional *Nationalbewußtsein* n || ~ racial *Rassenbewußtsein* n || ~ moral *(Kants) praktische Vernunft* f || ~ recta *Rechtlichkeit* f || caso de ~ *Gewissens|fall* m, *-pflicht* f || ◊ creer a/c caso de ~ *et für ratsam halten* || me hago de eso caso de ~ *ich mache mir daraus ein Gewissen* || sin cargo de ~ *mit gutem Gewissen* || descargar *(od aliviar od liberar)* su ~ *sein Gewissen entlasten* || fig *beichten* || estrecho de ~ *gewissenhaft* || falta de ~ *Gewissenlosigkeit* f || *Bewußtlosigkeit* f || fallo en ~ *Ermessensentscheidung* f || hacer examen de ~ *sein Gewissen prüfen (od erforschen)* || libertad de ~ *Gewissensfreiheit* f || matrimonio de ~ *Gewissensehe* f || perturbación de la ~ *Bewußtseinsstörung* f || remordimientos de (la) ~ *Gewissensbisse* mpl || ◊ perder la ~ *das Bewußtsein verlieren* || tener ~ de a. *sich e-r Sache bewußt sein* || tener la ~ limpia *ein reines Gewissen haben* || tener la ~ en paz *ein ruhiges Gewissen haben* || tomar ~ de algo *sich e-r Sache bewußt werden* || toma de ~ *Bewußtwerdung* f || le acusa *(od arguye)* la ~ *er hat Gewissensbisse* || le escarabajea *(od escarba)* la ~ fig *das Gewissen läßt ihm keine Ruhe* || ser ancho de ~ fig *ein weites Gewissen haben* || no tener ~ *gewissenlos sein* || a ~ *gewissenhaft* || sin ~ *gewissenlos* || en (mi) ~ *auf mein Gewissen, mit gutem Gewissen* || el mejor plumón es una buena ~ *ein gutes Gewissen ist ein sanftes Ruhekissen* || **–zudo** adj *gewissenhaft* || *eingehend* || *peinlich genau, pünktlich (Person)* || adv: **~amente**
  concierto m *Einklang* m || *Verabredung* f, *Übereinkunft, Vereinbarung* f, *Vertrag* m || *Ein|vernehmen, -verständnis* n, *Übereinstimmung* f || *Ordnung* f || ⟨Mus⟩ *Konzert* n || *Zusammen-, Einklang* m || a petición (de los radioescuchas) ⟨Radio⟩ *Wunschkonzert* n || ~ de las potencias europeas *Konzert* n *der europäischen Mächte* || ~ de una transacción, ~ de un compromiso *Abschluß* m *e–s Vergleichs* || ~ de voluntades *Willensübereinstimmung* f, *Konsens* m || ~ económico *Wirtschaftsabkommen* m || ~ previo *Verabredung* f || ~ filarmónico *philharmonisches Konzert* n || ~ coral, ~ vocal *Vokalkonzert* n || pieza de ~ ⟨Mus⟩ *Konzertstück* n || sala de ~ *Konzertsaal* m || de ~ (con) *ein|stimmig, -mütig (mit)* || sin orden ni ~ *ordnungs- und maß|los, ungereimt* || *aufs Geratewohl* || ◊ quedar de ~ (sobre, acerca de) *übereinkommen (über acc)*
  conci|liable adj *vereinbar, verträglich (con mit)* || **–liábulo** m *Winkelkonzil* n || fig *geheime Zusammenkunft* f || **–liación** f *Aus-, Ver|söhnung* f || *Vermittlung* f || ⟨Jur⟩ *gütliche Beilegung (e–s Rechtsstreites), Schlichtung* f *(Arbeitsrecht), Schiedsverfahren* n || acto de ~ ⟨Jur⟩ *Vergleichs|handlung* f, *-termin* m, *-verfahren, Güteverfahren* n || ~ sin avenencia *Scheitern* n *des Güteverfahrens* || juicio de ~ *Vergleichsverfahren* n

|| **–liador** adj *friedlich* || **–liante** adj *versöhnlich, verträglich, aussöhnend* || **–liar** vt *aus-, ver|söhnen* || *in Übereinstimmung bringen* || *schlichten* || ◊ no poder ~ el sueño *nicht einschlafen können* || **~se** *sich versöhnen* || *sich zuziehen (Haß usw.)* || **–liar(io)** adj/s *Konzil-, konziliar* || ~ m *Konzilsvater* m || padres ~ s mpl *Konzilsväter* mpl || **–liativo**, **–liatorio** adj *aussöhnend, Sühn-* || *Vermitt(e)lungs-* || *schlichtend* || **–lio** m *(Kirchen)Versammlung* f, *Konzil* n || ~ ecuménico, ~ general *ökumenisches, allgemeines Konzil* || *Lateranense*, ~ de Letrán *Laterankonzil* n || el ~ Tridentino, ~ de Trento *das Tridentinische Konzil* || ~ provincial *Provinzialkonzil* n || ~ Vaticano *Segundo Zweites Vatikanisches Konzil* n
  conci|sión f *Bündigkeit, Gedrängtheit, Kürze* f *(im Ausdruck)* || *Knappheit* f *(des Stils)* || con ~ *knapp, gedrängt* || **–so** adj *kurz(gefaßt), bündig, konzis* || *lakonisch (Stil)* || adv: **~amente**
  conci|tación f *Aufregung* f || *Anfeuern* n || *Aufwiegelei* f || **–tador** m/adj *Aufwiegler, Wühler* m || **–tar** vt *aufregen, antreiben* || *anreizen* || *aufwiegeln* || **–tativo** adj *reizend* || *erregend*
  conciudadano m *Mitbürger* m || *Landsmann* m
  conclapache m Mex fam *Kumpan* m
  conclave, **cónclave** m *Wahlversammlung* f *der Kardinäle zur Papstwahl, Konklave* n || fig *Beratschlagung* f
  concluir [–uy–] vt *vollenden, (be)end(ig)en, (ab)schließen, zum Schluß bringen (od kommen)* (a. *mit et*) || *entscheiden, beschließen* || *folgern, schließen, den Schluß ziehen* || ⟨Mal⟩ *feinmalen* || ◊ ~ un negocio *ein Geschäft abschließen* || vi *enden, zu Ende gehen* || *aussein* || *fertig sein* || ◊ ~ un contrato *e–n Vertrag abschließen* || ~ con uno *mit jdm brechen* || ~ de escribir *zu Ende schreiben* || lo que concluyó de arruinarle *was ihn endgültig ruinierte* || concluyó por callarse también *zum Schluß verstummte auch er* || no he concluido todavía *ich bin noch nicht zu Ende* || ¡todo ha concluido! *alles ist aus!* || ¡asunto *(od* punto*)* concluido! fam *basta!* || **~se endigen** || **~a acabar**
  conclu|sión f *Vollendung, Beendigung* f || *Abschluß* m || *(Ehe)Schließung* f || *Beschluß* m || *(Schluß)Folgerung* f || *(End)Ergebnis* n || *Konklusion* f || ⟨Jur⟩ *Spruchreiferklärung* f || *Rechtsbegehren* n || ~ del contrato *Vertrags|abschluß* m, *-schließung* f || ~ de derecho *rechtliche Folgerung* f || ~ de hecho *tatsächliche Folgerung* f || ~ del juicio *Abschluß* m *des Verfahrens* || ~ de la práctica *Schluß* m *der Beweisaufnahme* || ~ de la relación laboral *Beendigung* f *des Arbeitsverhältnisses* || ~ del seguro *Versicherungsabschluß* m || ~ subsidiaria *Neben-, Hilfs|antrag* m || en ~ *kurz und gut* || *schließlich* || ◊ llegar a una ~ *zu einem Abschluß kommen* || sacar una ~ *einen Schluß ziehen* || **~es** pl ⟨Jur⟩ *Schlußanträge* mpl || *Schlußvortrag* m *des Anklägers* || ~ provisionales *Anklage* f || ◊ formular las ~ definitivas *den Schlußvortrag halten* || **–sivo** adj *folgernd, konklusiv, End-* || **–so** pp/irr v. **–ir** *dar la causa por* **~a** ⟨Jur⟩ *e–n Rechtsfall für spruchreif erklären* || ~ para sentencia *entscheidungsreif* || **–yente** adj *überzeugend* || *zutreffend* || *zusammenfassend, End-* || *bündig* || *schlagend (Beweis)* || ⟨Jur⟩ *schlüssig, konkludent* || actos ~ s ⟨Jur⟩ *konkludente Handlungen* fpl || adv: **~mente**
  concofrade m *Mitglied* n *e–r Bruderschaft*
  concoi|de f ⟨Math⟩ *Konchoide* f || **–deo** adj *muschelig, muschelähnlich, Muschel-*
  conco|merse vr fam *die Achseln zucken (aus Spott od Mißbilligung)* || figf *sich innerlich verzehren (aus Ungeduld, Traurigkeit usw.)* || **–mezón** f, **–mio** m fam *spöttisches Achselzucken* n
  concomitan|cia f *gleichzeitiges Bestehen* n || *Zusammenwirken* n || *Begleiterscheinung* f || *Konkomitanz* f (& ⟨Rel⟩) || **–te** adj *Begleit-* || *mitwirkend* || síntomas ~es ⟨Med⟩ *Begleitsymptome* npl

concor|dación f Übereinstimmung f || Einklang m || **-dancia** f Übereinstimmung f (& ⟨Gr⟩) || ⟨Gr Biol Rel Geol⟩ Konkordanz f || ⟨Mus⟩ Einklang m || **-dar** [-ue-] vt in Einklang bringen || ⟨Jur⟩ e–n Vergleich schließen || ~ vi übereinstimmen || ~ con la factura mit der Rechnung (über)einstimmen || hacer ~ in Übereinstimmung bringen || la copia concuerda exactamente con su original die Abschrift entspricht genau der Urschrift || **~se** sich vergleichen || **-datario** adj konkordatär, das Konkordat betreffend || den Vergleichsvertrag betreffend || Konkordats- || **-dato** m Konkordat n || Vergleichsvertrag m (z. B. zur Konkursaufhebung) || ~ forzoso Zwangsvergleich m || ~ preventivo Vergleich m zur Abwendung des Konkurses || **-de** adj ein|stimmig, -mütig || adv: **~mente** || **-dia** f Übereinstimmung f || Eintracht f || Vergleich m || Trauring m aus zwei Reifen || (Evangelien)Konkordanz f
concre|ción f Fest-, Hart|werden n || fig Tatsache f || ⟨Geol⟩ Konkretion f || ⟨Chem⟩ Eindickung f || ⟨Med⟩ Ablagerung f || ⟨Med⟩ Verhärtung f, Konkrement n, Stein m, Konkretion f || An ⟨Bot⟩ Knötchen n || **-scencia** f ⟨Bot⟩ Zusammenwachsen n || **-tar** vt zusammensetzen || vereinbaren || beschränken || kurz ausdrücken || konkretisieren || ⟨Chem⟩ eindicken || **~se** sich beschränken (a auf acc) || **-to** adj kurzgefaßt || fig konkret, anschaulich || un caso ~ ein bestimmter Fall || ein Sonderfall m || número ~ ⟨Math⟩ benannte Zahl f || en ~ eigentlich || im besonderen || kurzgefaßt || ◊ nada puede decirse un ~ todavía es läßt sich noch nichts Bestimmtes sagen || ~ m Arg Chi Beton m || adv: **~amente**
conc.[10] Abk = **conocimiento**
con|cuasante adj: dolores ~s ⟨Med⟩ Mutterwehen pl || ***-cuasar** vt zerbrechen, zertrümmern || **-cubina** f Beischläferin f, Kebsweib n, Konkubine, in wilder Ehe lebende Frau f || **-cubinario** m in wilder Ehe Lebender m || ~ adj Konkubinats- || **-cubinato** m wilde Ehe f, Konkubinat n || **-cubino** m im Konkubinat Lebender m || **-cúbito** m Beischlaf, Geschlechtsverkehr m || **-culcación** f Verletzung f (e-s Rechts) || **-culcar** [c/qu] vt mit Füßen treten || fig übertreten (Gesetz) || fig verletzen, brechen (Recht, Gesetz) || **-cuñado** m Doppelschwager m || **-cuño** m Cu Mex = **-cuñado** || **-cupiscencia** f Gier, Begierde f || Lüsternheit, Fleisches-, Sinnes|lust, Sinnlichkeit f || Genußsucht f || Konkupiszenz f || **-cupiscente** adj lüstern || begehrlich || genußsüchtig || **-cupiscible** adj begehrens-, wünschens|wert || **-curdánea** m fam Zechbruder m
concurren|cia f Zu(sammen)lauf m || Publikum n || Versammlung f || Mitbewerbung f || Gedränge n || Menschenmenge f || Zusammenströmen von Käufern, Waren || ⟨Kath⟩ Zusammentreffen n zweier Feste, Konkurrenz f || ⟨Jur⟩ Konkurrenz f (zwischen Rechtsnormen) || la ~ das Publikum, die Anwesenden pl || Hilfe f, Beistand m || Am = **competencia** || mucha ~ starker Besuch m (z. B. eines Konzerts) || ~ de culpa mitwirkendes Verschulden n || ~ de delitos Verbrechenskonkurrenz f || **-te** adj zusammenwirkend || m Besucher, Teilnehmer m (Versammlung usw.) || Mitbewerber m || Nebenbuhler m || Gleichberechtigter m
concu|rrido adj stark besucht, beliebt (von Orten, Veranstaltungen usw.) || **-rrir** vi sich versammeln, zusammenkommen || sich einfinden, erscheinen (a bei) || teilnehmen (an dat) || mitwirken (bei dat) || zusammenlaufen || (sich) mitbewerben || sich vereinigen (a um zu) || beitragen, beisteuern (con mit) || übereinstimmen (con mit) || ◊ ~ a una fiesta an einem Feste teilnehmen || ~ a una licitación mitbieten || ~ al mismo fin demselben Ziele zustreben || ~ en alg. bei jdm vorliegen || ~ en la misma opinión derselben Meinung sein
concur|sado m Gemein-, Konkurs|schuldner m ||

-sal adj ⟨Jur⟩ Konkurs- || **-sante** m (Preis)Bewerber m || Bieter, Teilnehmer m an e-r Preisbewerbung || **-so** m Zu(sammen)lauf m || Gedränge n, Menschenmenge f || Versammlung, Zusammenkunft f || Zusammentreffen n von Umständen || (Mit)Bewerbung f || Wettbewerb m || Mitarbeit, Hilfe f || Konkurrenz f (& Strafrecht) || ~ de acreedores Gläubigerversammlung f || Span Konkurs m des Nichtkaufmanns || ~ civil Konkurs m des Nichtkaufmanns || ~ comercial handelsrechtlicher Konkurs m || ~ de culpa konkurrierendes Verschulden n || ~ forzoso Konkurs m auf Antrag der Gläubiger || ~ de ganado Leistungsschau f (Tierzucht) || ~ de leyes, ~ de normas Gesetzeskonkurrenz f || **~-oposición** Ausschreibung f e–r Stelle || **~-subasta** (öffentliche) Ausschreibung f || bases del ~ Versteigerungsbedingungen fpl || contratación por ~ Span Vergabe f durch Ausschreibung || evitación de ~ Abwendung f des Konkurses || lista de acreedores del ~ Konkurstabelle f || sacar a ~ ausschreiben || ~ die Anwesenden pl || con el ~ de unter Mitwirkung, Beteiligung von || por ~ auf dem Wege des Wettbewerbs (Aufnahme in eine Anstalt) || punto de ~ Schnittpunkt m || abrir un ~ einen Wettbewerb eröffnen || declarar desierto un ~ einen Wettbewerb infolge Mangels an Interessenten für erledigt erklären || prestar su ~ mitwirken
concusión f Erschütterung f || ⟨Med⟩ Erschütterung, Kommotion f || ⟨Jur⟩ Gebühren|schneiderei, -überhebung, Leistungsüberhebung f || Veruntreuung f (öffentlicher Gelder) || Unterschlagung f (überforderter Steuern usw) || Erpressung f
concha f Muschel f || Muschel-, Schildkröten|schale f || Schale f || Muschelgewölbe n || Schildpatt n, Schuppe f || Auster f || Schneckenhaus n || Hafenbecken n || ⟨An⟩ Koncha f || Ohrmuschel f || △runder Schild m || Am vulg weiblicher Geschlechtsteil m || Guat Eierschale f || Col Cu Trägheit, fam Pomadigkeit f || Pe Frechheit f || Papierformat 44 × 56 cm || ⟨Tech⟩ Becher m (der Peltonturbine) || ~ del apuntador ⟨Th⟩ Souffleurkasten m || ~ de perla Perlmutter f || la ~ muschelförmige Bucht f in San Sebastián || Strand m von San Sebastián || botón de ~ Perlmutterknopf m || ◊ meterse en su ~ figf zurückhaltend, menschenscheu sein || **~s** pl: ~ nasales ⟨An⟩ Nasenmuscheln fpl || ~ de Santiago Pilgermuscheln fpl || ◊ tener muchas ~, tener (od gastar) más ~ que un galápago (od que un peregrino) figf sehr listig und verschmitzt sein, es faustdick hinter den Ohren haben
Concha f np fam Tfn = **Concepción**
concha|bamiento m, **-banza** f fam Intrige, Kabale f || gute (Arbeits)Stelle f || **-bar** vt vereinigen, verbinden || Am in Dienst nehmen, anstellen || △bestechen || **~se** fam einen Anschlag machen || sich bequem niedersetzen || **-bear** vt Chi (e-e Sache) ein-, ver|kaufen, täuschen || **-bero** m Col Stückarbeiter m || **-bo** m Am Anstellung f (von Dienstboten usw.) || oficina de ~ Arg Arbeitsvermittlungsamt n
conche m Conche f (Schokoladenherstellung) △**conché** m Zorn m
conchesta f Ar Gletscherschnee m
conchífero adj ⟨Geol⟩ muschelreich || **~s** mpl Muscheltiere npl, Konchiferen fpl
conchiforme adj muschelförmig, konchiform
conchil m Stachel-, Leisten|schnecke f (Murex trunculus)
Conchita f np fam dim v. **Concha** || ~ muschelähnliche Konkretion f
[1]**concho** m Ast León äußere Schale f der unreifen Nuß || Am Maisblatt n || Am (Boden)Satz m || Am figf Ende n, Schluß m || Am Speisereste mpl || Chi Pe letztgeborenes Kind n || CR Bauer m || Dom Fahrzeug n des öffentlichen Dienstes || ¡~! fam =

¡caramba!, vulg ¡coño! || ~s *mpl* Am *Überreste mpl eines Gelages*
²**concho** adj Ec *bierhefenfarbig*
con|choidal adj *muschelig, muschelförmig* || **-chucharse** vr Cu *sich verschwören* || **-chudo** adj *Schalen-* || figf *listig* || PR *dickköpfig* || *kühn* || Col Dom *phlegmatisch*, fam *pomadig* || Ec Mex Pe *unverschämt, frech* || **-chuela** *f* dim *v.* **concha**
con|dado *m Grafschaft* f || *gräfliche Würde* f, *Grafentitel* m || el Franco ≃ *die Franche-Comté* || **-dadura** *f* fam *Grafenstand* m || **-dal** adj *gräflich* || *ciudad* ~ *Ehrentitel* m *der Stadt Barcelona* || **-de** *m Graf* m || And *Aufseher* m *(von Landarbeitern)* || ⟨Hist⟩ *Graf, Comes* m *(westgotisches Spanien)* || **Zigeunerhauptmann* m || ~ *palatino Pfalzgraf* m
condecir [irr → **decir**] vt/i *gut zusammenpassen* || Sal *übereinstimmen (mit)*
condeco|ración *f Auszeichnung* f || *Ehrenzeichen* n, *Orden* m || *conferir (od conceder) una* ~ *einen Orden verleihen* || **-rado** *m Ordensträger* m || **-rar** vt *auszeichnen (mit einem Orden)* || *(jdm) Ehre einbringen*
conde|na *f Ver-, Ab|urteilung* f || *Strafurteil* n || *Strafmaß* n || *Strafe* f || *Strafzeit* f || fig *Verurteilung, Verdammung, Verwerfung, Mißbilligung* f || ~ *anterior Vorstrafe* f || ~ *condicional bedingte Verurteilung* f || ~ *de (od en) costas Verurteilung* f *in die Kosten, Kostenurteil* n || ~ *de futuro,* ~ *de hacer Leistungs|urteil* n, *-befehl* m, *Verurteilung* f *zu künftiger Leistung* || ~ *de no hacer Verurteilung* f *zu e–r Unterlassung, Unterlassungsbefehl* m || ~ *en rebeldía Verurteilung* f *in Abwesenheit (des Angeklagten)* || ◊ *cumplir su* ~ *die auferlegte Strafe abbüßen* || **-nable** adj *verwerflich, strafbar* || **-nación** *f* ⟨Jur⟩ *Verurteilung* f || ⟨Rel⟩ *Verdammnis* f || ~ *eterna ewige Verdammnis* f || **-nado** adj *ruchlos, gottlos* || *verdammt* || *verflucht, verflixt verteufelt* || ⟨Arch⟩ *blind* || Chi *gerieben* || ~ *m* ⟨Jur⟩ *Abge-, Ver|urteilter* m || *Verdammter* m || *Bösewicht* m || ◊ *gritar como un* ~ fam *schreien, als wenn man am Spieße steckte* || *sufrir como un* ~ *Höllenqualen erleiden* || *trabajar como un* ~ *wie ein Besessener arbeiten* || **-nar** va *verurteilen (a zu)* || *verdammen* || *verwerfen, verurteilen, ablehnen, mißbilligen* || *(eine Tür) vermauern od (mit Möbeln) verstellen* || ◊ ~ *a muerte,* ~ *a diez años de prisión zum Tode, zu 10 Jahren Gefängnis verurteilen* || ~ *en costas zu den Kosten verurteilen* || **-se** *(ewig) verdammt werden* || *sich selbst anschuldigen* || **-natorio** adj *verurteilend* || *sentencia* ~a ⟨Jur⟩ *Strafurteil* n
condensa|bilidad *f* ⟨Phys⟩ *Verdichtbarkeit* f || **-ble** adj *kondensierbar, verdichtbar* || **-ción** *f* ⟨Phys⟩ *Verdichtung, Kondensation* f || *Niederschlagen* n || ~ *de agua Kondenswasserbildung* f || *agua de* ~ *Kondenswasser* n || *punto de* ~ *Taupunkt* m || **-dor** *m* ⟨Phys⟩ *Verdichter, Kondensator* m || ⟨Opt⟩ *Kondensor* m || ~ *acortado de antena* ⟨Radio⟩ *Antennenverkürzungskondensator* m || ~ *antiparasitario* ⟨Radio⟩ *Entstörkondensator* m || ~ *corrector* ⟨Tel⟩ *Nebenschlußkondensator* m || ~ *de aire* ⟨Radio⟩ *Luftkondensator* m || ~ *de apagamiento Löschkondensator* m || ~ *de bloc,* ~ *de bloque* ⟨Radio⟩ *Blockkondensator* m || ~ *de bloqueo Sperrkondensator* m || ~ *de compensación* ⟨Radio⟩ *Ausgleichskondensator* m || ~ *de escape Abflußkühler* m || ~ *de estabilización Beruhigungskondensator* m || ~ *de imagen luminosa* ⟨Opt⟩ *Leuchtbildkondensator* m || ~ *de inmersión Tauchkondensator* m || ~ *de inyección Einspritzkondensator* m || ~ *de neutralización* ⟨Radio⟩ *Neutralisationskondensator* m || ~ *de ojo de buey* ⟨Phot⟩ *Ochsenaugenlinse* f || ~ *de paso* ⟨Radio⟩ *Ableitkondensator* m || ~ *de rejilla* ⟨Radio⟩ *Gitterkondensator* m || ~ *de sintonía,* ~ *de sintonización Abstimmkondensator* m || ~ *de superficie Oberflächenkondensator* m || ~ *diferencial* ⟨Radio⟩ *Differentialkondensator* m || ~

electrolítico *elektrolytischer Kondensator* m || ~ *fijo Festkondensator* m || ~ *neutrodino* ⟨Radio⟩ *Neutrodynkondensator* m || ~ *ortométrico,* ~ *de variación lineal de frecuencia* ⟨Radio⟩ *frequenzlinearer Drehkondensator, Kondensator* m *mit frequenzgerader Kennlinie* || ~ *variable Drehkon (-densator), veränderlicher Kondensator* m || ~ *vibratorio,* ~ *oscilante Schwingkondensator* m || **-miento** *m = -ción*
conden|sar va *verdichten, verdicken, kondensieren* || *niederschlagen* || *zusammenfassen. (Inhalt e–s Artikels od Buches)* || fig *knapper ausdrücken* || **~se** *dichter werden* || **-sativo** adj ⟨Phys⟩ *verdichtend*
condesa *f Gräfin* f
condescen|dencia *f Nachgiebigkeit, Willfährigkeit* f, *Entgegenkommen* n || *Herablassung* f || *Gefälligkeit* f || *sonrisa de* ~ *gefälliges Lachen* n || **-der** [-ie-] vi *nachgeben, eingehen (en auf* acc), *sich herablassen (a zu* dat) || *einwilligen (a in* acc) || *gefällig sein* || ◊ ~ *a los ruegos de jds Bitten Gehör leihen* || ~ *con alg. jdm nachgeben* || ~ *en hacer algo auf et* acc *eingehen* || **-diente** adj *nachgiebig, gefällig, willfährig* || *herablassend* || ◊ *se muestra* ~ *con sus debilidades er schickt sich in seine Schwächen*
conde|sil adj fam = **condal** || **-sita** *f Komtesse, Komteß, unverheiratete Gräfin* f
condestable *m Kronfeldherr, Konnetabel* m || ⟨Mil Hist⟩ *Konstabler, Stückmeister* m
condición *f Zustand* m, *Beschaffenheit, Verfassung* f || *(Zu)Stand* m, *(Sach)Lage* f || *(gesellschaftliche) Stellung* f, *Rang, Stand* m || *Herkunft* f || *Bedingung* f || *Voraussetzung* f || *Verpflichtung* f || *Klausel* f || *Vorbehalt* m || *Gemüts-, Sinnes|art, Veranlagung* f, *Gemüt* n, *Charakter* m || *Eigenschaft* f || ~ *accidental,* ~ *casual vom Zufall abhängige Bedingung* f || ~ *callada,* ~ *tácita stillschweigende Bedingung* f || ~ *concomitante mitwirkender Umstand* m || ~ *de patentable Patentfähigkeit, Patentierbarkeit* f || ~ *deshonesta,* ~ *torpe unsittliche (od sittenwidrige) Bedingung* f || ~ *de socio Mitgliedschaft* f || ~ *de suministro,* ~ *de entrega Lieferungsbedingung* f || ~ *eclesiástica geistlicher Stand* m || ~ *expresa ausdrückliche Bedingung* f || ~ *extintiva auflösende Bedingung* f || ~ *final Endbedingung* f || *auflösende Bedingung* f || ~ *implícita unausgesprochene Bedingung* f || ~ *imposible (de derecho) (aus Rechtsgründen) unmögliche Bedingung* f || ~ *inicial Anfangsbedingung* f || ~ *aufschiebende Bedingung* f || ~ *límite Grenzbedingung* f || ~ *mínima Mindestvoraussetzung* f || ~ *necesaria notwendige Bedingung* f || ~ *objetiva de punibilidad (od penalidad) objektiv Bedingung* f *der Strafbarkeit* || ~ *pendiente schwebende Bedingung* f || ~ *potestativa willkürliche Bedingung, Willensbedingung* f || ~ *previa Vorbedingung* f || *Voraussetzung* f || ~ *resolutoria,* ~ *resolutiva auflösende Bedingung* f || ~ *sine qua non,* ~ *necesaria conditio sine qua non, unerläßliche Bedingung* f || ~ *suspensiva aufschiebende Bedingung* f || ~ *de* ~ *dudosa von zweifelhaftem Ruf* || *persona de* ~ *Standesperson* f || *a (od con, bajo la)* ~ *de (que) (subj) unter der Bedingung, daß* || *bajo ninguna* ~ *unter keiner Bedingung* || *de* ~ *(que) derart (daß) || so (daß) || sin* ~ *bedingungslos* || ◊ *cumplir una* ~ *eine Bedingung erfüllen* || *estar en* ~ ⟨Sp⟩ *in guter Form sein* || *rendirse sin* ~ *sich auf Gnade und Ungnade ergeben, sich bedingungslos ergeben (od kapitulieren)* || *tener mala* ~ *von mürrischer, barscher Gemütsart sein* || *piensa el ladrón que todos son de su* ~ fig *der Böse sieht in allen seinesgleichen* || **~es** *pl:* ~ *ambientales Umweltbedingungen* fpl || ~ *complementarias Zusatzbedingungen* fpl || ~ *contractuales Vertragsbedingungen* fpl || ~ *de admisión Übernahmebedingungen* fpl || *Zulassungsbedingungen* fpl || *Annahmebedingungen* fpl

condicionado — conducto 300

(Post) ‖ ~ de circulación ⟨Aut⟩ *Straßenlage* f ‖ ~ de competencia *Wettbewerbsbedingungen* fpl ‖ ~ de costumbre *übliche Bedingungen* fpl ‖ ~ de fletamento *Verfrachtungsbedingungen* fpl ‖ ~ del mercado *Marktlage, Konjunktur* f ‖ ~ de pago *Zahlungsbedingungen* fpl ‖ ~ de paz *Friedensbedingungen* fpl ‖ ~ de reembolso *Rückzahlungsbedingungen* fpl ‖ ~ de trabajo, ~ laborales *Arbeitsbedingungen* fpl ‖ ~ de transporte *Beförderungsbedingungen* fpl ‖ ~ de venta *Verkaufsbedingungen* fpl ‖ ~ de vida *Lebensbedingungen* fpl ‖ ~ generales contractuales *(od* de contrato) *allgemeine Vertrags-* od *Geschäfts|bedingungen* fpl ‖ ~ razonables *billige Bedingungen* fpl ‖ ~ de venta *Verkaufsbedingungen* fpl ‖ certificado de ~ físicas *(ärztliche) Fahrtüchtigkeitsbescheinigung* f ‖ de ~ acústicas *akustisch gebaut (Saal)* ‖ en buenas ~ *in gutem Zustande* ‖ *gut erhalten* ‖ en estas *(od* tales) ~ *unter diesen (solchen) Umständen* od *Bedingungen* ‖ ◊ estar en ~ *im stande sein.* ‖ estipular *(od* concertar) ~ *Bedingungen verabreden* ‖ hacer ~, poner ~ *Bedingungen stellen* ‖ poner a uno en ~ de hacer a. *jdm et ermöglichen, erleichtern* ‖ poner ~ es equitativas *billige Bedingungen stellen* ‖ someterse a ~ *sich Bedingungen unterwerfen*
 condicio|nado adj *bedingt* ‖ = **acondicionado** ‖ ~ a *vorbehaltlich* ‖ **-nal** adj/s ⟨Gr⟩ *bedingend* ‖ *möglich* ‖ (modo) ~ m ⟨Gr⟩ *Konditional* m, *Bedingungsform, bedingte Form* f ‖ adv: **-mente** ‖ **-nalidad** f *Bedingtheit* f ‖ **-namiento** m s v. **-nar** ‖ *Voraussetzung* f ‖ **-nar** vi *bedingen, Bedingungen stellen* ‖ *verklausulieren* ‖ *konditionieren* ‖ = **acondicionar**
 condig|nidad f s v. **-no** ‖ **-no** adj *dem Verdienste entsprechend* ‖ adv: ~**amente**
 cóndilo m ⟨An⟩ *Gelenkhöcker* m ‖ *Knöchel* m
 condi|loideo adj *Knöchel-* ‖ **-loma** m ⟨Med⟩ *Kondylom* n ‖ ~ acuminado *Feigwarze* f
 condiluro m ⟨Zool⟩ *Sternmull* m (Condylura cristata)
 condimen|tación f *Würzung* f ‖ **-tar** vt *würzen* (& fig) ‖ **-ticio** adj *würzig* ‖ **-to** m *Würze* f ‖ *Gewürz* n ‖ *Würzstoff* m ‖ **-tuso** adj *würzig*
 condiós pop = **con Dios**
 condinga f *And fam jähzorniges Wesen* n
 con|diputado m *Mitabgeordnete(r)* m ‖ **-director** m *Mitdirektor* m ‖ **-discípulo** m (~a f) *Mitschüler(in)* m(f)
 condo|lencia f *Mit|leid, -gefühl* n ‖ *Beileid* n ‖ **-ler** [-ue-] vt *bemitleiden* ‖ ~**se** *jdn beklagen, Mitleid fühlen* (de *mit* dat) ‖ *Anteil nehmen an* dat ‖ **-lido** adj *betrübt, traurig*
 con|dominio m ⟨Pol⟩ *Mitbesitz* m ‖ ⟨Jur⟩ *Miteigentum* n ‖ *Kondominat, Kondominium* n, *Gemeinherrschaft* f *(mehrerer Staaten über dasselbe Gebiet)* ‖ **-dómino** m ⟨Jur⟩ *Miteigentümer* m
 condón m *Kondom* m/n *(Präservativ)*
 condo|nación f *Erlaß* m *(e-r Strafe)* ‖ *Verzeihung* f ‖ ~ de deuda *Schulderlaß* m ‖ ~ de impuestos *Steuerniederschlagung* f ‖ ~ tácita *stillschweigender Verzicht* m ‖ **-nar** vt *vergeben* ‖ *erlassen* ‖ *verzeihen* ‖ **-natario** m *Mitbeschenkter* m
 condonguearse vr Col PR *sich in den Hüften wiegen*
 cóndor m *Kondor* m (Sarcorhamphus gryphus) ‖ Col Ec *Goldmünze* f
 condorí m SAm *Indischer Korallenbaum, Roter Sandelholzbaum* m (Adenanthera)
 condotiero, condottiere m *Kondottiere, Anführer* m *italienischer Söldner* ‖ *Söldner* m ‖ fig *Führer* m ‖ fig *Söldner* m (→ **mercenario**)
 cóndrico adj *Knorpel-*
 condrila f ⟨Bot⟩ *Knorpellattich* m (Chondrilla spp)
 condriomas mpl ⟨Gen⟩ *Chondrio(so)men, Mitochondrien* pl
 con|dritis f ⟨Med⟩ *Knorpelentzündung, Chon-*

dritis f ‖ **-droblastos** mpl ⟨Med⟩ *Knorpelbildungszellen* fpl, *Chondroblasten* pl ‖ **-droma** m ⟨Med⟩ *durch Knorpelwucherung entstandene Geschwulst* f, *Chondrom* n ‖ **-dromatosis** f ⟨Med⟩ *Chondromatose* f
 con|ducción f *Fortschaffung, Beförderung* f ‖ *Lenkung, Steuerung* f *eines Fahrzeugs* ‖ *Übersendung* f ‖ *Herbeischaffung, Fuhre* f ‖ *Fracht* f ‖ *Fuhrlohn* m ‖ *Pacht, Miete* f ‖ ⟨Tech⟩ *Leitung, Führung* f ‖ fig *Leitung, Führung* f ‖ ~ de agua *Wasserführung* f ‖ *Wasserleitung* f ‖ ~ de aire *Luftleitung* f ‖ ⟨Metal⟩ *Windleitung* f ‖ ~ de antena *Antennendurchführung* f ‖ ~ del cadáver *Beisetzung, Beerdigung* f ‖ de(l) calor *Wärmeleitung* f ‖ ~ de gasolina *Benzinzuführung* f ‖ ~ de impulso ⟨Opt⟩ *Schwungbahn* f ‖ ~ de líneas ⟨Tel⟩ *Leitungsführung* f ‖ ~ de papel ⟨Tel Typ⟩ *Papierführung* f ‖ ~ de presos *Gefangenentransport* m ‖ ~ de toma ⟨El⟩ *Entnahmeleistung* f ‖ ~ ilegal ⟨StV⟩ *Fahren* n *ohne Führerschein* ‖ ~ interior ⟨Tech⟩ *innere Steuerung* f ‖ ~ ósea *Knochenleitung* f ‖ ~ de la(s) tropa(s) *Truppenführung* f ‖ ~ por canal abierto ⟨El⟩ *Kabelkanalleitung* f ‖ ~ por cintas ⟨Tech⟩ *Bandleitung* f ‖ ~ temeraria *fahrlässige Verkehrsgefährdung* f ‖ **-ducente** adj *zweckmäßig* ‖ *geeignet*
 conducir [-zc-] vt *führen, leiten* ‖ *fahren* ‖ *lenken, steuern (Fahrzeug)* ‖ *ziehen (Wagen)* ‖ *(herbei)führen, einführen* ‖ *herbei-, über|bringen* ‖ *hinschaffen* ‖ *fortschaffen* ‖ *(vor sich her) treiben (Vieh)* ‖ *mieten, pachten* ‖ *bringen, schaffen, transportieren (Ware)* ‖ *leiten, dirigieren (Orchester) leiten, führen (Geschäft)* ‖ *ziehen (Mauer, Linie)* ‖ ⟨Tech⟩ *bedienen* ‖ ⟨Phys⟩ *leiten* ‖ ◊ ~ al buen resultado *zum guten Erfolg führen* ‖ ~ por mar *zur See befördern* ‖ ~ en carro *mit dem Wagen fortschaffen* ‖ carnet de ~ *Führerschein* m ‖ inepto para ~ *fahruntüchtig* ‖ vi *zweckmäßig sein* ‖ eso no conduce a nada *dabei kommt nichts heraus*
 conduc|ta f = **-ción** ‖ *Beförderung, Fortschaffung* f ‖ *Betragen, Benehmen* n, *Aufführung* f ‖ *Verhalten* n, *Lebenswandel* m ‖ *Führung, Leitung* f ‖ ⟨Mil⟩ *Werbevollmacht* f ‖ ~ del agente ⟨Jur⟩ *Täterverhalten* n ‖ ~ inmoral *unsittliches Verhalten* n ‖ cambiar de ~ *sein Verhalten ändern* ‖ norma de ~ *Verhaltensnorm* f ‖ → **certificado** ‖ **-tancia** f *Konduktanz* f, *Leitwert* m ‖ ~ aparente *Scheinleitwert* m ‖ ~ de conversión ⟨Radio⟩ *Umformungsleitwert* n ‖ ~ de la pendiente de ánodo ⟨Nucl⟩ *Anodenneigungsleitwert* m ‖ ~ de rejilla ⟨Nucl⟩ *Gitterleitwert* m ‖ ~ específica *spezifische Konduktanz* f ‖ **-tibilidad** f ⟨Phys⟩ *Leitfähigkeit* f ‖ ~ calorífica, ~ térmica *Wärmeleitfähigkeit* f ‖ **-tible** adj ⟨Phys⟩ *leitfähig* ‖ **-tismo** m ⟨Philos⟩ *Behaviorismus* m ‖ **-tividad** f *Führkraft* f ‖ *Leitfähigkeit* f ‖ ~ molecular *molekuläre Leitfähigkeit* f ‖ ~ térmica *Wärmeleitfähigkeit* f
 conducto m *(Leitungs)Röhre, Rinne* f, *Kanal* m ‖ *Wasserleitung* f ‖ *Zuführung* f ‖ ~ adenoide ⟨An⟩ *Drüsengang* m ‖ ~ a la chimenea ⟨Metal⟩ *Fuchs* m ‖ ~ auditivo (interno) *Gehörgang* m ‖ ~ biliar ⟨An⟩ *Gallengang* m ‖ ~ circular *Ringleitung* f ‖ ~ cístico ⟨An⟩ *Gallenblasengang* m ‖ ~ colector *Sammel|rinne* f, *-rohr* n ‖ ~ de canalización de una casa *Hausabwasserleitung* f ‖ ~ de comunicación *Verbindungsleitung* f ‖ ~ de descarga *Ausflußkanal* m ‖ ~ de evacuación *Abführkanal* m ‖ ~ de humo(s) *Rauch|ableitung* f, *-kanal* m ‖ ~ deferente ⟨An⟩ *Samenleiter* m ‖ ~ de los frenos ⟨EB⟩ *Bremsleitung* f ‖ ~ de vapor *Dampfleitung* f ‖ *Dampfkanal* m ‖ ~ galactóforo ⟨An⟩ *Milch|gang, -leiter* m ‖ ~ gutural ⟨An⟩ *Eustachische Röhre* f ‖ ~ hepático ⟨An⟩ *Leber(ausführungs)gang* m ‖ ~ lacrimal, ~ lagrimal *Tränengang* m ‖ ~ parótido ⟨An⟩ *Ohrspeicheldrüsengang* m ‖ ~ subterráneo *unterirdische Leitung* f ‖ *Unterführung* f ‖ por ~ de *durch Vermittlung (von* od *gen)*

conduc|tometría f *Konduktometrie* f ‖ **–tométrico** adj *konduktometrisch*
conduc|tor adj *leitend* ‖ ⟨Phys⟩ *(wärme)leitend, leitfähig* ‖ *Transport–* ‖ *hilo ~ Leitungsdraht* m ‖ *no ~ nichtleitend* ‖ *~ m*/adj *Führer, Leiter* m ‖ *(Eisenbahn)Schaffner, Wagenführer* m ‖ *Fahrer* m ‖ *Spediteur, Frachtführer* m ‖ ⟨Phys⟩ *Leiter, Träger* m ‖ ⟨El⟩ *Stromleiter* m ‖ *Ader* f, *Leitungsdraht* m ‖ ⟨Chir⟩ *Kehlsonde* f ‖ *Am führende Persönlichkeit* f ‖ *~ activo* ⟨El⟩ *stromführender Leiter* m ‖ *~ aéreo Ober-, Luft|leiter* m ‖ *Oberleitung* f ‖ *Antennendraht* m ‖ *~ calorífico, ~ del calor* ⟨Phys⟩ *Wärmeleiter* m ‖ *~ compensador, ~ neutro* ⟨El⟩ *Nulleiter* m ‖ *~ de anillo* ⟨Tel⟩ *Ader* f *zum Stöpselhals* ‖ *~ de camión Lastwagenfahrer* m ‖ *~ de (la) cinta* ⟨Web⟩ *Bandabzugswalze* f ‖ *~ de correa Riemengabel* f ‖ *~ de correspondencia Beförderer* m *vom Postgut* ‖ *~ de embajadores Oberzeremonienmeister* m ‖ *~ de distribución* f ⟨El⟩ *Verteilungsleitung* f ‖ *~ de llave* ⟨Radio⟩ *Steckerleitung* f ‖ *~ de grúa Kranführer* m ‖ *~ del tren Zugbegleiter* m ‖ *Schaffner* m ‖ *~ de manguito* ⟨Tel⟩ *Ader* f *zum Stöpselkörper* ‖ *~ de máquina* ⟨EB⟩ *Lok(omotiv)führer* m ‖ *~ de martillo pilón, ~ de martinete Hammerführer* m ‖ *~ de tierra* ⟨El⟩ *Erdleiter* m ‖ *~ desnudo* ⟨El⟩ *blanker Leiter* m ‖ *~ eléctrico Elektrizitäts-, Strom|leiter* m ‖ *Leitungsdraht* m ‖ *~ inactivo* ⟨El⟩ *stromloser Leiter* m ‖ *~ resistente* ⟨Radio⟩ *Widerstandsleiter* m ‖ *~ simple* ⟨Tel⟩ *Einfachleiter* m ‖ *carnet de ~* ⟨Aut⟩ *Führerschein* m ‖ *licencia de ~* ⟨Aut⟩ *Fahrerlaubnis* f ‖ **–tora** f/adj *Führerin, Leiterin* f ‖ Ar *Möbelwagen* m
con|ducho m *Nahrungsmittel, Essen* n ‖ **–dueño** m *Miteigentümer* m ‖ **–dumio** m fam *(Fleisch-)Gericht* n ‖ *Fischmahlzeit* f ‖ fam *Essen*, fam *Futter* n ‖ Mex *(Art)Mandelbrot* n
condurango m ⟨Bot⟩ *Kondurango* f
conduzco → **conducir**
conec|tador m ⟨El⟩ *(Ein)Schalter* m ‖ *Steckvorrichtung* f ‖ **–tar** vt ⟨Tech⟩ *verbinden* (con *mit*) ‖ ⟨El⟩ *(ein)schalten* ‖ *anschließen* ‖ *~ a tierra* ⟨El⟩ *erden* ‖ *~ en derivación nebeneinander schalten* ‖ *~ en serie hintereinander schalten* ‖ **–tivo** adj ⟨El⟩ *Verbindungs-*
cone|ja f *Weibchen* n *vom Kaninchen* ‖ fam *Frau* f *mit vielen Kindern* ‖ **–jal, –jar** m *Kaninchengehege* n ‖ **–jear** vi fig *sich verkriechen* ‖ **–jera** f *Kaninchenbau* m ‖ *Kaninchengehege* n ‖ fig *Spelunke* f, *Loch* n ‖ **–jero** m/adj *Kaninchen|züchter, –händler* m ‖ **–jillo** m dim *v.* **–jo** ‖ **~ de Indias** *Meerschweinchen* n (Cavia spp) ‖ fig *Versuchskaninchen* n
¹conejo m *Kaninchen* n *(Männchen)* ‖ fam *weibliche Scham*, pop *Schamritze* ‖ Cu *Lanzenfisch* m (Alepisaurus sp) ‖ Guat fig *Detektiv* m ‖ *~ de Angora Angorakaninchen* n ‖ *~ de monte Wildkaninchen* n ‖ *~ doméstico, ~ casero Hauskaninchen* n ‖ *~ macho Rammler* m ‖ ◊ *hacer la risa del ~* fam *gezwungen lachen* ‖ *multiplicarse como los ~s* fig *sich wie Unkraut vermehren* ‖ *el ~ ido, el consejo venido nach der Tat weiß jeder Rat*
²conejo adj MAm *ungesalzen* ‖ *ungezuckert*
cone|juelo m dim *v.* **–jo** ‖ **–juno** adj *Kaninchen-* ‖ *kaninchenähnlich*
cóneo adj = **cónico**
conepate m Mex *Skunk* m, *Stinktier* n (Conepatus spp)
conexidades fpl *Zubehör* n
cone|xión f *Verbindung, Verknüpfung* f ‖ *Zusammenhang* m ‖ ⟨El⟩ *(Ein)Schaltung, Koppelung* f ‖ *Anschlußstecker* m ‖ ⟨Tel⟩ *Verbindung* f ‖ *~ Anschluß* m ‖ *~ de adaptación* ⟨Tel⟩ *Anpassungsschaltung* f ‖ *~ con borne* ⟨Radio⟩ *Klemmenanschluß* m ‖ *~ concatenada* ⟨El⟩ *Kaskadenschaltung* f ‖ *~ continuada Fortsetzungszusammenhang* m ‖ *~ de cable Kabelanschluß* m ‖ *~ de cables Kabelverbindungsstelle* f ‖ *~ de causas* ⟨Jur⟩ *Prozeßverbindung* f ‖ *~ de delga* ⟨El⟩ *Verbindungsdraht* m *zwischen Anker und Stromwender* ‖ *~ de escobilla* ⟨El⟩ *Bürstenverbinder* m ‖ *~ de fase Phasenschaltung* f ‖ *~ de la línea* (de alumbrado) *Lichtschaltung* f ‖ *~ del circuito* ⟨El⟩ *Einschaltung* f ‖ *~ de llamada Anrufschaltung* f ‖ *~ de paso* ⟨El⟩ *Umgehungsschaltung* f ‖ *~ de pushpull Gegentaktschaltung* f ‖ *~ de recepción perfectamente sintonizada abstimmscharfe Empfangsschaltung* f ‖ *~ de red, ~ a la red Netzanschluß* m ‖ *~ de tierra Erdverbindung* f ‖ *~ dúplex en puente* ⟨Tel⟩ *Brückengegensprechanlage* f ‖ *~ en cascada = ~ concatenada* ‖ *~ en derivación* ⟨El⟩ *Nebenschlußverbindung* f ‖ *~ en estrella* ⟨El⟩ *Sternschaltung* f ‖ *~ en paralelo* ⟨El⟩ *Parallelschaltung* f ‖ *~ en puente* ⟨El⟩ *Brückenschaltung* f ‖ *~ en serie* ⟨El⟩ *Serien-, Reihen|schaltung* f ‖ *~ en triángul, ~ en delta Dreieck-, Delta|schaltung* f ‖ *~ equipotencial, ~ igualadora* ⟨El⟩ *Ausgleichsverbindung* f ‖ *~ fuera bordo* ⟨Flugw⟩ *Außenbordanschluß* m ‖ *~ interurbana* ⟨Tel⟩ *Fern|anschluß* m, *-verbindung* f ‖ *~ particular Privatanschluß* m ‖ *~ permanente* ⟨El⟩ *Dauereinschaltung* f ‖ *~ principal* ⟨Tel⟩ *Hauptanschluß* m ‖ *~ por enchufe Steckanschluß* m ‖ *~ seroamniótica* ⟨Gen⟩ *Seroamnionkonnex* m ‖ *dar la ~ con, poner en ~ con anschließen an* ‖ *norma de ~* ⟨Jur⟩ *Anknüpfungsnorm* f ‖ **~es pl**: *~ históricouniversales weltgeschichtliche Zusammenhänge* mpl ‖ *cuadro de ~, tablero de ~ Schaltbrett* n ‖ *esquema de ~ Schalt|bild* n, *-plan* m ‖ ◊ *tener muchas ~ gute Verbindungen haben* ‖ **–xionarse** vr *Verbindungen anknüpfen* ‖ **–xo** adj *verbunden*
conf. Abk **= confesor** ‖ **confirma(ción)** ‖ **conferencia** ‖ **confidencial**
confabu|lación f *geheimer Anschlag* m ‖ *Verschwörung, Verdunkelung* f ‖ **–lador** m *Verschwörer* m ‖ **–larse** vr *sich verschwören* ‖ fam *sich einlassen* (con *mit*)
confa|lón m *(Kirchen)Fahne* f ‖ *Banner* f ‖ **–loniero** m *Banner|herr, -träger* m
confec|ción f *An-, Verfertigung, Verarbeitung, Herstellung, Erzeugung* f ‖ *Ausführung* f ‖ *Aufnahme* f *(Inventar)* ‖ *Errichtung* f *(Testament)* ‖ *Aufstellung* f *(Liste)* ‖ *Fertigkleidung, Konfektion* f ‖ *Bekleidungsindustrie* f ‖ *fertiges Kleidungsstück* n ‖ *Mischtrank* m ‖ *~ de vinos Weinbereitung* f ‖ *industria de la ~ Bekleidungsindustrie* f ‖ **–cionar** vt *an-, ver|fertigen, erzeugen* ‖ *fabrizieren* ‖ *aufstellen (Liste)* ‖ → *a ~ción géneros –cionados para señoras* ⟨Com⟩ *Damenkonfektion* f ‖ **–cionista** m *Konfektionsschneider* m
confede|ración f *Bündnis* n, *Bund* m, *Verbindung* f ‖ *Staatenbund* m, *Konföderation* f ‖ *Bundesstaat* m ‖ *~ de Alemania del Norte Norddeutscher Bund* m ‖ *~ de estados Staatenbund* m ‖ *~ del Rin Rheinbund* m ‖ *~ de sindicatos (obreros) Gewerkschaftsbund* m ‖ *~ de Sindicatos Libres Alemanes Freier Deutscher Gewerkschaftsbund* m *(FDGB)* ‖ *~ Germánica* ⟨Hist⟩ *Deutscher Bund* m ‖ *~ Helvética, ~ Suiza Schweizer Eidgenossenschaft* f ‖ *~ Internacional de Organizaciones Sindicales Libres* (C.I.O.S.L.) *Internationaler Bund* m *Freier Gewerkschaften (IBFG)* ‖ *~ Internacional de Sindicatos Cristianos* (C.I.S.C.) *Internationaler Bund* m *Christlicher Gewerkschaften (IBCG)* ‖ *~ Internacional de los Trabajadores Intelectuales Internationaler Verband* m *der geistig Schaffenden* ‖ *~ Renana* ⟨Hist⟩ *Rheinbund* m ‖ **–rado** m *Verbündete(r), Bundesgenosse* m ‖ **–ral** adj *staatenbündisch, Bundes-* ‖ **–rar(se)** vi/r *einen Bund schließen, (sich) verbünden, (sich) konföderieren* ‖ **–rativo** adj *Bundes-*
conferen|cia f *Berat(schlag)ung* f ‖ *Bespre-*

conferenciante — confingir 302

chung, Konferenz f ‖ *Vortrag* m ‖ *(öffentliche) Vorlesung* f ‖ *Gespräch* n, *Verhandlung* f ‖ *Kolloquium* n ‖ *(geistliche) Ansprache* f ‖ ~ administrativa *Verwaltungskonferenz* f ‖ ~ aduanera mundial *Weltzollkonferenz* f ‖ ~ agraria, ~ agrícola *Agrar-, Landwirtschafts\konferenz* f ‖ ~ atómica *Atomkonferenz* f ‖ ~ con proyecciones *Lichtbildervortrag* m ‖ ~ cuatripartita *Viermächtekonferenz* f ‖ ~ de alto nivel *Konferenz* f *auf höchster Ebene* ‖ ~ de desarme *Abrüstungskonferenz* f ‖ ~ de ministros de Asuntos exteriores *Außenministerkonferenz* f ‖ ~ de paz *Friedenskonferenz* f ‖ ~ de Potsdam *Potsdamer Konferenz* f *(1945)* ‖ ~ de prensa *Pressekonferenz* f ‖ ~ de Teherán *Konferenz* f *von Teheran (1943)* ‖ ~ de ventas *Verkaufsabsprache* f ‖ ~ de Yalta *Konferenz* f *von Jalta (1945)* ‖ ~ económica (mundial) *(Welt)Wirtschaftskonferenz* f ‖ ~ en la cumbre *Gipfelkonferenz* f ‖ ~ episcopal *Bischofskonferenz* f ‖ ~ interestatal *Staatenkonferenz* f ‖ ~ intergubernamental *Regierungskonferenz* f ‖ ~ interurbana ⟨Tel⟩ *Ferngespräch* n ‖ ~ local, ~ urbana ⟨Tel⟩ *Ortsgespräch* n ‖ ~ monetaria *Währungskonferenz* f ‖ ~ naval *Schiffahrtskonferenz* f ‖ ~ plenipotenciaria *Konferenz* f *der (Regierungs)Bevollmächtigten* ‖ ~ radiotelefónica *Funkferngespräch* n ‖ ~ telefónica *Fern-, Telefon\gespräch* n ‖ ≈ de la FAO *Konferenz* f *der FAO* ‖ ≈ de la Haya *Haager (Friedens)Konferenz* f ‖ ≈ de la UNESCO *Weltkonferenz* f *der UNESCO* ‖ ≈ Europea de las Administraciones de Correos y de Telecomunicación *Europäische Konferenz* f *der Verwaltungen für Post- und Fernmeldewesen* ‖ ≈ Internacional Católica de Caridad *Internationale Caritaskonferenz* f ‖ ≈ Internacional de la Cruz Roja *Internationale Rotkreuzkonferenz* f ‖ ≈ Internacional del Trabajo *Internationale Arbeitskonferenz* f ‖ ≈ Mundial de Energía *Weltenergiekonferenz* f ‖ salón de ~s *Saal* m *für Vorträge* ‖ ◊ celebrar una ~ *eine Konferenz halten* ‖ convocar una ~ *e-e Tagung einberufen* ‖ dar una ~ *einen Vortrag halten* ‖ dar ~s *lesen (Hochschullehrer)* ‖ tomar parte en una ~ *an e-r Tagung teilnehmen* ‖ **-ciante** m *Vortragende(r)* m ‖ **-ciar** vi *sich unterreden, eine Besprechung halten* (con *mit*) ‖ *Gespräche führen* ‖ *verhandeln* ‖ *konferieren* ‖ *beratschlagen* ‖ *telefonisch sprechen* ‖ **-cista** m *Am Vortragende(r)* m
conferir [-ie/i-] vt *vergleichen, gegenüberstellen* ‖ *(ein Amt, einen Orden) verleihen, erteilen* ‖ vi *besprechen, erörtern* ‖ ◊ ~ un derecho *ein Recht verleihen* ‖ ~ (plenos) poderes (a) *jdm Vollmacht erteilen*
confe\sado m fam *Beichtkind* n, *Beichtende(r)* m ‖ **-sar** [-ie-] vt/i *anerkennen, zugeben, eingestehen* ‖ *sich bekennen zu (e-r Religion, e-m Glauben)* ‖ *beichten* ‖ *(Beichte) hören, die Beichte abnehmen* (a alg. *jdm*) ‖ fig *zum Geständnis bringen* ‖ *bekennen, gestehen* ‖ ◊ ~ de plano *die volle Wahrheit eingestehen, ein volles Geständnis ablegen* ‖ ~se *beichten* (con *bei*) ‖ ◊ ~ con un padre *bei einem Priester beichten* ‖ ~ culpable *sich schuldig bekennen* ‖ ir a ~(se) *zur Beichte gehen* ‖ **-sión** f *Bekenntnis, Ein-, Zu\geständnis* n ‖ *Glaubensbekenntnis* n, *Konfession* f ‖ *Beichte* f ‖ ~ augsburgiana, ~ de Augsburgo *Augsburgische Konfession* f ‖ ~ auricular, ~ sacramental *Ohrenbeichte* f ‖ ~ de fe *Glaubensbekenntnis* n ‖ ~ c(u)alificada ⟨Jur⟩ *qualifiziertes Geständnis* n ‖ ~ en derecho *Anerkenntnis* n/f ‖ ~ espontánea *freiwilliges Geständnis* n ‖ ~ extrajudicial *außergerichtliches Geständnis* n ‖ ~ general *Generalbeichte* f ‖ hijo (hija) de ~ *Beichtkind* n ‖ ~ implícita *stillschweigendes Geständnis* n ‖ ~ judicial *gerichtliches Geständnis* n ‖ secreto de ~, sigilo de ~ *Beichtgeheimnis* n ‖ ◊ ir a la ~, ir a confesarse

beichten gehen ‖ oir (de) ~ *Beichte hören* ‖ **-sional** adj *konfessionell, Konfessions-* ‖ **-sionalización** f *Konfessionalisierung* f ‖ **-s(i)onario** m *Beichtstuhl* m ‖ *Beichtspiegel* m *(Buch)* ‖ **-sionista** m/adj *Lutheraner* m ‖ **-so** adj/s ⟨Jur⟩ *geständig* ‖ ~ m *Laienbruder* m ‖ *zur katholischen (od christlichen) Glaubensgemeinschaft übergetretener Jude, Konvertit* m *(Jude)* ‖ convicto y ~ ⟨Jur⟩ *überführt und geständig* ‖ ◊ haber a alg. por ~ ⟨Jur⟩ *jdn für säumig erklären* ‖ **-sor** m *Beichtvater* m ‖ ⟨Theol⟩ *Bekenner, Glaubenszeuge* m ‖ **-suría** f *Würde* f *des Beichtvaters*
confet(t)i m(pl) it *Konfetti* pl ‖ batalla de ~ *Konfettischlacht* f
confia\ble adj *zuverlässig, treu, vertrauenswürdig, sicher* ‖ **-do** adj *vertrauend* ‖ *vertrauens\selig, -voll* ‖ *leichtgläubig* ‖ *eingebildet* ‖ ~ que im *Vertrauen darauf, daß* ‖ adv: **~amente** ‖ **-dor** m *Mitbürge* m
confian\za f *Ver-, Zu\trauen* n (en *zu*), *Zuversicht* f ‖ *Zu-, Ver\traulichkeit* f ‖ *Selbst\sicherheit* f, *-vertrauen* n ‖ *(falsches) Selbstvertrauen* n, *Einbildung* f ‖ *Vermessenheit* f ‖ *Mut* m, *Tatkraft* f ‖ *Offenheit, Unbefangenheit* f ‖ ~ en sí mismo, ~ propia *Selbstvertrauen* n ‖ abuso de ~ *Vertrauensmißbrauch, Treubruch* m ‖ de ~ *zuverlässig* ‖ cargo (od empleo, puesto) de ~ *Vertrauensposten* m ‖ cuestión de ~ *Vertrauensfrage* f ‖ lleno de ~ *vertrauensvoll* ‖ persona de ~ *Vertrauensperson* f ‖ con (toda) ~ *ohne Rückhalt* ‖ de ~ *zuverlässig, verläßlich* ‖ en ~ *vertraulich* ‖ *unterderhand* ‖ ◊ dicho sea en ~ *unter uns gesagt* ‖ gozar de la entera ~ *volles Vertrauen genießen* ‖ granjear(se) ~, adquirir la ~ *das Vertrauen erwerben* ‖ hacerse digno de la ~ *sich des Vertrauens würdig erweisen* ‖ honrar con la ~, dispensar la ~ *mit dem Vertrauen beehren, würdigen* ‖ inspirar ~ *Vertrauen einflößen* ‖ poner ~ en *Vertrauen setzen in* (acc) ‖ tener ~ *Vertrauen haben* (en *zu*) ‖ **-zudo** adj *(allzu) vertraulich*
confiar [pres -ío] vt *anvertrauen* ‖ *anvertrauen, übertragen (Amt)* ‖ fig *über\geben, -lassen, -tragen* ‖ ◊ le confiamos nuestra representación ⟨Com⟩ *wir übertragen Ihnen unsere Vertretung* ‖ ~ vi *(ver)trauen* (dat) ‖ *seine Hoffnung setzen en* (auf *acc*) ‖ ~se a alg. *sich jdm anvertrauen* ‖ ~se en *sich verlassen auf*
confiden\cia f *Vertrauen* n ‖ *vertrauliche Mitteilung* f ‖ *Vertraulichkeit* f ‖ en ~ *vertraulich* ‖ ~s pl *vertrauliche Reden* f pl ‖ *Flüstern* n ‖ **-cial** adj *vertraulich (Brief, Bericht)* ‖ tratar de modo ~ *vertraulich behandeln* ‖ ¡~! *vertraulich!* ‖ adv: **~mente** ‖ **-te** adj *zuverlässig, treu* ‖ ~ m *Vertraute(r)* m, *Vertrauensperson* f ‖ ⟨Mil⟩ *Späher, Kundschafter* m ‖ *Polizeispitzel, Konfident* m ‖ *Plaudersofa* n ‖ fig *Mitwisser* m ‖ adv: **~mente**
configu\ración f *(äußere) Bildung, Gestaltung* f ‖ *Konfiguration* f *Verformung* f ‖ *Aspekt* m ‖ ~ del contrato *Vertragsgestaltung* f ‖ ~ electrónica *Elektronen\aufbau* m, *-anordnung* f ‖ ~ del terreno *Gelände-, Boden\gestaltung* f ‖ **-rado** adj: bien ~ *schön gestaltet* ‖ **-rar** vt *bilden, gestalten, formen* ‖ ~ el delito *den Tatbestand erfüllen* ‖ **-rarse** vr *sich gestalten, bilden* ‖ **-rativo** adj *bildend* ‖ *formativ*
confín m/adj *Grenze, Grenzlinie, Begrenzung* f ‖ fig *Reich* n ‖ ~es pl: los ~ del orbe *das Ende der Welt*
confi\nación f = **-namiento** ‖ **-nado** adj *Am schwül (Zimmerluft)* ‖ ~ m/adj *Landesverwiesene(r)* m ‖ *Verbannte(r)* m ‖ **-namiento** m *Verbannung* f, *Zwangsaufenthalt* m ‖ *Landesverweisung* f ‖ *Span Deportation* f *nach den Kanarischen Inseln oder Balearen* ‖ **-nante** adj *angrenzend, Grenz-* ‖ **-nar** vt *verbannen* ‖ *jdm e-n Zwangsaufenthalt zuweisen* ‖ Am *(ein)schließen, in Haft nehmen* ‖ ~ vi *grenzen* (con *an* acc)
confingir [g/j] vt *gestalten*

confinidad f Angrenzen n ‖ Nähe f
confirió → **conferir**
confir|mación f Bestätigung, Bekräftigung f ‖ ⟨Kath⟩ Firmung f ‖ Konfirmation, Einsegnung f (bei Protestanten und Juden) ‖ ⟨Jur⟩ Bestätigung, Gültigmachung f ‖ Beweisführung f ‖ ~ bancaria Bankbestätigung f ‖ ~ de pago Zahlungsbestätigung f ‖ ~ del pedido ⟨Com⟩ Auftragsbestätigung f ‖ ~ de sentencia Urteilsbestätigung f ‖ en ~ de zur Bestätigung gen ‖ en ~ de mi carta... meinen Brief... bestätigend ‖ falta de ~, no ~ Nichtbestätigung f ‖ sujeto a ~ freibleibend ‖ **-madamente** adv mit Sicherheit ‖ **-mado** m Firmling m ‖ ~ adj bestätigt (z. B. Scheck) ‖ **-mando** m ⟨kath⟩ Firmling m ‖ Konfirmand, Einzusegnender m (ev. Kirche) ‖ **-mar** vt bestätigen ‖ (im Glauben) bestärken ‖ ⟨Kath⟩ firmen, konfirmieren ‖ konfirmieren, einsegnen (Protestanten und Juden) ‖ fam ohrfeigen ‖ ◊ ~ bajo juramento beschwören ‖ **-mando** su carta del 13 cte. Ihren Brief vom 13. d. M. bestätigend ‖ **~se** sich bestätigen (Nachricht) ‖ **-mativo, -matorio** adj bestätigend, bekräftigend
confis|cable adj einziehbar, konfiszierbar ‖ **-cación** f Konfiskation, Einziehung, Beschlagnahme f ‖ ~ de bienes, ~ de patrimonio Vermögenseinziehung f ‖ **-cador** m Beschlagnehmer, Konfiszierender m ‖ **-car** [c/qu] vt konfiszieren, mit Beschlag belegen, beschlagnahmen, einziehen ‖ wegnehmen ‖ **-catorio** adj Beschlagnahme-
confi|tar vt überzuckern, kandieren ‖ mit Zucker einkochen ‖ fig versüßen, mildern ‖ **-te** m Zuckerwerk n ‖ ◊ estar a partir un ~ figf sehr vertraut sein (con mit) ‖ ~s pl Zuckerwaren fpl
confitente m Gestehender m, derjenige, der ein Geständnis ablegt
confiteor m lat Beichtgebet n
confi|tera f Zuckerbäckerin f ‖ Einmachtopf m ‖ Naschdose f ‖ Marmeladendose f ‖ **-tería** f Zuckerbäckerei f ‖ Konditorei f ‖ Süßwarenindustrie f ‖ Süßwarenhandlung f ‖ **-tero** adj: calabaza ~a (Art) Riesenkürbis m ‖ ~ m Zuckerbäcker, Konditor m ‖ Süßwarenhändler m ‖ **-tillo** m feine Nascherei f ‖ **-tura** f Eingemachtes n ‖ Marmelade, Konfitüre f ‖ Obstmus n ‖ △ (gerichtliche) Aussage f
confla|gración f großer Brand, Brandausbruch m, Feuersbrunst f ‖ fig Umwälzung f, Weltbrand m ‖ la ~ europea (od mundial) der Weltkrieg ‖ **-grar** vt anzünden ‖ **~se** entbrennen
conflátil adj schmelzbar (Metall)
conflicto m Reibung f, Konflikt m ‖ Auseinandersetzung f, Streit(igkeit f) m ‖ ~ armado bewaffnete Auseinandersetzung f, bewaffneter Konflikt m ‖ ~ de atribuciones Zuständigkeitsstreit m ‖ ~ de clases Klassenkampf m ‖ ~ de competencia, ~ de jurisdicción Kompetenzkonflikt, Zuständigkeitsstreit m ‖ ~ jurídico Rechtsstreitigkeit f ‖ ~ de leyes Gesetzes|konflikt m, -kollision f ‖ ~ de tarifas, ~ tarifario Tarifstreitigkeit f ‖ ~ de trabajo, ~ laboral Arbeitsstreitigkeit f, Arbeitskampf m ‖ resolución de ~s Streiterledigung f
confluen|cia f Zusammenfluß m, Zusammenfließen n, Vereinigung f (zweier Flüsse) ‖ **-te** m Zusammenfluß m ‖ ~ adj zusammenfließend
confluir [-uy-] vi zusammenfließen (Flüsse) ‖ fig zusammenströmen (Volk)
confor|mación f Bildung, Gestalt, Gestaltung f, Bau m ‖ ⟨Chem⟩ Konformation f ‖ vicio de ~ Mißbildung f, organischer Fehler m ‖ **-mador** m Hutformer m ‖ ⟨Tech⟩ Schablone f ‖ Kopfmesser m ‖ **-mar** vt gestalten, Gestalt geben, bilden ‖ in Übereinstimmung bringen (con mit) ‖ angleichen, anpassen an (acc) ‖ ◊ ~ su vida a sus principios nach s-n Grundsätzen leben ‖ **~se** einwilligen ‖ einig werden ‖ ◊ ~ con sich fügen, schicken in (acc) ‖ sich richten nach dat ‖ sich einverstan-

den erklären (mit dat) ‖ ~ al (od con el) tiempo sich in die Zeit schicken ‖ ~ al mecanismo del mercado marktkonform sein ‖ sich dem Marktmechanismus anpassen
¹conforme adj übereinstimmend ‖ angemessen, schicklich, gemäß ‖ in Ordnung ‖ konform ‖ gleichlautend (Abschrift) ‖ ~ a (od con) la opinión (de) mit jdm gleicher Meinung ‖ in Übereinstimmung mit, entsprechend, gemäß (dat) ‖ ◊ declararse ~ con eingehen auf (acc) ‖ hemos hallado ~ el extracto de cuenta wir haben den Kontoauszug (für) richtig befunden ‖ estar ~ con la muestra dem Muster entsprechen (Ware) ‖ ¡~! einverstanden! ‖ adv: **~mente**
²conforme adv: ~ a lo convenido vertragsmäßig ‖ ~ a derecho rechtsmäßig, von Rechts wegen ‖ ~ a lo prescrito vorschriftsmäßig ‖ ~ de toda conformidad pop ganz einverstanden ‖ todo continúa ~ estaba alles bleibt wie zuvor
³conforme conj sobald ‖ in dem Maße, wie ‖ ~ se iba acercando, ~ aumentaba su terror je näher er kam, desto größer wurde sein Schrecken
⁴conforme m (Empfangs)Bestätigung f ‖ ◊ dar el ~ den Empfang bestätigen
confor|midad f Ähnlichkeit, Gleichförmigkeit f ‖ Übereinstimmung f ‖ Zustimmung f ‖ Richtigkeitsbefund m ‖ Einwilligung f ‖ Nachgiebigkeit f ‖ Fügung, Schickung f ‖ Konformität f ⟨& Math⟩ ‖ de ~ übereinstimmend ‖ de (od en) ~ (con) gemäß ‖ de ~ con la muestra genau nach Muster ‖ en esta (od en tal) ~ unter dieser Voraussetzung ‖ de ~ con sus órdenes Ihren Aufträgen gemäß ‖ falta de ~ Nichtübereinstimmung f ‖ ◊ dar la ~ ⟨Com⟩ die Richtigkeit anerkennen ‖ dar (od prestar) su ~ seine Zustimmung geben, einwilligen ‖ hacer un asiento (od apuntar) de ~ ⟨Com⟩ gleichlautend buchen ‖ no haber ~ en los hechos ⟨Jur⟩ streitig sein (Sachverhalt) ‖ obrar de ~ in Übereinstimmung handeln (con mit) ‖ **-mismo** m Konformismus m ‖ fig Anpassung f ‖ no ~ Nonkonformismus m ‖ **-mista** adj/s konformistisch ‖ ~ m Konformist m ‖ no ~ m Nonkonformist m
con|fort m gall Bequemlichkeit, Behaglichkeit f, Komfort m ‖ **-fortable** adj bequem (eingerichtet) ‖ gemütlich ‖ komfortabel ‖ behaglich, wohnlich (eingerichtet) ‖ adv: **~mente**
confor|tación f, **-tamiento** m Stärkung, Kräftigung f ‖ Tröstung f ‖ **-tante** m/adj ⟨Med⟩ Stärkungsmittel n ‖ ~ adj tröstend ‖ Stärkung gebend ‖ **-tar** vt stärken, trösten ‖ **-tativo** m/adj Stärkungsmittel n ‖ ~ adj tröstend ‖ Stärkung gebend
confrater|nidad f Verbrüderung f ‖ fig innige Freundschaft f ‖ fig brüderliche Gesinnung f ‖ ~ de armas Waffenbrüderschaft f ‖ **-nizar** [z/c] vi sich verbrüdern ‖ sympathisieren (con mit)
confricación f Reibung f
confron|tación f ⟨Jur⟩ Gegenüberstellung f (von Angeklagten, Zeugen usw.) ‖ Vergleichung f, Vergleich m (von Urkunden usw.) ‖ Konfrontation f ‖ Auseinandersetzung f ‖ **-tar** vt (Handschriften, Rechnungen) vergleichen ‖ gegenüberstellen, konfrontieren ‖ ~ vi angrenzen ‖ fig in Gesinnungen übereinstimmen (con mit)
confu|cianismo m Konfuzianismus m ‖ **-ciano** adj/s konfuzianisch ‖ ~ m Konfuzianer m ‖ ⋞**cio** m np Konfuzius, Konfutse
confundir vt ver|mengen, -mischen ‖ ver-, zusammen|schmelzen ‖ ver|wechseln, -wirren, durcheinanderbringen ‖ fig aus der Fassung bringen, ratlos machen, bestürzen, verblüffen ‖ beschämen ‖ zuschanden machen, vereiteln ‖ ◊ ~ con verwechseln mit ‖ ~ los colores farbenblind sein ‖ **~se** in Verwirrung geraten ‖ fig aus der Fassung kommen ‖ schamrot werden ‖ sich in der Menge verlieren ‖ verschwimmen, verschmelzen ‖ ineinanderlaufen, zusammenfließen (Farben) ‖ ◊ ~ con übergehen (in acc)

confusión *f Durcheinander* n, *Unordnung, Verworrenheit, Verwirrung* f || *Verwechslung* f || *Irrtum* m || *Undeutlichkeit* f || fig *Beschämung, Bestürzung, Verlegenheit, Betroffenheit* f *(Personen)* || *Konfusion* f || ⟨Jur⟩ *Erlöschen* n *e-s Rechtes durch Vereinigung von Berechtigung und Verpflichtung in e-r Person* || ⟨Med⟩ *Sinnesstörung* f || △*Kerker* m || △*Schenke* f, *Gasthaus* n || en ~ *verwirrt, durcheinander* || ◊ *para evitar* ~es *um Verwechslungen zu vermeiden*
confusionismo *m Verwirrungsstiftung* f || *Begriffsverwirrung* f
confuso pp/irr *v.* **confundir** || *ver|wirrt, -worren, konfus, unordentlich* || *dunkel, unklar, undeutlich* || fig *bestürzt, beschämt, verlegen* || en ~ *unordentlich, undeutlich* || adv: ~**amente**
confu|tación *f Widerlegung* f || **-tar** vt *widerlegen*
¹**conga** *f* Col *e-e Ameisenart* f || Cu *Kuba-Baumratte, Hutia-Conga* f (Capromys pilorides)
²**conga** *f ein kubanischer Volkstanz* m
conge|labilidad *f Gefrierbarkeit* f || **-lable** adj *gefrierbar* || **-lación** *f Gefrieren* n || *Erfrieren* n || *Dick-, Steif|werden* n || *Erstarrung* f || *Einfrieren* n *(Kapitel)* || *Bindung, Blockierung* f *(Preise)* || *Stillegung, Sperrung* f *(Konto)* || acuerdo de ~ *Stillhalteabkommen* n || ~ de alquileres *Mietpreisstopp* m || ~ de divisas *Devisensperrung* f || punto de ~ ⟨Phys⟩ *Gefrierpunkt* m || régimen de ~ de precios *Preiszwangwirtschaft* f || **-lador** *m Eis|erzeuger* m, *-maschine* f || **-lar** vt *einfrieren, zum Gefrieren bringen* || *eindicken, gerinnen lassen* || fig *einfrieren lassen (Kapital)* || fig *sperren (Konto), stillegen* || ◊ ~ los tipos de interés *die Zinsen stoppen* || carne congelada *Gefrierfleisch* n || **-larse** vr *gefrieren*
congénere adj *gleichartig* || fig *verwandt* || ~ m *Artgenosse* m || ⟨Bot Zool⟩ *Angehöriger* m *derselben Gattung* || *Altersgenosse* m
conge|nial adj *geistesverwandt* || *kongenial* || **-nialidad** *f Geistesverwandtschaft* f || *Geistesebenbürtigkeit* f || *Kongenialität* f || **-niar** vi *(in Sinnesart und Neigungen) übereinstimmen* || *zusammenpassen, harmonieren* || ◊ ~ con alg. *sich mit jdm vertragen*
congénito adj *angeboren, kongenital* || *geboren, erzeugt*
conges|tión *f Anhäufung, Stockung* f || *Andrang des Blutes, Blutandrang* m, *Kongestion* f || *Stauung* f || *Verstopfung* f *(Straße)* || fig *Gedränge* n || ~ del tráfico *Verkehrs|stockung, -stauung* f || **-tionarse** vr *sich anhäufen (Blut)* || *e-n Blutandrang haben, stark erröten* || *verstopft werden (Straße)* || *zur Stauung kommen* || ◊ se le –tionó el rostro *das Blut stieg ihm ins Gesicht* || **-tivo** adj ⟨Med⟩ *Blutandrang erzeugend, kongestiv* || *Kongestions- angehäuft, zusammengedrängt*
conglo|bación *f Anhäufung* f || **-bar** vt *anhäufen* || *zusammenballen*
conglome|ración *f* ⟨Geol⟩ *Konglomeratbildung, Zusammen-, An|häufung* f || **-rado** *m Anhäufung* f || ⟨Geol⟩ *Konglomerat* n || **-rarse** vr *sich anhäufen*
congluti|nación *f Zusammenballung* f || ⟨Med⟩ *Konglutination, Verklebung* f *von Blutkörperchen od Bakterienhaufen* || **-nante** *m*/adj *Bindemittel* n || ⟨Chir⟩ *zuheilendes Mittel* n || *klebrig, zäh werdend* || **-nar** vt *zusammenkleben* || ⟨Med⟩ *verkleben, zusammenballen, konglutinieren* || *zäh und klebrig machen* || **-narse** vr *zusammenkleben*
Congo *m Kongo* m || el ~ Belga ⟨Hist⟩ *Belgisch-Kongo* || el ~ ex-belga *Kongo (Kinshasa)* || el ~ exfrancés *Kongo (Brazzaville)*
congo adj = **congoleño** / Pe *dicklich* || ~ ⟨Hist⟩ Cu *Kongoneger* m *(Bezeichnung für die an den Ufern des Kongo geborenen Negersklaven und ihre Abkömmlinge)* || CR Salv *Aluate, Roter*

Brüllaffe m (Alouatta ursina) || Col *Eisenerz* n *mit eingestreuten Goldspuren*
congo|ja *f Kummer* m, *Betrübnis* f || *Angst, Beklemmung* f || **-jado** adj *bekümmert, betrübt* || **-jar** vt *ängstigen, betrüben* || ~se *sich betrüben* || **-joso** adj *kümmerlich, qualvoll* || *ängstlich, betrübt*
congola *f* Col *Tabakspfeife* f
congo|leño, -lés, esa adj *kongolesisch, aus dem Kongo*
congona *f* Chi ⟨Bot⟩ *Pfeffer* m (Piper dolabriformis)
congo|rrocho, -locho *m* Ven *Tausendfüß(l)er* m
congosto *m Bergpaß* m
congraciarse vr: ~ con alg. *sich bei jdm einschmeicheln, sich bei jdm beliebt machen*
congratu|lación *f Glückwunsch* m || *Beglückwünschung, Gratulation* f || **-lar** vt *beglückwünschen, gratulieren* || ~ vi: nos congratula saber que *es freut uns zu hören, daß* || ~**se** *sich gratulieren* || ~ de a., ~ por a. *sich über etw freuen*
congre|gación *f Zusammenkunft* f || *Innung, Zunft, Genossenschaft* f || *Versammlung* f || *katholischer Männerverein* m || *Kongregation, kirchliche Vereinigung* f || *Kardinalskongregation* f || *Ordensgesellschaft* f || ~ de los fieles *Gemeinschaft* f *der Gläubigen* || ⁓ de Propaganda Fide ⟨Kath⟩ *Kongregation* f *für Verbreitung des hl. Glaubens* || ⁓ de Ritos *Ritenkongregation* f || ⁓ Mariana *Marianische Kongregation* f || **-gante** *m Mitglied* n *e-s katholischen Männervereins* || *Mitglied* n *e-r Kongregation, Kongregationist* m || **-gar** [g/gu] vt *versammeln* || ~**se** *zusammenkommen*
congresal *m* SAm = **congresista**
congre|sista, -sante, -sal *m Kongreßteilnehmer* m || ~so *m Kongreß* m, *Zusammenkunft, Tagung* f *Nationalversammlung* f || *Reichs-, Bundes-, Land|tag* m || Am *gesetzgebende Körperschaft* f || ⁓ de los Diputados Span ⟨Hist⟩ *Abgeordnetenhaus* n || ~ de la paz *Friedenskongreß* f || ~ del partido *Partei|tag, -kongreß* m || ~ esperantista *Esperantistenkongreß* m || ~ federal *Bundesversammlung* f || ~ nacional *Parlament* n || ⁓ de Viena ⟨Hist⟩ *Wiener Kongreß* m || ⁓ Islámico Mundial *Islamischer Weltkongreß* m || ⁓ Judío Mundial *Jüdischer Weltkongreß* m || ⁓ Mundial de Religiones *Welt-Religions-Kongreß* m || ⁓ Postal Universal, ⁓ de la Unión Postal Universal *Weltpostkongreß* m
congrio *m See-, Meer|aal* m (Conger conger) || fam *komischer Kauz* m
con|grua *f Ertrag* m *e-r geistlichen Stelle* || *Ausgedinge* n || *Besoldung* f *von Gebührenbeamten* || **-gruamente** adv *auf passende Art* || **-gruencia** *f Zweckmäßigkeit, Tauglichkeit* f || *passende Gelegenheit* f || *Übereinstimmung* f || ⟨Math Gr⟩ *Kongruenz* f || **-gruente** adj *passend, zweckmäßig* || ⟨Math Gr⟩ *kongruent* || **-gruidad** *f Zweckmäßigkeit* f || **-gruo** adj *zweckmäßig, passend* || ~a sustentación *standesgemäßer Lebensunterhalt* m || porción ~a *festes Einkommen* n *e-s Pfarrers* || *Ausgedinge* n
conguito *m* Am = **ají**
conicidad *f Kegelform, Kegeligkeit* f || ⟨Tech⟩ *Verjüngung* f
cónico adj *konisch, kegelig, kegelförmig* || *verjüngt* || sección ~a ⟨Math⟩ *Kegelschnitt* m
conidio *m* ⟨Bot⟩ *Konidie* f *(bei vielen Pilzen)*
coní|feras fpl *Nadelhölzer* npl, *Koniferen* fpl || **-fero** adj *zapfentragend*
conificar vt *konisch gestalten* || *verjüngen*
conimbricense adj *aus Coimbra* (Port)
conímetro *m* ⟨Tech⟩ *Konimeter* n
conio *m* ⟨Bot⟩ *Schierling* m (Conium sp)
coniosis *f* ⟨Med⟩ *Staubkrankheit, Koniose* f
conirrostros mpl ⟨V⟩ *Kegelschnäbler* mpl

coniza f ⟨Bot⟩ *Alant* m (Inula sp)
conjetu|ra f *Vermutung* f ‖ *Verdacht* m ‖ ◊ *hacer* ∼s *Mutmaßungen aufstellen* (sobre *über*) ‖ **-ral** adj *mutmaßlich, auf Vermutungen beruhend* ‖ **-rar** vt *mutmaßen, vermuten* ‖ *Vermutungen anstellen* (sobre, *acerca de über*)
conjuez [pl **-ces**] m *Mitrichter, Richter* m *e-s Kollegialgerichts*
conju|gable adj ⟨Gr⟩ *konjugierbar* ‖ **-gación** f ⟨Gr⟩ *Konjugation* f ‖ ⟨Gen⟩ *Verschmelzung, Konjugation* f ‖ ⟨Biol⟩ *Konjugation, vorübergehende Vereinigung* f *zweier Wimpertierchen* ‖ **-gar** [g/gu] vt ⟨Gr⟩ *konjugieren* ‖ (*miteinander*) *verbinden, vereinigen* ‖ **-gado** adj *konjugiert* ‖ An ⟨Bot⟩ *gepaart* ‖ ⟨Math⟩ *zugeordnet, konjugiert* ‖ ⟨Tech⟩ *gekoppelt, verbunden*
conjun|ción f *Ver|bindung, -einigung* f ‖ ⟨Gr⟩ *Bindewort* n, *Konjunktion* f ‖ *Ligatur* f (*Schrift*) ‖ *Begegnung* f, *Treffen* n (*beim Überholen*) ‖ ⟨Astr⟩ *Konjunktion* f ‖ ∼ *adversativa, causal, copulativa, disyuntiva, final, ilativa* ⟨Gr⟩ *entgegensetzendes, ursächliches, anreihendes, ausschließendes, bezweckendes, folgerndes Bindewort* n; *adversative, kausale, kopulative, disjunktive, finale, konsekutive Konjunktion* f ‖ **-tamente** adv *zusammen, vereinigt* ‖ **-tiva** f ⟨An⟩ *Bindehaut* f *des Auges, Konjunktiva* f ‖ **-tival** adj: *tejido* ∼ *Bindehautgewebe* n ‖ **-tivitis** f ⟨Med⟩ *Bindehautentzündung, Konjunktivitis* f ‖ ∼ *gonorreica Augentripper* m ‖ ∼ *por pelos de orugas Raupenhaarkonjunktivitis* f ‖ ∼ *primaveral,* ∼ *vernal Frühjahrskatarrh* m ‖ **-tivo** adj *Binde-* ‖ *modo* ∼ m ⟨Gr⟩ *Konjunktiv* m ‖ **-to** adj *ver|bunden, -einigt, zusammenhängend* ‖ ∼ m *Ver|einigung, -bindung* f ‖ *Einheit* f ‖ *Gesamtheit* f ‖ *Zusammenhalt* m ‖ *Inbegriff* m ‖ *Sammlung* f ‖ ⟨Sp⟩ *Zusammenspiel* n ‖ ⟨Mus⟩ *Ensemble* n ‖ *Wirtschaftskomplex* m ‖ *Richter* m *e-s Kollegialgerichts* ‖ ⟨Math⟩ *Schar* f (*von Kurven*) ‖ ∼ *de aparatos Apparatur* f ‖ *el* ∼ *de circunstancias das Zusammentreffen von Umständen* ‖ ∼ *de cosas* ⟨Jur⟩ *Sach|inbegriff* m, *-gesamtheit* f ‖ ∼ *de galerías* ⟨Bgb⟩ *Grubengebäude* n ‖ ∼ *de edificios Häuserblock* m ‖ *clase de* ∼ *Orchester|stunde, -übung* f ‖ *el* ∼ *das Ganze* n ‖ *en* ∼ *zusammen* ‖ *im ganzen gesehen* ‖ *durchgehends* ‖ ◊ *formar un* ∼ *ein Ganzes bilden* ‖ **-tor** f ⟨Tel⟩ *Klinke* f ‖ ∼ *de abonado Teilnehmerklinke* f ‖ ∼ *de enlace Verbindungsklinke* f ‖ ∼ *de línea Leitungsklinke* f ‖ ∼ *de respuesta Abfrageklinke* f
conju|ra f *Verschwörung* f ‖ (*Geister*) *Beschwörung* f ‖ **-ración** f *Verschwörung* f ‖ (*Geister-*) *Beschwörung* f ‖ *inständige Bitte* f ‖ *tramar una* ∼ *e-e Verschwörung anzetteln* ‖ = **-ro** ‖ **-rado** m/adj (*Mit*) *Verschworener* m ‖ **-rador** m *Verschwörer* m ‖ **-ramentar** vt *schwören, e-n Eid abnehmen* ‖ ∼**se** vr *sich eidlich verpflichten* ‖ **-rar** vt *bannen, beschwören* (*e-n Besessenen, Geister*) ‖ *inständig bitten* ‖ vi *heimtückisch vorgehen, konspirieren* ‖ ◊ ∼ *un peligro e-r Gefahr vorbeugen* (*od abwenden*) ‖ ∼**se** *sich verschwören* ‖ **-ro** m *Beschwörung, Zauberformel* f ‖ *Zaubermacht* f ‖ *flehentliche Bitte* f
conllevar vt *mittragen, tragen helfen* ‖ *ertragen, dulden, ausstehen*
conmemo|ración f *Erinnerung* f, *Andenken* n ‖ *Gedächtnisfeier* f ‖ ⟨Kath⟩ *Miterwähnung* f (*e-s Heiligen*) ‖ ⩭ *de los* (*Fieles*) *Difuntos Allerseelen* n (*2. Nov.*) ‖ *en* ∼ *de zur Erinnerung an* (acc) ‖ **-rar** vt *erinnern, in Erinnerung bringen, ins Gedächtnis zurückrufen* ‖ *erwähnen* ‖ **-rativo** adj *Erinnerungs-, Gedächtnis-, Gedenk-* ‖ *fiesta* ∼a *Gedächtnisfeier* f ‖ *monumento* ∼ *Denkmal* n ‖ *placa* ∼a *Gedenktafel* f
conmensal m = **comensal**
conmensurable adj *kommensurabel*
conmigo pron pers *mit mir, bei mir* ‖ *está amable para* ∼ *er ist liebenswürdig zu mir* ‖ *para* ∼ *ha concluido* fam *bei mir hat er ausgespielt!* ‖ *¿tienes secretos para* ∼? *hast du Geheim-*

nisse vor mir? ‖ *eso no es* ∼ *Am pop das ist nichts für mich* ‖ *¡ven* ∼*! komm mit!*
conmilitón, conmílite m *Waffenbruder, Kriegskamerad* m
conmi|nación f (*An*)*Drohung, Bedrohung* f ‖ *Aufforderung* f ‖ *Ermahnung* f (*des Richters, die Wahrheit zu sagen*) ‖ **-nar** vt/i (*be*)*drohen* ‖ ∼ *con multa mit Strafe bedrohen* ‖ **-natorio** adj (*an-, be-*)*drohend* ‖ *Droh-, Androhungs-* ‖ *Mahn-* ‖ *unter Strafandrohung* ‖ *carta* ∼a *Drohbrief* m
conmise|ración f *Erbarmen, Mitleid* n ‖ **-rar** vt *bemitleiden*
con|mistión, -mixtión f *Vermischung* f ‖ **-moción** f *Erschütterung* f, *Erdstoß* m ‖ *Scheck* m ‖ ⟨Med⟩ *Erschütterung, Kommotion* f ‖ fig *heftige Gemütsbewegung* f ‖ fig *Rührung* f ‖ *Auf|stand, -lauf* m ‖ ∼ *cerebral Gehirnerschütterung* f
conmonitorio m *Denkschrift* f, *Erinnerungsschreiben* n
conmoriencia f *Gleichzeitigkeit* f *der Todesfälle*
conmo|vedor adj *rührend, erschütternd, ergreifend* ‖ **-ver** [-ue-] vt *bewegen* ‖ *erschüttern* ‖ *rühren* ‖ *beunruhigen* ‖ *empören* ‖ *aufregen* ‖ ∼**se** *erschüttert, unruhig, aufgeregt, gerührt werden* (*od sein*) ‖ *sich empören* ‖ **-vido** adj *bewegt, gerührt*
conmuta f *Chi Ec Pe* = **conmutación**
conmuta|bilidad f *Vertauschbarkeit* f ‖ **-ble** adj *vertauschbar* ‖ ⟨Jur⟩ *umwandelbar* ‖ ⟨El⟩ *umschaltbar* ‖ **-ción** f (*Um*)*Tausch* m ‖ *Umwandlung* f ‖ ⟨El⟩ *Kommutierung, Umschaltung* f ‖ *Vermittlung* f ‖ *Druckknopfschaltung* f ‖ ∼ *de pena* ⟨Jur⟩ *Strafumwandlung* f ‖ *Strafmilderung* f ‖ *dispositivo de* ∼ *Schaltwerk* n ‖ **-dor** m ⟨El⟩ (*Um*)*Schalter, Stromwender* m ‖ *Kommutator* m ‖ ∼ *auxiliar Nebenschalter* m ‖ ∼ *de aire Schalter* m *mit Luftunterbrechung* ‖ ∼ *de antena* ⟨Radio⟩ *Antennen-, Erdungs|schalter* m ‖ ∼ *de báscula Wippenschalter* m ‖ ∼ *de batería,* ∼ *de pila Batterieumschalter* m ‖ ∼ *de carga Ladeschalter* m ‖ ∼ *de clavija Stöpselumschalter* m ‖ ∼ *de comprobación,* ∼ *de control* ⟨Tel⟩ *Kontrollumschalter* m ‖ ∼ *de disco Zifferblattschalter* m ‖ ∼ *de dirección de marcha* ⟨Aut⟩ *Fahrtrichtungs-, Winker|schalter* m ‖ ∼ *de seis direcciones* ⟨Tel⟩ *Sechsfachschalter* m ‖ ∼ *de tres direcciones Dreiwegeschalter* m ‖ ∼ *de emisión y de recepción Sende-Empfangsschalter* m ‖ ∼ *de grupos* ⟨Tel⟩ *Gruppenumschalter* m ‖ ∼ *de luz,* ∼ *del alumbrado Lichtumschalter* m ‖ ∼ *de onda Wellenumschalter* m ‖ ∼ *de palanca* ⟨El⟩ *Hebelumschalter* m ‖ ∼ *de pedal Fuß-, Tritt|umschalter* m ‖ ∼ *de polos Polwechsler* m ‖ ∼ *de sintonización* ⟨Radio⟩ *Abstimmwellenumschalter* m ‖ ∼ *de teclas Druckknopftaster* m ‖ ∼ *de trinquete Klinkenumschalter* m ‖ ∼ *de voltímetro Voltmeterumschalter* m ‖ ∼ *discriminador* ⟨Tel⟩ *Mitlaufwerk* n *für Selbstwählapparate* ‖ ∼ *intermitente,* ∼ *horario Zeitschalter* m ‖ ∼ *inversor Wendeschalter, Stromwender* m ‖ ∼ *múltiple Vielfach-, Multiplex|umschalter* m ‖ ∼ *para cambio de ondas* ⟨Radio⟩ *Wellenumschalter* m ‖ ∼ *selector Wahlschalter* m
conmu|tar vt (*um*)*tauschen* (*por für*) ‖ *umwandeln* ‖ ⟨Jur⟩ *Strafe umwandeln* (*en in*) ‖ ⟨El⟩ *kommutieren, umschalten* ‖ ⟨Tel⟩ *durchschalten* ‖ ◊ ∼ *la pena die Strafe umwandeln od mildern* ‖ ∼ *la sentencia das Strafmaß ändern* ‖ **-tatividad** f *Tauschbarkeit* f ‖ *Umwandelbarkeit* f ‖ **-tativo** adj *Tausch-* ‖ **-tatriz** f ⟨El⟩ *Umformermaschine* f, *Umformer* m
connacional adj *landsmännisch* ‖ ∼ m *Landsmann* m
connatu|ral adj *naturgemäß, angeboren* ‖ adv: ∼**mente** ‖ **-ralizarse** [z/c] vr *sich heimisch machen* ‖ *sich eingewöhnen* ‖ *hineinwachsen* (con *in* acc) ‖ fam *verwachsen* (con *mit*)
con|nivencia f (*strafbare*) *Nachsicht* f ‖ *gehei-*

mes Einverständnis n ‖ **–notación** f *Konnotation* f *(Begleitvorstellungen zum denotativen Wortinhalt)* ‖ **–nubio** m ⟨poet⟩ *Ehe* f
cono m *Kegel* m ‖ ⟨An Bot⟩ *Zapfen* m ‖ ⟨Zool⟩ *Kegelschnecke* f ‖ ⟨Tech⟩ *Kegel, Trichter, Konus* m ‖ ~ *acústico Schalltrichter* m ‖ ~ *ampliador* ⟨Phot⟩ *fester Handvergrößerungsapparat* m ‖ ~ *central de resbalamiento (od* desviación*)* ⟨Metal⟩ *Abrutschkegel* m *(Hochofen* ‖ ~ *circular Kreiskegel* m ‖ ~ *decantador* ⟨Bgb⟩ *Spitzkasten* m ‖ ~ *de cola* ⟨Flugw⟩ *Schwanzkegel* m ‖ ~ *de descarga* ⟨Flugw⟩ *Entladungskegel* m ‖ ~ *de deyección* ⟨Geol⟩ *Schuttkegel* m ‖ ~ *de exudación* ⟨Zool⟩ *Exsudationskegel* m ‖ ~ *de fricción Reibkegel* m ‖ ~ *de luz*, ~ *luminoso Lichtkegel* m ‖ ~ *de talud Böschungskegel* m ‖ ~ *estriado geriffelter Mahlkegel* m ‖ ~ *Morse Morsekegel* m ‖ ~ *pirométrico Pyrometer-, Brenn|kegel* m ‖ ~ *plegador* ⟨Typ⟩ *Falzkegel* m ‖ ~ *truncado* ⟨Math⟩ *Kegelstumpf, abgestumpfter Kegel* m ‖ ~ *vegetal*, ~ *vegetativo* ⟨Bot⟩ *vegetativer Kegel* m

cono|cedor m/adj *Kenner* m ‖ *Fach|kenner,
-mann* m ‖ ~ *del mundo Menschenkenner* m ‖
–cer [-zc-] vt *(er)kennen* ‖ *einsehen, (be)merken* ‖
kennenlernen, unterscheiden ‖ *wissen, verstehen* ‖
erfahren, vermuten, mutmaßen ‖ *anerkennen,
zugestehen* ‖ *verkehren (mit)* ‖ fig *(e–r Frau)
beiwohnen, geschlechtlich verkehren (mit)* ‖ ◊ ~ a.
como la palma de la mano fig *etw wie s–e Westentasche kennen* ‖ ~ *carnalmente beischlafen, geschlechtlich verkehren (mit)* ‖ ~ *por (od* en*)* la *voz der Stimme erkennen* ‖ ~ *de (od* por*) el nombre dem Namen nach kennen* ‖ ~ *su oficio sein Handwerk (od Geschäft) verstehen* ‖ ~ *de vista vom (An)Sehen kennen* ‖ *dar(se) a* ~ *(sich) zu erkennen geben* ‖ *sich e–n Namen machen* ‖ ~ *(sich) bekannt machen* ‖ *llegar a* ~ *erst richtig kennenlernen* ‖ ~ vi *Am zu sich kommen* ‖ ~ *de* ⟨Jur⟩ *befinden über* ‖ *urteilen* ‖ ◊ ~ *de (od* en*) una causa* ⟨Jur⟩ *in e–m Rechtsstreit erkennen* ‖ ~ *en primera instancia in erster Instanz erkennen (od entscheiden)* ‖ *más vale lo malo* –cido *que lo bueno por* ~ *lieber ein gewohntes Übel als e–e trügerische Hoffnung* ‖ ~**se** *bekanntwerden* ‖ *se* –ce *que no lo sabe man sieht gleich, daß er es nicht weiß* ‖ *se* le ~ *man sieht es ihm an* ‖ **–cible** adj *(er)kennbar*
conoci|damente adv *klar, deutlich* ‖ **–do** adj/s
bekannt ‖ *anerkannt* ‖ *ausgezeichnet* ‖ *berühmt* ‖
casa bien ~a ⟨Com⟩ *wohlbekannte Firma* f ‖ ~
m *Bekannte(r), Freund* m ‖ ~ *de viaje Reisebekanntschaft* f ‖ **–miento** m *(Er)Kenntnis* f ‖ *Einsicht* f ‖ *Überzeugung* f ‖ *Bewußtsein* n ‖ *Bekanntschaft* f ‖ *Beurteilung* f ‖ *Feststellung* f *(e–r Unterschrift)* ‖ ⟨Jur⟩ *richterliche Untersuchung* f ‖ *gerichtliche Verhandlung* f *(e–s Prozesses)* ‖
Konnossement n, *Ladeschein, Seefrachtbrief* m
‖ ~ *aéreo Luftfrachtbrief* m ‖ ~ *colectivo Sammelkonnossement* n ‖ ~ *de carga*, ~ *de cargo Konnossement* n ‖ ~ *de* (embarque) *Seefrachtbrief* m, *Konnossement* n (Abk **conocim.**ᵗᵒ) ‖ ~ *defectuoso unreines Konnossement* n ‖ ~ *de los hechos* ⟨Jur⟩ *Kenntnis* f *der Tatumstände* ‖ ~ *de* (la) *plaza* ⟨Com⟩ *Platzkenntnis* f ‖ ~ *de tránsito Durchfrachtkonnossement* n ‖ ~ *de la verdad Wahrheitserkenntnis* f ‖ ~ *manifiesto de mercancías Luftfrachtbrief* m ‖ ~ *nominativo*, ~ *intransferible Rektakonnossement* n ‖ *deber de* ~ *Kennenmüssen* n ‖ *sin nuestro* ~ *ohne unser Mitwissen* ‖ *teoría del* ~ *Erkenntnistheorie* f ‖ ◊ *dar* ~ *de a/c et et bekanntmachen* ‖ *elevar al* ~ *zur Kenntnisnahme vorlegen (dem Vorgesetzten)* ‖ *hacer (od* trabar*)* ~ *con (od* de*)* alg. *jds Bekanntschaft machen* ‖ *jdn kennenlernen* ‖ *ha llegado a (od* ha venido en*)* mi ~ *que ich habe in Erfahrung gebracht, daß* ‖ *poner en* ~ *(de) jdn in Kenntnis setzen (von)*, *Nachricht geben (von)* ‖ *recobrar el* ~ *zur Besinnung kommen* ‖ *venir en* ~ *de et in Erfahrung bringen* ‖ *tener* ~ *(de) Kenntnis haben (von)* ‖ *unterrichtet sein (von)* ‖ *venir en* ~ *de a/c et kennenlernen* ‖ *et erfahren* ‖ ~**s** mpl *Kenntnisse* fpl, *Wissen* n
conoi|dal, –deo adj *konoid, Konoid-* ‖ **–de** m ⟨Math⟩ *Konoid* n
Cononga f np fam = **Encarnación** (Tfn)
conopas mpl *altperuanische Hausgötter* mpl
conopeo m ⟨Kath⟩ *Konopeum* n, *Vorhang* m *des Altartabernakels*
conopial adj ⟨Arch⟩ *gedrückt (Bogen)*
conoto m Ven *Schapu, Haubenstärling* m (Ostinops decumanus)
conozco → **conocer**
¹**conque** conj *also, nun (also)* ‖ *so, daher* ‖ ~ *¿nos vamos? gehen wir also?* ‖ ~ *¿no contestas? du antwortest also nicht? (drohend)*
²**conque** m fam *das Warum* ‖ ◊ *hacer algo con* su ~ fam *mit Überlegung handeln*
conquense adj/s *aus Cuenca*
conquibus, cónquibus m fam *Geld* n
conqui|forme adj *muschelförmig, konchiform* ‖
–lífero adj = **conchífero** ‖ **–liología** f *Weichtierkunde, Konchyliologie* f ‖ **–liólogo** m *Konchyliologe* m
conquis|ta f ⟨Mil⟩ *Eroberung, Einnahme, Erwerbung* f ‖ *Beute* f ‖ fig *Errungenschaft* f ‖ *el período de la* ~ *das Zeitalter der Besitznahme Iberoamerikas durch die Spanier im 16. Jahrhundert* ‖ *guerra de* ~ *Eroberungskrieg* m ‖ ◊ *hacer muchas* ~s fam *viele (Liebes)Eroberungen machen* ‖ **–tador** m/adj *Eroberer* m ‖ *Konquistador* m *(Teilnehmer an der span. Eroberung Iberoamerikas im 16. Jh.)* ‖ fam *Frauenheld, Herzensbrecher* m ‖ fam *Draufgänger* m ‖ ~ adj *eroberungslustig, Eroberungs-* ‖ fam *draufgängerisch* ‖ **–tar** vt *erobern (& fig), (ein)nehmen* ‖ *für sich gewinnen* ‖ *erkämpfen, erringen, erwerben, gewinnen* ‖ ◊ ~ *por hambre aushungern* ‖ ~ *nuevos mercados neue Absatzmärkte erschließen*
conrear vt ⟨Agr⟩ *zwiebrachen*
cons.° Abk = **consejo**
consabido adj *vorbenannt, bewußt, bekannt* ‖
~**r** m *Mitwisser* m
consaburense adj/s *aus Consuegra* (P Tol)
consa|gración f *Weihe, Ein|weihung, -segnung, Konsekration* f ‖ ⟨Kath⟩ *Wandlung* f *(von Brot und Wein in der Messe)* ‖ fig *Widmung, Aufopferung* f ‖ fig *Bestätigung, Sanktionierung* f ‖ fig *Verankerung* f ‖ ~ *sacerdotal Priesterweihe* f ‖
–grante m *(Ein)Weihender* m ‖ *obispo* ~ *Weihbischof* m ‖ **–grar** vt *heiligen* ‖ *weihen, einsegnen* ‖
⟨Kath⟩ *wandeln (in der Messe)* ‖ *konsekrieren* ‖
fig *rechtfertigen, heiligen* ‖ fig *widmen* ‖ fig *sanktionieren* ‖ fig *verankern* ‖ fig *verewigen* ‖
◊ ~ *la vida a la ciencia das Leben der Wissenschaft widmen* ‖ ~**se** *al estudio sich dem Studium widmen* ‖ *locución* –grada *por el uso durch den Gebrauch geheiligte, geläufige Redensart* f ‖
–grativo adj *Weihe-*
consan|guíneo m/adj *Blutsverwandter* m ‖ ~ adj *blutsverwandt* ‖ *hermano* ~ *Halbbruder* m ‖ *hermana* ~a *Halbschwester* f ‖ *hermanos* ~s *Halbgeschwister* pl *väterlicherseits* ‖ **–guinidad** f *Blutsverwandtschaft* f ‖ ~ *colateral Blutsverwandtschaft* f *in der Seitenlinie* ‖ ~ *ilegítima uneheliche Verwandtschaft* f ‖ ~ *lineal Blutsverwandtschaft* f *in gerader Linie* ‖ *legítima eheliche Verwandtschaft* f ‖ *impedimento de* ~ *Ehehindernis* n *der Blutsverwandtschaft* ‖ *pariente por* ~ *Blutsverwandter* m
conscien|cia f *Bewußtsein* n ‖ → **conciencia** ‖
–te adj *bewußt* ‖ ~**mente** adv *wissentlich*
conscrip|ción f *Am Aushebung zum Militärdienst, Rekrutierung* f ‖ *Waffendienst* f ‖ **–to** m Am ⟨Mil⟩ *Rekrut, Ausgehobener* m
conse|cución f *Erlangung, Erreichung* f ‖ *de*

dificil ~ *schwer zu erreichen* || **–cuencia** *f Folge* f || *Folgerung* f || *Folgerichtigkeit* f, *folgerichtiges Denken* n, *Konsequenz* f || *Folgeerscheinung* f, *Schluß* m || *Auswirkung* f || *Folgesatz* m || *Gemäßheit* f || ~ *jurídica Rechtsfolge* f || *guardar ~ folgerecht handeln, verfahren* || a ~ *folglich* || *hernach, hierauf* || a ~ *de in-, zu|folge* || en ~ *de gemäß, zufolge, entsprechend* || en ~ *folglich, demnach, infolgedessen, (dem)entsprechend* || por ~ *folglich, daher* || ◊ *sacar* en ~ *folgern, schließen* || *sacar la* ~ *figf entsprechend handeln* || *ser de* ~ *von Bedeutung sein* || *sin* ~ *unwichtig* || *tener como* ~ *zur Folge haben* || *traer* a ~ *erwägen geben* || *in Erwägung ziehen* || *traer (od tener)* ~s *Folgen nach sich ziehen* || **–cuente** adj *folgerichtig, konsequent* || *sich selbst getreu* || ~ m ⟨Gr⟩ *Folge-, Schlußsatz* m || ⟨Math⟩ *hinteres Glied* n || **~mente** adv *folgerecht, gemäß* || **–cutivo** adj *aufeinanderfolgend* || *folgend* (a aus) || *interpretación* ~a *Konsekutivdolmetschen* n || *proposición* ~a ⟨Gr⟩ *Folge-, Konsekutiv|satz* m || *tres dias* ~s *drei Tage nacheinander* || adv: **~amente**
conse|guimiento *m* = **consecución** || **–guir** [-i-, g/gu] vt *erlangen, erreichen, erhalten* || *zuwege bringen* || *bekommen, kaufen* || *erzielen* || ◊ ~ *su objeto seinen Zweck erreichen* || ~ a *buen precio billig kaufen (Ware)* || ~ *por malas artes erschleichen* || *consiguió terminarlo es gelang ihm. es abzuschließen* || *dificil de* ~ *schwer zu erreichen* || *schwer erhältlich (Ware)*
conse|ja *f Märchen* n || *desp Ammenmärchen* n || *Fabel, Erdichtung* f || *fam verdächtige Zusammenkunft* f || **–jera** *f Ratgeberin* f || *fam Frau Rat* f || **–jero** *m Ratgeber* m || *Berater* m || *Vorstandsmitglied* n || *Rat(sherr)* m || ~ *comercial Handelsberater* m || ~ *secreto,* ~ *privado Geheimrat* m || ~ *técnico Sach-, Fach|berater* m || ~ a **asesor** || **–jo** *m Rat (-schlag)* m || *Beratschlagung* f || *Ent-, Be|schluß* m || *Ratsversammlung, beratende Versammlung, Rat* m || *Rathaus* n || △*listiger Gauner* m || ~ *académico akademische Senat* m || ~ *administrativo,* ~ *de administración Vorstand, Verwaltungsrat* m || ⩎ *de Administración Fiduciaria (ONU) Treuhandschaftsrat* m *(UNO)* || ⩎ *de Asociación Assoziationsrat* m *(EWG)* || ⩎ *de Ayuda Económica Mutua Rat* m *für gegenseitige Wirtschaftshilfe (COMECON)* || ⩎ *de Ciento* ⟨Hist⟩ *Stadtrat* m *von Barcelona* || ⩎ *de Comisarios del Pueblo (URSS hasta 1946) Rat* m *der Volkskommisare (UdSSR bis 1946)* || ~ *comunal Gemeinderat* m || ~ *de disciplina Disziplinargericht* n || ~ *de empresa Betriebsrat* m || ~ *de Estado Staatsrat* m || ⩎ *de Europa Europarat* m || ~ *de familia Familienrat* m || ⩎ *de la FAO Rat der FAO, Welternährungsrat* m || ~ *federal Bundesrat* m || ~ *de guerra* ⟨Mil⟩ *Kriegsrat* m || *Kriegsgericht* n || ~ *de honor Ehrenrat* m || ⩎ *de Ministros Ministerrat* m, *Kabinett* n || *Kabinettssitzung* f || ⩎ *Mundial de la Paz Weltfriedensrat* m || ⩎ *Nacional Nationalrat* m || ~ *de Educación Bildungsrat* m || *Span Erziehungsbeirat* m *(beim Ministerium für Erziehungswesen und Wissenschaft)* || ⩎ *Ordenador de la Marina Mercante Span Beirat* m *für die Handelsmarine (Handelsministerium)* || ⩎ *de la Organización de la Aviación Civil Internacional Zivilluftfahrtrat* m || ~ *de patronato Span Vorstand* m *der Sozialversicherungsanstalt* || ~ *postal Span Postverwaltungsrat* m || ~ *de rectores Span Rektorenkonferenz* f *(beim Ministerium für Erziehungswesen und Wissenschaft)* || ⩎ *de Regencia Regentschaftsrat* m || ⩎ *del Reino Rat* m *des Königreiches* || ⩎ *de Seguridad (ONU) Sicherheitsrat* m *(UNO)* || ⩎ *de Sanidad Beirat* m *für Gesundheitswesen, Medizinalkollegium* n || ~ *Superior de Investigaciones Científicas Span Oberster Forschungsrat* m *(beim Ministerium für Erziehungswesen und Wissenschaft)* || ⩎ *Supremo de Justicia Militar Span Oberstes Kriegs- (od Militär|)gericht* n || ⩎ *de la Unión Europea Occidental (UEO) Rat* m *der Westeuropäischen Union (WEU)* || ~ *de vigilancia Aufsichtsrat* m || *Gran* ⩎ *Fascista (od del Fascismo)* ⟨Hist⟩ *Großer Faschistischer Rat* m || →a **concejo** || ◊ *dar* ~ *Rat erteilen* || *dar el* ~ y *el vencejo fam mit Rat und Tat beistehen* || *entrar en* ~ *sich beratschlagen* || *pedir* ~ a alg. *jdn um Rat fragen* || *tomar* ~ *de uno jdn zu Rate ziehen, sich bei jd Rat holen* || *quien no oye* ~, *no llega a viejo wem nicht zu raten ist, dem ist nicht zu helfen*
consen|so *m Einwilligung* f || *Zustimmung* f || *Konsens* m || **–sual** adj *konsensuell, Konsensual-* || **–sualidad** *f*: *principio de* ~ *Konsensprinzip* n || **–tido** adj/*m ver|wöhnt, -hätschelt (Kind)* || *fig launisch* || *fam wissentlicher Hahnrei, wissentlich betrogener Ehemann* m || **–tidor** m/adj *Mitwisser* m || *Hehler* m || **–timiento** *m Einwilligung, Zustimmung, Zusage* f || *Duldung* f || *Übereinstimmung* f || *con su* ~ *mit Ihrer Erlaubnis* || *por mutuo* ~ *in gegenseitigem Einverständnis* || *vicio de* ~ ⟨Jur⟩ *Willensmangel* m || **–tir** [–ie–] vt *bewilligen, erlauben, gestatten* || *genehmigen, gutheißen* || *dulden, zulassen* || *beipflichten* || ~ *la sentencia das Urteil annehmen* || *verwöhnen (Kinder)* || ~ vi *einwilligen* || *e–r Sache dat zustimmen* || *sich biegen, nachgeben* || ◊ ~ *en algo in et acc einwilligen* || ~ *en las condiciones die Bedingungen annehmen* || ~ *con los caprichos de alg. jds Launen ertragen*
conser|je *m Schloßvogt* m || *Pförtner, Portier* m || *Schuldiener* m || *Pedell* m || *Beschließer* m || **–jería** *f Schloßvogtei* f || *Pförtnerei, Portierloge* f || **conser|va** *f Konserve, Büchsen-, Dauer|speise* f || *Obstmus* n || *Eingemachtes* n || ⟨Mar⟩ *Geleitschiff* n || ⟨Mar⟩ *Geleitzug* m || ~ *de carne, de legumbres, de fruta, de pescado Fleisch-, Gemüse, Obst-, Fisch|konserve* f || *atún en* ~ *Thunfischkonserve* f || *carne en* ~ *Büchsenfleisch* n || *frutas en* ~ *eingemachte Früchte* fpl || *poner en* ~ *konservieren* || *einmachen (Früchte)* || ~s *alimenticias konservierte Nahrungsmittel* npl || ~ *de carne Fleischkonserven* fpl || **–vabilidad** *f Haltbarkeit, Dauerhaftigkeit* f || **–vación** *f Er-, Bei|behaltung* f || *Instandhaltung* f || *Aufbewahrung* f || *Konservierung* f || ~ *de la energía Erhaltung* f *der Energie* || ~ *de la madera Holzkonservierung* f, *Holzschutz* m || ~ *de las fuerzas vivas* ⟨Phys⟩ *Beharrungsvermögen* n || ~ *del calor Wärmehaltung* f || ~ *refrigerada Kalt-, Kühlhaus|lagerung* f || *costos de* ~ *Unterhaltungs-, Wartungs|kosten* pl || *derecho de* ~ *Selbsterhaltungsrecht* n || *gastos de* ~ *Unterhaltungs-, Wartungs|kosten* pl || *instinto de* ~ *Selbsterhaltungstrieb* m || *plazo de* ~ *Lagerfrist* f *(Post)* || **–vado** adj *gut erhalten, rüstig* || ~ *en lata in Büchsen konserviert* || **–vador** adj/s *erhaltend* || ⟨Pol⟩ *konservativ* || *partido* ~ ⟨Pol⟩ *konservative Partei* f || ~ *m Erhalter* m || *Aufsichtsbeamter, Aufseher* m || *Kustos, Konservator* m *(e–r Bibliothek)* || ⟨Pol⟩ *Konservativer* m || **~es** *mpl: los* ~ *Brit die Konservativen* mpl, *die konservative Partei* f || **–vaduria** *f Amt* n *e–s Konservators* || **–vadurismo, –vatismo** *m* ⟨Pol⟩ *konservative Gesinnung* f, *Konservati(vi)smus* m
conser|var vt *erhalten* || *beibehalten* || *unterhalten* || *(auf)bewahren* || *einmachen, konservieren (Früchte)* || ◊ ~ *la benevolencia* a alg. *jdm das Wohlwollen erhalten* || ~ *la derecha* ⟨StV⟩ *rechts fahren* || ~ *en buena memoria in gutem Andenken bewahren* || ~ *la juventud sich jung erhalten* || ~ *la sangre fría fig kaltes Blut bewahren, sich nicht aus der Fassung bringen lassen* || **~se** *sich (jung) halten* || *sich pflegen, sich schonen* || ~ *con salud bei guter Gesundheit bleiben* || ¡*consérvense los billetes! Fahrkarten behalten!* || **–vativo** adj *konservativ* || *erhaltend* || **–vatorio** adj ⟨Jur⟩ *verwahrend* || *acto* ~ ⟨Jur⟩ *Sicherungsmaßnahme* f ||

conservera — consolidar 308

registro ~ *Grundbuch* n ‖ ~ m *Musikschule* f, *Konservatorium* n ‖ Chi *Treibhaus* n ‖ Arg *private Unterrichtsanstalt* f ‖ ~ de música (y declamación) *Konservatorium* n *der Musik (und dram. Kunst)* ‖ **–vera** f Mex *Marmeladendose* f ‖ **–vería** f *Einmachen* n ‖ *Konserven|industrie, -fabrik* f ‖ **–vero** adj/m:industria ~a *Konservenindustrie* f ‖ ~ m *Konservenfabrikant* m

considera|ble adj *bedeutend* ‖ *ansehnlich, beträchtlich, erheblich, beachtenswert* ‖ *namhaft* ‖ sumas ~s ⟨Com⟩ *namhafte Summen* fpl ‖ adv: **~mente** ‖ **–ción** f *Betrachtung* f ‖ *Erwägung*, *Überlegung* f ‖ *Bedacht* m, *Umsicht* f ‖ *Berücksichtigung, Rücksicht* f ‖ *Belang* m ‖ *(Hoch-)Achtung, Schätzung* f, *Ansehen* n ‖ de ~ *(ge-)wichtig* ‖ *bedeutend* ‖ *beträchtlich* ‖ de poca ~ *unbedeutend* ‖ después de madura ~ *nach reiflicher Überlegung* ‖ falta de ~ *Rücksichtslosigkeit* f ‖ en ~ (de) *in Anbetracht* (gen) ‖ sin ~ *rücksichtslos* ‖ *belanglos* ‖ ◊ actuar sin ~ *rücksichtslos handeln* ‖ entrar en ~ *in Betracht kommen* ‖ fijar la ~ en fig *sein Augenmerk richten auf* (acc) ‖ *tener en* ~ a/c *et im Auge behalten, an et acc denken* ‖ *tenerle* ~ a uno *jdn rücksichtsvoll behandeln* ‖ tomar en ~ a/c *auf et Rücksicht nehmen* ‖ *in Erwägung ziehen* (acc), *Rechnung tragen* (dat) ‖ *berücksichtigen* ‖ tomar nuevamente en ~ *erneut beraten (Gesetz)* ‖ con toda ~ *mit Hochachtung* ‖ acepte el testimonio de mi ~ más distinguida *mit vorzüglicher Hochachtung (in Briefen)* ‖ Muy señor mio y de toda mi ~: *Hochverehrter Herr! (in Briefen)* ‖ **–es** fpl, *Gedanken* mpl ‖ ~ de conveniencia *Zweckmäßigkeitserwägungen* ‖ **–do** adj *überlegt* ‖ *umsichtig* ‖ *hochgeschätzt, angesehen* ‖ todo bien ~ ... *alles wohl erwogen* ... ‖ adv: **~amente**

considerando v. ger *unter Berücksichtigung, in Anbetracht (od Erwägung) daß* ‖ ~ m *Rechtsausführung* f *(im Urteil)* ‖ **~s** mpl ⟨Jur⟩ *Urteilsgründe* mpl ‖ *Urteilsbegründung* f

conside|rar et *erwägen, bedenken, überlegen* ‖ *(aufmerksam) betrachten* ‖ *berücksichtigen* ‖ *sich befassen* (a. *mit etw*) ‖ *betrachten, ansehen* (como *als*) ‖ *mit Ehrfurcht behandeln* ‖ ◊ ~ bueno *für ratsam halten* ‖ ~ las consecuencias *die Folgen bedenken* ‖ ~ mucho *hochachten* ‖ ~ poco *geringschätzen* ‖ ~ *útil für nützlich halten* ‖ ~ por todos lados *genau überlegen* ‖ lo considero mi deber *ich halte es für meine Pflicht* ‖ ~ el pedido (como) anulado ⟨Com⟩ *den Auftrag als annulliert betrachten* ‖ no lo considero de importancia *ich messe der Sache keine Bedeutung bei* ‖ **~se** *sich (gegenseitig) achten* ‖ ◊ no ~ digno (de) *sich nicht für würdig halten* (gen) ‖ **–rativo** adj *betrachtend*

consiervo m *Mitknecht* m

consig|na f ⟨Mil⟩ *Losung, Parole, Anweisung* (& fig), *Postenanweisung* f ‖ *Gepäckaufbewahrung* f *(Bahnhof)* ‖ **–nación** f *(Geld) Anweisung* f ‖ *Hinterlegung, Stellung (e-r Kaution), Konsignation* f ‖ *Übertragung, Abfertigung* f ‖ *Zahlung* f *im Haushalt* ‖ *Verfrachtung, Verschiffung* f ‖ ~ de lo debido *Hinterlegung* f *des Geschuldeten)* ‖ ~ global *Sammelladung* f ‖ ◊ admitir la ~ *die Ladung annehmen (Reedereien)* ‖ agencia de ~ de buques *Reederei-, Schiffs|agentur* f ‖ dar (*od* dejar) en ~ ⟨Com⟩ *in Konsignation geben, überlassen* ‖ juicio de ~ *Hinterlegungsverfahren* n ‖ nota de ~ *Frachtbrief* m ‖ **~es** globales *Sammel|güter* npl, *-ladungen* fpl ‖ **–nador, –nante** m ⟨Com⟩ *Konsignant, Eingeber* m ‖ *Verfrachter* m ‖ *Warenversender* m ‖ **–nar** vt *anweisen (Geld)* ‖ *bestimmen (Zahlungstag)* ‖ *anführen, vermerken* ‖ ⟨EB⟩ *(Handgepäck) zum Aufbewahren einstellen* ‖ *erlegen, deponieren* ‖ *übergeben, anvertrauen* ‖ *konsignieren, in Konsignation senden (Ware)* ‖ *(gerichtlich) hinterlegen* ‖ *verschiffen* ‖ ◊ ~ en acta,

~ en las diligencias *protokollieren, in den Akten vermerken* ‖ ~ en documento público *in öffentlicher Urkunde niederlegen* ‖ ~ hechos *den Tatbestand feststellen (im Urteil)* ‖ ~ la última voluntad *letzwillig verfügen* ‖ **–natario** m *Warenempfänger* m ‖ *Adressat, Empfangsspediteur* m ‖ *Verwahrer* m *(bei Hinterlegung)* ‖ *Reedereiagent* m ‖ *Konsignatar* m ‖ ~ de buques *Schiffs-, Reederei|agent, Schiffsmakler* m *(für Schiffe zuständig)* ‖ ~ factor *Leiter* m *e-r Abfertigungsstelle (Reederei)* ‖ ~ de mercancías *Reedereiagent* m *(für Ladung zuständig)*

consig.^{on} Abk = **consignación**

^{1}**consigo** pron refl *mit sich* ‖ *bei sich* ‖ para ~ *sich gegenüber* ‖ *zu sich selbst* ‖ ◊ lo lleva ~ *er hat es mit, er trägt es bei sich* ‖ no llevarlas (od no tenerlas) todas ~ figf *in großer Angst sein* ‖ traer ~ *mitbringen* ‖ *nach sich ziehen (Folgen)*

^{2}**consigo** → **conseguir**

consiguiente adj/adv *folgend (aus), sichergebend (aus* dat*)* ‖ *gemäß, angemessen, entsprechend* dat ‖ ~ a esto fam *folglich* ‖ *gleich darauf* ‖ por (el) ~, de ~ *folglich, infolgedessen* ‖ ◊ obrar ~ *folgerichtig handeln* ‖ **~mente** adv *folglich, gemäß*

consiliario m *Rat(geber)* m ‖ ⟨Kath⟩ *Beiratsmitglied* n

consintiente ppr/a *v.* **consentir**

consis|tencia f *Bestand* m, *Dauer* f ‖ *Festigkeit, Haltbarkeit* f ‖ *Konsistenz, Dickflüssigkeit* f ‖ de ~ dura *hart, von harter Beschaffenheit* ‖ de ~ pastosa *teigig, teigartig* ‖ **–tente** adj *fest, dauerhaft, stark* ‖ ~ en *bestehend aus* ‖ **–tir** vi: ◊ ~ en *beruhen, sich gründen auf* (dat) ‖ ~ de (*od* en) *bestehen aus* ‖ no consiste en ello la dificultad *nicht darin liegt die Schwierigkeit*

consisto|rial adj *Konsistorial-* ‖ capa ~ *Chormantel* m *der Bischöfe* ‖ casa ~, casas ~es *Rathaus* n ‖ ~ m *Mitglied* n *des Konsistoriums* ‖ **~mente** adv fig *einstimmig* ‖ **–rio** m *Konsistorium* n, *Kirchenrat* m ‖ prov *Stadtrat* m ‖ *Rathaus* n ‖ *Gemeinderatsversammlung* f ‖ el ~ *divino der Richterstuhl Gottes*

cons.° Abk = **consejo**

consocio m *Mitgenosse* m ‖ ⟨Com⟩ *Mitteil-, Mitin|haber* m ‖ *Mitgesellschafter* m

consola f *Konsole* f, *Konsoltischchen* n, *Wandtisch* m ‖ ⟨Tech⟩ *Kragstütze, Konsole* f, *Träger* m

consola|ble adj *tröstlich, tröstbar* ‖ adv: **~mente** ‖ **–ción** f *Trost* m ‖ *Tröstung* f ‖ *Trostgrund* m ‖ ⟨Kart⟩ *Trostgeld* n ‖ (Ntra. Sra. de la) ⸚ *die trostreiche Mutter Gottes* ‖ span. *Frauenname* ‖ carrera de ~ ⟨Sp⟩ *Trostlauf* m ‖ premio de ~ *Trostpreis* m, *Auslobung* f ‖ **–dor** adj *trostreich, tröstlich* ‖ *beruhigend* ‖ ~ m *Tröster* m, *Trostspender* m

consolar [-ue-] vt *trösten* ‖ *beruhigen* ‖ ◊ **~se** con *con de* (en) *Trost finden in* (dat) ‖ ~se de a. *über et hinwegkommen*

consólida f ⟨Bot⟩ = **consuelda**

consoli|dación f *Befestigung* f ‖ *Festigung, Sicherung* f ‖ *Stärkung, Fundierung* f ‖ *Konsolidation, Umschuldung* f ‖ *Konsolidierung* f ‖ *Erstarren, Festwerden* n ‖ ⟨Jur⟩ *Vereinigung* f *(getrennter Rechte)* ‖ ⟨Chir⟩ *Zusammenheilung* f, *Verwachsung* f ‖ ⟨Tech⟩ *Befestigen, Stützen* n ‖ *Verstärkung* f ‖ ~ aduanera, ~ tarifaria *Zoll-, Tarif|bindung* f ‖ ~ de los créditos *Umschuldung* f *der Kredite* ‖ ~ de fincas *Zusammenfassung* f *von Grundstücken (zwecks Eintragung)* ‖ ~ monetaria *Währungs(be)festigung* f ‖ viga de ~ *Rüstbalken* m ‖ **–dado** adj *konsolidiert, fundiert* ‖ deuda ~a *konsolidierte Staatsschuld* f ‖ **–dar** vt *befestigen, sichern* ‖ fig *wieder zusammenfügen* ‖ *konsolidieren (Schuld)* ‖ *verstärken* ‖ ⟨Jur⟩ *durch Umwandlung unifizieren* ‖ ⟨Med⟩ *der Heilung* (Gen) *nachhelfen (Knochenbruch, Wunde)* ‖ ◊ ~ una deuda

consolidativo — constituir

flotante *e–e schwebende Schuld in e–e unkündbare umwandeln* ‖ ~**se** *zusammen-, zu|heilen (Wundränder)* ‖ ◊ ~ *tras ciertas fluctuaciones sich einpendeln* ‖ **–dativo, –dante** adj *befestigend* ‖ *zusammenheilend*

consomé *m* frz *Fleisch-, Kraft|brühe, Konsommee* f ‖ ~ *provinciano Fleischbrühe* f *mit Sherry*

consonan|cia f *Gleich-, Ein|klang, Zusammenklang, Akkord* m ‖ *Wohl|klang, -laut* m ‖ *Harmonie, Übereinstimmung* f ‖ *(Stab)Reim* m ‖ **en** ~ *con in Einklang mit* ‖ **–tado** adj *gereimt* ‖ **–te** adj ⟨Mus⟩ *gleich-, zusammen|klingend* ‖ *zusammenstimmend* ‖ *reimend* ‖ letra ~ *Mitlaut, Konsonant* m ‖ ~ *m* ⟨Mus⟩ *Gleich-, Ein|klang* m ‖ *Reim* m ‖ ~ f ⟨Gr⟩ *Mitlaut, Konsonant* m ‖ ~ *liquida* ⟨Gr⟩ *Liquida* f, *Liquid* m ‖ **–temente** adv *in Einklang* ‖ **–tismo** m *Mitlautbestand* m *(e–r Sprache)*

consonar [-ue-] vi ⟨Mus⟩ *zusammenstimmen* ‖ *sich reimen* ‖ fig *übereinstimmen, entsprechen*

cónso|ne adj ⟨Mus⟩ *harmonisch* ‖ ~ *m* ⟨Mus⟩ *Akkord* m ‖ **–no** adj fig *übereinstimmend* ‖ ⟨Mus⟩ *harmonisch*

consor|cio m *Genossenschaft, Gemeinschaft* f ‖ ⟨Com⟩ *Konsortium* n, *Konzern* m ‖ ~ *bancario,* ~ *de bancos Bankenkonsortium* n ‖ ~ *de empresas Interessengemeinschaft* f ‖ ~ *de reaseguro Rückversicherungskonsortium* n ‖ ~ *de seguros Versicherungskonzern* m ‖ gran ~ *Großkonzern* m ‖ *negocio de* ~ *Konsortialgeschäft* n ‖ **–te** *m Genosse, Teilnehmer* m ‖ *Ehegatte* m ‖ ~ adj: *principe* ~ *Prinzgemahl* m ‖ ~ f *Genossin* f *(Ehe)Gattin, Ehefrau* f ‖ **–s** pl ⟨Jur⟩ *Mitschuldige* pl ‖ *Eheleute* pl ‖ y ~ *desp und Konsorten, Genossen*

conspicuo adj *in die Augen fallend* ‖ *berühmt* ‖ *ansehnlich* ‖ *hervorragend*

conspi|ración f *Verschwörung, Intrige, Konspiration* f ‖ *geheimer Anschlag* m ‖ ◊ *tramar (od maquinar) una* ~ *e–e Verschwörung anzetteln* ‖ **–rado(r)** m/adj *Verschworene(r), Verschwörer* m ‖ **–rar** vi *sich verschwören, konspirieren (contra gegen)* ‖ ◊ ~ *a un fin e–n Zweck verfolgen, et bezwecken* ‖ ~ *contra el gobierno e–n Anschlag gegen die Regierung machen*

Const. Abk = **Constitución** ≃ Abk = **constitucional** ‖ Abk = **construcción**

constan|cia f *Standhaftigkeit, Beharrlichkeit, Ausdauer, Konstanz* f ‖ *Beständigkeit, Festigkeit, Stetigkeit* f ‖ *Sicherheit, Genauigkeit* f ‖ Arg *Kundgebung* f ‖ ≃ f Tfn *Konstanze* f ‖ ~ *de deuda Schuldurkunde* f ‖ ~ *de volumen Volumenbeständigkeit* f ‖ *acta de* ~ *Steuererklärung* f ‖ ~ *notarial Notariatsurkunde* f ‖ ◊ *dar* ~ *bescheinigen* ‖ *dejar* ~ *vermerken, protokollieren* ‖ ≃**cio** *m* Tfn *Konstantius* m

constante adj/s *standhaft, ausdauernd* ‖ *beharrlich, konstant* ‖ *beständig* ‖ *stetig* ‖ *gewiß, sicher* ‖ (cantidad) ~ *Konstante, unveränderliche Größe* f ‖ *comprador* ~ *regelmäßige Abnehmer, Kunde* m ‖ ~**mente** adv *mit Ausdauer* ‖ *beständig, fortwährend*

constanti|niano adj *auf Kaiser Konstantin bezüglich* ‖ era ~**a** ⟨Rel⟩ *konstantinische Ära* f ‖ ≃**no** *m* Tfn *Konstantin* m ‖ ≃**nopla** f ⟨Hist⟩ *Konstantinopel* ‖ **–nopolitano** adj *aus Konstantinopel*

Constanza f ⟨Geogr⟩ *Konstanz* f ‖ Lago de ~ *Bodensee* m

constar vi *bekannt sein* ‖ *gewiß sein* ‖ *feststehen* ‖ ~ (de) *erhellen, ersichtlich sein (aus)* ‖ *bestehen (aus)* ‖ ◊ ~ *de (od en) autos durch Urkunden od Zeugen bewiesen sein* ‖ *me consta es ist mir bekannt, ich weiß sicher* ‖ *hacer* ~ *feststellen, feststellen lassen, konstatieren* ‖ *hinweisen auf* (acc) ‖ *hacer* ~ *en escritura pública in öffentlicher Urkunde feststellen lassen* ‖ *conste que es sei festgestellt, daß* ‖ *man muß bedenken, daß* ‖ ¡que

conste! das steht einmal fest! ‖ *hört!*

consta|tación f gall *Feststellung, Entdeckung* f ‖ *Bestätigung* f ‖ ~ *de hechos Tatsachenfeststellung* f ‖ **–tar** vt: gall *(statt hacer constar) feststellen, konstatieren* ‖ *kundgeben* ‖ *beweisen* ‖ *(statt* confirmar*) bestätigen* ‖ Am *beobachten*

constela|ción f *Gestirn, Sternbild* n ‖ *Stern* m ‖ *Stellung der Gestirne, Konstellation* f ‖ fig *Luftbeschaffenheit* f, *Klima* n ‖ fig *Konjunktur* f, *Aussichten* fpl, *Zusammentreffen* n *von Umständen, Konstellation* f ‖ **–do** adj gall *mit Sternen bedeckt* ‖ fig *bedeckt, besetzt (de mit)*

conster|nación f *Bestürzung, Betroffenheit* f ‖ **–nar** vt *in Bestürzung versetzen, bestürzen*

consti|pación f ⟨Med⟩ *Schnupfen, Nasenkatarrh* m ‖ ⟨Med⟩ *Verstopfung, Konstipation, Obstipation* f ‖ **–pado** adj ⟨Med⟩ *verschnupft* ‖ ⟨Med⟩ *hartleibig* ‖ ◊ *estar* ~ *Schnupfen haben, erkältet sein* ‖ ~ *m* ⟨Med⟩ *Schnupfen* m ‖ *Erkältung* f ‖ ~ *tenaz hartnäckiger Schnupfen* m ‖ ◊ *coger un* ~ *sich erkälten* ‖ **–par** vt/i *stopfen, Hartleibigkeit verursachen* ‖ ~**se** *sich erkälten, sich e–n Schnupfen holen* ‖ *Verstopfung bekommen*

constitución f *Anordnung*, *Zusammensetzung* f ‖ *Beschaffenheit, Konstitution, Natur* f ‖ ⟨Chem⟩ *Aufbau* m, *Zusammensetzung* f ‖ ⟨Chem⟩ *Struktur* f ‖ *Einrichtung* f ‖ *Vorschrift, Verordnung* f, *Statut* n, *Satzung* f ‖ *Begründung* f *(e–r Rechtseinrichtung)* ‖ *Bestellung* f *(e–s Rechts)* ‖ *Grundgesetz* n, *(Staats)Verfassung* f ‖ Span *Grundgesetze* npl ‖ *Gliederung* f *(Organisation)* ‖ ~ *biotipológica Konstitutions-, Körperbau|typ* m *(z.B. nach* Kretschmer*)* ‖ ~ *consuetudinaria ungeschriebene Verfassung* f ‖ ~ *corporativa Korporativverfassung* f ‖ *Körperschaftsbildung* f ‖ ~ *de capitales Kapitalbildung* f ‖ ~ *de garantía Sicherstellung, Sicherheitsleistung* f ‖ ~ *de herederos Erbeneinsetzung* f ‖ ~ *de hipoteca Bestellung e–r Hypothek, Aufnahme* f *e–r Hypothek* ‖ ~ *del campo magnético* ⟨El⟩ *Aufbau* m *des magnetischen Feldes* ‖ ~ *del mundo die Erschaffung der Welt* ‖ ~ *de renta vitalicia Errichtung* f *e–r Leibrente* ‖ ~ *de reservas Reservenbildung* f ‖ ~ *de "stocks" Lagerbildung* f ‖ ~ *de Weimar Weimarer Verfassung* f ‖ ~ *estamental ständische Verfassung* f ‖ ~ *neuropática* ⟨Med⟩ *neuropathische Konstitution* f ‖ ~ *política Staatsverfassung* f ‖ ~ *positiva geschriebene Verfassung* f ‖ ~ *de fuerte von rüstigem Körperbau* ‖ *documento (od escritura) de* ~ *Gründungsurkunde* f ‖ *guardián de la* ~ *Hüter* m *der Verfassung* ‖ *título de* ~ *hipoteca Hypothekenbrief* m ‖ *violación de la* ~ *Verfassungsbruch* m

constitucio|nal adj *Verfassungs-, konstitutionell* ‖ *verfassungs|mäßig, -gemäß* ‖ ⟨Med⟩ *konstitutionell* ‖ ~ *m Anhänger* m *der Staatsverfassung* ‖ adv: **–mente** ‖ **–nalidad** f *Verfassungsmäßigkeit* f ‖ **–nalismo** m *Verfassungsstaatlichkeit* f, *Konstitutionalismus* m ‖ **–nalista** m *Verfassungsrechtler* m ‖ *Verfechter* m *des Konstitutionalismus* ‖ **–nalización** f *Aufnahme* f *in die Verfassung*

consti|tuir [-uy-] vt *ausmachen, darstellen, bilden, ergeben* ‖ *ordnen, in Ordnung bringen* ‖ *gründen, errichten, schaffen, ins Leben rufen, einrichten* ‖ *einsetzen, bestellen* ‖ *festsetzen, bestimmen* ‖ *aussetzen, anweisen (Renten)* ‖ ◊ ~ *apoderado* ⟨Jur⟩ *e–n Bevollmächtigten bestellen, bevollmächtigen* ‖ ~ *bienes en depósito Güter* npl *in Verwahrung geben* ‖ ~ *una comisión e–n Ausschuß einsetzen* ‖ ~ *una fianza en Pfand bestellen* ‖ ~ *heredero zum Erben einsetzen* ‖ ~ *en mora in Verzug setzen* ‖ ~ *una sociedad e–e Gesellschaft gründen* ‖ *eso* ~**-tuye un obstáculo das bildet ein Hindernis** ‖ ~**se** *zusammentreten (zu)* ‖ ⟨Pol⟩ *sich erklären (als), sich hinstellen (als), sich konstituieren (en als)* ‖ *beschlußfähig sein* ‖ *gegründet werden* ‖ *erscheinen (vor Gericht)* ‖

constitutivo — consultar

~ ◊ fiador *als Bürge eintreten* ‖ ~ en defensor (de) *sich zu jds Verteidiger aufwerfen* ‖ ~ en mora *in Verzug geraten* ‖ ~ en rebelde *säumig werden (im Prozeß)* ‖ ~ preso ⟨Jur⟩ *sich freiwillig festnehmen lassen, sich gefangen geben* ‖ ~ en obligación *zur Pflicht werden* ‖ **-tutivo** *adj wesentlich, Haupt-, Grund-* ‖ ⟨Jur⟩ *ein Recht begründend, konstitutiv* ‖ ~ de Am . . . *darstellend* ‖ elementos ~s wesentliche Bestandteile mpl ‖ ⟨Jur⟩ *Tatbestand* m ‖ ley ~a *Grundgesetz* n ‖ ~ m *Hauptteil* m ‖ **-tuyente** *adj ausmachend, bildend (e-n Bestandteil)* ‖ *verfassungsgebend, konstituierend* ‖ (asamblea) ~ *verfassungs-, gesetzgebende Versammlung* f ‖ (Cortes) ~s *verfassungsgebende Cortes* fpl, *verfassungsgebende Versammlung* f
constre|ñidamente *adv zwangsweise* ‖ **-ñimiento** *m Zwang* m, *Nötigung* f ‖ **-ñir** [-i-, pret -ñó] *vt zwingen, nötigen* ‖ *zügeln, in Schranken halten* ‖ ⟨Med⟩ *stopfen* ‖ *zusammenziehen, konstringieren* ‖ **~se** *vr sich Zwang auferlegen, sich bezwingen* (a *zu*) ‖ fig *sich beherrschen*
constric|ción *f An Zusammen|ziehung, -schnürung* f ‖ ⟨Med⟩ *Beengungsgefühl* n ‖ *Vereng(er)ung* f ‖ *Abbinden* n *(von Blutgefäßen)* ‖ *Konstriktion* f ‖ **-tivo** *adj zusammenschnürend* ‖ An *verengend* ‖ **-tor** *adj verstopfend* ‖ (músculo) ~ An *Schließmuskel, Konstriktor* m ‖ ~*m* ⟨Med⟩ *stopfendes Mittel* n
constrin|gente *adj* ⟨Med⟩ *zusammenziehend* (z. *B. von Muskeln)* ‖ **-gir** *vt* ⟨Med⟩ *zusammenziehen, konstringieren*
constriño,→ **constreñir**
construc|ción *f Erbauung* f, *Bau* m ‖ *Gebäude* n ‖ *Baukunst* f ‖ *Bauart* f ‖ *Bauwesen* n ‖ *Anlage* f, *Bauwerk* n ‖ ⟨Math⟩ *Aufriß* m, *Konstruktion* f ‖ ⟨Gr⟩ *Wortfügung, Satzbildung, Konstruktion* f ‖ fig *Aufbau* m ‖ ~ acústica ⟨Ak⟩ *Schallgebäude* n ‖ ~ adicional, ~ aneja *Anbau* m ‖ ~ aeronáutica *Flugzeugbau* m ‖ ~ artesanal *Bauhandwerk* n ‖ ~ asfáltica *Asphaltstraßenbau* m ‖ ~ celular *Zellenbauweise* f ‖ ~ ,,compound" *Verbundbauweise* f ‖ ~ compuesta *zusammengesetzter Bau* m ‖ ~ con revestimiento activo ⟨Flugw⟩ *Bauart* f *mit tragender Außenhaut* ‖ ~ de aeropuertos *Flugplatzbau* m ‖ ~ de andamios *Gerüstbau* m ‖ ~ de ataguías *Lehmstampfbau* m ‖ ~ de automóviles *Kraftwagenbau* m ‖ ~ de bóvedas *Gewölbebau* m ‖ ~ de buques, ~ naval *Schiffsbau* m ‖ ~ de caminos *Wegebau* m ‖ ~ de carreteras *Straßenbau* m ‖ ~ de chapa *Blechkonstruktion* f ‖ ~ de hangares, ~ de tinglados *Hallenbau* m ‖ ~ de líneas ⟨El⟩ *Leitungsbau* m ‖ ~ de maquinaria, ~ de máquinas *Maschinenbau* m ‖ ~ de máquinas herramientas *Werkzeugmaschinenbau* m ‖ ~ de montajes *Vorrichtungsbau* m ‖ ~ de pavimentos, ~ de firmes *(Straßen) Deckenbau* m ‖ ~ de presas *Wehrbau* m ‖ *Talsperrenbau* m ‖ ~ de puentes *Brückenbau* m ‖ ~ de reactores *Reaktorbau* m ‖ ~ de túneles *Tunnelbau* m ‖ ~ de vehículos *Fahrzeugbau* m ‖ ~ de viviendas *Wohnungsbau* m ‖ ~ protegida, ~ subvencionada, ~ social de viviendas *sozialer Wohnungsbau* m ‖ ~ en alto, ~ por encima de tierra *Hochbau* m ‖ ~ en celosía *Gitterkonstruktion* f ‖ ~ en hormigón *Betonbau* m ‖ ~ en tierra *Tiefbau* m ‖ ~ especial, ~ particular *Sonderausführung* f ‖ ~ individual *Einzel(an)fertigung* f ‖ ~ intercambiable *Austauschbauweise* f ‖ ~ metálica *Stahlbau* m, *Eisenkonstruktion* f ‖ ~ vial *Straßenbau* m ‖ ~ contrato´ de ~ *Bauvertrag* m ‖ cooperativa de ~ *Baugenossenschaft* f ‖ crédito de ~, crédito a la ~ *Baukredit* m ‖ de ~ sólida *stark gebaut* ‖ en ~ *im Bau (Gebäude)* ‖ industria de la ~ *Bauindustrie* f ‖ ordenanzas de ~ *Bau|recht* n, *-ordnung* f ‖ plazo de ~ *Bauzeit* f ‖ ramo de la ~ *Bau|gewerbe* n, *-wirtschaft* f ‖ vicio de ~ *Konstruktionsfehler* m ‖ **~es** *pl:* caja de ~ *Baukasten* m ‖ director de ~ *Direktor* m *des Bauamtes* ‖ maquinaria para ~ *Baumaschinen* fpl ‖

-tivo *adj bildend, konstruktiv, aufbauend* ‖ *baulich* ‖ método ~ *Bauart* f ‖ **-tor** *m Erbauer, Baumeister, Konstrukteur* m ‖ *Techniker* m ‖ ⟨Mar⟩ *Schiffsbauer* m ‖ ~ de aviones *Flugzeugkonstrukteur* m ‖ ~ de carreteras *Straßen|bauer, -bauingenieur* m ‖ mecánico ~ *Maschinenbauer* m
construir [-uy-] *vt/i (auf, er)bauen, errichten* ‖ *verfertigen, zusammenstellen* ‖ *konstruieren (jedoch nicht im Sinne von entwerfen)* ‖ *herstellen* ‖ *entwerfen* ‖ *aufbauen (System)* ‖ *gestalten (Werk)* ‖ *einrichten (das Leben)* ‖ *bilden (Satz)* ‖ ⟨Math⟩ *aufreißen*
consubstan|ciación *f gleichzeitiges Vorhandensein* n *des Leibes und Blutes Christi und von Brot und Wein beim Abendmahl, Konsubstantiation* f *(Lehre Luthers);* ‖ → a **transubstanciación** ‖ **-cial** *adj dem Wesen eigen* ‖ fig *angeboren* ‖ **-cialidad** *f Wesenseinheit* f *Gottes des Vaters und des Sohnes*
consue|gra *f Mit-, Gegen|schwiegermutter* f ‖ **-gro** *m Mit-, Gegen|schwiegervater* m
consuelda *f* ⟨Bot⟩ *Beinwell* m (Symphytum officinale)
consuelo *m Trost* m, *Tröstung* f ‖ *Erleichterung* f ‖ *Freude, Wonne* f ‖ *Hoffnung* f ‖ sin ~ *trostlos* ‖ *untröstlich* ‖ fam *ohne Maß, maßlos* (z. *B. vergeuden)* ‖ ◊ recibir los ~s de la religión *mit den Sterbesakramenten versehen werden* ‖ ⁓ *f* np = **Consolación**
*****consueta** *m* ⟨Th⟩ *Einsager* m
consuetudinario *adj gewohnheitsmäßig* ‖ *gewohnheitsrechtlich* ‖ *Gewohnheits-* ‖ derecho ~ *Gewohnheitsrecht* n ‖ bebedor ~ *Gewohnheitstrinker* m
cónsul *m (Handels)Konsul, Konsularvertreter* m ‖ ~ de carrera, ~ de profesión *Berufskonsul* m ‖ ~ electo *Wahlkonsul* m ‖ ~ general *Generalkonsul* m ‖ ~ honorario *Honorar-, Ehren-, Wahl|konsul* m
consu|lado *m Konsulat* n ‖ ⁓ ⟨Hist⟩ *Konsulat* n *(Frz. 1799–1804)* ‖ ~ efectivo *Berufskonsulat* n ‖ ~ general *Generalkonsulat* n ‖ ~ honorario *Honorar-, Wahl|konsulat* n ‖ empleado de (un) ~ *Konsulatsbeamte(r)* m ‖ ◊ establecer un ~ *ein Konsulat errichten* ‖ **-lar** *adj konsularisch, Konsular-, Konsulats-* ‖ agente ~ *Konsularagent* m ‖ certificado ~ *Konsulatsbescheinigung* f ‖ cuerpo ~ *Konsularkorps* n ‖ derecho ~ *Konsularrecht* n ‖ *Konsulatsgebühr* f ‖ factura ~ *Konsulatsfaktur* f ‖ informe ~ *Konsulatsbericht* m ‖ intervención ~ *Vermittlung* f *des Konsulats* ‖ visado ~ *Konsulatsvisum* n ‖ derechos ~es *Konsulargebühren* fpl
consul|ta *f Beratschlagung, Beratung* f ‖ *Befragung* f ‖ *Einholung* f *e-s Gutachtens* ‖ *Gutachten* n ‖ *Rechts|anfrage, -auskunft* f ‖ *Nachschlagen* n *(Werk)* ‖ *Rechtsberatungsstelle* f ‖ *Praxis* f *e-s Anwalts* ‖ ⟨Med⟩ *Sprechstunde, Konsultation* f ‖ ~ arancelaria *Zollanfrage* f ‖ ~ plebiscitaria, ~ popular *Volksbefragung* f ‖ evacuar una ~ *e-e Rechtsauskunft geben* ‖ *ein Gutachten erstatten* ‖ (horas de) ~ *Sprechstunden* fpl *e-s Arztes* ‖ obra de ~ *Nachschlagewerk* n ‖ procedimiento de ~ (CEE) *Beratungsverfahren* n *(EWG)* ‖ ~ previa (CEE) *Verfahren* n *der vorherigen Konsultation, Stillhalteverpflichtung* f *(EWG)* ‖ ◊ ¡ésa es la ~! Am *pop so ist die Sache!* ‖ **-tación** *f Berat(schlag)ung* f ‖ ⟨Med⟩ *Sprechstunde, Konsultation* f ‖ **-tar** *vt um Rat fragen, befragen, beratschlagen* ‖ *zu Rate ziehen* ‖ *sich beraten lassen* ‖ *konsultieren* ‖ *nach-, schlagen* ‖ vi *sich beraten* (con *mit*), *beratschlagen* ‖ ⟨Med⟩ *Sprechstunde haben* ‖ *berichten (Minister)* ‖ ◊ ~ un caso con un abogado *in e-r S. e-n Anwalt befragen* ‖ ~ un diccionario *in e-m Wörterbuch nachschlagen* ‖ ~ los libros *(in den Büchern) nachschlagen* ‖ *Einsicht* f *in die Bücher nehmen* ‖ ~ su reloj *auf die Uhr sehen* ‖ ~ a un

médico *e-n Arzt zu Rate ziehen* || ~ u/c con alg. jdn. in e-r S um Rat fragen || ~ con la almohada figf *e-e S. beschlafen* || **-tivo** adj *beratend, Beratungs-* || junta ~a *beratender Ausschuß* m || *Beirat* m || voto ~ *beratende Stimme* f || **-tor** m *Ratgeber, Berater* m || *Gutachter* m || *vortragender Minister* m || *Nachschlagewerk* n || **-torio** m *Beratungsstelle* f || *Arztpraxis* f || Am *Büro* n || ~ gratuito *gebührenfreie Rechtsauskunftstelle* f || ~ para embarazadas *Schwangerenberatungsstelle* f || → a **consulta**
  consuma|ción f *Vollendung* f || *Voll|ziehung, -bringung* f || *Beendung* f, *Ausgang* m || ~ del matrimonio *Vollzug* m *der Ehe* || ~ del delito *Vollendung* f *des Delikts* || ~ de los siglos *Ende* n *der Zeiten* || no ~ de un acto *Nichtvollendung* f *e-r Tat* || ◊ tomar una ~ → **consumición** || **-do** adj *voll|endet, -kommen* || *gründlich* || un artista ~ *ein vollendeter Künstler* m || un bribón ~ *ein Erzgauner* m || matrimonio.~ *vollzogene Ehe* f || adv: **-amente** || ~ m *Fleisch-, Kraft|brühe, Konsommee* f
  consu|mar vt *vollenden* || *voll|ziehen, -bringen* || *zustande bringen* || ◊ ~ el coito, ~ la cópula *den Beischlaf vollziehen* || ~ el matrimonio *die Ehe vollziehen* || ~ un crimen *ein Verbrechen begehen* || ~ un sacrificio *ein Opfer (dar)bringen* || **-se** *voll|enden, -zogen werden* || *ausbrennen (Kerze)* || *ausgehen, zu Ende gehen* || **-mero** m fam *Zollbeamte(r)* m
  consumi|ble adj *genießbar* || **-ción** f *Verbrauch, Verzehr* m *(in e-m Lokal)* || ◊ tomar una ~ *et verzehren (in e-m Restaurant od Lokal)* || **-dero** m *Verbrauchsort* m || *Absatzgebiet* n || **-do** adj figf *abgezehrt, mager* || *abgehärmt* || **-dor** m *Verzehrer* m || *Abnehmer, Konsument, Verbraucher* m || ~ comercial *gewerblicher Verbraucher* m || ~ final *End-, Letzt|verbraucher* m || *Endabnehmer* m || ~ global *Pauschalabnehmer* m || ~ normal *Normalverbraucher* m || crédito al ~ *Konsumentenkredit* m || país ~ *Verbraucherland* n || categoría de ~es *Abnehmergruppe* f
  consu|mir vt/i *auf-, ver|zehren* || *(ver)brauchen* || *genießen, verzehren, essen* || *an-, ver|wenden* || *verbrauchen* || ⟨Com⟩ *konsumieren, abnehmen* || *vollenden* || *zerstören, vernichten* || figf *quälen* || ◊ eso me consume la paciencia *das zerreißt mir den Geduldsfaden* || **-se** *sich aufzehren* || *sich aufreiben* || *sich abhärmen* || *zu Ende gehen* || *ausbrennen (Kerze)* || *zugrunde gehen* || ⟨Med⟩ *die Auszehrung bekommen* || ◊ ~ en cavilaciones *in Grübeleien aufgehen* || ~ a fuego lento *langsam im Feuer vergehen* || ~ con la fiebre *im Fieber dahinsiechen* || ~ de rabia *vor Wut vergehen* || **-mo** m *Verbrauch, Konsum* m || *Absatz, Umsatz, Vertrieb* m || *Abnutzung* f, *Verschleiß* m || *Verzehr* m, *Verzehrung* f *(in e-m Lokal)* || *Aufzehrung* f || *Bedarf* m || abusivo de medicamentos *Arzneimittelmißbrauch* m || ~ adicional *Mehrverbrauch* m || ~ anual *Jahresverbrauch* m || ~ de calor *Wärme|aufwand, -verbrauch* m || ~ de combustible *Brennstoffverbrauch* m || ~ de corriente *Stromverbrauch* m || ~ de energía *Energieverbrauch* m || ~ de gasolina *Benzinverbrauch* m || ~ de las masas *Massenverbrauch* m || ~ final *Endverbrauch* m || ~ insuficiente *Unterverbrauch* m || ~ interior *Inlandsverbrauch* m || ~ local *Platzbedarf* m || ~ máximo *Höchstbedarf* m || ~ menor *Minderbedarf* m || ~ nominal ⟨El⟩ *Nennaufnahme* f, *Anschlußwert* m || ~ normal *Normalverbrauch* m || *Normalbedarf* m || ~ privado *Privatverbrauch* m || ~ propio *Eigenverbrauch* m || ~ suntuario *Luxusbedarf* m || articulo de ~ *Verbrauchs|artikel, -gegenstand* m || articulo de gran ~ *Massenartikel* m || articulos de ~ *Verbrauchsgegenstände* mpl || aumento del ~ *Mehrbedarf* m || bienes (od efectos) de ~ *Gebrauchs-, Verbrauchs-, Konsum|güter* npl || destinado al ~ *konsumtiv* || exceso de ~ *Mehrverbrauch* m || *Mehrbedarf* m || impuesto de ~ *Verbrauchssteuer* f || mercado de ~ *Absatz-, Verbrauchsgüter|markt* m || orientación del ~ *Verbrauchslenkung* f || reducción del ~ *Minderbedarf* m || referente (od relativo) al ~ de bienes *konsumtiv* || situación del ~ *Verbrauchskonjunktur* f || sociedad de ~ *Konsumgesellschaft* f || zona de ~ deficitario (CEE) *Zuschußgebiet* n *(EWG)* || **-s** pl: (derecho de) ~ *Verbrauchssteuer* f || usos y ~ Span *Verbraucherssteuer* f
  consunción f *Abzehrung, Abmagerung* f || ⟨Med⟩ *Auszehrung, Schwindsucht* f || *Verbrauch, Konsum* m || *Konsumption* f *(Strafrecht)* || dinero de ~ *Schwundgeld* n || fiebre de ~ ⟨Med⟩ *Zehrfieber* n || moneda de ~ *Schwundgeldwährung* f || ◊ morir de ~ an (der) *Schwindsucht sterben* || ~ de capitales *Kapitalschwund* m
  consuno adv: de ~ *im Verein, mit vereinten Kräften* || *gemeinschaftlich* || *in Übereinstimmung*
  consun|tivo adj *verzehrend* || ⟨Med⟩ *ätzend, beißend* || *hektisch (Fieber)* || ⟨Com⟩ *Verbrauchs-, Konsum-* || **-to** pp/irr/s v. **consumir** || *schwindsüchtig*
  conta|bilidad f *Rechnungswesen* n || *Buch|haltung, -führung* f || ~ bancaria *Bankbuchführung* f || ~ cameralista *kameralistische Buchführung* f || ~ de costos *Kostenrechnung* f || ~ de hojas intercambiables *Loseblattbuchführung* f || ~ fiscal *Steuerbuchführung* f || ~ mecánica *Maschinenbuchführung* f || ~ mercantil *kaufmännische Buchführung* f || ~ por partida doble *doppelte Buchführung* f || ~ por partida simple, ~ sencilla *einfache Buchführung* f || jefe de ~ (Haupt)*Buchhalter* m || libros de ~ *Geschäftsbücher* npl || ◊ consultar la ~ *Einsicht* f *in die Bücher nehmen* || llevar la ~ *das Rechnungswesen führen* || *Buch führen (de über)* || máquina de ~ *Buchungsmaschine* f || revisor (od perito) de ~ *Buch-, Rechnungs|prüfer, Bücherrevisor* m || **-bilista** m Am = **-ble** || **-bilización** f *(Ver)Buchung* f || sistema de ~ *Buchführungssystem* n || **-bilizar** [z/c] vt *buchen (in den Büchern) führen* || **-ble** adj *zählbar* || ~ m *Buchhalter* m
  contacto m *Berührung* f, *Kontakt* m || *Beziehung, Fühlung(nahme)* f || ⟨Med⟩ *Bazillenträger* m || ⟨El⟩ *Drahtberührung* f || ~ antiparasitario ⟨Aut⟩ *Entstörstecker* m || ~ a tierra *Erdschluß* m || ~ apagachispas ⟨El⟩ *Funkenlöschkontakt* m || ~ auxiliar *Vor-, Hilfs|kontakt* m || ~ compensado a tierra *ausgleichender Erdschluß* m || ~ con el enemigo ⟨Mil⟩ *Feindberührung, Gefechtsfühlung* f || ~ de bloqueo *Sperrkontakt* m || ~ de carbón *Kohlekontakt* m || ~ de cierre antes del corte ⟨Tel⟩ *Folgekontakte* mpl *„Schließen vor Öffnen"* || ~ de combate ⟨Mil⟩ *Gefechts|anschluß* m, *-berührung* f || ~ de escobillas *Bürstenkontakt* m || ~ de cuña *Keilkontakt* m || ~ de entrada *Einlaßkontakt* m || ~ de fricción, ~ de frotamiento *Schleifkontakt* m || ~ de mercurio *Quecksilberkontakt* m || ~ de pedal *Tret-, Fuß|kontakt* m || ~ de seguridad ⟨Aut⟩ *Arguspendel* n || ~ de transmisión *Telegrafierkontakt* m || ~ de fijo *fester Kontakt* m || ~ intermitente ⟨Radio⟩ *Ticker, intermittierender Kontakt* m || *Wackelkontakt* m || ~ móvil *beweglicher Kontakt* m || ~ superior ⟨Tel⟩ *Kopfkontakt* m || ~ tipo de uña *Fingerkontakt* m || ~ punto de ~ *Berührungspunkt* m || ◊ estar en ~ *in Fühlung sein* (con *mit*) || entrar, poner en ~ *in Berührung kommen, bringen* || establecer el ~, poner en ~ ⟨El⟩ *einschalten, den Kontakt herstellen* || interrumpir el ~ ⟨Aut⟩ *die Zündung abstellen* || ponerse en ~ *sich in Verbindung setzen (mit)* || tomar ~ con *die Verbindung aufnehmen mit* || **-r** m Am ⟨El⟩ *Ein-, Kontakt|schalter, Kontaktor* m || *Schaltschütz* m
  conta|dero adj *zählbar* || *zu berechnen* || ~ m *Hammelsprung* m || *Personen-, Passanten|zähler* m

m *(Apparat)* ‖ ◊ entrar *(od* salir*)* por ~ figf *einzeln hintereinander hindurchgehen* ‖ **–ísimo** adj sup *v.* **contado** ‖ en casos ~s *sehr selten* ‖ **–do** adj/s *selten* ‖ al ~ *bar* ‖ al ~ con cuatro por ciento de descuento ⟨Com⟩ *gegen Kasse mit 4 % Skonto* ‖ de ~ *sogleich, alsbald* ‖ por de ~ *voraussichtlich, sicher* ‖ *selbstverständlich, natürlich* ‖ compra al ~ *Barkauf* m ‖ dinero al ~ *Bargeld* n ‖ operación al ~ *Bar-, Tages|geschäft* n ‖ pago al ~ *Barzahlung* f ‖ precio al ~ *Barpreis* m ‖ *Nettopreis* m ‖ venta al ~ *Verkauf* m *gegen Barzahlung* ‖ ◊ pagar al ~ *bar (be)zahlen* ‖ le será mal ~ *prov es wird ihm übel vermerkt werden* ‖ por sus pasos ~s *Schritt für Schritt* ‖ tener los días ~s fig *dem Tode nahe sein* ‖ en casos ~s *selten* ‖ **–dor** adj *Rechen-, Rechnungs-* ‖ tablero ~ *Rechenbrett* n ‖ ~ *m Rechnungsprüfer* m ‖ Span *Mitglied* n *des Rechnungshofes* ‖ *Rechentafel* f ‖ *Zahlmeister* m ‖ *Rechen-, Zahl|tisch* m ‖ *Zahlpfennig* m ‖ *Zähler, Messer* m*, Meßgerät* n ‖ *Taxameteruhr* f ‖ ~ automático *Zählapparat* m ‖ *Taxameteruhr* f ‖ ~ autorizado *Wirtschaftsprüfer* m ‖ ~ de abonado ⟨Tel⟩ *Gesprächszähler* m ‖ ~ de agua *Wasser|zähler, -messer* m*, -uhr* f ‖ ~ de alimentación *Vorgarnzähler* m ‖ ~ de amperios-hora, ~ amperiohorímetro *Amperestundenzähler* m ‖ **~-decano** Span *Vorsitzender* m *des Rechnungshofes* ‖ ~ de congestión de tráfico, ~ de congestión de servicio ⟨Tel⟩ *Überlastungszähler* m ‖ ~ de consumo *Verbrauchsmesser* m ‖ ~ de corriente *Stromzähler* m ‖ ~ de gas *Gas|messer* m*, uhr* f ‖ ‖ ~ de la Armada ⟨Mar⟩ *Zahlmeister* m ‖ ~ de luz ⟨El⟩ *Lichtzähler* m ‖ ~ de llamada ⟨Tel⟩ *Gesprächszähler* m ‖ ~ de llamadas aglomeradas ⟨Tel⟩ *Überlastungszähler* m ‖ ~ de moneda *Münzzähler* m ‖ ~ de pago adelantado *Münzzähler* m ‖ ~ de particulas alfa *Alphazähler* m ‖ ~ de pasos *Schrittzähler* m ‖ ~ de pliegos ⟨Typ⟩ *Bogenzähler* m ‖ ~ de polvo *Staubzähler* m ‖ ~ de revoluciones *Umdrehungs-, Touren|zähler* m ‖ ~ de unidades-tráfico ⟨Tel⟩ *Belegungsstundenzähler* m ‖ ~ de vatios-hora *Wattstundenzähler* m ‖ ~ de velocidad *Geschwindigkeitsmesser* m ‖ ~ de verificación, ~ de comprobación *Kontrollzähler* j ‖ ~ Geiger *Geigerzähler* m ‖ ~ horario *Stundenzähler* m ‖ ~ judicial *gerichtlich bestellter Buchprüfer* m ‖ ~ público *Buchprüfer* m ‖ ~ totalizador ⟨Tel⟩ *Platzzähler* m ‖ **–duría** *f Rechnungsamt, -haus* n ‖ *Rechnungsführung* f ‖ *Buchhaltungsabteilung* f ‖ *Zahlstelle* f ‖ ⟨Th⟩ *Vorverkaufskasse* f ‖ ~ de(l) ejército *Zahlmeisterei* f ‖ despacho en ~ ⟨Th⟩ *Vorverkauf* m ‖ **conta|giar** vt ⟨Med⟩ *anstecken* (& fig) ‖ *übertragen (auf* acc*)* ‖ ~**se** *sich anstecken* (& fig) ‖ *angesteckt werden* (& fig) ‖ ◊ ~ por *(od* del, con*)* el roce *sich durch Berührung anstecken* ‖ **–gio** m *ansteckende Krankheit, Seuche* f ‖ fig *böses Beispiel* n ‖ ~ nutricio ⟨Jur⟩ *Körperverletzung* f *durch Ansteckung der Amme* ‖ ~ venéreo *Ansteckung* f *mit e-r Geschlechtskrankheit* ‖ peligro de ~ *Ansteckungsgefahr* f ‖ **–giosidad** *f Übertragbarkeit, Kontagiosität* f ‖ **–gioso** adj ⟨Med⟩ *ansteckend (Krankheit)* (& fig) ‖ **container** m engl *Container, Behälter* m (→ **contenedor**) ‖ **contami|nación** *f Verseuchung* f ‖ *Kontamination* f ‖ *Ansteckung* f ‖ *Verunreinigung* f (& fig) ‖ ~ atmosférica *Luft|verschmutzung, -verseuchung* f ‖ ~ atómica, ~ radi(o)activa *radioaktive Verseuchung* f ‖ ~ del agua potable *Verunreinigung* f *des Trinkwassers* ‖ ~ del ambiente *Umweltverseuchung* f ‖ **–nar** vt *beflecken, verunreinigen* ‖ *anstecken* ‖ *verseuchen* ‖ *besudeln* (& fig) ‖ fig *verderben (e–n Text)* ‖ fig *lästern, entheiligen* ‖ fig *verführen* ‖ ~**se**: ~ con *(od* de*)* vicios *von Lastern angesteckt werden* ‖ **–nativo** adj *ansteckend, verderbend*

contante adj *bar* ‖ ◊ pagar en dinero ~ y sonante *in klingender Münze zahlen* ‖ ~ m *Bargeld* n ‖ **contar** [-ue-] vt/i *zählen* ‖ *ab-, aus-, be|rechnen* ‖ *an-, be|rechnen* ‖ *erzählen* ‖ ◊ ~ 20 años *20 Jahre alt sein* ‖ ~ con los dedos *mit den Fingern (vor-)rechnen* ‖ fig *an den Fingern herzählen* ‖ ~ a uno entre sus amigos *jdn zu seinen Freunden zählen* ‖ ~ en el número de los clientes ⟨Com⟩ *zu den Kunden zählen* ‖ ~ por a/c *für et halten, ansehen* ‖ ~ por hecha una promesa fam *ein Versprechen für bare Münze nehmen* ‖ ~ por verdadero *für wahr halten* ‖ cuénteselo a su tía *(od* a su abuela*)* figf *das machen Sie e–m andern weis* ‖ más de prisa que (se) lo cuento fam *unglaublich schnell* ‖ no me cuentes cuentos figf *erzähle mir keine Märchen!* ‖ sin ~ los gastos *ausschließlich der Spesen* ‖ volver a ~ *nachrechnen* ‖ ¿cuánto cuenta? *wieviel ist der Betrag?* ‖ ~ vi *rechnen* ‖ a ~ desde hoy *von heute an gerechnet* ‖ ~ con alg. *auf jdn rechnen, zählen, bauen* ‖ *sich auf jdn verlassen* ‖ ~ con pocos recursos *über geringe (Geld)Mittel verfügen* ‖ *unbemittelt sein* ‖ y pare de ~ fam *und das ist alles!* ‖ ~**se**: ◊ cuéntase que *man sagt, daß* ‖ el se cuenta entre los mejores novelistas *er wird zu den besten Romanschriftstellern gerechnet* ‖ eso no se cuenta *das wird nicht mitgerechnet* ‖ *das ist nicht anständig* ‖ **contario** m = **contero** ‖ **contem|plación** *f Betrachtung, Anschauung* f ‖ *Beschaulichkeit* f ‖ *Rücksicht, Berücksichtigung* f ‖ *Nachsinnen* n ‖ *(mystische) Versenkung* f ‖ *Kontemplation* f ‖ ⟨Theol⟩ *Vergeistigung* f ‖ **–plar** vt *betrachten, an-, be|schauen* ‖ *(reiflich) überlegen* ‖ *jdn nachsichtig, zuvorkommend behandeln* ‖ *nachdenken über* ‖ ~ vi *nachsinnen, meditieren* ‖ ⟨Theol⟩ *vergeistigt sein* ‖ **–plativo** adj *beschaulich, betrachtend* ‖ *kontemplativ* ‖ *nachsichtig, entgegenkommend* ‖ **contempo|ránea** *f Zeitgenossin* f ‖ **–raneidad** *f Gleichzeitigkeit* f ‖ *Zeitgenossenschaft* f ‖ **–ráneo** adj *gleichzeitig, zeitgenössisch* ‖ *modern* ‖ ~ m *Zeitgenosse* m ‖ adv: ~**amente** ‖ **–rización** *f (kluge) Rücksichtnahme* f ‖ **–rizar** [z/c] vi: ◊ ~ con alg. *sich dem Willen jds fügen, auf jds Begehren geschickt eingehen* ‖ ~**se** *sich fügen, nachgeben* ‖ **contén** → **contener** ‖ **conten|ciar** vi *streiten* ‖ **–ción** *f Beherrschung, Mäßigung* f ‖ *Streit, Kampf* m ‖ *Wett|streit, -eifer* m ‖ *Partei|kampf* m ‖ *(An)Stauung* f *(Wasser)* ‖ ⟨Pol⟩ *Eindämmung* f ‖ muro de ~ *Strebe-, Schutz|mauer* f ‖ política de ~ *Eindämmungspolitik* f ‖ **–cional** adj *auf e–n Streit, Wettstreit bezüglich* ‖ limites ~es *Grenzscheide* f ‖ **–cioso** adj *streitig, Streit-* ‖ *strittig* ‖ *streitsüchtig* ‖ ⟨Jur⟩ *Streit-, Gerichts-* ‖ ~-administrativo *Verwaltungsstreit-, verwaltungsrechtlich* ‖ procedimiento ~ administrativo *Verwaltungsstreitverfahren* n ‖ no ~ *unstreitig* ‖ sala de lo ~ –administrativo *Kammer* f *(od* Senat m*) für Verwaltungssachen (beim Obersten Gerichtshof)* ‖ **–dor** m *Gegner* m ‖ *Mitbewerber* m ‖ **–der** [-ie-] vi *streiten, kämpfen* ‖ fig *Worte wechseln* ‖ ◊ ~ en los honores *in den Ehren wetteifern* ‖ ~ por las armas *kämpfen, zu den Waffen greifen* ‖ ~ sobre a/c *über et streiten* ‖ **–diente** m *Mitstreiter* m ‖ *Mitbewerber* m ‖ ⟨Jur⟩ *Partei* f *(im Prozeß)* ‖ *Streitteil* m ‖ **conte|nedor** adj *hemmend* ‖ ~ m *(Groß)Behälter, Container* m ‖ **–nencia** *f Inhalt* m ‖ *unbewegliches Schweben* n *e-s Vogels in der Luft* ‖ *Schwebeschritt* m *(im Tanz)* ‖ **–ner** [irr → **tener**] vt *enthalten, in sich fassen* ‖ *hemmen* ‖ *zurückhalten, in Schranken halten* ‖ fig *zügeln, im Zaum halten* ‖ ◊ ~ el resuello *den Atem zurückhalten* ‖ 40 contiene a 5 8 veces *5 ist in 40 8mal enthalten* ‖ ~**se** fig *sich beherrschen, sich mäßigen, in den*

Schranken bleiben, an sich (acc) *halten* || ◊ ~ en sus pasiones *seine Leidenschaften bezähmen* || como en ello se contiene *durchaus so* || **-nido** adj *mäßig, gemäßigt, bescheiden* || *enthaltsam* || ~ *m Gehalt, (Raum) Inhalt* m || ~ del depósito *Behälterinhalt* m || ~ del derecho, ~ jurídico *Rechtsinhalt* m || ~ del discurso *Redeinhalt* m || ~ en alcohol *Alkoholgehalt* m || ~ en (od de) grasa *Fettgehalt* m || ~ en seco *Trockengehalt* m || ~ húmedo *Feuchtigkeitsgehalt* m || ~ porcentual *Gehalt m in Prozenten* || impuesto del ~ ⟨Com⟩ *auf dem laufenden (über den Inhalt e-s Briefes)* || ◊ tomar buena nota del ~ ⟨Com⟩ *den Inhalt bestens vermerken*
conten|ta f *Geschenk, Angebinde* n || *Indossament* n || ⟨Mar⟩ *Entlastungszeugnis* n *an Ladungsoffizier* || Cu *Bestätigung* f *des Gläubigers über e-e geleistete Rückzahlung* || **-tadizo** adj *genügsam* || **-tamiento** m *Befriedigung* f || *Genugtuung* f || *Vergnügen* n || **-tar** vt *befriedigen, zufriedenstellen* || *indossieren (Wechsel)* || **~se** *sich begnügen (mit)* || ◊ ~ con poca ganancia *mit kleinem Gewinn vorliebnehmen* || ~ con su suerte *sich in sein Schicksal fügen*
contentible adj *verächtlich*
contentivo adj *enthaltend* || *zurückhaltend* || *festhaltend*
contento adj *zufrieden* || *genügsam* || *vergnügt, froh* || *bescheiden* || ◊ estar ~ *sich freuen* (con, de an) || poner (od hacer dejar) ~ *zufriedenstellen, befriedigen* || ponerse ~ *sich (er)freuen* || y tan ~ fam *und damit gab er sich zufrieden* || ~ m *Zufriedenheit* f || *Freude, Fröhlichkeit* f || *Vergnügen, Behagen* n || △*Geld* n || a ~ (de) *zu js Befriedigung* || *nach Wunsch* || ◊ dar ~ *(er)freuen* || ser de buen ~ fam *leicht zu befriedigen sein* || no caber (en sí) de ~ *vor Freude* figf *außer sich vor Freude sein* || crecía que era un ~ *es wuchs, daß es e-e wahre Freude war* || es un ~ fam *es ist e-e Lust*
contentura f Ant Pan fam *Freude* f
contera f *Beschlag* m *(an e-m Stock)* || *Rundreim* m || *Ortband* n *(Seitengewehr)* || *Lafettenschwanz* m *(Artillerie)* || ◊ echar la ~ figf *abschließen, beendigen* || por ~ fam *zum Schluß, zuletzt* || *obendrein*
contérmino adj *Grenz-*
contero m ⟨Arch⟩ *Perlstab, Astragal* m
conterráneo m/adj *Landsmann* m
contertuli(an)o m *Teilnehmer* m *an e-r Gesellschaft* || *Tischgast* m || *Stammgast* m
contes|ta f Am *Antwort* f || Am *Gespräch* n, *Unterredung* f || **-tabilidad** f *Bestreitbarkeit* f || **-table** adj *streitig, strittig* || *fragwürdig* || **-tación** f *Antwort, Beantwortung* f || *Entgegnung* f || *Streit, Wortwechsel* m || ~ a la demanda ⟨Jur⟩ *Klagebeantwortung* f || ~ a vuelta de correo *postwendende Antwort* f || en ~ a su apreciable carta ⟨Com⟩ *in Beantwortung Ihres werten Briefes* || ◊ esperando su pronta ~ *Ihrer baldigen Antwort entgegensehend* || dejar sin ~ *unbeantwortet lassen (Brief)* || **-tar** vt/i *beantworten* || *bekräftigen* ||*erwidern* || gall *bestreiten* || vi *antworten* || *übereinstimmen* (con mit) || ◊ ~ a la pregunta *die Frage beantworten* || ~ al saludo *den Gruß erwidern* || sin ~ *unbeantwortet (Brief)* || ~ que no con la cabeza *den Kopf verneinend schütteln* || **-tatario** adj gall: juventud ~a *protestierende Jugend* f || ~ m desp *Protestler* m || **-te** adj *übereinstimmend* || ~ m *Mitzeuge* m || **-to** Am = **-tación** || **-tón** adj Col = **respondón**
contex|to m *Verkettung, Verschlingung* f || *Zusammenhang* m || fig *Gesamtumstände* mpl || fig *Verwirrung, Verwicklung* f || ⟨Jur⟩ *Text* m *e-r Urkunde* || *Wortlaut* m *(e-s Gesetzes)* || **-tuar** vt *mit Texten belegen* || **-tura** f *Verbindung, Anordnung* f || *(Körper) Bau* m || *Gewebe* n || *Gefüge* n, *Textur* f || ⟨& Tech⟩ || fig *Aufbau* m || = **contexto** || ~ ósea *Knochenbau* m

contezuelo m = dim v. **cuento**
contienda f *Streit, Kampf* m || *Zank* m || fig *Krieg* m || ~ civil *bürgerliche Rechtsstreitigkeit* f || ~ de jurisdicción *Zuständigkeitsstreit, Kompetenzkonflikt* m || ◊ dirimir la ~ *den Streit entscheiden*
contiene → **contener**
contigo pron pers *mit dir* || *bei dir* || voy ~ *ich gehe mit (dir)* || para ~ *dir gegenüber, zu dir*
conti|guamente adv *in der Nähe* || *in nächster Zeit* || **-güidad** f *Aneinandergrenzen* n || *nächste Nähe* f || *Anstoßen* n || **-guo** adj *anstoßend, angrenzend, nebeneinanderliegend* || *Neben-, Nachbar-, benachbart* || ◊ al patio *neben dem Hofe befindlich* || cuarto ~ *Nebenzimmer* n
contimás adv Am pop = **cuanto más**
continen|cia f *Enthaltsamkeit* || *Mäßigkeit* f || fig *Keuschheit* f || *Zurückhaltung* f || *Nüchternheit* f || *(Art) Verbeugung* f *(beim Tanz)* || ~ de la causa ⟨Jur⟩ *Streitgegenstand* m || *Einheit* f *des Verfahrens* || ◊ vivir en la ~ *enthaltsam leben* || **-tal** adj *festländisch, kontinental* || clima ~ *Festland-, Kontinental|klima* n || viaje ~ *Landreise* f || ~ m ⟨Com⟩ *Inlandsbrief* m || **-te** adj *enthaltsam, mäßig* || *keusch* || ~ m *Festland* n, *Erdteil, Kontinent* m || *Körperhaltung* f, *äußerer Anstand* m, *Auftreten* n || *Gebaren* n || de ~ severo *ernst, streng aussehend* || adv: **~mente**
contingen|cia f *Wahrscheinlichkeit* f || *Zu-, Zwischen|fall* m || *Zufälligkeit* f || *unvorhergesehenes Ereignis* n || *Möglichkeit, Eventualität* f || *gefährliche Lage, Gefahr* f || **-tación** f *Kontingentierung* f || **-tar** vt *kontingentieren, zuteilen, bewirtschaften* || **-te** adj *zufällig, ungewiß* || *möglich* || *gefährlich* || ~ m *Möglichkeit* f || ⟨Mil⟩ *Truppenbestand* m, *Kontingent* n || *Anteil* m || *Quote, Rate* f, *Kontingent* n || *Umlage* f *(von Steuern)* || ~ adicional *Zusatzkontingent* n || ~ bilateral *(C.E.E.) bilaterales Kontingent* n *(EWG)* || ~ comunitario *(C.E.E.) Gemeinschaftskontingent* n *(EWG)* || ~ de exportación, ~ de importación *Ausfuhr-, Einfuhr|kontingent* n || adv: **~mente**
continua|ción f *Fortsetzung* f || *Fortführung* f || *Verlängerung* f || *Fortdauer* f || ⟨Com⟩ *Weiterführung* f, *Fortbestehen* n *(e-s Geschäftes)* || ~ del empleo *Weiterbeschäftigung* f || ~ de la explotación *Weiterbetrieb* m || ~ en el seguro *Weiterversicherung* f || a ~ *nachher, in der Folge* || *dann, darauf* || *jetzt, nun* || enumerado a ~ *nachstehend, folgend (im Text)* || **-do** adj *fortdauernd, anhaltend* || *ununterbrochen* || **-dor** m *Fortsetzer, Fortführer* m || **-mente** adv *fortwährend*
continu|ar [pres -úo] vt/i *fort|setzen, -fahren* || *fort-, weiter|führen (Geschäft)* || *ausdehnen, verlängern* || gall *behalten, bewahren* || ~ vi a) *fortdauern* || *ferner bleiben* || *folgen* || *fortfahren, weitergehen* || *weiter|lesen, -reden* usw || *fortlaufen (Gebirgskette* usw*)* || *sich erstrecken, sich fortsetzen* || ◊ ~ la derrota ⟨Mar⟩ *den Kurs verfolgen* || ~ con salud *sich (weiterhin) guter Gesundheit erfreuen* || ~ en su puesto *seine Stellung beibehalten* || ~ por buen camino *e-e gute Bahn verfolgen* || el muchacho continúa de aprendiz allí *der Junge bleibt dort (weiter) in der Lehre* || continuará *Fortsetzung folgt (in den periodischen Druckschriften)* || la casa continuará a mi nombre ⟨Com⟩ *die Firma wird unter meinem Namen weitergeführt werden* || eso no puede ~ *so geht das nicht weiter!* || ¡~! ⟨Mil⟩ *weitermachen!* b) *in Verb. mit* Gerundium: ~ haciendo a. *et weiterhin tun* || ~ leyendo *weiterlesen* || los dos continúan amándose *die beiden lieben sich nach wie vor* || continúa nevando *es schneit immerzu, es hört nicht auf zu schneien* || espero que continuará V. honrándonos con su confianza *ich hoffe, daß Sie uns mit Ihrem Vertrauen auch ferner beehren werden* || **~se** *fortbestehen* || **-ativo** adj ⟨Gr⟩ *fortsetzend (Bindewort)* || **-idad** f *Aneinanderfolge*

continuo — contractilidad 314

f ‖ *Stetigkeit* f ‖ *Fort|dauer* f, *-bestand* m ‖ *Fortsetzung* f ‖ *Anhalten* n ‖ *Kontinuität* f ‖ *Zusammenhang* m ‖ ~ de corriente ⟨El⟩ *Stromdurchgang* m ‖ solución de ~ *Unterbrechung, Störung, Lücke* f
¹**continuo** adj *aneinander-, zusammen|hängend* ‖ *anhaltend, fortlaufend* ‖ *ununterbrochen, kontinuierlich* ‖ *(be)ständig* ‖ *stetig* ‖ bajo ~ ⟨Mus⟩ *Generalbaß* m ‖ papel ~ *endlose Papierrolle* f ‖ de ~ *fortwährend, unablässig* ‖ a la ~a *auf die Dauer* ‖ ◊ ~a gotera horada *(od* cava) la piedra *steter Tropfen höhlt den Stein* ‖ los pedidos son ~s *die Nachfrage ist nicht unterbrochen* ‖ las relaciones ~as *die fortlaufenden Verbindungen od Beziehungen* ‖ adv: ~**ámente**
²**continuo** adv = ~**amente** ‖ ~ *m Zusammenhängendes, Ganzes* n
continuum *m* ⟨Phys Math⟩ *Kontinuum* n
conto (de reis) *m* brasil. *Münze = 1000 Milreis*
contone|arse vr *wackelig gehen* ‖ *sich in den Hüften wiegen* ‖ **-o** *m wackeliger Gang* m ‖ *Wackeln* n *mit den Hüften*
contorcerse [-ue-, c/z] vr *sich (krampfhaft) verdrehen*
contor|nada *f* prov *Umgegend* f ‖ **-nado** ⟨Her⟩ *gegengewendet, links gekehrt (Schildfigur)* ‖ **-nar** vt ⟨Med⟩ *abrunden, ausschweifen* ‖ **-near** vt/i *im Kreise herumdrehen* ‖ *einfassen, umgeben, säumen, sich winden um* ‖ ⟨Mal⟩ *konturieren, umreißen, im Umriß zeichnen* ‖ *schweifen (Tischlerei)* ‖ *(ver)-schränken (Säge)* ‖ ⟨Bgb⟩ *umfahren* ‖ **-no** *m Umgegend, Umgebung* f ‖ *Umkreis* m ‖ ⟨Mal⟩ *Umriß* m, *Kontur* f ‖ ~ *irisado* ⟨Phot⟩ *bunter Rand* m ‖ en ~ *ringsumher*
contor|sión *f Verdrehung, Verzerrung, Kontorsion, Verrenkung* f *(der Glieder)* ‖ ⟨Mal⟩ *unnatürliche Haltung* f ‖ *(possierliche) Verzerrung, Verdrehung* f ‖ **-sionado** adj *Am geschraubt (Ausdruck)* ‖ **-sionar** vt *ver|drehen, -renken, -zerren* ‖ **-sionista** *m Akrobat,* fam *Gummi-, Schlangen|mensch* m
¹**contra** prep *gegen, wider* (acc) *(im feindlichen Sinn)* ‖ *gegenüber* (dat) ‖ *an* (dat) ‖ *nach* ‖ *auf* ‖ *trotz, ungeachtet* ‖ ~ *... Gegen-, Wider-*
1. **Gegensatz, Widerstand** *(im örtlichen und übertragenen Sinn):* ~ *corriente gegen den Strom* ‖ ~ la ley *gesetzwidrig* ‖ ~ mi voluntad *wider meinen Willen* ‖ luchar ~ el enemigo *gegen den Feind kämpfen* ‖ se estrelló ~ la pared *es zerschellte an der Wand*
2. **Gegenüberstellung:** se colocó ~ la luz *er stellte sich gegen das Licht*
3. **Richtung, Lage:** le estrechó ~ su pecho *sie drückte ihn gegen die Brust* ‖ esta habitación está ~ el oriente *diese Wohnung liegt gegen Osten*
4. **(Aus)Tausch:** pagar ~ recibo *gegen Quittung bezahlen*
5. **In adverbiellen Verbindungen:** en ~ *dawider, dagegen* ‖ *entgegen* (dat) ‖ *gegen, wider* ‖ ir en ~ *entgegengehen* ‖ de ~ Cu *außerdem* ‖ la remesa en ~ ⟨Com⟩ *die Gegenrimesse* ‖ por ~ *ander(er)seits, dagegen*
6. **In bindewörtlichen Verbindungen:** ~ que Chi *damit*
²**contra** *m Gegen|teil* n, *-grund, -satz* m ‖ *Gegenspieler, Widerpart* m *(im Spiel)* ‖ el pro y el ~ *das Für und Wider* ‖ ◊ todo tiene su(s) pro(s) y su(s) ~(s) *alles hat sein Für und Wider·* ‖ ~**s** *pl Pedaltöne* mpl *(e-r Orgel)*
³**contra** *f* fam *Schwierigkeit* f, *Hindernis* n ‖ *Rund-, Gegen|hieb* m *(beim Fechten)* ‖ ⟨Bot⟩ *Eberwurz* f (Carlina spp) ‖ Chi *Gegengift* n ‖ Chi *Mittel* n, *Abhilfe* f ‖ Am *Giftzahn* m *(e-r Schlange)* ‖ Cu *Zugabe, Zuwaage* f *(beim Einkauf)* ‖ en ~ mia *gegen mich* ‖ por ~ ⟨Jur⟩ *als Gegen|forderung, -leistung* ‖ ◊ hacer la ~ a uno fam *jdm zuwider handeln* ‖ hacer la ~, ir a la ~ ⟨Kart⟩ *Hauptgegner sein* ‖ llevar la ~ a todo el mundo fam *jedermann widersprechen*
⁴**¡contra!** fam = **¡caramba!**
contra|abertura *f* ⟨Chir⟩ *Gegen-, Seiten|öffnung* f ‖ **-acoplamiento** *m* ⟨Radio⟩ *Gegenschaltung* f ‖ **-aguja** *f* ⟨EB⟩ *Backenschiene* f ‖ **-alisios** mpl *Gegen-, Anti|passat* m ‖ **-almirante** *m* ⟨Mar⟩ *Konteradmiral* m ‖ **-alto** *m* = **contralto** ‖ **-apelación** *f* ⟨Jur⟩ *Anschlußberufung* f ‖ **-apelar** vi *die Anschlußberufung einlegen* ‖ **-árbol** *m* ⟨Tech⟩ *Gegenwelle* f ‖ **-argumento** *m Gegenargument* n ‖ **-armiñado** adj ⟨Her⟩ *mit Gegenhermelin (Schild)* ‖ **-asegurar** vt *die Prämienrückgewähr versichern* ‖ **-aseguro** *m Rückversicherung* f ‖ **-asiento** *m Gegenbuchung, Stornierung* f ‖ **-ataque** *m* ⟨Mil⟩ *Gegenangriff* m ‖ **-aviso** *m Gegenorder* f
contra|bajista *m Kontra|baßspieler, -bassist* m ‖ **-bajo** *m* ⟨Mus⟩ *Kontrabaß* m, *große Baßgeige* f ‖ ⟨Mus⟩ *Baß|horn* n, *-tuba* f ‖ *tiefe Baßstimme* f ‖ *tiefster Bassist* m ‖ *Kontra|baßspieler, -bassist* m ‖ **-bajón** *m* ⟨Mus⟩ *Baßfagott* n ‖ **-balancear** vt *aufwiegen* ‖ *die Bilanz ausgleichen* ‖ **-balanza** *f Gegengewicht* n (& fig)
contra|ban|dear vi *schmuggeln, Schleichhandel treiben* ‖ **-dista** *m/adj Schmuggler* m ‖ **-do** *m Schmuggel, Schleichhandel* m ‖ *Schmuggel-, Bann|ware, Konterbande* f ‖ ~ *condicional, incondicional relative, absolute Konterbande* f ‖ ~ de aduanas *Zollkonterbande* f ‖ ~ de divisas *Devisenschiebung* f ‖ ~ de guerra *Kriegskonterbande* f ‖ ~ monetario *Devisenschmuggel* m ‖ de ~ fig *heimlich, verboten* ‖ amores de ~ fam *geheime Liebschaft* f ‖ hermano de ~ fam *Stiefbruder* m ‖ mercancías de ~ *Schmugelware* f ‖ tabaco de ~ *Schmuggeltabak* m ‖ tráfico de ~ *Schmuggelhandel* m ‖ tribunal de ~ y defraudación Span *Gericht* n *in Zollstrafsachen* ‖ ◊ hacer ~ *schmuggeln* ‖ introducir de ~ *einschmuggeln* ‖ pasar de ~ *durchschmuggeln*
contra|barrera *f* ⟨Taur⟩ *zweite Sperrsitzreihe* f ‖ *Sitzplatz* m *daselbst* ‖ **-basa** *f* ⟨Arch⟩ *Säulenunterbau* m ‖ **-batería** *f* ⟨Mil⟩ *Artillerie|bekämpfung* f ‖ **-batir** vt/i ⟨Mil⟩ *die feindlichen Batterien beschießen* ‖ *zurückschießen* ‖ **-bloqueo** *m Gegenblockade* f ‖ **-bracear** vi ⟨Mar⟩ *gegenbrassen* ‖ **-braza** *f* ⟨Mar⟩ *Gegenbrasse* f ‖ **-brida** *f Gegenflansch* m ‖ **-brillo** *m Widerschein* m
contra|cadena *f* ⟨Tech⟩ *Halt-, Fassungs|kette* f ‖ **-caja** *f Halte-, Aufnehme|kasten* m ‖ ⟨Typ⟩ *oberer Teil* m *des Setzkastens* ‖ ~ del soporte *Achslagerunterkasten* m ‖ **-calle** *f Neben-, Seiten|gasse* f ‖ **-cambio** *m Rückwechsel* m ‖ en ~ *als Ersatz* ‖ **-campo** *m* ⟨Filmw⟩ *Gegeneinstellung* f, *Gegenschuß* m ‖ **-canal** *m Gegengraben* m ‖ **-cargo** *m Zurückbelastung* f ‖ **-carril** *m* ⟨EB⟩ *Gegen-, Leit-, Führungs|schiene* f
contracción *f Zusammenziehung, Verkürzung* f (& Gr) ‖ ⟨Tech⟩ *Einschnürung, Schrumpfung* f, *Schwund* m ‖ *Kontraktion* f ‖ *Verzerrung* f *(Züge)* ‖ ⟨Phys⟩ *Verdichtung, Vereng(er)ung* f ‖ ⟨Arch⟩ *Einziehung* f ‖ ⟨Metal⟩ *Socken* n ‖ ~ al estudio Am *Lerneifer* m ‖ ~ de balances *Wiederkürzung* f *der Bilanzen* ‖ ~ debida al secado *Trockenschwund* m ‖ ~ de créditos *Krediterknappung* f ‖ ~ de fraguado *Erstarrungsschrumpfung, Kontraktion* f *beim Festwerden* ‖ ~ monetaria *Währungsschrumpfung* f
contra|cédula *f* ⟨Jur⟩ *Gegenschein* m ‖ *Revers* m ‖ *Urkunde* f, *welche e-e frühere aufhebt* ‖ **-ceptivo, -conceptivo** adj *empfängnisverhütend* ‖ ~ *m (Empfängnis)Verhütungsmittel* n ‖ **-corriente** f ⟨Mar⟩ *Gegenströmung* f (& fig) ‖ ⟨El⟩ *Gegenstrom* m ‖ **-costa** *f Gegenküste* f *(e-r Insel)* ‖ **-crítica** f Am *Gegenkritik* f ‖ **-cruz** [pl **-ces**] *f* ⟨Mar⟩ *Gording* f
con|tráctil adj *zusammenziehbar, kontraktil* ‖ **-tractilidad** *f Zusammenziehbarkeit, Kontraktilität* f

contrac|tivo adj *zusammenziehend* ‖ **–to** pp/irr v.
contraer ‖ **–tual** adj *vertraglich, vertrags|mäßig,
-gemäß* ‖ **–tura** f ⟨Arch⟩ *Verjüngung, Einziehung*
f *(e–r Säule)*
contrachapado m ⟨Zim⟩ *Deckfurnier* n ‖ *Sperr-
holz* n
contrachaveta f *Gegenkeil* m, *Keilbeilage* f
contra|danza f *Konter-, Gegen|tanz* ‖ **–decir**
[irr → **decir**] vt *widersprechen* ‖ *bestreiten* ‖ *durch-
kreuzen* ‖ vi *Einwendungen*, fam *Widerworte ma-
chen, gern widersprechen* ‖ ∼**se** *sich widerspre-
chen* ‖ **–declaración** f *Gegenerklärung* f ‖ *gehei-
mer Widerruf* m *der Vertragsparteien* ‖ **–demanda**
f ⟨Jur⟩ *Widerklage* f ‖ **–dicción** f *Widerspruch* m ‖
Widerrede f ‖ *Ein|rede, -wendung* f ‖ *Wider-
stand* m ‖ *Gegensatz* m ‖ *Unvereinbarkeit* f ‖ ◊
caer en ∼ *sich in Widersprüche verwickeln* ‖
espíritu de ∼ *Widerspruchsgeist* m ‖ *estar en* ∼ *in
Widerspruch stehen* ‖ *no admitir* ∼*dicciones keinen
Widerspruch leiden* ‖ sin ∼ *unstreitig* ‖ **–dictor** m/adj
Widersprecher m ‖ *Widerspruchgeist* m *(Per-
son)* ‖ ⟨Jur⟩ *Berühmender* m ‖ **–dictorio** adj
widersprechend ‖ *widerspruchsvoll, kontradikto-
risch* ‖ *streitig* ‖ *noticias* ∼*as widersprechende
Nachrichten* fpl ‖ adv: ∼*amente* ‖ **–digo** → **–decir**
‖ **–dique** m ⟨Mar⟩ *Vordamm* m ‖ ⟨Hydr⟩ *Ber-
me* f, *Böschungsabsatz, Seiten-, Neben|deich* m ‖
–disco m *Gegen-, Halte|scheibe* f ‖ ∼ *del cubo*
⟨Aut⟩ ⟨Flugw⟩ *Flanschnabe* f ‖ **–eje** m *Gegenach-
se* f ‖ **–émbolo** m *Gegenkolben* m ‖ **–embozo** m
inneres Randfutter n *(e–r span. Mantelkapuze)* ‖
–endoso m ⟨Com⟩ *Rückindosso* n
contraer [irr → **traer**] vt *zusammen|ziehen,
-fassen* ‖ *verkürzen* ‖ *ein|schränken, -engen* ‖ *sich
zuziehen (Haß, Krankheit)* ‖ *sich schaffen (Be-
ziehungen)* ‖ *eingehen, übernehmen (Verpflich-
tung)* ‖ *schließen (Freundschaft, Vertrag)* ‖ *kon-
trahieren (Vertrag)* ‖ *sich zu eigen machen, er-
werben* ‖ ◊ ∼ *un compromiso e–e Verpflichtung
eingehen* ‖ ∼ *deudas in Schulden geraten* ‖ ∼ *em-
préstitos Anleihen auflegen* ‖ ∼ *la frente die Stirn
runzeln* ‖ *su frente se contrajo er runzelte die
Stirn* ‖ ∼ *matrimonio die Ehe schließen, (sich
ver)heiraten* ‖ ∼ *méritos Verdienste erwerben* ‖ ∼
nuevas nupcias wieder heiraten ‖ ∼ *odio contra
alg. jdn zu hassen anfangen* ‖ ∼ *parentesco ver-
wandt werden* (con mit) ‖ ∼ *relaciones amorosas
ein Liebesverhältnis anknüpfen* ‖ ∼**se** *(zusam-
men)schrumpfen, sich zusammenziehen*
contra|escarpa f *äußere Grabenböschung, Kon-
tereskarpe* f *(Festungswesen)* ‖ **–escota** f ⟨Mar⟩
Hilfs-, Borg|schot f
contra|escritura f ⟨Jur⟩ *Gegenschein, Revers* m
‖ *Urkunde* f, *welche e–e frühere aufhebt* ‖ **–espio-
naje** m *Gegenspionage, (Spionage)Abwehr* f ‖
servicios de ∼ *(Staats)Sicherheitsdienst* m ‖
–estay m ⟨Mar⟩ *Hilfs-, Borg|stag* n ‖ **–factor** m
Fälscher m ‖ **–faz** [pl **–ces**] f *Rückseite* f ‖ **–fiador**
m *Rückbürge* m ‖ **–fianza** f *Rück-, After|bürg-
schaft* f ‖ **–figura** f *Gegenbild* n ‖ *Ebenbild* n ‖ **–filo**
m *Gegenschneide* f *(am Messer, Säbel usw)* ‖
–firma f = **refrendo** ‖ **–foque** m ⟨Mar⟩ *Mittel-
klüver* m ‖ **–foso** m ⟨Th⟩ *untere Versenkung* f ‖
–fuego m *Gegenfeuer* n *(zur Bekämpfung eines
Flächenbrandes)* ‖ **–fuero** m *Rechtsverletzung* f ‖
Widerrechtlichkeit f, *dem Foralrecht widerspre-
chend* ‖ Span *Widerrechtlichkeit* f, *den Grundsät-
zen des Movimiento (der Bewegung) bzw. den
Grundgesetzen widersprechend (von seiten der Re-
gierung)* ‖ *recurso de* ∼ Span *Rechtsmittel* n *we-
gen Verfassungswidrigkeit (von seiten der Regie-
rung), Verfassungsbeschwerde* f ‖ **–fuerte** m ⟨Mil⟩
Gegen|schanze, -festung f ‖ ⟨Arch⟩ *Bogen-,
Strebe-, Gegen|pfeiler* m ‖ *Widerlager* n *(e–r
Mauer), Strebemauer* f ‖ *Strebe|bogen, -pfeiler*
m ‖ *Widerlager* n ‖ ⟨Mar⟩ *Wallanker* m ‖ *Hinter-
kappe* f *(am Schuh)* ‖ *Verstärkungsleder* n ‖ *Ge-
birgsausläufer* m ‖ **–fuerza** f *Gegengurt* m ‖ *Gegen-*

kraft f ‖ *Gegenwirkung* f ‖ **–gobierno** m *Gegenregie-
rung* f, *Schattenkabinett* n ‖ **–golpe** m *Rückschlag* m
‖ fig *Gegenschlag* m ‖ **–guardia** f ⟨Mil⟩ *Vorwall* m
‖ **–guía** f *das linke von zwei angespannten Maul-
tieren* ‖ ⟨Tech⟩ *Gegenlenker* m ‖ **–hacer** [irr →
hacer] vt *nachmachen* ‖ *(ver)fälschen* ‖ *verstellen,
unkenntlich machen* ‖ ⟨Typ⟩ *widerrechtlich ab-,
nach|drucken* ⊣ fig *nachahmen, nachäffen* ‖ ∼**se**
sich verstellen ‖ **–hacimiento** m *Fälschung* f ‖ **–haz**
[pl **–ces**] f *Kehrseite* f *(e–s Stoffes)* ‖ **–hecho** adj *un-
gestalt* ‖ *einseitig* ‖ *buck(e)lig* ‖ *gefälscht* ‖ **–hechura**
f *Fälschung* f ‖ *Nachahmung* f ‖ = **–figura** ‖ **–hierba**
f *Schlangenkraut* n *(Gegengift)* ‖ **–hilo** m: a ∼ *gegen
den Strich* ‖ **–huella** f ⟨Arch⟩ *Stufenhöhe* f ‖
⟨Geol⟩ *Abdruck* m
contraigo → **contraer**
contra|indicación f ⟨Med⟩ *Kontraindikation,
Gegenanzeige* f ‖ **–indicar** [c/qu] vt ◊ *estar* –indi-
cado *zu widerraten sein, kontraindiziert sein
(Heilmittel)* ‖ **–información** f *Gegendarstellung*
f ‖ **–interrogar** vt *im Kreuzverhör vernehmen* ‖
–interrogatorio m *Kreuzverhör* n
contrajo → **contraer**
contra|lecho m: a ∼ ⟨Arch⟩ *nach der Flecken-
seite (falsche Lagerung e–s Steines)* ‖ **–librar** vt/i
(auf jdn) e–n Rückwechsel ziehen ‖ **–liga** f *Gegen-
bündnis* n ‖ **–línea** f ⟨Mil⟩ *Schutzlinie* f
contralmirante m = **contraalmirante**
contra|lor m *Oberaufseher* m ‖ *Rechnungsoffi-
zier* m ‖ ⟨Mil⟩ *Zahlmeister* m *(Artillerie, Laza-
rett)* ‖ Am prov *Rechnungsprüfer* m ‖ *Revisor* m ‖
Am *Kontrolle* f ‖ **–lorear** vt pop = **controlar**
contralto m ⟨Mus⟩ *Alt* m, *Altstimme* f ‖ *Al-
tist* m ‖ ∼ f *Altistin* f
contra|luz [pl **–ces**] f ⟨Mal⟩ *Gegenlicht* n ‖
⟨Phot⟩ *Gegenlichtaufnahme* f ‖ a ∼ *bei Ge-
genlicht* ‖ ◊ *mirar* a ∼ *gegen die Sonne,
gegen das Licht beobachten* ‖ **–llamada** f ⟨Tel⟩
Gegenruf m ‖ **–llevar** vt fig *mit Standhaftigkeit
ertragen* ‖ **–maestre** m *Werk|führer, -meister,
Meister, Vorarbeiter* m ‖ *Aufseher* m *(in e–r
Fabrik)* ‖ ⟨Mar⟩ *Obermaat* m ‖ *Bootsmann* m ‖
Span ⟨Mar⟩ *Oberwerkmeister, zweiter Offizier* m
‖ ∼ *de guardia Bootsmann* m *der Wache* ‖ ∼ *pri-
mero Oberdeckoffizier* m ‖ **–malla** f *Gegenmasche*
f ‖ **–mandar** vt *abbestellen* ‖ *absagen* ‖ *Gegen-
befehl erteilen* ‖ **–mangas** fpl *Schutzärmel* mpl ‖
–manifestación f *Gegendemonstration* f ‖ **–manio-
bra** f ⟨Mil⟩ *Gegenmanöver* m (& fig) ‖ **–mano**: a ∼
in der Gegenrichtung, verkehrt ‖ **–marca** f *Gegen-
marke* f ‖ *Gegen-, Kontrollzeichen* n ‖ *Waren-
zeichen* n, *Zoll|plombe* f ‖ *Münzzeichen* n ‖ **–mar-
car** [c/qu] vt/i *mit e–r Zollplombe versehen (Wa-
re)* ‖ **–marcha** f ⟨Mil⟩ *Gegen-, Konter|marsch* m ‖
⟨Mar⟩ *Kontermanöver* n ‖ ⟨Tech⟩ *Vorgelege* n ‖
Rückwärtsgang m ‖ ∼ *de desembrague ausrück-
bares Vorgelege* n ‖ ∼ *de engranajes derechos
Stirnradvorgelege, Rädervorgelege* n ‖ ∼ *de po-
leas Riemenvorgelege* n ‖ ∼ *de velocidades
escalonadas* ⟨Tech⟩ *Stufengetriebe* n ‖ **–marchar**
vi ⟨Mil⟩ *rückwärts marschieren* ‖ **–marea** f
⟨Mar⟩ *Gegenflut* f ‖ **–medida** f *Gegen|maßnahme,
-maßregel* f ‖ **–mesana** f ⟨Mar⟩ *kleiner Besan-
mast* m ‖ **–mina** f ⟨Mil⟩ *Gegenmine* f ‖ fig *Gegen-
list* f ‖ ⟨Bgb⟩ *Verbindung* f *zwischen zwei Berg-
werken* ‖ **–minar** vt/i ⟨Mil⟩ *gegenminieren* ‖ fig
durch Gegenlist vereiteln ‖ **–motivo** m ⟨Mus⟩
Gegenmotiv n ‖ **–muelle** m ⟨Mar⟩ *Gegendamm* m
im Hafen ‖ **–muralla** f, **–muro** m *Gegenmauer* f ‖
⟨Fort⟩ *Gegen-, Unter|wall* m ‖ **–natural** adj
widernatürlich, naturwidrig ‖ **–nota** f *(diploma-
tische) Antwortnote* f
contra|ofensiva f *Gegenoffensive* f ‖ **–oferta** f
Gegen|angebot n, *-offerte* f (& fig) ‖ **–orden** f *Gegen-
befehl, Widerruf* m ‖ *Gegen|auftrag* m, *-order,
Abbestellung* f ‖ ◊ *dar, recibir una* ∼ *(por) e–n
Gegenbefehl geben, erhalten (wegen)* ‖ *salvo* ∼
Abbestellung vorbe|halten, vorbehaltlich Abbe-

stellung ‖ **–ordenar** vt/i *abbestellen* ‖ **–palanca** *f Doppelhebel* m ‖ **–parte** *f entgegengesetzte Seite, Gegenpartei* f ‖ ⟨Mus⟩ *Vertragspartner* m ‖ ⟨Mus⟩ *Kontrapunkt* m ‖ fig *entgegengesetzte Ansicht* f ‖ **–partida** *f* ⟨Com⟩ *Gegenposten, Storno* m ‖ *Gegenleistung* f ‖ **–pasar** vi *stornieren* ‖ **–paso** *m Gegenschritt* m ‖ ⟨Mus⟩ *Gegenbewegung* f ‖ ◊ hacer un ~ *stornieren* ‖ **–pelo** *m:* a ~ *wider, gegen den Strich (z. B. rasieren)* ‖ fig *verkehrt* ‖ **–pendiente** *f Gegenhang* m ‖ *Steigung* f ‖
contra|pesar vt *aufwiegen* (& fig) ‖ **–peso** *m Gegengewicht* n (& fig) ‖ *Balancierstange* f *des Seiltänzers* ‖ *Zugabe, Zuwaage* f *(beim Einkauf)* ‖ **–pié** *m Unterschlagen* n *e–s Beines* ‖ **–pieza** *f Gegenstück* n ‖ **–pilastra** *f Gegen-, Strebepfeiler* m ‖ *Windschutzleiste* f ‖ **–placado** *m* = **contrachapado** ‖ **–pisa** *f* fam *Hindernis* n
contrapo|ner [irr → **poner**] vt *gegeneinanderhalten, vergleichen (zwei Dinge)* ‖ *einwenden (gegen)* ‖ *(jdm) et vorwerfen* ‖ ◊ ~ u/c a *(od* con) otra *e–e S. e–r anderen gegenüberstellen* ‖ ~se *sich widersetzen* ‖ **–sición** *f Gegenüberstellung* f ‖ *Gegensatz zu*
contra|presión *f Gegendruck* m (& fig) ‖ **–prestación** *f Gegenleistung* f ‖ ⟨Mex⟩ *Schuldendienst* m ‖ *Am Rückzahlung* f *e–s Darlehens* ‖ sin ~ *unentgeltlich* ‖ **–pretensión** *f Gegenanspruch* m ‖ **–prima** *f Rückprämie* f ‖ **–probanza** *f Gegenbeweis* m ‖ **–producente** adj *das Gegenteil bewirkend* ‖ *fehl am Platz* ‖ ◊ sería ~ *damit würde man (gerade) das Gegenteil erreichen* ‖ **–proposición** *f Gegenvorschlag* m ‖ *Gegenofferte* f ‖ **–protesto** *m* ⟨Com⟩ *Protest* m *beim Intervenienten (Wechsel)* ‖ **–proyecto** *m Gegenplan* m ‖ *Gegenbeweis* m ‖ **–prueba** *f Gegenprobe* f ‖ *Gegenentwurf* m ‖ ⟨Typ⟩ *Gegenabzug* m ‖ **–puerta** *f Vortür* f ‖ *Flurtür* f ‖ **–puesta** *f* = **–proposición** ‖ **–puesto** pp/irr *v.* **–poner**
contrapun|ta *f* ⟨Zim⟩ *Stützholz* n ‖ ⟨Mar⟩ *Pinne* f ‖ ⟨Tech⟩ *Reitstock(spitze* f*)* m *(e–r Drehmaschine* ‖ *Rückenschärfe* f ‖ **–t(e)ar** vt ⟨Mus⟩ *im Kontrapunkt singen* ‖ fig *stichlen* ‖ ~se fig *sich verfeinden* ‖ **–teo** *m Stichlen* n ‖ Cu Pe PR *Streit* m ‖ **–tismo** *m* ⟨Mus⟩ *Kontrapunktik* f ‖ **–tista** *m* ⟨Mus⟩ *Kontrapunktist* m ‖ **–to** *m* ⟨Mus⟩ *Kontrapunkt* m ‖ Cat *Kreuzschritt* m *(im Sardanatanz)* ‖ Chi *Wettstreit* m *(der Volks|dichter und -sänger)* ‖ Col *Streit* m ‖ ~ *imitado Kontrapunktimitation* f ‖ ◊ *estar de* ~ Chi *(mit jdm) verfeindet sein* ‖ **–zón** *m* ⟨Tech⟩ *Pfrieme* f ‖ *Gegen|-stanze* f, *-stempel* m
contra|querella *f* ⟨Jur⟩ *Widerklage* f *(gegen den Privatkläger)* ‖ **–quilla** *f* ⟨Mar⟩ *Kielschwein* n
contra|ria *f:* ◊ *llevar la* ~ fam *(jdm) widersprechen, zuwiderhandeln* ‖ **–riamente** adv *im Widerspruch* ‖ *zuwider* (a dat) ‖ ~ a la orden *gegen den Befehl* ‖ ~ a *lo que esperábamos gegen unser Erwarten* ‖ **–riar** [pres -io] vt/i *wider|stehen, -streben, entgegenhandeln* (dat) ‖ *sich entgegenstellen* (dat) ‖ *entgegenwirken, widersprechen* (dat) ‖ *behindern, stören* ‖ *durchkreuzen (Vorhaben)* ‖ *(ver)ärgern, verdrießen* ‖ *anfechten (Verkauf)* ‖ ◊ ~ a ⟨Jur⟩ *verstoßen gegen* ‖ *me –ria mucho que* (subj) *es ist mir sehr unangenehm, daß* ‖ *es tut mir sehr leid, daß* ‖ ~se *sich beleidigt fühlen, et übelnehmen* ‖ ◊ *mostrarse –riado sich ärgerlich (od verstimmt) zeigen* ‖ **–riedad** *f Widerspruch* m, *Unvereinbarkeit* f ‖ *Widerwärtigkeit, Ärger* m ‖ *Unannehmlichkeit* f ‖ *Hindernis* n ‖ **–rio** adj *entgegengesetzt, widrig, Gegen-* ‖ *abgeneigt, feindlich (gesinnt)* ‖ fig *schädlich, nachteilig* ‖ ~ a (la) *ley de setzeswidrig* ‖ ~ a *la constitución verfassungswidrig* ‖ ~ a *las disposiciones den Verordnungen widerstrebend* ‖ ~ *al contrato vertragswidrig* ‖ ~ *al derecho bélico kriegsrechtswidrig* ‖ ~ *a los usos del comercio gegen allen Handelsbrauch* ‖ ~ *a ideas von entgegensetzter Gesinnung* ‖ a ~ sensu lat *durch Umkehrschluß* ‖ *al, el* ~, por lo ~ *im Ge-*

genteil ‖ *umgekehrt* ‖ *de lo* ~ *im entgegengesetzten Fall, sonst* ‖ *andernfalls* ‖ en ~ *dawider* ‖ *dagegen* ‖ *entgegen* ‖ *en caso* ~ *widrigenfalls* ‖ *andernfalls* ‖ ◊ *probar lo* ~ *das Gegenteil beweisen* ‖ *salvo aviso en* ~ *vorbehaltlich gegenteiliger Mitteilung* ‖ *no digo lo* ~ *ich will es nicht bestreiten* ‖ ~ *m Gegner, Feind* m ‖ ⟨Jur⟩ *Gegner* m *(vor Gericht), Gegenpartei* f ‖ *Nebenbuhler* m ‖ *Hindernis* n
contra|rrayo *m* ⟨Bot⟩ *Blitzkraut* n ‖ **–rreclamación** *f Gegenanspruch* m ‖ *Gegenforderung* f ‖ **–rreforma** *f* ⟨Rel⟩ *Gegenreformation* f ‖ **–réplica** *f Duplik, Entgegnung* f *auf e–e Replik* ‖ **–replicar** vt *duplizieren* ‖ **–rrepresalia** *f Gegenrepressalie* f ‖ **–rrestar** vt *hemmen, aufhalten, Einhalt tun* (dat) ‖ *aufwiegen, ausgleichen* ‖ *(den Ball) zurückschlagen* ‖ ~ *m Widerstand* m ‖ *Widerspruch* m ‖ **–rrevolución** *f Gegen-, Konter|revolution* f ‖ **–rrevolucionario** adj/s *gegen-, konter|revolutionär* ‖ ~ *m Gegen-, Konter|revolutionär* m ‖ **–rrotación** *f Gegendrehung* f ‖ **–salva** *f Gegensalve* f ‖ **–seguro** *m Rück-, Gegen|versicherung* f ‖ **–sellar** vt/i *gegensiegeln* ‖ **–sello** *m Gegen|siegel* n, *-marke* f ‖ *Gegenstempel* m ‖ **–sentido** *m Sinnwidrigkeit* f, *Widersinn* m ‖ *Unsinn* m ‖ **–seña** *f geheimes Kennzeichen* n *(des Einverständnisses)* ‖ *Merkmal* n ‖ *Merkmal* n ‖ *Gegen-, Waren|zeichen* n ‖ ⟨Mil⟩ *Feldgeschrei* n, *Losung* f, *Losungswort* n, *Parole* f ‖ ~ *del equipaje Gepäckschein* m ‖ ~ *(de guardarropa) Garderobenmarke* f ‖ ~ *de salida* ⟨Th⟩ *Gegen-, Kontermarke* f, *Kontrollschein* n ‖ ⟨Com⟩ *Kontrollschein* m ‖ **–señar, –signar** vt *gegenzeichnen*
contras|tar vt *wider|stehen, -streben, sich widersetzen* (dat) ‖ *(Gewichte, Maße usw) amtlich untersuchen, eichen* ‖ ~ vi *sich abheben, im Gegensatz stehen, kontrastieren* (con mit) ‖ **–te** *m Kontrast, schroffer Gegensatz* m ‖ ⟨Mal Mus⟩ *Kontrast* m ‖ *Eichmeister* m ‖ *Eichamt* n ‖ *Eichung, Berichtigung* f ‖ ⟨Mar⟩ *Umspringen* n *(des Windes)* ‖ fig *Zwist* m ‖ △ *Verfolger* m ‖ ~ *de color* ⟨Phot⟩ *Farbkontrast* m ‖ *efecto de* ~ *Kontrastwirkung* f ‖ *fiel* ~ *vereidigter Eichmeister, Eichbeamter* m ‖ *punzón de* ~ *Prüfstempel* m ‖ *Wardein* m ‖ ◊ *no tener* ~s ⟨Phot⟩ *wenig kontrastreich sein (Aufnahme)*
contrasuelo *m* ⟨Zim⟩ *Blindboden* m
contra|ta *f Vertragsurkunde* f ‖ *(Arbeits-, Werk)Vertrag* m ‖ *Vertrag* m *mit der öffentlichen Hand* ‖ *Lieferungsvertrag* m ‖ *Vertragsfirma* f ‖ ⟨Mar⟩ *Heuervertrag* m ‖ *Bühnenvertrag* m, *Engagement* n ‖ ~ *a la gruesa Bodmereivertrag* m ‖ ~ *de fletamento Charterpartie* f ‖ **–tación** *f Vertragsschließung* f ‖ *Umsatz* m ‖ *bolsa (od casa) de* ~ *Handelsbörse* f ‖ *casino de* ~ *Winkelbörse* f ‖ *condiciones generales de* ~ *allgemeine Geschäftsbedingungen* fpl ‖ *lonja de* ~ *Handelsbörse* f ‖ **–tante** adj *vertragschließend* ‖ *las partes* ~s *die vertragschließenden Parteien* fpl ‖ ~ *m vertragschließende Partei* f, *Vertragschließender* m ‖ *Vertragspartner* m ‖ **–tar** vt/i *vertraglich abmachen, festsetzen* ‖ *in Dienst (auf-) nehmen* ‖ *an-, ein|stellen (Personal)* ‖ ⟨Mar⟩ *anheuern* ‖ *kontrahieren* ‖ *festsetzen* ‖ ◊ ~ *a jornal im Tagelohn anstellen* ‖ ~ *por temporadas* ⟨Th⟩ *saisonweise engagieren* ‖ ~ *empréstitos Anleihen abschließen* ‖ *capacidad de (od* para) ~ *Geschäfts-, Vertrags|fähigkeit* f ‖ *capaz de* ~ *Geschäfts-, vertrags|fähig* ‖ *incapacidad de (od* para) ~ *Geschäfts-, Vertrags|unfähigkeit* f ‖ *poder para* ~ *Abschlußvollmacht* f
contra|techo *m Überdach* n ‖ **–tensión** *f Gegenspannung* f ‖ **–tiempo** *m Widerwärtigkeit* f, *widriger Zufall, Unfall* m ‖ *Ärger, Zwischenfall* m, *Unannehmlichkeit* f ‖ *plötzlicher Seitensprung* m *(Reiten)* ‖ ⟨Mus⟩ *Kontratempo* n ‖ ⟨Mus⟩ *Taktfehler* m ‖ a ~ ⟨Mus⟩ *im Gegentakt, takt-*

widrig (& fig) ǁ ¡qué ~! *wie unangenehm!* ǁ
–tipo *m* ⟨Phot⟩ *direkt erzieltes Positiv* n
contra|tista *m Kontrahent, Lieferungsbieter* m ǁ *Börsenmakler* m ǁ *(Bau) Unternehmer* m ǁ *Steuerpächter* m ǁ ~ de carga y descarga *Stauunternehmer* m ǁ ~ de obras *Bauunternehmer* m ǁ ~ de transportes *Verkehrsunternehmer* m ǁ **–to** *m Vertrag, Kontrakt* m, *Übereinkunft* f ǁ △ *Metzgerei* f ǁ ~ de accesión *Formularvertrag* m ǁ ~ accesorio *Zusatzvertrag, akzessorischer Vertrag* m ǁ ~ de adjudicación *Verdingungsvertrag* m ǁ ~ de ahorro *Sparvertrag* m ǁ ~ de alquiler *Mietvertrag* m ǁ ~ de aparcería *Halb-, Teil|pachtvertrag* m ǁ ~ de arbitraje *Schiedsvertrag* m ǁ ~ de arrendamiento *Mietvertrag* m ǁ *Pachtvertrag* m ǁ → **arrendamiento** ǁ ~ de arriendo de ganado *Viehpacht* f ǁ ~ de cesión *Abtretungs-, Überlassungs|vertrag* m ǁ ~ colectivo *Kollektiv-, Tarif|vertrag* m ǁ ~ (*sobre las condiciones*) de trabajo = ~ colectivo ǁ ~ de comisión *Kommissionsvertrag* m ǁ ~ publicitaria *Vertrag* m *mit e–r Werbeagentur* ǁ ~ de compraventa *Kaufvertrag* m ǁ ~ de consenso, ~ consensual *formfreier Vertrag, Konsensualvertrag* m ǁ ~ de constitución *Gründungsvertrag* m ǁ ~ de crédito *Kreditvertrag* m ǁ **–cuadro** *Rahmenvertrag* m ǁ ~ a destajo *Übernahme-, Akkord|vertrag* m ǁ ~ de distribución cinematográfica *Filmverleihvertrag* m ǁ ~ editorial *Verlagsvertrag* m ǁ ~ de embarco *Heuervertrag* m ǁ *Heuerschein* m ǁ ~ enfitéutico *Erbpachtvertrag* m ǁ ~ de enrolamiento *Heuervertrag* m ǁ ~ de exhibición cinematográfica *Filmvorführvertrag* m ǁ ~ de fideicomiso *Treuhandvertrag* m ǁ ~ fingido *Scheinvertrag* m ǁ ~ en firme *fester Vertrag* m ǁ ~ de fletamento ⟨Mar⟩ *Frachtvertrag* m ǁ ⟨Flugw⟩ *Flugchartervertrag* m ǁ ~ forzoso *Zwangsvertrag* m ǁ ~ implícito *stillschweigend geschlossener Vertrag* m ǁ ~ innominado, ~ atípico *un-, a|typischer Vertrag* m ǁ ~ de inquilinato *Mietvertrag* m ǁ ~ laboral *Arbeitsvertrag* m ǁ ~ leonino *Knebelungsvertrag, leoninischer Vertrag* m ǁ ~ lucrativo *unentgeltlicher Vertrag* m ǁ ~ matrimonial *Ehevertrag* m ǁ ~ nominado, ~ típico *benannter, typischer Vertrag* m ǁ ~ notarial, ~ ante notario *notarieller Vertrag* m ǁ ~ de obra, ~ de obra nueva *Werkvertrag* m ǁ ~ oneroso *entgeltlicher Vertrag* m ǁ ~ pignoraticio, ~ de prenda *Pfandvertrag* m ǁ ~ de remolque ⟨Mar⟩ *Schleppvertrag* m ǁ ~ de rescate, ~ de retroventa *Rückkaufsvertrag* m ǁ ~ de reventa *Wiederverkaufsvertrag* m ǁ ~ de seguro *Versicherungsvertrag* m ǁ ~ sinalagmático *wechselseitig verpflichtender Vertrag, synallagmatischer Vertrag* m ǁ ~ a la gruesa, ~ a riesgo marítimo ⟨Com⟩ *Bodmereibrief* m ǁ el ~ social *der Gesellschaftsvertrag* ǁ el „~ social" de Rousseau *Rousseaus „Gesellschaftsvertrag"* m ǁ c(u)asi ~ = **cuasicontrato** ǁ por ~ *kontraktlich, vertraglich, vertragsmäßig* ǁ anteproyecto de ~ *Vertragsvorentwurf* m ǁ contrario al ~ *vertragswidrig* ǁ expiración del ~ *Vertragsablauf* m ǁ formulario de ~ *Kontraktformular* m ǁ infracción de un ~ *Vertragsbruch* m ǁ lugar del ~ *Vertragsabschlußort* m ǁ minuta del ~ *Vertragsentwurf* m ǁ modelo de ~ = **formulario** de ~ ǁ rescisión de un ~ *Kontrakt|auflösung, |kündigung* f ǁ ◊ ajustar (concertar, concluir, perfeccionar), anular (revocar), modificar, quebrantar, renovar, rescindir un ~ *e–n Vertrag abschließen, aufheben, ändern, brechen, erneuern, auflösen* ǁ estipular por ~ *vertragsmäßig festsetzen* ǁ infringir un ~ *vertragsbrüchig werden, gegen e–n Vertrag verstoßen*
contra|tornillo *m Gegenschraube* f ǁ **–torpedero** *m* ⟨Mar⟩ *Torpedo|bootzerstörer, -jäger* m ǁ **–trinchera** f ⟨Mil⟩ *Gegenlauf-, Parallel|graben* m ǁ **–tuerca** f ⟨Tech⟩ *Gegen-, Konter-, Sicherungs|mutter* f ǁ **–valor** *m Gegenwert* m ǁ **–valla** f ⟨Taur⟩ *zweite Umzäunung* f ǁ **–vapor** *m* ⟨Tech⟩ *Gegen-*

dampf m ǁ **–vención** f *Übertretung, Zuwiderhandlung* f ǁ *(Vertrags)Verletzung* f ǁ ~ administrativa *Ordnungswidrigkeit* f ǁ ~ contractual *Vertrags|verstoß* m, *-verletzung* f ǁ ~ de naturaleza policial *Polizeivergehen* n ǁ **–veneno** *m Gegengift, Antidot* n ǁ fig *Gegenmittel* n ǁ **–venir** [irr → **venir**] vi *entgegen|treten, -handeln, zuwiderhandeln* (dat) ǁ ◊ ~ a las instrucciones *den Weisungen zuwiderhandeln* ǁ ~ a las leyes *gegen die Gesetze verstoßen*
contra|ventamiento *m Querstreben* fpl, *Verstrebung* f ǁ ⟨Tech⟩ *Abstützung, Verspannung* f ǁ *Verschwertung* f, *Sprengwerk* n ǁ ~ longitudinal ⟨Flugw⟩ *Längsverstrebung* f ǁ **–ventana** f *(äußerer) Fensterladen, Klappladen* m ǁ **–ventor** *m Übertreter, Zuwiderhandelnde(r)* m ǁ *Täter* m ǁ **–veros** mpl *Gegenfeh* n *(im Wappen)* ǁ **–vidriera** f *Doppel-, Winter-, Vor|fenster* n ǁ **–viento** *m Sturmband* n, *Wind|strebe, -rispe* f ǁ *Verstrebung* f ǁ *Gegenwind* m ǁ ~ interno ⟨Flugw⟩ *Innenverspannung* f ǁ a ~ ⟨Mar⟩ *gegen den Wind* ǁ **–virar** vt ⟨Mar⟩ *gegensteuern* ǁ **–visita** f *Gegenbesuch* m ǁ *Kontrollbesuch* m ǁ **–vuelta** f ⟨Mil⟩ *Gegenschwenkung* f
contra|yente m/adj *Vertragschließende(r)* m *(bes. beim Ehevertrag)* ǁ **–s** mpl *Eheschließende* pl ǁ **–yerba** f ⟨Bot⟩ *Japanischer Maulbeerbaum* m ǁ *Am verschiedene Pflanzen*
contrecho adj/s *(glieder)lahm*
contrete *m* ⟨Mar⟩ *Sparren* m
contri *m* Chi *Geflügelmagen* m ǁ fig Chi *Kern* m ǁ *e–r Sache* ǁ *hasta el ~* fig *bis ins kleinste*
contri|bución f *Beitrag* m ǁ *Beisteuer* f ǁ *Unterstützung* f ǁ *Steuer, Abgabe* ǁ ~ anual *Jahresbeitrag* m ǁ ~ de alimentos, ~ alimenticia *Unterhalts|leistung* f, *-beitrag* m ǁ ~ de avería *Havariebeitrag* m ǁ ~ de guerra *Kriegssteuer* f ǁ ~ de herencia, ~ sobre la herencia *Erbschaftssteuer* f ǁ ~ de inmuebles, ~ sobre la propiedad inmobiliaria *Grundsteuer* f ǁ ~ de sangre fig ⟨Mil⟩ *Waffendienst* m ǁ ~ de usos y consumos *Verbrauchssteuer* f ǁ ~ financiera (C.E.E.) *Finanzbeitrag* m *(EWG)* ǁ ~ forzosa *Zwangsbeitrag* m ǁ ~ industrial *Gewerbesteuer* f ǁ ~ municipal *Gemeindesteuer* f ǁ ~ nacional *Staatssteuer* f ǁ ~ rústica Span *Steuer* f *auf landwirtschaftlichen Grundstücken* ǁ ~ sobre la propiedad *Vermögenssteuer* f ǁ ~ sobre la renta *Einkommenssteuer* f ǁ ~ sobre la transmisión de bienes *Umsatzsteuer* f ǁ ~ urbana Span *Steuer* f *auf bebauten Grundstücken* ǁ alta de ~ *Steueranmeldung* f ǁ ◊ aportar su ~ *e–n Beitrag leisten* (a *zu*) ǁ bajar de ~ *Steuerabmeldung* f ǁ poner a ~ *zur Verfügung stellen* ǁ beitragen (mit) ǁ ausnutzen *(Sache)* ǁ **–es** (in)directas *(in)direkte Steuern* fpl ǁ abonos de ~ *Steuerermäßigungen* fpl ǁ **–buidor** *m Steuerzahler* m ǁ △ *derjenige, der et gilt* ǁ **–buir** [-uy-] vi/t *bei|tragen, -steuern* (a *zu*) ǁ *als Steuer zahlen* ǁ fig *mit|helfen, -wirken (bei)* ǁ *liefern, abgeben* ǁ ◊ ~ con dinero para *(od* a) algo *für e–n Zweck Geld beisteuern* ǁ **–bulado** adj = **atribulado** ǁ **–butario** *m Beitragende(r)* m ǁ **–butivo** adj *Steuer-* ǁ **–buyente** m/adj *Steuer|pflichtige(r), -zahler* m ǁ ~ adj *steuerpflichtig* ǁ aviso al ~ *Steuerbescheid* m ǁ censo de ~s *Steuerliste* f
contrición f *Zerknirschung (des Herzens), Reue* f ǁ *innere Buße* f ǁ ⟨Kath⟩ *vollkommene Reue, Kontriktion* f ǁ *Bußfertigkeit* f ǁ acto de ~ *Bußformel* f
contrín *m ein philipp. Gewicht* (= 39 cgr)
contrincante *m Mitbewerber* m ǁ *Gegner, Widersacher* m (& f) ǁ *Gegenspieler* m
contris|tado adj *betrübt* ǁ **–tar** vt *betrüben, traurig machen, bekümmern* ǁ **~se** *sich betrüben, traurig werden*
contrito adj *zerknirscht, reuig* ǁ *reumütig* ǁ fig *betrübt, traurig*
con|trol *m Nachweis* m, *Kontrolle* f ǁ *Regelung* ǁ

controlar — conveniencia 318

Nachprüfung f ‖ *Überwachung, Beaufsichtigung, Aufsicht* f ‖ *Bewirtschaftung* f ‖ ⟨El⟩ *Steuerung* f ‖ *Kritik* f ‖ *Kontrollbüro* n ‖ *(Kontroll) Stempel* m ‖ ~ aduanero *Zollaufsicht* f ‖ ~ automático *selbsttätige Kontrolle* f ‖ ~ de ganancia ⟨Radio⟩ *selbsttätige Gewinnregelung* f ‖ ~ automático de mezcla ⟨Flugw⟩ *Benzinsparvorrichtung* f ‖ ~ automático de temperatura *automatische Temperaturkontrolle* f *(Heizung)* ‖ ~ automático de trenes ⟨EB⟩ *automatische Zugkontrolle* f ‖ ~ automático de volumen ⟨Radio⟩ *selbsttätiger Pegelregler* m ‖ ~ cuantitativo *Mengenkontrolle* f ‖ ~ cualitativo *Qualitätskontrolle* f ‖ ~ cuatripartito (de los aliados en Alemania) *Viermächtekontrolle* f *(Deutschlands durch die Alliierten, ab 1945)* ‖ ~ de alquileres *Mietpreiskontrolle* f ‖ ~ de cambios *Devisen|kontrolle, -bewirtschaftung* f ‖ ~ de cuentas *Rechnungsprüfung* f ‖ ~ de divisas *Devisen|bewirtschaftung, -überwachung* f ‖ ~ de (las) exportaciones, ~ de (las) importaciones *Ausfuhr-, Einfuhr|kontrolle* f ‖ ~ de inversiones *Kapitallenkung* f ‖ ~ de la constitucionalidad de las leyes *Kontrolle* f *der Verfassungsmäßigkeit der Gesetze, Deut Normenkontrolle* f ‖ ~ del desarme *Abrüstungskontrolle* f ‖ ~ de los estrechos *Kontrolle* f *der Meerengen* ‖ ~ de luminosidad ⟨TV⟩ *Helligkeitsregelung* ‖ ~ de manguito ⟨Tel⟩ *Muffenkontrolle* f ‖ ~ de mercancías (C.E.E.) *Warenkontrolle* f *(EWG)* ‖ ~ de moneda extranjera = ~ de divisas ‖ ~ de natalidad, ~ de nacimientos *Geburten|regelung, -beschränkung* f ‖ ~ de pasaportes *Paßkontrolle* f ‖ ~ de precios *Preisüberwachung* f ‖ ~ de presupuesto *Haushalts-, Finanz|kontrolle* f ‖ ~ de sintonización ⟨Radio⟩ *Abstimmkontrolle* f ‖ ~ de tráfico aéreo *Luftverkehrskontrolle* f ‖ ~ médico, ~ facultativo *ärztliche Aufsicht* f ‖ ~ estadístico *statistische Überwachung* f ‖ ~ estatal *staatliche Kontrolle* f ‖ ~ de la economía *Zwangswirtschaft* f ‖ ~ fiscal *steuerliche Prüfung* f ‖ ~ sanitario *Gesundheitskontrolle, gesundheitliche Überwachung* f ‖ **-trolar** vt *kontrollieren, überwachen* ‖ *nachprüfen* ‖ *bewirtschaften* ‖ *beaufsichtigen* ‖ *beherrschen (e–e Gesellschaft)* ‖ *kritisieren* ‖ ⟨El⟩ *steuern* ‖ **-tróler** m *Fahrschalter* m *(Straßenbahn)*
contro|versia *f Streit, Wortwechsel* m ‖ *Streitigkeit, Zwistigkeit* f ‖ *Kontroverse* f ‖ *Streitfrage* f ‖ ~ de competencias *Zuständigkeitsfrage* m ‖ **-vertible** adj *bestreitbar, strittig, kontrovers* ‖ **-vertido** adj *umstritten (Frage), streitig, strittig* ‖ **-vertir** [-ie/i-] vt/i *bestreiten, in Abrede stellen wollen* ‖ *streiten (über et)* ‖ *diskutieren*
contubernio m *Zusammenwohnen* n ‖ *außerehelicher Geschlechtsverkehr* m ‖ ⟨Hist⟩ *Geschlechtsgemeinschaft* f *zwischen Sklaven* ‖ fig *schmähliches Bündnis* n
contu|macia *f Hartnäckigkeit* f ‖ *Halsstarrigkeit* f ‖ *Verhärtung* f ‖ ⟨Jur⟩ *Nichterscheinen* n *Säumnis, Säumigkeit, Versäumnis f (vor Gericht)* ‖ **-maz** [*pl* **-ces**] adj *halsstarrig, hartnäckig* ‖ ⟨Jur⟩ *ausbleibend, säumig, unbotmäßig (vor Gericht)* ‖ ⟨Med⟩ *die Ansteckung fördernd* ‖ ◊ *declarar ~ y rebelde (den Beklagten) für säumig erklären* ‖ adv: **~mente** ‖ ~ m ⟨Jur⟩ *in contumaciam (in Abwesenheit) Verurteilter* m
contume|lia *f Schmähung, Beleidigung* f, *Schimpf* m ‖ **-lioso** adj *schimpflich, beleidigend* ‖ **-ria** *f* CR *Ausrede, Ausflucht* f ‖ **-rioso** adj Hond *zimperlich*
contun|dente adj fig *schlagend, überzeugend* ‖ *unbestreitbar (Grund)* ‖ arma *~ Stoßwaffe* f ‖ prueba ~ *schlagender Beweis* m ‖ **-dir** vt *(zer-) quetschen* ‖ *verwunden*
contur|bación *f Beunruhigung, innere Unruhe* f ‖ *Bestürzung* f ‖ **-bado** adj *bestürzt* ‖ *aufrührerisch* ‖ **-bador** m *Friedensstörer* m ‖ **-bar** vt *beunruhigen, bestürzen* ‖ *aufwiegeln* ‖ **~se** *erschrecken* ‖

-bativo adj *beunruhigend*
contu|sión *f* ⟨Chir⟩ *Quetschung, Prellung, Kontusion* f ‖ *Quetschwunde* f ‖ **-sionar** vt barb = **contundir** ‖ **-sivo** adj *Quetsch-* ‖ **-so** m/adj *Verletzte(r), Verwundete(r)* m ‖ *verletzt, verwundet*
contutor m *Mitvormund* m
contuvo → **contener**
conuco m Cu *Stück Land, das dem Sklaven zum eigenen Anbau überlassen wurde* ‖ Ven *Obstgarten* m
convalaria *f Maiblümchen* n *(Convallaria sp)*
convale|cencia *f (Wieder) Genesung, (Re) Konvaleszens* f ‖ *(casa de) ~ Erholungsheim* n ‖ **-cer** [-zc-] vt *genesen* ‖ *sich erholen* (& fig) ‖ ◊ ~ de una enfermedad *sich von e–r Krankheit erholen* ‖ **-ciente** m/adj ⟨Med⟩ *Genesender, Rekonvaleszent* m
convali|dación *f Bekräftigung* f ‖ ⟨Jur⟩ *Konvaleszenz* f ‖ *Bestätigung* f ‖ *Wertbereinigung* f ‖ ⟨Sch⟩ *Anerkennung* f *(Diplom, Zeugnis)* ‖ ⟨Kath⟩ *Konvalidation* f ‖ **-dar** vt *bestätigen, bekräftigen* ‖ *heilen (ein Rechtsgeschäft)* ‖ *als gültig erklären* ‖ **~se** vr *gültig werden*
convección *f* ⟨Phys Meteor⟩ *Konvektion, Mitführung* f
conve|cindad *f Mitbewohnerschaft* f ‖ *Nachbarschaftsverhältnis* n ‖ **-cino** adj *benachbart* ‖ *angrenzend, Grenz-* ‖ ~ m *Mit|bürger, -bewohner, Nachbar* m
conven|cer [c/z] vt *überzeugen* ‖ (a alg. de a. jdn von et) ‖ ⟨Jur⟩ *überführen* ‖ ◊ ~ de un delito ⟨Jur⟩ *e–r Straftat überführen* ‖ ese hombre no me convence fig *dieser Mensch flößt mir kein besonderes Vertrauen ein* ‖ sus motivos no nos convencen *Ihre Gründe leuchten uns nicht ein* ‖ **~se** *sich überzeugen* ‖ ◊ ~ con las razones *sich durch Gründe überzeugen lassen* ‖ ~ de la verdad *sich von der Wahrheit überzeugen* ‖ **-cido** adj *bekehrt* ‖ ◊ estoy ~ de que *ich bin überzeugt, daß* ‖ es un anarquista ~ *er ist Anarchist aus Überzeugung* ‖ **-cimiento** m *Überzeugung* f ‖ *Überführung* f ‖ *Sicherheit* f, *Bewußtsein* n ‖ por ~ *aus Überzeugung*
convención *f Übereinkunft* f, *Vertrag* m ‖ *Verabredung* f ‖ *Abkommen* n ‖ *Übereinkommen* n ‖ *Übereinstimmung* f ‖ *Konvention, gesetzgebende Versammlung* f ‖ *Übereinstimmung* f ‖ *Volksvertretung* f ‖ *Am Parteitag* m ‖ *(National) Konvent* m ‖ ~ aduanera *od* arancelaria *Zoll|abmachung, -tarifabrede* f, *-tarifabmachung* f ‖ ~ colectiva *Tarifvertrag* m ‖ ~ constituyente *gesetzgebende Versammlung* f ‖ ~ de aviación civil internacional *Abkommen* n *über die internationale Zivilluftfahrt* ‖ ~ de Berna *Berner Konvention* f ‖ ~ de navegación *Schiffahrtsabkommen* n ‖ ~ mercantil *Handelsabkommen* n ‖ ~ postal universal *Weltpostvertrag* m ‖ ~ sanitaria internacional *internationales Sanitätsabkommen* n ‖ ~ sobre mares territoriales y zonas adyacentes *Übereinkommen* n *über Küstenmeere und Anschlußzonen* ‖ ~ universal *sobre derechos de autor Welturheberrechtsabkommen* n ‖ → a **convenio**
convencio|nal adj *vertragsmäßig* ‖ *konventionell, geläufig* ‖ *hergebracht* ‖ *herkömmlich* ‖ *üblich* ‖ armas **~es** *konventionelle Waffen* fpl ‖ multa ~ *Konventionalstrafe* f ‖ precios **~es** *Preise* mpl *nach Übereinkunft* ‖ adv: **~mente** ‖ **-nalidad** *f konventioneller Brauch* m ‖ **-nalismo** m *Konventionalismus* m ‖ **-nalista** m *Konventionalist* m
convengo → **convenir**
conve|nible adj *annehmbar, mäßig (Preis)* ‖ *passend* ‖ **-nido** adj *verabredet, ausgemacht (Preis)* ‖ lenguaje ~ *Geheimsprache* f ‖ según lo ~ *laut Übereinkunft* ‖ ◊ está ~ *es bleibt dabei* ‖ ¡~! *abgemacht!*
convenien|cia *f Übereinstimmung* f ‖ *Zweckmäßigkeit* f ‖ *Nutzen, Vorteil* m ‖ *Bequemlich-*

keit f ‖ *Übereinkunft* f ‖ *Abkommen* n ‖ *Anstellung* f, *Dienst* m ‖ *Angemessenheit, Schicklichkeit* f, *Anstand* m ‖ matrimonio de ~ *Vernunftehe* f ‖ a la primera ~ *bei erster Gelegenheit* ‖ ◊ no es de mi ~ *es paßt mir nicht* ‖ ~s pl *Vermögen* n ‖ *Nebeneinkünfte, Sporteln* fpl ‖ *Anstand* m, *Angemessenheit* f ‖ ◊ buscar sus ~s *auf seinen Vorteil bedacht sein* ‖ **–ciero** *m* fam *Freund* m *der Bequemlichkeit* ‖ **–te** adj *übereinstimmend* ‖ *schicklich* ‖ *gelegen, passend* ‖ *annehmbar* ‖ *erforderlich, nötig* ‖ *ratsam* ‖ *nützlich, vorteilhaft* ‖ ◊ juzgar *(od* considerar*)* ~, tener por ~ *für angebracht, zweckmäßig halten* ‖ lo he creído ~ *ich habe es für schicklich gehalten (zu)* ‖ ser ~ al mercado ⟨Com⟩ *für den Markt passen* ‖ adv: ~**temente**

conve|nio *m Übereinkunft* f, *Abkommen* n *(zweiseitige Übereinkunft)* ‖ *Übereinkommen* n *(mehrseitige Übereinkunft)* ‖ *Abmachung, Vereinbarung* f ‖ *Konvention* f ‖ *Vertrag, Pakt* m ‖ *Aus-, Ver|gleich* m ‖ ~ amistoso, ~ extrajudicial *gütlicher, außergerichtlicher Vergleich* m ‖ ~ básico *Rahmenabkommen* n ‖ ~ causal *Kausalgeschäft* n ‖ ~ colectivo (sobre las condiciones de trabajo) *Tarifvertrag* m ‖ ~ básico *Manteltarifvertrag* m ‖ ~ concursal *Zwangsvergleich* m ‖ ~ cultural *Kulturabkommen* n ‖ ~ de compensación *Verrechnungsabkommen* m ‖ ~ de compromiso *Vergleichsvertrag* m ‖ ~ de derecho aéreo *Luftrechtsabkommen* n ‖ ~ de establecimiento *Niederlassungsabkommen* n ‖ ~ de Ginebra *Genfer Konvention* f ‖ ~ de La Haya *Haager Abkommen* n ‖ ~ de nación mas favorecida *Meistbegünstigungsabkommen* n ‖ ~ de reciprocidad *Gegenseitigkeitsabkommen* n ‖ ~ de renuncia a la fuerza *Gewaltverzichtsabkommen* n ‖ ~ económico *Wirtschaftsabkommen* n ‖ ~ extrajudicial *außergerichtlicher Vergleich* m ‖ ~ internacional sobre cereales *internationales Weizenabkommen* n ‖ ~ internacional sobre protección de las plantas *internationales Pflanzenschutzabkommen* n ‖ ~ internacional de telecomunicación *internationaler Fernmeldevertrag* m ‖ ~ **modelo** *Musterabkommen* n ‖ ~ mutuo, ~ bilateral *gegenseitige Abmachung* f ‖ ~ sobre efectos del matrimonio *Ehewirkungsabkommen* n ‖ ~ sobre facilidades de aduana en el transito de viajeros *Abkommen* n *über Zollerleichterungen im Touristenverkehr* ‖ ~ sobre precios *Preisabkommen* n ‖ ~ sobre prisioneros de guerra *Kriegsgefangenenabkommen* n ‖ ~ sobre reparaciones *Reparationsabkommen* n ‖ ~ sobre suscripciones a diarios y publicaciones periódicas *Postzeitungsabkommen* n ‖ ~ sobre tráfico por carretera *Abkommen* n *über den Straßenverkehr* ‖ ~ unificador *Vereinheitlichungsabkommen* n ‖ ~ verbal *mündliche Vereinbarung* f ‖ parte contratante en un ~ colectivo *Tarifpartner* m ‖ por ~ (mutuo) *nach (gegenseitigem) Übereinkommen* ‖ según ~ *laut Übereinkommen* ‖ ◊ celebrar un ~, *ein Übereinkommen treffen* ‖ hacer un ~ con los acreedores *sich mit den Gläubigern vergleichen* ‖ → a **convención** ‖ **–nir** (irr → **venir**) vt *einig werden über* (acc) ‖ *vereinbaren (Preis)* ‖ ~ vi *zusammen|kommen* (en *über* acc), *übereinstimmen (mit)* ‖ *passen (zu), übereinstimmen (mit)* ‖ *gefallen, behagen, zusagen* ‖ *gebühren, zukommen* ‖ *angebracht sein* ‖ *angemessen sein* ‖ *nötig sein* ‖ *nützlich sein* ‖ *entsprechen* (dat), *gehören zu* ‖ *ein Abkommen treffen, sich verabreden (mit)* ‖ ◊ ~ con una opinión *e-r Meinung zustimmen* ‖ ~ en algo *über et einig werden* ‖ *in et einwilligen, et gutheißen* ‖ *beitreten (e-m Vorschlag)* ‖ ~ las condiciones de trabajo *die Arbeitsbedingungen* fpl *verabreden* ‖ convengo en que *ich gebe zu, daß* ‖ convengo en ello *ich bin damit einverstanden, ich bin dabei* ‖ conviene *es schickt sich, es gehört* sich so ‖ *es empfiehlt sich, es ist ratsam* ‖ conviene (hacerlo) *man muß (es tun)* ‖ *es schickt sich* ‖ *es ist ratsam* ‖ me conviene *es paßt mir, es sagt mir zu* ‖ al enfermo le conviene reposo *der Kranke braucht Ruhe* ‖ (conviene) a saber *nämlich* ‖ según convenga *nach Belieben* ‖ → a **convenido** ‖ ~**se** *einig werden* (en, a, con *über* acc) ‖ ◊ ~ en a/c *über et einig werden* ‖ ~ con alg. *sich mit jdm abfinden, einigen*

conven|tillo *m* dim v. **–to** ‖ figf *elendes, verrufenes Haus* n ‖ Am fam *Mietskaserne* f ‖ **–tículo** *m heimliche Zusammenkunft* f, *Konventikel* n ‖ **–to** *m Kloster* n ‖ *Klostergemeinschaft* f, *Konvent* m ‖ Ec *Pfarrhaus* n ‖ **–tual** adj *klösterlich, Kloster-* ‖ ~ *m Konventuale* m ‖ *im Kloster lebender Mönch od Bruder* m ‖ un silencio ~ *e-e Klosterstille* f ‖ adv: ~**mente** ‖ **–tualidad** *f Klosterleben* n ‖ *Klosterzugehörigkeit* f

convenza → **convencer**

conver|gencia *f Zusammenlaufen* n *(von Linien)* ‖ ⟨Math⟩ *Konvergenz* f ‖ fig *Übereinstimmung* f ‖ *Zusammenfassung* f *(von Kräften)* ‖ ⟨Aut⟩ *Vorspur* f ‖ ~ de esfuerzos *Zusammenwirken* n *der Kräfte* ‖ ~ de los meridianos ⟨Top⟩ *Meridianenkonvergenz* f ‖ ~ de las ruedas ⟨Aut⟩ *Radsturz* m ‖ **–gente** adj ⟨Math⟩ *konvergierend* ‖ *sich zuneigend, zusammenlaufend* ‖ *konvergent* ‖ lente ~ ⟨Opt⟩ *Sammellinse* f ‖ **–ger, –gir** [g/j] vi ⟨Math⟩ *konvergieren* ‖ *(in e-m Punkt) zusammenlaufen* ‖ ⟨Opt⟩ *sammeln* ‖ fig *gemeinsam streben (hacia nach)* ‖ *sich konzentrieren (sobre auf)* ‖ fig *einig sein, derselben Meinung sein (en über)*

conver|sa *f* fam *Gespräch* n, *Plauderei* f ‖ **–sable** adj *umgänglich, gesellig* ‖ **–sación** *f Unterhaltung, Konversation* f, *Gespräch* n ‖ *Umgang, Verkehr* m ‖ *Besprechung* f ‖ *Telefongespräch* n (→ a **conferencia**) ‖ ~ a solas *Unterredung* f *unter vier Augen* ‖ lección de ~ *Konversationsstunde* f *(im Sprachunterricht)* ‖ ◊ dar ~ a alg. fam *jdn anreden* ‖ *sich mit jdm unterhalten* ‖ fam *sich mit jdm abgeben* ‖ *jdm Gehör schenken* ‖ dejar caer u/c en la ~ figf *unauffällig das Gespräch auf et bringen* ‖ dirigir la ~ a alg. *jdn anreden* ‖ entablar ~ con alg. *sich mit jdm in ein Gespräch einlassen* ‖ hacer caer la ~ *das Gespräch bringen (sobre auf)* ‖ por donde íbamos de ~ *worüber wir gerade sprachen* ‖ reanudar la ~ *das Gespräch wiederanknüpfen* ‖ no soy amigo de ~es *ich bin kein Freund vom langen Reden* ‖ trabar ~ con alg. *mit jdm ein Gespräch anknüpfen* ‖ la ~ versa sobre *das Gespräch dreht sich um* ‖ libro de ~es *Gesprächebuch* n ‖ **–sador** adj *gesprächig, unterhaltend* ‖ ~ *m Causeur* m ‖ **–sar** vi (Am & vt) *sich unterhalten, sich besprechen (mit)* ‖ *umgehen, Umgang pflegen (mit)* ‖ ~ con alg. sobre *(od* de, en*) mit jdm über et sprechen* (acc)

conver|sible adj = **–tible** ‖ **–sión** *f Ver|wandlung, -änderung* f ‖ *Umkehrung* f ‖ *Umdrehung* f ‖ *(Glaubens) Bekehrung* f ‖ fig *Sinnesänderung* f ‖ *Konvertierung* f *(der Staatsschuld)* ‖ ⟨Mil⟩ *Schwenkung* f ‖ ⟨Metal⟩ *Windfrischen, Birnenverfahren* n ‖ ⟨Com⟩ *Um|wandlung, -stellung, -rechnung, Konvertierung, Konversion* f ‖ *Umdeutung* f ‖ *Umtausch* m ‖ ⟨Jur⟩ *Konversion, Umdeutung* f *e-s nichtigen Rechtsgeschäftes* ‖ *Umwandlung* f *e-s Benefiziums (Kirchenrecht)* ‖ *Ablösung* f *(Rente in Kapital)* ‖ ~ de deuda *Schuldumwandlung, Umschuldung* f ‖ ~ de intereses *Zins(fuß)umwandlung* f ‖ ~ del hierro en acero *Umwandlung* f *des Eisens in Stahl* ‖ ~ por carbonización *Stahlkohlen* n ‖ ~ de los gentiles, ~ de los paganos *Heidenbekehrung* f ‖ ~ del procedimiento *Klageänderung* f ‖ ~ de valores *Umwandlung* f *von Wertpapieren* ‖ ~ diferida *Staffelkonversion* f ‖ ~ forzosa *Zwangskonversion* f ‖ ~ metálica, ~ mone-

taria, ~ de la moneda *Konvertierung (der Währung), Währungsumstellung* f || ~ simultánea de combate ⟨Mil⟩ *Gefechtswendung* f || cuenta de ~ *Umstellungs|rechnung* f, *-konto* n || tabla de ~ *Umrechnungstabelle* f || tipo de ~ *Umstellungs|- kurs, -satz* m || ◊ *dar una* ~ ⟨Mar⟩ *schwenken, e–e Schwenkung machen* || hacer una ~ ⟨Mil⟩ *(ein)schwenken (beim Exerzieren)* || la ~̱ de San Pablo ⟨Kath⟩ *Pauli Bekehrung (25. Jan.)* ||
–sivo adj *umwandelnd, umkehrend* || **–so** pp/irr v.
–tir || adj *bekehrt (Jude, Maure)* || **–so, –tido** m *Neubekehrter* m || *Laienbruder* m || *Proselyt* m || *Konvertit* m *(bes. Jude)* || **–sor** m ⟨El⟩ *Umformer* m

converti|bilidad f *Konvertierbarkeit, Um-, Aus|- tauschbarkeit, Konvertibilität* f || ~ externa, ~ interna *Ausländer-, Inländer\konvertierbarkeit* f || ~ integral, ~ limitada *volle, beschränkte Konvertierbarkeit* f || ~ oro *Goldeinlösung* f || **–ble** adj *umwandelbar* || *umsetzbar* || *umrechenbar* || *konvertierbar* || ~ m *Am Kabriolett* n || ⟨Flugw⟩ *Konvertiplan* m || **–dor** m ⟨Metal⟩ *Konverter, (Konverter)Birne* f || ⟨El⟩ *Umformer, Wandler* m || ⟨Nucl⟩ *Konverter* m || ~ *Bessemer* ⟨Metal⟩ *Bessemerbirne* f || ~ de ánodo *Anodenumformer* m || ~ de arco ⟨Radio⟩ *Bogenumformer* m || ~ de *(od* en) cascada *Kaskadenumformer* m || ~ de soldadura *Schweißumformer* m || ~ rotativo *rotierender Umformer* m || ~ sincrónico *synchroner Umformer* m || ~ termoeléctrico *Thermoumformer* m || ~ Thomas ⟨Metal⟩ *Thomasbirne* f

convertir [-ie/i-] vt *umwandeln, umändern* || ⟨Rel⟩ *bekehren* || fig *umstimmen* || ⟨Com⟩ *umwandeln, konvertieren (Schuld)* || ⟨El⟩ *umformen* || ⟨Metal⟩ *überführen (z. B. Roheisen in Stahl)* || *umwandeln* || ◊ ~ en dinero *zu Geld machen* || ~ el mal en bien *das Schlechte zum Guten wenden* || ~ en provecho suyo *zu seinem Vorteil wenden* || ~ una deuda *umschulden* || **~se** vr *sich verwandeln* (en in) || *sich bekehren* (a *zu*)

conve|xidad f *Runderhabenheit, Rundung, Konvexität* f || **–xo** adj ⟨Opt⟩ *konvex* || **~-~** adj *bikonvex*

conveyor m ⟨Tech⟩ *Förderer* m || *Bandförderer* m || *Fließband* n

convic|ción f = **convencimiento** || ◊ tener la ~ de que *davon überzeugt sein, daß* || pieza de ~ ⟨Jur⟩ *Beweisstück* n || *Überführungsstück* n || *Corpus delicti* || prueba de ~ *Überführungsbeweis* m || **–to** pp/irr v. **convencer** || adj ⟨Jur⟩ *überführt (e–s Verbrechens)*

convi|dada f fam *ländliches Trinkgelage* n || **–dado** m *(Ein)Geladener, Gast* m || el ~̱ de piedra fig *der Steinerne Gast (im Don Juan)* || ◊ llevar paso de ~ fam *eilig gehen, laufen* || **–dador** m/adj *Gastgeber* m || **–dar** vt *einladen* || fig *auffordern, ermuntern* || *(an)locken* || *verlokken, reizen* || fam *bewirten* || ◊ ~ a comer *zum Essen einladen* || ~ a una copa *zu e–m Gläschen einladen* || ~ con algo *(jdm) et anbieten* || ~ para el baile *zum Tanz auffordern* || ~ vi fam *die Zeche bezahlen* || **~se** *sich (freiwillig) erbieten*

conviene → **convenir**
convincente adj *überzeugend, triftig, schlagend (Grund)* || adv: **~mente**
convirtió → **convertir**
convite m *Einladung* f || *Gastmahl* n, *Gasterei* f, *Schmaus* m
convi|vencia f *(eheliches) Zusammenleben* n || **–viente** m/adj *Mitbewohnende, (Wohnungs)Genosse* m || **–vir** vi *zusammen|leben, -wohnen* (con *mit*)
convo|cación f *Einberufung* f || *Ladung* f || ~ de acreedores *Gläubiger|aufgebot* n, *-aufruf* m || **–car** [c/qu] vt *zusammen-, einbe|rufen* || *vorladen* || ◊ ~ a comparecencia *zum Termin laden* || ~ a licitación *zum Gebot auffordern* || ~ elecciones *Wahlen* fpl *ausschreiben* || ~ la asamblea general *die Generalversammlung einberufen* || **–catoria** f *Ein|berufungsschreiben* n, *-ladung* f *zu e–r Versammlung* || *Ausschreibung* f *einer Bewerbung (um e–e Amtsstelle)* || ~ de unas oposiciones *Ausschreibung* f *e–s Stellenwettbewerbs* || verificar una ~ *e–e Sitzung einberufen* || **–catorio** adj *Einberufungs-*

convoluto adj *ringsum gewunden* || ⟨Bot⟩ *geknäuelt*
convolverse [irr → **volver**] *sich nach innen biegen* || *sich um sich selbst drehen*
con|volvuláceas fpl ⟨Bot⟩ *Windengewächse* npl *(Convolvulaceae)* || **–vólvulo** m *Winde* f *(Convolvulus* spp) || ⟨Entom⟩ *Raupe* f *des Windenschwärmers* (Herse convolvuli) || *Raupe* f *des Traubenwicklers* (Conchylis ambiguella)
con|voy m ⟨Mil⟩ *Geleit* n, *Bedeckung* f || ⟨Mil⟩ *Geleittruppen* fpl || *Geleitschutz* m || *(Wagen-, Auto)Kolonne* f || *(Truppen-, Munitions-, Gefangenen-, Lebensmittel)Transport* m || ⟨Mar⟩ *Konvoi* m, *Geleitschiffe* npl || *Reihe* f *von Eisenbahnzügen* || *Zug* m || fam *Öl- und Essigständer* m || fig *Begleitung* f || ◊ marchar en ~ *in Kolonne fahren* || **–voyar** ⟨Mar Mil⟩ vt *geleiten, bedecken* || vi *im Geleit fahren*
conv.[te] Abk = **conveniente**
convul|sarse vr *sich krampfhaft zusammenziehen (Muskel)* || **–sión** f ⟨Med⟩ *Zuckung, Konvulsion, (krampfhafte) Verzerrung* f, *Krampf* m || fam *Schauder* m, *Erschütterung* f || fig *Krise, Umwälzung* f || ◊ poner en ~ fig *erbeben machen* || ~ es políticas pl *politische Unruhen* fpl || **–sionar** vt/i ⟨Med⟩ *Zuckungen hervorrufen* || barb *erregen, aufwiegeln* || **–sivo** adj *zuckend, krampfhaft* || *krampfartig* || *konvulsiv* || **–so** adj *mit Zuckungen behaftet* || *verkrampft* || fig *zitternd (vor Wut)* || movimientos ~s *krampfhafte Zuckungen* fpl || tos ~a *Keuchhusten* m
conyúdice m *Richter* m *e–s Kollegialgerichts*
conyugal adj *ehelich, Ehe-, Gatten-* || amor ~ *Gattenliebe* f || débito ~ *eheliche Pflicht* f || adv: **~mente**
cónyuge m/f *(fälschlich* cónyugue*) Ehe|mann* m, *-frau* f || ~ supérstite, ~ sobreviviente *überlebender Ehegatte* m || **~s** mpl *Ehe|gatten, -leute* pl, *-paar* n
conyugici|da m *Gattenmörder* m || **–dio** m *Gattenmord* m
coña f pop vulg *Spott* m || *Spötterei* f || ◊ lo dijo con mucha ~ *er sagte es spöttisch*
coñac m *Kognak, Weinbrand* m
coñe|arse vr pop vulg *sich lustig machen (de über* acc) || **–ra** ⟨Mar⟩ *ausgeleiertes Nagelloch* n || **–te** adj/s Chi *geizig, knauserig* || ~ m Chi Pe *Wucherer* m || *Geizhals* m || *Gauner* m || **–tería** f Chi *Geiz* m, *Knauserei* f
[1]**coño** m sehr vulg *weibliche Scham* f *(auch als derbes Schimpfwort gebraucht)*, sehr vulg *Fotze* f || ◊ a ti ¿qué ~ te importa? vulg *das geht dich e–n Dreck an!*
[2]**coño** adj/s Chi vulg *Spitzwort für ,,spanisch'' Spanier''*
coñón m vulg *Spaßvogel* m
coñudo adj Ec = **coñete**
coope|ración f *Mit|wirkung, -arbeit, -hilfe, Zusammenarbeit* f || *Beistand* m || ~ internacional *internationale Zusammenarbeit* f || acuerdo de ~ *Kooperationsabsprache* f || en ~ con *unter Mitwirkung von* || **–rador** m/adj *Mit|arbeiter, -helfer* m || **–rar** vt/i *mit|wirken, -helfen* (en, a *an,bei*) || *zusammenarbeiten* || *beitragen* (a *zu*) || ◊ ~ con alg. *mit jdm mitarbeiten* || **–rario** m *Mit|arbeiter, -helfer* m || **–rativa** f *Konsum|verein* m, *-genossenschaft* f || ~ agricola *landwirtschaftliche Genossenschaft* f || ~ de artesanos *Handwerkergenossenschaft* f || ~ de comercialización *Absatzgenossen-*

schaft f || ~ de compra *Einkaufsgenossenschaft* f || ~ de construcción *Baugenossenschaft* f || ~ de crédito *Kreditgenossenschaft* f || ~ de ganaderos *Zuchtgenossenschaft* f || ~ del Frente de Juventudes Span *Genossenschaft* f *der Staatsjugend* || ~ del mar *Fischereigenossenschaft* f || ~ de mejora fundiaria *Meliorationsgenossenschaft* f || ~ de pastos *Weidegenossenschaft* f || ~ de productores *Erzeugergenossenschaft* f || Span *(auch)* *Werkgenossenschaft* f || ~ de viviendas protegidas Span *Genossenschaft* f *im sozialen Wohnungsbau* || ~ forestal *Waldgenossenschaft* f || ~ lechera *Molkereigenossenschaft* f || ~ obrera *Werkgenossenschaft* f || ~ rural *ländliche Genossenschaft* f || ~ vinícola *Winzergenossenschaft* f || **–rativismo** *m Genossenschaftswesen* n || *Genossenschaftsbewegung* f || **–rativista** *adj genossenschaftlich, Genossenschafts-* || **–rativo** *adj mitwirkend* || (sociedad) ~a *Genossenschaft* f, *Konsumverein* m

co|opositor *m Teilnehmer* m *an e–m Stellenwettbewerb* || **–optación** *f (Hin)Zuwahl, Ernennung des Nachfolgers, Kooptierung* f

coordena|da *f* ⟨Math⟩ *Koordinate* f || sistema de ~s *Koordinatensystem* n || ~s polares ⟨Math⟩ *Polarkoordinaten* fpl || **–do** *adj beigeordnet*

coordina|ción *f Neben-, Bei-, Anordnung* f || ⟨Gr⟩ *Beiordnung* f || *Koordinierung, Koordination* f || ~ económica *Wirtschaftskoordinierung* f || número de ~ ⟨Chem⟩ *Koordinationszahl* f || **–da** *f* = **coordenada** || **–do** *adj bei-, zugeordnet* || *koordiniert* || *methodisch* || oración ~a ⟨Gr⟩ *beigeordneter Satz* m

coordi|nar *vt bei-, zusammen|ordnen* || *aufeinander abstimmen* || *einheitlich gestalten* || ⟨Gr⟩ *beiordnen* || *koordinieren* || **–nativo** *adj beiordnend*

copa *f (Trink)Becher (mit Fuß), Pokal, Kelch* m || *Stielglas* n || *ein Becher-, ein Glas|voll* || *(Trink)Schale* f || *Hutstulp, Kopf* m *(des Hutes)* || ⟨Sp⟩ *(Ehren)Pokal* m || ⟨Sp⟩ *Pokalkonkurrenz* f || *Flüssigkeitsmaß* n = ¹/₄ Cuartillo = *126 Milliliter* || *(Baum)Krone* f || ⟨Bot⟩ *Trugdolde* f || ⟨Kart⟩ *Herzkarte* f || ~ para agua *Wasserglas* n || ~ para champaña *Sektbecher* m || ~ graduada *Meßglas* n || ~ de vino *(Wein)Becher* m || *Glas* n *Wein* || ~ para *(od* de) té *Teebecher* m || una ~ de agua *ein Glas* n *Wasser* || ◊ apurar la ~ de la amargura (hasta las heces) fig *den (bitteren) Kelch des Leides (bis auf die Neige) leeren* || ≲ ⟨Astr⟩ *Kelch* m || ~s *pl* ⟨Kart⟩ *Herz* n, *Herzfarbe* f || as de ~ ⟨Kart⟩ *Herzas* n || ◊ echar por ~ Mex Col fam *übertreiben, aufschneiden* || echar unas ~ *ein paar Glas trinken* || irse de ~ fig *Winde lassen*

¹**copada** *f* ⟨Arch⟩ *Anlauf* m
²**copada** *f* = **cogujada**
copado adj = **copudo**
copador *m Rundhammer* m
copaiba *f Kopaivabaum* m (Copaifera spp) || bálsamo de ~ *Kopaivabalsam* m
copajira *f* Bol = **copabaira**
copal *m Kopal* m *(Harz)*
copante *m* Hond *Brettersteg* m *(über e–n Fluß)*
copaquira *f* Chi Pe → **caparrosa** azul
copar vt/i ⟨Mil⟩ (& fig) *umzingeln, den Rückzug abschneiden* || ⟨Mil⟩ *einkesseln* || *(die gleiche Summe wie die Bank) auf e–e Karte setzen* || fig *(bei e–r Wahl) alle Plätze erreichen, alle Stimmen auf sich vereinigen* || fig *für sich allein in Anspruch nehmen* || fig *horten* || Pe *sich entgegenstellen* (dat) || Chi *energisch abschließen (e–n Streit)*

copar|te *f* ⟨Jur⟩ *Streitgenosse* m || **–ticipación** *f Mitteilnahme, Mitbeteiligung* f || **–tícipe** *m Mitteilnehmer* m *(Strafrecht)* || *Mitteilhaber, Gemeinschafter* m

copayero *m* SAm = **copaiba**
copé *m* Am = **copey**
copear vi *Getränke glasweise verkaufen* || fam *trinken, zechen*, fam *e–n heben*
copeca *f*, **copec** *m Kopeke* f *(sowjetische Münze)*
cope|la *f* ⟨Metal⟩ *Kapelle* f || *Treibscherben* mpl || **–lar** vt ⟨Metal⟩ *kupellieren, (ab)treiben*
Copenhague *Kopenhagen (Stadt)*
copeo *m v.* **copear** || *Ausschank* m || baile del ~ *(aus der Jota entstandener) Tanz* m *Mallorcas*
copépodos *mpl* ⟨Zool⟩ *Ruderfüßer, Kopepoden* mpl (Copepoda)
copeque *m* = **copeca**
copera *f Gläserschrank* m || *Gläsergestell* n
Copérnico *np Kopernikus* || sistema de ~ *(od* copernicano) ⟨Astr⟩ *kopernikanisches (Welt-)System* n
cope|ro *m Schrank* m *für Likörgläschen* || *~ **mayor** *königlicher Mundschenk* m || **–ta** *f* dim *v.* **copa** || Ar ⟨Kart⟩ *Herzas* n || **–te** *m* dim *v.* **copa** || *Stirn|mähne, -schopf* m *(der Pferde)* || *Haube* f, *Schopf* m, *Kopffedern* fpl *(der Vögel)* || *Oberblatt* n *(am Schuh)* || *Überguß, Schaum* m || *Berggipfel* m || ⟨Arch⟩ *Krüppelwalm* m || fig *Hochmut, Stolz* m || persona de alto ~ *vornehme Persönlichkeit* f || ◊ tener ~ fam *die Nase hoch tragen* || **–tín** *m* Mex *Likörschluck* m || *Aperitif* m || Arg *Cocktail* m || **–tón** *adj/s* Col *beschwipst* || ~ *m* Col *Morgenfink* m *(Brachyspiza capensis)* || **–tuda** *f (Hauben)Lerche* f || **–tudo** *adj* ⟨V⟩ *gehaubt* || fig *hochmütig, adelstolz* || fig *angesehen (Persönlichkeit)*

copey *m* ⟨Bot⟩ *ein am. Hartheugewächs* n (Clusia rosea)

copia *f Menge, Fülle* f, *Überfluß* m || *Abschrift, Kopie* f, *Durchschlag* m || *Ausfertigung* f || *Zweitschrift* f || *Reinschrift* f || *Bildniskopie* f || ⟨Phot⟩ *Abzug* m || ⟨Typ⟩ *Exemplar* n || *(Sonder)Abdruck* m || fig *Nachbildung, (sklavische) Nachahmung* f || ⟨Filmw⟩ *Verleihkopie* f || ~ al carbón *Durchschlag, Kohlepapierabdruck* m || ~ auténtica, ~ autenticada, ~ autorizada, ~ legalizada *beglaubigte Abschrift* f || ~ de certificado *Zeugnisabschrift* f || ~ a mano *handschriftliche Wiedergabe* f || ~ a máquina *Durchschlag* m *(mit der Schreibmaschine)* || ~ calcada *Pause* f || ~ de la sentencia *Urteilsausfertigung* f || ~ de trabajo ⟨Filmw⟩ *Arbeitskopie* f || *Rohfassung* f *(e–s Films)* || ~ duplicada *zweifache Ausfertigung* f || ~ en molde, ~ por moldeo *Nachguß* m || ~ fehaciente *Ausfertigung* f || *beglaubigte Abschrift* f || ~ fiel wortgetreue *Abschrift* f || ~ final ⟨Filmw⟩ *Musterkopie* f || ~ fotostática *Fotokopie* f || ~ lavendel ⟨Filmw⟩ *Lavendelkopie* f || ~ original *Erstausfertigung* f || ~ por contacto ⟨Phot⟩ *Kontaktkopie* f || ~ posterior *weitere Ausfertigung* f *(dritte, vierte usw.)* || ~ primera *erste Ausfertigung* f || ~ textual, ~ literal, ~ exacta *wörtliche, genaue Abschrift* f || derecho de ~ *Vervielfältigungsrecht* n *(Urheberrecht)* || ◊ sacar una ~ ⟨Phot⟩ *e–n Abzug machen* || ⟨Mal⟩ *ein Bild kopieren* || es su ~ fig *es ist sein Ebenbild* || hacer ~s *kopieren*

copiador *m/adj Abschreiber* m || (libro) ~ de cartas ⟨Com⟩ *Kopierbuch* n || *Post- und Telegramm|kopierbuch* n || ~a *f Kopiermaschine* f
copiar vt/i *abschreiben, kopieren, e–e Abschrift anfertigen* || *ins reine schreiben* || *nachschreiben, vervielfältigen* || *abtippen* || *nachformen, kopieren (auf e–r Werkzeugmaschine)* || ⟨Mus⟩ *(Noten) abschreiben* || *ab-, nach|zeichnen* || fig *(sklavisch) nachahmen* || *papel* (prensa, tinta) de ~ *Kopier|-papier* n *(-presse, -tinte* f*)* || ◊ ~ a la mano *mit der Hand abzeichnen* || ~ del natural ⟨Mal⟩ *nach der Natur zeichnen* || ~ por moldeo *nachgießen*

copihue *m* Chi *e–e Schlingpflanze* f (Lapageria rosea)

copiloto *m Kopilot, zweiter Flugzeugführer* m

copín m Ast Getreidemaß n = $^1/_2$ Celemín
copina f Mex abgezogene (Tier)Haut f
copinol m Guat = **curbaril**
copión m desp ⟨Mal⟩ schlechte Kopie f (auch e-r Skulptur) ‖ ⟨Filmw⟩ Schnellkopie f
copio|pía, -psia f ⟨Med⟩ Sehschwäche, Kopiopie f
copio|sidad f Reichhaltigkeit, Fülle f, Überfluß m, Menge f ‖ **-so** adj reichhaltig ‖ zahlreich ‖ ⟨Med⟩ kopiös ‖ adv: **~amente**
copista m/f Abschreiber(in) m(f), Kopist m ‖ ~ de música Notenschreiber m
copita f dim v. **copa** ‖ Likörbecher m
copla f Reimsatz m, Strophe f ‖ (Tanz)Lied, Liedchen, Lied n im Volkston (bes in Andalusien) ‖ Paar, Pärchen n ‖ ~ de ciego figf Gassenhauer m, Bänkelsängerlied n ‖ **-s** pl Verse mpl ‖ ~ de Calaínos figf unnützer Plunder m ‖ ni en ~ fam nicht im Traum ‖ ◊ hacer ~ fam Verse machen, dichten ‖ andar en ~ figf in aller Leute Mund sein
coplano adj ⟨Phys⟩ komplanar
cople|ar vi Lieder (im Volkston) verfassen, hersagen ‖ **-ría** f (viele) Lieder npl, -gruppe f ‖ **-ro** m Reimschmied m ‖ Bänkelsänger m ‖ fig Dichterling m
coplista m desp Dichterling m
coplón m augm v. **copla** (bes desp)
¹**copo** m Flocke f (Wolle) ‖ Schneeflocke f ‖ Spinnrocken m (voll Flachs) ‖ Büschel n (Haare) ‖ Col Baumkrone f ‖ ~ de nieve Schneeflocke f ‖ **~s** pl kleine Klümpchen npl (in einer trüben Flüssigkeit) ‖ ~ de avena Haferflocken fpl ‖ sopa de ~ de avena Haferschleimsuppe f ‖ ◊ nieva a grandes ~ es fallen große Flocken
²**copo** m s v. **copar** ‖ Fischfang m mit dem Sacknetz
copolímero m ⟨Chem⟩ Ko-, Misch|polymer m
copón m augm v. **copa** ‖ Hostienkelch m
copose|dor m Mitbesitzer m ‖ **-sión** f Mitbesitz m ‖ **-sor** m Mitbesitzer m
coposo adj = **copudo**
copra f, **copre** m Kopra f
coprocesado m Mitangeklagter m
coproducción f ⟨Filmw⟩ Koproduktion, Gemeinschaftsherstellung f
co|profagia f ⟨Zool Med⟩ Kotessen n, Koprophagie f ‖ **-prófago** adj/s ⟨Zool Med⟩ kotessend, koprophag ‖ ~ m ⟨Med⟩ Kotesser, Koprophage m ‖ **-profilia** f ⟨Med⟩ Koprophilie f ‖ **-prolalia** f ⟨Med⟩ Koprolalie f ‖ **-prolito** m Koprolith, versteinerter Kot m (urweltlicher Tiere)
copropietario m Mit-, Teileigentümer m ‖ Teil-, Mitin|haber m ‖ Eigentümer m e-r Eigentumswohnung
co|prorrea f Durchfall m ‖ **-prostasia** f ⟨Med⟩ Kotstauung, Koprostase f
cóptico, copto adj koptisch
copto m Kopte m, ägyptischer Christ m ‖ koptische Sprache f ‖ gran ~ Großkophta m
copucha f Chi (Fisch)Blase f ‖ ◊ hacer **~s** Chi die Wangen aufblasen
copudo adj mit breiter, dichter Krone, dichtbelaubt (Baum)
¹**cópula** f Band n, Verknüpfung f ‖ Begattung f ‖ ⟨Gr⟩ Kopula f ‖ ~ carnal Begattung f ‖ ~ fornicaria ehebrecherische Beiwohnung f ‖ Blutschande f ‖ ◊ consumar la ~ den Beischlaf vollziehen
²**cópula** f Kuppel f, -dach n
copula|ción f Verbindung, Vereinigung f ‖ **-rse** vr die Begattung vollziehen, beischlafen ‖ **-tivamente** adv gemeinschaftlich ‖ **-tivo** adj Verbindungs- ‖ ⟨Gr⟩ kopulativ, beiordnend
coque m Koks m ‖ →a **cok(e)** ‖ **~facción** f Verkokung f ‖ Verkoken n
coqueluche f ⟨Med⟩ gall Keuchhusten m
¹**coquera** f Kreiselkopf m

²**coquera** f Koks|kasten, -behälter m
³**coquera** f kleine Vertiefung f (in Steinen)
⁴**coquera** f Bol Kokastrauchfeld n ‖ Kokabehälter n
coquería f Kokerei f
¹**coqueta** f/adj Kokette f
²**coqueta** f ⟨Sch⟩ Rutenstreich m (auf die flache Hand) ‖ Ar (Art) Gebäck n
coque|tear vi kokettieren, liebäugeln, liebeln (& fig) ‖ **-teo** m, **-tería** f Koketterie, Putz-, Gefall|sucht f ‖ Ziererei f ‖ **-tismo** m Gefallsucht, Koketterie f ‖ **-tón, ona; -to** adj/s fam lokkend, angenehm, reizend, elegant ‖ gefallsüchtig ‖ adv: **~amente**
coquí [pl **-íes**] m kubanische Kokifliege (Sumpfinsekt) ‖ Cu PR Antillenfrosch m (Hylodes martinicensis)
coquilla f ⟨Metal⟩ Kokille f
¹**coquillo** m dim v. **coco** ‖ kleine Kokosnuß f
²**coquillo** m Rebenstecher m (Insekt)
³**coquillo** m Cu (Art) weißes Baumwollzeug n
coquimbo m Bol Hond ⟨Pol⟩ Liberaler m ‖ Ur Mulatte m
coqui|na f Tell-, Sumpf|muschel f (Donax spp) ‖ **-nero** m And (Tell) Muschel|fischer, -händler m
coquino m Bol ein Bauholzbaum
coquis m Col Küchenjunge m
coquiseco m PR Kokosnuß f ohne Milch ‖ PR figf unbeholfener Junge m
¹**coquito** m Gebärde f, die man einem Kinde vormacht, damit es lache
²**coquito** m ⟨V⟩ am. Sperlingstäubchen n (Columbigallina passerina) ‖ Inkatäubchen n (Scardafella inca)
³**coquito** m Mex mürbe Kokosnuß f
coqui|zación f Verkokung f ‖ **-zar** vt verkoken
Cor. Abk ⟨EB⟩ = **Correo**
¹**cora** m Mex Korasprache f
²**cora** f Marr Gebiet n, Bezirk m
³**cora** f Pe Unkraut n
⁴△**cora** f = **corazón**
coracero m Kürassier, Panzerreiter m ‖ figf (starke, schlechte) Zigarre, fam Giftnudel f
corácidos mpl ⟨V⟩ Raben fpl (Coraciidae)
coracoides m/adj ⟨An⟩ Schulterblattmuskel m (des Zungenbeins) ‖ (apófisis) ~ An Rabenschnabelfortsatz m
coracha f Am Ledersack, Beutel m
corada f Geschlinge n (von Schlachttieren)
coraico adj trochäisch (Versmaß)
cora|je m Mut m, Herzhaftigkeit f ‖ Zorn m, Wut f ‖ ◊ le da ~ er ist wütend darüber ‖ lleno de ~ zornentbrannt ‖ **-jina** f fam Wutanfall, fam Koller m ‖ ◊ le dio una ~ fam er hatte eine Anwandlung von Zorn ‖ **-judo** adj jähzornig ‖ Am verwegen
¹**coral** m Koralle(n) f(pl), Korallentier n ‖ ⟨Mar⟩ Heckknie n ‖ ~ rojo Edelkoralle, rote Koralle f ‖ Islas de ∽ (od de los -es) Koralleninseln fpl ‖ el Mar de ∽ die Korallensee f ‖ labios de ~ ⟨poet⟩ Korallenmund m ‖ **~es** pl Korallenschnur f ‖ ~ f Ven Korallenschlange f
²**coral** adj: composición ~ ⟨Mus⟩ Chorwerk n ‖ entidad (od sociedad, masa) ~ Chor(verein), Gesangverein m
³**coral** m Choral m, Kirchenlied n ‖ libro de **~es** Choralbuch n
coralarios mpl ⟨Zool⟩ Korallen)tiere npl) fpl
cora|lero m Korallen|fischer, -händler m ‖ **-fero** adj: isla **~a** Koralleninsel f ‖ **-liforme** adj korallenförmig
corali|llo m Am Korallen|schlange, -otter f (Micrurus corallinus) ‖ Cu Korallenstrauch m ‖ ∽ f pop Kosename m (für Frauen) ‖ **-na** f Korallentier n, Koralle f ‖ Korallen-, Kalk|alge f (Corallina sp) ‖ **Korallin** n (roter Farbstoff) ‖ **-no** adj korallenartig ‖ korallenfarben ‖ ~ m Korallenkrabbe f ‖ **-to** m Chi Korallennatter f ‖ Cu Korallenstrauch m ‖ ∽ f = **-llo**

corambre *f Tierfelle* npl ‖ *Leder* n ‖ *Weinschlauch* m
córam pópulo lat *öffentlich, vor aller Welt*
corán *m* = **alcorán**
coranvobis *m* fam *gemachter Anstand* m, *falsche Würde* f
coraza *f Panzer* m, *Panzerung* f ‖ *Brustharnisch, Küraß* m ‖ ⟨Mar⟩ *Schiffspanzerung* f ‖ *Panzer* m *(einer Schildkröte)* ‖ ~ de chapa *Blechpanzer* m ‖ ~ en faja ⟨Mar⟩ *Gürtelpanzer* m
coraznada *f Herz* n, *Kern* m *(einer Fichte)* ‖ *Gericht* n *von Kalbs- oder Hammelherz*
corazón *m Herz* n ‖ *Herz|form, -gestalt* f ‖ fig *Herzhaftigkeit* f, *Mut* m ‖ fig *Gemüt* n, *Sinnesart* f ‖ *Gefühl* n ‖ *Gewissen* n ‖ fig *Zuneigung, Liebe* f ‖ fig *Innerste(s)* n, *Kern* m ‖ ⟨EB⟩ *Herzstück* n ‖ ~ aórtico ⟨Med⟩ *Aortenherz* n ‖ ~ branquial ⟨Zool⟩ *Kiemenherz* n ‖ ~ con platabanda ⟨Tech⟩ *Herzstück* n *mit Spurkranzlauf* ‖ ~ de acero colado *Stahlgußherzstück* n ‖ ~ de aguja ⟨EB⟩ *Weichenherz* n ‖ ~ de carriles ensamblados ⟨EB⟩ *Schienenherzstück, zusammengesetztes Herzstück* n *(e-r Weiche)* ‖ ~ de deportista ⟨Med⟩ *Sportlerherz* n ‖ ~ de inversión ⟨Tech⟩ *Wendeherz* n ‖ ~ de oro fig *treue Seele* f, *Prachtkerl* m ‖ ~ doble ⟨EB⟩ *Doppelherzstück* n ‖ ~ en forma de gota ⟨Med⟩ *Tropfenherz* n ‖ ~ graso, ~ adiposo ⟨Med⟩ *Fettherz* n, *Herzverfettung* f ‖ ~ integral ⟨EB⟩ *Herzstück* n *in Verbundausführung* ‖ ~ respiratorio ⟨Zool⟩ *Atmungsherz* n ‖ ~ sistemático ⟨Zool⟩ *systematisches Herz* n ‖ ~ de Jesús *Herz* n *Jesu* ‖ ⟨Bot⟩ *Osterluzei* f (Aristolochia clematitis) ‖ fiesta del Sagrado ~ *Herzjesufest* n ‖ Ricardo ~ de León ⟨Hist⟩ *Richard Löwenherz* ‖ con el ~ en la mano fig *offenherzig, ganz aufrichtig* ‖ de ~ *von Herzen, herzlich* ‖ *aufrichtig* ‖ muy de ~ *von ganzem Herzen* ‖ de todo ~ *von ganzem Herzen* ‖ de buen ~ *mit aufrichtigem Herzen* ‖ de todo mi ~ *herzlich gern* ‖ blando de ~ fig *weichherzig, empfindlich* ‖ dedo del ~ *Mittelfinger* m ‖ duro de ~ fig *hartherzig* ‖ hombre de (gran) corazón *hochherziger Mann, Mann von Herz* ‖ en el ~ de *mitten in* ‖ *in der Mitte, im Herzen* (gen) ‖ en (forma de) ~ *herzförmig, in Herzform* ‖ palpitaciones de ~ *Herzklopfen* n ‖ ¡mi ~! ¡~ mío! *mein Herz! mein Schatz! (Kosewort)* ‖ sin ~ *herzlos* ‖ ◊ abrir el ~ a uno *(fig Mut einflößen)* ‖ abrir *(od* declarar) su ~ a uno fig *jdm sein Herz ausschütten* ‖ eso me arranca el ~ fig *das zerreißt mir das Herz* ‖ caérsele a uno las alas del ~ fig *den Mut verlieren, verzagen* ‖ cobrar ~ fig *Mut schöpfen* ‖ me lo dice el ~ *ich ahne es* ‖ le dio un vuelco el ~ figf *das Herz hüpfte ihm vor Freude* ‖ dilatar *(od* ensanchar) el ~ *fig Mut schöpfen* ‖ me lo decía *(od* daba) el ~ *ahnte mir, mein Herz sagte es mir* ‖ habla con el ~ en la lengua fig *das Herz sitzt ihm auf der Zunge* ‖ estrechar a alg. contra su ~ *jdn an sein Herz drücken* ‖ hacer de tripas ~ figf *aus der Not eine Tugend machen, sich nicht unterkriegen lassen* ‖ llevar *(od* tener) el ~ en la(s) mano(s), ~ en los labios, ~ en los ojos figf *das Herz auf der Zunge haben* ‖ meterse en el ~ de alg. figf *sich bei jdm einschmeicheln* ‖ pesar en el ~ *das Herz schwermachen* ‖ tener el ~ de bronce fig *hartherzig sein* ‖ *Mut haben* ‖ no tener ~ fig *herzlos sein* ‖ *gewissenlos sein* ‖ no tiene ~ *para decirlo er wagt es nicht zu sagen* ‖ tener mucho ~ fig *edelmütig sein* ‖ fig *Mut haben* ‖ tener el ~ bien puesto fig *das Herz auf dem rechten Fleck haben* ‖ tener un ~ de tigre *fig grausam sein* ‖ tener un ~ de piedra *(od* de hierro) fig *hartherzig sein* ‖ eso me atraviesa el ~ fig *das gibt mir e-n Stich ins Herz (Schmerz)* ‖ eso (me) parte *(od* quiebra) el ~ *das ist herzzerreißend* ‖ eso lo dice con el ~ en la mano *das sagt er ganz ehrlich* ‖ eso te lo pongo en el ~ fig *das lege ich

dir ans Herz* ‖ eso le sale del ~ fig *das kommt ihm von Herzen* ‖ ¡la mano al ~! *(die) Hand aufs Herz!* ‖ buen ~ *quebranta mala ventura ein starkes Herz erträgt alles* ‖ lo que en el ~ fragua, por la boca se desagua (cuando el ~ rebosa, la boca habla) *wes das Herz voll ist, des geht der Mund über* (→ a **abundancia**) ‖ ojos que no ven, ~ que no siente *aus den Augen, aus dem Sinn*
cora|zonada *f Eingebung* f *des Herzens, Vorgefühl* n, *Ahnung* f ‖ *schneller, mutiger Entschluß* m ‖ fam *Geschlinge* n *(Schlachtvieh)* ‖ **–zoncillo** *m* dim *v.* **-zón** ‖ ⟨Bot⟩ *Johanniskraut, Grundheil* n (Hypericum spp)
*****corbacho** *m Karbatsche* f ‖ *Ochsenziemer* m *(zur Züchtigung)*
△**corbar** vt *verwunden*
corbas fpl *Schwungfedern* fpl *(der Vögel)*
corba|ta *f Halsbinde, Krawatte* f, fam *Schlips, Binder* m ‖ *Flaggen|troddel, -quaste* f ‖ *Komturbinde* f *(eines Ordens)* ‖ *Krawatte* f *(Billardstoß)* ‖ Arg *Halstuch n der Gauchos* ‖ ~ (de bandera) *Ehrenzeichen n an Fahnen, Fahnenschleife* f ‖ ~ de hielo ⟨Med⟩ *Eiskrawatte* f ‖ ~ de maquinaria *fertige Krawatte* f *(mit Einlage)* ‖ **–tería** *f Krawatten|laden* m, *-fabrik* f ‖ **–tín** *m Schellenhalsband* n ‖ *Spitzenkragen* m *(für Frauen)* ‖ ◊ irse *(od* salirse) por el ~ figf *sehr mager und langhalsig sein* ‖ **–tinero** adj: *industria* ~a *Krawattenindustrie* f
corbatón *m* ⟨Mar⟩ *Krummholz* n
corbeta *f* ⟨Mar⟩ *Korvette* f
corbícula *f* ⟨Entom⟩ *Körbchenmuschel* f *(der Biene)*
corbillo *m* Ar *Kiepe* f *aus Korbweide*
corbona *f Korb* m ‖ ◊ meter en ~ figf *in den Beutel stecken*
cor|ca *f* Ar *Murc* = **carcoma** ‖ **–carse** vr Ar Murc = **carcomerse**
Córcega *f Korsika (Insel)*
corcel *m (Streit)Roß* n ‖ ⟨poet⟩ *Renner* m, *Roß* n
corcino *m Rehkalb* n
corcito *m* dim *v.* **corzo**
corcobiar [pres -io] vt Am pop = **corcovear**
corconcho adj/s Mex *höckerig, buck(e)lig* ‖ *gekrümmt*
corconera *f Mohren-, Trauer|ente* f (Melanitta nigra)
corco|va *f Höcker, Buckel* m ‖ **–vado** adj/s *höckerig, buck(e)lig* ‖ **–var** vt *krümmen* ‖ **–vear** vi *Bocksprünge machen* ‖ *bocken (Pferde)* ‖ Chi fam *sich sträuben (gegen)* ‖ **–veta** *f* dim *v.* **–va** ‖ **–veta** m/f fig *(kleine) buck(e)lige Person* f ‖ **–vo** *m (Bock)Sprung* m ‖ figf *Krümmung, Unebenheit* f ‖ ~ adj Am = **–vado**
corcuncho adj/s CR *buck(e)lig*
corcu|sido *m* fam *Flickwerk* n ‖ **–sir** vt fam *flicken, zusammenpfuschen*
corcha *f roher Kork* m ‖ *Kühlgefäß* n *aus Kork* ‖ *Bienenkorb* m ‖ ⟨Mar⟩ *Schlag* m *(e-s Taus)*
corchar vt ⟨Mar⟩ *(ein Tau) schlagen* ‖ Col figf *in den Schatten stellen*
corche *m Korksandale* f
corchea *f* ⟨Mus⟩ *Achtelnote* f
corche|ra *f Kühleimer* m *(aus Korkholz)* ‖ **-ro** adj *Kork-* ‖ *industria* ~a *Korkindustrie* f
corcheta *f Ohr* n, *Hakenschlinge, Öse* f ‖ *Spange* f
corchete *m Spange, Schnalle* f ‖ *Haken* m *mit Öse* ‖ *Häkchen* n, *Haft* m ‖ ⟨Zim⟩ *Klammer* f ‖ *geschweifte od eckige Klammer* f ({, [) *od* ({}, []) ‖ fig *Gerichtsdiener, Häscher* m ‖ ~ de carpintero *Schraubenzwinge* f ‖ **–s** pl Am *Haken und Ösen* ‖ ~ de presión Am *Druckknöpfe* mpl
¹**corcho** *m Kork* m, *Korkrinde* f ‖ *Pfropfen, Korken, Korkstöpsel* m ‖ *Kühleimer* m *(aus Korkholz)* ‖ *Korksandale* f ‖ *Korkunterlage* f *e-r Schreibmaschine* ‖ *Korkuntersatz* m *(Tischge-

corcho — corecillo 324

rät) ‖ *Bienenstock m* ‖ ~ aglomerado *Preßkork m* ‖ ~ artificial, ~ sintético *Kunstkork m* ‖ ~ bornizo, ~ virgen *Kork m erster Schälung* ‖ ~ comprimido en planchas *gepreßte Korkplatten fpl* ‖ ~ de herida ⟨Bot⟩ *Wundkork m* ‖ ~ endurecido *Korkstein m* ‖ ~ fósil ⟨Min⟩ *Bergkork m* ‖ ~ en panes *Korkholz n* ‖ ~ en planchas *Kork m in Platten* ‖ ~ segundero *Kork m zweiter Schälung* ‖ aglomerado de ~ *Korkmasse f* ‖ cabeza de ~ figf *leerer Kopf m* ‖ *Strohkopf m* ‖ objetos de ~ *Korkmasse f* ‖ cabeza de ~ figf *leerer Kopf m* ‖ *Strohkopf m* ‖ objetos de ~ *Korkwaren fpl* ‖ película de ~ ⟨Bot⟩ *Korkhäutchen n* ‖ plantilla de ~ *Korkeinlage f (Schuheinlage)* ‖ serrín de ~ *Kork m in Pulverform* ‖ tapón de ~ *Korken, Korkstöpsel m* ‖ verruga de ~ ⟨Bot⟩ *Korkwarze f* ‖ ◊ flotar como el ~ en agua figf *sich in jeder Lage zu helfen wissen* ‖ hacer el ~ Chi figf *plötzlich hervorschnellen (wie ein Flaschenkork)* ‖ ¡~! fam = **¡caramba!** ‖ ¡quieto el ~! fam *nichts berühren!* ‖ ~**s** *pl:* ◊ nadar sin ~ figf *sich selbst zu helfen wissen*
²**corcho** *adj* Chi = **acorchado**
¡córcholis! fam = **¡caramba!**
corcho|so *adj korkartig* ‖ –**taponero** *adj:* industria ~a *Korkstopfenindustrie f*
corda *f:* ◊ estar a la ~ ⟨Mar⟩ *beiliegen*
corda|da *f Seil-, Takel-, Strick|werk n* ‖ ⟨Bgb⟩ *Seilfahrt f* ‖ *Seilschaft f (beim Felsklettern)* ‖ –**dos** *mpl* ⟨Zool⟩ *Chordatiere npl*, *Chordaten pl* (Chordata) ‖ –**je** *m* ⟨Mar⟩ *Takelwerk n, Takelage f* ‖ *Seilwerk n*
¹**cordal** *adj:* (muela) ~ *Weisheitszahn m*
²**cordal** *m/adj* ⟨Mus⟩ *Saitenhalter m* ‖ *Mittelfinger m* ‖ *Ast kleine Bergkette f*
cordato *adj klug, verständig*
cordel *m Strick, Bindfaden m, Kordel f* ‖ *(Peitschen)Schnur f* ‖ *Längenmaß n von 5 Schritten* ‖ ⟨Buchb⟩ *Bindedraht m* ‖ ⟨Mar⟩ *Reep n* ‖ Span *Viehtriebsweg m* ‖ Cu *Landmaß (20,35 m) bzw Flächenmaß n (414 qm)* ‖ ~ guía ⟨Arch⟩ *Mauerschnur f* ‖ ~ para tender ropa *Wäscheleine f* ‖ libro de ~ *Volksbuch n* ‖ mozo de ~ *Eckensteher, Dienstmann m* ‖ ◊ dar ~ *Ar unaufhörlich in jdn dringen* ‖ echar el ~ *nach der Schnur ziehen* ‖ echarse el ~ al pescuezo figf *die Flinte ins Korn werfen* ‖ tirado *(od marcado)* a ~ *schnurgerade (z. B. Straße)* ‖ a hurta ~ figf *unversehens* ‖ figf *rücklings, verräterisch* ‖ apretar los ~es a alg. fam *jdm hart zusetzen*
corde|lar *vt abstecken* ‖ –**lazo** *m Hieb, Schlag m mit e–m Strick* ‖ –**lejo** *m dim v.* **cordel** ‖ dar ~ a alg. figf *jdn foppen* ‖ –**lería** *f Seilerei f* ‖ *Seilerwaren fpl* ‖ *Seiler|bahn, -werkstatt f* ‖ ⟨Mar⟩ *Tau-, Takelwerk n* ‖ –**lero** *m Seiler, Reepschläger m* ‖ –**lillo** *m dim v.* **cordel** ‖ –**ría** *f Seil-, Tauwerk n*
corde|ra *f Schäfchen n* ‖ fig *nachgiebiges, folgsames Weib n* ‖ –**raje** *m* Chi pop *Schafherde f* ‖ –**rilla** *f* dim *v.* –**ra** *Schaflamm f* ‖ –**rillo** *m* dim *v.* –**ro**: *Lamm n* ‖ *gegerbtes Lammfell n mit der Wolle* ‖ –**rina** *f Lammfell n* ‖ –**rino** *adj Lamm-* ‖ –**ruto** *m* dim *v.* –**ro** Am *Pferdespiel n (Kinderspiel)* ‖ –**ro** *m Lamm n* ‖ *Lammfell n* ‖ *Lammfleisch n* ‖ fig *nachgiebiger Mensch m* ‖ ~ asado *Lammbraten m* ‖ ± de Dios, Divino ± *Lamm n Gottes (Jesus)* ‖ ~ de engorde *Mastlamm n* ‖ ~ de leche, ~ lechal *Sauglamm n* ‖ ~ pascual *Osterlamm n* ‖ ~ recental *Lamm n, das noch nicht auf die Weide gegangen ist* ‖ ◊ ahí está la madre del ~ fam *da liegt der Hase im Pfeffer, das ist des Pudels Kern* ‖ tan presto se va el ~ como el carnero *vor dem Tode gibt es keinen Unterschied* ‖ –**ruelo** *m* dim *v.* –**ro** ‖ –**runa** *f Lammfell n* ‖ –**runo** *adj Lamm-*
cordezuela *f* dim *v.* **cuerda**
cor|diaco *adj* = **cardíaco** ‖ –**dial** *adj das Herz betreffend* ‖ *herzlich, innig, kordial* ‖ dedo ~ *Mittelfinger m* ‖ ~es saludos *herzliche Grüße f* ‖ ~ *m herzstärkendes Getränk n* ‖ *(Art) Backwerk n* ‖ adv: –**mente** ‖ –**dialidad** *f Herzlichkeit, Innigkeit f* ‖ con ~ *herzlich, aufrichtig* ‖ –**dierita** *f* ⟨Min⟩ *Kordierit m* ‖ –**diforme** *adj herzförmig*
cordilla *f Katzenkost f* ‖ ◊ ¡ahí tenéis la ~! pop *hin ist hin! da ist (schon) Hopfen und Malz verloren!*
cordille|ra *f Gebirgskette f* ‖ *(Ketten)Gebirge n* ‖ las ±ras Am *die Anden* ‖ –**rano** *m/adj Bergbewohner m*
cordita *f Kordit n (rauchschwaches Schießpulver)*
corditis *f* ⟨Med⟩ *Chorditis, Stimmbänderentzündung f* ‖ *Funikulitis, Samenstrangentzündung f*
Córdoba *Córdoba, Kordova (span. Provinz und Stadt)* ‖ *arg. Provinz und Stadt* ‖ cuero de ~ *Korduan(leder) n* ‖ ± *m Münzeinheit f in Nikaragua*
cordo|bán *m Korduan(leder) n* ‖ –**bano**: a la ~a *splitternackt* ‖ –**bés, esa** *adj/s aus (von) Córdoba, korduanisch* ‖ ~ *m Korduaner m (breitkrempiger, steifer Filzhut)*
cordofono *m Chordophon n, Saitentöner m*
cordoma *m* ⟨Med⟩ *Chordom n (Geschwulst an der Schädelbasis)*
cordómetro *m* ⟨Mus⟩ *Chordometer n*
cordón *m (gedrehte) Schnur, Litze f* ‖ *Schnür|-riemen m, -band n* ‖ *Schnürsenkel m* ‖ *Strippe f* ‖ *Leibstrick m (gewisser Orden)* ‖ *Hutschnur f* ‖ *Uhrband n* ‖ *Ordensband n* ‖ *Degenquaste f* ‖ ⟨Arch⟩ *Kranz m* ‖ ⟨Mar⟩ *Ducht f* ‖ ⟨Mil⟩ *Achselschnur f* ‖ ⟨Mil⟩ *Fangschnur f, Portepee n* ‖ ⟨Mil⟩ *Kordon m, Truppen-, Sperr|kette f* ‖ ⟨El⟩ *Leitungsschnur f* ‖ *Zuleitung f* ‖ ⟨Tech⟩ *Gurt m* ‖ ~ aduanero *Zollinie f, Zollgürtel m* ‖ ~ cableado ⟨El⟩ *verseilte Schnur f* ‖ ~ cóncavo, ~ convexo *hohle, volle Schweißnaht f* ‖ ~ conductor ⟨Radio⟩ *Leitungsschnur f* ‖ ~ de acoplamiento ⟨El⟩ *Umschalteschnur f* ‖ ~ de algodón *Baumwollschnur f* ‖ ~ de antena *Antennenlitze f* ‖ ~ de clavija ⟨El⟩ *Stöpselschnur f* ‖ ~ de comunicación ⟨Tel⟩ *Stöpselschnur f* ‖ ~ de refuerzo ⟨Arch⟩ *Verstärkungs|rippe f, -gurt m* ‖ ~ de seda *Seidenschnur f* ‖ ~ de soldadura *Schweiß|naht, -raupe f* ‖ ~ de(l) timbre, ~ de la campanilla *Klingelschnur f* ‖ ~ de zapatos *Schnürsenkel m* ‖ ~ espermático, ~ seminal Am *Samenstrang m* ‖ ~ génico ⟨Gen⟩ *Genkette f* ‖ ~ huelguista, ~ de piquetes *Streikpostenkette f* ‖ ~ nervioso An *Nervenbahn f* ‖ ~ sanitario ⟨Pol⟩ *Sperrgürtel, Cordon m sanitaire (frz)* ‖ ~ triangular ⟨El⟩ *Dreikantlitze f* ‖ ~ umbilical An *Nabelschnur f* ‖ zapatos con ~es *Schnürschuhe mpl* ‖ ¡~! fam zum *Teufel!*
cordona|dura *f Posamentierarbeit f* ‖ –**zo** *m Schlag m mit e–r Schnur*
cordoncillo *m* dim *v.* **cordón** ‖ *gekräuselter Münzrand m* ‖ *Teillinie f gewisser Früchte* ‖ ~ de seda *Kordonettseide f*
cordone|ría *f Bortenwirkerhandwerk n* ‖ *Posamentierwaren fpl* ‖ *Posamentierladen m* ‖ –**ro** *m Bortenwirker m*
cordotomía *f* ⟨Chir⟩ *Chordotomie, Durchschneidung f des Vordersaitenstrangs*
cordubense *adj aus (von) Córdoba, korduanisch*
Cordulia *f* Tfn *Kordulie f*
cordura *f Klugheit, Vernunft f* ‖ *Verstand m* ‖ *Besonnenheit f* ‖ con ~ *vernünftig*
corea *f* ⟨Med⟩ *Veitstanz m, Chorea f*
Corea *f:* ~ del Norte, ~ del Sur *Nord-, Süd|korea n*
coreano *adj/s koreanisch* ‖ ~ *m Koreaner m* ‖ ~ del Norte, ~ del Sur *Nord-, Süd|koreaner m*
corear *vt/i* fam *(e–r fremden Meinung) demütig beistimmen* ‖ fam *begeistert zustimmen*
coreci|co, –llo *m* = **corezuelo**

coreiforme adj ⟨Med⟩ *chore|aform, -iform, veitstanzartig*
¹**coreo** *m Trochäus* m *(Versfuß)*
²**coreo** *m* ⟨Mus⟩ *Ineinandergreifen* n *der Chorpartien*
coreo|grafia *f Choreographie* f ‖ **-gráfico** adj *choreographisch* ‖ arte ~ *Tanzkunst* f ‖ **-manía** *f* ⟨Med⟩ *Choreomanie* f, *Tanzkrampf* m
corete *m Lederring* m *(Nageluntersatz)*
corezuelo *m* dim *v.* **cuero** ‖ *gebratene Spanferkelhaut* f
Corfú *Korfu (Insel)*
cori *m* ⟨Bot⟩ = **corazoncillo**
corí *m* Pe *Gold* n
Coria np → **bobo**
coriáceo adj ⟨Bot⟩ *lederartig, ledern* ‖ *Leder-*
coriambo *m Choriambus* m *(Versmaß)*
coriana *f* Col *(Bett) Decke* f
coriandro *m* = **cilantro**
△**coriar** vt *plagen, betrüben*
coribante *m Korybant, Priester* m *der Kybele*
corifeo *m Chorführer* m *(im alten Trauerspiel)* ‖ *Vortänzer* m ‖ fig *Koryphäe* f(m), *Leuchte* f *(der Wissenschaft)* ‖ fig *Anführer* m
corillo *m kleiner Chor* m ‖ ◊ estar en ~ *gruppenweise beisammenstehen*
corimbo *m* ⟨Bot⟩ *(Blüten) Dolde* f
corindón *m* ⟨Min⟩ *Korund* m ‖ ~ esmeril *(férrico) Schmirgel, Smirgel* m
corino adj PR *krummbeinig*
coríntico, corintio adj/s *korintisch*
Corinto *Korinth (Stadt)* ‖ pasa de ~ *Korinthe* f *(kleine Rosinenart)*
corión, corion *m* An *Zottenhaut* f, *Chorion* n, *äußerste Hülle* f *des Embryo*
corista *m/f* ⟨Th⟩ *Chorsänger(in)* ‖ *Chorist(in)* m(f)
corito adj *nackt* ‖ fig *feige* ‖ ~ *m Spitzname* m *der Bewohner von Santander und Asturien*
¹**coriza** *f* Ast *Bauernschuh* m
²**coriza** *f* ⟨Med⟩ *Schnupfen* m, *Koryza, Nasenschleimhautentzündung* f ‖ ~ alérgica *allergischer Schnupfen* m
cor|ladura *f Gold|lack, -firnis* m ‖ **-l(e)ar** vt *mit Goldfirnis überziehen*
corma *f Block* m, *Fußfessel* f ‖ *Schlinge* f ‖ fig *Hemmnis* n
cormiera *m* ⟨Bot⟩ *Felsbirne* f (Amelanchier ovalis)
cormorán *m* ⟨V⟩ *Scharbe* f, *Kormoran* m (Phalacrocorax spp) ‖ ~ grande *Kormoran* m (Ph. carbo) ‖ ~ moñudo *Krähenscharbe* f (Ph. aristotelis) ‖ ~ pigmeo *Zwergscharbe* f (Ph. pygmaeus)
corna *f* ⟨Mar⟩ *Wimpel* m
cornac(a) *m Kornak, Elefantenführer* m
cornáceas *fpl* ⟨Bot⟩ *Hartriegelgewächse* npl (Cornaceae)
corna|da *f* ⟨Taur⟩ *Stoß* m *mit dem Horn, Hornstoß* m ‖ ⟨Chir⟩ *Wunde, Quetschung* f *von e-m Hornstoß* ‖ ~ de ansarón fig *grober Schreibfehler* m ‖ fam *Unredlichkeit* f ‖ ◊ no morirá de ~ de burro figf *er weiß sich seiner Haut zu wehren* ‖ recibir una ~ *vom Stier aufgespießt werden (Stierfechter)* ‖ dar ~s *stoßen (Hornvieh)* ‖ **-dillo** *m:* poner su ~ figf *sein Scherflein beitragen* ‖ **-do** *m Kornado* m *(altspan. Kupfermünze)* ‖ ◊ no vale un ~ figf *es ist keinen Heller wert* ‖ **-dura** *f Gehörn* n
cornal *m Jochriemen* m *der Ochsen*
cornalina *f* ⟨Min⟩ *Karneol* m *(roter oder rötlicher Chalzedon)*
corna|lón, ona adj *großhörnig (Stier)* ‖ **-menta** *f Gehörn* n ‖ *Geweih* n
cornamusa *f Dudelsack* m, *Sackpfeife* f ‖ *Jagdhorn* n ‖ ⟨Mar⟩ *Kreuzholz* n, *Klüse* f
△**cornar** [-ue-] vi *schlafen*
cornatillo *m große, gekrümmte Olivenart* f

córnea *f* An *Hornhaut, Kornea, Cornea* f
corne|ar vt/i *(mit den Hörnern) stoßen* ‖ **-cico, -cillo** *m* dim *v.* **cuerno** ‖ **-itis** *f* ⟨Med⟩ *Hornhautentzündung* f
corneja *f Krähe* ‖ *Zwergohreule* f (Otus scops) ‖ ~ cenicienta *Nebelkrähe* f (Corvus corone cornix) ‖ ~ negra *Rabenkrähe* f (Corvus corone corone)
corne|jal *m Elsbeerenpflanzung* f ‖ **-jo** *m* ⟨Bot⟩ *Hartriegel* m (Cornus spp) ‖ ~ hembra *Roter Hartriegel* m (C. sanguinea) ‖ ~ macho *Kornelkirsche(nbaum* m) f (C. mas)
¹**cornejón** *m Rabenkrähe* f (Corvus corone corone)
²**cornejón** *m Hornsubstanz* f *des Ochsenhorns*
cornelina *f* ⟨Min⟩ = **cornalina**
Cornelio *m* np *Kornelius* m
córneo adj *Horn-*
córner *m* engl ⟨Sp⟩ *Eck|stoß, -ball* m, *Ecke* f
cornerina *f* ⟨Min⟩ = **cornalina**
corneros mpl *zurücktretende Stirnwinkel* mpl *oberhalb der Schläfe,* fam *Geheimratsecken* fpl
¹**corneta** *f Krummhorn* n, *Zinke* f ‖ *(Flügel-)Horn, Kornett* n ‖ ⟨Mil⟩ *Signalhorn* n ‖ *Hörrohr* n ‖ *weiße Haube* f *der Barmherzigen Schwestern (Nonnen)* ‖ ⟨Hist Mil⟩ *Schwadron* f *Reiter* ‖ ⟨Mar⟩ *Splittflagge* f ‖ ~ acústica *Hörrohr* n ‖ ~ de llaves *Klapphorn* n ‖ ~ m *(Flügel) Hornbläser* m ‖ ⟨Mil⟩ *Hornist, Trompeter* m
²**corneta** adj Chi *mit nur einem Horn (Rindvieh)*
corne|te *m* dim *v.* **cuerno** ‖ ~s (nasales) *Nasenmuscheln* fpl ‖ **-tín** *m* dim *v.* **corneta** ‖ *Flügelhorn* n ‖ *Flügelhorn-, Zinken|bläser* m ‖ ~ de llaves, ~ de pistón *Ventil-, Klapp|horn* n ‖ ~ de posta *Posthorn* n ‖ **-to** adj Guat Salv *krummbeinig* ‖ Ven *stutzohrig (Pferde)* ‖ Mex Ven *tiefhörnig (Rindvieh)* ‖ Arg Chi *mit nur e-m Horn (Rindvieh)* ‖ **-zuelo** *m* dim *v.* **cuerno** ‖ *Mutterkorn* n (Claviceps purpurea) ‖ *Hornschwamm* m *(im Korn)* ‖ = **cornicabra**
corni|abierto adj *mit weit auseinanderstehenden Hörnern (Rindvieh)* ‖ **-al** adj *hornförmig* ‖ **-apretado** adj *mit eng zusammenstehenden Hörnern (Rindvieh)* ‖ **-bajo** adj *tiefhörnig (Stier)* ‖ **-cabra** *f e-e langfrüchtige Olivenart* f ‖ *wilde Feige* f ‖ ⟨Bot⟩ *Ziegenhorn* n ‖ **-corto** adj *kurzhörnig (Stier)* ‖ **-culado** adj *gehörnt*
cornículo *m* dim *v.* **cuerno** ‖ Chi *(Art) Schröpfkopf* m
△**cornicha** *f Korb* m
cornidelantero adj *mit nach vorn aufgesetzten Hörnern (Rindvieh)*
corni|fero, -gero adj ⟨poet⟩ *gehörnt*
corni|forme adj *hornförmig* ‖ **-gacho** adj *mit leicht abwärts gekehrten Hörnern (Rindvieh)*
corni|ja *f* ⟨Arch⟩ *Karnies* n, *Kranzleiste* f ‖ **-jal** *m Ecke, Spitze* f *(an e-m Haus, Acker, Kissen usw.)* ‖ ⟨Theol⟩ *Tuch, mit dem sich der Geistliche nach der Waschung in der Messe die Finger trocknet* ‖ **-jón** *m (Straßen) Ecke* f
cornil *m* = **cornal**
corniola *f* = **cornalina**
corni|sa *f* ⟨Arch⟩ *Karnies, Kranzgesims* n ‖ *Obersims* m ‖ ~ de arista ⟨Arch⟩ *springende Schicht* f ‖ ~ de arquitrabe *Architravgesims* n ‖ ~ de frontón *Giebelgesims* n ‖ ~ de goterón *Dachrinne* f ‖ ~ decorativa *Verzierungsschicht* f ‖ ~ de nieve *Schneewehe* f ‖ **-samento** *m* ⟨Arch⟩ *Träger* m ‖ *Simswerk* n ‖ **-són** *m* ‖ **-jón**
corniveleto adj *mit hohen, aufrechten, wenig gewundenen Hörnern (Rindvieh)*
corni|zo *m* = **cornejo** ‖ **-zola** *f Kornelkirsche* f
¹**corno** *m* ⟨Bot⟩ *Kornelkirsche* f
²**corno** *m:* ~ inglés ⟨Mus⟩ *Englischhorn* n
Cornua|lles, -lla ⟨Geogr⟩ *Cornwall*
cornu|copia *f Füllhorn* n ‖ *(Art) Spiegelleuchter* m *(Wandleuchter)* ‖ **-dilla** *f Keulenfisch* m ‖

cornudo — corporativo

-do adj/s gehörnt || (marido) ~ fam *Hahnrei* m
cornúpe|ta adj/s ⟨poet⟩ *in Angriffsstellung (Tier in Wappen)* || **-to** adj/s barb = **-ta** || ~ m *Hornvieh* n || ⟨Taur⟩ *Stier* m
cornuto adj → **argumento**
¹**coro** m *Chor, Musik-, Sänger-, Theater|chor* m *(Engel)Chor* m || *Chor(gesang), Choral* m || *Gesangverein* m || ⟨Mus⟩ *Chorwerk* n || *Chor* m *(Kapitelsitze)* || *(Altar)Chor* m || fig *Begleitung* f || niño de ~ *Chorknabe* m || a ~ *zugleich* || ◊ hacer ~ figf *sich e-r Meinung anschließen* || rezar a ~s *wechselweise beten (mit Responsorien)*
²**coro** m ⟨poet⟩ *Nordwest(wind)* m
³**coro** m: de ~ *auswendig*
coroca f *Chi Grille, Laune* f
coroco|ra Ven *Zikade* f || **-ro** m *(Art) Ibisvogel* m (Ibis melanopsis)
corocha f *Weinwurm* m
coro|grafía f *Länderbeschreibung* f || **-gráfico** adj *chorographisch (Karte)*
coroi|des f ⟨An⟩ *Aderhaut des Augapfels, Choroidea* f || **-ditis** f ⟨Med⟩ *Entzündung der Gefäßhaut, Chorioiditis* f
coro|jito m dim v. **corojo** || Cu figf *untersetzter Mensch* m || **-jo** m Am *Butter-, Öl|palme* f (Elaeis guineensis)
corola f ⟨Bot⟩ *Blumenkrone, Korolla, Korolle* f
corolario m *Korollar(ium)* n *(Folgesatz)* || ~ adj *Folge-*
corolifloras fpl ⟨Bot⟩ *Kronenblumen* fpl
coromanía f ⟨Med⟩ = **coreomanía**
corona f *Krone* f || *(Blumen)Kranz* m || *Siegeskranz* m || *Wirbel, Scheitel* m *(des Hauptes)* || *(Zahn)Krone* f || *Tonsur, Glatze* f *der kath. Priester* || *Haarkranz* m || *Heiligenschein* m || *Strahlenkrone* f || fig *König-, Kaiser|reich, Reich* n, *Staat* m || fig *Königs-, Kaiser|würde* f || *(kleiner) Rosenkranz* m || ⟨Math⟩ *Kreisring* m || ⟨Mil⟩ *Kronenwerk* n || ⟨Arch⟩ *Krone, Kranzleiste* f || ⟨Arch⟩ *Schlußstein* m *des Gewölbes* || *Gesimskranz* m, *Kranzgesims* n || *Radkranz* m || ⟨Tech⟩ *Unterlegscheibe* f || ⟨Tech⟩ *Flansch, Kranz, Ring* m, *Krone, Rolle* f || ⟨Bgb⟩ *Bohrkrone* f || *Schopf* m *der Vögel* || *Krone* f *e-s Baumes* || *Hof* m *(um den Mond)* || *Lichthof* m || ⟨Meteor⟩ *Hof* m || *Kronenpapier* n *(37 × 47 cm)* || *Krone* f *(Münze)* || fig *Schluß* m, *Vollendung* f || fig *Ehre* f, *Glanz, Ruhm* m || fıg *Krone* f, *Preis* m || ⟨Mar⟩ *Hanger* m || ~ circular ⟨Math⟩ *Kreisring* m || ~ de alto horno *Hochofenkranz* m || ~ de broca *Kopfstück* n *des Erdbohrers, Wirbelbohrkopf* m || ~ de cierre ⟨Maur⟩ *Steinkranz, Schlußring* m || ~ de chimenea *Schornsteinaufsatz* m || ~ de diferencial ⟨Aut⟩ *(großes) Differentialtellerrad* n || ~ de espigas *Erntekranz* m || ~ de espinas *Dornenkrone* f *(& fig)* || ~ de fundición *Gußkranz* m || ~ de hierro *Eiserne Krone (der langobardischen Könige)* || ~ de muro *Mauer|krone, -abdeckung* f || ~ del casco ⟨Vet⟩ *Krone* f *am Pferdehuf* || ~ dentada *Zahnkranz* m || ~ dental, ~ dentaria *(Zahn)Krone* f || ~ ducal *Herzogskrone* f || ~ de dirección ⟨Aut⟩ *Lenkkranz* m || ~ de oro *Goldkrone* f *(Zahnkrone)* || ~ de pistón *Zylinderring* m || ~ de pozo *Brunnen|kranz* m, *-einfassung* f || ~ de rodillos *Rollenkranz* m || ~ de rueda *Radkranz* m || ~ diamantada *Diamant(bohr)krone* f || ~ funeraria *Trauerkranz* m || ~ imperial *Kaiserkrone* f || ~ mortuoria *Totenkranz* m || ~ naval *Schiffskrone* f || ~ real *Königskrone* f || ~ solar *(Sonnen)Korona* f || ~ sueca, ~ danesa *schwedische, dänische Krone* f *(Münze)* || ~ tensora *Aufspannkranz* m || ~ virginal *Jungfernkranz* m || fig *Unschuld* f || abdicación de *(od* a) la ~ *Thronverzicht* m, *Abdikation* f || discurso de la ~ *Thronrede* f || sucesión a la ~ *Thronfolge* f || en ~ *im Kreise, kranzförmig* || por fin y ~ fam *letzten Endes, schließlich* || ◊ perder la ~ fig *die Jungfernschaft verlieren* || ser de ~ figf *dem geistlichen*

Stande angehören || ~s pl *feine span. Zigarrensorte* f || ◊ hacer ~ *con el humo Ringe blasen (beim Rauchen)*
coro|nación f *Krönung* f || *(Ein)Fassung* f || ⟨Arch⟩ *Bekrönung* f || fig *Krönung, Vollendung* f || ~ de horno *Mauerbrüstung* f || ~ de la Virgen *Mariä Krönungsfest* n *(span. Volksfest)* || **-nado** adj *gekrönt* || *beendigt, vollendet* || fam *voll (Becher)* || testa ~a *gekröntes Haupt* n, *Herrscher* m || ~a villa fig *die Stadt Madrid* || **-nal** adj *Kranz-* || hueso ~ An *Kreuzbein* n || **-nam(i)ento** m ⟨Arch⟩ *Bekrönung* f *e-s Gebäudes* || ⟨Mar⟩ *Heckbord* n || fig *Krönung, Vollendung* f || **-nar** vt/i *krönen* || fig *um-, be|kränzen (Gebäude)* || *(im Damespiel) e-n Stein auf e-n anderen aufsetzen* || fig *ehren, belohnen* || *mit e-m Preis auszeichnen* || fig *zu Ende führen, vollenden* || fig *erreichen* || ◊ *el fin corona la obra Ende gut, alles gut* || **-nario** adj *Kranz-, Koronar-* ⟨Bot⟩ *kronenartig* || esclerosis ~a *Koronarsklerose* f || vasos ~s *Koronar-, Kranz|gefäße* npl *(des Herzens)* || vena ~a An *Kranzvene* f
corondel m ⟨Typ⟩ *Mittelsteg* m || ~es mpl *senkrechte Wasserzeichen* npl *(im Papier)*
¹**coronel** m ⟨Mil⟩ *Oberst* m || ~ general Deut *Generaloberst* m || ~ médico *Oberstarzt* m || ~ veterinario *Oberstveterinär* m || ⟨Her⟩ *Krone* f
²**coronel** adj/s *aus La Coronada (PBad)*
¹**coronela** f fam *Frau* f *des Oberstes*
²**coronela** f *Glatt-, Schling|natter* f (Coronella austriaca)
coronelía f *Rang* m *des Oberstes*
corónide f *Ende* n, *Krönung, Vollendung* f
coroni|lla f *Scheitel, Wirbel* m *(des Kopfes)* || *Tonsur* f *(des kath. Priesters)* || *Kronwicke* f *(beim Geweih des Hirsches)* || ◊ andar *(od* bailar) de ~ figf *et mit großem Eifer betreiben* || dar de ~ fam *auf den Kopf fallen* || fig *schnell herunterkommen* || estoy de ello hasta la ~ figf *es wächst mir schon zum Hals heraus, ich habe es schon satt* || **-llo** m Arg *Purpurbaum* m
coronógrafo m *Koronograph* m *(zur Beobachtung der Sonnenkorona)*
coronta f SAm *Maishülse* f
corotos mpl Am *Handwerkszeug* n || *Gerümpel* n || *billige Ware* f
coroy m Chi *(Art) Papagei* m
coroza f ⟨Hist⟩ *Büßermütze* f || Gal *Schilf-, Regen|mantel, Regenumhang* m *der Bauern*
corozo m *Butter-, Öl|palme* f (Elacis guineensis) || *Steinnuß* f
cor|pa(n)chón, -pazo m augm v. **cuerpo** || **-panchón** m *Geflügelkörper* m *ohne Brust und Schenkel* || fam *großer, plumper Leib* m || **-pecico, -pecillo, -pecito** m dim v. **cuerpo**
△**corpiche** m *Reis* m
corpiño m dim v. **cuerpo** || *Leibchen, Mieder* n || ~ ortopédico *Stützkorsett* n
corpo|ración f *Körperschaft, Korporation, Innung, Vereinigung, Zunft, Gilde* f, *Verein* m || ~ autónoma *Selbstverwaltungskörperschaft* f || ~ de artesanos *Handwerkerinnung* f || ~ de derecho público *Körperschaft* f *des öffentlichen Rechts* || ~ de interés público *öffentliche Körperschaft* f || ~ de mineros *Knappschaft* f || ~ de oficios *Innungsverband* m || ⟨hist⟩ *Zunft* f || ~ dominada, ~ controlada *beherrschte Gesellschaft* f || ~ municipal, ~ edilicia *Gemeinderat* m, *kommunale Körperschaft* f || ~ profesional *Berufsverband* m || ~ pública *Körperschaft* f *des öffentlichen Rechts* || **-ral** adj *körperlich, Körper-, Leibes-* || ejercicio ~ *Leibesübung* f || ~ m *Corporale* n *(auf das während der Messe die Hostie gelegt wird)* || adv: ~**mente** || **-ralidad** f *Körperlichkeit* f || *Leibes|gestalt, -größe* f || **-rativismo** m *Körperschaftswesen* n || ⟨Pol⟩ *Korporativismus* m || **-rativo** adj *ständisch, korporativ, körperschaftlich* || *ständisch (gegliedert)* || estado ~ *Korporativ-,*

Stände|staat m ‖ representación ~a *korporative Vertretung* f ‖ adv: **~amente** ‖ **–reidad** f *Körperlichkeit, Leiblichkeit* f

corpóreo adj *körperlich, leiblich, Körpergröße* f

corporificar [c/qu] vt *verkörpern* ‖ *feste Gestalt annehmen*

corps m frz *Korps* n, *Truppenkörper* m, *Abteilung* f ‖ *guardia de* ~ *Leibwache* f

corpu|do adj = **–lento** ‖ **–lencia** f *Beleibtheit* f ‖ *Körpergröße* f ‖ **–lento** adj *beleibt, dick, korpulent*

Corpus m *Fronleichnam* n ‖ *Fronleichnamsfest* n ‖ ~ *de sangre Empörung in Katalonien im Jahre 1640* ‖ *fiesta del* ~, día del Santísimo ~ Christi *Fronleichnams|fest* n, *-tag* m ‖ procesión del ~ *Fronleichnamsprozession* f *(bes in Sevilla)* ‖ ~ ⟨Li⟩ *Korpus* n/m

corpuscular adj *korpuskular* ‖ teoria ~ de la luz ⟨Phys⟩ *korpuskulare Theorie* f *des Lichtes*

corpúsculo m *Partikel* f, *Korpuskel, Teilchen* n ‖ ~ clorofílico ⟨Bot⟩ *Chlorophyllkörperchen* n ‖ ~ de Malpigio *(od de Malpighi)* ⟨Zool⟩ *Malpighisches Körperchen* n ‖ ~ rojo *rotes Blutkörperchen* n ‖ sanguíneo *Blutkörperchen* n

corpus delicti m lat *Beweisstück* n ‖ *Gegenstand* m *od Werkzeug* n *e-s Verbrechens* ‖ *Corpus* n *delicti*

corra f León *(Metall) Ring* m

corral m *Hof(raum)* m ‖ *Gehöft* n ‖ *Hühner-, Geflügelhof* m ‖ *Auslauf* m ‖ *Schweinestall* m ‖ *Wirtschaftshof* m ‖ *Holzraum* m ‖ *Umzäunung* f, *Gehege* n ‖ *Korral* m ‖ *Fisch|zaun, -gehege* n ‖ ⟨Typ⟩ *Gasse* f ‖ Cu *Landhaus* n *(für Viehzucht)* ‖ △en ~ *in die Enge getrieben, eingekreist* ‖ ◊ oir cantar, sin saber en qué ~ fig *etwas läuten hören, aber nicht wissen wo* ‖ hacer ~es figf *die Schule schwänzen*

corra|lada f = **corral(ón)** ‖ **–lera** f *Geflügelzüchterin* f ‖ fam *freches, unverschämtes Weib* n ‖ and. *Volkslied* n *(mit Tanz)* ‖ **–lero** adj *auf e-n Hof bezüglich* ‖ ~ m *Geflügel|züchter, -händler* m ‖ **–lillo** m Cu *Nebengehöft* n ‖ **–lito** m *Lauf|stall* m, *-gitter* n *(für Kinder)* ‖ **–liza** f *(Hühner-) Hof* m ‖ **–lón** m augm v. **corral** ‖ *Viehhof* m ‖ Am *Holzlager* n

corranda f *in Katalonien gesungener Vierzeiler* m

corrasión f ⟨Geol⟩ *Korrasion* f

corre|a f *Riemen* m ‖ *Treibriemen* m ‖ *Gurt* m ‖ *Lederstreifen* m ‖ *ledernes Schuhband* n ‖ ⟨Zim⟩ *Karrenholz* n ‖ ⟨Arch⟩ *Glied* n *e-s Gesimses* ‖ *Dach(stuhl)pfette* f, *-rähm* m ‖ fig *Biegsamkeit* f ‖ ~ achaflanada *Keilriemen* m ‖ ~ articulada *Glieder-, Ketten|riemen* m ‖ *gegliederte (Dach-) Pfette* f ‖ ~ de alimentación *Zubringerband* n ‖ ~ de balata *Balata(treib)riemen* m ‖ ~ de cuero *Lederriemen* m ‖ ~ de cumbrera *Stichbalken* m ‖ ~ de descarga *Abwurf(förder)band* n ‖ ~ de reloj *Uhrriemen* m ‖ ~ de tracción *Zugriemen* m ‖ ~ de transmisión *Treibriemen* m ‖ ~ de ventana *Fenster|gurt, -riemen* m ‖ ~ doble *Doppelriemen* m ‖ ~ motriz *Treibriemen* m ‖ ~ para pasar navaja *Streichriemen* m ‖ ~ sin fin *endloses Band* n ‖ ~ sobre rodillos de soporte oblicuos *Mulden|band* n, *-gurt* m, *Trog|band* n, *-gurt* m ‖ ~ tiratacos ⟨Web⟩ *Schlagriemen* m ‖ ~ transportadora *Förderband* n ‖ ~ trapezoidal *Keilriemen* m ‖ polea para ~(s) *Riemenrolle* f ‖ rodaja *(od disco)* para la ~ *Riemenscheibe* f ‖ ◊ besar la ~ fam *zu Kreuze kriechen* ‖ estirar la ~ figf *jdn aus|nützen, -saugen* ‖ hacer ~ *sich dehnen (Stoff, Teig)* ‖ tener (mucha) ~ figf *ein dickes Fell haben* ‖ *Spaß verstehen* ‖ *ausdauernd sein* ‖ tener poca ~ figf *wenig vertragen* ‖ **–aje** m *Riemen|werk, -zeug* n ‖ ⟨Mil⟩ *Koppel-, Leder|zeug* n ‖ **–azo** m *Riemenhieb* m

Correa f Tfn fam = **Consolación**

correal adj ⟨Jur hist⟩ *Gesamt-*

corre|calles m fam *Pflastertreter, Müßiggän-*

ger m ‖ **–caminos** m Arg ⟨V⟩ *Kamppieper* m *(Anthus correndera)*

corrección f *(Ver)Besserung* f ‖ *Berichtigung, Korrektur* f *(Druck)Korrektur, Druckberichtigung* f ‖ ⟨Opt⟩ *Vergütung* f ‖ ⟨El⟩ *Entzerrung* f ‖ ⟨Mil⟩ *Vorhalt(winkel)* m ‖ *Tadellosigkeit, Korrektheit, Fehlerfreiheit* f ‖ *Anstand* m ‖ *Milderung* f *(der Arzneien)* ‖ *Tadel, Verweis* m ‖ *Züchtigung* f ‖ ~ de agua dura *Weichmachen* n ‖ ~ de (la) amortiguación *Dämpfungskorrektur* f ‖ ~ de amplitud *Amplitudenentzerrung* f ‖ ~ de distorsión de una linea *Leitungsentzerrung* f ‖ ~ de estilo *Stilverbesserung* f ‖ ~ de factores estacionales *Saisonbereinigung* f ‖ ~ de fase ⟨El⟩ *Phasenausgleich* m ‖ ~ de gama ⟨TV⟩ *Dynamikentzerrung* f ‖ ~ de pruebas ⟨Typ⟩ *Abzug-, Fahnen|korrektur* f ‖ ~ de primeras *erste Korrektur* f ‖ ~ de sentencia *Urteilsberichtigung* f ‖ ~ disciplinaria *Disziplinarstrafe* f ‖ ~ fraterna(l) *Verweis* m *unter vier Augen* ‖ ~ gregoriana *gregorianische Kalenderverbesserung* f ‖ ~ por desnivel ⟨Top⟩ *Berichtigung* f *des Höhenunterschiedes* ‖ casa de ~ *Zuchthaus* n ‖ comisión de ~ de estilo *Redaktionsausschuß* m ‖ derecho de ~ *Züchtigungsrecht* n ‖ via de ~ *Disziplinar|verfahren* n, *-weg* m *(gegen Beamte)* ‖ ~es de autor *Verfasserkorrektur* f ‖ ◊ proceder con toda ~ *ganz korrekt vorgehen*

correc|cional adj *züchtigend* ‖ *Besserungs-* ‖ policía ~ *Zuchtpolizei* f *(presidio)* ~ *Zuchthaus* n ‖ *Besserungsanstalt* f ‖ adv: **~mente** ‖ **–cionario** m *Zuchthäusler* m ‖ **–tivo** adj *mildernd (Mittel)* ‖ ~ m ⟨Med⟩ *Linderungsmittel* n ‖ *Züchtigung* f ‖ *Disziplinarmaßnahme* f ‖ **–to** pp/irr v. **corregir** ‖ ~ adj *tadellos, fehlerfrei* ‖ *sprachrichtig* ‖ *kunst-, form|gerecht* ‖ *regelrecht, korrekt (Stil)* ‖ *korrekt (Benehmen)* ‖ *rechtschaffen, redlich* ‖ ⟨Sp⟩ *fair* ‖ maneras ~as *taktvolles Auftreten* n ‖ adv: **~amente** ‖ **–tor** m/adj *Verbesserer* m ‖ ⟨Typ⟩ *Korrektor* m ‖ ⟨El⟩ *Entzerrer* m, *Entzerrvorrichtung* f ‖ ~ de pieza ⟨Mil⟩ *Ausgleicher* m *(Artillerie)* ‖ **–torio** m *Zuchthaus* n

correcho adj León *recht, gerade*

corre|dera f *Renn-, Reit|bahn* f ‖ *lange und breite Straße* f *(bei Straßenbezeichnungen, bes in Madrid)* ‖ *Schieber, Falz* m ‖ ⟨Tech⟩ *Gleitstück* n ‖ ⟨Tech⟩ *Gleit-, Führungs|bahn, Kulisse, Schwinge* f ‖ *Reiter* m *(Waage)* ‖ ⟨Phot⟩ *Laufboden* m ‖ ⟨Web⟩ *Schlittenführung* f ‖ *Rolladen* m, *Jalousie* f ‖ *Schiebefenster* n ‖ *Schiebetür* f ‖ *Schieber (bei e-m Fenster, Schreibtisch usw)* ‖ ⟨Küchen⟩ *Schabe f (Insekt)* ‖ *Zeltleine* f ‖ *Hülse f (Pistole)* ‖ *Stellring* m, *Schlaufe* f ‖ *Gleitbahn* f *(Artillerie)* ‖ ⟨Mar⟩ *Logleine* f, *(Schiffs) Log* n ‖ figf *Kupplerin* f ‖ ~ de alza *Visierschieber* m *(Gewehr)* ‖ ~ de contacto ⟨Radio⟩ *Kontaktschieber* n ‖ ~ de diafragma *Blendenschieber* m ‖ ~ de embrague *Schaltkulisse* f ‖ ~ de movimiento pendular *Kurbelschwinge, schwingende Kurbelschleife* f ‖ ~ de péndulo *Pendelschieber* m ‖ ~ de tope *Anschlagkulisse* f *(am Höhenschreiber)* ‖ ~ de trampa *Kanalschieber* m ‖ ~ de movimiento de ~ ⟨Phot⟩ *Trieb* m ‖ tapa de ~ *Schieberbüchse* f ‖ **–dizo** adj *verschiebbar, Schiebe-* ‖ nudo ~ *Schleife, Schlinge* f

corre|dor adj/s *schnell, leichtfüßig* ‖ ~ m *(guter) Läufer* m ‖ ⟨Sp⟩ *Wettläufer* m ‖ *Rennfahrer* m ‖ ⟨Com⟩ *(Platz) Agent* m ‖ *Vertreter* m ‖ *Makler, Sensal, Unterhändler, Akquisiteur* m ‖ *Korridor, Flur, Gang* m ‖ ⟨Mil⟩ *Laufgraben* m ‖ *(langer) Balkon* m ‖ ⟨Mar⟩ *Zwischendeck* n ‖ ⟨Web⟩ *Läufer, Reiter* m, *Fliege, Mücke* f ‖ ⟨V⟩ *Rennvogel* m *(Cursorius cursor)* ‖ △*Häscher* m ‖ ~ aéreo *Luftkorridor* m ‖ ~ de acciones = ~ de bolsa ‖ ~ de anuncios *Zeitungsanzeigensammler, Annoncenakquisiteur* m ‖ ~ de bolsa *Börsenmakler* m ‖ ~ de cambio(s) *Aktienmakler, Wechsler* m ‖ ~ de comercio *Handelsvertreter* m ‖ ~ de

corredorcillo — correr 328

fincas rústicas, ~ de bienes raíces *Grundstücksmakler m* || ~ de letras *Wechsel\makler, -agent m* || ~ de lonja, ~ de mercancías *Börsen-, Warenmakler m* || ~ de oreja fam *Ohrenbläser m* || fam *Kuppler m* || ~ de seguros *Versicherungs\-makler, -agent m* || ~ en plaza *Stadtreisender m* || ~ extraoficial, ~ no matriculado, ~ no autorizado, ~ intruso *Winkelmakler m* || ~ jurado *beeidigter Makler m* || ~ marítimo *Schiffsmakler m* || ~ polaco ⟨Pol Hist⟩ *polnischer Korridor m* || **~es** *mpl*, **-as** *fpl* ⟨V⟩ *Laufvögel mpl* || colegio de ~es *Maklerkammer f* || ~ de comercio *Kammer f der Handelsagenten* || **-dorcillo** *m* dim *v.* **-dor** || **-duría** *f Maklergebühr f* || *Maklergeschäft n* || ~ mercantil *Handelsmaklerei f*
correero *m Riemer, Sattler m*
corregi|bilidad *f Besserungsfähigkeit f* || **-ble** adj *besserungsfähig, zu verbessern* || **-dor** *m* Pan *Bürgermeister m* || ⟨Hist⟩ *Land-, Stadt\richter m* || *Oberamtmann, Landvogt m* || Pe *Spottdrossel f* (Mimus sp)|| **-miento** *m* Pan *Gemeinde m*
corregir [-i-, g/j] vt/i *(ver)bessern, berichtigen* || *züchtigen, bestrafen* || *läutern, mildern* || *tadeln, rügen, richtigstellen* || fig *mildern* || ⟨Typ⟩ *(den Satz) berichtigen, korrigieren* || Cu *(den Darm) leeren* || ◊ ~ una falta, un error *einen Fehler berichtigen* || ~ por derivas *vorhalten (beim Schießen)* || ~ la puntería ⟨Mil⟩ *nachrichten* || ~ pruebas *Korrekturen lesen* || ~se *sich bessern* (en in dat)
correhuela *f* dim *v.* **correa** || ⟨Bot⟩ *Wegetritt m* (Polygonum aviculare) || ⟨Bot⟩ *Winde f* (Convolvulus spp)
correísta *m* pop *(Post)Bote m*
corre|izo adj Chi = **correso** || **-jel** *m Sohlleder n* || **-juela** *f* dim *v.* **correa**
correla|ción *f Wechsel\beziehung, -wirkung f* || *Wechselseitigkeit f* || *Korrelation f* || *reziproke Verwandtschaft* || **-cionar** vt *(zwei Dinge miteinander) in Beziehung bringen* || ~se *in Beziehung kommen, gebracht werden* || **-tivo** adj *korrelat(iv), wechselseitig (wirkend)* || *sich aufeinander beziehend* || *fortlaufend (Numerierung)* || asociación ~a ⟨TV⟩ *Punktfolgefarben fpl* || adv: **-amente**
correligionario *m/adj Glaubensgenosse m* || fig *Parteigenosse m* || fig *Gesinnungsgenosse m*
correlimos *m* ⟨V⟩ *Strandläufer m* (Calidris spp) || ~ común *Alpenstrandläufer m* (C. alpina) || ~ de Temmincke *Temminclestrandläufer m* (C. temminclii) || ~ gordo *Knutt m* (C. canutus) || ~ menudo *Zwergstrandläufer m* (C. minuta) || ~ tridáctilo *Sanderling m* (C. alba)
correlón, ona adj Am *der schnell läuft* || Col Mex feige, *mutlos*
corren|cia *f Durchfall m* || fam *Beschämung, Verlegenheit f* || ◊ estar de ~ fam *Durchfall haben* || **-dero** adj *e-r, der viel läuft* || **-dilla** *f* fam *kurzes Rennen* || **-tada** *f* SAm *starker Strom* || **-tía** *f* fam *Durchfall m* || **-tino** adj-s Arg *aus der Stadt* bzw *Provinz Corrientes* || ~ *m* Bol *(ein)Volkstanz m* || **-tío** adj *laufend, dünnflüssig (Flüssigkeit)* || fig *leicht, zwanglos* || **-tón, ona** adj/s *läufig (Hund)* || *lustig, aufgeräumt* || *gern umherlaufend* || Ec *mittelmäßig* || ~ *m/f Pflastertreter(in f) m* || **-toso** adj Am *reißend (Strom)*
¹**correo** *m Post f* || *Brief-, Paket\post f* || *Postgebäude, -amt.* n, *-raum m* || *Posteingang m* || *Tagespost f (Zeitung)* || *Post-, Personen\zug m* || *Postschiff, Paketboot n* || *(Eil)Bote m* || *Kurier, Staatsbote m* || △ *Diebesbote m* || ~ aéreo *Luftpost f* || ~ certificado *Einschreiben n* || ~ contra reembolso *Nachnahme f* || ~ de gabinete, ~ diplomático *diplomatische Post f* || ~ de malas nuevas figf *Unglücksbote m* || ~ de la mañana *Morgenpost f* || ~ de ultramar *Überseepost f* || ~ marítimo *Seepost, überseeische Post f* || ~ neumático, ~ tubular *Rohrpost f* || buque ~ *Postboot n* || casilla de ~ Am *Postfach n* || **coche-**~ *Postwagen m* || estampilla de ~ Am *Briefmarke f* || oficina ambulante de ~ *Bahnpost f* || oficina auxiliar *(od* estafeta*) de ~ *(Neben)Postamt* n || propaganda directa por ~ *Postversandwerbung f* || sello de ~ *Briefmarke f* || ~ de la noche *Abendpost f* || avión (de) ~ *Postbzw Kurier\flugzeug m* || tren ~ *Post-, Personen\-zug m* || **vapor-**~ *Postschiff n* || a vuelta de ~ *postwendend* || por el próximo ~ *mit der nächsten Post* || ◊ echar al ~ *einwerfen (Brief)* || llevar al ~ *auf die Post tragen* || remitir por el ~ *mit der Post befördern* || **~s** *pl Post f, Postamt n* || *Postwesen n* || Administración Central de ⁼s *Hauptpostamt n* || ambulancia de ~ *Fahrpost f* || apartado de ~ *Post(schließ)fach n* || casa de ~ *Postamt n* || cuerpo de ~ *Postverwaltung f* || Dirección general de ~ y telecomunicación Span *Abteilung f für Post- und Fernmeldewesen (Innenministerium)* || en lista de ~ *postlagernd* || ministerio federal de ~ y telecomunicación Deut *Bundesministerium n für das Post- und Fernmeldewesen* || ~ y telecomunicaciones *Post- und Fernmeldewesen n* || servicio de ~ *Post\betrieb, -dienst*
²**correo** *m Mitschuldige(r) m*
correón *m* augm *v.* **-a** || *Kutschenriemen m*
correosidad *f Dehnbarkeit f* || *Zähigkeit f* || **-oso** adj *zäh* (z. B. *Fleisch*) || *dehnbar* || *zäh* || *biegsam* || fig *schwammig (Brot)* || Chi *an Durchfall leidend*
correr vt/i *durch\laufen, -eilen, -reisen-, -fahren, -streifen* || *jdm nacheilen* || *jdn verfolgen* || *hetzen (Wild)* || *bewegen (Reitpferd)* || an e-m *Wett\lauf, -rennen teilnehmen* || *laufen (Gefahr)* || *rasch abwickeln, erledigen (Geschäft)* || *verschieben, weiterrücken (e-n Stuhl)* || *vorschieben (Riegel)* || *zuziehen (Vorhang, Gardine)* || *an den Mann bringen (Ware)* || *(ein Geschäft) vermitteln* || *versuchen (Glück)* || fig *beschämen* || fam *wegnehmen, stehlen* || ◊ ~ las amonestaciones *das Aufgebot erlassen* || ~ un artículo *e-n Artikel verkaufen* || ~ en autos *in den Akten stehen* || ~ burro fam *sich verduften* || ~ el cerrojo *den Riegel vorschieben* || ~ la clase *die Schule schwänzen* || ~ los cien metros ⟨Sp⟩ *am 100-m-Lauf teilnehmen* || ~ la cortina *den Vorhang zu- od zurück\ziehen* || ~ mundo fig *sich in der Welt umsehen* || *auf Wanderschaft gehen (Handwerksburschen)* || ~ el pais enemigo *in Feindesland einfallen* || ~ parejas (con) *sich ähnlich sein, einander entsprechen, gleichkommen* || ~ peligro, ~ riesgo *Gefahr laufen* || ~ la misma suerte *dasselbe Schicksal haben od erleben* || ~ toros *Stiere hetzen* || ~ el velo fig *die Maske fallenlassen* || ~ un velo sobre lo pasado fig *das Vergangene vergessen* || ~ la voz *et verkünden lassen* || *mündlich verbreiten lassen* || ~la fam *bummeln, ein ausschweifendes Leben führen*
~ vi *laufen, rennen* || *(sich) beeilen, sich sputen* || *schnell reiten* || *(ab)fließen, rinnen (Wasser, Tränen)* || *flüssig, nicht zu dick sein* || *führen (Weg)* || *laufen (Zinsen, Gehalt)* || *im Umlauf sein (Geld, Gerücht)* || *verkehren* (con mit) || *fließen, fließend sein (Vers, Stil)* || *sich ziehen, sich erstrecken (Berge, Häuser)* || *gehen, wehen, streichen (Wind, Luft)* || *ver\laufen, -gehen (Zeit, Leben)* || *ablaufen (Frist)* || *herrschen (Verhältnisse)* || *obliegen (Pflicht)* || ◊ ~ a caballo *reiten* || corren rumores *man munkelt* || *es wird behauptet* || ~ a su perdición, ~ a su ruina *in sein Verderben rennen* || (todo) turbio ~ fig *mag es auch noch so schlimm gehen* || ~ con la casa *den Haushalt besorgen* || ~ con la dirección *die Leitung übernehmen* || ~ con los gastos *die Kosten bestreiten* || ~ de cuenta de alg. *jdm obliegen* || eso corre de mi cuenta *(od* por mí*) fig das ist meine Sache* || corre aire *es ist windig* || no corre ningún aire *es weht kein Lüftchen* || no ~ *dickflüssig sein, nicht fließen* (z. B. *Tinte*) || hacerla ~ fam *ein Gerücht in Umlauf setzen* || eso corre por ti fam *das geht dich an* || los intereses

corren desde ... *die Verzinsung beginnt am* ... ‖ a mí me corre esta obligación *das obliegt mir* ‖ corre prisa *es hat Eile* ‖ *die Sache ist dringend* ‖ no me corre prisa *ich habe es (damit) nicht eilig* ‖ no correrá sangre figf *das wird friedlich enden* ‖ ~ tras su dinero fig *hinter s—m Gelde hersein* ‖ corre que te corra fam *immerfort laufend* ‖ a tres del (mes) que corre *am dritten des laufenden Monats (am 3. d. M.)* ‖ lo que corre del año *der Rest des Jahres* ‖ corría el mes de agosto *es war im Monat August* ‖ corran las cosas como corrieran *fam komme was wolle!* ‖ corriendo *in Eile* ‖ ¡ ~ ! fig *schnell! los!* ‖ a más ~, a todo ~ *mit größter Geschwindigkeit (schnurstracks)* ‖ ¡déjelo ~! *lassen Sie es sein! Schluß damit!*

~se *ab-, ver|laufen, verfließen (Zeit)* ‖ *ablaufen (Licht, Fackel)* ‖ *beiseite treten, seitwärts-, zurück|treten* ‖ 〈Phot〉 *sich verschieben (Kopie)* ‖ *auslaufen (Farben)* ‖ *(herunter)gleiten* ‖ fam *sich erzürnen* ‖ fig *bestürzt werden* ‖ fam *sich übereilen* ‖ *über|gehen, -laufen* ‖ fig *sich schämen* ‖ fig *das Maß überschreiten* ‖ fig *übertreiben* ‖ pop vulg *e—n Samenerguß haben* ‖ ◊ ~ la clase 〈Sch〉 *die Schule schwänzen* ‖ ~ de vergüenza *sich schämen* ‖ haga V. el favor de ~ un poco hacia la derecha *rücken Sie bitte et nach rechts* ‖ por ahí se pop corre pop *man munkelt, daß*

¹**correría** *f Streif-, Raub|zug, feindlicher Einfall m* ‖ *Wanderung f, Streifzug m* ‖ ~**s** *pl* fam *kurze Reisen, Lautereien* fpl

²**correría** *f Riemenwerk* n

correspondencia *f Übereinstimmung f* ‖ *Erwiderung f (e—s Gefühl[e]s)* ‖ *Verbindung f (Handels)Verkehr* m ‖ *Briefwechsel* m, *Korrespondenz f* ‖ *Schriftwechsel* m ‖ *schriftliche Verbindung f* ‖ *Pressekorrespondenz f* ‖ *Briefpost f* ‖ *Anschluß* m *(e—r Straßenbahn od U-Bahn-Linie od Eisenbahnlinie)*, *Verkehrsverbindung f* ‖ *Erkenntlichkeit f* ‖ *Entsprechung, entsprechende Übersetzung f (e—s Ausdrucks)* ‖ 〈Phys〉 *Korrespondenz f* ‖ *Einverständnis* n ‖ *Entgegenkommen* n ‖ ~ certificada *Einschreibesendung f* ‖ ~ comercial, ~ mercantil *Handelskorrespondenz f* ‖ ~ entrante *(od* de entrada*)*, ~ saliente *(od* de salida*) Eingangs-, Ausgangs|post f* ‖ ~ epistolar *Brief|post f, -wechsel* m ‖ ~ particular, ~ privada *Privatkorrespondenz f* ‖ ~ sin dirección *Postwurfsendung f* ‖ ~ urgente *Eilbriefe* mpl ‖ cambio de ~ *Briefverkehr* m ‖ apertura y registro de ~ *Briefzensur f* ‖ curso por ~ *Fernunterricht* m ‖ compra por ~ *Versandkauf* m ‖ inviolabilidad de la ~ *Unverletzlichkeit f des Briefgeheimnisses* ‖ secreto de la ~ *Brief-, Post|geheimnis* n ‖ ◊ despachar la ~ *den Briefwechsel erledigen* ‖ estar en ~ *in Briefwechsel stehen, korrespondieren* (con mit) ‖ *im Handelsverkehr stehen* ‖ manual de ~ *Briefsteller* m ‖ no hay ~ 〈EB〉 *es gibt keinen Anschluß* ‖ abrir, llevar la ~ *die Korrespondenz eröffnen, führen* ‖ ponerse en ~ *in Briefverkehr treten* (con mit) ‖ en ~ de *entsprechend, im Verhältnis* ‖ en ~ de *zum Dank für* ‖ por ~ *brieflich*

correspon|der vi *übereinstimmen* (a mit) ‖ *entsprechen, erwidern* ‖ *gebühren, zukommen* (dat) ‖ *gehören, zugehören* (dat) ‖ *angehen* ‖ *sich schikken, sich ziemen* ‖ *in Verbindung od Briefwechsel stehen* (con mit) ‖ *Anschluß haben* (con an) (〈EB〉, *U-Bahn usw.*) ‖ ◊ ~ a una invitación *e—e Einladung annehmen* ‖ ~ a los beneficios *für Wohltaten erkenntlich sein* ‖ a él le corresponde pagar *es soll zahlen* ‖ ~ exactamente a la muestra 〈Com〉 *genau dem Muster entsprechen* ‖ los resultados corresponden a nuestras esperanzas *(od* suposiciones*) die Ergebnisse entsprechen unseren Erwartungen* ‖ ~**se** *einander entsprechen* ‖ *übereinstimmen (mit)* ‖ *Umgang, Verkehr haben* (con mit) ‖ miteinander im Briefwechsel stehen ‖ –**diente** adj *entsprechend* ‖ *angemessen* ‖ *einschlägig* ‖

dienlich, zugehörig ‖ 〈Math〉 *gleichnamig* ‖ ~ m *korrespondierendes Mitglied* n *(e—r Akademie)* ‖ *Briefpartner* m ‖ el juzgado ~ *der zuständige Gerichtshof* ‖ (miembro) ~ *korrespondierendes Mitglied* n *(e—r Akademie)* ‖ ángulos ~s 〈Math〉 *Gegenwinkel, korrespondierende Winkel* mpl ‖ adv: ~**mente** ‖ –**sal** m/adj *Handels-, Geschäfts|freund* m ‖ *Handels-, Unter|vertreter* m ‖ *Abnehmer* m, *Kunde* m ‖ *(Zeitungs)Berichterstatter* m ‖ *Pressevertreter* m ‖ *Korrespondent* m ‖ ~ de guerra *Kriegsberichterstatter* m ‖ ~ de prensa *Pressekorrespondent* m ‖ ~ en el extranjero *Auslandsberichterstatter* m ‖ –**salía** *f Berichterstattung f* ‖ *Handelsbeziehungen* fpl

corre|taje m *Makler|geschäft* n, *-gebühr f* ‖ *Vermittlungsgebühr f* ‖ cambio de ~ *Zwischenhandel* m ‖ operación de ~ *Maklergeschäft* n ‖ –**teada** *f* Chi ~ –**teo** ‖ –**tear** vt/i *hin und her laufen, herumlaufen, sich herumtummeln (Kinder)* ‖ fam *(die Straßen) auf und ab laufen* ‖ fam *den Männern nachlaufen (Frau)* ‖ –**teo** m s v. –**tear** ‖ –**tero** adj/s fam *e—r, der planlos hin und her läuft*

corre|ve(i)dile m (= corre, ve y dile) figf *Klatscher, Ohrenbläser, Zwischenträger* m, pop *Klatschmaul* n ‖ figf *Kuppler* m ‖ –**verás** m 〈Art〉 *Spielzeug* n *der Kinder*

corri|da *f Lauf* m, *Laufen* n ‖ *Hetze f* ‖ *Stierkampf* m ‖ fam *(Amts)Beförderung f* ‖ pop vulg *Samen|erguß* m, *-entleerung f* ‖ Pe Bol 〈Bgb〉 *Zutagetreten* n *(von Erz)* ‖ Chi *Reihe f* ‖ fam *Bummelei f* ‖ ~ benéfica, ~ de beneficencia *Stierkampf* m *zu wohltätigen Zwecken* ‖ ~ cómica *komische Stierhetze f* ‖ ~ nocturna *nächtliches Stiergefecht* n *(komischer Art)* ‖ ~ de bucle 〈Filmw〉 *Filmsalat* m ‖ ~ de novillos *Stierkampf* m *mit jungen Stieren* ‖ ~ con obstáculos *Hindernisrennen* n ‖ *Hürdenrennen* n ‖ ~ plana *Flachrennen* n *(Pferderennen)* ‖ ~ seria *regelrechter Stierkampf unter dem Protektorat der span. Pressevereinigung* ‖ ~ de toros *Stier|kampf* m, *-hetze f* ‖ de ~ *eilig, in aller Eile* ‖ *geläufig, fließend, fehlerfrei (sprechen)* ‖ ◊ tomar una ~ prov *(e—n) Anlauf nehmen (beim Sprung)* ‖ ~**s** *pl (Art) andalusischer Volksgesang* m ‖ ~ de caballos *Pferderennen* n ‖ ~ al trote *Trabrennen* n ‖ –**damente** adv ‖ **corrientemente** ‖ –**do** adj fam *übergewichtig* ‖ *über|reichlich, -voll* ‖ *verschoben, zu weit gerückt* ‖ *überragend (Vorsprung)* ‖ 〈Arch〉 *aneinandergereiht* ‖ *zusammengewachsen (Augenbrauen)* ‖ *verschwommen (Umrisse, Bild)* ‖ fig *ver-, be|schämt* ‖ *verlegen* ‖ fam *gerieben* ‖ de ~ *geläufig, ohne Anstoß (z. B. lesen)* ‖ ◊ estar ~ *sich beschämt fühlen (de über)* ‖ hasta muy ~ a la noche *bis spät in die Nacht* ‖ dos noches ~s *zwei Nächte hindurch, hintereinander* ‖ tener 30 años ~s fam *die Dreißig überschritten haben, in den Dreißigern sein* ‖ ~ m *Umzäunung f, langer Laubengang* m *um e—n Hof* ‖ Chi *volkstümliche Romanze f, Volkslied* n ‖ ~ (de la costa) Am *fandangoartiges Lied* n *mit Gitarrenbegleitung* ‖ ~**s** *pl rückständige Zahlungen* fpl

corriendo adv *eilig, schleunig* ‖ ◊ ¡voy ~! fam *ich laufe schon!* ‖ ¡vete ~! *laufe, so schnell du kannst* ‖ marcharse *(od* irse*)* ~ *fortlaufen*

¹**corrien|te** adj/s *laufend (Monat)* ‖ *geläufig, leicht (Hand, Handschrift)* ‖ *leicht (ausführbar)* ‖ *gangbar, alltäglich, gewöhnlich, üblich, geläufig* ‖ *fließend (flüssig (Stil) ungezwungen, natürlich* ‖ *gültig (Geld)* ‖ el año ~ *das laufende Jahr* ‖ calidad *(od* clase*)* ~ 〈Com〉 *gangbare Sorte f* ‖ cuenta ~ *laufende Rechnung f* ‖ (Giro-)Konto, Kontokorrent n ‖ el mes ~ *der laufende Monat* ‖ precio ~ *Ladenpreis* m ‖ *Preisverzeichnis* n ‖ de uso ~ *sehr üblich* ‖ *sehr verbreitet* ‖ vino ~ *gewöhnlicher Tischwein* m ‖ ~ en el comercio *handelsüblich* ‖ *marktgängig* ‖ y moliente figf *vollkommen bereit*, fam *fix und fertig* ‖ *gang und gäbe*

corriente — corrosión

|| la vida ~ y moliente fam *das Alltagsleben* || al ~ *pünktlich, genau, ohne Verzug* od *Rückstand* || *laufend, auf dem neuesten Stand* m || ◊ dar por ~ als *abgemacht gelten lassen* || estar *(od* andar) ~ fam *laufen, Durchfall haben* || estar ya ~ pop *schon hergestellt sein (nach e–r Krankheit)* || estar al ~ *auf dem laufenden sein* || *unterrichtet sein* (de *von*) || poner al ~ *von et unterrichten*, ins *Bild setzen (über* acc*)* || tener al ~ (de) *jdn auf dem laufenden halten* || el 20 del ~ (*od* de los ~s) *der 20. dieses Monats* || al fin del ~ *per Ende d(ieses) M(onats)* || ¡~! *gut, es ist recht, einverstanden!* || ¡muy al ~! *recht so! meinetwegen!*

²**corriente** f *Lauf, Strom* m || *Strom, Fluß* m || Zugluft f || *(Meeres) Strömung* f || fig *Fortgang, (Ab-, Ver) Lauf* m *der Dinge* || fig *Strömung* f || ~ activa *Wirkstrom* m || ~ aérea *Luft|strom* m, *-strömung* f || ~ alterna *Wechselstrom* m || ~ anódica *Anodenstrom* m || ~ atmosférica ⟨Mar⟩ *Luftströmung* f || ~ bifásica, monofásica, polifásica, trifásica *Zwei-, Ein-, Mehr-, Drei|phasen(wechsel)strom* m || ~ circulatoria ⟨Med⟩ *Kreisstrom* m, *Körperkreislauf* m || ⟨Com⟩ *Geldumlauf* m || ~ comercial *Handelsstrom* m || ~ continua *Gleichstrom* m || ~ de agua *Wasser|fluß, -strom* m, *laufendes Wasser* n || ~ de aire *Luft|zug* m, *-strömung* f || *Zugluft* f, *Zug* m || ⟨Bgb⟩ *Wetter|zug, -strom* m || ~ ascendente, descendente *Auf-, Ab|wind* m || ~ de alimentación ⟨El⟩ *Speisestrom* m || ⟨Radio Nucl⟩ *Anodenruhestrom* m || ~ de alta (baja) frecuencia *Hoch-(Nieder) Frequenzstrom* m || ~ de alta (baja) tensión *hochgespannter Strom, Schwachstrom* m || ~ de arranque *Anlaufstrom* m || ~ de audición ⟨Tel⟩ *Hörstrom* m || ~ de calefacción ⟨Radio⟩ *Heizstrom* m || ~ de calor *Wärmeströmung* f || ~ de carga *Ladestrom* m || ~ de cátodo, ~ catódica ⟨Nucl⟩ *Kathodenstrom* m || ~ de convección *Konvektionsstrom* m || ~ de descarga *Entladestrom* m || ~ de excitación *Erregerstrom* m || ~ de fase *Phasenstrom* m || ~ de fuga *Leckstrom* m || ~ de histéresis ⟨El⟩ *Hysteresestrom* m || ~ de inducción *Induktionsstrom* m || ~ de inducido *Ankerstrom* m || ~ de la red *Netzstrom* m || ~ del Golfo *Golfstrom* m || ~ de los alisios ⟨Mar⟩ *Passatdrift* f || ~ de los monzones ⟨Mar⟩ *Monsundrift* f || ~ de marea *Gezeitenstrom* m || ~ de (nuevos) pedidos ⟨Com⟩ *Auftragswelle* f || ~ de perturbación ⟨Meteor⟩ *Störungsströmung* f || ~ de reposo *Ruhestrom* m || ~ de retención ⟨Tel⟩ *Haltestrom* m || ~ de retorno *Rückstrom* m || ~ derivada *Zweigstrom* m || ~ de saturación ⟨Nucl⟩ *Sättigungsstrom* m || ~ de simpatía (establecida entre) fig *natürliche Neigung, edle Freundschaft* f *(zwischen, unter)* || ~ de torbellino ⟨Hydr⟩ *wirbelige Strömung* f || ~ devatiada *Blindstrom* m || ~ directa Am *Gleichstrom* m || ~ discontinua *unregelmäßig fließendes Gewässer* n || ~ efluente ⟨Nucl⟩ *Ausfluß* m || ~ eléctrica *elektrischer Strom* m || ~ estelar ⟨Astron⟩ *Sternstrom* m || ~ externa ⟨Radio⟩ *Außenstrom* m || ~ galvánica *galvanischer Strom* m || ~ inducida, ~ secundaria *Nebenstrom* m || ~ iónica *Ionenstrom* m || ~ irreversible *nicht umkehrbarer Strom* m || ~ linfática ⟨Med⟩ *Lymphströmung* f || ~ luminosa *Lichtstrom* m || ~ marítima *Meeresströmung* f || ~ parásita *Störstrom* m || ~ portadora ⟨Radio⟩ *Trägerstrom* m || ~ principal *Hauptstrom* m || ~ sanguínea ⟨Med⟩ *Blutstrom, Körperkreislauf* m || *Strömungsbahn* f || ~ sinuosa ⟨Hydr⟩ *krümmige Strömung* f || ~ submarina *unterseeische Strömung* f || ~ termoiónica *Thermoionenstrom* m || ~ turbulenta ⟨Hydr⟩ *Turbulenzströmung* f || ~ unidireccional *gleichgerichteter Strom* m || ~ útil *Nutzstrom* m || ~ vagabunda *Streustrom, vagabundierender Strom* m || ~ vatiada *Wirk-*

strom m || ~ voltaica *galvanischer Strom* m || ~ centro de ~ *Mittellinie* f *des Wasserlaufs* || consumo de ~ *Stromverbrauch* m || contador de ~ *Stromzähler* m *(Apparat)* || economía (*od* ahorro) de ~ *Stromersparnis* f || intensidad de la ~ *Stromstärke* f || tensión de la ~ de ánodo ⟨Radio⟩ *Anodenspannung* f || ◊ aguantarse con la ~ ⟨Mar⟩ *der Strömung Widerstand leisten* || cortar la ~ ⟨El⟩ *den Strom unterbrechen* || dejarse llevar de *(od* por) la ~, irse con la ~ fig *mit dem Strom schwimmen* || fig *der fremden Meinung blindlings folgen* || hay (mucha) ~ *es zieht (stark)* || ir *(od* navegar) contra (la) ~ fig *mit großen Hindernissen kämpfen; gegen den Strom schwimmen* || tomar la ~ *desde la fuente* fig *e–r Sache auf den Grund gehen* || con la ~, ~ abajo *stromabwärts* || contra la ~, ~ arriba *stromaufwärts* || ~s endoglaciales *innere Ströme* mpl *e–s Gletschers* || ~ meteóricas ⟨Astron⟩ *Meteorströme* mpl *(um die Sonne)* || ~ telúricas *Erdströme* mpl

corrientemente adv *leicht, glatt, ohne Hindernis*

Corrientes arg. *Provinz und Stadt*

corrigendo m/adj *Sträfling, Zuchthäusler* m

corrijo → **corregir**

corri|llero adj/s fam *der gern umherbummelt* od *plaudert* || **-llo** m *Gruppe* f *sich unterhaltender Personen* || fam *Plauderzirkel* m || *geschlossene Gesellschaft* f || ~s pl *Plaudereien* fpl, *Stadtklatsch* m || **-miento** m s v. **correr(se)** || fig *Scham* f, *Erröten* n || ⟨Med⟩ *Fluß* m || Chi *Rheumatismus* m || ~ de tierra *Berg-, Erd|rutsch* m || *Solifluktion* f

corrincho m vulg *Lumpenpack* n || △*Gehöft* n || Ec = **corretea** || Col *Getöse* n

corriverás m Ast = **correverás**

¹**corro** m *Kreis* m *(von Leuten)* || *Ringelreihen* m || *Rundtanz, Reigen* m || en ~ *einstimmig* || ◊ escupir en ~ fig *sich ins Gespräch einmischen* || hacer ~ *Platz machen (Menschenmenge)* || hacer ~ aparte fig *e–e besondere Partei bilden* || *ein Eigenbrötler sein* || jugar al ~ *Reigen spielen (Kinder)*

²**corro** m Sant *Ente* f

corrobo|ración f *Bekräftigung, Bestätigung* f || *(Ver) Stärkung* f || ⟨Med⟩ *Stärkung* f || en ~ (de) zum *Beweise* (gen) || **-rante** m/adj ⟨Med⟩ *Stärkungsmittel* n || adj *stärkend* || *bestätigend* || **-rar** vt/i || *stärken* || fig *bekräftigen, bestätigen, erhärten* || ~se *sich bewahrheiten* || ◊ ~ en su opinión fig *sich in seiner Meinung bestärken* || **-rativo** adj/s *bekräftigend, bestätigend* || ⟨Med⟩ *stärkend*

corroer [irr → **roer**] vt *zernagen, an-, zer|fressen, korrodieren* || *abbeizen, ätzen* || *zerstören* || ⟨Geol⟩ *auswaschen* || ~se *verwittern* || ⟨Arch⟩ *verfallen, verwittern* || fig *sich vor Kummer verzehren*

corrom|per vt *verunstalten* || *verderben* || *verschlechtern* || *bestechen* || fig *verführen (e–e Frau)* || *beeinträchtigen, stören* || vi *stinken* || ◊ ~ las costumbres fig *die Sitten verderben* || ~se *verderben, verfaulen, vermodern, verwesen* || *faulen, stocken (Holz)* || fig *sittlich verkommen* || **-pidamente** adv *auf verderbte Weise*

corroncho m Col Ven ⟨Fi⟩ *Schilderwels* m (*Plecostomus* sp) || **~cho** m Guat *Wandelrösschen* m (*Lantana* sp) || ~**so** adj Col CR Hond *rauh* || MAm Ven *schuppig*

corrongo adj CR Cu *schön, nett*

corrosca f Col *Strohhut* m *der Bauern*

corro|sible adj *ätzbar* || *korrosionsanfällig* || **-sión** f *Zerfressen* n, *Abzehrung, Ätzung* f || ⟨Geol Tech⟩ *Korrosion* f || ⟨Arch⟩ *Schleifwirkung* f *des Wassers* || ~ intercristalina, ~ intergranular *interkristalline Korrosion* f || ~ interna, ~ externa *innere, äußere Korrosion* f *(Wasser-*

leitung) ‖ ~ por contacto Kontaktkorrosion f ‖ ~ por depósito Belagskorrosion f ‖ ~ por humedad condensada Schwitzwasserkorrosion f ‖ resistencia a la ~ Korrosionbeständigkeit f ‖ –sivo adj zerfressend, beizend ‖ scharf (Säure) ‖ korrodierend, korrosiv ‖ sublimado ~ (Ätz)Sublimat n ‖ ~ m Ätzmittel n, Beize f
   corroyente adj = **corrosivo**
   corrozo m fam Bettelstolz m
   corr.ᵗᵉ Abk = **corriente**
   corruco m Má Gebäck n aus Mehl und Mandeln
   corrumpente adj verderblich ‖ figf lästig
   corrup|ción f Verderben n, Verderb m ‖ Verschlechterung f ‖ Verdorbenheit ‖ Verwesung, Fäulnis, Zersetzung f ‖ Bestechung f ‖ Bestechlichkeit f ‖ Korruption f ‖ Sittenverderbnis f ‖ Verfall m ‖ Entstellung f ‖ ~ de las costumbres Sittenverderbnis f ‖ ~ de menores ⟨Jur⟩ Verführung Minderjähriger ‖ ~ electoral Wahlbestechung f ‖ **–tamente** adv auf verderbte Weise ‖ **–tela** f = **corrupción** ‖ ⟨Jur⟩ Mißbrauch m ‖ Verdorbenheit f ‖ Bestechlichkeit f ‖ ~ de derecho Rechtsmißbrauch m ‖ rechtswidrige Gewohnheit f ‖ **–tibilidad** f Verderblichkeit f ‖ Bestechlichkeit f ‖ **–tible** adj verweslich, zerstörbar ‖ verderblich, dem Verderben ausgesetzt ‖ bestechlich ‖ **–tivo** adj verderblich ‖ **–to** adj pp/irr v. **corromper** ‖ adv: **~tamente** ‖ **–tor** m Verderber m ‖ Verführer m ‖ Bestecher m ‖ ~ adj verderblich ‖ sittenverderbend ‖ bestechend ‖ schädlich
   corrusco m fam Stück n (trockenes) Brot
   ¹**corruto** pp/irr, Sant pop v. **correr**
   ²**corruto** adj pop = **corrupto**
   corsario adj: (buque) ~ Kaperschiff n ‖ ~ m Korsar, Pirat, Freibeuter, Seeräuber m
   corsé m (Schnür)Leibchen, Mieder, Korsett n ‖ ~ ortopédico Stützkorsett n
   corsear vi ⟨Mar⟩ als Korsar fahren
   corsete|ra f Korsettnäherin f ‖ **–ría** f Korsettfabrikation f ‖ Miederfabrik f ‖ Miederwaren fpl ‖ **–ro** m Korsettmacher m ‖ Miederfabrikant m
   ¹**corso** adj korsisch, aus Korsika (Córcega) ‖ ~ m Korse m ‖ el gran ~ der große Korse m (Napoleon)
   ²**corso** m ⟨Mar⟩ Kaperei, Freibeuterei f ‖ Am Korso, Spazier|platz, -weg m ‖ a ~ mit größter Schnelligkeit ‖ ◊ armar un buque en ~ ein Kaperschiff ausrüsten ‖ ir a ~ ⟨Mar⟩ auf Kaperei ausgehen ‖ patente de ~ Kaperbrief m
   corta f Holzfällen, Abholzen n ‖ Holzschlag m ‖ abgeholztes Gelände n ‖ (Zu)Schneiden n (von Bäumen, Sträuchern, Gemüse) ‖ Rohrschneiden n ‖ Hohlweg m (im Walde) ‖ ◊ hacer la ~ abholzen, Holz fällen ‖ meter ~ a para sacar largas fam mit der Wurst nach der Speckseite werfen ‖ trabajar en las ~s als Holzfäller arbeiten
   corta|alambres m ⟨Tech⟩ Draht|schneider m, -zange f ‖ **–bolsas** m fam Beutelschneider, Taschendieb m ‖ **–cabezas** m fam Kopfabschneider m ‖ **–callos** m Hühneraugenmesser n ‖ **–césped(es)** m Rasenmäher m ‖ **–cigarros** m Zigarrenabschneider m ‖ **–circuito(s)** m ⟨El⟩ Sicherung f ‖ Stromunterbrecher, Netzausschalter m ‖ ~ balístico ballistischer Ausschalter m ‖ ~ con empuñadura Griffausschalter m ‖ ~ de caja Dosensicherung f ‖ ~ de cartucho Patronensicherung f ‖ ~ de sobretensión Überspannungssicherung f ‖ ~ fusible Schmelzsicherung f ‖ **–copias** m ⟨Phot⟩ Beschneidemaschine f ‖ **–corriente** m Am (Art) Sumpfente f ‖ → a **–circuito(s)**
   corta|dera f Schrotbeil n (der Schmiede) ‖ Zeidelmesser n ‖ Am ⟨Bot⟩ Pampasgras n (Cortaderia selloana = Gynerium argenteum) ‖ **–dero** adj leicht zerschneidbar ‖ **–dilla** f kleiner Einschnitt m, Ritze f ‖ **–dillo** adj beschnitten (Münze) ‖ ~ m walzenförmiges, kleines Trinkgefäß n (Weingefäß) ‖ ⟨Mil⟩ gehacktes Eisen n (als Kartätschenladung) ‖ (Art) Flüssigkeits-

maß n (zirka 1 copa) ‖ ◊ echar ~s figf geziert sprechen ‖ figf ein Glas nach dem anderen trinken ‖ **–do** adj zugeschnitten ‖ geeignet ‖ knapp, bündig (Stil) ‖ bestürzt, verlegen ‖ beschnitten (Münze) ‖ geronnen (Milch) ‖ ⟨Her⟩ geteilt (Schild) ‖ ◊ estar (od andar) ~ figf in Geldverlegenheit sein ‖ ~ m Espresso m mit e-m Schuß Milch ‖ **–dor** adj schneidend (sastre) ~ Zuschneider m ‖ ~ m Fleischer, Metzger m ‖ Blechschere f ‖ Schneidewerkzeug n, Schneider m ‖ Vorlegemesser n ‖ ⟨Typ⟩ Schneideapparat m ‖ ~ de sastre Zuschneider m ‖ ~ de (la) tela ⟨Web⟩ Flor-, Pelz|brecher, Pelzreißer m ‖ **–es** pl Schneidezähne mpl ‖ **–dora** f Schneidwerkzeug n, Schneider m, Schneidemaschine f ‖ ~ de alambre Drahtschneidemaschine f ‖ ~ de césped(es) Rasenmäher m ‖ ~ de ensilaje Silohäcksler m ‖ ~ de forraje Futterschneidmaschine f ‖ ~ de paja Häckselmaschine f ‖ ~ de papel Papierschneidemaschine f ‖ ~ de remolacha Schnitzelmaschine f ‖ ~ de trapos Lumpen-, Hadern|schneider m ‖ ~ para barras, ~ para armaduras Betonstahlschneidmaschine f ‖ **–dura** f (Ein)Schnitt m ‖ Schnittwunde f ‖ Verhau m ‖ Scherung f, Schub m ‖ ~ del terreno Geländeeinschnitt m ‖ **~s** pl Schnitzel n/mpl, (Papier)Abfälle mpl
   cortafiambres m Wurstschneidemaschine f
   corta|fierro m Arg ‖ **–frío** ‖ **–forrajes** m Futterschneidemaschine f ‖ **–frío** m ⟨Tech⟩ Hart-, Kalt|meißel, Brechbeitel m ‖ ~ de calafatear Stemmmeißel m ‖ ~ de rebabas Handmeißel m ‖ **–fuego** m Brandmauer f ‖ Brandabschnitt m ‖ Löschhaken m (der Schmiede) ‖ ⟨Filmw⟩ Kassettenschlitz m ‖ **–hierro** m = **–frío** ‖ **–lápices**, **–lápiz** [pl **–ces**] m Bleistiftspitzer m ‖ **–líneas** m ⟨Typ⟩ Zeilenhacker m ‖ **–mechas** m Dochtschneider m ‖ **–mente** adv kärglich, spärlich ‖ **–miento** m fig Schüchternheit f
   cortante adj scharf ‖ schneidend ‖ Schneidecuchara ~ ⟨Chir⟩ Sezierlöffel m ‖ ~ m prov Fleischer, Metzger m
   corta|paja(s) m Futterschneidemaschine f ‖ **–papel** m Am Papiermesser n ‖ **–papeles** m Papier|schneider m, -messer n ‖ Brieföffner m ‖ **–patatas** m Kartoffelschneider m ‖ **–pepinos** m Gurkenhobel m ‖ **–picos** m ⟨Entom⟩ Ohrwurm, Öhrling m (Forficula auricularia) (→ **tijereta**) ‖ **–pijas, –pichas** m ⟨Entom⟩ = **tijereta** ‖ **–pisa** f Vorbehalt m ‖ **–plumas** m Feder-, Taschen|messer n ‖ **–pruebas** m ⟨Phot⟩ Beschneid(e)messer n, Beschneider m ‖ **–puros, –puntas** m Zigarrenabschneider m, Zigarrenschere f
   cortar vt/i schneiden ‖ ab-, aus-, be-, durch-, weg-, zer-, zu|schneiden ‖ stechen, ätzen, radieren ‖ (ab)hauen (bes Fleisch) ‖ umhauen, fällen, schlagen (Bäume) ‖ abhacken (Holz) ‖ mähen (Gras) ‖ scheren ‖ verschneiden, kastrieren (Tier) ‖ zeideln (Bienenstöcke) ‖ abschneiden (Weg) ‖ durchqueren (Gelände) ‖ zuschneiden (Kleidungsstück) ‖ sperren (Straße) ‖ ⟨Geogr⟩ (durch)schneiden ‖ hemmen, unterbrechen ‖ beilegen, schlichten (Streitigkeiten) ‖ gerinnen machen (Milch) ‖ abheben (Spielkarten) ‖ ⟨Tel⟩ trennen ‖ (Dampf, Gas, Licht) absperren, abschalten, abstellen ‖ streichen, kürzen (Text) ‖ fig in Bestürzung versetzen ‖ fig ab-, unter|brechen (Rede) ‖ kupieren (Fieber) ‖ verschneiden (Getränk) ‖ ⟨Mil⟩ abschneiden (Zufuhr) ‖ ⟨Mar⟩ kappen ‖ ◊ ~ las aguas fig die Meere durchfurchen ‖ ~ el aire die Lüfte durchschneiden (z. B. Flugzeug) ‖ ~ autógenamente autogen schneiden ‖ ~ el bacalao = **bacalao** ‖ los bríos a uno fig jdm die Flügel beschneiden ‖ ~ un cabello en cuatro fig Haarspalterei treiben ‖ ~ a cercén an der Wurzel abschneiden ‖ ~ el césped den Rasen stechen ‖ ~ el circuito ⟨El⟩ aus-, ab|schalten ‖ ~ el contacto ⟨El⟩ unterbrechen (Leitung) ‖ corta circuito = **cortacircuito** ‖

~ la cólera a alg. figf *jds Zorn dämpfen* || ~ las combinaciones de alg. *jds Pläne durchkreuzen* || ~ la conversación (a) *jdm in die Rede fallen* || ~ cupones ⟨Com⟩ *Kupons abschneiden* || ~ la cuenta Am *das Konto abschließen* || ~ la curva *die Kurve schneiden* || ~ con escoplo *mit dem Meißel abschlagen, abmeißeln* || ~ el gas ⟨Aut⟩ *das Gas wegnehmen, abdrosseln* || ~ bien un idioma *e-e Sprache rein und fließend sprechen* || ~ el lápiz *den Bleistift spitzen* || ~ a medida *zuschneiden* || ~ mal *falsch schneiden, verschneiden* || ~ el paso a uno *jdm den Weg vertreten* || fig *jds Absichten durchkreuzen* || ~ a patrón *nach Schablone schneiden* || hacerse (*od* irse a) ~ el pelo *sich die Haare schneiden lassen* || ~ con pinza, ~ con alicate *ab\kneifen, -zwicken* || ~ la palabra a alg. *jdm ins Wort fallen* || ~ de raíz *mit der Wurzel ausrotten, mit Stumpf und Stiel ausrotten, im Keim ersticken* || ~ las relaciones ⟨Com⟩ *die Verbindung abbrechen* || ~ en rued(e-cit)as *in Scheiben schneiden* || ~ por lo sano *ins Fleisch schneiden* || fig *einschneidende Maßnahmen treffen* || ~ al sesgo *schräg abschneiden* || ~ con soplete *brennschneiden* || ~ el sudor ⟨Med⟩ *den Schweiß benehmen* || ~ de vestir, ~ un vestido *ein Kleid zuschneiden* || fig *jdm Übel nachreden* || ~ la vida, ~ la existencia (a) fig *(jdn) umbringen* || ~ el vino *den Wein (ver)schneiden*
~ vi ⟨Kart⟩ *abheben* || *streichen (im Text)* || fig *entscheiden, das Wort haben* || Chi *plötzlich fortgehen (& vr)* || *cortando por lo bajo* fam *zum mindesten* || máquina de ~ (felpa) *(Plüsch-) Schneidemaschine* f || ~ *por lo vivo*, ~ por lo sano fig *den wunden Punkt berühren, durchgreifende Maßnahmen treffen, energisch vorgehen (gegen)* || hace un frío que corta (la cara) *es ist e-e grimmige Kälte* || sin ~ *unbeschnitten (Buch)* || ~se *sich schneiden, sich verwunden* || *gerinnen (Milch)* || *umschlagen, verderben (Wein)* || *aufspringen (Haut vor Kälte)* || *brechen (Seide)* || ⟨Math⟩ *sich (über)schneiden* || *sich kreuzen (Straßen)* || fig *bestürzt werden* || *in der Rede stekkenbleiben* || ◊ ~ *las uñas sich die Nägel schneiden*

corta|raíces *m Wurzelschneidemaschine* f || *Rübenschneider* m || **-tarugos** *m Zapfenschneider* m || **-tortas** *m Kuchen\spaten* m, *-schaufel* f || **-tubos** *m* ⟨Tech⟩ *Rohr(ab)schneider* m || **-uñas** *m Nagelzange* f || **-vapor** *m Dampfabsperrschieber* m || **-veta** *f Quer\schlag, -stollengang* m || **-vidrio(s)** *m Glasschneider* m *(Diamant)* || **-viento** *m Windschutz(scheibe f) m (am Wagen)*

¹**corte** *m Schneide, Schärfe* f *(e-s Messers)* || *(Ein)Schnitt* m || *Schneiden, Ab-, Ein-, Zer\schneiden* n || *Zuschneiden* n *(e-r Feder)* || *Holzfällen, Abholzen* n || *(Zu)Schnitt* m *e-s Kleides* || *abgeschnittenes Stück* n *Zeug* || *Stoff* m *(für Anzug od Kleid)* || ⟨Buchb⟩ *Schnitt* m || ⟨Ak⟩ *Wortverstümmelung* f || ⟨Filmw⟩ *Schnittrand* m || ⟨Arch⟩ *Aufriß, Schnitt(zeichnung f)* m || *(Buch-) Schnitt* m || *Streichung f (im Text)* || ⟨Schaf-⟩ *Schur* f || ⟨Kart⟩ *Abheben* n || Arg *würdevoller Anstand* m, *Entschlossenheit* f || Chi *kleiner Auftrag* m || ~ achaflanado ⟨Typ⟩ *Schrägschnitt* m || ~ de agua *Unterbrechung f der Wasser\leitung, -führung* || ~ circular *Rundschnitt* m || ~ del combustible ⟨Flugw⟩ *Brennstoffsperrung* f || ~ de cupones *Ablösung* f *von Kupons* || ~ falso ⟨Ak⟩ *Überspringen* n || ~ (con filete) dorado *Goldschnitt* m || ~ de filtro ⟨Phot⟩ *Filterabschneidung* f || ~ de inglete *Gehrungsschnitt* m || ~ jaspeado *Marmorschnitt* m *(Buch)* || ~ longitudinal, transversal, vertical *Längs-, Quer-, Höhen\schnitt* m || ~ oblicuo *Winkelschnitt* m || ~ de pelo *Haarschnitt* m || ~ radial *Radialschnitt* m || con soplete *Brennschneiden* n || ~ del vino *Verschnitt m des Weines* || ◊ dar ~ (a) *wetzen, schärfen* || dar un ~ figf *e-n Ausweg finden* || dar ~ a un negocio figf *ein Geschäft einleiten* ||

darse ~ Arg *sich ins rechte Licht setzen, großtun* || ~s *pl*: ~ para zapatos *Schuh\blätter* npl, -schnitte mpl || ~ presupuestarios *Budget\abstriche* mpl, *-kürzungen* fpl || ◊ hacer ~ *Streichungen vornehmen (z. B. in e-m Theaterstück)*

²**corte** *f (königlicher) Hof* m || *Hofstaat* m || *Residenz(stadt)* f || *Obergerichtshof* m || *Hofmachen* n || *Gehege* n || *Schafhürde* f || Ast *Stallung* f *im Untergeschoß des Bauernhauses* || Am *Gerichtshof* m || las ~s de Amor *der Minnehof* || ~ celestial *Himmelreich* n || ~ o cortijo fam *e-r od der andere, e-r von beiden* || ~ de honor *Brautjungfern* fpl || ≃ internacional de justicia (ONU) *Internationaler Gerichtshof m (UNO)* || ≃ de Justicia Arg *höchster Gerichtshof* m || ~ de mangas fam vulg *Schlag mit der linken Hand auf die Mitte des rechten Unterarm(e)s (als Zeichen von Geringschätzung, Verachtung)* || ~ marcial *Kriegs-, Stand\gericht, Gericht* n *im Ausnahmezustand* || ≃ permanente de arbitraje de la Haya *Ständiger Schiedshof* m *in Den Haag* || ~ suprema *oberster Gerichtshof* m || en la ≃ *bei Hofe*, *in der Hauptstadt, in Madrid* || ◊ hacer la ~ (a) fig *jdm den Hof machen* || ir a la ~, y no ver al rey figf *die günstige Gelegenheit nicht ausnützen* || tener ~, recibir en ~ *Hof halten* || ~**s** *pl Reichsstände* mpl || *Land-, Reichs\tag* m || Span *Ständeparlament* n, *Volksvertretung* f, *die Cortes* fpl || ~ constituyentes Span *verfassunggebende (bzw verfassungsberatende) Versammlung* f || celebración de las ≃ Span *Parlamentssitzung* f || conclusión de las ≃ *Schluß m der Sitzungsperiode (des [Stände]Parlaments)* || remitir a las ≃ Span *im (Stände)Parlament einbringen* || → **diputado** *u.* **procurador**

cortecilla *f* dim *v.* **corteza**
cortedad *f Kürze* f || *Kleinheit* f || fig *(geistige) Beschränktheit* f || fig *Schüchternheit, Bestürzung, Verlegenheit* f || fig *Kleinmut* m || ~ de inteligencia *geistige Beschränktheit* f || ~ de medios, ~ de recursos *Dürftigkeit* f || ~ de vista *Kurzsichtigkeit* f

corte|jador, -jante *m*/adj *Cour-, Hof\macher* m || *Liebhaber, Galan* m || *Schmeichler* m || **-jo** *m Aufwartung* f || *gute Aufnahme* f || *Gefolge* n || *Zug* m || *Hofstaat* m || fam *Liebhaber* m || fam *Geliebte(r* m*)* f || *Liebeswerben* n || *Liebschaft* f || ~ fúnebre *Trauerzug* m
cortera *f* Chi *(Straßen)Dirne* f
cortero *m* Chi *Lastträger* m || *Tagelöhner* m
cortés, esa adj *höflich* (con *gegen*) || *artig, gesittet* || amor ~ ⟨hist poet⟩ *Minne* f, *höfischer Frauendienst* m, *Werben m der Ritter um Frauenliebe*
cortesa|na *f Hofdame* f || *Kurtisane, vornehme Buhlerin, Halbweltdame* f || **-nesco** adj *höfisch*, *Hof-* || *Hofschranzen-* || **-nía** *f Höflichkeit, Artigkeit* f || *Hofgesellschaft* f || *Hofschranzentum* m || **-no** adj *höfisch, Hof-* || *höflich, artig, gesittet*, *klug, fein, gebildet* || dama ~a *vornehme Buhlerin* f || lírica ~a *Hoflyrik* f || poeta ~ *Hofdichter* m || adv: **-amente** || ~ *m Hofmann, Höfling* m || *(Hof)Schranze* m/f || fam *Hofmacher, Verehrer* m || fam *Liebhaber* m
cortesía *f Höflichkeit, Artigkeit* f || *Gunst(bezeigung)* f || *Zuvorkommenheit* f || *Gefälligkeit, Gunst* f || *Gruß* m, *Verbeugung* f, *Bückling* m || ~ de escheñk u || *(Ehren)Titel* m || *Höflichkeitsformel* f *(in Briefen)* || ⟨Typ⟩ *leeres Zwischenblatt* n || ~ internacional *internationale Courtoisie* f || falta de ~ *Verstoß m gegen den Anstand* || pagaré de ~ ⟨Com⟩ *Gefälligkeitswechsel* m || plazo de ~ ⟨Com⟩ *Frist-, Respekt\tage* mpl || término de ~ ⟨Com⟩ *Karenz-, Respekt\tage* mpl || por ~ *aus Höflichkeit* || ◊ hacer una ~ *sich verbeugen*
cortésmente adv *höflich, gesittet*
córtex *f* ⟨Med Zool⟩ *(Hirn)Rinde* f, *Kortex* m || ⟨Bot⟩ *Rinde* f

cortez(a *f)* m MAm *Antillenapfel* m (Tecoma pentaphylla) *und andere Bignoniengewächse* npl (Bignoniaceae)
corte|za *f (Baum) Rinde, Borke* f ‖ *(Brot) Rinde, Kruste* f ‖ *Schale* f *(Früchte)* ‖ *(Speck-) Schwarte* f ‖ fig *Grobheit, Ungeschliffenheit* f ‖ fig *Armut* f ‖ ~ crujiente *Knackkruste* f *(am Brot)* ‖ ~ curtiente *Gerb(er)rinde* f ‖ ~ de anillo ⟨Bot⟩ *Ringrinde* f ‖ ~ de limón *Zitronenschale* f ‖ ~ del Perú, ~ de los jesuitas *Chinarinde* f *(Fiebermittel)* ‖ ~ dura *Hartrinde* f ‖ ~ terrestre *Erd|rinde, -kruste* f ‖ ~ tintórea *Färberrinde* f ‖ ~s pl △*Handschuhe* mpl ‖ **-zón** augm *v.* **-za** ‖ **-zudo** adj *dick|rindig, -schalig* ‖ fig *grob, ungeschliffen*
Corti: órgano de ~ ⟨Zool⟩ *Cortisches Organ* n
corti|cal adj *kortikal, Rinden-* ‖ **-ciforme** adj *rindenförmig* ‖ **cortícola** adj ⟨Zool⟩ *unter der Rinde lebend* ‖ **-coso** *hartrindig* ‖ **-costerona** *f Kortikosteron, Hormon* n *der Nebennierenrinde*
Cortico m fam = **Gregorio**
corti|jada *f Gruppe* f *von Landgütern* ‖ **-jero** m *Landgutbesitzer* m ‖ *Meiereiverwalter* m ‖ **-jo** m *Bauern-, Land|gut* n ‖ *Frachthof* m, *Meierei* f ‖ △ *Freudenhaus* n ‖ ◊ alborotar el ~ figf *e-e Menschenmenge in Aufruhr bringen* ‖ fam *den Laden auf den Kopf stellen*
cortil m *(Hühner)Hof* m
cortillero m fam *Marktschreier* m
corti|na *f (Tür-, Fenster)Vorhang* m, *Gardine* f ‖ fig *Schleier* m ‖ fig *Vorwand* m ‖ ⟨Mil⟩ *Kurtine, Kulisse, Verschleierung* f, *Schleier* m ‖ *Staumauer* f ‖ fam *Neige* f *(von Getränken)* ‖ ~ corrediza *Schiebe(fenster)vorhang* m ‖ ~ de bambú ⟨Pol⟩ *Bambusvorhang* m ‖ ~ de exploración ⟨Mil⟩ *Aufklärungsschleier* m ‖ ~ de fuego *Brandschürze* f ‖ ⟨Mil⟩ *Feuer|riegel* m, *-wand* f ‖ ~ de hierro ⟨Pol⟩ *Eiserner Vorhang* m ‖ ~ de humo ⟨Mil⟩ *Rauchschleier* m ‖ ~ de muelle *Hafendamm* m ‖ ~ de seguridad ⟨Mil⟩ *Sicherungsschleier* m ‖ ~ de tropa ⟨Mil⟩ *Truppenschleier* m ‖ aparato de ~ ⟨Phot⟩ *Schlitzverschlußkamera* f ‖ a ~ descorrida fig *offen, vor aller Augen* ‖ ◊ correr la ~ den *Vorhang auf- bzw zuziehen* ‖ fig *den Schleier über et werfen* ‖ descorrer la ~ *den Vorhang auseinanderziehen* ‖ dormir a ~s verdes figf *bei Mutter Grün schlafen* ‖ **-nado** adj ⟨Her⟩ *durch eine eingebogene aufsteigende Spitze geteilt (Schild)* ‖ **-naje** m *Gardinen u. Vorhänge* pl ‖ *Behang* m, *Vorhänge* mpl, *Draperie* f ‖ **-nilla** *f kleiner Fenster-, Roll|vorhang* m ‖ *Rouleau* n ‖ ~ de resorte *Rollvorhang* m ‖ obturador de ~ ⟨Phot⟩ *Schlitzverschluß* m ‖ **-nón** m augm *v.* **-na** ‖ **-ña** *f* Gal **cortiña** *f Hausgarten* m
cortisona *f* ⟨Med⟩ *Kortison* n *(Hormon der Nebennierenrinde)* ‖ *Präparat* n *aus diesem Hormon*
cortito adj dim *v.* **corto**
corto adj/adv *kurz (Länge, Dauer)* ‖ *klein, gering* ‖ *unbedeutend* ‖ *unzureichend* ‖ *knapp (Lohn)* ‖ fig *dumm, beschränkt, einfältig* ‖ fig *schüchtern, scheu* ‖ fig *geizig, knauserig* (para con *gegen*) ‖ ~ de alcances (od genio) fig *stumpfsinnig, geistig beschränkt* ‖ ~ de manos fig *langsam in der Arbeit* ‖ ~ de medios *knapp an Geld* ‖ ~ de oído *schwerhörig* ‖ ~a pala, ~ sastre figf *jd, der nichts versteht* ‖ ~ de vista *kurzsichtig* ‖ vista ~a *Kurzsichtigkeit* f ‖ ~a vista *kurze Sicht* f *(Wechsel)* ‖ onda ~a ⟨Radio⟩ *Kurzwelle* f ‖ a plazo ~ ⟨Com⟩ *auf kurzes Ziel* ‖ a la ~a o a la larga *über kurz od lang* ‖ a ~a distancia *in kleiner Entfernung, unweit* ‖ con ~a diferencia *mehr od weniger* ‖ de ~a estatura *von kleinem Wuchs* ‖ desde muy ~a edad *von frühe(ste)r Kindheit an* ‖ por mi ~a suerte pop *zu meinem Unheil* ‖ ◊ atar (de) ~ figf *kurz anbinden* ‖ quedarse ~ fam *nicht dahinterkommen* ‖ fam *zu wenig ansetzen* ‖ no quedará por ~a ni mal echada figf *an Mühe und Fleiß soll es nicht fehlen*

cortocircuito, corto circuito m ⟨El⟩ *Kurzschluß* m ‖ ~ de bobina *Spulenkurzschluß* m ‖ ~ debido a las oscilaciones *Schwingungskurzschluß* m *(der elektrischen Leitungen)*
cortometraje m *Kurzfilm* m
cortón m ⟨Entom⟩ *Maulwurfsgrille, Werre* f (Gryllotalpa vulgaris) (→ **grillotopo, alacrán** cebollero)
corúa *f* Cu ⟨V⟩ *Kormoran* m (Phalacrocorax sp)
coruja *f Eule* f
corumba *f* Am *Herz, Inneres* n *(des Maiskolbens)*
corundo m = **corindón**
coru|ña *f Leinwand* f *aus La Coruña* ‖ **-ñés** adj *aus La Coruña*
corus|cación *f Glanz* m *e-s Meteors* ‖ **-cante, -co** adj ⟨poet⟩ *glänzend, strahlend* ‖ **-quez** [pl **-ces**] *f* ⟨poet⟩ *Schimmer* m
cor|va *f Kniekehle* f ‖ *Schwungfeder* f *(e-s Vogels)* ‖ ⟨Vet⟩ *Spat* m, *Flußgalle* f ‖ **-vado** *f gekrümmt, krumm* ‖ △ *tot, gestorben* ‖ **-vadura** *f Krümmung, Biegung* f, *Bug* m ‖ **-val** adj *langfrüchtig (Olive)* ‖ **-var** vt *(Holz) biegen*
corvato m *Rabenjunges* n, *Jungrabe* m
corvaza *f* ⟨Vet⟩ *Spat* m ‖ *Flußgalle* f
corvecito m dim *v.* **cuervo**
¹**corve|jón** *m*, **-jos** mpl *hintere Knie|beuge, -kehle* f *(der Vierfüßer)* ‖ *Fessel* f, *Sprunggelenk* n *(des Pferdes)*, ‖ ◊ meter la pata hasta el ~ figf *sich bis auf die Knochen blamieren*
²**corvejón** m *Kormoran* m (Phalacrocorax sp)
corveño adj *aus Cuerva* (PTol)
corve|ta *f Kurbette* f, *Bogensprung* m *des Pferdes* ‖ *kurzer Galopp* m ‖ **-tear** vi *kurbettieren (Pferd)*
¹**corvina** *f* ⟨Fi⟩ *Meerrabe* m (Sciaena nigra)
²**corvina** *f* Chi *scharfgezackte Bergkette, die sich in der Mitte verbreitet*
corvinera *f* ⟨Fi⟩ *Fangnetz* n *für Meerraben*
corvino adj *Raben-*
corvo adj *krumm, gebogen, gekrümmt* ‖ ~ m *Haken* m
cor|za *f Ricke* f, *(weibliches) Reh* n ‖ △*Dirne* f, *die ihren Liebhaber aushält* ‖ **-zo** m *Rehbock* m, *Reh* n (Capreolus capreolus) ‖ ~ asado *Rehbraten* m
cosa *f Sache* f, *Ding* n ‖ *Gegenstand* m ‖ *Umstand* m ‖ *Begebenheit* f, *Ereignis* n ‖ *Tatsache* f ‖ *Angelegenheit* f ‖ *Ereignis* n ‖ ⟨Jur⟩ *Eigentum* n, *Haben* f ‖ *(Rechts)Sache* f ‖ *Einfall* m, *Idee* f ‖ in negativen Sätzen: *nichts* (no valer ~) ‖ ~ accesoria *Nebensache* f ‖ *Zubehör* n ‖ ~ ajena *fremde Sache* f ‖ ~ compuesta *zusammengesetzte Sache* f ‖ ~ común *Sache* f *im Gemeingebrauch* ‖ ~ herrenlose *Sache* f ‖ ~ consumible *verbrauchbare Sache* f ‖ ~ corpórea *körperliche Sache* f ‖ ~ de ungefähr, *annähernd, etwa (bes bei Zeitangaben)* ‖ ~ de comer fam *et zu essen, Eßware* f ‖ ~ divisible *teilbare Sache* f ‖ ~ sin dueño *herrenlose Sache* f ‖ ~ empeñada *Pfand|stück* n, *-sache, verpfändete Sache* f ‖ ~ fungible ⟨Jur⟩ *vertretbare (od verbrauchbare) Sache* f ‖ ~ genérica ‖ ~ indeterminada *Gattungssache* f ‖ ~ indivisible *unteilbare Sache* f ‖ ~ integrante *Bestandteil* m ‖ ~ juzgada *rechtskräftig entschiedene Sache* f ‖ *Rechtskraft* f ‖ ~ litigiosa *Streitgegenstand* m ‖ ~ mueble, ~ inmueble *bewegliche, unbewegliche Sache* f ‖ ~ de nadie *herrenlose Sache* f ‖ ~ fam *Rätsel* n ‖ ~ de ocho días *ungefähr acht Tage* ‖ ~ de oír *et Hörenswertes* n ‖ ~ del otro jueves figf *et Außergewöhnliches, Seltenes* n ‖ figf *alte, abgedroschene Geschichte* f ‖ ~ de poca monta *et Unwichtiges* n ‖ ~ de risa *et Lächerliches* n ‖ ~ secuestrada *beschlagnahmte Sache* f ‖ ~ temporal ⟨Rel⟩ *weltliche Sache* f ‖ ~ de ver *et Sehenswürdiges* n ‖ ~ nunca vista figf *et Überraschendes, et nie Dagewesenes* n ‖ abandono de la

cosaca — cosechero 334

~ ⟨Jur⟩ *Besitzaufgabe* f ‖ acción persecutoria de la ~ *Herausgabeklage* f ‖ cuota (*od* participación) en la ~ común *Miteigentümer-, Miteigentums\|anteil* m ‖ autoridad (*od* fuerza) de ~ juzgada ⟨Jur⟩ *Rechtskraft(wirkung)* f ‖ excepción de ~ juzgada ⟨Jur⟩ *Einrede* f *der Rechtskraft* ‖ ¡brava ~! *iron schöne Geschichte!* ‖ ninguna ~ *nichts* ‖ poca ~ *wenig* es poca ~ *es ist ganz unbedeutend* ‖ poquita ~ *fam unbedeutender Mensch* m ‖ veinte o ~ así *ungefähr zwanzig* ‖ ◊ decir una ~ *et sagen* ‖ decir una ~ por otra *sich falsch ausdrücken* ‖ fig *lügen* ‖ no decir ~ *kein Wort sagen* ‖ no decir ~ con ~ fam *kopflos reden* ‖ dejando una ~ por otra *um dem Gespräch e–e andere Richtung zu geben* ‖ no dejar ~ con ~ *alles in die größte Unordnung bringen* ‖ hace ~ de ocho días *es ist so ungefähr e–e Woche her* ‖ allí no hay ~ con ~ *dort geht alles drunter und drüber* ‖ no hacer ~ a derechas *sehr ungeschickt, unbeholfen vorgehen* ‖ como quien hace otra ~ fam *mit Geheim(nis)tuerei, mit Verstellung* ‖ era ~ de ver a ... *es war merkwürdig, wie ...* ‖ la ~ es ésta ... *der Fall ist der ...* ‖ no hay tal ~ *dem ist nicht so, keineswegs, das stimmt nicht* ‖ la ~ marcha *fam die Sache macht sich, es geht vorwärts* ‖ pasado en ~ juzgada ⟨Jur⟩ *rechtskräftig geworden* ‖ no se le pone ~ por delante fig *er setzt sich über alle Hindernisse hinweg* ‖ quedarle a uno otra ~ en el cuerpo (*od* en el estómago) figf *zweideutig, doppelsinnig reden* ‖ no me queda otra ~ *ich sehe keinen anderen Ausweg* ‖ como quien no quiere la ~ figf *auf verstellte Weise* ‖ *mit erheuchelter Gleichgültigkeit* ‖ es ~ de nunca acabar *es will kein Ende nehmen* ‖ ser fuerte ~ fam *unumgänglich notwendig sein* ‖ schwierig sein ‖ otra ~ es con guitarra fam *das müßte man erst sehen* (*iron Entgegnung auf eitle Prahlreden*) ‖ no sea ~ que (subj) *widrigenfalls, sonst müßte man, sonst wäre ich gezwungen usw.* ‖ (als Warnung) ‖ ~ mía *das ist meine Sache, das geht mich an* ‖ es ~ de él! fam *das sieht ihm ähnlich!* ‖ no es ~ de reír *es ist nicht zum Lachen* ‖ no es ~ del otro mundo fig *es ist nichts Seltenes, Außergewöhnliches* ‖ no tener ~ suya fig *sehr arm sein* ‖ teoría de aprovechamiento de la ~ ⟨Jur⟩ *Werttheorie* f (*Strafrecht*) ‖ teoría del desplazamiento (*od* de la extracción, *od* de la remoción) de la ~ ⟨Jur⟩ *Ablationstheorie* f ‖ tomar una ~ por otra *et falsch auffassen, sich irren* ‖ no valer (*od* no ser) ~ fam *nichts taugen, keinen Wert haben* ‖ no vale gran ~ fam *es ist nicht viel wert* ‖ no es ni artista ni ~ que lo valga fam *der hat es noch weit zum Künstler* ‖ vicios de la ~ ⟨Jur⟩ *Sachmängel* mpl ‖ 50 o ~ así *ungefähr 50* ‖ a ~ de las ocho *gegen acht Uhr* ‖ a ~ hecha *mit sicherem Erfolg* ‖ como si tal ~ figf *mir nichts, dir nichts; ganz ruhig; als ob nichts geschehen wäre* ‖ estudiar es una ~, y saber otra *Studieren und Wissen ist zweierlei* ‖ sin otra ~ por hoy ⟨Com⟩ *ohne mehr für heute* ‖ cada ~ en su tiempo, y los nabos en adviento *alles zu seiner Zeit* ‖ ~ cumplida, sólo en la otra vida *nichts ist vollkommen auf dieser Welt* ‖ no hay ~ escondida que a cabo de tiempo sea bien sabida, *es ist nichts so fein gesponnen, es kommt doch endlich an die Sonnen* ‖ ~ mala nunca muere *Unkraut vergeht nicht* ‖ ¿qué ~? *was gibts? was ist los?* ‖ ¿qué es ~ y ~? *wer errät es? (bei Rätseln)* ‖ ¡ésa es la ~! *da steckt es! fam da liegt der Hase im Pfeffer!* ‖ ¡ ~ hecha! *die Sache ist erledigt, das dauert nicht lange!* ‖ ¡ ~ rara! *wie seltsam! sonderbar! merkwürdig!* ‖

~s pl *Geschäfte* npl ‖ *Vermögen* n ‖ *Angelegenheiten* fpl ‖ ~ de casa fam *häusliche Angelegenheiten* fpl ‖ las ~ claras, y el chocolate espeso fam *es geht nichts über Klarheit und Rechtschaffenheit* ‖ ~ de viento figf *unnütze Dinge* npl ‖ ~ que van y vienen fam *Unbeständigkeit* f *der*

Welt ‖ el curso de las ~ *der Lauf der Dinge, der Ereignisse* ‖ arrendamiento de ~ *Miete* f ‖ *Pacht* f ‖ comunidad de ~ *Sachgesamtheit* f ‖ conjunto de ~ *Sach\|inbegriff* m, *-gesamtheit* f ‖ ◊ así están las ~ *so liegen die Dinge* ‖ corran las ~ como corrieren fam *es mag geschehen, was da will* ‖ decir ~ *viel erzählen, reden* ‖ fam *plaudern* ‖ derecho de ~ *Sachenrecht* n ‖ disponer sus ~ *seine Angelegenheiten in Ordnung bringen* ‖ estado de ~ *Sach\|lage* f, *-verhalt* m ‖ *Konstellation* f ‖ llamar las ~ por su nombre *die Dinge beim Namen nennen* ‖ hablar de unas ~ y de otras *von diesem u. jenem sprechen* ‖ las ~ del mundo fam *so ist der Lauf der Welt* ‖ no son ~ del otro jueves (*od* del otro mundo) figf *das sind alte Geschichten* ‖ ante todas ~ *vor allen Dingen, vor allem* ‖ todas las ~ buenas son tres *aller guten Dinge sind drei* ‖ las ~ de palacio van despacio figf *das ist e–e langwierige Geschichte* ‖ *das wird noch lange dauern* ‖ ¡muchas (*od* mil) ~ a su hermano! *viele Grüße an Ihren Bruder!* ‖ ¡qué ~ tienes! *was für Einfälle (Grillen) hast du!* ‖ ¿no serán tus ~? *ist es nicht deine Erfindung?* ‖ ¡las ~ que se ven! *was man alles zu sehen bekommt!* ‖

cosa\|ca f *Kosakin* f ‖ *Kosakentanz* m ‖ **–co** adj *Kosaken-* ‖ ~ m *Kosak* m ‖ ◊ beber como un ~ fam *wie ein Bürstenbinder saufen* ‖ **~s** mpl *Kosaken* ‖ *leichtbewaffnete russische Soldaten* mpl ‖ **–quito** m dim *v.* **-co** ‖ *Kosakentanz* m △**cosca** m *Greis* m

coscacho m Chi *Kopfstück* n

coscar [c/qu] vt/i fam *brennen, jucken* ‖ △ *stehlen* ‖ **~se** fam *die Achseln zucken* ‖ fam = **concomerse**

coscarana f Ar *flaches, knuspriges Gebäck* n

coscarrón PR m *e–e Hartholzbaumart* f (Elaeodendron xylocarpum)

cosco\|ja f *Kermeseiche* f (Quercus coccifera) ‖ *dürres Laub* n (*der Steineiche*) ‖ **–jal, –jar** m *Wald* m *von Kermeseichen* ‖ **–jo** m *Galläpfel* m *an e–r Kermeseiche* ‖ **~s** pl *Kettenringe* mpl *am Pferdegebiß*

coscojita f = **coxcojita**

coscolin\|a f Mex *liederliche Frau* f ‖ **–o** adj Mex *widerborstig, ungeduldig*

coscomate m Mex *Aufbewahrungsort* m *für Mais*

coscón m/adj fam *Gauner* m ‖ ~ adj *schlau* ‖ *verschmitzt*

coscoroba f Chi *e–e Schwanenart* f (Cygnus coscoroba)

cosco\|rrón m *unblutiger Schlag* m *auf den Kopf, Kopfstück* n ‖ Col *Stück Brot* n ‖ **–rronear** vt (*auf den Kopf*) *schlagen* ‖ *verprügeln* ‖ **–rronera** f *Fall\|hut, -korb* m (*der Kinder*)

coscrición f fam Am = **conscripción**

coscurro m (*Stück*)) *Brotkruste* f

cosecante f ⟨Math⟩ *Kosekans* m

cose\|cha f *Ernte(zeit)* f ‖ (*Ein*)*Ernten* m ‖ *Erntegut* n ‖ fig *Ernte* f, *Ertrag* m ‖ *Ausbeute* f ‖ fig *Ergebnis* n ‖ *Folge* f ‖ *Wachstum* n (*Gärungsindustrie*) ‖ ~ de cereales, de frutas, de heno, de patatas, de remolacha *Getreide-, Obst-, Heu-, Kartoffel-, Rüben\|ernte* f ‖ ~ deficitaria *Mißernte* f ‖ ~ intermedia, ~ principal, ~ temprana *Zwischen-, Haupt-, Früh\|ernte* f ‖ ~ mundial *Welternte* f ‖ ~ tardía *Spätlese (Wein)* ‖ *späte Ernte* f ‖ el tiempo de la ~ *die Erntezeit, die (Ernte-) Kampagne* f ‖ a la ~ *zur Erntezeit* ‖ de propia ~ *aus eigener Ernte (z. B. Wein)* ‖ de su ~ figf *aus eigenem Kopfe* ‖ tras poca ~, ruin trigo *ein Unglück kommt selten allein* ‖ **–chadora** f *Erntemaschine* f ‖ **–char** vt (*ein*)*ernten* (& fig) ‖ (*ein*)*sammeln, lesen* ‖ fig *einheimsen* ‖ fig *gewinnen, erzielen* ‖ ◊ ~ aplausos *Beifall ernten* ‖ cada cual cosecha lo que ha sembrado fig *wie die Saat, so die Ernte* ‖ **–chero** m *Landwirt* m ‖ *Weinbauer* m ‖

Winzer m ‖ *Pflanzer* m ‖ *Nutznießer* m *e–s Grundstücks* ‖ ~ *destilador Schnapsbrenner* m *(aus eigener Produktion)*
cosedora *f Nähmaschine* f ‖ ⟨Typ⟩ *Heftmaschine* f ‖ *Heftapparat* m
coselete *m* *leichte Rüstung* f *(Harnisch mit Sturmhaube)* ‖ ⟨Hist⟩ *Gewappnete(r)* m ‖ ⟨Entom⟩ *Brustschild* m *der Insekten*
coseno *m* ⟨Math⟩ *Kosinus* m
coser vt *nähen* ‖ *an-, zu-, zusammen|nähen* ‖ *heften (Bücher)* ‖ fig *zusammenfügen* ‖ fig *verbinden* ‖ ◊ ~ *con alambre mit Draht heften* ‖ ~ *a puñaladas* fig *mit Dolchstichen durchbohren* ‖ *máquina de* ~ *Nähmaschine* f ‖ ~ *a fasciculos* ⟨Buchb⟩ *Blockheftmaschine* f ‖ ~ *folletos Broschürenheftmaschine* f ‖ ~ *ojales Knopflochnähmaschine* f ‖ *es* ~ *y cantar* figf *das ist spielend leicht, das ist kinderleicht* ‖ ~**se** figf *sich anschmiegen* (con, contra *an*) ‖ fam *handgemein werden* (a *mit*) ‖ ◊ ~ *la boca* figf *den Mund halten* ‖ *estar cosido a las faldas de su mujer* figf *ein Pantoffelheld sein (Ehemann)*
coseta(s) *f(pl) Zuckerrübenschnitzel* n(pl)
cosetada *f schneller Schritt, Lauf* m
cósico adj ⟨Math⟩: *número* ~ *Potenzzahl* f
cosicosa *f* fam *Rätsel* n
cosido *m Nähen* n, *Näherei* f, *Näharbeit* f ‖ *Heften* n, *Heftung* f ‖ ~ *con alambre Drahtheftung* f ‖ ~ *de los cartones* ⟨Web⟩ *Kartenbinden* n ‖ ~ *de erratas* ⟨Web⟩ *Stopfen* n ‖ pp *genäht* ‖ ~ *a mano handgenäht*
cosificación *f Versachlichung* f
cosignatario *m Mitunterzeichner* m
cosilla *f* dim *v.* **cosa**
Cosme *m* np Tfn *Kosmus* m
cosméti|ca *f Schönheitspflege, Kosmetik* f ‖ **-co** adj *kosmetisch* ‖ *operación* ~ a, *corrección* ~ a *kosmetische Operation, Schönheitskorrektur* f ‖ ~ *m Schönheitsmittel, Kosmetikum* n ‖ *Schminke* f ‖ *(Haar)Pomade* f ‖ *Bartwichse* f ‖ ~ s *mpl Kosmetika* npl
cósmico adj *kosmisch*
cosmobio|logía *f Kosmobiologie* f ‖ **-lógico** adj *kosmobiologisch*
cosmo|cracia *f Weltherrschaft* f ‖ **-dromo**, **cosmódromo** *m Raumfahrtflugplatz* m, *Kosmodrom* n ‖ **-física** *f Raum-, Kosmo|physik* f ‖ **-gonía** *f Kosmogonie* f ‖ **-gónico** adj *kosmogonisch* ‖ **-grafía** *f Weltbeschreibung* f ‖ **-gráfico** adj *kosmographisch* ‖ **-logía** *f Kosmologie, Lehre* f *von der Entstehung u. Entwicklung des Weltalls* ‖ **-lógico** adj *kosmologisch* ‖ **-nauta** *m Weltraumfahrer, Kosmonaut* m (→ a **astronauta**) ‖ **-náutica** *f (Welt)Raumfahrt* f ‖ *Wissenschaft v. der Raumfahrt, Astronautik* f ‖ **-náutico** adj *kosmonautisch, astronautisch* ‖ **-nave** *f (Welt)Raumschiff* n ‖ **-polita** *m/*adj *Weltbürger, Kosmopolit* m ‖ **-politismo** *m Weltbürgertum, Kosmopolitismus* m ‖ **-rama** *m Kosmorama* n, *Darstellung* f *der Welt* ‖ *Projektionsapparat* m
cosmos *m Weltall* n, *Kosmos* m, *Welt* f
cosmosofía *f* ⟨Philos⟩ *Weltweisheit, Kosmosophie* f
cosmotrón *m* ⟨Nucl⟩ *Cosmotron* n *(Synchrotron-Brookhaven)*
cosmovisión *f Weltanschauung* f
¹**coso** *m Zirkus* m *(z. B. für Stiergefechte)* ‖ *Hauptstraße* f *(in gewissen Städten)* ‖ *Am Stierstall* m ‖ ~ *de flores Fest* n *mit Blumenwagen, Blumenkorso* m
²**coso** *m* ⟨Entom⟩ *Raupe* f *des Weidenbohrers* ‖ (Cossus cossus)
cospe *m Zimmerhieb* m ‖ *Bezimmerung* f
cospel *m Münzplatte* f
cospillo *m* Ar *Oliventrester* pl
cos|que, -qui(s) *m* fam = **coscorrón**
cosquilladizo adj = **quisquilloso**
cosqui|llas *fpl Kitzeln* n, *Kitzel* m ‖ *fig Unruhe*

f, *Unbehagen* n ‖ ◊ *buscarle a uno las* ~ figf *jdn reizen, alle Mittel anwenden, um jds Widerwillen zu erregen* ‖ *provozieren* ‖ *hacer* ~ (a) figf *jdn kitzeln, reizen* ‖ fig *lüstern, neugierig machen* ‖ fig *Widerwillen erregen* ‖ *no sufrir* (*od tener malas*) ~ fig *sehr reizbar sein* ‖ *keinen Spaß verstehen* ‖ **–llar, *–llar** vt/i *kitzeln* ‖ *jucken* ‖ fig *jds Neugierde erregen* ‖ *jdm übertrieben schmeicheln* ‖ fig *jdn reizen, hetzen* ‖ ~**se** fam *unmutig werden* ‖ **–llejas** *fpl* dim *v.* **–llas** ‖ **–lleo** *m Kitzeln, Gekitzel* n ‖ *Zucken* n ‖ *Juckreiz* m ‖ **–llones** *mpl* augm *v.* **–llas** ‖ **–loso, –lludo** adj *kitzlig* ‖ fig *empfindlich, reizbar*
cosquín *m* fam *leichter Schlag, Klaps* m
¹**costa** *f Preis, Wert* m ‖ *(Un)Kosten* pl, *Aufwand* m ‖ *Beköstigung* f *(als Dienstlohn)* ‖ a ~ *de mit, vermittelst, durch* ‖ *auf Kosten* (gen) ‖ *a toda* ~ *um jeden Preis* ‖ *a* ~ *mía, a mi* ~ *auf meine Kosten* (& fig) ‖ ~ s *pl Gerichtskosten* pl, *Prozeßgebühren* pl ‖ ~ *accesorias Nebenkosten* pl ‖ ~ *civiles Prozeßkosten* pl ‖ ~ *criminales Kosten* pl *in Strafsachen* ‖ ~ *extrajudiciales außergerichtliche Kosten, Parteikosten* pl ‖ ~ *judiciales Gerichtskosten* pl ‖ *caución para* ~ *Sicherheitsleistung* f *für Prozeßkosten* ‖ ◊ *condenar en* ~ ⟨Jur⟩ *zu den Kosten verurteilen* ‖ *imputar las* ~ *die Kosten* pl *auferlegen* ‖ *salir sin* ~ fam *mit heiler Haut davonkommen*
²**costa** *(See)Küste* f, *Gestade* n ‖ ~ *abierta* ⟨Mar⟩ *offene Küste* f ‖ ~ *abrupta abschüssige (od schroffe) Küste* f ‖ ~ *accesible zugängliche (od erreichbare) Küste* f ‖ ~ *alta (baja) Felsgestade* n, *Klippe* f *(Niederküste)* ‖ ⁂ *Azul Côte d'Azur (Frankreich)* ‖ ⁂ *Blanca span. Mittelmeerküste* f *zwischen dem Cabo de la Nao u. Alicante (Costa Blanca)* ‖ ~ *brava* ⟨Mar⟩ *Steilküste* f ‖ *la* ⁂ *Brava die span. Granitfelsenküste* f *am Mittelmeer nordöstlich v. Barcelona (Costa Brava)* ‖ ~ *cartografiada kartierte Küste* f ‖ ~ *de barlovento (de sotavento) Wetter-, Luv|küste (Lee|küste* f, *-wall* m*)* ‖ ⁂ *de la Luz südatlantische Küste* f *Spaniens (Costa de la Luz)* ‖ ⁂ *del Azahar Küstenzone* f *der Provinzen Valencia u. Castellón de la Plana* ‖ ⁂ *del Sol südspanischer Küstenstreifen* m *am Mittelmeer zwischen Málaga u. Algeciras (Costa del Sol)* ‖ ~ *desabrigada ungeschützte Küste* f ‖ ⁂ *Dorada span. Mittelmeerküste* f *zwischen Barcelona u. Tarragona (Costa Dorada)* ‖ ~ *escarpada* = ~ *abrupta* ‖ ⁂ *Esmeralda kantabrische Küste* f *der Provinz Santander* ‖ ~ *rocosa felsige Küste* f ‖ ⁂ *Verde nordspan. Küste* f *Asturiens (Costa Verde)* ‖ *la* ⁂ *del Marfil die Elfenbeinküste (Côte d'Ivoire)* ‖ *la* ⁂ *de Oro die Côte d'Or in Frankreich* ‖ *die Goldküste* f *(Guinea, Ghana)* ‖ ⁂ *Rica Costa Rica* ‖ ~ a ~ ⟨Mar⟩ *längs der Küste* ‖ *práctico de* ~ *Küstenlotse* m ‖ ◊ *atracar a la* ~ *anlaufen* ‖ *dar a la* ~ ⟨Mar⟩ *stranden*
³**costa** *f Glättholz* n *(der Schuhmacher)*
costado *m (rechte, linke) Seite* f *(bes des menschlichen Körpers)* ‖ ⟨Mil⟩ *Flügel* m, *Flanke* f ‖ ⟨Mar⟩ *(Breit)Seite* f, *Bord* m, *Bordwand* f ‖ *Linie* f *der Großeltern väterlicher- und mütterlicher|seits* ‖ *Mex Bahnsteig* m ‖ ~ *de babor* ⟨Mar⟩ *Backbordseite* f ‖ ~ *de barlovento* ⟨Mar⟩ *Luv-, Wetter|seite* f ‖ ~ *de estribor* ⟨Mar⟩ *Steuerbordseite* f ‖ ~ *falso* ⟨Mar⟩ *Schlagseite* f ‖ ~ *de preferencia* ⟨Mar⟩ *Steuerbordseite* f ‖ ~ *de sotavento* ⟨Mar⟩ *Leeseite* f ‖ *al* ~ *del buque längsschiff, langseitig* ‖ ◊ *dar el* ~ ⟨Mar⟩ *die Breitseite zeigen* ‖ *franco al* ~ *del buque frei längsseits des Schiffs* ‖ *ir (od andar, navegar) de* ~ ⟨Mar⟩ *(ab)treiben* ‖ ~ s *pl* ⟨Mar⟩ *Schiffsflanken* fpl ‖ *árbol de* ~ *Stammbaum* m ‖ *noble por los cuatro* ~ *reinblütiger Edelmann, Ad(e)liger* m ‖ *villano por los cuatro* ~ fig *Erzschurke* m
¹**costal** adj ⟨An⟩ *Rippen-* ‖ *pleura* ~ ⟨An⟩ *Rippenwand* f

²**costal** m *großer (Mehl)Sack* m ‖ *Getreidesack* m ‖ *Sackvoll* m ‖ *Querholz* n *in e-m Fachwerk* ‖ *Stampfe* f, *Stößel* m ‖ ~ *de mentiras* figf *Erzlügner*, fam *Lügenbeitel* m ‖ el ~ *de los pecados* fig *das Gefäß der Sünde (der menschliche Leib)* ‖ esa *(od* eso) *es harina de otro* ~ fig *das ist et ganz anderes* ‖ ◊ *estar hecho un* ~ *de huesos* figf *klapperdürr sein* ‖ *no parecer* ~ *de paja* figf *stramm und jung sein* ‖ *vaciar el* ~ figf *alles heraussagen, ausplaudern*, fam *auspacken*
 costala|da f *Fall* m *auf die Seite od auf den Rücken* ‖ ◊ *dar una* ~ *ausgleiten* ‖ *lang hinschlagen* ‖ **-zo** m = **-da**
 costa|learse Chi *lang hinschlagen* ‖ Chi fam *den kürzeren ziehen* ‖ **-lera** f Mex *Haufe* m *Säcke* ‖ **-lero** m And *Sack-*, *Last|träger* m ‖ And *Träger* m *der pasos* (→) *im Prozessionszug der Karwoche*
 costalgia f ⟨Med⟩ *Rippenschmerz* m
 costa|na f *abschüssige Gasse* f ‖ *Abhang* m ‖ ⟨Mar⟩ *Krummhölzer* npl ‖ León *Wagenhürde* f ‖ **-nera** f *Abhang* m ‖ *Klippe* f ‖ *Schrägbeet* n ‖ ⟨Arch⟩ *Dachsparren* m ‖ **-nero** adj *abschüssig* ‖ *Küsten-* ‖ *navegación* ~a ⟨Mar⟩ *Küstenfahrt* f ‖ *pueblo* ~ *Küstenstadt* f, *-ort* m ‖ **-nilla** f *kurze abschüssige Straße (z.B.* ~ *de los Ángeles in Madrid,* ~ *de Lastanosa in Huesca)*
 ¹**costar** [-ue-] vi *kosten, zu stehen kommen* ‖ fig *Mühe kosten* ‖ fig *Ausgaben verursachen* (a. alg. jdm) ‖ fig *nicht leicht sein* (a. alg. *für jdn)* ‖ fig *schwerfallen, Überwindung kosten* (a. alg. *jdm)* ‖ ◊ ~ *caro teuer zu stehen kommen*, *teuer sein* ‖ va a ~ *más el ajo (od* la salsa) *que el pollo* fam *die Brühe wird teurer sein als der Braten* ‖ ~ *un ojo de la cara* figf *gepfeffert sein, ein Heidengeld kosten* ‖ *me cuesta es kostet mich Mühe* ‖ *me cuesta hablar español es fällt mir schwer, spanisch zu sprechen* ‖ *me cuesta creerlo ich kann es kaum glauben* ‖ *no me cuesta es kommt mir leicht vor* ‖ ¡*no cuesta nada! es ist spielend leicht!* ‖ *cueste lo que cueste (od* costare) *koste es, was es wolle* ‖ *um jeden Preis* ‖ *el primer paso es el que más cuesta* fig *aller Anfang ist schwer*
 ²**costar** vi pop = **constar**
 costarri|queño, –cense adj/s *aus Costa Rica, costaricanisch* ‖ ~ m *Costaricaner* m
 costasoleño adj *aus Costa del Sol, Costa del Sol betreffend*
 coste m *Preis, Wert* m ‖ *(Un)Kosten* pl ‖ ~ *adicional Mehrausgabe* f ‖ ~ *de capital,* ~ *de inversiones Investitions-, Investierungs|kosten* pl ‖ ~ *de fabricación Herstellungskosten* pl ‖ ~ *de mano de obra Lohn-, Arbeits|kosten* pl ‖ ~ *efectivo* ~ *real Istkosten* pl ‖ ~ *medio Durchschnittskosten* pl ‖ ~ *de la vida Lebenshaltungskosten* pl ‖ ~, *seguro y flete* (CIF) ⟨Com⟩ *Kosten, Versicherung und Fracht* ‖ a poco (gran) ~ *mit geringen (großen) Kosten* ‖ *precio de* ~ *(Selbst)Kosten-, Anschaffungs-, Einstands|preis* m ‖ ~ *calculado Kalkulationswert* m ‖ ~ *comercial (Selbst)Kostenpreis* m ‖ ~ *industrial Herstellungs-, Gewinnungs|kosten* pl ‖ *a precio de* ~ *(od* costo) *zum (Selbst)Kostenpreis* ‖ ◊ *pagar el* ~ *die Kosten tragen* ‖ *presupuesto de* ~(s) *Kostenvoranschlag* m ‖ *vender a precio más bajo del* ~ *unter dem Einkaufspreis verkaufen* ‖ ~s mpl: ~ *de conservación Instandhaltungskosten* pl ‖ ~ *de descarga Löschungskosten* pl ‖ ~ *estimativos vorausgeschätzte Kosten* pl ‖ ~ *fijos fixe od konstante Kosten* pl ‖ ~ *marginales Grenzkosten* pl ‖ *cálculo de* ~ *Kostenrechnung* f ‖ *recargo en los* ~ *Kostenzuschlag* m ‖ *reducción en los* ~ *Kosten|senkung, -degression* f ‖ ~ *variables variable Kosten* pl (→ **costo[s]**)
 costeado, ~a alg f Arg *gut gedeihend (Vieh)*
 ¹**coste|ar** vt *die Kosten tragen, bestreiten (von)* ‖ ~ *a alg. los estudios jdm die Karriere od das Studium bezahlen* ‖ **-arse** *die Kosten decken (Arbeit,*

Geschäft) ‖ Pe *(über jdn) spotten* ‖ **-o** m *Preis, Wert* m ‖ Pe *Spott* m ‖ Pe *Prellerei* f
 ²**costear** vt/i ⟨Mar⟩ *längs der Küste fahren* ‖ *längs e-s Bergabhanges führen (Weg)* ‖ Arg *(Vieh) unter* ‖ Chi *(die Sohlenkanten e-s Schuhes) glätten*
 costeleta f Arg = **chuleta**
 costeño adj *Küsten-*
 coste|ra f *Seite* f *(e-s Korbes)* ‖ *Abhang* m ‖ *Küste* f ‖ ⟨Arch⟩ *Backenstück* n ‖ ⟨Fi⟩ *Zeit* f *des Salm-* (od *Fisch)fanges* ‖ **-ro** adj *Küsten-* ‖ ~ m ⟨Bgb⟩ *Verschalung* f *(e-s Stollens)* ‖ ⟨Metal⟩ *Seitenstein* m ‖ ⟨Zim⟩ *Schwarte* f, *Schwarten-, Schal|brett* n ‖ **-zuela** f dim v. **cuesta**
 costi|forme adj *rippen|artig, -förmig* ‖ **-lla** f ⟨An⟩ *Rippe* f ‖ ⟨Zool Bot⟩ *Rippe* f ‖ ⟨Mar Flugw⟩ *Rippe* f, *Spant* n ‖ *(Faß) Daube* f ‖ figf *Vermögen* n, *Habe* f ‖ ⟨Flugw⟩ *Gerippe* n *(e-s Flugzeuges) (bes pl)* ‖ figf *Ehefrau, bessere Hälfte* f ‖ ~ *de cerdo* (Am ~ *de chancho*) *Schweinsrippchen* n ‖ ~ *flotante,* ~ *vertebral* An *lose Rippe* f ‖ ~ *de vaca* ⟨Tech⟩ *Krampe, Eisenklammer* f ‖ *fractura de* ~ *Rippenbruch* m ‖ ◊ *tener* ~ fam *vermögend sein* ‖ ~s fam *Rücken* m ⟨Mar⟩ *Schiffsrippen* fpl, ⟨Zim⟩ *Verschalungsbretter* npl ‖ ~ *de enfriamiento* ⟨Flugw⟩ *Kühlrippen* fpl ‖ ~ *verdaderas, falsas* An *echte, falsche Rippen* fpl ‖ ~ *de vaca asadas Rippenbraten* m ‖ a ~ *de* Am *hinter jds Rücken* ‖ ◊ *dar de* ~ *auf den Rücken fallen* ‖ *dolerle a uno las* ~ *Rippenweh haben* ‖ figf *sich halbtot lachen* ‖ *hacer* ~ figf *ein dickes Fell haben* ‖ *medirle a uno las* ~ figf *jdn durchprügeln*, fam *jdn vertrimmen* ‖ *romper a uno las* ~ fig *jdn tüchtig verhauen (bes als Drohung)* ‖ *sacar a uno las* ~ figf *jdn rücksichtslos ausbeuten, schinden* ‖ *tener a alg. sobre sus* ~ figf *jdn auf dem Halse haben* ‖ *vivir a las* ~ *de alg.* figf *auf jds Kosten leben*
 costi|llaje m fam = **-llar** ‖ **-llar** m *Rippenteil* m *des Körpers* ‖ fam *Brustkasten* m ‖ ⟨Tech⟩ *Gerippe* n ‖ *Sattelstück* n ‖ **-lleta** f gall = **chuleta** ‖ **-lludo** adj fam *breitschultrig*
 costino adj Chi RPl *Küsten-*
 ¹**costo** m *Kosten* pl ‖ *Preis* m ‖ ~ *de adquisición Einkaufspreis* m ‖ ~ *de mantenimiento Wartungskosten* pl ‖ ~ *de mercado Marktpreis* m ‖ ~ *de la producción,* ~ *de fabricación Herstellungs-, Erzeugungskosten* pl ‖ ~ *directo Gestehungskosten* pl ‖ ~ *inicial Anlagekosten* pl ‖ ~ *original Selbstkostenpreis* m ‖ ~ *originario Ursprungswert* m ‖ ~ *en plaza Marktpreis* m ‖ *a precio de* ~ *zum Selbstkostenpreis* ‖ ~s mpl: *de explotación Betriebskosten* pl ‖ ‖ → a **coste(s)**
 ²**costo** m ⟨Bot⟩ *Kostkraut* n (Costus) ‖ ~ *hortense Rainfarn* m (Chrysanthemum vulgare)
 costón m Murc *Flußdamm* m
 costoso adj *kostspielig, teuer* ‖ *kostbar* ‖ fig *mühsam, mühevoll, schwierig* ‖ adv: ~**amente**
 cos|tra f *Kruste, Rinde* f ‖ *Haut* f, *Überzug* m *(auf e-r Flüssigkeit)* ‖ *verkohlter Docht* m, *Schnuppe* f ‖ ⟨Med⟩ *Schorf, Grind* m *(e-r heilenden Wunde)* ‖ ⟨Tech⟩ *Ansatz, Schlicker* m ‖ *Blockschale* f ‖ ~ *de fundición Guß|haut, -kruste* f ‖ ~ *láctea Milchschorf* m *(der Kinder)* ‖ *la* ~ *de la tierra die Erdkruste* f ‖ **-trada** f *(Art süßer) Pastete, Krustade* f
 costreñir vt pop = **constreñir**
 costroso adj *krustig* ‖ *verkrustet* ‖ ⟨Med⟩ *schorfig*
 construir vt pop = **construir**
 costum|bre f *Gewohnheit* f, *Gebrauch* m ‖ *Brauch* m, *Sitte* f ‖ *Gewohnheitsrecht* n ‖ ~ *bancaria Bankusance* f ‖ ~ *comercial Handelsbrauch* m, *Usance* f ‖ ~ *contra (la) ley mißbräuchliche Verkehrssitte* f ‖ ~ *fuera de ley außergesetzliche Gewohnheit, Verkehrssitte* f *praeter legem* (lat) ‖ ~ *según ley gesetzmäßige Gewohnheit* f ‖ ~ *del lugar,* ~ *local Orts|(ge)brauch* m, *-üblichkeit,*

Verkehrssitte f ‖ ~ *del país Landesbrauch* m ‖ ~ *de plaza Verkehrssitte* f ‖ ~ *mercantil Handelsbrauch* m ‖ *de* ~ *gewöhnlich, üblich* ‖ *gewohnheitsmäßig* ‖ *según* ~, *como de* ~ *wie gewöhnlich, wie üblich* ‖ *wie immer* ‖ ⟨Com⟩ *usancenmäßig* ‖ ◊ *que es* ~ *de comprar das man zu kaufen pflegt* ‖ *tengo la* ~ *de comer poco ich pflege wenig zu essen* ‖ *tomar la* ~ *de sich angewöhnen zu* ‖ *la* ~ *es otra* (*od una*) *segunda*) *naturaleza Gewohnheit ist die zweite Natur* ‖ *la* ~ *hace ley Gewohnheit wird Gesetz* ‖ ~s *pl Sitten* fpl ‖ ~ *locales örtliche Sitten* fpl *u. Gebräuche* mpl ‖ *örtliches Gewohnheitsrecht* n ‖ ~ *mercantiles Handelsbrauch* m ‖ *buenas* ~ *gute Sitten* fpl ‖ *contra las buenas* ~ *sittenwidrig* ‖ *obrar contra las buenas* ~ *sittenwidrig handeln, gegen die guten Sitten verstoßen* ‖ *novela de* ~ *Sittenroman* m ‖ **-brismo** m ⟨Lit⟩ *Sittenschilderung* f (*als literarische Gattung*) ‖ **-brista** m/adj *Verfasser* m *von Sittenromanen* ‖ ~ adj *Sitten-, Milieu-*
  costu|ra f *Nähen* n ‖ *Näherei* f ‖ *Naht, Fuge* f, *Saum* m (& ⟨Tech⟩) ‖ *Strumpfnaht* f ‖ *Nadel-, Näh|arbeit* f ‖ *Nähen* n ‖ *Damenschneiderei* f ‖ fig *Narbe* f ‖ ⟨Mar⟩ *Fuge* f ‖ *Val Rand* m, *Ufer* n ‖ ~ *afollada,* ~ *retacada Stemmnaht* f ‖ ~ *de caldera Kesselnaht* f ‖ ~ *de garganta Halsnaht* f ‖ ~ *de molde,* ~ *de fundición Formfuge* f (*Gußnaht*) ‖ ~ *de punto por encima,* ~ *de sobre hilo überwendliche Naht* f ‖ ~ *de soldadura Lötfuge, Schweißnaht* f ‖ ~ *de virolas Kesselrundnaht* f ‖ ~ *doble Doppelnaht* f ‖ ~ *francesa,* ~ *replegada Kappnaht* f, *Umschlagsaum* m ‖ ~ *fría Kalt|schweiße* f, *-läufer* mpl, *Falte* f *beim Schmieden* ‖ ~ *larga* ⟨Mar⟩ *Langsplissung* f ‖ ~ *lisa Glattnaht* f ‖ ~ *longitudinal Längsnaht* f ‖ ~ *llana* ⟨Mar⟩ *Kappnaht* f ‖ ~ *remachada,* ~ *roblonada Nietnaht* f ‖ ~ *solapada durchgenähte Naht* f ‖ *alta* ~ *Mode|schaffen, -gewerbe* n, *Haute Couture* (frz) ‖ ◊ *cerrar con* ~ *zunähen* ‖ *meter a uno en* ~ figf *jdn zügeln, jdn zur Vernunft bringen* ‖ *saber de toda* ~ figf *viel Erfahrung haben* ‖ *abrir las* ~s *auftrennen* (*Nähte*) ‖ *rebatir las* ~s ⟨Mar⟩ *die Nahten dichten* ‖ *sentar las* ~s *die Nähte ausstreichen, niederbügeln* ‖ *sentar a uno las* ~s figf *jds Stolz demütigen, jdm eins auf den Hut geben* ‖ fam *jdn verprügeln* ‖ *sin* ~ *nahtlos* ‖ **-rera** f *Näherin* f ‖ *Schneiderin,* *Modistin* f ‖ **-rero** m *Nähschrank* m ‖ *Nähtisch* m ‖ *Nähkasten* m
  cosuba f Cu *Schale* f *des Maiskorns*
  ¹**cota** f *Panzerhemd* n ‖ *Waffenrock* m (*der Herolde*) ‖ PR *Hemd* n ‖ ~ *de mallas Ringhemd* n ‖ *Ringpanzer* m
  ²**cota** f = **cuota** *Maßbezeichnung, Maßzahl* f ‖ *Höhe, Kote, Höhenzahl* f (& ⟨Mil⟩) ‖ ~ *de base* ⟨Top⟩ *Ursprungshöhe* f ‖ ~ *de referencia* ⟨Top⟩ *Bezugsmaß* n
  Cota f fam = Tfn **Concepción**
  cotana f ⟨Zim⟩ *Zapfenloch* n ‖ ⟨Zim⟩ *Lochmeißel* m ‖ *Kerbe* f
  cotangente f ⟨Math⟩ *Kotangens* m
  cotar vt *mit Höhenzahlen versehen* ‖ *Maße eintragen, bemaßen*
  cotara f Am (*Art*) *Fußbekleidung* f *der Indianer*
  cota|rra f *Seitenwand* f *e-r Schlucht* ‖ **-rrera** f pop *gemeines Weibsbild* n ‖ △*Dirne* f ‖ △**-rrero** m *Spitalmeister* m ‖ **-rro** m *Nachtherberge* f *für Obdachlose, Nachtasyl* n ‖ *Armenhaus* n ‖ *Seitenwand* f *e-r Schlucht* ‖ ◊ *alborotar el* ~ figf *die Nachbarschaft in Aufruhr bringen* ‖ figf *zur Teilnahme an e-r Festlichkeit auffordern* ‖ figf *Händel anfangen* ‖ *andar de* ~ *en* ~ figf *die Zeit* (*mit unnützen Besuchen*) *vertun* ‖ *ser el rey del* ~ figf *die erste Geige spielen*
  cote m ⟨Mar⟩ *Schlag, Stek* m (*Tauschlinge*)
  cote|jar vt/i *vergleichen, gegeneinanderhalten* ‖ Chi (*Rennpferde*) *prüfen* ‖ **-jo** m *Vergleichung* f ‖ *Gegeneinanderhaltung* f (*der Abschrift mit der Urschrift*) ‖ *Schriftvergleich(ung* f) m ‖ ~ *de documentos,* ~ *de firmas Urkunden-, Unterschriften|vergleich* m ‖ ~ *de letra Schriftvergleich* m ‖ ◊ *poner en* ~ *con vergleichen mit*
  cotelera f = **coctelera**
  coten|se m Chi, **-sia** f Arg Bol *grobes Hanfgewebe* n
  coterna f Col pop *Hut* m
  cote|ra f, **-ro** m Sant *kleiner Hügel* m
  coterráneo m/adj *Landsmann* m
  cotí [*pl* **-íes**] m (*Bett*) *Zwillich* m
  Cotica f fam = Tfn **Clotilde**
  cotica f Cu dim *v.* **cotorra**
  cotidiano adj *täglich* ‖ *alltäglich,* (*wie gewöhnlich* ‖ *fiebre* ~a *alltäglich wiederkehrendes Fieber* n ‖ *la vida* ~a *das Alltagsleben* ‖ adv: ~**amente**
  cótidos mpl ⟨Fi⟩ *Groppen* fpl (Cottidae)
  cotila f ⟨An⟩ (*Gelenk*) *Pfanne* f
  cotiledón m ⟨Bot⟩ *Keimblatt* n *der Samenpflanzen, Samenlappen* m, *Kotyledone* f
  cotiliforme adj ⟨Bot⟩ *näpchenförmig*
  cotilo m ⟨An⟩ *Hüft(gelenk)pfanne* f
  cotiloide adj ⟨Zool⟩ *pfannenförmig*
  cotilla f fam *Klatschtante* f
  coti|llear vi fam *klatschen* ‖ △*schäkern* ‖ *flirten* ‖ **-llero** m fam *Klatschmaul* n
  cotillón m *Kotillon* m
  cotín m *schräges Zurückschlagen* n (*des Balles*)
  co|tinga f ⟨V⟩ *südam. Schmuckvogel* m ‖ **-tíngidos** mpl ⟨V⟩ *Schmuckvögel* mpl (Cotingidae)
  cotiquear vi Cu = **cotorrear**
  Cotita f fam = **Cota**
  ¹**cotiza** f ⟨Her⟩ *Schräg(rechts)leisten* m
  ²**cotiza** f Ven *Bauernschuh* m
  coti|zable adj *abschätzbar* ‖ *notierbar, börsenfähig* ‖ fig *leicht* (*Frau*) ‖ **-zación** f *Schätzung* f ‖ (*Börsen*)*Notierung* f ‖ (*Geld*)*Kurs* m ‖ *Einstufung, Valuta* f, *Stand* m ‖ *Beitrag* m (*zu e–m Verein*) ‖ ~ *aproximada Zirkakurs* m ‖ ~**-base** *Basiskurs* m ‖ ~ *bursátil,* ~ *en bolsa Börsenkurs* m ‖ ~ *de* (*una*) *acción Notierung* f *e–r Aktie* ‖ ~ *de apertura Anfangskurs* m ‖ ~ *de cambio Umrechnungskurs* m ‖ ~ *de cierre,* ~ *de clausura Schlußkurs* m ‖ ~ *de compra* (*An*)*Kaufkurs* m ‖ ~ *del día Tageskurs* m ‖ ~ *anterior,* ~ *de la víspera Vortagsnotierung* f ‖ ~ *de prima Agio* n ‖ ~ *de seguros sociales Sozialversicherungsbeitrag* m ‖ ~ *del trabajador,* ~ *del patrono Arbeitnehmer-, Arbeitgeber|beitrag* m ‖ ~ *de última hora Schlußnotierung* f ‖ ~ *de venta Verkaufskurs* m ‖ ~ *diferida Prolongationskurs* m ‖ ~ *extraoficial Freiverkehr* m ‖ ~ *final Schlußnotierung* f ‖ ~ *firme fester Kurs* m ‖ ~ *máxima Höchstkurs* m ‖ *Höchstbeitrag* m ‖ ~ *media Mittelkurs* m ‖ *Durchschnittsbeitrag* m ‖ ~ *mínima Tiefst-, Mindest|kurs* m ‖ *Mindestbeitrag* m ‖ ~ *oficial amtliche Notierung* f, *amtlicher* (*od offizieller*) *Kurs* m ‖ ~ *ofrecida, demandada Brief-, Geld|kurs* m ‖ *admitir a la* ~ *zum Börsenhandel* (*od zur Nutzung*) *zulassen* ‖ *boletín de* ~ *Kurs|blatt* n, *-zettel* m ‖ *recaudar la* ~ *den Betrag einziehen* ‖ *sello de* ~ *Beitragsmarke* f ‖ *valor de* ~ *Kurswert* m ‖ **-zar** [z/c] vt *abschätzen* ‖ *notieren* (*an der Börse*) ‖ *e–n Kurs fortsetzen* ‖ *ein Preisangebot machen* ‖ *Beiträge* mpl *leisten* ‖ ⟨Mar⟩ *klassifizieren* ‖ ◊ ~ *en torno a einpendeln bei* ‖ **-zarse** vr *gut im Kurs stehen* (& fig) ‖ ◊ ~ *en alza aufholen* (*Kurse*) ‖ *anziehen* (*Kurse*)
  ¹**coto** m *eingezäuntes Grundstück* n ‖ *abgegrenzter Stück* n *Land* ‖ (*Jagd*)*Gehege,* *Revier* n ‖ ⟨Ethol⟩ *Revier* n (*e–s territoriales Tieres*) ‖ *Tierschutzgebiet* n (*z. B.* ~ *de Doñana/Huel*) ‖ *Mark-, Grenz|stein* m ‖ *Grenze, Grenzlinie* f ‖ △*Friedhof* m ‖ ¡~! *Halt!* (*Ruf an Kinder*) ‖ ~ *de caza Jagd|revier* n, *-bezirk* m ‖ ~ *minero konsolidierte Felder* npl (*Bergbau*) ‖ ~ *nacional staatlicher Bergbaubezirk* m (*radioaktive Substanzen*) ‖ ◊ *poner* ~ (*a*) fig *Einhalt tun* (dat)

²**coto** *m Quote, Taxe* f ǁ *vorgeschriebener Preis* m ǁ *Maß* n *der geschlossenen Hand ohne Daumen*
³**coto** *m* ⟨Fi⟩ *Groppe* f (Cottus spp)
⁴**coto** *m* SAm *Kropf* m
⁵**coto** *m* SAm *Brüllaffe* m (Alouatta spp)
⁶**coto** *m Rinde* f *e–s boliv. Baumes (früher als Heilmittel verwendet)*
cotomono *m* Pe = ⁵**coto**
cotón *m Kattun* m *(Baumwollzeug)* ǁ Chi Pe *Arbeitshemd* n
coto|na *f* Am *grobes Baumwollunterhemd* n ǁ Mex *Lederjacke* f ǁ PR *langes Nachthemd* n *(für Kinder)* ǁ **–nada** *f Baumwollzeug* n ǁ **–nización** *f Kotonisieren* n ǁ **–nizar** vt *kotonisieren*
cotorra *f Sittich* m ǁ fam *kleiner Papagei* m ǁ ⟨V⟩ *Elster* f ǁ figf *Klatschbase* f ǁ ◊ hablar más que una ~ figf *unaufhörlich schwatzen*
cotorre|ar vi fam *schwatzen, plaudern, schnattern* ǁ **–o** *m* fam *(Weiber)Geschnatter* n, *Klatscherei* f ǁ **–ra** *f* fam *geschwätzige Frau, Schwätzerin* f
cotorrita *f* dim *v.* **cotorra** ǁ Cu *Marienkäfer* m ǁ ~ ondulada ⟨V⟩ *Wellensittich* m (Melopsittacus undulatus)
***cotovía** *f (Hauben)Lerche* f
cotúa *f* Ven *Bisam-, Moschus-, Warzen\ente* f (Cairina moschata)
cotudo adj *haarig, wollig* ǁ Am *kropfkrank*
cotufa *f Erdbirne* f, *Topinambur* m/f, *Erdapfel* m (Helianthus tuberosus) ǁ *Erdmandel* f (Cyperus esculentus) & *eßbare Knolle der Erdmandelpflanze* (→ a **chufa**) ǁ *Leckerbissen* m ǁ ◊ hacer ~s figf Am *sich zieren* ǁ pedir ~ en el golfo figf *Unmögliches verlangen*
coturno *m* ⟨Th⟩ *Kothurn* m ǁ *hombre de alto* ~ fig *sehr vornehmer Mann* m ǁ ◊ calzar el ~ fig *schwülstig schreiben, reden*
cotu|tela *f Mitvormundschaft* f ǁ **–tor** *m* ⟨Jur⟩ *Mitvormund* m
cotuza *f* Guat Salv = **agutí**
coulomb(io) *n* ⟨El⟩ *Coulomb* n *(Maßeinheit)*
coul|ombiómetro, –ómetro *m* ⟨El⟩ *Voltameter* n
cou|nidad, –nión *f (enge) Verbindung* f ǁ **–nirse** vr *sich (eng) zusammenschließen, verbinden*
couque *m* Am *Maisbrot* n *(der Indianer)*
cova\cha *f kleine Grotte, kleine Höhle* f ǁ fig *erbärmliche Wohnung* f, vulg *Loch* n ǁ Am *abgegrenzte Bettstelle* f *e–s Saalaufsehers (in Krankenhäusern, Schulheimen usw.)* ǁ Mex *Portierloge* f ǁ **–chero** adj/s *aus Cuevas del Valle* (PAv) ǁ **–chuela** *f* dim *v.* **–cha** ǁ **–dera** *f* Pe *Guanolager* n
Covadonga *f berühmter span. Wallfahrtsort* (POviedo)
covalencia *f* ⟨Chem⟩ *Kovalenz* f
covanillo *m* dim *v.* **cuévano**
covelina *f* ⟨Min⟩ *Kovellin, Covellin, Kupferindig* m
covercoat *m Covercoat* m
covezuela *f* dim *v.* **cueva**
cowper *m* ⟨Metal⟩ *Winderhitzer, Cowpererhitzer* m
cowpox *m* ⟨Med⟩ engl *echte Kuhpocke* f
coxa *f*⟨An⟩ *Hüfte* f, *Hüftbein* n ǁ ~ vara ⟨Med⟩ *Klump-, X-Hüfte* f
coxal adj ⟨An⟩ *Hüft-, Lenden-*
coxalgia *f* ⟨Med⟩ *Hüftgelenkschmerz* m, *Koxalgie* f
coxcoji|lla, –ta *f Hinkespiel, (Art)Himmel- und Hölle-Spiel* n
coxígeo adj ⟨An⟩ *Steißbein-*
coxis *m* ⟨An⟩ *Steißbein* n
coxitis *f* ⟨Med⟩ *Hüftgelenkentzündung, Koxitis* f
coxo|dinia *f* ⟨Med⟩ = **coxalgia** ǁ **–femoral** adj An *Steiß- und Hüftbein-* ǁ **–tomia** *f* ⟨Chir⟩ *Koxotomie, operative Eröffnung* f *des Hüftgelenks*

coy *m* ⟨Mar⟩ *Hängematte* f
coya *f* Pe ⟨hist⟩ *Gemahlin des Königs (bei den alten Peruanern)*
coyamel *m* Guat Mex *Nabelschwein, Pekari* n (Tayassu spp)
coyote adj/s Arizona, California, SAm *einheimisch* ǁ ~ *m Kojote, Coyote, Prärie-, Heul\wolf* m (Thos latrans) ǁ Mex fig *Winkeladvokat* m ǁ Mex pop *Gelegenheitsgeschäftemacher, Krauter* m ǁ **~ar** vi Mex *Geldspekulationsgeschäfte* npl *betreiben* ǁ **~o** *m* Mex *Geldspekulationsgeschäft* n ǁ **~ra** *f* Mex *Kojotenrudel* n ǁ *Kojotenfalle* f ǁ fig *Geheul, Geschrei* n ǁ **~ro** adj *auf Kojotenjagd abgerichtet (Hund)* ǁ ~ *m* Am *Kojotenfalle* f
coyun|da *f Jochriemen* m ǁ *Holzschuhriemen* m ǁ fig *Ehejoch* n ǁ fig *Unterwerfung, Abhängigkeit* f ǁ **–darse** prov fam *heiraten*
coyuntura *f (Knochen)Gelenk* n ǁ *Lage* f *der Dinge* ǁ fig *(günstige) Gelegenheit* f ǁ *Umstände* mpl ǁ *Handelslage, Konjunktur* f ǁ ~ de actividad inversora *Investitionskonjunktur* f ǁ ~ declinante *rückläufige Konjunktur* f ǁ ~ de tendencia excesivamente alcista *Übersteigerung* f *der Konjunktur* ǁ ~ económica *Konjunktur, Wirtschaftskonjunktur* f ǁ ~ nacional *Binnenkonjunktur* f ǁ ~ favorable *günstige Konjunktur* f ǁ *Hochkonjunktur* f ǁ ~ mundial *Weltkonjunktur* f ǁ alta ~ *Hochkonjunktur* f ǁ *análisis (od estudio) de la* ~ *Konjunkturforschung* f ǁ auge excesivo de la ~ *Konjunkturüberhitzung* f ǁ desde el punto de vista de la ~ *konjunkturpolitisch* ǁ fluctuaciones de la ~ *Konjunkturschwankungen* fpl ǁ informe de ~ *Konjunkturbericht* m ǁ investigación de la ~ *Konjunkturforschung* f ǁ medidas para impulsar la ~, medidas para moderar la ~ *konjunktur\fördernde, -dämpfende Maßnahmen* fpl ǁ medidas para sostener la ~ *Konjunkturstützen* fpl ǁ mejoría de la ~ *Konjunkturförderung* f ǁ política de ~ *Konjunkturpolitik* f ǁ previsiones de (od pronósticos sobre la) ~ *Konjunktur\prognosen, -voraussagen* fpl ǁ recalentamiento de la ~ *Konjunkturüberhitzung* f ǁ tendencia de la ~ *Konjunkturtrend* m ǁ tendencia alcista de la ~ *übersteigerte Konjunktur* f ǁ tensión de la ~ *Konjunktur(an)spannung* f ǁ en esta ~ *bei dieser Gelegenheit* ǁ hierba de las ~s prov ⟨Bot⟩ *Ephedra* f (Ephedra spp) ǁ ◊ aprovechar la ~s *die günstige Gelegenheit ausnutzen* ǁ hablar por las ~s figf *ins Blaue hinein schwatzen*
coyuyo *m* Arg *e–e große Zikadenart* f (Timpanoterpes gigas) ǁ Arg Bol *große Zikade* f
coz [pl **–ces**] *f (Hinten)Ausschlagen* n *(der Pferde)* ǁ *Fußtritt* m ǁ *(Rück)Stoß* m *(e–s Gewehrs)* ǁ *(Gewehr)Kolben* m ǁ fig *Stammende* n *e–s Bauholzes* ǁ ⟨Mar⟩ *Untermast* m ǁ figf *Grobheit* f ǁ ◊ andar a ~ y bocado figf *vor Freude um sich schlagen* ǁ dar ~ *stoßen (Flinte)* ǁ soltar (od tirar) una ~ figf *e–e grobe Antwort geben* ǁ **coces** pl: a ~ *mit Schlägen* ǁ *mit Gewalt* ǁ ◊ dar (od tirar) ~ contra el aguijón figf *wider den Stachel löcken* ǁ despedir a ~ figf *grob abweisen* ǁ mandar a ~ figf *grobherrisch sein* ǁ moler a ~ *mit Fußtritten behandeln* ǁ tirar (od pegar) ~ *hinten ausschlagen (Pferde)*
cozcoji|lla, –ta *f* = **coxcojilla**
cozticacuilote *m* Mex *Falscher Jasmin, Pfeifenstrauch* m (Philadelphus sp)
C. P. B. (c. p. b.) Abk = **cuyos pies beso**
cps. Abk = **compañeros**
c/r Abk = **cuenta y riesgo**
C.R. Abk = **coche-restaurante**
cra-cra *m* onom *Gekrächze* n *(des Raben)*
crabe *m* Am *Krabeholz* n
cra|brón *m* ⟨Entom⟩ *Hornisse* f (Vespa crabro) ǁ *Grabwespe* f ǁ **–brónidos** mpl ⟨Entom⟩ *Grabwespen* fpl (*Crabronidae = Sphecoidea)
crac onom *krach! knacks!* ǁ ~ ⟨Com⟩ *Krach, Bankrott* m ǁ ⟨Tech⟩ *Krach, Riß, Sprung* m

crácidas *fpl* ⟨V⟩ *Hokkohühner* npl (Cracidae)
cräcking *m* engl = **craqueo**
Craco|**via** *f Krakau* ‖ **⁓viano, ⁓viense** adj/s *aus Krakau* ‖ ⁓ *m Krakowiak* m *(polnischer Nationaltanz)*
△**crallisa** *f Königin* f
cramponado adj: cruz ⁓a ⟨Her⟩ *Hakenkreuz* n
cran *m* ⟨Typ⟩ *Signatur* f *(an einer Letter)*
crane|**ados** *mpl* ⟨Zool⟩ *Schädeltiere* npl (Craniata) ‖ **–al, –ano** adj An *auf die Hirnschale bezüglich*
  cráneo *m Hirnschale* f, *(Hirn)Schädel* m ‖ fam *Kopf* m ‖ fractura de ⁓ ⟨Med⟩ *Schädelbruch* m ‖ romperle a uno el ⁓ figf *jdm den Schädel einschlagen (Drohung)*
  craneo|**logía** *f Schädellehre, Kraniologie* f ‖ **–metría** *f Schädelmessung, Kraniometrie* f ‖ **–neuralgia** *f* ⟨Med⟩ *Kranioneuralgie* f ‖ **–scopia** *f Kranioskopie, Schädelkunde* f ‖ **–tomía** *f* ⟨Chir⟩ *Kraniotomie* f, *Schädelschnitt* m
  crangón *m (gemeine) Garnele* f (Crangon crangon) ‖ *(Nordsee)Krabbe* f *(Benennung im Handel)*
craniano adj = **craneal**
craniectomía *f* ⟨Chir⟩ *Schädeleröffnung, Kraniotomie* f
crápula *f Völlerei, Schwelgerei* f ‖ fig *Betrunkenheit* f ‖ fig *Liederlichkeit* f ‖ fig (& f) *Schlemmer, Bummler* m ‖ fig *Schurke, Schuft* m ‖ prov *liederliches Gesindel* n ‖ prov *Wüstling* m
crapulo|**sidad** *f Bummelleben* n ‖ **–so** adj *schwelgerisch* ‖ *ausschweifend, liederlich, wüst* ‖ ⁓ *m Bummler, Nachtschwärmer* m ‖ *liederlicher Mensch* m
cra|**quear** vt ⟨Chem⟩ *kracken* ‖ **–queo** *m Krackverfahren, Kracken* n, *Krackung* f ‖ ⁓ *catalítico katalytische Krackung* f
craquelado adj *gesprungen, Craquelé- (Keramik)*
crasamente adv *grob unwissend*
crascitar vi *krächzen (Raben)*
crasi|**caule, –caulo** adj ⟨Bot⟩ *dickstengelig* ‖ **–folio** adj ⟨Bot⟩ *dickblättrig* ‖ **–rrostro** adj *dickschnäbelig* ‖ **–tud** *f Fettleibigkeit* f ‖ fig *Ungeheuerlichkeit, Kraßheit* f
craso adj/s *fett, dick* ‖ fig *grob, kraß (Irrtum)*
craspedoto *m* ⟨Zool⟩ *Kraspedote, durch Knospung entstandene Quallenform* f
crasuláceas *fpl* ⟨Bot⟩ *Dickblattgewächse* npl (Crassulaceae)
cráter *m Krater* m *(e–s Vulkans)* ‖ *Trichter* m ‖ **⁓es** *mpl*: ⁓ meteóricos ⟨Astr⟩ *meteorische Krater* mpl
crateriforme adj *kraterförmig*
crea *f* ⟨Web⟩ *grober Drell* m ‖ *Lederleinwand* f
crea|**bilidad** *f Erschaffbarkeit* f ‖ **–ción** *f Schöpfung, Erschaffung* f ‖ *Weltall* n, *Welt* f ‖ *Erfindung* f ‖ *Errichtung, Gründung, Stiftung* f ‖ *Ernennung* f ‖ *Hervorbringen, Schaffen* n ‖ *Kunstwerk* n, *Schöpfung f Anlage* f ‖ ⁓ continua ⟨Astr⟩ *fortlaufende Schöpfung* f *(Theorie)* ‖ ⁓ de capitales *Kapitalschöpfung* f ‖ ⁓ de (un) cardenal *Ernennung f e–s Kardinals* ‖ ⁓ de dinero *Geldschöpfung* f ‖ ⁓ de normas jurídicas *Rechtsetzung* f ‖ ⁓ ideal *geistige Schöpfung* f ‖ ⁓ publicitaria *Werbeschöpfung* f ‖ ⁓ de nuevas variedades ⟨Gen⟩ *Neuzüchtung* f ‖ *capital de* ⁓ *Anlagekapital* n ‖ ◊ hacer una ⁓ gall ⟨Th⟩ *e–e Rolle schaffen, zum ersten Male darstellen* ‖ las últimas ⁓es de París *die letzten Pariser Modelle (Damenmode)* ‖ **–cionismo** *m* ⟨Philos Rel⟩ *Kreationismus* m ‖ **–dor** adj *schöpferisch, erfinderisch* ‖ (in)genio ⁓ *Schöpfergeist* m ‖ ⁓ *m Schöpfer* m ‖ *Erfinder* m ‖ ⟨Com⟩ *Hersteller* m ‖ fig *Urheber* m ‖ el ≃ *der Schöpfer, Gott*
crear vt *(er)schaffen* ‖ *kreieren* ‖ fig *errichten (ein neues Amt)* ‖ fig *(Beamte) ernennen* ‖ fig *stiften, gründen* ‖ fig *herstellen, ins Leben rufen* ‖ ⟨Com⟩ *ausstellen* ‖ ◊ ⁓ un cheque *e–n Scheck ausstellen* ‖ ⁓ un papel ⟨Th⟩ *e–e Rolle schaffen, zum ersten Male darstellen*
  creatividad *f Kreativität, Schöpfungskraft* f
  crébol *m* Ar = **acebo**
crecedero adj *im Wachstum begriffen* ‖ *zum Hineinwachsen (Kinderkleider)*
crecer [-zc-] vi *(auf)wachsen* ‖ *größer werden* ‖ *anschwellen, steigen (Wasser)* ‖ *emporkommen* ‖ *zunehmen, sich vermehren* ‖ *sich entwickeln, gedeihen* ‖ *steigen (im Preis)* ‖ fig *emporkommen* ‖ ◊ ⁓ hacia abajo figf *iron abnehmen* ‖ *verkommen* ‖ ⁓ por momentos figf *zusehends wachsen* ‖ sentir ⁓ la hierba fam *das Gras wachsen hören* ‖ crece la tarde *der Nachmittag sinkt* ‖ la mala hierba crece mucho *Unkraut verdirbt nicht* ‖ **⁓se** *sich in die Höhe richten* ‖ fig *wachsen, zunehmen* ‖ Am *sich erdreisten*
creces *fpl Wachstum* n ‖ *Vermehrung, Zunahme* f ‖ *Aufmaß* n *(beim Korn)* ‖ fig *Übermaß* n ‖ ◊ pagar con ⁓ fig *mit Wucher, reichlich heimzahlen* ‖ vengarse con ⁓ *sich doppelt rächen* ‖ tomar ⁓ Am *zunehmen*
creci|**da** *f Wachsen* n, *Wuchs* m ‖ *Hochwasser* n ‖ *Überschwemmung* f ‖ **–damente** adv *in erhöhtem Maße* ‖ *mit Vorteil* ‖ **–dito** adj dim *v.* **–do** ‖ **–do** adj *erwachsen, groß (Kind)* ‖ fig *zahlreich, groß* ‖ ⟨Com⟩ *zunehmend, gesteigert (Nachfrage)*
¹**creciente** adj *zunehmend* ‖ *steigend (Nachfrage, Konkurrenz)*
²**creciente** *f Anwachsen, Steigen* n *e–s Flusses* bzw *der Flut* ‖ prov *Sauerteig* m ‖ luna en ⁓ *zunehmender Mond* m ‖ *Halbmond* m ‖ ⁓ del mar, aguas de ⁓ ⟨Mar⟩ *Flut* f ‖ ⁓ de marea *Ebbeanhöhe* f
³**creciente** *m* ⟨Her⟩ *Halbmond* m
  crecimiento *m Wachstum, Wachsen* n ‖ *Zunahme* f, *Zuwachs* m ‖ *Wuchs* m ‖ ⟨Radio⟩ *Anschwellen* n ‖ ⁓ demográfico, ⁓ de la población *Bevölkerungs*|*wachstum, -zuwachs* m, *-zunahme* f ‖ ⁓ del grano, ⁓ granular ⟨Metal⟩ *Kornwachstum* n ‖ ⁓ de tensión ⟨Tech⟩ *Spannungsanstieg* m ‖ ⁓ económico *Wirtschaftswachstum* n ‖ ⁓ en espiral *Drehwuchs m (Holz)* ‖ ⁓ neto *Reinzuwachs* m ‖ ⁓ política de ⁓ económico *Wachstumspolitik* f ‖ tasa de ⁓, porcentaje de ⁓ *Wachstums-, Zuwachs*|*rate* f
crec.[te] Abk = **creciente**
creden|**cia** *f Seitentischchen* n *am Altar für die Meßgefäße* ‖ *Kredenz* f ‖ **–cial** adj *beglaubigend* ‖ (carta) ⁓, **–es** fpl *Beglaubigungsschreiben* n ‖ *Ernennungsurkunde f (e–s Beamten)* ‖ Am *Empfehlungsbrief* m
  credibilidad *f Glaubwürdigkeit* f
  crediticio adj *Kredit-*
crédito *m Beifall* m ‖ *Zustimmung, Einwilligung* f ‖ *Bestätigung* f, *Beweis* m ‖ *Glaube* m, *Vertrauen* n ‖ *Ansehen* n ‖ *Glaubwürdigkeit* f ‖ *Glaubhaftigkeit* f ‖ ⟨Com⟩ *Kredit* m ‖ *Guthaben, Kredit* n ‖ *Schuldforderung* f *(contra an)* ‖ guter *Ruf* m, *Ansehen* n ‖ ⁓ abierto *Blankokredit, offener Kredit* m ‖ ⁓ agrario, ⁓ agrícola *Agrarkredit, landwirtschaftlicher Kredit* m ‖ ⁓ artesanal *Handwerkskredit* m ‖ ⁓ bancario *Bankkredit* m ‖ ⁓ breve *kurzer Kredit* m ‖ ⁓ cambiario *Wechselkredit* m ‖ ⁓ comercial *Handelskredit* m ‖ ⁓ con certificado de deuda *Schuldscheinforderung* f ‖ ⁓ congelado *eingefrorener Kredit* m ‖ *eingefrorene Forderung* f ‖ ⁓ de adaptación (C. E. E.) *Anpassungskredit* m *(EWG)* ‖ ⁓ de adquisición *Anschaffungskredit* m ‖ ⁓ de aval *Avalkredit* m ‖ ⁓ de avío *Darlehen n an den Bergmann* ‖ ⁓ de banco a banco *Bank-an-Bank-Kredit* m ‖ ⁓ de descuento *Diskontkredit* m ‖ ⁓ de explotación *Betriebskredit* m ‖ ⁓ de fianza *Bürgschaftskredit* m ‖ ⁓ de financiación

credo — crémor 340

anticipada *Vorfinanzierungskredit* m ‖ ~ de financiación a plazos *Teilfinanzierungskredit* m ‖ ~ de inversión *Investitionskredit* m ‖ ~ de pago *Zahlungskredit* m ‖ ~ dirigido *gelenkter Kredit* m ‖ ~ documentado, ~ documentario *Dokumentenakkreditiv* n ‖ ~ dudoso *dubiose Forderung* f ‖ ~ eventual *bedingte Forderung* f ‖ ~ forzoso *Zwangskredit* m ‖ ~ hipotecario *Hypotheken-, Hypothekar\kredit* m ‖ *Hypotheken-, Grundpfand\forderung* f ‖ ~ ilimitado, ~ limitado *beschränkter, unbeschränkter Kredit* m ‖ ~ incobrable *uneinziehbare (od uneinbringliche) Forderung* f ‖ ~ inmobiliario *Boden-, Real\kredit* m ‖ ~ inmovilizado *Stillhaltekredit* m ‖ ~ intransferible, ~ transferible *unübertragbarer, übertragbarer Kredit* m ‖ ~ marítimo *See-(handels)kredit* m ‖ ~ naval *Schiffsbaukredit* m ‖ ~ -pasivo *Schuld* f *(im Gegensatz: Forderung)* ‖ ~ pecuniario *Geldforderung* f ‖ ~ privilegiado *bevorrechtigte Forderung* f ‖ ~ público *Staatskredit, öffentlicher Kredit* m ‖ ~ puente, ~ de prefinanciación *Überbrückungskredit* m ‖ ~ quirografario *Buchkredit* m ‖ *Buchforderung* f ‖ ~ refaccionario *Betriebs-(mittel)kredit* m ‖ ~ revocable, ~ irrevocable *widerruflicher, unwiderruflicher Kredit* m ‖ ~ rural, ~ territorial *Bodenkredit* m ‖ ~ sobre valores *Effektenkredit* m ‖ ~ transitorio *durchlaufender Kredit* m ‖ *Überbrückungskredit* m ‖ admisión de ~ *Forderungsfeststellung* f *(im Konkurs)* ‖ contra ~ confirmado *gegen bestätigtes Akkreditiv* n ‖ apertura de ~ *Kredit-, Akkreditiv\eröffnung* f ‖ carta de ~ *(circular) (Zirkular-)Kreditbrief* m ‖ cesión de ~ *Forderungsabtretung* f ‖ concesión de ~ *Kredit\gewährung, -zusage* f ‖ cuenta de ~ *Kreditkonto* n ‖ derecho de ~ *Forderungsrecht* n, *Forderung* f ‖ establecimiento de ~ *Kreditanstalt* f ‖ facilidades de ~ *Krediterleichterungen* fpl ‖ finalidad específica de un ~ *Zweckbestimmung* f *e–s Kredits* ‖ garantía de un ~ *Kredit\sicherheit, -sicherung* f ‖ negocios a ~ *Kreditgeschäfte* npl ‖ papel ~ *Wechselkredit* m ‖ ◊ abrir ~ *Kredit eröffnen* ‖ anular un ~ *e–n Kredit streichen* ‖ apoyar, consolidar, mantener el ~ *den Kredit stützen, befestigen, aufrechterhalten* ‖ comprar, dar, tomar, vender a ~ *auf Kredit kaufen, geben, nehmen, verkaufen* ‖ dar ~ a alg. jdm *Glauben schenken* ‖ exceder el ~ *das Guthaben überschreiten* ‖ extender el ~ *den Kredit vergrößern, ausdehnen* ‖ gozar de ~ *angesehen sein, Ansehen genießen* ‖ merecer, obtener *(od conseguir)* ~ *Kredit verdienen, erhalten* ‖ otorgar, dar, hacer, conceder ~ a alg. *jdm Kredit gewähren, jdn kreditieren* ‖ pasar al ~ *ins Haben stellen* ‖ perjudicar al ~ *dem Kredit schaden* ‖ recobrar, rehusar el ~ *den Kredit wiedererlangen, verweigern* ‖ restringir, retirar el ~ *den Kredit beschränken, entziehen* ‖ sentar, tener sentado el ~ *in gutem Rufe stehen* ‖ ~s pl *Kreditsummen* fpl ‖ ~ dudosos *dubiose Forderungen* fpl ‖ ~ innumerables *uneintreibbare Außenstände* mpl ‖ contratar ~ *Kredite geben* ‖ creación de ~ *Kreditschöpfung* f ‖ lista de ~ *Konkurstabelle* f ‖ movimiento de ~ *Kreditentwicklung* f ‖ prelación de ~ *Rangverhältnis* n *von Forderungen* ‖ restricción de ~ *Kredit\beschränkung, -verknappung* f

credo (⁓) m *Kredo, Apostolisches Glaubensbekenntnis* n ‖ 〈Rel Pol〉 *Glaubensbekenntnis* n ‖ político fig *politische Überzeugung* f ‖ en un ~ fam *im Nu, geschwind* ‖ cada ~ fam *alle Augenblicke, bei jeder Gelegenheit* ‖ con el ~ en la boca figf *in der äußersten Not* ‖ ◊ *dice cada mentira, que canta un* ~ figf *er lügt wie gedruckt* ‖ *da cada sablazo, que canta un (od el)* ~ figf *er pumpt jeden unverschämt an* ‖ *tu me tienes por última palabra del* ⁓ fig *du hast e–e sehr niedere Meinung von mir*

credulidad f *Leichtgläubigkeit* f
crédulo adj *leichtgläubig* ‖ adv: ~**amente**
cree\|deras fpl: ◊ tener buenas *(od* grandes*)* ~ fam *sehr leichtgläubig sein,* fam *alles schlucken* ‖ **–dero** adj *glaubhaft, glaublich* ‖ **glaubwürdig* ‖ **–dor** adj *leichtgläubig*
creencia f *Glaube* m (en *an* acc) ‖ *Anschauungsweise, Meinung* f (de *von*) ‖ *Vertrauen* n ‖ *religiöser Glaube* m, *Glaubensbekenntnis* n ‖ *Glaubhaftigkeit* f ‖ *Überzeugung* f ‖ ~ en Dios *Glaube* m *an Gott* ‖ ~ falsa *Irrglauben* m ‖ ~ en milagros *Wunderglaube* m ‖ ~s pl *Lehren* fpl, *(Lehr)Systeme* npl ‖ *Religion* f
creer [-ey-] vt/i *glauben, Glauben schenken* (dat) ‖ *et glauben* (acc) ‖ 〈Rel〉 *glauben* ‖ *für et halten, dafürhalten* (acc) ‖ *denken, meinen, vermuten, annehmen* ‖ *(be)folgen* ‖ ◊ ~ *conveniente für ratsam halten* ‖ ~ de su obligación *et für seine Pflicht halten* ‖ hacer ~ a. a alg. *jdm et weismachen* ‖ lo creo de mi deber *ich halte es für meine Pflicht* ‖ no ~ a sus ojos, no ~ a sus oídos *seinen Augen, seinen Ohren nicht trauen* ‖ ¿me cree V. tan tonto? *halten Sie mich für so dumm?* ‖ ¡quién iba a ~lo! *wer hätte es (je) geglaubt!* ‖ según creo *meines Erachtens, meiner Ansicht nach* ‖ todo hace ~ que *alles deutet darauf hin, daß* ‖ ¡ya lo creo! *das glaube ich wohl! natürlich!* ‖ ~ vi *glauben, gläubig sein* ‖ *Vertrauen haben* (en *zu*) ‖ ~ a uno sobre *(od* por*)* su palabra *jdm aufs Wort glauben* ‖ ~ a ciegas, ~ a macha martillo, ~ a ojos cerrados, ~ a pies juntillas, ~ a puño cerrado fig *blind, blindlings, fest, unverbrüchlich glauben* ‖ ~ en Dios *an Gott glauben* ‖ ~(se) de ligero *leicht glauben, mit allzuviel Zuversicht glauben* ‖ no creo que venga *(od* vendrá*)* *ich glaube nicht, daß er kommt* ‖ ¿quién se lo ha hecho ~? *wer hat es Ihnen eingeredet?* ‖ creo que si *ich glaube ja* ‖ ¿ha venido? Creo que no *Ist er gekommen? Ich glaube (es) nicht* ‖ ¿qué edad cree V. que tengo? *wie alt schätzen Sie mich?* ‖ ~**se** *sich einbilden* ‖ *sich halten (für), von sich überzeugt sein* ‖ *einander Glauben schenken* ‖ ~ de uno *jdm Glauben schenken* ‖ ~ de habladurías *dem Gerede Glauben schenken* ‖ ~ en la necesidad de *sich gezwungen glauben zu*

creíba f *Am* pop impf v. **creer** *(statt* creía*)*
crei\|ble adj *glaubhaft, glaublich* ‖ adv: ~**mente** ‖ **–do** adj *eingebildet, eitel* ‖ pp *geglaubt*

¹**crema** f *(Milch)Rahm* m, *Sahne* f ‖ *Schlagsahne* f ‖ *Creme* f, *Krem* f/m *(Haut-, Schönheits\|mittel)* ‖ *Cremefarbe* f ‖ *e–e Likörart* f *(Art) Obstsirup* m ‖ ~ batida, ~ Chantilly *Schlagsahne* f ‖ ~ cosmética *Schönheitscreme* f ‖ ~ de jabón *Rasiercreme* f ‖ ~ de la leche *Rahm* m, *Sahne* f ‖ la ~ de la sociedad fig *die Creme der Gesellschaft, die Blüte der Gesellschaft, die oberen Zehntausend* pl ‖ ~ para zapatos, ~ para calzado *Schuhcreme* f
²**crema** f *Trema* n, *Trennpunkte* mpl *auf dem spanischen* u *(z. B.* vergüenza, argüir *od in* rüido, süave, *um die Zweisilbigkeit e–s Versfußes anzudeuten)*

cremá f *in Valencia u. Alicante: Verbrennung* f *der fallas* (→)
cremación f *Verbrennung* f ‖ ~ de cadáveres *Leichenverbrennung, Feuerbestattung* f
cremallera f 〈Tech〉 *Zahnleiste, Zahn(rad)stange* f ‖ *Repetierrechen* m *in Uhren* ‖ (cierre de) ~ *Reißverschluß* m ‖ ferrocarril de ~ *Zahnradbahn* f
cremáster m 〈An〉 *Cremaster, Hodenmuskel* m
crema\|tología, –tística f *(veraltete Bezeichnung) Volkswirtschaftslehre, Nationalökonomie* f
crematorio m *Krematorium* n ‖ *Einäscherungshalle* f ‖ (horno) ~ m *Verbrennungsofen* m
cremómetro m *Rahm-, Sahnemesser* m
cremonés, esa adj *aus Cremona (Italien)*
crémor m: ~ tártaro *Weinstein* m

cremoso adj *rahmig, sahnig* ‖ ◊ *ponerse ~ sämig werden*
crencha f *Scheitel* m *auf dem Kopfe* ‖ *Scheitelhaar* n ‖ *Scheitelstreif* m ‖ ◊ *abrir (od hacer, marcar) la ~ das Haar scheiteln*
creosota f ⟨Chem⟩ *Kreosot* n
crepé m *Crêpe, Krepp* m ‖ *falsches Haar* n
crepi|tación f *Prasseln, Knistern* n *(der Flamme)* ‖ ⟨Chir⟩ *Knarren, Knistern* n, *Krepitation* f *(z. B. gebrochener Knochen, Lungenentzündung)* ‖ ⟨Radio⟩ *Knackgeräusche* npl, *Rasseln* n ‖ ⟨Tel⟩ *Knack-, Neben|geräusch* n ‖ ⟨Entom⟩ *Knarren* n *(einiger Käfer)* ‖ ~es pl ⟨Med⟩ *Knisterrasseln* n ‖ **–táculo** m *Klapperinstrument* n *(z. B. Kastagnette)* ‖ ⟨Bot⟩ *Knallfrucht* f ‖ **–tante** adj *prasselnd, knisternd* ‖ *estertor (od ruido) ~* ⟨Med⟩ *Rasselgeräusch* n ‖ **–tar** vi *rasseln, prasseln, knistern* ‖ *knistern (Flamme, Licht)* ‖ *prasseln (Schüsse)*
crepuscu|lar adj *auf die Morgen- od Abenddämmerung bezüglich* ‖ *dämmerig, dämmerhaft* ‖ *Dämmer(ungs)-* ‖ fig *dem Untergang geweiht* ‖ *ver-, unter|gehend, Untergangs-* ‖ *estado ~* ⟨Med Psychol⟩ *Dämmerzustand* m ‖ *luz ~ Dämmerlicht* n ‖ *Abend-, Morgen|röte* f ‖ **–lares** mpl ⟨Entom⟩ *Abendfalter* mpl ‖ **–lino** adj = **–lar**
crepúsculo m *Morgen-, Abend|dämmerung* f ‖ *Abend-, Morgen|röte* f ‖ ⟨poet⟩ *Dämmer(licht)* n m ‖ fig *Abend* m, *Dunkel, Ende* n ‖ *Aufdämmern* n ‖ fig *Niedergang* m ‖ fig *erste Anfänge* mpl ‖ *el ~ de los dioses die Götterdämmerung* f *(Wagnersche Oper)* ‖ *el ~ de la libertad* fig *die ersten Strahlen der Freiheitssonne* ‖ *~ vespertino Abenddämmerung* f ‖ *en el ~ am Abend*
cresa f *Eier* npl *der Bienenkönigin* ‖ *Made* f *einiger Zweiflügler* ‖ *Schmeiß (Eier) der blauen Schmeißfliege* (Calliphora spp)
crescendo m ⟨Mus⟩ *Krescendo* n ‖ *ir en ~ fig zunehmen*
Creso m *Krösus* m
△**Cresorné** m *Jesus Christus*
crespo adj *kraus, gekräuselt* ‖ fig *mutig, hehr* ‖ fig *geschnörkelt (Stil)* ‖ fig *erregt, zornig* ‖ *uva ~a Stachelbeere* f ‖ ◊ *ponerse ~ pop sich heftig erzürnen* ‖ *~ m* prov *(Haar)Locke* f
cres|pón m *Krepon* m ‖ *Crêpe, Krepp, Flor* m ‖ *~ de seda Seidenkrepp* m ‖ *~ de luto Trauerflor* m ‖ *con el ~ en el brazo mit dem Flor um den Arm* ‖ **–ponado** adj: *papel ~ Kreppapier* n ‖ **–ponar** vt ⟨Web Tech⟩ *kreppen, krausen*
cres|ta f *(Hahnen)Kamm* m ‖ *Haube* f, *Federbusch, Schopf* m *(der Vögel)* ‖ *Krone* f *(der Schlangen)* ‖ ⟨An⟩ *Kamm* m, *Leiste* f ‖ fig *(Berg-) Rücken, Gebirgskamm, Grat* m ‖ fig *Schaumkrone* f *e–r Welle* ‖ *Deich|kappe, -krone* f ‖ ⟨Mil⟩ *Wall* m ‖ ⟨Mil⟩ *Krone, Bekrönung* f *(Festungsanlage)* ‖ ⟨Ing⟩ *(First)Kamm* m ‖ figf *Stolz, Hochmut* m ‖ *~ de gallo Hahnenkamm* m (& ⟨Bot An⟩) ‖ *~ luminosa* ⟨El⟩ *Lichtbündel* n *(de la rosca) Gewindespitze* f ‖ ◊ *alzar (od levantar) la ~* fig *stolz, übermütig werden* ‖ *dar en la ~ a uno* figf *jdn empfindlich beleidigen* ‖ *rebajar la ~ a alg.* figf *jds Stolz brechen* ‖ **–tado** adj ⟨V⟩ *mit e–m Kamm versehen* ‖ *gehaubt (Hühner)* ‖ ⟨Bot⟩ *kammförmig* ‖ **–tería** f *Schnörkelwerk* n ‖ ⟨Mil⟩ *oberes Schutzwerk* n ‖ ⟨Arch⟩ *Kammzierat* m ‖ *Schnitzwerk* n *(Möbel)* ‖ prov *Dachkammer* f ‖ ⟨Hydr⟩ *Wasserscheide* f ‖ *~ de mansarda Mansardengesims* n
crestomatía f *Chrestomathie, Auswahl* f, *ausgewählte Schriften* fpl ‖ *Lesebuch* n
cres|tón, ona adj *Chi Mex* = **–tudo** ‖ *Chi Mex* fig *einfältig, dumm* ‖ fig *Col leicht entflammbar, sehr schnell verliebt* ‖ *~ m* augm v. **cresta** ‖ *Helmstutz* m ‖ ⟨Geol⟩ *Hut* m ‖ ⟨Ing⟩ *Krone* f, *Firstkamm* m ‖ **–tudo** adj fig *stolz, eingebildet*
cre|ta f *Kreide* f ‖ *~ de dibujo Zeichenkreide* f ‖ *~ margosa merg(e)lige Kreide* f, *Kalkmergel* m ‖ *~ nodular sekretthaltige Kreide* f ‖ *~ preparada chemische Kreide* f ‖ **–táceo** adj/s ⟨Geol⟩ *kretazisch, Kreide-* ‖ *~ m* ⟨Geol⟩ *Kreide|system* n, *-formation* f
cretense, [1]**crético** adj/s *aus Kreta, kretisch*
[2]**crético** m *Kretikus, kretischer Versfuß* m
creti|nismo m ⟨Med⟩ *Kretinismus* m ‖ fig *Blödsinn* m, *Idiotie* f ‖ **–nizarse** [z/c] vr *blödsinnig werden* ‖ **–no** m/adj *Kretin* m ‖ *Blödsinnige(r)*; *Idiot* m ‖ fig *Depp, Idiot* m ‖ **–noide** adj ⟨Med⟩ *kretinartig, wie ein Kretin, kretinoid*
cretona f *Kretonne* f *(Stoff)*, öst *Kreton* m
cretoso adj *kreidig, kreidehaltig*
creyente m/adj ⟨Rel⟩ *Glaubende(r)*, *Gläubige(r)* m ‖ *gläubig*
creyó → **creer**
creyón n gall *Cu Zeichen|kohle* f, *-stift* m
crezco → **crecer**
cri m enom: *el ~, ~ (~-~) de los grillos das Gezirp der Grillen*
cría f *Fortpflanzung* f *(der Menschen, Tiere)* ‖ *(Tier)Zucht, Züchtung* f ‖ *Aufzucht* f ‖ *Wurf* m *(von Tieren)* ‖ *Laichen* n *(der Fische)* ‖ *Junge(s)*, *junges Tier* n ‖ *Säugling* m, *säugendes Tier* n ‖ *(Vögel)Brut* f ‖ *Fisch|satz* m, *-brut* f ‖ *Sprößling, junger Baum* m ‖ *~ artificial mutterlose Aufzucht* f ‖ *~ caballar Pferdezucht* f ‖ *~ de animales Tierzucht* f ‖ *Viehzucht* f ‖ *~ de aves Vogelzucht* f ‖ *~ de corral Geflügel|zucht, -haltung* f ‖ *~ de ganado Viehzucht* f ‖ *~ de ganado bovino od vacuno Rindvieh-, Rinder|zucht* f ‖ *~ de ganado menor Kleintierzucht, Kleinviehhaltung* f ‖ *~ de ganado mular Maultierzucht* f ‖ *~ de ganado ovino Schaf|zucht, -haltung* f ‖ *~ de ganado porcino Schweinezucht* f ‖ *~ de peces Fischzucht* f ‖ *~ de selección Auslesezüchtung* f ‖ *ama de ~ Säugamme* f ‖ *ganado de ~ Zuchtvieh* n ‖ *libro de ~ Zuchtbuch* n
cria|da f *Dienstmädchen* n ‖ *Zofe* f, *Kammermädchen* n ‖ ⟨Agr⟩ *Magd* f ‖ fig *Waschbleuel* m ‖ ◊ *salirle a uno la ~ respondona* fig *e–e unerwartete Enttäuschung od e–n Mißerfolg haben* ‖ *sich in jdm täuschen* ‖ *ser una ~ para todo fam (ein) Mädchen für alles sein* ‖ **–dero** m *Baum-, Pflanzen|schule* f ‖ *Tierzuchtanstalt, Zucht* f ‖ ⟨Bgb⟩ *Erz|gang* m, *-ader, Lagerstätte* f ‖ *reiches Erzlager* n ‖ *~ de peces Fischzuchtteich* m ‖ *~ de pollos Aufzuchtkasten* m *(für Hühner)*
criadilla f *(Vieh)Hode, Hode* f ‖ *Gericht* n *aus Hoden od Kurzwildbret* ‖ *~ de mar Seetrüffel* f *(Polyp)* ‖ *~ de ternero Gericht* n *aus Kalbshoden* ‖ *~ de tierra Trüffel* f *(& pl)*
cria|do adj: *bien ~ wohlerzogen, gesittet* ‖ *mal ~ unerzogen, unartig* ‖ *estar (ya) ~* fig *kein Kind mehr sein* ‖ *~ m (Haus)Diener, Dienstbote, Bediente(r)* m ‖ *Knecht* m ‖ fig *unerzogener Mensch* m ‖ *cuarto de los ~s Bedientenstube* f ‖ **–dor** adj *schöpferisch* ‖ fig *ergiebig (Boden)* ‖ *~ m Schöpfer, Gott* m ‖ *(Vieh)Züchter* m ‖ **–dora** f/adj *Züchterin* f ‖ *(Säug)Amme* f
crialo m ⟨V⟩ *Häherkuckuck* m (Clamator glandarius)
criamiento m *Erhaltung* f ‖ *Pflege* f ‖ *Verjüngung, Erneuerung* f
criandera f *Am ⟨Säug⟩Amme* f
crianza f *(Säuglings)Ernährung* f ‖ *Stillen* n ‖ fig *Erziehung* f ‖ *Aufzucht* f ‖ Chi *Baum-, Pflanzen|schule* f ‖ Chi *Tierzuchtanstalt* f ‖ *~ de vinos Weinzucht* f ‖ *buena (mala) ~ gute (schlechte) Erziehung* f ‖ ◊ *dar (buena) ~ (a) (gut) erziehen* ‖ *hijo de ~ PR Adoptivkind* n ‖ *sin ~ unerzogen*
criar [pres **–ío**] vti *(er)schaffen* ‖ *erzeugen, hervorbringen* ‖ *säugen, stillen* ‖ *ziehen, bauen (Pflanzen)* ‖ *auf-, er|ziehen* ‖ *ätzen, füttern, (Tiere, Vögel)* ‖ *züchten (Vieh)* ‖ *errichten (ein Amt)* ‖ *(Junge) setzen, werfen* ‖ fig *verursachen, Anlaß geben* ‖ △*besitzen* ‖ ◊ *~ callos Hühneraugen bekommen (von engen Schuhen)* ‖ *~ carnes Fleisch an-*

setzen, dickleibig werden ‖ ~ **moho** fam *schimm(e)lig werden, verschimmeln* ‖ ~ al pecho *säugen, stillen, (dem Kinde) die Mutterbrust geben* ‖ ~ a sus pechos a alg. fig *jdn in seinen Grundsätzen erziehen* ‖ ~ al biberón *mit der Saugflasche aufziehen* ‖ ~ artificialmente *künstlich ernähren* ‖ ~**se** *(auf)wachsen, gedeihen (Pflanzen)* ‖ ◊ ~ juntos miteinander *aufwachsen* ‖ ~ en buenos pañales fig *e–e gute Kinderstube haben* ‖ →a **criado** adj

criatura f *Geschöpf, Wesen* n, *Kreatur* f ‖ *neugeborenes Kind* n ‖ *Lebewesen* n ‖ fig *Schützling, Günstling* m, *Kreatur* f ‖ fam *Person* f ‖ *Frauenzimmer, Weibsbild* n ‖ ~ abortiva *lebensunfähige Frühgeburt* f ‖ ser una ~ figf *noch blutjung sein* ‖ figf *kindisch sein* ‖ ¡~! *du Kindskopf!*

criba f *(Korn)Sieb* n ‖ *Durchwurf* m ‖ ~ cilindrica *Siebtrommel* f ‖ ~ clasificadora *Sortier-, Klassier\sieb* n ‖ ~ filtrante *Filtersieb* n ‖ ~ giratoria *Trommelsieb* n ‖ ~ hidráulica ⟨Bgb⟩ *Setzmaschine* f ‖ ~ oscilante ⟨Bgb⟩ *Schwingsieb* n ‖ ~ plana *Plan-, Flach\sieb* n ‖ ~ vertical *Sandsieb* n ‖ tambor de ~ *Trommelsieb* n ‖ ◊ estar hecho una ~ figf *wie ein Sieb durchlöchert sein* ‖ pasar por la ~ fig *genauestens überprüfen*, fig *(aus)sieben*

criba\do m *(Durch)Sieben* n ‖ *Siebgut* n ‖ ⟨Metal⟩ *Sieb\wäsche, -arbeit* f ‖ *(große)Stückkohle* f ‖ **-dor** m/adj *(Durch)Sieber* m ‖ **-dora** f ⟨Bgb⟩ *Setzmaschine* f ‖ **-dura** f *(Durch)Sieben* n ‖ *Sieb\staub, -rückstand, Durchfall* m *(beim Sieben)*

cribar vt/i *(durch)sieben, sichten* ‖ *läutern, sieben (Korn, Metalle)*

cribelo m ⟨Zool⟩ *Cribellum, Spinnfeld* n *(bei gewissen Spinnen)*

cribero m *Sieb\macher, -händler* m

criboso adj *Sieb-*

cric m *Schrauben-, Hebe\winde* f ‖ *Wagenheber* m ‖ ⟨Mar⟩ *Hebewinde* f ‖ ~ de botella ⟨Tech⟩ *Flaschenwinde* f ‖ ◊ levantar con (el) ~ *aufbocken*

¡**cric, crac!** *krick, krack! knacks! krach!*

crica f *Ritze* f ‖ Am *weibliche Scham* f

cricket m engl → **criquet**

cricoides m ⟨An⟩ *Ringknorpel* m

criestesia f ⟨Med⟩ *erhöhte Empfindlichkeit gegen Kälte, Kryästhesie* f

Crimea f: la ~ ⟨Geogr⟩ *die Krim*

crimen m *Verbrechen* n ‖ *Missetat* f (& fig) ‖ *Frevel* m ‖ ~ contra la humanidad *Verbrechen* n *gegen die Menschlichkeit* ‖ ~ de guerra *Kriegsverbrechen* n ‖ ~ de lesa majestad *Majestätsverbrechen* n ‖ ~ pasional *im Affekt begangenes Verbrechen* ‖ ~ politico *politisches Verbrechen* n ‖ ~ por omisión *Unterlassungsdelikt* n ‖ ~ probélico, ~ contra la paz *Verbrechen* n *gegen den Frieden* ‖ ~ sexual *Sexualverbrechen* n ‖ apología del ~ *öffentliche Aufforderung* f *zu Straftaten* ‖ sala del ~ ⟨Jur⟩ *Strafkammer* f ‖ △*Spielhölle* f ‖ ◊ cometer, consumar, perpetrar un ~ *ein Verbrechen begehen* ‖ escenario del ~ *Tatort* m ‖ lucha contra un ~ *Verbrechensbekämpfung* f

crimi\nación f *Beschuldigung* f ‖ **-nal** adj *verbrecherisch* ‖ *strafbar (Handlungen)* ‖ *sündhaft* ‖ *kriminell* ‖ *frevelhaft* ‖ ⟨Jur⟩ *Straf-, Kriminal-, kriminalstrafrechtlich, Kriminal-, Straf-* f asunto ~ ⟨Jur⟩ *Strafsache* f ‖ brigada ~ *Kriminalpolizei* f ‖ sala de lo ~ *Straf\kammer* f, *-senat* m ‖ derecho ~ *Strafrecht* n ‖ juez de lo ~ *Strafrichter* m ‖ jurisdicción ~ *Strafgerichtsbarkeit* f ‖ procedimiento ~ *Strafverfahren* n ‖ sala de lo ~ *Gerichtssaal* m ‖ → a **penal** ‖ ~ m *Verbrecher, Missetäter* m (& fig) ‖ ~ de guerra *Kriegsverbrecher* m ‖ ~ habitual *Gewohnheitsverbrecher* m ‖ ~ nato *geborener Verbrecher* m ‖ → a **delincuente**

crimina\lidad f ⟨Jur⟩ *Straf\barkeit, -fälligkeit* f ‖ *Kriminalität* f ‖ *Verbrechertum* n ‖ **-lismo** *Strafsystem* n ‖ *Strafrecht* n ‖ **-lista** m *Kriminalist*, *Strafrechtler* m ‖ **-lística** f *Kriminalistik* f ‖ **-lístico** adj *kriminalistisch*

crimi\nalmente adv *auf verbrecherische Art* ‖ *im Strafverfahren, strafrechtlich* ‖ **-nar** vt = **acriminar** ‖ **-nología** f *Kriminologie, Lehre* f *vom Verbrechertum* ‖ **-nológico** adj *kriminologisch* ‖ **-nólogo** m *Kriminologe* m ‖ **-noso** adj/s = **-nal**

crin f (& *pl*) *Mähnen-, Schweif-, Roß\haar* n ‖ *Roßhaareinlage* f, *Polsterhaar* n ‖ *Füllhaar, Haar* n *zum Ausstopfen* ‖ fam *Menschenhaar* n ‖ ~ vegetal *vegetabilisches Roßhaar, Crin d'Afrique* n ‖ ◊ hacer ~es *(dem Pferd) das Mähnenhaar stutzen* ‖ asirse a las ~es figf *ängstlich auf seinen Nutzen bedacht sein*

cri\nado adj ⟨poet⟩ *mit reichem Haar* ‖ **-nar** vt *kämmen* ‖ **-neja** f Am *Haarzopf* m ‖ **-niforme** adj *pferdehaarähnlich* ‖ **-nito** adj ⟨Astr⟩ *geschweift (Komet)* ‖ **-noso** adj *mähnenhaarig* ‖ **-nudo** Am *mit reicher Mähne (Pferd)*

crinoideos mpl ⟨Zool⟩ *Haarsterne* mpl, *Seelilien* fpl, *Krinoiden* mpl (Crinoidea)

crinolina f *Krinoline* f, *Reifrock* m

crío m fam *Säugling* m ‖ *kleines Kind* n (& iron) ‖ figf *sehr junge* bzw *unerfahrene Person* f, iron *Kind* n

criógeno m *Kälte-, Kühl\mischung* f

△**crioja** f *Fleisch* n

criolita f ⟨Min⟩ *Kryolith* m

criolla f *Kreolin* f

criollismo m *Criollismo* m, *Kreolentum* n

criollo m *Kreole* m ‖ *von Europäern abstammender Amerikaner* m ‖ *am. Neger* m *(im Gegensatz zum afrikanischen)* ‖ ~ adj *kreolisch* ‖ *von Europäern abstammend (Amerikaner)* ‖ Am *bodenständig, südamerikanisch (Brauch, Speise)* ‖ Am *volkstümlich* ‖ *in Amerika geboren (Neger)* ‖ manjar ~ *südam. Gericht* n ‖ tango ~ *kreolischer Tango(tanz)* m

cri\ómetro m ⟨Phys⟩ *Kryometer* n ‖ **-oscopia** f ⟨Phys⟩ *Kryoskopie* f ‖ **-óscopo** m *Kryoskop* n ‖ **-oterapia** f ⟨Med⟩ *Kryotherapie* f ‖ **-otrón** m ⟨El⟩ *Kryotron* n *(Tieftemperatur-Schaltelement)*

cripta f *Krypta, Totengruft* f ‖ ~**s** fpl ⟨Med⟩ *Krypten* fpl *(Rachenmandeln, Darmkanal)*

criptobranquios mpl ⟨Zool⟩ *Riesensalamander* mpl (Cryptobranchidae)

criptocomunista m *verborgener Kommunist* m

criptógamas fpl ⟨Bot⟩ *Kryptogamen, Sporenpflanzen* fpl

criptografía f *Geheimschrift* f ‖ *Schreiben* n *in Geheimschrift*

criptograma m *Geheimschrift* f

criptojudío m *getarnter Jude, falscher Konvertit* m *(Jude)*

cripto\merismo m ⟨Gen⟩ *Kryptomerie* f ‖ **-mero** m *Kryptomere* f ‖ **-mitosis** f ⟨Gen⟩ *Kryptomitose* f

criptón m ⟨Chem⟩ *Krypton* n

criptorquidia f ⟨Med⟩ *Kryptorchismus* m

criptos\copia f *Kryptoskopie* f ‖ **-copio** m *Kryptoskop* n

criptovulcanismo m *Kryptovulkanismus* m

criquet m engl *Kricketspiel, Kricket* n

cris m *Kris* m *(Dolch der Malaien)*

crisálida f *(Schmetterlings)Puppe, Chrysalide* f

crisante\mo m, **-ma** f ⟨Bot⟩ *Chrysantheme, Wucherblume* f

Crisipo np *Chrysippos*

crisis f *Beurteilung* f ‖ *Krise, Krisis* f, *Wendepunkt* m *(e–r Krankheit)* ‖ fig *entscheidender Augenblick, Umschlag* m, *Krisis* f ‖ *Kapitel* n *(im Buch)* ‖ ~ económica *Wirtschaftskrise* f ‖ ~ de llanto *Weinkrampf* m ‖ ~ de mano de obra *Arbeitskräftemangel* m ‖ ~ ministerial *Kabinettskrise* f ‖ ~ monetaria *Geld\not, -krise* f ‖ ~ de trabajo *Arbeitskrise* f ‖ ~ de venta(s) *Absatzkrise* f ‖ ~ de viviendas *Wohnungsnot* f ‖ ◊ atra-

vesar, pasar una ~ e-e Krise erleiden, durchmachen ‖ desencadenar una ~ e-e Krise hervorrufen ‖ se avecina una ~ es kriselt
cris|ma f/m Chrisam n/m, Chrisma, Salböl n ‖ fam Kopf m, pop Birne f ‖ ◊ romper la ~ a alg. vulg jdm das Genick brechen, jdm den Schädel einschlagen (Drohung) ‖ -mera f Salbgefäß n
crisneja f = crizneja
criso|berilo m ⟨Min⟩ Chrysoberyll m ‖ -carpo adj ⟨Bot⟩ gelbfrüchtig
cri|sol m (Schmelz)Tiegel m (& fig) ‖ Gießpfanne f ‖ (Schmelz)Hafen m ‖ Gestell n (Hochofen) ‖ fig Prüfstein m ‖ fig Feuerprobe f ‖ ~ de ensayo Probiertiegel m ‖ ~ de (od para) fundición de acero Gußstahltiegel m ‖ ~ para templar ⟨Metal⟩ Härtetiegel m ‖ carga del ~ ⟨Metal⟩ Gestellbelastung f ‖ ◊ pasar por ~ u/c fig et erproben, e-r strengen Prüfung unterwerfen ‖ -solada f ein Schmelztiegel voll
crisolito m ⟨Min⟩ Chrysolith m
crisomélidos mpl ⟨Entom⟩ Gold-, Blatt\käfer mpl (Chrysomelidae)
criso|pacio, -prasa f ⟨Min⟩ Chrysopras m
crisóstomo m/adj Goldmund, Chrysostomus m, Beiname berühmter Redner (bes San Juan ↗)
crisoterapia f ⟨Med⟩ Chrysotherapie f
crisotilo m ⟨Min⟩ Chrysotil m
crispación f = crispatura
crispa|do adj ⟨Bot⟩ kraus, gekräuselt ‖ mano ~a geballte Faust f ‖ -miento, -dura f = -tura
cris|par ‖ kräuseln, kraus machen ‖ zusammenziehen (z. B. Finger) ‖ verkrampfen, verzerren ‖ fam (auf)reizen, ungeduldig, unruhig machen ‖ ~se sich kräuseln ‖ ◊ ~ de alegría fig vor Freude außer sich sein ‖ se le crispaban los puños er ballte die Fäuste ‖ se le crisparon los nervios er bekam e-n Nervenanfall ‖ ese hombre me crispa fam dieser Mann bringt mich auf die Palme ‖ -patura f Schrumpfung f, Kräuseln, Zusammenschrumpfen n (durch Feuer od Kälte) ‖ ⟨Med⟩ krampfhafte Zusammenziehung, krampfhafte Zuckung f ‖ fam Bewegung f (od Gebärde f) der Ungeduld od der Unruhe
Crispín np span. Lustspielfigur f
crispir vt marmorieren (Anstrich)
cristal m ⟨Min⟩ Kristall m ‖ Kristall(glas) n ‖ Fenster\glas n, -scheibe f ‖ Brillenglas n ‖ fig Spiegel m ‖ fig ⟨poet⟩ (kristallene) Klarheit f ‖ Arg Trinkglas n ‖ Cu Fruchtkonserve f, Gelee m/n ‖ ~ ahumado ⟨Opt⟩ Blendglas n ‖ ~ antideslumbrante ⟨Aut⟩ Blendschutzscheibe f ‖ ~ para anteojos Brillenglas n ‖ ~ biaxial zweiachsiger Kristall m ‖ ~ biselado (od a bisel) geschliffenes Glas n ‖ ~ de aumento Vergrößerungsglas n ‖ ~ de Bohemia böhmisches Kristall(glas) n ‖ ~ de espejo Spiegelglas n ‖ ~ bruno Rauchtopas m ‖ ~ esmerilado ⟨Phot⟩ Mattscheibe f ‖ el ~ de la fuente ⟨poet⟩ die kristallklare Quelle f ‖ ~ inastillable splitterfreies Glas n ‖ ~ jaspeado Marmorglas n ‖ ~ natural, ~ de roca Bergkristall m ‖ ~ opalino Opalglas n ‖ Milchglas n ‖ ~ plano Flachglas n ‖ ~ de reloj Uhrglas n ‖ ~ de roca Bergkristall m ‖ ~ de seguridad Sicherheitsglas n ‖ hoja de ~ Glasscheibe f ‖ palacio de ~ Glaspalast m ‖ más limpio que un ~ fig kristall\hell, -rein ‖ ~es pl Kristallarbeiten fpl ‖ Fensterscheiben fpl ‖ Verglasung f, Glaswerk n ‖ ~ para espejos Spiegelglas n ‖ ◊ poner los ~ verglasen (Fenster) ‖ die Gläser einsetzen (in e-e Brille) ‖ verlo todo con ~ ahumados fig ein Schwarzseher sein
cristale|ra Glasschrank m, Vitrine f ‖ Kredenzschrank m (Möbel) ‖ Glastür f ‖ -ría f Glas\fabrik, -hütte f ‖ Kristalladen m ‖ Glaswaren fpl ‖ ~ para farmacias Medizinalflaschen fpl ‖ ~ fina Kristallglaswaren fpl ‖ ~ labrada Kristallglas n ‖ -ro m Glasschneider m ‖ Glashändler m ‖ Glaser m
cristali|no adj kristallähnlich ‖ kristall\hell, -klar ‖ kristallin(isch), Kristall- ‖ la ~a fuente ⟨poet⟩ die kristallklare Quelle ‖ ~ m An Glaskörper m (des Auges) ‖ -zable adj kristallisierbar ‖ -zación f Kristallisierung, Kristallisation, Kristallbildung f ‖ Kristallgruppe f ‖ fig Starrung f ‖ Sammlung f (alrededor de u/c um et) ‖ ⟨Chem⟩ Anschießen n, Anschuß m ‖ -zar [z/c] vt ⟨Chem⟩ kristallisieren ‖ Am Fuß fassen lassen ‖ ~ vi Kristalle bilden ‖ fig kristallisieren, sich abklären ‖ fig Gestalt annehmen ‖ ~se kristallisieren, Kristalle bilden
cristaloluminiscencia f Kristallolumineszenz f
cristalo|grafía f Kristallographie f ‖ -mancia f Kristallomantie f ‖ -metría f Kristallometrie, Kristallmessung f
cristia|namente adv auf christliche Art, christlich ‖ -nar vt fam taufen ‖ Am kirchlich trauen ‖ los trapitos de ~ fig die eleganteste Bekleidung, fam die feinste Kluft f
cris|tianidad f Christenheit f, christliche Welt f ‖ Christentum n ‖ -tianesco adj nach Art der Christen schreibend (maurischer Schriftsteller)
Cris|tián, -tiano m np Christian m ‖ -tianía f Christiana, Kristiania (Name Oslos bis 1924)
cristia|nísimo adj sup v. -no ‖ allerchristlichst ‖ -nismo m Christentum n ‖ christliche Welt f ‖ Christenheit f ‖ Taufe f ‖ -nizar [z/c] vi nach christlichen Gebräuchen einrichten, zu Christen machen, für das Christentum gewinnen, christianisieren ‖ -na f Christin f ‖ -no adj christlich ‖ figf gewässert, getauft (Wein) ‖ doctrina ~a christliche Religion f ‖ ◊ hablar en ~ joc spanisch reden ‖ ¡hable Vd. en ~! fam drücken Sie sich doch klar aus! ‖ los ~-sociales ⟨Pol⟩ die Christlichsozialen mpl ‖ ~ m Christ m ‖ ~-demócrata → demócrata cristiano ‖ ~ nominal Namenschrist m ‖ ~ nuevo Neu\bekehrte(r), -christ m ‖ jüdischer bzw maurischer Abstammung ‖ ~ viejo Altchrist m ‖ reiner christlicher Abstammung (ohne Mischung mit Juden, Mauren usw.) ‖ moros y ~s pl Festlichkeit f in Alcoy (PVal), bei der die Kämpfe der Mauren und Christen nachgeahmt werden
Cristina f np Tfn Christine f ‖ ↗ ⟨Mil hist⟩ Feldmütze f, Schiffchen n
Cristo m Christus m ‖ Christusbild, Kruzifix n (& ↗) ‖ ~ Padre Christus der Vater ‖ Santo ~ Jesus Christus ‖ Kruzifix n ‖ antes (después) de ~ vor (nach) Christi Geburt ‖ ni por un ~ fam um alles in der Welt nicht ‖ ◊ donde ~ dio las tres voces figf ganz weit, fam wo sich die Füchse gute Nacht sagen ‖ le viene como a un Santo ~ un par de pistolas figf es steht ihm wie dem Affen ein Schlips ‖ ~ con todos der Herr sei mit euch! ‖ ¡voto a ~! bei Gott! gerechter Himmel! ‖ todo ~ pop jedermann, ohne Auswahl ‖ armar la de Dios es ~ fam e-n Heidenspektakel machen ‖ estar sin ~ Chi fam leere Taschen haben ‖ poner a alg. como un ↗ figf jdn erbärmlich zurichten ‖ sacar el ↗ figf zum letzten Mittel greifen (um jdn zu überreden usw) ‖ sentar (od venir) como a un Santo ~ un par de pistolas figf passen wie die Faust aufs Auge
Cristóbal (fam Cristobalón) m np Christoph m ‖ ~ Colón Christoph Kolumbus
cristofué m Ven Christusvogel m
cristología f Christologie f
cristus m pop Fibel f ‖ ◊ no saber el ~ fig äußerst unwissend sein
criterio m Kennzeichen, Merkmal, Kriterium n ‖ Stand-, Gesichts\punkt m, Einstellung f ‖ Unterscheidungsmerkmal n ‖ Verstand m ‖ Urteil n ‖ Auffassung f ‖ ~ mayoritario Mehrheitsprinzip n ‖ según (od en) mi ~ nach meiner Meinung ‖ ◊ cambiar de ~ seine Meinung ändern ‖ lo dejo de su ~ ich überlasse es Ihrer Entscheidung
crítica f Kritik, (wissenschaftliche) Beurteilung f ‖ kritische Abhandlung, Besprechung, Rezension f ‖ kritischer Scharfsinn m ‖ Tadel m, Rüge f ‖

Verleumdung f, *Gerede* n || ~ de inacción (C.E.E.) *Untätigkeitsklage* f *(EWG)* || ~ literaria *Buchbesprechung* f || ~ verbal, ~ de textos *Textkritik* f || ◊ prestarse a la ~, dar lugar a la ~ *Anlaß zur Kritik geben*
criti|cable adj *tadelnswert* || *angreifbar* || **-cador** *m/*adj *Kritiker* m || *Tadler* m || **-car** [c/qu] vt/i *kunstmäßig beurteilen, kritisieren* || *tadeln, rügen* || *besprechen, rezensieren* || sin ~ *ungetadelt* || **-castro** *m* fam *Kritikaster, Krittler, Beckmesser* m || **-cidad** *f kritische Haltung* f || **-cismo** *m Kritizismus* m
crítico adj *kritisch* || *tadelsüchtig, krittelig* || *kritisch, bedenklich* || *gefährlich* || *ernst, entscheidend* || día ~ ⟨Med⟩ *kritischer Tag* m || la hora ~a *der entscheidende Augenblick* || época ~a *kritische Jahre, Wechseljahre* npl *(der Frau)* || ~ m *Kritiker* m || *Rezensent* m
criticomanía *f Tadelsucht* f
criticón, ona adj fam *tadelsüchtig, krittelig* || ~ m *Kritikaster, Splitterrichter, Beckmesser* m
critiquizar vt fam *übermäßig kritisieren* || vt/i *nörgeln*, fam *meckern*
crivao *m* Am *Fransenbesatz* m *an der breiten Hose e–s gaucho*
crizneja *f Haar\flechte* f, *-zopf* m || *Seil* n *(aus Espartogeflecht)*
Croacia *f Kroatien (Land)*
cro|ajar vi *krächzen (Rabe)* || **-ar** vi *quaken (Frosch)* || *krächzen*
croata adj *kroatisch* || ~ *m Kroate* m
¡croc! int *krach! knack!*
crocante *m Krachtorte* f *(aus gerösteten Mandeln), Krokant* m
crocino adj *safranartig* || *Safran-* || *Krokus-*
crocitar vi = **crascitar**
croco *m* ⟨Bot⟩ *Krokus* m || *Safran* m
crocodilo *m* = **cocodrilo**
crochet, croché *m* frz *Häkelnadel* f || *Häkelarbeit* f || aguja de ~ *Häkelnadel* f || ◊ hacer (punto de) ~ *häkeln*
croissant *m* frz *Hörnchen, Kipfel* n *(halbmondförmiges Gebäck)*
crol n *Kraul(en)* n *(Schwimmstil)*
cromado *m Verchromung* f
Cromagnon *m:* raza de ~ *Cromagnonrasse* f
cro|mar vt *verchromen* || **-mática** *f* ⟨Phys⟩ *Chromatik* f || **-maticidad** *f* ⟨TV⟩ *Farbart, Chromatizität* f || diagrama de ~ ⟨TV⟩ *Chromatizitätsdiagramm* n || **-mático** adj ⟨Mus Opt⟩ *chromatisch* || **-matidia** *f*, **-matidio** *m* ⟨Gen⟩ *Chromatide* f || **-matina** *f* ⟨Gen⟩ *Chromatin* n || **-matismo** *m Färbung* f || *Chromatismus* m || **-mato** *m* ⟨Chem Opt⟩ *Chromat* n || **-matóforo, -matoblasto** *m* ⟨Biol⟩ *Chromatophor* n || **-matografía** *f Chromatographie* f || **-matopsia** *f* ⟨Med⟩ *Buntsehen* n, *Chromatopsie* f || **-matoptómetro** *m* ⟨Med⟩ *Chrom(at)optometer* n || **-matrón** *m* ⟨TV⟩ *Chromatron* n *(Bildröhre für das Farbfernsehen)*
crómico adj ⟨Chem⟩ *Chrom(III)-*
cromidios mpl ⟨Biol⟩ *Mikrosomen* pl
cromita *f* ⟨Min⟩ *Chromit* m, *Chromeisenerz* n
cromito *m Chromat(III)* n
cromizar vt *inchromieren, inkromieren (Diffusionsverfahren)*
crómlech, cromlec *m Kromlech* m *(megalithische Kultur)*
cromo *m* ⟨Chem⟩ *Chrom* n || fam *Bild* n, *Farbendruck* m || fam *kitschiges Gemälde* n
cromo|fotografía *f Farbenphotographie* f || **-grafía** *f Buntdruck* m
cromoli|tografía *f Chromolithographie* f || **-tográfico** adj *chromolithographisch, Farbendruck-*
cromonema *m* ⟨Biol⟩ *Chromonema* n
cromo|plasto *m Chromoplast* m || **-soma** *m* ⟨Gen⟩ *Chromosom* n || **-sómico** adj *chromosomal, Chromosomen-* || **-terapia** *f Chromotherapie* f

cromotipia *f Mehrfarbendruck* m
cron *m* ⟨Biol⟩ *Cron* n
crónica *f Chronik, Orts-, Schulgeschichte* f || *Chronikbuch* n || *Bericht* m || *Rundschau* f || ~ bursátil *Börsenteil* m *(e–r Zeitung)* || ~ local *Lokalnachrichten* fpl *(Zeitungen)* || jefe de ~ Am *Redakteur* m *des Tagesbericht(e)s* || la ~ negra fig *die schwarze Chronik*
cronicidad *f chronischer Charakter* m, *Chronizität* f
crónico ⟨Med⟩ *chronisch, langwierig* || *eingewurzelt (Laster)* || adv: **~amente**
cro|nicón *m kurze, nach der Zeit geordnete geschichtliche Darstellung* f || **-nista** *m Chronist* m || *Berichterstatter* m || fam *Maulheld* m
crónlech *m* = **crómlech**
crono|fotografía *f Chronophotographie* f || **-grafía** *f nach der Zeit geordnete Geschichtsschreibung, Chronographie* f
cronógrafo *m Chronograph* m
crono|logía *f Zeitrechnung, Chronologie* f || **-lógico** adj *chronologisch* || adv: **~amente**
crono|metrador *m Zeitnehmer* m || **-metraje** *m Zeit|aufnahme, -berechnung, -messung* f || **-metría** *f Zeitmessung, Chronometrie* f
cronómetro *m Chronometer* n/m, *Zeitmesser* m || ⟨Mus⟩ *Taktmesser* m
Cronos np *Kronos* m *(Gott der Zeit)*
cronoscopio *m Chronoskop* n
cróquet *m* engl *Krocketspiel* n
croqueta *f ein längliches gehacktes (paniertes) Bratfleisch* n, *Krokette* f || ~ de bacalao *Stockfischkrokette* f || ~ de gallina *Hühnerkrokette* f
croquiñol *m e–e Zwiebackart*
croquis *m (erster) Entwurf* m, *Skizze* f || *flüchtig entworfener Plan* m || ⟨Mil⟩ *Geländezeichnung* f, *Kroki* n || ~ panorámico, ~ planimétrico *Ansichts-, Grundriß|skizze* f || ~ con pluma *Federzeichnung* f
cross(-country) *m* ⟨Sp⟩ *Cross-Country* n *(Querfeldeinlauf)*
croscitar vi = **crascitar**
crótalo *m (Klapper)Schlange* f *(Crotalus spp)* || ⟨poet⟩ *Kastagnette* f
crotón *m* ⟨Bot⟩ *Kroton* m *(Wunderstrauch)* || ~ tiglia *Krotonölbaum* m (Croton tiglium)
croupier *m* frz *Croupier* m *(in der Spielbank)*
crown(glass) *m* ⟨Opt⟩ *Kronglas* n
cruce *m Kreuz-, Schnitt|punkt* m || *Kreuzweg* m || *Kreuzungsstelle* f || *Straßenkreuzung* f || *Überquerung* f || *Kreuzung* f || ~ con otro vehículo *Begegnung* f *mit e–m anderen Fahrzeug* || ~ de aeración ⟨Bgb⟩ *Wetter|brücke, -kreuzung* f || ~ de alambres ⟨Tel⟩ *Drahtkreuzung* f || ~ de caminos, ~ de carreteras *Weg-, Straßen|kreuzung* f || ~ de conductores ⟨El⟩ *Leitungskreuzung* f || ~ de la calzada *Überschreitung* f *der Fahrbahn* || ~ de trenes ⟨EB⟩ *Kreuzung* f *der Züge* || ~ de vía ⟨EB⟩ *Wegübergang* m || ~ de vías ⟨EB⟩ *Gleiskreuzung* f || alumbrado de ~ *Kreuzungsbeleuchtung* f || poste indicador de ~ *Kreuzungsschild* n || ◊ salir al ~ *Am entgegenreiten* || → a **cruzamiento**
²**cruce** → **cruzar**
cruce|cita, -cilla *f* dim v. **cruz** || **-ra** *f Widerrist* m *der Pferde* || **-ría** *f* ⟨Arch⟩ *Kreuzverzierungen* fpl || **-ro** adj *Kreuz-* || filón ~ ⟨Bgb⟩ *Kreuzgang* m || ~ *m Kreuz(schiff)* n *(e–r Kirche)* || *Kreuz-, Quer|balken* m || ⟨Typ⟩ *Kreuzsteg* m || *Kreuzweg* n || *Kreuzträger* m *(bei Kirchengängen)* || ⟨Arch⟩ *Kreuzband* n || ⟨Arch⟩ *Fensterkreuz* n || ⟨Mar⟩ *Kreuzer* m || ⟨Mar⟩ *Fahrt* f || *einsam stehendes Kreuz* n *(auf dem Felde)* || prov *Kreuzungspunkt* m || Am *Gerüst* n *(für Brunneneimer)* || ~ austral ⟨Astr⟩ *Südliches Kreuz* n || ~ acorazado *Panzerkreuzer* m || ~ auxiliar *Hilfskreuzer* m || ~ de combate *Schlachtkreuzer* m || ~ de placer ⟨Mar⟩ *Vergnügungsreise, Kreuzfahrt* f || ~ en escuadra ⟨Mar⟩ *Geschwaderfahrt* f || ~ explo-

rador *Aufklärungskreuzer* m ‖ ~ ligero *leichter Kreuzer* m ‖ ~ torpedero *Torpedokreuzer* m ‖ ~ turistico *Kreuz-, Vergnügungs|fahrt* f ‖ bóveda de ~ ⟨Arch⟩ *Kreuzgewölbe* n ‖ **-ta** f *Kreuz|naht* f, *-stich* m ‖ SAm *Tourniquet, Drehkreuz* n ‖ ⟨Tech⟩ *Kreuzkopf* m ‖ ⟨Tech⟩ *Kardankreuz* n
 crucífe|ras *fpl* ⟨Bot⟩ *Kreuzblütler* mpl, *Kruziferen* fpl (Cruciferae) ‖ **-ro** adj *kreuztragend, Kreuz-* ‖ ~ m *Kreuz|träger, -herr* m *(Orden)*
 crucifi|cado adj *gekreuzigt* ‖ ~ m: El ⁓ *der Gekreuzigte, Christus* ‖ **-car** [c/qu] vt *kreuzigen* ‖ figf *quälen, peinigen, martern* ‖ *kasteien* ‖ **-jo** (⁓) m *Kruzifix, Kreuz* n ‖ **-xión** f *Kreuzigung* f ‖ la ⁓ *die Kreuzigung Christi*
 cruci|floras *fpl* ⟨Bot⟩ = **crucíferas** ‖ **-forme** adj *kreuzförmig*
 crucígero m/adj *Kreuzherr* m *(Klosterorden)* ‖ ~ adj *kreuztragend*
 cruci|grama m *Kreuzworträtsel* n ‖ **-gramista** m *Kreuzworträtselfreund* bzw *-schreiber* m
 crucirrostro adj ⟨V⟩ *kreuzschnäb(e)lig*
 Crucita f np Tfn = **Maria de la Cruz**
 cruda f Mex *Betrunkenheit* f
 crudamente adv v. **crudo**
 crudelísimo adj sup v. **cruel**
 cru|deza f *roher Zustand, Rohzustand* m *(z. B. des Obstes)* ‖ *Unverdaulichkeit* f ‖ *Roheit, Brutalität* f ‖ *Derbheit, Ungezwungenheit* f ‖ *Herbheit, Schroffheit* f ‖ fig *Strenge, Härte* f ‖ fig *unanständige Rede* f ‖ **-s** pl *schwerverdauliche Speisen* fpl ‖ **-dillo** m *ungebleichte Leinwand* f *(für Futter)* ‖ **-do** adj *roh, ungekocht, ungebraten* ‖ *roh, unbearbeitet* ‖ *nicht zubereitet* ‖ *ungebrannt (Kaffee, Ziegel)* ‖ *grell (Ton, Farbe)* ‖ *hart (Wasser)* ‖ *unreif (Früchte)* ‖ *schwerverdaulich (Speise)* ‖ fig *hart, streng (Jahreszeit, Licht)* ‖ fig *unfreundlich* ‖ *schonungslos* ‖ *grob, derb* ‖ fig *grausam, hart* ‖ fig *stramm (Bursche)* ‖ fig *großtuerisch* ‖ *alimentación* ~a *Rohkost* f ‖ *seda* ~a *Rohseide* f ‖ en ~ *roh, unbearbeitet* ‖ fig *rücksichtslos* ‖ ~ m *rohe Speise, Nahrung* f ‖ *dicke Sackleinwand* f
 cruel adj *grausam, unmenschlich, unbarmherzig* (con, para, para con *zu*) ‖ *schadenfroh* ‖ *rücksichtslos, unerbittlich* ‖ fig *streng (Kälte usw.)* ‖ *schmerzlich, peinlich* ‖ *qualvoll* ‖ *unausstehlich* ‖ *blut|rünstig, -gierig (Tier)* ‖ *erbittert (Schlacht)* ‖ *sehr heftig (Schlag)* ‖ *de condición von roher Veranlagung* ‖ adv: ~**mente**
 crueldad f *Grausamkeit, Unmenschlichkeit, Unbarmherzigkeit* f ‖ *Härte, Unerbittlichkeit* f ‖ *Gefühllosigkeit* f ‖ *Wildheit* f ‖ *grausame Tat* f ‖ ~ con los animales *Tierquälerei* f ‖ ~ mental *seelische Grausamkeit* f
 cruento adj *blutig (Krieg, Opfer)*
 crujía f *langer Rundgang, Korridor* m *(in einem Gebäude)* ‖ *großer Saal* m *mit zwei Bettreihen (in Krankenhäusern)* ‖ *Zimmerflucht* f ‖ ⟨Arch⟩ *Spannweite* f ‖ ⟨Mar⟩ *Laufplanken* fpl ‖ ⟨Mar⟩ *langer Gang* m *mitten auf dem Deck* ‖ ◊ pasar ~ ⟨Mar⟩ *Gassen laufen* ‖ pop *Not leiden, e–e schlimme Zeit durchmachen*
 cruji|da f Am *Pein* f, *Kummer* m ‖ **-do** m *Krachen, Knistern, Knirschen, Knarren* n ‖ *Rauschen* n *(des Seidenzeuges, des Schnees)* ‖ *Knacken* n *(der Knochen)* ‖ ◊ dar ~ figf *(peinliches) Aufsehen erregen* ‖ **-dor** m ⟨Arch⟩ *Wandfach* n
 crujir vi/t *krachen, knistern, knarren* ‖ *knistern, rauschen (Seide, Schnee)* ‖ ◊ las tablas del suelo crujen *die Dielen knarren* ‖ se hizo ~ las articulaciones de los dedos *er knackte mit den Fingern* ‖ está que cruje *de limpia pop sie ist sehr sauber und nett (Mädchen)* ‖ **-se** Mex *gefrieren (Flüssigkeit)*
 crúor, cruor m ⟨Med Hist⟩ *Farbstoff* m *des Blutes (d.h. Hämoglobin)* ‖ *Blutgerinnsel* n ‖ ⟨poet⟩ *Blut* n
 crup m ⟨Med⟩ *Krupp* m, *Halsbräune, Diph-*

therie f
 cru|pal, -poso adj ⟨Med⟩ *Krupp-, kruppös*
 crural adj ⟨An⟩ *Schenkel-, krural*
 crustáceos mpl *Krebs-, Krusten|tiere* npl, *Krustazeen* fpl (Crustacea)
 crústula f *kleine Kruste* f
 cruz [pl **-ces**] f *Kreuz* n, *Kreuzform* f ‖ *Kreuz, Kruzifix* n ‖ *Ordenskreuz* n ‖ *Kreuz* n *(Teil des Rückgrates)* ‖ *Schrift-, Rück|seite* f *(einer Münze)* ‖ *Bug* m *(der Tiere)* ‖ *Widerrist* m *(Pferd)* ‖ fig *Leid, Kreuz* n ‖ △*Weg* m ‖ ~ de Alcántara *grünes Malteserkreuz* n *mit goldenen Lilien (im Alcántaraorden)* ‖ ⁓ *np span. Frauenname* (= Maria de la Cruz) ‖ ~ anclada *Ankerkreuz* n ‖ ~ anillada ⟨Her⟩ *Mühleisenkreuz* n ‖ ~ anzolada ⟨Her⟩ *Hakenkreuz* n ‖ ~ de la bayoneta *Parierstange* f *(Seitengewehr)* ‖ ~ de caballero de la cruz de hierro ⟨Deut⟩ *Ritterkreuz* n *zum Eisernen Kreuz* ‖ ~ de Calatrava *rotes Lilienkreuz* n *(des Calatravaordens)* ‖ ~ de camino *Kreuz* n *am Wege* ‖ ~ de Caravaca *Patriarchen-, Doppel|kreuz* n ‖ ~ estrellada ⟨Her⟩ *Sternkreuz* n ‖ ~ filar ⟨Top⟩ *Fadenkreuz* n ‖ ~ flordelisada ⟨Her⟩ *Lilienkreuz* n ‖ ~ gamada *Hakenkreuz* n ‖ ~ griega ⟨Her⟩ *griechisches, gleicharmiges Kreuz* n ‖ ~ de hierro *(Deut) Eisernes Kreuz* n ‖ ~ latina ⟨Her⟩ *lateinisches Kreuz, Passionskreuz* n ‖ ~ laureada de San Fernando *Kreuz* n *des heil. Fernando mit Lorbeer (höchste span. Tapferkeitsauszeichnung)* ‖ ~ de Malta *Malteserkreuz* n ‖ ⟨Chir⟩ *Kreuzbinde* f ‖ ⟨Tech⟩ *Andreaskreuz* n ‖ la ~ del matrimonio fig *das Ehekreuz* ‖ ~ de Montesa *rotes, gleicharmiges Kreuz* n ‖ ~ de la Orden Teutónica *Kreuz* n *des Deutschritterordens* ‖ ~ patriarcal *Patriarchen-, Doppel|kreuz* n ‖ ~ potenzada ⟨Her⟩ *Krückenkreuz* n ‖ ~-reliquia *Reliquienkreuz* n ‖ la ⁓ *Roja das Rote Kreuz* ‖ ~ de San Andrés, ~ de Borgoña *Andreaskreuz, burgundisches Kreuz* n ‖ ~ de Santiago ⟨Bot⟩ *Jakobslilie* f (Sprekelia formosissima) ‖ ⁓ del Sur ⟨Astr⟩ *Südliches Kreuz, Kreuz* m *des Südens* ‖ caballero de la ~ *Kreuzritter* m ‖ *Tempelherr* m ‖ ⟨Mil⟩ fam *Sanitätssoldat* m ‖ ensamblaje a ~ y escuadra ⟨Zim⟩ *Kassettieren* n ‖ gran ~ *Groß-, Ordens|kreuz* n ‖ hierro en ~ *Kreuzeisen* n ‖ la Santa ⁓ *das heil. Kreuz* ‖ Santa ⁓ de la Palma *Hauptort* m *der Kanarischen Insel Palma* ‖ brazalete de la ~ gamada, roja *Hakenkreuz-, Rotkreuz|binde* f
 ◊ clavar en ~ *ans Kreuz schlagen* ‖ estar por esta ~ de Dios fam *noch nichts gegessen haben* ‖ fig *vergeblich warten* ‖ hacer la señal de la (santa) ~ *das Zeichen des Kreuzes, Kreuzzeichen machen* ‖ hacerle la ~ a alg. figf *jdn loszuwerden suchen* ‖ figf *sich vor jdm in acht nehmen* ‖ hacerse la ~ (od ~es) figf *außer sich sein (vor Entzücken, Erstaunen)* ‖ llevar la ~ figf *einen Liebeshandel fördern* ‖ *den Leidensweg gehen* ‖ poner los dedos en ~, hacer la ~ *den Zeigefinger und den Daumen der rechten Hand kreuzen (und küssen) (Schwurformel)* ‖ quedarse en ~ y en cuadro figf *alles bis auf den letzten Heller verloren haben* ‖ tomar la ~ *das Kreuz nehmen (von Kreuzfahrern)* ‖ fig *in einen Orden eintreten* ‖ verse entre la ~ y el agua bendita figf *in der größten Gefahr schweben* ‖ a ~ o a pila fam *aufs Geratewohl* ‖ cara o ~ *Bild oder Schrift (Spiel)* ‖ de (od desde) la ~ a (od hasta) la fecha fig *von Anfang bis zu Ende* ‖ *vom Kopf bis zu Fuß* ‖ en ~ *kreuzweise, kreuzförmig* ‖ gekreuzt *(Arme)* ‖ hasta la ~ *bis auf den Knauf, tief (Degensticḥ)* ‖ detrás de la ~ *está el diablo der Scheinheilige hat nicht weit zur Hölle* ‖ ¡adelante con la ~! figf *vorwärts! frisch zu!* ‖ ¡ ~ y raya! figf *genug damit! Schluß!* ‖ ¡por la ~! *potz Kreuz!* ‖
 ~**ces** fpl *Schaufelkreuz* n *(im Backtrog)* ‖ *Kreuzung* f *(der Tiere)* ‖ ~ del ala ⟨Flugw⟩ *Innenverspannung* f ‖ *grandes* ~ figf *vornehme Herrschaften* fpl ‖ ◊ andar con las ~ a cuestas fig

Bittgänge anstellen || fig *mit Arbeit überlastet sein* || marchar *(od* andar*) haciendo* ~ fig *unsicher gehen (*bes *von Betrunkenen)* || quitar ~ de un pajar figf *eine Stecknadel in e–m Heuschober suchen, et sehr Beschwerliches unternehmen* || trasquilar a ~ a uno *jdm Treppen, Stufen ins Haar schneiden* || ¡ por éstas, que son ~! *volkstümliche Schwurformel in Spanien (wobei man die kreuzweise übereinandergelegten Daumen und Zeigefinger der rechten Hand küßt)*
cruza|da f *Kreuz|zug* m, *-fahrt* f || *Kreuzheer* n || *Kreuzweg* m || fig *Kreuzzug* m, *Kampagne* f || ⋩ *española span. Kreuzzug* m *(Bezeichnung für den span. Bürgerkrieg 1936–39)* || bula de la Santa ⋩ f *Kreuzzugsbulle* f || *Kreuzfahrtablaß* m || **–do** adj *kreuzweise übereinandergelegt* || *kreuzförmig* || *gekreuzt (Tier)* || *ein Ordenskreuz tragend* || *zweireihig (Anzug)* || *Kreuz–* 〈Web〉 *über Kreuz gearbeitet* || *geschränkt (Riemen)* || 〈Bgb〉 *vermischt* || ~ de brazos *mit gekreuzten Armen* || fig *müßig* || bordado al punto ~ *Kreuzstickerei* f || cheque ~ 〈Com〉 *gekreuzter Scheck* m || ◊ estarse con los brazos ~s figf *mit verschränkten Armen müßig dastehen* || ~ m *Kreuz|-fahrer, -ritter* m || *Kreuzherr* m || *Kämpfer* m *auf der nationalen Seite im span. Bürgerkrieg (1936–39)* || 〈Mus〉 *Kreuzgriff* m *(auf der Gitarre)* || *Kreuzfigur* f *im Tanz* || *Kreuzer* m *(Münze)* || △*Weg* m || **–men** m 〈Flugw〉 *Spannweite* f || **–miento** m *Kreuzung* f || *(Rassen-, Straßen)Kreuzung* f || *Überschneidung* f || 〈Web〉 *Spann-, Faden|-kreuz* n || *Übereinanderschlagen* n *(Beine)* || ~ común, especial *allgemeine, besondere Kreuzung* f *(Scheck)* || ~ doble 〈Gen〉 *Doppelkreuzung* f || ~ en blanco *Blankokreuzung* f *(Scheck)* || ~ general *allgemeine Kreuzung* f *(Scheck)* || ~ intercromosómico 〈Gen〉 *Überkreuzung* f || ~ nominativo *besondere Kreuzung* f *(Scheck)* || ~ para contabilidad *Kreuzung* f *zur Verrechnung (Scheck)* || ~ reciproco 〈Gen〉 *gegenseitige (od* reziproke*) Kreuzung* f || ~ retrógrado 〈Gen〉 *Rückkreuzung* f || ~ simple 〈Gen〉 *Einfachkreuzung* f || → a **cruce** *u.* **cruzar**
cruzar [z/c] vt *kreuzen, kreuzweise legen, stellen* || *durchkreuzen (Weg)* || *über-, durch|queren (Fluß)* || *begegnen, über den Weg laufen, in die Quere kommen* (dat) *(Menschen)* || *durchschneiden (Linie)* || *ein Ordenskreuz feierlich verleihen* (dat) || *(durch Zucht) kreuzen (Tiere)* || *durchstreichen (Geschriebenes)* || *wechseln (Briefe)* || *verschränken (Arme)* || *übereinanderschlagen (Beine)* || *köpern (Gewebe)* || *zusammendrehen, zwirnen (Faden)* || *fällen (Bajonett)* || 〈Mar〉 *(durch)kreuzen* || Chi *umpflügen* || ◊ ~ en barca *in einer Fähre übersetzen* || ~ los brazos, ~ las manos *die Arme über der Brust kreuzen,* fig *müßig dastehen* || fig *die Hände ringen (aus Verzweiflung)* || ~ la calle *über die Straße gehen* || ~ la cara de alg. *jdn ins Gesicht schlagen* || ~ la palabra con alg. fig *mit jdm reden, sprechen* || ~ un cheque *e–n Scheck kreuzen* || ~ vi *übereinandergehen (Rock)* || 〈Mar〉 *kreuzen* || **~se** *sich durchkreuzen, sich durchschneiden* || *sich kreuzen (Menschenrassen, Tiere)* || *sich kreuzen (Personen, Briefe* || *sich schneiden (Linien)* || *einander begegnen* || *einander in die Quere kommen* || *sich anhäufen (Geschäfte usw.)* || *die Beine beim Gehen kreuzen (Pferde usw)* || ◊ ~ de brazos *(od* manos*) die Arme kreuzen, müßig dastehen, untätig zuschauen, die Hände in den Schoß legen* || ~ de caballero *Kreuzritter werden* || ~ de palabras *in Wortwechsel geraten*
cs. Abk = **céntimos** || = **cuartos**
C.S.F. Abk = **costo, seguro y flete**
c.s.p. Abk 〈Pharm〉 = **cantidad suficiente para**
c.ᵗᵃ, cta. Abk = **cuenta** || ~ ¹/₂, **c/2** = **cuenta a medias, cuenta mitad** || ~ **cte.** = **cuenta corriente** || ~ **sim**ᵈᵃ = **cuenta simulada**

cta/n Abk = **cuenta nueva**
cte|nidio m 〈Zool〉 *Ktenidium* n, *Kammkieme* f || **–nóforos** mpl *Rippenquallen, Ktenophoren* fpl (Ctenophora)
c.ᵗᵒ Abk = **cuarto**
cts. Abk = **cuartos** || = **céntimos** || **centavos**
c/u Abk = **cada uno**
cu f *das spanische* q *nach seiner Aussprache*
¡**cuá**! ¡**cuá**! onom *Quaken* n *(der Frösche)*
cuacar vt Col Chi *gefallen, passen*
cuácara f Chi *Bluse* bzw *Jacke* f *des einfachen Volkes* || Chi *alte Jacke* f
cuaco m *Maniok-, Tapioka|stärke* f
cuader|na f *Doppelpasch* m *(beim Würfelspiel)* || 〈Mar〉 *Rippe* f, *Bauchstück* n, *Spant* n || Ar *(*bes *von Brot und Geld)* || ~ del avión 〈Flugw〉 *Bodenstück* n || ~ de popa 〈Mar〉 *Achter-, Heck|spant* n || ~ maestra 〈Mar〉 *Richt-, Haupt|-spant* m || ~ transversal 〈Mar〉 *Querspant* n || **~nas** fpl *Fachwerk* n || **–nal** m 〈Mar〉 *Gienblock* m || ~ ciego 〈Mar〉 *Stagblock* m || **–nillo** m dim *v.* **–no** || *Aktenheft* n || *Lage* f *(von fünf Bogen) Papier* || *Agende* f || 〈Mar〉 *Logscheit* n || **–no** m *Lage* f *(von mehreren Bogen) Papier* || *Bogen* m *(= 16 Seiten)* || *Faszikel* m || *Heft* n || *Aktenheft* n || *Aktenband* m || *Notizbuch* n || ~ de bitácora 〈Mar〉 *Log-, Schiffstage|buch* n || ~ de cargas *Auflagenliste* f *bei e–r Konzession* || ~ de dibujo *Zeichenheft* n || ~ de extractos *Aktenauszug* m || ~ de notas *Notizbuch* n || ~ de paso de aduana *Zollpassierscheinheft* n || 〈Hist〉 ~a vía *spanische Alexandrinerstrophe* f *mit vier gleichreimenden Zeilen*
cuado adj *quadisch* || **~s** mpl *Quaden* mpl *(germanischer Volksstamm)*
cuadra f *Saal* m, *großes Gemach* n || pop *Schlafsaal* m *in Krankenhäusern usw* || *Kasernenstube* f || *(Pferde)Stall* m || *Rennstall* m || *Viereck* n || *Mondviertel* n || *Kruppe* f, *Kreuz* n *(der Pferde)* || 〈Mar〉 *Breite* f *des Schiffes (in der Mitte)* || Am *Längenmaß* = ¹/₄ *Meile* || Am *Häuserblock* m, *Häuserreihe* f *(von 100 bis 125 m, in alten Stadtvierteln 86 m)* || Col *Gasse, Straße* f || Pe *Empfangszimmer* n || cabezón de ~ *Kopfstück* n *(am Pferdezaum)* || ◊ navegar a la ~ 〈Mar〉 *mit Backstagswind segeln*
cuadra|dillo m *vierkantiges Lineal, Vierkantlineal, Kantel* m/n || *Vierkantstab* m || *Strumpfzwickel* m || *Hemden-, Ärmel|keil* m || *Würfelzucker* m || *Zuckerwürfel* m || **–disimamente** adv *ganz fehlerlos*
cuadrado adj *quadratisch* || *viereckig* || *vierkantig* || *quadriert, gewürfelt (z. B. Papier)* || *Geviert-, Quadrat–* || fig *eckig (Gesicht)* || *genau (angepaßt)* || fig *fehlerlos, vollkommen* || 〈Taur〉 *in Kampfstellung (Stier)* || ~ (de hombros) *breitschulterig, kräftig* || legua ~a *Quadratmeile* f || un mozo bien ~ *stattlicher Junge* m || pie ~ *Quadratfuß* m || raíz ~a 〈Math〉 *Quadratwurzel* f || ◊ extraer *(od* sacar*)* una ~ *e–e (Quadrat)Wurzel ziehen* || adv: **~amente** || ~ m *Viereck, Quadrat* n || 〈Math〉 *Quadratzahl* f, *Quadrat* n || *Quadrierung, Würfelung* f *(des Papieres)* || *Kantel* m/n, *vierkantiges Lineal, Vierkantlineal* n || 〈Typ〉 *Ausschluß* m *(Blindmaterial)* || *Strumpfzwickel* m || *Präge-, Münz|stempel* m || *An Geviertschein* m || △*Geldbeutel* m || △*Dolch* m || ~ ~ *vierte Potenz* f || de ~ *vollkommen, sehr gut* || ~ de la carta *Planquadrat* n || ~ de cartas *Gitter-, Karten|netz* n || ~ de cuerda 〈Uhrm〉 *Windewelle* f || 〈Mal〉 *von vorn (nicht von der Seite)* || ◊ dejar *(od* poner*)* de ~ a alg. figf *jdn an seiner empfindlichen Stelle treffen*
cuadra|genario adj/s *vierzigjährig* || **–gésima** f = **cuaresma** || **–gesimal** adj *zur Fastenzeit gehörig, Fasten–* || **–gésimo** adj *der vierzigste* || ~ m *Vierzigstel* n
cuadral m 〈Arch〉 *Querholz, schräges Strebeband* n

cuadralbo adj *mit vier weißen Füßen (Pferd)*
cuadrángulo, cuadrangular adj *viereckig, -kantig* ‖ *vierseitig (Prisma, Pyramide)* ‖ ~ *m* ⟨Math⟩ *Viereck, Vierseit, Quadrat* n
cuadran|tal adj *sphärisch (Dreieck)* ‖ **-te** *m vierter Teil m eines Kreises* ‖ ⟨Math⟩ *Quadrant, Viertelkreis* m ‖ *Mondviertel* n ‖ ⟨Astr Mar⟩ *Quadrant* m ‖ *Sonnenuhr* f ‖ *Zifferblatt* n *(e-r Sonnenuhr)* ‖ ⟨Jur⟩ *Viertel* n *der Erbschaft* ‖ ⟨Kath⟩ *Kirchenzettel* m, *Gottesdienstordnung* f ‖ ⟨Radio⟩ *Skale, Skala* f ‖ ⟨Arch⟩ *Querholz* n ‖ ⟨Typ⟩ *Regletten|schneider, -hacker* m, *Guillotine* f ‖ ⟨Web⟩ *Abteilungsplatte* f *(Baumwollspinnerei)* ‖ ~ *de guía* ⟨Ak⟩ *Signalkreis* m ‖ *hasta el último* ~ *fam bei Heller und Pfennig (Zahlung)* ‖ **-tín** *m würfelrechtes Lineal* n, *Kantel* m/n
cuadranura f *Hühnerbein* n ‖ *Strahlenriß* m *(im Holz)*
cuadrar vt *viereckig machen* ‖ ⟨Math⟩ *zum Quadrat erheben* ‖ *ein quadratisches Liniennetz zeichnen* ‖ *gittern (Zeichnung)* ‖ ~ vi *behagen, gefallen* ‖ *sich vertragen* (con *mit*) ‖ *sich schicken, passen* (con *zu*) ‖ ~**se** ⟨Mil⟩ *sich ausrichten, strammstehen (Soldat)* ‖ *Haltung annehmen (Soldat)* ‖ fig *energisch auftreten* ‖ *sich widersetzen*, fam *die Zähne zeigen* ‖ *haltmachen (Pferde)* ‖ fig *sich plötzlich zurückhaltend benehmen*, fam *offiziell werden*
cuadrático adj: *ecuación* ~a ⟨Math⟩ *quadratische Gleichung* f
cuadra|tín *m* ⟨Typ⟩ *Quadrat, Geviert* n ‖ **-triz** [pl **-ces**] adj: (linea) ~ ⟨Math⟩ *Vierungslinie* f ‖ **-tura** f ⟨Math⟩ *Quadratur* f ‖ ⟨Astr⟩ *Geviertschein* m ‖ ⟨Mar⟩ *Achterspant* n ‖ ~ *del círculo Quadratur* f *des Kreises*, fig *unlösbare Aufgabe*, fam *et ganz Unmögliches* n ‖ *mareas de* ~ → **marea**
cua|drear vt *viereckig machen* ‖ **-dricenal** adj *alle vierzig Jahre stattfindend* ‖ **-driciclo** *m vierrädriges Tretrad* n
cuadrícula f *Gitter, Netz* n *zum Zeichnen* ‖ *Würfelung, Quadrierung* f, *Raster* m *(des Papiers)*
cuadricu|lación f *Zeichnen e-s quadratischen Liniennetzes, Übergittern* n ‖ **-lado** *m Gitter* n ‖ ~ *de cartas Gitter-, Karten|netz* n ‖ [1]**-lar** *karieren* ‖ [2]**-lar, -lado** adj *quadriert, kariert (Papier)* ‖ *kariert, gewürfelt (Stoff)*
cuadrie|nal adj *vierjährig* ‖ plan ~ *Vierjahresplan* m ‖ **-nio** *m Zeitraum von 4 Jahren*
cuadri|folio *m Vierblatt* n ‖ ~ adj ⟨Bot⟩ *vierblätt(e)rig* ‖ **-fonía** f ⟨Ak⟩ *Quadrophonie* f ‖ **-forme** adj *vierförmig* ‖ *vierseitig* ‖ *viereckig* ‖ **-ga** f *Viergespann* n, *Quadriga* f
cuadril *m* ⟨An⟩ *Hüftknochen* m ‖ *Hüfte* f ‖ *Hüftenlehne* f *(der Bank)* ‖ ◊ *meterla hasta el* ~ figf *sich unsterblich blamieren*
cuadri|látero adj ⟨Math⟩ *vier|seitig, -eckig* ‖ ~ *m* ⟨Math⟩ *Vierseit, Viereck* n ‖ **-lingüe** adj *viersprachig* ‖ **-longo** m/adj *Rechteck* ‖ ~ adj *rechteckig*
cuadri|lla f *Haufen, Trupp* m, *Schar* f *(Menschen)* ‖ *(Räuber)Bande* f ‖ *Quadrille* f *(Tanz)* ‖ ⟨Taur⟩ *Aufzug* m *der Stierfechter* ‖ ~ (de toreros) ⟨Taur⟩ *Stierfechterquadrille, Fechtergruppe* f ‖ ~ *de comunicaciones* ⟨Mil⟩ *Nachrichtenstaffel* f ‖ ~ *de medición Meßtrupp* m ‖ **-llado** *m (Netz)Raster* m *(am Papier)* ‖ **-llazo** *m* Chi *Bandenüberfall* m ‖ *Angriff* m *mehrerer Personen auf eine* ‖ **-llear** vi *auf ein Lasttier geladen werden* ‖ **-llero** *m Anführer* m *eines Trupps Soldaten* ‖ *Landreiter* m
cuadrimotor *m* = **cuatrimotor**
cuadringentésimo adj *der vierhundertste* ‖ ~ *m Vierhundertstel* n
cuadri|nieto *m Urenkel* m ‖ **-no** *m* Chi *Schlachthausarbeiter* m ‖ **-nomio** *m* ⟨Math⟩ *viergliedrige Größe* f ‖ **-partido** adj *vierteilig* ‖ **-pennado** adj ⟨Entom⟩ *vier*flügelig ‖ **-plicar** [c/qu] vt = **cua-**

duplicar ‖ **-rreme** *m* ⟨Hist⟩ *Vierruderer* m, *Quadrireme* f *(Schiff)* ‖ **-sílabo** m/adj *viersilbiges Wort* n ‖ *viersilbiger Vers* m ‖ **-vio** *m (vierfacher) Kreuzweg* m ‖ ⟨Hist⟩ *Quadrivium* n
cuadro m/adj *Vier-, Recht|eck* n ‖ *Quadrat* n ‖ *Gemälde, Bild* n ‖ *(Bilder)Rahmen, Fensterrahmen* m ‖ *Einfassung* f ‖ *viereckiges (Garten-)Beet* n ‖ ⟨Mil⟩ *Offiziere und Unteroffiziere* mpl ‖ ⟨Mil⟩ *Karree, Viereck* n ‖ ⟨Mil⟩ *Kader, Stamm* m ‖ *Stammpersonal* n ‖ ⟨Mil⟩ *Verband* m ‖ ⟨Pol⟩ *Kader* m ‖ ⟨Typ⟩ *Rahmen* m *an der Presse* ‖ ⟨Astr⟩ *Geviertschein* m ‖ ⟨Th⟩ *Bild* n *(Teil eines Schauspiels)* ‖ *Tabelle, Übersicht* f ‖ *Tafel* f ‖ *Schaubild* n ‖ *Aufstellung* f ‖ *Verzinsungsplan* m ‖ ⟨Filmw⟩ *Rahmen* m, *Einzelbild* n ‖ ⟨El⟩ *Tafel* f ‖ *Wandtafel* f *(in der Schule)* ‖ *Rahmen* m *(Fahr-, Motor|rad)* ‖ ⟨EB⟩ *Fahrplan* m ‖ fig *Bild* n, *Szene* f ‖ fig *Lebensbild* n ‖ △ *Dolch* m ‖ Chi *Schlacht|haus* n, *-hof* m ‖ Chi *(Art) Kinderhose* f ‖ Col *Wandtafel* f ‖ en ~ *viereckig* ‖ *ins Geviert* ‖ *(als* adj:) △ *allein* ‖ en *forma de* ~ *in Tabellenform, tabellarisch* ‖ ~ *conmutador de clavijas*, ~ *conmutador sin cordones* ⟨Tel⟩ *Klappenschrank* m ‖ ~ *comparativo Vergleichstabelle* f ‖ ~ *de acometida* ⟨El⟩ *(Haus)Anschlußtafel* f ‖ ~ *de altar Altargemälde* n ‖ ~ *de amortización Amortisationstabelle* f ‖ ~ *de asignaturas Stundenplan* m ‖ ~ *de avisadores* ⟨Tel⟩ *Klappenschrank* m ‖ ~ *de avisos Warnungstafel* f ‖ *Schwarzes Brett* n *(bes in der Universität)* ‖ ~ *de bicicleta Fahrradrahmen* m ‖ ~ *de café* Cu *Pflanzung* f *von 10000 Kaffeebäumen* ‖ ~ *de césped Rasen(platz)* m ‖ ~ *de distribución* ⟨El⟩ *Schalt|tafel* f, *-brett* n ‖ ⟨Tel⟩ *Schaltschrank* m ‖ ~ *de flores Blumenbeet* n ‖ ~ *de género* ⟨Mal⟩ *Genrebild* n ‖ ~ *de llamada* ⟨Tel⟩ *Anrufschrank* m ‖ ~ *de mando* ⟨Tech⟩ *Schaltbrett* n ‖ ~ *de marcha* ⟨Mil⟩ *Marschübersicht* f ‖ ~ *de medición* ⟨Tel⟩ *Meßschrank* m ‖ ~ *de distribución* ⟨El⟩ *Verteilungstafel* f ‖ ~ *con fusibles Schalttafel* f *mit Sicherungen* ‖ ~ *de distribución con interruptores Schalttafel* f ‖ ~ *de fusibles* ⟨El⟩ *Sicherungstafel* f ‖ ~ *de multas Geldstrafenkatalog* m ‖ ~ *de pruebas* ⟨El⟩ *Prüfschrank* m ‖ ~ *de rutas* ⟨Flugw⟩ *Flugplan* m ‖ ~ *directo* ⟨Tel⟩ *Vielfachschaltung* f ‖ ~ *económico coyuntural Konjunkturgestaltung* f ‖ ~ *histórico históricos Gemälde* n ‖ ~ *itinerario Eisenbahnfahrplan* m ‖ ~ *múltiple* ⟨Tel⟩ *Vielfach|schaltschrank, -umschalter* m ‖ ~ *mural Wandtafel* f *(& El)* ‖ ~ *resumen Übersicht* f ‖ ~ *plegable* ⟨Radio⟩ *zusammenlegbare Rahmenantenne* f ‖ ~ *sinóptico Übersichtstabelle* f ‖ *Statistik* f ‖ ~ *vivo lebendes Bild* n ‖ (antena de) ~ ⟨Radio⟩ *Rahmenantenne* f ‖ ◊ *estar (od quedarse)* en ~ figf *alles verlieren, an den Bettelstab kommen* ‖ *tocar el* ~ *a* alg. figf *jdn (ver)prügeln* ‖ ~**s** pl *Führungskräfte* fpl ‖ △*Würfel* mpl ‖ ~ *auxiliares*, ~ *murales Hilfsbilder* npl, *Wandtafeln* fpl *(für Sprachenunterricht)* ‖ *escuela de* ~ *Partei-, Kader|schule* f ‖ *pantalón de (od* a) ~ *gewürfelte Hose* f ‖ ◊ *hacer* ~ *de sombra Schattenbilder machen*
cuadrumanos, cuadrú|manos mpl/adj *Vierhänder* mpl *(Affen)* ‖ ~ adj *vierhändig* ‖ **-pedo** adj *vierfüßig* ‖ ~ *m Vierfüßler* m ‖ ◊ *ser un* ~ figf *erzdumm sein*
cuádruple adj *vierfach* ‖ ~ *alianza* ⟨Hist⟩ *Vierbund* m
cuadru|plicación f *Vervierfachung* f ‖ **-plicado** adj *vierfach* ‖ **-plicar** [c/qu] vt *vervierfachen*
cuádruplo adj *vierfach* ‖ el ~ *das Vierfache*
cuaga f *Quagga (Zebra)* n (Equus quagga quagga) *(ausgerottet)*
cuagrar vi Am pop = **cuadrar**
cuaja|da f *geronnene Milch* f ‖ *Quark, Topfen* m ‖ **-do** adj *geronnen (Milch)* ‖ fig *vollgestopft, voll* ‖ fig *dicht besetzt* (de *mit dat*) ‖ figf *starr (vor*

cuajadura — cuando 348

Erstaunen) ‖ fig *zugefroren (Fluß)* ‖ figf *eingeschlafen* ‖ fig *erkaltet (Hochofen)* ‖ ~ *de defectos von Fehlern wimmelnd* ‖ dedos ~s *de anillos mit Ringen besetzte od beringte Finger* mpl ‖ leche ~a *saure Milch, Dick-, Sauer|milch* f ‖ ramas ~as de fruto *obstbeladene Äste* mpl ‖ ~ *m eingekochter Obstsaft* m, *Fruchtmark* n ‖ *(Art) Gericht* n *aus Hackfleisch usw* ‖ ⟨Taur⟩ *Stier* m *von mehr als fünf Jahren* ‖ ~ de leche *(Art) Mehlkuchen* m *mit Grütze, Zimt usw* ‖ **–dura** f, **–miento** m *Gerinnen* n ‖ **–leche** m ⟨Bot⟩ *Labkraut* n (Galium spp)
  ¹**cuajar** vt *gerinnen machen, zum Gerinnen bringen* ‖ *verdicken, einkochen* ‖ fig *dicht besetzen, bedecken* (de *mit*) ‖ fig *füllen* ‖ ~ vi *gerinnen (Milch)* ‖ *einkornen (Getreidekörner)* ‖ fig *behagen, gefallen, passen* ‖ fig *gelingen, glücken,* fam *klappen* ‖ fig *Boden gewinnen* ‖ Mex *plaudern* ‖ ◊ cuajó la noche *die Nacht brach ein* ‖ ~se *gerinnen, sauer werden (Milch)* ‖ ◊ la plaza se cuajó de gente *der Platz füllte sich mit Leuten* ‖ en sus ojos se cuajó una lágrima *e–e Träne füllte sein Auge*
  ²**cuajar** m *Fett-, Lab|magen, vierter Magen* m *(der Wiederkäuer)*
  cuajarón m *geronnener Klumpen* m *(von Blut, Milch usw.)* ‖ ~es de sangre *geronnenes Blut* n
  cuajo m *Gerinnen* n ‖ *(Milch)Lab, Labferment* n ‖ *vierter Magen* m *der Wiederkäuer* ‖ Mex *Geplauder* n ‖ Mex *Spielpause* f *in Schulen* ‖ △*Ruhe* f ‖ Mex *Lüge, Ente* f ‖ hierba de ~ *Labkraut* n (→ **cuajaleche**) ‖ ◊ (arrancar) de ~ *mit der Wurzel, mit Stumpf und Stiel (ausrotten)* ‖ sacar de ~ aus *der Tiefe hervorholen* ‖ tener (buen, mucho) ~ figf *sehr geduldig, duldsam sein, hart im Nehmen sein, ein dickes Fell haben* ‖ te recomiendo ensanchar el ~ figf *laß dir bloß ein dickes Fell wachsen!*
  cuákero m = **cuáquero**
  ¹**cual**: 1. pron.rel *(fast stets mit Artikel)*: el ~, la ~, lo ~ *welcher, welche, welches; der, die, das* ‖ Antonio, el ~ llegó ayer *Anton, der gestern angekommen ist* ‖ respeto al (od del) ~ *in bezug auf welchen* ‖ la razón, por la cual *der Grund, weshalb* ‖ casos ~es ocurren a menudo *Fälle, ~ wie sie öfters vorkommen* ‖ por lo ~, por ~ *motivo weswegen*
  2. pron. distrib: ~ ..., ~ ... *der eine ..., der andere, dieser ... jener* ‖ ~ es él, tal es ella *sie ist genau so wie er* ‖ ~ más, ~ menos *der eine mehr, der andere weniger, jeder nach seiner Möglichkeit* (in dieser Bedeutung oft betont) ‖ ~ o ~, tal ~ *hie und da einer, einige wenige* ‖ a ~ más (y mejor) *immer einer mehr als der andere* ‖ fig *um die Wette*
  3. adv: gleichwie, sowie ‖ wie, *auf die Art wie* ‖ tal ~ soso ‖ tal ~ lo digo *so wie ich es sage* ‖ sea ~ fuera *es sei wie es wolle*
  4. ~ si *als Bindewort* (= como si): ~ si no lo supiera *als ob er nicht wüßte*
  ²**cuál**: 1. pron.interr *(direkt od indirekt fragend)*: wie beschaffen, was für ein, eine, eines, welcher? wer? ‖ ¿ ~ de ellos? *welcher (wer) von ihnen?* ‖ ¿ ~ de los cuadros te parece mejor? *welches Bild findest du besser?* ‖ ignoro ~ será el resultado *ich weiß nicht, wie das Resultat sein wird* ‖ ¿sabes ~ de ellos? *weißt du, welcher (wer) von ihnen?*
  2. pron.distrib (→ ¹**cual** 2.): tengo muchos libros, ~es de historia, ~es de poesía *ich habe viele Bücher, teils über Geschichte, teils über Poesie*
  3. bei *Ausrufungen*: ¡ ~ infeliz estoy! *wie unglücklich bin ich!*
  cualesquier(a) pron.indet pl v. **cualquier(a)**
  cuali|dad f *Eigenschaft, Beschaffenheit* f, *Qualität* f ‖ *Fähigkeit* f ‖ ~es marítimas ⟨Mar⟩ *Seetüchtigkeit* f *(eines Schiffes)* ‖ → a **calidad** ‖ **–ficación** f *Qualifizierung* f ‖ ⟨Jur⟩ *Qualifizierung,*

Straferhöhung f ‖ **–ficar** [c/qu] vt = **calificar** ‖ **–tativo** adj *qualitativ, wertmäßig* ‖ ⟨Jur⟩ *qualifizierend* ‖ *análisis* ~ *qualitative Analyse* f ‖ **–tómetro** m ⟨Phys⟩ *Gütefaktormesser* m
  cualque pron. indet. = **cualquiera**
  cual|quier pron.indet *(vor Substantiven od Adjektiven)* = **cualquiera** ‖ ~ día *eines Tages* ‖ fam *ehe man sich's versieht* ‖ ¡ ~ día! iron *da kannst du lange warten!* ‖ a ~ parte *wohin immer* ‖ de ~ modo que sea *auf beliebige Art* ‖ lo hizo de ~ modo *er hat es oberflächlich getan* ‖ –quiera pron/s *jemand, irgendwer, ein(er), ein x-beliebiger* ‖ *jedermann* ‖ un hombre ~ *ein beliebiger Mensch* ‖ un ~ desp *ein Gewisser* ‖ no es un ~ *er ist kein Dutzendmensch* ‖ a cualquier(a) hora *zu jeder beliebigen Zeit* ‖ ¡ ~ lo entiende! fam *das soll einer verstehen!* ‖ ~ que fuese (od sea) *er mag sein, wer er will* ‖ wie (od wer) *er auch sein mag*
  cualsiquier pop = **cualquier**
  ¹**cuan** adv 1. *wie, wieviel, wie sehr* ‖ cayó ~ (= cual) largo era *er fiel der Länge nach hin* ‖ 2. *Korrelativ*: tan ... ~ so, *ebenso ... wie, als* ‖ tan hermosa ~ ingrata *ebenso schön wie undankbar* ‖ el castigo será tan grande ~ grande fue la culpa *die Strafe wird so groß sein, wie die Schuld gewesen ist*
  ²¡**cuán!** adv 1. *in Ausrufungen*: wie ‖ ¡ ~ apacibles deslizábanse las horas! *wie flossen die Stunden so angenehm dahin!* ‖ 2. *in abhängigen Fragesätzen*: si supieras ~ desgraciado soy *wenn du wüßtest, wie unglücklich ich bin*
  ¹**cuando** adv (conj): de vez en ~, de ~ en ~ *dann und wann, ab und zu, von Zeit zu Zeit* ‖ *manchmal* ‖ ~ ..., ~ ... *bald ..., bald ...* ‖ ~ más, ~ mucho *höchstens* ‖ hasta las once ~ más *höchstens bis 11 Uhr* ‖ ~ menos *wenigstens, mindestens*
  ²**cuando** conj a) *allgemeine Zeitbestimmung:*
    1. *als, wenn* ‖ (sobald) als ‖ bis ‖ ~ llovía, no salíamos *wenn es regnete* (= *während des Regens*) ‖ gingen wir nicht aus ‖ ~ estuve allí *ich dort war* ‖ no bien dejó de hablar, ~ me levanté *er hatte kaum aufgehört zu sprechen, als ich mich erhob* ‖ ~ hubo terminado, salió *als er beendet hatte,* ging *er (hin) aus* ‖ ~ V. quiera *nach Ihrem Belieben* ‖ ~ quiera, *~ quier wenn immer, jederzeit* ‖ ~ sea necesario *wenn es nötig sein wird, im Notfalle* ‖ lo dejo para ~ vengas *ich lasse es, bis du kommst* ‖ ¡ ~ yo decía que ...! *ich hatte doch recht, als ich sagte, daß ...*
    2. *elliptisch*: ~ niño *in meiner (seiner usw) Jugendzeit, als Kind* ‖ de ~ niño *von meiner (seiner usw) Jugendzeit* ‖ ~ la recolección *während der Ernte* ‖ *in der Erntezeit*
    b) Grund, Begründung: *da, weil* ‖ ~ lo dice él, será cierto *da er es sagt, wird es wohl wahr sein* ‖ ¡ ~ yo lo digo! *ich sage es ja! ich habe es ja (gleich) gesagt!* ‖ ¡ ~ tú lo dices! iron *das glaube ich!*
    c) Bedingung: 1. *im Falle daß, wenn* ‖ ~ no estuviera obligado a hacerlo *wenn ich nicht gezwungen wäre, es zu tun*
    2. *elliptisch (adverbiell)*: ~ no *widrigenfalls, sonst*
    d) Einräumung im adversativen Sinn *(in der Verb.* aun ~, *alleinstehend nur bei Klassikern):*
    1. *obwohl, obzwar, wenngleich* ‖ *wenn auch, selbst wenn* ‖ aun ~ no tengo dinero *obwohl ich kein Geld habe* ‖ aun ~ tú no lo quieras, lo quiero yo *wenn du es auch nicht wünschst, ich will es doch* ‖ no faltaría a la verdad, aun ~ en ello le fuera la vida *er würde die Wahrheit sagen, selbst wenn es ihn das Leben kostete* ‖ incluso ~ *selbst wenn*
    2. *elliptisch (adverbiell)*: es colaborador, ~ no autor del libro *er ist Mitarbeiter, oder vielmehr Verfasser des Buches*

³**cuándo** adv/interr *(direkt oder indirekt fragend)*:
1. *wann* ‖ ¿de ~ acá? *seit wann?* ‖ fam *wie ist das nur möglich?* ‖ ¿desde ~? *seit wann?* ‖ ¿hasta ~? *bis wann? wie lange (noch)?* ‖ ¿para ~? *auf wann?* ‖ no sé ~ vendrá *ich weiß nicht, wann er kommt*
2. distributiv: ~ éste, ~ otro *bald dieser, bald jener*
⁴**cuándo** *m:* el ~ y el cuándo *das Wann und das Wieviel*

cuandú *m* ⟨Zool⟩ *Greifstachler, Cuandu* m (Coëndou prehensilis)

cuan│tía *f Menge* f ‖ *Überfluß* m ‖ *(Geld)summe* f ‖ fig *Rang, Stand* m ‖ *Wert* m ‖ *Betrag* m ‖ *Wertangabe* f f ‖ *Höhe* f ‖ *Streitwert* m ‖ *Bedeutung* f ‖ *Belang* m ‖ ~ del asunto, ~ de la causa, litigiosa ⟨Jur⟩ *Streit-, Gegenstands│wert* m ‖ de mayor ~ *mit höherem Streitwert* ‖ fig *sehr bedeutend* ‖ de menor ~ *mit niedrigerem Streitwert* ‖ fig *unbedeutend* ‖ juicio de mayor ~ Span *Zivilprozeß* m *bei höherem Streitwert (über 20000 Peseten)* ‖ juicio de menor ~ Span *Zivilprozeß* m *bei niedrigeren Streitwerten (unter 20000 Peseten)* ‖ **-tiar** [pres -ío] vt *(ab)schätzen*

cuántico adj *Quanten-* ‖ biología ~a *Quantenbiologie* f ‖ mecánica ~a *Quantenmechanik* f ‖ teoría ~a *Quantentheorie* f *(v. Max Planck)*

cuan│tidad *f Größe* f (bes ⟨Math⟩) ‖ **-tificación** *f* ⟨Phys⟩ *Quantisierung, Quantelung* f ‖ **-tificado** adj *quantisiert* ‖ **-tificar** vt *quantisieren, quanteln* ‖ **-timás** adv fam *(aus* cuanto y más*) =* **cuanto más** ‖ **-tioso** adj *zahlreich, reichlich, überreich* ‖ *bedeutend, groß* ‖ ~a fortuna *großes Vermögen* n ‖ adv: ~**amente** ‖ **-tísimo** adv sup *v.* **cuanto** ‖ no sabe V. ~ lo lamento *Sie haben keine Ahnung, wie sehr ich es bedaure*

cuanti│tativo adj *quantitativ, mengenmäßig* ‖ análisis ~ *quantitative Analyse* f ‖ **-to** adv dim *v.* **cuanto**

¹**cuanto** adj 1. *wieviel, wie groß* ‖ *der wievielte* ‖ soviel wie ‖ *alles was* ‖ (todo) ~ tengo *alles, was ich habe* ‖ (todos) ~s estaban presentes *alle Anwesenden* ‖ tengo tanto dinero ~ tú *ich habe soviel Geld wie du* ‖ con ~ necesito *mit allem, was ich brauche* ‖ te digo ~ sé *ich sage dir alles, was ich weiß* ‖ un tanto ~ *ein bißchen*
2. distributiv: ~as entradas, tantos gastos *ebensoviel Einnahmen wie Ausgaben*

²**cuanto** adv a) *wie(viel)* ‖ *wie teuer* ‖ *soviel als* ‖ *solange als* ‖ je ‖ ~ antes (*~ antes) sobald wie möglich, möglichst bald, schnellstmöglich* ‖ ~ antes *(od* más pronto*) mejor je eher, desto besser* ‖ ~ bien *so gut als nur* ‖ ~ más, ~ y más (que) *um so mehr, zumal* ‖ um so mehr, als ‖ *geschweige denn* ‖ *überdies* ‖ *dagegen, andererseits* ‖ ~ más ~ *soundsoviel* ‖ (tanto más) por ~ *um so mehr als* ‖ da, weil, zumal da ‖ ~ menos *um so weniger, desto weniger* ‖ en ~ a *betreffend, bezüglich, was ... betrifft* ‖ ~ a mí *was mich betrifft, anbelangt* ‖ *ich meinerseits* ‖ ~ a eso *in der (od dieser) Hinsicht, Beziehung* ‖ *diesbezüglich* ‖ el insigne ~ desventurado autor *der nicht weniger unglückliche als berühmte Verfasser*
b) distributiv: ~ ..., tanto je ..., desto ‖ más ... más *je mehr ... desto mehr* ‖ ~ menos ..., menos *je weniger ... desto weniger* ‖ tanto ..., ~ *ebensoviel ... als*
c) in bindewörtlichen Verbindungen: en ~, *~ da, weil* ‖ *insofern als* ‖ *sobald (als)* ‖ *so lange als, während* ‖ *bis daß* ‖ en ~ llegó *sobald er ankam* ‖ en ~ llegue *sobald er ankommt* ‖ en ~ no vio, desapareció *sobald er uns sah, verschwand er* ‖ en ~ coma (*od* haya comido) *sobald ich gegessen habe* ‖ ~ a a a)

³**cuánto** adj/interr 1. *(direkt od indirekt fragend) wieviel(e)* ‖ ¿a ~s estamos? *der wievielte ist heute?* *den wievielten haben wir heute?* ‖ decirle a uno ~as son cinco figf *jdm unverhohlen seine Meinung sagen* ‖ número no sé ~s fam *Nummer X* ‖ *x-beliebige, irgendeine Nummer*
2. hauptwörtlich: el ~s del mes *der wievielte des Monats*
⁴**cuánto** adv a) direkt oder indirekt fragend: ¿~? *wieviel?* ‖ *wie teuer?* ‖ *wie hoch?* ‖ ¿~ dura el discurso? *wie lange dauert die Rede?* ‖ ¿~ va? *was gilt die Wette?* ‖ ¿por ~? *wie teuer?* ‖ *warum? weshalb? weswegen?* ‖ ¿de ~ acá? *seit wie lange?* ‖ *wie lange noch?* ‖ dile, ~ me alegro *sage ihm, wie sehr ich mich freue*
b) in Ausrufen: ¡~ me alegro! *wie froh bin ich (darüber)* ‖ ¡~ has crecido! *bist du aber gewachsen!* ‖ ¡~ (no) te cuesta! *wie schwer kommt es dir an!* ‖ ¡~as víctimas! *wieviele Opfer!* ‖ ¡por ~! *um welchen Preis!* ‖ ¡por ~ renunciaría a ello! *was würde ich geben, wenn ich darauf verzichten könnte!*
c) hauptwörtlich: → ⁴**cuándo**
⁵**cuanto** *m* ⟨Phys⟩ *Quant, Quantum* n ‖ ~ de campo ⟨Nucl⟩ *Feld│quant, -teilchen* n ‖ ~ gamma *Gamma-Quant* n ‖ ~ virtual *virtuelles Quant* n ‖ ~**s** *mpl Quanten* npl ‖ teoría de los ~ *Quantentheorie* f *(v. Max Planck)*

cuaquerismo *m Sekte* f *der Quäker* ‖ *Quäkertum* n

cuáquero *m Quäker* m *(Sektenangehöriger)*

cuarango *m Chinarindenbaum* m (Cinchona spp)

cuar│cífero adj *quarzhaltig* ‖ **-cita** *f* ⟨Min⟩ *Quarzit* m

cuaren│ta adj/s *vierzig* ‖ el ~ *die Zahl 40* ‖ △ *(Spiel)Karten* fpl ‖ el año ~ *das vierzigste Jahr* ‖ *das Jahr vierzig* (bes *1940*) ‖ treinta ~ *(Art) Roulettespiel* n ‖ las ~ *Vierzig* f *im Tutespiel (Gewinn)* ‖ las ~ horas *die vierzigstündige Andacht* f ‖ acusar *(od* cantar) las ~ fig *das Spiel gegen jeden gewinnen* ‖ figf *jdm seine Meinung rücksichtslos ins Gesicht sagen* ‖ cortar a uno el ~ figf Chi *jds Pläne durchkreuzen* ‖ por las ~ Am *mit Gewalt* ‖ **-tavo** m/adj *Vierzigstel* n ‖ **-tén** m/adj prov *(Art) vierkantiges Bauholz* n ‖ **-tena** *f (Zahl* f *von) vierzig* ‖ *Zeit* f *von vierzig Tagen usw.* ‖ fam *(die) Vierzig, (Alter* n *v.) 40 Jahren* npl ‖ *Fastenzeit* f, *Fasten* pl ‖ ⟨Mar⟩ *Quarantäne, Reisesperre* f ‖ fig *Quarantäne* f ‖ fig *gesellschaftliche Isolierung, Nicht(be)achtung* f ‖ Ec *vierzigtägiges Fieber* n ‖ * *Vierzigstel* n ‖ ◊ hacer, imponer, levantar ~ *Quarantäne halten, auferlegen, aufheben* ‖ poner en ~ figf *mit Vorbehalt aufnehmen, bezweifeln (Nachricht)* ‖ sufrir ~ *in Quarantäne liegen* ‖ **-tenal** adj *auf die Zahl vierzig bezüglich* ‖ **-tenario** adj *Quarantäne-* ‖ **-tón** m/adj (f **-ona**) *Vierziger, Mann von vierzig Jahren*

cuares│ma *f Fasten* pl, *Fastenzeit* f *(Quadragesima)* ‖ *Fastenpredigt* f ‖ ~ alta (baja) *spät (früh) fallende Fasten* pl ‖ la media ~ *das Mittfasten* ‖ ◊ ser más largo que la ~ figf *kein Ende nehmen* ‖ tener cara de ~ figf *wie das Leiden Christi aussehen* ‖ **-mal** adj *Fasten-* ‖ **-mario** m = **cuaresma** ‖ **-mero** *m* Chi *jemand, der die Fastenzeit einhält* ‖ ~ adj Chi *während der Fastenzeit heranreifend (Obst)*

cuarta *f Viertel* n, *vierter Teil* m ‖ *Viertelelle, Spanne* f ‖ *Quart* f *(beim Fechten)* ‖ ⟨Mus⟩ *Quart* f ‖ ⟨Kath⟩ *Stolgebühren* fpl ‖ prov *vierkantiger Balken* m ‖ ⟨Mar⟩ *Kompaßstrich* m ‖ And *Vorspanntier* n ‖ *Vorspann* m ‖ Mex *kurze Reitpeitsche* f ‖ *Knüttel* m ‖ Chi *Zaumriemen* m ‖ ~ disminuta ⟨Mus⟩ *verminderte Quart* f ‖ de ~ al pértigo Am *ohne Geld* ‖ ◊ tirar ~s al aire figf *nutzlose Anstrengungen machen*

cuar│tal *m Viertellaib* m *(Brot)* ‖ *Trockenmaß* = ¹⁄₄ *Fanega = 5,6 Liter* ‖ PZar *Flächenmaß = 2,384 Ar* ‖ **-tán** m PGer *Trockenmaß* n = *18,08 Liter* ‖ PBarc *Ölmaß* n = *4,15 Liter* ‖ **-tana** *f* ⟨Med⟩ *Viertagewechsel-, Quartan│fieber* n, *Quar-*

tana f ‖ **-tanario** adj *an Quartanfieber leidend* ‖ **-tazo** m Mex *Peitschen-, Ruten|hieb* m ‖ **-teado** m Arg *Hilfsgespann* n ‖ ~ adj ⟨Mal⟩ *gewürfelt* ‖ **-tear** vt/i *vierteilen* ‖ *(ab)teilen* ‖ *spalten* ‖ ⟨Kart⟩ *als vierter mitspielen* ‖ *das Fuhrwerk im Zickzack lenken (auf schlechten oder steilen Fahrwegen)* ‖ ⟨Taur⟩ *(die banderillas) mit Quartbewegung einstechen* ‖ ⟨Min⟩ *vierteln* ‖ Mex *geißeln, peitschen* ‖ ~ vi *e–e Viertelwendung machen* ‖ ⟨Taur⟩ *quartieren, seitwärts ausweichen (Banderillero)* (& vr) ‖ **~se** vr *Risse bekommen, (auf)springen (Mauer)*

cuartel m *(abgeteiltes) Viertel* n ‖ *Quartier, Stadt|viertel* n, *-teil* m ‖ *(Dresch)Tenne* f ‖ *(Garten)Beet* n ‖ *vierzeilige Strophe, Quartette* f ‖ *Quartett* n, *Quartine* f ‖ ⟨Her⟩ *Vierung* f ‖ *Gehege, abgestecktes Grundstück* n ‖ figf *Quartier, Wohnhaus* n ‖ ⟨Mil⟩ figf *Mietkaserne* f ‖ ⟨Mil⟩ *Kaserne* f ‖ ⟨Mil⟩ *Lager* n ‖ ⟨Mil⟩ *Quartier* n, *Schonung* f ‖ ⟨Mil⟩ *Stand|ort* m, *-quartier* n ‖ figf *voll bewohntes Haus* n ‖ ~ *general* ⟨Mil⟩ *Hauptquartier* n ‖ ⁓ *general del Führer Führerhauptquartier* n *(1939–1945)* ‖ ⁓ *general del Generalísimo Hauptquartier* n *des Generalíssimus (Franco, 1936–1939)* ‖ *vida de* ~ *Kasernenleben* n (& fig) ‖ *sin* ~ *ohne Gnade, ohne Erbarmen* ‖ *guerra sin* ~ *Krieg auf Leben und Tod* ‖ ◊ *dar* ~ ⟨Mil⟩ *Quartier, Pardon geben* (& fig) ‖ *no dar* ~ fig *kein Erbarmen haben* ‖ *estar de* ~ ⟨Mil⟩ *auf Halbsold gesetzt sein* ‖ *lucha sin* ~ *erbarmungsloser Kampf* m ‖ **~es** pl ⟨Mil⟩ *Lager* n ‖ ~ *de invierno* ⟨Mil⟩ *Winterquartiere* npl ‖ *Winterherberge* f *der Schäfer*

cuartela|da f ‖ *Kasernenaufstand* m ‖ *Militärputsch* m ‖ **-do** adj ⟨Her⟩ *geviert*

cuarte|lar vt *vierteilen, vieren* ‖ **-lario, -lero** adj *Kasernen-* ‖ ⟨Mil⟩ : *vida* ~*a Kasernenleben* n ‖ ~ m ⟨Mil⟩ *Stubendiensthabender* m ‖ *Kasernenverwalter* m ‖ *Stubendiensthabende(r)* m ‖ ⟨Mar⟩ *Gepäckmeister* m ‖ fig *schlechter Tabak* m ‖ **-lesco** adj *Kasernen-* ‖ *Soldaten-* ‖ **-lillo** m *Wachthaus* n ‖ ~ *de policía Polizeiwachtposten* m ‖ **-lmaestre** m *Quartiermeister* m ‖ **-o** m s v. **-ar(se)** ‖ *Spalt, Sprung* m ‖ *Vierteilen* n ‖ ⟨Taur⟩ *Ausweichen* n, *um e–n Stoß zu entgehen* ‖ al ~ ⟨Taur⟩ *seitwärts ausweichend (Banderillero)*

cuarte|ra f Cat *Trockenmaß* n *(ca. 70 Liter)* ‖ *Flächenmaß* n *(= ca. 36 Ar)* ‖ *(Art)Bauholz* n ‖ **-rada** f Bal *Flächenmaß* n *= 71,03 Ar* ‖ **-ro** m And *Pachteintreiber* m *(der cortijos)* ‖ **-rola** f *Viertelfaß* n ‖ Chi *Quarterole* f *(Handfeuerwaffe)* ‖ **-rón** m/adj *Viertel(pfund)* n ‖ *Fensterladen* m ‖ *(Tür)Füllung* f, *Paneel, Füllstück, Fach* n *(Tür)* ‖ ⟨Bgb⟩ *Abbaufeld* n ‖ ⟨Arch⟩ *Kuppelrippe* f ‖ Am *Quarteron(e)* m *(Mischling* f *von Weißen und Terzeronen)* ‖ *Packung* f *gewöhnlichen Grobschnitts(Tabak)* ‖ Ar Val $^{1}/_{4}$ *Arroba* (→) ‖ Chi *Stützpfosten* m ‖ **~rones** pl *Türflügel* mpl ‖ **-ta** f *aus 4 achtsilbigen Zeilen bestehende Strophe* f *(Reime abab)* ‖ *Quartett* n, *Quartine* f ‖ **= redondilla** ‖ **-to, -te** m ⟨Mus⟩ *Quartett, Quatuor* n ‖ *Quartette, Strophe* f *aus 4 elfsilbigen gereimten Zeilen* ‖ ~ *de cuerda Streichquartett* n ‖ ~ *para instrumentos de viento Bläserquartett* n

cuartiar vt Am pop = **cuartear**

cuarti|lla f *Viertelarroba* f ‖ *Viertelfanega* f *(Flüssigkeitsmaß)* ‖ *Viertelcántara* f ‖ *Quart-, Viertel|blatt* n *(Papier), Manuskriptblatt* n ‖ *Zettel* m ‖ *Fessel, Köte* f *(am Pferdefuß)* ‖ **~s** pl: *el alcalde leyó unas* ~ ⟨Ztg⟩ *der Bürgermeister verlas (hielt) e–e Ansprache (z. B. bei e–m Fest)* ‖ **-llera** f Chi *Trockenmaß* n *(= 2 Liter)* ‖ **-llo** m *Flüssigkeitsmaß* n *(= 0,504 Liter)* = $^{1}/_{4}$ *azumbre* ‖ *Getreidemaß* n *(1,156 Liter)* = $^{1}/_{4}$ *celeruín)* ‖ *(Rechnungs)Münze* f *(=* $^{1}/_{4}$ *Real)* ‖ *Schoppen* m ‖ *ir de* ~ *Gewinn und Verlust teilen* ‖ **~s** mpl Chi *Beschenkung* f *(an Familienfesttagen)* ‖ **-to** m dim v. **cuarto**

cuarto adj *der vierte* ‖ en ~ *lugar,* ~ adv *viertens* ‖ ~*a parte Viertel* n ‖ *las tres* ~*as partes drei Viertel* ‖ ~ m *Viertel* n, *vierter Teil* m ‖ *Viertel* n *(Schlächterei)* ‖ *Mondviertel* n ‖ *Viertelstunde* f ‖ *Viertelkreis, Quadrant* m ‖ *Stockwerk* n *(in e–m Hause)* ‖ *Wohnraum* m, *Wohnung* f ‖ *Zimmer, Gemach* n ‖ *Stube* f ‖ ⟨Typ⟩ *Quartformat* n *(nicht mehr gebräuchliche Bezeichnung für einen zweimal gefalzten Papierbogen –* 4^0*)* ‖ ⟨Mil⟩ *Wache, Wachtzeit* f ‖ ** Kupfermünze* f *(= 4 Maravedis)* ‖ ~ *para (od por) alquilar Zimmer* n *zu vermieten* ‖ ~ *para alojados (od huéspedes) Gästezimmer* n ‖ ~ *bajo (Zimmer im) Erdgeschoß* n ‖ ~ *de batanes* ⟨Web⟩ *Walkenraum* m ‖ ~ *bocel Maur Viertelstab, Wulst* m ‖ ~ *de aseo Waschraum* m ‖ ~ *de baño Badezimmer* n ‖ ~ *de costura Nähzimmer* n ‖ ~ *creciente* ⟨Astr⟩ *erstes Viertel* n ‖ ~ *delantero,* ~ *exterior Vorder-, Straßenzimmer* n ‖ ~ *de derrota* ⟨Mar⟩ *Karten-, Kompaß|haus* n ‖ ~ *de final* ⟨Sp⟩ *Viertelfinale* n ‖ ~ *para fumar Rauchzimmer* n ‖ ~ *de giro Viertelwendelung* f *(Treppe)* ‖ ~ *de guardia* ⟨Mil⟩ *Wachabteilung* f ‖ ~ *de ladrillo Viertelstein* m, *Viertel-, Quartier|stück* n ‖ ~ *de los instrumentos* ⟨Flugw Mar⟩ *Navigationsraum* m ‖ ~ *de luna* ⟨Astr⟩ *Mondviertel* n ‖ ~ *mayor, menor Groß-, Klein|quart* n *(Buch)* ‖ ~ *de máquinas Maschinenraum* m ‖ ~ *menguante* ⟨Astr⟩ *letztes Viertel* n ‖ ~ *de música Musikzimmer* n ‖ ~ *de onza Geldstück* n *(= 20 pesetas)* ‖ ~ *oscuro Dunkelkammer* f ‖ ~ *para (od de los) niños Kinderstube* f ‖ ~ *redondo Am Zimmer* n *mit e–r einzigen Tür* ‖ ~ *trasero,* ~ *interior Hinterzimmer* n ‖ ~ *de tronco escuadrado* ⟨Zim⟩ *Kreuzholz* n ‖ ~ *de vestir Umkleideraum* m ‖ *las 10 y* ~ $^{1}/_{4}$ *11 Uhr* ‖ *las 10 menos* ~ $^{3}/_{4}$ *10 Uhr* ‖ *un* ~ *(de hora) e–e Viertelstunde* ‖ ◊ *dar (od pagar)* ~ *a* ~ *jeden Pfennig dreimal umdrehen* ‖ *dar un* ~ *al pregonero* figf *et an die große Glocke hängen* ‖ *echar su* ~ *a espadas* figf *seinen Senf dazugeben* ‖ *ein Wörtchen mitreden* ‖ *poner* ~ *a alg. jdm e–e Wohnung einrichten* ‖ *no tener un* ~, *estar sin un* ~ figf *bettelarm sein* ‖ *valer de tres al* ~ fam *nichts wert sein, minderwertig sein* ‖ ~ *a* ~ fam *jeden Pfennig dreimal umwendend* ‖ *sobre* ~ fam *Pfennig für Pfennig, bis auf den letzten Heller* ‖ **~s** pl: figf *Geld* n ‖ *los* ~ *traseros die Hinterhand* f, *Hinterbeine (der Maultiere usw.)* ‖ ◊ *andar (od ir) mal de* ~ figf *knapp bei Kasse sein* ‖ *hacer* ~ *vierteilen* ‖ fam *Geld machen, sich bereichern* ‖ *hacer* ~ Cu *auf Akkord arbeiten* ‖ *tener* ~ *Geld haben,* pop *Zaster haben* ‖ *tener cuatro* ~ figf *Geld haben* ‖ *valer cuatro* ~ fam *spottbillig sein* ‖ *lo vendió por cuatro* ~ figf *er hat es spottbillig verkauft* ‖ *tener buenos* ~ fam *wohlgebaut, rüstig sein (Mensch)*

cuar|tón m *Kantholz* n ‖ *festes Bauholz* n, *Balken,* *(Dach)Sparren* m ‖ *(viereckiges) Stück* n *Ackerland* f ‖ *(Art) Flüssigkeitsmaß* n ‖ *Polizeiwache* f ‖ Cu = **corral** ‖ ~ *de limahoya* ⟨Arch⟩ *Kehlschifter* m ‖ ~ *de limatesa* ⟨Arch⟩ *Gratschifter* m ‖ ~ *intermedio de copete* ⟨Arch⟩ *Mittelschifter* m ‖ **-tucho, -tuco** dim od desp v. **-to**

cuar|zo m ⟨Min⟩ *Quarz* m ‖ ~ *aurífero Goldquarz* m ‖ ~ *estrellado Sternquarz* m ‖ ~ *fétido Stinkquarz* m ‖ ~ *fibroso Faserquarz* m ‖ ~ *lechoso Milchquarz* m ‖ ~ *rosado Rosenquarz* m ‖ **-zoso** adj *Quarz-, quarzig*

*cuasi adv = **casi**

cuasi|contractual adj *vertragsähnlich, zur gesetzlichen Verbindlichkeit gehörig* ‖ **-contrato** m ⟨Jur⟩ *Quasi|kontrakt, -vertrag* m, *vertragsähnliches Verhältnis* n, *gesetzliche Verbindlichkeit* f ‖ **-delito** m ⟨Jur⟩ *fahrlässige unerlaubte (od strafbare) Handlung* f ‖ **-domicilio** m *zweiter Wohnsitz, Nebenwohnsitz* m ‖ **-público** adj *halböffentlich* ‖ **-usufructo** m ⟨Jur⟩ *Nießbrauch* m *an verbrauchbaren Sachen*

cuate, ~a adj/s Mex *Zwillings-* ‖ Mex *ähnlich*
cuatequil m Mex *Mais* m
cuater|na f *Quaterne* f *(Lotteriespiel)* ‖ **–nado** adj ⟨Bot⟩ *vierteilig (Blatt)* ‖ ⟨Bot⟩ *zu je vieren vorhanden* ‖ **–nario** adj/s *durch vier teilbar* ‖ ⟨Geol⟩ *quartär* ‖ *vierfüßig (Vers)* ‖ era ~a ⟨Geol⟩ *Quartär* n ‖ **–no** adj *aus vier Nummern bestehend* ‖ adj/s Mex: *ohne Hörner (Hornvieh)* ‖ *mit kurz geschnittenem Haar (Person)* ‖ fig *feige*
cuatezón, ona adj Mex *hornlos*
cuatí m Arg Col RPl = **coatí**
cuatralbo adj *mit vier weißen Füßen (Pferd)* ‖ ~ m *Quarteron* m
cuatratúo m *Quarteron* m *(Zählmaß)*
cuatre|ño adj *vierjährig (Rindvieh)* ‖ **–ro** m/adj *Vieh-, Pferde|dieb* m ‖ Pe *Gauner* m
cuatricromía f *Vierfarben|bild* n, *-aufnahme* f
cuatri|duo m *Zeit* f *von vier Tagen* ‖ *viertägige Andacht, Festlichkeit* f usw. ‖ **–enio** m *Zeitraum* m *von 4 Jahren* ‖ **–frontal** adj *an vier Fronten* ‖ **–lingüe** adj *viersprachig* ‖ **–llo** m *(Art) Lomberspiel* n *zu vieren* ‖ **–llón** m *Quadrillion (Zahl)* ‖ **–mestral** adj *viermonatlich* ‖ *viermonatig* ‖ **–mestre** m/adj *Zeitraum* m *von 4 Monaten* ‖ **–motor** adj/s *viermotorig* ‖ ~ m *viermotoriges Flugzeug* n
cua|trín m altspan. *Kupfermünze* f ‖ ◊ no valer un ~ fam *nicht e-n Pfennig wert sein* ‖ **–trinca** f *Vierergruppe* f ‖ ⟨Kart⟩ *Serie* f *von 4 Karten*
cuatrirreactor adj/s *mit vier Strahltriebwerken* ‖ ~ m *Flugzeug* n *mit vier Strahltriebwerken*
cuatrisílabo adj *viersilbig* ‖ ~ m *viersilbiges Wort* n ‖ *viersilbiger Vers* m
¹**cuatro** adj/s *vier* ‖ el ~ de agosto *der vierte, am vierten August* ‖ ~ amigos fam *ein paar Freunde* ‖ △~ ojos *brillentragender Mensch* m ‖ ~ palabras *ein paar Worte* ‖ número ~ *Nummer vier* ‖ a las ~ de la tarde *um vier Uhr nachmittags* ‖ ⤴ *Vientos Flugplatz bei Madrid* ‖ más de ~ veces fam *oft, häufig* ‖ más de ~ fig *viele* ‖ en filas de a ~ *in Viererreihen (Marsch)* ‖ a ~ patas *auf allen vieren*
²**cuatro** m *Vier* f *(Zahl)* ‖ ⟨Mus⟩ *Quartett* n *(Gesang)* ‖ Ven *viersaitige Guitarre* f ‖ Chi *Silbermünze* f *(= 50 centavos)* ‖ Mex fam *Unsinn* m, *Geschwätz* n ‖ Mex *Betrug* m, *Täuschung* f ‖ Mex *Falle* f (& fig) ‖ △*Pferd* n ‖ △~ de menor *Esel* m
cuatro|centista m/adj *Künstler* m *aus dem 15. Jahrhundert* (bes *in It.*) ‖ ~ adj *auf das 15. Jahrhundert bezüglich* ‖ **–cientos** adj/s *vierhundert* ‖ **–pea** f *Marktzoll* m *auf Vieh* ‖ **–tanto** m *Vierfaches* n
Cuba f: la Isla de ~ *die Insel Kuba* ‖ la República de ~ *die Republik Kuba*
cuba f *(Wein) Faß, Ölfaß* n ‖ *ein Faßvoll* n ‖ *(Wasser) Eimer* m ‖ *Trog, Bottich, Kübel* m, *Kufe, Bütte* f ‖ *Weinkühler* m ‖ fig *dickwanstiger Mensch* m ‖ ⟨Metal⟩ *(Ofen) Schacht, Kessel* m *(Lichtbogenofen)* ‖ *Gerbfaß* n ‖ *Schmelzhafen* m *(Glashütte)* ‖ ~ cervecera *Brau-, Läuter|bottich* m ‖ ~ de creosotado ⟨Tech⟩ *Kreosotierungswanne* f ‖ ~ de decapado *Beizbottich* m ‖ ~ de fermentación *Gärbottich* m ‖ ~ de la templa *Maischbottich* m ‖ ~ de lavado ⟨Tech⟩ *Waschkasten* m ‖ ~ de maceras *Maischbottich* m ‖ ~ de remojar, ~ de remojo *Vormaischbottich* m ‖ *Weich|bütte* f, *-bottich, -stock* m ‖ gordo como una ~ fig *dick wie ein Faß (Person)* ‖ ◊ estar hecho una ~ figf *stockbetrunken sein* ‖ cada ~ huele al vino que tiene *das Faß riecht nach dem ersten Wein*
cuba|ción f, **–je** m *Raummessung* f ‖ ~ de agua *Wasserinhalt* m ‖ ~ de desmontes *Aushubkubatur* f ‖ → a **cubicación**
cubanicú m Cu ⟨Bot⟩ *Kokastrauch* m (Erythroxylum spp)
cuba|nismo m *Kubanismus* m, *kubanische Redensart* f ‖ **–no** m/adj *Kubaner* m
cubatura f ⟨Math⟩ *Kubierung, Kubatur* f
cubeba f *Kubebe* f, *Kubeben|strauch, -pfeffer* m (Piper cubeba) ‖ *Kubebe* f *(Frucht)*
cubera f Cu PR ⟨Fi⟩ *Schoolmaster* m (Lutianus apodus) ‖ *Hundschnapper* m (L. jocu)
cube|ría f *Böttcherei* f ‖ *Böttcherladen* m ‖ *Böttcherwaren* fpl ‖ **–ro** m *Böttcher, Küfer, Faßbinder* m ‖ a ojo de buen ~ figf *nach dem Augenmaß* ‖ calcular ~ figf *über den Daumen peilen* ‖ Dom *Betrüger, Lügner* m
cube|ta f dim v. **cuba** ‖ *Wasser-, Trag|eimer* m ‖ *Löscheimer* m ‖ *Waschfaß* n ‖ *Weinkühler* m ‖ *Becken* n, *Napf* m, *Schale, Küvette* f ‖ *Quecksilberkapsel* f *(am Barometer)* ‖ ⟨Mus⟩ *Pedalkasten* m *(e-r Harfe)* ‖ ⟨Phot⟩ *(Entwicklungs-) Schale* f ‖ *Gieß|wanne* f, *-hafen* m *(Glashütte)* ‖ ⟨Ing⟩ *Gehäuseunterteil* n ‖ Mex *Zylinderhut* m ‖ ~ basculadora, ~ volcadora *Kippkübel* m ‖ ~ de barómetro *Barometerkapsel* f ‖ ~ de bisagra *Klappkübel* m ‖ ~ de brújula *Kompaßgehäuse* n ‖ ~ de decantación, ~ de clarificación *Klärkasten* m *(Papier)* ‖ ~ de evaporación *Dampfpfanne, Verdampfschale* f ‖ ~ de fragua *Feuergrube* f *(Schmiede)* ‖ ~ de lavar ⟨Phot⟩ *Wässerungskasten* m ‖ ~ de revelar, ~ de revelado ⟨Phot⟩ *Entwicklungsschale* f ‖ ~ de salida *Auslaufvertiefung* f, *Fußbecken* n *(Saugüberlauf)* ‖ ◊ agitar la ~ *die Entwicklungsschale schütteln* ‖ **–tillo** m dim v. **-to** ‖ *Zauberbecher* m *(e-s Taschenspielers)* ‖ **–to** m dim v. **cubo** ‖ *Flaschenkühler* m
cúbica f *feines Wollzeug* n ‖ ◊ entender la ~ figf *den Rummel verstehen*
cubi|cación f s v. **–car** ‖ *Inhalts|bestimmung, -berechnung (e-s) Körpers, Messung* (od *Berechnung) des Rauminhalts, Volumenberechnung* f ‖ *Raummhalt* m ‖ ~ de las masas de tierra *Erdmassenberechnung* f ‖ ~ de obra ⟨Arch⟩ *Kostenrechnung* f ‖ **–car** [c/qu] vt ⟨Math⟩ *(e-e Zahl) zur dritten Potenz erheben, kubieren* ‖ ⟨Math⟩ *den Rauminhalt ausmessen* ‖ vi *e-n Rauminhalt von . . . haben*
cubicia f pop = **codicia**
cúbico adj *kubisch, würfelförmig* ‖ metro ~ *Kubikmeter* m ‖ raíz ~a f ⟨Math⟩ *Kubikwurzel* f
cubículo m *Gemach, Zimmer* n ‖ *Nische* f, *Cubiculum* n *(Katakomben)*
cubiche m Ant Mex joc/desp *Kubaner* m
cubier|ta f *Decke, Be-, Ab|deckung, Hülle* f, *Überzug* m ‖ *(Bett) Decke* f ‖ *Sattel-, Tisch|decke* f ‖ *(Brief) Umschlag* m ‖ ⟨Arch⟩ *Dachgerüst* n ‖ ⟨Arch⟩ *Bedachung* f, *Dach* n ‖ ⟨Mar⟩ *Deck* n ‖ ⟨Flugw⟩ *Bespannung* f ‖ ⟨Flugw Aut⟩ *Motorhaube* f ‖ ⟨Aut⟩ *Mantel* m *(Lauf-, Reifen-) Decke* f ‖ ⟨Metal⟩ *Schutzdecke* f ‖ ⟨Buchb⟩ *Buchdeckel, Einband* m ‖ *(Heft) Umschlag* m ‖ *Titelseite* f *(Zeitung)* ‖ *Kappe* f ‖ fig *Vorwand, Deckmantel* m ‖ △*Frauenrock* m ‖ ~ baja ⟨Mar⟩ *Unterdeck* n ‖ ~ blindada ⟨Mil Mar⟩ *Panzerdeck* n ‖ ~ bulbiforme ⟨Arch⟩ *Zwiebeldach* n ‖ ~ completa ⟨Mar⟩ *Volldeck* n ‖ ~ contra la vista, ~ contra la observación ⟨Mil⟩ *Deckung* f *gegen Sicht* ‖ ~ corrida ⟨Mar⟩ *Glattdeck* n ‖ ~ de abrigo ⟨Mar⟩ *Schutzdeck* n ‖ ~ de agalla ⟨Zool⟩ *Kiemendecke* f ‖ ~ del alcázar ⟨Mar⟩ ~ de popa ‖ ~ de arqueo ⟨Mar⟩ *Vermessungsdeck* n ‖ ~ de arreglo *Deckbogen* m *(Papier)* ‖ ~ de asfalto *Asphaltdecke* f ‖ ~ de aterrizaje *Flugdeck* n ‖ ~ de cable *Kabel|hülle* f, *-mantel* m ‖ ~ de caucho *Kautschuk-, Gummi|überzug* m ‖ ~ contra aviones, ~ contra la observación aérea *Fliegerdeckung* f ‖ ~ corrida ⟨Mar⟩ *Glattdeck* n ‖ ~ de enmascaramiento, ~ de mimetismo, ~ de camuflaje ⟨Mil⟩ *Tarndecke* f ‖ ~ del chasis ⟨Phot⟩ *Kassettendeckel* m ‖ ~ de neumático ⟨Aut⟩ *(Lauf-, Reifen) Decke* f, *Mantel* m ‖ ~ de pasajeros ⟨Mar⟩ *Passagierdeck* n ‖ ~ de paseo ⟨Mar⟩ *Promenadendeck* n ‖ ~ de popa, proa ⟨Mar⟩ *Achter-, Vor(der)|deck* n ‖ ~ de pozo ⟨Bgb⟩ *Schachtdeckel* m ‖ ~ de radiador *Kühlerhaube* f ‖ ~ de sol *Sonnendeck* n ‖ ~ del sollado ⟨Mar⟩ *Plattform-,*

Raum\deck n || ~ **de vuelo** ⟨Flugw⟩ *Flug-, Lande\deck* n || ~ **principal** ⟨Mar⟩ *Hauptdeck* n || ~ **protectora** *Schutz\decke, -haube* f || **cargamento** (*od* carga) **de** ~ ⟨Mar⟩ *Deck\ladung* f, *-güter* mpl || **personal de** ~ *Deckpersonal* n || **sobre** ~ **an** (*od auf*) *Deck* || **-tamente** *adv heimlich, verstohlen* || **-to** *adj bedeckt, be-, um\wölkt (Himmel)* || *be-, ge-, zuge\deckt* || *verborgen* || ⟨Com⟩ *gedeckt (Summe)* || *voll gezeichnet (Anleihe)* || *befriedigt* || ⟨Phot⟩ *erfaßt* || ~ **de arbolado** *bewaldet* || ~ **de gloria** *ruhmbedeckt* || **de** ~ *heimlich* || **capital totalmente** ~ *voll eingezahltes Kapital* n || ◊ **la vacante está ya** ~**a** *die offene Stelle ist schon besetzt* || **permanecer** (*od* estar) ~ *den Hut aufbehalten* || →**a caballero** || ~ *m Ob-, Schutz\dach* n || **Schuppen** m || *(Tafel)Besteck* n || *Gedeck, Menü* n || ~ **de lujo** *Zierbesteck* n || ~ **de plata** *Silberbesteck* n || **a** ~ **de** (*od* contra) *geschützt (vor), sichergestellt (gegen)* || ◊ **estar a** ~ *sicher, gesichert sein* || *fig* **über e–e genügende Geldreserve verfügen** || **poner**(**se**) **a** ~ *(sich) sicherstellen || (sich) abdecken*

cubijar *vt Am pop* = **cobijar**
cubil *m Bett, Lager* m *(bes v. Tieren, & desp)* || *(Fluß)Bett* n || ~**ar** *m* = **cubil** || *Schafhürde* f
cubileo *m* Pe = **cubileteo**
cubile\te *m Back-, Pasteten\form* f || *(becherförmiges) Fleischpastetchen* n || *Würfelbecher* m || *Zauberbecher* m (*e–s Taschenspielers*) || *Sektkübel* m || *Am Hinterlist* f || *Col Ven Zylinderhut* m || **jugador de** ~**s** *m Taschenspieler* m || **-tear** *vi fam hinterlistig vorgehen* || **-teo** *m s v.* **-tear** || **-tero** *m Pastetenform* f || *Taschenspieler* m || *figf (politischer) Intrigant* m
cubilote *m* ⟨Metal⟩ *Kupolofen* m
cubi\lla *f Maiwurm, Ölkäfer* m || **-llo** *m Maiwurm, Ölkäfer* m (→ **carraleja**) || *Kübel* m, *Kühlgefäß* n || *Pfefferbüchse* f || *Kropfstück* n, *Krümmling* m *(Treppengeländer)* || ~ **de aceña** *Mühlgerinne* n
cubis\mo *m Kubismus, kubistischer Stil* m || **-ta** *m/adj Kubist* m *(Künstler)* || ~ *adj kubistisch*
cubital *adj* ⟨An⟩ *Ellbogen-, kubital* || *e–e Elle lang*
cubito *m Suppen-, Fleisch-, Brüh\würfel* m || ~ **de hielo** *Eiswürfel* m
cúbito *m* ⟨An⟩ *Ellbogenbein* n, *Elle* f
¹**cubo** *m Eimer, Zuber, Kübel, Bottich* m || *Wanne, Bütte* f || *Löscheimer* m || *(Rad)Nabe* f || *Tülle, Röhre* f || *Mühlteich* m || *Trommel* f *(in e–r Uhr)* || ⟨Mil⟩ *Griff* m *(am Bajonett)* || ⟨Fort⟩ *roter Wehrturm* m || *Arg Fingerschale* f || *Dom Täuschung, Betrug* m || *Ec (Art) große Wespe* f || ~ **cónico** ⟨Aut⟩ *Kegelnabe* f || ~ **de agua** *Wassereimer* m || ~ **de bicicleta** *Fahrradnabe* f || ~ **de hélice** ⟨Flugw⟩ *Schraubennabe* f || ~ **para (el) carbón** *Kohlenkübel* m || ~ **para champaña** *Sektkühler* m || ~ **de fermentación** *Gärbottich* m || ~ **de ordeñar** *Melkkübel* m || ~ **de rotor** ⟨Flugw⟩ *Rotornabe* f || **poner el** ~ **por montera** *figf verkehrte Welt machen*
²**cubo** *m* ⟨Math⟩ *Würfel, Kubus* m || ◊ **elevar al** ~ ⟨Math⟩ *zur dritten Potenz erheben* || **extraer el** ~ **die dritte Wurzel ziehen** || **el** ~ **de tres** *die dritte Potenz von drei*
cubocubo *m* ⟨Math⟩ *neunte Potenz* f
cubomedusas *fpl* ⟨Zool⟩ *Würfelquallen* fpl (Charybdeida = Cubomedusae)
cubre\agua *f* ⟨Zim⟩ *Führungslatte* f || **-boca** *m* ⟨Mil⟩ *Mündungsschoner* m *(Gewehr)* || **-cabeza** *f fam Kopfbedeckung* f || **-cadena** *m Kettenschutz, Kettenkasten* m *am Fahrrad* || **-cama** *m Bettüberzug* m, *(obere) Bettdecke* f || **-cañón** *m* ⟨Mil⟩ *Mündungsschoner* m || **-cierre** ⟨Arch⟩ *Schloßschütter* m *(am MG)* || **-corsé**(**s**) *m Korsettschoner* m *(der Frauen)* || **-culata** *m Verschlußtür* f *(Artillerie)* || **-junta** *m* ⟨Zim⟩ *(Fugen)Deckleiste* f || *Aussteifungsbrett* n || *(Stoß)Lasche, Überlaschung*

f (Brückenbau) || **-mantel** *m obere Tischdecke* f || **-nuca** *f Nackentuch* n || ⟨Mil⟩ *Nackenschutz* m || **-objetos** *Objektdeckglas* n *(am Mikroskop)* || **-piano** *m Tastenschoner* m *e–s Klavieres* || **-piés** *m kleine Bett-, Fuß\decke* f || **-platos** *m Schüssel\glocke, -stürze* f || *Tellerdeckel* m || **-punto** *m* ⟨Mil⟩ *Kornkappe* f
cubri\ción *f Begattung* f *der Tiere* || *Deckzeit* f || *Belegen, Decken* n || *Beschälen* n *(Pferd)* || *Sprung* m || *Bespringen* n *(Rind, Pferd, Edelwild)* || ⟨Jgd⟩ *Rammeln* n *(bes v. Hasen u. Kaninchen)* || ⟨Arch⟩ *Ein-, Dach\deckung* f || **-ente** *adj Deck- (Farbe)* || **-miento** *m* ⟨Com⟩ *Deckung* f (→ **a cobertura**)
cubrir [*part* cubierto] *vt (be-, zu)decken* || *überziehen* || *decken (Tisch)* || *bekleiden* || ⟨Mil⟩ *decken, schützen* || ⟨Mil⟩ *sichern, befriedigen, decken (Ausgaben)* || *abdecken (Gewölbe)* || *(ein)decken (Dach)* || *beschatten (durch Bäume)* || ⟨Web⟩ *umspinnen* || ⟨Bgb⟩ *bedecken, bestürzen* || ⟨Arch⟩ *(be)dachen* || ⟨Sp⟩ *zurücklegen (Strecke)* || *fig ver\decken, -stecken, -hehlen* || *fig decken, bespringen (weibliche Tiere)* (→**a cubrición**) || *fig bemänteln, beschönigen* || *entschädigen* || *rechtfertigen, entschuldigen* || ◊ ~ **con sus alas** *fig unter s–e Fittiche nehmen* || ~ **las apariencias** *figf den Schein wahren* || ~ **la cantidad** *den Betrag zahlen* || ~ **de caricias** *mit Liebkosungen überhäufen* || ~ **el déficit** *das Defizit decken* || ~ **presupuestario** *die Haushaltslücke schließen* || ~ **de fango** *fig mit Schmutz (od mit Kot) bewerfen* || ~ **los gastos** *die Kosten bestreiten* || ~ **de producción** *die Herstellungskosten decken* || ~ **de ridículo** *lächerlich machen* || ~ **una vacante** *e–e Stelle besetzen* || ~ **vi passen, schließen** *(Deckel usw.)* || ~**se** *sich decken, sich zudecken (con mit)* || *sich bedecken, den Hut aufsetzen* || *sich maskieren* || *sich verziehen, trübe werden (Himmel)* || *fig sich decken, sich schützen (de, contra vor)* || ⟨Com⟩ *sich decken* || ⟨Mil⟩ *in Deckung gehen, Deckung nehmen, sich decken* || ⟨Mil⟩ *Vordermann nehmen od halten* || *fig sich sichern, Vorkehrungen treffen (contra gegen)* || ~ **de gloria** *sich mit Ruhm bedecken* || ~ **de grande de España** *die Würde e–s Granden annehmen* || ~ **de ridículo** *sich lächerlich machen* || ~**sele a uno el corazón** *fig tief betrübt werden* || **¡cúbrase V.!** *setzen Sie Ihren Hut auf!*
cubujón *m* PR *elende Bude* f
cuca *f Erdmandel* f || *Wurm* m, *Made, Raupe, Küchenschabe* f *usw.* || *pop Animierdame* f || *Ast (Getreide)Puppe* f || *Chi hausbackenes Brot* n || *Chi e–e Reiherart* f (Ardea sp)
cucalambé *m* PR Ven *ein Negertanz* m
cucalón *m* Chi *Kriegsberichter* m || *Chi jemand, der sich ein Amt anmaßt* || *Chi Neugieriger* m
cucamba *f* Pe *kleine, dicke, anmutlose Frau* f, *fam Trampel* m/n || ~ *adj Hond feige*
cucamonas *fpl fam* = **carantoñas**
cuca\ña *f (eingeseifter od eingefetteter) Klettermast* m, *(eingeseifte) Kletterstange* f *(mit Preisen an der Spitze)* || *Mastklettern* n *(Volksfest mit Preisverteilung)* || *figf leicht erlangter Vorteil* m || *Zufallstreffer* m || *zufällige Einnahme* f || **-ñero** *m/adj fam Glücksritter* m
cucar [c/qu] *vt (jdm) mit dem Auge winken* || *jdn verspotten* || *vi vor den (Rinder)Bremsen fliehen (Vieh)*
cucara\cha *f Kellerassel* f (Porcellio scaber) || *Sch(w)abe* f, *Küchen-, Schiffs\sch(w)abe* f, *Kakerlak* m (Blatta orientalis) || *Russe, Preuße, Franzose* m, *deutsche Schabe* f (Phyllodromia germanica) || **-chera** *f Sch(w)abenfalle* f || *figf Glückszufall* m || **-ro** *adj* → **tabaco** || **-chón** *m fam großer Käfer* m
cucarda *f Kokarde, Band-, Hut\schleife* f || *Kokarde (am Pferdegeschirr)* || ⟨Arch⟩ *Stock-, Bouchardier\hammer* m
cucarrón *m* Col *Käfer* m

cucayo *m* Bol Ec *Verpflegung* f, *Proviant* m
cuclillas *fpl*: en ~ *adv niedergekauert, in Hockstellung* ‖ *auf den Hinterbeinen sitzend (Tiere)* ‖ ◊ estar en ~ *kauern*
cuclillo *m Kuckuck(vogel)* m (→ **cuco**) ‖ fig *betrogener Ehemann* m
¹**cuco** aaj/s fam *niedlich, zierlich, nett* ‖ figf *schlau, verschmitzt*
²**cuco** *m* ⟨V⟩ *Kuckuck* m (Cuculus canorus) ‖ △*Gauner* m ‖ *reloj de* ~ *Kuckucksuhr* f ‖ ◊ es un ~ figf *er spannt andere für s–e Ziele ein*
³**cuco** *m (Obst) Raupe, Made, Küchenschabe* f, *Wurm, Käfer* m *(bes Rüsselkäfer) usw.*
⁴**cuco** *m* ⟨Kinds⟩ *Popanz, Wauwau* m
cucú *m*: ◊ hacer ~ *Kuckuck rufen*
Cucufa|te np *span. Taufname* ‖ ≃**to** *m*/adj Pe *Frömmler* m
cucúlidos *mpl* ⟨V⟩ *Kuckucke* mpl (Culiculidae)
cuculla *f Kapuze* f
cucullo *m* ⟨Zool⟩ *Kappe* f
cucúrbita *f* ⟨Bot⟩ *Kürbis* m ‖ ⟨Chem⟩ *Destillierkolben* m
cucurbitáceas *fpl* ⟨Bot⟩ *Kürbisgewächse* npl (Cucurbitaceae)
cucurucho *m (Papier) Tüte* ‖ *hohe spitze Büßermütze* f *(in der Karwoche bei Prozessionen getragen)* ‖ Cu *minderwertiger Zucker* m ‖ ◊ hacer a uno ~ fig Chi *jdn prellen*
cucusque *adj* Salv fam *schmutzig, schlampig, zerlumpt*
cucuyo *m* = **cocuyo**
Cucha *f* pop = **María de Jesús**
cucha *f* Pe *Sumpf* m ‖ RPl *Bett, Lager* n *(v. Tieren)* ‖ Arg *Sau* f ‖ fig desp *Schlampe* f ‖ Bol *einjähriges Lama* n
△**cuchá** *m Brust* f
cuchalela *f* Col fam *simulierte Krankheit* f
¹**cuchar** *f*: ave de ~ *Löffelschnäbler, Wasservogel* m
²**cuchar** vt Ast *düngen (Felder)*
cuchara *f (Eß) Löffel* m ‖ *Schöpflöffel* m ‖ ⟨Metal⟩ *Gießlöffel* m ‖ *Füllkelle* f ‖ *Kelle* f ‖ *Greifer* m *(Kran)* ‖ ⟨Fi⟩ *Blinker* m ‖ ⟨Mar⟩ *Wasserschaufel* f ‖ ⟨Chir⟩ *Spatel* m ‖ Mex ,*Kohlenschaufel* f ‖ Mex fig *(Taschen) Dieb* m ‖ ~ automática, ~ autoprensora *Selbstgreifer* m ‖ ~ bivalva *Zweischalengreifer(korb)* m ‖ ~ de arrastre ⟨Bgb⟩ *Kratze* f ‖ ~ de *(od* para*) café Kaffeelöffel* m ‖ ~ de cascos de naranja, ~ de granada *Apfelsinenschalengreifer(korb)* n ‖ ~ de colada, ~ de fundidor *Gieß|kelle* f, *-löffel* m ‖ ~ de cuatro cables, (~ de un cable) *Vier-, (Ein-) | seilgreifer* m ‖ ~ cortante ⟨Chir⟩ *Schablöffel* m ‖ ~ de deflagración ⟨Chem⟩ *Deflagrationslöffel* m ‖ ~ de draga *Bagger|eimer, -kübel, -löffel* ‖ ~ de excavadora *Baggerlöffel, Löffel* m *des Löffelbaggers* ‖ ~ de muestras *Probelöffel* m ‖ ~ multivalva *Mehrschalengreifer(korb)* m ‖ ~ grande, ~ sopera *Suppen-, Vorlege|löffel* m ‖ ~ de palo, ~ de madera *Holzlöffel* m ‖ ~ recogedora *Trimmgreifer* m ‖ ~ tenedor *Gabelschlüssel* m *(für Zuckerobst)* ‖ media ~ figf *mittelmäßig arbeitender, schlecht bezahlter Mensch* m ‖ (oficial de) ~ ⟨Mil⟩ fam desp *aus dem Mannschaftsstand (aufgestiegen)* ‖ ◊ haber comido con ~ de palo fig *von derbem Schlage sein* ‖ hacer ~ Am figf *das Gesicht zum Weinen verziehen* ‖ meter su ~ fig *seinen Senf dazugeben* ‖ meter algo con ~ (de palo) figf *jdm et vorkauen od einpauken*
cucha|rada *f ein Löffelvoll* m ‖ una ~ grande, una ~ de sopa *ein Eßlöffel voll (Arzneidosis)* ‖ una ~ pequeña, una ~ de café *ein Kaffeelöffel* m *(Arzneidosis)* ‖ ◊ meter su ~ *(od* la) ~ figf *seinen Senf dazugeben* ‖ **-radita** *f Kaffeelöffelvoll* m ‖ **-razo** *m Schlag* m *mit e–m Löffel* ‖ **-rear** vt/i *mit dem Löffel herausholen, umrühren* ‖ fig *sich in fremde Angelegenheiten mischen* ‖ **-rero** *m Löffelhändler* m ‖ *Löffel-*

brett n ‖ **-reta** *f* dim *v*. **-ra** ‖ And *Büschelroggen* m ‖ Ar *Kaulquappe* f ‖ Cu PR *Löffelente* f (Spatula = Ajaja ajaja) ‖ Chi ⟨V⟩ *Rosalöffler* m (Platalea = Ajaja ajaja) ‖ **-retazo** *m Schlag* m *mit e–m Löffel* ‖ **-retear** vt/i *mit dem Löffel rühren* ‖ figf *sich in Sachen mischen, die e–n nichts angehen* ‖ **-retero** *m Löffelhändler* m ‖ *Löffelbrett* n *(in der Küche)* ‖ **-rilla, -rita** *f* dim *v*. **-ra** ‖ *Dessert-, Kaffee-, Tee|löffel* m ‖ ⟨Chir⟩ *Schab-, Prüf|löffel* m ‖ **-rón** *m* augm *v*. **-ra** ‖ *Koch-, Schöpf|löffel* m ‖ *Vorlegelöffel* m ‖ ⟨Tech⟩ → **cuchara** ‖ Guat ⟨V⟩ *Tukan* m ‖ Mex ⟨V⟩ *Rosalöffler* m (→ **-reta**) ‖ ~ de todas ollas figf Chi *naseweiser Mensch,* fam *Hansdampf in allen Gassen* ‖ ◊ despacharse con el ~ figf *bei e–r Teilung den Löwenanteil für sich behalten* ‖ tener el ~ por el mango figf *der Herr der Lage sein* ‖ **-rrena** *f* Seg Sor *Abstreichholz* n *(z. B. Kornmessen)* ‖ **-rreta** *f* ⟨Mar⟩ *Heckleisten* m ‖ **-rro** *m* ⟨Mar⟩ *Gillung* f ‖ **-rros** mpl ⟨Mar⟩ *Planken* fpl *(zum Ausbessern)*
cuche *m* MAm Arg *Schwein* n ‖ Guat *Nabelschwein, Pekari* n
cuché adj: papel ~ *Kunstdruckpapier, gestrichenes Papier* n
cuchí [*pl* **-íes**] *m* Pe *Schwein* n
cuchiche|lar vi/t *heimlich (miteinander) flüstern, tuscheln, zwitschern, schilpen, zischeln* (& fig) ‖ figf *geheimtun* ‖ **-o** *m Geflüster, Gezischel, Getuschel, Flüstern* n ‖ *Geheimniskrämerei, Geheimtuerei* f ‖ ◊ andar en ~s fam *geheimtun* ‖ **-ro** *m fam Ohrenbläser* m
cuchi|lla *f Hakenmesser* n ‖ *Hack-, Schlächter|beil* n ‖ *Schusterkneif* m ‖ ⟨Med⟩ *Seziermesser* n ‖ *Schabeisen* n ‖ *Buchbindermesser* n ‖ ⟨Tech⟩ *Maschinenmesser* n ‖ *Messerklinge* f ‖ *(Degen-) Klinge* f ‖ *Rasierklinge* f ‖ *Klinge, Schneide* f ‖ *Pflugschar* f ‖ *Hobel|eisen, -messer* n ‖ *Grabstichel* m *(der Kupferstecher)* ‖ *Glätt|klinge* f, *-eisen* n ‖ ⟨Mar⟩ *dreieckiges Segel* n ‖ ⟨Flugw⟩ *Kufe* f *(Schlittschuh)* ‖ *Wende-, Schrapper|schaufel* f, *Schild* n, *Verteilerplatte* f *(Betondeckenverteiler)* ‖ ⟨Bgb⟩ *Bohreisen* n ‖ fig *scharfer (Fels)Grat* m ‖ fig ⟨poet⟩ *Schwert* n ‖ fig *Zänkerei, Rauferei* f ‖ ~ circular ⟨Tech⟩ *kreisförmiges Scherblatt* n, *Messerscheibe* f ‖ ~ de arado *Pflug|eisen, -messer* n, *-schar* f, *Kolter* m ‖ ~ de balanza *Waageschneide* f ‖ ~ de cepillo *Hobel|eisen, -messer* n ‖ ~ de cortar chapas de madera *Furniermesser* n ‖ ~ de corte transversal *Querschneidemesser* n ‖ ~ de desbaste *Vorschneider* m ‖ ~ de descarnar *Ausfleischmesser, Schabeisen* n *(Gerberei)* ‖ ~ descortezadora *Schälmesser* n ‖ ~ de machihembrar *Spund|eisen, -messer* n, ~ de raspar *Schab|klinge* f, *-eisen* n ‖ ~ de repasar *Schlichtmesser* n ‖ ~ de suavizar *Ziehklinge* f ‖ ~ de Suffolk ⟨Agr⟩ *Suffolkkolter* m ‖ la ~ de la ley fig *das Schwert des Gesetzes* ‖ cabezal de ~s ⟨Tech⟩ *Messerkopf* m ‖ **-llada** *f Hieb, Stich (mit e–m Messer), Messerhieb* m ‖ *Schnitt* m ‖ *Schlitz* m *(Bekleidung)* ‖ *ausgeschnittener Streifen* m ‖ *Ausgezacktes* n *(z. B. ehemals in den Bauschärmeln)* ‖ ⟨Mar⟩ *Schlag, Bug* m ‖ ~ de cien reales fig *tüchtiger Hieb* m ‖ *große, breite Schmarre* f ‖ ◊ dar ~ figf *die Gunst des Publikums gewinnen (Künstler usw.)* ‖ dar una ~ al maestro figf *jdn zurechtweisen, der die Sache besser zu verstehen glaubt* ‖ ~s *pl*: ◊ andar a ~ *sich herumschlagen (con mit)* ‖ matar a ~ *erstechen* ‖ **-llar** adj *messerförmig, Messer-* ‖ **-llazo** *m* augm *v*. **-llo** ‖ *Messerstich* m
cuchille|ja *f* dim *v*. **cuchilla** ‖ **-jo** *m* dim *v*. **cuchillo** ‖ **-ra** *f Messerfuteral* n ‖ **-ría** *f Messerfabrik* f ‖ **-ro** adj: hierro ~ *Barreneisen* n ‖ ~ *m Messerschmied* m ‖ *Messerhändler* m ‖ *(Eisen) Klammer* f ‖ Chi *Raufbold* m
cuchi|llo *m Messer* n ‖ *Schusterkneif* m ‖ fig *Flickstück* n, *Zwickel* m ‖ ⟨Arch⟩ *Stützbalken*

cuchillón — cuenta

m || ⟨Bgb⟩ *Teilung* f || *Schneide* f *(Waage)* || ⟨Mar⟩ *dreieckiges Segel* n || fig *Zwang* m || fig *Schmerz* m, *Pein* f || fig *Stahl* m || pop *Eisen, Schwert* n || ~ afilado, cortante (boto, embotado, romo) *scharfes, (stumpfes) Messer* n || ~ (de) bayoneta *Bajonettmesser* n || ~ para carne *Fleischmesser* n || ~ de caza, de monte *Jagdmesser* n, *Hirschfänger* m || ~ de cocina, de mesa, de pescado, de postre, de queso *Küchen-, Tafel-, Fisch-, Dessert-, Käse|messer* n || ~ de dos mangos *Zugmesser* n || *Schlitzmesser* n || ~ de herrador *Hufmesser* n || ~ de injertar *Pfopfmesser* n || ~ jifero *(doppelschneidiges) Schlachtmesser* n|| ~ de marcar *Reißnadel* f *(Tischlerei)* || ~ de muelle *Schwapp-, Klapp-, Einschlag|messer* n || ~ para cortar pan *Brotmesser* n || ~ de paracaidas ⟨Flugw⟩ *(Fallschirm) Hüllenbahn* f || ~ raspador *Radiermesser* n || ~ trinchante *Tranchier-, Vorlege|messer* n || ◊ matar con ~ de palo fig *langsam zu Tode quälen* || pasar a ~ ⟨Mil⟩ *nieder|metzeln, -hauen*, fig *über die Klinge springen lassen* || es su ~ figf *das ist der Nagel zu seinem Sarge* || ~s pl *Messerwaren* fpl || *Schwungfedern* fpl *der Vögel* || **-llón** m augm v. **-llo**

cuchipanda f pop *lustige Schmauserei* f, *Gelage* n || ◊ ir de ~ fam *sich e-n guten Tag machen*

cuchitril m = **cochitril**

¹**cucho** m Ast *Dünger* m *mit fallenden Pflanzenteilen* || Col *(Schlupf) Winkel* m || Ec Pe *Ecke* f || Col *Dachboden* m, *Bodenkammer* f

²**cucho** m Chi *Katze* m

³**cucho** adj Mex *stumpfnasig* || MAm *buck(e)lig*

⁴**cucho** adv Sant: ◊ llevar a (un niño) a ~(s) *(ein Kind) huckepack nehmen* || ir a ~(s) *huckepack gehen (Kind)*

cuchuchear vi = **cuchichear** || figf *schwätzen, klatschen*

cuchu|fleta f fam *Spaß, Jux* m, *Witz-, Scherz|wort* n || ◊ andar en ~s fam *Spaß treiben* || **-fletero** m/adj fam *Spaßvogel* m

cuchum|bi, -bí m Mex Col Pe *Wickelbär* m (Potos flavus)

cueca f Chi *Cueca* f *(Volkstanz)*

cuece → **cocer**

cuela → **colar**

cuélebre m Ast *Drache* m, *Fabeltier* n

cuelga f *Bündel* n *(Weintrauben usw zum Aufhängen)* || fam *Angebinde* n || frutas de ~ *Früchte* fpl *zum Aufhängen (Trocknen)*

cuelmo m *Kienspan* m || techumbre de ~ *Strohdach* n

cuelli|ancho adj *weit-, breit|halsig* || **-angosto** adj *enghalsig* || **-corto** adj *kurzhalsig* || **-erguido** adj fig *den Kopf hoch tragend* || *steif einhergehend* || **-estrecho** adj *enghalsig* || **-grueso, -gordo** adj *dickhalsig* || **-largo** adj *langhalsig* || **-tuerto** adj *krummhalsig*

cuello m *Hals* m *(& z. B. e-s Knochens, e-r Flasche)* || *(Hals) Kragen* m || *Kragenbesatz* m, *(Hals) Krause* f || *Fußrist* m || ⟨Arch⟩ *Hohlkehle* f || ~ blando *weicher Kragen* m || ~ de cisne fig *Schwanenhals* m || ~ de colegial *Schülerkragen* m || ~ costal An *Rippenhals* m || ~ de culata *Kolbenhals* m *(MG)* || ~ doblado *Klappkragen* m || ~ duro, ~ almidonado *steifer Kragen* m || ~ del eje ⟨Tech⟩ *Lager-, Wellen|hals* m || ~ de encaje *Spitzenkragen* m|| ~ del fémur, ~ femoral *(Ober-) Schenkelhals* m || ~ de grulla fig *Kranich-, Storchen|hals* m || ~ de papel *Papierkragen* m || ~ de picos *Stehkragen* m *mit spitzen Ecken* || ~ de pieles *Pelzkragen* m || ~ postizo *Kragen* m *(zum Anknöpfen)* || ~ recto *Stehkragen* m || ~ semiduro *halbsteifer Kragen* m || ~ tieso *steifer Kragen* m || ~ de tornillo *Schraubenhals* m || ~ uterino ⟨An⟩ *Gebärmutterhals* m, *Cervix* f || ~ de la vejiga ⟨An⟩ *(Harn) Blasenhals* m || ~ vuelto *Doppel-, Umlege-, Schillerkragen* m || ◊ erguir el ~ *hochmütig sein* || gritar a voz en ~ *aus vollem Halse*

schreien || retorcer el ~ a alg. *jdm den Hals verdrehen (od umdrehen)* || romper el ~ fig *das Genick brechen* || saltar *(od* arrojarse) al ~ de alg. *jdm um den Hals fallen* || sacado de ~ figf *großtuerisch eingebildet* || una de ~ vuelto fam *e-e (schallende) Ohrfeige*

cuen|ca f *Holznapf* m || *Wasser-, Brunnen|trog* m || *Sammelbüchse* f || *Becken, Bassin* n || *Mulde* f || *flaches Sohlental* n || *tiefes Bergtal* n || *Flußgebiet* n || ⟨An⟩ *Augenhöhle* f || ≃ span. *Provinz u. Provinzhauptstadt* f || ~ carbonifera *Kohlenrevier* n || ~ hullera *Steinkohlenrevier* n || ~ del Ruhr *Ruhrgebiet* n || ~ subglacial ⟨Geol⟩ *Nebengletschergebiet* n || **-co** m *irdener Klumpen* m || *Höhlung, ausgehöhlte Stelle* f || *e-e Schale voll* || *Schleusenkammer* f || Ar *Wasch|kübel, -bottich* m || Ar *Waschkorb* m

cuenquecito m dim v. **cuenco**

cuenta f *Rechnung* f || *Rechnen* n || *Rechen|beispiel* n, *-aufgabe* f || *Aus-, Be|rechnung* f || ⟨Com⟩ *Rechnung, Nota, Faktura* f || *Betrag* m, *Summe* f || *Konto* n || *Kugel* f *im Rosenkranz* || fig *Rechenschaft* f || *Aufmerksamkeit, Sorgfalt* f || *Belang* m || ~ abierta *offenstehende Rechnung* f, *offenes Konto* n || ~ de ahorro *Sparkonto* n || ~ ajena *fremde Rechnung* f || ~ atrasada, ~ no pagada *aus-, offen|stehende Rechnung* f || ~ de banco, ~ bancaria *Bank|konto, -guthaben* n || ~ bloqueada *gesperrtes (od blockiertes) Konto, Sperrkonto* n || ~ de caja *Kassen-, Kassa-. Bar(geld-)| konto* n || ~ colectiva *Gemeinschaft-, Kollektiv-, Sammel-, Und|konto* n || ~ de comisiones *Provisionsrechnung* f || ~ de compensación *Verrechnungskonto* n || ~ de conversión *Umstellungsrechnung* f || ~ de pérdidas y ganancias, ~ de beneficios y pérdidas *Gewinn- und Verlustrechnung* f || ~ corriente *Kontokorrent* n, *laufende Rechnung* f || ~ de cheques postales, ~ postal *Postscheck* n || ~ de crédito *Kreditkonto* n || ~ de depósitos *Depositenkonto* n || ~ descendente *Countdown* n || ~ detallada, ~ especificada ⟨Com⟩ *Einzelaufstellung, Spezifikation* f || ~ de existencias *Bestandskonto* n || ~ de explotación *Betriebs(ergebnis) rechnung* f || ~ fiduciaria *Treuhandkonto* n || ~ figurada *Proformarechnung* f || ~ firmada *quittierte Rechnung* f || ~ de garantía *Sicherheitskonto* n || ~ de los gastos *Spesenrechnung* f || ~ de gastos generales *Unkostenkonto* n || ~ de giros *Girokonto* n || ~ impersonal *Sachkonto* n || ~ de inversiones *Anlagekonto* n || la ~ de la lechera fig *die Milchmädchenrechnung* f || ~ de leche Span *Milchkugel* f *(Kügelchen aus Chalzedon, das sich stillende Mütter als Amulett umhängen)* || ~ de liquidación *Abschlußrechnung* f || ~ mancomunada = ~ colectiva || ~ de mercaderías *Warenkonto* n || ~ de moneda extranjera *Konto in fremder Währung, Valutenkonto* n || ~ nominal *persönliches Konto* n || ~ en participación = ~ colectiva || ~ presupuestaria *Haushaltsrechnung* f || ~ a prorrata *Repartitionsrechnung* f || ~ rebasada *überzogenes Konto* n || ~ rendida *Rechenschaftsbericht* m || ~ de resaca, ~ de retorno ⟨Com⟩ *Retour-, Rück|rechnung* f || ~ de reserva *Reserve-, Provisions|konto* n, *Reservefonds* m || ~ simulada ⟨Com⟩ *Scheinrechnung* f, *Konto finto* n || ~ de varios ⟨Com⟩ *Konto pro diverse, kleine Rechnungen* fpl || ~ de venta *Verkaufsrechnung* f || la ~ de la vieja figf *Zählen, Rechnen an den Fingern* || abertura de ~ *Kontoeröffnung* f || abono en ~ *Gutschrift* f || asiento en otra ~ *Umbuchung* f || cantidad a ~ *Teilzahlung* f || cargo en ~ *Lastschrift* f || congelación de una ~ *Kontosperre* f || crédito en ~ *Buchkredit* m || cheque para abonar en ~ *Verrechnungsscheck* m || dejado de ~ ⟨Com⟩ *Verfügungsware* f || denominación de una ~ *Verbuchungstitel* m || estado de ~ *(Monats) Aufstellung* f, *Kontostand* m || extracto de ~ *Rechnungsauszug, Kontoauszug* m || giro a una ~

cuentacorrentista — cuentamillas

Überweisung f *auf ein Konto* || giro por ~ *Kommissions|tratte* f, *-wechsel* m || giro por ~ de tercero *Ziehung* f *für fremde Rechnung* || hombre de ~ *angesehener, bedeutender Mensch* m || libranza por ~ de tercero *Kommissionstratte* f || liquidación de una ~ *Begleichung* f *e-r Rechnung* || marco de ~ *Verrechnungsmark* f || moneda de ~ *Verrechnungswährung* f || oficina de ~ y razón *Rechnungsprüfungsbehörde, Kämmerei* f || pago a ~ *Ab-, Abschlags-, An-, Akonto|zahlung* f || pájaro de ~ fam *Gauner, Spitzbube* m || paso de una a otra ~ *Umbuchung* f || reapertura de ~ *Kontoneueröffnung* f || recibo por saldo de ~ *Generalquittung* f || retiro de una ~ *Abzug* m || saldo de (una) ~ *Restbetrag, Saldo* m || saldo a ~ nueva *Saldo|übertrag, -vortrag* m || titular de una ~ *Kontoinhaber* m || unidad de ~ *(Ver)Rechnungseinheit* f || valor en ~ *Wert* m *in Rechnung* || venta cargada en ~ *Kreditverkauf* m || a ~ *auf Rechnung, a conto* || fam *vorsichtig* || a ~ de alg. *auf jds Rechnung, Verantwortung* f || prop *nach jds Dafürhalten* || a ~ de prov *(an)statt* || a ~ común *auf gemeinschaftliche Rechnung* || una cantidad a ~ *e-e Teilzahlung* f, *ein Vorschuß* m || a la ~, por la ~ *dem Anschein nach, offenbar* || *wohl* || *bei der Gelegenheit, apropos* || a esa ~ *pop demnach* || ~ y razón *genau, pünktlich* || fig *mit Vorbedacht* || de ~ de alg. *auf jds Rechnung* || de mucha ~ pop *sehr bedeutend* || en ~ fija *auf feste Rechnung* || para *(od por)* mi ~ *meiner Meinung nach* || *meines Erachtens* || por ~ ajena, por ~ de tercero *auf fremde Rechnung* || por ~ y mitad ⟨Com⟩ *auf halbe (gemeinschaftliche) Rechnung* || por ~ propia, por su ~ *für eigene Rechnung* || por ~ de quien corresponda *für Rechnung dessen, den es angeht* || por *(od* de*)* su ~ y riesgo *auf eigene Rechnung und Gefahr* || Am *aus dem Stegreif* || por ~ del Estado *auf Staatskosten* || más de la ~ fam *übermäßig, ungeheuer* || *zu viel* || *mehr als gehörig* || según su ~ *nach Ihnen, nach Ihrer Ansicht (od Meinung), Ihres Erachtens nach*

◊ abonar *(od* acreditar*)* en ~ *vergüten, gut-, ab|schreiben, kreditieren, verrechnen* || abrir, cerrar (la) ~ *die Rechnung eröffnen, abschließen* || adeudar *(od* debitar*)* en ~ *belasten* || cancelar una ~ *ein Konto ausgleichen (od aufheben)* || cargar *(od* poner*)* en ~ *in Rechnung stellen, berechnen, belasten, jdm zur Last schreiben, debitieren* || descargar de una ~ *abschreiben* || eso corre de *(od* por*)* mi ~ fam *das ist meine Sache* || cubrir la ~ *die Rechnung ausgleichen, decken* || dar ~ *Bericht erstatten, berichten (de über* acc*)* || *Rechenschaft geben, ablegen (von)* || no dar ~ de si *kein Lebenszeichen geben* || dar *(od* caer*)* en la ~ (de que) figf *(, daß) wahrnehmen, merken* || fam *dahinterkommen* || darse ~ de *gewahr werden, merken* || dejar de ~ *zur Verfügung stellen (Ware)* || dejar por ~ (de) *auf jds Rechnung überlassen* || dólar de ~ *Verrechnungsdollar* m || echar ~ *überlegen* || echar la ~ *vorrechnen, die (Be)Rechnung machen* || echar *(od* hacer*)* la ~ sin la huéspeda fig *die Rechnung ohne den Wirt machen* || echar una ~ *(e-m Schüler) e-e Rechenaufgabe geben* || entrar en ~ *in Betracht kommen* || eso no es ~ mia fam *das geht mich nichts an* || establecerse por su ~ *sich selbständig machen* || estar fuera de (la) ~ *überfällig sein (Schwangere)* || no estar en la ~ fig *ungewiß, zweifelhaft sein* || figurar en la ~ *in der Rechnung erscheinen* || girar a la ~ de alg. *auf jds Konto überweisen* || girar por saldo de ~ *zur Ausgleichung trassieren* || habida ~ de (que) *... wenn man bedenkt, daß ...* || hacer ~ *voraussetzen, annehmen, meinen* || hacer ~ de *(od* con*)* alg. *mit jdm rechnen, sich auf jdn verlassen* || haz ~ de que *bedenke, daß* || no hacer ~ de *außer acht lassen* || hacer(se) (la) ~ *vermuten, voraussetzen* || ¡hágase ~! *bedenken Sie nur!* ||

hallar su ~ fig *auf seine Rechnung kommen, nicht verlieren* || hallar una ~ exacta *e-e Rechnung für richtig befinden* || incluir en ~ *in Rechnung stellen (Kontokorrent)* || intervenir una ~ *e-e Rechnung prüfen* || liquidar una ~ *e-e Rechnung begleichen* || *ein Konto ausgleichen* || llevar (la) ~ *Rechnung führen* || pasar *(od* transportar*)* a ~ nueva *auf neue Rechnung vortragen* || pasar un asiento de una ~ a otra *e-n Posten umbuchen* || pedir ~ *(od* ~s) a alg. fig *jdn zur Verantwortung ziehen, Rechenschaft verlangen* || perder la ~ fig *sich nicht mehr erinnern* || poner *(od* meter*)* en ~ *in Rechnung stellen* || anrechnen || *in Anschlag bringen* || poner por ~ de otro figf *e-m anderen et zur Last legen*, fam *in die Schuhe schieben* || rebasar una ~ *ein Konto überziehen* || recibir a ~ *auf Abschlag erhalten* || rendir ~ *(od* ~s*) Rechnung ablegen* || revisar *(od* comprobar*)* una ~ *e-e Rechnung prüfen* || sacar la ~ *ausrechnen* || berechnen || fig *folgern, Schlüsse ziehen* || saldar una ~ *e-e Rechnung aus-, be|gleichen, quittieren* || la cuenta se salda con ... *das Konto schließt mit ...* || no salirle a uno la ~ fig *sich in seinen Berechnungen täuschen* || no me tiene ~ *es läßt mir keine Rechnung* || no tener ~ con *nichts zu tun haben wollen mit* || tener una ~ pendiente con alg. figf *mit jdm ein Hühnchen zu rupfen haben* || tener en ~ *im Auge haben, denken an* (acc) || *et berücksichtigen, in Betracht ziehen* || tener en poca ~ *geringschätzen* || tomar en ~ a/c *et an Zahlungs Statt annehmen* || fig *berücksichtigen* || fig *zurechnen (gute Tat)* || tomar en ~ *beachten* || tomar por su ~ *auf sich nehmen* || tomar por su ~ a/c fig *für et die Verantwortung übernehmen* || traer ~ *sich bezahlt machen, nützlich sein* || vivir a ~ de otro *auf Kosten e-s anderen leben* || fig *von jdm vollständig abhängen* || ~! *Vorsicht!* || ¡~ con la ~! fam *nimm dich in acht, sei auf der Hut* || la ~ es ~ fig *in Geldsachen hört die Gemütlichkeit auf*

~s pl: ~ aislantes ⟨El⟩ *Isolierperlen* fpl || ~ atrasadas *Außenstände* mpl, *ausstehende Rechnungen* fpl || ~ en participación ⟨Com⟩ *Gelegenheitsgesellschaft* f || ~ pendientes, ~ por pagar *unbezahlte Rechnungen* fpl || ~ de vidrio *Glas|kugeln, -perlen* fpl || las cuatro ~ ⟨Math⟩ *die vier Grundrechnungsarten* fpl || a fin de ~ *zum Schluß, schließlich, letzten Endes* || en resumidas ~ figf *kurz und gut, mit wenigen Worten* || ajustar las ~ *abrechnen (& gif)* || ◊ ajustar sus ~ con uno figf *mit jdm abrechnen, mit jdm fertig werden* || *es jdm heimzahlen (als Drohung)* || dar ~ *Rechenschaft ablegen* (de über) || echar ~ *Berechnungen machen* || *auf et raten* || saber echar bien sus ~ fig *sich auf s-n Vorteil verstehen* || entrar en ~ consigo fig *mit sich selbst zu Rate gehen* || hacer ~ alegres *(od* galanas*)* fam *sich Hoffnungen machen* || hacer sus ~ fig *seine Berechnungen machen* || ir en ~ con pop *et eingehend besprechen* || pasar las ~ figf *den Rosenkranz beten* || no querer ~ (con) *nichts zu tun haben wollen (mit)* || no tener que dar ~ a nadie fig *niemandem Rechenschaft schuldig sein* || vamos a ~ pop *wir wollen einmal sehen, kommen wir zur Sache!* || ~ claras honran caras *(*las ~ claras hacen los buenos amigos*) strenge Rechnung erhält gute Freunde* || las ~ del Gran Capitán fig *(übertrieben) hohe Rechnung* f

cuenta|correntista m *Kontokorrentinhaber* m || **-chiles** m fam *Kleinigkeitskrämer, Topfgucker* m || **-dante** m *Rechnungspfleger* m || **-garbanzos** m figf *Geizhals* m || **-giros** m *Drehzahlmesser, Tourenzähler* m || **-glóbulos** m *Blutkörperchenzähler* m || **-golpes** m ⟨Tech⟩ *Hubzähler* m || **-gotas** m *Tropfglas* n || *Tropfenzähler* m || ⟨Chir⟩ *Augen|spritze* f, *-tropfer* m || frasco ~ *Tropfflasche* f, *Tropfenzähler* m || **-habiente** m *Kontoinhaber* m || **-hilos** m *Fadenzähler* m || **-kilómetros** m *Kilometerzähler* m || **-millas** m *Meilenzähler* m || ~aéreo

Cuentanabos — cuerno 356

Luftmeilenzähler m ‖ ˬ**nabos** *m Rübezahl* m *(Märchenfigur)* ‖ **-pasos** *m Schrittzähler* m, *Podometer* n ‖ **-piezas** *m Stückzähler* m **-pliegos** *m* ⟨Typ⟩ *Bogen\zähler* m, *-zählwerk* n ‖ **-rrevoluciones** *m Drehzahlmesser, Tourenzähler* m

cuente|ar vi Chi *Klatschereien treiben* ‖ **-cilla,** **-cita, -zuela** *f* dim v. **cuenta** ‖ **-cillo, -cito** *m* dim v.

cuento ‖ **-rete** *m* MAm *Lüge* f, *Märchen* n ‖ **-ro** m/adj fam *Schwätzer, Klatscher* m

cuentista m/adj *Verfasser m von Märchen od kurzen Erzählungen* ‖ *Romanschriftsteller, Belletrist* m ‖ fam *Klatscher, Zwischenträger* m, *Klatschmaul* n ‖ fam *Prahlhans, Aufschneider, Angeber* m

¹**cuento** *m Erzählung, Geschichte* f, *Märchen* n ‖ *erfundene Geschichte* f ‖ *Berechnung* f ‖ *Schnurre* f, *Schwank* m ‖ fam *Klatscherei* f, *Klatsch* m ‖ fig *Grille* f ‖ fig *Unannehmlichkeit* f ‖ ⟨Arch⟩ *Strebe, Stütze* f ‖ fam *Wortwechsel, Streit* m ‖ ~ de ~s *Billion* f ‖ fig *weitläufige,* (largo) *verwickelte Erzählung* f ‖ ~ de hadas *(Feen-) Märchen* m ‖ ~ chino figf *alter Weiberklatsch* m ‖ *Ente, Lüge* f ‖ ~ de nunca acabar, el ~ de la buena pipa, Tol ~ de la cancaramaña, Cu ~ del gallo pelado figf *endlose Erzählung* f ‖ ~ popular, ~ nacional *Volksmärchen* n ‖ ~ del tío Am *Bauernfängerei* f ‖ ~ de viejas *Altweibergeschichte* f, *Ammenmärchen* n ‖ a ~ *zur rechten Zeit* ‖ *gelegen* ‖ *zur Hand* ‖ al fin del ~ fam *zum Schluß, schließlich* ‖ en ~ de *statt, anstatt* ‖ *als* ‖ en todo ~ *aud jeden Fall* ‖ *para fin de* ~ *zuletzt, endlich* ‖ sin ~ *unzählig, zahllos* ‖ ¡siempre el mismo ~! fam *immer dieselbe Geschichte* ‖ *immer die alte Leier!*

◊ aplicar el ~ fig *die Lehre ziehen (aus)* ‖ contar, decir un ~ *ein Märchen erzählen* ‖ estar a ~ *behagen, gefallen* ‖ *gelegen kommen* ‖ es ~ largo fig *das ist e-e langwierige Geschichte* ‖ ése es el ~, ahí está el ~ fam *da liegt der Hase im Pfeffer, das ist des Pudels Kern* ‖ ¡es mucho ~! *das ist viel! das ist viel zu viel verlangt!* ‖ estar en el ~ fam *dahinter sein* ‖ como iba diciendo de mi ~ fam *übliche Redensart beim Erzählen von lustigen, kurzweiligen Geschichten* ‖ sabe su ~ figf *er versteht sich darauf* ‖ no tener ~ *unzählig, unendlich sein* ‖ traer a ~ fam *aufs Tapet (od zur Sprache) bringen* ‖ va de ~ fam *ich will euch was erzählen (um e-e Geschichte einzuleiten)* ‖ venir a ~ fam *gelegen kommen*

~s *pl:* ~ de Calaínos fam *alberne Umschweife* mpl ‖ *albernes Zeug* n, *tolle Geschichten* fpl ‖ ~ del hogar *Hausmärchen* npl ‖ ~ para niños *Kindermärchen* npl ‖ ~ picarescos, ~ verdes *pl schlüpfrige Erzählungen, Zoten* fpl ‖ *colección de* ~ *Märchensammlung* f ‖ *libro de* ~ *Märchenbuch* n ‖ ◊ acabados son ~ fam *die Sache ist abgetan!* ‖ déjese V. de ~ fam *lassen sie das Gerede!* ‖ *zur Sache!* ‖ no me vengas con ~ fam *laß die unnützen Reden* ‖ fam *erzähl(e) mir bloß keine Märchen!* ‖ fam *das kannst du e-m anderen weismachen* ‖ son ~ chinos para mí figf *das sind für mich böhmische Dörfer* ‖ todo eso son ~ fam *das ist alles Quatsch!*

²**cuento** *m Zwinge* f ‖ *(Eisen)Beschlag* m *(am Stock)* ‖ *Stütz\pfosten, -balken* m ‖ *Flügelgelenk* n *(des Vogels)*

cuentón m/adj fam *Schwätzer* m ‖ fam *Angeber, Prahlhans* m ‖ figf *Geschichtenerzähler* m

cuepí *m Kanonenkugelbaum* m (Couroupita guyanensis)

cuera|da *f* Chi *Traglast* f ‖ **-zo** *m* Cu *Peitschenhieb* m

cuerda *f Strang, Strick* m, *Seil* n ‖ *(Pack-)Schnur* f ‖ *Bindfaden* m ‖ *(Darm) Saite* f ‖ *Sehne, Flechse* f ‖ *Sehne* f *des Bogens, der Armbrust* ‖ ⟨Math⟩ *Bogensehne* f ‖ ⟨Flugw⟩ *Sehne, Flügeltiefe* f ‖ *Klafter* f *(Längenmaß* = 8 $^{1}/_{2}$ *varas)* ‖

Klafter f, m/n *(Holz)* ‖ *Feldmaß* n *(zirka 1 fanega Aussaat)* ‖ *Kette* f *(im Uhrwerk)* ‖ *Feder* f *(Uhr)* ‖ *Kette* f *von Sträflingen* ‖ ⟨Top⟩ *Meßband* n ‖ ⟨Flugw⟩ *Flügel-, Profil|sehne* f ‖ ⟨Mus⟩ *Saite* f ‖ ⟨Mar⟩ *starkes Tau, Reep* n ‖ ~ de acero *Stahlsaite* f ‖ ~ de apertura *(Auf)Zugleine* f *(Fallschirm)* ‖ ~ de arco ⟨Math⟩ *Bogensehne* f ‖ ~ de cáñamo *Hanf\seil, -tau* n, *-leine* f ‖ ~ de embalar *Packstrick* m ‖ ~ de enlace ⟨El⟩ *Verbindungsschnur* f ‖ ~ floja *Seil* n *(der Seiltänzer)* ‖ figf *mißliche Lage* f ‖ ~ guía ⟨Flugw⟩ *Schleppseil* n ‖ ~ de maniobra ⟨Flugw⟩ *Halteleine* f ‖ ~ de marcar *Schlagleine* f ‖ ~ metálica *Drahtseil* f ‖ ⟨Mus⟩ *Drahtsaite* f ‖ ~ métrica ⟨Top⟩ *Meß|schnur* f, *-band* n ‖ ~ de paracaídas, ~ de suspensión ⟨Flugw⟩ *Fallschirmleine* f ‖ ~ de piano *Saitendraht* m *(Klavier)* ‖ ~ para remolcar *Abschleppseil* n ‖ ~ de seda *Seidensaite* f ‖ ~ de socorro ⟨EB⟩ *Notleine* f ‖ ~ de tender ropa *Wäscheleine* f ‖ ~ detonante *detonierende Zündschnur* f ‖ ~ tensora *Spannschnur* f ‖ ~ trazadora ⟨Maur⟩ *Maurerschnur* f ‖ ~ de tripa *Darmsaite* f ‖ ~ del trole *Rollenleine* f *(Straßenbahn)* ‖ ~ de violín *Violinsaite* f ‖ ~ escala de ~ *Strickleiter* f ‖ *instrumento de* ~ ⟨Mus⟩ *Saiteninstrument* n ‖ *orquesta de* ~ *Streichorchester* n

◊ aflojar la ~ fig *ausruhen* ‖ fig *mildere Saiten aufziehen* ‖ apretar la ~ fig *(jdm)* arg *zusetzen, strenge Saiten aufziehen* ‖ dar ~ (a un reloj) *(e-e Uhr) aufziehen* ‖ dar ~ a uno fig *jds Leidenschaft usw. schüren* ‖ *jdm Anlaß zum Gespräch geben* ‖ *das Gespräch auf das Lieblingsthema jds bringen* ‖ *jdm nach dem Mund reden* ‖ △*jdn zu Geständnis zwingen* ‖ dar (a la) ~ *e-e Schnur nachlassen* ‖ fig *ein Geschäft in die Länge ziehen* ‖ hay que aflojar la ~ de vez en cuando fig *man muß hin und wieder mal verpusten* ‖ la ~ está tirante fig *die Lage ist gespannt* ‖ el papel no es de su ~ ⟨Th⟩ figf *die Rolle liegt ihm nicht* ‖ ponerle a alg. la ~ al cuello fig *jdm den Strick um den Hals legen, jdn ruinieren* ‖ tener ~ *aufgezogen sein (Uhr)* ‖ fig *aushalten, reichen (z. B. Flasche Wein)* ‖ no tiene ~ *sie ist nicht aufgezogen (Uhr)* ‖ tener más de una ~ *(od varias ~s) en su arco* fig *mehrere Eisen im Feuer haben* ‖ tiene ~ para rato figf *das kann sich noch lange hinziehen* ‖ tirar (de) la ~ figf *jdn zügeln, zurückhalten* ‖ tocar la ~ sensible fig *den wunden Punkt berühren* ‖ tocar la ~ sentimental figf *gelinde Saiten aufziehen* ‖ traer *(od tener)* la ~ tirante figf *den Bogen straff anziehen, mit Strenge vorgehen* ‖ bajo ~, por debajo de ~ fig *unter der Hand, heimlich* ‖ de su ~ *pop seines Schlages* ‖ no valer (ni) la ~ que se merece fig *keinen Schuß Pulver wert sein* ‖ ~s *pl (menschliche) Sehnen* fpl ‖ *Gewichtsschnüre* fpl *(e-r Uhr)* ‖ ~ vocales An *Stimmbänder* npl ‖ ◊ estirar las ~ figf *sich Bewegung machen*, fam *die Glieder recken* ‖ poner las ~ al violín ⟨Mus⟩ *die Saiten auf die Geige aufziehen*

cuerde|cita, -zuela *f* dim v. **cuerda** ‖ **-ro** *m Saitenmacher* m

cuerdo adj/s (dim cuerdecito) *vernünftig* ‖ *klug, verständig* ‖ *besonnen* ‖ ◊ *no hay hombre* ~ *a caballo Gelegenheit macht Diebe* ‖ adv: **~amente**

cuere|ada *f* SAm *Hautabziehen* n ‖ *Viehschlachten* n ‖ **-ar** vt/i SAm *die Haut abziehen* ‖ *Vieh schlachten* ‖ *mit Viehhäuten handeln* ‖ Guat *prügeln* ‖ Ec *peitschen* ‖ **-ra** f Chi ‖ *(größte) Armut* f ‖ estar en ~ Chi fig *spindeldürr sein* ‖ fig *sehr arm sein* ‖ **-zuelo** *m* dim v. **cuero**

cueriza *f* fam Am *Tracht* f *Prügel*

cuerna *f hörnernes Gefäß* n *der Hirten* ‖ *Hirschgeweih, Gehörn* n ‖ *Hirschgeweih* n

cuérnago *m* = **cuérrago**

cuerne|cillo, -zuelo *m* dim v. **cuerno**

cuerno *m Horn* n *(des Hornviehs, des Nashorns)*

|| *Fühlhorn* n *(der Insekten)* || *Wald-, Jagd\horn* n || *Hörnchen, Kipfel* n *(Gebäck)* || *Spitze* f *der Mondsichel* || ⟨Mar⟩ *Besanrute* f || prov *Seite* f || *Horn* n *(Substanz)* || ~ de abundancia *Füllhorn* n || ~ de Amón *Ammonshorn* n, *Ammonit* m *(Versteinerung)* || ~ de caza *Jagdhorn* n || ~ de ciervo *Hirschhorn* n (& ⟨Pharm⟩) || ~ polar ⟨El⟩ *Polhorn* n || artículos de ~ *Hornwaren* fpl || ◊ saber a ~ quemado figf *bitter schmecken, schmerzen* || no valer un ~ figf *keinen Pfifferling wert sein* || ¡~! *Donnerwetter! (Ausdruck des Staunens, gew.* joc*)* || ¡un ~! fam *ganz und gar nicht (Verneinung)* || ¡que se vaya al ~! pop *der Teufel soll ihn holen!* || ~s *pl Geweih* n || ◊ coger al toro por los ~ figf *den Stier an den Hörnern packen* || llevar (los) ~ figf *Hörner anhaben (Hahnrei)* || poner los ~ a alg. figf *jdm Hörner aufsetzen* || ponerse de ~ fig *sich überwerfen, schmollen* (con *mit)* || verse (*od* andar) en los ~ de toro figf *in e–r großen Gefahr schweben* || poner a uno hasta los ~ de la Luna figf *jdn in den Himmel heben, übermäßig preisen*

cuero m *(nicht abgezogene) Haut* f || *Leder* n || *Tierhaut* f || *Lederwaren* fpl || *(Wein) Schlauch* m || ⟨Sp⟩ *Leder* n, *Fußball* m || *Am Peitsche* f *(der Viehtreiber)* || ~ artificial *Kunstleder* n || ~ cabelludo ⟨An⟩ *Kopf-, Haar\haut* f, *Haarboden* m || ~ de becerro *Kalbleder* n || ~ blanco, ~ aprestado, ~ curtido al alumbre *Weißleder, alaungares Leder* n || ~ de cabra *Ziegenleder* n || ~ de cabritilla *Chevreauleder* n || ~ de cerdo *Schweinsleder* n || ~ de Córdoba *Korduan, Korduanleder* n || ~ cromado *Chromleder* n || ~ curtido *Gerbleder* n || ~ charol *Glanz-, Lack\leder* n || ~ de gamuza *Chamoisleder* n || ~ de Rusia *Juchten* n/m || ~ glacé *Glacéleder* n || ~ para guantes *Handschuhleder* n || ~ impermeable *dichtes Leder* n || ~ labrado *Schaftleder* n || ~ de lujo *Luxusleder* n || ~ marroquín *Saffian* m, *Saffianleder* n || ~ de oveja *Schafleder* n || ~ al pelo *ungegerbtes Fell* n || ~ repujado *getriebenes Leder* n || ~ de suela *Sohlenleder* n || ~ en verde *Rohhaut* f || ~ al tanino *lohgares Leder* n || ~ de vaca, ~ de buey *Rindleder* n || de ~ *ledern* || encuadernación en ~ *Ledereinband* m || papel ~ *Lederpapier* n || entre ~ y carne fig *an der empfindlichsten Stelle* || fig *eng, intim* || de ~ ajeno, correas largas *aus fremdem Leder ist gut Riemen schneiden* || ◊ estar hecho un ~ figf *betrunken sein* || ~s *pl (Roh) Häute* fpl || en ~ (vivos) *(splitter)nackt* || ◊ dejar a uno en ~ figf *jdn bis aufs Hemd ausziehen, ausplündern* || poner en ~ *entkleiden*

cuer|pear [pop –**piar**] vi Arg *den Körper biegen* || *ausweichen* || **–pecillo, –pecito** m dim v. **–po**

cuerpo m *(tierischer, menschlicher) Körper* m || *Leib* m *(im Gegensatz zur Seele)* || *Rumpf* m *(Teil des Leibes)* || *(Körper) Figur, Gestalt* f || *Leichnam* m, *Leiche* f || ⟨Phys⟩ *(fester) Körper* || *(Bestand) Teil* m || *Haupt\bestandteil* m, *-sache* f || *Teil, Band* m *(e–s Werkes)* || *Körperschaft, Genossenschaft, Innung* f || *Stoff, Kern* m || *Dicke, Schwere, Stärke* f, *Gehalt* m || *Körper* m *(des Weines, des Papiers)* || *Größe, Masse* f, *Umfang* m || *Format* n, *Größe* f || ⟨Mus⟩ *Fülle* f *des Tones* || *Dichtigkeit* f *(e–s Gewebes)* || *Wichtigkeit, Gewicht* n || ⟨Typ⟩ *Punkt, Schriftkegel* m || ⟨Mar⟩ *Schiffsrumpf* m || ⟨Mil⟩ *Heeresabteilung* f || ⟨Mil⟩ *Korps* n || ⟨Mil⟩ *Waffengattung* f || ⟨Mil⟩ *Schaft* m *(Gewehr)* || *Sammlung, Zusammenstellung* f *(Buch)* || *Text* m *(Urkunde)* || ⟨Jur⟩ *Tatbestand* m *mit Gründen, Urteilsgründe* mpl || *Kernteil* m *(Anzeige)* || *Stamm* m *(Baum)* || ⟨Tech⟩ *Körper* m || ⟨Tech⟩ *Hülse* f, *Gehäuse* n, *Mantel* m || Am *Stockwerk* n, *Hauptteil* m || ~ adiposo ⟨Zool⟩ *Fettkörper* m || ~ aeronáutico *Luftschifferabteilung* f || ~ aerotransportado *Luftlandekorps* n || ~ aislante *Isolierkörper* n || ~ de artillería ⟨Mil⟩ *Artilleriekorps* n || ~ del avantrén *Protzgestell* n *(Artillerie)* || ~ de bienes *Gesamtvermögen* n || ~ de biela *Pleuelstangenschaft* m || ~ blindado, ~ acorazado ⟨Mil⟩ *Panzerkorps* n || ~ de bomba *Pumpenstiefel* m || ~ de bomberos *Feuer(wehr)abteilung* f || ~ de caballería *Kavalleriekorps* n || ~ de caballo *Pferdelänge* f *(Maß)* || ~ calloso ⟨An⟩ *Balken* m || ~ cavernoso, ~ esponjoso ⟨An⟩ *schwammartiger Körper* m *(des männlichen Gliedes und des Kitzlers)* || ~ celeste ⟨Astr⟩ *Himmelskörper* m || ~ de cilindro *Zylinder|gehäuse* n, *-mantel* m *(Motor)* || ~ consular *Konsularkorps* n || ~ consultivo *beratendes Organ* n || ~ *Beratungskörperschaft* f || ~ de Correos *Postverwaltung* f || ~ de la cureña *Lafettenkörper* m || ~ de(l) delito ⟨Jur⟩ → **corpus delicti** || ~ diplomático *diplomatisches Korps* n || ~ docente *Lehrkörper* m *(e–r Anstalt)* || ~ de doctrina *Lehrgebäude* n || ~ de dos (de nueve, de once, de dieciséis) puntos ⟨Typ⟩ *Viertelpetit* f *(Borgis, Lectura, Tertia)* || ~ de un edificio *Rohbau* m || ~ de ejército *Heeresabteilung* f, *Armeekorps* n || ~ electoral *Wahlkörper* m || ~ de émbolo *Kolben|mantel, -körper* m || ~ de espoleta *Zündergehäuse* n || ~ expedicionario ⟨Mil⟩ *Streifkorps* n || *Landungskorps* n, *-truppen* fpl, *Expeditionskorps* n || ~ explosivo *Sprengkörper* m || ~ extraño *Fremdkörper* m *(im Organismus)* || ~ facultativo, ~ médico *Kollegium* n *(von Ärzten)* || ~ flotante *Schwimmkörper* m || ~ franco *Frei|korps* n, *-schar* f || ~ franjeado, ~ bordeado ⟨An⟩ *Markstreifen* m *(im Gehirn)* || ~ general de policía Span *Kriminalpolizei* f || ~ glanduloso ⟨An⟩ *Vorsteherdrüse* f || ~ glorioso ⟨Theol⟩ *verklärter Leib* m *(nach der Auferstehung)* || ~ graso ⟨Entom Zool⟩ *Fettstoff* m || ~ de guardia ⟨Mil⟩ *Wachabteilung, Wache* f || ⟨Mil⟩ *Wachstube* f || ⟨Mil⟩ *Wachtposten* m || ~ de iglesia *Hauptschiff* n *(e–r Kirche)* || ~ legal, ~ legislativo *Gesetzbuch* n, *Gesetzsammlung* f (Corpus juris) || ~ legislativo *gesetzgebende Körperschaft* f || ~ de leyes *Gesetzsammlung* f || ~ luminoso *Leuchtkörper* m || *Beleuchtungskörper* m || ~ lúteo, ~ amarillo ⟨An⟩ *Gelbkörper* m || ~ municipal *städtische Behörden* fpl || ~ de la nave *Boots|rumpf, -körper* m || ~ pineal ⟨An⟩ *Zirbel* f || ~ pituitario ⟨An⟩ *Schleimkörper* m || ~ de policía armada y de tráfico Span *bewaffnete Polizei* u. *Verkehrspolizei* f || ~ de prisiones *die Gefängnisbeamten* mpl || ~ del radiador ⟨Aut⟩ *Kühlergehäuse* n || ~ de seguridad *Sicherheitspolizei* f || ~ simple ⟨Chem⟩ *Grundstoff* m, *Element* n || ~ de vigilancia, ~ de policía *Polizei* f || ~ uno ⟨Typ⟩ *Achtelpetit* f || ~ vítreo ⟨An⟩ *Glaskörper* m *des Auges* || ~ volante ⟨Mil⟩ *fliegende Heeresabteilung* f || ~ de voluntarios *Freiwilligenkorps* n || ¡~ de tal! fam vulg *zum Kuckuck!* || ¡~ a tierra! ⟨Mil⟩ *hinlegen!*

espejo de ~ entero *mannshoher Spiegel, Trumeau* m || espíritu de ~ *Korpsgeist* m || *Mannschaftsgeist* m || retrato de ~ entero ⟨Phot⟩ *Bild* n *in ganzer Figur* || retrato de medio ~ ⟨Phot⟩ *Brustbild* n, *Büste* f || paño de mucho ~ *derbes, schweres Tuch* n || vino de ~ *starker Wein* m || a (*od* en) ~ *leicht bekleidet* || *ohne Mantel* || a ~ descubierto *offen, frei | öffentlich* || a ~ gentil fam *zu leicht gekleidet* || *ohne Mantel* || a ~ patente *in eigener Person* || ~ a ~ *Mann gegen Mann* || combate ~ a ~ *Nahkampf* m || de ~ entero ⟨Mal⟩ *in ganzer Figur gänzlich* || fig *wie es sich geziert* || de ~ presente *persönlich anwesend* || *öffentlich ausgestellt (e–e Leiche)* || en ~ *insgesamt* || *korporativ* || en ~ de camisa *in Hemdsärmeln, ohne Rock* || en ~ y alma figf *mit Leib und Seele, durchaus* || ◊ avanzar ~ a tierra ⟨Mil⟩ *robben* || dar ~ a fig *verwirklichen* || fig *vergrößern, übertreiben* || ⟨Mal⟩ *plastisch machen* || fig *freien Lauf lassen (Gefühlen)* || dar con el ~ en tierra fam *hinfallen, auf die Erde fallen* ‖ echar el ~ fuera fig *sich ducken* ‖ falsear (*od* esquivar, huir, hurtar) el ~ *durch e-e rasche Bewegung od Wendung e-m Schlag, Stoß ausweichen* ‖ figf *sich drücken* ‖ ganar con su ~ fig *sich der Prostitution ergeben* ‖ hacer del ~ fam *seine Notdurft verrichten* ‖ írsele a uno el ~ *sich entleeren* ‖ llegar al ~ a ~ ⟨Mil⟩ *handgemein werden* ‖ no quedarse con nada en el ~ figf *alles herausssagen, nichts verschweigen* ‖ tener ~ *Körper haben (Wein)* ‖ tomar ~ *zunehmen* ‖ fig *sich vergrößern, sich vermehren* ‖ fig *konkrete Form* (*od Gestalt*) *annehmen* ‖ traer bien gobernado el ~ fig *regelmäßigen Stuhlgang haben* ‖ tratar (*od* cuidar, asistir) a uno a ~ de rey fam *jdn wie e-n König behandeln* ‖ *jdn fürstlich bewirten* ‖ volverla al ~ fig *Beleidigung mit Beleidigung erwidern* ‖ ¡~ de Cristo! ¡~ de Dios! ¡~ de mí! ¡~ de tal! *Himmel! Donnerwetter!* (*Ausrufungen im Wutausbruch*) **~s** *pl*: ~ en suspensión *Schwebstoffe* mpl ‖ ~ inmunizantes, ~ de Spengler ⟨Med⟩ *Spenglers Immunkörper* mpl ‖ armario de dos ~ *Doppelschrank* m ‖ caballo de dos ~ *mittelgroßes Pferd* m

cuérrago m *Flußbett* n ‖ *Wassergraben* m
cuerudo adj Am *dick-, hart|häutig* ‖ Col *träge* (*Lasttier*) ‖ Am *grob, lästig* ‖ PR *unverschämt*
cuerva f *Krähe* f
cuerve|cillo, -cito m *dim v.* **cuervo**
¹**cuervo** m *Rabe* m ‖ ⟨V⟩ *Kolkrabe* m (Corvus corax) ‖ Am prov *Stinkgeier* m (→ **zopilote**) ‖ △*Pfaffe* m ‖ ~ blanco *e-e Geierart* ‖ ~ marino *Seerabe, Kormoran* m (→ **cormorán**) ‖ la ida del ~ fam *die Abreise e-r Person, deren Rückkehr man nicht wünscht* ‖ ◊ cría ~s, y te sacarán los ojos *Undank ist der Welt Lohn*
²**cuervo** = **cuesta**
²**cuesco** m *Kern* m (*des Steinobstes*) ‖ △*Hieb* m ‖ vulg/pop (*geräuschvoller*) *Furz* m ‖ Chi *verliebter Mensch* m ‖ soltar un ~ fam *e-n Wind streichen lassen* ‖ Mex *Schlag* m *ins Genick*
¹**cuesta** f (*Berg*)*Abhang* m ‖ *Steige, Steigung* f, (*Ab*)*Stieg* m ‖ *Anhöhe* f ‖ *Gefälle* n ‖ ~ abajo *bergab* ‖ ~ arriba *bergauf* ‖ *mit Mühe* ‖ *en ansteigend (Weg)* ‖ la ~ de enero fig *die Kassenebbe* f *nach Weihnachten und dem Dreikönigsfest* ‖ carrera de (*od* en) ~ ⟨Sp⟩ *Bergrennen* n ‖ **~s** *pl*: ◊ llevar a ~ *auf den Rücken tragen* ‖ tomar a ~ *übernehmen* ‖ no puedo con ello a ~ figf *das ist zu viel, zu schwer für mich*
²**cuesta** f = **cuestación**
cuestación f (*Geld*)*Sammlung* f (*zu e-m frommen bzw sozialen Zweck*) ‖ *Kollekte* f
cuestecilla f *dim v.* ¹**cuesta**
cuestión f *Frage* f ‖ *Streitfrage, Streitigkeit* f ‖ *Streit, Zank* m ‖ *Frage* f, *Problem* n ‖ *Sache* f ‖ *Aufgabe* f ‖ ~ aduanera *Zollfrage* f ‖ ~ batallona fam *Streitfrage* f ‖ ~ capital *Kernfrage* f ‖ ~ de competencia *Zuständigkeitsstreit, Kompetenz|konflikt* m, *-streitigkeit* f ‖ ~ de confianza *Vertrauensfrage* f ‖ ~ de culpabilidad, ~ de responsabilidades *Schuld-, Verschuldens|frage* f ‖ ~ debatida *Streitgegenstand* m ‖ ~ decisiva, ~ fatal *Schicksalsfrage* f ‖ ~ de derecho, ~ jurídica *Rechtsfrage* f ‖ ~ de fondo *materiellrechtliche Frage* f ‖ ~ económica *Wirtschaftsfrage* f ‖ ~ en disputa, ~ litigiosa *Sreitfrage* f ‖ ~ que figura en el orden del día *Punkt* m *der Tagesordnung* ‖ ~ de fondo *materiellrechtliche Frage* f ‖ ~ *Hauptfrage* f (UNO) ‖ ~ meritorische *Frage* f (UNO) ‖ ~ de gabinete *Kabinettsfrage* f (& fig) ‖ ~ de hecho *Tat-, Sachverhalts|frage* f ‖ ~ importante *wichtige Frage* f (UNO) ‖ ~ incidental *Zwischen|frage*, *-streit* m ‖ ~ indecisa *offene Frage* f ‖ ~ judía *Judenfrage* f ‖ ~ de mérito = ~ de fondo ‖ ~ de orden *Geschäftsordnungsfrage* f ‖ ~ penal, ~ de pena *Straffrage* f ‖ ~ pendiente, ~ en suspenso *schwebende Frage* f ‖ ~ prejudicial *Vorfrage, Prozeßvoraussetzung* f ‖ ~ preliminar *Vorfrage* f (*z. B. im Kollisionsrecht*) ‖ ~ de previo

pronunciamiento ⟨Jur⟩ *Vorfrage* f *mit Suspensionswirkung (im Prozeß)* ‖ ~ de procedimiento *Verfahrensfrage* f ‖ ~ procesal *Verfahrensfrage* f ‖ ~ racial *Rassenfrage* f ‖ ~ de responsabilidades de guerra *Kriegsschuldfrage* f ‖ ~ social *sociale Frage* f ‖ ~ sucesoria ⟨Jur⟩ *Erbfolgefrage* f ‖ la casa en ~ *die in Rede stehende Firma* ‖ ◊ la ~ es no admitirlo *die Hauptsache ist, es nicht zuzulassen* ‖ de eso no hay ~ pop *das steht einmal fest* ‖ es ~ de tiempo *das ist e-e Frage der Zeit* ‖ ¡ésa es la ~! *das ist eben die Sache!* ‖ ésa no es la ~ *darum geht es (hier) nicht!* ‖ llevar una ~ al orden del día *e-e Frage auf die Tagesordnung setzen* ‖ ventilar una ~ *e-e Frage erörtern* ‖ **~es** *fpl*: ~ diversas *Verschiedenes* n (*auf der Tagesordnung*)
cuestio|nable adj *zweifelhaft* ‖ *strittig* ‖ **–nar** vt/i *streiten, in Wortwechsel geraten* (*sobre über*) ‖ *erörtern, diskutieren* ‖ Am *nachforschen, grübeln* ‖ **–nario** m *Fragebogen* m ‖ *Fragebuch* n
cues|tor m (*altrömischer*) *Quästor* m ‖ *Rentmeister* m ‖ **–tuario, –tuoso** adj *einträglich* ‖ **–tura** f *Quästur* f
cuétano m Arg Salv *Raupe* f *e-s Schwärmers* (Sphynx hasdrubal)
cue|te m pop = **cohete** ‖ Mex fig *Pistole* f, *Revolver* m ‖ Mex *Trunkenheit* f ‖ *Scheibe* f *Schinken* ‖ al ~ Am *umsonst, unnütz* ‖ **–tear** vt Guat *mit dem Revolver schießen* ‖ vi Col *sterben* ‖ **~se** vr Col *sterben*, pop *verrecken* ‖ Mex *sich betrinken*
cueto m (*felsiger*) *Hügel* m
cueva f *Höhle, Grotte* f ‖ *Keller* m, (*Keller*)*Gewölbe* n ‖ ~ de ladrones f *Räuberhöhle* f ‖ ◊ cae en la ~ el que a otro lleva a ella *wer andern e-e Grube gräbt, fällt selbst hinein* ‖ **~s** *pl Zigeunerhöhlen* fpl (*von Granada*) ‖ las ≃ de Altamira *die berühmten Altsteinzeithöhlen (mit prähistorischen Zeichnungen) bei Santillana del Mar* (PSant)
cuévano m *Kiepe* f, *hoher Tragkorb* m ‖ *Winzerkorb* m ‖ Sant *Kinderkiepe* f *der pasiegas* (→)
cueve|cilla, –cita f *dim v.* **cueva**
△**cuexca** [-ʃ-] f *Haus* n
¹**cuezo** m, **cueza** f *Mörteltrog* m ‖ *Waschkübel* m ‖ △*Kopf* m
²**cuezo** → **cocer**
cúfico adj *kufisch (Schrift)*
cufifo adj Chi *betrunken*, pop *besoffen*
cuguar(do) m SAm = **cuy** ‖ SAm = **cuim**
cui m SAm = **cuy** ‖ SAm = **cuim**
cuica f Ec *Regenwurm* m ‖ Ec figf *spindeldürre Person* f, *Schwachmatikus* m
cuicacoche m Mex *e-e Spottdrosselart* f (Toxostoma = Harporhynchus sp)
cuico adj/s *Spitzname* m, *den die Chilenen den Bolivianern geben* ‖ ~ m Mex *Schutzmann* m
¡**cuidado**! *dim v.*²¡**cuidado**!
¹**cuidado** adj *sorgfältig, genau* ‖ ◊ allí estará V. bien ~ *dort werden Sie gut aufgehoben sein*
²**cuida|do** m *Sorgfalt* f ‖ *Sorge* f ‖ *Wartung, Pflege* f ‖ *Besorgung* f, *zu besorgendes Geschäft* n ‖ *Eifer* m, *Bemühungen* fpl ‖ *Aufbewahrung* f ‖ ⟨Med⟩ *Behandlung* f ‖ *Besorgnis, Sorge, Angst* f ‖ *Vorsicht, Aufmerksamkeit* f ‖ ~ debido gebotene (*od erforderliche*) *Sorgfalt* f ‖ al ~ de *per Adresse, bei (auf Briefen)* ‖ un bebedor de ~ fam *ein tüchtiger Zecher* m ‖ persona de ~ *gefährlicher Mensch* m ‖ sin ~ *unbesorgt* ‖ *nachlässig* ‖ ◊ ~ que has sido valiente *man muß wohl sagen, daß du tapfer warst* ‖ me da ~ *es macht mir Sorge* ‖ lo dejo de (*od* a) su cuidado *ich überlasse es Ihnen* ‖ estar (enfermo) de ~ *schwer krank sein* ‖ estar con ~ *besorgt sein* ‖ esto corre de su ~ *dafür ist er verantwortlich* ‖ poner ~ en *Sorgfalt verwenden auf* (acc) ‖ salir de su ~ *sich erholen* ‖ fig *entbunden werden, gebären (Frau)* ‖ tener ~ *achtgeben* ‖ *sich hüten* ‖ tenga ~ de (*od* en) no caer *geben Sie acht, daß Sie nicht fallen* ‖ no

tenga ~ seien Sie unbesorgt || esto me tiene muy sin ~ darüber mache ich mir keine Sorgen || ¡~! Achtung! Vorsicht! || ¡~, que es tonto! der ist wirklich dumm! || ¡~ con reir! Schluß mit dem Lachen! || ¡~ con hablar! kein Wort mehr! || ¡~ conmigo! hütet euch vor mir! (Drohung) || ~ con los rateros! vor Taschendieben wird gewarnt! || ¡manéjese con ~! Vorsicht! Nicht stürzen! (auf Kisten) || ¡pierda V. ~! seien Sie unbesorgt! || ~s mpl Pflege f || los primeros ~ die Erste Hilfe || -doso adj sorgfältig, sorgsam || umsichtig || nett, zierlich || ~ (para) con su padre rücksichtsvoll zu seinem Vater || adv: ~amente
 cuidar vt pflegen, warten, versorgen || besorgen || sorgen (alg.) a. für jdn, et || aufbewahren || ⟨Med⟩ behandeln || ◊ ~ la casa den Haushalt führen || aufräumen || ~ a un enfermo e–n Kranken pflegen || ~ vi Sorge tragen, sorgen (für, um) || ◊ ~ de la salud sich pflegen || cuide V. de no caer nehmen Sie sich in acht, daß Sie nicht fallen || ~se sich pflegen || sich in acht nehmen || auf s–e Gesundheit acht(geb)en || sich hüten (de vor dat) || sich bekümmern (um) || ¡~! ¡cuídese V.! achten Sie auf Ihre Gesundheit!
 cuido m s v. cuidar (bes auf materielle Sachen bezüglich)
 cuija f Mex Blattfinger m (Art Gecko) (Philodactylus tuberculatus) || Mex fig dünne, häßliche Frau f
 cuije m Mex Singhabicht m (Melierax = Asturina) || Hond Gauner m || Hond Geliebter, Liebhaber m || Guat Spion, Späher m
 cuim m SAm Greifstachler, Cuandu m (Coëndou prehensilis)
 cu|in, –ina m, f And prov Meerschweinchen n
 cuino m Schwein n
 cui|ta f Betrübnis, Not, Sorge f || Kummer, Verdruß m || Sehnsucht f || -tado adj betrübt, traurig || elend || fig mißmutig || adv: ~amente
 cuja f Bettstelle f || Mex Packleinen n
 cu|jazo m Am Streich m (mit e–r Gerte) || -je m Am Gerte, Rute f || ¡~! Col Ruf m, um Hunde zu verscheuchen || -ji m [pl -ies] Ven Kujibaum m || -jín m Salv → guano
 △**cujuñi** m Lilie f
 cujus lat: de ~ m ⟨Jur⟩ Erblasser m
 culada f ⟨Mar⟩ Rücklauf m || ◊ dar (od pegar[se]) una ~ auf den Hinter(e)n fallen
 culanchar vi Arg fam Manschetten haben
 culan|trillo m ⟨Bot⟩ Frauenhaar n (Adiantum capillus-veneris) || -tro m = cilantro || ◊ bueno es el ~, pero no tanto fig in der Kürze liegt die Würze
 cula|ta f Hinterteil m, Kruppe f (des Pferdes) || (Gewehr)Kolben m || Anschlag m am Schießgewehr, Anschlagkolben m || Bodenstück n (des Gewehrlaufes) || Hintergestell n (e–r Kutsche) || Zylinderkopf m || Joch n || Mantel m (Magnet) || ~ incandescente ⟨Aut⟩ Glühkopf m || ~ laminar ⟨El⟩ unterteilter Eisenkern m || ~ magnética ⟨El⟩ Magnet–, Pol|joch n || ~ móvil Zylinderschloß n (Artillerie) || ◊ el tiro le ha salido por la ~ figf da hat er sich verrechnet || der Schuß ging nach hinten los || -tazo m, -tada f Kolben-, Rück|stoß m || Rückstoß e–s Gewehres || ◊ dar ~s stoßen (Schußwaffe) || -tín m Bodenstück n, Handhabe f (MG) || ~ de puntería Schulterstück n (MG)
 culazo m augm v. culo || Stoß m mit dem Hintern
 cule|bra f Schlange f (bes nicht giftige Schlange) || ⟨Tech⟩ Kühl-, Heiz|schlange f || figf böses Weib n || figf mutwilliger Streich m || figf plötzlicher Lärm m || △Feile f || Cu ⟨Art⟩ Volkstanz m || ~ de agua Ringelnatter f (Natrix natrix) || ~ de cascabel → crótalo || ~ ciega Netzwühle f (Blanus cinereus) || → a serpiente || ◊ hacer ~ sich schlängeln || -breado adj schlängelnd
 cule|brear vi sich schlängeln, sich winden (wie e–e Schlange) || schwanken (Betrunkener) || ⟨Mar⟩ schwichten || -breo m Schlängeln n || fam unsicherer Zickzackgang m (e–s Betrunkenen) || fig Winkelzüge mpl
 culebri|lla f ⟨Med⟩ Schlangenflechte f (Tropenflechte) || ⟨Zool⟩ = culebra ciega || -na f ⟨Mil⟩ Feldschlange f || ⟨Meteor⟩ Schlangenblitz m || -no adj schlangenartig, Schlangen- || -ta f dim v. culebra
 cule|brón m augm v. -bra || figf verschmitzter Mensch m || Mex schlechtes Theaterstück n
 cule|ra f Schmutz-, Kot|fleck m (in e–r Windel) || Flicken, Flicklappen m (auf dem Gesäß) || -ro adj fam träge, fahrlässig || ~ m Gesäßunterlage f (für Wickelkinder) || fam Hinterlappen m
 culi m chinesischer Tagelöhner, Kuli m
 culícidos mpl ⟨Zool⟩ Stechmücken fpl (Culicidae)
 culi|gordo adj fam mit dickem Hintern || -llo m Bodenteil m (e–s Glases)
 culinario adj Küchen-, kulinarisch || arte ~ Kochkunst f
 culi|negro adj fam mit schwarzem Hintern || -quemado adj/s joc von Adamuz (PCord) || -rroto adj mit verstümmeltem Hintern || fam sodomitisch || -to m dim v. culo || ◊ quien no castiga ~, no castiga culazo pop das Bäumchen muß man biegen, solange es jung ist || was Hänschen nicht lernt, lernt Hans nimmermehr
 culmi|nación f ⟨Astr⟩ Kulmination f || fig Höhepunkt m || -nante adj: punto ~ Kulminationspunkt m || fig Glanz, Gipfel|punkt m || -nar vi fig den Höhepunkt erreichen
 culo m vulg Gesäß n, Hintere(r), Steiß m, fam Popo, Podex m, vulg Arsch m || Boden m (z. B. e–s Glases) || Unterteil m/n || ⟨Mar⟩ Gatt n || ~ de saco Sackgasse f || ~ de vaso Butzenscheibe f || figf falscher Edelstein m || fam Scherbe f || ojo del ~ vulg Arschloch n || ◊ besarle (od lamerle) el ~ a alg. fig vulg jdm in den Hintern kriechen || dar con el ~ en tierra, caer (od dar) de ~ auf den Hintern fallen || dar de ~ figf herunterkommen || dar a uno una patada (od un puntapié) en el ~ vulg jdn hinausschmeißen, jdn an die Luft setzen || ensañar el ~ fig sich feige benehmen || Reißaus nehmen || quitarle a uno el ~ a azotes fam jdn tüchtig verprügeln || ser el ~ del fraile figf der Sündenbock zu sein || tener ~ de mal asiento fig kein Sitzfleisch haben || volver el ~ figf Fersengeld geben || quien mucho se baja, el ~ enseña Demut soll nicht in Kriecherei ausarten || a ~ pajarero fam mit nacktem Popo
 culomb|ímetro m ⟨El⟩ Voltameter n || -io m ⟨El⟩ Coulomb n
 culón, ona adj mit großem Hintern || ~ m ⟨Mil⟩ figf Invalide m
 culo|tar vt gall anrauchen (Pfeife) || -te m ⟨Mil⟩ Geschoß-, Stoß|boden m || ~ de casco (od de casquillo) Hülsenboden m || ~ posterior Bodenkammer f
 culpa f Schuld f || Verschulden n || Fehler m || Sünde f || Fahrlässigkeit f || ~ aquiliana unerlaubte Handlung f || ~ contractual Vertragsbruch m, fahrlässige Vertragsverletzung f || ~ extracontractual außervertragliches Verschulden n, außervertragliche Haftung f || ~ grave, leve grobe, leichte Fahrlässigkeit f || delito de ~ Fahrlässigkeitsdelikt n || presunción de ~ Schuldvermutung f || responsabilidad sin ~ Haftung f ohne Verschulden || ◊ es ~ suya er ist daran schuld || echar la ~ a alg. die Schuld auf jdn schieben || tener la ~ de schuld sein an (dat)
 culpa|bilidad f Strafbarkeit f || Schuld f || Verschulden n || Schuldfrage f || Straffälligkeit f || alegación de ~ Schuldigerklärung f || causa de exclusión de ~ Schuldausschließungsgrund m || concepción normativa de la ~ normative Schuldauffassung f || conciencia de la ~ Schuldbewußtsein n || declaración de ~ Geständnis n || Schuld-

urteil n || **-ble** adj *schuldig* || *strafbar* || *tadelnswert* || ◊ hacerse ~ de *sich (et) zuschulden kommen lassen* || ~ m/f *Schuldige(r* m*)* f || adv: ~**mente** || **-do** adj/s *beschuldigt* || *angeklagt* || ~ m *Angeschuldigter* m
culpar vt *an-, be|schuldigen, zeihen* || *anklagen* || zur Last legen (a alg. de a. *jdm et)* || ~ de perezoso *der Trägheit beschuldigen*
culpeo m Chi *Magellanfuchs* m (Canis magellanicus)
culposo *schuldhaft* || *fahrlässig*
culta|latiniparla f joc *gezierte Sprache* f *(der Sprachreiniger)* || **-mente** adv *höflich* || fig *geziert*
culte|ranismo m *schwülstiger, unnatürlich gezierter Stil, Kultismus* m || *literarisches Wort* n || **-r(an)o** adj/s joc *geziert, schwülstig (im Stil)* || *puristisch* || ~ m *Kulteranist* m
cúltico adj *kultisch* || lugar ~ *Kultstätte* f
cultiparlista m/adj *gezierter, geschniegelter Redner* m
cultismo m = culteranismo || *gehobener Ausdruck* m
cultiva|ble adj *anbaufähig* || **-ción** f *(An) Bau* m *(von Ländereien)* || **-dor** m/adj *Ackersmann, Landwirt* m || *Förderer* m || *Gärtner* m || *Grubber, Kultivator* m *(Gerät)* || *Züchter* m || fig *Pfleger* m || ~ de arroz *Reiszüchter* m || ~ de vino *Weinbauer* m
culti|var vt *(an)bauen, bebauen, bestellen, kultivieren (den Boden)* || *ziehen, züchten (Pflanzen)* || fig *ausbilden (Gedächtnis)* || fig *bilden, vervollkommnen* || *(aus)bilden (Sprache, Sitten)* || fig *pflegen, hegen (Freundschaft, Umgang)* || *verkehren* (a alg. *mit jdm)* || fam *sich warmhalten* (a alg. *jdn)* || fig *(be)treiben, üben (Künste)* || ~**se** *angebaut werden* || **-vo** m *(An) Bau* m || *Bebauung* f || fig *Ausbildung, Pflege* f || ~ alterno ⟨Agr⟩ *Wechselwirtschaft* f || ~ bacteriano ⟨Med⟩ *Bakterienkultur* f || ~ de cereales *Getreide(an)bau* m || ~ de hortalizas *Gemüsebau* m || ~ de levadura *Hefekultur* f || ~ dentro de la misma especie *Inzucht* f || ~ de plantas industriales *Gewerbepflanzenbau* m || ~ de regadio *Bewässerungskultur* f || ~ de secano *Trockenfarmerei* f-|| ~ en bancales, ~ en terrazas *Terrassenkultur* f || ~ extensivo, intensivo *extensive, intensive Bodenwirtschaftung* f *(od Kultur* f*)* || ~ intercalado *Doppelkultur* f || caldo de ~ *Nährlösung* f *(für Bakterien)* || unidad de ~ *(Boden)Bewirtschaftungseinheit* f || ~**s** mpl: ~ alternos *Wechselnutzung* f
¹**culto** adj/adv *gezüchtet (Pflanzen)* || *bebaut (Gelände)* || *gebildet, gesittet (Volk, Person)* || *höflich, zierlich* || fig *geziert, schwülstig (Stil)* || lenguaje ~ *gehobene Sprache, Schriftsprache* f
²**culto** m *(An) Bau* m, *Zucht* f || *Gottesdienst, Kult(us)* m || *Religion* f || *Religionsausübung* f || ~ divino *Gottesdienst* m || ~ doméstico *Hausandacht* f || ~ de dulía ⟨Kath⟩ *Heiligenverehrung* f || ~ del *(od* al) jefe *Führerkult* m || ~ de hiperdulía ⟨Kath⟩ *Marienverehrung* f || ~ de latría ⟨Kath⟩ *Gottesverehrung* f || ~ de la personalidad *Personenkult* m || ~ de los santos *Heiligenverehrung* f || ~ sin suelo *Hydroponik* f || ~ de la Virgen *Marienverehrung* f || disparidad de ~**s** *Konfessionsverschiedenheit* f || libertad de ~ *Glaubensfreiheit* f || *freie Religionsausübung* f || ◊ rendir ~ a la belleza *die Schönheit verehren*
cultu|ra f *Anbau* m, *Bestellung* f *des Bodens* || *Bodennutzung* f || *Kultur, (Aus)Bildung* f || *Gesittung, Kultur* f || fig *Pflege, Bildung* f || ~ fisica *Körper|pflege, -kultur* f, *Leibesübungen* fpl || ~ general *Allgemeinbildung* f || *fomento de la* ~ *Kulturpflege* f || instituto de ~ *Kulturinstitut* n || **-ral** adj *kulturell, Kultur-, Bildungs-* || **-rismo** m *Bodybuilding* n
cuma f Hond *kurzes Busch-* od *Weid|messer* n ||

SAm *Taufpatin* f || *Trauzeugin* f || SAm fig *Klatschbase* f
cumarina f ⟨Chem⟩ *Kumarin* n
cumbre f *(Berg)Gipfel* m || fig *Gipfel* m || ◊ llegar a la ~ fig *den Gipfel erreichen* || reunión en la ~ ⟨Pol⟩ *Gipfeltreffen* n
cumbrera f ⟨Zim⟩ *Zug-, Bindebalken* m || *(Dach)First* m || *(Bock)Holm* m
cúmel m *Kümmel(branntwein)* m
cumeno m ⟨Chem⟩ *Kumol* n
cumis m *Kumyß* m, *gegorene Stutenmilch* f
cumpa m SAm *Pate* m || *Gevatter* m || *Freund, Kamerad, Kumpel* m
cúmplase m *Amtsformel* f *in Anstellungsurkunden* || *zu vollstrecken (Verfügung des Richters)* || *Genehmigungsvermerk* m || Am *Sanktionierungsformel* f *e-s Gesetzes*
cumple|años m *Geburtstag* m || **-faltas** m fam *Ersatzmann* m
cumpli|dero adj *zweckmäßig, dienlich* || *abgelaufen (Zahlungsfrist)* || *ablaufend (Frist)* || **-do** adj *voll|kommen, -ständig, -endet* || *hinlänglich* || *reichlich* || *höflich, gebildet* || *artig, gefällig* || *erledigt* || ⟨Mil⟩ *ausgedient* || un ~ caballero *ein vollendeter Kavalier* m || luna ~a *Vollmond* m || vestido ~ *langes, weites Kleid* n || tengo 50 años ~s ich bin volle 50 Jahre alt || adv: ~**amente** ~ m *Höflichkeitsbezeigung* f, *Kompliment* n || *Aufmerksamkeit* f, *Geschenk* n || *Erledigungsvermerk* m *(z. B. auf Zolldeklaration)* || por ~ *aus Höflichkeit* || visita de ~ *Höflichkeitsbesuch* m || ~**s** mpl *Umstände* mpl || sin ~**s** *offen, freiheraus,* pop *frei von der Leber weg* || ◊ sírvase sin ~ *(od* ~s*) bedienen Sie sich ohne Umstände* || hacer ~**s** *Umstände machen, sich zieren* || mis ~s a ... *meine Empfehlung an, grüßen Sie ... von mir!* || ¡sin ~s! *keine Umstände!* || **-dor** adj *zuverlässig, gewissenhaft* || fiel ~ de sus deberes *pflichtbewußter Mensch* m
cumpli|mentar vt *begrüßen, bewillkommnen* || *beglückwünschen* || ⟨Jur⟩ *(die Anordnungen) ausführen* || ◊ ~ a una autoridad *e-n offiziellen Besuch abstatten* || **-mentero** m *übertrieben höflich* || *schmeichlerisch* || **-miento** m *Vollziehung* f || *Erfüllung* f || *Ausführung* f || *Bewirken* n *(der geschuldeten Leistung)* || *Verbüßung* f *(der Strafe)* || *Befriedigung* f || *Höflichkeitsbezeigung* f, *Kompliment* n || ~ de un contrato *Erfüllung* f *e-s Vertrages* || *Gerichtsstand* m *des Erfüllungsorts* || ~ del deber *Pflichterfüllung* f || ~ de un encargo *Erledigung* f *e-s Auftrages* || ~ de la ley *Befolgung* f *des Gesetzes* || ~ de la obligación *Leistung* f || ~ parcial *Teilerfüllung* f || ~ de la pena, ~ de la condena *Strafverbüßung* f || *Strafvollzug* m || ~ de la prestación *Einbringung* f *(od Bewirkung* f*) der Leistung* || ~ de la sentencia *Vollstreckung* f *des Urteils* || falta de ~ *Nichterfüllung* f || lugar de ~ *Leistungsort* m || *Erfüllungsort* m || visita de ~ *Anstandsbesuch* m || *amtlicher Besuch* m || en ~ de mi promesa *mein Versprechen erfüllend* || por (mero) ~, de ~ *(bloß) der Form wegen* || sin ~ *ohne Umstände, frei* || ◊ no ande V. con ~**s** *machen Sie keine Umstände* || dar ~ a *vollstrecken, erledigen* || *Folge leisten* || estar, ir de ~ *Höflichkeitsbesuche empfangen* od *abstatten* || presentar sus ~**s** a uno *jdn begrüßen, bewillkommnen*
cumplir vt *erfüllen, vollziehen (Versprechen, Pflicht)* || *ausführen, voll|strecken, -enden* || *zu Ende bringen (e-e Zeitfrist)* || *erledigen* || *abhelfen (e-r Not)* || *befriedigen* || *versorgen (mit)* || *ableisten (Dienstzeit)* || *befolgen (Gesetz)* || ◊ ~ años *seinen Geburtstag feiern* || voy a ~ 50 años *ich bin beinahe 50 Jahre alt* || ¿cuándo cumple V. años? *wann ist Ihr Geburtstag?* || ~ un encargo *e-n Auftrag erledigen* || ~ vi *seine Schuldigkeit, Pflicht tun* (con *gegenüber*) || *zu Ende gehen, ablaufen, verfallen (Frist)* || ⟨Mil⟩ *ausdienen* || ~ || con sus deberes *seinen Pflichten nachkommen* ||

~ con una formalidad *e-e Förmlichkeit erfüllen* || ~ de palabra *sein Wort geben und nicht halten* || hacer a/c por ~ *et gezwungen, der Form wegen od obenhin tun* || cumpla V. por mí *tun Sie es (grüßen Sie usw.) für mich* || me cumple decirle *ich muß Ihnen sagen* || lo que le cumple *nach Ihrem Belieben* || **~se** *in Erfüllung gehen (Wunsch)* || *sich vollenden, endigen* || *ablaufen (Urlaub, Frist)* || *eintreffen*

cumquibus *m* lat joc *Geld* n, fam *Moneten* pl
cumu|lar vi *(an)häufen* || *Doppelverdiener sein* || *mehrere Ämter gleichzeitig bekleiden* || **–lativamente** adv *gemeinsam (bei verbundenen Prozessen)* || **–lativo** adj *noch hinzukommend, zusätzlich, kumulativ, Zusatz-*
cúmulo *m* fig *Haufe(n)* m || *Menge* f || *Gipfel* m || fig *Geschäftsandrang* m || fig ⟨Com⟩ *Überschwemmung* f *(z. B. des Marktes mit Waren)* || ⟨Meteor⟩ *Haufenwolke* f, *Kumulus* m || ~ de bienes *Vermögensmasse* f || ~ de delitos *Verbrechenskonkurrenz* f || ~ de la Osa Mayor ⟨Astr⟩ *Großer-Bär-Haufe(n)* m || **~-nimbus,** **~-stratus** *m* ⟨Meteor⟩ *Kumulo|nimbus, -stratus* m

cuna *f* *Wiege* f || fig *Heimat* f, *Geburtsort* m, *Vaterland* n || fig *Herkunft, Abstammung* f || fig *Herkunft, Abstammung* f || fig *Kindheit, Wiege* f || fig *Ursprung* m || prov *Findelhaus* n || *(Rohr-) Wiege* f *(Artillerie)* || ⟨Bgb⟩ *Kippwiege* f || ⟨Web⟩ *Wiege* f || ⟨Tech⟩ *Gestell* n || ⟨Taur⟩ *Raum* m zwischen den beiden Hörnern des Stieres || canción de ~ *Wiegenlied* n || de humilde (ilustre) ~ *niederer (vornehmer) Abstammung* f || ◊ lo que se aprende en la ~, siempre dura *was die Wiege gibt, nimmt das Grab*
cunaguaro *m* Ven *Pardalkatze* f (→ **ocelote**)
cunar vt = **cunear**
cunda *m* Pe fam *Spaßvogel* m
cundido → **cundir** || ~ *m Öl, Salz* n *und Essig* m *als Verpflegung für die Hirten*
¹**cundir** vi *sich ausbreiten (e-e Flüssigkeit, Krankheit, Nachricht, Lehre)* || *sich dehnen, an Umfang zunehmen, aufquellen* || *sich verbreiten (Gerücht, Nachricht)* || *dicht fallen (Schnee)* || ◊ hacer ~ *in Umlauf bringen, verbreiten (Gerücht)*
²**cundir** vi Sal *würzen*
cunear vt *(ein)wiegen (Kind)* || **~se** vr fig *schunkeln*
cuneiforme adj *keilförmig, kuneiform* || caracteres ~s *Keilschrift* f
cuneo *m* s *v.* **cunear(se)** || ⟨Entom⟩ *Zwickel* m *(bei einigen Schnabelkerfen [Hemipteroidea])*
cúneo *m* ⟨Mar⟩ *Keilformation* f
cune|ra *f* *Kinderfrau* f *(am Hofe)* || **–ro** *m* prov *Findelkind* n
cuneta *f* *Seitengraben* e-r *Landstraße, Straßengraben* m || *Gosse, Rinne* f, *Rinnstein* m
cunicultura *f* *Kaninchenzucht* f
cuña *f* *Keil, Richt-, Treib-, Unterlege|keil* m || *untergelegter Span* m || ⟨Arch⟩ *Keilstein* m || Cu Dom MAm *zweisitziger Wagen, Zweisitzer* m || Am *einflußreicher Mensch* m, fam *großes Tier* n || ~ de ajuste *Stell-, Gegen|keil* m || ~ de amarra, ~ de trinca ⟨Mil⟩ *Rödelkeil* m || ~ de compañía ⟨Mil⟩ *Kompaniekeil* m || ~ de lanzamiento *Ablaufschlitten* m || ~ de llave ⟨Zim⟩ *Dübel* m || ~ de madera *Holzkeil* m || ~ de muelle ⟨Zim⟩ *Federkeil* m || ~ de ranura ⟨El⟩ *Kernnutenkeil* m || ~ de relleno *Pfändkeil* m || ~ de sección ⟨Mil⟩ *Zugkeil* m || ~ esférica ⟨Math⟩ *Kugelkeil* m || ~ vertical *Fallblock* m *(Artillerie)* || en forma de ~ *keilförmig* || **~s** pl fam *gute Beziehungen* fpl || ◊ donde no valen ~, aprovechan uñas *wo Kraft nicht ausreicht, muß die Zeit helfen*
cuña|da *f* *Schwägerin* f || **–día** *f* *Schwägerschaft* f || **–do** *m* *Schwager* m
cuñar vt = **acuñar**

cuñete *m* *kleines Faß* n
cuño *m* *(Münz)Stempel* m || *Gepräge* n || *Prägung* f || fig *Art* f, *Schlag* m || ⟨Mil⟩ = **cúneo** || de nuevo ~ fig *neu, modern*
cuñuela *f* dim *v.* **cuña**
cuociente *m* = **cociente**
cuodlibe|tal, cuodlibético adj: dicho ~ *Gemeinplatz* m || **–to** *m* *trivialer Ausdruck* m || fam *Potpourri* n || *Mischmasch* m, *Durcheinander* m
cuota *f* *Quote* f || *(An)Teil* m || *Mitgliedsbeitrag* m || *Unkostenbeitrag* m || *Gebühr* f || *Steuer|-beitrag* m, *-quote* f || *Taxe, Rate, Teilzahlung* f || *Schulgeld* n || ~ atrasada *Beitragsrückstand* m || ~ de agua *Wassergeld* n || ~ de amortización *Abschreibungsbetrag, Tilgungssatz* m, || ~ en la cosa común *Miteigentümeranteil, Miteigentumsanteil* m || ~ de importación, de exportación *Ein-, Aus|fuhrquote* f || ~ mortuoria *Sterbegeld* n || ~ obligatoria *Pflichtbeitrag* m || ~ patronal *Arbeitgeberanteil* m || ~ per cápita *Kopfbetrag* m || ~ periódica *Apanage* f || ~ vidual *Nießbrauchsrecht* n *der Witwe (am Nachlaß)* || → a. **cupo**
cuotaparte *f* *(pl* **cuotaspartes***) f* *Beitrags-, Gebühren|anteil* m || ~ aérea *Gebührenanteil* m *für Luftbeförderung* || ~ de llegada *Endgebühren-anteil* m *(Post)* || ~ de salida *Anfangsgebührenanteil* m *(Post)* || ~ de tránsito *Durchgangsgebühren-anteil* m *(Post)*
cuoti|diano adj *täglich* || **–die** *m* joc *Ehemann* m
cupe → **caber**
cupé *m* *Zweisitzer* m *(Auto)* || *zweisitzige geschlossene (Halb)Kutsche* f || ⟨EB⟩ *Wagenabteil, Coupé* n || ~ deportivo *Sportwagen* m
Cupido *m* *Kupido, Liebesgott* m || ~ figf *verliebter Mann* m
cuplé *m* *Couplet, Lied* n
cupletista *f* *Chansonette, Coupletsängerin* f (& m)
cupo *m* *Beitrag* m, *Kontingent* n, *Quote* f || *Steueranteil* m || ⟨Mil⟩ *Truppenkontingent* n || ~ básico (C. E. E.) *Grundquote* f *(EWG)* || ~ bilateral *bilaterales Kontingent* n || ~ de crédito *Kredit-, Beleihungsgrenze* f || ~ global *Globalkontingent* n || → a. **cuota**
cupón *m* *Zins-, Renten|schein* m || *Kupon, Coupon, Wertschein* m || *Dividendenschein* m || ~ de acción *Aktienabschnitt* m || ~ de descuento *Rabattmarke* f || ~ de dividendo *Gewinnanteil-, Dividenden|schein* m || ~ (de) respuesta internacional *internationaler Antwortschein* m *(Post)* || ~es en rama *abgeschnittene Kupons* mpl *(zwecks Einlösung)* || carnet de ~es ⟨EB⟩ *Fahrscheinheft* n || lámina *(od* pliego) de ~es *Zinsbogen* m
cupresáceas fpl ⟨Bot⟩ *Zypressengewächse* npl (Cupressaceae)
cúpri|co adj ⟨Chem⟩ *Kupfer-(II)-* || sulfato ~ ⟨Chem⟩ *Kupfersulfat* n || **–dos** mpl *Kupfererze* npl
cuprífero adj *kupferhaltig*
cupro|níquel *m* *Kupfer-Nickel-Legierung* f *(z. B. Nickelin)* || **–so** adj *kupferhaltig* || *Kupfer (I)-* || carbonato ~ ⟨Chem⟩ *Kupferkarbonat* n
cúpula *f* ⟨Arch⟩ *Kuppel, Haube* f || ⟨Arch⟩ *Kuppeldach* n || ⟨Bot⟩ *Fruchtbecher* m, *Cupula* f *(bei Buchengewächsen)* || ⟨Mar⟩ *Geschützturm* m || ~ de vapor *Dampfdom* m || ~ giratoria *Drehkuppel* f || ~ de escape de vahos *Dunsthaube* f
cupu|lar, –lado adj ⟨Arch⟩ *kuppelförmig* || *becherförmig* || **–lino** *m* ⟨Arch⟩ *Auf-, Dach|reiter* m
cuquear vt Cu *hetzen*
cuque|ra *f* Ar *(Art)* *Wurmnest* n || Ar *Wunde* f *am Kopf* || **–ría** *f* fam *Verschlagenheit, List* f
cuquillo *m* *Kuckuck* m || ◊ cantó el ~ y descubrió su nido fig *Reden ist Silber, Schweigen ist Gold*
¹**cura** *m* *Pfarrer, Seelsorger* m || *Geistlicher* m || fam *(kath.) Priester* m || fam *Kumpan, Geselle* m ||

~ castrense *Feldkaplan* m ǁ ~ ecónomo *(Pfarr-) Vikar* m ǁ ~ párroco *Pfarrer, Seelsorger* m ǁ este ~ joc = yo
²**cura** *f Kur* f, *Heilverfahren* n ǁ *Genesung, Heilung* f ǁ Chi fam *Trunkenheit* f ǁ ~ de adelgazamiento *Abmagerungs-, Entfettungs|kur* f ǁ ~ de aire *Luftkur* f ǁ ~ de almas *Seelsorge* f ǁ ~ de alturas *Höhenkur* f ǁ ~ de baños de mar *Seebadekur* f ǁ ~ de bebida *Trinkkur* f ǁ ~ de cama *Liegekur* f ǁ ~ de descloruración *salzlose Kur* f ǁ ~ de fruta *Obstkur* f ǁ ~ de hambre *Hungerkur* f ǁ ~ hidromineral *Trinkkur* f ǁ ~ de leche, ~ láctica *Milchkur* f ǁ ~ obligatoria, ~ forzosa *Zwangsheilung* f ǁ ~ posterior, ~ suplementaria *Nachkur* f ǁ ~ preliminar *Vorkur* f ǁ ~ de rejuvenecimiento *Verjüngungskur* f ǁ ~ de reposo *Liegekur* f ǁ ~ de sed *Durstkur* f ǁ ~ de sol, ~ solar *Sonnenkur* f ǁ ~ sudorífera, ~ de sudor *Schwitzkur* f ǁ ~ de superalimentación *Mastkur* f ǁ ~ termal *Badekur* f ǁ ~ de uvas *Traubenkur* f ǁ primera ~ *Erste Hilfe* f ǁ ◊ eso no tiene ~ fam *dem ist nicht abzuhelfen, damit ist es aus*

cura|bilidad *f Heilbarkeit* f ǁ **–ble** adj *heilbar*
cura|callos *m Hühneraugenmittel* n ǁ **–ción** *f Heilung, Genesung* f ǁ → a ²*cura*
cura|dillo *m Stockfisch* m ǁ **–do** adj fig *abgehärtet* ǁ *Tabak betrunken* (& s) ǁ *carne ~a gesalzenes bzw geräuchertes Fleisch* n ǁ **–dor** m/adj *Pfleger, Fürsorger* m ǁ *Fischpökler* m ǁ ~ ad bona lat *Vermögenspfleger* m ǁ ~ ad litem lat *Prozeßpfleger* m ǁ ~ ad ventrem lat *Pfleger m für die Leibesfrucht* ǁ ~ de herencia *Nachlaßpfleger* m ǁ **–duría** *f Vormundschaft* f ǁ *Kuratel* f ǁ ⟨Jur⟩ *Pfleg(e)amt* n

curalotodo *m* fam *Allheilmittel* n (→ **panacea**)
curande|ría *f Kurpfuscherei* f ǁ **–ril** adj fam *Kurpfuscher-* ǁ **–rismo** *m Kurpfuschertum* n, *Quacksalberei* f ǁ **–ro** *m Kurpfuscher, Quacksalber, Heilkünstler* m (f: **~a**)
curar vt *pflegen* ǁ *(Wunden) verbinden* ǁ *ärztlich behandeln* ǁ *in die Kur nehmen* ǁ *heilen* ǁ *pökeln, ein|pökeln, -salzen, räuchern (Fleisch, Fische)* ǁ *bleichen (Leinwand)* ǁ *gerben (Häute)* ǁ *rösten (Flachs, Hanf)* ǁ *(Bauholz) dörren, trocknen* ǁ fig *(von e–m Übel) befreien* ǁ fig *beruhigen* ǁ ◊ ~ carne al humo *Fleisch räuchern* ǁ ~ vi *genesen, heilen* ǁ *Sorge tragen, sorgen (de für)* ǁ **~se** *geheilt werden, genesen* ǁ *sich e-r Behandlung unter|werfen, -ziehen* ǁ *Am sich hüten (de vor)* ǁ ~ de un asunto *sich um e-e (acc) Angelegenheit kümmern* ǁ ~ en salud figf *es nicht darauf ankommen lassen*

curare *m Am Kurare, Pfeilgift* n
cura|sao, –zao *m Curaçao* m *(feiner Likör aus Orangenschalen)*
cura|tela *f Pflegeschaft* f ǁ *Vormundschaft* f *(über mehr als 14 Jahre alte Personen)* ǁ *Kuratel* f ǁ ~ de ausentes *Abwesenheitspflegschaft* f ǁ el sujeto a ~ *der Pflegebefohlener, der Pflegling* m ǁ **–tivo** adj *heilend, Heil-* ǁ *método ~ Heil|methode* f, *-verfahren* n
curato *m Pfarrdienst* m ǁ *Pfarrei* f ǁ *Kirchsprengel* m
curatorio *m Kuratorium* n
Curcio *m* np *Curtius* m
curbaril *m* ⟨Bot⟩ *e–e Art des Heuschreckenbaumes* (Hymenaea courbaril) ǁ *Courbarilholz* n
curc(uch)o adj/s Chi Guat *höck(e)rig, buck(e)lig*
curculiónidos mpl ⟨Entom⟩ *Rüsselkäfer* mpl (Curculionidae)
cúrcuma *f Indische Gelbwurz, Kurkuma* f (Curcuma longa) ǁ *Rhizom* n *der Gelbwurz(el)*
curcumina *f* ⟨Chem⟩ *Curcumin* n
curcuncho adj Chi *buck(e)lig* ǁ Pe *dumm, einfältig* ǁ Ec *verärgert, beleidigt*
curcusilla *f* = **rabadilla**

cur|da, –dela f/m *Rausch* m, *Trunkenheit* f ǁ fam *betrunkener Mensch* m ǁ ◊ coger una ~, ponerse ~, estar ~ fam *betrunken sein*
Curdistán *m Kurdistan (Land)*
curdo adj *kurdisch* ǁ ~ *m Kurde* m
cureña *f* ⟨Mil⟩ *Lafette* f ǁ ~ armada *Eisenbahnlafette* f ǁ ~ articulada *Gelenklafette* f ǁ ~ automóvil *Kraftfahrlafette* f ǁ ~ biflecha(da) *Spreizlafette* f ǁ ~ de limonera *Gabellafette* f
curia *f* ARom *Kurie, Volksabteilung* f ǁ *Gericht* n ǁ *(geistlicher) Gerichtshof* m ǁ fig *Vorsicht* f ǁ ~ diocesana *bischöfliche Kurie, Diozesankurie* f ǁ ~ romana *römische Kurie* f
Curia *f Chur (Stadt in Graubünden)*
curial adj *am geistlichen Gericht Tätiger* m ǁ *Kurien-* ǁ estilo ~ *gerichtlicher Kanzleistil* m
curialesco adj: estilo ~ (gew. desp) *Kanzleistil* m
curiana *f* = **cucaracha**
curiara *f südam. kanuartiges Indianerboot* n
curiche *m* SAm *Neger* m ǁ fig *dunkelhäutiger Mensch* m ǁ Bol *Morast, Sumpf* m
cu|rie *m* ⟨Nucl⟩ *Curie* n ǁ **–rio** *m* ⟨Chem⟩ *Curium* n
curio|samente adv *neugierig, aus Neugierde* ǁ *auf saubere, niedliche Art* ǁ *mit Sorgfalt, sorgfältig* ǁ **–sear** vt/i *neugierig sein*, fam *(herum-) schnüffeln* ǁ *spähen* ǁ vt *neugierig betrachten* ǁ **–sidad** *f Neugier(de)* f ǁ fam *Naseweisheit* f ǁ *Wißbegierde* f, *Wissensdurst* m ǁ *Sorgfalt* f ǁ *Zierlichkeit, Sauberkeit, Nettigkeit* f ǁ *Merk-, Sehens|würdigkeit* f ǁ *Seltenheit* f ǁ *Rarität* f ǁ *Kuriosum* n ǁ ◊ satisfacer la ~ *die Neugierde befriedigen* ǁ tengo ~ por saberlo *ich bin darauf neugierig* ǁ visitar las ~es *die Sehenswürdigkeiten (e-r Stadt) besehen* ǁ **–silla** f fam *vorlautes Mädchen* n ǁ **–so** adj *neugierig* ǁ fig *wissensdurstig, wißbegierig* ǁ fam *naseweis* ǁ *sorgfältig, genau* ǁ *sauber, reinlich, niedlich, nett* ǁ *sehens-, merkwürdig, selten* ǁ *sonderbar* ǁ *erstaunlich* ǁ estoy ~ por saberlo *ich bin darauf neugierig* ǁ por lo hecho *der Wissenschaft halber* ǁ ¡qué ~! *wie sonderbar!* ǁ ~ *m Wißbegierige(r)* m ǁ fam *Gaffer* m
curiquin|gue, –guí *m* Ec Pe *Geierfalke* m (Polyborus sp)
curita *f* dim v. **cura** ǁ *kleiner bzw junger Geistlicher* m ǁ fam *Seminarist* m ǁ ⟨Entom⟩ *Ölkäfer* m (→ **carraleja**)
curito *m* Ven ⟨Fi⟩ *Panzerwels* m (Callichthys spp)
curlan|dés, esa adj *kurländisch* ǁ ~ *m Kurländer* m ǁ **–dia** *f Kurland* n
△**currar** vt *betrügen, prellen*
currículo *m Curriculum* n, *Lehrplan* m
curriculum vitae (lat) *m (geschriebener) Lebenslauf* m
currinche *m* desp *Anfänger* m *(als Journalist)*
Curro, Currito *m* np And fam = **Francisco** *(f Curra)*
curro m/adj And *strammer, schmucker Bursche* m ǁ Ast León *Ente* f ǁ Cu *Andalusier* m
¹**curruca** *f* ⟨V⟩ *Grasmücke* f (Sylvia spp) ǁ ~ cabecinegra *Samtkopfgrasmücke* f (S. melanocephala) ǁ ~ capirotada *Mönchsgrasmücke* f (S. atricapilla) ǁ ~ carrasqueña *Weißbartgrasmücke* f (S. cantillans) ǁ ~ mosquitera *Gartengrasmücke* f (S. borin) ǁ ~ tomillera *Brillengrasmücke* f (S. conspicillata)
²**curruca** *f* Ar = **jauría**
currucucá *m* Mex *Gurren* n *der Tauben*
curruscante adj *kräftig, packend*
currutaco *m* fam *Geck, Stutzer, Gigerl* m
cur|sado adj *bewandert, erfahren, geübt (en in)* ǁ adv: **~amente** ǁ **–sante** m/adj *Student, Kursteilnehmer* m ǁ **–sar** vt *fleißig, häufig besuchen* ǁ *der Vorlesungen an e–r Hochschule) besuchen* ǁ *(e–n Kurs) durchmachen, absolvieren* ǁ *studieren (Fach, Wissenschaft)* ǁ *befördern, weiterleiten (ein Ge-*

such usw.) ‖ *in Umlauf setzen* ‖ *aufgeben (Telegramm)* ‖ ◊ ~ *las leyes die Rechte studieren* ‖ ~ una petición (*od* solicitud) *ein Gesuch einreichen* ‖ ~ un informe *e–n Bericht in Umlauf geben*

curs|il)ería *f lächerliche Befolgung* f *der Mode* ‖ *Stutzerei* f, *Geckentum* n ‖ fam *Spießertum* n ‖ *Kitsch* m ‖ *Getue* n ‖ **–si** adj/s fam *gespreizt, dünkelhaft* ‖ fam *über|trieben, -schwänglich* ‖ *geschmacklos, spießig, kitschig*

cursilón, ona adj augm *v.* **cursi** pop *Schnösel* m

cur|sillo *m kleiner Kursus, Ergänzungskursus* m ‖ *Lehrgang* m ‖ ~ de formación *Ausbildungslehrgang* m ‖ **–sillista** *m Kursteilnehmer* m ‖ **–sista** *m Kursteilnehmer* m ‖ **–sivo** adj : (letra) ~a ⟨Typ⟩ *Kursiv-, Schräg|schrift* f

cur|so *m Lauf* m, *Richtung, Bahn* f ‖ *Strömung* f ‖ *Lauf* m (*Wasser Gestirn)* ‖ *Verlauf, Gang* m ‖ *Lauf* m *der Zeit* ‖ *Reihenfolge* f ‖ *(Lehr) Kursus* m ‖ *Lehrgang* m ‖ *Vorlesung* f ‖ *Schul-, Studien|jahr* n ‖ *Lehrzeit* f ‖ *Laufbahn* f ‖ *Gültigkeit* f *(e–r Währung)* ‖ ⟨Mar⟩ *Kurs* m ‖ ~ bajo la par, ~ bajo el nominal *Unterparikurs* m ‖ ~ cambiario, ~ del cambio *Wechselkurs* m ‖ ~ de agua *Wasserlauf* m ‖ ~ de cierre *Schluß|kurs* m, *-notierung* f ‖ ~ de fabricación *Fabrikationsgang* m ‖ ~ de formación *Ausbildungskurs* m ‖ ~ de instrucción *Schulungskurs* m ‖ ~ de perfeccionamiento *Fortbildungskurs* m ‖ ~ de trabajo *Arbeitsgang* m ‖ ~ de vacaciones *Ferienkurs* m ‖ ~ de verano para extranjeros *Sommerferienkurs* m *für Ausländer* ‖ ~ de la lanzadera ⟨Web⟩ *Schützenlauf* m ‖ ~ del combate ⟨Mil⟩ *Gefechts|verlauf, -gang* m ‖ ~ del pleito ⟨Jur⟩ *Gang* m *des Verfahrens* ‖ ~ forzoso *Zwangskurs* m ‖ ~ irregular *stoßartiger Verlauf* m ‖ ~ legal *gesetzlicher Kurs* m ‖ ~ nominal *Nennwert-, Nominal|kurs* m ‖ ~ para adultos *Erwachsenenlehrgang* m ‖ ~ por correspondencia *Fernkurs* m ‖ ~ vendedor (comprador) *Brief- (Geld)kurs* m ‖ en el ~ del mes *im Laufe des Monats* ‖ ◊ dar un ~ *e–n Kurs halten, leiten* ‖ suspender el ~ *bei der Schlußprüfung nicht bestehen (Hörer)* ‖ dar ~ a una solución *ein Gesuch weiterleiten* ‖ dar libre ~ a *freien Lauf lassen* (dat) ‖ estar en ~ *im Gange sein* ‖ ~ de construcción *sich im Bau befinden* ‖ seguir (*od* asistir a) un ~ *e–e Vorlesung hören, besuchen* ‖ el asunto sigue su ~ *die Angelegenheit geht ihren Gang* (*od vor sich*) ‖ **–s** *pl*: inauguración de los ~ *Beginn des Schuljahr(e)s* ‖ ~ de vacaciones para extranjeros *Ferienkurse* pl *für Ausländer* ‖ baja de los ~ *Kursrückgang* m ‖ caída de los ~ *Kurssturz* m ‖ oscilaciones de los ~ *Kursschwankungen* fpl ‖ **–sómetro** *m Geschwindigkeitsmesser* m ‖ **–sor** m ⟨Radio⟩ *Schieber(kontakt), Schiebeanker* m ‖ ⟨Web⟩ *Läufer, Reiter* m, *Fliege, Mücke* f

curtación *f* ⟨Astr⟩ *ekliptische Verkürzung* f

curti|ción *f Gerbung* f, *Gerben* n ‖ *Gerberei* f ‖ ~ al cromo *Chromgerben* n ‖ de ~ vegetal *lohgar, lohgegerbt* ‖ **–dero** *m (Gerber)Lohe* m ‖ **–do** adj *Gerb-* ‖ *(loh)har, (loh)gegerbt* ‖ *abgehärtet* ‖ *von der Sonne gebräunt (Haut)* ‖ Mex *schamrot* ‖ *cuero* ~ *Gerbleder* n ‖ ◊ estar ~ en figf *gewöhnt sein an* (acc) ‖ *erfahren, bewandert sein in* (dat) ‖ ~ *m Gerben* n ‖ *negocio de* ~s *Lederhandlung* f ‖ **–dor** *m (Loh)Gerber* m ‖ **–duría** *f (Loh)Gerberei* f *(Betrieb)* ‖ **–embre** *f* Am ‖ **–duría**

cur|tiente *m*/adj *Gerbstoff* m ‖ **–tir** vt *gerben* ‖ fig *abhärten* ‖ sich ~ *ungegerbt* ‖ **–se** fig *gegerbt werden (von der Sonne)* ‖ fig *sich abhärten*

curto adj Ar *kurz* ‖ Ar *schwanzlos*

curú *m* Pe *Raupe* f *der (Kleider)Motte*

curubo *m*, **~a** *f* Col *Passionsblume* f (Passiflora spp)

curucú *m* Mex ⟨V⟩ *Trogon, Nageschnäbler* m ‖ Mex Nic ⟨V⟩ *Quetzal* m (→ d)

curuja *f Eule* f

curunco adj Guat Salv *blondhaarig*

cur|va *f Kurvenverlauf* m, *Kurve* f ‖ *Krümmung, Wegbiegung* f ‖ *Windung* f ‖ ⟨Com⟩ *Kurve* f, *Trend* m ‖ ⟨Flugw⟩ *Kurvenflug* m ‖ ⟨Mar⟩ *Krummholz* n ‖ ~ aclínica *aklinische Kurve* f ‖ ~ a la derecha (izquierda *Rechts- (Links-)|kurve* f ‖ ~ apainelada ⟨Math⟩ *Korbbogen* m ‖ ~ asintótica ⟨Math⟩ *asymptotische Kurve* f ‖ ~ de acuerdo ⟨Top⟩ = ~ de enlace ‖ ~ de agudeza de respuesta ⟨Radio⟩ *Resonanzkurve* f *mit Einschnitt* ‖ ~ de caída *Fallkurve* f ‖ ~ de cambio de vía ⟨EB⟩ *Weichenbogen* m ‖ ~ de carga ⟨Tech⟩ *Belastungskurve* f ‖ ~ de concentración *Konzentrationskurve* f ‖ ~ de crecimiento ⟨Bot⟩ *Wachstumskrümmung* f ‖ ~ de deslizamiento ⟨El⟩ *Schlupfkurve* f ‖ ~ de ebullición *Siedekurve* f ‖ ~ de enlace *Verbindungs-, Übergangs|kurve* f ‖ ~ de iman(t)ación, ~ de magnetización *Magnetisierungskurve* f ‖ ~ de nivel *Höhen(schicht)-, Niveau|linie* f ‖ ~ de precios *Preiskurve* f ‖ ~ de remanso ⟨Hydr⟩ *Staukurve* f ‖ ~ de rendimiento *Wirkungsgradkurve* f ‖ ~ de resonancia ⟨Radio⟩ *Resonanzkurve* f ‖ ~ de respuesta ⟨El⟩ *Wiedergabecharakteristik* f ‖ *Empfindlichkeitskurve* f ‖ ~ de temperatura *Temperaturkurve* f ‖ ~ de ventas *Umsatzkurve* f ‖ ~ de visibilidad reducida ⟨Aut⟩ *unübersichtliche Kurve* f ‖ ~ económica *Wirtschaftskurve* f ‖ ~ piezométrica ⟨Hydr⟩ *piezometrische Kurve* f ‖ ~ plana *ebene (zweidimensionale) Kurve* f ‖ ~ sinoidal *Sinuskurve* f ‖ en ~ *kurvenförmig, gebogen* ‖ tomar una ~ ⟨Aut⟩ *e–e Kurve nehmen* ‖ **–var** vt *biegen (Holz)* ‖ *krümmen, kröpfen* ‖ *muebles* –vados *Möbel* n *aus gebogenem Holz*

curva|tón *m* ⟨Mar⟩ *kleines Knie* n ‖ **–tura** *f Krümmung, Biegung* f ‖ ~ del ala ⟨Flugw⟩ *Flügelwölbung* f ‖ ~ de la imagen *Bildwölbung* f

curvígrafo *m Kurvenlineal* n

curvímetro *m Kurvenmesser* m

curvo adj *krumm, gebogen*

cusca *f* Col *Rausch* m, *Trunkenheit* f ‖ Mex *(Straßen)Dirne* f ‖ Hond *Buckel* m ‖ ◊ hacer la ~ a alg. vulg Span *jdm schaden* (→ a **puñeta**)

cuscu|rriento, –rroso adj *trocken (wie Brotkruste)* ‖ **–rro** *m (Stück) Brot|kruste, -rinde* f

cuscuta *f* ⟨Bot⟩ *Seide* f (Cuscuta spp)

cusir vt fam = **corcusir**

cuspar vt/i Chi *jdm nachrennen*

cuspi *m* Pe = **agutí**

cúspide *f (Berg)Spitze* f, *Gipfel* m ‖ fig *Gipfel* m ‖ conferencia en la ~ ⟨Pol⟩ *Gipfeltreffen* n

custo|dia *f Wache, Hut* f ‖ *Ver-, Aufbe|wahrung* f ‖ *Schutz* m ‖ *Obhut* f ‖ *Verhaft* f ‖ *Gewahrsam* f ‖ *Haft* f ‖ *(Sonne in der) Monstranz* f ‖ *Hostienbehälter* m ‖ *Tabernakel* n ‖ ~ del millón *Monstranz* f *der Kathedrale von Cádiz* ‖ ~ judicial *gerichtliche Verwahrung* f ‖ bajo la ~ de *unter der Obhut von* ‖ ◊ depositar en ~ *zum Aufbewahren aufgeben* ‖ sujeto a ~ *Pflegling* m ‖ **–diar** vt *(auf-) be-, ver|wahren* ‖ **–dio** adj: ángel ~ *Schutzengel* m ‖ ~ *m Wächter, Hüter* m ‖ *Gefängnisaufseher* m

cusuco *m* Salv = **armadillo**

cusum|be *m* Ec, **–bo** *m* Col = **coatí**

cutáneo adj ⟨An⟩ *Haut-* ‖ reacción ~a ⟨Med⟩ *Hautreaktion* f

cúter *m* ⟨Mar⟩ *Kutter* m

cutí [pl **–ies**] *m (Bett)Zwillich* m

cutícula *f* ⟨An Bot Zool⟩ *Häutchen* n, *Kutikula* f

cuticular adj ⟨An⟩ *kutikular*

cutio *m (Hand)Arbeit* f ‖ día de ~ *Werk-, Arbeitstag* m

cutir vt *(an)schlagen* ‖ *zerstoßen, stampfen*

cutirreacción *f* ⟨Med⟩ *Hautreaktion* f

cutis *m* ⟨An⟩ *Lederhaut, Kutis* f

cutre adj *geizig, knauserig* ‖ ~ *m* Chi *Geflügelhaus* n

cuy *m* SAm *Meerschweinchen* n (→ **cobaya**)

cuyano *m*/adj Chi *Spitzname* m *der Argentinier*

¹**cuyo, cuya** pron.rel *dessen, deren* ∥ la madre ~s hijos ... *die Mutter, deren Söhne* ... ∥ por ~ motivo *weswegen*
²¿**cúyo? ¿cúya?** pron.int *wessen?* ∥ ¿~ es este reloj? *wem gehört diese Uhr?*
³**cuyo** m fam *Liebhaber* m
¡cuz, cuz! int *hierher! (Zuruf für die Hunde)*
cuzco adj/s Hond *höck(e)rig, buck(e)lig* ∥ Mex *naschhaft* ∥ Mex *zudringlich* ∥ *vorlaut* ∥ ~ m = **gozquecillo**

cuzcuz [*pl* -ces] m = **alcuzcuz**
cuzo m Ast León = **cuzco**
cuzquito m dim v. **cuzco**
CV Abk = **caballo de vapor** ∥ ~ fiscal *Steuerpferdestärke* f
c/vta, c/v Abk = **cuenta de venta**
czar m = **zar**
czarda f, **czardás** m *Csárdás, Tschardasch* m *(ungarischer Volkstanz)*

CH

ch *f* (= ce hache) ch *n*
¹**cha** *m* Am Fil *Cha, Tee* m
²¡**cha**!¡**chá**! int *sieh da!*
chabaca|nería, -nada *f Geschmacklosigkeit, Lächerlichkeit* f ‖ *Plattheit* f ‖ *Pfusch|arbeit* f, *-werk* n ‖ **-no** adj *platt, gemein* ‖ *plump, geschmacklos* ‖ adv: ∼**amente** ‖ ∼ *m* Mex *Aprikosenbaum* m (Prunus armeniaca)
chabelón adj fam *weibisch* ‖ *weichlich* ‖ *feige (Mann)*
chabisque *m* Ar *Schlamm, Morast* m
△**chabó** *m Bursche, Junge* m
chabo|la *f Hütte* f ‖ *Baracke* f (bes *in ärmlichen Vorstadtvierteln)* ‖ **-lismo** *m Vorhandensein* n *von Elendsquartieren* ‖ *Elendsquartiere* npl ‖ *Unterbringung* f *in chabolas*
chaca *f* Chi *Venusmuschel* f (Venus dombeyithaca) ‖ Bol *Brücke* f ‖ *Bogen* m
chacal *m Schakal* m (Thos aureus)
chaca|lín *m* = **camarón** ‖ **-lote** *m* Col = **cachalote** ‖ **-na** *f* Ec *Trage* f ‖ *Tragbahre* f ‖ **-near** vt Chi *die Sporen geben (Pferd)*
chacantana *f* Mex *Zank, Streit* m ‖ *Aufruhr* m
chácara *f* Am = ¹**chacra**
chacare|ría *f Gruppe* f *von Landgütern* ‖ **-ro** *m/* adj Am *Feldarbeiter* m ‖ Am *Besitzer* od *Pächter* m *e–r Chacra*
chacarona *f* Can *gepökelter Fisch* m
chacarrear vt/i fam *brummen, knurren*
chaci|na *f* = **cecina** ‖ *gepökeltes Schweinefleisch* n ‖ **-nería** *f (Schweine)Fleisch- u. Wurst|waren* fpl (& *Geschäft*) ‖ **-nero** *m Fleischer, Schlachter* m ‖ *Wurstwarenhändler* m
Chaco: el Gran ∼ Am *das Chacogebiet* n *(Waldgebiet in Nordargentinien, Paraguay und Bolivien)*
chacó *m* [pl **-oes**] ⟨Mil⟩ *Tschako* m
chacolí *m* Vizc *dünner Wein* m
chacolote|ar vi *locker sein, klappern (z. B. Hufeisen)* ‖ **-o** *m Klappern* n
chacón *m* Fil ⟨Zool⟩ *Tokee, Tokeh, Tokay* m (Gecko verticillatus)
chacona *f Chaconne* f *(Tanz)*
chaconada *f Jakonet, Jakonat* m, *Musselin* n
chaco|ta *lärmende Freude* f ‖ *Schäkerei* f ‖ ◊ echar a ∼, hacer ∼ de a. *jdn et spaßhaft nehmen, scherzhaft auffassen, Spaß treiben (mit)* ‖ *sich über et lustig machen* ‖ estar de ∼ fam *zum Scherz aufgelegt sein* ‖ **-tear** vi *Spaß treiben* ‖ *Unfug treiben* ‖ **-tero, -tón, na** adj/s fam *lustig, kurzweilig, spaßhaft* ‖ *toll*
¹**chac|ra** *f* Am *(einzelstehendes) kleineres Landgut* n ‖ Am *Saaterde* f ‖ **-rero** *m* = **chacarero**
²**chacra** *f* Chi *Scheuerwunde* f
chacuaco *m* Mex *Silberschmelze* f
¹**chacha** *f* fam *Mädchen, Kind* n ‖ fam *Amme, Kinderwärterin* f ‖ fam *Dienstmädchen* n
²**chacha** *f* Guat = **chachalaca**
chachacaste *m* MAm *Branntwein,* fam *Schnaps* m
chacha|cuate adj Mex *pockennarbig* ‖ **-l** *m* Pe *Bleistift* m ‖ **-laca** *f*/adj *Schakuhuhn* f (Penelope spp) ‖ *Guan* m (Ortalis spp) ‖ Mex fig *Schwätzer* m ‖ **-poyo** adj Mex *schwerfällig*
chachara *f* fam *unnützes Geschwätz* n ‖ *Gerede* n
chachare|ar vi fam *schwatzen, plaudern, klatschen,* fam *quatschen* ‖ **-ría** *f* fam *Geschwätz, Geklatsch* n ‖ **-ro, chacharón** *m* fam *Schwätzer, Mauldrescher* m ‖ fam *Quatschkopf* m

△**chachipé** *m Wahrheit* f
chacho *m* pop *Junge* m *(Koseform)*
chafa(a)lmejas *m* desp *schlechter Maler, Kleckser* m
chafal|dete *m* ⟨Mar⟩ *Geitau* n ‖ **-dita** *f* fam *Neckerei* f ‖ *Späßchen* n
chafalote adj/s Arg *grob, unhöflich* ‖ ∼ *m* Ec Chi RPl = **chafarote**
chafa|llar vt fam *(ver)pfuschen* ‖ **-llo** *m* fam *Pfuscherei* f ‖ **-llón** *m* fam *Pfuscher* m
chafandín *m* fam *eitler Dummkopf,* fam *Fatzke* m (→ **gilipollas**)
chafar vt *zerdrücken* ‖ *zerknüllen* ‖ *zerknittern* ‖ *zertreten* ‖ fig *verderben* ‖ figf *jdn zum Schweigen bringen* ‖ △fig *abbrechen* ‖ → a **aplastar** ‖ ◊ dejar chafado a alg. fam *jdm den Mund stopfen* ‖ *jdn entmutigen*
chafa|rote *f* fam *langer od breiter Säbel* m ‖ *Hirschfänger* m ‖ **-rraño** *m* Can *(Art)Zwieback* m *(aus Mais)*
chafarri|nada *f,* **-nón** *m Klecks, Fleck* m ‖ fam *Schandfleck* m
chaflán *m Schrägkante am Gesims, Abschrägung, Schrägfläche* f ‖ *Gehrung* f ‖ *Schrägschnitt* m, *Facette* f ‖ *abgeschrägte Haus-* od *Straßen|ecke* f ‖ ∼ (de la) Calle Aragón *Ecke* f *der Calle Aragón*
△**chafle** *m Schutzmann* m
chagolla *f* Mex *falsche* bzw *sehr abgegriffene Münze* f
cha|grén, -grín *m Chagrinleder* n
chaguarazo *m* RPl *Peitschenhieb* m ‖ RPl fig *Beleidigung* f
△**chai** *f (Straßen)Dirne* f ‖ △*kleines Mädchen* n
chaira *f Kneif* m, *Sohlenmesser* n *der Schuhmacher* ‖ *Wetzstahl* m *der Metzger*
chaiselongue *f* frz *Chaiselongue* f, *Ruhebett* n *(Möbel)*
chajá *m* Arg RPl *Tschaja, Schopfwehrvogel* m (Chauna spp)
cha|júa, -juán *m* Col *Wärme, Hitze* f ‖ *Schwüle* f
chal *m Schal* m, *Umlegetuch* n ‖ *Hals|wärmer* m, *-tuch* n
△**chalabear** vt/i *schütteln*
chalación *m* = **chalazión**
chalaco adj/s Pe *aus Callao*
chala(da) *f* Chi *Riemen-, Bänder|schuh* m ‖ △*Flucht* f
chala|do adj (pop **-o**, dim **-dito**) And *verblödet* ‖ ◊ estar ∼ prov *verrückt sein,* fam *e–e Meise haben* ‖ ∼ (perdido) por fig *sehr verliebt,* fam *vernarrt, verknallt in* (acc)
chalán m/adj *Pferdehändler, Roß|täuscher, -kamm* m ‖ ∼ adj *gerissen*
chalana *f Schute* f, *Leichter* m ‖ Mex *Fähre* f
chala|near vt/i *schachern, Schacher treiben* ‖ Pe *(Pferde) abrichten* ‖ **-neo** *m s v.* **-near**
¹**chalar** vt *verblöden, blöd machen* ‖ *verrückt machen* ‖ ∼**se** *sich toll verlieben,* fam *sich verknallen* (por *in* acc)
²**chalar** vi/t fam *schachern*
³△**chalar** vi *(aus)gehen*
chalaza *f* ⟨V⟩ *Chalaze, Hagelschnur* f, *zweispiralig gedrehter Eiweißstrang* m *im Ei* ‖ ⟨Bot⟩ *Knospengrund* m, *Chalaze* f
chalazión *m* ⟨Med⟩ *Verdickung* f *im Augenlidknorpel, Chalazion, Chalazium* n
chalazogamia *f* ⟨Bot⟩ *Chalazogamie* f
chalé *m* = **chalet**
chale|co *m Weste* f ‖ *ärmelloses od kurzärmeli-*

chalequera — chanclo 366

ges Wams n ‖ buntfarbige Mütze f der Valencianer ‖ △(Straßen)Dirne f ‖ ~ de fantasía, ~ de color farbige Weste f ‖ ~ de punto Strickwes e f ‖ ~ salvavidas, ~ de salvamento Schwimmweste f ‖ bolsillo de ~ Westentasche f ‖ ◊ decir a/c para su ~ joc et vor sich hin sagen ‖ **–quera** f Westen|näherin, -schneiderin f
chalet m Chalet, Landhaus n (bes im Schweizer Stil) ‖ ⟨Sp⟩ Schutzhütte f für Wintersportler ‖ ~ de fin de semana Wochenendhaus n
chalina f (Art) Halsbinde f ‖ Am feines Halstuch n
chalmugra m ⟨Bot⟩ Chaulmoograbaum m (Hydnocarpus kurzii) ‖ aceite de ~ Chaulmoograöl n (zur Leprabehandlung)
chalona f Bol gesalzenes, sonnengetrocknetes Schaffleisch n ‖ Pe Schafdörrfleisch m
chalote m ⟨Bot⟩ Schalotte f (Allium ascalonicum)
chalupa f ⟨Mar⟩ Schaluppe f ‖ ⟨Mar⟩ L(e)ichter m, L(e)ichterschiff n ‖ Mex Maistorte f ‖ ◊ volver a uno ~ pop jdm den Kopf verdrehen
challa f Chi Karnevalsscherz m ‖ Pe trockenes Maisblatt n
△**chama** f (Aus)Tausch m
chamaco m Mex MAm Knabe m, Kind m
chamada f = **chamarasca** ‖ And Serie f von Unglücksfällen
chamagoso adj Mex schmierig, schlampig, verlottert ‖ Mex pop schlecht ausstaffiert ‖ Mex vulgär (Sache)
chamal m (Art) Mantel, Umhang m der Indianerinnen ‖ hosenförmiges Kleidungsstück n der Araukaner
chamán m Schamane m ‖ Buddhapriester m
chamanto m Chi Wollmantel m der Bauern
chamarasca, chámara f Reisigholz n ‖ Flackerfeuer n
△**chamar(ilear)** vt (ver)tauschen
chamari|ll(l)ero m Trödler m ‖ fam Gauner, Betrüger m ‖ **–llón** m/adj Stümper m (im Spiel)
chama|riz [pl –ces], **–rín** f ⟨V⟩ Girlitz m (Serinus serinus) ‖ **–rón** m ⟨V⟩ Schwanzmeise f (Aegithalos caudatus) (→ mito)
chama|rra f (grober) Wollkittel m ‖ Tschamara f (Schnürrock) ‖ **–rrear** vt Hond belästigen, ärgern ‖ MAm betrüben ‖ **–rrero** m Ven Kurpfuscher m
¹**chamba** f fam unverhofftes Glück n ‖ Zufallstreffer m ‖ fig Schwein n ‖ Mex Geschäft n
²**chamba** f Ec Rasen(platz) m ‖ Col Graben m
chambaril m Sal = **zancajo**
chambear vt Col schneiden, rasieren ‖ Mex (ver)tauschen ‖ vi Mex Geschäfte treiben
chambelán m Kammerherr m ‖ Mex Stößer, Stampfer m
chamber|ga f And schmales Seidenband n ‖ **–go** adj auf das Regiment Schomberg in Madrid (unter Karl II.) bezüglich ‖ casaca ~a ⟨Mil⟩ schombergischer Waffenrock m ‖ a la ~a im Schombergstil ‖ ~ m/adj runder breitkrempiger Hut, Rembrandthut m ‖ weicher Filz-, Künstlerhut m
Chamberí ein Stadtviertel von Madrid ‖ ⚹ adj pop prunkhaft
cham|bo Am fam Handel m ‖ **–bón, ona** adj/s fam stümperhaft, pfuscherhaft ‖ fam Glückskind n ‖ fam Hans m im Glück ‖ **–bonada** f fam Pfuscherei f ‖ fam unerwartetes Glück n ‖ fam unglücklicher Mißgriff m des Chambón ‖ fam sinnloses Geschwätz n, Gallimathias m
chamborote m Ec weißer Paprika m ‖ Ec fig Langnasige(r) m
¹**chambra** f kurze Hausjacke f der Frauen ‖ Morgen|kleid, -gewand n, Matinee f
²**chambra** f △Zufall m
chambrana f Ven Freudengeschrei n ‖ Getöse n ‖ Col Zank m, Streitigkeit f ‖ (Fenster)Einfassung, Umrahmung f
chambre m Má fam Schurke m
chamelico m fam Gerümpel n ‖ Chi altes Kleidungsstück n ‖ ◊ liar los ~s Chi figf s–e Sachen packen
chamelote m Kamelott m
chami|cado adj Chi Pe trübsinnig ‖ betrunken ‖ **–co** m Cu SAm Stechapfel m (Datura stramonium) ‖ ◊ dar ~ a alg. SAm Cu figf jdn verhexen, jdn verzaubern, jdn willfährig machen
chami|za f Schilfrohr n ‖ And Reisig n ‖ **–zo** m versengter Baum m ‖ Feuerbrand m ‖ angebranntes Stück Holz, verkohltes Holzscheit n ‖ mit Schilf bedeckte Hütte f ‖ figf elende Baracke f, pop schmutzige Spelunke f ‖ △Hurenhaus n
chamo|rra f fam Kopf m mit kurz geschorenen Haaren, fam Platte f ‖ **–rrar** vt scheren (& fig) ‖ **–rro** adj figf mit geschorenen Haaren
chamota f Schamotte f
champa f Chi = **cepellón**
champagne m = **champaña**
Champa|ña f die Champagne (Land) ‖ ⚹ m, **champán** m Champagner, Champagnerwein m ‖ **⚹ñazo** m Chi fam Festessen n mit Champagnerwein
champar vt fam (jdm et) vorwerfen (z. B. auch erhaltene Wohltat)
champiñón m Champignon, Egerling m (Psalliota = Agaricus campestris)
champola f Cu ein erfrischendes Getränk n
champú m engl Schampun, Shampoo, Haarwaschmittel n ‖ ◊ lavar con ~ schampunieren
champurrado m Mex Getränk n aus Maismehl u. Milch ‖ Mex alkoholisches Mixgetränk n ‖ Mex fig Mischmasch m, Durcheinander n
champurr(e)ar vt = **chapurrar**
champurria f Ven Likörmischung f
champús m Am Wirrwarr m
chamuco m Mex Teufel m ‖ fig List f, Kniff, Trick m
△**chamuchi** m Wahrheit f
chamuchina f Mex Pöbel m ‖ Mex Zank m, Streitigkeit f ‖ Bol Kleinigkeit, Lapperei f
△**chamullar** vi reden, sprechen
chamus|cado adj figf von e–r Leidenschaft, von e–m Laster angesteckt ‖ **–car** [c/qu] vt (ver)sengen ‖ absengen (Schweine) ‖ leicht rösten, anbräunen ‖ anbrennen (Speisen) ‖ abbraten (Geflügel) ‖ ~se Col in Zorn geraten ‖ **–quina** f (Ab)Sengen n ‖ Brandgeruch m ‖ figf Streit m ‖ Schlägerei f ‖ Balgerei f ‖ ◊ oler a ~ verbrannt riechen ‖ nach Ketzerei riechen ‖ fig verdächtig sein ‖ aquí huele a ~ figf hier herrscht dicke Luft
chanada f fam Täuschung f ‖ Betrug m ‖ Possen m
△**chanar** vt wissen, verstehen
¹**chanca** f = **chancha** Sal Holzschuh m
²**chanca** f And kleine Salzfischindustrie f ‖ Chi Tracht f Prügel
chanca|ca f Am Abschabsel m ‖ Pe ein flaches, rundes Gebäck n ‖ Chi Mahl-, Zerkleinerungs|maschine f, Brecher m ‖ **–quita** f Chi Laune, Grille f
chance m prov: ¡qué ~! wie gelungen!
chance|ar vi scherzen, Scherz treiben ‖ ~se sich lustig machen (de über) ‖ necken ‖ **–ro** adj/s scherz-, spaß|haft ‖ ~ m Witzbold, Witzling m ‖ **–ta** f dim v. **chanza**
chanci|ller m Kanzler m ‖ Siegelbewahrer m ‖ **–llería** f ⟨Hist⟩ Obergericht n (in Vall und Gran) ‖ **→ a canci|ller, –llería**
chancla f abgetretener Schuh m ‖ Hausschuh, Pantoffel m ‖ Galosche f ‖ en ~ fam nachlässig angezogen
chancle|ta f Hausschuh, Pantoffel m ‖ ◊ ser un ~ figf plump sein ‖ **–teo** m (Pantoffel)Geklapper n
△**chanclí** m Knie n
chanclo m Holzschuh m ‖ Überschuh m ‖

Gummischuh m, *Galosche* f || *(Frauen) Pantoffel* m
 chancro *m* ⟨Med⟩ *Schanker* m || ~ **blando** (duro) *weicher (harter) Schanker* m || **-ide** *m* ⟨Med⟩ *weicher Schanker* m || **-so** adj *schankrös*
 chancuco *m* Col *Schmuggeltabak* m
 chan|cha *f* Am *Sau* f || Chi *kleiner Karren* m || Chi *Fahrrad* n || Col *desp Mund* m || ◊ *hacer la* ~ figf *die Schule schwänzen* || **-chada** *f* Am *Gemeinheit* f || Am *Schmutzigkeit* f
 cháncharras máncharras *fpl*: ◊ *andar en* ~ fam *leere Ausflüchte suchen*
 chancha|rreta *f* Pe *altes, zerschlissenes Schuhwerk* n || **-rriento** adj Col *zerlumpt*
 chan|chería *f* Am *Schweinemetzgerei* f || *Wursthandlung* f || **-chero** *m* Am *Schweinemetzger* m || Am *Schweinehirt* m || Am *Schweinezüchter* m || **-chi** adv pop: ◊ *pasarlo* ~ *sich toll amüsieren* || **-cho** *m*/adj Am *Schwein* n || *Schweinefleisch* n || ~ adj Am *schmutzig, schweinisch* || **-chullear** vi fam *schwindeln, schieben* || **-chullero** *m* *Schwindler* m || fam *Schieber* m || **-chullo** *m*/adj fam *Schacher* m || *Schwindelei* f || *Schiebung* f || *Schliche* mpl || *Ränke* mpl || pantalón ~ pop *breite Stutzerhose* f
 chande *f* Col *Krätze* f
 △**chandí** *m Markt* m
 chan|dra *f* fam *(feile) Dirne* f || **-dro** adj Ar *faul, träge*
 △**chanelar** vt *verstehen, wissen*
 chanfaina *f Lungenfrikassee* n || *Lungenragout* n || Am *Lastträgerdienst* m || fam *Läpperei* f
 chanfla *f* Ar = **chapucería**
 ¹**chanfle** *m* Mex pop = **chaflán**
 ²**chan|fle** *m* Mex *Pfuscher* m || RPl *Polizeibeamte(r)* m || **-flón, ona** adj *pfuscherhaft*
 chan|ga *f Gelegenheitsarbeit* f || Am *Scherz, Spaß* m || *Läpperei* f || △ *gutes Geschäft* n || **-gador** *m* Am *Eckensteher, Gepäckträger, Dienstmann* m || **-gar** [g/gu] vi SAm *Spaß treiben*
 chango adj/s Chi *plump* || Mex *geschickt, klug* || ~ *m* Mex *(kleiner Affe* m || Mex *weibliche Scham* f || PR *Spaßvogel* m || ◊ *ponerse* ~ Mex fig *auf der Hut sein* || Mex fig *munter werden*
 changuear Cu PR vi *scherzen, Spaß machen*
 chan|guero *m* Am = **chancero** || **-gueo** *m* Col Cu PR *Scherz, Spaß* m || **-güi** *m* fam *Scherz, Spaß* m || Cu *alter, pöbelhafter Tanz* m
 △**chaniqué** *m Leben* n
 △**chanispero** *m Geist* m
 chano, chano adv fam *langsam, sachte*
 △**chanorgar** [g/gu] vt *vergessen*
 chanta|je *m Erpressung* f || **-jista** *m Erpresser* m
 chantar vt *anziehen (Kleid)* || *einschlagen, befestigen* || fam *ins Gesicht sagen* || Chi *gierig essen* || *verschlingen* || ◊ *se lo chantó* fam *er sagte es ihm offen ins Gesicht*
 △**Chante** = **Ceuta**
 chantillí *m Schlagsahne* f
 chantillón *m* = **escantillón**
 chan|tre *m Kantor, Vorsänger* m || **-tría** *f Würde* f *des Vorsängers*
 chanvares mpl *große Kastagnetten* fpl
 chan|za *f Scherz, Spaß, Witz* m || *Spott* m || *Possen* m || △ *(Arg) List* f || de ~, en ~ aus, zum *Scherz* || ◊ *estar de* ~ *scherzen, Scherz treiben* || **-zaina** *f* △ *(Arg) List* f
 ¹**chanzoneta** *f Chansonette* f, *Liedchen* n || *lustiges (Weihnachts)Lied, Osterlied* n
 ²**chanzoneta** *f* = dim *v*. **chanza**
 chañaca *f* Chi pop *Räude, Krätze* f || fig *schlechter Ruf* m
 chañar vt Chi *stehlen, rauben* || *zerstücken*
 ¡chao! int Arg pop =**¡adiós!**
 chaola *f* = **chabola**
 △**chaomó** *f Winter* m
 chapa *f Platte, Scheibe* f *aus Metall, Horn usw.* || *Blech* n || *Beschlag* m *(aus Blech od Holz)* ||
Blechmarke f || *Anwurf* m *an Schlössern* || *Furnier* n *(an Möbeln usw.)* *Lederbesatz* m *(an Schuhen)* || *Bodenblech* n *(Heizung)* || *Beinschiene* f || *flüchtige Röte* f *auf den Wangen* || figf *Vernunft* f, *Verstand* m || Am *(Tür) Schloß* n || Ec figf *Spitzel, Späher* m || Am ⟨Aut⟩ *Nummernschild* n || ~ acanalada *Riffelblech* n || ~ blindada *Panzerblech* n || ~ bruñida *Schwarzblech* n || ~**-canaleta** *Well-(asbestzement)platte* f || ~ de acero *Stahlblech* n || ~ de alza *Visierklappe* f *(Gewehr)* || ~ de borda *Bordblech* n || ~ de caballete ⟨Maur⟩ *Firsthaube* f || ~ de caldera *Kesselblech* n || ~ de cerradura *Schlüsselblech* n *des Schlosses* || ~ de cinc *Zinkblech* n || ~ del cinturón ⟨Mil⟩ *Koppelschloß* n || ~ de colar la escoria ⟨Metal⟩ *Schlackenblech* n || ~ de culata *Kolben|blech* n, *-klappe* f *(Gewehr)* || ~ de embutir *Tiefziehblech* n || ~ de forro, ~ de revestimiento *Futterblech* n *(Brücken)* || ~ de hierro (dulce) *(Fluß)Eisenblech* n || ~ de hierro pudelado *Schweißeisenblech* n || ~ de identidad ⟨Mil⟩ *Erkennungsmarke* f || ~ de llamada ⟨Tel⟩ *Anrufklappe* f || ~ de madera *Furnier* n || ~ de matrícula ⟨Aut⟩ *Nummern-, Kennzeichen|schild* n || ~ de refuerzo *Verstärkungs-, Futter|blech* n || ~ estriada *Riffelblech* n || ~ galvanizada *verzinktes Blech* n || ~ gofrada *Waffelblech* n || ~ intercostal ⟨Mar⟩ *Zwischenplatte* f || ~ ondulada *Wellblech* n || ~ perforada *Siebblech, gelochtes Blech* n || ~ protectora *Spritz-, Schutz|blech* n || *persona de* ~ *gediegene Person* f || ~**s** pl *Chapaspiel* n *(Münzenwerfen)* || Am *flüchtige Röte* f *auf den Wangen*
 chapado adj = **chapeado** || *flachährig (and. Bartweizen)* || ~ a la antigua fam *altfränkisch, altmodisch* || oro ~, ~ de oro *Dublee* n, *Vergoldung* f || ~ *m Plattierung* f
 chapa|lear vi *(im Wasser) plätschern* || = **chacolotear** || **-leo** *m Plätschern* n || **-leta** *f Pumpenventil* n || ~ *avisadora* ⟨Tel⟩ *Fallklappe* f
 chapapote *m* Ant *Asphalt* m
 chapar vt = **chapear** || fig *schleudern, hinwerfen* || Ec *belauern*
 chapa|rra *f Kermeseiche* f *(Quercus coccifera)* (→ a **coscoja**) || = **chaparro** || **-rrada** *f* = **-rrón** || **-rral** *m Steineichen|wald, -busch* m || **-rrear** vi *in Strömen regnen* || **-rro** *m strauchartige Stein-, Zwerg-, Strauch|eiche* f *(Quercus ilex)* || am. *Stockbaum* m || ~ adj = **achaparrado** || **-rrón** *m Platzregen, Regenguß* m || fam *Unannehmlichkeit* f || figf *Abreibung, Strafpredigt* f || ◊ *aguantar el* ~ pop *kaltes Blut bewahren* || *llovía a* ~ (~es) *es regnete in Strömen* || **-rrudo** adj León = **achaparrado**
 chape *m* ⟨Web⟩ *Schappe* f || Am *(Frauen-)Zopf* m || ~**s** mpl Chi *verschiedene Muschelarten* fpl
 chape|ado adj *belegt (mit Platten)* || *beschichtet* || *plattiert, dubliert* || *vergoldet* || fam *vermögend, reich* || **-adura** *f Furnierarbeit* f || **-ar** vt *Metall belegen, plattieren* || *einlegen* || *furnieren (Holz)* || ◊ ~ *con plomo mit Blei verkleiden* || ~ de oro *vergolden, dublieren*
 chape|cán *m* Am *Zopf* m, *Tresse* f || Chi *Schnur, Reihe* f || **-car** vt Chi *flechten*
 chapel|ta *f* ⟨Tech⟩ *Sperrklappe* f || **-te** *m* Ar *Käppchen* n
 chapco *m Hut* m
 chaperón *m* ⟨Arch⟩ *Mauerabdeckung* f
 △**chapescar** [c/qu] vi *fliehen*
 chapeta *f* dim *v*. **chapa** (→ a **chapeleta**)
 ¹**chapetón** *m* = **chaparrón**
 ²**chapetón** *m* Am prov *neuangekommener Europäer (bes Spanier)* m (& adj) || Pe *Klimafieber* n
 chapetonada *f* Am *Klimafieber* n *der neuangekommenen Spanier* || Ec fig = **novatada**
 chapico *m* Chi *ein Logangewächs* n (Desfontainia spinosa)

chapín m *(Art) Frauen|schuh, -Pantoffel* m *aus Korduanleder mit Korkabsätzen* ‖ ~ adj *krummbeinig*
chápiro m: ¡voto al ~! ¡por vida del ~ (verde)! fam *bei meiner Treu* ‖ *da hört sich alles auf! (bei Zornausbrüchen)*
chapis|ta m *Blech|schmied, -schlosser* m ‖ *Autospengler* m ‖ **–tería** f *Blechschlosserei* f ‖ ⟨Aut⟩ *Karosseriewerkstatt* f
chapitel m ⟨Arch⟩ → **capitel** ‖ *Turmhelm* m ‖ △*Kopf* m
chaple m *Grabstichel* m ‖ *Schaber* m
chapo adj Mex = **achaparrado**
chapó m *Billardspiel* n *zu viert*
chapodar vt *beschneiden, putzen, lichten (Bäume)* ‖ fig *einschränken*
chapola f Col *Schmetterling* m
chapón m *großer Tintenfleck, Klecks* m
chapopote m Mex = **chapapote**
chapote|ar vt *anfeuchten (mit Schwamm od Lappen)* ‖ ~ vi *(im Wasser, im Kot) plätschern* ‖ **–o** m *Plätschern* n ‖ *Geklapper* n *(Mühlradschaufel)*
chapuce|ar vt *(ver)pfuschen, verhunzen* ‖ *stümpern* ‖ Mex *betrügen, prellen* ‖ **–ría** f *Pfuschwerk* n, *Pfuscherei* f ‖ *Stümperei* f ‖ *Unbeholfenheit* f ‖ prov *Aufschneiderei* f ‖ **–ro** adj *nachlässig, pfuscherhaft* ‖ *stümperhaft* ‖ prov *verlogen* ‖ adv: ~**amente** ‖ ~ m *Pfuscher, Stümper* m ‖ prov *Lügner* m ‖ *Alteisen-, Schrott|händler* m
chapul m Col *Wasserjungfer, Libelle* f ‖ **–ete** m Ec, **–in** m MAm Mex Ven *Heuschrecke* f, *Grashüpfer* m
chapu|rrado m Cu *(Art) gewürzte Kirschlimonade* f ‖ **–rr(e)ar** vt/i *radebrechen (e–e Sprache)* ‖ fam *kauderwelsch sprechen* ‖ fam *mischen, pantschen, mixen (Liköre)* ‖ ◊ **–rr(e)a el español** *er spricht gebrochen Spanisch*
¹**chapuz** [pl **–ces**] m *Untertauchen* n, *Kopfsprung* m ‖ Mex ⟨Fi⟩ *(Art) Alant* m ‖ ⟨Bot⟩ *Sonnenbraut* f (Helenium autumnale) ‖ ◊ **dar ~ untertauchen**
²**chapuz** [pl **–ces**] m, **chapuza** f *Stümperei, Pfuscharbeit* f
chapu|zar [z/c] vt *jdn mit dem Kopf untertauchen* ‖ ~ vi, ~**se** *das Gesicht ins Wasser tauchen* ‖ *springen (Schwimmen)* ‖ *untertauchen* ‖ **–zón** m fam *schnelles Untertauchen* n, *Kopfsprung* m ‖ ◊ **dar un ~** *schnell untertauchen*
chaqué, chaquet m *Cutaway* m ‖ ◊ **ir de ~** *einen Cutaway anhaben* ‖ fig *sich in Gala werfen*
chaqueño adj/s Arg *aus dem Chaco*
chaque|ta f *Jacke* f ‖ *(Herren) Rock, Sakko* m ‖ (traje de) ~ *abierta, cruzada Ein-, Zwei|reiher* m ‖ ~ **de ante** *Wildlederjacke* f ‖ *gente de ~ Leute aus dem Volke* ‖ ◊ *decir a/c para su ~* fam *et für sich sagen, denken* ‖ **–tear** vi Cu fig *sein Mäntelchen nach dem Winde hängen* ‖ figf *umschwenken* ‖ figf *umfallen* ‖ figf *kneifen, vor et zurückweichen* ‖ *fliehen* ‖ **–tera** f *Rockschneiderin* f ‖ **–tero** m s v. **-tear** ‖ *Opportunist* m ‖ **–tilla** f dim v. **-ta** ‖ **–tón** m augm v. **-ta** ‖ *weiter (Ober)Rock* m
△**chabaró** adj *traurig*
¹**chara|da** f *Scharade* f, *Silbenrätsel* n ‖ fig *Rätsel, Geheimnis* n ‖ **–dista** m *Scharaden|macher, -löser* m
²**charada** f Ar *aufflackerndes Feuer* n
charal m Mex ⟨Fi⟩ *(Art) Ährenfisch* m (Chirostoma sp) ‖ ◊ *estar hecho un ~* Mex fig *spindeldürr sein*
charambita f Burg Pal Vall *Dolzflöte, Schalmei* f
¹**charamus|ca** f Gal *Funke* m *des Holzfeuers* ‖ Can Am *Reisig od Kleinholz* n *zum Feuermachen* ‖ **–car** [c/qu] vt Cu *(ab)sengen*
²**charamusca** f Mex *(Art) Zuckerwerk* n
charan|ga f ⟨Mil⟩ *Regimentsmusik, Musikkapelle* f *(bes Blasmusik)* ‖ *kleine Musik|kapelle,*

-bande f ‖ **–go** m Pe *kleine Gitarre* f *der HochlandIndianer* ‖ **–guero** m *Pfuscher, Stümper* m ‖ And *Hausierer* m ‖
charapa f Pe *Schienenschildkröte* f (Podocnemis sp)
char|cal m *Sumpfland* n ‖ *(großer) Tümpel* m ‖ **–co** m *Lache, Pfütze* f ‖ ◊ *pasar (od cruzar) el ~* figf *übers Meer, über den großen Teich fahren* ‖ **–cón** adj Arg Bol *dünn, mager* ‖ **–cutería** f *Wurstwaren(geschäft* n) fpl (→ a **salchichería**)
△**charipén** m *Bett* n
char|la f fam *leeres Geschwätz, Plauderei* f, *Plaudern* n, *Unterhaltung* f ‖ *witzige Unterhaltung, Causerie* f ‖ ◊ *estar de ~ plaudern* ‖ **–lador** adj fam *schwatzhaft, geschwätzig* ‖ ~ m fam *Schwätzer, Mauldrescher* m ‖ **–laduría** f *Schwatzhaftigkeit* f ‖ **–lar** vi *schwatzen, plaudern* ‖ *schwatzen (Papagei)* ‖ ◊ ~ *por los codos* fam viel *schwatzen, reden*
charlatán, ana adj/s *geschwätzig* ‖ ~ m *Schwätzer, Mauldrescher* m ‖ *Quacksalber* m ‖ *Marktschreier* m ‖ *Schwindler, Scharlatan* m
charlata|near vi = **charlar** ‖ **–nería** f *Geschwätzigkeit* f, *Geschwätz* n ‖ *Quacksalberei* f ‖ *Scharlatanerie* f ‖ **–nismo** m *Aufschneiderei, Prahlerei* f ‖ *Quacksalberei* f ‖ *Scharlatanismus* m
charlatorio m fam *Schwätzersaal* m ‖ ~ *nacional* pop iron *Parlament* n
charlear vi *quaken (Frösche)*
charlestón m *Charleston* m *(Tanz)*
char|lido m *Quaken* n *der Frösche* ‖ **–lista** m ⟨Lit⟩ *Causeur* m ‖ *Vortragsredner* m ‖ **–lón, ona** adj Ec = **charlatán**
Char|lot m *Charlie Chaplin, Filmkomiker* m ‖ ⋨ fig *komischer Mensch, Hanswurst* m ‖ **≈lotada** f ⟨Taur⟩ *komische Stierhetze* f ‖ prov *AmateurStierkampf* m
char|lotear vi = **-lar** ‖ **–loteo** m *Geschwätz* n
△**charmiquí** m *Leben* n
¹**charnela** f *Scharnier, Gelenkband* n ‖ *Türangel* f ‖ ⟨Zool⟩ *Schloß, Schließband* n *der Muschelschalen* ‖ ⟨Tech⟩ *Klappe* f, *Klappengelenk* n ‖ ~ *de aleteo* ⟨Flugw⟩ *Schlagscharnier* n ‖ ~ *de clavija Fisch-, Tür|band* n ‖ ~ *de tracción* ⟨Flugw⟩ *Widerstandscharnier* n ‖ *asiento de ~ Klappsitz* m
²**charnela** f SAm = **charqui**
△**charnelas** fpl *Kleingeld* n
△**charniegos** mpl *Handschellen* fpl
△**charó** m *Himmel* m ‖ *Teller* m
charol m *(chinesischer) Lack, Firnis* m ‖ *Lack-, Glanz|leder* n ‖ *botas de ~ Lackschuhe* mpl ‖ ◊ *darse ~* figf *wichtig tun, angeben*
charo|lado adj *gewichst (Fußboden)* ‖ ~ *de verde grün lackiert* ‖ **–lar** vt *lackieren, firnissen*
charpa f *Schulterriemen* m, *Bandelier* n ‖ ⟨Chir⟩ *(Arm) Binde* f
△**charpe** m *Geld* n
char|que m SAm = **–qui** ‖ **–quear** (pop **–quiar**) vt/i Am *ungesalzenes Rindfleisch od Obst in Streifen geschnitten an der Sonne dörren*
charqui, charquí m SAm *ungesalzenes, an der Sonne od über dem Feuer gedörrtes Rindfleisch od Obst* n ‖ *Dörr|fleisch, -obst* n
charquillo m dim v. **charco**
charra f Sal *Bäuerin* f ‖ fig *grobe, unhöfliche Frau* f ‖ *Bauerntanz* m ‖ *bäurisches Wesen* n ‖ *Volkstracht* f *in der Prov. Salamanca* ‖ *(Art) Haselhuhn* n ‖ *Bauernstreich* m, *Zote* f ‖ *Grobheit, Ungeschliffenheit* f ‖ figf *Geschmacklosigkeit* f, *Kitsch* m ‖ *Hond breitkrempiger Bauernhut* m ‖ **–da** f *Bauerntanz* m ‖ *Kitsch* m, *Geschmacklosigkeit* f ‖ *Grobheit, Ungeschliffenheit* f ‖ Ar *Klatschen, Ausplappern, Schwätzen* n
¹**charrán** m/adj *Gauner* m
²**charrán** m ⟨V⟩ *Seeschwalbe* f (Sterna spp) ‖ ~ *ártico Küstenseeschwalbe* f (S. paradisea) ‖ ~ *común Flußseeschwalbe* f (S. hirundo) ‖ ~ pa-

tinegro *Brandseeschwalbe* f (S. sandvicensis)
charra|nada, -nería f *Gaunerei* f || *Schurkenstreich* m || **-near** vi *Gaunereien treiben*
charrasca f, ~o m fam *Schleppsäbel* m || fam joc *Klappmesser* n
charreada f Mex *Charro-Fest* n
charrería f figf *Geschmacklosigkeit, Abgeschmacktheit* f || *Taktlosigkeit* f
charrete|ra f ⟨Mil⟩ *Achsel|band, -stück* n, *-schnur, Epaulette, Achsel|klappe* f, || *Strumpf-, Knie|band* n || **-ro** m *Knie-, Hosen|band* n
charro adj *bauernmäßig, bäurisch, Bauern-, salmantinisch, aus Salamanca* || fam *aufgedonnert* || fam *kitschig* || fam *geschmacklos* || fam *buntscheckig* || *grell (Farbe)* || ~ m *Bauer* m *aus der Umgebung von Sal.* || fig *Bauer(nlümmel)* m || Mex *mex. Reiter* m *mit bestimmter Tracht*
charrúa f And *Reihenpflug* m
chárter m engl *Charter* m || ~ *aéreo Flugcharter* m || *vuelo* ~ *Charterflug* m
chartreuse f frz *Chartreuse* m *(Likör)*
chasca f *Reisig* n || SAm *wirres Haar* n
chascada f Hond *Trinkgeld* n
¹chascar [c/qu] vi *knistern, prasseln, knarren (von ausgetrocknetem Holz)*
²chascar [c/qu] vi *mit der Zunge schnalzen*
chascarrillo m fam *Anekdote, kurze, witzige (oft zotige) Erzählung* f || Ar fam *drollige Bauerngeschichte* f
chascás [pl **-áes**] m *Tschapka* f, *viereckige polnische Mütze* f || *Ulanenhelm* m
chasco m *Anführen, Foppen* n || *Possen, Streich* m || fam *Reinfall* m || ◊ *dar* ~ a alg. *jdn anführen, jdm e-n Streich spielen* || *llevarse (un)* ~ fam *hereinfallen* || fam *mit langer Nase abziehen* || fam *das Nachsehen haben* || ¡menudo ~ *que te vas a llevar!* fam *du wirst dein blaues Wunder erleben!*
chasis, *chassis m frz ⟨Aut⟩ *Fahr-, Wagen|gestell, Chassis* n || ⟨Phot⟩ *Kassette* f, *Wechselrahmen* m || ⟨El⟩ *Chassis* n, *Grund-, Aufbau-, Montage|platte* f || ⟨Tech⟩ *Rahmen* m || *Untergestell* n *(Kran)* || ⟨Typ⟩ *Formrahmen* m || ~ *de carro* ⟨Typ⟩ *Karren(kasten)* m || ~ *de corredera* ⟨Phot⟩ *Schiebekassette* f || ~ *oblicuo* ⟨Flugw⟩ *Schrägrahmen* m *(für Motorprüfung)* || ~ *para placas* ⟨Phot⟩ *Plattenkassette* f || ~ *sobre oruga Raupenfahrwerk* m || ~ *sobre rieles Schienenfahrwerk* n
chasponazo m *Streifen* n *e-r Kugel, Streifschuß* m
chasque|ador m/adj *Spaß|vogel, -macher* m || *Preller, Gauner* m || **-ar** vt/i *foppen, anführen* || *prellen* || fam *reinlegen* || fam *an der Nase herumführen* || ◊ ~ *el látigo mit der Peitsche knallen* || ~ vi *knallen (mit der Peitsche)* || *knacken* || *krachen* || *knarren* || ◊ ~ (con) *la lengua mit der Zunge schnalzen* || **~se** e-e *Enttäuschung erfahren*
chasquido m *Peitschenknall* m || *Knarren* n *(Holz)* || *Knistern, Prasseln* n *(Feuer)* || *Plätschern* n *(des Regens)* || *Schnalzen* n *mit der Zunge* || ⟨TV Bgb⟩ *Knacken* n
chata f *stumpfnasige Frau* f *(auch als Kosewort gebraucht)* || *Stumpfnäschen* n || *Stechbecken* n || Arg *Pritschenwagen* m || SAm *Schleppkahn* m || *la* ≃ fam *der Tod*
chata|rra f *Schlacke* f || *Schrott* m, *Alt-, Abfall|eisen* n || ~ *de acero Stahlschrott* m || ~ *de enfriamiento Kühlschrott* m || ~ *de fundición Guß|bruch, -schrott* m || ~ *de lingoteras Kokillenbruch* m || ~ *de lingotes Blockschrott* m || *aprovechamiento de la* ~ *Schrottverwertung* f || *comercio de (od en)* ~ *Schrotthandel* m || *parque de* ~ *Schrottlagerplatz* m || **-rrería** f *Schrottgeschäft* n || **-rrero** m *Schrotthändler* m
chate|ar vi fam = **-teo** || **-teo** m fam: ◊ *andar (od ir) de* ~ *von e-r Bar in die nächste ziehen*, fam *die Kneipen abklappern*

chato adj/s *stumpf-, platt|näsig* || *platt, flach* || *nariz* ~a *Stumpf-, Platt|nase* f || ~ m *stumpf-, platt|nasiger Mensch* m *(auch als Kosewort gebraucht)* || figf *niedriges, breites Weingläschen* n *(bes für Manzanilla)* || ◊ *tomar un* ~ fam *sich einen gönnen*
chatunga f fam *Stumpfnäschen* n *(Person)* || △ *Mädchen* n, *Dirne* f
¡chau! int Pe pop = **¡adiós!**
chaucha Chi *(Früh)Kartoffel* f || *kleine Nickel- od Silber|münze* f || RPl *Armseligkeit* f || **~s** pl Arg *(grüne) Bohnen* fpl
chau|chera f Chi *Laufbursche* m || **-chudo** adj Chi *wohlhabend*
chaulmoogra m = **chalmugra**
chauna f Arg ⟨V⟩ = **chajá**
chauvinis|mo m gall *Chauvinismus* m || *übertriebenes Nationalgefühl* || **-ta** m/adj *Chauvinist* m || ~ adj *chauvinistisch*
chaval m (dim **-illo**) m/adj pop *Bursche, Junge* m || **~a** (dim **-illa**) f pop *(junges) Mädchen, Mädel* n
chavalongo m Chi *Benennung* f *für mehrere Erkrankungen (z. B. Typhus, Sonnenstich usw.)* || Arg Chi *bleierne Müdigkeit* f || fam *schwerer Kopf* m
chave|ta f *Pflock, Bolzen* m || *Niet* m || *Nutenkeil* m || *Keil* m || ~ *afilada Treibkeil* m || ~ *cóncava Hohlkeil* m || ~ *cónica Treibkeil* m || ~ *de cola de milano* ⟨Zim⟩ *Nutenstein* m || ~ *de desbloqueo Lösekeil* m || ~ *de muelle Federkeil* m || ~ *embutida*, ~ *empotrada Einlegekeil* m || ~ *guía Federkeil* m || ~ *plana, redonda Flach-, Rund|keil* m || ◊ *perder la* ~ figf *die Fassung, den Verstand verlieren* || **-tear** vt *(fest-, ver)keilen* || *versplinten*
△**chavó** m = **chaval**
chazar vt *(den Ball) zurücktreiben*
¹che f *das span* ch *nach seiner Aussprache*
²¡che! interj Val SAm pop im *Reden häufig eingeflochtene Partikel, bes. beim Rufen, Staunen usw.* || *he! hör mal!*
³che m Bras *Argentinier* m
¹checa f *Tschechin, Böhmin* f
²checa f *Tscheka* f *(Geheimpolizei in Sowjetrußland)* || *Gebäude* n *der Tscheka*
checo adj/s *tschechisch, böhmisch* || ~ m *Tscheche, Böhme* m || *tschechische Sprache* f
checo(e)slova|co adj/s *tschechoslowakisch* || ~ m *Tschechoslowake* m || **⁼quia** f *Tschechoslowakei* f
cheche m = adj Cu PR *Prahler* m
Cheché f np pop = **Mercedes**
cheche|ar vi *den* ch*-Laut im Spanischen nicht richtig aussprechen*
chécheres mpl Col *Krimskrams* m, *Gerümpel* n, fam *Klamotten* fpl
Chelao np fam = **Wenceslao**
¹chele adj/s MAm *blond(haarig)* || ~ m MAm *nichtspanischer Ausländer* m || MAm *Augenbutter* f
²chele m Guat *Triefäugigkeit* f
chelín m *Schilling* m *(Münze)*
Chelo np fam = **Consuelo**
Cheo, Chebita (Cheíta) np fam = **José, Josefa**
cheik m gall = **jeque**
△**chen** m *Boden* m, *Erde* f
chen|ca f MAm *Zigarrenstummel* m || **-cha** m Mex *Faulenzer* m || **-que** m Chi *Flamingo* m
chepa f fam *Buckel, Höcker* m || ≃ *Buckelige(r)* m *(Spottname)*
Chepa, Chepe (Chepita) fam = **José**
chepe m Hond *Nachschlagewerk* n || Mex *Mannweib* n
△**chepo** m *Brust* f
cheque m *Scheck* m, *Zahlungs-, Bank|anweisung* f, *Bankschein* m || ~ *abierto*, ~ *franco offener Scheck. Barscheck* m || ~ *aceptado beglaubigter Scheck* m || ~ *certificado beglaubigter Scheck* m ||

chequear — chichonear 370

bestätigter Scheck m ‖ ~ *cruzado,* ~ *barrado Verrechnungsscheck, gekreuzter Scheck* m ‖ ~ *cubierto, en descubierto gedeckter, ungedeckter Scheck* m ‖ ~ *de caja Kassen-, Bar|scheck* m ‖ ~ *de carpeta,* ~ *de administración Kassenwechsel* m ‖ ~ *de compensación Verrechnungsscheck* m ‖ ~ *de retorno Retourscheck* m ‖ ~ *de viajero,* ~ *turístico Reise-, Traveller|scheck* m ‖ ~ *devuelto Rückscheck* m ‖ ~ *domiciliado Zahlstellencheck, domizilierter Scheck* m ‖ ~ *dudoso fauler Scheck* m ‖ ~ *intransferible Rektascheck* m ‖ ~ *no cruzado ungekreuzter Scheck, Barscheck* m ‖ ~ *a la orden Orderscheck* m ‖ ~ *al portador Überbringer-, Inhaber|scheck* m ‖ ~ *postal Postscheck* m ‖ ~ *postal de viaje Postreisescheck* m ‖ ~ *sin provisión ungedeckter Scheck* m ‖ *un* ~ *sobre Madrid por 9200 pesetas ein Scheck auf Madrid über 9200 Peseten* ‖ *talonario de* ~s *Scheckbuch* n ‖ ◊ *emitir un* ~ *e–n Scheck ausstellen* ‖ *expedir un* ~ *e–n Scheck ziehen* ‖ *extender un* ~ *e–n Scheck ausstellen* ‖ *girar un* ~ *sobre e–n Scheck ziehen auf* ‖ *presentar un* ~ *e–n Scheck (zur Zahlung) vorlegen* ‖ *satisfacer (od pagar) un* ~ *e–n Scheck einlösen* ‖ *visar (od certificar) un* ~ *e–n Scheck bestätigen*
    chequear vt *überprüfen* ‖ ⟨Med⟩ *untersuchen* ‖ CR PR *e–n Scheck ziehen* ‖ Col *eintragen, registrieren* ‖ CR Cu PR *vergleichen* ‖ PR *überwachen, kontrollieren* ‖ Cu *spionieren* PR MAm Col *aufgeben (Gepäck)*
    chequemeneque m/adj Chi *stets herumlaufende, lebhafte Person*
    chequeo m ⟨Med⟩ *Grund-, General|untersuchung* f
    chequera f *Scheckbuch* n
    Cherburgo ⟨Geogr⟩ *Cherbourg*
    chercan m Chi ⟨V⟩ *Zaunkönig* m (Troglodytes magellanicus)
    chercha f Hond *Schäkerei* f ‖ Ven *Spott* m, *Spötterei* f
    cherif m = **jerife**
    △**cherinola** f *Diebesbande* f, *Zuhälterbande* f
    △**cheripén** m *Bett* n
    △**cheripí** m *Milch* f
    cherna f ⟨Fi⟩ *Riesenzackenbarsch* m (Epinelephus morio)
    △**cherpos** mpl *Geld* n
    chesl. Abk = **checo(e)slovaco**
    cheso adj/s *aus dem Hechotal* (PHues)
    chéster m engl *Chesterkäse* m
    cheurón m ⟨Her⟩ *Sparren* m
    cheviot(e) m *Cheviot* m *(Gewebe)*
    chiba f Col *Rucksack, Tornister* m
    chibalete m ⟨Typ⟩ *Setzregal* n
    chibcha m/adj Col *Chibcha-*
    △**chibé** m *Tag* m
    chibera f Mex *Kutscherpeitsche* f
    chibuquí m *Tschibuk* m *(Pfeife)*
    chic m frz *Schick* m, *Eleganz* f ‖ *guter Geschmack* m ‖ ~ adj (indekl., *stets nachgestellt*) *schick, elegant, geschmackvoll*
    chi|ca f *junges Mädchen* n, fam *Kleine* f ‖ fam *Dienstmädchen* n ‖ *kleines Glas* n *(Wein, Bier)* ‖ *Schnitt* m *(Bier)* ‖ fam *Freundin* f *(im vertraulichen Gespräch)* ‖ **–cada** f *Kinderei* f
    chica|na f Am gall *Kniff* m ‖ bes Am *Arglist* f, *Schikane* f ‖ **–neador** m Am *Betrüger, Lügner* m ‖ **–near** vt Am *betrügen* ‖ *verwirren* ‖ *(ver)fälschen* ‖ *die Ehe brechen* ‖ *übergehen, verbergen, verhehlen* ‖ *schikanieren* ‖ **–nería** f Am *Arglist* f, fam *Lümmel* m ‖ **–nero** adj/s *arglistig* ‖ *schikanös* ‖ *spitzfindig* ‖ ~ m *Winkeladvokat* m
    chica|rro, –rrón m augm v. **chico** ‖ **–zo** f augm v. **chica** ‖ ◊ fig *schlecht erzogener, grober Junge,* fam *Lümmel* m
    △**chicatelar** vi *niesen* ‖ *husten*
    chicle m *Chicle* m ‖ *Kaugummi* m ‖ **–ar** vi Am *(Kau)Gummi kauen*

chico adj *klein, jung* ‖ *género* ~ *einaktige Theaterstücke* fpl (zarzuelas *usw.)* ‖ *perro* ~a, *perro* ~ pop span. *Kupfermünze* f *zu 5 Céntimos* ‖ ~ m *Knabe* m, *Kind* n ‖ *Kleiner* m ‖ *Junge, Bursche* m ‖ fam *Junge* m *(in vertraulichem Gespräch)* ‖ pop *Weinmaß* n *(1,68 Deziliter)* ‖ Chi *Kupfermünze* f = $^1/_4$ *Centavo* ‖ *es un buen* ~ fam *er ist ein guter Kerl* ‖ *los* ~s *de la escuela die Schuljungen* ‖ *los* ~s *de la prensa* pop *die Leute von der Presse, Presse-, Zeitungs|leute* pl
    chicoco m Chi *Zwerg* m
    chicole|ar vi fam *den Mädchen Artigkeiten sagen* ‖ joc *Süßholz raspeln* ‖ **–o** m *Tändeleien* fpl
    chicora f Col ⟨V⟩ = **aura**
    chicoria f = **achicoria**
    chico|rro m fam *hübscher, strammer Bursche* m ‖ **–rrotico, –rrotín** m adj fam dim v. **chico**
    chico|ta f fam prov *hübsches, dralles Mädchen* n *(bes als Kosewort)* ‖ **–tazo** m Am *Peitschenhieb* m ‖ **–te** m fam *hübscher, strammer Bursche* m *(bes als Kosewort)* ‖ figf *Zigarre* f, fam *Glimmstengel* m ‖ ⟨Mar⟩ *Tauende* n ‖ Am *Peitsche* f ‖ **–tear** vt Am *peitschen, (ver)prügeln* ‖ Col *töten, erschlagen* ‖ Chi *grob bewerfen (Wand)* ‖ **–tera** f Chi *Hosengurt* m ‖ **–zapote** m = **zapote**
    chicue|la f/adj *junges Mädchen* n ‖ **–lo** im v. **chico** ‖ *Bube, Junge* m ‖ **–lino** adj ⟨Taur⟩ *auf den span. Stierfechter Chicuelo bezüglich*
    [1]**chicha** adj: *calma* ~ *tote, schwüle, völlige Windstille* f ‖ *schwüle Hitze* f
    [2]**chicha** f fam ⟨Kinds⟩ *Fleisch* n ‖ ◊ *tener pocas* ~s *sehr dürr sein, nur Haut und Knochen sein*
    [3]**chicha** f Am *Chicha* f, *e–e Art Maisbranntwein* m *(in Zuckerwasser gegorener Mais)* ‖ Am *Weinmost* m
    [4]**Chicha** f Tfn pop = **Vicenta** ‖ = **Narcisa** ‖ = **Asunción**
    chicharo m *Kichererbse* f ‖ *Erbse* f ‖ *Bohne* f
    chicha|rra f *Zikade* f ‖ *allg. Bezeichnung* f *für verschiedene Heuschreckenarten* ‖ ⟨Tech⟩ *Ratsche, Bohrknarre* f ‖ ⟨El⟩ *Summer* m ‖ *Bohrer* m *(des Schlossers)* ‖ *Knarre* f *(Kinderspielzeug)* ‖ figf *Schwätzer* m ‖ ◊ *canta la* ~ figf *es ist drückend heiß* ‖ **–rrero** m *sehr heißer Ort* m, fig *Backofen* m ‖ **–rro, –rrón** m *(Speck)Griebe* f ‖ *zu stark geröstetes Fleisch* n
    chiche m Mex Guat vulg *Zitze* f ‖ Mex fig *Amme* f ‖ SAm *Zierat* m ‖ Arg *Spielzeug* n ‖ ~ adj CR *leicht, bequem* ‖ Mex *elegant*
    chichear vt/i *pst! pst! rufen*
    chicheo(s) m(pl) *Zischen* n ‖ *Gezisch* n ‖ ⟨Th⟩ *Auszischen* n
    chichería f *Chicha-Ausschank* m ‖ *Schenke* f
    △**chichí** m *Gesicht* n ‖ *Kopf* m
    ¡**chi, chi!** int *pst! pst!*
    chichi|cuilote m Mex ⟨V⟩ *Wassertreter* m (Phalaropus wilsoni) ‖ *Odinshühnchen* n (Phalaropus = Lobipes lobatus) ‖ **–lasa** f Mex *kleine, rote, angriffslustige Ameise* f ‖ Mex fig *schöne, aber kratzbürstige Frau* f
    Chichicha f np pop = **Francisca**
    chichime|cas, –cos mpl/adj Mex *nordwestmex. Indianer* mpl
    chichinar vt Mex *ansengen, verbrennen*
    chichiri|mico m: ◊ *hacer* ~ Pe figf *jdn verhöhnen* ‖ Pe *sein Vermögen verlieren* ‖ **–moche** m fam *Haufen* m, *Menge* f
    chichisbe|ar vi *um die Gunst e–r Frau buhlen* ‖ **–o** m *Cicisbeo, Hausfreund, Verehrer* m ‖ *Begleiter* m
    Chicho np pop = **Vicente** ‖ = **Narciso**
    [1]**chichón** m *Beule* f *am Kopf* ‖ ◊ *levantar un* ~ (a) *jdm e–e Beule schlagen*
    [2]**chichón, ona** adj Am *hübsch, nett* ‖ Guat *vollbusig* ‖ Hond *leicht auszuführen*
    chichonear vi Arg *(belästigend) scherzen, hänseln*

chichonera *f Fall\hut m, -mütze, Sturzkappe f (für Kinder)*
¹**chifla** *f Pfeifen n, Pfiff m* ‖ *Pfeife f* ‖ Mex *üble Laune, miese Stimmung f*
²**chifla** *f* ⟨Tech⟩ *Glättmesser n*
chifla|dera *f Pfeife f* ‖ **–do** *adj/s* fam *übergeschnappt* ‖ *verdreht* ‖ ◊ *es un ~ fam es ist bei ihm im Oberstübchen nicht ganz richtig, er ist (halb) verrückt* ‖ **–dor** *m Pfeifer m* ‖ fam *Zecher m* ‖ Chi *Schopfvogel m* (Thamnophilus severus) ‖ **–dura** *f Pfeifen n* ‖ fam *Laune, Grille f* ‖ fam *tolle Idee, Verrücktheit f*
¹**chiflar** *vt auszischen, verhöhnen* ‖ figf *gern eins hinter die Binde gießen* ‖ ~ vi *pfeifen* ‖ ~se (de) *sich (über jdn) lustig machen* ‖ fam *vernarrt sein (in acc)* ‖ fam *verrückt werden*
²**chiflar** *glätten, schaben (Leder)*
chif|lato *m Pfeife f* ‖ **–le** *m (Lock)Pfeife f, Pfeifchen n* ‖ **–leta** *f Hond Spott m, Spötterei f* ‖ **–lete, –lo** *m Pfeife f* ‖ **–lido** *m Pfeifen n* ‖ *Pfiff m* ‖ **–lón** *m Am Zugluft f* ‖ MAm *Wasserfall m, Kaskade f* ‖ Arg Chi *reißender Strom m*
chigre *m Winde f* ‖ Ast *Apfelwein\ausschank m, -kneipe f* ‖ ~**ro** *m Ast Inhaber m des Chigre*
chiguato *adj Salv feige*
chilacoa *f Col* ⟨V⟩ *Stelzenläufer m* (Himantopus sp)
chilate *m MAm Getränk n aus Ajipfeffer, geröstetem Mais u. Kakao*
Chile *m Chile m* ‖ ⋍ *m Chili-, Ajipfeffer m* ‖ figf Guat *Lüge, Ente f*
chile|nismo *m eigenartige chilenische Redensart f* ‖ **–nizar** [z/c] *vt chilenisieren* ‖ **–no** (*-ño) *adj chilenisch* ‖ ~ *m Chilene m*
chilillo *m Guat Peitsche f* ‖ Salv *Handschuh m*
chilin|dra *f Chi Geldstück n zu 20 centavos* ‖ **–drina** *f fam Lappalie f* ‖ fam *Posse f, Spaß m* ‖ *Neckerei f* ‖ figf *das männliche Glied*, fam *Häuschen n*
chilostra *f And Kopf m, Gehirn n*
chilotes *mpl Chi Bewohner mpl der Insel Chiloé*
chilposo *adj Chi zerlumpt* ‖ Pe *mit zerzausten Haaren*
chiltipiquín *m Mex = ají*
chil|tote *m Mex Guat Baltimoretrupial m* (Icterus galbula) ‖ **–tuca** *f Salv = casampulga*
¹**chilla** *f* ⟨Jgd⟩ *Wild-, Lock\ruf m*
²**chilla** *f dünnes Brett n* ‖ *(Dach)Schindel f*
³**chilla** *f Am Azarafuchs m* (Lycalopex azarae)
⁴**chilla** *f* pop *Pleite f* ‖ ◊ *estar en la ~ más espantosa* fam *blank sein*
chillado *m Schindeldach n*
chillar vi/t *pfeifen* ‖ *kreischen, schreien* ‖ *quietschen* ‖ ⟨Jgd⟩ *locken (mit der Lockpfeife)* ‖ *knarren (Wagen)* ‖ fig *schreien, grell sein (Farben)* ‖ ◊ ¡*no me chilles! schreie mich nicht an!* ‖ ~se Col *sich erzürnen*
chillería *f Geschrei, Gekreisch(e) n*
chillido *m Pfeifen n* ‖ *Pfiff m* ‖ *(Ge)Schrei n* ‖ *Gekreisch n* ‖ *gellender Schrei m*
¹**chillón, ona** *adj* fam *schreiend, schrillhals-kreischend* ‖ *grell (Stimme, Farbe)*
²**chillón** *m Schreier, Schreihals m* ‖ *Schreivogel m*
³**chillón** *m Latten-, Schindel\nagel m*
△**chima** *f Pech, Unglück n*
chi|machina *m Arg* ⟨V⟩ *Schreibussard, Chimachina m* (Milvago chimachina) ‖ **–mango** *m Arg RPl* ⟨V⟩ *Falkland-Chimango m* (Ibicter australis)
chimar vt Mex *belästigen* ‖ MAm *(ab)häuten* ‖ *schinden* ‖ ~se vr Hond *sich verletzen, sich weh tun*
chimba *f Chi Pe das gegenüberliegende Ufer n* ‖ Pe *Furt f* ‖ Col Ec *Zopf m*
¹**chimbo** *adj Col abgenutzt*
²**chimbo** *m Col Stück n Fleisch*
Chimborazo *m Chimborasso m*

chimenea *f Rauchfang, Schlot, Schornstein, Kamin m* ‖ *(Zimmer)Ofen m* ‖ *Esse f* ‖ ⟨Th⟩ *Seitenschacht m an der Bühne* ‖ ⟨Bgb⟩ *Sturz-, Rolloch n* ‖ ~ *accesible besteigbarer Schornstein m* ‖ ~ *de aire* ⟨Bgb⟩ *Wetter-, Entlüftungs|schacht m* ‖ ~ *del cajón Schachtrohr n bei Senkkastengründung f* ‖ ~ *de equilibrio* ⟨Hydr⟩ *Wasserschloß n* ‖ ~ *de evacuación* ⟨Bgb⟩ *Sturzrolle f* ‖ ~ *de paracaídas* ⟨Luftw⟩ *Fallschirmluftloch n* ‖ ~ *de volcán,* ~ *volcánica (Vulkan) Schlot m, Esse f, Neck m, Eruptionskanal m* ‖ ~ *figurada* ⟨Arch⟩ *falscher Kamin m* ‖ ~ *francesa,* ~ *de campana Kamin, Mantelofen m* ‖ ~ *interior del alto horno* ⟨Metal⟩ *Seele f des Hochofens* ‖ ~ *múltiple* ⟨Arch⟩ *mehrfacher Kamin m* ‖ ~ *plegable,* ~ *rebatible* ⟨Mar⟩ *umklappbarer Schornstein, Klappschornstein m* ‖ ~ *rinconera Eckschornstein m*
△**Chimó** *m* np pop = **Joaquín**
chimpancé *m Schimpanse m* (Pan troglodytes) ‖ ~ *enano Zwergschimpanse, Bonobo m* (P. satyrus paniscus)
¹**China** *f* (la ~) *China* ‖ *Mar de la ~ China-See f* ‖ *la Muralla de la ~ die Chinesische Mauer*
²**China** *f* np pop = **Antonia**
¹**china** *f Steinchen n, kleiner Kiesel(stein) m* ‖ Chi *Knopfschlagen n (Kinderspiel)*
²**china** *f Chinesin f* ‖ *Chinaseide f* ‖ *Porzellan n* ‖ *papel de ~* (⋌) Am *Bambuspapier n* ‖ *piedra de ~* ⟨Geol⟩ *Porzellanerde f*
³**china** *f Am weiblicher Abkömmling m von Indianerin und Zambo oder umgekehrt* ‖ Cu *weiblicher Abkömmling m von Neger und Mulattin oder umgekehrt* ‖ MAm *Indianer oder Mestizin f, die häusliche Arbeiten verrichtet* ‖ *Weib n des Gaucho* ‖ *Weib n des Roto* ‖ Am desp *eingeborene Magd, Dienstmagd f* ‖ Am *ledige Indianerin f* ‖ fam Am *Liebchen, Schätzchen f (Kosewort)* ‖ Am *schöne, anziehende Frau f* ‖ Chi *(Straßen)Dirne f* ‖ Chi *häßliche Frau f* ‖ fig *Geliebte f*
⁴**china** *f* Col *Kreisel m*
⁵**china** Chi *Wunderblume f* ‖ *Chinawurzel f (aus e-r Art Sarsaparilla)*
⁶**china** Chi *gewisser Käfer m* (Coccinella sp)
china|ca *f Mex armseliges zerlumptes Volk n* ‖ **–do** *adj/s* ⟨Web⟩ = **chiné** ‖ **–ma** *f Guat Lagerschuppen m (mit Rohr bedeckt)* ‖ **–mo** *m Mex Baracke f* ‖ **–nta** *f Fil Gewichtseinheit (6,325 kg)* ‖ **–po** *m Mex* = **obsidiana**
chinarro *m* augm *v.* ¹**china**
chinazo *m Kieselwurf m*
chincol *m SAm Morgenfink m* (Zonotrichia pileata)
chincual *m Mex Masern pl*
chin|cha *f Arg Stinktier n* (→ **mofeta**) ‖ **–chal** *m Kneipe f* ‖ *dürftiges Kaffeehaus n* ‖ Cu Mex *Kramladen m* ‖ **–char** vt Am pop *belästigen* ‖ *erschlagen, töten* ‖ ~se vr *sich ärgern, belästigt werden* ‖ **–charchar** vi Am *zirpen (Zikade)* ‖ **–charrero** *m* fam *Wanzennest n*
chinche *f/adj (Bett)Wanze f* (Cimex lectularius) ‖ *(Heft)Zwecke f, Reißnagel m* ‖ fig *lästiger, zudringlicher Mensch m,* fam *Ekel n* ‖ ◊ *caer (od morir) como ~s* figf *wie die Fliegen umfallen, haufenweise sterben*
chinchel *m Chi schlechte Kneipe, Kaschemme f* ‖ Chi = **caramanchel**
chinchilla *f Chinchilla f* ‖ *Chinchillafell n* ‖ ~ *propiamente dicha Küstenchinchilla, Wollmaus f* (Chinchilla laniger) ‖ ~ *grande Große Chinchilla, Hasenmaus f* (Lagidium viscaccia)
chinchinear vt MAm *streicheln, verwöhnen*
chincho'rrazo *m SAm* = **cintarazo** ‖ **–rrear** vi *klatschen* ‖ **–rrería** *f* figf *Klatscherei, Zuträgerei f* ‖ figf *Zudringlichkeit f* ‖ **–rrero** m/adj *Ohrenbläser m* ‖ *aufdringlicher Mensch m* ‖ ~ adj *aufdringlich* ‖ *klatschsüchtig* ‖ **–rro** *m (Art) Zugnetz n* ‖ *kleines Ruderboot n* ‖ *kleines Hilfsboot n* ‖ *Jolle f* ‖

chinchoso — chirla 372

kleiner Fischerkahn m ‖ Col *(leichte) Hängematte* f ‖ **–so** adj *lästig, zudringlich*
△**chindal** f *Mutter* f
△**chindó** adj *blind*
chiné m ⟨Web⟩ *Chiné* m, *(Kunst) Seidengewebe* n *mit unscharfer Musterung*
chinear vt/i MAm *auf den Armen tragen (Kinder)*
△**chinel** m *Häscher* m ‖ *Schutzmann* m
chine|la f *Pantoffel (ohne Kappe mit Hacke), Hausschuh* m ‖ △*Hanfschuh* m ‖ augm: **–lón** m
chine|ría f *Chinawaren* fpl ‖ **–ro** m *Schrank* m *für Porzellan*
¹**chinesco** adj *chinesisch* ‖ a la ~a *nach chinesischem Brauch* ‖ sombras ~ *chinesisches Schattenspiel* n ‖ ~ m ⟨Mus⟩ *Schellenbaum* m (& pl)
²**chinesco** m/adj Chi *e–r, der sich mit Dirnen abgibt*
chinfonía f *drehorgelartiger Dudelsack* m ‖ *Kurbelgeige* f
chinga f *Stinktier* n ‖ CR *Zigarrenstummel* m ‖ Hond = **chunga** ‖ Ven *Schwips* m ‖ *Rausch* m, *Trunkenheit* f ‖ ~ adj CR *billig* ‖ ◊ hacer ~ a uno fam Guat *jdn herausfordern*
△**chingabí** m *Stecknadel* f
chingadera f *sehr vulg Vögeln* n ‖ Chi *hohler Kürbis* m, *der den armen Leuten als Nachttopf dient* ‖ Mex *Gemeinheit, Niederträchtigkeit* f
chingado adj SAm *mißlungen, gescheitert (Existenz)* ‖ prov Mex *Schimpfwort* n *(etwa wie* cabrón, *jedoch nicht so beleidigend)* ‖ ¡~! Mex pop *keinesfalls! i wo!*
chingar [g/gu] vt/i fam *viel und oft trinken* ‖ fam *zerstören* ‖ sehr vulg *geschlechtlich verkehren*, vulg *vögeln* ‖ Salv *quälen, belästigen* ‖ CR *(e–m Tier) den Schwanz abschneiden* ‖ SAm *fehlgehen, versagen, fehlschlagen* ‖ *prellen, foppen* ‖ **~se** fam *sich betrinken* ‖ ◊ quedar chingado pop Am *gefoppt werden*
chingo adj *klein, winzig* ‖ CR *schwanzlos (Tier)* ‖ Ven *stumpfnasig*
chingolo m RPI = **chincol**
chingue m Arg *Stinktier* n (→ **mofeta**)
chinguear vi Hond *spaßen*
chinguirito m Cu Mex *Branntwein minderer Qualität, Fusel* m
chinguita f Cu pop *Bißchen* n
△**chini** f *Vaterland* n
chinita f dim v. **china** ‖ Am fam *Schätzchen* n
¹**chino** m *Chinese* m ‖ *chinesische Sprache* f ‖ ◊ engañar a uno como a un ~ fam *jdn schmählich betrügen, foppen*
²**chino** m *Abkömmling* m *e–s* Zambo *und e–r* Indianerin *oder umgekehrt* ‖ Cu *Abkömmling* m *e–s Negers und e–r Mulattin oder umgekehrt* ‖ Arg *Person* f *niederer Herkunft* ‖ SAm *Kosename, etwa: Lieber, Freund* m ‖ Chi desp *Dienstbote, Knecht* m ‖ Chi *gemeiner, häßlicher Mensch* m
³**chino** adj *chinesisch* ‖ cuento ~ fam *Lüge, Aufschneiderei* f ‖ peces ~s *Goldfische* mpl ‖ perro ~ *unbehaarter Hund* m ‖ ◊ es como si me hablara en ~ fam *das sind für mich böhmische Dörfer* ‖ *das kommt mir spanisch vor*
⁴**chino** adj fig *unnötig kompliziert, unverständlich* ‖ fig *pedantisch, kleinlich*
⁵**chino** adj *auf e–n südam. oder kubanischen* chino *bezüglich*
chinonga f Ur *Mädchen, Mädel* n
△**chinorrí, chinorré** adj *klein*
△**chipé** f *Wahrheit, Güte* f ‖ de ~ fam *glänzend, ausgezeichnet*
chipén m *Leben, Treiben* n ‖ de ~ fam = de chipé ‖ *wirklich* ‖ ¡eso es de ~! fam *das ist Schau!*
chipi|chape m fam *Schlägerei* f ‖ **–chipi** m Mex *Sprühregen* m
chipil m Mex *weinerliches Kind* n ‖ ~o m *gebratene Bananenschalen* fpl *(als Verpflegung)*
chipión m MAm *scharfer Verweis* m

chipirón m *(an der kantabrischen Küste Spaniens häufige Bezeichnung für)* Kalmar m (Loligo vulgaris)
chipo|jo m Cu *Chamäleon* n ‖ **–lo** m Col Ec Pe *ein tresilloähnliches Kartenspiel* n
△**chiporro** m *Mut* m
chipote m MAm *Schlag* m *mit der Hand*
Chipre *Zypern*
chipriota, ~e adj/s *zyprisch, Zypern–*
△**chique** m *Kot* m
chiquear vt Cu Mex *verwöhnen, liebkosen* ‖ *schmeicheln*
△**chiquen** n *(Vater)Land* n
chique|o m Cu Mex *Liebkosen* n ‖ *Schmeichelei* f ‖ **–ón** m/adj Cu *verhätschelter Mensch* m
chiquero m *Schweinestall* m ‖ ⟨Taur⟩ *Stallbox* f, *finsterer Stall* m *zum Verwahren der Kampfstiere* ‖ ⟨Mil⟩ pop *Bau* m *(Arrestlokal)* → a trena
chiqui|**chicho** m pop Chi dim v. **chico** ‖ **–licuatro** m fam = **chisgarabís** ‖ **–lín** m/adj *kleiner Bursche, Knabe* m ‖ **–lla** f *kleines Mädchen* n ‖ fam *Liebchen* n, *Schatz* m *(Kosename)* ‖ **–llada** f *Kinderei* f ‖ *Kinder–, Buben|streich* m ‖ **–llería** f fam *Haufen* m *kleiner Jungen* mpl ‖ fam *kleine Gesellschaft* f ‖ **–llo** m/adj *kleiner Junge, Knabe* m ‖ fam *Liebling* m ‖ fam *Kindskopf* m ‖ **–llón** m/adj Chi *Jüngling, größerer Junge* m
chiquimole m Mex fig *Unruhe–, Zwietracht|stifter* m
chiqui|(rri)ti|co, –llo, –to adj fam dim v. **chiquito**
chiqui|(rri)tín, ina adj/s fam dim v. **–tín** ‖ fam *blutjung*
chiquito adj/s dim v. **chico** ‖ *sehr klein* ‖ ◊ dejarle a uno tan ~ fam *jdn weit überholen* ‖ no andarse en ~as fam *keine Umstände machen* ‖ *den Stier bei den Hörnern packen*
chiquiyo m And pop **chiquillo**
chira f Col *Fetzen* m ‖ Salv *(schwärende) Wunde* f ‖ **~jo** m MAm *altes Gerümpel* n, *Kram* m ‖ MAm *Lumpen, Fetzen* m ‖ **~pa** f Bol *Lumpen, Fetzen* n ‖ Pe *Regenschauer* m *bei Sonnenschein*
chircaleño m Col *Ziegelbrenner* m
chiribita f *Funke* m ‖ *Gänseblümchen, Maßliebchen* n ‖ ◊ hacer ~s (od ~r) los ojos figf *Augenflimmern* n *haben* ‖ echar ~s figf *jdn anfunkeln, schelten* ‖ fam *Gift und Galle speien* ‖ los ojos me hacen ~s *es flimmert mir vor den Augen*
chiribi|tal m Col *Ödland* n ‖ **–til** m *Dachkammer* f ‖ *elende Bude* f ‖ fam *Loch* n
△**chiriclo** m *Vogel* m
chiri|gota f fam *Scherz, Spaß, Ulk* m ‖ **–gotero** m*adj fam *Spaßvogel* m
△**chirijar** vt *belehren*
△**chirije** m *Aprikose* f
chirimbolo(s) m fam *Plunder* m ‖ *Gerümpel* m ‖ *Krempel* m ‖ fam *Krimskrams* m
chirimía f ⟨Mus⟩ *Schalmei* f
chirimo|ya f am. *Zucker|birne* f, *-apfel, Jamaika–Apfel* m ‖ **–yo** m am. *Zuckerbirn–, Flaschen|baum* m, *Cherimoya, Chirimoya* f (Annona cherimolia)
△**chiringa** f *Apfelsine* f
chiringo m Mex *Stückchen* n
chiri|nica, –nola f pop *Läpperei* f ‖ And *Kopf* m ‖ *Streit, Zank* m ‖ *heftige Auseinandersetzung* f ‖ ◊ estar de ~ fig *gut gelaunt sein*
chiri|pa f *Fuchs* m *beim Billardspiel* ‖ figf *Zufallstreffer* m ‖ figf *Glücksfall* m ‖ por (od de) ~ *ganz zufällig* ‖ ◊ tener ~ fam *ein Glückskind sein* ‖ **–pá** [pl pop **~aces**] m Am *ein hosenförmiges Kleidungsstück* n *(des Gaucho)*
chirivía f ⟨Bot⟩ *Pastinake* f, *Pastinak* m (Pastinaca sativa) ‖ ⟨V⟩ *Bachstelze* f (Motacilla alba)
¹**chirla** f *Herzmuschel* f (→ **almeja**)
²**chirla** f Am *Schlag* m *mit der unteren Fingerfläche*

△**chirlada** f Schlag m mit e-m Knüppel
chir|lador m fam Schreier, Schreihals m ‖ **-lar** vi fam laut schreien ‖ △reden, sprechen
¹**chirle** adj fam geschmacklos, gehaltlos, fad ‖ dünn(flüssig) ‖ dünn (z. B. Kot)
²**chirle** m Ziegenkot m
chirlería f Geschwätz n ‖ Klatsch m
△**chirlerín** m Taschendieb m
chirlido m Sal = **chillido**
chirlo m Hieb m, Schmiß m ‖ Schmarre, Schramme f ‖ pop Stoß m ‖ △Schlag, fam Puff m ‖ Arg Ohrfeige f
chirlomirlo m pop kraftlose Nahrung f ‖ Sal Drossel f
△**chirlón** m Schwätzer m
△**chiró** m Zeit f
chiro m pop Lumpe f, Hader m
chirona f fam Gefängnis n, fam Kittchen n ‖ ◊ meter (estar) en ~ hinter Schloß und Riegel bringen (sitzen)
chirote adj/s CR schön, stattlich ‖ Ec Pe dumm ‖ ~ m Ec Pe Stärling, Trupial m (Sturnella militaris)
chir|pía f Al junge Baumpflanzung f ‖ Al fig Haufen m Kinder (od Jungen) ‖ **-pial** m Al = **chirpia**
chirria|(dera) f Col lärmende Fröhlichkeit f ‖ Nic = **tirria** ‖ **-dero, -dor** adj knisternd ‖ knarrend ‖ fig widerlich singend ‖ **-do** adj Col witzig ‖ **-dura** f Geknister n
chirriar [pres –io] vi knistern, zischen (auf dem Feuer) ‖ knarren (Diele, Räder) ‖ kreischen ‖ prasseln ‖ zirpen ‖ quietschen ‖ schreien, zwitschern (von Vögeln, die nicht Singvögel sind) ‖ figf falsch singen
chirrido m Geschrei, Gezwitscher n ‖ Knarren n (Räder) ‖ Kreischen n ‖ Zirpen n ‖ Zwitschern n
chirrión m knarrender Karren m ‖ Kotkarren m ‖ Am Peitsche f
chirrisco adj Ven MAm (sehr) klein ‖ Am einfältig ‖ unbesonnen ‖ Mex leicht entflammbar
chirrisquear vi Pal = **carraspear**
chirula f kleine Flöte f der baskischen Provinzen
chirumen m fam kluger Kopf m ‖ fam Mutterwitz m
¡**chis**! int pst! stille!
chisa f Col e-e (von Indianern gebraten gegessene) Käferlarve f
△**chiscar** [c/qu] vi spucken
chiscarra f leichtbrüchiger Kalkstein m
chisco m Mex pop Witz, Scherz m
chiscón m pop kleiner Raum m ‖ fam Loch n
chischás m fam Degengeklirr n
chischís m Col Hond Pan PR Nieselregen m ‖ PR bißchen
chisgarabís m fam kleiner, unruhiger, naseweiser Mensch, Naseweis m ‖ Laffe m ‖ fam krummgewachsener, unansehnlicher Mensch m ‖ fam Topfgucker m ‖ ◊ dar en el ~ fam den Nagel auf den Kopf treffen
chisguete m fam Schluck m Wein ‖ fam Guß, Strahl m
△**chislama** f Mädchen n
△**chismar** vt spucken
chis|me m Klatscherei f, (böswilliger) Klatsch m ‖ fam Zeug, Ding n, Kram m ‖ fam Gerümpel n ‖ △Messer n ‖ vulg △weibliche Scham f ‖ ◊ ser un ~ figf zu nichts taugen ‖ ~s pl Werkzeuge, Geräte npl ‖ Sachen fpl ‖ Kleinkram m ‖ ◊ traer y llevar ~s fam herumtratschen ‖ **-mear** vt/i (ver)-klatschen ‖ **-mecito** m im v. **-me** ‖ **-mería** f Klatscherei f ‖ **-mero** adj/s = **-moso**
chismo|grafía f fam Klatschsucht f ‖ fam Klatsch m, Gerede n ‖ **-rreo** m fam Gerede n ‖ **-sa** f Klatschbase f ‖ **-so** adj/s klatschsüchtig ‖ klatschhaft ‖ ~ m Klatschmaul m
chispa f Funke m ‖ fig Feuer n ‖ fig Geistes-

blitz m ‖ fig sprühender Witz, Esprit m ‖ kleiner Diamant m ‖ Diamantenraute f ‖ (Regen)Spritzer m ‖ fam Schwips m ‖ Col Lüge, Ente f ‖ ~ amortiguada, ~ apagada, ~ extinguida ⟨El⟩ Löschfunke m ‖ ~ de encendido Zündfunke m ‖ ~ de interrupción Abschaltfunke m ‖ ~ de ruptura Unterbrechungs-, Abreiß|funke m ‖ ~ con ruptura Abreißzündung f ‖ ~ detonante Knallfunke m ‖ ~ eléctrica elektrischer Funke m ‖ una ~ de pan fam ein Stückchen Brot n ‖ piedra de ~ Feuerstein m ‖ ◊ dar ~ pop Aufsehen erregen ‖ Erfolg haben ‖ coger una ~ fam sich beschwipsen ‖ ser una ~ fig helle sein ‖ tener (una) ~ fam beschwipst sein ‖ no ver ~ pop gar nichts sehen ‖ ~s pl: ◊ echar ~ figf wütend sein, vor Wut schäumen ‖ ¡ ~! Donnerwetter!
△**chispar** vt klatschen ‖ **-se** vr pop sich beschwipsen
chispazo m Funkensprühen n ‖ elektrische Entladung f ‖ △Klatsch m
chispe|ado adj Chi angetrunken fam beschwipst ‖ **-ante** adj funkensprühend ‖ fig geist|sprühend, -reich, witzig ‖ **-ar** vi Funken sprühen ‖ funkeln ‖ glänzen ‖ gießen ‖ lodern ‖ tröpfeln, rieseln, dünn regnen ‖ **-o** m Funkensprühen n ‖ Funkeln, Lodern n ‖ Spritzen, Rieseln n ‖ **-ro** adj funkensprühend ‖ ~ m (Grob)Schmied m ‖ Nagelschmied m ‖ fam Bewohner m des Stadtviertels Maravillas in Madrid
chispita f dim v. **chispa**
chispo m fam Schluck m Wein ‖ ~ adj fam beschwipst
chispoleto adj sehr lebhaft ‖ übermütig ‖ geschickt
chispo|rrotear vi fam Funken sprühen ‖ knistern, prasseln (Feuer) ‖ **-rroteo** m fam Sprühen, Prasseln n, Funkenwurf m ‖ ⟨Radio⟩ Knallen, Rasseln n ‖ **-so** adj prasselnd
chisquero m Taschenfeuerzeug n ‖ ~ de mecha (Zigarren-, Taschen)Anzünder m, Feuerzeug n (mit Docht)
¡**chist**! onom pst! stille!
chistar vi (auf)mucksen (nur mit Verneinung) ‖ ◊ nadie chistó keiner sagte ein Wort ‖ sin ~ (ni mistar) fam ohne zu mucksen, ganz still
chiste m Witz m, Witzwort n ‖ Scherz, Spaß m ‖ Pointe f ‖ ~ verde schlüpfriger Witz m, Zote f ‖ ◊ caer (od dar) en el ~ figf den Nagel auf den Kopf treffen ‖ fam den Braten riechen ‖ fam die Pointe erfassen ‖ hacer ~s Witze machen, witzig reden
chistera f Fischerkorb f ‖ Zylinderhut m ‖ joc Angströhre f ‖ ⟨Sp⟩ Fangkorb der Pelotaspieler
chistoso adj spaßhaft ‖ witzig
chistu m Txistu, Chistu n, kleine, dreilöcherige Flöte f der Basken ‖ **-lari** m Chistuspieler m
chita f Röhrenbein n des Rindes od Hammels ‖ fig wertlose Sache f ‖ Mex kleines Netz n ‖ a la ~ callando fam schleichend, heimlich ‖ mit Vorbedacht ‖ ◊ dar en la ~ figf das Ziel treffen
¹**chitar** vi = **chistar**
²**chitar** vi Chi stehenbleiben (Zugtier)
¡**chite**! int = ¡**chito**!
chitica|lla m/f fam Duckmäuser m ‖ Hehler m ‖ **-llando** adv fam leise ‖ a la ~ fam duckmäuserisch
chito m Klipper-, Wurfspiel n ‖ pop Köter m ‖ Röhrenbein n des Rindes od Hammels
¡**chitón**! ¡**chito**! int fam still!
chiular vt Ar pfeifen ‖ ausziehen
chiva f Geiß, junge Ziege f ‖ Col billiger Autobus m ‖ MAm ⟨Bett⟩Decke f ‖ Tagesdecke f ‖ Ven Einkaufsnetz n ‖ Am (Spitz)Bart m ‖ △Angeber m
chivar vt León Am belästigen, ärgern ‖ täuschen, betrügen ‖ **-se** vr denunzieren, pop ⟨Sch⟩ petzen ‖ ◊ ¡que se chive! pop hol' ihn der Teufel!
chivatazo m pop Hinweis, Wink m ‖ pop (anonyme) Anzeige f ‖ pop ⟨Sch⟩ Petzen m, Petzerei f

chivateado — chorlito 374

|| ◊ dar el ~ pop ⟨Sch⟩ *et (ver)petzen, et verpfeifen*
chiva|teado adj/s: llevar ~ Chi *eilen* || pagar ~ Chi *bar zahlen* || **-tear** vi pop *petzen* || Ven *sich behaupten* || vt Ven *täuschen, betrügen*
chivato m *Zicklein* n || *halb- bis einjähriger Bock* m || fam *Dummkopf* m || pop △*Denunziant, Spitzel* m || pop *Petzer* m
¹**chivo** m *Zicklein* n || *junger Ziegenbock* m || △*Angeber* m || Ec Guat *unartiges Kind* n || Mex *Tageslohn* m || Mex *Sold* m || Cu *Stoß* m *(mit dem Knie)* || Col *Wutanfall* m || Col fam *Wut* f, *Zorn* m || ~ emisario fig *Sündenbock* m
²**chivo** m *Behälter* m *für Öltrester in Ölmühlen*
¡**cho!** *brr! (Zuruf an Pferde)*
choba f Sant *Lüge* f
chocallero adj Can *klatschsüchtig* || *klatschhaft*
chocante adj *anstößig, empörend* || *wunderlich, merkwürdig, unglaublich, befremdend* || *zudringlich* || *beleidigend* || Chi *widrig, ekelhaft*
chocantería f *herausforderndes* od *anstößiges Sprichwort* m
chocar [c/qu] vt *herausfordern, reizen* || *Anstoß erregen* (a alg. bei jdm) *beleidigen, verletzen* || fig *rühren, erschüttern* || fig *überraschen* || ◊ ~ los vasos *anstoßen (beim Zutrinken)* || eso me choca *das wundert mich* || no me choca pop *es gefällt mir nicht* || ~ vi *anstoßen (an acc), stoßen* (contra *gegen*) || *zusammenstoßen* || *aufeinandertreffen* || *zusammenfahren, kollidieren* || ⟨EB⟩ *auffahren* || fig *handgemein werden* || ~ con(tra) una mina ⟨Mar⟩ *auf e–e Mine laufen* || no es de ~ fam *es ist kein Wunder* || ¡choquemos! *stoßen wir an!* ||
¡**chócala!** *Hand drauf!*
chocarre|ría f *derber Witz* m, *Zote* f || **-ro** adj *derb, zotig* || pop *saftig*
chocle|ar vi *im Wasser plätschern* || *klappern (mit den Pantoffeln)* || Col Pan *Körner ansetzen (Maiskolben)* || **-teo** m *Plätschern* n
¹**choclo** m *Holz-, Über|schuh* m
²**choclo** m SAm *junger Maiskolben* m || SAm *Maisgericht* n
choclón adj *zudringlich* || *vorlaut*
¹**choco** m *kleiner Tintenfisch* m
²**choco** m Am *Pudel* m *(Hund)* || Bol *Zylinderhut* m
³**choco** m Bol *dunkelrote Farbe* f
⁴**choco** adj/s Chi *mit plattem Gesicht* || *sehr braun (Gesichtsfarbe)*
⁵**choco** adj/s Am *e–r, dem ein Ohr, ein Auge* od *ein Bein fehlt*
⁶**choco** adj Chi *schwanzlos*
⁷**choco** m Chi *Bremsschuh* m
chocola|te m *Schokolade* f *(roh od gekocht)* || ~ a la española *dicke Schokolade* f *(Getränk)* || ~ con leche, con avellanas *Milch-, Nuß|schokolade* f || ~ para cocer *Kochschokolade* f || ~ a la francesa *dünne Schokolade* f *(Getränk)* || ~ relleno *gefüllte Schokolade* f || helado de ~ *Schokoladeneis* n || pastel de ~ *Schokoladentorte* f || tableta de ~ *Tafel* f *Schokolade* || (de) color ~ *schokoladenfarben* || *rotbraun* || **-tera** f *Schokoladenkanne* f || pop *Zylinderhut* m || △*Geschütz* n || **-tería** f *Schokoladen|geschäft* n, *-laden* m || *Schokoladenfabrik* f || **-tero** m/adj *Schokoladenhändler* m || *Schokoladenverkäufer* m
chocha f ⟨V⟩ *Schnepfe* f || fam *alte Närrin* f || ~ de mar = **centrisco** || ~ perdiz [pl -ces] ⟨V⟩ *Waldschnepfe* f (Scolopax rusticola)
chochaperdiz f = **chocha** perdiz
choche|ar vi *faseln, quasseln* || *Unsinn reden* || fam *spinnen* || *kindisch werden (im Alter)* || figf *(Kinder) übertrieben hätscheln* || *liebestoll, närrisch, verliebt sein* || **-ra**, **chochez** [pl -ces] f *Alters|faselei, -duselei* f || *Schwachköpfigkeit* f || *Aberwitz* m
chochín m ⟨V⟩ *Zaunkönig* m (Troglodytes = parvulus)
¹**chocho** adj *faselnd, kindisch vor Alter* || *schwachköpfig* || figf *närrisch verliebt, vernarrt* in (acc) || ◊ estar ~ fam *außer sich sein (vor Freude usw.)*
²**chocho** m *überzuckerter Zimt* m, *überzuckertes Zitronat* n || *Feigbohne* f || *Faselhans, alter Fasler* m || *Schwachkopf* m || pop *weibliche Scham* f, vulg *Fotze* f || **-s** pl *Zuckerwerk* n *(für Kinder)*
chochocol m Mex = **tinaja**
chofer, chófer m *Chauffeur, (Kraftwagen-)Führer, Kraftfahrer* m
chola f fam = **cholla** Arg Bol CR Chi Ec Pe *gemeine Frau* f
△**cholé** m *Jagd* f
cholgua f Chi = **mejillón**
cholo m/adj Am *Mischling* m *zwischen span. Weißen und Indianern* || *spanisch sprechender, zivilisierter Indianer* m *(& desp)* || Chi *Bolivianer* m *(Spitzname)* || fig *feige* || Chi *schwarzer Hund* m || pop *Liebling, Schatz* m *(Kosewort)*
cholla f fam *Kopf* m, pop *Birne* f
cholloncarse [c/qu] vr Chi *sich niederkauern*
cholludo m MAm Col *Faulenzer* m
△**chomí** m *Wange* f
Chona f np fam = **Concepción**
chonchón m Chi *flache Likörflasche* f
△**chonga** f *Kartoffel* f
¹**chongo** m Mex *Haarwulst* m || Mex fam *Scherz, Spaß* m
²**chongo** m Chi *Glas(gefäß)* n
chonguearse vr Mex pop = **chunguearse**
△**chonji** m *Frauenrock* m
chont m = **shunt**
chop [pl **-ps**] m *Schoppen* m *(Bier)*
chopa f ⟨Fi⟩ *Brandbrasse* f (Oblada melanura)
cho|pal m, **-palera**, **-pera** f *Pappelwald* m
¹**chopo** m *Pappel* f (Populus spp) → a **álamo** (negro)
²**chopo** m fam *Flinte* f, *Gewehr* n || ◊ cargar con el ~ fam *als Soldat dienen*
¹**choque** m *Stoß, An-, Zusammenstoß* m || *Anprall, Anschlag* m, *Stauchung* f || fig *Zank, Streit* m, *Reibung* f || ⟨Mil⟩ *Treffen* n, *Zusammenstoß, Sturm* m || ~ de alimentación ⟨Radio⟩ *Speisedrossel* f || ~ de aterrizaje ⟨Flugw⟩ *Landungsstoß* m || ~ de atracada ⟨Mar⟩ *Landungsstoß* m || ~ de electrones *Auftreffen* n *von Elektronen* || ~ de fren(ad)o *Bremsstoß* m || ~ de trenes ⟨EB⟩ *Zusammenstoß* m *von Zügen* || ~ de tope ⟨EB⟩ *Pufferstoß* m || ~ nervioso *Nervenschock* m || sin ~s *stoßfrei*
²**choque** m → **chocar**
choquezuela f ⟨An⟩ *Kniescheibe* f
△**chor** m *Gerste* f
△**cho|rar** vt/i *stehlen* || **-raró** m *Dieb* m
chorear vi Chi *brummen* || *vor sich hin murmeln* || vt *Miesmuscheln fangen* || Col Pe *stehlen*
△**chori** m *Messer* n
△**choricear** vt *stehlen, rauben*, pop *klauen, stibitzen*
chorice|ra f *Wurstverkäuferin* f || *Wurstmaschine* f || **-ría** f *Wurst-, Selcher|laden* m, *Selcherei* f || **-ro** m/adj *Wursthändler* m || *Wurstmacher, Selcher* m || fig joc *aus Estremadura* || △*Dieb* m
chorizo m *(Brat)Wurst* f || *Knackwurst, geräucherte, rote (Paprika)Wurst* f || *Seiltänzerstange* f || Mex *Geldrolle* f || Col *Dummkopf* m || ¡~! fam *Donnerwetter!* || ~ extremeño *in Estremadura erzeugte (ziegelfarbige) Wurst* f mit span. *rotem Pfeffer* || asado de ~ Am *Rostbraten* m
chorlitejo m ⟨V⟩ *Regenpfeifer* m (Charadrius spp) || ~ chico *Flußregenpfeifer* m (Ch. dubius) || ~ grande *Sandregenpfeifer* m (Ch. hiaticula) || ~ patinegro *Seeregenpfeifer* m (Ch. alexandrinus)
chorlito m *Regenpfeifer* m || ~ dorado común *Goldregenpfeifer* m (Pluvialis apricaria) || ~ gris *Kiebitzregenpfeifer* m (P. squatarola) || ~ social

Steppenkiebitz m (Vanellus gregarius) ‖ *Brach\|huhn* n, *-vogel* m (Numenius) ‖ *Steppen-, Brach\|schwalbe* f, *Sandhuhn* n (Glareola) ‖ cabeza de ~ fam *Stroh-, Wind\|kopf, Windbeutel* m
¹**chorlo** *m* ⟨Min⟩ *Schörl* m *(schwarzer Turmalin)*
²**chorlo** *m* = **chozno**
△**choró** *m Schade* m
choro *m* And *Taschendieb* m ‖ Chi *Miesmuschel* f (→ **mejillón**)
chorra *f* sehr vulg *männliches Glied* n ‖ **-da** *f* pop *Zugabe* f *beim Verkauf von Flüssigkeiten* ‖ vulg fig *Dummheit* f, *Unsinn* m
△**chorré** adj *häßlich* ‖ *schlecht*
chorrea\|do adj ⟨Taur⟩ *mit quergestreiftem Haar (Stier)* ‖ *gestreift (Zeug)* ‖ Mex *schmutzig* ‖ Chi *plump* ‖ **-dura** *f Träufelfleck* m
chorrear vi *rinnen, träufeln, triefen, rieseln, im Strahl ablaufen* ‖ ◊ estar chorreando sangre *von Blut triefen* ‖ ~se con a/c Col fam *et mitgehen lassen* ‖ *stehlen,* pop *klauen*
△**chorrel** *m Kind* n
chorre\|o *m Rinnen, Triefen, Träufeln, Geriesel* n ‖ **-ón** *m (Wasser) Strahl* m ‖ **-ra** *f Rinne* f ‖ *Streifen* m *vergossenen Wassers* ‖ *Gefälle* n *e-s Flusses* ‖ *(Busen) Krause* f, *Jabot* n ‖ *Spitzenbesatz* m *(der Brust)*
chorrillo *m kleiner Wasserstrahl* m ‖ ◊ *irse por el* ~ figf *der Gewohnheit folgen, mit dem Strom schwimmen* ‖ tomar el ~ (de) figf *sich daran gewöhnen, et zu tun* ‖ *sich gewöhnen an* acc
△**chorripén** *m Arglist* f
chorro *m (Wasser) strahl, Guß, Strom* m ‖ Col *Dieb* m ‖ *Hervorsprudeln* n ‖ fig *Schwall, Regen* m ‖ ~ de agua *Wasserstrahl* m ‖ ~ de aire *Luftstrahl* m ‖ ~ de arena ⟨Metal⟩ *Sandstrahl* m ‖ ~ de inyección *Einspritzstrahl* m ‖ ~ de presión ⟨Flugw⟩ *Druckstrahl* m ‖ ~ de elocuencia fig *Wortschwall* m ‖ ~ de sangre *Blutstrom* m ‖ a ~ continuo *unaufhörlich, ununterbrochen* ‖ a ~s fig *stromweise, in Strömen* ‖ avión a ~ *Düsenflugzeug* n ‖ propulsión a ~ *Düsenantrieb* m ‖ ◊ *beber a* ~ *(den Inhalt des Glases) hinunterstürzen* ‖ *direkt aus dem Krug trinken* ‖ sudar a ~ fig *stark schwitzen* ‖ está limpio como los ~s del oro figf *es ist rein wie ein Spiegel*
△**chorro** *m Wolf* m
chota *f säugendes Zicklein* n ‖ prov *Kalb* n ‖ Bol fig *Backfisch* m
chotacabras *f* ⟨V⟩ *Ziegenmelker* m (Caprimulgus europaeus) ~ pardo *Rothalsziegenmelker* m (C. ruficollis)
chotear vt Cu *prellen, anführen* ‖ ~ vi Ar *frohlocken* ‖ **~se** *spotten, sich lustig machen* (de *über)*
choteo *m* pop *Scherz, Spaß* m, *Gaudium* n ‖ pop *Hallo* n, *Spektakel* m ‖ ◊ tomar a ~ *nicht ernst nehmen* ‖ *bewitzeln, bespötteln* ‖ ¿te das cuenta del ~ que se organizaría? *was meinst du wohl, was für e-n Spektakel das abgeben würde?*
chotis *m Schottisch* m *(Tanz)* ‖ ~ madrileño *Madrider Schottisch* m *(Tanz od Tanzlied)*
¹**choto** *m Zicklein* n ‖ prov *Kalb* n ‖ △ *Mütze* f ‖ △ *Angeber* m
²**choto** adj *Hond rotgelb*
chotuno adj: oler a ~ *Bocksgeruch verbreiten* ‖ *stinken* ‖ pop *böckeln*
choucroute *f* frz *Sauerkraut* n
chova *f Alpenkrähe* f ‖ *Alpendohle* f ‖ ~ piquigualda *Alpendohle* f (Pyrrhocorax graculus) ‖ ~ piquirroja *Alpenkrähe* f (P. pyrrhocorax)
chovinismo *m* = **chauvinismo**
choza *f (Schäfer) Hütte* f ‖ *Bauernhütte* f ‖ ⟨Sp⟩ *Herberge, Baude* f
chozno *m Sohn des Urenkels, Ururenkel, Enkel* m 5. *Grades*
chozo *m kleine Hütte* f
christma *m* engl *Weihnachtskarte* f
chuascle *m* Mex *Falle* f

△**chubalo** *m Zigarre* f
chubas\|ca *f* fam *Diebskneipe* f ‖ *(Straßen) Dirne* f ‖ *öffentliches Haus* n ‖ **-co** *m Platzregen* m, *Regenschauer* m ‖ fig *plötzlich eintretender Unglücksschlag* m ‖ ⟨Meteor⟩ *Sturmbö* f ‖ fig *derber Verweis* m ‖ **-coso** adj *stark bewölkt (Himmel)* ‖ *böig* ‖ **-quero** *m Regen-, Gummi\|mantel* m
chubesqui *m Wärmflasche* f
△**chubi** *m Maulesel* m
chúcaro adj Am *wild* (bes *Horn- u. Pferde\|vieh)*
△¹**chucero** *m Dieb* m
²**chucero** *m mit Spieß bewaffneter Soldat* m
chuco adj MAm Ec Mex Pe *leicht verdorben (Fisch)*
chucrut *m* = **choucroute**
chucuto *m* Ven fam *Teufel* m ‖ ~ adj Ven *schwanzlos*
chucha *f* fam *Hündin* f ‖ figf *Rausch, Schwips* m ‖ figf *Lässigkeit* f ‖ △*Geliebte* f *e-s Sträflings* ‖ Am *Rohleder* n ‖ Col *Beutelratte* f (→ **zarigüeya**) ‖ ¡~! *Husch! (Ruf, um Tiere zu verscheuchen)*
Chucha *f* np fam = **Jesusa**
chuchada *f* Guat *Lapperei* f
chuchango *m* Can *Schnecke* f
chuchazo *m* Cu Ven *Peitschenhieb* m
△**chuche** *m Gesicht* n
chuchear vi pop = **chuchichear**
chuchería *f Näscherei* f ‖ *Flitterkram* m ‖ **~s** *pl Nippsachen* fpl
¹**chuchero** *m*/adj *Vogelsteller* m
²**chuchero** *m*/adj Cu *Hausierer* m ‖ Cu ⟨EB⟩ *Weichensteller* m
△**chuchí** *m Gesicht* n
¹**chucho** *m* fam *Hund,* fam *Köter* m ‖ fam *häßliche Person* f ‖ Cu Ven *Lederpeitsche* f ‖ △*Fünfpesetenstück* n ‖ ¡~! = ¡**chucha!**
²**chucho** *m* Chi *Kerker* m
³**chucho** *m* Am *Fieberschauer* m, *Fieber* n ‖ Am *Wechselfieber* n, *Malaria* f ‖ Am *Angst* f
⁴**chucho** *m* Cu *Stachel* m, *Nadel* f ‖ Cu ⟨EB⟩ *Weiche* f ‖ *Schalter* m
⁵**chucho** *m* Guat *Geizhals* m
⁶**chucho** *m* Col pop *Kram-, Kurz\|waren* fpl
Chucho *m* np Tfn fam = **Jesús**
chuchu\|meca *f* Am *(Straßen) Dirne* f ‖ **-meco** *m* desp *Knirps, Wicht* m
chueca *f Gelenkknochen* m ‖ *Chueca* f, *Spiel der Landleute (e-e Art Kugeltreiben)* ‖ fam *Fopperei* f ‖ △ *Schulter* f
chueco adj/s Am *krumm (beinig)* ‖ Am *müde* ‖ Mex *einäugig*
chuela *f* Chi *Axt* f, *Beil* n
chueta *m* bes Bal *Nachkomme* m *von (bekehrten) Juden*
chufa *f Erdmandel* f (Cyperus esculentus) ‖ fig *Lüge* f ‖ fig *Prahlerei* f ‖ *horchata* de ~s *Erdmandelmilch* f *(erfrischendes Getränk)* ‖ ◊ tirarse una ~ ⟨Sch⟩ *schlecht bestehen (e-e Prüfung)* ‖ echar ~s figf *bramarbasieren* ‖ tener sangre de ~(s) figf *Fischblut in den Adern haben*
chufar vi *et bewitzeln, et bespötteln*
chufería *f Erdmandel(milch)\|geschäft* n, *-bude* f
¹**chufeta** *f* = **chofeta**
²**chufeta, chufla** *f* fam = **cuchufleta**
chuflar vi Ar *pfeifen*
chufle\|arse vr fam *spotten* (de *über)* ‖ **-ta** *f* fam = **cuchufleta** ‖ **-tero** adj fam *spöttisch*
chuflido *m* Ar *Pfiff* m
△**chuga** *f Laus* f
¹**chula** *f fesches, dralles Mädchen* n (od *kesse Göre f) aus dem Volke, Madrider Volksschönheit, Madrider Kind (Fabrikmädchen usw)* ‖ fam *freches Weib* n, *gemeine Dirne* f
²**chula** *f Frucht* f *des Riesensäulenkaktus* (Cereus giganteus)
chulada *f grobe, flegelhafte Handlung* f ‖ *Zote, Unflätigkeit* f ‖ *Angabe, Angeberei* f

△**chulamo** m Knabe, Bursche m
chulángano m desp Angeber, Eisenfresser m
chula|p(on)a f = chula || **-pería** f = **chulería** || **-po** m = chulo
△**chulé** m pop Fünfpesetenstück n
chuleador m Spötter m
chulear vt angeben
chulería f (derbe) Ungezwungenheit f im Benehmen, urwüchsige Anmut f (nach Art e-s span. Chulo) || Angeberei f || Volksschicht f der Chulos || fam Gaunerbande f
chulesco adj e-m Chulo eigen (Ausdruck, Brauch) || dreist, vorlaut || lenguaje ~ das Kauderwelsch der Madrider Chulos
chuleta f Kalbs-, Hammel-, Schweinsrippchen n || paniertes Schnitzel n || Flicken, Fleck m || fig Fleck m, Fleckstück n || figf Ohrfeige, Watsche f || ⟨Sch⟩ Kladde f || ⟨Sch⟩ Spickzettel m || fig pop = chulo || ~ de ternero Kalbs|kotelett, -rippchen n || ~ a la vienesa (od austriaca) Wiener Schnitzel n
chuli|llo, -to m dim v. chulo || ⟨Taur⟩ Stierfechtergehilfe m
¹**chulo** adj vorwitzig, frech || dreist, vorlaut || keß || gerieben, gaunerhaft || e-m span. Chulo eigen || Am zierlich, nett
²**chulo** m eingebildeter, dreister, strammer Bursche, span. chulo m (Madrider Kind, typischer Menschenschlag der Arbeiterklasse in Madrid) || fam Flegel, Faulenzer m || Angeber m || Fleischerknecht, Metzgerbursche m || △ Gauner, Dieb m || ~s pl ⟨Taur⟩ Gehilfen mpl der Stierkämpfer
¹**chulón** m großer Spaßmacher m
²**chulón** m fam strammer Bursche m || Gauner m
chulona f fam prächtige Dirne f || pop freches Weib n
chulla f Ar Fleischscheibe f || Col Schimpfwort n
△**chulló** m rüstig, stramm
chumacera f ⟨Mar⟩ Dolle f || ⟨Tech⟩ (Zapfen-) Lager n
chumado adj pop beschwipst || betrunken
△**chumandiar** vt küssen
△**chumaque** m Laus f
chumar vi fam kneipen, zechen
chumbera f Feigenkaktus m (Opuntia ficus indica)
¹**chumbo** adj/s: higuera ~a = **chumbera** || higo ~ Frucht, Feige des Feigenkaktus, Kaktusfeige f
²**chumbo** m Cu Liebling, Schatz m (Kosename)
△**chumendo** m Kuß m
△**chumí** adv einst, einmal
chumpipe m Guat Truthahn m
¹**chunga** f fam Neckerei f, Spaß, Scherz m || ◊ estar de ~ fam bei guter Laune, aufgeräumter Stimmung sein
²**chunga** f (Art) Tragkorb m
chungla f Dschungel m/n/f
chungón, ona adj spaßhaft
chungue|arse, chungarse [g/gu] vr fam scherzen, spaßen, sich necken || spotten (de über) || **-o** m Spott, Hohn m || **-ro** adj/s lustig, aufgeräumt
chunguita f dim v. chunga
chu|ña, -na f südam. Schlangenstorch m, Seriema f (Cariama cristata) || Chi Rauferei f || **-ño** m SAm Kartoffelmehl n
¹**chupa** f * Ärmelweste, Jacke f || Wams n || △ Rock, Gehrock m || ◊ ponerla a uno como ~ de dómine figf jdm e-n derben Verweis geben, fam jdn herunterputzen
²**chupa** f Naßwerden n, Durchnässung f
³**chupa** f philip. Flüssigkeitsmaß n
chupacirios m figf Frömmler m
chupa|da f Zug m (beim Saugen od Rauchen) || ◊ dar una ~ (a la pipa) e-n Zug (aus der Pfeife) tun (Raucher) || **-do** adj figf mager, abgezehrt || ausgemergelt || Am beschwipst || betrunken || **-dor** m/adj Schnuller, Sauger, Sauggummi m || Saugglas n || **-flor** m Ven Mex Kolibri m || **-lámparas** m desp Küster m || **-miel, -mirto, -rrosa** m Mex Kolibri m
chupar vt (aus)saugen || in sich aufnehmen, einsaugen (Wasser) || fig jdn ausziehen, rupfen || (Bonbons) lutschen (an der Zigarre) ziehen || figf trinken, saufen, lecken || fig in sich aufnehmen || ◊ ~ del lote pop nassauern || ~ la sangre a alg. fig jdn aussaugen || ~ vi saugen || Mex rauchen || Hond figf stark trinken, zechen || Chi fam stehlen, mausen || ~se abmagern, mager werden || ~ los dedos figf sich alle zehn Finger (nach et) lecken || no ~ el dedo figf sich nichts aufbinden lassen, auf seiner Hut sein || ¡chúpate ésa! fam jetzt kannst du vor Zorn bersten!
chupa|sangre(s) m prov Blutsauger m || **-tintas** m fam Schreiber, fam Federfuchser, iron Tintenkuli m
△**chupen|dar** vt küssen || **-do** m Kuß m
¹**chupeta** f Jäckchen, Jöppchen || ⟨Mar⟩ Oberhütte f
²**chupe|ta** f Chi Glas n || Likör m || **-tada** f Schluck m || beber a ~s schlucken
¹**chupete** m Schnuller, Sauger, Sauggummi m (für Kinder) || ◊ ser de ~ fam lecker sein || fam sehr niedlich sein
²**chupete** m Chi e-e Art Kinderdrache || Chi Ohrring m
chupetear vi lutschen
chupina f: hacer ~ Arg die Schule schwänzen
chupinazo m fam (Artillerie)Geschoß n || Einschlag m e-s (Artillerie)Geschosses
¹**chupo, chupón** m SAm Blutgeschwür m || Eiterblase f || △ Talg m
²**chupo** m Weste f
chupón m/adj (Aus)Sauger m || Saugmal n || fam Lutschstange f, Lutscher m || Tauchkolben || Schmarotzerzweig m || Trieb m || Schößling m || Schmarotzer m || Ec Saugflasche f || ~ adj saugend
chupóptero m/adj fam Aussauger, Schmarotzer m
△**chu|quel** m Hund m || **-queli** m Hündchen n
△**chuquí** m Stecknadel f || weibliche Scham f
chuquisa f Chi Pe (Straßen)Dirne f
churcha f Col Beutelratte f (→ **zarigüeya**)
churdón m Himbeerstrauch m || Himbeere f (→ a **frambuesa**, ~o) Himbeersirup m
△**churi** m Dolch m
churo m Ec Haarlocke f || Ec Schnecke f
churra f ⟨V⟩ = **ortega** || Sal Gefängnis n
churrasca f Ar Straßendirne f
churras|carse [c/qu] vr = **churruscarse** || **-co** m Am auf Kohlen geröstetes Fleisch n (ohne Knochen) || Am fam Kohle f || **-cón** m Angebrannte(s) n || **-quear** vt SAm Churrasco essen
churre m fam abtriefendes Fett n || Wollfett n, -schweiß m || fam Durchfall m
△**churré** m Gendarm m
churrera f Ölkringelpfanne f
churre|ría f Ölkringelverkauf m || Ölkringelbäckerei f || (in der val. Huerta) Valenzianer, die die val. Mundart nicht beherrschen || **-ro** m Ölkringelverkäufer m || Ölkringel m (f ~a) || **-ta** f = **-te** || Col geflochtene Peitsche f || **-te** m fam schmutziges Rinnsal n (von Tränen, Schweiß usw)
churria f Mex Col Durchfall m || Mex fig = **churrete**
churrete f Arg Spott m, Spötterei, Posse f
churriana f vulg (Straßen)Dirne f
△**churriazo** m Dolchstich m
churriburri m fam = **zurriburri**
churriento adj schmierig || pop mit Durchfall
churrigue|resco adj ⟨Arch⟩ übermäßig geschnörkelt und verwickelt, überladen barock || fig (mit Putz) überladen || estilo ~ span. Baustil (Barockstil) nach Churriguera, Ribera usw im

18. Jh. ‖ **-rismo** *m* = *estilo* **churrigueresco** ‖ ⟨Arch⟩ *Überladung* f ‖ **-rista** *m Vertreter* m *des Churriguerismo*
△**churrinar** vt *ermorden*
¹**churro** *m Ölkringel* m *(in heißem Öl gebackenes und aus der Pfanne weg verkauftes Ölgebäck)* ‖ fam *Pfuschwerk* n ‖ *Stümperei* f
²**churro** *m* Sal *jähriges Kind* n
³**churro** adj *gering (Wolle)* ‖ *grobwollig*
churrullero *m* = **charlatán**
churrus|carse [c/qu] vr *anbrennen* ‖ **-co** *m angebranntes Brot* n
△**churumbel** *m Sohn* m, *Kind* n
churum|bela *f (Art) Schalmei* f ‖ Am *Saugrohr* n *zum Matetrinken* ‖ Col *Tabakspfeife* f ‖ △**-belo** *m* = **churumbel**
churumen *m* fam = **chirumen**
churumo *m* fam *Saft* m ‖ *Brühe* f ‖ ◊ ser de poco ~ *keine große Leuchte sein* ‖ tener poco ~ figf *knapp bei Kasse sein*
churunio *m* fam *Saft, Kern* m
chus: ◊ sin decir ~ ni mus fam *ohne zu mucksen*
chus|ca *f* Chi *(Straßen) Dirne* f ‖ **-co** adj *drollig, spaßhaft* ‖ *pfiffig* ‖ ~ *m Witzbold* m ‖ *Spaßvogel* m ‖ *Stück Brot, Brötchen* n ‖ *Brot* n ‖ *Semmel* f ‖ ⟨Mil⟩ *Kommißbrot* n
chusma *f Pöbel(haufen), Mob* m ‖ *Lumpen|pack, -gesindel* n ‖ △ *Menschenmenge* f ‖ ~ **je** *m* Am = **chusma**
chuspa *f* Am *Beutel* m, *Tasche* f
chusque *m* Col *(Art) Bambus* m (Chusquea spp)
△**chusquel** *m Hund* m

chusquero *m* ⟨Mil⟩ fam *Berufssoldat,* fam *Kommißkopf* m
chut [*pl* **chuts**] *m* pop *Schuß, Ballstoß* m *(beim Fußballspiel),* (engl **shoot**) ‖ ¡~, ~! Ast *Ruhe! pst!* ‖ ¡~! Ven *das ist köstlich!*
Chuta *f* np fam = **Jesusa**
chutador *m*/adj: ◊ ser buen ~ *ein guter Fußballspieler sein, kräftig schießen*
chut(e)ar vt/i *schießen, stoßen (Ball)* ‖ *Fußball spielen*
chute *m Rutsche, Schurre* f ‖ Salv *Stachel* m, *Spitze* f
△**chutí** *m Milch* f
chuva *f* Pe *Schwarzer Klammeraffe, Koata* m (Ateles paniscus)
chuy: ◊ no decir ni ~ Arg pop *nicht mucksen*
chuyo adj Ec *einzig* ‖ *vereinzelt* ‖ Arg *welk, zerknittert* ‖ *ausgetrocknet*
chu|za *f Stecken* m *mit beschlagener Spitze* ‖ **-zar** [z/c] vt Col *stechen, verwunden* ‖ **-zazo** *m Schlag* m *mit dem (Nachtwächter) Spieß* ‖ **-zo** *m (Knebel) Spieß* m ‖ *Spieß* m *der span. Nachtwächter* ‖ Cu *Lederpeitsche* f ‖ Chi *Klepper* m ‖ *Reitpeitsche* f ‖ MAm *Vogelschnabel* m ‖ *Skorpionstachel* m ‖ ◊ caen od llueven ~s (de punta) fam *es regnet Bindfäden*
chuznieto *m* Ec = **chozno**
¹**chuzón, ona** adj/s *spöttisch* ‖ *listig, schlau*
²**chuzón** *m großer Knebelspieß* m ‖ Col *Stich* m, *Stichwunde* f
chuzo|nada *f* fam *Hanswurststreich* m ‖ **-nería** *f Spott* m

D

d f (= **de**) D n
D römische Zifferzahl (500) || **D.** Abk = **Don** || **Debe** | **Dése** || **Dioptría** || **Dei** || **Dios** || **Derecho** || **Dosis**
d., d Abk = **de** || **día(s)** || **diminutivo** || **después** || **dado**
D.ª Abk = **Doña**
△**dabardar** vi *beten*
△**dabastró** m *Rosenkranz* m
dable adj *tunlich, möglich* || ◊ lo mejor que sea ~ *bestmöglichst*
¡daca! (**¡da acá!**) *gib her! her damit!* || en un ~ esas pajas, en ~ las pajas figf *flugs, im Handumdrehen*
Dacia f ⟨Hist⟩ *Dazien* n (*Land*)
dacio m/adj *Dazier* m
dación f *Geben* n || ⟨Jur⟩ *Schenkung* f || ⟨Jur⟩ *Übergabe* f || *Abtretung, Hergabe* f || ~ de arras *Zahlung* f *von Handgeld* || ~ de consejo *Raterteilung* f || ~ de fe *Beglaubigung* f || ~ en pago *Leistung* f *an Erfüllung Statt*
dacriocistitis f ⟨Med⟩ *Tränensackentzündung,* **Dakryozystitis** f
dacrón m *Dacron* n (*synthetische Faser*)
dactílico adj *daktylisch* (*Vers*)
dactili|omancia f *Daktyliomantie* f || **-oteca** f *Daktyliothek, Gemmensammlung* f, *Ringkästchen* n
dactilo m *Knäuelgras* n (Dactylis spp)
dáctilo m *Daktylus* m (*Vers*) || ⟨Zool⟩ *Dattel-, Bohr|muschel* f (Pholas dactylus)
dactilógrafa f *Stenotypistin* f
dactilogra|fia f *Maschinenschreiben* n || *Maschinenschrift* f || **-fiar** [pres –io] vt *mit der Maschine (ab)schreiben*
dactilográfico adj *maschinenschriftlich*
dactilógrafo m *Schreibmaschine* f || *Maschinenschreiber, Stenotypist* m (f ~a)
dactilo|grama m *Fingerabdruck* m, *Daktylogramm* n || **-griposis** f ⟨Med⟩ *Daktylogrypose, Verkrümmung* f v. *Fingern od Zehen* || **-logía** f *Daktylologie, Zeichensprache* f *mit Hilfe der Finger*
dactilos|copia f *Daktyloskopie* f, *Fingerabdruckverfahren* n || **-cópico** adj: *examen* ~ *Untersuchung* f *der Fingerabdrücke* || **-copólogo** m *Sachverständiger* m *für Fingerabdrücke*
dacha f *Datscha, -e* f, *russisches Holzhaus* n, *russische Sommerwohnung* f
△**dada** m *Vater* m
dadaís|mo m *Dadaismus* m (*Kunst- und Literaturrichtung*) || **-ta** m/adj *Dadaist* m || ~ adj *dadaístico*
dadista m Mex *Würfelspieler* m
dádiva f *Gabe* f, *Geschenk* n || fig *Bestechung* f || ◊ ~s quebrantan peñas *für Geld kann man den Teufel tanzen sehen*
dadivo|sidad f *Freigebigkeit* f || **-so** adj/s *freigebig*
¹**dado** pp v. **dar** | *ergeben (dem Trunke usw)* || *vergeben (Stelle)* || *vergönnt* || *bestrichen* (de *mit*) || prep *in Anbetracht* (gen), *angesichts* (gen) || ~ que *da ja* || *gesetzt den Fall, daß* || ~ en llamarse *Juan der zufällig Johann hieß* || *cuando me sea* ~ *hacerlo wenn ich imstande sein werde, es zu tun* || si me fuera ~ *wenn es mir vergönnt wäre* || ~as las manos *Hand in Hand* || (→ a **dar**)
²**dado** m (Spiel) *Würfel* m || ⟨Zim⟩ *Zapfen* m || ⟨Tech⟩ *Prägestempel* m || ⟨Mar⟩ *Büchse* f || dar (*od* echar) ~ falso figf *betrügen, täuschen* ||

conforme diere el ~ fig *je nachdem wie der Würfel fällt* || ~**s** pl *Würfelspiel* n || ◊ jugar a los ~, tirar (*od* echar los) ~ *würfeln, fam knobeln*
dador m *Geber, Spender* m || *Übergeber* m || (*Wechsel*) *Aussteller* m || ⟨El⟩ *Donator* m || ~ del aval ⟨Com⟩ *Wechselbürge, Avalist* m || ~ del crédito *Kreditgeber* m || ~ a la gruesa (ventura) *Bodmereigeber* m || ~ de trabajo *Arbeitgeber* m || el ~ de la presente ⟨Com⟩ *der Überbringer dieses Schreibens*
dafne m ⟨Bot⟩ *Seidelbast* m (Daphne spp)
dafnia f ⟨Zool⟩ *Wasserfloh* m (Daphnia pulex)
¹**daga** f *Dolch* m
²**daga** f *Lage* f *Backsteine*
Dagoberto m np *Dagobert* m
dagón m augm. v. **daga**
daguerroti|par *daguerreotypieren* || **-pia** f *Daguerreotypie* f || **-po** m *Daguerreotyp* n
daguilla f dim v. **daga**
△**dai** f *Mutter* f
daifa f pop *Beischläferin* f
dakotas mpl *Dakotas(indianer)* mpl
△**dal** m *Furcht, Angst* f
dala f ⟨Mar⟩ *Pumpenentwässerung(sleitung)* f
dalaga f Fil *junges, unberührtes Mädchen* n
dalai-lama m *Dalai-Lama* m (*weltliches Oberhaupt des Lamaismus – früher in Tibet*)
¹**dale** → **dar**
²**dale** m Cu *ein Kinderspiel*
Dalecarlia f *Dalekarlien* n (*Dalarne in Schweden*)
¹**dalia** f ⟨Bot⟩ *Dahlie, Georgine* f (Dahlia spp)
²**dalia** f Marr *Weinrebe* f
dálico adj: raza ~a *Dalrasse, dalische od fälische Rasse* f
Dalma|cia f *Dalmatien* (*Land*) || **-tino, dálmata** adj *dalmat(in)isch* || ~ m *Dalmatiner* m
dalmáti|ca f *Dalmatik(a)* f (*Meßgewand*) || *Feierkleid* n (*der Herolde*) || **-co** adj *dalmatisch*
dalto|niano m ⟨Med⟩ *Farbenblinder* m || ~ adj *farbenblind* || **-nismo** m ⟨Med⟩ *Farbenblindheit, Rot- od Grün|blindheit* f, *Daltonismus* m
da|llador m *Mäher* m (*Person*) || **-llar** vt *mähen*
¹**dalle** m (prov ~a, ~o) *Sense* f
²**dalle** prov = **darle, dadle**
¹**dama** f *Dame, Frau* f || *Hofdame* f || *Dame* f (*im Damespiel*) || *Dame, Königin* f (*im Schachspiel*) || *Geliebte* f || la ~ blanca *die weiße Frau od Dame* (*Volksaberglaube*) || ~ de honor *Ehren-, Hofdame* f || ~ joven ⟨Th⟩ *Schauspielerin* f, *die jugendliche Rollen spielt* || ~ de noche ⟨Bot⟩ *Nachtschatten* m || primera ~ ⟨Th⟩ *Primadonna* f || *Hauptdarstellerin* f || segunda ~ *bzw* tercera ~ *Zweitrollendarstellerin* f || ◊ llevar a ~ *in die Dame bringen (im Damespiel)* || ~**s** pl ⟨Mar⟩ *Ruderdollen* fpl || (juego de) ~ *Dambrett-, Damespiel* n
²**dama** m *Damhirsch* m (→ **gamo**)
³**dama** f ⟨Metal⟩ *Feuerbrücke* f
damajuana f *Demijohn, Glasballon* m, *große Glas-, Korbflasche* f
damar m *Dammar(harz)* n
damas fpl ⟨Mar⟩ (*Ruder*) *Dollen* fpl
damasana f → **damajuana**
damas|cado adj *damastartig* || **-ceno** adj/s *aus Damaskus* (*Damasco*) || (*ciruela*) ~a *Damaszener Pflaume* f || **-co** m (*Seiden*) *Damast* m || Am *Aprikose* f (Prunus armeniaca)
Damasco m *Damaskus* n
Dámaso m np *Damasus* m

damasquinado adj *damasziert (Waffen)* ‖ bisutería ~a *eingelegte Bijouterie* f *(Toledoartikel)* ‖ ~a m *damaszierte Arbeit* f
△**damba** f *Frosch* m
dambos mpl prov = **ambos**
damería f *Ziererei, Zimperlichkeit* f ‖ *Prüderie* f
damero m *Dam(spiel)brett* n ‖ *Schachbrett* n
damesana f → **damajuana**
Damián m np Tfn *Damian* m
damiana f Am ⟨Bot⟩ *Turnera* f (Turnera aphrodisiaca *u. a.*)
damisela f *junges hübsches Mädchen* n ‖ *Fräulein* n (& joc) ‖ *(Straßen) Dirne* f
dammar m → **damar**
damnación f *Verdammnis* f
damnifica|do m/adj *Be-, Ge|schädigte(r)* m ‖ los ~s de la guerra *die Kriegsbeschädigten* mpl ‖ ~ adj *be-, ge|schädigt* ‖ ~ *por los bombardeos,* ~ *por las bombas bombengeschädigt* ‖ **-dor** m *Schädiger* m
Damocles m np *Damokles* m ‖ espada de ~ fig *Damoklesschwert* n
danaides fpl ⟨Myth⟩ *Danaiden* fpl
danayos mpl *Danaer* mpl
dance m Ar *Schwert(er)tanz* m
danchado adj ⟨Her⟩ *gezahnt*
dan|dismo m *Dandytum* n ‖ *Geckenhaftigkeit* f ‖ *Dandyismus* m *(Nebenelement des Dadaismus)* ‖ **-dy, -di** [pl **-i(e)s** od **-ies**] m engl *Dandy, Stutzer, Modenarr* m
danés, esa adj *dänisch* ‖ ~ m *Däne* m ‖ el ~ *die dänische Sprache*
△**daní** m *Zahn* m
Daniel m np *Daniel* m
dannunziano adj *auf den it. Schriftsteller Gabriele D'Annunzio (1863-1938) bezüglich*
danta f *Elentier* n (→ **alce**) ‖ *Tapir* m (→ **tapir**)
dante m *Elenantilope* f (Tautotragus oryx)
dan|tesco adj *dantisch* ‖ *dantesk, schreckenerregend* ‖ *Dante-* ‖ **-tista** m/adj *Danteforscher* m ‖ sociedad ~ *Dantegesellschaft* f
danto m MAm *Schirmvogel* m (Cephalopterus sp)
Dantón m np *Danton* m
Dantzig m *Danzig* n *(Gdańsk)*
Danu|bio m *die Donau* ‖ **=biano** adj *Donau-* ‖ los países ~s *die Donauländer* npl
danza f *Tanz* m ‖ *Tanzkunst* f ‖ *Tanz|weise* f, *-lied* n ‖ *Ball* m ‖ fam *Radau* m ‖ figf *schmutziges Geschäft* n ‖ *Schwindelei* f ‖ ~ de antorchas *Fackeltanz* m ‖ ~ de botón *(od* cascabel) *gordo* fam *Volksbelustigung* f ‖ ~ del vientre *Bauchtanz* m ‖ *Bauerntanz* m ‖ ~ macabra *Totentanz* m ‖ ~ popular *Volkstanz* m ‖ profesor de ~ *Tanzlehrer* m ‖ ◊ andar *(od* estar) en la ~ figf *in et mit verwickelt sein, im Spiel sein* ‖ entrar en ~ fig *anfangen, loslegen* ‖ guiar *(od* llevar) la ~ *vortanzen* ‖ fig *der Leiter sein* ‖ fig *der Rädelsführer sein* ‖ meterle a uno en ~ figf *jdn in e–e Sache hineinziehen* ‖ ¡buena va la ~! iron *das Ding geht ja ganz allerliebst!*
danza|dera f fam *Tänzerin* f ‖ **-nte** m/adj *(Vor-)Tänzer* m ‖ figf *Schlaukopf* m ‖ figf *verrückter Kerl* m ‖ figf *Angeber* m
danzar [z/c] vt/i *tanzen* ‖ *sich schnell bewegen, herumhüpfen* ‖ fig *sich in ein Geschäft einmischen* ‖ fam *mitmachen*
danza|rín m/adj *(Ballett)Tänzer* m ‖ fig *Wildfang* m ‖ **-rina** f *(geübte) Tänzerin* f
danzón m *ein kubanischer Tanz* m
daña|ble adj *schädlich* ‖ *verwerflich* ‖ **-ción** f *Schaden* m, *Schädigung* f ‖ **-do** adj/s *beschädigt* ‖ *schlecht, verdorben* (& fig) ‖ *wurmstichig (Obst)* ‖ Col *homosexuell* ‖ ~ m, ~ ayuntamiento *Ehebruch* m *e-r Verheirateten* ‖ Can *Aussätzige(r)* m
dañar vt/i *beschädigen* ‖ *schaden* ‖ *verderben* ‖ *schädlich sein (z. B. Arznei)* ‖ ~**se** *verderben* ‖ *Schaden leiden*

△**dañé** m *Jahr* n ‖ *Zeit* f
dañero m *Mensch* m *mit „bösem Blick"* ‖ *Zauberer* m
dañino adj *schädlich (Tier)*
daño m *Schaden, Verlust* m ‖ *Nachteil* m ‖ *Verletzung* f ‖ *Verdammnis* f ‖ ~ causado *eingetretener Schaden* m ‖ ~ causado por la intemperie *Wetterschaden* m ‖ ~ corporal *Körper|verletzung* f, *-schaden* m ‖ ~ cubierto por un seguro *Versicherungsschaden* m ‖ ~ de guerra *Kriegsschaden* m ‖ ~ diferido Span *mittelbarer Schaden, Folgeschaden* m ‖ ~ inmaterial, material *immaterieller, materieller Schaden* m *(od* Sachschaden m) ‖ ~ legal *unerlaubte Handlung* f ‖ ~ marítimo *Havarie* f ‖ ~ moral *ideeller Schaden, nichtmaterieller Schaden* m ‖ ~ personal *Personenschaden* m ‖ ~ resultante de un accidente *Unfallschaden* m ‖ ~ total *Voll-, Total|schaden* m ‖ en ~ de alg. *zu jds Schaden* ‖ compensación de ~s *Schadenersatz* m ‖ estimación del ~ *Schadenschätzung* f ‖ indemnización por ~ personal *Schmerzensgeld* n ‖ sin ~ de barras fig *gefahrlos* ‖ ◊ causar ~ (a) *jdm Schaden zufügen, schaden* ‖ *jdn beeinträchtigen* ‖ deber de reparar un ~ *Sühnepflicht* f ‖ hacerse ~ *sich verletzen* ‖ no hace ~ *es tut nicht weh, es schmerzt nicht* ‖ reclamación de ~s y perjuicios *Schadenersatzklage* f ‖ indemnización de ~s *Schadenersatz* m
dañoso adj *schädlich, nachteilig* ‖ *schadenstiftend*
daquí pop = **de aquí**
¹**dar** [pres **doy**, pret **dí**]:
A) vt/i a) *(her)geben, schenken* ‖ *widmen* ‖ *über|geben, -reichen, darreichen* ‖ *bescheren* ‖ *verleihen (Amt)* ‖ *hervorbringen, erzeugen* ‖ *tragen (Früchte)* ‖ *veranstalten (Fest)* ‖ *erteilen (Befehl)* ‖ *bestellen (Grüße)* ‖ *schenken (Glauben)* ‖ *geben, abgeben (Waren)* ‖ *bei|geben, -mischen* ‖ *geben (ein Theaterstück)* ‖ *abwerfen (Nutzen)* ‖ *halten (Vortrag)* ‖ *angeben (Grund)* ‖ *liefern (Beweis)* ‖ *äußern (Meinung)* ‖ *erklären, anerkennen, halten (für)* ‖ *zugeben, einräumen* ‖ *annehmen, voraussetzen* ‖ *austeilen (Karten)* ‖ *(los)lassen* ‖ *verursachen, Anlaß geben (zu)* ‖ *erregen (Furcht)* ‖ *auferlegen* ‖ *nehmen* od *geben (Stunden, Unterricht)* ‖ *beimessen (Wert)* ‖ *bezeigen (Beileid)* ‖ *versetzen, herunterhauen (Schlag, Ohrfeige)* ‖ *treffen (Schlag, Wurf, Sonnenhitze)* (& vi) *machen (Spaziergang)* ‖ *(die Stunden usw) schlagen (Uhr)* ‖ ◊ ~ la absoluta a alg. figf *jdm kündigen* ‖ ~ aviso *(para desalojar el piso) (eine Wohnung) kündigen* ‖ ~ un banquete *ein Festmahl geben* ‖ ~ batalla *e-e Schlacht liefern* ‖ *gut behandeln* ‖ ~ el cambiazo pop *prellen* ‖ ~ (el) cambio *wechseln, Kleingeld herausgeben* ‖ ~ celos a alg. *jdn eifersüchtig machen* ‖ ~ colocación *anstellen* ‖ *anlegen (Geld)* ‖ ~ compasión *Mitleid erregen* ‖ ~ conocimiento de a. *Nachricht geben von et* ‖ *et mitteilen* ‖ ~ su consentimiento *zustimmen* ‖ ~ crédito (a) *jdm Glauben schenken* ‖ ~ a crédito *auf Kredit geben* ‖ ~ cuenta *verkünden, bekanntgeben* ‖ *Rechenschaft ablegen* ‖ ~ curso *abfertigen, in den Geschäftsgang geben* ‖ ~ curso a una solicitud *ein Gesuch weitergeben* ‖ ~ derecho a *berechtigen zu* ‖ ~ los (buenos) días *grüßen, guten Tag sagen* ‖ ~ diente con diente *mit den Zähnen klappern* ‖ ~ entrada *buchen* ‖ ~ zulassen ‖ ~ fe *beglaubigen* ‖ *bezeugen* ‖ ~ el golpe fig *den entscheidenden Schritt tun* ‖ △ *e–n Einbruch, Überfall usw verüben* ‖ ~ una hipoteca *beleihen* ‖ ~ hora *e–e Stunde bestimmen (z. B. zu e–r Zusammenkunft)* ‖ ~ la hora *die Stunden schlagen (Uhr)* ‖ ~ importancia (a) *Bedeutung beimessen, für wichtig halten* ‖ ~ informes, instrucciones *Auskunft, Weisungen erteilen* ‖ ~ inquietud *beunruhigen* (a algn. *jdn*) ‖ ~ lástima fig *Mitleid erregen* ‖ ~ lectura *verlesen* ‖ ~ lugar a *stattgeben* ‖ *veranlassen, Veranlassung geben zu* ‖ ~ libre curso (a)

freien Lauf lassen (dat) ‖ ~ miedo *Furcht einjagen* ‖ ~ muerte *töten* (a alg. *jdn*) ‖ ~ muestras de merken *lassen* ‖ sich erweisen *(als)* ‖ *beweisen (z. B. seine Redlichkeit)* ‖ ~ nacimiento, ~ origen fig *verursachen* ‖ *ins Leben rufen* (a a. *et*) ‖ ~ una paliza *jdn verprügeln* ‖ ~ parte *mitteilen* ‖ ~ un paseo *e–n Spaziergang machen* ‖ ~ poder *Vollmacht erteilen* ‖ ~ los primeros pasos *die ersten Schritte tun* ‖ ~ el pecho *stillen* (a un niño *ein Kind*) ‖ ~ permiso (a) *erlauben, Erlaubnis erteilen* ‖ ~ el pésame *sein Beileid bezeugen* ‖ ~ pie *Anlaß geben, herbeiführen* ‖ ~ prioridad *vorziehen* ‖ ~ prisa a alg. *in jdn dringen* ‖ ~ prórroga *e–e Fristverlängerung geben* ‖ ~ la razón *recht geben* (a alg. *jdm*) ‖ dársela a uno con queso fig*jdm e–n bösen Streich spielen, jdn prellen* ‖ ~ una reprimenda fam *jdm den Kopf waschen* ‖ ~ risa *lachen machen* ‖ ~ salida *verkaufen* ‖ *absetzen* ‖ *ausbuchen* ‖ no ~ señales de vida *kein Lebenszeichen (von sich) geben* ‖ ~ el sí *sein Jawort geben* ‖ ~ un telefonazo *anrufen* (a alg. *jdn*) ‖ ~ testimonio *bezeugen, aussagen* ‖ ~ traslado a la otra parte 〈Jur〉 *der anderen Partei e–e Abschrift zustellen* ‖ ~ el último toque *die letzten Feinheiten ausarbeiten* ‖ ~ valor (a) *auf et halten* ‖ ~ la vuelta *Geld heraus-, wieder*|*geben* ‖ ~ vueltas *sich drehen* ‖ *herumgehen* ‖ *hin- und hergehen* ‖ no hay que ~ le vueltas fam *das ist einmal so, die S. ist nicht zu ändern* ‖ ~ de vuelta *herausgeben (bei e–m Handel od Tausch)* ‖ ~ una vuelta *e–n Spaziergang machen* ‖ ~ un Gang *tun* ‖ una zambullida *untertauchen* ‖ dársela a uno fam*jdn übervorteilen, prellen* ‖ no ~ una fam *gar nichts tun* ‖ *ganz unfähig sein* ‖ ¡dale (que dale)! ¡dale que le da(rá)s! ¡dale bola! fam *das ist nicht auszuhalten! immer dieselbe Leier!* ‖ *immer darauflos* ‖ ~las de inocente *sich unschuldig stellen* ‖ ahí me las den todas fam *was geht mich das alles an?* ‖ donde las dan, las toman *etwa: wie du mir, so ich dir* ‖ ¡qué más da! *das ist einerlei! daran ist nichts gelegen!*

b) in Verb. mit Hauptwörtern, als Ersatz für einfache deutsche Zeitwörter: ~ un abrazo (a) *jdn umarmen* ‖ ~ aviso de a. *et* (acc) *melden* ‖ ~ cabezadas *nicken (im Einschlafen)* ‖ ~ carpetazo *liegenlassen (e–n Vorgang)* ‖ ~ caza (a) *jdn verfolgen, jdm nachsetzen* ‖ ~ cuerda a un reloj *e–e Uhr aufziehen* ‖ ~ culpa (a) *jdn beschuldigen* ‖ ~ la enhorabuena, ~ de parabién (a) *jdn beglückwünschen* ‖ ~ un estampido (estallido) *krachen, knallen* ‖ ~ fin (a) *et beendigen* ‖ ~ gracias *danken* ‖ ~ sich *bedanken* ‖ ~ guerra (a) *jdn bekriegen* (& fig) ‖ ~ gusto *gefallen, behagen* ‖ ~ horror, ~ miedo, ~ susto (a) *erschrecken* ‖ me da lástima *ich bedauere ihn* ‖ *es dauert mich* ‖ ~ luz *anzünden* ‖ ~ muerte (a) *töten, hinrichten* ‖ ~ palmadas *(in die Hände) klatschen* ‖ ~ parte (a) *mitteilen* ‖ ~ un portazo *(die Tür) zuschlagen* ‖ ~ rabia *erregen, wütend machen* ‖ ~ saltos *springen, hüpfen* (& fig) ‖ ~ el sí *einwilligen* ‖ ~ suspiros *seufzen* ‖ ~ (un) traspiés *taumeln, straucheln* ‖ ~ voces *schreien* ‖ ~ un vuelco *sich (her)umwälzen* ‖ △ *sterben* ‖ ~ media vuelta *sich umdrehen, sich umwenden* ‖ ~ una zambullida *untertauchen*

c) in Verb. mit Präpositionen od präpositionalen Adverbialwendungen:
1. *mit a* (→ a **dar** vi): ~ a conocer *bekanntgeben* ‖ *bekanntmachen* ‖ *kundgeben* ‖ ~ a entender *andeuten, zu verstehen geben* ‖ *tief blicken lassen* ‖ ~ a fiado *borgen* ‖ ~ a luz *gebären* ‖ *das Leben schenken (e–m Kind)* ‖ *ins Leben rufen* ‖ *herausgeben (Buch)*
2. in Verb. mit *de*: *überziehen (mit Öl, Firnis usw)* ‖ *anstreichen, bemalen* (& vi) ‖ *herunterhauen, versetzen (Schlag)* ‖ *erklären (für)* ‖ ~ de alta *gesund schreiben* ‖ *aufnehmen (in e–m Verein)* ‖ *anmelden* ‖ ~ de barniz *lackieren, firnissen, anstreichen* ‖ ~ de baja *entlassen (z. B. aus e–m Krankenhaus)* ‖ *krank schreiben* ‖ *für arbeitsunfähig erklären* ‖ *abmelden (z. B. Zeitung)* ‖ *streichen (von der Mitgliederliste)* ‖ *ausschließen (aus e–m Verein)* ‖ ~ de palos fig *verprügeln* ‖ ~ de si *hergeben, leisten* ‖ *sich weiten (Kleider, Stoffe)*
3. in Verb. mit en: ~ en alquiler *vermieten* ‖ ~ en depósito *hinterlegen* ‖ ~ en pago *in Zahlung geben* ‖ ~ en prenda *verpfänden, als Pfand geben*
4. in Verb. mit por: *erklären (für), anerkennen, gelten lassen* ‖ *halten (für)* ‖ lo doy por bien empleado *ich bereue es nicht* ‖ ~ por hecho *für ausgemacht annehmen* ‖ *als e–e Tatsache hinnehmen* ‖ se le dio por muerto *man hielt ihn für tot* ‖ ~ por visto y concluso 〈Jur〉 *für beendet erklären (Verfahren)*

d) in Verb. mit *que* (& vi): ~ que decir (od hablar) fig *Anlaß zum Gerede geben, viel Aufsehen erregen* ‖ ~ que hacer (a) *jdm Unannehmlichkeiten verursachen* ‖ ~ que pensar *zu denken geben*

B) **dar** vi: a) *geben* ‖ 〈Kart〉 *aus*|*geben, -teilen* ‖ *herfallen über* (acc) ‖ *(fest)schlagen* ‖ *schlagen (Uhr)* ‖ *führen (Weg)* ‖ *gehen, liegen (a auf, nach) (Fenster, Zimmer)* ‖ *von Bedeutung sein* ‖ *nachlassen (Tuch)* ‖ *eingeben (Idee, Verdacht)* ‖ *ahnen lassen* ‖ *verfallen (in e–n Irrtum)* ‖ *an-, über*|*streichen (mit Farbe)* ‖ ◊ ~ abajo *hinab*|*fallen, -stürzen* ‖ acaban de ~ las cinco *es hat eben 5 Uhr geschlagen* ‖ las dos están para ~ *es wird gleich 2 Uhr sein* ‖ las tres están al ~ *es ist Punkt 3 Uhr* ‖ al ~ las cuatro *Schlag 4 Uhr* ‖ ~ bien (mal) Glück (Pech) *im Spiel haben* ‖ ~ fuerte *tüchtig zuschlagen* ‖ a mal ~ *schlimmstenfalls* ‖ me da el corazón que fig *das Herz sagt mir, daß* ‖ de donde diere fam *aufs Geratewohl* ‖ el que da primero, da dos veces *doppelt gibt, wer bald gibt* ‖ el día no se le dio mal *der Tag ließ sich für ihn gar nicht so schlecht an*

b) in Verb. mit Präpositionen od präpositionalen Adverbialverbindungen:
1. in Verb. mit a: ~ a la bomba *pumpen* ‖ ~ al caballo *das Pferd antreiben, anspornen*
2. in Verb. mit con: ~ con alg. *jdn treffen, antreffen, finden, auf jdn stoßen* ‖ no ~ con el nombre *nicht auf den Namen kommen* ‖ ~ con alg. en el suelo *jdn zu Boden werfen* ‖ ~ al traste con a/c *et zerstören, zugrunde richten* ‖ *et zum Sturz bringen* ‖ ~ a alg. con la puerta en los ojos, en las hocicos fig*jdm die Tür vor der Nase zuschlagen* ‖ di con la casa *ich fand das (gesuchte) Haus* ‖ di conmigo en Madrid fam *ich begab mich nach Madrid* ‖ ~ con aire *tüchtig zuschlagen*
3. in Verb. mit contra: ~ contra alg. *gegen jdn stoßen* ‖ *über jdn herfallen* ‖ ~ contra una esquina fig*blind vor Wut werden, außer sich geraten*
4. in Verb. mit de (→ **dar** vt/i): a) ~ de barniz → **dar** vt/i ‖ ~ de beber *zu trinken geben* ‖ *tränken (Vieh)* ‖ ~ de bofetones *ohrfeigen* ‖ ~ de comer *zu essen geben* ‖ *füttern (Vieh)* ‖ ~ de puñetazos *mit Fäusten schlagen* ‖ b) ~ de hocicos *auf die Nase fallen* ‖ ~ de si *nachgeben (Tuch, Leder usw)* ‖ fig *leisten, vollbringen* ‖ fig *ausgiebig sein*
5. in Verb. mit en: ~ en a/c *auf et stoßen* ‖ *auf et verfallen* ‖ *et in auslaufen (Weg)* ‖ ~ en el blanco *das Ziel treffen* ‖ ~ en blando fig *auf kein Hindernis stoßen* ‖ ~ en la cara *ins Gesicht scheinen (Sonne)* ‖ ~ en la celada *in den Hinterhalt fallen* ‖ ~ en un error *in e–n Irrtum verfallen* ‖ ~ en matrimonio *zur Frau geben* ‖ ~ en lo vivo *jdn an der verwundbaren Stelle treffen* ‖ el sol me da en la cara *die Sonne scheint mir ins Gesicht* ‖ dio en que había de hacerlo *er bestand darauf, es tun zu müssen*
6. in Verb. mit entre: ~ entre los ladrones *den Räubern in die Hände fallen*
7. in Verb. mit sobre od tras: ~ sobre alg. *über jdn herfallen* ‖ dio sobre Italia *plötzlich befand er sich in Italien* ‖ ~ tras uno fam *jdn verfolgen*

C) **dar** *v. impers*: ◊ *da gozo (pena) verlo es macht Freude (es ist schmerzlich) das anzusehen* ‖ *da gusto oírlo es ist ein Genuß zuzuhören* ‖ *me da lo mismo mir ist es gleich (od einerlei)* ‖ *me da miedo ich fürchte es* ‖ *me da un fuerte dolor ich fühle e-n heftigen Schmerz* ‖ *me da mucha pena es tut mir sehr leid* ‖ *es ist mir sehr peinlich* ‖ *le dio por ello er verfiel darauf*
D) ~**se** *vr sich ergeben* ‖ *nachgeben* ‖ *sich ergeben, sich widmen* (dat) ‖ *sich für et halten (ausgeben)* ‖ *wachsen, gedeihen* ‖ *scheinen, vorkommen* ‖ *sich ergeben (Frau dem Mann)* ‖ *vorhanden sein*
1. ~ mucho aire figf *sich aufs hohe Roß setzen* ‖ ~ el brazo *Arm in Arm gehen* ‖ ~ buena vida, ~ la gran vida *sich gute Tage machen, sich gütlich tun, sich das Leben schön machen* ‖ ~ un hartazgo *sich recht satt essen* ‖ ~ la muerte *sich das Leben nehmen* ‖ ~ maña *sich Mühe geben, sich anstrengen* ‖ ~ preso *sich freiwillig festnehmen lassen* ‖ ~ prisa *sich beeilen, sich sputen* ‖ ~ tono *sich aufspielen, angeben* ‖ no ~ por ofendido *nicht beleidigt tun* ‖ *se dan casos es gibt Fälle (, wo), es kommt vor(, daß)* ‖ ¡no se me da nada! *ich mache mir nichts daraus* ‖ ¡tanto se me da! fig *das ist mir einerlei!* ‖ ¿qué se da? ¿qué dan? *was wird gegeben? (z.B. im Theater)* ‖ ¡date! *ergib dich!*
2. ~se a+inf *(oft gleichwertig dem bloßen Infinitiv) sich e-r S. er-, hin|geben* ‖ *auf et verfallen* ‖ ~ a beber, ~ a la bebida *sich dem Trunk ergeben* ‖ ~ a creer = creer ‖ ~ al diablo figf *(vor Ärger) aus der Haut fahren* ‖ ~ al estudio *den Studien obliegen* ‖ ~ a la vela ⟨Mar⟩ *unter Segel gehen* ‖ ~ de alta *sich eintragen lassen (in e–e Liste als Freiberuflicher)* ‖ *sich gesund schreiben lassen* ‖ ~ de baja *ausscheiden, den Austritt erklären* ‖ *sich krank schreiben lassen* ‖ ~ por vencido *sich für besiegt erklären* ‖ fig *seinen Irrtum einsehen* ‖ ~ por buenos fam *wieder gut miteinander werden*
²**dar** *m:* ~es y tomares *mpl fam Geben und Nehmen* n ‖ ◊ andar en ~es y tomares *fam streiten, Worte wechseln*
³**dar** *m* Marr *Haus* n
△**darañó** *m Verwirrung* f
dardabasí *m Rötelfalke* m (Falco naumanni)
Dardanelos *mpl:* el estrecho de los ~ *die Dardanellen*
dar|dazo *m,* **-dada** *f Wurf* m *mit dem Wurfspieß* ‖ *Pfeilschuß,* ‖ **-do** *m (Wurf) Spieß, Speer, Pfeil* m ‖ ⟨Fi⟩ *Ukelei, Laube* m (→ **albur**) ‖ fig *beißender Spott, Hohn* m ‖ ~ de llama *Stichflamme* f, *Flammenkern* m
dares → ²**dar**
Darío *m* np *Darius* m
dársena *f* ⟨Mar⟩ *Binnenhafen* m, *Teilabschnitt* m *eines Hafenbeckens,* (*Hafen) Becken* n ‖ *Dock* n ‖ ~ de armamento *Abbau-, Ausrüstungs-, Werft|hafen* m ‖ ~ de marea *Tide-, Flut|becken* n, *Tidehafen* m ‖ ~ de un río *Vordock* n *e–s Flusses* ‖ ~ de unión *Verbindungsdock* n ‖ derechos de ~ *Dock|geld* n, *-gebühren* fpl
dar|viniano, -winiano *adj darwinistisch* ‖ *Darwin-* ‖ **-vinismo, -winismo** *m Darwinismus* m ‖ **-vinista, -winista** *adj/s darwinistisch* ‖ ~ *m Darwinist* m
da|simetría *f Bestimmung* f *der Gasdichte* ‖ **-símetro** *m Dasymeter* n
dasiuro *m Beutelmarder* m (Dasyurus)
da|sología *f forstliche Ertragskunde* f ‖ **-sonomía** *f Forstwissenschaft* f ‖ *Forstwesen* n ‖ *Forstwirtschaft* f ‖ **-sonómico** *adj forst|wissenschaftlich bzw -wirtschaftlich*
data *f Datum* n, *Ausstellungstag* m ‖ *Zeitpunkt* m ‖ ⟨Com⟩ *(Gut) Haben* n ‖ *Abstich* m *an e–m Bewässerungsgraben* ‖ cargo y ~ *Soll und Haben* n ‖ ◊ dar en ~ *verausgaben* ‖ eso de larga ~ *das ist schon lange her* ‖ poner la ~ *datieren*

datación *f Datierung* f ‖ *Altersbestimmung* f
datar vt/i *datieren, mit dem Datum versehen* ‖ *buchen, gutschreiben* ‖ vi *von e–m Zeitpunkt an datieren, herrühren (Freundschaft, Haß usw)* ‖ ◊ ~ de larga fecha *(zeitlich) weit zurückliegen*
data|ría *f* ⟨Kath⟩ *Datarie* f ‖ **-rio** *m (Kardinal-) Datar* m
dátil *m Dattel* f *(Frucht)* ‖ ⟨Zool⟩ *Stein-, Meer|dattel* f (Lithophaga lithophaga) *(Muschel)* ‖ los cinco ~es pop *die fünf Finger* mpl, *die Hand*
dati|lado *adj dattelförmig* ‖ **-lera** *adj:* (palma, palmera) ~ *f,* **-lero** *m Dattelpalme* f (Phoenix dactylifera)
datismo *m* ⟨Rhet⟩ *Synonymenhäufung* f
dativo *m* ⟨Gr⟩ *Dativ, Wemfall* m
dato *m Angabe* f ‖ *Urkunde* f, *Zeugnis* n, *Beleg* m ‖ ~**s** pl *Daten* npl, *Angaben* fpl ‖ ~ estadísticos *statistische Unterlagen, statistische Zahlen* fpl ‖ ~ personales *Personalien* fpl ‖ elaboración electrónica de ~ *elektronische Datenverarbeitung* f ‖ ◊ tergiversar ~ *Daten* pl *fälschen*
datolita *f* ⟨Min⟩ *Datholith* m
datura *f* ⟨Bot⟩ *Stechapfel* m (→ **estramonio**)
dauco *m* ⟨Bot⟩ = **biznaga** ‖ *Mohrrübe* f (Daucus carota)
David *m* np *David* m
△**day** *f Mutter* f ‖ *Frau* f
daza *f* = **zahína**
D.ᵇʳᵉ, Dᵇʳᵉ Abk = *Diciembre*
d. c. Abk ⟨Pharm⟩ = *después de las comidas*
dc. Abk = *docena*
DCA (deca) Abk = *defensa contra aviones (od aeronaves) Flugabwehr, Flak* f
dcto., desct.ᵒ Abk = *descuento*
DD. Abk = *Doctores*
d/d Abk = *dicho día*
DDT ⟨Chem⟩ Abk = *diclorodifeniltricloroetano* (DDT)
de prep *von* ‖ *aus* ‖ *bei* ‖ *wegen, vor* ‖ *über* ‖ *in* ‖ *mit* ‖ *zu* ‖ *an* ‖ *auf* ‖ *für* ‖ 1. Ursprung, Herkunft (örtlich), Abstammung: *von, aus* (dat): llegado ~ Zaragoza *von (aus) Saragossa kommend* ‖ nativo de Portugal *aus Portugal gebürtig* ‖ ~ buena familia *aus guter Familie* ‖ 2. Ausgangspunkt, Trennung: *von* (dat): ~ Berlin a Madrid *von Berlin nach Madrid* ‖ no me separo ~ él *ich trenne mich nicht von ihm* ‖ 3. Schlußfolgerung: ~ ello se desprende *daraus folgt* ‖ 4. nähere Angabe, (Zeit)Bestimmung: a) el cargo ~ general *die Generalswürde* ‖ el hombre ~ los anteojos *der Mann mit der Brille, der Brillenmann* ‖ la ciudad ~ Colonia *die Stadt Köln* ‖ la Guerra ~ los treinta años *der 30jährige Krieg* ‖ máquina ~ coser *Nähmaschine* f ‖ el 10 ~ enero *am 10. Januar* ‖ el mes ~ mayo *der Monat Mai* ‖ b) Seite, Lage (von, auf): ~ (= por) este lado *von dieser Seite* ‖ 5. Zeitraum, a) zu e–r Zeit: ~ madrugada, (muy) ~ mañana *(sehr) früh* ‖ ~ día *bei Tage, tagsüber* ‖ ~ noche *bei Nacht, nachts,* ‖ ~ verano *im Sommer* ‖ b) von, seit, zwischen: ~ la mañana a la noche *von Morgen bis Abend* ‖ ~ ayer a hoy *von gestern auf heute* ‖ ~ ti a mi *unter uns* ‖ ~ mucho atrás *seit langem* ‖ ~ día en día *von Tag zu Tag* ‖ del uno al otro *zwischen beiden* ‖ ~ vez en cuando *manchmal, ab und zu* ‖ 6. Bez. des Ganzen, von dem es als Teil genommen wird: a) rein partitives Verhältnis: (dat) el único ~ mis amigos *der einzige von meinen Freunden* ‖ no soy ~ sus amigos *ich gehöre nicht zu seinen Freunden* ‖ el mejor ~ todos *der beste von allen* ‖ b) Inhalt: un vaso ~ vino *ein Glas* n *Wein* ‖ 7. a) Stoff, Material (von, aus): anillo ~ oro *Goldring* m ‖ vaso ~ cristal *Glasgefäß* n ‖ b) Grundlage e-r (geistigen) Tätigkeit: hablo ~ Vd. *ich spreche von Ihnen* ‖ juzgar ~ a. *über et urteilen* ‖ ocuparse ~ *sich beschäftigen mit* ‖ ~ las ecuaciones *von den Gleichungen (in Buchtitel)* ‖ 8. veranlassende

dé — deber

Ursache, Grund, Bezug auf et: wegen, vor, über, an, zu, von: a) llorar ~ gozo *vor Glück weinen* || morir ~ sed *vor Durst sterben* || temblar ~ miedo *vor Furcht zittern* || padecer ~ una enfermedad *an e-r Krankheit leiden* || desesperar ~ *verzweifeln an* (dat) || quejarse ~ *sich beklagen über* (acc) || vengarse ~ un agravio *sich wegen e-s Unrechts rächen* || no me fío de él *ich traue ihm nicht* || ¡guárdate de mí! *hüte dich vor mir!* || b) mudarse ~ casa *umziehen* || cambiar ~ conducta *sein Benehmen ändern* || falta ~ dinero *Mangel* m *an Geld* || contento ~ *zufrieden mit* || hermoso ~ rostro *schön von Angesicht* || embrollado y difícil *vor lauter Verworrenheit und Schwierigkeit* || 9. Gemäßheit, Norm: es ~ rigor *es ist durchaus nötig* || es ist streng vorgeschrieben || 10. Werkzeug, Mittel: colmar ~ favores *mit Gunstbezeugungen überhäufen* || vestido ~ blanco *weiß gekleidet* || ~ viva voz *mündlich* || 11. Besitz, Eigentum: a) (dat *bzw* gen) la casa ~ mi tío *das Haus meines Onkels* || en casa ~ mi padre *bei meinem Vater* || *in meinem Vaterhaus* || voy a casa ~ mi sastre *ich gehe zu meinem Schneider* || b) María Moreno ~ Castro *Marie Castro geb. Moreno* || 12. Art und Weise: a) ~ camino *auf der Reise* || ~ este lado *auf diese(r), nach dieser Seite* || ~ memoria *auswendig* || ~ paso *zugleich* || *auf der Durchreise* || ~ sobra *überflüssig* || ~ repente *plötzlich* || ~ por sí *für sich allein* || estar ~ pie *stehen* || b) besonders als Ausdruck der Schnelligkeit: se lo bebió ~ un trago *er trank es auf einmal aus* || ~ un salto ganó la calle *mit e-m Sprunge war er auf der Straße* || acaba ~ una vez *mach, daß du fertig wirst* || 13. a) Eigenschaft, Veranlagung, Stimmung: Ricardo Corazón ~ León *Richard Löwenherz* || hombre ~ valor *tapferer Mensch* m || flor ~ muchos colores *bunte Blume* f || estar ~ mal humor *übler Laune sein* || b) Charakter, Beruf, Rang: servir ~ criado *Diener sein* || trabajar ~ albañil *als Maurer arbeiten* || le hablo ~ tú *ich duze ihn* || c) ⟨Adels-⟩ *Titel*: José ~ Castro *Joseph von Castro* || 14. Verstärkung, Betonung: el bueno ~ Juan *der gute Johann* || el tonto ~ Pedro fam *so ein Dummkopf, der Peter* || el pícaro del mozo *dieser geriebene Bursche* || ¡pobre ~ su padre! *sein armer Vater!* || tiene mucho ~ difícil *pop es ist sehr schwierig* || 15. bei Ausrufen: ¡pobre ~ mí! *ich Armer!* || ¡ay ~ ti! *wehe dir!* || 16. statt anderer Fürwörter: a) = con: lo hizo ~ intento *er tat es absichtlich* || b) = entre: ~ herrero a herrero no pasan chispas *e-e Krähe hackt der anderen kein Auge aus* || ~ ti a mí *zwischen dir und mir* || c) = para: recado ~ escribir *Schreibzeug* n || d) = por, para: ~ miedo *aus Furcht* || no tenía voluntad ~ ello *er hatte keine Lust dazu* || im Passiv: herido ~ un rayo *vom e-m Blitz getroffen* || 17. in bindewörtlichen Wendungen (statt si, en caso ~): *wenn, falls, andernfalls*: ~ no haberlo dicho tú *wenn du es nicht gesagt hättest* || ~ no ser así *andernfalls* || ~ no haber venido él *falls er nicht gekommen wäre* || 18. in Verbindung mit e-m Infinitiv (pop vor Vokalen auch zu d'abgekürzt): a) Aufhören acaba ~ publicarse *soeben erschienen (Buch)* || acabar (*od* terminar) ~ escribir *soeben geschrieben haben* || *zu Ende geschrieben haben* || escribir ~ a. *über e-s schreiben* || no cesaron ~ insistir en ello *sie haben nicht aufgehört, darauf zu drängen* || no dejes ~ recordármelo *vergiß nicht, mich (stets) daran zu erinnern* || responder ~ alg. *für jdn einstehen, bürgen* || b) Gemütsbewegung: me alegro ~ verte *es freut mich, dich zu sehen* || c) Notwendigkeit: has ~ comprender que *du mußt verstehen, daß* || d) = deutsches „zu": ¿es ~ creer? *ist es zu glauben?* || es difícil ~ resolver *es ist schwer zu entscheiden* || dar ~ comer *zu essen geben* || e) nach Hauptwörtern: tenga la bondad (*od* amabilidad), hágame el favor ~ levantarse *haben Sie die Güte aufzustehen, wollen Sie gütigst aufstehen* || a fin ~ *mit der Absicht zu, um zu* || f) nach Adjektiven, nach Adverbien der Entfernung (bes *im übertragenen Sinne*): no es digno ~ ser respetado *er ist nicht würdig geachtet zu werden* || estoy lejos ~ querer ofenderte *ich bin weit davon entfernt, dich beleidigen zu wollen*

dé → **dar**

dea f ⟨poet⟩ Göttin f

deambu|lar vi *hin und her gehen* || fam *(herum-)schlendern* || *spazierengehen* || **-latorio** m ⟨Arch⟩ Chorumgang m

deán m Dekanus, Anführer m *von 10 Soldaten* (Rom) || ⟨Rel⟩ Dechant, Dekan m

dea|nato m Dechanat, Dekanat n || **-nazgo** m = **-nato**

debajero m Ec = **refajo** || ~s mpl Chi *Unter-, Leib|wäsche* f

debajo 1. adv *unten* || *unterhalb* || quedar ~ fig *unterliegen* || 2. ~ de *als Präp: unter* || ~ del cambio ⟨Com⟩ *unter dem Kurs* || ~ de la mesa *unter dem Tisch* || ~ de palabra *auf Ehrenwort* || por ~ de cuerda fig *unterderhand, heimlich* || ◊ estar muy por ~ (de a.) *bei weitem nicht gleichkommen* (dat)

deba|te m *lebhafte Besprechung, Beratung* f || Debatte f || *juristisches Streitgespräch* n || *Streit, Zank* m || ~ largo y difícil *langwierige Debatte* f || ~ oral *mündliche Verhandlung* f || ~ parlamentario *Parlamentsdebatte* f || ~ escrito de ~ ⟨Jur⟩ *Schriftsatz* m || participación en los ~s *Mitspracherecht* n || **-tir** vt *besprechen, erörtern* || *bestreiten, streitig machen, absprechen wollen, debattieren, diskutieren* || vi *streiten* (*sobre, de um*) || *verhandeln* || ~se *mit den Flügeln schlagen (Vogel im Käfig)* || *sich herumschlagen* (contra a. mit et)

debe, ~ m *Soll, Debet* n || *Sollseite, Einnahmeseite im Hauptbuch* || *Sollbetrag* m || ~ y haber *Soll und Haben* m, *Aktiva und Passiva* pl || el lado del ~ *die Debet-, Soll|seite* || columna del ~ *Sollseite* f || saldo al ~ *Soll-, Debet-, Minus-, Schuld-, Passiv|-saldo* m || ◊ anotar al (*od* en el) ~ *im Soll buchen, belasten* || figurar en el ~ *im Debet (od Soll) stehen* || pasar (*od* llevar) al ~ *(de una cuenta) im Soll eintragen* || ⟨Com⟩ *zu Lasten schreiben, belasten*

△**Debel** m = **Dios**

debe|lación f *kriegerische (od militärische) Niederringung, Debellation, Besiegung, völlige, kriegerische Vernichtung* f *(des feindlichen Staates)* || **-lador** m *Debellant* m || *Bezwinger* m || *Sieger* m || **-lar** vt *kriegerische niederringen* || ◊ ~ una insurrección *e-n Aufstand niederschlagen*

[1]**deber** 1. vt/i *schulden, schuldig sein* || *verdanken, zu verdanken haben* || ◊ ~ agradecimiento *Dank schulden* || ~ respuesta *die Antwort schuldig sein* || ~ dinero (a) *jdm Geld schuldig sein* || quedar debiendo, quedar a ~ *schuldig bleiben* || este favor se lo debo a él *diese Liebenswürdigkeit habe ich ihm zu verdanken* || ~ mucho *große Schulden haben*

2. ~ vi/t a) *sollen, verpflichtet sein müssen, haben zu* || *dürfen* || b) in Verb. mit Inf.: *müssen (als Pflicht)* || *sollen* || ◊ debo salir *ich muß ausgehen* || no debo decirlo *ich soll, ich darf es nicht sagen* || debiera V. habérmelo dicho *Sie hätten es mir sagen sollen* || c) in Verb. mit de: *müssen (als logische Wahrscheinlichkeit, als Vermutung)* || ◊ debe de estar allí *er muß dort sein, er ist sicher dort* || debió de advertirlo *er wird es (sicher) gemerkt haben* || ~se *sich ziemen, sich schicken, sich gebühren* || *beruhen* (a *auf*) || *zurückzuführen sein (a auf)* || el error se debe a (que) ... *der Irrtum ist auf ... zurückzuführen* || como se debe *wie es sich gebührt, gebührend*

[2]**deber** m *Pflicht, Schuldigkeit* f || *Schuld* f || *Auf-*

debido — deceleración

gabe, Schul-, Haus\aufgabe f ‖ ~ de abstención *Enthaltungspflicht* f ‖ ~ de acción, ~ de actuar *Handlungspflicht* f ‖ ~ de alimentos, ~ alimenticio ⟨Jur⟩ *Unterhaltspflicht* f ‖ ~ de asistencia *Beistandspflicht* f ‖ *Präsenzpflicht* f ‖ ~ al trabajo *Pflicht* f *zur Einhaltung der Dienstzeiten* ‖ ~ cívico, ~ de ciudadanía *Bürgerpflicht* f ‖ el ~ electoral *die Wahlpflicht* ‖ ~ de guardar secreto *Schweigepflicht* f ‖ ~ moral *moralische Verpflichtung* f ‖ ~ de obediencia *Gehorsamspflicht* f ‖ ~ de rendir cuentas *Rechenschaftspflicht* f ‖ ~ de reparación (de un daño) *Sühnepflicht* f ‖ ~ de veracidad, ~ de decir la verdad *Wahrheitspflicht* f ‖ ◊ hacer su ~, cumplir (con) su ~ *seine Schuldigkeit tun* ‖ creer (de) su ~ *(es) für seine Pflicht halten* ‖ estoy en el ~ de decirle ... *ich möchte Ihnen sagen* ... ‖ faltar a un ~ *e-e Pflicht nicht erfüllen* ‖ obrar en contra del ~ *pflichtwidrig handeln* ‖ vulneración de un ~ *Pflichtverletzung* f ‖ cumplimos el ~ de participarle *wir teilen Ihnen pflichtgemäß mit* ‖ me incumbe este ~ *diese Pflicht obliegt mir*

debido adj *gebührend* ‖ *schicklich* ‖ *richtig* ‖ *angemessen* ‖ ~ a *wegen* ‖ ~ a ello *infolgedessen, demzufolge* ‖ *infolge davon, daß* ‖ *dank dem Umstand, daß* ‖ el balance ~ ⟨Com⟩ *der fällige Saldo* ‖ en (od a su) ~ tiempo *zur rechten Zeit, rechtzeitig* ‖ *richtig (erhalten)* ‖ la forma ~a *in gehöriger Form* ‖ *richtig, vorschriftsmäßig* ‖ como es ~ *gebührend, gehörig, wie es sich gehört* ‖ pop *anständig* ‖ ser ~ (a) *zuzuschreiben sein* (dat) ‖ *die Folge sein (von)* ‖ adv: ~**amente**

débil adj/s *schwach, matt, kraftlos* ‖ fig *leise, schwach (Stimme)* ‖ ⟨Phot⟩ *dünn, schwach* ‖ ~ de voluntad *willenschwach* ‖ ◊ es su punto ~ *es ist seine schwache Seite*

debili|dad f *Schwäche, Mattigkeit, Schwachheit, Kraftlosigkeit* f ‖ fig *Willensschwäche* f ‖ *Ohnmacht* f ‖ fig *schwache Stelle* f ‖ *schwache Haltung* f ‖ fig *schwache Stunde* f ‖ ⟨Phot⟩ *Weichheit* f ‖ *geringe Tragfähigkeit* f *(Balken)* ‖ ~ de los precios *Preisschwäche* f ‖ ~ mental *Geistesschwäche* f ‖ ◊ es su ~ *es ist seine schwache Seite* ‖ siento una ~ por ella fam *ich habe ein Faible für sie* ‖ ~**tación** f *Ab|schwächung* f, *-schwächen, -klingen* n ‖ ⟨Med⟩ *Schwächung, Entkräftung* f ‖ *Schwächezustand* m ‖ →a **debilidad** ‖ ~ del campo ⟨El⟩ *Feldschwächung* f ‖ ~ del mercado *Marktschwäche* f ‖ ~**tador** m/adj ⟨Phot⟩ *Abschwächer* m ‖ ~**tamiento** m *Schwächung* f ‖ →a **debilidad** ‖ ~**tar** vt *schwächen, entkräften* ‖ ~**se** *schwach, matt werden*

débilmente adv v. **débil**
△**debisar** vt/i = **deber**
debitar vt Am *schulden* ‖ *im Soll buchen, belasten* ‖ *debitieren*
débito m *Schuld* f ‖ *Verpflichtung* f ‖ *Belastung* f ‖ *Soll* n ‖ *Sollbetrag* m ‖ ~ anticipado *Vorbelastung* f ‖ ~ conyugal *eheliche Pflicht* f ‖ ◊ llevar al ~ *belasten* ‖ pagar el ~ (conyuga) *die eheliche Pflicht erfüllen* ‖ ~s a nuestro cargo *Nostroverbindlichkeiten* fpl ‖ reclamar ~s ⟨Com⟩ *Schulden einfordern* ‖ →a [3]**caudal**
debut m gall ⟨Th⟩ *Debüt, erstes Auftreten* n ‖ fig *Anfang* m
debu|tante m/f gall *Debütant(in)* m (f), *erstmalig Auftretende(r)* f(m) ‖ fig *Anfänger* m ‖ ⟨Taur⟩ *debutierender Stierfechter* m ‖ ~**tar** vi *debütieren, zum ersten Mal (öffentlich) auftreten*

década f *Zehn* f, *zehn Stück* ‖ *Dekade* f *(Zeitraum v. 10 Tagen bzw 10 Jahren)* ‖ por ~s *dekadisch*
decaden|cia f *Verfall* m, *Abnahme* f, *Sinken* n ‖ *Niedergang* m ‖ *Dekadenz* f ‖ *Entartung* f ‖ *Mutlosigkeit, Niedergeschlagenheit* f ‖ ⟨Jur⟩ *Verwirkung* f ‖ ~ de las costumbres *Sittenverfall* m ‖ período de (la) ~ *Zeit* f *des Verfalls* ‖ ◊ caer *(od* entrar) en ~ fig *in Verfall geraten* ‖ estar en plena ~ *in gänzlichem Verfall begriffen sein* ‖ ~**te** adj *verfallend, im Verfall (begriffen)* ‖ *verfallen* ‖ *entartet* ‖ *dekadent* ‖ *mutlos, niedergeschlagen* ‖ arte ~ *entartete Kunst* f ‖ ~ m *dekadenter Mensch* m ‖ ⟨Lit⟩ *Dekadent* m ‖ ~**tismo** m *Dekadenz* f ‖ ⟨Lit⟩ *Dekadenzdichtung* f ‖ ~**tista** m *Dekadenzdichter* m

decaedro m ⟨Math⟩ *Zehnflächner* m, *Dekaeder* n ‖ ~ adj *zehn|seitig, -flächig*
decaer [irr → **caer**] vi *verfallen* ‖ *in Verfall geraten* ‖ *abnehmen* ‖ *nachlassen* ‖ *herunterkommen* ‖ *sinken* ‖ ⟨Jur⟩ *verwirken* ‖ ⟨Mar⟩ *abfallen* ‖ ◊ ~ en fuerzas *an Kraft abnehmen, verlieren* ‖ ~ de su prosperidad *an Wohlstand einbüßen* ‖ su negocio decae cada vez más *mit seinem Geschäft geht es immer mehr bergab* ‖ va decayendo *sie ist im Verblühen (Frau)*
de|cagonal adj *zehneckig* ‖ ~**cágono** m ⟨Math⟩ *Zehn|eck, -seit* n
decagramo m *Dekagramm* n
decaído adj *heruntergekommen* ‖ *kraftlos* ‖ *niedergeschlagen*
decaigo → **decaer**
decaimiento m *Verfall* m ‖ *Niedergeschlagenheit, Mutlosigkeit* f ‖ ⟨Jur⟩ *Ausschluß* m *mit e-m Recht (wegen Verwirkung im Prozeß)*
deca|laje m gall ⟨Tech⟩ *Verschiebung, Verstellung* f ‖ *Staffelung* f ‖ ~ angular ⟨Flugw⟩ *Schränkung* f ‖ ~ negativo, positivo ⟨Flugw⟩ *Rückwärts-, Vorwärts|staffelung* f ‖ ~**lescencia** f ⟨Metal⟩ *Abschreckung, Dekaleszenz* f
decalitro m *Dekaliter* n = *10 Liter*
decálogo m *Dekalog* m, *(die) Zehn Gebote* npl
decamerón m: el ~ *das Dekameron (von Boccaccio)*
decámetro m *Dekameter* m = *10 Meter*
decampar vi ⟨Mil⟩ *das Lager abbrechen* ‖ fig *sich fortmachen*
deca|nato m *Dekanat* n ‖ ~**no** m *Älteste(r)* m *ine-r Körperschaft usw* ‖ *Dekan* m *e-r Fakultät od e-s Fachbereichs* ‖ *Doyen* m *(des diplomatischen Korps)* ‖ ⟨Chem⟩ *Dekan* n ‖ ~ del colegio (de profesionales liberales) *Kammerpräsident* m ‖ ~ de abogados *Präsident* m *der Rechtsanwaltskammer* ‖ el ~ de los médicos españoles *der Nestor der spanischen Ärzte*
decandrio adj ⟨Bot⟩ *zehnmännerig, mit 10 Staubblättern*
decantación f ⟨Tech⟩ *Absetzvorgang* m, *Absetzen* n ‖ *Ablagerung* f *(v. Schadstoffen)* ‖ *Schlämmung, Schwemmfilterung* f, *Schlämmen* n ‖ ⟨Chem⟩ *Klärung* f ‖ *cámara de* ~ *Klärbecken* n *(Gasreinigung)* ‖ *pozo de* ~ *Klärsumpf* m
[1]**decantar** vt ⟨Chem⟩ *ab|füllen, -gießen, dekantieren* ‖ *abscheiden, Absatz bilden, schlämmen* ‖ *absetzen lassen*
[2]**decan|tar** vt *besingen, rühmen, preisen* ‖ ~**tado** adj *berühmt*
deca|pado, -paje m gall ⟨Chem Metal⟩ *Dekapieren, Beizen* n, *Beize, Beizung* f ‖ *acritud de* ~ *Beizsprödigkeit* f ‖ *agente de* ~ = ~**pante** ‖ *baño de* ~ *Beize* f, *Beizbad* n ‖ *departamento de* ~ *Beizerei* f ‖ ~**pante** gall m *Beiz|mittel* n, *-zusatz* m ‖ ~**par** vt gall ⟨Tech⟩ *dekapieren, beizen* ‖ *abbrennen* ‖ *(ab)schaben* ‖ *mattieren*
decapi|tación f *Enthauptung* f ‖ ~**tar** vt *köpfen (hinrichten), enthaupten* ‖ fig *führerlos machen, der Besten berauben*
decápodos mpl ⟨Zool⟩ *Zehnfußkrebse, Dekapoden* mpl (Decapoda)
decasílabo m/adj *zehnsilbiger Vers* m
decati|zado m gall ⟨Web⟩ *Dekatieren* n ‖ ~**zar** vt gall *dekatieren*
decatlón m ⟨Sp⟩ *Zehnkampf* m
decembrino adj *Dezember-*
deceleración f ⟨Tech⟩ *negative Beschleunigung, Verzögerung* f ‖ *Untersetzung* f

dece|na *f Anzahl, Summe* f *von Zehn* || ⟨Math⟩ *Zehner* m *(Stelle)* || ⟨Mus⟩ *Dezime* f || *una ~ de zehn Stück* || *ungefähr zehn* || ◊ *cumplir la ~ die Zahl Zehn erreichen* || *vender por ~s in Zehnern verkaufen* || **-nal** *adj zehn Einheiten enthaltend* || *Dezimal-* || *zehnjährig* || *zehnjährlich* || **-nario** *adj zehnteilig* || ⟨Math⟩ *Dezimal-* || *~ m Zeitraum* m *von zehn Jahren* || **-nio** *m Jahrzehnt* n || *el primer ~ die ersten 10 Jahre* || **-no** *adj (der) zehnte*
decencia *f Anstand* m, *Schicklichkeit* f || *Sittsamkeit, Züchtigkeit, Ehrbarkeit* f || *con ~ ehrbar*
decentar *vt anschneiden (Brot, Melone usw)* || *zum ersten Male gebrauchen, versuchen* || *~se sich wundliegen (Bettlägeriger)*
decente *adj (wohl)anständig, schicklich, angemessen* || *sittsam, züchtig* || *ehrbar* || *wohlgesittet* || *niedlich, artig* || *erträglich, leidlich* || *una ración ~ e-e anständige Portion* f || *medio ~ halbwegs anständig* || *adv:* **-mente**
decep|ción *f Betrug* m, *Enttäuschung* f || **-cionar** *vt enttäuschen* || *hintergehen*
deceso *m Ableben, Hin|scheiden* n, *-gang* m || *Tod* m || *Todesfall* m || *seguro de (od sobre el) ~ Ablebens-, Todesfall|versicherung* f
deciárea *f Deziar* n *(= $^1/_{10}$ Ar)*
decibe|l(io) *m* ⟨Phys Ak⟩ *Dezibel* n || **-límetro** *m Dezibelmesser* m
decible *adj sagbar, in Worten ausdrückbar* || fam *anständig*
decide|ras *fpl:* ◊ *tener buenas ~* fam *ein gutes Mundwerk haben* || **-ro** *adj unanstößig, anständig,* fam *salonfähig (Wort)*
deci|didamente *adv entschieden, auf jeden Fall* || **-dido** *adj/s entschlossen, energisch* || *entschieden, bestimmt* || *gall fest, energisch (Ton)* || *~ (a obrar) tatkräftig, energisch* || *es cosa ~a das ist entschieden* || ◊ *estar ~ a entschlossen sein zu* || **-dir** *vt entscheiden* || *entschließen* || *fest|setzen, -legen* || *abschließen, erledigen* || *bringen, überreden (a zu)* || *veranlassen* || *bestimmen (a alg. a a. jdn zu et)* || *~ vi e-n Entschluß fassen, über et entscheiden, et bestimmen* || ◊ *~ en un pleito* ⟨Jur⟩ *in e-r Rechtssache entscheiden* || *~ sobre (od de) un punto o-e Frage entscheiden* || *eso no -de das ist nicht maßgebend* || *~se sich entschließen, sich entscheiden* || ◊ *~ a obrar sich zum Handeln entschließen* || *~ en favor de alg. sich für jdn entscheiden* || *~ por un método o-e Methode wählen*
decidor *adj/s gesprächig, redselig* || *witzig*
decidua *f* ⟨Med Zool⟩ *Decidua* f
deci|gramo *m Dezigramm* n || **-litro** *m Deziliter* n
déci|ma *f Zehntel* n || *Zehnte* m || *zehnzeilige Stanze* f *(Versmaß)* || ⟨Mus⟩ *Dezime* f || ⟨Med⟩ *Zehntelgrad* m *an e-m Thermometer* || **-macuarta** *adj →* **decimocuarto**
decimal *adj Dezimal-, dezimal* || *fracción ~, quebrado ~ Dezimalbruch* m || *número ~ Dezimalzahl* f || *sistema ~ Dezimalsystem* n
decímetro *m Dezimeter* m || *~ cuadrado Quadratdezimeter* m
décimo *adj der, die, das Zehnte* || *la ~a parte Zehntel* n || *en ~ lugar zehntes* || *~ m (der) Zehnte* || *Zehntel* n || *Zehntel* n *e-s span. Lotterieloses* || ⟨Col⟩ *Silbermünze* f *= $^1/_2$ Peseta*
decimo(o)ctavo *adj der achzehnte* || **-cuarto** *adj der vierzehnte* || **-no(ve)no** *adj der neunzehnte* || *~ normal adj:* ⟨Chem⟩ *solución ~ $^1/_{10}$-Normallösung* f || **-quinto** *adj (der) fünfzehnte* || **-séptimo** *adj (der) siebzehnte* || **-sexto** *adj (der) sechzehnte* || **-tercio, -tercero** *adj (der) dreizehnte*
¹**decir** *vt/i* [pres digo, fut diré, pret dije, pp dicho] *(her)sagen, (aus)sprechen, reden* || *auf|sagen (e-e Lektion)* || *lesen (Messe)* || *vortragen* || *erzählen* || *weitersagen* || *besagen (Brief, Urkunde)* || *schreiben, (schreibend) erwähnen* || *äußern, erklären* || *behaupten, versichern* || *(be)nehmen* || *mitteilen* || *Zeugnis ablegen von* (dat) || *befehlen*

(que hagan a. et zu tun) fig *anzeigen, kundgeben* || ◊ *~ dos palabras* fig *ein Wort sprechen* || *y ~ que wenn man bedenkt, daß* || *~* la *buena ventura wahrsagen* || *~ entre (od para) sí bei sich sagen, leise sagen* || *denken, überlegen* || *vor sich hin sagen* || *~ misa Messe lesen* || *el qué dirán* figf *Furcht* f *vor dem Gerede* || *no ~ una cosa por otra die Wahrheit sagen* || *a ~ verdad ehrlich gesagt, um die Wahrheit zu sagen* || *eigentlich* || *offen gestanden* || *por (od a para) decirlo así, digámoslo así gewissermaßen, sozusagen* || *por mejor ~ besser gesagt* || *me lo dice el corazón* fig *ich ahne es* || *lo digo por él ich spreche von ihm, ich beziehe mich auf ihn* || *no sé qué me diga ich weiß nicht, was ich dazu sagen soll* || *¿digo a.?* fam *so hört mich doch!* || *como quien no dice nada ohne weiteres; mir nichts, dir nichts* || *ohne Bedeutung* || *¡no digo nada!* iron *jawohl, natürlich* || *¡ya decía yo que ...! ich dachte mir doch gleich, daß* || *no es para dicho es ist nicht zu sagen* || *~ (de) nones* fam *verneinen, (ab)leugnen* || *sich weigern, abschlagen* || *~ que no con la cabeza verneinend den Kopf schütteln* || *~ que si ja sagen, einwilligen* || *~ que no nein sagen* || *tener a. que ~ et auszusetzen haben* || *tener mucho que ~ viel dazu zu sagen haben* || *no saber ~ que no nichts abschlagen können* || *~ a voces (od gritos) laut (aus)schreien*
~ vi (öffentlich) reden, sprechen || *übereinstimmen (con mit)* || *gelegen kommen, passen* || *passen, gut stehen (Farbe, Kleid)* || ⟨Kart⟩ *ansagen* || *~ bien gut, passend reden* || *sich gut schicken, wohl anstehen* || *~ bien, mal con a. gut, schlecht zu et passen* || *dar que ~ a la gente Anlaß zum Gerede geben* || *~ por ~ in den Wind reden* || *por mejor ~ genauer ausgedrückt* || *besser gesagt* || *es ~, es a ~ nämlich* || *das heißt* || *¿es ~ que. no vienes? du kommst also nicht?* || *sé ~ que soviel kann ich sagen od behaupten, daß* || *ni que ~ tiene que es ist ja selbstverständlich, daß* || *es versteht sich von selber, daß* || *es natürlich, daß* || *no hay más que ~ mehr kann man nicht verlangen* || *no sé qué ~ ich weiß nicht, was ich dazu sagen soll* || *¡y ~ que es pobre!* pop *wenn man bedenkt, daß er arm ist!* || *~ que sí einwilligen (bes. zur Heirat)* || *le he oído ~ ich habe ihn sagen hören*
¡digo!, das glaube ich! || *das will ich meinen!* || *so meine ich wenigstens!* || *unglaublich!* || *digo ich meine vielmehr, ich wollte sagen* || *digo que digo que donde digo digo no digo digo, que digo Diego* fam *Sinn etwa: wer Grütze hat, versteht* || *¿cómo dice V.? wie meinen Sie? wie beliebt?* || *y me dijo, dice* pop *und er sagte mir so* || *dicen que (od se dice que) man sagt, daß; es geht die Rede, daß, es heißt, daß* || *sus ojos no dicen nada ihre Augen haben keinen Ausdruck* || *diga V. sagen Sie mal* || *¡diga! hallo! ja, bitte! (= sprechen Sie!) (Telefonruf)* || *¡que lo digas!* fam *daß du es doch einmal einsiehst!* || *no es malo, que digamos* fam *es ist wahrhaftig nicht schlecht, ich muß gestehen, daß es nicht schlecht ist* || *no digamos que sea así* fam *es ist zwar nicht ganz so* || *¡Dios dirá! es liegt in Gottes Hand!* || *¡Vd. dirá! wie Sie wünschen, nach Ihrem Belieben* || *sagen Sie, wenn es genug ist (z. B. beim Einschenken)* || fam *selbstverständlich! ja freilich!* || *das glaube ich wohl!* || *¡dicho está! so ist es* || *¡dicho y hecho! gesagt, getan* || *¡lo dicho! wie gesagt* || *lo dicho no hay nada es ist nichts gesagt worden* || *tú no lo has dicho so ist es!* || *diciendo y haciendo gesagt, getan* || *diciendo y haciendo, arremetió con él und mit diesen Worten stürmte er auf ihn an* || *como si dijéramos* fam *sozusagen, gewissermaßen* || *he dicho (dije, dixi) ich habe gesprochen (Schlußformel e-r Rede)*
~se heißen, sich nennen, genannt werden || *¿cómo se dice esta calle? wie heißt diese Straße?*

|| se dice que *man sagt, man raunt, daß* || que se dice ser su amigo *der angeblich sein Freund ist, der sich für seinen Freund ausgibt* || más de lo que puede decirse fig *unsäglich viel* || dijérase (que) *sozusagen*
²**decir** m *Aussage* f || *Redensart* f || *Behauptung* f || *Gerede* n || *Vortrag* m || el ~ de las gentes *die öffentliche Meinung* || es un ~, vamos (*od* voy) al ~ *sozusagen* || *es ist nicht ernst gemeint* || al ~ de muchos *wie man vielfach behauptet* || gracia en los ~es *Anmut in der Rede*
deci|sión f *Entscheidung* f || *Entschlossenheit* f || *Entschluß* m || *Bescheid* m || *Anordnung, Verfügung* f || *Beschluß* m || *Verordnung, Bestimmung* f || *Urteil* n || ~ arbitral *Entscheidung* f *durch Schiedsgericht, Schiedsspruch* m || ~ dolosa *vorsätzliche Entscheidung* f || ~ judicial *Gerichtsentscheidung* f || ~ de la mayoría *Mehrheitsbeschluß* m || ~ pericial *Sachverständigenurteil* n || ~ prejudicial *Vorabentscheidung* f || ~ del tribunal supremo *höchstrichterliche Entscheidung* f || ◊ tomar una ~ *e−n Entschluß fassen* || *sich entschließen* || falto de ~ *unentschlossen, energielos* || **−sionismo** m ⟨Jur⟩ *Dezisionismus* m || **−sivo** adj *entscheidend* || el encuentro ~ ⟨Sp⟩ *der Entscheidungskampf* || adv: ~**amente** || **−sorio** adj ⟨Jur⟩ *streitentscheidend*
decla|mación f *Vortrag* m, *öffentliche Rede* f || *Vortragskunst* f || *dramatische Kunst* f || *Deklamation* f || *Effekthascherei* f, *Schwulst* m || *schwülstige Rede* f || **−mador** m *Vortragende(r)* m || *Vortragskünstler* m || *schwülstiger Redner* m || *Phrasendrescher* m || **−mar** vt/i *(ausdrucksvoll) vortragen, vorlesen, deklamieren* || *eifern, losziehen, zu Felde ziehen* (contra *gegen*) || *geschwollen, schwülstig reden* || ◊ ~ una poesía *ein Gedicht aufsagen* || **−matorio** adj *(prunk)rednerisch* || *Vortrags-* || *schwülstig* || *deklamatorisch*
declaración f *Erklärung, Auslegung, Deutung* f || *Äußerung, Darlegung* f || *Verkünd(ig)ung* f || *Anzeige, (An)Meldung* f || *Geständnis* n || *Kundgebung* f || *(gerichtliche) Aussage* f || ~ de abandono ⟨Jur⟩ *Abandonerklärung* f || ~ de accidente *Unfallanzeige* f || ~ de aceptación *Annahmeerklärung* f || ~ de aduana, ~ arancelaria *Zoll(inhalts)erklärung, -deklaration, -angabe* f || ~ de amor *Liebeserklärung* f || ~ de ausencia ⟨Jur⟩ *Verschollenheitserklärung* f || ~ de culpabilidad *Geständnis* n || *Schuldurteil* n || ~ de los derechos del hombre *Erklärung* f *der Menschenrechte* || ~ de enfermedad *Krankmeldung* f || ~ de entrada, salida *Einfuhr-, Ausfuhr|deklaration* f || ~ de exportación, importación *Ausfuhr-, Einfuhr|erklärung* f || ~ de fallecimiento, ~ de muerte *Todeserklärung* f || *Totenschein* m || ~ de guerra *Kriegserklärung* f || ~ de herederos *Erbschein* m || ~ abintestato *Feststellung* f *der gesetzlichen Erben* || ~ de impuestos, ~ a efectos fiscales *Steuererklärung* f || ~ de incapacidad *Entmündigung* f || ~ de independencia *Unabhängigkeitserklärung* f || ~ jurada *eidesstattliche Erklärung* f || ~ de (la) liquidación Span *Steuererklärung* f || ~ de (la) mayoría de edad, ~ de mayoridad *Volljährigkeitserklärung* f || *Mündigkeitserklärung* f || ~ de nulidad *Nichtig(keits)-, Kraftlos|erklärung* f || ~ de matrimonio *Ehenichtigkeitserklärung, Nichtigerklärung* f *der Ehe* || ~ de (la) paternidad *Feststellung* f *der Vaterschaft* || ~ de pobreza *Armenrechtsgewährung, Bewilligung* f *des Armenrechts* || ~ de quiebra *Konkurs(eröffnungs)beschluß* m || *Konkurs-, Bankrott|erklärung* f || ~ de rebeldía *Säumigkeits-, Säumiger|erklärung* f *(im Prozeß)* || ~ de renta *Einkommensteuererklärung* f || ~ de siniestro *Schadens|anmeldung, -anzeige* f || ~ tributaria Span *Steuererklärung* f || ~ de última voluntad *letztwillige Verfügung* f || ~ de valor *Wertangabe* f || ~ de voluntad *Willenserklärung* f || ~ y valor del contenido ⟨Com⟩ *Inhalts- und Wertangabe* f || ◊ hacer una ~ *et erklären* || als *Zeuge aussagen* || *obligatoriedad (od forzosidad)* de la ~ *Zeugniszwang* m || tomar la ~ a alg. ⟨Jur⟩ *jdn gerichtlich verhören* || →a **declarar**

decla|radamente adv *auf deutliche Art* || *unverhohlen* || **−rado** adj *offenbar* || *öffentlich* || *laut, deutlich* || un enemigo ~ *ein erklärter Feind* m || valor ~ *Wertsendung* f || **−rante** m/f ⟨Jur⟩ *Aussagende(r)* m(f) || *Beteiligter* m *(in notarieller Urkunde)* || **−rar** vt/i *erklären, erläutern, auslegen, bekennen* || *verkünden* || *bezeugen* || *an den Tag legen, kundtun* || *erklären (seine Liebe)* || *(an)zeigen, angeben (vor Gericht)* || *aussagen, bezeugen* || *anmelden* || *deklarieren* || ◊ ~ abierta la sesión *die Sitzung eröffnen* || ~ abolido *für abgeschafft erklären* || ~ apto para el trabajo *arbeitsfähig schreiben* || ~ apto para la navegación marítima *für seetüchtig erklären* || ~ concluso *für beendet erklären* || ~ contumaz y rebelde *für säumig erklären (den Beklagten)* || ~ culpable *schuldig erklären* || ~ desierto *für zurückgenommen erklären, wegen Säumnis verwerfen (Berufung)* || ~ dimisionario *entlassen* || ~ domiciliо *sich bei der Polizei melden (Polizeiaufsicht)* || ~ en aduana *verzollen* || ~ (por) enemigo *zum Feinde erklären* || ~ improcedente *als unzulässig verwerfen (z.B. ein Rechtsmittel)* || ~ (su) incompetencia *sich für unzuständig erklären* || ~ incurso en apremio a alg. *gegen jdn das Vollstreckungsverfahren eröffnen* || ~ la guerra *den Krieg erklären* || ~ la llegada *sich anmelden (Hotelgast)* || ~ utilidades *e−e Einkommensteuererklärung abgeben* || *obligación de* ~ *Meldepflicht* f *(Krankheiten, Devisen usw)* || →a **declaración** || **−se** *sich erklären, sich aussprechen* || *Stellung nehmen (sobre über)* || *ausbrechen, zum Vorschein kommen, sich zeigen (Krankheit)* || *e−e Liebeserklärung machen* || *sich erklären (Brautwerber)* || *jdm sein Herz ausschütten* || ◊ ~ culpable *sich schuldig bekennen* || ~ en quiebra *Konkurs erklären* || ~ por (contra) *sich für (gegen) jdn erklären* || se declaró una epidemia *e−e Seuche brach aus* || se declaró un incendio *ein Feuer brach aus* || por la noche se le declaró una fuerte fiebre *abends stellte sich bei ihm hohes Fieber ein* || **−ratorio** f adj *erklärend* || *feststellend* || *rechtsbezeugend* || ~ de derecho *rechtsfeststellend*

decli|nable adj ⟨Gr⟩ *deklinierbar* || **−nación** f *Neigung, Senkung* f || ⟨Astr Gr⟩ *Deklination* f || fig *Verfall* m, *Abnahme* f || ⟨Jur⟩ *Ablehnung (e−s Richters), Richterablehnung* f || ~ magnética *Abweichung* f *der Magnetnadel, Mißweisung, magnetische Deklination* f || ~ (ir)regular ⟨Gr⟩ *(un)regelmäßige Abwandlung* f || ~ (modelo de) ~ *Deklinationsbeispiel* n || **−nante** adj *sich senkend* || *rückläufig* || **−nar** vt/i *ablehnen, abweisen* || ⟨Gr⟩ *deklinieren* || ◊ ~ hacia (od a) un lado *seitwärts biegen, neigen* || ~ vi *sich neigen, sich senken* || *ab-, ausweichen* || fig *abarten, umschlagen (en in)* || fig *verfallen, abnehmen* || *zu Ende gehen* || ⟨Jur⟩ *ablehnen, (e−n Richter) abweisen* || ◊ ⟨Astr⟩ *abweichen* || ~ con agradecimiento *mit Dank ablehnen* || ~ la jurisdicción *den Gerichtsstand (od die Zuständigkeit) rügen* || *die Unzuständigkeitseinrede erheben* || ~ toda responsabilidad *jede Verantwortung ablehnen* || ~ del rigor en la debilidad *von der Strenge zur nachgiebigen Schwäche übergehen* || declinaba el día *der Abend nahte heran* || **−natoria** f ⟨Jur⟩ *Unzuständigkeitseinrede* f || *Ersuchen* n *um Abgabe e−r Rechtssache wegen Unzuständigkeit* || *Ersuchen* n *auf Richterablehnung wegen Unzuständigkeit*

declinómetro m ⟨El⟩ *Ablenkungsmesser* m
decli|ve m *Abhang* m || *Abfallen* n, *Neigung* f *(Gelände)* || *Hang* m || *Gefälle* n *(Fluß)* || *Bö-*

declividad — dedo 386

schung f ‖ ⟨Geol⟩ *Abdachung, Geländeneigung* f, *Abfall* m ‖ ~ *escarpado Steilhang* m ‖ en ~ *abschüssig, abhängig* ‖ fig *in Verfall* ‖ fig *sich zu Ende neigend* ‖ **-vidad** f *Abschüssigkeit* f
decocción f *Abkochung* f ‖ *Absud* m
decocto m *Absud* m, *Dekokt* n
decohesor m ⟨Radio⟩ *Entfritter* m
decolaje m gall ⟨Flugw⟩ *Abflug* m ‖ *Aufstieg, Start* m ‖ ~ *defectuoso Fehlstart* m
decolorar vt = **descolorar**
decomi|sar vt *beschlagnahmen* ‖ *einziehen (Verbrecherwerkzeug)* ‖ **-so** m *(gerichtliche) Beschlagnahme* f ‖ *Einziehung* f *(v. Verbrecherwerkzeug)*
decontaminar vt = **descontaminar**
decora|ción f *Verzierung, Ausschmückung* f ‖ *Schmuck* m ‖ ⟨Raumkunst, Dekoration f⟩ ‖ ⟨Th⟩ *Bühnenausstattung* f ‖ ~ *de escaparates Schaufensterdekoration* f ‖ ~es *de habitaciones Innenausstattungen* fpl ‖ **-do** m *Ausschmückung* f ‖ *Dekoration* f ‖ ⟨Th⟩ *Bühnendekoration* f ‖ **-dor** m *Verzierer* m ‖ *Dekorateur* m ‖ ⟨Th⟩ *Bühnenmaler* m
¹**decorar** vt *(aus)schmücken, (aus)zieren, dekorieren* ‖ *veredeln, färben (eine Oberfläche)* ‖ *tapezieren* ‖ ⟨Th⟩ *ausstatten*
²**decorar** vt *auswendig lernen*
deco|rativo adj *zierend, schmückend, durch Ausschmückung wirksam, dekorativ* ‖ *arte* ~ *Kunstgewerbe* n ‖ *figura* ~a *Dekorationsfigur* (& fig) ‖ **-ro** m *Ehrfurcht, Achtung* f ‖ *Ehrgefühl* n ‖ *Anstand* m ‖ *Schicklichkeit* f, *äußerer Anstand* m, *Dekorum* n ‖ *Ehrbarkeit, Sittsamkeit, Würde* f ‖ ◊ *guardar el* ~ *das Dekorum wahren, die nötige Form wahren* ‖ **-roso** adj *anständig* ‖ *ehrenvoll, rühmlich* ‖ *sittsam (Benehmen)* ‖ **-rosamente** adv *mit Anstand* ‖ ◊ *vivir* ~ *anständig, standesgemäß leben*
decre|cer [-zc-] vi *abnehmen, sich vermindern* ‖ *fallen, sinken* ‖ *kürzer, schwächer werden* ‖ *fallen (Hochwasser)* ‖ fig *nachlassen* ‖ ◊ *los días decrecen die Tage nehmen ab* ‖ **-cimiento, -mento** m *Abnahme* f, *Verfall* m ‖ ⟨Math El⟩ *Dekrement* n
decrepi|tante adj, **-tar** vi = **crepi|tante, -tar** ‖ **-tar** vi ⟨Chem⟩ *dekrepitieren (Kristall)*
decrépito adj/s *abgelebt, altersschwach, heruntergekommen, hinfällig (Mensch)* ‖ fig *verfallen, vermodert* ‖ fig *morsch*
decrepitud f *Altersschwäche* f ‖ *Verfall* m, *Hinfälligkeit* f
decrescendo m it ⟨Mus⟩ *Dekrescendo* n ‖ fig *Abnahme* f
decre|tal f/adj *päpstliche Entscheidung, Verfügung* f, *Dekretale* n ‖ **-talista** m *Dekretalist, Dekretist* m (Decretum Gratiani) ‖ **-tar** vt/i *anver|ordnen, verfügen (behördlich)* ‖ *erlassen (e-n Befehl)* ‖ *beschließen* ‖ ◊ ~ *el archivo zu den Akten verfügen, die Ablage verfügen* ‖ ~ *el embargo die Beschlagnahme verfügen* ‖ ~ *la ley das Gesetz beschließen* ‖ ~ *la prisión Haft anordnen* ‖ **-ista** m *Dekretist* (Decretum Gratiani), *Dekretalist* m ‖ **-to** m *Verordnung* f, *Erlaß* m, *Dekret* n ‖ *Beschluß, Ratschluß* m ‖ *Verfügung* f ‖ *richterliche Verfügung* f ‖ ~ *administrativo Verwaltungsverordnung* f ‖ ~ *de allanamiento Haus-, Durch|suchungsbefehl* m ‖ ~ *de ejecución Durch-, Aus|führungsverordnung* f ‖ ~ *con fuerza de ley gesetzesvertretende Verordnung, (Rechts)Verordnung* f *mit Gesetzeskraft* ‖ **~-ley** *Gesetzesverordnung, gesetzesvertretende Verordnung, Verordnung* f *mit Gesetzeskraft* ‖ ~ *real königliche Verordnung* f, *königlicher Erlaß* m ‖ ~ *reglamentario,* ~ *de aplicación Durch-, Aus|führungsbestimmung* f ‖ ~ *de urgencia Notverordnung* f
déctico m ⟨Entom⟩ *Warzenbeißer* m (Decticus spp)
decúbito m *Liegen* n *(im Bett)* ‖ *Bettlägerig-*

keit f ‖ ⟨Med⟩ *Auf-, Durch-, Wund|liegen* n, *Lage* f *(e-r Leiche usw)* ‖ en ~ *im Liegen* ‖ ~ *dorsal,* ~ *supino Rückenlage* f ‖ ~ *prono Lage* f *mit dem Gesicht nach unten* ‖ ~ *lateral Seitenlage* f ‖ ~ *ventral Bauchlage* f
decumbente adj *niederliegend*
decuplar vt *verzehnfachen*
décuplo adj *zehn|fach, -fältig* ‖ ~ m *das Zehnfache*
decurrente adj ⟨Bot⟩ *herablaufend*
decursas fpl ⟨Jur⟩ *fällige Rentenbeträge* mpl
decurso m *Verlauf* m *(der Zeit)* ‖ *Lauf* m *(e-r Frist)* ‖ ~ *del tiempo Zeitablauf* m
decusa|ción f ⟨Bot⟩ *gegenseitige Durchkreuzung* f ‖ **-do** adj ⟨Bot⟩ *kreuzständig,* ⟨Wiss⟩ *gekreuzt*
dechado m *Vor|schrift, -lage* f ‖ *Muster* n ‖ fig *Vorbild* n ‖ fig *Ausbund* m *(von Lastern)* ‖ ◊ *es un* ~ *de virtud(es) er ist ein Tugendmuster*
de|dada f *e-e Fingerspitzevoll* f ‖ **-dal** m *Finger hut, Nähring* m ‖ *Fingerling, Däumling* m ‖ ⟨Tech⟩ *Kausche* f ‖ **-dalera** f ⟨Bot⟩ = **digital**
dedálico adj *auf Dädalus bezüglich* ‖ fig *labyrinthisch, verwickelt*
Dédalo m np *Dädalus* m ‖ ~ m *Irrgarten* m, *Labyrinth* n ‖ fig *Wirrwarr* m
dedeo m ⟨Mus⟩ *Fingersatz* m ‖ ⟨Mus⟩ *Finger|technik* bzw *-fertigkeit* f
dedi|cación f *Weihung, Widmung, Dedikation* f ‖ *Zueignung(sschrift)* f ‖ *Widmungsformel* f ‖ *Einweihung, Weihe* f ‖ *Kirchweihfest* n ‖ fig *Fleiß* m ‖ *Hingabe* f ‖ *la* ~ *de San Miguel Arcángel* ⟨Kath⟩ *das Fest des Erzengels Michael (am 29. September)* ‖ **-cante** m *Widmende(r)* m ‖ **-car** [c/qu] vt *weihen, widmen, dedizieren, zueignen* ‖ *mit e-r Widmung versehen (Buch)* ‖ ◊ ~ *atención* (a) *Aufmerksamkeit schenken* (dat) ‖ *retrato* –*cado Bildnis* n *mit Widmung* ‖ **~se** *sich widmen* (dat) ‖ *sich bestreben, sich befleißigen* ‖ *treiben* ‖ ◊ ~ a *actividades económicas wirtschaften* ‖ ~ *al estraperlo als Schieber tätig sein* ‖ ~ a *los estudios den Studien obliegen* ‖ ~ a *los negocios sich dem Geschäft widmen* ‖ ~ a *la usura wuchern* ‖ **-catoria** f *Zueignung, Widmung* f ‖ **-catorio** adj *Widmungs-*
dedición f ⟨Hist⟩ *bedingungslose Übergabe* f *(e-r Stadt)*
de|dil m *dim v.* **-do** ‖ *Fingerling* m ‖ **-dillo** m *dim v.* **-do** ‖ *saber u/c al* ~ figf *et wie am Schnürchen hersagen können*
dedo m *Finger* m ‖ *Zehe* f *(bei Menschen, Vierfüßlern und Vögeln)* ‖ ⟨Zool⟩ *Klaue* f ‖ *Längenmaß* n, $^1/_{12}$ *Palmo* ‖ fig *ein Tröpfchen, ein bißchen* n ‖ ⟨Tech⟩ *Aufheber, Zahn, Zapfen* m ‖ ~ *anular,* ~ *médico Ring-, Gold|finger* m ‖ ~ *del corazón,* ~ *cordial,* ~ (de en) *medio, mayor Mittelfinger* m ‖ ~ *de contacto* ⟨El⟩ *Kontaktfinger* m ‖ ~ *de presión centrífuga* ⟨Web⟩ *Presser, Preßfinger* m ‖ ~ *en martillo* ⟨Med⟩ *Hammerfinger* m ‖ ~ *gordo,* ~ *pulgar Daumen* m ‖ ~ *indice,* ~ *mostrador Zeigefinger* m ‖ ~ *meñique,* ~ *auricular Ohrfinger, kleiner Finger* m ‖ ~ *del pie Zehe* f ‖ ◊ *atar bien su* ~ figf *seine Vorkehrungen treffen* ‖ *dar un* ~ *de la mano* (por) a/c figf *alles hergeben (für)* ‖ *no chuparse* (pop vulg *mamarse) el* ~ *fam aufgeweckt, gerieben sein, auf den Kopf gefallen sein* ‖ a *ese se le mete ni* ~ *en la boca* fig *er ist nicht so dumm, wie er aussieht* ‖ *poner un* ~ *en los labios den Finger auf die Lippen legen* ‖ *poner el* ~ *en la llaga* fig *den wunden Punkt berühren,* fam *wissen, wo der Schuh drückt* ‖ *señalar* a *uno con el* ~ fig *auf jdn mit Fingern zeigen, jdn bloßstellen* ‖ *un* ~ *de* a. *ein bißchen, ein wenig von et* ‖ *venir como anillo al* ~ *wie gerufen kommen* ‖ **~s** *pl*: *comerse los* ~ (por) *begierig sein (nach)* ‖ *contar por los* ~ *an den Fingern abzählen* ‖ (a) *dos* ~ (de) figf *in nächster Nähe (von)* ‖ *los* ~ *me*

hormiguean *die Hand juckt mir, es reizt mich (zu)* ‖ meter a uno los ~ figf *jdn auf geschickte Weise ausforschen* ‖ meter a uno los ~ por los ojos figf *jdm Sand in die Augen streuen* ‖ morderse los ~ figf *seinen Ärger verbeißen* ‖ *sehr ungeduldig sein* ‖ fig *et bereuen* ‖ poner a uno los cinco ~ en la cara pop *jdm e-e Maulschelle geben* ‖ poner (los) ~ *(ein Musikstück) mit Fingersatz versehen* ‖ tener a. en la punta de los ~ (saber a. por los ~) figf *et an den Fingerspitzen aufzählen können* ‖ tener sus cinco ~ en la mano figf *es mit jedem aufnehmen können* ‖ no tener dos ~ de frente figf *dumm, einfältig sein*, fam *kein Kirchenlicht sein* ‖ no se ven dos ~ de la mano fig *es ist stockfinster*
 deducción *f Ab-, Her|leitung f* ‖ *(Schluß)Folgerung, Deduktion f* ‖ *Abzug m, Abrechnung f* ‖ ◊ hacer ~ de los intereses *die Zinsen abziehen* ‖ ~ hecha (de) *nach Abzug (von)*
 dedu|cible adj *ableitbar* ‖ ⟨Com⟩ *abzugsfähig* ‖ **-cir** [-zc-, pret -uje] vt/i *ab-, her|leiten* ‖ ⟨Com⟩ *abziehen, in Abzug bringen* ‖ *folgern, schließen* ‖ *geltend machen (Rechte)* ‖ *behaupten (vor Gericht)* ‖ *vortragen (bei Gericht)* ‖ *klagen* ‖ ◊ ~ demanda ⟨Jur⟩ *klagen, Klage erheben* ‖ ~ excepción ⟨Jur⟩ *einwenden* ‖ ~ la comisión *die Provision abziehen* ‖ ~ recurso *ein Rechtsmittel einlegen* ‖ –cidos los gastos *abzüglich der Spesen* ‖ de ello se –ce *daraus folgt* ‖ **-ctivo** adj ⟨Philos⟩ *deduktiv*
 defasa|dor *m* ⟨El⟩ *Phasenverschieber m* ‖ **-je** *m* ⟨El⟩ *Phasenverschiebung f* (→a **desfasaje**).
 defe|cación *f Darmentleerung f* ‖ *Stuhlgang m, Defäkation f* ‖ *(Darm)Kot m* ‖ *Abklärung f (v. Flüssigkeiten)* ‖ *Klärung, Scheidung f* ‖ **-car** [c/qu] vt/i ⟨Chem⟩ *(ab)klären* ‖ *ausleeren (den Darm)*
 defec|ción *f* ⟨Mil Pol⟩ *Abfall m, Abtrünnigkeit f* ‖ **-tibilidad** *f Unvollkommenheit f* ‖ **-tible** adj *was fehlen kann* ‖ *unvollkommen* ‖ **-tivo** adj *defektiv, unvollständig* ‖ *mangelhaft* ‖ ⟨Gr⟩ *defektiv* (verbo) ~ ⟨Gr⟩ *defektives Zeitwort* n ‖ **-to** *m Fehler m, Gebrechen n* ‖ *Fehlen n* ‖ *Mangel m* (de a. *an et*) ‖ *Mangelhaftigkeit f* ‖ *Defekt m* ‖ *Beschädigung f* ‖ ~ cromático *Farbfehler m, chromatische Aberration* ‖ ~ de colada, ~ de fundición *Gußfehler m* ‖ ~ de competencia *Zuständigkeitsmangel m* ‖ ~ de fabricación *Herstellungs-, Fabrikations|fehler m* ‖ ~ de forma *Formfehler m* ‖ *Formmangel m* ‖ ~ de masa ⟨Nucl⟩ *Massedefekt m* ‖ ~ de imagen ⟨Opt⟩ *Abbildungsfehler m* ‖ ~ de montaje, ~ de instalación *Einbaufehler m* ‖ ~ fisico *körperliches Gebrechen n* ‖ en ~ (de) *in Ermangelung* (gen) ‖ en su ~ *falls nicht vorhanden* ‖ ◊ remediar (od subsanar, suplir) un ~ *e–m Mangel abhelfen* ‖ **~s** pl ⟨Typ⟩ *Defektbogen* mpl, *Makulatur* f ‖ ◊ adolecer de muchos ~ *viele Fehler haben* ‖ saneamiento por ~ ocultos ⟨Jur⟩ *Sachmängelhaftung f* ‖ **-tuoso** adj *mangel-, fehler|haft, mängelbehaftet, defekt* ‖ *schadhaft* ‖ *unvollkommen* ‖ ~ mental *geistig abnorm*
 defen|der [-ie-] vt/i *beschützen, in Schutz nehmen* ‖ *(vor Gericht) verteidigen* ‖ *verfechten (Meinung)* ‖ *vertreten (Ansicht)* ‖ *sich einsetzen, eintreten* (a. *für et*) ‖ *rechtfertigen* ‖ *verwahren* ‖ *abwehren* ‖ *verwehren, untersagen, verbieten* ‖ *hindern, hemmen* ‖ *verweigern* ‖ *behaupten* ‖ **~se** *sich verteidigen, sich wehren, sich zur Wehr setzen, sich schützen* (de gegen acc, *vor* dat) ‖ *sich behaupten (gegen)* (acc) ‖ *sich rechtfertigen* ‖ fam *sich durchschlagen, sein Leben fristen* ‖ fam *sich (gut) halten (z.B. bei e–r Prüfung)* ‖ ◊ ~ de (od contra) alg. *sich gegen jdn verteidigen* ‖ **-dible** adj *haltbar* ‖ **-dido** *m Mandant m (Strafsachen)*
 defenestración *f Fenstersturz m* ‖ la ~ de Praga *der (zweite) Prager Fenstersturz (im Jahre 1618)*

(Anfang des Dreißigjährigen Krieges)
 defen|sa *f Verteidigung f* ‖ *Gegen-, Ab-, Schutz|wehr f* ‖ *(Schutz)Waffe f* ‖ *Verteidigungsanlagen* fpl ‖ *Vertretung f* ‖ *Entlastung f* ‖ *Schutz, Schirm m* ‖ (& *m*) ⟨Sp⟩ *Verteidigung f* ‖ ⟨Mar⟩ *Fender m* ‖ ⟨Jur⟩ *Verteidigungs|rede, -schrift, Klagebeantwortung f* ‖ ⟨Jur⟩ Span ⟨Sp⟩ *Verteidiger m* ‖ ⟨Zool⟩ *Stoßzahn, Hauer m* ‖ ⟨Hydr⟩ *Wehr n* ‖ ~ antiaérea *Luft|schutz m, -abwehr, Flugabwehr, Flak f* ‖ ~ antisubmarina *U-Boot-Abwehr f* ‖ ~ antitanque *Panzerabwehr f* ‖ ~ de carretera, ~ del camino *Sicherheits-Leitplanke f* ‖ ~ del costado ⟨Mar⟩ *Lade-, Lösch|bord m* ‖ ~ de dunas *Dünen|bau, -schutz m* ‖ ~ de márgenes, ~ de orillas, ~ de riberas *(Fluß)Ufer|schutz m, -sicherung f* ‖ ~ dilatoria, ~ elástica, ~ retardante ⟨Mil⟩ *hinhaltende Verteidigung f, hinhaltender Widerstand m* ‖ ~ en juicio *Verteidigung f vor Gericht* ‖ ~ nacional *Landesverteidigung f* ‖ ~ pasiva antiaérea *Luftschutz m* ‖ ~ personal *Selbstverteidigung f* ‖ ~ propia *Selbstverteidigung f* ‖ ~ terrestre ⟨Mil⟩ *Erdabwehr f* ‖ derecho de ~ *Notwehrrecht n* ‖ junta de ~ nacional *nationaler Verteidigungsrat m* ‖ legítima ~ *Notwehr, erlaubte Selbstverteidigung f* ‖ presupuesto de ~ *Wehretat m* ‖ testigo de la ~ ⟨Jur⟩ *Entlastungszeuge m* ‖ ◊ declarar en ~ propia *zu seiner Entlastung aussagen, vorbringen* ‖ ponerse en ~ *sich zur Wehr setzen* ‖ **~s** biológicas *biologische Abwehrkräfte* fpl ‖ **-sión** *f* = **defensa** ‖ **-siva** *f Defensive f* ‖ *Abwehrkampf m* ‖ *Verteidigung, Abwehr f* ‖ *Verteidigungsstellung f* ‖ *batalla ~ Abwehrschlacht f* ‖ ◊ oponer una tenaz ~ *sich hartnäckig verteidigen* ‖ ponerse a la ~ *sich in Verteidigungszustand versetzen* ‖ fig *in die Defensive gehen* ‖ ⟨Sp⟩ *sich auf die Verteidigung beschränken* ‖ fam *mauern (Fußball)* ‖ **-sivo** adj *Verteidigungs-, Schutz-* ‖ *defensiv, verteidigend* ‖ *arma ~a Schutz-, Verteidigungs|waffe f* ‖ **-sor** *m*/adj *Verteidiger m* (abogado) ~ ⟨Jur⟩ *Verteidiger, Rechtsanwalt m* ‖ fig *Verfechter m* ‖ ~ de oficio *Pflicht-, Offizial|verteidiger m* ‖ **-soría** *f* ⟨Jur⟩ *Verteidigeramt n* ‖ *Verteidigertätigkeit f* ‖ **-sorio** *m Verteidigungsschrift f*
 deferen|cia *f* fig *Rücksicht f, Entgegenkommen n* ‖ *Willfährigkeit, Nachgiebigkeit f* ‖ *Ehrerbietung f* ‖ *Anschluß m an ein fremdes Gutachten* ‖ billete de ~ ⟨Com⟩ *Gefälligkeitspapier n* ‖ *Proformawechsel m* ‖ **-te** adj *willfährig, nach|giebig, -sichtig, fügsam* ‖ *ehrerbietig* ‖ fig *zuvorkommend* ‖ canal (od conducto) ~ ⟨An⟩ *Samen|gang, -leiter m*
 deferir [-ie/i-] vt *übertragen* ‖ *bevollmächtigen, zuschieben (Eid)* ‖ *überlassen, anheimstellen* ‖ ~ vi *einwilligen, willfahren, sich e–m fremden Gutachten anschließen* ‖ *zustimmen* dat ‖ ◊ ~ a alg. *jdm zufallen (Erbschaft)*
 de|ferrización *f Enteisenung f* ‖ **-fervescencia** *f* ⟨Med⟩ *Entfieberung, Deferveszenz f* ‖ **-fibrinación** *f* ⟨Med⟩ *Defibrinierung f*
 deficien|cia *f Mangelhaftigkeit f* ‖ *Mangel, Abgang m* ‖ *Fehlerhaftigkeit f* ‖ *Ausfall m, Ausfallen n* ‖ ⟨Com⟩ *fehlendes Porto n* ‖ ~ de contenido *Mindergehalt m* ‖ ~ mental *Geistesschwäche f* ‖ ~ del oído *Schwerhörigkeit f* ‖ **-te** adj *fehlerhaft* ‖ *mangelhaft* ‖ *mangelnd* ‖ *schwach* ‖ *schwächlich* ‖ *unzulänglich* ‖ *defekt* ‖ ⟨Mus⟩ *vermindert*
 déficit *m Fehlbetrag m, Defizit n* ‖ *Ausfall, Verlust m* ‖ *Mindereinnahme f* ‖ *Unterbilanz f* ‖ ~ contable *Rechnungsdefizit n* ‖ ~ de caja *Kassen|defizit, -manko n* ‖ ~ de compensación *Verrechnungsdefizit n* ‖ ~ de la balanza de pagos *Zahlungsbilanz|fehlbetrag m, -defizit n* ‖ ~ de suministro *Versorgungslücke f* ‖ ~ presupuestario *Haushaltsdefizit n* ‖ *Mehrausgabe f* ‖ balance en ~ *Verlustabschluß m* ‖ ◊ acusar, cubrir un ~ *ein Defizit aufweisen, decken* ‖ saldarse con ~ *mit e–m Defizit abschließen*

deficitario adj *mit Verlust abschließend, defizitär, Unterbilanz-* || *mangelhaft*
defini|ble adj *bestimmbar* || *erklärbar* || **definierbar** || **-ción** f *Erklärung* f || *(Begriffs)Bestimmung* f || *Definition* f || *Konturzeichnung* f || ⟨Kath⟩ *Entscheidung* f *des Konzils* || ⟨Kath⟩ *Beschluß* m || ⟨Phot⟩ *Bildschärfe* f || ⟨TV⟩ *Auflösung* f || *Fernsehnorm, Zeilenzahl* f || ~ *autoritativa authentische Auslegung* f || *a alta* ~ ⟨TV⟩ *mit hoher Zeilenzahl* || ◊ *dar una* ~ *de (et) definieren* || ~**es** pl *Verordnung* f || **-do** adj/s *bestimmt* || *unverhohlen, offenbar* || *definiert* || adv: ~**amente**
definir vt *bestimmen* || *genau beschreiben, definieren* || *erklären* || *abgrenzen* || *kennzeichnen* || *fest|setzen, -legen* || ⟨Kath⟩ *beschließen* || *definieren (Dogma)* || ~**se** vr *Stellung nehmen, fam Farbe bekennen* || *sich entscheiden, sich festlegen*
defini|tiva f ⟨Jur⟩ *Endurteil* n || *Definitive* f *(e-r Amtsstelle)* || *en* ~ *endlich, schließlich, endgültig, letzten Endes* || **-tivo** adj *entscheidend, endgültig, bestimmt, abschließend, definitiv* || *sentencia* ~a ⟨Jur⟩ *Endurteil* n || adv: ~**amente**
defla|ción f ⟨Com Geol⟩ *Deflation* f || ~ *de los precios Preisdeflation* f || ⟨Meteor⟩ *Aufhören* n *des Windes* || **-cionista, -cionario** adj ⟨Com⟩ *deflatorisch, deflationistisch*
defirió → **deferir**
defla|gración f ⟨Chem⟩ *schnelle Verbrennung* f || *Auf|flackern, -flammen* n || *Auflodern* n *(& fig)* || *Deflagration* f || ⟨Chem⟩ *Verpuffen* n || **-grador** m *Zündmaschine* f || ⟨Phys⟩ *Deflagrator* m || **-grar** vi *explodieren, verpuffen*
deflec|tómetro m *Durchbiegungs-, Ablenkungs|messer* m || **-tor** m ⟨Tech⟩ *Saug-, Rauch|kappe* f || *Prallblech* n, *Deflektor* m || ⟨Nucl⟩ *Deflektor, Ablenker* m
deflegma|ción f ⟨Med⟩ *Schleimauswurf* m || ⟨Chem⟩ *Rückflußkühlung* f *bei der (Spiritus-)Destillation* || **-dor** m *Dephlegmator* m || **-r** vt ⟨Med⟩ *auswerfen (Schleim)* || ⟨Chem⟩ *dephlegmieren, entwässern*
deflexión f ⟨Phys⟩ *Ablenkung* f || *Deflexion* f
defolia|ción f *Laubfall* m *(bes vorzeitig)* || *Entlaubung* f || **-r** vt *entlauben*
defor|mable adj ⟨Tech⟩ *verformbar* || **-mación** f *Entstellung* f || *Verzerrung* f || *Form-, Gestalt|veränderung* f || *Mißbildung* f || *Verformung* f || *Deformierung* f || ⟨Tech⟩ *Ver|biegung, -spannung* f || *Verzerrung* f *(a. Bild, Ton,* ⟨TV⟩*)* || ⟨Filmw⟩ *unscharfes Bild* n || ⟨Phot⟩ *Feldkrümmung* f || ~ *constante,* ~ *permanente bleibende Verformung* f || ~ *plástica* ⟨Metal⟩ *plastische Verformung* f || ~ *por arranque spanabhebende Verformung* f || ~ *profesional Berufsblindheit* f *(fig)* || ~ *de un texto Textverstümmelung* f || **-mado** adj *verzogen* || *verbogen* || *verformt* || *verzerrt* || *deformiert* || **-mante** adj *verzerrend* || *deformierend* || *Zerr-* || **-mar** vt *entstellen, verunstalten* || *umformen* || *verformen* || *verzerren* || *aus der Form bringen, deformieren* || *verziehen* || ~**se** *aus der Form kommen, sich verformen* || *sich werfen, sich verziehen, sich verbiegen (z. B. Holz)* || *die Fasson (od Form) verlieren (Kleidung)* || **-matorio** adj *entstellend, verzerrend* || *espejo* ~ *entstellender, verzerrender Spiegel* m || **-me** adj *ungestalt* || *häßlich, ungestalt* || **-midad** f *Mißgestalt* f || *Mißbildung* f || *Häßlichkeit* f || *fig grober Irrtum* m
defrau|dación f *Defraudation, Veruntreuung* f || *Unterschlagung, Hinterziehung* f, *Betrug* m || *Übervorteilung* f || *Entziehung* f *(elektrischer Energie)* || *Urheberrechtsverletzung* f || *Zollbetrug* m || ~ *electoral Wahlbetrug* m || ~ *fiscal Steuerhinterziehung* f || *fig (Ent)Täuschung* f || **-dador** m/adj *Unterschlager, Defraudant* m || *(Steuer)Hinterzieher* m || *Zollbetrüger* m || **-dar** vt/i *betrügen, hintergehen* || *veruntreuen (Geld)* ||

hinterziehen || *unterschlagen* || *das Urheberrecht verletzen* || *fig enttäuschen* || ◊ ~ *(en) las esperanzas jdn in seinen Hoffnungen täuschen* || ~ *el sueño fig den Schlaf stören* || *die Nacht durcharbeiten, fam sich die Nacht um die Ohren schlagen* || *ánimo de* ~ ⟨Jur⟩ *Betrugsabsicht* f
defuera adv *(von) außen, außerhalb* || *por* ~ *von außen*
defunción f *Hinscheiden* n, *Tod* m, *Ableben* n || *Todesfall* m || *anuncio de* ~ *Todesanzeige* f || *cerrado por* ~ ⟨Com⟩ *infolge e-s Sterbefalles geschlossen, wegen Todesfalls geschlossen* || *certificado (od cédula) de defunción Totenschein* m || *indemnización por* ~ *Sterbegeld* n || *partida de* ~ *Todesurkunde* f || *libro de* ~**es** *Sterbebuch* n
degene|ración f *Degeneration, Degenerierung, Entartung* f *(bes Vorgang)* || *Verfall* m, *Abnahme* f || ~ *adiposa* ⟨Med⟩ *Verfettung* f || ~ *senil Altersdegeneration* f || **-rado** adj *entartet, degeneriert* || *arte* ~ *entartete Kunst* f || **-rar** vi *abarten* || *entarten, degenerieren* || *verderben* || *fig herunterkommen* || ◊ ~ *de su estirpe aus der Art schlagen* || ~ *en sich auswachsen zu dat* || *ausarten in* || ~ *en monstruo in ein Ungeheuer ausarten* || **-rescencia** f *Entartung* f *(Zustand)* || **-rescente** adj *entartend*
deglu|ción f *(Hinunter)Schlucken, Schlingen* n || **-tir** vt/i *(ver)schlucken, (hinunter)schlingen* || *einnehmen (Arznei)* || **-tivo** adj: *dificultad* ~**a** *Schluckbeschwerde* f
degolla|ción f *Köpfen, Enthaupten* n || *Gemetzel, Morden* n || *Schlachten* n || *fig Blutbad* n || *la* ~ *de los Inocentes die Tötung der unschuldigen Kindlein (der bethlehemitische Kindermord)* || **-dero** m *Schlachthaus* n || *Blutgerüst* n || *Nacken* m *(bes Schlachtvieh)* || *Schafott* n || *Halsausschnitt* m *(Kleidung)* || **-do** adj/m *Enthauptete(r), Geköpfte(r)* m || ⟨V⟩ *Schmetterlingsfink* m *(Uraeginthus bengalus)* || **-dor** m *Scharfrichter* m || *Schlächter* m *(& fig)* || **-dura** f *Riß, Schnitt* m *(Segel, Zelt)* || *Halswunde* f || ⟨Tech⟩ *Aus-, Ein|schnitt* m || ⟨Typ⟩ *Einschnürung* f || *Mauerfuge* f || **-nte** adj *figf eingebildet* || *prahlerisch*
dego|llar [-üe-] vt/i *köpfen, enthaupten, den Hals abschneiden* (a algn. *jdm*) || *nieder|machen, -metzeln* || *morden, umbringen* || ⟨Rel⟩ *schächten* || *fam abmurksen* || *(ab)schlachten (Tiere)* || *fig zerstören, vernichten* || *fig ruinieren* || *fam ausschneiden (Kleid)* || *figf erbärmlich spielen, fam hinhauen, fam schmeißen (z. B. ein Theaterstück)* || ⟨Taur⟩ *fig den Stier ungeschickt töten, fam abmurksen (Stier)* || ⟨Mar⟩ *kappen (Segel)* || ⟨Tech⟩ *abdrehen (Schraube)* || *einreißen (Gewölbe)* || *fig radebrechen (Sprache)* || *figf jdm auf die Nerven gehen* || **-llina** f *fam Blutbad, Gemetzel* n, *Schlächterei* f
degra|dación f *Entwürdigung, Degradierung, Degradation* f || *Demütigung* f || *Absetzung* f *(von Ämtern)* || *fig Erniedrigung* f || *fig Beschimpfung* f || *Abnutzung* f || *Schadhaftigkeit* f || ⟨Mal⟩ *Farbtonänderung, Ab|tönung, -stufung* f || ⟨Geol⟩ *Abtragung, Verwitterung* f || ⟨Chem⟩ *Abbau* m || **-dante** adj *entwürdigend, erniedrigend* || **-dar** vt/i *entwürdigen* || *herab-, ab|setzen (von Würden, Amt)* || ⟨Mil⟩ *degradieren* || *fig demütigen* || *fig verderben* || *fig erniedrigen* || ⟨Mal⟩ *abstufen, schattieren, (ab)tönen* || *perspektivisch verkürzen* || *auswaschen, unterspülen* || ⟨Chem⟩ *abbauen* || **-darse** vr *sich erniedrigen, fam sich wegwerfen* || *sich verunehren* || *verfallen* || *verkommen* || *allmählich schwächer werden (Licht)*
degresivo adj *degressiv, abnehmend*
degüello m *Enthauptung* f, *Köpfen* n || *Ab|würgen, Abkehlen* n || *Gemetzel* n || ⟨Rel⟩ *Schächten* n || *Mord* m, *Ermordung* f || ⟨Tech⟩ *Ballhammerstock* m || *Hals* m, *schmalster, dünnster Teil* m *(z. B. e-r Waffe)* || ◊ *entrar a* ~ *plündern,*

brandschatzen || pasar *(od* tirar) a ~ *über die Klinge springen lassen* || →a **tocar** 2. a)
degus|tación *f Kosten, Probieren* n || *Kostprobe* f || prueba de ~ *Kostprobe* f || (local *od* salón de ~) *Probierstube* f || **–tador** *m Wein-, Bier|koster* m || **–tar** vt/i *kosten, probieren* || fig *genießen*
de gustibus non est disputandum lat *über den Geschmack ist nicht zu streiten*
dehe|sa *f Gehege* n || *(Vieh)Weide* f, *eingehegter Weideplatz* m || *Aue* f || *Koppel* f || *Gemeindeanger* m || con el pelo de la ~ fig *ungeschliffen, ungehobelt* || **–sero** *m Heger* m || *Weidewärter* m
dehiscen|cia *f* ⟨Bot⟩ *Aufspringen* n, *Dehiszenz* f *(z.B.* von *Samenhülsen)* || **–te** adj ⟨Bot⟩ *aufspringend* || fruto ~ ⟨Bot⟩ *Springfrucht* f
dei|cida adj/s *gottesmörderisch* || ~ *Gottesmörder* m || el pueblo ~ ⟨Kath Hist⟩ fig *die Juden* mpl || **–cidio** *m Gottesmord* m || fig *Frevel* m || **–dad** *f Gottheit* f || *Götze, Abgott* m || fig *Göttin* f, *Götterweib* n
deíctico adj *deiktisch*
dei|ficación *f Vergötterung, Vergöttlichung* f || *Vergottung* f || →a **endiosamiento** || **–ficar** [c/qu] vt *ver|göttern, -göttlichen* (& fig)
deífico adj *göttlich*
deigratia: año ~ (año D.G.) *Jahr* n *des Heils*
deípara *f*/adj *die (heilige) Mutter Gottes*
deís|mo *m Deismus* m *(Gottesglaube aus Vernunftgründen)* || **–ta** m/adj *Deist* m || ~ adj *deistisch*
deja|ción *f,* **–miento** *m Überlassung, Abtretung* f || *Abdankung* f || *Verzicht* m || *Ausschlagung* f *(e–r Erbschaft)* |⟩· *Übertragung* f || *Nachlässigkeit* f || **–da** *f Abtretung* f || *Lassen* n || **–dez** *f Fahr-, Nach|lässigkeit, Sorglosig|keit* f || *Schlaffheit* f || *Lässigkeit* f || *Schwäche* f || **–do** adj/s *schlampig, nachlässig* (mit ser) || *matt, schlaff, schwach* (mit estar) || *niedergeschlagen* *(mit* estar) || *verlassen (mit* estar) || ~ de la mano de Dios figf *vom Unglück verfolgt* || *verrückt* || *gottlos gefühllos* || ~ de ⟨Com⟩ *Verfügungsware* f || **–dor** ⟨Jur⟩ *Abtreter* m
dejante adv Chi pop *abgesehen von, außer*
dejar vt/i A) *lassen* || *da-, be|lassen* || *in Ruhe lassen* || *verlassen, aufgeben* || *im Stich lassen* || *fort-, weg-, auslassen* || *los-, nachlassen* || *liegen-, stehen|lassen* || *übergeben* || *überlassen, abtreten* || *ablassen, geben* || *anvertrauen* || *leihen, borgen* || *unterlassen* || *zulassen, erlauben, gestatten et zu tun* || *dulden* || *empfehlen* || *hinterlassen, vermachen* || *entlassen, verzeihen* || *einbringen, abwerfen (Gewinn)* || *sich nicht darum kümmern, es gut sein lassen* || ◊ ~ airoso a uno *jdm zum Erfolg verhelfen* || ~ aparte *beiseite lassen, übergehen* || *dahingestellt sein lassen* || ~ atrás *hinter sich lassen, zurücklassen* || fig *übertreffen* || ~ beneficio *Gewinn, Nutzen abwerfen* || *einträglich sein* || ~ bien a alg. *jdn herausstreichen* || *jdm viel Ehre machen* || ~ caer *loslassen, fallen lassen* || *et sagen, hinwerfen (als ob k–e Absicht dahintersteckte)* || ~ cargado en cuenta *in Rechnung belasten* || ~ la casa *das Haus verlassen* || ~ constancia *zu Protokoll nehmen vermerken* || ¡déjelo correr! fam *scheren Sie sich nicht darum!, lassen Sie es laufen!, kümmern Sie sich nicht darum!* || ¡dejémoslo (así)! *lassen wir es (dabei)!, damit soll es sein Bewenden haben!* || ~ un depósito *Geld hinterlegen* || ~ escrito *stehenlassen (in e–m Schriftstück)* || *schriftlich hinterlassen* || ~ feo a alg. fig *jdn beschämen* || ~ fresco a alg. fam *jdn sitzenlassen* || ~ la linea ⟨Mar⟩ *ausscheren* || ~ paso a durchlassen || ~ el pellejo fam *sterben, ins Gras beißen* || ~ pobre *arm machen, verarmen* || ~ plumas figf *Federn lassen* || ~ seco a uno Am *jdn töten,* fam *abmurksen* || ~ temblando el plato figf *fast alles aufessen* ||

~lo todo como está *alles beim alten lassen* || no ~ roso ni velloso figf *kein Mittel unversucht lassen* || no ~ verde ni seco figf *mit Stumpf und Stiel ausrotten* || ~ una cosa por otra *eines wegen des anderen aufgeben* || dejó la ciudad *er verließ die Stadt* || no me ~á mentir fam *das kann er bezeugen, er weiß davon (bei Beteuerungen)* || no ~le vivir a uno *jdm keine Ruhe geben* || ¡deja! fort! || ¡deja, deja! wart! wart! *(um zu drohen)*
B) als Hilfszeitwort, zur Angabe einer vollendeten Handlung *(oft statt* haber, tener, traer): como dejo dicho *wie ich (schon) gesagt habe* (bes ⟨Rhet⟩) || la excursión los dejó entusiasmados *sie waren von dem Ausflug begeistert* || lo dejé abonado en su cuenta *ich habe es Ihrem Konto gutgeschrieben* || →a **llevar** 2
C) in Verbindung mit Präpositionen und präpositionalen Adverbialbestimmungen
1. mit a: ~lo al arbitrio de alg. *es in jds Ermessen stellen, es jdm anheimstellen* || ~ al cuidado (de) *jds Sorge überlassen* || ~ al juicio (de) *jds Urteil überlassen* || ~ a un lado *beiseite lassen* || *dahingestellt sein lassen* || fig *aufs tote Gleis schieben*
2. mit con: ~ con vida *am Leben lassen* || ~ a alg. con un palmo de narices figf *jdn mit langer Nase abziehen lassen*
3. mit de: a) *aufhören (zu)* || *et nicht mehr tun* || *nicht umhinkönnen (zu)* || *keinen Anstand nehmen (zu)* || ~ de escribir *zu schreiben aufhören, nicht mehr schreiben* || ~ de existir *nicht mehr da sein* || ~ de funcionar ⟨Tech⟩ *aufhören, versagen* || ¿ha dejado de llover? *hat es aufgehört zu regnen?* || ~ de hacer a. *et unterlassen et versäumen* || no ~ de *(mit* inf*) nicht aufhören zu (mit* inf*)* || *nicht unterlassen zu (mit* inf*)* || *nicht versäumen zu (mit* inf*)* || *nicht vergessen zu (mit* inf*)* || no deja de ser interesante *es ist immerhin (dennoch) interessant* || no deja de ser a. raro *es ist jedenfalls et sonderbar* || no dejamos de conocer los inconvenientes *wir verkennen die Nachteile nicht* || no deje de venir a verme *Sie müssen mich wirklich einmal besuchen* || no deb(er)ia V. ~ de verlo *Sie sollten es nicht verpassen* || no ~á de satisfacerle *es wird Ihnen sicher zusagen* || si lo ha dicho o si lo ha dejado de decir pop *ob er es gesagt hat* od *nicht* || b) ~ de cuenta *zur Verfügung stellen (Ware)* || ~ de cuenta de alg. a/c *jdm et anvertrauen* || ~ de lado *beiseite (od aus dem Spiel) lassen* || ~ de rodar *ausrollen (Flugzeug, Wagen usw)* || ~ de sonar *verklingen, verhallen*
4. mit en od entre: ~ en blanco *übergehen, unterlassen* || *frei lassen (Raum)* || ~ en cueros a alg. fig *jdn rupfen* || ¡déjame en paz! *laß mich in Ruhe!* || ~ en pie *bestehen lassen* || ~ en el tintero fig *in der Feder lassen, weglassen* || ~ en libertad *freilassen (Gefangene)* || ~ en libertad (de) *jdm et freistellen* || ~ en su sitio *nicht anrühren, unverändert (da)lassen* || *liegen-, stehen|lassen*
5. mit para *od* por: ~ para mañana, ~ para otro día fig *aufschieben, auf e–n anderen Tag verschieben* || ~ a alg. para quien es *(od* por lo que es) fam *jdn laufenlassen* || ~ los estudios por las armas *das Studium mit den Waffen vertauschen* || dejando u/c por otra *um von e–m aufs andere zu kommen*
6. mit que: ~ que pensar *zu bedenken geben* || ~ zu bedenken sein || ~ mucho que desear *viel zu wünschen übrig lassen*
7. mit sin: ~ sin acabar *unvollendet (hinter-)lassen* || *liegenlassen*

~se vr *nachgeben* || *sich vernachlässigen* || *sich gehenlassen* || *den Mut verlieren* || *vergessen* || ~ caer *(hin)fallen, zu Boden stürzen* || *sich fallen*

lassen ‖ *(plötzlich) auftauchen (Besuch)* ‖ déjate caer alguna vez por casa *besuch(e) uns doch einmal!* ‖ ~ caer con fig *et durch e–e Bemerkung nahelegen* ‖ ~ llevar de *(od* por) la pasión *sich von der Leidenschaft hinreißen lassen* ‖ ~ llevar por la corriente fig *mit dem Strom schwimmen* ‖ ~ palabras al leer *einzelne Wörter beim Lesen auslassen* ‖ ~ rogar *sich bitten lassen* ‖ ~ sentir spürbar werden ‖ ~ vencer *un-, wider|willig nachgeben* ‖ ~ ver *sich zeigen, zum Vorschein kommen* ‖ *sichtbar werden* ‖ ~ a los vicios *sich den Lastern ergeben* ‖ ~ de a/c e–r S. *entsagen* ‖ la escasez se deja sentir *die Not wird fühlbar* ‖ se dejó decir que le mataría *er sagte sogar, daß er ihn töten würde* ‖ no se dejará ahorcar por cien mil duros figf *der hat weit über 100000 Duros Vermögen* ‖ ¡déjese de bromas! *Spaß beiseite!* ‖ ¡dejémonos de rodeos! ¡dejémonos de dar vueltas a las cosas! *kommen wir zur Sache!*
dejativez *f* Chi *Lässigkeit* f
dejazón *f* Arg *Lässigkeit* f ‖ *Schlamperei* f
deje *m* pop *eigenartige Betonung* f *der Endsilben im Dialekt* ‖ →a **dejo**
dejo (dim **dejillo**) *m Entsagung* f ‖ *Nachlässigkeit* f ‖ *(Ab)Schluß* m, *Ende* n ‖ *Überbleibsel* n ‖ *Nachgeschmack* m (& fig) ‖ *Nachklang* m ‖ *eigenartige Betonung* f *der Endsilben im Dialekt* ‖ *spezifischer Tonfall* m ‖ *leichter Akzent* m ‖ fig *Erinnerung* f, *Nachklang* m ‖ fig *Anflug, Schein* m
dejuramente adv Am pop *sicherlich, bestimmt*
de jure adv lat *von Rechtswegen*
del = **de** + art **el** ‖ ~ que dependía *von dem er abhing* ‖ el bueno ~ señor párroco *der gute Herr Pfarrer*
***dél** = **de él**
delación *f Anzeige, Anklage, Denunziation* f ‖ *Verrat* m ‖ ⟨Jur⟩ *Anfall* m *(der Erbschaft)* ‖ *Berufung* f *(zur Erbschaft)* ‖ ~ de la herencia, ~ de la sucesión *Erbanfall* m ‖ ~ de la tutela *Übertragung* f *der Vormundschaft* ‖ ~ del juramento *Parteieid* m, *Zuschiebung* f *des Eides*
delantal *m Schürze* f ‖ *Schurz* m ‖ *Schurzfell* n ‖ *Lederschürze* f ‖ *Vorspann* m *(e–s Presseartikels)* ‖ ~ de adorno *Tändelschürze* f
delante adv a l l e i n s t e h e n d: *vorn, voran* ‖ vor|aus, -her ‖ davor ‖ gegenüber ‖ ◊ *enviar* ~ *vorausschicken* ‖ *vorangehen* ‖ estar ~ *gegenwärtig, anwesend sein* ‖ llevar ~ *vorantragen* ‖ pasar ~ *vorangehen* ‖ poner ~ *vorstellen* ‖ tener ~ *vor Augen haben*
b) mit v o r a n g e h e n d e r P r ä p o s i t i o n: de ~ *von vorn* ‖ quitar de ~ fig *aus dem Wege schaffen* ‖ ¡quítate de ~! *fort von hier!* ‖ sombrero echado hacia ~ *in die Stirn gerückter Hut* ‖ por ~ *voran* ‖ von *vorn* ‖ von *vorbei* ‖ nos queda mucho tiempo por ~ *wir haben noch viel Zeit (bis dahin)* ‖ ¡las damas por ~! *den Damen gebührt der Vorrang!*
c) ~ de prep: ~ de mí, ~ mío *vor mir, in meiner Gegenwart* ‖ ~ de testigos *vor Zeugen*
delante|ra *f Vorder|teil* m, *-seite* f ‖ ⟨Th⟩ *Vorderreihe* f ‖ *Vordersitz* m ‖ ⟨Taur⟩ *Vordersitze* mpl *(Arena)* ‖ fig *Busen* m ‖ *Sturm* m *(Fußball)* ‖ ~ de la cama *Kopfseite* f *des Bettes* ‖ ◊ coger *(od* tomar) la ~ a uno fam *vor jdm e–n Vorsprung gewinnen, jdm zuvorkommen* ‖ fam *es jdm zuvortun, jdn übertreffen* ‖ *voranstehen* ‖ ⟨Sp⟩ *an die Spitze setzen* ‖ Span ⟨Aut⟩ *überholen* (a alg. zlg) ‖ tener mucha ~ figf *vollbusig sein,* pop *viel Holz vorm Haus haben* ‖ **-ro** adj *vorderer, Vorder-* ‖ asiento ~, fila ~a *Vorder|sitz* m, *-reihe* f ‖ parte ~a *Vorderteil* m ‖ ~ m ⟨Sp⟩ *Spieler des Vordertreffens, Stürmer* m ‖ *Vorreiter* m ‖ ~ centro ⟨Sp⟩ *Mittelstürmer* m
dela|tante *m Anzeigeerstatter* m ‖ **-tar** vt *angeben, anzeigen, denunzieren* ‖ *anklagen* ‖ *verraten* ‖ **-tarse** vr *sich verraten (durch unbedachte Wörter, Gesten usw)* ‖ ◊ ~ al juez *sich dem Richter stellen* ‖ **-tor** m/adj *Angeber* m ‖ *Anzeiger* m ‖ *Verräter* m ‖ *Anzeigeerstatter* m ‖ *Denunziant* m
delco *m* ⟨El⟩ *Verteilerfinger* m
delcrédere *m* Delkredere n, *Bürgschaft(summe)* f
dele(átur) *m* lat ⟨Typ⟩ *Deleatur, Streichungszeichen* n (9)
dele → **dar**
deleble adj *vertilgbar, auslöschbar*
delectación *f Ergötzen, Vergnügen* n ‖ *Entzücken* n ‖ *Freude, Wonne* f ‖ *Lust* f ‖ *Genuß* m
dele|gación *f Abordnung, Beauftragung* f, *Auftrag* m ‖ *delegierte Vertretung, Kommission* f ‖ *Delegation* f ‖ *Kommissariat* n ‖ *Amt* n, *(Zweig-) Stelle* f ‖ Span *Provinzialbehörde* f *(e–s Verwaltungszweigs)* ‖ ~ administrativa de enseñanza primaria Span *Provinzialschulbehörde* f ‖ ~ de hacienda Span *Finanzamt* n ‖ ~ del trabajo *Arbeitsamt* n ‖ ~ provincial de hacienda Span *Oberfinanzdirektion* f ‖ por ~ *in Vertretung* ‖ **-gado** m/adj *Abgeordnete(r), Beauftragte(r), Stellvertreter, Delegierte(r)* m ‖ ~ apostólico *päpstliche(r) Gesandte(r)* m ‖ ~ de hacienda Span *(Ober)Finanzpräsident* m ‖ **-gar** [g/gu] vt *übertragen (Befugnis, Amt)* (en *auf* acc) ‖ *abordnen, bestellen (zur Untersuchung)* ‖ *entsenden* ‖ *delegieren*
delei|tabilísimo adj sup v. **-table** ‖ **-table** adj = **-toso** ‖ **-tación** *f* → **deleite** ‖ **-tar** vt *ergötzen* ‖ ~se *sich vergnügen, sich ergötzen, sich haben* (con dat *an)* ‖ *(großen) Gefallen finden* (con a. an *et)* ‖ ~ de *(od* en) oir a/c *et mit Behagen hören* ‖ ~ con la vista *sich am Anblick ergötzen* ‖ **-te** *m Ergötzen, Vergnügen* n ‖ *Lust, Wonne* f ‖ *Sinnenlust, Wollust* f ‖ con ~ *mit Wonne, wonnig* ‖ *vergnügt* ‖ **-toso** adj *wonnig* ‖ *köstlich* ‖ *wollüstig*
deletéreo adj *giftig, tödlich, deletär* ‖ fig *verderblich* ‖ gases ~s *Giftgase* npl
deletre|ar vt/i *buchstabieren* ‖ fig *entziffern* ‖ **-o** *m Buchstabieren* n
deleznable adj *schlüpfrig* ‖ *bröck(e)lig, brüchig* ‖ *zerbrechlich* ‖ fig *haltlos* ‖ fig *vergänglich* ‖ fig *nichtig*
délfico adj *delphisch*
[1]**delfin** *m* ⟨Zool⟩ *Delphin* m (Delphinus delphis) ‖ estilo ~ *Delphinstil* m *(Schwimmen)* ‖ prov fam *Bube, Junge* m
[2]**delfin** *m* Dauphin m *(Thronfolger)*
Delfin *m* np Tfn *Delphinus* m
delfinidos mpl ⟨Zool⟩ *Delphine* mpl
Delfos *m Delphi* n ‖ el oráculo de ~ *das Delphische Orakel*
delga *f Blech|beilage, -zwischenlage* f ‖ ⟨El⟩ *Kollektorlamelle* f
delga|dez [pl **-ces**] *f Dünn-, Zart|heit, Dünne* f ‖ *Schlankheit* f ‖ *Feinheit* f ‖ fig *Witz, Scharfsinn* m ‖ **-do** adj *dünn* ‖ *fein, zart* ‖ *mager* ‖ *schlank* ‖ fig *scharfsinnig, witzig* ‖ *schrill (Stimme)* ‖ fig *leicht (Boden)* ‖ fig *weich (Wasser)* ‖ fig *gering, klein* ‖ intestino ~ ⟨An⟩ *Dünndarm* m ‖ **-ducho** adj fam *sehr dünn und mick(e)rig*
Delia *f* pop = **Adelia, Adelaida**
delibe|ración *f Beratung, Beratschlagung* f ‖ *Überlegung* f ‖ *Entscheidung, Beschlußfassung* f ‖ plazo de ~ *Überlegungsfrist* f ‖ **-radamente** adv *wissentlich, absichtlich* ‖ *überlegt* ‖ *mit Vorbedacht* ‖ **-rado** adj *überlegt* ‖ *selbstsicher* ‖ *willentlich* ‖ *fest (Haltung)* ‖ desp *abgekartet (Sache)* ‖ sin ~ *propósito unwillkürlich* ‖ **-rante** adj *beratend* (z.B. *Versammlung)* ‖ **-rar** vt *beschließen* ‖ ~ vi *beratschlagen, erwägen, überlegen* ‖ ◊ ~ sobre a. *über et nachdenken* ‖ *über et beratschlagen* ‖ **-rativo** adj *beratend* ‖ *Beratungs-*
delica|dez [pl **-ces**], **-deza** *f Schwächlichkeit, Kraftlosigkeit, Zärtlichkeit* f ‖ *Feinheit, Zartheit* f

|| *Empfindlichkeit* f || *Reizbarkeit* f || *Feinfühligkeit* f || *Fingerspitzengefühl* n, *Takt* m || **–do** adj/s *zart, fein* (bes *Gesichtszüge*) || *dünn, schlank* || *kränklich, schwächlich* || *niedlich* || *schön, lieblich* || *zärtlich* || *zerbrechlich* || *schmackhaft, wohlschmeckend, delikat, lecker, köstlich* || *heikel* || *wählerisch* || *kitzlig, mißlich* || *reizbar, empfindlich* || *zartfühlend, taktvoll* || *ängstlich, gewissenhaft, rücksichtsvoll* || *scharfsinnig, witzig* || *delikat, zart (Farbe, Ton)* || ~ de salud *kränklich* || cosas ~ as ⟨Com⟩ *zerbrechliche Sachen* fpl || manjar ~ *Leckerbissen* m, *Delikatesse* f || operación ~ a *heikle Angelegenheit* f || *schwierige Operation* f || punto ~ fig *heikler Punkt* m || ◊ ponerse ~ *kränklich werden, (leicht) erkranken* || **–ducho** adj fam *kränklich, schwächlich*
   deli|cia f *Lust, Wonne* f || *Entzücken* n || *Vergnügen* n || ◊ es una ~ *es ist e–e (wahre) Wonne* f || **~s** fpl *Freuden* fpl, *Genüsse* mpl || **–cioso** adj *köstlich, reizend* || *wonnevoll, wonnig* || *allerliebst, lieblich* || *charmant* || *deliziös* adv: ~**amente**
   delic|tivo, –tuoso adj *kriminell, deliktisch, verbrecherisch, Verbrechensstraf–* || *auf e–e Straftat bezüglich* || acto ~ *strafbare Handlung* f
   delimi|tación f *Ab–, Be|grenzung* f || *Grenze* f || *Umgrenzung* f || **–tar** vt *begrenzen* || fig *ab–, ein|grenzen*
   delincuen|cia f ⟨Jur⟩ *verbrecherische Handlung* f || *Verbrecher* n, *Straftat* f || *Verbrechertum* n, *Kriminalität* f || ~ juvenil, ~ de menores *Jugendkriminalität* f || ~ de prosperidad *Wohlstandskriminalität* f || **–te** adj/s *verbrecherisch* || ~ m *Verbrecher, (Misse)Täter, Straffälliger,* ,*Delinquent* m || *Rechtsbrecher* m´ || ~ casual, ~ ocasional *Gelegenheitsverbrecher* m || ~ habitual *Gewohnheitsverbrecher* m || ~ común *Gemeinverbrecher* m || ~ nato *geborener Verbrecher* m || ~ por predisposición *Hangverbrecher* m || ~ profesional *Berufsverbrecher* m || ~ sexual *Sexualverbrecher* m
   deline|ación f, **–am(i)ento** m *Zeichnung* f *der Umrisse, Skizzieren* n || *Umriß* m, *Skizze* f || **–ador** m *Zeichner* m || **–ante** m *(Plan)Zeichner* m || *technischer Zeichner* m || ~**–proyectista** m Span *selbständiger technischer Zeichner* m || **–ar** vt *zeichnen, skizzieren* || *auf–, an|reißen* || *entwerfen* || *umreißen* (& fig)
   delin|quimiento m *Verbrechensbegehung* f || *Straffälligwerden* n || *Gesetzesverletzung* f || **–quir** vi *sich vergehen* (contra *gegen* acc), *ein Verbrechen begehen* || *straffällig werden*
   deliquio m *Ohnmacht* f || *Ermattung, Erschöpfung* f
   deli|rante adj *irreredend* || *wahnsinnig* || *unbändig, maßlos* || fig *berauschend, großartig, phantastisch* || fig *rasend, stürmisch (Beifall)* || ⟨Med⟩ *phantasierend* || **–rar** vi *fiebern, phantasieren* || *irrereden* || *toben, rasen* || *außer sich sein* || *schwärmen* (por *für* acc) || ~ *por la música für Musik schwärmen* || **–rio** m ⟨Med⟩ *Fiebern* n, *Wahnsinn* m || fig *(große) Begeisterung* f || *Delirium* n || *Raserei* f, *Taumel, Rausch* m || ~ alcohólico *Säuferwahn(sinn)* m || ~ ambicioso, ~ de grandezas *Größenwahn(sinn)* m || ~ furioso *Tobsucht* f || ~ de persecución *Verfolgungswahn(sinn)* m || ~ senil *Alterswahn* m || ◊ me gusta con ~ *ich schwärme dafür*
   delírium tremens m lat *Säuferwahnsinn* m, *Delirium tremens* n
   delito m *Vergehen* n, *Frevel* m, *Übel–, Misse|tat* f || *Straftat* f || *Delikt* n || ⟨Jur⟩ *Verbrechen* n *(einschließlich) Vergehen ohne Übertretung)* || *Vergehen* n *(einschließlich Verbrechen ohne Übertretung)* || ~ c(u)alificado *qualifiziertes Delikt* n || ~ culposo *fahrlässiges Delikt* n || ~ de acción *Begehungstat* f, *Kommissivdelikt* n || ~ contra la seguridad del Estado *Straftat* f *gegen die (innere) Sicherheit des Staates* || ~ contra la honestidad,

~ contra las buenas costumbres *Sittlichkeitsverbrechen* n || *Sittlichkeitsvergehen* n || ~ flagrante *frische Tat* f || ~ frustrado *vollendeter Versuch* m || ~ grave *Verbrechen* n || ~ menos grave *Vergehen* n || ~ perseguible (sólo) a instancia de parte *Privatklage–, Antrags|delikt* n || cuerpo del ~ ⟨Jur⟩ *Beweisstück (der Straftat), Tatmal* n, *Corpus delicti* n (lat) || objeto del ~ *Verbrechensobjekt* n || sujeto del ~ *Täter* m || ~ de vuelos bajos *Delikt* n *des Tiefflugs*
   delta f *griech.* δ, *Delta* n || *Delta* n *(Flußmündung)* || ala ~ ⟨Flugw⟩ *Delta–, Dreieck|flügel* m
   △**deltó** adj *ewig*
   del|toideo adj *dreieckig* || **–toides** m ⟨An⟩ *Deltamuskel* m
   deludir vt *betrügen, anführen*
   △**delune** f *Axt* f, *Beil* n
   delu|sivo, –sorio adj *(be)trügerisch*
   della f pop = **de ella**
   dello m pop = **de ello** || ~ con ~ fam *Mischmasch* m
   demacra|ción f *Abmagerung* f || **–do** adj *abgemagert* || *abgezehrt* || **–rse** vr *abmagern* || *abhagern*
   dema|gogia f *Demagogie* f || *(tyrannische) Volksherrschaft* f || **–gógico** adj *demagogisch* || **–gogo** m/adj *Demagoge, Volks|verführer, –aufwiegler* m
   demanda f *Bitte* f, *Gesuch, Ersuchen* n || *Begehren, Verlangen* n || *Forderung* f || *Anspruch* m || *(An)Frage* f || *Nachforschung, Suche, Nachfrage* f || *Unternehmen, Unterfangen* n, *Versuch* m || ⟨Com⟩ *Nachfrage* f (de *nach* dat) || ⟨Com⟩ *Bedarf* m (de *an* dat) || ⟨Com⟩ *Bestellung* f, *Auftrag* m || ⟨Jur⟩ *Klage* f || *Klageschrift* f || *Klageanspruch* m || *Klageantrag* m || ⟨Rel⟩ *Spende* f || *Opferkörbchen* n *(für die Spende)* || ~ adicional ⟨Com⟩ *Mehrbedarf* m || ~ alternativa ⟨Jur⟩ *alternative Klagenhäufung* f || ~ creciente ⟨Com⟩ *wachsende Nachfrage* f || ~ de brazos, ~ de mano de obra *Kräfte–, Arbeiter|bedarf* m || ~ de créditos *Kreditnachfrage* f || ~ declarativa ⟨Jur⟩ *Feststellungsklage* f || ~ de desahucio ⟨Jur⟩ *Räumungsklage* f || ~ de pago *Zahlungs|forderung* f, *–anspruch* m || ~ ejecutiva Span *Vollstreckungsantrag* m || ~ de empleo, ~ de trabajo *Stellennachfrage, Anstellungsbewerbung* f || ~ judicial *gerichtliche Klage* f || ~ de pago *Zahlungsanspruch* m || ~ de punta *Spitzenbedarf* m || ~ real ⟨Com⟩ *effektive Nachfrage* f || en ~ de *auf der Suche nach* || *(er)suchend* || ◊ contestar (a) la ~ *die Klage beantworten, Einlassungen vorbringen* || desestimar la ~ *die Klage abweisen* (od *ablehnen*), *dirigir una ~ a ein Gesuch richten an* acc || estimar la ~ *dem Klageantrag entsprechen, der Klage stattgeben* || formular una ~ (contra) *e–e Klage erheben (gegen)* || hacer la ~ *(telefonisch) anfragen* || hacer una ~ *ein Verlangen stellen* || hay mucha ~ (de) *es ist große Nachfrage vorhanden (nach)* || (inter)poner una demanda *(gerichtlich) klagen, Klage erheben* || ir en ~ de *(et) suchen, auf die Suche gehen (nach)* || morir en la ~ *mit Ehren fallen* || oferta y ~ ⟨Com⟩ *Angebot* n *und Nachfrage* f || promover (od *proponer* od *entablar*) ~ *Klage erheben* || tener mucha ~ ⟨Com⟩ *sehr gefragt sein* || tener poca ~ ⟨Com⟩ *wenig gefragt sein*
   deman|dadero m *Klosterdiener* m || *Laufbursche* m || *Bote(ngänger)* m || **–dado** m ⟨Jur⟩ *Beklagter* m || **–dante** m/f *Kläger(in)* m(f) || *Anspruchberechtigte(r)* m || *Besteller* m || ⟨Rel⟩ *Almosensammler* m || **–dar** vt/i *bitten, ersuchen* || *begehren, fordern, verlangen* || *(aus)fragen* || ◊ ~ en juicio, ~ ante el juez *vor Gericht fordern* || *et einklagen* || jdn *gerichtlich belangen, verklagen* || ~ de calumnia *wegen Verleumdung verklagen* || ~ el pago *Zahlung fordern*

demar|cación f *Abmarkung, Abgrenzung* f ||
(Gerichts)Bezirk m || *línea de* ~ *Demarkations-,
Grenz|linie* f || **–car** [c/qu] vt *ab-, ver|marken* ||
abstecken || *abgrenzen* || ⟨Mar⟩ *das Besteck
machen* || ⟨Bgb⟩ *markscheiden, den Grubenplan
aufnehmen*
demarraje m gall ⟨Aut⟩ *Anfahren* n || → **arranque**
demás a) adv *überdies, außerdem* || por ~ *umsonst, vergebens* || *übermäßig, allzusehr* || *überaus*
|| *es por* ~ *es ist zu arg* || *estar (por)* ~ *überflüssig sein, fehl am Platze sein* || *no es por* ~
decirte es ist nicht ohne Bedeutung, dir zu sagen ||
~ *está decir que es erübrigt sich zu sagen, daß*
|| *hacer a.* ~ *ein übriges tun*
b) adj/s: lo ~ *das Übrige, der Rest* || *por lo* ~
übrigens || *sonst* || *y* ~ *und so weiter, u.a.* || *la* ~
gente das übrige Volk || *los* ~ *die übrigen* || *las* ~
poblaciones die ander(e)n, die übrigen Städte
c) ~ de prep (= *además de*) *außer*
dema|sía f *Übermaß* n || *Überfluß* m || *Übertreibung* f || *Überforderung* f || *Wagnis* n || *Dreistigkeit* f || *Freveltat* f || ⟨Tech⟩ *Zugabe* f *(bei
Werkstücken)* || *en* ~ *übermäßig* || **–siadamente**
adv *(all)zusehr* || **–siado** adj *über|trieben, -mäßig*
|| ~ adv *zu sehr, allzusehr, (all)zuviel* || *reichlich,
sattsam* || ~ *caliente zu heiß* || *estimar* ~ *überschätzen* || *esto es* ~ fam *da hört alles auf, das ist
zuviel!, das geht zu weit!* || ~ *lo sé ich weiß es
nur zu gut* || *este peligro no se puede evitar* ~ *man
kann diesem Unglück nicht genug vorbeugen*
demediar vt/i *halbieren* || *die Hälfte zurücklegen
(z.B. e–s Weges)*
demen|cia f ⟨Med⟩ *Wahn-, Irr|sinn* m, *Irresein* n || *Schwachsinn* m || *Aberwitz* m || ~ *persecutoria Verfolgungswahn* m || **–tar** vt *verrückt
machen* || **-te** adj/s *irr-, schwach-, wahn|sinnig* ||
~ m *Wahnsinniger, Geistesgestörter* m
demeritar vt *MAm Col Pe vermindern* || *beschädigen* || *erniedrigen*
demérito m *Unwert* m || *Wertverlust* m || ⟨Com⟩
Minderbewertung f || fig *Nachteil* m
Démeter f np ⟨Myth⟩ *Demeter, Ceres* f
Demetrio m np *Demetrius* m
△**demias** fpl *Strümpfe* mpl
demisión f *Demut* f || *Unterwürfigkeit* f
demiurgo m ⟨Philos⟩ *Demiurg, Welt|schöpfer*
m, *-seele* f || fig *Gott* m
democra|cia f *Volksherrschaft, Demokratie* f
|| *Volkspartei* f || ~ *cristiana christliche Demokratie* f || ~ *directa unmittelbare Demokratie* f ||
~ *indirecta mittelbare Demokratie* f || ~ *orgánica,*
~ *corporativa organische, ständische Demokratie* f || *Democratie* f || ~ *social Sozialdemokratie*
f || *Sozialdemokraten* mpl
demócrata m/adj *Demokrat* m || *partido social*
~ ⟨Pol⟩ *sozialdemokratische Partei* f
demo|crático adj *demokratisch (Einrichtung)*
|| **–cratismo** m *Demokratentum* n || **–cratizar** [z/c]
vt *demokratisieren* || fig *volkstümlich machen*
demodula|ción f ⟨El Radio⟩ *Demodulation* f ||
–dor m *Demodulator* m
demo|grafía f *Bevölkerungskunde, Demographie* f || **–gráfico** adj *demographisch* || *Bevölkerungs-* || *crecimiento* ~ *Zunahme* f *der Bevölkerung* || *movimiento* ~ *Bevölkerungs|entwicklung,
-statistik* f || *política* ~ *Bevölkerungspolitik* f
demo|ler [-ue-] vt *niederreißen, schleifen (Gebäude)* || *ab|brechen, -tragen* || *einreißen* || *demolieren* || *zertrümmern* || fig *zerstören* || fig *(um-)
stürzen* || **–lición** f *Niederreißen* n || *Abbruch* m ||
Zertrümmerung f || *Zerstörung* f *(& fig)* || **–es** pl
Abbruch, Schutt m, *Trümmer* pl
demonche(s) m fam = **demonio**
demo|níaco adj/s *teuflisch* || *dämonisch* || *besessen* || fam *teuflisch, boshaft* || *rasend* || **–nio** m
Teufel, böser Geist m || *Luzifer, Satan* m || *Dämon, Geist* m || ~ *de mujer Weibsteufel* m || ◊
estudiar con el ~ *mit allen Wassern gewaschen*

sein || *ir al quinto* ~ fam *zu weit gehen* || ¡*que se lo
lleve el* ~! *der Teufel soll ihn holen!* || *darse a
todos los* ~s figf *ganz wütend, rasend werden* ||
ser el mismísimo ~ *ein (rechter) Teufelskerl sein*
|| ¡~(**s**)! ¡*qué* ~! *zum Teufel! (Fluch)* || ◊ *saber
a* ~s fam *scheußlich schmecken* || ¿*a quién* ~
quieres molestar? fam *wen willst du zum Teufel
belästigen?* || →a **diablo** || **–nolatría** f *Dämonen-,
Teufels|verehrung* f || **–nología** f *Dämonologie* f ||
–nomancia f *Teufelsbeschwörung* f || **–nomanía** f
Teufelswahn m
demontre m fam *Teufel* m || ¡~! *zum Teufel!
Donnerwetter!*
demo|ra f *Aufschub, Verzug* m || *Ver|zögerung,
-spätung* f || ⟨Mar⟩ *Richtung* f || *Peilung* f || *sin* ~
unverzüglich || ◊ *no admitir* ~ *dringend sein* ||
k–n Aufschub vertragen || **–rar** vt *aufhalten, verzögern* || *auf-, ver|schieben* || ~ vi *sich aufhalten* ||
sich befinden || **–rarse** vr *sich aufhalten (lassen)* ||
–roso adj Chi *müßiggängerisch*
demoscopia f *Meinungsforschung, Demoskopie* f
demosofía f = *folklore*
Demóstenes m np *Demosthenes* m (& fig)
demos|trable adj *nachweisbar* || *beweisbar* || *erweislich* || **–tración** f *Beweis* m, *Beweisführung* f
|| *Nachweis* m || *Abbildung* f || *(Vor)Zeigen* n ||
Kundgebung, Äußerung f || *Bekundung* f || *Vorführung* f || *Darlegung* f || fig *(äußerer) Freundschaftsbeweis* m || ⟨Mil⟩ *Scheinmanöver* n ||
naval Flottenschau f || ~es *de cariño Zärtlichkeitsbezeugungen* fpl || **–trar** [-ue-] vt *(vor)zeigen*
|| *beweisen, darlegen, dartun* || *kundgeben, erweisen, bezeugen* || *erklären, erläutern* || *vorstellen, abbilden* || *vorführen* || *demonstrieren* || *veranschaulichen* || ◊ *lo que se trataba de* ~ *was
zu beweisen war* || **–trativo** adj *beweisend* || *anschaulich* || *demonstrativ* || ⟨Gr⟩ *hinweisend (Fürwort)*
demótico adj *demotisch*
dempués pop = **después**
demu|dación f *Verfärbung* f || *Entstellung* f ||
–dar vt *verändern (Farbe, Stimme usw)* || *entstellen* || *verfärben* || *verzerren* || ~se *sich verfärben* ||
fig *in Zorn geraten* || **–dado** adj *blaß*
demultiplicación f ⟨Tech⟩ *Untersetzung(sverhältnis* n *)* f
△**Den** m = **Don**
denante(s) adv prov = **antes**
denario m/adj *Denar* m *(Münze)* || *Silberling* m
(Judaslohn) || ~ adj *zur Zahl zehn gehörig*
dende prov pop = **desde**
den|drita f ⟨Biol Geol⟩ *Dendrit* m || **–drítico**
adj *dendritisch* || *verzweigt* || **–drómetro** m *Dendrometer* n *(zur Messung stehender Bäume)*
dene|gable adj *verneinbar* || *abstreitbar* || *absprechbar* || **–gación** f *Verweigerung* f || *(Ab)Leugnung* f || *Aberkennung* f || *Abstreiten* n || *Zurückweisung* f || ~ *de auxilio* ⟨Jur⟩ *unterlassene Hilfeleistung* f || *Hilfeverweigerung* f || ~ *de confianza
Mißtrauensvotum* n || **–gar** [-ie-, g/gu] vt/i *verweigern, abschlagen* || *(ab)leugnen* || *verneinen* ||
aberkennen (Staatsbürgerschaft) || ◊ ~ *la ciudadanía ausbürgern* || **–torio** adj *ablehnend* || *abschlägig*
denegrecer [-zc-] vt *schwärzen*
dengoso adj *sich zierend* || *geziert* || *zimperlich*
¹**dengue** m *Ziererei, Schöntuerei* f || *Zimperlichkeit* f || *(Frauen) Halsbinden* n *mit langen Zipfeln
Mantel* m *der Galicierinnen und Asturianerinnen* || ~s mpl *Ziererei* f || *Sperenzchen, Mätzchen*
npl || ◊ *hacer* ~s fam *sich zieren, sich anstellen*
²**dengue** m ⟨Med⟩ *(tropisches) Denguefieber* n
(Schlafsucht) || prov *Grippe* f
³**dengue** m Chi *Wunderblume* f *(Mirabilis
jalapa)*
⁴△ **dengue** m *Teufel* m
denguno m prov pop = **ninguno**

denier m ⟨Web⟩ *Denier* n *(frühere Feinheitsbezeichnung)*
deni|gración f *Anschwärzung, Verleumdung* f || *Herabsetzung* f || **–grante** adj/s *beschämend, herabwürdigend* || *herabsetzend* || *verleumdend* || **–grar** vt *(ver)lästern* || *herab|setzen, -ziehen* || *anschwärzen* || *verunglimpfen* || **–grativo** adj *ehrenrührig* || *herabsetzend*
denodado adj *unerschrocken, kühn, furchtlos* || *ungestüm*
denomina|ción f *Benennung* f, *Name* m || *Stückelung* f *(v. Wertpapieren)* || *Wertabschnitt* m || ~ *comercial Handelsname* m || ~ *de origen Herkunfts-, Ursprungs|bezeichnung* f || **–damente** adv *namentlich* || *deutlich* || *besonders* || **–dor** m/adj ⟨Math⟩ *Nenner* m || ◊ *reducir a (un) común* ~ *auf e-n gemeinsamen Nenner bringen* (& fig)
denomi|nar vt *(be)nennen* || *(namentlich) aufführen* || **–nativo** adj/s *bezeichnend* || ~ m ⟨Li⟩ *Denominativ(um)* n
denos|tador m/adj *Beschimpfer* m || *Schmäher* m || *Beleidiger* m || **–tar** [–ue–] vt *(be)schimpfen* || *schmähen* || *beleidigen*
deno|tación f *Bezeichnung* f || *Angabe* f || *Bedeutung* f || **–tar** vt *an-, be|deuten* || *äußern* || *bezeichnen* || *(an)zeigen* || *schließen lassen auf* acc || *hindeuten auf* acc || *kennzeichnen* || **–tativo** adj *denotativ*
denque prov pop = **desde que**
den|sidad f *Dichtheit, Dichtigkeit* f || ⟨Phys⟩ *Dichte* f || ~ *de población Bevölkerungsdichte* f || ~ *de tráfico Verkehrsdichte* f || ~ *de superficie* ⟨El⟩ *Flächendichte* f || ~ *en volumen Raumdichte* f || **–sificar** vt *verdichten (z. B. Holz)* || **–símetro** m *Densimeter, Aräometer* n, *Dichtemesser* m || **–sitómetro** m ⟨Phot⟩ *Densitometer* n || **–so** adj *dick, dicht* || *fett, dick (Flüssigkeit)* || *dichtgedrängt (Menge)* || ⟨Bgb⟩ *dicht, schwer* || fig *unklar, verwirrt* || **–sógrafo** m ⟨Phys⟩ *Densograph* m
denta|do adj/s *gezahnt* || *gezähnt, zackig* || *verzahnt* || ⟨Bot⟩ *gezackt (Blatt)* || *rueda* ~a *Zahnrad* n || ~ m ⟨Tech⟩ *(Ver)Zahnung* f || ~ *angular Pfeilverzahnung* f || **–dura** f *Gebiß* n || *Zahnreihe* f || ⟨Tech⟩ *(Ver)Zahnung* f || ~ *de leche Milch|gebiß* n, *-zähne* mpl || ~ *postiza falsches Gebiß* n, *Zahnersatz* m
¹**dental** adj *Zahn-, Dental-* || (letra) ~ ⟨Gr⟩ *Zahnlaut, Dental* m || *clínica* ~ *Zahnklinik* f
²**dental** m *Pflugsterz* m || *Dreschstein* m
den|talgia f ⟨Med⟩ *Zahnweh* n || **–talizar** vi ⟨Gr⟩ *dentalisieren* || **–tar** [–ie–] vt *verzahnen, mit Zähnen versehen|auszacken* || ~ vi *zahmen (Kinder)* || **–tario** adj = **dental** || *bulbo* ~ ⟨An⟩ *Zahnknollen* m || *práctica* ~a *Zahnpraxis* f || **–tecillo** m dim *v. diente*
dente|llada f *Biß* m *(mit den Zähnen)* || *Bißwunde* f || a ~s *mit den Zähnen* || ◊ *partir a* ~s *entzweibeißen* || *romper a* ~s *zerbeißen* || *comer a* ~s *gierig fressen* || *herir, morder a* ~s *beißen, durch e–n Biß verwunden* || **–llado** adj *gezahnt* || *zahnförmig* || *zackig* || *ausgezackt* || **–llar** vt *mit den Zähnen klappern* || ⟨Tech⟩ *zahnen, mit Zähnen versehen* || **–llear** vt/i *schnappend beißen* || s: **–lleo** || **–llón** m ⟨Tech⟩ *Zahn, Zacken* m *(am Schloß)* || ⟨Typ⟩ *Zahnschnitt* m || **–ra** f *Stumpf|werden, -sein* n *(der Zähne)* || figf *Begehren* n || figf *Neid* m, *Mißgunst* f || ◊ *le da* ~ fam *der Mund wässert ihm danach* || **–zuelo** m dim *v. diente*
denti|ción f *Zahnen* n, *Zahndurchbruch* m, *Dentition* f || ◊ *estar con la* ~ *die Zähne bekommen, zahnen (Kind)* || **–culación** f ⟨Bot⟩ *Verzahnung* f || **–culado** adj/s *gezähnt, gezackt* || ~ m *Verzahnung* f || **–cular** adj
denticulo m ⟨Arch⟩ *Zahnschnitt, Zahnfries* m || ~s mpl ⟨Zool⟩ *Zäckchen, Zähnchen, Dentikel* npl
dentiforme adj *zahnförmig*

dentífrico adj/s: *agua* ~a *Zahn-, Mund|wasser* n || *pasta* ~a *Zahn|pasta* f, *-krem* m/f || ~s mpl *Zahnpflegemittel* npl
dentina f *Dentin, Zahnbein* n || *Pan Gestank* m
dentirrostros mpl ⟨V⟩ *Zahnschnäbler* mpl
den|tista m/adj *Zahnarzt* m || ~ *americano Zahnkünstler* m || *médico* ~ *Zahnarzt* m || *técnico* ~ *Zahntechniker* m || ~ f *Zahnärztin* f || **–tón, ona** adj/s fam *großzahnig* || *iron zahnlos* || ~ m ⟨Fi⟩ *Zahnbrassen* m (Dentex dentex) || △ ~**es** mpl *Zange* f
dentrar [pop –ie–] vn Am pop = **entrar**
dentrera f Col *Dienstmädchen* n
dentrífico adj pop = **dentífrico**
¹**dentro** a) adv *darin, (dr)innen, inwendig* || a ~ = *adentro* || *por (de)* ~ *von innen, innerhalb* || *poner* ~ *(hin)ein|legen, -stecken* || ¡~ o *fuera! entweder–oder!* || *por* ~ *innerhalb* || *von innen(her)* || fig *salir de* ~ *von Herzen kommen*
²**dentro** b) ~ **de** prep *in* || *innerhalb, binnen* gen || *in* (temporal dat, lokal dat *bzw* acc) || ~ *de 5 minutos in 5 Minuten* || ~ *de 15 días binnen 14 Tagen* || ~ *de lo posible innerhalb der Möglichkeit, im Rahmen des Möglichen, möglichst*
³**dentro** m Chi *(Geld)Einnahme* f
dentrodera f Col *Dienstmädchen* n
dentudo adj *großzahnig* || ~ m ⟨Fi⟩ Cu *Heringshai* m (Isurus sp)
denudar vt ⟨Geol Biol⟩ *entblößen, bloßlegen* || ⟨Geol⟩ *abtragen* || *auswaschen (Erdreich)* || ⟨Med⟩ *bloß-, frei|legen* || ~**se** vr ⟨Bot⟩ *die Rinde verlieren* || *kahl werden*
denuedo m *Mut* m, *Tapferkeit, Kühnheit* f || *con* ~ *unerschrocken*
denuesto m *Schimpf* m, *-wort* n || *Schmähung* f || *Beleidigung* f
denun|cia f *Anzeige, Angabe* f || *Ankündigung* f || *(schriftliche) Anklage* f || ⟨Bgb⟩ *Mutung* f || *Denunziation* f || *Kündigung* f *(e–s völkerrechtlichen Vertrags)* || *Verrat* m, *Anschwärzung* f || *falsa falsche Anzeige* f || ~ *obligatoria Anzeigepflicht* f || ~ *pública Span öffentliche Steuererklärung* f || ~ *por falta de pago Klage* f *auf Zahlung* || **–ciable** adj *anzeigefähig* || **–ciación** f ⟨Jur⟩ *(strafrechtliche) Anzeige* f || **–ciador, –ciante** m ⟨Jur⟩ *Angeber, Ankläger* m || *Anzeigeerstatter* m || *Denunziant* m || ⟨Bgb⟩ *Muter* m || **–ciar** vt *an-, ver|kündigen, anzeigen* || *verraten* || *ankündigen, melden* || ⟨Jur⟩ *anzeigen, verklagen (por wegen* gen) || *denunzieren* || *kündigen (Vertrag)* || ⟨Bgb⟩ *muten* || ◊ ~ *ante el ministerio fiscal por* ⟨Jur⟩ *bei der Staatsanwaltschaft Anzeige erstatten wegen* gen || **–ciativo** adj *anzeigend* || **–cio** m ⟨Bgb⟩ *Mutung* f
Deo: ¡~ gracias! *Gott sei Dank!*
Deogracias m np Tfn *Deogratias* m
deontología f *Pflichtenlehre, Deontologie* f
dep. Abk = **departamento**
deparar vt *bescheren, verleihen, darbieten* || *vorlegen, (dar)bieten* || *bereiten, zuteilen* || ◊ *los bienes que le deparó la suerte die Güter, die ihm vom Schicksal zuteil wurden*
departamen|tal adj *Abteilungs-* || **–to** m *Bezirk, Verwaltungskreis* m || *(Verwaltungs)Fach* n, *Abteilung* f || *Fachbereich* m *(Universität)* || *(Ministerial)Abteilung* f || ⟨EB⟩ *Abteil* n || *Ausstellungsstand* m || ⟨Tech⟩ *Raum* m || Am *Wohnung* f, *Appartement* n || ~ *de equipajes* ⟨EB⟩ *Gepäckraum* m || ~ *de fumadores* ⟨EB⟩ *Raucherabteil* n || ~ *de ingeniería Konstruktionsbüro* n || *jefe de* ~ *Abteilungsleiter* m
departir vi *sprechen, fam plaudern (de, sobre, acerca de über* acc) || ~ *con los amigos sich mit den Freunden unterhalten*
depaupe|ración f *Verarmung* f || **–rar** vt *ins Elend bringen,* pop *auspowern* || ⟨Med⟩ *schwächen* || ~**se** vr *verelenden*
depen|dencia f *Abhängigkeit* f || *Unterordnung*

depender — deprimir 394

f || *Unterwürfigkeit* f || *Angelegenheit* f, *Geschäft* n || *Geschäftsraum* m || *Anhang* m || ⟨Com⟩ *die Angestellten* mpl || *Belegschaft* f || *Zweigbetrieb* m || *Nebengebäude*, *Gästehaus* n || ~ *mercantil Geschäfts-*, *Handels\personal* n || ~s *fpl Zubehör* n/m || *Nebenräume* mpl || –**der** vi *abhängig sein*, *abhängen* (de *von* dat) || *ankommen* (de *auf* acc) || ◊ ~ **del precio** *sich nach dem Preis richten* || **eso depende del gusto** *das ist Geschmackssache* || **eso depende de V.** *das steht in Ihrer Macht* || **das liegt an Ihnen** || ¡**eso depende!** *je nachdem!* || **es kommt darauf an!** || –**diente** adj/s *abhängig*, *untergeordnet* || ~ m *Untergebene(r)* m || *Beamte(r)* m || *Angestellte(r)* m || *(Handlungs)Gehilfe*, *Kommis* m || ~ **de banco** *Bankkaufmann* m || ~ **de comercio** *kaufmännischer Angestellter* m || *Handlungsgehilfe* m || *Verkäufer* m
depi\lación f *Enthaarung* f || ⟨Med⟩ *Haarausfall* m || –**lar** vt *enthaaren* || –**latorio** m/adj *Enthaarungsmittel* n
deplo\rable adj *bedauerlich*, *bejammernswert* || ~ m *jämmerlich*, *elend*, *erbärmlich* || –**rar** vt *beklagen* || *bejammern* || *bedauern* || ◊ **lo** –**ro** *vivamente ich bedauere es lebhaft*
depolariza\ción f *Depolarisation* f || –**nte**, –**dor** m *Depolarisator* m || –**r** vt ⟨Phys⟩ *die Polarisation aufheben*, *depolarisieren*
depoliti\zación f *Entpolitisierung* f || –**zar** vt *entpolitisieren*
depo\nente adj/s *aussagend* || ~ m ⟨Jur⟩ *Hinterleger*, *aussagender Zeuge*, *Aussagender* m || (verbo) ~ *Deponens* n *(Zeitwort)* || –**ner** [irr → **poner**] vt/i *ab*-, *hin*-, *nieder\legen*, *absetzen* || *loslassen*, *entfernen* || *(gerichtlich) aussagen*, *behaupten* || *deponieren*, *hinterlegen* || *bezeugen* || *s–s Amtes entheben*, *absetzen* || *ändern (Haltung)* || *ablassen von* dat || ⟨Mil⟩ *niederlegen (Waffen)* || *entleeren (Darm)* || **Guat Hond Mex** *(er)brechen* || ◊ ~ **su actitud** *sein Verhalten ändern* || ~ **de un cargo** *eines Amtes entsetzen* || ~ **en juicio** *(od* **ante el tribunal)** *vor Gericht aussagen*
depor\tación f *Verbannung*, *Deportation* f || *Verschickung* f || *Verschleppung* f || ~ **en masa** *Massenausweisung* f || ~ **forzosa**, ~ **violenta** *Zwangs\verschleppung*, *-umsiedlung* f || –**tado** *Verschleppter* m || *Deportierter* m || –**tar** vt *deportieren (Sträflinge)* || *ausweisen* || *verbannen* || *verschleppen* || *verschicken*
depor\te m *Sport* m || ~ *acuático* *Wasser*-, *Schwimm\sport* m || ~ *futbolístico* *Fußballsport* m || ~ *de invierno* *Wintersport* m || ~ *náutico Wassersport* m || *aficionado al* ~ *Sportliebhaber* m || ~**s** mpl *Sportarten* fpl || *equipo de* ~ *Sportausrüstung* f || ~ *de nieve* *Winter-*, *Schnee\sport* m || ◊ *cultivar (los)* ~ *Sport treiben* || –**tismo** m *Sportliebe* f || *Sportbegeisterung* f || *Sportbetrieb* m || –**tista** m/adj *Sportsmann*, *Sportler* m || *Sportfreund* m || –**tividad**, –**tivismo** *Sportlichkeit* f || –**tivo** adj *sportlich* || *Sport-* || *fam fair* || *club* ~ *Sportklub* m || *Sportverein* m || *sociedad* ~**a** *Sportverein* m || *sección* ~**a** *Sportrubrik* f *(Zeitung)* || *ejercicios* ~**-militares** *Geländesport* m
deposi\ción f *Nieder-*, *Ab\legen* n || *Amtsenthebung*, *Absetzung* f || *(Darm)Entleerung* f, *Stuhlgang* m || *(Patent)Anmeldung* f || *(gerichtliche) Aussage* f || ~ *testifical* *Zeugenaussage* f || –**tado** adj *hinter-*, *nieder\gelegt* || *mercancías* ~**as** *Waren* fpl *im Zollverschluß* || –**tador**, –**tante** m *Hinter-*, *Nieder\leger*, *Einzahler* m || *Deponent*, *Aussagende(r)* m || *Spareinleger* m || –**tar** vt/i *hinter*-, *ein*-, *er\legen*, *deponieren* || *aufbewahren* || *vorläufig beisetzen (Leiche)* || *auf Lager bringen*, *ins Depot legen*, *einlagern (Ware)* || *niederlegen* || *ab*-, *an\setzen* || *Bodensatz bilden* || ◊ ~ *confianza en alg.* *Vertrauen in jdn setzen* || ~ **en el banco** *bei der Bank hinterlegen* || ~ **en garantía** ⟨Com⟩ *lombardieren* || –**taría** f *Hinterlegungsstelle* f || *Verwahrer* m || ~ *judicial Sequester* m || ~**-paga-**

duría *öffentliche Kasse* f || –**tario** adj *Depots-* || ~ m *Verwahrer* m || *Vorsteher* m *e–r Depositenkasse* || ~ *de un secreto* *Geheimnisträger* m || ~ *judicial Sequester* m
depósito m *hinterlegtes Geld*, *Deposit(um)*, *Depot* n || *Hinter-*, *Er\legung* f || *Aufbewahrung* f || *Verwahrungsraum* m || *Lagerhaus* n, *Lagerung* f || *Lagerbestand* m || *Ablage* f *(v. Dokumenten)* || *Niederlage* f, *Lager* n || *Vorrat* m || *Behälter*, *Tresor* m || *Niederschlag*, *Bodensatz* m || ⟨Med⟩ *Ablagerung*, *Ansammlung* f *(von Eiter usw)* || *Magazin* n *(Schießwaffe)* || ⟨Mil⟩ *Ersatzbezirk* m || ⟨Geol⟩ *Aufschüttung* f || ⟨Phot⟩ *Magazin* n || ~ *de aguas Wasser\behälter*, *-speicher* m || ~ *de basuras Müllbunker* m || ~ *de cadáveres Leichenhaus* n || ~ *de carga Patronenlager* n *(Schießwaffe)* || ~ *de chatarra Schrott(ablade)platz* m || ~ *de equipajes* ⟨EB⟩ *Güterannahme* f || *Gepäckraum* m || *Gepäckaufbewahrung* f || *Gepäckabfertigung* f || ~ *elevado (de agua) Wasserturm* m || ~ *de locomotoras Lokomotivschuppen* m || ~ *en lista de correos postlagernd* || ~ *legal* ⟨Typ⟩ *Hinterlegung* f *e–s Pflichtstücks* || *alle Rechte vorbehalten* || ~ *municipal Stadtgefängnis* n || ~ *en puerto franco Freihafenlager* n || ~ *solidario Sammelverwahrung* f || *en* ~ *in Verwahr*, *in Depot* || ⟨Jur⟩ *im Sequester* || *certificado de* ~ *Lager(haus)schein* m || *constituir en* ~ *hinterlegen* || *guía de* ~ *Lagerschein* m || *libreta de* ~ *Einlagebüchlein* n || *queda hecho el depósito que marca la ley alle Rechte vorbehalten (auf Büchern)*
depra\vación f *Verderbtheit*, *Verdorbenheit*, *Sittenlosigkeit* f || *Zerrüttung* f || *Sittenverfall* m || –**vado** adj/s *verderbt* || *verkommen*, *verworfen* || *lasterhaft* || –**var** vt *verderben (moralisch)* || *zerrütten* || *verschlechtern*, *zerrütten (Gesundheit)* || –**varse** vr *verkommen*, *verderben*
depre\cación f *(inständige) Bitte*, *Fürbitte* f || *Abbitte* f || *Flehen* n || *Beschwörung* f *(in der Rede)* || ⟨Rel⟩ *Gebet* n || *Fürbitte* f || –**car** [c/qu] vt *inständig bitten (um)* || *auflehen* || *erbitten* || –**cativo** adj *abbittend* || *Bitt-* || *Gebets-*
depre\ciación f *Entwertung*, *Wertminderung* f || *Geldentwertung* f || *Abschreibung* f || *Sinken* n *der Preise* || ~ *monetaria Geldentwertung* f || *Valutaverschlechterung* f || ~ *por el uso Wertminderung* f *durch Abnutzung* || ◊ *hacer reservas para la* ~ ⟨Com⟩ *abschreiben (in der Bilanz)* || –**ciar** vt *entwerten*, *(im Wert od Preis) abwerten* || *herabsetzen (& vr)* || *países de moneda* –**ciada** *Länder mit weicher Währung* || –**ciarse** vr *entwertet werden*
depreda\ción f *Plünderung* f || *Erpressung* f || *Veruntreuung* f *im Amt* || *politische Ämtervergabe* f || –**dor** adj/s *erpresserisch* || *unehrlich* || *räuberisch* || ~ m *Plünderer* m || *Veruntreuer* m || *Erpresser* m || ⟨Zool⟩ *Raubtier* n || –**r** vt *plündern* || *erpressen* || *veruntreuen*
depre\sión f *Niederdrücken* n || *Niedergedrücktheit* f || *(Ab)Sinken* n || *Senkung*, *Vertiefung* f || ⟨Med⟩ *Depression* f || ⟨Meteor⟩ *Tief* n || ⟨Geol⟩ *Depression* f || *Mulde* f || ⟨Com⟩ *Konjunkturtief* n || ⟨Flugw⟩ *Sog* m || ⟨Tech⟩ *Unterdruck* m || *fig Demütigung* f || *fig Niedergeschlagenheit*, *Mutlosigkeit* f || ~ *económica Wirtschaftsdepression* f || ~ *del horizonte Kimmtiefe* f || ~ *del mercado* ⟨Com⟩ *Gedrücktheit* f *des Marktes* || ~ *del tono Bodensenkung* f || –**sivo** adj *bedrückend* || *demütigend* || ⟨Med⟩ *depressiv* || **maníaco-**~ adj ⟨Med⟩ *manisch-depressiv*
depri\mente adj *fig niedergedrückt* || *peinlich* || *drückend* || –**mido** adj *fig niedergeschlagen* || *gedrückt*, *deprimiert* || –**mir** vt *senken*, *eindrücken* || *(herunter)drücken* || *niederdrücken*, *deprimieren* || *schwächen* || *fig demütigen* || ~**se** vr *verringern*, *abnehmen (Volumen)* || *fig Depressionen bekommen*, *deprimiert werden*

deprisa adv *schnell*
de profundis *m* lat *(Bußpsalm) „De profundis"* n
depucelar vt *entjungfern*
depuesto adj pp/irr *v.* **deponer**
depu|ración *f*, **-ramiento** *m Reinigung, Läuterung* f ‖ ⟨Med⟩ *Blutreinigung* f ‖ ⟨Pol⟩ *Säuberung* f ‖ ⟨Pol⟩ *Überprüfung* f *(auf politische Vergangenheit)* ‖ fig *Klarstellung, Bereinigung* f ‖ **-rado** adj *gereinigt, geläutert* ‖ ⟨Tech⟩ *entgiftet* ‖ *estilo ~ rein, korrekt (Stil)* ‖ **-rador** *m Reiniger, Wäscher* m ‖ *~ de gas Gaswäscher* m ‖ **-radora** adj/s: *estación ~* ⟨Tech⟩ *Kläranlage* f ‖ *Umwälzanlage* f *(Schwimmbecken)* ‖ **-rar** vt ⟨Chem Med⟩ *reinigen, läutern* ‖ ⟨Pol⟩ *säubern* ‖ fig *klarstellen, bereinigen* ‖ ◊ *~ responsabilidades die Schuldigen, Verantwortlichen bloßstellen* ‖ **-tivo** adj/s *blutreinigend* ‖ *~ m Blutreinigungsmittel* n
depuse → **deponer**
deputar vt = **diputar**
deque adv fam *seitdem* (= **desde** que)
derby *m* engl *Derby* n
derecera *f gerader Weg* m
dere|cha *f (die) Rechte, rechte Hand* f ‖ *rechte Seite* f ‖ ⟨Pol⟩ *(die) Rechtsparteien* fpl ‖ ⟨Pol⟩ *(die) Rechte (Partei)* ‖ *a la ~ rechts, rechter Hand* ‖ *segundo derecha* (2⁰ der.) *zweiter Stock rechts (Wohnungsangabe)* ‖ *de ~ a izquierda von rechts nach links* ‖ ◊ *llevar la ~ auf der rechten Seite (der Straße) gehen* ‖ *mantener (od conservar od guardar)* la *~* ⟨StV⟩ *rechts fahren (bzw gehen)* ‖ *circulación por la ~* ⟨StV⟩ *Rechtsverkehr* m ‖ *a ~s gebührend* ‖ *gehörig, tüchtig* ‖ *wie es sich gehört* ‖ *no hacer nada a ~s* fam *alles verkehrt machen* ‖ ¡*~! ¡mar!* ⟨Mil⟩ *rechtsum!* ‖ *~s* fpl: *las ~* ⟨Pol⟩ *die Rechte* f, *die Rechtsparteien* fpl ‖ **-chamente** adj *geradeaus, stracks* ‖ fig *mit Überlegung* ‖ *rechtschaffen* ‖ **-chazo** *m Rechte* f *(Schlag beim Boxen)* ‖ **-chera** *f gerader Weg* m ‖ **-chero** adj *gerecht* ‖ *aufrichtig* ‖ *rechtschaffen* ‖ **-chista** adj/s *rechts|gesinnt, -orientiert* ‖ *Rechts-* ‖ *~ m Anhänger* m *e–r Rechtspartei*
¹**derecho** adj/adv *recht* ‖ *rechts gelegen* ‖ *gerade, aufrecht* ‖ *senkrecht* ‖ *gerecht, rechtschaffen* ‖ *gewissenhaft* ‖ *redlich* ‖ *vernünftig, gesund* ‖ *hecho y ~ von echtem Schrot und Korn* ‖ ◊ *ser el ojo ~ de* alg. figf *jds rechte Hand sein* ‖ *estar ~ stehen* ‖ *ponerse ~ aufstehen* ‖ ¡*~a! ¡ar!* ⟨Mil⟩ *rechtsum!* ‖ *a las ~as rechtschaffen, redlich* ‖ *a tuertas y a ~s* fig *gleich wie, auf jede Weise* ‖ *a tuertas o a ~s* fig *so oder so, recht oder unrecht* ‖ *no hacer cosa a ~* fam *nichts recht machen* ‖ *su nombre ~ sein richtiger Name* ‖ → **a derecha**
²**derecho** adv *gerade(zu)* ‖ *gerade(s) wegs, geradeaus* ‖ ◊ *vaya* V. *siempre ~ gehen Sie immer geradeaus*
³**derecho** *m rechte Seite* f *(eines Stoffes usw)*
⁴**derecho** *m Recht* n ‖ *Rechtlichkeit* f ‖ *Gerechtigkeit* f ‖ *Rechtsanspruch* m ‖ *Anrecht* n ‖ *Berechtigung* f ‖ *Recht* n *(auf* acc) ‖ *Vorrecht, Privileg* n ‖ *Steuer, Gerechtsame* f ‖ *Zoll* m ‖ *~ administrativo Verwaltungsrecht* n ‖ *~ aeronáutico, ~ aéreo Luft|recht, -fahrtrecht* ‖ *~ de aguas Wasserrecht* n ‖ *~ alienable veräußerliches Recht* n ‖ *~ de alzada Beschwerderecht* n ‖ *~ de apelación Berufungs|recht* n, *-berechtigung* f ‖ *~ de aprovechamiento de aguas Wassernutzungsrecht* n ‖ *~ arancelario Tarif-, Zoll|recht* n ‖ *~ de asociación Vereinigungsfreiheit* n ‖ *~ de autodecisión, ~ de autodeterminación Selbstbestimmungsrecht* n ‖ *~ de autor Urheber-, Autor|recht* n ‖ *~ de asilo Asylrecht* n ‖ *~ cambiario Wechselrecht* n ‖ *~ canónico* ⟨Kath⟩ *kanonisches Recht, Kirchenrecht* n ‖ *~ de circulación Verkehrsrecht* n ‖ *~ de ciudadanía Bürgerrecht* n ‖ *~ civil bürgerliches Recht, Zivilrecht* n ‖ *~ coactivo, ~ coercitivo zwingendes Recht* n ‖ *~ de comercio Handelsrecht* n ‖ *~ comercial marítimo Seehandelsrecht* n ‖ *~ comparado Rechtsvergleichung* f ‖ *~ común (all)gemeines Recht* n ‖ Span *gemeines Recht* n *(im Gegensatz zum Foralrecht)* ‖ *~ constitucional Verfassungsrecht* n ‖ *~ consuetudinario Gewohnheitsrecht* n ‖ *~ de consumo Verzehrungssteuer* f ‖ *~ contencioso-administrativo Verwaltungsprozeßrecht* n ‖ *~ contractual Vertragsrecht* n ‖ *~ de convenios (od pactos) colectivos Tarifrecht* n ‖ *~ de cosas, ~ real Sachenrecht* n ‖ *~ criminal Strafrecht* n ‖ *~ de disposición Verfügungsrecht* n ‖ *~ dominical, ~ de propiedad Eigentumsrecht* n ‖ *~ de explotación Nutzungsrecht* n ‖ ⟨Bgb⟩ *Abbau-, Förder|recht* n ‖ *~ de expropiación forzosa Enteignungsrecht* n ‖ *~ de extranjería, ~ de (los) extranjeros Fremdenrecht* n ‖ *~ de familia Familienrecht* n ‖ *~ feudal Lehensrecht* n ‖ *~ del más fuerte Faustrecht* n ‖ *~ fiscal Steuerrecht* n ‖ *~ foral Partikularrecht* n ‖ Span *Foralrecht* n ‖ *~ de gentes, ~ internacional público Völkerrecht* n ‖ *~ de goce Benutzungsrecht* n ‖ *~ al honor Recht* n *auf Ehre* ‖ *~ de huelga Streikrecht* n ‖ *~ internacional privado internationales Privatrecht, Zwischenprivatrecht* n ‖ *~ laboral, ~ del trabajo Arbeitsrecht* n ‖ *~ legislado, ~ escrito gesetztes Recht, Gesetzesrecht* n ‖ *~ de (od a la) legítima Pflichtteilsrecht* n ‖ *~ de legítima defensa Notwehr-, Selbstverteidigungs|recht* n ‖ *~ de libertad de conciencia y culto Gewissens- und Religionsfreiheit* f ‖ *~ marítimo Seerecht* n ‖ *~ matrimonial Eherecht* n ‖ *~ mercantil Handelsrecht* n ‖ *~ de minas Bergrecht* n ‖ *~ de monte, ~ forestal Forstrecht* n ‖ *~ natural Naturrecht* n ‖ *~ de opción Options-, Wahl|recht* n ‖ *~ de paso Durchgangsrecht* n ‖ *~ de pastos Weiderecht* n ‖ *~ de patente Patentrecht* n ‖ *~ penal Strafrecht* n ‖ *~ de pernada* ⟨Hist⟩ *Recht* n *der ersten Nacht,* lat *jus primae noctis* ‖ *~ de personas Personenrecht* n ‖ *~ político Staatsrecht, öffentliches Recht* n ‖ *Staats|wissenschaft, -rechts|lehre* f ‖ *~ portuario Hafenrecht* n ‖ *~ positivo positives Recht* n ‖ *~ postal Postrecht* n ‖ *~ preferente, ~ de prelación Vorzugsrecht* n ‖ *~ de prenda, ~ prendario Pfandrecht* n ‖ *~ de prensa (e imprenta) Presserecht* n ‖ *~ de presa(s) Beute-, Prisen|recht* n ‖ *~ de prioridad Vorzugs-, Vorkaufs|recht* n ‖ *~ privado Privatrecht* n ‖ *~ procesal Prozeßrecht* n ‖ *~ de propiedad Eigentumsrecht* n ‖ *~ público öffentliches Recht* n ‖ *~ de radiodifusión Funkrecht* n ‖ *~ de reproducción Vervielfältigungsrecht* n ‖ *~ de retracto Rückkaufsrecht* n ‖ *~ romano römisches Recht* n ‖ *~ sindical Gewerkschaftsrecht* n ‖ Span *Syndikatsrecht* n ‖ *~ sucesorio, ~ hereditario Erbrecht* n ‖ *~ al trabajo Recht* n *auf Arbeit* ‖ *~ de(l) trabajo Arbeitsrecht* n ‖ *~ a vacaciones Urlaubsanspruch* m ‖ *al ~, recht, gehörig* ‖ *abuso de ~ Rechtsmißbrauch* m ‖ *con ~ a berechtigt zu* ‖ *con pleno ~ mit vollem Recht, mit Fug und Recht* ‖ *vollberechtigt (Mitglied)* ‖ *conforme a ~* ⟨Jur⟩ *rechtmäßig, von Rechts wegen* ‖ *contrario a ~ rechtswidrig* ‖ *¿con qué ~? mit welchem Recht?, aus welchem Grund?* ‖ *por vías de ~ von Rechts wegen* ‖ *por ~ propio lebenslänglich (Würde)* ‖ ¡*no hay ~!* fam *das ist (doch) unerhört!* ‖ ◊ *adquirir un ~ ein Recht erwerben* ‖ *dar ~ a* alg. *jdm sein Recht werden lassen* ‖ *dar ~ a* alg. *a + inf jdn dazu berechtigen zu + inf* ‖ *dar ~ a quejas zu Klagen berechtigen* ‖ *desistir de (od abandonar) un ~ ein Recht aufgeben* ‖ *ejercer un ~ ein Recht ausüben* ‖ *estar en su ~ im Recht sein* ‖ *estimar ajustado a ~ für rechtmäßig halten* ‖ *excepción de ~ Rechtseinwendung* f ‖ *hacer valer su ~ sein Recht geltend machen, aufrechterhalten* ‖ *ignorancia del ~ Rechtsunkenntnis* f ‖ *justicia del ~ Berechtigung* f *des Anspruchs* ‖ *nacimiento de un ~ Rechtsentstehung* f ‖ *nulo de ~ rechts|ungültig, -unwirk-*

sam ‖ perder de su ~ *(um des Friedens willen) nachgeben* ‖ presunción de ~ *Rechtsvermutung* f ‖ reclamar un ~ *ein Recht beanspruchen, ein Recht geltend machen* ‖ renunciar a *(od* abandonar) un ~ *ein Recht aufgeben, auf ein Recht verzichten, abandonnieren* ‖ tener ~ a *Recht, Anspruch haben auf* (acc) ‖ titular del ~ *Rechtsinhaber, Anspruchsberechtigte(r)* m ‖ ~s *pl Gefälle* pl, *Abgaben* fpl ‖ *Gebühren* fpl ‖ *Steuer* f ‖ ⟨Lit⟩ *Autorenrechte* npl ‖ ⟨Th⟩ *Tantieme* f ‖ ~ de aduana *Zollgebühren* fpl, *Zoll* m ‖ ~ ad valorem [balo′ren] *Wertzölle* mpl ‖ ~ de almacén, ~ de almacenaje *Lager|gebühren* fpl, *-geld* n ‖ ~ de apartado (postal *od* de correos) *Post-, Schließ|-fachgebühren* fpl ‖ ~ civiles *bürgerliche Ehrenrechte* npl ‖ ~ de dársena *Dock|gebühren* fpl, *-geld* n ‖ ~ de examen *Prüfungsgebühren* fpl ‖ ~ diferenciales *Zuschlagszölle* mpl ‖ ~ de entrada, ~ de importación *Einfuhrzölle* mpl ‖ ~ de exportación, ~ de salida *Ausfuhrzoll* m ‖ ~ de garantía ⟨Com⟩ *Delkredere* n, *Bürgschaft(ssumme)* f ‖ ~ del hombre, ~ humanos *Menschenrechte* npl ‖ ~ de matrícula *Immatrikulationsgebühren* fpl ‖ ~ de muelle ⟨Mar⟩ *Kaigebühren* fpl ‖ ~ de navegación *Schiffahrtsabgaben* fpl ‖ ~ notariales *Notargebühren* fpl ‖ ~ pasivos *Pensionsberechtigung* f, *Ruhegehaltsanspruch* m ‖ ~ de propiedad ⟨Lit⟩ *Autorenrechte* npl ‖ *Tantiemen* fpl ‖ ~ protectores *Schutzzölle* mpl ‖ ~ de puerto *Hafengelder* npl ‖ ~ reales Span *Realsteuern* fpl ‖ ~ de remolque *Schlepplohn* m ‖ ~ de retorno *Rückzölle* mpl ‖ ~ de salida *Ausgangszoll* m ‖ ~ de sello *Stempelsteuer* f ‖ ~ de sucesión, ~ sucesorios *Erbschaftssteuer* f ‖ ~ de traducción reservados *Übersetzungsrecht vorbehalten* ‖ ~ de tránsito → **tránsito** ‖ libre *(od* exento) de ~ *gebühren-* (bzw *zoll)frei* ‖ sujeto a ~, que paga ~ *zollpflichtig* ‖ →a **tasa, impuesto, contribución**
  derechohabiente *m Rechtsinhaber, Berechtigte(r)* m
  derechura f *Geradheit* f ‖ *Richtigkeit* f ‖ *Geradlinigkeit* f ‖ en ~ *gerade(s)wegs, geradezu* ‖ *schnurstracks, unverweilt*
  deri|va *f* ⟨Mar⟩ *Seitenverschiebung* f ‖ ⟨Mar Luftw⟩ *Abtrift, Abdrift* f, *Abtrieb* m ‖ ◊ ir a la ~ *abtreiben* ‖ fig *sich treiben lassen* ‖ **-vable** adj *ableitbar* ‖ **-vación** *f Ableitung* f ‖ *Ab-, Hin|leitung* f *(des Wassers)* ‖ *Ableit-, Zweig|rohr* n ‖ *Herkunft* f ‖ *Abstammung* f ‖ ⟨El⟩ *Shunt, Nebenschluß* m ‖ *Stromverlust* m ‖ ~ a tierra ⟨El⟩ *Erdung, Erdverbindung* f ‖ **-vada** *f* ⟨Math⟩ *Differentialquotient* m ‖ **-vado** adj/s *abgeleitet* ‖ *abgezweigt* ‖ *verzweigt* ‖ ~ m ⟨Gr⟩ *abgeleitetes Wort* n ‖ ⟨Tech⟩ *Nebenprodukt* n ‖ ⟨Chem⟩ *Abkömmling* m, *Derivat* n ‖ **-var** vt *ab-, her|leiten* (de *von* dat) ‖ *ableiten (Wasser, Blut)* ‖ ⟨El⟩ *abzweigen* ‖ ⟨StV⟩ *umleiten* ‖ vi *hervorgehen* (de *aus* dat) ‖ ⟨Mar⟩ *treiben, dem Strome folgen* ‖ *abstammen* ‖ **~se** *abstammen, herrühren, sich ableiten* (de *von*) ‖ **-vativo** m/adj ⟨Gr⟩ *abgeleitetes Wort* n ‖ ⟨Med⟩ *ableitendes Mittel* n ‖ ~ adj *ableitend, Ableitungs-* ‖ **-vo** *m Herkunft* f, *Ursprung* m ‖ **-vógrafo** *m Kursmesser* m ‖ **-vómetro** *m Abtriftmesser* m
  dermápteros mpl ⟨Entom⟩ *Ohrwürmer* mpl (Dermaptera)
  derma|titis *f* ⟨Med⟩ *Hautentzündung, Dermatitis* f ‖ **-toesqueleto, dermosqueleto** *m* ⟨Zool⟩ *Dermoskelett* n ‖ **-tología** *f Dermatologie, Lehre* f *von den Hautkrankheiten* ‖ **-tológico** adj *dermatologisch* ‖ **-tólogo** *m Dermatologe* m ‖ **-tomicosis** *f Hautpilzkrankheit, Dermatomykose* f ‖ **-tosis** *f Haut|leiden* n, *-krankheit*, *Dermatose* f ‖ **-tozoo** *m Hautschmarotzer* m *(Tier)*
  der|méstidos mpl ⟨Entom⟩ *Speckkäfer* mpl (Dermestidae) ‖ **-mesto** *m Speckkäfer, Dermest* m (Dermestes lardarius)

dérmico adj ⟨An⟩ *Haut-*
  der|mis *f* ⟨An⟩ *(Leder)Haut* f ‖ **-mitis** *f* = **dermatitis** ‖ **-moideo** adj ⟨An⟩ *hautartig*
  derm|ópteros mpl ⟨Zool⟩ *Riesengleitflieger* mpl (Dermoptera) ‖ **-orreacción** *f Hautprobe* f
  dero|gable adj *abschaffbar* ‖ *aufhebbar* ‖ **-gación** *f Abschaffung* f ‖ *Aufhebung* f ‖ *Abänderung* f ‖ *Außerkraftsetzung, Derogation* f ‖ **-gar** [g/gu] vt *abschaffen, aufheben (Gesetze usw)* ‖ *widerrufen* ‖ *außer Kraft setzen* ‖ *beeinträchtigen* ‖ **-gativo, -gatorio** adj ⟨Jur⟩ *aufhebend* ‖ *außer Kraft setzend* ‖ *derogativ, derogatorisch* ‖ *schmälernd* ‖ *Aufhebungs-*
  derra|ma *f Umlage* f *(Geld, Steuer)* ‖ *außerordentliche Abgabe* f ‖ *Steuerveranlagung* f ‖ **-madamente** adv *verschwenderisch* ‖ *reichlich(st)* ‖ **-madero** *m Überlauf* m ‖ *Überfallwehr* n ‖ **-mado** adj fig *verschwenderisch* ‖ fig *ausschweifend* ‖ **-mador** *m Verschwender* m ‖ **-mamiento** *m Ver-, Aus|gießen* n ‖ *Überlaufen* n ‖ fig *Verschwendung* f ‖ ~ de sangre *Blutvergießen* n
  derra|mar vt *aus-, (ver)gießen, (ver)schütten* ‖ *wegschütten* ‖ *nach Köpfen verteilen (Steuern)* ‖ *ausstreuen (Samen)* ‖ *verschwenden* ‖ fig *verbreiten (Nachricht)* ‖ fig *verschwenden* ‖ fig *(verschwenderisch) austeilen* ‖ ◊ ~ lágrimas, sangre *Tränen, Blut vergießen* ‖ ~ luz sobre a. fig *et aufklären* ‖ **~se** vr *sich zerstreuen* ‖ *auseinander|-jagen, -stieben* ‖ *sich ergießen, münden* (en *in* dat) ‖ *austreten (Fluß)* ‖ *sich ergießen (Strom)* ‖ ⟨Com⟩ *leck sein, lecken* ‖ *sich verbreiten (Nachricht)* ‖ fig *seinem Herzen Luft machen* ‖ fig *in Saus u. Braus leben* ‖ ◊ ~ al *(od* por el) suelo *auf den Boden laufen, auslaufen (Flüssigkeit)* ‖ **-masolaces, -maplaceres** *m Friedensstörer, Störenfried* m ‖ *Spielverderber* m ‖ **-me** *m Auslaufen* n *(einer Flüssigkeit)* ‖ *Erguß* m ‖ *Ausguß* m ‖ ⟨Com⟩ *Leckage* f ‖ *Überlauf* m *(beim Messen)* ‖ fig *Verschwendung* f ‖ *(Fenster-, Tür-)Laibung* f ‖ Am *Überschwemmung* f ‖ ~ cerebral *Gehirnschlag* m ‖ ~ de sangre, ~ sanguíneo ⟨Med⟩ *Blut|erguß, -sturz, -verlust* m ‖ ~ seminal *Samenerguß* m ‖ **-mo** *m* ⟨Arch⟩ *(Fenster-, Tür-)Laibung* f
  derra|par vi gall ⟨Aut⟩ *schleudern* ‖ **-pe** m gall ⟨Aut⟩ *Schleudern* n
  derredor *m (& pl) Umkreis* m ‖ al ~, en ~ *rundum, ringsherum*
  derrelicto *m derelinquierter Gegenstand* m *(auf See)* ‖ *Wrack* n
  derren|gado adj *lendenlahm* ‖ *schief, krumm* ‖ figf *zerschlagen* ‖ **-gadura** *f (Hüft)Verrenkung* f ‖ **-gar** [g/gu] vt *(Obst) abschlagen* ‖ *aus-, ver|renken* ‖ *verrenken (Hüfte, Kreuz)* ‖ **~se** *sich krümmen* ‖ fig *sich abarbeiten, sich abplacken*
  derreniego *m* fam *Fluch* m
  derre|tido adj/s *geschmolzen* ‖ ~ *m Beton* m ‖ **-timiento** *m Schmelzen* n ‖ *Zergehen* n ‖ *Auftauen* n ‖ fig *Inbrunst* f, *Dahinschmelzen* n ‖ fig *heftige Liebe* f ‖ **-tir** [-i-] vt *schmelzen* ‖ *zergehen lassen* ‖ *auftauen* ‖ fig *durchbringen, vergeuden* ‖ **~se** *(zer)schmelzen* ‖ figf *vor Ungeduld, Liebe usw vergehen* ‖ ◊ la nieve se derrite *der Schnee taut* ‖ me derrito de calor *ich vergehe vor Hitze*
  derri|bado adj *kraftlos, entkräftet* ‖ *erledigt* ‖ *unterbaut (Hinterhand der Pferde)* ‖ *welk, schlaff (Frauenbrust)* ‖ **-bador** *m (Vieh)Schlächter* m ‖ **-bar** vt *ein-, nieder|reißen, ab|bauen, -brechen (Gebäude)* ‖ *um-, herab|werfen* ‖ *umstürzen* ‖ *zu Boden werfen* ‖ *umkippen* ‖ *niederschlagen* ‖ *fällen (Bäume)* ‖ *niederzwingen (Stier mit dem Spieß)* ‖ *abwerfen (das Pferd den Reiter)* ‖ *um-, ab|hauen* ‖ *sprengen, einschlagen (Tür)* ‖ fig *zugrunde richten* ‖ fig *entkräften (Krankheit)* ‖ fig *zerstören* ‖ *demütigen* ‖ *stürzen (Regierung, Regime usw)* ‖ fig *bezwingen (z. B. schlechte Triebe)* ‖ ◊ ~ a cañonazos *zusammenschießen* ‖ ~ en *(od* por) tierra *zu Boden stürzen* ‖ **-barse** vr *stürzen* (vi) ‖ *sich fallen lassen* ‖ **-bo** *m Abbruch*

m *(e-s Gebäudes)* ‖ *Abbruchstelle* f ‖ *Niederreißen* n ‖ ⟨Flugw⟩ *Abschuß* m ‖ ∼s *(de obras) Bauschutt* m
derrick *m* engl ⟨Tech⟩ *Bohrturm* m
derrite → **derretir**
derro|**cadero** *m steiler Absturz, Felshang* m ‖ **–camiento** *m Herabstürzen* n ‖ *Absturz* m ‖ fig *Zerstörung* f ‖ *Sturz* m ‖ **–car** [c/qu] vt *herabstürzen (von e–m Felsen)* ‖ fig *niederreißen (Gebäude)* ‖ fig *zunichte machen, zerstören* ‖ ⟨Pol⟩ *stürzen* ‖ ∼**se** vr *stürzen* (en *od* por *in* acc), *herabstürzen*
derro|**chador** *m*/adj *Verschwender* m ‖ **–char** vt *ver*|*schwenden, -prassen, -geuden, durchbringen (Vermögen)* ‖ **–che** *m Ver*|*schwendung, -geudung* f ‖ *Überfluß* m, *Menge* f ‖ *Verschleudern* n *(v. Waren)* ‖ ◊ *vender al* ∼ *mit Verlust verkaufen* ‖ **–chón** adj/s *verschwenderisch* ‖ ∼ *m Verschwender* m
derro|**ta** *f Weg, Pfad* m ‖ ⟨Flugw Mar⟩ *Fahrtrichtung* f ‖ *Kurs* m ‖ *Niederlage* f ‖ *Zusammenbruch* m ‖ *Schlappe* f ‖ *cabina (od* caseta*) de* ∼ *Navigationsraum* m ‖ *oficial de* ∼ *Navigationsoffizier* m ‖ ◊ *sufrir una* ∼ ⟨Mil⟩ *e–e Niederlage erleiden, geschlagen werden* ‖ **–tado** adj fam *zerlumpt, lumpig* ‖ *erbärmlich* ‖ **–tar** vt *ver*|*geuden, -prassen* ‖ *ruinieren, zerstören, zugrunde richten* ‖ ⟨Mil⟩ *niederwerfen, zersprengen, schlagen (den Feind)* ‖ ⟨Mar⟩ *vom Kurs abbringen* ‖ **–tero** *m* ⟨Mar⟩ *Fahrt-, Wind*|*strich, Kurs* m ‖ fig *Weg* m ‖ *Segelhandbuch* n ‖ ◊ *tomar otro* ∼ fig *e–n anderen Weg einschlagen* ‖ **–tismo** *m Miesmacherei* f ‖ *Defätismus* m ‖ *Wehrkraftzersetzung* f ‖ **–tista** adj/s *defätistisch* ‖ ∼ *m Defätist* m ‖ *Miesmacher* m ‖ *Wehrkraftzersetzer* m
derru|**biar** vt ⟨Geol⟩ *Gestein (od Erdreich od Ufer) auswaschen, wegspülen* ‖ **–bio** *m Auswaschung* f ‖ *Unterspülung* f ‖ *Felsbrocken* m
derruir [-uy-] vt *ab-, nieder*|*reißen (Gebäude)* ‖ fig *unterwühlen* ‖ fig *zerstören*
derrum|**badero** *m Absturz* m ‖ *Felskluft* f ‖ *Abgrund* m ‖ fig *(große) Gefahr* f ‖ **–bamiento** *m (Ein)Sturz* m *(durch Senkung)* ‖ *Erdrutsch* m ‖ ⟨Tech⟩ *Zusammenbruch* m ‖ fig *Zusammenbruch* m ‖ **–bar** vt *herabstürzen* ‖ ∼**se** vr *(herab)stürzen* ‖ *zusammen*|*brechen, -fallen* ‖ ⟨Bgb⟩ *zu Bruch gehen* ‖ **–be, –bo** *m Absturz, jäher Abgrund* m ‖ ⟨Bgb⟩ *Grubeneinsturz* m ‖ *Am Abschuß* m
derviche *m Derwisch* m *(mohammedanischer Bettelmönch)*
des– → **a dis–** *und die entsprechenden Grundverben*
desabollar vt ⟨Tech⟩ *ausbeulen*
desaborido adj/s *geschmacklos* ‖ *gehaltlos* ‖ figf *gleichgültig* ‖ *langweilig* ‖ *fade* ‖ *doof* ‖ *rauh (Wetter)* ‖ ◊ *estar* ∼ *con* alg. *jdm grollen*
desaboto|**nador** *m Aufknöpfhaken* m ‖ **–nar** vt *aufknöpfen* ‖ ∼ vi ⟨Bot⟩ *aufbrechen (Blüten)*
desabrido adj *geschmacklos* ‖ *fade* ‖ *abgestanden* ‖ *mürrisch* ‖ *barsch, rauh* ‖ → a **desaborido**
desabri|**gado** adj fig *hilf-, schutz*|*los* ‖ *ungeschützt* ‖ **–gar** [g/gu] vt *entblößen* ‖ *hilflos lassen* ‖ ⟨Mar⟩ *abtakeln* ‖ ∼**se** *den Mantel ablegen* ‖ *sich bloßdecken (z. B. beim Schlafen)* ‖ *sich leichter (*bzw *sommerlich) kleiden* ‖ **–go** *m Entblößung* f ‖ *Schutzlosigkeit* f ‖ *Verlassenheit* f
desa|**brimiento** *m Geschmacklosigkeit* f ‖ *Fadheit* f ‖ fig *Erbitterung* f ‖ *Unfreundlichkeit* f ‖ fig *mürrisches Betragen* n ‖ fig *Groll* m ‖ fig *Verdruß* m ‖ **–brirse** vr *ärgerlich werden* ‖ *sich verfeinden (*con *mit)*
desabro|**chamiento** s v. **–char(se)** ‖ **–char** vt *aufknöpfen* ‖ *auf*|*haken, -schnüren* ‖ *auf-, los*|*schnallen* ‖ fig *auftun*
desaca|**tado** adj *unehrerbietig* ‖ **–tamiento** = **–to** ‖ **–tar** vt *unehrerbietig behandeln* ‖ *desavouieren, in Abrede stellen* ‖ *nicht achten* ‖ *miß-*

achten (Gesetze) ‖ *(Vorgesetzte) beleidigen* ‖ **–to** *m Unehrerbietigkeit* f ‖ *Desaveu* n, *Ableugnung* f ‖ *Nicht-, Miß*|*achtung* f ‖ *Ungebühr* f *Vorgesetzten gegenüber* ‖ *Beamtenbeleidigung* f ‖ *Schändung* f *geweihter Gegenstände*
desaceitar vt *entölen* ‖ *Öl abscheiden*
desaceleración *f Verlangsamung* f ‖ *Abschwächung* f ‖ ∼ *coyuntural* ⟨Com⟩ *konjunkturelle Verlangsamung* f, *Konjunkturrückgang* m
desacer|**tado** adj *falsch, verfehlt* ‖ *irrig* ‖ fig *ungeschickt* ‖ **–tar** [-ie-] vi *(sich) irren* ‖ *fehlgreifen*
desacierto *m Miß-, Fehl*|*griff* m ‖ *Irrtum* m ‖ ⟨Psychol⟩ *Fehlhandlung* f ‖ fig *Ungeschicklichkeit* f
desacomple|**jado** adj fam *frei von Komplexen* ‖ **–jarse** vr fam *Komplexe verlieren*
desaconseja|**ble** adj *nicht ratsam* ‖ **–do** adj fig *unbesonnen* ‖ **–r** vt *abraten (* a. a algn. *jdm* v. *et* dat*)*
desacoplar vt ⟨Tech⟩ *loskoppeln, entkuppeln* ‖ *abschalten* ‖ ⟨EB⟩ *abkuppeln*
desacor|**dado** adj *nicht (zueinander) passend* ‖ *unharmonisch* ‖ *uneinig* ‖ *vergeßlich* ‖ **–dar** vt ⟨Mus⟩ *verstimmen* ‖ fig *entzweien* ‖ vi ⟨Mus⟩ *verstimmt sein (Instrument)* ‖ *falsch singen (od* spielen*)* ‖ ∼**se** vr *uneins werden* ‖ *vergessen* ‖ **–de** adj *nicht (zueinander) passend* ‖ *uneinig* ‖ ⟨Mus⟩ *disharmonisch*
desacostum|**brado** adj *ungewöhnlich, ungewohnt* ‖ **–brar** vt *entwöhnen* ‖ ∼**se** *sich abgewöhnen*
desa|**creditado** adj *anrüchig, übel beleumdet, verrufen* ‖ **–creditar** vt *verrufen, den Ruf schädigen, in Verruf bringen* ‖ ∼**se** vr *in Verruf kommen* ‖ **–ctivar** vt ⟨Chem⟩ *ent-, des*|*aktivieren* ‖ ⟨Mil⟩ *entschärfen (Zünder)* ‖ **–cuerdo** *m Vergessenheit* f, *Vergessen* n ‖ *Bewußtlosigkeit* f ‖ *Meinungsverschiedenheit* f ‖ *Unstimmigkeit* f ‖ *Mißgriff, Irrtum* m ‖ ◊ *estar en* ∼ *nicht übereinkommen (*con *mit)*
desafec|**ción** *f Abneigung, Unliebe* f ‖ **–tación** *f Entwidmung* f ‖ **–tar** vt *s–r Bestimmung entziehen, entwidmen* ‖ **–to** adj *abgeneigt* ‖ *widrig* ‖ *abspenstig* ‖ ∼ *m Abneigung* f
desa|**fiador** *m Herausforderer* m ‖ **–fiar** [pres -io] vt/i *herausfordern* ‖ *Trotz bieten, trotzen* (dat) ‖ *die Stirn bieten* (dat) ‖ ◊ *toda competencia* ⟨Com⟩ *jeder Konkurrenz die Spitze bieten*
desafición *f Abneigung* f
desafi|**nación** f ⟨Mus⟩ *Verstimmung* f ‖ ◊ *cantar con* ∼ *falsch singen* ‖ **–nado** adj *verstimmt* ‖ *unrein* ‖ **–nar** vi *falsch spielen, singen* ‖ *verstimmt sein* ‖ fig *aus der Rolle fallen* ‖ ∼**se** ⟨Mus⟩ *verstimmt werden*
desafío *m Herausforderung* f ‖ *Wettstreit* m ‖ *Duell* n
desafo|**rado** adj/s *widerrechtlich* ‖ *ungeheuer* ‖ *wütend,* fam *rabiat* ‖ *gewalttätig* ‖ fig *gewaltig* ‖ **–rar** vt *gesetzwidrig handeln* ‖ ∼**se** vr *wüten, ausfallend werden* ‖ *in Harnisch geraten*
desa|**fortunado** adj *unglücklich* ‖ **–fuero** *m rechtswidrige Handlung* f ‖ *Entziehung* f *des Foralrechtes* ‖ *Frevel* m ‖ *Gewalttat* f ‖ *Ungebühr (-lichkeit)* f
desagra|**ciado** adj *ohne Anmut* ‖ *anmutlos* ‖ *unansehnlich* ‖ *widrig* ‖ **–dable** adj *unangenehm, mißfällig* ‖ *verdrießlich, peinlich* ‖ *ungemütlich* ‖ ∼ *para* ∼ *gusto widerwärtig schmeckend* ‖ ∼ *con,* para (con) *las gentes barsch* ‖ adv: **–mente** ‖ **–dar** vi *mißfallen* (dat) ‖ **–decer** vt *undankbar sein (für* acc*)* ‖ **–decido** adj/s *undankbar* ‖ ◊ *a* ∼ *m Undankbare(r)* m ‖ ∼ *al beneficio für die erwiesene Wohltat undankbar* ‖ ◊ *de* ∼**s** *está el infierno lleno die Hölle ist voll von Undankbaren* ‖ **–decimiento** *m Undank(barkeit)* f ‖ *m* → a **ingratitud** ‖ **–do** *m Unannehmlichkeit* f ‖ *Widerwille* m ‖ *Unzufriedenheit* f ‖ *gesto de* ∼ *mißbilligende Miene* f ‖ *con* ∼ *ungern*

desagra|viar vt *wiedergutmachen (Beleidigung, Unrecht)* ‖ *entschädigen* ‖ *versöhnen* ‖ *jdm Genugtuung geben* ‖ **~se** vr *sich schadlos halten* (de *an* dat) ‖ **–vio** m *Entschädigung, Genugtuung* f ‖ *Sühne* f ‖ *Wiedergutmachung* f
desagre|gación f *Auflösung* f ‖ *Zersetzung* f ‖ *Entmischung* f ‖ **~** *por el aire Verwitterung* f ‖ **–gar** vt *zersetzen, auflösen* ‖ *trennen* ‖ *entmischen* ‖ ⟨Chem⟩ *aufschließen* ‖ **~se** vr *sich zersetzen* ‖ *zerfallen* ‖ *verwittern*
desa|guadero m *Ableitungs-, Abzugs|rinne* f ‖ *Abzugsweg* m ‖ *Entwässerungsrohr* n ‖ **–guador** m *Entwässerungsgraben* m ‖ *Abflußrinne* f ‖ **–guar** [gu/gü] vt *ent-, ab|wässern* ‖ *austrocknen* ‖ *trockenlegen* ‖ ⟨Med Agr⟩ *dränieren* ‖ *aus|-leeren, -pumpen* ‖ *sich ergießen, -geuden* ‖ **~** vi *weg-, ab|fließen* ‖ *sich ergießen, einmünden* (en in) ‖ **~se** *weg-, ab|fließen* ‖ **–güe** m *(künstliche) Entwässerung* f ‖ *Abfluß* m ‖ *Abwasserleitung* f ‖ *Ausfluß* m, *Mündung* f ‖ ⟨Med⟩ *Dränage, Drainage* f ‖ ⟨Bgb⟩ *Wasserhaltung* f ‖ **~** *de avenida, ~ de inundación Hochwasserabfluß* m ‖ *Hochwasserbecken* n ‖ *Überflutungsgelände* n ‖ **~** *de terraza, ~ de azotea Dachentwässerung* f
desaguisado adj/s *unvernünftig, vernunftwidrig* ‖ *ungerecht* ‖ *unrecht* ‖ **~** *m Unrecht* n, *Frevel-tat* f ‖ *Unsinn* m ‖ *Durcheinander* n ‖ fig ¡vaya **~**! *das ist ja e–e schöne Bescherung!*
desaho|gadamente adv *frei, ungeniert* ‖ *behaglich, bequem* ‖ **–gado** adj/s *geräumig, weit, breit* ‖ fig *frech* ‖ *ausschweifend* ‖ *behaglich, bequem* ‖ *schuldenfrei* ‖ *wohlhabend* ‖ *ungeniert* ‖ *zwanglos* ‖ ◊ *estar (od vivir)* **~** *behaglich leben* ‖ *es un* **~** *es ist ein frecher, dreister Mensch* ‖ **–gar** [g/gu] vt *(jdn) aus e–r Bedrängnis befreien* ‖ *(jdm) Linderung verschaffen* ‖ **~se** *sich erholen* (de *von* dat) ‖ *sich aussprechen*, fam *auspacken* ‖ ◊ **~** con alg. *jdm sein Herz aufschließen* ‖ **~** *de su dolor seinem Schmerz Luft machen* ‖ **~** *en cólera seine Wut auslassen* (con *an* dat) ‖ **–go** m *Erleichterung, Linderung* f ‖ *Erholung, Zerstreuung* f ‖ *Zwanglosigkeit* f ‖ *Ungeniertheit* f ‖ *Dreistigkeit* f ‖ *Unverschämtheit* f ‖ *Wohlhabenheit* f ‖ *Geräumigkeit* f ‖ ⟨Tech⟩ *Entweichen* n ‖ con **~** *ungeniert* ‖ ◊ *vivir con* **~** figf *ein gutes Auskommen haben*
desahu|ciado adj/s *(von den Ärzten) aufgegeben, hoffnungslos (Kranker)* ‖ **–ciar** vt *(e–n Mieter) mit Gewalt zum Ausziehen bringen*, fam *an die Luft setzen* ‖ *zwangsweise räumen* ‖ *Räumungsklage erheben* ‖ *ärztlich aufgeben* ‖ **–cio** m *zwangsmäßige Ausmietung* f ‖ *Zwangsräumung* f ‖ *Kündigung, Entlassung* f ‖ *acción (bzw demanda) de* **~** ⟨Jur⟩ *Räumungsklage* f ‖ **~** *en precario Räumungsprozeß* m *wegen unberechtigten Besitzes*
desainar vt *entfetten*
desai|rado adj *ohne Anmut* ‖ *linkisch* ‖ *schlecht sitzend (Bekleidung)* ‖ **–rar** vt *herab-, hintan|-setzen* ‖ *vereiteln* ‖ *zurück-, ab|weisen* ‖ *kränken* ‖ *bloßstellen* ‖ **–re** m *Geringschätzung* f ‖ *Herab-, Zurück|se|zung* f ‖ *Unannehmlichkeit* f ‖ *Kränkung* f ‖ *Unhöflichkeit* f ‖ ◊ *dar un* **~** *a alg. jdn zurückweisen* ‖ *jdn kränken* ‖ *considerar (como un)* **~**, fam *tomar a* **~** *übelnehmen* ‖ ¡qué **~**! *wie unangenehm!*
desaislar vt ⟨Tech⟩ *abisolieren* ‖ **~se** vr *fig sich aus der Isolierung lösen*
desajus|tar vt *in Unordnung bringen* ‖ ⟨Tech⟩ *verstellen (Maschine)* ‖ **~se** vr *v. e–r Vereinbarung Abstand nehmen* ‖ **–te** m *Unordnung* f ‖ *Verzerrung* f ‖ *Verwirrung* f ‖ *Fehleinstellung* f *(Maschine)*
desalado adj *eilig, eifrig, gierig*
desalar vt *entsalzen* ‖ *(aus)wässern (Stockfisch)* ‖ *die Flügel stutzen* (dat) ‖ **~se** fig *heiße Sehnsucht fühlen* (por *nach* dat) ‖ fig *sich sehr beeilen*

desalazón f *Entsalzen* n, *Entsalzung* f
desalen|tado adj *atemlos* ‖ fig *kleinmütig, mutlos* ‖ **–tar** vt *entmutigen* ‖ **~se** vr *den Mut verlieren*
desaliento m *Mutlosigkeit* f, *Kleinmut* m ‖ *Niedergeschlagenheit* f ‖ con **~** *mutlos, kleinmütig*
desali|ñado adj *schmucklos* ‖ *liederlich* ‖ *nachlässig, schlampig* ‖ *verwahrlost* ‖ *zerzaust (Haar)* ‖ adv: **~amente** ‖ **–ño** m *Nachlässigkeit, Liederlichkeit* f ‖ *Unreinlichkeit* f ‖ *Verwahrlosung* f ‖ fam *Schlamperei* f ‖ **~** *artístico* fam *geniale Liederlichkeit* f
desalmado adj/s *gott-, gewissen-, ruch|los* ‖ *herzlos* ‖ *grausam* ‖ **~** m *Bösewicht, Schurke* m
desalo|j(amient)o m *Vertreibung* f *aus e–m Wohnsitz, e–r Stellung* f ‖ *Räumung* f ‖ ⟨Mil⟩ *Aufgabe* f *(e–r Stellung)* ‖ *Auszug* m ‖ **–jar** vt *aus-, ver|treiben* ‖ fig *verdrängen* ‖ *räumen (Wohnung)* ‖ ⟨Mil⟩ *zur Räumung zwingen* ‖ **~** *vi die Wohnung verlassen, ausziehen* ‖ ⟨Mil⟩ *die Stellung räumen* ‖ *ausquartieren* ‖ *mandamiento de* **~** ⟨Jur⟩ *Räumungsbefehl* m
desalqui|lado adj *frei, leerstehend, unvermietet (Wohnung)* ‖ **–lar** vt *aufgeben (Mietwohnung)* ‖ *räumen lassen (Mietwohnung)* ‖ **~se** vr *frei werden (Mietwohnung)*
desalquitranar vt *entpichen, entteeren*
desalterar vt *besänftigen, beruhigen*
desama|ble adj *unliebenswürdig* ‖ **–do** adj *ungeliebt*
desama|rar vi ⟨Flugw Mar⟩ *abwassern* ‖ ⟨Flugw⟩ *starten, auffliegen (Wasserflugzeug)* ‖ **–rrar** vt ⟨Mar⟩ *(vom Anker) lösen, losmachen* ‖ *(vom Land) abstoßen* ‖ *die Trossen lösen* ‖ **~se** vr *ablegen, loswerfen*
desamen m pop = **examen**
desamodorrar vt/i *aus der Schlaftrunkenheit erwecken, erwachen*
desamor m *Lieblosigkeit* f ‖ *Gleichgültigkeit* f, *Abneigung* f
desamorti|zación f *Aufhebung* f *v. lehnsrechtlicher Bindung (beim Vermögen)* ‖ **~** *eclesiástica Säkularisierung* f *v. Kirchengut* ‖ **–zar** vt *der toten Hand entziehen (Vermögen)* ‖ *privatisieren* ‖ *säkularisieren*
desampa|rado adj *unbeschützt, schutzlos* ‖ *verlassen* ‖ *hilflos* ‖ *obdachlos* ‖ *Virgen de los* **~s** *Jungfrau Maria, als Patronin von Valencia* ‖ **–rar** vt *verlassen, hilflos lassen* ‖ *verlassen (Ort, Gegend)* ‖ *aufgeben (Recht)* ‖ **–ro** m *Hilflosigkeit* f ‖ *Verlassenheit* f ‖ ⟨Jur⟩ *Aufgabe* f *(e–s Rechts)* ‖ *Dereliktion* f
desamueblar vt *ausräumen (Zimmer)*
desandar [irr → **andar**] vt *(wieder) zurückgehen (Weg)* ‖ ◊ **~** *lo andado den Weg zurückgehen* ‖ fig *wieder von vorn anfangen* ‖ *no se puede* **~** *lo andado man kann das Geschehene nicht ungeschehen machen*
desan|gramiento m *Verbluten* n ‖ *Blutverlust* m ‖ **–grar** vt *(Blut) ablassen* ‖ *ausbluten lassen* ‖ fig *jdn bluten lassen* ‖ fig *abstechen (Hochofen)* ‖ fig *entwässern, trockenlegen (Teich u.ä.)* ‖ fig *aussaugen* ‖ **~se** *sich verbluten* (& fig) ‖ *ver-, aus|bjuten*
desani|mación f *Kleinmütigkeit, Niedergeschlagenheit* f ‖ *Mutlosigkeit* f ‖ fig *Öde, Menschenleere* f ‖ *Langeweile* f ‖ *gedrückte Stimmung* f ‖ *Lustlosigkeit* f ‖ **–mado** adj *kleinmütig, mutlos gedrückt, lustlos* ‖ *öde* ‖ *wenig besucht (Ort)* ‖ **–mar** vt *entmutigen* ‖ **~se** *den Mut verlieren, verzagen*
desánimo m *Entmutigung, Mutlosigkeit* f
desa|nudar, –nudar vt *entwirren* (& fig)
desapacible adj *finster, mürrisch* ‖ *unfreundlich (& Wetter)* ‖ *häßlich (Geräusch)* ‖ *unbehaglich (Lage)*
desapare|cer [–zc–] vi *verschwinden, unsicht-*

bar werden (& vr) || *schwinden* || *sich verlieren, unter\gehen, -tauchen (z. B. in e-r Menge)* || ◊ *hacer ~ verschwinden lassen, auf die Seite schaffen* || *unterschlagen* || **–cidos** *mpl* ⟨Mil⟩ *Vermißte* mpl
desaparejar vt ⟨Mar⟩ *abtakeln* || *absatteln, abschirren (Pferd)*
desaparición f *Verschwinden* n || *Aufhören* n, *Schwund* m || ⟨Jur⟩ *Verschollenheit* f || fig *Untergang* m *(e-s Staates usw)* || ~ *en guerra* ⟨Jur⟩ *Kriegsverschollenheit* f
desapasionado adj *leidenschaftslos, kalt* || *unparteiisch* || *gelassen*
desapego m *Abneigung* f (a, hacia, para con gegen acc)
desapelmazar vt *auflockern (Zusammengebackenes)*
desaperci|bido adj *achtlos* || *unvorbereitet, unfertig* || *gall unbeachtet* || ◊ *coger (od tomar od sorprender) ~ (den Ahnungslosen) überraschen* || *überfallen* || *pasar ~,* **–birse** (de) *gall = pasar* **inadvertido** (→d) || **–bimiento** m *Mangel* m *an Vorbereitung, Unfertigkeit* f
despli|cación f *mangelnder Fleiß* m, *Trägheit* f || **–cado** adj/s *faul* || *träge* || *nachlässig*
desaplomar vt → **desplomar**
desapolillar vt *entmotten, die Motten bekämpfen* || **~se** vr fig *sich auslüften (wenn man zu lange zu Hause war)*
desapreciar vt *geringschätzen*
desaprender vt *verlernen*
desapren|sión f *Unvoreingenommenheit, Unparteilichkeit* f || *Rücksichtslosigkeit* f || **–sivo** adj *vorurteilslos* || *rücksichtslos* || *unverschämt*
desapro|bación f *Mißbilligung* f || **–bar** [-ue-] vt *mißbilligen, abschlagen* || *leugnen* || *rügen* || **–piación** f *Eigentumsaufgabe* f || *Äußerung* f || → a **expropiación** || **–piar** vt *das Eigentum entziehen* || **~se** vr (de) *sich entäußern* (gen)
desaprove|chado' adj/s *unnütz, fruchtlos* || *zurückgeblieben,* fam *verbummelt (Schüler)* || adv: **~amente** || **–chamiento** m *Zurückbleiben* n *(in Kenntnissen usw)* || *Nichtausnutzung* f || **–char** adj *übel anwenden* || *verschleudern* || *nicht (aus-) nutzen* || *versäumen* || ◊ ~ *la ocasión sich die Gelegenheit entgehen lassen* || ~ vi *zurückbleiben,* fam *bummeln (Schüler)*
desarbolar vt ⟨Mar⟩ *entmasten* || *abwracken*
desar|mado adj *waffenlos* || *entwaffnet* (& fig) || *entwappnet* || **–mar** vt *entwaffnen* || *wehrlos machen* || *abspannen (Armbrust)* || *entspannen (Waffe)* || *entschärfen (Zünder)* || ⟨Mil⟩ *abrüsten* || *demobilisieren (Truppen)* || ⟨Tech⟩ *abrüsten* || ⟨Mar⟩ *abtakeln (Schiff)* || fig *beruhigen* || *abbauen (Zölle)* || ⟨Tech⟩ *abbauen, demontieren, auseinandernehmen* || ◊ ~ *un motor e-n Motor auseinandernehmen, abmontieren* || **–me** m *Entwaffnung* f || *Abrüstung* f || ⟨Mar⟩ *Abtakelung* f || *Zollabbau* m || *conferencia de ~ Abrüstungskonferenz* f
desarmonía f *Mißklang* m, *Disharmonie* f (& fig)
desarrai|gado adj/s *entwurzelt (bes* fig) || ~ m *Entwurzelter* m *(bes* fig) || **–gar** [g/gu] vt *entwurzeln* (& fig) || *mit den Wurzeln (her)ausreißen* || fig *ausrotten* || fig *vertreiben* || fig *abbringen (de von)* || **–go** m *Entwurzelung* f *(bes* fig) || *Ausrottung* f
desarrapado adj = **desharrapado**
desarre|glado adj *regellos* || *ausschweifend, unmäßig* || *liederlich* || *unordentlich* || fam *schlampig* || *mujer ~a* fam *Schlampe* f || adv: **~amente** || **–glar** vt *verwirren* || *in Unordnung bringen* || **–glo** m *Unordnung* f || ⟨Med Tech El⟩ *Störung* f || *Panne* f *(Motor)* || fig *Ausschweifung* f || *Liederlichkeit* f || fam *Schlamperei* f
desarrendar vt *den Zügel abnehmen* (dat) || *die Pacht kündigen für* (acc)

desarri|mar vt *abrücken* || fig = **disuadir** || **–mo** m *Mangel* m *an Halt* (& fig) || *Hilflosigkeit* f
desarro|llar vt/i *auf\rollen, -wickeln* || fig *ent\-rollen, -falten* || fig *fördern* || ⟨Math⟩ *abwickeln (Fläche)* || *lösen (Aufgabe)* || ⟨Tech⟩ *abwickeln* || *abspulen* || fig *auseinandersetzen, erklären* || ⟨Phot⟩ *entwickeln (Platten)* || *ausarbeiten, behandeln (Thema)* || *darlegen, ausführen* || fig *anbringen, anwenden* || ◊ ~ *mucha actividad e-e große Tätigkeit entfalten* || *la máquina –lla 100 caballos die Maschine hat 100 PS* || **~se** *sich entwickeln* || *sich abwickeln (Geschäft)* || *sich abspielen (e-e Szene)* || ⟨Mil⟩ *sich entwickeln, sich entfalten* || *aufgehen (Same)* || **–llo** m *Auf\wickeln, -rollen* n || *Entwicklung, Ausarbeitung* f || *Förderung* f || *Ausbau* m || *Fortschritt* m || *körperliche Entwicklung* f, *Wuchs* m || *Hebung* f *(des Handels)* || ⟨Tech⟩ *Übersetzung* f *(Fahrrad)* || ⟨Tech⟩ *Ablauf* m || *Abwicklung* f || *Aufwand* m || ⟨Web⟩ *Abzug* m || ⟨Biol⟩ *Entwicklung* f || *el ~ de la acción* ⟨Th⟩ *der Gang der Handlung* || ~ *gradual Stufenfolge* f *(e-r Entwicklung)* || ~ *de una curva Verlauf* m *e-r Kurve* || ~ *de los negocios Geschäftsentwicklung* f || *años de ~ Entwicklungsjahre* npl || *ayuda al ~ Entwicklungshilfe* f || *plan de ~ Entwicklungsplan* m || *tasa (od coeficiente) de ~ Wachstumsrate* f || *susceptible de ~ entwicklungsfähig* || ◊ *llegar a su ~ sich entwickeln*
desarru|gado adj *ohne Runzeln* || *faltenlos* || **–gar** [g/gu] vt *(die Falten) glätten* || *glattstreichen* || ◊ ~ *el entrecejo (od ceño) die Stirn glätten* || fig *sich aufheitern*
desarticu|lación *Zerlegung* f || ⟨Med⟩ *Exartikulation* f || *Auskugeln* n || **–lado** adj fig *in der Auflösung befindlich* || **–lar** vt *auseinandernehmen, zerlegen* || *zergliedern* || fig *zerschlagen (Spionagering, Vorhaben usw)* || **~se** vr: ◊ ~ *una rodilla sich ein Knie ausrenken*
desarzonar vt *aus dem Sattel werfen (bzw heben)* || figf *aus der Fassung bringen*
desase|ado adj *liederlich, schlampig* || *unappetitlich* || *unsauber* || **–ar** vt *ver\unreinigen, -unzieren* || ~ m *Liederlichkeit* f || *Unsauberkeit* f || fam *Schlamperei* f
desasegurar vt *entsichern (Waffe)* || *unsicher machen, verunsichern*
desasimiento m *Loslassen* n || *Lossagung* f || *Uneigennützigkeit* f || ⟨Myst⟩ *Weltentsagung* f
desasir [-asgo] vt *loslassen* || *aufhaken* || **~se** fig *sich losmachen (de von)*
desasnar vt figf *(jdm) Schliff (od Manieren od Bildung) beibringen, (jdn) abhobeln*
desaso|segado adj *unruhig, ruhelos* || adv: **~amente** || **–segar** [-ie-, g/gu] vt *beunruhigen* || *aufrütteln* || *ängstigen* || **–siego** m *Unruhe, Gemütserregung* f || *Sorge* f
desas|trado adj *unglücklich, elend* || *liederlich* || *zerlumpt, lumpig, unsauber,* fam *schlampig* || **–tre** m *Unglück, Mißgeschick* n || *Unfall* m || *Katastrophe* f || **–troso** adj *unglück\lich, -selig, unheilvoll* || *schrecklich, furchtbar* || *erbärmlich* || adv: **~amente**
desatado adj *ungebunden, frei* || *zwanglos (Schreibart)*
desatar vt *losbinden* || *auf\lösen (Knoten), -machen, -schnüren* || fig *entfesseln, auflösen* || *aufdecken (Ränke)* || fig *trennen* || fig *lösen (Zweifel)* || fig *vernichten* || **~se** *sich auf\lösen, -gehen (Knoten)* || *sich freimachen (de von)* || *sich lösen (de von)* || *auftauen (Eis &* fig) || *losbrechen (Sturm)* || fig *die Schüchternheit ablegen* || ◊ ~ *en improperios* fig *in Schmähungen ausbrechen*
desaten|ción f *Unaufmerksamkeit* f || *Ungefälligkeit* f || *Unhöflichkeit* f || **–der** [-ie-] vt *außer acht lassen, nicht achten* (acc) || *geringschätzen, mißachten* || *sich nicht kümmern um*

(acc) || *vernachlässigen* || **-tado** adj/s *unüberlegt* || *unmäßig, übertrieben* || ~ con alg. *unaufmerksam jdm gegenüber* || adv: **~amente** || **-tar** vt *aus dem Häuschen bringen* || **-to** adj/s *unaufmerksam, zerstreut* || *unhöflich* (con, para con *zu*)
desaterrar vt SAm *frei machen (z. B. von Schutt)*
desati|nado adj/s *unbesonnen* || *gedankenlos* || *sinn-, kopf|los* || **-nar** vi *kopflos reden, handeln,* fam *danebenhauen* || **-no** m *Albernheit* f || *Ungereimtheit* f || *Unsinn,* fam *Stuß* m || *Fehlgriff* m || *Unsicherheit* f *(in den Plänen)* || ¡qué ~! *wie albern!* || ◊ decir ~s *Unsinn reden*
desa|tolondrarse vr *wieder zu sich kommen* || **-tomización** f *Schaffung* f *e-r atom(waffen)freien Zone* || **-tomizado** adj *atom(waffen)frei* || **-torar** vt ⟨Bgb⟩ *enttrümmern* || **-tornillar** vt *aufschrauben* || **-tracar** vt *ablegen (vom Kai)*
desa|traer [irr → traer] vt *entfernen, trennen* || **-trancar** [c/qu] vt *aufriegeln* || *säubern (Brunnen)* || *freimachen (verstopfte Leitungen usw)* || **-turdir** vt *ermuntern, wieder zur Besinnung bringen* || **~se** vr *erneut munter werden*
desaugar [g/gu] vt Am pop = **desahogar**
desautori|zación f *Herabwürdigung* f || *Verbot* n || *Entziehung* f *der Befugnis* || **-zar** [z/c] vt *herabwürdigen* || *die Befugnis entziehen, die Zuständigkeit absprechen* (dat) || **~se** vr *die Glaubwürdigkeit verlieren*
desave|nencia f *Uneinigkeit* f || *Zwist, Zwiespalt* m || *Meinungsverschiedenheit, Mißhelligkeit* f || *Gegensätze* mpl || **-nido** adj *uneinig, entzweit* || *widerstreitend* || **-nir [irr → venir]** vt *entzweien* || **~se** *sich entzweien* || *sich überwerfen* (con *mit* dat)
desaventajado adj *benachteiligt* || *nachteilig*
desavi|sado adj/s *unvernünftig, unklug* || *unvorsichtig* || **-sar** vt *(e-e Nachricht) widerrufen* || *abbestellen*
desayu|nado adj: ◊ venir ~ *nach dem Frühstück kommen* || **-nar(se)** vr *frühstücken, das (erste) Frühstück nehmen* || ◊ ~ *de una noticia e-e Nachricht zuerst, als erster erfahren* || ~ con chocolate *Schokolade zum Frühstück nehmen* || ¿ahora te ~nas de eso? fam *jetzt platzt du damit heraus?,* fam *reichlich spät dran!* || **-no** m *(erstes) Frühstück* n || *das Frühstücken* || ◊ tomar (el) ~ *frühstücken*
desa|zón f *Unschmackhaftigkeit, Fadheit, Geschmacklosigkeit* f || *Unreife* f || fig *übles Befinden* n || fig *Unannehmlichkeit* f || *Kummer* m, *Besorgnis* f || *Groll* m || *Unbehagen* n || **-zonado** adj fig *verdrießlich, mürrisch* || *unbehaglich* || **-zonar** vt *geschmacklos, fade machen (Speise)* || *ärgern, verstimmen* || **~se** vr *unpäßlich sein*
desazufrar vt *entschwefeln*
desbancar [c/qu] vt/i *die Bank sprengen (im Spiel)* || fam *aus dem Sattel heben*
desban|dada f *Auflösung, Unordnung* f || *wilde Flucht* f || ⟨Mil⟩ *ungeordneter Rückzug* m || ◊ huir a la ~ ⟨Mil⟩ *in völliger Auflösung fliehen* || **-darse** vr *sich zerstreuen* || *wild die Flucht ergreifen* || *scheu werden (Vieh)*
desbara|justar vt *verwirren* || *durcheinanderbringen* || **-justado** adj *wirr, zerfahren* || *zügellos* || **-juste** m *Wirrwarr* m
desbara|tado adj/s figf *leichtfertig* || *ausschweifend, zügellos* || adv: **~amente** || **-tamiento** m *Unordnung* f, *Wirrwarr* m || **-tar** vt *zerstören, zugrunde richten* || *in Verwirrung bringen* || *durchbringen (Geld)* || *e-n Plan vereiteln, zunichte machen* || *verletzen (Gesetze)* || ~ vi fig *kopflos handeln, unsinnig reden* || fam *Quatsch machen* || **~se** vr fig *den Kopf verlieren* || *zerfallen* || *sich zerschlagen (Pläne)* || **-te** m *Zerstörung, Vernichtung* f || *Unordnung* f || *Vergeudung, Verschwendung* f || *alberne Rede, Handlung* f || ⟨Med⟩ *Durchfall* m

desbar|bado adj/s *bartlos* || fam desp *milchbärtig* || ~ m *Entgratung* f || **-bar** vi/i *schleißen (Federn)* || *ent-, ab|gräten (Fische)* || ⟨Metal⟩ *(Guß)putzen, entgraten*
desbarran|cadero m Am *Abgrund* m || *Felswand* f || **-car** vt Chi *hinabstürzen* || fig *(jdn v. et) abbringen*
desba|rrar vi *ausgleiten, ausrutschen* || fig *kopflos reden od handeln,* fam *faseln* || **-rro** m *Aus|gleiten, -rutschen* n || *alberne Handlung* f
desbas|tado m = **-te** || **-tador** m *Stemmeisen* n || *Abschroteisen* n || ⟨Tech⟩ *Treibpunzen* m || **-tar** vt *aus dem groben abarbeiten, abstoßen* || *schroten, (ab)schruppen, schrubben* || ⟨Zim⟩ *vorhobeln* || *vorschleifen* || *abhobeln* || *auswalzen* || *behauen (Holz)* || fig *abnützen* || fig *verfeinern, den ersten Schliff beibringen* (dat) || → a **desasnar** || **~se** fam *sich verfeinern* || **-te** m *Behauen, Abschroten, Abstoßen* n || *Vorhobeln* n || *erste Bearbeitung* f || *Grobschliff* m || *Bramme* f || fig *erster Schliff* m
desbloque|ar vt *freigeben (Konto usw)* || *entsperren* || *die Blockade aufheben* || ⟨Typ⟩ *die Blockade auflösen* || *lösen (Bremse)* || **-o** m *Freigabe, Entsperrung* f *(von Vermögen)* || *Aufhebung* f *der Blockade*
desbo|cado adj/s *mit erweiterter Mündung (Geschütz)* || *mit ausgeleiertem Maul (Schraubenschlüssel)* || fig *scheu geworden, durchgehend (Pferd)* || *beschädigt (z. B. Mündung e-r Waffe)* || fig *zügellos* || *schamlos* || adv: **~amente** || **-camiento** m *Durchgehen* n *(des Pferdes)* || *Zügellosigkeit* f *(im Reden)* || **-car** [c/qu] vi *münden* (en *in* acc) *(Fluß)* || vt *ausweiten (Loch, Kragen usw)* || *die Tülle abstoßen (an e-m Gefäß)* || **~se** *durchgehen, scheuen (Pferd)* || figf *loslegen, auspacken* || *frech werden*
desbor|damiento, -de m *Austreten* n *(e-s Gewässers)* || ⟨Mil⟩ *Überflügelung* f || fig *Flut* f, *Wortschwall* m || ~ *de júbilo überschäumende Freude* f || **-dante** adj *über|schäumend, -quellend* (& fig) || ◊ ~ *de concurrencia (od de espectadores) überfüllt* || **-dar** vt/i *überlaufen (beim Kochen)* || *überfluten* || *überfließen* || *über die Ufer treten* || *überall sein (de von)* || ⟨Mil⟩ *ein|brechen, -dringen* || *überflügeln* || ⟨Mar⟩ *in See stechen* || **~se** *austreten (von Flüssen)* (& vr) || ◊ se -dó el entusiasmo *die Begeisterung überstieg alle Grenzen*
desbra|vador m *Pferdebändiger* m || *Bereiter* m || **-var** vt *(Pferde) zureiten* || fig *zähmen* || vi *zahm werden* || fig *sich beruhigen* || **~se** vr *zahm werden* || **-vear** vt *bramarbasieren*
desbro|zar [z/c] vt *von Reisig reinigen* || *ausputzen (Baum)* || fig *bahnen (Weg)* || **-zo, -ce** m *Reisig* n
descabalado adj fam *albern*
descabalgar [g/gu] vi *absitzen, vom Pferd steigen*
descabe|llado adj fig *albern, toll* || *kraus, unsinnig* || *verworren* || fig *liederlich* || **-llar** vi/i *zerzausen* || fig *in Unordnung bringen* || ⟨Taur⟩ *(den Stier) durch e-n Genickstoß niederstrecken* || **~se** *zerzaust werden* || **-llo** m *Genickstoß* m
descabestrar vt *abhalftern*
descabe|zado adj *kopflos* (& fig) || **-zar** [z/c] vt *köpfen, enthaupten* || ⟨Zim⟩ *kappen (Schnittware)* || *das obere Ende abschneiden (von)* || figf *anfangen (Arbeit)* || *den ersten Schritt tun (um e-e schwierige Lage zu meistern)* || ◊ ~ un sueño *(od sueñecito) ein Schläfchen (od Nickerchen) machen* || ~ vi fig *hervorragen* || **~se** vr fig *sich den Kopf zerbrechen*
descacharrante adj fam *umwerfend komisch* || figf *zum Schießen* || fig *unerhört*
descafei|nado adj *koffeinfrei* || **-nar** vt *das Koffein entziehen* (dat)
descalabazarse vr fam *sich den Kopf zerbre-*

chen, sich das Hirn zermartern (en, para *um zu + inf*)
descala|brado adj fam *waghalsig* ǁ **-bradura** f *Kopfwunde* f ǁ **-brar** vt *(am Kopf) verletzen, verwunden* ǁ fig *beschädigen* ǁ **-bro** m *Widerwärtigkeit* f ǁ *Schaden* m ǁ fam *Reinfall* m ǁ *Unfall* m ǁ *Schlappe* f (& ⟨Mil⟩) ǁ *Mißgeschick* n
descalcifi|cado adj *entkalkt* ǁ **-cador, -cante** m/adj ⟨Chem⟩ *Entkalkungsmittel* n, *Entkalker* m ǁ **-car** vt *entkalken* ǁ *enthärten (Wasser)* ǁ ⟨Med⟩ *Kalk entziehen* (dat)
descalifi|cación f *Erniedrigung* f ǁ ⟨Sp⟩ *Disqualifikation* f ǁ **-car** [c/qu] vt ⟨Sp⟩ *disqualifizieren*
descal|zador m *Stiefelknecht* m ǁ **-zar** [z/c] vt *(jdm) die Schuhe (bzw die Strümpfe) ausziehen* ǁ *(die Bäume) bloßlegen* ǁ *den Hemmschuh lösen (z.B. v. e-m Rad)* ǁ *den Keil wegziehen (von dat)* ǁ *untergraben* ǁ *unter|spülen (bzw -höhlen) (Mauer)* ǁ ⟨Bgb⟩ *schrämen* ǁ **~se** *sich die Schuhe ausziehen* ǁ *ein Eisen verlieren (Pferd)* ǁ **-zo** adj *barfuß* ǁ fig *bettelarm* ǁ ~ m *Barfüßer(mönch)* m
descama|ción f ⟨Med Zool⟩ *Abschuppung* f ǁ ⟨Geol⟩ *Desquamation* f ǁ **-rse** vr *abschuppen (Haut)*
descambiar vt prov *(ver)tauschen*
descami|nado *verirrt* ǁ *irrig* ǁ ◊ ir ~ fig *sich irren* ǁ *den Halt verlieren* ǁ adv: **~amente** ǁ **-nar** vt *irreführen* ǁ **~se** *sich verirren* ǁ *sich verfahren* ǁ *auf Abwege geraten* ǁ *irregehen*
descami|sado adj/s *ohne Hemd* ǁ fig desp *bettelarm, zerlumpt* ǁ **-sados** mpl *Sansculotten* mpl ǁ Arg *Proletarier* mpl ǁ ⟨Hist⟩ *Anhänger* mpl *der Perón-Bewegung, Peronisten* mpl
descam|pado m/adj *freies Feld* n ǁ en ~ *auf offenem Felde* ǁ **-par** vi ⟨Mil⟩ *abmarschieren* ǁ → a **escampar**
descan|sadamente adv *mühelos, bequem, ruhig* ǁ **-sadero** m *Ruheplatz, Rastort* m ǁ **-sado** adj *bequem (auszuführen)* ǁ *gemächlich* ǁ *leicht, mühelos (Arbeit)* ǁ *geruhsam (Leben)* ǁ *unbesorgt* ǁ **-sar** vt *(jdm die Arbeit) erleichtern, (jdn) entlasten* ǁ *an-, auf|lehnen* ǁ *legen, setzen* ǁ *unterstützen* ǁ *stützen* (en, sobre *auf* acc) ǁ ◊ ~ el brazo sobre la almohada *den Arm auf das Kissen legen* ǁ ~ la cabeza en los brazos *den Kopf gegen die Arme stemmen* ǁ ¡descansen ar(mas)! ⟨Mil⟩ *Gewehr ab!* ǁ ~ vi *(aus)ruhen, rasten* ǁ *brachliegen (Feld)* ǁ *schlafen, ruhen* ǁ *sich erholen, ausruhen* ǁ fig *innehalten, nachlassen* ǁ ⟨Sch⟩ *die Pause halten* ǁ ⟨Mus⟩ *pausieren* ǁ ◊ ~ en alg. *sich auf jdn verlassen* ǁ sin ~ *ununterbrochen* ǁ *rastlos* ǁ ir a ~ *schlafen gehen* ǁ ¡-se V.! *seien Sie unbesorgt!* ǁ *verlassen Sie sich darauf!* ǁ ¡-se en paz! *er (sie) ruhe sanft!* ǁ ¡que -se! ¡~! *gute Nacht!* ǁ **-s(ill)o** m *Treppenabsatz, Ruheplatz* m ǁ *Podest* m/n ǁ **-so** m *Ruhe, Rast* f, *Ausruhen* n ǁ *Erholung, Erleichterung* f ǁ *Stütze, Unterlage* f ǁ *Besteckstütze* f ǁ *Stütz-, Ruhe|punkt* m ǁ *(Schul-, Erholungs)Pause* f ǁ ⟨Mus⟩ *Pause* f ǁ ⟨Mil⟩ *Marschpause* f ǁ ⟨Sp⟩ *Halbzeit* f ǁ Chi fam *Abort* m ǁ ~ del pozo ⟨Bgb⟩ *Schachtbühne* f ǁ (día de) ~ *Rast-, Ruhe|tag* m ǁ horas de ~ *Mußestunden* fpl ǁ ¡~! ¡ar! ⟨Mil⟩ *rührt euch!*
descantillar vt ⟨Zim⟩ *abkanten* ǁ *nach unten abrunden (Rechnung)*
desca|pitalización f *Kapitalabwanderung* f ǁ **-potable** adj/s ⟨Aut⟩ *abnehmbar (Verdeck)* ǁ ~ m ⟨Aut⟩ *Kabriolett* n
descapu|llado adj pop *mit heruntergezogener Vorhaut, von der Vorhaut entblößt (Eichel)* ǁ **-llar** vt *von der Vorhaut entblößen (Eichel)*
desca|rado adj/s *frech, unverschämt,* fam *putzig* ǁ adv: **~amente** ǁ **-rarse** vr *frech, dreist werden* ǁ ◊ ~ con su jefe *zu seinem Vorgesetzten dreist werden*
descarbo|natar vt *Kohlendioxid entziehen* (dat)

ǁ **-nización** f ⟨Metal⟩ *Entkohlung* f, *Entkohlen* n *(v. Roheisen)* ǁ **-nizador** m *Ölkohleentferner* m ǁ **-nizar** vt *entkohlen, dekarbonisieren*
descarbu|ración f *Kohlenstoffentziehung* f ǁ **-rar** vt ⟨Chem Tech⟩ = **descarbonizar** ǁ ⟨Metal⟩ *entkohlen*
descarga f *Ab-, Aus-, Ent|laden* n ǁ *Abfeuern* n *e-r Schußwaffe* ǁ ⟨Mil⟩ *Entladung* f ǁ *Lage, Salve* f, *Geschützfeuer* n ǁ *Steinhagel* m ǁ ⟨Mar⟩ *Entladung* f ǁ *Abführung* f *(Förderband, Kran usw)* ǁ *Austrag* m ǁ ⟨Com⟩ *Entlastung* f ǁ ~ atmosférica *atmosphärische Entladung* f ǁ ~ cerrada ⟨Mil⟩ *Salvenfeuer* n ǁ ~ de color ⟨TV⟩ *Farbenentladung* f ǁ ~ de escobilla ⟨El⟩ *Bürstenentladung* f, *elektrisches Büschel* n ǁ ~ directa ⟨El⟩ *Blitzentladung* f ǁ ~ disruptiva ⟨El⟩ *Durchschlag* m, *Durchschlagsentladung* f ǁ *Funkenentladung* f ǁ ~ de palos *Tracht* f *Prügel* ǁ ~ simultánea ⟨Mil⟩ *Lagenfeuer* n ǁ ~ de una deuda *Abschreibung* f *e-r Schuld* ǁ ~ de vuelta ⟨Radio⟩ *Rückentladung* f ǁ derechos de ~ *Ablade-, Lösch|gebühren* fpl ǁ lugar de ~ *Abladeplatz* m ǁ término de ~ *Abladefrist* f
descarga|dero m *Ab-, Aus|ladeplatz* m ǁ ⟨Mar⟩ *Löschplatz* m ǁ **-do** adj *leer, unbeladen* ǁ *mit geradem und schlankem Halse (Pferd)* ǁ **-dor** m *Ab-, Aus|lader* m ǁ *Löscher* m ǁ ⟨El⟩ *Entlader* m ǁ ⟨Web⟩ *Kämmlingswalze* f, *Abnehmer* m ǁ ⟨Mar⟩ *Schauermann* m ǁ **-dora** f ⟨Tech⟩ *Absetzer* m
descar|gar [g/gu] vt *ab-, aus-, ent|laden* ǁ ⟨Mar⟩ *löschen* ǁ *losschießen, abfeuern (Waffen)* ǁ *entladen (Waffe)* ǁ *abgeben (Schuß)* ǁ ⟨El⟩ *entladen* ǁ *ableiten* ǁ *los|schleudern, -schnellen* ǁ *geben, versetzen (Hieb, Stoß)* ǁ *auslassen* (contra, en, sobre *an* dat) *(Zorn usw)* ǁ ⟨Com⟩ *entlasten (Rechnung)* ǁ ⟨Jur Tech⟩ *entlasten* ǁ ⟨Jur⟩ *freisprechen* (de *von* dat) ǁ fig *rechtfertigen, freisprechen* ǁ ◊ ~ la conciencia fig *beichten* ǁ fig *Buße tun* ǁ figf *die Schulden bezahlen* ǁ ~ el corazón fig *das Herz erleichtern* ǁ ~ la mano sobre alg. *jdn züchtigen* ǁ ~ el vientre *seine Notdurft verrichten* ǁ ~ vi *losbrechen (Sturm)* ǁ *nieder|fallen, -gehen (Regen)* ǁ *münden (Fluß)* ǁ *enden (Treppe)* ǁ **~se** *zufällig losgehen (Feuerwaffe)* ǁ *sich leeren (z.B. überfüllter Straßenbahnwagen)* ǁ fig *sich rechtfertigen* ǁ *sich losmachen* (de *von* dat) ǁ *aufgeben (Stelle)* ǁ ⟨Jur Com⟩ *sich entlasten* ǁ ⟨Rel⟩ fig *beichten* ǁ ⟨Rel⟩ fig *Buße tun* ǁ ⟨El⟩ *sich entladen* ǁ *leer werden (Bus, Straßenbahn)* ǁ *von selbst losgehen (Waffe)* ǁ ◊ ~ de a. *sich e-r Sache entledigen* ǁ ~ en (od contra, sobre) *el inocente über den Unschuldigen herfallen* ǁ **-go** m *Ab-, Aus-, Ent|laden* n ǁ ⟨Mar⟩ *Löschen* n ǁ *Ent|lastung, -ledigung* f ǁ *Rechtfertigung* f ǁ ⟨Jur⟩ *Freisprechung* f ǁ *Abbuchung* f ǁ *Habenbuchung* f ǁ *Gutschrift* f ǁ *Quittung* f ǁ *escrito de* ~ *Einspruch* m *gegen den Strafbefehl* ǁ *nota de* ~ *Empfangsschein* m ǁ *testigo de* ~ ⟨Jur⟩ *Entlastungszeuge* m ǁ **-gue** m *Ab-, Aus-, Ent|laden* n ǁ ⟨Mar⟩ *Löschung* f, *Löschen* n
descariño m *Lieblosigkeit* f
descar|nada f: la ~ fam *der Knochenmann* ǁ **-nado** adj fig *abgezehrt, abgemagert* ǁ *knöchern* ǁ *frech, dreist* ǁ fig *unverhohlen* ǁ fig *bissig, scharf, ungeschminkt* ǁ **-nar** vt *entfleischen (Häute, Knochen)* ǁ fig *auszehren* ǁ fig *bloßlegen (Acker, Knochen)* ǁ fig *aufdecken, entblößen* ǁ **~se** fig *abmagern* ǁ *das Vermögen opfern (por für* acc)
descaro m *Dreistigkeit, Frechheit* f ǁ con ~ *dreist, frech* ǁ ¡qué ~! *wie unverschämt!*
descaro|zado adj Chi *entkernt (Obst)* ǁ **-zar** vt Am *entkernen (Obst)*
desca|rriado adj/s *verirrt* ǁ **-rriar** [pres -ío] vt *irreführen* ǁ fig *auf die schiefe Bahn bringen* ǁ *versprengen* ǁ **~se** *sich verirren, sich verlaufen* ǁ *versprengt werden*
descarri|lamiento m ⟨EB⟩ *Entgleisung* f ǁ

descarrilar — descollar 402

fig *Verirrung* f || figf *Fehlgeburt* f || *Abtreibung* f || **-lar** vi ⟨EB⟩ *entgleisen* || *aus|gleiten, -glitschen* || figf *abschweifen (vom Thema)*
descar|tar vt *(Karten) wegwerfen, ablegen* || fig *aus|merzen, -rotten* || fig *beiseite lassen* || fig *aus|schließen, -schalten* || ⟨Typ⟩ *Farbauszüge machen* || ¡-tado! fam *ausgeschlossen!* || ∼**se** vr *ablegen, wegwerfen (Karten)* || fig *sich vor e–r Verpflichtung drücken* || ◊ ∼ *de un compromiso sich e–r Verpflichtung entziehen* || **–te** m *Weglegen* n *(der Karten)* || ⟨Typ⟩ *Herstellung* f *von Farbauszügen*
descarteli|zación f *Ent|flechtung, -kartellisierung, Dekartellisierung* f || **–zar** vt *ent-, de|kartellisieren*
desca|samiento m *Nichtigkeitserklärung* f *e–r Ehe* || *(Ehe) Scheidung* f || **–sar** vt *scheiden (Ehe)* || *für nichtig erklären (Ehe)* || fig *Zusammengehörendes trennen* || ⟨Typ⟩ *anders zusammenstellen (Kolumnen)*
descas|car vt = **–carar** || ∼**se** vr *in Stücke gehen, entzweibrechen* || figf *geschwollenes Zeug reden,* pop *sich e–n abbrechen* || **–caradera** f *Enthülsungsmaschine* f *(für Kaffee, Obst usw)* || **–carar, –car** [c/qu] vt *(ab)schälen, entrinden (Korkeichen)* || *ent-, aus|hülsen* || ∼**se** vr *auf|brechen, -springen (Rinde, Schale)*
descascarillar vt *abschälen, enthülsen* || ⟨Tech⟩ *entzünden* || ∼**se** vr *sich (ab)schälen* || *absplittern*
descasque m *Entrinden* n *der Korkeiche*
descas|tado adj/s *entartet, aus der Art geschlagen* || *ungeraten (Kinder)* || *undankbar* || *lieblos* || **–tar** vt *ausrotten (schädliche Tiere)* || ∼**se** *aus der Art schlagen* || *sich von seinen Verwandten lossagen*
descatolización f *Entkatholisierung* f
descegar [–ie-, g/gu] vt fig *(jdm) die Augen öffnen* || *Verstopftes ausräumen, die Verstopfung (von …) beseitigen (Kanal, Leitung)*
descenden|cia f *Nachkommenschaft* f || *Abstammung, Herkunft* f || *Geschlecht* n || *Sippe* f || **–te** adj *fallend* || *absteigend* || ⟨Jur⟩ *absteigend (Verwandtschaft)* || →a **descendiente** || *movimiento* ∼ *Abwärtsbewegung* f || *tren* ∼ Span *aus dem Landesinnern nach der Küste fahrender Zug*
descen|der [–ie-] vt *herab-, herunter|nehmen* || *her-, hinunter|bringen* || *hinuntersteigen* || ∼ vi *herab-, herunter-, hinunter|steigen* || *aussteigen (de aus)* || *herabfließen* || *stromabwärts fahren* || *untergehen (Sonne)* || *ab-, her|stammen (von), entspringen* || ⟨Flugw⟩ *landen, zur Landung ansetzen* || ⟨Flugw⟩ *an Höhe verlieren* || *abnehmen* || *sinken (& fig)* ◊ ∼ *de noble linaje von vornehmer Herkunft sein* || **–dida** f *Abstieg* m || **–diente** adj *abstammend (de von dat)* || →a **descendente** || ⟨Astr Math⟩ *abnehmend, fallend* || ⟨EB⟩ *von Madrid abgehend (Zug)* || ∼ m/f *Nachkomme, Abkömmling* m || ⟨poet⟩ *Nachfahre* m || *los –dientes die Nachkommenschaft* || **–dimiento** m *Herab-, Herunter-, Hinunter|steigen* n || *Herab-, Herunter|nehmen* n || *Kreuzabnahme* f *(Christi)* || **–sión** f *Herabsteigen* n || ⟨Astr⟩ *Absteigung* f || **–so** m *Herunter-, Herab|steigen* n, *Abstieg* m || *Gefälle* n, *Abhang* m, *abschüssige Lage* f || *Talfahrt* f || ⟨Flugw⟩ *Heruntergehen* n || *Anflugsinkverfahren* n || ⟨Com⟩ *Sinken* n *(der Kurse)* || *Konjunkturabstieg* m || ⟨Tech⟩ *Abfallen* n || ⟨Mil⟩ *Degradierung* f || *niedrigere Einstufung* f *(z. B. in der Verwaltung)* || fig *Rückgang* m || fig *Niedergang* m || ⟨Med⟩ *Senkung* f || ∼ *del útero* ⟨Med⟩ *Gebärmuttervorfall* m || ∼ *de los precios Preissenkung* f || ∼ *peligroso starkes Gefälle* n || ∼ *en paracaídas Fallschirmabsprung* m || ∼ *térmico Abkühlung* f
descen|tración f ⟨Tech⟩ *Dezentrierung, Verstellung* f || **–trado** adj ⟨Tech⟩ *exzentrisch, vom Mittelpunkt abweichend* || figf *(halb) verrückt* ||

∼ m ⟨Tech⟩ *Schiefaufsitzen* n || *Schlag* m, *Unwucht* f || **–tralización** f *Dezentralisierung* f || ∼ *administrativa Verwaltungsdezentralisierung* f || **–tralizador** adj *dezentralisierend* || **–tralizar** vt *dezentralisieren*
desce|ñido adj *lose, offen (Gürtel, Rock)* || **–ñidura** f s v. **–ñir(se)** || **–ñir** [irr → **ceñir**] vt *ab-, los|gürten* || ∼**se** *sich aufschnallen*
descepar vt *mit der Wurzel ausreißen* || fig *ausrotten, vertilgen*
descerebración f ⟨Zool⟩ *Enthirnung* f
descerra|jado pp v. **–jar** || ∼ adj fig *zügellos* || **–jadura** f *Aufbrechen* n *(e–s Schlosses)* || **–jar** vt *sprengen, aufbrechen (Schloß)* || *aufbrechen (Schrank)* || ◊ ∼ *un tiro e–n Schuß abfeuern,* fam *(jdn) eins auf den Pelz brennen*
descervi|gamiento m *Genickbrechen* n || **–gar** [g/gu] vt fig *demütigen*
desci|frable adj *leserlich* || *verständlich* || *zu entschlüsseln* || *lösbar (Rätsel)* || **–frador** m *Entzifferer* m || **–framiento** m *Entzifferung* f || *Entschlüsselung* f || **–frar** vt *dechiffrieren* || *entziffern, lösen (Rätsel, Schrift, Telegramm)* || *entschlüsseln* || ⟨Mus⟩ *vom Blatt lesen (od singen od spielen)* || *heraus|bekommen,* fam *-kriegen* || fig *durchschauen (Person)* || fig *enträtseln, aufklären* || ⟨Radio⟩ *lesen (Schemata)*
des|cinchar vt *abgürten (Pferd)* || **–cinto** pp/irr v. **–ceñir** || **–ciño** → **–ceñir**
descla|vador m ⟨Tech⟩ *Geißfuß* m || **–var** vt *ab-, los|nageln* || *Nägel (her)ausziehen aus (dat)* || ◊ ∼ *de la Cruz vom Kreuz(e) herunternehmen* || →a **desengastar**
desclorurado adj *salzarm (Kost)* || *salzlos*
descoagulante m ⟨Med⟩ *Antikoagulans* n
descocado adj/s fam *frech, dreist* || ∼ m Chi *Dörrobst* n || *Entkernen* n *des Obstes*
des|cocar [c/qu] vt *abraupen (Garten), Raupen ablesen* || Chi *entkernen (Obst)* || ∼**se** fam *sich erdreisten,* frech *werden* || *vorlaut sein* **–cocer** [–ue-, c/z] vt *verdauen* || **–coco** m fam *Dreistigkeit* f || *Frechheit* f || **–coger** [g/j] vt *entfalten* || **–cogollar** vt ⟨Agr⟩ *ausgeizen*
descohe|sión f *Trennen* n || *Uneinigkeit* f || ⟨Radio⟩ *Entfrittung* f || **–sor** m ⟨Radio⟩ *Entfritter, Dekohärer* m || ∼ *(de martillo)* ⟨Radio⟩ *Klopfer* m
descolar vt *den Schwanz abschneiden* || Mex fig *(jdn) nicht beachten,* fam *(jdn) links liegenlassen* || Guat fam *entlassen (e–n Angestellten)*
descol|gado adj Am *reißend (Strom)* || **–gamiento** m *Loshaken* n || **–gar** [–ue-, g/gu] vt *ab-, los|haken* || *abnehmen (Vorhänge)* || *herabnehmen (Gemälde, Bild)* || *abhängen* || *herablassen (de von dat)* || ⟨Jgd⟩ *schießen (Flugwild)* || ◊ ∼ *del perchero vom Kleiderrechen herabnehmen (Kleidungsstück)* || ∼ *el auricular (od receptor)* ⟨Tel⟩ *den Hörer abnehmen* || ∼**se** *sich herunterlassen (de von dat)* || *springen (de von, aus dat)* || ⟨Flugw⟩ *abspringen* || fig *herabstürzen (Gebirgsbäche usw)* || fig *von der Höhe herabsteigen (Herden usw)* || figf *unerwartet erscheinen* || ◊ ∼ *de (od por) la pared sich an e–r Mauer herablassen* || ∼ *con un desatino* fam *mit e–r Dummheit herausplatzen*
descoloni|zación f *Entkolonisierung* f || **–zar** vt *entkolonisieren*
descolo|rado adj *verschossen (Stoff)* || **–ramiento** m *Entfärbung* f || *Verfärbung* f || *Blässe* f || **–rante** m *Entfärbungs-, Bleich|mittel* n || **–rar** vt *entfärben* || *(aus)bleichen* || ∼**se** vr *verblassen* || **–rido** adj *bleich, farblos* (ser) || *blaß* (estar) || *fahl* || *ausgewaschen, ver|blaßt, -schossen* || **–rir** vt = **–rar**
desco|llado adj *hervorragend* || *stolz, hoch|mütig, -fahrend* || **–llante** adj *hervorragend* || *überlegen* || **–llar** [-ue-] vi *hervor-, über|ragen* || *an erster Stelle stehen* || *glänzen* || ◊ ∼ *entre (od*

sobre) los demás *die anderen überragen* || entre sus obras descuellan *unter seinen Werken sind besonders zu erwähnen* || ~**se** vr *sich hervortun*
descom|brar vt *Schutt räumen, ab|tragen, -räumen* || **–bro** m: *trabajos de* ~ *Aufräumungsarbeiten* fpl || → a **desescombro**
descome|dido adj/s *übermäßig* || *unmäßig* || *unhöflich* | adv: ~**amente** || **–dimiento** m *Unhöflichkeit, Grobheit* f || **–dirse** [-i-] vr *gegen den Anstand verstoßen* || *sich ungebührlich betragen* || *ausfallend werden*
descomer vi fam ⟨Lit⟩ *den Darm entleeren*
descom|pás m ⟨Mus⟩ *falscher Takt* m || **–pasado** adj *übermäßig* || *grob, unhöflich* || **–pasarse** vr fig *grob, unhöflich werden*
descompensación f ⟨Med⟩ *Kompensationsstörung, Dekompensation* f
descom|poner [irr → **poner**] vt *zer|legen, -setzen, auseinandernehmen* || *zergliedern, auflösen* || ⟨Chem⟩ *zersetzen* || fig *entzweien* || fig *aus der Fassung bringen* || fig *in Unordnung bringen* || ~**se** *in Fäulnis übergehen* || *verderben (Speise, Obst)* || *verwesen* || *sich zersetzen* || *faulen, in Fäulnis übergehen* || *sich auflösen* || *in Unordnung kommen (Magen)* || ⟨Med⟩ *kränklich werden* || fig *sich entzweien* || *in Harnisch geraten* || fig *die Fassung verlieren* || *aufgebracht werden* || ◊ ~ *con uno jdn hart anfahren* || *sich mit jdm überwerfen* || ~ *en palabras seine Worte nicht messen* || **–posición** f ⟨Chem⟩ *Zersetzung, Auflösung* f || *Zerlegung* f || *Zerrüttung* f || *Verzerrung, Entstellung* f || *Fäulnis, Verwesung* f || *Ver-, Zer|fall* m || *Verwitterung* f || fig *Analyse* f || ~ *del movimiento* ⟨Phot⟩ *Zerlegung* f *der Bewegung (Film)* || *agente de (la)* ~ *Fäulniserreger* m || *de fácil* ~ *leichtverderblich* || *en estado de* ~ *in Verwesung, im Fäulniszustand* || **–postura** f = **–posición** || *vernachlässigtes Äußere(s)* n || *Unsauberkeit* f || fig *Dreistigkeit* f || **–presión** f ⟨Phys⟩ *Druckentlastung, Kompressions(ver)minderung, Entspannung, Dekompression* f || **–puesto** adj/s *unordentlich* || fig *unhöflich, unartig* || *beunruhigt* || *zersetzt* || *entzwei* || *faul* || *verfault* || *verzerrt (Gesichtszüge)* || *verstört, außer Fassung* || *zornig* || *dreist, frech* || ◊ *estar* ~ *in Unordnung sein* || *zornig, wütend sein*
descomunal adj *ungeheuer, riesig* || *außerordentlich*
desconcen|tración f *Entflechtung, Dekonzentration* f || ~ *de carteles* = **descartelización** || **–trar** vt ⟨Com⟩ *entflechten*
desconcer|tado adj *unordentlich* || fig *ausschweifend* || fig *zerrüttet* || fig *verlegen, bestürzt, verblüfft* || **–tador** adj *verwirrend, beunruhigend* || *verblüffend* || adv: ~**amente** || **–tante** adj *verblüffend* || **–tar** [-ie-] vt *in Unordnung bringen, verwirren, aus der Fassung bringen* || *verlegen machen* || *stören* || *bestürzen, verblüffen* || *entzweien* || *verrenken (Glied)* || ◊ *esto desconcierta mis proyectos das macht mir e-n Strich durch die Rechnung* || ~**se** *fig aus der Fassung kommen* || *uneinig werden, sich trennen* || *verblüfft werden* || ◊ ~ *el estómago sich den Magen verderben*
descon|cierto m *fig Störung* f || *Unordnung, Verwirrung* f || *Bestürzung* f || *fig Uneinigkeit* f || *fig Zwiespalt* m || *fig Zerrüttung* f || *fig Unbrauchbarkeit* f || *fig Durchfall* m, *Diarrhö(e)* f || **–chabar** vt ⟨Mex⟩ *Chi* = **desconcertar** || Mex Chi *zer|legen, -setzen* || **–chadura** f, **–chado** m *abspringende Mauerkruste* f || *Abblättern* n || **–charse** vr *abblättern, abbröckeln (Putz, Wand, Decke)*
desconec|table adj *ab-, aus|schaltbar* || **–tación** f = **desconexión** || **–tar** vt ⟨El⟩ *ab-, aus|schalten* || ⟨Tel⟩ *trennen* || = a **desacoplar** || **desconexión** f ⟨Tel⟩ *Trennung* f || ⟨Tel⟩ *Auslösung* f
descon|fiado adj *mißtrauisch, argwöhnisch (de zu* dat) || *ungläubig* || *zweifelnd (de an* dat) || adv:

~**amente** || **–fianza** f *Mißtrauen* n, *Argwohn* m || *Unglauben* m || *Zweifel* m || ~ *para consigo mismo Mangel* m *an Selbstvertrauen* || *con* ~ *mißtrauisch* || *prueba de* ~ *Beweis* m *von Mißtrauen* || *voto de* ~ *Mißtrauensvotum* n || **–fiar** [pres –io] vi *(jdm) mißtrauen, kein Zutrauen haben (de zu)* || *zweifeln (de an* dat) || ◊ –*fío de ello ich zweifle daran*
desconfor|mar vi *verschiedener Meinung sein (en in* dat) || ~**se** vr *nicht übereinstimmen* || *sich widersprechen* || **–me** adj *verschieden* || *uneinig* || **–midad** f *Uneinigsein* n
descongela|ción f *Abtauen* n *(Kühlschrank)* || *Auftauen* n *(Tiefkühlkost)* || *Entfrosten* n *(Glasscheiben)* || ⟨Flugw⟩ *Enteisen* n || ⟨Com⟩ *Freigabe* f || **–dor** m *Entfroster* m || *Enteiser* m || ⟨Aut⟩ *Entfrosterdüse* f || **–r** vt *auftauen (Kost)* || *abtauen (Kühlschrank)* || *entfrosten (Scheiben)* || ⟨Flugw⟩ *enteisen*
desconges|tión f *Auflockerung, Entlastung* f *(z. B. Verkehr)* || *Entballung* f || *poligono de* ~ *Span Entballungsgebiet* n || **–tionar** vt *entlasten* || *entballen* || *entstauen* || ⟨Med⟩ *zum Abschwellen bringen (Organ)* || ⟨Med⟩ *den Blutandrang herabmindern* || ~**se** vr *sich wieder leeren (z. B. von besetzten Straßenbahnwagen)*
desconco|cedor adj *unkundig (de gen)* || **–cer** [-zc-] vt *nicht (er)kennen* || *verkennen* || *nicht wiedererkennen* || *nicht wissen* || *verleugnen* || *sich nicht bekennen (zu)* || ◊ ~ *el beneficio sich für e-e Wohltat nicht erkenntlich zeigen* || *desconozco a Velázquez en este cuadro ich erkenne in diesem Bild Velásquez nicht wieder* || *hoy te desconozco heute bist du nicht wiederzuerkennen, heute bist du ein ganz anderer Mensch* || *no desconozco sus propósitos ich verkenne nicht seine Absichten* || **–cida** f *Unbekannte* f || **–cido** adj *unbekannt, unkenntlich* || fig *unerkenntlich, undankbar* || fig *völlig neu* || *verkannt* || ~ *de sus paisanos von seinen Landsleuten nicht erkannt* || ~ *para todos allen unbekannt* || ◊ *estar* ~ *nicht wiederzuerkennen, ganz verändert sein (z. B. Leiche)* || *ser* ~ *unbekannt sein* || *totalmente* ~ *wildfremd* || ~ m *Unbekannte(r)* m || *undankbarer Mensch* m || *ese gran* ~ *diese (zu Unrecht) in Vergessenheit geratene Persönlichkeit* || **–cimiento** m *Unwissenheit, Unkenntnis* f || *Undankbarkeit* f || ~ *de paternidad* ⟨Jur⟩ *Ehelichkeitsanfechtungsverfahren* n
desconsentir [ie/i] vt *nicht bewilligen*
desconside|ración f *Rücksichtslosigkeit* f || *Mißachtung* f || **–rado** adj/s *unüberlegt, unbesonnen* || *rücksichtslos* || adv: ~**amente** || **–rar** vt *außer acht lassen* || *rücksichtslos behandeln*
desconso|lación f, **desconsuelo** m *Trostlosigkeit* f || *Betrübnis* f || **–lado** adj *trostlos* || fig *betrübt* || *trübselig* || fig *öde (Landschaft)* || **–lador** adj *hoffnungslos, jämmerlich* || **–lar** vt *betrüben* || ~**se** *sich grämen* || *verzagen* || *untröstlich sein*
descon|table adj ⟨Com⟩ *diskontierbar* || **–tado** adj: *por* ~ *selbstverständlich, natürlich, freilich* || ◊ *dar por* ~ *für selbstverständlich, für ganz sicher halten* || *estar (od quedar)* ~ *nicht in Frage kommen* || *¡~! selbstverständlich!* || **–tador** m *Remittent* m *e-s nicht honorierten Wechsels* || **–taminación** f ⟨Ökol⟩ *Entseuchung, Dekontamination* f *(& ⟨Nucl⟩)* || *planta de* ~ *Entseuchungsanlage* f || **–taminar** vt *entseuchen* || **–tar** [-ue-] vt *abrechnen, abziehen, in Abzug bringen* || *diskontieren (Wechsel)* || *(ri)stornieren, eskomptieren* || *herabsetzen* || fig *abstreichen, wegnehmen* || ◊ –*tando que ungeachtet, abgesehen davon, daß* || ~ *de la suma von dem Betrage abziehen* || ~**se** *sich verrechnen*
desconten|tadizo adj/s *mißvergnügt* || *mürrisch* || *wählerisch* || **–tar** vt *unzufrieden machen* || *mißfallen (dat)* || **–to** adj/s *unzufrieden, mißvergnügt (con mit* dat) || ◊ *estar* ~ *de si mismo mit sich*

selbst unzufrieden sein ‖ ~ *m Mißvergnügen* n ‖ *Unzufriedenheit* f

desconve|niencia f *Übelstand, Nachteil* m ‖ *Unschicklichkeit* f ‖ **–niente** adj *unpassend* ‖ *unschicklich* ‖ **–nir** [irr → **venir**] vi *nicht übereinstimmen* (con *mit*) ‖ *nicht gelegen sein* ‖ *nicht passen, abweichen* (con *von*)

descopar vt *die Krone absägen* (dat) *(Baum)*

descora|zonado adj *entmutigt* ‖ *mutlos, niedergeschlagen* ‖ **–zonar** vt *entmutigen* ‖ *einschüchtern* ‖ **~se** *verzagen* ‖ *den Mut verlieren*

descor|chador m *Korkenzieher* m ‖ **–char** vt *(Korkholz) abrinden* ‖ *entkorken (Flasche)* ‖ fig *abbrechen (um zu stehlen: Kasse, Behälter usw)* ‖ **–che** m *Abschälen* n *(Korkholz)* ‖ *Entkorken* n ‖ **descorificar** vt ⟨Tech⟩ *entschlacken*

descor|namiento m *Abstoßen* n *der Ecken* ‖ **–nar** [-ue-] vt *(die Hörner) abbrechen, abstoßen* ‖ △*aufdecken, verraten* ‖ **~se** fig pop *sich den Kopf zerbrechen*

desco|rrer vt *wieder zurück|laufen, -gehen (eine Strecke)* ‖ *auf-, zurück|ziehen (Vorhang usw)* ‖ *zurückschieben (Riegel)* ‖ *austräufeln lassen, ausdrücken (Flüssigkeit)* ‖ ◊ ~ *el cerrojo aufriegeln* ‖ ~ vi *ablaufen, abfließen* ‖ **–rrimiento** m *Ab|fluß, -lauf* m

descor|tés, esa adj/s *unhöflich, grob, ungeschliffen* ‖ adv: **~mente** ‖ **–tesía** f *Unhöflichkeit* f ‖ *Ungezogenheit* f ‖ *Grobheit* f

descorte|zado adj/s *entrindet* ‖ ~ m = **–zadura** f ‖ **–zador** m *Schälmesser* n ‖ *Schäler* m ‖ **–zadora** f *Schälmaschine* f *(für Haushalt)* ‖ *Entrindungsmaschine* f ‖ **–zadura** f *Schälrinde* f ‖ *entrindeter Baumteil* m ‖ *Entrindung, Abborkung* f, *Abschälen* n ‖ **–zamiento** m *Ent-, Ab|rinden* n ‖ ⟨Med⟩ *Ausschälung* f ‖ **–zar** [z/c] vt *entrinden, schälen* ‖ *abborken* ‖ fig *abschleifen, abhobeln, (sittlich) verfeinern*

desco|sedura f *Aufgetrennte(s)* n ‖ **–ser** vt *auf-, los|trennen (eine Naht)* ‖ *trennen, auflösen* ‖ *(Heftklammern) entfernen von* (dat) ‖ ◊ no ~ *los labios (od la boca)* figf *nicht mucksen, keinen Piep sagen* (→ a **despegar**) ‖ **~se** *auf|gehen, -platzen (Naht)* ‖ fig *sich verplappern* ‖ figf *Winde streichen lassen* ‖ ◊ ~ *de risa* fam *vor Lachen bersten* ‖ **–sido** adj/s *aufgetrennt* ‖ fig *nicht zusammenhängend* ‖ fig *unordentlich* ‖ fig *schwatzhaft, plauderhaft,* fam *Plaudertasche* f ‖ fam *toll, verrückt* ‖ ~ m *aufgetrennte Naht* f ‖ *como* un ~ fig *unmäßig* ‖ ◊ *gastar como* un ~ figf *maßlos verschwenden* ‖ *reír como* un ~ figf *aus vollem Halse lachen* ‖ *peor es lo roto que lo ~ lieber biegen als brechen*

descostrar vt *entkrusten* ‖ *den Schorf entfernen von* (dat)

desco|tado adj *ausgeschnitten (Frauenkleid)* ‖ **–te** m *(Hals) Ausschnitt* m, *Dekolleté* n *(des Frauenkleides)* ‖ ~ *bajo tiefer Ausschnitt* m ‖ *con ~ dekolletiert (Kleid)* ‖ **–tar** vt *dekolletieren* ‖ → a **esco|te, –tar** ‖ **–torrar** vt Cu *in Unordnung bringen* ‖ *zerstören*

descoyun|tamiento m *Verrenkung* f ‖ **–tar** vt *aus-, ver|renken* ‖ fig *plagen, belästigen* ‖ *verdrehen, entstellen* ‖ **~se**: ◊ ~ *a cortesías* fig joc *übertrieben höflich sein*

des|crédito m *Verlust des Ansehens, Mißkredit, Verruf* m ‖ *Schimpf, Schandfleck* m ‖ *caer en ~ in Verruf kommen, in Mißkredit geraten, sein Ansehen verlieren* ‖ ◊ *poner en ~ in Verruf bringen* ‖ **–creer** [irr → **creer**] vt/i *nicht glauben (de an acc)* ‖ *keinen Glauben schenken* (dat) ‖ **–creído** adj/s *ungläubig, unreligiös* ‖ *gottlos* ‖ *mißtrauisch* ‖ adv: **~amente** ‖ **–cremar** vt *entrahmen (Milch)* ‖ **~** a **desnatar** ‖ **–cribir** [pp/irr **–crito** vt *beschreiben, schildern* ‖ *abbilden* ‖ *erzählen* ‖ ◊ ~ *un círculo* ⟨Math⟩ *e~n Kreis beschreiben* ‖ ~ *una curva einen Bogen ziehen*

descrip|ción f *Beschreibung* f ‖ *Darstellung* f ‖ *Verzeichnis* n *(v. Gegenständen)* ‖ *Schilderung* f ‖ *Erzählung* f ‖ ~ *de la patente Patentbeschreibung* f ‖ *superior a toda ~ unbeschreiblich (schön usw)* ‖ **–tible** adj *zu beschreiben* ‖ **–tivo** adj *beschreibend, schildernd* ‖ *deskriptiv* ‖ *narración ~a Schilderung, Beschreibung* f ‖ *geometría ~a* ⟨Math⟩ *darstellende Geometrie* ‖ *música ~a Programmusik* f ‖ **–tor** m *Beschreiber* m ‖ *Darsteller* m ‖ *Schilderer* m

descrismar vt *jdm das Salböl abwischen* ‖ figf *jdm einen starken Schlag auf den Kopf geben (Anspielung auf die mit dem heiligen Öl gesalbte Stelle)*, fam *eins auf den Dassel geben* ‖ **~se** figf *aus der Haut fahren* ‖ figf *sich abrackern* ‖ figf *sich die Sohlen ablaufen* ‖ figf *sich den Kopf zerbrechen* ‖ ◊ ~ *trabajando* fig pop *sich zu Tode arbeiten*

descristia|nización f *Entchristianisierung* f ‖ **–nizar** vt *entchristianisieren* ‖ figf = **descrismar**

descrito adj *beschrieben* ‖ ◊ *no es para ~ es ist unbeschreiblich*

descrudado m ⟨Web⟩ *Entfetten* n

descruzar [z/c] vt: ◊ ~ *las manos die gekreuzten Hände (wieder) ausbreiten* ‖ ~ *las piernas die überschlagenen Beine wieder voneinandernehmen*

descuadrar vi PR *mißfallen*

descuadrillarse *(Am* pop **descuagri(l)larse)** vr *sich die Hüfte verrenken (Pferde)*

descua|jar vt *aufbrechen (Acker)* ‖ *ausroden (Gelände)* ‖ *auflösen (Geronnenes)* ‖ *entwurzeln (Baum)* ‖ *(Gestrüpp) beseitigen in* (dat) ‖ fig *den Mut nehmen* ‖ fig *den Wind aus den Segeln nehmen* (dat) ‖ **~se** vr fam *sich abplagen* ‖ **–jaringarse** vr fam *ermüden (Arm, Bein)* ‖ fam *schlappmachen* ‖ *schwach werden (vor Lachen)* ‖ **–jeringado** adj fam Arg Chi Pe *schlampig* ‖ **–jilotado** adj MAm *blaß* ‖ *verzerrt (Gesicht)* ‖ **–jo, –je** m *Ausrodung* f, *Roden* n

descuarti|zamiento m *Vierteilung* f *(beim Schlachten)* ‖ ⟨Hist⟩ *Vierteilung* f *(Strafe)* ‖ *Zerschlagen* n ‖ **–zar** [z/c] vt *vierteilen* ‖ fam *in Stücke schlagen* ‖ ◊ *ni aunque me –cen* fam *um keinen Preis, auch wenn es mich den Kragen kostet* ‖ *está –zado* figf *er ist wie gerädert*

descubier|ta f ⟨Mil⟩ *Erkundung* f *des Landes* ‖ ⟨Mil⟩ *(Erkundungs)Spitze* f ‖ ~ *de infantería Infanteriespitze* f ‖ ~ *de retaguardia Nachspitze* f ‖ *Auskundschaftung* f ‖ ⟨Mar⟩ *Beobachtung* f *des Sonnendurchgangs am Horizont* ‖ *Entdeckung* f ‖ ⟨Kochk⟩ *(unbelegter) Kuchen* m ‖ **–to** pp/irr v. **descubrir** ‖ ~ adj/s *ohne Decke, ohne Dach* ‖ *unbedeckt* ‖ *ohne Hut, barhäuptig* ‖ *offen, baumlos (Gegend)* ‖ *wolkenlos, heiter (Himmel)* ‖ *freiliegend* ‖ *offenbar* ‖ *schutzlos* ‖ *ungedeckt (Zahlung)* ‖ *überzogen (Konto)* ‖ *offen (Rechnung)* ‖ ⟨Mil⟩ *ohne Deckung, ungedeckt* ‖ ⟨Bot⟩ *nackt* ‖ ⟨Arch⟩ *im Rohbau* ‖ ⟨Bgb⟩ *über Tage* ‖ fig *preisgegeben, schutzlos* ‖ *operación (od negocio) al ~ Blankogeschäft* n ‖ *a pecho ~ ohne Schutzwaffen* ‖ fig *kühn, todesmutig* ‖ a la ~a, al ~ a cielo ~ *ohne Obdach, im Freien, unter freiem Himmel* ‖ *ohne Umschweife* ‖ en ~ *im Rückstand (mit Zahlungen)* ‖ ⟨Com⟩ *ohne Deckung* ‖ fig *wehrlos* ‖ ◊ *andar (od estar)* ~ *mit unbedecktem Haupt einhergehen* ‖ *estar (od quedar)* en (od al) ~ *(bei einer Abrechnung) ungedeckt sein, offenstehen* ‖ *Schuldner bleiben* ‖ *explotar al* ~ ⟨Bgb⟩ *über Tage abbauen* ‖ *girar en* ~ *überziehen* ‖ ~ m *Defizit, Mehrbetrag* m, *ungedeckte Schuld* f ‖ prov *Vorplatz, Hausflur* m

descu|bridero m *Aussichtspunkt* m ‖ **–bridor** m/adj *Entdecker, Erforscher* m ‖ ⟨Jur⟩ *Finder* m ‖ ⟨Mil⟩ *Kundschafter* m ‖ **–brimiento** m *Entdeckung, Erfindung* f ‖ *Auffindung* f ‖ ⟨Bgb⟩ *Mutung* f ‖ el ~ *de América die Entdeckung Amerikas* ‖ **–brir** [pp **–bierto**] vt *aufdecken, entblößen* ‖ *bloß|legen, -stellen* ‖ *zeigen, zu erkennen* geben || enthüllen *(Denkmal)* || entdecken *(Schätze, Länder)* || et erblicken, bemerken || *über|sehen, -schauen* || ausforschen, ermitteln || verraten *(Geheimnisse)* || offenbaren, kundgeben || jdn bloßlegen, blamieren || ⟨Mil⟩ entblößen, demaskieren, aufstöbern || ⟨Mar⟩ sichten || ◊ ~ el pastel, ~ la maraña fam *hinter ein Geheimnis kommen* || fam *Lunte riechen* || ~ su pecho fig *sein Herz ausschütten* || ~se *den Hut abnehmen* || *sich zeigen, an den Tag kommen, hervortreten* || fig *sein Herz ausschütten* || fam *sich blamieren*

descuello m *alles überragende Höhe* f *(& fig)* || *Überlegenheit* f || *Vorrang* m || *Eitelkeit* f, *Hochmut* m

descuento (Abk **desct.**⁰) m *Abrechnung* f, *Abzug* m, *Skonto* m/n || *(Sonder)Rabatt* m || *Abschlag, Preis|nachlaß* m, *-ermäßigung* f || *(Wechsel)Diskont* m, *Diskontierung* f || ~ por cantidad (es) *Mengen|nachlaß, -rabatt* m || ~ por merma (de peso) *Gewichtsabzug* m || ~ suplementario *Sonder-, Extra|rabatt* m || el usual ~ *der übliche Rabatt, Nachlaß* m || con el ~ máximo *mit bestem Rabatt* || ~ del 5 % *por pago* al contado *(od* de pronto pago*) Kassenskonto, Kassenabzug von 5 %* || banco de ~ *Diskontbank* f || negocios *(od* operaciones) de ~ *Diskontgeschäfte* npl || rebaja *(od* reducción) del ~ *Diskontherabsetzung* f || sin ~ *ohne Abzug* || neto y sin ~ *netto ohne Abzug* || ◊ admitir al ~ *zum Diskont annehmen (Wechsel)* || aumentar *(od* subir) el (tipo del) ~ *den Diskontsatz erhöhen* || conceder ~ *Rabatt, Skonto gewähren* || deducido el ~ *abzüglich Diskont* || presentar al ~ *zum Diskont präsentieren, vorzeigen*

descuerar vt Chi *abhäuten* || Chi fig *verleumden, lästern,* fam *klatschen*

descuer|nacabras m *kalter Nordwind* m || **-no** m fig f *Kränkung* f || *Unhöflichkeit* f

descui|dado adj *nach-, fahr|lässig* (ser) || *leichtsinnig* || *ahnungslos, achtlos, unachtsam* (estar) || *liederlich* || *unvorsichtig* || fam *schlampig* || *vernachlässigt* (estar) || ropa ~a *saloppe Kleidung* f || pillar *(od* coger) ~ *überraschen* || adv: **~amente** **-dar** vt *nicht beachten, außer acht lassen* || *vernachlässigen* || *versäumen* || ~ vi *nach-, fahr|lässig sein* || *unbesorgt sein* || ◊ ~ en alg. *sich auf jdn verlassen* || ¡~ de V.! *seien Sie unbesorgt, verlassen Sie sich darauf!* || ~se *nachlässig sein* || fig *sich vergessen, einen Fehltritt tun* || *unbesorgt sein, sich nicht bekümmern* (de, en *um*) || **-dero** m *Taschen-, Gelegenheits|dieb* m || ~ de autos *Automarder* m || **-do** m *Nach-, Fahr|lässigkeit, Sorglosigkeit* f || *Unachtsamkeit, Vergeßlichkeit* f || *Versehen* n || *Fehltritt, Mißgriff* m || *Unhöflichkeit, Unaufmerksamkeit* f || △*Taschendiebstahl* m || al ~, con ~ *afectado mit absichtlich versteckter Sorglosigkeit* || al menor ~ *beim geringsten Versehen* || *ehe man sich's versieht* || con (mucho) ~ *(sehr) nachlässig, sorglos* || por ~ *aus Versehen, versehentlich* || **-tado** adj *sorgenlos, leichtsinnig*

des|cular vt pop = **desfondar** || **-chaladora** f Am *Enthülsungsmaschine* f *(für Mais)* || **-chalar** vt Am *schälen (Mais)* || **-chapar** vt Arg *aufstoßen (Schloß)* || **-charchar** vt Guat Hond *(jdn) entlassen* || **-chavetarse** vr Chi *die Fassung verlieren*

desdar vt *zurückdrehen* || *zurückspulen* || Sant *e-n Knopf öffnen*

desde 1. prep *seit, von einer gewissen Zeit an* || *von einer gewissen Entfernung* || ~ ahora en adelante *von nun an* || ~ aquí *von hier (aus)* || ~ ayer *seit gestern* || ~ Berlin hasta Bilbao *von Berlin bis (od nach) Bilbao* || ~ donde *von wo (aus)* || ~ entonces *seitdem* || ~ von jener Zeit an || ~ hoy, ~ ahora *von heute, von nun an* || ~ schon jetzt || ~ hace algún tiempo *seit geraumer Zeit* || ~ hace quince dias *seit 14 Tagen* || ~ lejos *von fern* || ¿~ cuándo? *seit wann?* || ~ niño *von Kindheit an* || ~ las tres hasta las cinco *von drei bis fünf Uhr*
2. adv: ~ luego *alsbald, sogleich* || *natürlich, selbstverständlich* || zwar, wohl || ~ y ~ prov Am = ~ luego || ~ ya Arg *sofort*
3. ~ **que** conj *seit, seitdem*: ~ que tú viniste *seitdem du gekommen bist* || ~ que puedo recordar *solang(e) ich zurückdenken kann* || ~ que vi que no venías *sobald ich sah, daß du nicht kamst* || ~ que Gal *da (ja), weil*

desdecir [irr → **decir**] vi *widersprechen* (dat), *in Widerspruch stehen* (de *mit*), *abweichen* (de *von* dat) || fig *nicht passen* || ◊ ~ de a/c *nicht entsprechen, nicht übereinkommen (mit)* || *sich nicht schicken (für)* || ~ de los suyos *aus der Art schlagen, nicht nach s-r Familie geraten* || su conducta no desdice de su posición *sein Benehmen entspricht seiner Stellung* || ~**se** (de) vr *et zurücknehmen* || *et widerrufen* || ~ de su promesa *sein Versprechen zurücknehmen, nicht halten*

Desdémona f np *Desdemona* f

des|dén m *Geringschätzung, (stolze) Verachtung* f || fig *Sprödigkeit* f || *Gleichgültigkeit* f || ◊ ~ mit versteller *Sorglosigkeit* || con ~ *verächtlich, wegwerfend* || *von oben herab* || *geringschätzig* || **-dentado** adj/s *zahnlos* || ~**s** mpl ⟨Zool⟩ *Zahnarme, Edentaten* mpl (Edentata pl)

desde|ñable adj *verachtenswert* || ◊ no es (cosa) ~ *das ist nicht zu verachten* || **-ñador** adj = **-ñoso** || **-ñar** vt *geringschätzen, verachten* || *verschmähen* || *(es) nicht für nötig halten* || ~se a/c *es für unter seiner Würde halten, et zu tun* || **-ñoso** adj/s *verächtlich, geringschätzig* || *hochmütig* || *voller Verachtung* (hacia *für*)

desdibujado adj ⟨Mal⟩ *verzeichnet* || fig *unklar, verschwommen*

desdi|cha f *Unglück, Mißgeschick* n || *Unfall, Unglücksfall* m || *Kummer* m, *Elend* n || ◊ dejar a. hecho una ~ figf *et sehr schmutzig machen* || dejar a alg. hecho una ~ figf *jdn schrecklich zurichten, jdn sehr beschmutzen* || ~a **desgracia** || **-chadamente** adv *unglücklicherweise, leider* || **-chado** adj/s *unglücklich, un(glück)selig, elend* || fig *erbärmlich* || *einfältig* || fam *armer Teufel* m || fam *Pechvogel* m || *einfältige Person* f || ¡~ (de tí)! *(du) Unglücklicher!* || **-cho** pp/irr v. **desdecir** || **-go, -jo** → **desdecir**

desdo|blable adj ⟨Chem Nucl⟩ *(auf)spaltbar* || **-blamiento** m *(*desdoble) *Entfaltung* f || *Ausbreitung* f || ⟨Bot⟩ *Verdopp(e)lung* f || ⟨Biol⟩ *Teilung* f || ⟨Chem⟩ *Zersetzung* f || ⟨Chem Nucl⟩ *(Auf-)Spaltung* f (en in acc) || ⟨Tech⟩ *Aufbiegung* f || ⟨Mil⟩ *Entfaltung* f *(der Kräfte)* || ⟨Psychol Med⟩ *Spaltung* f || fig *Erklärung* f || fig *Vermehrung* f, *Zuwachs* m || ~ (de la personalidad) fig *Doppelgängertum* n || ⟨Psychol Med⟩ *Bewußtseinsspaltung* f || ~ psíquico *psychische Spaltung* f || **-blar** vt *entfalten, aufmachen, auseinanderlegen (z. B. Serviette)* || *ausbreiten* || *aufschlagen (Bett)* || ⟨Biol⟩ *verdoppeln, teilen* || ⟨Med Psychol Chem⟩ *spalten* || ⟨Chem⟩ *abbauen, zersetzen* || ⟨Tech⟩ *aufbiegen* || *geradebiegen* || ⟨Mil⟩ *abdrehen, die Richtung ändern* || *entfalten* || *umgehen* || ~se *auseinandergehen* || fig *sich entfalten (z. B. Aussicht)* || ⟨Mil⟩ *ausschwärmen*

desdo|rar vt *die Vergoldung entfernen (von* dat) || fig *den guten Ruf verdunkeln* || **-ro** m *Schandfleck, Schimpf* m, *Schande* f || *Unehre* f || **-roso** adj *ehrenrührig*

dese, desa pop = **de ese, de esa**

dese|able adj *wünschenswert, erwünscht* || *willkommen* || *begrüßenswert* || *begehrenswert* || *erstrebenswert* || adv: ~**mente** || **-ado** adj *erwünscht* || *begehrt* || *ersehnt* || hijo ~ *Wunschkind* n || **-ar** vt *(herbei)wünschen, verlangen, begehren* || *beabsichtigen, vorhaben, trachten (nach)* || *ersehnen* || *begehren* || *(mit Ungeduld) erwarten* || *(tun) wollen, mögen* || ◊ ~ a. alg. *jdm et wünschen* || ~ buen éxito *guten Erfolg wünschen* || ~ (un)

desecación — desempeñar 406

feliz Año Nuevo *frohes Neues Jahr wünschen* ‖ *dejar mucho (no dejar nada) que* ~ *viel (nichts) zu wünschen übrig lassen* ‖ *hacerse* ~ *auf sich warten lassen* ‖ *ser de* ~ *zu wünschen sein* ‖ *¡no hay más que* ~! *fam Ihr Wunsch ist mir Befehl!, Sie brauchen (es) nur zu wünschen!*
   dese|cación f *Trockenlegung f (Sumpf)* ‖ *Trockenheit* f ‖ *Austrocknung f, (Aus)Trocknen* n ‖ *Dörren* n *(Obst, Gemüse)* ‖ ⟨Tech⟩ *Wasserentziehung* f ‖ **–cado** *adj/s ausgestopft (Tier, Vogel)* ‖ *fam spindeldürr* ‖ ~ m *Trocknung* f ‖ **–cador** m ⟨Tech⟩ *Trockner, Exsikkator* m ‖ **–car** [c/qu] vt *(aus)trocknen* ‖ *trockenlegen, entwässern* ‖ *dörren* ‖ ~**se** *austrocknen* ‖ **–cativo** *adj/s austrocknend (Mittel)* ‖ → a **secante**
   dese|chadamente adv *auf schmähliche Art* ‖ **–char** vt *weg-, ver|werfen (Wertloses)* ‖ *ausschließen (Unbrauchbares, Mangelhaftes)* ‖ ⟨Tech⟩ *zum Ausschuß werfen* ‖ ⟨Bgb⟩ *aufgeben (Bergwerk)* ‖ *ausmerzen* ‖ fig *verschmähen, abweisen* ‖ fig *des Lokals verweisen (Friedensstörer)* ‖ fig *ablegen (Schuhe, Kleider)* ‖ fig *aus|scheiden, -schließen* ‖ *verbannen, entfernen (Furcht, Argwohn)* ‖ *ausschlagen (Angebot)* ‖ *nicht hören wollen (Mahnung)* ‖ ⟨Jur⟩ *ablehnen (Gesetzentwurf)* ‖ *verwerfen, zurückweisen (Rechtsmittel)* ‖ *abweisen (Klage)* ‖ *(Schlüssel) umdrehen (zum Öffnen)* ‖ *zurückschieben (Riegel)* ‖ ◊ ~ *del pensamiento aus dem Kopf schlagen* ‖ ~ *todo respeto rücksichtslos zu Werke gehen* ‖ ~ *todos los escrúpulos alle Bedenken beiseite lassen* ‖ **–cho** m *Aus|wurf, -schuß, Abfall, Müll* m, *Überbleibsel* m ‖ ⟨Mil⟩ *ausgemusterte Pferde* npl ‖ ⟨Tech⟩ *Rückstand, Ausschuß* m ‖ *Bruch* m ‖ ⟨Typ⟩ *Makulaturbogen* m ‖ ⟨Bgb⟩ *Abraum* m ‖ fig *Geringschätzung* f ‖ Cu *bester Rauchtabak* m ‖ Cu *Nebenweg* m ‖ *material de* ~ *Altmaterial* n ‖ *mercancía de* ~ *Ausschußware* f ‖ *papel de* ~ *Ausschußpapier* m ‖ ~**s** *mpl Ausschuß* m, *Abfälle* mpl, *Abfallprodukte* npl ‖ ~ *de vidrio Glasbruch* m
   △**deseguida** f *Straßendirne* f
   desellar vt *entsiegeln*
   desem|balador m *Auspacker* m ‖ *Markthelfer* m ‖ **–balaje** m *Auspacken* n ‖ **–balar** vt *auspacken* ‖ **–banastar** vt *aus einem Korb herausnehmen* ‖ ~**se** figf *aus dem Wagen steigen*
   desembara|zado adj *frei von Hindernissen* ‖ *ungezwungen, zwanglos* ‖ *frei, leer, geräumt (Zimmer)* ‖ adv: ~**amente** ‖ **–zar** [z/c] vt *frei-, los|machen (v. e–r Last, v. e–m Hindernis)* ‖ *(aus)räumen, leeren (Wohnung)* ‖ ~ vi *Chi entbinden, gebären (Frau)* ‖ ~**se** vr *sich freimachen (de von dat)* ‖ ◊ ~ *(de estorbos)* fig *Hindernisse aus dem Weg räumen* ‖ **–zo** m *Wegräumung* f *von Hindernissen* ‖ *Unbefangenheit* f ‖ fig *Ungezwungenheit, Zwanglosigkeit* f ‖ *con mucho* ~ *ganz ungezwungen, ungeniert*
   desembar|cadero m ⟨Mar⟩ *Landungs-, Lösch|platz* m ‖ *Landungsbrücke* f ‖ *Stapelplatz* m *zum Warenlöschen, Ausladestelle* f ‖ *Dampfersteg* m ‖ ⟨EB⟩ *Ankunftsbahnsteig* m ‖ **–car** [c/qu] vt/i *ausschiffen (Personen)* ‖ *ausladen (Waren)* ‖ *löschen (Schiff)* ‖ ~ vi *landen, ans Land steigen* ‖ *aussteigen* ‖ ⟨Mar⟩ *abheuern* ‖ *enden (Treppe)* ‖ fig *pop entbinden* ‖ ◊ ~ *del coche* fig *aus dem Wagen steigen* ‖ *estar para* ~ figf *vor der Niederkunft stehen (Frau)* ‖ ~**se** *landen* ‖ **–co** m ⟨Mar⟩ *Landung, Ausschiffung* f *(der Passagiere)* ‖ ⟨Mil⟩ *Landung* f ‖ *Etagen-, Treppen|absatz* m ‖ ~ *aéreo* ⟨Mil⟩ *Luftlandung* f ‖ **–que** m ⟨Mar⟩ *Löschen, Auslanden* n *(der Ladung)* ‖ *derechos de* ~ *Löschgebühren* fpl ‖ *puerto de* ~ *Löschungshafen* m
   desembar|gado adj *ungehindert, frei* ‖ **–gar** vt ⟨Jur⟩ *die Beschlagnahme aufheben* ‖ *von Hindernissen befreien* ‖ **–go** m ⟨Jur⟩ *Aufhebung* f, *Frei-*

gabe f *der Beschlagnahme*
   desemba|rrancar vt ⟨Mar⟩ *flottmachen (ein aufgelaufenes Schiff)* ‖ **–rrar** vt *ausschlämmen*
   desembaular vt/i *(aus dem Koffer) auspacken* ‖ fig *herausnehmen, -holen, hervorholen* ‖ figf *herausrücken (mit einem Anliegen)* ‖ figf *(jdm) sein Herz ausschütten*
   desemblantado adj *unähnlich* ‖ fig *verstört, blaß*
   desembo|cadero m *Mündung* f *(eines Flusses)* (& fig) ‖ **–cadura** f *(Fluß)Mündung* f ‖ ⟨Tech⟩ *Auslauf* m, *Ende* n ‖ **–car** [c/qu] vi *(ein)münden (en* in acc) ‖ *herausgehen (aus einer Straße)* ‖ ◊ ~ *en el mar sich in das Meer ergießen (Fluß)*
   desembol|sar vt *aus der Börse nehmen* ‖ *aus|legen, -geben, vorstrecken (Geld)* ‖ *einzahlen (Aktie)* ‖ *aus-, zurück|zahlen* ‖ **–so** m fig *Zahlung* f ‖ *Ausgabe, (Bar)Auslage* f ‖ *Vorschuß* m ‖ *Einzahlung* f *(Kapital)* ‖ ~ *inicial Anzahlung* f ‖ ~ *total Volleinzahlung* f ‖ ◊ *cubrir* ~**s** *Auslagen decken* ‖ *hacer* ~**s** *sobre acciones Einzahlungen auf Aktien leisten*
   desemboque m = desembocadero
   desembojar vt ⟨Web⟩ *die Kokons entfernen von*
   desemborrachar vt *ernüchtern* ‖ ~**se** vr *(wieder) nüchtern werden*
   desembotar vt *(wieder) schärfen, scharf machen*
   desembozar vt *enthüllen* (& fig) ‖ *offenbaren* ‖ ~**se** vr *das Gesicht enthüllen* ‖ fig *sein wahres Gesicht zeigen*
   desembra|gar [g/gu] vt/i ⟨Tech⟩ *ausrücken, auskuppeln, ausschalten* ‖ **–gue** m ⟨Tech⟩ *Aus|rücken* n, *-rückung, -lösung* f ‖ *Ausschaltung* f ‖ ⟨Aut⟩ *Auskuppeln* n ‖ ~ *automático Selbstausrückung* f ‖ *contramarcha de* ~ *ausrückbares Vorgelege* n ‖ *dispositivo de* ~ *Ausrückvorrichtung* f
   desembrear vt *entpichen*
   desembriagarse vr = desemborracharse
   desembridar vt *abzäumen (Pferd)*
   desem|brollar vt fam *entwirren* ‖ **–buchar** vt/i ⟨V⟩ *den Kropf leeren* ‖ fam *ausplaudern, herausplatzen (mit* dat) ‖ fam *auspacken* ‖ *¡desembucha!* pop *schieß los!* ‖ **–bullar** vt Cu *entmutigen*
   deseme|jable adj *ungeheuer* ‖ *schrecklich* ‖ **–jante** adj *unähnlich, verschieden* ‖ ~ *del resto vom übrigen verschieden* ‖ **–janza** f *Unähnlichkeit* f ‖ **–jar** vt *entstellen* ‖ vi *unähnlich sein* ‖ *anders sein*
   desem|pacar [c/qu] vt *auspacken* ‖ ~**se** vr *sich beruhigen, sich besänftigen* ‖ **–pachado** adj *zwanglos, ungezwungen* ‖ *unbefangen* ‖ **–pachar** vt *den Magen erleichtern* ‖ ~**se** vr fig *Mut fassen, die Scheu ablegen,* fam *auftauen* ‖ **–pacho** m *Zwanglosigkeit* f ‖ *Unbefangenheit* f ‖ *Dreistigkeit* f ‖ *Frechheit* f ‖ **–pañar** vt *(ein Kind) aus den Windeln nehmen* ‖ *abwischen (beschlagene Glasscheibe usw)* ‖ **–papelar** vt *Tapeten abreißen (v. Wänden)* ‖ *aus dem Papier auswickeln* ‖ **–paque** m *Auspacken* n ‖ **–paquetar** vt *auspacken* ‖ **–parejar** vt = *desparejar* ‖ **–patar** vt/i *(die Unbestimmtheit) nehmen* ‖ ◊ ~ *a* 3:0 ⟨Sp⟩ *(ein unentschieden gebliebenes Spiel) mit* 3:0 *entscheiden* ‖ **–te** m *Stichentscheid* m, „*Rittern*" n ‖ ⟨Sp⟩ *Entscheidung* f *eines unentschieden gebliebenen Spieles* ‖ **–pedrar** vt *(das Pflaster) aufreißen* ‖ ◊ ~ *la calle* figf *sehr eilig gehen,* figf *die Beine unter die Arme nehmen* ‖ **–pegar** vt *entpichen*
   desempe|ñar vt *ein-, aus|lösen (Pfand)* ‖ *(von Schulden) befreien* ‖ *ausführen, erledigen (Auftrag)* ‖ *erfüllen (Pflicht)* ‖ *ausüben, bekleiden (Amt)* ‖ ⟨Th⟩ *e–e Rolle spielen* (& fig) ‖ ◊ ~ *una hipoteca e–e Hypothek ablösen* ‖ ~ *un encargo sich eines Auftrages entledigen* ‖ ~ *un papel* ⟨Th⟩ *e–e Rolle spielen* (& fig) ‖ ~ *alg. de un trance difícil jdn aus e–r schwierigen Lage befreien*

desempeño — desentonar

|| ~se vr: ~ bien fam *sich gut schlagen*, figf *den Kopf aus der Schlinge ziehen* || **–ño** m *Aus-, Ein|lösen* n *(e–s Pfandes)* || *Auslösung* f *(e–s Schuldners)* || *Schuldentilgung* f || *Besorgung, Erledigung* f || *Bekleidung* f *(e–s Amtes)* || ⟨Th⟩ *Spiel* n *(e–r Rolle)* || fig *Befreiung* f
desem|pleado m *Arbeitsloser* m || **–pleo** m *Arbeitslosigkeit* f || *certificado de* ~ *Arbeitslosigkeitsbescheinigung* f || *seguro de* ~ *Arbeitslosenversicherung* f
desempolv(or)ar vt *ent-, aus|stauben* (→ a **despolv(ore)ar**)
desemponzoñar vt *entgiften* (& fig)
desempotrar vt ⟨Arch⟩ *abbrechen*
desemular vt pop = *disimular*
desen|amorarse vr *die Liebe, die Neigung verlieren* || **–cadenamiento** m *Entfesselung* f || **–cadenar** vt *losketten* || fig *entfesseln* || fig *aufpeitschen* || ◊ ~ *un ataque e–n Angriff entfesseln* || *el diablo anda -cadenado* fig *der Teufel ist los* || *estar -cadenado* fig *außer Rand u. Band sein* || **~se** *sich entfesseln, losbrechen, toben, wüten (Stürme, Leidenschaften)* || **–cajado** adj *verrenkt* || *verstört (Gesicht)* || ⟨Tech⟩ *ausgerastet* || ⟨Med⟩ *verstört (Gesicht)* || ⟨Tech⟩ *ausgerastet* || ⟨Med⟩ *verrenkt* || **–cajamiento** m ⟨Med⟩ *Verzerrung, Verrenkung* f || ⟨Tech⟩ *Ausrasten* n || **–cajar** vt ⟨Med⟩ *verrenken, verzerren* || ⟨Tech⟩ *ausrasten* || *aus den Fugen reißen* || **~se** vr *ausrasten* || *aus den Fugen gehen* || fig *sich vor Schreck weiten (Augen)* || fig *sich verzerren (Gesichtszüge)* || fig *außer Fassung geraten* || **–calante** m *Entkalkungsmittel* n, *Kalklöser* m || **–calar** vt *entkalken* || **–callamiento** m ⟨Mar⟩ *Abbringung* f || **–callar** vt ⟨Mar⟩ *abbringen* || *(wieder) flottmachen (aufgelaufenes Schiff)* || vi = **~se** || **~se** vr *frei-, los|kommen (v. Grund)* || **–caminar** vt = *descaminar* || **–cantar** vt *entzaubern, (den Zauber) brechen, lösen* || fig *ernüchtern* || fig *enttäuschen* || **~se** *enttäuscht werden* || **–canto** m *Entzauberung* f || fig *Ernüchterung, Enttäuschung* f
desen|capitar vt *(jdm) den Umhang abnehmen* || figf *aufdecken* || **~se** vr fig *sich aufhellen (Himmel, Stimmung)* || **–capricharse** vr *vernünftig werden* || **–carecer** vt *verbilligen* || **~se** vr *billiger werden* || **–cargar** vt *abbestellen*
desen|castillar vt *aus-, ver|treiben* || fig *enthüllen* || **–clavar** vt *losnageln* || *aus|klinken, -lösen* || *entriegeln* || ⟨EB⟩ *Strecke freigeben* || **–clavijar** vt *auseinander-, weg|reißen* || *fortstoßen* || ⟨Mus⟩ *die Wirbel herausziehen (e–s Saiteninstruments)* || **–cofrar** vt ⟨Arch⟩ *ab-, aus|schalen* || **–coger** vt *auseinanderbreiten, (aus)strecken* || **–cogimiento** m fig *Vorwitzigkeit* f || *Dreistigkeit* f || **–colar** vt *aufweichen, ablösen (Geleimtes)* || ⟨Web⟩ *entschlichten* || **~se** vr *aus dem Leim gehen* || **–conar** vt *kühlen (Entzündung)* || fig *besänftigen* || **~se** vr *abkühlen, ruhig werden* || **–cono** m *Kühlen* n *(Entzündung)* || *Beschwichtigung, Besänftigung* f
desen|cuadernar vt *(Umschläge) abreißen* || *auseinandernehmen (Einband)* || *losheften (Buch)* || **~se** vr *aus dem Einband gehen (Buch)* || **–chufar** vt *den Stecker herausziehen* || *auskuppeln* || △*tüchtig verprügeln*
desenfa|daderas fpl: ◊ *tener (buenas)* ~s fam *sich in der Verlegenheit leicht zu helfen wissen* || **–dado** adj *ungezwungen, ungeniert* || *frei, ungehemmt* || *geräumig, luftig* || *dreist, keck* || **–dar** vt *aufheitern* || *besänftigen, beschwichtigen* || *aufheitern* || **~se** *sich aufheitern* || **–do** m *Heiterkeit* f || *Zerstreuung* f, *Vergnügen* n || *Ungezwungenheit, Ungeniertheit* f || *Frechheit* f
desen|fard(el)ar vt *auspacken* || *aufschnüren (Warenbündel)* || **–filado** adj ⟨Mil⟩ *unbestrichen* || ⟨Mil⟩ *der Sicht entzogen* || **–filar** ⟨Mar Mil⟩ *decken* || ⟨Mil⟩ *der Sicht entziehen* || **–focado** adj ⟨Phot⟩ *falsch eingestellt* (& fig), *unscharf* || **–focar** vt ⟨Phot Opt⟩ *unscharf einstellen* || fig *e–e falsche Einstellung haben* || **~foque** m *Unschärfe* f || *falsche Einstellung* f (& fig) || *falscher Standpunkt* m
desenfrailarse vr *aus dem Kloster austreten*
desenfre|nado adj *zügel-, hemmungs|los, ausschweifend* || *corriendo –nadamente in rasendem Lauf* || **–nar** vt *abzäumen (Pferd)* ||**. ~se** vr *zügel-, hemmungs|los leben* || fig *wüten, losbrechen (Krieg, Gewitter usw)* || **–no** m *Zügel-, Hemmungs|losigkeit* f || *Ungestüm* n || ~ *de vientre* pop *Durchfall* m
desen|fundar vt *aus dem Futteral, Überzug nehmen (von dat)* || **–ganchar** vt *ab-, aus-, los|haken* || *aus-, ab|spannen (Pferde)* || ⟨Aut⟩ *abhängen* || ⟨EB⟩ *einen Wagen abkuppeln* || **–ganche** m ⟨Tech⟩ *Auslösung* f || *Ausrücken* n || ⟨Aut⟩ *Abhängen* n || ⟨Pol⟩ *Auseinanderrücken* n *der (befeindeten) Machtblöcke*
desenga|ñadamente adv *klar, aufrichtig* || figf *erbärmlich* || **–ñado** adj *enttäuscht* || *ernüchtert* || figf *verächtlich* || *unbrauchbar* || *Am garstig, häßlich* || **–ñar** vt *enttäuschen, witzigen* || *ernüchtern* || *die Illusion nehmen, die Augen öffnen* (a alg. *jdm*) || **~se** *den Irrtum einsehen* || *e–e Enttäuschung erleben* || ◊ ~ *de ilusiones seine Illusionen verlieren* || *¡desengáñese V.! geben Sie sich keinen Täuschungen hin!* || *sehen Sie es ein!* || *me estoy desengañando mir gehen die Augen auf* || **–ño** m *Enttäuschung* f || *Belehrung* f || *Ernüchterung* f
desen|garzar vt *ausfädeln (Perlen usw)* || **–gastar** vt *aus der Fassung nehmen (Brillanten usw)*
desen|grasado, –grasamiento m = **–grase** || **–grasar** vt *entfetten* || ⟨Chem Tech⟩ *entfetten* || *entölen* || *(chemisch) reinigen* || *entschweifen (Wolle)* || ⟨Kochk⟩ *ausbraten* || ~ vi fam *schlank werden* || **–grase** m *Entfettung* f || **–grosar** [-ue-] vt *dünn, mager machen* || ~ vi *mager werden* || **–hebrar** vt *ausfädeln (Nadel)* || **–jaezar** vt *abschirren (Pferd)* || **–jaular** vt *aus dem Käfig lassen* || **–lace** m *(Auf)Lösung* f || *Ende* n || *Ausgang* m *(e–s Dramas usw)* || ~ *funesto tragisches Ende* n || fig *Tod* m || **–lazar** [z/c] vt *auf-, los|binden, auf|schnüren, -schnallen, -lösen* || **~se** fig ⟨Th⟩ *sich lösen (dramatischen Knoten)* || **–lodar** vt *von Schlamm (u. Schmutz) befreien* || **–marañar** vt *aus-, ent|wirren* || **–mascarar** vt *jdm die Maske vom Gesicht nehmen* || *demaskieren* || *freilegen* || fig *jdm die Maske vom Gesicht reißen, entlarven, enthüllen*
deseno|jar vt *besänftigen, beruhigen* || **–jo** m *Besänftigung* f || *Beruhigung* f
desen|redar vt *aus-, ent|wirren* || *durchkämmen (Haare)* || fig *Ordnung bringen in* acc || **~se** vr fig *sich befreien (aus e–r schwierigen Lage)* || **–rollar** vt *aufrollen* || *abspulen* || **~se** *sich aufrollen* || **–roscar** [c/qu] vt *aufrollen* || *aufschrauben* || **–sibilización** f ⟨Med Phot⟩ *Desensibilisation* f || **–sibilizar** vt ⟨Med Phot⟩ *desensibilisieren, unempfindlich machen* || ⟨Phot⟩ *weniger lichtpfindlich machen* || **–sillar** vt *absatteln* || **–tenderse** [-ie-] vt *sich unwissend stellen* || *absehen (von* dat*)* || *sich fernhalten (von* dat*)* || ◊ ~ *de a/c sich um et nicht bekümmern, et außer acht lassen, nicht beachten* || *hacerse el –tendido den Unwissenden spielen* || *so tun, als ob man et nicht merkte* || **–terrar** [-ie-] vt *ausgraben* || fig *(das Verborgene) aufdecken, aufwärmen* || *heben (Schatz)* || fig *aufstöbern, ausfindig machen* || *der Vergessenheit entreißen* || fam *aufwärmen (Vergangenes), (alte Geschichten) ausgraben*
desentoldar vt *das Sonnensegel bzw die Markise abnehmen*
desento|nado adj *verstimmt, mißtönig* || fig *laut (Lachen)* || adv: **~mente** || **–nar** vt *demütigen* || vi ⟨Mus⟩ *sich verstimmen* || fig *störend wirken*

desentono — desfilar

|| ~ con *nicht zusammenpassen mit* (dat) || ~se vr fig *aufbrausen* || *ausfallend werden* || **-no** *m* ⟨Mus⟩ *Mißton* m || fig *hochfahrender Ton* m || *Ungehörigkeit* f
desen|torpecer vt *wieder beweglich machen (Glied)* || fig *jdm Schliff* (bzw *Erziehung*) *beibringen* || **-trampar** vt fam *von Schulden freimachen* || ~**se** vr fam *s-e Schulden tilgen* || **-trañar** vt *ausweiden (Vögel)* || fig *ergründen, erfassen, herausbringen* || ~**se** vr fig *sein Letztes hergeben* || **-trenado** adj *aus der Übung (gekommen)* || **-trenamiento** m *mangelndes Training* n || **-tumecerse** [-zc-] (Am pop **-tumerse**) vr *aus der Erstarrung erwachen* || fig *zu sich kommen* || **-vainar** vt *(den Degen) aus der Scheide ziehen* || fig *hervorholen, an den Tag legen* || ~ vi *(blank-) ziehen (zum Gefecht)* || **-venenar** vt *entgiften* || **-viudar** vi *wieder heiraten*
desen|voltura *f* fig *ungezwungene Haltung, Ungeniertheit* || *Unbefangenheit* f || fig *Frechheit, Unverschämtheit* f || **-volver** [irr → **volver**] vt *auf-, los|wickeln, aufrollen* || *auspacken* || *entfalten* || *abwickeln* || ⟨Mil⟩ *entwickeln* || fig *ent|hüllen, -ziffern, erklären* || fig *entwickeln, entfalten* || fig *erforschen, untersuchen* || ~**se** vr *sich entwickeln* (& fig) || **-volvimiento** m *Abwickeln, Auf-, Ent|rollen* n || *Entwicklung* f || *Ab-, Ver|lauf* m || *Weiterentwicklung* f || ⟨Mil⟩ *Entwicklung, Entfaltung* f || *Darlegung* f || *Entwirrung* f || ~ *comercial hispano-alemán die Entwicklung des spanisch-deutschen Handels* || **-vueltamente** adv fig *ungezwungen, frei* || **-vuelto** adj *unbefangen, ungezwungen* || *dreist, frech, keck* || *leichtfertig* || **-yesar** vt ⟨Chir Med⟩ *entgipsen, den Gips abnehmen von* || *den Gips (von der Wand) abmachen* || **-zarzar** [z/c] vt figf *(Streitende) trennen*
deseo m *Verlangen, Sehnen* n || *Wunsch* m || *Begehren* n || *Begierde, Lust* f || *Sehnsucht* f || *Absicht* f || *Bestreben* n || *Drang* m || ~ *ardiente brennender Wunsch* m || ~ *de comer Eßlust* f || ~ *de defecar Stuhldrang* m || ~ *de gloria Ruhmsucht* f || ~ *de orinar Harndrang* m || ~ *de saber Wissensdrang* m || *el vivo* ~ *der lebhafte Wunsch* || *de conformidad con (od conforme a) su* ~ *Ihrem Wunsch(e) entsprechend* || *a medida del* ~ *nach Wunsch, nach Herzenslust* || *según* ~ *nach Ihrem Wunsch* || *según* ~ *general auf allgemeines Verlangen* || *animado de* ~ (de) *von dem Wunsch(e) beseelt (zu)* || ◊ *cumplir un* ~ *e-n Wunsch erfüllen* || *satisfacer un* ~ *e-m Wunsch(e) entsprechen* || *venir en* ~ *de a. et begehren* || **-so** adj *begierig (de nach, zu)* || *bestrebt (de zu* dat) || *von dem Wunsch(e) beseelt (zu* inf) || *sich sehnend, sehnsüchtig* || ~ *de ayudarlo mit der Absicht, ihm zu helfen* || ◊ *estar extremadamente* ~ *den dringenden Wunsch haben*
desequili|brado adj *unausgeglichen* (& fig) || *gleichgewichtsgestört* || ⟨Med⟩ *labil* || *geistig gestört* || *unsicher (Gang)* || fig *unbesonnen, unvernünftig* || fam *(halb) verrückt* || **-brar** vt *aus dem Gleichgewicht bringen* || ~**se** vr *aus dem Gleichgewicht geraten* (& fig) || **-brio** m *Gleichgewichtsstörung* f || *Mißverhältnis* n || ⟨Tech⟩ *Unwucht* f || ~ *mental Geistesverwirrung* f
deser|ción f *Abtrünnigwerden* n, *Abfall* m || ⟨Mil⟩ *Fahnenflucht* f || *Untreue* f || ⟨Jur⟩ *Verzichtleistung* f *(auf ein eingelegtes Rechtsmittel)* || **-tar** vt/i *abtrünnig werden, (von e-r Partei) abfallen* || ⟨Mil⟩ *fahnenflüchtig werden, desertieren* || *zum Feinde überlaufen* || ⟨Jur⟩ *auf ein eingelegtes Rechtsmittel verzichten* || ⟨Jur⟩ *e-n Prozeß durch Nichtbetreiben aufgeben* || ◊ ~ *al campo contrario in das feindliche Lager überlaufen* || ~ *de su bandera fahnenflüchtig werden* || **-tor** m ⟨Mil⟩ *Fahnenflüchtige(r)* m || *Überläufer* m || *Deserteur* m || fig *Abtrünnige(r)* m || fig *Arbeitsverweigerer* m

desértico adj *wüstenartig* || *öde* || *Wüsten-*
deservicio m *schlechter Dienst* m || *Verstoß* m *gegen die Dienstvorschriften*
desesca|lada f ⟨Pol⟩ *Deeskalation* f || **-lar** vt/i *deeskalieren*
desescom|brar vt *enttrümmern, den Schutt forträumen* || **-bro** m *Trümmerbeseitigung* f || *Aufräumungsarbeit(en)* f(pl)
desespe|ración f *Verzweiflung, Trostlosigkeit* f || *Hoffnungslosigkeit* f || fig *Wut* f, *äußerster Zorn* m || *es una* ~ figf *es ist zum Verzweifeln* || *ser la* ~ *de alg. jdn zur Verzweiflung bringen* || **-rado** adj/s *verzweifelt, hoffnungslos* || ~ *de verzweifelnd an* (dat) || *como un* ~ *wie ein Besessener, aus Leibeskräften* || ◊ *correr como un* ~ figf *wie verrückt laufen* || *a la* ~**a** *in (letzter) Verzweiflung* || ~ m *Verzweifelter* m || *Desperado* m || *Bandit* m || **-rante** adj *entmutigend* || *zum Verzweifeln* || **-ranza** f = **-ción** || **-ranzado** adj *hoffnungslos, verzweifelnd* || **-rar** vt *zur Verzweiflung bringen* || fig *ärgern, quälen* || ~ vi *verzweifeln* (de *an*) || ◊ *se desespera de su salvación man gibt die Hoffnung auf seine Rettung auf* || *ya desesperábamos de verte wir gaben schon alle Hoffnung auf, dich zu sehen* || ~**se** *verzweifeln* (de *über*) || **-ro** m Ar = **-ración**
deses|tanco m *Aufhebung* f *des Monopols* || **-tero** m *Wegräumen* n *der Matten* || **-tibar** vt *ausladen, löschen* || **-tima(ción)** f *Geringschätzung* f || *Verachtung* f || ⟨Jur⟩ *Abweisung* f *(z. B. e-r Klage)* || *Verwerfung* f *(v. Rechtsmitteln)* || **-timar** vt *verachten, geringschätzen* || *ablehnen, abweisen (Auftrag)* || *abschlagen, unberücksichtigt lassen (Klage, Gesuch)* || *verwerfen (Rechtsmittel)*
desfacedor m (* *und* iron): ~ *de entuertos Weltverbesserer* m
desfacha|tado adj fam *unverschämt, dreist* || **-tez** [pl **-ces**] f fam *Dreistigkeit, Unverschämtheit* f
desfal|car [c/qu] vt *abziehen, wegnehmen* || *(Gelder) hinterziehen, unterschlagen, veruntreuen* || **-co** m *Abzug, Schaden* m, *Einbuße* f || *Unter|schlagung* f, *-schlief* m, *Hinterziehung* f
desfalle|cer [-zc-] vt *schwächen* || vi *in Ohnmacht fallen* || *schwach, matt werden, ermatten* || ~ *de ánimo den Mut verlieren* || *sin* ~ *unermüdlich, beharrlich* || **-cido, -ciente** adj *schwach, hinfällig* || **-cimiento** m *Mattigkeit, Mutlosigkeit* f || *Schwäche* f || *Ohnmacht* f || ◊ *me siento al borde del* ~ *mir schwinden die Kräfte*
desfa|sado adj ⟨TV⟩ *unscharf (Bild)* || ⟨El⟩ *phasenverschoben* || fig *überholt* || *zeitfremd, anachronistisch* || fig *gestört, unregelmäßig* || **-s(aj)e** m ⟨Phys⟩ *Phasenverschiebung* f || fig *Verschiebung* f || fig *mangelnde Abstimmung* f || fig *Zeitfremdheit* f
desfavo|rable adj *ungünstig, nachteilig* || *in-fluir* ~**mente** (sobre) *e-n verderblichen Einfluß ausüben (auf)* (acc) || **-recer** vt *benachteiligen* || *jdm die Gunst entziehen* || *jdm nicht gut stehen, jdm nicht passen (Frisur, Bekleidung)*
desfi|bradora f *Entfaserungsmaschine* f || *Zerfaserer* m || *Schleifer* m *(Papierindustrie)* || *Lumpenreißer, Zerreißmaschine* f *(Fasern)* || *Reißwolf* m || **-brar** vt *entfasern* || *zerfasern (Holz)* || *zerreißen (Stoff)* || ~**se** vr *abfasern (Holz)*
desfigur|ación f *Entstellung* f || *Mißgestaltung* f || ⟨Radio⟩ *Verzerrung* f || *sin* ~ *verzerrungsfrei* || **-ado** adj *verzerrt (Wiedergabe)* || **-ar** vt *entstellen, verunstalten* || *verzeichnen* || *verzerren (Text)* || *verstellen, unkenntlich machen* || *verfälschen* || ◊ ~ *el hecho* ⟨Jur⟩ *den Tatbestand entstellen* || ~**se** vr *das Gesicht verzerren bzw verstümmeln* || *in Zorn geraten*
desfi|ladero m *Engpaß, Hohlweg* m, *Schlucht* f || **-lado** adj: ◊ *marchar a la* ~**a** *einer hinter dem andern (fam im Gänsemarsch) gehen* || **-lar** vi *einzeln hintereinander gehen* || *defilieren, vor-*

bei\marschieren, -ziehen (Truppen) ‖ fig *vorbei-, vorüber\ziehen* ‖ ◊ ~ en paso de parada, ~ al paso de la oca ⟨Mil⟩ *im Parade-, Stech\schritt vorbeimarschieren* ‖ ~ por delante (de) *vorüberziehen (an)* (dat) ‖ **-le** *m* ⟨Mil⟩ *Parade* f, *Vorbeimarsch* m ‖ *Vorbeiziehen* n, *Umzug* m ‖ ⟨Pol⟩ *Vorbeimarsch* m ‖ *Aufeinanderfolge, lange Reihe* f ‖ ~ con antorchas *Fackelzug* m ‖ ~ de modelos *Mode(n)schau* f ‖ ~ naval ⟨Mar⟩ *Flottenparade* f
desflo\ración, -ramiento *m Verblühen* n ‖ fig *Entjungferung, Defloration* f ‖ *Schändung* f ‖ **-rar** vt *leicht berühren* ‖ fig *entjungfern, deflorieren* ‖ *schänden, entehren* ‖ ⟨Tech⟩ *abnarben, schlichten (Leder)* ‖ Δ*entdecken* ‖ ◊ ~ un asunto *e-e Sache (Angelegenheit) obenhin berühren*
desflo\gar [g/gu] vt ⟨Mar⟩ *sich in Regen auflösen (Sturm)* ‖ *löschen (Kalk)* ‖ ◊ ~ la cólera en alg. *seinen Zorn an jdm auslassen* ‖ **~se** vr *sich austoben*
desfon\dar vt *rigolen* ‖ *(den Boden e-s Fasses) einschlagen* ‖ *(durch)löchern* ‖ *in den Grund bohren (Schiff)* ‖ **~se** *den Boden verlieren (Gefäß usw)* ‖ **-de** *m* ⟨Agr⟩ *Rigolen* n ‖ ⟨Tech⟩ *(Erd)Ausschachtung* f ‖ *Tiefschnitt* m *(beim Baggern)*
des\fruncir [c/z] vt *entrunzeln* ‖ *glätten* ‖ ◊ ~ el ceño *e-e heitere Miene annehmen* ‖ **-fumar** vt *enträuchern* ‖ **-gaire** *m gezierte Nachlässigkeit f in den Bewegungen* ‖ al ~ *nachlässig, verächtlich* ‖ **-gajar** vt *(e-n Ast mit Gewalt) vom Stamme reißen* ‖ *zer\brechen, -schlagen, -trümmern* (& fig) ‖ **~se** *sich losreißen (Ast, Felsstück)* fig *losbrechen (Sturm)* ‖ **-galichado** adj fam *liederlich, schlampig, ungepflegt* ‖ *abgerissen* ‖ **-galillarse** vr PR Guat Pe = **-gañitarse**
desga\na *f*, **-no** *m Appetitlosigkeit* f ‖ fig *Unlust* f ‖ *Ekel* m ‖ a ~ *widerwillig* ‖ **-nado** adj *appetitlos* ‖ *überdrüssig* ‖ ~ de hablar *ohne Lust zu sprechen* ‖ ◊ estar ~ *keine Eßlust haben* ‖ **-nar** vt *jdm die (Eß)Lust vertreiben* ‖ **~se** vr *den Appetit (bzw die Lust) verlieren*
desga\ñitarse, -ñifarse, *-ñirse [pret -ñó] vr fam *sich heiser schreien, sich abschreien,* fam *sich die Lunge aus dem Halse schreien*
desgar\bado adj *unmanierlich, anmutlos* ‖ *tölpelhaft, plump* ‖ *von schlechtem Wuchs, unansehnlich* ‖ *schlotterig* ‖ **-bo** *m Nachlässigkeit, Liederlichkeit* f
desgargantarse vr fam *sich heiser reden, schreien*
desga\rrado adj/s *frech, schamlos, unverschämt* ‖ *ungeschliffen* ‖ *verarbeitet (Hände)* ‖ **-rrador** adj *(herz)zerreißend* ‖ *herzbrechend* ‖ **-rrar** vt *zer\reißen, -fetzen* ‖ *abdrücken (Seele)* ‖ **~se** *sich losreißen* ‖ *sich aufspalten* ‖ *(zer)reißen* ‖ **-rriate** *m* Mex *Zerreißen* n ‖ *Verheerung* f ‖ **-rro, -rre** *m Bruch, Riß* m ‖ fig *Frechheit, Unverschämtheit* f ‖ fig *Großsprecherei* f ‖ Chi *Schleim(auswurf)* m ‖ con ~ *keck, dreist* ‖ **-rrón** *m großer, weiter Riß* m ‖ *herabhängender Fetzen* m *(von e-m Kleid)*
desga\sado *m*, **-sificación** *f* ⟨Tech⟩ *Entgasung* f ‖ **-s(ific)ar** vt ⟨Chem⟩ *entgasen*
desgas\tado adj *(nach und nach) abgenutzt, abgetragen* ‖ fig *verbraucht* ‖ **-tar** vt *(nach und nach) abnutzen, verzehren, zerstören* ‖ *verschleißen* (& Tech) ‖ fig *zermürben, aufreiben* ‖ fig *sittlich verderben* ‖ fig *verbrauchen, verschleißen (Kräfte)* ‖ ◊ ~ el arma ⟨Mil⟩ *die Waffe ausschießen, abnutzen* ‖ el pavimento *die Straße ausfahren* ‖ ~ los zapatos *die Schuhe ablaufen, abtreten* ‖ **~se** fig *sich (nach und nach) abnutzen, verschleißen* ‖ *auslaufen (Lager)* ‖ **-te** *m Abnutzung, allmähliche Aufreibung* f ‖ ⟨Tech⟩ *Kraftaufwand* m ‖ *Beanspruchung* f ‖ fig *Zermürbung* f, *Verbrauch* m ‖ batalla de ~ ⟨Mil⟩ *Zermürbungsschlacht* f
des\glosar vt *aus e-m Einband reißen (gebundenes Buch)* ‖ *entziffern* ‖ *gliedern, aufschlüsseln*

(z. B. Kosten) ‖ *verstümmeln (Urkunde)* ‖ **~se** fig *auseinandergehen* ‖ **-glose** *m (Auf)Gliederung, Absonderung* f ‖ ⟨Com⟩ *Aufschlüsselung* f *(Statistik)* ‖ *Verstümmelung* f *(v. Urkunden)* ‖ *Ausradieren* n *v. Anmerkungen*
desgo\bernado adj *unordentlich, zuchtlos* ‖ *unbeherrscht (Benehmen)* ‖ **-bernar** vt *in Unordnung bringen* ‖ *herunterwirtschaften* ‖ ⟨Pol⟩ *schlecht regieren* ‖ ⟨Mar⟩ *schlecht steuern, schlecht führen (Schiff)* ‖ *ausrenken (Knochen)* ‖ **-bierno** *m Unordnung, Mißwirtschaft* f ‖ *Zuchtlosigkeit* f ‖ *Unbeherrschtheit* f ‖ *Regierungslosigkeit* f
desgolletar vt *ab\brechen, -schlagen (Flaschenhals)* ‖ **~se** vr *den Hals freimachen*
desgra\cia *f Unglück, Mißgeschick* n ‖ *Unheil* n ‖ *Un(glücks)fall* m ‖ *Kummer* m ‖ *Ungnade* f ‖ *Mangel* m *an Anstand, Unbeholfenheit* f ‖ el colmo de (la) ~ *das höchste Unglück* ‖ para colmo de ~ *um das Unglück vollzumachen* ‖ por ~ *zum Unglück, unglücklicherweise* ‖ ¡qué ~! *was für ein Unglück!*, fam *welch ein Pech!* ‖ ◊ caer en ~ figf *in Ungnade fallen* ‖ estar *(od* entrar*)* en ~ *Unglück haben, ins Unglück geraten* ‖ hubo ~s personales *es kam zu Personenschaden (Unfall)* ‖ ocurrió una ~ *es ist ein Unglück geschehen*
desgra\ciada f prov *Hure* f ‖ **-ciado** adj *unglücklich, unselig* ‖ *unheilvoll* ‖ *unangenehm* ‖ *ungeschickt* ‖ *ohne Anmut, unbeholfen* ‖ fig *arm (-selig)* ‖ ◊ estar ~ *kein Glück haben* ‖ fam *Pech haben* ‖ **-amente** adv *unglücklicherweise* ‖ *leider* ‖ ~ *m Unglückliche(r),* fam *Pechvogel* m ‖ fam *armer Teufel* m ‖ ¡~! *Unglücklicher!* ‖ prov Ec Guat Mex Pe RPl *Hurensohn! (schwere Beleidigung)* ‖ Arg *so ein Jammerlappen!* ‖ **-ciar** vt *verdrießlich machen* ‖ *jdm mißfallen* ‖ *ins Unglück stürzen* ‖ ~ vi *mißlingen* ‖ **~se** *miß\glücken, -lingen* ‖ ~ *in Ungnade fallen* ‖ *auseinandergeraten (Freundschaft)* ‖ *unkommen, verunglücken* ‖ prov Arg Chi *Winde streichen lassen,* pop *furzen* ‖ Chi *(Selbst)Mord begehen* ‖ Chi *unfreiwilligen Stuhlgang haben*
desgra\nador adj: *(máquina)* **~a** *Auskörn-, Entkernungs\maschine* f ‖ **-nar** vt/i *auskörnen (Getreide)* ‖ *ausschalen, aushülsen (Hülsenfrüchte)* ‖ *abbeeren (Trauben)* ‖ *riffeln (Flachs)* ‖ ◊ ~ las cuentas del rosario fig *den Rosenkranz abbeten* ‖ *maldiciones mit Flüchen um sich werfen* ‖ el arroyo *-nando su perlería* ⟨poet⟩ *der perlend dahinfließende Bach* ‖ **~se** *abbröckeln, verwittern* ‖ *ausfallen (Getreide)* ‖ **-ne** *m Aus\körnen, -hülsen* n ‖ *Abbeeren* n
des\grasar vt *entfetten* ‖ *entschweißen (Wolle)* (→ a *desengrasar*) ‖ **-grase** *m Entfetten* n ‖ **-gravación** *f Abgabenfreiheit* f ‖ *Entlastung* f ‖ ~ fiscal *Steuervergünstigung* f ‖ **-gravar** vt *entlasten* ‖ *erleichtern* ‖ *Steuererleichterungen gewähren*
desgre\ñado adj *mit zerzausten Haaren* ‖ fig *traurig, abgezehrt* ‖ **-ñar** vt *zerzausen, auflösen (die Haare)* ‖ fig *verwirren* ‖ **~se** fam *sich in die Haare fahren, sich streiten*
des\guace *m* ⟨Mar⟩ *Schiff\ausschlachten, -abwracken* n ‖ allg *Verschrotten* n ‖ prov *Holzfällen* n ‖ para ~ *schrottreif* ‖ **-guanzado** adj Mex *schwach, kraftlos* ‖ **-guañangado** adj Am *zer\lumpt, -rissen*
desguarne\cer [-zc-] vt *(den Besatz e-s Kleides) abnehmen* ‖ *(die Beschläge e-r Tür) abnehmen* ‖ *den Lederbelag abziehen* ‖ *unbrauchbar machen (Werkzeug)* ‖ *abschirren (Pferde)* ‖ ⟨Mil⟩ *(e-e Festung bzw Stellung von Truppen) entblößen* ‖ fig *des Glanzes berauben* ‖ **-cido** adj fig *haarlos (Schläfen)*
desgua\zamiento *m* = **-guace** ‖ **-zar** [z/c] ⟨Zim⟩ *aus dem groben hauen* ‖ *abhobeln* ‖ allg. *verschrotten* ‖ ⟨Mar⟩ *ein Schiff ausschlachten, abwracken* ‖ Cu Ven *zer\brechen, -stören* ‖ **-zo** *m* Cu = **-ce**

deshabillé *m* frz *Negligé* n ‖ *Morgenrock* m
deshabi|tado adj *unbewohnt, leerstehend* ‖ **-tar** vt *verlassen (Wohnung)* ‖ *entvölkern (Gebiet)* ‖ **-tuación** f *Abgewöhnung* f ‖ **-tuar** [pres –úo] vt *abgewöhnen* (a alg. de a. *jdm et*) ‖ ~**se** *sich et abgewöhnen*
deshacer [irr → **hacer**] vt *auseinandernehmen* ‖ *abbauen* ‖ *zer|legen, -stückeln* ‖ *zerbrechen* ‖ *zerreißen* ‖ *zerhauen* ‖ *vernichten* ‖ *zerstören* ‖ *aufreiben* ‖ *vertilgen* ‖ *niederreißen* ‖ *abschaffen* ‖ *los-, auf|lösen* ‖ *schmelzen, lösen* ‖ *aufmachen* ‖ *aufknoten* ‖ *auspacken (Koffer)* ‖ *aufbinden* ‖ *teilen (geschlachtetes Vieh)* ‖ ⟨Mil⟩ *auf|reiben, -lösen, vernichtend schlagen, vernichten (Heer)* ‖ fig *mindern, schmälern* ‖ fig *durchbringen, verschwenden* ‖ fig *(e–n Vertrag) rückgängig machen* ‖ *wiedergutmachen (Versehen)* ‖ ◊ ~ *agravios Bedrängte rächen (Rittertugend)* ‖ ~ *en agua in Wasser auflösen* ‖ ~ *un embuste e–e Betrügerei aufdecken* ‖ ~ *un error e–n Fehler verbessern, wiedergutmachen* ‖ ~ *lo hecho das Geschehene ungeschehen machen* ‖ ~ *un nudo e–n Knoten lösen* ‖ ~**se** *auseinandergehen, sich auflösen* ‖ *zerschellen* (contra *an*) ‖ *zerbrechen* ‖ *aufgehen, sich auflösen* ‖ *aufgehen (Naht)* ‖ *auf den Markt werfen, abstoßen (Waren)* ‖ ◊ fig *vor Begierde vergehen* ‖ ~**se de a.** *sich entledigen* (gen), fam *sich es vom Halse schaffen* ‖ ~**se de alg.** *jdn loswerden* ‖ fam *sich jdm vom Halse schaffen* ‖ *eso se deshace entre los manos* figf *das zerrinnt einem unter den Händen* ‖ ~**se** *en alabanzas (od* elogios*) übermäßig loben* ‖ ~**se en cumplidos** *sich in Komplimenten ergehen* ‖ ~**se en llanto** *in Tränen zerfließen* ‖ ~**se la cara** *sich das Gesicht schwer verwunden* ‖ ~**se por** (mit inf) *Himmel u. Erde in Bewegung setzen, um zu (mit inf)* ‖ *estar deshaciéndose* fig *ganz verzweifelt sein*
des|harrapado adj/s *lumpig, abgerissen, zerlumpt* (& s) ‖ ~**s** mpl *Lumpen|gesindel* bzw *-proletariat* n ‖ **-hebrar** vt *aus|fasern, -zupfen* ‖ **-hecha** f *Ausflucht* f, *Vorwand* m ‖ *Aus|gang, -weg* m *(aus e–r Gegend)* ‖ ◊ *hacer la* ~ fig *sich verstellen* ‖ **-hecho** pp/irr *v.* **-hacer** ‖ ◊ *estar* ~ *en lágrimas in Tränen aufgelöst sein* ‖ *estoy* ~ fam *ich bin total erledigt, ich bin ein Wrack* ‖ *estoy* ~ *de angustia ich zittere vor Angst* ‖ ~ adj *abgezehrt* ‖ *entzwei* (& fig), fam *kaputt* ‖ *gewaltig* ‖ *strömend (Regen)* ‖ ~ *m* Col *Aus|gang, -weg* m ‖ **-helar(se)** [-ie-] vi/r *(auf)tauen* ‖ **-herbar** vt ⟨Agr⟩ *ausjäten* ‖ *abgrasen*
deshere|dación f, **-miento** *m Enterbung* f ‖ fig *Verstoßung* f ‖ **-dado** adj/s *enterbt* ‖ *arm(selig)* ‖ ~ *m Enterbte(r)* m ‖ fig *Verstoßene(r), Paria* m ‖ **-dador** *m Enterbende(r)* m ‖ **-damiento** *m* = **-dación** ‖ **-dar** vt *enterben* ‖ fig *verstoßen* ‖ ~**se** vr fig *sich durch s–e Lebensführung selbst aus der Familie ausschließen*
des|hice → **-hacer** ‖ **-hidratación** f *Entwässerung, Wasser|entziehung* f, *entzug* m, *Dehydrierung* f ‖ **-hidratante** adj/s *wasserentziehend, entwässernd* ‖ ~ *m wasserentziehendes Mittel* n ‖ **-hidratar** vt *entwässern* ‖ *das Wasser entziehen* (dat) ‖ **-hidrogenar** vt *Wasserstoff entziehen* (dat), *dehydrieren* ‖ **-hielo** *m (Auf)Tauen* n ‖ *Tauwetter* n ‖ *Eisgang* m ‖ ⟨Pol⟩ *Tauwetter* n ‖ *época del* ~ *Zeit* f *der Schnee-, (Eis)Schmelze* ‖ ◊ *hay* ~ *es taut (auf)*
deshijar vt Am *die Jungen von den Muttertieren trennen*
deshi|lachado adj *faserig, zerfasert* ‖ *fadenscheinig* ‖ fig *zerlumpt, liederlich* ‖ **-lachar** vt *aus|fasern, -rauhen, -zerfasern, zupfen* ‖ *zerfransen* ‖ ~**se** vr *sich ausfasern (Stoff)* ‖ *fadenscheinig werden* ‖ *abfasern (Holz)* ‖ **-lado** *m durchbrochene Arbeit, Lochstickerei* f ‖ **-lar** vt *aus|zupfen, -fasern, -fransen* ‖ *zerschnitzeln (Fleisch)* ‖ *teilen (Bienenstock)* ‖ *fein aufspleißen (Holz)* ‖ ~ vi fig *abmagern*

deshilva|nado adj fig *ohne Zusammenhang, sinnlos* ‖ **-nar** vt/i *(die Heftfäden) ausziehen* ‖ ~ *oraciones Gebete hersagen* ‖ ~**se** *aufgehen (Heftfäden)*
deshin|chado adj ⟨Chir⟩ *eingefallen (Geschwulst)* ‖ **-char** vt *zum Abschwellen bringen* ‖ *ausblasen (Luftfüllung)* ‖ *entleeren (z. B. Gummiball, Luftschiff)* ‖ *(e–e Geschwulst) vertreiben* ‖ fig *(dem Zorn) Luft machen* ‖ *(jds Stolz) demütigen* ‖ ~**se** *abschwellen* ‖ *einfallen (Geschwulst)* ‖ figf *mager werden* ‖ figf *kleinlaut werden, klein beigeben*
deshipotecar vt *e–e Hypothek tilgen (od löschen)*
desho|jado adj *blätterlos* ‖ **-jar** vt *ab-, ent|blättern, entlauben (Bäume)* ‖ *auszupfen (Blütenblätter)* ‖ *abreißen (Heft-, Kalender|blatt)* ‖ ~**se** vr *die Blätter (bzw das Laub) verlieren* ‖ **-je** f *Ent|blätterung, -laubung* f ‖ *Laubfall* m
desholli|nadera f *Kratzeisen* n ‖ *Schornsteinfegerbesen* m ‖ **-nador** *m Schornsteinfeger, Kamin-, Rauchfang|kehrer* m ‖ *Kratzeisen* n ‖ *Kaminkehrerbesen* m ‖ *Entrußungsmittel* n ‖ figf *Schnüffler* m ‖ **-nar** vt *fegen (Schornstein)* ‖ *Ruß entfernen, entrußen* ‖ figf *herumschnüffeln in* (dat)
desho|nestidad f *Unzucht, Unkeuschheit* f ‖ *Unehrbarkeit* f, *unehrbares Betragen* n ‖ **-nesto** adj *unanständig, anstößig* ‖ *unehrbar, unzüchtig* ‖ *unkeusch* ‖ *acto* ~ *unzüchtige Handlung* f ‖ adv: ~**amente** ‖ **-nor** *m Ehr|verlust* m, *-losigkeit* f ‖ *Schändung, Entehrung* f ‖ *Schande, Schmach* f ‖ **-norar** vt *entehren* ‖ → a **deshonrar**
deshon|ra f *Schande, Ehrlosigkeit, Schmach* f ‖ *Ehrverlust* m ‖ *Entehrung* f ‖ ◊ *tener a* ~ *als entehrend betrachten* ‖ **-rabuenos** *m* fam *Ehrabschneider* m ‖ **-rado** adj *entehrt* ‖ **-rador** *m Ehrenräuber* m ‖ **-rar** vt *entehren, an der Ehre angreifen* ‖ *beschimpfen* ‖ *(e–e Frau) entehren, schänden* ‖ *entwürdigen* ‖ *Schande machen* (dat) ‖ ◊ ~**ra** *su pasado er macht seiner Vergangenheit Schande* ‖ ~**se** *sich unwürdig benehmen* ‖ **-roso** adj *entehrend, schändlich* ‖ *unehrenhaft* ‖ fig *anrüchig, dunkel* ‖ adv: ~**amente**
deshora f: a ~, a ~**s** *zur Unzeit* ‖ *ungelegen* ‖ *plötzlich, unversehens*
des|huesar vt *ent|steinen, -kernen (Obst)* ‖ *entbeinen (Fleisch)* ‖ **-humanizar** vt *unmenschlich machen, entmenschlichen* ‖ **-humectador** *m*, **-humectar** vt = **-humedecedor**, **-humedecer** ‖ **-humedecedor** *m (Luft)Entfeuchter* m ‖ **-humedecer** vt *die Feuchtigkeit entziehen, entfeuchten* ‖ *trocknen* ‖ **-humorado** adj Chi *schlechtgelaunt*
deside|rable adj *wünschenswert* ‖ **-rata** mpl *Wunschzettel* m ‖ *Wunsch-, Desideraten|liste* f *(für* bzw *der Bibliotheken)* ‖ *Wünsche* mpl ‖ **-rativo** adj: *oración* ~**a** ⟨Gr⟩ *Wunschsatz* m ‖ **-rátum** [...tun] *m* lat *das Wünschenswerte*
Desiderio *m* np *Desiderius* m
desi|dia f *Nach-, Fahr|lässigkeit* f ‖ *Trägheit* f ‖ **-dioso** adj/s *nachlässig* ‖ *faul, träge*
desierto adj *wüst, unbewohnt, entvölkert* ‖ *leer, öde* ‖ *verlassen, einsam* ‖ *wie ausgestorben* ‖ ⟨Jur⟩ *ungültig* ‖ *ohne Teilnahme (Wettbewerb)* ‖ ◊ *dar por* ~**a la apelación** ⟨Jur⟩ *die Berufungsfrist für abgelaufen erklären* ‖ *declarar* ~ *keinen (Literatur)Preis vergeben* ‖ ⟨Jur⟩ *wegen Säumnis verwerfen (Berufung)* ‖ ~ *m Wüste, Wildnis, Einöde* f ‖ fig *Verlassenheit* f ‖ ◊ *predicar en* ~ figf *tauben Ohren predigen*
desig|nación f *Bezeichnung* f ‖ *Ernennung, Bestimmung* f *zu e–m Amt* ‖ *Aufstellung* f *(zur Wahl)* ‖ *Designierung* f ‖ **-nar** vt *bezeichnen* ‖ *ernennen, bestimmen (zu e–m Amt)* ‖ *vorschlagen* ‖ *wählen* ‖ *ausersehen* ‖ **-nado** *a bestimmt zu* ‖ **-nio** *m Vorhaben* n, *Vorsatz, Zweck* m, *Absicht* f ‖ *böse Absicht* f
desi|gual adj *ungleich, unähnlich, verschieden* ‖

desigualdad — deslucir

ungleichmäßig || *schwankend, veränderlich* || *uneben, holperig (Gelände)* || fig *unbeständig, wankelmütig* || adv: ~**mente** || **-gualdad** f *Ungleichheit, Unähnlichkeit* f || *Verschiedenheit* f || *Ungleichmäßigkeit* f || *Unebenheit, Holperigkeit* f *des Bodens* || *Veränderlichkeit, Wandelbarkeit* f || *Wankelmut* m
  desilu|sión f *Enttäuschung* f || *Ernüchterung, Desillusion* f || fig *Blasiertheit* f || **-sionar** vt *enttäuschen* || *(jdm die Augen) öffnen, jdn ernüchtern* || ~**se** *e-e Enttäuschung erfahren* || ◊ *estoy* -sionado *ich fühle mich enttäuscht*
  desiman|(t)ación f *Entmagnetisierung* f || **-(t)ar** vt *entmagnetisieren*
  desin|corporar vt *aus dem Ganzen herauslösen* | *abtrennen (Einverleibtes)* || *aussondern* || **-crustación** f *Entfernung* f *des Kesselsteins* || ⟨Mar⟩ *Beseitigung* f *des Anwuchses* || **-crustante** m *Kesselsteinlösemittel, -gegenmittel* n || **-crustar** vt *Kesselstein entfernen (von od aus* dat*)* || ⟨Mar⟩ *Anwuchs beseitigen*
  desindividualizarse vr *seine Persönlichkeit verlieren* (bzw *aufgeben*)
  desinen|cia f ⟨Gr⟩ *(Wort)Endung, Endsilbe* f || ⟨Gr⟩ *Ausgang* m *e-s Satzes* || **-cial** adj ⟨Gr⟩ *auf die Wortendung bezüglich, End(ungs)-*
  desinfec|ción f *Desinfektion, Entkeimung* f || ~ (de semillas) ⟨Agr⟩ *Saatgutbeizung* f || **-tante** m ⟨Med⟩ *Desinfektions-, Entkeimungs|mittel* n || **-tar** vt *desinfizieren, entkeimen, entwesen* || ⟨Agr⟩ *beizen (Saatgut)*
  desin|festar vt *entseuchen (Gegend)* || **-ficionar** vt = **-fectar** || **-flamarse** vr ⟨Med⟩ *ab|klingen, -schwellen* || **-flar** vt *ausblasen (Luft od Gas)* || ⟨Aut⟩ *die Luft herauslassen (aus e-m Reifen)* || fig *jdm e-n Denkzettel geben, jdm e-n Dämpfer aufsetzen* || ~**se** *zusammenschrumpfen (Luftblase)* || *Druck verlieren (Reifen)* || fig *den Hochmut verlieren* || **-sectación** f *Reinigung* f *von Insekten* || *Entlausung* f
  desinte|gración f *Auflösung, Zerlegung* f || *Trennung* f || *Zersetzung* f || ⟨Geol⟩ *Verwitterung* f || ⟨Physiol⟩ *Abbau* m || ⟨Chem⟩ *Zerfall* m || ⟨Nucl⟩ *Atomzerfall, Zerfall* m || **-grador** m *Desintegrator* m || *Kollergang* m || *Läufermühle* f || **-grarse** vr *die Einheit verlieren* || *auseinandergehen* || *zerfallen* (& fig)
  desinte|rés m *Uneigennützigkeit, Selbstlosigkeit* f || *Uninteressiertheit, Interesselosigkeit, Gleichgültigkeit* f || **-resado** adj *uneigennützig, selbstlos* || *unparteiisch* || *unbeteiligt* (en *a*) *uninteressiert* || **-resarse** vr: ◊ ~ de *a. das Interesse an et* (dat) *verlieren, für et kein Interesse haben*
  desin|tonización f ⟨Radio⟩ *Verstimmung* f || **-tonizar** vt ⟨Radio⟩ *verstimmen* || **-toxicación** f *Entgiftung* f || *Blutreinigung* f || *cura de* ~ *Entziehungskur* f || **-toxicar** vt *entgiften*
  desis|tencia f, **-timiento** m, *Abtretung* f || *Verzicht* m (de *auf* acc) || *Verzichtleistung* f || *Abstehen* n (de *von* dat) || ⟨Jur⟩ *Rücktritt* m *(Strafrecht* bzw *v. e-m Vertrag)* || *Rücknahme* f *(der Klage)* || **-tir** vi *(ein Unternehmen) aufgeben* || *abstehen* (de *von* dat) || *ablassen, zurücktreten (von)* || *Verzicht leisten (auf* acc*)* || *zurücknehmen (Klage)* || ◊ ~ de *su propósito von seinem Vorhaben abstehen* || *hacer* ~ de *abbringen von*
  des|jarciar vt ⟨Mar⟩ *ab|takeln, -wracken* || **-jarretar** vt *die Sehnen in den Kniekehlen durchschneiden (den Stieren* usw*)* || fig pop *schwächen, umwerfen*
  des|juiciado adj *unbesonnen* || **-ladrillar** vt *(die Fliesen e-s Estrichs) aufreißen* || **-lastrar** vt ⟨Mar Flugw⟩ *Ballast abwerfen (aus* dat*)* || **-lavado** adj/s *verwaschen (vom Regen)* || *verwaschen (Farbe)* || prov fig *verwischt (Schrift)* || fig *frech, unverschämt* || fig *farblos, fade* ||
~ m *Verwaschen* n *(Farbe)* || fig *(Ab)Schwächen* n || **-lavar** vt *aus-, ver|waschen (Farbe)* || *oberflächlich waschen* || fig *(ab)schwächen* || **-lavazado** adj *dünn, wässerig* || fig *zusammenhang-, sinn|los (Rede, Stil)* || **-lave** m Am = **derrubio**
  desle|al adj/s *treulos, verräterisch* || *unaufrichtig* || *pflichtvergessen* || *unreell* || *unfair* || *unredlich* || *illoyal* || *competencia* ~ ⟨Com⟩ *unlauterer Wettbewerb* m || ◊ *ser* ~ *con su amada seiner Geliebten untreu werden* || **-altad** f *Untreue* f || *Treulosigkeit* f || *Treuebruch* m || *Unredlichkeit* f || bes ⟨Pol⟩ *Illoyalität* f
  des|leido adj *aufgelöst (z. B. Leim)* || fig *weitschweifig* || **-leimiento** m *Auflösung* f || *Lösung* f || *Verdünnung* f || **-leir** [pres -lío, 3 sg perf -lió] vt/i *ein-, an-, ver|rühren* || *auflösen, zergehen lassen* || *anreiben (Farben)* || fig *schwulstig reden, schreiben* || *breittreten (Gedanken)* || ◊ ~ en agua *in Wasser auflösen* || ~**se** *zer-, auf|gehen, sich auflösen*
  deslen|guado adj. *scharfzüngig* || fig *lästernd* || ~ m *Lästerzunge* f || **-guamiento** m figf *Geschwätzigkeit* f || *Lästerzunge* f || **-guarse** [gu/gü] vr figf *frech, unverschämt reden, e-e lose Zunge haben* || figf *lästern, sein Lästermaul aufreißen*
  desliar vt [pres -lío] *(e-n Pack) aufbinden* || *(e-e Verwick[e]lung) lösen* || *abklären (Wein)* || ~**se** *aufgehen (Pack)*
  desli|gadura f *Losbinden* n || **-gar** [g/gu] vt *auf|binden, -knüpfen* || *lösen* || *losmachen* || ⟨Tech TV⟩ *abschalten, trennen* || fig *entwirren* || fig *entbinden* (de *von*) || ~**se** *sich losmachen* (de *von*)
  deslin|dar vt *(ein Feld) abstecken, begrenzen* || *vermarken (Land)* || *abgrenzen* || fig *genau bezeichnen* || **-de** m *Grenzscheidung* f || *Abgrenzung* f || *Grenze* f || *Vermarkung* f || *apeo* y ~ *Abgrenzung* f
  deslio → desleir
  desliz [pl -ces] m *Aus|gleiten, -rutschen,* fam *-glitschen* n || fig *Vergehen* n, *Fehltritt, Mißgriff* m || *tener un* ~ *e-n Fehltritt begehen*
  desli|zadero adj *glatt, schlüpfrig* || ~ m *schlüpfriger Ort* m || *Gleit-, Rutsch|bahn* f || **-zadizo** adj *schlüpfrig, glitschig* || **-zador** m *Gleitboot* m *acuático Luftkissenboot* n || **-zamiento** m *Aus|gleiten, -rutschen* n || ⟨Flugw⟩ *Abrutschen, Abschmieren* n || *Schleifschritt* m *(beim Tanzen)* || ~ de frecuencia ⟨El⟩ *Frequenzabweichung* f || **-zar** [z/c] vt *ins Gleiten bringen, schieben* || ⟨Tech⟩ *gleiten lassen* || ⟨Sp⟩ *abseilen* || fig *e-n Fehltritt tun* || vi *dahingleiten* || *(ab)gleiten* || ◊ ~ de ala ⟨Flugw⟩ *abschmieren, abrutschen (über das Tragwerk abfallen)* || ~ *una palabra* fig *ein Wort fallenlassen* || ~ *una propina* (en la mano) *a* alg. fig *jdm ein Trinkgeld (unauffällig) in die Hand drücken* || ~**se** *ausgleiten, dahingleiten* || *herunterrutschen* || *sich verlaufen (Gewässer)* || *sich heimlich davonschleichen* || fig *e-n Mißgriff tun,* fam *sich daneben benehmen, entgleisen* || fam *glitschen* || ◊ ~ por la pendiente *den Bergabhang herunterrutschen* || ~ al (od en el) vicio *in Laster verfallen* || *los cisnes se -zan por el agua die Schwäne gleiten auf dem Wasser dahin* || *una falta se ha -zado ein Fehler hat sich eingeschlichen*
  deslo|mado adj *kreuz-, lenden|lahm* || *buglahm (Pferd)* || fig *(ganz) zerschlagen* || **-mar** vt *jdn lendenlahm schlagen* || *jdm fürchterlich zusetzen, jdn sehr strapazieren (Arbeit* usw*)* || ◊ ~ *a* alg. *a garrotazos* fig *jdn lendenlahm schlagen* || ~**se** vr *sich abrackern*
  deslu|cido adj fig *unansehnlich, unscheinbar* || *schäbig, abgetragen (Kleidung)* || *ohne Anmut (Rede)* || *ruhmlos* || *unnütz* || **-cimiento** m *Mangel* m *an Glanz, Mattheit* f || *Unscheinbarkeit* f || *Gedämpftheit* f *(Farben)* || *Schande, Entehrung* f || **-cir** [-zc-] vt *verdunkeln, (den Glanz) rauben* || *beeinträchtigen* || fig *in Schatten stellen* || ~**se**

deslumbrador — desmontable 412

den Glanz verlieren ‖ *verschießen (Farbe)* ‖ fig *den guten Ruf verlieren* ‖ *den Reiz verlieren*
deslum|brador adj *blendend* ‖ **–bramiento** m *(Ver)Blendung* f *(& fig)* ‖ fig *Selbsttäuschung* f ‖ *Entzückung* f ‖ *Erstaunen* n ‖ **–brante** adj *blendend (& fig)* ‖ *täuschend, trügerisch* ‖ **–brar** vt *blenden* ‖ fig *verblenden* ‖ ~**se** vr *geblendet werden* ‖ fig *sich blenden lassen (por von od durch dat)*
deslus|trar vt *den Glanz (be)nehmen* ‖ *mattieren (Glas)* ‖ ⟨Web⟩ *krümpen, dekatieren* ‖ fig *trüben* ‖ fig *herabsetzen* ‖ **–tre** m *Glanzlosigkeit* f ‖ *Mattierung* f ‖ fig *Schande* f ‖ *Schandfleck* m ‖ **–troso** adj fig *schimpflich* ‖ fig *glanzlos*
desmade|jamiento m fig *Schlaffheit* f ‖ *große Mattigkeit* f ‖ **–jarse** vr fig *hinsiechen*
desmagnetizar vt *entmagnetisieren*
¹**des|mán** m *Unfall* m, *Unglück* n ‖ *Gewalt|mißbrauch, -streich* m ‖ *Übergriff* m ‖ *Fehlgriff* m ‖ *Ausschweifung* f ‖ **–manes** mpl *Ausschreitungen* fpl
²**desmán** m ⟨Zool⟩ *(südrussischer) Bisamrüßler, Desman* m *(Desmana moschata)* ‖ ~ *de los Pirineos (Pyrenäen-)Bisamspitzmaus* f *(Galemys pyrenaicus)*
desman|dado adj *ausgelassen, zügellos, ungezogen* ‖ *ungehorsam, widerspenstig* ‖ *verirrt (Kugel)* ‖ *widerspenstig (z.B. Locke)* ‖ **–damiento** m *Unordnung, Ausschweifung* f ‖ *Ungehorsam* m ‖ **–dar** vt *abbestellen, (e–n Befehl) widerrufen* ‖ ~**se** *sich ungebührlich benehmen* ‖ *aufsässig, widerspenstig sein* ‖ *zuchtlos werden* ‖ *scheu werden (Pferd)* ‖ fig *umherschweifen (Phantasie)*
desmantecar vt *entsahnen* ‖ *ausbuttern (Milch)*
desmante|lado adj *verwahrlost* ‖ *von Hausrat entblößt (Wohnung)* ‖ *eingestürzt (Gebäude)* ‖ *baufällig* ‖ **–lamiento** m *Schleifen* n *(e– Festung)* ‖ ⟨Mar⟩ *Abwracken* n ‖ ⟨Tech⟩ *Demontage* f *(v. Industrieanlagen)* ‖ **–lar** vt/i *schleifen (e–e Festung)* ‖ fig *(von Hausrat) entblößen* ‖ *entblößen (Wände)* ‖ *ausräumen, demontieren (Fabrikanlage)* ‖ ⟨Tech⟩ *abbauen, zerlegen* ‖ ⟨Mar⟩ *abwracken* ‖ fig *wehrlos machen*
des|maña f *Ungeschicklichkeit, Unbeholfenheit* f ‖ **–mañado** adj/s *ungeschickt, linkisch, unbeholfen* ‖ *plump* ‖ **–maquillaje** m *Abschminken* n ‖ **–maquillar** vt *abschminken* ‖ ~**se** vr *sich abschminken* ‖ **–marañar** vt *entwirren* ‖ **–marrido** adj *matt, kraftlos* ‖ *traurig*
desma|yado adj *schwach, matt, kraftlos* ‖ *ohnmächtig* ‖ *bleich, glanzlos (Farbe, Stoff)* ‖ *nüchtern (Magen)* ‖ *con* ~ *aliento beklommenen Mutes* ‖ *tonos* ~**s** ⟨Mal⟩ *gedämpfte Töne* mpl ‖ **–yar** vi fig *verzagen* ‖ *erlahmen, nachlassen* ‖ fig *sinken (Interesse)* ‖ vt *zu Boden niederschmettern (Nachricht)* ‖ ~**se** *ohnmächtig werden* ‖ *zusammenbrechen* ‖ fig *fallen, sinken* ‖ **–yo** m *Ohnmacht* f ‖ *Kraftlosigkeit* f ‖ *Mutlosigkeit* f ‖ *Angst* f ‖ *Entsetzen* n ‖ ⟨Bot⟩ *Trauerweide* f *(Salix babylonica)* ‖ *sin* ~ fig *unermüdlich* ‖ ◊ *le dio (od tuvo) un* ~ *er (bzw sie) wurde ohnmächtig*
desme|dida f *Übermaß* n, *Maßlosigkeit* f ‖ **–dido** adj *übermäßig, maßlos, ungeheuer* ‖ *grenzenlos* ‖ *gierig (Esser)* ‖ adv: ~**amente** **–dirse** vr *das Maß überschreiten*
desme|drado adj *klein, gering, unansehnlich* ‖ *abgezehrt* ‖ *verkrüppelt, verkümmert* ‖ **–drar** vi *in Verfall geraten, abnehmen* ‖ *verkümmern (& vr)* ‖ **–dro** m *Abzehrung* f, *Verfall* m ‖ *Schaden, Nachteil* m
desmejo|ra f *Abnahme* f, *Verfall* m ‖ *Schaden* m ‖ *Wertminderung* f ‖ **–rado** adj fam *kränklich, siech* ‖ **–ramiento** m *Hinsiechen* n ‖ *Verschlechterung* f ‖ *Verfall* m ‖ **–rar** vt *ver|schlechtern, -schlimmern, beeinträchtigen* ‖ ⟨Jur⟩ *auf den Pflichtteil setzen* ‖ ~**se** *sich verschlimmern* ‖ *hinsiechen* ‖ *verfallen (Kranker)*
desmele|nado adj *zerzaust* ‖ fig *in Unordnung, verwirrt* ‖ **–nar** vt *zerzausen (Haar)*
desmem|bración f, **–bramiento** m *Zergliederung, Zerlegung, Zerstückelung, Trennung, Teilung* f ‖ *Zerfall* m *(e–s Reiches)* ‖ ⟨Pol⟩ *Teilung, (Ab)Trennung* f ‖ **–brar** vt *zergliedern, zerlegen, zerstückeln* ‖ *(auf)teilen, (ab)trennen* ‖ fig *trennen, zerstückeln*
desmemo|ria f *Gedächtnisschwäche* f ‖ *Vergeßlichkeit* f ‖ **–riado** adj/s *vergeßlich* ‖ *gedächtnisschwach* ‖ ⟨Jur⟩ *unzurechnungsfähig* ‖ **–riarse** vr *vergeßlich werden* ‖ *das Gedächtnis verlieren*
desmen|tida f *Ableugnen* n ‖ *Widerlegung* f ‖ *Widerruf* m ‖ ⟨Pol⟩ = **mentis** ‖ **–tir** [–ie/i–] vt *Lügen strafen, e–r Lüge zeihen* ‖ *abstreiten* ‖ *widerrufen* ‖ *verleugnen, in Abrede stellen* ‖ *widerlegen* ‖ *für falsch erklären (Anklage)* ‖ *im Widerspruch stehen zu (dat)* ‖ *zerstreuen (Argwohn)* ‖ ⟨Pol⟩ *dementieren* ‖ ◊ ~ *al calumniador den Verleumder Lügen strafen* ‖ ~ *su cuna seine gute Kinderstube verleugnen* ‖ ~ *las sospechas den Argwohn beseitigen bzw zerstreuen* ‖ ~ vi fig *nicht übereinstimmen* ‖ fig *vom richtigen Wege abweichen* ‖ *esto desmiente su manera de ser das verleugnet sein Wesen* ‖ *su conducta desmiente de su origen sein Benehmen steht mit seiner Herkunft in Widerspruch* ‖ ~**se** *sich (selbst) widersprechen*
desmenudear vt Col *im Kleinhandel vertreiben*
desmenuzar [z/c[vt *zer|kleinern, -stückeln* ‖ *zer|krümeln, -reiben* ‖ *zerlegen* ‖ *zerhacken* ‖ *verreiben* ‖ *zupfen (Wolle)* ‖ fig *haarklein untersuchen,* fam *unter die Lupe nehmen* ‖ fig *zerpflücken* ‖ ~**se** vr *ab-, zer|bröckeln*
desmere|cedor adj *unwürdig* ‖ **–cer** [–zc–] vt *nicht verdienen* ‖ ~ vi *an Güte, an Wert abnehmen* ‖ *in der Achtung sinken* ‖ ◊ *su actividad literaria no –ce de su labor política seine literarische Tätigkeit hält seiner politischen Betätigung die Waage* ‖ *no –ce de los demás productos* ⟨Com⟩ *es steht anderen Erzeugnissen nicht nach* ‖ **–cimiento** m *Unwert* m ‖ *Minderwertigkeit* f ‖ ◊ *a* **demérito**
desme|sura f *Maßlosigkeit, Unmäßigkeit* f ‖ *con* ~ *maßlos* ‖ **–surado** adj/s *übermäßig, maßlos* ‖ *ungeheuer, riesig* ‖ *unangemessen* ‖ *unverschämt, frech* ‖ **–surarse** vr *sich erfrechen*
desmidiáceas fpl ⟨Bot⟩ *Bandalgen* fpl *(Desmidiaceae)*
desmig(aj)ar [g/gu] vt *zerbröckeln* ‖ *zerkrümeln (Brot)* ‖ ~**se** vr *ab-, zer|bröckeln* ‖ *krümeln (Brot)*
desmilitari|zación f *Entmilitarisierung* f ‖ **–zar** vt *entmilitarisieren*
des|mineralización f ⟨Med⟩ *Verlust* m *an Mineralstoffen, Demineralisation* f, *Entmineralisieren* n ‖ **–mintió** → **mentir** ‖ △ **–mirlado** adj *verrufen* ‖ **–mirriado** adj fig *kränklich, siech* ‖ *verkümmert* ‖ *abgezehrt*
desmitifi|cación f *Entmythologisierung* f ‖ **–car** vt *entmythologisieren (& fig)*
desmo|chado adj *gekappt (Baumkrone)* ‖ *kahl (Feld)* ‖ *ohne Spitze (Turm)* ‖ *kahl (Wand)* ‖ ~ m ⟨Metal⟩ *Beschneiden* n ‖ **–chadura** f = **–che** ‖ *Am Verminderung, Schmälerung* f ‖ **–char** vt *stutzen (Hörner)* ‖ *beschneiden, kappen (Baumkronen)* ‖ fig *verstümmeln* ‖ *kurz streifen (Angelegenheit)* ‖ **–che** m, **–cha** f *Kappen* n *(Baumkronen usw)* ‖ *Stutzen* n ‖ fig *Verstümmeln* n
desmoneti|zación f *Geldentwertung* f ‖ *Abschaffung* f *der Metallwährung* ‖ *Außerkurssetzung* f *(v. Geld)* ‖ **–zar** vt *Geld entwerten (bzw für ungültig erklären)* ‖ *Münzen aufrufen* ‖ *die Metallwährung abschaffen* ‖ *außer Kurs setzen (Münzen, auch* fig *Briefmarken usw)*
desmon|table adj *zerlegbar* ‖ *abnehmbar* ‖

desmontado — desolador

ausbaubar ‖ **zusammenklappbar** ‖ **abwerfbar** ‖ **abmontierbar** *(z. B. Holzbau)* ‖ **~ m** ⟨Aut⟩ *(Reifen)* Montiereisen n ‖ **-tado** m/adj ⟨Mil⟩ *Kavallerist* m *im Fußeinsatz, unberitten (Soldat)* ‖ **-tador** m *Montagewerkzeug* n ‖ *Montiereisen* n ‖ **-tadura** f *Rodung* f ‖ *Auslichtung* f *(e-s Waldes)* ‖ = **-taje** ‖ **-taje** m *Auseinandernahme, Demontage* f ‖ *Ab-, Aus|bau* m ‖ *Zerlegung* f ‖ **-tar** vt *ausroden, lichten, abholzen (Wald)* ‖ *urbar machen, roden (Acker)* ‖ *abtragen (Hügel)* ‖ *ebnen, planieren (Gelände)* ‖ *einreißen (Gebäude)* ‖ *abbrechen (Gerüst)* ‖ *abwracken, ausschlachten (jdn vom Pferde) absteigen lassen* ‖ *(die Teile e–r Maschine) auseinandernehmen, demontieren* ‖ ⟨Mil⟩ *unbrauchbar machen (Geschütz)* ‖ ~ el muelle *ab-, ent|spannen (Gewehr)* ‖ ¡desmonten! ⟨Mil⟩ *abgesessen!* ‖ ~ vi *absteigen, absitzen (vom Pferde)* ‖ *abwerfen (Reiter)* ‖ *aus dem Wagen steigen* (& vr) ‖ **-tarruedas** ⟨Aut⟩ *Radabdrücker* m ‖ **-te** m *Ausroden, Lichten, Abholzen* n, *Rodung* f *(e–s Waldes)* ‖ *Rodeland* n, *Neubruch* m ‖ *abgetragenes Erdreich* n ‖ *Planierung* f ‖ ⟨EB⟩ *Bahneinschnitt* m ‖ *Hochschnitt* m *(beim Baggern)* ‖ *Abbau (e–s Gerüsts)* ‖ *Demontage* f ‖ *Schutt* m, *Abfallsteine* mpl ‖ ⟨Bgb⟩ *Chi Taubgestein* n ‖ ~ completo *Kahlschlag* m ‖ ~**s** mpl *Abtragungsarbeiten* fpl ‖ *ausgehobene Erde* f
desmora|lización f *Sitten|verfall* m, *-verwilderung* f ‖ *Mangel* m *an Selbstvertrauen* ‖ *Demoralisation* f ‖ ⟨Mil Pol⟩ *Demoralisierung* f ‖ **-lizar** [z/c] vt *entsittlichen, demoralisieren* ‖ *zersetzen* ‖ *entmutigen* ‖ ~**se** *den Mut verlieren*
desmoro|nadizo adj *baufällig* ‖ *bröckelig* ‖ **-namiento** m *Einstürzen* n *(e–s Gemäuers)* ‖ *Erdrutsch* m ‖ *(fortschreitender) Zerfall* m (& fig) ‖ ⟨Chem Bgb⟩ *Zersetzung* f ‖ **-narse** vr *einstürzen* ‖ *abbröckeln* ‖ *baufällig werden* ‖ fig *zerfallen* ‖ *zusammenbrechen*
desmo|tador m *Tuchnopper* m ‖ **-tar** vt *noppen (Tuch)*
desmovili|zación f *Demobilisierung, Demobilmachung* f ‖ **-zar** vt/i *demobilisieren*
desmultiplicación f → **demultiplicación**
des|nacionalización f *Entnationalisierung* f ‖ *Ausbürgerung, Entziehung* f *der Staatsangehörigkeit* ‖ ⟨Com⟩ *Reprivatisierung* f ‖ **-nacionalizar** vt *entnationalisieren* ‖ *ausbürgern* ‖ *reprivatisieren* ‖ **-narigado** adj/s *nasenlos* ‖ **-nazificación, -nacificación** f *Entnazifizierung* f ‖ **-nazificar, -nacificar** vt *entnazifizieren*
desna|tadora f *Milch|zentrifuge* f, *-separator* m ‖ **-tar** vt *abrahmen, entrahmen, absahnen* ‖ fig *(das Beste) herausnehmen, den Rahm abschöpfen (von dat)* ‖ *leche* –tada *Magermilch* f
desnaturali|zación f *Verlust* m *der Staatsgehörigkeit, Ausbürgerung* f ‖ *Zweckentfremdung* f ‖ *Entstellung* f ‖ *Entartung* f ‖ ⟨Chem⟩ *Vergällung* f *(Alkohol)* ‖ **-zado** adj *unnatürlich, entartet* ‖ *denaturiert, vergällt (Alkohol)* ‖ madre ~a *Rabenmutter* f ‖ ~ *auf ausbürgern* ‖ *unter Aberkennung der Staatsangehörigkeit des Landes verweisen* ‖ ⟨Chem⟩ *vergällen, denaturieren (Alkohol)* ‖ *ungenießbar machen (Lebensmittel)* ‖ *verfälschen* ‖ *entstellen* ‖ fig *das Wesen e–r Sache verändern* ‖ ~**se** vr *sich verändern* ‖ *sich verderben* ‖ *entarten* ‖ *unmenschlich werden* ‖ *auf die Staatsangehörigkeit verzichten*
desnitrificar vt *den Stickstoff entziehen, denitrieren, entsticken*
desni|vel m *Abweichung* f *von der waagerechten Linie* ‖ *Höhenunterschied* m, *Gefälle* n, *relative Höhe* f ‖ *(Treppen)Absatz* m ‖ fig *Ungleichheit* f ‖ fig *Gefälle* n ‖ fig *Unterschied* m ‖ *Mißverhältnis* n ‖ **-velar** vt *aus der waagerechten Lage bringen* ‖ *uneben machen* ‖ *ungleich machen* (& fig) ‖ ⟨Arch⟩ *aus der Waagerechten bringen* ‖ ~**se** vr *uneben werden* ‖ *ungleich werden* ‖

⟨Arch⟩ *aus der Waagerechten kommen*
desnucar vt *das Genick brechen* ‖ ~**se** vr *sich das Genick brechen*
desnu|damente adv fig *klar, deutlich* ‖ **-damiento** m *Entkleiden* n ‖ fig *Freilegung* f ‖ *Entblößung* f (& fig) ‖ *Ziehen* n *(Degen, Schwert)* ‖ *Entblättern* n *(Bäume)* ‖ **-dar** vt *entblößen, aus|kleiden, -ziehen, entkleiden* ‖ *entblättern (Bäume)* ‖ *ziehen (Degen)* ‖ fig *entblößen, aufdecken* ‖ fig *bloßlegen* ‖ fig *ausplündern* ‖ ~ los altares *die Altäre abräumen, die Decken von den Altären entfernen (Karwoche)* ‖ ~**se** *sich aus-, ent|kleiden, sich ausziehen* ‖ ~ de a. fig *sich von et freimachen, et ablegen* ‖ ~ de las pasiones *den Leidenschaften entsagen* ‖ **-dez** [pl **-ces**] f *Nacktheit, Blöße* f ‖ fig *Hilflosigkeit* f ‖ fig *Ärmlichkeit, Dürftigkeit* f ‖ fig *Schlichtheit* f ‖ fig *Kahlheit* f *(Baum, Raum)* ‖ **-deces** pl *nackte Körperteile* mpl ‖ fig *Schamteile* mpl ‖ **-dismo** m *Nackt-, Frei|körperkultur* f *(FKK)*, *Nudismus* m ‖ **-dista** m/f *Anhänger (in* f*) der FKK, Nudist* m ‖ **-do** adj *nackt, entblößt, bloß* ‖ *unbekleidet* ‖ fig *ärmlich gekleidet* ‖ fig *hilflos, elend* ‖ fig *klar, deutlich* ‖ fig *bloß (Degen)* ‖ fig *kahl (Baum, Raum)* ‖ *schlicht (Stil, Einrichtung)* ‖ ⟨El⟩ *blank, nicht isoliert* ‖ ~ como su madre lo trajo al mundo, pop ~ como su madre lo parió *splitternackt* ‖ la espada ~a *der entblößte Degen* ‖ la verdad ~a *die nackte Wahrheit* ‖ ~ de gloria *ruhmlos* ‖ estoy ~a figf *ich habe nichts anzuziehen (Frau)* ‖ ~ m ⟨Mal⟩ *(das) Nackte* ‖ ⟨Mal⟩ *Akt* m ‖ al ~ *nackt, ohne Kleidung* ‖ fotografías de ~(s) *Aktaufnahmen* fpl ‖ ◊ poner al ~ *entblößen, bloßlegen* (bes fig)
desnu|trición f ⟨Med⟩ *Unterernährung* f ‖ *Verdauungsstörung* f, *Nahrungsfehler* m ‖ *Abzehrung* f ‖ **-trido** adj *unterernährt* ‖ **-trirse** vr *sich abzehren, abmagern (infolge Unterernährung)* ‖ fam *sich grämen*
desobe|decer vt *nicht gehorchen* (dat) ‖ *nicht befolgen* ‖ **-diencia** f *Ungehorsam* m ‖ *Unfolgsamkeit* f ‖ *Nichtfolgeleistung* f ‖ *Gehorsamsverweigerung* f ‖ **-diente** adj *ungehorsam, unfolgsam*
desobstru|ir [-uy-] vt *(Versperrtes) öffnen* ‖ *räumen* ‖ *freimachen* ‖ *reinigen, säubern* ‖ ⟨Med⟩ *die Verstopfung beheben* ‖ **-yente** m ⟨Med⟩ *Mittel* n *gegen Verstopfung*
desocu|pación f *Räumung* f *(e–s Ortes)* ‖ *Muße* f ‖ *Müßiggang* m ‖ *Arbeitslosigkeit* f ‖ **-padamente** adv *frei, unbehindert* ‖ **-pado** adj *beschäftigungs-, arbeitslos* ‖ *müßig* ‖ *unbewohnt, leer* ‖ *frei (Sitzplatz, Wohnung)* ‖ horas ~s *Freistunden* fpl ‖ **-par** vt *räumen, unbesetzt, unbewohnt lassen* ‖ *frei machen* ‖ *leer machen, ausräumen* ‖ fam *leeren, austrinken* ‖ ◊ ~ el piso *aus der Wohnung ausziehen* ‖ ~ vi/t Arg Chi Ven *entbinden, gebären, entbunden werden (Frau)* ‖ ◊ ~**se** de un negocio *sich e–s Geschäftes entledigen* ‖ ~**se** un piso *frei werden (e–e Wohnung)* ‖ **-po** m Ar *Räumung* f *e–s Ortes, e–r Wohnung* ‖ ~ forzoso *zwangsweise Räumung* f *(e–s Geschäftslokals)*
desodo|rante m/adj adj/s *de(s)odorierend, geruchtilgend* ‖ ~ m *de(s)odorierendes Mittel, Deodorant* n ‖ **-r(iz)ar** vt *de(s)odorieren, geruchlos machen*
des|oir [irr → **oir**] vt *absichtlich überhören* ‖ *kein Gehör schenken* (dat) ‖ *nicht hören auf* (acc) ‖ *nicht beachten* ‖ *unberücksichtigt lassen* ‖ ◊ ~ una súplica *e–r Bitte kein Gehör schenken* ‖ ~ la voz de la conciencia *(od* ~se*) die Stimme des Gewissens überhören* ‖ **-ojarse** (mirando a) vr fig *sich die Augen aussehen (nach)*
deso|lación f *Trostlosigkeit, tiefe Betrübnis* f ‖ *trostlose Lage* f ‖ *Jammer* m, *Elend* n ‖ *Verwüstung, Verheerung* f ‖ **-lado** adj *trostlos, jammervoll* ‖ *öde, verödet (Landschaft)* ‖ ◊ estoy ~ *ich bin untröstlich* ‖ adv: **-amente** ‖ **-lador** m

desolar — despacho 414

Verwüster, Verheerer m || ~ adj *trostlos, betrüblich* || fam *gräßlich, schrecklich* || **-lar** vt *ver|wüsten, -heeren* || *entvölkern* || *tief betrüben, erschüttern* || *zur Verzweiflung bringen* || ~**se** fig *sich tief betrüben* || *untröstlich sein* (por *über* acc)

desoldar vt *ab-, los-, auf|löten, -schweißen* || *(her)ausschmelzen* || ~**se** vr *sich loslöten*

desolla|dero m *Abdeckerei* f || *Schindanger* m || *Spielhölle* f || figf *Nepplokal* n, *teures Restaurant* n || **-do** adj *blutrünstig* || fam *unverschämt* (& s) || **-dor** m *Schinder, Abdecker* m || *Schindanger* m || fig *Preller, (Leute)Schinder* m || *Halsabschneider* m || **-dura** f *Scheuer|stelle, -wunde* f || *Abhäuten* n *der Tiere* || *Abdecken* n || *Wundreiben* n || *(Haut) Abschürfung* f

deso|llar [-ue-] vt *abdecken* || *abledern, abhäuten* || *(ab)schinden, schröpfen* || fig *prellen, schinden, neppen* || fig *jdn stark verleumden* || ◊ ~la, ~ la zorra, ~ el lobo figf *e-n Rausch ausschlafen* || ~le a uno vivo figf *jdn arg verleumden, kein gutes Haar an jdm lassen* || *jdn gehörig rupfen* || aún falta el rabo por ~ figf *das Schwierigste steht noch bevor,* fam *das dicke Ende kommt noch* || ~**se** *sich die Haut aufschinden* || *sich wund laufen* || *sich wund reiben* || *alle Scham beiseite setzen* || **-llón** m fam *Scheuerstelle* f, fam *Wolf* m || *Hautabschürfung* f

desopilante m/adj *die Verstopfung behebend* || fig *ergötzlich, lustig, aufheiternd*

des|opresión f *Aufhören* n *des Druckes* || **-orbitado** adj *aus der Kreisbahn gebracht* || fig *maßlos, unangemessen (Ansprüche usw)* || Am *nicht abgezirkelt* || Arg *verrückt* || con los ojos desorbitados *mit weit aufgerissenen Augen (vor Entsetzen)* || **-orbitar** vt *aus der Kreisbahn bringen* || fig *(maßlos) übertreiben*

desorción f *Desorption* f *(Umkehrung der Absorption)*

desor|den m *Unordnung, Verwirrung* f || *Durcheinander* n || *Unordentlichkeit* f || ~, bes pl **desórdenes** *Ausschweifungen* fpl || *Ausschreitungen* fpl || *Tumult* m || ⟨Med⟩ *Störungen* fpl || ◊ poner en ~ *in Unordnung bringen, verwirren* || **-denado** adj *ungeordnet* || *unordentlich* || *regellos* || *ausschweifend, liederlich, schlampig* || *zügellos* || adv: ~**amente** || **-denar** vt *in Unordnung bringen* || *durcheinanderbringen* || *verwirren* || *zerrütten* || *stören* || ~**se** *in Unordnung geraten* || *Ausschreitungen begehen* || *gegen die Ordnung verstoßen* || *über die Stränge schlagen*

desore|jada f fam *Straßendirne* f || **-jado** adj figf *ehrlos, ruchlos* || Cu *unverschämt* || Cu *verschwenderisch* || Guat *dumm, einfältig*

desorgani|zación f *Desorganisation, Auflösung, Zerrüttung, Zersetzung* f || *Des-, Fehl|organisation* f || **-zadamente** adv *in völliger Zerrüttung, Auflösung* || **-zar** [z/c] vt *desorganisieren, auflösen* || *stören* || *zerrütten* || ◊ ~ las comunicaciones ⟨Mil⟩ *die Verbindungen zerschlagen* || ~**se** vr *in Unordnung geraten* || *sich auflösen*

desorien|tación f *Desorientierung, falsche Aufklärung* f || *Irreführung* f || *mangelnde Orientierung* f || *Verwirrung, Kopflosigkeit* f || *Verirrung* f || ~ general fig *allgemeine Unkenntnis* f || ~ política *Unkenntnis* f *der politischen Gegebenheiten* || *mangelnde politische Ausrichtung* f || **-tado** adj *verwirrt, irre* || *verirrt* || *fehlgeleitet* || *unschlüssig* || *desorientiert* || **-tar** vt *irreleiten* || fig *irreführen* || fig *verwirren* || ~**se** *sich verirren* || *verwirrt werden* || *die Orientierung verlieren* (& fig)

deso|var [-(h)ue-] vi *laichen (Fische)* || **-ve** m *Laichen* n || *Laichzeit* f || *Fischlaich* m || **-villar** vt *(e-n Knäuel) abwickeln* || *entwirren* (& fig)

desoxi|dación f ⟨Chem⟩ *Desoxydation, Desoxydierung* f || *Entrostung* f || **-dar** vt *desoxydieren* || *entrosten, vom Roste reinigen (Metall)* || **abbeizen** || **-genar** vt ⟨Med Chem⟩ *den Sauerstoff entziehen* (dat), *reduzieren*

desoye → **desoir**

despabi|laderas fpl, **-dor** m *Licht(putz)schere* f || tener buenas ~ fig *gescheit sein* || **-lado** adj *munter, wach* || fig *aufgeweckt, gescheit* || **-ladura** f *Lichtschnuppe* f || **-lar** vt *(das Licht) putzen, (das Licht) schneuzen* || *(den Verstand) schärfen* || fig *auf|muntern, -rütteln* || *munter machen (Schlafenden)* || fig *heimlich wegnehmen, stehlen, stibitzen,* fam *klauen* || fam *rupfen, ausziehen* || pop *jdm (das Lebenslicht) ausblasen* || ¡despabila! *beeile dich! los! schnell!* || *verschwinde!* || ~**se** fig *munter werden, den Schlaf abschütteln* || *schlau* (fam *helle*) *werden* || *sich regen, sich rühren* || *sich zusammennehmen* || Cu Chi *(heimlich) weggehen,* fam *abhauen* || ◊ ~se los ojos *sich die Augen ausreiben*

despa|cio adv *langsam, gemächlich, behäbig* || *allmählich* || pop prov Am *leise (sprechen)* || el ~ ir y venir *das langsame Hin- und Hergehen* || ¡~! *sachte! gemach! immer mit der Ruhe! langsam!* || **-cioso** adj *langsam, gemächlich, behäbig* || **-cito** adv dim v. **-cio:** *schön langsam*

despa|chaderas fpl fam *unfreundliche, barsche Art zu antworten, kurze Abfertigung* f || fam *glückliche und rasche Beendigung* f || ◊ tener buenas ~ fam *kurz angebunden sein* || **-chado** adj fam *unverschämt, dreist* || *gescheit, geschickt* || **-chante** m Arg *Handlungsgehilfe* m || *Verkäufer* m || ~ de aduana Arg *Zollabfertiger* m || **-char** vt/i *e-e S. beendigen, vollziehen* || *erledigen (auch Korrespondenz)* || *ausführen (Antrag)* || *ausfertigen* || *verabschieden, kündigen (Angestellte)* || *verteilen* || ⟨Com⟩ *verkaufen, absetzen, ausgeben (Eintritts-, Fahr|karten)* || fam *(Kunden im Geschäft) bedienen* || *abschicken, abfertigen (Boten)* || *expedieren (Waren)* || *ausschenken (Getränke)* || *aussenden (Person)* || *et mit jdm besprechen* || *mit jdm e-e Besprechung haben* || fig *jdn abweisen, abfertigen* || *jdn hinauswerfen* (de aus dat) || figf *umbringen, töten* || figf *aufessen,* fam *verdrücken* || figf *austrinken* || ⟨Taur⟩ *niederstechen (Stiere)* || ◊ ~ en la aduana *verzollen (Waren)* || ~ billetes *Fahrscheine (Theaterbilletts usw) ausgeben* || ~ un buque *ein Schiff abfertigen* || ~ la ejecución *die Vollstreckung anordnen* || vi *amtieren (Beamte)* || *(sich) miteinander (be)sprechen* || *sich beeilen, sich sputen* || fam *gebären (Frau)* || ◊ ¡despacha! *geschwind! beeile dich!* || *nun sag's schon!* || el rey despachó con los ministros *der König erledigte die laufenden Regierungsgeschäfte mit seinen Ministern* || ~**se** *(sich) eilen, sich sputen* || ~ de sich e-r *Sache entledigen* || ~ a (su) gusto *sagen, was man auf dem Herzen hat, s-m Herzen Luft machen* || **-chero** m Chi *Krämer, Besitzer* m *e-s Kramladens* || **-cho** m *Abfertigung, Erledigung* f || *Ausführung* f || *Bedienung* f || *Erledigung* f *(e-s Gesuch[e]s)* || *Depesche, (telegraphische) Nachricht* f || *Mitteilung* f || *Weisung* f *(an untergeordnete Behörde)* || *diplomatische Note, Depesche* f || *Verfügung* f || *Beschluß* m || *Entscheidung* f || *Ersuchen* n || ⟨Jur⟩ *richterliche Verfügung* f || *Beratung* f *(des Königs mit seinen Ministern)* || ⟨Com⟩ *(schneller) Absatz* m, *Unterbringung* f || *Ab-, Ver|sendung* f || *Versand* m || *Verkauf, Vertrieb* m || *Abnahme* u./od *Abgabe* f || *Arbeitszimmer* n || *Geschäfts-, Amts|zimmer, Büro, Kontor* n || *Laden* m, *Verkaufsstelle* f || *Abfertigung* f *(Zoll,* ⟨EB⟩*)* || *Schalter* m *(Post, Eisenbahn)* || *Schalterbetrieb, Publikumsverkehr* m || *(Theater)Kasse* f || ⟨Mar⟩ *Dispache, Seeschadenberechnung* f || Chi *Kramladen* m || ~ de aduana *Zollamt* n || *Verzollung* f || ~ en la aduana *Freimachung* f *auf dem Zollamte, Verzollung, Zollabfertigung* f || ~ de bebidas *Getränke-*

ausschank m || ~ *de billetes* ⟨EB⟩ *Fahrkartenschalter m* || ~ *cifrado,* ~ *en clave Chiffretelegramm n* || ~ *de equipajes Gepäck\|ausgabe , -abfertigung f* || ~ *de localidades Theaterkasse f* || ~ *de mercancías* ⟨EB⟩ *Güterabfertigung f* || ~ *de paquetes Paketpost f* || ~ *telegráfico Telegramm n, Drahtbericht m* || *horas de* ~ *Amtsbzw Geschäftsǀzeit f* || ◊ *tener buen* ~ *guten Absatz finden (Waren)* || *fig ein fixer Kerl sein* || *de mal (od lento)* ~ *schwer verkäuflich (Ware)* || *sin* ~ *ungangbar (Ware)*

despachu|rrado *adj plattgedrückt* || ◊ *dejar a uno* ~ *fig jdm den Mund stopfen* || **–rrar** *vt quetschen, pressen (Weintrauben)* || *fam platt|-drücken, -schlagen* || *fig auswalzen, breittreten (Bericht)* || *fig kaputtmachen* || ◊ ~ *a alg. fig jdn fertigmachen, jdn kleinkriegen* || ~ *el cuento a uno fig jds Pläne vereiteln*

despalǀdar *vt (die Schulter) ausrenken, verrenken* || **–dilladura** *f Ausrenken n der Schulter*

despampaǀnante *adj fam erstaunlich, fabelhaft, kolossal* || *fantastisch* || **–nar** *vt (den Weinstock) abblatten* || *(Reben) stutzen* || *ausgeizen (Pflanzen)* || *figf sprachlos machen* || *figf aus der Fassung bringen* || ~**se** *fam frei von der Leber weg reden* || *fig erdröhnen (Theater, bei stärmischem Beifallklatschen)* || *fig sich (bei e-m Sturz bzw durch e-n Schlag) ernstlich verletzen*

despanǀzurrar *vt den Bauch aufschlitzen* (dat) || *aufschlitzen und ausleeren (Polster, Sack)* || *et zum Platzen bringen* || *fam jdm das Lebenslicht ausblasen* || ⟨Sp⟩ *mit dem Bauch aufschlagen* || **–zurro** *m Chi albernes Geschwätz n*

desǀparasitar *vt von Ungeziefer befreien* || ⟨Radio⟩ *entstören* || **–parecer** *vi = desaparecer*

despareǀjado *adj einzeln, ohne das zugehörige Paar* || *allein, ohne Partner(in)* || **–jar** *vt auseinanderbringen, trennen (Paar, Zusammengehöriges)* || **–jo** *adj ungleich, holperig* || *nicht zusammengehörig* || *uneben (Boden, Fliesen)*

desparpaǀjado *adj behend, geschickt* || **–jo** *m große Ungezwungenheit f* || *Zungenfertigkeit f* || *Unverfrorenheit f* || *Forschheit f* || *Chi fam Verwirrung f* || *con mucho* ~ *ganz ungezwungen, ungeniert, dreist*

desparraǀmado *adj verstreut* || *fam ausschweifend* || *ausgedehnt, offen, weit* || **–mar** *vt aus-, umher-, zer\|streuen* || *ver\|schütten, -gießen* || *fig durchbringen* || *fig verschwenden* || *fig verzetteln, zersplittern (Kräfte)* || ~**se** *sich verstreuen* || *sich ausbreiten* || *fig sehr ausgelassen sein, fam sich toll vergnügen* || **–mo** *m Chi Unordnung f*

despataǀrrada *f Spreizschritt m (b. Tanz)* || **–rrado** *adj fam mit weit ausgespreizten Beinen* || *breitbeinig* || *fam erstaunt, sprachlos* || ◊ *dejar a alg.* ~ *figf jdn heftig erschrecken* || *jdn in Erstaunen versetzen* || *quedarse* ~ *pop alle viere von sich strecken* || **–rrarse** *vr die Beine (aus-)spreizen*

desǀpaturrarse *vr Chi Ven in stummem Erstaunen dastehen* || *Chi = despatarrarse* || **–pavorido** *adj entsetzt, erschreckt* || *adv:* ~*amente* || **–pearse** *vr sich die Füße wund laufen*

despectivo *adj/s verächtlich, von oben herab* || *abwertend* || ⟨Gr⟩ *despektiv* || ~ *m* ⟨Gr⟩ *Despektivum n*

despeǀchar *vt erbittern, erbosen ärgern* || *fam entwöhnen (Kind)* || ~**se** *vt sich entrüsten* || **–cho** *m Zorn m, Erbitterung f, Groll m* || *Verzweiflung f* || *Gram, Kummer m* || *a* ~ *de trotz, ungeachtet* || *a* ~ *de mí mir zum Trotz*

despechugado *adj mit entblößter Brust* || *figf tief ausgeschnitten, allzu tief dekolletiert (Frau)*

despedazar [z/c] *vt zer\|stückeln, -reißen, -schneiden, -fetzen, auseinanderbrechen* || *zusammenhauen* || *fig zerreißen* || *fig et in den Schmutz ziehen*

despeǀdida *f Abschied m* || *Verabschiedung f* || *Abschiedsfeier f* || *Kündigung f, (Dienst)Entlassung f* || *Ablohnung f* || ⟨Mus⟩ *Schlußstrophe f (einiger Volkslieder)* || *aviso de* ~ *Kündigung f (bei Entlassung)* || *banquete de* ~ *Abschiedsmahl n* || *fórmula de* ~ *Schlußformel f (Brief)* || *función de* ~ ⟨Th⟩ *Abschiedsvorstellung f* || **–dir** [-i-] *vt werfen, schleudern* || *in die Höhe schnellen* || *verabschieden* || *das Abschiedsgeleit geben* || *entlassen (Bedienstete)* || *jdm kündigen* || *jdn von sich weisen* || ⟨Mil⟩ *entlassen (Truppe)* || ⟨Mil⟩ *wegtreten lassen (Truppe)* || *abwerfen (Reiter)* || *aus\|strömen, -strahlen* || *ausstrahlen (Licht)* || *werfen (Reflexe)* || *geben (Widerschein)* || *aussenden (Lichtstrahlen)* || ◊ ~ *un aroma embriagador e–n berauschenden Duft ausströmen* || ~ *el espíritu den Geist aufgeben* || ~ *una flecha e–n Pfeil abschießen* || ~ *reflejos argentinos Silberglanz ausstrahlen* || *el caballo despidió al jinete das Pferd warf den Reiter ab* || ~**se** *Abschied nehmen, sich verabschieden (de von dat)* || *se despide (Abk =* s. d.*) Abschiedsformel f auf Visitenkarten* || *se despidió el duelo die Trauergäste wurden verabschiedet* || *aquí se despide el duelo figf jetzt wollen wir uns endlich verabschieden* || ~ *de a. figf et abschreiben* || *die Hoffnung auf et fallenlassen (müssen)* || ~ *de ganar die Hoffnung aufgeben zu gewinnen*

despeǀgado *adj figf unfreundlich, barsch, schroff* || *nicht sehr anhänglich* || *adv:* ~*amente* || **–gadura** *f Lösung, Trennung f* || *Ablösung f (v. Geklebtem)* || **–gamiento** *m = despagego* || **–gar** [g/gu] *vt ab-, los\|lösen* || *trennen* || *sin* ~ *los labios ohne zu mucksen* || ~ *vi ablegen (Schiff)* || ⟨Flugw⟩ *(vom Boden) abstoßen, starten, abheben* || ⟨Flugw⟩ *abwassern (vom Wasser)* || ~**se** *sich losmachen, sich (ab)lösen* || *figf sich lösen, sich zurückziehen, sich abkehren (de von dat)* || *sich entfremden (dat)* || ⟨Phot⟩ *abschwimmen (Plattenschicht)* || *fam nicht zusammenpassen* || *nicht passen (con zu dat)* || ◊ ~ *de alg. mit jdm brechen* || ~ *del mundo der Welt entsagen* || **–go** *m Gleichgültigkeit f* || ~ *por los estudios Abneigung f gegen das Studium* || →*a* **desapego** || **–gue** *m* ⟨Flugw⟩ *Start m, Abheben, Abstoßen n (e–s Flugzeugs) vom Boden* || ⟨Sp⟩ *Absprung m* || ~ *vertical Senkrechtstart m* || ~ *sin visibilidad Blindstart m*

despeiǀnado *adj/s ungekämmt* || *mit aufgelöstem Haar* || *zerzaust* || **–nar** *vt zerzausen* (acc) || *(die Frisur) durcheinanderbringen*

despeǀjado *adj frei, geräumt (Platz)* || *offen, weit* || *geräumig* || *eben, flach* || *breit, ausgebreitet* || *hell, wolkenlos (Himmel)* || *heiter (Tag)* || *ungezwungen, unbefangen (im Wesen)* || *munter, lebhaft* || *scharfsinnig* || *klug* || *aufgeweckt* || *frente* ~*a breite Stirn f* || *sienes* ~*as bloße Schläfen fpl* || *adv:* ~*amente* || **–jar** *vt räumen, frei machen (Platz, Bahn)* || *ab-, auf\|räumen* || *fig lichten, säubern* || *ermuntern* || *klären, aufhellen (Lage usw)* || ⟨Math⟩ *(die Unbekannte) bestimmen* || ◊ ~ *la cabeza fig sich nach der Arbeit erholen* || ~ *(la plaza) (die Arena von Zuschauern) räumen (vor Beginn des Stiergefechtes)* || ~ *la sala* ⟨Jur⟩ *den Gerichtssaal räumen* || ~ *el terreno fig die Hindernisse wegräumen* || *¡despeja cubierta!* ⟨Mar⟩ *klar Deck!* || *vt/i freimachen (Weg, Platz, Raum usw)* || ~ *vi fort-, weg\|gehen* || *nachlassen (Fieber)* || *¡–jar! ¡–jad! ¡–jen! beeilt euch!* || *aus dem Wege!* || *Achtung (die) Straße frei! Platz da!* || ~**se** *munter, lebhaft handeln, reden* || *munter werden* || *fam sich zusammennehmen* || *sich aufheitern* || *sich zerstreuen, sich belustigen* || *sich aufhellen, sich aufheitern, sich aufklären (Himmel, Wetter)* || *fieberfrei werden* || ◊ *la situación se va –jando die Lage klärt sich (allmählich)* || **–je** *m* ⟨Taur⟩ *=* **–jo** || **–jo** *m Räumung f, Freimachen n* || *Gewandtheit, Aufgewecktheit f* || *Mutterwitz m* ||

despelotarse — desplazamiento 416

⟨Taur⟩ *Räumung* f *(des Platzes vor dem Anfang e-s Stiergefechtes)* || con gran ~ *ganz ungezwungen, ungeniert* || ◊ hacer el ~ del redondel *(od* de la plaza) ⟨Taur⟩ *den Platz räumen*
despelotarse vr *wachsen, sich gut entwickeln (Kind)*
despelu|cado, -zado adj *zerzaust*
despeluznante adj *haarsträubend, entsetzlich*
despelle|jado adj *zerschlissen (Polster)* || **–jar** vt *abhäuten* || fig *jdn derb verleumden, lästern,* fam *kein gutes Haar an jdm lassen* || fig *rupfen, ausziehen* || ◊ ~ *vivo a* alg. fig *jdm das Fell über die Ohren ziehen* || ~se *los pies sich die Füße wund laufen*
despenar vt *trösten* || *jdm die Sorgen nehmen* || figf *töten, ums Leben bringen,* pop *jdn umlegen* || Arg *jdm den Gnadenschuß geben, den Gnadenstoß versetzen* || Arg Guat *jdm das Leben zur Hölle machen, jdn ins Grab bringen*
despen|dedor *m Ver|schwender, -geuder* m || **–der** vt *verschwenden* (& fig: *Zeit usw)* || **–sa** *f Speise-, Vorrats|kammer* f || *Anrichteraum* m || *Speiseschrank* m || ⟨Mar⟩ *Pantry* f || *Lebensvorrat* m || *Mundvorrat* m || *Nahrungsmittel* npl || **–sera** *f Wirtschafterin* f || *Ausgeberin* f *(in e-m Kloster)* || **–sero** *m Speisemeister, Wirtschafter* m || *Beschließer* m || *Almosenpfleger* m || ~ *mayor Haushofmeister des Königs*
despeña|damente adv *eilig,* fam *Hals über Kopf* || **–dero** *m jäher Abhang, Abgrund* m || *Felswand* f || fig *gefährliches Unternehmen* n || **–dizo** adj *abschüssig, steil abfallend* || **–do** adj *rasch, hurtig* || **–ñamiento** *m* = **despeño**
despe|ñar vt *hinab-, herab|stürzen* || *abwerfen, absetzen (das Pferd den Reiter)* || **~se** *sich herabstürzen* || ◊ ~ *al (od* en el) *abismo sich in den Abgrund stürzen* || ~ *por la pendiente den Bergabhang hinabstürzen* || **–ño** *m Absturz* m, *Hinab|fallen, -stürzen* n || fig *Sturz, Ruin, Verfall* m || fig *jäher Fall* m || fam *Durchfall* m, *Diarrhö(e)* f
despepi|tado adj fam *unbesonnen, kopflos* || **–tar** vt *entkernen (Früchte)* || *entkernen, egrenieren (Baumwolle)* || Chi *entknochen (Fleisch)* || **~se** *sich heiser schreien, viel Geschrei machen,* fam *sich den Hals ausschreien* || fig *unüberlegt reden od handeln* || ◊ ~ *por* figf *schwärmen für* || *sterblich verliebt sein in* (acc)
desperdi|ciado(r) adj/s *verschwenderisch* || **–ciar** vt *ver|geuden, -schwenden, -tun* || *verpassen, versäumen (Gelegenheit)* || ~ *el tiempo die Zeit vertrödeln* || **–cio** *m Verschwendung* f || ~ *de hierro Abfalleisen* f || ◊ *no tener* ~ fig *nicht zu verachten sein* || *iron durch u. durch schlecht sein* || **~s** mpl *Abfall, Verschnitt, Ausschuß* m || *Abfälle* mpl || *Müll* m || ~ *de cacao Gruskakao* m || ~ *de chapa Blech|abfall, -schrott* m
desperdi|gar [g/gu] vt *zerstreuen* || **~se** *sich zerstreuen* || *auseinandergehen (Gruppe)*
desperecerse [-zc-] vr *sich heiß sehnen* (por *nach)*
despere|zarse [z/c] *sich strecken (vor Faulheit),* fam *sich rekeln* || *die Glieder strecken* || **–zo** *m Dehnen und Strecken der Glieder, Sichrecken* n, fam *Rekelei* f
desper|feccionar vt Chi Ec *beschädigen* || **–fecto** *m leichte Beschädigung* f, *Fehler* m || *Schaden* m || *Hemmung* f || *ligero* ~ *Schönheitsfehler* m || ◊ *arreglarse los* ~s *del traje das Kleid in Ordnung bringen* || *el auto sufrió ligeros* ~s *der Wagen wurde leicht beschädigt* || **–filado** adj *verschwommen, unscharf* || **–filar** vt ⟨Mal⟩ *verwischen (Umrisse)* || ⟨Mil⟩ *tarnen (Befestigung usw)* || **–follar** vt Murc *entblättern (Maiskolben)*
desper|nado adj fig *übermüdet* || **–nancarse** vr Gal Sal Am → **despatarrarse**
despersonali|zación *f Entpersönlichung* f || *Persönlichkeitsverlust* m || **–zar** vt *entpersönlichen, die Persönlichkeit nehmen* (dat)

desper|tador m/adj *Wecker* m, *Weckuhr* f || fig *Aufmunterung* f || ~ adj *ermunternd* || **–tar** [-ie-] vt *auf-, (er)|wecken* || fig *enttäuschen* || fig *aufmuntern* || fig *erregen (Aufmerksamkeit, Eßlust)* || *wachrufen (Erinnerung)* || fig *wecken (Verdacht)* || ◊ ~ *interés Interesse erwecken* || ~ *del sueño vom Schlafe aufwecken* || ~ *vi er-, auf|wachen* || ◊ *el* ~ *de la primavera Frühlingserwachen* n || **~se** vt *auf-, er|wachen*
despezuñarse vr *sich die Klaue verletzen (Spalthufer)* || Col Chi Hond PR fig *sehr schnell gehen, laufen* || Col Chi Hond PR fig *sehr erpicht sein auf et* (acc)
des|piadado adj *mitleidlos, unbarmherzig, erbarmungslos* || *unerbittlich, schonungslos* || adv: **~amente** || **–piarse** vr Chi pop = **–pearse** || **–picarse** [c/qu] vr: ◊ ~ *de una ofensa fam sich für e-e Beleidigung rächen* || **–pichar** vt *(Trauben) abbeeren* || Col Chi *plattdrücken* || ~ vi fam *sterben,* pop *krepieren, verrecken* || **–pidida** *f* Ar → **desaguadero**
¹**despido** *m Abschied* m || *Entlassung* f *aus dem Dienst* || *Kündigung* f
²**despido** → **despedir**
despiece *m* ⟨Tech⟩ *Abbau* m, *Demontage, Zerlegung* f
des|pierto adj *wach, munter* (estar) || fig *aufgeweckt, lebhaft, rege* (ser) || *witzig* (ser) || **–piezar** vt ⟨Tech⟩ *auseinandernehmen, zerlegen* || **–pilchado** adj Am *zerlumpt, lumpig*
despilfa|rrado adj/s *abgerissen, lumpig, zerlumpt* || *verschwenderisch* || Chi *spärlich, dünn* || Chi *zerstreut* || adv: **~amente** || **–rrador** m/adj *Verschwender* m || ~ adj *verschwenderisch* || **–rrar** vt *ver|schwenden, -geuden, durchbringen,* fam *verplempern* || **–rro** *m Verschwendung* f || *Vergeudung* f || *Mißwirtschaft* f || *Verkommenlassen* n || *Liederlichkeit* f || *Mißbrauch* m
des|pilonar vt Chi *die Ohren abschneiden* (dat) || **–pimpollar** vt ⟨Agr⟩ *beschneiden, geizen*
despin|tar vt *(Gemaltes) auslöschen* || *entfärben* || *ab-, aus|waschen (Farbe)* || fig *entstellen* || fig *ver|wirren, -dunkeln* || fig *vereiteln* || ~ vi *aus der Art schlagen* (de gen) || ◊ *no* ~ *de su casta* fig *nicht aus der Art schlagen* || **~se** *verschießen (Farben)* || ◊ *eso no se me despinta* figf *daran erinnere ich mich lebhaft*
des|piojar vt *entlausen* || figf *aus dem Elend reißen* || **–pique** *m Rache, Genugtuung* f || **–pistado** adj *geistesabwesend, unaufmerksam, faselig, zerstreut, nicht im Bilde, in den Wolken* (estar) || ~ adj/s *weltfremd, zerstreut* (ser) || ◊ *ser un* ~ figf *e-e zerstreute Natur sein* || ~ *como un pulpo en un garaje Sant* fig *total zerstreut* || *vollkommen ausgeliefert* || **–pistar** vt *von der Fährte* (od *Spur) abbringen* || *ablenken (Aufmerksamkeit)* || fig *irreführen, täuschen* || **~se** *die Spur verlieren* || ⟨Aut⟩ *von der Straße abkommen, abrutschen, schleudern* || figf *sich drücken* (z. B. *vor der Arbeit)* || **–piste** *m Zerstreutheit* f || *Weltfremdheit* f || *Unkenntnis* f || ◊ *tener* ~s figf *(oft) geistesabwesend sein* || **–placer** [def irr → **placer**] *v*. impers *mißfallen* || ~ *m Mißfallen* n, *Verdruß, Ärger* m
desplan|tar vt *ver|pflanzen, -setzen (Pflanzen)* || **~** *a* **transplantar** || **~se** vr *e-e schiefe Stellung einnehmen (beim Tanzen* bzw *Fechten)* || **–te** *m schiefe Stellung* f *(beim Tanzen, Fechten)* || fig *Frechheit, Dreistigkeit* f || ◊ *dar (od* hacer) *un* ~ *a* alg. *jdm e-e Abfuhr erteilen, jdn abkanzeln, jdn abblitzen lassen* || *hacer* ~s fam *Possen machen*
despla|tado adj Am fam *verarmt, arm wie e-e Kirchenmaus* || **~tar** vt *entsilbern (Metalle)*
despla|zamiento *m Verschiebung, Verrückung, Verlegung* f || *Umstellung* f || *Umzug* m || ⟨Mar⟩ *Deplacement* n, *Wasserverdrängung* f, *Tonnengehalt* m *(e-s Schiffes)* || ⟨Med⟩ *Verrenkung* f || ⟨Tech⟩ *Abweichung* f || *Verlagerung* f || *Verstellung* f || *Abwanderung, Umsiedlung* f || ⟨Mil⟩

desplazar — despreocupado

Truppen\bewegung, -verschiebung f ‖ ⟨Flugw⟩ Abweichung f ‖ gall Ortsveränderung f ‖ Verschleppung f‖ ~ de aire Zugluft f, Luftzug m ‖ **-zar** [z/c] vt von der Stelle bewegen‖ ver\rücken, -schieben, umstellen ‖ verlagern ‖ verstellen (das Wasser) verdrängen (Schiffskörper) ‖ ⟨Mil⟩ ver\-legen, verdrängen ‖ ⟨Pol⟩ vertreiben ‖ verschleppen ‖ fig verdrängen ‖ personas -zadas ⟨Pol⟩ Verschleppte mpl ‖ ◊ sentirse - zado sich fehl am Platz (od deplaziert) fühlen ‖ **~se** vt ⟨Astr⟩ sich neigen, senken ‖ ⟨Med⟩ sich verrenken ‖ Gall sich begeben, reisen ‖ ⟨Tech⟩ wandern ‖ ⟨Mil⟩ sich vorarbeiten ‖ ⟨Flugw⟩ rollen (Flugzeug)

desple\gadamente adv öffentlich ‖ ausdrücklich ‖ **-gado** adj aufgeschlagen (Buch, Zeitung) ‖ ⟨Mil⟩ entwickelt (Marschkolonne) ‖ fliegend, flatternd (Fahne) ‖ **-gar** [-ie-, g/gu] vt entfalten, auseinanderfalten ‖ aus\breiten, -spannen ‖ geradebiegen (Gebogenes) ‖ glätten (Falten) ‖ ⟨Mar⟩ (Segel) beisetzen ‖ ⟨Mar⟩ wehen lassen, zeigen (Flagge) ‖ fig erklären, erläutern ‖ fig entfalten (Fleiß) ‖ ◊ ~ gran actividad sehr aktiv (od tätig) werden ‖ **~se** sich entfalten ‖ ⟨Mil⟩ ausschwärmen, sich entwickeln

despliegue m Entfaltung f ‖ Ausbreitung f ‖ ⟨Mil⟩ Aufmarschieren n ‖ ⟨Mil⟩ Entwicklung f ‖ ⟨Mil⟩ Ausschwärmen n ‖ ⟨Mil⟩ Aufmarsch m ‖ ⟨Flugw⟩ Ausfahren n (des Fahrwerkes) ‖ Am Zurschaustellung f ‖ ~ de la artillería Artillerieaufmarsch m ‖ ~ de fuerzas ⟨Mil⟩ Kraftaufwand m, Entfaltung f der Kräfte ‖ ~ de (la) fuerza pública Polizeiaufgebot n

desplo\mar vt aus dem Lot bringen ‖ Ven tadeln ‖ **-marse** vr baufällig werden (Gebäude) ‖ sich senken (Mauer) ‖ ⟨Flugw⟩ absacken ‖ zusammenfallen, (ohnmächtig) zu Boden sinken ‖ sich fallen lassen (in e-n Stuhl) ‖ fig einstürzen ‖ fig ins Wanken geraten ‖ ◊ ¡se -ma el cielo! fam der Himmel stürzt ein! (Ausdruck der Verwunderung) ‖ **-me** m Abweichung f von der Senkrechten ‖ schiefe Richtung f ‖ ⟨Arch⟩ Überhang m ‖ Sichsenken, (Weg) Sacken n (e-s Gebäudes) ‖ Absacken n (e-s Flugzeugs) ‖ Sichsenken n (Weg usw) ‖ Einsturz m ‖ fig Zusammenbruch m ‖ **-mo** m = **-me** ‖ Ven Tadeln m

desplu\mado adj ungefiedert, federlos ‖ **-mar** vt ausrupfen, rupfen (Federvieh) ‖ fig jdn rupfen, schröpfen (bes beim Spiel) ‖ **~se** mausern (Vögel) ‖ **-me** m Rupfen n ‖ fig Rupfen, Schröpfen n

despo\blación f Entvölkerung f ‖ **-blado** adj unbewohnt ‖ entvölkert ‖ menschenleer ‖ ~ m unbewohnter Ort m, Einöde f ‖ **-blar** [-ue-] vt entvölkern ‖ fig ver\öden, -wüsten ‖ ◊ ~ de entblößen (bzw säubern) von (dat) ‖ ~ de árboles aboden, kahlschlagen (Wald) ‖ ~ de hierbas von Gras säubern ‖ ~se (de gente) sich entvölkern (Stadt) ‖ menschenleer werden (Ort, Platz)

despo\jador m/adj Räuber, Enteigner m ‖ **-jar** vt berauben, (aus)plündern ‖ entblößen (de gen od von dat) ‖ ⟨Jur⟩ e-s Besitzes entäußern (bzw entziehen) ‖ **~se** sich freimachen (de von dat) ‖ et ablegen (& fig) ‖ sich auskleiden ‖ ⟨Jur⟩ den Besitz aufgeben ‖ ◊ ~ de freiwillig entsagen (dat) ‖ ~ de la ropa die Kleider ablegen, ausziehen ‖ **-jo** m Beraubung, Plünderung f ‖ Beute f, Raub m ‖ ⟨Jur⟩ Besitz\entziehung bzw -entäußerung f ‖ **~s** pl (Bau)Schutt, Abraum m ‖ Auswurf m ‖ Überbleibsel npl ‖ Schlächtereiabfälle mpl ‖ ⟨Kochk⟩ Innereien fpl ‖ ~ de cocina Küchenabfälle mpl ‖ ~ del mar Strandgut n ‖ ~ de la mesa Überbleibsel n vom Essen ‖ los ~ (mortales) fig die sterbliche Hülle (Leiche)

despolariza\ción f ⟨Phys⟩ Depolarisation f ‖ **-dor** m Depolarisator m ‖ **-r** vt depolarisieren

despolimerización f ⟨Chem⟩ Depolymerisation f

despol\v(ore)ar vt (aus)stäuben ‖ abstauben ‖ absaugen bzw klopfen (Teppich) (→ a **desem-**

polv(or)ar) ‖ **~se** los ojos sich den Staub aus den Augen wischen ‖ **-voreo** m Ab-, Aus-, Ent\stauben n

desporti\llado adj mit durchgebrochenem Boden (Topf) ‖ **-llar** vt schartig machen, (den Rand) ausbrechen

despo\sada f Neuvermählte f ‖ Braut f ‖ corona de ~ Brautkranz m ‖ **-sado** m Neuvermählte(r) m ‖ Verlobter m ‖ mit Handschellen Gefesselter m ‖ ◊ ¡vivan los ~s! hoch das Brautpaar! ‖ **-sar** vt verloben ‖ trauen, zusammengeben ‖ **~se** sich verloben ‖ sich verehelichen

despo\seer [-ey-] vt enteignen ‖ des Amtes entsetzen ‖ ◊ ~ a alg. de a jdm et (acc) (od den Besitz an et dat) entziehen ‖ **~se** sich berauben ‖ ~ de entsagen (dat) ‖ sich entäußern (gen) ‖ los **-seidos** mpl die Armen, die Besitzlosen mpl ‖ **-seimiento** m Enteignung f ‖ Besitzentzug m ‖ **-sesión** f Besitzaufgabe f ‖ Besitzverlust m ‖ Besitzentzug m ‖ Enteignung f

desposorio(s) mpl Verlobung f, Eheverlöbnis n ‖ Verheiratung, Heirat f ‖ velo de ~ Hochzeitsschleier m ‖ ~ de Nuestra Señora ⟨Kath⟩ Verlöbnis n der Heil. Jungfrau (Fest)

déspota m Despot, Gewaltherrscher, Tyrann m

despótico adj despotisch ‖ eigenmächtig, gebieterisch, tyrannisch

despo\tismo j Gewaltherrschaft, Tyrannei f, Despotismus m ‖ Willkür f ‖ ~ ilustrado ⟨Hist⟩ aufgeklärter Absolutismus m ‖ **-tizar** vt Arg Chi Pe tyrannisieren ‖ **-tizar** [z/c] vt Am tyrannisieren

despotri\car [c/qu] vi fam faseln ‖ ◊ ~ contra alg. jdn barsch anfahren, los\poltern, wettern (gegen acc), fam meckern, schimpfen (über acc), pop anschnauzen ‖ Mex zerstückeln, zerstören ‖ **-que** m rücksichtslose Äußerung f ‖ Wettern, Meckern, Schimpfen n

despre\ciable adj verächtlich (Person, Gegenstand, Meinung) ‖ verwerflich (Handlung) ‖ es un punto de vista nada ~ das ist ein sehr ernst zu nehmender Gesichtspunkt ‖ **-ciar** vt ver-, miß\-achten, geringschätzen ‖ geringschätzig behandeln ‖ herab\würdigen, (den Wert) -setzen ‖ verschmähen‖ in den Windschlagen‖ ◊ ~se de lo hecho geringschätzen, was man geschaffen hat ‖ **-ciativo** adj geringschätzend, verächtlich ‖ **-cio** m Ver-, Miß\-achtung, Geringschätzung f ‖ con ~ verächtlich ‖ ◊ escupió en señal de ~ er spuckte verächtlich aus

desprecintar vt (Zoll)Plombe öffnen an (dat)

despren\der vt los\machen, -lassen, trennen ‖ ablösen ‖ abstoßen ‖ abkleben ‖ Arg PR aufknöpfen ‖ **~se** vr sich losmachen, sich losreißen (de von) ‖ sich lösen ‖ sich abheben ‖ abplatzen ‖ sich e-r Sache entledigen, et loswerden ‖ herabstürzen ‖ einstürzen (Dach) ‖ ⟨Phys Chem Tech⟩ frei werden ‖ sich entwickeln (Kraft, Stoff) ‖ ⟨Bgb⟩ ab\rutschen, -stürzen ‖ ⟨Geol⟩ ausbrechen ‖ fig ablassen (de von) ‖ entsagen, verzichten (auf acc) ‖ sich entäußern (de gen) ‖ sich ergeben (aus dat) ‖ ◊ ~ de su fortuna sein Vermögen opfern ‖ de lo dicho se desprende que dem Gesagten erhellt, ergibt sich ‖ **-dible** adj ⟨Phot⟩ abziehbar (Platten) ‖ **-dido** adj uneigennützig ‖ großzügig ‖ freigebig ‖ großmütig ‖ **-dimiento** m Losmachen n ‖ Loslassen n ‖ Erdrutsch m, Verschüttung f (von Erdmassen) ‖ ⟨Rel Mal⟩ Kreuzabnahme, Herabnahme f vom Kreuz ‖ ⟨Phys Chem Tech⟩ Freiwerden n ‖ Abgabe f ‖ ⟨Geol⟩ Ausbrechen n ‖ ⟨Bgb⟩ Ab\rutschen, -stürzen n ‖ fig Selbstlosigkeit, Freigebigkeit f ‖ Opferwilligkeit f ‖ ~ de calor Wärme\entwicklung, -abfuhr f ‖ ~ de gas(es) ⟨Bgb⟩ Gasausbruch m ‖ ~ de tierras Erdrutsch m, Nachbrechen n ‖ ~ de retina ⟨Med⟩ Netzhautablösung f ‖ ~ de virutas Spanabhebung f

despreocu\pación f Vorurteilslosigkeit f ‖ Teilnahmslosigkeit f ‖ gall Leichtfertigkeit, Sorglosigkeit f ‖ **-pado** adj/s unvoreingenommen, vorurteils-

despreocuparse — destartalo 418

los (estar) ‖ *sorglos, unbekümmert* ‖ *leicht\fertig, -sinnig* ‖ **–parse** vr *sich nicht mehr kümmern* (de *um* acc)

despresti|giar vt *herab-, ent\würdigen* ‖ *in der Achtung der Menschen herabsetzen* ‖ ~**se** *sein Ansehen verlieren*, fam *sich wegwerfen* ‖ *s–n guten Ruf schädigen* ‖ **–gio** m *Verlust* m *des Ansehens* ‖ *Entwürdigung* f ‖ *Schandfleck* m

despre|vención f *Mangel* m *an Vorsorge* ‖ *Achtlosigkeit* f ‖ *Leichtsinn* m ‖ **–venido** adj *unvorbereitet, unversorgt, ahnungslos* ‖ ◊ **coger** (*od* **pillar**) a uno ~ *jdn plötzlich überraschen*

despropor|ción f *Mißverhältnis* n, *Disproportion* f ‖ **–cionado** adj *unverhältnismäßig* ‖ *unpassend* ‖ *unverhältnismäßig groß* bzw *breit usw* ‖ *disproportioniert* ‖ ◊ **ser** ~ *im Mißverhältnis stehen* ‖ **–cionar** vt *unregelmäßig gestalten*

despro|positado adj *unzeitgemäß* ‖ **–pósito** m *Unsinn* m ‖ *Abgeschmacktheit, Ungereimtheit* f ‖ ~**s** pl *alberne Einfälle* mpl

despro|veer [-ey-, perf -visto] vt *jdn (des Notwendigen) berauben, jdn entblößen* (gen) ‖ **–visto** adj *entblößt* (de *von*) ‖ ~ **de** *ohne* ‖ *entblößt von* (dat) ‖ ~ **de todo cabello** *ganz haarlos* ‖ ~ **de medios** *mittellos, unbemittelt* ‖ *no* ~ **de gracia** *nicht ohne (gewisse) Anmut* ‖ ◊ **estar** ~ **de** *entbehren* (acc *od* gen)

despueble m *Entvölkerung* f ‖ *Aufgabe* f *e–s Betriebs durch Nichtbetreiben (Stillegung)*

después: 1. adv *nachher* ‖ *dann* ‖ *nachträglich* ‖ *darauf* ‖ *da(r)nach* ‖ *un año* ~ *ein Jahr später* ‖ *im Jahre darauf* ‖ *el año* ~ *das nächste Jahr* ‖ *vendré* ~ *ich komme nach* ‖ *¡hasta* ~*! auf Wiedersehen nachher*
2. ~ **de** als Präp:
a) *nach* (dat) ‖ *hinter* (dat) ‖ ~ **de comer** *nach dem Essen* ‖ ~ **de Cervantes es el mejor clásico** *er ist nach Cervantes der beste Klassiker* ‖ ~ **del hecho** *hinterher* ‖ *uno* ~ **de(l) otro** *einer hinter dem anderen, nach der Reihe* ‖ ~ **de la Pascua** *nach Ostern* ‖ ~ **de todo** *letzten Endes, letztlich, schließlich*
b) in Verb. mit Infinitiv: *nachdem* ‖ ~ **de pronunciar algunas frases** *nachdem er einige Sätze ausgesprochen hatte* ‖ *poco* ~ **de terminar la guerra** *kurz nach Kriegsende* ‖ ~ **de haberte ayudado, me odias** *nachdem ich dich unterstützt habe, hassest du mich*
c) vor partizipialer Konstruktion: ~ **de terminado el trabajo** *nach Schluß der Arbeit*
3. conj: ~ (**de**) **que** *nachdem*, **als** ‖ **bis** ‖ **seit** (= desde que)

despul|gar vt Chi *(ab)flöhen, (ent)lausen* ‖ **–par** vt *die Pulpe auffangen u. einschmelzen* (bes *der Zuckerrübe*) ‖ *das Fruchtfleisch abquetschen (Kaffee)*

despumadera f *Schaumlöffel* m

despun|tado adj *stumpf, ohne Spitze* ‖ **–tar** vt *abstumpfen* ‖ *die Spitze ab\schneiden* (od *-brechen* od *-schlagen*) ‖ *abrupfen (Blattspitzen)* ‖ ⟨Metal⟩ *den Knüppel abschopfen* ‖ * ⟨Mar⟩ *umfahren (Kap)* ‖ ~ vi *erscheinen, sich zeigen* ‖ ⟨Bot⟩ *knospen, sprießen* ‖ *aufbrechen (Knospen)* ‖ *ausschlagen (Bäume)* ‖ *anbrechen (der Tag)* ‖ *aufgehen (Sonne)* ‖ fig *hervorragen* (de *od* **como** *als* nom, en *in* dat, por *durch* acc) ‖ ◊ ~ **en capullos** *Knospen treiben* ‖ ~ **de ingenioso** *sich durch große Begabung hervortun* ‖ ~ **en el arte** *in der Kunst hervorragen* ‖ *al* ~ **el día** (*od alba*) *bei Tagesanbruch* ‖ **–te** m ⟨Aut⟩ = **sopié** ‖ Arg Chi *Reisig* n

desque adv **vulg poet* = **desde que**

desqui|ciado adj *ordnungslos, unordentlich* ‖ fam *toll* ‖ **–ciamiento** m *Ausheben* n *(aus den Angeln)* ‖ fig *Zerrüttung* f ‖ fig *Sturz* m ‖ fig *Umordnung, Störung* f ‖ **–ciar** vt *aus den Angeln heben* (& fig) ‖ *verrenken* ‖ *aushängen* ‖ fig *jdn aus der Fassung bringen* ‖ fig *äußerst beirren* ‖ fig *verdrängen* ‖ ~**se** *aus den Angeln gehen* (& fig) *den Halt verlieren* ‖ fig *erschüttert werden* ‖ **–cio** m Arg = **desquiciamiento**

desquilatar vt *den Feingehalt des Goldes verringern* ‖ fig *herabsetzen, entwerten*

desqui|tar vt *für e–n Verlust entschädigen, Revanche geben (bes beim Spiel)* ‖ **–tarse** vr *sich entschädigen* ‖ *Vergeltung üben, sich rächen* (de *für* acc, en *an* dat) ‖ *sich revanchieren* (& fig) ‖ ~ **de una pérdida** *sich für e–n Verlust schadlos halten* ‖ **–te** m *Wiedergewinn* m *des Spielverlustes* ‖ *Entschädigung* f ‖ *Ersatz* m ‖ *Rache, Genugtuung* f ‖ *Revanche, Vergeltung* f ‖ (encuentro de) ~ ⟨Sp⟩ *Revanche-, Rück-, Vergeltungs\spiel* n ‖ ◊ **tomar** ~ *sich rächen* ‖ *sich revanchieren* ‖ *sich schadlos halten* (de *für*)

desra|badillar vt Col Ven = **derrengar** ‖ **–mar** vt ⟨Agr⟩ *abästen*

desrati|zación f *Rattenbekämpfung* f, *Entratten* n ‖ **–zar** vt *entratten, rattenfrei machen, von Ratten befreien* ‖ ⟨Mar⟩ *ausräuchern*

desrazonable adj fam *vernunftwidrig*

desresinar vt *entharzen*

des|rielamiento m Bol Chi ⟨EB⟩ *Entgleisung* f ‖ **–riñonar** vt *lendenlahm schlagen* ‖ **–rizar** [z/c] vt *(die Locken) auf\lösen, -machen* ‖ ⟨Mar⟩ *(Segel) entfalten* ‖ ~**se** *aufgehen (Locken)*

desta|cado adj *hervorragend* ‖ *führend* ‖ ⟨Mil⟩ *(ab)kommandiert* ‖ *merecer ser* ~ *besonders erwähnenswert sein* ‖ *nota* ~**a fue que ... es fiel besonders auf, daß ...* ‖ *elementos* ~**s** *Am führende Persönlichkeiten* fpl ‖ ~ m ⟨Mus⟩ *Stakkato* n ‖ **–camento** m ⟨Mil⟩ *abgesonderte Truppenabteilung* f, *Detachement* n ‖ ⟨Mil⟩ *Kommando* n, *Abkommandierung* f ‖ ⟨Mil⟩ *Verband* m

des|tacar [c/qu] vt *(e–e Abteilung) absondern* ‖ *ab\stellen, -kommandieren* ‖ fig *betonen, unterstreichen* ‖ ⟨Mal⟩ & fig *hervorheben* ‖ *Am hervortreten lassen* ‖ ~**se** ⟨Mil⟩ *sich von dem Hauptheer trennen* ‖ *sich abheben, hervortreten* ‖ fig *sich auszeichnen, hervorragen* (por *durch* acc) ‖ **–taconar** vt *(die Schuhabsätze) abtreten*

desta|jador m *Setz-, Schmiede\hammer* m ‖ **–jar** vt/i *Arbeitsbedingungen festlegen* (*für* acc) ‖ ⟨Kart⟩ *abheben* ‖ **–jero, –jista** m *Akkordarbeiter* m ‖ **–jo** m *(Übernahme e–r) Akkordarbeit* f ‖ *Unternehmung* f *für eigene Rechnung* ‖ *Arbeitsvertrag* m ‖ a ~ *Akkord-* ‖ im (bzw *auf*) *Akkord* ‖ fig *mit großer Anstrengung* ‖ fig *übermäßig viel*, fam *im Akkord (sprechen)* ‖ figf *überstürzt* ‖ prov *lose, vom Faß (verkaufen)* ‖ **Chi in Bausch und Bogen** ‖ ◊ **tomar** a ~ *auf Akkord nehmen* ‖ **trabajar** a ~ *im Akkord, gegen Leistungs-* bzw *Stück\lohn arbeiten* ‖ **vender** a ~ *einzeln verkaufen*

des|talonar vt *den Absatz abtreten* ‖ *aus dem Kuponbuch* (bzw *vom Stammabschnitt*) *trennen* ‖ ⟨Tech⟩ *hinterdrehen* ‖ **–tantearse** vr Mex = **desorientarse**

desta|pada f ⟨Kochk⟩ *Tortenboden* m ‖ **–pado** adj *offen, ohne Deckel* ‖ **–pador** m = **–ponador** ‖ **–par** vt *abdecken, (den Deckel, die Decke) aufheben* ‖ *entkorken (Flasche)* ‖ *aufdecken (Topf)* ‖ fig *öffnen, aufmachen* ‖ fig *entschleiern, enthüllen* ‖ fig *aufdecken* ‖ △*töten, abmurksen* ‖ ~ vi Col *durchbrennen, flüchten* ‖ Mex *ausbrechen (Tiere)* ‖ PR *ohrfeigen* ‖ ~**se** fig *sein Herz ausschütten* (con alg. *jdm*) ‖ **–ponador** m *Flaschenöffner* m ‖ **–ponar** vt *entkorken, aufspunden (Faß)* ‖ ⟨Taur⟩ *(den) Stier mit der Lanze reizen*

des|tara f ⟨Com⟩ *Abzug* m *der Tara* (= *des Leergewichts)* ‖ **–tarar** vt *die Tara* (bzw *das Leer-, das Verpackungs\gewicht) abziehen* ‖ **–taralado** adj *krumm und schief* ‖ *verwahrlost* ‖ *ordnungslos, liederlich* ‖ *unbequem, unwohnlich, baufällig (Haus, Wagen)* ‖ *klapprig (Wagen)* ‖ fam *unbrauchbar, kaputt* ‖ **–tartalo** m fam *Unordnung, Liederlichkeit* f

deste|char vt *(ein Haus) abdecken* ‖ **–jado** adj *dachlos, ohne Dach* ‖ fig *schutzlos* ‖ **–jar** vt *die Dachziegel herunternehmen (von* dat*)* ‖ fig *et schutzlos lassen* ‖ **–jer** vt *(ein Gewebe) wieder auftrennen, auflösen* ‖ fig *vereiteln, zerstören* ‖ **–lengar** vt Dom *schaden*

deste|llar vt/i *ausstrahlen* ‖ *aufblitzen* ‖ ⟨Mil Mar⟩ *aufleuchten, blinken, morsen* ‖ **–llo** *m Strahlen, Funkeln* n, *Szintillation* f ‖ *Schimmer, Abglanz* m ‖ *Aufleuchten* n ‖ *Flimmern* n ‖ *Lichtstrahl* m ‖ *Lichtblitz* m ‖ *flackerndes Licht* n ‖ fig *Geistesblitz* m ‖ *los primeros* ~s *de la aurora die ersten Strahlen der Morgendämmerung* ‖ *fuego de* ~ ⟨Mil Mar Flugw⟩ *Blinkfeuer* n ‖ *mensaje de* ~ *Blinkspruch* m

destemido adj ⟨Taur⟩ *furchtlos*

destem|plado adj *unmäßig* ‖ *übertrieben* ‖ *unbeherrscht* ‖ *rauh, barsch* ‖ *veränderlich, unbeständig (*bes *Wetter)* ‖ ⟨Mal⟩ *unharmonisch, mißtönend* ‖ *klanglos, verstimmt (Musikinstrument)* ‖ *unangenehm, rauh (Stimme)* ‖ ⟨Metal⟩ *enthärtet (Stahl)* ‖ **–planza** f *Unmäßigkeit* f ‖ *Übertreibung* f ‖ *Unbeständigkeit, Veränderlichkeit* f ‖ *Unpäßlichkeit* f ‖ fig *Heftigkeit* f, *Ungestüm* m ‖ *Rauheit* f *(Witterung)* ‖ ⟨Med⟩ *leichter Fieberanfall* m ‖ ⟨Med⟩ *Frösteln* n ‖ **–plar** vt *stören (Einklang, Ordnung)* ‖ *in Unordnung bringen* ‖ ⟨Mus⟩ *verstimmen* ‖ *jdm Unpäßlichkeit verursachen* ‖ ~**se** fig *unregelmäßig werden (Puls)* ‖ *unpäßlich werden* ‖ *sich erkälten* ‖ *frösteln* ‖ *e–n leichten Fieberanfall bekommen* ‖ *verstimmt werden (Musikinstrumente)* ‖ *enthärten (Stahl)* ‖ ‖ fig *unmäßig werden* ‖ *aufbrausen, heftig werden* ‖ Chi Ec Guat Mex *stumpf werden (Zähne)* ‖ **–ple** *m* ⟨Mus⟩ *Verstimmung* f *(&* fig*)* ‖ *Unpäßlichkeit* f ‖ ⟨Metal⟩ *Enthär|ten* n, *-ung* f ‖ Chi Ec Guat Mex *Stumpfwerden* n *(der Zähne)* ‖ →a **dentera**

des|tender [–ie–,] vt *abspannen* ‖ **–teñido** adj *verfärbt* ‖ *verblichen* ‖ **–teñir** [–i–, pret -ñó] vt *e–e S. entfärben, (e–r S. die Farbe) nehmen, bleichen* ‖ *verfärben* ‖ ~**se** *sich entfärben, verschießen (&* vi*)* ‖ *die Farbe gehen lassen, verblassen* ‖ **–ternerar** vt Arg Chi *absetzen, das Kalb von der Kuh trennen* ‖ **–ternillarse** vr *(den Knorpel) brechen (&* vt*)* ‖ ◊ ~ *de risa* figf *sich krank lachen, sich halbtot lachen*

deste|rrado *m Verbannte(r), Geächtete(r)* m ‖ **–rrar** [–ie–,] vt *verbannen, des Landes verweisen* ‖ fig *fortjagen* ‖ *aus|schließen, -stoßen* ‖ fig *vertreiben, verscheuchen, fahrenlassen (Sorgen, Schmerz usw)* ‖ *von der Erde befreien (Wurzeln)* ‖ ◊ ~ *la enfermedad die Krankheit bannen, beschwören* ‖ ~ *de la memoria* fig *aus dem Gedächtnis tilgen* ‖ ~ *de la patria aus dem Vaterlande verweisen, verbannen*

desterronar vt ⟨Agr⟩ *die Erdklumpen zerkleinern, krümeln (auf e–m Feld)*

deste|tar vt *abstillen, entwöhnen (Säugling)*, *abspänen* ‖ *absetzen (junges Tier)* ‖ fig *aus der Obhut des Elternhauses entlassen (zum Studium, zum Militärdienst usw)* ‖ ~**se**: *con* a/c fig *et mit der Muttermilch einsaugen* ‖ **–te** *m Entwöhnung* f, *Abstillen* n *(von der Mutterbrust)* ‖ *Absetzen n e–s jungen Tieres* ‖ **–to** *m abgesetztes Jungvieh* n

destiempo *m*: *a* ~ *zur Unzeit, ungelegen*

destierro *m Verbannung, Landesverweisung* f ‖ *Ausweisung* f ‖ *Verbannungsort* m ‖ ⟨Jur⟩ *Aufenthalts|verbot* n, *-versagung* f *(für bestimmte Gebiete)* ‖ ⟨Hist⟩ *Bann* m ‖ fig *entlegener Ort* m ‖ ◊ *condenar a* ~ *perpetuo zu lebenslänglicher Verbannung verurteilen* ‖ *levantar el* ~ *die Verbannung aufheben*

destila|ción *f* ⟨Chem⟩ *Destillieren* n, *Destillierung, Destillation* f ‖ *Brennen* n *(Wein usw)* ‖ *(Ab)Träufeln* n ‖ ~ *a baja temperatura Schwelung, Tiefttemperaturverkokung* f ‖ ~ *de hulla Kohlendestillation* f ‖ ~ *en el vacío* ⟨Chem⟩ *Vakuumdestillation* f ‖ *balón de* ~ *Destillierkolben* m ‖ *instalación de* ~ *a baja temperatura Schwelanlage* f ‖ **–dera** *f Destillierapparat* m ‖ **–dero** *m Filter* m, *Destillierrohr* n ‖ **–do** adj/s *destilliert* ‖ ~ *m Destillat* n ‖ **–dor** m/adj *Destillierer* m ‖ *Destillationskolben* m ‖ *(Branntwein-)Brenner* m ‖ ⟨Chem⟩ *Destillator* m ‖ ~ *de aceite de pescado Transieder* m

desti|lar vt *destillieren, abziehen* ‖ *brennen (Branntwein usw)* ‖ *filtrieren, (durch)seihen* ‖ ⟨Pharm⟩ *ausziehen (Kräuter usw)* ‖ *ab-, durch|tropfen lassen* ‖ ◊ *la llaga destila sangre aus der Wunde trieft Blut* ‖ ~ vi, ~**se** *tropfen, tröpfeln* ‖ **–latorio** *m*/adj *Destillier|kolben* m, *-gerät* n ‖ ~ adj *Destillier-* ‖ **–lería** *f Destillieranlage* f ‖ *(Spiritus)Brennerei* f

desti|nación *f Bestimmung* f ‖ *Bestimmungsort* m ‖ *Adressierung* f ‖ *Einweisung* f *(in e–e Planstelle)* ‖ →a **destino** ‖ **–nado** adj *bestimmt, berufen* ‖ *zugewiesen* ‖ ⟨Mil⟩ *kommandiert (a* zu*)* ‖ ~ *al efecto dafür bestimmt* ‖ ~ *a un fin (od objetivo) determinado zweckgebunden* ‖ ◊ *estar* ~ *a (od* para*) bestimmt (berufen) sein zu* ‖ *ir* ~ *a ...* ⟨Com⟩ *nach ... bestimmt sein (Sendung)* ‖ **–natario** *m Adressat, Empfänger* m ‖ *Empfangs-(bzw Bezugs)Berechtigter* m ‖ ~ *desconocido unbestellbar (Post)* ‖ ◊ *cóbrese al* ~ *vom Empfänger zahlbar* ‖ *de no encontrar al* ~, *devuélvase al remitente falls nicht zustellbar, bitte an Absender zurück (Post)* ‖ **–nar** vt *bestimmen* (a, *para für* acc*)* ‖ *jdm e–e S. zudenken* ‖ *dienstlich zuweisen, bestimmen* ‖ *senden, schicken* ‖ *versetzen (Verwaltung)* ‖ *auf Mission schicken* ‖ ⟨Mil⟩ *abstellen, (ab)kommandieren* (a *zu* dat*)* ‖ **–no** *m Schicksal, Geschick, Verhängnis* n ‖ *Los, Leben* n ‖ *Amt* n, *Posten* m, *Anstellung* f ‖ *Bestimmung* f *(zu e–m Zwecke)* ‖ *Bestimmungsort* m ‖ *Zuweisung* f ‖ *Widmung* f *(e–r Sache)* ‖ *Ziel* n ‖ *Verwendung(sweck* m*)* f ‖ ⟨Mil⟩ *Kommando* n, *Auftrag* m ‖ ~ *fatal Verhängnis* n ‖ ~ *en propiedad Planstelle* f ‖ *abandono de* ~ *(unberechtigtes) Verlassen* n *des Postens (Delikt)* ‖ *con* ~ *a Madrid nach Madrid* ‖ *derecho a* ~ ⟨Mil⟩ *Anstellungsberechtigung* f ‖ *estación de* ~ *Bestimmungsbahnhof* m ‖ *lugar (od* punto*) de* ~ *Bestimmungsort* m ‖ *puerto de* ~ *Bestimmungshafen* m ‖ *llegado a* ~ *eingegangen (Ware)* ‖ ◊ *dar* ~ *a e. et gebrauchen* ‖ *tomar posesión del* ~ *das Amt antreten*

¹**destiño** → **desteñir**
²**destiño** *m Bienenwabe* f *ohne Honig*

destiranizado adj *von Tyrannei befreit*

desti|tución *f Ab-, Ent|setzung, Amtsenthebung* f ‖ *Entlassung* f *(von Beamten)* ‖ **–tuible** adj *absetzbar* ‖ **–tuido** adj *abgesetzt, entblößt* ‖ *hilflos* ‖ **–tuir** [–uy] vt *absetzen* ‖ *des Amtes entheben, entlassen, abberufen* ‖ ◊ ~ *de un cargo e–s Amtes entsetzen*

desto|cado adj *ohne Kopfschutz* ‖ *mit bloßem Haupte* ‖ **–car** vt *jdm die Frisur durcheinanderbringen* ‖ **–carse** [c/qu] vr *die Kopfbedeckung abnehmen*

destor|cedura *f Aufdrehen* n ‖ **–cer** [–ue–, c/z] vt *aufdrehen (Gedrehtes)* ‖ *geradebiegen (Krummes)* ‖ ~**se** vr ⟨Mar⟩ *vom Kurs abweichen*

destorlon|gado adj Mex *verschwenderisch* ‖ **–go** *m* Mex *Verschwendung* f

destormar vt Murc = **desterronar**

destorni|llado adj/s fig *unbesonnen, kopflos*, fam *bescheuert* ‖ **–llador** *m Schrauben|zieher, -dreher* m ‖ ~ *automático Drillschraubenzieher* m ‖ **–llar** vt *auf-, los-, ab|schrauben* ‖ ~**se** fig *kopflos handeln* od *reden*

destornudo *m* Chi = **estornudo**

destorrentar vt Mex *ver|scheuchen, -jagen* ‖ ~**se** vr MAm = **desorientarse**

destoserse vr *sich räuspern* ‖ *hüsteln (*bes *um jdm ein Zeichen zu geben)*

destotro ·pop = de este otro
destra|bar vt *(die Fesseln) lösen, losmachen* ‖ fig *entsichern (Waffe)* ‖ *entriegeln* ‖ fig *(Schwierigkeiten) beseitigen* ‖ ◊ ~ los calces ⟨Flugw⟩ *die Bremsklötze wegziehen* ‖ ~ la lengua fig *die Zunge lösen* ‖ **~se** *sich losmachen* ‖ **-bazón** f fig *Wegräumung* f *von Hindernissen*
destral m *Handbeil* n
destre m Mall *Längenmaß* n *(= 4,21 m)*
destrenzar [z/c] vt *auf-, ent\flechten* ‖ **~se:** ◊ ~ el pelo *die Flechten auflösen (Frau)*
destreza f *Geschicklichkeit, Gewandtheit, Fertigkeit* f ‖ *Kunstgriff* m ‖ con gran ~ *sehr geschickt* ‖ ~ digital, ~ manual *Fingerfertigkeit* f
destrincar vt ⟨Mar⟩ *losreißen (Verstautes)*
destripacuentos m fig *Pointenverderber* m
destri|par vt *(die Eingeweide) aus\nehmen, -weiden* ‖ *aufschlitzen (Bauch, Polster usw)* ‖ fig *zerquetschen, zerkleinern* ‖ figf *(die Rede) voreilig unterbrechen* ‖ fig *die Pointe verderben (Witz, Erzählung)* ‖ **-paterrones** m figf *Tagelöhner* m *bei der Feldarbeit* ‖ fig *Bauernlümmel* m
destrísimo adj sup v. diestro
des|trizar [z/c] vt *zerstückeln* ‖ **~se** vr fig *vergehen (vor Sorgen, Kummer, Ärger)* ‖ **-trocar** [-ue-, c/qu] vt *(Vertauschtes) wieder umtauschen*
destrón m *Blindenführer* m
destro|namiento m *Entthronung* f *(& fig)* ‖ fig *Verfall* m ‖ **-nar** vt *entthronen* ‖ fig *absetzen*
*****destróyer** m engl ⟨Mar⟩ = destructor
destro|zado adj *zerlumpt, zerstückelt* ‖ con el alma ~a *mit gebrochenem Herzen* ‖ ◊ estar ~ figf *völlig erledigt (od todmüde) sein* ‖ **-zador** m *Zerstörer, Verwüster* m ‖ **-zar** [z/c] vt *zerstückeln* ‖ *zerstören* ‖ *verwüsten* ‖ *zerreißen (Kleider)* ‖ ⟨Mil⟩ *vernichtend schlagen* ‖ ◊ eso –za el corazón *das ist herzzerreißend* ‖ **~se** *zerreißen (Kleider)* ‖ *in Stücke gehen* ‖ *Bruch machen (& Flugw)* ‖ **-zo** m *Zertrümmerung* f ‖ *Verheerung, Zerstörung* f ‖ *Schade* m ‖ ⟨Mil⟩ *vernichtende Niederlage* f ‖ ⟨Mil⟩ *Gemetzel* n ‖ *Riß* m *(am Kleide)* ‖ *Zerreißen* n ‖ **~s** pl *Fetzen* mpl ‖ *Trümmer* f pl ‖ ◊ hacer ~ *Zerstörungen (bzw Verwüstungen) anrichten (en in, an, bei dat)* ‖ **-zón, ona** adj/s: niño ~ *Kind, das seine Kleider usw in kurzer Zeit zerreißt* ‖ fam *Reißteufel* m
destruc|ción f *Zerstörung, Vernichtung, Verwüstung* f ‖ *Verderben* n ‖ *Verheerung* f ‖ *Niederwerfung* f ‖ ⟨Mil⟩ *Sprengung* f ‖ ⟨Med⟩ *Verödung* f ‖ ~ en masa *Massenvernichtung* f ‖ destacamento de ~ *Sprengkommando* n ‖ productos de ~ ⟨Chem⟩ *Abbauprodukte* npl ‖ **-tibilidad** f *Zerstörbarkeit* f ‖ **-tible** adj *zerstörbar (bes lit)* ‖ **-tivo, -toria** adj *zerstörend* ‖ potencia ~a *Zerstörungskraft* f ‖ ~ (de un explosivo) *Sprengkraft, Brisanz* f ‖ adv: **~amente** ‖ **-to** pp/irr v. destruir ‖ **-tor** m *Zerstörer* m *(& Mar)* ‖ ~ adj fig *zersetzend* ‖ ⟨Pol⟩ *umstürzlerisch* ‖ → a **-tivo**
destrue|co, -que m *Aufhebung* f *e–s Tausches*
destruible adj *zerstörbar*
destruidor m = destructor
destruir [-uy-] vt *zerstören, verheeren, verwüsten, vernichten* ‖ ⟨Med &⟩ *veröden* ‖ fig jdn *zugrunde richten, jdn ruinieren* ‖ *erledigen (Argument)* ‖ fig *zerstören, durchkreuzen (Plan)* ‖ **~se** vr fig *zugrunde gehen* ‖ *vergehen* ‖ *verfallen* ‖ *sich gegenseitig vernichten* ‖ ⟨Math⟩ *sich aufheben*
des|tungar vt Chi *das Genick brechen* ‖ *beim Genick packen* ‖ **-tusar** vt MAm *entblättern (Maiskolben)* ‖ *Guat stehlen* ‖ *Guat murmeln*
desudador m *Schweißleder* n *(für Hüte)*
desue|llacaras m fam *Bart\scherer, -kratzer* m ‖ figf *frecher Kerl* m ‖ **-llo** m *Schinden, Hautabziehen* n ‖ fig *Frechheit, Unverschämt-*

heit f ‖ figf *Prellerei* f ‖ **-rar** vt *Serum (bzw Molken) entfernen (aus dat)* ‖ **-ro** m *Kneten* n *(der Butter)*
desulfurar vt *entschwefeln* ‖ ⟨Chem⟩ *ausschwefeln*
desuncir [c/z] vt *aus\spannen, -jochen, abspannen (Ochsen, Maultiere)* ‖ fig *trennen*
desu|nido adj *getrennt* ‖ *entzwei* ‖ *uneins* ‖ **-nión** f *Trennung, Sonderung* f ‖ fig *Uneinigkeit* f, *Zwie\spalt* m, *-tracht* f ‖ **-nir** vt *trennen, absondern* ‖ *loslösen* ‖ fig *vereinigen* ‖ *entzweien* ‖ *verfeinden* ‖ *Zwietracht säen* ‖ **~se** *sich trennen* ‖ fig *sich verfeinden* ‖ fig *sich entzweien (con mit dat)*
desu|sado adj *ungebräuchlich, ungewöhnlich* ‖ *ungewohnt* ‖ *veraltet* ‖ **-so** m *Nichtanwendung* f ‖ *Nichtbenutzung* f ‖ *Mißbrauch* m, *Abkommen* n *e–s (Ge)Brauches* ‖ *Ungewohnheit* f ‖ ◊ caer en ~ *außer Gebrauch, aus der Mode kommen* ‖ *veralten (Ausdruck)* ‖ caído en ~ *veraltet*
des|vaído adj *lang, groß und von schlechtem Wuchs (Person)* ‖ *blaß, verblaßt (Farbe)* ‖ fig *verschwommen* ‖ **-vainar** vt *aus\hülsen, -schoten* ‖ **-valido** adj/s *hilflos, verlassen* ‖ *verwahrlost*
desvali|jador m *(Straßen)Räuber* m ‖ **-jamiento, -jo** m *Raub, Straßenraub* m ‖ *Ausplünderung* f ‖ **-jar** vt fam *(jdn) ausziehen, rupfen (bes im Spiel)* ‖ *aus\plündern, -stehlen, berauben*
desvalimiento m *Hilflosigkeit* f ‖ *Verlassenheit* f
desvalorar vt = desvalorizar
desvalo|rización f *(Geld)Entwertung* f ‖ *Abwertung* f ‖ *Wertminderung* f ‖ *Währungsverfall* m ‖ **-rizar** vt bes ⟨Com⟩ *abwerten* ‖ *entwerten*
desván m *Dach-, Boden\kammer, Dachstube* f, *Speicher* m ‖ *Hängeboden* m ‖ *Rumpelkammer* f
desvane|cedor m ⟨Phot⟩ *Abdeckrahmen* m ‖ ⟨El⟩ *Lautstärkeregler* m ‖ **-cer** [-zc-] vt *(in der Luft) aufgehen lassen, zerstreuen* ‖ *verwischen* ‖ *auflösen* ‖ fig *zerstören, zunichte machen* ‖ fig *vereiteln* ‖ Chi *abschlagen (Wasser)* ‖ ~ una duda *e–n Zweifel zerstreuen, beseitigen* ‖ **~se** *verfliegen, verdunsten* ‖ *verschwinden, in Nichts zerfließen* ‖ *sich auflösen, vergehen* ‖ *ohnmächtig werden* ‖ *stolz, eitel werden* ‖ ◊ ~ por u/c *et heiß anstreben* ‖ el humo se –ce en el aire *der Rauch löst sich in der Luft auf* ‖ **-cido** adj *hochmütig, dünkelhaft* ‖ ⟨Phot⟩ *verschwommen (Bildrand)* ‖ adv: **~amente** ‖ **-cimiento** m *Zerstreuung* f, *Aufgehen* n *(z. B. in der Luft)* ‖ *Auflösung* f, *Vergehen* n ‖ ⟨Chem⟩ *Verflüchtigung* f ‖ ⟨Radio Nucl⟩ *Schwund* m ‖ *Hochmut, Dünkel* m ‖ *Schwindel* m, *Ohnmacht* f ‖ ◊ tener un ~ *ohnmächtig werden*
desvarar vt *ausgleiten* ‖ ⟨Mar⟩ *flottmachen*
desva|riado adj *albern, unvernünftig* ‖ *wahnsinnig, toll* ‖ *unsinnig* ‖ ⟨Med⟩ *phantasierend* ‖ *ins Holz geschossen (Zweig)* ‖ **-riar** [pres -ío] vi *faseln, albernes Zeug reden* ‖ ⟨Med⟩ *fiebern, irrereden, phantasieren* ‖ **-río** m ⟨Med⟩ *Fieberwahn* m, *Fiebern, Irrereden, Phantasieren* n *im Fieber* ‖ *Albernheit* f ‖ fig *Ungeheuerlichkeit* f ‖ *Launenhaftigkeit* f ‖ **~s** mpl *Wahnvorstellungen* fpl
desve|lado adj *wach, munter* ‖ *schlaflos* ‖ *wachsam, selbstlos, aufmerksam* ‖ adv: **~amente** ‖ **-lar** vt *nicht schlafen lassen* ‖ *wach halten* ‖ fig *quälen (Sorgen)* ‖ **~se** *aufwachen* ‖ *wachsam, aufmerksam sein* ‖ ◊ ~ por *sehr besorgt sein um acc, wegen gen* ‖ ~ por a/c *alle mögliche Sorge tragen für et* ‖ **-lo** m *Schlaflosigkeit* f ‖ *Nachtwache* f ‖ fig *große Sorgfalt* f ‖ *Fürsorge* f ‖ ◊ pasar la noche en ~ *die Nacht schlaflos verbringen* ‖ **~s** pl *Besorgnisse* fpl
desvenci|jado adj *wack(e)lig (Stuhl)* ‖ *ausgeleiert (Maschine)* ‖ **-jar** vt *auseinanderreißen* ‖ **~se** vr *auseinanderfallen, aus den Fugen (bzw aus dem Leim) gehen*
desvendar vt *jdm die Binde abnehmen* ‖ fig *(jdn) enttäuschen*

desventa|ja *f Nachteil, Schaden* m ‖ **en ~ frente a él** *im Nachteil ihm gegenüber* ‖ ◊ **tener (la) ~ im Nachteil sein** ‖ **–joso** *adj unvorteilhaft, nachteilig, ungünstig* ‖ ◊ **resultar ~** *unvorteilhaft ausfallen*

desventu|ra *f Unglück* n ‖ *Unheil* n ‖ *Mißgeschick* n ‖ **–radamente** *adv leider, unglücklicherweise* ‖ **–rado** *adj/s unglücklich* ‖ *unheilvoll* ‖ *einfältig* ‖ *geizig, filzig* ‖ **~** *m Unglücklicher,* fam *Pechvogel* m ‖ *Elender* m ‖ *Trottel* m ‖ *Geizkragen* m

desver|gonzado *adj/s schamlos* ‖ *unverschämt, frech* ‖ **–gonzarse** [–üe–, z/c] *vr sich erfrechen, unverschämt werden* (con *gegen* acc, *gegenüber,* zu dat) ‖ ◊ **~** *con alg. jdm gegenüber unverschämt sein od werden* ‖ **–güenza** *f Unverschämtheit, Frechheit* f ‖ *Schamlosigkeit* f

des|vestir [–i–] *vt entkleiden* ‖ **~se** *sich entkleiden* ‖ →a **desnudar(se)** ‖ **–vezar** [z/c] *vt entwöhnen*

desvia|ción *f Abweichung* f ‖ *Ablenkung* f ‖ *(Zeiger)Ausschlag* m ‖ *Mißweisung* f *(Magnet)* ‖ ⟨Med⟩ *Ver|lagerung, -krümmung, Mißbildung* f ‖ ⟨StV⟩ *Umleitung* f ‖ *Umgehungsstraße* f ‖ *Verlegung* f *(e–r Landstraße)* ‖ ⟨Flugw Mar⟩ *Ab|trieb* m, *-trift* f ‖ ⟨Flugw⟩ *Umlenkung* f *(des Schubstrahls)* ‖ *Richtungsänderung* f ‖ fig *Abweg* m ‖ *Verirrung* f ‖ **~** *de la columna vertebral* ⟨Med⟩ *Rückgratsverkrümmung* f ‖ **–cionismo** *m* ⟨Pol⟩ *Mangel* m *an Linientreue, Abweichlertum* n ‖ *Abweichung* f ‖ **–cionista** *adj/s* ⟨Pol⟩ *abtrünnig, von der Parteilinie abweichend* ‖ **~** *m Abweichler* m ‖ **–do** *adj:* **~** *de abweichend von* ‖ **–dor** *m* Am ⟨EB⟩ *Weiche* f ‖ *Deflektor* m

des|viar [pres –vio] *vt ablenken, verscheuchen, vertreiben* ‖ *ver|lagern, -schieben* ‖ *in andere Bahnen lenken, umleiten* (& fig *und* StV)‖ *ableiten (Fluß)* ‖ *brechen (Lichtstrahlen)* ‖ fig *auf Abwege bringen* ‖ fig *abbringen (von)* ‖ ⟨Fecht⟩ *parieren* ‖ **~** *el agua por una zanja das Wasser abgraben* ‖ **~** *una cuestión e–r Frage ausweichen* ‖ **~** vi *ablenken (Weg)* ‖ **~se** fig *abhanden kommen, verlorengehen* ‖ *sich entfernen* ‖ *aus|biegen, -weichen* ‖ *ausschlagen (Zeiger)* ‖ ⟨Flugw Mar⟩ *abgetrieben werden* ‖ *vom Wege abkommen* (& fig) ‖ fig *auf Abwege geraten* ‖ **~** *de las instrucciones* ⟨Com⟩ *von den Weisungen abweichen* ‖ **~** *por viento lateral* ⟨Flugw⟩ *abdrängen* ‖ **~** *hacia la derecha (izquierda)* ⟨StV⟩ *rechts (links) ab-, ein|biegen* ‖ **–vinculación** *f Privatisierung* f *(v. Vermögen juristischer Personen)* ‖ **–vinculado** *adj:* ◊ **estar ~** fig *allein stehen* ‖ *ohne Bindungen sein* ‖ **–vincular** *vt* Arg *der toten Hand entziehen (Vermögen)* ‖ **–vío** *m Abweichung, Ablenkung* f ‖ *Verirrung* f ‖ ⟨StV⟩ *Umleitung* f ‖ ⟨EB⟩ *Ausweichgleis* n ‖ ⟨Mar⟩ *Abkommen* n *vom Kurs* ‖ fig *Abneigung* f*, Widerwille* m ‖ Am ⟨EB⟩ *Haltestelle* f *(mit Weiche)* ‖ **~** *de la puntería Vorhalt* m *(beim Schießen)* ‖ **–viógrafo** *m Abtriftschreiber* m

des|virgar [g/gu] *vt entjungfern, schänden* ‖ **–virilización** *f Entmannung* f ‖ **–virtuar** [pres –úo] *vt die Eigenschaften (e–r Sache) verderben* ‖ *entkräften* ‖ *zerpflücken, widerlegen, unwirksam machen (Argument)* ‖ ◊ **~** *la competencia den Wettbewerb verfälschen* ‖ **~** *un rumor ein Gerücht widerlegen* ‖ **~** *una sospecha e–n Verdacht entkräften* ‖ **~se** *an Kraft, an Halt* (od *s–e Eigenschaften) verlieren* (bes fig) *sich zersetzen (Lebensmittel usw)* ‖ *quedar -virtuado* Am *hinfällig werden (Person)* ‖ **–vivirse** *vr sich vor Begierde verzehren* ‖ ◊ **~** *por sterblich verliebt sein in* (acc) ‖ *(et) herbeisehnen, schmachten nach* ‖ *sehr erpicht sein auf (et)* (acc) ‖ *sich et sehr angelegen sein lassen* ‖ fam *sich die Beine ablaufen (nach)*

des|volcanarse *vr* Col = **derrumbarse, despeñarse** ‖ **–volvedor** *m* ⟨Tech⟩ *Windeisen* n

desyer|ba *f* ⟨Agr⟩ *Jäten* n ‖ *Jätzeit* f ‖ **–bar** vt/i *(Gras) sicheln* ‖ *jäten* ‖ fig *auslesen, säubern*

detall *adv:* **al ~** ⟨Com⟩ = **al por menor**

deta|llado *adj umständlich, ausführlich* ‖ *ins einzelne gehend, mit (*od *in) allen Einzelheiten* ‖ *genau* ‖ *detailliert (Rechnung)* ‖ *factura* **~***a spezifizierte Rechnung* f ‖ ◊ **hacer relación ~a** *(od informe* **~***) eingehend berichten* (de, sobre *über* acc) ‖ *adv:* **~amente** ‖ **–llar** *vt umständlich beschreiben, berichten* ‖ *die Einzelheiten angeben von* ‖ *einzeln aufführen* ‖ *schildern, präzisieren* ‖ ⟨Com⟩ *einzeln aufzählen, spezifizieren* ‖ ⟨Com⟩ *im kleinen verkaufen* ‖ ◊ **~** *pormenores Einzelheiten angeben* ‖ **–lle** *m Einzelheit* f ‖ *Kleinigkeit* f ‖ *Einzeldarstellung* f ‖ *ausführliche Beschreibung* f ‖ *Erklärung* f ‖ ⟨Com⟩ *Einzelhandel* m ‖ ⟨Com⟩ *Einzelaufführung, Spezifikation* f *(e–r Rechnung)* ‖ fig *(schöner) Zug* m, *(großzügige) Geste* f ‖ *al pie Fuß|bemerkung, -note* f ‖ *precio al* **~** *Detailpreis* m ‖ **en ~** *genau, ausführlich* ‖ *im einzelnen* ‖ ◊ **dar ~s** *genau angeben, berichten* ‖ **entrar en más ~s sobre** *näher eingehen auf* (acc) ‖ **para más ~s dirigirse al portero** *Näheres zu erfragen beim Portier* ‖ **vender al ~** *im kleinen verkaufen* ‖ **–llista** *m Kleinhändler* m ‖ fam *Kleinmaler* m ‖ →a **minorista**

detasa *f Gebührenermäßigung* f ‖ ⟨EB⟩ *Frachtrabatt* m

detec|ción *f* ⟨Radio⟩ *Detektion, Gleichrichtung* f ‖ **–tar** *vt* ⟨Radio⟩ *detektieren* ‖ **–tive** *m Detektiv, Geheimpolizist* m ‖ **agencia** *f* **de ~** *Detektei* f ‖ **–tivesco** *adj Detektiv-* ‖ **–tor** *m/adj* ⟨Tech Phys Radio⟩ *Detektor* m ‖ **~** *de galena Kristalldetektor* m ‖ **~** *de mentiras Lügendetektor* m ‖ **~** *de minas* ⟨Mil⟩ *Minensuchgerät* n ‖ **~** *de ondas Wellenanzeiger* m ‖ **~** *de sonido* ⟨Mil⟩ *Horchgerät* n ‖ **~** *termoeléctrico Thermodetektor* m ‖ **~** *de válvula Röhrendetektor* m ‖ **aparato ~** *Detektorapparat* m ‖ **–tora** *f* ⟨Radio⟩ *Detektorröhre* f

detén → **detener**

detención *f Zurückhaltung* f ‖ *Festnahme* f ‖ *Verhaftung, Haft* f ‖ *Aufschub, Verzug* m, *Verzögerung* f ‖ *Detention* f *(im röm. Recht)* ‖ *Vorent-, Zurückbe|haltung* f ‖ *Aufhalten* n ‖ *Stillstand* m ‖ *Hemmung* f ‖ *Stillegung* f ‖ ⟨Jur⟩ *Verschleppung* f *(e–s Prozesses)* ‖ ⟨StV⟩ *(An-)Halten* n *(des Verkehrs)* ‖ Span *Parken* n *(zum Ein- u. Aussteigen)* ‖ fig *Ausführlichkeit, Gründlichkeit* f ‖ **~** *y apertura de correspondencia Postkontrolle* f ‖ **~** *del crecimiento Wachstumshemmung* f ‖ **~** *de orina* ⟨Med⟩ *Harnverhaltung* f ‖ **~** *injustificada Freiheitsberaubung* f ‖ **~** *del proceso fermentativo Gärungsstockung* f ‖ **~** *provisoria vorläufige Haft* f ‖ **~ en ruta** *Fahrtunterbrechung* f ‖ **orden de ~** *Haftbefehl* m ‖ ◊ **proceder a la ~ de jdn verhaften**

detener [irr → **tener**] *vt zurückhalten* ‖ *an-, auf|halten* ‖ *hemmen, verzögern* ‖ *stoppen* ‖ ⟨Jur⟩ *verschleppen (e–n Prozeß)* ‖ ⟨Mar⟩ *abdichten (Leck)* ‖ *ein-, zurück|behalten* ‖ *in Gewahrsam halten* ‖ *beschlagnahmen* ‖ *verhaften, festnehmen, inhaftieren* ‖ *behalten* ‖ ◊ **lo detuvo del faldón de la levita** *er faßte ihn am Rockschoß und hielt ihn an* ‖ **~** *la marcha parieren (beim Reiten)* ‖ **~se** *stehenbleiben* ‖ *zum Stillstand kommen* ‖ *verweilen, sich aufhalten* ‖ *zögern, zaudern* ‖ ⟨Aut⟩ *anhalten* ‖ fig *stehenbleiben* ‖ ◊ **~ en (**od con**) bei (**od von**) (**dat**) aufgehalten werden** ‖ **~ en (**od con**) los obstáculos sich an den Hindernissen stoßen** ‖ **¡detente! halt ein!** ‖ **¡no te detengas en venir! bleibe nicht lange aus!**

deteni|da *f Verzögerung* f ‖ **–damente** *adv ausführlich, umständlich, aufmerksam, gründlich* ‖ *lange* ‖ **–do** *adj/s zurückgeblieben (Wachstum)* ‖ *unentschlossen* ‖ *ängstlich* ‖ *gehemmt* ‖ *genau,* *ausführlich* ‖ *karg, geizig* ‖ *zögernd, langsam* ‖ ◊ *estar* ~ *nachsitzen müssen (Schulkind)* ‖ ~ m/adj *Verhaftete(r), Inhaftierte(r)* m ‖ ¡queda usted ~! *Sie sind verhaftet!* ‖ **–miento** m *Ausführlichkeit* f ‖ *con* ~ *aufmerksam* ‖ *ausführlich, umständlich*

deten|tación f ⟨Jur⟩ *unrechtmäßiger Besitz* m ‖ *unrechtmäßige Vorenthaltung* f ‖ **–tador** m/adj ⟨Jur⟩ *unrechtmäßiger Besitzer* m ‖ ~ *de mala fe bösgläubiger Besitzer* m ‖ **–tar** vt/i ⟨Jur⟩ *unrechtmäßig zurückbe-, vorent|halten* ‖ *unrechtmäßig besitzen* ‖ *Am gegen ein Gebot od e-e Verordnung verstoßen* ‖ **–te** m (& ~ *bala) (e-e Art) Skapulier* n *(mit Herz-Jesu-Bild, in den Karlistenkriegen u. im span. Bürgerkrieg 1936/39 benutzt)*

detentor m ⟨Tech⟩ *Halter* m ‖ *Spannring* m

deter|gente adj/s ⟨Tech Chem⟩ *reinigend* ‖ ~ m *Reinigungs-* bzw *Putz-, Wasch-, Spül|mittel* n ‖ *Detergens* n ‖ *Flecken|wasser, -mittel* n ‖ ⟨Med⟩ *reinigendes Mittel* n ‖ **–ger** vt ⟨Med⟩ *säubern, reinigen (Wunde)*

deterio|ración f *Verschlechterung* f ‖ *Beschädigung* f ‖ *Wertminderung* f ‖ *Abnutzung* f ‖ *Deterioration* f ‖ *Verderbnis* f ‖ *Verfall* m ‖ **–rado** adj ⟨Com Tech⟩ *fehlerhaft* ‖ *schadhaft, beschädigt, verschlissen* ‖ **–rar** vt *verschlechtern, beschädigen* ‖ *verschlimmern* ‖ *schaden* (a. dat) ‖ *angreifen (Metall usw)* ‖ fig *verderben* ‖ **~se** *schlechter werden, verderben* ‖ *mercancías –radas beschädigte Waren* fpl ‖ **–ro** m = **–ración** ‖ *mercancías de fácil* ~ *leicht verderbliche Waren* fpl ‖ ◊ *estar sujeto a* ~ *dem Verderben unterliegen* ‖ *preservar de* ~ *vor Schaden bewahren*

determi|nación f *Bestimmung* f ‖ *Festlegung* f ‖ *Festsetzung, Feststellung* f ‖ *Beschluß* m ‖ *Entschluß* m ‖ *Entschlossenheit* f ‖ ⟨Philos⟩ *Determiniertheit* f ‖ ~ *de la posición* ⟨Flugw Mar⟩ *Ortung* f ‖ ~ *específica* ⟨Zool Bot⟩ *(Art) Bestimmung* f ‖ ~ *individual* ⟨Chem⟩ *Einzelbestimmung* f ‖ ~ *del rumbo* ⟨Mar Flugw⟩ *Kursbestimmung* f ‖ ~ *del sexo,* ~ *sexual* ⟨Zool Bot⟩ *Geschlechtsbestimmung* f ‖ ◊ *hay que tomar una* ~ *man muß e-e Entscheidung treffen* ‖ **–nado** adj *bestimmt* ‖ *entschlossen* ‖ *kühn, mutig* ‖ ⟨Gr⟩ *bestimmt (Artikel)* ‖ **–nante** adj *entscheidend* ‖ *bestimmend (de für* acc) ‖ *ausschlaggebend* ‖ ~ m ⟨Gen⟩ *Erbanlage, Determinante* f ‖ ⟨Gr⟩ *Bestimmungswort* n ‖ **–nar** vt *bestimmen, beschließen* ‖ *entscheiden* ‖ *fest|setzen, -legen, anberaumen* ‖ *ermitteln, auffinden* ‖ *feststellen* ‖ *bewegen, zum Entschluß bringen* ‖ *verursachen, herbeiführen, zur Folge haben, bestimmend sein (für* acc) ‖ *genau angeben* ‖ ◊ ~ *hacer a. beschließen, et zu tun* ‖ ~ *a alg. a hacer a. jdn dazu bewegen, et zu tun* ‖ ~ *la derrota,* ~ *la ruta,* ~ *el rumbo* ⟨Mar Flugw⟩ *den Kurs absetzen* od *bestimmen* ‖ ~ *la posición orten* ‖ ~ *topográficamente la posición die Stellung einmessen* ‖ ~ *un pleito* ⟨Jur⟩ *e–n Prozeß entscheiden* ‖ ~ *las responsabilidades das Maß der Verantwortung feststellen* ‖ *esto le –nó a ayudarme das bewog ihn, mir zu helfen* ‖ **~se** *e–n Entschluß fassen* ‖ ~ *en favor de alg. sich zu jds Gunsten erklären* ‖ **–nativo** adj *bestimmend* ‖ **–nismo** m ⟨Philos⟩ *Determinismus* m ‖ **–nista** adj/s ⟨Philos⟩ *deterministisch* ‖ ~ m *Determinist* m

deter|sión f bes ⟨Chem⟩ *Reinigung* f ‖ →a **detergente** ‖ **–sivo,** ~ **–sorio** adj/s ⟨Chem Med⟩ *reinigend, (ab)reibend* (vgl **detergente**)

detes|table adj *abscheulich, ekelhaft* ‖ *verabscheuungswürdig* ‖ **–tación** f *Abscheu* m ‖ **–tar** vt *verabscheuen, sich vor et ekeln* ‖ *hassen* ‖ *jdn verwünschen* ‖ *fam nicht ausstehen können* ‖ ◊ ~ *la mentira das Lügen hassen*

detienebuey m ⟨Bot⟩ *Hauhechel* f *(Ononis spinosa)*

deto|nación f *Knall, Krach* m, *Detonation* f *(e–s Schusses, des Donners usw)* ‖ *Klopfen* n *(des Motors)* ‖ ~ *de escape* ⟨Aut⟩ *Auspuffknall* m ‖ ~ *sónica* ⟨Flugw⟩ *Knall* m, *Schalldetonation* f ‖ ~ *supersónica* ⟨Flugw⟩ *Überschallknall* m *(beim Durchbruch der Schallmauer)* ‖ *producir una* ~ *knallen, krachen* ‖ **–nador** adj/s: *pistola* ~ *a Schreckschußpistole* f ‖ ~ m *Zünder* m, *Spreng|kapsel, -büchse* f ‖ **–nante** adv *explosiv* ‖ *Knall-* ‖ *Am* fig *störend* ‖ *mezcla* ~ *Sprengmischung* f ‖ *pólvora* ~ *Knallpulver* n ‖ ~ m *Zündsatz* m ‖ *Zünder* m ‖ **–nar** vi *knallen, krachen* ‖ *detonieren* ‖ *krepieren (Geschoß)*

detorsión f *(Muskel)Zerrung* f ‖ *Verdrehung* f ‖ *Aufdrehen* n

detrac|ción f *Verleumdung, üble Nachrede* f ‖ *Herabsetzung* f ‖ *Abzug* m, *Entnahme* f ‖ **–tar** vi *verleumden, lästern* ‖ *herabsetzen* ‖ *aussondern* ‖ *abziehen* ‖ **–tor** m/adj *Verleumder, Lästerer* m

detraer vt *aussondern* ‖ *abziehen* ‖ *ablenken* ‖ *herabsetzen (Ehre, Verdienst)* ‖ *verleumden*

detrás adv a) *hinten(nach), dahinter* ‖ *hinterher* ‖ *nachher* ‖ *zurück* ‖ fig *hinter dem Rücken* ‖ *in Abwesenheit von* (dat) ‖ *por* ~ *hintennach* ‖ *de* ~ *von hinten* ‖ *los de* ~ *die hinteren* mpl ‖ ◊ *estar* ~ fig *in der Nähe sein* ‖ *ir* ~ *nachfolgen*
b) ~ de prep: *hinter* (dat bzw acc) ‖ ~ *de ti (*~ *tuyo) hinter dir* ‖ *nach dir* ‖ ◊ *correr* ~ *de algn jdm nachlaufen* (& fig) ‖ *fam e–r Frau nachsteigen*

detrimento m *Verlust, Schaden* m ‖ *Nachteil, Abbruch* m, *Einbuße* f ‖ *en* ~ *de la calidad auf Kosten der Qualität* ‖ ◊ *ir* ~ *de alg. nachteilig für jdn ausgehen*

detrítico adj ⟨Geol⟩ *detritisch, Trümmer-* ‖ ⟨Med⟩ *Detritus-* ‖ *formación* ~a ⟨Geol⟩ *Trümmer-, Verwitterungs|formation* f

detrito, detritus m *Trümmer, zertrümmerte Überreste* pl ‖ *Bodensatz* m ‖ *Schutt, Abfall* m ‖ ⟨Geol⟩ *Detritus* m ‖ ⟨Med⟩ *Detritus* m, *Gewebstrümmer* pl ‖ fig *Ausschuß* m ‖ ~(s) *animales tierische Abfälle* mpl ‖ ~(s) *de la nación Hefe* f *des Volkes, Pöbel* m

[1]**deuda** f *(Geld)Schuld* f ‖ *Verschulden* n, *Sünde* f, *Fehler* m ‖ fig *Schuld* f ‖ fig *moralische Verpflichtung* f ‖ ~ *activa (Schuld)Forderung* f ‖ ~ *amortizable Tilgungsschuld* f ‖ ~ *contraída Verschuldung* f ‖ ~ *exterior Auslandsschuld* f ‖ ~ *fiscal,* ~ *impositiva Steuerschuld* f ‖ ~ *flotante schwebende (nicht konsolidierte) Schuld* f ‖ ~ *incobrable uneinbringliche Schuld* f ‖ ~ *nacional,* ~ *pública Staatsschuld* f ‖ ~ *perpetua untilgbare Schuld* f ‖ *asunción de la* ~ *Schuldübernahme* f ‖ *constancia de la* ~ *Schuldurkunde* f ‖ *perdón de la* ~ *Schulderlaß* m ‖ *reembolso de una* ~ *Ablösung* f *e–r Schuld* ‖ ◊ *cobrar, satisfacer una* ~ *e–e Schuld einziehen, ausgleichen* ‖ *contraer una* ~ *e–e (Schuld)Verpflichtung eingehen* ‖ **~s** pl: ◊ *gravar con* ~ *mit Schulden belasten* ‖ *hacer (od* contraer) ~ *Schulden machen* ‖ *y perdónanos nuestras* ~ *und vergib uns unsere Schuld (sechste Bitte im Vaterunser)* ‖ *sin* ~, *libre de* ~ *schuldenfrei*

[2]**deuda** f *(An)Verwandte* f

deudo m *(An)Verwandte(r)* m ‖ *Verwandtschaft* f

deudor adj *schuldend, schuldig* ‖ *Schuldner-* ‖ ⟨Com⟩ *Soll-, Debet-* ‖ *anotar en la cuenta* ~a *auf der Sollseite verbuchen* ‖ ~ *en (od* por) *muchos miles viele Tausend schuldend (Person)* ‖ *saldo* ~ *Sollsaldo* f ‖ ~ m *Schuldner* m ‖ ~ *alimen|tario, -tista Unterhaltspflichtiger* m ‖ ~ *hipotecario Hypotheken-, Pfandschuldner* m ‖ ~ *moroso,* ~ *en mora säumiger Schuldner* m ‖ ~ *solidario Gesamt-, Mit|schuldner* m ‖ *mal* ~ *fauler Schuldner* m ‖ *mancomunidad de* ~es

Gesamtschuldnerschaft f ‖ ◊ quedar ~ *schuldig bleiben* ‖ ser ~ de una suma *e–e Summe schulden* ‖ me es ~ de ello *das hat er mir zu verdanken*
deus ex machina *m* lat ⟨Th⟩ *unerwartete Lösung* f (& fig) ‖ fam *Retter m in der Not*
deu|terio *m* ⟨Nucl Chem⟩ *Deuterium* n ‖ *óxido del* ~ *Deuteriumoxid, schweres Wasser* n ‖ **–tón** *m* ⟨Nucl⟩ *Deuteron* n, *Kern* m *des Deuteriumatoms* ‖ **–toplasma** *m* ⟨Biol⟩ *Nähr-, Deuto|plasma* n ‖ **–toquia** *f* ⟨Zool⟩ *Deuterotokie* f
devalar vi ⟨Mar⟩ *(ab)treiben, vom Kurs abgehen*
deva|luación *f Abwertung, Devalvation* f ‖ ~ *monetaria Währungsabwertung* f ‖ **–luar** vt *abwerten* ‖ **–lúo** *m Abwertung* f
deva|nadera *f (Garn)Haspel* m, *Weife, Garnwinde* f ‖ *Spule* f ‖ *Aufspulgerät* n ‖ *Schlauchtrommel* f ‖ *Abwickelmaschine* f ‖ ⟨Mar⟩ *Logrolle* f ‖ **–nado** *m Haspeln* n ‖ ⟨El⟩ *Wicklung* f ‖ **–nador** *m Stück* n *Papier (zum Garnwickeln)* ‖ **–nadora** *f* = **–nadera** ‖ **–nar** vt *ab|spulen, -wickeln, weifen* ‖ *haspeln (Draht, Garn)* ‖ **~se** vr: ◊ ~ las sesos figf *sich den Kopf zerbrechen*
devane|ar vi *fabeln, phantasieren* ‖ *faseln* ‖ fam *spinnen* ‖ **–o** *m Aberwitz* m ‖ *Faselei* f ‖ *Hirngespinst* n ‖ *unnütze Grübelei* f ‖ *kopfloses Handeln* n ‖ *Zeitvertreib* m, *Spielerei* f ‖ *amoroso(s)* ~(s) *sinnlose Verliebtheit, Liebelei* f
devantal *m Schürze* f
devas|tación *m Verwüstung, Verheerung* f ‖ **–tado** adj *verwüstet* ‖ *geplündert* ‖ *ruiniert* ‖ fig *leer, öde* ‖ **–tador** adj *verheerend* ‖ **–tar** vt *ver|wüsten, -heeren* ‖ fig *zerstören*
devatiado adj ⟨El⟩ *wattlos* ‖ *corriente* ~a *Blindstrom* m
develar vt *enthüllen, entschleiern, aufdecken* (& fig)
deven|gar [g/gu] vt *erwerben, verdienen* ‖ *entrichten* ‖ *einbringen, abwerfen (Zinsen)* ‖ *Anspruch haben auf* (acc) ‖ ◊ ~ *intereses Zinsen abwerfen* ‖ **–go** *m Nutzen, Gewinn* m ‖ ~ *extrasalarial Span Teuerungszuschlag* m ‖ **~s** *mpl Auslagen* fpl ‖ ~ *arancelarios Zollgebühren* fpl
devenir [irr → **venir**] vi *geschehen, widerfahren, vorkommen* ‖ ⟨Philos⟩ *werden, in Erscheinung treten* ‖ el ~ *das Werden* n
devisar pop u. Mex vt = **divisar** ‖ Mex *an-, auf|halten*
devo|ción *f Andacht, Gottergebenheit* f ‖ *Frömmigkeit, Andacht* f ‖ *Anbetung* f ‖ *Verehrung* f ‖ *Gebet* n ‖ fig *Hingabe* f ‖ *Ergebenheit, innige Zuneigung* f ‖ fig *große Gewissenhaftigkeit* f ‖ *casa de* ~ *Andachtsstätte* f ‖ *con* ~ *andächtig* ‖ fig *hingebungsvoll, ehrfürchtig* ‖ *fingir* ~ *frömmeln* ‖ *no ser santo de la devoción de alg.* figf *bei jdm unbeliebt sein* ‖ *objetos de* ~ *Devotionalien* fpl ‖ **–ciones** *fpl Andacht* f ‖ ~ *hacer sus* ~s *–e Andacht verrichten* ‖ **–cionario** *m Gebets-, Andachts|buch* n (→ a libro **devoto**)
devolu|ción *f (Zu)Rückgabe, (Zu)Rück|erstattung, -stellung* f ‖ ⟨Jur⟩ *(Erbschafts-, Vermögens)Anfall* m ‖ ⟨Jur⟩ *Heim-, Rück|fall* m ‖ ~ *a origen Rücksendung* f *(Post)* ‖ *artículo de* ~ *Kommissionsartikel* m ‖ ~ *de los derechos Rückzoll* m ‖ *derecho de* ~ *Rückgaberecht* n ‖ **–tivo, –torio** adj ⟨Jur⟩ *zurückerstattend* ‖ *Rückgabe-, Rückerstattungs-*
devolver [irr → **volver**] vt *wiedererstatten, zurückgeben* ‖ *zurückschicken* ‖ *herausgeben* ‖ *rückvergüten* ‖ *zurückzahlen* ‖ *(zurück)erstatten (Ausgaben)* ‖ *zurückstellen* ‖ *wieder stellen (an s–n Platz)* ‖ fig *vergelten, heimzahlen* ‖ *erwidern (Besuch, Gruß)* ‖ fig *wiedergeben* ‖ fam *erbrechen* ‖ ◊ ~ *bien por mal Böses mit Gutem vergelten* ‖ ~ *la comida* fam *sich erbrechen* ‖ ~ *dinero Geld zurück-, heraus|zahlen* ‖ ~ *un favor (un servicio) e–e Gefälligkeit (e–n Dienst) erwidern* ‖ ~ *las gracias den Dank erwidern* ‖ ~ *la visita*

e–n Gegenbesuch machen ‖ *siempre dispuesto a* ~ *servicios zu Gegendiensten stets gern bereit* ‖ **~se** ⟨Jur⟩ *heim-, zurück|fallen* ‖ *Am zurückkehren* ‖ *zurückgehen* ‖ ¡*devuélvase al remitente! an den Absender zurück! (Sendung)*
devoniano, devónico adj ⟨Geol⟩ *devonisch* ‖ *Devon-* ‖ *terreno* ~ ⟨Geol⟩ *Devonschicht* f ‖ ~ *m Devon* n
devo|rador adj/s *verschlingend* ‖ *verzehrend* ‖ *hambre* ~a *Heißhunger* m ‖ **–rar** vt *(ver)schlingen, (auf)fressen* ‖ *zer|reißen, -fleischen* ‖ *verzehren (vom Feuer)* ‖ fig *vergeuden* ‖ *vernichten, ruinieren* ‖ *nagen* ‖ fig *zurücklegen (e–e Strecke)* ‖ fig *(ein Buch) verschlingen, hastig lesen* ‖ *hinunterschlucken (Zorn, Ärger)* ‖ *fressen (Kilometer)* ‖ ◊ *me* –ra *la impaciencia ich vergehe vor Ungeduld* ‖ *la fiebre le* –ra *das Fieber zehrt ihn auf* ‖ *le* –ra *con los ojos er verschlingt ihn mit den Augen*
devo|tamente adv *fromm, ergeben* ‖ *sehr gewissenhaft* ‖ **–tería** *f Frömmelei* f ‖ **–to** adj *fromm, andächtig* ‖ *Andachts-* ‖ *ergeben, zugetan* ‖ *untertänig, devot* ‖ *imagen* ~a *Heiligenbild* n ‖ *libro* ~ *Andachts-, Erbauungs|buch* n ‖ *lugar* ~ *Andachtsstätte* f ‖ *muy* ~ *de San José der Verehrung des heil. Joseph besonders ergeben* ‖ ~ *m Andächtiger, frommer Mensch* m ‖ *Lieblingsheilige(r)* m ‖ *Gegenstand* m *der Verehrung* ‖ *Verehrer, Anhänger* m (de *von* dat) (& desp) ‖ *Wallfahrer, Pilger* m ‖ *los* ~s *die Andächtigen* mpl *(in der Kirche)*
devuelto pp/irr v. **devolver** ‖ *ser* ~ *zurückgesandt werden* ‖ *carta* ~a *unbestellbarer Brief* m
dextrina *f* ⟨Chem⟩ *Dextrin* n
dextro *m* ⟨Hist⟩ *Freistatt* f, *Asylgebiet* n *(um e–e Kirche)*
dextrocardia ⟨Med⟩ *Dextrokardie* f
dex|trógiro adj ⟨Chem⟩ *rechtsdrehend, dextrogyr* ‖ *rechtsläufig (Schrift)* ‖ ⟨Opt⟩ *nach rechts ablenkend* ‖ **–trogirismo** *m Rechtsläufigkeit* f *(Schrift)* ‖ **–trorrotación** *f* ⟨Tech Typ⟩ *Rechtsdrehung* f ‖ *Rechtsdrall* m ‖ **–trorso** adj ⟨Zool Bot⟩ *rechtsgewunden* ‖ **–trosa** *f* ⟨Chem⟩ *Glukose, Dextrose* f, *Traubenzucker* m
deyección *f Stuhlgang* m ‖ *Darmentleerung* f ‖ *Exkremente* pl ‖ ⟨Geol⟩ *Auswurf(masse* f*)* m *(e–s Vulkans)* ‖ *cono de* ~ *Schuttkegel* m
dezmar [-ie-] vt = **diezmar**
D.F. Abk Mex = **Distrito Federal**
dí → **dar**
di Am pop = **de**
día *m Tag* m ‖ *Geburtstag* m *(bes* pl*)* ‖ *(gewisser) Zeitpunkt* m, *Zeit* f ‖ *Zeitabschnitt* m ‖ *Tag* m *(im Gegensatz zur Nacht)* ‖ *Tageslicht* n ‖ *Wetter* n ‖ *Gelegenheit* f ‖ fig *Leben(stage* mpl*)* n ‖ *el* ~ *30 de junio am 30. Juni* ‖ ~ *de abstinencia Fasttag* m ‖ ~ *aciago Unglückstag* m ‖ ~ *de año nuevo Neujahrstag* m ‖ ~ *de años Geburtstag* m ‖ ~ *de audiencia* ⟨Jur⟩ *Gerichtstag* m ‖ ~ *de autos Tattag* m ‖ ~ *de ayuno gebotener Fasttag* m ‖ ~ *de campo Landpartie* f ‖ ~ *de carne Fleischtag* m ‖ ~ *civil Kalendertag* m ‖ ~ *de cómputo Abrechnungstag* m ‖ ~ *de Corpus, del Señor Fronleichnamsfest* n ‖ ~ *de descanso Ruhetag* m ‖ ~ *de entresemana Werktag* m ‖ ~ *feriado Ferien-, Feier|tag* m ‖ ~ *festivo* = ~ *de fiesta Fest-, Feier|tag* m ‖ ~ *de los difuntos Allerseelentag* m ‖ ≃ *de la Hispanidad* ⟨Span⟩, ≃ *de la Raza bes Am Tag* m *der Hispanität (12. Oktober)* ‖ *el* ~ *de hoy, hoy* (en) ~ *heute, heutzutage* ‖ ~ *de huelga Streiktag* m ‖ ~ *im blauer Montag* m ‖ ~ *de los Inocentes Tag* m *der Unschuldigen Kindlein (28. Dezember)* ‖ *el* ~ *del juicio das Jüngste Gericht, der Jüngste Tag* ‖ fig *Nimmermehrstag* m ‖ ~ *laborable,* ≃ *hábil,* ~ *de trabajo Werk-, Arbeits|tag* m ‖ ~ *lectivo* ⟨Sch⟩ *Unterrichtstag* m ‖ ~ *libre,* ~ *franco freier Tag* m ‖ *Ausgang* m ‖ ~ *lunar* ⟨Astr⟩ *Mondtag* m ‖ ≃ *de la Madre*

Muttertag m || el ~ de mañana *morgen, am morgigen Tage* || fig *in Zukunft, zukünftig* || fig *die Zukunft* || el ~ menos pensado, el mejor ~ fam *ehe man sich's versieht, e-s schönen Tages* || ~ y noche fig *immer, beständig* || ~ de precepto, ~ de guardar ⟨Kath⟩ *gebotener Feiertag* m || ~ de la Raza → de la Hispanidad || ~ de Reyes *Dreikönigstag* m || ~ de salida *Ausgang* m || *freier Tag* m || ~ del santo *Namenstag* m || ~ sidéreo *Sterntag* || el ~ siguiente *der nächste Tag, am nächsten Tage* || ~ solar ⟨Astr⟩ *Sonnentag* m || ~ de sorteo *Ziehungstag* m || ~ de toros ⟨Taur⟩ *Tag, an dem ein Stiergefecht abgehalten wird* || ~ útil ⟨Jur⟩ *Gerichtstag* m || ~ de vigilia *Fast-, Fisch|tag* m
   al día *auf dem laufenden, auf dem neuesten Stand* || *genau, vollständig* || ~ adv *täglich, pro Tag* || algún ~ *e-s Tages, einst* || *später (einmal)* || antes del ~ *vor Sonnenaufgang, frühmorgens* || el día antes (después) *tags zuvor (darauf)* || como el ~ y la noche fam *wie Tag und Nacht, grundverschieden* || ¡cualquier ~! fam *das wird nicht so bald sein!* || de ~ a ~, de un ~ a otro *von Tag zu Tag* || *nächstens, in einigen Tagen* || de ~ am (od *bei*) *Tage* || de ~ en ~ *Tag für Tag, von Tag zu Tag, täglich* || *immer mehr* || del ~ *vom Tage* || *frisch, soeben fertig* || *ganz neu* || *heutig, herrschend, aktuell, Mode-* || pan nuestro de cada ~ *unser tägliches Brot (im Vaterunser)* || al cambio del ~ ⟨Com⟩ *zum Tageskurs* || expreso de ~ ⟨EB⟩ *Tagesschnellzug* m || orden del ~ *Tagesordnung* f || pan del ~ *frischgebackenes Brot* n || es el hombre del ~ *er ist der Held des Tages* || fam *er ist der Löwe (des Salons)* || dos veces al ~ *zweimal täglich* || en el ~ *heutzutage* || en su ~ *rechtzeitig, zur rechten Zeit* || *seinerzeit* || entre ~ *tagsüber* || el otro ~ *neulich, kürzlich, jüngst* || ¡otro ~! *morgen! ein andermal! (d.h. „nie!")* || hasta otro ~ *auf nächstens, das nächste Mal* || *auf (baldiges) Wiedersehen!* || (al) otro ~ *am folgenden Tage* || mañana será otro ~ fam *morgen ist auch (noch) ein Tag* || fam *es ist nicht so eilig* || ~ por ~ *täglich* || por (od al) ~ *einmal täglich* || tal ~ hará (od hizo) un año fam *am ... vor einem Jahr* || (todo) el santo ~ fam *den lieben langen Tag* || un ~ *e-s Tages.* einmal || un ~ sí y otro no, ~s alternos, cada dos ~s *e-n Tag um den andern, jeden zweiten Tag*
   ◊ abre (despunta, rompe) el día *der Tag bricht an* || ~ le cogió en Bilbao *bei Tagesanbruch kam er in Bilbao an* || es muy de ~ *es ist heller, lichter Tag* || ¿es de ~? *ist es Tag?* || dar(le) a uno el ~ figf *jdm den ganzen Tag verderben* || *jdm e-e unangenehme Überraschung bereiten* || dejar (od aplazar) de un ~ para otro *von e-m Tag auf den andern verschieben* || estar al ~ *auf den laufenden sein* || hace buen ~ *es ist schönes Wetter* || ponerse al ~ *Schritt halten (mit der Zeit)* || sich ein|weihen, -arbeiten || *sich auf dem laufenden halten* || salir del ~ figf *sich für e-n Augenblick aus der Sache helfen* || vivir al ~ *in den Tag hinein leben* || un ~ es un ~ figf *einmal ist keinmal*
   ~s pl *(die) (Lebens)Tage||Geburtstag* m|| *Tagegelder* npl || ~ de cortesía *Respekttage* mpl *(Wechsel)* || los ~ de la semana *die Wochentage* mpl || ~ y (más) ~ *viele Tage, Monate* usw || a ~ ab und zu, gelegentlich || *nicht immer* || a ocho ~ fecha (vista) *acht Tage nach Sicht (Wechsel)* || era a doce ~ (od el ~ doce) de enero *es war am 12. Januar* || a los pocos ~ *einige Tage später* || kurz darauf || de ~ *seit einiger Zeit* || de ~ acá, de ~ a esta parte *seit geraumer Zeit* || *seit einiger Zeit* || de hoy en ocho ~ *heute in acht Tagen* || dentro de algunos ~ *in ein paar Tagen* || (durante) ~ enteros *tagelang* || hombre de ~ *bejahrter, betagter Mann* m || dos ~ después *am übernächsten Tag* || en ~ bei *Jahren, bejahrt* || en pocos ~, fam en cuatro ~ *in kurzer Zeit,*

binnen kurzem || en mis ~ *zu m-r Zeit* || ¡no en mis ~! fam *nie und nimmermehr!* || (uno de) estos ~ *dieser Tage, bald* || iron *nie* || los más de los ~, casi todos los ~ *fast alle Tage* || por ~ *tageweise* || por él no pasan los ~ *an ihm geht die Zeit spurlos vorbei* || ¡buenos ~! *guten Tag!*
   ◊ alcanzar en ~ (a) fam *jdn überleben* || dar los ~ (a) *jdm zum Geburtstag* od *Namensfest Glück wünschen* || dar los (buenos) ~ *guten Morgen wünschen (bzw Tag, nach dem Mittagessen:* buenas tardes*)* || *(be)grüßen* || no dar ni los buenos ~ figf *ein Geizhals sein* || no darse los buenos ~ *verfeindet sein* || entrado en ~ *betagt, alt, bejahrt* || tener ~ *bejahrt sein* || fam *launisch sein* || tener sus ~ figf *s-e Tage (*od *die Regel) haben* || tener los ~ contados fig *dem Tode nahe sein* || no lo vi en los ~ de mi vida fam *das habe ich mein Lebtag nicht gesehen* || yendo ~ y viniendo ~ fam *mit der Zeit* || *inzwischen*
   diabasa f ⟨Geol⟩ *Diabas* m
   dia|betes (mellitus) f *Diabetes* m, *Zuckerkrankheit* f || **-bético** adj *diabetisch, zuckerkrank* || ~ m *Diabetiker* m || **-beto** m ⟨Phys⟩ *Tantalusbecher* m
   diabla f *Teufelin* f || fam joc *Teufelsweib* n || ⟨Th⟩ *Kulissenlicht* n || ⟨Web⟩ *Reißwolf, Öffner* m || a la ~ fam *verteufelt, verteufelt schlecht, häßlich, unordentlich*
   dia|blear vi fam *Teufeleien treiben* || *schäkern, sich herum|tummeln, -balgen (Kinder)* || **-blejo** m dim *Teufelchen* n || **-blería** f *Teufelei* f, *Teufelsstreich* m || **-blesa** f fam *Teufelsweib* n || **-blesco** adj *teuflisch, verteufelt* || **-blillo** m dim *Teufelsmaske* f (& *Person*) || *Teufelchen* n || *Lausejunge* m, *Range* m,f || figf *ungezogenes Kind* n || ~ cartesiano ⟨Phys⟩ *kartesianischer Taucher* m || **-blismo** m fig *Bosheit, Arglist* f || **-blito** m dim v. **-blo** || ~s pl *Haarwickel* mpl
   diablo m *Teufel, Satan* m || fig *Teufelskerl, boshafter Mensch* m || fig *häßliche Person* f || △*Gefängnis* n || ⟨Web⟩ *Reißwolf, Öffner* m || *Am Nagelzieher* m || ⟨Fi⟩ ~ marino *Drachenkopf* m (Scorpaenidae *pl*) || *Teufelsfisch* m, *Manta* f (Manta birostris) || *Teufelsrochen* m (Ceratoptera vampyrus) || Chi *Ochsenwagen* m *(für Langholz)* || Chi *Nagelzieher* m || ~ cojuelo ⟨Lit⟩ *hinkender Teufel* m || fig *Kobold, Schelm* m || fig *Störenfried* m *(scherzhaft)* || (el) ~ predicador figf *der Teufel als Sittenprediger, der Wolf im Schafspelz* || amargo como el ~ figf *gallenbitter* || abogado del ~ fig *Advocatus* m *Diaboli, Anwalt* m *der e-e schlechte Sache verteidigt* || juego del ~ *Diabolo(spiel)* n *(Kinderspiel)* || pobre ~ figf *armer Teufel (od Schlucker)* m || del ~, de los ~, de mil ~, de todos los ~ figf *verteufelt (schwer* usw*)* || es el (mismísimo) ~ fam *er ist (die reinste) Teufelsrange* || un ~ de hombre figf *es ist ein Teufelskerl* || ¡~! fam *Donnerwetter!* || fam *nicht im Traume!* || ¡que ~! fam *das fehlte gerade noch!* || ¡al ~ con ...! *zum Teufel mit ...!*
   ◊ allí anda el ~ suelto figf *da ist der Teufel los* || el ~ las carga fig *der Teufel schläft nie* || dar (od mandar) al ~ figf *zum Teufel schicken* || schroff abfertigen || ése es el ~ fam *da liegt der Hase im Pfeffer* || no es tan feo el ~ como lo pintan *etwa: der Schein trügt (in gutem Sinn)* || no tiene por donde el ~ lo coja *er ist ein Ausbund von Schlechtigkeit, er ist der reinste Teufel* || no temer a Dios ni al ~ fig *vor nichts zurückschrecken* || estar dado al ~ figf *wütend, außer sich sein* || el ~ que lo entienda *das soll der Teufel verstehen* || el ~ se llevó el dinero fam *das Geld ist beim Teufel* || el ~, harto de carne, se metió (a) fraile *wenn der Teufel alt wird, wird er fromm* || se lo llevó el ~ *der Teufel hat ihn geholt* || donde el ~ perdió el poncho ⟨Arg⟩ *wo sich die Füchse gute Nacht sagen*, fam *sehr abgelegener Ort* || tener ~ figf *sehr spitzfindig sein* || no valer un ~ figf

nichts taugen ‖ volar como un ~ figf *mit rasender Schnelligkeit fliegen*
~**s** *pl*: un estrépito de mil ~ *ein Höllenlärm, ein Heidenspektakel* m ‖ humor de todos los ~ figf *sehr schlechte Laune* f ‖ alli hay una de todos los ~ fam *da ist ja der Teufel los* ‖ darse a todos los ~ *außer sich sein* ‖ *wild schimpfen* ‖ ¡(con) mil ~! *der Teufel soll es holen!* ‖ ¡qué ~! *zum Henker! zum Teufel noch mal!* ‖ ¿qué ~? *was zum Teufel?* ‖ ¿qué ~ va a hacer? *was zum Teufel wird er tun?* ‖ ¿cómo ~ lo ha conseguido? *wie hat er das nur fertiggebracht?* ‖ → a **demonio**
dia|blura *f Teufelei* f, *Teufelsstreich* m ‖ *Kinderstreich* m ‖ *Bosheit, Ungezogenheit* f ‖ *Mutwille* m ‖ hacer ~s = **-blear** ‖ **-bólico** adj *teuflisch* ‖ *satanisch* ‖ fig *vertrackt, verteufelt (schwer)*
diábolo *m Diabolo(spiel)* n *(der Kinder)*
dia|citrón *m Zitronat* n ‖ **-clasa** *f* ⟨Geol⟩ *Diaklase* f ‖ **-codión** *m* ⟨Pharm⟩ *Mohnsaft* m
diaco|nal adj *Diakonats-* ‖ **-nato,** **-nado** *m Diakonat* n ‖ **-nía** *f Diakonat* n ‖ *Diakonatsbezirk m ‖ **-nisa** *f Diakonissin* f
diácono *m* ⟨Kath⟩ *Diakon(us)* m *(Weihegrad)*
dia|crítico adj *unterscheidend* ‖ ⟨Wiss⟩ *diakritisch* ‖ puntos ~s *diakritische Zeichen* npl *(z. B. in* argüir*)* ‖ **-cronía** *f Diachronie* f ‖ **-crónico** adj *diachronisch, geschichtlich (Gegensatz:* synchronisch*)* ‖ **-cústica** *f Diakustik* f
¡**diacho**! Chi = ¡**diantre**!
diadelfo adj ⟨Bot⟩ *diadelph*
diadema *f Diadem* n, *Krone* f ‖ *Königswürde* f ‖ *Heiligenschein* m, *Strahlenkrone* f ‖ *Ehrenkranz* m ‖ *Diadem, Stirnband* n, *Kopfbinde* f *(Frauenschmuck)*
diado adj *anberaumt (Tag)*
diadoco *m griechischer Erbprinz* m ‖ *Nachfolger* m *Alexanders des Großen* ‖ *Diadoche* m (& fig)
diafanidad *f Durchsichtigkeit* f ‖ *Lichtdurchlässigkeit* f ‖ ⟨Meteor⟩ *Diaphanität* f
diáfano adj *durchscheinend* ‖ *durchlässig* ‖ *durchsichtig* ‖ ⟨Wiss⟩ *diaphan* ‖ fig *offen(herzig)* ‖ ⟨poet⟩ *klar, hell*
diafanosco|pia *f* ⟨Med⟩ *Durchleuchtung, Diaphanoskopie* f ‖ **-pio** *m Diaphanoskop* n
diáfisis *f* ⟨An⟩ *Diaphyse* f
diafónica *f* ⟨Tel⟩ *Neben-, Über|sprechen* n ‖ ⟨Mus Hist⟩ *Diaphonie* f, *Mißklang* m
diafo|resis *f* ⟨Med⟩ *Schwitzen* n, *Diaphorese* f ‖ **-rético** adj/s *schweißtreibend, diaphoretisch* ‖ ~ *m schweißtreibendes Mittel, Diaphoretikum* n
diafrag|ma *m* ⟨An⟩ *Zwerchfell* n ‖ ⟨Tech⟩ *Scheide-, Zwischen|wand* f ‖ ⟨An⟩ *Knorpelwand* f ‖ ⟨An⟩ *Trommelfell* n ‖ ⟨Phys El Chem⟩ *Diaphragma* n, *poröse Scheidewand* f *in e–m Element, Membran* f ‖ *Schalldose* f *(Lautsprecher usw)* ‖ ⟨Phot⟩ *Blende* f ‖ ~ giratorio ⟨Phot⟩ *Dreh-, Revolver|blende* f ‖ ~ intercambiable ⟨Opt⟩ *Einsatzblende* f ‖ ~ iris *Irisblende* f ‖ **-mar** vt/i ⟨Phot⟩ *(ab)blenden*
dia|gnosis *f* ⟨Med⟩ *Diagnose* f ‖ *Diagnostik* f ‖ ⟨Bot⟩ *zusammenfassende (Pflanzen)Beschreibung bzw Bestimmung* f ‖ **-gnosticador** *m* ⟨Med⟩ *u.* fig *Diagnostiker* m ‖ **-gnosticar** vt *diagnostizieren* ‖ **-gnóstico** m/adj *Diagnostik* f ‖ *Diagnose* f (& fig) ‖ *Befund* m ‖ ~ diferencial ⟨Med⟩ *Differentialdiagnose* f ‖ ~ erróneo ⟨Med⟩ *Fehldiagnose* f ‖ ~ precoz ⟨Med⟩ *Frühdiagnose* f ‖ ~ topográfico ⟨Med⟩ *Lokaldiagnose* f ‖ ~ adj ⟨Med⟩ *diagnostisch* ‖ *charakteristisch (Merkmal)*
Diago *m* fam = **Santiago** Tfn
diagonal adj/s *schräg(laufend), quer(laufend)* ‖ ⟨Math⟩ *diagonal* ‖ *schräg verlaufend (Straße)* ‖ ~ *f* ⟨Math⟩ *Diagonale, Schräglinie* f ‖ ⟨Web⟩ *Diagonal* m *(schräggestreifter Stoff)* ‖ ◊ leer en ~ *diagonal lesen* ‖ ~**mente** adv *schräg, quer*

diágrafo *m Diagraph* m *(Gerät zum Zeichnen)*
diagra|ma *m Diagramm, Schaubild* n, *Abriß, Entwurf* m, *Schema* n, *Skizze* f ‖ *graphische Darstellung* f ‖ *Kennlinie* f ‖ *Drudenfuß* m ‖ ~ cardioide ⟨Radio⟩ *Kardioidenkennlinie* f ‖ ~ de las velocidades *Geschwindigkeitstabelle* f ‖ ~ de conexiones *Schalt|bild* n, *-plan* m ‖ ~ de constitución ⟨Metal⟩ *Zustandsdiagramm* n ‖ ~ de solidificación ⟨Metal⟩ *Erstarrungsdiagramm* n ‖ **-mático** adj *Diagramm-*
¡**diájule**! pop Ast *Donnerwetter!*
[1]**dial** adj ⟨poet⟩ *zu Jupiter gehörig*
[2]**dial** *m* engl ⟨Radio⟩ *Stationsskala* f ‖ ⟨Tel⟩ *Nummernscheibe* f
dia|lectal adj *dialektal, mundartlich* ‖ *Dialekt-* ‖ **-léctica** *f Dialektik* f ‖ *Logik* f ‖ **-léctico** adj *dialektisch* ‖ *folgerichtig, logisch* ‖ materialismo ~ *dialektischer Materialismus, DIAMAT* m ‖ ~ *m Dialektiker* m ‖ **-lecto** *m Mundart* f, *Dialekt* m ‖ **-lectología** *f Dialektologie, Mundartenkunde, Lehre* f *von den Mundarten* ‖ **-lectólogo** *m Dialektologe* m
diali|pétales fpl ⟨Bot⟩ *Dialypetalen* fpl ‖ **-pétalo** adj ⟨Bot⟩ *zweiblumenblättrig*
diálisis *f Dialyse* f
dia|lítico adj *auflösend, dialytisch* ‖ **-lizar** [z/c] adj *dialysieren, auflösen*
dialo|gal adj *dialogisch* ‖ forma ~ *Gesprächsform* f ‖ **-gar** [g/gu] vi *miteinander sprechen, ein Zwiegespräch führen* ‖ vt *in Gesprächsform abfassen* ‖ novela –gada *Roman* m *in Gesprächsform* ‖ **-gismo** *m* ⟨Lit⟩ *Darstellung* f *in Dialogform, Dialogismus* m ‖ **-gístico** adj *dialogisch, Dialog-* ‖ *in Dialogform geschrieben* bzw *dargestellt* ‖ **-gizar** vi = **-gar**
diálogo *m* ⟨Zwie⟩*Gespräch* n ‖ *Dialog* m ‖ *(Wechsel)Gespräch* n ‖ ⟨Mus⟩ *Dialog* m
dialoguista *m* ⟨Lit⟩ *Verfasser von Dialogen* ‖ ⟨Filmw⟩ *Dialog|autor, -bearbeiter, Dialogist* m ‖ *Dialogregisseur* m
diamagnetismo *m Diamagnetismus* m
diaman|tado adj *diamantartig* ‖ → **adiamantado** ‖ **-tar** vt *Diamantglanz geben* (dat) ‖ **-te** *m Diamant*, ⟨poet⟩ *Demant* m ‖ *Diamantwein* m *(feiner span. Weißwein)* ‖ ⟨Typ⟩ *Brillant* f *(3-Punkt-Schrift)* ‖ fig *Härte, Festigkeit* f ‖ ~ brillante *Brillant* m ‖ ~ (de vidriero) *(Glaser)Diamant* m ‖ ~ para la industria *Industriediamant* m ‖ ~ para pruebas de dureza *Härteprüfdiamant* m ‖ bodas de ~ *diamantene Hochzeit* f ‖ edición ~ *Diamantausgabe* f ‖ punta de ~ *Saphir* m *(Tontechnik)* ‖ *Diamantnadel* f *(Schmuck)* ‖ *Glaserdiamant* m ‖ ◊ abrillantar (labrar, montar) un ~ *e–n Diamanten facettieren (schleifen, fassen)* ‖ **-tear** vi *wie ein Diamant schimmern* ‖ **-tífero** adj *diamantenhaltig* ‖ *Diamanten-* ‖ yacimientos ~s *Diamantlager* n ‖ **-tino** adj *diamanten* ‖ fig *steinhart, ehern* ‖ fig *unerschütterlich* ‖ fig *unbeugsam* ‖ ⁻**tina** *der Hauptplatz der Diamantenregion (Mato Grosso) in Brasilien* ‖ **-tista** *m Diamantarbeiter* m ‖ *Diamantenschleifer* m ‖ *Diamantenhändler* m
diametral adj *diametral* ‖ *entgegengesetzt* ‖ línea ~ ⟨Math⟩ *Durchschnittslinie* f ‖ ~**mente** adv *von e–m Ende zum anderen* ‖ ~ opuesto *grundverschieden* ‖ *absolut entgegengesetzt*
diámetro *m Durchmesser* m ‖ ~ del cañón ⟨Mil⟩ *Rohrweite* f ‖ ~ del círculo de viraje ⟨Aut⟩ *Wendekreisdurchmesser* m ‖ ~ interior (p. ej. de un cañón) *lichter Durchmesser* m, *lichte Weite* f ‖ ~ útil *Austrittsdurchmesser* m *(Scheinwerfer)*
Diana *f Diana* f *(Göttin)* ‖ ⟨poet⟩ *Mond* m ‖ ⁻⟨Mil⟩ *Wecken* n ‖ *(das Schwarze der) Zielscheibe* f ‖ ◊ hacer ⁻, dar en la ⁻ *ins Schwarze treffen* (& fig) ‖ tocar ⁻ ⟨Mil⟩ *das Wecken blasen*

dianche *m* fam *Teufel* m
dianense adj *aus Denia* (PAli)

diantre *m* fam *Teufel* m ‖ ¡ ~ ! fam *potztausend!*
diaño, ~e *m* Ast Gal = **diablo**
diapasón *m* ⟨Mus⟩ *Stimmgabel* f ‖ *Stimmpfeife* f ‖ *Griffbrett* n *(Geigen usw)* ‖ *Umfang* m, *Register* n ‖ ~ normal *Normalstimmgabel* f ‖ ⟨Mus⟩ *Kammerton, Diapason* m ‖ ~ resonador *Stimmgabel* f *mit Schallkasten* ‖ ◊ bajar (subir) el ~ figf *leiser (lauter) sprechen* ‖ perder *(od* fallar) el ~ figf *sich im Ton vergreifen, aus der Rolle fallen*
dia|pédesis *f* ⟨Zool Med⟩ *Diapedese* f ‖ **–pente** *m* ⟨Mus⟩ *Quint(e)* f
dia|positiva *f*/adj ⟨Phot⟩ *Diapositiv* n, pop *Dia* n ‖ **–prea** *f (kleine, runde, süße) Pflaumenart* f ‖ **–quilón** *m* ⟨Pharm⟩ *Schleim-, Saft|pflaster* n
△**diar** [pres -io] vt/i *blicken, sehen*
dia|riamente adv *täglich, jeden Tag* ‖ **–riero** *m* Chi *Zeitungshändler* m ‖ **–rio** adj *täglich* ‖ *Tages-* ‖ a ~ *täglich* ‖ comida ~a *Tageskost* f ‖ (libro) ~ ⟨Com⟩ *Journal, Tagebuch* n, *Kladde* f ‖ ~ *m Tagebuch* n ‖ *(Tages)Zeitung* f ‖ *Tag(e)blatt* n ‖ *Tages|aufwand* m, *-kosten* pl ‖ ~ de anuncios *Anzeigenblatt* n, *Anzeiger* m ‖ ~ de la mañana, de la noche *Morgen-, Abend|blatt* n ‖ ~ de navegación ⟨Mar⟩ *Schiffstagebuch* n ‖ ~ hablado *(Rundfunk) Nachrichten* fpl ‖ ~ oficial *Amtsblatt* n, *Staatsanzeiger* m ‖ ~ de la tarde *Nachmittagsblatt* n ‖ de ~ *Alltags-* ‖ para ~ *zum täglichen Gebrauch* ‖ uniforme de ~ *Dienstuniform* f ‖ **–rismo** *m* Am *Journalistik* f (→ **periodismo**) **–rista** *m* Am *Journalist* m ‖ *Zeitungsverleger* m
dia|rrea *f* ⟨Med⟩ *Diarrhö(e)* f, *Durchfall* m ‖ **–rreico** adj ⟨Med⟩ *durchfallartig, diarrhöisch, Durchfall-*
diartrosis *f* ⟨An⟩ *Kugelgelenk* n, *Diarthrose* f
diascopio *m Diaprojektor* m, *Diaskop* n
diáspora *f* ⟨Rel⟩ *Diaspora* f
diasque *m* Am *Teufel* m
dias|tasa *f* ⟨Chem⟩ α-1,4-*Glukanase, Amylase* f ‖ **–tasis** *f* ⟨Med⟩ *Diastase* f, *Auseinanderweichen n von Knochen od Muskeln* ‖ **–tático** adj *diastatisch*
diástole *m* ⟨An⟩ *Diastole* f
diastrofia *f* ⟨Med⟩ *Verrenkung* f ‖ *Verzerrung* f
dia|térmano adj ⟨Phys⟩ *diatherman* ‖ **–termia** *f* ⟨Phys Med⟩ *Diathermie* f ‖ **–térmico** adj *diathermisch, Diathermie-*
diaterarón *m* ⟨Mus⟩ *Quart* f
diátesis *f* ⟨Med⟩ *Diathese* f
diato|máceas, –meas *fpl* ⟨Bot⟩ *Kieselalgen* fpl (Diatomeae)
diató|mico adj ⟨Chem⟩ *zweiatomig* ‖ **–nica** *f* ⟨Mus⟩ *Diatonik* f ‖ **–nico** adj ⟨Mus⟩ *diatonisch*
diatriba *f kritische Streitschrift* f ‖ *Schmähschrift* f ‖ *Schmährede* f ‖ *leidenschaftliche Kritik, Invektive* f ‖ *Diatribe* f
diávolo *m* = **diábolo**
Diaz *m* fam = **Diego**
diazotipia *f* ⟨Typ⟩ *Diazotypie* f
dibidibí *m* Cu → **dividivi**
dibu|jante, –jador *m (Feder)Zeichner* m ‖ *Maler* m ‖ *Entwerfer* m ‖ ~ de artes gráficas *Graphiker* m ‖ ~ de carteles *Plakatgestalter* m ‖ ~ de productos industriales y comerciales *Gebrauchsgraphiker* m ‖ **–jar** vt *zeichnen* ‖ *malen* ‖ fig *schildern* ‖ ~**se** *sichtbar werden, sich abzeichnen* (en *an*) ‖ *(allmählich) hervortreten* ‖ ◊ una sonrisa se dibujó en sus labios *auf seinen Lippen erschien ein Lächeln* ‖ **–jo** *m Zeichnen* n ‖ *Zeichenkunst* f ‖ *Zeichnung* f ‖ *(Um)Riß, Entwurf* m ‖ *Skizze* f ‖ *Gewerbemuster* n ‖ *Dessin, Muster* n *(e–s Stoffs)* ‖ ⟨Web⟩ *Wechsel* m ‖ fig *Schilderung* f ‖ ~ a la aguada *Tuschzeichnung* f ‖ ~ de *(od* al) carbón *Kohlezeichnung* f ‖ ~ al difumino, ~ sombreado *gewischte Zeichnung* f ‖ ~ esgrafiado *schraffierte Zeichnung* f ‖ ~ geométrico ⟨Math⟩ *Riß* m ‖ ~ industrial *technisches Zeichnen* n ‖ ~ de *(od* a) lápiz *Bleistiftzeichnung* f

‖ *Kreide-, Ton|zeichnung* f ‖ ~ (al) lavado *Gouachezeichnung* f ‖ ~ lineal *Darstellung* f *mittels Linien* ‖ ⟨Math⟩ *Riß* m ‖ ~ a mano *Handzeichnung* f ‖ ~ del *(od* al) natural *Zeichnung* f *nach der Natur* ‖ ~ de pastel *Pastellzeichnung* f ‖ ~ en perspectiva *perspektivische Zeichnung* f ‖ ~ publicitario *Werbezeichnung* f ‖ ~ de *(od* a) pluma *Federzeichnung* f ‖ ~ a pulso *Handzeichnung* f ‖ ~ de *(od* a la) sanguina *Rötelzeichnung* f ‖ ~ a tinta china *Tuschzeichnung* f ‖ lección de ~ *Zeichenstunde* f ‖ papel de ~ *Zeichenpapier* n ‖ pieza de ~ ⟨Web⟩ *Glied* n ‖ pieza para ~ ⟨Web⟩ *Mustergelenk* n ‖ pluma de ~ *Zeichenfeder* f ‖ profesor de ~ *Zeichenlehrer* m ‖ ~**s** *pl*: ~ animados *Zeichentrickfilm* m ‖ álbum de ~, libro de ~ *Zeichenbuch* n ‖ con ~ gemustert *(Stoff)* ‖ sin ~ *uni(farben) (Stoff)* ‖ ◊ no pararse en ~ figf *großzügig sein*
dicacidad *f Scharfzüngigkeit, Bissigkeit, beißende Schärfe* f (bes fig)
△**dicar** [c/qu] vt/i *sehen*
△**dicavisar** vi *(auf)lauern*
dicaz [*pl* **-ces**] adj *spöttisch* ‖ *scharfzüngig, bissig*
Dic.^{bre} Abk = **Diciembre**
Dicc. Abk = **Diccionario**
dicción *f Wort* n ‖ *Rede-, Sprech|weise, Diktion, Aussprache* f ‖ *Redensart* f ‖ una buena ~ *ein guter Vortrag* m ‖ clase(s) de ~ *Sprecherziehung* f ‖ *Sprechunterricht* m
dicciona|rio *m Wörterbuch, Lexikon* n ‖ *Satzlexikon* n ‖ ~ de la (Real) Academia (Española) ~ *amtliches Wörterbuch der Spanischen Akademie)19. Auflage 1970)* ‖ ~ alemán-español *deutsch-spanisches Wörterbuch* n ‖ ~ de bolsillo *Taschenwörterbuch* n ‖ ~ enciclopédico *Enzyklopädie* f, *Lexikon* n, *Konversationslexikon* n ‖ ~ español-alemán *spanisch-deutsches Wörterbuch* n ‖ ~ especial *Fachwörterbuch* n ‖ ~ ideológico *od* de ideas, ~ analógico *Begriffswörterbuch, Wörterbuch n nach Sachgruppen* ‖ ~ manual *Hand|wörterbuch, -lexikon* n ‖ ~ de modismos *phraseologisches Wörterbuch* n ‖ ~ de música *Musiklexikon* n ‖ ~ de (las) palabras *(od* voces) extranjeras *Fremdwörterbuch* n ‖ ~ de refranes *Sprichwörterlexikon* n ‖ ~ de sinónimos *Synonymenlexikon* n ‖ ~ técnico *technisches Wörterbuch* n ‖ *Fachwörterbuch* n ‖ ~ al uso escolar, ~ clásico *Schulwörterbuch* n ‖ ◊ consultar el ~ *im Wörterbuch nachschlagen* ‖ **–rista** *m* = **lexicógrafo**
dic.^{e} (10.e, 10.bre) Abk = **diciembre**
dice, dic(i)ente, diciendo → **decir**
díceres *mpl* Am *Gerüchte* mpl
diciembre *m Dezember* m
di|cloruro *m Dichlorverbindung* f ‖ ~ de etileno ⟨Chem⟩ *Äthylenchlorid, Dichloräthylen* n ‖ **–color** adj *zweifarbig*
dicotile|dóneas *fpl* ⟨Bot⟩ *Zweikeimblättrige* fpl, *Netzblätter* mpl (Dicotyledoneae) ‖ **–dóneo** adj ⟨Bot⟩ *zweikeimblättrig*
dico|tomía *f* ⟨Bot Philos Astr⟩ *Dichotomie* f ‖ **–tómico** adj *dichotom(isch)*
dicro|ísmo *m Dichroismus* m *(b. Kristallen)* ‖ **–mático** adj *zweifarbig, dichromatisch*
dicta|do *m (Ehren)Titel* m ‖ *Diktat, Diktieren* n ‖ fig *Diktat* n ‖ el ~ *(od* Diktat) de Versalles ⟨NS⟩ *das Diktat von Versailles (1919)* ‖ ◊ escribir al ~ *nach Diktat schreiben* ‖ **–dor** *m Diktator* m ‖ *Stimme* f *des Gewissens* ‖ **–dura** *f Diktatur* f ‖ ~ unumschränkter *Machthaber* m ‖ figf *despotischer Mensch* m ‖ **–dura** *f Diktatur* f ‖ *unumschränkte Macht* f ‖ span. *Diktatur f unter Primo de Rivera (1923–1929) (nicht abwertend)*
dictáfono *m Diktiergerät, Diktaphon* n
dicta|men *m Meinung* f, *Gutachten* n ‖ *Ansicht* f ‖ *Urteil* n ‖ *Begutachtung* f ‖ *Vorschrift* f ‖ *Eingebung,* f, *innerer Trieb* m ‖ ~ arbitral *Schiedsgut-*

achten n ‖ ~ facultativo *ärztliches Gutachten* n ‖ ~ heredo-biológico *erbbiologisches Gutachten* n ‖ ◊ dar su ~ sobre *sein Gutachten abgeben über* (acc) ‖ emitir un ~ favorable *sich günstig äußern* ‖ **-minar** vt/i *ein Gutachten abgeben* ‖ *e–n Bericht erstatten* ‖ ~ sobre (*od* acerca de) a. *et begutachten, ein Gutachten erstatten über et*
   dictamo *m* (blanco) ⟨Bot⟩ *Diptam* m, *Eschenwurz* f (Dictamnus albus)
   dictar vt/i *diktieren* ‖ *befehlen, vorschreiben* ‖ *erlassen (Gesetze usw)* ‖ *halten (Vortrag)* ‖ fig *eingehen, mahnen* ‖ ◊ ~ el fallo (*od* la) sentencia *das Urteil fällen* ‖ el amor me lo dicta *die Liebe gebietet es mir* ‖ haré lo que me dicte la conciencia *ich werde nach meinem Gewissen handeln*
   dictato|rial adj *diktatorisch* ‖ fig *gebieterisch* ‖ **-rio** adj *auf den Diktator bezüglich* ‖ dignidad ~a *Würde* f *des Diktators*
   dicterio *m Lästerung, Schmähung* f
   dicha f *Glück* n ‖ *Glückseligkeit* f ‖ por ~ *glücklicherweise* ‖ *zufälligerweise, etwa, vielleicht* ‖ ◊ ¡qué ~ que no hayan llegado! *welches Glück, daß sie nicht da sind!* ‖ nunca es tarde, si la ~ es buena ⟨Spr⟩ *besser spät als nie*
   △**dichabar** vt/i *befehlen*
   dichara|chero *m*/adj fam *Zotenreißer* m ‖ *Witzbold* m ‖ **-cho** *m* fam *grober Ausdruck* m, *Zote* f
   dichero *m*/adj And *Witzbold* m ‖ ~ adj And *witzig, schlagfertig*
   dicho pp/irr *v.* **decir**: *besagt, genannt* ‖ ~a casa *die genannte Firma* ‖ el arriba ~ *der Obenerwähnte* ‖ ~ y hecho *gesagt, getan* ‖ ~ sea de paso *nebenbei bemerkt* ‖ ◊ dejar ~ *mündlich hinterlassen* ‖ lo que él sufrió, no es para ~ *er hat unsäglich viel gelitten* ‖ lo ~ *das Gesagte, das Erwähnte* ‖ lo ~, ~ es *bleibt dabei, wie gesagt* ‖ ich stehe zu m–m Wort ‖ ¡lo ~! *ich habe es gesagt!* ‖ vergessen Sie es nicht! ‖ ¡está ~! *es bleibt dabei!* ‖ *das braucht nicht wiederholt zu werden* ‖ ¡haberlo ~ (antes)! *hätten Sie das nur vorher gesagt!* ‖ ¡téngaselo usted por ~! *lassen Sie sich's gesagt sein!* ‖ no es para ~ *das ist unbeschreiblich (od unsäglich)* ‖ ~ m *Ausdruck* m ‖ *Redensart* f ‖ *Sinn-, Denkspruch* m, *Sentenz* f ‖ *Witzwort* n ‖ *Eheversprechen, Jawort* n ‖ (*Zeugen-*) *Aussage* f ‖ *förmliche Verlobung* f (*vor der geistlichen Behörde*) ‖ ~ agudo *Denkspruch* m ‖ ~ gordo fam *Zote* f ‖ ◊ es un ~ *das ist nicht ernst gemeint* ‖ del ~ al hecho hay gran trecho *Versprechen und Halten ist zweierlei* ‖ tomarse los ~s Südspan *die Verlobung (vor der Behörde) vollziehen* ‖ ~s mpl ⟨Th⟩ *die Vorigen (Bühnenanweisung)*
   di|chón adj RPl = **dicaz** ‖ **-chosa** f Bol joc *Nachttopf* m ‖ *Spucknapf* m
   dicho|samente adv *glücklich(erweise)* ‖ **-so** adj *glück|lich, -selig* (ser, sentirse, considerarse) ‖ fam *verflucht, verdammt* ‖ ~a soledad *glückliche Einsamkeit* f ‖ ¡~ regalo! *verflixtes Geschenk!* ‖ ¡~s los ojos que le ven! fam *daß man Sie doch (endlich einmal) zu sehen bekommt!* ‖ ~s mpl △*Frauenschuhe* mpl
   didácti|ca f *Unterrichtslehre, Lehrkunst, Didaktik* f ‖ **-co** adj *didaktisch, belehrend, unterrichtskundlich, Lehr-* ‖ método ~ *Unterrichtsmethode* f ‖ poema ~ *Lehrgedicht* n ‖ ~ **moral** *didaktisch-moralisch* ‖ ~**rreligioso** *didaktisch-religiös*
   didelfos mpl ⟨Zool⟩ *Beutelratten* fpl (Didelphyidae)
   didimitis f ⟨Med⟩ *Hodenentzündung* f
   diecinue|ve adj *neunzehn* ‖ el siglo ~ *das neunzehnte Jahrhundert* ‖ **-veavo** *m*/adj *Neunzehntel* n
   dieci|ochavo adj/s *Achtzehntel* n ‖ ⟨Typ⟩ *Oktodez(format)* n ‖ **-ocheno** m/adj *Achtzehner* m ‖ ⟨Web⟩ *1800fädig (Kette)* ‖ **-ochesco** adj *auf das*

18. Jh. bezüglich ‖ **-ochismo** *m Eigenart* f *(Sitten, Mode usw) des 18. Jh.* ‖ **-ochista** adj *zum 18. Jh. gehörig* ‖ **-ocho** adj/s *achtzehn*
   dieci|séis adj/s *sechzehn* ‖ **-seisavo** *m*/adj *Sechzehntel* n ‖ ⟨Typ⟩*Sedez(format)* n ‖ **-seiseno** adj/s *der sechzehnte* ‖ ⟨Web⟩ *1600fädig (Kette)* ‖ **-siete** adj/s *siebzehn* ‖ **-sieteavo** *m*/adj *Siebzehntel* n
   diedro *m* ⟨Math⟩ *Dieder* n, *Zweiflächner* m ‖ ~ adj : ángulo ~ *v. zwei sich schneidenden Ebenen gebildeter Winkel* m
   Die|go *m* np Tfn *Diego* m ‖ ◊ hacer el Don ~ fam *den Unwissenden spielen* ‖ → a **dondiego** ‖ ≏**guino** *m Barfüßermönch* m *des San-Diego-Ordens* ‖ **-guito** *m* dim *v.* **Diego**
   dieléctrico adj *dielektrisch* ‖ ~ *m Dielektrikum* n
   diente *m Zahn* m ‖ *Zacken, Einschnitt* m ‖ *Zinke* f ‖ *Scharte* f ‖ ⟨Geogr⟩ *Zacke* f ‖ ~ de ajo ⟨Bot⟩ *Knoblauchzehe* f ‖ ~ de ancha ⟨Mar⟩ *Anker|schar* f, *-flügel* m ‖ ~ canino, ~ angular *Eck-, Spitz|zahn* m ‖ ~ cariado *hohler Zahn* m ‖ ~ del disparador *Abzugsstollen* m *(Gewehr)* ‖ ~ incisivo *Schneidezahn* m ‖ ~ del juicio fam *Weisheitszahn* m ‖ ~ de leche, ~ caduco *Milchzahn* m ‖ ~ de león ⟨Bot⟩ *Löwenzahn* m (Taraxacum spp) ‖ ~ molar *Back(en)zahn* m ‖ ~ de muerto ⟨Bot⟩ = **almorta** ‖ ~ postizo *falscher, eingesetzter, künstlicher Zahn* m ‖ ~ de rastrillo *Eggen|zahn* m, *-zinke* f ‖ ~ de sierra *Zahn* m *e–r Säge* ‖ ~ superior (inferior) *oberer (unterer) Zahn* m ‖ ~ venenoso *Giftzahn* m *(der Schlangen)* ‖ ◊ cortar en forma de ~ *mit Zahneinschnitten versehen* ‖ dar ~ con ~ figf *mit den Zähnen klappern* ‖ fig *zittern (vor Angst)* ‖ estar a ~ (*od* ~s) fam *sehr hungrig sein* ‖ hincar (*od* echar) el ~ *beißen* ‖ figf *anbeißen, herangehen an* (acc) ‖ figf *Schmu machen* ‖ figf *verleumden* ‖ meter el ~ en a/c figf *sich an et wagen* ‖ pelar el ~ Mex figf *kokett lächeln* ‖ tener buen ~ figf *ein tüchtiger Esser sein* ‖ no tener para (untar) un ~ figf *nichts zu nagen und zu beißen haben* ‖ ~s pl *Fang-, Stoß|zähne, Hauer* mpl ‖ *Zähne* mpl, *Gebiß* n ‖ ⟨Tech⟩ *Zähne* mpl ‖ ~ anteriores *Vorderzähne* mpl ‖ ~ de embustero fam *weit auseinanderstehende Zähne* mpl ‖ ~ permanentes *bleibendes Gebiß* n ‖ echar (los) ~ *Zähne bekommen, zahnen* ‖ figf *wütend sein* ‖ hilera de ~ *Zahnreihe* f ‖ risa de ~ *falsches Lächeln* n ‖ ◊ aguzar los ~ figf *den Schnabel wetzen* ‖ alargársele a uno los ~ figf *et gierig begehren,* fam *et schrecklich gern haben (wollen)* ‖ figf *großen Appetit bekommen* ‖ poner a uno los ~ largos figf *jdm den Mund wässerig machen* ‖ ponérsele a uno los ~ largos figf *Stumpfheit in den Zähnen empfinden* ‖ armado hasta los ~ figf *bis an die Zähne gerüstet od bewaffnet* ‖ crujirle *od* rechinarle a uno los ~ figf *mit den Zähnen knirschen* ‖ figf *großen Verdruß, Kummer haben* ‖ decir a/c entre ~, hablar entre ~ figf *in den Bart brummen, brabbeln* ‖ figf *murmeln* ‖ enseñar (*od* mostrar) (los) ~ figf *die Zähne zeigen* ‖ eso no me entra de los ~ *adentro* figf *dazu habe ich keine Lust* ‖ de ~ afuera figf *heuchlerisch, unaufrichtig* ‖ romperse los ~ con *sich die Zähne ausbeißen an* (dat) ‖ traer (*od* tener) a uno entre ~ figf *jdn im Magen haben* ‖ a regaña~ figf *mit Widerwillen* ‖ primero son mis ~ que mis parientes ⟨Spr⟩ *das Hemd ist mir näher als der Rock*
   diera, diese → **dar**
   diéresis f *Diärese* f *(Trennung zweier aufeinanderfolgender Vokale durch Trema, um Aussprache als Diphthong zu verhindern – z. B. súave, rüido, píe, bes im Vers)* ‖ *Trema* n *(z. B. in vergüenza)* ‖ *Diärese* f *(Einschnitt im Vers)* ‖ *Trennung, Unterscheidung* f
   dies ad quem lat ⟨Jur⟩ *Endtermin* m
   diesel *m* ⟨Tech⟩ *Dieselmotor* m ‖ ~-eléctrico

dieselización — difidente

adj *dieselelektrisch* || l-mecánico adj *dieselmechanisch* || ~**ización** f ⟨EB⟩ *Verdieselung, Umstellung* f *auf Dieselbetrieb* || ~**oil** m *Dieselkraftstoff* m
***diesi** f *Kreuz* n ( ) (= **sostenido**)
    dies irae m lat ⟨Mus⟩ *Dies irae* n || *Tag* m *des Zornes*
    dies|tra f *rechte Hand, Rechte* f || *rechte Seite* f || *sentado a su* ~ *zu seiner Rechten sitzend* || **–tro** adj *recht* || *geschickt, gewandt, flink* || *schlau, listig* || *günstig, glücklich* || *a* ~*a y a siniestra* fig *aufs Geratewohl, drauflos, kreuz und quer* || *de* ~ *Am geschickt* || ~ *m Rechtshänder* m || *Fechtkünstler* m || ⟨Taur⟩ *zu Fuß fechtender Stierkämpfer* m || *erster Stier|fechter, -töter, Matador* m || *Halfter* f, *Zaum* m
¹**dieta** f *Lebens|weise, -ordnung* f || ⟨Med⟩ *Diät, Kranken-, Schon|kost* f || *Honorar* n || *Fasten* n || ~ *absoluta Hunger|kur, -diät* f || ~ *cruda Rohkost* f || ~ *hídrica Trinkkur* f || ~ *láctea Milch|diät, -kur* f || ~ *seca Trockenkur* f || ~ *vegetal Kräuterkur, vegetarische Kost* f || ◊ *estar a* ~, *guardar* ~ *fasten, Diät halten* || *estar a* ~ *rigurosa strenge Diät halten (müssen)* || *observar* ~ *diät leben* || *poner (od tener) a alg. a* ~ *jdm Diät verordnen, jdn auf Diät setzen* || fig *jdn. kurz- (od knapp)halten* || → **a régimen**
²**dieta** f *Reichs-, Land|tag* m || ~ *federal Bundestag* m || ~**s** *pl Diäten* fpl *(Abgeordnete), Tagegelder* npl *(Beamte)* || *Gebühren* fpl *(Zeugen usw)* || ~ *de asistencia Anwesenheits-, Sitzungs|gelder* npl || ~ *de desplazamiento,* ~ *de viaje Reisespesen* pl
    die|tario m *Chronik* f || *Tage-, Haushalts-, Abrechnungs|buch* n || *Merk-, Notiz|buch* n || *Ar* ⟨Hist⟩ *Chronik* f || **–tética** f *Diätetik, Ernährungs|lehre, -wissenschaft* f || **–tético** adj/s *diätetisch, Diät-* || ~ *m Diätetiker* m || *Diätassistent* m || **–toterapia** f ⟨Med⟩ *Diättherapie* f
¹**diez** adj *zehn* || *zehnter* || *el capítulo* ~ *das zehnte Kapitel* || *a las* ~ *um 10 Uhr* || ~ *[pl* **–ces**] m *Zehn* f || *Zehner* m || ⟨Kath⟩ *Gesetz* n *des Rosenkranzes* || *Vaterunserperle* f || *Chi Silbermünze* f = *10 centavos* || ◊ *estar en las* ~ *de últimas* figf *in den letzten Zügen liegen* || figf *abgebrannt (od blank) sein*
²**diez** pop *für* **Dios** *(in Fluchformeln)*
    Diez m np fam = **Diego**
    diez|mar vt *auszehnten* || *(den Zehnten) zahlen, entrichten* || *dezimieren (Todesstrafe)* || fig *aufräumen unter (dat)* || fig *stark mitnehmen, lichten (durch Krankheit, Krieg)* || **–mero** m/adj ⟨Hist⟩ *Zehntentrichter* m || *Zehntempfänger* m || **–mesino** adj/s *zehnmonatig* || ~ *m Zehnmonatskind* n || **–milésimo** m/adj ¹/₁₀₀₀₀, *Zehntausendstel* n || **–milímetro** m *Zehntelmillimeter* m/n || **–mo** m *Zehnt(e)* m, *Abgabe* f *von 10 %* || *parroquial Pfarrzins* m
    difa|mación f *üble Nachrede, Verleumdung* f || *Lästerung* f || *Diffamierung* f || *acción de* ~ ⟨Jur⟩ *Beleidigungsklage* f || **–mado** adj *verschrie(e)n* || **–mador** m *Verleumder* m, *Läster|maul* n, *-zunge* f || *Ehrabschneider* m || adj *verleumderisch, diffamierend* || **–mar** vt *in Verruf bringen, entehren, schmälern* || *ruchbar machen* || *verketzern* || *verleumden, diffamieren* || **–matorio** adj *ehrenrührig, verleumderisch* || *libelo* ~ *Schmähschrift* f
    difásico adj ⟨Tech⟩ *zweiphasig, Zweiphasen-* || ⟨Zool⟩ *diphasisch*
    diferen|cia f *Unterschied* m, *Verschiedenheit, Ungleichheit* f || *Abweichung* f || *Abstand* m, *Spanne* f, *Gefälle* n || *Zwistigkeit* f, *Streit* m || ⟨Math⟩ *Differenz* f || ⟨Math⟩ *Rest* m || *Fehlbetrag* m || *Rest* m || *Unterscheidungsmerkmal* n || *Meinungsverschiedenheit* f || *Differenz* f, *Streit* m || ~ *de (od* entre*) aranceles Zollgefälle* n || ~ *de (od* en*) la medida Maßabweichung* f || ~ *en más,* ~ *a favor Überschuß* m || ~ *de opiniones (od*

pareceres) Meinungsverschiedenheit f || ~ *de potencial* ⟨Phys⟩ *Potentialdifferenz* f || ~ *de precio Preisunterschied* m || ~ *de los precios Verschiedenheit* f *der Preise* || *progresión por* ~ ⟨Math⟩ *arithmetische Folge* f || *a* ~ *zum Unterschied* || *con corta (od* poca*)* ~ *ungefähr, annähernd* || ◊ *hacer* ~ *unterscheiden* || *partir (od dividir)* la ~ *den Unterschied teilen* || **–ciación** f *(Unter)Scheidung* f || *Unterscheidungsmerkmal* n || **Differenzierung** f || **–cial** adj *Ausgleichs-* || *Differenz-* || *Differential-* || *cálculo* ~ ⟨Math⟩ *Differentialrechnung* f || *tarifa* ~ *Differentialtarif* m || *derechos* ~**es** ⟨Com⟩ *Differentialzölle* mpl || ~ m ⟨Aut⟩ *Ausgleichsgetriebe, Differential* n || ~ f ⟨Math⟩ *Differential* n || **–ciar** vt *(unter-) scheiden (zwischen)* || *abändern, abwechseln* || ⟨Math⟩ *differenzieren* || ~ vi *uneinig sein* || ~**se** *sich unterscheiden, verschieden sein (de von dat, por durch* acc*)* || *abweichen* || fig *sich hervortun, auszeichnen (de vor* dat*)* || ⟨Biol⟩ *sich differenzieren* || **–do** m *Am Konflikt, Streit* m, *Streitigkeit* f || **–te** adj *verschieden, abweichend (de von)* || *unterschiedlich* || ◊ *eso es (muy)* ~ *das ist et ganz anderes* || *totalmente* ~ *grundverschieden* || ~**s** pl *mehrere, verschiedene (vor* s*)* || *en* ~ *ocasiones wiederholt* || **–temente** adv *auf andere Art, abweichend*
    diferir [ie/i] vt *auf-, hinaus|schieben* || *vertagen* || *verzögern* || *verschieden (a auf* acc*)* || ◊ ~ *la contestación mit der Antwort (ab)warten* || ~ *el pago die Zahlung aufschieben, verzögern* || ~ *el plazo die Frist verlängern* || ~ *para (od* a*) mañana auf morgen verschieben* || ~ vi *verschieden sein* || *abweichen (de von dat)* || *auseinandergehen, differieren* || ~ *en el precio im Preise abweichen* || ~ *de uno en opiniones anderer Meinung als jd sein* || *las opiniones difieren mucho die Meinungen gehen stark auseinander*
    difícil adj *schwer, schwierig, beschwerlich* || *knifflig, heikel, kitzlig* || fig *abweisend, schwer zu gewinnen (Frau)* || *peinlich, heikel (Lage)* || *spröde, schwierig, widerspenstig (Person)* || *häßlich, verunstaltet (Gesicht)* || *es* ~ (+ inf) *es ist schwer zu* (+ inf) || *es tan* ~ *vivir sin ti es ist so schwer, ohne dich zu leben* || *de explicar schwer erklärlich* || ~ *de satisfacer schwer zu befriedigen* || *se hizo un silencio* ~ *e-e peinliche Stille trat in él es* ~ *er ist schwierig (im Umgang)* || *tiempos* ~**es** *harte, schwere Zeiten* fpl || ~**mente** adv *schwer(lich)* || *kaum* || ~ *lo logrará das wird er schwerlich erreichen*
    dificul|tad f *Schwierigkeit* f, *Hindernis* n || *Verlegenheit* f || *Reibung* f, *Widerstand* m || *Einwand* m || *Mühe* f || *Bedenken* n || ~ *insuperable unüberwindliche Schwierigkeit* f || ~ *respiratoria Atem|beschwerde, -not* f || *sin (la menor)* ~ *unbeanstandet, ohne Hindernisse, reibungslos, glatt* || *ohne weiteres* || ◊ *dar en* la ~ *fig den schwierigen Punkt treffen* || *allanar* ~**es** *Schwierigkeiten aus dem Wege räumen* || *causar (od ocasionar)* ~**es** *Schwierigkeiten verursachen* || *encontrar* ~**es** *auf Schwierigkeiten stoßen* || *estar erizado de* ~**es** *mit Schwierigkeiten gespickt sein* || *oponer* ~**es** (a) *Schwierigkeiten erheben, machen* || *poner* ~**es** *a alg. jdm Schwierigkeiten machen, bereiten* || *presentar* ~**es** *Schwierigkeiten bieten* || *tropezar con (od* debatirse en*)* ~**es** *sich mit Schwierigkeiten herumschlagen* || *vencer (od* superar*)* ~**es** *Schwierigkeiten überwinden* || **–tar** vt/i *erschweren, behindern* || *schwierig(er) machen* || *verwickeln* || *bestreiten* || *bezweifeln, für schwer möglich halten* || **–tista** m fam *Umstands-, Bedenklichkeits|krämer* m || **–toso** adj *schwierig, mühsam* || *bedenklich* || *verunstaltet bzw auffallend (Gesicht)*
    difiden|cia f *Mißtrauen* n || *Untreue* f || **–te** adj *treulos*

difiere — dilatar

di|fiere → **-ferir** || **-fluir** [-uy-] vi *zerfließen, sich auflösen*
di|flexión f ⟨Opt⟩ *Ab|weichung, -irrung* f || **-fluente** adj *zerfließend* || **-fluir** vi *sich auflösen, zerfließen* || **-fracción** f ⟨Opt⟩ *(Licht)Beugung* f || ⟨Opt⟩ *Ablenkung* f || **-fractar** vt ⟨Opt⟩ *beugen* || **-frangente** adj *beugend, ablenkend*
dif|teria, -teritis f ⟨Med⟩ *Diphtherie, Diphtheritis, Halsbräune* f || **-térico** adj/s ⟨Med⟩ *diphtherisch, Diphtherie-*
di|fumado m *Schummern* n, *Schattierung* f *(Zeichnung)* || ⟨Filmw⟩ *Aufblendung* f || **-fum(in)ar** vt *schummern, verlaufen lassen (Zeichnung, Graphik)* ⟨Typ⟩ || **-fumino** m ⟨Mal⟩ *Wischer* m
difun|dido adj *bekannt, verbreitet (z.B. Nachricht)* || **-dir** vt *aus-, ver|breiten* || *ausschütten (Flüssigkeit)* || *bekanntmachen* || ⟨Radio TV⟩ *übertragen* || *verbreiten, verteilen (Schrift)* || **~se** *sich ausbreiten* || fig *bekanntwerden*
difunto adj *tot, verstorben* || *mi ~ padre mein seliger Vater* || *~ m der Verstorbene* || *Leiche* f || ⟨Jur⟩ *Erblasser* m || *misa (od oficio) de ~s Totenmesse* f || *día (od fiesta) de los (fieles) ~ Allerseelentag* m
difu|sión f *Ausgießung, Verschüttung* f || *Versprühen* n || *Aus-, Verbreitung* f || *Verschmelzung, Mischung* f || *Streuung* f ⟨& Phys⟩ || *Diffusion* f || *Verteilung* f || ⟨Radio TV⟩ *Übertragung* f || fig *Verschwommenheit* f || fig *Weitschweifigkeit* f || *~ de programas* ⟨Radio TV⟩ *Programmübertragung* f || *~ de la propiedad Eigentumsstreuung* f || *Vermögensbildung* f || *~ de publicaciones pornográficas Verbreitung* f *unzüchtiger Schriften* || **-so** pp/irr v. **difundir** || adj *weitläufig, umständlich* || *weitverbreitet* || ⟨Phys⟩ *zerstreut, diffus* || fig *verschwommen* || fig *weitschweifig* || **-sor** m *Diffuseur* m *(in Zuckerfabriken)* || *Zerstäuber* m *(Parfüm)* || ⟨Aut⟩ *Diffusor, Zerstäuber* m, *Vergaserdüse* f
digamma f *Digamma* n *(Buchstabe im ältesten griech. Alphabet)*
dige|rible adj *verdaulich* || **-rir** [-ie/i-] vt *verdauen* || fig *innerlich verarbeiten, fam verkraften* || fig *genau überdenken* || fig *reifen lassen* || fig *verschmerzen*, fam *hinunterschlucken (Beleidigung, Unglück)* || fig *über-, durch|denken* ⟨Chem⟩ *aus|laugen, -ziehen, digerieren* || ◊ *no poder ~ a alg.* figf *jdn im Magen haben, jdn nicht ausstehen können*
diges|tibilidad f *Verdaulichkeit* f || **-tible** adj *(leicht) verdaulich* || **-tión** f *Verdauung* f || ⟨Chem⟩ *Auslaugen* n || *de fácil (difícil) ~ leicht-, (schwer)|verdaulich* || ◊ *hacer bien la ~ gut verdauen* || *cortarse la ~ sich den Magen verderben* || *ser de mala ~ schwer verdaulich sein (& fig)* || figf *unausstehlich sein* || **-tivo** m/adj *die Verdauung förderndes Mittel* n || adj *verdauungsfördernd* || *Verdauungs-* || *aparato ~ Verdauungsapparat* m || *licor ~ Magenlikör* m || **-to** m ⟨Jur⟩ *Digesten* pl || **-tor** m ⟨Chem⟩ *Digestor* m || ⟨Chem⟩ *Aus-, Dampf|kochtopf, Autoklav* m || *~ de Papín Papinsche(r) Topf* m
digi|tación f ⟨An⟩ *fingerförmige Einfügung* f || ⟨Mus⟩ *Fingersatz* m || **-tado** adj ⟨Zool Bot⟩ *gefingert* || *fingerförmig* || *hoja ~ a* ⟨Bot⟩ *Fingerblatt* n || **~s** mpl ⟨Zool⟩ *Spaltklauer* mpl || **-tal** adj *digital (Rechenmaschine)* || ⟨Med⟩ *digital* || *Finger-* || *impresiones (od huellas) ~es Fingerabdrücke* mpl || *~ m* ⟨Bot⟩ *Fingerhut* m *(Digitalis* spp) || ⟨Pharm⟩ *Digitalis* f || **-talina** f ⟨Med Chem⟩ *Digitalin, Digitoxin* n || **-tar** vt ⟨Mus⟩ *mit Fingersatz versehen*
digitiforme adj *fingerförmig*
digitígrados mpl ⟨Zool⟩ *Zehengänger* mpl
dígito m/adj ⟨Math⟩ *einstellige Zahl* f || ⟨Astr⟩ *Zwölftel* n *(des Sonnen- bzw Mond|durchmessers)*

dig|nación f *Herablassung* f || **-namente** adv v. **digno** || **-narse** vr *geruhen, sich herablassen, die Güte haben* (de+inf od *meistens ohne* de zu+inf) || ◊ *S.M. se dignó (de) recibirlo I.M. geruhte(n), ihn zu empfangen* || *S.M. se dignó (de) otorgar amnistía S.M. hat allergnädigst e-e Amnestie erlassen* || *dígnese* (V.)+inf: *wollen Sie bitte+inf (Höflichkeitsformel)* || iron *geruhen Sie bitte* || **-nificante** adj *würdig machend* || **-nificar** *würdig machen* || *mit Würden ausstatten* || ◊ *dígnese V. (de) hacerlo tun Sie es gefälligst* || **-natario** m *Würdenträger* m || **-nidad** f *Würdigkeit* f || *Würde* f, *Ansehen* n || *Anstand* m, *würdiges Benehmen* n || *Würde, Bedeutung* f, *Ehrenamt* n || *Würdenträger* m || *~ humana, ~ del hombre Menschenwürde* f || **-nificante** adj *würdig machend, Würde verleihend* || **-nificar** *würdig machen* || *mit Würden ausstatten* || **-no** adj *würdig, wert* (de gen) || *schicklich, passend, angemessen* || *würdig, würdevoll* || *anständig, ehrbar* || *ehrenwert* || *~ de compasión bemitleidenswert, erbarmungswürdig* || *~ de confianza vertrauenswürdig* || *~ de fe glaubwürdig* || *~ de mención erwähnenswert* || *con paciencia ~a de mejor causa mit einer Geduld, die einer besseren Sache würdig gewesen wäre* || ◊ *considerar ~ de e-r Sache für würdig halten* || *ser ~ de fe Glauben verdienen*
digo → **decir**
digra|fía f ⟨Com⟩ *doppelte Buchführung* f || **-fos** mpl ⟨Typ⟩ *Doppelbuchstaben* mpl
digre|sión f *Abschweifung, Abweichung* f || *Zwischenrede* f || *Exkurs* m || *Digression* f ⟨& Astr⟩ || ◊ *andarse en ~es von der Hauptsache abschweifen* || **-sivo** adj *abschweifend*
dihue|ñe, -ñi m Chi *eßbarer Eichenpilz* m (Cyttaria sp) || Chi *Eichel* f
[1]**dije (*dij)** m *(kleiner) Hängeschmuck* m || *Schmuckstück* n || *Anhängsel* n *(an e-r Uhr)* || *Anhänger* m *(Schmuck)* || *Flitterkram* m || ◊ *ser un ~* figf *eine Perle, ein Juwel sein (Person)* || **~s** pl *Nippsachen* fpl
[2]**dije** → **decir**
dijes mpl trotzige *Drohung* f || *Prahlerei* f, *Bramarbasieren* n
Dijón Frz *Dijon*
dijunto Am pop = **difunto**
dilace|ración f *Zerfleischung* f || fig *Entehrung* f || **-rante** adj *reißend (Schmerz)* || **-rar** vt *gewaltsam zerreißen, zerfleischen* || fig *die Ehre schmähen, entehren* || fig *brechen (Stolz)*
dilación f *Aufschub* m, *Verzögerung* f || *Verzug* m || *sin ~ unverzüglich* || *sin más ~es ohne weiteren Verzug*
dilapi|dación f *Verschwendung, Vergeudung* f || *Verschleuderung* f *(v. Vermögen)* || **-dador** adj/s *verschwenderisch* || *~ m Verschwender* m || **-dar** vt *verschwenden, vergeuden, verschleudern*, fam *durchbringen*
dilata|bilidad f ⟨Phys⟩ *Dehnbarkeit* f || *Ausdehnungsvermögen* n || **-ble** adj *(aus)dehnbar* || **-ción** f *(Aus)Dehnung, Erweiterung, Ausweitung* f || ⟨Tech⟩ *Dehnung* f, *Dilatation* f || ⟨Metal⟩ *Ausdehnung* f || fig *innere Freude* f || *~ del corazón* ⟨Med⟩ *Herzerweiterung* f || *~ del estómago* ⟨Med⟩ *Magenerweiterung* f || *coeficiente de ~* ⟨Phys⟩ *Ausdehnungskoeffizient* m || **-do** adj *ausgedehnt, weit* || *geräumig* || *con las aletas de la nariz ~as mit geblähten Nüstern* || **-dor** m ⟨Chir⟩ *Dilatator* m *(Muskel und Gerät)*
dilatar vt *(aus)dehnen, erweitern (& fig)* || *schwellen, blähen* || *hinaus-, auf|schieben* || *verzögern, hinausziehen* || *verlängern (Leiden)* || fig *(das Herz) erheben, schwellen* || fig *bekanntmachen, verbreiten* || *~ vi* Am pop *sich aufhalten, verweilen* || *~se sich ausdehnen* || *sich verbreiten (sobre über)* || *weitschweifig werden (in e-r Rede usw)* || Am *zögern, zaudern* || ◊ *dilatadas las*

aletas de la nariz *mit geblähten Nüstern (vor Entsetzen, Staunen)*
dilatómetro *m* ⟨Tech⟩ *Dilatometer n* ‖ *Dehnungsmesser m*
dilato|ria *f Aufschub, Verzug m* ‖ ◊ *andar en (od con)* ~s *fam et auf die lange Bank schieben* ‖ *traer a uno en* ~s *jdn vertrösten* ‖ **-rio** *adj* ⟨Jur⟩ *Aufschub bewirkend, aufschiebend, verzögernd, Stundungs-, Verzögerungs-* ‖ *lindernd*
dilec|ción *f Anhänglichkeit, Zuneigung f* ‖ **-to** *adj/s lit od iron innig, zärtlich geliebt (de von)*
dile|ma *m Dilemma n*, fam *Klemme f* ‖ **-mático** *adj dilemmatisch*
dilet(t)an|te *m* (it) *Dilettant, Amateur, Nichtfachmann m* ‖ *Musikliebhaber m* ‖ **-tismo** *m (Kunst)Liebhaberei f, Dilettantismus* ‖ *desp Stümperei f*
diligen|cia *f Fleiß, Eifer m* ‖ *Emsigkeit, Beflissenheit f* ‖ *Sorgfalt, Achtsamkeit f* ‖ *Genauigkeit f* ‖ *Mühe, Bemühung f* ‖ *Schnelligkeit f* ‖ *Stellwagen m* ‖ **Diligence, Eilpostkutsche f* ‖ *Schritt m, Maßregel f* ‖ *Gerichtsakt m* ‖ ⟨Jur⟩ *Prozeßhandlung f* ‖ *Verfügung (im Prozeß bzw der Geschäftsstelle)* ‖ ⟨Jur⟩ *Aktenstück n* ‖ *Am behördliche Maßnahme f* ‖ ~ *notarial Verfügung f des Notars (am Schluß der Urkunde)* ‖ ~ *de* (mera) *tramitación prozeßleitende Handlung f* ‖ ◊ *evacuar una* ~ *ein Geschäft zu Ende führen* ‖ *hacer una* ~ fam *seine Notdurft verrichten* ‖ *la* ~ *es la madre de la buena ventura Vorsicht ist die Mutter der Weisheit* ‖ ~s *pl:* ~ *policíacas polizeiliche Nachforschungen (od Ermittlungen), Recherchen fpl* ‖ ~ *judiciales gerichtliche Schritte mpl* ‖ ~ *preliminares Span Ermittlungsverfahren n (Verkehrssachen)* ‖ ~ *del sumario* ⟨Jur⟩ *Ermittlungshandlungen fpl* ‖ *hacer sus* ~ *alle notwendigen Maßregeln ergreifen, treffen* ‖ *hacer las* ~ *de cristiano beichten und das Abendmahl empfangen* ‖ *hacer las* ~ *necesarias die geeigneten Schritte tun* ‖ **-ciar** *vt et betreiben, in die Wege leiten, arbeiten an* (dat) ‖ *bearbeiten, erledigen* ‖ *verfügen (Notar bzw im Prozeß)* ‖ **-ciero** *m Beauftragter m* ‖ *Unterhändler m* ‖ *Prozeßagent m (Rechtgeschichte)* ‖ **-te** *adj fleißig, emsig* ‖ *lebhaft, tätig* ‖ *flink, hurtig, geschwind* ‖ *sorgfältig, dienstfertig* ‖ *aufmerksam, vorsichtig*
△**dililó** *adj dumm, einfältig*
dilin *m* = **tilin**
diluci|dación *f Aufklärung, Erläuterung f* ‖ **-dar** *vt/i aufklären, erläutern, aufhellen* ‖ *ins reine bringen* ‖ ◊ ~ *sobre a/c Aufklärung geben über et* (acc)
dilúcido *adj hell, deutlich*
di|lución *f Auflösung, Verdünnung f* ‖ **-luente** *adj* ⟨Med⟩ *auflösend* ‖ ~ *m Verdünnungsmittel n* ‖ **-luible** *adj verdünnbar* ‖ **-luimiento** *m Auflösung, Verdünnung f* ‖ **-luir** [-uy-] *vt auflösen* ‖ *verdünnen* ‖ *vermischen* ‖ ⟨Chem⟩ *versetzen* ‖ ◊ ~ *en agua in Wasser auflösen* ‖ *dejar* ~ *en la boca im Munde zergehen lassen* ‖ *sin* ~ *unverdünnt* ‖ ~*se aufgelöst, verdünnt werden*
dilu|viada *f Stromregen m* ‖ **-vial** *adj sintflutlich, diluvial* ‖ *formación* ~ ⟨Geol⟩ *Pleistozän, Diluvium n* ‖ **-viano** *adj Sintflut- ‖ sintflutartig* ‖ **-viar** *vi in Strömen regnen, gießen* ‖ ◊ *¡está* –*viando! es gießt in Strömen!* ‖ **-vio** *m Sintflut f* ‖ *große Überschwemmung, Wasserflut f* ‖ figf *Strom-, Platzregen m* ‖ figf *Flut f, Strom, Schwall m* ‖ *Hagel m* ‖ ⟨Geol⟩ *Pleistozän, Diluvium n* ‖ ~ *de balas figf Kugelhagel m* ‖ ~ *universal Sintflut f* ‖ *después de mí, el* ~ *nach mir die Sintflut* ‖ **-yente** *adj* = **diluente**
dima|nación *f Ausströmen n* ‖ *Ausströmung f* ‖ *Ursprung m* ‖ *Abstammung f* ‖ **-nar** *vi aus|-fließen, -strömen* ‖ fig *entspringen, herrühren, abstammen, sich herleiten* (de von dat)

dímelo → **decir**
dimen|sión *f Dimension, Ausdehnung f* ‖ *Ausmaß n* ‖ *Abmessung, Bemessung f* ‖ ⟨Mus⟩ *Taktmaß n* ‖ fig *Ausmaß, Format n* ‖ ~ *de la imagen* ⟨TV⟩ *Bildumfang m* ‖ *de grandes* ~es *sehr umfangreich* ‖ **-sional** *adj dimensional, Ausdehnungs-* ‖ **-sionar** *vt* ⟨Tech⟩ *bemessen, dimensionieren*
dimes *mpl:* ◊ *andar en* ~ *y diretes* fam *hadern, in Wortwechsel geraten*
dimetilo *m* ⟨Chem⟩ *Dimethyl n*
dímetro *m Dimeter m (Vers)*
diminuir [-uy-] *vt* = **disminuir**
diminu|tamente *adv kärglich* ‖ *spärlich* ‖ *einzeln* ‖ **-ción** *f* = **disminución** ‖ **-tivamente** *adv in geringem Maße* ‖ *kleinlich* ‖ *genau* ‖ **-tivo** *adj/s verkleinernd* ‖ *lente* ~a *Verkleinerungsglas n* ‖ ~ *m* ⟨Gr⟩ *Verkleinerungswort, Diminitiv(um) n* ‖ **-to** *adj (sehr) klein, winzig* ‖ ⟨Mus⟩ *vermindert (Akkord)*
dimir *vt Ast (Nüsse) abschlagen*
dimi|sión *f Rücktritt m, Demission f* ‖ *Abdankung, Verabschiedung f e*–s *Amtes, Verzicht m* ‖ *Entlassung f (auf eigenen Antrag), Abschied* m ‖ ~ *a la reserva* ⟨Mil⟩ *Entlassung f zur Reserve* ‖ ◊ *pedir la* ~ *seinen Abschied einreichen* ‖ *presentar la* ~ *abdanken* ‖ **-sionario** *adj/m zurücktretend* ‖ *zurückgetreten* ‖ *entlassen, abgedankt (Beamte[r])* ‖ **-sorias** *fpl Dimissoriale n (der Bischöfe)* ‖ ◊ *dar* ~ *a uno figf jdn schroff abweisen* ‖ **-tente** *m/adj Abtretende(r), Abdankende(r) m* ‖ **-tir** *vt/i ein Amt niederlegen (od aufgeben)* ‖ ◊ ~ *el cargo de representante* ⟨Com⟩ *die Vertretung niederlegen* ‖ *a ése "lo dimitieron" figf ihm wurde der Laufpaß gegeben,* pop *er ist „gegangen worden"* ‖ ~ *vi abdanken, zurücktreten*
dimoño *m Am* prov = **demonio**
dimor|fismo *m* ⟨Zool Bot Min⟩ *Dimorphismus m* ‖ ~ *sexual* ⟨Zool Bot⟩ *Geschlechtsdimorphismus m* ‖ **-fo** *adj zweigestaltig, dimorph*
dimpués pop = **después**
din *m* fam *Geld n* ‖ *el* ~ *y el don* fam *Geld und Rang* ‖ *el* ~ *sin el* ~ fam *Titel ohne Mittel* ‖ ~, *don bimbam (Glockengeläute)*
dina *f* ⟨Phys⟩ *Dyn n ($10^{-5}N$)*
dinacho *m* ⟨Bot⟩ *Chi eßbarer Wurzelstock m e-r Araliazee* (Gunnera chilensis)
Dinamar|ca *f Dänemark* ‖ **⁼qués, esa** *adj dänisch* ‖ ~ *m Däne m* ‖ *el* ~ *die dänische Sprache* ‖ → a **danés**
dina|mia *f (Lebens)Kraft f* ‖ ⟨Phys⟩ *dynamische Krafteinheit f* ‖ *Meterkilogramm n* ‖ ⟨Biol⟩ *Lebenskraft f e–s organischen Körpers* ‖ *Gewalt, Kraft f*
dinámi|ca *f Dynamik f* ‖ **-co** *adj dynamisch* (& fig), *Kraft-* ‖ *kraftvoll, energisch* ‖ *schwungvoll* ‖
dina|mismo *m* ⟨Philos Wiss⟩ *Dynamismus m* ‖ fig *Schwung m, Dynamik f* ‖ **-mita** *f Dynamit n* ‖ **-mitar** *vt mit Dynamit sprengen* ‖ *ein Dynamitattentat verüben gegen* (acc) ‖ **-mitazo** *m Dynamitsprengung f* ‖ *Dynamitsprengschuß m* ‖ **-mitero** *m/adj Dynamitattentäter m* ‖ *Sprengmeister m* ‖ ~ *adj Dynamit-*
dínamo *f/m Dynamo m, Dynamomaschine f* ‖ ⟨Aut⟩ *Lichtmaschine f* ‖ ~ *generatriz Lichtgenerator m* ‖ ~ *de vapor Dampfdynamo m*
dinamo|eléctrico *adj dynamoelektrisch* ‖ *máquina* ~a *Dynamomaschine f* ‖ **-magneto** *m Lichtmagnetzünder m* ‖ **-metría** *f* ⟨Phys⟩ *Kräftemessung f*
dina|mómetro *m Kraftmesser m, Dynamometer n* ‖ **-motor** *m Motorgenerator m*
dinar *m (arab.) Goldtaler m* ‖ *Dinar m (Münzeinheit)*
dinárico *adj dinarisch, der dinarischen Rasse angehörend* ‖ *raza* ~a *dinarische Rasse f*

di|nasta *m Dynast* m ‖ **–nastía** *f Dynastie* f
(& fig) ‖ *Herrscher|geschlecht, -haus* n ‖ **–nástico**
adj *dynastisch*
△**dinastre** *m Glas* n
dine|rada *f Menge* f *Geld* ‖ **–ral** adj *Geld-* ‖
~ *m große Menge* f *Geldes*, fam *Heidengeld* n ‖
~ *de oro Feingehalt* m *des Goldes* ‖ ◊ *cuesta
un* ~ fam *es kostet ein Heidengeld* ‖ **–rillo** *m* fam
kleines, hübsches Sümmchen n
dinero *m Geld* n ‖ figf *Vermögen* n ‖ *Heller,
Pfennig* m ‖ Ar → **ochavo** *m (hist. Kupfermünze)*
‖ ⟨Hist⟩ *Bezeichnung versch. Münzen* ‖ Pe *Silbermünze* f ‖ ~ *blanco Silbergeld* n ‖ ~ *en caja
Kassenbestand, Geldvorrat* m ‖ ~ *al contado*, ~
contante (y sonante), ~ *efectivo*, ~ *en metálico
Bargeld* n, *klingende Münze* f ‖ ~ *suelto Klein-,
Wechsel|geld* n ‖ ~ *de San Pedro* ⟨kath⟩ *Peterspfennig* m ‖ ~ *(destinado) para el viaje Reisegeld* n ‖ *al* ~ *in Bargeld* ‖ *de* ~ *reich, wohlhabend*
‖ ~ *llama* ~ *wo Geld ist, kommt Geld zu* ‖ ~
golondrina heißes Geld n ‖ *abundancia de* ~
Geldüberfluß m ‖ *falta de* ~ *Geld|mangel, -bedarf*
m ‖ ◊ *el* ~ *hace hombre Geld macht den Mann*
‖ *el* ~ *no hace la felicidad (pero da un gran
consuelo) Geld (allein) macht nicht glücklich
(– aber es beruhigt)* ‖ *adelantar (od anticipar)* ~
Geld vorschießen ‖ *apartar* ~ *Geld zurücklegen*
‖ *cambiar el* ~ *Geld wechseln* ‖ figf *ohne Gewinn
verkaufen* ‖ *colocar* ~ *Geld anlegen* ‖ *cuesta
mucho* ~ *es ist sehr teuer, kostspielig* ‖ *economizar (od ahorrar)* ~ *Geld sparen* ‖ *ganar (perder)* ~ *Geld verdienen (verlieren) (en bei)* ‖
gastar ~ *Geld ausgeben, verausgaben, auslegen* ‖
hacer ~ *a/c e–e S. (zu) Geld machen, versilbern*
‖ *pagar en* ~ *bar bezahlen* ‖ *poner* ~ *Geld einlegen, hineinstecken* ‖ *prestar* ~ (a) *Geld leihen
(auf* acc) ‖ *producir* ~ *Geld einbringen* ‖ *einträglich sein* ‖ *tener* ~ *reich sein* ‖ *tener necesidad
(od estar falto) de* ~ *Geld brauchen* ‖ *no tener*
~ *nicht bei Kasse sein* ‖ *tomar prestado (od a
préstamo)* ~ *Geld aufnehmen* ‖ *malgastar* ~ *verschwenderisch mit dem Gelde umgehen* ‖ ~**s** pl
Geld n ‖ ~ *en tránsito durchlaufende Gelder* npl
‖ ◊ *los* ~ *del sacristán, cantando se vienen y
cantando se van wie gewonnen, so zerronnen*
dineroso adj *reich, wohlhabend*
dingo *m Dingo, australischer Hund* m (Canis
familiaris dingo)
dingolondangos mpl fam *Hätschelei* f, *Koseworte* npl ‖ *Zärtlichkeiten* fpl ‖ fam *Papperlapapp, Larifari* n, *Mätzchen* npl
dino adj pop = **digno**
dinornis *m* ⟨V⟩ *Dinornis, Moa* m (Dinornis
spp) *(ausgestorbene Riesenlaufvögel Neuseelands)*
dino|saurio *m Dinosaurier* m ‖ **–terio** *m* ⟨Zool⟩
Dinotherium n
dintel *m* ⟨Arch Zim⟩ *Oberschwelle* f, *Türbzw Fenster|sturz* m ‖ *en el* ~ *in der Tür, eintretend* ‖ (→ a **umbral**)
dintorno *m Aussehen* n, *Form* f ‖ *Umriß* m,
Figur f
△**diñao** *m Würfel* m
△**diñar, diñelar** vt *geben* ‖ pop *sterben*, pop *abkratzen, krepieren, ins Gras beißen* ‖ ◊ ~**la**
fam *Pech haben* ‖ fam *sterben*, vulg *krepieren* ‖
diñársela a uno jdn prellen
dio → **dar**
dió pop = **ido** (→ ir)
diocesano adj *Diözesan-, diözesan* ‖ ~ *m Diözesan* m ‖ *consejo* ~ ⟨Kath⟩ *Ordinariat* n ‖ (obispo)
~ *Diözesanbischof* m
diócesi(s) f *Diözese* f, *(Kirch) Sprengel* m ‖ ~
sede plena besetzte Diözese f ‖ ~ *sede vacante
unbesetzte Diözese* f ‖ *provisor (od proveedor)*
de ~ *Vikariatsrichter* m
Diocleciano *m Diokletian* m ‖ ≈ adj *diokletianisch*

diodo, díodo *m* ⟨Phys⟩ *Diode* f
diodonte *m* ⟨Fi⟩ *Igelfisch* m (Diodon hystrix)
dioecia f ⟨Bot⟩ *Zweihäusigkeit, Diözie* f
Diógenes *m* np *Diogenes* m
dioico adj ⟨Bot⟩ *zweihäusig, diözisch*
dionea f ⟨Bot⟩ *Venusfliegenfalle* f (Dionaea
muscipula)
Dionisia (fam **Dio**) f Tfn *Dionysia* f
dionísico, dionisiaco adj *dionysisch, auf Bacchus bezüglich*
Dionisio *m* ⟨Myth⟩ *Dionysos, Beiname* m *des
Bacchus* ‖ Tfn *Dionys(ius)* m
di|optra f *Durchsichtsucher* m, *Diopter* n ‖
–optría f ⟨Opt⟩ *Dioptrie, Meterlinse* f (SI-Einheit der Brechkraft) ‖ **–óptrica** f *Strahlenbrechungskunde, Lehre* f *von der Lichtbrechung*,
***Dioptrik** f ‖ **–óptrico** adj ⟨Opt⟩ *dioptrisch*
diorama *m Diorama, Guckkastenbild* n
Dios, ~ *m Gott, Schöpfer* m ‖ *Gottheit* f, *Götterbild* n ‖ (dios) *Abgott, Götze* m, *Götzenbild* n
‖ *heidnischer Gott* m ‖ ⟨kath⟩ *die Sterbesakramente* npl ‖ ~ *Hombre der menschgewordene
Gott, der Gottmensch, Jesus Christus* m ‖ ~
Padre Gott (der) Vater ‖ ~ *delante mit Gottes
Hilfe* ‖ *so Gott will* ‖ ~ *mediante mit Gottes
Hilfe* ‖ *a la de* ~ (es Cristo) fam *mir nichts, dir
nichts, rücksichtslos* ‖ *a la buena de* ~ fam
offenherzig ‖ *aufs Geratewohl, ins Blaue hinein*
‖ *a los necios (od* bobos) *se les aparece la Madre
de* ~ fig *die dümmsten Bauern haben die dicksten Kartoffeln* ‖ *como* ~ fam *voll|kommen,
-endet* ‖ *en este mundo de* ~ *in dieser Gotteswelt* ‖ *en nombre de* ~ *im Namen Gottes* ‖
◊ *armar la de* ~ (es Cristo) fam *e–n Mordsradau machen* ‖ *se armó la de* ~ (es Cristo)
fam *da brach die Hölle los!* ‖ *la injusticia
clama a* ~ *die Ungerechtigkeit schreit zum Himmel* ‖ *dar por* ~ fig *Almosen geben* ‖ *umsonst
geben* ‖ *darse a* ~ *y a (todos) los santos zu
allen Heiligen flehen* ‖ *sehr besorgt sein* ‖ *iron
wild fluchen* ‖ *dejarlo a* ~ *es Gott befohlen sein
lassen* ‖ *descreer en (od renegar de)* ~ *Gott
verleugnen, Gott abschwören* ‖ ~ *dirá das liegt
in Gottes Hand* ‖ *sin encomendarse a* ~ *ni al
diablo* figf *ohne Überlegung* ‖ *unverzagt* ‖ *mir
nichts, dir nichts* ‖ *gozar de* ~, *estar con* ~ *im
Himmel sein, zur ewigen Seligkeit eingegangen
sein* ‖ *gestorben sein* ‖ *el rey que* ~ *guarde der
König, den Gott schütze (Formel)* ‖ *que de* ~
goce, que ~ *haya den Gott selig habe* ‖ *hablar
con* ~ fig *beten* ‖ *le habló es war e–e Eingebung Gottes* ‖ *de menos nos hizo* ~ fam *etwa:
trotzdem wird meine Wenigkeit damit fertig
werden* ‖ *ich hoffe, es trotzdem zustande zu bringen* ‖ ~ *se lo ha llevado*, ~ *lo ha llamado
Gott hat ihn zu sich gerufen, er ist gestorben* ‖
llueve de ~ fam *es regnet mächtig* ‖ *para él no
hay más* ~ (ni más Santa María) *que eso das
ist sein ein u. alles* ‖ *pedir (od* ir) *por* ~ *betteln*
‖ *poner a* ~ *por testigo Gott zum Zeugen anrufen (für et* acc) ‖ *ponerse (a) bien con* ~ fig
sich mit Gott versöhnen, beichten ‖ *por* (la)
gracia de ~ *von Gottes Gnaden* ‖ *queriendo* ~,
si ~ *quiere so Gott will* ‖ *recibir a* ~ *kommunizieren* ‖ *sabe* ~ *Gott weiß* ‖ *es mag sein, vielleicht* ‖ ~ *sabe que Gott ist mein Zeuge, daß*
‖ *lo sabe todo* ~ fam *jeder weiß es* ‖ *tratar a* ~
de tú allzu unverfroren sein (bes mit Höhergestellten) ‖ ~ *es grande Gott ist groß (als Trost)*
‖ *como* ~ *le dé a entender so gut er's eben kann*
‖ *como* ~ *manda wie es sich gehört,* fam *anständig* ‖ *como* ~ *sea (od si* ~ *es, siendo* ~)
servido Gott will ‖ *donde* ~ *es servido* fam *wo
sich die Füchse gute Nacht sagen, sehr weit weg,
irgendwo* ‖ *si* ~ *es servido wenn Gott will* ‖ *no
servir a* ~ *ni al diablo zu gar nichts taugen* ‖
tentar a ~ fig *Gott versuchen* ‖ *que* ~ *tiene
dessen Seele bei Gott ist* ‖ ~ *le tiene de su mano*

fig *Gott steht ihm bei* ‖ ~ me ha venido a ver welch ein (unerwartetes) Glück! ‖ vivir como ~ pop *wie Gott in Frankreich leben* ‖ los "sin ~" ⟨Pol⟩ *die Gottlosen* mpl
¡~ (mío)! *Gott! o Gott! (Staunen, Schrecken usw)* ‖ ¡~ amanezca a Vd. con bien! fam *viel Glück auf morgen!* ‖ ¡~ nos asista! ¡~ nos coja confesados! ¡~ nos tenga de su mano! *Gott stehe uns bei!* ‖ *um Gottes (um Himmels) willen!* ‖ ¡~ te ayude! *helf' Gott! wohl bekomm's! (beim Niesen)* ‖ ¡~ te bendiga! *Gott segne dich!* ‖ ¡~ te guarde! *Gott schütze dich!* ‖ ¡~ te la depare buena! fam *wir wollen das Beste hoffen!* ‖ ¡~ te oiga! *der Herr erhöre dich! dein Wort in Gottes Ohr! hoffentlich! das wollen wir hoffen!* ‖ ¡~ nos libre! *Gott steh' uns bei!* ‖ *Gott behüte!* ¡~ se lo pague! *vergelt's Gott!* ‖ ¡a ~! *mit Gott! lebe wohl! guten Tag!* ‖ *Gott befohlen!* ‖ fam *das ist e–e schöne Bescherung!* ‖ ¡a ~ con la colorada! fam *mit Gott! (Abschiedsgruß)* ‖ fam *damit ist es aus!* ‖ ¡a ~, y veámonos! *auf baldiges Wiederseh(e)n!* ‖ →a **adiós** ‖ ¡alabado sea ~! *gottlob!* ‖ *Gott sei gelobt!* ‖ *gelobt sei Jesus Christus! (Gruß beim Eintreten)* ‖ fam *um Gottes willen!* ‖ ¡anda con ~! *mit Gott! (Abschiedsgruß)* ‖ ¡aquí de ~! ¡como hay ~! ¡así ~ me salve! *hei Gott! (Schwurformel)* ‖ ¡así ~ me asista! *(od me ayude)* ⟨Jur⟩ *so wahr mir Gott helfe (Schwurformel)* ‖ ¡ay ~! *mein Gott!* ‖ ¡ay, ~ mío! *ach, mein Gott!* ‖ ¡bendito sea ~! *Gott befohlen!* ‖ fam *um Gottes willen!* ‖ ¡como ~ está en los cielos! *das schwör ich bei Gott! so wahr es e–n Gott im Himmel gibt* ‖ ¡estaba de ~! *Gott hat es gewollt! es war e–e Fügung Gottes!* ‖ ¡ira de ~! *Gott steh' uns bei!* ‖ ¡por ~! *bei Gott! (Schwurformel)* ‖ *um Gottes willen!* ‖ *aber ich bitte Sie!* ‖ ¡plegue *(od* pluguiera*)* a ~! *wollte Gott!* ‖ ¡por amor de ~! *um Gottes willen!* ‖ ¡quédate con ~! *lebe wohl!* ‖ ¡quiera ~! *wollte Gott!* ‖ ¡no (lo) quiera ~! ¡válgame ~! *Gott steh' mir bei! um Gottes willen!* ‖ *behüte Gott, Gott bewahre!* ‖ ¡vaya con ~! *adieu!* ‖ *das walte Gott!* ‖ fam *hören Sie damit auf!* ‖ fam *nicht im Traum!* ‖ ¡vaya por ~! *wie Gott will!* ‖ fam *stell dir vor!, es ist nicht zu fassen!* ‖ ¡vaya bendito de ~! *leben Sie wohl!* ‖ fig *nun gehen Sie schon endlich!* ‖ ¡venga ~ y lo vea! *das ist himmelschreiend!* ‖ ¡vete con ~! *Gott mit dir!* ‖ ¡vive ~! *so wahr Gott lebt! bei Gott!* ‖ pop *verdammt noch mal!* ‖ ¡voto (od juro) a ~! *ich schwöre zu Gott!* ‖ a ~ rogando, y con el mazo dando ⟨Spr⟩ *hilf dir selbst, so hilft dir Gott!* ‖ a quien ~ no le dio hijos, el diablo le dio sobrinos *wem Gott keinen Sohn gegeben hat, dem gibt der Teufel e–n Neffen* ‖ ~ aprieta, pero no ahoga *Gott läßt sinken, aber nicht ertrinken* ‖ ~ los cría y ellos se juntan ⟨Spr⟩ *gleich u. gleich gesellt sich gern* ‖ ~**es** pl *heidnische Götter* pl ‖ *Götzen* mpl ‖ ~ caseros *(od* domésticos*) Hausgötter* mpl ‖ los ~ de la tierra figf *die Großen der Erde*

diosa f *Göttin* f ‖ fig *Götterweib* n
dioscuros mpl ⟨Myth⟩ *Dioskuren* mpl *(Kastor und Pollux)*
diosdará m Col *Tukan* m (Rhamphastos sp) ‖ →a **diostedé**
diostedé m ⟨V⟩ *Tukan* m (Rhamphastos sp)
diotocardios mpl ⟨Zool⟩ *Urschnecken* fpl (Diotocardia)
di|pétalo adj ⟨Bot⟩ *zweiblätt(e)rig (Krone)* ‖ **-plejía** f ⟨Med⟩ *beiderseitige Lähmung, Diplegie* f ‖ **-plococos** mpl ⟨Biol⟩ *Diplokokken* mpl
diplo|ma m *Diplom, Patent* n ‖ *(Schul)Zeugnis* n ‖ *Reifezeugnis* n ‖ *Ernennungsbrief* m ‖ *Bestallungsurkunde* f ‖ ~ de honor *Ehrenurkunde* f ‖ ~ de bachillerato *Abiturzeugnis* n ‖ *Reifezeugnis* n ‖ **-macia** f *Diplomatie* f ‖ *die diplomatischen Kreise* mpl ‖ figf *Gewandtheit, Politik* f ‖ figf *Verhandlungsgeschick* m ‖ figf *schlaue Berechnung* f ‖ **-mado** adj *diplomiert* ‖ *staatlich geprüft* ‖ *mit e–m akademischen Grad* ‖ *Diplom-* ‖ **-mar** vt *gall* Arg *diplomieren, e–n akademischen Grad erteilen*
diplomáti|ca f *Diplomatik, Urkundenlehre* f ‖ →a **diplomacia** ‖ **-camente** adv *diplomatisch* ‖ **-co** adj *diplomatisch, staatsmännisch* ‖ *urkundlich* ‖ fig *schlau, gerieben, diplomatisch* ‖ *Diplom-* ‖ cuerpo ~ *diplomatisches Korps* ‖ lenguaje ~ *Sprache, Ausdrucksweise* f *der Diplomaten (&* fig*)* ‖ ~ m *Diplomat, Staatsmann* m *(&* fig*)* ‖ ~ de carrera *Berufsdiplomat* m
di|plopía f ⟨Med⟩ *Doppeltsehen* n, *Diplopie* f ‖ **-pnoos** mpl ⟨Fi⟩ *Lungenfische* mpl (Dipnoi pl)
dipodia f *Dipodie* f *(Verschmelzung zweier Versfüße)*
dípodo adj *zwei|beinig, -füßig* ‖ *dipodisch*
dipolo, dípolo m ⟨El⟩ *Dipol* m
dipsa f Fil *Dipsaschlange* f
dip|somanía f *Trunksucht, Dipsomanie* f ‖ **-somaníaco, -sómano** adj/s *trunksüchtig, dipsomanisch* ‖ ~ m: ~ intermitente *Quartalsäufer* m
díptero adj/s *zweiflügelig* ‖ ~ m ⟨Arch⟩ *Gebäude* n *mit doppelter Säulenreihe, Dipteros* m ‖ ~**s** mpl ⟨Entom⟩ *Zweiflügler* mpl, *Dipteren* pl (Diptera)
dípti|ca f ⟨Hist Rel⟩ *Diptychon* n, *Klappschreibtafel* f ‖ **-cas** fpl *Bischofs-* od *Spender|liste* f *(e–r Diözese)* ‖ **-co** m ⟨Mal Arch⟩ *Diptychon* n ‖ →a **díptica**
dipton|gación f ⟨Gr⟩ *Diphthongierung* f ‖ **-gar** [g/gu] vt *diphthongieren* ‖ **-go** m ⟨Gr⟩ *Diphthong, Zwielaut, Doppelvokal* m
dipu|tación f *Abordnung, Deputation* f ‖ *Abgeordnetenversammlung* f ‖ *Dauer* f *e–s Mandats* ‖ Mex *Rat-, Gemeinde|haus* n ‖ ~ provincial *etwa: Provinzialland-, Kreis|tag, Provinzialrat* m ‖ **-tada** f *Abgeordnete* f ‖ **-tado** m *Abgeordnete(r)* m ‖ ~ por Sevilla *Abgeordnete(r)* m *von Sevilla* ‖ ~ a Cortes *Abgeordnete(r)* m *bei den Cortes* (→a **procurador**) ‖ ~ provincial *etwa: Kreistagsabgeordnete(r), Angehöriger* m *des Provinzialrats* ‖ congreso de los ~**s** *Abgeordnetenhaus* n ‖ **-tar** vt *abordnen, absenden, delegieren* ‖ *als Vertretung wählen* ‖ *ins Parlament (bzw in den Provinzialrat usw) entsenden* ‖ *ernennen* ‖ *erachten, halten (como für)* ‖ *bestimmen (para für acc)* ‖ ◊ yo lo diputo apto *ich halte ihn für geeignet*
dique m *Damm, Deich* m ‖ ⟨Mar⟩ *Dock* n ‖ fig *Hindernis* n, *Damm* m ‖ ~ de carena, ~ seco ⟨Mar⟩ *Trockendock* ‖ ~ flotante, ~ de marea ⟨Mar⟩ *Schwimmdock* n ‖ ◊ alzar un ~ (contra) fig *e–e Schranke errichten (gegen)* ‖ poner ~ a *Einhalt tun*
△diquelar vt/i *sehen, blicken* ‖ *kapieren, spannen*
diqui, diquia adv pop = **hasta(que)**
dirbos León = **idos,** → **ir**
¹**diré** → **decir**
²**diré** pop = **iré** (→ **ir**)
dirección f *Richtung* f ‖ *Richtweg* m ‖ *Leitung, Führung* f ‖ ⟨Aut⟩ *Lenkung, Steuerung* f ‖ *Fahrtrichtung* f ‖ *Beratung* f, *Rat* m ‖ *Oberaufsicht, Verwaltung* f, *Vorstand* m ‖ *(Geschäfts)Leitung* f ‖ *Direktorium* n ‖ *Direktion* f ‖ *Verwaltungsbehörde* f ‖ *Anleitung, Belehrung* f ‖ *Adresse, Briefaufschrift, Anschrift* f ‖ ~ artística *(cinematográfica)* ‖ ⟨Filmw⟩ *Spielleitung, Regie* f ‖ ~ de la causa ⟨Jur⟩ *Sachleitung* f ‖ ~ de (una) empresa *Betriebsleitung* f ‖ ~ del filón ⟨Bgb⟩ *Fallrichtung* f *e–s Flözes* ‖ ~ fortuita, en caso necesario *(od* de necesidad*) Notadresse* f *(Wechsel)* ‖ ~ General, *Generaldirektion* f *(etwa: deut Hauptabteilung e–s Ministeriums)* ‖ ⇄ General de colonización Span *Abteilung* f *für Siedlungswesen (Landwirtschaftsministerium)* ‖ ⇄ General de

correos y telecomunicación Span *Abteilung f für Post- u. Fernmelde|wesen (Innenministerium)* || ⁓ General de obras hidráulicas *Wasserwirtschaftsamt n* || ~ interior *Innenadresse f* || ~ de (la) marcha *Marschrichtung f* || *Fahrtrichtung f* || ~ telegráfica *Drahtschrift, Telegrammadresse f* || en ~ perpendicular (horizontal) *in senkrechter (waagerechter) Richtung* || ~ por servomecanismo, ~ asistida ⟨Aut⟩ *Servolenkung f* || ~ a distancia ⟨Tech⟩ *Fernlenkung f* (→ a **teledirección**/ || bajo la ~ de (& ⟨Mus⟩) *unter der Leitung von* || calle de ~ única ⟨StV⟩ *Einbahnstraße f* || ◊ conferir (confiar) la ~ ⟨Com⟩ *die Leitung übertragen (anvertrauen)* || poner la ~ en una carta *e-n Brief mit der Anschrift versehen* || salir con ~ a España *nach Spanien abreisen* || tomar la ~ *die Leitung übernehmen* || *die Richtung einschlagen* (de *nach*) || máquina para imprimir (de poner) ~es *Adressiermaschine f*
direc|tamente adv *direkt, unmittelbar* || *geradeaus* || **-tiva** *f Richtlinie, Weisung, Direktive, Anleitung f* || *Vorstand m* || ~s *fpl Richtlinien fpl, Leitsätze mpl* || **-tivo** adj *leitend* || *Direktions-, Leitungs-* || junta ~a *Vorstand m* || ~ *m Vorstandsmitglied n* || **-to** adj *gerade, geradlinig* || *in gerader Richtung* || *unmittelbar, direkt* || *offen, ohne Umschweife* || *direkt (Steuern)* || *förmlich* || billete (vagón) ~ *direkter Fahrschein m (Wagen m)* || camino ~ *kürzester Weg m* || competencia ~ ⟨Gr⟩ *direkte Ergänzung f, Akkusativobjekt n* || elección ~a *direkte Wahl f* || relaciones ~as *direkte (Geschäfts)Verbindungen fpl* || (re)transmisión en ~ ⟨Radio TV⟩ *Direktübertragung, Live-Sendung f* || tren ~ ⟨EB⟩ *direkter Zug m* || ~ *m Gerade f (Boxen)* || ~ con la (*od* de) derecha (izquierda) *rechte (linke) Gerade f* || ~ a la mandíbula (*od* barbilla) *Kinnhaken m* || **-tor** *m Direktor, Leiter, Vorsteher m* || *Führer m* || *Herausgeber m (e-r Zeitschrift)* || ⟨Th Filmw⟩ *Spielleiter, Regisseur m* || ~ adjunto, ~ auxiliar *stellvertretender Direktor m* || ~ artístico ⟨Th Filmw⟩ *Spielleiter, Regisseur m* || ~ espiritual *Gewissensrat, Seelenhirt, Beichtvater, Seelsorger m* || ~ de estudios *Studienleiter m* || ~ general *Generaldirektor m* || ~ gerente *Betriebsdirektor m* || ~ de la(s) obra(s) ⟨Arch⟩ *Bauleiter m* || ~ de orquesta (*Orchester*) *Dirigent m* || *Kapellmeister m* || ~ de publicidad *Werbeleiter m* || ~ técnico *technischer Direktor m* || ~ adj *leitend, führend* || *Leit-* || **-tora** *f Leiterin, Vorsteherin f* || *Direktorin f* || *Oberaufseherin f* || *Führerin f* || *⁕~ del hogar Hausfrau f* || **-torado** *m Direktorwürde f* || → a **dirección** || **-toral** adj *direktorial, Direktor-, Leit-* || **-torial** adj *ein Direktorium betreffend* || **-torio** *m Direktorium* n, *Oberverwaltungsbehörde f* || *Verwaltungsrat m* || span. *Direktorium n des Primo de Rivera (1923–1929)* || *Leitfaden m* || *Richtschnur f* || *Adreßbuch n* || → a **directiva** || *fl* ⟨Hist⟩ *Directoire n (Frankreich 1795/99)* || ~ militar *Militärdirektorium n* || estilo ~ *Direktoire-stil m*
directriz [*pl* **-ces**] adj/s: ~ *f Richtlinie f* || *Leitgedanke m* || ⟨Geom⟩ *Direktrix, Leitkurve, Leitlinie f* || *Leiterin, Direktorin f* || ideas ~ces *Leitgedanken mpl*
diría → **decir**
diri|gente adj/s *leitend, führend* || ~ *m Leiter, Führer m, leitende Persönlichkeit f* || *Machthaber m* || ~ del partido *Parteiführer m* || ~ sindical *Gewerkschaftsführer m* || Span *Leiter m der Syndikate* || los ~s *die führenden Persönlichkeiten fpl* || los ~ de la economía *die Wirtschaftsführer mpl* || **-gible** adj/s *lenk-, steuer|bar* || ~ *m* (globo) ~ *lenkbares Luftschiff n* || **-gir** [g/j] vt *richten, lenken, wenden* || *leiten, führen* || ⟨Flugw⟩ *steuern* || *vorstehen* (dat) || *jdm Weisungen geben* || *an der Spitze stehen* (a. gen) || *in der Gewalt haben* || *beauf-*

sichtigen || *jdm widmen (ein Druckwerk)* || (*zu-*) *schicken* (a *nach*) || *regeln (Verkehr)* || *richten, adressieren (Brief)* (a *an* acc) || ◊ ~ cartas *Briefe adressieren* (a *an*) || ~ una casa (comercial) *ein Geschäft führen, leiten* || ~ la palabra (una arenga) a alg. *das Wort an jdn richten* || ~ un pedido a *e–e Bestellung richten an* (aćc) || ~ una pregunta (a) *jdm e–e Frage vorlegen, jdn fragen* || ~ el tiro ⟨Mil⟩ *feuern, zielen (auf)* || ⟨Mil⟩ *das Feuer leiten* || **~se** *sich nach e-r Richtung* od *an jdn wenden* (dat) || *s–e Schritte lenken* (hacia *zu* dat) || *sich begeben nach* (dat) ◊ ~ a (*od* hacia) *Richtung auf... nehmen* (acc) || ⟨Flugw⟩ *et anfliegen* || ~ a Berlin *sich nach Berlin begeben* || ~ a alg. *sich an jdn wenden* || ~ al portero *Erkundigungen beim Hausmeister (Aufschrift)* || ~ por *sich richten nach* (dat)
dirigis|mo *m Dirigismus m* || *Lenkung(ssystem n) f* || *Planwirtschaft f* || ~ económico *Wirtschaftslenkung f* || ~ estatal *Staatsplanung f* || → a **intervencionismo** || **-ta** *m Vertreter* bzw *Anhänger m der Planwirtschaft*
dirimente adj ⟨Jur⟩ *die Ehe aufhebend (Hindernis)*
dirimir vt *auflösen, zerstören (z. B. Ehe)* || ⟨Jur⟩ *entscheiden, schlichten (Frage, Streit)* || ⟨Jur⟩ *aufheben, trennen (Ehe, wegen e–s Hindernisses)* || ◊ ~ competencias *den Zuständigkeitsstreit entscheiden*
dirt-track *m* engl ⟨Sp⟩ *Dirt-Track- (od Aschenbahn-) Rennen n*
dis- → a **des-**
disabor *m* Am *Unannehmlichkeit f*
disarmonía *f Mißklang m, Disharmonie f* (& fig)
discan|tar vt *rezitieren* bzw *dichten (Verse)* || fig *erläutern, kommentieren* || **~te** *m* ⟨Mus⟩ *Diskant m* || *Diskantgitarre f* || *Gitarren-, Mandolinen-* bzw *Streich|konzert n*
discar vi Am *(eine Telefonnummer) wählen*
discer|nimiento *m Sonderung f* || *Unterscheidung f* || *Unterscheidungsvermögen n* || *Einsicht(s-vermögen) n f* || *Urteils|kraft, -fähigkeit f* || *Verstand m, Überlegung f* || ⟨Jur⟩ *gerichtliche Bestellung f* || ⟨Jur⟩ *Ernennung* bzw *Bestellung f (zum Vormund)* || *Bestallung f (e-s Vormundes)* || capacidad de ~ *Zurechnungsfähigkeit f* || edad de ~ *zurechnungsfähiges Alter n* || incapaz de ~ *unzurechnungsfähig* || ◊ obrar sin ~ *sich der Tragweite s–r Handlungen nicht bewußt sein* || **-nir** [-ie-] vt *sondern, lichten, unterscheiden, erkennen (können)* || *deutlich sehen* || *gerichtlich erkennen (Vormund usw)* || ◊ ~ *de unterscheiden von* || capaz de ~ *zurechnungsfähig*
discipli|na *f Disziplin, Zucht f* || *Ordensregel, Satzung f* || *Klosterzucht, Beobachtung f der Regel* || *Geißel, Zuchtrute f (zum Kasteien)* (bes pl) || *Geißelung f* || *Disziplin, Lehre, Wissenschaft f, Fach n* || ~ de partido ⟨Pol⟩ *Parteidisziplin f* || consejo de ~ *Disziplinarrat m (Verwaltung)* || ~ militar *militärische Disziplin, Manneszucht f* || **-nable** adj *fügsam, folgsam* || **-nado** adj *diszipliniert, an Zucht und Sitte gewohnt* || *streng erzogen* || ⟨Mil⟩ *an Mannszucht gewöhnt* || *geordnet, geregelt* || ⟨Bot⟩ *gesprenkelt* || **-nal** adj *Zucht-* || **-nante** *m Büßer m (bei kirchlichen Umgängen)* || **-nar** vt *an Zucht gewöhnen* || *in Zucht nehmen (bzw halten), disziplinieren* || *maßregeln* || *unterrichten* || *geißeln* || ⟨Mil⟩ *an Mannszucht gewöhnen* || *unterweisen, abrichten* || **~se** vr *sich an Zucht u. Sitte gewöhnen, Disziplin annehmen* || ⟨Kath⟩ *sich kasteien, sich geißeln* || **-nario** adj *disziplinarisch, Disziplinar-* || batallón ~ ⟨Mil⟩ *Strafbataillon n* || castigo ~ *Disziplinarstrafe f* || cuerpo ~ ⟨Mil⟩ *Strafkompanie f* || pena ~a *Disziplinar-, Dienst|strafe f* || procedimiento ~ *Disziplinarverfahren n*
discípu|la *f Schülerin f* || *Jüngerin f* || *Schüler-*

discípulo — discurso 434

schaft f, Schüler mpl ‖ **–lo** m Schüler m ‖ Lehrling m ‖ Jünger, Anhänger m (e–r Lehre) ‖ fig Schüler m (e–s großen Meisters) ‖ fig Anhänger m
dis|co m Scheibe, Fläche f ‖ ⟨Sp⟩ Diskus m ‖ ⟨Astr⟩ Mond-, Sonnen|scheibe f ‖ Pendellinse f an der Uhr‖ ⟨Bot⟩ Blattfläche f‖ Schildnummerntafel f (e–s Straßenbahnwagens) ‖ ⟨Tel⟩ Nummern-, Wähler|scheibe f ‖ ⟨StV⟩ (Verkehrs)Ampel f ‖ Schallplatte f ‖ figf langweilige Rede f ‖ sich ewig wiederholendes Gerede n, fam ewige Leier f ‖ ⟨Aut⟩ Lamelle f ‖ ~ de excéntrica Exzenterscheibe f ‖ ~ giratorio Drehscheibe f ‖ Wendescheibe f ‖ ~ hablado Sprechplatte f ‖ ~ microsurco, ~ de larga duración Langspielplatte f ‖ ~ selector, ~ de llamada ⟨Tel⟩ Wähler-, Nummern|scheibe f ‖ ~ de señal(es) ⟨EB⟩ Signalscheibe f ‖ ⟨EB⟩ Befehlsstab m ‖ lanzamiento de ~ ⟨Sp⟩ Diskuswerfen n ‖ ~ de la tinta ⟨Typ⟩ Farbteller m ‖ ◊ girar el ~ die Nummer drehen (Telefon) ‖ cambiar el ~ die Platte wechseln (& fig) ‖ ¡pon otro ~! leg(e) e–e andere Platte auf (& fig)
dis|cóbolo m ⟨Lit Hist⟩ Diskuswerfer m ‖ **–cófono** m Plattenspieler m ‖ **–coidal, –coide** ⟨Zool Bot Tech⟩ scheiben|rund, -ähnlich, -förmig, diskoidal
discolia f ⟨Med⟩ Entartung f der Galle
discolo adj/s schwer zu bändigen, widerspenstig ‖ ausgelassen, ungezogen, ungeraten (Kind)
discoloro adj ⟨Bot⟩ zweifarbig (Blatt)
discomicetos mpl ⟨Bot⟩ Scheibenpilze, Diskomyzeten mpl (Discomycetes pl)
disconfor|me adj nicht einverstanden ‖ uneins ‖ nicht passend ‖ **–midad** f Nichteinverständnis n ‖ Uneinigkeit f ‖ Disharmonie f
disconti|nuar [pres -úo] vt unterbrechen ‖ **–nuidad** f Unterbrechung f ‖ Zusammenhanglosigkeit f ‖ Ungleichförmigkeit f ‖ Diskontinuität f ‖ ⟨Math⟩ Unstetigkeit f ‖ **–nuo** adj unterbrochen, unzusammenhängend ‖ zusammenhanglos, abreißend ‖ ⟨Math⟩ unstetig, diskret, diskontinuierlich
discor|dado adj ⟨Mus⟩ verstimmt ‖ **–dancia** f Miß|ton, -klang m, falsche Stimmung f ‖ Abweichung f ‖ Meinungsverschiedenheit f ‖ fig Mißton m ‖ Mißverhältnis n ‖ Unvereinbarkeit f ‖ ⟨Geol⟩ Diskordanz f ‖ **–dante** adj abweichend, unähnlich ‖ unharmonisch (& fig) ‖ mißtönend ‖ nota ~ fig störender Umstand m ‖ ◊ dar la nota ~ fig die Harmonie stören, e–n Mißton bringen (en in acc) ‖ **–dar** [-ue–] vi uneinig sein ‖ verschieden, ungleich sein ‖ nicht übereinstimmen (de mit dat) ‖ nicht zusammenpassen ‖ verschiedener Meinung sein ‖ ⟨Mus⟩ nicht stimmen, verstimmt sein, disharmonisch klingen ‖ **–de** adj uneinig, nicht einstimmig ‖ ⟨Mus⟩ verstimmt ‖ mißtönend, disharmonisch ‖ **–dia** f Zwietracht, Uneinigkeit f ‖ Zwist, Hader m ‖ Meinungsverschiedenheit f ‖ manzana de la ~ fig Eris-, Zank|apfel m ‖ tercero en ~ Schlichter, Ohmann m (e–s Schiedsgerichts)
discoteca f Schallplattensammlung f ‖ Schallplattenschrank m ‖ Schallplattenarchiv n ‖ Diskothek f (& Lokal)
discre|ción f Klugheit, Urteilskraft f, Verstand, Scharfsinn m ‖ Feingefühl n, Takt m, Diskretion f ‖ (taktvolle) Zurückhaltung f ‖ Umsicht f ‖ Mäßigkeit f ‖ Witz, Geist m ‖ Gutdünken, Belieben n ‖ Verschwiegenheit, Diskretion f ‖ a ~ nach Belieben, nach Herzenslust ‖ der Willkür preisgegeben ‖ bloßgestellt ‖ ¡a ~! ⟨Mil⟩ rührt euch! ‖ bajo ~ vertraulich ‖ con ~ umsichtig ‖ mäßig ‖ mit Takt, vorsichtig, diskret (Gebrauch) ‖ ◊ obrar con ~ Verschwiegenheit üben ‖ rendirse a ~ ⟨Mil⟩ sich auf Gnade und Ungnade ergeben ‖ puede V. contar on nuestra completa ~ Sie können auf unsere völlige Verschwiegenheit rechnen ‖ **–cional** adj beliebig ‖ dem freien Ermessen überlassen ‖ facultad ~ ⟨Jur⟩ Ermessen(sfrei-

heit f) n ‖ parada ~ Bedarfshaltestelle f (der Straßenbahn)
discre|pancia f Nichtübereinstimmung f, Unterschied m, Abweichung, Ungleichheit f ‖ Meinungsverschiedenheit f ‖ Diskrepanz f ‖ ⟨Tech⟩ Abweichung f ‖ ~ de pareceres Meinungsverschiedenheit f ‖ **–pante** adj abweichend, nicht übereinstimmend ‖ auseinandergehend ‖ diskrepant ‖ nemine ~ lat einstimmig ‖ **–par** vi ungleich, verschieden sein ‖ abweichen (de von dat) ‖ uneinig sein (Meinungen)
discre|tear vi joc witzig reden, witzeln ‖ heimlich flüstern, zischeln ‖ desp geistreicheln ‖ **–teo** m Witzeln n, Geistreichelei f ‖ heimliches Flüstern, Zischeln n ‖ **–tivo** adj unterscheidend ‖ beiläufig ‖ **–to** adj/s klug, verständig ‖ geistreich, scharfsinnig, witzig ‖ beredt ‖ schön, gut geschrieben ‖ verschwiegen ‖ (taktvoll) zurückhaltend, diskret ‖ unauffällig ‖ behutsam ‖ ⟨Math⟩ diskret, unstetig ‖ ~ m ⟨kath⟩ Stellvertreter m e–s Ordensobern ‖ ◊ hacer uso ~ de un informe von e–r Auskunft diskreten Gebrauch machen
discrimina|ción f Unterscheidung(svermögen n) f ‖ Herab|setzung, -würdigung, unterschiedliche Behandlung f ‖ Diskriminierung f (meist desp) ‖ ~ racial Rassendiskriminierung f ‖ **–dor** m ⟨El⟩ Diskriminator m ‖ ~ adj Unterscheidungs- ‖ **–r** vt unterscheiden ‖ herab|setzen, -würdigen, unterschiedlich behandeln ‖ bes ⟨Pol⟩ diskriminieren ‖ **–torio** adj diskriminierend
discul|pa f Entschuldigung, Rechtfertigung f ‖ Ausrede f ‖ en (favor de) mi ~ zu meiner Entschuldigung ‖ ~s necias dumme Ausreden fpl ‖ en tono de ~ als Entschuldigung ‖ ◊ ¡no hay ~s! es gibt k–e Entschuldigung! ‖ no tener ~ unentschuldbar sein ‖ **–pable** adj verzeihlich, entschuldbar, zu entschuldigen ‖ **–pablemente** adv verzeihlicherweise ‖ **–padamente** adv auf verzeihliche Art, aus verzeihlichen Gründen ‖ **–par** vt rechtfertigen, entschuldigen ‖ verzeihen ‖ fam Nachsicht haben (mit) ‖ ◊ ~ (de) una falta e–n Fehler entschuldigen, verzeihen ‖ ~ a. et entschuldigen (por mit dat) ‖ ~ a alg. (de) una falta jdm e–n Fehler verzeihen ‖ jdn wegen e–s Fehlers entschuldigen ‖ ~ con el maestro bei dem Lehrer entschuldigen (e–n Schüler) ‖ **–se** sich entschuldigen ‖ sich ausreden ‖ ◊ ~ con (od ante) alg. de (od por) a. sich bei jdm für et (acc) (od wegen et gen) entschuldigen ‖ ~ con la visita sich bei dem Besuch entschuldigen
discu|rrible adj vermutlich ‖ **–rridor** adj erfinderisch ‖ geschwätzig ‖ **–rrir** vt durch|laufen, -gehen ‖ ausdenken, ausfindig machen, kommen auf (acc) ‖ vermuten ‖ vorschlagen ‖ ◊ ~ un medio ein Mittel entdecken, ausfindig machen ‖ ~ vi hin und her laufen, umherlaufen ‖ umherreisen ‖ sich fortbewegen ‖ fließen, laufen (Fluß) (& fig) ‖ verstreichen (Zeit) ‖ reden, sprechen ‖ sich miteinander unterhalten, e–e Sache besprechen (nach-) denken, sich den Kopf zerbrechen (sobre über acc) ‖ ◊ ése discurre poco fam der gebraucht wenig seinen Kopf (od Verstand) ‖ no está mal **–rrido** es ist nicht unvernünftig ‖ ~ sobre artes von der Kunst sprechen
discur|sear vi (bes iron) ein Gespräch führen ‖ fam (gern) öffentlich reden ‖ **–sista** m fam Schwätzer, (Viel)Redner m ‖ **–sivo** adj nachdenkend, überlegend ‖ redselig ‖ ⟨Wiss⟩ schlußfolgernd, diskursiv ‖ facultad ~a Urteilskraft f ‖ **–so** m Urteils|kraft f, -vermögen n ‖ Gespräch n, Rede f ‖ Unter|haltung, -redung f ‖ Einfall, Gedanke m ‖ Gedankengang m ‖ Überlegung f ‖ Betrachtung f ‖ Abhandlung, Studie f ‖ Überlegung f ‖ Vernunftsschluß m ‖ Satz, Ausdruck m ‖ Lebenslauf, Zeitraum m ‖ *(Ver)Lauf m (Leben, Zeit) ‖ ~ de apertura (clausura) Eröffnungs-, Schluß|ansprache f ‖ ~ directo (indirecto) ⟨Gr⟩ direkte (indirekte) Rede f ‖ ~ de recepción Be-

grüßungs|ansprache, -rede f ‖ ~ **inaugural** *Eröffnungsansprache* f ‖ ~ **interminable** *Dauerrede* f ‖ ~ **forense** *Rede* f *e–s Rechtsanwalts* ‖ **primer** ~ **erste Rede** f ‖ *Jungfernrede* f ‖ ◊ **pronunciar** (pop echar) **un** ~ *e–e* **Rede halten** ‖ ~**s** *pl geistige Fähigkeiten* fpl

discu|sión *f Besprechung, Unterredung, Erörterung* f ‖ *Auseinandersetzung* f, *Streit, Wortwechsel* m ‖ *Diskussion* f ‖ *Aussprache, Beratung* f *(Parlament)* ‖ ⟨Jur⟩ *Verteidigung* f *des Beklagten* ‖ ~ **del presupuesto** *Haushaltsdebatte* f ‖ ◊ **entablar una** ~ *e–e Besprechung eröffnen* ‖ **entrar en** ~ **es** *sich in Erörterungen einlassen* ‖ **eso no admite** ~ *darüber läßt sich nicht streiten, das ist indiskutabel* ‖ **–tible** *adj erörterbar, bestreitbar* ‖ *zweifelhaft, fraglich* ‖ *anfechtbar* ‖ *diskutabel* ‖ **eso es** ~ *darüber läßt sich reden* ‖ *das ist noch die Frage* ‖ *das läßt sich bestreiten* ‖ **–tido** *adj umstritten* ‖ **–tidor** *m Rechthaber* m ‖ *(leidenschaftlicher) Diskutierer* m ‖ **–tir** vt/i *auseinandersetzen, besprechen, erörtern, diskutieren* ‖ *untersuchen, prüfen* ‖ *besprechen* ‖ *widersprechen* (dat) ‖ *in Abrede stellen, bestreiten* ‖ ◊ ~ **una cuenta** *die Richtigkeit e–r Rechnung bestreiten* ‖ ~ **una cuestión** *e–e Frage erörtern* ‖ ~ **con acaloramiento** *erhitzt debattieren* ‖ ~ vi *diskutieren* ‖ *sprechen, streiten, verhandeln* (sobre über acc) ‖ ~**se besprochen werden** ‖ ◊ **la obra ha sido muy –tida** *das Werk ist stark umstritten*

dise|cación *f* ⟨An⟩ *Zergliederung* f ‖ → **disección** ‖ **–cador** *m* ⟨An⟩ *Zergliederer* m ‖ → **disector** ‖ **–car** [c/qu] vt ⟨An⟩ *zerschneiden, zergliedern, sezieren* ‖ *präparieren (Tiere, Pflanzen)* ‖ *ausstopfen (Tiere)* ‖ ⟨Bot⟩ *(Blumen, Pflanzen) trocknen, zerlegen* ‖ fig *plagen, quälen* ‖ fig *genauestens untersuchen*

disec|ción *f Zergliederung, Zerschneidung* f, *Sezieren* n ‖ ⟨An⟩ *Sektion* f,*Sezieren* n ‖ fig *genaueste Untersuchung*f‖**–tor***m*⟨An⟩ *Sezierer,Sektor* m ‖ ⟨Med⟩ *Prosektor* m ‖ *Präparator* m *(für Tiere u. Pflanzen)*

diselo → **decir**

disemi|nación *f Ausstreuung, Verbreitung* f ‖ (no) ~ **de armas atómicas** *(Nicht-)Weiterverbreitung* f *von Kernwaffen* ‖ *tratado de no* ~ *Nichtverbreitungsvertrag* m ‖ **–nado** *adj verstreut, verteilt* (por über acc) ‖ ⟨Bgb⟩ *eingesprengt* ‖ **–nador** adj/s *verbreitend* ‖ ~ *m Verbreiter* m ‖ **–nar** vt *umher-, aus-, zer|streuen* ‖ fig *verbreiten* ‖ ~**se** *zerstreut werden*

disensión *f Mißhelligkeit, Meinungsverschiedenheit* f ‖ ⟨Jur⟩ *Dissens* m ‖ fig *Uneinigkeit* f, *Zwist, Streit* m ‖ *Verfeindung* f ‖ *Unfrieden* m

disen|tería *f* ⟨Med⟩ *Ruhr, Dysenterie* f ‖ **–térico** *adj/s ruhrartig, dysenterisch* ‖ ~ *m Ruhrkranke(r)* m

disen|so *m* = **–timiento** ‖ **–timiento** *m Nichtzustimmung* f ‖ *Meinungsverschiedenheit* f ‖ ⟨Jur⟩ *Dissens* m ‖ **–tir** [-ie/i-] vi *and(e)rer Meinung sein* ‖ (de *als* nom), *nicht zustimmen* (de dat) ‖ ◊ ~ **de** alg. *en política jds politische Ansichten nicht teilen*

dise|ñador *m Zeichner* m ‖ *Designer* m ‖ ⟨Tech⟩ *Konstrukteur* m ‖ **–ñar** vt/i *(ab)zeichnen* ‖ *skizzieren* ‖ ⟨Mal⟩ *konturieren, umranden, umreißen* ‖ **–ño** *m Zeichnung* f ‖ *(Um)Riß* m ‖ *Bauzeichnung* f ‖ *Skizze* f, *Muster* n ‖ *Entwurf* m (& fig) ‖ ~ **de construcción** *Bauzeichnung* f ‖ ~ **industrial** *engl Industrial Design* n ‖ *Planzeichnen* n

diser|tación *f Vortrag* m ‖ *Erörterung e–r Streitfrage* ‖ *wissenschaftliche Abhandlung* f ‖ **–tador** *m Verfasser* m *gelehrter Abhandlungen* ‖ **–tante** *m/adj der Vortragende* ‖ *adj dozierend* ‖ **–tar** vi/a *gelehrt behandeln, besprechen* ‖ *e–n Vortrag halten* ‖ *e–e Abhandlung schreiben* ‖ fam *diskutieren* ‖ *e–n Wortwechsel führen* (sobre *über*) ‖ **–to** *adj beredt, wortgewandt*

disfasia *f* ⟨Med⟩ *Dysphasie* f

dis|fonía *f* ⟨Med⟩ *Stimmstörung, Dysphonie* f ‖

–foria *f* ⟨Psychol Med⟩ *Dysphorie* f *(im Gegensatz zu* euforia*)*

disfor|mar vt = **deformar** ‖ **–me** *adj unförmig, mißgestalt, formlos* ‖ *ungestalt(et), häßlich, mißgestaltet* ‖ *ungeheuer, fürchterlich* ‖ fam *kraß, plump (Irrtum)* ‖ **–midad** *f Unregelmäßigkeit* f ‖ *Ungestaltheit, Häßlichkeit* f ‖ *Unförmigkeit* f ‖ *ungeheure Größe* f ‖ *Ungeheuerlichkeit* f

disfrasia *f* ⟨Psychol Med⟩ *Dysphrasie* f

dis|fraz [*pl* **–ces**] *m Vermummung, Verkleidung* f ‖ *Maskenkleid* n, *Maske* f ‖ *Maskierung* f ‖ fig *Verstellung* f ‖ ⟨Mil⟩ *Camouflage* f, *Tarnung* f ‖ **sin** ~ fig *unverhohlen* ‖ **con** ~ *in Verkleidung (Person)* ‖ **presentarse sin** ~ fig *sein wahres Gesicht zeigen* ‖ **–frazar** [z/c] vt *vermummen* ‖ *verkleiden, maskieren* ‖ *verhüllen* ‖ fig *verbergen, verstellen* ‖ *verhüllen, kaschieren (Tatsachen)* ‖ fig *bemänteln, maskieren* ‖ ⟨Mil⟩ *maskieren, tarnen* ‖ ◊ ~ **la bandera**, ~ **el navío** ⟨Mar⟩ *unter falscher Flagge segeln* ‖ ~ **la verdad** *die Wahrheit entstellen* ‖ *hablar* –*frazando la voz mit verstellter Stimme reden* ‖ ~**se** *sich vermummen* ‖ *sich verkleiden, sich maskieren* ‖ fig *sich tarnen* (de *als* nom) ‖ ~ **de moro** *sich als Mohr verkleiden*

disfrenia *f* ⟨Med⟩ *seelische Störung, Dysphrenie* f

disfru|tar vt *et genießen* ‖ *sich erfreuen* (gen), *haben* (acc) ‖ *nutznießen* ‖ *aus|nutzen, -beuten* ‖ fig *beschlafen (e–e Frau)* ‖ ~ vi *sich vergnügen* ‖ *sich wohl fühlen* ‖ ◊ ~ **con** *(od* en) *la soledad sich an der Einsamkeit erfreuen* ‖ ~ **de** *genießen* (gen) ‖ ~ **de buena salud** *sich guter Gesundheit erfreuen* ‖ ~ **de licencia** *auf Urlaub sein* ‖ ~ **de vacaciones** *Ferien haben* ‖ **–te** *m Genuß, Besitz* m ‖ *Nutzung, Nutznießung* f ‖ *Nießbrauch* m

disfunción *f* ⟨Med⟩ *Funktionsstörung, Dysfunktion* f

disgre|gación *f Zersprengung* f ‖ *Zerstreuung* f ‖ ⟨Biol Chem⟩ *Aufschließung, Zersetzung, Zerlegung* f ‖ ⟨Chem⟩ *Trennung* f, *Abbauen* n ‖ *Ab|spaltung, -trennung* f ‖ ⟨Geol⟩ *Verwitterung* f ‖ ⟨Opt⟩ *Zerstreuung* f ‖ ~ **luminosa** *Lichtzerstreuung* f ‖ **–gador** *m* ⟨Tech⟩ *Desintegrator* m ‖ **–gante** *adj zersetzend* ‖ *trennend* ‖ **–gar** [g/gu] vt *trennen, absondern* ‖ *(auf)lösen (Massen usw)* ‖ ⟨Physiol⟩ *abbauen, aufschließen* ‖ ⟨Jur⟩ *absondern (von der Erbschaft)* ‖ ⟨Mil⟩ *auseinanderziehen (Truppen)* ‖ ⟨Chem⟩ *abbauen* ‖ ~**se** *auseinandergehen (Menschenmenge)* ‖ *sich auflösen* ‖ *zerfallen* ‖ *sich zersetzen* ‖ ⟨Physiol⟩ *abgebaut (*bzw *aufgeschlossen) werden* ‖ **–gativo** *adj trennend* ‖ *auflösend* ‖ *zersetzend, zerstörend* ‖ ⟨Opt⟩ *zerstreuend*

disgus|tado *adj unzufrieden, erzürnt* ‖ *unwillig, verärgert* ‖ *verdrießlich* ‖ ◊ **está** ~ **conmigo** *er ist mir böse* ‖ **–tar** vt *jdm widerstehen, anekeln (Speise)* ‖ *(ver)ärgern, verstimmen* ‖ fig *jdn erzürnen, jdm zu nahe treten* ‖ fig *langweilen* ‖ ~ vi *widerlich sein* ‖ ◊ **la cosa no me** –**ta** *die Sache mißfällt mir nicht* ‖ ~**se** *sich erzürnen* ‖ *sich ärgern* (con, de, por *über* acc, wegen gen) ‖ *Ekel bekommen* (de *vor*) ‖ ◊ ~ **con** alg. *sich mit jdm verfeinden (od überwerfen)* ‖ **–to** *m Ekel, schlechter Geschmack* m ‖ *Mißfallen* n ‖ *Widerwille* m, *Abneigung* f, *Ekel* m ‖ fig *Verdruß* m, *Unannehmlichkeit, Schererei* f ‖ *Mißstimmung* f ‖ *Ärgernis* n ‖ *Ärger* m ‖ *Kummer* m ‖ fig *Zwistigkeit* f, *Streit* m ‖ **a** ~ **ungern, mit Widerwillen** ‖ ◊ **dar un** ~ (a) *jdm Verdruß, Kummer verursachen* ‖ **estar** *(od* sentirse) a ~ *unzufrieden sein* ‖ *sich unbehaglich fühlen* ‖ **tener** *(od* llevarse) *un* ~ *Ärger haben* ‖ *mißgestimmt sein* ‖ *Schererein bekommen* ‖ **a ése le voy a dar un** ~ *der soll sich auf es gefaßt machen (als Warnung)* ‖ **tener un** ~ **con** alg. *mit jdm aneinandergeraten* ‖ **–toso** *adj fade, nicht schmackhaft* ‖ *unangenehm, ärgerlich*

disi|dencia *f Spaltung, Abtrünnigkeit* f, *Abfall* m ‖ *Uneinigkeit* f, *Zwist* m ‖ **–te** *adj andersden-*

kend ‖ *andersgläubig* ‖ *sektiererisch* ‖ *abtrünnig* ‖
~ m/adj *Dissident, Sektierer, Abtrünnige(r)* m
(in Glaubenssachen) ‖ ⟨Pol⟩ *Anhänger* m *der
Minderheit* ‖ ⟨Pol⟩ *Rebell, Dissident* m
  di|silábico, -sílabo adj = **bisílabo**
  disi|metría f *Asymmetrie* f ‖ **–métrico** adj *a-,
di-, un\|symmetrisch*
  disímil adj *ungleich, verschieden*
  disimi|lación f ⟨Gr⟩ *Dissimilation* f ‖ **–lar** vt
⟨Lit Physiol⟩ *dissimilieren* ‖ **–litud** f *Ungleichartigkeit, Unähnlichkeit* f
  disimu|lación f *Verstellung(skunst), Verheimlichung, Verschleierung* f ‖ *Gleisnerei* f ‖ *Heucheln*
n ‖ ⟨Jur⟩ *Dissimulation* f ‖ *Scheingeschäft* n ‖
nachsichtiges Übersehen n, *Duldung, Nachsicht* f
‖ *Verzeihung, Vergebung* f ‖ ⟨Mil⟩ *Tarnung* f ‖
–lado adj *verstellt* ‖ *falsch, heuchlerisch* ‖ *heimtückisch* ‖ *verborgen, heimlich* ‖ *unauffällig* ‖
schleichend (Beginn e–r Krankheit) ‖ ⟨Pol⟩ *usw
stillschweigend, kalt, verschleiert* ‖ *a lo ~, a la ~a
verstellterweise* ‖ ◊ *hacerse el ~ sich dumm (od
unwissend) stellen* ‖ *hacer la ~a* fam *sich stellen,
als merke man nichts* ‖ adv: **~amente** ‖ **–lador** m
Heimlichtuer, Duckmäuser, Schleicher m ‖ *Heuchler* m ‖ **–lar** vt *(listig) verstecken, verheimlichen,
verbergen, verhehlen* ‖ *sich nichts anmerken lassen*
‖ *in falschem Lichte darstellen* ‖ *beschönigen* ‖
entstellen, unkenntlich machen ‖ *nachsichtig übersehen, erlauben, dulden, verzeihen, vergeben* ‖
⟨Mil⟩ *tarnen, vortäuschen* ‖ ⟨Jur⟩ *verschleiern
(Gewinn)* ‖ ◊ *entschuldigen, ignorieren* ‖ *~ la sorpresa nicht anmerken lassen, daß man überrascht
ist* ‖ *no podemos ~le que wir können Ihnen nicht
verhehlen, daß* ‖ *~ vi/t sich verstellen, heucheln* ‖
sich stellen, als merke man nichts, sich nichts anmerken lassen ‖ ⟨Mil⟩ *maskieren, tarnen* ‖ ¡~le
Vd.! *verzeihen Sie!* ‖ **–lo** m *Verstellung* f ‖ *Verschleierung* f ‖ *Beschönigung* f ‖ *Duldung, Nachsicht* f ‖ *Verzeihung* f ‖ *con ~ heimlich, unauffällig*
‖ *heimtückisch* ‖ → a **disimulación**
  disi|pación f *Zerstreuung, Auflösung* f ‖ fam
flottes, zügelloses Leben n ‖ *Ausschweifung* f ‖
Verschwendung, Vergeudung f ‖ ⟨Phys⟩ *Dissipation, Zerstreuung* f ‖ **–pado** adj/s *verschwenderisch, ausschweifend, zügellos* ‖ *flott* ‖ fig *unanständig (Wort)* ‖ adv: **~amente** ‖ **–pador** m/adj
Verschwender, Prasser m ‖ **–par** vt *(auf)lösen*
‖ *zerstreuen (Wolken)* ‖ *verschwenden, vergeuden, durchbringen* ‖ *verzetteln (Kräfte)* ‖ ◊ *~
el temor die Befürchtung beseitigen* ‖ **~se** *sich
zerstreuen, sich auflösen (Wolken usw)* ‖ fig *verschwinden (Zweifel, Schläfrigkeit)*
  dis|lacerar vt ⟨Chir⟩ *auseinander-, zer\|reißen*
‖ **–lalia** f ⟨Med⟩ *Stammeln* n, *Dyslalie* f ‖ **–late** m
Unsinn m, *Ungereimtheit* f
  dislo|cación f *Lageveränderung, Verschiebung*
f ‖ *Auseinander\|nehmen, -fallen* n ‖ *Zerlegen* n ‖
⟨Chir⟩ *Verrenkung* f ‖ ⟨Geol⟩ *Dislokation,
Ver\|werfung, -schiebung* f ‖ ⟨Bgb⟩ *Störung, Verwerfung* f ‖ **–cado** adj fam *verrückt* ‖ **–car** [c/qu] vt
auseinander\|nehmen, -reißen ‖ ⟨Mil⟩ *verteilen
(Truppen)* ‖ ⟨Chir⟩ *aus-, ver\|renken* ‖ ⟨Geol⟩
ver\|werfen, -schieben ‖ fig *ver\|stellen, -legen* ‖ fig
entstellen (Tatsachen usw) ‖ *verrennen* ‖ **~se** *auseinandergehen* ‖ *sich lockern* ‖ *sich verschieben
(zwei Teile)* ‖ *~ el brazo sich den Arm verrenken*
‖ **–que** m = **–cación** ‖ fam *Verrücktheit, (Liebes-)
Tollheit* f ‖ fam *Gipfel, Höhepunkt* m ‖ ◊ *aquello
fue el ~* fam *das war der Gipfel (od nicht mehr zu
übertreffen)*
  disme|norrea, –nia f ⟨Med⟩ *gestörte* bzw
schmerzhafte Monatsblutung, Dysmenorrhö(e)
f, *Menstruationsbeschwerden* fpl
  dismi|nución f *Verminderung, Verringerung* f ‖
Ermäßigung, Wertminderung f ‖ *Rückgang* m
(Preis) ‖ *Senkung* f *(Ausgaben)* ‖ *Ab-, Ver\|flauung* f ‖ *Verknappungserscheinung* f ‖ *Nachlassen, Schwinden* n *(Kräfte usw)* ‖ *Abklingen* n

(Fieber) ‖ *Abnahme* f ‖ ⟨Arch⟩ *Verjüngung* f ‖
~ de la actividad económica Konjunkturstockung
f ‖ *~ de los gastos Verminderung* f *der Kosten* ‖ *~
de las ventas Absatzstockung* f ‖ ◊ *acusar una ~
e–e Verminderung zeigen* ‖ *ir en ~ in Abnahme begriffen sein, abnehmen* ‖ *schlechter werden (Gesundheit)* ‖ ⟨Arch⟩ *sich verjüngen* ‖ **–nuido** adj
⟨Mus⟩ *vermindert* ‖ *verkleinert (Wappenfigur)* ‖
~fisicamente Körperbehinderte(r) m‖**–nuir**[–uy–]
vt *vermindern, verkleinern* ‖ *herabsetzen, senken
(Zinsen, Preise)* ‖ *ermäßigen* ‖ fig *schmälern* ‖
⟨Arch⟩ *verjüngen* ‖ ◊ *~ los gastos die Kosten
vermindern* ‖ *~ la velocidad langsamer fahren, die
Geschwindigkeit herabsetzen* ‖ *~ vi: abflauen,
nachlassen* ‖ *zurückgehen* ‖ *abnehmen* ‖ ◊ *~ de
precio im Preis sinken* ‖ *ir* –nuyendo *kürzer werden (Tage)* ‖ **~se** *abnehmen*
  dismnesia f ⟨Med⟩ *Gedächtnisschwäche* f
  disne|a f ⟨Med⟩ *Dyspnoe, Schweratmigkeit,
Atemnot* f ‖ **–ico** adj *kurzatmig*
  diso|ciable adj ⟨Chem⟩ *trennbar, (auf)spaltbar* ‖ **–ciación** f *Aufhebung des Zusammenhang(e)s, Auflösung* f ‖ ⟨Chem⟩ *(Auf)Lösung* f
‖ ⟨Chem⟩ *Dissoziation* f ‖ **–ciar** vt *(den Zusammenhang) aufheben* ‖ *(e–e Gesellschaft) auflösen* ‖ *absondern, trennen* ‖ ⟨Chem⟩ *(ab-, auf-)
spalten, dissoziieren* ‖ **~se** *auflösen, zerfallen*
  disolu|bilidad f *Löslichkeit, Auflösbarkeit* f ‖
–ble adj *löslich, auflösbar* ‖ **–ción** f ⟨Chem⟩ *Auflösung, Zersetzung* f ‖ ⟨Chem⟩ *Lösung* f ‖ *Auflösung* f *e–r Handelsgesellschaft* ‖ *Trennung,
Scheidung* f ‖ ⟨Mil⟩ *Verabschiedung* f *von Truppen* ‖ fig *Ausschweifung, sittliche Zerrüttung* f ‖
fig *Verwesung* f, *Tod* m ‖ *~ acuosa* ⟨Chem⟩
wässerige Lösung f ‖ *~ de las Cortes Auflösung*
f *der Cortes* ‖ *~ de una sociedad* ⟨Com⟩ *Auflösung* f *e–r Firma, e–r Teilhaberschaft* ‖ **–tamente** adv *ausschweifend, unsittlich, liederlich* ‖
–tivo adj ⟨Chem⟩ *auflösend* ‖ **–to** adj/s *ausschweifend, zügel-, hemmungs\|los* ‖ *~* m *Wüstling* m ‖ *Lebemann* m
  disol|vente adj/s *zersetzend* ‖ *auflösend* ⟨&
Chem⟩ ‖ *ideas ~s sittenwidrige* bzw *gesellschaftszersetzende Ideen* fpl ‖ *~* m ⟨Chem Med⟩
Lösemittel n ‖ **–ver** [–ue–, pp disuelto] vt ⟨Chem⟩
auflösen, zersetzen ‖ *zerrütten* ‖ *teilen, trennen* ‖
scheiden, trennen (Ehe) ‖ ⟨Mil⟩ *(Truppen) entlassen, verabschieden* ‖ *unterbrechen* ‖ *auflösen
(Handelsgesellschaft)* ‖ ◊ *~ con agua fuerte
mit Scheidewasser auflösen* ‖ *~ en espíritu de
vino in Weingeist auflösen* ‖ *~ un matrimonio
e–e Ehe auflösen (bzw zerrütten)* ‖ **~se** *sich
auflösen* ‖ ◊ *la casa se ha disuelto* ⟨Com⟩ *die
Firma ist eingegangen*
  disón m ⟨Mus⟩ = **disonancia**
  diso|nancia f *Dissonanz* f, *Mißklang* m ‖ fig
Mißverhältnis n ‖ fig *Unstimmigkeit* f ‖ ◊ *hacer ~
fig im Widerspruch stehen (con zu)* ‖ **–nante,
*disono** adj *mißtönend, dissonant* ‖ *unharmonisch*
(& fig) ‖ fig *sonderbar* ‖ fig *unschön* ‖ fig *abstoßend, beleidigend* ‖ **–nar** [–ue–] vi ⟨Mus⟩
mißtönen, dissonieren (& fig) ‖ *nicht stimmen
(Instrument)* ‖ fig *störend wirken* ‖ fig *mißfallen*
‖ *~ (de, en) nicht im Einklang stehen (mit dat)*
‖ *nicht passen zu (dat)*
  dispar adj *ungleich, verschieden*
  dispa|racestones m fig joc *Schwätzer* m ‖
–rada f *Am Schießen* n ‖ *Arg Mex Chi Auseinanderstieben* n *e–r Viehherde* ‖ *Durchgehen* n
(des Motors) ‖ *a la ~ Hals über Kopf* ‖ *im
schnellsten Laufe* ‖ *de una ~ Arg im Nu* ‖ *tomar
la ~ Arg sich davonmachen, ausreißen* ‖ **–radamente** adv *pfeilschnell, überstürzt* ‖ → a **disparatamente** ‖ **–radero** m *Drücker, Abzug* m *am
Gewehr* ‖ *poner a uno en el ~ (od disparador)
figf jdn zum Äußersten treiben, jdn auf die Folter
spannen* ‖ **–rado** adj: *salir ~ (od* ~a *la ~a)* fam
blitzschnell verschwinden ‖ *spornstreichs davon-*

disparador — disposición

laufen ‖ **-rador** *m (Pfeil)Schütze m* ‖ *Drücker, Abzug* m *am Gewehr* ‖ *Federabspanner* m *an der Uhr* ‖ *(mechanische) Ausrückung* f ‖ ⟨Phot⟩ *(Draht)Auslöser* m ‖ ⟨Mar⟩ *taube Jütte* f ‖ ~ automático ⟨Phot⟩ *Selbst-, Fern|auslöser m* ‖ **-rar** vt *abfeuern, abschießen, losdrücken (Waffe)* ‖ *abgeben (Schuß) schleudern, werfen (z.B. Stein)* ‖ *schleudern (Wurfspieß)* ‖ ⟨Phot⟩ *knipsen, schießen* ‖ ⟨Tech⟩ *einrücken* ‖ *starten, abschießen (Rakete)* ‖ *abschnellen (Feder, Pfeil)* ‖ ~ vi fig *albernes Zeug schwatzen* ‖ *kopflos handeln* ‖ *losgehen (Waffe)* ‖ *abdrücken, feuern* ‖ *schießen* ‖ ⟨Phot⟩ *auslösen* ‖ ⟨Mar⟩ *vor Anker gehen* ‖ ◊ ~ *al aire in die Luft (od zur Warnung) schießen* ‖ ~ *con (od en) una risa in ein Lachen ausbrechen, hell auflachen* ‖ ~**se** *loslassen (Springfeder)* ‖ *losgehen (Waffe)* ‖ fig *plötzlich davonrennen* ‖ *durchgehen (Pferd, Motor)* ‖ fig *losbrüllen* ‖ ⟨Arg⟩ *plötzlich davonrennen* ‖ Mex *Geld ausgeben*

 dispara|tado adj *ungereimt, unsinnig, aberwitzig* ‖ *absurd* ‖ fam *irrsinnig* ‖ *unüberlegt, unbesonnen* ‖ fam *ungeheuer, riesig, fabelhaft* ‖ adv: ~**amente** *unsinnig* ‖ *unüberlegt, unbesonnen* ‖ **-tador** m *Schwätzer* m ‖ ~ adj *Unsinn redend, faseln* ‖ **-tar** vi *albernes Zeug schwatzen* ‖ *Unsinn reden, irrereden* ‖ *einfältig, töricht handeln* ‖ **-te** m *Dummheit, Albernheit* f ‖ *Unsinn* m ‖ *Blödsinn* m ‖ fam *Quatsch* m, *Blech* n ‖ ◊ *me gusta un ~ es gefällt mir irrsinnig gut* ‖ *sie gefällt mir äußerst, sie ist ein steiler Zahn* ‖ ¡qué ~! *wie dumm!* ‖ **-tero** m bes Am = **-tador** ‖ **-torio** m *unsinniges Gerede* bzw *Geschreibsel* n

 dispa|rejo adj = **dispar** ‖ **-ridad** f *Ungleichheit* f ‖ *Verschiedenheit* f ‖ ⟨Com⟩ *Gefälle* n, *Disparität, Preisschere* f ‖ ~ *de cultos Glaubensverschiedenheit* f

 disparo m *Schuß* m ‖ *Abschießen, Losdrücken, (Ab)Feuern* n *(e-r Waffe)* ‖ ⟨Phot⟩ *Auslösung* f ‖ *Losschnellen* n *(Feder)* ‖ ⟨Tech⟩ *Ausrücker* m ‖ fig *Albernheit* f ‖ ~ *al aire Warnschuß* m

 dispen|dio m *Aufwand* m ‖ *Verschwendung* f ‖ fig *Zeitverschwendung* f ‖ **-dioso** adj *kostspielig* ‖ *aufwendig* ‖ *teuer* ‖ fig *zeitraubend* ‖ adv: ~**amente** ‖ **-sa** f *Dispens* m, *Entbindung* f *(von e-r Verbindlichkeit)* ‖ *Befreiung, Erlassung* f ‖ ⟨Kath⟩ *(Ehe)Dispens* f ‖ *Befreiungszeugnis* n, *Dispensschein* m ‖ ~ *de ley Span zivilrechtliche Ermessenssache* f *(z.B. gerichtliche Legitimation)* ‖ **-sable** adj *erläßlich* ‖ *entschuldbar* ‖ *es ~ es ist zu entschuldigen* ‖ **-sación** f *Entbindung* f *(von e-r Verbindlichkeit)* ‖ *Dispens(erteilung)* f/m ‖ **-sador** m *Spender* m ‖ *Ver-, Aus|teiler* m ‖ **-sar** vt *frei-, los|sprechen, entbinden (de von)* ‖ *entledigen (gen), jdm et erlassen* ‖ *erlauben* ‖ *e-r S. überheben, mit e-r S. verschonen* ‖ *aus-, er-, ver|teilen* ‖ *erweisen* ‖ *spenden (Beifall)* ‖ *gewähren* ‖ *zuteil werden lassen* ‖ *ab-, aus|geben* ‖ *verteilen* ‖ *entschuldigen, verzeihen* ‖ ◊ ~ a alg. de a. *jdm et erlassen* ‖ *jdn befreien (bzw dispensieren) von (dat)* ‖ ~ a alg. *del servicio militar jdn vom Militärdienst freistellen* ‖ ~ *una amable acogida (a) jdm e-n freundlichen Empfang zuteil werden lassen* ‖ ~ *cuidados (a) jdn sorgfältig pflegen* ‖ ~ *de asistir al entierro von der Teilnahme am Begräbnis entbinden* ‖ ~ *favores Gunst gewähren* ‖ *gustar de ~ favores sehr entgegenkommend sein* ‖ –se V. *que no haya venido entschuldigen Sie, daß ich nicht gekommen bin* ‖ ~ vi *über et verfügen* ‖ *entschuldigen, verzeihen (& vt)* ‖ V. –se *verzeihen Sie* ‖ ~**se** *sich hinwegsetzen über (acc)* ‖ ~ *de a. (od de+inf) sich auf et verzichten (acc), sich et schenken* ‖ *no poder ~ de sich nicht umhinkönnen zu* ‖ *no podemos ~se dejar de observar wir können nicht unerwähnt lassen, daß* ‖ **-saría** f Chi *Poliklinik* f, *Dispensar* n ‖ **-sario** m ⟨Pharm⟩ *Dispensatorium, Arzneibuch* n ‖ ⟨Med⟩ *Dispensarium* n, *Poliklinik* f ‖ *Ambulanz* f ‖ *ärztliche Beratungsstelle* f ‖ *Fürsorgestelle* f ‖ ~ antituberculoso *Lungenfürsorgestelle* f

 dis|pepsia f ⟨Med⟩ *Verdauungsstörung* f, *Dyspepsie* f ‖ **-péptico** adj/s *magenkrank, dyspeptisch*

 dispermia f ⟨Gen Med⟩ *Dispermie* f

 disper|sador m *Zerstreuer* m *an e-m Blitzableiter* ‖ **-sar** vt *aus-, zer|streuen* ‖ *in Unordnung bringen* ‖ ⟨Phys Chem Mil⟩ *streuen* ‖ ⟨Mil⟩ *zersplittern, auseinandersprengen (den Feind, Truppen)* ‖ Am fig *verteilen, verschenken* ‖ ~ *sus esfuerzos sich verzetteln* ‖ ~**se** *sich zerstreuen* ‖ *auseinanderlaufen* ‖ ⟨Mil⟩ *ausschwärmen* ‖ **-sión** f *Zerstreuung* f ‖ *Streuung* f ‖ *Dispersion* f ‖ *Zersplitterung* f ‖ *Verzettelung* f ‖ ⟨Mil⟩ *Streuung* f *(Schießen* n*)* ‖ ~ *de esfuerzos,* ~ *de fuerzas Kräfte|zersplitterung, -verzettelung* f ‖ ◊ *poner* en ~ *zerstreuen* ‖ **-sivo** adj *zerstreuend* ‖ *Streuung bewirkend* ‖ fig *auseinandergezogen* ‖ ⟨Opt⟩ *Streu-* ‖ **-so** adj *zerstreut* ‖ ⟨Mil⟩ *versprengt*

 displacer → **desplacer**

 displasia f ⟨Med⟩ *Mißgestaltung, Dysplasie* f

 displi|cencia f *Miß|fallen, -vergnügen* n ‖ *Verdrießlichkeit, üble Laune* f ‖ *Mißmut* m ‖ *Unfreundlichkeit* f ‖ *Widerwille* m, *Unlust, üble Laune* f ‖ *Langweile* f ‖ con ~ *unfreundlich, barsch* ‖ *verdrießlich* ‖ **-cente** adj/s *mißfällig, unliebsam, mißvergnügt* ‖ *mißgestimmt, verdrießlich* ‖ *mürrisch, barsch*

 dispo|ni(e)nte adj *disponierend* ‖ ~ m ⟨Jur⟩ *Verfügende(r)* m ‖ **-ner** [irr → *poner*] vt *ordnen, in Ordnung bringen* ‖ *anordnen, einrichten, aufstellen* ‖ *beschließen, verordnen, verfügen* ‖ *(vor-)bereiten* ‖ *Sorge tragen (für)* ‖ *decken (Tisch)* ‖ ⟨Mil⟩ *ansetzen (Angriff)* ‖ ◊ ~ *para geneigt machen zu* ‖ ~ *en hileras in Reihen aufstellen* ‖ ~ *un legado et letztwillig vermachen* ‖ *facultad de* ~ ⟨Jur⟩ *Verfügungsbefugnis* f ‖ ~ vi *zur Verfügung haben, verfügen (de über)* ‖ *befehlen, anordnen* ‖ ◊ ~ *de capitales (medios) über Kapital (Mittel) verfügen* ‖ *no dispongo de mucho tiempo ich habe nicht viel Zeit* ‖ *disponga V. de mí cuando guste verfügen Sie jederzeit über mich* ‖ ~**se** *sich anschicken zu (+inf), sich vorbereiten auf (acc)* ‖ ~ a *(od para) salir sich zum Fortgehen anschicken*

 dispo|nibilidad f *Verfügbarkeit* f ‖ *verfügbarer Bestand* m ‖ *Wartestand* m ‖ en ~ *zur Disposition* od *Verfügung* ‖ ◊ *pasar a* ~ ⟨Mil⟩ *zur Disposition stellen* ‖ **-es** fpl *Bestand* m *(Geld, Ware)* ‖ *flüssige* od *verfügbare Mittel* npl ‖ **-nible** adj *verfügbar, zur Verfügung stehend* ‖ *flüssig (Gelder)* ‖ *vorrätig, auf Lager (Waren)* ‖ ⟨Mil⟩ *einsatzbereit* ‖ *zur Disposition stehend* ‖ ~ *para entrega lieferbar* ‖ *mercancía* ~ *Ware auf Lager* ‖ *Verfügungsware* f ‖ *fondos* ~s *verfügbare Kapitalien* npl ‖ *Betriebskapital* n ‖ ◊ *tener (estar)* ~ *verfügbar halten (sein)*

 disposi|ción f *Anordnung, Einrichtung, Aufstellung* f ‖ *Gliederung, Disposition* f ‖ *Lage, Beschaffenheit* f ‖ *Zustand* m ‖ *Anlage, Veranlagung* f ‖ *Fähigkeit, Tauglichkeit* f ‖ *Talent* n, *Begabung* f *(para für* acc*)* ‖ *Neigung, Lust* f ‖ *Bereitwilligkeit* f ‖ *Empfänglichkeit* f ‖ *Gesundheitszustand* m ‖ *(~ de ánimo) Verfassung, Stimmung* f ‖ *gefälliges Äußeres* n ‖ *Anordnung, Verfügung* f, *Befehl* m ‖ *Vorsichtsmaßregel* f ‖ ⟨Jur⟩ *Bestimmung, Verfügung* f *(& allg)* ‖ ⟨Tech⟩ *Ein-, Vor|richtung* f *(→ a dispositivo)* ‖ ~ *adicional* ⟨Jur⟩ *Zusatzbestimmung* f ‖ *clara Übersichtlichkeit* f *(in der Gliederung e-s Gebäudes)* ‖ ~ *discrecional Ermessensvorschrift* f ‖ ~ *transitoria Übergangsbestimmung* f ‖ ~ *última* ~ *Letzter Wille* m, *letztwillige Verfügung* f, *Testament* n ‖ ◊ *estar (od hallarse)* en ~ *(de) in der Lage sein (zu+inf)* ‖ *bereit sein (zu+inf)* ‖ en ~ *de hacer fuego schußbereit (Waffe)* ‖ *estoy a la* ~

de V. (*od* a su ~), me tiene V. a su ~ *ich stehe zu Ihrer Verfügung* || pongo la mercancía a su ~ *ich stelle die Ware zu Ihrer Verfügung* || tener a su ~ *zu Gebote haben* || *verfügen über* (acc) || tener a la ~ de ... *zu jds Verfügung halten* || tomar una ~ *e-e Verfügung treffen* || tomar las ~es precisas *die notwendigen Vorkehrungen treffen* || contrario a las ~es *entgegen den Bestimmungen* || **-tivo** m ⟨Tech⟩ *Vor-*, *Ein\richtung* f, *Apparat(ur* f*)* m, *Gerät* n || *Anlage* f || ⟨Mil⟩ *Gliederung* f || ~ de ajuste *Justier-, Einstell\vorrichtung* f || ~ de alarma *Alarmanlage* f || ~ antiparasitario ⟨Radio⟩ *Störschutz, Entstörer* m || ~ de combate ⟨Mil⟩ *Gefechtsgliederung* f || ~ de disparo *Abzugsvorrichtung* f || ~ de despegue ⟨Flugw⟩ *Startvorrichtung* f || ~ de embrague y desembrague *Ein- u. Ausrück\vorrichtung* f || ~ de interceptación ⟨Tel⟩ *Abhörvorrichtung* f || ~ fonométrico *Schallmeßgerät* n || ~ de mando *Steuer\gerät* n, *-einrichtung* f || ~ de marcha ⟨Mil⟩ *Marsch\gliederung, -folge* f || ~ de mira *Visier-, Ziel\einrichtung* f *(beim Schießen)* || ~ de seguridad *Sicherheitsvorrichtung, Sicherung* f || ~ de tracción *Zugvorrichtung* f || →a **aparato, instalación, mecanismo**
disprosio m ⟨Chem⟩ *Dysprosium* n
dispuesto pp/irr v. **disponer** || *fertig, bereit* || *angerichtet (Essen)* || *entschlossen (zu* + inf*)* || *geneigt, willig* (a *zu*) || *fähig, imstande, geschickt* || *gelaunt* || *begabt* (para *für* acc) || *aufgeräumt* || *stattlich, wohlgebaut* || ~ para la impresión *druckfertig* || ~ para salir (*od* partir) *reisefertig* || ◊ estar ~ a (*od* para) + inf *bereit bzw entschlossen sein zu* + inf || estar bien (mal) ~ *gut (schlecht) aufgelegt bzw gelaunt sein* || *bei guter (schlechter) Gesundheit sein* || estar favorablemente ~ *günstig gesonnen sein* || estar muy ~ a *nicht abgeneigt sein zu*
dispu|ta f *(Wort)Streit, Zank, Wortwechsel,* Zank, *Disput* m, fam *Krach* ‛m || *Streitfrage* f || *Disputation* f, *Religionsgespräch* n || sin ~ *unbestritten* || *unzweifelhaft* || *unbestreitbar* || **-table** adj *streitig* || *fraglich* || *problematisch* || **-tador** adj/s = **discutidor** || **-tar** vt *bestreiten* || *streitig machen* || ⟨Sp⟩ *austragen (Spiel, Meisterschaft)* || no -tado *unbestritten (Forderung)* || ◊ ~ un derecho (a) *jdm ein Recht bestreiten* || eso no se lo -to da *das will ich Ihnen nicht bestreiten* || ~ vi *streiten, zanken, hadern* (con *mit* dat, por *wegen* dat) || *disputieren* (sobre *über* od *um* acc) || ~ sobre (de, acerca de) un asunto *um e-e Angelegenheit streiten* || ~ por una pequeñez *wegen e-r Kleinigkeit streiten* || ~se fam *streiten,* ringen *(um)* || ◊ ~ a. *sich um et* (acc) *streiten (bzw reißen)* || *sich et streitig machen* || fig *miteinander um et* (acc) *wetteifern* || ⟨Sp⟩ *um et* (acc) *kämpfen* || ~ una copa ⟨Sp⟩ *bestritten werden (Ehrenpokal)* || ~ a golpes u/c *sich um et herumschlagen,* fam *sich um et raufen* || ~ el primer puesto *um den ersten Platz kämpfen*
disquería f Arg *Schallplattengeschäft* n
disquisición f *wissenschaftliche Untersuchung* f, *Gutachten* n || *Studie, Abhandlung* f || ~es fpl *überflüssige Bemerkungen* fpl
disruptivo adj ⟨El⟩ *durchschlagend*
distal adj ⟨An⟩ *distal, weiter von der Körpermitte entfernt liegend* || vgl **proximal**
distan|cia f *Entfernung, Distanz* f, *Abstand* m || *Zwischenraum* m || *Wegstrecke* f, *Weg* m || fig *Zahlungsfrist* f || fig *Abstand* m, *Distanz* f || fig *(Zeit-, Standes) Unterschied* m || *Entfremdung, Abneigung* f || →a **-ciamiento** || *explosiva* ⟨Radio⟩ *Funken\schlagweite, -strecke* f || ~ focal ⟨Opt⟩ *Brennweite* f || ~ maritima ⟨Mar⟩ *Schiffsroute* f || ~ polar *Polhöhe* f, *Polabstand* m || ~ recorrida en avión ⟨Flugw⟩ *Flug\strecke* f, *-weg* m || a ~ aus *(bzw in) der Ferne* || *weit, fern* || a ~ de *entfernt von* || a corta ~ *auf kurze*

Entfernung || *aus der Nähe* || a gran (*od* larga) ~ *auf weite Entfernung* || *in, aus weiter Entfernung* || a respetable ~ fig *in* (od *aus*) *gebührender Entfernung* || a una ~ de 100 km *in* (bzw *auf*) *100 km Entfernung, 100 km entfernt* || ◊ recorrer (*od* salvar) una ~ *e-e Strecke zurücklegen* || tener a una ~ fam *sich jdm vom Leibe halten* || **-ciación** f *Distanzierung* f || *Zurückbleiben* n || *Zurücklassen* n || **-ciado** adj *zurückbleibend* || *im Rückstand bleibend* || *(voneinander) entfernt* || ⟨Lit⟩ *verfremdet* || estar ~s fig *nicht mehr befreundet sein, auseinanderkommen (Freunde)* || **-ciamiento** m *Distanzierung* f || ⟨Lit⟩ *Verfremdung* f || **-ciar** vt *trennen* || *voneinander entfernen* || *ver-, auf\schieben* || *einteilen (Zahlungen)* || ~se vr *sich entfernen* || *auseinanderkommen, einander fremd werden* || *sich distanzieren* || ◊ ~ de ⟨Mil⟩ *sich absetzen (vom Feind)* || **-te** adj *entfernt, fern, abgelegen* || *zeitlich entfernt* || fig *zurückhaltend, reserviert*
distar vi *fern, entfernt sein, abstehen* (de *von* dat) || fig *verschieden sein* || ◊ el pueblo dista dos horas de camino *der Ort ist zwei Stunden entfernt* (de *von*) || *disto mucho de aprobarlo* *ich bin weit davon entfernt, es zu billigen*
distena f ⟨Min⟩ *Kyanit, Cyanit, Disthen* m
disten|der [-ie-] vt *gewaltsam aus\dehnen, -spannen* || *auseinanderziehen, strecken* || ⟨Tech⟩ *entspannen, lockern* || ⟨Chir⟩ *dehnen* || ~ *los miembros sich strecken* || **-sible** adj *dehnbar* || **-sión** f *Dehnung, Reckung, Streckung* f || *Überstreckung* f || *Abspannung* f || *(Phonetik)* || ⟨An⟩ *(starke) Ausdehnung* f || ⟨Med⟩ *Zerrung* f || ⟨Pol Tech⟩ *Entspannung* f || **-sor** m: ~ para peliculas ⟨Phot⟩ *Filmstreckhalter* m *(beim Entwickeln)*
¹**distico** m *Distichon* n *(Verspaar)*
²**distico** adj ⟨Bot⟩ *zweizeilig*
distin|ción f *(Unter)Scheidung* f, *Unterschied* m || *Absonderung, Abteilung* f || *genaue Bestimmung* f || *Auszeichnung* f, *Verdienst* n || *Auszeichnung* f, *Orden* m || *Stand, Rang* m, *Vornehmheit* f || *Klarheit, Deutlichkeit, Bestimmtheit* f || fig *feine Erziehung* f, *Anstand* m || *persona de* ~ *Standesperson* f || *vornehme, distinguierte Person* f || *hervorragende Persönlichkeit* f || a ~ de *zum Unterschied von* (dat) || sin ~ de persona(s) *ohne Ansehen der Person* || hacer ~ *unterscheiden* || **-go** m *Distinktion, Unterscheidung* f || *Vorbehalt* m || **-guible** adj *erkennbar* || *unterscheidbar* || **-guido** adj *ausgezeichnet, geachtet, angesehen* || *vornehm, fein, distinguiert* || *von feinem Benehmen* || *von guter Erziehung* || *persona* ~a *Standesperson* f || *distinguierte, vornehme Person* f || mi ~ amigo *sehr verehrter Freund (Briefanrede)* || **-guir** [gu/g] vt/i *unterscheiden (können)* || *auseinanderhalten* || *trennen, bezeichnen* || *erkennen, bezeichnen, ausmachen* || *kennzeichnen* || *mit Kennzeichen versehen* || fig *sondern, abteilen* || fig *auszeichnen,* fig *vorziehen* || *hochschätzen, mit Auszeichnung behandeln* || ◊ con *auszeichnen mit* (dat) || ~ de lejos *von weitem erkennen, unterscheiden* || ~ entre *e-n Unterschied machen zwischen* || saber ~ de colores *Urteilskraft haben* || *Fingerspitzengefühl (bzw Takt) haben* || no ~ de colores, no ~ lo blanco de lo negro figf *sehr beschränkt sein, keine Urteilskraft haben* || saber ~ *Urteilsvermögen besitzen* || *los favores con que me han Vs. -guido hasta la fecha Ihr bisher erwiesenes Wohlwollen* || ~se *sich auszeichnen, sich hervortun, hervorragen* || *sich unterscheiden* || *sichtbar werden, zu erkennen sein, deutlich werden* || ◊ ~ por su celo *sich durch seinen Fleiß auszeichnen*
distin|tamente adv *verschieden* || *klar, deut-*

lich, verständlich ‖ muy ~ *auf ganz andere Weise* ‖ **-tivo** *adj unterscheidend, trennend* ‖ *Unterscheidungs-* ‖ ⟨Li Phon⟩ *distinktiv* ‖ *capacidad* ~a *Erkennungsvermögen* n ‖ señal ~a *Erkennungszeichen* n ‖ ~ m *Ab-, Kenn|zeichen* n ‖ *Merkmal* n ‖ *Erkennungszeichen* n ‖ *Ehrenzeichen* n ‖ ⟨Mil⟩ *Rangabzeichen* n ‖ ~ de nacionalidad ⟨Flugw⟩ *Hoheitszeichen* n ‖ ~ de tirador *Schützenabzeichen* n ‖ **-to** *adj unterschieden* ‖ *unähnlich, verschieden* ‖ *deutlich, klar, unterschiedlich (Resultat)* ‖ *verständlich* ‖ ◊ ser ~ de *anders sein als* (nom) ‖ estar ~ *verändert erscheinen* ‖ eso es muy ~ *das ist et ganz anderes* ‖ ~**s** *pl verschiedene, mehrere, einige* ‖ *einzelne* ‖ los ~ casos *die Einzelfälle* mpl ‖ los ~ motivos *die einzelnen Gründe* mpl ‖ de ~ tipos *verschiedene(rlei)* ‖ ~as veces *bei verschiedenen Gelegenheiten*

dis|timia *f* ⟨Med⟩ *Dysthymie* f ‖ **-tocia** *f* ⟨Med⟩ *erschwerte Geburt, Dystokie* f ‖ **-tonía** *f* ⟨Med⟩ *Dystonie* f ‖ ~ neurovegetativa *vegetative Dystonie* f ‖ **-topia** *f* ⟨Med⟩ *Verlagerung, Dystopie* f

distorsión *f* ⟨Chir⟩ *Verstauchung, Distorsion* f ‖ ⟨Opt TV⟩ *Distorsion, Bild|verzerrung, -verzeichnung* f ‖ ⟨Radio⟩ *Verzerrung* f *(der Wiedergabe)*

distr. Abk = **distrito**

distracción *f Unachtsamkeit, Zerstreutheit, Vergeßlichkeit* f ‖ *Ablenkung* f ‖ *Zerstreuung, Erholung* f, *Vergnügen* n ‖ *Abschweifen* n *der Gedanken, Geistesabwesenheit* f ‖ ~ (de fondos) ⟨Jur⟩ *Unterschlagung, Veruntreuung* f ‖ por ~ *aus Versehen*

dis|traer [irr → **traer**] vt *jdn zerstreuen, (jds Aufmerksamkeit) ablenken* ‖ *vom Arbeiten abhalten* ‖ *auf andere Gedanken bringen* ‖ *ablenken, entfernen* ‖ *unterhalten, vergnügen, amüsieren* ‖ *jdn absondern, trennen* ‖ *abbringen (de von)* ‖ fig *jdn sittlich verderben* ‖ fig *veruntreuen, unterschlagen (Gelder)* ‖ ◊ ~ la atención *die Aufmerksamkeit ablenken* ‖ ~ el tiempo *sich die Zeit zerstreuen* ‖ ~**se** *sich zerstreuen, sich erholen, sich unterhalten, sich vergnügen* ‖ *nicht aufgeben, nicht aufpassen* ‖ ◊ ~ con (od por) el ruido *sich durch Lärm ablenken* ‖ ~ del (od en) el trabajo *sich von (bei) der Arbeit zerstreuen* ‖ **-traído** adj/s *zerstreut, unachtsam, unaufmerksam, geistesabwesend* ‖ *frei, zügellos, ausschweifend* ‖ *unterhaltsam (Spiel usw)* ‖ Chi Mex *liederlich, zerlumpt, abgerissen* ‖ *verwahrlost* ‖ hacerse el ~ *den Zerstreuten spielen* ‖ *sich zieren (beim Essen)* ‖ adv: ~**amente** ‖ **-traimiento** *m* = **-tracción** ‖ **-traje** → **-traer**

distribución *f Aus-, Ein-, Ver|teilung* f ‖ *Zuteilung* f ‖ *Anordnung, Einteilung* f ‖ *Briefausgabe* f, *Austragen* n *der Briefe* ‖ *Zustellung* f *(Post)* ‖ ⟨Th⟩ *Rollen|besetzung, -verteilung* f ‖ ⟨Typ⟩ *Ablegen* n ‖ ⟨Typ⟩ *Ablegesatz* m ‖ ⟨Com⟩ *Absatz, Vertrieb* m ‖ *Ausschüttung* f *(Dividende)* ‖ *Zuweisung* f *(Arbeit)* ‖ *(Film)Verleih* m ‖ ⟨Li⟩ *Distribution* f ‖ ⟨Jur⟩ *Abschichtung, Absonderung* f ‖ ⟨Tech⟩ *Steuerung* f ‖ *Schaltung* f ‖ *Verteilung* f ‖ *Anschluß* m *(Wasser, Gas)* ‖ ⟨Rhet⟩ *Aufzählung* f ‖ ~ de beneficios *Gewinnausschüttung* f ‖ ~ de la carga *Lastausgleich* m, *Belastungsverteilung* f ‖ ~ geográfica *geographische Verteilung* f ‖ ~ de trabajo *Arbeitsteilung* f ‖ ~ de equipajes ⟨EB⟩ *Gepäckausgabe* f ‖ ~ exclusiva *Alleinvertrieb* m ‖ ~ de premios *Preisverteilung* f *(an die fleißigen Schüler)* ‖ comercio de ~ *Absatzhandel* m ‖ cuadro de ~ ⟨El⟩ *Schalt|brett* n, *-tafel* f

distri|buidor *m Aus-, Ver|teiler* m ‖ ⟨Jur⟩ *Abschichter* m ‖ *(Film)Verleiher* m ‖ ⟨Com⟩ *Vertreter, Agent* m ‖ *Auslieferer* m ‖ ⟨Tech Radio⟩ *Verteiler* m ‖ ⟨El Hydr⟩ *Schalter* m ‖ ⟨Tech⟩ *Schieber* m ‖ ~ automático *Warenautomat mit Geldeinwurf, Spender* m ‖ ~ de billetes de andén ⟨EB⟩ *Bahnsteigkartenautomat* m ‖ ~ de gasolina *Zapf-, Tank|säule* f ‖ *Tankstelle* f ‖ ~ exclusivo *Alleinvertriebshändler* m ‖ ~ de encendido, ~ de ignición *Zündverteiler* m ‖ ~ de llamadas ⟨Tel⟩ *Anrufverteiler* m ‖ **-buidora** *f* ⟨Agr⟩ *Düngerstreuer* m ‖ *Dungverteiler* m ‖ (→ a **abonadora**) ‖ ~ (cinematográfica) *Filmverleih* m *(Firma)* ‖ **-buir** [-uy-] vt/i *aus-, ein-, ver|teilen* ‖ *zuteilen* ‖ *verbreiten* ‖ *aus-, ver|streuen* ‖ *gliedern* ‖ ⟨Th⟩ *zuteilen, besetzen (Rollen)* ‖ *aus|tragen, -teilen (Briefe)* ‖ *verbreiten (Schriften)* ‖ *verteilen (Preise an fleißige Schüler)* ‖ *ab-, ein|teilen (richtig) anordnen (Lebensmittel) ausgeben (a an)* ‖ *ausschütten (Gewinn, Dividende)* ‖ *zuweisen (Arbeit)* ‖ ⟨Radio⟩ *senden* ‖ ⟨Typ⟩ *(Schrift) ablegen* ‖ ◊ ~ en grupos *gruppenweise aufstellen* ‖ ~ entre muchos *unter viele verteilen* ‖ ~**se** *richtig verteilt, zugeteilt werden* ‖ ◊ ser -buido *verteilt werden*

distribu|tivo *adj aus-, ver-, einteilend* ‖ *zerlegend* ‖ ⟨Gr⟩ *trennend, distributiv* ‖ **-tor** *m* = **distribuidor**

distrital adj Am *Distrikts-*

distrito *m (Gerichts)Bezirk* m ‖ *Kreis* m ‖ *Distrikt* m ‖ *Gebiet* n ‖ *Revier* n (& ⟨Ethol⟩) ‖ *Ortschaft* f ‖ ~ aduanero *Zollgebiet* n ‖ ~ electoral *Wahlbezirk* m ‖ ~ escolar *Schulbezirk* m ‖ ~ manufacturero, ~ fabril *Fabrikbezirk* m ‖ ~ Federal *Stadt|gebiet* n, *-bezirk* m *(Bundesgebiet) von Buenos Aires, Mexiko usw* ‖ ~ forestal *Forstamtsbereich* m ‖ ~ industrial *Industriegebiet* n ‖ ~ militar *Wehrbereich* m ‖ *Wehrkreis* m ‖ ~ postal *Postbezirk* m ‖ *juzgado del* ~ *Kreisgericht* n ‖ tribunal de(l) ~ *Bezirksgericht* n

dis|trofia *f* ⟨Med⟩ *Ernährungsstörung, Dystrophie* f ‖ ~ adiposogenital *Morbus* m *Fröhlich* ‖ **-trofo** adj *dystroph, die Ernährung störend*

distur|bar vt *(zer)stören* ‖ *zerrütten* ‖ *unterbrechen* ‖ ◊ ~ el sueño (a) *(jdn) im Schlafe stören* ‖ **-bio** *m (Ruhe)Störung, Unruhe* f ‖ ~**s** *mpl* ⟨Radio⟩ *(Empfangs)Störungen* fpl ‖ ~ politicos *politische Unruhen* fpl ‖ fam *Putsche* mpl ‖ ~ raciales *Rassenunruhen* fpl

disua|dir vt *jdn widerraten, abbringen (de von dat)* ‖ *jdm abraten (von dat)* ‖ *jdm abraten, et zu tun* ‖ *jdm et ausreden* ‖ *jdm von et (dat) abbringen* ‖ ◊ ~ a alg. de su propósito *jdn von seinem Vorsatz abbringen* ‖ **-sión** *f Ausreden, Ab-, Wider|raten* n ‖ *Überredung* f ‖ ⟨Pol Mil⟩ *Abschreckung* f ‖ **-sivo** adj *widerratend* ‖ ⟨Pol Mil⟩ *abschreckend, Abschreckungs-* ‖ armas ~as *Abschreckungswaffen* fpl

disuelto p v. **disolver**

disuria *f* ⟨Med⟩ *(schmerzhafte) Störung der Harnentleerung, Dysurie* f ‖ ~ psíquica *Harnstottern* n

disyun|ción *f Trennung* f ‖ *Lockerung* f ‖ **-tiva** *f Alternative* f ‖ **-tivo** adj ⟨Gr⟩ *trennend, absondernd, ausschließend, disjunktiv (Bindewort)* ‖ **-tor** *m* ⟨El⟩ *Trennschalter, (Selbst)Unterbrecher* m

dita *f Bürge* m ‖ *Pfand* n ‖ Alb Chi Guat *Schuld(en)* fpl ‖ f ‖ And *Wucherdarlehen* n ‖ a ~ pop *auf Borg*

ditar pop = **dictar**

ditero *m* And *Wucherer* m

diti|rámbico adj *dithyrambisch* ‖ fig *überschwenglich, schwungvoll* ‖ **-rambo** *m Dithyrambe* f, *Dithyrambus* m *(Lied)* ‖ fig *Loblied* n ‖ ◊ contar ~**s** figf *jds Lob in allen Tönen singen*

di|tíscidos *mpl* ⟨Entom⟩ *Schwimmkäfer* mpl (Dytiscidae) ‖ **-tisco** *m* ⟨Entom⟩ *(Gemeiner) Gelbrand* m (Dytiscus marginalis)

diuca *f* Arg Chi ⟨V⟩ *Diukafink* m (Diuca diuca) ‖ Arg Chi pej *Lieblingsschüler* m ‖ al canto de la ~ Chi *bei Tagesanbruch*

diu|resis *f* ⟨Med⟩ *(erhöhte) Harnabsonderung,*

diurético — divisionismo 440

Diurese f ‖ **–rético** *m*/adj *harntreibendes Mittel,*
Diuretikum n ‖ ~ adj *harntreibend*
   diurno adj *täglich, Tag(e)-, Tages-* ‖ luz
~a *Tageslicht* n ‖ animal ~ ⟨Zool⟩ *Tagtier* n ‖
trabajo ~ *Tagesarbeit* f ‖ mariposas ~as *Tagfalter* mpl ‖ ~ *m* ⟨Kath⟩ *Tagzeitenbrevier,*
Diurnal(e) n
   diuturno adj *langwierig, lange dauernd*
   diva *f* ⟨poet⟩ *Göttin* f ‖ ⟨Th⟩ *Diva* f
   diva|gación *f Abschweifung* f ‖ *Irrereden* n ‖ *Gefasel,* fam *Gequassel* n ‖ *Umherirren* n ‖ ⟨V⟩ *Umherstreifen* n ‖ **–gante** adj *ausschweifend* ‖ ⟨V⟩
umherstreifend ‖ fig *zügellos (Phantasie)* ‖ **–gar**
[g/gu] vi *irregehen* ‖ *(im Reden) abschweifen,*
vom Thema abkommen ‖ *umherirren* ‖ *frei herumlaufen (Tier)* ‖ ⟨V⟩ *umherstreifen* ‖ *reden (im*
Wahnsinn) ‖ *ungereimtes Zeug reden* ‖ *faseln* ‖
durcheinanderreden ‖ ◊ ¡no ~! *zur Sache!*
dejar ~ la mirada (en, por) *den Blick streifen*
lassen
   divalente adj = **bivalente**
   diván *m Diwan* m ‖ ⟨Hist⟩ *türkische Regierung*
f ‖ *Diwan* m, *(Schlaf)Sofa* n ‖ *Sammlung* f
orientalischer Gedichte, Diwan m
△**divel, divé** *m Engel* m
   divergen|cia *f Divergenz* f, *Auseinanderlaufen*
n *zweier Linien* ‖ *Abweichung* f ‖ *Uneinigkeit,*
Mißhelligkeit f ‖ fig *Gegensätzlichkeit* f ‖ ⟨Web⟩
Webfehler m ‖ ⟨Math⟩ *Divergenz* f ‖ ~ (de opiniones) *Meinungsverschiedenheit* f ‖ **–te** adj ⟨Math⟩
auseinanderlaufend, divergent, divergierend ‖ fig
gegensätzlich ‖ fig *abweichend (Meinungen)* ‖ lente ~ *Zerstreuungslinse* f
   divergir [g/j] vi *divergieren, auseinanderlaufen*
‖ *auseinanderstreben, voneinander abweichen* ‖ ◊
~ en opiniones fig *verschiedener Meinung sein*
   diver|samente adv *verschieden, unterschiedlich*
‖ *verschiedentlich* ‖ **–sidad** *f Mannigfaltigkeit,*
Verschiedenheit f ‖ *Verschiedenartigkeit* f ‖
–sificar [c/qu] vt *mannigfaltig, verschieden machen* ‖ *abwechseln, Abwechslung bringen* (a. *in et*
acc) ‖ *abwechslungsreich gestalten* ‖ *diversifizieren* ‖ **–siforme** adj *verschiedenartig* ‖ **–sión** *f*
Zerstreuung, Ablenkung f ‖ *Lustbarkeit, Erholung*
f, *Vergnügen* n ‖ *Zeitvertreib* m ‖ *Diversion*
f (& ⟨Pol⟩) ‖ ⟨Mil⟩ & fig *Ablenkung* f ‖
maniobra de ~ ⟨Mil⟩ *Ablenkungsmanöver* (&
fig) ‖ por ~ *zum Vergnügen* ‖ ◊ servir de ~ fig
zum Spielball dienen ‖ *das Ziel des Spottes sein*
‖ **–sivo** adj/s *ablenkend, Ablenkungs-* ‖ ⟨Med⟩
ableitend ‖ ~ *m* ⟨Med⟩ *ableitendes Mittel* n
‖ **–so** adj *verschieden, -artig* ‖ *ungleich, unähnlich* ‖ *anders* ‖ *abweichend* (de von) ‖ ~ de carácter *von anderer Gemütsart* ‖ ~s pl *verschiedene,*
mehrere, manche ‖ en ~as ocasiones *zu wiederholten Malen* ‖ *bei verschiedenen Gelegenheiten*
   diver|tido adj (ser) *lustig, unterhaltend,*
unterhaltsam ‖ (estar) *vergnügt, bei guter*
Laune, in guter Stimmung ‖ Arg Chi *beschwipst*
‖ ¡estoy ~! fam *da bin ich schön daran! das ist e–e*
schöne Bescherung! ‖ *da sitzen wir in der Tinte!*
‖ **–timento** *m* it ⟨Mus⟩ *Divertimento* n ‖ **–timiento**
m Belustigung f ‖ *Vergnügen* n, *Lustbarkeit* f, *Zeitvertreib* m ‖ *Ablenkung* f *(der Aufmerksamkeit)*
‖ **–tir** [-ie/i] vt *ablenken* (de von) ‖ *auf-, hinhalten* ‖ *ergötzen, zerstreuen, aufheitern* ‖ *belustigen, unterhalten* ‖ ⟨Mil⟩ *ablenken (den*
Feind) ‖ ⟨Med⟩ *ableiten* ‖ **–se** sich *unterhalten,*
sich amüsieren ‖ *sich belustigen* ‖ *sich ablenken* ‖
sich vergnügen (con *mit* dat) ‖ *abschweifen (in*
der Rede) ‖ ◊ ~ a costa de alg. fig *sich auf jds*
Kosten lustig machen ‖ ~ en dibujar *zum Zeitvertreib malen* ‖ ¡que V. se divierta! (¡~!) *viel*
Vergnügen!
   divi|dendo *m* ⟨Math⟩ *Dividend* m, *zu teilende*
Zahl f ‖ *Dividende* f, *Anteil* m ‖ ~ suplementario,
~ adicional *Super-, Mehr|dividende* ‖ ~ pasivo
Verlustanteil m ‖ *die im Rahmen des Nachschuß-*

pflicht *einzubezahlende (einbezahlte) Rate* ‖
cupón de ~ *Dividendenschein* m ‖ ◊ fijar (percibir) el ~ *die Dividende bestimmen, festsetzen (erheben)* ‖ repartir el ~ *(od* los ~s) *die Dividende(n)*
ausschütten ‖ ~s acumulados *aufgelaufene Dividenden* fpl ‖ **–didero** adj *teilbar* ‖ *zu teilen, aufzuteilen* ‖ **–dir** vt *(ab)teilen* ‖ *ver-, zer|teilen* ‖
⟨Math⟩ *teilen, dividieren* ‖ fig *entzweien, trennen*
‖ *spalten, entzweihauen* ‖ ⟨Gr⟩ *trennen (Wörter)*
‖ ◊ ~ entre *(od* con) muchos *unter viele verteilen*
‖ ~ en partes *in Teile trennen, zerlegen* ‖ ~ por mitad(es), ~ por la mitad *halbieren* ‖ divide y vencerás *teile und herrsche* ‖ 10 –dido por *(od* entre)
5, (igual a) 2 *10 geteilt durch 5 ist 2* ‖ **~se** *sich*
trennen ‖ fig *sich entzweien, sich spalten (Weg,*
Meinungen) ‖ *sich gabeln (Weg)* ‖ **–duo** adj ⟨Jur⟩
teilbar
   divi|divi, –diví *m* ⟨Bot⟩ *Amerikanischer Schlehdorn, Dividivi* m (Caesalpinia coriaria) ‖ *Schote* f
des Dividivis
   divierta *f* Guat *Volksfest* n
   divieso *m* ⟨Med⟩ *Blutgeschwür* n, *Furunkel* m
   divi|nal adj ⟨poet⟩ *göttlich* ‖ **–namente** adv
göttlich ‖ fig *köstlich* ‖ fig *großartig* ‖ fig *ausgezeichnet* ‖ **–nativo, –natorio** adj: *(hell)seherisch,*
divinatorisch ‖ *Seher-* ‖ *Wahrsage-* ‖ → a **adivinatorio** ‖ arte ~a *Wahrsagekunst* f ‖ vara ~a
Wünschelrute ‖ **–nanza** *f* = **adivinanza** ‖ **–nidad** *f*
Gottheit f ‖ *Göttlichkeit, Divinität* f ‖ *Gott* m, *das*
höchste Wesen ‖ *Abgott* m ‖ fig *Götterweib* n,
göttliche Schönheit f *(Frau)* ‖ *wunderbar schönes*
Stück n ‖ ◊ decir ~es figf *wie ein Gott sprechen*
   divinizar [z/c] vt *vergöttlichen* ‖ fig *göttlich verehren, vergöttern* ‖ fig *heiligen*
   ¹**divino** adj *göttlich, Gottes-* ‖ *heilig* ‖ *erhaben* ‖
geistlich ‖ fig *göttlich,* fam *überirdisch, himmlisch, Götter-* ‖ fam *wunderbar, herrlich, großartig*
‖ La ~a Comedia ⟨Lit⟩ *die Göttliche Komödie*
(v. Dante)
   ²**divino** *m Wahrsager* m (→ **adivino**)
   divirtió = **divertir**
   divi|sa *f Kenn-, Unterscheidungs|zeichen, Merkmal* n ‖ *Sinnbild* n ‖ *Devise* f, *Denk-, Sinn-, Wahl|-*
spruch m ‖ *Kennwort* n ‖ *Motto* n ‖ ⟨Her⟩ *Devise* f
‖ *Kokarde* f ‖ *Rangabzeichen* n *an der Uniform* ‖
⟨Taur⟩ *Züchtereiabzeichen* n *der Kampfstiere* ‖
~s fpl *Devisen* fpl ‖ contrabando de ~, tráfico
ilegal de ~ *Devisenschiebung* f ‖ crédito en ~
Valutakredit m ‖ declaración de ~ *Devisenerklärung* f ‖ evasión (fraudulenta) de ~ *Devisenhinterziehung* f ‖ régimen de ~ *Devisenrecht* n ‖
régimen de intervención de ~ *Devisenbewirtschaftung* f ‖ **–sar** vt *undeutlich wahrnehmen* ‖ *erblicken (von weitem) entdecken (können)* ‖
⟨Her⟩ *mit e–r Devise versehen* ‖ ⟨Jgd⟩ *eräugen* ‖
~se vr *auftauchen, erscheinen, zu sehen sein* ‖
wahrgenommen werden (können)
   divi|sibilidad *f Teilbarkeit* f ‖ **–sible** adj *teil-,*
trenn|bar ‖ **–sión** *f Teilung, Trennung* f ‖ *Ein-,*
Zer|teilung f ‖ *Gliederung* f ‖ *Abschnitt* m ‖ fig
Spaltung f, *Zwiespalt, Zwist* m, *Auseinanderbringen* n ‖ ⟨Math⟩ *Division, Teilung* f ‖ ⟨Verw⟩
Abteilung f ‖ ⟨Mil⟩ *Division, Heeresabteilung*
f ‖ ⟨Mar⟩ *Geschwader* n, *Flottenabteilung* f ‖
⟨Gr Typ⟩ *Teilungs-, Binde|strich* m, *Divis* n ‖ ~
administrativa *Verwaltungsabteilung* f ‖ ~ acorazada, ~ blindada ⟨Mil⟩ *Panzerdivision* f ‖ ~
aerotransportada ⟨Mil⟩ *Luftlandedivision* f ‖
~ celular ⟨Biol Gen⟩ *Zellteilung* f ‖ ~ de infantería motorizada *motorisierte Infanteriedivision* f
‖ ~ de la ganancia *Teilung f des Gewinnes* ‖ ~ hidrográfica *Wasserpolizeibehörde* f ‖ ~ orgánica
⟨Mil⟩ *Division f ohne Kavallerie* ‖ ~ de las palabras *Silbentrennung* f ‖ ~ del trabajo *Arbeitsteilung* f ‖ problema de ~ *Divisionsaufgabe* f ‖
–sional adj *Teilungs-* ‖ **–sionario** adj *Teilungs-* ‖
⟨Mil⟩ *Divisions-* ‖ mando ~ ⟨Mil⟩ *Divisionskommando* n ‖ **–sionismo** *m Spaltertätigkeit* f ‖

–so pp/irr v. **–dir** ‖ **–sor** m ⟨Math⟩ Divisor, Teiler m ‖ ⟨Tech⟩ Teiler, Teilapparat m ‖ máximo común ~ ⟨Math⟩ größter gemeinschaftlicher Teiler m ‖ **–soria** adj/s: (línea) ~ de aguas Wasserscheide f ‖ **–sorio** adj trennend, teilend ‖ Grenz-, Scheide - ‖ línea ~a Teil-, Grenz|-linie f ‖ ~ m ⟨Typ⟩ Teilgabel f ‖ Tenakel, Divisorium n, Manuskripthalter m
divo adj vorzüglich ‖ göttergleich ‖ ⟨Th⟩ hervorragend (Sänger) ‖ ~ m ⟨poet⟩ heidnischer Gott m ‖ ⟨Th⟩ fig Bühnengröße f (Sänger usw)
divor|ciado adj geschieden (Ehe) ‖ fig getrennt ‖ ~ de la realidad welt, wirklichkeits|fremd ‖ ~ m Geschiedene(r) m ‖ **–ciar** vt trennen, scheiden (die Ehe) ‖ fig voneinanderbringen, trennen ‖ ◊ hacerse ~ sich scheiden lassen ‖ ~**se** sich trennen od scheiden lassen (Gatten) ‖ fig auseinandergehen, sich trennen ‖ **–cio** m Ehe|scheidung, -trennung f ‖ fig Trennung, Scheidung f ‖ acción (bzw demanda) de ~ Scheidungsklage f ‖ en ~ con getrennt von ‖ ~ moral sittliche Trennung f ‖ ~ vincular Scheidung f vom Eheband
divul|gación f Verbreitung f ‖ Bekanntmachung, Ausbreitung f ‖ Bekanntwerden n, Verlautbarung f ‖ Popularisierung, gemeinverständliche Darstellung f ‖ obra (od libro) de ~ populärwissenschaftliches Buch n ‖ ~ agrícola landwirtschaftliche Beratung f ‖ **–gador** m Ver-, Aus|breiter m ‖ **–gar** [g/gu] vt verbreiten ‖ ruchbar machen, ausbreiten ‖ aussprengen (Gerüchte) ‖ popularisieren, gemeinverständlich darstellen ‖ ~**se** ruchbar werden, sich verbreiten, bekanntwerden
divulsión f = avulsión
dixi lat = he dicho rednerische Schlußformel
diyambo m Di-, Doppel|jambus m (Versfuß)
diz: ~ que fam = dicen que ‖ man sagt, daß ..., angeblich ...
Dl. Abk = decalitro(s)
dl. Abk = decilitro(s)
dls. Abk m dólares
d/m Abk = dos meses
Dm. Abk = decámetro(s)
dm. Abk = decímetro(s)
D.ⁿ, d.ⁿ Abk = Don, don
dna(s) Abk = docena(s)
d.° Abk = daño
¹**do** adv ⟨poet⟩ = donde
²**do** m ⟨Mus⟩ das C ‖ ~ sostenido ⟨Mus⟩ Cis n ‖ ~ sostenido doble ⟨Mus⟩ Cisis n ‖ ~ bemol ⟨Mus⟩ Ces n ‖ ~ de pecho hohes C, Tenor-C n ‖ figf Höchstleistung f
dobla f altspan. Goldmünze f ‖ fam Verdopp(e)-lung f (des Einsatzes) ‖ Chi Gratiessen n ‖ Chi ⟨Bgb⟩ Tagesschürflohn m ‖ ~**s** pl fam Geld n
dobla|damente adv v. **–do** ‖ **–das** fpl Cu Abendläuten n ‖ **–dillo** m (Kleider) Saum, umgeschlagener Saum m ‖ Strichzwirn m ‖ **–do** adj doppelt, Doppel- ‖ fig kräftig, gedrungen, untersetzt, stämmig (Person) ‖ fig doppelzüngig, falsch, verschlagen ‖ uneben, bergig (Gelände) ‖ cuello ~ Umlege-, Schiller|kragen m ‖ ~ m ⟨Tech⟩ Biegen n ‖ Falzen n ‖ ⟨Web⟩ Doppelung f
dobla|dor m Falzer, Falzapparat m ‖ Biegegerät n ‖ ⟨El⟩ Verdoppler m, Verdopplerstufe f ‖ **–dora** f ⟨Typ⟩ Falzmaschine f ‖ **–dura** f Falte f ‖ Falz m ‖ Faltenbruch m, Biegung f ‖ ⟨Web⟩ Faltenbruch m ‖ ⟨Hist⟩ Ersatzpferd n ‖ **–je** m ⟨Filmw⟩ Synchronisierung f ‖ **–miento** m Falten n ‖ Biegung f ‖ Verdopp(e)lung f
doblar vt verdoppeln ‖ (zusammen)falten ‖ biegen, krümmen, beugen ‖ knicken ‖ umlegen (Kragen) ‖ fig biegen, bewegen (zu) ‖ ⟨Mar⟩ umschiffen, umsegeln ‖ ⟨Typ⟩ hintergießen (Galvanos) ‖ ⟨Filmw⟩ synchronisieren ‖ ⟨Tech⟩ (ab-, durch)biegen ‖ ⟨Typ Web⟩ doublieren ‖ falzen (Blech) ‖ ⟨Mar⟩ umfahren (Kap) ‖ um die Ecke biegen ‖ Mex jdn niederschießen ‖ ◊ ~ la cabeza das Haupt neigen ‖ fig sterben ‖ ~ la cerviz fig den Nacken beugen, sich unterwerfen ‖ ~ la esquina um die Ecke biegen ‖ fortlaufen ‖ ~ la hoja fig zu e–m ander(e)n Punkt übergehen ‖ ~ a palos verprügeln, fam vertrimmen, fam windelweich schlagen ‖ ~ el paso die Schritte verdoppeln, sehr eilig gehen ‖ ~ la rodilla das Knie beugen ‖ le doblas la edad du bist zweimal so alt wie er ‖ ~ el trabajo prov feiern, die Arbeit schließen (Fabrik) ‖ ~ los turnos Doppelschichten einlegen ‖ ~ vi abbiegen (von der Richtung) ‖ ⟨Kath⟩ zwei Messen an e–m Tag lesen ‖ läuten (für e–n Toten) ‖ ⟨Taur⟩ e–e Wendung machen ‖ ⟨Th⟩ e–e Doppelrolle spielen ‖ el precio ha doblado der Preis hat sich verdoppelt ‖ ~ (a) otra calle in e–e and(e)re Straße einbiegen ‖ ~**se** sich biegen ‖ sich durchbiegen ‖ sich krümmen ‖ fig sich der Gewalt fügen, sich beugen (& vi) ‖ zusammenknicken ‖ ◊ antes ~ que quebrar lieber biegen als brechen
¹**doble** adj/adv doppelt, zweifach, Doppel- ‖ stark, stämmig ‖ ⟨Bot⟩ gefüllt (Nelke usw) ‖ fig heuchlerisch, doppelzüngig, falsch ‖ ~ bemol ⟨Mus⟩ Doppel-B n (bb) ‖ ~ contra sencillo zwei gegen eins (Wette beim Spiel) ‖ ~ cuerda ⟨Mus⟩ Doppelgriff m ‖ ~ franqueo doppeltes Porto n ‖ ~ sostenido ⟨Mus⟩ Doppelkreuz n (×) ‖ ~ ventana Doppelfenster n ‖ ~ vía ⟨EB⟩ Doppelgleis n ‖ doppel-, zwei|gleisige, zwei|spurige Strecke ‖ cerveza ~ Doppel-, Stark|bier n ‖ clavel ~ gefüllte (Garten)Nelke f ‖ ~ columna ⟨Arch⟩ Doppelsäule f ‖ ⟨Typ⟩ Doppelspalte f ‖ ~ fondo Doppelboden m (Koffer usw) ‖ de ~ fondo fig listig, hinterhältig ‖ zweideutig ‖ letra ~ Doppelbuchstabe m (ll, rr) ‖ oro ~ Dubleegold n ‖ punto ~ Doppelpunkt m ‖ la teneduría de libros por partida ~ die doppelte Buchhaltung ‖ tipo ~ Doppelwährung f ‖ al ~ noch einmal soviel
²**doble** m das Doppelte ‖ Doppelgänger m ‖ Falte f ‖ Falz m ‖ Bügelfalte f, Hosenkniff m ‖ Totengeläut(e) n ‖ ⟨Com⟩ Prolongationsgebühr f im Termingeschäft ‖ ⟨Com⟩ Duplikat n ‖ Rückkaufgeschäft n (Börse) ‖ ⟨Filmw Th⟩ Double n ‖ ⟨Lit⟩ Dublette f ‖ Pasch m (beim Domino) ‖ Chi Doppelliter m ‖ △Todeskandidat m ‖ △Diebeshelfer m ‖ △Polizeiinspektor m ‖ ~ de cerveza großes Glas Bier (etwa ¹/₃ l) ‖ ◊ costar el ~ das Doppelte (doppelt soviel) kosten ‖ jugar el ~ doble spielen (Billard) ‖ ~**s** pl Rioja ein Kuttelgericht n ‖ ◊ ~ a tres ~ y un repique Am figf auf dem letzten Loch(e) pfeifen
doble|gable adj biegsam ‖ faltbar ‖ **–gadizo** adj gefügig ‖ nachgiebig ‖ **–gar** [g/gu] vt biegen, krümmen ‖ beugen ‖ fig nachgiebig machen ‖ ~**se** nachgeben ‖ fig sich demütigen, kriechen ‖ **–mente** adv doppelt ‖ um so mehr, desto mehr ‖ fig listig, falsch, hinterhältig ‖ **–te** m Doppeltaft m ‖ dublierter Ball m (Billard) ‖ ⟨Mus⟩ Dubletteregister n der Orgel ‖ ⟨Lit⟩ Dublette f (→ a **dipolo**)
¹**doblez** [pl –ces] m (Bügel)Falte f, Hosenkniff m ‖ Einschlag m (am Ärmel) ‖ Doppelung f (Kleidung) ‖ Falz m ‖ Bruch m (im Papier)
³**doblez** [pl –ces] m/f Falschheit, Zweizüngigkeit, Arglist f ‖ Scheinheiligkeit f ‖ sin ~ ohne Falsch
doblón m Dublone, frühere span. Goldmünze f ‖ chil. Goldmünze f ‖ ◊ apalear ~es figf steinreich sein, fam stinkreich sein
***doblonada** f fam Menge f Geld
dobra f port. Goldmünze f
doc.ª, doc. Abk = docena
△**docample** adv wohin immer
doce adj/m zwölf ‖ zwölfter ‖ Carlos ~ Karl XII. ‖ ~ de agosto am 12. August ‖ a las ~ de la noche um 12 Uhr nachts ‖ ◊ echarlo (todo) a ~ figf außer sich geraten ‖ fam ein Gespräch absichtlich überschreiten ‖ ~**añista** m/adj Anhänger bzw Verfasser m der Verfassung v. Cádiz (1812)
doceavo m/adj → **dozavo**
docén m Zar bewaldrechtetes Holz n

doce|na *f Dutzend* n || *(etwa) zwölf* || la ~ del fraile joc *13 Stück* || ◊ no entrar ~ (con) figf *vom Rest verschieden sein* || vender por ~(s) *dutzendweise verkaufen* || a ~s *dutzendweise, zu Dutzenden* || **–nal** adj *dutzendweise verkauft* || **–no** adj *der, die, das zwölfte*
docen|cia *f Lehramt* n || *Lehrberuf* m || *Lehre* f || *Arg Lehrkörper* m || ◊ ejercer la ~ *lehren* || **–te** adj *lehrend, unterrichtend, Lehr-* || centro ~ *Unterrichtsanstalt* f || cuerpo ~ *Lehrerkollegium* n || *Lehrkörper* m || ~ m *Unterrichtende(r)* m || *Dozent* m
docetismo m ⟨Rel⟩ *Doketismus* m
docible adj = **dócil**
docientos adj = **doscientos**
dócil adj *füg-, folg-, bieg-, schmieg|sam, geschmeidig* || *artig* || *willig, gefügig* || *nachgiebig* ¶ *gelehrig* || *gehorsam* || *abrichtbar (Tiere)* || *dehnbar (Metall)* || *gut zu bearbeiten (Werkstoff)* || ~ de condición *folgsam veranlagt* || ~ para aprender *lerneifrig, gelehrig* || adv: ~**mente**
docili|dad *f Gelehrigkeit* f || *Folgsamkeit, Nachgiebigkeit, Fügsamkeit* f || *Geschmeidigkeit* f || *Dehnbarkeit* f || **–tar** vt *gelehrig, fügsam machen*
docima|sia *f* ⟨Hist⟩ *Dokimasie* f *(bei den alten Griechen)* || ⟨Bgb⟩ *Probierkunst, Dokimastik* f || ⟨Med⟩ *Probe, Dokimasie* f || **–siología** *f* ⟨Med⟩ *Probierkunst, Dokima|siologie, -stik* f
dock *m* engl *Dock* n || *Lager|hof* m, *-haus* n || *Hafenlager* n || ~ *flotante Schwimmdock* n || (→ a **dársena**) || derechos de ~ *Dock-, Lager|-geld* n || ~**er** *m* engl *Hafenarbeiter* m
Doct. Abk = **Doctor**
docto adj *gelehrt* || *kenntnisreich* || *bewandert* (en *in* dat) || adv: ~**amente** || ~ m *Gelehrte(r)* m
doctor *m Doktor* m || fam *Arzt, Doktor* m || fig *(hervorragender) Lehrer, Meister* m || *Kirchen|lehrer, -vater* m || ~ en cánones *Doktor* m *des Kirchenrechts* || ~ en farmacia *Doktor* m *der Arzneikunde, Dr. pharm.* || ~ en ciencias naturales *Doktor* m *der Naturwissenschaften, Dr. rer. nat., Dr. sc. nat.* || ~ en filosofia y letras *Doktor* m *der Philosophie, Dr. phil.* || ~ graduado *Doktor* m *de la Iglesia Kirchenlehrer* || grado de ~ *Doktorwürde* f || ~ honoris causa, ~ honorífico *Ehrendoktor* m, *Doktor* m *Ehren halber, Dr. h. c., Dr. E. h.* || ~ en leyes, ~ en derecho *Doktor* m *der Rechte, Dr. jur.* || ~ en medicina *Doktor* m *der Medizin, Dr. med.* || ~ titulado *Doktor* m *mit Berufsberechtigung* || ~ en teología *Doktor* m *der Theologie, D. theol.* || los ~es de la ley *die Schriftgelehrten* mpl *(Bibel)*
docto|ra *f Ärztin* f || fam *Frau e–s Arztes* || figf *Blaustrumpf* m || **–ración** *f*, **–ramiento** *m Verleihung* f *der Doktorwürde* || **–rado** f || *Doktorwürde* f || *Doktortitel* m || *Promotion* f || *Doktor|prüfung* f, *-examen* n || fig *genaue Fachkenntnis* f || **–ral** adj *Doktor(en)-* || *pedantisch* || tesis ~ *Dissertation, Doktorarbeit* f || adv: ~**mente** **–rando** *m Doktorand* m || **–rar** vt *(zum Doktor) promovieren* || ~**se** *die Doktorwürde erhalten, promovieren, s–n Doktor machen* || ⟨Taur⟩ = tomar la **alternativa** (→ d) || **–rear** vi fam *den Gelehrten spielen*
doctor|cillo, –cito *m* fam desp v. **doctor**
doctri|na *f Unter|richt* m, *-weisung* f || *Lehre, Doktrin* f, *Lehrsätze* mpl || *Gedankengut* n || *(Lehr/Meinung* f || *Gelehrtheit* f || ⟨Rel⟩ *Doktrin* f || *Katechismus* m || ⟨Philos⟩ *Lehre* f || ⟨Philos⟩ *Schule* f || Am *Ordenspfarre* f || Am *Dorf* n *christlicher Indianer* || ~ *condenada verurteilte Lehre* f (& ⟨Kath⟩) || ~ *corporativa Korporationslehre* f || ~ *cristiana Christenlehre* f *(Lehrfach)* || ~ *fundamental Grundlehre* f || *hijas de la* ~ *cristiana Ursulinernonnen* fpl || ~ *jurisprudencial rechtswissenschaftliche (Lehr)Meinung* f || *Rechtsprechung* f || ~ de Monroe ⟨Pol⟩ *Monroedoktrin* f || ~ *racial Rassenlehre* f || ~ *(legal) vigente gel-*

tende Rechtslehre f || ◊ beber la ~ *jds Lehre genau befolgen, beachten* || no saber la ~ figf *sehr unwissend sein* || **–nal** adj *belehrend, Lehr-, dogmatisch* || ~ m *Unterrichtswerk* n || *Lehrbuch* n *(bes* ⟨Rel⟩ *u* desp) || **–nar** vt/i *(be)lehren, unterweisen* || → **adoctrinar** || **–nario** m/adj *Doktrinär, Pedant, Schulfuchs* m || fig *Prinzipienreiter* m || ~ adj *doktrinär* || **–narismo** m *Schulweisheit* f || *Theoretisieren* n || *Doktrinarismus* m || **–nero** m *Katechet, Unterweiser* m *in der christlichen Lehre* || Am ⟨Hist⟩ *Pfarrer* m *e–s christlichen Indianerdorfs* || **–no** m *Waisenhauszögling* m || ◊ parecer un ~ figf *sehr schüchtern sein*
documen|tación *f Beurkundung* f || *Beleg* m || *Dokumentation* f || *urkundliches Beweismaterial* n || *Unterlagen* fpl || *Ausweispapiere* npl || *Schrift-, Reise|papiere* npl || ~ *del buque (coche) Schiffs-, (Wagen)|Papiere* npl || ~ *fotográfica Bildmaterial* n || ~ *justificativa Belege* mpl || **–tado** adj *mit Belegen, (urkundlich) belegt* || *genau unterrichtet* || *mit Ausweispapieren ausgestattet* || **–tal** adj *urkundlich, beurkundet* || *durch Urkunden gestützt* || *Beweis-* || ~ m *Dokumentarfilm* m || *Kulturfilm* m || **–talmente** adv *urkundlich* || *dokumentarisch* || *an Hand von Belegen* || *aktenmäßig* || **–tar** vt *beurkunden, urkundlich beweisen* || *belegen* || *informieren* || ~**se** vr *sich Belege verschaffen (sobre über* acc*)* || *Unterlagen sammeln* || **–to** (Abk **docum.**[l.]) *m Belehrung, Vorschrift* f || *Dokument* n, *Urkunde* f || fig *Beweis* m || *Beleg* m || *Unterlagen* fpl, *Papiere* npl || ~ *auténtico* ⟨Jur⟩ *öffentliche Urkunde* f || ~ *nacional de identidad* Span *Kennkarte* f, *Personalausweis* m || ~ *justificativo Beleg* m || *Beweisstück* n || ~ *al portador (endosable, transferible) übertragbare Urkunde* f || ~ *probatorio Beleg* m, *Beweisurkunde* f || *falsedad* en ~ *Urkundenfälschung* f || ◊ servir de ~ *als Beweis dienen* || ~**s** mpl: ~ *de aduana Zollpapiere* npl || ~ *en cartera Wechselbestand* m || ~ *de embarque Verschiffungsdokumente* npl || *Verladepapiere* npl || *Schiffspapiere* npl
△**docurdó** *m Schullehrer* m
dode|caedro *m* ⟨Math⟩ *Zwölfflächner* m, *Dodekaeder* n || **–cafonía** *f*, **–cafonismo** *m Zwölfton|-musik* f, *-system* n; *Dodekaphonie* f || **–cafonismo** adj *dodekaphonisch* || **–cágono** *m Zwölfeck* n || **–casílabo** m/adj *Zwölfsilbner* m *(Vers)* || ~ adj *zwölfsilbig*
¹**doga** *f* Mancha *(Faß)Daube* f
²**doga** *f Geldstück* n *v. 10 céntimos* || *Schuld* f
dogal *m Strick* m *zum Anbinden von Tieren* || *Galgenstrick* m, *Schlinge* f || *Schleifknoten* m *(zum Holzbinden)* || figf *Tyrannei* f, *Joch* n || ◊ estar con el ~ al cuello fig *in äußerster Not sein* || estoy con el ~ al cuello figf *mir steht das Wasser bis zum Hals* || echar el ~ a alg. fig *jdn unterjochen, pop unterkriegen* || *jdm an die Kandare nehmen*
dogaresa *f Dogaressa, Gemahlin* f *e–s Dogen*
dog|ma *m (Glaubens)Lehrsatz* m || *Dogma* n || allg *Lehre* f || *Lehrbegriff* m || *Grundsatz* m *e–s Lehrsystems* || **–mática** *f Dogmatik* f || **–mático** adj *dogmatisch* || *die (Glaubens)Lehre betreffend* || fig *lehrhaft* || *streng gebunden (an Lehrsätze)* || ~ m *Dogmatiker* m
dogma|tismo *m Dogmatismus* m || *Lehrsätze* mpl *e–r Wissenschaft* || *dogmatische Haltung* f || *dogmatische Äußerungen* fpl || fig *Einbildung, Schulmeisterei* f || **–tista** *m Anhänger* m *starrer Lehren* || **–tizador, -tizante** adj *dogmatisierend* || **–tizar** [z/c] vt/i *dogmatisieren* || *zum Dogma erheben* || *in lehrhaftem Ton sprechen bzw schreiben* || fig *schulmeistern*
dogo adj: (perro) ~ *Dogge* f || *Hetzhund, Hasenhetzer* m
dogre *m* ⟨Mar⟩ *Doggen(boot* n*)* m
dohor *m* Marr *Mittagsgebet* n
△**dojí** *m Schuld* f || *Laster* n

dola|dera adj: (segur) ~ *Böttcherbeil* n ||
Breithacke f || **-dor** m *Faßhobler* m || **-dura** f
Hobelspan m, *Hobelspäne* mpl
  dolar [-ue-] vt *(ab)hobeln* || *abkanten (Stein)*
  dólar m *Dollar* m || ~ *oro Golddollar* m || *área
(od zona) del* ~ *Dollar|raum, -block* m || *la Princesa del* ⁓ *die Dollarprinzessin (Operette von
L. Fall)*
  dolce adj it ⟨Mus⟩ *dolce, süß, sanft*
  dolencia f *Leiden* n, *Krankheit* f, *Gebrechen* n ||
~ *secreta geheime Krankheit* f
  doler [–ue–] vi *weh(e) tun* (a alg. *jdm*), *schmerzen* (a alg. *jdn*) (& fig) || fig *jdm leid tun* || ◊ *me duele la cabeza ich habe Kopfweh* || *me duele que* Vd.
subj *es schmerzt mich, daß Sie* ind || *no me duele el
dinero Geld ist mir dabei Nebensache* || ¡ahí le
duele! figf *das ist des Pudels Kern! das ist (od da
steckt) der Haken!* || **~se:** ~ de a. *et bereuen* || *bedauern, beklagen* || *über et klagen* (acc) || ~ de
alg. *jdn bedauern* || *se duele de la cabeza er klagt
über Kopfschmerzen* || ~ con alg. *jdm sein Leid
klagen*
  dolerita f *Dolerit* m *(ältere Bezeichnung für
grobkörnige basaltische Gesteine)*
△**dolí** m *Altar* m
  dolicocéfalo m/adj ⟨An⟩ *Dolichozephale, Langschädel* m || ~ adj *langschädelig*
  dolido adj *schmerzerfüllt, leidend* || *estar* ~ de
(od por) sich beleidigt fühlen durch (acc) || ◊ *estar*
~ *con alg. sich durch jds Benehmen verletzt
fühlen*
  doliente adj *unpäßlich, krank* || *leidend* || *betrübt* || **leidtragend* || ~ m *Kranker, Patient* m ||
nächster Leidtragende(r) m *e-s Verstorbenen*
  dol(i)mán m *Dolman* m, *Husarenpelzjacke* f
  dolina f ⟨Geol⟩ *Doline* f *(Karsttrichter)*
  dolmen m *Dolmen* m, *keltisches Steindenkmal,
keltisches Hünengrab* n
  dolo m ⟨Jur⟩ *Vorsatz, Dolus* m || *Arglist* f ||
arglistige Täuschung f || *Schädigungsabsicht* f ||
Betrug m
  dolobre m *Spitzhaue* f
  dolo|mía, –mita f *Dolomit* m || **-mítico** adj
⟨Min⟩ *dolomithaltig, Dolomit-, dolomitisch*
  dolor m *Schmerz* m, *Weh* n, *Pein* f || *Betrübnis* f
|| *Leid* n || *Wehen* fpl || *Reue* f, *Reuegefühl* n || ~ *agudo heftiger Schmerz* m || ~ *de choque Stoßschmerz* m || ~ *de vientre Leibweh* n || ~ *de cabeza Kopfweh* n || ~ *de costado Seitenstechen* n ||
~ *desgarrante reißender Schmerz* m || ~ *de muelas Zahnweh* n || ~ *de oído Ohren|stechen, -weh*
n || ~ *de viuda,* ~ *de viudo tiefes, rasch vorübergehendes Leid* n || fig *durch e-n heftigen Schlag
verursachter Schmerz in den Knochen* || ~ *fulgurante jäher, brennender Schmerz* m || ~ *lancinante stechender Schmerz* m || ~ *pulsativo pulsierender Schmerz* m || ~ *pungitivo stechender Brustschmerz* m || ~ *reflejo reflektorischer Schmerz* m
|| ~ *roedor nagender Schmerz* m || ~ *tensivo,* ~
tirante dehnender, ziehender Schmerz m || ~ *terebrante,* ~ *triturante bohrender Schmerz* m || ~
urente brennender Schmerz m || ~ *de vientre Leibschmerzen* mpl || ¡que ~! *wehe, wehe!* || **~es** pl:
~ *expulsivos,* ~ *concuasantes* ⟨Med⟩ *Treibwehen* npl || *(del parto) Geburtswehen* npl ||
Virgen de los ⁓*es (Nuestra Señora del Mayor* ⁓*)
die Jungfrau der Schmerzen, die Schmerzensreiche* || *los* ⁼*es de Nuestra Señora die sieben Schmerzen Mariä (Freitag vor der Karwoche)* || ◊ *estar
con* ~ *in Kindesnöten liegen (Frau)*
  dolora f *Klagelied* n *(span. Elegienform von
Campoamor)*
  dolorci|llo, –to m dim v. **dolor**
  Dolo|res (dim **–ritas**) f np *Dolores (span.
Frauenname)* (→ **dolor**)
  dolo|rido adj *schmerzend* || *traurig, betrübt* ||
klagend, stöhnend || **-riento** adj *schmerzerfüllt,
leidend* || **-rimiento** m *Schmerzgefühl* n || *Schmerz*

m || ⁼**rosa** f *Mater Dolorosa, Schmerzensmutter* f ||
la ~ figf *die Rechnung* f *(bes in der Gaststätte)* ||
-roso adj *schmerzlich, schmerzhaft, peinlich* ||
traurig || *betrüblich, beklagenswert, kläglich*
  doloso adj *arglistig* || *vorsätzlich, dolos* || *betrügerisch* || *no* ~ *unvorsätzlich*
  dóllar, dollar m = **dólar**
  dóllimo m ⟨Zool⟩ Chi *Flußmuschel* f (Unio chilensis)
  dom m *Dom* m *(Titel der Ordensgeistlichen
bei Salesianern, Kartäusern und Benediktinern)*
  D.O.M. Abk = **Deo Optimo Máximo**
  doma f *Zähmung, Abrichtung f (von Tieren)* ||
fig *Bezähmung* f *(der Leidenschaften)*
  doma|ble adj *zähmbar, bezwingbar* || **-dor** m
Tierbändiger, Dompteur, Dresseur m || *Bezwinger*
m || ~ *de potros Zureiter* m || f: **-a** *Dompteuse* f ||
-dura f *Zähmung, (Tier)Bändigung, Dressur* f ||
fig *Bezwingung, Bezähmung* f
  domar vt *zähmen, bändigen* || *zureiten (Füllen)*
|| fig *bezwingen, unterwerfen* || *zügeln*
  dombo m Am *Gewölbe* n || (→ a **domo**)
  domeñar vi ⟨Lit⟩ *zähmen* || *über jdn Herr werden,
jdn bezwingen* || *erweichen, beugen* || *unterwerfen*
  doméstica f *Magd* f, *Dienstmädchen* n || *Hausangestellte* f
  domesti|cable adj *leicht zu zähmen* || *zähmbar*
|| *zu bändigen* || **-cación** f *Zähmung* f || *Abrichtung* f || **-cado** adj *zahm, gezähmt* || **-cador** m
Zähmer m
  domésticamente adv *häuslich* || *vertraulich*
  domesti|car [c/qu] vt *zähmen, domestizieren
(Tiere)* || *dressieren (Tiere)* || fig *zähmen, verfeinern* || fig *bändigen* || *(be)sänftigen (rauhes
Wesen)* || **~se** vr *sich beherrschen* || **-cidad** f *häusliches Wesen* n, *Häuslichkeit* f || *Leutseligkeit* f ||
Zahmheit f || **-cismo** m fam *Kriecherei* f, *Knechtsinn* m
  doméstico adj *häuslich, Haus-* || *zahm (Haustier)* || *Haus-* || *innere(r, s)* || *animal* ~ *Haustier*
n || *educación* ~*a häusliche Erziehung, Familienerziehung* f || *objetos* ~*s Hausgerät* n || *servicio* ~
häuslicher Dienst m || ~ m *Hausdiener, Bediente(r)* m || *Dienstbote* m || *Hausangestellte(r)* m
  domestiquez [pl **-ces**] f *Zahmheit, Sanftheit* f
(e-s Tieres)
  domici|liación f *Niederlassung* f || *Domizilierung* f *(Wechsel)* || ~ *fortuita Notadresse* f
(Wechsel) || **-liado** adj *ansässig, seßhaft, wohnhaft (en in* dat*)* || *mit Sitz (en in* dat*)* || *letra (de
cambio)* ~*a Domizilwechsel* m || ◊ *estar* ~ *en s–n
Wohnsitz haben in* (dat) || ~ m *Ortsansässiger* m ||
Domiziliat m *(Wechsel)* || **-liante** m *Domiziliant*
m || **-liar** vt *ansiedeln* || *einheimisch machen, einbürgern* || *(e–n Wechsel) domizilieren (en bei)* ||
Mex *adressieren (Briefe)* || **~se** *sich ansiedeln,
sich niederlassen* || *ansässig werden* || *s–n (festen)
Wohnsitz nehmen* || **-liario** adj *ortsansässig* || *Haus-*
|| *Heim-* || *Wohnsitz-* || *visita* ~*a, registro* ~ *Haussuchung* f || ~ m *(Orts)Ansässiger* m || **-lio** m
Aufenthaltsort, Wohn|ort, -sitz m || *Haus* n,
Wohnung f || *Sitz* m *(e-r juristischen Person)* ||
Niederlassung, Ansiedlung f || *(Wechsel)Domizil*
n, *Zahlstelle* f || ~ *conyugal ehelicher Wohnsitz*
m, *Ehewohnung* f || ~ *forzoso Zwangswohnsitz* m
|| ~ *legal gesetzlicher Wohnsitz* m || *Rechtssitz* m ||
~ *social* ⟨Com⟩ *Sitz m der Gesellschaft* f *(derecho de)* ~ *Heimats-, Bürger|recht* n || *Wohn-,
Niederlassungs|recht* n || *entrega (od distribución)* a ~ *Zustellung* f *ins Haus* || *prohibición de*
~ *Aufenthaltsverbot* n || *servicio* a ~ *Lieferung*
f *frei Haus* || ◊ *adquirir (od contraer)* ~ *seinen
Wohnsitz aufschlagen, sich einbürgern* || *buscar
a* ~ *vom Hause abholen* || *declarar* ~ *bei der
Polizei melden (Polizeiaufsicht)* || *fijar (od* establecer*) su* ~ *s–n Wohnsitz nehmen, sich niederlassen*
|| *llevado (entregado, recogido) a* ~ ⟨Com⟩ *ab,
frei Haus* || *servir a* ~ *frei Haus liefern* || *sin* ~ *ob-*

dominación — doncella 444

dachlos ‖ sin ~ fijo *ohne festen Wohnsitz* ‖ pluralidad de ~s *mehrfacher Wohnsitz* m
domi|nación *f (Ober) Herrschaft* f ‖ *Beherrschung* f ‖ ⟨Mil⟩ *beherrschende Anhöhe* f ‖ ⟨Gen⟩ → **-nancia** ‖ ~ *extranjera Fremdherrschaft* f ‖ **-nado** adj *beherrscht* ‖ *unterworfen* ‖ **-nador** adj *herrisch* ‖ *herrschsüchtig* ‖ *beherrschend* ‖ espíritu ~ *Herrschergeist* m ‖ ~ *m (Be-) Herrscher, Gebieter* m ‖ **-nalidad** *f* ⟨Jur⟩ *Eigentumseigenschaft* f ‖ **-nante** adj *herrschsüchtig, anmaßend* ‖ *vorherrschend (Meinung)* ‖ *herrschend, dominierend* ‖ *überwiegend* ‖ *Haupt-* ‖ ⟨Gen Biol⟩ *dominant* (→ a **recesivo**) ‖ ~ *f* ⟨Mus⟩ *Dominant* m ‖ ⟨Astrol⟩ *Herrscher, Dominant* m ‖ ⟨Typ⟩ *Dominante* f, *vorherrschendes Merkmal* n ‖ **-nar** vt *(be)herrschen* ‖ *beherrschen (Sprache, Macht)* ‖ *bändigen, unterjochen* ‖ *hervorragen über* (acc) ‖ *bezwingen* ‖ *meistern* ‖ ⟨Mil⟩ *überragen, beherrschen* ‖ *übertönen (Geräusch)* ‖ fig *die Aussicht beherrschen (von hoch gelegenen Punkten(* ‖ fig *eindämmen* ‖ ◊ ~ *la dirección* ⟨Aut⟩ *führen* ‖ ~ *con la vista beherrschen (Aussicht), überblicken* ‖ vi *herrschen* ‖ *vorherrschen (Meinung)* ‖ ~ *sobre hoch aufragen über* (acc) ‖ *emporragen über (Berg, Gebäude)* ‖ ~se *sich selbst beherrschen* ‖ **-nativo** adj = **-nante** ‖ **-natriz** [*pl* **-ces**], **-nadora** *f Herrscherin, Gebieterin* f
dómine *m* fam *(Haus) Lehrer* m ‖ desp *Schulmeister* m ‖ cara de ~ fam *ernstes, trübseliges Gesicht* n ‖ → a ¹**chupa**
domin|gada *f Sonntagsvergnügen* n ‖ *sonntägliches Fest* n ‖ **-go** *m Sonntag* m ‖ ~ *de Cuasimodo,* ~ *in albis Weißer Sonntag* m ‖ ~ *de Pentecostés Pfingstsonntag* m ‖ ~ *de Ramos Palmsonntag* m ‖ ~ *de Resurrección,* ~ *de Pascua Ostersonntag* m ‖ *vestido (od* traje) de ~ *Sonntagskleid* n ‖ ◊ *hacer* ~ *blauen Montag machen* ‖ *vestirse de* ~ *sich sonntäglich anziehen* ‖ (los) ~s y *días festivos an Sonn- und Festtagen* ‖ *m* np *Dominikus* (Tfn) ‖ Santo ~ *Santo Domingo (Hauptstadt der Dominikanischen Republik)*
domin|guejo *m* = **-guillo** ‖ Am fig *armer Teufel* m ‖ Chi Pe *verachtenswerter Trottel* m ‖ Chi Pe *Vogelscheuche* f ‖ **-guero** adj *sonntäglich, Sonntags-* ‖ traje ~ *Sonntags|kleid* n bzw *-anzug* m ‖ ~ *m* fam desp ⟨Aut⟩ *Sonntagsfahrer* m ‖ **-guillo** *m* dim *v.* **-go** ‖ *Gaukelmännchen, Stehaufmännchen* n ‖ fig *den man zum besten hat* ‖ ◊ *traer a uno hecho (od* como) un ~ figf *jdm keine Ruhe lassen, jdn herumhetzen*
dominial adj *eigentumsrechtlich* ‖ *auf ein Herrschaftsgebiet bezüglich*
dominica *f Dominikanernonne* f
dominica *f* lat *Sonntag (sperikope f)* m
domini|cal adj *sonntäglich, Sonntags-* ‖ *herrschaftlich* ‖ *gutsherrlich* ‖ *eigentumsrechtlich* ‖ *Eigentums-* ‖ *Eigentümer-* ‖ *auf Gott bezüglich, des Herrn* ‖ escuela ~ *Sonntagsschule* f ‖ oración ~ *Vaterunser, Gebet* n *des Herrn* ‖ **-cano** adj *aus Santo Domingo, dominikanisch* ‖ ~ *m Bewohner* m *der Dominikanischen Republik* ‖ *Dominikanermönch* m
dominico adj/s *Herrschafts-* ‖ ⟨Kath⟩ *dominikanisch, Dominikaner- (Orden)* ‖ (fraile) ~ *Dominikanermönch* m ‖ ~ *m* Cu MAm *kleine Banane (nart)* f
dominio *m Macht, Gewalt, (Ober) Herrschaft* f ‖ *Eigentum (sgewalt f)* n ‖ *Besitz* m, *Gut* n ‖ *Gebiet* n ‖ *Revier* n (& ⟨Zool V⟩) ‖ *Domäne* f ‖ *Beherrschung* f *(z. B. e-r Sprache)* ‖ fig *Gebiet, Fach* n, *Zuständigkeit, Kompetenz* f ‖ ~ *aéreo Lufthoheit* f ‖ *Luftraum* m ‖ ⟨Mil⟩ *Überlegenheit im Luftraum, Luftherrschaft* f ‖ ~ *público Staatseigentum* n ‖ *de* ~ *público fam allgemein bekannt* ‖ *bienes comunes de* ~ *público öffentliches Eigentum* n ‖ ~ *sobre sí,* ~ *propio Selbstbeherrschung* f ‖ *acto de* ~ *Verfügung* f ‖ *hoheitliche Handlung* f ‖ ◊ *ejercer* ~ *sobre alg. Gewalt über jdn ausüben,*

haben ‖ *ser del* ~ *público Gemeingut bzw Staatseigentum sein* ‖ *con reserva de* ~ *unter Eigentumsvorbehalt* ‖ los ~s *británicos* ⟨Hist⟩ *die britischen Dominions* npl
dominó (And **dómino**) *m Domino(spiel)* n ‖ *Domino* m *(Maskenkostüm)* ‖ ◊ *hacer un* ~ *im Dominospiel gewinnen*
Dom.° *m* np Abk = **Domingo**
domo *m* ⟨Arch⟩ *Kuppel* f ‖ ⟨Tech⟩ *Dom* m
dompedro *m Wunderblume* f (→ **dondiego**) ‖ *Nachtstuhlbecken* n
¹**don** *m Don, Herr* m *(vor dem Taufnamen, intimere, respektvolle Anrede, in* Am pop *auch alleinstehend, in der Ansprache)* ‖ ~ *Carlos (Moreno), Herr Karl Moreno* ‖ *Señor* ~ *(señor* ~) *... Herr m (in Anschriften od höflicher Ansprache)* ‖ ~ *Cómodo* fam *auf seine Bequemlichkeit bedachter Mensch* m ‖ ~ *Diego* = **dondiego** ‖ ~ *Juan* fig *Herzensbrecher, Frauenheld* m ‖ ~ *Nadie* fam *(Junker) Habenichts* m, fam *e-e Null* f ‖ ~ *Pedro* = **dompedro** ‖ ~ *Pereciendo* fam *Baron von Pumpental* ‖ ~ *Sabelotodo* joc *Alleswisser, Superkluger* m ‖ ni ~ *Pedro, ni Periquillo* figf *weder Herr noch Knecht* ‖ *weder Fisch noch Fleisch* ‖ ◊ *mal suena el* ~ *sin el din ein Titel erfordert Mittel*
²**don** *m Gabe* f, *Geschenk* n ‖ *Gabe, Fähigkeit, Begabung* f, *Talent* n ‖ ~ *de gentes Kunst, sich beliebt zu machen, Gewandtheit im Umgang mit Menschen* ‖ ~ *de lenguas die Gabe der Zungenrede (Bibel)* ‖ *Sprach|begabung* f, *-talent* n ‖ ~ *de mando Herrschergabe* f ‖ *Gabe* f *der Menschenführung* ‖ ~ *natural natürliche Begabung, Naturbegabung* f ‖ *Gabe* f *der Natur* ‖ ~ *de la palabra Wortgewandtheit* f ‖ *Rednertalent* n ‖ ◊ *tener el* ~ *de errar (od de equivocarse) iron es nie treffen,* fam *immer danebenhauen* ‖ *los siete* ~es *del Espíritu Santo die sieben Gaben des Heiligen Geistes* ‖ *los* ~es *de la fortuna die Glücksgüter* npl
¹**dona** *f* Chi *Vermächtnis* n ‖ ~s *fpl Hochzeitsgabe* f *des Bräutigams* ‖ Ast *Angebinde* n
²**dona** *f* Cat *Frau, Dame* f
dona|ción *f* ⟨Jur⟩ *Spende, Schenkung, Zuwendung* f ‖ *Schenkungsurkunde* f ‖ ~ *entre vivos* ⟨Jur⟩ *Schenkung* f *unter Lebenden* ‖ ◊ *hacer* ~ *de schenken, spenden* ‖ **-dío** *m* ⟨Hist⟩ *Schenkung* f ‖ *Landgut* n *(vom König geschenkt)* ‖ Cat *Morgengabe* f ‖ **-do** *m Laienbruder* m *(in e-m Kloster)* ‖ *Pfründenträger* m ‖ **-dor** *m Schenker, Spender* m ‖ ⟨Phys⟩ *Donator* m
donai|re *m Anmut* f *(& im Reden)* ‖ *Niedlichkeit* f ‖ *nette, reizende Art* f ‖ *Grazie, Zierlichkeit* f ‖ *Artigkeit* f, *guter Anstand* m ‖ *Schick, Chic* m ‖ *gewandtes Auftreten* n, *Gewandtheit* f ‖ *Scherz* m ‖ *Witzwort* n ‖ *Kompliment* n ‖ ◊ *decir* ~s *witzig reden* ‖ **-roso** adj *voll Anmut* ‖ *witzig, lustig* ‖ *entzückend, reizend* ‖ *geistreich*
donante *m Schenker, Spender* m ‖ *Stifter* m ‖ *Geber* m ‖ ~ *de sangre Blutspender* m
donar vt ⟨Jur⟩ *(be)schenken* ‖ *spenden, stiften, zuwenden* ‖ *ánimo de* ~ ⟨Jur⟩ *Schenkungsabsicht* f ‖ ⟨Sp⟩ *widmen (z. B. Pokal)*
donas *fpl* → ¹**dona**
donatario *m* ⟨Jur⟩ *Beschenkte(r)* m
donativo *m (milde) Gabe* f ‖ *Geschenk* n, *Spende* f ‖ *Stiftung* f ‖ *Taufgeschenk* n
doncel adj ⟨poet⟩ *jungfräulich* ‖ *jung* ‖ *mild, lieblich (Wein)* ‖ *süß (Paprika)* ‖ ~ *m Edelknabe, Knappe* m ‖ *Mann von unverletzter Keuschheit* ‖ prov *Junge, Bursche* m ‖ ⟨Lit poet⟩ *Jüngling* m ‖ Ar Murc ⟨Bot⟩ *Wermut* m *(Artemisia absinthium)*
donce|lla *f/*adj *Jungfrau* f ‖ *Kammermädchen* n, *Zofe* f ‖ *Haushälterin, Beschließerin* f ‖ ⟨Fi⟩ *Meerjunker* m *(Coris julis)* ‖ ⟨Entom⟩ *Libelle* f ‖ And Col Ven *Fingergeschwür* n ‖ (hierba) ~ *Immergrün* n (Vinca sp) ‖ ~ *de honor Ehren-,* bzw *Braut|jungfer* f ‖ ~ *de labor,* ~ *de cámara*

Kammermädchen n, *Kammerjungfer, Zofe* f ‖ ~ primera ⟨Th⟩ *erste junge Damenrolle* f ‖ **-llez** f *Jungfräulichkeit, Unberührtheit* f ‖ *Jungfrauschaft* f ‖ *mannbares Alter* n

¹**donde** adv *wo, allwo* ‖ *wovon, worin* ‖ *wohin* ‖ ~ quiera = **dondequiera** ‖ a ~ *wohin* ‖ de ~ *woher, von wo* ‖ *woraus* ‖ de ~ se infiere *woraus hervorgeht* ‖ cerca de ~ vivimos *nahe bei unserer Wohnung* ‖ hacia ~, para ~ *wohin (Richtung)* ‖ hasta ~ *wohin (Ziel)* ‖ en ~ *wo* ‖ por ~ *wodurch, wonach, auf dem Wege, wo* ‖ *worüber* ‖ la casa ~ nací *das Haus, wo ich geboren bin* ‖ de ~ *diere fam kopflos, aufs Geratewohl* ‖ ~ no *wo nicht, wenn nicht, im entgegengesetzten Falle* ‖ ahí, ~ *dort, wo* ‖ aquí ~ V. me ve *so wie Sie mich sehen, ich selbst* ‖ *ob Sie es glauben oder nicht, ich* . . . *(bin* bzw *habe usw)* ‖ el pueblo por ~ pasamos *die Ortschaft, über die wir fuhren* ‖ voy ~ mi amigo *ich gehe zu meinem Freunde* ‖ está ~ mi hermano *er ist bei meinem Bruder*

²¿**dónde?** adv *(direkt* od *indirekt fragend) wo?* ‖ ¿a ~? *wohin?* ‖ ¿de ~? *woher?* ‖ *von wo?* ‖ ¿en ~? *wo?* ‖ ¿hacia ~? *wohin?* ‖ *in welche* bzw *welcher Richtung?* ‖ ¿por ~? *durch welchen Ort? woher?* ‖ *warum? weshalb?* ‖ ¿por ~ se va allá? *wie kommt man hin?* ‖ veremos por ~ sale *wir werden erst sehen, wo er hinaus will* ‖ no sé ~ se oculta *ich weiß nicht, wo er sich verborgen hält*

³**dónde** m: el ~ y el cuándo *das Wo und Wann* ‖ sin darse cuenta del ~ ni del cuándo *ohne sich des Ortes und der Zeit bewußt sein*

dondequiera adv *überall* ‖ *irgendwo, wo immer* ‖ ~ que hemos llegado *überall, wo wir ankamen* ‖ ~ que sea *wo(hin) immer es auch sei*

dondiego m ⟨Bot⟩ *Abend-, Wunder|blume* f ‖ ~ de día *Tagblume, Dreifarbige Winde, Affodillilie* f (Convolvulus tricolor) ‖ ~ de noche *Wunderblume* f (Mirabilis jalapa)

dondio adj Ast *weiß (Brot)*

dondos m *Dondo, Negeralbino* m

Doné m fam = *Dionisio*

dóngola f *Bock-, Zicken|leder* n

donillero m fam *Bauernfänger* m *(Falschspieler)*

donjuán m figf *Herzensbrecher, Frauenheld, Don Juan* m ‖ ~ m ⟨Bot⟩ = **dondiego**

donjua|**nesco** ⟨Mil⟩ adj *in der Art des Don Juan, Don-Juan-* ‖ **-nismo** m *Art und Weise (bzw Wesen) des Don Juan, ,,Donjuanismus"*

dono|**sidad** f = **-sura** ‖ **-so** adj *anmutig, nett, niedlich* ‖ *artig, witzig, drollig* ‖ ¡~a ocurrencia! iron *ein glänzender Einfall!* ‖ **-sura** f *Zierlichkeit, Anmut, Grazie* f ‖ *Munterkeit, Lebhaftigkeit* f ‖ *Witzwort* n

donostiarra m/adj *Spanier* m *(Baske) aus San Sebastián*

donqui m Am *Zweitrommel(schlepp)winde* f

donsantiago m Chi ⟨EB⟩ *Schienenbieger* m

doña f *Donna* f, *Ehrenbenennung* f *der (ledigen* od *verheirateten) Spanierinnen, nur vor Taufnamen* (→ a **Don**) ‖ ~ María (Guerrero) *Frau Marie (Guerrero)*

doña|**guil** adj Sal *zu e-r kleinen, runden Olivenart gehörig* ‖ **-juanita** f Mex *Haschisch* n

doñear vi *ein Schürzenjäger sein*

doparse vt/r Am *betäubende Mittel zu sich nehmen*

dope m *Wirkstoff* m, *Zusatzmittel, Additiv* n *(Öl)*

doque m = **dock**

doquier (*doquiera) adv = **dondequiera** ‖ por ~ (poet) *überall, nach allen Seiten hin*

d.ᵒʳ Abk = **deudor**

dora|**d(ill)a** f (Am **-do** m) ⟨Fi⟩ *Gold|brassen, -strich* m (Chrysophrys aurata) ‖ *Goldfisch* m ‖ **-dillo** m *Schaf-* bzw *Gebirg|stelze* f (→ **lavandera** ⟨V⟩) ‖ *dünner Messingdraht* m *(für Fassungen)* ‖ ~ adj Arg CR *honigfarben (Pferd)* ‖ **-do** adj *vergoldet* ‖ *golden* ‖ *goldgelb* ‖ *Gold-* ‖ ~ a fuego *feuervergoldet* ‖ la Edad ~a *das Goldene Zeitalter* ‖ *das goldene Alter* ‖ *goldene Jahre* npl ‖ ⟨Buchb⟩ canto *(od* corte) ~ *Goldschnitt* m ‖ ⟨Buchb⟩ filetes ~s *Gold|pressung* f, *-fileten* pl ‖ pez ~ *Goldfisch* m ‖ ~ m *Vergoldung* f ‖ *Vergolderarbeit* f ‖ *Vergoldetes* n ‖ ⟨Fi⟩ *Gabelmakrele* f (Lichia amia) ‖ *Goldmakrele* f (Coryphaena spp) ‖ ~ galvánico *galvanische Vergoldung* f ‖ ~ en hojas *Blattvergoldung* f ‖ ~ a mano *Handvergoldung* f ‖ el ~ ≟ *fabelhaftes Goldland, Eldorado* n ‖ el ~ becerro *das Goldene Kalb* (& fig) ‖ ~s mpl *Goldverzierung* f *(bes auf dem Einband)* ‖ **-dor** m *Vergolder* m ‖ **-dura** f *Vergoldung* f ‖ ~ en hojas *Blattvergoldung* f

dorar vt *vergolden* ‖ fig *beschönigen, bemänteln* ‖ ⟨Kochk⟩ *leicht (goldbraun) backen* od *werden lassen* ‖ ◊ ~ a fuego *im Feuer vergolden* ‖ ~ a mano *handvergolden* ‖ ~ en seco *kalt, trocken vergolden* ‖ ~ la píldora fig *die Pille versüßen* ‖ ~**se** vr fig *sich bräunen, sich braun brennen lassen (am Strand usw)* ‖ ⟨Kochk⟩ *goldbraun werden* ‖ ⟨Lit⟩ *golden (auf)leuchten (in der Sonne usw)*

△**doray** m *Hauptmann* m

dórico adj *dorisch (Stil)* ‖ orden ~ *dorische (Säulen)Ordnung* f ‖ ~ m *dorischer Dialekt* m

dorífora f ⟨Entom⟩ *Kartoffelkäfer* m (Leptinotarsa decemlineata)

dorio adj *dorisch* ‖ ~ m *Dorer* m

dormán m → **dol(i)mán**

dormi|**da** f *Schlafen* n ‖ *Übernachten* n ‖ *Erstarrung* f *der Seidenraupen vor der Häutung* ‖ *Nachtlager* n *(Vögel, Vieh)* ‖ pop vulg *Beischlaf* m mit *Übernachten* ‖ Bol Col CR Chi *Schlafstätte* f ‖ **-dera** f = **adormidera** ‖ Cu *Sinnpflanze, Mimose* f (→ **sensitiva**) ‖ ~**s** pl: ◊ tener buenas ~ fam *leicht einschlafen (können)* ‖ **-dero** adj *einschläfernd* ‖ ~ m *Schlafstätte* f *(od Nachtlager* n) *des Viehs* ‖ *Schlafplatz* m *des Wildes* ‖ **-do** adj *eingeschlafen* ‖ *schlaftrunken, schläfrig* ‖ *verschlafen* ‖ *gefühllos (Glied)* ‖ fam *träge, faul* ‖ medio ~ *fast, halb eingeschlafen, verschlafen* ‖ ◊ dejar ~ a uno prov fig *jdm zuvorkommen* ‖ estar ~ *schlafen* (& fig) ‖ quedarse ~ *einschlafen* ‖ **-dor** m *(Lang)Schläfer* m ‖ **-lento** adj *schlummernd* ‖ **-lón** adj/s *schläfrig, verschlafen* ‖ *schlafmützig* ‖ ~ m *(Lang)Schläfer* m ‖ fam *Schlafmütze* f ‖ Chi ⟨V⟩ *Drongtyrann* m (Muscisaxicola spp) ‖ ojos ~es *schläfrige Augen* npl ‖ **-lona** f *Langschläferin* f, fam *Schlafmütze* f ‖ prov *Schlafstuhl* m ‖ *Ohrgehänge* n ‖ Cu *Sinnpflanze* f (→ **sensitiva**) ‖ ~**s** fpl Am *Stirnband* n

dormir [-ue/u-] vt *einschläfern* ‖ ~ vi *schlafen* (& fig) ‖ *übernachten* ‖ fig *unbeweglich scheinen (Kreisel in Bewegung)* ‖ ⟨Mar⟩ *sich nicht mehr bewegen (Kompaßnadel)* ‖ ◊ ~ la siesta *Mittagsschlaf halten* ‖ ~la, ~ la mona ‖ ~ la zorra fam *den Rausch ausschlafen* ‖ ~ la serena, ~ a cortinas verdes fam *bei Mutter Grün übernachten* ‖ ~ con los ojos abiertos figf *einen leisen Schlaf haben* ‖ ~ a pierna suelta fam *sorglos, tief schlafen* ‖ ~ al raso, ~ al descubierto figf *unter freiem Himmel schlafen* ‖ ~ como un tronco *(od* lirón) fam *wie erschlagen, wie ein Murmeltier schlafen* ‖ ~ el sueño eterno, ~ con sus padres fig *gestorben sein* ‖ ~ el sueño de los justos *den Schlaf der Gerechten schlafen* ‖ dejar ~ a. *e-e Angelegenheit ruhen lassen* ‖ echarse a ~ *sich schlafen legen* ‖ hacer ~ *einschläfern* ‖ a (od entre) duerme y vela *halb schlafend, halb wach* ‖ ~ sobre a. *e-e Sache be- od über|schlafen* ‖ ¡duerma V. sobre ello! *beschlafen Sie es!* ‖ ~ en Dios, ~ en el Señor, ~ en la paz del Señor fig *im Herrn verscheiden, sterben* ‖ casa de ~ *Schlafstelle* f

~**se** *einschlafen (& Glieder)* ‖ fig *müßig sein* ‖ fig *die Gelegenheit verpassen* ‖ ⟨Mar⟩ *sich nicht mehr bewegen (Kompaßnadel)* ‖ ⟨Mar⟩ *krängen* ‖ ◊ no ~ en las pajas figf *tätig, wachsam sein* ‖ volver a ~ *wieder einschlafen* ‖ se me ha dormido

el pie *mir ist der Fuß eingeschlafen*
dormirlas *m Versteckspiel* n
dormi|**tar** vi *im Halbschlaf liegen*, fam *duseln, schlummern* ‖ *einschlafen* ‖ *gefühllos werden (Glied)* ‖ **-tivo** adj *schlafbringend* ‖ ~ *m Schlafmittel* n ‖ **-torio** *m Schlaf\zimmer, -gemach* n ‖ *Schlafstelle* f ‖ *Schlafsaal* m
dorna *f* ⟨Mar⟩ *galicisches Fischerboot* n
dornajo *m Trog, Kübel* m ‖ *runder Schweinetrog* m ‖ Can *Futterkrippe* f ‖ ⟨Tech⟩ *Schleif(stein)-trog* m
dorniel *m* ⟨V⟩ Seg = **alcaraván**
dornillo *m* = **dornajo** ‖ *Holz\schüssel* f, *-napf* m ‖ *hölzerner Spucknapf* m
dorondón *m* Ar *dichter, kalter Nebel* m
Dorotea *f* np *Dorothee, Dorothea* f
dorsal adj *rückseitig, zum Rücken gehörend, dorsal, Rücken-* ‖ ⟨Phon⟩ *dorsal, Zungenrücken-* ‖ aleta ~ *Rückenflosse* f ‖ espina ~ ⟨An⟩ *Rückgrat* n ‖ sonido ~ *m* ⟨Phon⟩ *Dorsal* m
dorso *m Rücken* m ‖ *Rückseite* f *(Blatt, Fragebogen usw)* ‖ *Außenseite* f ‖ el ~ de la mano *der Handrücken* ‖ al ~ *auf der (bzw auf die) Rückseite*
dos. Abk = **dosis**
dos adj *zwei* ‖ *zweite(r, -s)* ‖ ~ a ~ *zu zweien, zwei gegen zwei* ‖ *paarweise* ‖ a ~ *zu zweien* ‖ a ~ por tres fam *ohne viel Umstände* ‖ *ohne Überlegung* ‖ de ~ en ~ *zu zwei und zwei, zwei zugleich, paarweise, immer zwei* ‖ los ~ *alle zwei, beide* ‖ wir zwei, wir beide ‖ entre los ~ *unter vier Augen* ‖ en un ~ por tres *sofort, im Nu* ‖ *geradezu, ohne viel Federlesens* ‖ *ohne Überlegung* f ‖ cada ~ por tres *dauernd, alle Augenblicke, ständig* ‖ ~ por ~ son cuatro 2 × 2 = 4 ‖ tan cierto como ~ y ~ son cuatro *so sicher wie zweimal zwei vier ist, so sicher wie nur etwas* ‖ ~ puntos *Doppelpunkt* m ‖ ~ tantos *doppelt(soviel)* ‖ *zwei Tore* npl *(Fußball)* ‖ roto en ~ *entzwei(gebrochen)* ‖ ~ *m Zwei* f, *Zweier* m *(Zahl)* ‖ *der Zweite des Monats* ‖ el ≈ de Mayo *Fest* n *der Maigefallenen (i. J. 1808 gegen die Franzosen)* ‖ ~ por cuatro ⟨Mus⟩ *Zweivierteltakt* m ‖ ◊ escribir ~ letras fig *ein paar Zeilen schreiben* ‖ tomar el ~ fam *Reißaus nehmen*
dosado *m* ⟨Pharm⟩ *Dosi(fizi)erung* f ‖ *Mischungsverhältnis* n
dosalbo adj *mit zwei weißen Füßen (Pferde)*
dosañal adj *zweijährig* ‖ *zweijährlich*
dosar vt *dosieren*
doscientos adj *zweihundert* ‖ *der, die, das zweihundertste* ‖ el ~ *der Zweihunderter (Ziffer)*
dosel *m Thronhimmel, Baldachin* m ‖ *Türvorhang* m ‖ *Tapetentür* f ‖ ~ (de cama) *Betthimmel* m ‖ cama con *(od* de) ~ *Himmelbett* n
dosifi|**cación** *f* ⟨Pharm Med Chem Tech⟩ & fig *Dosierung, Zumessung* f ‖ *Mischungsverhältnis* n ‖ ~ excesiva *Überdosis* f ‖ **-cadora** *f Dosiermaschine* f ‖ **-car** [c/qu] vt *verteilen, dosieren (Arznei)* ‖ *ab-, zu\messen* ‖ ⟨Chem⟩ *titrieren* ‖ *qualitativ bzw quantitativ bestimmen* f, fig *beigeben*
dosillo *m* ⟨Kart⟩ *e-e Art Lomberspiel* ‖ ⟨Mus⟩ *Duole* f
do|**simetría** *f* ⟨Phys Med⟩ *Dosimetrie* f ‖ **-símetro** *m* ⟨Phys Nucl Med⟩ *Dosimeter* n
dosis *f Dosis, Arzneigabe* f ‖ *Gabe, Menge* f ‖ fig *Dosis* f, *(gehöriges) Maß* n ‖ ~ excesiva (máxima) *Über-, (Maximal)Dosis* f ‖ ~ *letal tödliche, letale Dosis* f ‖ ~ *tóxica toxische Dosis* ‖ una buena ~ de orgullo *ein gut Teil (od e-e ganze Menge) Stolz*
dostoievskiano adj *auf den russischen Schriftsteller F. M. Dostojewski bezüglich*
dotación *f Ausstattung* f ‖ *Aussteuer* f ‖ *Dotation* f ‖ *Schenkung, Stiftung* f ‖ *Subvention* f, *zugewiesene Einkünfte* fpl ‖ ⟨Mil Mar Flugw⟩ *Bemannung, Besatzung, Mannschaft* f ‖ ⟨Mil⟩ *Aus\rüstung, -stattung* f ‖ *Personal* n ‖ ⟨Psychol⟩ *Begabung* f ‖ Am *Beamtenschaft* f, *Personal* n ‖ ~ de un cañón ⟨Mil⟩ *Geschützbedienung* f ‖ ~ de un príncipe *Apanage* f ‖ ~ de reemplazo ⟨Mil⟩ *Ersatzbedienung* f
dotal adj *Heiratsgut-* ‖ *Mitgift-* ‖ bienes ~es *Heiratsgut* n ‖ régimen ~ *Dotalgüterstand* m
dotante *m Spender, Schenker* m
dotar vt *aus\statten, -steuern, -rüsten, versehen* (de, con *mit dat)* ‖ *besolden, stiften* ‖ *dotieren* ‖ *versorgen* (de *mit)* ‖ *mit Personal und Einrichtung versehen (Fabrik, Schiff)* ‖ ⟨Mar Mil⟩ *bemannen* ‖ *(Einkünfte) zuweisen* ‖ fig *aus\statten, -rüsten*
¹**dote** *m/f Mitgift, Aussteuer* f, *Heiratsgut* n ‖ *milde Stiftung* f ‖ ◊ dar (recibir) en ~ *in die Ehe mitgeben (mitbekommen)* ‖ cazador de ~s fig *Mitgiftjäger* m
²**dote** *f Gabe, Begabung* f, *Talent* n ‖ ~s *Geistesgaben* fpl, *Vorzüge* mpl ‖ ~ intelectuales *geistige Fähigkeiten* fpl
³**dote** *m* ⟨Kart⟩ *Anzahl* f *von Spielmarken zu Beginn des Spiels*
dotor *m* pop = **doctor**
doublé *m* frz → **dublé**
dovela *f* ⟨Arch⟩ *Wölb-, Schlußstein* m *e-r Bogenwölbung* ‖ ⟨Arch⟩ *Keilstein* m
doxometría *f Meinungsforschung* f
doy → **dar** ‖ ~ fe *beglaubigt (notariell)*
*****doz.** Abk = **docena**
doza|**vado** adj *was zwölf Teile od Zwölf Seiten hat* ‖ **-vo** *m/adj Zwölftel* n ‖ ⟨Typ⟩ *Duodezformat* n ‖ ~a parte *Zwölftel* n
d/p Abk = **días plazo**
dpdo. Abk = **duplicado**
dp/v Abk = **doble pequeña velocidad**
Dr., dr. Abk = **doctor**
Dr.ª Abk = **doctora**
△**dra** *m Furcht, Angst* f
dra., dras. Abk = **derecha(s)**
△**draca** *f Traube* f
dracena *f weiblicher Drache* m ‖ *Drazäne* f, *Drachenlilie* f (→ **drago**)
dracma *f Drachme* f *(Gewicht od Silbermünze)* ‖ ⟨Pharm⟩ *Drachme* f *(früheres Apothekergewicht)*
draconiano adj *drakonisch (Gesetz)* ‖ fig *sehr streng, Blut-* ‖ medidas ~s *drakonische Maßnahmen* fpl
dra|**ga** *f Bagger(maschine* f*)* m ‖ *Naßbagger* m ‖ ⟨Mar⟩ *Baggerschiff* n ‖ ~ aspirante *Saugbagger* m ‖ ~ con cadena de cangilones *Eimerkettenbagger* m ‖ ~ flotante *Schwimmbagger* m ‖ *Baggerschiff* n ‖ ~ en pañol *Bunkerbagger* m ‖ ~ de rosario *Eimerkettenbagger* m ‖ ~ de succión *Saugbagger* m ‖ **-gado** *m (Aus)Baggern* n ‖ **-gador** adj/s: ~ *m Baggerer (Arbeiter)* ‖ (buque) ~ *m Baggerschiff* m ‖ **-gaminas** *m* ⟨Mar⟩ *Minen\sucher* m, *-suchboot, -räumboot* n ‖ **-gante** *m* ⟨Her⟩ *Drachenkopf* m ‖ **-gar** [g/gu] vt *(aus-)baggern* ‖ *säubern (Flüsse)*
drago *m Drachen\strauch, -baum, -blutbaum* m (Dracaena draco)
dragomán *m Dragoman, Dolmetscher* m
dragón *m Drache, Lindwurm* m ‖ ⟨Zool⟩ *Flugdrache* m (Draco volans) ‖ ⟨Fi⟩ *Petermännchen* n (Trachinus draco) ‖ ⟨Bot⟩ *Drachenkraut* n ‖ ⟨Astr⟩ *Drache* m ‖ ⟨Mil⟩ *Dragoner* m ‖ ⟨Met⟩ *Speiseloch* n *am Hochofen* ‖ Murc *großer Papierdrachen* m *(Kinderspiel)* ‖ ~ marino → ~ ⟨Fi⟩ ‖ ~ volador, ~ volante → ~ ⟨Zool⟩ ‖ ~ (de seguridad) fig *Anstandswauwau* m
dragona *f Drachenweibchen* n ‖ ⟨Mil⟩ *(Art) Achsel\klappe, -schnur* f ‖ ⟨Mil⟩ *Degenquaste* f ‖ ⟨Mil⟩ *Portepee* n, *Troddel* f ‖ ⟨Mil⟩ *Dragonermarsch* m ‖ Mex *(Art) Umhang* m
dragoncillo *m* dim *v.* **dragón** ‖ ⟨Bot⟩ *Estragon* m (Artemisia dracunculus) ‖ ~s mpl ⟨Bot⟩ *Drachenkraut* n

drago|neante m Am ⟨Mil⟩ *Gefreite(r)* m, *der e–e Korporalschaft führt* ‖ Col *Aushilfbeamter* m ‖ **–near** vi fam *sich grob und roh benehmen* ‖ Am *ein Amt unbefugt bekleiden (*od *innehaben)* ‖ *sich aufspielen* (de *als* nom) ‖ Am *sich brüsten, großtun* (de *mit* dat) ‖ **–nero** m = **dracena**
dragontea f ⟨Bot⟩ *Drachenwurz* f (Dracunculus)
drama m *Drama* n (& fig) ‖ *Schauspiel, Bühnenstück* n ‖ *dramatisches Werk* n ‖ *dramatische Dichtung* f ‖ fig *erschütternde Szene* f ‖ ~ de familia *Familiendrama* n ‖ ~ intimo fig *Seelendrama* n ‖ ~ lírico *lyrisches Drama* n ‖ *Musikdrama* n ‖ *Oper* f ‖ ~ popular *Volksdrama* n ‖ ~ religioso *geistliches Drama* n ‖ ~ profano *weltliches Trauerspiel* n ‖ ~ de tesis *Tendenzdrama* n ‖ ~ trágico *Tragödie* f
dramá|tica f *Schauspielkunde, Dramaturgie* f ‖ *dramatische (Dicht)Kunst* f ‖ **–tico** adj *dramatisch, Schauspiel-, Bühnen-, Theater-* ‖ *bühnenwirksam* ‖ fig *tragisch, unheilvoll* ‖ fig *erschütternd, rührend* ‖ fig *packend* ‖ *dramatisch* ‖ *sensationell* ‖ actor ~ ⟨Th⟩ *Tragöde, dramatischer Schauspieler* m ‖ actriz ~a *Tragödin, dramatische Schauspielerin* f ‖ arte ~ *dramatische Kunst* f ‖ lenguaje ~ *Bühnensprache* f ‖ poema ~ *dramatisches Gedicht* n ‖ ~, **dramatista** m *Dramatiker, Schauspieldichter* m
dramatismo m *Dramatik* f (& fig) *dramatische Veranlagung* f
dramatizar [z/c] vt *dramatisieren* (& fig), *für die Bühne einrichten* ‖ fig *dramatisch, packend darstellen* od *erzählen* ‖ ~ a. *et (zu) tragisch nehmen*
dramatur|gia f = **dramática** ‖ **–go** m *Schauspieldichter, Dramatiker* m ‖ *Dramaturg, Bühnenbeirat* m
△**dramia** f *Woche* f
dramón m augm v. **drama** ‖ desp *Schauerdrama* n ‖ fam *Riesendrama* n ‖ ⟨Filmw Th⟩ fam *Schinken* m
△**dranar** vt *kauen*
△**drané** m *Zahn* m
△**drante** m *Tinte* f
[1]**drao** m ⟨Mar⟩ *(Hand)Ramme* f ‖ *Bolzenzieher* m
[2]△**drao** m *Gift* n
drapa f ⟨Arch⟩ *Krampe* f
draque m Mex *wässeriger Schnaps* m ‖ Am *Getränk* n *aus Wasser, Schnaps u. Muskat*
drástico adj *stark wirkend, drastisch (Heilmittel)* (& fig) ‖ ~ m ⟨Med⟩ *stark wirkendes (Abführ)Mittel* n
dravidiano adj ⟨Geogr⟩ *drawidisch*
drawback m engl *Zollrückvergütung* f
drecera f *Reihe* f *(Häuser, Bäume)*
dren m *Dränrohr* n
dre|nable adj ⟨Med Tech⟩ *dränierbar* ‖ **–naje** m ⟨Med⟩ *Dränage, Drainage* f ‖ ⟨Agr Hydr⟩ *Entwässerung, Trockenlegung, Bodenentwässerung, Dränung, Dränage* f ‖ **–nar** vt ⟨Med⟩ *dränieren* ‖ ⟨Agr Tech⟩ *entwässern, dränieren* ‖ ⟨Bgb⟩ *sümpfen*
dreno m ⟨V⟩ *Misteldrossel* f (Turdus viscivorus) ‖ → a **zorzal**
drento adv pop = **dentro**
Dres|de *Dresden* ‖ **–dense** adj/m *aus Dresden*
dríad|e, –a f *Dryade, Waldnymphe* f ‖ →a **hamadría(da)**
dri|(b)bling m engl ⟨Sp⟩ *Dribbling* n ‖ **–blar** vt ⟨Sp⟩ *(e–n Spieler) umspielen, dribbeln*
[1]**dril** m *Dril(li)ch* m *(derbe Leinwand)*
[2]**dril** m *Mandrill* m (→ **mandril**)
drino m ⟨Zool⟩ *grüne Baumschlange* f
driza f ⟨Mar⟩ *Hißtau* n, *Leine* f, *Fall* n ‖ ~**r** vt ⟨Mar⟩ *hissen (Lasten)* ‖ *niederholen*
dro., dros. Abk = **derecho(s)**
△**drobardo** m *Rosenkranz* m

dro|ga f *Droge* f ‖ *Rauschgift* n ‖ *Apotheker-, Material|waren, Drogen* fpl ‖ fig *Ente, Lüge* f ‖ fig *Schwindel* m ‖ fig *Bosheit, List* f ‖ fig *Unannehmlichkeit* f ‖ Chi Mex Pe *(Geld)Schuld* f ‖ ~ de la verdad *Wahrheitsdroge* f ‖ ~ heroica *Rauschgift* n ‖ ◊ echar la ~ a uno figf Hond *jdn abfertigen* ‖ ~**s** pl *Drogen* fpl ‖ **–gadicto** adj *dfogensüchtig* (→ a **toxicómano**) ‖ **–garse** vr *sich dopen, Aufputschmittel nehmen, Rauschgift gebrauchen* ‖ *sich mit (zu vielen) Medikamenten kurieren* ‖ **–guería** f *Drogerie, Drogenhandlung* f ‖ **–guero** m *Drogist, Materialwarenhändler* m ‖ **–guista** m = **–guero** ‖ fig *Betrüger* m
dromedario m *Dromedar, einhöckeriges Kamel* n (Camelus dromedarius) ‖ fam desp *Kamel* n *(Schimpfwort)*
△**dron** m *Weg* m
△**dronista** m *Wegelagerer* m
dronte m ⟨V⟩ *Dronte* f, *Dodo* m (Raphus spp) *(um 1800 ausgestorben)*
[1]**drope** m fam *niederträchtiger, verächtlicher Mensch* m, desp *Knilch, Kerl* m
[2]**drope** m ⟨Mar⟩ *Ladekran* m
dropo adj Ar *faul, träge*
dro|sera f ⟨Bot⟩ *Sonnentau* m (Drosera spp) ‖ **–sófila** f ⟨Entom⟩ *Tau-, Essig|fliege* f (Drosophila melanogaster) ‖ **–sómetro** m *Taumeßgerät, Drosometer* n
Drs Abk = **Doctores**
druida m *Druide, keltischer Priester* m
drupa f ⟨Bot⟩ *Steinfrucht* f ‖ *grüne Nußschale* f
[1]**drupo** m = **drupa**
[2]△**drupo** m = **cuerpo**
drusa f ⟨Min⟩ *(Kristall)Druse* f
druso adj *drusisch* ‖ ~ m *Druse* m *(Volk)*
dry adj engl *trocken (Sekt, Wein)*
ds. Abk = **días**
dscto. Abk = **descuento**
d/u Abk = **dos usos**
dual adj *dyadisch* ‖ (número ~) ⟨Gr⟩ *Zweizahl* f ‖ ~ m ⟨Gr⟩ *Zweizahl* f, *Dual* m
dua|lidad f *Zweiheit* f ‖ *Dualität* f ‖ Chi *unentschiedene Wahl* f ‖ **–lismo** m *(politischer) Dualismus* m ‖ ⟨Philos Rel⟩ *Dualismus* m, *Zweiheitslehre* f *(Gegensatz:* **monismo**) ‖ = **dualidad** ‖ **–lista** m/adj *Dualist* m ‖ ~ adj *dualistisch* ‖ **–lístico** adj *dualistisch*
duba f *Erdwall* m
dubio m ⟨Jur⟩ *zweifelhafter Fall* m ‖ ⟨Com⟩ *zweifelhafter Schuldner* m ‖ in ~ pro reo lat ⟨Jur⟩ *im Zweifel zugunsten des Angeklagten*
dubitable adj *zweifelhaft*
***dubita|ción** f ⟨Rhet⟩ *rhetorische Zweifelsfragen, Dubitatio(n)* f ‖ = **duda** ‖ **–tivo** adj *e–n Zweifel ausdrückend* od *enthaltend* ‖ conjunción ~**a** ⟨Gr⟩ *zweifelanzeigendes Bindewort* n, *Dubitativkonjunktion* f ‖ ~**mente** adv *zweifelnd*
dublé m(f) *Dublee, Doublé* n
Dublín ⟨Geogr⟩ *Dublin*
△**duca** adv *kaum*
ducado m *Herzogtum* n ‖ *Herzogswürde* f ‖ *Dukaten* m *(Goldmünze)* ‖ Gran ~ *Großherzogtum* n
ducal adj *herzoglich, Herzogs-*
duce m it ⟨Hist⟩: el ~ *der Duce (Benito Mussolini)*
ducentésimo m/adj *Zweihundertstel* n
dúcil m Ast *Faß-, Zapf|hahn* m
duco m *Spritz-, Nitrozellulose|lack* m ‖ pintado al ~ *spritzlackiert*
△**ducó** m *Geist* m
ducroire m frz ⟨Com⟩ *Delkredere* n, *Bürgschaft(svergütung)* f
ductibilidad f *Dehnbarkeit* f ‖ *Biegsamkeit* f, *Ziehbarkeit* f *(Draht)* ‖ →a **ductilidad**
dúctil adj *dehnbar, streckbar, formbar* ‖ *geschmeidig* ‖ ⟨Tech⟩ *streckbar* ‖ *ziehbar (Draht)*

ductilidad — dula 448

|| hämmerbar *(Eisen)* || fig *nachgiebig, fügsam* || fig *weich, lenksam*
ductilidad *f Dehnbarkeit, Streckbarkeit, Formbarkeit* f || *Duktilität* f || fig *Weichheit, Lenksamkeit* f || fig *Nachgiebigkeit* f
*****ductivo** adj *zweckdienlich*
ductor *m Führer* m || ⟨Med⟩ *Führungssonde* f || ⟨Typ⟩ *Duktor, Farbenzylinder* m
¹ducha *f farbiger Streifen* m *in Geweben* || Mancha *Mahdstück* m
²ducha *f Gieß-, Sturz|bad* n, *Dusche* f || *Brause (-bad* n*)* f || ~ de agua (fria) *(Kalt)Wasserdusche* f, *kalte Dusche* (& fig) || ~ de aire (caliente) *(Heiß)Luftdusche* f || ~ nasal *Nasen|schiffchen* n, *-dusche* f || ~ ocular *Augendusche* f || ~ de vapor *Dampfdusche* f || ◊ dar(se) una ~ *(sich) duschen, (sich) abbrausen* || tomar una ~ *duschen*
duchar vt *duschen, abbrausen, Dusche geben* (dat) || fig *völlig durchnässen* || figf *ernüchtern, abkühlen* (a alg. *jdn)*
ducho adj *bewandert, geübt* || *tüchtig, versiert* (en *in* dat) || *erfahren* || ◊ ser ~ en la materia *ein guter Sachkenner sein* || ~ en negocios *geschäftstüchtig*
duda *f Zweifel* m, *Ungewißheit* f || *Unschlüssigkeit* f, *Bedenken* n || *Skepsis* f || *Vermutung* f, *Verdacht* m || *Befürchtung* f || sin ~ (alguna) *ohne Zweifel, zweifellos* || *sicher, unzweifelhaft* || *sicherlich* || *(höchst)wahrscheinlich* || ◊ abrigar (od *alimentar)* ~s *Zweifel hegen* || aclarar una ~ e–n *Zweifel aufklären* || no admitir ~ *k–m Zweifel unterliegen* || no cabe ~ (que) *es ist unzweifelhaft (,daß), es unterliegt keinem Zweifel, daß* || ¡qué ~ cabe! (Am ¿qué ~ tiene?) *das ist unzweifelhaft!* || *wahrhaftig!* || dejar en ~ *(et) im unklaren lassen* || dejar en las ~s *(jdn) im Zweifel lassen* || dejar *(od* dar) lugar a ~s *zweifelhaft sein* || dejar subsistir una ~ *e–n Zweifel bestehen lassen* || no dejar ninguna ~ *keinen Grund zu Bedenken lassen* || está fuera de ~ *que es ist gewiß, daß* || estar en ~ *zweifelhaft sein* || *zweifeln* || *wanken* || *unschlüssig sein* || poner en ~ *bezweifeln* || *in Frage stellen* || poner ~s *e–n Zweifel aufwerfen* || *et bezweifeln* || estar fuera de ~ *unzweifelhaft sein* || no hay ~ *es unterliegt keinem Zweifel, es ist sicher* || queda la ~ en pie *der Zweifel bleibt bestehen* || sacar de la ~, sacar de ~s *aus dem Zweifel ziehen, den Zweifel beheben, Gewißheit geben* || salir de la ~ *(od* de ~s) *den Zweifel ablegen, aufhören zu zweifeln* || *Gewißheit erlangen* || ser *(od* estar) fuera de toda ~ *ganz unzweifelhaft sein* || surge una ~ *ein Zweifel erhebt sich* || tener sus ~s *(so) s–e Zweifel haben, nicht sicher sein* || *Zweifel hegen* (acerca de *od* sobre *wegen, hinsichtlich)* || tengo por sin ~ que *ich zweifle nicht, daß*
dudable adj *zweifelhaft*
dudar vt *bezweifeln* || ◊ lo dudo *das bezweifle ich* || a no ~lo *unzweifelhaft* || ~ vi *zweifeln* (de an dat) || *Bedenken tragen* || *nicht (recht) wissen* || *unschlüssig sein* || *mißtrauen* (de alg. *jdm)* || no dudo de su sinceridad *ich zweifle nicht an seiner Aufrichtigkeit* || no dudo (de) que es sincero *gewiß ist er aufrichtig* || no dudo (de) que sea sincero, (pero ...) *er mag aufrichtig sein, (aber ...)* || dudo de que venga *ich zweifle, ob er kommen wird* || ~ de hacerlo *Bedenken tragen, es zu tun* || ~ en hacer a. *sich zu e–r Sache nicht entschließen können* || no hay que ~ *da ist nicht lange zu zaudern, man muß sich ohne Zögern entschließen* || ~ de alg. *jdn verdächtigen, jdn in Verdacht haben*
dudo|samente adv *unsicher, zweifelhaft* || *kaum, schwerlich* || **–so** adj *zweifelhaft, ungewiß* || *fragwürdig* || *unschlüssig* || *verdächtig* || *zweideutig* || *dubios, dubiös* || *von zweifelhaftem Wert* || *unsicher, schwankend* || fig *schwach, trübe (Licht)* || cliente ~ ⟨Com⟩ *unsicherer Kunde* m || de reputación ~a *von zweifelhaftem Ruf, nicht gut beleumundet* || *créditos* ~s *zweifelhafte Außenstände* mpl || ◊ es muy ~ *das ist sehr zweifelhaft, fraglich* || estar *(od* sentirse) ~ *schwankend, unschlüssig sein, schwanken*
duela *f (Faß)Daube* f || ~**je** *m Weinschwund* m *(im Faß)*
duele → **doler**
duelería *f (Faß)Dauben* fpl, *Daubenholz* n
duelista *m Duellant, Zweikämpfer* m || fig *Raufbold* m
¹duelo *m Zweikampf* m, *Duell* n || ~ de artillería ⟨Mil⟩ *Artillerieduell* n || ~ a espada *Duell* n *auf Säbel* || ~ a pistola *Duell auf Pistolen* || ~ entre estudiantes *Mensur* f || ~ oratorio fig *Rededuell* n || ◊ batirse en ~ *sich duellieren*
²duelo *m Traurigkeit, Betrübnis* f || *Trauer* f || *Leichenbegängnis* n || *Trauergefolge* n || *die Leidtragenden* pl || *feierliche Beileidsbezeugung* f || ◊ el ~ se despide en ... *das Trauergefolge wird in ... verabschiedet* || estar de ~ *in Trauer sein, trauern* (por *um* acc) (& fig) || hacer ~ de a/c *sich über e–e Beleidigung beklagen* || presidir el ~ *die Beileidsbezeugung als Vertreter der Leidtragenden (bei e–m Begräbnis) entgegennehmen* || *den Leichenzug führen* || sin ~ *ohne Grenzen, maßlos* || gastar sin ~ fig *Geld mit vollen Händen auswerfen* || no tener ~ de a/c *(ein Opfer) nicht bereuen* || ~**s** pl *Kummer, Verdruß* m, *Leid* n || ~ y quebrantos ⟨Kochk⟩ *Geflügel-* bzw *Hammel|klein* n *als Armengericht* || Mancha *Rührei* n *mit Hirn*
duende *m Gespenst* n, *Kobold, Poltergeist* m || fig *Wildfang, Irrwisch* m || And fig *etwa: das gewisse Etwas* n || ◊ alli andan ~s *dort spukt es* || tener ~ And fig *Pfiff (od das gewisse Etwas) haben* || dim: ~**cillo**
duendo adj *zahm* || bovino ~ *Hausrind* n || paloma ~a *Haustaube* f
due|ña *f Dame, Frau* f *des Hauses* || *Eigentümerin, Besitzerin* f || *Herrin* f || *Haus|besitzerin, -frau* f || **ehrwürdige Frau, Matrone* f || **Duenja, Gesellschafterin, Erzieherin* f || **Wirtschafterin* f || **Anstandsdame* f || ~ de honor *Ehrendame* f *(der Königin)* || ◊ poner a alg. como (no) digan ~s figf *jdn sehr heruntermachen* || quedar cual digan ~s figf *ins Gerede kommen, heruntergerissen werden* || **–ñesco** adj fam *auf die Duenjas bezüglich* || **–ñez** *f Stellung, Würde* f *e–r Duenja* || **–ño** *m Herr, Gebieter* m || *Handels-, Kauf|herr* m || *Eigentümer, Besitzer* m || *Haus|besitzer, -herr* m || *Arbeitgeber, Vorgesetzte(r), Chef* m || *Wirt* m || ◊ hacerse ~ de a/c *sich et aneignen, et beherrschen, sich zum Herren von et* (dat) *machen* || es V. muy ~ *ganz wie Sie belieben, bitte* || no ser ~ de si *außer sich sein, sich nicht beherrschen können* || adonde no está el ~, ahi está su duelo *das Auge des Herrn macht das Vieh fett* || cual el ~, tal el perro pop *wie der Herr, so's Gescherr* || (cosa) sin ~ *herrenlos(e Sache)*
duermevela *m* fam *Hindämmern* n, *Halbschlaf, unruhiger Schlaf* m, fam *Duseln* n
duerna *f,* *****duerno** *m Backtrog* m
duerno *m* ⟨Typ⟩ *Lage* f *von zwei Bogen* || → **duerna**
Duero: el ~ *der Duero (span. u. portug. Fluß)*
due|tino *m* ⟨Mus⟩ *kleines Duett* n || **–tista** *m Duettist, Duett|sänger, -spieler* m || **–to** *m* ⟨Mus⟩ *Duett* n || Span → **a dúo**
△**dugida** *f Tochter* f
dugo *m*: de ~ *Hond unentgeltlich* || ◊ echar *(od* correr *od* hacer) ~s *Hond jdm behilflich sein*
dugong(o) *m* ⟨Zool⟩ *Gabelschwanz-Seekuh* f, *Dugong* m (Dugong spp)
△**duis** adj *zwei*
dujo *m Sant Bienen|korb, -stock* m
dula *f Gemeindeweide* f || *Allmende* f || *Bewässerungsparzelle* f

dulcamara f ⟨Bot⟩ *Bittersüß* n (Solanum dulcamara)
¹**dulce** adj *süß* ‖ *süß, nicht herb (Wein)* ‖ *ungesalzen, ungewürzt* ‖ *süß, nicht salzig* ‖ fam *lieblich, milde, sanft* ‖ fig *liebreich, hold* ‖ fig *leicht, mäßig* ‖ fig *sanftmütig, ruhig, friedlich* ‖ fig *angenehm* ‖ fig *nachgiebig* ‖ fig *dehnbar (Metalle)* ‖ fig *weich (Metalle)* ‖ ⟨Mal⟩ *zart, weich* ‖ agua ~ *Süßwasser* ‖ caña ~ *Zuckerrohr* n ‖ jamón en ~ *gekochter, gesüßter Schinken* m ‖ entre ~ y amargo *bittersüß* ‖ palo ~ *Süßholz* n ‖ vino ~ *Süßwein* m ‖ pez de agua ~ *Süßwasserfisch* m ‖ poner (los) ojos ~s a alg. figf *jdn verliebt ansehen* ‖ ~ Nombre de Jesús *süßer Name Jesu (kath. Fest)*
²**dulce** adv = **dulcemente**
³**dulce** m *Zuckerwerk, Konfekt* n ‖ *Eingemachtes* n ‖ *Süßigkeit* f ‖ *Süßspeise* f ‖ *Kompott* n ‖ ~ de almíbar *in Zuckersirup eingemachtes Obst* n ‖ ~ de ciruela *Pflaumenkompott* n ‖ ~ de guinda *eingemachte Kirschen* fpl ‖ ~ de membrillo *Quittengelee* n ‖ ~ del paraíso *(Art) Biskuitkuchen* m *mit Mandeln* ‖ jamón en ~ *süßer, gekochter Schinken* m ‖ plato de ~ *süße Speise, Mehlspeise* f ‖ ◊ a nadie le amarga un ~ *et Angenehmes hört* (bzw *hat) man immer gern* ‖ ~s *Süßigkeiten* fpl ‖ *Zucker(back)werk* n
dulce|dumbre f *Süßigkeit* f ‖ *Milde* f ‖ *Sanftmut* f ‖ → a **dulzura** ‖ **-mente** adv *süß, angenehm* ‖ *lieblich, wonnig* ‖ *zart, fein* ‖ **≈nombre** f (fam **Dulce**) span. *Frauenname* (→ **dulce** adj)
dulce|ra f *Einmachgefäß* n ‖ *Marmeladendose* f ‖ *Konfekt-* bzw *Kompott|schale* f ‖ *Zuckerbäkkerin* f ‖ **-ría** f *Zuckerladen* m, *Konditorei* f ‖ *Zuckerwerk* n ‖ → a **confitería** ‖ **-ro** adj fam *naschhaft* ‖ ~ m *Zuckerbäcker* m ‖ → a **confitero**
dulciamargo adj *bittersüß*
dulcifi|cación f *Versüßung* f ‖ **-cante** adj *(ver-) süßend* ‖ **-car** [c/qu] vt *süßen, süß machen* ‖ fig *versüßen* ‖ fig *besänftigen* ‖ fig *mildern* ‖ ~se fig *milder werden* (bes *Wetter)*
dulci|llo adj dim v. **dulce** ‖ **-locuo** adj *süßredend*
Dulcinea (del Toboso) f np *Dulzinea* f *von Toboso, Herzensdame* f *des Don Quijote* ‖ fig *Schatz* m, *Geliebte* f ‖ fig *Ideal* n, *Sehnsucht* f ‖ su ~ fig *e-e Thusnelda*
dulcísono adj ⟨poet⟩ *süßklingend*
dulero m *Gemeindehirt* m ‖ *Flur-, Weide|wächter* m
dulía f ⟨Kath⟩ *Heiligen|kult* m bzw *-verehrung* f
dulimán m *Dolman* m *(Wams)*
dulosis f ⟨Entom⟩ *Dulosis* f *(Form e-s Sozialparasitismus bei den Ameisen)*
dulzai|na f ⟨Mus⟩ *Dolzflöte, (Art) Schalmei* f ‖ fig *Übersüßigkeit* f ‖ fig *billiges Zuckerwerk* n ‖ **-nero** m *Dolzflötenspieler* m
dulzaino adj fam *übersüß, widerlich süß*
dulza|mara f ⟨Bot⟩ = **dulcamara** ‖ **-rrón, ona** adj fam *widerlich süß*
dulzón, ona adj/s *süßlich, widerlich süß* ‖ fig *süßlich* ‖ fig ⟨Mus⟩ *schmalzig* ‖ adv: ~**amente**
dulzura f, ***dulzor** m *Süßigkeit, Süße* f (& fig) ‖ fig *Lieblichkeit, Anmut* f ‖ fig *Freundlichkeit* f ‖ fig *Milde* f ‖ *Sanftmut, Zartheit* f ‖ fig *(Seelen-) Ruhe* f
dulleta f *Über|zieher, -wurf* m *aus wattierter Seide* ‖ *warmer, wattierter Hausrock* m
Duma f ⟨Hist⟩ *Duma* f *(russisches Parlament 1906-1917)*
dum-dum adj/s ⟨Mil⟩: ~ m *Dumdumgeschoß* n
dumping m engl ⟨Com⟩ *Dumping* n
duna f *Düne* f ‖ *Sandhügel* m
△**duncó** m *Sonntag* m
△**dundilo** m *(Nacht) Licht* n
dun|dera f MAm *Dummheit* f ‖ **-do** adj/s MAm Col *einfältig, dumm*
dundún m ⟨Mil⟩ = **dumdum**

duneta f ⟨Mar⟩ *Achterhütte* f
Dunquerque ⟨Geogr⟩ *Dünkirchen*
dúo m ⟨Mus⟩ ‖ a ~ *Duo* n *(Instrumente)* ‖ *Duett* n *(Gesang)* ‖ ⟨Tech⟩ *Duowalzgerüst* n ‖ *zu zweit, zu zweien, zugleich*
duo|décima f ⟨Mus⟩ *Duodezime* f ‖ *Zwölftel* n ‖ **-decimal** adj ⟨Math⟩ *zwölfteilig* ‖ **-décimo** adj/s *zwölfte* ‖ *Zwölftel* n
duode|nal m/adj ⟨An⟩ *Zwölffingerdarm-* ‖ **-no** adj *zwölfte* ‖ ~ m *Zwölffingerdarm* m
***duólogo** m *Zwiegespräch* n
duomesino adj *zweimonatig*
△**dupar** vt *anführen, hintergehen*
dup.^{do} m Abk = **duplicado**
dúplex m *Fahrrad* n *mit Soziussitz* ‖ ⟨Mus⟩ *Doppelflügelhorn* n ‖ ~ adj ⟨Tech Typ⟩ *Duplex-* ‖ *zweifach od doppelt wirkend* ‖ ~ *diferencial* ⟨Tel⟩ *Differentialschaltung* f
dúplica f ⟨Jur⟩ *Duplik, Gegen|erwiderung, -antwort* f *(des Beklagten auf e-e* réplica *[→ d])*
dupli|cación f *Verdoppelung* f ‖ ⟨Mus⟩ *Notenverdoppelung* f ‖ **-cado** adj/s *(ver)doppelt* ‖ *número siete* ~ *Nummer* f *7a (bei span. Hausnummern)* ‖ por ~ *in doppelter Ausfertigung* ‖ *contra recibo por* ~ *gegen doppelte Quittung* ‖ *hecho por* ~ y a un solo efecto *doppelt für einfach (gültig)* ‖ ~ m *Duplikat* n, *Doppelschrift* f, *Doppel* n ‖ **-cador** m *Duplikator* m ‖ **-car** [c/qu] vt *verdoppeln* ‖ *wiederholen* ‖ ⟨Math⟩ *mit zwei multiplizieren* ‖ ~ vi *sich verdoppeln* ‖ ⟨Jur⟩ *auf die Replik antworten* ‖ **-cativo** adj *verdoppelnd*
dúplice adj *doppelt*
duplicidad f *Doppelheit, Zwiespältigkeit* f ‖ *Duplizität* f (& fig) ‖ fig *Zweideutigkeit* f ‖ fig *Doppelzüngigkeit* f
duplo adj *doppelt, zweifach, Doppel-* ‖ el ~ *das Doppelte*
△**dupon** m *Tintenfaß* n
du|que m *Herzog* m ‖ gran ~ *Großherzog* m ‖ *Großfürst* m *(Rußland)* ‖ ⟨V⟩ *Uhu* m *(Bubo bubo)* ‖ ~ de alba ⟨Mar⟩ *Duckdalbe* f ‖ ◊ *vivir a lo* ~, *vivir como un* ~ figf *fürstlich leben* ‖ los ~s *das Herzogspaar* ‖ **-quesa** f *Herzogin* f
△**duquipén** m *Kummer* m
dura f *Dauer* f ‖ de (mucha) ~ fam *dauerhaft, zuverlässig*
dura|bilidad f *Dauerhaftigkeit* f ‖ **-ble** adj ‖ **-dero** ‖ **-ción** f *Dauer* f ‖ *Zeitdauer* f ‖ *Beständigkeit, Dauerhaftigkeit* f ‖ ⟨Tech⟩ *Haltbarkeit* f ‖ ⟨Tech⟩ *Lebensdauer* f ‖ ~ de empleo *Gebrauchsdauer* f ‖ ~ de endurecimiento *(od* de solidificación) *Erhärtungsdauer* f ‖ ~ de la fermentación *Gärungsdauer* f ‖ ~ del frenado *Brems|dauer, -zeit* f ‖ ~ de oscilación ⟨Radio⟩ *Schwingungsdauer* f ‖ baño de ~ *Dauerbad* n ‖ de ~ ilimitada *unverwüstlich* ‖ *unbegrenzt haltbar* ‖ de larga ~ *langwierig* ‖ ⟨Tech⟩ *langlebig (z. B. Maschine)* ‖ *por la* ~ de während ‖ **-dero, -ble** adj *dauerhaft, fest* ‖ *dauernd* ‖ *haltbar* ‖ *nachhaltig*
duraluminio m *Duralumin* f
dura|madre, -máter f ⟨An⟩ *Dura mater, harte Hirnhaut* f ‖ **-men** m *Kern(teil)* m *e-s Baumstammes* ‖ **-mente** adv *hart, herzlos, grausam*
Duran|dal, -darte m *das Schwert Rolands*
durante prep *während* (gen) ‖ la guerra *während des Krieges* ‖ ~ tres meses *während dreier Monate* ‖ *drei Monate lang* ‖ ~ el viaje *unterwegs* ‖ *während (od auf) der Reise* ‖ ~ largos años *jahrelang* ‖ *seit vielen Jahren*
durar vi *(fort)dauern, währen* ‖ *(aus)halten, durchhalten* ‖ *(ver)bleiben* ‖ *sich halten können (z. B. in e-r Stellung)* ‖ fam *(weiter)leben* ‖ fam *bleiben, ertragen, (es) aushalten* ‖ *halten (Stoff)* ‖ ◊ el vestido no le durará el invierno *der Anzug wird Ihnen nicht den Winter hindurch halten* ‖ ¡que dure! fam *nur so weiter! (als Aufmunterung, Beglückwünschung usw)*
durativo adj ⟨Gr⟩ *durativ (Aspekt)*

duratón — d/v 450

△**duratón** m Duro m *(Fünfpesetenstück)*
duraz|nero m *Herzpfirsichbaum* m || **-nilla** f *Herzpfirsich* m || **-nillo** m ⟨Bot⟩ *Flohknöterich* m (Polygonum persicaria) || Mex *(Art) Feigenkaktus* m (Opuntia leucotricha) || **-no** m *Herzpfirsichbaum* m || *Herzpfirsich* m || Arg *Pfirsich* m, *jede pfirsichartige Frucht* f
durazo m augm v. **duro**
Durero m np: Alberto ~ *Albrecht Dürer*
durete m dim v. **duro**
dureto m *Hartapfel* m
dureza f *Härte, Festigkeit, Zähigkeit* f || *Derbheit* f || fig *Hartherzigkeit* f || fig *Hartnäckigkeit* f || fig *Härte, Strenge* f || fig *Rauheit* f || fig *Unbarmherzigkeit* f || fig *Gefühllosigkeit* f || fig *Zähigkeit* f || fig *Schroffheit* f *im Benehmen* || ⟨Med⟩ *Schwieligkeit* f || ⟨Med⟩ *Verstopfung* f || ~ *de corazón* fig *Hartherzigkeit, Gefühllosigkeit* f || ~ de(l) oído *Schwerhörigkeit* f || ⟨Mus⟩ *schweres Gehör* n || *grado de* ~ ⟨Min⟩ *Härtegrad* m || *subsidio por* ~ *Härtebeihilfe* f || ~**s** pl *Verhärtungen* fpl *im Körper, Gewächse* npl
¹**duri|llo, -to** adj dim v. **duro**
²**durillo** m ⟨Bot⟩ *Kornelkirsche(nbaum* m) f (Cornus sp) || *Laurustinus* m (Viburnum tinus)
△**durindaina** f *die strafende Gerechtigkeit*
△**durlines** m *Häscher* m
durmamos → **dormir**
durmidero m PR *Nachtlager* n *der Haustiere*
durmiente adj/s *schlafend* || ~ m *Schläfer, Schlafende(r)* m || ⟨Zim⟩ *(Grund)Schwelle* f || ⟨Zim⟩ *Tragbalken* m || Am ⟨EB⟩ *Schwelle* f || *la Bella* ≾ *(del bosque) Dornröschen* n *(Märchengestalt)*
△**durnán** m *Galeere* f, *Lastschiff* n

¹**duro** adj *hart, fest, zäh* || *schwer, schwierig, mühselig* || fig *hart, schwer zu ertragen* || *schwer zu verstehen* || *stark, widerstandsfähig* || *hart, rauh (Stimme)* || *hartnäckig, eigensinnig* || *streng, hartherzig, herzlos, grausam* || *rauh, unfreundlich* || fig *abgehärtet* (contra *gegen*) || *rauh (Klima)* || *hart (Wasser)* || *knauserig, geizig* || ⟨Phot Mal⟩ *hart* || *hart, nicht flüssig (Stil)* || ~ *como el acero stahlhart* (& fig) || ~ *de corazón hartherzig* || ~ de entendederas figf *schwer von Begriff* || ~ *de oído schwerhörig* || fig *unfolgsam* || fig ⟨Mus⟩ *mit schlechtem Gehör* || ~ *y parejo* Arg fam *mit Kraft und Ausdauer* || ~ *de pelar* fig *schwer auszuführen*, fam *e-e harte Nuß* f || *huevo* ~ *hartgesottenes Ei* n || *represión* ~a *derber Verweis* m || *dar en* ~ *auf Schwierigkeiten stoßen* || a ~as *penas mit knapper Not* || *tomar las* ~as *con las maduras* figf *nicht wählerisch sein*
²**duro** adv *tüchtig, kräftig* || *dale* ~, ~ *con él* fam *schlag zu!*, pop *gib ihm Saures!* || ¡~ (ahí)! fam *nur zu! nur keine Rücksichten!*
³**duro** m Duro m, span. *Silbermünze* f = 5 *Pesetas* || fig *Knauser, Knicker* m || ◊ *ser más falso que un* ~ *de plomo falsch wie e-e Schlange sein*, fam *ein falscher Fuffziger sein* || ~**s** pl △*Schuhe* mpl || △*Prügel* m
⁴**duro** m ⟨Mar⟩ *starker Wind* m
du|rómetro, -roscopio m ⟨Tech⟩ *Härteprüfer* m
durse adj And pop = **dulce**
△**dutoy** adj *strahlend*
duun|vir(o) m *Duumvir* m || **-virato** m *Duumvirat* n
dux m ⟨Hist⟩ *Doge* m *in Venedig*
duz *(pl -ces)* adj And *süß*
d/v Abk = **días vista**

E

¹e f E n
²e (*é) conj *statt* y *vor Wörtern, die mit nicht diphthongiertem* i *od* hi *anfangen:* España e Italia, padre e hijo, aber cobre y hierro, piedra y hierba *(jedoch nicht anlautend in Frage- und Imperativsätzen:* ¿y Ignacio? ¡y Italia!)
³e prov = **de**
⁴e prov = **y**
⁵e, e/ Abk = **entrega**
é And pop = **él**
E Abk = **Este** ‖ **Empalme** ‖ **Extranjero** ‖ **Exterior** ‖ **España** ‖ **Estación**
¡**ea**! *nun! los! auf!* ‖ *wohlan! frisch zu!* ‖ *ach was!* ‖ *fertig!, aus!* ‖ ¡~ pues! *nun denn!*
Eaco *m* ⟨Myth⟩ *Áakus, Aiakos* m
easonense adj/s ⟨Lit⟩ *aus San Sebastián*
ebanis|ta *m (Möbel) Tischler* m ‖ *Kunsttischler* m ‖ **-tería** *f (Kunst) Tischlerei* f ‖ *(Möbel) Tischlerei* f ‖ *(Kunst) Tischlerei, Schreinerei* f ‖ *(Kunst) Tischlerarbeit* f ‖ *Möbel* npl
ébano *m Ebenholzbaum* m (Diospyros ebenum) ‖ *Ebenholz* n ‖ cabellos de ~ ⟨poet⟩ *ebenholzschwarzes Haar* n
ebenáceas *fpl* ⟨Bot⟩ *Ebenholzgewächse* npl (Ebenaceae)
ebionita *m* ⟨Hist Rel⟩ *Ebionit* m
ebonita *f Ebonit* n, *Hartgummi* m
eborario adj *aus Elfenbein* ‖ *Elfenbein-*
ebriaguez [*pl* **-ces**] *f* fig = **ebriedad**
ebriedad *f Trunkenheit* f, *Rausch* m (& fig) ‖ ◊ conducir en estado de ~ ⟨StV⟩ *Trunkenheit* f *am Steuer*
ebrio adj/s *betrunken* ‖ fig *trunken, berauscht* (de *vor* dat) ‖ *blind* (de *vor* dat) ‖ *hingerissen* (von dat) ‖ ~ de ira *in blinder Wut* ‖ ~ de alegría *taumelnd, trunken vor Freude* ‖ ~ *m:* ~ habitual *Gewohnheitstrinker* m
Ebro *m:* el ~ *der Ebro (Fluß in Spanien)*
ebullición *f Aufkochen, Sieden, Aufwallen* n (& fig) ‖ fig *Aufbrausen* n ‖ de fácil ~ *leicht siedend* ‖ punto de ~ ⟨Phys⟩ *Siedepunkt* m ‖ en ~ *kochend, siedend* ‖ ◊ entrar en ~ *den Siedepunkt erreichen* (& fig)
ebu|llómetro *m* ⟨Phys⟩ *Siedepunktmesser* m, *Ebullioskop* n ‖ **-lloscopia** *f* ⟨Phys⟩ *Ebullioskopie* f ‖ **-lloscopio** *m* ⟨Phys⟩ *Ebullioskop* n
eburnación *f* ⟨Med⟩ *Verknöcherung, Ebur|neation, -nifikation* f
ebúrneo adj ⟨poet⟩ *Elfenbein-, elfenbeinern*
ecarté *m* ⟨Kart⟩ *Ekarté* n
ec.ᶜᵒ Abk = **eclesiástico**
eccehomo *m Christus* m *mit der Dornenkrone* ‖ ◊ estar hecho un ~ fig *erbärmlich (od wie das Leiden Christi) aussehen*
eccema m/f ⟨Med⟩ *Ekzem* n, *Juckflechte* f, *(Haut-, Flechten) Ausschlag* m ‖ **~toso** adj *ekzematös*
eceto pop = **excepto**
eclampsia *f* ⟨Med⟩ *Eklampsie* f
eclecticis|mo *m* ⟨Philos⟩ *Eklektizismus* m ‖ fig *Mangel* m *an Einheitlichkeit und Urwüchsigkeit* ‖ **-ta** adj/s = **ecléctico**
ecléctico adj/s *eklektisch* ‖ ~ *m Eklektiker* m
Eclesiastés *m:* el ~ *der Prediger (Salomo in der Bibel)*
eclesiástico adj *geistlich, kirchlich* ‖ derecho ~ *Kirchenrecht* n ‖ ~ *m Geistliche(r)* m ‖ el ≾ *(das Buch) Jesus Sirach (Ekklesiastikus)*
eclesiastizar vt *verkirchlichen, in Kirchenhand überführen*

eclímetro *m* ⟨Tech⟩ *Neigungsmesser* m
eclip|sar vt ⟨Astr⟩ *verfinstern, verdunkeln* ‖ fig *in den Schatten stellen* (a alg. jdn) ‖ fig *überstrahlen, den Rang ablaufen* (a alg. *jdm*), *ausstechen* ‖ **~se** *sich verfinstern* ‖ figf *verschwinden, sich aus dem Staube machen,* fam *türmen, abhauen* ‖ **-se** *m* ⟨Astr⟩ *Verfinsterung, Finsternis* f ‖ fig *Verschwinden* n ‖ ~ lunar, ~ solar *Mond-, Sonnen|finsternis* f ‖ ~ parcial, ~ total ⟨Astr⟩ *Teil-, Total|finsternis* f
eclipsis *f* ⟨Gr Math⟩ = **elipsis**
eclipti|ca *f* ⟨Astr⟩ *Ekliptik* f ‖ **-co** adj ⟨Astr⟩ *ekliptisch*
eclisa *f* ⟨EB⟩ *Lasche* f *(e-r Schiene)*
eclosión *f* gall *Aufbrechen* n ‖ *Aufblühen* n ‖ ⟨Entom⟩ *Auskriechen* n *(der Larve aus dem Ei)* ‖ fig *Anbruch* m *(Tag)* ‖ fig *Ausbruch* m, *Entstehung* f ‖ fig *Werden* n, *Entfaltung* f
eco *m Echo* n, *Widerhall* m ‖ *Nachhall* m ‖ *Echo* n *(Dichtform)* ‖ fig *Nachklang* m ‖ fig *Nachahmung* f ‖ fig *Wiedergabe* f *e-r Neuigkeit* ‖ ~ del sonido *Schallecho* n ‖ ◊ hacer ~ *Aufsehen erregen* ‖ hacer ~ (a) *jdm beistimmen* ‖ *passen, sich schicken zu* (dat) ‖ hacerse ~ de a. *et weiter|verbreiten, -geben* ‖ hallar, encontrar (un) ~ fig *Widerhall finden* ‖ tener ~ figf *willige Aufnahme finden (Mode usw)* ‖ ~s *mpl:* ~ de sociedad *Nachrichten* fpl *aus der Gesellschaft (Zeitung)*
eco|goniómetro *m Echopeilgerät* n ‖ **-ico** adj *Echo-* ‖ poesía ~a *Echo(verse* mpl) n
eco|lalia *f* ⟨Med⟩ *Echolalie* f ‖ **-logía** *f* ⟨Biol⟩ *Ökologie* f ‖ Neol *Umweltforschung* f ‖ **-lógico** adj *ökologisch*
ecólogo *m Ökologe* m ‖ Neol *Umweltforscher* m
ecómetro *m* ⟨Tech⟩ *Echolot* n
econo|mato *m Verwalterstelle* f ‖ *Konsumverein* m ‖ **-mía** *f Haushaltung, Wirtschaft* f ‖ *Volkswirtschaft* f ‖ *Wirtschaftswissenschaft* f ‖ *Einsparung* f ‖ *Wirtschaftlichkeit, Sparsamkeit* f ‖ *zweckmäßige Einteilung, Anordnung* f ‖ ⟨Physiol⟩ *Haushalt* m ‖ ~ agraria (od agrícola) *Agrar-, Land|wirtschaft* f ‖ ~ aplicada *angewandte Wirtschaftswissenschaft* f ‖ ~ coactiva *Zwangswirtschaft* f ‖ ~ dirigida (od planificada) *Planwirtschaft, gelenkte (od gesteuerte) Wirtschaft* f ‖ ~ doméstica *Hauswirtschaft* f ‖ ~ de la(s) empresa(s) *Betriebswirtschaft(slehre)* f ‖ ~ empresarial *Unternehmerwirtschaft* f ‖ ~ hídrica ⟨Physiol⟩ *Wasserhaushalt* m ‖ ~ de mercado *Marktwirtschaft* f ‖ ~ libre *freie Wirtschaft* f ‖ ~ nacional, ~ política *Volkswirtschaft* f ‖ ~ pecuaria *Viehwirtschaft* f ‖ ~ de tiempo *Zeitersparnis* f ‖ **~s** *fpl Ersparnisse* fpl ‖ ◊ hacer ~ *sparen*
económico adj/s *(land)wirtschaftlich, Wirtschafts-* ‖ *finanziell* ‖ *rationell* ‖ *volkswirtschaftlich* ‖ *billig* ‖ *preiswert* ‖ *Spar-, sparsam* ‖ *haushälterisch* ‖ *genau, geizig* ‖ año ~ *Geschäfts-, Rechnungs|jahr* n ‖ compañía ~a *Finanzgesellschaft* f ‖ cocina ~a *Sparherd* m ‖ edición ~a ⟨Typ⟩ → **edición** ‖ espacio ~ *Wirtschaftsraum* m ‖ expansión ~a *Wirtschaftsanstieg* m ‖ el mundo ~ *die Finanzwelt* ‖ a precio ~ *zu e-m niedrigen Preise* ‖ sector ~ *Wirtschaftsbereich* m ‖ situación ~a *wirtschaftliche Lage* f ‖ *Vermögenslage* f ‖ adv: **~amente**
econo|mista m/adj *Volkswirt* m ‖ *Volkswirtschaftler* m ‖ *Volkswirtschaftslehrer* m ‖ *Wirt-*

schaftsfachmann m ‖ *Finanzmann* m ‖ **–mizador** m *Sparer* m ‖ ⟨Tech⟩ *Ekonomiser* m *(bei Dampfkesseln)* ‖ *Spargerät* n, *Sparer* m ‖ ~ *de corriente* ⟨El⟩ *Stromsparer* m ‖ **–mizar** [z/c] vt/i *(er-, ein)sparen* ‖ *sparsam wirtschaften* ‖ *sparsam, haushälterisch umgehen* (a. *mit et*) ‖ *erübrigen* ‖ *haushalten, sparsam leben* ‖ ~ *dinero (tiempo) Geld (Zeit) sparen* ‖ *no* ~ *esfuerzos k–e Mühe scheuen*
  ecónomo m *Verwalter, Wirtschaft(l)er* m ‖ *(Pfründen)Verwalter* m ‖ *Vermögensverwalter* m ‖ *Vormund* m *(des Verschwenders)* ‖ *cura* ~ *Pfarrvikar, Pfarrverweser* m
  ecosonda f = **ecómetro**
  ecrán m ⟨Filmw Phot⟩ *Filter* n
  ecta|sia f ⟨Med⟩ *Ausdehnung, Erweiterung, Ektasie* f ‖ **–sis** f ⟨Lit⟩ *Ekta\se, -sis* f
  ecto|dermo m ⟨Biol⟩ *Ektoderm* n ‖ **–desmos** mpl ⟨Bot⟩ *Ektodesmen* pl ‖ **–parásito** m ⟨Biol⟩ *Ekto\parasit, -sit* m ‖ **–pia** f ⟨Med⟩ *Ektopie* f ‖ **–plasma** m ⟨Biol⟩ *Ektoplasma* n ‖ **–scopia** f ⟨Med⟩ *Ektoskopie* f
  ecuación f *Gleichung* f ‖ ~ (in)determinada *(un)bestimmte Gleichung* f ‖ ~ *de primero (segundo) grado Gleichung* f *ersten (zweiten) Grades* ‖ ◊ *resolver una* ~ *e–e Gleichung auflösen*
  ecuador m *Äquator* m ‖ ⟨Mar⟩ *Linie* f ‖ *el* ~ *(die südam. Republik) Ecuador*
  ecuánime adj *gleichmütig* ‖ *ruhig, gelassen*
  ecuanimidad f *Gleichmut* m ‖ *Gelassenheit* f ‖ *Geistesruhe* f ‖ *Unparteilichkeit* f
  ecuato|rial adj *Äquator(ial)-* ‖ ~ m ⟨Astr⟩ *Äquatoreal, Äquatorial* n *(Gerät)* ‖ **–rianismo** m *Redensart bzw Spracheigentümlichkeit* f *Ecuadors* ‖ **–riano** adj/s *aus Ecuador, ecuadorianisch* ‖ ~ m *Ecuadorianer* m
  ecuestre adj *ritterlich, Ritter-* ‖ *Reiter-* ‖ *arte* ~ *Reitkunst* f ‖ *círculo* ~ *Pferdezirkus* m ‖ *Varieté* n ‖ *estatua* ~ *Reiterstandbild* n
  ecu|ménico adj *allgemein, ökumenisch* (z. B. *Konzil*) ‖ **–menismo** m *ökumenische Bewegung* f
  ecuyere f frz *Kunstreiterin* f
  eczema f ⟨Med⟩ = **eccema**
  echa|cantos m fam *Maulheld* m ‖ *Null,* fam *Flasche* f ‖ **–cuervos** m *Kuppler* ʼm ‖ *Gauner, Taugenichts* m
  echa|da f *Wurf* m, *Werfen* n ‖ *Manneslänge* f *(als Maß)* ‖ Arg Mex fig *Ente* f ‖ *Aufschneiderei* f ‖ **–dero** m *Ruheplatz* m, *Lager* n ‖ **–dillo** m fam *Findelkind* m ‖ **–dizo** adj *weggeworfen* ‖ *zum Wegwerfen tauglich, unbrauchbar* ‖ *untergeschoben, unecht, falsch (Buch, Urkunde)* ‖ *vermeintlich, vermutlich* ‖ ~ m *Aussteuer* m ‖ *Schnüffler* m ‖ fam *Findelkind* m ‖ **–s** pl *Ausschuß* m ‖ **–do** adj *liegend* ‖ ⟨Bot⟩ *(nieder)liegend* ‖ ~ *a perder verdorben,* fam *kaputt* ‖ ~ *para adelante (atrás)* figf *mutig, beherzt* ‖ *kühn* ‖ *(hoch)mütig, -näsig* ‖ *feige* ‖ ◊ *estar* ~ *liegen* ‖ ~*a está la suerte die Würfel sind gefallen* ‖ ~ m ⟨Bgb⟩ *Neigung* f *(e–s Flözes)* ‖ **–dor** m *Schleuderer, Werfer* m ‖ *Schenkkellner* m *(Ausschank v. Kaffee u. Milch am Tisch)* ‖ **–dora** f: ~ *de cartas Kartenlegerin* f ‖ **–dura** f *Wurf* m, *Werfen* n ‖ *Brüten, Sichsetzen* n *zum Brüten (Glucke)* ‖ **–miento** m *Wurf* m ‖ *Schleudern, Werfen* n
  echar vt/i a) *werfen* (a *od en auf od in acc*) ‖ *schleudern* ‖ *weg\schütten, -werfen* ‖ *verjagen, verstoßen, hinauswerfen* ‖ *(Blick) werfen* (a, *sobre auf* acc) ‖ *ansetzen (Glucke)* ‖ *paaren (Tiere)* ‖ *austreiben (Vieh)* ‖ *absetzen (Beamten)* ‖ *(hin)wegwerfen* ‖ *(hin)einwerfen* ‖ *vertreiben* ‖ *entlassen* ‖ *einwerfen (Brief)* ‖ *werfen (Anker)* ‖ *auswerfen (Samen, Netz)* ‖ *umwerfen (Wagen, Menschen)* ‖ *ausstoßen (Drohungen)* ‖ *sprühen, speien (Flammen)* ‖ *treiben (Blüten, Knospen)* ‖ *ausbreiten, von sich geben, aus\strahlen, -strömen* ‖ fam *verbreiten (Geruch)* ‖ *auflegen (Sattel)* ‖ *anlegen (Fesseln)* ‖ *auferlegen (Strafen, Steuern)* ‖ *ansetzen, bekommen (Zähne, Bart)* ‖ *bekommen (e–n Bauch)* ‖ *hinsetzen (seine Unterschrift)* ‖ *aufdrucken (Siegel, Zeichen)* ‖ *hineinstecken (Schlüssel)* ‖ *vorschieben (Riegel)* ‖ *halten (Rede)* ‖ *hinzu\tun, -fügen, -gießen* ‖ *eingießen, schütten, füllen* ‖ *einschenken* ‖ *(hin)legen, setzen, stellen* ‖ *(Geld) ausspielen* ‖ *spielen (Partie)* ‖ *auslegen (Karten)* ‖ *anstecken, anmachen (Feuer)* ‖ *rauchen (Zigarre, Zigarette)* ‖ *tun (Schluck)* ‖ *(zu sich) nehmen* ‖ ⟨Filmw Th⟩ *aufführen, geben (Stück, Film)* ‖ *jdm zuschreiben, auf jdn wälzen (Schuld)* ‖ *abschätzen (Alter)* ‖ *hersagen (Gedicht)* ‖ *erlassen (Verordnung)* ‖ *halten (Rede)* ‖ *ausstoßen (Fluch, Drohung)* ‖ *neigen (den Kopf)* ‖ Arg Pe PR *als besonders geeignet herausstellen (Menschen od Tiere für den Kampf)* ‖ *benennen (für den Hahnenkampf)* ‖ ◊ ~ *abajo nieder-, ab\reißen (Gebäude)* ‖ fig *vernichten, zunichte machen, zerstören* ‖ *ablehnen* ‖ ~ *al agua ins Wasser werfen* ‖ ⟨Mar⟩ *zu Wasser lassen, vom Stapel laufen lassen* ‖ ~ *el alma* fig *kaum aufatmen können* ‖ ~ *barriga dick werden, e–n Bauch bekommen* ‖ ~ *de beber a alg.* pop *jdm einschenken* ‖ ~ *la bendición* (a) *(ein)segnen* ‖ *trauen* ‖ ~ *el bigote Schnurrbart ansetzen* ‖ ~ *bilis* figf *wütend werden* ‖ ~ *los bofes* fig *sich gewaltig anstrengen* ‖ ~ *un borrón e–n Tintenklecks machen* ‖ ~ *un brindis e–e Gesundheit ausbringen, trinken* ‖ ~ *cálculos Berechnungen machen, berechnen* ‖ *nachdenken* ‖ ~ *carnes Fleisch ansetzen* ‖ ⟨Mil⟩ *verriegeln (Gewehr)* ‖ ~ *el cerrojo zuriegeln* ‖ ~ *al coleto* figf *hinunterschlucken* ‖ ~ *coplas Lieder vorsingen* ‖ ~ *la corredera* ⟨Mar⟩ *loggen* ‖ ~ (*sus*) *cuentas,* ~ *a la cuenta berechnen* ‖ *nachdenken* ‖ ~ *el cuerpo fuera hinausbeugen* ‖ ~ *cuerpo a tierra* ⟨Mil⟩ *hin\werfen, -legen* ‖ ~ *la culpa* (a) *die Schuld schieben auf* (acc) ‖ ~ *los dientes Zähne bekommen, zahnen* ‖ ~ *un discurso e–e Rede halten, reden* ‖ ~ *espumarajos* fig *vor Wut schäumen* ‖ ~ *un fallo ein Urteil fällen* ‖ ~ *la firma* fam *unterschreiben* ‖ ~ *fuego,* ~ *chispas* figf *vor Wut schnaufen* ‖ ~ *fuera hinauswerfen* ‖ ~*le galgos a la esperanza die Hoffnung aufgeben* ‖ ~ *gasolina* ⟨Aut⟩ *tanken* ‖ ~ *mal genio* fam *wütend sein* ‖ ~ *un granito de sal* figf *die Rede mit e–m witzigen Einfall würzen* ‖ ~ *hojas Blätter bekommen (Pflanze)* ‖ ~ *la lengua die Zunge herausstrecken* ‖ ~ *leña al fuego* fig *Öl in's Feuer gießen* ‖ ~ *maldiciones fluchen* ‖ ~ *mano a (od de) anfassen* ‖ *greifen zu* (dat) ‖ *et verwenden* ‖ *et fördern* ‖ ~ *una mano,* ~ *una partida e–e Partie spielen* ‖ ~ *margaritas a puercos* figf *Perlen vor die Säue werfen* ‖ ~ *al mundo auf die Erde senden* ‖ fig *gebären* ‖ ~ *una ojeada e–n Blick werfen* ‖ ~ *pelillos a la mar* fam *allen Groll vergeben und vergessen* ‖ ~ *el perro a la perra* pop *die Hündin vom Rüden decken lassen* ‖ ~ *pestes* figf *wettern, fluchen* ‖ ~ *pie a tierra absteigen (vom Pferde)* ‖ *aussteigen (aus dem Wagen)* ‖ ~ *raíces Wurzeln schlagen (Pflanzen)* ‖ ~ *raya aus-, durch\streichen* ‖ fig *sich hervortun* ‖ ~ *rayos* fig *Feuer sprühen, wüten* ‖ ~ *sangre Blut spucken* ‖ ~ *zur Ader lassen* ‖ ~ *sanguijuelas, ventosas Blutegel, Schröpfköpfe ansetzen* ‖ ~ *el sello de Briefmarke aufkleben* ‖ ~ *suertes losen* ‖ ~ *tacos* figf *fluchen und wettern* ‖ ~ *tierra* (a) *mit Erde verschütten* ‖ figf (*et*) *ins Meer der Vergessenheit versenken* ‖ ~ *un trago* fam *e–n Schluck tun* ‖ ~ (la) *voz* fig *ein Gerücht ausstreuen* ‖ ~*la de escritor den Schriftsteller spielen* ‖ ~*la de gracioso* fam *den Witzigen spielen* ‖ ¿*qué echan? was wird gegeben?* (*Theater, Kino*) ‖ ¿*cuántos años le echa V.? wie alt schätzen Sie ihn?*
  b) *in Verb. mit Präpositionen* (od *präpositionalen Adverbialverbindungen*):

1. *mit a*: ~ *al aire in die Luft werfen* ‖ *fig entblößen* ‖ ~ *a la cara vor|werfen, -halten (Wohltaten, Fehler)* ‖ ~ *a chanza,* ~ *a broma,* ~ *a zumba* u/c *et von der scherzhaften Seite auffassen* ‖ ~ *a* buena (mala) parte *gut (schlecht) aufnehmen, auslegen* ‖ ~ *a las espaldas,* ~ *a un lado* u/c fig *sich et aus dem Sinne schlagen* ‖ ~ *al mar über Bord werfen* ‖ ~ *a perder verderben, zugrunde richten* ‖ ~ *a pique,* ~ *a fondo* ⟨Mar⟩ *in den Grund bohren* ‖ ~ *a la puerta,* ~ *de patitas a la calle* a alg. fam *jdn vor die Tür setzen, brotlos machen* ‖ ~ *a tierra zu Boden werfen* ‖ fig *zerstören* ‖ ~lo todo a rodar figf *auf nichts Rücksicht nehmen* ‖ ~ *las* Chi *fliehen, flüchten,* fam *Reißaus nehmen* ‖ ~ *de lado* Mex *antun, bramarbasieren*
2. *mit de*: ~ *de beber einschenken* ‖ ~ *de comer füttern (Tiere)* ‖ pop *zu essen geben,* pop *Futter geben* (dat) ‖ ~ *de casa aus dem Haus jagen (*od *werfen)* ‖ →a ~ *de menos* ‖ ~ *de menos vermissen* ‖ *sich sehnen nach* (dat) ‖ ~ *de repente* fam *aus dem Stegreif sprechen* ‖ ~ *de sí von sich geben* ‖ *von sich weisen* ‖ fig *zurückstoßen* ‖ ~ *de ver sehen* ‖ *erblicken, bemerken* ‖ *verstehen, einsehen*
3. *mit en*: ~ *en cara.* a alg. *jdm et vorwerfen* ‖ ~ *en falta* a alg. *jdn vermissen*
4. *mit por*: ~ *por alto fig verachten* ‖ ~ *por tierra,* ~ *por el suelo zu Boden werfen, schleudern* ‖ fig *zerstören, zunichte machen*
~ vt/i a) *werfen, schleudern* ‖ *einschenken* ‖ *würfeln* ‖ ⟨Kart⟩ *ausspielen* ‖ *wetten* ‖ *e-n Weg einschlagen* ‖ ¡echa, echa! pop *denk mal an!* ‖ nanu! ‖ ¡échate! *kusch! (zu Hunden)*
b) *in Verb. mit Präpositionen (*od *präpositionalen Adverbialverbindungen)*: ~ *a anfangen zu* ‖ ~ *a* + inf *anfangen (*od *beginnen) zu* + inf ‖ ~ *a correr anfangen zu laufen* ‖ *davonlaufen* ‖ ~ *a la derecha nach rechts gehen* ‖ ~ *en (hin-)einwerfen in* ‖ ~ *por el atajo den kürzesten Weg einschlagen*
~se a) *sich niederlegen* ‖ *kuschen (Hunde)* ‖ *sich schlafen legen* ‖ *sich legen (Wind)* ‖ *sich stürzen* (sobre *auf* acc) ‖ *sich hinlegen* ‖ fig *sich zum Brüten setzen (Vogel)* ‖ fig *den Mut verlieren* ‖ *sich widmen (e-m Beruf)* ‖ ~ + s fam *sich anschaffen, sich zulegen* (acc) ◊ ~ *una espina e-e Gräte verschlucken* ‖ *sich e-n Dorn einreißen, einjagen* ‖ ~ *un* novio fam *ein Liebesverhältnis anknüpfen (Mädchen),* fam *sich e-n Bräutigam* bzw *Freund zulegen* ‖ ~ *atrás zurückweichen* ‖ *zurückgehen* ‖ fig *von s-m Wort abgehen, e-n Rückzieher machen*
b) *in Verb. mit Präpositionen (*od *präpositionellen Adverbialverbindungen)*: ~ *a anfangen zu* ‖ ~ *a* + inf *anfangen (*od *beginnen) zu* + inf ‖ ~ *a dormir sich zum Schlafen hinlegen* ‖ fig *sich um nichts kümmern, seine Geschäfte vernachlässigen* ‖ ~ *a llorar zu weinen anfangen* ‖ ~ *a morir* figf *verzweifeln, keinen Ausweg sehen* ‖ *sich dem Mißmut, dem Trübsinn überlassen* ‖ ~ *a perder verderben,* fam *kaputtgehen* ‖ fig *sittlich verkommen* ‖ ~ *al agua* fig *Wasser springen* ‖ fig *sich plötzlich zu e-r schweren und gewagten Unternehmung entschließen,* fig *ins kalte Wasser springen* ‖ ~ *de la cama aus dem Bett springen* ‖ ~ *en la cama sich ins Bett legen* ‖ ~ *un cigarrillo e-e Zigarette rauchen* ‖ ~ *una copita,* ~ *un trago sich e-n (*od *ein Gläschen)· genehmigen, e-n heben* ‖ ~ *a cuestas* figf *auf sich nehmen, übernehmen (Geschäfte, Aufträge)* ‖ ~ *a los pies de* alg. *sich jdm zu Füßen werfen* ‖ ~ *de codos sich auf den Ellbogen aufstützen, stützen* ‖ ~ *de ver gewahr werden* ‖ ~selas *de valiente sich als Held aufspielen* ‖ ~ *en* a/c *sich in et* (acc) *stürzen* ‖ ~ *sobre (*od *a)* alg. *jdn plötzlich anfallen*
echarpe *m* gall *Schulterschal* m ‖ Am *Schärpe, Feldbinde* f
echazón *f Wurf* m ‖ ⟨Mar⟩ *See-, Ab|wurf* m

(der Ladung) ‖ ⟨Mil⟩ *Notwurf* m
echo|na *f* Arg Chi Pe *Sichel* f ‖ **-nería** *f* Ven *Prahlerei* f
edad *f (Menschen) Alter* n, *Lebenszeit* f ‖ *Altersstufe* f ‖ *Zeitalter* n ‖ *Zeitabschnitt* m ‖ *Epoche* f ‖ *Dienstalter* n ‖ ⟨Geol Hist⟩ *Zeit (-alter* n*)* f ‖ la ~ *de oro,* la ~ *de bronce,* la ~ *de hierro das Goldene, das eherne, das eiserne Zeitalter* ‖ ~ de(l) bronce, ~ de(l) hierro ⟨Geol⟩ *Bronze-, Eisen|zeit* f ‖ ~ *adulta Erwachsenenalter, reifes Alter* n, *Vollreife* f ‖ la ~ *antigua das Altertum* ‖ ~ áurea, ~ dorada, ~ *de oro* ⟨& Lit u. poet⟩ *Goldenes Zeitalter* n ‖ ~ *avanzada hohes Alter* n ‖ la ~ *crítica die kritische Zeit (der Frau)* ‖ *die Wechseljahre* npl ‖ ~ geológica *Erdzeitalter* n ‖ la ~ *glacial die Eiszeit* ‖ la ~ *ingrata,* fam la ~ *del pavo,* fam la ~ *burral,* SAm pop la ~ *del chivates die Flegeljahre* npl ‖ la ~ *madura die Jahre* npl *der Reife, das Mannesalter* ‖ la ~ media *das Mittelalter* ‖ la ~ *moderna die Neuzeit* ‖ la ~ *de piedra die Steinzeit* ‖ la ~ *temprana frühes Alter* n, *Jugend* f ‖ la ~ *viril das Mannesalter* ‖ *avanzado de* ~, *de* ~ *provecta in vorgeschrittenem Alter, bejahrt* ‖ a la ~ *de im Alter von* (dat) ‖ a mi ~ *in m-m Alter* ‖ *de cierta* ~, *de mediana* ~ *in mittlerem* od *in reifem Alter* ‖ *de corta* ~ *(noch) sehr jung* ‖ *es de mi* ~ *er ist in meinem Alter* ‖ *mayor* ~, *mayoría de* ~ *Volljährigkeit* f ‖ *Mündigkeit* f ‖ ~ *matrimonial* ⟨Jur⟩ *Ehemündigkeit* f ‖ *mayor de* ~ *voll-, groß|jährig* ‖ *mündig* ‖ *Volljähriger* m ‖ *menor de* ~ *minderjährig* ‖ *unmündig* ‖ *Minderjähriger* m ‖ *menor* ~, *minoría de* ~ *Minderjährigkeit* f ‖ *Unmündigkeit* f ‖ ~ núbil, ~ nupcial *Heiratsalter* n ‖ ~ *de jubilación,* ~ *de retiro Renten-, Pensions|alter* n ‖ *Altersgrenze* f ‖ *limite de* ~ *Altersgrenze* f ‖ *la tierna* ~ fig *die Kinderjahre* npl ‖ *en* ~ *escolar schulpflichtig* ‖ ◊ *entrar en* ~ *alt werden, in die Jahre kommen* ‖ *tener* ~ *de alt genug sein, um zu* ‖ *estar en la* ~ *de im richtigen Alter sein zu* ‖ *no se le echaría la* ~ *que tiene fam er sieht nicht so alt aus, wie er ist* ‖ *tengo más* ~ *que tú ich bin älter als du* ‖ ¿qué ~ *tiene V.?* ‖ ¿cuál es su ~? *wie alt sind Sie?* ‖ →a **época, era**
eda|fología *f Bodenkunde* f ‖ **-fológico** adj *bodenkundlich* ‖ **-fólogo** *m Edaphologe* m
Edda *f* ⟨Lit⟩ *Edda* f ‖ las ~s ⟨Lit⟩ *die Edden* fpl
edecán *m* ⟨Mil⟩ *(Feld) Adjutant* m ‖ figf *Begleiter, Adlatus* m ‖ figf iron *Zuträger* m, fam *Klatschmaul* m
edelweiss *m* ⟨Bot⟩ *Edelweiß* n (Leontopodium alpinum)→a **leontopodio**
ede|ma *m* ⟨Med⟩ *Ödem* n, *Wassergeschwulst* f ‖ **-matoso** adj ⟨Med⟩ *ödematös*
Edén, edén *m Eden, Paradies* n (& fig) ‖ **~ico** adj *paradiesisch, Eden-*
eder *m* ⟨V⟩ = **éider**
edición *f (Her) Ausgabe* f, *Druck* m *(e-s Werkes)* ‖ *Ausgabe* f ‖ *Auflage* f ‖ *Verlagswesen* n ‖ *Verlagsbuchhandel* m ‖ ~ *de arte künstlerische Ausgabe* f ‖ ~ *aumentada,* ~ *ampliada erweiterte Ausgabe* f ‖ ~ *de bolsillo Taschenausgabe* f ‖ ~ *clandestina Geheimausgabe* f ‖ *verbotener Nachdruck* m ‖ *Raubdruck* m ‖ ~ *completa Gesamtausgabe* f ‖ ~ *corregida verbesserte Auflage* f ‖ ~ *definitiva endgültige Ausgabe* f ‖ ~ *económica verbilligte Ausgabe* f ‖ ~ *enteramente refundida vollkommen überarbeitete Ausgabe* f ‖ ~ *escolar Schulausgabe* f ‖ ~ *extraordinaria Sonderausgabe* f *(z. B. e-r Zeitung)* ‖ *Sondernummer* f ‖ ~ *expurgada gereinigte Ausgabe, Editio* f *castigata* (lat) ‖ ~ *de lujo Prachtausgabe* f ‖ ~ *de la mañana,* ~ *vespertina,* ~ *de la noche Morgen-, Abend-, Nacht|ausgabe* f *(e-r Zeitung)* ‖ ~ *particular,* ~ *privada Privatdruck* m ‖ ~ *popular Volksausgabe* f ‖ ~ *príncipe erste Ausgabe* f *e-s (alten) Schriftstellers, Editio*

edicto — efecto 454

princeps (lat) ‖ ~ revisada *durchgesehene Auflage* f ‖ segunda ~ *zweite Auflage* f ‖ derecho de ~ *Verlagsrecht* n ‖ ◊ ser la segunda ~ de *die zweite Auflage sein von* ‖ figf *genauso aussehen wie* (nom), desp *ein Abklatsch* (od *e-e Kopie) von*... (dat) *sein*
 edicto *m* ⟨Jur⟩ *Aufgebot* n ‖ ⟨bes Hist⟩ *Edikt* n ‖ *(behördlicher) Erlaß* m ‖ *öffentliche Bekanntmachung* f ‖ *Verordnung* f ‖ ~ matrimonial *Eheaufgebot* n ‖ emplazamiento por ~ ⟨Jur⟩ *öffentliche Ladung* f
 ediculo *m* ⟨Arch⟩ *Grabkapelle* f ‖ *Nischenumrahmung* f *(an Gebäuden)*
 edifi|cable adj *bebaubar* ‖ *baureif* ‖ **-cación** *f Erbauung* f (& fig) ‖ *Errichtung* f ‖ *Bau* m, *Gebäude* n ‖ ordenanza *(od* reglamento) de ~ *Bauordnung* f ‖ permiso de ~ *Bau|genehmigung, -erlaubnis* f ‖ **-cador** adj/s *Bau-* ‖ ~ *m Erbauer* m ‖ = **-cante** ‖ **-cante** adj *erbaulich, lehrreich, belehrend* ‖ poco ~ *unangenehm, unerquicklich* ‖ *nicht ganz anständig, nicht ganz salonfähig, fam nicht ganz stubenrein (Scherz, Witz)* ‖ **-car** [c/qu] vt ⟨Arch⟩ *(er)bauen* ‖ *errichten (bedeutendes Bauwerk)* ‖ *aufführen* ‖ fig *begründen* ‖ fig *erbauen, belehren* ‖ vi *bauen* ‖ **~se** vr fig *sich erbauen* (con *an* dat) ‖ **-cativo** adj *erbaulich* ‖ **-catorio** adj *Bau-* ‖ **-cio** *m Gebäude* n, *Bau* m, *Bauwerk* n ‖ ~ escolar *Schulgebäude* n
 edil *m Ädil* m *(im alten Rom)* ‖ fig *Ratsherr, Stadtrat* m ‖ **~icio** adj *kommunal* ‖ *Ratsherrn-* ‖ **~idad** *f Ratsherrenamt* n
 Edimburgo *Edinburg (Stadt)*
 Edipo *m Ödipus* m ‖ complejo de ~ ⟨Psychol⟩ *Ödipuskomplex* m
 Edisa *f* Tfn fam = **Ester**
 edi|tar vt *verlegen* ‖ *(her)ausgeben (ein Werk)* ‖ *edieren (bes klassische Werke)* ‖ ◊ ~ de nuevo *neu auflegen* ‖ **-tor** m/adj *Verleger, Herausgeber* m ‖ casa **~a** *Verlagshaus* n, *Verlag* m ‖ **-torial** adj/s: *Verlags-* ‖ *verlegerisch* ‖ *Leitartikel-* ‖ (artículo) ~ *Leitartikel* m ‖ (casa) ~ *Verlagshaus* n, *Verlag* m ‖ contrato ~ *Verlagsvertrag* m ‖ éxito ~ *Bucherfolg* m ‖ ~ comisionista *Kommissionsverlag* m ‖ **-torialista** *m Leitartikler* m
 Edmundo *m* np Tfn *Edmund* m
 edredón *m Eiderdaune* f ‖ *Daunendecke* f ‖ *(gestepptes) Federbett* n, *Steppdecke* f
 Eduardo *m* np Tfn *Eduard* m
 educa|bilidad *f Bildungsfähigkeit* f ‖ *Erziehbarkeit* f ‖ **-ble** adj *bildungsfähig.*‖ *erziehbar* ‖ '*gelehrig* ‖ **-ción** *f Erziehung* f ‖ *Erziehungslehre* f ‖ *Gesittung, Sittenbildung* f ‖ *Bildung* f ‖ *(gutes) Benehmen* n ‖ *Ausbildung* f ‖ *Abrichtung, Dressur* f ‖ ~ acatólica (de la prole) *nichtkatholische (Kinder)Erziehung* f ‖ ~ de adultos *Erwachsenenbildung* f ‖ ~ cívica *staatsbürgerliche Bildung* f ‖ *Bürgerkunde* f ‖ ~ y Descanso Span *Organisation* f *für Freizeit und Erholung (der span. Syndikate)* ‖ ~ extraescolar *außerschulische Erziehung* f ‖ ~ fisica *Leibesübungen* fpl, *körperliche Ertüchtigung* f ‖ *Turnen* n *(Schulfach)* ‖ ~ profesional *Fachbildung* f ‖ Ministerio de ~ y Ciencia Span *Unterrichtsministerium* n ‖ falta de ~ *Ungezogenheit* f ‖ *Mangel* m *an Benehmen* ‖ sin ~ *schlecht erzogen, ungezogen, rüpelhaft* ‖ *ungebildet* ‖ ◊ tener ~ *wohl erzogen sein* ‖ no tener ~ *k-n Schliff haben, kein Benehmen haben, e-e schlechte Kinderstube haben* ‖ *ungebildet sein* ‖ →a **instrucción** ‖ **-cional** adj Am = **-tivo** ‖ **-do** adj *erzogen* ‖ *gebildet* ‖ bien ~ *wohlerzogen, höflich, aufmerksam* ‖ mal ~ *ungezogen* ‖ **-dor** *m Erzieher* m
 edu|cando *m*, **~a** *f Schüler(in)* m(f), *Zögling* m ‖ **-car** [c/qu] vt *erziehen* ‖ *unterrichten* ‖ *ausbilden (& die Körperkräfte)* ‖ *schulen (Blick, Gehör usw)* ‖ ~ la mano *die Hand(fertigkeit) ausbilden* ‖ ~ en la piedad *zur Frömmigkeit erziehen* ‖ **-cativo** adj *Bildungs-* ‖ *erzieherisch,* Neol *erziehlich* ‖ *belehrend* ‖ *Lehr-, Erziehungs-* ‖ ⟨Sp⟩ *trainierend* ‖ film ~ *Lehrfilm* m ‖ sistema ~ *Erziehungssystem* n ‖ *Erziehungswesen* n
 educir [-zc-, pret –uje] vt = **deducir**
 edulco|rante adj/s *süßend* ‖ fig *versüßend* ‖ ~ *m* ⟨Pharm⟩ *Süßstoff* m ‖ **-rar** vt ⟨Pharm⟩ *(ver-, aus)süßen* ‖ fig *versüßen*
 Eduwigis *f* np Tfn *Hedwig* f
 E/E, e/e Abk = **en ésta**
 EE. UU. Abk = **Estados Unidos**
 ef/c Abk = **efectos a cobrar**
 efe *f* F n
 efebo *m Ephebe* m ‖ ⟨Lit⟩ *Jüngling* m
 efectis|mo *m Effekt|hascherei, -macherei* f ⟨Mal usw⟩ ‖ **-ta** adj/s *effekt|hascherisch, -macherisch* ‖ *auf Wirkung angelegt* bzw *ausgehend*
 efecti|vamente adv *wirklich, tatsächlich* ‖ **-vidad** *f Wirklichkeit, Tatsächlichkeit* f ‖ *Wirkung* f ‖ *Auswirkung, Wirksamkeit* f ‖ *endgültige, feste (*bzw *planmäßige) Anstellung* f ‖ ⟨Mil⟩ *aktive Verwendung* f ‖ ⟨Tech⟩ *Effektivwert* m ‖ ~ jurídica *Rechtswirkung* f ‖ **-vo** adj *wirklich (vorhanden)* ‖ *tatsächlich, effektiv* ‖ *sicher, zuverlässig* ‖ *real* ‖ *reell (Zahl)* ‖ *bar (Geld)* ‖ ⟨Com⟩ *Bar-* ‖ ⟨Tech⟩ *Effektiv-* ‖ *definitiv angestellt* ‖ *planmäßig (Beamter)* ‖ *ordentlich* bzw *aktiv (Mitglied)* ‖ *wirksam* (& Jur) ‖ precio ~ *Effektivpreis* m ‖ valor ~ *Effektivwert* m ‖ ◊ hacer ~ in die Tat *umsetzen, vollziehen* ‖ *ein|ziehen, -lösen (Gelder)* ‖ Am *wirksam gestalten* ‖ ~ *m Bestand* m ‖ ⟨Com⟩ *Vorrat* m, *Lager* n *(Waren)* ‖ *Barbestand* m ‖ *Belegschaft* f *(Fabrik)* ‖ *Mitgliederzahl* f *(Partei)* ‖ ⟨Mil⟩ *Truppenstärke* f ‖ *tatsächlicher (Truppen)Bestand* m ‖ (-)*Stärke* f ‖ en ~ bar, in barem *Geld* ‖ ~ en caja *Kassenbestand* m ‖ ~ de combate ⟨Mil⟩ *Gefechtsstärke* f ‖ ~ previsto, ~ teórico *Sollbestand* m ‖ ~ reglamentario ⟨Mil⟩ *Sollstärke* f ‖ existencia en ~ *Barbestand* m in Metallgeld ‖ dividendo en ~ *ausgezahlte Dividende* f ‖ **~s** mpl ⟨Com⟩ *Deckung* f ‖ ⟨Mil⟩ *Kräfte* fpl ‖ ~ de guerra *Kriegsstärke* f ‖ ~ en tiempo de paz *Friedensstand* m
 efecto *m Wirkung* f ‖ *Erfolg* m, *Ergebnis* n, *Folge* f ‖ *Effekt* m ‖ *Eindruck* m ‖ *Geschäftsartikel* m ‖ *Handelsware* f ‖ ⟨Com⟩ *Wertpapier* n ‖ *Wechsel(brief)* m ‖ ⟨Mal⟩ *Wirkung* f, *Effekt* m ‖ ⟨Tech⟩ *(Arbeits)Leistung* f ‖ ~ cambial, ~ cambiario *Wechsel* m ‖ ~ cáustico *Ätzwirkung* f ‖ ~ de cortesía ⟨Com⟩ *Gefälligkeits-, Proforma|wechsel* m ‖ ~ jurídico *Rechtswirkung* f ‖ ~ inmediato, ~ directo *unmittelbare Wirkung* f ‖ ~ reciproco *Wechselwirkung* f ‖ ~ ulterior *Nachwirkung* f ‖ ~ útil ⟨bes Tech⟩ *Nutz|leistung* f, *-effekt* m ‖ al ~ *dazu, zu dem Zweck(e)* ‖ *zweckdienlich* ‖ con ~ *wirksam* ‖ *erfolgreich* ‖ a **~s** (legales) ⟨Jur⟩ *im Sinne (des Gesetzes)* ‖ en ~ *wirklich, tatsächlich* ‖ de (mucho) ~ *(sehr) wirkungsvoll* ‖ fig *eindrucksvoll* ‖ ⟨Mal⟩ *effektvoll* ‖ sin ~, de ningún ~ *wirkungs-, erfolg|los* ‖ ◊ dejar sin ~ *nicht berücksichtigen* ‖ *ungültig* bzw *unschädlich machen* ‖ hacer *(od* surtir, producir) ~ *e-n Erfolg hervorbringen, Erfolg haben* ‖ fig *e-e (starke) Wirkung ausüben, wirken* (a, sobre *auf* acc) ‖ hacer buen (mal) ~ *guten (schlechten) Eindruck machen* ‖ calculado para hacer ~ *auf den Effekt berechnet* ‖ llegar a ~ *zustande kommen* ‖ llevar a ~, poner a ~ *zustande bringen, bewerkstelligen, verwirklichen* ‖ producir ~ *wirken* ‖ *Erfolg haben* ‖ ser de *(od* causar *od* hacer) mal ~ *e-n schlechten Eindruck machen* ‖ tener ~ *statt|haben, -finden* ‖ *zustande kommen* ‖ **~s** pl *Sachen, Habseligkeiten* fpl ‖ ⟨Com⟩ *Wertpapiere* npl, *Effekten* pl ‖ ~ en cartera ⟨Com⟩ *Wertpapiere* npl, *Effekten* pl, *Fonds* mpl ‖ *Wechselbestand* m ‖ ~ militares ⟨Com⟩ *Militärartikel* mpl ‖ ~ a larga fecha

⟨Com⟩ *langsichtige Wechsel* mpl ‖ ~ *públicos Wertpapiere* npl, *Effekten* pl ‖ *Staatspapiere* npl ‖ ~ *usados gebrauchte Sachen* fpl ‖ *Gebrauchtwaren* fpl ‖ *almacén de* ~ *Ausstattungsgeschäft* n ‖ *a los* ~ *del artículo 20 de la Ley im Sinne des § 20 des Gesetzes* ‖ *para los* ~ *praktisch, eigentlich* ‖ *sozusagen* ‖ *sin* ~ *jurídicos rechtsunwirksam* ‖ *con* ~ *retroactivos rückwirkend*

efec|tuación *f Verwirklichung* f ‖ **-tuar** [pres -úo] vt *ausführen, zustande bringen* ‖ *bewerkstelligen, vollführen* ‖ *bewirken, verwirklichen* ‖ *machen, unternehmen* ‖ *tätigen (Geschäft)* ‖ *abschließen (Versicherung, Vertrag)* ‖ *vornehmen (Amtshandlung)* ‖ *leisten (Zahlung)* ‖ *zurücklegen (Strecke)* ‖ *ausführen (Bewegung)* ‖ ◊ ~ *el cobro das Inkasso besorgen* ‖ ~ *un recorrido e-e Strecke durchlaufen* ‖ ~ *una compra e-n Kauf besorgen* ‖ ~ *una entrega liefern* ‖ ~ *el seguro die Versicherung nehmen, besorgen, sich versichern* ‖ **~se** *zustande kommen, stattfinden* ‖ *sich vollziehen, geschehen* ‖ *verwirklicht werden, in Erfüllung gehen*

efedrina *f* ⟨Pharm⟩ *Ephedrin* n

efeleoflo *m* Hond *intime Angelegenheit* f ‖ *Schmuck, Zierat* m *(in der Frauenbekleidung)*

efélide *f Sommersprosse* f

efémera *f* ⟨Entom⟩ *Eintagsfliege* f (Ephemera vulgata)

efeméri|de(s) *f(pl) Tagebuch* n ‖ *Abreißkalender* m ‖ *Ephemeriden* fpl, *astronomisches Jahrbuch* n ‖ *Chronik* f ‖ **-dos** mpl ⟨Entom⟩ *Eintagsfliegen* fpl (Ephemerida)

efímero *m* ⟨Bot⟩ *Sumpfschwertlilie* f (Iris foetidissima)

efemerón *m* ⟨Med⟩ fam *Eintagsfieber* n

efendi *m Efendi, Herr* m *(türkischer Titel)*

eferente adj ⟨An Med Zool⟩ *herausführend, v. e-m Organ herkommend, efferent*

eferves|cencia *f* ⟨Chem⟩ *(Auf)Brausen* n (& fig) ‖ *Brodeln* n ‖ fig *Auf-, Er|regung* f ‖ fig *Aufruhr* m ‖ ◊ *entrar en* ~ *sprudeln* ‖ **-cente** adj *aufbrausend* (& fig), *Brause-*

Éfeso *m* ⟨Hist⟩ *Ephesus (Stadt)*

efeto *m* pop = **efecto**

efi|cacia *f Wirksamkeit* f, *Nachdruck* m ‖ *Wirkung* f ‖ *Leistungsfähigkeit* f ‖ *(Arbeits)Leistung* f ⟨& Tech⟩ ‖ ⟨Tech⟩ *Wirkungsgrad* m ‖ ~ *jurídica Rechtswirksamkeit* f ‖ *Rechtskraft* f ‖ ~ *luminosa Lichtausbeute* f ‖ ~ *probatoria* ⟨Jur⟩ *Beweiskraft* f ‖ ~ *publicitaria,* ~ *propagandística Werbewirkung* f ‖ *con* ~ *erfolgreich* ‖ *sin* ~ *erfolglos* ‖ *zwecklos* ‖ *unwirksam* ‖ **-caz** [*pl* **-ces**] adj *wirksam, wirkend* ‖ *wirkungsvoll* ‖ *rechtswirksam* ‖ *kräftig (Mittel)* ‖ *tatkräftig* ‖ *erfolgreich* ‖ *leistungsfähig* ‖ adv: **~mente**

eficien|cia *f Wirksamkeit* f ‖ *Tatkraft* f ‖ *Leistungsfähigkeit* f ‖ *Tüchtigkeit* f ‖ *Nutzeffekt* m ‖ **-te** adj *wirksam* ‖ *bewirkend* ‖ *tüchtig, leistungsfähig (Mensch)* ‖ adv: **~mente**

efigie *f Bildnis, Bild* n ‖ *Abbild(ung* f*)* n ‖ *Verkörperung* f, *Bild* n ‖ *Bildseite* f, *Avers* m, *Vorderseite* f *(Münze)*

efímera *f* ⟨Entom⟩ = **efémera** ‖ ⟨Med⟩ *Eintagsfieber* n

efímero adj *eintägig* ‖ *vorübergehend (Wirkung)* ‖ *vergänglich, flüchtig, ephemer* ‖ *kurzlebig*

eflorescen|cia *f* ⟨Bot⟩ *Abblühen* n *der Blumen* ‖ ⟨Chem Min⟩ *Ausblühung, Effloreszenz* f ‖ ⟨Bgb⟩ *Anflug* m ‖ ⟨Med⟩ *(Haut)Ausschlag* m, *Effloreszenz* f ‖ **-te** adj ⟨Bot⟩ *abblühend* ‖ ⟨Chem Min⟩ *auswitternd*

eflorescerse vr ⟨Chem Min Bgb⟩ *aus|blühen, -wittern, verwittern*

efluvio *m Aus|fluß* m, *-strömung* f ‖ *Ausdünstung* f ‖ fig *Duft* m, *Aroma* n ‖ fig *Ausfluß* m, *Fluidum* n ‖ ⟨Phys⟩ *Emanation* f ‖ *Glimmen* n, *Glimmentladung* f

ef/r Abk = **efectos a recibir**

efracción *f Gewaltakt* m ‖ *Einbruch* m ‖ *Einbruchsdiebstahl* m

Efraín *m* Tfn *Ephraim* m

efugio *m Ausflucht* f ‖ *Ausrede* f

efundir vt *ausgießen* ‖ *ver|gießen, -schütten*

efu|sión *f Aus-, Ver|gießung* f ‖ *Ausströmung* f ‖ ⟨Med⟩ *Erguß* m ‖ ⟨Opt⟩ *Ausströmen* n *(des Lichtes)* ‖ fig *Aus-, Ver|breitung* f ‖ fig *Herzenserguß* m, *Zärtlichkeit* f ‖ fig *Wärme, Herzlichkeit* f ‖ ~ *de sangre Blutvergießen* n ‖ *con* ~ *herzlich, innig* ‖ **-sivo** adj fig *überströmend, zärtlich, innig, herzlich* ‖ **-so** pp/inf *v.* **efundir**

efvo. Abk = **efectivo**

egabrense adj/s *aus Cabra* (P Córd)

egarense adj/s *aus Tarrasa* (P Barc)

Egeo: *el Mar* ~ *das Ägäische Meer* ‖ ~ adj *ägäisch*

egetano adj/s *aus Vélez Blanco od Rubio* (P Alm)

égida, egida *f* fig *Schirm, Schutz* m, *Ägide* f ‖ *bajo la* ~ *de* fig *unter der Schirmherrschaft (od Ägide) von* (dat)

egip|cíaco, -cíaco, -cio, -ciano adj *ägyptisch* ‖ ⟨Typ⟩ *letra egipcia Egyptienne* f *(alte Bezeichnung für die Schriftgattung der serifenbetonten Linear-Antiqua)* ‖ **-ciano** *m Ägypter* m ‖ **-cio** *m Ägypter* m ‖ *ägyptische Sprache* f ‖ ≃**to** *m Ägypten* ‖ **-tología** *f Ägyptologie* f ‖ **-tólogo** *m Ägyptologe* m *(Forscher)*

égira *f Hedschra* f, *Anfang der Zeitrechnung der Mohammedaner* ‖ → **hégira**

égloga *f Ekloge* f, *Hirtengedicht* n

ego *m: el* ~ *das Ich*

ego|céntrico adj/s *egozentrisch* ‖ ~ *m Egozentriker* m ‖ **-centrismo** *m Egozentrik, Ichbezogenheit* f

egoís|mo *m Egoismus* m, *Selbstsucht, Eigenliebe* f ‖ *Eigennutz* m ‖ *por* ~ *aus Selbstsucht* ‖ **-ta** adj *egoistisch, selbstsüchtig, eigennützig* ‖ ~ *m Egoist, Selbstsüchtige(r)* m ‖ adv: **~amente** ‖ augm: **egoistón** ‖ **-tico** adj *egoistisch, selbstsüchtig*

egolatría *f Selbstverherrlichung, Egolatrie* f

ego|tismo *m Ich-Betonung* f, *Egotismus* m ‖ **-tista** adj/s *selbstisch* ‖ ~ *m Egotist* m

egregio adj *herrlich, vortrefflich* ‖ *edel* ‖ *erlaucht (Titel)*

egre|sar vi Arg Chi *(e-e Schule) absolvieren, s-e Ausbildung (in der Schule usw) abschließen* ‖ **-so** *m* ⟨Com⟩ *Ausgabe* f ‖ Arg Chi *Schul-, Studien|abschluß* m

¡eh! *he!* ‖ *¿~? wie? was?*

E. I. Abk = **Exposición Internacional**

Eibar *Eibar (span. Stadt in der* PGuip*)* ‖ *artículos de* ~ *Schmucksachen* fpl *aus goldgeschmiedetem Stahl*

éider *m* ⟨V⟩ *Eiderente* f (Somateria mollissima) ‖ ~ *real* ⟨V⟩ *Prachteiderente* f (Somateria spectabilis)

eidé|tica *f* ⟨Philos Psychol⟩ *Eidetik* f ‖ **-tico** adj/s *eidetisch*

eido Am pop = **ido** (→ **ir**)

Eila *f* pop = **Luisa**

einsteiniano adj: *la teoría* ~**a** *de la relatividad die Einsteinsche Relativitätstheorie* f

einsteinio *m* ⟨Chem⟩ *Einsteinium* n

eiquí pop = **he aquí**

eje *m Achse* f ‖ *Achs-, Mittel|linie* f ‖ ⟨Tech⟩ *Welle* f ‖ *(Rad)Achse* f ‖ ~ *de abscisas (de ordenadas)* ⟨Math⟩ *Abszissen-, (Ordinaten)Achse* f ‖ ~ *anterior (od delantero (posterior od trasero) Vorder-, (Hinter)Achse* f ‖ ~ *cardán Kardanwelle* f ‖ ~ *cigüeñal Kurbelwelle* f ‖ ~ *conductor,* ~ *director Lenkachse* f ‖ ~ *falso (~ floral)* ⟨Bot⟩ *falsche (Blumen)Achse* f ‖ ~ *focal* ⟨Opt⟩ *Brenn|linie, -achse* f ‖ ~ *oscilante Schwingachse* f ‖ ⟨Aut⟩ *Pendelachse* f ‖ ~ *de progresión* ⟨Mil⟩

ejecución — ejercitar

Vormarschstraße f ‖ ~ polar ⟨Astr⟩ *Erdachse* f, *Polhalbmesser* m ‖ ~ de tiro ⟨Mil⟩ *Schußrichtung* f ‖ ~ de transmisión ⟨Mil TV⟩ *Stammleitung* f ‖ ~ visual *Sehachse* f ‖ carga por ~ ⟨Tech⟩ *Achsdruck* m ‖ peso por ~ *Achslast* f ‖ (potencias d)el ≈ ⟨Pol⟩ *die Achse(nmächte* fpl*)* f ‖ →a **árbol** ‖ ◊ dividir (*od* partir) a uno por el ~ fig *(meist* joc*) jdn zugrunde richten, jdn kaputtmachen*

ejecu|ción f *Ausführung, Durchführung, Erledigung* ‖ *Vollziehung* f ‖ *Voll\streckung, -ziehung* f, *-zug* m *(e–s Urteils)* ‖ *Hinrichtung* f *(e–s Verurteilten)* ‖ ⟨Mil⟩ *Erschießung* f ‖ *gerichtliche Beschlagnahme* f ‖ ⟨Mal⟩ *Fertigkeit, Geläufigkeit* f *in der Ausführung* ‖ ⟨Mus⟩ *Vortrag* m, *Spiel* n ‖ ⟨Th⟩ *Aufführung* f ‖ ⟨Jur⟩ *Vollstreckung* f ‖ ⟨Jur⟩ *Pfändung* f ‖ ~ arbitraria de una pena *unzulässige Strafvollstreckung* f ‖ ~ capital *Hinrichtung* f ‖ ~ especial *Sonderanfertigung, -ausführung* f ‖ ~ forzosa ⟨Jur⟩ *Zwangsvollstreckung* f ‖ ~ general ⟨Jur⟩ *Konkursverfahren* n ‖ ~ judicial *Pfändung* f ‖ ~ juridica *Rechtsdurchsetzung* f ‖ ~ en masa *Massenhinrichtung* f ‖ ~ de la pena, ~ penal *Strafvollstreckung* f ‖ ~ universal ⟨Jur⟩ *Konkursverfahren* n ‖ ~ de una orden ⟨Com⟩ *Erledigung* f *e–s Auftrages* ‖ ⟨bes Mil⟩ *Durchführung* f *e–s Befehls* ‖ la no ~, falta de ~ *die Nichterfüllung* f ‖ ◊ esmerada *von sorgfältiger Ausführung* ‖ ◊ adelantar (retrasar) la ~ de un proyecto *die Durchführung e–s Vorhabens fördern (verzögern)* ‖ en vías de ~ in *Bearbeitung* ‖ pelotón de ~ ⟨Mil⟩ *Exekutions-Erschießungs\kommando* n ‖ poner en ~ *ausführen, zur Ausführung bringen* ‖ **-table** adj *ausführbar* ‖ *erfüllbar* ‖ *tunlich* ‖ ⟨Mus⟩ *spielbar* ‖ ⟨Jur⟩ *(ab)pfändbar* ‖ ⟨Jur⟩ *vollstreckbar* ‖ ⟨Jur⟩ *einklagbar* ‖ **-tado** pp v. **-tar** ‖ ~ m ⟨Jur⟩ *Vollstreckungsschuldner* m ‖ **-tante** m *vortragender Künstler* m ‖ *Mitwirkende(r)* m ‖ *Ausführende(r)* m ‖ ⟨Mus⟩ *Virtuose* m ‖ ⟨Jur⟩ *Vollstreckungsgläubiger* m ‖ adj *ausführend* ‖ **-tar** vt *durch-, aus\führen, voll\bringen, -ziehen* ‖ *verrichten, tun* ‖ *verfertigen* ‖ *vollenden* ‖ *(e–n Verurteilten) hinrichten* ‖ ⟨Mil⟩ *erschießen* ‖ ⟨Jur⟩ *vollstrecken* ‖ ⟨Jur⟩ *(aus)pfänden, mit Beschlag belegen* ‖ ⟨Th⟩ *aufführen, geben, spielen* ‖ ⟨Mus⟩ *spielen* ‖ ◊ ~ una orden *e–n Auftrag erledigen* ‖ *e–n Befehl durchführen* ‖ ~ un plan *e–n Plan ausführen* ‖ ~ una sentencia *ein Urteil vollstrecken* ‖ ~ un trabajo *e–e Arbeit verrichten* ‖ **-tivo** adj *ausübend, vollziehend* ‖ *ausführend* ‖ *dringend* ‖ ⟨Jur⟩ *vollstreckbar* ‖ *Vollstreckungs-* ‖ *Exekutiv-* ‖ *dringend, drängend* ‖ juicio ~ *Zwangsvollstreckung* f ‖ *Urkundenprozeß* m ‖ el poder ~ *die vollziehende Gewalt, die Exekutive* f ‖ ~ m ⟨Pol⟩ *ausübende, vollziehende Gewalt, Exekutive* f ‖ adv: **~amente** ‖ **-tor** adj/s *ausführend* ‖ ~ m *Ausführende(r)* m ‖ *(Gerichts\voll\zieher, -strecker* m ‖ *de la justicia Henker, Scharfrichter* m ‖ **-toria** f ⟨Jur⟩ *Pfändungsbefehl* m ‖ *Vollstreckungsbefehl* m ‖ *vollstreckbares (End)Urteil* n ‖ *gesetzlich bestätigter Adelsbrief* m ‖ fig *Helden-* bzw *Ruhmes\tat* f, *-blatt* n ‖ ~ de hidalguia *Adelsbrief* m ‖ **-toría** f *Amt* n *e–s Exekutors* ‖ *Gerichtsvollziehereí* f ‖ *Vollstreckungsbehörde* f ‖ **-torio** adj ⟨Jur⟩ *vollstreckbar* ‖ *rechtskräftig (Urteil)* ‖ carta ~a ⟨Jur⟩ *Vollstreckungsbefehl* m

¡ejem! ¡ejém! int *hm! (Räusperlaut)*

ejem|plar adj *muster\haft, -gültig* ‖ *beispielhaft* ‖ *vorbildlich* ‖ *lehrreich* ‖ *moralisch* ‖ *exemplarisch, abschreckend (Strafe)* ‖ castigo ~ *exemplarische, abschreckende Strafe* ‖ es un hombre ~ er ist ein *Mustermensch* ‖ novelas ~es *Muster-, Exempel\novellen* fpl *(des Cervantes)* ‖ adv: **-mente** ‖ ~ m *Muster, Vorbild* n ‖ *Exemplar* n, *Abdruck* m *(e–s Buches)* ‖ *Exemplar* n *(Stück e–r wissenschaftlichen Sammlung)* ‖ *(Beleg-)*

Stück n ‖ ~ de autor *Hand-, Autoren\exemplar* n ‖ ~ dedicado, ~ con dedicatoria *Widmungsexemplar* n ‖ ~ gratuito, ~ de regalo, ~ libre, ~ gratis *Freiexemplar* n *(Buch)* ‖ ~ gratuito, ~ de muestra, ~ de propaganda *Probeexemplar* n *(bes Zeitschrift)* ‖ ~ intonso *unbeschnittenes Exemplar* n ‖ ~ de lance, ~ de ocasión *antiquarisches Exemplar* n ‖ ~ para la crítica, ~ de reseña *Rezensionsexemplar* n ‖ ~ de publicidad, ~ de propaganda *Werbeexemplar* n ‖ sin ~ *beispiellos, unerhört* ‖ **-plaridad** f *Mustergültigkeit* f ‖ *exemplarisches, abschreckendes Beispiel* n ‖ **-plarizar** [z/c] vt/i *mit gutem Beispiel vorangehen* ‖ *ein (gutes) Beispiel geben* ‖ *ein abschreckendes Beispiel geben* ‖ →a **-plificar** ‖ **-plificar** vt *durch Beispiele erklären (od erläutern)* ‖ *mit Beispielen belegen (od beweisen)* ‖ **-plo** m *Beispiel* n ‖ *Muster, Vorbild* n ‖ *Beleg* m ‖ *(warnendes, abschreckendes) Beispiel, Exempel* n ‖ ~ clásico *Schulbeispiel* n ‖ ◊ dar buen (mal) ~ *ein gutes (schlechtes) Beispiel geben* ‖ poner de *(od* por*)* ~ *als Beispiel hinstellen* ‖ por ~, a título de ~, p. ej. *zum Beispiel, z. B.* ‖ predicar con el ~ *mit gutem Beispiel vorangehen, ein gutes Beispiel geben* ‖ sin ~ *beispiellos* ‖ *unvergleichlich* ‖ *unerhört* ‖ tomar por ~ *zum Beispiel nehmen* ‖ servir de ~ *als Beispiel dienen (a für* acc*)*

ejer|cer [c/z] vt *ausüben, betreiben* ‖ *verwalten, bekleiden (Amt)* ‖ *ausüben (Gewalt, Beruf)* ‖ *betreiben (Geschäft)* ‖ *üben (Wohltätigkeit)* ‖ *geltend machen (Recht)* ‖ *schulen, bilden* ‖ ◊ ~ un comercio *ein Geschäft betreiben* ‖ ~ un derecho *ein Recht ausüben* ‖ ~ funciones *ein Amt bekleiden* ‖ ~ influencia *Einfluß ausüben, haben* ‖ ~ vi *seines Amtes walten, amtieren* ‖ *praktizieren (Arzt)* ‖ ⟨Mil⟩ *exerzieren* ‖ *médico que no -ce Arzt* m *ohne Praxis* ‖ →a **ejercitar** ‖ **-cicio** m *Übung* f ‖ *Ausübung* f ‖ *Beschäftigung, Verrichtung* f ‖ *Dienstverfüllung* f ‖ *Amtszeit* f ‖ *Wirtschafts-, Rechnungs-, Amts-, Geschäfts\jahr* n ‖ *Leibesübung* f *(Turner)* ‖ *(Körper)Bewegung* f ‖ *üblicher Spaziergang* m ‖ ⟨Sp⟩ *Training* n ‖ *Geltendmachung, Ausübung* f *(Recht, Anspruch)* ‖ *Amt* n, *Dienst, Beruf* m ‖ *Gewerbe* n ‖ *Schul-, Sprach\übung* f ‖ *Schul-, Haus\aufgabe* f ‖ *Aufgabe* f ‖ *Prüfung(saufgabe)* f ‖ fig *Befähigungsnachweis* m ‖ ⟨Mil⟩ *Waffenübung* f ‖ ~ de altura *Probealarm* m ‖ ~ de anillas *(~ en las paralelas) Übung* f *an den Ringen (am Barren)* ‖ ~ de las armas *Waffendienst* m ‖ ~ de combate ⟨Mil⟩ *Gefechtsübung* f ‖ ~ de un comercio *Betrieb* m *e–s Geschäftes* ‖ ~ corporal, ~ fisico *Körperübung* f ‖ ~ económico *Geschäfts-, Rechnungsjahr* m ‖ ~ de tiro *Schießübung* f ‖ ~ de traducción *Übersetzungsübung* f ‖ ~ en zu *Dienstverrichtungen verpflichtet (Beamter)* ‖ en ~ *praktizierend (Arzt)* ‖ *im Amt, amtierend* ‖ *im aktiven Dienst* ‖ *ausübend* ‖ ◊ hacer ~ *Bewegung machen* ‖ ⟨Mil⟩ *exerzieren* ‖ tener falta de ~ *nicht genug Bewegung haben* ‖ **~s** pl *Prüfung* f *(Schule)* ‖ ~ con aparatos *Geräteturnen* n ‖ ~ sin aparatos *Freiübungen* fpl ‖ ~ espirituales *Andachtsübungen* fpl, *Exerzitien* pl ‖ ~ (espirituales) de San Ignacio *Exerzitien des heiligen Ignatius (v. Loyola)* ‖ ~ fisicos, ~ gimnásticos mpl *Turn-, Leibes\übungen* fpl, *Turnen* n ‖ ~ respiratorios *Atemübungen* fpl ‖ ~ de velocidad ⟨Mus⟩ *Fingerübungen* fpl ‖ **-citado** adj *geübt, bewandert* (en *in* dat) ‖ **-citante** adj/s *(ein)übend* ‖ ~ m *Prüfling* m ‖ ⟨Kath⟩ *Teilnehmer* m *an Exerzitien* ‖ **-citar** vt *(ein)üben, unterweisen* ‖ *schulen* ‖ *bilden* ‖ *abrichten* ‖ *ausüben, treiben (Gewerbe)* ‖ *verwalten, bekleiden (Amt)* ‖ *ausüben (Beruf)* ‖ *geltend machen, ausüben (Recht, Anspruch)* ‖ ⟨Mil⟩ *drillen* ‖ ⟨Mil⟩ *exerzieren, exerzieren lassen* ‖ *trainieren (Muskeln usw)* ‖ ◊ ~ la musculatura *die Muskeln üben* ‖ **~se** sich üben, *Übungen machen* (en a. *in et* dat) ‖ *prakti-*

zieren (z. B. Arzt) ‖ ~ *en las armas sich in den Waffen üben*

ejército *m (Kriegs)Heer* n ‖ *Armee* f ‖ *Streitkräfte* fpl *(e–s Landes)* ‖ *Kriegsmacht* f ‖ fig *Schwarm* m ‖ *Heer* n, *Menge* f *Volkes* ‖ △ *Kerker* m ‖ ~ activo ⟨Mil⟩ *stehendes Heer* n ‖ ~ permanente *stehendes Heer* n ‖ ~ popular *Volksheer* n ‖ ⟨Pol⟩ *Volksarmee* f ‖ ~ profesional *Berufsheer* n ‖ ~ de reserva ⟨Mil⟩ *Reserve* f ‖ ≈ de la Salvación *Heilsarmee* f (engl *Salvation Army)* ‖ cuerpo de ~ *Heeresabteilung* f ‖ **~s** *mpl:* ~ de tierra, mar y aire *Heer* n, *Marine* u. *Luftwaffe* f

ejido *m Gemeindetrift* f ‖ *Gemeindeweide* f ‖ *Gemeindeanger* m ‖ Arg *Gemeinde* f

ejión *m* ⟨Arch⟩ *Knagge* f, *Querholz* n *(bei Gerüsten)*

ejote *m* MAm Mє< *(unreife, eßbare) Bohnenschote* f

¹**el** a) art *m der (bes bei Flußnamen und oft bei Ländernamen)* ‖ el Japón *Japan* ‖ el Ebro *der Ebro (Fluß)* ‖ a su padre, ~ donante *seinem Vater, dem Schenker* ‖ a Juan ~ tonto *dem dummen Johann* ‖ con ~ su marido prov pop *mit ihrem Mann* ‖ b) ~ que *derjenige (,der)* ‖ *welcher, wer* ‖ *(der Umstand,) daß...* ‖ ~ que no haya venido *sein Ausbleiben, seine Abwesenheit* ‖ beim *Superlativ:* ~ más corto *der kürzeste* ‖ c) *für* **la,** *vor weiblichen Hauptwörtern, die mit der betonten Silbe (h)a anfangen (z. B.* el agua, el águila, el hacha, *aber* la aguja, la harina)

²**él** pron *er, sie, es* ‖ el terreno es todo ~ un yermo *das ganze Gebiet ist nichts als eine Einöde* ‖ es ~ *er ist es* ‖ ≈ *Er, Gott*

△**elabel** *m Mensch* m

elabo|rable adj *herstellbar* ‖ *be-, ver|arbeitbar* ‖ **–ración** *f Aus-, Ver-, Durch|arbeitung* f ‖ *Zubereitung, Herstellung* f ‖ *Ausarbeitung* f ‖ *Auswertung* f ‖ ~ electrónica de datos *elektronische Datenverarbeitung* f ‖ ~ del material estadístico *Aufbereitung* f *des statistischen Materials* ‖ ~ de materiales *Stoffveredelung* f ‖ ulterior *Weiterverarbeitung* f ‖ **–rado** adj *verarbeitet* ‖ *veredelt* ‖ *geschliffen, ausgefeilt (Stil)* ‖ **–rador** adj allg. u. ⟨Tech⟩ *verarbeitend* ‖ industria ~ a *verarbeitende Industrie* f ‖ **–rar** vt *aus-, ver|arbeiten* ‖ *anfertigen* ‖ *veredeln* ‖ *herstellen* ‖ *ausarbeiten (Vorhaben)* ‖ ⟨Physiol⟩ *verarbeiten (Speisen)* ‖ fig *vollenden, ausarbeiten*

elástica *f Trikotweste* f ‖ *Jersey, Pullunder* m ‖ *Unterhemd* n

elasticidad *f Feder-, Spann-, Prall|kraft, Elastizität* f (& fig) ‖ *Dehnbarkeit* f (& fig, *z. B. e–s Begriffes)* ‖ *Federn* n ‖ ~ de la demanda ⟨Com⟩ *Nachfrageelastizität* f

elástico adj *elastisch, federnd* ‖ *dehnbar* (& fig) ‖ *geschmeidig* (& fig) ‖ fig *fügsam* ‖ precepto ~ figf *Kautschukparagraph* m ‖ goma ~ a *Gummielastikum* n ‖ (tirantes) ~ s *Hosenträger* mpl *mit Gummizug* ‖ ◊ ser (demasiado) ~ *(zu) geschmeidig sein* ‖ es un término muy ~ *es ist ein sehr dehnbarer Begriff* ‖ ~ **m** *Elastik* n/f ‖ *Gummi|gewebe, -zeug* n ‖ *Gummizug* m ‖ *Gummi|band* n, *-schnur* f ‖ oberer Teil m der Socke ‖ **~s** *federnde Schuhe* mpl

elatéridos *mpl* ⟨Entom⟩ *Schnell-, Spring|käfer* mpl (Elateridae)

elativo *m Elativ* m *(Superlativ ohne Vergleich als hohe Steigerung)*

△**elay** *m Herr* m

elayómetro *m Ölmesser* m ‖ *Öläraometer* n

Elba: el ~ *die Elbe (Fluß)* ‖ ~ f *Elba (Insel)*

Elbinga ⟨Geogr⟩ *Elbing (Elbląg)*

Elche: el palmar de ~ *der Palmenwald von Elche* (P Ali)

Eldorado, El Dorado *m fabelhaftes Goldland, Eldorado* n

¹**ele** *f l* n

²△¡**ele!** *richtig! so!*

³¡**elé!** pop Am *siehe da!*

eleático adj ⟨Philos⟩ *eleatisch*

eléboro *m* ⟨Bot⟩ *Nieswurz* f (Helleborus spp)

elec|ción *f Wahl, (Aus)Erwählung* f ‖ *Auswahl* f ‖ ⟨Rel⟩ *Auserwählung* f ‖ ~ por aclamación *Wahl* f *durch Zuruf* ‖ ~ por compromiso *Auftragswahl* f ‖ ~ (in)directa *(in)direkte Wahl* f ‖ ~ municipal *Gemeindewahl* f ‖ ~ por padres de familia, ~ de representación familiar *Wahl* f *unter Familienvorständen u. verheirateten Frauen (z u den span. Cortes)* ‖ la ~ del Papa *die Papstwahl* ‖ derecho de ~ *Wahlrecht* n ‖ libertad de ~ *Wahlfreiheit* f, *freier Wille* m ‖ a ~ *nach Wahl, nach Belieben* ‖ de ~ *Wahl-* ‖ según mi ~ *nach meinem Gutdünken* ‖ ◊ le dejo a V. la ~ *ich überlasse Ihnen die Wahl* ‖ hacer una ~ *e–e Auswahl treffen* ‖ las ~es ⟨Pol⟩ *die Wahlen* fpl ‖ **–tividad** *f Wählbarkeit* f ‖ *Selektivität* f ‖ *Gutdünken* n ‖ **–tivo** adj *auf Wahl beruhend* ‖ *durch Wahl bestimmt* ‖ *Wahl-* ‖ afinidad ~ a ⟨Lit⟩ *Wahlverwandtschaft* f ‖ **–to** part pass irr *v.* elegir ‖ *gewählt (aber noch nicht im Amt)* ‖ ~ *m Gewählter* m *(vor Annahme des Amtes)* ‖ ~ *m* adj/s *wahlberechtigt* ‖ ~ *m Wähler* m ‖ *Wahlberechtigter* m ‖ ⟨Hist⟩ (príncipe) ~ *m Kurfürst* m ‖ ~ papal *Wahlkardinal* m ‖ **–torado** *m Wählerschaft* f ‖ ⟨Hist⟩ *Kurfürstentum* n ‖ **–toral** adj *Wahl-, Wähler-* ‖ *Wahlrechts-* ‖ ⟨Hist⟩ *kurfürstlich* ‖ *Kur-* ‖ derecho ~ *Wahlrecht* n ‖ discurso (de propaganda) ~ *Wahlrede* f ‖ distrito ~ *Wahlbezirk* m

electri|cidad *f Elektrizität* f ‖ ~ animal *tierische Elektrizität* f ‖ ~ atmosférica *Luftelektrizität, atmosphärische Elektrizität* f ‖ ~ estática *statische Elektrizität* f ‖ ~ por frotamiento *Reibungselektrizität* f ‖ ~ galvánica *galvanische Elektrizität* f ‖ ~ inducida *Induktionselektrizität* f ‖ ~ negativa, *negative, positive Elektrizität* f ‖ (buen) conductor de ~ *(guter) Elektrizitätsleiter* m ‖ contador de ~ *Elektrizitätszähler* m ‖ **–cista** *m*/adj *Elektriker* m ‖ *Elektromonteur* m ‖ ingeniero (obrero) ~ *Elektro|ingenieur (-monteur)* m

eléctrico adj *elektrisch, Elektrizitäts-* ‖ fig *elektrisierend* ‖ hornillo ~ *elektrischer Kochapparat* m ‖ máquina ~ a *elektrische Maschine, Elektromaschine* f ‖ timbre ~ *elektrische Klingel* f

electri|ficación, –zación *f Elektrifizierung* f *(z. B. e–r Eisenbahn)* ‖ *Umstellung* f *auf elektrischen Betrieb* ‖ *Stromversorgung* f ‖ **–ficar** [c/qu] vt *elektrisieren, elektrifizieren* ‖ **–zable** adj *elektrisierbar* ‖ **–zación** *f Elektrisierung* f, *Elektrisieren* n ‖ fig *Begeistern, Entflammen* ‖ *Beleben* n ‖ **–zador** adj/s, **–zante** adj *elektrisierend* (& fig) ‖ **–zar** [z/c] vt *elektrisieren* (& fig) ‖ fig *begeistern, entflammen* ‖ **–zarse** vr *sich elektrisieren* ‖ fig *sich entflammen, sich begeistern* (con *an* dat)

electro *m Bernstein* m ‖ *Elektron* n *(Gold-Silber-Legierung)*

electro|acústica *f* ⟨Phys Tech⟩ *Elektroakustik* f ‖ **–acústico** adj *elektroakustisch* ‖ **–análisis** *m* ⟨Chem⟩ *Elektroanalyse* f ‖ **–bús** *m* →**trolebús** ‖ **–cardiografía** *f* ⟨Med⟩ *Elektrokardiographie* f ‖ **–cardiograma** *m* ⟨Med⟩ *Elektrokardiogramm (EKG)* n ‖ **–coagulación** *f* ⟨Med⟩ *Elektrokoagulation* f

electro|cución *f Hinrichtung* f, *Tod* m *durch den elektrischen Strom (od Stuhl)* ‖ **–cutar** vt *durch den elektrischen Strom töten, auf dem elektrischen Stuhl hinrichten* ‖ ◊ morir –cutado *vom elektrischen Strom getötet werden* ‖ **–choque** *m* ⟨Med⟩ *Elektroschock* m ‖ **–diagnóstico** *m* ⟨Med⟩ *Elektrodiagnose* f ‖ **–dinámica** *f Elektrodynamik* f ‖ **–dinámico** adj *elektrodynamisch* ‖ **–do** *m Elektrode* f ‖ ~ negativo *Kathode* f ‖ ~ positivo *Anode* f

electro|doméstico adj/s: aparatos **~s** *mpl*

Elektrogeräte, elektrische Haushaltsgeräte npl
|| **-encefalografia** *f* ⟨Med⟩ *Elektroenzephalographie* f || **-encefalograma** *m* ⟨Med⟩ *Elektroenzephalogramm (EEG)* n || **-extracción** *f* ⟨Metal⟩ *Elektrogewinnung* f
electró|fono *m Koffergrammophon* n, *Phonokoffer* m || **-foro** *m Elektrophor* m
electrogalvánico adj *elektrogalvanisch*
electrógeno adj *elektrizitätserzeugend*
electroimán *m Elektromagnet* m
elec|trólisis *f Elektrolyse* f || **-trolítico** adj *elektrolytisch* || **-trolito, -trólito** *m Elektrolyt* m || **-trolizador** *m Elektrolyseur* m || **-trolizar** [z/c] vt *elektrolysieren*
electro|magnético adj *elektromagnetisch* || **-magnetismo** *m Elektromagnetismus* m || **-mecánica** *f Elektromechanik* f || **-mecánico** adj *elektromechanisch* || **-metalurgia** *f Elektrometallurgie* f
elec|trometría *f* ⟨Phys⟩ *Spannungs-, Elektrizitätsmessung* f || **-trómetro** *m Elektrometer* n || **-tromotor** *m Elektromotor* m || **-tromotriz** adj *f:* fuerza ~ *elektromotorische Kraft* f || ~ *f elektrische Lokomotive, E-Lok* f || **-tromóvil** *m*/adj *Elektromobil* n
elec|trón *m* ⟨Phys⟩ *Elektron* n || **-tronegativo** adj *elektronegativ* || **-trónica** *f Elektronik* f || **-trónico** adj *elektronisch, Elektronen-* || cerebro ~ *Elektronen(ge)hirn* n || de mando ~ *elektronisch gesteuert* || imagen ~a *Ladungsbild* n || microscopio ~ *Elektronenmikroskop* n || trayectoria ~a *Elektronenbahn* f || **-tropositivo** *elektropositiv* || **-troquímica** *f Elektrochemie* f || **-troquímico** adj *elektrochemisch*
electrosco|pia *f Elektrizitätsmessung* f || **-pio** *m Elektroskop* n
electrostáti|ca *f* ⟨Phys⟩ *Elektrostatik* f || **-co** adj *elektrostatisch* || aparato ~ *Elektrisiergerät* n
electro|tecnia *f Elektrotechnik* f || **-técnico** adj/s *elektrotechnisch* || **-terapia, -terapéutica** *f* ⟨Med⟩ *Elektrotherapie* f || **-termia** *f Elektrothermie* f || **-tomía** *f* ⟨Chir⟩ *Elektrotomie* f || *-tipia *f* = *galvanoplastia*
electuario *m* ⟨Pharm⟩ *Latwerge* f
elefancia *f* = *elefantiasis*
elefan|ta *f* ⟨Zool⟩ *Elefantenkuh* f || **-te** *m* ⟨Zool⟩ *Elefant* m || ~ africano ⟨Zool⟩ *Afrikanischer Elephant* m (Loxodonta spp) || ~ índico ⟨Zool⟩ *Indischer Elephant* m (Elphas maximus) || ~ marino (→a **morsa**) ⟨Zool⟩ *Walroß* n (Odobaenus rosmarus) || ~ blanco Arg Chi Mex Pe *Luxusgegenstand* m || höchst kostspieliges, unnützes Vorhaben n || **-tiasis** *f* ⟨Med⟩ *Elephantiasis* f || **-tino** adj *Elephantenelegan|cia* *f Feinheit, Zierlichkeit, Eleganz* f || *Anmut* f || *Geschmack* m || ~ espiritual *edles, vornehmes Wesen* n || con ~ *elegant, geschmackvoll* || **-te** adj *fein, zierlich, elegant* || *geschmackvoll* || *vornehm* || *anmutig* || *fein* || *elegant (Kleid)* || ~ *m Geck, Stutzer, Modenarr* m || **~mente** || **-tizar** vt *elegant machen* || ~se vr *sich elegant bzw neu kleiden* || **-tón** adj augm v. **-te** || fam *elegant, piekfein*
ele|gía *f Elegie* f, *Klagelied* n || **-gíaco** adj *elegisch, Klage-* || *traurig, wehmütig* || fig *schwermütig*
elegi|bilidad *f Wählbarkeit* f || **-ble** adj *wählbar* || **-do** adj *gewählt* || *ausgesucht* || ⟨Rel⟩ *auserwählt* || *muchos son los llamados, mas pocos los* ~ *viele sind berufen, aber wenige sind auserwählt (Evangelium)*
elegir [-i-, g/j] vt *(er)wählen* || *aus|suchen, -wählen* || *auslesen* || *durch Abstimmung wählen* || a ~ *nach Wahl, noch Belieben*
elemen|tal adj *grundlegend, elementar, Elementar-* || *Anfangs-* || fig *grundlegend* || fig *primitiv, uranfänglich* || fig *selbstverständlich, elemen-*

tar || conocimientos ~es *Grundkenntnisse* fpl, *Anfangsgründe* mpl || escuela ~ *Volksschule* f || fuerza ~ *Elementarkraft* f || nociones ~es *Grundbegriffe* mpl || **-to** *m* ⟨Chem⟩ *Grundstoff* m, *Element* n || ⟨El Tech⟩ *Element* n, *Baugruppe* f || *Faktor, Bestandteil* m || *Grundlage* f || *Element* n, *Naturgewalt* f || bes desp *Person* f, *Mensch* m, pop *Bruder* m || Am *Ware* f, *Artikel* m || Pe Chi desp *Einfaltspinsel* m || ~ *galvánico galvanisches Element* n || ~ de sintonización *Abstimmelement* n || ◊ estar en su ~ *in seinem Element sein* || **~s** pl *Anfangsgründe, Anfänge* mpl || fig *(Geld) Mittel, Hilfsmittel* npl || los ~ *die Naturkräfte* fpl || contar con ~ (para) *über Mittel (Material, Personal usw) verfügen (zum, zu)* || ~ subversivos ⟨Pol⟩ *subversive Elemente* npl
elemí *m Elemi* n *(Harz)*
Elena *f* np *Helene* f
elenco *m Verzeichnis* n, *Liste* f || ⟨Th⟩ *Besetzung* f || *Ensemble* n || fig *Auswahl* f || Am *Personal* n
eleusino adj *eleusinisch*
elevación *f Anhebung* f, *Heben* n || *Steigerung* f || fig *Verbesserung* f || *Erhöhung, Erhebung* f *(zu e-r Würde)* || *Emporkommen* n || *Anhöhe, Gelände-, Boden|erhebung* f || *Hügel* m || ⟨Mil⟩ *Richthöhe* f || ⟨Kath⟩ *Wandlung* f || *Aufriß* m, *Vorderansicht* f *(darstellende Geometrie)* || fig *Erhabenheit, (Geistes) Größe* f || fig *Entzückung* f || fig *Hochmut* m || fig *Überlegenheit* f || fig *Verzückung* f || ~ de aranceles *Tarif-, Zoll|erhöhung* f || ~ del nivel de vida *Verbesserung* f *des Lebensstandards* || ~ a potencia(s) ⟨Math⟩ *Potenzierung* f || ~ de precios *Preis|steigerung, -erhöhung* f || ~ de sentimientos *hohe Gesinnung* f, *Edelmut* m || ~ de la temperatura, ~ térmica *Temperaturerhöhung* f || ~ del tipo de descuento *Diskontsatzerhöhung* f || ~ al trono *Thronbesteigung* f
eleva|do adj *hoch, erhaben* || *hoch (Preis)* || *gehoben (Stil)* || fig *entzückt* || fig *hervorragend* || *ser de precio* ~ *hoch im Preise stehen* || estilo ~ *ge-, er|hobener Stil* m || ferrocarril ~ *Hochbahn* f || situación ~a *hohe (gesellschaftliche) Stellung* f || cumbres ~as *hochragende Berggipfel* mpl || ocho ~ a la cuarta (potencia), ocho ~ a cuatro ⟨Math⟩ *acht hoch vier* || adv: **~amente** || **-dor** *m* ⟨Tech⟩ *Aufzug* m, *Hebezeug* n || *Hebebühne* f || ⟨El⟩ *Aufspanntransformator* m || ⟨Agr⟩ *Elevator* m || ⟨An⟩ *Heber* m *(Muskel)* || ~ de agua *Wasserhebewerk* n || ~ de heno ⟨Agr⟩ *Heulader* m
elevar vt *er-, empor|heben* || *erhöhen, höher stellen, steigern* || *fördern (Pumpe usw)* || *hinaufzeichnen, erhöhen (Preise)* || *heben, winden (Lasten)* || *errichten (Denkmal)* || *(Eingabe) machen (a an acc), (Gesuch) einreichen (a bei dat)* || fig *(zu Würden) erheben* || ◊ ~ en un 10 por ciento el precio de ... *den Preis von ... um 10%, erhöhen* || ~ a *erheben auf* (acc) *(Preis)* || ~ a los altares fig *heilig- (bzw selig) sprechen* (→a **santo, beato**) || ~ al cuadrado *ins* (od *zum) Quadrat erheben* || ~ a uno hasta las (od *por las*) nubes fig *jdn bis in den Himmel erheben* || una instancia *e-n Antrag einreichen* || ~ una instancia al Ministerio *ein Gesuch ans Ministerium richten, einreichen* || ~ a instrumento público *öffentlich beurkunden* || ~ su mente a Dios *seinen Geist zu Gott erheben* || ~ una petición *ein Verlangen stellen* || *ein Gesuch einreichen* || ~ a potencia(s) ⟨Math⟩ *zur Potenz erheben, potenzieren* || ~ una protesta *protestieren* || ~ a la silla de San Pedro fig *zum Papst krönen* || ~ el tipo del interés *den Zinsfuß erhöhen* || ~ al trono *auf den Thron erheben* || **~se** *sich erheben* || *emporragen* || fig *emporkommen* || fig *sich überheben* || fig *in höheren Regionen schweben* || *in Ekstase geraten* || *eitel (od eingebildet) werden* || ~ a *betragen, sich belaufen auf* (acc) *(Summe)*

elevón *m* ⟨Flugw⟩ *kombiniertes Höhen- und Querruder* n
elfo *m* *Elf, Alb* m ‖ *Kobold* m
Elías *m* np *Elias* m *(Prophet)*
elictro *m*, **~a** *f* = **élitro**
elidir vt ⟨Gr⟩ *ausstoßen, elidieren* ‖ *heben (Schwierigkeit)*
eligió, elijo → **elegir**
elimi|nación *f* *Aus|merzung, -schaltung, Beseitigung* f ‖ *Ausschließung* f ‖ *Aus|sonderung, -stoßung* f ‖ *Heraushebung, Elimination* f ‖ *Wegschaffung, Entfernung* f ‖ *Streichung* f *(e–r Eintragung)* ‖ ⟨Med Sp⟩ *Ausscheidung* f ‖ ⟨Pol⟩ *Kaltstellung* f ‖ **~** *de ruidos (od* perturbaciones*)* ⟨Radio⟩ *Entstörung* f ‖ **~** *de ondas* ⟨Radio⟩ *Wellenscheidung* f ‖ **-nador** *m* ⟨El Radio⟩ *Entstörer* m ‖ **~** *de bacilos* ⟨Med⟩ *Bazillenausscheider* m ‖ **-nar** vt/i *ausmerzen, beseitigen* ‖ *ausstoßen, wegschaffen* ‖ *ausschließen, entfernen (z. B. aus e–r Gesellschaft)* ‖ ⟨Med⟩ *ausscheiden* ‖ ⟨Com⟩ *verdrängen, schlagen (Konkurrenz)* ‖ *beheben (Störung, Fehler)* ‖ ⟨Math⟩ *eliminieren* ‖ ⟨Sp⟩ *ausscheiden (Spieler)* ‖ ⟨Radio⟩ *den Ortssender ausschalten* ‖ **-natoria** *f* ⟨Sp⟩ *Vorrunde* f, *Ausscheidungskampf* m ‖ **-natorio** adj ⟨bes Sp⟩ *Ausscheidungs-*
elip|se *f* *Ellipse* ‖ *Oval* n, *ovale Form* f ‖ **-sis** *f* ⟨Gr⟩ *Auslassung, Ellipse* f ‖ **-sógrafo** *m* *Ellipsenzirkel* m ‖ **-soide** *f* ⟨Math⟩ *Ellipsoid* n
elíptico adj *elliptisch* ‖ *Ellipsen-*
Eli|sa *f* np Tfn *Elise* f ‖ **-seo** *m* np Tfn *Elisäus* m
elíseo, elisio adj *elys(ä)isch* ‖ *los Campos* **~s** *die elysäischen Gefilde* ‖ *les Champs-Elysées (Paris)* ‖ **≃** *m* *Elysium* m
elisión *f* ⟨Gr⟩ *Aus|lassung, -stoßung, Elision* f
élite *f* frz *Elite* f
élitro *m* ⟨Entom⟩ *Flügeldecke* f, *Deckflügel* m *der Käfer*
elixir, elíxir *m* *Elixier* n ‖ *Heil-, Zauber|trank* m ‖ *Stein m der Weisen* ‖ ⟨Pharm⟩ *konzentrierte Tinktur* f ‖ fig *Wundermittel* n ‖ fig *die Quintessenz* ‖ **~** *bucal,* **~** *dentífrico Mundwasser* n ‖ **~** *de larga vida Lebenselixier* n
Elmo *m* np = **Telmo** ‖ = **Erasmo**
elo|cución *f* *Ausdrucksweise* f ‖ *Darstellungsweise* f ‖ *Sprechweise* f ‖ *Vortragsart* f ‖ *Diktion* f ‖ fig *Stil* m ‖ *facilidad de* **~** *Sprachfertigkeit, Redegewandtheit* f ‖ **-cuencia** *f* *Beredsamkeit* f ‖ *Redegabe* f ‖ *Redekunst* f ‖ *con* **~** *beredt* ‖ *hacer uso de toda su* **~** *para s:–e ganze Redekunst aufbieten (um) zu* ‖ **-cuente** adj *beredt, wohlredend* ‖ fig *vielsagend* ‖ fig *bedeutungsvoll* ‖ fig *sprechend (Beweis)* ‖ *pruebas* **~es** *sprechende Beweise* mpl
elo|giable adj *lobens-, rühmens|wert* ‖ **-giar** vt *loben, rühmen* ‖ *preisen* ‖ **-gio** *m* *Lob* n, *Lobrede* f ‖ *Belobigung* f ‖ ◊ *hacer* **~s** *de rühmen, loben* (acc) ‖ *recibir* **~s**, *cosechar* **~s** *Lob ernten* ‖ *digno de* **~** *lobens-, rühmens|wert* ‖ *merecer* **~** *lobenswert sein, Lob verdienen* ‖ **-gioso** adj *lobend, anerkennend* ‖ *en términos* **~s** *mit lobenden Worten*
Eloísa *f* np *Heloise* f ‖ *Louise* f
elongación *f* ⟨Astr Phys⟩ *Elongation* f ‖ ⟨Med⟩ *Dehnung, Zerrung* f
elote *m* MAm Mex ⟨Kochk⟩ *zarter Maiskolben* m ‖ ◊ *pagar los* **~s** figf *Hond CR et ausbaden müssen, die Zeche zahlen müssen*
eloxar vt ⟨Tech⟩ *eloxieren (Aluminium)*
Eloy *m* np Tfn *Eligius* m
eluci|dación *f* *Aufklärung* f ‖ *Erläuterung* f ‖ **-dar** vt *aufklären* ‖ *erläutern, erklären* ‖ **-dario** *m* *Erläuterungsschrift* f
elución *f* ⟨Chem⟩ *Elution* f, *Herausspülen* n
elucubración *f* gal = **lucubración**
eludir vt *umgehen (Gesetz, Schwierigkeit, Frage)* ‖ *ausweichen (Frage, Pflicht)* (dat) ‖

◊ **~** *la ley das Gesetz umgehen* ‖ **~** *las responsabilidades sich der Verantwortung entziehen*
elze|vir(io) *m* ⟨Typ⟩ *Elzevirausgabe* f ‖ **-viriano** adj ⟨Typ⟩ *Elzevir-*
ella pron *sie* ‖ *su (od* el*) hermano de* **~** *ihr Bruder* ‖ *a* **~** *se lo doy ihr gebe ich es* ‖ *¡aquí va a ser* **~***! da haben wir die Geschichte!* ‖ *jetzt geht's los!* ‖ *¡después será* **~***! dann wird der Teufel los sein!* ‖ **~s** fpl pron *sie*
elle *f das span. ll*
Ellé *m* np fam = **Miguel**
ello pron *er, es, das, dieses* ‖ *a* **~** *dazu* ‖ *con* **~** *damit* ‖ *de* **~** *davon* ‖ *entre* **~** *dazwischen* ‖ *para* **~** *dafür* ‖ *dazu* ‖ *por ello darum* ‖ *davon, daraus* ‖ **~** *es que die Tatsache ist, daß* ‖ *es* **~** *das ist das, das ist die Sache* ‖ *estar en* **~** *schon dabei sein* ‖ *es verstehen* ‖ *estar para* **~** *fam bereit sein, drauf und dran sein* ‖ *estar por* **~** *dafür sein* ‖ *willens sein* ‖ *¡a* **~**! fam *nur zu! nur drauf zu!* ‖ *mañana será* **~** *(od* ella*)* fam *morgen wird es geschehen* ‖ *morgen geht's los!* ‖ **~** *es que ... die Sache ist (die), daß ...*
ellos, ellas fpl pron *sie* ‖ *su (od* la*) madre de* **~** *ihre Mutter* ‖ *son* **~** *sie sind es* ‖ *¡a* **~**! fam *los! nur zu! packt sie!*
E. M. Abk = **Estado Mayor**
Em.ª Abk = **Eminencia**
emacia|ción *f* ⟨Med Lit⟩ *Abmagerung* f ‖ **-do** adj *abgemagert* ‖ *abgezehrt, ausgemergelt*
ema|nación *f* *Aus|fluß* m, *-strömen* n ‖ *Ausdünstung* f ‖ *Ausstrahlung* f ‖ *Emanation* f ‖ ⟨& Philos⟩ ‖ ⟨Phys⟩ *Emanation, Ausströmung* f *(radioaktiver Gase)* ‖ ⟨Chem⟩ *Radon* n ‖ **-nantismo** *m* ⟨Philos⟩ *Emanationslehre* f ‖ **-nar** vt *aus|fließen, -strömen* ‖ *ausstrahlen* ‖ *entspringen* ‖ *hervorgehen (de aus* dat*)* ‖ *herrühren, ausgehen (de von* dat*)*
emanci|pación *f* *Freilassung* f *von Sklaven* ‖ *Freimachung* f ‖ *Befreiung* f ‖ ⟨Jur⟩ *Volljährigkeitserklärung* f ‖ *Entlassung aus der elterlichen Gewalt* ‖ *Mündigsprechung* f ‖ *Freisprechung* f ‖ *Emanzipation, Gleichstellung* f *(z. B. der Frauen)* ‖ *la* **~** *americana die Lostrennung der amerikanischen Kolonien von span. Mutterland* ‖ **~** *social* fig *sozialer Aufstieg* m ‖ **-par** vt *befreien, freimachen* ‖ *für volljährig erklären* ‖ *aus der elterlichen Gewalt entlassen* ‖ *mündigsprechen* ‖ *freilassen* ‖ fig *emanzipieren, gleichstellen* ‖ fig *freimachen* ‖ **~se** *frei-, los|machen (de von* dat*)* ‖ *sich selbständig od unabhängig machen* ‖ fig *flügge werden* ‖ fig *über die Stränge schlagen*
emascu|lación *f* *Entmannung* f ‖ *Kastrierung* f ‖ fig *Verweichlichung* f ‖ **-lar** vt *entmannen* ‖ *kastrieren* ‖ fig *verweichlichen* ‖ fig *entkräften*
emba|biamiento *m* fam *Geistesabwesenheit* f ‖ *Verdummen* n ‖ **-bucar** vt = **embaucar**
embadur|nador *m*/adj desp *Schmierer, Kleckser* m ‖ **-nar** vt *über-, be-, ver|schmieren* ‖ *beschmutzen* ‖ *elend malen* ‖ *(Streupulver) auftragen* ‖ ◊ **~** *de pintura mit Farbe beschmieren* ‖ **~se** *sich beschmieren*
embaído adj *eingebildet, eitel*
embai|dor *m* *Betrüger* m ‖ **-miento** *m* *Blendwerk* n ‖ **-r** *(def fast nur inf u. part)* vt *an-, be|schwindeln*
embaja|da *f* *Botschaft* f *(Amt)* ‖ *Botschaft(s-gebäude* n*)* f ‖ *Botschaft(sangehörige(n)* mpl*)* f ‖ *Botschaft, Nachricht* f ‖ ≃ *Alemana deutsche Botschaft* f ‖ *¡linda* **~**! fam iron *schöner, gelungener Vorschlag!* ‖ **-dor** *m* *Botschafter* m ‖ *Gesandte(r)* m ‖ *Sendbote* m ‖ *(geheimer) Bote* m ‖ **~** *en (od* cerca de*) Botschafter* m *bei* (dat) ‖ **~** *extraordinario außerordentlicher Botschafter, (Sonder)Gesandte(r)* m ‖ **-dora** *f* *Botschafterin* f *(& fig)* ‖ *weiblicher Botschafter* m ‖ *Frau* f *des Botschafters*
embajo adv prov = **debajo**
embala|do *m* *Überdrehen, Hochdrehen* n *(des*

embalador — embelesar 460

Motors) || **-dor** *m Packer* m || **-dora** *f Verpackungsmaschine* f || **-dura** *f* Chi = **embalaje**
emba|laje *m (Ein) Packen* n, *Verpackung* f || *Verpackungsmaterial* n || *Verpackungskosten* pl || ~ *defectuoso, deficiente mangelhafte Verpackung* f || ~ *incluido, incluso* ~ *einschließlich Verpackung* || ~ *transparente Klarsichtpackung* f || *gastos de* ~ *Verpackungskosten* pl || *sin* ~ *lose, unverpackt, ohne Verpackung* f || *taller de* ~ *Packraum* m || *tela de* ~ *Packleinwand* f || **-lar** vt *ein-, (ver)packen* || ~ *en tela in Leinwand verpacken* || ~ *gall* ⟨Aut⟩ *auf Touren bringen* || *überdrehen (Motor)* || **~se** vr *gall auf Touren kommen (Motor)* || *sich ereifern, sich hinreißen lassen* || *Feuer u. Flamme sein* || ◊ *salir –lado gall figf davon-, los|schießen*
embaldo|sado *m Fliesenboden* m || *Fliesenbelag* m || *Fliesenlegen* n || **-sador** *m Fliesenleger* m || **-sar** vt *mit Fliesen (bzw Platten) belegen*
embalsadero *m Sumpf(lache* f*), Tümpel* m
embal|samador *m (Ein) Balsamierer* m || **-samamiento** *m Einbalsamieren* n || **-samar** vt *(ein-) balsamieren* || *mit Wohlgeruch erfüllen*
embal|samiento *m Versumpfung* f || **-sar** vt *stauen (Wasser)* || **~se** vr *sich (an)stauen (Wasser)* || **-se** *m Stau* m, *Anstauen* || *Stau|see* m, *-becken* n || *Stauwasser* n || *Stau|damm* m, *-wehr* n
embalumar vt *überladen* (& fig) || **~se** vr *sich übernehmen, sich zuviel zumuten*
emballenado adj/s *mit Fischbeinstäben (versehen)* || ~ *m Fischbeinstäbe* mpl
embanastar vt *in e-n Korb legen* || fig *überfüllen* || fig *zusammenpferchen*
embancarse vr ⟨Mar⟩ *auflaufen* || Chi Ec *verlanden (Fluß, See)*
embanderar vt *mit Fahnen schmücken*
embara|zada adj/s *schwanger* || ~ *de tres meses schwanger im 3. Monat* || ~ *f Schwangere* f || *consultorio para* ~s *Schwangerenberatungsstelle* f || **-zado** adj *verlegen, in Verlegenheit* || *gehemmt* || *wirr* || *verwirrt* || *unschlüssig* || *in Schwierigkeiten* || adv: **~amente** || **-zar** [z/c] *hindern, hemmen* || *verzögern* || *versperren* || *verstopfen* || *belästigen, stören* || *in Verlegenheit bringen* || *verwirren* || *schwängern* || **~se** fig *in Verlegenheit geraten* || *gestört werden* || *aufgehalten werden* (con *bei, mit* dat) || *sich aufhalten* (con *mit*) an (dat) || *schwanger werden (Frau)* || **-zo** *m Hemmnis, Hindernis* n || *Hemmung* f || *Störung* f || *Schwierigkeit* f || *(Ver)Sperrung* f || *Ver|legenheit, -wirrung* f || *Schwangerschaft* f || ◊ *causar* ~ *Verlegenheit verursachen* || *interrupción (provocada) del* ~ *Schwangerschaftsunterbrechung* f || **-zoso** adj *hinderlich* || *lästig* || *verfänglich* || *peinlich (Lage)* || *mercancías* ~as *Sperrgüter* npl
embarbecer [-zc–] vi *bärtig werden, e-n Bart bekommen*
embar|cación *f Schiff, Wasserfahrzeug* n || *Boot* n || *Fahrt(dauer)* f || *Einschiffung* f || ~ *menor kleines Wasserfahrzeug* n || *Schlepper* m || *Hafenboot* n || → a **barco, buque, nave, navío** || **-cadero** *m* ⟨Mar EB⟩ *Ladeplatz* m || *Löschplatz* m || *Landungsbrücke* f || *Hafendamm* m || prov ⟨EB⟩ *Bahnsteig* m || **-cador** *m* ⟨Mar⟩ *Verlader* m
embar|car [c/qu] vt *einschiffen, an Bord nehmen* || ⟨EB Mil⟩ *verladen* || fig *verwickeln, hineinziehen* (en in dat) || **~se** *sich einschiffen, an Bord gehen* (para *nach* dat) || *reisen* (para *nach* dat) || fig *sich einlassen* (en *auf* dat) || **-co** *m Einschiffung* f *von Passagieren, An-Bord-Gehen* n || ⟨Mil EB⟩ *Verla|den* n, *-dung* f
embar|gable adj *pfändbar* || *beschlagnahmbar* || **-gado** adj: ~ *por el asombro in Staunen versetzt* || ~ *por la emoción von Bewegung ergriffen* || *von Rührung überwältigt* || ~ *m* ⟨Jur⟩ *Pfändungs- (pfand) schuldner* m || **-gante** adj: no ~ (eso) *dessenungeachtet* || ~ *m* ⟨Jur⟩ *Pfändungspfandgläu-*

biger m || **-gar** [g/gu] vt *(ver)pfänden* || *beschlagnahmen* || ⟨Mar Pol⟩ *mit (e-m) Embargo belegen* || fig *hindern, hemmen, stören* || fig *entzücken* || fig *gefangennehmen, in Bann schlagen* || *in Beschlag nehmen* || **-go** *m Beschlagnahme, Sperre* f || *Pfändung* f || *Embargo* n || *Magenbeschwerde* f || ~ *de armas Waffenembargo* n || *sin* ~ *trotzdem, dennoch, andererseits, dagegen* || *jedoch, wohl* || *sin* ~ *de que obwohl, trotzdem* || ◊ *levantar el* ~ *die Beschlagnahme aufheben*
embarnecer vi *dicker, kräftiger werden* (bes *Kind)*
embarque *m Einschiffung* f *(von Waren)* || *Verschiffung* f || *An-Bord-Gehen* n || *Verladung* f ⟨& EB⟩ || *aviso de* ~ *Verschiffungsbescheinigung* f || *conocimiento de* ~ *(Verladungs)Konnossement* n || *contrato de* ~ *Heuervertrag* m || *derechos de* ~ *Ladegebühren* fpl || *documentos de* ~ *Schiffspapiere* npl || *puerto de* ~ *Einschiffungshafen* m || *talón de* ~ *Schiffszettel* m || *Anlieferungsschein* m
embarra|da *f* Arg Col Chi PR *Albernheit, Dummheit, Torheit* f || **-dor** *m Schwindler* m || *Ränkeschmied* m
embarran|camiento *m* ⟨Mar⟩ *Stranden* n || **-car** [c/qu] vi *steckenbleiben (in e-m Sumpf)* || ⟨Mar⟩ *stranden, auf Grund (auf)laufen* || **~se** *nicht vorwärtskommen*
embarrar vt *(mit Kot od feuchter Erde) beschmieren, bewerfen* || *berappen (Mauer)* || *Sal weißen, tünchen (Mauer)* || fig Arg Chi *schänden, entehren* || *jdn anschwärzen* || Mex *in e-e schmutzige Angelegenheit verwickeln* || ~ vi Chi *sinnlos handeln* || **~se** vr *sich beschmutzen* || *sich mit Schlamm beschmieren*
embarrilar vt *auf Fässer füllen* || *in Fässern verpacken*
embaru|llador m/adj *Pfuscher, Stümper, Hudler* m || **-llar** vt *verwirren, durcheinanderbringen* || *verwechseln* || fam *hastig u. unordentlich machen*, fam *hinhauen* || **~se** vr fam *in Verwirrung geraten*
embasamiento *m* ⟨Arch⟩ *Haussockel* m
embas|tar vt *(an)heften, mit weiten Stichen nähen* || *bähen (Matratzen)* || *absteppen* || **-te** *m Heftnaht* f || **-tecer** vi *zunehmen, dick werden* || **~se** vr fig *grob werden*
embate *m* ⟨Mar⟩ *heftige Brandung* f || ⟨Mar⟩ *Windstoß* m || fig *Anprall, heftiger Angriff* m || **~s** pl fig *Schicksalsschläge* mpl || ~ *del mar Wellenschläge* mpl || *starke Brandung* f
embau|cador *m Betrüger* m || *Schwindler* m || **-camiento** *m Betrug, Schwindel* m || **-car** [c/qu] vt *betrügen, berücken, umgarnen, beschwatzen* || *foppen*
embaular vt *(in e-n Koffer) packen* || *hinunterschlucken* || figf *sich vollstopfen (mit* dat*)*
embazar vt *braun färben* || *hemmen, hindern* || fig *in Erstaunen setzen* || ~ vi fig *in Erstaunen geraten* || **~se** vr *(e-r Sache) überdrüssig werden* || *Seitenstechen bekommen (auf der linken Seite)*
embebe|cer(se) vt (vr) = **embelesar(se)** || **-cido** adj *verzückt, begeistert* || → a **embebido**
embe|ber vt *einziehen (Feuchtigkeit)* || *auf-, ein|saugen* || *einpassen* || *(hin)einstecken, versenken* || *tränken, nässen (de* mit dat*)* || *tauchen* (en in acc) || fig *einverleiben* || fig *eingliedern* (⟨Typ⟩ *einbringen (kurze Ausgangszeile)*) || ~ vi *einlaufen (Tuch)* || *einschrumpfen* || *durchschlagen (Flüssigkeit)* || **~se** fig *sich vertiefen* (en in acc) || *sich gründlich vertraut machen* || *eingenommen werden (für)* || **~se de a.** *et in sich saugen* || fig *sich gründlich unterrichten über* (acc) || **-bido** adj fig *geistesabwesend* || fig *versunken (in et* acc*)*
embele|car vt *betrügen, beschwindeln* || **-co** *m Betrug, Schwindel* m || fig *lästige Person* f || *Tand* m
embele|sado adj *entzückt, begeistert* || **-samiento** *m* = **-so** || **-sar** vt *entzücken* || *bezaubern, be-*

embeleso — embozo

rücken || *betäuben* || ~*se außer sich sein* (con *durch* acc) || *sich begeistern* (con, en *an* dat) || ◊ ~ en oir algo *et mit Entzücken anhören* || **–so** *m Entzücken* n, *Verzückung* f || *Begeisterung* f || *Wonne* f || ◊ es un ~ *es ist e–e wahre Wonne* || con ~ *verzückt*
  embelle|cer [–zc–] vt *verschönern* || **–cimiento** *m Verschönerung* f || *Putz* m || *Verzierung* f || fig *Idealisierung* f || *Ausschmückung* f *(Text)*
  △**embeo** *m Evangelium* n
  embeodarse vr *sich betrinken*
  emberiza *f* ⟨V⟩ = **escribano**
  embe|rrenchinarse, –rrincharse vr *e–n Wutanfall bekommen,* fam *Gift u. Galle speien, in die Luft gehen*
  embes|tida *f heftiger Angriff, Anfall* m || ⟨Mil⟩ *Ansturm* m || ◊ dar una ~ *heftig angreifen* || **–tir** [–i–] vt/i *anfallen* || *angreifen* ⟨& Mil⟩ || ⟨Mil⟩ *(an)stürmen* || figf *jdn inständig bitten, jdm anliegen* || ◊ ~ con (*od* contra) alg. *jdn anfallen* || *anrennen gegen* (acc)
  embetunar vt *teeren, mit Bitumen tränken* || *wichsen, einkremen (Schuhe)*
  embicar vt ⟨Mar⟩ *luven* || Am *(allzu)gern e–n heben*
  embicharse vr Arg *madig werden (Wunde)*
  embijar vt *zinnoberrot färben* || Hond Mex *beschmutzen, beschmieren*
  emblandecer [–zc–] vt *erweichen* || **~se** vr fig *weich werden* || *sich rühren lassen*
  emblanquecer [–zc–] vt prov *weiß anstreichen, tünchen*
  emble|ma *m/f Sinnbild, Emblem* n || *Kennzeichen* n || *Wahrzeichen* n || **–mático** adj *sinnbildlich*
  embo|bado adj *betäubt, erstaunt* || **–bamiento** *m Betäubung* f || *Staunen* m, *Verzückung* f || *Verdummung, Verblödung* f || **–bar** vt *betäuben* || *verblüffen, verwirren* || *erstaunen* || *verblöden, dumm machen* || **~se** vr *verblüfft werden* || *ganz verliebt* (fam *verschossen) sein* (de, con, en in acc) || **–becimiento** *m Dumm-, Einfältig|werden* n || **–becer** vt/i *verdummen, verblöden*
  emboca|dero *m Mündung, Öffnung* f || *Einfahrt* f || *Engpaß* m || **–do** adj *süffig, süß (Wein)* || **–dura** *f Mündung* f *(e–s Flusses)* || *Einfahrt* f *(in e–e Meerenge)* || ⟨Mar⟩ *Mundstück* n || *Gebiß* n *(des Pferdes)* || ⟨Tech⟩ *Mundstück* n || ⟨Mus⟩ *Ansatz* m || *Geschmack* m, *Süffigkeit* f *(Wein)* || *Begabung* f (para *für* acc) || ◊ tener buena ~ ⟨Mus⟩ *e–n guten Ansatz haben (Bläser)* || *zügelfromm sein (Pferd)* || *angenehm munden (Wein)*
  embocar [c/qu] vt *in den Mund stecken* || *in e–e enge Öffnung treiben, bringen* || *hinein|stecken, -treiben* || ⟨Mus⟩ *ansetzen (Instrument)* || *einleiten, anfangen (Sache)* || *(Bissen) schnappen (Hund)* || ⟨Tech⟩ *ansetzen* || *einführen* || prov *einschlagen (Weg)* || fam *aufbinden, weismachen (e–e Lüge)* || fam *gierig verschlucken* || fig *(ein Geschäft) unternehmen* || vi *u.* **~se** vr *(hin)einfahren* (por *in* acc)
  embodegar vt *einkellern*
  embolada *f* ⟨Tech⟩ *Kolbenspiel* n || *(Doppel-)Hub* m
  embolado *m/adj* ⟨Taur⟩ *Stier m mit Schutzkugeln an den Hörnern* || fig ⟨Th⟩ *unbedeutende Rolle* f || figf *Lüge, Ente, Vorspiegelung* f
  embolia *f* ⟨Med⟩ *Embolie, Verstopfung* f *(e–s Blutgefäßes)* || ~ cerebral *Gehirnschlag* m || ~ gaseosa *Luftembolie* f
  embolis|mar vt *verhetzen, Unfrieden stiften* (entre *zwischen* dat) || **–mático** adj *verwirrt (Rede)*
  embolismo *m* ⟨Wiss⟩ *Embolismus* m || fig *Intrige* f || fig *Wirrwarr* m || fig *Klatsch* m
  émbolo *m Kolben* m || ⟨Med⟩ *Embolus* m || ~ buzo *Tauchkolben* m || bomba de ~ *Kolbenpumpe* f || carrera (*od* recorrido) del ~ *Kolbenweg, (Kolben)Hub* m

embol|sado adj: carreras ~as *Sackrennen* n *(Kinderbelustigung)* || **–sar** vt *einstecken (Geld)* || *einnehmen (Geld)* || **–so** *m Einnahme* f || *Einnehmen* n
  embo|nar vt ⟨Mar⟩ *spiekern* || *verbessern || prov Am *düngen* || vi Cu Mex *gut passen* || **–no** *m* ⟨Mar⟩ *Spiekerhaut* f
  emboque *m* fam *Betrug* m, *Lüge* f || *Täuschung* f || ⟨Sp⟩ *Durchlauf* m *(e–r Kugel durch das Tor)* || fig *Passieren* n *(e–s engen Durchlasses)*
  emboqui|llado *m/adj Mundstück* n || **~s** pl *Zigaretten mit Mundstück, Filterzigaretten* fpl || **–llar** vt *mit Mundstück, Spitze* bzw *Filter versehen (Zigarren, Zigaretten)* || ⟨Bgb⟩ *vorbohren*
  emborrachacabras *f* ⟨Bot⟩ *Gerbermyrte* f (Coriaria myrtifolia)
  emborrachamiento *m* fam → **borrachera, embriaguez**
  emborrachar vt *berauschen* || fig *betäuben* || **~se** vr *sich betrinken* || *betrunken werden* || fig *betäubt werden* || *ineinanderlaufen (Farben)* || ◊ ~ con (*od* de) vino *sich in Wein betrinken*
  em|borrar vt/i *polstern, ausstopfen (Wolle) auf|kratzen* || figf *gierig verschlingen* || **–borrascar(se)** [c/qu] vi/r *stürmisch werden (Wetter)* || fig *in Hitze geraten* || fig *zunichte werden (Geschäft)* || Arg Hond Mex ⟨Bgb⟩ *sich erschöpfen (Erzader)* || **–borricar** [c/qu] vt fam *verdummen* || **~se** fam *sich bis über die Ohren verlieben* || *verblüfft sein,* fam *am Ende s–s Lateins sein* || **–borronar** vt *beklecksen* || *(hin-, ver)schmieren* || fig *hinkritzeln* || **–borrullarse** vr fam *lärmen, streiten* || fam *sich herumzanken*
  embos|cada *f Hinterhalt* m || *Lauer* f || *geheimes Versteck* n || fig *Kabale* f || fig *Falle* f || *Intrige* f || ◊ atraer a una ~ *in e–n Hinterhalt locken* || caer en una ~ *in e–n Hinterhalt fallen* || **–cado** *m Heckenschütze* m || ⟨Mil⟩ fam *Drückeberger* m || **–carse** [c/qu] *sich verstecken* || *sich auf die Lauer* (od *in e–n Hinterhalt) legen* || fig *sich hinter e–r anderen Tätigkeit (als der eigentlichen) verschanzen* || figf *sich e–n Druckposten verschaffen* || figf *sich drücken* || **–quecer** [–zc–] vi *sich bewalden*
  embota|do adj *stumpf, abgestumpft* (& fig) || **–dura** *f Abstumpfen* n || **–miento** *m Abstumpfen* n || fig *Stumpfsinn* m || *sensorial Benommenheit* f
  embotar vt *abstumpfen* (& fig), *stumpf machen* || *in e–e Büchse füllen* || fig *schwächen* || **~se** *stumpf(sinnig) werden, abstumpfen*
  embote|lladora *f Abfüllmaschine* f || **–llado** *m Abfüllen* n *auf Flaschen* || ~ adj *eingefüllt, auf Flaschen gefüllt* || fig *vorbereitet, nicht improvisiert (Rede usw)* || **–llamiento** *m* ⟨StV⟩ *Verkehrsstauung* f || **–llar** vt *abziehen, abfüllen (auf Flaschen)* || *aufhalten, behindern (Verkehr)* || ⟨Mar⟩ *die Ausfahrt verlegen* (dat) || *stören, hemmen (Geschäft)* || fig *jdn in die Enge treiben* || *auswendig lernen,* fam *eintrichtern*
  embotonar vi Dom *sich entwickeln, Brust bekommen (Mädchen)* || *Sporen bekommen (Hahn)*
  embo|zado adj *ver|hüllt, -mummt* || fig *rätselhaft* || **–zadura** *f Verhüllung* f || **–zalar** vt *den Maulkorb anlegen* (dat)
  embo|zar [z/c] vt *ver|hüllen, -mummen* (& fig), *-schleiern* || *mit e–m Maulkorb versehen* || *sich in die Decke (bzw in den Mantel) hüllen* || *den Mantelkragen hochschlagen* || fig *bemänteln* || ◊ ~se con la capa *sich in den (Rad)Mantel hüllen* || ~se en la reserva *sich in Zurückhaltung hüllen* || **–zo** *m Verhüllung* f, *Gesichtsschleier* m || *vorderer Teil m des (Rad)Mantels (zur Verhüllung des Gesichtes)* || *Futter* n *e–s Herrenmantels* || *umgeschlagener Teil m des Bettuches am Kopfende des Bettes* || fig *Hülle, Verhüllung* f || sin ~ figf *offenherzig, freimütig* || ◊ quitarse el ~ figf *die Maske abwerfen*

embra|gar vt *anseilen (Last)* || *(ein)kuppeln* || ⟨Aut⟩ *einschalten, (ein)kuppeln* || **-gue** m ⟨Tech⟩ *(lösbare) Kupplung* f || *(Ein)Kuppeln* n || *Einrükken* n || *Kupplungs-, Schalt|hebel* m || ~ *de discos Mehrscheibenkupplung* f || ~ *de fricción Reibungskupplung* f || *pedal de* ~ *Kupplungspedal* n || →a **acoplamiento**
embrave|cido adj *zornig, wütend* || *tobend (Wind, Meer)* || **-cimiento** m *heftiger Zorn* m, *Wut* f, *Toben* n
embra|zalar vt *mit e–m Armband schmücken* || **-zar** [z/c] vt *ergreifen, mit der linken Hand fassen (Schild)*
embrear vt ⟨Mar⟩ *teeren* || *verpichen*
embria|gado adj *betrunken, & fig berauscht* || fig ⟨Lit⟩ *trunken* || fig *begeistert* || **-gador** adj *berauschend (auch fig)* || *betäubend (Duft)* || *berükkend* || *verführerisch (Schönheit)* || *begeisternd (Idee)* || **-gar** [g/gu] vt *berauschen* || fig *entzükken, berücken, begeistern, hinreißen* || fig *verblenden* || ~**se** *sich betrinken, sich berauschen (con mit dat)* || *sich betäuben* || ◊ ~ *de júbilo vor Freude außer sich sein* || **-guez** [pl **-ces**] f *Trunkenheit* f, *Rausch* m || *Taumel* m || *Betäubung* f || fig *Entzücken* n || ~ *al volante* ⟨StV⟩ *Trunkenheit* f *am Steuer*
embridar vt *(auf)zäumen (Pferde)* || ⟨Tech⟩ *verlaschen*
em|briogenia f ⟨Biol⟩ *Embryogenese, Keimesentwicklung* f || **-briología** f ⟨Biol⟩ *Embryologie* f *(Lehre von der Keimesentwicklung)* || **-brión** m ⟨Biol⟩ *Embryo, Keim* m || fig *Keim* m, *Keimzelle* f || fig *Anfang* m || *en* ~ fig *im Keim, im Anfangsstadium* || **-brionario** adj *embryonal, Keim-* || fig *(noch) nicht ausgereift (Untersuchung, Vorhaben)* || ◊ *estar en estado* ~ *(& fig) im Werden sein, sich in den Anfängen befinden*
embro|lla f fam = **-llo** || **-llado** adj *wirr* || *verwirrt* || **-llador** m/adj *Störenfried* m || *Wirrkopf* m || **-llar** vt *verwirren* || fig *verwickeln* || *stören, Unruhe stiften (unter dat)* || fig *entzweien* || **-llo** m *Verwirrung* f || *Wirrwarr* m || *Durcheinander* n || fam *Patsche* f || *Betrug, Schwindel* m || *Lüge, Anführung* f || fig *mißliche Lage, Patsche* f || ~**s** mpl *Ränke* mpl, *Intrigen* fpl || **-llón** m/adj *Wirrkopf* m || *Lügner, Schwindler* m || *Intrigant* m || **-lloso** adj fam *verwirrend* || *Unruhe stiftend* || *verworren*
embro|mador m *feiner, geschickter Betrüger* m || *Spaßvogel, Witzbold* m || Arg *Plagegeist* m || **-mar** vt/i *narren, verulken* || *jdn necken* || *mit Lärm erfüllen* || *jdn an der Nase herumführen* || *jdn belästigen, langweilen* || ⟨Mar⟩ *(ver)stopfen (Fugen)* || Arg *jdm e–e Unannehmlichkeit bereiten* || *jdn beschädigen* || *Am die Zeit stehlen (dat)*
embru|jamiento m *Be-, Ver|hexung* f || *Verzauberung* f || *Zauberei* f || fig *Zauber* m || **-jar** vt *be-, ver|hexen* || *verzaubern* || fig *verführen, betören, bezaubern* || fig *gefangennehmen (Geist)* || **-jo** m *Be-, Ver|hexung* f || *Verzauberung* f || fig ⟨poet⟩ *Zauber* m || →a **-jamiento**
embru|tecer [-zc-] vt *verdummen, geistig abstumpfen* || *verblöden, stumpfsinnig machen* || *verrohen (lassen)* || ~**se** *sich abstumpfen (geistig)* || *stumpfsinnig werden* || *verblöden, vertieren* || *verrohen* || **-tecido** adj *abgestumpft, verblödet* || *stumpfsinnig geworden* || *verroht, brutal* || **-tecimiento** m *Ver|dummung, -tierung* f || *Dummwerden* n || *Stumpfsinn* m || *Verrohung* f
embu|chado m *Schwartenmagen, Preßsack* m, *Wurst(ware)* f || *heimlicher Groll* m || ⟨Th⟩ *extemporierte Stelle* f || fig *Ablenkungsmanöver* n || ⟨Pol⟩ *Wahlschwindel* m *(Hineinmogeln v. Stimmzetteln in die Urne)* || ~**s** pl ⟨Typ⟩ *Einschaltungen* fpl *(in den Text)* || **-char** vt/i *stopfen (Wurst)* || *kröpfen (Geflügel)* || fig *gierig (ver-) schlingen* || fam *et einpauken* || ⟨Jgd⟩ *weidwund schießen*
embu|dar vt *den Trichter aufsetzen (auf acc)*

|| fig *betrügen* || ⟨Jgd⟩ *einkreisen (Wild)* || **-dista** m fam *Schwindler* m || *Ränkeschmied* m || **-do** m *Trichter* m || ⟨Mil⟩ *Granattrichter* m || fam *Schwindelei* f || ~ *de llene Fülltrichter* m || *ley del* ~ figf *richterliche Willkür* f || *Behördenwillkür* f || fig *Recht* n *des Stärkeren* || *Schikane* f
emburriar vt Sant Ast Burg León Pal Zam *stoßen, treiben* || *drücken*
emburu|jar vt *verfilzen, zusammenknäueln* || figf *verwirren* || ~**se** vr Col Mex PR Ven *sich einmumme(l)n* || **-jo** m Dom PR *Betrug, Schwindel* m, *Täuschung* f
embus|te m *Betrug, Schwindel* m || *Flause, Flunkerei* f || *Aufschneiderei* f || ~**s** mpl *Flitterkram* m || **-tería** f fam *Flunkerei* f || fam *Betrug* m, *Anführung* f || fam *Verlogenheit* f || **-tero** m/adj *Lügner* m || *Flunkerer, Prahler* m || *Betrüger, Schwindler* m || ◊ *antes se coge a un* ~ *que a un cojo Lügen haben kurze Beine* || ~ adj *lügnerisch, betrügerisch, verlogen*
embu|tidera f ⟨Tech⟩ *Gegenhalter* m *(beim Nieten)* || **-tido** adj *eingelegt (Malerei)* || ~ m *eingelegte Arbeit, Intarsie* f || *Wurst* f || Am *Spitzenbesatz* m || *con* ~**s** *de concha mit Perlmutter eingelegt* || ~**s** pl *Salamiwürste* fpl || *Wurstwaren* fpl || **-tir** vt/i *voll-, aus|stopfen (de mit)* || *füllen, stopfen (Wurst, Polster)* || *hinein|pressen, -drükken* || *ein|schlagen, -tun* || *einlegen (Holzarbeit usw)* || *(form)treiben (Metall)* || *tiefziehen, drücken (Bleche)* || *einlassen (Niet)* || *ziehen (Hohlkörper)* || *einlegen* || fig *gierig verschlukken od verschlingen*
eme f m n || ◊ *mandar a alg. a la* ~ *(Eufemismus für mierda) jdn zum Teufel schicken*
emenagogo m/adj ⟨Med⟩ *menstruationsförderndes Mittel* n
emendar [-ie-] vt pop = **enmendar**
emer|gencia f *Auftauchen* n || *(plötzliches) Zutagetreten* n || *(unerwartetes) Vorkommnis* n || *de* ~ *Not-* || *ángulo de* ~ ⟨Phys Opt⟩ *Austrittswinkel* m || *caso de* ~ *Notfall* m || **-gente** adj *auftauchend* || *hervor-, heraus|tretend* || *entstehend* || *eintretend (Schaden im Versicherungswesen)* || **-ger** vi *auftauchen* || *hervor-, heraus|ragen* || *emporragen (über e–e Fläche)* || *entspringen* || fig *zum Vorschein kommen*
emeritense adj/s *aus Mérida* (P Bad)
emérito adj/s *ausgedient* || *im Ruhestand* || *emeritiert* || ~ m ⟨Hist⟩ *(römischer) Veteran* m
emersión f *Emportauchen* n || ⟨Astr⟩ *Emersion* f, *Wiederhervortreten* n, *Austritt* m *(e–s Gestirns)*
emético m/adj ⟨Med⟩ *Brechmittel, Emetikum* n || ⟨Med⟩ *Brechweinstein* m || ~ adj *emetisch*
E. M. G. Abk = **Estado Mayor General**
emi|gración f *Auswanderung* f || *Auswanderungswesen* n || *Auswanderer* mpl || ⟨V Zool⟩ *Wanderung* f, *Zug* m, *Ziehen* n || ⟨Pol⟩ *Emigration* f || →a **migración** || **-grado** *Ausgewanderte(r)* m || *(politischer) Emigrant* m || **-grante** m/adj *Auswanderer* m || ~ adj *auswandern* || *emigrierend* || ⟨V Zool⟩ *Wanderungs-, Zieh-* || **-grar** vi *auswandern* || ⟨V Zool⟩ *fort-, weg|ziehen (z. B. Zugvögel)* || △ *sich verduften* || **-torio** adj *Auswanderungs-* || ⟨V Zool⟩ *Wanderungs-, Zieh-*
eminen|cia f *Anhöhe, (Boden)Erhebung* f || ⟨An⟩ *Höcker, Vorsprung* m, *Vorwölbung* f || fig *Erhabenheit, Überlegenheit* f || fig *Vorzüglichkeit, Vortrefflichkeit* f || fig *hervorragende Persönlichkeit* f *(bes der Wissenschaft)* || ~ *gris* fig *graue Eminenz* f || Su ⪯ *S–e Eminenz (Titel)* || **-te** adj *erhaben, hervorragend* || fig *ausgezeichnet, vorzüglich* || **-temente** adv *höchst, überaus, vorzugsweise* || ⟨Philos⟩ *wesentlich* || **⁼tísimo** adj *Hochwürdigster (Ehrentitel der Kardinäle)* || ~ *Señor Euer Eminenz (Titel der Kardinäle)*
emir m *Emir* m || ~**ato** m *Emirat* n
emisario m *Emissär, Send-, Geheim|bote* m || *Ableitungskanal* m || →a ¹**chivo**

emi|sión *f Aussenden n* ‖ *Auslassen n* ‖ ⟨Med⟩ *Ausfluß m, Ausscheidung f* ‖ ⟨Com⟩ *Ausgabe, Auflage, Emission f (von Banknoten, Briefmarken, Wertzeichen usw)* ‖ ⟨Radio⟩ *Sendung f* ‖ *Sendeort m* ‖ ⟨Phys⟩ *Abgabe, Ausstrahlung, Entsendung, Emission f* ‖ ~ *de acciones,* de billetes de banco *Ausgabe* f *von Aktien, Banknoten* ‖ banco de ~ *Noten-, Zettel|bank f* ‖ ~ de bacilos ⟨Med⟩ *Bazillenausscheidung f* ‖ curso de ~ *Ausgabekurs* m ‖ ~ escolar *Schulfunk* m ‖ ~ femenina *Frauenfunk* m ‖ lugar de ~ ⟨Com⟩ *Ausstellungsort* m ‖ marqués de última ~ joc *neubackener Marquis* m ‖ ~ de la noche *Abendsendung f* ‖ ~ de obligaciones *Ausgabe f von Schuldverschreibungen* ‖ ~ de ondas *Wellenemission* f ‖ ~ publicitaria ⟨Radio⟩ *Werbesendung f* ‖ ~ del sufragio *Stimmabgabe f* ‖ ~ de sobremesa *Mittagssendung f* ‖ tipo de ~ ⟨Com⟩ *Emissionskurs* m ‖ **-sor** *adj* ⟨Radio⟩ *Sende-* ‖ ⟨Com⟩ *Ausgabe-* ‖ (estación) ~a ⟨Radio⟩ *Sendestation f* ‖ ~ *m* ⟨Radio⟩ *Sender* m ‖ ⟨Com⟩ *Ausgeber, Emittent* m ‖ ~ local *Ortssender* m ‖ **-sora** *f Sender* m ‖ *Sendeanlage f* ‖ *Funkstelle f* ‖ ~ de aficionados *Amateursender* m ‖ ~ clandestina *Schwarzsender* m ‖ ~ de intercepción, de perturbación (od interceptora, perturbadora) *Störsender* m ‖ ~ de radiodifusión (televisión) *Rundfunk-, (Fernseh-) Sender* m ‖ **-tir** *vt aus|strahlen, -strömen* ‖ *von sich geben* ‖ *ausstoßen, entsenden* ‖ *erlassen (Verordnung)* ‖ *äußern (e-e Meinung usw)* ‖ *abgeben (Stimme, Urteil, Gutachten, Zeugnis, Meinung)* ‖ *ausstoßen, hervorbringen (Laute)* ‖ *emittieren, ausgeben, in Umlauf bringen (Wertpapiere)* ‖ *auflegen (Anleihe)* ‖ ⟨Radio TV⟩ *senden, ausstrahlen, geben* ‖ ◊ ~ un empréstito e-e *Anleihe auflegen* ‖ ~ su juicio (opinión, parecer) *sein Urteil abgeben (sobre über* acc) ‖ ~ un mensaje ⟨TV⟩ *e-e Meldung absetzen* ‖ ~ la voz *die Stimme erheben*

Em.[mo] Abk = **Eminentísimo**

emoción *f ⟨Gemüts⟩Bewegung, Ergriffenheit, Rührung, (Seelen)Regung f* ‖ *Aufregung, Erregtheit f* ‖ *Erschütterung f* ‖ *Emotion* f ‖ con honda ~ *tiefgerührt* ‖ la escena de más ~ *die rührendste Szene*

emocio|nal *adj er-, auf|regend* ‖ *emotional, Gemüts-* ‖ **-nante** *adj aufregend, bewegend, erschütternd, ergreifend (Szene, Anblick)* ‖ **-nar** *vt rühren, bewegen, ergreifen* ‖ *zu Herzen gehen* (dat) ‖ *auf-, er|regen* ‖ ◊ no me –na fam *das läßt mich kalt* ‖ **~se** *gerührt werden* ‖ *sich aufregen*

emoliente *m/adj erweichendes Mittel, Aufweichmittel* n ‖ ⟨Med⟩ *Emolliens* n (lat)

emolumento *m Gewinn, Nutzen* m ‖ *Gebühr f* ‖ *Bezüge* mpl ‖ *Gehalt* n*, Besoldung f* ‖ **~s** *pl Nebeneinkünfte* fpl ‖ ⟨Kath⟩ *Stolgebühren* fpl

emoti|vidad *f Erregbarkeit f* ‖ *Emotionskraft* f ‖ ⟨Psychol⟩ *Emotivität f* ‖ **-vo** *adj er-, auf|regend* ‖ *leicht erregbar* ‖ *empfindsam* ‖ *emotional* ‖ *Gemüts-, Erregungs-*

empacar [c/qu] *vt (ein)packen, verpacken (in Ballen od Bündel)* ‖ *bündeln*

empa|carse [c/qu] *vr außer sich geraten* ‖ *bockig werden, sich auf* et (acc) *versteifen* ‖ Am *bocken (Pferd usw)* ‖ Am fig *stur werden* ‖ **-cón**, **-cado(r)** *adj* Am *hartnäckig* ‖ *widerspenstig* ‖ Arg Pe *bockig (Pferd usw)* ‖ **-chado** *adj plump, ungeschickt* ‖ *mit verdorbenem Magen* ‖ ◊ estar ~ e-n *verdorbenen Magen haben* ‖ fig *verlegen sein* ‖ **-char** *vt (ver-)hindern* ‖ *verwirren* ‖ *verhehlen* ‖ *überladen, verderben (den Magen)* ‖ **~se** *bestürzt werden* ‖ *verlegen werden* ‖ *steckenbleiben (beim Reden)* ‖ *sich den Magen überladen* ‖ **-cho** *m Magen|überladung, -verstimmung* f ‖ *Verstopfung* f ‖ *Hindernis* n*, Behinderung f* ‖ *Verlegenheit* f ‖ fig (de estómago) *Magen|überladung, -verstimmung f* ‖ *Verdauungsstörung* f ‖ ◊ coger un ~ *sich den*

Magen verderben ‖ sin ~ fig *ungezwungen, unbefangen,* fam *frei v. der Leber weg* ‖ **-choso** *adj schwer (im Magen)* ‖ fig *hemmend* ‖ *beschämend* ‖ *hinderlich* ‖ *schüchtern, verlegen* ‖ →a **empalagoso**

empadrarse *vr s–n Vater* bzw *s–e Eltern übermäßig lieben* ‖ Mex *sich paaren (Tiere)*

empadro|namiento *m Eintragung* f *in das Volkszählungs-* od *Steuerregister* ‖ *Steuerregister* n ‖ **-nar** *vt in die (Volkszählungs-, Einwohner-, Steuer-* usw*) Liste eintragen*

empa|jada *f Häcksel* n/m ‖ **-jar** *vt mit Stroh füllen* bzw *bedecken*

empala|gador *adj ekelhaft* ‖ **-gar** [g/gu] *vt anekeln, Ekel verursachen* ‖ *jdn langweilen, jdm lästig fallen* ‖ *vi widerlich süß sein* ‖ fig *ekelhaft sein* ‖ **~se** *Ekel bekommen (de von)* ‖ (e–r *Sache,* bes *Süßigkeiten) überdrüssig werden,* fam *et überbekommen* ‖ **-go** *m Ekel* m ‖ *Überdruß* m ‖ **-goso** *adj/s ekelhaft, widerlich (*bes *Süßigkeit)* ‖ fig *süßlich* ‖ fig *lästig, zudringlich* ‖ fig *schwerfällig (Stil)*

empa|lamiento *m Pfählen* n ‖ **-lar** *vt pfählen,* an *e-n Pfahl binden (als Strafe)*

empalidecer *vi erbleichen, blaß werden*

empali|zada *f Pfahlwerk* n*, Palisade* f ‖ *Pfahl|zaun* m*, -decke* f ‖ **-zado** *adj:* ~ de frío Am *starr vor Kälte (Glieder)*

empal|mar *vt* ⟨Tech Zim⟩ *zusammenfügen, ein|falzen, -passen* ‖ *miteinander verbinden* ‖ *(ver)spleißen (Seilenden)* ‖ *verlaschen (Balken)* ‖ *kleben (Filmstreifen)* ‖ fig *verbinden* (con, en mit), *anschließen (an* acc) ‖ fig *ins Unendliche ausdehnen (Unterhaltung)* ‖ ◊ ~ un tiro ⟨Sp⟩ *ein Tor erzielen* ‖ *vi Anschluß haben (con an* acc) *(Zug, Straßenbahn* usw*)* ‖ *folgen* ‖ *sich treffen (Straßen* usw*)* ‖ *abzweigen (con nach* dat) ‖ el tren –ma con el rápido *der Zug hat Anschluß an den Schnellzug* ‖ **-me** *m Zusammenfügung* f ‖ ⟨Tech⟩ *Verbindung(sstelle)* f ‖ ⟨El⟩ *Anschluß* m ‖ ⟨Tel⟩ *Drahtklemme* f ‖ ⟨Zim⟩ *Holzverband (meistens e-e Stoßverbindung), Anschluß* m*, Fügung* f ‖ ⟨EB⟩ *Knotenpunkt* m ‖ *Verbindungsbahn* f ‖ ~ de cable *Kabelanschluß* m ‖ brida de ~ *Verbindungslasche* f ‖ (estación de) ~ *Anschlußstation* f ‖ ferrocarril de ~ *Verbindungsbahn* f ‖ línea de ~ ⟨EB⟩ *Anschlußbahn* f ‖ mesa de ~ *Auszugtisch* m

empalomado *m* ⟨Hydr⟩ *Stauwehr* n

empam|parse *vr* SAm *sich in der Pampa verirren* ‖ **-pirolado** *adj* fam *hochnäsig* ‖ *angeberisch*

empa|nada *f Pastete* f ‖ *Fleisch-, Fischpastete* f ‖ fam *heimlicher Streich* m ‖ fig *Vertuschen* n ‖ fig *Betrug, Schwindel* m ‖ ~ de manzanas *Apfelpastete* f ‖ **-nadilla** *f Pastetchen* n ‖ **-nar** *vt in Teig einwickeln* ‖ *panieren (Fleisch)* ‖ ⟨Agr⟩ *Weizen säen* ‖ **~se** *vr* ⟨Agr⟩ *ersticken (wegen des dichten Säens)*

empanta|narse *vr sumpfig werden, versumpfen* ‖ *in e-n Sumpf geraten* ‖ fig *ins Stocken geraten* ‖ *sich festfahren* ‖ ◊ dejar –nado a alg. figf *jdn im Stich lassen*

empa|ñado *adj trübe, matt (Glas, Metall, Farbe)* ‖ *beschlagen (Scheibe)* ‖ *verschleiert (Stimme)* ‖ *feucht (Augen)* ‖ **-ñar** *vt wickeln (Kinder)* ‖ *matt machen, trüben* (& fig) ‖ *beschlagen (Glas)* ‖ fig *verdunkeln (Ruhm)* ‖ fig *herunter setzen* ‖ fig *feuchten (Augen)* ‖ **~se** *trüb werden* ‖ *feucht werden (Augen)* ‖ *anlaufen (Glas)*

empa|pador *m Windelhose* f ‖ **-par** *vt (durch-)tränken* ‖ *einweichen* ‖ *e-n (ein)tunken (zu in* acc) ‖ *benetzen* ‖ *aufsaugen (Flüssigkeit)* ‖ *vi sich vollsaugen mit* (dat) ‖ ◊ ~ un bizcocho en vino *e–n Zwieback in Wein ein|tunken, -tauchen* ‖ la lluvia empapa los vestidos *der Regen (durch)näßt die Kleider* ‖ **~se** *vr sich vollsaugen, sich tränken (mit Flüssigkeit)* ‖ fam *sich volladen (mit Speisen)* ‖

empapelado — empeñar 464

durchweichen || fig *sich tief versenken* (en *in* acc) || figf *sich vollstopfen, sich überessen* || ◊ ~ de a/c *sich et tief einprägen* || la tierra se empapa de agua *die Erde nimmt Wasser auf* || –pado en sudor fig *schweißgebadet, in Schweiß gebadet (Person)* || ¡para que te empapes! pop *da siehst du's! siehste!*
empape|lado *m Tapezieren* n || *Tapeten* fpl, *Wandmuster* n || **–lador** *m Tapezier(er)* m || *Zimmermaler* m || **–lar** vt *in Papier ein|wickeln, -packen* || *(ein Zimmer) mit (Papier) Tapeten bekleben, tapezieren* || figf *gerichtlich verfolgen*
empapirotar vt fam = **emperejilar**
empapu|ciar, –jar, Ar Al Nav **–zar** vt fam *vollstopfen, nudeln (& Geflügel)* || vi fam *mampfen*
¹**empaque** *m Einpacken* n || *Verpackung* f || *Packmaterial* n
²**empaque** *m* fam *Aussehen* n, *Aufmachung* f *(e–r Person)* || *(gespreizte) Würde* f || *Gravität* f || fam *gezierter Ernst* m || Pe *Dreistigkeit* f || Am *Störrigkeit* f *(des Pferdes)* || Am *Becken* n *(e–s Tieres)*
empaque|tador *m (Ver)Packer* m || **–tadora** *f Packerin* f || *Verpackungsmaschine* f || **–tadura** *f Zusammenpacken* n, *Packung, Dichtung* f || ⟨Tech⟩ *(Ab)Dichtung* f || Chi *Werg* n || aro *(od* anillo*)* de ~ *Dichtungsring* m || **~s** fpl *Packungsmaterial* n || **–tar** vt *(ein-, ver)packen, einrollen* || ⟨Tech⟩ *(ab)dichten* || *herausputzen,* fam *auftakeln* || vi *packen* || **~se** fam *sich herausputzen*
emparamarse vr prov Am *auf dem páramo* (→) *erfrieren* || *vor Kälte erstarren*
em|parchar vt *bepflastern* || *flicken (Schlauch)* || **–pardar** vt Ar Arg = **empatar**
empare|dado adj/s *eingemauert* || *eingeschlossen* || ~ *m* ⟨Kochk⟩ *belegte Doppelschnitte (Brot), geröstete Weißbrotschnitte* f, *Toast, Sandwich* m || **–dar** vt *einmauern (Sträflinge, Büßer)* || *einschließen* || *verbergen*
emparejar vt *paaren* || *paarweise setzen* || *ebnen (Boden)* || *zusammentun* || *gleichmachen, ebnen* || *ausrichten, auf e–e Höhe setzen (con mit dat)* || *angleichen* || *anlehnen (Tür)* || ~ vi *gleich od sehr ähnlich sein* || ◊ ~ con alg. fig *jdm gleichkommen* || *jdn einholen* || **~se** *sich (mit jdm) gleichstellen*
emparentar vi *sich verschwägern (con mit)* || ◊ estar bien ~ado fam *gute (Familien) Beziehungen haben* || estar ~ados *miteinander verschwägert sein*
emparrado *m Wein-, Bogen|laube* f || *Laubengang* m
emparri|llado *m* ⟨Mar⟩ *Schutzgitter* n || *Gräting* f || ⟨Tech⟩ *Rost* m || *Feuerrost* m || **–llar** vt *grillen* || *auf dem Rost braten*
emparvar vt ⟨Agr⟩ *auf der Tenne ausbreiten (Getreide)*
empas|tar vt *ver|kleben, -kitten, einschmieren* || *klebrig, teigig machen* || *plombieren, füllen (Zähne)* || *Paste auftragen* || *stopfen, mästen (Geflügel)* || ⟨Mal⟩ *(die Farbe) dick auftragen, impastieren* || ⟨Mal⟩ *grundieren* || *kartonieren (Bücher)* || Am *binden (Bücher)* || prov Am ⟨Agr⟩ *zu Weideland machen* || vi *schmieren* || **–te** *m (Zahn)Plombe* f || *Plombieren* n *(Zahn)* || *Einschmieren, Verkitten* n || ~ de cemento *Zement (-zahn)plombe* f || ~ dentario *Zahnplombe* f || ~ de oro *Gold(zahn)plombe* f || ~, **–tado** *m* ⟨Mal⟩ *Impasto* n, *dicker Farbenauftrag* m || **–te** *m* Arg *Trommelsucht* f *(des Viehs)*
empa|tado adj *unentschieden (Spiel, Wahl* usw*)* || *tot (Rennen)* || **–tar** vt *hemmen, aufhalten, aussetzen (Entschließung)* || *lahm*|*legen zusammenfügen* || CR *(an)binden* || ~ vi *unentschieden enden (Wahl, Spiel)* || ◊ ~ a dos ⟨Sp⟩ *unentschieden 2:2 spielen* || **~se** vr: ◊ *empatársela a uno* fig *mit jdm gleichziehen* || **–te** *m Stimmengleichheit* f || *Hemmung, Einstellung* f || ⟨Sp⟩ *unentschiedenes Resultat, Unentschieden* n || fig *Gleich-*

ziehen n || ~ nuclear ⟨Pol⟩ *nukleares Patt* n
empavar vt Pe *sich über jdn lustig machen* || Ec *reizen, ärgern* || Ven *Pech haben*
empave|sada f ⟨Hist⟩ *Verschanzung* f || ⟨Mar⟩ *Beflaggung* f || ⟨Mar⟩ *Schanzkleid* n || **–sado** adj ⟨Mar⟩ *beflaggt* || ~ *m* ⟨Mar⟩ *Beflaggung* f || *Flaggengala* f || ⟨Hist⟩ *Schildgewappnete(r)* m || **–sar** vt ⟨Mar Mil⟩ *beflaggen,* ⟨Mar⟩ *Flaggengala anlegen* (dat) || *verhüllen (ein Denkmal vor der Einweihung)* || Col *(ein)schmieren*
em|pavonado adj *blau angelaufen (Metall)* || **–pavonar** vt *brünieren* || **–pavorecido** adj *erschrokken* || *voller Furcht* || **–pecatado** adj *böswillig* || *schalkhaft* || *nichtsnutzig*
*****empeciente** adj: no ~ *demungeachtet, dessenungeachtet*
empeci|nado adj *hartnäckig, trotzig, zäh* || ~ *m Pechsieder* m || el ~ *der span. Guerillaführer Juan Martín Díaz (unter Ferdinand VII)* || **–namiento** *m Hartnäckigkeit* f, *Trotz* m || **–nar** vt *verpichen* || **~se** *sich beschmutzen* || *auf e–r S. hartnäckig bestehen* || ~ en *eisern beharren auf* (dat)
empeder|nido adj *steinhart* || fig *leidenschaftlich, hartnäckig, verstockt (Spieler, Trinker)* || fig *unerbittlich, hart(herzig)* || *grausam* || fig *eingefleischt (Junggeselle)* || **–nir** vt *(ohne pres) verhärten* || **~se** vr *(stein)hart werden*
empe|drado *m (Stein)Pflaster* n || *Pflasterung* f || ◊ *arrancar el* ~ *das Pflaster aufreißen* || **–drador** *m Pflasterer* m || **–drar** vt *pflastern* || ◊ ~ de fig *spicken mit* (dat)
empegar [g/gu] vt *(ver)pichen (Fässer)* || *mit Pech überziehen* || *verpichen (Schlauch)* || *mit e–m Pechmal versehen (Vieh)*
empeine *m Unterleib* m *(Schamgegend)* || *Spann, Rist* m *des Fußes* || *Fuß|rücken* m, *-biege* f || *Oberleder, Vorderblatt* n *(des Schuhes)* || ⟨Med⟩ *Impetigo* f || ⟨Bot⟩ *Leberblümchen* n (Hepatica sp)
empelo|tarse vr figf *sich verwirren* || *in Streit geraten* || Extr Col Cu Chi Mex *sich (splitter-)nackt ausziehen* || **–to** adj Chi pop *(splitter)nackt* || → a en **pelota**
empe|lla f *Oberleder* n *(am Schuh)* || Col Chi Mex *(Schweine)Schmalz* n || **–llar** vt *stoßen, schubsen*
empellón *m heftiger Stoß, Ruck, Schubs* m, fam *Puff* m || a ~es fig *stoß-, ruck|weise* || *mit Gewalt* || ◊ *dar un* ~ *stoßen*
empenachado adj *e–n Federbusch tragend*
empenaje *m* ⟨Flugw⟩ *Leitwerk* n || ~ horizontal ⟨Flugw⟩ *Höhenleitwerk* n
empen|tada f, **–tón** *m* Ar Nav = **empellón** || **–tar** vt Ar Nav And Cue = **empujar, empellar**
empeña|damente adv *nachdrücklich* || **–do** adj *verschuldet* || *verpfändet,* fam *bei der Tante* || *beharrlich, hartnäckig* || *heftig, erbittert, hitzig (Streit)* || ~ hasta los ojos *bis über die Ohren verschuldet* || ◊ estar *(od* hallarse*)* ~ *verschuldet sein* || estar ~ en + inf *beharrlich darauf bestehen zu* + inf || está ~ en *hacerlo er besteht hartnäckig darauf (, es zu tun)*
empe|ñar vt *ver|pfänden, -setzen* || *vorschieben, als Vermittler gebrauchen* || *veranlassen* || *nötigen, verpflichten, zwingen* (a, para zu dat) || *jdn bloßstellen, blamieren* || *anfangen (Streit)* || ⟨Mil⟩ *einsetzen (Truppen)* || ◊ ~ en cien pesetas *für 100 Pesetas verpfänden* || ~ su palabra *sein Wort geben (od verpfänden)* || ~ títulos ⟨Com⟩ *lombardieren* || **~se** vr *Schulden machen, sich verschulden (en in Höhe von dat)* || *sich einlassen auf (acc)* || *hartnäckig bestehen (en auf dat)* || *sich verpflichten (a zu)* || *sich für jdn verwenden* || *beginnen* || ⟨Mar⟩ *in Gefahr kommen (zu stranden)* || ◊ ~ con *(od por)* alg. *sich für jdn einsetzen* || *für jdn einstehen* || en a. *et beginnen* || *sich in et* (acc) *einlassen* || ~ en salir *um jeden Preis ausgehen wollen* || ~ por contrato *sich vertraglich binden* ||

empeñóse luego una reñida discusión *es kam dann zu e-m heftigen Streit* || **-ño** *m Ver|pfändung* f, *-setzen* n || *(Unter)Pfand* n || *Pfand-, Ehren|schuld* f || *Bemühung* f, *Eifer* m || *Beharrlichkeit* f, *Bestreben* n || *Unter|fangen, -nehmen* n || *Verpflichtung* f || *Geschäft* n || *Verwicklung* f || ⟨Mar⟩ *mißliche Lage, Gefahr* f || fig *Einfluß* m, *gute Beziehungen* fpl || casa de ∼(s) *Versatzamt, Pfandhaus* n || papeleta de ∼ *Pfandschein* m || con ∼ *mit Eifer,beharrlich* || en ∼ *als Pfand, als Sicherheit* || ◊ insistir con ∼ (en) *in jdn lebhaft dringen* || hacer ∼ de a/c *sich et zur Pflicht machen* || tener ∼ en a. *sich auf et (dat) versteifen, auf et (dat) beharren*

empeo|ramiento *m Verschlimmerung, Verschlechterung* f || **-rar** vt *verschlimmern, verschlechtern* || ∼ vi *sich verschlimmern* || ◊ los negocios -ran *die Geschäfte verschlechtern sich* || ∼**se** vr *sich verschlimmern (od verschlechtern)* || *schlimmer (od schlechter) werden*

empequeñecer [-zc-] vt *verkleinern* (& fig) || *herabsetzen*

empe|rador *m römischer Imperator* m || *Kaiser* m || fig *Herrscher* m || ⟨Fi⟩ *Schwertfisch* m (→ **pez** espada) || el ∼ *Karl V* || el ∼ de Alemania *der deutsche Kaiser* || **-ratriz** [pl **-ces**] f *Kaiserin* f || fig *Herrscherin* f

em|perejilado, -perifollado adj fam *herausgeputzt* || fam *aufgedonnert* || **-perejilar(se)** *(sich) herausputzen, (sich) aufdonnern* || **-perezar** vt fig *auf-, hinaus|schieben* || vi *u.* ∼**se** vr *träge (od faul) werden* || *faulenzen*

emperifollarse vr = **emperejilarse**

empero conj *doch, jedoch, aber* || *indes, wohl* || *andererseits, dagegen*

empe|rramiento *m* fam *Halsstarrigkeit* f || **-rrarse** vr: ∼ en a/c fam *hartnäckig bestehen auf* (dat)

△**emperso** = **encima**

empetatar vt Guat Mex Pe *mit dem petate* (→) *belegen*

empetro *m* ⟨Bot⟩ *Meerfenchel* m (Crithmum maritimum) || *Krähenbeere* f (Empetrum sp)

empezar [-ie-, z/c] vt/i *anfangen, beginnen* || *eröffnen* || *am Anfang stehen* (a. gen) || *an|schneiden, -brechen (Brot)* || ◊ ∼ a + inf *anfangen zu* + inf || ∼ a escribir *zu schreiben anfangen* || ∼ por lo más difícil *mit dem Schwersten anfangen* || ∼ con bien *e-n guten Anfang machen* || empezó por declarar *er erklärte zuerst, vor allem* || al ∼ anfangs, zu Beginn || para ∼ *zunächst einmal* || *erstens, als erstes* || →a **comenzar**

empiece *m* fam = **comienzo**

empiema *m* ⟨Med⟩ *Eitergeschwür, Empyem* n

empi|nada f: irse a la ∼ *sich aufbäumen (Pferd)* || **-nado** adj *hoch, hochstehend* || *hochragend* || *steil, schroff, abschüssig* || fig *stolz, eingebildet* || *hochmütig* || fig *hochstehend* || figf *angetrunken, beschwipst* || ◊ tenerla ∼a vulg *e-n Steifen haben* || **-nador** *m* fam *Zecher* m || **-nar** vt *steil aufrichten, er-, empor|heben* || ∼ el codo od ∼**la** figf *viel trinken, ein wackerer Zecher sein* || fig *(allzu)gern e-n heben* || ∼**se** *sich aufbäumen (Pferde)* || fig *hoch emporragen (Bäume, Berge)* || ∼ (sobre los pies) *sich auf die Fußspitzen stellen* || ∼ (le bzw ∼me *usw*) vulg *e-n Steifen (od hoch) bekommen*

empingoro|tado adj figf *von vornehmer Abkunft* || *hoch|stehend, -gestellt* || fig *emporgekommen* || fig *stolz, dünkelhaft, hochnäsig* || **-tar** vt fam *obenauf stellen*

empiñonado *m Piniennußgebäck* n

△**empiolar** vt *totschlagen*

empi|pada f *Am Übersättigung* f || fam *Fresserei* f || **-parse** vr Am *teilweise a. Span sich übersessen, fam sich überfressen*

△**empiré** *m Tagelöhner* m

Empíreo (∼̷) m/adj *Feuerhimmel* m || ⟨poet⟩ *Himmel* m || ⟨Philos⟩ *Empyreum* n || ∼ adj *himmlisch, empyreisch*

empireu|ma *m Brandgeruch* m *(organischer Substanzen)* || **-mático** adj *brenzlig, empyreumatisch*

em|pírico adj *empirisch* || ∼ m ⟨Philos⟩ *m Empiriker* m || **-pirismo** *m* ⟨Philos⟩ *Empirismus* m || *Empirie, Erfahrung(swissenschaft)* f

em|pirotado adj fam *angestaunt, gaffend* || **-pitimarse** vr fam *sich beschwipsen* || **-pitonadora** f *Dübelmaschine* f || **-pitonar** vt ⟨Taur⟩ *aufspießen, auf die Hörner nehmen (Stier den Stierfechter)* || **-pizarrado** *m Schieferdach* n || **-pizarrar** vt *mit Schiefer decken*

empl. Abk = **empleado**

emplas|tar vt *ein Pflaster auflegen* (dat) || fig *zurechtmachen* || *ein Schönheitspflästerchen (auf-) legen (auf* acc) || *behindern (Vorhaben, Geschäft)* || ∼**se** vr *sich voll-, ein|schmieren* || **-tecer** vt ⟨Mal⟩ *spachteln*

emplástico adj *klebrig* || ⟨Med⟩ *eiterableitend*

emplasto *m* ⟨Med⟩ *Pflaster* n || fam *Pflaster* n, *oberflächliche Ausbesserung* f || fam *halbe Arbeit* f || fam *nutzloser Mensch* m || ⟨Tech⟩ *Spachtelkitt* m || ∼ adhesivo, ∼ aglutinante *Heftpflaster* n || ∼ de cantáridas *Spanischfliegenpflaster* n || ∼ gomoso *Kautschukpflaster* n || ∼ poroso *porösas Pflaster* n || ∼ vejigatorio *Zugpflaster* n || ◊ aplicar un ∼ *ein Pflaster auflegen* || estar hecho un ∼ figf *sehr kränklich sein*

empla|zamiento *m Platz* m || *Stelle* f || *Lage* f || *(Stand)Ort* m *(z. B. e-r Industrieanlage)* || *Bau|platz* m, *-gelände* n || ⟨Mil⟩ *Stellung* f || ⟨Mil⟩ *Aufstellung, Montierung, Montage* f || ⟨Mil⟩ *Geschützstand* m, *Bettung* f || ⟨Jur⟩ *Vorladung* f || ⟨Jur⟩ *Anberaumung* f || ∼ de las avanzadas ⟨Mil⟩ *Vorpostenaufstellung* f || ∼ de batería *Batteriestellung* f || *Instellungbringen* n *e-r Batterie* || término de ∼ ⟨Jur⟩ *Einlassungsfrist* f || **-zar** [z/c] vt *ansiedeln (Industrie)* || ⟨Mil⟩ *montieren, in Stellung bringen, aufstellen* || ⟨Jur⟩ *anberaumen (Termin)* || *vorladen, vor Gericht laden* || ◊ ∼ delante Dios *vor Gottes Richterstuhl laden*

emplazarse [z/c] vr *in der Mitte der Arena stehenbleiben und stutzen (Stier)*

emplea|da f *Angestellte* f || **-do** adj: le está bien ∼ fam *es ist ihm ganz recht geschehen* || dar a. por bien ∼ *seine Schritte, sein Opfer nicht bereuen* || ∼ *m Angestellte(r)* m || *Beamte(r)* m || ∼ del Estado *Staatsbeamte(r)* m || ∼ de fábrica *Werksangestellter* m || ∼ particular, ∼ privado *Privatbeamte(r)* m || ∼**s** mpl *Angestellte(n)* mpl, *Personal* n

emplear vt *an-, auf-, ver|wenden, benutzen, gebrauchen* || *verwerten* || *anstellen, beschäftigen (bei e-r Behörde)* || *anlegen, verwenden (Geld)* || *(Zeit) verwenden* (en, por *für* acc) || *(Zeit) zubringen* (con *mit* dat) || ◊ ∼ el día en a/c *den Tag zubringen mit et* || ∼ mal el tiempo *die Zeit schlecht ausnutzen* || ∼ un medio *zu e-m Mittel greifen* || ∼ todas las fuerzas *alle Hebel in Bewegung setzen, sich sehr anstrengen, alle Kräfte aufbieten* || ∼ la violencia *Gewalt anwenden* || ∼**se** vr *sich betätigen* || ◊ ∼ en a/c *sich e-r S. befleißigen (od sich betätigen)* || *sich mit et (dat) beschäftigen* || ∼ a fondo *gründlich machen* || *sich verwenden, sich einsetzen* (para *für* acc) || *sein Bestes geben*

empleo *m Gebrauch* m, *An-, Ver|wendung* f || *Einsatz* m || *Stelle, Anstellung* f, *Amt* n || *Beschäftigung* f || ⟨Com⟩ *Geldanlage* f || *Aufwand* m *(v. Mitteln)* || *Verwendungszweck* m, *Bestimmung* f || *modo de* ∼, *instrucciones para el* ∼ *Gebrauchsanweisung* f || ◊ dar ∼ *e-e Anstellung geben* || suspender a uno del ∼ *jdn (vorübergehend) seines Amtes entheben, entsetzen* || pleno ∼ *Voll-*

empleomanía — emulsivo 466

beschäftigung f || *en pleno* ~ *vollbeschäftigt* || *sin* ~ *ohne Anstellung, arbeitslos* || *außer Dienst* || *unbenutzt* || ~ *remunerado bezahlte Stellung* f || *tener* ~ *(para) Verwendung haben (für)* || **–manía** f fig *Stellen-, Ämter|jagd* f, *Strebertum* n
emplo|madura f ⟨Tech⟩ *Verbleiung* f || *Plombierung* f || **–mar** vt *verbleien, mit Blei ausfüllen* od *beschichten* || ⟨Com⟩ *plombieren, verplomben* || gall Am *plombieren (Zahn)*
emplu|mado adj/s *gefiedert* || ~ m *Gefieder* n || **–mar** vi *Federn ansetzen (Vögel)* (& vr) || ~ vt Cu *jdn entlassen* || Cu Guat *jdn betrügen,* fam *einseifen* || Hond *verprügeln* || Col *Reißaus nehmen* || ◊ *que me emplumen, si ... fam wenn ... (das so ist), so heiße ich Oskar* || vt *mit Federn schmücken* || *teeren u. federn (Strafe)* || **–mecer** [–zc–] vi *Federn ansetzen (Vögel)* || *flügge werden*
empo|brecer [–zc–] vt *arm machen* || *(den Boden) aussaugen* || vi *verarmen, arm werden* || **~se** *verarmen, arm werden* || **–brecimiento** m *Verarmung* f || *Erschöpfung* f *(z. B. des Bodens)* || *Verschlechterung* f || fig *Auslaugung* f *(& des Bodens)*
empodrecer vi *verderben, faulen* || → a **podre**
empol|vado adj *staubig* || **–var** vt/i *be-, an|stäuben* || *verstauben, mit Staub bedecken* || *(ein)pudern* || Dom *Reißaus nehmen* || ⟨Med⟩ *einpulvern* || **~se** vr *einstauben, staubig werden* || *sich pudern* || Mex *einrosten, die Übung verlieren*
empo|llado adj *bebrütet* || figf *stubenhockerisch* || ◊ *estar (bien)* ~ *en,* tener a. (bien) ~ figf *et (tüchtig) gepaukt haben* || **–llador** m fam *(Ein)Pauker* m *(Lehrer)* || **–lladura** f *Brut* f *der Bienen* || **–llar** vt/i *(an)brüten, bebrüten* || *ausbrüten* || fam *büffeln, einpauken* (& vr) || ~ vi *Eier legen, Brut bekommen (Bienen)* || **–llón** m/adj (desp) fam *Büffler, Streber (Student)* m
emponcharse vr Am *sich in den poncho* (→) *einhüllen, sich mit dem Poncho einmummen*
emponzo|ñamiento m *Vergiftung* f || → **envenenamiento** || **–ñar** vt *vergiften* || fig *anstecken, verderben*
empopar vi ⟨Mar⟩ *das Heck in den Wind drehen* || *stark hecklastig sein*
emporcar [–ue–, c/qu] vt *beschmutzen, besudeln*
emporio m *Handels-, Stapel|platz* m, *-zentrum* n || *großes Absatzgebiet* n || *Messe-, Hafen|stadt* f || *Kulturzentrum* n || fig *Weltstadt* f || *Am großes Warenhaus* n
emposta f ⟨Arch⟩ *Anfall* m || (→ a **imposta**)
△**emposunar** vt *beängstigen*
empo|trado adj *ein|gebaut, -gemauert* || *eingespannt* || *unter Putz* || *armario* ~ *Einbauschrank* m || **–trar** nt *ein|keilen, -zwängen* || *ein|zapfen, -lassen, -mauern* || *einkeilen* || ◊ ~ *en el muro in die Mauer fassen, einlassen* || *einmauern*
empren|dedor adj *unternehmungslustig* || *unternehmerisch* || *espíritu* ~ *Unternehmungsgeist* m || ~ m *Unternehmer* m || **–der** vt *unternehmen, sich vornehmen* || *et anfangen, et in Angriff nehmen* || *an et* (acc) *herangehen* || *übernehmen (Lieferung, Bau, Auftrag)* || ◊ *al amanecer la* –dimos *para el monte mit Tagesanbruch brachen wir nach dem Berge auf* || ~ *la retirada* ⟨Mil⟩ *sich zurückziehen* (& fig) || ~ *vertiginosa carrera fortrasen* || ~ *un viaje e–e Reise unternehmen* || ~ *la fam an die Sache herangehen* || ~*la (a puñetazos) con* (od contra) *alg. mit jdm handgemein werden, mit jdm streiten* || ~*la a tiros* fam *schießen*
empreñar vt pop *schwängern* || Ar vulg *jdm lästig fallen, jdn belästigen* || **~se** *trächtig werden (Tier)* || pop vulg *schwanger werden (Frau)* || → **embarazar** || Ar fam vulg *in Zorn geraten*
empre|sa f *Unternehmung* f, *Unternehmen* n || *Absicht* f, *Vorhaben* n, *Anschlag* m || *(Helden-)Tat* f || *Sinnbild* n, *Wahlspruch* m, *Devise* f ||

⟨Com⟩ *Unternehmen* n, *Betrieb* m, *Firma* f || *Konzert-, Theater|direktion* f || ~ *agrícola landwirtschaftlicher Betrieb* m || ~ *comercial Handelsunternehmung* f || ~ *consignataria de buques Reedereiagentur* f || ~ *militar militärisches Unternehmen* || ~ *naviera Schiffahrtsunternehmung* f || ~ *teatral Theater|unternehmen* n, *-leitung* f || ◊ *acometer una* ~ *ein Unternehmen anfangen* || *et unternehmen* || *aventurarse en* ~*s arriesgadas sich in gefährliche Geschäfte einlassen* || *comité de* ~ *Betriebsrat* m || **–sariado** m *Unternehmertum* n, *(die) Unternehmer* mpl || **–sarial** adj *unternehmerisch, Unternehmer-, Unternehmens-, Betriebs-* || *régimen* ~ *Betriebs|ordnung, -verfassung* f || **–sario** m *Unternehmer* m || *Arbeitgeber* m || *Konzertunternehmer* m || *Theaterunternehmer, Impresario* m || **–sarismo** m *Unternehmertum* n
empréstito m *Anleihe* f || *Darlehen* n || *Aufnahme* f || *Staatsanleihe* f || ~ *amortizable Tilgungsanleihe* f || ~ *del Estado,* ~ *público Staatsanleihe* f || ~ *forzoso Zwangsanleihe* f || ~ *con garantía oro Goldanleihe* f || ~ *gradual Staffelanleihe* f || ~ *de guerra Kriegsanleihe* f || ◊ *contraer,* su(b)*scribir, hacer un* ~ *e–e Anleihe abschließen, e–e Anleihe zeichnen*
empringar vt = **pringar**
empu|jar vt/i *(fort)stoßen, fortschieben, treiben, puffen* || *drücken* || fig *antreiben, aufmuntern* || fig *jdn emporbringen* || ◊ ~ *al* (od *hacia, hasta*) *el* abismo *in den Abgrund stürzen* || ~ *contra la pared an die Wand werfen* || ~ *hacia arriba hochrücken* || ¡~! *drücken! (Tür)* || vt *ver|drängen, -treiben* || *aufmuntern, anstoßen* m || **~se** vr *sich gegenseitig stoßen* || **–je** m *Stoß* m || *Druck* m || *(Feder)Kraft* f || ⟨Tech⟩ *Schub, Stoß, Druck* m || *Wucht* f || fig *Nachdruck* m || fig *Schwung* m || *Nachdruck* m || fig *(Tat)Kraft* f, *Mut* m || ~ *ascensional Auftrieb* m || ~ *estático* ⟨Flugw⟩ *statischer Schub* m || *persona de* ~ *tatkräftige, energische Person* f || **–jón** m *heftiger Stoß* m || *Schub* m || *Stauchen* m || fam *Puff* m || fig *Ruck* m *(rasches Fortschreiten e–r Arbeit)* || a ~*es* figf *stoßweise* || *mit Gewalt* || *mit Unterbrechungen, sprungweise*
empul|gar [g/gu] vt *spannen (Armbrust)* || **~se** vr *Flöhe bekommen* || **–gueras** fpl *Daumenschrauben* fpl *(Folterinstrument)*
empuntar vt *zuspitzen (Nadeln)* || Sal *entlassen* || *hinauswerfen* || Sal Col = **encaminar** || vi Col *weggeben* || *davonfahren* || ~*las* fam Col *Reißaus nehmen* || **~se** vr *Ven beharren*
empu|ñadura f *Griff, Handgriff* m *(Stock-, Schirm)Knauf* m || *einleitende Formel* f *(e–s Märchens, e–r Rede usw)* || *hasta la* ~ figf *bis an den Degengriff, bis ans Heft* || fig *bis zum Äußersten* || **–ñar** vt *ergreifen, packen* || *(am Griff) fassen* || fig *in den Griff bekommen* || *bekommen (Stellung usw)* || ◊ ~ *las armas zu den Waffen greifen* || ~ *el bastón den Oberbefehl übernehmen* || ~ *el cetro zur Regierung gelangen*
emú m ⟨V⟩ *Emu* m (Dromaeus novae-hollandiae)
emu|lación f *Nacheiferung* f, *Wetteifer* m || *Eifersucht* f || **–lador** m/adj *Nach-, Wett|eiferer* m || *Nebenbuhler, Rival(e)* m || **–lar** vt/i *jdm nacheifern,* (con *mit*) *jdm wetteifern*
emulgente m/adj ⟨Med⟩ *erweichendes Mittel, Emolliens, Emulgens* n (lat) || ~ adj ⟨Med Physiol Chem⟩ *emulgierend* || *arterias y venas* ~s ⟨An⟩ *Nieren|arterien u. -venen* fpl
émulo adj *nach-, wett|eifernd* (en *in* dat) || ~ m *Nacheiferer* m || *Nebenbuhler* m || *Widersacher, Gegner, Rivale* m || ◊ *ser* (el) ~ *de alg. jdm nacheifern, mit jdm wetteifern*
emul|sión f ⟨Chem Phot⟩ *Emulsion* f || *Emulgierung* f || *placas de* ~ *doble* ⟨Phot⟩ *Doppelschichtplatten* fpl || **–sionar** vt ⟨Chem Pharm Phot⟩ *emulgieren* || *kirnen* || **–sivo** adj *ölig, emulsiv*

en prep *in* ‖ *an* ‖ *auf* ‖ *bei* ‖ *mit* ‖ *um* ‖ *zu* ‖ *für* ‖ *über* ‖ *gegen, wider* ‖ *aus* ‖ *von*
  1. Ort, Raum, Lage *(und seltener:)* Richtung: *an, auf, in* (dat bzw acc) ‖ *aus* (dat) ‖ ~ la calle *auf* (bzw *in) der Straße* ‖ *auf die Straße* ‖ ~ casa *zu Hause* ‖ ~ otro lugar *anderswo* ‖ ~ Madrid *in Madrid* ‖ ~ la pizarra *an der Tafel* bzw *an die Tafel* ‖ ~ el sobre *auf dem (*bzw *den) Umschlag* ‖ *in dem* (bzw *dem) Umschlag* ‖ ~ todas partes *überall* ‖ la comida está ~ la mesa *es ist aufgetischt* ‖ beber ~ un vaso *aus e–m Glas trinken* ‖ fumar ~ pipa *aus e–r Pfeife rauchen* ‖ la pluma ~ la oreja *mit der Feder hinter dem Ohr (Schreiber)*
  2. Zeit. a) *Zeitpunkt: in* ‖ ~ cinco minutos *in fünf Minuten* (vgl dentro de *in,* binnen)) ‖ ~ verano *im Sommer* ‖ ~ breve *binnen (*od *in) kurzem* ‖ ~ fin *schließlich* ‖ ~ un momento *sogleich* ‖ b) abwechselnd: de día ~ día *von Tag zu Tag* ‖ de vez (*od* cuando) ~ cuando *ab und zu* ‖ *von Zeit zu Zeit*
  3. Ziel, Ende: besar ~ la frente *auf die Stirn küssen* ‖ caer ~ el agua *ins Wasser fallen* ‖ caer ~ gracia *Gnade finden, gefallen* ‖ convertirse ~ enemigo *sich in e–n Feind verwandeln*
  4. Wert, Preis: vender ~ diez pesetas *für 10 Pesetas verkaufen* ‖ calcular en cien marcos *auf hundert Mark schätzen* ‖ comprar ~ (*od* por) cien pesetas *für hundert Peseten kaufen* ‖ apreciar ~ mucho *hochschätzen*
  5. Art und Weise: ~ absoluto *überhaupt* ‖ *gänzlich* ‖ *keineswegs* ‖ *durchaus nicht* ‖ ~ broma *zum Spaß, im Scherz* ‖ ~ serio *im Ernst* ‖ ~ español *auf spanisch* ‖ ~ favor de *zu Gunsten von* ‖ ~ honor de *zu Ehren von* ‖ ~ voz alta *laut* ‖ ~ voz baja *leise* ‖ ~ su provecho *zu seinem Nutzen* ‖ lo conocí ~ el andar *ich erkannte ihn an seinem Gang* ‖ ir ~ coche *im (*bzw *mit dem) Wagen fahren* ‖ terminar ~ una vocal *auf e–n Selbstlaut end(ig)en*
  6. Inhalt, Beziehung: *an* (dat) ‖ *fértil* ~ granos *reich an Korn, kornreich* ‖ pobre ~ metal *arm an Metall (Erz)* ‖ rico ~ adornos *reich geschmückt* ‖ ~ todo caso *jedenfalls* ‖ *abundar* ~ a. *Überfluß an et* (dat) *haben* ‖ creer ~ Dios *an Gott glauben* ‖ pensar ~ ti *an dich denken* ‖ trabajo ~ ello *ich arbeite daran*
  7. in adverbiellen Redensarten: ~ absoluto *absolut, gänzlich* ‖ ~ efecto *in der Tat* ‖ ~ particular *besonders* ‖ ~ secreto *heimlich* ‖ ~ silencio *stillschweigend* ‖ ~ vano *vergebens, vergeblich*
  8. mit e–m Gerundium: *nachdem* ‖ *wenn* ‖ *als, sowie, sobald* ‖ *da, weil* ‖ a) temporale Bedeutung, Gleichzeitigkeit: ~ diciendo esto *nachdem er es gesagt hatte* ‖ *indem man dies sagte* ‖ ~ colocando la última piedra *als er den letzten Stein gelegt hatte* ‖ *beim Legen des letzten Steines* ‖ b) Bedingung, Mittel, Grund: ~ pagándole, *todo se terminará sobald (wenn) man ihn bezahlt, wird alles gut sein*
  9. mit e–m Infinitiv: no hay inconveniente ~ hacerlo *es gibt keinen Grund es nicht zu tun*
enaceitar vt *(ein)ölen, schmieren*
△**enagrar** vt *(ver)bessern*
ena|gua(s) f(pl) *(Frauen)Unterrock* m ‖ **güillas** fpl dim v. **–gua(s)** ‖ *Lendenschurz* m *des Gekreuzigten* ‖ *Lendenschurz* m *gewisser Volkstrachten (z. B. der Kilt od Rock* m *der Bergschotten)*
enagua|char vt *(Magen) durch zu viel Flüssigkeit verderben* ‖ = **–r** vt *verwässern* ‖ **–zar** vt *schlammig machen*
enaje|nabilidad f 〈Jur〉 *Veräußerlichkeit* f ‖ **–nable** adj *veräußerlich* ‖ **–nación** f *Entfremdung, Abneigung* f ‖ *Veräußerung* f ‖ *Verkauf* m ‖ *Ent-, Verzückung* f ‖ *Geistesabwesenheit* f ‖ → a. **alienación** ‖ ~ mental *Wahn-, Irr|sinn* m, *Irresein* n ‖ escritura de ~ *Veräußerungsurkunde* f ‖ **–nado** adj *wahnsinnig* ‖ ~ de alegría *außer sich vor Freude* ‖ **–namiento** m = **–nación** ‖ **–nar** vt *entfremden, abspenstig machen* (a. alg. de alg. *jdn jdm)* ‖ *entrücken, verzücken* ‖ *von Sinnen bringen* ‖ *veräußern, weggeben* ‖ *enteignen* ‖ **~se** *sich jdm entfremden* ‖ *sich e–r S. entäußern* ‖ *sich mit jdm entzweien* ‖ *sich zurückziehen* (de alg. *vom Umgang mit jdm)* ‖ *von Sinnen kommen* ‖ *außer sich geraten* ‖ ◊ ~ las simpatías *sich unbeliebt machen*
enalbardar vt *mit dem Saumsattel belegen* ‖ *panieren (Fleisch)* ‖ *spicken (Geflügel)*
enaltecer [-zc-] vt *erhöhen* ‖ *erheben, loben, rühmen, verherrlichen, preisen* ‖ **~se** *sich über andere erheben*
enamo|rada f *Geliebte* f ‖ **–radizo** adj *von verliebter Gemütsart, leicht entflammbar* ‖ *liebebedürftig* ‖ **–rado** adj *verliebt* (de *in* acc) ‖ → a **–radizo** ‖ *eingenommen* (de *für), entzückt* ‖ *perdidamente* ~ *sterblich verliebt* ‖ ~ m *Geliebte(r), Liebhaber* m ‖ *Bewunderer, Anhänger, Freund* m (de gen) ‖ los **~s** *die Liebenden* mpl, *das Liebespaar* n ‖ adv: **~amente** ‖ **–ramiento** m *Verliebtheit* f ‖ *Liebelei* f ‖ *Erweckung* f *der Liebe* ‖ **–rar** vt *jdm Liebe einflößen* ‖ *jdm den Hof machen, jdn umwerben* ‖ *jdn lieben* ‖ **~se** vr *sich verlieben* (de *in* acc) ‖ ◊ ~ de alg. *sich in jdn verlieben* ‖ ~ de a/c *et liebgewinnen* (acc), *Gefallen finden (an* dat) ‖ **–riscarse** vr fam *sich verlieben*
ena|nismo m 〈Biol〉 *Zwergwuchs, Nanismus* m ‖ **–no** adj/s *zwergenhaft, zwergig, Zwerg-* ‖ *árbol* ~ *Zwergbaum* m ‖ ~ m *Zwerg* m ‖ *Dolch* m
enante m 〈Bot〉 *Rebendolde* f (Oenanthe sp)
*****enante(s)** adv pop = **antes(s)**
enarbo|lado m/adj 〈Arch〉 *Gerüst, Gebälk* n *(Turm usw)* ‖ **–lar** vt *auf|richten, -pflanzen* ‖ 〈Mar〉 *hissen (Flagge)* ‖ fig *schwingen* ‖ **~se** vr *sich (auf)bäumen* ‖ *zornig werden*
enarcar [c/qu] vt *bogenförmig biegen* ‖ *binden, bereifen (Fässer)* ‖ *eichen (Schiff)* ‖ ◊ ~ el busto *die Brust hochtragen* ‖ fig *stolzieren* ‖ ~ las cejas *große Augen machen* ‖ **~se** vr *sich ducken* ‖ Mex *sich bäumen (Pferd)*
enar|decer [-zc-] vt *entzünden* (& fig) ‖ fig *erhitzen (das Blut)* ‖ fig *begeistern* ‖ **~se** vr *sich erhitzen, sich entzünden (bei Anstrengungen* bzw *Krankheiten* & fig*)* ‖ fig *sich begeistern (por für* acc) ‖ **–decido** adj fig *entflammt* ‖ **–decimiento** m *Erhitzung* f ‖ *Begeisterung* f
enarenar vt *mit Sand bestreuen* ‖ **~se** vr 〈Mar〉 *stranden, auflaufen*
enarmónico adj 〈Mus〉 *enharmonisch*
enartrosis f 〈An〉 *Nußgelenk* n, *Enarthrose* f
enas|tado adj *gehörnt* ‖ **–tar** *stielen (Werkzeug)*
enca|ballar vt *übereinanderlegen (Ziegel usw)* ‖ 〈Typ〉 *verschieben (Form)* ‖ vi *aufliegen* ‖ **–bestrar** vt *(an)halftern* ‖ fig *einfangen,* fam *in Schlepp nehmen* ‖ **~se** vr *sich in dem Halfter verfangen*
encabe|zado m *Kopf* m *(e–s Kapitels)* ‖ *(Ver-)Schneiden* n *(des Weines)* ‖ **–zamiento** m *Steuerrolle* f ‖ *Steuerquote* f ‖ *Eingangsformel* f ‖ *Kopf* m *(e–r Urkunde, e–s Briefes, e–s Kapitels)* ‖ *Einschreibung, Registrierung* f *(Verwaltung)* ‖ vino sin ~ *unverschnittener Wein* m ‖ **–zar** [z/c] vt *in die Steuerrolle eintragen* ‖ *einschreiben* ‖ *mit e–r Kopfquote belegen* ‖ *(den Wein) verschneiden* ‖ 〈Zim〉 *an den Enden verbinden (Balken)* ‖ 〈Tech〉 *(an)stauchen (Nagelköpfe)* ‖ *(e–e Urkunde, Schrift usw) formelhaft einleiten* ‖ *einleiten* ‖ *als erster stehen (auf e–r Liste)* ‖ Am *(an-)führen (als Oberhaupt)* ‖ ◊ ~ la oposición *sich an die Spitze der Opposition stellen* ‖ la dirección que – za estas líneas *die obige Adresse* ‖ **~se** vr fig *das kleinere Übel wählen*
encabritarse vr *sich bäumen (Pferd)* (& fig) ‖ 〈Flugw Aut〉 *bocken*
encade|nado adj *zusammenhängend, verkettet* ‖ verso ~ *Kettenvers* m ‖ ~ m 〈Arch〉 *Traggebälk* n ‖ *Widerlager* n ‖ 〈Bgb〉 *Abstrebung* f ‖ **–na-**

encadenamiento — encañar 468

dura *f*, **-namiento** *m*, **-nación** *f Ankettung* f ‖ fig *Verkettung* f ‖ **-nar** vt *in Ketten legen, fesseln, anketten* (a *an* acc) ‖ *an die Kette legen (Hund)* ‖ fig *an-, ver|ketten* ‖ *miteinander verbinden* ‖ fig *hemmen, hindern* ‖ ⟨Mar⟩ *mit Ketten sperren (Einfahrt des Hafens)* ‖ ~**se** vr fig *ineinandergreifen*
enca|jadura *f Einfügung, Einpassung* f ‖ *Fassung* f *(e-s Edelsteines)* ‖ **-jar** vt *ein|fügen, -passen* ‖ *einfassen* ‖ *ein|fassen, -legen* ‖ *ineinanderfügen* ‖ *(hin)ein|stecken, -passen* ‖ *eintragen (Angaben in e-e Karte)* ‖ *genau zuschließen (Tür)* ‖ *vorschieben (Riegel)* ‖ *abfeuern (Schuß)* ‖ *versetzen (Schlag)* ‖ fam *verpassen (Schuß)* ‖ figf *zum besten geben* ‖ *jdm et aufdringen* ‖ *et zuschieben* od *aufbürden* ‖ *jdm et weismachen (Unwahres)* ‖ *aufhängen*, fam *andrehen (Ware, Falschgeld)* ‖ *jdn hintergehen* ‖ *jdm et aufschwatzen* ‖ fam *et aufnehmen*, fam *et schlucken* ‖ *mit et fertig werden* ‖ *(in die Rede) einflechten* ‖ ⟨Mar⟩ *einpinnen* ‖ ⟨Sp⟩ *schießen (Tor), einkicken (Ball)* ‖ ◊ ~ *un bofetón* (a) *e-e Ohrfeige geben* ‖ ~ *las manos sich die Hände reichen und drücken* ‖ *me –jó una arenga* fig iron *er hat mich mit e-r Ansprache beglückt* ‖ ~ vi *passen* (con *zu* dat, en *auf* acc), *sich schicken* (& fig) ‖ *eingreifen* ‖ *schließen (Fenster, Tür), einschnappen (Schloß)* ‖ *ineinanderpassen, schließen* ‖ *einrasten* ‖ fig *übereinstimmen* (con *mit* dat) *greifen* ‖ ~ *bien passen* ‖ *la puerta –ja bien die Tür schließt gut* ‖ *tu proposición –ja mal dein Vorschlag ist unannehmbar* ‖ ~ *en la vida sich ins Leben fügen* ‖ ~**se** *sich eindrängen (in e-e Menschenmenge)* ‖ *sich aufdrängen* ‖ *sich hineinzwängen* ‖ fam *sich (den Hut) aufstülpen* ‖ fam *sich anziehen (Mantel)* ‖ RPl ⟨Aut⟩ *sich festfahren, steckenbleiben* ‖ *se –jó entre nosotros* fam *er schlich sich bei uns ein*
enca|je *m Ein|fügen, -passen* n, *(Ein)Fassung* f ‖ *Zusammen-, Ein|fügung* f ‖ *(genaue) Anpassung* f ‖ *Beilage* f *(e-r Zeitung)* ‖ ⟨Tech⟩ *Nut, Fuge* f, *Falz* m ‖ *Einsatz* m ‖ *Sitz* m *(beiPassungen)* ‖ *Eingriff* m ‖ *eingelegte Arbeit* f ‖ ⟨Arch⟩ *Einschnitt* m ‖ *Spitze, Kante* f ‖ ⟨Com⟩ *Kassen(be)stand* m, *-reserve, Deckung* f ‖ *la ley del* ~ *das Gesetz der Willkür* ‖ fam *richterliche Willkür* f *bei Entscheidungen e-r S* ‖ ~ *oro Goldreserve* f *(Bank)* ‖ ~**s** *pl* ⟨Web⟩ *Spitzen* fpl ‖ ⟨Her⟩ *Dreiecksfelder* npl ‖ ~ *de bolillos Klöppelspitzen* fpl ‖ ◊ hacer ~ *de bolillos klöppeln* ‖ ~ *a máquina Maschinenspitzen* fpl ‖ ~ *de seda Seidenspitzen, Blonden* fpl ‖ ~ *de tul Tüllspitzen* fpl
encajera *f Spitzen|klöpplerin, -macherin* f
encajetar vt Arg Chi = **encajar**
encajetillar vt *in Packungen abfüllen (Tabak)*
encajo|nado *m (Stau)Wehr* n ‖ *Lehmmauer* f ‖ **-nar** vt *in e-e Kiste packen, legen* ‖ *eindeichen (Fluß)* ‖ ⟨Hydr⟩ *(Steinkasten) versenken* ‖ ⟨Arch⟩ *abstützen (Mauer)* ‖ fig *einengen* ‖ ~**se** vr *e-e Enge bilden (z. B. Flußlauf)* ‖ *sich verfangen (Wind)*
encalabrinar vt fam *benebeln (durch starke Getränke usw)* ‖ ◊ ~ *los nervios* figf *die Nerven erregen* ‖ ~**se** fam *sich verlieben* ‖ *aufgebracht werden* ‖ *erpicht sein auf* (acc)
enca|lado *m Weißen, Tünchen* n ‖ **-lador** *Tüncher* m ‖ *Äscher* m *(der Gerber)* ‖ **-ladura** *f s v.* **-lar** ‖ **-lambrarse** vr Am *e-n Krampf bekommen* Col Chi Mex PR *vor Kälte erstarren* ‖ **-lar** vt *weißen tünchen* ‖ *äschern (Tierhäute)*
encal|mado adj ⟨Mar⟩ *abgeflaut (Wind), windstill* ‖ *flau (Börse)* ‖ **-marse** vr *abflauen (Wind)*
△**encalomar** vt *tragen*
encalvecer [-zc-] vi *kahl werden*
enca|llad(ur)a *f*, **-lle** *m* ⟨Mar⟩ *Stranden* n ‖ **-lladero** *m* ⟨Mar⟩ *(Sand)Bank* f ‖ figf *Patsche, Klemme* f ‖ **-llar** vi *stranden, auflaufen* ‖ fig *stokken, auflaufen, stranden (Geschäft)* ‖ *wegbleiben (Motor)* ‖ ⟨Tech⟩ *sich festfressen (Gewinde)* ‖ **-llarse** vr ⟨Kochk⟩ *hart werden (durch Unterbrechung des Kochvorgangs)*
encalle|cer vi *schwielig werden* ‖ ~**se** vr fig *hart werden* ‖ *sich abhärten* ‖ **-cido** adj *schwielig* ‖ fig *abgehärtet* ‖ fig *abgestumpft*
encallejo|nado adj: *viento* ~ *Zugwind* m ‖ **-nar** vt: ~ *los toros die Stiere in e-e enge Gasse treiben*
encama|do adj/s *bettlägerig* ‖ **-rse** vr *sich niedertun (Wild)* ‖ *sich legen (Heu, Getreide)* ‖ fam *sich ins Bett (für längere Zeit) legen (z. B. Kranke)*
△**encamelar** vt = **enamorar** ‖ *becircen (bes Frauen)*
encami|nado adj *angebahnt* ‖ ir (od estar) ~ a & inf *darauf abzielen, zu & inf* ‖ **-nar** vt *auf den (rechten) Weg bringen* ‖ *führen, (hin)leiten, (hin)lenken* ‖ *einleiten* ‖ *befördern (Post)* ‖ fig *in Gang bringen (Angelegenheit)* ‖ ~ vi *hinführen (Weg)* ‖ ~**se** *seinen Weg nehmen* (a, hacia *nach* dat) ‖ **-sar** vt *das Hemd anziehen* (dat) ‖ *beziehen (Betten usw)* ‖ ⟨Tech⟩ *um|hüllen, -manteln* ‖ fig *verdecken*
encamotarse vr fam Arg Col CR Chi Ec = **enamorarse** ‖ = **amartelarse**
encana|lar, -lizar vt *kanalisieren*
encana|llado adj *verroht* ‖ **-llarse** vr *sittlich verkommen, verlottern, verludern*
encanar vt Arg Col Chi *verhaften* ‖ *einkerkern* ‖ ~**se** vr *nicht mehr können (vor Lachen* bzw *Weinen)*
encanastar vt *in e-n Korb legen*
encandi|lado adj fam *aufgerichtet* ‖ *leuchtend (Augen)* ‖ fig *bezaubert* ‖ *sombrero* ~ *dreieckiger Hut* m ‖ **-ladora, -ladera** *f* fam *Kupplerin* f ‖ **-lar** vt *blenden* ‖ fig *hinters Licht führen, täuschen* ‖ *bezaubern* ‖ *(Feuer) anfachen* ‖ Chi *(Feuer) anmachen* ‖ PR *munter machen (Schlafenden)* ‖ PR Col *sich erschrecken* ‖ PR *böse, zornig werden* ‖ fig *begeistern* ‖ ~**se** *glühende Augen bekommen (z. B. Betrunkener)* ‖ *glühen, (auf)leuchten*
encanecer [-zc-] vi *ergrauen, grau werden (Haare)* ‖ fig *alt werden* ‖ *schimmelig werden (Brot usw)* ‖ ◊ ~ *en los trabajos in der Arbeit alt und grau werden*
encani|jado adj *kränklich, siech, krüppelhaft* ‖ **-jarse** vr *kränklich, verkümmern (bes Kinder)* ‖ Ec Pe *vor Kälte erstarren*
encani|lladora *f* ⟨Web⟩ *Kötzerspulmaschine* f ‖ **-llar** vt ⟨Web⟩ *spulen*
encanta|do adj *be-, ver|zaubert* ‖ *verhext* ‖ *verwunschen (bes in Märchen, Sagen usw)* ‖ *Zauber-* ‖ fig *entzückt, hingerissen* ‖ ~ ! fam *glänzend!* ‖ *sehr gerne!, mit Vergnügen!* ‖ *das lass' ich mir gefallen!* ‖ ¡ ~ *de conocerlo! es freut mich sehr, (Sie kennenzulernen)*, pop *sehr angenehm!* ‖ ¡ ~ *de la vida!* pop *von Herzen gerne!* ‖ ~ *m Verzauberte(r)* m ‖ **-dor** adj *zaubernd, Zauber-* ‖ fig *bezaubernd, reizend, entzückend, charmant* ‖ ~ *m Zauberer* m ‖ ~ *de serpientes Schlangenbeschwörer* m ‖ **-dora, -triz** *f Zauberin* f ‖ **-miento** *m Bezauberung, Zauberei* f ‖ *Zauber* m (& fig)
encan|tar vt *bezaubern, behexen, verzaubern, beschwören, berücken* ‖ fig *entzücken, einnehmen* ‖ △*betrügen* ‖ **-te** *m Versteigerungsraum* m ‖ *Trödelmarkt* m (& *pl*) ‖ *Versteigerung* f ‖ **-to** *m Zauber* m (& fig) ‖ *Liebreiz, Charme* m ‖ *Wonne* f, *Entzücken* n ‖ *Staunen* n ‖ *como por* ~ *wie durch Zauber* ‖ fig *im Nu* ‖ *su conversación era un* ~ *sein Gespräch war sehr reizend* ‖ ¡ ~ *(mío)! (mein) Schatz!* ‖ ~**s** *mpl* fig *(weibliche) Reize* mpl
encaña|da *f Engpaß* m ‖ *hohle Gasse* f ‖ **-do** *m Rohr-, Röhren|leitung* f ‖ *Dränage* f ‖ ⟨Agr⟩ *Rohrspalier* n
encañar vt *durch Röhren leiten (Wasser)* ‖ ⟨Agr⟩ *entwässern, dränieren* ‖ *mit Stützstäbchen versehen (Garten-* od *Schling|pflanzen)* ‖ *aufwik-*

keln, spulen (Seide, Garn usw) ‖ *(Holzscheite) übereinanderschichten (beim Kohlenbrennen)* ‖ ~ vi *in die Halme schießen (Getreide)*
encañizado m ⟨Arch⟩ *Stukkaturmatte* f
encaño|nado adj *eingeengt, durch e–n Engpaß strömend (Wind, Rauch, Fluß)* ‖ *flügge (junge Vögel)* ‖ viento ~ *starker Zugwind* m ‖ **–nar** vt *in e–e Röhre leiten* ‖ *fälteln, plätten* ‖ ⟨Jgd⟩ *aufs Korn nehmen, zielen od anlegen (& fig)* ‖ *spulen (Garn)* ‖ *fälteln (Stoff, Papier)*
enca|pado adj *in e–n Mantel gehüllt* ‖ **–peruzar** [z/c] vt fig *verhüllen* ‖ **–pillar** vt *mit e–r Kapuze bekleiden* ‖ **~se** figf *ein Kleidungsstück anziehen*
encapo|tado adj *bedeckt, trübe (Himmel)* ‖ **–tamiento** m *Bedecken* n *(des Himmels)* ‖ fig *finstere Miene* ‖ **–tar** vt *ein-, ver|hüllen* ‖ **~se** fig *sich bedecken (Himmel)* ‖ fig *mürrisch werden (Person)* ‖ fig *e–e finstere Miene machen* ‖ *sich in den Umhang hüllen*
encapri|chamiento m *Versessenheit* f ‖ *Laune* f, *Eigensinn* m ‖ **–charse** vr fam *sich kopflos verlieben* ‖ ◊ ~ con a. *sich et in den Kopf setzen* ‖ *versessen sein auf* (acc) ‖ figf *sich kopflos verlieben in* (acc), *e–n Narren gefressen haben an* (dat)
encapsulado adj *eingekapselt*
encapuchados mpl *Kapuzenträger* mpl *(bei kirchlichen Umgängen und Prozessionen)*
encapullado adj *in der Knospe eingeschlossen* ‖ *eingesponnen (Raupe)* ‖ fig pop *von der Vorhaut umgeben (Eichel des männlichen Gliedes)*
encara adv Ar *trotzdem* ‖ *trotz allem* ‖ *selbst wenn*
encarado adj: bien (mal ~ *schön (häßlich) von Gesicht*
encaramar vt *empor-, hinauf|heben* ‖ *hinaufstellen* ‖ fig *übertreiben* ‖ *übermäßig loben* ‖ *herausstreichen*, fam *verhimmeln* ‖ **~se** *et erklettern, erklimmen (hinauf)klettern* (a, en, sobre *auf* acc) ‖ fig *sehr hoch steigen* ‖ Chi *schamrot werden* ‖ ◊ ~ en un árbol, a al *(od* sobre el) tejado *auf e–n Baum, auf das Dach klettern*
enca|ramiento m *starres Anblicken* n ‖ *Gegenüberstellung* f (→ a **careo**) ‖ *Anschlag* m *(Waffe)* ‖ **–rapitarse** vr Col Ec = **encaramarse** ‖ **–rar** *anschlagen, anlegen (Schießwaffe)* ‖ *einander gegenüberstellen* ‖ fig *gegenübertreten, die Stirn bieten* (dat), *et in Angriff nehmen*; ‖ ◊ ~ con *(od* a) alg. *jdn starr anblicken* ‖ **~se** vr: ~ con alg. *jdm gegenübertreten* ‖ *jdm widerstehen*
encarce|lación f *Ein|kerkerung, -sperrung* f ‖ → a **–lamiento** ‖ **–lado** adj ⟨Med⟩ *eingeklemmt (Bruch)* ‖ **–lamiento** m *Einkerkerung, Einsperrung* f, *Einsperren* n, *Einweisung* f *in e–e Haftanstalt* ‖ **–lar** vt *einkerkern, ins Gefängnis sperren* ‖ ⟨Arch⟩ *vermauern* ‖ *einlassen*
encardinación f *Eingliederung in e–e Diözese, Inkardination* f
encare|cedor adj *preissteigernd* ‖ *rühmend* ‖ **–cer** [-zc-] vt *verteuern* ‖ *(den Preis) steigern* ‖ fig *sehr loben* ‖ *angelegentlich, dringend empfehlen* ‖ fig *betonen, hervorheben* ‖ ◊ ~ a alg. que (& subj) *jdn inständig bitten zu* (& inf) ‖ vi *im Preise steigen, teuer* (bzw *teurer) werden* (& vr) ‖ **–cidamente** adv *angelegentlichst, dringlichst* ‖ *inständig (bitten)* ‖ **–cimiento** m *Verteuerung, Preissteigerung* f ‖ *Lob* n, *Anpreisung* f ‖ *Nachdruck* m ‖ con ~ *dringlich, inständig, eifrig*
encargado m/adj *Beauftragter, Mandatar* m ‖ *Vertreter* m ‖ *Geschäftsführer, Sachwalter* m ‖ *Disponent* m ‖ *Werkführer* m ‖ ⟨Typ⟩ *Faktor* m ‖ ~ de curso *Lehrbeauftragte(r)* m ‖ ~ del cierre ⟨Mil⟩ *Ladekanonier* m *(Artillerie)* ‖ ~ de negocios *Geschäftsträger* m ‖ ~ de primera Span *technischer Unterabteilungsleiter* m ‖ ~ de segunda Span *Werkmeister* m ‖ ~ del registro civil *Standesbeamter* m
encar|gar [g/gu] vt *jdm et auftragen* ‖ *jdn beauftragen* ‖ *jdm et übergeben* ‖ *anbefehlen* ‖ *empfehlen, raten* ‖ *bestellen* ‖ ◊ ~ a. a uno *jdm et an-, über|tragen* ‖ *jdm et anvertrauen* ‖ *jdm mit et* (dat) *beauftragen, jdm et auftragen* ‖ ~ a alg. que (& subj) *jdm den Auftrag geben zu* (& inf) ‖ me –gan para ti muchos recuerdos *ich soll Dir viele Grüße von ihnen bestellen* ‖ **~se** vr: ~ de et übernehmen ‖ ◊ ~ de la ejecución *die Besorgung übernehmen* ‖ volver a ~ de sus negocios *die Geschäfte (wieder)aufnehmen* ‖ ~ (od estar –gado) de a/c *et übernehmen, auf sich nehmen* ‖ *sich anheischig machen zu* ‖ **–go** m *Auftrag* m, *Bestellung* f ‖ *Befehl* m ‖ *bestellte Ware, Sendung* f ‖ *Amt* n, *Stelle* f ‖ como (hecho) de ~ *genau entsprechend* ‖ *in tadelloser Aufführung* ‖ fam *wie auf Bestellung* ‖ fam *wie gerufen* ‖ de ~ *auf Bestellung* ‖ nuevo ~ *Nachbestellung* f ‖ por ~ de *auf Veranlassung (od im Auftrag) von* ‖ ◊ tener ~ de *beauftragt sein zu* ‖ efectuar *~s Aufträge erledigen* ‖ hacer *(od* efectuar) ~ fam *Besorgungen erledigen*
encari|ñamiento m *Gewogenheit* f ‖ *Liebe* f, *Verliebtsein* n ‖ **–ñar** vt *bei jdm Zuneigung erwecken* ‖ ◊ **~se** con a. *od* alg. *et liebgewinnen, sich mit et* (dat) *od mit jdm befreunden*
encar|nación f fig *Verkörperung, Verwirklichung* f ‖ ⁓ f (fam **Encarna**) span. *Frauenname* ‖ ⟨Rel⟩ *Mensch-, Fleisch|werdung* f ‖ *Inkarnation* f ‖ ⟨Mal⟩ *Fleischfarbe* f, *Inkarnat* n ‖ **–nado** adj *fleischfarben* ‖ *(hell)rot* ‖ *hochrot* ‖ ⟨Rel⟩ *mensch-, fleisch|geworden* ‖ fig *leibhaftig* ‖ lápiz ~ *Rotstift* m ‖ tinta *~a rote Tinte* f ‖ **–nadura** f ⟨Med⟩ *Heilungsneigung* f *(der Gewebe* bzw *Wunden)* ‖ *Eindringen in ins Fleisch (Waffe)* ‖ *Sichverbeißen n (Hetzhunde)* ‖ ◊ ponerse ~ *erröten (vor Scham)*
encar|nar vt fig *verkörpern, darstellen (e–e Idee usw)* ‖ ⟨Mal⟩ *im Fleischton malen* ‖ ⟨Th Filmw⟩ *verkörpern (Rolle)* ‖ ⟨Fi⟩ *mit e–m Fleischköder versehen (Angelhaken)* ‖ ⟨Jgd⟩ *vom Fleisch des erlegten Wildes fressen lassen (Jagdhunde)* ‖ vi *Mensch, Fleisch werden (Gottheit)* ‖ *Fleisch ansetzen, heilen (Wunde)* ‖ ⟨Jgd⟩ *hitzig auf das Wild werden (gehetzte Hunde)* ‖ **~se** fig *sich vermischen, sich einverleiben* ‖ fig *eins werden, miteinander verschmelzen* ‖ *verwachsen* ‖ **–necer** [z/c] vi *Fleisch ansetzen*
encarnizado adj *rot entzündet (Wunden)* ‖ *blutunterlaufen (Auge)* ‖ *blutgierig* ‖ *heftig, ungestüm* ‖ *erbittert (Kampf)* ‖ la *~a competencia die scharfe Konkurrenz* ‖ adv: *~amente*
encarni|zamiento m *Erbitterung, Wut* f ‖ *Blutgier, Grausamkeit* f ‖ fig *Leidenschaft(lichkeit)* f ‖ fig *Ausdauer, Versessenheit* f ‖ **–zar** [z/c] vt *erbittern, wütend machen, aufreizen* ‖ *scharfmachen, hetzen* (contra *auf) (Hetzhunde* & fig) ‖ **–zarse** vr *sich verbeißen (Hund, Raubtier)* ‖ *die Beute zerreißen (Hund, Raubtier)* ‖ fig *in die größte Wut geraten* ‖ fig *unaufhörlich verfolgen* (contra alg. *jdn)* ‖ fig *verbissen kämpfen* ‖ fig *pausenlos arbeiten* ‖ ~ en *(od* con) alg. *jdn grausam behandeln*
encaro m *eingehendes Beobachten, (An)Starren* n ‖ *Anlegen* n, *Anschlag* m *(Waffe)* ‖ *Kolbenwange* f *(am Gewehr)*
encarpetar vt *einheften, in Mappen legen (Dokumente)* ‖ fig *e–n Vorgang liegenlassen*
encarretadora f ⟨Web⟩ *Spulmaschine* f
encarrilar vt ⟨EB⟩ *aufgleisen* ‖ fig *in die Wege leiten, in Gang bringen (Geschäft usw)*, fam *einfädeln* ‖ fam *einrenken* ‖ **~se** vr fig *ins (rechte) Geleise kommen*, fam *sich einrenken*
enca|rroñarse vr *verderben* ‖ **–rrujado** adj *geringelt, gekräuselt* ‖ Mex *uneben (Gelände)*
encarta|ciones fpl Vizc *Ortschaften* fpl *an der Grenze zu Burg, die Foralrechte haben* ‖ **–do** adj/s *in (Untersuchungs) Haft* ‖ ~ m *Angeklagte(r), Beschuldigte(r), (Untersuchungs) Häftling* m ‖ *in Ab-*

wesenheit Verurteilte(r) m ‖ Vizc *aus den* encartaciones *Gebürtige(r)* m ‖ **-r** vt *jdm den Prozeß machen* ‖ *in Abwesenheit verurteilen* ‖ ~ vi ⟨Kart⟩ *in die Hand spielen* n ‖ *beilegen (Prospekt in e-e Zeitung)*
encarte *m Ein-, Bei\lage* f *(Zeitung)*
encarto|nado adj/s ⟨Buchb⟩ *kartoniert* ‖ ~ *m Kartonierung* f ‖ **-nador** *m* ⟨Buchb⟩ *Kartonierer* m ‖ **-nar** vt *kartonieren (Bücher)* ‖ *einfalzen* ‖ *in Schachteln verpacken*
encartuchar vt *in Rollen packen (z. B. Geld)* ‖ Chi fam *in die Tasche stecken (Geld)*
encas|cabelar vt *Schellen (od Glöckchen) anhängen* ‖ **-cotar** vt *mit Schutt auffüllen*
encasi|llado *m Fächerwerk* n *(e-s Schrankes usw)* ‖ *Einteilung* f *in Felder* ‖ *Häuschen* n *(Formular)* ‖ *Liste* f *der von der Regierung gestützten Wahlkandidaten* ‖ *regierungsseitiger Wahlvorschlag* m ‖ **-llar** vt *ein\ordnen, -reihen* (entre unter acc) ‖ *(regierungsseitig) e-n Kandidaten für die Wahl aufstellen* ‖ Chi = **escaquear** ‖ ~**se** *sich festlegen (für* acc*), sich anschließen* (dat)
encasquetar vt *aufstülpen, tief in die Stirn drücken (Hut, Mütze)* (& vr) ‖ fig *versetzen (Schlag)* ‖ fig *ein\hämmern, -reden* ‖ ~ le a alg. *jdm in den Kopf setzen* ‖ ~**se** vr: ~ a. *sich et in den Kopf setzen*
encasqui|llador *m* Am = **herrador** ‖ **-llar** vt ⟨Tech⟩ *einbuchsen* ‖ Am = **herrar** ‖ ~**se** vr *stecken-, hängen\bleiben (bewegliches Teil)* ‖ *Ladehemmung haben (Schußwaffe)* ‖ Cu *sich einschüchtern lassen*
encastar vt *(durch Zucht) veredeln* ‖ vi *züchten*
encasti|llado adj fig *hochmütig* ‖ *hartnäckig* ‖ **-llar** vt *mut Burgen befestigen* ‖ ⟨Entom⟩ *die Weiselzelle bauen (Bienen)* ‖ **-llarse** vr *sich verschanzen* (& fig) ‖ fig *hartnäckig bestehen* (en auf dat) ‖ ~ en el silencio fig *hartnäckig schweigen*
encastrar vt ⟨Tech⟩ *verzahnen* ‖ *ein\fügen, -kerben* ‖ *verlaschen* ‖ ⟨El⟩ *(ein)kapseln*
encatalejar vt Sal *von weitem ausmachen*
encatrinarse vr Mex *zum Gecken werden* ‖ *sich elegant kleiden*
encau|chado *m Kautschukleinwand* f ‖ **-char** vt *mit Gummi überziehen*
encau|sado adj/s *in ein Strafverfahren verwickelt* ‖ ~ *m Angeklagter* m ‖ **-sar** vt *an-, ver\klagen, gerichtlich belangen* ‖ ~ a alg. *gegen jdn ein Strafverfahren betreiben*
encaus|to, -te *m Brandmalerei* f ‖ *Enkaustik* f
encáustico adj/s *enkaustisch* ‖ ~ *m Polierwachs* n ‖ *Beize* f ‖ *Politur* f
encau|zamiento *m s v.* **-zar** ‖ **-zar** [z/c] vt *in e-n Kanal leiten* ‖ *regulieren (Fluß)* ‖ *eindeichen* ‖ *eindämmen* ‖ fig *lenken* ‖ fig *e-e bestimmte Richtung geben* ‖ fig *in Gang bringen* ‖ ~ por el camino de la virtud *auf den Weg der Tugend bringen*
ence|fálico adj ⟨An⟩ *Gehirn-* ‖ masa ~a ⟨An⟩ *Gehirnmasse* f ‖ ⟨Ge⟩ *Hirn* n ‖ **-falitis** f ⟨Med⟩ *Hirnentzündung* f, *Enzephalitis* f
encéfalo *m* ⟨An⟩ *Gehirn* n
encefalografía f ⟨Med⟩ *Enzephalographie* f
enceguecer vi Am *blind werden*
encelajarse vr *sich mit Schleierwolken bedecken (Himmel)*
encelar vr *eifersüchtig machen* ‖ ~**se** *brünstig werden (Tiere)* ‖ *eifersüchtig werden (de auf* acc*)*
encena|gado adj *kotig* ‖ *verschlammt* ‖ fig *verkommen* ‖ **-gar** vt *beschmutzen* (& fig) ‖ **-garse** [g/gu] vr *in den Kot geraten* ‖ ~ en vicios fig *sich mit Lastern beschmutzen, verkommen*
encen|daja(s) *f(pl) Reisig* n *zum Feueranmachen* ‖ **-dedor** *m (An)Zünder* m, *Zündvorrichtung* f, *Feuerzeug* n ‖ ~ (de bolsillo), ~ mecánico *Taschenfeuerzeug* n ‖ ~ de bencina *Benzin-*

feuerzeug n ‖ ~ de gas *Gasfeuerzeug* n ‖ **-der** [-ie–] vt *(an)zünden, anstecken* ‖ *in Brand setzen, stecken* ‖ *anmachen (Feuer)* ‖ *(ein)heizen (Ofen)* ‖ ⟨Aut⟩ *zünden* ‖ *an\drehen, -machen (Beleuchtung, Licht)* ‖ fig *entzünden, anfeuern* ‖ fig *ent\fachen, -flammen* ‖ fig *erhitzen* ‖ ~**se** *sich entzünden* ‖ *sich erhitzen* ‖ *aufflammen* ‖ fig *erröten* (de por vor dat) ‖ ~ en ira *zornig werden* ‖ **-didamente** adv fig *hitzig* ‖ *feurig* ‖ *inbrünstig* ‖ **-dido** adj *feurig, glühend* ‖ *heiß, erhitzt* ‖ *hochrot* ‖ *hitzig* ‖ ~ *m Zündung* f *(e-s Motors)* ‖ *Anheizen* n *(e-s Kessels)* ‖ ~ automático *Selbstzündung* f
encentar [-ie–] vt *anschneiden (Brot usw)* ‖ ~**se** *sich wundliegen*
ence|par vt *schäften (Gewehr)* ‖ * ⟨Hist⟩ *in den Block spannen (Strafe)* ‖ vi ⟨Bot⟩ *tiefe Wurzeln treiben* ‖ **-pe** *m* ⟨Agr⟩ *An-, Ver\wurzeln* n
encera|do *m Wachspflaster* n ⟨bes. Med⟩ ‖ *Wachstuch* n ‖ *Wachspapier* n ‖ *Wachstafel* f *zum Schreiben* ‖ *Wand-, Schreib-, Schul\tafel* f ‖ ⟨Mar⟩ *Persenning* f, *Ölzeug* n ‖ *(Ein)Wachsen* n ‖ *Wachsen* n ‖ **-dor** *m Bohnerbesen* m ‖ **-dora** f *Bohnermaschine* f
encerar vt *wichsen (Fußboden, Stiefel)* ‖ *(ein-) wachsen* ‖ *bohnern*
encerra|da f Chi = **encerrona** ‖ fam *Betrug* m, *Bauernfängerei* f ‖ **-dero** *m Pferch* m ‖ ⟨Taur⟩ *Stierzwinger* m ‖ **-miento** m, **-dura** f *Verschluß* m, *Einschließen* n ‖ *Gehege* n ‖ *Einzelhaft* f, *Kerker* m ‖ → a **encierro**
ence|rrar [-ie–] vt *ver-, einschließen, einsperren* ‖ *umgeben, umzingeln* ‖ fig *in sich fassen, ein-, um\schließen, enthalten* ‖ *matt setzen (Schach* & fig*)* ‖ ~**se** vr: ◊ ~ en su casa *sich in s-e vier Wände zurückziehen* ‖ **-rrizar** vt ⟨Ast⟩ *hetzen* ‖ **-rrona** f fam *listiger Anschlag* m, *Falle* f ‖ fam *Fopperei, Bauernfängerei* f ‖ fig *Zwangslage* f ‖ fig *Sitzen* n *(Gefängnis)* ‖ fig *privater Stierkampf* m ·
enceso pp/irr prov v. **encender**
encespedar vt *mit Rasen bedecken*
encestar vt *in e-n Korb legen* ‖ ⟨Sp⟩ *in den Korb treffen (mit dem Ball)*
encía f ⟨An⟩ *Zahnfleisch* n ‖ dolor de ~s *Zahnfleischweh* n
encíclica f *Enzyklika* f *(päpstliches Rundschreiben)*
enciclo|pedia f *Enzyklopädie* f *(Sammelwerk)* ‖ *Konversationslexikon* n ‖ *Gesamtwissen* n ‖ *Gesamt\unterricht* m, *-bildung* f ≚ f *franz. Enzyklopädie* f *(1751-1772)* ‖ ≚ *Espasa das größte span. Konversationslexikon (Barcelona 1906 bis heute)* ‖ ~ práctica *Sachwörterbuch* n ‖ *Bildungsbuch* n ‖ ◊ ser una ~ (viviente) fig *alles wissen, ein wandelndes Lexikon sein* ‖ **-pédico** adj *enzyklopädisch, allgemeinwissenschaftlich* ‖ *(alle Wissenschaften) umfassend* ‖ diccionario ~ *Konversationslexikon* n ‖ **-pedismo** *m Lehre* f *der französischen Enzyklopädisten* ‖ **-pedista** *m Enzyklopädist* m ‖ *Verfasser* n *e-r Enzyklopädie*
encie|rra f Chi *Einschließen* n *des Viehes im Schlachtraum* ‖ **-rro** *m Ein-, Ver\schließen, Einsperren* n ‖ ⟨Taur⟩ *Stall* m *der Stiere vor der Hetze* ‖ ⟨Taur⟩ *Eintreiben* n *der Stiere* ‖ ⟨Jgd⟩ *Bau* m *(Kaninchen, Raubtiere)* ‖ *Gehege* n, *Einzäunung* f ‖ *Zurückgezogenheit* f ‖ *Klausur* f ‖ *Gefängnis* n, *Einzelhaft, Einschließung* f ‖ fig *Weltabgeschiedenheit* f ‖ fig *abgelegener Ort* m

¹**encima** 1. adv a) *oben, obenauf, oben darauf* ‖ *oberhalb* ‖ *ganz oben* ‖ *obendrein* ‖ *bei sich* ‖ *noch dazu, außerdem* ‖ de ~ *von oben* ‖ *obere* ‖ lo de ~ *das Obere, Oberste, der obere Teil* ‖ por ~ *darüber* ‖ *hinüber* ‖ fig *ohnehin, oberflächlich* ‖ echarse ~ a. fig *et auf sich nehmen, et übernehmen* ‖ estar ~ *oben(auf) sein* ‖ fig *in Sicht sein, ganz nahe sein, bevorstehen* ‖ *sich um alles kümmern* ‖ la guerra está ~ *der Krieg ist in Sicht* ‖ llevar ~ *an-,*

mit\haben || *auf dem Rücken tragen* || ponerle a alg. el ojo ~ *jdn bewachen, beobachten* || ponerse ~ *(dar)auflegen* ⟨ *anziehen (Kleid)* || quitarse algunos años de ~ *sich ein paar Jahre jünger machen* || *se me quitó un gran peso de* ~ *ein Stein ist mir vom Herzen gefallen* || lo hace todo mal y ~ *se queja er macht alles verkehrt und schimpft noch dazu* || no les quita los ojos de ~ *fig er ist ihnen stets auf den Fersen* || tener a alg. ~ *fam jdn auf dem Halse haben* || no tengo dinero ~ *ich habe kein Geld bei mir* (od *mit)* || la noche se venía ~ *die Nacht brach herein* || b) *außerdem, obendrein* || dar ~ *zugeben (z. B. zum Lohn)* || me dieron cuatro duros ~ *man gab mir dann noch (*od *außerdem) vier Duros* || ~ dirás que no es verdad fam *dann wirst du noch sagen, daß es nicht wahr sei* || le robó y ~ le hirió *er bestahl ihn und verwundete ihn noch dazu*
2. ~ de prep *auf* || *über, oberhalb* || ~ de nosotros, ~ nuestro *über uns* || ~ de la mesa *auf dem Tisch* || *oberhalb des Tisches* || está por ~ de nosotros fig *er ist uns überlegen* || está por ~ de mis fuerzas *es geht über meine Kräfte* || por ~ de todo *vor allem, in erster Linie* || *unbedingt, auf jeden Fall*
²encima *f* = enzima
encimar vt *obenauf legen (*od *stellen)* || *übereinanderlegen* || ⟨Kart⟩ *den Einsatz erhöhen um* (acc) || Col Pe *zusätzlich geben* || Chi *den Gipfel erreichen*
enci\na *f*, *-no *m* ⟨Bot⟩ *Steineiche* f (Quercus ilex) || *Eiche* f || *-nar, -nal *m* Steineichenwald* m || *Steineichenbestand* m
encinchar vt *satteln*
encin\ta (unr en cinta) adj/*f schwanger, in anderen Umständen (Frau)* || -tado *m* ⟨Arch⟩ *Bord-, Rand\stein* m, *Bordkante* f || *Umsockelung, Bordschwelle* f || -tar vt *bebändern, mit Band versehen* || *Bord-, Rand\steine setzen an* (acc)
encismar vt = encizañar
encizañar vt *entzweien, Zwietracht säen zwischen* (dat) (→ a cizañar)
enclaustrar vt *in ein Kloster einschließen* || fig *verstecken, verbergen*
encla\vado adj *eingefügt* || fig *einge-, ver\schlossen* || -vadura *f Einschnitt* m || -vamiento *m* ⟨Tech⟩ *Verriegelung* f || *Blockierung, Sperrung* f || -var vt *an-, fest\nageln, verriegeln, sperren* || *einfügen* || *einstecken* || fig *einschließen (in ein Gebiet)* || fig *durchbohren* || figf *jdn hintergehen, hinters Licht führen* || -ve *m Enklave* f || -vijar vt *anpflocken* || *einstöpseln* || *ineinanderstecken* || *verstiften* || *ver-, zusammen\klammern* || ⟨Mus⟩ *mit Wirbeln versehen*
enclenque adj/s *kränklich, schwächlich*
enclítico adj ⟨Gr⟩ *enklitisch* || *partícula* ~a ⟨Gr⟩ *Anhängewort, Enklitikon* n
enclo\car [-ue-], -guecar vt *gluck(s)en, gakkern (Henne)* (& vr)
encobar vt *bebrüten* || → a incubar
encobrar vt *verkupfern*
encocorar vt fam *belästigen* || ~se vr fam *sich ärgern*
enco\frado *m* ⟨Arch⟩ *Verschalung* f || ~ *deslizante Gleitschalung* f || -frar vt ⟨Arch Bgb⟩ *ein-, ver\schalen*
enco\ger [g/j] vt *ein-, zurück\ziehen (den Arm usw)* || *zusammenziehen, verkürzen* || fig *einschüchtern* || ~se *zusammenschrumpfen* || *einlaufen (Stoff)* || *sich zusammenziehen* || *schwinden (Beton)* || fig *schüchtern werden* || ◊ ~ de (od ~ los) hombros *die Achseln zucken* || -gido adj/s fig *schüchtern, scheu, verlegen* || *eingeschüchtert* || *gehemmt* || *linkisch* || -gimiento *m Zusammenziehung* f || *Einlaufen* n *(des Stoffes)* || *Einschrumpfen* n || fig *Kleinmut* m || *Schüchternheit, Befangenheit* f || *Ängstlichkeit, Feigheit* f
encojar vt *lähmen* || ~se vr fam *krank werden* || *sich krank stellen*
enco\lado adj fam Chi *geckenhaft* || ~ *m Verleimung* f || ⟨Phot⟩ *Aufkleben* n *(der Kopien)* || *Abklären* n *(Wein)* || -ladora *f Beklebemaschine* f || ⟨Zim⟩ *Leimauftragmaschine* f || ⟨Web⟩ *Schlichtmaschine* f || -ladura *f* ⟨Mal⟩ *Leimen* n *(bei Tempera)* || -lar vt *(an)leimen* || *(an)kleben* || *zusammenleimen* || ⟨Mal⟩ *aufleimen* || *leimen, streichen (Papier)* || *schlichten (Gewebe)* || *läutern (Weine)*
encolerizar [z/c] vt *erzürnen* || ~se vr *in Zorn geraten, aufbrausen*
encomen\dable adj *empfehlenswert* || -dar [-ie-] vt *empfehlen* || *(be)auftragen* || *anvertrauen* || *über\geben, -tragen* || ◊ ~ a alg. a. *jdn mit et* (dat) *beauftragen* || *jdm et anvertrauen* || ~ en manos de alg. *in jds Hände geben* || ⟨Hist⟩ *mit dem Komturkreuz auszeichnen* || *zum Komtur machen* || *als Kommende übergeben* || →a en\comienda || ~se *sich (dem Schutz) empfehlen* || ◊ ~ a alg. *sich jdm anvertrauen* || sin ~ a Dios ni al diablo figf *unüberlegt* || * me encomiendo *ich empfehle mich (Abschied)* || -dero *m Bevollmächtigte(r)* m || *Kommendeninhaber* m || Cu Pe *Lebensmittelhändler* m
encomenzar vt pop prov = comenzar
enco\miar vt *loben, preisen, rühmen* || -miástico adj *lobrednerisch* || *Lob-* || *discurso* ~ *Lobrede* f
encomienda *f Auftrag* m || *Empfehlung* f, *Lob* n || *Schutz* m, *Beschützung* f || ⟨Hist⟩ *(Ritterorden) Komturei, Komturwürde* f || *Kommende* f || *Komturkreuz* n || Am ⟨Hist⟩ *Siedlung* f *höriger Indianer (e-m Statthalter zugewiesen)* || Arg Col Chi Pe *Postpaket* n || ~ de Santiago ⟨Bot⟩ *Jakobslilie* f (Sprekelia sp) || ~s *fpl* Mex *Obststände* mpl
encomio *m Lob* n, *Lob\spruch* m, *-rede* f
enco\nado adj *schwärend (Wunde)* || *tödlich (Haß)* || fig *verbissen* || *erbittert* || -namiento *m Vereiterung* f *(e-r Wunde)* || →a encono || -nar vt *infizieren, vereitern (Wunde)* || *(den Zorn) reizen, erzürnen* || *schüren (Feindschaft)* || *belasten (Gewissen)* || ~se vr *eitern, sich entzünden (Wunde)* || *sich erzürnen* || Cu Mex *Kleinigkeiten stehlen*, fam *stibitzen*
encongarse vr Mex *sich erzürnen, böse werden*
enco\no *m Erbitterung* f *(contra gegen)* || *Groll* m || *Anfeindung* f || *Verbissenheit* f || -noso adj *nachtragend* || Col *schwärend (Wunde)*
encon\tradizo adj ◊ hacerse (el) ~ *es so einrichten, daß man jdm wie zufällig begegnet* || -trado adj *entgegengesetzt* || *gegenteilig* || adv: ~amente || -trar [-ue-] vt *jdm begegnen, auf jdn stoßen* || *(an)treffen, finden* || *ausfindig machen* || *dafürhalten, finden* || *auf et (Hindernis, Schwierigkeit usw) stoßen* (acc) || ◊ ~ conforme *konform finden* || ~ dificultades *auf Schwierigkeiten stoßen* || lo encuentro malísimo *ich finde es sehr schlecht* || difícil de ~ *schwer zu finden* || imposible de ~ *unauffindbar* || vi *aufeinander-, zusammen\stoßen* || ~se *sich begegnen* || *sich irgendwo befinden* || *übereinstimmen* || *aufeinander-, zusammen\stoßen* || *sich befinden, sein (& gesundheitlich)* || ◊ ~ malo *sich unwohl fühlen* || ~ con a/c et *vorfinden* || ~ ante (od con) *hechos consumados vor vollendeten Tatsachen stehen* || ~ sus pareceres (od opiniones) *verschiedener Meinung sein* || -trárselo todo hecho figf *sehr geschickt, gewandt sein* || -trón, -tronazo *m Anrennen* n, *Zusammenstoß* m *(zweier sich Begegnender)* || ◊ dar un ~ con *stoßen auf* (acc)
enco\ñado adj vulg *sexuell hörig (Mann)* || -ñarse vr vulg *sexuell hörig sein* bzw *werden (Mann)*
encopado adj Chi *beschwipst*
encope\tado adj fig *hochfahrend* || *eingebildet, stolz* || fig *von vornehmer Herkunft* || -tarse vr *sich aufblähen*

encorajinar vt fam *(den Zorn) reizen, erzürnen* ‖ **~se** vr fam *in Wut geraten, zornig werden* ‖ Chi *sich zerschlagen (gutes Geschäft)*
enco|rar vt *mit Leder überziehen* ‖ vi *heilen (Wunde)* ‖ **-razado** adj *gepanzert* ‖ *mit Leder überzogen*
△**encorbar** vt *ermorden*
encor|chado m *Netzkorke* mpl ‖ **-char** vt *(Flaschen) zukorken* ‖ *in den Bienenstock tun (Bienenschwarm)*
encor|dadura f *Saitenbezug* m, *Besaitung* f ‖ **-dar** [-ue-] vt ⟨Mus⟩ *besaiten (Instrument)* ‖ *umschnüren, durch Stricke abgrenzen (z. B. Ringplatz)* ‖ **-delar** vt *mit Stricken befestigen* ‖ **-donar** vt *mit Schnüren besetzen* bzw *versehen*
encor|nado adj: *bien ~ schön gehörnt (Rindvieh)* ‖ **-nadura** f *Gehörn* n ‖ **-nar** [-ue-] vt *mit den Hörnern verwunden* ‖ **-nudar** vt fam *Hörner aufsetzen (zum Hahnrei machen)* ‖ ~ vi *Gehörn bekommen*
encorralar vt *einpferchen (Vieh)*
encorse|lar And Can Am, **-tar** vt *jdm ein Korsett anlegen* ‖ *jdm in das Korsett pressen* ‖ **~se** vr *sich (ein)schnüren*
encortinar vt *mit Vorhängen versehen* ‖ *zuhängen*
encor|vada f *Krümmen* n *des Leibes* ‖ *Leibesbiegung* f ‖ **-vado** adj *gebückt, mit gebeugtem Rücken (Mensch)* ‖ *(durch) gebogen* ‖ *gekrümmt* ‖ **-vadura** f, **-vamiento** m *Biegen* n ‖ *(Ver)Krümmung* f ‖ **-var** vt *krümmen, biegen* ‖ *(nieder)beugen* ‖ *verkrümmen* ‖ **~se** *sich krümmen* ‖ *sich bücken*
encovar vt *in e–e Höhle (*bzw *in e–n Hohlraum) tun* ‖ fig *einsperren* ‖ **~se** vr fig *sich verbeugen, sich verstecken*
encres|pado adj *kraus, gesträubt (Haar)* ‖ ⟨poet⟩ *schäumend (Wellen)* ‖ **-pador** m *Kräuseleisen* n ‖ **-padura** f, **-pado** m *Kräuseln* n ‖ **-par** vt *kräuseln (Haare)* ‖ *aufrühren (Wellen)* ‖ **~se** *sich sträuben (Haare)* ‖ *das Gefieder sträuben (Vogel)* ‖ fig *schäumen (Meer)* ‖ *anschwellen (Meereswellen)* ‖ fig *sich regen (Leidenschaften)* ‖ fig *sich entzweien* ‖ fig *wütend werden* ‖ fig *schwierig werden*
encrestado adj fig *hoffärtig, hochmütig*
encristalar vt *verglasen (Fenster usw)*
encrucijada f *Kreuzweg* m, *Kreuzung* f ‖ fig *Scheideweg* m ‖ fig *Falle* f, *Hinterhalt* m
encrude|cer [-zc-] vt *roh machen, verrohen* ‖ fig *erbittern* ‖ **~se** *sich entzünden (Wunde)* ‖ fig *wütend werden* ‖ **-cimiento** m fig *Erbitterung* f
encuadernación f *Einbinden* n *der Bücher* ‖ *(Bücher)Einband* m ‖ *Buchbinderei* f ‖ *(Buch)-Binden* n ‖ ~ *artística künstlerischer Einband* m ‖ ~ *en cartón,* ~ *en cartoné Pappband* m ‖ ~ *en cuero,* ~ *en piel Leder(ein)band* m ‖ ~ *editorial (od original) Verlags-, Original|(ein)band* m ‖ ~ *(a la) holandesa Halbfranzband* m ‖ ~ *(a la) inglesa biegsamer Einband* m *mit abgerundeten Ecken* ‖ ~ *de lujo Prachteinband* m ‖ ~ *en papel Papierband* m ‖ ~ *en pasta (española) starker Schweinslederband* m *mit getigertem Leder* ‖ ~ *en pasta italiana Pergamenteinband* m ‖ ~ *en media pasta Halblederband* m ‖ ~ *en pergamino Pergamentband* m ‖ ~ *en (od* a la*) rústica Pappband* m, *Broschüre* f ‖ *Heften, Broschieren* n ‖ ~ *semipiel Halbfranzband* m ‖ ~ *en tela Leinen(ein)band* m ‖ ~ *en tela (cuero) flexible biegsamer Leinen- (Leder-)band* m ‖ ~ *en media tela Halbleinenband* m ‖ *tapa para* ~ *Einbanddecke* f
encuader|nador m *Buchbinder* m, *Buchbinder-, Heft|nadel* f ‖ *Musterklammer* f ‖ **-nadora** f *Buchbindemaschine* f ‖ **-nar** vt *(ein)binden (Bücher)* ‖ ◊ ~ *en cuero in Leder binden* ‖ ~ *en (od* a la*) rústica broschieren* ‖ *tomo lujosamente –nado Prachtband* m
encua|drar vt *(ein-, um)rahmen (& fig)* ‖ ⟨Mil⟩ *die Kader aufstellen* ‖ *zwischen andere Einheiten einschieben* ‖ *anlehnen (taktisch)* ‖ *eingabeln (Artillerie)* ‖ ⟨TV⟩ *den Bildausschnitt einstellen* ‖ fig *(hin)einpassen* ‖ fig *in sich fassen* ‖ ◊ ~ *un blanco* ⟨Mil⟩ *sich einschießen* ‖ **-dre** m ⟨Filmw Phot⟩ *Bildausschnitt* m ‖ ⟨Filmw⟩ *Rähmchen* n, *Einfassung* f ‖
encu|bado m *Einlagerung* f, *Einlegen* n *(des Weines)* ‖ **-bar** vt *in (od auf) Fässer füllen (Wein)*
encu|bierta f *Heimtücke* f ‖ *Hehlerei* f ‖ **-bierto** pp/irr v. **-brir** *heimlich* ‖ *heimtückisch* ‖ *betrügerisch* ‖ *verdeckt, verblümt* ‖ *ehrbar, züchtig* ‖ *palabras* ~s *verblümte Reden* fpl
encubri|dor m/adj *Hehler* m ‖ *Begünstiger* m ‖ *Begünstigender* m *(Strafrecht)* ‖ **-miento** m *Ver|hehlen, -heimlichen* n ‖ ⟨Jur⟩ *Hehlerei* f *(Delikt)* ‖ ⟨Jur⟩ *Begünstigung* f ‖ ~ *fiscal* ⟨Jur⟩ *Steuerhehlerei* f
encubrir vt [pp encubierto] *verdecken* ‖ *(ver-)hehlen, verheimlichen* ‖ ⟨Jur⟩ *hehlen* ‖ *verschleiern (Bilanz)* ‖ *begünstigen, decken*
encuentro m *Zusammen|treffen* n, *-kunft* f ⟨& Pol⟩ ‖ *Begegnung* f ‖ *(Zusammen)Stoß*, *Anprall* m ‖ ⟨Mil⟩ *Gefecht, Treffen* n ‖ ⟨Mar⟩ *Bugspitze* f ‖ ⟨Sp⟩ *Treffen, Spiel* n, *Begegnung* f, *Match* n/m ‖ *Uneinigkeit* f, *Streit* m ‖ *Wider|stand, -spruch* m ‖ *Abprallen* n *(Billard)* ‖ ⟨An V⟩ *Flügelansatz* m ‖ ⟨An⟩ *Achselhöhle* f ‖ *Rendezvousmanöver* n ‖ ⟨Arch⟩ *Winkel* m *(v. zusammentreffendem Gebälk)* ‖ *Schnittlinie* f *(des Gewölbes)* ‖ ◊ *ir (od salir) al* ~ *de alg. jdm entgegengehen* ‖ *jdn abholen gehen* ‖ *sich jdm entgegenstellen*
encue|rar vt And Extr Cu Mex *jdn ausziehen, entblößen* ‖ **-rudo** adj Cu *splitternackt*
encuesta f ⟨Jur⟩ *Untersuchung, Nachforschung* f ‖ *gerichtliche Untersuchung* f ‖ *Enquete* f, *öffentliche Untersuchung* f ‖ *Umfrage* f ‖ *Erhebung* f *(Statistik)* ‖ ~ *de coyuntura* ⟨Com⟩ *Konjunkturerhebung* f ‖ *juez de* ~ *Untersuchungsrichter* m ‖ **-dor** m *Meinungsbefrager* m
encue|vado adj ⟨Ven⟩ *diskret, zurückhaltend* ‖ **-var** vt = **encovar**
encuitarse vr *sich grämen, sich schweren Kummer machen*
encularse vr Mex *sich in e–e Frau verlieben*
encum|brado adj *hoch, erhaben* ‖ *hochgestellt* ‖ *glänzend, hervorragend* ‖ *stolz, hochmütig* ‖ adv: **~amente** ‖ **-bramiento** m *Emporheben* n ‖ *Erhabenheit* f ‖ *Bodenerhebung* f ‖ fig *Aufstieg* m ‖ fig *Hochmut* m ‖ fig *Lobeserhebung* f ‖ **-brar** vt *erheben, erhöhen* ‖ fig *erheben, rühmen, preisen* ‖ vt/i *(e–n Berg) ersteigen, auf den Gipfel steigen* ‖ **~se** *hoch-, empor|ragen* ‖ fig *emporkommen* ‖ *hoch hervorragen (Berge)* ‖ ◊ ~ *sobre sus rivales sich über seine Gegner erheben*
encunar vt *(ein Kind) in die Wiege legen*
encur|tidos mpl *Eingemachte(s)* n *in Essig Mixed Pickles* pl ‖ **-tir** vt *in Essig einlegen*
encha|pado m/adj *ein-, aus|gelegte (Tischler-) Arbeit* f ‖ **-par** vt *furnieren (Möbel)*
enchar|cada f *Pfütze, Lache* f ‖ *Stehwasser* n ‖ **-cado** adj *sumpfig (Wasser)* ‖ **-car** [c/qu] vt *in e–n Sumpf verwandeln* ‖ **~se** *versumpfen* ‖ ◊ ~ *en vicios sich den Lastern ergeben, im Laster versinken*
enchi|charse vr Am *sich mit „chicha" betrinken* ‖ **-lada** f Mex Guat *Maisfladen* m *mit Aji-Pfeffer*
enchique|rar vt ⟨Taur⟩ *(die Kampfstiere) einzeln einsperren* ‖ figf = **-ronar** ‖ **-ronar** vt *jdn einsperren, fam ein|lochen, -buchten*
enchismar Dom PR *klatschen* ‖ PR *böse werden*
enchispar vt Ec *trunken machen* ‖ Chi *erzürnen*
enchu|far vt *anschließen, anstecken* ‖ *Röhren ineinanderstecken* ‖ ⟨Maur⟩ *(ver)binden* ‖ ⟨El⟩ *einschalten* ‖ fig *verbinden, kombinieren* ‖ fam

(jdm) ein Pöstchen verschaffen ‖ ~**se** vr figf *sich ein Plätzchen verschaffen* ‖ *ein Amt durch Verbindungen erlangen* ‖ **-fe** m ⟨Tech⟩ *Angel* f ‖ ⟨El⟩ *Einschaltung* f ‖ ⟨El⟩ *Verbindungsmuffe* f ‖ ⟨Tech⟩ *Verbindungsstück* n ‖ ⟨El⟩ *Stecker* m ‖ figf *Pöstchen* n ‖ ~ hembra *Steckdose* f ‖ ◊ tener ~s figf *gute Beziehungen haben* ‖ ~ para corto circuito *Kurzschlußstöpsel* m ‖ junta por ~ ⟨El⟩ *Muffenverbindung* f ‖ **-fillo** m dim v. **-fe** ‖ *Pöstchen* n ‖ **-fismo** m figf *Vetternwirtschaft* f ‖ *Ausnutzung* f *von Beziehungen*
*ende adv *dort* ‖ por ~ *folglich, daher*
ende|ble adj *kraftlos, schwächlich* ‖ *schwach* (& fig) ‖ fig *unbedeutend* ‖ **-blez** [pl **-ces**] f *Schwäche, Kraftlosigkeit* f ‖ **-blucho** adj fam *schwächlich, mickerig*
ende|cágono m/adj ⟨Math⟩ *Elfeck* n ‖ **-casílabo** m *elfsilbiger Vers* m
ende|cha f *trauriges Lied, Klagelied* n, *Elegie* f ‖ *Endecha* f *(Strophe aus vier Sechs- od Sieben|-silbern)* ‖ ~s pl *Totenklage* f ‖ **-char** vt *beklagen, Klagelieder singen (auf* acc)
en|demia f ⟨Med⟩ *Endemie* f ‖ **-démico** adj *endemisch* ‖ **-demismo** m ⟨Bot Zool⟩ *Endemismus* m
endemoniado adj/s *vom Teufel besessen* ‖ figf *teuflisch* ‖ fam *verdammt, verflixt, verteufelt* ‖ ~ m *Besessene(r)* m ‖ fig *Teufel* m
endenantes adv pop = antes ‖ Am pop *unlängst*
enden|tado adj ⟨Her⟩ *gezahnt* ‖ **-tar** [-ie-] vt *verzahnen* ‖ ~ vi *ineinandergreifen (Zahnräder)* ‖ **-tecer** [-zc-] vi *zahnen (Kinder)*
endereza|damente adv *gerade(swegs)* ‖ **-do** adj *geeignet, gelegen* ‖ *zweckmäßig* ‖ **-dor** m *Führer* m ‖ ⟨Chir⟩ *Geradehalter* m ‖ ⟨Typ⟩ *Bogengradeleger* m ‖ ~ de (en) tuertos *der alles Unrecht wieder einrenkt (Ritterjugend)*
enderezar [z/c] vt *wieder geraderichten* ‖ *in Ordnung bringen* ‖ *berichtigen* ‖ *gutmachen* ‖ *auf jdn verweisen* ‖ *zueignen, widmen* ‖ ⟨Tech⟩ *(auf)richten* ‖ *gerade|biegen, -machen* ‖ *ausrichten* ‖ ⟨Flugw⟩ *aufrichten, trimmen* ‖ fig *richten (seine Schritte)* ‖ fig *leiten, führen* ‖ *strafen, züchtigen* ‖ ◊ ~ a *(od* hacia*) lenken* bzw *richten auf* (acc) ‖ ~ la vara de la justicia fig *das Recht wiederherstellen* ‖ ~ el avión ⟨Flugw⟩ *das Flugzeug abfangen* ‖ palanca para ~ el papel *Papierauslösehebel* m *(Schreibmaschine)* ‖ ~ el espinazo *den Körper aufrichten* (& fig) ‖ ~se vr *sich (gerade) aufrichten* ‖ ~ a * *sich begeben nach* (dat) ‖ *sich anschicken zu* (+inf)
endeu|dado adj/s *verschuldet* ‖ **-damiento** m *Verschuldung* f ‖ **-darse** vr *sich in Schulden stürzen* ‖ *(sich) verschulden, Schulden machen*
endeveras adv Am pop = **de veras** (→ d)
endia|blado adj figf *teuflisch, verteufelt* ‖ fam *verdammt, verflixt* ‖ fig *gräßlich* ‖ fig *wütend* ‖ **-blar** vt fam *verführen* ‖ *verderben* ‖ ~**se** vr fig *wütend werden*
endibia f *Endivie* f ‖ *Lattichsalat* m ‖ → escarola
endija f Am pop = rendija
endilgar [g/gu] vt fam *führen, einfädeln, (in die Wege) leiten* ‖ fig *auf|hängen, -halsen* ‖ fig *auftischen (Lügen)* ‖ fig *schnell machen*, fam *hinhauen* ‖ ◊ ~ a. a alg. fam *jdm et verpassen* ‖ *jdm et aufhängen (od aufhalsen)* ‖ ~ un discurso fam *e-e Rede halten* ‖ fam *jdm die Leviten lesen*
endino adj pop = **indigno** ‖ fam *sehr schlecht (Mensch)*
△endiñar vt *(ab)geben* ‖ endiñársela a uno pop *jdn prellen*
endio|sado adj fig *stolz, hochmütig* ‖ **-samiento** m *Vergötterung* f ‖ fig *Hochmut* m ‖ fig *Verzükkung* f ‖ iron *Gottähnlichkeit* f ‖ → a **deificación** ‖ **-sar** vt *vergöttern* ‖ ~**se** fig *hoffärtig (od hochmütig) werden* ‖ fig *in Verzückung geraten* ‖ fig *sich über alles erhaben glauben*

endispués adv pop = después
endo|cardio m ⟨An⟩ *Endokard* n, *Herzinnenhaut* f ‖ **-carditis** f ⟨Med⟩ *Endokarditis* f ‖ **-carpo** m ⟨Bot⟩ *Endokarp* n ‖ **-crino** adj: ⟨Med⟩ *endokrin, inkretorisch (Drüse)* ‖ **-crinología** f ⟨Med⟩ *Endokrinologie* f ‖ **-crinólogo** m *Endokrinologe* m ‖ **-dermo** m ⟨Bot⟩ *Endodermis* f
endogamia f *Endogamie* f
endógeno adj *im Innern entstehend, von innen kommend, endogen*
endomingado adj fam *(sonntäglich) heraus|geputzt, -staffiert*
endoparásito m ⟨Biol⟩ *Endoparasit* m
endo|sable adj *indossierbar, durch Indossament übertragbar* ‖ **-sado** m *Girat(ar), Indossat, Wechselnehmer* m ‖ **-sante** m *Indossant, Girant, Begeber, Übertragende(r)* m ‖ ~ anterior *Vor(der)mann* m ‖ ~ posterior *Nachmann* m *(auf Wechseln)* ‖ ◊ hacer responsable al primer ~ *sich an seinen Vormann halten* ‖ **-sar** vt *indossieren, girieren, durch Indossament übertragen (Wechsel)* ‖ *(den Buchrücken) runden* ‖ figf *auf|halsen, -bürden* ‖ ◊ ~ una orden *e-n Auftrag vergeben* ‖ ~se el abrigo fam *sich den Überrock umwerfen, umhängen* ‖ **-satario** m *Indossatar, Giratar* m
endos|copia f ⟨Med⟩ *Endoskopie* f ‖ **-copio** m ⟨Med⟩ *Endoskop* n
endósmosis f ⟨Biol Phys⟩ *Endosmose* f
endoso m *Indossierung* f, *Indosso, Giro* n ‖ *Übertragungsvermerk* m ‖ *Überschreibung* f ‖ ~ en blanco *Blankoindossament* n
endo|spermo m ⟨Bot⟩ *Endosperm* n ‖ **-spora** f ⟨Bot⟩ *Endospore* f ‖ **-telio** m ⟨An⟩ *Endothel(ium)* n ‖ **-térmico** adj *endotherm* ‖ **-venoso** adj ⟨Med⟩ *intravenös*
endriago m ⟨Myth⟩ *Drache* m
endri|na f *Schlehe* f *(Frucht)* ‖ **-no** m/adj *Schlehdorn* m (Prunus spinosa) ‖ ~ adj *schlehfarben* ‖ *(pech)schwarz (bes v. Augen, Haar)*
endrogarse vr Mex SAm *sich verschulden* ‖ → a **entramparse**
enducharse vr fam *e-e Dusche nehmen*
endulzar vt *süßen* ‖ fig *versüßen*
endurar vt *härten* ‖ *Leiden ertragen* ‖ *aufschieben* ‖ ~**se** vr *abhärten*
endure|cer [-zc-] vt *hart machen, härten* ‖ ⟨Tech⟩ *härten* ‖ *verhärten* (& fig) ‖ fig *körperlich abhärten* ‖ ~**se** *sich abhärten* (con, por durch acc) ‖ *hartherzig werden* ‖ *sich gewöhnen* (a an) ‖ **-cidamente** adv *hartnäckig* ‖ **-cimiento** m *Härte* f ‖ *Verhärtung* f ‖ fig *Verstocktheit* f ‖ *Abhärtung* f ‖ ⟨Tech⟩ *Härtung* f
ENE Abk = estenordeste
ene f n n ‖ ◊ ~ de palo joc *Galgen* m
enea f ⟨Bot⟩ *Rohrkolben* m, *Kolbenschilf* n ‖ *Bastrohr* n ‖ Cu *Bast* m ‖ silla de ~ *mit Bast ausgeflochtener Sessel* m ‖ → a **anea**
eneágono adj/s ⟨Math⟩ *neuneckig* ‖ ~ m *Neuneck* n
Eneas m *Äneas* m
eneasilabo m/adj *neunsilbiger Vers* m
ene|bral m *Wacholdergebüsch* n ‖ **-brina** f *Wacholderbeere* f ‖ **-bro** m ⟨Bot⟩ *Wacholder* m (Juniperus spp) ‖ *Wacholderholz* n
enechado m *Findelkind* n
Eneida f ⟨Lit⟩ *Äneide, Äneis* f
eneldo m ⟨Bot⟩ *Dill* m (Anethum graveolens)
enema m/f *Klistier* n, *Einlauf* m ‖ ~ alimenticio *Nährklistier* n ‖ ~ opaco *(od* de contraste*)* ⟨Med⟩ *Kontrasteinlauf* m
enemi|ga f *Feindin* f ‖ *Feindschaft* f, *Haß* m ‖ **-go** m *Feind, Widersacher* m ‖ *Feind* m *(im Krieg)* ‖ *Gegner* m ‖ ~ declarado, *formal offener, abgesagter Feind* m ‖ ~ del Estado *staatsgefährliche Person* f, *Staatsfeind* m ‖ ~ hereditario, ~ tradicional *Erbfeind* m ‖ ~ jurado *geschworener Feind* m ‖ ◊ soy ~ de disputas *ich liebe das*

enemistad — enfoque 474

Streiten nicht ‖ ganar ~s *sich Feinde machen, sich unbeliebt machen* ‖ pasarse al ~ *zum Feinde übergehen, desertieren* ‖ al ~ *que huye la puente de plata dem geschlagenen Feinde baue goldene Brücken* ‖ el ~ malo fig *der böse Feind, der Teufel* m ‖ ~ adj *feindlich, feindselig, widrig* ‖ *verfeindet* ‖ *Feindes-* ‖ en pais ~ *in Feindesland* ‖ lo mejor es ~ de lo bueno *das Bessere ist der Feind des Guten*
 enemis|tad *f Feind|schaft, -seligkeit* f ‖ **–tado** adj *feindselig, verfeindet* ‖ **–tar** vt *verfeinden, entzweien* ‖ **~se** *sich verfeinden* (con alg. mit jdm)
 éneo adj ⟨poet⟩ *ehern*
 ener|gética *f Energetik* f ‖ **–gético** adj/s *kraftspendend, energetisch, Energie-* ‖ ~ m *Energetiker* m ‖ **–gía** *f Energie, Kraft* f ⟨& Phys⟩ ‖ *Strenge* f ‖ ~ absorbida *Leistungsaufnahme* f ‖ atómica, ~ nuclear *Atom-, Kern|energie* f ‖ ~ calorífica *Wärmeenergie* f ‖ ~ consumida ⟨El⟩ *Stromverbrauch* m ‖ ~ eléctrica *elektrische Energie* f ‖ ~ de emisión ⟨Radio TV⟩ *Sendestärke* f ‖ ~ hidráulica *hydraulische Energie, Wasserkraft* f ‖ ~ productiva *Leistungsfähigkeit* f ‖ ~ vibratoria *Schwingungsenergie* f ‖ consumo de ~ *Energieverbrauch* m ‖ demanda de ~ *Energiebedarf* m ‖ fuente de ~ *Energiequelle* f ‖ con ~ *tatkräftig* ‖ *nachdrücklich* ‖ sin ~ *energie-, kraft|los* ‖ *ohne Nachdruck* ‖ ◊ *desplegar ~ Energie entwickeln* ‖ *emplear todas sus* ~s *en s–e ganze Kraft einsetzen für, (um) zu*
 enérgico adj *entschieden, tatkräftig, energisch* ‖ *nachdrucksvoll* ‖ *kühn, mutig* ‖ *wirksam (Arznei)* ‖ *kräftig (Mittel)* ‖ *schneidig* ‖ *kraftvoll (Stil)* ‖ adv: **~amente**
 energúmeno m *Besessene(r), Rasende(r)* m (& fig) ‖ ◊ *correr como* un ~ fam *wie verrückt hin und her laufen* ‖ *gritar como* un ~ *wie toll schreien*
 enero m *Januar*, Öst *Jänner* m
 ener|vación *f*, **–vamiento** m ⟨Med⟩ *Ent|nervung, -kräftung, Schwächung, nervöse Erschöpfung* f ‖ *Verweichlichung* f ‖ **–var** vt *ent|nerven, -kräften* (& fig)
 enésimo adj ⟨Math⟩ *n-ter* ‖ ~a *potencia* ⟨Math⟩ *n-te Potenz* f ‖ por ~a vez fam *zum x-ten Mal*
 enfa|dadizo adj *reizbar, schnell beleidigt* ‖ **–dar** vt *ärgern, erzürnen* ‖ **~se** *sich ärgern, böse werden* (con, contra *auf* acc) ‖ ◊ ~ *por poco leicht aufgebracht werden* ‖ *estar* –dado con alg. jdm (od auf jdn) böse sein ‖ ¿está V. –dado conmigo? *Sind Sie mir böse?* ‖ **–do** m *Ärger, Verdruß* m ‖ *Überdruß* m ‖ *Unwille* m ‖ *Plackerei* f ‖ *Eifer* m, *Mühe* f ‖ con ~ *unwillig* ‖ **–doso** adj *ärgerlich, lästig, unwillig, zornig* ‖ adv: **~amente**
 enfajinado m ⟨Arch⟩ *Packwerk* n
 enfal|dado adj; gente ~a figf *Frauen* fpl ‖ **–do** m *Aufschürzen* n *des Kleides* ‖ *Kleiderbausch* m
 enfangar [g/gu] vt *beschmutzen* (& fig) ‖ **~se** vr *sich verschlammen* ‖ fig *sich einlassen* (en in acc) ‖ fig *sittlich verkommen* ‖ en la lujuria fig *sinnlichen Lüsten frönen*
 enfar|dador m *Packer* m ‖ **–dadora** *f Packmaschine* f ‖ **–dar** vt *(ein)packen* ‖ → a **enfardelar**
 enfardelar vt *in ein Bündel tun* ‖ *zu Ballen zusammenpacken*
 énfasis m *Emphase* f, *Nachdruck* m, *Pathos* n ‖ *Eindringlichkeit* f ‖ *Übertreibung* f *(im Stil)* ‖ ⟨Rhet⟩ *Hyperbel* f ‖ fig *Geziertheit* f
 enfático adj *nachdrucksvoll* ‖ *emphatisch, schwülstig* ‖ *eindringlich* ‖ *tono* ~ *hochtrabender Redeton* m
 enfeltrar vi → **afeltrar**
 enfer|mar vt *krank machen* ‖ fig *schwächen, entkräften* ‖ ~ vi *erkranken, krank werden* (con *durch* acc) ‖ ~ *del pecho brustkrank werden* ‖ **–masanos** m prov joc *(schlechter) Arzt* m ‖ *Quacksalber* m ‖ **–medad** *f Krankheit* f, *Leiden* n ‖

Erkrankung f ‖ fig *Leidenschaft, Sucht* f ‖ ~ cardiaca *Herz|leiden* n, -krankheit, -erkrankung f ‖ ~ carencial *Mangelkrankheit* f ‖ ~ de los buzos *Taucherkrankheit* f ‖ ~ contagiosa *ansteckende Krankheit* f ‖ *Seuche* f ‖ ~ del corazón *Herz|leiden* n, -krankheit, -erkrankung f ‖ ~ hereditaria *Erbleiden* n ‖ ~ infecciosa *ansteckende Krankheit* f ‖ *Seuche* f ‖ ~ mental *Geisteskrankheit* f ‖ ~ orgánica *organische Krankheit* f ‖ *Organerkrankung* f ‖ ~ profesional *Berufskrankheit* f ‖ ~ del sueño *Schlafkrankheit* f ‖ ~ venérea *Geschlechtskrankheit* f ‖ contraer (fam *coger od pescar*) una ~ *erkranken, krank werden* ‖ caja de ~ *Krankenkasse* f ‖ curso de una ~ *Krankheitsverlauf* m ‖ seguro local de ~ *allgemeine Ortskrankenkasse* f ‖ **~es** fpl *Krankheiten* fpl ‖ ~ de la civilización *Zivilisationskrankheiten* fpl
 enferme|ra *f Kranken|wärterin, -pflegerin* f ‖ (hermana) ~ *Krankenschwester* f ‖ **–ría** *f Krankenhaus* n ‖ *Kranken|stube* f, *-saal* m ‖ *Kranken|zimmer* n, *-station* f ‖ ⟨Mil⟩ *Revier* n ‖ ⟨Taur⟩ *Rettungswache, Unfallstation, Verbandstätte* f *in e–r Arena* ‖ fam *Versatzamt* n ‖ **–ro** m *Kranken|wärter, -pfleger* m
 enfer|mizo adj *kränklich, siech* ‖ *schwächlich* ‖ fig *krankhaft (Leidenschaft)* ‖ *estado* ~ *Kränklichkeit* f ‖ *Krankhaftigkeit* f ‖ **–mo** adj *krank* ‖ *kränklich, gebrechlich* ‖ *gesundheitswidrig* ‖ *schwach* ‖ ~ de cuidado, ~ de gravedad, ~ de peligro *schwerkrank* ‖ ~ con fiebre *fieberkrank* ‖ ~ de hígado *leberkrank* ‖ caer ~, ponerse ~ *krank werden, erkranken* (de *an* dat) ‖ ~ m *Kranke(r)* m ‖ *Patient* m ‖ ~ *ambulante nicht bettlägeriger Kranker* m ‖ **–mucho**, **–mito** adj dim v. **–mo**
 enfervorizar vt *begeistern, erwärmen*
 enfeudar vt *belehnen*
 enfielar vt *ins Gleichgewicht bringen (Waage)*
 enfiestarse vr Col Chi Hond Mex Ven *sich vergnügen*
 enfi|lación *f* ⟨Mar⟩ *Deckpeilung* f ‖ **–lada** *f* ⟨Mil⟩ *Längsbestreichung* f
 enfilar vt *an(einander)reihen* ‖ *auf-, ein|fädeln* ‖ *durchbohren (mit dem Degen)* ‖ *visieren, anpeilen* ‖ ⟨Mil⟩ *(der Länge nach) bestreichen, enfilieren* ‖ **~se** vr *sich einreihen* ‖ ⟨StV⟩ *sich einordnen*
 enfisema m ⟨Med⟩ *Emphysem* n
 enfi|teusis f *etwa: (Erb) Pacht* f ‖ *Erbzinsgut* n ‖ *Schollenrecht* n ‖ ⟨Hist⟩ *Emphyteuse* f ‖ ◊ *(con)ceder en* ~ *verpachten* ‖ **–teuta** m *etwa: Erbpächter* m ‖ **–teuticario** m *Verpächter* m *bei der Erbpacht* ‖ **–téutico** adj *etwa: Erb(pacht)-* ‖ censo ~ *etwa: Erb(pacht)zins* m ‖ contrato ~ *etwa: Erb(pacht)vertrag* m
 enflaque|cer [-zc-] vt *schwächen, entkräften* ‖ *abzehren* ‖ fig *entkräften* ‖ ~ vi/r *abmagern* ‖ fig *erschlaffen* ‖ fig *mutlos werden* ‖ **–cido** adj *mager* ‖ **–cimiento** m *Entkräftung, Mattigkeit* f ‖ *Abmagerung* f
 enflatarse vr CR Salv *traurig werden* ‖ in *schlechte Laune geraten*
 enflau|tado adj fam *aufgedunsen, geschwollen* ‖ ~ m, **–a** *f* Hond Pe *Dummheit* f, *Unsinn* m ‖ **–tar** vt *aufblähen* ‖ fam *verführen* ‖ fam *anführen, betören, täuschen* ‖ *verkuppeln* ‖ Col Mex fam *(Unpassendes) sagen, einwerfen*
 enflora|ción *f Enfleurage* f *(zur Gewinnung ätherischer Öle)* ‖ **–do** adj *blumenbestreut*
 enfo|cado m ⟨Phot⟩ *Einstellung* f ‖ *Visieren* n ‖ ⟨Nucl Filmw⟩ *Fokussierung* f ‖ **–cador**, m ⟨Opt Phot⟩ *Sucher* m ‖ ⟨Phot⟩ *Einstellinse* f ‖ **–car** [c/qu] vt/i ⟨Opt Phot⟩ *visieren* ‖ *einstellen* ‖ fig *in das richtige Geleise bringen (ein Geschäft usw)* ‖ fig *richtig fassen (Aufgabe)* ‖ *beleuchten, untersuchen (Frage, Sache)* ‖ lente de ~ *Einstellupe* f ‖ ◊ ¿cómo *enfoca* V. *este asunto? wie sehen Sie dieses Problem?* ‖ **–que** m ⟨Opt Phot⟩ & fig *Ein-*

enfosca|dero — englobar

stellung f ‖ ~ *de la cuestión Fragestellung* f ‖ ~ *aproximado (nitido)* ⟨Opt⟩ *Grob- (Scharf)Einstellung* f

enfosca|dero *m* Sal *verborgener Engpaß* m ‖ **-do** *m* ⟨Arch⟩ *Putz|grund* m, *-unterschicht* f ‖ **-r** vt ⟨Arch⟩ *Löcher in der Wand verschmieren*

en|fotarse vr Ast *zuviel Selbstbewußtsein haben* ‖ **-frailar** vt *zum Mönch machen* ‖ vi *Mönch werden*

enfranque *m Schuhgelenk* n

enfras|camiento *m* s v. **-car(se)** ‖ **-car** [c/qu] vt *in Flaschen (bzw in e-e Flasche) füllen* ‖ ~**se** *im Dickicht steckenbleiben* ‖ fig *sich vertiefen (od versenken)* (en *in* acc) ‖ fig *sich in et verwikkeln* ‖ ◊ ~ *por un camino* fam *e-n Weg einschlagen* ‖ -*cado en la plática ganz vom Gespräch eingenommen* ‖ -*cado en su tarea ganz in seine Arbeit vertieft*

enfre|nado adj *zügelfromm (Pferd)* ‖ **-nar** vt *(auf)zäumen* ‖ *zügeln* (& fig) ‖ ⟨Tech⟩ *verlaschen* ‖ *bremsen*

enfren|tar vt *gegenüberstellen* (dat) ‖ *die Stirn bieten*, *sich widersetzen* (dat) ‖ ⟨Zim⟩ *(zusammen)stoßen* ‖ ~ vi *sich gegenüber befinden* ‖ ◊ ~**se** *con alg. jdm die Stirn bieten* ‖ *mit jdm zusammenkommen* ‖ *jdm gegenübertreten* ‖ **-te** adv *gegenüber* ‖ *entgegengesetzt*, *im Widerspruch*, *entgegen* ‖ ~ *de gegenüber* (dat) ‖ ~ *la universidad dem Universitätsgebäude gegenüber*

enfriabotellas *m Flaschenkühler* m

enfria|dera f *Wein-*, *Sekt|kühler*, *Kühlkrug* m ‖ ⟨Chem⟩ ‖ **-do** adj: *carne* ~**a** Am *Kühlfleisch* n ‖ **-dor** *m Kühler* m ‖ *Kühl|box*, *-truhe* f ‖ **-miento** *m Abkühlung* f ‖ *Kühlung* f ‖ *Kaltwerden* n ‖ *Erkaltung* f ‖ *Erkältung* f

enfriar [-frío] vt/i *(ab)kühlen* (& fig) ‖ figf *töten*, figf *kaltmachen* ‖ ~ *bruscamente* ⟨Tech⟩ *plötzlich abkühlen*, *abschrecken* ‖ ~**se** *erkalten*, *sich abkühlen* ‖ *kalt werden* ‖ *kühler werden (Wetter)* ‖ fig *lau werden*

enfun|dar vt *in ein Futteral (od e-e Hülle od e-n Überzug) stecken* ‖ *voll-*, *aus|stopfen* ‖ fig *an-*, *aus|füllen* ‖ ◊ *hallábase -dado en un traje oscuro er steckte in einem dunklen Anzug*

enfure|cer [-zc-] vt *wütend machen* ‖ ~**se** fig *toben*, *rasen* ‖ *wütend werden* (con, contra *auf* acc, por *wegen* gen, *über* acc) ‖ **-cimiento** *m Toben*, *Rasen* n ‖ *Wut* f

enfurru|ñado adj fam *mürrisch* ‖ *unwirsch*, *unwillig* ‖ *bockig* ‖ **-ñamiento** *m üble Laune* f ‖ *Murren* n ‖ **-ñarse** vr fam *böse (od mürrisch) werden* ‖ *trüb werden (Himmel)*

enfurtir vt *walken*

engabanado adj *mit e-m Überrock bekleidet*

engai|tabobos *m* fam = **engañabobos** ‖ **-tar** vt fam *beschwatzen*, *hintergehen*, fam *einwickeln* ‖ *überlisten*

engala|miento *m* s v. **-nar** ‖ **-nar** vt *(aus)schmücken*, *aufputzen* ‖ fam *herausputzen* ‖ *verzieren* ‖ ~**se** *sich herausputzen* ‖ ◊ ~ *con plumas ajenas sich mit fremden Federn schmücken*

enga|llado adj fig *steif*, *stolz* ‖ *befruchtet (Hühnerei)* (→ a **gallar**) ‖ **-lladura** f *Hahnentritt* m *im Ei* ‖ **-llarse** vr *den Kopf hoch tragen (Pferd)* ‖ fig *stolz einhergehen* ‖ fam *trotzen* ‖ figf *sich jdm gegenüber auf die Hinterbeine stellen*

engan|chador *m* ⟨Mil⟩ *Werber* m ‖ ⟨Mar⟩ *Heuerbaas* m ‖ **-chamiento** *m* **-che** ‖ **-char** vt *mit e-m Haken festhalten* ‖ *an-*, *ein|hakeln*, *an|haken*, *-hängen* ‖ *anspannen (Pferde)* ‖ fig *bereden*, *verleiten*, *ködern* ‖ *überreden* ‖ fam *jdn einfangen*, *(sich) jdn kapern* ‖ ⟨Mil⟩ *anwerben (mit Handgeld)* ‖ ⟨Mil⟩ *aufprotzen* ‖ ⟨Tech⟩ *an-*, *ver|koppeln* ‖ ⟨EB⟩ *koppeln (Wagen)* ‖ ⟨Taur⟩ *aufspießen (Stier den Stierfechter)* ‖ prov *an-*, *aufkleben* ‖ ~ vi *anspannen (Wagen)* ‖ prov *gut kleben (Leim)* ‖ ~**se** vr *hängenbleiben*, *sich festhaken* ‖ ⟨Mil⟩ *sich anwerben lassen* ‖ **-che** *m*

Festhaken n ‖ ⟨Tech⟩ *(Haken)Kupplung* f ‖ *Koppel* f *(e-r Orgel)* ‖ ⟨Mil⟩ *Anwerben* n, *Werbung* f ‖ ⟨Mil⟩ *Werbegeld* n ‖ ⟨Mar⟩ *Anheuerung* f ‖ **-chón** *m Hängenbleiben* n

engaña|bobos *m* fam *Bauernfänger*, *Betrüger* m ‖ *(Art) Milchgericht* n ‖ *mit Creme* ‖ And ⟨V⟩ *Ziegenmelker* m (→ **chotacabras**) ‖ **-damente** adv *irrtümlicherweise* ‖ **-dizo** adj *leicht zu hintergehen* ‖ *(de) täuschend* ‖ *(be)trügerisch* ‖ ~ m *Betrüger* m ‖ **-mundo(s)**, **-miserables** *m Betrüger* m ‖ *Hochstapler* m ‖ fam *Bauernfänger* m ‖ **-necios** m = **-bobos** ‖ **-niños** m *Betrug* m, *Bauernfängerei* f ‖ **-pastores** m ⟨V⟩ *Ziegenmelker* m (→ **chotacabras**)

engañar vt *hintergehen*, *anführen* ‖ *betören*, *beschwätzen* ‖ *(vor)täuschen*, *(be)trügen* ‖ *belügen*, fam *beschwindeln*, fam *hereinlegen*, *beschummeln* ‖ fig *verführen (Frau)* ‖ ◊ ~ *el hambre den Hunger nur ungenügend stillen* ‖ ~ *un plato ein Essen schmackhafter machen (durch Zutaten*, *Gewürze usw)* ‖ ~ *el tiempo (od las horas) die Zeit töten*, *vertreiben* ‖ ~ vi *(be)trügen* ‖ *las apariencias engañan (od la vista engaña) der Schein trügt* ‖ *no dejarse* ~ *sich nicht übervorteilen lassen* ‖ ~**se** *sich irren*, *sich täuschen* (en *in* dat) ‖ ◊ ~ *en la cuenta sich verrechnen* ‖ V. *se engaña Sie irren sich*

enga|ñifa (And Chi **-ñifla**) f fam *List*, *Hintergehung* f ‖ *Hinterhältigkeit* f, *Betrug* m ‖ **-ño** *m Betrug*, *listiger Streich* m, *Betrügerei* f ‖ *Übervorteilung* f ‖ *Täuschung* f ‖ *Irrtum* m ‖ *Unwahrheit* f ‖ ◊ *deshacer un* ~ *jdn aus e-m Irrtum reißen* ‖ *es* ~ *fam es ist erlogen* ‖ *llamarse a* ~ *sich auf Betrug (od Täuschung) berufen* ‖ **-ñoso** adj *betrügerisch* ‖ *täuschend* ‖ fam *erlogen*

engarabatar vt fam *anhaken*

engara|bitar vi fam *klettern*, *steigen* ‖ ~**se** vr *sich krümmen* ‖ *klamm*, *starr werden (Finger)* ‖ **-tusar** vt Col MAm Mex = **engatusar**

engarbullar vt fam *durcheinanderbringen*, *verwirren*

engarce *m Aufreihen* n *(v. Perlen)* ‖ *Fassung* f *(v. Steinen)* ‖ *An-*, *Ver-|kettung* f ‖ *Einfädeln* n ‖ fig *Zusammenhang* m ‖ Col *Streit* m

engarrullar vt Col fam *verwirren*

engar|zar [z/c] vt *einfädeln (auf e-n Draht)* ‖ *anreihen*, *verketten* ‖ *(Edelsteine) fassen* ‖ *kräuseln (Haare)* ‖ ~**se** Am *zanken* ‖ **-zo** *m Verkettung*, *Anreihung* f

engasar vt fig *umfloren*

engas|tador *m Schmuckarbeiter* m ‖ **-tadura** f = **-te** ‖ **-tar** vt *(ein)fassen (Edelsteine)* ‖ ⟨Tech⟩ *ein-*, *ineinander|passen (Teile)* ‖ ◊ ~ *con perlas mit Perlen belegen* ‖ **-te** *m Fassung* f *e-s Edelsteines* ‖ *Fassungsring* m ‖ *ungleiche Perle* f

enga|tada f Ast *Falle*, *Hinterlist* f ‖ **-tado** adj *listig*, *diebisch (wie die Katze)* ‖ **-tar** vt fam = **-tusar** ‖ **-tillar** vt ⟨Tech⟩ *einklinken*, *einschnappen lassen* ‖ *verschließen (Konservendosen)* ‖ *bördeln (Blech)* ‖ ⟨Zim⟩ *verklammern* ‖ **-tusador** *m Schmeichler*, *Betörer* m ‖ **-tusamiento** *m* fam *Betörung* f ‖ **-tusar** vt fam *betören*, *berücken*, *umschmeicheln*, fam *ein|seifen*, *-wickeln* ‖ fam *(Mann) becircen*

enga|viar vt/i *(er)klettern*, *emporsteigen* ‖ Val *einkäfigen* ‖ **-villar** vt *in Garben binden*

engelamiento *m* ⟨Flugw⟩ *Vereisung* f

engen|dramiento *m Zeugung* f ‖ **-drar** vt *(er-)zeugen* ‖ *generieren* ‖ fig *hervorbringen*, *bewirken* ‖ *verursachen* ‖ *veranlassen* ‖ **-dro** m ⟨An⟩ *Leibesfrucht* f, *Fetus* m ‖ *Mißgeburt* f ‖ fam *Kreatur* f ‖ fig *Ausgeburt* f *(der Phantasie)*, *Hirngespinst* n ‖ fig desp *Brut* f ‖ fig *Machwerk* n ‖ ~ *del diablo Teufelsbrut* f

△ **engi|bacaire**, **-bador** *m Kuppler* m ‖ **-barse** vr *buck(e)lig werden*

englobar vt *zusammenfassen* ‖ *einbegreifen* ‖ *einverleiben*

englutir vt = **engullir**
engola|do adj *mit Halskrause* || fig *hochtrabend, schwülstig* || **-miento** m fig *Einbildung* f, *Dünkel* m
engolfar vt ⟨Mar⟩ *in e–n Golf einfahren* || ⟨Mar⟩ *auf hohe See gehen* || ~**se** vr fig *sich vertiefen, sich versenken* (en *in* acc) || fig *sich in mißliche Geschäfte verwickeln* || ⟨Mar⟩ *in See stechen*
engoli|llado adj **e–n span. Kragen tragend* || fig *steif* || figf *altfränkisch* || **–llarse** vr Cu *in Schulden geraten*
engolondri|nado adj fam *anmaßend* || joc *verliebt* || **–narse** vr *sich verlieben* || *vornehm tun* || *sich prahlen*
engolosinar vt *anködern* || *(herbei)locken* || ◊ ~**se** con *sich gewöhnen an* (acc), *Geschmack finden an* (dat) || *erpicht sein auf* (acc)
engo|llamiento m fig *Einbildung* f, *eitler Stolz* m || **–llar** vt *auftrensen (Pferd)* || **–lletado** adj fam *stolz, aufgeblasen*
engo|mado adj *gummiert, Klebe-* || Chi *geckenhaft (gekleidet)* || **–mar** vt *gummieren*
engor|da f Chi Mex *Mast* f || Chi Mex *Mastvieh* n || **–dar** vt *mästen* || *dick machen* || ~ vi *fett, dick werden, zunehmen* || **–de** m *Mast* f *de* ~ *Mast-*
engo|rro m *Hindernis, Hemmnis* n || *Hemmung* f || *Belästigung* f || fam *Schwierigkeit, Unannehmlichkeit* f || *Verwicklung, Verwirrung* f || **–rroso** adj *hinderlich, lästig* || *umständlich* || *müh|sam, -selig* || *verwickelt*
Engracia f np Tfn *Engratia* f
engra|naje m *Verzahnung* f || *(Zahnrad) Getriebe, Räderwerk* n || ⟨Tech⟩ *Zahneingriff* m || fig *Ineinandergreifen* n || fig *Mechanismus* m fig *Zusammenhang* m || ~ *cilíndrico Stirnradverzahnung* f || *Stirnradgetriebe* n || ~ *cónico Kegelradverzahnung* f || *Kegelradgetriebe* n || ~ *helicoidal Schrägverzahnung* f || *schrägverzahntes Stirnradgetriebe, Schrägzahnstirnradgetriebe* n || *Schraubenradgetriebe* n || *cambio de* ~ *Eingriffsverschiebung* f || **–nar** vt/i fig *zusammenfügen, vereinigen* || ⟨Tech⟩ *eingreifen (Zähne)* || *ineinandergreifen* (& fig)
engran|decer [-zc-] vt *vergrößern* || *übertreiben* || *anpreisen, verherrlichen* || *bereichern* || fig *erhöhen* || ~ vi *groß werden, aufwachsen (Kind)* || ~**se** fig *an Macht, Größe zunehmen* || *aufsteigen* || **–decimiento** m *Vergrößerung* f || *Lobeserhebung* f || *Rangerhöhung* f, *Aufstieg* m
engrane m ⟨Tech⟩ *(Zahn) Räderübersetzung* f || *Zahneingriff* m
engra|nujarse vr *viele Pickel bekommen* || *verlumpen, verkommen* || **–par** vt *mit Klammern befestigen* || ⟨Tech⟩ *verklammern*
engra|sado m = **–se** || **–sador** m *Schmierapparat* m || *Schmier-, Fett|büchse* f || *Öler* m || ⟨EB⟩ *Schmierer* m || *Schmiernippel* m || ~ *de aguja Nadelöler* m || ~ *cuentagotas Öltropfapparat* m || ~ *de mecha Dochtöler* m || ~ *Stauffer Staufferbüchse* f || **–sadora** f *Schmierkanne* f || **–samiento** m *Schmieren, Einfetten* n || **–sar** vt/i *(ein)fetten, ölen* || ⟨Aut⟩ *abschmieren* || ⟨Agr⟩ *düngen* || **–se** m *Einfetten* n || *Schmierung* f || *Fettwerden* n || ⟨Aut⟩ *Abschmieren* n || *Schmiermittel* n || *Schmier(vorricht)ung* f || *Öl, Fett* n || ~ *por circulación Umlaufschmierung* f || ~ *a presión Druckschmierung* f || ~ *por rociado Ölspritzschmierung* f
engreído adj *stolz* || *eingebildet, dünkelhaft*
engreimiento m *Aufgeblasenheit* f || *Dünkel* m || *Einbildung* f
engreír [-gríο] vt *dünkelhaft machen* || Pe *verhätscheln* || ~**se** *sich aufblasen, dick(e)tun, prahlen* || ◊ ~ con alg. Am *jdn liebgewinnen*
engrescar vt *auf-, ver|hetzen*
engri|fada adj ⟨Her⟩ *stilisiert (Adler)* || **–far** vt *sträuben* || ~**se** vr *sich bäumen (Pferd)* || **–llar** vt *Fußschellen anlegen* (dat)

engringarse [g/gu] vr Am *Art und Weise der Fremden* (bes *der gringos* = US-Amerikaner) *annehmen*
engrío → **engreír**
engro|samiento m s v. **–sar** || **–sar** [-ue] vt *dicker machen* || *verdicken* || fig *übertreiben* || fig *vermehren, vergrößern* || ◊ ~ *las filas die Truppenstärke erhöhen* || ~ vi *zunehmen, wachsen (z. B. Fluß)* || *zunehmen, dicker werden (Mensch)* || *stürmisch werden (See)*
engru|dar vt *(an)kleistern* || **–do** m *(Mehl)-Kleister* m
engrumecerse vr *verklumpen*
enguantado adj *mit (angezogenen) Handschuhen, behandschuht*
enguaraparse vr MAm *gären* || *säuern*
enguatar vt *auswattieren*
engui|jarrar vt *beschottern* || **–llotarse** vr fam *sich vertiefen* (en *in* acc)
enguirnaldar vt *bekränzen, mit Girlanden behängen*
engu|llidor adj/s *gefräßig* || **–llir** [pret –lló] vt *ver|schlingen, -schlucken*, pop *fressen* || fig *alles leicht glauben*
engurrio m *Traurigkeit* f || *Melancholie* f || **–so** adj Col *neidisch*
engurruñarse vr *einschrumpfen*
engusanado adj Am *wurmstichig*
enharinar vt *mit Mehl bestreuen* || ~**se** fam *sich pudern*
enhastiarse [pres –ío] vr *sich langweilen*
enhebrar vt *einfädeln* || *auffädeln* || fig *aneinanderreihen*
enhestar [-ie-] vt *auf-, empor|richten* || ~**se** *sich aufrichten*
enhielar vt *mit Galle vermischen*
enhiestar(se) vt/r → **enhestar(se)**
enhiesto pp/irr *v*. **enhestar** || adj *emporgerichtet, gerade* || *steil (aufragend)* || *mit steifen Spitzen (Schnurrbart)*
enhilar vt/i *einfädeln* || fig *ordnen* || fig *bezwecken*
enhora|buena f *Glückwunsch* m || ◊ *dar la* ~ (a) *jdm gratulieren, jdm beglückwünschen* || ¡(reciba V. mi) ~! *nehmen Sie meinen Glückwunsch entgegen! ich gratuliere!* || *von mir aus!* || als adv: *que lo haga* ~ *er mag es nun meinetwegen tun* || ¡V. *está de* ~! fam *Sie können sich gratulieren!* || ¡*sea* ~! *viel Glück!* || **–mala**: ¡~! *zum Teufel!* || ◊ *que se vaya* ~ fam *der Teufel soll ihn holen!*
enhornar vt *in den Ofen schieben (Brot)* || *pala de* ~ *Backofenschaufel* f
enhorquetar vt Arg Cu Mex PR *auf dem Rücken* (fam *huckepack*) *tragen* (bes *Kinder*)
enig|ma m *Rätsel* n || ◊ *descifrar un* ~ *ein Rätsel lösen* || *es un* ~ *es ist ein rätselhafter Mensch* || **–mático** adj *rätselhaft, geheimnisvoll*
enima m pop = **enigma**
enjabo|nado adj *dunkel (Schimmel)* || **–nadura** f, **–nado** m *Einseifen* f || *Abseifen* n || **–nar** vt *einseifen* || *abseifen* || figf *jdm den Kopf waschen* || figf *jdm Honig um den Mund streichen*, fam *jdm Honig ums Maul schmieren* (dat)
enjae|zamiento m *Anschirren* n || **–zar** [z/c] *anschirren (Pferd)* || Am *satteln*
enjal|begadura f, **–begado**, **–biego** m *Ausweißen, Tünchen* f || **–begar** [g/gu] vt *weiß anstreichen, tünchen* || ~**se** figf *sich schminken*
enjal|ma f *(leichter) Saumsattel* m || **–mar** vt *satteln* || **–mero** m *Saumsattler* m
△**enjalar** vt *irr* → **enviar**
enjamás pop = **jamás**
enjam|bradera f *Weiselzelle* f *(der Bienen)* || **–brar** vt *schwärmen (Bienen)* || fig *wimmeln* || *mit Bienenschwärmen einfangen* || fig *in Mengen hervorbringen* || **–brazón** f *das Schwärmen (der Bienen)* || **–bre** m *Bienenschwarm* m (& fig) || fig *Unmenge* f

enjarciar vt ⟨Mar⟩ *auftakeln*
enjare|tado *m* ⟨Mar⟩ *Gräting f* ‖ ⟨Mil⟩ *Gitterwerk* n ‖ **-tar** vt *durchziehen (Band)* ‖ *in e-n Hohlsaum einziehen* ‖ figf *eilig fertigmachen,* fam *zusammenhudeln* ‖ *herunterleiern (Rede)* ‖ fam *jdm et aufhalsen* ‖ fam *jdn traktieren (mit dat)* ‖ ◊ *me enjareto su teoría acerca del amor er traktierte mich mit s-n Ansichten über die Liebe*
enjaular vt *in e-n Käfig stecken* ‖ figf *einsperren (Gefängnis)*
enjebar vt *vergipsen*
△**enjibar** vt = **recibir**
enjo|y(el)ar vt *(mit Juwelen) schmücken* bzw *besetzen* ‖ fig *verschönern* ‖ **-yelado** adj: *oro* ~ *Schmuckgold* n ‖ **-yelador** *m Goldschmied* m ‖ *Schmuckarbeiter* m
enjua|gadientes *m Mundvoll m Wasser zum Mundspülen* ‖ *Mundwasser* n ‖ fig *Schluck* m ‖ **-gadura** *f Ausspülen* n *des Mundes* ‖ *Spülwasser* n ‖ **-gar** [g/gu] vt *ab-, aus|spülen (Mund, Glas)* ‖ *(ab)spülen (Geschirr)* ‖ ~**se** *sich den Mund ausspülen* ‖ **-gatorio** *m Spülwasser* n ‖ *Mundwasser* n ‖ *Spülglas* n ‖ **-gue** *m (Mund)Spülen* n ‖ *Mundspülung* f ‖ *Mundwasser* n ‖ ⟨Tech⟩ *Spülung* f ‖ figf *Intrigen* fpl, *Ränke* mpl, *dunkle Machenschaften* fpl
enju|gadero *f Trockenplatz* m ‖ *Trockenständer* m ‖ ⟨Chem⟩ *Abtropfschale* f ‖ **-gador** *m Abtrockner* m ‖ ⟨Phot⟩ *Trockenständer* m ‖ **-gamanos** *m Am Handtuch* n ‖ **-gamiento** *m Abtrocknen* n ‖ **-gar** [g/gu] vt *(ab)trocknen, austrocknen* ‖ *ab-, auf|wischen* ‖ fig *streichen (e-e Schuld)* ‖ ~**se** *austrocknen, sich (ab)trocknen* ‖ *einschrumpfen* ‖ ◊ ~ *el llanto sich die Tränen trocknen*
enjui|ciable *gerichtlich verfolgbar* ‖ **-ciamiento** *m Beurteilung* f ‖ ⟨Jur⟩ *Einleitung f des Gerichtsverfahrens* ‖ *Prozeß* m ‖ ~ *civil Zivilprozeß* m ‖ *ley de* ~ *civil Zivilprozeßordnung f* ‖ ~ *criminal Strafprozeß* m ‖ *ley de* ~ *criminal Strafprozeßordnung f* ‖ **-ciar** vt/i *beurteilen, ein Urteil fällen über (acc)* ‖ fig *zensieren, kritisieren* ‖ ⟨Jur⟩ *vor Gericht verhandeln* ‖ ⟨Jur⟩ *in Untersuchung bringen* ‖ ⟨Jur⟩ *das Urteil fällen* ‖ *a alg. jdn beurteilen* ‖ ⟨Jur⟩ *jdn den Prozeß machen*
enjun|dia *f den Eierstock umgebendes Fett* n *(beim Geflügel)* ‖ *Schmer* m, *tierisches Fett, Schmalz* n ‖ fig *Grundlage* f ‖ fig *Gehalt* m, *Kraft* f ‖ fig *Gemütsart* f ‖ *de* ~ fam *bedeutend, wichtig* ‖ **-dioso** adj *fettreich* ‖ fig *bedeutend* ‖ *substanzreich* ‖ *markig*
enjunque *m* ⟨Mar⟩ *Ballast* m
enju|tar vt ⟨Arch⟩ *(Kalk) abtrocknen* ‖ *Am trocknen* ‖ **-tez** [*pl* **-ces**] *f Trockenheit* f ‖ **-to** pp/irr *v.* **-gar** ‖ adj *mager, dürr, trocken* ‖ ~ *de carnes von magerer Gestalt* ‖ *a pie* ~ *trockenen Fußes* ‖ fig *ohne Mühe und Arbeit*
enlabiar vt fam *berücken, betören,* fam *beschwatzen*
enlace *m Ver|schlingung, -flechtung f* ‖ *Ver|bindung, -knüpfung f* ‖ *Verwandtschaft f* ‖ *Zusammenhang* m ‖ *Zusammengehörigkeit f* ‖ fig *Heirat, Vermählung f* ‖ ⟨El⟩ *Anschluß* m ‖ ~ **acoplamiento** ‖ ⟨StV EB⟩ *Anschluß(linie, -bahn f)* m (→a **empalme**) ‖ ⟨EB⟩ *Kurswagen* m ‖ ⟨Chem⟩ *(Ver)Bindung* f ‖ *allg u.* ⟨Mil⟩ *Verbindungsmann* m ‖ ⟨Mil⟩ *Melder, Meldegänger* m ‖ ~ *hacia atrás rückwärtige Verbindung* f ‖ ~ *lateral* ⟨Mil⟩ *Seitenverbindung* f ‖ ~ *matrimonial Hochzeit* f ‖ *eheliche Verbindung* f ‖ ~ *radiofónico Funksprechverbindung* f ‖ ~ *a retaguardia* ⟨Mil⟩ *Verbindung f nach rückwärts* ‖ ~ *sindical Span Betriebsrat* m ‖ ~ *visual* ⟨Mil⟩ *Augenverbindung* f ‖ *oficial de* ~ ⟨Mil⟩ *Verbindungsoffizier* m ‖ *el punto de* ~ *der Knotenpunkt, die Kreuzung*
enlacrar vt *(ver)siegeln*

enladri|llado *m Belag m von Backsteinen, Fliesen usw* ‖ *Backsteinpflaster* n ‖ **-llador** *m Fliesenleger* m ‖ **-llar** vt *mit Backsteinen, mit Fliesen belegen*
enlardar vt *spicken*
enlatar vt *in Blechbüchsen tun* ‖ *And Hond mit Latten decken*
enlaza|damente adv *vereint, Hand in Hand* ‖ **-dor** *m Am Schlingenwerfer, Lassoschwinger* m ‖ **-dura** *f,* **-miento** *m Ver|knüpfung, -bindung f*
enlazar [z/c] vt/i *verflechten, ineinanderschlingen* ‖ fig *festbinden, ver|knüpfen, -binden (con mit)* ‖ *mit e-r Fangschlinge, mit dem Lasso fangen (Tier)* ‖ ⟨StV Tel⟩ *anschließen (con an* acc) ‖ ⟨EB⟩ *Anschluß haben (con an* acc) ‖ *Am (Garben) binden* ‖ ~ *los brazos de Arme kreuzen* ‖ ◊ *el tren enlaza en ... con el expreso para ... der Zug hat in ... Anschluß an den Schnellzug nach ...* ‖ *el tren no ha enlazado der Zug hat den Anschluß verfehlt* ‖ ~**se** *sich verwickeln* ‖ *sich schlingen (Pflanze)* ‖ fig *sich vermählen, verbinden (durch Heirat)* ‖ *in Verwandtschaft treten* ‖ ◊ *se enlazó a su cuello sie warf sich ihm um den Hals*
enlegajar vt *zu e-r Akte bündeln*
enlevitado adj *e-n Gehrock tragend* ‖ fam *angesehen*
enligarse vr *auf den Leim gehen (Vogel)*
enlistar vt ⟨Mil⟩ *werben* ‖ *Rekruten einstellen*
enlistonado *m* ⟨Arch⟩ *Leiste* f, *Sims(werk)* n
enlobreguecer [-zc-] vt *verfinstern*
enlo|dado adj *kotig, schmutzig* ‖ **-dadura** *f,* **-damiento** *m Beschmutzung, Besudelung* f ‖ **-dar, -dazar** [z/c] vt *beschmutzen* (& fig) ‖ ⟨Arch⟩ *mit Lehm bewerfen* ‖ ⟨Bgb⟩ *verstopfen (Sprengloch)*
enloque|cedor adj fig *toll, wahnsinnig, fabelhaft* ‖ **-cer** [-zc-] vt *der Vernunft berauben* ‖ fig *betören* ‖ ~**(se)** vi/r *den Verstand verlieren, verrückt werden* ‖ fig *aus dem Häuschen geraten* ‖ ◊ ~ *de ira vor Wut außer sich geraten* ‖ **-cimiento** *m Tollheit f, Wahnsinn* m ‖ *Verrücktheit* f
enlo|sado *m Fliesenpflaster* n ‖ *Bodenplatten* fpl ‖ **-sar** vt *mit Fliesen, mit Platten belegen*
enlozado adj *Am emailliert*
△**enlubanó** *m Engländer* m
enluci|do *m Weißen, Tünchen* n ‖ *Bewurf, Anstrich, (Gips)Verputz* m ‖ **-dor** *m Gipser, Verputzer* m
enlucir [-zc-] vt *weißen, weiß tünchen* ‖ *blankputzen, verputzen*
enlustre *m* ⟨Arch⟩ *Putz* m
enlu|tado adj/m *in Trauer (gekleidet)* ‖ *mit Trauerrand (Papier)* ‖ **-tar** (Am & **-tecer** [-zc-]) vt fig *ver|düstern, -dunkeln* ‖ fig *betrüben* ‖ ~**se** vr *Trauer anlegen*
en|llantar vt *mit Felge(n) versehen* ‖ **-llocar** vi = **enclocar**
enllenar vt pop = **llenar**
enma|derar vt *mit Holz ausschlagen* ‖ *(aus-)täfeln (Wand)* ‖ ~ *pisos dielen* ‖ **-drarse** vr *immer am Schürzenbund (od am Rockzipfel) der Mutter hängen (Kind)*
enmagrecer [-zc-] vi *abmagern*
enmalecer [-zc-] vi *erkranken*
enmaletar vt *in den Koffer stecken* ‖ fig *verstecken*
enmalezado adj *Am verwachsen (mit Dickicht)*
en|mallarse vr *in den Maschen hängenbleiben (Fisch)* ‖ **-malle** *m Fischfang m mit dem Stellnetz* ‖ **-mantar** vt *zudecken (mit e-r Decke)* ‖ ~**se** vr *sich aufplustern (kranker Vogel, krankes Geflügel)* →a **mantudo**
enmara|ñado adj *verworren, wirr, verwickelt* ‖ **-ñamiento** *m Verwirrung* f ‖ **-ñar** vt *verfilzen (Haare usw)* ‖ fig *verwirren* (& fig), *verwickeln* ‖ *verfahren (Angelegenheit)* ‖ ~**se** vr *sich verwirren*

enmararse vr ⟨Mar⟩ *in See stechen*
enmarcar vt *um-, ein|rahmen* ‖ *umranden*
enmaridar(se) vi/r *(sich ver)heiraten (Frau)*
enmas|carado m/adj *Maske f, verkleideter Mensch* m ‖ ⟨Typ⟩ *Maskenverfahren* n ‖ **–caramiento** m *Verkleidung* f ‖ fig *Verschleierung* f ‖ ⟨Mil Zool⟩ *Tarnung* f ‖ **–carar** vt *maskieren, vermummen* ‖ *verkleiden* ‖ fig *verschleiern* ‖ fig *bemänteln, beschönigen* ‖ **~se** *sich maskieren*
enmasillar vt *verkitten* ‖ *einkitten (Scheiben)*
enme|lado m *mit Honig bestrichenes Backwerk, Honiggebäck* n ‖ **–lar** [–ie–] vt *mit Honig bestreichen* ‖ fig *versüßen* ‖ vi *Honig erzeugen (Bienen)*
enmendar [–ie–] vt *(ver)bessern, berichtigen, richtigstellen* ‖ *beseitigen, ausmerzen (Fehler)* ‖ *entschädigen, gutmachen* ‖ ⟨Jur⟩ *abändern, berichtigen (Urteile)* ‖ ⟨Mar⟩ *berichtigen (Kurs)* ‖ ◊ ~ la plana a alg. figf *jdn übertreffen* ‖ *et besser machen wollen (als* nom) ‖ **~se** *sich (moralisch) bessern*
enmienda f *(Ver)Besserung* f ‖ *Entschädigung* f ‖ *Geldstrafe, Buße* f ‖ *Änderung* f *(der Satzung bzw der Verfassung)* ‖ *Abänderung* f *(e–s Urteils)* ‖ ⟨Pol⟩ *Abänderung(santrag* m*)* f ‖ ◊ *no tener* ~ *fam unverbesserlich sein* ‖ *poner* ~ *a verbessern* ‖ **~s** *fpl* ⟨Agr⟩ *(Mineral)Dünger* m
enmohe|ceduras *fpl Schimmel* m ‖ **–cer** [–zc–] vt *rostig* bzw *schimmlig machen* ‖ **~se** vr (& vi) *(ver)rosten* ‖ *(ver)schimmeln, vermodern* (& fig) ‖ *sich beschlagen (Flüssigkeit)* ‖ *schwammig werden (Holz)* ‖ **–cimiento** m *(Ver)Rosten* n ‖ *(Ver)Schimmeln* n
enmude|cer [–zc–] vi *verstummen* ‖ fig *absichtlich schweigen* ‖ fig *sprachlos werden* ‖ **–cimiento** m *Verstummen* n ‖ *Schweigen* n
ennegre|cer [–zc–] vt/t *(an-, ein)schwärzen* ‖ **~se** *schwarz werden* ‖ fig *sich verfinstern* ‖ **–cimiento** m *Schwärzen* n, *Schwarzwerden* n
enno|blecer [–zc–] vt *adeln* (& fig) ‖ *veredeln, erhöhen* ‖ fig *verherrlichen* ‖ **~se** *geadelt werden* ‖ **–blecimiento** m *Adeln* n ‖ *Vered(e)lung* f ‖ fig *Verherrlichung* f
en° Abk = **enero**
eno|jadizo adj *reizbar, zornmütig, jähzornig* ‖ **–jado** adj *zornig* ‖ *verdrießlich* ‖ **–jar** vt *ärgern, kränken, erzürnen* ‖ *unwillig, böse machen* ‖ *Kummer machen* (dat) ‖ *jdm beschwerlich fallen* ‖ **~se** *in Zorn geraten* ‖ *sich erzürnen, sich ärgern* (con, contra, de über acc) ‖ **–jo** m *Zorn* m ‖ *Verdruß, Ärger, Unwille, Unmut* m ‖ *Kummer* m ‖ *Unannehmlichkeit* f ‖ con ~ *zornig* ‖ **–jón** adj Chi Mex = **–jadizo** ‖ **–joso** adj *zornig, aufgebracht* ‖ *lästig* ‖ *unangenehm* ‖ *ärgerlich* ‖ adv: **~amente**
eno|logía f *Wein(bau)kunde, Önologie* f ‖ *Weinforschung* f ‖ **–metría** f *Bestimmung* f *des Alkoholgrades des Weines*
enorgu|llecerse [–zc–] vr *stolz werden* od *sein* (de *auf* acc) ‖ **–llecimiento** m *Stolzwerden* n ‖ *Stolz* m
enor|me adj *über|mäßig, -trieben, ungeheuer* ‖ *unerhört* ‖ adv: **~mente** ‖ ~ m △*Gegner, Feind* m ‖ **–midad** f *Übermaß* n ‖ *Ungeheuerlichkeit* f ‖ *entsetzliche Tat* f ‖ fig *Ungereimtheit* f
enotecnia f *Weinbereitung(slehre)* f
enquijotarse vr fig *wie ein Don Quijote (schwärmerisch, kopflos) werden*
enquillotrarse vr fam *sich verlieben*
enquimosis f ⟨Med⟩ *Blutunterlaufung* f
enquiridión m *Enchiridion* n *(kurzgefaßtes Handbuch)*
enquis|tado adj: ⟨Chir⟩ *ab-, ein|gekapselt* ‖ *tumor* ~ *Balggeschwulst* f ‖ **–tarse** vr ⟨Chir⟩ *zystisch entarten* ‖ *sich ab-, ein|kapseln* (& fig)
enrabiar vt *wütend, rasend machen* ‖ **~se** *in Wut geraten*
enraizar vi *Wurzel(n) schlagen* (& fig) ‖ → a **arraigar**
enralecer [–zc–] vt/t *(aus)lichten, (Bäume) ausästen*
enra|mada f *Laubwerk* n ‖ *Laube, Laubhütte* f ‖ ‖ → a **ramada** ‖ **–mar** vt *mit Laubwerk, Reisig usw ausschmücken* bzw *umranken* ‖ ~ vi *sich belauben* ‖ **~se** vr *sich belauben* ‖ *Zweige bekommen*
enran|ciadura f *Ranzigwerden* n ‖ **–ciarse** vr *ranzig werden*
enrare|cer [–zc–] vt *selten machen, verknappen* ‖ *verdünnen, dünn machen (Gase)* ‖ *lichten* ‖ **~se** *dünn werden* ‖ fig *knapp* bzw *selten(er) werden* ‖ **–cido** adj *verdorben, verunreinigt, verdünnt (Luft)* ‖ *getrübt (Beziehungen)* ‖ **–cimiento** m ⟨Phys⟩ *Verdünnung* f ‖ fig *Verknappung* f ‖ ~ de las relaciones ⟨Pol⟩ *Verschlechterung* f *der Beziehungen*
enrasar vt ⟨Zim Tech⟩ *ab-, aus|gleichen* ‖ ⟨Zim⟩ *bündig machen*
△**enre** prep = **entre**
enre|dadera f/adj *Schling-, Kletter|pflanze* f ‖ ⟨Bot⟩ *Winde* f (Convolvulus) ‖ **–dador** m/adj *Zänker, Hetzer* m ‖ figf *Ränkeschmied* m ‖ *Quertreiber* m ‖ ~ adj *ränkevoll* ‖ *zu Unfug aufgelegt, ruhelos (Kind)* ‖ **–dar** vt *in ein Netz fangen, ver|wickeln, -stricken* ‖ *durcheinanderbringen* ‖ *ver-, ineinander|flechten* ‖ fig *ver|-wickeln, -wirren* ‖ fig *entzweien, verunreinigen* ‖ fig *betören* ‖ ◊ ~ u/c con *(od* a, en) *otra et ineinanderwirren, verwickeln* ‖ ~ vi *Unfug treiben* ‖ *hetzen* ‖ ◊ ¡no enredes! fam *hetze mich nicht auf!* ‖ fam *das ist e–e Lüge!* ‖ **~se** fig *sich verwickeln, sich verwirren* ‖ *sich verstricken* (en in acc) ‖ *hängenbleiben* (a, con, en *an in* dat), *sich verfangen* (in dat) ‖ fam *in wilder Ehe leben* ‖ ◊ ~ de palabras *in Wortwechsel geraten* ‖ ~ en mentiras s. *in Lügen verstricken*
enre|dijo m fam *Verwicklung, mißliche Lage* f ‖ **–dista** m Am *Ränkeschmied* m ‖ **–do** m *Ver|wicklung, -wirrung* f ‖ *Wirrwarr* m ‖ fig *verwickelter Handel* m ‖ *Betörung, Umgarnung* f ‖ *Erdichtung, Lüge* f ‖ *Intrige* f ‖ *ränkevoller Anschlag* m ‖ *mißliche Lage, Patsche* f ‖ *Liebeshandel* m, fam *Techtelmechtel* n ‖ *zänkisches Gemüt* n *(von Kindern)* ‖ *Knoten* m, *Verwicklung* f *in e–m Drama* usw ‖ **~s** mpl *Kram* m, *Zeug* n, *Sachen* fpl ‖ comedia de ~ *Intrigenstück* n ‖ **–dón, ona** adj/s *händelsüchtig, ränkevoll* ‖ **–doso** adj *verwickelt, verworren* ‖ *schwierig* ‖ *heikel* ‖ Chi Mex = **enredador**
enreja|do adj *gegittert, gitterförmig* ‖ ~ m *Gitterwerk* n ‖ *(Draht-, Rohr)Geflecht* n ‖ *Netzgewebe* n ‖ *Gitter-, Sommerladen* m ‖ ⟨Arch⟩ *(Pfahl)Rost, Verbundbalken* m ‖ ⟨Tech⟩ *Rost* m ‖ ⟨Mar⟩ *Gräting* f ‖ △*Gefangene(r)* m ‖ **–lar**, **enrejar** vt *um-, ver|gittern* ‖ *einzäunen* ‖ *(ver-)flechten* ‖ *kreuzweise stapeln* bzw *übereinanderschichten (Backsteine)* ‖ *gitterförmig übereinander legen* ‖ Mex *flicken* ‖ *zunähen* ‖ △*einbuchten*
enrevesado adj fig *verworren, verwickelt* ‖ *unleserlich (Schrift)* ‖ *störrisch* ‖ *widerspenstig* ‖ *ausgelassen*
enriar [–rio–] vt *(Flachs, Hanf) rösten*
enriedo m Am pop = **enredo**
enrielar vt *in Gang bringen (Geschäft)* ‖ Chi Mex = **encarrilar**
Enrique m np *Heinrich* m ‖ ~ el Pajarero ⟨Hist⟩ *Heinrich der Vogler* od *Finkler*
enrique|cido m *Reichgewordene(r), Neureiche(r), Emporkömmling* m ‖ ~ adj *reich geworden* ‖ **–cer** [–zc–] vt *bereichern, reich machen* ‖ *reich besetzen (de* mit *(Gegenstand) vermehren* ‖ ⟨Bgb⟩ *anreichern* (con, de *mit* dat) ‖ fig *erweitern (Kenntnisse)* ‖ fig *verzieren* ‖ fig *verschönern* ‖ **~se a costa ajena** *sich auf fremde Kosten bereichern* ‖ **–cimiento** m *Bereicherung* f ‖ ⟨Bgb⟩ *Anreicherung* f (con, de *mit* dat) ‖ ~

injusto ⟨Jur⟩ *ungerechtfertigte Bereicherung* f
Enriqueta f np *Henriette* f
enris|cado adj *felsig, bergig* ‖ **–car** [c/qu] vt fig *er-, empor|heben* ‖ **~se** *sich auf* (od *in*) *steile Berge flüchten*
enristrar vt/i *(die Lanze) einlegen* ‖ fig *gerade auf sein Ziel losgehen* ‖ *endlich treffen (Schwierigkeit)* ‖ *zu Schnüren zusammenbinden (Knoblauch, Zwiebel)*
enrobinarse vr Alb Ar *verschimmeln*
enrocar vt/i *rochieren (Schachspiel)*
enrodar [–ue–] vt *rädern (Strafe)*
enrodrig(on)ar ([g/gu]) vt *pfählen (Weinstöcke)*
enrojar vt *rotglühend machen* ‖ *einheizen (Ofen)*
enroje|cer [–zc–] vt *röten, rot färben* ‖ *rotglühend machen* ‖ **~se** *erröten (& fig)* ‖ *rotglühend werden (& vi)* ‖ **–cido** adj *rot(glühend)* ‖ **–cimiento** m *Erröten* n ‖ *Rotwerden* n ‖ *Röte* f ‖ *Scham(röte)* f
enrolar vt ⟨Mar⟩ *heuern* ‖ ⟨Mil⟩ *erfassen, anwerben, mustern* ‖ *ein|berufen, -ziehen (Rekruten)* ‖ **~se** *sich anwerben lassen*
enroll|ador m ⟨Tech⟩ *Aufwickler* ‖ **–ar** vt *ein-, zusammen|rollen* ‖ *auf-, ein|rollen* ‖ *herumwickeln*
enronque|cer [–zc–] vt *heiser machen* ‖ **~se** *heiser werden (& vi)* ‖ **–cimiento** m *Heiserkeit* f
enroque m *Rochade* f *(Schachspiel)*
enrosca|do adj *ver-, aufge|schraubt* ‖ *zusammengerollt, spiralförmig* ‖ adv: **~amente** ‖ **–dura** f, **–miento** m *Ver-, Auf|schrauben* n ‖ *Zusammenrollen* n
enroscar [c/qu] vt *ver-, auf|schrauben* ‖ *zusammenrollen* ‖ *spiral-, schnecken|förmig (um)winden* ‖ **~se** *sich zusammenrollen, sich winden (Schlange)*
enrostrar vt Am *jdm et vorwerfen*
enru|be(s)cer [–zc–] vt prov *rot färben, röten* ‖ **–biar** vt *blond färben* ‖ **–biarse** vr *blond werden (Haare)*
enru|decer [–zc–] vi *verrohen* ‖ *vergröbern* ‖ **~se** vr *verrohen* ‖ *verbauern* ‖ **–decimiento** m *Abstumpfung* f ‖ *Verrohung* f
enrulado adj Arg *gelockt, lockig (Haar)* ‖ *zusammengerollt (Schlange)*
enrumbarse vr: ◇ ~ a alg. *jdm entgegengehen*
ensaba|nado m/adj *erster Gipsanstrich* m *beim Tünchen der Wände* ‖ And *Büßer* m *(in Lakentuch gehüllt, bei kirchlichen Umgängen)* ‖ **–nar** vt *ins Leichentuch hüllen* ‖ *mit Laken verhüllen* ‖ ⟨Arch⟩ *(ver)gipsen*
ensa|cado m *Einsacken* n ‖ **–car** [c/qu] vt *einsacken, in Säcke füllen* ‖ **~se** ⟨Mar⟩ *in e–e Bucht geraten*
ensaimada f *spiralförmig gerolltes Blätterteiggebäck* n
ensala|da f *Salat* m ‖ fi *Mischmasch*, fam *Salat* m ‖ ⟨Lit⟩ *Mischgedicht* n ‖ Cu *Erfrischungsgetränk* n *(mit Ananas, Minze u. Zitrone)* ‖ ~ *de apio Selleriesalat* m ‖ ~ *de arenque Heringssalat* m ‖ ~ *de berros Kressensalat* m ‖ ~ *de escarola Endiviensalat* m ‖ *Kopfsalat* m ‖ ~ *italiana italienischer (Kräuter)Salat* m ‖ ~ *de judías Bohnensalat* m ‖ ~ *de patatas Kartoffelsalat* m ‖ ~ *de remolachas Rübensalat* m ‖ ~ *romana Blattsalat* m ‖ ~ *rusa russischer Salat* m ‖ ~ *de tomate(s) Tomatensalat* m ‖ fig *grelles Farbengemisch* n ‖ **–dera** f *Salat|schüssel, -schale* f ‖ ⟨Sp⟩ fam *Davis-Cup* m ‖ **–dilla** f *Gemisch* n ‖ *Kartoffelsalat* m *(mit Mayonnaise u. verschiedenen Zutaten)* ‖ *gemischtes Konfekt* n ‖ *bunter Edelsteinschmuck* m ‖ fig *Mischmasch* m ‖ Cu Ven *Spottverse* pl
ensalivar vt *einspeicheln* ‖ *viel Speichel absondern*
ensal|madora f *Gesundbeterin* f ‖ *Knocheneinrenkerin* f ‖ *Zauberin* f ‖ **–mar** vt *(e–e Krankheit) besprechen* ‖ *(Knochen, Glieder) einrenken* ‖ *(Kranke) gesundbeten* ‖ **–mista, –mador** m *Gesundbeter* m ‖ *Knocheneinrenker* m ‖ **–mo** m

Besprechen n *der Krankheiten* ‖ *Beschwörung(s-formel)* f ‖ ◇ *desaparecer (como) por* ~ *wie weggezaubert sein* ‖ **–zador** m *Lobredner* m ‖ **–zamiento** m *(Lobes)Erhebung* f ‖ *Verherrlichung, Lobhudelei* f ‖ **–zar** [z/c] vt *erheben* ‖ *lobpreisen, rühmen* ‖ *verherrlichen*
ensam|bladura f ⟨Tech⟩ u. fig *Verbindung* f ‖ *Verfugung* f ‖ ⟨Zim⟩ *Verzapfung, (Ver)Blattung* f ‖ ⟨Zim⟩ *Einkerbung* f ‖ ⟨Zim⟩ *Verband* m ‖ ⟨An⟩ *Geflecht* n *der Muskeln* ‖ ~ *a cola de milano Schwalbenschwanzverbindung* f ‖ ~ *a diente Verzahnung* f ‖ *de lengüeta Spunden* n ‖ ~ *solapada gedeckte Zinke* f ‖ **–bl(aj)e** m = **–bladura** ‖ **–blar** vt ⟨Zim⟩ *(zusammen)fügen, verzapfen, verdübeln, zusammenblatten* ‖ *máquina de* ~ *Fügemaschine* f ‖ ◇ ~ *a media madera im Winkelverband fügen*
ensan|chador m *(Hand)Schuh(aus)weiter* m ‖ *Rohraufweiter* m ‖ **–char** vt *vergrößern, erweitern* ‖ *ausdehnen* ‖ *aus|weiten, -dehnen (Kleider)* ‖ ◇ ~ *el corazón* fig *seinem Herzen Luft machen* ‖ ~ *su esfera mercantil seinen Geschäftsverkehr erweitern* ‖ ~ *un negocio ein Geschäft vergrößern* ‖ **~se** *sich ausdehnen* ‖ *weiter werden* ‖ figf *sich breitmachen (viel Platz beanspruchen)* ‖ fig *sich bitten lassen* ‖ **–che** m *Erweiterung, Ausdehnung* f ‖ *Einschlag* m *(zum Auslassen an Kleidung)* ‖ *Anlage* f *von neuen Stadtvierteln* ‖ *neues Stadtviertel* n ‖ *Sanierung, Baureguliserung* f
ensangren|tado adj *blutig, blutbefleckt* ‖ *blutüberströmt* ‖ *blutrot* ‖ **–tar** [–ie–] vt *mit Blut beflecken* ‖ **~se** vr fig *wütend werden* ‖ ◇ ~ *con alg.* fig *gegen jdn grausam vorgehen*
ensa|ñado adj *grimmig, ergrimmt* ‖ **–ñamiento** m *Grimm* m, *Wut, Erbitterung* f ‖ **–ñar** vt *wütend machen* ‖ **~se** *in Wut geraten* ‖ ~ *en* (od *con*) *alg. s–e Wut an jdm auslassen*
ensar|tar vt *einfädeln (Perlen, Nadel)* ‖ fig *aneinanderreihen* ‖ fig *aufspießen* ‖ ◇ ~ *desatinos* (od *simplezas*) figf *unnützes Zeug reden, schwatzen* ‖ ~ *padrenuestros ein Vaterunser nach dem anderen beten*, fam *herunterleiern* ‖ **–te, –tamiento** m, **–tadura** f *Aneinanderreihung* f ‖ *Reihenfolge* f
ensa|yador m *Eichbeamter* m *(Gold, Silber usw)* ‖ **–yar** vt/i *versuchen, (aus) probieren* ‖ *ab-, unter|richten* ‖ *proben, üben* ‖ ⟨Tech⟩ *versuchen, testen, erproben* ‖ *prüfen (Münzen, Metalle)* ‖ ⟨Th⟩ *eine Probe abhalten, proben, üben* ‖ *estar –yando* ⟨Mus Th⟩ *bei der Probe sein* ‖ **~se** *sich (ein)üben* ‖ ◇ ~ *a cantar sich im Gesang üben* ‖ **–ye** m *Metallprobe* f ‖ **–yista** m *Essayist* m ‖ **–yo** m *Versuch* m, *Probe* f ‖ *Test* m ‖ *Erprobung* f ‖ *Versuch* m, *Experiment* n ‖ *Essay* m, *kurze Abhandlung* f ‖ *Münz-, Metall|probe* f ‖ *Theater-, Musik|probe* f ‖ ~ *general* ⟨Th⟩ *Generalprobe* f ‖ *en gran escala Großversuch* m ‖ *banco (od caballete) de* ~ *Prüf-, Versuchs|stand* m ‖ *fase de* ~ *Versuchsstadium* n ‖ *tubo de* ~ m *Reagenz-, Probier|glas* n ‖ *a manera (od a guisa, a título) de* ~, *por vía de* ~ *probeweise, auf Probe* ‖ *pedido de (od por vía de)* ~ *Probeauftrag* m ‖ *a* **prueba, experimento**
ensebar vt *einfetten, mit Talg einschmieren*
△**enseclar** vt *aufrichten*
enseguida = en seguida (→ d)
ensel|vado adj *bewaldet* ‖ **–var** vi *im Wald verbergen* ‖ **~se** vr *sich im Wald verbergen* ‖ *sich auf die Lauer legen*
ense|nada f ⟨Mar⟩ *Bucht, Bai* f ‖ Arg *eingefriedete Fohlenweide* f ‖ **–nado** f *busenförmig* ‖ *buchtig* ‖ **–narse** vr ⟨Mar⟩ *in e–e Bucht einfahren*
ense|ña f *Fahne* f ‖ *Banner* n ‖ *Parteifahne* f ‖ *la* ~ *nacional die Landesflagge* f ‖ **–ñable** adj *(leicht) lehrbar* ‖ **–ñado** adj *gelehrt, geschickt* ‖ *bien (mal)* ~ *wohl (schlecht) erzogen* ‖ ~ *en las artes kunstverständig*

ense|ñanza *f Lehre, Belehrung, Unterweisung* f || *Unterricht* m || *Unterrichtswesen* n || *Unterrichtsmethode* f || *Lehranstalt* f || *gutes (bzw belehrendes) Beispiel* n || *Lehre* f || ~ *audiovisual audiovisueller Unterricht* m || ~ *bisexual,* ~ *mixta Koedukation, gemeinschaftliche Erziehung* f *beider Geschlechter* || ~ *por discos Schallplattenunterricht* m || ~ *elemental Grundschulwesen* n || *Volksschule* f || ~ *femenina Frauenstudium* n || ~ *general Allgemeinbildung* f || ~ *obligatoria allgemeine Schulpflicht* f || ~ *intuitiva Anschauungsunterricht* m || ~ *laboral Fachschulwesen* n (→a **bachillerato** *laboral*) || ~ *libre freier Schulunterricht* m || ~ *media Mittel- u. höheres Schulwesen* n || *Mittel- u. höhere Schulbildung* f || ~ *obligatoria Schulzwang* m || ~ *oficial öffentliches Schulwesen* n || ~ *postescolar para adultos Erwachsenen(fort)bildung* f || ~ *primaria, primera* ~ *Elementarunterricht* m || *Volksschulwesen* n || ~ *profesional Berufs-, Fach|schulwesen* n || ~ *pública Unterrichtswesen* n || ~ *radiofónica Rundfunkunterricht* m || *Studienprogramm* n || ~ *religiosa Religionsunterricht* m || ~ *secundaria, segunda* ~ *höheres (bzw Mittel-)Schulwesen* n || ~ *superior,* ~ *universitaria Hochschulwesen* n || ~ *técnica Fachschulwesen* n || *Fachschulunterricht* m || ~ *por televisión TV-Studienprogramm* n || ~ *teórica Lehre* f || *centro (od establecimiento) de* ~ *Schule* f || *Lehranstalt* f || *inspector de (segunda)* ~ *(Mittel)Schulinspektor* m || *libertad de* ~ *Lehrfreiheit* f || *método de* ~ *Unterrichtsmethode* f || →a **bachillerato, escuela, instituto, universidad** || **-ñar** *vt (jdn et) lehren, (jdn in et dat) unter|richten, (jdn in et dat) -weisen, (jdm et) beibringen* || *erklären* || *abrichten (Tiere)* || *(an)zeigen, weisen* || *vor|-zeigen, -führen* || ◊ ~ *a leer lesen lehren* || ~ *con el ejemplo mit gutem Beispiel vorangehen* || ¡*-ñas la camisa! fam das Hemd guckt hervor!* || ~ *vi unterrichten* || ◊ ~ *gratuitamente unentgeltlich Unterricht geben* || **-se** *sich üben (en in et dat)* || *sich gewöhnen an* (acc) || **-ño** *m prov Gewohnheit* f
  enseñorearse *vr sich bemächtigen* (de gen)
  enseres *mpl Werkzeuge, Geräte* npl, *Sachen, Gerätschaften* fpl || *Einrichtung(sgegenstände* mpl*)* f, *Möbel* npl || ⟨Bgb⟩ *Gezäh* n || ~ *domésticos Hausgerät* n || ~ *inservibles Altgegenstände* mpl || ~ *de labor Ackerbaugerät* n
  enseriarse *vr Cu Pe PR Ven ernst werden* || *Unmut zeigen*
  ensiforme *adj schwertförmig*
  ensi|laje *m Einsilieren* n, *Einlagerung* f *in Silos* || **-lar** *vt (ein)silieren*
  ensi|llada *f Ec Bergsattel* m || **-llado** *adj satteltief (Pferd)* || *fam hochrückig, mit hohlem Kreuz (Mensch)* || **-lladura** *f Satteln* n || ⟨An⟩ *Krümmung* f *der Lendenwirbelsäule* || *caballo de buena* ~ *Pferd* n, *das den Sattel gut trägt* || **-llar** *vt satteln* || *fig Chi Mex plagen, belästigen*
  ensimis|mado *adj in Gedanken vertieft, gedankenverloren* || *nachdenklich* || *geistesabwesend* || **-mamiento** *m Insichversunkensein* n || *Nachdenklichkeit* f || *Geistesabwesenheit* f || *Grübelei* f || **-marse** *vr sich in Gedanken vertiefen* || *nachsinnen* || Col Chi Ec *sich einbilden, großtun*
  ensoberbe|cerse [-zc-] *vr fig sich überheben, hochmütig werden* || *fig brausen, toben (Meer)* || *hochgehen (Meereswogen)* || **-cimiento** *m Hochmut* m || *Eigendünkel* m
  ensombre|cer *vt überschatten, verdüstern* (& fig) || **-cerse** [-zc-] *vr fig düster, trübsinnig werden* || **-cido** *adj dunkel* || *fig düster*
  ensombrerado *adj fam mit einem Hut bedeckt*
  ensoña|do *adj träumend, träumerisch* || **-dor** m/*adj Träumer* m || *Schwärmer* m || ~ *adj träumerisch* || **-miento** *m Träumerei* f
  ensopar *vt ein|tauchen, -tunken (Brot usw)* ||

Arg Hond PR Ven *durchnässen, tünchen in* (dat)
  ensor|decedor *adj (ohren)betäubend* || *ruido* ~ *ohrenbetäubender Lärm* m, *Getöse* n || **-decer** [-zc-] *vt betäuben, taub machen* || *dämpfen* || ⟨Gr⟩ *stimmlos machen* || ~ *vi taub werden, ertauben* || *sich taub stellen* || ⟨Gr⟩ *stimmlos werden* || **-decimiento** *m Betäubung* f || *Taubheit* f || **-dinado** *adj gedämpft (Stimme)*
  ensorti|jado *adj gekräuselt, geringelt, kraus (Haar)* || **-jar** *vt kräuseln, locken (Haar)* || *an einem Ring aufhängen* || *mit e-m Nasenring versehen (Tier)* || ~ *las manos die Hände ringen* || ~**se** *sich kräuseln, lockig werden (Haar)*
  ensota|nado *m pop Priester, Pfarrer* m || **-narse** *vr fam Priester werden*
  ensu|ciado *adj schmutzig* || **-ciamiento** *m Beschmutzung, Verunreinigung* f || **-ciar** *vt beschmutzen, verunreinigen* || *beschmieren, beflekken* || *besudeln* || *fig schänden* || ~ *la pop die Sache versauen* || ~**se** *sich schmutzig machen* || *sich beschmutzen, fam das Bett vollmachen, fam in die Hose machen* || *fig sich bestechen lassen* || *trübe werden (Wetter)* || ◊ ~ *las manos fam lange Finger machen*
  ensueño *m Traum* m, *Träumen* n || *Träumerei* f || *Illusion* f, *Wahn* m || *Täuschung* f || *de* ~ *fam traumhaft, Traum-* || ~**s** *pl Traumbilder* npl
  entabla|ción *f Täfelung* f || *Auf-, In|schrift* f *(in Kirchen)* || **-do** *adj* ⟨Mar⟩ *stehend (Wind)* || ~ *m Getäfel, Täfelwerk* n, *Täfelung* f || *Gerüst* n || *Bretterboden* m || *Parkettboden* m || **-dura** *f Täfelwerk* n || **-mento** *m Sims* n
  enta|blar *vt dielen, täfeln* || *zusammenfügen* || *einleiten, vornehmen, unternehmen (Geschäfte, Briefwechsel)* || *(eine Frage) aufs Tapet bringen* || *beginnen (Schlacht)* || *anschneiden (Frage)* || ⟨Med⟩ = **-blillar** || ⟨Jur⟩ *ein|leiten, -reichen (Klage)* || ⟨Jur⟩ *anstrengen, beginnen (Prozeß)* || ⟨Mar⟩ *aufbauen* || *aufstellen (Schachfiguren usw)* || Arg *(Rindvieh) an das Herdenleben gewöhnen, (Rindvieh) daran gewöhnen, herdenweise zu gehen* || ◊ ~ *una acción eine gerichtliche Klage erheben* || ~ *una conversación ein Gespräch anfangen* || ~ *el divorcio die Ehescheidung einreichen* || ~ *negociaciones Verhandlungen aufnehmen* || ~ *un pleito,* ~ *un juicio einen Prozeß anstrengen, führen* || *vi Am prov unentschieden spielen* || ~**se** *vr anfangen (Schlacht, Gespräch usw)* || *sich nicht seitlich wenden wollen (Reitpferd)* || *sich versteifen (Wind)*
  enta|ble *m Aufstellung* f *(auf dem Schachbrett)* || *Täfelung* f || Col *Unternehmung* f, *Geschäft* n || **-blerarse** *vr* ⟨Taur⟩ *sich an das Schutzgeländer der Arena anlehnen und nicht angreifen (Stier)* || **-blillar** *vt (ein gebrochenes Glied) (ein)schienen* || **-blón** *m Pe Prahler* m || *Schlingel, fam Lausbub* m
  entadía *adv pop* = **todavía**
  entalegar *vt einsacken* || *in Beutel stecken* || *fig anhäufen, sparen (Geld)*
  entalpía, entalpia *f* ⟨Phys⟩ *Enthalpie* f
  entalla|do *adj (am Gürtel) anliegend, gutsitzend (Kleid)* || ~ *m Schnitzwerk* n || *Taillenmantel* m || **-dor** *m (Bild)Schnitzer* m || *Stein-, Stempelschneider* m || **-dura** *f Einschnitt* m *(in die Baumrinde)* || *Schnitzwerk* n || *Kerbe* f, *Kerbschnitt* m *(Baumfällen)* || *Ausklinkung* f *(Blech)* || ⟨Tech⟩ *Aussparung* f || *Taillierung* f *(Kleid)* || ⟨Chir⟩ *Schnittwunde* f || ⟨Chir⟩ *Schröpfschnitt* m
  ¹entallar *vt (ein)graben, stechen, schnitzen (in Holz) schneiden, schnitzeln (in Stein) aus-, ein|meißeln, meißeln* || *(em)kerben* ⟨& Tech⟩ *aus-, ein|meißeln* || ⟨Tech⟩ *aussparen* || ⟨Zim⟩ *ein|blatten* || Chi *(Brotteig) teilen* || ◊ ~**se** *un dedo con la puerta Extr sich einen Finger an der Tür quetschen*

entallar vt *auf Taille arbeiten, anpassen (Kleid, Rock)* ‖ ~ vi *in der Taille anliegen* ‖ *knapp anliegen, passen (Kleid)*
entallecer(se) [-zc-] vi/r *Sprößlinge treiben* ‖ *keimen*
entanto adv pop = **entretanto**
entapar vt Chi *einbinden (Buch)*
entapizar [z/c] vt *mit Teppichen belegen* ‖ *tapezieren* ‖ *(mit Tapeten) behängen*
entaponar vt *ver-, zu|korken*
entapujar vt fam *(zu)decken (bes fig)* ‖ *verhüllen, vermummen* ‖ vi *die Wahrheit verbergen*
entarascarse [c/qu] vr fam *sich aufdonnern (Frau)*
entari|mado m *Getäfel, Tafelwerk* n, *Täfelung, Dielung* f ‖ *Parkettbelag* m, *Parkett* n ‖ *(Auf)Tritt* m, *Podium* n ‖ ⟨Mar⟩ *Bodenplatte, Kuhbrücke* f ‖ **-mar** vt *täfeln* ‖ *mit Parkett dielen, belegen* ‖ *auf ein Podium stellen* ‖ **~se** fig *hervorragen*
entaru|gado m *Holzpflaster* n ‖ **-gar** [g/gu] vt *mit Holzstücken pflastern*
éntasis f ⟨Arch⟩ *Entase, Entasis, Schwellung* f *des Säulenschaftes*
ente m *Wesen* n ‖ ⟨Philos⟩ el ~ *das Seiende* n ‖ fam *auffallende, sonderbare Person* f, *Sonderling*, fam *(komischer) Kauz* m ‖ *Einrichtung* f ‖ ~ *público öffentliche Einrichtung* f ‖ *hecho* ~ fig *zur Wirklichkeit geworden (z. B. Traum)*
enteco adj *siech, schwächlich* ‖ *sehr mager*
entejar vt Am *(mit Ziegeln) decken*
ente|lado adj *trüb (Augen)* ‖ *aufgezogen (Karte)* ‖ **-lar** vt *in Leinwand hüllen* ‖ *trüben (Augen)*
entelequia f ⟨Philos⟩ *Entelechie* f
entelerido adj *vor Kälte erstarrt* ‖ *erschüttert, bestürzt* ‖ And CR Hond Ven *schwächlich* ‖ Hond *betrübt*
ente|na f ⟨Mar⟩ *Rute, lateinische Rahe* f ‖ **-nado** m *Stiefsohn* m ‖ *Stiefkind* n
enten|dederas fpl fam *Verstand* m, fam *Grips* m ‖ *buenas (malas)* ~ fam *scharfer (schwacher) Verstand* m ‖ *corto (od duro) de* ~ fam *einfältig*, fam *schwer von Begriff* ‖ **-dedor** m *Kenner* m ‖ *al buen* ~, *pocas palabras Gelehrten ist gut predigen* ‖ *ich weiß, Sie verstehen mich schon* ‖ **-der** [-ie-] vt *verstehen, begreifen* ‖ *verstehen, können (eine Sprache)* ‖ *deutlich vernehmen* ‖ *bemerken, wahrnehmen* ‖ *meinen, glauben* ‖ *einsehen, begreifen* ‖ fam *kapieren* ‖ ◊ ~ *alemán Deutsch verstehen (bzw können)* ‖ ~ *mal schlecht verstehen* ‖ *mißverstehen* ‖ *no* ~ *nada de* fam *nicht klug werden aus* ‖ *si entiendo bien wenn ich recht verstehe* ‖ *haber entendido verstanden*, fam *spitzgekriegt*, pop *gefressen haben* ‖ *eso se entiende das versteht sich* ‖ *¿qué entiende V. por ciencia? was verstehen Sie unter Wissenschaft?* ‖ *¡vaya si lo entiendo!* fam *na ob!* ‖ ~ *lo fam sich gut auskennen, sein Handwerk verstehen* ‖ *no lo entiendo así ich bin anderer Meinung* ‖ *yo me entiendo ich weiß, was ich tue* ‖ *yo te entiendo ich weiß, wo du hinzielst* ‖ ~ *vi vermuten* ‖ *dafürhalten, meinen* ‖ ⟨Jur⟩ *erkennen (als Gericht)* ‖ *entscheiden (als Gericht)* ‖ *hacerse* ~ *sich verständlich machen* ‖ *no entiendo de ello darauf verstehe ich mich nicht* ‖ ~ *de a. von e-r Sache et verstehen* ‖ ~ *de burlas Spaß verstehen* ‖ ~ *de caballos Pferdekenner sein, sich auf Pferde verstehen* ‖ ~ *en a/c sich mit e-r S. beschäftigen, abgeben* ‖ *sich auf et (acc)* ‖ *Kenner sein in (dat), sich verstehen auf (acc)* ‖ *el juez que entiende en la causa der Richter, der in der Sache Recht spricht* ‖ *entiendo por ello que ich verstehe darunter, daß* ‖ *dar a* ~ *a. uno jdm et zu verstehen geben, durchblicken lassen* ‖ *äußern* ‖ *a mi* ~, *en mi* ~, *a (od por) lo que yo entiendo soweit ich weiß, m-r Meinung nach* ‖ *según mi leal saber y* ~ *nach bestem Wissen und Gewissen* ‖ *bailaron como Dios les dio a* ~ fam *sie tanzten, so gut es gehen wollte* ‖ **~se** vr *sich verstehen* ‖ *sich verständigen* ‖ *sich auseinandersetzen* ‖ *ein Abkommen treffen* ‖ *wissen, was man will* ‖ ◊ ~ *bien sich gut vertragen* ‖ ~ *con a/c sich richten nach, sich bequemen zu* ‖ *sich schicken für* ‖ ~ *con alg. sich mit jdm verstehen, mit jdm gut auskommen* ‖ *sich mit jdm verständigen (acerca de, sobre über* acc*)* ‖ fam *mit jdm ein Verhältnis haben* ‖ *eso no se entiende conmigo das geht mich nichts an* ‖ ~ *con una mujer mit einer Frau ein (Liebes)Verhältnis haben* ‖ ~ *por señas sich durch Gebärden verständigen (Stumme)* ‖ *eso se entiende por sí mismo das versteht sich von selbst* ‖ *cada uno se entiende jeder weiß, wo ihn der Schuh drückt* ‖ *los precios se entienden al contado die Preise verstehen sich gegen bar* ‖ *¡cómo se entiende! was soll das heißen? wie so?* ‖ *¡yo me entiendo!* fam *ich weiß schon Bescheid!* ‖ *ich weiß genau, was ich will (bzw sage)*
enten|dido adj *erfahren, klug* ‖ *beschlagen, bewandert, gewandt, gescheit (en in* dat*)* ‖ *sachverständig* ‖ ◊ *darse por* ~ *sich einverstanden erklären (con mit)* ‖ fam *sich dankbar erweisen* ‖ *no darse por* ~ *sich dumm stellen* ‖ *eso lo doy por* ~ *das halte ich für selbstverständlich!* ‖ *queda* ~ *es ist selbstverständlich* ‖ *ser* ~ *en Fachkenntnisse haben in (*dat*), sich verstehen auf (*acc*)* ‖ *tener* ~ *dafürhalten, meinen, davon ausgehen (que daß)* ‖ *ten* ~ *que bedenke, daß* ‖ *bien* ~ *que, cosa* ~ *que selbstverständlich, es versteht sich von selbst, daß* ‖ *¡~!* ¡~s! *einverstanden!* ‖ ~ m *Sachverständige(r)*, *(Fach)Kenner* m ‖ *hacer el* ~ *den Klugen spielen* ‖ **-dimiento** m *Verstand* m, *Vernunft* f ‖ *Begriffsvermögen* n ‖ *Fassungskraft* f ‖ *Verständnis* n ‖ *Einsicht* f ‖ *Verständigung* f ‖ *Vereinbarung* f ‖ *Vernehmung* f *(Willenserklärung)* ‖ *de* ~ *sehr gebildet* ‖ *sehr aufgeweckt* ‖ *con* ~ *vernünftig* ‖ *buen* ~ *Eintracht* f ‖ ◊ *sobrepasar el* ~ *undenkbar sein*
entenebre|cer(se vr) vt *(sich)verfinstern* ‖ **-cido** adj *finster, düster* ‖ **-cimiento** m *Verfinsterung* f
entente f frz ⟨Pol⟩ *Entente* f
enteo m Sal *Wunsch* m ‖ *Gelüst* n
entequez [pl **-ces**] f *Schlaffheit, Schwächlichkeit* f
entera f León *Schwelle* f
enterado adj *eingeweiht (de in* acc*)* ‖ *vertraut mit (*dat*)* ‖ *gewandt, erfahren* ‖ *unterrichtet über (*acc*), benachrichtigt* ‖ ⟨Mil⟩ *¡~! verstanden!* ‖ ⟨Com⟩ *gesehen (Vermerk)* ‖ ⟨Taur⟩ *erfahren (Stierkämpfer)* ‖ Chi *eingebildet* ‖ Chi *unhöflich* ‖ ◊ *estar* ~ *auf dem laufenden (od im Bilde) sein (de über* acc*)* ‖ *Bescheid wissen (de über* acc, in dat*)* ‖ *no darse por* ~ *de et völlig ignorieren* ‖ *sich unwissend stellen* ‖ *¡quedamos* ~s! fam *das soll einer verstehen!*
enteramente adv *ganz, durchaus, vollständig, gänzlich* ‖ ◊ *satisfacer* ~ *voll befriedigen*
enterar vt *jdm Aufschluß, Auskunft geben (de über* acc*)* ‖ *unterrichten, benachrichtigen (von* dat*)* ‖ Arg Chi *auffüllen, vollmachen (e-n Betrag)* ‖ Col CR Hond Mex *(ein)zahlen* ‖ **~se** *sich überzeugen (de von* dat*)* ‖ *Kenntnis erhalten (von)* ‖ *et erfahren, in Erfahrung bringen* ‖ *unterrichtet werden (de a. über et* acc*)* ‖ ◊ ~ *en a/c sich in et einarbeiten* ‖ ~ *por la carta dem Briefe entnehmen* ‖ *¡para que te enteres!* fam *damit du (das) endlich kapierst!* ‖ *¿se entera V.? Am verstehen Sie?*
entercarse [c/qu] vr *hartnäckig werden*
entereza f *Vollständigkeit* f ‖ fig *Vollkommenheit* f ‖ fig *Redlichkeit, Rechtschaffenheit* f, *Biedersinn* m ‖ fig *Beharrlichkeit, Standhaftigkeit* f ‖ fig *(Charakter)Festigkeit* f ‖ fig *Unbescholtenheit* f ‖ fig *ernstes, steifes Betragen* n ‖ ~ *de ánimo Geistesgegenwart* f ‖ ~ *virginal*

entérico — entorchado 482

Jungfrauenschaft, jungfräuliche Unschuld f ‖
entérico adj ⟨Med⟩ *enteral, Darm-, auf den Darm bezogen*
enteritis f ⟨Med⟩ *Enteritis, Darm|entzündung* f, *-katarrh* m
enterizo adj *ganz, vollständig* ‖ *aus einem Stück (Säule)* ‖ *fest, dauerhaft*
enterne|cedor adj *rührend (Anblick usw)* ‖ **–cer** [-zc-] vt *zart, weich machen, auf-, er|weichen* ‖ fig *rühren, erweichen* ‖ **~se** *sich erweichen, weich werden* (& fig) ‖ fig *gerührt werden* ‖ **–cidamente** adv *zart, mit rührender Zärtlichkeit* ‖ **–cido** adj fig *gerührt* ‖ fig *zärtlich* ‖ **–cimiento** m *Rührung* f ‖ *rührende Zärtlichkeit* f ‖ con ~ *rührend, zärtlich*
entero adj *ganz (& Zahl)* ‖ *völlig* ‖ *vollkommen* ‖ *voll|ständig, -zählig* ‖ *ungeteilt* ‖ *un|angetastet,-geschmälert,-versehrt* ‖ *voll (Summe)* ‖ *unverschnitten (Hengst, Tier)* ‖ ⟨Bot⟩ *ganzrandig (Blatt)* ‖ fig *gesund, kräftig* ‖ fig *jungfräulich* ‖ *redlich, rechtschaffen, bieder* ‖ *lang (Hose)* ‖ *ganzseitig (Abbildung)* ‖ *beharrlich, unbiegsam, standhaft* ‖ *fest (Charakter, Stimme)* ‖ fig *klug, einsichtsvoll* ‖ *dichtgewoben, fest (Tuch)* ‖ ⟨Taur⟩ *voller Kampflust, nicht abgeschwächt (Stier)* ‖ Guat Pe Ven *sehr ähnlich* ‖ un año ~ *ein volles Jahr* n ‖ caballo ~ *Hengst* m ‖ (estocada) ~a ⟨Taur⟩ *durchgehender Degenstich* m ‖ un hombre ~ *ein Ehrenmann* m ‖ el mundo ~ *die ganze Welt* ‖ (número) ~ ⟨Math⟩ *ganze Zahl* f ‖ con voz ~a *mit fester, entschlossener Stimme* ‖ durante días ~s *tagelang* ‖ ◊ escribir por ~ *ausschreiben* ‖ pagar por ~ *voll einzahlen* ‖ ~ m ⟨Math⟩ *ganze Zahl* f, *Ganze(s)* n ‖ *Punkt* m *(Börse)* ‖ ⟨Sp⟩ *Punkt* m ‖ Col CR Chi Mex *(Ein)Zahlung, Geldleistung* f
entero|colitis f ⟨Med⟩ *Enterokolitis* f ‖ **–miasis** f ⟨Med⟩ *Enteromyiase, Madenkrankheit* f *des Darmes* ‖ **–neurosis** f ⟨Med⟩ *nervöse Darmstörung, Enteroneurose* f ‖ **–rragia** f ⟨Med⟩ *Darmblutung, Enterorrhagie* f ‖ **–stomía** f ⟨Chir⟩ *Enterostomie, Anlegung* f *e-s künstlichen Afters* ‖ **–tomía** f ⟨Chir⟩ *Enterotomie* f, *Darmschnitt* m
ente|rrado m *Beerdigte(r)* m, *Leiche* f ‖ **–rrador** m *Totengräber* m ‖ ⟨Entom⟩ *Totengräber* m (Necrophorus vespillo) ‖ ⟨Taur⟩ *Gehilfe* m *des Matadors* ‖ **–rramiento** m *Begräbnis* n ‖ *Beerdigung* f ‖ *Ver|grabung, -schüttung* f ‖ *Grabstätte* f ‖ *Grab* n ‖ **–rrar** [-ie-] vt *einscharren, ver-, ein|graben* ‖ *begraben, beerdigen, bestatten* ‖ fig *jdn überlehen* ‖ fig *begraben sein lassen* ‖ fig *vergessen (lassen)* ‖ fig graben in (acc) *(Degen)* ‖ ◊ ~ vivo *lebendig begraben* ‖ ¡contigo me entierren! fam *mit dir will ich leben und sterben!* ‖ **~se** vr: ◊ ~ en vida fig *sich lebendig begraben, sich (von den Menschen) abschließen* ‖ quedó –rrado bajo los escombros *er wurde unter den Trümmern begraben*
enti|bación f ⟨Bgb Zim⟩ *(Strecken)Ausbau* m, *Abstützung*, *(Ver)Zimmerung* f ‖ **–bado** m ⟨Bgb⟩ *Grubenzimmerung* f ‖ **–bador** m ⟨Bgb⟩ *Zimmerhauer, (Gruben)Zimmermann* m ‖ **–bar** vt ⟨Arch⟩ *abspreizen* ‖ ⟨Bgb Zim⟩ *abstützen* ‖ *ver|zimmern, -pfählen* ‖ ⟨Bgb⟩ *ausbauen*
enti|biamiento m *Lauwerden, Abkühlen* n ‖ fig *Erkaltung* f ‖ **–biar** (Am & **–biecer** [z/c]) vt *lau machen* ‖ *abschrecken (Wasser)* ‖ fig *abkühlen, mäßigen (Gefühle)* ‖ fig *mildern* ‖ **~se** *lau werden, abkühlen* (& fig)
entibo m ⟨Arch⟩ *Stütze, Strebe* f ‖ ⟨Bgb⟩ *Stempel* m, *Grubenholz* n ‖ ⟨Zim⟩ & fig *Stütze* f
entidad f *Wesenheit* ‖ *Wesen* n ‖ ⟨Philos⟩ *Seinshaftigkeit, Entität* f ‖ *Körperschaft, Vereinigung* f, *Verein* m ‖ ⟨Com⟩ *Firma* f, *Unternehmen* n ‖ *Stelle* f *(Amt)* ‖ ~ aseguradora *Versicherungsgesellschaft* f ‖ ~ colegial *Kammer* f ‖ ~ cultural *Kulturverein* m ‖ ~ jurídica, ~ legal *juristische Person* f ‖ ~ local *Gemeindewesen* n ‖

~ recreativa *Vergnügens-, Geselligkeits|verein* m ‖ de ~ *wesentlich, von Belang* ‖ *wertvoll, wichtig*
entierro m *Beerdigung, Bestattung* f, *Begräbnis* n ‖ *Leichen|begängnis* n, *-zug* m ‖ *Grabstätte* f ‖ *ver|grabener, -borgener Schatz* m ‖ *Vergraben, Einscharren* n ‖ *unter dem Vorwand e-s verborgenen Schatzes* ‖ ~ de la sardina *Faschingsfest* n *am Aschermittwoch* ‖ cara de ~ figf *trauriges Gesicht* n, *Leichenbittermiene, Trauermiene* f ‖ Santo ⁓ *Karfreitagsprozession* f *des Heiligen Grabes*
entiesar vt *spannen, steifen* ‖ *straffen* ‖ *(die Ohren) spitzen*
[1]**entinar** vt *in e–n Zuber tun*
[2]△**entinar** vt *ver|geben, -zeihen*
entin|tar vt *mit Tinte beflecken, beklecksen* ‖ *färben* ‖ ⟨Typ⟩ *ein|färben, -walzen* ‖ **–te** m *Färben* n
entirriarse vr fam *wütend werden*, fam *einschnappen*
entizar [z/c] vt *(den Billardstock) einkreiden*
entiznar vt *mit Ruß beschmieren*
ent.¹º Abk = **entresuelo**
ent.º Abk = **entretanto**
ento(d)avía adv And pop = **todavía**
entol|dado adj *überwölbt (Laube mit Reben)* ‖ fig *trübe (Himmel)* ‖ ~ m *Behängen* n *mit Tapeten* ‖ *Tapetenbehang* m ‖ *Sonnenzelt* n ‖ *Sonnendach* n ‖ *Fest-, Tanz|zelt* n *(bei span. Volksfesten)* ‖ **–dar** vt *mit Tüchern überspannen (zum Schutz)* ‖ *mit e–m Sonnendach versehen* ‖ *(Sonnenzelt) (aus)tapezieren, behängen* ‖ **~se** *sich umwölken (Himmel)* ‖ fig *sich trüben (Freude)* ‖ fig *stolz werden* ‖ **–do** m *Stolz* m, *Einbildung* f
ento|mófago adj *insektenfressend* ‖ **–mogamia** f ⟨Bot⟩ *Insektenblütigkeit, Entomogamie* f ‖ **–mógamo** adj ⟨Bot⟩ *insektenblütig, entomogam* ‖ **–mología** f *Kerbtier-, Insekten|lehre, -kunde*, *Entomologie* f ‖ **–mológico** adj *entomologisch* ‖ **–mólogo** m *Entomologe, Insektenforscher* m
entomostráceos mpl ⟨Zool⟩ *Kleinkrebse, niedere Krebse* mpl (Entomostraca)
ento|nación f *Anstimmen* n, *Einsatz* m ‖ ⟨Mus⟩ *Intonation, Intonierung* f ‖ *Tonführung* f ‖ *Tonfall* m *(Sprache)* ‖ ⟨Mal⟩ *Abtönung* f ‖ fig *Anmaßung* f, *Dünkel* m ‖ fig *Selbstbewußtsein* n ‖ **–nado** adj *wohlklingend* ‖ fig *hochmütig* ‖ fig *anmaßend, dünkelhaft* ‖ fig *vornehm* ‖ **–nador** adj/s *kräftigend* ‖ ~ m *Vorsänger* m ‖ *(Blase)Balgtreter, Bälgetreter, Kalkant* m ‖ **–namiento** m ⟨Mus⟩ *Intonierung* f ‖ fig *Hochmut, Dünkel* m ‖ **–nar** vt/i *richtig singen, intonieren* ‖ *anstimmen (Gesang)* ‖ *(die Bälge) treten (bei der Orgel)* ‖ ⟨Med⟩ *kräftigen, stärken* ‖ ⟨Mal⟩ *abtönen, in Einklang bringen* ‖ vi ⟨Mus⟩ *intonieren, Ton halten (im Singen)* ‖ *(Orgelpfeifen) nachstimmen* ‖ *passen, passend sein* (con *zu* dat), *harmonieren* (con *mit* dat) ‖ ⟨Med⟩ *kräftigen* ‖ fig *den Ton angeben* ‖ **~se** fig *dick(e)tun, sich aufblähen, sich aufblasen*
entonces adv *damals, zu jener Zeit* ‖ *alsdann* ‖ *in diesem Falle, unter solchen Umständen, dann* ‖ da ‖ de ~ *damalig* ‖ desde ~ *seit jener Zeit, seitdem* ‖ en (od por) aquel ~ pop *damals, zu jener Zeit* ‖ hasta ~ *bis dahin* ‖ ¡(pues) ~! *(nun) also! das will ich meinen!* ‖ ¡endlich! ‖ ¿por qué no lo hiciste ~? *warum hast du es also nicht getan?*
entone|lamiento m *Eintonnen* n ‖ **–lar** vt *in Fässer füllen* ‖ *eintonnen*
entono m fig *Stolz, Dünkel* m ‖ *Selbstbewußtsein* n ‖ fam *festes Auftreten* n ‖ → a **entonación**
entontar vt = **entontecer**
entonte|cer [-zc-] vt *verdummen, dumm machen* ‖ vi = **~se** vr *einfältig werden, verdummen*, fam *verblöden* ‖ **–cimiento** m *Verdummung*, fam *Verblödung* f ‖ *Dummheit, Einfalt* f
entoñar vt Sal Vall Zam *ein-, ver|graben*
entorchado m *Gold-, Silber|faden* m, *-tresse* f ‖ *Gold-, Silber|stickerei* f *(auf Uniformen)*

entorilar vt ⟨Taur⟩ *in den Zwinger sperren (Stiere)*

entor|nado adj *halb offen (Tür, Augen)* ‖ *seitwärts geneigt* ‖ *aufgeschlagen (Hut)* ‖ **–nar** vt *halb öffnen (Tür, Augen)* ‖ *anlehnen (Tür, Fenster)* ‖ *um|werfen, -kippen* ‖ Ar *umsäumen (Wäsche)* ‖ **~se** *sich seitwärts neigen* ‖ **–no** m *Umgebung* f ‖ fig *Milieu* n, *Umwelt* f ‖ Ar *(Kleider-) Saum* m

entor|pecer [-zc-] vt *behindern, stören, hemmen* ‖ *verzögern* ‖ *lähmen, betäuben* ‖ fig *abstumpfen* ‖ fig *hemmen, erschweren* ‖ **~se** fig *stumpf werden* ‖ **–pecimiento** m *Behinderung* f, *Hindernis* n, *Lähmung* f ‖ fig *Stumpfsinn* m ‖ fig *Hemmung* f, *Hindernis* n ‖ fig *Benommenheit* f ‖ ⟨Mil⟩ *Ladehemmung* f

entós pop = **entonces**

ento|zoario, -zoo m *Entozoon* n, *tierischer Schmarotzer* m *im Körperinnern*

entrabar vt And Col *behindern, hemmen*

entra|da f *Ein-, Zugang* m ‖ *Einfahrt* f *(bes* ⟨Mar⟩*)* ‖ *Eintritt* m, *Eintreten* n ‖ *Ein|fahrt* f, *-zug* m ‖ *Einreise* f ‖ *Zutritt* m ‖ ⟨Mil⟩ *Ein|zug, -marsch* m ‖ ⟨Mil⟩ *feindlicher Einfall* m ‖ *Zu|fahrt* f, *-gang* m ‖ *Vorplatz* m, *Diele* f ‖ ⟨Flugw⟩ ⟨Mil⟩ *Einstieg* m ‖ ⟨Com⟩ *Einfuhr* f ‖ *Einfuhrzoll* m ‖ ⟨Th⟩ *Geld-, Tages|einnahme* f ‖ ⟨Th⟩ *Eintrittskarte* f, *Billett* n ‖ ⟨Th Filmw⟩ *Besucher (-zahl* f*), Zuschauer* mpl ‖ *Anfang, Beginn* m ‖ *Ein|führung, -leitung* f *(zu e-m Buch)* ‖ *Titelblatt* n *e-s Buches* ‖ ⟨Com⟩ *Buchung* f ‖ ⟨Com⟩ *(Haben)Posten* m ‖ ⟨Com⟩ *Eingang* m ‖ *Einlauf* m *(Post)* ‖ *Eingangsdatum* n ‖ *Amtsantritt* m ‖ fam *kurzer Besuch* m ‖ *Vor|gericht* n, *-speise* f ‖ ⟨Arch⟩ *Einsprung* m *(e-r Mauer)* ‖ *Balken- (bzw Pfeiler)Ende* n ‖ ⟨Tech⟩ *Ein|laß, -tritt* m ‖ *Zufuhr* f ‖ *Einführung* f ‖ ⟨Bgb⟩ *Schicht* f ‖ ⟨Sp⟩ *Einschwingen* n, *Einschwung* m ‖ ⟨Mus⟩ *Ein|fallen, -setzen* n *e-r Stimme* ‖ fig *Verständnis* n ‖ fig *Vertrauen* n ‖ fig *Gunst* f ‖ ⟨Taur⟩ *Angriff* m ‖ Cu Mex *Überfall* m ‖ Mex *Prügelei* f ‖ **~ a la** *(od de la)* **autopista** *Autobahnauffahrt* f ‖ **~ del año** *Jahresanfang* m ‖ **¡buena ~ de año!** *prosit Neujahr!* ‖ **~ en caja** ⟨Com⟩ *Kassaposten* m ‖ **~ en funciones** *Amtsübernahme* f ‖ **~ delantera, trasera** *Vorder-, Hinter|eingang* m ‖ **~ lateral** *Seiteneingang* m ‖ **~ de la llave** *Schlüsselloch* n ‖ *Schlüsselführung* f *(im Schloß)* ‖ **libre Zutritto frei** ‖ ⟨Com⟩ *freie Einfuhr* f ‖ **prohibida (no hay~)** *Eingang verboten (Aufschrift)* ‖ **~ por salida** *durchlaufender Posten* m *in e–r Rechnung* ‖ fig *was leicht auszuführen ist* ‖ **~ de un socio** ⟨Com⟩ *Aufnahme* f *e-s Teilhabers* ‖ **cuota de ~** *Eintrittsgeld* n ‖ *Einschreibegebühr* f ‖ **derechos de ~** *Einfuhrzölle* mpl ‖ **media ~** *halbvoll (Theater, Stiergefecht)* ‖ **permiso de ~** *Einfuhrschein* m ‖ **de primera ~** *im ersten Anlauf* ‖ **tarjeta, carnet de ~** *Eintrittskarte* f ‖ ◊ **dar ~** *einräumen, erlauben* ‖ *aufnehmen* (a alg. *jdn*) ‖ **hacer su ~ (en)** *seinen Einzug halten* ‖ *ein|rücken, -ziehen (Truppen)* ‖ **hallar ~** fig *Aufnahme, Beifall finden* ‖ **hubo una gran ~** ⟨Th⟩ *die Vorstellung war stark besucht* ‖ **irse ~ por salida** fam *im Gleichgewicht bleiben* ‖ **tener ~ (en)** *eingeführt sein (bei dat)*, *Zutritt haben zu (dat)* ‖ **tener ~ con alg.** *(jederzeit) Zutritt bei jdm haben*

~s pl *die beiden zurücktretenden Stirnwinkel* mpl *oberhalb der Schläfe*, fam *Geheimratsecken* fpl ‖ *Zugänge* mpl *(z. B. Krankenhaus)* ‖ **frente con ~** *breite, hohe Stirn* f ‖ **y salidas** ⟨Com⟩ *Einnahmen und Ausgaben* fpl ‖ *Ein- und Aus|gänge* mpl ‖ **con muchas ~ y salidas** fig *mit vielen Machenschaften* ‖ fig *Kniffe* mpl ‖ **libro de ~** *Eingangsbuch, Geschäftsjournal* n ‖ ◊ **dar ~** *Erfolg haben (Theaterstück usw)*

entra|dilla f León *ein Volkstanz* m ‖ **–do** adj *vorgeschritten* ‖ **~ en años, ~ en días** *alt, betagt,*
bejahrt ‖ **hasta muy ~ el dia** *weit in den Tag hinein* ‖ **muy ~ a la noche** *spät in der Nacht* ‖ **hasta muy ~ el siglo XV** *bis spät ins XV. Jh. hinein* ‖ **–dor** m/adj CR Mex Ven *kühn, waghalsig* ‖ **~ m** Nic Guat *Freund, Kumpan* m ‖ Chi *Eindringling* m

entra|mado m ⟨Arch⟩ *Fach-, Bind|werk* n ‖ ‖ **–mar** vt *in Fachwerk bauen*

entram|bos, –bas m/fpl *(alle) beide*

entram|pador m *Betrüger* m ‖ **–par** vt *in e–e Falle locken* ‖ fig *berücken, betören* ‖ *jdn in Schulden stürzen, mit Schulden belasten* ‖ figf *verwickelt machen* ‖ **~se** fig *in Schulden geraten*

entrante adj/s *eintretend, kommend (Woche, Monat usw)* ‖ *einspringend (Winkel)* ‖ **marea ~** ⟨Mar⟩ *Flut* f ‖ **el ~** *mes de abril* Am *April* m *des nächsten Jahres* ‖ **el 15 del ~** *am 15. nächsten Monats* ‖ **~ m** *Vorspeise* f

entra|ña f *Eingeweide* n, *innerer Teil des Körpers* ‖ fig *Inner(st)e(s)* n ‖ **~s** *Herz-, Gefühl|losigkeit* f ‖ *gefühlloser Mensch* m ‖ **~s** pl *Eingeweide* npl ‖ fig *Innere(s)* n, *Kern* m *e-r Sache* ‖ *(Mit)Gefühl, Herz* n ‖ *Gemüt* n ‖ *Charakter* m ‖ **las ~ de la tierra** *das Erdinnere* ‖ **hasta la ~** Am *bis ins einzelne* ‖ **hombre de buenas ~s** *gut|mütiger, -herziger Mensch* m ‖ **(hijo de) mis ~** *mein Herzblatt (Kosewort), mein Herzenssohn* ‖ ◊ **esto me arranca las ~** figf *das Herz bricht mir dabei* ‖ **dar hasta las ~** figf *alles hergeben* ‖ **echar las ~** figf *stark brechen, speien* ‖ **sacar(le) a alg. las ~** *jdm das Herz aus dem Leibe reißen* ‖ figf *alles von jdm bekommen,* fam *jdn bis aufs Hemd ausziehen* ‖ **no tener ~** figf *kein Herz haben* ‖ **–ñable** adj *innig, sehr tief, herzlichst (Liebe, Freundschaft)* ‖ *innigst geliebt, Herzens-* ‖ **–ñablemente** adv *innig(st), herzlich(st)* ‖ **–ñado** adj *voll, durchdrungen (de mit)* ‖ **–ñar** vt *in sich fassen, einschließen* ‖ *mit sich bringen* ‖ *(in sich) bergen* ‖ *führen zu* (dat) ‖ *ins Inner(st)e führen* ‖ ⟨Mar⟩ *trensen* ‖ **~se** *sich innig verbinden* ‖ ◊ **con ~ sich mit jdm sehr eng befreunden** ‖ **–ñoso** adj *vertraulich, heikel* ‖ **–ñudo** adj RPl *hartherzig*

entrapajar vt *mit Lappen umwickeln (Glied, Wunde)* ‖ **~se** vr Arg *sich aufdonnern*

entrar vt/i *hinein|tun, -bringen, -führen, -stecken* ‖ *hineinfahren* ‖ *einreihen* (en *in* acc) ‖ *eintragen (in die Bücher)*, *buchen* ‖ *einführen (Waren)* ‖ *überfallen (ein Land)* ‖ *überfallen (e-e Krankheit)* ‖ *befallen* (a acc) *(Fieber, Schmarotzer)* ‖ *anwandeln* (a acc) *(z. B. Lust)* ‖ ⟨Mar⟩ *einlaufen (in den Hafen)* ‖ ⟨Mil⟩ *ein|rücken, -marschieren* ‖ ⟨EB Bgb⟩ *einfahren* ‖ ⟨Typ⟩ *(die Zeile) einziehen* ‖ ◊ **~ a uno** *jdn überreden, veranlassen zu* ‖ **no hay por donde –le** fam *es ist schwer, mit ihm fertig zu werden* ‖ **~ en cuenta** *berücksichtigen* ‖ **~ en cuenta corriente** *in laufende Rechnung bringen* ‖ **~ (el) sueño** *schläfrig werden* ‖ **me entró un mareo** *mir wurde schwindlig* ‖ **¡entre V. mi tarjeta!** *geben Sie meine Visitenkarte ab!*

~ vi *eintreten* ‖ *hinein|gehen, -laufen, -fahren* ‖ *einziehen* (en *in* acc) ‖ *ankommen, anfangen, beginnen* ‖ *eingehen (Gelder, Postsendung)* ‖ *eindringen (Kugel ins Fleisch)* ‖ *eintreten (Jahreszeit, Fieber)* (en *in* acc), *beitreten* (en *in* acc) ‖ *Zutritt haben (z. B. bei Hofe)* (en *zu* dat) ‖ *aufgenommen werden* (en *in* acc) ‖ *hineingehen* ‖ *enthalten sein* (en *in* dat) ‖ *(ein Amt) antreten* ‖ *sich einlassen* (en *auf* acc) ‖ *sich einarbeiten* (en *in* acc) ‖ ⟨Mus⟩ *ein|fallen, -setzen* ‖ ⟨Taur⟩ *angreifen (Stier)* ‖ ⟨Mil⟩ *als Sieger einziehen* ‖ ◊ **~ bien gelegen kommen, passend sein** ‖ **~ como socio** ⟨Com⟩ *als Teilhaber eintreten* ‖ **~ y salir hin- und hergehen** ‖ **el año que entra** *das nächste Jahr* ‖ **ahora entro yo** *jetzt bin ich an der Reihe* ‖ **no puedo hacer ~ el pie, la bota no me entra** *ich bringe den Fuß nicht (in den Schuh) hinein* ‖ **entra y sal** ⟨Taur⟩ *Ersatzpikador* m ‖ **le entra coraje**

er gerät in Wut, er wird wütend || le entra el sueño *der Schlaf überwältigt ihn* || le ha entrado apetito *er hat Appetit bekommen* || eso no me entra *das ist zu schwer (verständlich) für mich* || ese hombre no me entra figf *den Menschen kann ich nicht leiden,* fam *den Kerl kann ich nicht ausstehen* || cuando entre el día *bei Tagesanbruch* || ¡entre! *herein!*
a) in Verb. mit a : ~ a ojos cerrados fam *blindlings* || ~ a saco *plündern* || ~ a servir *in Dienst treten* || ... entra a formar parte de nuestra razón social ⟨Com⟩ ... *ist in unsere Firma eingetreten*
b) in Verb. mit con: ~ con calzador figf *mit Mühe hineinkommen* || ~ con haches y erres figf *ein Spiel mit schlechten Karten anfangen*
c) in Verb. mit de: ~ de aprendiz *in die Lehre eintreten, gehen* || ~ de por medio *vermitteln*
d) in Verb. mit en: *(hinein)gehören (in* acc) || ~ en calor *in Hitze geraten, sich erwärmen* || en campaña ⟨Mil⟩ *ins Feld rücken* || ~ en celo *brünstig werden (Tier)* || ~ en consideración *in Betracht kommen* || ~ en el corazón de alg. fam *jds Zuneigung gewinnen* || ~ en cuenta *in Anschlag kommen* || ~ en cuentas consigo *Einkehr in sich halten* || ~ en disputas *sich in Streitigkeiten einmischen* || ~ en edad *älter werden* || ~ en los ochenta *ins achtzigste Lebensjahr treten* || ~ en juicio *Rechenschaft fordern* (con *von)* || entran ocho en libra *es gehen 8 aufs Pfund* || en la mezcla entran diez ingredientes *die Mischung besteht aus 10 Bestandteilen* || me ha entrado a. en el ojo *et ist mir ins Auge geflogen, gefallen* || el clavo entra en la pared *der Nagel geht in die Wand hinein* || ~ en pormenores, ~ en detalles *auf Enzelheiten eingehen* || *ins Detail gehen* || ~ en posesión *in den Besitz gelangen* || ~ en el puerto *einlaufen (Schiff)* || eso no entra en mi programa *das paßt nicht in mein Programm* || ~ en relaciones (con) *Beziehungen aufnehmen (zu, mit dat)* || ~ en relaciones comerciales *Geschäftsverbindungen anknüpfen* || ~ dentro de sí (mismo) ~ en sí mismo fig *in sich gehen* || ~ en sudor *in Schweiß geraten (Kranker)* || ~ en suertes *teilhaben (an e-r Verlosung)* || ~ en temor, ~ en recelo *in Furcht geraten* || en este vestido entra mucha tela *zu diesem Kleid ist viel Stoff nötig* || entrar en a. *et mit e-r Sache zu tun haben* || no ~ ni salir en a/c figf *an et keinen Anteil haben* || el libro no entra en el baúl *das Buch geht nicht in den Koffer hinein* || no me entra (en la cabeza) *das will mir nicht in den Kopf* || *das begreife* (fam *kapiere*) *ich nicht* || el sombrero no le entra en la cabeza *der Hut ist zu eng für seinen Kopf* || ya voy entrando en curiosidad *ich werde schon neugierig*
e) in Verb. mit por: ~ por alto *eingeschmuggelt werden (Waren)* || ~ por la puerta *durch die Tür eintreten, hindurchgehen* || entra por (*od* con) un quinto *er ist mit e-m Fünftel beteiligt*
~ vt *einführen (Waren)* || erobern (bzw *angreifen) (Festung, Stadt)* || ⟨Mar⟩ *(allmählich) einholen (verfolgtes Schiff)* || fig *jdm beikommen*
~se *hineingehen* || *herein|kommen, -treten* || *erscheinen* || *eindringen* (en *in* acc) || ~ de rondón fam *unangemeldet eintreten* || ~ por la casa fig *unvermutet zufallen (Glück)* || ~ por las puertas de uno figf *ungerufen irgendwo erscheinen*
entrazado adj: bien ~ Chi *wohlgestaltet (Person)*
entre prep *zwischen* (dat, acc) || *unter* (dat) || *bei* (dat) || *in* || 1. Raum, Ort: ~ Barcelona y Madrid *zwischen Barcelona und Madrid* || ~ dos luces *im Zwielicht* || hablar ~ dientes *zwischen den Zähnen murmeln* || ~ dos y tres *zwischen zwei und drei (Uhr)*
2. Zusammenwirken zweier Elemente:
~ el granizo y la sequía quedé sin cosecha *teils die Hagel, teils die Dürre hat mich um die Ernte gebracht* || ~ tú y yo *wir beide (zusammen)* || *unter uns beiden* || *zwischen uns beiden* || cien hombres, ~ marineros y soldados *hundert Mann, teils Matrosen, teils Soldaten* || ~ tres se comieron una gallina *sie aßen zu dritt ein Huhn auf*
3. Zeitdauer: ~ día *tagsüber, den Tag über* || ~ semana *die Woche über, während der ganzen Woche* || ~ tanto (= entretanto) *inzwischen, unterdessen*
4. Unbestimmtheit, Übergang: ~ lobo y can figf *weder Fisch noch Fleisch* || ~ dulce y agrio *bittersüß* || ~ rojo y azul *rötlichblau, violett* || ~ agradecido y rencoroso *halb dankbar, halb grollend* || ~ difícil y costoso *teils schwer, teils kostspielig*
5. Teil e-r Gruppe: uno ~ muchos *e-r unter vielen* || ~ amigos *unter Freunden* || 30 ~ 5 a 6 5 *in 30 geht 6mal*
6. *statt* **para**: lo dije ~ mí *ich sagte es für mich* || tal pensaba yo ~ mí *so dachte ich bei mir*
7. in Verbindung mit anderen Präpositionen: hablando para ~ los dos *unter uns gesagt* || salió de ~ las malezas *er kam aus dem Gebüsch hervor* || pasó por ~ las filas *er ging zwischen den Reihen hindurch*
8. in präpositionalen *(bindewörtlichen)* Verbindungen: ~ que (= mientras) dormía *während er schlief* || ~ tanto que no lo indique *solange er es nicht angibt* || por ~ durch (acc) || por ~ los prados *durch die Wiesen*

entre|abierto pp/irr *v.* **-abrir** || ~ adj *halboffen (Tür, Knospe)* || **-abrir** [pp -abierto] vt *halb öffnen, halb aufmachen* || *ein wenig öffnen* || ~**se** *halb offen bleiben* || **-acto** m ⟨Th⟩ *Zwischenakt, Entreakt* m || ⟨Th⟩ *Zwischenaktmusik* f || *kleine, walzenförmige Zigarre* f || → a **intermedio** || **-barrera(s)** f (pl) ⟨Taur⟩ *Gang* m *zwischen der Schranke und den ersten Sitzreihen*
entre|cano adj/s *halbgrau, (grau)meliert (Haar)* || *mit halbgrauem Haar (Person)* || **-cavar** vt *überackern* || **-cejo** m *Raum* m *zwischen den Augenbrauen* || *Stirnrunzeln* n || fig *Kopf* m*, Hirn* n || ♦ frunciendo el ~ *die Stirn runzelnd, mit mürrischer Miene* || **-cerrado** adj prov *halbgeschlossen (Augen)* || **-cerrar** vt *bes Am halb schließen (Tür, Fenster)* || **-claro** adj *halbhell, dämmerig* || **-coger** [g/j] vt *auflesen* || *packen, ergreifen* || fig *erhaschen* || fig *in die Enge treiben* || **-comar** vt *zwischen Kommas setzen* || **-comillar** vt ⟨Typ⟩ *mit Kommas od Anführungszeichen versehen* || fig *kennzeichnen, bezeichnen* || **-coro** m ⟨Arch⟩ *Zwischenchor* m/n || **-cortado** adj *kurzatmig, stoßweise (Atem)* || *erstickt (Seufzer, Stimme)* || *stockend (Stimme)* || respiración ~a *Kurzatmigkeit* f || con voz ~a por los sollozos *mit e-r vom Schluchzen erstickten Stimme* || **-cortar** vt *unterbrechen* || *einschneiden* || *hineinschneiden in* (acc) || ♦ los sollozos –cortaban su voz *Seufzer unterbrachen seine Rede* || ~ se vr *stoßweise sprechen* || **-corte** m ⟨Arch⟩ *abgestumpfte Ecke* f || **-cot** m gall ⟨Kochk⟩ *Entrecote* n || **-cruzamiento** m *Kreuzung* f (*&* ⟨Gen An⟩) || *Überschneidung* f || **-cruzar** [z/c] vt *(durch)kreuzen* || *ineinanderschlingen* || *über Kreuz gehen lassen (bzw flechten)* || kreuzen (⟨*&* Gen⟩) || ~**se** vr *kreuzweise übereinanderliegen* || **-cubierta** f ⟨Mar⟩ *Zwischendeck* n
entre|chocar [c/qu] vt/i *aneinanderstoßen* || *aufeinanderprallen* || *anstoßen (Gläser)* || **-decir** [irr → decir] vt *verbieten* || Am *andeuten, zu verstehen geben*
entre|dicho pp/irr *v.* **-decir** || **-dicho** m *Verbot* n || *Interdikt* n, *(Art) Kirchenbann* m || *Gottesdienstsperre* f || *vom Gottesdienst Ausgeschlossene(r)* m || *Interdiktierte(r)* m || ♦ estar en ~ *in Bann stehen* || fig *in Verruf sein* || fig *verboten sein* || po-

ner a alg. en ~ *jdn in Acht und Bann tun* || poner a. en ~ fig *et in Zweifel ziehen* || alzar *(od* levantar) el ~ *den Bann lösen* || **-dós** *m (Spitzen)Einsatz* m || *Wandschränkchen* n bzw *Konsoltisch zwischen zwei Fenstern* || ⟨Arch⟩ *Keilstein* m || ⟨Typ⟩ *Korpus* f *(10-Punkt-Schrift)*, ***Garmond* f *(Schriftkegel)* || **-filete** *m* gall ⟨Typ⟩ *Zeitungsnotiz* f || *Zitat* n *im Text (typographisch hervorgehoben)* || *eingeschobener kurzer (Zeitungs) Artikel* m || *Anzeige* f *im Text* || **-fino** *adj halb-, mittel|fein*
entre|ga f *Über|gabe, -bringung* f || *Überreichung* f || *(Ein) Lieferung* f || *Zustellung* f || *Auslieferung, Einhändigung* f || *(körperliche) Hingabe* f *(e-r Frau)* || ⟨Mil⟩ *Übergabe, Auslieferung* f || ~ (del balón) ⟨Sp⟩ *Ballabgabe* f, *Zuspiel* n || ~ *a domicilio Zustellung (od Lieferung)* f *ins Haus* || ~ *franco (a) domicilio Lieferung* f *frei Haus* || ~ *sin compromiso freibleibende Lieferung* f || ~ *pronta*, ~ *inmediata sogleich lieferbar* || *sofortige Lieferung* f || *en el acto de la* ~ *bei Ablieferung* || *boletín de* ~ *Liefer|-schein, -zettel* m || *condiciones de* ~ *Lieferungsbedingungen* fpl || *contra (od mediante)* ~ *gegen Aushändigung* || *demora en la* ~ *Lieferungsverzug* m || ~ *desde la (od en) la fábrica Lieferung* f *ab Werk* || *lugar de* ~ *Ablieferungsplatz* m || *pagadero a la* ~ *bei Ablieferung zahlbar* || *en propia mano eigenhändige Zustellung* f || *plazo de* ~ *Liefer|frist, -zeit* f || *pronto para la* ~ *versandbereit* || *recibo (od resguardo) de* ~ *Ablieferungsschein* m || *tiempo de* ~ *Lieferzeit* f || ◊ *cobrar el importe a la* ~ *den Betrag durch Nachnahme erheben* || *comprar a* ~ *auf Lieferung kaufen* || *efectuar la* ~ *liefern, übergeben* || *hacer* ~ *de et einhändigen, abgeben, zustellen* || *novela por* ~s *lieferungsweise erscheinender Roman* m || **-gable** *adj (ab)lieferbar* || *abzugeben(d)* || **-gadero** *adj lieferbar* || **-gado** *adj* ⟨Arch⟩ *eingebunden (Säule)* || ~ *por überreicht durch* (acc)
entregar [g/gu] vt/i *aus-, ein|händigen, übergeben, abliefern* || *überbringen* || *überreichen* || *zustellen (Post)* || *austragen (Post)* || *einzahlen (Geld)* || ⟨Com⟩ *(ab-, aus)liefern* || ⟨Typ⟩ *anlegen* || ⟨Mil⟩ *ausliefern (Gefangene)* || ⟨Mil⟩ *übergeben (Festung)* || ⟨Mil⟩ *strecken (Waffen)* || fig *opfern, hingeben* || ◊ ~ *el alma*, ~ *su alma a Dios seinen Geist aufgeben* || fig *sterben* || ~*la* fam *sterben*, fam *ins Gras beißen* || ~ *fondos Geldmittel liefern* || ~ *su mano* (a) *jdm die Hand reichen* || ~ *una plaza e-e Festung übergeben* || (para) ~ *a zu Händen von* (dat) || *abzugeben bei* (dat) || ~**se** *sich hin-, er|geben* || *sich ganz widmen* (a dat) || ⟨Mil⟩ *sich ergeben* || *sich (körperlich) hingeben (Frau)* (a dat) || *sich stellen (Täter)* || ◊ ~ *en manos de alg. sich jdm ganz anvertrauen* || *sich in jds Hand geben* || ~ *a los placeres sich in Vergnügungen stürzen* || ~ *a los vicios dem Laster frönen, sich ergeben, verfallen* || ~ *al sueño einschlafen*
entreguerra *f Zwischenkriegszeit* f
entre|junto *adj halboffen* || **-lazado** *adj verwebt* || *verschränkt* || *verflochten* || fig ⟨poet⟩ *verwoben* || **-lazar** [z/c] vt *ineinander-, ver|flechten* || *ineinander|schlingen, -weben* || ⟨Typ⟩ *verschränken (Durchschuß)* || ~**se** vr *sich verflechten* (& fig) || fig *ineinandergreifen* || **-linear** vt *zwischen die Zeilen schreiben* (→ a **interlinear**) || **-liño** *m* ⟨Agr⟩ *Gang (bzw Raum)* m *zwischen Reben-* bzw *Ölbaum|reihen* || **-lucir** [-zc-] vi *durchschimmern* || **-medias** adv *in-, da|zwischen* || **-medio** adv *halb(wegs)* || ~ *m* Am *Zwischenraum* m || Am *Zwischenzeit* f || **-més** *m* ⟨Th⟩ *Zwischenspiel* n, *(ursprünglich) Posse* f *zwischen zwei Aufzügen e-s Schauspiels* || ⟨Kochk⟩ ~ **-meses** *npl Zwischen-, Bei|gericht* n || *Vorspeise* f || **-mesil** *adj Zwischenspiel-* || **-mesista** *m Verfasser* m *von Zwischenspielen* || **-meter** vt *(hin)einschieben*,

-stecken || *vermengen, -mischen* || ~**se** *sich unberufen einmischen* (en *in* acc) || **-metido** *adj/s zudringlich* || *vorlaut, naseweis* || fam *verworren, wirr* || ~ *m Naseweis* m || **-metimiento** *m Aufdringlichkeit* f || *Einmischung* f || *Vorwitz* m || **-mezclar** vt *(unter-, ver)mischen*
entre|nado *adj trainiert, geübt* || **-nador** *m Abrichter, Trainer* m || Am *Schulflugzeug* n || ~ de *vuelo Flugtrainer* m *(Gerät)* || **-namiento** *m Abrichtung, Einübung* f, *Training* n (bes ⟨Sp⟩) || *Ausbildung* f || *Drill* m || *Ertüchtigung* f || *Abhärtung* f || **-nar** vt ⟨Sp⟩ *abrichten, trainieren* || *einüben* || *schulen* || *ertüchtigen* || *abhärten* || ~**se** vr *trainieren, sich üben* (en *in* dat) || *Geläufigkeit erlangen* (en *in* dat) || ◊ ~ *para el campeonato* ⟨Sp⟩ *auf die Meisterschaft trainieren*
entrenzar [z/c] vt *in Zöpfe flechten*
entre|oir vt *undeutlich hören, nur halb hören* || *munkeln hören* || *erlauschen* || **-panes** *mpl* ⟨Agr⟩ *Brachfelder* npl *zwischen bestellten Äckern* || **-paño** *m Getäfel, Tafelwerk* n || *Feld, Fach* n || *Paneel* n, *Wandverkleidung* f || *Türfüllung* f || *Fach, Gestell* n || ⟨Arch⟩ *Säulen-, Spann-, Stütz|-weite* f || **-parecerse** [-zc-] vr *durch|scheinen, -schimmern* || **-paso** *m Mittelgang* m *(des Pferdes)* || **-pechado** *adj* prov *brustkrank (Person)* || **-piernas** *fpl Mittelfleisch* n, *zwischen den Oberschenkeln* || *Hosenkreuz* n (& sg), *Hosenzwickel* m || Chi *Badehose* f || **-piso** *m* ⟨Bgb⟩ *Zwischensohle* f || Arg ~ **-planta** *f Zwischengeschoß* n || **-puente** *m* ⟨Mar⟩ *Zwischendeck* n || **-rrenglón** *m zwischen zwei Zeilen Geschriebenes* n || **-rrenglonadura** *f Einfügung* f *zwischen den Zeilen* || **-rrenglonar** vt *zwischen die Zeilen schreiben* || **-rrisa** *f leises Lächeln* n || **-sacar** [c/qu] vt *auslesen, (her)aussuchen (de aus* dat) || *ausjäten (Unkraut)* || ⟨Agr⟩ *aus|ästen, -putzen* || *abputzen (Bäume)* || *lichten, aushauen (Wald)* || *effilieren, ausdünnen (Haar)* || **-sijo** *m* ⟨An⟩ *Gekröse, Netz* n || ~**s** *pl (Korb)Geflecht* n || ◊ *tener muchos* ~ *fig sehr zurückhaltend und geheimnisvoll sein* || *schwer zu durchschauen sein (Person)* || *s-e Haken haben (Sache)* || **-suelo** *m Halbgeschoß* n, *Zwischenstock* m || *Hochparterre* n || ⟨Th⟩ *erster Rang* m || **-surco** *m Acker-, Furchen|beet* n
entre|talla(dura) *f Flachrelief* n || **-tallar** vt *als Flachrelief arbeiten (Leinwand) auszacken* || *ausschneiden* || *in Stein, Holz, Metall schneiden* || fig *jdn hinhalten, jdn behindern* || **-tanto** adv/s *inzwischen, unterdessen, einstweilen* || *en este* ~ *währenddessen, inzwischen* || **-techo** *m* Arg Chi *Dachboden* m || **-tejer** vt *durch|weben, -wirken* || *(hin)einweben* || *durchschlingen* || *verflechten* || fig *einflechten* || ~**se** fig *sich einmischen* (entre *unter)* || **-tela** *f Zwischenfutter* n || *Steif-, Glanz|leinen* n || *Scheidewand* f || ~**s** *pl* fig *das Innerste des Herzens* || ◊ *sacar las* ~ *a alg.* fig *jdn (aus)rupfen* || **-tención** *f* Am *Unterhalt* m || Mex = **-tenimiento** || **-tener** [irr → **tener**] vt *auf-, hin|halten* || *zerstreuen, unterhalten, belustigen* || *ablenken* || *beschäftigen (e-e Frau) aus-, unter|halten* || *hin-, unter|halten (Verwandte)* || *aufbewahren* || *beschwichtigen (Hunger)* || *(in e-m Zustand) erhalten* || *in gutem Zustand er|halten, pflegen, warten* || *et hinauszögern* || *auf-, ver|schieben* || ◊ ~ *a sus acreedores seine Gläubiger hinhalten, vertrösten* || ~ *la espera*, ~ *el tiempo sich die Zeit vertreiben* || ~ *el hambre den Hunger beschwichtigen* || ~ *con vanas promesas mit leeren Versprechungen vertrösten* || ~**se** *sich unterhalten, sich vergnügen, sich die Zeit vertreiben* (con, + ger, + inf *mit* dat) || *sich aufhalten* bzw *ablenken lassen* || *aufgehalten werden* || ◊ ~ *en leer sich mit Lesen die Zeit vertreiben* || ¡*no te -tengas*! *zerstreue dich nicht! (bei der Arbeit)* || **-tenida** *f Hinhalten* n || *(unterhaltene, ausgehaltene) Geliebte* f || ◊ *dar la* ~ *a alg.* fam *jdn vertrösten* ||

entretenido — enverdecer

jdm listig schmeicheln ‖ **-tenido** *adj unterhaltend, kurzweilig* ‖ *lustig, aufgeräumt, vergnügt* ‖ *langwierig, zeitraubend* ‖ ~ *m* ⟨Com⟩ *Volontär* m ‖ **-tenimiento** *m Unterhaltung* f ‖ *Unterhalt* m ‖ *Zeitvertreib* m ‖ *Beschäftigung* f ‖ *Belustigung* f ‖ *Kurzweil* f, *Scherz* m ‖ *Verzögerung* f, *Aufschub* m, *Hinhalten* n ‖ *Aufbewahrung* f ‖ *Er-, Instand\|haltung* f ‖ ⟨Tech⟩ *Wartung, Pflege* f ‖ **-tiempo** *m Zeit* f *zwischen Sommer und Winter (Frühjahr, Herbst)* ‖ *Vor-, Nach\|saison* f ‖ → **abrigo** ‖ *en el* ~ *in der Zwischenzeit* ‖ △**-var** *vt verstehen*
 entre\|ventana *f* ⟨Arch⟩ *Raum zwischen zwei Fenstern, Fensterzwischenraum* m ‖ **-ver** [irr → **ver**] *vt flüchtig, undeutlich sehen* ‖ *fig mutmaßen, ahnen* ‖ *durchschauen (Vorhaben)* ‖ *dejar (od hacer)* ~ a. *et durchblicken lassen, et in Aussicht stellen* ‖ **-verado** *m/adj Arg Narr* m ‖ ~ *adj durchwachsen (Stück Fleisch od Speck)* ‖ Cu fig *weder Fisch noch Fleisch, mittelmäßig* ‖ →a **-vero** ‖ **-verar** *vt unter-, ver\|mengen* ‖ *durcheinanderwerfen* ‖ ~**se** *Arg in Unordnung geraten* ‖ fig *sich vertiefen in* (acc) ‖ **-vero** *m Arg Chi Verwirrung* f, *Wirrwarr* m, *Unordnung* f ‖ *Maskenzug* m ‖ Arg *Vermengung* f ‖ **-vía** *f Gleisspur* f, *Spur* f, *Schienenzwischenraum, Gleisabstand* m ‖ **-vigado** *m* ⟨Arch⟩ *Ausfüllung* f *der Räume zwischen Balken* ‖ **-vista** *f Zusammenkunft, Begegnung* f ‖ *Besprechung* f ‖ *Rücksprache* f ‖ *Interview* n ‖ *Unterredung, Konferenz* f ‖ ◊ *celebrar una* ~ *e-e Besprechung abhalten* (con *mit* dat) ‖ *conceder (pedir) una* ~ *e-e Unterredung bewilligen (verlangen)* ‖ **-vistador** *m Interviewer* m ‖ **-vistar** *vt interviewen* ‖ *ausfragen* ‖ ~**se** vr *sich treffen, zusammenkommen* (con *mit* dat) ‖ *sich (mit jdm) besprechen*
 entripado *adj/m Bauch-* ‖ *Leib-* ‖ fam *verbissener Groll* m
 entriste\|cedor *adj traurig, betrüblich* ‖ *niederdrückend, düster* ‖ **-cer** *vt betrüben, traurig stimmen* ‖ ~**se** vr *traurig werden* (de, por *wegen* gen) ‖ **-cido** *adj traurig, betrübt* ‖ **-cimiento** *m Traurigkeit* f
 entrojar *vt* ⟨Agr⟩ *einfahren (Ernte)* ‖ *(auf-) speichern* ‖ *einscheunen (Getreide)*
 entrome\|ter(se) vt (vr) = **entremeter(se)** ‖ **-tido** adj/s = **entremetido**
 entromparse vr fam *sich betrinken,* fam *sich ansäuseln* ‖ →a **trompa**
 entron\|camiento *m* s v. **-car** ‖ **-car** [c/qu] vi *mit jdm verwandt sein* ‖ *sich verschwägern* (con *mit* dat) ‖ Cu Mex PR *Anschluß haben* (⟨EB⟩, *Straße*) ‖ *vt die Abstammung nachweisen* ‖ ◊ ~ a alg. *jds Verwandtschaft* (con *mit* dat) *nachweisen* ‖ ~**se** *sich verschwägern* ‖ Cu Mex PR ⟨EB⟩ *sich verbinden, sich anschließen*
 entroni\|zación *f Thronerhebung* f ‖ *Thronbesteigung* f ‖ **-zar** [z/c], **entronar** *vt auf den Thron erheben* ‖ *feierlich einsetzen* ‖ fig *zu hohen Ehren bringen* ‖ fig *rühmen* ‖ ~**se** fig *sich überheben*
 entronque *m (Bluts)Verwandtschaft* f ‖ *Verschwägerung* f ‖ Cu Mex PR *Anschluß* m, *Verbindung* f (⟨EB⟩, ⟨StV⟩)
 entro\|pia *f* ⟨Phys⟩ *Entropie* f ‖ **-pión** *m* ⟨Med⟩ *Entropium* n
 entru\|chada *f Forellenpastete* f ‖ figf *Schelmenstreich* m ‖ figf *Intrige, Verschwörung* f ‖ **-chado** *m* = **chada** ‖ **-char** vt fam *beschwindeln* ‖ △ = **entrever** ‖ ~**se** Mex *sich einmischen* (en *in* acc)
 entrujar vt = **entrojar** ‖ figf *einstecken (Geld)*
 entuerto *m Unrecht* n ‖ *Beleidigung* f ‖ ~**s** mpl ⟨Med⟩ *Nachwehen* fpl
 entulle\|cer *vt lähmen, lahmlegen* ‖ ~**se** vr *gelähmt werden* ‖ **-cido** *adj (glieder)lahm*
 entume\|cer *vt lähmen (Glied)* ‖ ~**se** vr *erstarren, starr werden* ‖ *einschlafen (Glied)* ‖ *anschwellen (Meer, Fluß)* ‖ **-cido** *adj steif, erstarrt (Glied)* ‖ *taub (Glied)* ‖ *angeschwollen (Meer,*

Fluß) ‖ **-cimiento** *m Erstarrung* f ‖ *Taubheit* f *(e-s Gliedes)* ‖ *Anschwellen* n *(Gewässer)*
 entupirse vr *sich verstopfen (Röhre)*
 △**enturar** *vt geben* ‖ *ansehen*
 entur\|biamiento *m Trübung* f ‖ *Trüben* n ‖ **-biar** vt *trüben* (& fig)
 entusias\|mar *vt begeistern, entzücken* ‖ ~**se** *in Entzücken geraten* ‖ *sich begeistern, schwärmen* (con, por *für* acc) ‖ **-mo** *m Begeisterung* f, *Enthusiasmus* m ‖ *Schwärmerei* f ‖ *Verzückung* f, *Entzücken* n ‖ ⟨Rel⟩ *Verzückung* f ‖ **-ta** *m*/adj *Schwärmer, Enthusiast, Begeisterte(r)* m ‖ *begeisterter Anhänger* m (de gen) ‖ ~, **entusiástico** *adj enthusiastisch, begeistert* ‖ *schwärmerisch eingenommen* (de *für* acc) ‖ *leicht begeistert*
 enume\|ración *f Aufzählung* f ‖ **-rar** *vt aufzählen* ‖ ⟨Com⟩ *aufführen (Posten)*
 enun\|ciación *f Äußerung* f ‖ *Mitteilung* f ‖ **-ciado** *m (kurze) Darlegung, Exposition* f *(e-s Problems)* ‖ ⟨Gr⟩ *Aussage* f ‖ *Text, Wortlaut* m ‖ **-ciar** *vt äußern, ausdrücken, vorbringen, kurz darlegen* ‖ *aussprechen* ‖ ⟨Gr⟩ *aussagen* ‖ **-ciativo** *adj* ⟨Gr⟩ *aussagend* ‖ *oración* ~a ⟨Gr⟩ *Aussagesatz* m
 enuresis *f* ⟨Med⟩ *unwillkürliches Harnlassen, Bettnässen* n, *Enurese* f
 envainar vt/i *in die Scheide stecken, (Degen)* ‖ Am fam *ein\|sperren, -kernern* ‖ ~ *la bayoneta* ⟨Mil⟩ *Seitengewehr an Ort bringen* ‖ ¡envainar! ⟨Mil⟩ *Seitengewehr an Ort!* ‖ ~ vi figf *sich beruhigen*
 envalen\|tonamiento *m Ermutigung, Ermunterung* f ‖ fig *Großtuerei* f ‖ **-tonar** *vt ermutigen (jdn)* ‖ ~**se** *Mut fassen* ‖ *großtun, bramarbasieren* ‖ ~ con alg. *jdn derb anfahren, mit jdm anbinden*
 envalijar *vt in Koffer packen*
 envane\|cer [-zc-] *vt stolz machen* ‖ ~**se** *stolz werden* ‖ *stolz sein* (de, con *auf* acc) ‖ *sich et einbilden (auf e-e Sache)* ‖ **-cido** *adj eitel, selbstgefällig* ‖ *eingebildet* ‖ *überheblich* ‖ **-cimiento** *m Eitelkeit* f, *Eigendünkel* m
 enva\|rado *adj steif, (er)starr(t) (Hals)* ‖ **-ramiento** *m Steifsein* n (& fig) ‖ ⟨Med⟩ *Starre* f ‖ **-rarse** vr *steif (od starr) werden* (& fig)
 enva\|sador *m Abfülltrichter* m ‖ **-sadora** *f Abfüll\|maschine* f, *-gerät* n ‖ **-sar** vt *ein-, ab\|füllen (bes Flüssigkeit)* ‖ *eingießen* (en *in* acc) ‖ *in Behälter ab-, ver\|packen* vt/i fam *übermäßig trinken* ‖ ~**se** m *(Ab-, Ein)Füllen* n *(Wein usw)* ‖ *Verpackung* f ‖ *Behälter* m, *(Transport)Gefäß* n ‖ ~ *automático automatische Abfüllung* f ‖ ~ *de hojalata Blechemballage* f ‖ ~ *de madera Holzgebinde* n ‖ ~ *marítimo seemäßige Verpackung* f ‖ ~ *original,* ~ *de origen Original\|(ver)packung,* *-abfüllung* f ‖ ~(s) *de vuelta zurückzugebende Verpackung* f ‖ *Leergut* n
 envate *m* Am → **embate**
 envechoso *adj* Val = **envidioso**
 enve\|dijarse vr *sich verheddern* ‖ *verfilzen (Haare, Wolle usw)* ‖ figf *sich verzanken* ‖ **-garse** vr Chi *versumpfen, sumpfig werden (Gelände)*
 enveje\|cer [-zc-] *vt alt machen* ‖ ~ vi *alt werden, altern, ergrauen (Person)* ‖ ~**se** *alt werden* ‖ fig *sich einwurzeln* ‖ **-cido** *adj gealtert* ‖ fig *veraltet* ‖ *althergebracht* ‖ *eingewurzelt* ‖ ~ *en el oficio im Beruf ergraut* ‖ **-cimiento** *m Altwerden, Altern* n ‖ *Ver-, Über\|alterung* f ‖ *Alterung* f (& ⟨Tech⟩)
 enve\|nenado *adj vergiftet* (& fig) ‖ **-nador** *m Giftmischer* m ‖ **-namiento** *m Vergiftung* f ‖ **-nar** *vt vergiften* ‖ fig *anstecken, verführen* ‖ fig *verfälschen, verschlimmern* ‖ *gehässig darstellen* ‖ *bösartig auslegen* ‖ ~**se** *Gift nehmen* ‖ fig *geistig verdorben werden*
 enverar vi ⟨Agr⟩ *sich färben, rot werden (Obst, bes Trauben)* ‖ → **envero**
 enverdecer [-zc-] vi *ergrünen*

enver|gadura *f* ⟨Mar⟩ *Segelbreite* f || ⟨Flugw⟩ *Flügelspannweite* f || fig *Ausmaß* n, *Größe* f || fig *Bedeutung* f || fig *Umfang* m *(Unternehmen)* || ~ espiritual fig *geistige Veranlagung* f || de gran ~ *sehr wichtig* || *sehr bedeutend* || **–gar** vt ⟨Mar⟩ *anschlagen (Segel)* || **–gue(s)** *m (pl)* ⟨Mar⟩ *Zeising* n *(Tau)*
enverjado *m Gitterwerk* n
envero *m* Farbe f, *Farbenwechsel* m *der reifenden Trauben* || *reifende Traube* f || → **enverar**
envés *m* Rück-, Kehr|seite f || fig Schatten-, Kehr|seite f || fam *Rücken* m
enviado *m Gesandte(r)* m || *(Send)Bote* m || ~ extraordinario *außerordentlicher Gesandter* m || ~ especial *Sonder|berichterstatter, -korrespondent* m
enviajado *adj* Col *reisefertig* || *unterwegs*
enviar [pres –vío] vt *(ab-, ver)senden, schicken* || *ab-, fort|schicken, aussenden* || *jdn entsenden, schicken, abordnen* || ◊ ~ de apoderado *als Bevollmächtigten entsenden* || ~ una circular *ein Zirkular, Rundschreiben versenden* || ~ a decir a. a. alg. *jdm et sagen lassen* || ~ fondos *Geld einsenden* || *mit Deckung versehen* || ~ noramala a alg. *jdm die Tür weisen* || ~ a paseo, a pasear, ~ al infierno, al diablo a alg. fam *jdn zum Teufel schicken* || ~ un telegrama *ein Telegramm aufgeben* || ~ por a., fam ~ a por a. *et holen lassen* || ~ por alg. *jdn abholen lassen, nach jdm schicken* || ~ por correo *mit der Post schicken* || ~ por vino *Wein holen* || ~ por el aire *in die Luft schleudern* || ~ por correo *mit der Post schicken*
envi|ciado *adj lasterhaft, verderbt* || **–ciar** vt *sittlich verderben* || ~ vi ⟨Agr⟩ *ins Laub bzw ins Kraut schießen* || **–se** *sich dem Laster ergeben* || *moralisch verkommen* || ◊ ~ en *(od* con) *el juego sich dem Spiel unmäßig ergeben* || **–dada** *f,* **–dado** *m* ⟨Kart⟩ *Gebot* n, *Bieten, Reizen* n || **–dar** vt/i *jdm ein Gebot machen, bieten, reizen* || *(auf e–e Karte) setzen* || ~ el resto *um den Rest spielen* || fig *das Letzte daransetzen* || ~ en falso ⟨Kart⟩ & fig *bluffen*
envi|dia *f Neid* m || *Eifersucht* f || fig *Lust* f || fig *Verlangen* n || ~ profesional *Konkurrenz-, Brot|neid* m || ◊ estar roído *(od* devorado) por la ~ *von Neid zerfressen werden* || poner ~ a *jdn mit Neid erfüllen* || tener ~ a alg. *jdn beneiden* (de, por *um* acc) || le tengo ~ *ich beneide ihn* || daba ~ *verlo es war ein beneidenswerter Anblick* || dar ~ *die Lust erwecken* (de *zu* dat) || **–diable** *adj beneidenswert* || *zu beneiden(d)* || **–diar** vt *neidisch sein auf* (acc) || *jdn beneiden* (por *um,* wegen) || fig *(eifrig) begehren, (sehnsüchtig) wünschen* (a. a alg. *et* v. jdm) || ~ a/c a alg. *jdn beneiden um* (acc) || ◊ no ~ a. a alg. *jdm et gönnen* || no tener nada que ~ *a nicht nachstehen* (dat), *nicht weniger sein als* (nom) || **–dioso** *adj/s neidisch, mißgünstig* (de *auf* acc) || con ojos ~s *mit scheelen Augen*
enviejar vt Sal = **envejecer**
envigado *m Gebälk* n
envi|lecer [-zc-] vt *herabwürdigen, erniedrigen* || ~se *die Achtung verlieren* || *sich erniedrigen* || **–lecimiento** *m Erniedrigung, Herabwürdigung* f || *Verkommenheit* f
envinar vt *mit Wein vermischen (Wasser)*
envío *m Sendung* f || *Ab-, Über-, Ver|sendung* f, *Versand* m || ⟨poet⟩ *Sendung, Zueignung* f || ~ a gran velocidad *Eil(gut)sendung* f || ~ bajo faja *Kreuzband-, Streifband|sendung* f || ~ de fondos *Übersendung vom Geld, Geldsendung* f || ~ de ... *Absender ... (auf Briefen)* || ~ parcial *Teilsendung* f || aviso de ~ *Versandanzeigung* f || documentación de ~ *Versandpapiere* npl || ~ fonopostal *Phonopostsendung* f || gastos de ~ *Versandkosten* pl || nota de ~ *Versandschein* m || ◊ hacer un ~ (de) *senden, expedieren*

envión *m Stoß, Ruck* m
enviscar vt *mit Vogelleim bestreichen* || *hetzen* || *antreiben*
envite *m Eröffnung* f *des Spieles* || *Bieten, Angebot* n *im Spiel* || *Stoß* m || *Sprung* m || fig *Einladung* f || fig *Anerbieten* n || al primer ~ *gleich von Anfang an*
enviudar vi *verwitwen* || *Witwe(r) werden*
envol|torio *m Bündel* n || *Hülle* f || *Verpackung* f || **–tura** *f Einwicklung* f || *Umschlag* m, *Umhüllung* f || *natürliche od künstliche Hülle* f || *Frischhaltepackung* f || ⟨Tech⟩ *Umhüllung, Hülle* f || ⟨Tech⟩ *Mantel* m || ⟨Med⟩ *Wickel* m, *Packung* f || → a **envuelta** || ~ fría ⟨Med⟩ *kalte (Ein)Packung* f || ~ sinapizada *Senfpackung* f || ~s *pl Windeln* fpl, *Wickelzeug* n || **–vedero** *m natürliche od künstliche Hülle* f || *Wickeltisch* m || **–vedor** *m Packer* m *(v. Waren)* || *Wickeltisch* m || *Wickeltuch* n || **–vente** *adj bestrickend, unwiderstehlich* || *liebenswürdig* || curva ~ ⟨Math⟩ *Hüllkurve, einhüllende Kurve* f || ~ moduladora ⟨El⟩ *Modulationskurve* f || ~ *m* ⟨Tech⟩ *Verkleidung* f, *Mantel* m || ⟨Flugw⟩ *Hülle* f || ⟨Arch⟩ *Ausschalung* f, *Gesims* m || **–ver** [irr → volver] vt *ein|wickeln, -schlagen, -hüllen, -packen* (en, con *in* acc) || *verhüllen* (& fig) || *aufhaspeln* || fig *verdecken* || fig *verbrämen* || fig *verwickeln, verwirren* || fig *verblüffen* || fig *(mit) beinhalten* || fig *hineinziehen* (en *in* acc) || ⟨Mar⟩ *(den Feind) umzingeln* || ⟨Mil⟩ *um|zingeln, -fassen* || ⟨Tech⟩ *ummanteln, einhüllen* || ⟨Tech⟩ *umwickeln* || *einschlagen (Stoff, Rand)* || ◊ ~ en papel *in Papier einwickeln* || papel de ~ → **papel** || el frío envuelve la cara *die Kälte schneidet ins Gesicht* || ~se fig *sich verwickeln in* (acc) || fig *sich einlassen auf, in* (acc) || fig *in wilder Ehe leben* || ◊ ~ en *(od* con, entre) mantas *sich in Decken ein|hüllen, -wickeln*
envuel|ta *f Hülle, Umhüllung* f || ⟨Tech⟩ *Be-, Um|wicklung* f || *Gehäuse* n, *Mantel* m || *Verkleidung* f || → a **envoltura** || –to pp/irr v. **envolver** || ~ *m* Mex *gefüllte Maispastete* f
enye|sado *m Gipsen* n || ⟨Chir⟩ *Gipsverband* m || **–sar** vt *(ein)gipsen* (& ⟨Chir⟩) || *übergipsen*
enzar|zado *adj dicht, buschig (bes Augenbrauen)* || **–zar** [z/c] vt *in Dorngesträuch verwickeln* || *mit e-r Dornenschicht versehen (Mauer)* || fig *verfeinden, hetzen* || ~se fig *sich in schwierige Angelegenheiten verwickeln* || fig *sich vereinigen, aneinandergeraten* || *sich verfeinden* (con *mit* dat) || fig *im Netz steckenbleiben (Vogel, Fisch)* || ◊ ~ en una pelea *handgemein werden, aneinandergeraten*
enzi|ma *f* ⟨Chem⟩ *Enzym* n || **–mático** *adj enzymatisch, Enzym-*
enzootia *f* ⟨Vet⟩ *Viehseuche* f
enzurizar vt *aufhetzen*
eñe *f ñ* n
eoceno *adj* ⟨Geol⟩ *eozän* || ~ *m Eozän* n
Eolia, Eólida *f Äolien (Land)*
eólico *adj/s äolisch*
eolio *adj äolisch* || arpa ~a *Äolsharfe* f || ~ *m Äolier* m
eón *m Äon* m
eosi|na *f* ⟨Chem⟩ *Eosin* n || **–nofilia** *f* ⟨Med⟩ *Eosinophilie* f || **–nófilo** *adj* ⟨Med⟩ *eosinophil*
¡epa! int Mex Ven = **¡hola!** || Chi *auf! los!*
epanadiplosis *f* ⟨Rhet⟩ *Epanalepse* f
eparca *m Eparch* m
epatar vt gall *verblüffen*
epazote *m* ⟨Bot⟩ *Mexikanisches Teekraut* (Chenopodium ambrosioides)
E. P. D. Abk = **En paz descanse**
eperlano *m* ⟨Fi⟩ *Europäischer Stint* m (Osmerus eperlanus)
épica *f Epik, epische Dichtkunst* f
epi|canto *m* ⟨An Med⟩ *Mongolenfalte* f, *Epikanthus* m || **–cardio** *m* ⟨An⟩ *Epikard* n || **–carpio** *m* ⟨Bot⟩ *Epikarp* n

epiceno adj ⟨Gr⟩ *beiderlei Geschlechts, für beide Geschlechter geltend (Artikel)*
epi|centro m *Epizentrum* n || **–ciclo** m ⟨Astr Math⟩ *Epizykel, Nebenkreis* m || **–cicloide** f ⟨Math⟩ *Epizykloide* f
épico adj *episch, Helden-* || *erhaben, heroisch* || *fam gewaltig, riesig, fabelhaft* || *poema* ~ *Heldengedicht* n || ~ *m Epiker, epischer Dichter* m
epi|craneal adj ⟨An⟩ *Schädel-* || **–cráneo** m ⟨Entom⟩ *Epicranium* n || **–cureísmo** m *Epikureismus* m (& fig) || *fig wollüstige Selbstsucht* f || **–cúreo** adj/s *epikur(e)isch* || *fig wollüstig* || ~ m *Epikureer* m || **–demia** f *Epidemie, Seuche* f || *fig Ansteckung* f || **–démico** adj *epidemisch, Seuchen-* || **–demiología** f ⟨Med⟩ *Seuchenlehre, Epidemiologie* f || **–dérmico** adj ⟨An⟩ *epidermal, Oberhaut-* || *figf äußerlich* || **–dermis** f ⟨An Bot⟩ *Epidermis, Oberhaut* f || *(Gesichts)Haut* f || *Teint* m || ◊ *tener la* ~ *sensible fig (sehr) empfindlich sein* || **–diascopio** m *Epidiaskop* n *(Stehbildwerfer)* || **–didimitis** f ⟨Med⟩ *Nebenhodenentzündung, Epididymitis* f || **–didimo** m ⟨An⟩ *Nebenhode* m/f, *Epididymis* f
Epifanía f: *la* ~ *das Fest der Heiligen Drei Könige, Dreikönigsfest* n
epifisis f ⟨An⟩ *Knochenansatz* m, *Epiphyse* f
epifitas fpl ⟨Bot⟩ *Epiphyten* pl
epífora f ⟨Rhet⟩ *Epiphora* f
epi|gastrio m ⟨An⟩ *Magen|gegend, -grube* f, *Epigastrium* n || **–glotis** f ⟨An⟩ *Kehlkopfdeckel* m, *Epiglottis* f
epí|gonos mpl fig *Epigonen* mpl || *(unbedeutende) Nachahmer* bzw *Nachfolger* mpl || **–grafe** m *Überschrift* f || *Inschrift* f || *erklärender Text* m *e–s Films* || *Motto* n, *Sinnspruch* m || *Epigraph* n
epi|grafía f *Inschriftenkunde, Epigraphik* f || **–gráfico** adj *epigraphisch* || **–grafista** m *Inschriftenforscher, Epigraphiker* m || **–grama** m *Inschrift* f || *Sinn-, Spott|gedicht, Epigramm* n || **–gramático** adj *epigrammatisch* || fig *kurz, knapp, lakonisch* || *geistreich* || *witzig* || *treffend* || **–gramatista** m *Epigrammatiker* m || **–lepsia** f *Epilepsie, Fallsucht* f || **–léptico** m/adj *Epileptiker, Fallsüchtige(r)* m || ~ adj *epileptisch* || **–leptiforme, –leptoide** adj *epileptiform, epileptoid* || **–logar** [g/gu] vt *mit e–m Nachwort versehen (Schrift)* || fig *abschließen*
epílogo m *Zusammenfassung* f || *Schlußrede* f || *Nachwort* n || *Epilog* n || fig *Schluß* m
epinicio m *Siegeshymne* f, *Epinikion* n
epiplón m ⟨An⟩ *Netz* n || ~ *mayor* ⟨An⟩ *großes Netz* n
Epiro m ⟨Geogr⟩ *Epirus* m
episco|pado m *bischöfliche Würde* f || *Bischofsamt* n || *Episkopat* n || **–pal** adj *Bischofs-, bischöflich* || *sede* ~ *Bischofssitz* m || ~ m *Episkopale* n *(Ritenbuch)* || **–palismo** m *Episkopalismus* m
episcopio m *Episkop* n *(Stehbildwerfer)*
episcopologio m *Bischofsverzeichnis* n
epi|sódico adj *episodisch, eingeschaltet* || *vorübergehend, gelegentlich* || *nebensächlich* || *Neben-* || **–sodio** m *Episode* f (& ⟨Mus⟩ *u.* fig) || *Neben-, Zwischen|handlung* f || *Einschaltung* f || *Episode, Nebenerzählung* f || ⟨Th⟩ *Neben|auftritt, -szene* f || ⟨Lit⟩ *Kapitel* n || ⟨Rhet⟩ *Abschweifung* f || *Teil* m, *Abteilung* f *e–r Filmreihe* f || ⟨Lit Th⟩ *Teil* m *e–r Reihe* || ~s *Nacionales B. Pérez Galdós' Romanzyklus aus der neuspan. Geschichte*
epis|pástico adj/s ⟨Med⟩ *blasenziehend* || **–permo** m ⟨Bot⟩ *Samenhüllen* fpl || **–taxis** f ⟨Med⟩ *Nasenbluten* n, *Epistaxis* f
epistemología f ⟨Philos⟩ *Erkenntnistheorie, Epistemologie* f
epístola f *Brief* m, *Sendschreiben* n || *Unterdiakonat* n || ⟨Lit⟩ *Epistel* f || *las =s de San Pablo die Paulinischen Briefe, die Briefe des Apostels Paulus*
episto|lar adj *brieflich, Brief-* || *estilo* ~ *Brief-*

stil m || *método en forma* ~ *Unterrichtsbriefe* mpl || **–lario** m ⟨Lit⟩ *gesammelte Briefe* mpl || *Briefsammlung* f || *Briefwechsel* m || *Briefsteller* m || **öffentliche Schreibbude* f *(bes in den span. Hafenstädten)* || *Epistolarium* n *(der Kirche)* || ~ *amoroso m* || *Liebesbriefsteller* m
epitafio m *Grabschrift* f || *Epitaph* n
epitalamio m *Hochzeitsgedicht, Epithalamion* n
epite|lial adj *epithelial, zum Epithel gehörend, Epithel-* || **–lio** m ⟨An⟩ *Epithel(ium)* n || ~ *cilindrico* ⟨An⟩ *Zylinderepithel* n || ~ *plano* ⟨An⟩ *Plattenepithel* n
epí|teto m *Epitheton, Beiwort* n || **–tome** m *Abriß, Auszug* m, *Epitome* f
epizo|ario m ⟨Zool⟩ *Epizoon* n || **–otia** f *Tier-, Vieh|seuche* f
E. P. M. Abk = *en propia mano*
época f *Anfang* m *e–r Zeitrechnung* || *Epoche* f, *geschichtlicher Zeitpunkt* m || *Zeit* f, *-raum, -punkt, -abschnitt* m || *Zeit(alter* n*)* f || *Abschnitt* m *im Film* || ~ *de las cruzadas Zeit* f *der Kreuzzüge* || ~ *diluviana* ⟨Geol⟩ *Diluvialzeit* f, *Diluvium* n || *la* ~ *reciente neuerlich, in neuerer Zeit* f || *en aquella* ~ *zu jener Zeit* f, *damals* || *que hace* ~ *epochal, epochemachend* || *aufsehenerregend* || *mueble de* ~ *Stilmöbel* n *(aus der Zeit)* || ◊ *es un invento que hace* ~ *es ist e–e epochemachende Erfindung* f
epónimo adj/s *eponym* || ~ m *Eponym* n, *Namengeber* m
epopeya f *Epos, Heldengedicht* n (& fig) || *de* ~ figf *hervorragend* || **–s** m neol *Epos* n
épsilon f griech. ε, *Epsilon* n
epsomita f ⟨Min⟩ *Bittersalz* n, *Epsomit* m
epulón m fig *sehr guter Esser* m
equiángulo adj *gleichwinklig*
equi|dad f *Gleichmut* m || *Billigkeit, Rechtlichkeit, Gerechtigkeit* f || *Mäßigkeit* f *(im Preise)* || *con* ~ *recht und billig* || **–distante** adj *gleichweit abstehend (de von)*
equidna f ⟨Zool⟩ *Ameisenigel* m *(Tachyglossus aculeata)*
équidos mpl ⟨Zool⟩ *Pferde* npl, *Pferdeartige* pl, *Equiden* mpl *(Equidae)*
equi|látero adj *gleichseitig (Dreieck)* || **–librado** adj fig *ausgeglichen* || *vernünftig* || ⟨Phys Tech⟩ *ausgewuchtet* || ~ m ⟨Tech⟩ *Auswuchten* n || **–librar** vt *ausgleichen, -balancieren, ins Gleichgewicht bringen* (& fig) || ⟨Tech⟩ *auswuchten* || ⟨Tech⟩ *auslasten* || *tarieren (Waage)* || ⟨Luftw Mar⟩ *trimmen* || **–librio** m *Gleichgewicht* n || *Gegengewicht* n || *Ausgewogenheit* f || *Ausgleich* m || *Ausgleichenheit, Seelenruhe* f || ~ *de fuerzas Gleichgewicht* n *der Kräfte* || *inestable* (*estable*) *labiles (stabiles) Gleichgewicht* n || ~ *del terror* ⟨Pol⟩ *Gleichgewicht* n *des Schreckens* || ◊ *guardar* (*perder*) *el* ~ *das Gleichgewicht behalten (verlieren)* || *llevar a/c en* ~ *(sobre la cabeza) frei auf dem Kopf tragen (Last, bes in Westspanien)* || *política de* ~ *Schaukelpolitik* f || *sacar del* ~ *aus dem Gleichgewicht bringen* || **–s** mpl *Ausgleichsversuche* mpl || fig desp *Seiltänzerkunststücke* npl || **–librista** m/adj *Äquilibrist, Seiltänzer* m || **–mosis** f ⟨Med⟩ *Blutunterlaufung, Ekchymose* f || **–no** adj *Pferde-* || ~ m ⟨Zool⟩ *Seeigel* m *(Echinus* sp*)* || ⟨Arch⟩ *Echinus* m, *(Säulenwulst)*
equinoc|cial adj ⟨Astr⟩ *Äquinoktial-* || *linea* ~, *Äquator* m || **–cio** m *Tagundnachtgleiche* f, *Äquinoktium* n
equino|coco m ⟨Zool Med⟩ *Finne* f, *Hundebandwurm, Echinokokkus* m || **–cocosis** f ⟨Med⟩ *Echinokokkose* f || **–dermos** mpl ⟨Zool⟩ *Stachelhäuter, Echinodermen* mpl *(Echinodermata)*
equinoideos mpl ⟨Zool⟩ *Seeigel* mpl *(Echinoidea)*
equi|paje m *(Reise)Gepäck* n || *Ausrüstung* f *(bes* ⟨Mil⟩*)* || *Habseligkeiten* fpl || *Feldgerät* n || ⟨Mil⟩ *Troß, Train* m || ⟨Mar⟩ *u. *Mannschaft* f ||

⟨Mar⟩ *Schiffsbesatzung* f ‖ ~**libre**, ~ **gratuito**, ~ **franco de porte**, ~ **de transporte gratuito** *Freigepäck* n ‖ **exceso de** ~ *Übergepäck* n ‖ **reparto de** ~**(s)** *Gepäckausgabe* f ‖ **talón de** ~ *Gepäckschein* m ‖ **transporte del** ~ *Gepäckbeförderung* f ‖ **depósito de** ~**s** *Gepäckannahme(stelle)* f ‖ **furgón de los** ~**s** ⟨EB⟩ *Gepäckwagen* m ‖ **registro** *(od* **revisión)** **de** ~**s** *Zollrevision* f ‖ ◊ **facturar el** ~ *das Gepäck aufgeben* ‖ ◊ ~ **con** *(od* de) lo necesario *mit dem Nötigen versehen*

equipa│rable adj *vergleichbar* ‖ *gleichstellbar* ‖ **-rar** vt *gegeneinanderhalten, vergleichen* (a, con *mit dat)* ‖ *gleich│stellen, -setzen*

equi│pier m gall ⟨Sp⟩ *Mannschaftsführer, Mitfahrer* m (e–r *Mannschaft* ‖ los ~ ⟨Sp⟩ *die Mannschaft* ‖ **-po** m *Aus│stattung, -rüstung* f ‖ ⟨Tech⟩ *Gerät* n ‖ *Einheit* f ‖ *Arbeits│schicht, -gruppe* f ‖ *Schicht* f ‖ *(Schiffs)Besatzung* f ‖ ⟨Mil Mar Flugw Tech Sp⟩ u. fig *Mannschaft* f ‖ ⟨Wiss Sp⟩ u. fig *Team* n ‖ ~ **de fútbol** *Fußballmannschaft* f ‖ ~ **nacional** ⟨Sp⟩ *Nationalmannschaft* f ‖ ~ **de noche** *Nachtschicht* f ‖ ~ **de novia** *Brautausstattung, Aussteuer* f ‖ ~ **rodante** *Wagenpark* m ‖ ~ **selecto** ⟨Sp⟩ *Auswahl-, Elitemannschaft* f ‖ **bienes de** ~ *Ausrüstungs-, Investitions│güter* npl ‖ **trabajo en** ~ *Gruppen-, Team│arbeit* f

[1]**equis** f x n ‖ **una cantidad** ~ *eine beliebige Summe* ‖ **los rayos** ~ *die Röntgenstrahlen* mpl ‖ **en x días in x** *Tagen, irgendwann* ‖ ◊ **averiguar la** ~ ⟨Math⟩ *die unbekannte Größe x ausrechnen* ‖ **estar hecho una** ~ figf *mit gekreuzten Beinen dastehen* ‖ *einherschwanken (Betrunkener)*
[2]**equis** f Col Ven Ur ⟨Zool⟩ *Lanzenotter* f (Bothrops atrox)

equiseto m ⟨Bot⟩ *Schachtelhalm* m

equita│ción f *Reitkunst* f ‖ *Reiten* n ‖ *Reitsport* m ‖ **escuela de** ~ *Reitschule* f ‖ **maestro de** ~ *Reitlehrer* m ‖ **-dor** m Am *Reiter* m

equi│tativo adj *billig, gerecht* ‖ *recht und billig* ‖ *rechtlich denkend* ‖ **-valencia** f *Äquivalenz, Gleichwertigkeit* f ‖ *Gleichheit* f ‖ *Entsprechung* f ‖ *Gegenwert* m ‖ **-valente** adj *gleichwertig* (a [mit] dat) ‖ *äquivalent* ‖ *entsprechend* ‖ ⟨Gr⟩ *gleichbedeutend* ‖ *valor* ~ *Gegenwert* m ‖ ~ m *Gegenwert* m ‖ *Entsprechung* f, *Ersatz* m ‖ *Äquivalent* n ‖ **-valer** [irr → valer] vi *gleich(wertig) sein, gleichkommen* (dat) ‖ ⟨Geom⟩ *inhaltsgleich sein* ‖ ⟨Wiss⟩ *äquivalent sein* ‖ fig *bedeuten* (acc)

equivo│cación f *Verwechs(e)lung* f ‖ *Irrtum* m, *Mißverständnis* n ‖ **por** ~ *irrtümlich* ‖ *aus Versehen, versehentlich* ‖ ◊ **sufrir** *(od* incurrir en) una ~ *sich irren* ‖ **para evitar** ~**es** *zur Vermeidung von Mißverständnissen* ‖ **-cadamente** adv *irrtümlicherweise* ‖ *versehentlich* ‖ **-cado** adj *irrig, unrichtig, irrtümlich* ‖ ¡**está V.** ~**! *sie irren sich!*** ‖ **-car** [c/qu] vt *(irrtümlich) verwechseln* ‖ *verfehlen* ‖ *mißdeuten* ‖ ◊ ~ **el camino** *den Weg verfehlen, e–n falschen Weg gehen* ‖ ~**se** *sich irren, sich täuschen* (de, en in dat, sobre *hinsichtlich* gen) ‖ *sich versprechen* ‖ ◊ ~ **con alg.** *jdn verwechseln* ‖ ~ **con a.** *falsch verstehen* (et acc) ‖ ~ **de tren** *in den falschen Zug einsteigen* ‖ ~ **en el cálculo** *sich verzählen* ‖ ~ **leyendo** *sich verlesen*
[1]**equívoco** adj *doppelsinnig, zweideutig* ‖ *irrig* ‖ *mehrdeutig* ‖ *verdächtig* ‖ fig *schlüpfrig* ‖ **sentido** ~ *Doppelsinn* m ‖ ~ m *Doppelsinn* m ‖ *Zweideutigkeit* f ‖ *Wortspiel* m
[2]**equívoco** m inc fam *Irrtum* m, *Täuschung* f

equivoquista m *derjenige, der gern Zweideutigkeiten bzw Wortspiele zum besten gibt* ‖ *Schriftsteller* m, *der sich mit Vorliebe verschleierter (doppelsinniger) Ausdrücke bedient*

[1]**era** f *Ära* f, *Anfang* e–r *Zeitrechnung* ‖ *Zeit│raum, -abschnitt* m, *Zeitalter* n ‖ ⟨Geol⟩ *(Erd-)Zeitalter* n ‖ ~ **arcaica** ⟨Geol⟩ *Archaikum* n ‖ ~ **atómica** *Atomzeitalter* n ‖ ~ **cristiana** *(od* común *od* vulgar) *christliches Zeitalter* n ‖ **christliche Zeitrechnung** f ‖ ~ **industrial** *Industriezeitalter* n ‖ ~ **terciaria** ⟨Geol⟩ *Tertiär* n ‖ → a **edad, época**
[2]**era** f *(Dresch)Tenne* f ‖ *(Garten)Beet, Ackerbeet* n ‖ ⟨Arch⟩ *Mörtelmischplatz* m
[3]**era, érase** → ser

△**eraipé** m *Priester* m

△**era│jai** m *Mönch* m ‖ △**–jailolé** m *Bischof* m

eraje m Ar *Jungfernhonig* m

eral m/f *ein- bis zwei│jähriges Rind* n

△**eraño** m *Herr* m

era│pebaró m *Domherr* m ‖ △**–pelalané** m *Kardinal* m

erario m *Staatskasse* f ‖ *Staatsvermögen* n, *Fiskus* m ‖ ⟨Hist öst⟩ *Ärar* n

erasmista adj *auf Erasmus (Erasmo) bezüglich* ‖ ~ m *Erasmist, Anhänger* m *der Lehre Erasmus'*

érbedo m Ast ⟨Bot⟩ = **madroño**

erbio m ⟨Chem⟩ *Erbium* n

ercer [c/z] vt Sant *(auf)heben*

△**erdicha** f *Armut* f

ere f r n

Erebo m *Erebus* m ‖ ⟨poet⟩ *Unterwelt* f ‖ ⟨poet⟩ *Hölle* f

erec│ción f *Aufstehen, Steifwerden* n ‖ *Aufrichten, Heben* n ‖ *Errichtung, Gründung, Stiftung* f ‖ ⟨Physiol⟩ *Erektion* f, *Steifwerden des männlichen Gliedes* ‖ fig *Straff-, Steif│heit* f

eréctil adj *aufrichtbar* ‖ *schwell-, erektions│-fähig, erektil*

erect│o adj *steif* ‖ *senkrecht, steil (emporragend)* ‖ *aufrecht* ‖ **–or** adj/s *aufrichtend* ‖ *errichtend* ‖ ~ m *Errichter* m

ere│mita m *Einsiedler, Klausner, Eremit* m ‖ **-mítico** adj *einsiedlerisch, Einsiedler-, Eremiten-* ‖ **vida** ~**a** *Einsiedlerleben* n ‖ **-mitorio** m *Einsiedelei* f

△**ererió** m *Herr* m

eres → ser

△**eresí** m *Weinberg* m

erg(io) m ⟨Phys⟩ *Erg* n

ergo adv lat *daher, also, folglich, ergo* (lat) *(bes joc)*

ergo│nomía f *Ergonomie* f *(Arbeitswissenschaft)* ‖ **-tina** f ⟨Chem⟩ *Ergotin* n ‖ **-tismo** m *Rechthaberei* f ‖ ⟨Philos⟩ *Ergotismus* m ‖ ⟨Med⟩ *Mutterkornvergiftung, Kribbelkrankheit* f, *Ergotismus* m ‖ ⟨Agr⟩ *Kornstaupe* f ‖ **-tista** m ⟨Philos⟩ *Ergotist* m ‖ fig *Rechthaber* m ‖ ~ adj *rechthaberisch* ‖ **-tizante** adj *rechthaberisch* ‖ **-tizar** [z/c] vi *sophistisch reden, Worte wechseln* ‖ *krittlen* ‖ *alles besser wissen wollen* ‖ *meckern,* *(über Kleinigkeiten) nörgeln* bzw *streiten*

erguido adj *aufrecht* ‖ fig *stolz* ‖ fig *aufgeblasen*

erguir [yergo *od* irgo, g/gu] vt *auf-, empor│richten (Kopf, Hals)* ‖ *(er)heben* ‖ ~**se** *sich aufrichten* ‖ *sich erheben* ‖ fig *sich aufblähen*

erial, eriazo adj *öde, brach* ‖ ~ m *Ödland* n ‖ *Brachfeld* n, *Brache* f

△**eriandí** f *Nonne* f

eri│ca, érica f ⟨Bot⟩ *Erika, Heide(kraut* n) f (Erica spp) ‖ **-cáceas** fpl ⟨Bot⟩ *Heidekrautgewächse* npl, *Erikazeen* fpl (Ericaceae)

Erico m fam u ⟨hist⟩ = **Enrique** Tfn

erigir [g/j] vt *auf-, er│richten* ‖ *aufstellen* ‖ *stiften, gründen* ‖ *(er)bauen* ‖ *erheben* ‖ *ernennen zu* (dat) ‖ *umwandeln in* (acc) ‖ ⟨Jur⟩ *(die Umstände gesetzlich) festlegen* ‖ ~**se** vr *errichtet werden* ‖ *sich erheben* ‖ fig *sich aufblähen* ‖ fig *sich auf│werfen, -spielen* (en zu dat, als nom)

erin│ge f, **-gio** m ⟨Bot⟩ *Mannstreu, Edeldistel* f (Eryngium spp)

erinias fpl *Erinnyen, Rachegöttinnen* fpl

△**eriñé** n *Schwein* n

erio adj *öde, wüst* ‖ ~ m *Einöde* f

erisipela f ⟨Vet⟩ *Rotlauf* m, ⟨Med⟩ *(Wund-)Rose* f, *Erysipel(as)* n ‖ ~ **del cerdo**, **erisipeloide** f ⟨Vet⟩ *(Schweine)Rotlauf* m, *Rotlaufseuche* f

eri|tema m ⟨Med⟩ *Erythem* n ‖ **-tematoso** adj *erythemartig* ‖ *das Erythem betreffend* ‖ **-trasma** m ⟨Med⟩ *Zwergflechte* f, *Erythrasma* n
eri|trina f ⟨Min⟩ *Kobaltblüte* f, *Erythrin* m ‖ **-trismo** m *Rotfärbung* f *(bes bei Tieren)*, *Erythrismus* m ‖ ⟨Med⟩ *Rothaarigkeit* f, *Erythrismus* m
eritrocito m ⟨Biol⟩ *rotes Blutkörperchen* n, *Erythrozyt* m
eritro|dermia f ⟨Med⟩ *Erythrodermie* f ‖ **-fobia** f ⟨Med Psychol⟩ *Erythrophobie* f ‖ **-poiesis** f ⟨Med Physiol⟩ *Erythropoese* f
erizado adj *borstig, stach(e)lig* ‖ *rauh* ‖ *gedeckt, gespickt (de mit dat), starrend, strotzend (de von dat)* ‖ *voll(er) (de acc)* ‖ ~ *de clavos beschlagen* ‖ ◊ *estar* ~ *de obstáculos von Hindernissen starren* ‖ *voller Schwierigkeiten sein*
eri|zar [z/c] vt *sträuben, borstig machen* ‖ fig *spicken, ausstatten, versehen (de mit dat)* ‖ ◊ ~ *la cresta den Kamm aufstellen (Hahn)* ‖ ~**se** *sich sträuben, zu Berge stehen (Haare)* ‖ *sich (mit spitzen Gegenständen) bedecken* ‖ fig *e-e ablehnende Haltung einnehmen* ‖ **-zo** m *Igel* m ‖ *stachelige Schale* f *der Kastanie usw* ‖ ⟨Bot⟩ *Igelkraut* n ‖ ⟨Fi⟩ *Igelfisch* m *(Diodon hystrix)* ‖ *Kratzbürste* f ‖ *Eisenstacheln* fpl *auf Mauern* ‖ ⟨Mil⟩ *spanischer Reiter* m ‖ fig *Kratzbürste* f *(Person)* ‖ figf *Zänker* m ‖ ~ *alimentador Igel-, Speise|walze* f ‖ ~ *de mar,* ~ *marino Seeigel* m ‖ → a **equino** ‖ *posición* ~ ⟨Mil⟩ *Igelstellung* f, *Widerstandsnest* n ‖ **-zón** m ⟨Bot⟩ *Stechginster* m *(Ulex sp)*
ermi|ta f *Einsiedelei, Klause, Eremitage* f ‖ *Wallfahrtskapelle* f ‖ △*Kneipe* f ‖ **-taño** m *(Abk* **ermit.)** *Einsiedler, Eremit, Klausner* m ‖ ⟨Zool⟩ *Einsiedlerkrebs, Eremit* m *(Eupagurus bernardus)* ‖ fig *Einsiedler* m ‖ △~ *de camino Straßenräuber* m
Ernes|tina f np *Ernestine* f ‖ **-to** m np *Ernst* m
ero|gación f *Verteilung* f *(von Gütern od Sachen)* ‖ Mex Salv *(Geld)Ausgabe* f ‖ **-gar** (g/gu) vt *ausgeben, verteilen (Geld, Güter)* ‖ Mex Salv *(Ausgaben) verursachen*
Eros m ⟨Myth⟩ *Eros* m
ero|sión f ⟨Med⟩ *Hautabschürfung* f ‖ ⟨Geol Tech⟩ *Erosion* f ‖ **-sionar** vt *erodieren* ‖ **-sivo** adj ⟨Geol⟩ *Erosions-*
erostratismo m *Herostratentum* n
eró|tica f *Liebesdichtung* f ‖ **-tico** adj/s *erotisch, Liebes-*
ero|tismo m *Erotismus* m ‖ *übersteigerte Sinnlichkeit* f ‖ *Erotik* f ‖ ~ *de grupo Gruppensex* m ‖ **-tizar** vt *erotisieren* ‖ **-tomanía** f *Erotomanie* f, *Liebeswahn* m ‖ **-tómano, -tomaníaco** m *Erotomane, Liebeswahnsinnige(r)* m
***errabun|dear** vi *umher|irren, -streifen* ‖ **-do** adj/m *umher|irrend, -schweifend*
erra|da f *Fehl|wurf, -stoß* m *(beim Billard, Ballspielen usw)* ‖ fig *Fehl|schuß, -wurf* m ‖ **-damente** adv *irrtümlicherweise, fälschlich* ‖ **-dizo** adj *umher|irrend, -schweifend* ‖ **-do** adj *irrig, unrichtig* ‖ *andar* ~ *im Irrtum sein*
erraj m *zermahlene Olivenkerne* mpl *(zum Heizen)*
errante adj *irrend, verfehlend* ‖ *umher|irrend, -schweifend* ‖ *ziellos* ‖ *estrella* ~ *Wandelstern, Planet* m ‖ *judío* ~ *der Ewige Jude*
errar [pres *yerro*] vt *verfehlen, nicht recht machen* ‖ ◊ ~ *el blanco das Ziel verfehlen* ‖ fam *danebenschießen* ‖ ~ *el camino vom richtigen Wege abkommen, den Weg verfehlen* ‖ figf *auf dem Holzweg sein* ‖ ~ *el tiro fehlschießen* ‖ *vorbeischießen* (& fig) ‖ ~ *la vocación den Beruf verfehlen* ‖ ~ vi *(sich) irren* ‖ *sich verirren* ‖ *herumirren, umher|schweifen, -irren* ‖ ◊ ~ *en la respuesta irrtümlich, falsch antworten* ‖ ~ *es cosa humana Irren ist menschlich*
errata f *Schreib-, Druck|fehler* m ‖ *fe de* ~**s** *Druckfehlerverzeichnis* n
errá|tico adj *unstet, umherirrend* ‖ *wandernd (Völker, Schmerz)* ‖ ⟨Geol⟩ *erratisch* ‖ *estrella* ~a ⟨Astr⟩ *Wandelstern, Planet* m ‖ *rocas* ~**as** fpl ⟨Geol⟩ *Findlingsblöcke, erratische Blöcke, Findlinge* mpl ‖ **-til** adj *unsicher, schwankend* ‖ *umherirrend*
erre f *das spanische r bzw rr* ‖ *erre que erre* fam *halsstarrig* ‖ *immer wieder* ‖ fam *ich bleibe dabei!* ‖ ◊ *estar erre que erre* figf *steif und fest bestehen auf (dat)*
erróneo adj *irrig, irrtümlich, Fehl-* ‖ *asiento* ~ ⟨Com⟩ *irrtümliche Buchung* f ‖ *doctrina* ~a *Irrlehre* f ‖ *interpretación* ~a *Mißdeutung* f ‖ *juicio* ~ *irrige Ansicht* f, *Fehlurteil* n ‖ adv: **-amente**
error m *Irrtum* m, *Versehen* n ‖ *irrige Meinung* f ‖ *Mangel, Fehler* m ‖ *Sünde* f, *Vergehen* n ‖ *Fehl-, Miß|griff* m ‖ *Verfehlung* f ‖ *Verirrung* f (& fig) ‖ ~ *accidental zufälliger Fehler* m ‖ ~ *de acto,* ~ *de hecho* ⟨Jur⟩ *Tatirrtum* m ‖ ~ *de anotación* ⟨Com⟩ *Buchungsfehler* m ‖ ~ *de caja* ⟨Typ⟩ *Druckfehler* m ‖ ~ *de cálculo Rechenfehler* m ‖ ~ *de estimación Schätzungsfehler* m ‖ ~ *judicial Justizirrtum* m ‖ ~ *de pluma,* ~ *ortográfico Schreibfehler* m ‖ ~ *sistemático systematischer Fehler* m ‖ ~ *tipográfico,* ~ *de imprenta Druckfehler* m ‖ *por* ~ *irrtümlicherweise* ‖ *salvo* ~ *u omisión (S. E. u. O.)* ⟨Com⟩ *Irrtum vorbehalten* ‖ ◊ V. *está en un* ~ *Sie irren sich* ‖ *incurrir (od caer, dar) en un* ~, *cometer un* ~ *in e-n Irrtum verfallen, e-n Fehler begehen* ‖ *inducir a algn. a* ~ *jdn irre|führen, -leiten* ‖ *rectificar un* ~ *e-n Irrtum gutmachen* ‖ ~**es** mpl fig *Verirrungen* fpl
erubescente adj *errötend* ‖ *schamrot*
eruc|tar vi/i *aufstoßen,* pop *rülpsen* ‖ *ausstoßen (Speise)* ‖ **-to(s)** m(pl) *Aufstoßen* n *aus dem Magen* ‖ pop *Rülpsen* n
erudi|ción f *Gelehrsamkeit, wissenschaftliche Bildung* f ‖ *Belesenheit* f ‖ **-to** adj *gelehrt* ‖ *gebildet* ‖ *be|schlagen, -wandert (en in dat)* ‖ ~ m *Gelehrte(r)* m ‖ ~ *a la violeta Pseudo-, Halb|gebildete(r)* m ‖ ⟨Med⟩ *Schöngeist* m ‖ adv: **-amente** ‖ **-tismo** m ⟨Lit⟩ *gelehrte Manier, Schreibart* f
erup|ción f *(Vulkan)Ausbruch* m, *Eruption* f ‖ ⟨Med⟩ *Hautausschlag* m ‖ *Durchbrechen* n *(der Zähne)* ‖ *estar en* ~ *volcán* m ‖ *Vulkan* m *in Tätigkeit* ‖ **-tivo** adj: ⟨Geol⟩ *eruptiv* ‖ ⟨Med⟩ *mit Ausschlag verbunden, eruptiv* ‖ *carácter* ~ *jähzornige Gemütsart* f ‖ *roca* ~a *vulkanisches Gestein* n
△**eruqué, erulé** m *Baum* m
erutar vi pop → **eructar**
ervilla f *Platterbse* f ‖ *Wicke* f ‖ → **arveja**
es → **ser**
¹**es-** pop = **des-**
²**es-** → a **ex-**
esaborío adj And u. fam *langweilig* ‖ fam *doof*
Esaú m np *Esau* m
esbardo m Ast *junger Bär* m
esbarizar vi Ar *ausgleiten*
△**¡ésbate!** *Ruhe!*
esbel|tez f *Schlankheit* f ‖ *schlanker Wuchs* m ‖ **-to** adj *schlank, stattlich gewachsen* ‖ *schlankwüchsig*
esbirro m *Gerichtsdiener* m ‖ *Scherge, Häscher* m ‖ *Büttel, Sbirre* (it) m ‖ *(Polizei)Spitzel* m
esborregar vi León Sant *ausgleiten (auf feuchtem Boden)* ‖ ~**se** vr Sant *rutschen, einstürzen (Erde,* bes nach *Regenfällen)*
esbo|zar [z/c] vt *entwerfen, skizzieren* ‖ ◊ ~ *una sonrisa* fig *leicht lächeln* ‖ **-zo** m *Entwurf* m, *Skizze* f ‖ fig *Andeutung, erster Ansatz* m *(de zu dat)*
escabe|chado adj ⟨Kochk⟩ *mariniert* ‖ figf *geschminkt, bzw mit gefärbten Haaren (Person)* ‖ **-char** vt *marinieren* ‖ *beizen* ‖ figf *erstechen, töten,* pop *abmurksen,* fam *umbringen* ‖ figf ⟨Sch⟩ *durchfallen lassen* ‖ *färben (graue Haare)* ‖ **-che** m *(Salz)Lake* f ‖ *Marinade* f ‖ *marinierte*

Speise f || *Beize* f || Chi *Essigobst* n || fig *Haarfärbetinktur* f || *sardinas en* ~ *marinierte Sardinen* fpl || **–china** *f* fam *Katastrophe* f || *Zerstörung* f || *Verheerung* f || figf ⟨Sch⟩ *Prüfungsergebnis* n *mit e–r großen Anzahl von Durchgefallenen,* fam *Schlachtfest* n
escabel *m (Fuß)Schemel* m || *Fußgestell* n || *kleiner Sitz* m *ohne Rücklehne* || fig *Beziehung* f || fig *Sprungbrett* n
escabino *m Beisitzer, Schöffe* m
escabiosa *f* ⟨Bot⟩ *Skabiose* f (Scabiosa spp)
escabro *m* ⟨Vet⟩ *Schafräude* f || ⟨Bot⟩ *Baumkrebs* m
escabro|sidad *f Holp(e)rigkeit, Rauheit, Unebenheit* f (& fig) || *Schwierigkeit* f || fig *Schlüpfrigkeit* f || **–so** adj *holp(e)rig, rauh, uneben* || *felsig* || fig *heikel, kitzlig* || fig *schlüpfrig*
escabullir [pret -lló] vi *ent|kommen, -wischen, -gleiten (e–r Gefahr)* || ~**se** *(aus den Händen) entschlüpfen* || fig *entweichen, heimlich entwischen*
esca|char vt prov *zerbrechen* || **–charrar** vt *zerbrechen (bes Geschirr)* || fig *et verpfuschen (Angelegenheit usw)* || **–chifollar, –chifullar** vt fam *ärgern, foppen, zum Narren halten*
escafan|dra *f*, **–dro** *m Taucheranzug, Skafander* m || *Tauchgerät* n
escafoides m/adj ⟨An⟩ *Kahnbein* n
escajo *m* = **escalio** || Sant *Stachelginster* m (→ **aliaga**)
escala *f Leiter* f || *Stiege, Treppe* f || ⟨Mus⟩ *Tonleiter, Skala* f || *Einteilung* f || *Reihe(nfolge)* f || *Gradmesser* m || *Maßstab* m, *Skala* f || fig *Maß* n, *Ausdehnung* f || fig *Verhältnis* n, *Größe* f || *Liste* f, *Verzeichnis* n || *Gebührenstufe* f || ⟨Mil⟩ *Muster-, Stamm|rolle* f || ⟨Mil⟩ *Rangliste* f || *Staffel, Rangordnung* f || ⟨Mar⟩ *Stapelplatz, Zwischenhafen* m || ⟨Mar Flugw⟩ *Zwischenlandung* f || ~ *aritmética arithmetische Reihe* f || ~ de artimón ⟨Mar⟩ *Fallreep* n || ~ *auxiliar Span Laufbahn* f *des mittleren Dienstes* || ~ de asalto *Sturmleiter* f *(& der Feuerwehr)* || ~ de bomberos *Feuerwehrleiter* f || ~ de colores *Farbenskala* f || ~ cromática, diatónica ⟨Mus⟩ *chromatische, diatonische Tonleiter* f || ~ de cuerda *Strickleiter* f || ~ de gato, ~ de viento ⟨Mar⟩ *Jakobsleiter* f || ~ graduada *Stufenleiter* f || *Einstellskala* f *Gradeinteilung* f || ~ graduable *Gleitskala* f || ~ impositiva *Steuersatz* m || ~ de intereses *Zinsstaffel* f || ~ móvil de salarios *gleitende Lohnskala* f || ~ reducida *verjüngter Maßstab* m || ~ de reserva ⟨Mil⟩ *Stammrolle* f *der Reserve* || ~ subalterna Span *Laufbahn* f *des einfachen Dienstes* || *puerto de* ~ *Anlaufhafen* m || *en gran* (*mayor*) ~, *en pequeña* (*menor*) ~ *in großem (größerem), kleinem (kleinerem) Umfange, Maße* || ◊ *hacer* ~ ⟨Mar⟩ *(e–n Zwischenhafen) anlaufen (en acc)* || ⟨Flugw⟩ *zwischenlanden (en in dat)* || fig *rasten* || *consumo en gran* ~ *Massenverbrauch* m || ~ *ejecutiva Span Laufbahn* f *des gehobenen Dienstes* || *hacer negocios en gran* ~ *Geschäfte im großen betreiben* || *sin* ~ *ohne Zwischenlandung* || *vuelo sin* ~ ⟨Flugw⟩ *Nonstopflug* m || *ventas en gran* ~ *Massenabsatz* m || ~**s** *pl Stapelplätze* mpl || ~ *paralelas* ⟨Sp⟩ *Barren* m *(Turngerät)* || ◊ *hacer* ~ *Tonleiterübungen machen,* fam *Läufe üben*
escala|ción *f* ⟨Neol Pol⟩ *Eskalation* f || **–da** *f Erklettern, Ersteigen* n || ⟨Mil⟩ *Erstürmen* n || ⟨Pol⟩ *Eskalation* f || **–dor** *m Bergsteiger* m || *Kletterer* m || *Einsteigedieb, Fassadenkletterer* m
esca|lafón *m Rang-, Beförderungs|liste* f || *Stellenplan* m || *Besoldungsgruppe* f || Span *Personalregister* n || ⟨Mil⟩ *Armeeliste* f || ~ *jerárquico* ⟨Mil⟩ *Rangklassen* fpl || ~ *judicial Gerichtslaufbahn* f || *Liste* f *des Gerichtspersonals* || *puesto en el* ~ *Beförderungsstufe* f || **–lamiento** *m Ersteigen, Erklettern* n || → a **escalada** || **–lar** vt/i *(mit Leitern) ersteigen* || *besteigen, erklettern* ||
⟨Mil⟩ *erstürmen* || *e–n Einbruch durch Einsteigen verüben (Diebe)* || *e–e Schleuse) öffnen* || fig *(e–n hohen Posten) erlangen* || ◊ ~ el poder *die Macht an sich reißen* || ~ adj *skalar* || **–latorres** *m Fassadenkletterer* m
Escalda: el ~ *die Schelde (Fluß)*
escal|dado adj figf *gewitzigt, klug geworden (durch Schaden)* || figf *ausgekocht, durchtrieben, schamlos (Dirne)* || *los ojos* ~**s** *del llanto vom Weinen entzündete Augen* npl || **–dadura** *f Ver|brühen, -brennen* n || *Glühen* n || *Brandwunde* f || ⟨Med⟩ *Verbrühung* f || ⟨Med⟩ *Wolf* m || **–damiento** *m* = **–dadura** || **–dar** vt *(ab)brühen* || *glühend machen* || ⟨Kochk⟩ *(ab)brühen* || *abscheuern* || ⟨Med⟩ *verbrühen* || ⟨Med⟩ *wund reiben* || fig *verletzen* || ~**se** *sich brühen, sich verbrennen* || *sich wund laufen* || fam *sich den Wolf zuziehen* || fig *die Finger verbrennen*
escaldo *m Skalde* m *(nordischer Sänger und Dichter)*
escaleno adj ⟨Math⟩ *schief (Kegel)* || *ungleichseitig (Dreieck)* || ~ *m* ⟨An⟩ *Skalenus* m *(Muskel)*
escalera *f Treppe, Stiege* f || *Treppenhaus* n || *Leiter* f || *Wagenleiter* f || *Klettergerüst* n || ⟨Bgb⟩ *Fahrt* f || fig *Stufe* f *(bei unrichtigem Scheren der Haare)* || Ar *(Treppen)Stufe* f || △*Straße* f || ~ de asalto ⟨Mil⟩ *Sturmleiter* f || ~ *automática,* ~ mecánica *Rolltreppe* f || *mechanische Leiter* f *(z. B. bei der Feuerwehr)* || ~ de caracol *Wendeltreppe* f || ~ *con escalones Tritt-, Stufen|leiter* f || ~ excusada, ~ falsa *Geheim-, Neben|treppe* f || ~ de honor *Haupttreppe* f || ⟨Mar⟩ *Fallreeptreppe* f || ~ de mano, ~ portátil *Handleiter* f || ~ plegadiza *Klappleiter* f || ~ de servicio *Diener-, Hinter|treppe* f || ~ de tijera, ~ doble *Doppelleiter* f || *rueda de* ~ *Tretrad* n || *tramo de* ~ *Treppenlauf* m || ◊ *subir (bajar)* ~**s** *Treppen steigen (hinuntergehen)* || → a **escalinata**
escale|reja, –rilla, –ruca *f* dim *v.* **escalera** || ⟨Flugw⟩ *Gangway* f || *en -rilla treppen-, staffel|förmig*
escale|rón *m* augm. *v.* **escalera** || *Baumleiter* f *(Stamm mit Aststummeln)* || **–ta** *f Achsheber* m, *Hebezeug* n
escal|fado adj *poschiert (Ei)* || *blasig (schlecht getünchte Wand)* || **–fador** *m Schüssel-, Teller|wärmer* m || *Wasserwärmer* m || *Wärmeplatte* f || **–far** vt *(er)wärmen* || *(Eier) poschieren* || ~**se** *blasig werden (im überheizten Ofen gebackenes Brot, Anstrich usw)*
Escaligero m np *Scaliger* m
escalinata *f Vortreppe* f || *Freitreppe* f || *Treppengang* m *am Hauseingang*
escalio *m Brachland* n, *Brache* f
escalo *m Klettern* n
escalo|friado adj *fiebernd, fieberhaft* || *fröstelnd* || **–friante** adj/fig *schaurig, schaudererregend* || **–frío** *m* ⟨Med⟩ *Schüttelfrost, Fieber|schauer, -frost* m (& pl) || fig *Schauder* m, *Schaudern* n || ◊ *tengo* ~**s** *es fröstelt mich*
escalón *f Treppenstufe* f || *(Leiter)Sprosse* f || fig *Stufe, Staffel* f || *stufenförmiger Absatz* m || fig *Dienstgrad* m || ⟨Mil⟩ *Rangliste* f || ⟨Mil⟩ *Trupp* m, *Staffel* f || △*Kneipe* f || ~ de asalto ⟨Mil⟩ *Sturmwelle* f || ~ de combate ⟨Mil⟩ *Gefechtsstaffel* f, *Haupttrupp* m || ~ *lateral* ⟨StV⟩ *Randstreifen m (Straße)* || ~ de reconocimiento ⟨Mil⟩ *Vortrupp* m || *en* ~**es** fig *treppenförmig* || *por* ~**es** *Am in Zeitabständen* || *ab und zu*
escalona *f* = **escalonia**
escalonado adj *gestaffelt, abgestuft* || *staffelweise*
escalo|namiento *m (Ab)Stufung* f || *Staffelung* f || *Rang* m || **–nar** vt *abstufen* || *stufen* || *(in Ordnung) aufstellen, einteilen*
escalo|nia, –ña *f* adj: *(cebolla)* ~ *Schalotte (-nzwiebel)* f || → a **ascalonia**
escalpar vt *skalpieren*

escalpelo m ⟨Med⟩ *Skalpell* n || ⟨Zim⟩ *Stecheisen* n
esca|ma f *Schuppe* f || *Hautschuppe* f || *Schuppenflechte* f || *Panzerschuppe* f || *Stickschuppe* f || fam *Mißtrauen* n, *Argwohn* m || *Groll* m || ~s de jabón *Seifenflocken* fpl || mudar ~ Am *die Haut abstreifen (Schlange)* || **-mado** adj *schuppig*, *mißtrauisch* || *gewitzt*, *gerissen* || ~ m *Schuppung* f || *Schuppen|geflecht*, *-werk* n || quedar ~ *gewitzigt werden* || **-mar** vt *(ab)schuppen (Fische)* || mit *Schuppen (be)sticken*, *besetzen* || figf *durch schlechte Erfahrungen klug machen, argwöhnisch od stutzig machen*, *witzigen || ◊ me escama das *verdutzt mich* || **~se** figf *durch Schaden klug werden* || *mißtrauisch od stutzig werden*
escamo|char vt fam And *(nicht eßbare Blätter) abreißen (von Kopfsalat usw)* || fig *verschwenden* || **-cho** m *Tellerreste* mpl
escamón adj/s fam *vorsichtig, mißtrauisch*
escamondar vt *ausästen (Baum)*
escamo|nea f ⟨Bot⟩ *Purgierwinde, Skammonie* f (Convolvulus scammonia) || ⟨Pharm⟩ *Purgierharz* n || **-nearse** vr fam = escamarse
escamoso adj *schuppig, geschuppt*
escamo|tar vt = escamotear || **-teable** adj ⟨Flugw⟩ *einziehbar (Fahrgestell)* || **-teador** m/adj *Taschenspieler* m || *geschickter Dieb* m || **-tear** vt *eskamotieren, wegzaubern, verschwinden lassen (Taschenspieler)* || fam *wegstibitzen, mausen* || *mit leichter Hand beiseite schaffen (Schwierigkeit)* || ~ la novia fam *jdm sein Mädchen wegschnappen* || **-teo** m *Taschenspielerstreich* m || *Gaukelei* f || *Stibitzen* n || *Umgehen* n *(Frage, Problem)* || fig *geschickte Ausrede* f
escam|pada f *(kurzes) Aufklaren* n *(des Regenwetters)* || **-pado** adj *einzeln, hier und da, zerstreut* || **-par** vt *räumen, leer machen* || ~ vi *aufhören zu regnen* || fig *nachlassen* || ◊ ya escampa *es hört schon auf zu regnen, es klart auf* || **-pavía** f ⟨Mar⟩ *Erkundungsschiff* m || *Zollkutter* m || **-po** m *Räumung* f || esperar el ~ *warten, bis der Regen aufhört*
escan|ciador m *Einschenker, Mundschenk* m || **-ciar** vt *kredenzen, (bei Tisch Wein) einschenken* || ~ vi *zechen, trinken (Wein usw)*
escanda f *(Art) Spelz* m
escanda|lera f fam *Lärm, Radau, Skandal* m || **-lizado** adj *entrüstet* || **-lizar** (z/c) vt *(Ärgernis od Anstoß) erregen (bei dat)* || *empören* || *ärgern* || **~se** *Anstoß od Ärgernis nehmen, sich ärgern, sich aufhalten (de über)*
escándalo m *Ärgernis* n, *Anstoß* m || *Skandal, Lärm* m || *Aufruhr* m || *Tumult* m || *Empörung* f || *Dreistigkeit, Frechheit* f || fig *Erstaunen* n || *aufsehenerregendes Vorkommnis* n || ~ público *öffentliches Ärgernis* n || ◊ armar *(od dar) un ~ e-n Skandal (bzw e-n Tumult) verursachen* || e-e Szene machen || || la piedra de(l) ~ *der Stein des Anstoßes*
escandalo|sa f ⟨Mar⟩ *Gaffeltoppsegel* n || ◊ echar la ~ figf *zu derben Ausdrücken greifen*, fam *derb vom Leder ziehen (a alg. gegen jdn)* || **-samente** adv *äußerst, schrecklich, toll (zur Steigerung e-s Adjektivs)* || **-so** adj/s *ärgerlich, anstößig* || *lärmend, aufrührerisch* || *unerhört* || *skandalös* || *schlüpfrig, unanständig* || *lärmend* || rubio ~ *infam blond (Haar)*
escanda|llar vt ⟨Mar⟩ *loten* || ⟨Com⟩ *Stichproben entnehmen* (dat) || ⟨Com⟩ *den Preis (e-r Ware) bestimmen* || **-llo** m ⟨Mar⟩ *(Senk)Lot* n || ⟨Com⟩ *Stichprobe* f || *Probe(entnahme)* f || *Preistaxierung* f
Escandina|via f ⟨Geogr⟩ *Skandinavien* n || **-vo** adj *skandinavisch* || ~ m *Skandinavier* m
escandio m ⟨Chem⟩ *Scandium* n
escandir vt *skandieren (Verse)*
escanilla f *Burg Wiege* f
escantillón m ⟨Tech⟩ *Schablone, Lehre* f || ⟨Tech⟩ *Vergleichsmaß* n
escaña f *Sandspelz, Spelt* m
escañarse vr Ar *sich verschlucken*
escañeto m Sant *Bärenjunges* n
esca|ñil m León *kleine Bank* f || **-ño** m *Bank* f *mit Lehne* || *Kirchenstuhl* m || ⟨Pol⟩ *Abgeordnetenbank* f || fig *Sitz* m || Am *Promenadenbank* f || **-ñuelo** m *Fuß|schemel* m, *-bank* f
escapa|da f *Entwischen* n, *heimliche Flucht* f || *Wort* n, *das e-m entschlüpft* || fig *Ausflucht* f || fig *Eskapade* f || fig *Abstecher* m || en una ~ fam *eilig, im Fluge, im Nu* || ◊ hacer una ~ *e-n Abstecher machen* || **-dizo** adj *ent|schlüpfend, -weichend* || ◊ hacer ~ a alg. *jdm zum Entweichen verhelfen*
escapar vt *abhetzen (Pferd)* || *befreien (von e-r Schwierigkeit usw)* || vi *entrinnen* ||*ent|wischen, -weichen* || *entkommen* || *davonkommen* || fam *durchbrennen* || *entschlüpfen* || *ent|fallen, -fahren (Name, Wort)* || *(der Hand) (ent)gleiten (de aus dat)* || *entgehen (Gelegenheit)* || *durchgehen, sich heimlich davonmachen* || ◊ ha debido de ~ (se habrá escapado) a la atención de V. *es muß augenscheinlich Ihrer Aufmerksamkeit entgangen sein* || ~ de un peligro *e-r Gefahr entgehen* || ~ sin gran perjuicio *ohne großen Schaden davonkommen* || ~ en una tabla fig *mit knapper Not entkommen* || dejar ~ *una oportunidad sich e-e Gelegenheit entgehen lassen* || dejar ~ unas cuantas palabras *einige Worte fallenlassen* || dejar ~ un grito *unwillkürlich aufschreien* || **~se** *entwischen, sich davonmachen* || *sich losmachen* || fig *entfahren (ein Wort)* || ⟨Tech⟩ *ent|weichen, -rinnen (Gase, Rauch usw) (de aus dat)* || *lecken, (aus)rinnen* || ⟨Tech⟩ *auspuffen* || *nicht einrasten (Hebel usw)* || ◊ escapársele a uno a/c fig *übersehen, vergessen* || ~ a uno la lengua fig *et aus Übereilung sagen*, fam *sich verplappern* || la ocasión se nos ha escapado *die Gelegenheit ist uns entgangen* || se ha escapado una malla *(od un punto) e-e Masche ist gefallen (am Strumpf)*
escapara|te m *verglaster Wandschrank* m || *Glasschrank* m || *Heiligenschrein* m || *Putzschrank* m || *Laden-, Schau|fenster* n, *Auslage* f || Am *(Kleider) Schrank* m || **-tista** m *Schaufensterdekorateur* m
esca|patoria f *Flucht, Entweichung* f || *Ausgang, (kurzer) Spaziergang* m || fam *geheimer Ausflug* m || fam *Aus|flucht, -rede* f, *Vorwand* m || *Ausweg* m || fig *Hintertür* f || *Ausreißen, Entrinnen* n || *Eskapade* f || figf *Seitensprung* m || **~s** pl *Jugendstreiche* mpl || **-pe** m *Entwischen* n, *(eilige) Flucht* f || *Entrinnen* n || *Rinnen, Lecken* n || *Aus|tritt* m, *-strömung* f || *Undichtigkeit* f *(Leitung)* || *Abdampf* m *(Dampfmaschine)* || ⟨Uhrm⟩ *Hemmung* f || *Vorfall* m *(am Schlagwerk der Uhr)* || ⟨Tech⟩ *Auspuff* m || ~ de aire ⟨Tech⟩ *Entlüftung* f, *Luftabzug* m || ~ de áncora *Ankerhemmung* f *(Uhr)* || ~ de gas *Gas|austritt, -abzug* m || gas de ~ *Abgas* n || ~ libre, ~ abierto *offener Auspuff* m || canal de ~ ⟨Tech⟩ *Auspuffkanal* m || muelle de ~ ⟨Phot⟩ *Auslösefeder* f || *palanca de ~ Auslaßhebel* m || tubo de ~ *Auspuffrohr* n || *válvula de ~ Auspuffventil* f || a ~ *eilig, im Fluge* || hay ~ de gas *das Gas entweicht* || ya no hay ~ *es gibt kein Entrinnen mehr* || ◊ correr a todo ~ *in gestrecktem Galopp reiten* || partir *(od irse, alejarse) a ~ eiligst davonlaufen* || tener ~ *Wasser durchsickern lassen, e-n Sprung haben (Gefäß)* || *abblasen (Kessel)*
escapo m ⟨Entom⟩ *Scapus* m || ⟨Bot⟩ *Blütenschaft* m || ⟨Arch⟩ *Säulenschaft* m
escápula f ⟨An⟩ *Schulterblatt* n
escapu|lar adj *Schulter-* || región ~ ⟨An⟩ *Schultergegend* f || ~ vt ⟨Mar⟩ *umschiffen* || **-lares** fpl ⟨V⟩ *Schulterfedern* fpl || **-lario** m *Skapulier, geweihtes Band* n
esca|que m *Feld* n *auf e-m Schachbrett* ||

Feld n, *Raute* f *(im Wappen)* || ~s pl *Schachspiel* n || **-queado** adj *gewürfelt* || *schachbrettförmig* || **-quear** vt *schachbrettförmig anlegen*
escara f *Schorf* m, *Kruste* f *auf e-r Wunde*
escaraba|jear vt figf *beunruhigen, wurmen (Kummer)* || fig *kitzeln, beunruhigen, besorgt (fam kribbelig) machen* || fig *zwicken (Gewissen)* || ◊ le *-jea la conciencia* fig *das Gewissen läßt ihn nicht zur Ruhe kommen* || ~ vi *(wie die Käfer) krabbeln, hin und her laufen* || *kribbeln* || fig *kritzeln* || **-jeo** m *Krabbeln* n || fig *nagender Kummer* m || **-jo** m *Käfer* m || *Skarabäus* m || fam inc *Küchensch(w)abe* f || figf *Knirps* m || fig *Fehler* m *im Tuche* || ⟨Web⟩ *Webfehler* m || ⟨Tech⟩ *Gießfehler* m || figf ⟨Aut⟩ *Käfer* m || figf *Scheusal* n, *Vogelscheuche* f || ~ *Hércules* ⟨Entom⟩ *Herkuleskäfer* m (Dynastes hercules) || ~ *en leche* figf *weißgekleidete braune bzw schwarze Frau* f || ~ *de la patata*, ~ *del Colorado* ⟨Entom Agr⟩ *Kartoffel-, Kolorado|käfer* m (Leptinotarsa decemlineata) || ~ *pelotero*, ~ *bolero Pillendreher* m *(Käfer)* || ~ *sagrado* ⟨Entom⟩ *Heiliger Pillendreher* (Scarabaeus sacer) || ~ *sanjuanero Gemeiner Maikäfer* m (Melolontha melolontha) || ~s figf *Gekritzel* n || dim: **-juelo**: ~ m ⟨Entom⟩ *Rebschneider* m (Lethrus apterus)
escaramucear vi ⟨Mil⟩ *plänkeln, scharmützeln*
escaramujo m *Hagebuttenstrauch* m, *Hunds-, Hecken|rose* f (Rosa canina) || → a **agavanzo** || *Hagebutte* f || ⟨Zool⟩ *Entenmuschel* f (Lepas anatifera) || → a **percebe**
escaramu|za f ⟨Mil⟩ *u.* fig *Geplänkel* n || ⟨Mil⟩ *Scharmützel* n || fig *Wortgeplänkel* n || **-zador** m ⟨Mil⟩ *Plänkler* m || **-zar** [z/c] vt *scharmützeln*
escarapela f ⟨Mil⟩ *Feldzeichen* n || *Hutschleife, Kokarde* f || fam *Rauferei* f || ⟨Kart⟩ *falsche Dreierkombination* f *(in dem Tresillospiel)* || **-r** vt *zanken (bes Frauen)*
escarba|dero m *Suhle* f, *Wühlstelle* f *(des Wildes)* || **-dientes** m bes Am *Zahnstocher* m || **-dor** m *Scharr-, Kratz|eisen* n || **-dura** f *Kratzen, Scharren* n || *Stochern* n || **-orejas** m *Ohrlöffel* m
escar|bar vi/t *(in der Erde) kratzen, scharren (Hühner, Pferde usw)* || *(auf)wühlen (den Boden) (Schweine)* || *schüren (Feuer)* || *stochern (mit dem Zahnstocher)* || fig *herumstochern, schnüffeln* || fig *auskundschaften* || △*stehlen* || ◊ le *-ba la conciencia* fig *er hat Gewissensbisse* || ~se *sich den Kopf kratzen* || *sich (die Ohren, die Zähne) säubern* || **-bo** m *Kratzen, Scharren* n
escarcear vi Arg Ven *sich feurig im Kreise drehen (Pferd)*
escarcela f *Gürteltasche* f || prov *Jagd-, Reise|tasche* f || ⟨Art⟩ *Frauenhaube* f
escarceo m *Wellenspiel* n || ~s mpl *Kreisdrehung* f *(feuriger Pferde)* || fig *Umstände* mpl || *Umschweife* mpl || *Ziererei* f
escar|cha f *(Rauh)Reif* m || *Zuckerguß* m *zum Kandieren* || *kristallisierter Zucker* m *(im Likör)* || *cubierto de* ~ *mit Reif bedeckt* || *la* ~ *de las ventanas die Eisblumen* fpl *an den Fensterscheiben* || *bereifte Fensterscheiben* fpl || **-chada** f ⟨Bot⟩ *Eiskraut* n (Mesembryanthemum crystallinum) || **-chado** adj *bereift* || *kandiert (Gebäck)* || *anís* ~ *Kristallanis* m *(Likör)* || *yemas* ~as *mit Zucker geschlagenes Eigelb* n || ⟨Art⟩ *Gold-* bzw *Silber|stickerei* f || **-char** vt *mit Reif bedecken, bereifen* || *kandieren (Gebäck)* || *mit Gold- od Silber|draht sticken* || *(den Ton) schlämmen (Töpferei)* || v.impers *reifen* || *mit Talkum* (bzw *Glasstaub*) *bestreuen* || *che es reift, es fällt Reif* || **-che** m *Stickerei* f *mit Gold- od Silber|draht* || **-chilla** f *vereister Schnee, Firn* m || **-chillar** vi *graupeln*
escar|da f ⟨Agr⟩ *Jäten* n || *Jätzeit* f || *Jät-, Distel|hacke* f || **-dadera** f *Distel-, Jät|hacke* f || **-dador** m *Jäter* m || = **-dadera** || **-dadora** f *Jäterin* f || *Jäthaue* f || **-dadura** m *(Aus)Jäten* n ||

-dar vt *(aus)jäten* || fig *auslesen, säubern* || **-dilla** f *Jäthacke* f || **-dillo** m *Jäthaue* f || fam *Kringel* m *(der Sonnenstrahlen)* || fam *Lichtreflex, Widerschein* m
esca|riador m ⟨Tech⟩ *Reibahle* f || ~ *extensible, ajustable verstellbare Reibahle* f || **-riar** vt *(mit der Reibahle) bearbeiten, aus|reiben, -weiten* || *ausweiten (Bohrloch)*
escarifi|cación f ⟨Chir⟩ *Schröpfschnitt* m, *Verschorfung* f || *Skarifikation* f || **-cador** m ⟨Chir⟩ *Schröpf|messer* n, *-schnäpper* m || ⟨Agr⟩ *Bodenlockerungsmaschine, Messeregge* f, *Grubber* m || *Aufreißer* m *(Straßenbau)* || **-car** [c/qu] vt ⟨Chir⟩ *schröpfen, von Schorf säubern (Wunde)* || *Einschnitte in die Haut machen|skarifizieren* || ⟨Agr⟩ *rigolen* || ⟨Tech⟩ *aufreißen (Straße)*
escarla|ta f/adj *Scharlach* m, *Scharlachfarbe* f || *Scharlachtuch* n || (de) *color* ~ *scharlachrot* || *hochrot* || **-t(in)a** f/adj *Scharlachtuch* n || ⟨Med⟩ *Scharlach(fieber* n) m
escarme|nador m Am *großer Aufsteckkamm* m || **-nar** vt *aus(einander)wirren (Haare, Wolle)* || *(Erz) sieben* || *(Hanf) brechen* || fig *jdm (Geld) abnehmen, nach und nach abschwindeln* || fam *jdn kurzhalten* || ~ vi Am *grübeln*
escar|mentado adj/s *gewitzigt, behutsam* || *vorsichtig(er) geworden* || *abgeschreckt (de von dat)* || *verdutzt* || ◊ *de los* ~s *nacen los avisados durch Schaden wird man klug* || **-mentar** [-ie-] vt *hart, exemplarisch bestrafen* || *witzigen, abschrecken* || ~ vi *gewitzigt werden* || ◊ *(con durch acc) aus Erfahrung lernen* || ~ *en cabeza ajena durch fremden Schaden klug werden* || **-miento** m *Züchtigung, Strafe* f || *Witzigung* f || *abschreckendes Beispiel* n || *Warnung* f || *Lehre, schlimme Erfahrung* f || *Gewitztheit* f || ◊ *esto te servirá de* ~ *daran wirst du dir ein Beispiel für die Zukunft nehmen*
escarne|cer [-zc-] vt *ver|spotten, -höhnen* || **-cidamente** adv *spöttischerweise* || **-cimiento** m = **escarnio**
escarnio m *Spott, Hohn* m || *Verhöhnung* f || *por (od en)* ~ *zum Spott, aus Hohn* || ◊ *hacer* ~ *de* alg. *jdn verspotten*
escaro adj *krummbeinig* || ~ m ⟨Fi⟩ *Seepapagei* m (Scarus cretensis)
escaro|la f *Endivie* f, *Eskariol* m || *Lattichsalat* m || *Fältelkragen* m || **-lado** adj/s *gefältelt, gekräuselt* || *kraus* || ~ *de papel Papiermanschette* f *(z. B. an Blumentöpfen)* || *cuello* ~ *Fältelkragen* m, *(Hals)Krause* f || **-lar** vt *fälteln, kräuseln*
escarótico m ⟨Med⟩ *Ätzmittel* n
escar|pa f *(Mauer)Böschung, Senkung* f, *Steilhang* m || Mex *Fußweg* m || **-pado** adj *abschüssig, steil, jäh* || ~ m *Böschung* f || **-padura** f *Abdachung, Böschung* f || *Abhang* m
¹**escarpar** vt *glätten, polieren, (ab)raspeln*
²**escar|par** vt *böschen, abflachen* || **-pe** m *Böschung, Senkung* f || *Abhang* m || ⟨Mar⟩ *Laschung* f || ⟨Zim⟩ *schräges Blatt* n || **-pelo** m ⟨Zim⟩ *Raspel* f
escar|pia f *Hakennagel, Wandhaken* m || ⟨EB⟩ *Schienennagel* m || △~s pl *Ohren* npl || **-piador** m *Rohrhaken* m || **-pidor** m *weiter Kamm, Auskämmekamm* m
escarpín m *leichter Schuh, Tanzschuh* m || *Bettschuh* m || *Füßling, Überstrumpf* m
escarramanchones: a ~ adv fam Ar = a **horcajadas**
escar|za f ⟨Vet⟩ *Hufzwang* m || **-zano** adj: *arco* ~ ⟨Arch⟩ *Flach-, Stich|bogen* m || **-zar** [z/c] vt *zeideln (Bienenstöcke)* || **-zo** m *Zeideln* n || *verschmutzte Wabe* f || *Feuerschwamm, Zunder* m
esca|samente adv *knapp* || *schwerlich, kaum* || *provisto* ~ ⟨Com⟩ *spärlich versorgt (Markt)* || **-sear** vt *kärglich zuteilen* || *sparen, schonen* ||

knausern mit (dat) || ~ vi *selten werden* || *knausern, knickern* || *spärlich vorhanden sein* || ◊ en la guerra –sean los víveres *im Kriege herrscht Mangel an Nahrungsmitteln* || nuestras existencias van –seando ⟨Com⟩ *unser Vorrat wird knapp* || **–sero** adj fam *knauserig, knickerig* || **–sez** [*pl* –ces] *f Knauserei, Knickerei, Knappheit* f || *Seltenheit* f || *Mangel* m || *Verknappung* f || ~ **de dinero,** ~ **de fondos** *Geld\not, -knappheit* f || ~ **de suministro** *Versorgungsengpaß* m || ~ **de viviendas** *Wohnungsnot* f || ◊ *vivir con* ~ *(be)dürftig leben* || **–so** adj/s *knapp, spärlich* || *selten* || *karg, knauserig* || *unvollständig* || *wenig* || *ärmlich, eng (Wohnung)* || ⟨Com⟩ *gering (Nachfolge)* || ~ **de bienes** *arm, unbegütert* || ~ **de comida y bebida** *mäßig im Essen und Trinken* || ~ **crédito** ⟨Com⟩ *schwacher Kredit* m || ~**a demanda** ⟨Com⟩ *spärliche Nachfrage* f || ~ **de dinero** fam *knapp bei Kasse* || **con** ~**a ganancia** *mit geringem Gewinn* || ~ **de luces** *unwissend, geistig beschränkt* || ~ **de medios** *dürftig an Mitteln* || ~ **de palabras** *wortkarg* || ~ **en población** *dünn bevölkert (Ort)* || **tres días** ~**s** *kaum drei Tage* || ◊ *andar* ~ **de dinero** fam *knapp bei Kasse sein*
escatimar vt *abzwacken, schmälern* || *knapp abmessen* || *sparen mit* (dat) || *verdrehen (Sinn)* || ◊ **no** ~ **medios** *kein Mittel unversucht lassen*
escato|logía *f Lehre von den letzten Dingen, Eschatologie* f || **–lógico** adj ⟨Theol⟩ *eschatologisch* || ⟨Med⟩ *auf die Exkremente bezüglich*
escayo|la *f Modellgips* m *(Bildhauerei)* || *Stuckgips* m || *Mariengias* n || ⟨Arch⟩ *Stuck* m || ⟨Med⟩ *Gips(verband)* m || ◊ *vaciar en* ~ *e–n Gipsabguß machen* || **–lar** vt *vergipsen* || *stuckieren* || ⟨Med⟩ *eingipsen* || **–lista** *m Stukkateur* m || *Gipsarbeiter* m
esce|na *f* ⟨Schau⟩*Bühne* f || *Bühnenbild* n, *Szene* f || fig *Bühnenkunst* f || *Theater* n || fig *dramatische Kunst* f || *Szene* f, *Auftritt* m || fig *Schauplatz* m || fig *Szene* f, *Krach, heftiger Wortwechsel* m || ~ **de campo** *Landschaftsbild* n || **una** ~ **desgarradora** *e–e herzzerreißende Szene* || **primera** ~ ⟨Th⟩ *erster Auftritt* m || ~ **final** *Schlußauftritt* m || *Aktschluß* m || *cambio (od* mutación) **de** ~ *Szenenwechsel* m || *golpe* **de** ~ fam *Knalleffekt* m || ◊ **adaptar a la** ~ *für die Bühne bearbeiten* || **aparecer en la** ~ *öffentlich auftreten* (& fig) || **desaparecer de la** ~ *abtreten* || fig *sterben,* pop *dem Leben Lebewohl sagen* || **entrar en** ~ ⟨Th⟩ *auftreten* (& fig) || **llamar a la** ~ ⟨Th⟩ *herausrufen* || **salir a la** ~ ⟨Th⟩ *auftreten* || **poner en** ~ ⟨Th⟩ *auf die Bühne bringen* || *inszenieren* || fig *durchführen, verwirklichen* || *in Szene setzen* || **hacer una** ~ **a alg.** fig *jdm e–e Szene machen* || **–nario** *m Bühnenraum* m, *Bühne* f || *(Bühnen)Dekoration, Szenerie* f || fig *Schauplatz* m || fig *Szenerie* f || *Bühnenanweisung* f, *Szenar(ium)* n || *Umgebung* f || *Rahmen* m || **de el crimen** ⟨Jur⟩ *Tatort* m || **–narista** *m Drehbuchautor* m || *Drehbuchbearbeiter* m || *Szenenregisseur* m
escénico adj *szenisch, Bühnen-, Theaterbühnenwirksam* || **arte** ~ *Bühnenkunst* f || **efecto** ~ *Bühnenwirksamkeit* f || **palco** ~ *vordere Parkettloge* f || *Bühnenraum* m
esce|nificación *f Inszenierung* f || **–nificar** vt *inszenieren* || **–nografía** *f Bühnenmalerei* f || ⟨Mal⟩ *perspektivische Zeichnung* f || **–nográfico** adj *bühnenbildmäßig* || ⟨Mal⟩ *perspektivisch* || **–nógrafo** *m Bühnen\bildner, -maler* m
escepticismo *m Skepsis* f, *Mißtrauen* n, *Zweifel* m || ⟨Philos⟩ *Skeptizismus* m || **con** ~ *mißtrauisch*
escéptico adj *skeptisch* || fig *zweifelnd, mißtrauisch* || ~ *m Skeptiker* m || fig *Zweifler* m
Escévola f Mucio ~ ⟨Hist⟩ *Mucius Scaevola*
Escila *f Skylla* f || **entre** ~ **y Caribdis** fig *zwischen Skylla und Charybdis,* fig *zwischen Hammer und Amboß*

es|cíncidos *mpl* ⟨Zool⟩ *Skinke* mpl, *Wühlechsen* fpl *(Scincidae)* || **–cinco** *m* ⟨Zool⟩ *Skink* m || ~ **oficinal** *Sand-, Apotheker\skink* m *(Scincus officinalis)*
escin|dible adj *spaltbar* || **–dir** vt *(auf)spalten* || *trennen* || *teilen*
Escipión *m* np: ~ **el Africano** ⟨Hist⟩ *Scipio Africanus*
escisión *f* ⟨Phys Chem⟩ *Spaltung* f || ⟨Biol⟩ *Teilung* f || fig *Spaltung, Mißhelligkeit* f || ~ **nuclear** ⟨Phys⟩ *Kernspaltung* f
escisiparidad *f* ⟨Gen⟩ *Fortpflanzung* f *durch Teilung*
escita *m/adj Skythe* m *(Volk)*
Escitia *f Skythien* n
escítico adj *skythisch*
esclafar vt Ar Cue Murc *zerdrücken*
esclare|cer [-zc-] vt *beleuchten, erleuchten, erhellen* || *aufhellen* || fig *verherrlichen* || fig *erläutern, aufklären* || fig *ins klare bringen* || fig *Glanz verleihen* (dat) || vi *dämmern, Tag werden* || **–cido** adj *herrlich, vortrefflich* || *berühmt* || *vornehm, erlaucht* || adv: **–amente** || **–cimiento** *m Aufklären* f || *Erhellung* f || *Erläuterung* f || *Klarheit, Helle* f || *fig Glanz, Ruhm* m
escla|va *f Sklavin* f || figf *Dienerin* f || *Armreif* m, *glattes Armband* n *(Frauenschmuck)* || **–vatura** *f* Arg Pe *Belegschaft* f *an Sklaven* || **–vina** *f Pelerine* f || *Pilgermantel* m || *Palatine* f *(Pelzgewand der Frauen)* || *Kragen* m *des span. Umhängemantels* || *Halskragen* m *(der span. Geistlichen)* || ⟨Mil⟩ *kurze Pelerine* f || **–vista** *m/adj Anhänger* m *der Sklaverei* || **–vitud** *f Sklaverei* f, *Sklaventum* n, *Frondienst* m || fig *Knechtschaft, Knechtung* f || fig *Unterjochung* f || ⟨Kath⟩ *Bruderschaft* f *(Ordensgemeinschaft)*
esclavi|zación *f Unterjochung, Versklavung, Knechtung* f || **–zar** [z/c] vt *versklaven* || *unter\jochen, -werfen* || fig *tyrannisieren*
esclavo *m/adj Sklave, Knecht* m (& fig) || *Leibeigene(r)* m || ⟨Kath⟩ *Mitglied* n *e–r Ordensgemeinschaft* || Am pop *Diener* m || **comercio de** ~**s** *Sklavenhandel* m || **guerra de los** ~ *Sklavenkrieg* m || **ser un** ~ **de su palabra** fig *das gegebene Wort streng halten* || ~ adj *sklavisch* || *Sklaven-*
¹**esclavón** *m/adj* = *esclavo*
²**esclavón, esclavonio** *m/adj* unr *für* **eslavón** (→ d)
Esclavonia *f* unr *für* **Eslavonia**
escle|rodermia *f* ⟨Med⟩ *Sklerodermie* f || **–roma** *m* ⟨Med⟩ *Sklerom* n || **–rosado** adj ⟨Med⟩ *sklerotisch, verkalkt* || fig *verkalkt, verbohrt* || **–rosarse** vr ⟨Med⟩ *sklerotisch werden* || **–rósico** adj ⟨Med⟩ *sklerotisch, verkalkt* || **–rosis** *f* ⟨Med⟩ *Sklerose* f || fig *Verbohrtheit* f || **–roso** adj ⟨Med⟩ *sklerotisch, verhärtet* || **–rótica** *f* ⟨An⟩ *Sklera, Lederhaut* f *(des Auges)*
esclu|sa *f Schleuse* f || *Wehr* n || ~ **de cámara** *Kammerschleuse* f || **compuerta de** ~ *Schleusentor* n || **–sero** *m Schleusenwärter* m
esc.° Abk = **escudo**
esco|ba *f Besen* m || *Scheuerbesen, Schrubber* m || ⟨Bot⟩ *Besenginster* m *(Cyticus scoparius)* || **mango** *(od* palo) **de** ~ *Besenstiel* m || ◊ **pasar la** ~ *mit den Besen (aus)kehren* || **la** ~ **nueva barre bien** *neue Besen kehren gut* || **parece haber tragado el mango de una** ~ fig *er hat wohl e–n Besenstiel verschluckt* || **tieso como el palo de la** ~ figf *steif wie ein (Lade)Stock* || **–bada** *f Besenstrich* m || **dar una** ~ figf *flüchtig kehren* || **–badera** *f Kehrfrau* f || **–bajo** *m abgepflückter Kamm* m *e–r Weintraube*
¹**escobar** vt *(aus)kehren, fegen*
²**escobar** *m Besenginsterfeld* n
esco|bazo *m Schlag* m *mit dem Besen* || ◊ **echar a uno a** ~**s** figf *jdm die Tür weisen,* fam *jdn hinausfeuern* || **–bén** *m* ⟨Mar⟩ *(Bug)Klüse* f || **–bera** *f* ⟨Bot⟩ *Besenginster* m (→ **escoba**) || **–bero** *m Be-*

senhändler m || *Besenbinder* m || ⟨Maur⟩ *Abfilzpinsel* m || **-beta, -billa** *f (Kleider) Bürste* f || *Drahtbürste* f || *Wedel* m || *Pfeifenreiniger* m || ⟨Maur⟩ *Abfilzpinsel* m || **-billa** *f* ⟨Radio⟩ *Stromabnehmer* m || ⟨Tech⟩ *Rauhkratze* f || ⟨Bot⟩ = **escoba** || ⟨Bot⟩ *Besenheide* f (Calluna sp, Erica scoparia)

escobi|llado *m* Arg *Stampfen n mit den Füßen beim Tanz* || **-llar** vt *reinigen, abwischen* || *bürsten, fegen* || Arg Bol Chi Pe *in rascher Folge aufstampfen (b. einigen Volkstänzen)* || **-llón** *m Flaschenbürste* f || *Feger m für Backöfen* || *Wischer* m *zum Reinigen von Holzblasinstrumenten, von Gewehren usw* || *Schrubber* m || **-bina** *f Feilspäne* mpl || *Bohrmehl* n

escobón *m Kehrwisch* m || *Stöberbesen* m || *Flachkopf* m *am Spinnrad* || *Kaminbesen* m || *Handfeger* m || ⟨Bot⟩ = **escoba**

esco|cedura *f Brennen, Stechen* n || **-cer** [-ue-, c/z] vi/t *brennen, stechen (Wunde)* || *jucken, Jucken verursachen* || fig *kränken, reizen, ärgern* || **~se** vr *sich wund reiben* || *sich röten* || fig *üble Laune bekommen*

esco|cés, esa adj *schottisch* || *tela* ~a *gewürfelter Stoff, Schotten(stoff)* m || ~ *m Schotte, Schottländer* m || *schottische Mundart* f || **-cesa** *f Schottin* f || *Schottisch, schottischer Tanz* m || **~cia** *f Schottland* n || *bacalao de* ~ *schottischer Stockfisch* m || ~ *f* ⟨Maur⟩ *Rinnleiste* f || *Hohlkehle* f

esco|cido adj *juckend* || *los ojos* ~s de llorar *vom Weinen gerötete Augen* || **-cimiento** *m* = **-zor**

esco|da *f* ⟨Tech⟩ *Steinaxt* f, *Spitzhammer* m || *Krönel(eisen)* n || **-dadero** *m* ⟨Jgd⟩ *Fegebaum* m

¹**escodar** vt *(Steine) mit dem Zweispitz behauen, krönein*

²**escodar** vt ⟨Jgd⟩ *abfegen (Geweih)*

³**escodar** vt *(den Tieren) den Schwanz stutzen*

escofín *m* prov *Tragkorb* m

escofina *f Raspel* f || *Grobfeile* f || **-r** vt *raspeln* || *(grob)feilen*

esco|ger [g/j] vt *(aus)wählen, aus|suchen, -lesen* (de, entre, de entre aus, unter (dat)) || ⟨Agr Tech⟩ *verlesen, aussortieren* || ◊ ~ *por esposa zur Gattin wählen* || *dar a* ~ *a alg. jdm die Wahl lassen* || *al que le dan, no* -ge e-m geschenkten Gaul sieht man nicht ins Maul || *el que mucho* -ge, *lo peor coge wer lange sucht, geht irre* || **-gido** adj *auserlesen, vorzüglich* || *auserlesen, erwählt* || *vornehm* || *auserwählt* || *mercancías* ~as ⟨Com⟩ *Artikel* m *erster Wahl* || *obras* ~ ⟨Lit⟩ *ausgewählte Schriften* fpl || *gesammelte Werke* npl || *tropas* ~ ⟨Mil⟩ *Kerntruppen* fpl || *Elitetruppen* fpl || *el pueblo* ~ *das auserwählte Volk* || ◊ *muchos son los llamados, y pocos los* ~ *viele sind berufen, aber wenige auserwählt* || *estas fresas están ya muy* ~as fam *die besten Erdbeeren sind schon verkauft* (fam *weg*)

esco|lania *f Chorknaben* mpl || *Knabenkirchenchor* m *(z. B. in Montserrat)* || **-lano** *m Chor-, Sänger|knabe* m

escolapio adj *piaristisch* || *Piaristen-* || ~ *m Piarist* m *(Orden)*

escolar adj *Schul-* || *año* ~ *Schuljahr* n || *colonia* ~ *Schulkolonie* f || *enseñanza* ~ *Schulunterricht* m || *población* ~ *schulpflichtige Kinder* npl || *vida* ~ *Schulleben* n || *en edad* ~ *schulpflichtig* || ~ *m Schüler, Scholar* m || **-idad** *f Schul-, Studien|zeit* f || *Schul|bildung* f, *-unterricht* m

escolásti|ca *f* (**escolasticismo** *m*) *Scholastik* f || *scholastischer Geist* m || *Scholastizismus* m || desp *übertriebene Spitzfindigkeit* || ~ *f* np Tfn *Scholastika* f || **-co** adj *Schul-* || *studentenmäßig* || ⟨Philos⟩ *scholastisch* || ~ *m* ⟨Philos⟩ *Scholastiker* m || desp *Wortklügler* m

escólex *m* ⟨Zool Med⟩ *Skolex* m, *Bandwurmkopf* m

esco|liar vt *mit Glossen versehend* || **-lio** *m Scholie, Glosse* f

escoliosis *f* ⟨Med⟩ *Skoliose* f

escolopendra *f* ⟨Entom⟩ *Skolopender* m (Scolopendra spp) || ⟨Bot⟩ *Hirschzunge* f (Phyllitis scolopendrium)

escol|ta *f* ⟨Mil⟩ *Eskorte, Begleitmannschaft, Bedeckung* f, *(Schutz)Geleit* n || *Begleitkommando* n || *Begleitmannschaft* f || *Leibwache* f || ⟨Mar⟩ *Geleitschiff* n || fig *Begleitung* f || fig *Gefolge* n || ~ *real* kgl. *Leibgarde* f || ◊ *servir de* ~ *als Bedeckung dienen* || **-tar** vt ⟨Mar Mil⟩ *geleiten, decken, eskortieren* || *jdn begleiten, geleiten*

esco|llar vi Arg ⟨Mar⟩ *stranden* || fig *scheitern* || **-llera** *f* ⟨Mar⟩ *Steinschutzwall* m || ⟨Mar⟩ *Damm(aufschüttung* f*)* m || ⟨Mar⟩ *Wellenbrecher* m || **-llo** *m* ⟨Mar⟩ *Klippe* f || fig *Klippe, Gefahr* f || fig *Hindernis* n || ◊ *sortear los* ~s (& fig) *die Klippen umschiffen*

escom|bra *f Weg-, Aufräumen* n || Ar *Abraum, Schutt* m || **-brar** vt *aus-, ab|räumen* || fig *säubern, räumen* || *klauben (Rosinen)* || **-brera** *f Kehrricht-, Mist-, Schutt|haufen* m || *Schuttablade|-halde* f, *-platz* m || ⟨Bgb⟩ *(Abraum)Kippe, -halde* f

¹**escombro** *m (Bau) Schutt, Abraum* m || *Trümmer* pl || ⟨Bgb⟩ *Abraum* m, *Berge* mpl || ◊ *reducir a* ~s *in Trümmer schlagen*

²**escombro** *m* ⟨Fi⟩ *Makrele* f (→ **caballa**)

³**escombro** *m mißratene Rosinen* fpl

escon|dedero *m* = **-drijo** || **-der** vt *ver|stecken, -bergen* (de vor dat) || fig *verheimlichen* || **~se** *sich verstecken* || **-dida** *f* Arg *Versteckspiel* n || *a* ~s *heimlich, verstohlenerweise* || *im geheimen* || *a* ~s *de ohne jds Wissen* || **-dido** adj *verborgen, geheim* || ~ *m* CR Salv *Versteckspiel* n || **-dimiento** *m Verstecken* n || *Verbergen* n || **-dite** *m Versteck* n || ◊ *jugar al* ~ *Verstecke spielen* || **-drijo** *m Versteck* n, *Schlupfwinkel* m

escon|zado adj ⟨Arch⟩ *abgeschrägt* || **-zar** [z/c] vt *abschrägen*

escoñar vt vulg *verhunzen, verpatzen*

escope|ta *f Flinte, Büchse* f, *(Schieß)Gewehr* n || ~ *de aire comprimido Luftgewehr* n || ~ *de dos cañones,* ~ *de tiro doble zweiläufige Flinte, Doppelflinte* f || ~ *de caza Jagdflinte* f || ~ *de viento Windbüchse* f || ◊ ¡aquí te quiero ver, ~! fam *jetzt wird's ernst!* || **-tazo** *m Flinten-, Büchsen|schuß* m || fig *überraschende Nachricht* f || **-tear** vt/i *wiederholt schießen (auf* acc*)* || **~se** vr *sich gegenseitig mit Komplimenten (bzw mit Beschimpfungen) überschütten* || **-tero** *m Büchsenmacher* m || *Schütze* m

esco|pl(e)ar vt *(aus)meißeln* || *stemmen* || **-plo** *m (Holz)Meißel* m || ⟨Zim⟩ *(Stech)Beitel* m || *Stemm-, Schrot|eisen* n || ~ *de media caña Hohlmeißel* m || ~ *plano Flachmeißel* m || ◊ *bajar con* ~ *abmeißeln*

escora *f* ⟨Mar⟩ *größte Schiffsbreite* f || ⟨Mar⟩ *Krängung* f || *Schlagseite* f || *Schore* f || **~s** pl ⟨Mar⟩ *Schoren* fpl || ~ vt ⟨Mar⟩ *krängen* || *Schlagseite haben* || *abstützen (Schiffseiten)* || *den tiefsten Stand erreichen (Ebbe)*

escor|bútico adj ⟨Med⟩ *skorbutisch, skorbutartig* || **-buto** *m* ⟨Med⟩ *Skorbut, Scharbock* m

escor|char vt *abhäuten, abschinden, abschürfen (Haut)* || **-chón** *m Kratzer* m, *(Haut)Abschürfung* f

escordio *m* ⟨Bot⟩ *Wassergamander* m (Teucrium scordium)

esco|ria *f (Metall)Schlacke, Gekrätz* n || *Zunder, Hammerschlag* m || fig *Schund, Ramsch* m || fig *Abschaum, Auswurf* m, *Hefe* f || ~ *de la humanidad* fig *Auswurf* m *der Menschheit* || ~ *del populacho* fam *Hefe* f *des Pöbels* || **-rial** *m* ⟨Bgb⟩ *(Schlacken)Halde* f || *Schlackenhaufe(n)* m || *≃ Eskorial* m *(Schloß bei Madrid)* || **-riar** vt *wund reiben, abschürfen*

escor|pena, -pera, -pina f ⟨Fi⟩ *Meersau* f (→ **cabracho**)
escorpión m ⟨Zool Astr Mil Hist⟩ *Skorpion* m || ⟨Fi⟩ *Seeskorpion* m (Myoxocephalus scorpius) || *lengua de* ~ fig *Lästerzunge* f
escor|zar [z/c] vt ⟨Mal⟩ *perspektivisch verkürzen* || **-zo** m ⟨Mal⟩ *perspektivische Verkürzung* f || ⟨Mal⟩ *schiefe Stellung* f || fig *Abriß, Überblick* m
escor|zón m *Kröte* f || **-zonera** f ⟨Bot⟩ *Schwarzwurzel* f (Scorzonera spp)
escota f ⟨Mar⟩ *Schot(e), Segelleine* f
esco|tado adj *weit ausgeschnitten, dekolletiert (Frauenkleid)* || ⟨Bot⟩ *an der Spitze ausgezackt (Blatt)* || *muy* ~ *tief ausgeschnitten* || ~ m = ¹**-te** || ⟨Th⟩ *Schnürboden* m || ⟨Th⟩ *Versenkung* f || **-tadura** f *Ausschnitt* m *(am Kleid)* || *Aussparung* f (& ⟨Tech⟩) || *Ausschnitt* m || ⟨An⟩ *Furche* f || *Kerbe* f || ⟨Th⟩ *große Versenkung* f
¹**escotar** vt *ausschneiden (Frauenkleid)* || ⟨Tech⟩ *ausklinken* || ⟨Tech⟩ *aussparen*
²**escotar** vi *s–n Anteil zahlen, die Zeche bezahlen (bei gemeinsamen Ausgaben)*
¹**escote** m *Halsausschnitt* m, *Dekolleté* n || *Hemdenpasse* f || ⟨Tech⟩ *Aussparung* f || *Ausklinkung* f *(Blech)*
²**escote** m *Zeche* f, *Anteil* m *an der Zeche* || *a* ~ *anteilmäßig, durch Umlage (Zahlung)*
escoti|lla f ⟨Mar⟩ *Luke* f, *Luk* n *im Verdeck* || **-llón** m *Falltür* f || ⟨Th⟩ *Versenkung* f || ⟨Mar⟩ *Springluke* f || ◊ *aparecer por el* ~ *überraschend auftauchen* || *desaparecer por el* ~ figf *plötzlich spurlos verschwinden* || *entrar por el* ~ fam *unvermutet erscheinen*
escotismo m ⟨Philos⟩ *Scotismus* m *(die Lehre des Duns Scotus)*
escozor m *(starkes) Jucken, Brennen* n || fig *nagender Kummer, Gram* m
escrebir vt/i pop = **escribir**
escri|ba m *Schriftgelehrter* m *(bei den Juden)* || desp *Skribent, schlechter Schriftsteller* m || *Schreiberling* m || **-banía** f *Amt* n *eines Amtsschreibers* || *Kanzlei* f || *Schreibzeug* n || *Schreibtischgarnitur* || *Am Notariat* n || **-bano** m *(Amts-) Schreiber* m || *Notar* m || ⟨V⟩ *Ammer* f (Emberiza spp) || ~ *aureolado Weidenammer* f (E. aureola) || ~ *cerillo Goldammer* f (E. citrinella) || ~ *montesino Zippammer* f (E. cia) || ~ *palustre Rohrammer* f (E. schoeniclus) || ~ *del agua* ⟨Entom⟩ *Taumelkäfer* m (→ **girino**)
*****escri|bido** pp v. **-bir**: ◊ *ser muy leído y* ~ fam iron *einen hohlen Kopf haben* || **-bidor** m fam *Skribent, schlechter Schriftsteller, Schreiberling* m || **-biente** m *Schreiber* m, *der Diktiertes niederschreibt* (bes *des Schreibens Unkundiger)* || *Abschreiber* m || *calambre de (los)* ~s ⟨Med⟩ *Schreibkrampf* m
escribir [pp escrito] vt/i *(auf)schreiben* || *niederschreiben* || *verfassen* || ⟨Mus⟩ *komponieren* || *adressieren (Brief)* || ~ vi/t *schreiben* (**a** *an* acc) || *arte de* ~ *Schreibkunst* f || *cuaderno de* ~ *Schreibheft* n || *papel para* ~ *Schreibpapier* n || *perezoso para* ~ *schreibfaul* || *recado de* ~ *Schreibzeug* n || ◊ *al dictado nach Diktat schreiben* || ~ *a mano, a máquina, a pluma mit der Hand, mit der Maschine, mit der Feder schreiben* || ~ *de corrido* figf *sehr geläufig schreiben* || ~ *de nuevo (volver a* ~) *umschreiben* || ~ *en alemán deutsch schreiben* || ~ *en limpio ins reine schreiben* || ~ *sobre (od* de) a. *von* (dat), *über* (acc) *et schreiben* || *no saber (ni)* ~ *su nombre* fig *sehr unwissend sein* || *vi schriftstellern* || **se** vr *miteinander im Briefwechsel stehen* || *¿cómo se escribe eso? wie schreibt man das?*
escriño m *Freßkorb* m *(für Zugtiere)* || *Korb* m *(für Getreide usw)* || *Kasten* m, *Kästchen* n
escrit.ᵃ Abk = **escritura**
escrita f ⟨Fi⟩ *Engelhai, Meerengel* m (Rhina squatina)
escritillas fpl *Schafbockshoden* mpl, fam *Hammelhoden* mpl
escri|to pp/irr v. **escribir** || ~ adj *geschrieben (Gesetz usw)* || *beschrieben, bekritzelt* || *schriftlich (Aufgabe, Beweis)* || *estaba* ~ *so stand es geschrieben (im Buch des Schicksals)* || *lo* ~ *was geschrieben ist, das Geschriebene* || *no hay nada* ~ *sobre eso* fig *das ist sehr zu bestreiten* || *por* ~ *schriftlich* || ~ *a mano handschriftlich* || *en el agua* fig *in den Wind geredet* || *tomar por* ~ *niederschreiben* || ~ m *Geschriebene(s)* n, *Schrift* f || *Schriftstück* n || *Schreiben, Brief* m || *Buch, Werk* n || ⟨Jur⟩ *Schrift(satz* m*)* f || *Gesuch* n || *Antrag* m || **-tor** m *Schreiber* m || *Schriftsteller, Verfasser, Autor* m || ~ *novelista Novellen-, Roman|schreiber* m || ~ *popular Volksschriftsteller* m || **-tora** f *Schriftstellerin, Autorin* f || **-torio** m *Schreib|tisch* m, *-pult* n || *Schreibstube* f, *Geschäftszimmer, Büro* n || *objetos de* ~ *Bürobedarf* m || *Schreibzeug* n
escritor|zuelo, -cillo m desp *erbärmlicher Schriftsteller,* fam *Schreiberling* m
escritu|ra f *Schreiben* n || *Schrift* f || *Schreibkunst* f || *Handschrift, Schriftart* f || *Schriftstück* n || *amtliche Urkunde* f || *Notarschrift* f || *Schuldverschreibung* f || *Buch, Werk* n, *Schrift* f || *la Sagrada* ~ *die Heilige Schrift, Bibel* (& pl) || ~ *de adorno Zierschrift* f || ~ *árabe arabische Schrift* f || ~ *de Braille,* ~ *para ciegos Braille-, Blinden|schrift* f || ~ *cuneiforme Keilschrift* f || ~ *cursiva Kursivschrift* f || *la* ~ *de los espíritus die Geisterschrift* || ~ *española spanische gerade (leicht verschnörkelte) Schrift* f || ~ *gótica (alemana) Gotisch, Schwabacher, gotische Schrift* f || ~ *inglesa Kurrentschrift* f || ~ *a máquina Schreibmaschinenschrift* f || ~ *notarial notarielle Urkunde* f || ~ *oblicua Schrägschrift* f || ~ *recta,* ~ *vertical Steilschrift* f || ~ *redondilla Rundschrift* f || ~ *de palo seco Blockschrift* f || ~ *pública öffentliche Urkunde* f || ~ **a letra** || **-ración** f ⟨Jur⟩ *Beurkundung* f || **-rar** vt *schriftlich ausfertigen* || *beurkunden* || **-rario** adj/s *amtlich ausgefertigt, Amts-* || *notariell* || ⟨Rel⟩ *Bibel-, Schrift-* || ~ m *Schriftforscher, Bibelkenner* m
escrno. m Abk = **escribano**
escrófula f ⟨Med⟩ *Skrofel, Drüsengeschwulst* f
escrofu|laria f ⟨Bot⟩ *Braunwurz* f (Scrophularia spp) || **-lariáceas** fpl ⟨Bot⟩ *Rachenblütler* mpl (Scrophulariaceae) || **-lismo** m, **-losis** f ⟨Med⟩ *Skrofulose* f || **-loso** adj ⟨Med⟩ *skrofulös*
escroto m ⟨An⟩ *Hodensack* m, *Skrotum* n
escrúpulo m *Skrupel* m, *Besorgnis* f, *Bedenken* n || *Bedenklichkeit* f || *Gewissenhaftigkeit, Genauigkeit* f || ⟨Pharm⟩ *Skrupel* n = 24 *granos (altes Gewicht)* || fig *Ekel, Widerwille* m || *Steinchen* n *(im Schuh)* || *falta de* ~ *Gewissenlosigkeit* f || *no hago* ~ *de ich trage keine Bedenken* || *sin el menor* ~ *unbedenklich, ohne Bedenken* || *leichtfertig* || ~s *de monja* figf *kleinliche, lächerliche Bedenken* npl
escrupulo|sidad f *peinliche Gewissenhaftigkeit* f || *(ängstliche Genauigkeit* f || *Skrupel* mpl || **-so** adj *sehr gewissenhaft, ängstlich* || *Bedenken erregend* || *bedenkenvoll* || fig *peinlich genau, sehr gewissenhaft* || fig *übertrieben vorsichtig* || adv: **-amente**
escru|tador adj/m: *forschend (Blick)* || *ojos* ~es *forschender Blick* m || ~ m *Stimmenzähler* m || **-tar** vt/i *peinlich genau untersuchen* || *forschen* || *spähen* || *Stimmen zählen* || **-tinio** m *(Zettel-) Wahl* f || *(Wahl) Prüfung* f || *Wahlgang* m || *Stimmenzählung* f || fig *Wahl* f || *Untersuchung* f
escs. Abk = **escudos**
escuadra f *Winkel|maß, -eisen* n, *(Anlege-) Winkel* m || *Zeichendreieck* n || *Winkelhaken* m || ⟨Mar Flugw⟩ *Geschwader* n || ⟨Mar Flugw⟩

Flotte f ‖ ⟨Mil⟩ *Gruppe* f, *Trupp* m ‖ *Reitergruppe* f ‖ *Korporalschaft* f ‖ ⟨Astr⟩ *Winkelmaß* n *(Sternbild)* ‖ ~ *acorazada* ⟨Mar⟩ *Panzerflotte* f ‖ ~ de *delineante Reißschiene* f ‖ ~ de *hierro Winkeleisen* n ‖ *cabo de* ~ ⟨Mil⟩ *Korporal* m ‖ a ~ *winkelrecht* ‖ *rechteckig*

escua|drar vt ⟨Zim⟩ *abvieren* ‖ *rechtwink(e)lig zuschneiden, behauen, beschneiden* ‖ *(Bäume) zustutzen* ‖ –drado adj *beschlagen (Holz)* ‖ ~ m = **–dreo** m *Flächenvermessung* f ‖ *Fläche (nausmaß* n*)* f ‖ **–dría** f *Schnittmaß* n *(eines Balkens)* ‖ **–drilla**f ⟨Mar⟩ *Flotille* f, *kleines Geschwader* n ‖ ⟨Flugw⟩ *(Flieger-, Flugzeug)Staffel* f ‖ *Trupp* m ‖ ~ de *construcción Bautrupp* m

escuadro m ⟨Fi⟩ = **escrita**

escuadrón m ⟨Mil⟩ *Schwadron* f, *(Reiter)Geschwader* n ‖ ⟨Flugw⟩ *Geschwader* n ‖ ~ de *caza* ⟨Flugw⟩ *Jagdgeschwader* n

es|cualidez f *[pl* **–ces]** *Verwahrlosung* f ‖ *Schmutz* m ‖ *Schwäche* f ‖ *Abmagerung* f ‖ **–cuálido** adj *schmutzig, unflätig* ‖ *schwach, abgemagert* ‖ **~s** mpl ⟨Fi⟩ *Haie, Haifische* mpl (Selachii) ‖ **–cualo** m ⟨Fi⟩ *Hai(fisch)* m

¹**escucha** f/m *(Ab-, Zu)Hören, Lauschen* n ‖ *Radargerät* n ‖ ⟨Mil⟩ *Erkundung* f ‖ ◊ *estar de (od a la)* ~ *fam auf der Lauer stehen* ‖ *ponerse a la* ~ *auf Empfang stellen (*od *gehen)* ‖ *servicio de* ~ *Abhördienst* m

²**escucha** m *Horcher* m ‖ ⟨Mil⟩ *Späher, Kundschafter* m ‖ ⟨Mil⟩ *Horch|posten* m, *-stelle* f ‖ ⟨Fort⟩ *Abhörstollen* mpl ‖ ⟨Radio⟩ *Rundfunkteilnehmer, Hörer* m ‖ ⟨Tel⟩ *Abhörposten* m ‖ ⟨Hist⟩ *geheimes Fenster* n *(des Königs zum Sitzungssaal u. ä.)*

escu|char vt *(an)hören* ‖ *belauschen* ‖ *jdm zuhören* ‖ *folgen* ‖ *Gehör schenken* (dat), *erhören* (acc) ‖ ~ a, ~ a algn. *et bzw auf jdn hören* ‖ vi *(zu)hören* ‖ ⟨Radio⟩ *eine Rundfunksendung (mit)hören* ‖ ⟨Tel⟩ *ab-, mit|hören* ‖ *(auf)horchen* ‖ ◊ *quien –cha, su mal oye der Horcher an der Wand hört seine eigene Schand* ‖ *no* ~ *nicht hören wollen, ungehorsam sein (bes Kind)* ‖ ¡*escucha! paß auf! hör mal!* ‖ **~se** vr fig *sich gern reden hören* ‖ **–chete** m = **chep**

escuchimizado adj *schwächlich* ‖ ~ m fam *Schwachmatikus* m

escuchita(s) *f(pl)* fam *Getuschel, Tuscheln* n

escucho m *Sant León leises Flüstern, Ins-Ohr-Flüstern* n ‖ *Tuscheln* n ‖ a(l) ~ *heimlich, ins Ohr* ‖ *en voz de* ~ *in flüsterndem Ton*

escudar vt *mit einem Schild ᵇ(be)decken, schützen* ‖ fig *(be)schirmen, beschützen, decken* ‖ **–se** vr fig *in Deckung gehen* ‖ fig *sich verschanzen* (con en *hinter* dat) ‖ fig *sich wappnen* (con, de *mit* dat) ‖ ◊ ~ *con un pretexto et vorschützen*

escude|ril, -ro adj *Schildknappen-* ‖ adv: **–mente** ‖ **–ro** m *(Sch)Knappe, Waffenträger* m ‖ **Ritter, Vasall* m ‖ ⟨Jgd⟩ *Jungkeiler* m ‖ fig *ständiger Begleiter* m ‖ **–rón** m desp *Bramarbas* m ‖ **–te** m dim v. **escudo** ‖ *Keil, Zwickel* m *(Wäsche)* ‖ *Nahtverstärkung* f ‖ *Schlüsselblech* n ‖ ⟨Agr⟩ *Pfropfauge* n ‖ ⟨Bot⟩ *Seerose* f (→ **nenúfar**) ‖ ◊ *injertar de* ~ ⟨Bot⟩ *äugeln*

escudi|lla f *Suppennapf* m ‖ *Suppenschüssel* f ‖ *Saugnapf* m *(b. Patentwandhaken usw)* ‖ **–llar** vt/i *(die Suppe) ausschöpfen, austeilen* ‖ *(Brotsuppe) bereiten* ‖ fig *nach seinem Willen schalten und walten*

escudo m *Schild* m/n ‖⟨Geol Her⟩ *Schild* m ‖ *Schlüsselblech* n ‖ fig *Schutz, Beistand* m ‖ *Meteorstein* m ‖ *Escudo* m *(Münze* in Port Chi*)* ‖ ⟨Mar⟩ *Rückenlehne* f *(im Bootsheck)* ‖ ~ de *armas Wappenschild* m ‖ ⟨Com⟩ *Markenschild* m ‖ ~ de *oro Goldtaler* m

escudri|ñador adj *forschend, untersuchend* ‖ *prüfend* ‖ *mirada* ~a *forschender Blick* m ‖ **–ñ(amient)o** m *Nachsuchung, (Aus)Forschung* f ‖ *Ergründung* f ‖ **–ñar** vt/i *aus-, er|forschen* ‖ *nachforschen* ‖ *durchsuchen* ‖ vt *auskundschaften*

escue|la f *Schule* f ‖ *Schulgebäude* n ‖ *(Schul-)Unterricht* m ‖ *Schulwesen* n ‖ *Erziehung, Bildung* f ‖ *Schulung* f ‖ *Übung* f ‖ ⟨Philos⟩ *Schule* f ‖ *Lehre, Sekte* f ‖ *Lehrsystem* n ‖ *Lehrkörper* m ‖ *Schulkinder* npl ‖ ~ de *(od* para*) adultos Fortbildungsschule* f ‖ ~ de *agricultura landwirtschaftliche Schule* f ‖ ~ *al aire libre Freiluftschule* f ‖ ~ de *artes Kunstschule* f ‖ ~ de *artes y oficios Gewerbeschule* f ‖ ~ de *Bellas Artes Kunstakademie* f ‖ ~ *asilo Kindergarten* m ‖ ~ de *baile Tanzschule* f ‖ ~ de *capacitación Fachschule* f ‖ ~ de *ciegos Blindenanstalt* f ‖ ~ *coeducativa,* ~ *bisexual Koedukationsschule* f ‖ ~ de *comercio Handelsschule* f ‖ ~ de *conductores (od* chóferes*) Fahrschule* f ‖ ~ de *cuadros* ⟨Pol⟩ *Kader-, Partei|schule* f ‖ ~ *elemental Elementarschule* f ‖ ~ de *equitación Reitschule* f ‖ ~ *especial Fachschule* f ‖ ~ de *formación profesional berufsbildende Schule* f ‖ *Fortbildungsschule* f ‖ ~ de *guerra Kriegsschule* f ‖ ~-*hogar Internatsschule* f ‖ ~ *industrial Gewerbeschule* f ‖ *Fortbildungsschule* f ‖ ~ de *ingenieros Technikum* n, *technische Schule* ‖ ~ de *iniciación profesional Berufsschule* f *(12–15 Jahre)* ‖ ~ *laica freie, konfessionslose Schule* f ‖ ~ de *minas Bergakademie* f ‖ ~ *mixta* Am *Volksschule für beide Geschlechter, Koedukationsschule* f ‖ ~ *modelo Musterschule* f ‖ ~ de *montes Forstschule* f ‖ ~ *municipal städtische (Volks)Schule* f ‖ *Konservatorium* n *in Barcelona* ‖ ~ de *música Musikschule* f ‖ *Konservatorium* n ‖ ~ *nacional (spanische) Volksschule* f ‖ ~ de *natación Schwimmschule* f ‖ ~ de *náutica,* ~ *naval Seemannsschule* f ‖ ~ de *niñas,* ~ de *señoritas Mädchen-, Töchter|schule* f ‖ ~ de *niños Knabenschule* f ‖ ~ *nocturna Abend|schule* f, *-kursus* m ‖ ~ *normal (de maestros, de maestras) Lehrer-, Lehrerinnen|bildungsanstalt* f ‖ Deut *pädagogische Hochschule* f ‖ ~ *particular,* ~ *privada Privatschule* f ‖ ~ de *párvulos Kindergarten* m ‖ ~ *Pía Piaristenorden* m ‖ ~ de *pintura Malschule* f ‖ ~ *politécnica technische Hochschule* f, *Polytechnikum* n ‖ ~ *primaria Volksschule* f ‖ *Vorschule* f ‖ ~ *primaria superior Hauptschule* f ‖ ~ *profesional Fachschule* f ‖ ~ *reconocida* Span *staatlich anerkannte (kirchliche) Schule* f ‖ ~ *romántica* ⟨Lit⟩ *romantische Schule* f ‖ ~ de *segunda enseñanza Mittelschule, höhere Schule* f ‖ ~ de *sordomudos Taubstummenanstalt* f ‖ ~ *superior höhere Schule* f ‖ *Ober-, Mittel|schule* f ‖ *Fortbildungsschule* f ‖ *Hochschule* f ‖ ~ *superior de comercio Handelshochschule* f ‖ ~ de *tauromaquia Stierfechterschule* f ‖ ~ *técnica de grado medio Ingenieurschule* f ‖ ~ *volante wandernde Schule* f ‖ *chico de* ~ *Schulknabe* m, *-kind* n ‖ *con* ~ *schulgerecht* ‖ *Orden de las* ⁓s *Pías Piaristenorden* m ‖ *Orden de las* ⁓ *Menores Minoritenorden* m ‖ ◊ *correrse la* ~ ⟨Sch⟩ *Sant die Schule schwänzen* ‖ ¿*a qué* ~ *vas? in welche Schule gehst du?* ‖ *hacer* ~ *Schule machen (Kunst)* ‖ *faltar a la* ~ *die Schule schwänzen* ‖ *frecuentar (od* asistir a*) la* ~ *die Schule besuchen* ‖ *no tener* ~ ⟨Sch⟩ *frei haben* ‖ →a **academia, bachillerato, colegio, enseñanza** ‖ **–lante** m/f Mex *Volksschullehrer(in* f*)* m ‖ **–lero** m Am pop *Schulmeister* m ‖ Arg Ven *Schulkind* n

escuerzo m *Kröte* f (& fig) ‖ fig *unansehnliches (bzw häßliches) Geschöpf* n

escue|tamente adv v. **-to** ‖ *kurz und bündig* ‖ *lediglich, allein* ‖ *in knappen Worten* ‖ **-to** adj *frei, ungehindert* ‖ *unbeladen* ‖ *kahl (Mauer)* ‖ *schlicht, einfach* ‖ *knapp* ‖ *trocken (Stil)*

escuin|cle, = **-tle** m Mex *streunender Hund* m ‖ *Knabe, Junge* m ‖ fig *schmächtiges Kind* n

Esculapio m ⟨Myth⟩ *Äskulap* m ‖ *serpiente de* ~ ⟨Zool⟩ *Äskulapnatter* f (Elaphe longissima)
escul|pir vt *hauen, meißeln (Stein usw)* ‖ *schnitzen (Holz)* ‖ *graben, stechen* ‖ ◊ ~ a cincel *stechen* ‖ ~ en mármol *in Marmor aushauen* ‖ **-tor** m *Bildhauer* m ‖ *Bildschnitzer* m ‖ *f:* ~a *Bildhauerin* f ‖ **-tórico** adj = **-tural** ‖ **-tura** f *Bildhauerkunst, Bildhauerei* f ‖ *Skulptur, Bildsäule* f ‖ *Plastik* f ‖ *Schnitzwerk* n ‖ *(Gips) Abguß* m ‖ galería de ~(s) *Skulpturensammlung* f ‖ **-tural** adj *Bildhauerei-, Bildhauer-* ‖ *plastisch* ‖ de una belleza ~ fig *bildschön* ‖ wie gemeißelt
escu|llar vi Sant Burg *ab-, aus|laufen (Flüssigkeit)* ‖ *ab-, aus|tropfen* ‖ vt prov = **escudillar** ‖ **-llir** vi Murc *ausrutschen*
escuna f ⟨Mar⟩ *Schoner* m
escupeaguas m ⟨Aut⟩ *Wasser(führungs)rinne* f
escupi|dera f *Spucknapf* m ‖ And Arg Clu Ec *Nachtgeschirr* n ‖ ~ de bolsillo *Taschenspucknapf* m, *Spuckflasche* f ‖ **-do** adj: ◊ es ~a la madre fam *sie ist der Mutter wie aus dem Gesicht geschnitten* ‖ ~ m *Speichel* m, *Spucke* f ‖ **-dor** adj *oft (aus)spuckend* ‖ ~ m And Ec PR *Spucknapf* m ‖ ⟨Arch⟩ *Regenleiste* f ‖ **-dura** f *(ausgeworfener) Speichel, Auswurf* m ‖ *Fieberausschlag* m *(am Mund)*
escupir vt *aus|spucken, -speien* ‖ *an-, be|spucken* ‖ fig *auswerfen, sprühen, schleudern* ‖ fig *verhöhnen, von sich weisen* ‖ *(Feuer) speien (Gewehre, Vulkane)* ‖ *absondern, ausschwitzen* ‖ ⟨Taur⟩ *(den Degen) abschütteln (Stier)* ‖ ◊ ~ la bilis fig *seinen Zorn auslassen, Gift und Galle speien* ‖ ~ doblones figf *mit seinem Reichtum protzen* ‖ ~ sangre *Blut spucken* ‖ le escupió esta palabra *er schleuderte ihm dieses Wort ins Gesicht* ‖ ~ vi *(aus)spucken* ‖ ~ al (od en el) suelo *auf den Boden spucken* ‖ ~ al cielo figf *gegen den Wind spucken, sich ins eigene Fleisch schneiden* ‖ *widersinnig handeln* ‖ ~ por el colmillo figf *prahlen, großtun, protzen*
escu|pit(in)ajo, -po m, **-pi(ti)na** f fam *Spucke* f, *Speichel* m
escurialense adj *zum Eskorial gehörig*
escuro adj pop = **oscuro**
escurre|platos m *Abtropf|ständer* m (bzw -brett n) *(Küchengerät)* ‖ **-vasos** m *Trockengestell* n *für Gläser* ‖ **-verduras** m *Abtropfsieb* n *für Gemüse*
escurri|banda f fam *Ausflucht* f ‖ fam *Durchfall* m ‖ fam *Tracht* f *Prügel* ‖ *Hiebe* mpl ‖ **-dera** f, **-dero** m *Abtropfbrett* n ‖ *Abtropfbank* f ‖ **-dero** m *schlüpfriger Ort* m ‖ ⟨Phot⟩ *Plattentrockner* m ‖ **-dizo** adj *schlüpfrig, glatt (Aal, Gelände)* ‖ *leicht ausgleitend* ‖ fig *aalglatt* ‖ ◊ hacerse ~ figf *sich heimlich davonmachen* ‖ **-do** adj *dünn, schmächtig, schlank, schmal (hüftig)* ‖ ⟨Bot⟩ *stiellos (Blatt)* ‖ Mex PR *beschämt* ‖ **-dor** m *Durchschlag* m, *(Küchen) Sieb* n → a **escurreplatos**) ‖ ⟨Phot⟩ *Platten(trocken)ständer* m ‖ **-duras** fpl *Bodensatz* m ‖ *Neige* f ‖ fam *letzte Tropfen* mpl ‖ fig *Rest* m ‖ **-miento** m *Ab|tropfen, -laufen* n ‖ fam *Fehltritt* m
¹**escurrir** vt *ab-, aus|tropfen lassen, vollends auslaufen lassen* ‖ *aus|drücken (Schwamm)* ‖ *(aus)wringen (Wäsche)* ‖ *bis auf die Neige leeren (Glas)* ‖ △(ab)*teilen, trennen* ‖ ◊ ~ el bulto fam *sich drücken, sich ducken* ‖ fam *kneifen* ‖ ~ el hombro figf *sich ducken* ‖ ~ vi *abfließen, austropfen* ‖ *rinnen* ‖ *ausgleiten, ausrutschen* ‖ ~**se** *sich davonmachen* ‖ *aus|gleiten, -rutschen, herabrutschen* ‖ *entweichen* ‖ *entschlüpfen* ‖ ⟨Flugw⟩ *abrutschen* ‖ figf *mehr sagen (bzw geben), als man sollte* ‖ fam *sich verplappern* ‖ fam *sich verraten* ‖ fam *einen Fehltritt begehen* ‖ ~ de *(od entre, de entre) las manos aus den Händen gleiten* ‖ los pies se escurren sobre el hielo *die Füße gleiten, schlittern auf dem Eis*

²**escurrir** vt Ast Sant Pal jdn *hinausbegleiten (beim Abschied)*
escusón m ⟨Her⟩ *Herzschild* m
escute|lado, = **-lar** adj ⟨Bot⟩ *schüssel-, schild|förmig* ‖ **-laria** f ⟨Bot⟩ *Helmkraut* n (Scutellaria sp) ‖ **-lo** m ⟨Bot Entom⟩ *Scutellum* n
escutiforme adj *schildförmig*
escutismo m *Pfadfinderbewegung* f
escharchar vt MAm *zerquetschen, plattdrücken* ‖ fig *entlassen*
esdrújulo m/adj ⟨Gr⟩ *Wort* n *mit betonter drittletzter Silbe, Proparoxytonon* n *(wie benévolo, decírselo)*
¹**ese, esa, eso** *(alleinstehend:* ése, ésa *[gemäß Beschluß (1959) der Real Academia kann der Akzent wegfallen, falls keine Verwechslung möglich])* pron *per da, die da, das da* ‖ *jener, jene, jenes* ‖ *dieser, diese, dieses, dies* ‖ ~ mismo *ebender* ‖ *derselbe* ‖ ese hombre *dieser Mann* ‖ el hombre ese *(nachgestellt oft desp) der Kerl da* ‖ en ésa *dort, am dortigen Platze, in Ihrer Stadt* ‖ en ese Instituto *in jenem Institut* ‖ am dortigen *Institut* ‖ ésa sí que es buena fam *das ist gelungen, das ist (wirklich) köstlich!* ‖ ¡por ésas! = ¡por éstas! (→ **este**) ‖ ¡ni por ésas! *keineswegs!* ‖ eso sí *das allerdings, freilich* ‖ eso sí, pero *das mag stimmen, aber* ... ‖ con eso de ser su amigo ... ... *weil er sein Freund ist* ‖ eso mismo *jawohl* ‖ eben ‖ natürlich ‖ *das ist es* ‖ (y) eso que conj *trotzdem* ‖ a eso de (las ocho) *ungefähr (od etwa) um (acht Uhr)* ‖ en eso de ... *auf dem Gebiete* ... ⟨Gen⟩ ‖ por eso *deswegen* ‖ no por ~ *nichtsdestoweniger* ‖ ¡nada de ~! *keineswegs!* ‖ ¡eso (es)! *eben! jawohl! sehr richtig!* ‖ ¿y eso? *wieso?* ‖ y eso ¿qué? *na und?* ‖ ¿cómo va esa salud? fam *wie steht es mit Ihrer Gesundheit? wie geht es Ihnen?* ‖ ¿crees que soy una de ésas? *glaubst Du, daß ich so eine bin?*
²**ese** f s n ‖ ~**s** pl *Zickzack* m ‖ hacer ~ figf *hin und her torkeln (Betrunkene)*
E.S.E. Abk = **estesudeste**
esecilla f *Haken* m ‖ *Öse* f *(Verschluß)*
esen|cia f *Wesen, Sein* n ‖ *Wesenheit, Essenz* f ‖ *Essenz* f, *ätherisches Öl* n ‖ fig *das Feinste* ‖ *Inhalt, Kern* m ‖ ~ de almendras amargas *Bittermandelöl* n ‖ ~ de anís *Anisöl* n ‖ ~ de rosas *Rosenöl* n ‖ ~ de trementina *Terpentinöl* n ‖ la quinta ~ fig *die Quintessenz* ‖ *das Beste, der Kern* m ‖ ◊ ponerse ~(s) *sich parfümieren* ‖ ser de ~ *wesentlich sein* ‖ **-cial** adj *wesentlich, hauptsächlich* ‖ *unumgänglich, notwendig* ‖ ⟨Chem⟩ *ätherisch* ‖ *essentiell (Aminosäure)* ‖ aceite ~ *ätherisches Öl* n ‖ lo ~ es que *die Hauptsache ist, daß* ‖ puntos ~es *Hauptpunkte* mpl ‖ adv: ~**mente** *im wesentlichen* ‖ *dem Wesen nach* ‖ **-ciero** m *Riechfläschchen* n ‖ *Rauchverzehrer* m
esenios mpl *Essener* mpl *(altjüdische Sekte)*
esfenoides m/adj ⟨An⟩ *Keilbein* n
esfera f *Kugel, Sphäre* f ‖ *Erd-, Welt|kugel* ‖ *Zifferblatt* n *einer Uhr* ‖ *Skalenscheibe* f ‖ fig *Bereich* m, *Sphäre* f ‖ fig *Stand, Rang* m ‖ ~ de actividad, ~ de acción fig *Wirkungskreis* m ‖ ~ de aplicación *Anwendungsbereich* m ‖ ~ celeste *Himmelskugel* f ‖ ~ de influencia *Einfluß|-sphäre* f, *-bereich* m ‖ ~ íntima *Intimsphäre* f ‖ ~ terrestre, ~ terráquea *Erd|kugel* f, *-ball* m ‖ en forma de ~ *kugelförmig*
esfericidad f *Kugel|form, -gestalt, Rundung* f
esférico, ***esferal** adj *kugelförmig, kugelrund, sphärisch* ‖ *Kugel-* ‖ ⟨Math⟩ *sphärisch (Trigonometrie, Dreieck usw)* ‖ casa ~ *Kugelhaus* n ‖ forma ~a *Kugelform* f ‖ *~ m ⟨Sp⟩ *Ball* m
esferoi|dal adj *kugelähnlich* ‖ **-de** m *Sphäroid* n
esfigmógrafo m ⟨Med⟩ *Sphygmograph* m
esfinge f *(& m) Sphinx* f ‖ *Abend-, Nacht|falter, Schwärmer* m ‖ fig *geheimnisvoller Mensch* m ‖ ~ del aligustre ⟨Entom⟩ *Ligusterschwärmer* m (Sphinx ligustri)

esfíngidos *mpl* ⟨Entom⟩ *Schwärmer* mpl (Sphingidae)
esfínter *m* ⟨An⟩ *Schließmuskel, Sphinkter* m
esfo|gar vt vulg = **desfogar** ‖ **–lar** vt Ast Sal *ab|häuten, -ledern*
esfor|zado adj *mutig, tapfer, kühn* ‖ **–zar** [-ue-, z/c] vt *anstrengen* ‖ *beanspruchen* ‖ *verstärken* ‖ *bekräftigen, bestärken* ‖ *ermutigen* ‖ ∼**se** *sich bemühen, sich anstrengen* ‖ *sich beeifern* ‖ ◊ ∼ **en** (*od* por, a) *hacer algo sich um et bemühen* ‖ ∼ por *granjearse la confianza das Vertrauen zu verdienen trachten*
esfoyaza *f* Ast *Zusammenkunft f des Landvolkes zum Entblättern von Maiskolben*
esfuerzo *m Anstrengung, Bestrebung, Bemühung, Mühe* f ‖ *Mut* m, *Tapferkeit, Kraft* f ‖ *Aufwand* m, *Opfer* n ‖ ⟨Tech⟩ *Beanspruchung* f ‖ *Spannung* f *(Statik)* ‖ ⟨Tech⟩ *Kraft* f ‖ ∼ *del material Werkstoff-, Material|beanspruchung f* ‖ ◊ *hacer un* ∼ *sich anstrengen* ‖ *sich zusammennehmen* ‖ *hacer el último* ∼ fam *das Unmögliche versuchen* ‖ *valer el* ∼ *der Mühe wert sein* ‖ *hacer* ∼**s** *por bestrebt sein zu* ‖ *hacer todos los* ∼**s** *alles aufbieten* ‖ *no omitir* ∼**s** *keine Anstrengung scheuen, alle Hebel in Bewegung setzen* ‖ *sin* ∼ *mühelos*
esfu|mar vt ⟨Mal⟩ *(ver)wischen* ‖ *abtönen* ‖ ⟨Phot⟩ *(den Bildrand) verwischen* ‖ *(e–e Zeichnung) die Konturen verwischen* ‖ ∼**se** *verschwimmen, verlaufen* ‖ *fig auseinander-, zer|gehen, sich auflösen (Wolken u.ä.)* ‖ fig *in der Ferne verschwinden* ‖ figf *verschwinden, verduften* ‖ **–mino** *m* ⟨Mal⟩ *Wischer* m
△**esgarrabel** *m Sträfling* m
esgarro *m* Arg Chi Cu *Schleimauswurf* m
esgra|fiado *m* ⟨Mal⟩ *Sgraffito* n ‖ **–fiar** [pres -io] vt ⟨Mal⟩ *sgraffieren*
esgri|ma *f Fechtkunst* f ‖ *Fechten* n ‖ *Fechtart* f ‖ *Fechtübung* f, ⟨Sch⟩ *Pauken* n ‖ *maestro de* ∼ *Fecht|lehrer, -meister* m ‖ **–midor** *m (geübter) Fechter* m ‖ **–mir** vt *et schwingen* ‖ fig *herumfuchteln (mit dat)* ‖ fig *et ausspielen, anführen, ins Treffen führen* ‖ vi *fechten*
esgua|zar [z/c] vt *durchwaten* ‖ **–zo** *m Furt, seichte Stelle* f
esgui|la *f* Ast ⟨Zool⟩ *Eichhörnchen* n ‖ ⟨Zool⟩ *Garnele* f (→ **esquila, quisquilla**) ‖ **–lar** vi Ast *klettern (auf e–n Baum u.ä.)*
esguín *m* ⟨Fi⟩ *Junglachs* m
esguince *m Drehung, Biegung* f *des Körpers, um e–m Schlag auszuweichen* ‖ *Bewegung* f, *mit der man Geringschätzung andeutet* ‖ ⟨Med⟩ *Verrenkung* f ‖ ⟨Med⟩ *Verstauchung* f
eskí *m* → **esquí**
esla|bón *m (Ketten)Glied* n, *Kettenring* m ‖ ⟨Chem⟩ *(Ring)Glied* n ‖ *Feuerstahl* m ‖ *Wetzstahl* m ‖ ⟨Mar⟩ *Facke* f ‖ ⟨Zool⟩ *Afrikanischer Skorpion* m (Scorpio maurus) ‖ fig *Ver|bindung, -kettung* f, *Bindeglied* n ‖ **–bonado** adj *gegliedert* ‖ **–bonar** vt *ver|ketten, -knüpfen* ‖ fig *verbinden* ‖ ⟨Mar⟩ *schäkeln* ‖ ∼**se** vr *sich anknüpfen* ‖ fig *im Zusammenhang stehen*
esla|vismo *m Slawentum* n ‖ *Slawismus* m ‖ **–vista** *m Slawist* m ‖ **–vistica** *f Slawistik* f ‖ **–vístico** adj *slawistisch* ‖ **–vizar** [z/c] vt *slawisieren* ‖ **–vo** adj *slawisch* ‖ ∼ *m Slawe* m ‖ *slawische Sprache* f ‖ **–vófilo** m/adj *Slawenfreund, Slawophile(r)* m ‖ **–vón, ona, eslavonio** adj *slawisch* ‖ ∼ *m Slawone* m ‖ ≠**vonia** *f Slawonien* n
eslilla *f* Am *Schlüsselbein* n
eslinga *f* ⟨Mar⟩ *Länge, Haken-, Lasten|-schlinge* f
eslizón *m* ⟨Zool⟩ *Erzschleiche* f (Chalcides chalcides)
eslogan *m* ⟨Hist⟩ *schottischer Schlachtruf* m ‖ *Slogan, (Werbe)Spruch* m, *Werbeschlagwort* n
eslora *f* ⟨Mar⟩ *größte Länge des Schiffes, Schiffs-, Kiel|länge* f

eslova|co adj *slowakisch* ‖ *alambrero* ∼ *slowakischer Rastelbinder* m ‖ ∼ *m Slowake* m ‖ *slowakische Sprache* f ‖ ≠**quia** *f Slowakei* f
Eslove|nia *f Slowenien* n ‖ ≠**no** adj *slowenisch* ‖ ∼ *m Slowene* m ‖ *slowenische Sprache* f
△**esmalar** vi *fliegen*
Esmalcalda ⟨Geogr⟩ *Schmalkalden* ‖ *Liga de* ∼ ⟨Hist⟩ *Schmalkaldischer Bund* m
esmal|tado *m Emaillieren* n ‖ *Emaillierung* f ‖ *Emaillierschicht* f ‖ *Email(le* f) n, *Schmelz* m ‖ ∼ adj *emailliert, Email-* ‖ ∼ *de flores* fig *blumengeschmückt* ‖ **–tar** vt *emaillieren* ‖ *lasieren* ‖ fig *ausschmücken* (con, de *mit* dat) ‖ *horno de* ∼ *Emaillierofen* m ‖ **–te** *m Email(le* f) n, *Schmelz* m ‖ *glasartiger Überzug* m ‖ *Schmelzwerk* n ‖ *Schmelzarbeit* f ‖ *Emailgeschirr* n ‖ ⟨Mal⟩ *Smaltblau* n ‖ ⟨An⟩ *Glasur* f *der Zähne, (Zahn-)Schmelz* m ‖ fig *Schmuck* m, *Zier* f ‖ *Farbe* f *(im Wappen)* ‖ fig *Glanz* m ‖ fig *Schmuck* m ‖ ∼**s** *Emailarbeiten* fpl ‖ **–tín** *m* ⟨Mal⟩ *Smalt-, Kobalt|-blau* n ‖ **–tina, –tita** *f* ⟨Min⟩ *Smaltin* m ‖ **–tista** *m Emailleur* m
esmerado adj *vor|züglich, -trefflich* ‖ *gewissenhaft, genau* ‖ *sorgsam* ‖ *gepflegt* ‖ *ejecución* ∼**a** *tadellose, feinste Ausführung* f ‖ adv: ∼**amente**
esmeral|da *f* ⟨Min⟩ *Smaragd* m ‖ Cu ⟨Fi⟩ *aalartiger Fisch der Antillen* ‖ ∼ *oriental Korund* m ‖ ∼ adj *smaragdgrün* ‖ **–dino** adj *smaragdfarben*
esmerar vt *glätten, polieren* ‖ *putzen* ‖ ∼**se** *sich die größte Mühe geben, sich anstrengen (en um zu)* ‖ *Hervorragendes leisten*
esmerejón *m* ⟨V⟩ *Merlin* m (Falco columbarius)
esme|ril *m* ⟨Min⟩ *Schmirgel* m ‖ *papel (de)* ∼ *Schmirgelpapier* n ‖ *tela (de)* ∼ *Schmirgellein-wand* f ‖ *polvo de* ∼ *Schmirgelpulver* n ‖ ◊ *pulir (od* alisar) con ∼ *schmirgeln* ‖ **–rilado** adj *geschliffen* ‖ *cristal* ∼ *Mattglas* n ‖ ⟨Phot⟩ *Mattscheibe* f ‖ *tapón* ∼ *geschliffener Glasstöpsel* m ‖ ∼ *m Schmirgeln* n ‖ *Schliff* m, *Schleifen* n ‖ **–rilar** vt *(ab)schmirgeln, (ein)schleifen*
esmero *m Sorgfalt, Gewissenhaftigkeit* f ‖ *Gründlichkeit* f ‖ con ∼ *sorgsam, genau, gewissenhaft* ‖ *tadellos* ‖ *con el mayor* ∼ *mit größter Sorgfalt*
Esmirna *f Smyrna (Stadt)*
esmirriado adj fam *mager, ausgemergelt,* fam *mick(e)rig* ‖ *kränklich*
esmoquin *m Smoking* m
esnob *m Snob, Geck* m ‖ **–ismo** *m Snobismus* m, *Geckenhaftigkeit* f ‖ *Vornehmtuerei* f ‖ **–ista** adj *snobistisch*
esnórquel *m Schnorchel* m
eso pron → **ese**
esófago *m* ⟨Med⟩ *Speiseröhre* f, *Oesophagus* m
esópico adj *äsopisch* ‖ *las fábulas* ∼**as** *die Äsopischen Fabeln* fpl
Esopo *m* np *Äsop* m
eso|térico adj *esoterisch, geheim* ‖ *doctrina* ∼**a** = **–terismo** *m Esoterik, Geheimlehre* f
esotro pron *jener (andere)* (= **ese otro**)
esp. Abk = **español** ‖ **especial** ‖ **espíritu**
△**espá** *m Schlüssel* m
espabi|laderas fpl = **despabiladeras** ‖ **–lar** vt = **despabilar** ‖ △**töten** ‖ △**hinauswerfen**
espa|ciado *m* ⟨Typ⟩ *Spatium* n ‖ *Spationieren* n ‖ *Ausschließung* f ‖ ∼ adj ⟨Typ⟩ *gesperrt (gedruckt)* ‖ *durchschossen, mit Durchschuß (Zeilen)* ‖ **–ciador** *m Leertaste* f *(Schreibmaschine)* ‖ *Sperrvorrichtung* f ‖ **–cial** adj *räumlich, Raum-* ‖ *Weltraum-* ‖ *vehículo* ∼ *Raumfahrzeug* n ‖ *visión* ∼ *räumliches Sehen* n ‖ **–ciar** vt *räumlich (bzw zeitlich) auseinanderziehen* ‖ *Zwischenräume lassen zwischen* ‖ *ausdehnen, ausstreuen, aus-, ver|breiten* ‖ ⟨Typ⟩ *sperren* ‖ ⟨Typ⟩ *durchschießen* ‖ fig *et immer seltener werden lassen* ‖ *et immer seltener tun* ‖ ◊ ∼ *la vista die Augen rings um sich gehen lassen* ‖ ∼**se** *sich ausdehnen, aus-*

espaciosidad — espanto

breiten ‖ fig *lustwandeln, sich ergötzen, sich zerstreuen* ‖ fig *seltener werden (Berichte)* ‖ **–cio** *m Raum* m ‖ *Platz* m ‖ *Strecke, Weite* f ‖ *Zwischenraum, Abstand* m ‖ *Weg* m ⟨bes Astr⟩ ‖ *Zeit|raum, -abstand* m ‖ *Langsamkeit, Muße* f ‖ *Fläche* f ‖ ⟨Mus⟩ *Pause* f ‖ ⟨Typ⟩ *Spatium* n*, Zwischenraum* m ‖ *Spatie* f *(Metallstück)* ‖ ⟨Tech⟩ *Lücke* f ‖ ⟨poet⟩ *Welten-, Himmels|raum* m ‖ fig *Zerstreuung* f ‖ Ast *freies, offenes Gelände* n ‖ ~ aéreo *Luftraum* m ‖ ~ batido ⟨Mil⟩ *bestrichener Raum* m ‖ ~ cósmico, ~ interestelar, ~ interplanetario, ~ sideral *Weltraum* m ‖ ~ de chispa ⟨Radio⟩ *Funkenstrecke* f ‖ ~ libre *freier Raum* m ‖ ⟨Mil⟩ *freies Schußfeld* n ‖ ⟨Mil Aut⟩ *Bodenfreiheit* f ‖ ⟨Tech⟩ *Spielraum* m ‖ ~ muerto ⟨Flugw⟩ *Totraum* m ‖ ⟨Fort⟩ *toter Winkel* m ‖ ~ requerido *Platz-, Raum|bedarf* m ‖ ~ de tiempo *Zeit|raum* m*, -spanne* f ‖ ~ útil ⟨Tech⟩ *Arbeitsraum* m ‖ ~ verde *Grünfläche* f ‖ ~ vital ⟨Biol⟩ ⟨NS⟩ *Lebensraum* m ‖ ⟨Tech⟩ *freier Raum* m ‖ en el ~ de una hora *in einer Stunde* ‖ (por) un buen ~ *ziemlich lange* ‖ por ~ de muchos años *während vieler Jahre* ‖ barra de los ~s *Leertaste* f *(Schreibmaschine)* ‖ economía de los grandes ~s ⟨NS⟩ *Großraumwirtschaft* f ‖ ◊ poner ~s ⟨Typ⟩ *spationieren, aussperren*
　espacio|sidad *f Geräumigkeit* f ‖ *Ausdehnung* f ‖ **–so** adj *geräumig, weit* ‖ *langsam* ‖ *phlegmatisch* ‖ **–tiempo** ⟨Phys⟩ *Raum-Zeit* f
　espachurrar vt = **despachurrar**
　espa|da *f/m Degen* m, *Schwert* n ‖ ⟨Mil⟩ *Rapier* n ‖ ⟨Mil⟩ *Seitengewehr* n ‖ ⟨Taur⟩ *Degen* m *des Matadors* ‖ *guter Fechter* m ‖ fig *Klinge* f ‖ fig *(hervorragender) Soldat* m ‖ *Spadille* f *im Lomberspiel* ‖ ⟨Kart⟩ *Pik* n ‖ *Schwertfisch* m ‖ ⟨Arch⟩ *Pfeilhöhe* f *eines Bogens* ‖ ⟨Mar⟩ *Notsteuer* n ‖ △*Schlüssel* m ‖ △*Dietrich* m ‖ ~ en cinta *mit umgürtetem Schwert* ‖ ~ de Damocles fig *Damoklesschwert* n ‖ ~ diplomática *Staatsdegen* m ‖ ~ de esgrima, ~ negra *(Fecht) Rapier* n ‖ ~ de dos filos *zweischneidiges Schwert* n (& fig) ‖ ~ de la justicia *Schärfe* f *des Gesetzes* ‖ hoja de la ~ *Säbel-, Degen|klinge* f ‖ hombre de capa y ~ fig *angesehener Mann* m ‖ pez ~ *Schwertfisch* m (Xiphias gladius) ‖ primer(a) ~ ⟨Taur⟩ *Hauptfechter* m ‖ fig *sehr gewandter Mensch* m ‖ a punta de ~ fig *mit Gewalt* ‖ con la ~ desnuda fig *entschlossen, mit allen Mitteln* ‖ con ~ en mano fig *gewaltsam, heftig* ‖ ◊ asentar la ~ *den Degen ablegen (Fechtkunst)* ‖ fig *in den Ruhestand treten* ‖ fig *die Sache fallenlassen* ‖ ceñir ~ fig *Waffendienst tun* ‖ ceñirse, desnudar (sacar) la ~ *das Schwert umgürten, ziehen* ‖ pasar a ~ ⟨Mil⟩ *niedermetzeln* ‖ estar entre la ~ y la pared fig *zwischen Hammer u. Amboß geraten sein* ‖ poner a uno entre la ~ y la pared figf *jdn in die Enge treiben* ‖ ps buen ~ fig *er ist ein tüchtiger Polemiker* ‖ **–s** *pl*: as de ~ ⟨Kart⟩ *Pik-As* n ‖ danza de ~ *Schwertertanz* m ‖ **–dachín** *m gewandter, tüchtiger Fechter* m ‖ fig *Haudegen, Raufbold* m
　espada|ña f ⟨Bot⟩ *Rohr-, Teich|kolben* m (Typha spp) ‖ *Schwertlilie* f*, Schwertel* m (Iris spp) ‖ *flacher, spitzer Glockenturm* m ‖ *Glockenmauer* f ‖ **–ñal** *m Kolbenröhricht* n
　espa|dar vt *(Hanf) brechen* ‖ **–darte** *m* ⟨Fi⟩ *Schwertfisch* m (→ a **espada**) ‖ **–dazo** *m Säbelhieb* m
　espádice *m Kolben* *(Blütenstand)*
　espadi|lla *f* dim v. **espada** ‖ *Abzeichen der Ritter des Santiago-Ordens* ‖ *Flachs-, Hanf|breche* f ‖ *Falzbein* n ‖ **= espadaña** ‖ ⟨Bot⟩ = **espadaña** ⟨Kart⟩ *Pik-As* n ‖ *Spadille* f *(im Lomber)* ‖ ⟨Mar⟩ *Wiggriemen* m ‖ ⟨Mar⟩ *Notruder* n ‖ **–llado** *m Hanf-, Flachs|brechen* n ‖ **–llar** vt *(Flachs, Hanf) brechen, schwingen*
　espa|dín *m kurzer Degen* m ‖ *Staats-, Zier|degen* m ‖ ~ de aguja ⟨EB⟩ *Weichenzunge* f ‖ △**–dista** *m Zimmerdieb* m ‖ *Einbrecher* m ‖ fam *Preller, Gauner* m ‖ **–dón** *m* augm v. **–da** ‖ fig *Haudegen, Raufbold* m ‖ figf *hohes Tier* n ‖ desp *plumper Degen* m, fam *Plempe* f ‖ fig *Eunuch* m
　espahí [pl **–íes**] *m* ⟨Hist⟩ *Spahi* m *(Angehöriger einer aus afrik. Eingeborenen gebildeten franz. Reitertruppe)*
　espalar vt/i *schaufeln (Schnee)*
　espalda *f Rücken* m ‖ *Schulter* f ‖ *Schulterstück* n *(des Kleides)* ‖ *Rück-, Kehr|seite* f ‖ ⟨Kochk⟩ *Schulter* f ‖ ⟨Kochk⟩ *Vorderkeule* f ‖ = **espaldar** ‖ a la ~ *(nach) hinten, von hinten* ‖ ◊ acometer por la ~ *von hinten überfallen* ‖ cargarse a/c a la ~ *et auf den Rücken nehmen* ‖ coger por la ~ *(dem Feinde) in den Rücken fallen* ‖ dar la(s) ~(s) *den Rücken kehren* ‖ fig *die Flucht ergreifen* ‖ dar *(od* volver) la ~ a algn. *die kalte Schulter zeigen* ‖ estilo ~ ⟨Sp⟩ *Rückenschwimmen* ‖ herir por la ~ figf *jdn tückisch verwunden* ‖ **~s** *mpl*: ◊ dar de ~ *auf den Rücken fallen* ‖ echar una cosa sobre las ~ de alg. fig *jdm etwas aufbürden* ‖ pop *aufhalsen* ‖ echarse a las ~ a/c fig *et beiseite legen, absichtlich vergessen* ‖ sich um et nicht *(mehr) kümmern* ‖ echarse sobre ~ a/c fig *et auf sich nehmen* ‖ guardarse las ~ *sich den Rücken decken* ‖ hacer ~ a alg. figf *jdm den Rücken decken* ‖ medirle a uno las ~ figf *jdn durchprügeln* ‖ tener anchas las ~ *e–n breiten Rücken haben* ‖ tener guardadas las ~ figf *in Sicherheit sein* ‖ *e–e gute Rückendeckung haben* ‖ volver *(od* dar) las ~ a uno *jdm den Rücken zudrehen* ‖ a (las) ~ de alg. *hinter jds Rücken* ‖ hinter (dat) de ~ a *mit dem Rücken nach* (od *zu)* (dat)
　espal|dar *m Rückenlehne* f *(e–s Stuhles usw)* ‖ ⟨Mar⟩ *Spant* n ‖ *Rückenpanzer* m *(der Schildkröte usw)* ‖ = **–dera** ‖ **–darazo** *m (Fuchtel-) Hieb* m *auf den Rücken* ‖ *Ritterschlag* m ‖ ◊ dar el ~ a alg. *jdn zum Ritter schlagen* ‖ fig *jdn als Gleichberechtigten anerkennen* ‖ **–dear** ⟨Mar⟩ *gegen das Heck (des Schiffes) branden* ‖ Chi *jds Rücken schützen* ‖ **–dera** *f*, **–dar** *m Spalier* n *(für Schlingpflanzen)* ‖ ⟨Sp⟩ *Sprossenwand* f ‖ **–dilla** *f* dim v. **espalda** ‖ ⟨An⟩ *Schulterblatt* n ‖ *Vorderbug* m *der Schlachttiere* ‖ **–dista** *m* ⟨Sp⟩ *Rückenschwimmer* m ‖ **–dón, ona** adj Col *breitschulterig* ‖ ~ *m* ⟨Mil⟩ *Rücken-, Schulter-, Schutz|wehr* f ‖ *Schutzmauer* f *(gegen Überschwemmungen)* ‖ ⟨Zim⟩ *Achselung* f ‖ = de tiro ⟨Mil⟩ *Kugelfang* m ‖ **–es** pl ⟨Mar⟩ *Bughölzer* npl ‖ **–dudo** adj *breitschult(e)rig* ‖ figf *plump* ‖ adv: **~amente**
　espalto *m* ⟨Mal⟩ *Bister* m/n
　△**espan|dar** vt *öffnen* ‖ △**–de** adj *offen* ‖ **–table** adj = **–toso** ‖ **–tabobos** *m* fam *Flitter* m, jd, *der Dummen und Furchtsamen Furcht einjagt* ‖ **–tada** *f Ausbrechen, Scheuwerden* n *(bes von Tieren)* ‖ *plötzliche Entmutigung* f ‖ **–tadizo** adj *furchtsam* ‖ *scheu (Pferde usw)*
　espanta|dor adj *scheu (Pferd)* ‖ **–gustos** *m* fam *Freudenstörer, Spaßverderber* m ‖ **–hombres** *m* fam *Menschenscheuche* f ‖ **–jo** *m Vogelscheuche* f ‖ figf *Schreckbild* n ‖ fam *Popanz* m ‖ figf *geschmacklos gekleidete Frau* f ‖ **–lobos** *m* ⟨Bot⟩ *Blasenstrauch* m (Colutea arborescens) ‖ **–moscas** *m Fliegenwedel* m ‖ *Fliegennetz* n *(für Pferde)* ‖ **–pájaros** *m Strohmann* m ‖ *Vogelscheuche* f ‖ fam *Geck, Gimpel* m, fam *Vogelscheuche* f
　espan|tar vt *erschrecken, jdm Furcht einjagen* ‖ *verscheuchen, verjagen (Vogel, Fliegen)* ‖ *scheu machen (Pferd)* ‖ fig *in Erstaunen setzen* ‖ ~ la caza ⟨Jgd⟩ *das Wild vergrämen* ‖ figf *seinen Zweck durch Übereilung verfehlen* ‖ **~se** *Furcht bekommen* ‖ *erstaunen, scheu werden (Pferde)* ‖ ◊ ~ con (od de, por) a. *durch et erschreckt werden* ‖ quien canta, sus males espanta *heiterer Sinn hilft Unglück tragen* ‖ **–to** *m Schrecken* m, *Entsetzen* n ‖ *Grauen* n, *Schauder* m ‖ *drohende Gebärde* f ‖ *Erstaunen* n ‖ Am *Gespenst* n *(bes pl)* ‖ ◊ causar ~ (a) *jdm Grauen einflößen* ‖ *jdm Schrek-*

espantoso — especie

ken einjagen || estar curado de ∼(s) figf *nicht so leicht erschrecken* || *sich über nichts mehr wundern*, fam *abgebrüht sein* || ser de ∼ *entsetzlich sein* || **-toso** adj *schrecklich, fürchterlich, entsetzlich* || *ungeheuer* (& fig) || *erstaunlich, wunderbar* || con una rapidez ∼a *mit rasender Schnelligkeit*
espanzurrar vt = **despanzurrar**
Espa|ña f *Spanien* || ¡∼! ⟨Mil⟩ *Gut Freund! (auf den Ruf: Halt, wer da?)* || ∼ del Norte *Nordspanien* || blanco de ∼ *Schlämmkreide* f || *feingepulvertes Kalziumkarbonat* n || grande de ∼ *span. Grande* m || historia de ∼ ⟨Span⟩ *Landesgeschichte* f *(Unterrichtsgegenstand)* || mosca de ∼ *span. Fliege* f (→ **cantárida**) || la ∼ del flamenco y de las castañuelas, la ∼ de pandereta *das folkloristisch verzerrte Spanienbild* n *(bes für Touristen)* || *Nueva ∼ Mexiko (in der Kolonialzeit)* || ¡(Santiago y) cierra ∼! *greif an, Spanien! (mit Hilfe des heiligen Jakobs*, → **Santiago**) *(alter Schlachtruf der Spanier)* || ¡viva ∼! *hoch Spanien!* || ¡arriba ∼! *Spanien, es lebe hoch urspr. Ruf der Falangisten, später des Franco-Spaniens* || ⸗ñol adj *spanisch* || a la ∼a, al uso ∼ *nach span. Art* || →a **Juan** || ∼ m *Spanier* m || *das Spanische*
españo|la f *Spanierin* f || **-lada** f *den Spaniern eigene Handlungs- od Rede|weise* f || fam *verzerrtes Bild aus dem span. Leben (bes im Film)* || **-lado** adj *wie ein Spanier wirkend od aussehend (Nichtspanier)* || **-lar** vi ∼ **-lizar** || *cifra* f *meist* desp = **-lada** || *span. Gemütsart* f || *Wesen* n *des Spaniers* || **-leta** f *Spagnolette* f *(alter span. Tanz)* || e-e *Art Zeug* || Chi *Espagnoletteverschluß* m || El ⸗leto m ⟨Mal⟩ *Beiname des span. Malers José de Ribera* || **-lismo** m *Spaniertum* n || *span. Wesen* n || *span. Spracheigentümlichkeit* f || *Spanienliebe* f || **-lista** m/adj ⟨Sp⟩ *Mitglied* n *des ehem. span. Fußballklubs „Español"* || **-lita** f fam *junge hübsche Spanierin* f || *(Art) Gebäck* || **-lizar** [z/c] vt *hispanisieren, dem span. Wesen anpassen* || ∼**se** vr *hispanisiert werden* || *zum Spanier werden*
esparadrapo m *Heftpflaster* n || *Leukoplast* n
esparaván m *Sperber* m (→ **gavilán**)
esparvel m *Wurf-, Senk|garn* n *(Fischnetz)* || ⟨Jgd⟩ *Stoßgarn* n || ⟨Arch⟩ *Mörtel-, Aufzieh-, Putzer|brett* n
esparceta f ⟨Bot⟩ *Esparsette* f (Onobrychis viciifolia)
esparci|damente adv *stellenweise, hier und da* || **-do** adj fig *lustig, munter* || *zerstreut* || **-miento** m *Ver-, Aus|streuung, Verbreitung* f || ⟨Wiss Tech⟩ *Streuung* f || fig *Ungezwungenheit* f || fig *Zerstreuung* f, *Vergnügen* n
esparcir [c/z] vt/i *(aus)streuen (Blumen)* || *auflockern* || *verbreiten (Nachricht)* || fig *unter die Leute bringen* || polvo para ∼ *Streupulver* n || ◊ ∼ el ánimo *sich zerstreuen, sich ergötzen* || ∼**se** fig *sich zerstreuen* (& fig) || *sich vergnügen*
espardec m ⟨Mar⟩ *Spardeck* n
espardeña f Cat *Hanf-, Esparto|schuh* m (→ **alpargata**)
esparra|gal m *Spargel|feld, -beet* n || **-gar** [g/gu] vt *Spargel anbauen* || *Spargel stechen* || ◊ ¡anda (od vete) a ∼! figf *geh zum Kuckuck!*
espárrago m ⟨Bot⟩ *Spargel* m (Asparagus sp) || *Zeltstange* f || *Stehbolzen* m || *Stiftschraube* f || ⟨Bgb⟩ *Leiter* f || ⟨Bgb⟩ *Fahrt* f || figf *Hopfenstange* f *(hoch aufgeschossene Person)* || ∼ largo *Stangenspargel* m || brotes de ∼ *Spargelspitzen* fpl || solo como el ∼ fam *mutterseelenallein* || ◊ ¡anda *(od* vete) a freir ∼s! figf *geh zum Teufel! hau ab!* (→ a **esparragar**)
esparra|guera f *Spargel* m *(Pflanze)* || *Spargelbeet* n || *Spargelschüssel* f || *Spargelverkäuferin* f || **-guero** m *Spargel|züchter bzw -verkäufer* m || ∼ adj *Spargel-*
esparran|cado adj fam *mit gespreizten Beinen* || fam *sperrig* || **-carse** [c/qu] vr fam *(die Beine)*

auseinanderspreizen
△**esparribao** adj/s *tot*
△**esparruar** vt *verkaufen*
Espar|ta f *Sparta (Stadt)* || **-taco** np ⟨Hist⟩ *Spartakus* m || ⸗**tano** adj *spartanisch* || ∼ m *Spartaner* m *(Volk)* || ⸗**taquista** m/adj ⟨Pol⟩ *Spartakist* m || ∼ adj *Spartakus-*
espar|tar vt And *mit Espartogras umflechten (Flaschen)* || **-teña** f *Hanf-, Esparto|schuh* m (→ **alpargata**) || **-tería** f *Arbeiten* fpl *aus Espartogras* || *Laden, in dem Espartowaren verkauft werden*
esparterista m *Anhänger* m *des General Espartero (i. J. 1843)*
espartero m *Espartoarbeiter* m || *Espartograsverkäufer* m || ⟨Bot⟩ ∼ **esparto** || △**Matratze** f
espar|tilla f *Striegel* m *aus Espartogras* || **-tizal** m *Espartofeld* n || **-to** m *Esparto(gras)*, *span. Pfriemengras* n (Stipa tenacissima) || → a **albardín**
esparvel m Al *Wurf-, Senk|garn* n
esparver m ⟨V⟩ *Sperber* m (→ **gavilán**)
espas|mar vt prov = **pasmar** || **-mo** m ⟨Med⟩ *Krampf, Spasmus* m || ∼ clónico *Zuckkrampf* m || ∼ facial, ∼ mímico *Gesichtskrampf* m || ∼ tónico *Starrkrampf* m || ∼s pl ⟨Med⟩ *Nervenzuckungen* fpl || **-módico, espástico** adj *krampfhaft, spasmodisch, Krampf-* || **-molítico** m/adj ⟨Med⟩ *krampflösendes Mittel, Spasmolytikum* n
espatarrarse vr fam = **despatarrarse**
espato m ⟨Min⟩ *Spat* m || ∼ de Islandia *Doppelspat* m
espátula f *Spachtel* f/m || *Lanzette* f *(der Former)* || ⟨Pharm⟩ *Spatel* m || *Streicheisen* n || ⟨Kochk⟩ *Wender* m || ⟨V⟩ *Löffler* m (Platalea leucorodia) || ◊ estar como una ∼ figf *sehr dürr sein*
espaturrar vt Chi = **despaturrar**
espaviento m pop = **aspaviento**
espavorido adj = **despavorido**
especia f *Gewürz* n || nuez de ∼ *Muskatnuß* f || ∼s fpl *Gewürze* npl, *Gewürzwaren* fpl
especial adj *besonders, speziell* || *vorzüglich, ausgezeichnet* || *bedeutend* || *Sonder-, Fach-, Spezial-* || ramo ∼ *Spezialfach, Sondergebiet* n || tren ∼ ⟨EB⟩ *Sonderzug* m || en ∼ = **especialmente** || conocimientos ∼es *Fachkenntnisse* fpl || precios ∼es *Sonderpreise* mpl || ∼ adv Chi = **especialmente**
especia|lidad f *Spezialität, Besonderheit, Eigentümlichkeit* f || *Fach, Fach|studium, -gebiet* n || *Fachkenntnis* f || *Spezialität, besondere Veranlagung* f || ⟨Com⟩ *Geschäftszweig* m || es su ∼ *es ist seine Spezialität, das ist sein Fach* || en ∼ *speziell, besonders* || **-lista** adj: (médico) ∼ *Facharzt* m || ∼ m *Fachmann, Spezialist* m || asesoramiento por ∼s *fachmännische Beratung* f || **-lización** f *Spezialisierung* f || **-lizado** adj *spezialisiert, Fach-* || **-lizar** [z/c] vt *einzeln anführen* || *auf ein Fach (bzw e-n Zweck) begrenzen* || ∼**se** *sich spezialisieren* (en in dat, auf acc/dat)
especialmente adv *besonders, insbesondere, vor allen Dingen* || muy ∼ *ganz besonders*
espe|ciar vt *würzen* || **-cie** f *Art* f || ⟨Biol⟩ *Art, Spezies* f || *Menschengattung* g || *Geschlecht* n || *bares Geld* n || *Geldsorte* f || ⟨Com⟩ *Warengattung* f || *Bild* n, *Vorstellung, Idee* f || *Vorschlag* m || *Ding* n, *Sache, Angelegenheit* f || *Stoff, Gegenstand* m || *Bewegrund* m *Vorwand* m || *Anblick* m, *Gestalt* f || ⟨An⟩ *Schein* m || *Finte* f *beim Fechten* || ⟨Mus⟩ *(Einzel- bzw Orchester) Stimme* f *(e-r Tondichtung)* || fig *Gerücht* n || fig *Zeitungsente* f || ∼ de la mercancia *Gattung* f *der Ware* || bajo la ∼ de *in Gestalt von* (dat) *od in Gestalt* (gen) || en ∼ = *in natura, in Naturalien* || *gall bar* || ◊ escapársele a uno una ∼ figf *sich verplappern* || propio *(od* peculiar) de la ∼ *arteigen* || prestaciones en ∼ *Sachleistungen* fpl || soltar una ∼ figf *e-e unauffällige Bemerkung machen, um e-e fremde Mei-*

nung zu erforschen || *las cuatro* ~s ⟨Math⟩ *die vier Grundrechnungsarten* fpl || ~**s** *pl Münz-, Geld\sorten* fpl || *Arzneimittel* npl || ~ *sacramentales* ⟨Rel⟩ *die Gestalten* fpl *(Brot und Wein) im Abendmahl*

especie|ría *f Gewürz-, Spezerei\laden* m || **-ro** *m Gewürz-, Spezerei\händler* m || *Gewürzbehälter* m || *Gewürzschränkchen* n

especifi|cación *f Spezifikation, Einzelangabe* f || *Unterscheidung* f || *Stückeverzeichnis* n || ⟨Jur⟩ *Vertragsbedingungen* fpl || *Eigentumserwerb* m *durch Verarbeitung* || ⟨Jur Pharm⟩ *Spezifizierung* f || **-cado** adj *einzeln* || *detailliert (Verzeichnis)* || *(einzeln) aufgeführt* || *genau bestimmt* || ⟨Jur⟩ *spezifiziert (Strafbarkeit)* || *las mercancías* ~as *a continuación die nachstehend angeführten Waren* fpl || adv: ~**amente** || **-car** [c/qu] vt *besonders bezeichnen, einzeln angeben* || *genau bestimmen* || *spezifizieren* || *erläutern*

específico adj *besonders, eigentümlich, eigenartig, spezifisch (Wärme, Gewicht, Mittel)* || *dem besonderen Fall entsprechend* || *unterscheidend* || *kennzeichnend* || *derecho* ~ ⟨Com⟩ *Gewichtszoll* m || ~ *m* ⟨Pharm⟩ *fertiges, spezifisches Heilmittel* n

espécimen [pl **especímenes**] *m Muster* n || *Probestück* n *(Heft, Blatt, Nummer usw)* || *Exemplar* n || ⟨Typ⟩ *(Beleg)Exemplar* n

especioso adj *vortrefflich* || fig *scheinbar, mit e-m Schein des Rechts od der Wahrheit* (*äußerlich*) *bestehend, Schein-*

espec|tacular adj *eindrucks-, wirkungs\voll* || *aufsehenerregend, spektakulär* || *Schau* || **-táculo** *m* ⟨Th⟩ *Schauspiel* n, *Darbietung, Vorstellung* f || fig *Schauspiel* n, *Szene* f || *Schau* f || fig *Anblick* m || ◊ *dar (el)* ~ fig *Skandal machen* || *Aufsehen erregen* || *meist pej auffallen* || *¡qué* ~ *! welch ein Anblick!* || ~**s** *públicos öffentliche Vergnügungsstätten* fpl || **-tador** *m Zuschauer* m || **-tante** adj *abwartend, reserviert* || **-tativa** *f Anwartschaft* f || *Erwartung* f || *Aussicht* f || ◊ *quedarse a la* ~ *abwarten*

espec|tral adj *geisterhaft, gespenstisch* || *Geister-, Gespenster-* || ⟨Phys⟩ *Spektral-, spektral* || *análisis* ~ *Spektralanalyse* f || **-tro** *m (Polter-) Geist* m, *Gespenst, Schreckbild, Phantom* n || *Spektrum* n || fig *sehr magerer Mensch* m || ~ *cromático,* ~ *luminoso Farbenspektrum* n || ~ *solar* ⟨Phys⟩ *Sonnenspektrum* n || **-trograma** *m Spektrogramm* n || **-trometría** *f Spektrometrie* f || **-trómetro** *m Spektrometer* n || **-troscopia** *f Spektroskopie* f || **-troscopio** *m Spektroskop* n

especu|lación *f Forschung, Betrachtung* f || *Nachdenken* n || ⟨Com Philos u. fig⟩ *Spekulation* f || ~ *arriesgada,* ~ *aventurada gewagtes Unternehmen* n || ~ *de bolsa Börsenspekulation* f || ~ *en (od sobre) diferencias Differenzgeschäft* n || *comprador por* ~ *Spekulationskäufer* m || *valores de* ~ *Spekulationspapiere* npl || **-lador** *m* ⟨Philos⟩ *u* fig *Spekulant* m || ⟨Com⟩ *kaufmännischer Unternehmer, Spekulant* m || *Forscher* m || ~ *al alza Haussier* m *(Börse)* || ~ *a la baja Baissier* m || ~ *de bolsa Börsenspekulant* j

¹**especular** adj *spiegelnd* || *Spiegel-*

²**especu|lar** vt/i *erforschen* || *nach\denken, -sinnen, grübeln* (en, *sobre* über acc) || *spekulieren, handeln* || ⟨Med⟩ *spiegeln, mit dem Spiegel untersuchen* || ◊ ~ *con* a. *auf* (acc) (*od mit et dat*) *rechnen, et in die Waagschale werfen* || ~ *sobre el alza auf Hausse spekulieren* || ~ *sobre las diferencias od Differenzen spekulieren* || **-lativa** *f Denkfähigkeit* f || *Forschungssinn* m || **-lativo** adj *betrachtend, spekulativ* || *sich von der Wirklichkeit entfernend* || *theoretisch* || ⟨Com⟩ *spekulativ, Spekulations-* || *compra* ~**a** *Spekulationskauf* m

espéculo *m* ⟨Chir⟩ *Spiegel* m, lat *Speculum* n

espe|jear vi *wie ein Spiegel glänzen* || *gleißen,* *glitzern* || *sich (ab)spiegeln* || **-jeante** adj *spiegelnd* || *schillernd* || *glänzend* || *glitzernd* || **-jero** *m Spiegel\macher* bzw *-händler* m

espe|jismo *m Luftspiegelung* f || *Fata Morgana* f || fig *Illusion, Sinnestäuschung* f || fig *Spiegelfechterei* f || fig *Blendwerk* n || *fenómeno de* ~ *trügerische Spiegelung* f || **-jo** *m Spiegel* m (& ⟨Jgd⟩ *u.* fig) || fig *(spiegelglatte) Fläche* f *(bes des Meeres usw)* || fig *treues Abbild* n || fig *Muster* n || ~ *de afeitar Rasierspiegel* m || ~ *de bolsillo Taschenspiegel* m || ~ *cóncavo Hohlspiegel* m || ~ *convexo Konvexspiegel* m || ~ *de cristal Glasspiegel* m || ~ *de cuerpo entero Pfeilerspiegel, Trumeau* m || ~ *deformante Zerr-, Vexier\spiegel* m || ~ *retráctil* ⟨Phot⟩ *hochklappbarer od schwenkbarer Ablenkspiegel* m || ~ *retrovisor,* ~ *retroscópico* ⟨Aut⟩ *Rückspiegel* m || ~ *ustorio Brennspiegel* m || *cámara de* ~ ⟨Phot⟩ *Spiegelreflexkamera* f || *vidrio (od cristal) de* ~ *Spiegelglas* n || ◊ *mirarse al* ~ *sich im Spiegel betrachten* || *mirarse en uno como en un* ~ figf *jdn mit außerordentlicher Zärtlichkeit lieben* || *jdn als Vorbild betrachten* || ~**s** *mpl Haarwirbel* m *(auf der Brust der Pferde)* || **-juelo** *m Strahlgips* m || *Marienglas* n || *Maserung* f *(im Holz)* || *Dachfenster* n, *Giebelluke* f || ⟨Jgd⟩ *Lockspiegel* m || *kandierte Frucht* f || ~**s** *pl Brillengläser* npl || *Brille* f || ⟨Jgd⟩ *Lockspiegel* m *(der Vogelfänger)*

espeleño adj PCórd *aus Espiel*

espe|leología *f Höhlenkunde, Speläologie* f || **-leológico** adj *speläologisch* || **-leólogo** *m Höhlenforscher, Speläologe* m

espelta *f Spelz, Dinkel* m (Triticum spelta)

espelunca *f Höhle, Grotte* f

espeluz|nante adj fam *haarsträubend, grauenhaft* || **-nar** vt *sträuben (Haare)* || *entsetzen* || ~**se** vr *sich sträuben (Haare)* || *sich entsetzen* || *entsetzt werden*

espenceriano adj ⟨Philos⟩ *auf Spencer bezüglich*

espeque *m (Gleis) Hebebaum* m

espe|ra *f (Er)Warten* n || *Erwartung, Hoffnung* f || ⟨Jur⟩ *Frist* f, *Aufschub* m || ⟨Jgd⟩ *Anstand, Ansitz* m || *Hinterlist* f || *Beharrlichkeit, Geduld* f || *Ruhe* f || *Stoßzunge* f *am Klavier* | *circuíto de* ~ ⟨Flugw⟩ *Warteraum* m || *Wartekreis* m || *en* ~ (de) ... *in Erwartung* (gen) ... || *en* ~ *de sus gratas noticias Ihren werten Nachrichten entgegensehend* || *sala de* ~ ⟨EB⟩ *Wartesaal* m || ◊ *cazar a* ~ ⟨Jgd⟩ *auf den Anstand gehen* || *no tiene* ~ *es verträgt keinen Aufschub* || **-rado** adj *erhofft* || *no* ~ *unverhofft*

esperan|tista *m*/adj *Esperantist, Esperanto\-kenner* bzw *-anhänger* m || *círculo* ~ *Esperantoverein* m || *congreso* ~ *Esperantokongreß* m || **-to** *m Esperanto* n *(künstliche Weltsprache)*

esperan|za *f Hoffnung* f || *Erwartung* f || *Aussicht* f || ~ *engañosa trügerische Hoffnung* f || ~ *(in)fundada (un)begründete Hoffnung* f || *ancla de la* ~ *Hoffnungsanker* m || *contra toda* ~ *gegen alle Vermutung* || *en estado de buena* ~ *in gesegneten Umständen, guter Hoffnung, schwanger (Frau)* || ◊ *dar* ~(**s**) *jdm Hoffnung machen* || *frustrar la* ~ *die Hoffnung täuschen* || *infundir* ~ *Hoffnung einflößen* || *llenar la* ~ *der Erwartung entsprechen* || *günstig ausfallen* || *perder la* ~ *die Hoffnung aufgeben* || *no renunciamos a la* ~ *wir lassen die Hoffnung nicht schwinden* || *¡qué* ~ *! Arg ist das e-e Idee!* || *keine Rede!* || ~ *f Tfn span. Frauenname* m || *Cabo de Buena* ~ *Kap* n *der Guten Hoffnung* || ~**s** *pl:* ~ *frustradas (od defraudadas) getäuschte Hoffnungen* fpl || ◊ *alentar* ~ *sich Hoffnungen hingeben* || *alimentarse de* ~ *sich (eitlen) Hoffnungen hingeben* || *poner (od fundar)* ~ *en* alg. *od jdn Hoffnungen setzen* || *responder a las* ~ *die Hoffnungen erfüllen* || *superar las* ~ *die Hoffnungen übertreffen* || *un joven de* ~ figf *ein hoffnungsvoller junger Mann* || **-zado** adj *voller*

Hoffnung || **-zador** adj *verheißend, hoffnungsvoll, vielversprechend* || **-zar** vt *(jdm) Hoffnung machen*

espe|rar vt/i *(er)hoffen* || *erwarten* || *auf et* (acc) *hoffen* (bzw *warten*) || *abwarten* || *vermuten, glauben, annehmen, voraussetzen* || ◊ ~ a (que venga) alg. *auf jdn warten* || ~ contra toda esperanza *trotzdem die Hoffnung nicht aufgeben* || **-ro** en Dios *ich hoffe auf Gott* || **-ro** en su justicia de V. *ich hoffe auf Ihre Gerechtigkeit* || mala noche nos **-ra** *uns steht e-e schlechte Nacht bevor* || nos lo esperábamos *darauf waren wir gefaßt* || *das haben wir erwartet* || hacer ~ *warten lassen* || *hoffen lassen* || hacer ~ *mucho tiempo lange warten lassen* || hacerse ~ *auf sich warten lassen* || puedes ~ sentado fam *darauf kannst Du lange warten* || es de ~ que *es steht in Aussicht, daß* || *hoffentlich* || *voraussichtlich* || ¡-re V. un momento! *gedulden Sie sich ein wenig!* || quien **-ra**, desespera *Hoffen und Harren macht manchen zum Narren* || contra lo **-rado** *wider Erwarten, unverhofft* || **~se** *warten, sich gedulden* || me lo **-raba** de V. *ich erwartete es von Ihnen*
esperencia f Am pop = **experiencia**
esperiega f *Renette* f *(Apfel)*
esper|ma m/f *Samen* m, *Sperma* n || ~ de ballena *Walrat* m || **Spermazet(i)** n || **-maceti** m *Spermazet(i)* n, *Walrat* m || **-mático** adj: cordón ~ ⟨An⟩ *Samenstrang* m || **-matocito** m *Spermatozyt* m || **-matofitas** fpl ⟨Bot⟩ *Spermatophyten* pl, *Blüten-, Samen|pflanzen* fpl || **-matogénesis** f ⟨Biol Med⟩ *Sper|matogenese, -miogenese, Samenbildung* f *(im Hoden)* || **-matorrea** f ⟨Med⟩ *Spermatorrhö(e)* f, *unwillkürlicher Samenabgang* m || **-matozoarios, -zoides, -zoos** mpl *Spermatozo(id)en* npl
espernible adj Ar *verächtlich*
esperón m ⟨Mar⟩ *(Ramm)Sporn* m || ⟨Hist⟩ *Schiffsschnabel* m
esperpento m fam *Sonderling, komischer Kauz* m, *Vogelscheuche* f || *Albernheit* f, fam *Quatsch*, fam *Blödsinn* m
¹**espesar** m *dichtester Punkt* m *e-s Hochwaldes*
²**espe|sar** vt *ein-, ver|dicken, dick machen (Flüssigkeit)* || *(zusammen)pressen* || *verdichten, verstärken* || ⟨Web⟩ *engmaschiger stricken* || *dichter machen (Gewebe)* || vi = **~se** || **~se** dick, dicht, fest werden || *dicht zusammenwachsen (Bäume)* || **-so** adj *dick, dick(flüssig), zähflüssig* || *fest, gedrängt* || *engmaschig* || *massiv, stark, fest, dick* || fig *schmutzig, fettig* || *griffig (Papier)* || Ar *lästig, zudringlich* || las cosas claras y el chocolate ~ fam *Klarheit geht über alles* || **-sor** m *Dicke, Stärke* f *e-s Körpers* || *Dichtigkeitsgrad* m *(e-r Flüssigkeit usw)* || ⟨Bgb⟩ *Mächtigkeit* f *(e-s Flözes)* || **-sura** f *Dicke, Dichte* f || *Dichtigkeit* f *(e-r Flüssigkeit)* || fig *Dickicht, Gestrüpp* n || *dichtes Haar* n || figf *Schmutz* m || figf *Schlampigkeit* f
espeta|do adj fam *feierlich, steif einhergehend* || **-perro** adv: a ~ pop *eiligst, Hals über Kopf*
espe|tar vt *anspießen (Geflügel)* || *auf-, durch|-spießen* || *durchbohren* || figf *(jdm et) auf|binden, -bürden*, fam *an den Kopf werfen* || **~se** vr *sich in die Brust werfen* || **-tera** f *Küchen-, Schüssel|-brett* n *(zum Aufhängen der Pfannen, des Fleisches usw)* || *Pfannen* fpl, *Töpfe* mpl || fam *großer Busen*, fam *Mordsbusen* m || fam iron *Klemperladen m (Ordensspange)* || **-tón** m *(Brat)Spieß* m || *Schürhaken* m || *Stoßdegen* m || *lange Anstecknadel* f || ⟨Fi⟩ *Pfeilhecht* m (Sphyraena spp) || ⟨Metal⟩ *Kratze, Krücke* f
¹**espía** m/f *Spion, Späher, Kundschafter* m || fam *heimlicher Angeber* m || *Polizeispion, Spitzel* m
²**espía** f ⟨Mar⟩ *Bugsiertau* n, *Verholleine* f || ⟨Mar⟩ *Verholen* n
espiar [pres **-ío**] vt *aus|spähen, -kundschaften,*

-spionieren || *belauschen* || *bespitzeln* || ⟨Mar⟩ *verholen, warpen*
espiazar vt Ar *zer|stückeln, -reißen*
espi|bia f, **-bio, -bión** m = **estibia**
espicanar|di, -do m ⟨Bot⟩ *Spieke* f || ⟨Bot⟩ *Bartgras* n (Andropogon spp) || ⟨Pharm⟩ *Nardenwurzel* f
espich(e) m engl/am *Rede* f
espi|char vt *auf-, an|spießen* || *verwunden* || Chi *anzapfen (ein Faß usw)* || Chi *herausrücken (Geld)* || ~ vi △ *sterben*, fam *krepieren* || **~se** Cu Mex *abmagern* || Arg *auslaufen (Flüssigkeit)* || Mex *sich schämen, in Verlegenheit geraten* || Guat *sich einschüchtern (lassen)* || **-che** m, **-cha** f fam *(Wurf)Spieß* m || *spitzes Werkzeug* n || **-che** m *Pfropfen* m || ⟨Mar⟩ *Spikerpinne* f || → a **espich(e)** || **-chón** m *Stichwunde* f || *Stich* m
espiga f *(Korn)Ähre* f || *Angel* f *(am Degen, Messer)* || *Pflock, Stift, Nagel* m *(ohne Kopf)* || *Glockenschwengel* m || *Pfropfreis* n || ⟨Taur⟩ *Pike* f || ⟨Zim⟩ *Zapfen* m || ⟨Tech⟩ *Bolzen* m || *Dorn* m || *(Schlag)Zünder* m || ⟨Mar⟩ *Topp* m || ⟨Astr⟩ ⁂ *Spica* f || Chi figf *Predigt* f
espiga|dera f = **-dora** || **-dilla** f *Wiesengerste* f (Hordeum murinum) || → a **cebadilla** || **-do** adj ⟨Bot⟩ *unbehindert wachsend* || fig *hochgewachsen, aufgeschossen (Salat, junger Mensch)* || *ährenförmig* || **-dor(a)** m/f *Ährenleser(in* f*)* m
espi|gar [g/gu] vt *(Ähren) lesen, nachstoppeln* || ⟨Zim⟩ *verzapfen (Bretter), spunden* || fig *zusammenstoppeln (Buch)* || fig *sammeln, auslesen, zusammensuchen* || ~ vi *Nachlese halten* || *in Ähren schießen (Getreide)* || **~se** ⟨Agr⟩ *ins Kraut* (bzw in Samen) *schießen* || fig *schnell wachsen* || fig *in die Höhe schießen (von jungen Leuten)* || **-go** m *Zapfen* m || León *Treibgerte* f || **-gón** m *Spitze* f *(e-s Nagels)* || *Dorn* m || *Zacke* f || ⟨Bot⟩ *Granne, Spelze* f *an Ähren* || *Ährenbüschel* n *an der Hirse* || *Mais-, Rohr|kolben* m || *spitzer, kahler Hügel* m || *starker Stahlstift* m || *Wehrdamm* m || *Mole* f || ⟨Mar⟩ *Masttopp* m || fig *nagender Kummer* m || ~ de ajo *Knoblauchzehe* f || **-gueo** m *Ährenlese* f || **-guilla** f ⟨Bot⟩ *Pappelkätzchen* n || *Ährenbüschel* n || *Rispengras* n (Poa spp)
△**espi|llador** m *Spieler* m || **-llantes** mpl *Spielkarten* fpl
espín m ⟨Mil⟩ * *Truppenaufstellung* f *mit hinausragenden Piken* (→ a **spin**) || puerco ~ *Stachelschwein* n || (→ **puerco** espín)
espina f *Dorn* m || *Stachel* m || *(Fisch)Gräte* f || *(Holz)Splitter* m || ⟨An⟩ *Stachel, Grat* m || ⟨An⟩ *Dorn* m || ⟨An⟩ *Gräte* f || fig *Argwohn, Verdacht* m || fig *nagender Schmerz* m (pez) ~ = **espinocha** || ~ dorsal ⟨An⟩ *Rückgrat* n || ~ de pescado *Fischgräte* f || ⟨Web⟩ *Fischgrätenmuster* n || ◊ eso me da mala ~ fam *das ist mir verdächtig, das macht mich mißtrauisch* || meterse una ~ en el dedo *sich e-n Dorn in den Finger stechen, einjagen* || quedar en la ~ Am pop *sehr abmagern (Pferd)* || sacarse la ~ figf *sich rächen* || *s-n Verlust wieder wettmachen* || fam *sich revanchieren*
espinaca f *Spinat* m (Spinacia oleracea) || ~ s pl *Spinat* m *(als Gericht)*
espinal adj ⟨An⟩ *zum Rückgrat gehörig, spinal, Rückgrat-* || apófisis ~ ⟨An⟩ *Dornfortsatz* m || médula ~ ⟨An⟩ *Rückenmark* n || ~ m Am *Dorngebüsch* n
espinapez m ⟨Zim⟩ *Fischgrätenparkett* n || ⟨Web⟩ *Fischgrätenmuster* n
¹**espinar** m *Dorngebüsch* n || fig *Schwierigkeit, heikle Angelegenheit* f
²**espinar** vt *stechen (mit e-m Dorn)* || *mit Dornenranken schützen* || fig *quälen, sticheln*, *jdm Nadelstiche versetzen*
espinazo m ⟨An⟩ *Rückgrat* n, *Wirbelsäule* f || ⟨Arch⟩ *Schlußstein* m *(e-s Gewölbes)* || ◊

doblar el ~ figf *den Nacken beugen* || figf *kein Rückgrat haben* || figf *kriecherisch nachgeben* || partir el ~ *das Genick brechen*
¹**espinela** *f Spinell* m *(Edelstein)*
²**espinela** *f Dezime, Espinela* f, *Gedicht* n *aus zehn Versen, nach dem Erfinder Vicente Espinel († 1624) benannt*
espineo adj *Dorn(en)-*
¹**espineta** *f* ⟨Mus⟩ *Spinett* n
²**espineta** *f Gebiß* n *am Zaum*
espingarda *f* ⟨Mil Hist⟩ *Feldschlange* f || *lange Araberflinte* f || figf *Mensch* m *(bes Frau f) von langer, schlechter Figur*
espiniano adj *auf die span. Schriftstellerin Concha Espina (1877–1955) bezüglich*
espini|lla *f* dim *v.* **espina** || ⟨An⟩ *Schienbein* n || ~s *pl* ⟨Med⟩ pop *Mitesser* mpl || **-llento, -lludo** adj *an Mitessern leidend* || **-llera** *f* ⟨Sp Tech⟩ *Schienbeinschutz* m || ⟨Hist⟩ *Beinschiene* f *(Rüstung)*
espino *m Hage-, Weiß|dorn* m || Chi *Akazie* f || ~ *albar,* ~ *blanco* ⟨Bot⟩ *Weißdorn* m *(Crataegus laevigata)* || ~ *negro Schwarz-, Schleh|dorn* m *(Prunus spinosa)* || ~ *cerval,* ~ *hediondo Purgierkreuzdorn* m *(Rh. catharticus)*
espinocha *f* ⟨Fi⟩ *Stichling* m *(Gasterosteus* sp)
Espino|sa m np *Spinoza* m || ≈**sismo** *m* ⟨Philos⟩ *Spinozismus* m
espinoso adj *dornig, stach(e)lig* || *Dornen-, Stachel-* || *voll Gräten (Fisch)* || fig *schwierig, heikel* || fig *dornenreich* || *apófisis* ~a ⟨An⟩ *Dornfortsatz* m || ~ *m* ⟨Fi⟩ = **espinocha**
espínula *f Dörnchen* n
espiocha *f Pickel* m *(Hacke)*
espión *m Spion, Späher* m
espio|naje *m Spionage* f, *Spionendienst* m || *Auskundschaftung* f || ~ *industrial Werkspionage* f || *red de* ~ *Spionagering* m || *servicio de* ~ *Spionagedienst* m || *sospechoso (od* suspecto) *de* ~ *spionageverdächtig* || **-nar** vt Chi *spähen*
espira *f Schneckenlinie* f || ⟨Math⟩ *Spirale* f || ⟨Tech⟩ *(Schrauben-, Spiral-, Spulen)Windung* f || ⟨Arch⟩ *Schaftgesims* n
espiración *f Ausatmung* f || *Ausdünstung* f
espiral adj/s *schneckenförmig* ||· *spiralförmig, Spiral-* || *escalera* ~ *Spindel-, Wendeltreppe* f || *línea* ~ *Spirallinie, Spirale* f || *movimiento* ~ *Spiralbewegung* f || ~ *f Spirale, Spiral|linie* f || ⟨Uhrm⟩ *Spiral-, Uhr|feder* f || *en* ~ *spiral(förm)ig, gewunden* || ~es *de.* humo *Rauch(k)ringe(l)* mpl *(e–r Zigarette)* || adv: ~**mente**
espi|rante *f* ⟨Gr⟩ *Spirans* f, *Spirant* m || **-rar** vt *aus|hauchen, -atmen* || *aus|dünsten, -duften* || fig *beseelen* || ~ vi *(aus)atmen* || ⟨poet⟩ *wehen (Wind)* || fig *sterben* || **-ratorio** adj *exspiratorisch, Atmungs-* || *fuerza* ~a *Atmungsstärke* f
espirilos mpl ⟨Med⟩ *Spirillen* fpl
espiri|tado adj *vom bösen Geist besessen* || fam *aufgebracht* || fam *ausgemergelt, abgemagert* || **-tillo** *m* dim *v.* **espíritu** || **-tismo** *m Spiritismus, Geisterglaube* m || **-tista** adj *spiritistisch* || *sesión* ~ *spiritistische Sitzung, Séance* f || ~ *m Spiritist* m || **-toso** adj *feurig, lebhaft* || *beseelt* || *geistsprühend* || *mutig, tapfer* || →a **espirituoso**
espíritu *m Geist* m || *Seele* f || *Gemüt* n || *Lebenskraft* f || *Mut, Geist* m || *Empfinden, Gefühl* n || *Sinn* m || *Lebhaftigkeit* f, *Feuer* n || *Verstand* m || *Eingebung* f || *Veranlagung, Gabe, Fähigkeit, geistige Anlage* f || *Wesen* n, *Charakter* m || *Geist, Witz, Scharfsinn* m || *Gesinnung, Neigung* f || *Stimmung* f || *Denkungsart, Denkweise* f || *Tatkraft, Energie* f || *Ausdünstung* f, *Dunst* m || *Geist, Extrakt* m || ~ *Spiritus* m || *Teufel, böser Geist* n || ⟨Gr⟩ *Hauchzeichen* n || *Sprit* m, *geistiges Getränk* n || ~ *de contradicción Widerspruchsgeist* m || ~ *de la época Zeitgeist* m || ~

de equipo Mannschaftsgeist m || ~ *detectivesco Spürsinn* m || ~ *de iniciativa Unternehmungsgeist* m || ~ *de la ley Sinn* m *des Gesetzes* || ~ mal(ign)o, ~ *inmundo böser Geist, Teufel* m || ~ *mercantil Geschäftstüchtigkeit* f || ~ *militar soldatischer Geist* m || ~ *nacional Nationalgefühl* n || *Volksgeist* m || ~ *de vino Weingeist, Spiritus, Alkohol* m || ~ *vital Lebensgeist* m || *hombre de* ~ *mutiger, entschlossener Mann* || *Mann von Geist* || *pobre de* ~ *das Weltliche verschmähend, arm im Geiste (Evangelium)* || *an Geist* || *ängstlich, furchtsam* || *presencia de* ~ *Geistesgegenwart* f || *sin* ~ *geistlos* || ◊ *beber el* ~ *a* alg. fig *sich jds Meinung zu eigen machen* || *calmar los* ~s *die Gemüter beruhigen* || *cobrar* ~ fig *Mut fassen* || *dar (od despedir, entregar, exhalar, rendir) el* ~ fig *den Geist aufgeben* || *estar poseído por el* ~ *del mal vom bösen Geist besessen sein* || *levantar el* ~ fig *sich ermutigen* || *la bajada (od* venida) *del* ≈ *Santo die Ausgießung des Heiligen Geistes* || *levantar los* ~s fig *die Gemüter aufwühlen* || *el* ~ *está pronto, pero la carne es flaca (od* débil) *der Geist ist willig, aber das Fleisch ist schwach (Evangelium)*
espiri|tual adj *geistig, spirituell* || *geistlich, religiös* || *unkörperlich, übersinnlich* || *vergeistigt* || *geist|reich, -voll* || *hombre* ~ fig *innerer, geistiger Mensch* m || *padre* ~ *Seelsorger, Gewissensrat* m || *pasto* ~ *geistige Nahrung* f || *bodas* ~es *Einsegnung* f *(einer Nonne)* || adv: ~**mente** *geistig* || *geistlich* || **-tualidad** *f Geistigkeit* f, *geistiges Wesen* n || ⟨Rel⟩ *geistliches Leben* n || *Auffassungsvermögen* n || **-tualismo** *m* ⟨Philos⟩ *Spiritualismus* m || **-tualista** adj/s *spiritualistisch* || ~ *m Spiritualist* m || **-tualizar** vt *vergeistigen* || *beseelen, Geist einhauchen* || *zum Besitz der Kirche machen (Güter)* || **-se** vr *vergeistigt werden* || fig *mager werden* || **-tuosidad** *f geistige Stärke* f
espirituoso adj *alkohol-, sprit|haltig, spirituos* || *bebidas* ~as *geistige Getränke* npl, *Spirituosen* pl
espirómetro *m* ⟨Med⟩ *Atemmesser* m, *Spirometer* n
espiroque|to, -te *m,* **-ta** *f Spirochäte* f || **-ta** *pálida Erreger* m *der Syphillis* (Treponema pallidum, *früher Spirochaeta pallida)*
△**espirrabao** *m Leiche* f
espi|ta *f Hahn, Zapfen, Faßhahn* m || *Faßzapfen* m || figf *Säufer, Trunkenbold* m || ~ *de cierre Absperrhahn* m || ~ *de descarga Entleerungshahn* m || → **borracho, grifo** || **-tar** vt *(ein Faß) anzapfen* || **-to** *m* ⟨Typ⟩ *Aufhängekreuz* n
△**espivia** *f Kastanie* f
esplacnología *f* ⟨Med⟩ *Lehre von den Eingeweiden, Splanchnologie* f
esplen|dente adj ⟨poet⟩ *strahlend, leuchtend* || **-der** vi ⟨poet⟩ *erglänzen, strahlen* || *prangen* || **-didez** [pl **-ces**] *f Pracht, Herrlichkeit* f || *Freigebigkeit* f
espléndido adj *prächtig, herrlich, prunkvoll* || *großen Aufwand treibend* || *freigebig* || ⟨poet⟩ *leuchtend, strahlend, glänzend*
esplen|dor *m Glanz, Schimmer* m || fig *Pracht, Herrlichkeit* f, *Glanz* m || fig *Ruhm* m || **-doroso** adj ⟨poet⟩ *leuchtend, strahlend, glänzend* || *prächtig, glanzvoll, glänzend*
esplénico adj ⟨An⟩ *Milz-*
esple|nio, esplénico *m* ⟨An⟩ *Splenius, Kopfheber* m *(Muskel)* || **-nitis** *f* ⟨Med⟩ *Milzentzündung* f
espliego *m* ⟨Bot⟩ *Echter Lavendel* m (Lavandula angustifolia *od* officinalis)
esplín *m Lebensüberdruß, Spleen* m || *üble Laune* f || *Grille* f || *Schrulligkeit* f
espo|lada *f,* **-lazo** *m Sporn|stich, -stoß* m || figf *Ansporn* m || figf *Schluck* m *(Wein)* || **-leadura** *f Spornwunde* f || *(An)Spornen* n || **-lear** vt/i *spornen, dem Pferde die Sporen geben* || fig *an|spornen, -treiben* || **-leo** *m* ⟨An⟩ *Spornen* n

|| **-leta** f Brustbein n (des Geflügels) || ⟨Mil⟩ Zünder m || ~ instantánea Augenblickszünder m || ~ de relojería Uhrwerkzünder m || ~ retardada, ~ retardatriz, ~ con retardo Verzögerungszünder m || ~ de tiempo Zeitzünder m
¹**espolín** m dim v. **espuela**
²**espolín** m geblümter Taft m
espolio m ⟨Kath⟩ Spolien npl
espo|lique m Fußlakai m (eines Reiters) || Fersenschlag m b. Bockspringen (Kinderspiel) || **-lón** m (Hahnen)Sporn m || Stahlsporn m der Kampfhähne || ⟨Arch⟩ Strebepfeiler m || Pfeilerkopf m || Widerlager n (e-r Brücke) || Ausläufer m eines Gebirges in die Ebene || ⟨Mal⟩ perspektivische Verkürzung f || fig Frostbeule f an der Ferse || Mutterkorn n im Getreide || ⟨Mar⟩ Wellenbrecher m || ⟨Mar⟩ Eisbrecher m || ⟨Mar⟩ Dammbug m || Rammsporn m || ⟨Mar⟩ Schiffsschnabel m || Kai, Dammweg m, öffentlicher Spazierweg m, Uferpromenade f || ⟨Tech⟩ Sporn m || **-lonazo** m Stoß m mit dem Sporn || Spornstoß m (des Kampfhahnes) || Rammstoß m || **-lonear** vt = **-lear** || ⟨Mar⟩ rammen
espolvo|rear vt in Staub verwandeln || zu Pulver reiben, pulvern || be-, an|stäuben || (ein)pudern || bestreuen (con mit dat) || ◊ ~ de azúcar mit Zucker bestreuen || **-reo** m (Be)Stäuben n || **-rizar** [z/c] vt bestäuben
espon|daico adj/s spondeisch (Vers) || **-deo** m Spondeus m (Versfuß)
espondi|litis f ⟨Med⟩ Wirbelentzündung, Spondylitis f || **-losis** f ⟨Med⟩ Spondylose f
espongiarios mpl ⟨Zool⟩ Schwämme mpl (Porifera)
espon|ja f Schwamm m || Badeschwamm m || Schulschwamm, Schwamm m zum Abwischen der Schultafel || Bimsstein m || ⟨Web⟩ Frottee n/m (Schlingengewebe) || ⟨Metal⟩ (Eisen)Schwamm m || fig Aussauger, Schmarotzer m || ◊ beber como una ~ fig wie ein Schwamm trinken, ein großer Trinker sein || borrar con la ~ mit dem Schwamm abwischen || exprimir la ~ den Schwamm ausdrücken || pasar una ~ sobre todo figf alles vergessen, nichts mehr aufwärmen wollen (fam Schwamm drüber) || **-jado** adj schwammig || fig aufgeblasen, stolz || fig aufgeplustert (z.B. Vogel) || ~ m (Schaum)Zuckergebäck n || **-jadura** f Anschwellen n eines schwammigen Körpers || **-jamiento** m Arg Auf|schwellen, -laufen n || **-jar** vt schwammig machen || aufblähen || in die Höhe treiben (Teig) || anschwellen lassen || mit e-m Schwamm reinigen od abwischen || auflockern (Erdreich, Polster) || ~se vr aufquellen || aufgehen (Teig), fig gesund und kräftig werden || fig sich aufblasen, sich aufblähen || fig sich aufplustern (Vogel) || **-jera** f Schwammbehälter m || **-josidad** f Schwammigkeit f || Lockerheit f || **-joso** adj schwammig || locker, porös || lecho ~ weiches Bett n || tejido ~ ⟨An⟩ schwammiges Gewebe n
espon|sales mpl, **-salias** fpl Verlobung f || Verlöbnis n || Eheversprechen n || Verlobungsfeier f || **-salicio** adj Verlobungs- || Verlöbnis-
espon|táneamente adv freiwillig, aus eigenem Antrieb(e) || von selbst, spontan || **-tanearse** vr (freiwillig) sein Inneres jdm enthüllen, erschließen, sich eröffnen || ⟨Jur⟩ freiwillig ein Geständnis ablegen || **-taneidad** f Freiwilligkeit, ohne äußere Einwirkung erfolgte Handlung f || Unmittelbarkeit, Spontaneität f || Ursprünglichkeit f (e-r Idee usw) || Natürlichkeit f || **-táneo** adj spontan, freiwillig, aus eignem Antrieb handelnd || sich von selbst ergebend, unaufgefordert || ⟨Biol Physiol⟩ von selbst entstanden, spontan, selbst-, Spontan- || ⟨Bot⟩ wildwachsend || Am ursprünglich || ~ m ⟨Taur⟩ Zuschauer m, der plötzlich u. unerlaubterweise in die Arena springt, um gegen den Stier zu kämpfen
espora f, **-ro** m ⟨Bot Med⟩ Spore f

esporádico adj vereinzelt vorkommend, sporadisch
espo|rangio m ⟨Bot⟩ Sporen|bildner,-behälter m, Sporangium n || **-rófila** f ⟨Bot⟩ sporentragendes Blatt, Sporophyll n || **-rofito** m ⟨Bot⟩ Sporophyt m || **-rogonio** m ⟨Bot⟩ Sporogon n (der Moospflanzen) || **-rotricosis** f ⟨Med⟩ Sporotrichose f || **-rozo(ari)os** mpl ⟨Zool⟩ Sporentierchen npl (Sporozoaria)
espor|tear vt in Körben befördern || **-tilla** f dim v. **espuerta** || ⟨Mal⟩ Feuerwedel m || **-tillero** m Korbträger m || **-tillo** m Korb m aus Esparto- od Palmgeflecht
esportón m augm v. **espuerta**
espo|sa f Verlobte f || Gattin, Ehefrau f || Am Bischofsring m || ~s pl Handschellen fpl || ◊ poner las ~ (a) die Handschellen anlegen || **-sado** adj/s neuvermählt || **-sar** vt mit Handschellen fesseln || **-so** m Gemahl, Ehegatte m || ~s mpl Ehe|leute pl, -paar n
espue|la f (Reiter)Sporn m || fig Sporn, Antrieb m || Anreiz m || ⟨An⟩ Sporn m der Vögel || Arg Brustbein n des Geflügels || ~ de caballero ⟨Bot⟩ Rittersporn m (Delphinium spp) || mozo de ~ (s) Fußlakai m (eines Reiters) || calzar ~ fig Ritter sein || ◊ calzar la(s) a algn jdn zum Ritter schlagen || dar de (la) ~, dar ~s, aplicar las ~s dem Pferd die Sporen geben || echar la ~ fig f den letzten Schluck tun || poner ~s (a) (an) spornen (& fig) || **-lero** m Spornmacher m
espuerta f Kiepe f, zweihenkliger, biegsamer Korb m || Tragkorb m (für Saumtiere) || figf iron großer häßlicher Mund m || a ~s haufenweise, im Überfluß || boca de (od como una) ~ übermäßig großer (häßlicher) Mund m
espul|gar [g/gu] vt (ab)flöhen || (ent)lausen || fig ausforschen, **-go** m Abflöhen n || Entlausen n || fig Ausforschen, Durchsuchen n
espuma f Schaum m, (Wellen)Gischt m || Geifer m (bei Tieren) || Zuckerschaum m (Zuckerwerk) || Schaum(stoff) m || And Milchflor, feiner Krepp m (Zeug) || ~ de mar Meerschaum m || boquilla de ~ Meerschaumspitze f || ◊ crecer como (la) ~ figf rasch wachsen || fig schnell sein Glück machen || levantar ~ Schaum machen
espuma|dera f Schaum|löffel m, -kelle f || **-jear** vi schäumen || fig (vor Wut) schäumen || **-ollas** m fam Tellerlecker m
espu|mar vt abschäumen, den Schaum abschöpfen von (dat) || vi schäumen || aufschäumen || fig zusehends wachsen || gedeihen, rasch vorankommen || **-ma(ra)jo** m Geifer, Speichel m || Schaum m || ◊ echar ~ de rabia figf vor Wut schäumen || **-mear** vi schäumen || **-milla** f feiner Krepp, Milchflor m || prov u. Ec Hond Schaumgebäck n, Meringe f || **-mosidad** f Schäumen n || Schaumiges n || **-moso** adj schaumig, schäumend || schaumbildend || Schaumvino ~ Schaumwein m
espundia f ⟨Med⟩ Espundia f (Erreger = Leishmania brasiliensis)
espurio, espúreo adj unehelich || fig falsch || fig unecht, verfälscht || hijo ~ Bastard(sohn) m
espu|rrear, -rriar vt anfeuchten || besprengen
espurrir vr Sant Ast Burg León Pal ausstrecken (bes Arme, Beine) || anfeuchten || ~se vr Sant Ast León sich recken
espu|tar vt/i (aus)spucken || aushusten || Auswurf haben || **-to** m Auswurf, Speichel m || ⟨Med⟩ Auswurf m, lat Sputum n
Esq. Abk = **esquina**
esqueje m Ableger, Steckling, Setzling m
esquela f Blättchen Papier, Billett, kurzes Schreiben n || Kartonzettel m || gedruckte Anzeige f || Todesanzeige f (in Zeitungen) || prov Brief m || ~ amorosa Liebesbriefchen n || ~ fúnebre, ~ mortuoria, ~ de defunción Todesanzeige f || ~ de invitación, ~ de convite Einladungskarte f
esque|letado adj fig sehr abgemagert || **-lético** adj Gerippe- || figf sehr mager, spindeldürr || **-leto** m Gerippe, Skelett n || ⟨Mar⟩ Schiffsge-

rippe n ‖ fig *Gerüst* n ‖ Col CR Guat Mex fig *Formular* n ‖ Chi fig *Entwurf* m, *Skizze* f ‖ en ~ fig *unbeendigt* ‖ fig *ohne jeglichen Zierat* ‖ ◊ *estar hecho un* ~ figf *spindeldürr sein* ‖ ~s pl ⟨Th⟩ *innere Bühnenlichter* npl
  esquelita f dim *v.* **esquela** ‖ ⟨Min⟩ *Scheelit* m
  esque|ma m *Schema* n, *Abriß, Plan, Entwurf* m ‖ *Bild* n ‖ *Diagramm* n ‖ *Übersicht(stafel)* f ‖ *Vordruck* m, *Muster* n ‖ ⟨Tech Arch⟩ *schematische Darstellung* f, *Abriß* m ‖ ⟨Radio⟩ *Schema* n ‖ ~ *de conexiones Schalt\schema, -bild* n, *-plan* m ‖ **-mático** adj *schematisch* ‖ *in Hauptzügen* ‖ **-matismo** m *Schematismus* m ‖ **-matizar** [z/c] vt *schematisieren, bildlich darstellen*
  esquena f prov *Rückgrat* n
  esquenanto m ⟨Bot⟩ *Kamelgras* n (Andropogon schoenanthus)
  esqui, esquí [pl **-íes**] m *Schi, Ski* m ‖ ⟨Flugw⟩ *Kufe* f ‖ *Schi\sport* m, *-laufen, -fahren* n ‖ ~ *acuático,* ~ *náutico Wasserschi(laufen* n*)* m ‖ *carrera de esquíes Schi-, Ski\lauf* m ‖ *salto en* ~(es) *Schi\sprung* m bzw *-springen* n
  esquiador m *Schi-, Ski\fahrer* m
  esquiar [pres **-ío**] vi *Schi, Ski fahren (od laufen)*
  esquicio m ⟨Mal⟩ *Skizze* f, *Entwurf* m
  esquife m ⟨Mar⟩ *Beiboot* n, *kleiner Kahn* m ‖ ⟨Sp⟩ *Skiff* n
  ¹**esquila** f *Vieh\schelle, -glocke* f ‖ *Glocke* f *(in Schulen usw)*
  ²**esquila** f *Woll-, Schafschur* f
  ³**esquila** f ⟨Bot⟩ *Meerzwiebel* f (Scilla [Urginea] maritima)
  ⁴**esquila** f ⟨Zool⟩ *Sandgarnele* f (Crangon crangon) ‖ *Felsengarnele* f (Palaemon serratus) ‖ ⟨Entom⟩ *Taumelkäfer* m (Gyrinus natator)
  esquila|da f Ar = **cencerrada** ‖ **-dero** m *Scherstall* m, *Schurstelle* f ‖ **-dor** m *Schafscherer* m ‖ *Hundetrimmer* m ‖ ◊ *ponerse como el chico del* ~ figf *sich vollstopfen,* fam *gewaltig einhauen* ‖ **-dora** f *Schermaschine* f
  ¹**esquilar** vt/i *(eine Glocke) läuten* ‖ ~ vi Sant Burg Pal Vizc *klettern (auf e-n Baum u.ä.)*
  ²**esqui|lar** vt/i *scheren (Schafe)* ‖ *trimmen (Hunde)* ‖ **-leo** m *Schafschur* f ‖ *Schurzeit* f ‖ *Schurstall* m
  esquilero m ⟨Fi⟩ *Garnelenfangnetz* n
  esquilimoso adj fam *zimperlich*
  esquil|mador m/adj *Aussauger* m ‖ **-mar** vt/i *(ein)ernten, einsammeln* ‖ *(den Boden) aus\saugen, -laugen* ‖ figf *aussaugen, verarmen* ‖ **-mo** m *Ertrag* m ‖ *Ernte* f
  Esquilo m np *Äschylus* m
  ¹**esquilo** m Sant *Eichhörnchen* n
  ²**esquilo** m Ar *Woll-, Schaf\schur* f
  esquilón m *große Viehglocke* f ‖ *kleine Turmglocke* f
  esquimal adj/s *Eskimo-* ‖ **~es** pl *Eskimos* mpl
  esqui|na f *Ecke, Kante* f ‖ ~ *de (la) calle Straßenecke* f ‖ ◊ *darse contra una* ~ fig *mit dem Kopf gegen die Mauer anrennen* ‖ *estar de* ~ fam *entzweit sein, miteinander schmollen* ‖ *hacer* ~ *e-e Ecke bilden* ‖ *an der Ecke (der Straße) liegen* ‖ *jugar a las cuatro* ~ *se* fig *eure Plätze! spielen* ‖ *a la vuelta de la* ~ *(gleich) um die Ecke* ‖ *de (od en)* ~ *Eck-* ‖ **-nado** adj *eckig* ‖ *spitz (Gesicht)* ‖ fig *barsch, übelgelaunt, verstimmt* ‖ *eckig* ‖ *verschlagen* ‖ *schmollend* ‖ **-nar** vt *in eine Ecke legen* ‖ ⟨Zim⟩ *winklig anlegen, im Eck verlegen* ‖ fig *entzweien* ‖ *mißmutig machen* ‖ vi *e-e Ecke bilden* ‖ **~se** fig *verstimmt werden* ‖ *schmollen* ‖ *sich mit jdm verfeinden* ‖ **-nazo** m fam *Ecke, Kante* f ‖ Chi *Abendständchen* n ‖ Chi *Tumult* m ‖ ◊ *dar* ~ fam *(beim Umbiegen um eine Straßenecke) plötzlich verschwinden* ‖ *abhängen (e-n Verfolger)* ‖ *jdn versetzen*
  esquinco m = **escinco**

  esquinera f Col *Eckschrank* m ‖ *Ecktisch* m
  Esquines m np *Äschines* m
  esquinudo adj *kantig*
  esquirla f ⟨Chir⟩ *Knochensplitter* m ‖ ⟨Mil⟩ *(Granat)Splitter* m ‖ ~ *de vidrio Glassplitter* m
  esquirol m *Streikbrecher* m ‖ Ar *Eichhörnchen* n
  esquis|to m *(Dach)Schiefer* m ‖ ~ *arcilloso Tonschiefer* m ‖ **-toso** adj *schieferartig* ‖ *blätterig, blättrig* ‖ *Schiefer-*
  esqui|va f ⟨Sp⟩ *ausweichende Bewegung* f ‖ **-var** vt *(ver)meiden, umgehen, ausweichen* (dat) ‖ ◊ ~ *un golpe einem Schlag ausweichen* ‖ **~se** *sich heimlich davonmachen* ‖ **-vez** [pl **-ces**] f *Sprödigkeit, Schroffheit* f ‖ *stolze Verachtung* f ‖ *(Menschen)Scheu* f ‖ **-vo** adj *spröde, abstoßend* ‖ *abweisend* ‖ *schroff* ‖ *ungesellig* ‖ *(menschen-)scheu*
  esquizo|frenia f ⟨Med⟩ *Bewußtseinsspaltung, Schizophrenie* f ‖ **-frénico** adj/s *schizophren* ‖ ~ m *Schizophrene(r)* m ‖ **-ide** adj ⟨Med⟩ *seelisch zerrissen, gespalten, schizoid* ‖ **-timia** f ⟨Med⟩ *Schizothymie* f ‖ **-timo** adj/s *schizothym* ‖ ~ m *Schizothyme, schizothymer Typ* m
  estabi|lidad f *Stabilität, Haltbarkeit, Dauerhaftigkeit, Beständigkeit* f ‖ *Festigkeit* f ‖ *Stand\festigkeit, -sicherheit* f ‖ *Wertbeständigkeit* f ‖ *Gleichgewichtslage* f ‖ ⟨Flugw Mar Com Tech⟩ u. fig *Stabilität* f ‖ ⟨Tech El⟩ *Konstanz* f ‖ ~ *monetaria Währungsstabilität* f ‖ ◊ *tener* ~ *Bestand haben* ‖ *de gran* ~ ⟨Aut⟩ *mit guter Straßenlage* ‖ *von großer Laufruhe (Motor)* ‖ **-lísimo** adj sup *v.* **estable** ‖ **-lización** f *feste Begründung* f ‖ *Stabilisierung* f *(der Währung)* ‖ *fondo de* ~ *Ausgleichs-, Stabilisierungs\fonds* m ‖ **-lizador** m ⟨Mar El Tech⟩ *Stabilisator* m ‖ ⟨Radio⟩ *Konstanthalter* m ‖ **~es** mpl ⟨Flugw⟩ *Leitwerk* n ‖ *Flosse* f ‖ ~ *de aletas Flossenleitwerk* n *(Raketen)* ‖ **-lizar** [z/c] vt *fest begründen, stabilisieren* ‖ *festmachen* ‖ *konsolidieren* ‖ *verfestigen* ‖ *ausgleichen* ‖ *stabilisieren, festigen (Währung, Preise)* ‖ ⟨Mar Flugw⟩ *trimmen* ‖ **~se** vr *gleichbleiben* ‖ *sich normalisieren (Lage usw)*
  estable adj *fest, dauerhaft, dauernd* ‖ *standhaft* ‖ *beständig (& Wetter)* ‖ *stetig* ‖ *stabil* ‖ *haltbar* ‖ *Dauer-* ‖ ~ *a la luz lichtecht* ‖ *huésped* ~ *Dauergast* m ‖ **~mente** adv *fest* ‖ *dauernd, bleibend* ‖ *beständig*
  estable|cer [-zc-] vt *fest\setzen, -stellen* ‖ *bestimmen, (ver)ordnen* ‖ *eröffnen (Geschäft)* ‖ *aufschlagen (Lager)* ‖ *aufbauen, herstellen (Geschäftsverbindungen)* ‖ *anknüpfen (Beziehungen)* ‖ *herstellen (Gleichgewicht)* ‖ *verlegen (Kanalisation)* ‖ *stiften (Orden)* ‖ *(be)gründen, errichten* ‖ *aufstellen (Tabelle, Regel)* ‖ *ein\führen, -setzen* ‖ *begründen (Recht)* ‖ *einführen (Gesetz, Mode)* ‖ *einrichten, nach-, be\weisen* ‖ ~ *la comunicación (telephonisch) verbinden (con mit)* ‖ ~ *una moda eine Mode einführen* ‖ ~ *un negocio ein Geschäft eröffnen* ‖ ~ *que (+subj) bestimmen, daß (+ind)* ‖ ~ *relaciones comerciales eine Geschäftsverbindung eröffnen* ‖ **~se** *sich häuslich niederlassen, sich festsetzen* ‖ *sich ansiedeln* ‖ *sich selbständig machen* ‖ ⟨Com⟩ *sich etablieren* ‖ *lo* **-cido** *das Hergebrachte* ‖ **-cimiento** m *Aufstellung, Festsetzung, Bestimmung* f ‖ *Verordnung* f ‖ *Gründung, Errichtung* f ‖ *Geschäftslokal, Geschäft* n, *Laden* m ‖ *Unternehmen* n, *Firma* f ‖ *öffentliche Anstalt* f ‖ ~ *asistencial Fürsorgeanstalt* f ‖ ~ *comercial Geschäftshaus* n ‖ ~ *de baños Badeanstalt* f ‖ ~ *de beneficencia Wohlfahrtseinrichtung* f ‖ ~ *carcelario Strafanstalt* f ‖ ~ *de caridad milde Stiftung* f ‖ *Armenhaus* n ‖ ~ *de enseñanza Unterrichtsanstalt, Schule* f ‖ ~ *de socorro Hilfsstation* f ‖ ~ *penal Strafanstalt* f ‖ ~ *termal Kurort* m ‖ ~ *tipográfico Druckanstalt* f ‖ *Druckerei* f ‖ *lugar de* ~ *Niederlassungsort* m

esta|blero m Stallknecht m || **-blo** m (Vieh-)Stall m || Cu Remise f || ~ de Augias Augiasstall m || ◊ esto es un (auténtico) ~ fig das ist ein Schweinestall || **-bulación** f Stallviehzucht f || **-bular** vt im Stall aufziehen

esta|ca f Pfahl, Stecken, Stock, Pflock m || Latte f || Riegel m, Querholz n || Stecken, Prügel m || großer Brettnagel m || Balkennagel m || Setzling, Fechser m || grober Tabak m || ⟨Agr⟩ Steckreis n || Spieß m (des Hirsches) || ⟨EB⟩ Runge f || △Dolch m || a (la) ~ fam zwangsweise || plantar ~s, clavar ~s ⟨Mar⟩ fig stampfen (Schiff) || estar a la ~ figf am Hungertuch nagen || in e-r mißlichen Lage sein || no dejar ~ en pared figf alles völlig zerstören || **-cada** f Verpfählung, Einhegung f || Pfahl-, Latten-, Stangen|zaun m, Staket, Gatter n || Pfahlmole f || Pfahlwerk n || Schranken fpl || Kampfplatz m || Turnierplatz m || ⟨Fort⟩ Verhau m || ◊ dejar a uno en la ~ fig jdn im Stich(e) lassen || quedar(se) en la ~ fig großen Mißerfolg haben || fig auf dem Platze bleiben || fig verlieren, unterliegen || **-cado** adj steifbeinig (Pferde) || ~ m Pfahlwerk n || Schranken fpl || abgestecktes Gebiet n || **-car** [c/qu] vt abpfählen, abgrenzen || einzäunen || anpflocken (Tier) || Am spannen (Häute) || ~se fig holzsteif werden || Am sich verlieben || **-cazo** m Schlag m mit e-m Stock || fig großer Schaden bzw Verdruß m || figf Grippeanfall m || Am Sporenhieb m eines Kampfhahnes usw

estación f Zustand m, Lage f || Jahreszeit, Saison f || Erntezeit f || Jagdzeit f || Zeitpunkt m, Zeit f || Anlage, Anstalt f || (Beobachtungs-)Stelle, Station f || Aufenthalt(sort) m || ⟨EB⟩ Bahnhof m, Haltestelle, Station f || Wagen|halle f, -schuppen m, Remise f || Telegraphenstation f || Kur-, Bade|ort m || Ferienort m || Stätte f || Fundstätte f || ⟨Rel⟩ Station f || Stationsgebete npl || ⟨Astr⟩ (scheinbarer) Stillstand m (der Planeten) || ⟨Biol⟩ Standort m || Station f (Krankenhaus) || ~ del año Jahreszeit f || Saison f || ~ agronómica landwirtschaftliche Versuchsstation f || ~ a bordo Bordfunkstelle f || ~ avanzada späte, vorgerückte Jahreszeit f || ~ de cabezuela ⟨EB⟩ Kopfbahnhof m || ~ central Zentrale f || ⟨EB⟩ Hauptbahnhof m || ~ de clasificación ⟨EB⟩ Rangierbahnhof m || ~ cósmica, ~ espacial Weltraumstation f || ~ depuradora Kläranlage f || ~ de destino Endstation f || Bestimmungsbahnhof m || ~ emisora ⟨Radio⟩ Sendestation f || ~ de expedición ⟨EB⟩ Versandbahnhof m || ~ de ferrocarril Bahnhof m || ~ final Endstation f || ~ de invierno Wintersportplatz m || Winterkurort m || ~ de llegada Ankunft-, End|station f || ~ de las lluvias, ~ lluviosa Regenperiode f || de media ~ Am Übergangs-(Mantel usw) || ~ de maniobras ⟨EB⟩ Rangierbahnhof m || ~ para mercancías Güterbahnhof m || ~ meteorológica Wetter|warte f, -amt n || ~ del metro U-Bahn-Station f || ~ muerta stille Saison f || ~ de origen ⟨EB⟩ Abgangsbahnhof m || ~ de paso ⟨EB⟩ Nebenstation f || ~ principal Hauptbahnhof m || ~ radiotelefónica Funk|station, -stelle f || Funkamt n || ~ receptora (transmisora) ⟨Radio⟩ Empfangs- (Sende)stelle f || ~ de salida Abfahrtsstation f || ~ sanitaria ⟨Mil⟩ Sanitätsposten m || ~ de servicio ⟨StV⟩ Tankstelle f || Servicestelle f || ~ telefónica Sprechstelle f || ~ termal Badesaison f || Badeort m, Bad n || ~ terminal Endstation f || ⟨Tel⟩ Endstelle f || ~ de tra(n)sbordo Umschlagstelle f || ~ de tránsito Durchgangsstation f || Übergangsbahnhof m || ~ veraniega Sommerfrische f || fonda de la ~ Bahnhofswirtschaft f || jefe de ~ Bahnhofsvorsteher m || puesto en ~ ⟨Com⟩ ab Bahnhof (Lieferung) || ir con la ~ sich nach der Jahreszeit richten || las cuatro ~es (del año) die vier Jahreszeiten fpl || ◊ vestir con la ~ sich nach der Jahreszeit kleiden || hacer ~es oft stehenbleiben || andar od (re)correr (las) ~es von Altar zu Altar gehen (bes in der Karwoche) || den Kreuzweg gehen || figf s-e übliche Runde machen || figf einem Geschäft nachgehen || △von Kneipe zu Kneipe gehen

estacio|nal adj jahreszeitlich-, saison|bedingt, saisonal || der Jahreszeit entsprechend, saisonüblich || Saison- || paro ~ saisonbedingte Arbeitslosigkeit f || **-namiento** m Stehenbleiben n || Rast f, Halt m ⟨& Mil⟩ || ⟨Mil⟩ Stationierung f || Stau m (Wasser) || ⟨StV⟩ Parken n || Parkplatz m (→ a **aparcadero, aparcamiento**) || ~ prohibido ⟨StV⟩ Parkverbot n || **-nar** vt legen, (auf)stellen || abstellen || ⟨StV⟩ parken || stationieren || die Böcke zu den Schafen lassen || ~ vi Arg verweilen, sich aufhalten || **~se** stehenbleiben, halten || sich anhäufen (Menschenmenge) || nicht vorwärtskommen, ins Stocken geraten (z. B. Geschäfte) || ⟨StV⟩ parken || Am bleiben, verweilen || **-nario** adj stillstehend, nicht fortkommend || ortsgebunden || ⟨Med⟩ stationär, gleichbleibend || ⟨Med⟩ stationär (Behandlung) || ⟨Com⟩ flau, stockend (Geschäfte)

estacón m augm v. **estaca**

estacha f ⟨Mar⟩ Verholleine f || ⟨Mar⟩ Harpunenleine f

△**estache** m Hut m

estada f Aufenthalt m Verweilen n

estadal m Längenmaß = 3,334 m || Flächenmaß = 16 Quadratellen = 111 Milliar || And mannshoher Wachsstock m

estadía f Aufenthalt(sort) m || ⟨Com⟩ (Über-)Liegetage mpl || Liegegeld n || días de ~ ⟨Mar⟩ Liegetage mpl

estadímetro m Entfernungsmesser m

estadio m Stadion m (Längenmaß) || griechische Rennbahn f || ⟨Med⟩ u. fig Stadium m || ⟨Sp⟩ Stadion n, Sportplatz m || ~ de fútbol Fußballplatz m || ~ olímpico Olympiastadion n

esta|dista m/adj Statistiker m || Staatsmann, Politiker m || **-dística** f Statistik f || **-dístico** adj statistisch || oficina ~a statistisches Amt n || ~ m Statistiker m || adv: **-mente**: ~ demostrable statistisch erfaßbar || **-dizo** adj stehend (Wasser) || verbraucht (Luft)

estado m (Zu)Stand m || (Sach)Lage, Beschaffenheit, Situation f, Stadium n || Status m || Rang m, Stellung f || Staat m || Reich n || Staatsbehörde, Regierung f || Staatsministerium n || große Besitzung f || Aufstellung, statistische Tabelle, (tabellarische) Übersicht f, Ausweis m (der Rechnungen) || Bericht m (über den Geschäftsstand) || Stillstand m, Ruhe f || Flächenmaß = 49 Quadratfuß || Längenmaß m, Mannslänge f = etwa 7 Fuß || ~ de alma Seelenzustand m || ~ artrítico ⟨Med⟩ gichtische Diathese f || ~ autoritario autoritärer Staat m || ~ civil Personen-, Zivil|stand m || ~ constitucional Verfassungsstaat m || ~ corporativo Ständestaat m || el ~ de cosas der Sach|verhalt, die -lage || ~ crepuscular ⟨Psychol Med⟩ Dämmerzustand m || ~ de la cuenta Kontostand m || ~ de derecho Rechtsstaat m || ~ eclesiástico geistlicher Stand m || ~ económico Vermögenslage f || ~ febril Fieberzustand m || ~ federal Bundesstaat m || ~ gaseoso (líquido, sólido) gasförmiger (flüssiger, fester) Aggregatzustand m || ~ de guerra Kriegszustand m || fig Standrecht n || en ~ de guerra auf (dem) Kriegsfuß || ~ llano, ~ común Bürgerstand m || ~ mayor ⟨Mil⟩ Regimentsstab m || ~ mayor general ⟨Mil⟩ Generalstab m || ~ mayor de la Marina Admiralstab m || el ~ del mercado ⟨Com⟩ die Marktlage || ~ de miseria Notlage, Not f || ~ de necesidad, ~ de emergencia (nacional) ⟨Pol⟩ (Staats)Notstand m || ~ de excepción ⟨Pol⟩ Ausnahmezustand m || ~ de

estadounidense — estancar

prosperidad *Wohlstand* m ‖ ~ de previsión *Wohlfahrts-, Versorgungs|staat* m ‖ ~ policíaco *Polizeistaat* m ‖ ~ satélite *Satellitenstaat* m ‖ ~ de sitio *Standrecht* n, *Belagerungszustand* m ‖ *verschärfter Not- bzw Ausnahme|zustand* m ‖ ~ de (la) situación *Lagebericht* m ‖ ~ de situación a fin de mes *Monatsabschluß* m ‖ ~ soberano *souveräner Staat* m ‖ ~ sólido *fester Zustand, Festkörperzustand* m ‖ ~ sucesor *Nachfolgestaat* m ‖ ~ tampón *Pufferstaat* m ‖ consejero de ~ *Staatsrat* m ‖ el cuarto ~ fig *der vierte Stand, die Arbeiterklasse* ‖ fig *die Presse* ‖ del ~ *staatlich, Staats-* ‖ el tercer ~ ⟨Hist⟩ *der dritte Stand* m ‖ *Bürgerstand* m ‖ deuda de ⁒ *Staatsschuld* f ‖ empleado (*od* funcionario) de ⁒ *Staatsbeamter* m ‖ Ministerio de ⁒ *Staatsministerium* n ‖ *Auswärtiges Amt* n ‖ secreto de ~ *Staatsgeheimnis* n ‖ en buen ~ *in gutem Zustande* ‖ *unbeschädigt (Ware)* ‖ en ~ de merecer fam *noch nicht verheiratet* ‖ en ~ de servicio ⟨Mil⟩ *im Dienst* ‖ ◊ causar ~ *rechtskäftig werden* ‖ *endgültig sein* ‖ *den Verwaltungsweg erschöpfen* ‖ entrar en un ~ *in ein Stadium kommen* ‖ estar en ~ (interesante) *in anderen Umständen* (*od* schwanger) sein ‖ estar en ~ de (+inf) *imstande (bzw fähig) sein zu* (+inf od dat) ‖ dar ~ a uno jdn *versorgen* ‖ dar ~ a su hija *s-e Tochter verheiraten* ‖ mudar (*od* tomar) ~ *den Stand verändern, sich verheiraten* ‖ poner en ~ *in den Stand setzen* ‖ verheiraten ‖ quedar en ~ fam *schwanger werden, in andere Umstände kommen* ‖ tomar ~ *heiraten* ‖ *in e-n Orden eintreten* ‖ ~s pl *(Reichs)Stände* mpl ‖ ~ marítimos *Seestaaten* pl ‖ los ⁒s Unidos de América *die Vereinigten Staaten von Amerika* ‖ siete ~ *debajo de tierra* fig *vor aller Augen verborgen*

estadounidense adj *nordamerikanisch, US-amerikanisch*

¹**estafa** f *Betrug* m ‖ *Schwindel(ei f)* m ‖ *mittelbare Urkundenfälschung* f ‖ △*Dieb(e)slohn* m ‖ ~ contractual ⟨Jur⟩ *Eingehungsbetrug* m

²**estafa** f *Steigbügel* m

esta|fador *m Betrüger* m ‖ *Gauner, Schwindler, Defraudant* m ‖ *Hochstapler* m ‖ △*Diebesdieb* m ‖ ~ de bodas *Heiratsschwindler* m ‖ **-far** vt/i *betrügen* ‖ *prellen* ‖ *(be)schwindeln* ‖ *veruntreuen (Geld)* ‖ et *ergaunern* ‖ ◊ ~ a. a algn. *jdm et abgaunern*

estafermo *m* fam *unbrauchbarer Mensch* m ‖ fam *Tropf* m ‖ fig *lächerlich gekleidete Person,* fam *Schießbudenfigur* f

estafe|ta f *Stafette* f, *(reitender) Eilbote* m ‖ *(Brief)Post* f ‖ *(Neben)Postamt* n ‖ *diplomatische Post* f ‖ ⟨Mil⟩ *Feldpost* f ‖ ⟨Mil⟩ *Meldegänger* m ‖ ~ de correos *(Neben)Postamt* n ‖ **-tero** m *Post|verwalter, -meister* m

estafi|línidos mpl ⟨Entom⟩ *Kurzflügler* mpl (Staphylinidae) ‖ **-lino** adj ⟨An⟩ *Zäpfchen-* ‖ ~ m ⟨Entom⟩ *Moderkäfer* m (Staphylinus olens) ‖ **-lococ(c)ia** f ⟨Med⟩ *Staphylomykose* f ‖ **-lococo** m *Staphylokokkus* m ‖ **-lodermia** f ⟨Med⟩ *Staphylodermie* f

estafisagria f ⟨Bot⟩ *Läuse-Rittersporn* m (Delphinium staphysagria)

estagirita adj/s *aus Stageira (Mazedonien)* ‖ el ⁒ *(Name für) Aristoteles*

estagnación f *Hemmung, Stockung, Stagnation* f (bes ⟨Com⟩)

estajo m = destajo

estalactita f ⟨Min⟩ *Stalaktit* m

estalagmita f ⟨Min⟩ *Stalagmit* m

esta|llador *m*: ~ de chispa ⟨Radio⟩ *Funkenstrecke* f ‖ ***-llante** adj *angehend, im Anfang* ‖ *Knall-* ‖ **-llar** vi *(zer)platzen, zerspringen, bersten, explodieren* ‖ *knallen, krachen* ‖ fig *ausbrechen (Krieg, Feuer, Zorn)* ‖ *losbrechen (Sturm)* ‖ ◊ ~ en llanto *in Tränen ausbrechen* ‖ ha -llado el neumático ⟨Aut⟩ *der Reifen ist geplatzt* ‖ está que estalla figf *er geht gleich in die Luft* ‖ hacer ~ *(ab bzw in die Luft) sprengen* ‖ →a **explotar** ‖ **-llido, *-llo** m *Knall, Krach(en* n*)* m ‖ *Explosion* f ‖ fig *Ausbruch* m ‖ en pleno ~ de (la) juventud *in der Blüte der Jugend* ‖ ◊ dar un ~ *bersten* (bes fig)

estambre m/f *(Woll)Garn* n ‖ *Kamm|garn* n, *-stoff* m ‖ *(Garn)Faden* m ‖ *Weber|zettel, Aufzug* m ‖ *(Pflanzen)Faser* f ‖ ⟨Bot⟩ *Staub|faden* m, *-gefäß* n

Estambul ⟨Geogr⟩ *Istanbul*

estamento m Ar ⟨Hist⟩ *Stand* m *(bei den ar. Cortes)* ‖ ⟨Hist⟩ *gesetzgebende Körperschaft* f *des „Estatuto Real"* ‖ los ~s sociales *die Gesellschaftsschichten* fpl

estameña f *Etamin* n/m

estami|nífero adj ⟨Bot⟩ *Staubgefäße tragend* ‖ **-nodio** m ⟨Bot⟩ *rück- bzw um|gebildetes Staubgefäß, Staminodium* n

estam|pa f *(Ab)Druck* m ‖ *Farbendruck* m (bes *Heiligenbild)* ‖ *Bild* n *(Kupfer)Stich* m ‖ *Fußspur* f ‖ ⟨Tech⟩ *Stanze, Presse* f ‖ *Gesenk* n *(Schmiede)* ‖ ⟨Typ⟩ *Estampe* f ‖ fig *Muster, Vorbild* n ‖ fig *Gepräge* n, *Eindruck* m ‖ fig *Aussehen* n ‖ fig *Figur, Gestalt* f ‖ *(Muster)Beispiel* n ‖ fig *Spur* f ‖ de buena ~ *schön, stattlich (Mann)* ‖ *rassig (Pferd)* ‖ libro de ~s fam *Bilderbuch* n ‖ ◊ dar a la ~ *in Druck geben* ‖ ir a la ~ *in Druck gehen* ‖ ¡maldita sea mi ~! pop *der Teufel soll es holen!* ‖ recortar ~s *Bilder ausschneiden* ‖ forjar en ~ *im Gesenk schmieden* ‖ **-pación** f *(Ab)Drucken* n ‖ *Prägung, Stanzung* f ‖ *Abklatsch* m ‖ **-pado** adj/m *bedruckt (Zeug)* ‖ *gemodelt (Zeug)*, *geprägt, gestanzt* ‖ ~ en oro ⟨Typ Buchb⟩ *mit Goldprägung* ‖ la firma ~a abajo *die untenstehende Unterschrift* ‖ ~ m *Druck|weise, -art* f ‖ *bedruckte Leinwand* f, *Kattundruck, Zeugdruck* m ‖ *Papiertapete* f, *bedrucktes Papier* n ‖ ~ de las telas *Zeugdruck* m ‖ **-pador** m *Präger, Drucker* m ‖ **-par** vt *(ab)drucken* ‖ *in Druck geben (Buch)* ‖ *bedrucken (Zeug)* ‖ *abdrücken (Petschaft)* ‖ ⟨Tech⟩ *pressen, stanzen* ‖ *aufprägen* ‖ *stempeln* ‖ fig *ein|prägen, -graben (z. B. ins Gedächtnis)* ‖ fam *herunterhauen, versetzen, fam verpassen, e-e schmieren (Ohrfeige)* ‖ figf *knallen, werfen* (contra, en *an*, auf acc) ‖ ◊ ~ un beso (en la boca) *e-n Kuß (auf den Mund) drücken* ‖ ~ su firma en un documento *s-e Unterschrift unter ein Dokument setzen*

estam|pía: ◊ partir (*od* salir) de ~ fam *et hastig, ohne Vorbereitung tun* ‖ *lossausen* ‖ ⟨Aut⟩ *los-, ab|brausen* ‖ **-pido** m *Knall* m *(des Geschützes)* ‖ *Krachen, Rollen* n *(des Donners)* ‖ ◊ dar un ~ fig *Aufsehen machen, wie e-e Bombe einschlagen* ‖ fig *scheitern,* fam *platzen* ‖ dar ~s *krachen, rollen* ‖ *dröhnen* ‖ **-pilla** f *(Namens)Stempel* m ‖ *Gummistempel* m ‖ allg *Stempelunterschrift* f, öst *Stampiglie* f ‖ ⟨Tech⟩ *Stempeleisen* n ‖ Am *Frei-, Brief|marke* f ‖ **-llado** m/adj *Abstempelung* f *(der Staatsschuld)* ‖ Span *Schatzanweisung* f *für Ausländer* ‖ (oficial) ~ m fam *Kriegsoffizier* m *(für die (Bürger)Kriegsdauer [1936-1939])* ‖ **-llar** vt *abstempeln*

estan|cación f s v. **-car(se)** ‖ *Stagnation* f ‖ bes ⟨Med⟩ *Stauung, Stockung* f ‖ ~ de ventas *Absatzstockung* f ‖ **-cado** adj *stillstehend, stockend* ‖ *stagnierend* ‖ *regiepflichtig, monopolisiert, Regie-, Monopol-* ‖ ◊ estar ~ *stagnieren, stillstehen, stocken (Geschäfte)* ‖ quedar ~ *ins Stocken geraten* ‖ quedar ~ *gestaut werden (Wasser)* ‖ **-camiento** m *Hemmung, Stockung* f *Stagnation, Stockung* f *(auf dem Markt)* ‖ *Stillstand* m ‖ *Flaute* f ‖ *Monopolisierung* f ‖ ⟨Tech⟩ *Abdichtung* f ‖ **-car** [c/qu] vt *hemmen, aufhalten* ‖ *stauen (Wasser)* ‖ fig *hemmen, unterbrechen* ‖ *(Tabakvertrieb) verstaatlichen, mono-*

polisieren ‖ ⟨Tech⟩ *abdichten* ‖ ~**se** *stehenbleiben (Flußwasser usw)* ‖ fig *stocken* ‖ *sich stauen*

estan|cia f *Aufenthalt* m, *Verweilen* n ‖ *Aufenthaltsort* m ‖ *Wohnsitz* m, *Wohnung* f ‖ *Stube* f, *Zimmer, Gemach* n ‖ *Aufenthalt(skosten* pl*)* m ‖ *Pflegezeit* f *(Krankenhaus usw)* ‖ *Pflegegeld* n ‖ *Stanze, Strophe* f ‖ ⟨Mil⟩ *Lager* n, *-platz* m ‖ Cu Ven *Villa* f ‖ Arg Chi *Farm* f, *Landgut* n ‖ Cu Ven *Villa* f ‖ Arg Chi *Estanzia, Farm* f, *Landgut* n ‖ **–ciero** m Arg Chi *Landwirt, Viehzüchter, Farmer, Estanziero* m ‖ **–co** m *Alleinhandel* m, *Monopol* n, *Staatsregie* f, *Regieladen* m ‖ Span *Tabak- und Freimarken|laden* m ‖ fig *Niederlage* f ‖ *cigarro de* ~ *gewöhnliche Zigarre* f ‖ ~ adj bes ⟨Mar⟩ *wasser-, fugen|dicht* ‖ ⟨Tech⟩ *dicht, undurchlässig* fig *hermetisch abgeschlossen*

estandar(d)i|zación f *Normung, Standardisierung, Typisierung* f ‖ **–zar** vt *normen, standardisieren, typisieren, vereinheitlichen*

estandarte m ⟨Mil⟩ *Standarte, (Reiter)Fahne* f, *Feldzeichen* n ‖ *Kirchenfahne* f

estangurria f ⟨Med⟩ *Harnzwang* m

Estanislao m Tfn *Stanislaus* m

estánnico adj ⟨Chem⟩ *Zinn(IV)-*

estannífero adj ⟨Min Chem⟩ *zinn|haltig, -führend*

estannoso adj ⟨Chem⟩ *Zinn(II)-*

estanque m *(Fisch)Teich, Weiher* m ‖ *Wasserbecken* n

estan|quera, –quillera f *Tabakverkäuferin*, öst *Trafikantin* f ‖ **–quero** m *Tabakhändler*, öst *Trafikant* m

estanquillo m dim v. **estanque** od **estanco** ‖ Mex *Kramladen* m ‖ Ec *Kneipe* f

estanquizar vt *abdichten*

¹**estante** ppr/a v. **estar** ‖ adj *fest, bleibend* ‖ *ver|weilend, -bleibend* ‖ ~ *en la corte von der Hauptstadt aus*

²**estan|te** m *(Fächer)Schrank, Ständer* m, *Regal* n ‖ *Bücher|brett, -gestell, -bord* n, *Etagere* f ‖ *Wandgestell* n ‖ Murc *e–r, der bei Kirchengängen in der Karwoche das Bild des Heilands trägt* ‖ ~ clasificador *Kartothek* f ‖ **–tería** f *Fächer* npl *(e–s Bücherschrankes)* ‖ *Wandgestell* n ‖ *Bücherbrett* n ‖ *Regal* n ‖ *Ladeneinrichtung* f, *Regale* npl

estantigua f *Gespensterzug* m ‖ *Gespenst, Schreckbild* n ‖ fig *häßliche Erscheinung* f

estantío mpl *stehend, stockend* ‖ fig *apathisch, träge* ‖ fig *schwach, matt* ‖ *stickig (Luft)*

△**estaña** f *Kerkerstube* f ‖ *Kaufladen* m

esta|ñado adj/s *verzinnt* ‖ ~ m *Verzinnung* f ‖ **–ñador** adj/s *Zinn-* ‖ ~ m *Verzinner* m ‖ **–ñar** vt *verzinnen* ‖ *(mit Zinn zusammen)löten* ‖ **–ñero** m *Zinn|gießer, -wäscher* m ‖ *Verkäufer* m *von Zinnarbeiten* ‖ **–ño** m *Zinn* n ‖ ~ *en barras Stangenzinn* n ‖ *hojas de* ~ *Stanniol* n ‖ *cloruro de* ~ *Zinnchlorid* n ‖ *papel de* ~ *Stanniolpapier* n

esta|quero m ⟨Jgd⟩ *Damjährling, Spießer* m ‖ **–quilla** f *kleiner Pflock, Holznagel* m ‖ *Schuhzwecke* f, *Pflock* m ‖ *Pflocknagel* m ‖ *Lattennagel* m ‖ ~**s** fpl Chi *Wagenleitern* fpl ‖ **–quillar** vt *(an)pflöcken*

¹**estar** vi 1. *örtliches od gesundheitliches Befinden (bes als selbständiges Begriffszeitwort): sein, bestehen* ‖ *sich befinden, bleiben (an e–m Ort)* ‖ *sich befinden (gesundheitlich)* ‖ ~ en casa *zu Hause sein* ‖ ~ bueno *(od bien)*, ~ malo *(od mal) sich wohl (übel) befinden* ‖ *dagegen:* ser bueno (malo) *von Natur gut (schlecht) sein* ‖ estoy mejor *es geht mir besser* ‖ ¿cómo está V.? ¿qué tal está V.? *wie geht es Ihnen?* ‖ ~ a sus anchas *sich behaglich fühlen* ‖ ~ a la mesa *bei Tische sitzen* ‖ ~ a o(b)scuras fig *keine Ahnung haben* ‖ ~ de más *(o de sobra) überflüssig sein* ‖ le está bien (empleado) *el castigo seine Strafe ist wohl verdient* ‖ ¡está bien!

schon gut! wir wollen einmal sehen!

2. *vorübergehende Eigenschaft od Beschaffenheit, Stimmung: sein* ‖ *sich fühlen* ‖ ~ triste (alegre) *traurig (fröhlich) sein* ‖ ~ verde *unreif sein (dagegen:* ser verde *grün sein)* ‖ ~ limpio *rein, sauber sein, (dagegen:* ser limpio *reinlich sein)* ‖ ~ de ver *sehenswert, interessant sein* ‖ soy pobre, pero estoy contento *ich bin arm, aber ich bin zufrieden* ‖ estoy bien *es geht mir gut* ‖ estoy bien con Juan *ich verstehe mich gut mit Hans, ich stehe mit Hans auf gutem Fuß* ‖ está bien *es geht ihm gut* ‖ schon gut, in Ordnung! ‖ *lassen wir's dabei!*

3. Zugehörigkeit, Betreffen: *angehen, betreffen* ‖ eso le está a él *das ist seine Sache, das geht ihn an* ‖ ¡está de Dios! *das liegt in Gottes Hand!*

4. Entsprechung, Passen: *passen, stehen, sitzen (Kleid)* ‖ el traje le está bien *der Anzug steht ihm gut* ‖ el chaleco me está ancho (estrecho) *die Weste ist mir zu weit (eng)* ‖ no te está bien esta conducta *dieses Benehmen paßt nicht zu dir*

5. Verständnis, Begreifen, Fertigsein: *verstehen, begreifen* ‖ ¿está V.? *verstehen Sie? verstanden?* ‖ ya estoy *jetzt verstehe ich es,* fam *jetzt hab' ich's!* ‖ fam *jetzt ist mir's aufgegangen* ‖ ich bin schon fertig ‖ ich bin schon da ‖ ¿estamos? *verstanden?* ‖ *habe ich nicht recht?* ‖ einverstanden? ‖ ¡ya está! *(soeben) fertig! Schluß!* ‖ ¡está la comida! *das Essen ist fertig! der Tisch ist gedeckt!*

6. in Verb. mit dem Gerundium, Bezeichnung der Dauer *(noch nicht beendete, gerade stattfindende Handlung):* ~ escribiendo, ~ leyendo *schreiben, lesen; beim Schreiben, beim Lesen sein (vgl. engl. I am writing, I am reading)* ‖ ~ agonizando *im Sterben liegen* ‖ hablo francés, pero estoy hablando español *ich spreche (= kann) Französisch, aber jetzt (gerade, in diesem Augenblick) spreche ich spanisch* ‖ el coche tiene que ~ llegando *der Wagen muß jeden Augenblick da sein* ‖ estamos siendo engañados *man betrügt uns fortwährend* ‖ ¡lo estoy viendo! *das ist klar!*

7. in Verb. mit dem Part. Perf. Pass. a) *als Ergebnis des Passivs (in diesem Sinne oft durch* hallarse, quedar, ir od venir, resultar, aparecer usw *ersetzt):* el alumno está examinado *der Schüler ist (schon) geprüft (dagegen:* es examinado *wird geprüft, befindet sich in od bei der Prüfung)* ‖ el representante está nombrado *der Vertreter ist (schon) ernannt (dagegen:* es nombrado por la junta *wird durch Beschluß des Ausschusses ernannt)* ‖ está probado *es ist erwiesen* ‖ todo está arreglado *alles ist in Ordnung* b) *als Ersatz für einfache deutsche Verben od Adjektiva:* ~ acostado, ~ echado, ~ tumbado *liegen*, ~ colocado, ~ emplazado *liegen, gelegen sein, sich befinden (örtlich)* ‖ ~ derecho, ~ de pie *stehen* ‖ ~ sentado *sitzen*

8. in Verb. mit Präpositionen (od präpositionalen Adverbialbestimmungen): a) mit a 1. Zeit, Datum: ¿a cuántos estamos? *den wievielten haben wir heute?* ‖ estamos a 5 de mayo *heute ist der 5. Mai, wir haben den 5. Mai* ‖ estamos a fines de julio *wir haben Ende Juli* ‖ 2. Preis: las patatas están a veinte pesetas *die Kartoffeln kosten zwanzig Pesetas* ‖ 3. Bereitschaft, unmittelbare Folge: las dos están a caer fam *es wird gleich 2 schlagen* ‖ ~ a matar (con) *tod-, spinnefeind sein (mit)* ‖ ~ a la orden *(od bajo las órdens) de alg. unter jds Befehl stehen* ‖ ~ a la que salta fam *das Glück suchen* ‖ ~ a todo *alles im Auge halten, besorgen* ‖ die volle Verantwortung übernehmen ‖ ~ a punto *sich bereithalten* ‖ *soweit sein* ‖ *gar, fertig sein (Speise)* ‖ estamos a tiempo *wir haben (gerade) noch Zeit*

b) mit **con:** *zusammen sein, (nahes Verhältnis), (gesundheitliches) Befinden* || ~ con a. *mit et beschäftigt sein* || estoy con él *ich stehe bei ihm* || *ich wohne bei ihm* || *ich bin mit ihm zusammen* || fig *ich stehe auf s–r Seite* || *ich bin e–r Meinung mit ihm* || enseguida estoy con V. *ich stehe sofort zu Ihrer Verfügung* || *bitte, sich zu gedulden* || *ich bin gleich wieder da* || estoy mal con ella *ich bin mit ihr verfeindet,* fam *ich stehe schlecht mit ihr* || estoy con fiebre *ich habe Fieber* || estoy con las manos vacías *ich stehe müßig da*
c) mit **de:** *Bereitschaft, Beschäftigung, Beruf, Zustand:* ~ de partida *reisefertig sein* || ~ de viaje *im Begriff(e) sein abzureisen* || *auf Reisen sein* || *unterwegs sein* || estoy de abogado en Huesca *ich habe e–e Rechtsanwaltspraxis in Huesca* || estoy de empleado con Pérez *ich bin Angestellter (od ich arbeite) bei Pérez* || ~ de mudanza *im Umzug begriffen sein* || ~ de paso *auf der Durchreise sein, sich vorübergehend aufhalten* || ~ de aprendiz en una tienda *in e–m Laden Lehrling sein, in der Lehre sein* || (el tiempo) está de lluvia *es sieht nach Regen aus* || ~ de parto *Geburtswehen haben* || ~ de seis meses *im sechsten Monat sein (schwangere Frau)* || ~ de pega *Pech haben* || ~ de permiso *Urlaub haben* || ~ de pie *stehen* || ~ de prisa *Eile haben* || ~ de suerte *Glück haben* || ~ de luto *Trauer haben, Trauer tragen, trauern* || está de miedoso, que ... fam *er hat solche Angst, daß* ...
d) mit **detrás de:** ~ detrás de a. fam *hinter et her, auf et scharf (od erpicht) sein* || ~ detrás de alg. *hinter jdm her sein* || está detrás de esa chica *er ist hinter dem Mädchen, er umwirbt das Mädchen* || la policía está detrás del criminal *die Polizei ist hinter dem Täter her (od sucht den Täter)*
e) mit **en:** *Einsicht, Verständnis: et einsehen* || *et begreifen, et verstehen* || *et schon wissen* || *von et überzeugt sein* || *an et arbeiten* || *auf et* (dat) *beruhen* || *in et* (dat) *bestehen* || ~ en todo *alles wissen, von allem genau Kenntnis haben* || ~ en sí fig *bei sich, bei Sinnen sein* || estoy en eso *(od* esto*) ich denke ernstlich daran* || *ich sehe es ein* || estoy en que vendrá *ich nehme an, daß er kommt*
f) mit **para:** *1. im Begriff sein* (+inf *zu* +inf) || ~ para morir *im Sterben liegen* || estoy para marcharme *ich bin im Begriff(e) abzureisen* || *2. geneigt sein, aufgelegt sein zu* (dat) || no estoy para bromas *ich bin nicht zu Spaß aufgelegt, mit mir ist nicht zu spaßen* || *3. Zweck, Bestimmung* || la habitación está para alquilar *das Zimmer ist zu vermieten (d. h. es ist zum Vermieten bestimmt)* || esta habitación está por alquilar *dieses Zimmer ist zu vermieten (d. h. es ist noch nicht vermietet)* || está por ver *man wird sehen, das ist noch sicher* || *es steht (noch) bevor*
h) mit **sin:** ~ sin a. *et nicht haben* || ~ sin blanca figf *blank sein, kein Geld haben* || ~ sin fiebre *fieberlos sein* || ~ sin miedo *keine Furcht haben*
i) mit **sobre:** *1. Macht, Beherrschung:* ~ sobre sí *Herr seiner selbst sein* || *vorsichtig, auf der Hut sein* || *2. Eifer, Interesse, Vorsicht:* ~ sobre un negocio *eifrig e–m Geschäft nachgehen* || ~ sobre uno *unermüdlich in jdn dringen, jdm mit e–r Bitte in den Ohren liegen* || ~ sobre aviso *auf der Hut sein*
9. in Verb. mit **que** od **porque:** ~ que ... *(meist* fam*) in e–m Zustand (bzw in e–r Verfassung), daß* ... || está que brama (*od* bota) figf *er ist wütend* || estoy porque no se haga eso *ich meine, daß man das nicht tun soll* || estoy de trabajo, que no puedo más *ich kann m–e Arbeit nicht bewältigen,* fam *die Arbeit wächst mir über den Kopf* || ~**se** *(bes in volkstümlichen Wendungen): sein* || *bleiben* || *sich aufhalten* || *ruhig bleiben, sich ruhig verhalten* || *verweilen* || *zaudern* || ~ con los brazos cruzados fam *müßig dastehen* || ~ muriendo *im Sterben liegen* || ¡estáte quieto! *sei ruhig! Ruhe!* || →a **ser**

²**estar** *m Aufenthalt* m || *Da-, Dabei-, Darin|sein* n || *Befinden* n || a (*od* con) todo ~ *mit voller Verpflegung (Pension)*
  estar|cido *m Schablone* f || **–cir** vt *schablonieren, mit der Schablone malen*
△**estar|dar** vt *einkerkern* || **–dó** *m Sträfling* m
△**estari, estaribel** *m Gefängnis* n, pop *Knast* m
  estarna *f* ⟨V⟩ = **perdiz** *pardilla*
  estatal adj *staatlich, Staats-*
  estáti|ca *f Statik* f || **–co** adj *statisch* || fig *starr, sprachlos* || ~ *m Statiker* m
  esta|tismo *m Unbeweglichkeit* f || ⟨Pol⟩ *Staatsallmacht* f, *Etatismus* m || **–tización** *f* Neol *Verstaatlichung* f || **–tizar** vt Neol *verstaatlichen*
  esta|tor *m* ⟨El⟩ *Ständer, Stator* m || **–torreactor** *m* ⟨Flugw⟩ *Staustrahltriebwerk* n || **–toscopio** *m* ⟨Flugw⟩ *Statoskop* n || **–tua** *f Statue* f, *Bildsäule* f, *Standbild* n || *Skulptur* f || ~ de medio bulto *halberhabenes Standbild* n || ~ ecuestre *Reiterstandbild* n || ◊ *merecer una* ~ *sich große Verdienste erworben haben* || a gran ~, gran basa *Ehre, dem Ehre gebührt* || ~ de sal *Salzsäule* f *(Bibel)* || **–tuaria** *f Bildhauerkunst* f || **–tuario** adj *Statuen-, Bildhauer-* || *statuenhaft* || columna ~a *Standbild* n || ~ *m Bildhauer* m || **–túder** *m* ⟨Hist⟩ *Statthalter* m *(der Niederlande)* || **–tuderato** *m* ⟨Hist⟩ *Statthalterschaft* f || **–tuir** [-uy-] vt *bestimmen, verordnen* || fig *ein warnendes Beispiel geben* || **–tuita, –tuilla** *f* dim *v.* **–tua**
  estatu|ra *f Wuchs* m, *(Körper)Gestalt, Statur* f || bajo de ~ *von kleinem Körperwuchs* || ◊ *colocar por* ~ *nach der Größe ordnen (Personen)* || **–tario** adj *satzungsmäßig, satzungs-, statuten|gemäß, statutarisch* || **–to** *m Status* m || *Statut* n, *Satzung, Verordnung* f || *Beschluß* m || ⟨Jur⟩ *Rechtskraft* f || ~ de Berlín *Berlinstatus* m || ~ de ocupación *Besatzungsstatut* n || ~**s** mpl *Satzung* f || *Statuten* npl || proyecto de ~ *Satzungsmuster* n
  estay *m* ⟨Mar⟩ *Stag* n
  est.ᵇˡᵉ Abk = **estimable**
  est.ᵈᵃ Abk = **estimada**
¹**este** (&) *m Ost(en)* m || *Ostwind* m || al ~, de(l) ~ *östlich (de von* dat) || la España del & *Ostspanien*
²**este, esta, esto** pron *(alleinstehend* **éste, ésta** *[gemäß Beschluß (1959) der Real Academia kann der Akzent wegfallen, wenn keine Verwechslung möglich]) dieser, diese, dieses* || *der, die, das hiesige* || este ..., aquel ... *dieser ..., jener ...* || en ésta *hier am Platze, am hiesigen Orte* || llegamos a esta *wir sind gestern in dieser Stadt (hier) angekommen* || ¡ésta sí que es buena! fam *das ist (wirklich) gelungen! das ist einfach toll!* || esto es *das ist, das heißt, nämlich* || con esto *deswegen, daher* || en esto de *was anlangt, betreffend (*estando*) en esto, durante esto unterdessen, mittlerweile, inzwischen* || y a todo esto *und bei alledem* || éste *(von e–m Anwesenden)* piensa lo mismo pop *der da meint dasselbe* || conozco a éstos *ich kenne diese Leute* || en éstas y en estotras, en éstas y ésas fam *unter-, indessen* || ¡por éstas (que son cruces)! *beim Allmächtigen! (drohende Beteuerung; dabei küßt der Spanier den gekreuzten Zeigefinger und Daumen der rechten Hand)* || →a **ese, esa, eso**

esté → estar
este|árico adj ⟨Chem⟩ Stearin- ‖ ácido ~ ⟨Chem⟩ *Stearinsäure* f ‖ **-arina** *f Stearin* n
esteatita *f Steatit, Speckstein* m
esteato|ma *m* ⟨Med⟩ *Talggeschwulst* f, *Steatom* n ‖ **-pigia** *f* ⟨Med⟩ *Steatopygie* f ‖ **-sis** *f* ⟨Med⟩ *Verfettung, Steatose* f
△**esteballar** vt *erdolchen*
Esteban *m* np Tfn *Stephan* m
Estefanía *f* np Tfn *Stephanie* f
¹**estela** *f* ⟨Mar⟩ *Kielwasser, Sog* n, *Kielspur* f ‖ fig *Spur* f ‖ ⟨Flugw⟩ *Kondensstreifen* m ‖ fig *Folge* f ‖ ~ de luz *Lichtstreifen* m ‖ *Leuchtspur* f ‖ ◊ dejó una ~ de recuerdos *er hinterließ ein liebevolles Andenken*
²**estela** *f Grabsäule, Stele* f ‖ *Grabplatte* f
³**estela** *f* ⟨Bot⟩ *Pflanzensäule, Stele* f ‖ ⟨Bot⟩ = **estelaria**
este|lar adj *Stern(en)-* ‖ **-laria** *f* ⟨Bot⟩ *Frauenmantel* m (Alchemilla spp) ‖ **-lífero** adj poet *gestirnt* ‖ **-liforme** adj *sternförmig*
estemple *m* ⟨Bgb⟩ *(Gruben)Stempel* m
esténcil *m* bes Am *(Wachs)Matrize* f
estenocardia *f* ⟨Med⟩ *Herz|bräune, -angst, Stenokardie* f
esteno|grafía *f Stenographie, Kurzschrift* f ‖ **-grafiar** [pres -io] vt *stenographieren* ‖ **-gráfico** adj *stenographisch* ‖ →a **taquigra|fía, -fiar**
estenógra|fo *m*, **-fa** *f Stenograph(in)* m(f)
estenordeste *m Ostnordost(wind)* m
esteno|sis *f* ⟨Med⟩ *Stenose* f ‖ ~ mitral ⟨Med⟩ *Mitralstenose* f
esteno|tipia *f Maschinenkurzschrift, Stenotypie* f ‖ *Stenographiermaschine* f ‖ **-tipista** *m/f Stenotypist(in* f*)* m ‖ **-tipo** *m Stenomaschine* f
estentóreo adj: voz ~a *Stentorstimme* f ‖ adv: ~**amente**
este|pa *f Steppe* f ‖ ⟨Bot⟩ *Zistrose* f (Cistus spp) ‖ **-pario** adj *Steppen-* ‖ **-pilla** *f* ⟨Bot⟩ = **-pa**
estequiometría *f* ⟨Chem⟩ *Stöchiometrie* f
éster *m* ⟨Chem⟩ *Ester* m
Ester *f* np Tfn *Esther* f
estera *f (Esparto-, Schilf)Matte* f ‖ *Fußabstreifer* m (& fig) ‖ ~ de coco *Kokosmatte* f
esterar vt *mit Matten belegen* ‖ vi fam *sich (schon frühzeitig) winterlich ausstaffieren*
esterco|ladura *f Düngen* n ‖ *Misten* n *(der Tiere)* ‖ **-lar** vt *düngen, jauchen* ‖ ~ vi *misten,* *den Stall säubern* ‖ **-lero** *m Mist|knecht, -bauer* m ‖ *Mist|haufe(n)* m, *-grube* f (& **-lar**) ‖ **-rar** vt/i = **-lar**
estéreo *m Ster* m *(Holzmaß = 1 Kubikmeter)* ‖ →a **estereotipo**
estereocomparador *m Stereokomparator* m
estereo|fonía *f* ⟨Ak⟩ *Stereophonie* f ‖ **-fónico** adj *stereophon(isch)* ‖ disco ~ *Stereoplatte* f
estereo|fotografía *f Stereophotographie* f ‖ **-gráfico** adj *stereographisch* ‖ **-metría** *f Stereometrie* f ‖ **-métrico** adj *stereometrisch*
estereos|cópico adj *stereoskopisch* ‖ cámara ~a ⟨Phot⟩ *Stereoskopkamera* f ‖ **-copio, estereóscopo** *m Stereoskop* n
estereo|tipado adj ⟨Typ⟩ *u.* fig *stereotyp* ‖ una sonrisa ~a *ein stereotypes Lächeln* ‖ **-tipar** vt *stereotypieren* ‖ **-tipia** *f* ⟨Typ⟩ *Stereotypie* f ‖ **-típico** adj: edición ~a ⟨Typ⟩ *Stereotypen|ausgabe* f, *-druck* m ‖ **-tipo** *m* ⟨Typ⟩ *Stereotypplatte* f, *Stereo* n
este|rería *f Mattenverkauf* m ‖ **-rero** *m Matten|flechter, -wirker* m ‖ *Mattenleger* m
estérico adj ⟨Chem⟩ *sterisch*
estéril adj *unfruchtbar (Mensch, Tier u.* fig*)* ‖ *zeugungsunfähig* ‖ ⟨Med⟩ *steril, keimfrei* ‖ *dürr, trocken* ‖ *nutzlos, leer* ‖ *taub (Frucht)* ‖ *kinderlos, ohne Nachkommen (Ehe)* ‖ ⟨Bgb⟩ *gehaltlos, taub* ‖ fig *mager (Jahr)* ‖ fig *gedankenarm, seicht* ‖ fig *unproduktiv, steril* ‖ fig *un-*

schöpferisch ‖ fig *vergeblich, ergebnislos* ‖ fig *unergiebig* ‖ ~ de (*od* en) frutos *fruchtarm* ‖ esfuerzo ~ *vergebliche Mühe* f ‖ ◊ resultar ~ *zwecklos sein (Mühe)*
esterili|dad *f Unfruchtbarkeit, Sterilität* f *(auch von Frauen u.* fig*)* ‖ *Zeugungsunfähigkeit* f ‖ *Dürre, Unergiebigkeit* f ‖ fig *Gedankenarmut, Seichtheit* f ‖ **-zación** *f* ⟨Med⟩ *Unfruchtbarmachung* f ‖ ⟨Med⟩ *Entkeimung, Sterilisierung* f ‖ **-zador** *m Sterilisiergerät* n, *Sterilisator* m ‖ **-zar** [z/c] vt *unfruchtbar machen* ‖ *entkeimen, sterilisieren*
esteri|lla *f* dim *v.* **estera** ‖ *kleine Matte* f ‖ *Fußabstreifer* m ‖ *Strohgeflecht* n ‖ *schmale (Gold-* od *Silber) Borte* f ‖ Arg *Strohgeflecht* n *für Stuhlsitze* ‖ **-llado** adj *mit Strohgeflecht (Stuhl)*
esterlina adj: libra ~ *Pfund Sterling* n
ester|nal adj ⟨An⟩ *Brustbein-* ‖ **-nón** *m* ⟨An⟩ *Brustbein* n
¹**este|ro** *m Salzteich* m, *Lagune* f ‖ *breite Flußmündung* f ‖ *Überschwemmungsland* n *(e-r Flußmündung)* ‖ ⟨Mar⟩ *Schlupfhafen* m ‖ Chi *kleiner Fluß, Bach* m ‖ Arg *Sumpfniederung* f ‖ Ven *stehendes Gewässer* n ‖ Ec *trockenes Flußbett* n ‖ augm: **-rón**
²**estero** *m (Jahreszeit zum) Auslegen* n *mit Matten (Spätherbst)*
ester|tor *m Röcheln* n ‖ *Todesröcheln* n ‖ ⟨Med &⟩ *Rasseln, Rasselgeräusch* n ‖ ~ anfórico ⟨Med⟩ *amphorisches Geräusch* n ‖ ~ cavernoso ⟨Med⟩ *Höhlengeräusch* n ‖ ◊ estar en los últimos ~es fam *in den letzten Zügen liegen* ‖ **-torear* vi *röcheln* ‖ **-toroso** adj *röchelnd*
estesudeste *m Ostsüdost(wind)* m
esteta *m Ästhet* m ‖ *Kunstfreund* m ‖ fig *u.* desp *Immoralist* m ‖ △*Sodomit* m
estéti|ca *f Ästhetik, Schönheitslehre* f ‖ **-co** adj *ästhetisch, schöngeistig, kunstwissenschaftlich* ‖ *kunst-, geschmack|voll* ‖ placer ~ *Schönheitsgenuß* m ‖ *sensibilidad* ~a *Schönheits-* (bzw *Kunst)sinn* m ‖ ~ *m Ästhetiker* m ‖ *Kunstwissenschaftler* m
estetoscopio *m* ⟨Med⟩ *Stethoskop, Hör-, Horch|rohr* n
este|va *f Sterz* m, *Sterze* f *(des Pfluges)* ‖ **-vado** adj *krummbeinig*
estiaje *m niedrigster Wasserstand* m *(eines Flusses usw)* ‖ *Zeit* f *des Niedrigwassers* ‖ *Dürre* f
esti|ba *f* ⟨Mil⟩ *Ansetzkolben* m ‖ *Füllraum* m *für Wollsäcke* ‖ *Wollpresse* f ‖ ⟨Mar⟩ *(Lasten-) Stauung* f, *Trimm* m ‖ ⟨Mar⟩ *(Ver)Stauen* n ‖ *Trimm(en* n*)* m ‖ △*Strafe* f ‖ **-bador** *m* ⟨Mar⟩ *Stauer* m ‖ Chi *Wollpresser* m ‖ **-badora** *f* ⟨Tech⟩ *Stapler* m, *Stapelpresse* f ‖ ~ por *(od* de) horquilla *Gabelstapler* m ‖ **-bar** vt ⟨Mar⟩ *(ver-) stauen, stapeln* ‖ *trimmen (Ballast, Ladung)* ‖ *einsacken (Wolle)*
estibia *f* ⟨Vet⟩ *Genickverrenkung* f
esti|biado adj *Spießglanz-* ‖ **-bina** *f* ⟨Min⟩ *Antimonglanz, Antimonit* m ‖ **-bio** *m Antimon* n
△**estibió** *m Zimmer* n
△**estibón** *m Trunkenbold* m
estiércol *m Dung, Dünger, Mist* m ‖ *Kot, Tier-, Menschen|kot* m ‖ ~ del diablo ⟨Bot Pharm⟩ = **asafétida** ‖ ~ de vaca *Kuhmist* m ‖ ◊ sacar el ~ *ausmisten (Stall)*
Esti|gia *f* ⟨Myth⟩ *Styx* m ‖ ⁼**gio** adj *stygisch* ‖ ⟨poet⟩ *Höllen-, Unterwelt(s)-*
estig|ma [pl & **estigmatas**] *m Stigma, Wundmal* n ‖ *(Brand)Mal* n ‖ ⟨Entom Zool Bot Med⟩ *Stigma* n ‖ fig *Mal, Stigma* n, *Spuren* fpl ‖ fig *Schandfleck* m, *Kainszeichen* n ‖ ~ (de la Crucifixión) ⟨Theol⟩ *Stigma, Erscheinen* n *der Wundmale Christi* ‖ **-matización** *f Stigmatisierung* f ‖ fig *Brandmarkung* f ‖ **-matizado** *m Stigmatisierte(r)* m ‖ **-matizar** [z/c] vt *stigmatisieren* ‖ *brandmarken* ‖ fig *geißeln*

estil adj pop Sal = **estéril**
estilar vt *gebrauchen* || *abfassen, formulieren* || *ausstellen (Urkunden)* || ~ vi *pflegen, gewohnt sein* || And Sal Am *tropfen* || *destillieren* || **~se** *üblich, gebräuchlich* od *Mode sein* || ◊ *ya no se estila es ist nicht mehr Mode*
estilete m **kleiner Schreibgriffel* m || *Zeiger* m *an der Sonnenuhr* || *Pinne* f *am Kompaß* || *Stachel, Dorn* m || *Stilett* n, *Stockdegen* m || ⟨Bot⟩ *Teilgriffel* m || ⟨Med⟩ *Stilett* n, *Knopfsonde* f
esti|lismo m *übertriebene Pflege* f *des Stils* || ⟨Taur⟩ *Stil* m *(im Stierkampf)* || **-lista** m *Stilist* m || *gewandter Schriftsteller* m || **-lística** f *Stilistik* f || **-lístico** adj *stilistisch, Stil-*
estilita m/adj ⟨Hist Rel⟩ *Stylit, Säulenheilige(r)* m
esti|lizado adj *stilisiert (z.B. Zeichnung)* **-lizar** [z/c] vt *stilisieren, stilvoll gestalten* || **-lo** m **(Schreib)Griffel* m || *Stiel* m || *Stift* m || *Zeiger* m *an der Sonnenuhr* || *Stil* m, *Schreibart* f || Ku ⟨Mus⟩ *Stil* m, *Manier* f || ⟨Arch⟩ *(Bau-)Stil* m || fam *Stil* m, *Eleganz* f || *Art, Weise* f || *(Ge)Brauch* m, *Mode* f || *übliche Wechselfrist* f || *Zeitrechnung* f || *Anstand* m, *Betragen* n || ⟨Bot⟩ *Griffel* m *(des Stempels)* || ~ *árabe*, ~ *morisco arabischer, maurischer Stil* m || ~ *arte nuevo Sammelbegriff für die Reaktion gegen den Historismus um das Jahr 1900 (Sezessionsstil, Jugendstil, Art nouveau)* || ~ *clásico klassischer Stil* m || ~ *cubista kubistischer Stil* m || ~ *dórico dorischer Stil* m || ~ *epistolar Briefstil* m || ~ *familiar Stil* m *der gewöhnlichen Umgangssprache* || ~ *festivo humoristischer Stil* m || ~ *gótico gotischer Stil* m || ~ *(in)directo* ⟨Gr⟩ *(in)direkte Rede* f || ~ *libre* ⟨Sp⟩ *Freistil* m || ~ *mudéjar*, ~ *mozárabe*, ~ *mizárabe mozarabischer Stil* m || ~ *de equitación (natación) Reit- (Schwimm-)stil* m || ~ *ojival Spitzbogenstil* m || ~ *oratorio Rednerstil* m || ~ *periodístico Zeitungsstil* m || ~ *renacimiento Renaissancestil* m || ~ *rococó Rokokostil* m || ~ *románico romanischer Stil* m || ~ *de vida Lebensweise* f || ~ *secesionista Sezessionsstil* m || *al* ~ *moderno nach heutigem Geschmack, modern* || *falta de* ~ *Stilfehler* m || *por el* ~ *in derselben Weise* || *ähnlich* || *y así por el* ~ *fam und so weiter* || *y otras cosas por el* ~ *und dergleichen mehr*
estilóbato m ⟨Arch⟩ *Säulensockel, Stylobat* m
estilográfico adj: (pluma) **~a**, Col Nic **estilógrafo** *Füllfeder* f || *Füllfederhalter* m, fam *Füller* m || ~ m Am *Drehbleistift* m
estiloid|e(o), -es adj ⟨Wiss⟩ *griffelförmig* || *apófisis* **~a**, **~es** ⟨An⟩ *Griffelfortsatz* m
estima f f *(Hoch)Achtung, Schätzung* f, *Ansehen* n || *Ehrfurcht* f || *(Ab)Schätzung* f || *(Wert)Schätzung* f || *Bewertung* f || *Würdigung* f || ⟨Mar⟩ *Gissing, Gissung, Standortschätzung* f || ~ *de sí mismo Selbstachtung* f || ◊ *tener en gran* ~ *hochachten* || → a **estimación**
estima|bilísimo, -a adj sup v. **-ble** || **-ble** adj *schätzbar, taxierbar* || *achtungs-, schätzens|wert* || *su* ~ *carta* ⟨Com⟩ *Ihr wertes Schreiben* || **-ción** f *Schätzung, (Hoch)Achtung* f || *Ansehen* n || *Abschätzung* f || *Bewertung* f || *(Wert)Schätzung* f || *Ansatz* m || ~ *aduanera Zollansatz* m || ~ *propia Selbst|achtung, -einschätzung* f || *digno de toda* ~ *sehr achtenswert* || *según* ~ *aproximada nach ungefährer Schätzung* || ◊ *gozar de* ~ *Achtung genießen, angesehen sein* || **-do** adj *geschätzt, geehrt* || *geachtet* || *wert (im Briefstil)* || ⟨Com⟩ *gesucht* || ◊ *ser* ~ *in Achtung stehen* || *su* ~*a* ⟨Com⟩ *Ihr geschätztes Schreiben* n || *valor* ~ *Schätzwert* m || **-dor** adj *(ab)schätzend*
esti|mar vt *(hoch)achten, würdigen, schätzen* || *(ab)schätzen, veranschlagen, taxieren* (en *auf, zu*) || *dankbar anerkennen* || ◊ ~ *conveniente für passend und erforderlich (angemessen, an-*

gebracht) erachten || ~ *la distancia die Entfernung (ab)schätzen* || ~ *el recurso* ⟨Jur⟩ *dem Rechtsmittel stattgeben* || *lo estimo muy oportuno ich halte es für sehr passend* || *se lo estimo mucho ich bin Ihnen dafür sehr verbunden, ich finde es sehr lieb von Ihnen* || *como mejor lo estime nach Ihrem Gutdünken* || ~ en ... *auf ...* (acc) *schätzen* || ~ *en poco geringschätzen* || ~ *en su justo valor richtig einschätzen* || ~ *vi glauben, meinen, dafürhalten* || **-se** vr *sich schätzen* || *sich gegenseitig achten* (od *schätzen*) || *auf sich halten, Selbstachtung haben* || *sich selbst lieben, Eigenliebe haben* || **-mativa** f *Urteilsvermögen* n || *Naturtrieb, Instinkt* m *(bei Tieren)* || **-mativo** adj *Schätz-* || *valor* ~ *(Ab)Schätzungswert* m || **-matorio** adj *auf Schätzung beruhend, Schätz(-ungs)-*
estimu|lación f *Stimulierung, Reizung* f, *Reizen* n || **-lador** adj/s *anregend, reizend, stimulierend* || ~ m ⟨Med Pharm⟩ *Anregungsmittel, Stimulans, Reizmittel* n || **-lante** m/adj ⟨Med⟩ *Anregungsmittel, Stimulans, Reizmittel* n || fig *Anreiz* m || ~ *nervioso nervenstärkendes Mittel* n || **~s** mpl *Genußmittel* npl || ~ adj = **-lador** || **-lar** vt *stacheln, anspornen, antreiben* || fig *antreiben, anregen, reizen, stimulieren* || fig *ermutigen* (*con* +inf od +dat) || ◊ ~ *el apetito die Eßlust anregen* || ~ *al estudio zum Lernen anhalten* || **-lativo** adj = **-lante** || *acción* **~a** ⟨Med⟩ *Reizwirkung* f
estímulo m ⟨Med⟩ u. fig *Reiz* m, *Anregung* f || fig *Ansporn, Antrieb* m || fig *Belebung* f || fig *Triebfeder* f || ◊ *eso le servirá de* ~ *das wird ihm als anregendes Beispiel dienen*
△**estincadores** mpl fam *Stinkadores* pl
estinco m ⟨Zool⟩ = **escinco**
estío m *Sommer* m || *temporada de* ~ *Sommer|zeit, -saison* f
△**estipén** m *Gesundheit* f
estipen|diario m *Söldner, Besoldete(r)* m || *Lohnempfänger* m || ~ adj *besoldet* || **-dio** m *Sold, Lohn* m, *Besoldung* f || *Schulgeld* n || *Stipendium* n *(Kirchengeschichte)*
estíptico m/adj ⟨Med⟩ *blutstillendes* bzw *stopfendes Mittel, Stiptikum* n || ~ adj ⟨Med⟩ *blutstillend* || *stopfend* || *zusammenziehend* || *verstopft* || fig *geizig, schäbig* || *algodón* ~ *Nasenwatte* f
estípula f ⟨Bot⟩ *After-, Neben|blatt* n
estipu|lación f *Festsetzung, vertragsmäßige Verabredung, Abmachung* f, *mündliche Vereinbarung* f || ⟨Jur⟩ *Klausel, Vertragsbestimmung* f || *libertad de* ~ ⟨Jur⟩ *Vertragsfreiheit* f || **-lante** adj *vereinbarend* || *vertragsschließend* || *las partes* **~s** *die vertragsschließenden Parteien* fpl || ~ m *Vertragsschließender* m || **-lar** vt *festsetzen, bestimmen* || *ausbedingen, abmachen, stipulieren* || ◊ ~ *por contrato vertragsmäßig vereinbaren* || *lo* **-lado** *die Vereinbarung* || *die (Vertrags)Bestimmungen* fpl || *término* **-lado** *en el contrato vertragsmäßig vereinbarte Frist*
esti|rado adj ⟨Tech⟩ *gezogen* || fam *hochaufgeschossen, von hohem Wuchs* || fig *wichtigtuerisch, hochnäsig* || fig *stolz, aufgeblasen* || fig *filzig, knauserig* || ~ m ⟨Tech⟩ *Ziehen* n || adv: **~amente**, **-rador** m *Aufspannrahmen* m || *Stiefelspanner* m || **-rajar** vt fam = **-rar** || **-rajón** m fam = **-rón** || **-ramiento** m *Aus|ziehen, -strecken* n || ⟨Med⟩ *Dehnung* f || ⟨Med⟩ *Streckung* f || fig *Stolz, Dünkel* m || **-rar** vt *(aus)ziehen, strecken, dehnen, ausspannen* || *recken* u. *strecken (Arme, Beine)* || *in die Länge ziehen* || ⟨Tech⟩ *ziehen (Draht, Rohre)* || ⟨Tech⟩ *ausrecken* || ⟨Tech⟩ *strecken* || ◊ ~ *el bolsillo fam die Börse zuschnüren, sparen* || ~ *la masa den Teig ausrollen* || ~ *la pata sterben*, pop *alle viere von sich strecken* || ~ *la ropa die Wäsche mange(l)n, rollen,* bzw *leicht überbügeln* || **-se** vr *sich dehnen* || *die Glieder strecken* || *sich ausstrecken* || fig *sich in die*

Brust werfen ‖ **-razar** vt = **-rar** ‖ **-rón** m *Ruck, Puff* m ‖ ~ *de orejas Zerren* n *an den Ohren* ‖ ◊ *dar un* ~ *ausziehen, in die Länge ziehen* ‖ figf *rasch wachsen*

Esti|ria f ⟨Geogr⟩ *Steiermark* f ‖ **≃rio** adj/s *steirisch* ‖ ~ m *Steiermärker, Steirer* m

estirpe f *Stamm* m, *Geschlecht* n ‖ *Herkunft* f ‖ *Sippe, Gruppe* f *von Blutsverwandten* ‖ *de* (*elevada*) ~ *vornehmer Herkunft* ‖ *heredero por* ~ ⟨Jur⟩ *Erbe* m *nach Stämmen*

estitiquez f Am *(Stuhl)Verstopfung* f ‖ → **estreñimiento**

estival adj *Sommer-* ‖ (ave) ~ ⟨V⟩ *Sommervogel* m ‖ *solsticio* ~ ⟨Astr⟩ *Sommersonnenwende* f ‖ *plantas* ~es *Sommerpflanzen* fpl

estivar vt = **estibar**

esto → **este**

estocada f *Degen|stich, -stoß* m ‖ *Stichwunde* f ‖ fig *Stoß* m *ins Herz* ‖ figf *derbe Antwort* f ‖ ~ *honda* ⟨Taur⟩ *tiefgehender Degenstich* m ‖ *media* ~ ⟨Taur⟩ *halber Degenstich* m ‖ ~ *lagartijera* ⟨Taur⟩ *kurzer, aber tödlicher Degenstich* m ‖ ~ *por cornada* figf *Wurst wider Wurst*

Estocolmo m ⟨Geogr⟩ *Stockholm*

estoconazo m ⟨Taur⟩ *Degenstich* m

estofa f *gestickter Stoff* m *(meist Seide)* ‖ fig *Güte* f ‖ desp *Sorte, Art* f ‖ *gente de baja* ~ *gemeines Volk, Gesindel* n, *Pöbel* m

esto|fado m *Schmorfleisch, gedünstetes Fleisch* n ‖ ~ adj ⟨Web⟩ *staffiert* ‖ ⟨Kochk⟩ *geschmort, gedünstet* ‖ fig *herausgeputzt, fein gemacht* ‖ **-far** vt *schmoren, dämpfen, dünsten* ‖ ⟨Web⟩ *staffieren* ‖ *carne* **-fada** *Schmorfleisch* n

estoi|cismo m ⟨Philos⟩ *Stoa* f ⟨& Kath u. Hist⟩ ‖ ⟨Philos⟩ *Stoizismus* m, *stoische Haltung* f ‖ fig *(gekünstelte) Gefühllosigkeit* f ‖ fig *Unerschütterlichkeit, Seelenruhe* f ‖ **-co** adj/s *stoisch* ‖ fig *standhaft, streng* ‖ adv *stoisch* ‖ fig *unerschütterlich* ‖ fig *gelassen* ‖ ~ m *Stoiker* m

estola f *Stola* f *(der kath. Priester)* ‖ *(Art) Pelzumhang* m *der Frauen, Stola* f

estólido adj/s *dumm, einfältig*

estolón m ⟨Bot⟩ *Ablegerranke* f, *Ausläufer* m

estoma m ⟨Biol⟩ *Stoma* n, *Spaltöffnung* f *(des Pflanzenblattes)* ‖ ⟨Med⟩ *Stoma* n, *Mund-, Spalt|öffnung* f

estoma|cal adj/s *Magen-* ‖ ⟨Med⟩ *stomachal* ‖ *magenstärkend (Mittel, Likör)* ‖ *virtudes* ~es fam *Eßtüchtigkeit* f ‖ **-gante** adj fam *lästig*, fam *auf die Nerven gehend* ‖ **-gar** [g/gu] vt *(den Magen) überladen* bzw *verderben* ‖ fig *ärgern*, fam *auf die Nerven gehen*

estómago m *Magen* m ‖ *boca del* ~ ⟨An⟩ *Magenmund* m ‖ *dolor de* ~ ⟨Med⟩ *Magen|weh* n, *-schmerz(en)* m(pl) ‖ *molestias de* ~ *Magenbeschwerden* fpl ‖ ◊ *asentarse en el* ~ *unverdaut im Magen bleiben (Speise)* ‖ *hacer* ~ *a todo* fig *auf alles gefaßt sein* ‖ *me ladra el* ~ *mir knurrt der Magen (vor Hunger)* ‖ *tener el* ~ *en los talones* figf *hungrig sein*, fam *e-n Bärenhunger haben* ‖ *tener mucho (od buen)* ~ *e-n guten Magen haben* ‖ fig *ein dickes Fell haben* ‖ *tener a alg. sentado en la boca del* ~ figf *jdn nicht riechen können* ‖ *eso me revuelve el* ~ fig *das ekelt mich an*

esto|mático adj ⟨Med⟩ *Magen-* ‖ **-matitis** f ⟨Med⟩ *Mundschleimhautentzündung, Stomatitis* f ‖ **-matología** f ⟨Med⟩ *Stomatologie* f ‖ **-matomicosis** f ⟨Med⟩ *Soor* m ‖ **-matópodos** mpl ⟨Zool⟩ *Maulfüßer* mpl (Stomatopoda)

estonce(s) adv prov = **entonces**

△**estongrí** m *Geld* n

△**estongular** vt *wägen, wiegen*

Esto|nia f ⟨Geogr⟩ *Estland* ‖ **≃ni(an)o** adj *estnisch, estländisch* ‖ ~ m *Estländer, Este* m

esto|pa f *Werg* n, *Hede* f ‖ *Wergtuch* n ‖ ~ *de cáñamo Hanfflachs* m ‖ ~ *de lana Putzwolle* f ‖ **~s** fpl *Dichtung, Packung* f ‖ *caja de* **~s** ⟨Tech⟩ *Stopfbüchse* f ‖ **-pada** f ⟨Tech⟩ *Rocken* m *voll Werg, Quantum* n *Werg* ‖ *Wergpackung* f ‖ *Liderung* f ‖ ⟨Tech⟩ *Stopfbüchse* f ‖ *Dichtung* f ‖ **-par** vt *(ver)packen* ‖ ⟨Tech⟩ *lidern, abdichten (mit Werg)* ‖ **-perol** m ⟨Mar⟩ *Polsternagel* m ‖ Am *Ziernagel* m ‖ **-pilla** f *Leinengaze* f ‖ *Baumwollstoff* m ‖ **-pin** m *Schlagröhre, Zündladung* f *(e-r Feuerwaffe)* ‖ **-pón** m *grober Wergstoff* m ‖ *Packleinwand* f ‖ *Sackleinen* n ‖ **-por** m ⟨Mar⟩ *(Ketten)Stopper* m ‖ **-poso** adj *wergartig, faserig (Holz, Fleisch)* ‖ fig *grob, struppig*

esto|que m *Stoßdegen* m ‖ *Rapier* n ‖ ⟨Bot⟩ *Schwertlilie* f, *Schwertel* m (Gladiolus sp) ‖ *bastón* (de) ~ *Stockdegen, Degenstock* m ‖ **-queador** m ⟨Taur⟩ *Matador* m ‖ **-quear** vt *mit dem Degen (nieder)stoßen* ‖ **-queo** m *Degenstich* m

estor m engl *Store* m

estoraque m *Storaxbaum* m (Styrax officinalis) ‖ *Storaxharz* n

estor|bar vt *stören, beunruhigen* ‖ *abwehren, hindern* ‖ *jdn auf-, ab|halten* ‖ *jdm im Wege stehen* ‖ ◊ **~le** a alg. lo negro figf *nicht gern lesen, nicht lesen wollen* ‖ *nicht lesen können* ‖ ~ vi *hinderlich sein, stören* ‖ *stören (in der Schule)* ‖ **-bo** m *Störung* f, *Hindernis, Hemmnis* n ‖ *Behinderung* f ‖ figf *lästiger Mensch* m ‖ ◊ *servir de* ~ fam *jdm im Wege stehen, überflüssig sein* ‖ *sin* ~(s) *ungestört* ‖ **-boso** adj *hinderlich* ‖ Ar Logr *schlecht, regnerisch (Wetter)*

△**estormar** vt *ver|geben, -zeihen*

estornija f *Nabenring* m ‖ Ar *Klipperspiel* n *(Kinderspiel)*

estornino m ⟨V⟩ *Star* m ‖ ~ *pinto* ⟨V⟩ *Star* m (Sturnus vulgaris) ‖ ~ *rosado* ⟨V⟩ *Rosenstar* m (S. roseus)

estornu|dar vi *niesen* ‖ ◊ *cada uno estornuda como Dios le ayuda* Spr *jeder macht's, so gut er('s) kann* ‖ **-do** m *Niesen* n ‖ **-tatorio** m/adj *Niesmittel* n ‖ ~ adj *zum Niesen reizend* ‖ *polvo* ~ *Niespulver* n

estotro, ~a pron *dieser, diese, dieses andere* (= *este otro*)

estovar vt *schmoren, dämpfen*

estoy → **estar**

esto|zar vt Ar, **-zolar** vt Ar Nav = **desnucar**

estrábico adj ⟨Med⟩ *schielend* ‖ ~ m *Schieler* m

estrabismo m ⟨Med⟩ *Schielen* n ‖ *con un ligero* ~ *(en la mirada) leicht schielend*

Estrabón m np *Strabo* m

estrabotomía f *Schieloperation, Strabotomie* f

estracilla f *Lümpchen* n, *kleiner Fetzen* m ‖ *dünneres Packpapier* n ‖ *papel de* ~ *Fließpapier* n

estrada f *Straße* f, *Weg* m ‖ *Landstraße* f ‖ *Dammweg* m

estradivario m ⟨Mus⟩ *Stradivari(geige)* f

estrado m *Estrade* f, *Podium* n ‖ *Auftritt* m, *erhöhter Platz* m *im Thronsaal* ‖ **Empfangs-, Besuchszimmer* n ‖ *Auflegebrett* n *der Brotbäcker* ‖ ~ *de los testigos* ⟨Jur⟩ *Zeugenstand* m ‖ *dama de* ~ *Gesellschaftsdame* f ‖ **~s** pl *Gerichts|saal* m, *-säle* mpl ‖ ◊ *citar para* ~ ⟨Jur⟩ *gerichtlich vorladen* ‖ *hacer* ~ ⟨Jur⟩ *Gerichtssitzung halten, verhören*

estraer vt pop = **extraer**

estrafalario adj fam *nachlässig, liederlich* ‖ figf *wunderlich, ausgefallen, extravagant, sonderbar* ‖ *lächerlich, skurril, verschroben* ‖ adv: **~amente** ‖ ~ m fam *Sonderling* m ‖ fam *seltsamer Kauz* m

estraga|do adj *liederlich, nachlässig* ‖ *verwüstet* ‖ *zerrüttet* ‖ *verdorben (Geschmack)* ‖ **-dor** adj *verderbend* ‖ *verderblich*

estragal m Sant *Vorhalle* f *(des [Bauern]Hauses)*

estra|gamiento *m Verderben n (des Geschmacks)* ‖ = **-go** ‖ **-gar** *vt ver|wüsten, -heeren* ‖ *verderben* ‖ **-go** *m Ver|wüstung, -heerung, Zerstörung f* ‖ *Greuel m (des Krieges)* ‖ *Blutbad n* ‖ *Beschädigung f* ‖ *Zerrüttung f* ‖ *Schade(n) m* ‖ *causar* ~(s) *zerstören, verwüsten* ‖ *Unheil stiften*

estragón *m* ⟨Bot⟩ *Estragon m* (Artemisia dracunculus) ‖ *Estragon m (Gewürz)*

estram|bote *m *Schlußstrophe f (im Sonett)* ‖ **-bótico** *adj/s fam seltsam, sonderbar* ‖ *närrisch, extravagant* ‖ *verschroben*

estramonio *m* ⟨Bot⟩ *Gemeiner Stechapfel m* (Datura stramonium)

estrangu|lación *f Erdros|seln n, -selung f, Erwürgen n* ‖ ⟨Sp⟩ *Würgen n (Judo)* ‖ *Abschnürung f* ‖ *Ab-, Ein|klemmung f* ‖ ⟨Tech Aut⟩ ⟨Ab-⟩ *Drosselung f* ‖ ⟨Tech⟩ *Drosselung f* ‖ ⟨Chir⟩ *Einklemmung f e-s Bruches* ‖ fig *Verengung f* ‖ fig *Enge f* ‖ espita de ~ ⟨Tech⟩ *Quetschhahn m* ‖ **-lado** adj ⟨Med⟩ *eingeklemmt (Bruch)* ‖ *abgeschnürt* ‖ ⟨Tech⟩ *(ab)gedrosselt* ‖ **-lador** *m Würger m* ‖ ⟨Tech⟩ *Drossel f* ‖ **-lamiento** *m* ⟨Com⟩ *(wirtschaftlicher) Engpaß m* ‖ ⟨Hydr⟩ *(Ab)Drosselung f* ‖ = **-lación** ‖ **-lar** *vt erdrosseln, erwürgen* ‖ *würgen* (acc), *die Luft abschnüren* (dat) ‖ *ein-, be|engen* ‖ *zu eng machen* ‖ fig *im Keim ersticken* ‖ fig *zugrunde richten* ‖ fig *übers Knie brechen (Sache)* ‖ ⟨Chir⟩ *abschnüren (Glied)* ‖ *abklemmen (Ader)* ‖ ⟨Tech⟩ *(ab)drosseln* ‖ *zusammenschnüren* ‖ *abquetschen (Schlauch)*

estranguria *f* ⟨Med⟩ *Harnzwang m, Strangurie f*

estrapalucio *m* fam = **estropicio**

estraper|lear *vi fam Schwarzhandel treiben,* fam *schieben* ‖ **-lista** *adj/s Schieber-* ‖ ~ *m Schwarzhändler, Schieber m* ‖ **-lo** *m fam Schwarzhandel m* ‖ *schwarzer Markt m* ‖ ◊ (comprar) de ~ *auf dem schwarzen Markt, schwarz, unterderhand, hinterherum (kaufen)*

estrapontín *m* ⟨Aut EB⟩ *Klapp-, Not|sitz m*

estrás *m Straß m*

Estrasbur|go *m* ⟨Geogr⟩ *Straßburg* ‖ **=gués** *m/adj Straßburger (m)*

estra|tagema *f* ⟨Mil⟩ *Kriegslist f* ‖ fig *Arg-, Hinter|list f* ‖ **-tega** *m Feldherr, Stratege m* (& fig) ‖ ~ de (mesa de) café fam desp *Stammtischstratege m* ‖ **-tegia** *f* ⟨Mil⟩ *Strategie, Kriegskunst f* ‖ fig *Strategie f* ‖ fig *Führergabe f* ‖ **-tégico** adj *strategisch* (& fig) ‖ *punto* ~ ⟨Mil⟩ *strategischer Punkt m* ‖ fam *guter Beobachtungsplatz m* ‖ fam *Schlüsselstellung f* ‖ ~ *m Stratege, Feldherr m*

estra|tificación *f* ⟨Geol⟩ *Aufschichtung, Lagerung f* ‖ **-tificado** *m/adj Schichtstoff m (Kunststoff)* ‖ **-tificar** *vt* ⟨Geol⟩ *schichten (& Kunststoff)* ‖ **-se** *vr* ⟨Geol⟩ *Schichten bilden* ‖ **-tigrafia** *f* ⟨Geol Meteor⟩ *Stratigraphie f* ‖ **-to** *m* ⟨Geol Wiss⟩ *Lage, Schicht f* ‖ *Stratus m, Schichtwolke f* ‖ *Schicht f (der Gesellschaft)*

estratosfera *f* ⟨Phys⟩ *Stratosphäre f*

estrave *m* ⟨Mar⟩ *Vordersteven m*

estraza *f Fetzen, Lumpen m* ‖ *Wirr-, Flock|seide f*

estrébedes *mpl* Ar pop = **trébedes**

estre|chamiento *m Verengung f* ‖ *Einengung f* ‖ *Verschmälerung f* ‖ fig *Einschränkung f* ‖ **-char** *vt ver-, ein|engen, enger machen* ‖ *schmäler machen* ‖ *zusammenschnüren* ‖ *einschränken* ‖ fig *enger gestalten (Beziehungen usw)* ‖ *eng(er) verbinden* ‖ *drücken (Hand)* ‖ fig *jdn in die Enge treiben* ‖ fig *nötigen* ‖ *umklammern* ‖ ◊ ~ en los brazos *umarmen, in die Arme schließen* ‖ ~ el cerco *enger einschließen* ⟨bes Mil⟩ ‖ ~ el golfo *die Kluft verringen (die z. B. zwischen zwei Nationen besteht)* ‖ ~ los lazos de la amistad *sich durch Freundschaft innig verbinden* ‖ para ~ las relaciones (comerciales) con V. ⟨Com⟩ *um mit Ihnen in nähere (Handels)Beziehungen zu treten* ‖ **-se** *sich zusammenziehen* ‖ *enger werden* (& fig) ‖ *zusammenrücken* ‖ fig *sich schmiegen* (a, con *an* acc) ‖ ~ con uno fig *freundschaftlich mit jdn dringen* ‖ ~ en los gastos *sich einschränken* ‖ **-chez** [*pl* **-ces**] *f Enge f* ‖ *Nähe f, Raum-, Zeit|mangel m* ‖ *Knappheit f* ‖ *Beengtheit f* ‖ *Verlegenheit, Not f* ‖ *Eingeschränktheit f* ‖ *Kleinlichkeit f* ‖ *Geldmangel m, Armut f* ‖ fig *Dürftigkeit f* ‖ fig *Innigkeit f* ‖ ~ de espíritu *Borniertheit f* ‖ *Beschränktheit f* ‖ ~ de miras *Engstirnigkeit f* ‖ ◊ *vivir con* ~ *sich mit Mühe durchschlagen* ‖ *pasar* ~ces figf *(Geld)Not leiden* ‖ **-cho** adj *eng, schmal* ‖ *ver-, be|engt* ‖ fig *genau, pünktlich* ‖ *streng* ‖ *eng, drückend (Schuh, Kleid)* ‖ fig *arm(selig), dürftig, beschränkt* ‖ *verzagt* ‖ fig *geizig, karg* ‖ fig *innig* ‖ *eng (Freundschaft)* ‖ *vertraut (Freund)* ‖ ~ de medios *ohne Unterhaltsmittel* ‖ adv: **~amente** *relaciones* ~as *enge (Geschäfts)Verbindungen fpl* ‖ *sentimientos* ~s *Engherzigkeit f* ‖ *situación* ~a *beschränkte Lage f* ‖ ◊ el zapato me está (od va) ~ *mich drückt der Schuh* ‖ ~ *m Meerenge f* ‖ *Engpaß m* ‖ *Not, Bedrängnis f* ‖ ⟨Mar⟩ *Straße f* ‖ el ~ de Gibraltar *die Straße von Gibraltar* ‖ el ~ de Magallanes *die Magalhäesstraße* ‖ el ~ de los Dardanelos *die Dardanellen pl* ‖ **-chón** *m fam* = **apretón** ‖ ⟨Mar⟩ *Schlagen, Killen n (des Segels)* **-chura** *f Enge, Einengung f* ‖ *Verengung f* ‖ *Engpaß m* ‖ fig *Notlage, Not f* ‖ fig *Zurückgezogenheit f* ‖ *enge, innige Verbindung f* ‖ fig *Not, Entbehrung f*

estre|gadera *f Schuhabstreifer m (der Tür)* ‖ *Wurzel-, Borsten|bürste f* ‖ **-gadero** *m Wäscheplatz m* ‖ *Reib-, Schupp|pfahl m* ‖ ⟨Jgd⟩ *Malbaum m* ‖ **-gar** [g/gu] *vt (ab)reiben* ‖ *bürsten, scheuern* ‖ **-se** *sich reiben* ‖ *sich kratzen* ‖ **-gón** *m* ◊ *darse un* ~ *sich stark reiben*

estrella *f Stern m* ‖ ⟨Astr⟩ *Fixstern m* ‖ *Spornrädchen n* ‖ ⟨Mar⟩ *Windrose f* ‖ ⟨Typ⟩ *Sternchen n* ‖ *(kleine) Blesse (Pferd, Rind)* ‖ fig *Glücksstern m, Schicksal n* ‖ fig *Stern, Star m, Bühnengröße f* ‖ △*Kirche f* ‖ ~ *crucera* ⟨Typ⟩ *Kreuzstern m* ‖ ~ *fija (errante) Fix- (Wandel-) stern m* ‖ ~ *fugaz Sternschnuppe f* ‖ ~ de David ⟨Pol⟩ *Davidstern m* ‖ ~ de mar *Seestern m (Stachelhäuter)* ‖ ~ matutina ‖ ~ del alba *Morgenstern m* ‖ ~ del Norte, polar *Nordstern, Polarstern m* ‖ ~ de la pantalla (od película), ~ de cine, ~ cinematográfica, ~ del film *Filmstar m* ‖ ~ de rabo pop *Komet m* ‖ ~ vespertina, ~ de Venus *Abendstern m* ‖ *abogado* ~ *Staranwalt m* ‖ ◊ *haber nacido con buena (mala) estrella unter e-m günstigen (ungünstigen) Stern geboren sein* ‖ *tener* ~ *Glück haben, ein Glückskind sein* ‖ *unos nacen con* ~ *y otros estrellados* Spr *die e-n haben (immer) Glück, die anderen (immer) Pech* ‖ ~ *sternförmige (Suppen)Nudeln fpl* ‖ *levantarse a las* ~ fig *sich aufblasen, angeben, bramarbasieren* ‖ *sehr aufgebracht sein* ‖ *levantarse con (las)* ~ fam *sehr früh aufstehen* ‖ *poner a uno sobre (od por) las* ~ fig *jdn bis in den Himmel (er)heben* ‖ *querer contar las* ~ fig fam *Unmögliches unternehmen (bzw wollen)* ‖ *ver las* ~ fig *vor Schmerz usw die Engel im Himmel singen hören, Sterne sehen* ‖ *barras y* ~ *Sternenbanner n (USA)* ‖ *tachonado de* ~ ⟨poet⟩ *sternübersät (Himmel)*

estre|lladera *f breiter Löffel m zum Herausnehmen von Spiegeleiern, Eierheber m* ‖ **-lladero** *m Eierpfanne(art) f* ‖ **-llado** adj *bestirnt, gestirnt, Sternen-* ‖ ⟨poet⟩ *sternbesät* ‖ *sternenklar* ‖ *sternförmig* ‖ fig *gesprungen (Glas)* ‖ *anís* ~ *Sternanis m* ‖ *caballo* ~ *Blesse f (Pferd)* ‖ *cardo* ~ *Sterndistel f* ‖ *cielo* ~ *Sternenhimmel m* ‖ *huevos* ~s *Spiegel-, Setz|eier npl* ‖ **-llamar** *m Seestern m (Stachelhäuter)* ‖ ⟨Bot⟩ *Sternwege-*

estrellar — estropear

rich m ‖ ⟨Bot⟩ *Maiblümchen* n *(Convallaria majalis)* ‖ **–llar** adj *Stern(en)-* ‖ **–llar** vt *mit Sternen bedecken, bestreuen* ‖ *zer|schlagen, -schellen, -schmettern* (contra, en *an* dat) ‖ ⟨Kochk⟩ *(Ei) in die Pfanne schlagen* ‖ fig *jdm et vorwerfen* ‖ **~se** vr *sich mit Sternen bedecken* ‖ *zer|schellen, -platzen, brechen* (contra, en *an* dat) ‖ ⟨Flugw⟩ *zerschellen* ‖ fig *auf stärksten Widerstand stoßen* ‖ fig *gänzlichen Mißerfolg haben* ‖ fig *sich derb auslassen* (con *gegen*) ‖ ~ contra ... ⟨StV⟩ *gegen* ... (acc) *fahren* ‖ **–llería** f = **astrología** ‖ **–llero** adj *den Kopf zu hoch tragend (Pferd)* ‖ **–llita** f dim v. **estrella** ‖ ⟨Typ⟩ *Notensternchen* n ‖ ~ (de cine) *(Film) Sternchen,* engl *Starlet(t)* n ‖ **–llón** m augm v. **estrella** ‖ fig fam *plötzliches Glück* n ‖ Arg Chi Hond *Ruck, Stoß* m ‖ **~es** ⟨Mil⟩ *spanische Reiter* mpl
estreme|cedor adj *erschütternd* ‖ **–cer** (–zc–) vt/i *erschüttern, erbeben lassen* ‖ fig *er|schüttern, -schrecken* ‖ *schaudern* ‖ ◊ *eso me hace* ~ *das macht mich schaudern* ‖ *el ruido del cañonazo estremeció la casa der Kanonendonner ließ das Haus erbeben* ‖ **~se** fig *zusammenfahren, erzittern* ‖ *beben, zittern* ‖ *zusammenzucken* ‖ *schaudern* (de *vor* dat) ‖ ◊ ~ *de alegría vor Freude hüpfen* ‖ ~ *de horror zusammenschrecken* ‖ **–cimiento** m *Erzittern* n *Schauder, Schauer* m ‖ *Erschütterung* f ‖ *Zusammen|fahren, -zucken* n ‖ ⟨Med⟩ *Schwirren* n, lat *Fremitus* m ‖ ~ *de alegría Freudenrausch* m
estre|na f *Angebinde, (Geburtstags)Geschenk* n, *Aufmerksamkeit* f ‖ ◊ *hacer la* ~ fam *das erste Geld verdienen* ‖ *et zum erstenmal tun* ‖ = **–no** ‖ **–nar** vt/i *zum erstenmal gebrauchen, einweihen* ‖ *das erste Geld zu verdienen geben* ‖ *zum erstenmal fahren (Wagen)* ‖ *als erster (e-e Wohnung) beziehen* ‖ *ein Amt antreten* ‖ ⟨Th Filmw⟩ *zum erstenmal aufführen* ‖ pop vulg *das erste Mal beschlafen (e-e Frau)* ‖ ~ *un edificio ein Gebäude einweihen* ‖ ◊ ~ *una escopeta mit e-m Gewehr zum erstenmal schießen* ‖ ~ *un traje ein Kleid zum erstenmal an|ziehen, -haben* ‖ ~ *un piso als erster Mieter in e-e Wohnung einziehen* ‖ *este teatro estrena mucho diese Bühne veranstaltet viele Uraufführungen* ‖ sin ~ *noch ungetragen, neu (Kleid)* ‖ *ungebraucht* ‖ **~se** *ein Amt (e-e Arbeit) antreten* ‖ *sich in e-n Beruf einarbeiten* ‖ fam *dahinterkommen* ‖ *die erste Einnahme des Tages haben (Verkäufer)* ‖ ⟨Th Filmw⟩ *debütieren, zum erstenmal auftreten* ‖ ◊ ~ *con una obra maestra sich mit e-m Meisterwerk einführen* ‖ **–no** m *Geburtstagsgeschenk, Angebinde* n ‖ *erster Gebrauch* m, *Einweihung* f ‖ *erster Versuch* m ‖ ⟨Th Filmw⟩ *Erst-, Ur|aufführung, Premiere* f ‖ ~ *teatral Theaterpremiere* f ‖ ~ *cinematográfico Erstaufführung* f *e-s Films* ‖ *riguroso* ~ *Uraufführung* f ‖ ¡mal ~! fam *schlechter Anfang!*
estre|ñido adj/s ⟨Med⟩ *verstopft, hartleibig* ‖ fig *geizig, filzig* ‖ **–ñimiento** m ⟨Med⟩ *(Stuhl)Verstopfung, Hartleibigkeit* f ‖ **–ñir** [–í–, perf –nó] vt *(ver)stopfen (Speise)* ‖ *verstopfend wirken* ‖ **~se** *Verstopfung bekommen*
estrepada f ⟨Mar⟩ *Ruck* m *(am Tau)* ‖ *plötzliche Beschleunigung* f *e-s Schiffes* ‖ ◊ *halar a* **~s** ⟨Mar⟩ *fieren u. holen*
estrépito m *Lärm* m, *Getöse* n ‖ *Gepolter* n ‖ *Klirren, Prasseln* n ‖ fig *Lärm* m, *Aufsehen* n ‖ con ~ *geräuschvoll* ‖ ◊ *reir con gran* ~ *lachen, daß alles zittert*
estrepitoso adj *lärmend, tosend, rauschend*
estrepto|coco m *Streptokokkus* m ‖ **–micina** f ⟨Pharm⟩ *Streptomy|cin, -zin* n
es|tría f ⟨Arch⟩ *(Säulen)Riefe* f ‖ *Striemen, Streifen* m, *Rippe* f ‖ ⟨Arch⟩ *Hohlkehle, Kannelur, Kannelüre* f ‖ **~s** fpl *Züge* mpl *(e-r Feuerwaffe)* ‖ *Kannelierung* f *(e-r Säule)* ‖ ⟨Med⟩ *Streifen* mpl ‖ ⟨Opt⟩ *streifenförmige Schlieren* fpl ‖ ⟨Geol⟩ *Streifen* mpl ‖ **~s** *sanguíneas Blutstreifen* mpl *im Eiter* ‖ **–triado** adj *gerieft* ‖ *gerillt* ‖ *kanneliert (Säule)* ‖ *gestreift (Zeug)* ‖ *gezogen (Lauf e-r Feuerwaffe)* ‖ ⟨Med⟩ *mit Blutstreifen (Eiter)* ‖ *hiena* **~a** ⟨Zool⟩ *Streifenhyäne* f *(Hyaena hyaena)* ‖ ~ m *Kannelierung* f *(e-r Säule)* ‖ *Kehlung* f ‖ ⟨Mil⟩ *Drall* m *(e-s Laufs)* ‖ **–triar** vt *riffeln, riefe(l)n (bes* Tech*)* ‖ ⟨Arch Zim⟩ *kehlen* ‖ *kannelieren (Säule)* ‖ ⟨Mil⟩ *ziehen (Lauf)*
estri|bación, –bazón f *Ausläufer* m *(e-s Gebirges)* ‖ **–bar** vi *ruhen (auf* dat*), & fig sich stützen auf* (acc) ‖ fig *beruhen, bestehen, sich gründen* (en *auf* dat) ‖ ◊ *en ello* –ba *la dificultad darin liegt die Schwierigkeit* ‖ vt *ab|fangen, -stützen* ‖ **~se** vr *sich stemmen* ‖ *sich (auf-)stützen*
estri|billo m *Rund-, Schluß-, Kehr|reim, Refrain* m ‖ fam *Lieblingswort* n ‖ *stereotype Redensart* f ‖ ¡*siempre el mismo* ~! fam *immer dieselbe Leier!* ‖ **–bo** m *(Steig)Bügel* m ‖ *Trittbrett* n *(am Wagen)* ‖ *Fußraste* f *(am Motorrad)* ‖ *Kutschentritt* m ‖ *Trittblech* n ‖ ⟨EB⟩ *Trittstufe* f ‖ *Fußhaken, Trittbolzen* m *(am Fahrrad)* ‖ ⟨EB⟩ *Auftritt* m ‖ *Befestigungsklammer* f ‖ ⟨Arch⟩ *Strebepfeiler* m ‖ ⟨Zim⟩ *Stützbalken* m ‖ *Stützmauer* f ‖ *Widerlager* n ‖ ⟨Tech El⟩ *Bügel* m ‖ *Landstoß* m *(e-r Brücke)* ‖ *Ausläufer e-s Gebirges, Vorberg* m ‖ ⟨An⟩ *Steigbügel* m *(im Ohr)* ‖ fig *Stütze* f, *Stützpunkt* m ‖ △*Dienstbote* m ‖ ◊ *estar con el pie en el* ~ figf *im Begriff sein abzureisen* ‖ *dem Tode nahe sein* ‖ **~s** pl: ◊ *perder los* ~ fig *den Halt verlieren* ‖ *Unsinn reden, faseln*
estribor m *Steuerbord* n, *rechte Seite des Schiffes* ‖ ¡*todo a* ~! ⟨Mar⟩ *hart Steuerbord!*
estricnina f ⟨Chem⟩ *Strychnin* n
estricote m: *al* ~ fam *durcheinander* ‖ ◊ *andar al* ~ fam *sich herumbalgen* ‖ *traer a uno al* ~ fam *zum besten haben* ‖ ~ m *Ven liederliches Leben* n
estric|tamente adv *genau, streng, unbedingt* ‖ *lo* ~ *necesario das unbedingt Notwendige* ‖ ◊ *obedecer* ~ *aufs Wort gehorchen* ‖ **–tez** f Arg Chi Pe *Genauigkeit, Pünktlichkeit* f ‖ *Strenge* f ‖ **–to** adj *streng, genau, pünktlich* ‖ *strikt* ‖ *rigoros*
estri|dencia f *Schrillheit* f ‖ *Geschwirr* n ‖ *schriller Ton* m ‖ fig *Extrem* n ‖ **–dente** adj *schrill, gellend, durchdringend (Töne usw)* ‖ adv **~mente** ‖ **–dor, *estridulo** m *Schrillheit* f, *Geschwirr* n ‖ *durchdringender Schrei* m ‖ *Gellen* n ‖ *Pfeifen* n ‖ ⟨Entom⟩ *Zirpen* n *(Grillen, Zikaden usw)* ‖ **–dular** vi *schrill zirpen (Zikaden)*
es|trige f ⟨V⟩ *Eule* f (→ **lechuza**) ‖ **–trígidas** fpl ⟨V⟩ *Eulen* fpl *(Strigidae)*
estro m ⟨poet⟩ *dichterische Begeisterung* f ‖ *göttlicher Funke* m *(der Dichter u. Künstler)* ‖ ⟨Zool⟩ *Brunst* f, *Östrus* m *(bes des Weibchens)*
estrofa f *(Reim)Strophe* f
estrofantina f ⟨Pharm⟩ *Strophantin* n
estrófico adj *metrisch, Strophen-*
estrógeno m ⟨Physiol⟩ *Östrogen* n
estroncio m ⟨Chem⟩ *Strontium* n
estropa|jear vi *scheuern, abreiben* ‖ **–jo** m ⟨Bot⟩ *Scheuerkürbis* m ‖ *Scheuer-, Stroh|wisch* m *(aus Spartogras)* ‖ *Scheuer-, Wischlappen* m ‖ fig *wertloser Kram* m ‖ fig *unbrauchbarer Mensch* m ‖ *lengua de* ~ f fig *Stammler, Stotternde(r)* m ‖ ◊ *poner a alg. como un* ~ figf *jdn herunterputzen* ‖ *servir de* ~ figf *schmählich ausgenützt werden* ‖ **⹀josa** np fam *elendes, unbekanntes Dorf, Kaff* n, fam *Krähwinkel* m ‖ **–joso** adj figf *lumpig, zerlumpt* ‖ *stammelnd, stotternd* ‖ *zäh, faserig (Fleisch u. ä.)*
estro|peado m/adj *Lahme(r), Krüppel* m ‖ ~ *de brazo mit verstümmeltem Arm* ‖ ~ *de manos y pies Krüppel* m *ohne Hände und Füße* ‖ **–pear** vt

estropicio — estupidez

verletzen || *beschädigen* || *lähmen, ver|krüppeln, -stümmeln* || *zerschlagen, verderben, entzweimachen*, fam *kaputtmachen, verhunzen* || *verderben*, fam *verpfuschen* || *vereiteln (Vorhaben)* || ◊ ~ el vestido *das Kleid zerreißen, abtragen* || el reloj está estropeado *die Uhr ist entzwei* || ~**se** *verderben, zunichte werden* || fig *scheitern* || fig *arbeitsunfähig werden (z. B. Vieh)* || **–picio** *m* fam *geräuschvolles Zerschlagen* n *(der Küchengerätschaften usw)* || *(Scherben)Geklirr* n || *Lärm, Radau* m || fig *viel Lärm um Nichts*, fam *Trara* n || ◊ *hacer un* ~ fam *e-n Mordsskandal machen*

estructu|ra *f Bau* m, *Bauart* f || *Bauwerk* n || *Struktur* f, *Gefüge* n || fig *Gliederung, Struktur* f || ~ *profunda*, ~ *defondo Tiefenstruktur* f || **–ración** *f Gestaltung* f || *Strukturierung* f || **–rado** adj *gestaltet* || *gegliedert* || *aufgebaut* || *strukturiert* || **–ral** adj ⟨Wiss⟩ *Gestaltungs-* || *Struktur-* || *strukturell* || **–ralismo** *m Strukturalismus* m || **–ralista** *m Strukturalist* m || **–rar** vt *bauen* || *gestalten* || *strukturieren* || fig *zusammen-, aus|bilden*

estruen|do *m Donner* m, *Getöse* n, *großer Lärm* m || fig *Getümmel* n, *Auflauf* m || fig *Prunk* m, *Pracht* f || *con* ~ *geräuschvoll, lärmend* || **–doso** adj *lärmend* || *donnernd* || fig *prunkvoll, pompös*

estru|jador *m* ~ **estrujadora** f || **–jadora** *f Saftpresse* f *(Küchengerät)* || **–jadura** *f, –jamiento* *m Zerknüllen* n || *Auspressen, Quetschen* n || **–jar** vt *aus|drücken, -pressen* || *zusammendrücken* || *zer|knittern, -knüllen* || *zermalmen* || figf *aus|saugen, -pressen* || fig *drängen* || Am *drücken (Hände)* || ~**se** *sich drängen (Menschenmenge)* || ~ el *cerebro* fig *sich den Kopf zerbrechen* || **–jón** *m Zerdrücken* n || *Quetschen, Auspressen* n || ⟨Agr⟩ *Tresterkelterung* f || ◊ *dar un* ~ *(a) et stark auspressen*

estru|ma *f* ⟨Med⟩ *Kropf* m, *Struma* f || **–mectomia** *f Kropfoperation, Strumektomie* f || **–mitis** *f Kropfentzündung, Strumitis* f

estrutor *m* Am pop = **instructor**

estuación *f* ⟨Mar⟩ *Flut* f

estuario *m breite Flußmündung* f, *Ästuar* n

estu|cado *m* ⟨Arch⟩ *Stuckieren* n || *Stukkatur* f || **–cador** *m Stuckarbeiter* m || **–car** vt [c/qu] *mit Stuck bekleiden, stuckieren* || *verputzen* || **–co** *m (Gips)Stuck* m || *Stuck-, Gips|mörtel* m || *Stuckbewurf* m || ~ *de yeso Gipsstuck* m

estuche *m Futteral, Gehäuse* n || *Kästchen, Etui* n || ⟨Med⟩ *Besteck* n || *Reißzeug(futteral)* n || △*Säbel* m || △*Pike* f || ~ *de botánico Botanisiertrommel* f || ~ *de compases Reißzeug* n || ~ *para lentes Brillenetui* n || ~ *de lujo Zierdose* f || ~ *de violín Geigenkasten* m || ◊ *ser un* ~ figf *zu allem zu verwenden sein* || *alles wissen, sehr gebildet sein* || fam *ein Genie, ein Tausendkünstler sein*

estudia|damente adv *mit Vorbedacht* || *absichtlich* || **–do** adj *einstudiert* || *erkünstelt, gemacht* || *(wohl) durchdacht* || ⟨Com⟩ *kalkuliert* || **–dor** adj fam *eifrig, fleißig*

estudian|tado *m Studenten(schaft* f*)* mpl || Chi *(Mittel)Schule* f || **–te** *m Student* m || *Studierender* m || fam *Schüler* m || *Hochschüler* m || *Hörer* m *e-r Unterrichtsanstalt* || ~ *de ciencias Studierende(r)* m *der Mathematik und Naturwissenschaften*, lat *stud. rer. nat.* || ~ *de derecho (medicina) Jura-(Medizin)student*, lat *stud. jur. (stud. med.)* || ~ *de filosofia Philosophiestudent* m || ~ *de letras Philologiestudent* m || *amor de* ~**s** *Studentenliebe* f, *casa de* ~**s**, *hogar del* ~ *Studentenheim* n || *vida de* ~(s) *Studentenleben* n || *centro (od sociedad)* ~ *Studentenverein* m || **–til** adj fam *studentisch, Studenten-* || **–tina** *f Estudiantina, Studenten(musik)-kapelle* f *(Wohltätigkeitskapelle der span. Studenten)* || *(span.) Studentengruppe* f *in alter Tracht* || **–tino** adj fam *Studenten-* || *a la* ~**a** fam *nach Studentenart* || *hambre* ~**a** *tüchtige Eßlust* f

–tón *m* desp *v.* **–te** || *ewiger Student*, fam *(unbegabter) Büffler* m || **–tuelo** *m* dim *v.* **–te**

estu|diar vt/i *studieren* || *lernen* || *erlernen* || *auswendig lernen, einstudieren* || *durcharbeiten* || *ausdenken, überlegen* || *zu erforschen suchen* || *untersuchen, ergründen* || *durcharbeiten* || *prüfen* || ⟨Th⟩ *einstudieren (Rollen)* || ◊ ~ *con aplicación fleißig studieren, lernen* || ~ *en los Escolapios bei den Piaristen studieren* || ~ *medicina*, fam ~ *para médico Medizin studieren* || *lo estudiaré ich werde darüber nachdenken, ich werde es mir überlegen* || *estudiaré si me conviene comprarlo ich werde dessen Kauf in Erwägung ziehen* || **–dio** *m Studium, Studieren* n || *Studienzeit* f || fig *(Lern)Fleiß* m || *Einüben* n || *Ausbildung* f || *Untersuchung, Forschung* f || *Bericht* m || *Abhandlung, Studie* f || *Lehranstalt* f || *Hörsaal* m || *Studierzimmer* n || *(Photo-, Maler)Atelier* n || ⟨Filmw⟩ *Studio* n || *Kanzlei* f, *Büro* n *e-s Notars usw* || *Werkstatt* f *e-s Künstlers, Atelier* n || *Muster(stück)* n || ⟨Mal⟩ *Studie, Skizze* f, *Entwurf* m || ⟨Mus⟩ *Studie, Etüde* f. *Übungsstück* n || fig *Eifer* m || fig *Geschraubtheit* f || *Getue* n || *Künstelei* f || ~ *general* = ~**s** *generales* || *cabeza de* ~ ⟨Mal⟩ *Studienkopf* m || ◊ *consagrarse (od entregarse) al* ~ *sich dem Studium widmen (de gen)* || *hacer* ~ *de a/c* fig *sich e-r S. besonders widmen* || *estar a* ~ *de a/c sich e-r S. befleißigen* || *es de* ~ fam *das ist bedenklich!* || *con* ~ fig *absichtlich, mit Fleiß* || ~**s** pl *gelehrte Laufbahn* f || *Kenntnisse* fpl || ~ *generales Studium generale* n || ⟨Hist⟩ *Universität* f || ~ *universitarios Universitäts-, Hoch|schulstudium* n || ~ *de la mujer*, ~ *femeninos Frauenstudium* n || *escuela de altos* ~ *mercantiles Handelshochschule* f || *seminario de* ~ *sociales Span Seminar* n *für Arbeiterbildung* || ◊ *dar* ~ *(a) jdn studieren lassen* || *tener* ~ *ein gebildeter, studierter Mann sein*

estudio|sidad *f Lerneifer, Fleiß* m || **–so** adj *fleißig (studierend)* || *wißbegierig* || *eifrig*

estu|fa *f (Zimmer)Ofen* m || *Schwitzkasten* m, *-bad* n, *-stube* f || ⟨Med Tech⟩ *Trockenofen, Trockner* m || *Fuß|wärmer, -wärmofen* m || *Kohlenbecken* n || ⟨Agr⟩ *Treib-, Gewächs|haus* n || ~ *de aire caliente Trockenkammer* f || ~ *americana beweglicher Ofen* m || ~ *bacteriológica*, ~ *de cultivo(s)*, ~ *de incubación microbiana Brutschrank* m || ~ *de desinfección* ⟨Med⟩ *Desinfektionsofen, Sterilisationskasten, Sterilisator* m || ~ *eléctrica elektrischer (Zimmer)Ofen* m || ~ *de gas Gasofen* m || ~ *de loza*, ~ *de azulejos Kachelofen* m || ~ *permanente Dauerbrandofen* m || ~ *de querosén Petroleumofen* m || ~ *seca Schwitzbad* n || *atmósfera (od calor) de* ~ (fig) *Bruthitze* f || *planta de* ~ *Treibhauspflanze* f || ◊ *criar en* ~ ⟨Agr⟩ *im Treibhaus (auf)ziehen* || figf *verwöhnen, verweichlichen* || **–fero** *m* = **–fista** || **–filla** *f Kohlenbecken* n || *Fußwärmer, Fußwärmofen* m || *Feuerkieke* f, *kleines Feuerbecken* n || *kleiner Muff* m || **–fista** *m Ofen|bauer, -setzer* m

estul|ticia *f Dummheit, Albernheit* f || **–to** adj *dumm, töricht, albern, einfältig*

estuoso adj *heiß, brennend*

estupe|facción *f* ⟨Med⟩ *Betäubung, Erstarrung* f || *Entsetzen* n, *Bestürzung, Sprachlosigkeit* f || *Verblüffung* f || **–faciente** adj ⟨Med⟩ *betäubend* || ~ *m Betäubungsmittel, Rauschgift* n || *dado a los* ~**s** *(rauschgift)süchtig* || *tráfico de* ~**s** *Rauschgifthandel* m || **–facto** adj *höchst erstaunt, bestürzt, entsetzt* || *betroffen, verblüfft, sprachlos*, fam *wie vor den Kopf geschlagen* || ◊ *quedar* ~ *sprachlos bleiben* (ante, *por über* acc)

estu|pendo adj *erstaunlich* || fam *großartig, kolossal, fabelhaft*, fam *toll* || adv: ~**amente** || **–pidez** [pl **-ces**] *f Dummheit, Albernheit* f || *Blödsinn* m || *Stumpfsinn* m || *Beschränktheit* f

estúpido adj/s *stumpfsinnig, dumm, albern* ‖ *beschränkt, stupid(e),* fam *unterbelichtet* ‖ ~ *m Dummkopf* m

estupor m *Betäubung, Erstarrung* f (& fig) ‖ ⟨Med⟩ *Benommenheit* f, lat *Stupor* m ‖ fig *(maßloses) Erstaunen* n ‖ fig *Entsetzen* n

estu|prar vt *schänden, entehren, notzüchtigen* ‖ **–pro** m *Notzucht, Schändung* f ‖ *Verführung* f *(bis 23 Jahre)* ‖ ⟨Hist⟩ *Geschlechtsverkehr* m *mit Jungfrau od Witwe*

estu|que m = **estuco** ‖ **–quería** f *Stukkatur (-kunst)* f ‖ **–quista, –quero** m *Stuckarbeiter, Stukkateur* m

esturión m ⟨Fi⟩ *Stör* m (Acipenser sturio)

estuve → **estar**

ésula f ⟨Bot⟩ = **lechetrezna**

esvástica f *Hakenkreuz* n (→ a **cruz gamada**)

esviaje m ⟨Arch⟩ *Abschrägung* f *(e–r Wand)*

eta f *griech.* η, *Eta* n

etalaje m ⟨Metal⟩ *Rast* f

etano m ⟨Chem⟩ *Äthan* n

etapa f *Abschnitt* m, *(Reise-, Weg-, Teil-) Strecke, Etappe* f ‖ *Teilflugstrecke* f ‖ ⟨Mil⟩ *Rastort* m ‖ ⟨Mil⟩ *(Verpflegungs)Ration* f ‖ ⟨Mil⟩ *Marschverpflegung* f ‖ ⟨Mil⟩ *Etappe* f ‖ ⟨Mil⟩ *Tagesmarsch* m ‖ *Raketenstufe* f ‖ fig *Zeitraum* m, *Epoche* f ‖ fig *Phase, Stufe, Etappe* f ‖ por ~s *etappenweise* ‖ *nach und nach* ‖ de varias ~s *mehrstufig* ‖ ◊ quemar ~s fig *jeden Aufenthalt vermeiden*

etcétera Abk = **etc.** lat adv *und so weiter (usw)*

éter m *(Welt)Äther* m ‖ *Himmelsluft* f ‖ ⟨Chem⟩ *Äther* m ‖ ~ metílico ⟨Chem⟩ *Methyläther* m ‖ ~ sulfúrico *Schwefeläther (Diäthyläther)* m

etéreo adj *ätherisch, Äther-* ‖ ⟨poet⟩ *himmlisch, ätherisch, Äther-* ‖ aceites ~s *ätherische Öle* npl

eterifi|cación f ⟨Chem⟩ *Ätherbildung* f ‖ **–car** vt *veräthern, ätherifizieren*

eteri|zación f ⟨Med⟩ *Äthernarkose* f ‖ **–zar** [z/c] vt ⟨Med⟩ *mit Äther betäuben* ‖ ⟨Chem⟩ *veräthern, mit Äther verbinden bzw versetzen, ätherisieren*

eter|nal adj ⟨poet⟩ = **–no** ‖ **–nidad** f *Ewigkeit* f ‖ *Unsterblichkeit* f ‖ *Unvergänglichkeit* f ‖ *ewige Dauer* f ‖ fig *sehr lange Zeit* f ‖ ◊ hace ~es que ... figf *es ist schon e–e Ewigkeit her, daß* ... ‖ **–nización** f *Verewigung* f ‖ **–nizar** vt *verewigen* ‖ fig *endlos hinziehen, in die Länge ziehen* ‖ ~**se** vr *sich verewigen, e–e Ewigkeit dauern* ‖ fig *e–e Ewigkeit brauchen* ‖ *sich (irgendwo) ewig aufhalten* ‖ figf *ewig sitzen bleiben* (con, en casa de algn. *bei jdm*) ‖ **–no** adj *ewig, immerwährend, unvergänglich* ‖ *unsterblich* ‖ fig *unendlich, endlos* ‖ la eterna canción figf *die alte Leier* f ‖ el Padre ⁓ *der Ewige Vater, Gott* m ‖ adv: ~**amente**

etero- → **hetero-**

etesio adj: vientos ~s ⟨Meteor⟩ *Etesien* pl

ética f *Ethik, Sittenlehre* f ‖ *Ethos* n ‖ ~ de los negocios *Geschäftsmoral* f ‖ ~ profesional *Berufsethos* n

¹**ético** adj/s *sittlich, ethisch, Sitten-* ‖ ~ m *Morallehrer, Ethiker* m

²**ético** adj = **héctico**

eti|leno m ⟨Chem⟩ *Äthylen* n ‖ **–lo** m ⟨Chem⟩ *Äthyl* n

étimo m ⟨Gr⟩ *Stamm-, Wurzel|wort, Etymon* n

etimo|logía f ⟨Gr⟩ *Etymologie* f ‖ **–lógico** ⟨Gr⟩ adj *etymologisch* ‖ **–logista, etimólogo** m *Etymologe* m

etio|logía f ⟨Philos⟩ *Ursachenlehre, Ätiologie* f ‖ ⟨Med⟩ *Ätiologie, Lehre* f *von den Krankheitsursachen* ‖ ⟨Med⟩ *Krankheitsursache* f ‖ **–lógico** adj *ätiologisch, ursächlich, begründend*

etíope m/adj *Äthiopier* m ‖ ~ adj *äthiopisch*

Etiopía f ⟨Geogr⟩ *Äthiopien* n

etiópico adj *äthiopisch*

etiopio m/adj *Äthiopier* m

etique|ta f *Hofsitte, Etikette* f ‖ *strenge gesellschaftliche Umgangsformen* fpl, *Förmlichkeit* f ‖ *(Kleb)Zettel* m, *Etikett(e)* n(f) ‖ *Klebeadresse* f ‖ *Preisschild* n ‖ ~ de Palacio *Hofetikette* f ‖ de rigurosa ~ *in großer Gala* ‖ *im Abendzug* ‖ función de gran ~ ⟨Th⟩ *Galavorstellung* f ‖ traje, vestido de ~ *Galakleid, Salonkleid* n ‖ *Gesellschaftsanzug* m ‖ ◊ estar de ~ *einander entfremdet sein (frühere Freunde)* ‖ *(nur noch) förmlich miteinander verkehren* ‖ poner ~s *etikettieren* (acc), *Preisschilder anbringen (an* acc*)* ‖ *auszeichnen (Ware)* ‖ **–tado** m *Etikettieren* n ‖ *Auszeichnen* n *(der Waren)* ‖ **–tadora** f *Etikettier-, Auszeichnungs-, Banderolier|maschine* f ‖ **–tar** vt gall = poner **etiquetas** ‖ **–tero** adj fam *sehr förmlich*

etivocarse = **equivocarse**

etmoides m ⟨An⟩ *Siebbein* n

Etna: el ~ *der Ätna*

etnia f *Volkstum* n ‖ *Sprach- u. Kultur|gemeinschaft, Ethnie* f

étnico adj *ethnisch* ‖ *völkisch* ‖ *volklich* ‖ *Volks-* ‖ *Völker-* ‖ *heidnisch (in der Bibel)* ‖ nombre ~ ⟨Gr⟩ *Volksname* m, *Ethnikum* n ‖ rasgos ~s *Rassenmerkmale* npl

etno|grafía f *Völkerkunde, Ethnographie* f ‖ **–gráfico** adj *ethnographisch* ‖ museo ~ *Museum* n *für Völkerkunde*

et|nógrafo m *Ethnograph* m ‖ **–nología** f *allgemeine Völkerkunde, Ethnologie* f ‖ **–nológico** adj *völkerkundlich, ethnologisch* ‖ **–nólogo** m *Völkerkundler, Ethnologe* m

Etolia f *Ätolien* n

e|tología f *Verhaltenslehre, Ethologie* f ‖ *Verhaltensforschung* f *(bes der Tiere)* ‖ **–tológico** adj *die Ethologie betreffend, ethologisch* ‖ **–tólogo** m *Ethologe, Verhaltensforscher* m

Etruria f *Etrurien* n

etrusco m/adj ⟨Geogr⟩ *Etrusker* m ‖ ⟨Li⟩ *das Etruskische* n ‖ ~ adj *etruskisch*

etusa f ⟨Bot⟩ *Wasser-, Garten|schierling* m (Cicuta sp)

E.U.(A.) od **EE.UU.** Abk = **Estados Unidos (de América)**

Eubea f *(die Insel) Euböa*

eubiótica f *Eubiotik, Gesundheitslehre* f

eucalipto m *Eukalyptus* m (Eucalyptus globulus) ‖ esencia de ~ *Eukalyptusöl* n

euca|ristía: la ~ *die Abendmahlsfeier* ‖ *das heilige Abendmahl, die Eucharistie* f ‖ **–rístico** adj *eucharistisch, Abendmahls-* ‖ el Sacramento ⁓ *das heilige Abendmahl* ‖ congreso ~ *Eucharistischer Kongreß* m ‖ las especies ~as *die Gestalten des Abendmahls (Brot und Wein)*

euclidiano adj *auf Euklides (Euclides) bezüglich, euklidisch*

eucologio m *Kirchenagende* f ‖ *Gottesdienstordnung* f ‖ ⁓ *Euchologion* n

eudiómetro m ⟨Chem⟩ *Eudiometer* n

eufe|mismo m *mildernder Ausdruck, Euphemismus* m ‖ ◊ no andarse con ~s fam *kein Blatt vor den Mund nehmen* ‖ **–místico** adj *euphemistisch*

eu|fonía f *Wohl|klang, -laut* m, *Euphonie* f (→ a **cacofonía**) ‖ **–fónico** adj *euphonisch, wohl|klingend, lautend*

• **eufor|biáceas** fpl ⟨Bot⟩ *Wolfsmilchgewächse* npl (Euphorbiaceae) ‖ **–bio** m ⟨Bot⟩ *Wolfsmilch, Euphorbie* f (Euphorbia spp)

eu|foria f ⟨Med⟩ u. fig *(subjektives) Wohlbefinden* n, *Euphorie* f ‖ **–fórico** adj *euphorisch* ‖ fig *beschwingt*

Eufrates: el ~ *der Euphrat (Fluß)*

eufuismo m ⟨Lit⟩ *Euphuismus* m, *gezierte Schreibart* f *(urspr. in England, nach dem Roman „Euphues" von J. Lyly, 1578)*

euge|nesia *f Erbgesundheitslehre, Eugenik* f ‖ *Rassenhygiene* f ‖ **-nético** *adj eugen(et)isch*
Eugenia *f* Tfn *Eugenie* f
eugénica, eugenia *f* = **eugenesia**
Eu|genio *m* (Abk **Eug.°**) Tfn *Eugen* m ‖ **-lalia** *f* Tfn *Eulalie* f ‖ **-logia** *f* Tfn *Eulogia* f ‖ **-ménide** *f Eumenide* f, *Rachegöttin* f
eunuco *m*/*adj Verschnittene(r), Eunuch* m ‖ **~idismo** *m* ⟨Med⟩ *Eunuchoidismus* m
¡eura! *Am auf! marsch!*
Eur|áfrica *f Eurafrika* n ‖ **-asia** *f Eurasien* n ‖ **-asiático** *adj*/*s eurasiatisch* ‖ ~ *m Eurasier* m
¡eureka! *fam gefunden! endlich! heureka!*
Eurídice *f* ⟨Myth⟩ *Eurydike* f
Eurípides *m np Euripides* m
eu|ritmia *f Eurhythmie* f ‖ *Ebenmaß* n, *Harmonie* f ‖ ⟨Med⟩ *Gleichmäßigkeit* f *des Pulses* ‖ *fig (innere) Ausgeglichenheit* f ‖ **-rítmico** *adj ebenmäßig* ‖ *harmonisch* ‖ *ausgeglichen*
euro *m* ⟨poet⟩ *Ostwind* m
Europa *f Europa* n ‖ (la) ~ *del Sur,* (la) ~ *Central Süd-, Mittel|europa* n
euro|peísmo *m Europagedanke* m ‖ *Europabewegung* f ‖ **-peísta** *adj:* idea ~ *Europagedanke* m ‖ ~ *m Anhänger* m *des Europagedankens bzw der Europabewegung* ‖ **-peización** *f Europäisierung* f ‖ **-peizar** [z/c] *vt europäisieren* ‖ **~se** *vr europäische Sitten annehmen* ‖ *die europäischen Normen bzw Vorstellungen übernehmen* ‖ **-peo** *adj*/*s europäisch* ‖ ~ *m Europäer* m
europida *adj*/*s* ⟨Wiss⟩ *europid, zum europäisch-südeurasischen Rassenkreis gehörig* ‖ ~ *m Europide* m *u. f, Angehörige(r* m*)f des europiden Rassenkreises*
eurritmia *f* = **euritmia** ⟨bes Med⟩
euscalduna *m*/*adj baskische Sprache* f
éuscaro, eusquero, eusquera *m,* **eusquera** *f baskische Sprache* f ‖ ~ *adj baskisch*
Eusebio *m np* Tfn *Eusebius* m
Eustaquio *m np Eustach(ius)* m ‖ *trompa de* ~ ⟨An⟩ *Eustachische Röhre, Ohrtrompete* f
Eustasio *m np* Tfn *Eustasius* m
eutanasia *f* ⟨Med⟩ *Euthanasie* f ‖ *Gnadentod* m
eutéctico *adj* ⟨Phys Metal⟩ *eutektisch*
Euterpe *f Euterpe* f *(Muse)*
eutrapelia *f Selbstbeherrschung, Mäßigung* f ‖ *harmloser Spaß* m ‖ *Schlagfertigkeit* f
eutrofo *adj eutroph*
Eva *f Eva* f ‖ *las hijas de* ~ *fam die Evastöchter, die Frauen* fpl
eva|cuación *f* ⟨Ent-, Aus|leerung f ‖ Ausräumung f ‖ ⟨Mil Jur⟩ *u. allg Räumung, Evakuierung* f ‖ ⟨Tech⟩ *Beseitigung* f ‖ *Abführung* f, *Ab|laß, -lauf, -fluß* m ‖ ~ *forzosa Zwangsräumung* f ‖ ~ *intestinal,* ~ *de vientre Darmentleerung* f, *Stuhlgang* m ‖ **~es** *pl* ⟨Med⟩ *Ausleerungen* fpl ‖ **-cuar** [pres -úo] *vt (aus)leeren* ‖ *räumen, evakuieren* ‖ *abtransportieren* ‖ *verlagern* ‖ ⟨Tech⟩ *ablassen* ‖ *abführen* ‖ *erledigen (Formalitäten, Geschäft)* ‖ *abhalten (Besprechung)* ‖ *schwächen, entnerven* ‖ ◊ ~ *un asunto ein Geschäft erledigen* ‖ **-cuativo, -cuante** *m*/*adj* ⟨Med⟩ *Abführmittel* n ‖ **-cuatorio** *m* /*adj* → **-cuativo** ‖ *öffentliche Bedürfnisanstalt* f
evadir *vt*/*i vermeiden* ‖ *entrinnen, entgehen (e-r Gefahr)* ‖ *umgehen, entgehen, ausweichen, sich entziehen* (dat) ‖ *fig ausweichend antworten* (& vr) ‖ **~se** *(ent)fliehen* ‖ *entkommen* ‖ *ausbrechen (aus dem Gefängnis)* ‖ *fam sich drücken (um et.* acc*)*
eva|luación *f (Ab)Schätzung, Bewertung* f ‖ *Wert|bestimmung, -schätzung* f ‖ *Auswertung* f ‖ **-luar** [pres -úo] *vt (ab)schätzen* (en *auf* acc) ‖ *bewerten* ‖ *auswerten* ‖ *veranlagen, taxieren*
evanescer [-zc-] *vt*/*i prov* = **desvanecer**
evan|geliario *m Evangelienbuch, Evangeliar(ium)* n ‖ **-gélico** *adj evangelisch* ‖ *fromm, gottesfürchtig* ‖ ⟨Rel⟩ *protestantisch, evangelisch* ‖ *uniert, protestantisch* ‖ ~ *m Protestant* m ‖ *adv:* **~amente** ‖ **-gelio** *m Evangelium* n ‖ *Evangelienbuch* n ‖ *fig Christentum* n ‖ ~ *según* S. Mateo *Matthäusevangelium* n ‖ ◊ *dice (od habla) como el* ~ *fig er spricht die reine Wahrheit* ‖ *esto (que te digo) es el* ~ *was ich dir sage, ist die lautere Wahrheit* ‖ **-gelista** *m Evangelist* m ‖ *Evangeliensänger* m ‖ Mex *öffentlicher Briefschreiber* m ‖ **-gelización** *f Verkündung* f *des Evangeliums* ‖ *fig Bekehrung* f *(bes zum Christentum)* ‖ **-gelizar** [z/c] *vt*/*i (das Evangelium) predigen, verkünden* ‖ *zum Christentum bekehren* ‖ *fig bekehren* ‖ *fig erbauen (geistig)* ‖ *fig (gute Nachrichten) bringen*
Evang.°, Evang.ᵗᵃ Abk = **Evangelio, Evangelista**
evapo|ración *f* ⟨Chem Phys⟩ *Verdunstung* f, *Verdampfen* n ‖ *Verflüchtigung* f ‖ **-rador** *m* ⟨Tech⟩ *Verdampfer, Evaporator* m ‖ **-rar** *vt verfliegen, verrauchen lassen* ‖ *verdunsten lassen* ‖ *eindampfen* ‖ **~se** *verdunsten, verdampfen* (& vi) ‖ *fig verfliegen, verschwinden* ‖ figf *verduften, sich drücken,* fam *aus dem Staub machen* ‖ **-ratorio** *m*/*adj Abrauchschale* f ‖ ⟨Phys⟩ *Verdampfer, Verdunstungsapparat* m ‖ **-rizar** *vt* = **-rar**
eva|sión *f Flucht, Entweichung, Entwischen* n ‖ *Ausbruch* m ‖ *Aus|flucht, -rede* f ‖ *fig Ablenkung, Zerstreuung* f ‖ Am *Erledigung* f *(e-s Geschäftes)* ‖ ~ *de capitales Kapitalflucht* f ‖ ~ *de la realidad fig Flucht* f *aus der Wirklichkeit, Eskapismus* m ‖ *literatura de* ~ *(reine) Unterhaltungs-, Trivial|literatur* f ‖ **-siva** *f Aus|flucht, -rede* f ‖ *ausweichende Antwort* f ‖ **-sivo** *adj ausweichend (Antwort)* ‖ *ablenkend* ‖ **-sor** *m Ausbrecher* m ‖ *Steuerhinterzieher* m
Evelina *f* Tfn *Eveline* f
even|to *m Ereignis* n, *Begebenheit* f ‖ *a todo* ~ *auf jeden Fall* ‖ *jedenfalls* ‖ **-tual** *adj etwaig, zufällig, möglich, eventuell* ‖ ⟨Jur⟩ *bedingt (Vorsatz)* ‖ ⟨Jur⟩ *Eventual-* ‖ ⟨Wir⟩ *Neben-(Einnahmen)* ‖ *en caso* ~ *gegebenenfalls* ‖ *emolumentos* **~es** *Neben-, Sonder|bezüge* mpl ‖ **-tualidad** *f Eventualität, Möglichkeit* f ‖ *möglicher Fall* m ‖ ◊ *proveer una* ~ *e-r Möglichkeit begegnen* ‖ **-tualmente** *adv möglicherweise, möglichenfalls, unter Umständen, eventuell, gegebenenfalls*
Everardo *m np Eberhard* m
evicción *f* ⟨Jur⟩ *Entwe(h)rung, Besitzentziehung, Eviktion* f ‖ *indemnización por* ~ *Verdrängungsentschädigung* f ‖ *saneamiento en caso de* ~ *Rechtsmängel-, Eviktions|haftung* f
evi|dencia *f Offenkundigkeit, Augenscheinlichkeit* f, ⟨& Philos⟩ *Evidenz* f ‖ ◊ *poner en* ~ *fig ans Licht bringen* ‖ *klar beweisen, darlegen* ‖ *blamieren, bloßstellen* (a alg. jdn acc) ‖ *quedar en* ~ *sich bloßstellen* ‖ *unangenehm auffallen* ‖ *rendirse a la* ~ *sich (durch Tatsachen) überzeugen lassen, sich den Tatsachen beugen* ‖ **-denciar** *vt einleuchtend beweisen* ‖ *an den Tag legen* ‖ **-dente** *adj augenscheinlich, handgreiflich, offenbar, klar, evident* ‖ *pruebas* **~s** *sprechende Beweise* mpl ‖ *es*(cosa) ~ *que... es liegt auf der Hand, daß...* ‖ ◊ *ser* ~ *ersichtlich sein* ‖ *adv:* **~mente:** *offensichtlich* ‖ *natürlich, selbstverständlich*
eviscerar *vt ausnehmen (Geflügel)*
evi|table *adj vermeidlich* ‖ *abwendbar* ‖ **-tación** *f Vermeidung, Vorbeugung* f ‖ *Abwendung, Verhütung* f ‖ *en* ~ *de (od para -tar) errores zur Vermeidung von Irrtümern, um Irrtümern vorzubeugen* ‖ *en* ~ *de (od para -tar) mayores males um Schlimmeres abzuwenden (od zu verhüten)* ‖ **-tar** *vl (ver)meiden* ‖ *verhindern, abwenden* ‖ *vorbeugen* (dat) ‖ *ausweichen, meiden, fliehen, aus dem Weg(e) gehen* ‖ *jdm et. ersparen* ‖ ◊ ~ *un error e-m Irrtum vorbeugen* ‖ ~ *gastos,* ~ *un retraso Kosten, e-e Verzögerung vermeiden* ‖ ~ *molestia* (a) *jdm die Mühe (er)sparen*

eviterno *adj ewig, immerwährend (aber mit e-m Anfang in der Zeit: z. B. die Engel)*
evo *m unabsehbare Zeit* f ‖ *Ewigkeit* f ‖ ⟨poet⟩ *Äon* m
evo|cación *f Anrufung* f ‖ *Hervorrufen* n ‖ *Geisterbeschwörung* f ‖ *Zurückdenken* n *(de an* acc) ‖ *Erinnerung* f *(de an* acc) ‖ *Zurückrufen* n *(in die Erinnerung* f ‖ ~ *del pasado Erinnerung* f *an die Vergangenheit* ‖ **-cador** *adj an-, hervor|rufend, Erinnerungen heraufbeschwörend* ‖ fig *historisch, von historischer Bedeutung* ‖ fig *merkwürdig* ‖ ~ *de erinnernd an* (acc) ‖ **-car** [c/qu] vt *anrufen, zu Hilfe rufen* ‖ *hervorrufen* ‖ *(Geister) beschwören* ‖ *(Tote) anrufen* ‖ fig *ins Gedächtnis rufen, erinnern, wachrufen* ‖ ◊ ~ *a Dios Gott anrufen* ‖ ~ *el pasado die Vergangenheit heraufbeschwören*
evolu|ción *f Entwicklung* f ‖ *Entwicklungsgang* m ‖ *Verlauf* m ⟨& Med⟩ ‖ fig *Wandel* m *(Körper) Wendung* f ‖ *Umschwung* m ‖ *Bewegung, Schwenkung* f ‖ ⟨Mil⟩ *Aufmarsch* m ‖ ⟨Biol⟩ *Entwicklung, Evolution* f ‖ *grado de* ~ *Entwicklungsstufe* f ‖ **-ciones** *fpl* ⟨Mil Mar⟩ *Schwenkungen* fpl*, Manöver* npl ‖ *Figuren, Bewegungen* fpl *(beim Tanzen)* ‖ ◊ *hacer* ~ ⟨Mar Flugw⟩ *Schwenkungen ausführen, manövrieren* ‖ **-cionar** vi *sich fort-, weiter|entwickeln* ‖ *sich allmählich ändern* ‖ ⟨Mil Mar⟩ *Schwenkungen machen, manövrieren* ‖ ⟨Mar Flugw⟩ *manövrieren* ‖ fig *sich entwickeln* ‖ *vorwärtskommen* ‖ *mit der Zeit gehen* ‖ *seine Gesinnung wechseln* ‖ **-cionismo** m ⟨Biol⟩ *(Darwins) Entwicklungslehre, Evolutionstheorie* f ‖ ⟨Philos⟩ *Evolutionismus* m ‖ **-cionista** *adj/s Entwicklungs-, Evolutions-* ‖ ~ m *Evolutionist* m ‖ **-tivo** *adj: grado de* ~ *Entwicklungsstufe* f

evónimo m ⟨Bot⟩ *Spindelstrauch* m*, Pfaffenhütchen* n (Euonymus spp)

eversión *f* ⟨Geol⟩ *Eversion* f

¹**ex** *prep lat:* ~ *abrupto plötzlich, ohne Vorbereitung* ‖ fig *unbesonnen, übereilt* ‖ *willkürlich* ‖ *un ex abrupto* m *e-e barsche Äußerung* f ‖ ◊ *respondió con un* ~ *er gab e-e scharfe Antwort*

²**ex** *vor e-m Hauptwort: ehemalig, gewesen* ‖ ~ *catedrático ehemaliger (ehem.) Professor* m ‖ ~ *discípulo ehemaliger Schüler, Absolvent* m ‖ ~ *ministro gewesener Minister, Exminister* m

³**ex** *lat: stammend aus:* ~ *fábrica ab Werk*

⁴**ex-** *oft unr. für* **es-**

exa- → a **hexa-**

exacción *f Erpressung* f ‖ *Abgabe* f ‖ *Steuer(erhebung)* f ‖ *Erhebung, Einforderung* f ‖ *Eintreibung* f ‖ ~ *ilegal Gebühren|übererhebung, -schneiderei* f

exacer|bación *f Verschlimmerung* f ‖ *Reizung* f ‖ **-bar** vt *reizen* ‖ *verschlimmern* ⟨& Med⟩ ‖ *(v)erbittern* ‖ **~se** vr *sich verschlimmern, bösartiger werden (Krankheit)* ‖ fig *in heftigen Zorn geraten*

exac|titud *f Genauigkeit, Pünktlichkeit* f ‖ *Richtigkeit* f ‖ *Wahrheitsliebe* f ‖ *Richtigbefund* m *(e-r Rechnung)* ‖ ◊ *comprobar la* ~ *die Richtigkeit feststellen* ‖ **-to** *adj genau* ‖ *richtig, pünktlich* ‖ *zuverlässig* ‖ *exakt* ‖ *ganz, vollständig* ‖ *copia* ~ *genaue Abschrift* ‖ *¡* ~ *! richtig! so ist es!* ‖ *las ciencias* ~ *as die exakten Wissenschaften* fpl ‖ ◊ *dar informes* ~ *s genaue Auskunft erteilen* ‖ *no está* ~ *das stimmt nicht* ‖ *adv:* **~amente** *genau* ‖ *richtig* ‖ **-tor** m *Steuereintreiber* m

exage|ración *f Übertreibung* f ‖ *übermäßige Lobeserhebung* f ‖ *Überspanntheit* f ‖ **-rado** *adj über|trieben, -spannt* ‖ *überhöht (Preis)* ‖ *zu hoch gegriffen* ‖ *zu stark betont* ‖ *gezwungen (Lachen)* ‖ *exigencias (od pretensiones)* ~ *as übertriebene (An)Forderungen* fpl ‖ ◊ *considerar* ~ *für übertrieben halten* ‖ *no seas tan* ~ *übertreibe nicht so viel* ‖ **-rador** m *Aufschneider* m ‖ **-rar** vt/i *übertreiben* ‖ *zu hoch anschlagen,*

überschätzen ‖ *das Maß überschreiten* ‖ *zu weit gehen* ‖ **-rativo** *adj übertreibend*

exal|tación *f Erhöhung, Erhebung* f*, Verherrlichung, Lobpreisung* f ‖ *Begeisterung, Schwärmerei* f ‖ *Erregung, Leidenschaftlichkeit, Überschwenglichkeit* f ‖ *Überspanntheit* f ‖ *Exaltation* f ‖ ⟨Psychol⟩ *Steigerung* f ‖ ⟨Med⟩ *Erregung, Exaltiertheit* f ‖ ~ *a la jefatura del Estado Erhebung (od Ernennung)* f *zum Staatschef* ‖ ~ *al trono Thronerhebung* f ‖ ~ *de la Santa Cruz* ⟨Kath⟩ *Fest* n *der Kreuzerhöhung (14. Sept.)* ‖ **-tado** *adj überspannt* ‖ *überschwenglich* ‖ *exaltiert* ‖ *schwärmerisch* ‖ *überspannt* ‖ ⟨Pol⟩ *radikal (Partei)* ‖ *cabeza* ~ *la Wirrkopf, Schwärmer* m ‖ **-tar** vt *erhöhen, erheben (zu Würden)* ‖ fig *erheben, lobpreisen, verherrlichen, rühmen* ‖ fig *erhitzen, begeistern* ‖ fig *auf|regen, -reizen* ‖ fig *erhöhen (Eifer)* ‖ fig *verstärken (Gefühl)* ‖ ⟨Psychol⟩ *steigern* ‖ **~se** *sich überheben* ‖ *sich steigern, sich erhitzen* ‖ *in Schwärmerei geraten* ‖ *in Begeisterung geraten* ‖ *sich hinreißen lassen (con von)* ‖ ◊ *se me* -*ta la bilis* figf *die Galle läuft mir über*

examen [*pl* **exámenes**] m *Prüfung, Untersuchung* f ‖ *Examen* n*, Schulprüfung* f ‖ ⟨Med⟩ *Untersuchung* f ‖ *(Nach-, Über)Prüfung* f ‖ *Erforschung* f ‖ *Erwägung* f ‖ *Probe* f ‖ *Über|holung, -prüfung, Instandsetzung* f *(Maschine)* ‖ ~ *de conciencia Gewissens-, Selbst|prüfung* f ‖ ⟨Rel⟩ *Gewissensforschung* f ‖ ~ *de conductor* ⟨StV⟩ *Fahrprüfung* f ‖ ~ *de una cuenta Prüfung* f *e-r Rechnung* ‖ ~ *de doctor(ado) Doktorprüfung* f ‖ ~ *anual Jahresprüfung* f ‖ ~ *final,* ~ *de fin de curso Jahresprüfung* f ‖ ~ *de estado allg. staatliche Prüfung* f ‖ ~ *de Span Abitur* n ‖ *Span* ~ *licenciatura* ‖ *Am Staatsexamen* n ‖ ~ *de ingreso,* ~ *de admisión Aufnahmeprüfung* f ‖ ~ *oral,* ~ *verbal mündliche Prüfung* f ‖ ~ *(por) escrito schriftliche Prüfung* f *(Schule)* ‖ *libre* ~ ⟨Rel⟩ *freie Forschung* f ‖ *Gewissensfreiheit* f ‖ ~ *radiológico,* ~ *por rayos X Röntgenuntersuchung, Durchleuchtung* f ‖ ~ *riguroso strenge Prüfung* f ‖ *Rigorosum* n*, Doktorprüfung* f ‖ ~ *de testigos* ⟨Jur⟩ *Zeugenverhör* n ‖ ◊ *hacer* ~ *de untersuchen* ‖ *quedar suspendido en un* ~ *e-e Prüfung nicht bestehen, durchfallen* ‖ *salir bien de un* ~ *ein Examen bestehen* ‖ *someter a un* ~ *e-r Prüfung unterwerfen* ‖ *someterse (exponerse) a un* ~ *, sufrir (od verificar) un* ~ *, sich e-r Prüfung unterziehen* ‖ *tras detenido* ~ *bei näherer Prüfung, nach eingehender Überlegung* ‖ *tribunal de (los)* ~ *es Prüfungskommission* f

exami|nador *adj prüfend, untersuchend, Prüfungs-, Untersuchungs-* ‖ *tribunal* ~, *comisión* ~ *a Prüfungskommission* f ‖ ~ m *Examinator, Prüf(end)er* m ‖ **-nando** m*,* **-nanda** *f Prüfling, (Prüfungs)Kandidat* m ‖ **-nar** vt/i *prüfen, untersuchen* ‖ *prüfen (bei Schulprüfungen)* ‖ *aufmerksam betrachten, ansehen* ‖ *amtlich untersuchen, zensieren (Buch) (nach-, über)prüfen* ‖ *durch|gehen, -sehen, -sichten.* ‖ *durchsuchen (Haus)* ‖ *erwägen, examinieren* ‖ *beobachten, genau ansehen* ‖ *erforschen (Gewissen)* ‖ ⟨Med⟩ *untersuchen* ‖ *kontrollieren* ‖ ⟨Jur⟩ *verhören, befragen* ‖ *Einsicht nehmen in* (acc), *einsehen (Urkunden, Akten)* ‖ ~ *de cerca eingehend prüfen* ‖ *para* ~ *(lo),* ⟨Com⟩ *zur Ansicht* ‖ *volver a* ~ *nach|prüfen, nochmals prüfen* ‖ *al* ~ *nuestros libros* ⟨Com⟩ *bei der Durchsicht unserer Bücher* ‖ **~se** vr *geprüft werden (de in dat), e-e Prüfung ablegen (fam machen)* ‖ *sich selbst, sein Gewissen erforschen* ‖ *sich (sorgfältig) beobachten* ‖ ◊ ~ *de gramática sich in der Grammatik prüfen (lassen)* ‖ *volver a* ~ *die Prüfung wiederholen*

exangüe *adj blut|los, -leer, ausgeblutet* ‖ fig *kraftlos, matt* ‖ fig *leblos, tot*

exánime *adj ent-, unbe|seelt, leblos* ‖ fig *mutlos, niedergeschlagen* ‖ fig *kraftlos*

exante|ma m ⟨Med⟩ *(ausgebreiteter) Hautausschlag* m, *Exanthem* n ‖ **-mático** adj *exanthematisch* ‖ tifus ~ *Fleck|typhus* m, *-fieber* n
exarca m *Exarch* m
exaspe|ración f *Erbitterung* f ‖ *Entrüstung* f ‖ *Wut* f ‖ ⟨Med⟩ *Verschlimmerung* f ‖ **-radamente** adv *mit Erbitterung* ‖ **-rado** adj *erbittert* ‖ *außer sich* ‖ *verschärft* ‖ ⟨Med⟩ *verschlimmert* ‖ **-rante** adj fig *verzweifelt, unerträglich* ‖ **-rar** vt fig *zur Verzweiflung bringen, im höchsten Grade aufbringen* ‖ *(v)erbittern, in Wut versetzen* ‖ *aufbringen* ‖ *verschlimmern (Übel)* ‖ **~se** vr *außer sich (od in Wut) geraten* ‖ *sich verschärfen (Feindschaft)* ‖ *sich verschlimmern (Krankheit)* ‖ *sich entzünden (Wunde)*
Exc.ª Abk = **Excelencia**
excarce|lación f *Haftentlassung* f ‖ *Entlassung* f *aus dem Gefängnis* ‖ **-lar** vt *aus der Haft (bzw aus dem Gefängnis) entlassen*
excardinación f ⟨Kath⟩ *Exkardination* f
ex cáthedra adv lat figf *herrisch, lehrmeisterlich* ‖ ⟨Kath⟩ *aus päpstlicher Vollmacht, ex cathedra*
exca|va f *Aufgraben* n *der Erde* ‖ **-vación** f *(Aus)Graben* n ‖ *Ausgrabung* f *(von Altertümern)* ‖ *Ausschachtung* f ‖ *(Aus)Baggerung* f ‖ *Höhlung, Vertiefung* f ‖ ⟨Bgb⟩ *Grubenraum* m ‖ **~es** fpl ⟨Geol⟩ *Hohlräume* mpl, *Höhlenbildungen* fpl ‖ **-vadora** f ⟨Tech⟩ *Bagger* m ‖ ~ *de desfonde Tiefbagger* m ‖ ~ *de desmonte Hochbagger* m ‖ **-var** vt *aus|graben, -höhlen* ‖ *auf|graben, -wühlen* ‖ *(die Erde) auf|lockern, -graben* ‖ *häufeln (Pflanzen)* ‖ ⟨Bgb⟩ *(ab)teufen* ‖ *schürfen* ‖ ⟨Tech Arch⟩ *aus|baggern, -schachten* ‖ *vertiefen*
exce|dencia f *Überzähligkeit* f ‖ *einstweilige Außerdienststellung* f ‖ *Wartestand* m ‖ *Gehalt* n *während des einstweiligen Ruhestandes* ‖ *Wartegeld* n ‖ **-dente** adj *über|flüssig, -zählig* ‖ *über|mäßig, -trieben* ‖ *außer Dienst bzw im Wartestand (Beamter)* ‖ *über|schießend, -mäßig* ‖ ⟨Verw⟩ *zur Wiederverwendung* ‖ ⟨Com Tech⟩ *überschüssig* ‖ ⟨Tech⟩ *als Reserve vorhanden* ‖ ~ *m Über|fluß, -schuß* m ‖ *Mehr(betrag* m) ‖ *Vorratsüberhang* m ‖ *Über|länge* f bzw *-gewicht* n ‖ ~ *de mano de obra Überschuß* m *an Arbeitskräften* ‖ **-der** vt *über|steigen, -schreiten (en um* acc) ‖ *über|treffen (en um* acc), *-ragen* ‖ ◊ ~ *de übersteigen (acc)* ‖ *hinausgehen (über* acc) ‖ *hinausreichen (über* acc) ‖ ~ *el peso das Gewicht überschreiten* ‖ ~ *a toda ponderación* fig *jeder Beschreibung spotten* ‖ vi, **~se** *zu weit gehen, Maß und Ziel überschreiten* ‖ *e-e Ausschweifung begehen* ‖ ◊ no ~ *de lo corriente sich über das Mittelmaß nicht erheben* ‖ ~ *a sí mismo* fig *sich selbst übertreffen*
excelen|cia f *Vor|trefflichkeit, -züglichkeit, Vollkommenheit* f ‖ *Auszeichnung* f ‖ *Vorzug* m ‖ *Vorzüglich* n *(Schulnote)* ‖ *por ~ namentlich, schlechthin, besonders* ‖ *im wahrsten Sinne des Wortes* ‖ ⁓ f *Exzellenz* f *(Ehrentitel)* ‖ (Su, Vuestra) ~ *(S-e, Euer, Ew.) Exzellenz* ‖ **-te** adj *vortrefflich, ausgezeichnet, hervorragend, vorzüglich* ‖ adv: **~mente** ‖ **⁼tísimo** (Abk. **Excmo.**) adj ‖ ~ *Señor Don* ... *Sr. Exzellenz Herrn* ...
excel|situd f *Erhabenheit* f ‖ **-so** adj *hoch, erhaben* ‖ fig *aus|erlesen, -gezeichnet*
excéntri|ca f, **-co** m ⟨Tech⟩ *Exzenter* m ‖ **excentricidad** f *Mittenabstand* m, *Exzentrizität* f ‖ ⟨Tech⟩ *Außermittigkeit* f ‖ *Unrundsein* n, *Schlag* m ‖ fig *Überspanntheit* f ‖ fig *Launenhaftigkeit* f ‖ fig *Spinnerei* f ‖ fig *ausschweifende Lebensweise* f
excéntrico adj/s *exzentrisch* ⟨& Tech⟩ ‖ ⟨Tech⟩ *außermittig* ‖ *unrund* ‖ fig *ungewöhnlich, überspannt* ‖ fig *auffällig* ‖ *m Exzentriker* m
excep|ción f *Ausnahme* f ‖ *Ausnahmefall* m ‖ *Ein|wand* m, *-rede* f ‖ *(Zoll)Befreiung, Fran-*

chise f ‖ ~ *de cosa juzgada Einrede* f *der Rechtskraft* ‖ ~ *dilatoria (perentoria) dilatorische (peremptorische, rechtszerstörende) Einrede* f ‖ a ~ *de (~ hecha de) mit Ausnahme von* (dat), *ausgenommen* (acc) ‖ *por ~ ausnahmsweise* ‖ *con pocas ~es mit wenigen Ausnahmen* ‖ *sin ~ ausnahmslos, ohne Ausnahme* ‖ la ~ *de la regla die Ausnahme von der Regel* ‖ *tratamiento (od trato) de ~ Vorzugsbehandlung* f ‖ ◊ *hacer ~ e-e Ausnahme machen* ‖ *ausnehmen* ‖ *no hay regla sin ~ Ausnahmen bestätigen die Regel* ‖ **-cional** adj *ausnahmsweise (auftretend)* ‖ *außer|ordentlich, -gewöhnlich* ‖ *en caso ~ im Ausnahmefall* ‖ *estado ~* ⟨Mil⟩ *Ausnahme-, Belagerungs|zustand* m ‖ *precio ~ Ausnahmepreis* m ‖ *condiciones ~es Ausnahmebedingungen* fpl ‖ **~mente** adv *ausnahmsweise* ‖ *außerordentlich* ‖ *ventajoso ganz besonders, äußerst günstig* ‖ **-tivo** adj *Ausnahmen festsetzend (Gesetz), Ausnahme-* ‖ **-to** adj *ausgenommen, nicht mit inbegriffen* ‖ ~ adv *mit Ausnahme von, außer, abgesehen von* (dat) ‖ ~ *que* ... *außer, daß* ... ‖ **-tuación** f *Ausnahme* f ‖ **-tuar** [pres -úo] vt *aus|nehmen, -schließen (von der Regel)* ‖ *entbinden (de von* dat)‖ ◊ ~ *del pago von der Zahlung entbinden* ‖ *-tuando eso mit Ausnahme dessen* ‖ **~se** vr *sich ausschließen* ‖ *nicht mitmachen wollen*
excer(p)ta f *Exzerpt* n, *Auszug* m ‖ **-tar** vt *exzerpieren, ausziehen (Druckwerk)*
exce|sivo adj *über|mäßig, -trieben (Preis, Erhöhung)* ‖ *überschwenglich* ‖ *ungemein (groß)* ‖ *grell (Licht)* ‖ *abundancia ~a Überfülle* f ‖ *exposición ~a* ⟨Phot⟩ *Überbelichtung* f ‖ *número ~ Überzahl* f ‖ *en número zu zahlreich* ‖ **-so** m *Übermaß* n ‖ *Überschuß* m ‖ *Über-, Mehrzahl* f ‖ *Zuviel* n ‖ ⟨Com⟩ *Über|schuß, -hang* m ‖ ⟨Phys Math⟩ *Exzeß* m ‖ ⟨Com⟩ *Mehrlieferung* f ‖ *Aus|schreitung, -schweifung* f ‖ *Frevel, Unfug* m ‖ ~ *de carga Über|fracht, -ladung* f ‖ ~ *de demanda Nachfrageüberhang* m, *übermäßige Nachfrage* f ‖ ~ *de equipaje Übergepäck* n ‖ ~ *de exposición* ⟨Phot⟩ *Überbelichtung* f ‖ ~ *de flete Mehrfracht* f ‖ *el ~ de gastos der Mehraufwand* ‖ ~ *de liquidez Überliquidität* f ‖ ~ *de negocios Überhäufung* f *mit Geschäften* ‖ ~ *de peso Übergewicht* n ‖ ~ *de producción* ⟨Com⟩ *Produktionsüberschuß* m ‖ ~ *de trabajo Überbürdung* f *mit Arbeit* ‖ *con ~ übermäßig* ‖ *übertrieben* ‖ *en ~, por ~ überschwenglich* ‖ ◊ *pecar por ~ des Guten zuviel tun* ‖ **~s** mpl *Ausschreitungen* fpl ‖ *Ausschweifungen* fpl ‖ ◊ *cometer ~ Ausschreitungen begehen*
excipiente m ⟨Pharm⟩ *Auflösungsmittel, Vehikel* n ‖ *Bindemittel* n
excisión f *Ausschneiden* n, *(operative) Entfernung, Exzision* f
exci|tabilidad f *Reizbarkeit* f ‖ **-table** adj *reizbar, erregbar* ‖ *leicht erregbar, jähzornig* ‖ **-tación** f *Er-, Auf|regung* f, *Reiz* m ‖ *Anregung* f ‖ *Zorn* m ‖ fig *Aufhetzung* f ‖ fig *Anstiftung* f ‖ fig *Aufwallung* f ‖ ⟨El⟩ *Erregung* f ‖ ⟨Physiol⟩ *Erregung (Herz)* f ‖ ~ *brusca* ⟨Radio⟩ *Stoßerregung* f ‖ *estado de ~ Erregungszustand* m ‖ *circuito de ~* ⟨El⟩ *Erregerkreis* m ‖ **-tador** m/adj *Erreger* m ‖ ⟨Phys El⟩ *Entlader* m ‖ ⟨El⟩ *Erreger* m ‖ *Erregermaschine* f ‖ ~ adj = **-tante** adj/s *anregend* ⟨& Pharm⟩ ‖ *erregend* ‖ fig *packend, spannend* ‖ ~ m ⟨Med⟩ *Reiz-, Anregungs|mittel* n ‖ **-tar** vt/i *an-, auf-, er|regen, anreizen* ‖ ⟨El⟩ *erregen* ‖ *aussteuern* ‖ fig *anfeuern, antreiben, aufmuntern* ‖ *anspornen (a zu* dat) *auf-, ver|hetzen* ‖ *auf|stacheln, -wiegeln (a zu* dat) ‖ *sinnlich erregen* ‖ ◊ ~ *a la rebelión zur Rebellion reizen* ‖ **~se** *sich aufregen* ‖ *in Zorn geraten* ‖ fig *stürmenden Zerstreuungen ergeben* ‖ **-tativo** adj *an-, er|regend* ⟨El⟩ *erregend*
excl. Abk = **exclusive**
excla|mación f *Ausruf* m ‖ *(Auf)Ruf* m ‖

⟨Gr⟩ *Ausrufezeichen* n ‖ ~ de júbilo *Jubelschrei* m ‖ punto de ~ ⟨Gr⟩ *Ausrufezeichen* n ‖ **-mar** vt/i *(aus)|rufen, -schreien* ‖ **~se** fam *sich beschweren* ‖ *Einspruch erheben, protestieren* (contra *gegen*) ‖ **-mativo, -matorio** adj *kraftvoll tönend (Stimme)* ‖ tono ~ *Ausrufungston* m
exclaus|trado adj *aus dem Kloster entlassen (Geistlicher)* ‖ **-trar** vt *(aus dem Kloster) entlassen*
exclave m *Exklave* f ‖ ~ aduanero *Zollausschluß(gebiet* n*)* m
excluir [-uy-] vt *ausschließen* (de *aus,* von dat) ‖ *aus|schalten, -scheiden* ‖ *verwerfen* ‖ *verhindern* ‖ ◊ ~ toda duda *jeden Zweifel ausschließen* ‖ ~ una partida de una cuenta *e-n Posten von e-r Rechnung absetzen* ‖ ~ de la sociedad ⟨Com⟩ *von der Teilhaberschaft ausschließen* ‖ **~se** vr *sich ausschließen*
exclu|sión f *Aus|schließung, -stoßung, -schaltung* f ‖ *Ausschluß* m ‖ con ~ de *unter Ausschluß von* (dat), *mit Ausnahme von* (dat) ‖ por ~ *ausnahmsweise* ‖ **-siva** f *ausschließliches Recht, Vorzugsrecht* n ‖ *Alleinvertretung(srecht* n*)* f ‖ *Monopol* n ‖ ~ a **veto** ‖ ~ de venta *Allein|verkauf, -vertrieb* m ‖ ~ cinematográfica *Verfilmungsrechte* npl ‖ **-sivamente** adv *ausgeschlossen, mit Ausnahme von* ‖ *ausschließlich, einzig (und allein)* ‖ **-sive** adv *ausgeschlossen, mit Ausschluß von* ‖ *nicht inbegriffen, exklusive* ‖ hasta el 15 de enero ~ *bis ausschließlich 15. Januar* ‖ **-sivismo** m *völliges Abgeschlossensein* n ‖ *Abgeschlossenheit* f ‖ *Ausnahmestellung* f ‖ *Einseitigkeit* f ‖ *Ausschließlichkeit* f ‖ *Exklusivität* f ‖ fam *Kastengeist* m ‖ fam *Cliquengeist* m ‖ fam *Bonzentum* n ‖ **-sivo** adj *aus|schließend, -schließlich* ‖ *Allein-, Exklusiv-* ‖ agente ~, representante ~ *Alleinvertreter* m ‖ **-so** pp irr v. **excluir**
Exc.ᵐᵒ, **Excmo.** Abk = **Excelentísimo**
excogitar vt *ausdenken*
excombatiente m *(ehemaliger) Kriegsteilnehmer* m ‖ subsidio al ~ *Kriegsversehrtenversorgung* f
excomul|gar [g/gu] vt *in den Kirchenbann tun* ‖ *exkommunizieren* ‖ figf *verbannen, ächten* ‖ el **-gado** *der Exkommunizierte* ‖ **-gatorio** adj *Bann-*
excomunión f *(Kirchen)Bann* m ‖ *Bannbrief* m ‖ *Exkommunikation* f
exco|riación f *Haut|schrunde, -abschürfung* f ‖ *Scheuerwunde* f ‖ **-riar** vt *auf-, wund|scheuern* ‖ **~se** vr *sich die Haut aufscheuern, wund werden*
excre|cencia f ⟨Med⟩ *(Fleisch)Auswuchs* m, *Wucherung* f ‖ **-ción** f ⟨Physiol⟩ *Ausscheidung, Exkretion* f
excremen|tar vi *ausleeren (Kot)* ‖ ⟨Med⟩ *den Darm entleeren* ‖ **-ticio** adj *Kot-, Exkrement-* ‖ **-to** m *Aus|wurf* m, *-leerung* f ‖ *Exkret* n ‖ *menschl. Kot* m ‖ ◊ expeler m ~ *den Kot ausleeren* ‖ **~s** mpl *Ausscheidung(en* fpl*)* f ‖ *Exkremente* npl ‖ ⟨Jgd⟩ *Losung* f ‖ **-toso, -ticio** adj ⟨Med⟩ *Kot-*
excre|tar vt/i ⟨Physiol⟩ = **excrementar** ‖ *aus|-scheiden, -sondern* ‖ **-tor(io)** adj ⟨An⟩ *aus|scheidend, sondernd, Ausscheidungs-*
excul|pación f *Rechtfertigung, Entschuldigung* f ‖ **-par** vt *von Schuld befreien* ‖ *rechtfertigen* ‖ **~se** vr *sich rechtfertigen*
excur|sión f *Ausflug, Abstecher* m ‖ *kurze Vergnügungsreise* f ‖ *Landpartie* f ‖ ⟨Wiss⟩ *Exkursion* f ‖ fig *Exkurs* m, *Abschweifung* f ‖ fam *Spritzfahrt* f ‖ ~ en automóvil *Autofahrt* f ‖ ~ en barco *Wasserfahrt* f ‖ ~ en coche, ~ en trineo *Wagen-, Schlitten|fahrt* f ‖ ~ dominical *Sonntagsausflug* m ‖ ~ por las montañas (*od* de montaña) *Gebirgs-, Berg|tour* f ‖ ~ a pie *Fußtour* f ‖ fondo de ~ *Exkursionsfonds* m ‖ ◊ ir (*od* salir) de ~ *e-n Ausflug* (bzw ⟨Wiss⟩ *e-e Exkursion)* machen ‖ **-sionismo** m *Wandersport* m ‖ *Wanderwesen* n ‖ *Ausflugsbetrieb* m ‖ **-sionista** adj *auf Ausflüge bezüglich, touristisch* ‖ Centro ~ de Cataluña *Katalanischer Wanderverein* m *(gegr. 1876)* ‖ coche ~ *Tourenwagen* m ‖ ~ m *Ausflügler* m ‖ *Wanderer* m ‖ *Fahrten-)*(bzw ⟨Wiss⟩ *Exkursions)Teilnehmer* m
excu|sa f *Entschuldigung(sgrund* m*)* f ‖ *Aus|-flucht, -rede* f ‖ ⟨Jur⟩ *Rechtfertigung* f ‖ por ~ *als Entschuldigung* ‖ ◊ dar (*od* presentar sus) ~s *sich entschuldigen* ‖ **-sable** adj *entschuldbar* ‖ **-sado** adj *steuerfrei* ‖ *überflüssig, unnütz, vergeblich* ‖ *reserviert, abgeteilt* ‖ *geheim, verborgen* ‖ puerta ~a *Hintertür* f ‖ no ~ *unentbehrlich* ‖ ◊ pensar en lo ~ fig *Luftschlösser bauen, Unmögliches unternehmen wollen* ‖ ~ es que (yo) lo diga *es ist nicht nötig, daß ich es sage, es ist selbstverständlich* ‖ adv: **~amente** ‖ ~ m *Abort* m, *Klosett* n ‖ **-sador** m *Stellvertreter*, ⟨bes Mil⟩ *Ersatzmann* m ‖ *Pfarrverweser* m ‖ **-sar** vt/i *entschuldigen* (con *bei* dat), *rechtfertigen* (ante *vor* dat)‖ *vermeiden, umgehen* ‖ *vorbeugen* (dat) ‖ *ablehnen, verweigern* ‖ *unterlassen* ‖ ⟨Hist⟩ *von Abgaben befreien* ‖ ◊ ~ a uno de a/c *jdn von e-r S. überheben, jdm et ersparen* ‖ te -saré con él *ich werde dich bei ihm entschuldigen* ‖ -sa decir que *es ist selbstverständlich, daß* ‖ -samos decir a V. que *wir brauchen Ihnen wohl kaum zu versichern, daß* ‖ **~se** *sich entschuldigen* (con *bei,* mit dat) ‖ *sich entschuldigen* (de, por +inf *dafür, daß* +ind) ‖ ◊ ~ de hacer a. *et abschlagen* ‖ *et umgehen, vermeiden* ‖ el que se -sa, se acusa *wer sich entschuldigt, klagt sich an* ‖ **-sión** f ⟨Jur⟩ *Verfahren* n *gegen den Hauptschuldner* ‖ *Vollstreckung* f *in das Vermögen des Hauptschuldners* ‖ beneficio de ~ ⟨Jur⟩ *Einrede* f *der Vorausklage* ‖ **-so** adj/s *Ersatz-*
exe|crable adj *verabscheuenswert, abscheulich, greulich* ‖ **-cración** f *Abscheu, Greuel* m ‖ *Verwünschung* f ‖ *Verfluchung* f ‖ *Fluch* m ‖ ⟨Rel⟩ *Exsekration* f ‖ **-crando** adj = **-crable** ‖ **-crar** vt *ver|fluchen, -abscheuen, -dammen* ‖ ⟨Rel⟩ *exsekrieren* ‖ fig *nicht leiden können* ‖ **-cratorio** adj *Fluch-*
exedra f ⟨Arch⟩ *Exedra* f
exégesis f *(Bibel)Auslegung, Exegese* f
exe|geta m *Ausleger, Erklärer, Exeget* m ‖ **-gético** adj *auslegend* ‖ *deutend* ‖ *exegetisch*
exen|ción f *Befreiung* f ‖ *Dispens* m ‖ *Freistellung* f *(vom Wehrdienst)* ‖ *Immunität(srecht* n*)* f ‖ ~ de derechos de aduana *Zollfreiheit* f ‖ ~ de impuestos *Steuerfreiheit* f ‖ *Steuerbefreiung* f ‖ ~ del servicio militar *Freistellung, Befreiung* f *vom Militärdienst* ‖ **-tar** vt = **eximir** ‖ **-to** pp/irr v. **eximir** ‖ ~ adj *frei, befreit* (de *von*) ‖ *frei, unabhängig* ‖ *offen (Platz)* ‖ *freistehend (Gebäude, Säule)* ‖ *et entbehrend, beraubt (gen)* ‖ ~ de cuidados *sorgenfrei* ‖ ~ de derechos ⟨Com⟩ *zollfrei* ‖ ~ de esperanza *hoffnungslos* ‖ ~ de franqueo *portofrei* ‖ ~ de polvo *staubfrei* ‖ ~ de toda responsabilidad *jeglicher Verantwortung enthoben* ‖ ~ de temor *ohne Furcht*
exe|quátur, ~ m lat *Exequatur* n, *Anerkennung* f *e-s ausländischen Konsuls* ‖ *Exequatur* n, *Vollstreckbarkeitserklärung* f ‖ **-quias** fpl *Leichenbegängnis* n ‖ *Begräbnisfeierlichkeiten* fpl ‖ *Totenfeier* f, *Exequien* pl ‖ **-quible** adj *möglich, tunlich*
exfolia|ción f *Abblätterung* f, *Abblättern (Rinde, Gestein, Schiefer), Abschiefern* n ‖ ⟨Med⟩ *Abschilferung, Exfoliation* f ‖ **-dor** m Col Chi Mex *Abreiß|kalender* m bzw *-heft* n ‖ **-r** vt *abblättern* ‖ **~se** vr *abblättern* ‖ *abschilfern*
exha|lación f *Aus|hauchung, -dünstung, -strömung, Exhalation* f ‖ *Duft, Dunst* m ‖ *Hauch* m ‖ *Blitz* m ‖ *Sternschnuppe* f (→ **estrella** fugaz) ‖ ◊ desaparecer (*od* pasar) como una ~ figf im Nu *verschwinden* ‖ **-lar** vt *aus|atmen, -hauchen, -dünsten, -strömen* ‖ *ausstrahlen (Wärme)* ‖ *aus-*

exhaustivo — exotérmico

stoßen *(Seufzer)* || ◊ ~ ayes, gemidos *ächzen, stöhnen* || ~ el último suspiro *s-e Seele aushauchen, den letzten Seufzer ausstoßen, sterben* || **~se** vr fig *enteilen, laufen* || *(sehr schnell) verschwinden* || ~ por *vor Verlangen nach* (dat) *vergehen* (→ **desalarse**)
exhaus|tivo adj bes fig *erschöpfend* || *vollständig* || **-to** adj *erschöpft, kraftlos* || *erschöpft (an Geldmitteln)* || **-tor** m ⟨Tech⟩ *Sauglüfter, Exhaustor* m
exheredar vt *enterben*
exhibi|ción f *Vorzeigung, Dar-, Vor|legung* f || *Beibringung, Vorlage* f *(v. Beweisen)* || *Schaustellung* f || *Vorführung* f || *Darbietung, Schaustellung* f *der Gewandtheit* || *(Gewerbe) Ausstellung* f || fig *Bloß|stellung, -legung* f || ⟨Med⟩ *Exhibition, Zurschaustellung* f || ~ cinematográfica *Filmvorführung* f || ~ gimnástica *öffentliches Turnfest* n || **-cionismo** m ⟨Med⟩ *Exhibitionismus* m, *Schaustellungsbedürfnis* n || fig *(krankhafte) Sucht (, um jeden Preis) aufzufallen* || **-cionista** m ⟨Med⟩ *Exhibitionist* m
exhi|bir vt *vorzeigen, aufweisen, darlegen* || *einreichen* || *vorbringen* || *aus|legen, -stellen (Waren)* || *ausstellen (gewerbliche Erzeugnisse)* || fig *zur Schau stellen, tragen* || ◊ ~ para la venta *zum Verkauf ausstellen* || ~se en público *vor die Öffentlichkeit treten (Künstler)* || **-bita** f Ar ⟨Jur⟩ *Vorlage* f, *Zeigen* n *(dem Gericht)* || **-bitorio** adj: actitud ~a fam *Paradieren* n
exhombre m fig *verlorene Existenz* f
exhor|tación f *Ermahnung, Aufforderung* f || *Zureden* n, *Aufmunterung* f || *kurze Predigt, Ermahnung* f || ~ a la penitencia *Bußpredigt* f || **-tador** m *Mahner* m || **-tar** vt *(er)mahnen* (a zu) || *auf|muntern, -fordern*
exhu|mación f *Ausgrabung* f *e-r Leiche* || *Exhumierung* f || **-mar** vt *ausgraben, exhumieren (e-e Leiche)* || fig *(längst vergessene Dinge) wieder zum Vorschein bringen*
△**exición** f *Ecke* f
exi|gencia f *Erfordernis, Bedürfnis* n, *Bedarf* m || *Anforderung* f, *Anspruch* m || ◊ satisfacer *(od* responder a) las ~s *den Anforderungen entsprechen* || según las ~s *je nach Erfordernis* || tener muchas ~s *sehr anspruchsvoll sein* || **-gente** adj/s *anspruchsvoll* || *unbescheiden* || ◊ ser ~ *große Ansprüche stellen* || **-gible** adj ⟨Jur Com⟩ *ein|treibbar, -klagbar* || *fällig* || ~ a la vista *täglich fällig* || **-gir** [g/j] vt *fordern, beanspruchen* || *(dringend) verlangen* || *eintreiben (Steuern)* || *erfordern* || ◊ ~ a. de *(od* a) alg. *bei jdm auf* et (acc) *dringen* || *et von jdm fordern* || ~ una contestación *auf Antwort dringen* || ~ cuenta *Rechenschaft fordern* || ~ el cumplimiento de una promesa *auf die Erfüllung e-s Versprechens drängen* || ~ una deuda *e-e Schuld eintreiben* || ~ el pago a alg. *jdn um die Zahlung mahnen* || ~ una satisfacción *e-e Genugtuung verlangen*
exi|güidad f *Geringfügigkeit* f || *Winzigkeit, Spärlichkeit* f || *Beschränktheit* f || *Kleinheit* f || **-guo** adj *winzig, geringfügig, kärglich* || *gering (-fügig)* || *knapp*
exi|lado, -lar = **-liado, -liar**
exi|liado adj/s *des Landes verwiesen* || ~ m *Landesverwiesene(r)* m || *Verbannte(r)* m || *im Exil Lebender* m || ⟨Pol⟩ *Emigrant* m || **-liar** vt *des Landes verweisen* || *verbannen* || **~se** vr *ins Exil gehen* || ⟨Pol⟩ *emigrieren* || **-lio** m *Exil* n || *Landesverweisung* f || *Verbannung* f || *gobierno en el* ~ ⟨Pol⟩ *Exilregierung* f
exi|mente adj/s ⟨Jur⟩ *straf- bzw schuld|ausschließend* || *circunstancia* ~ *Schuldausschließungsgrund* m || ~ f ⟨Jur⟩ *Ausschließung (sgrund* m) f || **-mio** adj *vortrefflich, ausnehmend* || **-mir** vt *ausnehmen, befreien (von e-r Last, von Zoll, Steuern)* || ◊ ~ de derechos *von Gebühren befreien* || ~ de una obligación *von e-r Verpflich-*
tung befreien || ~ de la responsabilidad *der Verantwortung überheben* || **~se** *sich entziehen* (de dat) || *sich losmachen (von e-m Zwang)*
existen|cia f *Dasein* n, *Existenz* f || *Leben* n || *Lebens|form, -weise* f || *Bestehen* n || *Vorhandensein* n || *Dauer* f || ⟨Com Wir⟩ *Vorrat* m, *Lager* n || *lucha por la* ~ *Kampf* m *ums Dasein* || en ~ ⟨Com⟩ *vorrätig* || *falta de* ~ *Vorratsmangel* m || **~s** fpl ⟨Com Wir⟩ *Bestände* mpl || *Vorrat* m || *Lager* n || ~s en almacén *Vorrat* m *an Waren* || *Lagerbestände* mpl || ◊ agotar las ~ *die Waren ausverkaufen, das Lager räumen* || *mientras tengamos (od* nos queden) ~ *solange der Vorrat reicht* || **-cial** adj *existentiell* || *existential* || *Existential-* || **-cialismo** m ⟨Philos Lit⟩ *Existentialismus* m || **-cialista** adj/s *existentialistisch* || ~ m *Existentialist* m || ~ adj *bestehend, vorhanden, existent* || ~ m ⟨Philos⟩ *der Daseiende* m || ~ n ⟨Philos⟩ *das Seiende* n
existir vt *bestehen, dasein, existieren* || *leben* || *vorhanden sein, vorkommen* || ◊ eso no existe *das gibt es nicht* || existen muchos que *es gibt viele, die*
éxito m *Ausgang* m, *Erledigung* f || *günstiger Abschluß, Erfolg* m || un ~ *ruidoso ein lärmender, geräuschvoller Erfolg* m || gran ~ de risa ⟨Th⟩ *großer Lacherfolg* m || ~ de taquilla *Kassen|erfolg, -schlager* m, *Zugstück* n || coronado de ~ *erfolg|gekrönt, -reich* || *probabilidad de* ~ *Erfolgsmöglichkeit, Aussicht* f *auf Erfolg* || *probabilidades de* ~ *Erfolgsaussichten* fpl || con (sin) ~ *mit gutem (schlechtem) Erfolg* || *con buen* ~ *erfolgreich* || sin ~ *erfolglos* || ◊ tener *(od* alcanzar) buen ~ *Erfolg haben* || ser un ~ de risa *Lachstürme hervorrufen, ein Heiterkeitserfolg sein*
ex libris m *Bücherzeichen, Exlibris* n
exo|carpio m ⟨Bot⟩ *Exokarp* n || **-crino** adj ⟨Physiol⟩ *exokrin, nach außen abscheidend (Drüse)* (→ a **endocrino**) || **-dermis** f ⟨Bot⟩ *Exodermis* f *(der Pflanzenwurzel)*
éxodo m fig *Pilger-, Wanderfahrt* f *(e-s Volkes)* || ≈ *Exodus* m *(2. Buch Mosis)* || ~ rural *Landflucht* f
exo|(e)squeleto m ⟨Zool Entom⟩ *Haut-, Ekto|skelett* n || **-ftalmia** f ⟨Med⟩ *Glotzauge* n, *Exophthalmus* m || **-ftálmico** adj ⟨Med⟩ *exophthalmisch* || *bocio* ~ *Basedow-Krankheit* f || **-gamia** f *Exogamie* f
exógeno adj *exogen, von außen stammend (bzw wirkend)*
exone|ración f *Entlastung* f || *Befreiung* f || *Absetzung* f || *(Amts)Enthebung* f || **-rar** vt *ent|lasten, -ledigen, befreien* (de von dat) || *absetzen (Beamten)* || ◊ ~ de un empleo *(od* cargo) *aus e-m Amt entlassen, des Amtes entheben* || ~ el vientre *den Leib entleeren*
exoparásito m ⟨Biol⟩ *Ekto(para)sit* m
exopilativo adj/s ⟨Med⟩ *öffnend*
exorable adj *Bitten zugänglich* || *gnädig*
exorbitan|cia f *Übermaß* n || *Frevel* m, *Vergehen* n || *Übertreibung* f || ◊ es una ~ *das ist e-e übertriebene Forderung* || **-te** adj *über|mäßig, -trieben* || *überhöht, unerschwinglich (Preis)* || suma ~ *hohe, ungeheuere Summe* f
exor|cismo m *Exorzismus* m, *Teufelsbeschwörung, Geisterbannung* f || **-cista** m *Exorzist, Geister-, Teufels|banner* m || **-cizar** [z/c] vt *(den bösen Geist) beschwören, austreiben*
exordio m *Ein|gang* m, *-leitung* f, *Exordium* n || fig *Anfang* m
exor|nar vt *(aus)schmücken, auszieren* || *verschönern* || ~no m *Schmuck* m, *Zier* f || ~ de escaparate ⟨Com⟩ *Schaufensterausschmückung* f
exósmosis f ⟨Chem⟩ *Exosmose* f
exotario m *Exotarium* t
exo|térico adj *exoterisch* || *(all)gemeinverständlich* || **-térmico** adj ⟨Phys⟩ *exotherm, Wärme freigebend*

exoti|cidad, -quez f *exotische Art* bzw *Herkunft* f ‖ *Fremdartigkeit* f
exótico adj *ausländisch, fremdartig, exotisch* ‖ fig *sonderbar, exotisch, fremd* ‖ aves (plantas) ~as *Exoten* mpl
exotismo m *Fremdartigkeit, Sonderbarkeit* f ‖ *Ausländertum* n ‖ *Exotik* f‖ *Vorliebe für exotische Dinge, Neigung* f *für Exotik, Exotismus* m
exp. Abk = **expreso**
expan|dir vt *ausdehnen (Reich)* ‖ *verbreiten (Ideen)* ‖ **–dirse** vr *sich ausdehnen* ‖ fig *um sich greifen* ‖ **–sibilidad** f *(Aus)Dehnbarkeit* f ‖ **–sible** adj *(aus)dehnbar* ⟨& Phys⟩ ‖ ⟨Wiss⟩ *expansibel* ‖ **–sión** f ⟨Phys Chem Com Pol⟩ *Expansion, Ausdehnung* f ‖ *Aus-, Ver|breitung* f ‖ *Ausweitung* f ‖ fig *Überströmen* n ‖ fig *Mitteilungsgabe, Offenherzigkeit* f ‖ fig *Gefühlserguß* m ‖ fig *vertrauliche Mitteilung* f ‖ fig *Ablenkung* f ‖ fig *Entspannung* f ‖ ~ del ánimo *geistige Zerstreuung* f ‖ un momento de ~ *ein freier Augenblick* ‖ necesidad de ~ *Mitteilungsbedürfnis* n ‖ la constante ~ de nuestros negocios *die andauernde Ausdehnung unserer Geschäftsverbindungen* ‖ **–sionarse** vr *sich ausdehnen* ‖ fig *sein Herz ausschütten* (con dat) ‖ *ausspannen* ‖ **–sionismo** m ⟨bes Pol⟩ *Expansionsdrang* m ‖ **–sionista** adj *expansionistisch* ‖ **–sivo** adj *ausdehnend, expansiv, Ausdehnungs-* ‖ *ausdehnbar* ‖ *elastisch (Buchrücken)* ‖ fig *mitteilsam, offen, expansiv* ‖ *herzlich* ‖ *überströmend (Freude)* ‖ *überschwenglich*
expa|triación f *Landesverweisung* f ‖ *Ausbürgerung* f ‖ *Auswanderung* f ‖ **–triado** m *Verbannte(r), Landesverwiesene(r)* m ‖ *Ausgebürgerte(r)* m ‖ ~ adj *ausgewiesen* ‖ *ausgewandert* ‖ *ausgebürgert* ‖ **–triar** vt *des Landes verweisen* ‖ *verbannen* ‖ *ausbürgern* ‖ ~**se** *das Vaterland verlassen* ‖ *auswandern*
expec|tación f *Erwartung* f, *Hoffen* n ‖ *Neugierde* f ‖ ⟨Med⟩ *abwartende Heilmethode* f ‖ ~ de vida *Lebenserwartung* f ‖ en ~ de destino in *Erwartung es ~ Amtes* ‖ lleno de ~ *erwartungsvoll* ‖ ◊ no responder a la ~ *der Erwartung nicht entsprechen* ‖ **–tante** adj *abwartend* ⟨& Med⟩ ‖ *Erwartungs-* ‖ ⟨Jur⟩ *anstehend, zu erwarten(d)* ‖ en actitud ~ *in abwartender Haltung* ‖ *voll(er) Neugierde* ‖ **–tativa** f *Erwartung* f ‖ *Aussicht* f *auf* (acc) ‖ *Anwartschaft* f (de *auf* acc) ‖ *actitud* de ~ *abwartende Haltung* f ‖ ◊ estar a la ~ (de) *zuwarten, et abwarten* ⟨bes Med⟩ ‖ *gewärtig sein* ‖ *sich abwartend verhalten* ‖ estar en ~ de *Anwärter sein auf* (acc) ‖ tener en ~ *in Aussicht haben* ‖ tener buenas ~s *gute Aussichten haben* ‖ el mercado continúa a la ~ ⟨Com⟩ *die Nachfrage zeigt weiterhin e-e abwartende Haltung* ‖ **–tativo** adj *Warte-*
expecto|ración f ⟨Med⟩ *(Schleim)Auswurf* m ‖ *Aushusten* n ‖ **–rante** adj/s *schleimlösend, -fördernd* ‖ ~ m *den Auswurf förderndes Mittel, schleimlösendes Mittel, Expektorantium* n ‖ **–rar** vt/i ⟨Med⟩ *(den Schleim) auswerfen* ‖ *(aus)husten* ‖ fig *von sich geben*
expedi|ción f *Ver|sendung* f, *-sand* m, *Beförderung, Spedition* f *(von Waren)* ‖ *Aus-, Ab|fertigung* f *von Urkunden* ‖ *Erledigung* f *(der Geschäfte)* ‖ *Geschäftigkeit* f ‖ *Fertigkeit, Geschicklichkeit* f ‖ *Geschwindigkeit, Flinkheit* f ‖ *Feld-, Heeres|zug* m ‖ *Forschungsreise, Expedition* f ‖ *Ver|schiffung* f, *-sand* f ‖ *Schreiben* n *(der römischen Kurie)* ‖ ~ al Polo Norte, ~ ártica *Nordpolfahrt* f ‖ ~ por gran velocidad ⟨Com⟩ *Versand* m *als Eilgut* ‖ ~ por tierra *Versand* m *auf dem Landwege* ‖ ~ por vía marítima, ~ por mar *Versand* m *auf dem Seewege* ‖ casa de ~ *Speditions|geschäft* n, *-firma* f ‖ *Versandhaus* n ‖ departamento de ~es ⟨Com⟩ *Versandabteilung* f ‖ pronto *(od* dispuesto *od* listo) para la ~ *versandbereit* ‖ **–cionario** m/adj *Teilnehmer* m *an e-r Forschungsreise usw* ‖ ~ adj: cuerpo ~ ⟨Mil⟩ *Expeditionskorps* n ‖ **–dor** m *Ab-, Ver|sender* m ‖ *Spediteur* m ‖ *Aussteller* m *(von Urkunden usw)*
expe|dientar vt *disziplinarrechtlich verfolgen* ‖ **–diente** m *Rechtssache, Akte* f ‖ *(Gerichts)Akten* fpl ‖ *Aktenstoß* m ‖ *Verwaltungssache* f ‖ *Protokoll* n ‖ *Bittschrift* f, *Gesuch* n, *Eingabe* f ‖ *Gerichtsverfahren* n ‖ *Fertigkeit, Gewandtheit* f ‖ *Grund* m, *Ursache* f ‖ *Ausflucht* f, *Vorwand* m ‖ *Ausweg, Behelf* m, *Hilfsmittel* n ‖ *Vorrat, Bestand* m ‖ ~ de crisis Span *Antrag* m *(e-s Betriebes) auf Entlassung v. Arbeitern* ‖ ◊ arbitrar un ~ *e-n Ausweg versuchen* ‖ cubrir el ~ figf *seine Pflicht nur scheinbar erfüllen, den Schein wahren,* fam *sich kein Bein ausreißen* ‖ dar ~ (a) *rasch erledigen (Gesuch)* ‖ formar (od instruir) ~ a alg. *(od* contra alg.*) gegen jdn verfahren* ‖ *gegen jdn e-e amtliche Untersuchung einleiten* ‖ instruir un ~ *ein Gesuch einreichen* ‖ *ein Verfahren betreiben* ‖ **–dienteo** m fam *Amtsverhandlungen* fpl ‖ *Verfahrensbetrieb* m ‖ desp *Papierkrieg* m ‖ desp od iron *Akten-, Papier|kram* m ‖ **–dir** [-i-] vt *erledigen, zum Abschluß bringen* ‖ *(be)fördern* ‖ *ab-, über-, ver|senden, expedieren* ‖ *ver|frachten, -laden* ‖ *verschiffen* ‖ *abfertigen (Zug)* ‖ *(ein Dokument) ausstellen* ‖ *(Briefe) ausfertigen* ‖ ⟨Verw⟩ *abfertigen* ‖ *ausschreiben (Rezept)* ‖ *erledigen (Angelegenheit)* ‖ ◊ ~ a la cárcel *einkerkern* ‖ en pequeña velocidad *als Frachtgut versenden* ‖ ~ a Siberia *nach Sibirien deportieren (Sträflinge)* ‖ ~ una factura *e-e Rechnung ausstellen* ‖ ~ un telegrama *ein Telegramm aufgeben* ‖ **–ditivo** adj *geschwind, geschäftig,* fam *fix* ‖ *findig* ‖ *flink, ohne Umstände, rasch, schnell* ‖ *procedimiento* ~ *Schnellverfahren* n ‖ **–dito** adj *behend, gewandt, unbehindert, frei* ‖ *rasch entschlossen* ‖ *schnell (bei der Arbeit)*
expeler vt *aus-, ver|treiben, verjagen* ‖ *ausstoßen, von sich stoßen, auswerfen* (& *Blut, Schleim usw*) ‖ *abführen, ausleeren (aus dem Körper)* ‖ *ausspritzen* ‖ ◊ ~ por la boca *durch den Mund ausleeren*
expen|dedor m *Ver|käufer, -treiber* m ‖ *Abschieber* m *von Falschgeld* ‖ ~ (automático) de cigarrillos *Zigarettenautomat* m ‖ **–deduría** f *Kleinverkauf,* öst *Verschleiß* m ‖ *Ausgabe(-)* f, *Verkauf(s|stelle* f) m ‖ *Tabak|laden* m, *-geschäft* n, Öst *Trafik* f ‖ **–der** vt *ausgeben, verausgaben* ‖ *(im kleinen) ver|kaufen, -treiben* ‖ *(falsches Geld) verbreiten* ‖ ◊ ~ billetes *Fahrkarten ausgeben* ‖ **–dición** f *Ab-, Aus|gabe* f, *Verkauf* m (bes v. *Losen, Regiewaren usw*) ‖ *Abschieben* n *von Falschgeld* ‖ **–dio** m *Am Verkaufs|laden* m, *-bude* f ‖ **–sas** fpl *(Un)Kosten, Ausgaben* pl ‖ a mis ~ *auf meine Kosten* ‖ ◊ vivir a ~ del prójimo figf *ein Schmarotzerleben führen*
experiencia f *Erfahrung* f ‖ *Versuch* m, *Probe* f ‖ ~ de cultivo ⟨Agr⟩ *Anbauversuch* m ‖ ~ de laboratorio *Laboruntersuchung* f ‖ ~ de largos años *langjährige Erfahrung* f ‖ hombre de ~ *erfahrener Mann* m ‖ ◊ adquirir ~ *Erfahrung(en) sammeln* ‖ lo sé por ~ *ich weiß es aus Erfahrung* ‖ he hecho varias veces la ~ *ich habe mehrmals die Erfahrung gemacht* ‖ tener ~ *erfahren sein* ‖ la ~ enseña *(od* demuestra*) que die Erfahrung lehrt, daß* ‖ la ~ es madre de la ciencia *Erfahrung ist die Mutter der Weisheit*
experimen|tación f *Experimentieren* n, *Erprobung* f ‖ *Experiment* n, *Probe* f ‖ *Versuch* m ‖ *empirische Forschung* f ‖ animal de ~ *Versuchstier* n ‖ **–tado** adj *erfahren* ‖ *beschlagen* ‖ *erprobt, bewährt* ‖ ◊ ser ~ en *erfahren sein in* (dat) ‖ es cosa ~a (que) *es ist e-e erprobte Tatsache(, daß)* ‖ **–tador** m *Versucher, Experimentator* m ‖ fig *Bahnbrecher* m ‖ **–tal** adj *experimentell* ‖ *Versuchs-, Experimental-* ‖ fisica ~ *Experimentalphysik* f ‖ adv: ~**mente** ‖ **–tar** vt/i *erfahren,*

experimento — exponer

erleben || *erleiden* || *fühlen, spüren* | *empfinden* || ~ vi *Versuche anstellen, experimentieren, (aus-)probieren, erproben* || ◊ || ~ un *accidente,* una *pérdida e–n Unfall, e–n Verlust erleiden* || ~ un *alza anziehen, steigen (Preise)* || **-to** *m Versuch* m, *Experiment* n || ~s con animales *Tierversuche* mpl

experto adj *erfahren, sachkundig* || ~ m *Sachverständige(r), Kenner, Fachmann* m || ~s mpl *Sachverständige* mpl || *Fachleute* pl || *Experten* mpl

ex|piación f *Sühne, Buße, Abbüßung* f (de *für* acc) || *Ab-, Ver|büßen* n || *Sühneopfer* n || **-piar** vt [pres -ío] *(ab)büßen, sühnen* || *aussöhnen (mit)* || fig *reinigen (Entweihtes)* || **-piativo, -piatorio** adj *Sühn-, Versöhnungs-* || sacrificio ~ *Sühnopfer* n || → a ¹**chivo**

expido → **expedir**

expillo m ⟨Bot⟩ = **matricaria**

expi|ración f *Ausgehen, Erlöschen* n || *Ablauf* m *(e–r Frist)* || *Ausgang* m, *Beendigung* f, *Schluß* m || *Tod* m || ⟨Physiol⟩ *Ausatmung* f || *Cristo de la* ~ *der sterbende Christus (Bild)* || tras (*od* después de) la ~ de *nach Ablauf* (gen) || **-rante** adj *sterbend* || *erlöschend* || *zu Ende gehend* || *ablaufend* || **-rar** vi *den Geist aufgeben, sterben* || *erlöschen (Flamme)* || *ablaufen, verstreichen, erlöschen (Frist)* || *verfallen (Paß, Ausweis)* || *verklingen (Ton)* || *verstummen (Stimme)* || *verwelken (Pflanze, Blume)* || *außer Kraft treten (Norm, Bestimmung)* || fig *ausgehen* || ◊ *mañana expira el plazo morgen läuft die Frist ab* || *antes de* ~ *el mes vor Monatsschluß* || *al* ~ *nach Ablauf*

expla|nación f *Ebnen* n, *Einebnung* f || *Bodenebnung, Nivellierung, Planierung* f || *Erläuterung, Erklärung* f || **-nada** f *(eingeebnetes) Gelände* n || *Ebene* f || *Vorplatz* m || *(freier) Platz* m, *Esplanade* f || ⟨Mil⟩ *Wallböschung* f, *Glacis* n, || ⟨Fort⟩ *Mauerplattform* f || ⟨Mil⟩ *Batterieplanke, Geschützbettung* f || **-nadora** f *Flachbagger* m || **-nar** vt *erklären, auslegen* || *einebnen, nivellieren*

explayada adj ⟨Her⟩ *mit ausgebreiteten Schwingen (Doppeladler)*

explayar vt *erweitern, aus|dehnen, -breiten* || fig *erklären, auseinandersetzen, darlegen* || fig *schweifen lassen* bzw *weiten (Blick)* || **-se** *sich ausdehnen* || fig *sich verbreiten (im Reden)* || fig *sich zerstreuen* || fig *jdm sein Herz ausschütten, sich aussprechen*

expletivo adj ⟨Li⟩ *expletiv, Füll-* || *partícula* ~a *Füllwörtchen* n

expli|cable adj *erklärlich* || *verständlich* || **-cación** f *Erklärung* f, *Aufschluß* m || *Auseinandersetzung* f || *Auslegung, Deutung* f || *Vortrag* m || ◊ pedir ~ *Genugtuung verlangen* || dar ~es *e–e Ehrenerklärung abgeben, Genugtuung geben* || sin dar ~ *ohne Angabe des Grundes* || dar ~ *Aufschluß geben* (sobre *über* acc) || **-caderas** *fpl:* ◊ *tener buenas* ~ *fam ein gutes Mundwerk haben* || **-car** [c|qu] vt *erklären, erläutern, auseinandersetzen* || *deuten, auslegen* || *aufklären* || *äußern, ausdrücken* || *entschuldigen* || ~ vi/t *Vorlesungen halten, lesen (an der Universität usw)* || *vortragen, unterrichten* || ~**se** *seine Meinung kundgeben* || *sich rechtfertigen, entschuldigen* (con alg. *bei jdm* dat) || *sich auseinandersetzen* || *sich et erklären können, et begreifen, et verstehen* || ◊ *¡explíquese! sprechen Sie klar und deutlich* || *no me lo* -co, *eso no se* -ca *das ist (mir) unbegreiflich* || ¿me -co? *verstehen Sie mich?* || **-cativo, -catorio** adj *erläuternd, erklärend* || *nota* ~a *Fußnote, erklärende Anmerkung* f || *Erläuterung* f || *Gebrauchsanweisung* f

explícito adj *ausdrücklich, bestimmt, klar* || *explizit* || adv: ~**amente**

explo|ración f *Erforschung* f || *Forschung* f || *Nachforschung* f || *Ausspürung* f || ⟨Mil⟩ *Kundschaft, Erkundung, Aufklärung* f || ⟨Med⟩ *ärztliche Untersuchung* f || ⟨Tel El⟩ *Abtastung* f || ⟨Bgb⟩ *Schürfung* f || ⟨Bgb⟩ *Prospektion* f || fig *Prüfung, Sondierung* f || ~ *ártica Nordpolarforschung* f || ~ *espacial,* ~ *cósmica,* ~ *del cosmos (Welt) Raumforschung* f || *viaje de* ~ *Forschungs-, Entdeckungsreise* f || *Erkundungsfahrt* f || ~ *aérea Luftaufklärung* f || **-rador** m *Forscher, Untersucher* m || *Entdeckungsreisende(r)* m || ⟨Sp⟩ *Pfadfinder* m, fam *Wandervogel* m || ⟨Mil⟩ *Kundschafter, Aufklärer* m || *Späher* m || ~es *de las regiones árticas Nordpolfahrer* mpl || **-rar** vt *aus-, erforschen* || *genau untersuchen* || *auskundschaften, erkunden* || ⟨Med⟩ *ärztlich untersuchen* || ⟨Mil⟩ *aufklären, auskundschaften, erkunden* || ⟨Mil⟩ *ausspähen* || ⟨TV⟩ *abtasten* || **-rativo, -ratorio** adj *Forschungs-* || fig *Sondierungs-* || *viaje* ~ *Forschungsreise* f || **-ratorio** m ⟨Med⟩ *Untersuchungsgerät* n || *Sonde* f

explo|sión f *Ausbruch* m, *Zer|springen, -platzen* n || *Bersten* n || *Sprengen* n, *Sprengung* f || *Explosion* f, *Knall* m *(Motor)* || fig *Ausbruch* m *e–r Leidenschaft* || fig *Explosion* f || ~ *de cólera (odio) Zornes- (Haß)ausbruch* m || ~ *demográfica Bevölkerungsexplosion* f || ~ *nuclear Kernexplosion* f || ~ *prematura Früh-, Fehl|zündung* f || ~ *retardada* ⟨Mil⟩ *Spät|zerspringer, -zünder* m || ⟨Aut⟩ *Spätzündung* f || ~ *de risa Lach|salve* f, *-stürme* mpl || hacer ~ *explodieren* || **-sionar** vi ⟨Tech⟩ *explodieren* || → a **explotar** || **-sivo** adj ⟨Chem⟩ *explosiv, Spreng-, Explosiv-, Knall-, Schlag-* || *consonante* ~a ⟨Gr⟩ *Explosiv, Verschlußlaut* m || **-sivo** m *Sprengstoff* m || *Sprengkörper* m || **-sor** m ⟨Tech Bgb⟩ *Zündapparat* m, *Zündmaschine* f

explo|table adj *nutzbar* || *urbar, anbaufähig* || *betriebsfähig* || *verwertbar* || ⟨Bgb⟩ *abbaufähig* || **-tación** f *(Aus)Nutzung* f (& fig) || *Ausbeutung* f || ⟨Bgb⟩ *Abbau* m || *Unternehmen* n || *Betrieb* m, *Fabrik* f || *Berg-, Grubenbau* m || ~ *abusiva Raubbau* m || ~ *a cielo abierto Tagebau* m || ~ *minera Bergbau* m || ~ *forestal Waldnutzung* f || *Forstbetrieb* m || ~ *subterránea Untertagebau* m || *capital de* ~ *Betriebskapital* n || *estado de* ~ *Ausbeutungsstadium* n || *gastos (od costos) de* ~ *Betriebskosten* pl || ◊ *instalar una* ~ *e–n Betrieb einrichten* || **-tador** m *Nutzer* m || *Ausbeuter* m (& fig) || **-tar** vt *(an)bauen* || *betreiben (Geschäft)* || *bewirtschaften* || *aus|beuten, -nützen* || ⟨Bgb⟩ *ausbeuten, betreiben* || fig *ausnützen* || *aus|beuten, -saugen* || ◊ ~ *el negocio de representaciones e–e Geschäftsvertretung innehaben* || ~ vi *explodieren, zerplatzen, in die Luft gehen, bersten* || *krepieren (Geschoß)* || fig *sich plötzlich Luft machen (Gefühl, Zorn)*

expo|liación f *Beraubung, Plünderung* f || **-liador** m *Plünderer* m || **-liar** vt *(be)rauben, (aus-)plündern*

Exp.on Abk = **Expedición** || **Exposición**

exponen|cial adj ⟨Math⟩ *Exponential-, exponentiell* || **-te** m *Bittsteller, Einreichende(r)* m || ⟨Math⟩ u. fig *Exponent* m || ⟨Jur⟩ *Antrag-, Bitt|steller, Einreichende(r)* m || fig *Maßstab, Gradmesser* m || *Am Muster* n

exponer vt/i [irr → **poner**] *ausstellen* || *öffentlich ausstellen (Waren, e–n Leichnam)* || *ausstellen, e–e Ausstellung beschicken* || *dar-, vor|legen, -tragen* || *auslegen, erklären* || *entwickeln, auseinandersetzen (Gedanken, Plan)* || *aussetzen (e–r Gefahr)* || *aussetzen (ein Kind)* || *preisgeben* || ⟨Jur⟩ *vorstellen, auseinandersetzen* || ⟨Phot⟩ *belichten* || ~ (el Santísimo Sacramento) ⟨Kath⟩ *das Allerheiligste aussetzen* || ◊ ~(se) a un *riesgo (sich) e–r Gefahr aussetzen, (sich) bloßstellen* || ~se a un *desaire sich e–r Unannehmlichkeit aussetzen*

expor|table adj *ausführbar, exportfähig (Ware)* || **-tación** f *Ausfuhr* f, *Export* m || *Ausfuhrhandel* m || *ausgeführte Ware* f || ~ *de cereales Getreideausfuhr* f || *artículo de* ~ *Exportartikel* m || *derecho de* ~ *Ausfuhrzoll* m || *comercio, negocio de* ~ *(od* ~es*) Ausfuhrhandel* m || *cupo de* ~ *Ausfuhrkontingent* n || *permiso de* ~ *Ausfuhrbewilligung* f || *prohibición de* ~ *Ausfuhrverbot* n || ~es *fpl Ausfuhrhandel* m || *ausgeführte Güter* npl

expor|tador m/adj *Exporteur, Ausfuhrhändler* m || *Ausfuhr\firma* f, *-haus* n || ~ adj *exportierend* || *Ausfuhr-* || *casa* ~a *Exporthaus* n || *el país* ~ *das Ausfuhrland* || **-tar** vt *exportieren, ausführen (Waren)* || fig *ins Ausland verpflanzen (Sitten usw)*

expo|sición f *(öffentliche) Ausstellung* f || *Darlegung* f || *Auslegung, Erklärung* f || *Äußerung, Aussage* f || *(ausführliche) Erzählung* f || *Exposition* f *(im Drama)* || *(Kunst-, Gewerbe)Ausstellung* f || *Gefährdung* f || *Bloßstellung* f || *Einsatz* m || *Lage* f *(zu den Himmelsrichtungen)* || ⟨Jur⟩ *Eingabe, Vorstellung* f || ⟨Phot⟩ *Belichtung(szeit)* f || *Zeitaufnahme* f || ~ *ambulante Wander\schau, -ausstellung* f || ~ *del automóvil Automobilausstellung* f || ~ *de arte Kunstausstellung* f || ~ *canina Hundeausstellung* f || ~ *corta,* ~ *insuficiente, poca* ~ *Unterbelichtung* f || ~ *industrial Gewerbeausstellung* f || ~ *de un niño Kindesaussetzung* f || ~ *al mediodía,* ~ *al sur Lage* f *nach Süden* || ~ *permanente Dauerausstellung* f || ~ *universal Weltausstellung* f || *exceso de* ~ ⟨Phot⟩ *Überbelichtung* f || *salas de* ~ *Ausstellungsräume* mpl *tabla de las exposiciones (od de* ~) *Belichtungstabelle* f || *tiempo de* ~ ⟨Phot⟩ *Belichtungszeit* f || *terreno(s) de la* ~ *Ausstellungsgelände* n || ◊ *concurrir a la* ~ *die Ausstellung beschicken* || *fotografiar con* ~ *e-e Zeitaufnahme machen* || **-símetro** m ⟨Phot⟩ *Belichtungsmesser* m || **-sitivo** adj *darlegend, erläuternd*

expósito m/adj *Findelkind* n || *ausgesetztes Kind* n || *casa de* ~s *Findelhaus* n

expositor m/adj *Ausleger, Erklärer* m || *Aussteller* m *(in e-r Gewerbeausstellung usw)* || *casa* ~a *ausstellende Firma* f

expr. Abk = **expresión**

exprés m *Schnellzug* m (→ **expreso**) || Mex *Transportgeschäft* n || ~ adj/s *(café)* ~ *Espresso* m

expre|sado adj *erwähnt, obenerwähnt, genannt* || *ausdrücklich* || *en las condiciones* -sadas *unter den gegebenen Bedingungen* || **-samente** adv *ausdrücklich, besonders, lat expressis verbis* || *absichtlich* || *eigens* || **-sar** vt *aus\drücken, -sprechen* || *äußern, zu erkennen geben* || *genau angeben* || *(Dank) aussprechen* || ◊ ~ *su temor seine Besorgnis aussprechen* || ◊ ~ *su semblante* -só *pesadumbre er machte e-e betrübte Miene* || ~se *sich ausdrücken, sich äußern* || ◊ ~ *bien sich richtig ausdrücken* || *como (od según) abajo se expresa wie unten angeführt* || ¿me *expreso? Am verstehen Sie, was ich meine?* || **-sión** f *Ausdruck* m *(in der Rede)* || *(Gesichts)Ausdruck* m, *Gebärde* f || *Äußerung, Kundgebung* f || *Eröffnung, Erklärung* f || *Nachdruck* m || ⟨Mus⟩ *Gefühl* n, *Vortrag, Ausdruck* m || ⟨Mal⟩ *Ausdruck* m || *algebraischer Ausdruck* m, *(Glied* n *e-r) Formel* f || *Wort* n, *Ausdruck* m || *Redensart, Redewendung* f || *Aus\drücken, -pressen* n || ~ *de la cara,* ~ *del rostro Gesichtsausdruck* m || *popular Volksausdruck* m || ~ *vulgar,* ~ *ordinaria,* ~ *baja gemeiner Ausdruck* m || *sin* ~ *ausdruckslos* || ~es pl *Grüße, Empfehlungen* pl *an jdn* || ~ *fuertes* fig *Kraftausdrücke* mpl || ¡(muchas) ~ *a su padre! (viele) Empfehlungen an Ihren Herrn Vater!* || **-sionismo** m Ku *Expressionismus* m || **-sionista** m/s *expressionistisch* || ~ m *Expressionist* m || **-sivo** adj *ausdrucksvoll, rührend, gefühlvoll* || *herzlich, liebevoll* || ⟨Mus⟩ *ausdrucks-*

voll || *dar las más* ~as *gracias* ⟨Com⟩ *seinen verbindlichsten Dank aussprechen, verbindlichst danken* || **-so** pp/irr v. **-sar** || ~ adj *ausdrücklich, deutlich* || *genau angeben* || (tren) ~ *Expreß(zug)* m || *Schnellzug* m || *Sonderzug* m || ~ m *Eilbote* m || *Eilbrief* m || Am *Expreßkompanie* f *(für den Transport von Reisegepäck)* || *mandar por* ~ *als Eilgut (versenden)* || *durch Eilboten* || ~ adv *absichtlich*

expri|melimones m, **-midera** f *Zitronen\auspresser* m, *-presse* f *(Tischgerät)* || **-midero**, **-midor** m *Preßvorrichtung* f || **-mir** vt *aus\pressen, -drücken* || fig *jdn auspressen, jdn ausbeuten* || fig *jdn aussaugen* || fig *aus\drücken, -sprechen* || fig *ins Ausland verpflanzen (Sitten*

ex profeso, exprofeso lat adv *mit Bedacht, eigens, geflissentlich* || *absichtlich*

expro|piación f ⟨Jur⟩ *Enteignung* f || *Expropriation* f || ~ *por causa de utilidad pública Expropriation* f *im öffentlichen Interesse* || ~ *forzosa* ⟨Jur⟩ *Zwangsenteignung* f || **-piador** adj/s *enteignend, Enteignungs-* || ~ m *Enteigner* m || ⟨Soz⟩ *Expropriateur* m || **-piar** vt ⟨Jur⟩ *(zwangsweise) enteignen* || ⟨Soz⟩ *expropriieren*

expuesto pp/irr v. **exponer** || ~ adj *gefährdet* || *preisgegeben, ausgesetzt* || *gefahrvoll, gefährlich* || ~ *a perturbaciones* ⟨Tech⟩ *störanfällig* || (no) ~ ⟨Phot⟩ *(un)belichtet* || ◊ *estar* ~ *al público aufliegen (Liste)* || *eso es muy* ~ *das ist sehr gefährlich*

expugnar vt *erstürmen, erobern (Bollwerk, Festung)*

expul|sado m *Vertriebene(r)* m || **-sar** vt *vertreiben (de aus dat)* || *aus\treiben, -stoßen (de aus dat)* || *verbannen, ausstoßen* || *ausschließen (aus e-r Gesellschaft)* || *relegieren (einen Studenten)* || ⟨Tech⟩ *aus\spülen, -stoßen-, -werfen* || ⟨Med⟩ *abstoßen* || *entfernen* || ◊ ~ *a puntapiés* fam *hinauswerfen* || **-sión** f *Aus-, Ver\treibung* f || *Aus-, Ver\weisung* f || *Ausschluß* m || *Verstoßung* f || *Rele\gierung, -gation* f *(eines Studenten),* fam *Laufpaß* m || ⟨Jur⟩ *Ausweisung* f || ⟨Kath⟩ *Entlassung* f || ⟨Med⟩ *Ausscheidung* f, *Ab\gang* m, *-stoßung* f || ⟨Tech⟩ *Aus\stoßen, -werfen* n || ⟨Sp⟩ *Platzverweis* m || ~ *del feto* ⟨Med⟩ *Austreibung* f *der Frucht* || **-so** pp/irr v. **expeler, -sar**

expur|gación f, **-go** m *Reinigung, Säuberung* f || *Zensieren* n || *Ausmerzung* f *anstößiger Stellen (aus e-m Buch)* || **-gador** m *Zensor* m || **-gar** (g/gu) vt *reinigen, säubern* || fig *zensieren, die anstößigen Stellen ausmerzen od entfernen (aus e-m Buch usw)* || **-gatorio:** (índice) ~ ⟨Kath⟩ *Index* m *(librorum prohibitorum), Verzeichnis* n *der verbotenen Bücher* || **-go** m *Reinigung, Säuberung* f

expuse → **exponer**

exqui|sitez [pl **-ces**] f *Vortrefflichkeit, Vorzüglichkeit, Köstlichkeit* f || *Leckerbissen* m || **-sito** adj *auserlesen, köstlich, vortrefflich, ausgezeichnet* || *reizend*

ext. Abk = **exterior(mente)** || **extremo** || **externo** || **extensión** || **extracto**

extasiar [pres -io] vt *verzücken* || *hinreißen* || ~se vr *in Verzückung geraten, schwärmen* || figf *(laut) s-e Bewunderung äußern*

éxtasis m *Entzückung, Ekstase* f || *religiöse Verzückung* f || *Schwärmerei, Ekstase, Verzükkung* f || ⟨Med⟩ *Stauung, Stase* f || ◊ *caer en* ~ *in Verzückung geraten*

extático adj *entzückt, begeistert, entrückt, ekstatisch* || *schwärmerisch* || *estado* ~ *Verzückung* f || ~ m *Verzückte(r), Ekstatiker* m

extempo|raneidad f *Mangel* m *an Vorbereitung, Plötzlichkeit* f || **-ráneo** adj *unzeitgemäß* || *unvorbereitet, plötzlich* || *unangebracht, unpassend*

exten|dedor m *Nudel\holz* n, *-walker* m *(Küchengerät)* || *Schuhspanner* m || **-der** [-ie-] vt *aus\breiten, -strecken* || *aus\dehnen, -spannen* ||

extendido — extracto 526

ausbreiten (Heu) ‖ strecken, recken ‖ ⟨Jur⟩ ausdehnen (ein Recht) ‖ erweitern, ausdehnen, vergrößern ‖ aus|stellen, -fertigen (Urkunden, Scheck) ‖ ausstellen (Paß) ‖ verbreiten (Nachrichten) ‖ ausbreiten (Teppich, Decke) ‖ streichen (Butter, Honig) ‖ verstreichen (Farbe) ‖ verlängern (Frist) ‖ ◊ ~ el límite, ~ las relaciones ⟨Com⟩ das Limit, die Verbindungen ausdehnen ‖ ~ una escritura ein Schriftstück aufsetzen, ausfertigen ‖ ~ el mercado ⟨Com⟩ das Absatzgebiet erweitern ‖ ~ la pintura die Farbe mit dem Pinsel verstreichen ‖ ~ los poderes die Vollmacht erweitern ‖ ~ por tierra auf der Erde ausbreiten (Decke) ‖ ~ la vista in die Ferne blicken ‖ ~se sich ausdehnen, sich ausbreiten (hasta bis an acc, bis zu dat) ‖ sich verbreiten ‖ sich hinziehen (Berge) ‖ sich erstrecken (Land) ‖ dauern (a bis) ‖ fig sich verbreiten, um sich greifen ‖ fig Wurzel fassen ‖ sich weitläufig auslassen (im Reden) ‖ ⟨Mil⟩ ausschwärmen ‖ figf dicktun ‖ ◊ ~ hasta el valle sich bis in das Tal erstrecken ‖ ~ en discusiones sich weitläufig auslassen ‖ sich in Diskussionen verlieren ‖ ~ sobre un asunto sich über et verbreiten, bei e-r S. verweilen ‖ **–dido** adj ausgedehnt, weit ‖ ausführlich, umständlich ‖ weitverzweigt (Geschäftsverbindungen) ‖ adv: ~**amente** ‖ estar muy ~ weit verbreitet sein ‖ ~ a nombre de ... ausgestellt auf den Namen ... ‖ **–sibilidad** f Dehnbarkeit f ‖ **–sible** adj dehn-, streck|bar ‖ elastisch ‖ ausdehnbar ‖ erweiterungsfähig ‖ ausziehbar (Tisch) ‖ **–sión** f (räumliche) Ausdehnung f ‖ (Aus)Streckung f ‖ Erweiterung f ‖ Fläche f ‖ Umfang m ‖ Dehnung f ‖ Länge f ‖ Dauer f ‖ ⟨Ak⟩ Multiplexorgel f ‖ ⟨Mus⟩ Stimmumfang m ‖ Strecke f Landes ‖ ⟨Tel⟩ Nebenstelle f ‖ fig allgemeine Bildung f ‖ la ~ de los negocios der Umfang der Geschäfte ‖ la ~ del tiempo die Länge der Zeit ‖ un hombre en toda la ~ de la palabra ein Mann in des Wortes wahrstem Sinne ‖ servicio de ~ agricola landwirtschaftlicher Beratungsdienst m ‖ ◊ tomar ~ Umfang annehmen, zunehmen ‖ **–sivo** adj ausdehnend ‖ ausdehnbar ‖ ⟨Agr⟩ extensiv ‖ Dehn-, Streck-| cultivo ~ Extensivkultur f ‖ ◊ hacer la prohibición ~a a das Verbot ausdehnen (auf acc) ‖ hago ~ mi agradecimiento (a) ich danke ferner (dat) ‖ **–so** pp/irr v. **extender** ‖ adj ausgedehnt, weit ‖ ausführlich, eingehend ‖ ausgedehnt (Lager, Handel) ‖ por ~ umständlich, ausführlich ‖ ~as relaciones ausgedehnte Verbindungen fpl ‖ adv: ~**amente** ‖ umständlich ‖ weit ausholend ‖ ausführlich ‖ **–sor** m/adj ⟨An⟩ Streckmuskel, Strecker m ‖ ⟨Tech⟩ Spanner m ‖ ⟨Sp⟩ Expander m ‖ ~ adj Streck-
exte|nuación f Entkräftung, Ermattung, Erschöpfung f ‖ ⟨Rhet⟩ = **atenuación** ‖ **–nuado** adj matt, erschöpft ‖ mager, ausgemergelt ‖ **–nuante**, **–nuativo** adj erschöpfend ‖ schwächend ‖ ermattend ‖ **–nuar** [pres –úo] vt abzehren, entkräften, erschöpfen ‖ ~**se** vr sich erschöpfen ‖ sich aufreiben ‖ sich abarbeiten
exte|rior adj äußere(r), äußerlich, Außen- ‖ außerhalb befindlich ‖ auswärtig (Handel, Markt) ‖ ausländisch ‖ comercio ~ Außenhandel m ‖ cuarto ~ Zimmer n zur Straße ‖ deuda ~ Auslands|schuld, -verschuldung f ‖ obras ~es ⟨Mil⟩ Außenwerke npl ‖ ~ m Äußere(s) n ‖ Aussehen n ‖ Benehmen n ‖ Anstand m ‖ Ausland n ‖ Außenwelt f ‖ al ~, a lo ~ äußerlich ‖ ~es mpl Außenaufnahmen fpl (Film) ‖ adv: ~**mente** ‖ **–rioridad** f Äußerlichkeit f ‖ ~**es** fpl Formalitäten fpl ‖ äußeres Gepränge n ‖ **–riorización** f Äußerung f ‖ Veräußerlichung f ‖ Ausdruck m ‖ **–riorizar** [z/c] vt äußern, erklären, ausdrücken ‖ an den Tag legen
exter|minación f = **–minio** ‖ **–minador** adj ausrottend, vertilgend, vernichtend ‖ ángel ~ Würg-

engel m ‖ **–minar** vt ver|bannen, -jagen ‖ fig aus|-rotten, -merzen, vertilgen, vernichten ‖ fig ⟨Mil⟩ verwüsten ‖ **–minio** m Ausrottung, Ver|tilgung, -wüstung, -nichtung, Zerstörung f ‖ fig Untergang m ‖ guerra (campo) de ~ Vernichtungs|krieg m (-lager n) ‖ una mueca de ~ fig joc e–e vernichtende Miene f
exter|nado m Externat n, Pension, Schule f ohne Beköstigung ‖ **–namente** adv äußerlich ‖ nach außen ‖ **–no** adj äußerlich, Außen- ‖ außerhalb wohnend ‖ fremd ‖ auswärtig ‖ ⟨Pharm⟩ äußerlich (Gebrauch) ‖ ~ m Externe(r), auswärtiger Schüler, Außenschüler m
exterritorialidad f = **extraterritorialidad**
extin|ción f (Aus)löschen (des Feuers) ‖ Löschung f ‖ Erlöschen, Aussterben n (e–r Rasse, e–r Art u.ä.) ‖ fig (völlige) Erschöpfung f ‖ fig Vertilgung, Ausrottung f ‖ fig Tilgung f (e–r Rente) ‖ fig Untergang m (e–s Staates) ‖ ~ de una deuda Ausgleichung f e–r Schuld ‖ **–guido** adj erloschen (Firma) ‖ **–guir** [gu/g] vt (aus)löschen (Licht, Flamme) ‖ ersticken (Flamme, Glut) ‖ fig ausrotten (Rasse, Art) ‖ fig dämpfen, schwächen ‖ fig vertilgen, ausrotten ‖ tilgen (Rente) ‖ aufheben ‖ ◊ ~ los odios den Haß tilgen ‖ ~**se** vr allg ⟨Jur Com⟩ u. fig erlöschen ‖ verlöschen ‖ fig ausgehen ‖ fig verklingen (Ton, Stimme) ‖ abklingen ‖ fig aussterben ‖ **–to** part pass irr v.
extinguir ‖ ~ adj Arg Chi tot, verschieden ‖ volcán ~ erloschener Vulkan m ‖ ~ m ⟨Lit⟩ Arg Chi Toter, Verschiedener m ‖ **–tor** adj/s Lösch- ‖ ~ m (~ de incendios) m Feuerlöschgerät n ‖ ~ de nieve carbónica Kohlensäure(feuer)löscher m
extir|pable adj ausrottbar, auszurotten(d) ‖ ⟨Chir⟩ operierbar ‖ **–pación** f Ausrottung, Entwurzelung f ‖ ⟨Chir⟩ Wegnahme, Exstirpation, Entfernung f ‖ ⟨Agr⟩ Vernichtung f (Unkraut) ‖ **–pador** m ⟨Agr⟩ (Tiefen)Grubber m ‖ **–par** vt ausrotten (Unkraut) ‖ herausreißen ‖ ⟨Chir⟩ entfernen, exstirpieren ‖ (Mißbrauch) abstellen ‖ (Irrtum) berichtigen
extorno m ⟨Com Wir⟩ Gegen-, Rück|buchung f, Storno m ‖ Prämienrückvergütung f
extor|sión f Erpressung f ‖ fig Beeinträchtigung, Störung f ‖ **–sionar** vt erpressen ‖ fig stören, beeinträchtigen
extr. Abk = **extracto** ‖ **extranjero**
[1]**extra** prep fam außer, nicht inbegriffen ‖ ~ del sueldo fam außer dem Lohn
[2]**extra** m fam Lohnzulage, Zugabe f ‖ Extravergütung f ‖ Extraspeise f ‖ ⟨Mil⟩ Sonderverpflegung f ‖ ⟨Aut⟩ Sondereinrichtung f, Extra n ‖ ⟨Filmw⟩ Statist(erie f) m ‖ fam Aushilfskellner m ‖ Am Extraspesen fpl
[3]**extra** adj fam außergewöhnlich, ausgezeichnet ‖ Sonder-, Extra- ‖ fam feinste(r), fam prima ‖ es algo ~ das ist et (ganz) Besonderes ‖ fam das ist prima! ‖ horas ~ fam Überstunden fpl
extracción f (Her)Ausziehen n ‖ ⟨Bgb⟩ Förderung, (Erz)Gewinnung f ‖ ⟨Chem⟩ Ausziehen n, Extraktion f ‖ Bergung f (des Schiffes) ‖ Ausziehen n e–s Zahnes, Extraktion f ‖ ⟨Med⟩ Aushebung f ‖ fig Herkunft f ‖ ~ del contenido gástrico Aushebung f des Magens ‖ ~ de sangre Blutentnahme f ‖ ~ de la raíz ⟨Math⟩ Wurzelziehen n ‖ de baja ~ niederer Herkunft ‖ tipo de ~ Ausmahlungsgrad m (z. B. des Mehles) ‖ ~ sin dolor schmerzloses Zahnziehen n
extracontractual adj ⟨Jur⟩ außervertraglich
extracorriente f ⟨El⟩ Extrastrom m
extracorto adj/s ⟨Radio⟩ ultrakurz (Welle)
extrac|tar vt ausziehen, im Auszug bringen ‖ exzerpieren (ein Werk), Auszüge machen (aus e–m Buch usw) ‖ zusammenfassen (Buch) ‖ **–tivo** adj Auszugs- ‖ Extraktiv- ‖ Förder- ‖ **–to** m Auszug m, kurzgefaßte Angabe f (bei e–r Rechnung, bei e–m Konto od e–m Text) ‖ (alkoholischer, ätherischer) Extrakt m ‖ ~ de carne

Fleischextrakt m ‖ ~ *de malta Malzextrakt* m ‖ en ~ *auszugsweise* ‖ en ~ *im Auzug, auszugsweise* ‖ *zusammengefaßt* ‖ ◊ *hacer el* ~ *de cuenta e–e Rechnung ausziehen* ‖ **–tor** *m* ⟨Tech⟩ *Auszieher* m *(an Waffen)* ‖ *Abzieher* m ‖ *Absauger* m ‖ ⟨Chir⟩ *Extrakteur* m ‖ ⟨Agr⟩ *Schleuder* f ‖ ~ *de aire Entlüftungsapparat* m
extra|dición *f Auslieferung* f *von Verbrechern (an die betreffende Regierung)* ‖ *tratado de* ~ *Auslieferungsvertrag* m ‖ **–dido** *m Ausgelieferte(r)* m
extradós *m* ⟨Arch⟩ *Bogen-, Gewölbe|rücken* m ‖ ⟨Flugw⟩ *Saugseite* f *(z.B. der Luftschraube)*
extraer vt [irr → **traer**] *heraus|ziehen, -nehmen* ‖ *herausreißen (Pflanze)* ‖ *abziehen (Flüssigkeit)* ‖ *ausheben (Erde)* ‖ *(her)auspressen (Saft)* ‖ *entfernen (Fremdkörper)* ‖ *ausführen (Waren)* ‖ ⟨Chem⟩ *ausziehen* ‖ *gewinnen* ‖ ⟨Bgb⟩ *fördern* ‖ *exzerpieren (Buch)* ‖ ◊ ~ *la raíz* ⟨Math⟩ *die Wurzel ziehen* ‖ ~ *un diente sin dolor e–n Zahn schmerzlos (aus)ziehen*
extra|europeo adj *außereuropäisch* ‖ **–fino** adj *extra-, super|fein*
extraje → **extraer**
extra|judicial adj *außergerichtlich* ‖ **–jurídico** adj *außerrechtlich* ‖ **–legal** adj *außergesetzlich* ‖ *unerlaubt* ‖ **–limitación** *f* fig *Überschreitung* f *(der Befugnisse)* ‖ *Ausschreitung* f *(über die Grenzen des Erlaubten)* ‖ **–limitarse** vr fig *die Grenzen (des Erlaubten) überschreiten* ‖ fig *zu weit gehen* ‖ **–lingüístico** adj *außersprachlich* ‖ **–matrimonial** adj *außerehelich* ‖ **–muros** adv *außerhalb der Stadt, außerhalb der Tore* ‖ *los caseríos de* ~ *die außerhalb der Stadtgrenze befindlichen Bauten* mpl
extrangular vt unr *für* **estrangular**
extran|jería *f Fremden-, Ausländer|tum* n ‖ desp *Ausländerei* f ‖ *Ausländerstatus* m ‖ *Fremdenpolizei* f ‖ *disposiciones (legales) de* ~ *Ausländergesetz* n ‖ *derecho de* ~ *Fremdenrecht* n ‖ **–jerismo** *m Vorliebe für alles Fremde, fürs Ausland* ‖ *fremdsprachliche Redewendung* f, *Fremdwort* n ‖ *Ausländerei* f ‖ **–jerizar** [z/c] vt *ausländische* bzw *fremde Sitten usw einführen* (in dat), *überfremden* ‖ **~se** *sich im Auslande einbürgern* ‖ *sich ausländische Sitten aneignen* ‖ **–jero** adj/m *fremd, ausländisch* ‖ *Auslands-* ‖ *in der Fremde wohnend, ansässig* ‖ *el Ministerio de Asuntos* ~s *das Auswärtige Amt, Außenministerium* ‖ *moneda* ~a *fremdes Geld* n ‖ *valores* ~s *ausländische Papiere* npl ‖ *Devisen* fpl ‖ ~ *m Fremde(r), Ausländer, Fremdling* m ‖ *im Ausland ansässiger Mensch* m ‖ *Fremde* f, *Ausland* n ‖ Am *(auch) Bewohner m Iberoamerikas nichtspanischer Abstammung* bzw *dessen Muttersprache nicht Spanisch ist* ‖ *representación en el* ~ *Auslandsvertretung* f ‖ *letras de cambio sobre el* ~ *Auslandswechsel* mpl ‖ *registro de* ~s Span *Ausländerverzeichnis* n ‖ ◊ *residir en el* ~ *im Ausland leben* ‖ **–jía** *f* fam = **–jería** ‖ *de* ~ fam → **–jero** ‖ fig fam *überraschend, sonderbar* ‖ *unerwartet* ‖ **–jis** *m* pop *Ausländer* m ‖ *Ausland* n ‖ *de* ~ fam *heimlich, verstohlen*
extranumerario adj/s *außerordentlich(es Mitglied e–r Körperschaft)*
extra|ñamente adv *sonderbar* ‖ *merkwürdig* ‖ *seltsam* ‖ **–ñamiento** *m Verbannung* f *(aus dem Staatsgebiet)* ‖ Span *Landesverweisung* f *(12–20 Jahre)* ‖ = **–ñeza** ‖ **–ñar** vt *verbannen, des Landes verweisen* ‖ *ver|stoßen, -jagen* ‖ *verschmähen* ‖ *ungewohnt finden, nicht gewohnt sein (an* acc*)* ‖ *seltsam vorkommen* (dat) ‖ *befremden, wundern* ‖ *erstaunen über* (acc) ‖ prov And MAm Chi Ec Mex *vermissen* ‖ ◊ *me extraña su conducta sein Benehmen befremdet mich* ‖ *me extrañó comprobar que ich stellte mit Erstaunen fest, daß* ‖ *extraño esta cama ich bin an dieses Bett nicht gewöhnt* ‖ *no lo extraño ich*

wundere mich nicht darüber ‖ **~se** *sich entfremden* ‖ *sich entzweien* ‖ *sich weigern* ‖ *befremdend wirken* ‖ *erstaunt sein über* (acc), *sich über et* (acc) *wundern* ‖ ◊ ~ *de a. staunen, stutzen, verwundert sein über et* (Am & vi) ‖ ~ *de hacer a/c sich e–r Sache entziehen* ‖ **–ñeza, extrañez** [*pl* **–ces**] *f Entfremdung, Abneigung* f ‖ *Verwunderung* f, *Erstaunen* n ‖ *Befremden* n ‖ *Seltsam-, Sonderbar|keit* f ‖ ◊ *causar* ~ *befremdend wirken, verdutzen* ‖ **–ño** adj *fremd, ausländisch* ‖ *fremdartig, nicht arteigen* ‖ *auswärtig, ungewohnt, außerordentlich* ‖ *seltsam, sonderbar* ‖ *launenhaft* ‖ ~ *al hecho nicht zur Sache gehörig* ‖ ¡*cosa* ~a! *sonderbar! país* ~ *Fremde* f, *Ausland* n ‖ ¡qué ~! *wie sonderbar!* ‖ ◊ *ser* ~ *a nichts zu tun haben mit* ‖ *no es* ~ (que subj) *es ist kein Wunder (daß* ind) ‖ *me parece* ~ *es befremdet mich* ‖ ~ *m Fremde(r), Ausländer* m ‖ △ ⟨Taur⟩ *Schrecken* m ‖ ◊ *hacer un* ~ *zusammenschrecken (Pferd)*
extra|oficial adj *außeramtlich* ‖ *inoffiziell, offiziös* ‖ *bolsa* ~ *Freiverkehr* m *(Börse)* ‖ **–ordinario** adj *außer|ordentlich, -gewöhnlich* ‖ *seltsam, ungewöhnlich* ‖ *merkwürdig* ‖ *großartig* ‖ *Sonder-, Extra-* ‖ fam *toll, hervorragend* ‖ fam *phantastisch* ‖ *comisión* ~ ⟨Com⟩ *Sonderprovision* f ‖ *rebaja* ~a *Extrarabatt* m ‖ ~ *m Sondergericht* n, *Extraspeise* f ‖ *Extrablatt* n *(Zeitung)* ‖ *Eilbote(nbrief)* m ‖ Am prov *Trinkgeld* n ‖ **–polación** *f Extrapolation* f ⟨Math⟩ *u. Statistik)* ‖ **–polar** vt ⟨Math⟩ *extrapolieren* ‖ **–rradio** *m (äußeres) Stadtgebiet* n ‖ pop *Taxifahrt* f *außerhalb des Stadtgebietes* ‖ **–rrápido** adj *über-, außerordentlich schnell* ‖ **–rregistral** adj *nicht im Grundbuch eingetragen* ‖ **–social** adj *außerhalb der gesellschaftlichen Ordnung* ‖ **–terrestre, –terreno** adj *außerirdisch, außerterrestrisch* ‖ **–territorialidad** *f Extraterritorialität* f ‖ **–tributario** adj *nicht steuerlich* ‖ **–uterino** adj ⟨Med⟩: *embarazo* ~, *gravidez* ~a *Bauchhöhlenschwangerschaft* f
extravagan|cia *f Sonderbarkeit* f ‖ *Narrheit, Extravaganz* f ‖ *(toller) Streich* m, *Ungehörigkeit* f ‖ *Ausschweifung, Überspanntheit, Ungereimtheit* f ‖ ◊ *no puedo aguantar sus* ~s *ich kann seine Launen, Grillen nicht ertragen, leiden* ‖ **–te** adj/s *seltsam, sonderbar* ‖ *überspannt* ‖ *närrisch, toll* ‖ *wunderlich* ‖ ~ *m Narr, Phantast*, fam *ulkiger Kauz, Spinner* m
extra|vasarse vr *austreten, sich ergießen (von Flüssigkeiten)* ‖ ⟨Med⟩ *aus den Gefäßen ins Zellgewebe austreten (Blut)* ‖ *(Saft aus e–r Pflanze) ausfließen* ‖ **–venarse** vr ⟨Med⟩ *aus den Blut|adern, -gefäßen austreten*
extra|versión *f* ⟨Psychol⟩ *Extraversion* f ‖ **–vertido** adj *extra-, extro|vertiert*
extra|viado adj *verirrt* ‖ fig *vom rechten Weg abgekommen* ‖ *verloren (Gegenstand)* ‖ *abgelegen* ‖ *in Verlust geraten (Wechsel)* ‖ **–viar** [pres *–io*] vt *vom Wege abbringen, irreführen* ‖ *verlegen (Papiere)*, fam *verkramen* ‖ *auf die Seite schaffen* ‖ ◊ ~ *la mirada den Blick ins Unbestimmte schweifen lassen* ‖ **~se** vr *sich verirren* ‖ fig *auf Abwege geraten* ‖ *abhanden kommen, verlorengehen* ‖ ◊ *se me ha* ~ *el pasaporte ich habe den Paß verlegt, der Paß ist mir abhanden gekommen* ‖ *ich habe meinen Paß verloren* ‖ *con los ojos* ~*viados mit verlorenem Blick* ‖ **–vío** *m Irregehen* n, *Verirrung* f *vom rechten Weg* ‖ *Abweg* m ‖ *Verlust* m ‖ *Abhandenkommen* n ‖ *Schaden, Beeinträchtigung* f ‖ fig *Ausschweifung* f ‖ figf *Störung* f ‖ figf *Unbequemlichkeit* f ‖ ~ *en correos Postverlust* m
extrema *f* fam → **extremaunción**
extre|mado adj *übertrieben, äußerst, extrem* ‖ *übermäßig* ‖ ~ *bailarín leidenschaftlicher Tänzer* m ‖ **~amente** adv *äußerst* ‖ *übermäßig* ‖ *unbeschreiblich* ‖ **–mar** vt *aufs Äußerste treiben* ‖ *übertreiben* ‖ ◊ ~ *su bondad seine Güte zu weit*

treiben ‖ ~ las medidas *es zu weit treiben* ‖ ~ los precios *die Preise in die Höhe treiben* ‖ ~ sus súplicas *dringend bitten* ‖ ~se en hacer a. *sich e-r S. befleißigen, sich anstrengen (bei dat bzw zu* + inf)
 extremaunción *f die Letzte Ölung*
 extremecer unr *für* **estremecer**
 extremeño m/adj *Bewohner* m *von Estremadura*
 extre|midad *f Äußerste(s), äußerstes Ende* n ‖ *entferntester Punkt* m ‖ *Rand* m, *Spitze* f ‖ ~**es** *pl Gliedmaßen, Extremitäten* fpl ‖ las ~ inferiores, superiores *die unteren, oberen Gliedmaßen* fpl ‖ **-mis** lat: in ~ fig *in den letzten Zügen* ‖ está in ~ fam *bei ihm ist Matthäi am letzten* ‖ **-mismo** m ⟨Pol⟩ *Extremismus* m, *(übersteigert) radikale Haltung* f ‖ **-mista** *m Anhänger* m *e-r extremen Idee* ‖ ⟨Pol⟩ *Radikale(r), Extremist* m ‖ ~ adj *extremistisch, radikal* ‖ **-mo** adj *letzt, äußerst, am weitesten entfernt* ‖ *äußerst, übermäßig, hochgradig* ‖ *extrem* ‖ *entgegengesetzt, gegensätzlich* ‖ *calor* ~ *erstickende Hitze* f ‖ la ~a izquierda ⟨Pol⟩ *die äußerste Linke* f, *die Linksextremisten* mpl ‖ necesidad ~a *höchste Not* f ‖ posición ~a *Endstellung* f ‖ los partidos ~s ⟨Pol⟩ *die extremen Parteien* fpl ‖ ~ *m äußerste(s) Ende* n ‖ *äußerste Grenze* f ‖ *Rand* m ‖ *höchste(r) Grad* m ‖ *Extrem* ‖ *Punkt* m, *Angelegenheit* f ‖ de ~ a ~ *von e-m Ende zum andern* ‖ *vom Anfang bis zum Ende* ‖ en ~, con ~, por ~ *äußerst, im höchsten Grade* ‖ *außerordentlich* ‖ a tal ~ *so weit* ‖ en este ~ *in dieser Hinsicht* ‖ en (od por) todo ~ *in jeder Hinsicht* ‖ *in allen Punkten* ‖ llevar al ~ *auf die Spitze treiben* ‖ ◊ ir (od pasar) de un ~ a otro *plötzlich umschlagen (Meinungen, Wetter usw)* ‖ *von e-m Extrem ins andere fallen* ‖ quedó reducido al ~ de pedir limosna *es blieb ihm nichts anderes übrig, als betteln zu gehen* ‖ llevó la broma hasta el ~ de *er trieb seinen Spaß so weit, daß* ‖ timido hasta el ~ de no poder contestar *so furchtsam, daß er nicht einmal antworten kann* ‖ ~s *pl Umstände* mpl, *Zimperlichkeit* f ‖ *Winterweide* f *(der Wanderherden)* ‖ ⟨Math⟩ *Außenglieder* npl *(e-r Formel)* ‖ ◊ los ~ se tocan fig *die Extreme berühren sich* ‖ contestó a todos los ~ de mi carta *er beantwortete meinen Brief Punkt für Punkt* ‖ hacer ~ fam *äußerste Freude (bzw Schmerz, Wut usw) zeigen* ‖ fam *sich schrecklich anstellen* ‖ adv ~**amente** ‖ **-moso** adj *über|mäßig, -trieben* ‖ *übertreibend* ‖ *überspannt (Person)* ‖ *sehr zuvorkommend* ‖ *überzärtlich*
 extrínseco adj *äußerlich* ‖ *nicht wesentlich* ‖ ⟨Jur⟩ *außergerichtlich* ‖ valor ~ *Nennwert* m *(der Banknoten usw)*
 extro|versión f, **-vertido** adj/s = **extra|versión, -vertido**
 extrusión f ⟨Geol⟩ *Extrusion* f *(Sammelbegriff für Ausfluß von Lava und Auswurf von Lockermaterial an Vulkanen)* ‖ *Extrusion* f *(Verarbeitungsverfahren für thermoplast. Kunststoffe)* ‖ ⟨Metal⟩ *Fließpressen* n
 exuberan|cia f *Überfülle, Üppigkeit* f ‖ *Überschwang* m ‖ *Ausgelassenheit* f ‖ fig *überschäumende Lebenskraft* f ‖ *Wortschwall* m ‖ **-te** adj *üppig, wuchernd* ‖ *über|mütig, -schwenglich* ‖ *ausgelassen* ‖ *strotzend* (de *vor* dat) ‖ ~ de salud *vor Gesundheit strotzend*
 exu|dación f, **-dado** m ⟨Med Chem⟩ *Ausschwitzen* n ‖ ⟨Med⟩ *Exsudat* n ‖ **-dar** vt/i ⟨Med Chem⟩ *ausschwitzen* ‖ **-dativo** adj ⟨Med⟩ *exudativ*
 exulcerarse vr ⟨Med⟩ *schwären*
 exul|tación f *Frohlocken* n ‖ **-tar** vi *frohlocken, jauchzen*
 exutorio m ⟨Med⟩ *künstliches Geschwür* n, ‖ *Aus-, Ab|fluß* m ‖ fig *Ventil* n, *Ablenkung* f
 exvoto m *Weih-, Gedenk-, Votiv|bild* n, *-tafel* f ‖ *Weihgeschenk* n
 ey m Cu *(Art) Volksgesang* m
 eyacu|lación f *Ejakulation* f, *Samenerguß* m ‖ **-lar** vt *ausspritzen, ejakulieren* (z. B. *den Samen)* ‖ **-latorio** adj *ausspritzend*
 eyec|ción f *(Schleim) Auswurf* m ‖ ⟨Tech⟩ *Auswerfen* n ‖ **-tiva** f ⟨Li⟩ *Knacklaut* m ‖ **-tor** m ⟨Tech⟩ *Saugstrahlpumpe* f ‖ *Ejektor* m ‖ *Patronenauswerfer* m *(bei Gewehren)* ‖ ~ de sentina ⟨Mar⟩ *Dampfstrahlpumpe* f, *Lenzejektor* m
 ey|ra, -rá m Arg Bras Ur *gelblich-roter Jaguarundi* m, *gelblich-rote Wieselkatze* f *(Herpailurus yaguarundi)*
 Ezequiel m *Ezechiel* m
 △**ezor** m *Macht* f
 ezpatadanza f *baskischer Schwertertanz* m

F

f (efe) *F* n
f. Abk = **fecha** || **femenino** || **favor** || **futuro** || **factura** || **franco** || **fuerte** || **fin**
f/ Abk = **franco** || **fardo** || **fecha** || **fin** || **factura**
F. Abk = **Fulano** || ⟨EB⟩ **Fonda**
f.ª Abk = **factura**
fa *m* ⟨Mus⟩ *das F* || ~ **sostenido** ⟨Mus⟩ *Fis* n || ~ **mayor** *F-Dur* n || ~ **menor** *f-Moll* n
△**fá** *f Meldung* f
faba *f* Ar Ast Gal *Saubohne* f || Ast *Bohne* f
fabada *f (Art) asturischer Bohneneintopf* m
Fabián *m* np Tfn *Fabian* m
Fabio *m* np *Fabius* m
fabla *f* prov = **habla** || ⟨Lit⟩ *Nachahmung* f *der altspanischen Sprache (in neuerer Dichtung)*
fa|bo *m* Ar ⟨Bot⟩ = **haya** ||**-bordón** *m* ⟨Mus⟩ *falscher Baß* m
fábrica *f Errichtung* f, *Bau* m || *Gebäude* n, *Bau* m || *Mauerwerk* n || *Fabrik* f, *Werk* n || *Fabrikgebäude* n || *Herstellung, Fabrikation* f || *Kirchenmittel* npl *(für Erhaltung, Bau u. Kultus)* || →a **alambique** || ~ **de aguardiente** *Branntweinbrennerei* f || ~ **de armas** *Waffenfabrik* f || ~ **de azúcar** *Zuckerfabrik* f || ~ **de cerveza** *Bierbrauerei* f || ~ **de gas** *Gasanstalt* f || ~ **matriz** *Stammwerk* n || ~ **de papel** *Papierfabrik* f || ~ **de porcelana(s)** *Porzellanfabrik* f || ~ **de tabaco** *Tabakfabrik* f || ~ **de tejidos** *Weberei* f || **marca de** ~ *Fabrikmarke* f || *Warenzeichen* n || **precio de** ~ *Fabrikpreis* m || **en** ~, **ex** ~ ⟨Com⟩ *ab Fabrik, ab Werk* || **de** ~ **gemauert** || **obra de** ~ *gemauertes Bauwerk* n
fabri|cación *f Herstellung, Anfertigung, Fabrikation* f || **en gran escala,** ~ **en masa** *Massen|herstellung, -produktion* f || ~ **en serie** *Serien|herstellung, -erzeugung, -fertigung, Reihenfertigung* f || **-cado** *m Erzeugnis, Fabrikat* n || **-cador** adj/s *fig fabrizierend* || ~ **de embustes,** ~ **de mentiras,** ~ **de enredos** figf *Lügen|beutel* m, *-maul* n || *Ränkeschmied* m || **-cano** *m*/adj Chi *Fabrikarbeiter* m || **-cante** *m Fabrikant, Verfertiger, Hersteller, Produzent* m || **-car** [c/qu] vt *an-, verfertigen, herstellen* || *bearbeiten, fabrizieren* || *(er)bauen* || *errichten* || *künstlich erzeugen* || *brauen (Bier)* || fig *aushecken, schmieden (Lügen)* || fig *er|finden, -dichten* || fig *(ver-)fälschen* || ◊ ~ **su fortuna** *sein Glück machen* || ~ **en el aire** figf *ohne Aussicht hoffen*
fabril adj *fabrikmäßig, Fabrik(s)-, Industrie-* || **industria** ~ *Fabrikindustrie* f
fabuco *m* = **hayuco**
fábula *f Fabel* f || *Tierfabel* f || *Erzählung* f, *Märchen* n || *Erdichtung, ersonnene Erzählung* f || *Fabel, Handlung* f *(e–s Dramas od Epos)* || *Göttersage* f, *Mythos, Mythus* m || fig *Märchen* n, *Lüge, Erfindung* f || fig *Gegenstand* m *des Geredes* (bzw *des Gespötts*) || ~ **de Prometeo** *Mythus* m *vom Prometheus* || ◊ **es pura** ~ *das ist e–e reine Erfindung*
fabu|lación *f Erfindungsgabe, Gestaltungskraft* f || *(krankhafte) Einbildung* f || **-lario** *m Fabelbuch* n || *Fabelsammlung* f || *Sagenbuch* n || **-lismo** *m* Pe *Erfindungsgabe* f || **-lista** *m Fabeldichter* m || **-loso** adj *fabelhaft, erdichtet* || fig *ans Fabelhafte grenzend, beispiellos* || fig *unwahrscheinlich* || fig *unglaublich* || *animal* ~ *Fabeltier* n || *país* ~ *Wunder-, Märchen|land* n || *precios* ~**s** *fabelhafte, phantastische Preise* mpl || adv: ~**amente**

faca *f krummes Messer* n || *langes, spitzes (Jagd) Messer* n
facción *f Meuterei, Zusammenrottung* f || *Rotte, Bande* f || ⟨Pol⟩ *Klüngel* m, *Clique* f || *aufrührerische Gruppe* f || *politische Partei* f || *Kriegstat* f || ⟨Mil⟩ *Dienst* m || *Wache* f || ◊ **estar de** ~ ⟨Mil⟩ *den Dienst verrichten* || *Wache stehen, Posten stehen* || ~**es** pl *(Gesichts)Züge* mpl
faccio|nario *m*/adj *Aufwiegler, Meuterer* m || *Parteigänger* m || ~ adj *Partei-* || **-so** *m*/adj *Aufrührer, Rebell* m || *Parteigänger* m || ~ adj *aufrührerisch* || *faktiös*
faces → **faz**
face|ta *f Raute(nfläche)* f || *Facette, Schlifffläche* f || ⟨Entom⟩ *Einzelauge* n *des Facettenauges* || ⟨An⟩ *Gelenkfläche* f || fig *Stand-, Gesichtspunkt* m || **ojos con** *(od* **de)** ~**s** ⟨Entom⟩ *Facetten-, Netz|augen* npl || ◊ **esto tiene muchas** ~**s** *das ist sehr vielseitig* || **-tada** *f* Mex *geistloser Witz* m || *plumper Streich* m || **-tado** adj *geschliffen (Edelstein)* || **-t(e)ar** vt *facettieren, schleifen* || **-to** adj Mex *witzig, spaßig*
facial adj *Gesichts-,* ⟨Wiss⟩ *Facialis-* || *intuitiv* || **ángulo** ~ *Gesichts-, Stirn|winkel* m || **loción** ~ *Gesichtswasser* n
facies *f* fam joc u. ⟨Med⟩ *Gesicht* n || ⟨Geol⟩ *Fazies* f || **leonina** ⟨Med⟩ *Facies* f *leonina, Löwengesicht* n *(des Leprakranken)*
fácil adj/adv *leicht, mühelos* || *bequem* || *nachgiebig* || *willfährig* || *gefügig* || *leicht(fertig)* || **zu nachgiebig** *(Frau)* || *leicht (Mädchen)* || *wahrscheinlich* || *plauderhaft* || *zuvorkommend* (con, para, para con *zu*) || *fließend (Verse)* || *billig (Witz)* || *gewandt, glatt (Stil)* || **de** ~ **despacho** (*od* **venta)** *gangbar (Artikel)* || ~ **de aprender** *leicht zu erlernen* || ~ **de manejar, de manejo** ~ *leicht zu handhaben* || *handlich* || *wendig (Wagen)* || ~ **en creer** *leichtgläubig* || ~ **de digerir** *leicht verdaulich* || **es** ~ **que venga** *vielleicht kommt er* || **no es** ~ *schwerlich, das bezweifle ich!*
faci|lidad *f Leichtigkeit, Mühelosigkeit* f || *leichte Auffassungsgabe* f || *Fertig-, Geläufig|keit* f || *Fähigkeit, Begabung* f, *Talent* n || *Nachgiebigkeit* f || *Ungezwungenheit* f || *Gefälligkeit* f || *Leichtfertigkeit* f || ~ **de pago** *Zahlungserleichterung* f || ~ **de palabra** *Wortgewandtheit* f *(bei Stellenanzeige)* || ◊ **hablar con** ~ *geläufig sprechen* || **tener** ~ **para (los) idiomas** *sprachbegabt sein* || ~**es** fpl *Entgegenkommen* n || *Erleichterung* f || ◊ **dar** ~ **jdm et erleichtern** || **le daré toda clase de** ~ *ich werde Ihnen in jeder Hinsicht entgegenkommen* || **-lillo** adj dim v. **fácil** || *iron nicht (gerade) leicht* || **-lisimo** adj sup v. **fácil** *sehr leicht, kinderleicht*
facili|tación *f Erleichterung* f || *Bereitstellung, Zuteilung, Gewährung* f *(v. Geldmitteln usw)* || *An-, Be|schaffung* f || **-tar** vt *erleichtern, (be-)fördern* || *ermöglichen* || *ver-, an|schaffen, besorgen, zur Verfügung stellen* || *fördern (Verdauung)* || ◊ ~ **dinero** *Geld verschaffen* || ~ **la venta** *den Verkauf, den Absatz erleichtern*
fácilmente adv *mit Leichtigkeit, leicht* || *wahrscheinlich*
facilón adj fam *allzu leicht* || *bequem*
facineroso *m*/adj *Bösewicht* m || *Missetäter, Verbrecher* m || ~ adj *ruchlos, schurkisch, schuftig*
facistol *m (Chor)Pult* n || ~ adj Ant Mex Ven *anmaßend* || *eingebildet* || *prahlerisch*

Faco *m* pop = **Francisco**
facón *m* Arg *langes, spitzes Messer* n
facóquero *m* ⟨Zool⟩ *Warzenschwein* n (Phacochoërus sp)
facsímil(e) *m Faksimile* n, *getreue Nachbildung* f ‖ ⟨El⟩ *Bildtelegraphie* f
fact.[a] Abk = **factura**
facti|bilidad *f Durchführbarkeit*, engl *feasibility* f ‖ **–ble** adj *tunlich, möglich* ‖ *machbar, durchführbar* ‖ **–cio** adj *künstlich* ‖ *erkünstelt* ‖ *unnatürlich* ‖ *Schein-* ‖ **–tivo** adj ⟨Gr⟩ *faktitiv, bewirkend* ‖ **–vo** adj *tatsächlich, wirklich*
facto : de ~ adv lat *tatsächlich*
fac|tor *m Geschäftsführer, Agent, Bevollmächtigte(r), Faktor* m ‖ ⟨Math⟩ *Faktor, Multiplikator* m ‖ ⟨EB⟩ *Gepäckmeister* m ‖ ⟨Biol⟩ *Faktor* m ‖ ⟨Mil⟩ *Beschaffungsbeauftragte(r)* m ‖ fig *Umstand* m, *Moment* n ‖ fig *Mittel* n, *Faktor* m, *Element* n ‖ ~ *determinante* ⟨Wir Jur⟩ *Bestimmungsfaktor* m ‖ ~ *hereditario* ⟨Gen⟩ *Erbfaktor* m ‖ ~ *Rhesus* ⟨Gen Med⟩ *Rhesusfaktor* m ‖ **–toraje** *m Amt* bzw *Geschäft* n *e–s „factor"* ‖ **–toría** *f Faktorei, Handelsniederlassung* f *(bes im Ausland)* ‖ *Fabrik* f, *Werk* n ‖ = **–raje** ‖ **–torial** *f* ⟨Math⟩ *Fakultät* f ‖ **–tótum** […tun] *m Faktotum* n ‖ fam *die rechte Hand* f ‖ joc *Mädchen* n *für alles*
factu|ra *f Gestalt* f, *Aussehen* n ‖ *Faktur(a), Warenrechnung* f ‖ bes ⟨Mal⟩ *Ausführung* f ‖ Arg *(Art) Milchbrötchen* n ‖ Ec ⟨Com⟩ *Provision* f ‖ ~ *saldada quittierte Rechnung* f ‖ ~ *proforma*, ~ *simulada Proformarechnung, Scheinfaktur* f ‖ *importe de la* ~ *Rechnungsbetrag* m ‖ ◊ *acompañar, adjuntar la* ~ *die Rechnung beifügen* ‖ *extender la* ~ *die Rechnung ausstellen* ‖ *saldar (liquidar, abonar, satisfacer) una* ~ *e–e Rechnung begleichen* ‖ **–ración** *f Berechnung, Fakturierung, Ausstellung* f *e–r Faktur* ‖ ⟨EB⟩ *Gepäckaufgabe* f ‖ **–rar** vt *(e–e Rechnung) ausstellen, fakturieren* ‖ ⟨EB⟩ *(das Gepäck) besorgen und aufgeben* ‖ ◊ ~ *a bajo precio* ⟨Com⟩ *niedrig ansetzen, berechnen* ‖ **–rería** *f* Arg *Milchbrötchenladen* m
fácula *f* ⟨Astr⟩ *Sonnenfackel* f
facul|tad *f Kraft, (Geistes)Gabe* f ‖ *Fähigkeit* f ‖ *Befähigung* f ‖ *Begabung, Gabe* f, *Können* n ‖ *Talent* n ‖ *Macht, Berechtigung, Befugnis* f ‖ *Recht* n ‖ *Erlaubnis, Genehmigung* f ‖ *Berufstätigkeit* f ‖ *Fakultät* f *e–r Universität* ‖ ⟨Hist⟩ *Hof|ärzte* u. *-apotheker* mpl ‖ ⟨Hist⟩ *Privileg* n ‖ ~ *de adaptación*, ~ *de asimilación Anpassungsfähigkeit* f ‖ ~ *de cazar Jagdgerechtigkeit* f ‖ ~ *de Ciencias naturwissenschaftliche Fakultät* f ‖ ~ *de Ciencias Económicas y Comerciales wirtschaftswissenschaftliche Fakultät* f ‖ ~ *de Filosofía y Letras philosophische Fakultät* f ‖ ~ *de Derecho juristische Fakultät* f ‖ ~ *de Medicina medizinische Fakultät* f ‖ ◊ *tener* ~ *be|fugt, -rechtigt sein (para zu)* ‖ **~es** *pl Geistesgaben* fpl ‖ ◊ *recobrar sus* ~ *wieder zu sich kommen* ‖ **–tar** vt *ermächtigen* ‖ *befähigen* ‖ *befugen* ‖ ◊ ~ *a* alg. *para jdn ermächtigen (bzw befähigen od befugen) zu + dat* bzw + *inf* ‖ *no estar –tado para nicht berechtigt sein zu*
facultati|vamente adv *vom Standpunkt der Wissenschaft* ‖ *fachgerecht* ‖ *nach Belieben* ‖ **–vo** adj *wissenschaftlich* ‖ *ärztlich, medizinisch* ‖ *ermächtigend* ‖ *beliebig, wahlfrei, fakultativ* ‖ *wahlfrei (Unterrichtsfach)* ‖ *Fach-, Fakultäts-* ‖ *Ermächtigungs-* ‖ *dictamen* ~*a ärztliches Gutachten* n ‖ *parada* ~*a Bedarfshaltestelle* f ‖ ~ *m Arzt* m ‖ ~ *Fachmann* m ‖ *(funcionario)* ‖ ~ *Beamte(r)* m *des höheren Dienstes*
facun|dia *f Redseligkeit* f ‖ *Ber edsamkeit* f ‖ *Redegewandtheit* f ‖ **–do** adj *redselig* ‖ *redegewandt* ‖ *beredt* ‖ ⌂ *m* Tfn *Facundus* m
[1]**facha** *f* fam *An-, Aus|sehen, Äußere(s)* n ‖ fam *Fratze* f ‖ *Fratzengesicht* n ‖ fam *Aufzug* m ‖ ⟨Mar⟩ *Beiliegen* n ‖ ◊ *echar* ~ pop *großtun, protzen* ‖ *ponerse en* ~ ⟨Mar⟩ *beidrehen* ‖ fam *seine Vorkehrungen treffen* ‖ *ser (od estar hecho) un(a)* ~ *ungemein häßlich sein* ‖ *tener buena* ~ *gut aussehen, e–e gute Figur haben* ‖ *tener mala* ~ pop *schlecht aussehen* ‖ *sehr liederlich sein*
[2]**facha** *f* prov *Fackel* f (= hacha) ‖ △ *Hitze* f
[3]**facha** *f* prov *Axt* f, *Beil* n (= hacha)
[4]**facha** *f* prov = **faja**
[5]**facha** *m* vulg desp *Faschist* m
facha|da *f* ⟨Arch⟩ *Fassade, Vorder-, Außen|seite* f ‖ ⟨Typ⟩ *Buchtitel* m ‖ *Titelseite* f ‖ figf *Äußere(s)* n, *Fassade* f ‖ ~ *exterior*, ~ *principal*, ~ *a la calle Straßen|seite, -front* f ‖ ◊ *hacer* ~ *gegenüberliegen (von Gebäuden)* ‖ *tener gran* ~ fam *stattlich aussehen* ‖ **–do** adj: *bien* ~ fam *stattlich, rüstig* ‖ *gut aussehend*
fachear vi ⟨Mar⟩ *beidrehen*
fachen|da *f* fam *Eitelkeit, Prahlerei, Einbildung* f ‖ fam *Geckenhaftigkeit* f ‖ **–dear** vi fam *prahlen, protzen, bramarbasieren* ‖ **–dista, –dón** m/adj fam *Prahler, Wichtigtuer, Bramarbas* m ‖ **–doso** adj/s fam *protzig, großtuerisch* ‖ *geckenhaft* ‖ ~ *m* = **–dista**
△**fachó** *f Gedächtnis* n
fachosear, fachondear vi Am = **fachendear**
fachoso adj fam *häßlich, lächerlich aussehend* ‖ Pe *anmutig* ‖ Chi Mex = **fachendoso**
fachudo adj fam *lächerlich gekleidet* ‖ = **fachoso**
fada *f Zauberin, Fee* f ‖ *Nixe* f
fading *m* engl ⟨Radio⟩ *Schwund, Fading* m ‖ → a *desvanecimiento*
fadista *m* Arg pop *Zuhälter* m
fado *m Fado* m, portugies. *Volkslied* n
fadrín *m* Val *junger Bursche* m ‖ Cat *erster Lehrling, Geselle* m
fae|na *f (körperliche) Arbeit* f ‖ fig *harte Arbeit, Plackerei* f ‖ ⟨Mar⟩ *Schiffsdienst* m ‖ *häusliche Beschäftigung, Hausarbeit* f ‖ figf *übler Streich* m ‖ ⟨Taur⟩ *Leistung* f *e–s Stierfechters* ‖ Cu *Abteilung* f *Arbeiter* ‖ Am *Erntezeit, Kampagne* f ‖ Arg *Schlachten* n *(von Großvieh)* ‖ ~ *doméstica Hausarbeit* f ‖ ~(s) *del campo*, ~(s) *agrícola(s) Feldarbeit* f ‖ ~ *de muleta* ⟨Taur⟩ *Muletaarbeit* f *(Phase des Stierkampfes)* ‖ ◊ *hacerle auno una* ~ figf *jdm übel mitspielen, jdm e–n üblen Streich spielen* ‖ *tener mucha* ~ fam *viel zu tun haben* ‖ **–nar** vt Arg *schlachten (Großvieh)* ‖ **–nero** *m* And Am *Landarbeiter* m
faenza *f Fayence* f
faetón *m Phaeton* m *(leichter Wagen)*
fago|citos mpl ⟨Med⟩ *Phagozyten, Freßzellen* fpl ‖ **–citosis** *f* ⟨Biol⟩ *Phagozytose* f
fagoril *m* Ast *Leuchtfeuer* n
fago|t(e) *m* ⟨Mus⟩ *Fagott* m ‖ = **–tista** *m Fagottist, Fagottbläser* m
fagote *m Bündel* n *Holz*
fai|sán *m* ⟨V⟩ *Fasan* m ‖ ~ *vulgar* ⟨V⟩ *Fasan* m (Phasianus colchicus) ‖ **–sana** *f Fasanenhenne* f ‖ **–sanería** *f Fasanerie* f
fai|te *m* Ec Pe *Raufbold* m ‖ *Schläger* m ‖ **–tón** *m* Arg = **faetón**
fa|ja *f (Leib)Binde* f ‖ *Band* n ‖ *Schärpe* f (→ **fajín**) ‖ *Gürtel* m, *Gürtelschärpe* f span. *Bauern|hosenbinde* f ‖ *Streif, Saum* m ‖ *Zigarrenbinde* f ‖ *Abschnitt* m ‖ ⟨StV⟩ *Fahrstreifen* m, *Spur* f ‖ ⟨Arch⟩ *Fries* m, *Leiste* f ‖ *Band(gesims)* n ‖ ⟨Her⟩ *Balken* m, *Leiste* f ‖ *Erdstrich* m ‖ *Wickelband* n *(für Säuglinge)* ‖ ~ *de aparcamiento* ⟨StV⟩ *Park|streifen* m, *-spur* f ‖ ◊ *enviar bajo* ~ *unter Kreuzband senden* ‖ **~s** pl *Wickelgamaschen* fpl ‖ △ *Prügel* m ‖ **–jado** adj *bandförmig (gestreift)* ‖ △ *verprügelt* ‖ ~ ⟨Bgb⟩ *Stempel-, Gruben|holz* n ‖ **–jar** vt *binden, (mit e–r Binde) umwickeln* ‖ *wickeln (Säugling)* ‖ Can Cu Chi Pe fam *herunterhauen (e–n Hieb)* ‖ Am fam *an|pumpen* ‖ vi: ~ ◊ *con* alg. *jdn an|greifen,*

-*fallen* || ~**se** *sich gürten* || *sich e–e Schärpe anlegen*
fajardo *m* ⟨Kochk⟩ *Fleischpastete* f *(in Blätterteig)*
fajero *m Wickelzeug* n *für Säuglinge*
fajilla *f* Am *Kreuzband* n *(bei Post)*
fajín *m* dim *v.* **faja** || *(Generals-, Diplomaten-, Amts) Schärpe* f || *Zigarrenbinde* f
fajina *f Garbenhaufe(n)* m *auf der Tenne* || *Reisigbündel* n || ⟨Mil⟩ *Faschine, Wurst* f || ⟨Mil⟩ *Essen fassen! (Hornruf)* || ~**da** *f Faschinen (-werk* n*)* fpl
fajo *m (Reisig) Bündel, Büschel (Holz)* n || Mex pop *Schlag, Hieb* m || ~**s** *pl Wickelzeug* n, *Windeln* fpl || Am prov *Schluck* m *Schnaps*
fajol *m* ⟨Bot⟩ *Buchweizen* m (→ **alforfón**)
fajón *m* augm *v.* **faja** || ⟨Arch⟩ *Fenster-, Tür|gesims* n
fajuela *f* dim *v.* **faja**
fakir *m* → **faquir**
falacia *f (Be) Trug* m
¹**falange** *f* ⟨Hist Mil⟩ & fig *Phalanx* f || *größere Truppenabteilung* f || *Stroßtrupp* m (& fig) || ⟨Lit⟩ *Heer(schar* f*)* n
²**falange** *f* ⟨An⟩ *Finger-* bzw *Zehen|glied* n, *Phalanx* f
³**Falange Española de las JONS** *f* Span ⟨Pol⟩ *Falange* f *(von José Antonio Primo de Rivera 1933 gegründete Bewegung)* || **Falange Española Tradicionalista y de las JONS** *f* Span ⟨Pol⟩ *Falange* f *(1937 span. Einheitspartei)*
falan|gero, –gista *m* ⟨Zool⟩ *Kletterbeutler* m (Phalanger sp) || **–geta** *f* ⟨An⟩ *drittes Fingerglied* n || **–gio** *m* ⟨Zool⟩ *Weberknecht* m (Phalangium spp) (→a **segador**) || **–gista** adj/s Span ⟨Pol⟩ *falangistisch, auf die Falange bezüglich* || ~ *m* Span ⟨Pol⟩ *Falangist, Anhänger* m *der Falange* || ⟨Hist⟩ & fig *Kämpfer* m *e–r Phalanx*
falansterio *m* ⟨Soz⟩ *Phalanstère* f (→ **furierismo**) || fig *Ideenwelt* f
falar vt/i Gal = **hablar**
fala|ris *f* ⟨V⟩ = **focha** || **–ropo** *m* ⟨V⟩ *Hühnchen* n (Phalaropus spp) || ~ *picofino* (picogrueso) ⟨V⟩ *Odins-(Thors) Hühnchen* n (Ph. lobatus [fulicarius])
falaz [*pl* **–ces**] adj *(be) trügerisch*
falbalá [*pl* **–aes**] *f Falbel* f, *Faltensaum* m
fal|ca *f Keil* m || ⟨Mar⟩ *Setzbord* n || **–cado** adj *sichelförmig* || **–car** [c/qu] vt *sicheln, mit der Sichel schneiden* || **–ce** *f Sichel* f || **–ciforme** adj *sichelförmig* || **–cinelo** *m* ⟨V⟩ *Brauner Sichler* m (→ **morito**) || **–cirrostro** adj ⟨V⟩ *sichelschnäb(e)lig*
falcón *m* ⟨Mil Hist⟩ *Falkaune* f
falconete *m Falkonett* n *(altes Geschütz)*
falcónidas *fpl* ⟨V⟩ *falkenartige Vögel* mpl, *Falken* mpl (Falconidae)
fal|da *f (Rock) Schoß* m || *Rockzipfel* m || *(Frauen) Rock* m || fig *(Berg) Abhang* m, *Berghalde* f *(breite) Hutkrempe* f || *loses Fleisch* n *an den Vorderrippen des Schlachtviehes* || ⟨Mar⟩ *Gillung* f || ⟨Typ⟩ *Seitensteg* m || ⟨Tech⟩ *Stulp* m, *Manschette* f || en la ~ *auf dem Schloß* || a la ~ *del monte am Fuß des Berges* || ~**s** *pl Schoßteil* m *der Kleidung* || fig *Frauen* fpl || ◊ *arremangarse las* ~ *sich den Rock aufschürzen* || *es un asunto de* ~ joc *da steckt e–e Frau dahinter* || *ser muy aficionado a las* ~ figf *den Weibern nachlaufen* || *gobierno de las* ~ *Weiberherrschaft* f || **–damenta** *f*, **–damento** *m langer, häßlicher Rock* m || **–dellín** *m kurzer Unterrock* m || *kurzes Röckchen* n || Ven *kurzer, hinten aufgeschürzter Frauenrock* m || *Taufmantel* m || Arg Chi *Berg|flanke, -lehne* f || **–der(ill)o** *m Schoßhündchen* n || *Jungfernknecht* m || *Schürzenkind* n || **–dero** adj *gern unter Frauen verweilend* || fig *verhätschelt, weibisch* || *perro (od perrillo)* ~ *Schoßhündchen* m || ~ *Schürzenjäger, Frauenheld* m || **–deta** *f* dim *v.* **falda** || ⟨Th⟩ *Vorhang* m *vor e–r Kulisse* || **–dicorto** adj *kurzröckig* || **–dillas** fpl *Satteltaschen* fpl || *Schößchen* npl *(an Kleidern)*
faldistorio *m* ⟨Kath⟩ *Faldistorium* n, *(faltbarer) Armlehnstuhl* m *der Bischöfe*
faldón *m* augm *v.* **falda** || *langer Rockschoß* m || *Blatt* n *e–s Rockes, e–s Hemdes* || *unterer Teil (e–s Behangs), Saum* m || *Herddecke* f || ⟨Arch⟩ *Leistenwerk* n || ⟨Arch⟩ *Walm* m || *Kaminrahmen* m || *Satteltaschen* fpl || ◊ *asirse (od* agarrarse*) a los* ~es *de uno* figf *sich unter jds Schutz flüchten, sich an jds Rockzipfel hängen*
faldriquera *f* = **faltriquera**
faldu|do adj *mit langen Schößen (Kleid)* || *mit langem Rock (Frau)* || **–lario** *m Schleppkleid* n
falena *f* ⟨Entom⟩ *Nachtfalter* m
falencia *f Irrtum* m, *Täuschung* f || Arg Chi Hond *Konkurs* m
falerno *m/*adj *Falerner* m *(Wein)*
fali|bilidad *f Fehlbarkeit* f || **–ble** adj *fehlbar* || fig *trügerisch*
fálico adj *phallisch, Phallus-* || *culto* ~ *Phalluskult* m
fa|lismo *m Phalluskult* m || **–lo** *m* ⟨An⟩ *männliches Glied* n, *Phallus* m
Falopio *f* An np: *trompas de* ~ ⟨An⟩ *Eileiter* mpl
falor(d)ia *f* Ar *Märchen* n, *Erfindung* f || *Lüge* f
falsabraga *f* ⟨Mil⟩ *Unterwall* m
falsa|mente adv *falsch, fälschlich (erweise)* || **–portada** *f* ⟨Typ⟩ *Schmutztitel* m || **–rio** m/adj *(Ver) Fälscher* m || *Falschmünzer* m || *Lügner, Wortbrüchige(r)* m || **–rregla** *f Winkel* m *(zum Zeichnen)* || And Pe Ven *Linienblatt* n
false|ador *m Fälscher, Verfälscher* m || **–amiento** *m (Ver) Fälschung* f || *Verdrehung* f || **–ar** vt *(ver)fälschen, entstellen* || *ver|biegen, -drehen* || *(e–e Karte) falsch ausspielen* || *biegen (Degen, Säbel)* || ⟨Arch⟩ *schief führen, schneiden* || *nicht lotrecht bauen* || ⟨Tech⟩ *andrehen (Schraube)* || *überdrehen (Schloß)* || ◊ ~ *las guardas* fig *e–n Nachschlüssel anfertigen (lassen)* || *el cuerpo den Körper hin und her bewegen* || ~ vi *weichen, sich biegen* || *vom Lot abweichen (Wand)* || *sich senken (Gebäude)* || ⟨Mus⟩ *verstimmt sein* || **–dad** *f Unwahrheit, Falschheit, Verlogenheit* f || ⟨Jur⟩ *Vorspiegelung* f *falscher Tatsachen* || **–o** *m* ⟨Arch⟩ *schiefer Schnitt* m *(e–s Balkons usw)* || ⟨Arch⟩ *Abweichung* f *von der Senkrechten* || **–ta** *f* ⟨Mus⟩ *Überleitung* f *(bei Gitarrenbegleitung* v. *Volksliedern)* || **–te** *m Geheim-, Tapeten|tür* f || *(Faß-) Spund* m || ⟨Mus⟩ *Falsett* n || *Fistelstimme* f || ◊ *cantar de (od* en*)* ~ *mit Fistelstimme singen*
falsía *f Falschheit* f || *Treulosigkeit* f
falsifi|cación *f (Ver) Fälschung* f || ~ *de documentos Urkundenfälschung* f || ~ *de moneda Falschmünzerei* f || **–cador** *m (Ver) Fälscher* m || *Urkundenfälscher* m || ~ *de moneda Falschmünzer* m || **–car** [c/qu] vt *(ver)fälschen* || ⟨bes Lit⟩ *entstellen*
falsilla *f Linienblatt* n, öst *Faulenzer* m
falso adj *falsch, verstellt, verkehrt* || *unecht, nachgemacht* || *unfälscht* || *unrichtig, unwahr* || *falsch, treulos, trügerisch, unaufrichtig* || *tückisch, geheuchelt* || *blind, Schein-, After-* || *Fehl-, Schein-Doppel-* || Ar Nav *träge, faul* || Chi *feige* || *gall ungeschickt* || *llave* ~ *a Dietrich* m || *monedero* ~ *Falschmünzer* m || *peso* ~ *unrichtige Waage* f || ~a *portada* ⟨Typ⟩ *Schmutztitel* m || *puerta* ~a *Hinter-, Nebentür* || ~a *rienda Beizügel* m || ~ *testimonio* ⟨Jur⟩ *falsche Zeugenaussage* f || ◊ *dar un paso en* ~ fig *e–n Fehltritt tun* || *jurar en* ~ *falsch schwören* || *levantar* ~ *testimonio* ⟨Rel⟩ *ein falsches Zeugnis ablegen* || *¡*~! *das ist nicht wahr!* || ~ *m Treulose(r)* m || *Übernaht* f || *falscher Saum* m || *Stoßband* n || *Einsatz* m || △ *Henker* m
falta *f Mangel* m, *Fehlen* n || *Fernbleiben* n || *Nichtvorhandensein* n || *Vergehen* n, *Schuld* f,

Fehler m ‖ *Verschulden* n, *Sünde* f ‖ *Verfehlung* f ‖ *Fahrlässigkeit* f ‖ *Unterlassung* f ‖ *Verstoß* m *Übertretung* f ‖ *Irrtum* m ‖ *Abwesenheit* f, *Ausbleiben* n ‖ ⟨Sp⟩ *Fehler, Minuspunkt* m, *Foul* n ‖ *Lücke* f ‖ ⟨Tech⟩ *Mangel, Defekt* m ‖ *Versagen* n ‖ ~ de aprecio *Nichtachtung* f ‖ ~ de atención *Ungefälligkeit* f ‖ ~ de conciencia *Gewissenlosigkeit* f ‖ ~ de conciencia *Bewußtlosigkeit* f ‖ ~ de confianza *Mißtrauen* n ‖ ~ de costumbre *Ungewohntheit* f ‖ ~ de dinero *Geldmangel* m ‖ ~ de escritura *Schreibfehler* m ‖ ~ de franqueo *ungenügende Freimachung* f *(e–s Briefes)* ‖ ~ de medios, ~ de recursos *Mittellosigkeit* f ‖ ~ de memoria *Vergeßlichkeit* f ‖ *Aussetzen* n *des Gedächtnisses* ‖ ~ ortográfica *Rechtschreibfehler* m ‖ ~ de palabra *Wortbrüchigkeit* f ‖ ~ de peso *Gewichtsverlust* m ‖ *unrichtiges Gewicht* n ‖ ~ de práctica *Mangel* m *an Übung* ‖ ~ de puntería *Zielfehler* m ‖ ~ de recursos *Mittellosigkeit* f ‖ ~ de trabajo *Arbeitslosigkeit* f ‖ ◊ *caer en* ~ fam *in e–n Fehler verfallen* ‖ *coger en* ~ a alg. *jdn bei e–m Fehler ertappen* ‖ *corregir una* ~ *e–n Fehler verbessern, wiedergutmachen* ‖ *dar quince y* ~ a alg. figf *jdm weit überlegen sein* ‖ *echar en* ~ fam *vermissen* ‖ *hacer* ~ *fehlen, nicht da sein, ausbleiben* ‖ *nötig, erforderlich sein* ‖ aquí no haces ~ *hier braucht man dich nicht* ‖ no lo hará, ni ~ *que le hace* fam *er wird es nicht tun und hat auch recht* ‖ no me hace ~ *ich kann es entbehren* ‖ ni ~ *que me hace* fam *das habe ich auch gar nicht nötig!* ‖ *incurrir en una* ~ *e–n Fehler begehen* ‖ *notar la* ~ *de a/c et vermissen* ‖ *suplir la* ~ *de alg. jdn in seiner Abwesenheit ersetzen* ‖ *vendré sin* ~ *ich werde ganz bestimmt kommen* ‖ a ~ *de in Ermang(e)lung* (gen) ‖ a ~ de pan, buenas son tortas Spr *in der Not frißt der Teufel Fliegen* ‖ a ~ *de algo mejor in Ermangelung e–s Besseren* ‖ *por* ~ *de mangels* ‖ por ~ de pago ⟨Com⟩ *mangels Zahlung (Protest)* ‖ por ~ de pruebas *wegen mangelnder Beweise* ‖ por ~ de tiempo *aus Zeitmangel* ‖ sin ~ *sicherlich* ‖ ¡menuda ~ me hace! fam *das brauche ich ganz und gar nicht!* ‖ *poner* ~s a *auszusetzen haben an* (dat) ‖ *sacar* ~s *jds Fehler aufzählen* ‖ *exento de* ~s *fehlerlos* ‖ *juicio de* ~s ⟨Jur⟩ *Strafverfahren* n *bei Übertretungen*

faltar vi *fehlen, mangeln* ‖ *nicht vorhanden, abwesend sein* ‖ *knapp sein* ‖ *vermißt werden* ‖ *ausbleiben* ‖ *sich nicht einstellen* ‖ *nötig sein* ‖ *noch zu tun sein, erübrigen* ‖ *aufhören, zu Ende gehen* ‖ *nicht erscheinen, abwesend sein* ‖ *nicht mehr leben, gestorben sein* ‖ *versagen (Schußwaffen)* ‖ *das Ziel verfehlen (Schuß)* ‖ *sich versündigen, e–n Fehler machen, fehlen* ‖ ◊ a *verstoßen gegen* (acc) ‖ ~ a alg. *sich gegen jdn versündigen, vergessen* ‖ *jdn schimpflich behandeln* ‖ *die Achtung vor jdm verletzen* ‖ ~ a la ley *gegen das Gesetz verstoßen* ‖ ~ a su obligación *seine Pflicht versäumen, nicht erfüllen* ‖ ~ a la palabra *sein Wort nicht halten, brechen* ‖ ~ a la promesa *gegen ein Versprechen verstoßen* ‖ ~ a una reunión *sich zu e–r Sitzung nicht einstellen* ‖ ~ a la verdad *die Wahrheit verheimlichen, lügen* ‖ falta aprendiz Lehrling gesucht *(als Anzeige)* ‖ falta de Berlín desde hace 10 años *er ist seit 10 Jahren von Berlin abwesend* ‖ ~ del mundo *sterben* ‖ falta poco para terminarse el año *das Jahr ist beinahe zu Ende* ‖ falta (por) saber si viene *es ist nun die Frage, ob er kommt* ‖ faltan 10 minutos para las once *es ist in 10 Minuten 11 Uhr* ‖ sólo esto falta por terminar *nur dieses ist noch zu beendigen* ‖ le faltó tiempo para delatarlo al juez *er hatte nichts Eiligeres zu tun, als es dem Richter anzuzeigen* ‖ Juan me faltó *Juan hat sich unanständig, ungezogen gegen mich benommen* ‖ ha faltado gravemente *er hat sich schwer vergangen* ‖ no falta ba quien dijese que . . . *mancher sagte (sogar), daß* ‖ no les faltó ánimo para ello *es fehlte ihnen nicht*

an Mut dazu ‖ no faltaba más sino que *es hätte nur noch gefehlt, daß* ‖ no faltaré en dárselo *ich werde nicht versäumen, es ihm zu geben* ‖ ¡no faltaba *(od* faltaría*) más! das fehlte gerade noch! das wäre noch schöner! keine Rede!* ‖ *aber mit Vergnügen! selbstverständlich!* ‖ le faltaron fuerzas *die Kräfte versagten ihm* ‖ por si algo faltaba iron *als wäre das noch nicht genug* ‖ *noch dazu* ‖ por mí no ha de ~ *an mir soll's nicht liegen*

fal|to adj *mangelhaft, unzureichend* ‖ *unvollzählig* ‖ *nicht vollwichtig* ‖ *geizig, karg* ‖ ~ de a. *entblößt, beraubt, entbehrend, bar* (gen), *ohne* (acc), *in Ermangelung* (gen) *od von* (dat) ‖ ~ de juicio *töricht, verrückt* ‖ ~ de pago *notleidend (Wechsel)* ‖ ~ de recursos, ~ de medios *mittellos, unbemittelt* ‖ **–tón, –ona** adj fam *wortbrüchig, treulos* ‖ fam *unzuverlässig* ‖ fam *beleidigend* ‖ Arg = **–toso** adj fam *verrückt* ‖ *vertrottelt, pop nicht ganz dicht*

faltriquera f *(Rock)Tasche* f ‖ *Gürteltasche* f *(unterm Kleid)* ‖ ◊ rascar(se) la ~ figf *in den Beutel greifen* ‖ tener a uno en la ~ figf *auf jdn ganz sicher rechnen können*

falúa f ⟨Mar⟩ *Feluke* f ‖ *Wacht|–, Zollschiff* n ‖ *Hafenbarkasse* f

falucho m ⟨Mar⟩ *kleine Feluke* f, *Küstenschiff* n

¹**falla** f *Fehler, Defekt* m *(z. B. im Tuch)* ‖ *Erdriß* m, *Bergspalte* f ‖ ⟨Bgb Geol⟩ *Bruch* m, *Verwerfung* f ‖ *Ladehemmung* f *(Waffe)* ‖ ⟨Tech⟩ *Störung* f ‖ *Versager* m ‖ Am *Nichteinhalten* n *(Versprechen, Wort usw)* ‖ ~ del motor *Motorpanne* f

²**falla** f ⟨Val⟩ *Sankt-Josefs-Feuer* n *(19. März)* ‖ *Falla* f *(Figurengruppen, die am Abend des 19. März abgebrannt werden)* ‖ **–s** fpl Val *Volksfest* n *am 19. März*

³△ **falla** f *Kartenspiel* n ‖ *Karten* fpl

fallanca f *Regenleiste* f *(an Fenster od Tür)*

¹**fallar** vt/i ⟨Kart⟩ *nicht Farbe bekennen*

²**fallar** vt/i ⟨Jur⟩ *fällen (Urteil)* ‖ *durch Urteil entscheiden* ‖ ~ ejecutoriamente *rechtskräftig entscheiden* ‖ ~ un pleito *e–n Rechtsstreit entscheiden*

³**fallar** vi *mißlingen, scheitern* ‖ *fehl|schlagen, –gehen* ‖ ◊ falló el tiempo fam *das Wetter machte uns e–n Strich durch die Rechnung* ‖ no falla *das ist erprobt, sicher*

⁴**fallar** vi *(ab)brechen* ‖ *reißen* ‖ *nachgeben (Stützmauer)* ‖ ⟨Tech⟩ *aussetzen, nicht funktionieren, versagen* ‖ *schütteln (Motor)* ‖ *nicht losgehen, versagen (Geschoß)* ‖ ◊ ~ el blanco *danebengehen, vorbeischießen*

falleba f *Drehriegel* m *(Tür–, Fensterriegel)* ‖ *Espagnoletteverschluß* m

fallel|cedero adj *vergänglich, hinfällig* ‖ *sterblich* ‖ **–cer** [–zc–] vi *sterben, verscheiden* ‖ *aufhören, zu Ende gehen* ‖ **–cido** adj/s *verstorben* ‖ ~ m *Verstorbene(r)*, *Verschiedene(r)* m ‖ **–cimiento** m *Tod* m, *Hinscheiden* n

¹**fallero** adj Val *auf e–e* falla *bezüglich*

²**fallero** adj *arbeitsscheu* ‖ Chi *wortbrüchig*

falli|ble adj *fehlbar, trüglich* ‖ **–do** adj *mißlungen, fehlgeschlagen* ‖ *verfehlt* ‖ *bankrott, in Konkurs geraten* ‖ *uneintreibbar (Schuldsumme)* ‖ ◊ salir ~ *fehlschlagen, mißlingen* ‖ ~ m *Bankbrüchige(r)*, *Bankrotteur* m

fallir [pret –ló] vi *ausgehen, zu Ende gehen* ‖ *irren, fehlgehen*

¹**fallo** adj Chi *albern, tölpelhaft*

²**fallo** m ⟨Jur⟩ *Richterspruch* m, *Urteil* n, *Entscheidung* f ‖ ~ arbitral *Schieds|spruch* m, *-urteil* n ‖ ~ judicial *Gerichtsentscheidung* f ‖ ◊ dictar *(od* emitir*) el* ~ *das Urteil fällen, die Entscheidung verkünden* ‖ echar *(od* dictar*) el* ~ ⟨Jur⟩ *das Urteil fällen*

³**fallo** m *Fehler, Irrtum* m ‖ *Lücke* f ‖ *Ausfall* m ‖ *Auslassung* f ‖ ⟨Tech⟩ *Versagen* n ‖ *Störung* f ‖

~ por atascamiento *Ladehemmung* f *(der Feuerwaffe)* || ~ del motor *Fehlzündung* f || ◊ tener un ~ *versagen* || *fehlschlagen, mißlingen* || esto no tiene ~ fam *das ist e–e todsichere Sache*
⁴**fallo** *m* ⟨Kart⟩ *Fehlkarte* f
fallón, -ona adj Ec *wortbrüchig* || *arbeitsscheu*
fama *f Volksstimme, Sage, Fama* f || *Gerücht* n || *(guter) Ruf, guter Name* m || *Berühmtheit* f, *Ruhm* m || de ~ mundial *weltberühmt* || *von Weltruf* || de mala ~ *anrüchig, berüchtigt* || abogado de ~ *berühmter Advokat* m || ◊ corre (la) ~ *es läuft das Gerücht* || dar ~ a alg. *jdn in Ruf bringen* || tener ~ *berühmt sein* || es ~ que *man sagt*, *man munkelt, daß* || unos tienen *(od* se llevan) la ~ y otros cardan la lana *der e–e hat den Beutel, der and(e)re hat das Geld* || *der e–e tut die Arbeit, der andere hat den Ruhm*
***fambre** *f* ⟨Ast⟩ = **hambre**
famélico adj *ausgehungert* || *hungerleidend, hungrig*
△**famiar** vt *anzeigen*
familia *f Familie* f || *Nachkommenschaft* f || *(die nächste) Verwandtschaft* || *Hausstand* m || *Dienerschaft* f || *Gesinde* n || *Haus* n || *Herkunft* f || *Geschlecht* n, *Sippe* f || ⟨Zool Bot⟩ *Familie* f || Chi *Bienenschwarm* m || ~ humana *Mensch\engeschlecht* n, *-heit* f || ~ numerosa *kinderreiche Familie* f || subsidio de ~ numerosa Span *Familienunterstützung* f || la ~ real *das königliche Haus* || cabeza de ~ *Familien\oberhaupt* n bzw *-vater* m || consejo de ~ *Familienrat* m || hijo de buena ~ *Kind aus guter Familie, Standeskind* n || hijo de ~ ⟨Jur⟩ *Minderjähriger* m || *unter elterlicher Gewalt stehendes Kind* n || padre de ~(s) *Haus-, Familien\vater* m || en ~ *im Familienkreise* || *unter vier Augen* || fig *im engsten Kreise* || la Sagrada ~ ⟨Kath⟩ *Fest der Heiligen Familie (19. Januar)* || *von Gaudí entworfene Kirche in Barcelona* || ◊ cargarse de ~ figf *viele Kinder bekommen* || estar esperando ~ pop *Familienzuwachs erwarten* || ser de buena ~ *aus guter Familie (od gutem Hause) sein* || tener mucha ~ *viele Kinder haben*
familiar adj *zur Familie gehörig, Familien-* || *vertraut, vertraulich (Umgang)* || *genau bekannt, vertraut (mit)* || *ungezwungen, familiär* || *einfach, schlicht* || estilo ~ *vertraulicher Stil* m || *umgangssprachlicher Stil* m || expresión ~, voz ~ *vertraulicher Ausdruck* m || lenguaje ~ *Umgangssprache, vertrauliche Ausdrucksweise* f || ◊ hacerse ~ *sich vertraut machen* (con *mit*) || eso me es muy ~ *damit bin ich ganz vertraut* || dioses ~es ⟨Myth⟩ *Hausgötter* mpl || ~ m *Familien\angehörige(r)* m, *-glied* n || *Dienstbote, Diener, Famulus* m || *Gehilfe, Diener* m *(Kloster)* || *Vertraute(r), Hausfreund* m || *Hauskaplan* m *(des Bischofs)* || *Hausgeist* m || fam *Teufel* m || ~ del Santo Oficio ⟨Hist⟩ *Gehilfe* m *der Inquisition* || espíritu ~ *Kobold, Hausgeist* m (→ a **duende, trasgo**)
familia\|ridad *f Vertraulichkeit* f || *Vertrautheit* f || *vertraulicher Umgang* m || ~**es** *fpl*: ◊ tomarse *(od* permitirse) ~ con alg. *sich gegen jdn Freiheiten herausnehmen* || **–rizar** [z/c] vt *vertraut machen* (con *mit* dat) || *jdn in et einweihen, jdm et beibringen, jdn an et gewöhnen* (acc) || ~**se** vr *sich vertraut machen mit* (dat) || *vertraulich, vertraut werden* (con *mit* dat) || *sich in et* (acc) *einarbeiten* || *sich in et* (acc) *hineinfinden*
familiarmente adv *vertraulich, ungezwungen*
familión augm v. **familia**
famoso adj *berühmt* || *vortrefflich, herrlich* || *gehörig, vollendet* || *ausgezeichnet* || fam *famos* || fam *toll* || *berücksichtigt, anrüchig*
fámu\|la *f* fam *meist* desp *Hausmädchen* n || *Magd, Dienerin* f || **–lo** *m Famulus, Dienstbote* m || *Gehilfe, Diener* m *(im Kloster)*
fanal m ⟨Mar⟩ *(Schiffs-, Hafen) Laterne, Seeleuchte* f || *Leuchtfeuer* n || ⟨Mar⟩ *Leuchtgeld* n ||

Lichtschirm m || *Lampenglocke* f || *Stülp-, Glas\|-glocke* f || öst *Glassturz* m || fig *Licht* n, *Leuchte* f fig *Fanal* n || △ *Auge* n
fanático adj *fanatisch, schwärmerisch* || *fanatisch, unduldsam* || fig *fanatisch, bis zum Äußersten entschlossen* || ~ m *Fanatiker* m || *(Glaubens) Eiferer* m || *(blinder) Bewunderer* m || *Schwärmer* m || ◊ ser (un) ~ de alg. *ein fanatischer Anhänger jds sein* || ser (un) ~ de a. *von et hell begeistert sein* || ~ del fútbol *Fußballfanatiker* m
fana\|tismo *m Fanatismus* m, *Schwärmerei* f, *Glaubenseifer* m || fig *Eingenommenheit* f || **–tizar** [z/c] vt *jdm fanatisieren* || *auf\|putschen, -hetzen*
fandan\|go *m Fandango* m *(altspan. Tanz)* || fig *tolles Treiben* n, fam *Wirbel* m || Chi pop *Lärm, Radau* m || ◊ este mundo es un ~ figf *alles Irdische vergeht* || **–guear** vi fam *geräuschvoll, lustig sein* || **–guero** m/adj *Fandangotänzer* m || *meist* fig *Freund* m *von Tanz und Unterhaltung*
△**fané** adj *verblüht* || *geschmacklos*
faneca *f* ⟨Fi⟩ *Wittling, Merlan* m (Gadus merlangus)
fane\|ga *f Fanega* f, span. *Trockenmaß* n *(in Kastilien: 12 Celemines = $55^{1}/_{2}$ Liter)* || ~ de tierra *kastilisches Flächenmaß = 64,596 Ar* || **–gada** *f* ~ **ga** de tierra || a ~**s** figf *scheffelweise, in Hülle und Fülle* || △**–gas** *m Tölpel* m
fanerógamas *fpl* ⟨Bot⟩ *Samen-, Blüten\|pflanzen, Phanerogamen* fpl
fanfa\|rrear vi = **fanfarronear** || **–rria** *f* fam *Aufschneiderei, Prahlerei* f || **–rrón, ona** adj fam *prahlerisch, großsprecherisch* || fig *blendend* || trigo ~ *Berberweizen* m || ~ m *Aufschneider, Bramarbas,* fam *Angeber, Protz, Prahlhans, Eisenfresser* m || **–rronada** *f Aufschneiderei, Prahlerei, Großsprecherei* f || **–rronear** vi *prahlen, aufschneiden, großtun, bramarbasieren* || **–rronería** *f Aufschneiderei, Prahlerei,* fam *Angeberei, Großtuerei* f
fanfurriña *f* fam *Jähzorn* m
fan\|gal, –gar *m Morast* m, *-loch* n || **–go** *m Schlamm, Morast* m || fig *Schmutz, Kot* m, fam *Dreck* m || ~ medicinal *Fango* m || baños de ~ *Moor-, Schlamm\|bäder* npl || ◊ arrastrar por el ~ fig *durch den Kot ziehen od zerren, verunehren* || cubrir de ~ fig *(jdn) mit Schmutz bewerfen* || **–goso** adj *schlammig, morastig, kotig* || **–goterapia** *f* ⟨Med⟩ *Behandlung* f *mit Moorbädern*
Fanny *f* fam = **Estefanía** || = **Francisca**
fantaciencia *f* ⟨Neol⟩ = **ciencia** ficción
fantase\|ar vi *phantasieren* ⟨& Med⟩ || *der Einbildungskraft freien Lauf lassen* || *sich übertriebene Vorstellungen machen* || *prunken* (con *mit* dat) || *faseln, phantasieren (de von* dat) || vt *erträumen* || s: **–o**
fanta\|sía *f Einbildungskraft, Phantasie* f || *Trugbild* || *Traumbild* n || *Träumerei* f || fam *wunderlicher Einfall* m || *Eigendünkel* m, *Einbildung* f || fig *Erfindungsgeist* m, *Phantasie, schöpferische Kraft* f || fam *Großtuerei* f || ⟨Mus⟩ *Fantasie* f, *Fantasiestück* n || *Laune, Grille* f || artículos de ~ *Modewaren* fpl || géneros de ~ ⟨Com⟩ *Modestoffe, modische Stoffe* mpl || baile de ~ *Am Kostümball* m || ◊ llueve con ~ *Am es regnet in Strömen* || → **chaleco** || **–sioso** adj fam *dünkelhaft* || *grillenhaft* || ~ m *Phantast* m
fantas\|ma *m Luft-, Traum\|bild, Phantom* n || *Gespenst* n || fig *Schreckgespenst* n || *Trugbild* f, *Hirngespinst* n, *Grille* f || *Erscheinung* f, *Gesicht* n || **–magoría** *f Phantasmagorie* f, *Scheinbild* n || fig *Blendwerk* m, *Spiegelfechterei, Gaukelei* f || **–magórico** adj *phantasmagorisch, gaukelhaft* || **–mal** adj *gespenstisch, Gespenster-, Geister-* || **–món** m/adj fam *eingebildeter Mensch* m || *Prahlhans, Bramarbas* m || *Phantast* m
fantástico adj *phantastisch, wunderlich, Phan-*

tasie- ‖ *gespenstisch, Gespenster-, Geister-* ‖ fig *schwärmerisch* ‖ fig *trüglich* ‖ fig *hochmütig, stolz* ‖ fam *ungeheuer, kolossal* ‖ figf *toll* ‖ Arg *launig*
fanto|chada *f* fam *Narrheit* f ‖ *Bubenstreich* m ‖ **-che** *m Hampelmann* m, *Gliederpuppe, Marionette* f ‖ fig *Geck, Stutzer* m ‖ fig *Hampelmann, Hanswurst* m
faquí [*pl* **-ies**] *m* = **faquir** ‖ →a **alfaquí**
faquin *m* (*Last*) *Träger, Dienstmann* m
faquir *m Fakir* m
△**farabustear** vt/i *suchen, spähen*
farádico adj ⟨El⟩ *faradisch (Strom)*
fara|dímetro *m* ⟨El⟩ *Kapazitätsmesser* m ‖ **-d(io)** *m* ⟨Phys⟩ *Farad* n
faradización *f* ⟨Med⟩ *Faradisation* f
faralá [*pl* **-aes**, pop **-ares**] *m* = **farfalá**
farallo *m* Sal *Brotkrümchen* n
farallón *m Klippe* f ‖ ⟨Bgb⟩ *oberer Teil* m *e–s Flözes* ‖ →a **crestón**
farama|lla *f* fam *Geschwätz* n ‖ *Betrug, Schwindel* m ‖ Chi *Großtuerei, Prahlerei* f ‖ Am *Läpperei, Lappalie, Kleinigkeit* f ‖ ~ *m*/adj fam *Schwätzer* m ‖ **-llear** vi Chi *großtun* ‖ **-llero, -llón** *m*/adj fam *Schwätzer, Bauernfänger* m ‖ Mex *Prahlhans* m
farandola *f* Ar Nav = **farfalá**
farándula *f Komödiantentum* n ‖ ⟨Th⟩ *primitive Wanderbühne,* pop *Schmiere* f ‖ figf *Geschwätz* n ‖ *Bauernfängerei* f, *Betrug* m
farandu|lear vi = **farolear** ‖ **-lero** *m*/adj ⟨Th⟩ *wandernder Komödiant* m ‖ fam *Schwindler, Bauernfänger* m
fara|ón *m (ägyptischer) Pharao* m ‖ ⟨Kart⟩ *Pharao(spiel)* n ‖ **-ónico** adj *pharaonisch, Pharaonen-*
faraute *m Bote, Abgesandte(r)* m ‖ **Herold* m ‖ *Wappenkönig* m ‖ **Dolmetsch* m ‖ ⟨Th Hist⟩ *Sprecher* m *(des Prologs)* ‖ fam *Faktotum* n, *die rechte Hand* ‖ figf *Wichtigtuer, Prahler* m
△**farda** *f Wäsche* f
far|daje *m (Reise)Gepäck* n ‖ **-del** *m Ranzen, Quer-, Schnapp|sack* m ‖ *Bündel* n ‖ *Ballen, großer Pack* m ‖ fig *schlampiger Mensch* m, *Scheusal* n ‖ **-dería** *f Bündel* npl ‖ *Gepäck(stücke* npl*)* n ‖ ⟨EB Mar⟩ *Stückgüter* npl ‖ **-dero** *m* Ar *(Last)Träger* m ‖ **-do** *m Ballen* m ‖ *Ranzen* m ‖ *Last* f ‖ ◊ *descargar el* ~ figf *sein Herz ausschütten* ‖ pop *entbunden werden (Frau),* pop *ihr Päckchen loswerden* ‖ **-s** *pl Stückgut* n ‖ *mercancías en* ~ *Stückgüter* npl
farero *m Leuchtturm|wächter, -wärter* m
farfalá [*pl* **-aes**] *m Falbel* f, *Faltenzierat* m *(an Frauenröcken)* ‖ figf *Firlefanz, Flitterkram* m
farfa|llón *m*/adj fam *Pfuscher* m ‖ **-lloso** adj Ar *stotternd*
far|fante, -fantón *m* fam *Prahlhans, Bramarbas* m
¹**fárfara** *f* ⟨Bot⟩ *Huflattich* m (*Tussilago farfara*)
²**fárfara** *f inneres Häutchen* n *im Ei* ‖ *en* ~ fig *unvollendet*
△**farfante** *m Geistliche(r)* m
farfolla *f Hülse* f *(e–s Maiskolbens)* ‖ fig *unbedeutendes Ding* n *mit großartiger Aufmachung,* fam *(leeres) Protzen* n
farfu|lla *f* fam *Stammeln, Stottern* n ‖ **-llar** vt/i *(her)stammeln* ‖ *stottern* ‖ figf *(ver)pfuschen* ‖ **-llero** *m* fam *Stammler, Stotterer* m ‖ fam *Pfuscher* m ‖ Am prov *Aufschneider, Bramarbas* m
fargallón, ona adj/s fam *schlampig, nachlässig* ‖ ~ *m Pfuscher* m
farigola *f* Cat *Thymian* m (→ **tomillo**)
fari|náceos *mpl Mehlprodukte* npl ‖ *Mehlspeisen* fpl ‖ **-netas** *fpl* Ar *Brei* m *von Mehl und Honig*
faringe *f* ⟨An⟩ *Schlund(kopf), Rachen* m, *Pharynx* f

faríngeo adj ⟨An⟩ *Rachen-*
faringitis *f* ⟨Med⟩ *Entzündung der Rachenschleimhaut, Rachenentzündung, Pharyngitis* f
fariña *f* Arg *Maniokmehl* n
fari|saico adj *pharisäisch* ‖ fig *pharisäisch, heuchlerisch* ‖ **-seísmo** *m pharisäische Lehre* f ‖ fig *Scheinheiligkeit, Heuchelei* f, *Pharisäertum* n ‖ **-seo** *m Pharisäer* m ‖ fig *Heuchler, Pharisäer* m
farm. Abk = **farmacia** ‖ **farmacéutico**
farma|céutico *m*/adj *Pharmazeut* m ‖ *Apotheker* m ‖ ~ adj *pharmazeutisch* ‖ *productos* ~s *Arzneimittel* npl ‖ **-cia** *f Apotheke* f ‖ *Pharmazie* f ‖ *Apothekerberuf* m ‖ *Arznei* f, *-mittel* n ‖ *estudiante de* ~ *Pharmaziestudent* m ‖ **-cología** *f Arzneikunde, Pharmakologie* f ‖ **-cológico** adj *pharmakologisch* ‖ **-cólogo** *m Pharmakologe* m ‖ **-copea** *f Arzneimittelbuch* n, *Pharmakopöe* f
faro *m* ⟨Mar⟩ *Leuchtturm* m ‖ ⟨Mar⟩ *Leuchtfeuer* n ‖ ⟨Flugw Mar⟩ *(Leucht-, Feuer)Bake* f ‖ fig *Leuchte* f ‖ fig *Licht, Fanal* n ‖ *Führer* m ‖ ⟨Sp⟩ *Kerze* f ‖ ⟨Aut⟩ *Scheinwerfer* m ‖ ~ *antiniebla Nebelscheinwerfer* m ‖ ~ *buscador,* ~ *detector,* ~ *móvil Such(scheinwerf)er* m ‖ ~ *de tierra* ⟨Flugw⟩ *Bodenscheinwerfer* m ‖ ~ *de yodo Halogenscheinwerfer* m
farol *m Laterne, Leuchte* f ‖ *Straßenlaterne* f ‖ *Stocklaterne* f ‖ *Laternenpfahl* m ‖ *Papierlaterne* f, *Lampion* m/n ‖ fam *Windbeutel* m ‖ fam *Protz* m, *Angabe* f, *Angeben, Bramarbasieren* n ‖ figf *Großtuer, Aufschneider* m ‖ fam *steife Körperhaltung* f ‖ ⟨Taur⟩ *„Fächer", „Lampion"* m *(Figur mit der Capa)* ‖ ⟨Kart⟩ *Bluff* m ‖ Arg *Balkon* m ‖ ~ *de costado* (popa) ⟨Mar⟩ *Seiten-(Heck)Laterne* f ‖ ~ *de gas Gaslaterne* f ‖ ~ *público Straßenlaterne* f ‖ ~ *de reverbero Laterne* f *mit Strahlenspiegel* ‖ *mangas de* ~ *Bauschärmel* mpl ‖ *¡adelante con los* ~es! fam *vorwärts! nur zu!* ‖ ◊ *marcarse (od echarse) un* ~ fig pop *angeben, großtun*
farol|a *f Straßenlampe* f ‖ *Lichtmast* m ‖ ⟨Mar⟩ *(See)Leuchte* f ‖ **-lazo** *m Schlag* m *(bzw Zeichen* n*) mit e–r Laterne* ‖ Mex MAm fam *kräftiger Schluck* m *Branntwein* ‖ **-lear** vi fam *wichtig tun, angeben, bramarbasieren, protzen* ‖ **-leo** *m* fam *Groß-, Wichtig|tuerei, Angeberei* f ‖ **-lería** *f Lampengeschäft* n ‖ ⟨Mar⟩ *Lampenspind* n ‖ fam *Großtuerei* f ‖ **-lero** *m*/adj *Laternen|verkäufer* bzw *-anzünder* m ‖ *Lampen|putzer, -wärter* m ‖ fig *Wichtigtuer, Angeber,* **Prahler** m ‖ **-lillo** *m kleine Laterne* f, *Lampion* m ‖ ⟨Bot⟩ *Glocken|-malve, -blume* f (*Campanula spp*) *(& pl)* ‖ **-lón** *m*/adj *große Laterne* f ‖ fam *Wichtigtuer, Angeber, Bramarbas* m
faro|fa *f* fam *freches, leichtsinniges Weib* n ‖ **-tón, -ona** adj fam *frech, schamlos*
farpa *f Spitze* f *(e–s Saums, e–s Fahnentuchs usw)* ‖ ~**do** adj *ausgezackt*
farra *f* ⟨Fi⟩ *Blaufelchen* m (Coregonus *wartmanni*) ‖ *Gangfisch, Kröpfling* m (C. *macrophthalmus*) ‖ Am *und* Span prov = **juerga** ‖ Arg *Ur* = **burla** ‖ ◊ *ir de* ~ = **farrear**
farraca *f* Sal Zam = **faltriquera**
fárrago *m Plunder, Kram* m ‖ *Wirrwarr* m, *Durcheinander* n ‖ fig *Wortkram, Ballast* m
farragoso adj *überladen*
farrapas *fpl* Ast *(Art) Maisbrei* m
fa|rrear vi Arg Bol Chi = **juerguear** ‖ **-rrero** *m* Chi Pe, **-rrista** *m* Am = **juerguista**
farro *m Gerstengraupen* fpl ‖ *Gerstengrütze* f ‖ *(Art) feiner Weizen* m
¹**farruco** adj fam *tapfer, kühn* ‖ *draufgängerisch* ‖ ◊ *ponerse* ~ (con alg.) *die Stirn bieten, sich (jdm gegenüber) auf die Hinterbeine stellen*
²**farruco** *m*/adj fam *jüngst ausgewanderter Galicier od Asturier (Spitzname)* ‖ fam *Provinzler* m

Farruco *m* Ast Gal fam = **Francisco**

farruto adj Chi *kränklich*
farsa f *Posse, Schnurre* f, *Schwank* m || ⟨Th⟩ *Possenspiel* n, *Posse* f || fig *elendes Theaterstück* n || ⟨Th⟩ fam *Schmarren* m || fig *Farce, Komödie* f || fig *Ränke* mpl || *Betrug, Schwindel* m
Farsalia f *Pharsalos (antike Stadt)*
farsan|ta f fam *Komödiantin* f || **-te** m/adj fam *Komödiant, Heuchler, Schwindler* m || **-tería** f *Possen* m || figf *Heuchelei* f || **-tón** m fam *großer Heuchler* m
farse|ar vi Chi fam *spaßen* || **-ro** adj *possierlich*
farsista m ⟨Th⟩ *Possenschreiber* m
¹**fartar** vt prov = **hartar**
²**fartar** vi And = **faltar**
fas lat: por ~ o por nefas fam *mit Recht od mit Unrecht* || *so oder so*
fasces fpl *Ruten-, Liktoren|bündel* n (→a **haz** del lictor)
fas|cia f ⟨An⟩ *Faszie* f || **-cial** adj ⟨An⟩ *Faszien-* || **-cículo** m *Bündel* n || *Heft* n, *Lieferung* f || ⟨Typ⟩ *Faszikel* n || ⟨An⟩ *Bündel* n, *Strang, Zug* m || ⟨Bot⟩ *Büschel* n || *obra en* ~s *Lieferungs-, Fortsetzungs|werk* n
fasci|nación f, **-namiento** m *Verblendung* f, *Zauber* m || *Bezauberung, Behexung, Berückung, Faszination* f || *Bannen* n *mit dem Blick* || fig *Verblendung, Täuschung* f || **-nador (-nante)** adj *bezaubernd, berückend, faszinierend* || *blendend* || fig *fesselnd* || *mirada* ~a *Zauberblick* m || ~ m *Zauberer* m || **-nar** vt *fesseln, bannen, blenden* || *bezaubern, behexen, berücken, faszinieren* || *hypnotisieren* || fig *verblenden, betrügen* || fig *fesseln*
fas|cismo m *Faschismus* m || **-cista** m *Faschist, Anhänger* m *des Faschismus* || ~ adj *faschistisch* || fig *(ungenau) rechtsradikal*
fase f ⟨Astr⟩ *Phase* f || fig *Phase, (Entwicklungs)Stufe* f || *Stadium* n || *Abschnitt, Stand* m || *Arbeitstakt* m || ⟨El Tech⟩ *Phase* f || ~ *äster* ⟨Biol⟩ *Asterphase* f || ~ *inhibidora* ⟨Chem⟩ *Hemmungsphase* f || ~ *juvenil* ⟨Biol⟩ *jugendliches Stadium* n || ~ *de oscilación* ⟨Phys⟩ *Schwingungsphase* f || *de tres* ~s *dreistufig (z. B. Rakete)* || ⟨El⟩ *dreiphasig* || ~s *de la luna* ⟨Astr⟩ *Mondphasen* fpl
fásoles mpl *Bohnen*, **Fasolen** fpl (→ **alubia, judía, fréjol, frijol**)
fasti|diar vt *anekeln* || fig *belästigen, lästig sein, ärgern, plagen* (dat) || *auf die Nerven gehen* (dat) || *anöden, langweilen* || ~se *e-e Unannehmlichkeit erfahren* || *sich ärgern* (con, de *über* acc) || *es (hinunter)schlucken, sich damit abfinden (müssen)* || ◊ ¡que se –die! fam *es geschieht ihm recht!*, *das hat er verdient!* || ¡fastídiate! fam *ätsch!* || ¡nos hemos –diado! *jetzt sind wir in der Patsche!*, *da haben wir e-e schöne Bescherung!* || **-dio** m *Ekel* m || *Lang(e)weile* f || *Widerwille* m || fig *Ärger, Verdruß* m || fig *Widerwärtigkeit, Unannehmlichkeit* f || ¡qué ~! *wie unangenehm!* || *so ein Ärger!* fam *so was Dummes!* || *der (Kerl) geht mir auf die Nerven!* || **-dioso** adj *widrig* || *lästig, beschwerlich* || *langweilig*, fam *doof* || *langwierig*
fasti|gio m *Gipfel* m, *Spitze* f (bes fig) || **-gioso** adj ⟨Bot⟩ *gleichhoch* || *in die Höhe wachsend*
fas|to m *Prunk* m, *Pracht* f || adj ⟨Lit od Hist⟩ *glücklich, Glücks-* || *günstig* || ~s mpl *Annalen* fpl, *Chronik* f || ⟨Hist⟩ *Fasten* pl || **-tuosidad** f *Prunksucht* f || = **-to** || **-tuoso** adj *prunkvoll* || *prunksüchtig* || *hochtrabend*
fata adv prov = **hasta**
fatal adj *verhängnisvoll* || *unselig* || *nachteilig* || *tödlich, todbringend* || *schicksalhaft, un|abwendbar, -vermeidbar* || *entscheidend* || fam *elend, fatal* || figf *widerwärtig, unmöglich* || *la hora* ~ *die Todesstunde* f || *momento* ~ *entscheidender Augenblick* m || *mujer* ~ *Vamp* m, *Femme fatale* f || *plazo* ~ ⟨Jur⟩ *Notfrist* f || ◊ *está* ~ fam *er ist ganz betrunken* || *er macht alles verkehrt*

fata|lidad f *Verhängnis* n || *Widerwärtigkeit* f || *Fatum, Schicksal(sfügung* f) n || fig *Fatalität* f, *Mißgeschick* n || *Zwang(släufigkeit* f) m || *unglückliche Umstände* mpl || fam *fatale Sache* f || **-lismo** m *Schicksalsglaube, Fatalismus* m || **-lista** adj/s *fatalistisch* || ~ m *Fatalist* m
fatalmente adv *unglücklich(erweise)* || *unvermeidlich* || *zwangsläufig* || *fatalerweise* || fam *elend, schlecht*
fatamorgana f *Fata Morgana* f *(Luftspiegelung)*
fatídico adj *wahrsagend, unheil|verkündend, -voll* || *unselig* || *schicksalhaft* || ⟨Lit⟩ *weissagend, prophetisch*
fati|ga f *Mühe, Plage, Qual* f || *Strapaze, ermüdende Arbeit* f || *Ermüdung, Ermattung* f || *Atemnot* f || fig *Beschwerlichkeit* f || *Leiden* n || ⟨Tech⟩ *Ermüdung* f || ~(**s**) f(pl) *Strapaze(n), Mühe(n)* f(pl), *Mühsal* f || ~ *del material* ⟨Tech⟩ *Werkstoffermüdung* f || ◊ *estar abrumado de* ~ *todmüde sein* || **-gado** adj *müde* || *ermüdet, niedergeschlagen* || *abgespannt* || *abgenutzt, brüchig* || *zerlesen (Buch)* || *erschöpft (Boden)* || *abgetragen (Kleidungsstück)* || **-gante** adj *ermüdend, anstrengend* || *beschwerlich, lästig* || **-gar** [g/gu] vt *ermüden, ermatten* || *anstrengen, strapazieren* || *belästigen* || *lästig werden* || *quälen, plagen* || △ *stehlen* || ⟨Typ⟩ *übermäßig abnutzen (Schrift)* || *erschöpfen (Boden)* || ⟨Tech⟩ *ermüden* ◊ ~ *la atención die Aufmerksamkeit ermüden* || ~**se** *(sich) ermüden, sich abmatten* || *müde werden* || *außer Atem kommen* || *erschlaffen (Gesichtszüge)* || *überanstrengt werden (Augen)* || *sich anstrengen, sich abmühen* || ◊ *de andar sich müde gehen* || **-goso** adj *ermüdend, mühsam, beschwerlich* || *kurzatmig*
fato adj fam Hues Rioja *albern, einfältig* || *Ast eingebildet* || *geckenhaft* || ~ m Ar Extr *Geruchssinn* m || And Extr León Sal Zam *Geruch* m || *meist Gestank* m
fatuidad f *Albernheit* f || *Geckenhaftigkeit* f || *Eitelkeit, Aufgeblasenheit* f || *Überheblichkeit* f
fátum [...tun] m *Fatum, Schicksal* n
fatuo adj *einfältig, albern, töricht* || *eingebildet* || *aufgeblasen* || *geckenhaft* || *fuego* ~ *Irrlicht* n || ~ m *Geck, Laffe* m || *Gimpel, Dummkopf, Einfaltspinsel* m
fauces fpl ⟨An⟩ *Schlund* m
faufau m fam *Wichtigtuerei* f
fáula f prov *Fabel* f || *Märchen* n
fau|na f *Fauna, Tierwelt* f *e–s Landes* || **-nesco** adj ⟨Lit⟩ *faunisch, Fauns-* || fig *lüstern (wie ein Faun)* || **-no** m *Faun* m *(Waldgott)* || figf *geiler Mensch* m
faustamente adv *prunkhaft, mit Prunk* || *glücklich*
faustiano, fáustico adj ⟨Lit⟩ *faustisch, Faust-* || *hombre fáustico faustischer Mensch* m
Fausti|na f np Tfn *Faustine* f || **-no** m np *Faustinus* m
Fausto m np Tfn *Faustus* m || ~ *de Goethe Goethes Faust*
¹**fausto** adj *glückbringend* || *glücklich, günstig* || *Glücks-*
²**fausto** m *großer Aufwand, Prunk* m || *Pracht* f, *Pomp* m
fautor m *Anstifter, Drahtzieher* m || *Aufwiegler* m || *Beschützer* m
fauvismo m ⟨Mal⟩ *Fauvismus* m
favilas fpl Ast *und* ⟨poet⟩ *Asche* f
*****favo** m *Wabe* f, *Favus* m || ⟨Med⟩ *Favus, Kopfgrind* m
favonio m *Westen* m || *Westwind* m || ⟨poet⟩ *Zephir* m
favor m *(Gunst)Bezeigung* f || *Begünstigung* f || *Bevorzugung* f || *Gewogenheit* f || *Hilfe* f, *Beistand* m || *Gefälligkeit, Liebenswürdigkeit* f, *Gefallen* n || *Schmeichelei* f || ⟨Kart⟩ *Trumpffarbe*

favorable — fecundidad

f ‖ prov *(Haar) Schleife* f ‖ a ~ de *für* (acc), *zugunsten* (gen) ‖ *durch* (acc), *mit Hilfe* (gen), *vermöge* (gen) ‖ a ~ de la corriente *stromabwärts* ‖ fig *mit der Strömung, mit dem Winde* ‖ en *(od* a*)* mi ~ *zu meinen Gunsten* ⟨& Com⟩ ‖ en ~ de *zugunsten* (gen) ‖ por ~ *aus Gefälligkeit* ‖ *aus Gnade, aus Mitleid* ‖ *bitte!* ‖ ¡(por) ~! *Hilfe!* ‖ billete de ~ prov *Freikarte* f ‖ ◊ acoger con ~ *günstig aufnehmen* ‖ corresponder a un ~ *eine Gefälligkeit erwidern* ‖ estar a ~ de alg. *für jdn Partei ergreifen* ‖ estar en ~ *in Gunst stehen* ‖ estar en ~ con alg. *auf jdn großen Einfluß ausüben* ‖ ¡es ~ (que me hace V.)! *Sie schmeicheln mir!* *sehr liebenswürdig!* ‖ hacer un ~ *e-n Gefallen tun* ‖ haga *(od* hágame*)* V. el ~ de un tenedor *wollen Sie mir gefälligst e-e Gabel geben (od reichen)?* ‖ hágame V. el ~ de firmarlo … *unterschreiben Sie es bitte* ‖ pedir ~ al cielo *den Himmel um Hilfe bitten* ‖ le pido a V. un ~ *ich bitte Sie um e-e Gefälligkeit* ‖ se salvó a ~ de la noche *er rettete sich im Schutze der Nacht* ‖ tener a su ~ a alg. *auf jds Unterstützung rechnen können* ‖ dígame por ~ *ich bitte Sie höflichst darum* ‖ se lo pido por ~ *ich bitte Sie höflichst darum* ‖ de él he recibido muchos ~es *er hat mir schon viel Gutes erwiesen*
favo|rable adj *günstig* ‖ *gewogen, geneigt* (a dat) ‖ *vorteilhaft* (a, para *für* acc) ‖ resultado ~ *günstiger Erfolg* m ‖ **-recedor** m *Gönner, Beschützer* m ‖ ~ adj *begünstigend* ‖ *vorteilhaft* ‖ **-recer** [-zc-] vt *begünstigen, fördern* ‖ *jdm günstig sein* ‖ helfen (dat) ‖ *Vorschub leisten* (dat) ‖ *jdm beistehen* ‖ *(Gunst) gewähren (von Frauen)* ‖ *jdm gut passen, stehen (z. B. Frisur, Kleid)* ‖ *jdm schmeicheln (Bild, Spiegel)* ‖ ⟨Com⟩ *beehren (mit Aufträgen)* ‖ ⟨Wir⟩ *ankurbeln* ‖ ◊ rogándole siga –reciéndonos con sus gratos encargos ⟨Com⟩ *mit der Bitte um Ihre weiteren Aufträge* ‖ ¡Dios me –rezca! *Gott stehe mir bei!* ‖ **-recida** *f*: su ~ de… ⟨Com⟩ *Ihr wertes Schreiben vom* … ‖ **-recido** adj *begünstigt* (por *durch*) ‖ *geschmeichelt (Porträt)* ‖ la nación más ~a *die meistbegünstigte Nation* ‖ cláusula de nación más ~ *Meistbegünstigungsklausel* f ‖ número ~ *Gewinnummer* f, *Treffer* m *(Lotterie)* ‖ ~ m *Günstling, Liebling* m ‖ *Schützling* m ‖ ~ de la suerte fam *Glückskind* n ‖ **-rita** *f Favoritin* f *(Geliebte)* ‖ **-ritismo** *m Günstlingswirtschaft* f ‖ **-rito** adj *Lieblings-, Leib-* ‖ plato ~ *Lieblingsspeise* f, *Leibgericht* n ‖ ocupación ~a *Lieblingsbeschäftigung* f ‖ ~ m *Günstling* m ‖ fig *Schoßkind* n ‖ *Favorit* m *(Rennpferd)* ‖ ⟨Sp⟩ *Favorit* m ‖ *Liebling* m *(des Publikums)*
favoso adj ⟨Med⟩ *wabenförmig* ‖ tiña ~a *Waben-, Kopf|grind* m *(Favus)* ‖ →a **favo**
¹**faya** *f (Art) Seidendamast* m, *Faille* f
²**faya** *f* Sal *Fels* m, *Klippe* f
fayenza *f Fayence* f
¹**faz** *[pl* **-ces***] f (An)Gesicht, Antlitz* n ‖ *Außenseite* f, *Äußere(s)* n ‖ *Vorderseite* f *(e-s Gebäudes)* ‖ *Bildseite* f *e-r Münze* ‖ *rechte Seite* f *(e-s Gewebes)* ‖ fig *Gesichtspunkt, Anschein* m, *Seite* f ‖ la Santa *(od* Sacra*)* ~ *das Heilige Antlitz, das Schweißtuch* n *der Veronika* ‖ ~ a ~ *von Angesicht zu Angesicht* ‖ a la ~ de, en ~ de *angesichts* (gen) ‖ *vor* (dat) ‖ a la ~ *del mundo vor aller Welt*
²**faz** *[pl* **-ces***] f Bündel, Bund* n
△**fazo** *m Taschentuch* n
f/c, f. c. Abk = **ferrocarril** ‖ = **fin corriente**
f.ᶜᵃ Abk = **fábrica**
F.ᶜᵒ Abk = **Francisco**
f.ᶜᵒ Abk = **franco** *(pl* **fcs.***)*
fcha., fcho. Abk = **fecha, fecho**
fd. Abk = **fardo**
f. e. Abk = **franco envase**
¹**fe** *f Glaube* m (en *an* acc) ‖ *Zu-, Ver|trauen* n (en *in* acc, zu dat) ‖ *Treue* f ‖ *Versprechen, Wort*

n ‖ *Beglaubigung, Bekräftigung* f ‖ *Schein* m, *Zeugnis* n, *Urkunde* f ‖ ⟨Rel⟩ *Glaube* m ‖ fig *Glaubwürdigkeit* f ‖ ⟨Pol⟩ *Überzeugung* f ‖ ~ de bautismo *Tauf-, Abstammungs|schein* m ‖ ~ católica *katholische Religion* f ‖ ~ del carbonero fig *Köhlerglaube* m ‖ ~ conyugal *eheliche Treue* f ‖ ~ de erratas ⟨Typ⟩ *Druckfehlerverzeichnis* n ‖ ~ de matrimonio *Trauschein* m ‖ ~ púnica fig *Wortbruch* m ‖ ~ de soltería *Ledigzeugnis* n ‖ ~ de vida *Lebensnachweis* m ‖ ~ de viudedad *Witwenattest* n ‖ buena ~ *Ehrlichkeit* f ‖ *guter Glaube* m ‖ *Leichtgläubigkeit* f ‖ ⟨Jur⟩ *Treu und Glauben* ‖ mala ~ *Unredlichkeit, Treulosigkeit* f ‖ *böser Wille* m ‖ ⟨Jur⟩ *böser Glaube* m ‖ auto de (la) ~ → **auto** ‖ digno de ~ *glaubwürdig* ‖ profesión de ~ *Glaubensbekenntnis* n ‖ ◊ dar ~ *Glauben schenken* (a dat), *für wahr halten* (acc) ‖ *billigen, gutheißen* ‖ *bürgen, haften (für)* ‖ dar ~ de ⟨Jur⟩ *bezeugen, bekräftigen* ‖ *beglaubigen, bekräftigen* ‖ estar en *(od* de) ~ de *que überzeugt sein, daß* ‖ hacer ~ *beglaubigen* ‖ *bescheinigen* ‖ *beweisen* ‖ *Beweiskraft haben* ‖ *maßgebend sein* ‖ obrar de buena ~ *in gutem Glauben handeln* ‖ prestar ~ *Glauben schenken* ‖ tener ~ *Vertrauen haben* (en *zu* dat, *in* acc), *vertrauen* (dat) ‖ a ~ *wahrlich, wahrhaftig* ‖ a ~ de caballero *auf Ehrenwort* ‖ a ~ mía, por mi ~ *(bei) meiner Treu, ganz gewiß, mein Wort darauf* ‖ a buena ~ *sicher, unzweifelhaft* ‖ de ~ *unzweifelhaft, sicher* ‖ de buena ~ *ehrlich, treuherzig* ‖ *guten Glaubens* ‖ ⟨Jur⟩ *gutgläubig* ‖ *auf Treu und Glauben* ‖ de mala ~ *un|ehrlich, -aufrichtig* ‖ *böswillig* ‖ *arglistig, betrügerisch* ‖ ⟨Jur⟩ *bösgläubig* ‖ en ~ de *zufolge, kraft, laut* ‖ en ~ de lo cual *zur Beglaubigung dessen, urkundlich dessen*
²△**fe** *f Löffel* m
fea *f Häßliche* f ‖ ~ agradecida *häßliche, aber charmante Frau* f
feacio *m* ⟨Myth⟩ *Phäake* m
fealdad *f Häßlichkeit* f ‖ fig *Scheußlichkeit* f ‖ fig *Gemeinheit* f ‖ fig *Ungezogenheit* f ‖ fig *Schändlichkeit* f
feamente adv *häßlich* ‖ fig *schändlich* ‖ fig *ungezogen*
Febe *f* ⟨Myth⟩ *Phöbe* f
febeo adj *auf den Sonnengott (Phöbus) bezüglich, Phöbus-*, fig *Sonnen-*
feble adj *schwach, kraftlos* ‖ *unvollwichtig (Münzen)*
Febo *m* ⟨Myth⟩ *Phöbus* m, *der Sonnengott* ‖ ⟨poet⟩ *Sonne* f
feb.º Abk = **febrero**
febre|rillo *m* dim *v.* **febrero:** ~ loco, de todo un poco Spr *etwa: April, April macht, was er will* ‖ **-ro** *m Februar*, öst *Feber* m
febricitante adj ⟨Med⟩ *fiebernd, fieberkrank*
febrí|cula *f* ⟨Med⟩ *leichtes Fieber* n ‖ **-fugo** adj/s *fiebervertreibend(es Mittel)* n ‖ **-geno** adj/s = **pirógeno**
febril adj ⟨Med⟩ *fiebrig, fieberhaft* ‖ *fieberartig* ‖ *Fieber-* ‖ fig *heftig, fieberhaft, fiebernd* ‖ actividad ~ *fieberhafte Tätigkeit* f ‖ estado ~ ⟨Med⟩ *fieberhafter Zustand* m
fecal adj *Kot-* ‖ materias ~es *Entleerungen* fpl, *Kot* m, *Fäkalien* pl
fecí *[pl* **-íes***] adj/s aus Fez in Marokko*
fécula *f Stärke(mehl)* n ‖ ~ de patata *Kartoffel|stärke* f, *-mehl* n
fecule|nto adj *stärke(mehl)haltig* ‖ *heftig* ‖ ⟨Med⟩ *Kot-* ‖ **-ría** *f Stärkefabrik* f
fecun|dación *f Befruchtung* f ‖ ~ artificial *künstliche Befruchtung* f ‖ ~ cruzada *Kreuzbefruchtung* f ‖ ~ selectiva ⟨Bot⟩ *selektive Befruchtung* f ‖ **-damente** adv *fruchtbar* ‖ *im Überfluß* ‖ **-dante** adj *befruchtend* ‖ **-dar** vt *befruchten* ‖ *fruchtbar machen* ‖ *urbar machen* ‖ fig *bereichern* ‖ **-dativo** adj *befruchtend* ‖ **-didad** *f Fruchtbarkeit* f ‖ *reiche Vermehrung* f ‖ fig *Ergiebigkeit* f ‖

fig *Fülle, Reichhaltigkeit* f || **-dizar** vt *fruchtbar (*od *ertragreich) machen (*bes *Boden)* || **-do** adj *fruchtbar (& Boden u.* fig*)* || *fortpflanzungsfähig* || *ergiebig, reich, üppig* || ~ de palabras *beredt* || *wortreich* || época ~a en acontecimientos *ereignisreiche Zeit* f
fecha f *Datum* n || *Tag* m || *Termin* m || *Sicht* f *(e-s Wechsels)* || *Brief* m *(Börsenausdruck [Gegensatz: Geld])* || ~ del sello postal, ~ del matasellos *Datum* n *des Poststempels* || ~ ut retro (lat) *Datum wie umstehend* || ~ ut supra (lat) *Datum wie oben* || a ~ fija *an dem bestimmten Datum* || *am festgesetzten Termin* || a esta ~ *damals* || a corta ~ *mit kurzer Verfallzeit* || (a) dos meses ~ *zwei Monate dato (Wechsel)* || a partir de esta ~ *vom heutigen Datum an* || con (la) ~ de hoy, con esta ~ *unter heutigem Datum, heute* || vencido de larga ~ ⟨Com⟩ *längst fällig* || hasta la ~ *bis jetzt, bis heute* || ◊ adelantar la ~ *vordatieren* || hace ya ~ *es ist schon lange her* || pasada esta ~ *nach diesem Termin* || poner la ~ *das Datum setzen, datieren* || poner ~ adelantada (atrasada) *vor(zurück)datieren* || eso es de larga ~ *das ist schon lange her* || a estas ~s ya habrá llegado *heute wird er schon angekommen sein* || esta carta ha tardado tres ~s *dieser Brief ist erst am dritten Tage eingegangen* || por orden de ~ *nach dem Datum*
fechador m *Datumstempel* m || Chi Mex *Poststempel* m
fechar vt *datieren* || ◊ mi escrito ~ado el 30 de junio *mein Schreiben vom 30. Juni*
fecho m *Erledigungsvermerk* m *in Urkunden* || ~ de azúcar *Kiste* f *Zucker bis 12 Arrobas*
fechoría, fechuría f *Missetat* f || *Ruchlosigkeit* f
*fechura f = **hechura** || *Aussehen* n, *Figur* f
fedatario m *Urkundsbeamte(r)* m || *Notar* m
*feder vi = **heder**
federable adj *bündnisfähig*
federación f *Bündnis* n, *(Sonder)Bund* m || *Verband* m || *Zusammenschluß* m || *Bundesgenossenschaft* f || *Staatenbund* m, *Föderation* f || *Ver|brüderung, -einigung* f || ⋞ Mundial de Sindicatos *(kommunistischer) Weltgewerkschaftsbund* m
federal adj *föderativ, Bundes-* || *Schweiz:* eidgenössisch || la Capital ⋞ Arg *Buenos Aires* || dieta ~ *Bundestag* m || estado ~ *Bundesstaat* m || gobierno ~ *Bundesregierung* f || república ~ *Bundesrepublik* || → a **federalista**
federalis|mo m *Föderalismus* m || **-ta** adj/s *föderalistisch* || ~ m *Föderalist* m
federalizar vt *auf den Bund überführen* || *in e-n Bundesstaat umwandeln*
federar(se) vt (vr) *(sich) verbünden* || *(sich) verbinden* || *(e-n Bund bzw Bundesstaat bilden)*
federativo adj *bundesmäßig, föderativ* || sistema ~ *Bundesverfassung* f || *bundesstaatliches System* n
Federi|ca f np *Friederike* f || **-co** m np *Friedrich* m
Fedra f np *Phädra* f
feeder m engl ⟨Tech⟩ → **alimentador**
feérico adj gall *feenartig* || *feen-, zauber|haft*
féferes mpl Col CR Cu Ec Mex *Krimskrams, Plunder* m
fegura f pop = **figura**
fehaciente adj *bekräftigend, beglaubigend* || *beweiskräftig* || *glaubwürdig*
feillo adj dim v. **feo**
Fela m pop = **Rafael**
felá m *Fellache* m
feldespato m ⟨Min⟩ *Feldspat* m
feldmariscal m *Feldmarschall* m
felibre m *Mitglied* n *der neuprovenzalischen Dichterbewegung (Félibrige, gegr. 1854)*
felice adj ⟨poet⟩ = **feliz**
Feliciano m np Tfn *Felizianus* m
felicidad f *Glückseligkeit* f || *Glück, glückliches Ereignis* n || ~**es** fpl *Glücksgüter* npl || con ~ *glücklich (= ohne Zwischenfälle)* || ◊ desear muchas ~es *viel Glück wünschen* || ¡~! *meine Glückwünsche!*
Felicita f np Tfn *Felizitas* f
felici|tación f *Glückwunsch, Gratulation* f || **-tar** vt *jdn beglückwünschen (por zu* dat*), jdm Glück wünschen (por für* acc*)* || *jdm gratulieren (por zu* dat*)* || ◊ ¡le felicito! *meinen Glückwunsch!* || **~se** fam *sich gratulieren, sich glücklich schätzen, sich freuen (de que + subj daß + ind)*
△**feli|cha** f *Fenster* n || **-cho** m *Balkon* m
félidos mpl ⟨Zool⟩ *katzenartige Raubtiere* npl, *Katzen* fpl (Felidae)
feli|grés m *Pfarrkind* n || fig **Kamerad, Freund* m || **-greses** mpl fig *Gemeinde* f || **-gresía** f *Kirch|sprengel* m, *-spiel* n || *Gemeinde* f
felino adj ⟨Zool⟩ *Katzen-* || fig *katzenhaft* || movimientos ~s fig *katzenhafte Bewegungen* fpl || raza ~a, ~s mpl *Katzengeschlecht* n || ~**s** mpl *Katzen(artige Tiere* npl*)* fpl
Felipe m np Tfn *Philipp* m || ~ el Hermoso *Philipp der Schöne* || ~ Segundo *Philipp II.*
Felisa f np Tfn *Felicia* f
Félix m np Tfn *Felix* m
feliz [pl **-ces**] adj *glücklich, (glück)selig, beglückt* || *froh, zufrieden* || *erfolgreich* || *vorteilhaft, günstig* || *glänzend* || *gelungen* || de ~ memoria *seligen Angedenkens* || memoria ~ *treues (*od *gutes) Gedächtnis* n || idea ~ *glücklicher Gedanke* m || ¡~ Año Nuevo! *prosit Neujahr!* || ¡~es Pascuas! *fröhliche Weihnachten (Ostern, Festtage)* || ◊ hacer ~ *beglücken, glücklich machen* || eso me hace ~ *das freut mich* || ¡que los tenga V. muy ~es! *meine Glückwünsche zu Ihrem Namenstag!* || ¡~es! *Guten Tag! Gute Nacht! (Gruß* od *Antwort darauf)*
felizmente adv *glücklich(erweise)*
felón m/adj *Treu|brüchige(r), -lose(r)* m || ⟨Hist⟩ *gegen den Lehnseid verstoßend* || ~ adj *treu|brüchig, -los* || fig *verbrecherisch*
felonía f *Verrat, Treubruch* m || *Treulosigkeit* f || *Arg-, Hinter|list* f || fam *Gemeinheit* f || ⟨Hist⟩ *Lehnsfrevel* m, *Felonie* f *(Bruch der Lehnstreue)*
fel|pa f *Felbel, (Woll)Samt, Pelzsamt, Plüsch* m || figf *(Tracht* f*) Prügel, Keile* pl || figf *derber Verweis, Rüffel, Tadel, Anschnauzer* m || ~**s** pl *Plüschartikel* mpl || **-par** vt *mit Plüsch überziehen* || ⟨Web⟩ *beflocken* || **-peada** f Arg *(Tracht* f*) Prügel* pl || **-pada** m || **-pilla** f ⟨Web⟩ *Raupengarn* n, *Chenille* f || **-po** m *Kokosmatte* f || **-poso, -pudo** adj *felbel-, plüsch|artig* || ~ m *(Fuß)Matte* f || Am *Kokosmatte* f
feme|nil adj *weiblich* || *weibisch* || ~**mente** adv *nach Weiberart* || **-nino** adj *weiblich, feminin* || fig *weibisch* || fig *verweichlicht* || ⟨Gr⟩ *weiblich, feminin* || carrera ~a ⟨Sp⟩ *Frauenlauf* m || deporte ~ *Frauensport* || el eterno ~ *das Ewigweibliche* n || género ~ *weibliches Geschlecht* n || ~ ⟨Gr⟩ *Femininum* n
fementido adj *treulos, wortbrüchig* || *falsch* || *unecht*
femera f Ar *Mistgrube* f
femina f prov *Muttertier* n
fémina f ⟨Lit⟩ *(moderne) Frau* f
femi|n(e)idad f *Weiblichkeit* f || **-nismo** m *Feminismus* m, *Frauenbewegung* f || *Frauenemanzipation* f || ⟨Med⟩ *Feminismus* m, *Verweiblichung* f *(beim Mann)* || **-nista** adj/s *frauenrechtlerisch* || ~ m/f *Frauenrechtler(in* f*)* m || fig *Frauenfreund* m || **-noide** adj ⟨Med⟩ *feministisch, weibisch (Mann)*
femoral adj *(Ober)Schenkel-* || hueso ~ ⟨An⟩ *(Ober)Schenkelknochen* m
fémur [pl ~(e)s] m ⟨An⟩ *(Ober)Schenkelknochen, Femur* m || fractura del cuello del ~ *Schenkelhalsbruch* m

fenacetina f ⟨Chem Pharm⟩ *Phenacetin* n
fenal m Ar *Weide* f
fene|cer [-zc-] vt *beendigen, vollenden* ‖ *(e–e Rechnung) abschließen* ‖ ~ vi *enden, aufhören* ‖ *sterben, verscheiden* ‖ **–cido** m *Verschiedene(r)* m ‖ **–cimiento** m *Schluß* m, *Ende* n ‖ *Tod* m, *Ableben, Verscheiden, Sterben* n
fenec(o) m ⟨Zool⟩ *Fennek, Wüstenfuchs* m (Vulpes [Fennecus] zerda)
feniano m *Mitglied* n *der irischen nationalistischen Partei Sinn Fein*
fenicado adj *karbolhaltig, Karbol-* ‖ *agua* ~a *Karbolwasser* n
feni|cio m *Phönizier* m ‖ ~ adj *phönizisch* ‖ **⁼cia** f *Phönizien* n
fénico adj ⟨Chem⟩ *Karbol-* ‖ *ácido* ~ *Karbolsäure* f
fenilo m ⟨Chem⟩ *Phenyl* n
fénix [pl **–ces**] m ⟨Myth⟩ *Phönix* m *(Vogel)* ‖ fig *große Seltenheit* f ‖ fig *Wunder(ding), Phänomen* n ‖ el ⁓ de los Ingenios *Beiname* m *Lope de Vegas*
fennig [pl **fennigs**] m *Pfennig* m
fenogreco m ⟨Bot⟩ *Bockshorn(klee* m*)* n (Trigonella foenum-graecum)
fenol m ⟨Chem⟩ *Phenol* n
feno|menal adj *wunderbar, erstaunlich* ‖ fam *kolossal, phänomenal, großartig* ‖ ⟨Philos⟩ *Phänomen-* ‖ **–menalismo** m ⟨Philos⟩ *Phänomenalismus* m ‖ **–menalista** adj/s *phänomenalistisch* ‖ ~ m *Phänomenalist* m ‖ **–ménico** adj ⟨Philos⟩ *Phänomen-* ‖ *Erscheinungs-*
fenómeno m *Phänomen* n ⟨& Med⟩ *Vorgang* m ‖ *(Natur)Erscheinung* f ‖ *Sehenswürdigkeit* f ‖ ⟨Med⟩ *Symptom, Zeichen* n ‖ fam *Wunderkind, Genie, Phänomen* n ‖ fig *Monstrum, abnormes Wesen* n ‖ ~ vital *Lebenserscheinung* f ‖ ~ adj *großartig,* fam *toll*
fenomeno|logía f ⟨Med⟩ *Symptomenlehre* f ‖ ⟨Philos⟩ *Phänomenologie* f ‖ **–lógico** adj *phänomenologisch*
feno|típico adj *phänotypisch, auf das Erscheinungsbild bezogen* ‖ **–tipo** m ⟨Biol Gen⟩ *Erscheinungsbild* n, *Phänotyp(us)* m
¹**feo** adjs *häßlich, garstig* ‖ *schändlich* ‖ fig *abscheulich, gemein, niederträchtig* ‖ fig *unangenehm* ‖ *acción fea häßliche Tat, Missetat* f ‖ el sexo ~ *das häßliche Geschlecht, die Männer* mpl ‖ ◊ *dejar* ~ *a uno* figf *jdm e–n Verdruß verursachen* ‖ *jdn in den Schatten stellen* ‖ *jdn bloßstellen, jdn in e–e peinliche Lage bringen* ‖ *quedar* ~ *in ungünstigem Licht erscheinen* ‖ *el asunto se pone* ~, *la cosa se pone* ~a *die Sache wird mißlich,* fam *die Sache fängt an zu stinken* ‖ *tocarle a uno bailar con la más fea* figf *am schlimmsten davonkommen* ‖ *más* ~ *que el pecado mortal* (que el sargento Utrera, que Tito, que Picio, que pegar a su padre, que la papeleta de la contribución etc.) fam *häßlich wie die Nacht, grundhäßlich*
²**feo** m fam *Gehässigkeit, Kränkung* f ‖ fam *großer Verdruß* m ‖ *häßlicher Mensch* m
feote, ~**a, fe(ot)ón, ona** adj *äußerst häßlich,* fam *grund-, mords|häßlich*
feracidad f *Fruchtbarkeit, Ergiebigkeit* f *(des Bodens)*
feraz [pl **–ces**] adj *fruchtbar (Boden, Jahr)*
féretro m Sarg m, *Totenbahre* f
feria f *Wochentag* m *(außer Samstag und Sonntag)* ‖ *Feier-, Ruhe-, Ferientag* m ‖ *Feiern, Ausruhen* n *von der Arbeit* ‖ *(Jahr)Markt* m ‖ *Messe* f, *(großer) Jahrmarkt* m *(mit Volksbelustigungen)* ‖ *Kirchweih* f ‖ *Volksfest* n ‖ Mex *Kleingeld* n ‖ CR Salv *Trinkgeld* n ‖ ~ *anual Jahrmarkt* m ‖ ~ *de ganado Viehmarkt* m ‖ ~ *del libro Buchmesse* f ‖ ~ *de* Francfort *Frankfurter Messe* f ‖ ~ *de muestras Mustermesse* f ‖ ~ *semanal*

Wochenmarkt m ‖ ~ *segunda, tercera* usw ⟨Rel⟩ *Montag, Dienstag* m usw ‖ *puesto de* ~ *Jahrmarktsbude, Baracke* f ‖ *recinto de la* ~ *Messegelände* n ‖ ◊ *celebrar una* ~ *e–n Jahrmarkt abhalten* ‖ *hacer* ~ *de u/c et zur Schau stellen* ‖ *ir a la* ~ *auf den Markt gehen* ‖ ~**s** pl *Meßgeschenk* n
feriado adj *festlich* ‖ *(día)* ~ *Ferientag, Tag* m, *an dem die Gerichte geschlossen sind* ‖ *día medio* ~ *halber Feiertag* m
ferial adj *auf die Wochentage bezüglich* ‖ *Jahrmarkts-* ‖ *Messe-* ‖ ~ m *Jahrmarkt* m ‖ *Markt* m ‖ *Jahrmarktplatz* m ‖ *Kirmes-, Rummel|platz* m
feriante m/adj *Markt-, Messe|besucher* m ‖ *(Messe)Aussteller* m ‖ *Schausteller* m
feriar vt *auf der Messe (bzw dem Jahrmarkt) kaufen od verkaufen* ‖ *verkaufen, ver-, ein|tauschen* ‖ *mit e–m Meßgeschenk bedenken* ‖ ~ vi *feiern, Feierabend machen*
ferino adj *tierisch* ‖ *tos* ~a ⟨Med⟩ *Keuchhusten* m
Ferino m fam = **Zeferino** Tfn
ferlín m *Vierling* m *(alte Münze)*
ferma f ⟨Th⟩ *breites Verbindungsstück* n *einer Dekoration*
fermata f ⟨Mus Rhet⟩ *Fermate* f
fermen|table adj *gärungsfähig* ‖ *gärbar* ‖ **–tación** f *Gärung (& fig), Fermentation* f ‖ *Vergärung* f ‖ ~ *acética Essigsäuregärung* f ‖ ~ *alta Obergärigkeit* f ‖ ~ *baja Untergärigkeit* f ‖ ~ *cítrica Zitronensäuregärung* f ‖ ~ *láctica Milchsäuregärung* f ‖ *masa en* ~ *Gärgut* n ‖ **–tado** adj *ausgegoren* ‖ *gesäuert (Brot)* ‖ *no* ~ *unvergoren* ‖ **–tante** adj *gärend* ‖ **–tar** vt *vergären, in Gärung bringen, versetzen* ‖ *fermentieren* ‖ *säuern (Teig)* ‖ ~ vi *gären (Teig)* ‖ *arbeiten (Wein)* ‖ fig *gären, unruhig werden (Geister)* ‖ ◊ *poner a* ~ *gären lassen* ‖ *maischen (Wein)* ‖ *cesar de* ~ *ausarbeiten (Wein)* ‖ **–tativo** adj *in Gärung versetzend* ‖ ~ m *Gärmittel* n ‖ **–tescible** adj *gärungsfähig* ‖ *medio* ~ *Gärstoff* m ‖ **–to** m *Gär|mittel* n, *-stoff* m ‖ *(Wein)Hefe* f ‖ *Hefegut* n ‖ *Sauerteig* m ‖ ⟨Med Chem⟩ *Ferment* n ‖ fig *Hefe* f, *Ferment* n ‖ fig *Ursache* f ‖ ~ *coagulante Labferment* n ‖ ~ *láctico Milchferment* n
Fermín m np Tfn *Firmian* m
fermio m ⟨Chem⟩ *Fermium* n
fernambuco (palo de ⁓) m *Pernambuk-, Brasil|holz* n
fernan|dino adj *auf König Ferdinand bezüglich* ‖ ~ m allg *Anhänger* m *König Ferdinands, bes Ferdinands VII* ‖ **⁼do** m Tfn *Ferdinand* m
Fern.do Abk = *Fernando*
fero|ce adj ⟨poet⟩ = **feroz** ‖ **–cidad** f *Wildheit, Roheit* f ‖ *Grausamkeit* f
feróstico adj fam *unbändig* ‖ *grimmig* ‖ *störrisch* ‖ *äußerst häßlich,* fam *mords-, ur|häßlich*
feroz [pl **–ces**] adj *wild, grausam* ‖ *unbändig* ‖ fam *fürchterlich, schrecklich* ‖ adv: ~**mente**
ferra|da f *eiserne Keule* f ‖ *Ast eisenbeschlagener Eimer* m ‖ **–do** m Gal *Flächenmaß* n *(4–6 Ar)* ‖ Gal *Getreidemaß* n *13–16 l* ‖ **–menta** f figf *Gebiß* n ‖ **–r** vt *mit Eisen beschlagen* ‖ prov *(Pferd) beschlagen*
ferre m Ast ⟨V⟩ *Habicht* m (→ **azor**)
férreo adj *eisern, Eisen-* ‖ fig *eisern, hart, unbändig* ‖ *vía* ~a *Eisenbahn* f ‖ *voluntad* ~a *eiserner Wille* m
fe|rrer m Ar Cat = **herrero** ‖ **–rrería** f = **herrería** ‖ *Eisenhütte* f
ferreruelo m *Mantel* m *(mit Stehkragen ohne Kapuze)*
ferrete m *Stempeleisen* n ‖ *Kupfer(II)-sulfat* n ‖ ~**ar** vt *mit Eisen beschlagen*
ferretería f *Eisenware* f ‖ *Eisenwarenhandlung* f ‖ *Zeughaus* n
férrico adj ⟨Chem⟩ *Eisen(III)-, eisensauer*
ferrífero adj *eisenhaltig* ‖ ⟨Bgb⟩ *eisenführend*
ferrita f ⟨Chem⟩ *Ferrit* n ‖ ⟨Metal⟩ *Ferrit* m

ferrito *m* ⟨Chem⟩ *Ferrit* n
ferrizo adj *Eisen-*
ferro *m* ⟨Mar⟩ *Anker* m ‖ ~**aleación** *f Eisen-, Ferro|legierung* f ‖ ~**bús** *m Schienenbus* m ‖ ~**carril** *m Eisenbahn* f ‖ ~ *aéreo,* ~ *colgante,* ~ *suspendido Hänge-, Schwebe|bahn* f ‖ ~ *aéreo por cable Seilschwebebahn* f ‖ ~ *de circunvalación Ringbahn* f ‖ ~ *de cremallera Zahnradbahn* f ‖ ~ *eléctrico elektrische Bahn* f ‖ ~ *elevado Hochbahn* f ‖ ~ *de empalme Verbindungsbahn* f ‖ ~ *funicular Standseil-, Zahnrad|bahn* f ‖ *Drahtseil-, Schwebe|bahn* f ‖ ~ *interurbano Vorortbahn, Intercity-Bahn* f ‖ ~ *local Lokalbahn* f ‖ ~ *metropolitano Stadtbahn* f ‖ *Span bes U-Bahn* f (→ **metro**) ‖ ~ *de sangre Pferdebahn* f ‖ ~ *secundario Nebenbahn* f ‖ ~ *subterráneo Untergrundbahn, U-Bahn* f (→ **metro**) ‖ ~ *de vía* (Arg Chi de trocha) *ancha* (normal, estrecha) *Breit- (Normal-, Schmal)spurbahn* f ‖ ~ *vecinal Nebenbahn* f ‖ *Sekundärbahn* f ‖ ~ *de una, dos, varias vía(s) ein-, zwei-, mehr|gleisige Bahn* f ‖ *billete de* ~ *Fahrkarte* f, *Billett* n ‖ *compañía de* ~**es** *Eisenbahngesellschaft* f ‖ *guía de* ~**es** *Fahrplan* m ‖ *red de* ~**es** *Eisenbahnnetz* n ‖ *Red Nacional de* ~**es** *Españoles* (RENFE) *Spanische Staatsbahn* f ‖ *tarifa de* ~**es** *Eisenbahntarif* m ‖ ◊ *enviar (od expedir) por* ~ *per Bahn, mit der Eisenbahn senden* ‖ *ir en* ~ *mit der Eisenbahn fahren* ‖ ~-**carrilero** adj Am = –**viario**
ferro|cianuro, –prusiato *m* ⟨Chem⟩ *Ferrocyanid, Hexacyanoferrat(II)* n ‖ –**cromo** *m Ferrochrom* n ‖ –**lano** adj/s *aus El Ferrol del Caudillo* (PCor) ‖ –**magnético** adj ⟨Phys⟩ *ferromagnetisch* ‖ –**magnetismo** *m* ⟨Phys⟩ *Ferromagnetismus* m ‖ –**manganeso** *m* ⟨Metal⟩ *Ferromangan* n ‖ –**metales** *mpl Eisenlegierungen* fpl *(mit Edelmetallen)* ‖ –**so** adj *Eisen(II)-* ‖ *stark eisenhaltig* ‖ –**tipia** *f* ⟨Phot⟩ *Ferrotypie* f ‖ –**viario** adj *Eisenbahn-,* compañía ~**a** *Eisenbahngesellschaft* f ‖ *mapa* ~ *Eisenbahnkarte* f ‖ *red* ~**a** *Eisenbahnnetz* n ‖ *tráfico* ~ *Eisenbahnverkehr* m ‖ ~ *m Eisenbahnangestellte(r), Eisenbahnarbeiter* m
ferruco *m* Mex *Junge, Bursche* m
ferruginoso adj *eisenhaltig (z. B. Mineralwasser), Eisen-* ‖ *aguas* ~**as** *natürlich eisenhaltige Wässer* npl ‖ *medicamento* ~ *Eisenpräparat* n
ferry-boat *m* engl *Fährschiff* n, *Auto-, Eisenbahn|fähre* f
fértil adj *fruchtbar* ‖ *ergiebig* ‖ ⟨Nucl⟩ *brutfähig, Brut-* ‖ *fig schöpferisch* ‖ *fig ergiebig (Jahr)* ‖ *fig ertragreich* ‖ ~ *de grano fruchtbar an Getreide* ‖ ~ *en recursos fruchtbar an Hilfsmitteln, erfinderisch* ‖ *gerissen*
fertili|dad *f Fruchtbarkeit* f ‖ *Ergiebigkeit* f ‖ fig *Findigkeit* f ‖ –**zación** *f Fruchtbarmachung* f ‖ –**zante** *m Düngemittel* n ‖ –**zar** vt *fruchtbar machen* (& fig) ‖ *düngen*
férula *f* ⟨Bot⟩ *Riesenfenchel* m (Ferula communis) ‖ *(Zucht)Rute, Fuchtel* f ‖ *Verweis* m, *Züchtigung* f ‖ ⟨Chir⟩ *Verbandsschiene* f ‖ ◊ *estar bajo la* ~ *de uno* fig *unter jds Zucht (od Fuchtel) stehen*
ferventisimo adj sup v. **ferviente**
férvido adj *inbrünstig, heiß, feurig*
fer|viente adj *eifrig* ‖ *heftig* ‖ *inbrünstig* ‖ *fromm* ‖ adv: ~**mente** ‖ –**vor** *m* fig *Heftigkeit* f, *Feuereifer* m ‖ fig *Hingabe, Inbrunst* f ‖ *Glut* f ‖ –**vorar** vt = **enfervorizar** ‖ –**vorin** *m (Stoß)Gebet* n ‖ –**voroso** adj *heftig* ‖ *eifrig* ‖ *innig, inbrünstig* ‖ *leidenschaftlich* ‖ adv: ~**amente**
fesoria *f* Ast *(kleine) Hacke* f
fest. Abk = **festivo**
feste|ar vt Ar Val Murc = **festejar** ‖ –**jada** *f* figf Am = –**jo** ‖ Mex *Prügelei* f
feste|jador, –jante *m Gastgeber* m ‖ *Kurmacher, Verehrer, Galan* m ‖ –**jar** vt *festlich bewirten* ‖ *feierlich begehen, feiern* ‖ *(e-r Frau) den Hof machen* ‖ Mex *verprügeln* ‖ ~**se** *sich belustigen,*

sich e-n lustigen Tag machen ‖ *sich vergnügen* ‖ –**jo** *m gastliche Aufnahme* f ‖ *Festlichkeit* f ‖ *Fest* n, *Lustbarkeit* f ‖ ~**s** *pl öffentliche Feste* npl, *Lustbarkeiten* fpl ‖ –**ro** adj/s *vergnügungssüchtig* ‖ ~ *m Freund* m *von Festen u. Vergnügungen* ‖ figf *Schmuser* m
festín *m Haus-, Familien|fest* n ‖ *Festmahl, Gelage* n, *Schmaus* m ‖ *Bankett* n ‖ *el* ~ *de Baltasar Belsazars Königsmahl* n
festi|nación *f Eile, Schnelligkeit* f ‖ –**nar** vt Am *beschleunigen, überhasten*
festi|val *m Musikfest* n ‖ *Festspiele* npl ‖ *Festival* n ‖ *Sportfest* n ‖ ~ *aeronáutico Flugtag* m ‖ ~ *de la canción Schlagerfestival* n ‖ ~ *folklórico Volks-, Trachten|fest* n ‖ ~ *gimnástico Turnfest* n ‖ ~**es** *mpl Festspiele* npl ‖ ~ *cinematográficos Filmfestspiele* npl ‖ –**vamente** adv *feierlich, fröhlich, vergnügt* ‖ *scherzweise* ‖ –**vidad** *f Festlichkeit* f, fam *Festivität* f ‖ *(Kirchen-)Fest* n, *Festtag* m ‖ *Witzigkeit* f ‖ *Fröhlichkeit* f, *Vergnügen* n ‖ *la* ~ *del Corpus das Fronleichnamsfest* ‖ –**vo** adj *festlich, feierlich, Fest-* ‖ *fröhlich, lustig* ‖ *scherzhaft* ‖ *witzig, komisch, humoristisch* ‖ *revista* ~**a**, *periódico* ~ *Witzblatt* n ‖ *días* ~**s** *Fest-, Feier|tage* mpl
festón *m Feston, (Blumen)Gehänge, Laubgewinde* n, *Girlande* f ‖ *Kettensaum* m ‖ *ausgezackte Randzeichnung* f ‖ ⟨Arch⟩ *Feston* n, *Girlande* f
feston(e)|ar vt *mit Blumengehängen schmücken* ‖ *umrändern* ‖ ⟨Arch Handarbeit⟩ *festonieren* ‖ fig *säumen* ‖ –**o** *m Ausschmückung* f *mit Girlanden*
FE(T) y de las JONS Abk = **Falange Española (Tradicionalista) y de las Juntas de Ofensiva Nacionalsindicalista** (→ **Falange**)
fetal adj ⟨An⟩ *fetal, Fetus-*
△**fetel** *m Kauderwelsch* n
△**fetén** adj pop *echt, unverfälscht* ‖ fig *toll* ‖ fig *phantastisch* ‖ *de* ~ *tatsächlich* ‖ *vom Herzen* ‖ ◊ *esto es la* ~ pop *darauf kannst du Gift nehmen!*
fetici|da adj/s *abtreibend, abtreiberisch, Abtreibungs-* ‖ ~ *m Töter* m *der Leibesfrucht* ‖ allg *Abtreiber* m ‖ *Abtreibungsmittel* n ‖ –**dio** *m Abtötung* f *der Leibesfrucht* ‖ allg *Abtreibung* f
feti|che *m Fetisch* m, *Zauberding* n ‖ ⟨Med⟩ *Fetisch* m ‖ –**chismo** *m Fetisch|dienst* m, *-verehrung* f ‖ ⟨Med⟩ *Fetischismus* m ‖ fig *blinde Verehrung* f ‖ –**chista** m/adj *Fetischanbeter* m ‖ ⟨Med⟩ *Fetischist* m ‖ ~ adj *Fetisch-*
fetidez [pl –**ces**] *f Gestank, übler Geruch* m, *Stinken* n ‖ ~ *del aliento* ⟨Med⟩ *übler Mundgeruch* m
fétido adj *übelriechend, stinkend* ‖ ⟨Med⟩ *fötid* ‖ *asa* ~**a** ⟨Bot⟩ = **asafétida**
feto *m Fetus* m, *Leibesfrucht* f
*fetor m = hedor
feúcho, feúco adj dim v. **feo** ‖ fam *recht häßlich*
feu|dal adj *feudal, Lehn(s)-* ‖ *lehnspflichtig* ‖ *caballero* ~ *(Lehns)Ritter* m ‖ *Vasall* m ‖ *castillo* ~ *(Ritter)Burg* f ‖ *esclavitud* ~ *Frondienst* m ‖ *señor* ~ *Feudal-, Lehns|herr* m ‖ –**dalidad** *f,* –**dalismo** *m Lehnswesen, Feudalsystem* n, *Feudalismus* m ‖ *Lehnsverhältnis* n ‖ –**datario** adj/s *lehn|bar, -pflichtig, Lehn(s)-, Feudal-* ‖ ~ *m Lehns|mann, -träger* m ‖ –**do** *m Lehen* n ‖ *Lehnsgut* n ‖ *Lehnsgebühr* f ‖ *Lehnshuldigung* f ‖ fig *Abhängigkeitsverhältnis* n ‖ ◊ *otorgar (od dar) en* ~ *a alg. jdm zu Lehen geben* ‖ *jdn belehnen* (a. *mit et dat*)
[1]**feúra** *f* → **fealtad**
[2]**feúra** *f* pop = **figura**
fez [pl –**ces**] *m Fes, Fez* m *(orientalische Kopfbedeckung)*
fha., fho. Abk = **fecha, fecho**
fhda. Abk = **fechada**
fi *f* griech. φ, *Phi* n
fía *f Borgen* n ‖ *geborgtes Gut* n ‖ Sant Extr

fiabilidad — fiel

Verkauf m *auf Borg* ‖ Logr *Bürgschaft* f ‖ *Bürge* m
fiabilidad *f Zuverlässigkeit* f ‖ ⟨Tech⟩ *Betriebssicherheit* f
fiable adj *zuverlässig, vertrauenswürdig*
fiacre *m* gall *Fiaker* m, *Droschke* f
fia|do adj/s *geborgt* ‖ *zuversichtlich* ‖ *zuverlässig ‖ al ∼ *auf Borg* ‖ en ∼ *unter Bürgschaft* ‖ ◊ dar, tomar al ∼ *auf Borg*, fam *auf Pump geben, nehmen* ‖ vender al ∼ *auf Borg verkaufen* ‖ cochino ∼ gruñe todo el año *Borgen macht Sorgen* ‖ **–dor** *m Bürge, Gewährsmann* m ‖ *Honorant* m *(e–s Wechsels)* ‖ *Vorschlagende(r)*, *Wahlbürger* m *(bei Kandidatenlisten)* ‖ *Spange* f, *Heftel* m *(am Mantelkragen)* ‖ *Sicherheitskette* f ‖ ⟨Tech⟩ *Sicherheitsverschluß* m ‖ *Sperrkegel* m *(Uhr)* ‖ *Riegel* m ‖ *Raste* f ‖ *Sperrklinke* f ‖ *Seilzug* m *(am Zelt)* ‖ ⟨Mil⟩ *Portepee* n ‖ *Lederschlaufe* f *(am Säbel)* ‖ *Abzugssperrstück* n *(am Gewehr)* ‖ *Faustriemen* m *(am Sattel)* ‖ *Schieber* m *(am Zügel)* ‖ figf *(Kinder)Popo* m ‖ Chi Ec *Sturmriemen* m ‖ ∼ *carcelero Bürge* m *für e–n Gefangenen* ‖ ∼ *principal Hauptbürge* m ‖ ∼ *subsidiario Rückbürge* m ‖ ◊ *salir* ∼ *por* alg. *für jdn Bürgschaft leisten, bürgen*
fiam|bre adj/s *kalt (von Speisen)* ‖ fig *abgestanden* ‖ figf *alt, unbenutzt* ‖ figf *unzeitig, unpassend* ‖ figf *überholt, alt (Bericht)* ‖ *carne* ∼ *kaltes Fleisch* n ‖ *(noticia)* ∼ fam *verspätete Nachricht* f ‖ *pollo* ∼ *kalter Hühnerbraten* m ‖ ∼ *m kalte Küche* f ‖ *kalter Aufschnitt* m ‖ *kalte Fleisch- od Fisch\speise* f ‖ fig *unpassendes Ding* n ‖ pop *Leiche* f ‖ Mex *pikantes Salatgericht* n ‖ ∼ con gelatina *Sülze* f ‖ ∼ joc *auf Kredit* ‖ ◊ almorzar ∼ *kalt frühstücken* ‖ **–brera** *f Blech-, Trag|büchse* f *für kalte Speisen* ‖ *Proviant-, Picknick|korb* m ‖ *Kalt|mamsell, -speiserin* f ‖ fam *abgeschmackte Rede* f ‖ **–brería** *f* Arg *Aufschnittgeschäft* n ‖ Ur *Delikateßgeschäft* n, *Feinkosthandlung* f
fianza *f Bürgschaft, Sicherheit, Gewährleistung, Kaution* f ‖ *Pfand* n ‖ *Pfand|gut, -geld* n ‖ *Bürge, Gewährsmann* m ‖ ∼ *bancaria Bankbürgschaft* f ‖ ∼ *judicial Prozeßbürgschaft* f ‖ ◊ dar *(od* prestar*)* ∼ *Bürgschaft leisten (por für)*
fiar [pres fio] vt/i *bürgen* ‖ *gutstehen (por für* acc*)* ‖ *auf Kredit (od auf Borg) geben* ‖ *auf Borg verkaufen* ‖ *anvertrauen* ‖ *vertraulich mitteilen* ‖ Chi *auf Kredit haben wollen* ‖ vi *vertrauen* (en *auf* acc) ‖ *Vertrauen haben (zu* dat*)* ‖ *Kredit geben (Kaufmann)* ‖ ◊ ∼ en *(od* a*)* alg. *glauben* ‖ ∼ en Dios *auf Gott vertrauen* ‖ ser de ∼ *zuverlässig sein (Person)* ‖ ∼se de alg. *sich auf jdn verlassen, jdm trauen* ‖ hoy no se fía aquí, mañana sí joc *heute wird nichts geborgt, morgen ja* ‖ no hay que ∼se de las apariencias *der Schein trügt*
fiasco *m (starker) Mißerfolg* m, *Fiasko* n, *Zusammenbruch* m
fiat *m* lat *Einwilligung* f
fi|bra *f Fiber, Faser, Zaser* f ‖ ⟨An⟩ *Muskelfaser* f ‖ ⟨Bot⟩ *Faser, Fiber* f ‖ *Fasergewebe* n ‖ ⟨Bot⟩ *Wurzelfaser* f ‖ *Faserwurzel* f ‖ *Bast* m ‖ fig *Kraft, Energie* f ‖ ∼ *artificial,* ∼ *sintética Kunstfaser, synthetische Faser* f ‖ ∼ *de madera Holzschliff* m ‖ ∼ *textil Textilfaser* f ‖ ∼ *de vidrio Glasfaser* f ‖ ∼ *vulcanizada Vulkanfiber* f ‖ **–brilación** *f* ⟨Med⟩ *Flimmern* n *(der Muskel)* ‖ **–brilla** *f* ⟨Bot⟩ *Wurzelfäserchen* n ‖ ⟨An⟩ *Fibrille* f, *Muskel-* bzw *Nerven\fäserchen* n ‖ **–brina** *f* ⟨Chem⟩ *Fibrin* n, *Blutfaserstoff* m ‖ **fibro|cartílago** *m* ⟨An⟩ *Faserknorpel* m ‖ **–célula** *f* ⟨Biol⟩ *Faserzelle* f ‖ **–ma** *m* ⟨Med⟩ *Fasergeschwulst* f, *Fibrom* n ‖ **–so** adj *faserig, zaserig* ‖ *faserartig* ‖ ⟨Mcd⟩ *fibrös*
fíbula *f Fibel, Spange* f
△**ficar** [c|qu] vi *spielen*
△**ficaró** *m Spieler* m
ficción *f (Er)Dichtung, Fiktion* f ‖ *Verstel-*

lung, Vorspiegelung f ‖ ∼ *poética dichterische Erfindung* f ‖ *ciencia* ∼ → **ciencia**
ficomicetos *mpl* ⟨Bot⟩ *Algenpilze* mpl, *Phykomyzeten* pl (Phycomycetes)
fic|ticio adj *erdichtet, vorgeblich, erdacht, fiktiv* ‖ *fingiert* ‖ *anscheinend, Schein-* ‖ **–to** pp/irr v. **fingir**
ficha *f Spielmarke* f, *Jeton* m ‖ *Zahl-, Rechenmarke* f ‖ *Rechenpfennig* m ‖ *Bon* m ‖ *Münze* f *(für* ⟨Tel⟩*, Automaten usw)* ‖ *Stein* m *(Domino)* ‖ *Pappenzettel* m ‖ *Katalog-, Archiv|zettel* m ‖ *Karteikarte* f ‖ ⟨El⟩ *Flachstecker* m ‖ Arg Col Mex *Gauner, Gesinnungslump* m ‖ Chi *Zahlnote* f *in e–m Kaufladen* ‖ Chi *Pfahl* m *(zur Grenzmarkierung)* ‖ Hond *Silbermünze* f = 10 *Centavos* ‖ ∼ *antropométrica Identifikationsschein, Erkennungsbogen* m *e-r Person, die unter Polizeiaufsicht steht* ‖ ∼ *dactiloscópica Fingerabdruck* m ‖ ∼ *perforada Lochkarte* f
fichar vt *(e–e Person) polizeilich identifizieren* ‖ *aufnehmen, registrieren* ‖ *karteimäßig erfassen* ‖ ◊ ∼ a alg. fig *jdn beschatten, jdn überwachen* ‖ lo tengo ∼ado *ich habe ihn mir vorgemerkt*, fam *ich hab' ihn auf dem Kieker* ‖ ∼ vi ⟨Sp⟩ ∼ (por) *(mit e–m Klub) e–n Vertrag schließen* (bes *Fußballspieler)* ‖ Col *sterben*
fichero *m Registratur* f ‖ *Kartenregister* n, *Kartothek, Kartei* f ‖ *Zettelkasten* m ‖ *Polizeiregister* n ‖ ◊ ya lo tenemos *(od* ya lo hemos metido*)* en el ∼ figf *wir haben ihn schon auf der Liste*
fichú *m* Am gall *Fichu, Hals-, Spitzen|tuch* n
fidedigno adj *glaubwürdig* ‖ *zuverlässig*
fideicomi|sario m/adj ⟨Jur⟩ *Fideikommißerbe* m ‖ ∼ adj *fideikommissarisch* ‖ *cargo de* ∼ *Treuhandschaft* f ‖ **–so** *m* ⟨Jur⟩ *Fideikommiß, unveräußerliches Stammgut* n, *treuhänderische Übereignung* f ‖ **–tente** *m* ⟨Jur⟩ *Erblasser* m *e–s Fideikommisses*
fideís|mo *m* ⟨Theol⟩ *Fideismus* m ‖ **–ta** adj/s *fideistisch* ‖ ∼ *m Fideist* m
fide|lidad *f Treue* f ‖ *Ehrlichkeit, Redlichkeit* f ‖ *treue Wiedergabe* f ‖ *Zuverlässigkeit* f ‖ *Genauigkeit* f ‖ *Pünktlichkeit* f ‖ ◊ *guardar* ∼ (a) *jdm treu bleiben* ‖ *juramento de* ∼ *Treueid* m ‖ *alta* ∼ *Hi-Fi* f *(engl)* ‖ **–lísimo** adj *allergetreuester* ‖ ⟨Hist⟩ *Titel* m *der Könige von Portugal*
fidelismo *m* → **castrismo**
fideo *m Nudel* f ‖ △ *sehr magerer Mensch* m, fam *Hopfenstange* f ‖ ∼**s** *pl Fadennudeln* fpl ‖ *Makkaroni* pl
fiduciario adj ⟨Jur⟩ *fiduziarisch, treuhänderisch* ‖ *mündelsicher* ‖ *Treuhand-* ‖ ∼ *m Treuhänder, Fiduziar* m ‖ *circulación* ∼a *Papiergeldumlauf* m ‖ *sociedad* ∼a *Treuhandgesellschaft* f
fiebre *f* ⟨Med⟩ *Fieber* n *(& fig)* ‖ fig *Auf-, Er|regung* f ‖ fig *Unruhe* f ‖ ∼ *de aclimatación Klimafieber* n ‖ ∼ *aftosa* ⟨Vet⟩ *Maul- und Klauen|seuche* f ‖ ∼ *amarilla Gelbfieber* n ‖ ∼ *cerebral Gehirnentzündung* f ‖ ∼ *consuntiva Zehrfieber* n ‖ ∼ *cuartana Quartanafieber* n ‖ ∼ *hé(c)tica Zehrfieber* n ‖ ∼ *del heno Heu|schnupfen* m, *-fieber* n *(→* **alergia***)* ‖ ∼ *intermitente Wechselfieber* n ‖ ∼ *malárica Malaria* f ‖ ∼ *del Mediterráneo,* ∼ *de Malta Maltafieber* n *(→* **brucelosis***)* ‖ ∼ *miliar Schweiß|fieber* n, *-friesel* n ‖ *lat Febris miliaris* ‖ ∼ *ortigosa Nesselfieber* n ‖ ∼ *palúdica Malaria* f, *Sumpffieber* n ‖ ∼ *puerperal Kindbettfieber* n ‖ ∼ *terciana Tertiana-, Dreitagewechsel-, dreitägiges Wechselfieber* n ‖ ∼ *tifoidea Typhusfieber* n, *Typhus* m ‖ ◊ la ∼ declina *(od* baja*)*, aumenta *(od* sube*)* das *Fieber läßt nach, nimmt zu*
fiel adj *getreu* ‖ *redlich, ehrlich* ‖ *wahrhaft, zuverlässig, richtig* ‖ *wahrheitsgemäß* ‖ *sinngetreu* ‖ *wortgetreu (Umschrift)* ‖ *naturgetreu* ‖ ⟨Rel⟩ *gläubig* ‖ *memoria* ∼ *gutes Gedächtnis* n ‖ ◊ es ∼ *retrato de su madre er ist seiner*

Mutter sprechend ähnlich || quedar ~ a sus principios *seinen Grundsätzen treu bleiben* || ~ *m Gläubige(r)* m || *Eichmeister* m || *Aufseher* m *(der Stadtwaage)* || *Zünglein* n *(an der Waage)* || *Zeiger* m *(an Meßgeräten)* || *Scherenbolzen* m || (~) contraste *Aufseher über Maß und Gewicht, Eichmeister* m || ~ de fechos ⟨Hist⟩ *Gemeindeschreiber* m || ~ de muelle *Hafenwaagenmeister* m || *Kaiempfangsschein* m || ~ con, para (con) sus amigos *seinen Freunden treu* || al ~ *Chi genau* || en ~ fig *im Gewicht* || ◊ estar en el ~ *im Gleichgewicht sein* || los ~es *die Gläubigen, die Christen* mpl || adv: ~mente

fielato *m Akzisen-, Stadtzoll|amt* n || prov *Mauthäuschen* n || *Akzisengebühr* f || ~ de Consumos *städtische Akzise* f

fiel|trar vt *(ver)filzen* || *–tro m Filz* m || *(breiter) Filzhut* m || *Filzkappe* f || sombrero de ~ *Filzhut*, fam *Filz* m

fiemo *m* Ar Nav Rioja And *Mist, Kot* m

fiera *f Raubtier, wildes Tier* n (& fig) || fig *Bestie* f || ◊ es una ~ trabajando fam *er ist ein Arbeitstier, er arbeitet für zwei* || estar hecho una ~ figf *vor Wut schäumen, außer sich sein* || ~s *pl* ⟨Zool⟩ *Raubtiere* npl || △ *Häscher* mpl || casa de ~ *Raubtierhaus* n || *Tiergarten, Zoo* m

Fierabrás np *Name* m *e–s berühmten Riesen in den alten Ritterromanen* || ≃ *m* figf *böser, ruchloser Mensch* m || figf *ungezogenes Kind* n, *Range* f

fiere|cita, –cilla *f* dim *v.* **fiera** || fig *kleines wildes Biest* n || *–za f Wildheit* f || *Ungestüm* m/n || fig *Sprödigkeit* f || fig *Scheußlichkeit* f

fie|ro adj *wild* || *grausam, grimmig* || *scheußlich, häßlich* || *ungeheuer* || fig *spröd(e), barsch* || fig *furchtbar, schrecklich* || *–ros* mpl *Drohungen* fpl || *Einschüchterungsversuch(e)* m(pl) || ◊ echar ~ *Drohungen ausstoßen* || *bramarbasieren*

fierro *m* prov *u*. Am = **hierro** || *Brandmarke* f *(zum Zeichnen des Viehes)* || Arg *Lockenschere* f || Ec *Werkzeug* n || Mex *Münze* f || Mex *Geld* n

fies|ta *f (Kirchen)Fest* n || *Feier* f || *Festtag* m || *Feiertag* m *mit Einschluß der Sonntage* || *Volksfest* n *(bes Stiergefecht)* || *öffentliche Lustbarkeit* f || *Festlichkeit* f || *Freudenbezeugung, Liebkosung* f *(auch von Tieren)* || *Schmeicheln* n || fam *Spaß* m || iron *Zänkerei* f || ~ abonable y no recuperable Span *bezahlter, nicht nachzuarbeitender Feiertag* m || ~ de baile *Tanzfest* n || ~ benéfica *Wohltätigkeitsfest* n || ~ doble ⟨Kath⟩ *Duplex* n, *Feiertag* m *mit zwei Vespern* || allg *hoher Feiertag* m || *Tag* m, *auf den zwei Festtage fallen* || ~ de familia *Familienfest* n || ~ fija, ~ inmoble (movible) *unbewegliches (bewegliches) Fest* n || ~ de guardar, ~ de precepto *gebotener Feiertag* m || ~ mayor *Kirchweih(fest* n*)* f || allg *hoher Feiertag* m || ~ nacional *National-, Volks|fest* n || *Nationalfeiertag* m || Span & *Stierkampf* m || ~ popular *Volksfest* n || ~ recuperable *Feiertag* m, *für den die Arbeit nachzuholen ist* || ≃ de la Raza *span. und span.-am. Nationalfest* n *(am 12. Oktober, Tag der Entdeckung Amerikas)* || ~ rústica, ~ de la aldea *Kirchweih, Kirmes* f || ~ semidoble ⟨Kath⟩ *Mittelfest* n || ~ simple *einfaches Kirchenfest* n || ~ de tiro *Schützenfest* n || la ≃ de Todos los Santos *Allerheiligen(fest)* n || ~ de toros *Stiergefecht* n || vestido de ~ *festlich gekleidet* || para fin de ~ fam *zum Schluß, schließlich* || obendrein || ◊ se acabó la ~ fam *Schluß damit!* || aguar la ~ a alg. figf *jdm ein Vergnügen verderben, versauern* || coronar la ~ fig *das Fest krönen* || figf *e–e Erzdummheit begehen* || estar de ~ *lustig, guter Dinge sein, feiern* || hacer ~ *feiern, nicht arbeiten,* fam *blaumachen* || *frei haben (Schulkinder)* || organizar una ~ *ein Fest veranstalten* || ¡tengamos la ~ en paz! figf *bitte, k–n Streit!* || *Ruhe, bitte!* || *nun wollen wir mal*

hübsch friedlich sein! || ~**s** *pl Oster-, Pfingst- und Weihnachts|feiertage* mpl || recuperación de ~ *Nacharbeit* f *für Feiertage* || salón de ~ *Festsaal* m || ~ no estar para ~ figf *nicht aufgelegt, übler Laune sein* || estar en (od de) ~ *Kirchweih (bzw ein Volksfest) feiern* || hacer ~ *liebkosen, schmeicheln* || hacer ~ a alg. fam *jdm um den Bart gehen* || el perro hace ~ *der Hund schmeichelt sich ein* || guardar (od santificar, celebrar) las ~ *die Feiertage halten, beachten* || pasadas las ~ *nach den Feiertagen* || *–tear* vt Pe PR *feiern* || *–tecilla* f dim *v.* **–ta** || *–tero* adj = **festero**

fi|fi *m* Mex CR *Geck* m || *–firiche* adj/s Mex CR *schwächlich, kränklich* || ~ *m* fam *Schwachmatikus* m || Mex *Geck* m, fam *Fatzke* m || *–firrichi m* fam Pe = **fifiriche**

fig. Abk = **figura(do)**

figaro *m* fig *Barbier, Figaro* m *(Ansp. auf die Lustspielfigur "Barbier von Sevilla")* || *enganliegendes, kurzes Wams* n

figle *m* ⟨Mus⟩ *Ophikleide* f, *tiefes Klapphorn* n

figón *m Speisehaus* n, *Garküche* f || ⟨Neol⟩ *typisches Restaurant* n

figonero *m Speisewirt, Garkoch* m

figuerense adj/s *aus Figueras* (PGer)

figulino adj *tönern* || arcilla ~a *gebrannter Töpferton* m || pintura ~a *Tonvasenmalerei* f

¹**figura** *f Figur, Gestalt* f || *(Eben)Bild* n || *(Text)Abbildung, Figur* f || *Gesicht, Antlitz* n || *Aussehen* n || *Sinnbild, Symbol* n || ⟨Mus⟩ *Figur* f || ⟨Mus⟩ **Note* f *(rednerische) Figur* f || *Tanzfigur* f || ⟨Th⟩ *Figur, Rolle* f || ⟨Math⟩ *Figur* f || ⟨Kart⟩ *Figur* f, *Bild* n || fig *Persönlichkeit* f || fig *Gesicht* n || fig *(Zier)Puppe* f || fig *Redefigur* f || fig *Metapher* f || ~ de bulto *Bildsäule* f || *(Marmor)Büste* f || ~ clave *Schlüsselfigur* f || ~ de construcción *grammatische Figur* f || ~ decorativa fig *stumme Person* od *Rolle* f, *Statist* m || ~ delictiva, ~ de delito *(Straf)Tatbestand* m || ~ de dicción *Redewendung* f || ~ jurídica *Rechtsfigur* f || ~ de nieve *Schneemann* m || ~ de proa ⟨Mar⟩ *Galionsfigur* f || ~ retrato de ~ entera *Bild* n *in ganzer Gestalt* || retrato de media ~ *Kniestück* n || ◊ hacer ~s figf *Grimassen schneiden* || *sich lächerlich gebärden*

²**figu|ra** *m* fam *Wichtiger* m || fam *lächerlicher, häßlicher Mensch* m || *–rable* adj *vor-, dar|stellbar* || *–ración* f *Bildung, Gestaltung* f || *–radamente* adv *in figürlichem, übertragenem Sinne*

figu|rado adj *figürlich, (sinn)bildlich* || *figürlich, bilderreich (Stil)* || ⟨Mus⟩ *figuriert* || ⟨Mil Th⟩ *markiert* || factura ~a *Proformarechnung* f || lenguaje ~ *Bildersprache* f || en sentido ~ *in übertragener Bedeutung* || *–ranta* f ⟨Th⟩ *Statistin*, *Figurantin* f (& fig) || *–rante* m *Statist, Figurant* m (& fig) prov *Schauspieler* m || *–rar* vt *bilden, gestalten* || *abbilden, vorstellen* || *darstellen* || vorgeben || ◊ ~ (una) sorpresa *sich überrascht stellen* || figuraron no verlo *sie taten, als ob sie ihn nicht sähen* || ~ vi *vorkommen* || *erscheinen (z. B. in e–m Verzeichnis)* || *vorhanden, anwesend sein* || fig *e–e Rolle spielen* || ◊ ~ como, ~ de *auftreten* od *erscheinen als* (nom) || *et sein* || ~ en cuenta *in der Rechnung erscheinen* || su nombre no ~ra en la lista *sein Name steht nicht auf der Liste* || ~**se** *sich einbilden, sich denken, sich vorstellen* || ¡figúrese! *denken Sie nur!* stellen Sie sich vor! || *das glaube ich!* || ¡qué se ha ~rado V.! *wo denken Sie hin?* || ¡me lo ~raba! *das habe ich mir gleich gedacht!* || se me ~ra que *ich bilde mir ein (od ich vermute), daß*

figu|rativo adj *(sinn)bildlich, figürlich* || *gegenständlich (Kunst)* || las artes ~as *die bildenden Künste* fpl || *–rera f* fam *Zierpuppe* f || *–rería f* fam *Fratze, Gebärde* f || *Grimasse* f || fam *Ziererei* f || *–rero m Gesichtsschneider* m || *Gipsfiguren-*

verkäufer m || **Figurenmacher** m || **Faxenmacher** m || ~ adj/s fam *zimperlich* || *eingebildet* || **-rilla, -rita** f dim v. **-ra** || *Statuette* f || fam *Knirps* m || fam *sich lächerlich gebärdende Person* f || ~**s** pl *Nippsachen* fpl || **-rin** m *Figur* f || *Modebild* n || *Mode(n)zeitung* f || ⟨Th⟩ *Kostüm-, Rollen|bild* n || fig *Modepuppe* f || **-rinista** m ⟨Th⟩ *Kostümbildner* m || **-rón** m augm v. **-ra** || figf *Bramarbas, Aufschneider* m || ~ *de proa* ⟨Mar⟩ *Galionsfigur* f || → **comedia**
fija f *Tür-, Fenster|band* n || ⟨Arch⟩ *Fugenkelle* f || Arg *Harpune* f*, Fischspeer* m || ◊ *esto es la* ~ fam *das ist völlig sicher*
fija|carteles m *(Plakat)Ankleber* m || **-ción** f *Befestigung* f || *Feststellung* f || *Anschlagung* f || *Festsetzung, Bestimmung* f || *Bindung* f || ⟨Chem⟩ *Verdichtung* f || *Bodensatz* m || ⟨Phot⟩ *Fixieren* n || *Bindung* f *(Schi)* || **-corbatas** m *Krawattenhalter* m || **-do** m ⟨Phot⟩ *Fixieren* n || **-dor** m/adj ⟨Zim⟩ *Fenster-, Tür|einsetzer* m || *Verfuger* m || ⟨Tech⟩ *Feststeller* m*, Sperr-, Verriegelungs|einrichtung* f || ⟨Mal⟩ *Fixierrohr* n || ⟨Mal⟩ *Fixativ* n *(& Friseur)* || ~ adj *(be)festigend* || (baño) ~ ⟨Phot⟩ *Fixierbad* n || ~ *ácido saures Fixierbad* n || ~ *de trípode* ⟨Phot⟩ *Dreibeinstativfeststeller* m || **-mente** adv *fest, starr* || *aufmerksam* || ◊ *mirar a uno* ~ *jdn starr ansehen* || *no lo sé* ~ *ich weiß es nicht bestimmt*
fijante adj: *fuego* ~ ⟨Mil⟩ *im Ziel liegendes Feuer* n
fija|papeles m *Papierhalter* m || **-pelo, -dor** *Haarfestiger* m || *Frisiercreme* f
fijar vt *befestigen, festmachen, fixieren* || *ein|schlagen, -treiben* || *knüpfen, binden (en an* acc) || *anheften, anschlagen* || *festsetzen, bestimmen* || *feststellen (Schaden)* || *ankleben (Plakate)* || ⟨Phot Mal Friseur⟩ *fixieren* || ⟨Arch⟩ *verfugen* || *vergießen* || ⟨Zim⟩ *einsetzen (Fenster, Tür)* || *(Aufmerksamkeit, Blick) richten (en auf* acc) || *anberaumen (Termin)* || *fest|legen, -setzen (Preis, Bedingung, Termin)* || *ansiedeln, seßhaft machen (Zigeuner)* || ⟨Mil⟩ *binden, fesseln (Feind)* || ◊ ~ *la atención en (od sobre)* a/c *die Aufmerksamkeit auf* es (acc) *richten* || ~ *el cambio* ⟨Com⟩ *den Kurs festsetzen* || ~ *carteles en las esquinas Plakate an den Straßenecken anschlagen* || ~ *con un clavo mit e-m Nagel befestigen* || ~ *un cuadro en la pared ein Bild an der Wand aufhängen* || ~ *la hora die Zeit bestimmen* || ~ *un límite* ⟨Com⟩ *ein Limit(um) stellen* || ~ *los ojos (od la vista) die Augen heften (en auf* acc) || ~ *un plazo e-n Termin festsetzen* || ~ *su residencia en Madrid sich in Madrid niederlassen* || ~ *al toro* ⟨Taur⟩ *den Stier vor dem Todesstoß fixieren* || ~**se** *auf|passen, -merksam sein* || *die Aufmerksamkeit lenken (en auf* acc)*, et merken, gewahr werden, achtgeben* || *et in Erwägung ziehen* || *sich festsetzen (Schmerz)* || *sich (für dauernd) niederlassen* || ◊ *no me fijo en ello ich beachte es nicht* || *¡fíjese (bien)! passen Sie (gut) auf! geben Sie acht!* || *lassen Sie sich das ein für allemal gesagt sein!* || *¡fíjate!* fam *nein, so was! stell dir (nur) vor!* || *¡* ~ *! Achtung!* || *hemos fijado que ... wir haben beschlossen, daß ...*
fijativo m ⟨Mal⟩ *Fixativ* n
fijeza f *Bestimmtheit, Sicherheit* f || *Festigkeit* f || *Unbeweglichkeit* f || *Beharrlichkeit* f || *Beständigkeit* f || ◊ *mirar con* ~ *starr anblicken*
fijo adj/s *fest* || *gewiß, zuverlässig* || *sicher* || *bestimmt* || *unveränderlich, beständig* || *richtig* || *unbeweglich, starr* ⟨& Tech⟩ || ⟨Tech⟩ *orts-, stand|fest, stationär* || ⟨Chem⟩ *feuerfest* || *con clavos angenagelt* || *cambio* ~ *fester Kurs* m || *colocación* ~**a** *feste Stelle* f*, fester Arbeitsplatz* m || *estrella* ~**a** *Fixstern* m || *idea* ~**a** *fixe Idee* f || *plazo* ~ *feste Zahlungsfrist* f || *precio* ~ *fester Preis, Festpreis* m || (sueldo) || ~ *festes Gehalt* n || *de* ~, *a punto* ~ (Am *a la fija) sicher, mit*

Bestimmtheit, gewiß || *de* ~ *que no ganz bestimmt nicht* || *con la mirada* ~**a** *mit starrem Blick* || ~ adv *bestimmt, sicher* || ~ m ⟨Mil⟩ *Bettung* f *(e-r Kanone)*
fijodalgo m = **hijodalgo**
fil m ⟨Mar⟩ *Richtung, Strömung* f || ◊ *estar en (un)* ~ fig *einander entsprechen (zwei Dinge)*
¹**fila** f *Reihe(nfolge)* f || *(Baum)Allee* f || ⟨Mil⟩ *Reihe* f*, Glied* n || ⟨Mil⟩ *Rotte* f || *Zar rundes Bauholz* n || *cabo de* ~ ⟨Mil⟩ *Flügelmann* m || *en* ~ *der Reihe nach, ordnungsmäßig* || ⟨Mil⟩ *in Reih und Glied* || *¡en* ~ *!* ⟨Mil⟩ *richt't euch!* || *de segunda* ~ fig *zweiten Ranges* || *en* ~ *india* fam *im Gänsemarsch* || *en primera* ~ *in der ersten Reihe* || fig *im (bzw in den)Vordergrund* || ◊ *cerrar (od apretar) las* ~**s** *die Reihen dichter schließen* || *entrar en* ~**s** *einberufen werden, Soldat werden* || *llamar a* ~**s** *einberufen*
²**fila** f Ast *Spinnen* n || *Spinnfest* n
³△**fila** *Gesicht* n || pop *Haß, Groll* m || ◊ *tener(le)* ~ *a* alg. *jdn nicht leiden (fam nicht riechen) können* || *tenerle* ~ *a un alumno* ⟨Sch⟩ *e-m Schüler auf dem Nacken (od auf dem Kieker) sitzen (Lehrer)*
filacteria f *Phylakterien* npl *(Gebetsriemen)*
Filadelfia f *Philadelphia* || ≃ f *(Art) Gebäck* n || △*galantes Wesen* n
filadelfo m ⟨Bot⟩ *Falscher Jasmin, Pfeifenstrauch* m *(Philadelphus coronarius)*
filadiz [pl **-ces**] m *Flock-, Rauch|seide* f
filamen|to m *Faser, Zaser* f || *Faden* m || *Draht* m || ⟨Bot⟩ *Wurzelfaser* f || ⟨Bot⟩ *Staubfaden* m || ⟨El⟩ *Glüh-* bzw *Heiz|faden* m || *bateria de* ~ ⟨Radio⟩ *Heizbatterie* f || **-toso** adj *faserig, zaserig*
filandón m Ast *Spinnstube* f
filan|dria f *Fadenwurm* m *der Vögel* || **-to** m ⟨Entom⟩ *Bienenwolf* m (Philanthus triangulum)
filan|tropía f *Menschen|liebe, -freundlichkeit*, **-trópico** adj *menschenfreundlich, philanthropisch* || *sociedad* ~**a** *gemeinnützige, philanthropische Gesellschaft* f
filántropo m *Menschenfreund, Philanthrop* m
¹**filar** m ⟨Mar⟩ *Reling* f
²**filar** vi ⟨Mar⟩ *(weg)fieren*
³△**filar** vt *beobachten, ansehen, beschatten* (a alg. *jdn* acc)
fila|ria f *Filarie* f*, Fadenwurm* m (Filaria spp. Wuchereria spp) *(Blutschmarotzer)* || **-riasis, -riosis** f ⟨Med⟩ *Filarienkrankheit, Philariose* f
filar|monía f *Philharmonie* f || **-mónica** f *philharmonisches Orchester* n*, Philharmonie* f || *Chi Tanz(saal)* m || **-mónico** adj/s *philharmonisch* || (orquesta) ~**a** *philharmonisches Orchester* n || *sociedad* ~**a** *Musikverein* m || ~ m *Musik|liebhaber, -freund* m || *Mitglied* n *e-s philharmonischen Orchesters, Philharmoniker* m
filástica f ⟨Mar⟩ *Kabelgarn* n
fila|telia f *Philatelie, Briefmarkenliebhaberei* f || *Philatelie, Briefmarkenkunde* f || **-télico** adj *philatelisch, Briefmarken-* || *casa* ~**a** *Briefmarkenhandlung* f || **-telismo** m *Philatelie* f || **-telista** m *Briefmarkensammler, Philatelist* m
filatura f *Spinnerei* f || *Spinnen, Spinnverfahren* n || →a **hilatura**
△**file** m *Lauern, Spähen* n
Filemón m np *Philemon* m
file|te m ⟨Arch⟩ *Streif, Reif* m*, Leiste* f || ⟨Arch⟩ *Eierstab* m || ⟨Typ⟩ *Zier-* bzw *Stanz|linie, Linie* f || *Schneidleiste* f *(f. Papier)* || *Filet* n *(pl Fileten)* || ⟨Her⟩ *Streif* m || ⟨Mar⟩ *Geitau* n *(für lat. Segel)* || ⟨Flugw⟩ *Ausrundung* f *zwischen Rumpf u. Flügel* || ⟨An⟩ *Zungenband* n || *Fleischschnitte* f*, Schnitzel, Filet* n *(pl Filets)* || *Lendenstück* n*, Schweinsrücken* m || ⟨Tech⟩ *Schraubengewinde* n || *Gewindegang* m || *kleiner, dünner Bratspieß* m || *Verbrämung* f*, Saum* m*, Filet* n *(pl Filets)* || *Filetarbeit* f || *Sohlennaht* f an

Schuhen ‖ ~ de aire *(kalter,) dünner Luftzug* m ‖ ~ de cola ⟨Typ⟩ *Schlußlinie* f ‖ ~ dorado *Goldleiste* f ‖ ~ empanado *Wiener Schnitzel* n ‖ ~ mechado *gespicktes Rindfleisch* n ‖ ~ ondulado ⟨Typ⟩ *Wellenlinie* f ‖ ~ puntillado ⟨Typ⟩ *Punktlinie* f ‖ ~ ruso *deutsches Beefsteak* n, *Frikadelle* f ‖ ~ sacalineas *Setzlinie* f ‖ ~ de solomillo *Lendenstück, Filet* n ‖ ~ sombreado ⟨Typ⟩ *Strichlinie* f ‖ ~ de ternera *Kalbs|lende* f, *-lendenbraten* m ‖ *Kalbsschnitzel* n ‖ ~ de tuerca ⟨Tech⟩ *Muttergewinde* n ‖ ~s *pl:* anchoas en ~ *Anchovis* fpl in Streifen ‖ **–teado** *m Gewindegänge* mpl ‖ **Filetarbeit** f ‖ *Leisten-, Linien|verzierung* f ‖ con ~ dorado ⟨Buch⟩ *mit Goldstreifen* ‖ **–tear** vt *(ein)säumen* ‖ *mit Leisten od Streifen absetzen* ‖ *mit Goldstreifen versehen (Buch)* ‖ vi ⟨Tech⟩ *Gewinde schneiden*

filfa f fam *Lüge, Ente* f ‖ *Betrug* m ‖ *Plunder* m ‖ ◊ esto es (una) ~ fam *das ist (völlig) wertlos*

filiación f *Abstammung, Herkunft* f ‖ *Personalbeschreibung* f, *Personalien* npl ‖ *Parteizugehörigkeit* f ‖ *Mitgliedschaft* f ‖ ⟨Mil⟩ *Eintragung* f *in die Stammrolle* ‖ fig *Ver|bindung, -kettung* f ‖ fig *Herkunft* f ‖ fig *Folge* f ‖ *proceso de* ~ ⟨Jur⟩ *Kindschaftsprozeß* m ‖ ◊ *tomar la* ~ *die Personalien aufnehmen*

filial adj *kindlich, Kindes-, Sohnes-, Tochter-* ‖ *amor* ~ *Kindesliebe* f ‖ *casa* ~, *establecimiento* ~ *Tochterfirma* f ‖ *Zweigniederlassung, Filiale* f ‖ *iglesia* ~ *Filialkirche* f ‖ adv: ~**mente**

filiar vt *Personalien aufnehmen* (a alg. *jds)* ‖ *in die Stammrolle eintragen* ‖ ~**se** vr = **afiliarse**

filibus|tear vi *Freibeuterei treiben* ‖ **–tería** f *Freibeuterei* f ‖ **–terismo** m ⟨Hist⟩ *Unabhängigkeits|bewegung* f bzw *-parteien* fpl *(in den span. Kolonien Amerikas)* ‖ = **–tería** f ‖ **–tero** m *Freibeuter, Seeräuber, Flibustier* m ‖ *Anhänger* bzw *Verfechter* m *der Unabhängigkeit (des span. Amerikas)*

filici|da s/adj *Kindesmörder(in* f*)* m ‖ **–dio** m *Kindes|mord* m bzw *-tötung* f

filicula f ⟨Bot⟩ *Gemeiner Tüpfelfarn* m, *Engelsüß* n (Polypodium vulgare)

△**filicho** m *Weste* f

filiforme adj *fadenförmig*

filigra|na f *Filigran(arbeit* f*)* n ‖ *Wasserzeichen* n *(im Papier)* ‖ fig *Niedlichkeit* f ‖ Cu ⟨Bot⟩ *Wandelröschen* n (Lantana spp) ‖ ◊ hacer ~s ⟨Taur⟩ *kunstvolle Figuren ausführen (Stierfechter)* ‖ no te metas en ~s figf *mach dir k–e Ungelegenheiten, laß die Finger davon!* ‖ **–nado** adj *filigranartig*

filili *[pl –ies] m* fam *Niedlichkeit* f

△**filimicho** m *Galgen* m

filípi|ca f *Philippika, heftige Kampfrede* f ‖ **-co** adj ⟨poet⟩ *auf den König Philipp bezüglich*

filipina f Cu *(reverslose) Drillichjacke* f ‖

Filipi|nas: (las Islas) ~ fpl ⟨Geogr⟩ *die Philippinen* ‖ ⁼**no** adj *von den Philippinen, philippinisch* ‖ ~m *Filipino* m ‖ *duro* ~ *philippinischer Taler* m *(5 Ptas.)* ‖ *punto* ~ fam *gefährlicher, hinterlistiger Kerl* m

Fili|po m np *Philipp* m *(von Mazedonien)* ‖ **-pos** ⟨Geogr⟩ *Philippi in Mazedonien*

filis f fam *Geschicklichkeit* f ‖ ⟨poet⟩ *Anmut, Grazie* f, *Liebreiz* m

Filis f np *Phyllis* f

filis|teo m/adj *Philister* m (& fig) ‖ fig *großer Mann, Riese* m ‖ **–trín** m Ven *Geck, Stutzer* m

film(e) m *Film* m ‖ ~ *de ciencia ficción Science-fiction-Film* m ‖ ~ *didáctico Lehrfilm* m ‖ ~ *de época historischer Film* m ‖ ~ *hablado Sprechfilm* m ‖ ~ *sonoro* (Cu fono~) *Tonfilm* m ‖ *estrella del* ~ *Filmstar* m ‖ → a **película**

fil|mación f *Filmen* n ‖ *Verfilmung* f ‖ **–mador** m *Filmer* m ‖ ~ adj: *aparato* ~ *Filmapparat* m ‖ **–mar** vt *(ver)filmen* ‖ vi *filmen*

fílmico adj *Film-, filmisch*

filmo|logía f *Filmwissenschaft* f ‖ **–teca** f *Film|archiv* n, *-othek* f

¹**filo** m *(Schnitt)Linie* f ‖ *Schneide, Schärfe* f *(e–s Messers)* ‖ *Halbierungslinie* f ‖ ⟨Mar⟩ *Richtung* f ‖ fig *äußerster Rand* m ‖ Mex Hond *Hunger* m ‖ al ~ de medianoche *(gerade, beinahe) um Mitternacht* ‖ al ~ del día *bei Tagesanbruch* ‖ de ~ Col *unmittelbar* ‖ *mit Entschlossenheit* ‖ en el ~ de la silla *auf dem äußersten Rande des Stuhles* ‖ por ~ *genau, haarscharf* ‖ *haarklein* ‖ *gerade* ‖ por ~ de la aurora *im ersten Morgengrauen* ‖ era por ~ de sus 20 años *er war gerade 20 Jahre alt* ‖ ◊ *darse un* ~ a la lengua fig *scharf werden* ‖ *estar en el* ~ *de la navaja auf des Messers Schneide stehen* ‖ ~**s** pl *de dos* ~ *zweischneidig (Messer)* ‖ *arma de dos* ~ (u. fig) *zweischneidiges Schwert* n ‖ ◊ *botar los* ~ *et abstumpfen (& fig)* ‖ fig *lähmen* ‖ *herir por los mismos* ~ fig *jdn mit seinen eigenen Waffen schlagen*

²**filo** adj Ec *scharf, geschliffen*

³**filo** m ⟨Biol⟩ *Phylum* n, *Tier- u. Pflanzen|-stamm* m

filo|génesis, –genia f *Phylo|genese, -genie, Stammesgeschichte* f *der Lebewesen* ‖ **–genético** adj ⟨Biol⟩ *die Stammesgeschichte betreffend, stammesgeschichtlich, phylogenetisch*

filología f *Sprachwissenschaft* f, *Philologie* f ‖ ~ *clásica klassische Philologie, Altphilologie* f ‖ ~ *moderna Neuphilologie* f ‖ ~ *comparada,* ~ *comparativa vergleichende Sprachwissenschaft* f ‖ ~ *germánica Germanistik* f

filológi|ca f = **filología** ‖ **-co** adj *sprachwissenschaftlich, philologisch* ‖ adj v. ~**amente**

filólogo m *Sprachforscher, Philologe* m ‖ ~ *clásico, moderno Alt-, Neu|sprachler, Alt-, Neu|-philologe* m

filolumenista m *Philumenist* m *(Sammler von Zündholzschachteletiketten)*

filome|la, –na f ⟨poet⟩ *Nachtigall* f ‖ ⁼**na** f np Tfn *Philomena* f

filón m ⟨Bgb⟩ *(Erz)Ader* f ‖ *Flöz* m ‖ ⟨Bgb⟩ *(Erz)Gang* m ‖ fig *(Gold)Ader* f, fam *tolles Geschäft* n, pop *Masche* f

△**filo|sa** f *Schwert* n, *Degen* m ‖ ⟨Bot⟩ *(Art) Schmarotzerblumengewächs* n (Cytinus hypocistis) ‖ **–seda** f *Halbseide* f

filosemi|ta m *Judenfreund, Philosemit* m ‖ **–tismo** m *Philosemitismus* m

filoso Arg CR Hond *scharf, geschliffen* ‖ *spitz*

filoso|fador adj/s *philosophierend* ‖ **–fal** adj: *piedra* ~ *Stein* m *der Weisen* ‖ adv: ~**mente** ‖ **–far** vi *philosophieren* ‖ fig *grübeln, nach|denken, -sinnen* (sobre *über* acc) ‖ **–fastro** m desp *Afterphilosoph, Philosophaster* m ‖ **–fía** f *Philosophie* f ‖ *philosophische Fakultät* f ‖ *Philosophikum* n *(bes bei der theol. Ausbildung)* ‖ ⟨Typ⟩ *Korpus* f ‖ fig *Seelenruhe, Gelassenheit, Abgeklärtheit* f, *Gleichmut* m ‖ ~ *moral Sittenlehre, Ethik, Moralphilosophie* f ‖ ~ *natural Naturphilosophie* f ‖ ◊ *tomar (od* llevar) a. con ~ *et gelassen ertragen, et mit Fassung tragen* ‖ → **facultad**

filo|sófico adj *philosophisch* ‖ *sistema* ~ *philosophisches System* n ‖ **–sofismo** m *Schein-, Pseudo|philosophie* f

filósofo m *Philosoph, Denker* m ‖ *Weise(r)* m ‖ figf *Lebenskünstler* m

filoxera f ⟨Entom⟩ *Reblaus* f (Viteus = Dactylosphaera vitifolii) ‖ figf *Rausch* m, *Trunkenheit,* pop *Besäufnis* f

fil|tración f *Durch|seihen, -sickern* n ‖ *Filtrieren* n ‖ fig *Unterschlagung* f ‖ **–trador** m *Filtriergerät* n, *Filter, Seiher* m ‖ **–trar** vt *(durch)seihen, durchschlagen, passieren, filtrieren, filtern* ‖ *durchsickern lassen* ‖ fig *heimlich passieren lassen* ‖ ~ vi *durchsickern* ‖ ~**se** fig *durch-, ein|dringen*

filtro — fino

(en, por *in* acc) ‖ fig *rasch ausgehen (Geld)* ‖ **-tro** *m Filter* m/n, *Durchschlag* m ‖ *Seihtuch* n, *Filtrierbeutel* m ‖ ⟨El⟩ *Sieb* n ‖ *Liebes-, Zauber|-trank* m ‖ ~ de(l) aire *Luftfilter* n ‖ ~ *antiparasitario* ⟨Radio⟩ *Entstörfilter* n ‖ ~ *cromático*, ~ de color *Farbfilter* n ‖ ~ *eléctrico* ⟨Radio⟩ *elektrisches Filter, Wellen|filter, -sieb* n, *Siebkette* f ‖ ~ de gasolina, ~ de bencina *Benzinfilter* n ‖ ~ de luz ⟨Phot⟩ *Lichtfilter* n ‖ *cigarrillo de* ~ *Filterzigarette* f ‖ *papel de* ~ *Filter-, Filtrier|papier* n
△**filuche** *m Gesicht* n
filudo adj Chi *scharf, fein geschliffen*
filum *m* ⟨Biol⟩ = **filo**
filustre *m* fam *Feinheit, Eleganz* f ‖ fam *Benimm* m
fillingo *m* RPl *kleines Messer* n
fimatosis *f* ⟨Med⟩ = **tuberculosis**
fimbria *f Saum* m *(an langen Gewändern)*
fimo *m Mist, Kot* m ‖ →a **estiércol**
fimosis *f* ⟨Med⟩ *Phimose, Vorhautverengung* f
fin *m Ende* n, *Beendigung* f, *(Ab)Schluß* m (& f) ‖ *Ausgang* m ‖ *Tod* m, *Ableben* n ‖ *(End)Zweck* m, *Ziel* n, *Absicht* f ‖ ~ de mesa *Nachspeise* f ‖ ~ de semana *Wochenende* n, *Weekend* n ‖ ~ de la Tierra *Kap* n *Finisterre* ‖ *tornillo sin* ~ *Schnecke* f ‖ a ~ (es) de mes *(zu) Ende des Monats, am Monatsende* ‖ a ~ de descubrir el robo *um den Diebstahl zu entdecken* ‖ a ~ de que no ocurra alguna desgracia *damit kein Unglück geschieht* ‖ a ese ~, con ese ~ *deshalb, dazu, zu diesem Zweck* ‖ a ~ de, con el ~ de (+ inf) *um zu* (+ inf) ‖ a ~ de, con el ~ de (+ subj) *damit* (+ ind) ‖ al ~, (al ~ al ~) *endlich* ‖ al ~ del (mes) corriente *zu Ende des laufenden Monats* ‖ al ~ del mundo figf *bis ans Ende der Welt* ‖ al ~ *am Ende der Welt, ganz weit (weg)* ‖ al ~ y al *(od a la)* postre, al ~, y al cabo *zu allerletzt, letzten Endes* ‖ *mit e-m Wort* ‖ con el ~ de *damit, in der Absicht zu* ‖ con buen ~ *mit guter Absicht* ‖ en ~ *endlich*, *schließlich* ‖ *kurz und gut, kurzum* ‖ *letzten Endes* ‖ para ~ de fiesta *zum Schluß* ‖ *noch obendrein* ‖ por ~ *endlich, zuletzt* ‖ por ~ y postre *endlich, schließlich* ‖ sin ~ *unendlich* ‖ *unzählig* ‖ un sin ~ de obstáculos *unzählige Hindernisse* npl ‖ *salvo buen* ~ ⟨Com⟩ *unter üblichem Vorbehalt (u.ü. V.)* ‖ ◊ dar ~ fig *ableben, versterben* ‖ dar ~ *(od poner)* ~ (a) *vollenden, beendigen* ‖ dar ~ (de) *et aufzehren, durchbringen* ‖ *leer hasta el* ~ *auslesen (Buch)* ‖ *lograr (od conseguir) un* ~ *zu e-m Ziele gelangen* ‖ *e-n Zweck erreichen* ‖ llevar a buen ~ *glücklich zu Ende führen* ‖ poner fin (a) *(ab)schließen, beendigen* ‖ *Schluß machen mit* (dat) ‖ *Einhalt tun* (dat) ‖ el ~ corona la obra *Ende gut, alles gut*
Fina *f* fam = **Serafina** ‖ **Josefina** ‖ **Rufina** ‖ **Trifina**
finado adj/s *vergangen, verflossen (Monat usw)* ‖ el ~ *der Verstorbene, der Verschiedene* ‖ su ~ *padre sein seliger Vater*
¹**final** adj *schließlich, endgültig, End-, Schluß-* ‖ *final* ⟨& Gr⟩, *zweckbestimmt* ‖ *objeto (od objetivo)* ~ *Endzweck* m ‖ *Endursache* f ‖ *causa* ~ ⟨Philos⟩ *Final-, Zweck|ursache* f ‖ *balance* ~ *Endsaldo* m ‖ el juicio ~ *das Jüngste Gericht* n ‖ *letra* ~ *Endbuchstabe* m ‖ *oración* ~ ⟨Gr⟩ *Finalsatz* m ‖ *parada (estación)* ~ ⟨StV⟩ *End|haltestelle (-station)* f ‖ *resultado* ~ *Endergebnis* n ‖ *sentencia* ~ *f* ⟨Jur⟩ *Endurteil* n
²**final** *m Ende* n, *Schluß, Ausgang* m ‖ *Endstück* n ‖ *Schlußteil* m ‖ ⟨Tech⟩ *Auslauf* m ‖ ⟨Mus⟩ *Finale* n, *Schlußsatz* m ‖ ⟨Sp⟩ *Finale, Endspiel* n, *Schlußrunde* f ‖ por ~ *zuletzt, endlich* ‖ al ~ *am Ende* ‖ *letzten Endes* ‖ ~ de sílaba *Silbenauslaut* m
fina|lidad *f* fig *Zweck* m, *Ziel* n, *Absicht* f ‖ *Zweckbestimmtheit,* ⟨Wiss⟩ *Finalität* f ‖ sin ~ *unzweckmäßig* ‖ **-lista** *m*/adj ⟨Sp⟩ *Finalist, Teilnehmer* m *am Endspiel* n ‖ ⟨Philos⟩ *Finalist, Anhänger* m *der teleologischen Lehre* ‖ **-lismo** *m* ⟨Philos⟩ *Finalismus* m ‖ *Zweckmäßigkeit* f ‖ **-lizar** [z/c] vt *(be)endigen, abschließen*
finalmente adv *endlich, zuletzt* ‖ *kurz und gut, kurzum*
finamente adv *fein, zart* ‖ fam *schlau*
finan|ciación *f*, **-ciamiento** *m Finanzierung* f ‖ ~ *anticipada, anticipación de la* ~ *Vorfinanzierung* f ‖ ~ *con medios (od fondos) ajenos (propios) Fremd- (Eigen)Finanzierung* f ‖ ~ *parcial Teilfinanzierung* f ‖ **-ciar** [pres -ío] vt *finanzieren* ‖ **-ciera** *f Finanzierungsinstitut* n ‖ **-ciero** adj *finanziell, Finanz-* ‖ *asunto* ~ *Geldangelegenheit* f ‖ *el mundo* ~ *die Finanzwelt* ‖ (→a **económico**) ‖ ~ *m Finanzmann, Finanzier* m ‖ **-za** *f Finanz* f, *Finanzwesen* n ‖ *alta* ~ *Hochfinanz* f ‖ ~s fpl *Finanzen* fpl ‖ *comisión de* ~ *Finanzausschuß* m
¹**finar** vi *enden, ausgehen* ‖ *ablaufen (Frist)* ‖ *sterben, verscheiden* ‖ ~se vr: ~ *por a et sehnsüchtig wünschen,* ⟨Lit⟩ *nach et schmachten*
²**finar** vt *den Darm entleeren*
finca *f Grundstück* n, *Grundbesitz, Besitz* m ‖ *Landgut* n ‖ *Bauernhof* m ‖ *Pfandgut* n ‖ *Hypothek* f ‖ Am *(Kaffee)Plantage* f ‖ ~ *rústica Landgut* n ‖ ~ *urbana Grundstück* n *in der Stadt* ‖ ¡buena ~! iron *e-e schöne Bescherung!*
fincar [c/qu] vt **hineinstecken* ‖ Am prov *beruhen* (en *auf* dat) ‖ ~ vi *(Gelder) hypothekarisch anlegen* ‖ *erwerben (Grundstück)*
finchado adj/s fam *aufgeblasen, eitel*
fin.ᵈᵒ Abk = **finado**
finés, esa adj *finn(länd)isch* ‖ ~ *m Finnländer, Finne* m ‖ *Urfinne* m ‖ el ~ *das Finnische*
fineza *f Güte, Feinheit, Vortrefflichkeit* f ‖ *Zierlichkeit, Zartheit* f ‖ *Gefälligkeit, Aufmerksamkeit* f ‖ *Liebesgeschenk* n ‖ *kleines Geschenk* n ‖ *Artigkeit* f, *gefälliges Betragen* n ‖ →a **finura**
fingi|do adj *verstellt, erheuchelt, vorgespiegelt* ‖ *falsch, fingiert, Schein-* ‖ no ~ *unverstellt, natürlich* ‖ **-dor** *m*/adj *Simulant, Heuchler* m ‖ adv: **~amente** ‖ **-miento** *m Verstellung, Heuchelei* f ‖ *Vorspiegelung* f
fingir [g/j] vt *er|dichten, -sinnen* ‖ *vor|geben, -spiegeln, -täuschen* ‖ *(er)heucheln, fingieren* ‖ ◊ ~ *pobreza sich arm stellen* ‖ ~ vi *sich verstellen* ‖ *dichten, Dinge erfinden* ‖ **~se** *sich stellen, als ob* ‖ *sich ausgeben (für)* ‖ ◊ ~ *enfermo sich krank stellen, simulieren*
△**finguelé** *m Mücke* f
△**finibusterre** *m Ende* n ‖ *Galgen* m ‖ figf *Gipfel* m, *Höhe(punkt* m*)* f
finiqui|tar vt *saldieren, liquidieren, (e-e Rechnung) quittieren* ‖ figf *(ab)schließen* ‖ **-to** *m*/adj *Rechnungsabschluß* m ‖ *Schlußquittung* f ‖ *Entlastungsschein* m ‖ *Ausgleich* m *(e-s Saldos)* ‖ en ~ *m kurz und gut* ‖ ◊ dar ~s figf *die Rechnungen abschließen*
finir vi Col Chi Ven *enden, ein Ende nehmen*
finisecular adj *aus der (bzw zur) Zeit der Jahrhundertwende* bzw *des Fin de siècle*
finítimo adj *angrenzend*
fini|to adj *begrenzt* ‖ *beschränkt* ‖ *vergänglich* ‖ ⟨Philos Math⟩ *endlich* ‖ **-tud** *f Endlichkeit* f
finja → **fingir**
finlan|dés, esa adj *finn(länd)isch* ‖ ~ *m Finnländer, Finne* m ‖ el ~ *die finnische Sprache, das Finnische* ‖ **=dia** *f Finnland* n ‖ **-dización** *f* ⟨Pol⟩ *Finnlandisierung* f
fino adj *fein, zart, dünn* ‖ *schmächtig* ‖ *schlank, elegant* ‖ *fein gebaut, zierlich* ‖ *fein, auserlesen, ausgesucht, gut, ausgezeichnet* ‖ *vortrefflich* ‖ *wohlwollend zartlich* ‖ *treu, beständig* ‖ *höflich, artig* ‖ *aufmerksam* ‖ *taktvoll* ‖ *liebenswürdig, feinfühlig, fein* ‖ *feinsinnig* ‖ *geschickt* ‖ *listig, schlau* ‖ *klug* ‖ *anstellig* ‖ *scharfsinnig* ‖ *scharf,*

fein, gut (Sinn) || acero ~ *Edelstahl* m || oro ~ *Feingold* n || ◊ coser en ~ *fein nähen* || ése es muy ~ fig iron *der da ist ein sehr schlauer Kerl*
   finolis adj fam *affektiert, gekünstelt, geziert* || ◊ ser (un) ~ fam *den feinen Mann spielen*
   fino-ugrio adj ⟨Li⟩ *finnisch-ugrisch*
   fin|quero m *Landgutbesitzer* bzw *Pflanzer* m *(im ehemaligen Spanisch-Guinea)* || **–quita** f dim v. **finca**
   finta f *listiges, trügerisches Gebaren* n || *Finte, Fechterlist* f || *Scheinhieb* m
   finuco dim pop v. **fino**
   finura f *Feinheit, Zartheit* f || *guter Ton* m || *Wohlerzogenheit* f || *Scharfsinn* m || *Liebenswürdigkeit* f || ⟨Flugw⟩ *aerodynamische Güte* f || ~ de alma, ~ de espiritu *Fein|fühligkeit* bzw *-sinnigkeit* f
   fi|nústico adj fam desp *übertrieben höflich* || **–nustiquería** f fam desp *übertriebene* bzw *falsche Höflichkeit* f
   fiordo (fiord, fjord) m *Fjord* m
   fique m Col Mex Ven *Agavenfaser* f
   firma f *(Namens)Unterschrift* f || *(amtliche) Unterzeichnung* f || *(Handels)Firma* f || *Testat* n *(an Hochschulen)* || *zu unterzeichnendes (bzw unterzeichnetes) Schriftstück* n || *Zeichnungsbefugnis* f || *Vollmacht* f || ⟨Com⟩ *Prokura* f || fig *(berühmter) Schriftsteller* m || ~ en blanco *Blankounterschrift* f || ~ colectiva *gemeinschaftliche Unterschrift* f || con rúbrica *Unterschrift* f *mit Schnörkel* || buena ~ *gutes Geschäftshaus* || *guter, bekannter Schriftsteller* m || ◊ dar (tomar) la ~ *an-, ab|testieren (lassen) (Hochschule)* || echar una ~ fam *unterzeichnen* || pop *s–e Notdurft verrichten* || *vulg geschlechtlich verkehren (e–e Nummer schieben)* || falsificar una ~ *e–e Unterschrift fälschen* || honorar una ~ *e–e Unterschrift honorieren, anerkennen* || legalizar una ~ *e–e Unterschrift beglaubigen* || llevar la ~ *(die) Prokura haben, Prokurist sein* || poner su ~ *unterzeichnen* || someter a la ~ *zur Unterschrift vorlegen* || **–s** fpl: cotejo de ~ *Unterschriftsvergleich* m
   firmamento m *Himmelsgewölbe, Firmament* n || ⟨poet⟩ *(Sternen)Himmel* m
   firmante m *Unterzeichner* m || los **–s** *die zeichnenden Parteien* fpl *(e–s Vertrages), die Unterzeichneten* mpl
   firmar vt/r *unter|schreiben, -zeichnen* || fig *abschließen* || Ar *in Dienst nehmen, dingen* || ◊ ~ en blanco *unausgefüllt unterschreiben, blanko unterzeichnen* || eso no lo firmo fig *das halte ich nicht für sicher* || ~ conjuntamente ⟨Com⟩ *gemeinschaftlich zeichnen* || ~ por poder *per Prokura zeichnen* || ~ de propia mano, de propio puño *eigenhändig unterschreiben* || El Sr. ... **–á** ⟨Com⟩ *Herr ... wird zeichnen* || **~se** *unterschreiben* || ⟨Com⟩ *zeichnen*
   ¹firme adj/adv *fest, stark* || *unbeweglich* || *fest|stehend, -haltend* || *beständig* || fig *standhaft, unerschütterlich* || *stabil, sicher* || *kräftig, nachdrücklich* || *fest (Boden)* || el cambio (precio) se sostiene ~ *der Kurs (Preis) bleibt fest* || compra ~ *fester Kauf* m || en ~ *fest, verbindlich* || a pie ~ *mit festem Fuß* || fig *fest, tüchtig* || *unerschütterlich, unbeirrt, beharrlich* || tierra ~ *Festland, festes Land* || ~ en su decisión *fest entschlossen* || ◊ estar ~ en a. *beharren auf (dat), nicht nachgeben* || estar en lo ~ figf *seiner S. sicher sein* || fest überzeugt sein || pisar ~ fig *entschlossen auftreten* || ponerse ~ *fester, stärker werden* || ponerse ~**s** ⟨Mil⟩ *(stramme) Haltung einnehmen* || **¡~s!** ⟨Mil⟩ *stillgestanden!* || *Augen geradeaus!*
   ²firme adv *fest, kräftig, gewaltig* || de ~ *fest, tüchtig, ordentlich, heftig* || *unaufhörlich* || compra en ~ *fester Kauf* m
   ³firme m *fester Baugrund, Bauplatz* m || *Stein-,*

Schotterschicht, Bettung, Packlage f *e–r Landstraße* f || ~ asfáltico *Asphaltdecke* f || ~ comprimido *verdichtete Straßendecke* f
   firmemente adv *fest* || *unerschüttert* || *entschlossen* || *zuversichtlich*
   firmeza f *Festigkeit, Standhaftigkeit* f || *Beharrlichkeit* f, *Beharren* n || *Entschlossenheit* f || *Willensstärke* f || *Gewißheit* || fig *Fassung* f || ~ del mercado *Festigkeit* f *des Marktes* || ◊ acusar ~ *Festigkeit zeigen (Markt)*
   firmón m/adj desp fam *Unterschriftsleister, Ersatzmann* m || abogado ~ fam *Rechtsanwalt* m, *der s–n Namen zu et hergibt* || *Winkeladvokat* m
   firu|letes mpl Arg *Putz, Schmuck, Schnörkel* m || *unnützer Kram* m || **–lístico** adj desp Ant = **finolis**
   fís. Abk = **física**
   fisán m Sant *(Schnitt)Bohne* f
   fisarmónica f ⟨Mus⟩ *Windharmonika, Hausorgel* f
   △**fisberta** f *Schwert* n, *Degen* m
   fiscal adj *fiskalisch, Fiskus-, Steuer-, Finanz-, Rechnungs-* || ⟨Jur⟩ *Staatsanwalts-* || año ~ *Rechnungsjahr* n || defraudación ~ *Steuerhinterziehung* f || derecho ~ *Steuerrecht* n || derechos **~es** *Finanzzölle* mpl || régimen ~ *Steuerwesen* n || *Steuerordnung* f || los ingresos **~es** *die Steuereinnahmen* fpl || ~ m *Beamte(r)* m *der Finanzkontrolle* || ⟨Jur⟩ *(öffentlicher) Ankläger, Staatsanwalt* m || *Generalanwalt* m *(EG)* || fig *Zuträger* m || Am *indianischer Laienhelfer* m *(bei der Mission)* || ~ jurídico, ~ togado ⟨Mil⟩ *Staatsanwalt* m *(Militärgerichtsbarkeit)*
   fisca|lía f *Staatsanwaltschaft* f || ~ de tasas Span ⟨Hist⟩ *Preisüberwachungsstelle* f || ~ de la vivienda Span *Wohnungs(aufsichts)amt* n *(nach dem Bürgerkrieg; heute* = *Ministerio de la vivienda)* || **–lización** f *Über|wachung, -prüfung, (staatliche) Kontrolle* f || fig *Durchsicht* f || **–lizar** [z/c] vt ⟨Jur⟩ *prüfen* || *(staatlich) kontrollieren* || *überwachen* || *beschlagnahmen (zugunsten der Staatskasse)* || fig *tadeln, kritisieren, bekritteln* || ⟨Jur⟩ *staatsanwaltliche Befugnisse ausüben*
   fisco m *Fiskus, Staats|schatz* m, *-kasse* f, öst *Ärar* n || *Steuerbehörde* f || Ven *Kupfermünze* f = $^1/_4$ *centavo*
   fiscorno m ⟨Mus⟩ *(Art) Trombone* f
   ¹fisga f *dreizackige Harpune, Fischgabel* f || *Grinsen, Höhnen* n || *Verhöhnung* f || Guat Mex *Banderilla* f *der Stierkämpfer*
   ²fisga f Ast *Weizenbrot* n
   fis|gar [g/gu] vt *Fische mit der Harpune fangen* || *aus|spüren, -schnüffeln, herumschnüffeln* || *belauern, aufpassen auf (acc)* || *(jdn) verulken* || ◊ **~se** de alg. *jdn verhöhnen (& vi)* || **–gón, ona** adj *spöttisch, höhnisch* || *herumschnüffelnd, spähend* || ~ m *Spötter, Spottvogel* m ⟨Schnüffler, Spion* m || fig *Spürhund* m || fig *Spötter* m || **–gonear** vt/n *ver|spotten, -höhnen* || *herumschnüffeln, spähen (in dat)* || *ver|spotten, -ulken* || **–goneo** m *Spott, Hohn* m || *Schnüffelei* f
   fisi|bilidad f ⟨Phys Nucl⟩ *Spaltbarkeit* f || **–ble** adj *spaltbar*
   fisi|ca f *Physik* f || ~ atómica *Atomphysik* f || ~ nuclear *Kernphysik* f || **–camente** adv *körperlich* || *wirklich* || ~ disminuido m *Körperbehinderte(r)* m || **–co** adj *naturwissenschaftlich, physikalisch* || *körperlich, physisch* || *sinnlich* || *wirklich, natürlich* || Mex *pedantisch, kleinlich* || esfuerzo ~ *körperliche Anstrengung* f || fuerza **~a** *Körperstärke* f || ~ m *Physiker, Naturforscher* m || Cast ⟨Hist⟩ *Arzt, Professor* m *der Medizin* || *körperliches Aussehen* n, *körperliche Schönheit* f || *Äußeres, -n (e–r Person)*
   fisicoquími|ca f *physikalische Chemie, Physikochemie* f || **–co** adj *physikochemisch*
   fisil adj ⟨Phys Nucl⟩ = **fisible**

fisi|ocracia f ⟨Wir⟩ Physiokratismus m ‖ Herrschaft der Natur, * Physiokratie f ‖ **-ocrático** adj physiokratisch
fisio|logía f Physiologie f ‖ **-lógico** adj physiologisch ‖ **-logista, fisiólogo** m Physiologe m
fi|sión f ⟨Phys Nucl Astr⟩ Spaltung f ‖ ⟨Biol⟩ Teilung f ‖ ~ nuclear ⟨Nucl⟩ Kernspaltung f ‖ **-sionable** adj = fisible
fisio|nomía f = fisonomía ‖ **-patología** f Physiopathologie f ‖ **-terapia** f Naturheilkunde, Physiotherapie f
fi|siparidad f ⟨Biol⟩ Fortpflanzung f durch Zellteilung ‖ **-síparo** adj sich durch (Zell)Teilung fortpflanzend
fisípedos mpl ⟨Zool⟩ Zweihufer mpl
fisirrostros mpl ⟨V⟩ Spaltschnäbler mpl
fis(i)o|nomía f Physiognomie f ‖ Gesichtsausdruck m ‖ fig (eigenes) Gepräge n ‖ ~ de un pueblo fig Gesicht n e-s Dorfes bzw e-s Volkes ‖ **-nómico** adj physiognomisch, Gesichts- ‖ (ciencia) ~a f Physiognomik f
fis(i)ónomo m Physiognom(iker) m
fisóstomos mpl ⟨Fi⟩ Physostomen mpl
fístula f Röhre, Rinne f ‖ Rohrpfeife, Schalmei f ‖ ⟨Med⟩ Fistel f ‖ ~ dental Zahnfistel f
fistular adj ⟨Med⟩ fistelartig, Fistel-
fistuloso adj ⟨Med⟩ fistelartig ‖ fistelnd ‖ Fistel-
fisura f ⟨An⟩ Spalt, Riß m, Fissur, Schrunde f ‖ Knochensprung m (Knochenbruch) ‖ ⟨Bgb Geol⟩ Kluft, Spalte f, Riß, Sprung m ‖ ~ del ano ⟨An⟩ oberflächliche Darmschrunde vom After aus, Afterschrunde f
fito pp/irr v. fincar
fitó|fago adj ⟨Zool⟩ pflanzenfressend, phytophag ‖ **-geno** adj aus Pflanzen entstanden, phytogen
fito|geografía f Pflanzen-, Phyto|geographie f ‖ **-grafía** f Pflanzenbeschreibung f ‖ **-logía** f Pflanzenkunde, Phytologie f ‖ **-paleontología** f Phytopaläontologie, Paläobotanik f ‖ **-parásito** m Pflanzenschmarotzer m ‖ **-patología** f Phytopathologie f ‖ **-plancton** m Phytoplankton n ‖ **-sanitario** adj Pflanzenschutz- ‖ **-zo(ari)os** mpl ⟨Zool⟩ Pflanzentiere, Phytozoen npl
Fl., fl. Abk = **florín**
flabe|liforme adj fächerförmig ‖ **-lo** m Fliegenwedel m
flacamente adv schwach, kraftlos
flac(c)idez [pl **-ces**] f ⟨Med⟩ Schlaffheit, Erschlaffung f ‖ ⟨Med⟩ Weichheit f
flác(c)ido adj schlaff, weich, erschlafft ‖ welk (Haut)
flaco adj mager, dünn, dürr, schmächtig, hager ‖ schlaff ‖ fig schwach, matt ‖ fig mut-, energielos ‖ fig schwächlich, kränklich ‖ fig erfolglos ‖ unfruchtbar (Boden) ‖ fig lau, flau ‖ ~ de estómago von schwachem Magen ‖ ~ servicio Bärendienst m ‖ argumento ~ unzureichender Grund m, schwaches Argument n ‖ la ~a pop der Tod ‖ ◊ ponerse ~ abmagern, mager werden ‖ ser ~ de memoria ein kurzes, schlechtes Gedächtnis haben ‖ ~ m jds schwache Seite, Achillesferse f ‖ ◊ mostrar su ~ sich e-e Blöße geben
flacu|cho adj desp sehr mager, schlaff ‖ **-ra** f Mattigkeit, Schwäche, Erschlaffung f ‖ Magerkeit f
△**flacha** f Asche f
flage|lación f Geißelung f ‖ ⟨Med⟩ Flagellation f ‖ **-lado** adj/s bes ⟨Biol⟩ geißeltragend, Geißel- ‖ ~s mpl ⟨Zool⟩ Geißeltierchen npl, Flagellaten pl ‖ **-lador** m/adj Auspeitscher m ‖ **-lantes** mpl Flagellanten, Geißelbrüder, Geißler mpl ‖ **-lar** vt geißeln ‖ peitschen ‖ ~lo m Geißel, Peitsche f ‖ Dreschflegel m ‖ fig Geißel, Landplage f ‖ fig Züchtiger m ‖ ⟨Biol⟩ Flimmerhärchen, Flagellum n, Geißel f
flagran|cia f ⟨Jur⟩ frische Tat f ‖ ⟨poet⟩ Frische f ‖ Glut f, Glanz m, Funkeln n ‖ **-te** adj ⟨poet⟩ glänzend, funkelnd ‖ frisch, gegenwärtig ‖ ⟨Jur⟩ frisch, soeben begangen (Delikt) ‖ ~ delito frische Tat f ‖ en ~ auf frischer Tat, lat in flagranti
flagrar vi ⟨poet⟩ funkeln, glühen, flammen
flajolé m Gal ⟨Mus⟩ kleine Oktavflöte f
fla|ma f Flamme f ‖ Widerschein, Abglanz m ‖ **-mante** adj fam (funkel)nagelneu ‖ flammend ‖ glänzend ‖ **-meante** adj flammend, flackernd ‖ gótico ~ Spätgotik f, Flamboyantstil m ‖ **-mear** vi Flammen sprühen, flammen ‖ blitzen, funkeln ‖ ⟨Mar⟩ killen, im Winde flattern, am Mast anschlagen (Segel) ‖ ~ vt abflammen ‖ ⟨Kochk⟩ flambieren
flamen m (pl **flámenes**) Priester m (der alten Römer)
flamen|ca f/adj schlankes, schönes Mädchen n mit Zigeunerzügen ‖ Zigeunerin f ‖ e-e Art chula (→d) ‖ **-co** adj flämisch, flamländisch, flandrisch ‖ zigeunerhaft, zigeunerisch ‖ p ex andalusisch ‖ fig pop angeberisch ‖ fig pop dreist, vorlaut ‖ volkstümlich elegant ‖ Hond Mex PR hager ‖ aire ~ andalusische Zigeunerweise f ‖ cante ~ andalusischer Volksgesang m ‖ Zigeunerweise f ‖ escuela ~a ⟨Mal⟩ flämische Schule f ‖ tipo ~ m brauner, kräftiger Menschenschlag m ‖ ◊ no te pongas ~ pop gib nicht so an, schneide nicht so auf! ‖ va muy ~ pop er kleidet sich sehr auffällig (in volkstümlicher Art) ‖ pop er stolziert einher ‖ ~ m Flame, Flamländer m ‖ flämische Sprache f ‖ Flamenco, andalusischer Volksgesang u. Tanz m ‖ (in Südspanien) junger, strammer Bursche, e-e Art chulo (→d) ‖ andalusischer Zigeuner m ‖ Andalusier m mit Zigeunereinschlag ‖ Flämling m (e-e Art Messer) ‖ ⟨V⟩ Flamingo m (Phoenicopterus ruber) ‖ **-cología** f Flamencokunde f ‖ **-quería** f zigeunerisch-andalusische Art f ‖ fig pop Angeberei, Prahlerei f
flamen|quilla f kleine (Servier) Platte f ‖ ⟨Bot⟩ (Garten) Ringelblume f (Calendula officinalis) ‖ Mondwinde f (Calonyction = Ipomea) ‖ →a dondiego
flamenquismo m Vorliebe f für den andalusischen Volksgesang bzw Tanz ‖ = **flamenquería**
flamígero adj ⟨poet⟩ flammensprühend ‖ gótico ~ Spätgotik f, Flamboyantstil m
flámula f ⟨Mar⟩ Wimpel m ‖ ⟨Taur⟩ = **muleta**
flan m (Art) (Karamel) Pudding m ‖ Rahmtorte f ‖ Münzplatte f (zum Prägen) ‖ ⟨Typ⟩ Mater f
flanco m Seite f ‖ Seitenteil m, Flanke, Weiche f ‖ (Berg-, Ab)Hang, Abfall m ‖ ⟨Arch⟩ Seitenflügel m ‖ ⟨Her⟩ Schildflanke f ‖ ⟨Mil⟩ Flanke f ‖ ◊ atacar por el ~ e-n Flankenangriff machen (& fig) ‖ ¡~ derecho! ⟨Mil⟩ rechtsum! ‖ ~s mpl Weichen fpl (des Pferdes)
Flandes f Flandern n ‖ ◊ pasar por los bancos de ~ fig e-e schwierige und gefährliche S. ausführen ‖ fig von üppiger Schönheit sein ‖ ¿estamos aquí o en ~? fam das können Sie e-m anderen weismachen! was reden Sie da? ‖ → **pica**
flanera f (Karamel) Puddingform f
flan|queado adj: fuego ~ ⟨Mil⟩ Flankenfeuer n ‖ **-queador** m ⟨Mil⟩ Plänkler m ‖ **-quear** vt ⟨Mil⟩ flankieren, seitlich bestreichen ‖ ⟨Mil⟩ seitlich bestreichen, seitlich beschießen ‖ flankieren, neben ... (dat) gehen (bzw stehen) ‖ **-queo** m ⟨Mil⟩ Bestreichen n ‖ ⟨Mil⟩ Flanken|deckung f bzw -angriff m, Flankierung f
flaps mpl engl ⟨Flugw⟩ (Lande) Klappen fpl
fla|quear vi schwach (bzw schwächer) werden, nachlassen ‖ versagen, schwach sein ‖ wanken, wackeln ‖ nachgeben, weichen (Mauer) ‖ fig nachgeben ‖ abnehmen ‖ fig kleinmütig werden, verzagen ‖ fig im Fleiß nachlassen (Schüler) ‖ ◊ su salud flaquea er kränkelt ‖ **-queza** f

Schwäche, Schlaffheit f || *Kraftlosigkeit* f || *Magerkeit* f || fig *Schwäche* f || fig *Gebrechlichkeit* f || *Fehler* m, *Gebrechen* n || fig *Kleinmut* m
flash *m* engl ⟨Phot⟩ *Blitzlicht(lampe f)* n || ⟨Filmw⟩ *kurze Filmszene* f || fig *Blitznachricht, wichtige Kurznachricht* f || ~ *electrónico Elektronenblitz(gerät* n*)* m
fla|to *m* ⟨Med⟩ *Blähung(en)* f(pl) || MAm Col Mex Ven *Trübsinn* m, *Schwermut* f || **–toso** *an Blähungen leidend* || **–tosidad, –tulencia** *f Blähsucht, Flatulenz* f || **–tulento** adj/s ⟨Med⟩ *blähend* || *an Blähungen leidend*
flat(u)oso adj Am *schwermütig*
flau|ta *f* ⟨Mus⟩ *Flöte* f || △*Dietrich* m || *(Straßen)Dirne, Prostituierte,* pop *Nutte* f || ~ *doble Doppelflöte* f || *la* ~ *mágica (od* encantada*) die Zauberflöte* f *(Oper v. Mozart)* || ~ *pastoril Hirtenflöte* f || ~ *travesera,* ~ *alemana Querflöte* f || *fractura de pico de* ~ ⟨Chir⟩ *Schlitzbruch* m || *un solo de* ~ *ein Flötensolo* || *y sonó la* ~ *(por casualidad) etwa: Glück muß der Mensch haben* || ~ *m/f Flötist(in* f*), Flötenspieler(in* f*)* m || **–tado** adj *flötenartig* || ~ *m* ⟨Mus⟩ *Flötenregister* n *(der Orgel)*
flaute|ado adj *rund, flötenartig (Stimme)* || fig *zimperlich* || **–ar** vi *Flöte spielen* || fig *zwitschern (Vogel)* || fig *abmagern* || s: **–o** *m* || **–ro** *m Flötenmacher m*
flau|tillo *m Schalmei, Hirtenflöte, Rohrpfeife* f || **–tín** *m* ⟨Mus⟩ *Pikkoloflöte* f, *Pikkolo* m/n || ⟨Mus⟩ *Pikkolospieler* m || **–tista** *m Flötenspieler, Flötist* m
flautos *mpl*: *cuando* ~ *pitos, cuando pitos* ~ fam *bald so, bald so*
flavo adj *honiggelb, goldgelb, gelblich*
flavona *f Flavon* n *(Farbstoff)*
flebectasia *f* ⟨Med⟩ *Venenerweiterung, Phlebektasie* f
flébil adj *beweinenswert* || ⟨poet⟩ *kläglich, traurig*
fle|bitis *f* ⟨Med⟩ *Venenentzündung, Phlebitis* f || **–bopatía** *f Venenkrankheit, Phlebopathie* f || **–botomía** *f* ⟨Chir⟩ *Phlebotomie* f || **–botomo, –bótomo** *m* ⟨Entom Med⟩ *Pappatacimücke* f *(Phlebotomus papatasii)*
fleco *m Franse* f || *Quaste, Troddel* f || *Stirnhaar* n, *Stirnlocke* f || *ausgefranster Rand e–s Kleidungsstückes*
flecha *f Pfeil* m ⟨& Typ⟩ || ⟨Aut⟩ *Fahrtrichtungsanzeiger, Winker* m || ⟨Arch⟩ *(Turm)Helm* m, *-spitze* f || ⟨Arch⟩ *Stichhöhe, Bogen-, Sehnen|höhe* f || ⟨Math⟩ *Ordinate f (im Koordinatensystem)* || ⟨Flugw⟩ *Pfeilstellung, Flügelpfeilung* f ⟨Tech⟩ *Durchbiegung f (Balken, Brücken)* || *Ausbiegung* f, *Durchhang* m || *flache Spannfeder* f ⟨Web⟩ *Fliege f (Verstärkungsnaht)* || ⟨Astr⟩ (⤳) = **Saeta** || ⟨Mil⟩ *Gipfelhöhe* f *(Geschoßbahn)* || ⟨Mil⟩ *Lafettenschwanz* m *(der Kanone)* || ⟨Mil⟩ *pfeilförmige Feldschanze* f || ~ *m* ⟨Pol⟩ *Pimpf m (der Falange)* || fig *Qual, Pein* f, *Schmerz* m || ~ *del alambre Leitungsdurchhang* m || ~ *de un arco* ⟨Arch⟩ *Bogen|sicht, -pfeil* m || ⟨Math⟩ *Pfeilhöhe* f || ~ *incendiaria* ⟨Mil⟩ *Brandpfeil* m || ~ *indicadora (Hinweis)Pfeil* m || *como una* ~, *con la rapidez de una* ~ *pfeilschnell* || *entrar de* ~ fam *schnell hereintreten* || *el yugo y las* ~s ⟨Pol⟩ *Joch* n *und Pfeile* mpl *(Emblem der span. Falange)*
flecha|do adj fam *verliebt* || **–dor** *m Bogen-, Pfeil|schütze* m || **–dura** *f* fam *Verliebtheit* f
flechar vt *mit e–m Pfeil treffen* || *mit Pfeilen beschießen* || figf *mit Liebe bestricken* || ~ vi *e–n Pfeil abschießen* || vt/i *spannen (den Bogen)*
flechaste *m* ⟨Mar⟩ *Webeleinen* fpl *(als Sprossen zum Aufentern)*
fle|chazo *m Pfeilschuß* m || *Pfeilwunde* f || figf *plötzliches Verlieben* n, *Liebe* f *auf den ersten Blick* || *Liebesqual* f || ◊ *dar* ~ (a) figf *blitzschnell erobern (e–e Frau)* || *ha sido un* ~ figf *ihn (bzw sie) hat's erwischt* || **–chería** *f Pfeilhagel* m || *Pfeile* mpl || **–chero** *m Pfeilschütze* m || * *Pfeilschnitzer* m || *(Pfeil)Köcher* m
flechilla *f* Arg *kräftiges Weidefutter* n
fleje *m (Faß)Reif* m || *Ballenband, Bandeisen* n || *Eisen-, Stahl|band* n || *Tonnenband* n || ~ *de acero Bandstahl* m
¹**flema** *f klebriger Schleimauswurf* m
²**flema** *f* fig *Gleichgültigkeit* f, *Kaltblütigkeit, natürliche Trägheit* f, *Phlegma* n || *Gelassenheit, Langmut* f || *con* ~ *gleichgültig* || ◊ *tener* ~, fam *gastar* ~ figf *sich dem Müßiggang hingeben, phlegmatisch (od ein Phlegmatikus) sein* || fig *breiten Rücken haben*
³**flema** *f* ⟨Chem⟩ *Schlempe* f || *Rohalkohol* m || *Rückfluß* m
flemático adj *phlegmatisch, träge, schwerfällig*, fam *pomadig* || ~ *m Phlegmatiker* m || fam *iron Phlegmatikus* m
¹**flemón** *m* augm v. **flema**
²**flemón** *m* ⟨Med⟩ *akute, zur Eiterung führende Geschwulst, Phlegmone* f || ⟨Med⟩ *Zahngeschwür* n || ◊ *tener un* ~ *e–e dicke Backe haben*
flemoso adj *schleimig*
flemudo adj *träg, langsam, phlegmatisch*
fleo *m* ⟨Bot⟩ *Lieschgras* n *(Phleum* spp*)*
flequezuelo *m* dim *v.* **fleco**
flequillo *m* dim *v.* **fleco** || *Stirnlocke* f || *Simpel(s)fransen* fpl
Flesinga *f* ⟨Geogr⟩ *Vlissingen*
fleta|dor *m* ⟨Mar Flugw⟩ *Befrachter, Charterer* m || **–mento** *m* ⟨Mar⟩ *Befrachtung* f || *Charter* f || *Frachtvertrag* m || ~ *aéreo Flugcharter* f || **~–transporte** *Stückgütervertrag* m || *agencia de* ~ *Verfrachtungsbüro* n || *contrato (od* carta*) de* ~ ⟨Mar⟩ *Schiffs-, Fracht|vertrag* m || *póliza de* ~ *Befrachtungsbrief* m, *Charterpartie* f || **–nte** *m* ⟨Mar⟩ *Verfrachter* m || Arg Chi Ec *Schiffsvermieter* m || *Vermieter* m *von Lasttieren*
fletar vt *befrachten, mieten, chartern* | Span△ *und* Arg Chi Ec Mex *mieten (Wagen, Lasttier usw)* || Chi Pe *angreifen (mit Schmähworten), beschimpfen* || Chi Pe *herunterhauen (e–e Ohrfeige)* || *versetzen (Schlag)* || **~–se** vr Arg *sich einschmuggeln* || Cu Mex *sich aus dem Staube machen*
flete *m* ⟨Mar Flugw⟩ *Fracht* f, *Charter* m || *Charterung* f *(e–s Schiffes* bzw *e–s Flugzeuges)* || *Fracht, Ladung* f || Am *Frachtgut* n || Arg *leichtes, feuriges Pferd* n || Cu Pe *galante Begleitung* f || Sant *(Straßen)Dirne,* pop *Nutte* f || Sant *Homosexueller,* vulg *warmer Bruder* m || Cu *Eroberung* f *e–r Straßendirne* || △*Beischlaf* m || *corrido Durchfracht* f || ~ *de ida y vuelta Hin- und Rückfahrt* f || **~–ra** *f* Cu pop *Prostituierte* f
flettner *m* ⟨Flugw⟩ *Flettner-Ruder* n || ⟨Mar⟩ *Flettner-Rotor* m
flexi|bilidad *f Biegsamkeit, Geschmeidigkeit* f || fig *Lenksamkeit, Nachgiebigkeit* f || fig *Anpassungsfähigkeit* f || **–ble** adj/s *biegsam, geschmeidig* (& fig), *flexibel* || *biegsam (Einband)* || fig *lenksam, nachgiebig* || fig *anpassungsfähig* || *erweichbar* || ~ *de talle von biegsamen Hüften* || ~ *a la razón durch Vernunftsgründe zu bewegen* || *barro* ~ *Modellierton* m || (sombrero) ~ *weicher Hut* m || ◊ *es* ~ *como un guante* figf *man kann ihn um den Finger wickeln* || ~ *m* ⟨El⟩ *Schnur* f, *Leitungsdraht, flexibler Leiter* m || *weicher (Filz) Hut* m
fle|xión *f Biegung, Beugung* f || ⟨Gr⟩ *Biegung, Flexion* f || ⟨Tech⟩ *Biegung, (Durch)Beugung, Durchfederung* f || ⟨Med &⟩ *Flexion* f || ~ *de cintura Rumpfbeuge* f || ~ *de rodillas Kniebeuge* f ⟨& Sp⟩ || **–xional** adj *Biegungs-, Flexions-* || **–xionar** vt gall *biegen* || ~ vi ⟨Gr⟩ *abwandeln*

flexo — florentísimo   548

flexo *m Schlauchlampe* f
flexor adj/*m Beugemuskel, Flexor* m
flexuoso adj *gewunden, mehrfach gebogen* ‖ *wellig*
flexura *f* ⟨Geol⟩ *Flexur, Monokline* f
flictena *f* ⟨Med⟩ *Pustel* f
Δ**fligó** *m Brille* f
Δ**flima** *f Kupfergeld* n
Δ**flimé** adj *reichlich*
Δ**flime** adv *wenig*
flint *m Flintglas* n, *Flint* m
flirt *m* engl *Flirt* m, *Hofmacherei, Liebelei* f
flirte|ar vi *flirten, liebeln, tändeln* ‖ →a **coquetear** ‖ –o *m Liebelei* f, *Flirt* m ‖ *Flirten* n
fliscorno *m* = **fiscorno**
flocadura *f Beflocken* n, *Beflockung* f ‖ *Fransenbesatz* m *(des Schultertuches)*
floculación *f* ⟨Chem⟩ *(Aus) Flockung* f ‖ ⟨Med⟩ *Flockenlesen* n *(b. Typhus)*
flóculo *m* ⟨Chem⟩ *Flocke* f ‖ ⟨Zool⟩ *Flocke* f, lat *Flocculus* m ‖ ~s *solares* ⟨Astr⟩ lat *Flocculi* mpl
flo|gístico adj ⟨Med⟩ *entzündlich* ‖ ⟨Chem⟩ *entzündbar* ‖ **–gógeno** adj ⟨Med⟩ *Entzündungen erregend, phlogogen* ‖ **–gosis** *f* ⟨Med⟩ *Entzündung, Phlogose* f
Δ**floja** *f Rechnung* f ‖ *Seide* f
flo|jamente adv *schwach* ‖ *nachlässig, liederlich* ‖ *müßig* ‖ **–jazo** adj augm *v.* **–jo** ‖ **–jear** vi *schwach (bzw schwächer), matt werden* ‖ *in der Tätigkeit nachlassen* ‖ *wanken, wackeln* ‖ *sich lockern (Schraube usw)* ‖ **–jedad** *f Schwäche, Kraftlosigkeit, Mattigkeit* f ‖ *Schlappheit* f ‖ *Nachlässigkeit, Faulheit* f ‖ ⟨Filmw⟩ *Unschärfe* f ‖ *Flauheit, flaue Stimmung* f *(Börse)* ‖ fig *Trägheit, Nachlässigkeit* f ‖ la ~ *del cambio* ⟨Com⟩ *die Schwäche* f *des Kurses* ‖ *en las ventas* ⟨Com⟩ *Absatzflaute* f ‖ **–jel** *m Tuch|flocken, -fasern* fpl ‖ *Scherwolle* f ‖ *Flaum* m, *Flaumfedern, Daunen* fpl *(der Vögel)* ‖ **–jera** *f* fam *Schlappheit* f ‖ *Schwäche, Mattigkeit* f ‖ *Lendenlahmheit* f ‖ **–jito, –jillo** dim *v.* **–jo**
flo|jo adj *kraftlos* ‖ *schlaff, locker* ‖ *schlaff (Seil)* ‖ *weich, nachgiebig* ‖ *schlicht (Haare)* ‖ *weichlich* ‖ *schwach, matt, abgespannt, flau (Wind, Börse)* ‖ *lappig (Papier, Gewebe)* ‖ *abbröckelnd (Gestein)* ‖ *gehaltlos, schwach (Wein)* ‖ *locker (Schraube)* ‖ ⟨Filmw Opt⟩ *unscharf, flau* ‖ fig *lendenlahm* ‖ fig *träge, nachlässig, faul* ‖ fig *schwach (Roman, Theaterstück)* ‖ *schlecht (gemacht) (Arbeit)* ‖ Am *feige, mutlos* ‖ ~ *de muelles* figfam *weichherzig, nachgiebig* ‖ ~ *de piernas* mit *schwachen Beinen* ‖ ~ m *schlechter Fußgänger* m ‖ *alumno* ~ *schwacher, nachlässiger, träger Schüler* m ‖ *juego* ~ ⟨Kart⟩ *niederes Spiel* n ‖ *seda* ~*a rohe, ungezwirnte Seide* f ‖ *vino, té* ~ *dünner Wein, Tee* m ‖ ◊ *el mercado está* ~ ⟨Com⟩ *der Markt ist flau od gedrückt* ‖ **–jón, ona** adj augm *v.* **–jo** ‖ **–jonazo** adj augm *v.* **–jón** fam *And Pe träge, arbeitsscheu* ‖ **–jucho** adj dim *v.* **–jo** ‖ fam *kränklich, schwächlich*
flor *f Blume* f ‖ *Blüte* f ‖ *Blüte(zeit)* f (& fig) ‖ fig *Kern, Ausbund* m ‖ *weißer od bläulicher Staub* m *auf Pflaumen usw* ‖ *Schimmel* m, *Kammhaut* f *(auf dem Wein)* ‖ *Irisieren* n *(des abgeschreckten Eisens)* ‖ *Narben-, Haar|seite* f *(des Leders)* ‖ *Oberfläche* f *e-r S.* ‖ fig *Redeblume, Schmeichelei, Süßigkeit, Floskel* f, *Kompliment* n ‖ *Jung|fernschaft, -fräulichkeit* f ‖ fig *Auslese* f, *das Beste, das Feinste* n ‖ fig *Elite* f ‖ *Betrug, Kniff* m *(bes beim Spiel)* ‖ ⟨Kart⟩ *Dreiblatt* n ‖ ⟨Kart⟩ *drei Karten von derselben Farbe* ‖ ~ *del amor* ⟨Bot⟩ *Tausendschön* n *(Abart des Gänseblümchens:* Bellis perennis) ‖ *Fuchsschwanz* m (Amaranthus spp) ‖ *Hahnenkamm* m (Celosia spp) ‖ ~ *de ángel* Al *Gelbe Narzisse* f (→ *narciso)* ‖ ~ *de azahar Orangenblüte* f *(bes bei der Trauung)* (→ **naranjo**) ‖ ~ *de azufre* ⟨Chem⟩ *Schwefelblume(n)* f(pl) ‖ la ~ *de la canela* figf *das Beste, Feinste* ‖ ~ *de cantueso* figf *eitles, nutzloses Ding* n ‖ ~ *del cinc* ⟨Chem⟩ *Zinkblüte* f ‖ ~ *en corimbo Doldenblüte* f ‖ ~ *de la harina Blütenmehl* n ‖ ~ *de lis (Wappen) Lilie* f *im alten bourbonischen Wappen* ‖ ⟨Bot⟩ *Jakobslilie, Spanische Lilie* f (Sprekelia formosissima) ‖ ~ *de mayo Maiandacht* f ‖ ~ *natural echte Blume* f ‖ fig ⟨Lit⟩ *Preis* m *bei den "juegos florales"* ‖ ~ *de la pasión* Chi *Passionsblume* f (→ **pasionaria**) ‖ ~ *de primavera Maßliebchen* n ‖ ~ *de la vida*, ~ *de la edad* fig *Jugend, Blüte* f *der Jahre* ‖ ~ *del vino Weinblüte* f ‖ *pan de* ~ *feinstes Weißbrot* n ‖ la ~ *y nata de la sociedad* fig *die Blüte, die Creme der Gesellschaft* ‖ *a* ~ *de waagerecht, mit et gleich, dicht über (dat)* ‖ *aus … heraus* ‖ *a* ~ *de agua kaum das Wasser berührend* ‖ ⟨Mar⟩ *an der Wasserlinie* ‖ *a* ~ *de piel oberflächlich (& Gefühle usw)* ‖ *äußerlich* ‖ *a* ~ *de tierra auf der Erdoberfläche* ‖ *zu ebener Erde* ‖ ⟨Bgb⟩ *zutage liegend* ‖ *de mi* ~ fam *glänzend, ausgezeichnet* ‖ *en* ~ fig *noch vor erreichter Vollendung* ‖ *en la* ~ *de la edad* fig *in der Blüte s-r Jahre, in s-n besten Jahren* ‖ *en la* ~ *de la Blüte f der Jahre* ‖ ◊ *caer en* ~ fig *in der Blüte der Jahre sterben* ‖ *dar en la* ~ *(de)* fam *das Richtige treffen* ‖ *die (komische bzw schlechte) Gewohnheit annehmen, zu (inf)* ‖ Δ*sich et angewöhnen* ‖ *entender la* ~ *(a)* fig *jds Absichten durchschauen* ‖ *estar en* ~ *in der Blüte stehen (& fig)* ‖ *perder la* ~ *ab-, ver|blühen* ‖ *quitar, llevarse la* ~ *dem Rahm abschöpfen* ‖ *tener por* ~ *a/c sich et Böses angewöhnt haben* ‖ ¡*esta* ‖ *le faltaba al ramo!* fam *das hat noch gefehlt!* ‖ **–es** pl *Redeblumen, Schmeicheleien* fpl, *Komplimente* npl ‖ fam *leere Phrasen* fpl ‖ ~ *blancas* ⟨Med⟩ *weißer Fluß, Weißfluß* m, *Leukorrhö(e)* f ‖ ~ *de sartén (Art) Ölgebäck* n ‖ *en* ~ fig *nüchtern* ‖ ◊ *andarse en* ~ fam *Hofkomplimente machen* ‖ *decir (od echar)* ~ fam *Komplimente schneiden* ‖ *echar* ~ *Blüten treiben* ‖ *pasársela en* ~ fig *auf Rosen gebettet sein*
flo|ra *f Flora* f *(&* ⟨Biol Med⟩*)* ‖ *Pflanzenwelt, Gesamtheit* f *der Pflanzen e–s Landes* ‖ *Pflanzenbeschreibung* f ‖ ≠ *f* ⟨Myth⟩ *Flora* f ‖ **–ración** *f Blüte(zeit)* f ‖ *Blühen* n ‖ *segunda* ~ ⟨Bot Agr⟩ *Nachblüte* f *(& fig)* ‖ *en plena* ~ *in voller Blüte (Pflanze)* ‖ Δ**–raina** *f Betrug* m ‖ **–ral** adj *Blüten-, Blumen-* ‖ *exposición* ~ *Blumenschau* f ‖ *mercado* ~ *Blumenmarkt* m ‖ *juegos* ~*es Blumenspiele* npl *(span. Dichterwettbewerb)* ‖ **–rar** vi ⟨Bot⟩ *blühen, Blüten ansetzen*
flore|ado adj *geblümt (Zeug, Muster)* ‖ *mit Eisblumen (Fenster im Winter)* ‖ *pan* ~ *Brot* n *aus feinem Mehl* ‖ **–al** m ⟨Hist⟩ *Floreal* m *(8. Monat im Kalender der Franz. Revolution)* ‖ **–ar** vt/i *mit Blumen schmücken* ‖ *sieben (feines Mehl)* ‖ ⟨Mus⟩ *präludieren* ‖ fig *Liebenswürdigkeiten sagen, Komplimente machen (bes e-r Frau)* ‖ Arg Chi Salv fig *die Auslese abschöpfen von (dat)* ‖ vi *tremolieren (auf der Gitarre)* ‖ *zittern (Degenspitze)* ‖ Col Guat Hond *blühen (Pflanze)* ‖ Arg *bramarbasieren, großtun* ‖ **–cer** [-zc-] vi *blühen* ‖ fig *blühen, gedeihen, vorwärtskommen* ‖ fig *sich hervortun* ‖ ~ *en virtudes reich an Tugenden sein* ‖ ~*se* vr *schimmeln* ‖ ⟨Bgb⟩ *auswittern* ‖ **–cido** adj *schimmelig, verschimmelt* (→ **enmohecido, mohoso**) ‖ **–ciente** adj *blühend* ‖ fig *gedeihend, herrlich* ‖ *una industria* ~ *ein blühender Gewerbezweig* m ‖ *en estado* ~ *in blühendem Zustande* ‖ **–cilla, –cita** (Am = **florcita**) *f* dim *v.* **flor** ‖ **–cimiento** *m Blühen* n, *Blütezeit f Blühen, Gedeihen, Wachsen* n ‖ *época de* ~ *Blütezeit* f
Floren|cia ⟨Geogr⟩ *Florenz* f ‖ **–cia** *f,* **–cio** *m* span. *Taufnamen* ‖ **–tina** *f* Tfn *Florentine* f ‖ ≠**tino, ≠tín, ina** adj *florentinisch* ‖ ~ *m Florentiner* m
florentísimo adj sup *v.* **floreciente**

flore|o *m fig überflüssiger Wortschwall m, Floskeln* fpl || *gezierte Rede* f || fig *Schmeicheleien* fpl || ⟨Mus⟩ *Präludieren bzw Tremolieren n (Gitarre)* || *(Art) Pirouette* f *in spanischen Tänzen* || *Zittern, Vibrieren* n *(der Degenspitze)* || ◊ andar en ~s fam *Komplimente machen,* fam *Honig um den Bart schmieren* || pop *Ausflüchte suchen* || **-ra** f *Blumenmädchen* n || fig *Schmeichlerin* f || **-ría** f → **floristería** || **-ro** adj *witzig od schmeichelhaft redend* || ~ m *Blumen\macher, -verkäufer* m || *Blumenstock* m || *Blumentopf* m || *(Blumen-) Vase* f || *Blumengarten* m || *Blumenkrippe* f || *Blumengestell* n || *Blumentisch* m || ⟨Mal⟩ *Blumenstück* n || fig *Komplimentenmacher* m || fig *Schwätzer* m || △*Mogler* m
florescencia f *Blühen* n, *Floreszenz* f || *Blütezeit* f || ⟨Min⟩ *Auswittern* n
flores|ta f *Forst, Wald* m || *Hain* m || = **florilegio** || **-tero** m *Förster* m
flore|ta f *Florettschritt* m *(im span. Tanz)* || **-tada** f fam *schneller Stüber* m *(auf die Stirn)* || **-tazo** m *Florett-, Rapier\stoß* m || Mex figf *(An)Pumpen* n || **-te** adj: azúcar ~ *weißer Farin* m || papel ~ *feinstes Papier* n || ~ m *Florett* n, *Stoßdegen* m || *Rapierfechten* n || *Florettleinwand* f || ~ de cazoleta *Florett* n *mit Glocke* || ◊ manejar el ~ *mit dem Rapier fechten* || **-tear** vt *mit Blumen schmücken, besetzen* || ~ vi *mit dem Florett fechten* || **-teo** m *Blumenschmuck* m || *Florett-, Rapier\fechten* n || **-tista** m *(geschickter) Florettfechter* m
floriar vt/i Am pop = **florear**
flori|bundo adj ⟨poet⟩ *blütenreich* || **-cultor** m *Blumenzüchter* m || **-cultura** f *Blumenzucht* f || **-da** f *Florida (Halbinsel)* || **-damente** adv *mit Anmut, mit Liebreiz, mit Eleganz* || **-dano, -dense** adj *aus Florida*
flori|dez [*pl* **-ces**] f *Blütenfülle* f || fig *schwülstiger Stil* m, *Blumigkeit* f || **-do** adj *blühend* || *blumig, blumengeschmückt* || *geschmackvoll (Stil, Vortrag)* || *kostbar, erlesen* || ⟨Arch⟩ *geschnörkelt (Stil)* || fam *geil, lüstern* || △*reich, wohlhabend* || *Schwulst-, Schnörkel-* || *gótico* ~ ⟨Ku Arch⟩ *Schnörkelgotik* f || Pascua ~a *Ostern* pl
florífero adj *blüten-, blumen\tragend*
florilegio m ⟨Lit⟩ *Chrestomathie, Anthologie, Blütenlese* f
florín m urspr *florentinischer Taler, Dukaten* m || *Gulden, (Silber)Taler* m
floripondio m ⟨Bot⟩ *baumartiger Stechapfel* m *(Datura arborea – nicht mehr in Kultur)* || figf *geschmackloser Schmuck* m
floris|ta f *Blumenmacherin* f || *Blumen\händlerin* f, *-mädchen* n || *Blumenbinderin* f || ~ m *Blumenmacher* m || *Blumenmaler* m || *Blumenhändler* m || **-tería** f *Blumen\geschäft* n, *-kiosk* m
florón m augm v. **flor** || *Blumenmitte* f ⟨Arch⟩ *Blumenrosette* f || ⟨Her⟩ *Blumenwerk* n || fig *Kleinod* n, *Perle* f || fig *Heldentat* f
flórula f *Blümchen* n
flósculo m ⟨Bot⟩ *Einzelblüte* f *(e-r Komposite)*
flota f ⟨Mar⟩ *Handels-, Kriegs\flotte* f || fig *Menge* f || Am *Aufschneiderei, Prahlerei* f || Chi *Menge* f || ~ aérea ⟨Flugw⟩ *Luftflotte* f || ~ ballenera *Walfangflotte* f || ~ de guerra *Kriegsflotte* f || ~ mercante *Handelsflotte* f || ~ petrolera *Tankerflotte* f || ◊ echar ~s Am *wichtig tun, protzen*
flota|bilidad f ⟨Phys⟩ *Auftrieb* m || ⟨Mar⟩ *Schwimm\fähigkeit* f, *-vermögen* n || **-ble** adj *schwimmfähig* || *flößbar (Gewässer)* || **-ción** f *Schwimmen* n *auf der Oberfläche* || *Flößen* n || *Flottsein* n || ⟨Tech⟩ *Flotation* f *(von Erzen)* || *Flößerei* f, *Flößen* n || *Floating* n *(Währung)* || línea de ~ ⟨Mar⟩ *Wasserlinie* f *(e-s Schiffes)* || **-dor** m/adj *Kork, Korkschwimmer* m *(Fischerei)* || ⟨Mar Flugw Tech⟩ *Schwimmer* m || *Wasserwaage* f || ⟨Tech⟩ *Schwimmer* m *der Dampfmaschine* || ~ adj *schwimmend* || **-dura** f, **-miento** m *Schwimmen* n *auf der Oberfläche* || *Flößerei* f, *Flößen* n || ⟨Aut⟩ *Flattern* n *(Räder)*
flotante adj *schwimmend* || *treibend, Treib-* || *schwebend* || *lose, fliegend (Krawatte)* || ⟨Mar⟩ *flott* || *wallend (Haar)* || *flatternd (Fahne)* || capital ~ *umlaufendes Kapital* n || carga ~ *schwimmende, auf See befindliche Ladung* f || costilla ~ ⟨An⟩ *falsche Rippe* f || deuda ~ *schwebende Schuld* f || dique ~ ⟨Mar⟩ *Schwimmdock* n || madera ~ *treibendes Holz, Treibholz* n || mina ~ ⟨Mar⟩ *Treibmine* f || muelle ~ *Landungsbrücke* f || población ~ *fluktuierende Bevölkerung* f || póliza ~ *General-, offene Police* f || puente ~ *Schiffsbrücke* f || riñón ~ ⟨Med⟩ *Wanderniere* f || hielos ~s *Treibeis* n || ~ m Col *Aufschneider, Prahler* m
flo|tar vi *(obenauf) schwimmen* || *treiben* || *(in der Luft) schweben, flattern, wehen, wallen, wogen, fliegen* || ⟨Mar⟩ *über dem Wasser hervorragen (Klippe)* || vt ⟨Mar⟩ *flottmachen (Schiff)* || *flößen (Holz)* || ⟨Bgb⟩ *(auf)schwemmen (Erze)* || **-te** m ⟨Mar⟩ *Flottsein* n || ⟨Mar⟩ *Schwimmen* n || a ~ ⟨Mar⟩ *flott* || fig *obenauf* || ◊ estar a ~ *flott sein (& fig)* || poner a ~ *(ein Schiff) flottmachen* || sacar a ~ ⟨Mar⟩ *flottmachen, abbringen* || fig *jdn auf die Füße stellen* || salir a ~ *flott werden* || fig *aus der schwierigen Lage herauskommen* || vender a ~ ⟨Com⟩ *schwimmend verkaufen* || **-tilla** f ⟨Mar⟩ *Flottille, kleine Flotte* f || ⟨Flugw⟩ m *Geschwader* n || ~ de remolque ⟨Mar⟩ *Schleppzug* m
flou m franz: objetivo de ~ ⟨Phot⟩ *Weichzeichner* m
fluc|tuación f *Schwankung, Fluktuation* f || *Wallen* n *des Wassers* || fig *Unentschlossenheit* f, *Schwanken* n || ~ del cambio ⟨Com⟩ *Kursschwankung* f || ~ coyuntural, ~ de la coyuntura ⟨Wir Com⟩ *Konjunkturschwankung* f || ~es de precios *Preisschwankungen* fpl || margen de ~ *Schwankungsbreite* f || **-tuante** adj fig *schwankend, fluktuierend* || fig *schwankend, unbeständig, unsicher* || fig *unschlüssig* || **-tuar** vi [pres -úo] *auf den Wogen schwanken* || fig *wanken, wackeln* || fig *schwanken* || fig *flattern* || fig *unschlüssig sein, schwanken* || fig *in Gefahr schweben* || ⟨Wir⟩ *dem Wechsel unterliegen* || *fluktuieren* || **-tuoso** adj fig *schwankend, unschlüssig*
fluen|cia f *(Ab)Fließen* n || *Ausfluß(stelle)* f) m || **-te** adj fig *fließend*
flui|dez [*pl* **-ces**] f *Flüssigkeit* f, *flüssiger Zustand* m || *Fließen* n || *Fluidität* f || *das Fließende des Stils* || ~ del tráfico *Fließen* n *des (Straßen-)Verkehrs* || **-dificar** [c/qu] vt ⟨Phys⟩ *verflüssigen* || ~se *flüssig werden*
fluido adj *flüssig* || ⟨Chem⟩ *(leicht)flüssig* || fig *fließend, glatt (Stil)* || muy ~ *dünnflüssig* || ~ m *Flüssigkeit* f || ⟨Phys⟩ *Fluidum* n, *flüssiger bzw gasförmiger Körper* m || ⟨El⟩ *elektrischer Strom* m || ⟨Pharm Chem⟩ *Fluid* n || ~s elásticos *mpl Gaskörper* mpl
fluir [-uy-] vi *fließen, rinnen* || *ausfließen* || *verfließen (Zeit)* || fig *flüssig sein (Stil)*
flujo m *Fließen* n, *Fluß, Lauf* m || ⟨Mar⟩ *Strömung* f || ⟨Tech⟩ *Strömen, Fließen* n || ⟨El⟩ *Fluß* m || ⟨Med⟩ *Ausfluß* m || fig *Schwall* m || blanco ⟨Med⟩ *Weißfluß, weißer Fluß* m, *Leukorrhö(e)* f || ~ de palabras fig *Wortschwall* m || salival *Speichelfluß* m || ~ de sangre ⟨Med⟩ *Blutfluß* m || ~ de tráfico ⟨StV⟩ *Verkehrsfluß* m (→ a **afluencia**) || ~ de vientre ⟨Med⟩ *Durchfall* m || ~ y ⟨reflujo⟩ ⟨Mar⟩ *(Ebbe) und Flut* f || fig *das Hin und Her* n
fluminense adj *aus Rio de Janeiro*
flúor m ⟨Chem⟩ *Fluor* n || ⟨Med⟩ *Fluor, Ausfluß* m || espato ~ ⟨Min⟩ *Fluorit, Flußspat* m
fluorescen|cia f *Fluoreszenz* f || *Schillern* n || ~ azul ⟨Nucl⟩ *Glimmlicht* n || **-te** adj *fluoreszierend, schillernd*

fluorhídrico adj: ácido ~ ⟨Chem⟩ *Fluorwasserstoff-, Fluß\säure* f
fluorina, fluorita f → espato **flúor**
fluorización f *Fluoridierung* f *(des Trinkwassers)*
fluoruro m: ~ de potasio ⟨Chem⟩ *Kaliumfluorid* n
flus m Cu = **flux**
fluvial adj *Fluß-* ‖ inspección ~ *Wasser-, Strom\polizei* f ‖ navegación ~ *Binnen-, Fluß\-schiffahrt* f ‖ pez ~ *Flußfisch* m ‖ transporte ~ *Flußtransport* m ‖ por vía ~ *auf dem Flußwege*
fluviógrafo m *Schreibpegel* m
fluviómetro m *Pegel* m
flux m ⟨Kart⟩ *Sequenz* f ‖ Am *ganzer Herrenanzug* m *(aus demselben Stoff, Rock, Weste u. Hose)* ‖ ◊ estar a ~ (quedarse a ~, hacer ~) figf Arg *bettelarm sein, (sich ruinieren, Bankrott machen)* ‖ tener ~ figf Am *Glück haben*
fluxión f *Fluß, Ab-, Aus\fluß* m ‖ ⟨Med⟩ *Blutandrang, Fluß* m *im Körper, Fluxion* f ‖ *Stauung* f ‖ *Schnupfen* m ‖ ~ pulmonar, ~ de pecho ⟨Med⟩ *Stauungslunge* f
fluyo → **fluir**
f/m Abk = **fin (de) mes**
FMI Abk = **Fondo Monetario Internacional**
f.º Abk = **folio**
¡fo! int *pfui!*
FOB., f.o.b., fob. Abk = **franco a bordo**
fobia f ⟨Psychol Med⟩ *krankhafte Angst, Phobie* f ‖ ⟨Med⟩ u. fig *heftige Abneigung* f (contra *gegen* acc)
foca f *Seehund* m*, Robbe* f ‖ *(Pelzwerk:) Seal* m/n engl *Fell* n *des Seebären* ‖ ~ común *Gemeiner Seehund* m (Phoca vitulina) ‖ ~ de Groenlandia *Sattelrobbe* f (Pagophilus groenlandicus) *(liefert den Whitecoat)*
focal adj ⟨Opt Math Med⟩ *fokal* ‖ *Brenn(punkt)-* ‖ ⟨Med⟩ *Herd-, Fokal-* ‖ distancia ~ ⟨Opt⟩ *Brennweite* f ‖ reacción ~ ⟨Med⟩ *Herdreaktion* f
foceifiza f *maurisches Glassplittermosaik* n
focense adj *aus Phokis (Fócida)*
fócidos mpl ⟨Zool⟩ *Seehunde* mpl (Phocidae) ‖ → **pinnípedos**
foco m ⟨Phys Math⟩ *Brennpunkt, Fokus* m ‖ *starke Lichtquelle* f ‖ *Wärmequelle* f ‖ ⟨Mil⟩ *Zündloch* n *e-r Kanone* ‖ ⟨Chir Med⟩ *Eiterherd* m ‖ fig *Sitz, Herd* m ‖ fig *Ausgangspunkt* m*, Brutstätte* f ‖ fig *Brenn-, Mittel\punkt* m ‖ ~ acústico *Schallfokus* m ‖ ~ de infección *Ansteckungsherd* m ‖ ~ luminoso *Lichtquelle* f ‖ ~ de propaganda *Propagandazentrum* n ‖ ~ purulento *Eiterherd* m ‖ ~ tuberculoso ⟨Med⟩ *Tuberkuloseherd* m
focha f ⟨V⟩ *Bläßhuhn* n ‖ ~ común *Bläßhuhn* n (Fulica atra) ‖ ~ cornuda *Kammbläßhuhn* n (F. cristata) ‖ Am *Frauenunterrock* m
foche adj/s Chi pop *stinkend* ‖ *verdorben (Mensch)*
fodolí [pl **-ies**] adj fam *geschwätzig* ‖ *zudringlich*
fodongo adj Mex *schmutzig, unflätig* ‖ ~ m Mex vulg *Furz* m
foete m Am *Peitsche* f (frz fouet)
fo|fadal m Arg *Morast, Zitterboden, sumpfiger, unter den Füßen einsinkender Boden* m ‖ **-fo** adj *schwammig, locker, weich* ‖ *aufgedunsen, fam schwabbelig* ‖ *bauschig* ‖ carne ~a *schwammiges Fleisch, Fett* n *e-r dickleibigen Person* ‖ s: **-fura** f
foga|je m Ar *Herd* m ‖ Arg Col PR Ven *Schwüle* f ‖ Arg *Hitzblattern* fpl ‖ PR fig *Beschämung, peinliche Lage* f ‖ **-rada** f *Flackerfeuer* n*, Lohe* f ‖ **-ril** m *Signalfeuer* n ‖ *Feuerzeichen* n ‖ Ar And *Herd* m ‖ **-ta** f *helles Flackerfeuer* n*, Lohe* f ‖ *Freudenfeuer* n ‖ *Johannisfeuer* n ‖ *Lagerfeuer* n ‖ *Sprengpfanne* f *(beim Straßenbau)* ‖ ⟨Jgd⟩ *Fackeljagd* f ‖ ⟨Mar⟩ *Kombüse, Schiffsküche* f ‖ ⟨Mil Bgb⟩ *Spreng\mine, -munition* f ‖ ⟨Mil⟩ *Flatter-, Land-, Teller-, Tret\mine* f
fogón m *(Feuer)Herd, Küchenherd* m ‖ *Zündloch* n *(am Feuergewehr)* ‖ *Zündkanal* m *(Munition)* ‖ *Heizraum* m*, Feuerung* f *(e–s Dampfkessels)* ‖ ⟨Mar⟩ *Schiffsküche* f ‖ Arg CR Chi *Flackerfeuer* n*, Lohe* f ‖ Arg *Runde* f *(am Lagerfeuer)*
fogo|nadura f ⟨Mar⟩ *Mastloch* n ‖ ⟨Arch⟩ *Balkenloch* n ‖ Am *eingelassener Teil* m *(e-s Balkens)* ‖ Col *Herd* m ‖ **-nazo** m *großer Herd* m ‖ *Aufblitzen* n*, Feuerblitz* m *(e–s abgeschossenen Gewehrs)* ‖ *Mündungsfeuer* n ‖ *Pulverblitz* m ‖ *Stichflamme* f ‖ **-nero** m *Feuermann, Heizer* m ‖ **-sidad** f fig *Feuer* n*, Heftigkeit* f*, Ungestüm* m/n ‖ **-so** adj *feurig, hitzig, ungestüm, Feuer-*
fo|guear vt ⟨Mil⟩ *ans Feuer gewöhnen* ‖ ⟨Taur⟩ *dem Stier die banderillas de fuego einstechen* ‖ fig *an die Unannehmlichkeiten* (fam *Schikanen*) *gewöhnen (e–s Berufes, e–r Lage usw)* ‖ figf Chi *jdm derb zusetzen* ‖ **-gueo** m ⟨Mil⟩ *Gewöhnung* f *ans (Aufblitzen des) Feuer(s)* ‖ fig *eifriger Wortwechsel* m ‖ **-guerar** vt Cu *in Brand setzen* ‖ **-guezuelo** m dim v. **fuego**
foie-gras m frz *Gänseleberpastete* f
¹**foja** f Am *Folio* n*, Blattseite* f *(e–s Aktenstücks)*
²**foja** f = **focha**
fojo adj Mex *schwammig, locker*
fol. Abk = **folio**
folding m engl ⟨Phot⟩ *Balgen-, Klapp\kamera* f
fole m *Ledersack* m *(am. Dudelsack)*
folgo m *Fußsack* m
folía f *Folia* f *(kanarische Volksweise)* ‖ fig *leichte Musik* f *im Volkston* ‖ **~s** pl altsp. *Solotanz* m *mit Kastagnetten*
foliáceo adj *blattartig* ‖ *blätterig*
folia|ción f ⟨Typ⟩ *Paginierung* f *(e–s Buches)* ‖ *Seitenzahl* f ‖ ⟨Bot⟩ *Blätterstand* m ‖ ⟨Bot⟩ *Blattansatz* m ‖ **-do** adj ⟨Bot Min⟩ *blätterig* ‖ **-dor** m ⟨Typ⟩ *Folienordner* m
foliar vt ⟨Typ⟩ *paginieren* ‖ ~ adj ⟨Bot⟩ *Blatt-*
folicu|lar adj ⟨Bot⟩ *schlauchartig, Balg-* ‖ ⟨An⟩ *Follikel-* ‖ **-litis** f ⟨Med⟩ *Hautdrüsenentzündung* f
folículo m ⟨An⟩ *Follikel* m ‖ ⟨Bot⟩ *Balgkapsel, Samenhülle* f
folio m *Blatt* n*, Blattseite* f *(e–s Buches)* ‖ ⟨Typ⟩ *Seitenzahl, Kolumnenziffer* f ‖ ⟨Typ⟩ *Folio(format), Großformat* n ‖ ~ apaisado ⟨Typ⟩ *Querfolio* n ‖ ~ atlántico *Atlasformat, Großfolio* n ‖ ~ español ⟨Typ⟩ *Quart(format)* n ‖ ~ francés *Großoktav(format)* n ‖ ~ imperial *Groß\folio, -format* n ‖ ~ mayor, ~ grande *Großfolio* n ‖ ~ menor *Klein-, Median\folio* n ‖ al primer ~ fig *beim ersten Anblick* ‖ de a ~ ⟨Typ⟩ *in Folio* ‖ mentira de a ~ figf *faustdicke Lüge* f ‖ verdad de a ~ figf *größte, lautere, volle Wahrheit* f
folk|lore m *Volkskunde* f ‖ *Folklore* f*, Brauchtum* n ‖ figf prov = ²**follón** ‖ **-lórico** adj *volkskundlich* ‖ *folkloristisch* ‖ **-lorista** m *Folklorist, Volkskundler* m
folla f fam *Durcheinander, Gemisch* n ‖ ⟨Th⟩ *Quodlibet* n
folla|da f *Blätterteigpastetchen* n ‖ **-dor** m *(Blase)Balgtreter, Bälgetreter, Kalkant* m ‖ vulg *Ficker* m (→ **jodedor**) ‖ **-dos** mpl **Pluderhosen* fpl ‖ Am *oberster Unterrock m der Frauen* ‖ **-je** m *Laub(werk)* n ‖ *Laubgewinde* n ‖ *Flitterkram, geschmackloser Schmuck* m ‖ *leeres Geschwätz* n
¹**follar** vt/i *mit dem Blasebalg anblasen* ‖ *den Orgelbalg treten* ‖ **~se** pop *e–n geräuschlosen Wind streichen lassen*, pop *e–n streichen lassen*
²**follar** vt *blattförmig zusammen\falten bzw -legen*

³**follar** vi vulg *Beischlaf ausüben,* vulg *ficken, vögeln*
folle|ro *m Blasebalg\macher, -verkäufer* m ‖ Chi *(Blase) Balgtreter, Bälgetreter, Kalkant* m ‖ **-ta** *f Weinmaß* n = ¹/₄ *Azumbre*
folle|tín *m* dim *v.* **-to** ‖ *Feuilleton, Beiblatt* n ‖ *Unterhaltungsteil* m *(der Zeitung)* ‖ *belletristischer Aufsatz* m ‖ *Fortsetzungs\roman* bzw *-artikel* m ‖ fam *Hintertreppenroman* m ‖ fam *seichter Film* m ‖ *Broschüre* f ‖ **-tinesco** adj *auf ein Feuilleton bezüglich, Feuilleton-* ‖ fig ⟨Lit⟩ *auf den Effekt berechnet, Sensations-* ‖ *Sensationsliteratur* f ‖ **-tinista** *m Verfasser* m *belletristischer Artikel e–r Zeitung, Feuilletonist* m ‖ **-tista** *m Pamphletschreiber* m ‖ *Broschürenschreiber* m ‖ **-to** *m Broschüre* f ‖ **-tón** *m Feuilleton* n
follín *m* Chi *jähzorniger Mensch* m
follista *m* fam *(Blase) Balgtreter, Bälgetreter, Kalkant* m ‖ → a **entonador**
¹**follón, ona** adj *träge, faul, arbeitsscheu* ‖ *gemein, feige* ‖ *eitel, eingebildet* ‖ *frech, unverschämt* ‖ ~ *m feiger Schlingel, Lümmel* m ‖ *Müßiggänger, Taugenichts* m ‖ pop *Lump, ehrloser Kerl* m ‖ *Eisenfresser* m ‖ *Feuerwerkskörper* m, *der ohne Knall platzt* ‖ *Wurzelschößling* m *e–s Baumes* ‖ vulg *Fist, Schleicher, geräuschloser Wind* m
²**fo|llón** *m* fam *Krach, Wirbel* m ‖ *Durcheinander* n ‖ ◊ *armar (od* organizar) *un* ~ *Krach schlagen,* fam *Krakeel machen* ‖ ¡(habría que ver) el ~ *que se organizaría!* fam *das würde e–n schönen Spektakel geben*
follo|nazo *m* augm *v.* **follón** ‖ **-nista** *m* pop *Radaubruder, Krakeeler* m ‖ △ **-sas** *fpl Pluderhosen* fpl
fomen|tación *f* ⟨Med⟩ *Blähung* f ‖ ⟨Med⟩ *Foment* n, *warmer, nasser Umschlag* m ‖ **-tador** adj/s *fördernd* ‖ ~ *m Förderer, Begünstiger* m ‖ *Anstifter, Aufwiegler, Hetzer* m ‖ **-tar** vt *erwärmen (z. B. das Huhn die Eier)* ‖ fig *begünstigen, fördern* ‖ fig *schützen* ‖ fig *hegen, unterhalten* ‖ *aufregen, schüren (Leidenschaften)* ‖ ⟨Med⟩ *feuchtwarme Umschläge machen* (dat *od auf* acc) ‖ Cu PR *aufbauen (Geschäft)* ‖ ◊ ~ *las relaciones, el comercio die Handelsverbindungen fördern, beleben* ‖ ~ *los intereses die Interessen wahrnehmen* ‖ **-tativo** adj *förderlich* ‖ **-to** *m Erwärmung, Mitteilung f von Wärme* ‖ fig *Nährung* f *(e–r Leidenschaft)* ‖ fig *Belebung* f ‖ fig *Unterstützung* f ‖ fig *Schutz, Schirm* m. ‖ *Förderung* f ‖ ⟨Med⟩ *Foment* n, *warmer, nasser Umschlag* m ‖ ~ *del comercio Förderung, Hebung* f *des Handels* ‖ *cultural Kulturpflege* f ‖ ⁓ *fam Trabajo Nacional Verein* m *zur Förderung der einheimischen Industrie* ‖ *Asociación Internacional de* ⁓ *Internationale Entwicklungsgesellschaft* f
fon *m* ⟨Ak⟩ *Phon* n
fonación *f Stimm-, Laut\bildung, Phonation* f
¹**fonda** *f Wirts-, Gast\haus* n, *Gasthof* m ‖ Span *(kleineres) Hotel* n ‖ Arg *Kneipe, Spelunke* f ‖ Guat *Destille* f, *Branntweinausschank* m ‖ ~ de estación *Bahnhofsgaststätte* f
²**fonda** *f* ⟨Mar⟩ *(Tief) Lot* n
fonda|ble adj *zum Ankern geeignet (Seegrund)* ‖ **-do** adj *mit verstärktem Boden (Faß)* ‖ fam Col *reich, wohlhabend*
fondea|dero *m* ⟨Mar⟩ *Anker\grund, -platz* m ‖ **-do** adj ⟨Mar⟩ *vor Anker liegend* ‖ Ven fig *reich, vermögend* ‖ **-dor** adj/s ⟨Mar⟩ *(a: (buque)* ~ *de minas Minenleger* m ‖ **-minas** adj/s ⟨Mar⟩ = **-dor** *de minas* ‖ *submarino* ~ *Minenunterseeboot* n
fonde|ar vt ⟨Mar⟩ *(aus)loten* ‖ *(Versunkenes) aus der Tiefe heraufholen* ‖ *auf Konterbande durchsuchen (Schiff)* ‖ *e–e Zollinspektion (des Schiffes) betreiben* ‖ fig *gründlich untersuchen* bzw *durchsuchen* ‖ ~ vi ⟨Mar⟩ *ankern* ‖ **~se**

Am prov *reich werden, sich bereichern* ‖ **-o** *m* ⟨Mar⟩ *Auswerfen des Ankers, Ankern* n ‖ *Durchsuchung* f *(auf Konterbande)* ‖ *Zollinspektion* f *(des Schiffes)*
△**fondela** *f Kneipe* f
fondero *m* Am desp *Gast\wirt, -geber* m
fondi|llón *m alter Alicantewein* m ‖ *Faßneige* f ‖ **-llos** mpl *Hinterteil* m *der Beinkleider, Gesäß* n *e–r Hose*
fondista *m Gast-, Speise\wirt* m ‖ pop u. desp *Hotelbesitzer* m ‖ ⟨Sp⟩ *Langstreckenläufer* m
fondo *m Boden, Grund* m ‖ *(Faß-, Kessel-, Koffer- usw) Boden* m ‖ *(Wasser) Tiefe* f ‖ *Ackergrund* m ‖ *Meeresgrund* m ‖ *Flußbett* n ‖ *(Tal-) Sohle, Mulde* f ‖ *Grund und Boden* m ‖ ⟨Mal Th⟩ *Hintergrund* m ‖ *Malgrund* m ‖ *Grundfarbe* f ‖ *Grundierung* f ‖ *Bodenstück* n ‖ *Geldstock* m, *Kapital, Stammvermögen* n ‖ ⟨Com⟩ *Fonds* m ‖ ⟨Arch⟩ *Tiefe* f *(e–s Gebäudes)* ‖ fig *Grundlage* f ‖ fig *Innere(s)* n, *Wesensart* f *(bzw Grundveranlagung) e–s Menschen* ‖ fig *das Wichtigste, Wesentlichste* ‖ *Inhalt, Kern* m ‖ fig *Bestand, Fonds* m *(Bibliothek, Buchhandlung, Verlag)* ‖ Cu *Mischkessel* m *in Zuckerfabriken* ‖ Mex *weißer Unterrock* m *der Frauen* ‖ ⁓ *Agrícola Europeo Europäischer Ausrichtungs- u. Garantiefonds* m ‖ ~ *de amortización Tilgungsfonds* m ‖ ~ *de compensación Ausgleichsfonds* m ‖ ⁓ *de Desarrollo y Saneamiento* (CE) *Entwicklungs- u. Sanierungsfonds* m *(EG)* ‖ ⁓ *del Estado Staatsfonds* m ‖ ⁓ *Monetario Internacional Internationaler Währungsfonds* m ‖ ~ *profundo große Tiefe* f ‖ ~ *de reserva Rücklage* f ‖ *Notkapital* n ‖ ~ *de virtud Besitz* m *an Tugend* ‖ a ~ *von Grund auf* ‖ *von Grund aus, gründlich* ‖ *energisch* ‖ *de* ~ *wichtig, bedeutend* ‖ *gebildet* ‖ *Haupt-, Leit-* ‖ *de bajo* ~ *seicht (Fluß, Ufer)* ‖ *de mucho* ~ *tief (Wasser, Bau, Haus)* ‖ en el ~ *im Grunde, eigentlich, genaugenommen* ‖ *sin* ~ *grundlos* ‖ *bodenlos* (& fig) ‖ *unergründlich* ‖ fig *unendlich, ungeheuer* ‖ *articulo de* ~ (fam ~) *Leitartikel* m ‖ *carrera de* ~ ⟨Sp⟩ *Langstrecken\lauf* m bzw *-schwimmen* n ‖ *Steherrennen* n ‖ *carrera de medio* ~ ⟨Sp⟩ *Mittelstreckenlauf* m ‖ *dibujo encarnado sobre* ~ *negro rote Zeichnung* f *auf schwarzem Grunde* ‖ *hombre de* ~ *Mann* m *von Wissen* ‖ *libros de* ~ *Verlagsbücher* npl ‖ *persona de buen* ~ *gutmütiger, rechtschaffener Mensch* m ‖ *im Grunde kein schlechter Mensch* ‖ ◊ *dar* ~ ⟨Mar⟩ *den Anker werfen, ankern* ‖ fig *zu Ende gehen* ‖ *echar* a ~ ⟨Mar⟩ *in den Grund bohren* ‖ *emplearse* a ~ *es gründlich machen* ‖ *hacer* ~ *de* a/c *auf et bauen* ‖ *ir* a(l) ~ fig *in die Tiefe gehen, auf den Grund gehen* ‖ fig *untergehen* ‖ *irse* a(l) ~ ⟨Mar⟩ *untergehen, sinken* (& fig) ‖ *limpiar* a ~ *gründlich reinigen* ‖ *perder* ~ *Grund verlieren* (& fig) ‖ *tratar* a ~ *gründlich behandeln* ‖ **~s** pl *Vermögen, Kapital, Geld* n ‖ *(Geld) Deckung* f ‖ ⟨Mar⟩ *Ausertiefe* f ‖ ⟨Mar⟩ *Teil* m *des Schiffes, der unter Wasser ist* ‖ ~ *de amortización Amortisationsgelder* npl ‖ ~ *bloqueados Sperrguthaben* n ‖ ~ *en circulación Umlaufvermögen* n ‖ ~ *de cobertura Deckungsmittel* npl ‖ ~ *públicos Staatspapiere* npl ‖ *distracción de* ~, *malversación de* ~ *Unterschlagung* f *von Geldern* ‖ *transacción sobre* ~ *públicos Effektenhandel* m ‖ ~ *bajos* ~ fig *Pöbel* m, *Hefe* f *des Volkes* ‖ *Unterwelt* f, *Asoziale(n)* mpl ‖ ◊ *disponer de* ~ *über Geldmittel verfügen* ‖ *entregar* ~ *Fonds liefern* ‖ *enviar, remitir* ~ ⟨Com⟩ *Deckung einsenden* ‖ *estar desprovisto (od* falto) *de* ~ *über kein Kapital verfügen* ‖ *estar en* ~ *verfügbares Geld haben* ‖ fam *bei Kasse sein* ‖ *procurar* ~ *für Deckung sorgen* ‖ *votar* ~ *Haushaltsmittel bewilligen*
fondón, ona adj fam *sehr fettleibig, dick* ‖ fam *mit dickem Gesäß* ‖ ~ *m Weinhefe* f, *Trub* m ‖ ⟨Web⟩ *Grund* m *(Brokatstickerei)*

fonducho *m desp schlechtes Gasthaus* n, *elende Kneipe* f
fone|ma *m* ⟨Phon⟩ *Phon(em)* n || **-mática** *f Phonologie* f *(in der französischen Linguistik)*
fonendoscopio *m* ⟨Med⟩ *Phonendoskop, Schlauchhörrohr* n
fonéti|ca *f Phonetik* f || *Lautbestand* m *e-r Sprache* || **-co** *adj phonetisch, Laut-* || *escritura* ~a *Lautschrift* f || *pronunciación* ~a *phonetische, lautgemäße Aussprache* f
fonetis|mo *m (Buchstaben) Lautschrift* f || **-ta** *m Phonetiker* m
fonía *f* → **radiofonía**
fónico *adj phonisch, Schall-* || *Laut-* || *foco* ~ ⟨Arch⟩ *Schallpunkt* m
fon(i)o *m* ⟨Ak⟩ *Phon* n
fono *m* Chi pop *Telephonhörer* m
fono|amplificador *m Schallverstärker* m || **-captor** *m Tonabnehmer* m || **-fobia** *f* ⟨Med⟩ *Sprechangst, Phonophobie* f || *Angst vor Geräuschen, Phonophobie* f || **-grafía** *f Schallaufnahme* f
fonógrafo *m* ⟨Hist⟩ *Phonograph* m || *Grammophon* n
fonograma *m Phonogramm* n, *Laut-* bzw *Schall\aufzeichnung* f || *Lautzeichen* n
fonola *f Phonola* f, *Klavierspielapparat* m
fono|lita *f* ⟨Geol⟩ *Phonolith* m || **-logía** *f Phonologie* f || **-lógico** *adj phonologisch* || **-metría** *f* ⟨Ak⟩ *Schallmessung, Phonometrie* f
fonómetro *m* ⟨Ak⟩ *Schallmeßgerät, Phonometer* n
fonoteca *f Phonothek* f
fonotecnia *f Schalltechnik* f
fon|tal *adj Quell-* || fig *hauptsächlich, Grund-* || **-tana** *f Springbrunnen* m, *Fontäne* f || ⟨poet⟩ *Quell* m || **-tanal** *adj/m Quelle-, Quell-* || ~ *m quellenreiche Stelle* f || **-tanar** *m (meist* ⟨Lit od poet⟩*) Quelle* f
fontane|la *f* ⟨An⟩ *Fontanelle* f || **-ría** *f Installation* f *von Rohren* bzw *Brunnen* || *Klempnerei* f || *Rohrleitung* f || **-ro** *adj auf Brunnen, Quellen bezüglich, Brunnen-, Quel(len)-* || ~ *m Klempner* m || *Installateur* m
fontezuela *f dim v.* **fuente**
fontículo *m* ⟨An⟩ *Fontanelle* f
football *m engl* → **fútbol**
foque *m* ⟨Mar⟩ *Klüver* m || figf *Stehkragen* m *mit sehr steifen Spitzen,* fam *Vatermörder* m
forado *m* Am *Loch* n, *Öffnung* f
forajido *m/adj Straßenräuber, Strolch* m || fig *Bösewicht* m || **Geächtete(r)* m
foral *adj auf die „fueros" bezüglich, foral-, partikular|rechtlich* || *gerichtlich* || *gesetzlich* || ~ *m* Gal *Pachtgut* n
foramen *m Loch* n, *Aushöhlung* f || ⟨Biol Med⟩ *Foramen, Loch* n, *Öffnung* f
foraminíferos *mpl* ⟨Zool⟩ *Loch(schalen)träger, Kammerlinge* mpl, *Porentierchen* npl, *Foraminiferen* fpl (Foraminifera)
foráneo *adj fremd, Außen-*
△**forano** *m Ausländer* m
foraste|ra *f Ausländerin, Fremde* f || **-ría** *f Fremdentum* n || *Fremdsein* n || **-ro** *adj auswärtig, fremd* || *fremdartig* || fig *fremd* || ◊ *ser* ~ *fremd sein* || *soy* ~ *aquí ich weiß hier nicht Bescheid* || ~ *m Fremde(r), Fremdling* m || *Auswärtige(r)* m || *guía de* ~s *Fremdenführer* m
△**forata** *m* = **forastero**
forcado *m: mozo de* ~ *port. Stierfechter(gehilfe)* m
forcaz [*pl* **-ces**] *adj mit zwei Deichseln (Wagen)*
force|jar *vi sich eifrigst bemühen, alle Kräfte aufwenden* || fig *sich hartnäckig entgegensetzen* || *(miteinander) ringen* || ⟨Mar⟩ *gegen Wind und Sturm rudern* || ◊ ~ *por librarse de los vínculos alle Kräfte anwenden, um sich aus den Fesseln zu befreien* || **-jear** *vi* = **-jar** || **-j(e)o** *m äußerste*

Kraftanstrengung f || *Ringen* n || fig *Auseinandersetzung* f || fig *Widerstand* m || **-jón** *m Ruck* m, *um sich von jdm loszureißen* || **-judo** *adj kräftig, handfest*
fórceps *m* ⟨Med⟩ *Geburtszange* f
fo|rense *adj gerichtlich, Gerichts-* || *auswärtig* || *lenguaje* ~, *terminología* ~ *Rechtssprache* f || *(médico)* ~ *Gerichtsarzt* m || *término* ~ *juristischer Ausdruck* m || **-rero** *adj/s auf e-n fuero bezüglich* || *nach gültigem fuero* || ~ *m Untereigentümer* m *des foro* || *Foralrechtler* m || Gal *Erbpächter* m
fore|sia *f* ⟨Zool bes Entom⟩ *Phoresie* f || **-sis** *f* ⟨Med⟩ *Phorese* f
fores|tación *f Aufforstung* f || **-tal** *adj forstwirtschaftlich* || *Forst-, Wald-*
forficula *f* ⟨Entom⟩ *Ohrwurm* m (Forficula spp) || → a **tijereta**
△**fori** *m (Taschen)Tuch* n
forillo *m* ⟨Th⟩ *Vorhang* m *in dem Haupttor der hinteren Dekoration*
for|ja *f Schmiede* f || *Eisenhammer* m || *Schmieden, Hämmern* n || *Erz-, Eisen|hütte* f || ⟨Arch⟩ *Mörtel* m || Col *tragbarer Ofen* m || ~ *de afino Frischherd* m || ~ *(a la)* catalana *Renn-, Luppenfrisch|feuer* n || *ensayo a la* ~ *Schmiedeprobe* f || **-jable** *adj schmiedbar* || **-jación** *f Bearbeitung, Gestaltung* f || *(Eisen)Hammerwerk* n || **-jado** *m Schmieden* n || ⟨Arch⟩ *Fach-, Bindwerk* n || *Füllung f (des Fachs bei Fachwerk)* || ~ *adj geschmiedet, Schmiede-* || ~ *en bruto roh geschmiedet* || **-jador** *m Schmied* m || fig *Anstifter, Urheber* m || ~ *de su suerte seines Glückes Schmied* || **-jadura** *f Schmieden* n || *Schmiedearbeit* f || **-jar** *vt schmieden, hämmern* || ⟨Maur⟩ *mauern* || *berappen, gob tünchen (Mauer)* || *einziehen (Zwischendecke)* || fig *verfertigen* || fig *anstiften* || *ersinnen, ausdenken,* desp *ausbrüten* || fig *schmieden (Pläne, Vorhaben)* || fig *aufstellen* || fig *fälschen* || fig *bilden (Wort)* || fig *erfinden (Ausrede, Vorwand)* || ◊ ~ *en caliente, en frío warm, kalt schmieden* || ~ *embustes Lügen schmieden, aufschmieden* || ~ *planes Pläne schmieden* || *no se -jes ilusiones mache dir keine Illusionen*
forma *f Gestalt, Form* f || *Körperform* f, *Äußeres* n || *(Guß)Form* f || ⟨Typ⟩ *Satzform* f || *(Buch)Format* n || *Versform* f || *Form, Art, Weise* f || *Form, Vorschrift* f || *Formel* f || *Formalität, Förmlichkeit* f || *Patrone* f, *Modell* n || *Handlungsweise* f || *Möglichkeit, Gelegenheit* f || *Hand, Schrift, Schreibart* f || ⟨Kath⟩ *Sakramentsformel* f || ⋏ ⟨Kath⟩ *(heilige) Hostie* f || ⟨Sp⟩ *Form, Verfassung* f || *la Sagrada* ⋏ *die heilige Hostie* || *segunda* ~ ⟨Typ⟩ *Widerdruck* m || *de* ~ ⟨Jur⟩ *prozessual, Verfahrens-* || *de* ~ *que dergestalt daß, so daß* || *also, daher* || *de una u otra* ~ *so oder so* || *auf jeden Fall* || *en* ~ *in Ordnung* || *gehörig, ordentlich* || *förmlich, formell* || *vorschriftsmäßig* || *en toda* ~ *regelrecht* || *en* ~ *de nach (der) Art (und Weise), in Gestalt (gen)* || *als, wie* || *-förmig* || *in Gestalt (gen)* || *en debida* ~ *in gehöriger Form, wie sich's gebührt* || *en Gestalt* || ~ *mit allem Ernst, gebührend* || ◊ *dar* ~ *(a) et ausführen* || *in Ordnung bringen* || *et gestalten* || *estar en* ⟨Sp⟩ *in Form, trainiert sein (Mannschaft)* || *interponer en (debidos) tiempo y* ~ ⟨Jur⟩ *frist- und form|gerecht einlegen* || *no hay* ~ *de obligarlo er ist auf keine Weise dazu zu bringen* || *no hay* ~ *de vivir con ese hombre mit diesem Menschen ist nicht auszukommen* || *tomar* ~ *humana Menschengestalt annehmen* || *es pura* ~ *es ist bloße Förmlichkeit* || ~**s** *pl Gliederbau* m || *Figur* f, *Formen* fpl || fig *Umgangsformen, Manieren* fpl || ◊ *guardar las* ~ fig *die Form wahren*
forma|ble *adj bildsam, gestaltbar* || ⟨Tech⟩ *verformbar* || **-ción** *f (Heraus)Bildung, Gestal-*

tung f || *Form, Gestalt, Figur* f || *Bildungsart* f, *Gebilde* n || ⟨Geol⟩ *Formation* f || ⟨Mil⟩ *Formation, Gliederung, Aufstellung* f *von Truppen* || *Ausbildung* f *(Beruf,* ⟨Pol⟩*)* || *Schulung* f || *Entwicklung* f || ~ *antiaérea* ⟨Mil⟩ *Luftschutzgruppe* f || ~ *blindada,* ~ *acorazada* ⟨Mil⟩ *Panzerverband* m || ~ *carbonífera* ⟨Geol⟩ *Karbon* n || ~ *profesional (acelerada) Berufs- (Kurz) Ausbildung* f || ~ *de una sociedad Bildung* f *e-r (Handels) Gesellschaft* || *de buena* ~ *wohlgestaltet, wohlgebaut* || *en* ~ *angehend, in spe* || ⟨Mil⟩ *in Reih und Glied* || *-do* adj: *bien* ~ *wohlgebaut* || *hombre (ya)* ~ *erwachsener Mann* m || *mal* ~ *mißgestaltet*

[1]**formal** adj *formal* || *förmlich, Form-* || *förmlich, aus-, nach\drücklich* || *pflichtbewußt, rechtschaffen, seriös, solide* || *artig (Kind)* || *ernst\lich, -haft* || *artig (Kind)* || ⟨Jur⟩ *formell* || *una casa* ~ ⟨Com⟩ *e-e solide, reelle, kulante Firma* f || *un hombre* ~ *ein rechtschaffener, redlicher Mensch* m || ◊ *la cosa va haciéndose* ~ *die Sache wird ernst* || ¡~! *wirklich! tatsächlich!* || *im Ernst*
[2]**formal,** ~**dehido** m ⟨Chem⟩ *Formaldehyd* m
forma|leza f ⟨Mar⟩ *Pflichtanker* m || **-lidad** f *Förmlichkeit, Formalität* f || *Form(vorschrift)* f || *Formalien* fpl || *Umständlichkeit* f || *ernstes Wesen, gesetztes Betragen* n || *Artigkeit* f *(Kinder)* || *Rechtschaffenheit, Redlichkeit* f || *Zuverlässigkeit* f || *Pünktlichkeit* f || ⟨Com⟩ *Kulanz* f, *seriöses Wesen* n || *para mayor* ~ *der guten Ordnung willen* || *hombre de poca* ~ *unzuverlässiger, unsolider Mann* m || *la (in)observancia de una* ~ *die (Nicht) Beachtung e-r Formalität* || ¡*niños,* ~! ⟨Sch⟩ *seid artig, Kinder!* || ◊ *cumplir (od llenar) una* ~ *e-e Formalität, Förmlichkeit erfüllen* || ~**es** *pl:* ~ *de la aduana Zollformalitäten* fpl || ~ *de boda Hochzeitsgebräuche* mpl || *las* ~ *necesarias (od de rigor) die notwendigen Formalitäten* fpl
forma|lina f ⟨Chem⟩ *Formalin* n || **-lismo** m *Formalismus* m || *(übertriebene) Förmlichkeit* f || *Umstandskrämerei* f || **-lista** m/adj *Anhänger des Formalismus, Formalist* m || *Formenmensch* m || *Umstandskrämer* m || adj *formalistisch* || *streng auf die Form bedacht* || fig *kleinlich* || *umständlich* || **-lito** adj dim ~ **formal** || fam *sehr artig (Kind)* || **-lización** f *Formulierung, Ausfertigung* f || *Formvollendung* f || ~ *por escrito* ⟨Jur⟩ *Einhaltung* f *der Schriftform* || **-lizar** [z/c] vt *ausfertigen, in die endgültige Form bringen* || *gesetzmäßig erledigen* || *förmlich errichten* || ◊ ~ *cargos (od acusaciones)* ⟨Jur⟩ *Anklagen vorbringen* || ~ *un expediente ein Aktenstück formell erledigen* || ~ *las relaciones e-m Liebesverhältnis ernste Form geben* || fig *sich verloben* || ~ *una protesta e-n Protest erheben* || ~**se** *ernst(haft) werden* || *formell werden* || *übelnehmen*
for|malmente adv *in gehöriger Form* || *gewissenhaft, genau* || *ernstlich, seriös* || **-malote** adj fam *sehr seriös, redlich*
formante m *Formant. Formativ* m
formar vt *bilden, gestalten, formen* || *zusammen\stellen, -setzen* || *ausbilden, entwickeln, erziehen* || *schulen* || *veranstalten* || *anordnen* || *schmieden (Plan)* || *aufbauen (Sammlung, Bibliothek)* || *fassen (Beschluß)* || *prägen (Wort)* || *schließen (Bündnis)* || *zusammenstellen* bzw *rangieren (Zug)* || ⟨Mil⟩ *aufstellen, formieren* || ◊ ~ *causa* ⟨Jur⟩ *e-e Klage anbringen, e-e Anklage erheben* || ~ *parte teilnehmen (de, en an dat)* || *gehören zu* || ~ *pabellones* ⟨Mil⟩ *die Gewehre zusammensetzen* || *el propósito de sich vornehmen zu* || ~ *queja sich beschweren, sich beklagen* || ~ *una sociedad e-e (Handels) Gesellschaft bilden* || ~ *(un) tribunal e-n Gerichtshof, e-e Prüfungskommission zusammensetzen* ||

~ vi *erhaben sticken* || *antreten, zu bestimmter Zeit erscheinen (in e-m Amt usw)* || ⟨Mil⟩ *antreten* || *Aufstellung nehmen* || ◊ ~ *en filas* ⟨Mil⟩ *sich in Reih und Glied stellen* || ~ *en fila Am sich anstellen,* fam *Schlange stehen* || ¡~! ⟨Mil⟩ *antreten!* || ¡*formen filas!* ⟨Mil⟩ *eingetreten!* || ~ *por compañías* ⟨Mil⟩ *in Kompanien aufstellen* || ¡~ *para el rancho!* ⟨Mil⟩ *Essenholer raus!* || ~**se** *entstehen, sich bilden* || *ausgebildet werden* || *sich (aus)bilden* || *wachsen, groß werden* || *zusammentreten (ein Gerichtshof)* || *errichtet werden, gegründet werden (Gesellschaft)* || ◊ ~ *concepto sich e-n Begriff, e-e Vorstellung machen (de von)* || ~ *una opinión sich e-e Meinung bilden* || *urteilen (de, sobre über* acc*)* || *no puede V.* ~ *idea de lo malo que es Sie machen sich keinen Begriff davon, wie schlecht er ist*
forma|tivo adj *Gestalt gebend* || *formativ, bildend* || *Bildungs-* || *Gestaltungs-* || **-to** m *Format* n || ~ *de bolsillo Taschenformat* n
formi|cante adj *wie e-e Ameise krabbelnd* bzw *laufend* || *Ameisen-* || fig *langsam* || fig *schwerfällig* || ⟨Med⟩ *flach und schnell (Puls)* || **-cario** adj/s *Ameisen-* || ~ m *Formikarium, künstliches Ameisennest* n *(zur Verhaltensbeobachtung)*
fórmico adj: *ácido* ~ ⟨Chem⟩ *Ameisensäure* f || *aldehído* ~ *Formaldehyd* m
formicular adj ⟨Entom⟩ *auf die Ameisen bezüglich, Ameisen-*
formidable adj *furchtbar, fürchterlich, schrecklich* || *ungeheuer* || fam *großartig, toll* || fam *phantastisch* || *un artista* ~ *ein gewaltiger Künstler* m || *un escándalo* ~ *ein riesiger Skandal* m
formillón m *Hutbandformer* m *(Instrument)*
formol m ⟨Chem⟩ *Formalin* n
formón m *Stemm-, Schrot\eisen* n, *Beitel, Stechbeitel* m || *Holzmeißel* m || *Form* f *zum Abstechen der Hostien* || ~ *de barrilete Stechbeitel* m || ◊ *agujerear con el* ~ *stemmen*
fórmula f *Formel* f || *mathematische, chemische Formel* f || *Höflichkeitsformel* f || *Form* f, *Abkommen* n, *Lösung* f || fig *Muster* n || fig *Formblatt* n || ⟨Pharm⟩ *Rezept(formel* f*)* n || ~ *bruta,* ~ *condensada* ⟨Chem⟩ *Summen-, Bruttoformel, empirische Formel* f || ~ *estructural* ⟨Chem⟩ *Strukturformel* f || ~ *final,* ~ *de cortesía Schluß-, Höflichkeits\formel* f *(in Briefen)* || *por* ~ *der Form wegen* || ◊ *todo es pura* ~ *es ist alles bloße Form(alität)* || *llenar una* ~ *ein Formblatt (Formular) ausfüllen*
formu|lación f *Formulierung* f || ~ *de la propuesta* ⟨Jur⟩ *Antragstellung* f || **-lar** vt ⟨Math Jur⟩ *formulieren, abfassen, aufsetzen* || ⟨Math⟩ *auf e-e Formel bringen* || *klar, bestimmt fassen* || *in Worte(n) fassen, zum Ausdruck bringen* || *erheben (Einwand)* || *stellen (Antrag)* || *ärztlich vorschreiben* || ◊ ~ *cargos* ⟨Jur⟩ *Klagen vorbringen, beschuldigen* || ~ *las conclusiones definitivas* ⟨Jur⟩ *den Schlußvortrag halten* || ~ *una denuncia e-e (gerichtliche) Anzeige machen (por wegen gen)* || ~ *una oposición e-e Opposition formulieren, Einspruch einlegen* || ~ *una reclamación e-e Reklamation vorbringen, e-e Beschwerde einlegen* || ~ *(una) reserva e-n Vorbehalt machen (a gegen* acc*)* || **-lario** adj *formell, förmlich,* ~ m *Formular* n, *Vordruck* m || *Formblattsammlung* f || *Formelanhang* m *(e-s Buches)* || ⟨Med⟩ *Arznei-, Rezept\buch* n || ~ *de inscripción Anmeldeformular* n || ~ *de solicitud Gesuchsformular* n || ◊ *llenar un* ~ *ein Formblatt (Formular) ausfüllen* || **-lismo** m *Formen\wesen* n, fam *-kram* m || **-lista** m/adj → **formalista**
forni|cación f *unerlaubter geschlechtlicher Umgang, außerehelicher Geschlechtsverkehr* m || *Unzucht, Hurerei* f || **-cador** adj/s *hurerisch, unzüchtig* || ~ m *Hurer* m || **-car** [c/qu] vt/i *huren, Hurerei treiben* || **-cario** adj/s *unzüchtig, geil* || **-cio** m = **fornicación**

fornido adj *stark, stämmig, rüstig* || *kräftig, handfest*

for|nir vt △*ver|bessern, -stärken* || **-nitura** f ⟨Mil⟩ *Leder- bzw Koppel|zeug* n || ⟨Typ⟩ *Satz* m *Lettern* || ⟨Uhrm⟩ *Uhrenzubehör* n || allg *Zubehör* n || *Schmuck* m

foro m *Forum* n *(Rom)* || *Gerichtshof* m || *Gerichtssaal* m || *Rechtsverfahren* n || *Anwaltschaft* f || *Ast Gal* **Erbpacht** f || *(Erb) Pachtzins* m || ⟨Th⟩ *Hintergrund* m *der Bühne* || △*Stadt* f || (telón de) ~ ⟨Th⟩ *Kulissenvorhang* m || ~ frumentario *Ast Gal León Erbpacht* f, *bei der der Untereigentümer das Obereigentum abgetreten hat* || ⁓ romano *Forum* n *Romanum* f || ◊ *desaparecer por el* ~ fig *(ungesehen) verschwinden*, fam *verduften* || *por tal* ~ *unter dieser Bedingung* || *unter diesen Umständen* || *exclusión del* ~ *Ausschluß* m *aus der Rechtsanwaltschaft*

forrado adj *gefüttert* (de *mit* dat) || ⟨Tech⟩ *überzogen, gekleidet, ausgeschlagen* || *umhüllt, be-, um|sponnen* || figf *reich* || *cajas* ~as *de hojalata Kisten* fpl *mit Blecheinlage* || *guantes* ~s *de piel Handschuhe* mpl *mit Pelzfutter* || *libro* ~ *de pergamino Buch* n *in Pergamenteinband* || ~ m ⟨Mal⟩ *Unterkleben* n *(e-s beschädigten Gemäldes)* || ⟨Mar⟩ *Schalung* f

forra|dura f *Füttern* n || **-je** m *Vieh-, Pferde| futter* n *(bes Grünfutter* n) || *Arg Chi Mex Trockenfutter* n || *Fütterung* f *(bes der Pferde)* || *Futtermahd* f || figf *Gemengsel* n*, Mischmasch* m || **-jeador** m ⟨Mil⟩ *Futterknecht* m || **-jear** vt *mähen, schneiden (Futterheu)* || ⟨Mil⟩ *furagieren* || **-jero** adj *Futter-* || *planta* ~a *Futterkraut* n || *remolacha* ~a *Futterrübe* f

forrar vt *(aus)füttern (Kleidungsstücke)* (con, de *mit* dat) || *über-, be|ziehen, beschlagen* || *(ein Buch) einschlagen* || ⟨Mal⟩ *aufziehen (Leinwand)* || *um|flechten, -wickeln* || ◊ ~ *la cubierta* (od *las tapas) den Buchdeckel beziehen* || ~ *de* (od *con, en) papel mit Papier auslegen* || *in Papier schlagen (Buch)* || ~ *de hierro mit Eisen beschlagen (Kisten)* || **~se** vr: ◊ ~ (de dinero) *Geld in Hülle und Fülle verdienen* || ~ bien el *estómago* fig *tüchtig essen*

forrería f *Futter(stof[f])fabrik* f || *Futter(-stoff)-arbeit* f

forro m *(Unter)Futter* n *(bei Kleidung)* || *innerer Überzug* m || *Bezug* m || *Hülle* f || *Papierumschlag* m *(e-s Buches)* || *weicher Bucheinband* m || *Überziehen, Besetzen* n || ⟨Tech⟩ *Futter* n, *Ausfütterung, Verkleidung* f || *Einlage* f || *Belag* m || *Beschlag* m || *Verschalung* f || ⟨Mar⟩ *Bodenbeschlag* m, *Beplankung* f || *Außen-* bzw *Innen|haut* f *(des Schiffes)* || *Chi Gewandtheit* f || ~ *de libros Bücherein-, Schutzum|schlag* m || ~ *de ancla* ⟨Mar⟩ *Ankerfütterung* f || ~ *de(l) freno* ⟨Aut⟩ *Bremsbelag* m || ~ *de* (media) *seda (halb)seidenes Futter* n || *ni por el* ~ fam *nicht im geringsten* || *absolut nicht* || ◊ *ni por el* ~ *lo conoce* figf *er hat keine blasse Ahnung davon* || ~s pl *Futterstoffe* mpl

forta|cán m *León Fangdamm* m, *Abdämmung* f, *Wehr* n *(Mühle)* || **-cho** adj *Arg Chi* = **-chón, ona** adj fam *stark, rüstig, handfest*

fortale|cer [-zc-] vt *stärken, kräftigen, Kraft verleihen* || *ermutigen, aufmuntern* || ⟨Mil⟩ *befestigen* || ◊ ~ *la confianza das Vertrauen befestigen* || **~se** *sich kräftigen* || *sich (be)stärken* || *erstarken* || **-cimiento** m *Stärkung, Kräftigung* f || *Abhärtung* f || *Erstarkung* f || ⟨Mil⟩ *Befestigung* f || **-za** f *Stärke, Kraft* f || *Charakter-, Seelen|stärke* f || *Mut* m || *Ausdauer, Standhaftigkeit* f || ⟨Mil⟩ *Festung* f || *Chi Gestank* m || *Chi (Art) Klickerspiel* n

forte adv ⟨Mus⟩ *stark, forte* || ~ m *Forte* n || i~! int ⟨Mar⟩ *halt! stop(p)! (die Arbeit)* || **-piano** m *Pianoforte, Klavier* n || **-zuelo** m dim v. **fuerte**

fortifi|cación f ⟨Mil⟩ *Befestigung* f || *Festungsbau* m || ⟨Mil⟩ *Festungswerk* n || ⟨Mil⟩ *Verschanzung* f || *Kriegsbaukunst* f || ⟨Bgb⟩ → **entibación** || figf *Befestigung, Verstärkung* f || **-cante** adj/s *kräftigend, stärkend* || ~ m ⟨Med⟩ *Stärkungsmittel* n || **-car** [c/qu] vt *kräftigen, stärken* || *bestärken, Kraft verleihen* || *verstärken* || *abhärten* || *spriten (Wein)* || ⟨Mil⟩ *befestigen, ausbauen, verstärken (Gelände), verschanzen* (con *mit* dat) || **~se** ⟨Mil⟩ *sich verschanzen* || *sich abhärten*

fortín m ⟨Mil⟩ *Schanze* f || ⟨Mil⟩ *kleine Festung* f*, Bunker* m

fortísimo adj sup v. **fuerte**

fortui|tamente adv *zufällig, durch Zufall* || **-tez** [pl **-ces**] f *Zufälligkeit* f || **-to** adj *zufällig, unvermutet* || *consignatario* ~ *de una letra Notadressat* m *eines Wechsels*

fortuna f *Glück* n, *Glückszufall* m || *Zufall* m || *Schicksal, Geschick, Los* n || *Geld, Vermögen* n || ⟨Mar⟩ *Sturm* m || ⁓ *Fortuna, Glücksgöttin* f || *la* ~ *de las armas das Kriegsglück* || *bienes de* ~ *Glücksgüter* npl, *Hab und Gut* n || *hombre de* ~ *vermögender Mann* m || fig *Glückskind* n || *lance de* ~ *unvorhergesehener Zufall* m || *mala* ~ *Unglück, böses Schicksal* n || *palo de* ~ ⟨Mar⟩ *Notmast* m || *solución de* ~ *Notlösung* f || *con* ~ *glücklich* || *de* ~ *Not-* || *por* ~ *glücklicherweise* || *zufällig(erweise)* || *vielleicht, etwa* || ◊ *acumular* ~ *Vermögen sammeln* || *correr* ~ ⟨Mar⟩ *e-n Sturm ausstehen* || *hacer* ~ *sein Glück machen* || *reich werden* || *estar de* ~ *Glück haben* || *probar* (la) ~ *sein Glück versuchen*

Fortuna|ta f np Tfn *Fortunata* f || **-to** m np Tfn *Fortunatus* m

fortunón m fam *großes Glück* n || *großes Vermögen* n || ◊ *cuesta un* ~ fam *es kostet ein Heidengeld*

fortunyano adj *auf den span. Maler M. Fortuny (1838-74) bezüglich*

fo|rúnculo m *Furunkel* m || **-runculosis** f ⟨Med⟩ *Furunkulose* f

forza|damente adv *mit Gewalt* || *gezwungen* || *erzwungenerweise* || **-do** adj *erzwungen, unnatürlich* || *gezwungen* || *zwangs|läufig, -weise* || *Zwangs-* || = **forzoso** || *sonrisa* ~a *gezwungenes Lächeln* n || *trabajos* ~s *Zwangs-, Galeeren|arbeit* f || *a marchas* ~as *in Gewalt-, in Eil|märschen* || ~ m *Galeerensklave* m || allg *Sträfling* m || *Zwangsarbeiter* m (& fig) || **-dor** m *Notzüchtiger, Nötiger, Notzuchtverbrecher* m || ~ *de bloqueo* ⟨Mar⟩ *Blockadebrecher* m

forzal m *Kammrücken* m

forzamiento m *Nötigung* f, *Zwang* m || *Notzucht, Vergewaltigung* f || *(gewaltsamer) Durchbruch* m

forzar [-ue-, z/c] vt *(er)zwingen, forcieren* || *(gewaltsam) ein|brechen, -dringen* (in acc) || *nötigen* || *jdm Gewalt antun* || *sprengen, erbrechen, aufbrechen (Tür, Schloß, Koffer)* || *steigern, vorantreiben, in die Höhe treiben (Börse, Preis)* || *über|anstrengen, -lasten* || *übertreiben* || ⟨Tech⟩ *über|beanspruchen, -lasten* || *notzüchtigen, vergewaltigen* || *überwältigen* || ⟨Mil⟩ *einnehmen, erobern (Festung)* || ⟨Mar⟩ *(durch)brechen (Blokkade)* || ◊ ~ *a alg. a* + inf *(od* a que + subj) *jdn zwingen zu* + dat od + inf || ~ *el cambio* ⟨Com⟩ *den Kurs hinauftreiben* || ~ *el pago die Zahlung erzwingen* || ~ *el paso* ⟨Mil⟩ *durchbrechen, den Übergang erzwingen* || ~ *una puerta e-e Tür sprengen* || ~ *la voz* ⟨Mus⟩ *die Stimme überspannen* || **~se** *sich Zwang antun, sich zwingen*

forzo|samente adv *gezwungenerweise, mit Gewalt* || *notgedrungen, unumgänglich* || *unumwunden* || *unvermeidlich* || **-sidad** f *Zwang* m || *Unumgänglichkeit* f || ~ *de declarar* ⟨Jur⟩ *Zeugniszwang* m || **-so** adj *notwendig, unvermeidlich, unumgänglich* || *gezwungen* || *notgedrungen* || *Not-,*

Zwangs- ‖ arribada ~a ⟨Mar⟩ *Zwangslandung* f ‖ aterrizaje ~ ⟨Flugw⟩ *Notlandung* f ‖ curso ~ ⟨Com⟩ *Zwangs*/*kurs, -umlauf* m ‖ venta ~a *Zwangsverkauf* m ‖ situación ~a *Zwangslage* f ‖ liquidación ~a *Zwangsliquidation* f ‖ trabajos ~s *Zwangsarbeit* f ‖ ◊ ser ~ *verbindlich sein*
forzu|damente adv *gewaltig, heftig* ‖ **–do** adj *stark und rüstig*
fosa f *Grabstätte* f ‖ *Grab* n, *Gruft* f ‖ *Schacht* m, *Grube* f ‖ ⟨Geol⟩ *Graben* m ‖ ⟨An⟩ *Grube, Höhle* f ‖ *Sal Landgut* n *mit Obstbau* ‖ →a
foso ‖ ~ axilar ⟨An⟩ *Achselhöhle* f ‖ ~ común n *Gemeinschafts-, Massen*/*grab* n *(im Friedhof, im Kriege)* ‖ ~ lagrimal ⟨An⟩ *Tränenhöhle* f ‖ ~ marina *ozeanischer Graben* m ‖ ~ séptica *Absetz-, Klär*/*becken* n ‖ ◊ cavar su (propia) ~ fig *sein eigenes Grab schaufeln* ‖ quien ~ cava, en ella caerá *wer andern e–e Grube gräbt, fällt selbst hinein* ‖ tener un pie en la ~ fig *mit e–m Bein im Grabe stehen* ‖ ~s nasales ⟨An⟩ *Nasenhöhle* f
fosado m ⟨Mil⟩ *Festungsgraben* m
fosar vt *mit e–m Graben umgeben*
fos|ca f *dicker Nebel* m ‖ **–co** adj = **hosco** ‖ prov *dunkel*
fosfa|tar vt ⟨Chem⟩ *mit Phosphaten anreichern* ‖ *phosphatieren, mit Phosphat behandeln* ‖ **–to** m ⟨Chem⟩ *Phosphat* n ‖ ~ de cal *Kalziumphosphat* n ‖ **–turia** f ⟨Med⟩ *Phosphorharnen* n
fosfeno m *Phosphen* n ‖ →a **fotismo** u. **fotopsia**
fosfito m ⟨Chem⟩ *Phosphit* n
fosfo|rado adj *phosphorhaltig* ‖ **–rar** vt *mit Phosphor vermischen* ‖ **–recer** [-zc–] vi *phosphoreszieren*
fosfore|ra f *Streich-, Zündholz*/*schachtel* f ‖ **–ro** m *Streich-, Zünd*/*holzverkäufer* m
fosforescen|cia f, **fosforeo** m *Phosphoreszenz* f ‖ ⟨Mar⟩ *Meerleuchten* n ‖ **–te** adj *phosphoreszierend*
fosfórico adj *Phosphor-* ‖ ácido ~ ⟨Chem⟩ *Phosphorsäure* f
fosfo|rismo m ⟨Med⟩ *Phosphorvergiftung* f ‖ **–rita** f ⟨Min⟩ *Phosphorit, Apatit* m
fósforo m *Phosphor* m ‖ *Zündhölzchen, Streichholz* n ‖ ⟨Astr⟩ *Morgenstern* m ‖ Col *Zündhütchen* n *(e–r Feuerwaffe)* ‖ Mex fam *Kaffee mit Schnaps* ‖ ~ blanco (rojo) *weißer (roter) Phosphor* m
fosforoso adj *phosphorig* ‖ ácido ~ ⟨Chem⟩ *phosphorige Säure* f
fosfu|rado adj *phosphorhaltig* ‖ **–ro** m ⟨Chem⟩ *Phosphid* n ‖ ~ de hierro *Eisenphosphid* n
fosgeno m ⟨Chem⟩ *Phosgen* n
fosia f ⟨Med⟩ = **fotismo**
fósil adj ⟨Geol⟩ *versteinert, fossil* ‖ fig *vorsintflutlich, altmodisch, zopfig* ‖ madera ~ *versteinertes Holz* n ‖ animales ~es *fossile Tiere* npl ‖ ~ m *fossiler Körper* m, *Versteinerung* f, *Fossil* n ‖ figf *alter Schinken, alter Schmöker* m ‖ figf *rückständiger Mensch,* fam *Steinzeitmensch* m ‖ figf *alter Trottel* m ‖ figf *Fossil* n ‖ ~es pl *Fossilien* npl
fosili|zación f ⟨Geol⟩ *Versteinerung* f ‖ **–zarse** vr *versteinern, fossilieren* ‖ figf *erstarren*
fosita f dim v. **fosa**
foso m *Graben* m ‖ ⟨Mil⟩ *(Festungs)Graben* m, *Grube* f, *ausgegrabenes Loch* n ‖ ⟨Th⟩ *Versenkung* f ‖ ⟨Aut EB⟩ *Arbeits-, Besichtigungs*/*grube* f ‖ *Schmelzgrube* f *(Gießerei)* ‖ ⟨Sp⟩ *Sprunggrube* f ‖ △*Westentasche* f ‖ ~ antitanque ⟨Mil⟩ *Panzerabwehrgraben* m ‖ ~ de engrase ⟨Aut⟩ *Abschmiergrube* f ‖ ~ de lingoteras ⟨Metal⟩ *Abstichsohle* f ‖ ◊ irse ~ ⟨Th⟩ pop *durchfallen (Theaterstück)*
fostró n st joc PR Ven *Getöse, Lärmen* n
fot m ⟨Opt⟩ *Phot* n *(Einheit der spezif. Lichtausstrahlung)*
fotismo m ⟨Med⟩ *Photismus* m
¹**foto** f fam *Photo, Foto* n (→ **fotografía**)
²**foto** m → **fot**

foto|activo adj *lichtempfindlich* ‖ **–bacteria** f *Leucht*/*bakterie* f, *-pilz* m ‖ **–bromuro** m: ~ argéntico ⟨Phot⟩ *Bromsilber* n ‖ **–calco** m *Lichtpause* f ‖ **–célula** f *Photozelle* f ‖ **–cincografía** f *Photozinkographie* f ‖ **–composición** f ⟨Typ⟩ *Photo-, Licht*/*satz* m ‖ **–copia** f *Ablichtung, Photokopie* f ‖ **–copiadora** f *Photokopiergerät* n ‖ **–copiar** vt *photokopieren* ‖ **–cromía** f *Photochrom-Verfahren* n *(photolithographisches Flachdruckverfahren)* ‖ *Farb(en)druck* m, *Photochromie* f ‖ **–eléctrico** adj *photo-, licht*/*elektrisch* ‖ **–fisiología** f ⟨Bot⟩ *Photophysiologie* f ‖ **–fobia** f ⟨Med⟩ *Lichtscheu, Photophobie* f
fo|tófobo adj ⟨Med⟩ *lichtscheu, photophob* ‖ **–tofono** m *Photophon* n, *Lichtsprecher* m ‖ **–tóforo** m *Photophor* n, *Lämpchen* n *(im Mikroskop)* ‖ ⟨Zool⟩ *Photophor* n ‖ **–togenia** f *Photogenität, Bildwirksamkeit* f *(e–s Gesichts)* ‖ **–togénico** adj *bildwirksam, zum Photographiertwerden geeignet, photogen* ‖ ⟨Chem⟩ *vom Licht erzeugt* ‖ **–tógeno** adj *lichterzeugend*
fotogra|bado m *Helio-, Photo*/*gravüre* f ‖ *Kupferlichtdruck, (Sonnen)Lichtdruck* m ‖ *Chemigraphie* f ‖ ~ de pluma *Strichätzung* f ‖ ~ del sonido ⟨Filmw⟩ *Lichttonband* n ‖ taller de ~ *chemigraphische Anstalt, Klischieranstalt* f ‖ **–bador** m *Lichtdrucker* m ‖ **–fía** f *Foto-, Photo*/*graphie, Lichtbildkunst* f ‖ *Lichtbild* n, *Aufnahme, Foto-, Photo*/*graphie* f ‖ aérea *Luft*/*bild* n, *-aufnahme* f ‖ ~ de aficionado *Liebhaber-, Amateur*/*aufnahme* f ‖ ~ en blanco y negro *Schwarzweißphotographie* f ‖ ~ cinematográfica *Filmaufnahme* f ‖ ~ instantánea *Momentaufnahme* f, fam *Schnappschuß* m ‖ ~ de (od en) colores *Farb(en)photographie* f ‖ ~ submarina *Unterwasseraufnahme* f ‖ ~ trucada *Trickphotographie* f ‖ ~s de interiores ⟨Phot⟩ *Interieurs* npl ‖ álbum para ~s *Photoalbum* n ‖ ◊ hacer *(od* tomar, pop sacar) fotografías (de) *photographieren, (photographisch) aufnehmen,* fam *knipsen* ‖ **–fiar** [pres –ío] vt *photographieren* ‖ fig *naturgetreu schildern* ‖ fig *sich (et) genauestens einprägen od vormerken bzw* sich *(an et) haargenau erinnern*
fotográfi|camente adv *auf photographischem Wege* ‖ **–co** adj *photographisch, Photo-, Foto-* ‖ fig *haargenau* ‖ aparato ~, máquina ~a *Photoapparat* m ‖ prueba ~a *Abzug* m ‖ objetivo ~ *photographisches Objektiv* n ‖ taller *(od* estudio) ~ *photographisches Atelier* n
fotógrafo m *Photo-, Foto*/*graf, Lichtbildner* m ‖ ~ aficionado, ~ amateur frz *Liebhaber-, Amateur*/*photograph* m ‖ ~ de prensa *Pressephotograph* m
fotogra|ma m *Photogramm* n ‖ ⟨Filmw⟩ *Einzelaufnahme* f, *Standphoto, Still* n ‖ ~s por segundo ⟨Filmw⟩ *Bilder* npl *pro Sekunde* ‖ **–metría** f *Luftbildmessung, Photogrammetrie* f ‖ *Bildauswertung* f
foto|lisis, fotólisis f *Zersetzung durch Lichtwirkung, Photolyse* f ‖ **–litografía** f *Photolithographie* f ‖ **–matón** m *Photomaton* n
fotometría f *Photometrie* f
fotómetro m *Photometer* n ‖ ⟨Phot⟩ *Belichtungsmesser* m
foto|montaje m frz *Photomontage* f ‖ **–murales** mpl *Wandphotographien* fpl
fotón m ⟨Phys⟩ *Photon* n
fotopsia f ⟨Med Phys⟩ *Photopsie* f ‖ →a **fosfeno**
foto|química f *Photochemie* f ‖ **–rrelieve** m *Reliefphotographie* f ‖ **–sensibilidad** f *Lichtempfindlichkeit* f ‖ **–sensible** ⟨Phys Phot⟩ *lichtempfindlich* ‖ **–sfera** f ⟨Astr Zool⟩ *Photosphäre* f ‖ **–síntesis** f ⟨Chem Biol⟩ *Photosynthese* f ‖ **–taxia** f ⟨Biol⟩ *Phototaxis* f ‖ **–teca** f *(Licht-)Bild*/*archiv* n bzw *-sammlung* f ‖ **–telegrafía** f ⟨Tel⟩ *Bildtelegraphie* f ‖ **–telegrama** m *Bildtelegramm* n ‖ **–teodolito** m ⟨Top⟩ *Phototheodolit* m (→a **fototopografía**)

foto|terapia *f* ⟨Med⟩ *Lichtheilverfahren* n, *Licht(strahlen)therapie* f ‖ **–tipia** *f Phototypie* f ‖ **–tipografía** *f Lichtdruck(verfahren* n*)* m ‖ **–topografía** *f Photogrammetrie* f ‖ **–tropía** *f* ⟨Chem⟩ *Phototropie* f ‖ **–tropismo** *m* ⟨Biol⟩ *Phototropismus* m
fotuto *m* Cu Ven⟩ *großes Muschelhorn* n *zum Rufen (der Feldarbeiter)* ‖ SAm *Indianerflöte* f
foul *m* engl ⟨Sp⟩ *Foul* m
foxterrier *m* engl *Foxterrier* m *(Hund)*
foxtrot *m* engl *Foxtrott* m *(Tanz)*
foya *f* Ast *Kohlenschicht* f ‖ *Kohlengrube* f
foyer *m* frz ⟨Th⟩ *Foyer* n, *Vorhalle* f
¹**foz** [*pl* –ces] *f Sichel* f (= **hoz**)
²**foz** [*pl* –ces] *f Engpaß* m, *Bergenge* f (= **alfoz**)
fozar vt prov = **hozar**
Fr. Abk = **Fray** ‖ ***Francisco** ‖ **Frey**
fr. Abk = **frasco** ‖ **francés** ‖ **franco** ‖ **favor**
fra. Abk = **factura**
frac *m Frack* m ‖ vestido de ~ *Frackanzug* m
fraca|sado *m*/adj fig *gescheiterte Existenz* f *(Person)* ‖ **–sar** vi allg *u.* ⟨Mar⟩ *scheitern, zerschellen* ‖ fig *mißlingen, fehlschlagen, mißglücken,* fam *Fiasko machen* ‖ ⟨Th⟩ *durchfallen (Theaterstück)* ‖ ◊ ~ en el examen *in der Prüfung durchfallen* ‖ **–so** *m Scheitern* n ‖ fig *Unglück* n ‖ fig *Miß|lingen, -glücken, Fehlschlagen, Fiasko* n, *Mißerfolg* m ‖ (& Mil⟩ *Schlappe* f ‖ ◊ sufrir un ~ *e–e Schlappe erleiden* ‖ ⟨Th⟩ *durchfallen* △**fracasó** *m Schwein* n
fracción *f Brechen, Teilen* n *(z. B. Brot)* ‖ *Bruch|stück* n, *-teil* m ‖ *Bruchfläche* f ‖ ⟨Math⟩ *Bruch* m, *Bruchzahl* f ‖ *Scherbe* f ‖ *Partei(gliederung)* f ‖ ⟨Pol &⟩ *Fraktion* f ‖ ⟨Chem⟩ *Fraktion* f ‖ fig *Gruppe* f ‖ ~ decimal *Dezimalbruch* m ‖ ~ impropia *uneigentlicher Bruch* m ‖ ~ irracional *Irrationalbruch* m ‖ ~ mixta *gemischter Bruch* m ‖ ~ periódica (mixta) *periodischer (Misch)Bruch* m ‖ ~ propia, ~ pura *echter Bruch* m ‖ ◊ reducir (*od* convertir) una ~ *e–n Bruch kürzen*
fraccio|nable adj *brüchig, bruchfähig* ‖ **–namiento** *m Zerlegung, Auf-, Zer|splitterung* f ‖ *Einteilung* f ‖ ⟨Chem⟩ *Fraktionieren* n ‖ ⟨Mil⟩ *Gliederung* f ‖ *Entfaltung* f *der Kräfte* ‖ *(Partei-) Gliederung, Spaltung* f ‖ **–nar** vt ⟨Math⟩ *in Brüche zerlegen* ‖ *in kleine Stücke zerbrechen* ‖ *aufsplittern* ‖ *zerstückeln* ‖ *(in Parteien) teilen* ‖ ⟨Chem⟩ *fraktionieren* ‖ ⟨Mil⟩ *gliedern* ‖ ◊ precio –nado *nicht abgerunderter Preis (z. B. Ptas. 3,99 statt 4,00)* ‖ **–nario** adj ⟨Math⟩ *gebrochen (Zahl), Bruch-* ‖ moneda ~a *Scheidemünze* f ‖ número ~ *Bruchzahl* f
fractu|ra *f (Auf-, Zer)Brechen* n ‖ ⟨An⟩ *Bruch* m ‖ ⟨Chir⟩ *(Knochen)Bruch* m, *Fraktur* f ‖ ⟨Min⟩ *Bruch(fläche* f*)* m ‖ ~ por arma de fuego *Schußbruch* m ‖ ~ del cráneo *Schädelbruch* m ‖ ~ longitudinal *Längenbruch* m ‖ ~ transversa *Querbruch* m ‖ robo con ~ ⟨Jur⟩ *Einbruchdiebstahl* m ‖ **–rar** vt *brechen, zerbrechen* ‖ *auf-, er|brechen (Tür, Koffer)* ‖ pop *knacken (Telefonzelle, Tresor)* ‖ ◊ ~(se) un hueso *sich e–n Knochen brechen*
frada *f* Ast Sant *völliges Beschneiden* n *der Bäume*
Fraga np span. *Stadt* (PHues) ‖ higos de ~ *feinste span. Feigenart*
¹**fraga** *f* mit *Gestrüpp bewachsenes, felsiges Gelände* n ‖ *Abfallholz* n
²**fraga** *f* prov *Himbeerpflanze* f (→ **frambuesa**) ‖ Ar *Erdbeere* f (→ **fresa**)
fragan|cia *f Wohlgeruch, Duft* m ‖ **–te** adj *wohlriechend* ‖ *glänzend, funkelnd* ‖ ◊ coger en ~ (*od* in fraganti) *auf frischer Tat ertappen* (→ **flagrante**)
fragaria *f* prov *Erdbeerpflanze* f ‖ *Erdbeere* f ‖ → a **fresa**
fragata *f* ⟨Mar⟩ *Fregatte* f ‖ ⟨V⟩ *Fregattvogel* m ‖ ‖ ⟨Mar⟩ *Schulschiff* n ‖ ~ ligera *Korvette* f (→ **corbeta**)
frágil adj *zerbrechlich, spröde* ‖ fig *gebrechlich, hinfällig* ‖ fig *vergänglich* ‖ fig *sündhaft, schwach* ‖ fig *zart, dünn* ‖ artículos ~es *zerbrechliche Waren* fpl ‖ ¡~! *nicht stürzen! (Aufschrift auf Kisten)*
fragilidad *f Zerbrechlichkeit* f ‖ *Sprödigkeit* f *des Eisens* ‖ fig *Hinfälligkeit, Vergänglichkeit* f ‖ fig *Zartheit* f ‖ fig *(weibliche) Schwäche* f ‖ ~ humana *menschliche Schwäche* f
fragma *f* ⟨Entom Bot⟩ *Querwand* f
fragmen|tado adj *in Stücke geteilt* ‖ **–tación** *f Abbröckeln* n ‖ *Zerkleinerung* f ‖ *Zer-, Ver|fall* m ‖ ⟨Biol⟩ *(direkte) Zellteilung, Fragmentation* f ‖ ~ del núcleo, ~ nuclear ⟨Biol⟩ *Kernteilung* f *(der Zelle)* ‖ **–tario** adj *aus Bruchstücken zusammengesetzt, fragmentarisch* ‖ *trümmerhaft* ‖ *Trümmer-* ‖ fig *unterbrochen (Schluß)* ‖ **–to** *m Bruchstück* n, *Splitter* m ‖ *Teil* m ‖ *Fetzen* m *(Papier)* ‖ ⟨Lit⟩ *Fragment, Bruchstück* n ‖ *(Knochen)Splitter* m ‖ en ~s *bruchstückweise* ‖ **–toso** adj Am = **–tario**
fragmobasi|dio *m* ⟨Bot⟩ *Phragmobasidium* n ‖ **–diomiceto** *m* ⟨Bot⟩ *Phragmobasidiomyzet* m
fra|gor *m Geprassel, Prasseln, Klirren, Krachen* n ‖ *Getöse, Gepolter* n ‖ *Brausen* n ‖ ~ de las armas *Waffengeklirr* n ‖ en ~ del combate fig *im Eifer od in der Hitze des Gefechts* ‖ **–goroso** adj *krachend, prasselnd, klirrend* ‖ *dröhnend*
frago|sidad *f Unwegsamkeit* f *e–r Gegend* ‖ *Weg* m *durch Schluchten und Dornen* ‖ **–so** adj *unwegsam, holp(e)rig* ‖ *rauh* ‖ = **–goroso**
fragrante adj = **fragante**
fra|gua *f Schmiede* f ‖ *(Schmiede)Esse* f ‖ ~ de mentiras fig *Lügenfabrik* f ‖ ~ portátil *Feldschmiede* f ‖ hierro refinado a ~ *baja Herdfrischeisen* n ‖ ◊ volver a la ~ fig *(ein Werk) umarbeiten* ‖ → a **forja** ‖ **–guado** *m* ⟨Tech⟩ *Abbinden* n *(& Kunststoffe)* ‖ *Er|härten, -starren* n *(des Zements)* ‖ **–guador** *m* fig *Anstifter* m ‖ fig *Ränkeschmied* m ‖ = *de embusten Lügenschmied* m
fraguar [gu/gü] vt *schmieden* (& fig) ‖ fig *ausdenken, ersinnen* ‖ fig *an|zetteln, -stiften* ‖ figf *ausbrüten* ‖ ~ vi *abbinden (Kitt, Kalk)* ‖ *härten (Kunststoff)*
fragüín *m* Extr *Sturzbach* m
fragura *f* = **fragosidad**
frai|lada *f* fam *Mönchsdummheit* f, fam *Pfaffenstück* n ‖ *alberne, grobe Handlung* f ‖ **–lazo** *m* augm *v.* **fraile** ‖ **–le** *m (Ordens)Mönch* m ‖ *Falte* f *am Talar* ‖ *Wandeinschnitt* m *an e–m Kaminherd* ‖ And *Haufen* m *Drusch* ‖ *Engelrochen* m *(Raubfisch)* ‖ ⟨Typ⟩ *Mönch(sbogen)* m ‖ ~ descalzo *Barfüßermönch* m ‖ ~ mendicante *Bettelmönch* m ‖ ~ de misa y olla *unstudierter, einfältiger Priester* m ‖ a lo ~ figf *ungeniert, ungezwungen* ‖ ◊ meterse ~ *Mönch werden* ‖ ~ que pide por Dios, pide por *(od* para*) dos Wohltaten belohnt Gott selbst* ‖ *wer für jdn et verlangt, tut es nicht umsonst* ‖ → a **docena** *del fraile*
fraile|ar vt And *(Bäume) stutzen* ‖ **–cillo** dim *v.* **fraile** ‖ ⟨V⟩ *Dompfaff, Gimpel* m *(Pyrrhula pyrrhula)* (→ **camachuelo**) ‖ ⟨V⟩ *Papageitaucher* m *(Fratercula arctica)* ‖ ⟨V⟩ = **avefría** ‖ *Stützfüße* mpl *(am Seidenspinnrad)* ‖ **–cito** dim *v.* **fraile** ‖ Cu PR ⟨V⟩ *Schreiregenpfeifer* m *(Charadrius vociferus)* ‖ Pe ⟨Zool⟩ *Totenkopfäffchen, Saimiri* n *(Saimiri sciureus)* ‖ **–ño** adj fam *Mönchs-*
fraile|ría *f* fam *Mönchstum* n, *Mönchsstand* m ‖ *Mönche* mpl ‖ **–ro** adj fam *mönchisch (gesinnt), Mönchs-* ‖ *sillón* ~ *Armsessel* m *mit Ledersitz (mit großen Nägeln), (Art) Großvaterstuhl* m
frailesco adj *Mönchs-*

frailezuelo *m* dim *v.* **fraile**
frailia *f Ordensgeistlichkeit* f
frai|lón, -lote *m* desp *ungeschlachter, grober Mönch* m || **-luco** *m* iron *elender Mönch* m || **-luno** adj desp *pfäffisch* || sillón ~ → **frailero**
frambue|sa *f Himbeere* f || **-so** *m* ⟨Bot⟩ *Himbeer|strauch* m, *-e* f (Rubus idaeus)
franca|chela *f* fam *Schwelgerei, Schlemmerei* f, *Saufgelage* n || estar de ~ fam *schwelgen, bummeln, feiern,* fam *e-n draufmachen* || **-lete** *m Riemen* m *mit Schnalle* || **-mente** adv *frei, offen* || *aufrichtig* || en términos ~ *cordiales mit dem herzlichen Worten* || debo declarar ~ *ich muß unumwunden erklären* || hablando ~ *offen gestanden, offen gesagt*
francés, esa adj/s *französisch* || a la ~a *auf französische Art* || el camino ~ *der Pilgerweg nach Santiago de Compostela* || ◊ despedirse a la ~a fam *sich (auf) französisch empfehlen, fortgehen, ohne Abschied zu nehmen* || ~ *m Franzose* m || *französische Sprache* f, *das Französische* || el ~ fam *Napoleon* m
france|sa *f Französin* f || **-sada** *f Franzosenstreich* m || *französische Invasion* f *in Span. unter Napoleon I.* || desp *et Französisches* n *(z.B. Sitte, Mode, Redensart)* || **-silla** *f* ⟨Bot⟩ *Ranunkel* f, *Asiatischer Hahnenfuß* m (Ranunculus asiaticus) || *Pflaume(nart)* f *aus Tours* || *längliches Brötchen* n || *schmalgestreifte Leinwand* f || **-sismo** *m Gallizismus* m, *französische Spracheigentümlichkeit* f
Franc|fort *m* ⟨Geogr⟩: ~ del Meno *Frankfurt am Main* || ~ del Oder *Frankfurt an der Oder* || asamblea de ~ *Frankfurter Bundestag* m *von 1848* || salchichas de ~ *Frankfurter Würstchen* npl || **⁼fortés** *m*/adj *Frankfurter* m
Francia *f Frankreich* || Isla de ~ *Ile de France* f || ◊ ¿estamos aquí o en ~? fam *was reden Sie da?, das können Sie e-m anderen weismachen*
francio *m* ⟨Chem⟩ *Francium, Frankium* n
Francis|ca (dim **-quita**) np *Franziska* f || **⁼cano** adj/s *den Franziskanerorden betreffend, französisch* || *franziskanerbraun* || ~ *m Franziskaner* m || **⁼co** adj *zum Franziskanerorden gehörig* || **-co** (dim **-quito**) np *Franz(iskus)* m || San ~ ⟨Geogr⟩ *San Francisco* || San ~ de Asis *der Hl. Franz(iskus) von Assisi* m || San ~ de Borja *der Hl. Franz von Borgia* m || San ~ Javier *der Hl. Franz Xaver* m || orden de San ~ *Franziskanerorden* m || Tierra de ~ *José Franz-Joseph-Land* || en la mula de San ~ figf *zu Fuß, auf Schusters Rappen*
francma|són *m Freimaurer* m || **-sonería** *f Freimaurer|ei* f, *-tum* n || **-sónico** adj *freimaurerisch* || sociedad *(od* logia) ~a *Freimaurerloge* f
Fran.ᶜᵒ Abk = **Francisco**
¹franco *m* a) *Franke* m *(germanischer Stamm)* || *altfränkische Sprache* f || b) *Franc* m *(Frankreich, Belgien, Luxemburg) (Münze)* || *Franken* m *(schweiz. Münze)* || pop *Poststempel* m *bzw Freimarke* f
²franco adj/adv a) *fränkisch, zu den Franken gehörig* || *französisch (in Zusammensetzungen:* ~hispano) || b) *frei, ungehindert* || *abgabenfrei* || *unentgeltlich* || *freigebig, großmütig* || *freimütig, offenherzig, aufrichtig* || ⟨Hist⟩ *freiherrlich* || ≁ **Condado** *m* np *die Franche Comté, die Freigrafschaft Hochburgund* || ~ (a) bordo ⟨Com⟩ *frei (an) Bord, ab Schiff* || ~ en almacén ⟨Com⟩ *ab Lager* || ~ fuera del buque *frei ab Schiff* || ~ (a) domicilio *frei Haus* || ~ a *(od* con, para, para con) sus colegas *offenherzig gegenüber seinen Kollegen* || ~ de carácter *von offenem Charakter* || ~ de porte || porte *postfrei, frachtfrei* || ~ sobre vagón *waggonfrei, frei Waggon* || ~ estación *frei Bahn* || ~ muelle *frei auf dem Kai* || mesa ~a *Freitisch* m || puerta ~a *offene Tür* f || *offenes Haus* n || puerto ~ *Freihafen* m || ◊ estar ~ *sich leicht und frei bewegen* || seré ~ *ich werde ganz aufrichtig sprechen, offen gesagt*
franco|alemán adj *deutsch-französisch* || la guerra ~a *der deutsch-französische Krieg (v. 1870 bis 71)* || **-cuartel** *m* ⟨Her⟩ *Freiviertel, Obereck* n || **-filia** *f Vorliebe für französisches Wesen, Frankophilie* f
fran|cófilo *m*/adj *Franzosenfreund* m || ~ adj *franzosenfreundlich, frankophil* || **-cofobia** *f Franzosenfeindlichkeit, Frankophobie* f || **-cófobo** *m*/adj *Franzosenfeind* m || ~ adj *franzosenfeindlich, frankophob*
francohispano adj *französisch-spanisch*
francolín *m* ⟨V⟩ *Frankolin* m || ~ de collar *Halsbandfrankolin* m (→ **grévol**)
Franconia *f Franken* || (Baja), Alta ~ *(Unter-) Oberfranken* || la Selva *(od* los Montes) de ~ *der Frankenwald*
franco|te adj fam *sehr offenherzig, freimütig* || **-tirador** *m* ⟨Mil⟩ *Freischärler, Franktireur* m
franchipán *m* Am *(Art) Pomade* f
fran|chón, ona adj fam *franzosenfreundlich* || fam *französisch* || **-chote, -chute** *m* desp *Franzmann* m *(Spottname für die Franzosen)* (→a **gabacho**) || **-chuta** *f* desp *Französin* n
franela *f Flanell* m || ⟨Taur⟩ *rotes Tuch* n *(des Stierfechters)* || Cu PR Ven *(Herren)Unterhemd* n
frangible adj *zerbrechlich*
frango|llar vt *(Getreidekörner) zermalmen* || figf *verpfuschen,* fam *verkorksen* || **-llo** *m gekochter Weizenschrot* m || *Viehfutter* n *aus Schrot u. Gemüse* || fam *u.* Mex *lieblos zusammengekochtes Essen* n, pop *(Schlangen)Fraß* m || And Am fig *Machwerk* n, *Murks* m || Arg *e-m Art Gericht* n *aus fein gemahlenem Mais* m || Chi *Mais-, Weizen|schrot* m || Cu PR *Süßgericht* n *aus zerriebenen Bananen* || **-llón** *m* And Am *Pfuscher, Kleckser* m || *Umstandskrämer* m
franhueso *m* Ast ⟨V⟩ = **quebrantahuesos**
fran|ja *f Franse* f, *Saum* m || *Streifen* m, *Linie* f || ⟨Arch⟩ *Leiste* f || ~ de color ⟨TV⟩ *Farbsaum* m || ~ costera *Küstenstreifen* m || ~ de tierra *Streifen* m *Landes* || ~s sinoviales *fpl* ⟨An⟩ *Synovialhäute* fpl || **-jar, -jear** vt *mit Fransen besetzen* || **-jeado** adj *ge|franst, -säumt, mit Fransen besetzt* || cuerpo ⟨An⟩ *Markstreifen* m *im Gehirn* || **-jón** *m* augm *v.* **franja** || **-juela** *f* dim *v.* **franja**
franque|able adj *passierbar* || *zugänglich* || **-ado** adj: sobre ~ *Freiumschlag* m || **-adora** *f:* ~ automática *Frankiermaschine* f || **-amiento** *m* = **-o** || **-ar** vt *freimachen, frankieren (Brief)* || *los-, frei|machen, freigeben* bzw *erzwingen* || *über|queren, -schreiten* || *überspringen* || *nehmen (Hindernis)* || *befreien (von Hindernissen)* || *befreien, ausnehmen* (de von dat) || *freilassen (Sklaven)* || *bewilligen, gewähren* || *öffnen, offen lassen* || *máquina de* ~ *Frankiermaschine* f || ◊ ~ la puerta, *la entrada in ein Haus ein|dringen, -treten* || ~ las cartas *Briefe freimachen, frankieren* || ~ el paso *jdm den Weg freigeben* || *den Durchgang erzwingen* || sin ~ *unfrankiert* || **~se** ⟨Mar⟩ *absegeln* || *sich freimütig auslassen* || ◊ ~ con *(od a.* para con) un amigo *e-m Freunde sein Herz ausschütten* || carta *insuficientemente -ada ungenügend frankierter Brief* m || **-o** *m Freimachen, Frankieren* n, *Frankatur* f *(von Postsendungen) | Postgebühren* fpl, *Porto* n || *Freilassung* f *(e-s Sklaven)* || adicional *Nachporto* n || ~ concertado *Porto bezahlt (Post)* || ~ obligatorio *Porto|zwang* m, *-pflicht* f || exento de ~ *portofrei* || ~ sometido *(od* sujeto) a ~ *portopflichtig* || *insuficiente ungenügende Freimachung* f || gastos de ~ *Portokosten* pl || sello de ~ *Freimarke* f || **-za** *f (Abgaben)Freiheit* f || *Befreiung* f *(von Leistungen)* || fig *Großmut, Freigebigkeit* f

franquía — fregador

|| fig *Offen\heit, -herzigkeit, Freimütigkeit* f || con ~ *freimütig, offen(herzig)* || con toda ~ *ohne Hehl, unumwunden* || dicho *(od* hablando) con ~ *offen gestanden, offen gesagt*
fran|quía *f* ⟨Mar⟩ *Seebereitschaft* f || certificado de ~ *Klarierungsschein* m || ◊ estar en ~ ⟨Mar⟩ *segelfertig (od seeklar od bereit) sein* || fig *frei sein* || **–quicia** *f Abgaben-, Zoll\freiheit* f || *Vorrecht* n || *freie Hand* f || ~ aduanera *Zollfreiheit* f || ~ de equipaje *Freigepäck* n || ~ impositiva, ~ de impuestos *Steuerfreiheit* f || ~ postal *Porto-, Post\freiheit* f || ◊ conceder ~ (a) *zollfrei zulassen* || disfrutar *(od* gozar) de ~ aduanera *Zollfreiheit genießen* ·|| en ~ *zollfrei (Sendung)*
franquista *m* ⟨Pol⟩ *Anhänger m von Franco* || ~ adj *auf General Franco bezüglich, Franco-*
fra|ñer *vt Ast zerbrechen* || **–o** *m Ar Betrug* m
fraque *m* = **frac**
frasca *f Reisig, dürres Laub* n || *Mex Lärm* m
frasco *m Flasche* f || *Riechfläschchen, Flakon* n || *Pulverhorn* n || Cu *Flüssigkeitsmaß = 2,44 l* || Arg *Flüssigkeitsmaß = 2,37 l* || ~ *cuentagotas* ⟨Pharm⟩ *Tropf\glas* n, *-flasche* f
Fras|co *m* fam = **Francisco** || **–cuelo** *m* dim *v.*
Frasco || *Frascuelo* m *(berühmter span. Stierfechter)*
frase *f Phrase, Redensart* f || *Satz(teil)* m || *berühmter Ausspruch* m || *geflügeltes Wort* n || *Ausdruck* m, *Wendung* f || hecha *(Rede) Wendung, allgemeine Redensart* f || *Schlagwort* n || ~ proverbial *Sprichwort* n || ~ musical ⟨Mus⟩ *musikalische Phrase* f || ~ sacramental *Sakramentsformel* f || fig *(Gerichts)Formel* f || acento de la ~ *Satzakzent* m || ◊ gastar ~s fam *viel Worte verlieren* || tener ~s de conmiseración *Ausdrücke des Mitleids haben* (para *für)* || eso son sólo ~s *das ist (nur) leeres Gerede, das ist Phrasendrescherei!*
frasear *vt in Sätze teilen bzw Sätze bilden* || desp *Phrasen od Sprüche machen* || ⟨Mus⟩ *phrasieren*
fraseo|logía *f Phraseologie, Ausdrucksweise* f || fig *Wortschwall* m || desp *Phrasendrescherei* f || **–lógico** adj *phraseologisch* || acento ~ *Satzakzent* m || diccionario ~ *Satzlexikon* n
frasista *m* fam *Phrasen\drechsler, -drescher, -macher* m
fras|quera *f Flaschenkiste* f || *Flaschentragkorb* m || **–quería** *f Flaschenartikel* mpl || **–queta** *m* dim *v.* **frasco** || ⟨Typ⟩ *Papierrahmen* m *(der Handpresse)* || **–quitero** *m* fam *Ven Lügner, Betrüger* m
Frasquito *m* fam = **Francisco**
frastero adj pop Mex Chi *fremd, auswärtig* (→ **forastero**)
fra|tás *m* ⟨Maur⟩ *Reibebrett* n *(zum Verputzen)* || **–tasado** *m* ⟨Maur⟩ *Reiben* n *(Mauer)* || **–tasar** *vt reiben (Verputz)*
frater|na *f strenger Verweis, Wischer* m, fam *Nase* f || Ven PR fam *Katzenmusik* f || PR *allzu anstrengende Arbeit* f || **–nal** adj *brüderlich, Bruder-* || *geschwisterlich* || *unter vier Augen (Verweis)* || amor ~ *Bruderliebe* f || **–nidad** *f Brüderlichkeit, Verbrüderung* f || *Bruderliebe* f || *Bund* m || fig *Verbindung* f || **–nización** *f Verbrüderung* f || ⟨Pol⟩ *Fraternisation* f || **–nizar** [z/c] vi *sich verbrüdern, Bruderschaft schließen* (con alg. *mit jdm* dat) || *sympathisieren, mitempfinden* (con *mit* dat) || *Schmollis trinken (Studenten)* || ⟨Pol⟩ *fraternisieren* || **–no** adj *brüderlich* || *Bruder-* || *Geschwister-* || *unter vier Augen (Verweis)*
fratría *f Blutgemeinschaft* f ⟨& Hist⟩ || fig *Bruderschaft* f, *enger Bund* m
fratrici|da m/adj *Brudermörder* m || ~ adj *brudermörderisch* || guerra ~a *Bruderkrieg* m || **–dio** *m Brudermord* m

fraude *m Betrug* m || *Unterschleif* m || *Hinterlist* f || *arglistige Täuschung* f || *(Steuer)Hinterziehung* f || ~ electoral *Wahlfälschung* f || ~ fiscal *Steuer\betrug* m, *-hinterziehung* f || ◊ cometer un ~ *e-n Betrug begehen*
fraudulen|cia *f* = **fraude** || **–to** adj *betrügerisch, hinterlistig* || *Schwindel-* || impresión ~a *Raubdruck, unerlaubter Nachdruck* m || introducción *(od* entrada) ~a *Schmuggel* m || quiebra ~ *betrügerischer Bankrott* m || transacciones ~as *Schwindelgeschäfte* npl, *Schwindeleien* fpl
fräulein *f (deutsches) Kindermädchen* n || *(deutsche) Erzieherin, (deutsche) Hauslehrerin* f
fray *m Bruder* m *(Mönchstitel)* || = **frey**
frazada *f wollene Bettdecke* f
Fr.co Abk = **Francisco**
freático adj *phreatisch* || agua(s) ~a(s) *Grundwasser* n
frecuen|cia *f öftere Wiederholung, Häufigkeit* f || *Menge, Vielheit* f || ⟨StV⟩ *Verkehrs\folge, -dichte* f || ⟨Phys El Tech⟩ *Frequenz* f || ⟨El⟩ *Frequenzzahl* f || ~ acústica *Ton-, Audio\frequenz* f || alta (baja) ~ *Hoch- (Nieder)frequenz* f || ~ de cuadro ⟨TV⟩ *Teilbildfrequenz* f || ~ de imagen ⟨TV⟩ *(Voll)Bildfrequenz* f || ~ de chispas ⟨El⟩ *Funkenzahl* f || ~ fundamental ⟨Radio⟩ *Grundfrequenz* f || ~ de modulación *Modulationsfrequenz* f || ~ de onda *Wellenfrequenz* f || ~ portadora ⟨El⟩ *Trägerfrequenz* f || ~ de pulsación ⟨Radio⟩ *Schwebungsfrequenz* f || ⟨Med⟩ = ~ del pulso || ~ del pulso ⟨Med⟩ *Pulsfrequenz* f || ~ del transmisor ⟨Radio⟩ *Senderfrequenz* f || ~ ultraelevada *Ultrahochfrequenz, UHF-Frequenz* f || corriente de alta ~ *Hochfrequenzstrom* m || con ~ *häufig, öfters, oft* || gama de ~s *Frequenzbereich* m || **–címetro** *m* ⟨Radio⟩ *Frequenzmesser* m || **–table** adj *frequentierbar* || ◊ no es ~ *mit dem darf (bzw kann) man nicht verkehren* (fam *sich nicht einlassen)* || dorthin darf *(bzw kann) man nicht gehen* || **–tación** *f öfterer Gebrauch* m || *öfterer Umgang* m *mit jdm* || *häufiges Besuchen* n || *häufiger Verkehr* m || *häufiger Zulauf* m || fig *Vertrautheit, häufige Benutzung* f *(mit e–m Buch, e–s Buches)* || ~ escolar *(stetiger) Schulbesuch* m || **–tado** adj *belebt bzw viel befahren (Straße)* || *viel besucht (Ort)* || **–tador** *m häufiger Besucher* m || fam *Stammgast* m || **–tar** *vt öfters wiederholen* || *häufig besuchen*, öst *frequentieren* || *(oft) gehen (Weg)* || *(oft) befahren (Straße)* || *verkehren (mit bzw in* dat*)* || *besuchen (Schule, Kirche)* || *oft empfangen (die Sakramente)* || fig *oft lesen, studieren (Buch)* || ~ vi Mex *regelmäßig zur Beichte und zur Kommunion gehen* ·|| ◊ ~ la amistad de alg. *mit jdm auf freundschaftlichem Fuße stehen* || ~ una casa *in e–m Hause verkehren* || ~ el colegio *die Schule besuchen* || ~ el trato de alg. *mit jdm verkehren* || **–tativo** adj ⟨Gr⟩ *frequentativ* || verbo ~ ⟨Gr⟩ *öftere Wiederholung ausdrückendes Zeitwort, frequentatives Verb* n || **–te** adj *häufig, oftmalig, öfter* || *wiederholt* || *sich öfters einfindend* || *gewöhnlich, üblich* || *rasch, schnell (Schwingungen, Puls)* || **–temente** adv *oft, häufig* || **–tímetro** *m* = **–címetro**
Fredegunda *f* np *Friedgund* f
frega|dero *m Aufwaschküche* f || *Aufwaschort* m || *Spül\becken* n, *-tisch, -stein* m, *-e* f || *Spülschrank* m || *Waschkessel* m || *Scheuerfaß* n || **–do** adj Arg Chi *zudringlich, vorwitzig* || Col *hartnäckig, dickköpfig* || PR *frech, unverschämt* || Mex *gaunerisch* || ~ *m Spülen, Scheuern, Abwaschen* n *(des Küchengeschirres)* || figf *Affäre* f || *schmutzige Angelegenheit* f || fig *Verwicklung* f || fig *Ränke* pl, *Intrigen* fpl || ◊ no me metas en este ~ fam *ziehe mich nicht in diese (schmutzige) Geschichte mit hinein* || no quiero saber nada de ese ~ figf *ich lasse mich nicht in diese Sache (bzw Affäre) ein, ich halte mich da heraus* || **–dor** *m Scheuerjunge* m || *Scheuerlappen* m || = **–dero**

|| **–dora** *f* (automática) *Geschirrspülmaschine* f ||
–dura *f Scheuern, Abwaschen* n || **–miento** *m (Ab-)
Reibung* f
fregandera *f* Mex = **fregona**
fregar [–ie–, g/gu] vt *(ab)reiben* || *(durch
Reiben) reinigen, waschen, spülen, scheuern, abwaschen
(Teller, Küchengeschirr)* || *aufwaschen
(Fußboden)* || Cu *schlagen, stoßen* || Am fig *belästigen,
plagen* || agua de ~ *Spülwasser* n || **~se**
fig Am *sich plagen, sich abrackern*
frega|tina, –zón *f* Am *Ärger* m, *Belästigung* f
|| **–triz** [*pl* **–ces**] *f* = **fregona**
△**frégoli** *m:* sombrero ~ *weicher Filzhut* m
fregón adj Ec PR *frech, unverschämt*
frego|na *f Scheuer-, Putz|frau* f || fig *grobes
Weib* n || **–tear** vt desp fam *(nachlässig) scheuern,
waschen, reiben*
frei|dera *f Bratpfanne* f || **–dor** *m Fritüre-Gerät*
n, fam *Fritüre* f || And *Fischbäcker* m || **–dora** *f
Friteuse* f || **–dura** *f Braten, Backen* n *(in der
Pfanne)* || *Fritiertes* n || **–duría** *f Fischbraterei* f ||
(typisches) Fischrestaurant n || *Garküche* f
freila *f weibliches Mitglied* n *e–s Ritterordens*
freile, freire *m Ritter* m *e–s geistlichen Ritterordens*
freimiento *m Backen, Braten, Fritieren* n
freír [–i–, pres **–ío**, pret **freí**, 3 sg **frió**, part.
irr **frito**, neben **freído**] *(in der Pfanne) braten,
backen* || *fritieren* || fig *jdn quälen, plagen, jdm auf
die Nerven gehen* || ◊ ~ a tiros fig pop *erschießen,
pop abknallen* || ~ con *(od* en) *aceite
in Öl backen* || ~ en la *sartén in der Pfanne
backen* || vete a ~ espárragos figf *geh zum Kukkuck!
* || me trae frito con sus necedades figf
seine Dummheiten sind mir unausstehlich, fam
er geht mir auf die Nerven mit s–m Blödsinn ||
¡estoy frito! *da bin ich schön hereingefallen!* ||
~se de calor *vor Hitze braten, umkommen,
schmelzen* || ~sela a alg. figf *jdm e–n Possen
spielen* || al ~ será el reír, y al pagar será el
llorar *wer zuletzt lacht, lacht am besten*
freje *m* Sev *(Band) Reif* m
fréjol *m* = **frijol**
frémito *m* ⟨poet⟩ *Brüllen, Gebrüll* n || ⟨Med⟩
Fremitus m, *Schwirren* n *(bei Rasselgeräuschen)*
frena|do *m* ⟨Tech⟩ *Brem|sen* n, *-sung* f ||
(dispositivo de) ~ *Bremsvorrichtung* f || ~ *útil
Nutzbremsen* n || **–je** *m Bremsen* n
fre|nar vt/i ⟨Tech⟩ *bremsen (& *fig) || fig *hemmen,
zügeln, eindämmen, zurückhalten* || vi
innehalten || ◊ ~ bruscamente, fam ~ en seco
scharf (ab)bremsen || **~se** vr *sich zügeln, sich
zurückhalten* || **–nazo** *m (kräftiger) Tritt* m *auf
die Bremse* || ◊ dar un ~ *scharf od plötzlich
bremsen*
fre|nesí [*pl* **–íes**] *m* ⟨Med⟩ *Tobsucht* f, *tobender
Wahnsinn* m, *Phrenesie* f || fig *Raserei* f ||
fig *Ungestüm* n || *Aberwitz* m || en loco ~ *mit
rasendem Ungestüm* || **–nético** adj *tobsüchtig,
wahnsinnig, phrenetisch* || fig *rasend, tobend, toll*
|| *frenetisch, stürmisch (Beifall)* || aplauso(s)
~(s) *stürmischer Beifall, Beifallssturm* m
frénico adj ⟨An⟩ *Zwerchfell-* || nervio ~
Zwerchfellnerv, Phrenikus m
freni|cotomía, –cectomía *f* ⟨Chir⟩ *Phrenikotomie* f
frenillo *m Beißkette* f, *Maulkorbriemen* m ||
⟨An⟩ *Zungenband* n || ⟨An⟩ *Eichelbändchen* n
|| ⟨Mar⟩ *Jochleine* f || ◊ no tener ~ *(en la
lengua)* figf *kein Blatt vor den Mund nehmen*
frenitis *f* ⟨Med⟩ *Entzündung des Zwerchfells,
Phrenitis* f
freno *m (Trensen)Gebiß, Mundstück* n *(am
Pferdezaum)* || *(Pferde)Zaum* m, *Kandare* f ||
⟨Tech⟩ *Bremse* f || ⟨Tech⟩ *Bremsvorrichtung* f ||
Arg *Pferd Hunger* m || fig *Zaum, Zügel* m || ~ aerodinámico
⟨Flugw⟩ *Lande-, Auftriebs|hilfe* f ||
~ de aire comprimido *Druckluftbremse* f || ~ de

alarma *Notbremse* f || ~ asistido ⟨Aut⟩ *Servobremse* f || ~ de aterrizaje ⟨Flugw⟩ *Landebremsvorrichtung* f || ~ de cable *Seilbremse* f || ~
de cinta *Bandbremse* f || ~ de collares, ~ de
mordazas *Backenbremse* f || ~ de contrapedal
Rücktrittbremse f || ~ de cuña *Keilbremse* f ||
~ de disco *Scheibenbremse* f || ~ de embrague
⟨Aut⟩ *Kupplungsbremse* f || ~ hidráulico *hydraulische
Bremse* f || ~ sobre la llanta *Felgenbremse* f || ~ de mano *Handbremse* f || ~ neumático
Druckluftbremse f || ~ de pedal, ~ de pie
Fußbremse f || ~ sobre la rueda *Radbremse* f ||
~ de tambor *Trommelbremse* f || ~ de tornillo
Schrauben-, Spindel|bremse f || ~ de vacio *Vakuumbremse* f || ~ de zapata *Klotz-, Backen|
bremse* f || palanca del ~ *Bremshebel* m || ◊ *beber
el* ~ *auf die Stange beißen (Pferde)* || *correr
sin* ~ fig *ein zügelloses Leben führen* || *meter a
uno en* ~ fig *jdn zügeln* || *morder (od* tascar)
el ~ *auf dem Gebiß kauen* || fig *seinen Zorn verbeißen*,
fam *s–n Ärger hinunterschlucken* || *perder
el* ~ fig *den Halt verlieren* || *soltar el* ~ *a su
imaginación* fig *seiner Phantasie die Zügel schießen
lassen* || *tirar del* ~ *a uno* fig *jdn am Zügel
halten*
fre|nocardia *f* ⟨Med⟩ *Phrenokardie, Herzneurose* f || **–nolepsia** *f Zwangs|zustand* m, *-vorstellung,
Phrenolepsie* f || **–nología** *f Schädellehre,
Phrenologie* || **–nológico** adj *phrenologisch* ||
–nólogo *m Phrenologe* m || **–nópata** *m,* **–nopatía** *f*
= **psi|cópata, –copatía**
frentazo *m* Mex = **chasco**
[1]**frente** *f Stirn* f || fig *Gesicht, Antlitz* n || *Vorder-,
Stirn|seite, Fassade, Front* f || *Vorderteil* m ||
Spitze f || *Vorderseite* f *(e–r Münze)* || ⟨Bgb⟩
Ort n || *Kopfteil* m *e–r Urkunde* || ⟨Bgb⟩ *Stoß* m
|| ~ abombada *gewölbte Stirn* f || ~ alta *hohe
Stirn* f || ~ calzada, ~ baja *niedere Stirn* f ||
◊ acometer a. de ~ fig *et mit Energie betreiben,
unternehmen*, fam *den Stier bei den Hörnern
packen* || arrugar la ~ fig *die Stirn runzeln, verstimmt
sein* || lo trae escrito en la ~ figf *das sieht
man ihm gleich an* || hacer ~ fig *die Stirn bieten,
Widerstand leisten, widerstehen* (dat) || *(e–r Verantwortung)
nachkommen* || hacer ~ a la competencia
der Konkurrenz die Spitze bieten || hacer ~
a sus compromisos *seinen Verpflichtungen nachkommen*
[2]**frente** *m* ⟨Mil⟩ *Frontteil* m *e–s Befestigungswerkes*
|| ⟨Mil⟩ *Front, Spitze* f *des Heeres* ||
⟨Pol Meteor⟩ *Front* f || ~ de ataque *Angriffsfront* f || ~ de batalla, ~ de combate *Schlachtlinie,
Kampf-, Gefechts|front* f || ~ cálido (frío)
⟨Meteor⟩ *Warm-, (Kalt)luftfront* f || ~ de
Juventudes Span *Jugendfront* f *(falangistische
Jugendorganisation)* || ~ de onda ⟨Ak El⟩ *Wellenfront* f || ~ popular ⟨Pol⟩ *Volksfront* f ||
~ rojo ⟨Pol⟩ *Rotfront* f || ~ de turbonada
⟨Meteor⟩ *Böenfront* f, *ataque de* ~ ⟨Mil⟩
Frontalangriff m || cambio de ~ *Frontwechsel* m (& fig) || combatiente del ~ *Frontkämpfer*
m || guerra de *(od* en) dos ~ *Zweifrontenkrieg*
m || ◊ rectificar el ~ ⟨Mil⟩ *die
Front begradigen* || romper el ~ ⟨Mil⟩ *die
Front durch|brechen, -stoßen* || (r)establecer un
~ defensivo ⟨Mil⟩ *e–e Abwehrfront (wieder-)
aufbauen*
[3]**frente** prep, adv *gegenüber* || ~ a la casa *dem
Haus gegenüber* || ~ a ~ *von Angesicht zu Angesicht,
gegenüber, Auge in Auge* || estar ~ a ~ *sich
gegenüberstehen* || a la ~ *vor sich, gerade vor
sich* || con la ~ levantada figf *ungezwungen,
offen* || *erhobenen Hauptes, stolz* || *dreist, rücksichtslos*
|| con la ~ *entre los brazos den Kopf
auf die Hände gestützt* || al ~ *an der (bzw die)
Spitze* || *oben (Überschrift)* || vor sich ⟨Com⟩
vorgetragen (Saldo) || ⟨Com⟩ *zu übertragen* ||
de ~ *von (bzw* nach) *vorn* || ¡de ~! ¡ar! ⟨Mil⟩

im Gleichschritt! marsch! || del ~ ⟨Com⟩ *Vor-, Über\trag m (Saldo)* || *seguir de* ~ *geradeaus gehen* || *en* ~, ~ *por* ~ *gerade gegenüber* || *al pasar por* ~ *a la ventana als er am Fenster vorüberging* || *ponerse al* ~ *sich an die Spitze setzen* || *die Führung übernehmen (de gen od von dat)*
fren|tón, -tudo adj *breitgestirnt*
freo m ⟨Mar⟩ *Meerenge* f
fres m Ar *Tresse* f
¹fresa f *Erdbeere* f || = **fresal**
²fresa f ⟨Tech⟩ *Fräser* m, *Fräse* f || ⟨Chir⟩ *Gallensteinbrecher* m || ~ *de acanalar Nuten-, Auskehl\fräser* m || ~ *cilindrica Walzenfräser* m || ~ *cónica Winkel-, Kegel\fräser* m || ~ *esférica Kugelfräser* m || ~ *helicoidal,* ~ *sin fin (Ab-) Wälzfräser* m || ~ *hueca Innenfräser* m || ~ *de labranza Bodenfräse* f || ~ *para machihembrar Spundfräser* m || ~ *para madera Holzfräser* m || ~ *perfilada Formfräser* m || ~ *para ranuras (od muescas) Nutenfräser* m || ◊ *quitar a* ~ *abfräsen*
fresada f *ein Teller* m *voll Erdbeeren* || *Speise* f *aus Mehl, Milch und Butter*
fresa|do m ⟨Tech⟩ *Fräsen* n || *Fräsarbeit* f || **-dora** f *Fräsmaschine* f || ~ *a mano Handfräsmaschine* f || ~ *de mesa Tischfräse* f || ~ *universal Universalfräsmaschine* f || **-dura** f, **-je** m ⟨Tech⟩ *Fräsen* n
fresal m *Walderdbeere* f, *Erdbeerstrauch* m *(Fragaria vesca)* || *Erdbeerbeet* n
¹fresar vt/i *mit Tressen versehen*
²fresar vt/i ⟨Tech⟩ *(aus)fräsen* || ◊ ~ *ranuras Nuten fräsen* || *máquina de* ~ *Fräsmaschine* f
fres|ca f *Morgen-, Abendkühle* f || *frische Luft* f || fam *derber Ausdruck* m, *Unverschämtheit* f || ◊ *salir con la* ~ *frühmorgens ausgehen* || *ser capaz de decir (od plantar) una* ~ *al lucero del alba* figf *vor niemandem Respekt haben* || *soltar una* ~ *(cuatro* ~s) fam *jdn derb anreden, jdm dreist antworten*, fam *jdm den Marsch blasen, jdm unter die Nase reiben* || *dreist reden* || *tomar la* ~ *frische Luft schöpfen* || **-cachón, ona** adj fam *von frischem, gesundem Aussehen*, fam *frisch und gesund (Person)* || *viento* ~ ⟨Mar⟩ *steifer Wind* m || **-cal** adj *wenig gesalzen (Fisch)* || *nicht mehr ganz frisch (Seefische)* || **-cales** m pop *dreister Kerl, Frechling* m || *Frechdachs* m *(bes Kind)* || **-camente** adv *kürzlich, vor kurzem* || fig *dreist, frech* || **-cana** f fam *Kühle, frische Luft* f || **-car** [c/qu] vi ⟨Mar⟩ *kühlen (Wind)*
¹fresco adj *frisch, kühl (Luft, Wasser)* || *kühlend* || *frisch, gesund* || *frisch, neu* || *lebhaft, munter* || *frisch, erst kürzlich geschehen* || fig *leicht (Sommerkleid, Stoff)* || fig *frisch, blühend* || fig *kaltblütig, kühl, gelassen* || fig *frech, dreist, keck* || *color* ~ *frische (Gesichts)Farbe* f || *huevo* ~ *Frischei* n || *manteca* ~a *frische Butter* f || *noticia* ~a fig *frische Nachricht* f || *pan* ~ *neubackenes Brot* n || *pescado* ~ *Frischfisch* m || *frische, noch nicht gesalzene Fische* mpl || *viento* ~ *frischer Wind* m || *¡lárgate con viento* ~! fam *scher dich zum Teufel! geh zum Kuckuck!* || *al* ~ *unter freiem Himmel* || *pintura al* ~ *Freskomalerei* f || ◊ *estar (od quedar[se])* ~ figf *sich blamieren, großen Mißerfolg haben* || *¡pintura* ~a! *frisch gestrichen!* || *quedarse tan* ~ figf *sich nicht aus dem Konzept bringen lassen (durch* acc od *bei dat)* || fig *breite Schultern haben* || *¡(ya) está V.* ~! figf *machen Sie das e–m andern weis!* || *¡estaríamos* ~s fig *das fehlte noch!* || *das ist gelungen!* || *¡estamos* ~s! fam *das ist e–e schöne Geschichte, wir sind angeschmiert!*
²fresco m *Frische, Kühle, Kühlung* f || *frische Luft* f || *Freskomalerei, Freske* f, *Fresko* n || *leichter Sommerstoff* m || ⟨Web⟩ *Fresko* m || figf *frecher Kerl, Frechdachs* m || And Am *erfrischendes Getränk* n || *al* ~ *unter freiem Himmel* ||

◊ *hace* ~ *es ist kühl(es Wetter), es ist frisch* || *pintar al* ~ *Fresko malen* || *tomar el* ~ *frische Luft schöpfen, spazierengehen* || *es un* ~ fam *er ist ein frecher Kerl*
fres|cón, ona adj *sehr frisch, blühend im Gesicht* || **-cor** m *Frische, Kühle* f || *frische (Gesichts-)Farbe* f *(& Mal)* || **-cote** adj *(augm v.* **fresco**) *sehr frisch* || figf *blühend, jung aussehend* || **-cura** f *Frische, Kühle, Kühlung* f || fig *Kaltblütigkeit, Geistesruhe* f || fig *Unachtsamkeit, Fahrlässigkeit* f || fig *Plattheit, derbe Redensart* f || fam *Schnoddrigkeit* f || fig *Frechheit, Un\verfrorenheit, -verschämtheit, Dreistigkeit* f || ◊ *tomar las cosas con* ~ *sich keine Sorgen machen* || *¡qué* ~! fam *wie unverschämt!*
fre|sera f *Erdbeerpflanze* f (→ **fresa** u. **fresal**) || *Erdbeerschale* f || **-sero** m *Erdbeerverkäufer* m || **-silla** f → **fresal**
fres|nal adj *Eschen-* || **-neda** f, **-nal** m *Eschen\pflanzung* f bzw *-wald* m || **-nillo** m ⟨Bot⟩ → **díctamo** || **-no** m *Esche* f, *Eschenbaum* m *(Fraxinus* spp) || ⟨poet⟩ *Lanze* f
fresón m *große Gartenerdbeere* f
fres|quedal m *grüne Stelle* f *im dürren Land* || **-quear** vi Chi *dreist handeln* || *Frechheiten sagen* || **-qu(ec)ito, -qu(ec)illo** adj dim *v.* **fresco** || *schön frisch* || **-quera** f *Kühlkasten* m || *Fliegenschrank* m || fam *Kühlschrank* m || *Speisekammer* f || **-quería** f Am *Erfrischungshalle* f || **-quero** m *Frischfischhändler* m || **-quilla** f *e–e Pfirsichart* f || **-quista** m *Freskomaler* m || **-quito** adj *recht frisch, kühl*
freudia|nismo m *Freudsche Theorie* bzw *Methode* f || **-no** adj/s *auf Freud bezüglich, Freud-* || ~ m *Freudianer, Anhänger* m *Freuds*
frey m *Bruder* m, *Ehrenbenennung der geistlichen Ritter, zum Unterschied von* **fray**, *dem Titel einiger Ordensmönche*
frez [pl **-ces**] f *Tierkot* m
¹freza f *(Tier)Kot* m
²freza f *Laichen* n || *Laichzeit* f || *Fischlaich* m || *junge Fischbrut* f
³freza f ⟨Jgd⟩ *Spur, Wühle* f || *Hirschlosung* f
frezada f = **frazada**
¹frezar [z/c] vi *misten (von Tieren)*
²frezar [z/c] vi *fressen (Seidenwürmer)* || ⟨Jgd⟩ *nach Fraß wühlen (Sauen)*
³frezar [z/c] vi *laichen (Fische)* || *Freßzeit* f *der Seidenraupe*
fria|bilidad f *Bröck(e)ligkeit, Brüchigkeit, Mürbheit, Zerreibbarkeit* f || **-ble** adj *bröck(e)lig, brüchig, mürbe, (leicht) zerreibbar*
frialdad f *Kälte* f, *Kältegefühl* n || *Gefühlskälte* f || *Gleichgültigkeit* f || ⟨Med⟩ *Unvermögen* n, *Impotenz* f *des Mannes* (→ **impotencia**) || *Frigidität* f *der Frau* (→ **frigidez**) || fig *Nüchternheit, Unlebendigkeit* f *(des Stils)* || fig *Nachlässigkeit, Fahrlässigkeit* f || fig *Albernheit* f || *con* ~ *kalt, gleichgültig*
friamente adv *kalt(blütig)* || fig *ohne Anmut, ohne Grazie*
friático adj *frostig* || fig *dumm* || *ohne Anmut*
Friburgo m *(de Brisgovia)* ⟨Geogr⟩ *Freiburg (im Breisgau)*
fri|ca f Chi fam *Tracht* f *Prügel* || **-cación** f *(Ein)Reibung* f || *Reiben* n || ⟨Phon⟩ *Reibung* f || *Reibegeräusch* n
fricandó m *Frikandeau, gespicktes und gedämpftes Kalbfleisch* n
fricar [c/qu] vt/i *reiben, fegen* || *schneiden (Kälte)*
fricasé m *Frikassee* n *(Schnittfleisch)* || ~ *de pollo Hühnerfrikassee* n
fricativo adj ⟨Phon⟩ *frikativ* || *sonido* ~ *Reibelaut, Frikativ* m
fric|ción f *(Ab-, Ein)Reibung* f || ⟨Tech⟩ u. fig *Reibung* f || ~ *de deslizamiento Gleitreibung* f || ~ *eléctrica elektrische Massage* f || ~ *fría,*

húmeda *kalte, feuchte Abreibung* f ‖ ~ *seca trockene Abreibung* f ‖ **punto de** ~ *Reibungspunkt* m (& fig) ‖ **superficie de** ~ *Reibungsfläche* f ‖ **sin** ~**es** *reibungslos* (& fig) ‖ ◊ **dar** ~**es (a)** ⟨Med⟩ *abreiben* bzw *einreiben* acc (con *mit* dat) ‖ **–cionar** vt *(ab-, ein)reiben, frottieren*
 frie|ga f *(Ab-, Ein)Reibung* f ‖ Col CR *Mühe, Plage* f ‖ Chi *Tracht* f *Prügel* ‖ Mex Pe PR fam *derber Verweis,* fam *Denkzettel* m ‖ ◊ **dar** ~**s** ⟨Med⟩ = **dar fricciones** ‖ **–gaplatos** m *Tellerwäscher* m ‖ figf *armer Schlucker* m ‖ **–ra** f *Frostbeule* f *(an der Ferse)*
 Frigia f *Phrygien (Land)*
 frigidaire m frz = **frigorífico** m
 frigi|dez [pl **–ces**] f *Kälte* f ‖ *Frost* m ‖ fig *Gefühllosigkeit* f ‖ ⟨Med Psychol⟩ *Frigidität* f *(der Frau)* ‖ **–ísimo** adj sup v. **frío:** *eiskalt*
 frígido adj ⟨poet⟩ = **frío** ‖ ⟨Med Psychol⟩ *frigid(e)*
 frigio adj *phrygisch* ‖ **gorro** ~ *phrygische, (*⟨Pol⟩ *Jakobiner-) Mütze* f ‖ **modo** ~ ⟨Mus⟩ *phrygische Tonart* f ‖ ~ m *Phrygier* m
 frigorí|a f ⟨Phys⟩ *Frigorie, Kältekalorie* f ‖ **–fero** m/adj = **–fico** ‖ **–fica** f = **–fico** m ‖ **–fico** adj ⟨Phys⟩ *kälteerzeugend, Kälte-* ‖ **armario** ~ Am *Kühltruhe* f ‖ **cámara** ~**a** *Kühlkammer* f ‖ **barco** ~, **buque** ~ *Kühlschiff* n ‖ **instalación** ~**a** *Kühlanlage* f ‖ **red** ~**a** *Kühlkette* f ‖ ~ m *Kühlschrank* m ‖ *Gefrierfach* n ‖ Am *Gefrierfleisch|fabrik, -anstalt* f ‖ →**a refrigerador**
 frigo|rista m/adj: (técnico) ~ *Kältetechniker* m ‖ **–rizar** vt *einfrieren, gefrieren lassen* ‖ **–roso** adj ⟨poet⟩ *Kälte erzeugend*
 frigoterapia f *Kältebehandlung* f
 frijol bes Am, **frijol** m *(Schmink-, Garten-) Bohne* f (Phaseolus spp) ‖ fig Cu *schmutzige Angelegenheit* f ‖ ~**es** mpl fig Mex *Prahl-, Aufschneid|ereien* fpl ‖ ◊ **no ganar para (los)** ~**es** figf Mex *nicht (einmal) das Lebensnotwendigste verdienen*
 frijolar m *Bohnenfeld* n
 frijo|lillo m Am *verschiedene Bäume, Sträucher u. Gemüse* ‖ **–lizar** vt Pe *behexen, verzaubern*
 frijón m And = **fréjol**
 frimario m ⟨Hist⟩ *Frimaire* m *(3. Monat des frz. Revolutionskalenders)*
 fringílidos mpl *finkenartige Vögel, Finken (-vögel)* mpl (Fringillidae)
 fringolear vt Chi *verprügeln*
 ¹**frío** adj *kalt* ‖ *frostig, fröstelnd* ‖ *kühl (Getränke)* ‖ *kalt(sinnig), kaltblütig* ‖ *sinnlos, abgeschmackt* ‖ fig *gleichgültig, ohne Interesse* ‖ fig *gefühllos* ‖ fig *unempfindlich, hart* ‖ *nüchtern, ausdrucks-, seelen|los (Stil)* ‖ figf *zeugungsunfähig* ‖ **estación** ~**a** *kalte Jahreszeit* f, *Winter* m ‖ **sangre** ~**a** *Kaltblütigkeit* f ‖ ◊ **eso me deja muy** ~ fig *das läßt mich kalt* ‖ **estampar (relieves) en** ~ ⟨Typ Buchb⟩ *kalt prägen* ‖ **quedarse** ~ fig *(vor Schrecken) starr werden*
 ²**frio** m *Kälte* f, *Frost* m ‖ *Frieren, Frösteln* n ‖ fig *Kälte, Kühle* f ‖ ~ **de evaporación** *Verdunstungskälte* f ‖ ◊ **coger** ~ *sich erkälten* ‖ **técnica del** ~ *Kältetechnik* f ‖ **tengo** ~ *es friert mich, mir ist kalt, ich friere* ‖ **hace** ~ *es ist kalt* ‖ **hace un** ~ **que se hielan los suspiros** figf *es friert Stein und Bein* ‖ **tengo** ~ **en los pies** *mir frieren die Füße* ‖ **estación de los** ~**s** *Winter* m ‖ **no me da ni** ~ **ni calor** figf *das ist mir einerlei* ‖ **eso me da** ~ **en la espalda** figf *es überläuft mich kalt* ‖ **dar** ~ fig *erschauern lassen* (a alg. *jdn* acc) ‖ **Dios da el** ~ **conforme la ropa** *Gott gibt Schultern nach der Bürde* ‖ **resistente al** ~ *kältebeständig*
 ³**frío** → **freír**
 frio|lento, –lero, –liento adj/s *frostig, verfroren, sehr kälteempfindlich* ‖ **–lera** f *Kleinigkeit, Läpperei, Lappalie* f ‖ ◊ **cuesta la** ~ **de cien duros** iron *es kostet nur 100 Duros* ‖ **hace una** ~ **de años** *es ist schon ein paar gute Jahre her* ‖ **pararse en** ~**s** *sich bei Kleinigkeiten aufhalten*
 frión, ona adj fam *sehr kalt* ‖ *ohne Grazie*
 fri|sa f *Fries, Flausch* m *(Gewebe)* ‖ León *(Art) Umhang* m *(Wolldecke)* ‖ Arg Chi *haarige Oberfläche* f *gewisser Tucharten* ‖ **–sado** m ⟨Web⟩ *aufgerauhtes Seidenzeug* n ‖ **–sador** m ⟨Web⟩ *Rauher* m *(Arbeiter)* ‖ **–sadura** f ⟨Web⟩ *Rauhen, Ratinieren* n ‖ ⟨Fort⟩ *Palisadenhindernis* n ‖ →**a Frisia** ‖ ⟨Mar⟩ *Dichtung* f ‖ ◊ **sacar a uno la** ~ Chi figf *jdn verprügeln* ‖ **–sar** vt *(Tuch) rauhen, ratinieren* ‖ *(ab)reiben* ⟨Mil⟩ *umpfählen* ‖ ⟨Mar⟩ *abdichten* ‖ ~ vi fig *ähnlich sein, übereinstimmen* ‖ *gut miteinander verkehren* ‖ *herankommen* (en *an* acc) *obenhin berühren* ‖ ◊ ~ **en los cincuenta (años)** *fast 50 Jahre alt sein* ‖ *nahe an den Fünfzigern sein*
 Fri|sia f *Friesland* ‖ **caballo(s) de** ~ *(od* Frisa*)* ⟨Mil⟩ *spanische Reiter* mpl ‖ **–sio** adj = **–són**
 friso m ⟨Arch⟩ *Fries* m ‖ ⟨Arch⟩ *Vertäfelung* f, *Paneel* n ‖ ~ **de enmaderado** ⟨Zim⟩ *Holztäfelung* f ‖ ~ **historiado** *Figurenfries* m
 frísol, frisol m Col = **frijol**
 frisolera f Col *Bohnenpflanze* f
 frisón, ona adj *friesisch, friesländisch* ‖ fig *ungeheuer, riesig* ‖ ~ m *Friese, Friesländer* m ‖ *friesische Sprache* ‖ *friesisches Pferd* n
 frisudo adj Chi *haarig (Tuch)*
 frisuelo m = **frijol** ‖ *(Art) Pfannensüßgericht* n
 frita f *(Metall)Schlacke* f ‖ *Schmelze, Fritte* f
 fritada f *in der Pfanne Gebackene(s), Fritierte(s)* n ‖ ~ **de pescado** *fritierte, in der Pfanne gebackene Fische* mpl
 fritanga f desp Ar = **fritada**
 fritar vt ⟨Tech⟩ *fritten* ‖ Sal Col pop *fritieren, in der Pfanne braten*
 frite|ra f Guat *Bratpfanne* f ‖ **–ro** m *Glasbrenner* m
 fri|tilla f *geröstete Speckschnitte* f ‖ ~**s** pl Mancha *Pfannensüßgericht* n ‖ **–to** pp/irr v. **freír** (→ d) ‖ ◊ **estoy** ~ figf *ich habe es satt, ich habe die Nase (pop die Schnauze) voll* (con, de *von* dat) ‖ **me tiene** (*od* me trae) ~ figf *ich kann den Kerl nicht riechen* ‖ figf *er fällt mir auf die Nerven (pop auf den Wecker)* ‖ ~**s** mpl *Gebackene(s), Fritierte(s)* n ‖ *fritierte Appetithappen* mpl ‖ **–tura** f *in der Pfanne Gebackene(s)* n, *Fritierte(s)* n ‖ ~**s** fpl ⟨Radio⟩ *Knirschen* n
 Friúl: el ~ ⟨Geogr⟩ *Friaul*
 friura f Burg Sant León Ven = **frialdad** ‖ ⟨Med⟩ *Frostschorf* m
 frivolidad f *Gehaltlosigkeit* f ‖ *Leicht|sinn* m, *-fertigkeit, Frivolität* f ‖ *Eitelkeit* f
 frivolités mpl frz ⟨Web⟩ *Frivolitäten(arbeit* f*)* fpl
 frívolo adj *eitel, leer, schal* ‖ *unbedeutend, nichtssagend* ‖ *läppisch* ‖ *leicht|fertig, -sinnig, frivol* ‖ *schlüpfrig, unanständig, frivol* ‖ *frech, schamlos*
 friz f ⟨Bot⟩ *Buchenkätzchen* n
 Frnz. Abk = **Fernández**
 fronda f *Blatt* n ‖ *Laub* n ‖ *Wedel* m *(der Farne)* ‖ ⟨Med⟩ *Schleuderverband* m, *Kinnschleuder* f ‖ ⟨Hist⟩ u. fig *Fronde* f ‖ *espíritu de* ~ fig *aufrührerische(r) Geist* m ‖ ~**s** pl *Laubwerk* n ‖ ⟨poet⟩ *(Laub)Wald* m ‖ *árbol de* ~ *Laubbaum* m
 fronde m ⟨Bot⟩ *Wedel* m *(der Farne)*
 frondio adj And Col *schlechtgelaunt* ‖ Col Mex *schmutzig, schlampig*
 frondo|sidad f *Laubwerk, dichtes Laub* n, *dichte Belaubung* f ‖ *üppiges Wachstum* n ‖ **–so** adj *dicht belaubt* ‖ *buschig* ‖ *dicht (Wald)*
 ¹**frontal** adj *Stirn-* ‖ ⟨Mil Wiss⟩ *frontal, Frontal-* ‖ ⟨Tech⟩ *auf der Stirnseite, Stirn-* ‖ **ataque** ~ ⟨Mil⟩ *Frontalangriff* m ‖ **choque** ~ ⟨Mil StV⟩ *Frontalzusammenstoß* m

²**frontal** m *Stirn|band* n, *-binde* f || ⟨An⟩ *Stirnbein* n || *(Art) Kopfputz* m || prov *Stirn* f || Ar *Faßboden* m || *Stirnriemen* m *(des Pferdes)* || *Frontale, Altarvorderblatt* n *(Parament)* || *Kapodaster an der Gitarre, Gitarrenbund* m || ⟨Zim⟩ *Binder(balken)* m || Col Ec Mex *Stirnriemen* m *(des Pferdes)*
  frontalera f *Altarbehang* m || *Paramenttruhe* f || *Stirnriemen* m *(des Pferdes)*
  fronte|ra f *(Landes)Grenze* f || ⟨Arch⟩ *Fassade, Vorderseite* f || fig *Grenze* f || ~ aduanera *(maritima)* ⟨See⟩*Zollgrenze* f || ~ lingüística *Sprachgrenze* f || cierre de la ~ *Grenzsperre* f || estación de ~ *Grenzstation* f || paso de ~ *Grenzübergang* m || paso ilegal de ~ *unerlaubter Grenzübertritt* m || ◊ pasar la ~ *über die Grenze gehen, fahren, die Grenze überschreiten* || fig *ins Ausland gehen* || **-rizo** adj *angrenzend (an* acc*), Grenz-* || *gegenüberliegend* || ciudad ~a *Grenzstadt* f || incidente ~ *Grenzzwischenfall* m || región ~a *Grenzgebiet* n || romance ~ ⟨Lit⟩ *Grenzromanze* f *(zur Zeit der Wiedereroberung Spaniens)* || puesto ~ *Grenzposten* m || **-ro** adj *gegenüberliegend (de dat)* || ~ del castillo *gegenüber der Burg* || la ~a orilla *das andere Ufer* || pared ~a *Grenzmauer* f || ~ m ⟨Hist⟩ *Grenzkommandant* m || adv *gegenüber*
  fron|til m *Jochkissen* n *der Zugochsen* || **-tín** m Mex *Nasenstüber* m || **-tino** adj *mit e–m Stirnmal (Tier)* || **-tis** m = **frontispicio**
  frontispicio m ⟨Arch⟩ *Frontispiz* n, *Giebel-, Vorder|seite* f || *Fronton* m || ⟨Arch⟩ *(Fenster-)Giebel* m || ⟨Typ⟩ *Titelblatt, Frontispiz* n || iron *Gesicht, Antlitz* n
  fron|tón m ⟨Arch⟩ *Giebel* m || ⟨Arch⟩ *Giebel|dach* n bzw *-wand* f || *Fronton* m, *Frontispiz* n || ⟨Arch⟩ *Fenstergiebel* m || *Abschluß, Aufsatz* m || *im bask. Ballspielhaus: Wand* f, *an der der Ball anschlägt* || *Spielhalle* f, *Gebäude* n bzw *Wand* f *für das bask. Ballspiel* || ⋏ Central *Spielhalle* f *in Madrid (in der Calle Tetuán)* || **-tudo** adj *breitgestirnt (Vieh)*
  frota|ción, -dura f, **-miento** m *(Ab-, Ein)Reiben* n || *Frottieren* n || ⟨Med⟩ *Einreibung* f || ⟨Tech⟩ *(Ab)Reibung* f || área *(od* superficie*) de* ~ *Reibfläche* f
  frotador m ⟨El⟩ *Stromabnehmer* m
  frotamiento m → **frotación**
  fro|tar vt *(ab-, ein)reiben* || *frottieren* || ~**se** *sich reiben* (contra *an* dat) || ◊ ~**se** las manos *sich die Hände reiben (vor Kälte, Freude usw)* || **-te** m = **frotamiento** || **-tis** m ⟨Med⟩ *Ab-* bzw *Aus|strich* m
  frs. Abk = **francos**
  fructidor m ⟨Hist⟩ *Fruktidor* m *(12. Monat des frz. Revolutionskalenders)*
  fructifero adj *frucht|bringend, -tragend, Frucht-* || fig *nutzbringend (Kapitalanlage)* || fig *gesegnet, üppig*
  fructi|ficación f ⟨Bot⟩ *Fruchtbildung* f || ⟨Bot⟩ *Fruchtstand* m || fig *Ertrag* m, *Fruchttragen* n || **-ficar** [c/qu] vi *Früchte tragen* || fig *einträglich sein* || fig *fruchten, gedeihen* || ◊ hacer ~ el dinero *das Geld zinsbringend anlegen* || **-forme** adj *fruchtförmig*
  fructosa f *Fruchtzucker* m, *Fruktose* f
  fructuario adj/s *in Naturalien* || ~ m = **usufructuario**
  fructuo|sidad f *Fruchtbarkeit, Einträglichkeit* f || **-so** adj *frucht|tragend, -bringend* || *einträglich* || *fruchtbar, nützlich* || ⋏ ~ m np Tfn *Fructuosus* m
  frufrú, fru-fru m onom *Knistern, (knisterndes) Geräusch* n *(der Seide, Leinwand, Bäume usw)*
  fru|gal adj *mäßig, genügsam* || *frugal, spärlich, genügsam (im Essen und Trinken)* || comida ~ *bescheidene Mahlzeit* f, *einfaches Essen* n || adv: ~**mente** || **-galidad** f *Mäßigkeit, Genügsamkeit* f || *Einfachheit* f
  frugí|fero adj ⟨poet⟩ *Früchte tragend* || **-voro**
  adj ⟨Zool⟩ *früchte(fr)essend*
  fruición f *Genuß* m, *Wonne* f || *Vergnügen* n || *maliciosa* ~ *Schadenfreude* f || con ~ *mit Wonne* || *vergnügt, freudig*
  fruir [-uy-] vi *(fast nur* inf *gebräuchlich) genießen* || ◊ ~ de Dios ⟨Myst⟩ *Gott anschauen*
  fruitivo adj *genußbringend*
  △**frujerio** m *Frucht* f || *Wald* m
  △**frullá** f *Draht* m
  frumen|tario, -ticio, -tal adj ⟨Lit⟩ *Weizen-* || *Getreide-* || **-to** m ⟨poet⟩ *Weizen* m || *Getreide* n
  frun|ce m *Falte* f *(in e–m Gewebe, am Kleid)* || **-cido** adj *stirnrunzelnd* || ceño ~ fig *düstere Miene* f || ~ m *Falte, Runzel* f || fig *Derbheit, Schärfe* f || **-cimiento** m *Falten, Fältchen, Kräuseln* n *(e–s Stoffes)* || *Kräuseln* n *(der Lippen)* || *(Stirn)Runzeln* n || fig *Verstellung* f, *Betrug* m || **-cir** [c/z] vt *runzeln, in Falten ziehen* || *falten, fälteln, kräuseln (Stoff)* || *zerknittern, zerknüllen* || fig *zusammenziehen, aufwerfen, kräuseln (Mund, Lippe)* || *runzeln (Brauen, Stirn)* || fig *lügenhaft verdunkeln* || ◊ ~ el ceño *(od* entrecejo*)* fig *düster blicken, die Stirn(e) runzeln, e–e düstere Miene aufsetzen* || ~ la frente, ~ el entrecejo *die Stirn runzeln*
  frusle|ría f *Lappalie* f || *unnützes, wertloses Zeug, Larifari* n, *Firlefanz* m || figf *leeres Geschwätz* n || **-ro** adj *leer, nichtig* || *nutz-, wert|los* || *belanglos* || ~ m *Nudelholz* n
  frus|tración f *Vereitelung* f || *Enttäuschung* f || *geschwundene Hoffnung* || fig *Unbefriedigtsein* n || ⟨Psychol⟩ *Frustration* f || **-trado** adj *vereitelt, geschwunden (Hoffnung)* || *ent-, ge|täuscht* || *unbefriedigt* || *frustriert* || **-trar** vt *e–e (schlechte) Absicht vereiteln, zum Scheitern bringen* || *zunichte machen, nicht erfüllen, täuschen (Hoffnungen)* || ⟨Psychol⟩ *frustrieren* || ◊ ~ los planes de alg. *jds Pläne (durch)kreuzen* || ~**se** *scheitern, mißlingen* || **-tratorio** adj *auf Täuschung beruhend* || *Vereitelungs-* || *verzögernd (Zahlung)* || *frustratorisch*
  fruta f *(Baum)Frucht* f || *Obst* n || *Früchte* fpl, *Obst* n *als Nachtisch* || figf *Frucht, Folge* f || Chi *Wassermelone* f || Arg *Aprikose* f || ~ bomba Cu *Papaya(frucht)* f || ~ del cercado ajeno fig *fremdes Gut, das Neid erregt* || *Kirschen aus Nachbars Garten* || ~ de hueso *(de pepita) Stein-(Kern)Obst* n || ~ madura || ~ en sazón *reife Frucht* f || ~ nueva *neues, junges Obst* n || ~ prohibida fig *verbotene Frucht* f || ~ de sartén *Pfannensüßgericht* n || *Pfannkuchen* m || ~ seca *getrocknetes Obst, Dörrobst* n || *Schalfrüchte* fpl || *Rosinen* fpl || ~ del tiempo *frisches Obst* n *(das die Jahreszeit bietet)* || figf *das Übliche* n *in der entsprechenden (Jahres-)Zeit (z. B. Erkältung* od *e–e bestimmte politische Mode)* || ~**s** pl *Früchte* fpl, *Obst* n || ~ agrias *Zitrusfrüchte* fpl || ~ de cáscara *Hülsenfrüchte* fpl || ~ confitadas *in Zucker eingemachte Früchte* fpl || ~ escarchadas *(od* azucaradas*) kandierte Früchte* fpl || ~ meridionales, ~ del Sur *Südfrüchte* fpl || ~ de mesa, ~ de postre *Tafelobst* n
  fru|taje m ⟨Mal⟩ *Fruchtstück* n || **-tal** adj *Früchte tragend* || *Obst-* || *belleza* ~ ⟨Lit⟩ *sehr frische, natürliche, vollendete Schönheit (Frau)* || *(árbol)* ~ *Obstbaum* m || ~ m *Obstkuchen* m || **-tar** vi *Früchte* bzw *Obst tragen (Baum)*
  frute|cer [-zc-] vi ⟨poet⟩ *anfangen Früchte zu tragen* || **-ra** f *Obsthändlerin* f || *Obstschüssel, Obstschale* f || **-ría** f *Obstgeschäft* n || *Obstladen* m || **-ro** adj: plato ~ *Obstteller* m || ~ m *Obsthändler* m || *Obstkörbchen* n || *Obstteller* m || *Obstschüssel* f || *Obstkammer* f || ⟨Mal⟩ *Fruchtstück* n || *Obstschiff* n
  frutescente adj ⟨Bot⟩ *busch-, strauch|artig*
  frútice m ⟨Bot⟩ *Staude* f || *Strauch* m
  fruti|cultor m *Obst(an)bauer* m || **-cultura** f *Obstbau* m

fruti|lla *f* dim *v.* **fruta** ‖ *Rosenkranzperle* f ‖ SAm *(Chile) Erdbeere* f ‖ **–llar** *m* SAm *Erdbeerbeet* n ‖ **–llero** *m* SAm *Erdbeerverkäufer* m
fruto *m Frucht, Baum-, Erd\frucht* f ‖ fig *Nutzen, Ertrag* m ‖ fig *Vorteil, Gewinn, Nutzen* m ‖ fig *Frucht, Folge* f ‖ ~ de bendición *in rechtmäßiger Ehe gezeugtes Kind* n ‖ ~ de la concepción *Leibesfrucht* f ‖ ◊ dar *(od* llevar*)* ~ *Früchte tragen (Baum)* ‖ fig *Nutzen abwerfen* ‖ sacar ~ fig *Nutzen ziehen* ‖ sin ~ fig *ergebnis-, zweck\los* ‖ ~s *pl Geldfrüchte* fpl ‖ ~ civiles *Rechtsfrüchte* fpl ‖ ~ coloniales *Kolonialwaren* fpl ‖ ~ en especie *Naturalien* fpl ‖ ~ del mediodía *Südfrüchte* fpl
F.ˢ, fs. Abk = **francos**
f/s Abk = **francos suizos**
ftaleína *f* ⟨Chem⟩ *Phthalein* n
¹**fu** *m Fauchen* n *der Katze* ‖ ◊ hacer ~ figf *Reißaus nehmen* ‖ *fauchen, aber nicht kratzen*
²**¡fu!** *pfui! puff!* ‖ ni ~ ni fa fam *weder Fisch noch Fleisch, mittelmäßig,* fam *so lala*
Fúcar *m* np *(Johann) Fugger, Kaufmann (in Augsburg, 16. Jh.)* ‖ ≃ fig *sehr reicher Mann* m
fuci|lar vi *wetterleuchten* ‖ fig *glitzern, flimmern* ‖ **–lazo** *m Wetterleuchten* n
fuco *m* Rioja *Leder\alge* f, *-tang* m (Fucus sp)
fuc|sia *f* ⟨Bot⟩ *Fuchsie* f (Fuchsia spp) ‖ **–sina** *f* ⟨Chem⟩ *Fuchsin* n
¡fucha! Mex *puff! pfui!*
fuchina *f* Ar *Ausflucht* f
fuchsia *f* = **fucsia**
fuego *m Feuer* n ‖ *Feuerstätte* f, *Herd, Kamin* m ‖ *Feuersbrunst* f, *Brand* m ‖ ⟨Med⟩ *Hitz\ausschlag* m, *-pocken* fpl ‖ ⟨Vet⟩ *Brenner, Kauter* m ‖ ⟨Mar⟩ *Leucht-, Signal\feuer* n ‖ *Feuerwerk* n ‖ *künstliches Feuer* n ‖ fig *Herd, Haushalt* m ‖ ⟨Mil⟩ *(Geschütz) Feuer* n ‖ fig *Hitze, Glut* f ‖ fig *Lebhaftigkeit, Leidenschaft* f, *Feuer* n ‖ ~ acelerado ⟨Mil⟩ *Schnellfeuer* n ‖ ~ alternado ⟨Mil⟩ *Wechselfeuer* n ‖ ~ de ametralladoras ⟨Mil⟩ *Maschinengewehrfeuer* n ‖ ~ de aniquilamiento ⟨Mil⟩ *Vernichtungsfeuer* n ‖ ~ de artillería, ~ de cañón ⟨Mil⟩ *Artillerie-, Geschütz\feuer* n ‖ ~ de barrera ⟨Mil⟩ *Sperrfeuer* n ‖ ~ convergente, ~ concentrado ⟨Mil⟩ *konzentriertes Feuer* n ‖ ~ cruzado ⟨Mil⟩ *Kreuzfeuer* n ‖ ~ curvo ⟨Mil⟩ *Bogenfeuer* n ‖ ~ de dispersión ⟨Mil⟩ *Streuschießen* n ‖ ~ fatuo *Irrlicht* n ‖ ~ fijante ⟨Mil⟩ *im Ziel liegendes Feuer* n ‖ ~ de flanco ⟨Mil⟩ *Flankenfeuer* n ‖ ~ graneado ⟨Mil⟩ *Trommelfeuer* n ‖ ~ del hígado ⟨Med⟩ *Leberflecken* mpl ‖ ~ de hostigamiento ⟨Mil⟩ *Beunruhigungsfeuer* n ‖ ~ del infierno *Qualen* fpl *der Hölle* ‖ ~ de línea ⟨Mil⟩ *Reihenfeuer* n ‖ ~ de metralla ⟨Mil⟩ *Kartätschenfeuer* n ‖ ~ nutrido ⟨Mil⟩ *anhaltendes Schnellfeuer* n ‖ ~ oblicuo ⟨Mil⟩ *Schrägfeuer* n ‖ ~ de protección ⟨Mil⟩ *Feuerschutz* m ‖ ~ rasante ⟨Mil⟩ *Flachbahn-, Strich\feuer* n ‖ ~ de San Telmo ⟨Mar⟩ *St. Elmsfeuer* n ‖ arma de ~ *Feuerwaffe* f ‖ caballo hecho al ~ *militärfrommes Pferd* n ‖ color de ~ *Feuerfarbe* f ‖ dorado a ~ *Feuervergoldung* f ‖ grabado a(l) ~ ⟨Buchb⟩ *Heißprägen* n ‖ *Einbrennen* n *(Klischieranstalt)* ‖ efecto de ~ ⟨Mil⟩ *Feuerwirkung* f ‖ piedra de ~ *Feuerstein* m ‖ Tierra del ≃ ⟨Geogr⟩ *Feuerland* n ‖ toque de ~ *Feuerlärm* m ‖ ◊ abrir el ~ ⟨Mil⟩ *das Feuer eröffnen* ‖ apagar el ~ con aceite fig *Öl ins Feuer gießen* ‖ atizar el ~ *das Feuer schüren* (& fig) ‖ dar ~ ⟨Mil⟩ *feuern, (ab)feuern* ‖ déme V. ~ *darf ich um Feuer bitten?* ‖ echar ~ por los ojos fig *ganz Feuer und Flamme sein* ‖ echar ~s, estar hecho un ~s fig *äußerst reizlich sein* ‖ echar leña al ~ fig *Öl ins Feuer gießen* ‖ gritar al ~ *Feuer rufen* ‖ hacer ~ *Feuer machen* ‖ ⟨Mil⟩ *feuern, schießen* ‖ huir del ~ y dar en las brasas figf *aus dem Regen in die Traufe kommen* ‖ jugar con ~ fig

mit dem Feuer spielen ‖ llevar ~ ⟨Taur⟩ *die banderillas de fuego bekommen (Stier)* ‖ meteria las manos en el ~ por ella fig *er würde für sie durchs Feuer gehen, er würde für sie die Hand ins Feuer legen* ‖ pegar ~ a una casa *ein Haus in Brand setzen* ‖ prender ~, poner ~ *Feuer (an)legen, in Brand setzen* ‖ romper el ~ ⟨Mil⟩ *das Feuer eröffnen* ‖ fig *anfangen, sich entschließen* ‖ tocar a ~ *die Feuerglocke läuten* ‖ vomitar ~, echar ~ *Feuer speien (Vulkan, Geschütz)* ‖ a ~ mit *Hilfe des Feuers, Feuer-* ‖ a ~ lento *(od* manso*) bei kleinem Feuer* ‖ a ~ y *fig ganz in der Stille* ‖ a sangre y ~, a ~ y hierro ⟨Mil⟩ *mit Feuer und Schwert* ‖ a prueba de ~ *feuerfest* ‖ prueba del ~ *Feuerprobe* f ‖ bautismo de ~ fig *Feuertaufe* f ‖ en el ~ de la disputa fig *in der Hitze des Gefechts* ‖ ¡ ~! *potz Blitz! Donnerwetter!* ‖ ⟨Mil⟩ *Feuer!* ‖ ¡ ~ a discreción! ⟨Mil⟩ *Feuer frei!* ‖ alto el ~ *m* ⟨Mil⟩ *Feuereinstellung* f ‖ ¡alto el ~! ⟨Mil⟩ *Feuer einstellen!* ‖ ~s *pl:* ~ artificiales, ~ de artificio *Feuerwerk* n
fuegue|cillo, –cito, –zuelo *m* dim *v.* **fuego** ‖ **–ro** *m* Ven *Feuerwerker* m
fueguino adj *aus Feuerland (Tierra del Fuego), feuerländisch* ‖ ~ *m Feuerländer* m
fuelga *f* Ast = **huelga**
fuel-oil *m* engl *Heizöl* n
fue|llar vt/i prov *mit dem Blasebalg anfachen* ‖ **–lle** *m (Blase) Balg* m ‖ *Dudelsackbalg* m ‖ ⟨Phot⟩ *Balg* m *der Kamera* ‖ ⟨EB⟩ *Faltenbalg* m, *Verbindungsstück* n, *Harmonika* f *(von D-Zug-Wagen)* ‖ *faltbares Wagenverdeck* n ‖ *Halbverdeck* n *an Kutschen* ‖ fig *Ohrenbläser, Zwischenträger, Angeber* m ‖ Arg *Bandonion* n ‖ ~ acordeón *Faltenbalg* m *(bei D-Zug-Wagen)* ‖ ~ 'doble ⟨Phot⟩ *Doppelauszug* m ‖ ~ fotográfico *Balg* m *e-r Kamera* ‖ ~ de fragua *Schmiede\balg* m, *-gebläse* n ‖ aparato de ~ *Balgen-, Aufzug\kamera* f ‖ ◊ dar al ~ *den Balg treten* ‖ ~s *Sachen e-s (der Schmiede)* ‖ figf *Falten, Bauschen e-s schlechtsitzenden Kleides* ‖ *Windwolken* fpl ‖ ~ de órgano ⟨Mus⟩ *Orgelbälge* mpl
fuen|tada *f e-e Schüssel* f *voll* ‖ **–te** *f Quelle* f, *Quell, Born* m ‖ *Brunnen* m ‖ *Springbrunnen* m, *Fontäne* f ‖ *Wasserkunst* f ‖ *Schüssel, Platte* f, *Napf* m ‖ fig *Ursprung* m, *Quelle* f ‖ ~ de abastecimiento *Versorgungsquelle* f ‖ ~ artificial *Wasserkunst* f ‖ ~ ascendente *aufsteigende Quelle* f ‖ ~ para ensalada *Salatschüssel* f ‖ ~ para (*od* de) fiambres *Aufschnittplatte* f ‖ ~ de Herón *Heronsball* m ‖ ~ de Juvencia *Jungbrunnen* m ‖ ~ para legumbres *Gemüseschüssel* f ‖ ~ luminosa, ~ mágica *Leuchtfontäne* f ‖ ◊ beber en buenas ~s figf *aus guter Quelle schöpfen*
fuentezuela *f* dim *v.* **fuente**
fuer *m* = **fuero** ‖ a ~ de *kraft, auf Grund von* ‖ als (nom) *nach Maßgabe* (gen) ‖ a ~ de español, no puedo consentir eso *als Spanier kann ich das nicht dulden*
¹**fuera** adv 1. *(dr)außen, außerhalb* ‖ *anderswo* ‖ *auswärts* ‖ *hervor, heraus* ‖ *hinaus* ‖ *unterwegs, auf Reisen* ‖ ⟨Mar⟩ *seewärts* ‖ *auf See* ‖ de ~ *von außen, außerhalb* ‖ *vom Auslande* ‖ *von auswärts, nicht aus dem Ort* ‖ por ~ *außerhalb, äußerlich* ‖ un perro con la lengua ~ *ein Hund mit heraushängender Zunge* ‖ ~ (de) bordo ⟨Mar⟩ *außenbords* ‖ echar ~ *hinauswerfen, jdm die Tür weisen* ‖ ¡fuera (de aquí)! *weg da! fort! ab! hinaus!* ʼraus! ‖ ¡ ~ el sombrero, ~ sombreros! *Hut ab!* fam *herunter mit dem Hut!*
2. ~ de *als prep: außer* (dat), *ausgenommen* (acc), *mit Ausnahme* (gen) ‖ *außerhalb* (gen) ‖ ~ del alcance *außer Reichweite* ‖ ~ del caso *unangebracht* ‖ *ungelegen* ‖ *nicht dazugehörig* ‖ ~ de circulación *außer Kurs* (& fig) ‖ ~ de

es(t)o *außerdem* ‖ ~ de Europa *außereuropäisch* ‖ ~ de lugar *unstatthaft, unangebracht* ‖ ~ de propósito *widersinnig, verfehlt* ‖ *ungelegen* ‖ ~ de razón, ~ de juicio *widersinnig* ‖ ~ de su seno fig *aus s-r Mitte* ‖ ~ de serie *als Sonderanfertigung, außer Serie (hergestellt)* ‖ figf *großartig,* fam *toll, prima (Mensch)* ‖ es un ~ *er ist e-e Autorität,* fam *er ist e-e Kanone (auf s-m Gebiet)* ‖ ~ de servicio *außer Betrieb* ‖ ~ de tiempo *zur Unzeit, unzeitgemäß* ‖ ~ de toda esperanza *wider Erwarten* ‖ *ganz hoffnungslos* ‖ estar ~ de juicio *den Verstand verloren haben* ‖ estar ~ de sí fig *außer sich sein,* fam *ganz aus dem Häuschen sein* ‖ está ~ de la esfera de mi acción *es liegt außerhalb meines Wirkungskreises* ‖ ir ~ de camino fig *sich irren* ‖ poner ~ de la ley *für vogelfrei erklären* ‖ quedar ~ de combate ⟨Mil⟩ *kampfunfähig sein* ‖ vivir ~ de la ciudad *außerhalb der Stadt wohnen* ‖ ~ de juego ⟨Sp⟩ *im Aus* ‖ balón ~ de banda ⟨Sp⟩ *Ausball* m 3. *als* conj: ~ de que *abgesehen davon, daß; ausgenommen, daß*
²**fuera** *Pereatruf* m *(z.B. in Theatern)* ‖ ¡~! *raus!* ‖ ⟨Th⟩ *absetzen! buh!*
³**fuera** → *ser* od *ir*
fuera-bordo m ⟨Mar⟩ *Außenbordmotor* m
fuereño m/adj Mex *Provinzler* m ‖ ~ adj fig *dumm, einfältig*
fuerista m *Foral-, Partikular\rechtler* m ‖ fig *Verfechter* m *der fueros*
fuero m *Vor-, Sonder\recht* n ‖ *Partikularrecht* n ‖ *(Gemeinde)Gesetz, Stadtrecht* n ‖ *Satzung* f ‖ *Gesetzessammlung* f ‖ *Gewohnheitsrecht* n ‖ *Gerichtsbarkeit* f ‖ fig *Vorrecht, Privileg* n ‖ *Stolz* m, *Überhebung* f ‖ ~ *eclesiástico,* ~ *secular kirchliche, weltliche Gerichtsbarkeit* f ‖ ~ de la conciencia *Gewissensbereich* m ‖ ~ de guerra *Kriegsgerichtsbarkeit* f ‖ el ~ interno *(od* interior) fig *der Richterstuhl des Gewissens, der innere Bereich* m ‖ ~ p≈rlamentario *Abgeordnetenimmunität* f ‖ ~ pasivo *Gerichtsstand* m *des Beklagten* ‖ ⩞ *Juzgo Sammlung* f *der westgotischen Gesetze in altkastilischer Sprache* ‖ ⩞ de Castilla *kastilische Gesetzessammlung* f ‖ ~ municipal *Stadtrecht* n ‖ ⩞ de los Españoles *Grundgesetz* n *(od Charta* f) *der Spanier (1945)* ‖ ⩞ del Trabajo *Grundgesetz* n *(od Charta* f) *der Arbeit (1938)* ‖ a(l) ~ *nach dem Gesetz gewohnheitsmäßig, nach den Landesgesetzen* ‖ de ~ *von Rechts wegen* ‖ en su ~ *interno bei sich, im Inner(e)n (denken)* ‖ por ~ *ehrlich* ‖ ¿con qué ~? *mit welchem Recht?* ‖ ~s *pl* Span *die Fueros* mpl, *besondere Rechte, Freiheiten einzelner Provinzen od Städte* ‖ fig *Dünkel* m ‖ fig *Anmaßung* f ‖ ◊ volver siempre por los ~ de la verdad *immer für die Wahrheit einstehen*
¹**fuerte** adj *stark, kräftig* ‖ *heftig* ‖ *fest, haltbar* ‖ *dick, dicht* ‖ *tapfer, wacker* ‖ *groß, bedeutend, ansehnlich* ‖ *hart, schwer, mühsam* ‖ fig *beleibt, korpulent, dick* ‖ *breit (Hüfte)* ‖ fig *starrsinnig* ‖ fig *eigenwillig, energisch* ‖ fig *standhaft, mutig* ‖ fig *widerstandsfähig, haltbar, fest, dauerhaft* ‖ fig *stabil, fest(sitzend)* ‖ ⟨Mil⟩ *befestigt* ‖ ⟨Mil⟩ *haltbar* ‖ *gut (Aussicht, Möglichkeit)* ‖ fig *kräftig, wirksam* ‖ fig *heftig, derb* ‖ fig *fest, eingearbeitet, gut beschlagen, bewandert* ‖ fig *tüchtig* (en in dat) ‖ *triftig* ‖ fig *zu weitgehend, übertrieben* ‖ fig *unglaublich* ‖ fig *grob, häßlich, unanständig (Wort)* ‖ *hart, energisch (Rede)* ‖ *dick aufgetragen (Farbe)* ‖ *scharf (Soße, Essig)* ‖ *schwer (Wein)* ‖ *stark (wirkend) (Arznei)* ‖ *stark (Geruch)* ‖ *hoch, beträchtlich, groß (Summe, Vermögen)* ‖ *hart (Währung)* ‖ *fest(gezogen) (Knoten)* ‖ *sicher (Geld, Münze)* ‖ *aus Silber (Münze, mit Kupfergeld verglichen)* ‖ ⟨Gr⟩ *auf dem Stammvokal betont* ‖ Chi *stinkend* ‖ comida ~ *kräftige Speise* f ‖ lance ~ fig *schwerer Fall* m ‖ los ~s *golpes del destino* fig *die schweren Schicksalsschläge* ‖ mar(ea) ~ ⟨Mar⟩ *hochgehende See* f ‖ *starke Brandung* f ‖ peso ~ *Silberpeso* m = 8 *reales fuertes* = 20 *reales de vellón* ‖ plaza ~ ⟨Mil⟩ *Festung* f ‖ precio ~ *Laden-, Verkaufs\preis* m ‖ razón ~ *triftiger Grund* m ‖ real ~ *Silberreal* m = $2^1/_2$ *reales de vellón* ‖ suma ~ *große Summe* f ‖ tabaco, vino ~ *starker Tabak, Wein* m ‖ ◊ estoy ~ en matemáticas *ich bin stark (gut beschlagen) in der Mathematik, Mathematik ist m-e starke Seite* ‖ hacerse ~ *sich verschanzen* ‖ fig *nicht nachgeben* (en in dat) ‖ (eso) es más ~ que yo *ich kann mir nicht helfen* ‖ ¡eso es demasiado ~! *das ist unerhört (bzw unglaublich)!*
²**fuerte** adv *stark* ‖ *laut* ‖ *ausgiebig* ‖ *gehörig* ‖ ⟨Mus⟩ *nachdrücklich, forte* ‖ ◊ comer ~ *stark, ausgiebig essen* ‖ jugar ~ *hoch spielen* ‖ llamar ~ *stark, kräftig (an)klopfen*
³**fuerte** m *der Starke* ‖ fig *Stärke* f ‖ fig ⟨Mil⟩ *Festung* f, *(Festungs)Werk, Fort* n (→a **bastión**) ‖ fig *starke bzw stärkste Seite* f ‖ fig *Hauptsache* f ‖ ⟨Mus⟩ *Forte* n ‖ el canto es su ~ *der Gesang ist seine starke Seite* ‖ en lo ~ del invierno *mitten im Winter* ‖ el derecho del más ~ *das Recht des Stärkeren, das Faustrecht* n ‖ ~ avanzado ⟨Mil Fort⟩ *Außenwerk* n
fuerte\mente adv *stark, nachdrücklich, tüchtig* ‖ fig *kraftvoll, heftig* ‖ **-zuelo** m dim v. **fuerte**
fuerza f *Kraft, (Leibes)Stärke* f ‖ *Widerstandsfähigkeit* f ‖ *Macht, Gewalt* f ‖ ⟨Tech⟩ *(Trieb-)Kraft* f ‖ *Entschlossenheit* f, *Mut* m ‖ *Zwang* m, *Macht* f *über jdn* ‖ *Nachdruck* m ‖ *Überzeugungskraft* f ‖ *Gesetzeskraft* f ‖ *Notzucht* f ‖ ⟨Mil⟩ *Streit-, Heeres\macht* f ‖ ⟨Mar Mil⟩ *Verband* m ‖ ~ aceleratriz *Beschleunigungskraft* f ‖ ~ activa *wirksame Kraft* f ‖ ⟨Mil⟩ *Iststärke* f ‖ ~ de adhesión *Adhäsionskraft* f ‖ ~ aérea *Luftwaffe* f ‖ ~ animal *Betrieb* m *durch Tiere, tierische (Zug)Kraft* f ‖ ~ armada *bewaffnete Macht* f ‖ ~ de arranque ⟨Tech⟩ *Anzugskraft* f ‖ ~ ascensional *Steigkraft* f ‖ ⟨Flugw⟩ *Auftrieb(skraft* f) m ‖ *Hebekapazität* f *(e-s Docks)* ‖ ~ atractiva *Anziehungskraft* f (& fig) ‖ ~ bruta *rohe Gewalt* f ‖ ~ centrífuga *Zentrifugal-, Flieh\kraft* f ‖ ~ centrípeta, ~ central *Zentripetalkraft* f ‖ ~ coercitiva *Koerzitivkraft* f ‖ ~ combativa ⟨Mil⟩ *Schlagkraft* f ‖ ~ de (com)presión *Druckkraft* f ‖ ~ de la corriente ⟨El⟩ *Stromstärke, Stärke* f *des elektrischen Strom(e)s* ‖ ~ de la costumbre *Macht* f *der Gewohnheit* ‖ ~ de choque nuclear ⟨Mil Pol⟩ *Atomstreitmacht* f ‖ ~ elástica *Feder-, Spann\kraft* f ‖ ~ eléctrica *elektrische Kraft* f ‖ ~ electromotriz *elektromotorische Kraft* f ‖ ~ elemental *Urkraft* f ‖ ~ expansiva *Ausdehnungs-, Expansions\kraft* f ‖ ~ humana *Menschenkraft* f ‖ ~ de inercia *Beharrungsvermögen* f ‖ ~ de locomoción *Zugkraft* f ‖ ~ mayor *höhere Gewalt* f, *zwingende Umstände* mpl ‖ ~ mecánica *mechanische Kraft, Maschinenkraft* f ‖ ~ motriz *Triebkraft* f ‖ ~ naval, ~ marítima *See-, Kriegs\macht* f *zur See* ‖ ~ nuclear multilateral ⟨Mil⟩ *multilaterale Atomstreitmacht* f *(MLF)* ‖ ~ de la persuasión *die Macht der Überredung, die Überzeugungskraft* f ‖ ~ pública *öffentliche Sicherheitsorgane* npl ‖ *Polizei* f ‖ ~ de resistencia *Widerstandskraft* f ‖ ~ retardatriz *Verzögerungskraft* f ‖ ~ de sangre *Tier-, Pferde\kraft* f ‖ *Vollblütigkeit* f ‖ ~ de sustentación ⟨Flugw⟩ *Tragkraft* f ‖ ~ de torsión *Drehkraft* f ‖ ~ de tracción *Zugkraft* f ‖ ~ de vapor *Dampfkraft* f ‖ ~ viva *kinetische Energie, lebendige Kraft* f ‖ (→a ~s vivas) ‖ ~ de voluntad *Willens\kraft, -stärke* f ‖ unidad de ~ *Krafteinheit* f ‖ ◊ es ~ *es ist notwendig* ‖ es ~ reconocerlo *man muß es anerkennen* ‖ hacer ~ *sich anstrengen* ‖ *überzeugen, beweisen* ‖ hacer ~ a alg. *jdn zwingen* ‖ *jdn zu über-*

zeugen suchen ‖ la ~ prima sobre el derecho *Gewalt geht vor Recht* ‖ usar de ~ *Gewalt anwenden* ‖ a ~ de (+ inf *od* + s) *durch (viel) acc, mit viel (dat), durch vieles* ‖ a ~ de armas *mit Waffengewalt* ‖ a ~ de brazos figf *durch fleißige Arbeit, mit Gewalt* ‖ a ~ de correr *durch heftiges Laufen* ‖ a ~ de dinero *mit Geld* ‖ a ~ de estudiar *durch vieles Studium, nach vielem Lernen* ‖ a ~ de manos figf *mit Ausdauer und Beständigkeit* ‖ a ~ de ser repetido *durch dauernde Wiederholung* ‖ a ~ de ruegos *nach vielem Bitten* ‖ a ~ de tiempo *mit der Zeit* ‖ a viva ~, con toda la ~ *mit aller Kraft* ‖ a toda ~ ⟨Tech⟩ *mit voller Kraft* ‖ a la ~ *unumgänglich notwendig, schlechterdings* ‖ *gewaltsam, zwangsweise, mit Gewalt* ‖ *selbstverständlich* ‖ a la ~ ahorcan fam *Not kennt kein Gebot* ‖ ~ a ~ *mit ganzer Macht* ‖ con toda ~ *mit aller Gewalt* ‖ *unbedingt* ‖ (→a con todas sus ~) ‖ de por ~ fam = por ~ ‖ en ~ de *vermittels(t), vermöge* ‖ *kraft, gemäß, zufolge* ‖ por ~ *zwangsweise, mit Gewalt* ‖ *schlechterdings* ‖ *natürlich, selbstverständlich* ‖ ~s *pl Kriegs-, Heeres|macht* f ‖ ~ aéreas ⟨Mil⟩ *Luftstreitkräfte* fpl, *Luftwaffe* f ‖ ~ aéreas tácticas (estratégicas) *taktische (strategische) Luftstreitkräfte* fpl ‖ ~ armadas ⟨Mil⟩ *Streitkräfte* fpl, *Wehrmacht* f ‖ ~ de choque *Stoßtruppen* fpl ‖ ~ navales ⟨Mar⟩ *Seestreitkräfte* fpl ‖ ~ de ocupación *Besatzungsmacht* f ‖ ~ vivas fig *(in) Handel* m *und Industrie* f *(tätige Bevölkerung f)* ‖ ⟨Hist⟩ *kampffähiger Teil des Volkes* ‖ con todas sus ~ *aus Leibeskräften* ‖ despliegue de ~ *Kraftaufwand* m ‖ ◊ cobrar ~ *Kräfte sammeln, genesen* ‖ dar ~ *stärken* ‖ recuperar sus ~ *wieder zu Kräften kommen* ‖ sacar ~(s) *undicht (od leck) sein*
fuga|cidad f *Flüchtigkeit* f ‖ fig *Vergänglichkeit* f ‖ **-da** f *Windstoß* m, *Bö* f ‖ **-do** m *Ausbrecher, Entsprungene(r)* m ‖ **-do, -to** m ⟨Mus⟩ *Fugato* n
fugarse [g/gu] vt *(ent)fliehen, ausbrechen* (de aus dat) ‖ *flüchten, fliehen* ‖ ~ con *durchbrennen mit* (dat)
fugaz [pl **-ces**] adj *flüchtig, fliehend* ‖ fig *vergänglich*
fugitivo adj/s *fliehend* ‖ *flüchtig* (& fig) ‖ fig *(schnell) vorübergehend* ‖ fig *vergänglich* ‖ ~ m *Flüchtling* m ‖ *Ausbrecher, Flüchtige(r)* m
fugo adj/s *Guat* = **prófugo**
fuguillas m fam *Hitzkopf* m ‖ *Heißsporn* m
Führer m deut ⟨Hist⟩: el ~ *der Führer (Adolf Hitler)*
fui → **ser** od **ir**
fuina f ⟨Zool⟩ *Stein-, Haus|marder* m *(Martes foina)* (→a **garduña**)
ful adj pop *falsch* ‖ *mißraten*, fam *verkorkst* ‖ ~ m *Kauderwelsch* n

fula|na f fam *Prostituierte, Hure*, pop *Nutte* f ‖ doña ~ *e–e Gewisse, die und die, Frau Soundso, Fräulein N. N.* ‖ → **fulano** ‖ **-nita** f dim v. **-na** ‖ **-no, (Don)** ~ m *ein Gewisser, der und der, Herr N. N.*, *Herr Soundso (wenn man den Namen der Person nicht kennt od nicht nennen will)* ‖ ~ de Tal *ein Gewisser* m ‖ ~ y Zutano (Mengano y Perengano) *Herr X, Y u. Z, Hinz und Kunz, der und der (wenn von mehreren zugleich die Rede ist)* ‖ un ~ desp *ein Kerl, ein Bruder* m, *ein Subjekt* n
fulastre adj fam *stümper-, pfuscher|haft*
fulcro m ⟨Tech⟩ *Dreh-, Unterstützungs|punkt* m *(e–s Hebels)* ‖ ⟨Bot⟩ *Stütze* f *(Organ)*
△**fulchero** m *Arzt* m
fulero adj fam *stümper-, pfuscher|haft* ‖ = **fullero** ‖ Ar *falsch, verlogen*
fulgen|cia f *Glanz, Schimmer* m ‖ ~**cio** m np Tfn *Fulgenz* m ‖ **-te, fúlgido** adj ⟨Lit⟩ *glänzend, schimmernd, leuchtend, blitzend, strahlend*
ful|gir [g/j] vi *glänzen, schimmern, strahlen* ‖ *blitzen, funkeln* ‖ **-gor** m *Glanz, Schimmer* m ‖ *Blitzen, Funkeln, Strahlen* n ‖ fig *Pracht* f
fulgu|ración f *Strahlen, Glänzen* n ‖ *Aufleuchten, Funkeln* n ‖ *Wetterleuchten* n ‖ *(Ab-) Glanz* m ‖ ⟨Med⟩ *Blitzschlag* m ‖ *Fulguration, Behandlung* f *mit Funken von hoher Frequenz* ‖ **-ral** adj *Blitz-* ‖ **-rante** adj ⟨poet⟩ = **fulgente** ‖ *blitzartig auftretend (Schmerz)* ‖ fig *blitzschnell* ‖ fig *heftig, überwältigend* ‖ ataque ~ ⟨Mil⟩ *blitzschneller Angriff* m ‖ ⟨Med⟩ *blitzartig auftretender Anfall* m ‖ **-rar** vi *(er)glänzen* ‖ *(aus)strahlen* ‖ *blitzen, aufleuchten* ‖ **-rita** f ⟨Min⟩ *Blitzröhre* f, (⟨Min⟩ u. *Sprengstoff*) *Fulgurit* m ‖ **-roso** adj *strahlend, strahlenwerfend, leuchtend, blitzend*
fúlica f = **focha**
△**fulidor** m *Abrichter* m *von Dieben*
fuligi|nosidad f *Rußigkeit* f ‖ *leichte Rußschicht* f ‖ *Rußschwärze* f ‖ **-noso** adj *ruß|artig, -farbig, rußig* ‖ ⟨Wiss Lit⟩ *tiefschwarz*
fulmi|cotón m *Kollodiumwolle, Schießbaumwolle* f ‖ **-nación** f *Blitzen* n ‖ *Blitzschlag* m ‖ *Knall, Aufblitzen* ‖ *Detonation* f ‖ fig *Verdammung* f, *Schleudern* n *(des Bannstrahles)* ‖ **-nado** adj *vom Blitz getroffen* ‖ **-nador** adj/s *blitzend, donnernd* ‖ ⟨poet⟩ *blitzschleudernd*, *Blitze schleudernd* ‖ fig *verdammend* ‖ **-nante** adj *blitzartig* ‖ *blitzend, drohend* ‖ *detonierend* ‖ *zündend* ‖ *Knall-, Spreng-* ‖ fig *niederschmetternd* ‖ *tobend, zornig* ‖ *sehr heftig* ‖ fig *Blitz-, Donner-, Verdammungs-* ‖ ⟨Med⟩ *plötzlich auftretend* bzw *von schnellem Verlauf (Krankheit)* ‖ ⟨Chem⟩ *Knall-, Schlag-, Spreng-* ‖ anulación ~ *schlagartige Aufhebung* f *(Verfassung, Gesetz)* ‖ cápsula ~ *Zündkapsel* f ‖ composición ~ *Zündsatz* m ‖ gas ~ *Knallgas* n ‖ plata ~ *Knallsilber* n ‖ polvo ~ *Sprengpulver* n ‖ ~ m *Initialsprengstoff* m ‖ *Zündhütchen* n ‖ *Zündblättchen* n ‖ **-nar** vt *durch Blitzschlag töten* ‖ *(Blitz und Donner) schleudern* ‖ fig *treffen (Blitz)* ‖ fig *niederschmettern* ‖ fig *mit dem Bannstrahl treffen, den Bannstrahl schleudern* ‖ fig *verhängen lassen (Richterspruch)* ‖ fig ⟨Mil⟩ *beschießen* ‖ ~ vi *im Zorn toben, donnern, wettern*, fam *explodieren* ‖ **-nato** m ⟨Chem⟩ *Fulminat* n
fulmí|neo adj *blitz|artig, -schnell, Blitz-, Donner-* ‖ **-nico** adj: ácido ~ ⟨Chem⟩ *Knallsäure* f
fulmi|nífero adj ⟨poet⟩ *blitztragend* ‖ **-noso** adj = **fulmíneo**
fulo adj SAm *nicht ganz schwarz (Neger, Mulatte)* ‖ ~ de rabia SAm *blaß vor Zorn*
fulle|ar vi/t fam *im Spiel betrügen, (be)mogeln* ‖ *auf Chi prahlerische Drohungen ausstoßen, bramarbasieren, großtun* ‖ **-resco** adj *betrügerisch, mogelnd* ‖ **-ría** f *Mogelei* f, *Mogeln, Falschspiel* n ‖ fig *Gaunerei, Prellerei* f ‖ fig Col *Einbildung, Protzerei* f ‖ **-ro** m *Falschspieler*,

Mogler m || fig *Gauner, Preller* m || ~ adj *betrügerisch* || SAm *aufschneiderisch, angeberisch* || Col *lebhaft, ausgelassen (Kind)*
fullingue adj Chi *minderwertig (Tabak)* || *kränklich (Mensch)*
fullona f fam *lärmende Zänkerei* f
fuma|ble adj *rauchbar, zum Rauchen geeignet* || **-da** f *Zug, Schluck* m *beim Rauchen* || Arg Bol *Streich, Possen* m || **-dero** m *Rauchzimmer* n
fumador m *(Tabak) Raucher* m || pop *Rauchzimmer* n || ~ *de pipa Pfeifenraucher* m || ~ *de tabaco Tabakraucher* m || *articulos para* ~es *Rauchutensilien* pl || *departamento de* ~es ⟨EB⟩ *Raucherabteil* n || *no* ~es *Nichtraucher* mpl
fumante adj *rauchend* || *dampfend* || ⟨Chem⟩ *rauchend (Säure)*
fumar vt *rauchen (Tabak)* || vi *qualmen* || *dampfen* || ◊ ~ *en boquilla mit Mundstück rauchen* || ~ *en pipa Pfeife rauchen* || ~ *puros, cigarrillos Zigarren, Zigaretten rauchen* || *papel de* ~ *Zigarettenpapier* n || *pipa de* ~ *(Rauch-)Pfeife* f || *prohibido* ~ *Rauchen verboten* || *tabaco para* ~ *Rauchtabak* m || ~**se** vr fam *et restlos ausgeben,* fam *et verjubeln, et verjuxen* || *et (Verpflichtendes) absichtlich versäumen, zu et* (dat) *nicht hingehen* || *blau machen (Arbeit)* || *et schwänzen (z. B. Schule)* || ~ *toda su paga* figf *sein ganzes Geld verjuxen* || *se fumó (alegremente) la herencia* fam *er hat s-e ganze Erbschaft verjubelt* || ~ *u/c* pop *et gänzlich vergessen*
fumarada f *Stoß* m *(des Rauchers)* || *Rauchwolke* f || *Pfeifevoll* f *Tabak*
fumaria f ⟨Bot⟩ *Erdrauch* m *(Fumaria officinalis)*
fumarola f ⟨Geol⟩ *Fumarole, vulkanische Gasaushauchung* f
fumifero adj ⟨poet⟩ *rauchend*
fumi|forme adj *rauchförmig* || **-gación** f *(Durch) Räuchern, Ausräuchern* n || **-gador** m/adj *Desinfektor* m || ⟨Agr Mil⟩ *Nebelerzeuger* m || **-gantes** mpl/adj ⟨Chem⟩ *Räuchermittel* npl *(zur Desinfizierung bzw Schädlingsbekämpfung)* || **-gar** [g/gu] vt *durch-, aus|räuchern, vergasen* || *durchdampfen* || **-gatorio** adj *Räucher-* || ~ m *Rauchfaß* n, *Räucherpfanne* f
fumígeno adj *raucherzeugend, Rauch-,* bes ⟨Mil⟩ *Nebel-* || *bomba* ~**a** *Rauch-, Nebel|bombe* f
fumín m Cu ⟨Mal⟩ *Wischer* m
fumis|ta m *Ofensetzer* m || *Ofenhändler* m || **-tería** f *Geschäft* n bzw *Werkstatt* f *e-s Ofensetzers* || *Ofenhandlung* f
fumívoro m/adj *Rauchverzehrer* m || ~ adj *rauch|verzehrend* bzw *-abführend*
fumógeno adj → **fumígeno**
fumo|sidad f *Räucherigkeit* f || *Dampf, Dunst* m || **-so** adj *rauchig, räucherig* || *qualmend*
funambulesco adj *seiltänzerisch, Seiltänzer-* || fig *verstiegen, wunderlich, extravagant* || *humor* ~ *Galgenhumor* m
funámbulo m *Seiltänzer* m
función f *Aufgabe, Tätigkeit, Funktion* f || *Amt* n || *Verrichtung* f || *Amts-, Dienst|verrichtung* f || *Haus-, Freuden|fest* n || *Festlichkeit, Feier* f || *Theatervorstellung* f || ⟨Math Tech⟩ *Funktion,* ⟨Tech⟩ *Aufgabe* f || ⟨Med Physiol⟩ *Tätigkeit, Funktion* f *(der Organe)* || *Kriegs|tat, -handlung* f *(bes* Lit *u.* Hist*)* || ⟨Mil⟩ *Feldzug* m || ~ *de aficionados* ⟨Th⟩ *Laienvorstellung* f || ~ *de despedida Abschiedsvorstellung* f || ~ *de la tarde Nachmittagsvorstellung* f || ~ *trigonométrica trigonometrische Funktion, Kreisfunktion* f || ◊ *cesar en sus* ~es *die Tätigkeit einstellen* || *sein Amt niederlegen* || *s-s Amtes entboben werden* || *conferir* ~es (a) *e-r Tätigkeit übertragen* || *ejercer una* ~ *e-e Tätigkeit verrichten, ausüben* || *entrar en* ~es *ein Amt antreten* || *in Kraft treten* || *mañana no hay* ~ ⟨Th⟩ *morgen gibt es keine Vorstellung*

funcio|nal adj *auf die Funktion bezüglich, funktion|ell, -al* || *Tätigkeits-* || *funktionalistisch* || *Betriebs-, Leistungs-* || fig *wirtschaftlich, rationell* || *arquitectura* ~ *funktionalistische* od *funktionelle Architektur* f, *Zweckbau* m || *muebles* ~es *Anbaumöbel* npl || **-nalismo** m *Funktionalismus* m || **-namiento** m *(Amts) Verrichtung* f || *Gang, Betrieb* m || *Gang, Lauf* m *e-r Maschine* || *Arbeitsweise* f *(e-s Geräts, e-s Mechanismus)* || *Funktionieren, Arbeiten* n || ⟨Biol⟩ *Lebensverrichtungen* fpl *des Organismus* || ~ *(totalmente) automático (voll) automatischer Antrieb* m, *Automatik* f || ~ *continuo,* ~ *ininterrumpido Dauerbetrieb* m || ~ *intermitente Aussetzerbetrieb* m || *en condiciones de* ~ *betriebsfähig* || **-nar** vi *Verrichtungen tun* || *gehen, funktionieren, laufen, im Gang(e) sein (Maschine)* || *in Betrieb sein, arbeiten* || ◊ *no -na außer Betrieb* || *hacer* ~ *una máquina e-e Maschine in Betrieb setzen* || **-nario** m *(Staats) Beamte(r)* m || ⟨Pol⟩ *Funktionär* m || ~ *público öffentliche(r) Beamte(r)* m || ~ *del Estado Staatsbeamte(r)* m || ~ *de la Administración central Ministerialbeamte(r)* m || ~ *de carrera Berufsbeamte(r)* m || *Span Beamte(r)* m *(im Gegensatz zu empleado público* = *Angestellte(r) im öffentlichen Dienst)* || ~ *no retribuido Ehrenbeamte(r)* m || **-narismo** m *Bürokratismus* m
funche m Cu Mex PR *Mais|suppe* f, *-brei* m
fund. Abk = **fundado(r)**
funda f *Überzug, Bezug* m || *Futteral* n, *Scheide* f || *Überzug* m, *öst Zieche* f *(e-s Federbettes)* || *Präservativ* n || ~ *de almohada Kopfkissenbezug* m || ~ *para anteojos Brillenfutteral* n || ~ *protectora Schonbezug, Schoner* m || ◊ *poner la* ~ *überziehen (z. B. Bett)* || *sacar de la* ~ *aus dem Futteral herausnehmen (z. B. Geige)*
funda|ción f *Gründung* f || *Stiftung, Errichtung* f *(milde) Stiftung* f || *Stift* n || *Grundlage* f || ⟨Arch⟩ *Fundament* n, *Fundierung* f, *Unterbau* m || *Am Wohnsitz* m || Col *Farm* f || ~ *de una casa Gründung* f *e-s Geschäftes* || ~ *de interés público öffentliche Stiftung* f || *capital de la* ~ *Anlage-, Stamm|kapital* n || *gastos de* ~ *Anlagekosten* fpl || **-cional** adj *Gründungs-* || *Stiftungs-*
funda|damente adv *begründeterweise, mit Sicherheit* || **-do** adj *gegründet* || *gewiß* || *wohlbegründet, berechtigt* || *esperanza (queja)* ~a *berechtigte Hoffnung, begründete Erwartung* f *(Klage, Beschwerde)* || *estar* ~ *begründet, berechtigt sein* || **-dor** m *Gründer* m || *Stifter* m || *acción (parte) de* ~ *Gründer|aktie* f *(-anteil* m*)* || **-mentación** f *Stützung* f || *Abstützen* n || *Begründung* f || ~ *de la sentencia* ⟨Jur⟩ *Urteilsbegründung* f || **-mentado** adj *gründlich* || **-mental** adj *wesentlich, Haupt-, Grund-* || *gründlich* || *grundlegend, fundamental* || fig *ursprünglich* || *causa* ~ *Hauptursache* f || *ley* ~ *(Staats) Grundgesetz* n || *línea* ~ ⟨Geom⟩ *Grundlinie* f || *piedra* ~ fig *u.* ⟨Arch⟩ *Grundstein* m || fig *Grundlage* f || *punto* ~ *Hauptgesichtspunkt* m || adv: ~**mente** *grundsätzlich* || *von Grund aus* || *im wesentlichen* || **-mentar** vt *e-e (sichere) Grundlage geben* (dat), *stützen, untermauern (& fig)* || fig *begründen* || fig *sicherstellen* || **-mento** m *Grund* m, *Grundlage* f, *Fundament* n *(& fig)* || *Begründung* f, *Grund(bau)* m || *(Haupt) Grund* m || *Grundbegriff* m || fig *Grundlage, Hauptstütze* f || fig *Verläßlichkeit* f || fig *Ernst* m, *Gesetztheit* f || pop *After* m, *Gesäß* n || *con* ~ *auf reiflicher Überlegung beruhend* || *begründet(erweise)* || *sin* ~ *ohne Begründung, unbegründet* || *grundlos* || ◊ *carecer de* ~, *no tener* ~ *unbegründet, unrechtgert sein* || *leichtfertig, unzuverlässig sein* || ~**s** mpl ⟨Arch⟩ *Grundmauern* fpl, *Fundament* n || ◊ *sentar los* ~ *die Grundlagen, das Fundament legen (& fig)*
fundar vt/i ⟨Arch⟩ *gründen, errichten (Kloster,*

Schule usw) ‖ erbauen ‖ stiften ‖ festsetzen ‖ entwerfen *(Plan)* ‖ *(be)gründen,* stützen (en *auf* acc) *(Ansicht, Forderung usw)* ‖ ◊ ~ en el aire fig *Luftschlösser bauen* ‖ ~ una casa *ein Geschäft gründen, errichten* ‖ ~ un imperio *ein Reich gründen* ‖ ~ su opinión en la experiencia *seine Meinung auf die Erfahrung gründen* ‖ ~ una organización *e–e Organisation gründen* ‖ ~ grandes esperanzas en alg. *auf jdn große Hoffnungen setzen* ‖ en eso funda toda su dicha *darauf baut er sein ganzes Glück* ‖ ~se sich *gründen, stützen auf* (acc), *fußen* (en *auf* dat) ‖ *ruhen auf* (dat) (⟨Arch⟩ *u.* fig) ‖ *entspringen* (dat)
    fundente *m* ⟨Chem Tech⟩ *Schmelz-, Fluß\|mittel* n, *Zuschlag* m ‖ ⟨Med⟩ *auflösendes Mittel, Auflösungsmittel* n *(gegen Geschwülste)* ‖ ~ adj *schmelzend*
    fundería *f Gießerei, Schmelzhütte* f (→ a **fundición**) ‖ ⟨Typ⟩ *Schriftgießerei* f
    fundible adj *schmelz-, gieß\|bar*
    fundición *f Gießen, (Ein)Schmelzen* n ‖ *Guß* m ‖ ⟨Typ⟩ *Schriftgarnitur* f, *Sortiment* n *Schriften* ‖ *Gießerei, Schmelzhütte* f ‖ *Gußeisen* n ‖ ~ amarilla *Messing* n *(Gelbguß)* ‖ ~ en arena *Sandguß* m ‖ ~ blanca *weißes Gußeisen* n ‖ ~ en coquilla *od* lingotera *Kokillenguß* m ‖ ~ dulce, dura *Weich-, Hart\|guß* m ‖ ~ especular *Spiegeleisen* n ‖ ~ gris *Grauguß* m ‖ ~ de campanas *Glockengießerei* f ‖ *Glockenguß* m ‖ ~ de hierro, ~ de acero *Eisen-, Stahl\|gießerei* f ‖ *Eisen-, Stahl\|guß* m ‖ ~ maciza *Kern-, Voll\|guß* m ‖ ~ maleable *Temperguß* m ‖ ~ en molde *Formguß* m ‖ ~ de tipos, ~ de caracteres (de imprenta) ⟨Typ⟩ *Schriftgießerei* f ‖ horno de ~ *Schmelzofen* m ‖ pieza de ~ *Gußstück* n ‖ *Gießereierzeugnis* n
    fundi\|do adj *geschmolzen, gegossen* ‖ *aufgelöst* ‖ *flüssig* ‖ *verschwommen* ‖ Am pop *pleite* ‖ acero ~ *Gußstahl* m ‖ ~ *m* ⟨Filmw⟩ *Überblendung* f ‖ *Farbabstufung* f ‖ ⟨Ing⟩ *Warmlaufen* n *(des Lagers)* ‖ ~ abrir (cerrar) en ~ ⟨Filmw⟩ *auf-, (ab)blenden* ‖ **–dor** *m Gießer, Schmelzer* m ‖ ⟨Mil⟩ *Stückgießer* m ‖ ~ de tipos ⟨Typ⟩ *Schriftgießer* m ‖ cuchara de ~ *Gießkelle* f ‖ **–dora** *f* ⟨Typ⟩ : ~ de tipos, ~ de caracteres de imprenta *Letterngießmaschine* f ‖ **–llos** *mpl* Am *Hinterteil* m *der Beinkleider* (= **fondillos**) ‖ Mex *Gesäß* n ‖ *od* Chi pop *mit großem Hinterteil* ‖ ~ *m* fig *Pantoffelheld* m
    fundir vt *schmelzen (Erze)* ‖ *gießen (Glocken, Lettern)* ‖ *(ein)schmelzen\|zerlassen (Butter)* ‖ fig *verschmelzen, innig verbinden* ‖ fig *in Einklang bringen* ‖ Am *zugrunde richten, ruinieren* ‖ ◊ volver a ~, ~ de nuevo *umgießen, umschmelzen* ‖ ~ en frío *kalt gießen* ‖ arte de ~ *Gießkunst* f ‖ ʼcazo de ~ *Gießlöffel* m ‖ difícil, fácil de ~ *streng-, leicht\|flüssig* ‖ máquina de ~ *Gießmaschine* f ‖ **~se** vr *schmelzen, zergehen* ‖ ⟨El⟩ *durch\|schmelzen, -brennen (Sicherung)* ‖ fig *in Einklang kommen* ‖ fig *sich zusammenschließen,* ⟨Com &⟩ *fusionieren* ‖ *ineinanderlaufen (Farben)* ‖ fig *auftauen (Eis)* ‖ Am fig *sich zugrunde richten, sich ruinieren, Pleite machen* ‖ ◊ su corazón se fundía de ternura *sein Herz zerfloß in zärtlicher Rührung* ‖ se fundieron en un abrazo *sie umarmten sich herzlich*
    fun\|do *m* ⟨Jur⟩ *Grundstück* n ‖ ~ dominante (sirviente) ⟨Jur⟩ *herrschendes (dienendes) Grundstück* n ‖ Chi *Landgut* n ‖ **–dón** *m* Col *Reitkleid* n *der Frauen*
    fúnebre adj *Grab-, Begräbnis-, Leichen-, Trauer-* ‖ fig *traurig, düster* ‖ fig *finster* ‖ canto ~ *Grabgesang, Trauerchor* m ‖ cara ~ fig *düstere Miene, Trauermiene* f ‖ coche ~ *Leichenwagen* m ‖ comitiva ~, cortejo ~ *Leichenzug* m, *Trauergefolge* n ‖ empleado ~ *Leichenträger* m ‖ marcha ~ *Trauermarsch* m ‖ monumento ~ *Grabdenkmal* n ‖ oración ~ *Grab-, Leichen\|rede* f ‖ honras ~s *die letzten Ehren* fpl *(empresa de)* pompas ~s *Beerdigungsanstalt* f

fune\|ral adj *zum Leichenbegängnis gehörig, Begräbnis-* ‖ **~(es)** *m(pl) Trauergottesdienst* m ‖ *Totenfeier* f ‖ *Leichen\|begängnis* n, *-feier* f ‖ ~ nacionales *Staatsbegräbnis* n ‖ adornos para ~ ⟨Com⟩ *Begräbnisschmuck* m ‖ **-raria** *f Beerdigungs\|anstalt* f, *-institut* n ‖ (caja) ~ *Sterbekasse* f ‖ **-rario** adj *Begräbnis-, Leichen-* ‖ columna ~a *Totensäule* f ‖ inscripción ~a *Grabschrift* f ‖ losa ~a *liegender Grabstein* m
    funéreo adj ⟨poet⟩ = **fúnebre**
    funes\|tidad *f* Mex *trauriges Ereignis* n ‖ **–to** adj *traurig, kläglich, beklagenswert* ‖ *unglücklich, unheilvoll* ‖ *unheilbringend* ‖ *verhängnisvoll* ‖ *verderblich, todbringend, tödlich* ‖ desenlace ~ *tödlicher Ausgang* m *(z. B. e–r Verwundung)* ‖ adv: **–amente**
    fungi\|bilidad *f Verzehrbarkeit* f ‖ *Verbrauchbarkeit* f ‖ ⟨Jur⟩ *Vertretbarkeit* f *(v. Sachen)* ‖ **–ble** adj *verzehrbar* ‖ *verbrauchbar* ‖ ⟨Jur⟩ *vertretbar, fungibel (Sachen)* ‖ cosas ~s ⟨Jur⟩ *vertretbare Sachen* fpl, *Fungibilien* pl
    fungi\|cida adj/s *pilztötend, fungizid* ‖ ~ *m Fungizid* n, *(Spritz)Mittel* n *gegen Pilzbefall* ‖ **–forme** adj *pilzförmig*
    fungir [g/j] vi Mex *an jds Stelle treten* ‖ MAm Mex *ein Amt ausüben* ‖ fam *sich in ein Geschäft unberufen einmischen*
    fun\|go *m* ⟨Med⟩ *Schwamm, fleischiger Auswuchs,* lat *Fungus* m ‖ **–gosidad** *f Schwammigkeit* f ‖ ⟨Med⟩ *schwammige Wucherung, Fungosität* f ‖ **–goso** adj *schwammig, porös* ‖ ⟨Med⟩ *schwammig, fungös*
    funicular adj: (ferrocarril) ~ *m Standseilbahn* f ‖ *Drahtseil-, Schwebe\|bahn* f
    funículo *m* ⟨An⟩ *Samenstrang* m ‖ ⟨An⟩ *Nabelschnur* f ‖ ⟨Bot⟩ *Keimgang,* lat *Funiculus* m ‖ ⟨Entom⟩ *Funiculus* m ‖ *Fühlergeißel* f
    funiforme adj *strangförmig*
    △**fuñador** *m streitsüchtiger Mensch* m
    fuñido adj Cu *schwächlich, kränklich* ‖ Ven *streitsüchtig*
    fuñique adj/s fam *plump, linkisch* ‖ *ängstlich, zimperlich,* fam *pingelig*
    fuqui adj Marr *hoch (gelegen)*
    fura\|car vt Ar = **horadar, agujerear** ‖ **–co** *m* Ar = **agujero**
    furcia *f*/adj pop *Hure,* pop *Nutte* f ‖ fig *verachtenswertes Weib* n
    furente adj ⟨poet⟩ *wütend, rasend, tobend*
    fúrfur *m,* **fúrfura** *f* ⟨Med⟩ *Schinnen, Kopfschuppen* fpl
    furfuráceo adj *kleienartig* ‖ ⟨Med⟩ *Schuppen-*
    fur\|gón *m Packwagen* m ‖ ⟨EB⟩ *geschlossener Transportwagen* m ‖ ⟨EB⟩ *Gepäckwagen* m ‖ ⟨Aut⟩ *großer Lieferwagen* m ‖ ~ de cola *letzter Zugwagen* m ‖ ~ de correos *Postwagen* m ‖ ~ para ganado *Viehwagen* m ‖ **–goneta** *f* ⟨Aut⟩ *(kleiner) Liefer-, Kasten\|wagen* m
    furia *f Furie* ‖ *Wut, Raserei* f, *Toben* n ‖ fig *Toben* n *(des Meeres)* ‖ fig *Heftigkeit* f ‖ *Ungestüm* n ‖ fam *böses Weib* n ‖ ⟨Myth⟩ *u.* fig *Furie* f ‖ Mex *wirrer Haarschopf* m ‖ con *(od* a) toda ~ *mit voller Kraft* ‖ *in aller Eile* ‖ *(wie) wild* ‖ acceso de ~ *Wutanfall* m ‖ hecho una ~ *wütend, sehr zornig, tobend*
    furibundo adj *wütend, rasend*
    furierismo *m* ⟨Soz⟩ *Fourierismus* m, *System* n *des Charles Fourier* (→ **falansterio**)
    furio\|sidad *f wütendes Gebaren* n ‖ **–so** adj *rasend, wütend, toll (&* fig) ‖ *tobsüchtig* ‖ fig *gewaltig, schrecklich* ‖ ⟨poet⟩ *verheerend, furchtbar (Sturm)* ‖ ~ de cólera *vor Wut schnaubend* ‖ loco ~ *Tobsüchtige(r)* m ‖ ◊ está ~ contra mí *er ist wütend auf mich* ‖ se puso ~ al saberlo *als er es erfuhr, wurde er wütend*
    furlana *f Furlana* f *(italienischer Tanz)*
    furnáridos *mpl* ⟨V⟩ *Töpfervögel* mpl (Furnariidae) (→ **hornero** ⟨V⟩)
    [1]**furo** adj *barsch, menschenscheu* ‖ Ar *unbändig (Tiere)* ‖ Ar Al Nav = **furioso**

²**furo** *m:* ◊ hacer ~ Ar *et verbergen, um es sich heimlich anzeigen*
³**furo** *m Einfüllöffnung* f *der Form für Zuckerhüte* ‖ Mex *Spitze* f *des Zuckerhuts*
furor *m Raserei, Wut* f, *(In)Grimm* m ‖ *Ent-, Ver|zückung, Begeisterung* f ‖ ⟨Med⟩ *Wutausbruch* m, *Wüten, Toben* n ‖ fig *dichterischer Wahnsinn* m ‖ fig *rasende Schnelligkeit* f ‖ ~ popular *Volkswut* f ‖ ~ uterino ⟨Med⟩ *Mannstollheit, Nymphomanie* f ‖ ◊ hacer ~ gall *sehr beliebt (od in Mode) sein, Furore machen*
△**furre** adj *ausgezeichnet*
furriel, furrier *m* ⟨Mil⟩ *Quartiermacher, Furier* m
furriña f Mex *Zornausbruch* m
furris adj fam Al Ar Nav Mex Ven *schlecht, elend, erbärmlich* ‖ *verpfuscht*
furrumalla f Cu *Gesindel* n ‖ fig *erbärmliche, schlechte Sache* f
furrusca f Col *Streit, Zank* m
furti|vamente adv v. **-vo** ‖ ◊ cazar ~ *wildern* ‖ **-vo** adj *heimlich, verstohlen* ‖ cazador ~ *Wilderer, Wilddieb* m ‖ ◊ hacer caza ~a *wildern, Waldfrevel treiben*
furto *m* prov = *hurto*
furúnculo *m* = **forúnculo**
fusa f ⟨Mus⟩ *Zweiunddreißigstelnote* f
fusado adj ⟨Her⟩ *mit Spindeln*
fusco adj *dunkel, schwärzlich*
fuse|lado adj/s ⟨Her⟩ = **fusado** ‖ ~ *m* ⟨Flugw⟩ *Verkleidung* f ‖ **-laje** *m* ⟨Flugw⟩ *Rumpf* m ‖ ~ de rejilla *Gitterrumpf* m
fusi|bilidad f *Schmelzbarkeit* f ‖ **-ble** adj *schmelzbar, leichtflüssig* ‖ alambre ~ ⟨El⟩ *Schmelz|draht* m, *-sicherung* f ‖ pieza ~ *Schmelzstück* n ‖ placa ~ ⟨El⟩ *Abschmelzstreifen* m ‖ ~ m ⟨El⟩ *Sicherung* f ‖ ⟨El⟩ *Schmelzeinsatz* m ‖ automático *Sicherungsautomat* m ‖ ~ de recambio *Ersatzsicherung* f ‖ ~ de plomo ⟨El⟩ *Blei|schmelzdraht* m, *-sicherung* f ‖ ◊ cambiar (*od reemplazar*) un ~ *e-e Sicherung auswechseln, ersetzen*
fusiforme adj *spindelförmig*
fusil *m Gewehr* n ‖ fig *Schütze* m ‖ ~ acuático ⟨Sp⟩ *Harpune* f ‖ ~ de aguja *Zündnadelgewehr* n ‖ ~ de aire comprimido *Luftgewehr* n ‖ ~ ametrallador *leichtes Maschinengewehr* n *(l.M.G.)* ‖ ~ automático *Selbstladegewehr* n ‖ ~ de avancarga, ~ de baqueta *Vorderlader* m ‖ ~ de chispa *Steinschloßgewehr* n ‖ ~ Máuser *Mausergewehr* n ‖ ~ de percusión, ~ de pistón *Hammergewehr* n ‖ ~ rayado *gezogenes Gewehr* n ‖ ~ de reglamento *Dienstgewehr* n ‖ ~ de repetición *Magazingewehr* n, *Mehrlader* m ‖ ~ de retrocarga *Hinterlader* m ‖ ◊ apuntar (con) el ~ *zielen* ‖ cargar (disparar) el ~ *das Gewehr laden (abfeuern)* ‖ → a **escopeta**
fusi|lamiento *m (standrechtliche) Erschießung* f ‖ ~ en masa *Massenerschießung* f ‖ **-lar** vt ⟨Mil⟩ *standrechtlich erschießen, füsilieren* ‖ figf *nachmachen, zusammenstoppeln, plagiieren (Buch usw)* ‖ **-lazo** *m Gewehrschuß* m ‖ *Schußwunde* f ‖ **-lería** f *Gewehrfeuer* n ‖ *Infanteriefeuer* n ‖ *Gewehre* npl ‖ fig *Schützen* mpl
fusilero *m* ⟨Mil⟩ *(Gewehr)Schütze* m ‖ *Musketier, Füsilier* m ‖ ~ de montaña ⟨Mil⟩ *Gebirgsjäger* m
fusión f *(Ein)Schmelzen* n ‖ *Schmelze* f, *Fluß* m ‖ *Schmelzprozeß* m ‖ ⟨Nucl⟩ *Fusion* f ‖ ⟨Metal⟩ *Gießen* n, *Guß* m ‖ fig *Ver|schmelzung, -einigung* f ‖ fig *Zusammenschluß* m ‖ fig *Aufgehen* n ‖ ⟨Pol Com⟩ *Fusion(ierung)* f ‖ ~ de acciones ⟨Wir⟩ *Aktienzusammenlegung* f ‖ ~ al alto horno *Hochofenschmelze* f ‖ ~ de dos empresas comerciales *Fusion, Vereinigung* f *zweier Handelsgesellschaften* ‖ ~ del esmalte *Einbrennen n des Emails* ‖ en (estado de) ~ *in geschmolzenem Zustand, schmelzflüssig* ‖ horno de ~ *Schmelzofen* m ‖ punto de ~ *Schmelzpunkt*

m ‖ ◊ entrar en ~ ⟨Chem⟩ *schmelzen*
fusionar vt *ver|ein(ig)en, -schmelzen, zusammenlegen* ‖ ⟨Com⟩ *fusionieren* ‖ ~ vi, ~se *verschmelzen, sich vereinigen, fusionieren (z.B. zwei Handelsgesellschaften)*
fuso *m* ⟨Her⟩ *Raute* f
fusor *m Schmelztiegel* m
fus|ta f *dünnes Holz* n ‖ *Reisig, Reisholz* n ‖ *Reitpeitsche* f ‖ *Kutscherpeitsche* f ‖ *(Art) Wollstoff* m ‖ ⟨Mar⟩ *Fuste* f, *kleines Wachtschiff* n ‖ **-tado** adj ⟨Her⟩ *geschäftet*
fus|tán, *-taño *m* ⟨Web⟩ *Barchent* m ‖ Mex *Unterrock* m ‖ SAm *Frauenrock* m
△**fustanque** *m Prügel* m
fustazo *m Peitschenhieb* m
fuste *m (Baum)Holz* n ‖ *Holzstange* f ‖ *Schaft* m ‖ *Rute, Gerte* f ‖ *Sattelbaum* m ‖ *Deichselstange* f *am Wagen* ‖ ⟨Arch⟩ *Säulenschaft* m ‖ fig *innerer Gehalt, Kern* m ‖ fam *Bedeutung* f ‖ Gal *großes Weinfaß* n ‖ ⟨poet⟩ *Sattel* m ‖ ⟨poet⟩ *Lanze* f, *Speer* m ‖ de ~ fig *wichtig, bedeutend* ‖ hombre de ~ fig *wertvoller, tatkräftiger Mann* m ‖ de poco ~ *unbedeutend* ‖ fig *inhalt-, charakter|los*
fustero *m Drechsler* m ‖ *Tischler* m ‖ *Zimmermann* m ‖ Mex *Sattelbaummacher* m
fustete *m* ⟨Bot⟩ *Perückenstrauch* m, *Fisettholz* n *(Cotinus çoggygria)*
fusti|gación f *Auspeitschen* n ‖ **-gador** *m Auspeitscher* m ‖ **-gar** [g/gu] vt *(aus)peitschen, gießeln* ‖ fig *derb tadeln, rügen*
fusto *m* Hues *(Art) Bauholz* n
fut. Abk = **futuro**
fútbol, futbol *m Fußball* m, *Fußballspiel* n ‖ campeonato de ~ *Fußballmeisterschaft* f ‖ jugador de ~ *Fußballspieler* m ‖ partido de ~ *Fußballspiel* n
futbo|lín *m Tischfußball* m ‖ **-lista** *m Fußballspieler*, fam *Fußballer* m ‖ **-lístico** adj *Fußball-*
futesa f fam *Kleinigkeit, Läpperei, Lappalie* f ‖ *Firlefanz* m
fútil adj *nichtig, nichtssagend* ‖ *geringfügig* ‖ *unbedeutend, belanglos*
futi|lidad, -leza f *Nichtigkeit, Seichtheit* f ‖ *Kleinigkeit, Läpperei* f ‖ *Inhaltslosigkeit* f ‖ *Kindlichkeit* f ‖ *Nutzlosigkeit* f ‖ = **futesa**
futir vi Ant *ärgern* ‖ **~se** vr Ant *sich ärgern* ‖ Chi pop *zugrunde gehen*
futraque *m* fam *Jacke* f, *Rock* m
futrarse vr Arg = **fastidiarse** ‖ me futro en *(+ gemeintes Objekt)* Arg vulg etwa: *verfluchte Scheiße!*
futre *m*/adj SAm *Geck, Stutzer, Modenarr* m
futriaco *m* desp Col Dom PR *Kerl, Bruder* m, *Subjekt* n
futrirse vr → **futrarse**
futu|ra f *Anwartschaft* f ‖ ⟨Typ⟩ *Futura* f *(Schrift)* ‖ fam *Braut, Zukünftige* f ‖ **-rario** adj *Anwartschafts-* ‖ **-rismo** *m Futurismus* m *(Kunstrichtung von Marinetti)* ‖ *Zukunftsorientierung* f ‖ **-rista** adj *futuristisch* ‖ ~ m *Futurist* m
futuro adj/s *(zu)künftig* ‖ fig *angehend, in spe* ‖ de ~ *für die Zukunft* ‖ en lo ~ *in Zukunft* ‖ tiempo ~ *Zukunft* f ‖ ⟨Gr⟩ *Futur(um)* f ‖ la vida ~a *das (Leben im) Jenseits* ‖ ~ m ⟨Gr⟩ *Futur(um)* m ‖ fam *Bräutigam, Zukünftige(r)* m ‖ ~ condicional, ~ imperfecto de subjuntivo ⟨Gr⟩ *bedingende Zukunft* f *(z.B. hiciere: sehr gebräuchliche Form in der Rechtssprache)* ‖ ~ imperfecto ⟨Gr⟩ n ‖ ~ perfecto, ~ absoluto ⟨Gr⟩ *2. Futur(um)* n ‖ en un ~ próximo *in nächster Zeit*
futu|rología f *Futurologie* f ‖ **-rólogo** *m Futurologe* m
fvda. Abk = **favorecida**
fvr. Abk = **favor**
Fz. Abk = **Fernández**
fzas. Abk = **fuerzas**

G

(Ge, Gi →a unter Je. Ji, *mundartlich* →a H, B)

g (= ge) *f G* n
G. Abk = *Gracia* ‖ *Gobierno* ‖ *Gloria* ‖ *Gran*(de)
g., g/ Abk = **género** ‖ **gramo(s)** ‖ **giro** ‖ gran(de)
g.[a] Abk = **ganancia**
gabacho m/adj pop *Dorfbewohner* m *(in den Pyrenäen)* ‖ fam desp *Franzmann* m *(Spitzname der Franzosen)* ‖ fam desp *französische Sprache* f ‖ fam desp *mit Gallizismen durchsetztes Spanisch* n ‖ Ar fig *Feigling* m ‖ ~ adj fam desp *französisch* ‖ **aus den Pyrenäen*
gabán m *Mantel* m ‖ *Über|zieher, -rock* m ‖ ~ de entretiempo *leichter Übergangsmantel* m ‖ ~ de pieles *Herrenpelzmantel* m ‖ →a **abrigo**
gabarda f ⟨Bot⟩ Ar = **escaramujo**
△**gabardé** m *Franzose* m
gabardina f *Gabardine* m/f *(Stoff)* ‖ *(imprägnierter) Regenmantel* m ‖ *Bauernjacke* f *mit engen Ärmeln*
gabarra f ⟨Mar⟩ *Gabarre* f, *kleines Lastschiff* n ‖ *Schute* f ‖ ⟨Mar⟩ *Leichterschiff* n
gabarro m *Webernest* n *(Fehler im Tuch)* ‖ ⟨Min⟩ *Steinknoten* m ‖ ⟨Vet⟩ *Hufgeschwür* n ‖ *Pips* m *(der Hühner)* ‖ fig *unangenehme Verpflichtung* f ‖ ⟨Com⟩ *Rechnungsfehler* m ‖ Sal ⟨Entom⟩ *Hummel* f ‖ Sal fig *Drohne* f, fam *Faulenzer* m
gabela f *Abgabe, Steuer* f ‖ fig *Belastung, Last, lästige Bedingung* f ‖ Col *Nutzen, Gewinn* m
gabera f And = **gavera**
△**Gabia** f *Frankreich* n
△**gabicote** m *Buch* n
gabina f And fam *Angströhre* f
gabinete m *Kabinett, (Neben)Zimmer* n ‖ *Geheimzimmer* n ‖ *Salon* m ‖ *Studier-, Arbeits-zimmer* n ‖ *(Kunst)Sammlung* f, *Kabinett* n ‖ ⟨Med⟩ *Behandlungsraum* m ‖ ⟨El⟩ *Gehäuse* n ‖ *Am Gehäuse* n *e-s Rundfunkgeräts* ‖ *Am Musiktruhe* f ‖ *Kabinett* n, *Regierung* f ‖ *Minister-, Staats|rat* m ‖ *Ministerium* n ‖ Col *Erker* m ‖ ~ de censura *Zensuramt* n ‖ ~ de estampas *Kupferstichkabinett* n ‖ ~ de figuras de cera *Wachsfigurenkabinett* n ‖ ~ de física *physikalisches Kabinett* n ‖ *physikalischer Versuchsraum* m ‖ ~ de lectura *Lesesaal* m ‖ *Leihbücherei* f ‖ cuestión de ~ fam *Kabinetts-, Vertrauens|frage* f ‖ *Hauptproblem* n ‖ poeta de ~ ⟨Lit⟩ *Stubendichter* m
gablete m ⟨Arch⟩ *Giebel(abschluß)* m ‖ *Spitztürmchen* n ‖ *Wimperg* m
gabonés adj/s *gabunisch* ‖ ~ m *Gabuner* m
Gabriel m np: *Arcángel* ~ *Erzengel Gabriel*
gabrieles mpl fam *Kichererbsen* fpl
gabucha f Chi *Bast-, Holz|schuh* m
ga|cel m *Gazellenbock* m ‖ **-cela** f ⟨Zool⟩ *Gazelle* f (Gazella spp) ‖ fig *schlanke, anmutige Frau* f
gacella f *Gasel* n *(persische Gedichtform)*
gaceta f *Zeitung* f, *Zeitungsblatt* n ‖ *Staatsanzeiger* m ‖ *(Fach)Zeitung* f ‖ figf *Zuträger* m, *Klatschmaul* m ‖ ⟨Tech⟩ *Brennkasten* m *(für Kacheln u. ä.)* ‖ ≃ de Madrid *ehemalige offizielle spanische Regierungszeitung (heute: Boletín Oficial del Estado)* ‖ ◊ oficial *Amtsblatt* n ‖ ◊ mentir más que la ~ figf *lügen wie gedruckt*
gace|tera f *Zeitungsfrau* f ‖ **-tero** m/adj *Zeitungsschreiber, Journalist* m ‖ *Zeitungsverkäufer* m ‖ **-tilla** f *Vermischte(s), Verschiedene(s)* n *(in e-r Zeitung)* ‖ *kleine Nachrichten* fpl ‖ *Kurz-*

nachrichtenteil m *(e-r Zeitung)* ‖ **-tillero** m *Zeitungsschreiber* m, *der kleine Nachrichten aufsetzt* ‖ **-tín** m *kleine Nachricht* f ‖ And ⟨Typ⟩ *Setzkasten* m ‖ **-tista** m *eifriger Zeitungsleser* m ‖ fam *Neuigkeitskrämer* m
gacha f *Brei* m, *flüssige Masse* f ‖ fam *Zorn* m ‖ Col Ven *irdener Napf* m ‖ **~s** fpl *Milch-, Honig|brei* m *mit Mehl* ‖ And *Zärtlichkeiten* fpl ‖ ¡ánimo a las ~! figf *frisch ans Werk!*
gachí f And pop *Frauenzimmer, Mädchen* n, pop *Puppe* f ‖ △ *(Straßen)Dirne* f
gacho adj *gebeugt, gebückt, zu Boden hängend* ‖ *Schlapp-* ‖ *nach unten gebogen (Hörner)* ‖ prov *trübe (Himmel)* ‖ sombrero ~ *Schlapphut, Kalabreser* m ‖ toro ~ *Stier* m *mit nach unten gekrümmten Hörnern* ‖ con la cabeza ~a *mit gesenktem Kopf* ‖ con las orejas ~as *mit gesenkten Ohren (Pferd usw)* ‖ *mit Schlappohren (Hund)* ‖ ◊ volvió con las orejas ~as figf *er kam mit hängenden Ohren zurück* ‖ a ~as adv fam *auf allen vieren kriechend* (→a a **gatas**)
gachó m And = **gaché** ‖ △ *Mann, Bursche, Kerl* m ‖ desp *Bruder* m, *Subjekt* n
gachón, ona adj/s fam *niedlich, hübsch, reizend* ‖ And *verwöhnt (Kind)*
gachonada f fam *Anmut, Grazie* f ‖ fam *Schöntuerei* f
gachondo adj And *verwöhnt (Kind)*
gacho|near vi fam *listig schmeicheln, schöntun* ‖ **-nería** f fam *Anmut, Grazie* f
gachu|pín m Mex *ursprünglich: neu eingewanderter Spanier* m ‖ *heute meist Schimpfwort: Spanier* m ‖ desp *pöbelhafter Spanier* m ‖ → **cachupín** ‖ **-pincito** m Mex dim v. **gachupín**
gada f Marr *Brachfeld* n
gádidos mpl ⟨Fi⟩ *Dorsche, Schellfische* mpl (Gadidae)
gaditano m/adj *Bewohner* m *von Cádiz*
gado m ⟨Fi⟩ *Dorsch, Schellfisch* m (Gadus spp) (→a **abadejo, bacalao, faneca**)
gadolinio m ⟨Chem⟩ *Gadolinium* n
gaélico adj *gälisch*
gafa f *Armbrustspanner* m ‖ *Klammer, Krampe* f ‖ ⟨Mar⟩ *Schenkelhaken, Hakenstropp* m ‖ **~s** pl ⟨Maur⟩ *Lastkrampe* f ‖ *Brillenbügel* mpl ‖ *Brille* f ‖ ~ ahumadas *dunkle Brille* f ‖ ~ de automovilista *Autobrille* f ‖ ~ de buceo *Taucherbrille* f ‖ ~ de lectura *Lesebrille* f ‖ ~ protectoras *Schutzbrille* f ‖ ~ de sol *Sonnenbrille* f
gafar vt *verklammern* ‖ fam *Unglück bringen* ‖ fam *durch den bösen Blick behexen*
gafarrón m ⟨V⟩ Ar Murc = **pardillo**
ga|fe m fam *Unglücksbringer* m (→a **cenizo**) ‖ **-fedad** f *krampfartige Fingerlähmung* f ‖ *Krallenfingrigkeit* f *(bei Leprakranken)* ‖ **-fo** adj/s ⟨Med⟩ *krallenfingrig (bes Leprakranke)* ‖ *gelähmt* ‖ *aussätzig* ‖ ~ m *Aussätzige(r)* m ‖ Col CR PR = **despeado**
ga|foso, -fudo m/adj fam u. desp *Brillenträger* m, fam *Brillenschlange* f
gag m engl *Gag* m *(witziger Einfall)*
gagá adj/s *gaga*, *alt geworden, vertrottelt, kindisch*
gago adj Can Chi Pe PR Ven *stotternd*
gagú [pl **-úes**], **gagón** m *Gagubaum* m
gague|ar vi Sal *murren, munkeln* ‖ Am *stottern* ‖ **-ra** f Can Chi Pe PR Ven *Stottern* n
gaicano m ⟨Fi⟩ = **rémora**
[1]**gaita** f *Schalmei, Hirtenflöte* f ‖ *Dudelsack* m, *Sackpfeife* f ‖ *Kurbelgeige, Orgelbratsche* f ‖ *ein span. Tanz* m ‖ figf *Kopf* m ‖ *Hals* m ‖ figf *Laune*

gaita — galera

f || figf *Widerwärtigkeit, Unannehmlichkeit* f, iron *Vergnügen* n || fig *derber Scherz* m || Mex *Betrüger* m || ~ gallega *Dudelsack(pfeife)* m *(f)* || ~ zamorana *Kurbelgeige, Orgelbratsche* f || alegre como una ~ fig *munter wie ein Fisch im Wasser* || ◊ estar de ~ figf *fröhlich, aufgeräumt sein* || templar ~s figf *jds Zorn zu besänftigen suchen* || *(ständig) Rücksicht nehmen müssen* || ¡vaya una ~! fam *das ist e–e schöne Bescherung! das ist ja ein schönes Vergnügen!*
²**gaita** m Arg fig *Galicier,* p. ex. *Spanier* m *(oft desp)*
gaitero adj/s fam *lebhaft, bunt,* fam *knallig (z. B. Kleidung)* || fam *lustig, heiter,* fam *aufgekratzt* || ~ m *(Dudel)Sackpfeifer* m
gaje *m Sold, Lohn, Gehalt* m || ~s *pl Sold* m*, Löhnung* f || *Nebeneinnahmen* fpl || ~ *del oficio (od* empleo*) iron Unbequemlichkeiten, Beschwerden, Freuden* fpl *des Berufs*
△**gajesar** vt/i *(be)drohen*
gajo m *abgebrochener Baumast, Zweig* m || *Büschel* n *Kirschen, Birnen usw* || *Traubenbüschel* n || *Bündel* n *Bananen* || *Scheibe* f *(Orange usw)* || *Zacken* m*, Zinke* f *(e–s Rechens)* || *Ausläufer* m *e–s Gebirges* || 〈Bot〉 *Lappen, Flügel* m || SAm prov *Kinn* n || Col MAm *Locke* f || ◊ ser del ~ de arriba fam Col *zur höheren Gesellschaftsschicht gehören*
gajoso adj *viel|ästig, -teilig*
¹**gal** m 〈Phys〉 *Galilei, Gal* n *(cm/s²)*
²△**gal** m *Dorf* m
gala f *Gala–, Fest|kleid* n || *Staatskleidung* f || *festliche Ausschmückung* f || *Gala* f*, Prunk, Staat* m || *Hoffest* n || *das Auserlesenste, der Kern* || fig *Zierde* f || fig *Anmut, Grazie* f || Ant Mex *Trinkgeld* n || ~ de Francia 〈Bot〉 — **balsamina** || de ~ in *Gala(kleidung)* || *Fest-, Gala-, Parade-* |*kleidung* || día de ~ *Galatag* m || función de ~ 〈Th〉 *Galavorstellung* f || traje de ~ *Gala-, Salonkleid* n || uniforme de ~ *Gala-, Parade|uniform* f || ◊ hacer ~ de *(od* tener a ~) a/c fig *et zur Schau tragen, sich e–r Sache (gen) rühmen* || *angeben* || llevar la ~ fam *den Vorzug erhalten* || tener a ~ fig *für fein halten* || vestirse de ~ *Galakleider anziehen* || ~s mpl *Staat, Putz, Prunk* m || las ~s de la novia *der Brautputz* || vestir sus primeras ~s de mujer fig *sein Debüt in der Gesellschaft geben (Mädchen)*
Galacia f 〈Hist〉 *Galatien* n
galactagogo adj/s 〈Med〉 *die Milchabsonderung fördernd* || ~ m *milchtreibendes Mittel, Lactagogum* n
galáctico adj 〈Astr〉 *galaktisch, zum System der Milchstraße gehörend, Milchstraßen-* || →a' **galaxia**
galac|tología f 〈Med〉 *Galaktologie* f || **-tómetro** m *Galaktometer, Laktodensimeter* n*, Milchmesser* m || **-torrea** f *(Dudel)* *vermehrte Milchabsonderung, Galaktorrhö(e)* f || **-tosa** f 〈Chem〉 *Galaktose* f *(Bestandteil des Milchzuckers)* || **-tostasis** f 〈Med〉 *Milchstauung, Galaktostase* f
galafate m fam *Spitzbube* m
△**galafré** m *Pudel* m *(Hund)*
galaico adj *bes* 〈Li Lit Hist〉 *galicisch* || ~-**portugués** adj *galicisch-portugiesisch*
galalita f *Galalith* n *(Kunststoff)*
galán m/adj *hübscher, stattlicher Mann* m || *Liebhaber, Galan* m || 〈Th〉 *Liebhaber* m || de carácter || 〈Th〉 *Charakterliebhaber* m || ~ joven 〈Th〉 *jugendlicher Liebhaber* m || primer ~, segundo ~ 〈Th〉 *erster, zweiter Liebhaber* m || ◊ conozco al ~ fam *ich kenne den losen Vogel*
galanamente adv *elegant* || *im Galakleid* || fig *zierlich, elegant*
galancete m dim *v.* **galán** || fam *Putznarr* m || 〈Th〉 *jugendlicher Liebhaber* m
galano adj *zierlich, hübsch, niedlich* || *nett* ||

elegant || *schön gekleidet* || *geschmückt, geziert, geputzt* || fam *üppig (Pflanzen)* || Cu *gefleckt (Vieh)* || ~a f Sal *Gänseblümchen* n (→ **margarita**) || guerra ~a fig *Scheinkrieg* m || pata ~a figf *hinkender Fuß* m || cuentas ~as fam *glänzende, aber unbegründete Hoffnungen* fpl || fam *Illusionen* fpl
galan|te adj *galant, zuvorkommend, aufmerksam gegen Damen* || *kokett* || *witzig, spaßhaft* || mujer ~ fig *Kokotte* f || **-teador** m *Galan, Liebhaber* m || **-tear** vt/i *(e–r Dame) den Hof machen* || *(e–r Frau) schmeicheln, Artigkeiten sagen* || fig *zu erreichen suchen* || **-temente** adv *liebenswürdig, entgegenkommenderweise, großmütig, galant* || **-teo** m *Hofmachen* n || *Liebeswerben* n || **-tería** f *Höflichkeit, Zuvorkommenheit* f *gegen Damen* || *Artigkeit* f || *Aufmerksamkeit* f*, Entgegenkommen* n || *Kompliment* n || *Uneigennützigkeit, Freigebigkeit* f || *Zierlichkeit, Niedlichkeit, Nettigkeit* f || *Schick* m *(Sachen)*
galantina f 〈Kochk〉 *Galantine* f *(kaltes gefülltes [Geflügel]Fleisch in Sülze u. ohne Knochen)*
galanura f *Schmuck, Zierat* m || *Putz* m || *Anmut* f*, vornehmes Betragen* n || *estilo lleno de* ~ *glänzender Stil* m
galapagar m *Schildkröten|sumpf, -weiher* m
galápago m *Süßwasserschildkröte* f || *Scharstock* m *am Pflug* || 〈Arch〉 *Bogengerüst* n || *engl. Wulstsattel* m || *Schraubstock* m || 〈Tech〉 *Flachkolben* m || *(Dach)Ziegelform* f || 〈Metal〉 *Barren* m || *Sturmbock* n *der alten Römer* || 〈Mar〉 *Ballastgans* f || 〈Mar〉 *Klampe* f || 〈Mar〉 *Klüse* f || 〈Chir〉 *Schleuderverband* m || 〈Vet〉 *Frosch* m *(Hufkrankheit)* || fig *boshafter, verschmitzter Mensch* m || *Hond Damensattel* m || Col *(runder) Stuhl* m || ~ europeo 〈Zool〉 *Europäische Teichod Sumpf|schildkröte* f *(Emys orbicularis)* || ◊ tener más conchas que un ~ figf *sehr schlau und gerieben sein*
galapaguero adj *aus Villagonzalo* (PBad)
△**galar** vt *gewinnen*
galar|dón m *Belohnung* f || *Lohn, Preis* m *(de, por für acc)* || **-donar** vt *(be)lohnen, vergelten ([Ver]Dienste)* || *verleihen, auszeichnen (Preise)* || ◊ ~ con el primer premio *mit dem ersten Preis auszeichnen* || ha sido –donado con el Premio Nobel de Literatura *er hat den Nobelpreis für Literatur erhalten*
gálatas mpl *die Galater* || epístola de San Pablo a los ~ *Galaterbrief* m *des Apostels Paulus*
galato m 〈Chem〉 *Gallat* n
galaxia f 〈Astr〉 *Galaxis, Milchstraße* f
galba|na f fam *Faulheit, Trägheit* f || *Müßiggang* m || **-noso** adj fam *träge, faul, müßig*
gálbula f 〈Bot〉 *Fruchtzapfen* m
galdosiano adj *auf den span. Schriftsteller B. Pérez Galdós (1843–1920) bezüglich*
△**galea** f *Karre* f
gale|aza f 〈Mar〉 *Galeasse* f || **-ga** f 〈Bot〉 *Geißraute* f (Galega officinalis)
galena f 〈Min〉 *Bleiglanz, Galenit* m || (detector de) ~ 〈Radio〉 *Kristalldetektor* m || aparato, detector de ~ 〈Radio〉 *Kristall|apparat, -detektor* m
galénico adj: remedios ~s 〈Med〉 *galenische Präparate* npl
Galeno m np *Galen(us)* || ~ adj *Arzt* m || ~ adj: viento ~ 〈Mar〉 *leichte Brise* f
galeón m 〈Mar Hist〉 *Ga|leone, -lione* f || And fig *Lager* n*, Speicher* m
galeo|ta f 〈Mar〉 *Kuff, Ga|leote, -liote* f || **-te** m 〈Hist〉 *Galeot, Galeeren|sklave, -sträfling* m
galera f *bedeckter Reise-, Last-, Fracht|wagen* m || 〈Hist〉 *Galeere* f*, Ruderschiff* n || *Strafschiff* n || 〈Hist〉 *Frauengefängnis* n || 〈Zim〉 *Rauhbank* f || 〈Metal〉 *Frischofenbatterie* f || 〈Math〉

Bruchstrich m *zwischen Dividend u. Divisor* || ⟨Typ⟩ *Setzschiff* n || ⟨Zool⟩ *Heuschreckenkrebs* m (Squilla mantis) || Hond Mex *Schuppen* m || Arg Chi Ur fam *Zylinder(hut)* m || ~s *pl Galeerenstrafe* f

galerada *f* ⟨Typ⟩ *Fahne* f, *Fahnen-, Bürsten|abzug* m || ~s *fpl* ⟨Typ⟩ *Korrektur(fahnen* fpl*)* f

galería *f Galerie* f, *(bedeckter) Gang, Korridor* m || *Trinkhalle* f *(in Kurorten)* || *Bilder-, Gemälde|galerie* f || *Emporkirche* f || ⟨Bgb Tech Mil⟩ *Stollen* m || ⟨Mil⟩ *bedeckter Weg* m || ⟨Th⟩ *Galerie* f || ⟨Th⟩ *Galeriepublikum* n || *Zuschauertribüne* f *(im Parlament)* || ⟨Mar⟩ *Mittelteil* n *des Decks* || *Omnibusverdeck* n || ~ de aireación ⟨Bgb⟩ *Wetterstrecke* f || ~ artística *Kunstsammlung* f || ~ de pinturas *Gemäldegalerie, Pinakothek* f

galerín *m* ⟨Typ⟩ *Setz|schiff, -brett* n

galerita *f Haubenlerche* f (→ **cogujada**)

galer|na *f plötzliches Umschlagen* n *des Windes von Nordost auf Nordwest an der kantabrischen Küste* || p. ex *steifer Nordwestwind an der span. kantabrischen Küste* || **–nazo** m augm *v.* **galerna**

galerón *m* SAm *Ballade, Romanze* f || Ven *ein Volkstanz* m || CR Salv *Schuppen* m

Gales *f* ⟨Geogr⟩ *Wales*

galés, esa *adj walisisch* || ~ *m Waliser* m || *das Walisische* n, *die kymrische Sprache* f

galfarro *m* León ⟨V⟩ *Sperber* m (→ **gavilán**)

¹**galga** *f Stein, Felsbrocken* m *(bei Steinschlag)* || *Läufer, Schleifstein* m *(in Ölmühlen)*

²**galga** *f* ⟨Med⟩ *krätzartiger Ausschlag* m *am Halse, Halskrätze* f

³**galga** *f kreuzförmig gebundenes Schuhband* n *der Frauen*

⁴**galga** *f Hemmschuh, Bremsknüppel* m, *Radsperre* f *am Wagen* || *einfacher Brettsarg* m, *Trage, Bahre* f *(beim Armenbegräbnis)* || ⟨Mar⟩ *Ankergatt* n || ⟨Tech⟩ *Bremskeil* m

⁵**galga** *f Lehre* f, *Kaliber (Maß)* n || *Nadelstärke* f *(z. B. bei Webnadeln)* || *Maßbrett* n *der Maurer*

⁶**galga** *f Windhündin* f || Hond *gelbe, schnelllaufende Ameise(nart)* f || ◊ *ése es como la ~ de Lucas (gelegentlich mit dem vulg Zusatz...), que cuando salía la liebre se ponía a mear auf den ist kein Verlaß,* fam *der ist ein unsicherer Kantonist*

¹**galgo** m/adj *Windhund* m (= *perro* ~) || ◊ *vender el ~ a* alg. fam *jdn betrügen, prellen* || ¡échale un ~! fig *das (bzw den, die usw) siehst du nicht mehr!* || *das kannst du abschreiben! verliehenes Buch od Geld)* || ¡váyase a espulgar un ~! fam *machen Sie, daß Sie fortkommen! scheren Sie sich zum Kuckuck (od zum Teufel)!*

²**galgo** *adj* Sal *u. prov* Am *naschhaft, feinschmeckerisch*

galguita *f Windspiel* n

Galia(s) *f(pl)* ⟨Geogr⟩ *Gallien* n

galiana *f* = **cañada**

gálibo *m* ⟨Mar⟩ *Mall(besteck)* n || ⟨Mil⟩ *Kaliberlehre* f *(e–s Geschützes)* || (⟨EB⟩ *u.* Brücke) *Durchfahrtsprofil, Lademaß* n || fig *(Aus)Maß* n || fig *Eleganz* f

galica|nismo *m* ⟨Kath⟩ *Gallikanismus* m || **–no** *adj gallikanisch*

Gali|cia *f Galizien (poln. Provinz)* || *Galicien (span. Provinz)* || **–ciano** m/adj *Galizier* m *aus Polen* || fig *Ostjude* m || *Galicier* m *aus Spanien* (→ **gallego**)

gali|cismo *m Gallizismus* m, *franz. Spracheigentümlichkeit* f || **–cista** m/adj *jd, der Gallizismen anwendet* || ~ *adj gallizistisch*

¹**gálico** *adj gallisch (Sachen: sonst* **galo***)* || *morbo* ~ *Syphilis, Lustseuche* f, fam *Franzosen* mpl, *Franzosenkrankheit* f

²**gálico** adj: *ácido* ~ ⟨Chem⟩ *Gallussäure* f

galicursi *adj* fam iron *jd, der Gallizismen anwendet* (→ a **cursi**)

galifordo *m* Arg *Tagedieb* m

Galile|a *f* ⟨Geogr⟩ *Galiläa* || ≈ *Kirchenvorhof* m || **≈o** *adj galiläisch* || ~ *m Galiläer* || el ≈ *Christus*

galillo *m* ⟨An⟩ *Zäpfchen* n || fam *Kehle* f, *Schlund* m

galimatías *m* fam *Galimathias* m, *Kauderwelsch* n, *Unsinn, Quatsch* m

galináceo *adj* = **gallináceo**

△**galindo** *m Geschlechtskranke(r)* m

galio *m* ⟨Chem⟩ *Gallium* n

galipar|la *f* iron *mit Gallizismen durchsetzte Sprache* f || **–lante, –lista** m/adj *jd, der mit Gallizismen spricht*

galipot *m* ⟨Pharm⟩ *Galipotharz* n, *Galipot* m

△**galipota** *m Franzosenkrankheit* f, *Franzosen* mpl, *Lustseuche* f

galipote *m* ⟨Mar⟩ *Teer* m *(zum Kalfatern)*

galo *adj gallisch* || fig *französisch* || ~ *m Gallier* m || fig *Franzose* m || *die gallische* bzw fig *französische Sprache* f

Galo np: San ~ *St. Gallen* m, *der hl. Gallus*

galocha *f Überschuh* m || *Holzschuh* m || *Galosche* f, *Regenschuh* m

galocho *adj* Sal *u.* prov *liederlich, ausschweifend* || *nachlässig, schlampig*

galó|filo m/adj = **francófilo** || **–fobo** m/adj = **francófobo**

galomanía *f Franzosenschwärmerei, Gallomanie* f

¹**galón** *m Tresse, Litze, Borte* f, *Galon* m, *Paspel* m/f || ⟨Mil⟩ *Litze* f || *Hosen-, Ärmelstreifen* m || ◊ *quitar a uno los ~es* fig *jdn des Amtes entsetzen*

²**galón** *m* engl. *Gallone* f *(Hohlmaß)* = *ca. 4¹/₂ Liter* || *kuban. Gallone* f = *3,66 Liter* || *US-Gallone* f = *3,79 Liter*

galoncillo *m* dim *v.* **galón**

galo|neadura *f Tressenbesatz* m || **–near** vt *mit Tressen besetzen* || **–nista** m fam ⟨Mil⟩ *Rangkadett* m

galop *m*, **galopa** *f Galopp* m *(Tanz)* || *Kehraus* m

galopada *f Galopp* m || *(längerer) Ritt* m *im Galopp*

galo|pante *adj*: *tisis* ~ *f* ⟨Med⟩ fig *galoppierende Schwindsucht* f (→ **tuberculosis**) || **–par** vi *galoppieren, im Galopp reiten* || **–pe** *m Galopp* m *(Gangart des Pferdes)* || fig *Hast, Eile* f || ~ *corto,* ~ *de picadero verkürzter (versammelter) Galopp* m || ~ *derecho Rechtsgalopp* m || ~ *desunido ungleicher Galopp* m || ~ *falso falscher Galopp* m || ~ *gallardo mit Springen untermischter Galopp* m || ◊ *alzar el ~ angaloppieren* || a(l) ~, de ~ *im Galopp* || fig *eilig, hastig* || a ~ *tendido (od largo) in gestrecktem Galopp* || fig *in höchster Eile, schleunigst* || *lanzar al ~ in Galopp setzen (Pferd)* || **–peado** *adj* fam *gehudelt, verpfuscht, Pfusch-* || ~ *m Ohrfeigen* n *bzw* fpl || **–pear** vi = **–par**

galo|pillo *m Küchenjunge* m || **–pín** *m Straßenjunge, (Gassen)Bube* m || *Laufbursche* m, *Küchenjunge* m || ⟨Mar⟩ *Scheuerjunge* m || fig *Gauner, Spitzbube* m || **–pinada** *f Schurkenstreich* m || *Hochstapelei* f || **–po** *m Preller, Gauner* m

galorromano *adj galloromanisch*

galpón *m* SAm *Schuppen* m || *Hütte* f || *Rumpelkammer* f || Col *Ziegelei* f

galúa *f* ⟨Fi Murc⟩ = **mújol** || Cu *Ohrfeige* f

galu|cha *f* Col CR Cu PR Ven *Galopp* m || **–char** vt Col CR Cu PR Ven *galoppieren*

△**galuchí** *m Zucker* m

galup m engl *Meinungsbefragung* f *(des Gallup-Instituts)*

galvánico *adj* ⟨Phys⟩ *galvanisch* || *dorado* ~ *galvanische Vergoldung* f || *pila* ~a *Voltasche Säule* f

galva|nismo *m* ⟨Phys Med⟩ *Galvanismus* m ||

galvanización — gallo 572

-nización f ⟨Tech⟩ *Galvanisierung* f ‖ *Verzinkung* f ‖ ⟨Med⟩ *Galvanisation* f ‖ **-zado** adj/s *galvanisiert* ‖ *verzinkt* ‖ ~ *m Verzinkung* f ‖ ~ *al fuego feuerverzinkt* ‖ **-zador** *m Galvaniseur* m ‖ **-zar** [z/c] vt *galvanisieren* ‖ *galvanisch ver|zinken, -golden usw* ‖ fig *beleben, elektrisieren* ‖ fig *mitreißen* ‖ fig *aufpeitschen*
   galvano, gálvano *m* ⟨Typ⟩ *Galvano* n
   galva|nocaustia *f* ⟨Med⟩ *Galvanokaustik* f ‖ **-nocauterio** *m Galvanokauter, Glühstift* m ‖ **-nómetro** *m* ⟨Phys⟩ *Galvanometer* n ‖ **-noplastia** *f* ⟨Tech Typ⟩ *Galvano-, Elektro|plastik* f ‖ **-noscopio** *m* ⟨Phys El⟩ *Galvanoskop* n ‖ **-notecnia, -notécnica** *f Galvanotechnik* f ‖ **-noterapia** *f* ⟨Med⟩ *Galvanotherapie* f ‖ **-notipia** *f* ⟨Typ⟩ *Galvanoplastik* f ‖ **-notipo** *m* ⟨Typ⟩ = **galvano** ‖ **-notropismo** *m* ⟨Biol⟩ *Galvanotropismus* m
   △**galla** *f Fünfpeseten-, Fünfpeseta|stück* n
   gallada *f* prov *u.* Chi pop *Prahlerei* f ‖ Chi *Gesindel* n
   gallado pp Sant *u.* prov *befruchtet (Hühnerei)* (→ **gallar**)
   galladura *f Hahnentritt* m *im Ei*
   gallar vt = **gallear** ‖ *die Henne treten (Hahn)* ‖ **gallarda** *f* ⟨Mus⟩ *Gaillarde* f ‖ ⟨Typ⟩ *Petit* f *(8-Punkt-Schrift)*
   gallar|dear vi *Mut zeigen* ‖ *bramarbasieren, angeben, prahlen (de mit dat)* ‖ →a **alardear** ‖ ~ *de zur Schau tragen* ‖ **-dete** *m* ⟨Mar⟩ *(Kommando) Stander* m ‖ *(Signal) Wimpel* m ‖ *(Schmuck) Fähnchen* n ‖ **-detón** *m* augm *v.* **-dete** ‖ *Kommandostander* m ‖ **-día** *f Stolz* m ‖ *stolze (Körper) Haltung* f ‖ *Stattlichkeit* f ‖ *Würde* f, *würdevoller Anstand* m ‖ *Mannhaftigkeit* f ‖ *Mut* m ‖ *Entschlossenheit* f ‖ *Anmut, Grazie, Zierlichkeit* f ‖ **-do** adj *stolz* ‖ *mannhaft* ‖ *stattlich, rüstig* ‖ *kräftig, mutig, tapfer* ‖ fig *vortrefflich, ausgezeichnet* ‖ *großmütig* ‖ porte ~ *stattliche Körperhaltung* f ‖ *würdevolles Auftreten* n
   △**gallardó** adj *schwarz*
   galla|reta *f* ⟨V⟩ = **focha** ‖ **-rón** *m* ⟨V⟩ = **sisón**
   gallear vt *(die Henne) treten (vom Hahn)* ‖ ~ vi fig *großtun, protzen* ‖ fig *schreien, (los-) brüllen* ‖ fig *hervorragen* ‖ ⟨Taur⟩ *ein galleo ausführen*
   galle|ga *f* f v. **-go** ‖ **-gada** *f Trupp* m *Galicier* ‖ *galicischer (Volks)Brauch* m ‖ *Gallegada* f, *typischer galicischer Tanz* m *bzw Volksweise* f ‖ **-go** adj *galicisch* ‖ mesa ~a *(od* de ~s) figf *gedeckter Tisch* m, *auf dem das Brot fehlt* ‖ nabo ~ *Futterrübe* f ‖ pote ~, caldo ~ ⟨Kochk⟩ *galicischer Eintopf* m *(mit Bohnen, Kartoffeln, Kohl, Schinken, Speck usw)* ‖ trompa ~a *f Brummeisen* n ‖ ~ *m Galicier, Bewohner m von Spanisch-Galicien* ‖ *galicische Mundart* f ‖ △*Knauser, Knicker* m ‖ *Dienstmann, Gepäckträger* m ‖ *Cast Nordwestwind* m ‖ Am prov *(eingewanderter) Spanier* m ‖ **-guismo** *m galicische Spracheigentümlichkeit* f
   galle|o *m Oberflächenrauheit* f *(einiger Metallgußstücke)* ‖ ⟨Taur⟩ *Behandlung* f *des Stiers durch besondere Körperdrehung des Stierfechters* ‖ figf *Großtun, Bramarbasieren* n ‖ **-ra** *f Kampfhahnstallung* f ‖ *Platz* m *für Hahnenkämpfe* ‖ *Kampfhahnbestand* m ‖ **-ro** m/adj *Kampfhahnzüchter* m ‖ Am *Liebhaber* m *von Hahnenkämpfen* ‖ Am *Hahnenkampfarena* f ‖ Chi *Transportdieb* m
   ¹**galleta** *f (Schiffs) Zwieback* m, *Backwerk* n ‖ *Brotkuchen* m ‖ *Keks* m ‖ *Kleingebäck* n ‖ ⟨Tech⟩ *Kontaktplatte* f ‖ *Flachspule* f ‖ *Würfelkohle* f ‖ fam *Ohrfeige* f ‖ Arg fam *ein geringes Brot* n ‖ Arg fam *Entlassung*, fam *Feuern* n ‖ Chi figf *(derber) Verweis* m ‖ ◊ colgar la ~ Arg *(einen Angestellten) entlassen*, fam *feuern* ‖ dar ~ Am pop *e–n Korb geben* ‖ ~s *Keks* m/npl
   ²**galleta** *f* ⟨Mar⟩ *Napfschüssel* f

   galle|te *m:* ◊ beber a ~ fam *aus e–m Krug trinken, ohne denselben an den Mund zu setzen* ‖ **-tear** vt Arg fam *(e–n Angestellten) entlassen*, fam *feuern* ‖ **-tería** *f Kecksladen* m ‖ **-tero** adj Chi figf *tadelsüchtig* ‖ Chi *schmeichlerisch* ‖ ~ *m Keks|bäcker* bzw *-hersteller* m ‖ *Keksverkäufer* m ‖ *Kecksteller* m ‖ *Kecksbüchse* f
   galligato adj/s Ven *klug, schlau* ‖ ~ *m Ven wichtige Person* f, fam *hohes Tier* n
   gallina *f Henne* f ‖ *Huhn* n *(als Art)* ‖ figf *Feigling* m, *Memme* f, *Hase* m ‖ ~ *de agua Teichhuhn* n (→ **polla** de agua) ‖ ~ asada *Brathuhn* n ‖ ~ ciega *Blindekuhspiel* n ‖ ~ de Guinea *Perlhuhn* n (→ **pintada**) ‖ la ~ de los huevos de oro *das Huhn, das goldene Eier legte* ‖ ~ de mar ⟨Fi⟩ *Knurrhahn* m (Trigla spp) ‖ ~ de río *Bläßhuhn* n (→ **focha**) ‖ ~ sorda *Waldschnepfe* f (→ **chocha**) ‖ *carne de* ~ fig *Gänsehaut* f ‖ paso de ~ *m* figf = paso de (la) oca (→ **dort**) ‖ pata de ~ *f Rissigkeit* f *der Bäume* ‖ pecho de ~ figf *Hühnerbrust* f ‖ pechuga de ~ ⟨Kochk⟩ *Hühnerbrust* f ‖ ◊ cantar la ~ *gackern (im Kampf geschlagener Hahn)* ‖ figf *sich besiegt erklären,* pop *den Schwanz einziehen* ‖ ¡viva la ~ *(od* la gallinita), y viva con su pepita! *man kann krank sein, wenn man nur das Leben behält!*, fig *glücklich ist, wer vergißt, was nicht mehr zu ändern ist* ‖ *acostarse con las* ~s figf *mit den Hühnern zu Bett gehen* ‖ *cuando meen las* ~ *vulg* fig *überhaupt nicht, nie im Leben,* fam *am Nimmerleinstag* n, fam *wenn der Kater Junge kriegt* ‖ →a **gablo**
   galli|náceas *fpl* ⟨V⟩ *Hühnervogel* mpl *(Rasores)* ‖ **-náceo** adj *hühnerartig, Hühner-* ‖ **-naza** *f Hühnermist* m ‖ = **-nazo** *m* ⟨V⟩ *Stinkgeier* m (→ **alimoche**) ‖ Am *Truthahngeier* m *(Cathartes aura)* ‖ **-nera** *f Hühnerhändlerin* f ‖ **-nería** *f Hühnervolk* n ‖ *Hühner|markt, -verkauf* m ‖ fig *Feigheit* f ‖ **-nero** m/adj *Hühner|stall, -hof* m ‖ *Hühnerhändler* m ‖ *Hühnerkorb* m ‖ *Hühnerzucht* f ‖ *Hühnerbestand* m ‖ ⟨Mar⟩ *Hühnerkäfig* m ‖ ⟨V⟩ *Hühnergeier* m ‖ ⟨Th⟩ figf *Olymp* m ‖ figf desp *Frauenversammlung* f, fam *Hühnerstall* m ‖ *Ort* m, *wo es lautstark hergeht*, fam *Hühnerstall*, fam *Affenstall* m ‖ ◊ alborotar el ~ fig *toben, donnern, wettern* ‖ **-neta** *f* ⟨V⟩ *Teichhuhn* n (→ **polla** de agua) ‖ *Waldschnepfe* f (→ **chocha**) ‖ Arg Col Chi Ven *Perlhuhn* n (→ **pintada**)
   gallinula *f* ⟨V⟩ *Teichhuhn* n (→ **gallineta**)
   gallipato *m* ⟨Zool⟩ *Spanischer Rippenmolch* m *(Pleurodeles waltl)* ‖ *allg Molch* m (Triturus spp)
   gallipavo *m* = **pavo** ‖ fam *Kicks* m, *falsche Note* f *(beim Singen)*
   gallístico, gallista adj *Kampfhahn-* ‖ *Hahnen-(kampf)-* ‖ *circo* ~ *Zirkus* m *für Hahnenkämpfe, Hahnenkampfarena* f
   gallito m dim *v.* **gallo** ‖ fig *Hahn* m *im Korb* ‖ fig *der Held* ‖ fig *Aufschneider, Prahlhans* m ‖ Ec *Pfeife* f *aus Rohr* ‖ Mex *reiches Erz* n ‖ Col *Federpfeil* m ‖ Col *Zäpfchen* n *im Halse* ‖ CR ⟨Entom⟩ *Libelle* f (→ **libélula**) ‖ Col Ven ⟨V⟩ *Felshuhn* n (→ **gallo** de roca) ‖ ~ del rey ⟨Fi⟩ *Schleimfisch* m (→ **budión**)
   gallo *m Hahn,* fam *Gockel* m ‖ ⟨Fi⟩ *Petersfisch, Heringskönig* m (Zëus faber) ‖ ⟨Arch⟩ *Zugbalken* m ‖ *Wetterhahn* m ‖ fig *Hahn* m *im Korb* ‖ figf ⟨Mus⟩ *falscher Ton* m ‖ ⟨Mus⟩ *Kicks(er), Quicklaut* m ‖ figf *Auswurf* m, *Sputum* n ‖ △*älterer Mann* m ‖ Mex *Serenade* f ‖ Col *Federpfeil* m ‖ Chi *Schlauchwagen* m *der Feuerwehr* ‖ Chi *Transportdiebstahl* m ‖ Chi *Zäpfchen* n *im Halse* ‖ ~ de combate *Kampfhahn* m ‖ ~ lira, ~ de abedul ⟨V⟩ *Birkhuhn* n (Lyrurus tetrix) ‖ ~ del lugar, ~ del pueblo fig *Hahn* m *im Korb* ‖ ~ de monte Al *Krähe* f (→a **corneja**) ‖ ~ de pelea, ~ de riña *Kampfhahn, Streithahn* m *für Hahnenkämpfe* ‖ ~ de roca, ~ de peñasco *Felsenhahn, Klippenvogel* m (Rupicola rupicola)

gallocresta — ganancia

|| ~ silvestre *Auerhahn* m (→ **urogallo**) || al canto del ~ *beim Morgengrauen* || engreído como ~ de cortijo figf *stolz wie ein Hahn, eitel wie ein Gockel* || misa de ~ *Christmette, Messe* f *in der Weihnachtsnacht* || ojo de ~ *Hühnerauge* n || orgulloso (*od* estirado) como un ~ figf *stolz wie ein Hahn* (*od wie ein Spanier)* || pata de ~ fig *Krähenfüßchen* mpl *an den Schläfen* (*od* pelea) de ~s *Hahnenkampf* m || ◊ *alzar* (*od* levantar) el ~ figf *den Kopf hoch tragen, stolzieren, sich aufspielen, bramarbasieren* || bajarle el ~ a alg. figf *jdn demütigen* || en menos que canta un ~ figf *in e–m Augenblick, im Nu* || otro ~ me (te, etc.) cantara si ... *es wäre mir (dir usw) anders gegangen, wenn* ... || hacer (dar, soltar) un ~ *e–n Kicks tun, kicksen (Sänger)* || tener mucho ~ fig *stolz, hochmütig sein* || aquí hay ~ tapado figf *an der Sache ist etwas faul* (→ a hay **gato** encerrado)
  gallocresta *f* ⟨Bot⟩ *Hahnenkamm* m
  gallo|fa *f* *Suppenkraut* n || fam *Geschwätz* n, *Klatsch* m || Sant Vizc *Brötchen* n || ◊ *andar a la ~, -f(e)ar* vi fam *herumstrolchen* || *betteln*
  gallup *m* engl = **galup**
  ¹**gama** *f Damtier* n *(Weibchen)*
  ²**gama** *f* ⟨Mus⟩ *Tonleiter, Skala* f || *Bereich* m || *Gamma* n || ~ audible ⟨Ak⟩ *Hörbereich* m || ~ de colores *Farbenskala* f || fig *Farbenspiel* n || → a **gamma**
  ³**gama** *f* Sant *Horn* n
  gamada adj: cruz ~ *Hakenkreuz* n
  gámaro *m* *Sand-, Strand|floh* m (Talitrus saltator) || *Küstenhüpfer* m (Orchestia gammarellus)
  gamarra *f Brust-, Sprung|riemen* m
  gama|sidiosis *f* ⟨Med Vet⟩ *Vogelmilbenkrätze, Gamasidiose* f || **-so** *m* ⟨Zool⟩ *Vogelmilbe* f
  gamba *f* ⟨Zool⟩ *(Felsen-, Säge)Garnele* f (Palaemon serratus) || *(Stein)Garnele* f (Leander squilla)
  gambado adj Am *krummbeinig*
  gambalúa *m* fam *langer Kerl* m
  gámbaro *m* ⟨Zool⟩ = **camarón**
  gambe|rra *f* And *Hure* f || **-rrada** *f* fam *Halbstarkenstreich* m, *Flegelei* f || *Gaunerei* f || **-rrismo** *m Halbstarken|(un)wesen* n, *-tum* m || **-rro** *m Halbstarke(r)* m || *Grobian, Flegel* m || ~ de la carretera fam *Verkehrsrowdy* m
  gambeta *f Kreuzsprung* m *im Tanz* || *Bogensprung* m *des Pferdes, Kurbette* f || Am *Ausweichbewegung* f || Arg fig *Ausrede* f
  gambito *m Gambit* n *(Schachspiel)*
  gam|boa *f* ⟨Agr⟩ *saftige Quitte(nart)* f || **-bota** *f* ⟨Mar⟩ *Heckpfeiler* m
  gamburino *m Bergmann* m || SAm *Goldsucher* m
  gamela *f Tragkorb* m || Chi *(Tränk)Eimer* m
  ¹**gamella** *f Jochbogen, Seitenbug* m *am Joch für Ochsen* || ⟨Agr⟩ *Furchenrücken* m
  ²**gamella** *f (Freß)Trog, Napf* m || *Soldatenschüssel* f || *Wasch|kübel, -napf* m || gall *Kochgeschirr* n
  ³**gamella** *f Kamelott* m *(Stoff)*
  gameto *m* ⟨Gen Biol⟩ *Gamet* m, *Fortpflanzungszelle* f.
  gamezno *m Damkalb* n
  gamitar vi *blöken (Damhirsch)*
  gamma *f* griech. γ, *Gamma* n || *Gamma* n *(in der Sensitometrie)* || rayos ~ ⟨Phys⟩ *Gammastrahlen* mpl
  gamo *m Damhirsch* m (Dama spp) || *Dambock* m || ◊ *correr como un* ~ fig *blitzschnell rennen* *(bzw sein)*
  gamón *m* ⟨Bot⟩ *Affodill* m (Asphodelus spp)
  gamo|nal adj MAm *verfault* || *prächtig* || ~ *m mit Affodill bewachsene Wiese* f || Am = **cacique** || Guat Salv *Verschwender* m || **-nalismo** *m* Am *Kazikismus* m, *Bonzentum* n || **-nudo** adj **caciquismo**)
  gamo|pétalo adj ⟨Bot⟩ *gamopetal* || **-sépalo**

adj ⟨Bot⟩ *gamosepal*
  gamu|za *f Gemse* f, *Bergreh* n (Rupicapra rupicapra) || *Gemsfarbe* f || *Gemsfell* n || *Sämisch-, Wild-, Wasch|leder* n || *Auto-, bzw Fenster-, bzw Putz|leder* n || ⟨Web⟩ *Buckskin, (Art) Flanell* m || Col *(Art) Schokolade* f || (paño) ~ *gelber, weicher Flanell* m || **-zado** adj *gemsfarben* || *sämischartig (Leder)*
  gana *f Verlangen, Begehren* n || *Wunsch* m || *Lust, Begierde* f || *Eßlust* f, *Appetit* m || de ~ *mit Eifer, eifrig* || *willig, eifrig* || *herzlich, nach Herzenslust (lachen)* || de (buena) ~ *(herzlich) gern* || de mejor ~ *lieber* || de mala ~ *widerwillig, ungern* || de su ~ *freiwillig* || darse ~ *Lust zu et bekommen* || ◊ *pago lo que me de la* ~ *fam ich zahle, was ich für gut erachte* || *no me da la (real)* ~ *es fällt mir nicht ein, ich will nicht* || donde hay ~, hay maña Spr *wo ein Wille ist, da ist auch ein Weg* || estar de mala ~ Arg *sich unwohl fühlen* || hacer ~ *Lust zum Essen bekommen* || ya se me pasó la ~ *ich habe keine Lust mehr* || no tener ~ (de) *abgeneigt sein (zu)* || ni ~(s) fam *um keinen Preis, nicht im Traum* || **-s** *pl:* ◊ *abrirse las* ~ figf *schon Lust drauf bekommen* || *abrir(se) las* ~ de comer *Eßlust, Appetit bekommen* || me están dando unas ~ de ... *ich habe tausend Gelüste zu* ..., fam *ich kriege (auf einmal) Lust zum* (inf *od* acc) || estar sin ~ *keinen Appetit haben* || quedarse con las ~ fam *leer ausgehen,* fam *in den Schornstein schreiben müssen* || sin ~ de comprar ⟨Com⟩ *wenig kauflustig* || tener ~ de fiesta fig *sich amüsieren wollen* || *Lust zum Raufen haben* || tenerle ~ a alg. *sich an jdm rächen wollen*, fam *jdn auf dem Kieker haben* || ¡las ~! pop *i wo (denn)!* || *denkste!* || *das könnte dir so passen!*
  ganade|ría *f Menge* f *Vieh* || *Viehzucht* f || *Viehhandel* m || *Stierzucht* f *(für Stierkämpfe* || *Stierzüchterei* f ⟨Taur⟩ *Herkunft* f *des Kampfstieres* || ~ de toros para la lidia *Kampfstierzucht* f (bes *in Andalusien)* || **-ro** adj *Vieh-* || *industria* ~a *Viehzucht* f || perro ~ *Schäferhund* m || ~ *m Herdenbesitzer* m || *Viehzüchter* m || *(Vieh)Farmer* m || *Stierzüchter* m *(für Stierkämpfe)* || *Viehhändler* m
  ¹**ganado** adj: ◊ lo tiene V. bien ~ *das haben Sie redlich verdient* || como ~, así gastado *wie gewonnen, so zerronnen*
  ²**ganado** *m Herde* f *Vieh* || *Vieh* n || *Volk* n *(Bienen)* || Am *Rindvieh* n || figf *Menge* f *Leute,* fam *das ganze Volk* n, pop *die ganze Herde* f || fam *Läuse* fpl || ~ de aparta Col *entwöhntes Vieh* n || ~ bovino, ~ vacuno *Rindvieh* n || ~ bravo *nicht gezähmtes Vieh* n || *für den Stierkampf bestimmte Stiere, Kampfstiere* mpl || ~ caballar, ~ equino *Pferde* npl || ~ cabrío *Ziegen* fpl || ~ de carne, ~ de matadero *Schlachtvieh* n || ~ mayor *Groß-, Horn|vieh* n || ~ menor *Klein-, Woll|vieh* n || ~ menudo *Jungvieh* n || ~ ovino, ~ ovejuno, ~ lanar *Schafe* npl || *Wollvieh* n || ~ de cerda, ~ porcino, fam ~ moruno *Schweine* npl, *Borstenvieh* n || ~ mayor (menor) *Groß-, (Klein-)vieh* n || ~ mular *Maultiere* npl || ~ de pata (*od* pezuña) hendida *Spalthufer* mpl || ~ transhumante *Triebvieh* n || cría del ~ *Viehzucht* f || marca de ~ *Brandzeichen* n || perro de ~ *Schäferhund* m || tren de ~ ⟨EB⟩ *Viehwagen* m || ◊ criar ~ *Vieh züchten* || guardar ~ *das Vieh hüten*
  ganador adj *gewinnend* || *siegreich* || el equipo ~ ⟨Sp⟩ *die siegreiche Mannschaft* || ~ *m Gewinner* m *im Spiel* || ⟨Sp⟩ *Sieger* m
  ganan|cia *f Gewinn* m || *Nutzen, Vorteil* m || *Zins, Ertrag* m || *Verdienst* m || *Überschuß* m || ⟨Radio⟩ *(Antennen)Gewinn* m || *Verstärkungsgrad* m || Chi Guat Mex *Zugabe* f, *Trinkgeld* n || Am *Zugabe* f || ~ accesoria, ~ extraordinaria *Neben-, Mehr|gewinn* m || ~ bruta *Brutto-, Roh|gewinn* m || ~ líquida, ~ neta *Netto-, Rein|gewinn* m ||

ganancial — ganglionitis 574

~ imaginaria *eingebildeter Gewinn* m ‖ el margen de ~ *Gewinnspanne* f ‖ parte de la ~, participación en la ~ *Gewinnbeteiligung* f ‖ *Gewinnanteil* m ‖ reparto de la ~ *Gewinnverteilung* f ‖ ◊ acusar *(od* arrojar) ~ *e–n Gewinn ausweisen* ‖ andar de ~ *Glück haben* ‖ no le arriendo la ~ fam *ich möchte nicht in seiner Haut stecken* ‖ asegurar ~ *Gewinn sichern* ‖ dejar escapar una ~ *sich e–n Gewinn entgehen lassen* ‖ dejar mucha ~ *viel einbringen (Geschäft)* ‖ partir la ~ *den Gewinn teilen* ‖ tener *(od* sacar) ~ *Gewinn ziehen* (de *aus* dat) ‖ ~**s** *pl:* ~ y pérdidas ⟨Com⟩ *Gewinn- und Verlust|rechnung* f ‖ ◊ dar ~ *Nutzen abwerfen* ‖ hacer ~ fabulosas *fabelhafte Summen gewinnen, verdienen* ‖ **–cial** adj *(Zu)Gewinn-* (bienes) ~**es** mpl ⟨Jur⟩ *in der Ehe erworbene Güter* npl ‖ comunidad de ~ *Errungenschafts-gemeinschaft* f ‖ sociedad (legal) de ~**es** *(gesetzliche) Errungenschaftsgemeinschaft* f ‖ **–cioso** adj *einträglich, nutzbringend* ‖ *erfolgreich* ‖ ~ m = **ganador** ‖ **–zuela** f dim v. **–cia**
  ganapán m desp *(Last)Träger, Sackträger* m ‖ desp *Gelegenheitsarbeiter* m ‖ figf *Grobian, Flegel* m ‖ figf *Strolch* m
  ganapierde m/f *Schlagdame* f *(Damespiel, bei dem gewinnt, wer zuerst die Steine verliert)*
  ganar vt/i *gewinnen (im Spiel, Handel, Krieg usw)* ‖ *verdienen, sich erwerben* ‖ *siegen (in e–r Schlacht)* ‖ *erreichen, gewinnen, erlangen* ‖ *sich zuziehen (e–e Krankheit)* ‖ ⟨Mil⟩ *erobern, einnehmen* ‖ *wohin gelangen* ‖ fig *jdm zuvorkommen, jdn übertreffen (an Geschicklichkeit)* ‖ *voraushaben* ‖ *überlaufen* ‖ ⟨Kart⟩ *überstechen* ‖ *um sich greifen* ‖ △ *stehlen* ‖ ◊ ~ a uno en destreza *jdn an Geschicklichkeit übertreffen* ‖ no le ganarías a pícaro *dem wirst du an Geriebenheit nicht gleichkommen* ‖ ~ al ser *(od* después de) conocido *bei näherem Kennenlernen gewinnen* ‖ a trabajador no le gana nadie *man findet keinen so arbeitsamen Menschen wie ihn* ‖ ~ amigos *sich Freunde machen, erwerben* ‖ ~ el cielo *den Himmel gewinnen, in den Himmel kommen* ‖ ~ la boca a uno figf *jdn überreden* ‖ ~ la copa ⟨Sp⟩ *den Pokal gewinnen* ‖ ~ mucho dinero *viel Geld verdienen* ‖ ~ a uno en años *älter sein als* ‖ ~ la batalla decisiva ⟨Mil⟩ *die entscheidende Schlacht gewinnen* ‖ ~ las oposiciones *sich mit Erfolg um ein (Lehr)Amt bewerben* ‖ ~ la orilla *das Ufer erreichen* ‖ ~ la llanura *bis zu der Ebene gelangen* ‖ le he ganado dos partidas *ich habe zwei Partien gegen ihn gewonnen* ‖ ~ un partido ⟨Sp⟩ *ein (Wett)Spiel gewinnen* ‖ ~ peso *zunehmen* ‖ ~ un pleito *en Prozeß gewinnen* ‖ ~ el primer premio de la lotería *das große Los gewinnen*, fig ziehen ‖ ~ por puntos ⟨Sp⟩ *u.* fig *nach Punkten siegen* ‖ ~ terreno *an Boden gewinnen* ‖ fig *sich verbreiten, um sich greifen* ‖ ~ tiempo *Zeit gewinnen* ‖ ~ terreno *Boden gewinnen, aufholen* (& fig) ‖ no gano nada con *(od* en) este negocio *bei diesem Geschäft verdiene ich nichts* ‖ ¡así no vas a ~ nada! fig *so wirst du nichts erreichen!* ‖ me ha ganado 10 pesetas *er hat mir 10 Pesetas abgewonnen* ‖ no hay nada que ~ *(od* no se gana nada) con ello *es kommt nichts dabei heraus* ‖ ~ vi/t *gewinnen* ‖ *Oberhand gewinnen* ‖ *(e–n Vorteil, den Sieg) erringen, erzielen* ‖ *davontragen (Sieg)* ‖ ◊ hacer ~ a uno *jdn verdienen lassen* ‖ *jdm beim Spiel gewinnen lassen* ‖ ~ al dominó *im Domino gewinnen* ‖ ~ con su cuerpo fig *sich prostituieren, sich preisgeben* ‖ ~ (con el) tiempo *(an) Zeit gewinnen* ‖ ~ de comer, ~ para vivir, ~**se** el pan *sich den Lebensunterhalt verdienen* ‖ ~ de posición *seine Lage sichern* ‖ ~ en categoría *an Rang gewinnen* ‖ ~ por su mano *durch eigene Hand gewinnen* ‖ ~ a dos por cero ⟨Sp⟩ *2:0 gewinnen* ‖ Juan te gana trabajando *Hans arbeitet besser als Du* ‖ llevar las de ~ pop *den Sieg davontragen, gewin-* nen ‖ alle *Trümpfe in der Hand haben* ‖ volver a ~ *wieder gewinnen* ‖ ~**se:** ◊ ~ a alg. *jdn bestechen* bzw *verführen* ‖ *jdn gewinnen (para a., a a. für et* acc) ‖ ~ las simpatías generales *sich allgemein beliebt machen* ‖ ~ la vida *s–n Lebensunterhalt verdienen* ‖ ~ la voluntad de alg. *jds Wohlwollen, jdn für sich gewinnen* ‖ △ ~ una *Prügel bekommen* ‖ ¿dónde se ha ganado? Am pop *wo ist er abgeblieben?*
  ganaza f augm v. **gana**
  gan|chero m Cue *Floßführer* m ‖ Arg *Helfer* m, *Hilfe* f *(Person)* ‖ Chi *Gelegenheitsarbeiter* m ‖ Ec *Damenreitpferd* n ‖ **–chete** m *Häkchen* n ‖ al ~ Ven *verstohlen* ‖ de medio ~ Mex *halbfertig* ‖ *unsicher* ‖ Col Guat Pe PR *Arm in Arm (gehen)* ‖ **–chillo** m *Häkchen* n ‖ *Häkelnadel* f ‖ *Häkelarbeit* f ‖ And *u.* Am prov *Haarnadel* f ‖ ~ de guantes *Handschuhknöpfer* m ‖ ◊ hacer ~ *häkeln*
  gancho m *Haken* m *(& Boxen)* ‖ ⟨Tech⟩ *(Greif-, Schließ)Haken* m ‖ *Greifer* m ‖ *Widerhaken* m ‖ ⟨Mar⟩ *Bootshaken* m ‖ *Schäferstab* m ‖ *Aststumpf* m ‖ *Häkelnadel* f ‖ *Hirschgeweih* n ‖ figf *lästiger Bittsteller* m ‖ figf *Lockvogel, Anreißer* m *(bes beim Diebstahl)* ‖ figf *Werbung* f ‖ fig *Strich, Kratzer* m *(mit der Feder)* ‖ Mex Col Pe MAm *Haarnadel* f ‖ Ec *Damensattel* m ‖ Chi *Dieb* m ‖ △ *Anreißer, Bauernfänger* m ‖ ~ de alambre *Drahthaken* m ‖ ~ doble *Doppelhaken* m ‖ ~ de grapa *Klammerhaken* m ‖ ~ de pared *Wandhaken* m ‖ ~ de sujeción *Klemmhaken* m ‖ ~ de suspensión *Aufhängebügel* m ‖ ~ terminal *Endhaken* m ‖ aguja de ~ *Häkelnadel* f ‖ ◊ colgar de un ~ *an e–m Haken aufhängen* ‖ echar a uno el ~ figf *jdn einfangen* ‖ tener ~ fam *ein anziehendes Wesen haben (Frau)* ‖ *jdn einwickeln können*
  gan|choso adj *hakenförmig* ‖ *mit Haken versehen* ‖ **–chudo** adj *krumm, (um)gebogen* ‖ nariz ~**a** *krumme Nase, Hakennase* f ‖ **–chuelo** m dim v. **gancho**
  gan|daya f fam *Faulenzerei* f ‖ *Lotterleben* n ‖ **–dido** adj Col CR Cu Mex Ven *gefräßig*
  gandinga f ⟨Bgb⟩ *(Erz)Schlich* m ‖ Má *e–e geringere Rosinenart* f ‖ Cu *ein Schweinslebergericht* n ‖ Cu fig *Gleichgültigkeit* f ‖ ◊ buscar la ~ fam *seinen Lebensunterhalt verdienen*
  gan|dul m/adj *Faulenzer, Faulpelz* m ‖ *Müßigänger* m ‖ adj *faul* ‖ **–dula** f *Liegestuhl* m ‖ **–dulear** vi *bummeln, Müßiggang treiben, faulenzen* ‖ **–dulería** f *Bummelei, Faulenzerei* f
  gandumbas m/adj fam *Faulenzer* m ‖ Am *Einfaltspinsel* m
  ganforro m/adj fam *Gauner, Ganove* m
  ¹**ganga** f ⟨V⟩ *Spießflughuhn* n ‖ ~ común *Spießflughuhn* n (Pterocles alchata) ‖ ~ de Pallas *Steppenhuhn* n (Syrrhaptes paradoxus)
  ²**ganga** f ⟨Bgb⟩ *taubes Gestein* n ‖ *Ganggestein* n ‖ fig *unverhofftes Glück* n ‖ fig *vorteilhaftes Geschäft* n ‖ fig *Gelegenheitskauf* m ‖ ◊ es una ~ *es ist spottbillig* ‖ ¡valiente ~! iron *ein sauberes Geschäft!* ‖ ¡qué ~! ¡vaya una ~! iron *schöne Wirtschaft!* ‖ andar a caza de ~**s** fam *guten Geschäften nachjagen* ‖ *sich vergebliche Mühe um etwas machen*
  ³**ganga** f Chi *Näseln* n ‖ Mex *Spott* m
  Gan|ges: el ~ *Ganges* m *(Fluß)* ‖ ═**gético** adj *auf des Ganges bezüglich*
  gan|gliforme adj ⟨An⟩ *nervenknotenförmig* ‖ ⟨An⟩ *drüsenförmig* ‖ **–glio** m ⟨An⟩ *Nerven-* bzw *Lymphknoten* m ‖ ═ **–glión** ‖ ~ hiliar, ~ del hilio *Hilusdrüse* f ‖ ~ linfático *Lymphknoten* m ‖ ~ nervioso *Nervenknoten* m ‖ **–glión** m ⟨Med⟩ *Überbein* n ‖ **–glionar** adj ⟨An⟩ *Ganglien-* ‖ **–glionectomía** f ⟨Chir⟩ *Ganglionektomie* f ‖ **–glionitis** f ⟨Med⟩ *Gangli(oni)tis, Nervenknotenentzündung* f

gangolina *f* Arg *Lärm, Krach* m ‖ *Durcheinander* n
gango|sear vi Chi = **ganguear** ‖ **-sidad** *f Näseln* n ‖ **-so** adj/s *näselnd* ‖ ◊ *hablar ~ näseln, durch die Nase reden*
gangre|na *f* ⟨Med⟩ *Brand* m, *Gangrän* f/n, *Gangräne* f ‖ ⟨Bot Agr⟩ *Holzfäulnis* f ‖ fig *Sittenverderbnis* f ‖ **-narse** vr ⟨Med⟩ *brandig werden, gangräneszieren* ‖ **-noso** adj *brandig, jauchig, zerfallend, gangränös* ‖ *llaga ~a brandige Wunde* f
gángster *m* engl *Gangster* m
gangsterismo *m* engl *Gangster|unwesen, -tum* n
gangue|ar vi *näseln, durch die Nase sprechen* ‖ *näselnd, matt klingen (Drehorgel)* ‖ **-o** *m Näseln* n ‖ *Gurgeln* n ‖ *näselnde Aussprache* f
△**ganguil** *m Fingerring* m
gánguil *m* ⟨Mar⟩ *Baggerprahm* m, *Klappschute* f
Ganimedes *m* np ⟨Myth⟩ *Ganymed(es)* m
*ganoideos **mpl** ⟨Fi⟩ *Ganoiden* pl, *Schmelzschupper* mpl
ganoso adj *verlangend, begierig* ‖ Chi *feurig, lebhaft (Pferd)* ‖ ~ *de conseguir a. mit dem Verlangen, et zu erreichen*
gan|sa *f Gans* f, *Gansweibchen* n ‖ fig *dummes, faules Mädchen* n ‖ **-sada** *f* figf *Tölpelhaftigkeit* f ‖ figf *Dummheit*, fam *Albernheit* f ‖ *Flegelhaftigkeit* f ‖ ◊ *hacer ~s* figf *sich albern (od blöd) aufführen* ‖ **-sarón** *m Junggans* f ‖ *Ganser* m, *Gänserich* m ‖ fig *langer, magerer Mensch* m, fam *dürre Latte* f ‖ **-sear** vi fam *Albernheiten sagen bzw treiben* ‖ **-so** m/adj *(Haus)Gans* f ‖ *Wildgans* f (→ **ánsar**) ‖ ~ *(macho) Gänserich, Ganser, Ganter* m ‖ fig *träger, müßiger Mensch* m ‖ fam *Flegel* m ‖ *Dummkopf, Tölpel* m ‖ fig *Grobian* m ‖ ~ *ahumado Spickgans* f ‖ ~ *asado,|asado de ~ Gänsebraten* m ‖ ~ *cebado Mastgans* f ‖ ~ *de mar Delphin* m ‖ ~ *silvestre, bes Am ~ bravo Wildgans* f ‖ *menudillos de ~ Gänseklein* n ‖ ◊ *ser un ~* figf *albern sein*, fam *e-e blöde Gans (od ein blödes Stück) sein* ‖ fam *k-n Schliff haben* ‖ *los ~s del Capitolio* ⟨Hist⟩ *die Gänse vom Kapitol*
ganta *f* Fil *ein Hohlmaß* n *(= 3 Liter)*
Gan|te ⟨Geogr⟩ *Gent (Stadt in Belgien)* ‖ **≃tés** adj *aus Gent*
ganzúa *f Haken-, Nach|schlüssel, Dietrich* m ‖ fig *Einbrecher* m ‖ fig *Gauner* m ‖ △ *Henker* m ‖ ◊ *ser una ~* figf *sich auf geschicktes Ausfragen verstehen*
gañán *m Acker-, Schäfer|knecht* m ‖ *Tagelöhner* m ‖ fig *derber, starker Kerl* m ‖ fam *(Bauern-)Lümmel, Flegel* m
gañido *m Gekläff, Heulen, Gewinsel* n ‖ *Krächzen* n *(Vögel*, fam *Menschen)*
gañiles mpl *Rachen* m, *Kehle* f *(e-s Tieres)* ‖ *Kiemen* fpl *(der Fische)*
gañín *m* Sant Ast *süßlicher, scheinheiliger Mensch* m
△**gañipea** *f Essen* n
gañir [pret -ñó] vi *heulen, winseln (bes wie ein geschlagener Hund)* ‖ *kläffen* ‖ fam *heulen, weinen* ‖ *krächzen (Vogel)* ‖ fam *schnaufen (Personen)* ‖ ◊ *sin ~* fig *ohne auszuatmen*
△**gañiz** [pl **-ces**] *m Würfel* mpl
gañote, gañón *m fam Schlund* m, *Kehle, Gurgel* f ‖ ◊ *agarrarse por el ~* pop *handgemein werden, sich raufen*
△**gañoteo** *m Galgen* m
△**gao** *m Laus* f ‖ △ *Volk* n
gaollo *m* Pal *Erika(art)* f (→ **brezo**)
gáraba *f* Sant = **ágoma** ‖ *Brennholz* n
△**Garabar** vt *beerdigen*
garaba|tear vi *kritzeln, unleserlich schreiben* ‖ *mit Haken arbeiten* ‖ figf *Ausflüchte suchen* ‖ **-teo** *m Gekritzel* n ‖ fam *Ausflüchte* fpl ‖ **-to** *m Haken* m *mit abgerundetem Kopf* ‖ *Fleischerhaken, Aufhänger* m ‖ *Feuerhaken* m ‖ *Kesselhaken* m ‖ *Jäthaue* f ‖ *Hakenpflug* m ‖ fam *Gekritzel* n ‖ figf *Liebreiz* m *(e-r Frau)* ‖ *Am Heugabel* f ‖ ~ *de ancla* ⟨Mar⟩ *Anker|schaufel, -schar* f ‖ ~ *de carnicero Fleischerhaken* m ‖ **~s** pl *Kritzeleien* fpl, *Gekritzel* n, *Krakelfüße* mpl ‖ fig *übertriebenes Gebärdenspiel* n ‖ **-toso** adj *kritzlig (Schrift)*
△**garabelar** vt *besitzen* ‖ *pflegen*
¹**garabina** *f* Arg = **garambaina**
²**garabina** *f* = **carabina**
garabita *f* Sant ⟨Bot⟩ = **árgoma** ‖ = **retama**
garabito *m Bude* f *(auf dem Markt)* ‖ *Haken* m ‖ And *Kreuzung* f *von Dachs- und span. Vorsteh|-hund* ‖ Arg *Landstreicher* m ‖ Arg *Ganove* m
△**garabo** *m Haken* m
gara|je *m Garage* f ‖ *Autowerkstatt* f ‖ ~ *de pisos Hoch-, Stockwerks|garage* f ‖ ~ *subterráneo Tiefgarage* f ‖ Ven *Bordell* n ‖ **-jista** *m Garagen|besitzer* bzw *-angestellter* m ‖ *Automechaniker* m ‖ *Tankstelleninhaber* m
garambaina *f Flitterkram* m ‖ **~s** pl fam *Fratzengesichter* npl ‖ *Grimassen* fpl ‖ fam *Gekritzel* n ‖ *Getue* n
gara|món, -mond *m* ⟨Typ⟩ *Garamond* f *(Schriftart)*
△**garandar** vi *herumlungern*
garandumba *f* SAm *(Art) Leichter* m ‖ Arg *dickes, großes Weib* n
garan|te *m Gewährsmann, Bürge, Garant* m ‖ ◊ *salir ~ (de) Bürgschaft leisten, haften (für* acc*)* ‖ **-tía** *f Bürgschaft, Gewähr(leistung)* f ‖ *(Unter) Pfand* n ‖ ⟨Jur⟩ *Sicher|heit, -stellung, Garantie* f ‖ *Kaution* f ‖ *Deckung* f ‖ *Revers* m ‖ ⟨Pol⟩ *Garantie* f ‖ fig gall *Schutz* m ‖ *depósito de ~ Garantiefond* m ‖ *como ~, en concepto de ~ als Sicherheit (por, de für)* ‖ *con ~ gesichert* ‖ *depósito en ~ Sicherheitshinterlegung* f ‖ *fondo de ~ Sicherheitsfonds* m, *Deckung* f ‖ *prestación de ~ Gewährleistung* f ‖ *sin ~ ohne Gewähr* ‖ *freibleibend* ‖ ◊ *dar ~ Bürgschaft stellen, leisten* ‖ *e-e Summe hinterlegen* ‖ *dar en ~ als Sicherheit od Kaution geben* ‖ *depositar en ~ als Sicherheit hinterlegen* ‖ *exigir (pedir) ~ Sicherheit fordern, verlangen* ‖ *(suspender las) ~s constitucionales (die) verfassungsmäßige(n) Rechte (aufheben, außer Kraft setzen)* ‖ **-tir** def *(Am auch* **-tar***)* vt = **-tizar** [z/c] vt *gewährleisten, sichern, garantieren* (a et acc) ‖ *sich verbürgen, für* (acc) *gutstehen (od bürgen od haften)* ‖ gall *schützen, bewahren* (contra, de *vor* dat) ‖ ◊ ~ *un pago e-e Zahlung garantieren*
garañón *m Eselhengst* m ‖ p. ex u. MAm Mex *(Deck-, Zucht)Hengst* m ‖ →a **semental** ‖ →a **jodedor** ‖ Chi figf *Hurenjäger* m
garapacho *m Rückenschild* n *der Schildkröten* (→a **caparazón**)
garapi|ña *f Gerinnsel* n ‖ *halbgefrorenes, erfrischendes Getränk* n ‖ *Flocke* f *in geronnenem od gefrorenem Getränk* ‖ *Überzuckern* n, *Glasur, Kandierung* f ‖ Mex Cu Chi PR *erfrischendes Getränk* n *aus Ananasschalen* ‖ **-ñar** vt *zu Eis machen (Früchte)* ‖ *überzuckern, glasieren, kandieren* ‖ *almendras -ñadas gebrannte Zuckermandeln* fpl ‖ **-ñera** *f Eiskübel* m *(für die garapiña)*
garapito *m* ⟨Entom⟩ *Rückenschwimmer* m *(Notonecta glauca)*
garapullo *m Federpfeil* m
garatusa *f* fam *Schmeichelei, Schöntuerei* f
garba *f* Ar Murc *Garbe* f ‖ Nav *Grünfutter* n
garban|ceo *m* figf *Lebensunterhalt* m ‖ **-cero** adj *Kichererbsen-* ‖ figf *alltäglich, Alltags-* ‖ **-zal** *m Kichererbsenfeld* n ‖ **-zo** *m Kichererbse* f *(Cicer arietinum)* ‖ Mex *junge(r) Bediente(r)* m ‖ *cuenta ~s* fam *Erbsenzähler, Geizhals* m ‖ ◊ *meter a uno el ~ en el cuerpo* Am fig *jdm Furcht einjagen* ‖ *ser el ~ negro (de la familia)*

fam *das schwarze Schaf (der Familie) sein* ‖ *tropezar en un* ~ figf *an allem Anstoß nehmen* ‖ *ese* ~ *no se ha cocido en su olla* fam *das hat er nicht aus seinem eigenen Kopfe,* fam *das ist nicht auf s–m Mist gewachsen* ‖ *por un* ~ (más o menos) *no se descompone la olla auf et mehr oder weniger kommt es nicht an*
garban|zuelo *m* dim *v.* **-zo**
garbar vt Ar *in Garben binden*
¹**garbear** vi *dick-, großtun*
²**garbear** vt/i Ar = **garbar** ‖ △*rauben, plündern* ‖ ~ vi fam *das Leben fristen*
³**gar|bear** vi fam *(herum)bummeln* ‖ *spazierengehen* ‖ *sich durchschlagen* ‖ ~**se** vr = ~ ‖ **-beo** *m* fam *Bummeln* n ‖ *Spaziergang* m ‖ ◊ dar(se) un ~ fam *e–n Bummel machen* ‖ *spazierengehen*
garbera *f (Getreide)Schober m*
garbi|llar vt *(Korn) worfeln* ‖ *(Erz) sieben* ‖ **–llo** *m Sieb* n ‖ ⟨Bgb⟩ *Kleinerz* n
garbino *m Südwestwind* m
gar|bo *m feiner Anstand* m, *Anmut, Grazie, Eleganz* f ‖ fig *Uneigennützigkeit* f ‖ fig *Großzügigkeit* f ‖ fig *Ausdruck* m ‖ con ~ *stattlich* ‖ *graziös, elegant* ‖ **–bón** *m* ⟨V⟩ *Rebhahn* m (→a **perdigacho, perdigón**) ‖ **–boso** adj *stattlich, rüstig* ‖ *voll Anmut, Eleganz* ‖ fig *freigebig, großmütig*
gárbula *f Sal trockene Kichererbsenhülse* f *(Brennmaterial)*
garbullo *m* = **barullo**
garceta *f* ⟨V⟩ *Seidenreiher* m (Egretta garzetta) ‖ ~ *grande Silberreiher* m (Casmerodius albus = E. alba) ‖ *Reiherfeder* f ‖ *Schläfenlocke* f
garcía m/f Ast And Rioja fam *Fuchs, Reineke* m
garcilla *f* ⟨V⟩: ~ *bueyera Kuhreiher* m (Bubulcus ibis) ‖ ~ *cangrejera Rallenreiher* m (Ardeola ralloides)
garcita *f* dim *v.* **garza**
garçon|ne *f* frz: *pelo a la* ~ *Bubikopf* m ‖
-nière f frz *Junggesellenwohnung,* öst *Garçonnière* f
¹**garda** *f* △ *Um-, Ver|tausch* m
²**garda** *f* △ *Balkon* m
garda|cho *m* Al Nav *Echse* f (→ **lagarto**) ‖ **–ma** *f* ⟨Entom⟩ *Holz-, Bohr|wurm* m (→ **carcoma**)
△**gardar(binar)** vt *(um)tauschen*
gardenia *f* ⟨Bot⟩ *Gardenie* f (Gardenia spp)
garden party *f* engl *Gartenfest* n
△**gardo** *m Bursche* m
gar|duña *f Haus-, Stein|marder* m (Martes foina) ‖ figf *schlaue Diebin* f ‖ fig *Falle* f ‖ **–duño** *m* fam *(Brieftaschen)Marder* m
garete: ◊ ir(se) al ~ ⟨Mar⟩ *(vorm Winde) treiben* ‖ *abgetrieben werden* ‖ fig *vom Weg abkommen* ‖ fig *sich treiben lassen* ‖ →a ir a la **deriva**
gar|fa *f Klaue, Kralle* f ‖ **-fear** vi *anhaken*
garfia *f* → **garfa**
△**garfi|ña** *f Diebstahl* m ‖ △**-ñar** vt *stehlen*
garfio *m Haken* m, *Krampe* f ‖ *Stichhaken* m ‖ *Handhaken* m ‖ *Schür-, Feuer|haken* m ‖ *Kletter-, Steig|eisen* n *(für Telegraphenstangen)* ‖ ~ *de detención* ⟨Flugw⟩ *Fang-, Brems|haken* m ‖ ~ *de traviesa* ⟨EB⟩ *Schwellenklammer* f ‖ ~s mpl ⟨Filmw⟩ *Greifer* mpl
garga|jear vi *ausspucken* ‖ *sich räuspern* ‖ **-jeo** *m Ausspucken* n *(Schleim)* ‖ *Räuspern* n ‖ **-jiento,** ta adj = **-joso** ‖ **-jo** *m zäher Schleim, Auswurf* m ‖ **-joso** adj/s *verschleimt* ‖ *oft spuckend* (& s) ‖ ~ *m* fam *Spucker* m
gargal *m* Chi *eßbarer Baumpilz* m
△**gargamillón** *m Körper* m
garganchón *m* pop *Kehle* f ‖ *Rachen* m
gargan|ta *f Kehle, Gurgel* f ‖ *Hals* m ‖ fig *Brust(ansatz* m) f ‖ fig *Stimme* f ‖ fig *Fuß|-, biege* f, *-rist* m ‖ fig *Engpaß* m ‖ *Hohlweg* m ‖ *Schlucht, Bergenge* f, *Engpaß* m ‖ ⟨Tech⟩ *Kehlnut, Kehle* f ‖ *Seilnut* f ‖ *dolor* (pop mal) *de* ~ *Halsweh* n ‖ ◊ *mentir por la* ~ *dreist lügen* ‖ *tener buena* ~ *e–e gute Stimme haben* ‖ *tener un nudo en la* ~ fig *nicht sprechen können (vor Schreck usw)*, fam *e–n Kloß im Hals haben* ‖ **-tada** *f Schluck, Mundvoll* m ‖ **–tear** vt/i ⟨Mar⟩ *stroppen* ‖ ⟨Mus⟩ *Koloratur singen* ‖ *trillern* ‖ △ *ein Geständnis ablegen,* pop *singen* ‖ **–teo** *m Koloratur* f
gargantilla *f Halsband* n ‖ *Halskette, Perlenschnur* f ‖ *Perle* f *e–r Perlenschnur* ‖ Fil *Kühlkrug* m
gargan|tón, ona, –tuesco adj fam *gefräßig*
gárgara *f Gurgeln* n ‖ ◊ *hacer* ~s *gurgeln* ‖ *mandar a hacer* ~ pop *zum Teufel schicken*
garga|rear vi Chi *gurgeln* ‖ **-rismo** *m Gurgeln* n ‖ *Halsspülung* f ‖ ⟨Pharm⟩ *Gurgel|wasser, -mittel* n ‖ *agua para* ~s *Gurgelwasser* n ‖ **–rizar** [z/c] vi *gurgeln* ‖ *hudern (Pfau)*
gárgol adj/s: *huevo* ~ *Windei* n ‖ ~ *m Kerbe, Nut* f ‖ *Gargel* m, *Kröse* f *(Faß)*
gárgola *f Spei-, Trauf\röhre* f *(am Dach)* ‖ ⟨Arch⟩ *Wasserspeier* m ‖ *Kapsel* f *des Leinsamens*
garguero, gargüero *m Kehle, Gurgel* f ‖ *Luftröhre* f ‖ *Rachen* m
garibal|dina *f kurzes rotes Hemd* n ‖ *kurze rote Jacke* f ‖ *rotes Sokolenhemd* n *(Tschechoslowakei)* ‖ **–dino** m/adj *Garibaldi(a)ner* m
garifo adj = **jarifo** ‖ Am *schlau, tüchtig* ‖ CR Ec *gefräßig* ‖ CR Ec Pe *hungrig,* fam *verhungert* ‖ ~ *m* Pe *Bettler* m
gario *m* Sant ⟨Agr⟩ *Mistrechen* m ‖ León Pal Seg Vall ⟨Agr⟩ *Worfelschaufel* f
garipota *f* Chi *Geschenk* n ‖ Chi *derber Verweis,* fam *Rüffel* m
garisma *f* Gal *Kauderwelsch* n *der Blinden*
gari|ta *f* ⟨Mil⟩ *Schilderhaus* n, *Torwache* f ‖ *Pförtnerloge* f ‖ *Kontrollhäuschen* n ‖ *Toilettenhäuschen* n ‖ fam *enge Wohnung* f ‖ ⟨Th⟩ *Gitterloge* f ‖ *Wartehäuschen* n ‖ ⟨EB⟩ *Führerstand* m ‖ ⟨EB⟩ *Bahnwärterhäuschen* n ‖ ⟨EB⟩ *Bremserhäuschen* n ‖ Mex *Stadttor* n ‖ ~ *del perro Hundehütte* f ‖ **–tear** vi fam *die Spielhöllen besuchen* ‖ **–tero** *m Inhaber* m *e–r Spielhölle* ‖ *Spielhöllenbesucher* m ‖ △ *(Diebes-) Hehler* m ‖ **–to** *m Spielhölle* f ‖ *Spielgewinn* m ‖ △ *Haus* n ‖ **–tón** *m* △ *Zimmer* n ‖ Mex *Stadttor* n
gar|la *f* fam *Plauderei* f, fam *Schwatz* m ‖ **-lador** adj *geschwätzig* ‖ ~ *m* fam *Plauderer, Schwätzer* m ‖ **-lar** vi fam *plaudern, schwätzen*
△**garlear** vi *siegen*
△**garlera** *f Wagen* m
garlito *m (Fisch)Reuse* f ‖ figf *Falle* f, *Fallstrick* m ‖ ◊ *caer en* el ~ figf *in die Falle geraten, auf den Leim gehen* ‖ *coger a uno en* el ~ figf *jdn auf frischer Tat ertappen*
△**garlo** *m Plauderei* f ‖ △ *Hals* m
garlocha *f Wurfspieß* m
△**garlochi(n)** *m Herz* n
△**garlón** *m Schwätzer* m
garlo|pa *f Lang-, Bank-, Schrot|hobel* m ‖ *Schlicht-, Glatt|hobel* m ‖ *Hobel* m *mit Nase* ‖ ~ *mecánica Schlichtmaschine* f ‖ **–pín** *m kleiner Hobel, Kurzhobel* m
garma *f* Ast Sant *sehr steiler Abhang* m
garnacha *f Talar* m, *Amtsrobe* f ‖ *Talar-, Amtsroben|träger* m ‖ *(Art) süße weiße bzw rote Würztraube* f *deren Wein* m ‖ Ar *feine rötlichviolette Traubenart* f ‖ León *Mähne* f ‖ León fam *Schlag* m *auf den Nacken* ‖ Mex *(Art) Fleischgericht* n ‖ a la ~ *Hond mit Gewalt*
garnucho *m* Mex *Nasenstüber* m
△**garo** *m Dorf* n
Garona: el ~ *Garonne* f *(Fluß)*
garra *f Klaue, Kralle* f (& fig) ‖ figf *Hand,*

Patsche f || ⟨Tech⟩ *Klaue, Kralle* f || *Klammer* f || *Spannbacke* f || Arg CR Col Chi *schrump(e)liges, hart gewordenes Stück* n *Leder* || Col *Lederbeutel* m || gente de la ~ fam *Raubgesindel* n || ◊ echarle a uno la ~ figf *jdn festnehmen, beim Kragen fassen,* fam *jdn am Schlafittchen kriegen* || venir de ~ Am pop *streiten, raufen* || ha costado cinco y la ~ fam *das hat fünf Finger gekostet (gestohlenes Gut)* || ~s pl *Fänge* mpl *e-s Raubvogels* || Am *Fetzen, Lumpen* m || ~ de astracán *Persianerklaue* f *(Pelz)* || ◊ caer en las ~ de alg. fig *in jds Hände fallen*

garra|fa f *Karaffe, Kristallflasche* f || *Kühlflasche* f || **-fal** adj *großfrüchtig* || fig *ungeheuer* || falta ~ fam *grober Fehler* m || guinda ~, cereza ~ *Herzkirsche* f || mentira ~ fam *Erzlüge* f || **-fiñar** vt fam *wegraffen, entreißen,* fam *grapschen* || **-fón** m *große Karaffe* f || *große Transportflasche* f || *Ballon* m *(Gefäß)* || *Erpressung* f

garramar vt fam *wegnehmen, stehlen klauen, stibitzen*

garrampa f Ar *Krampf* m (→ **calambre**)
garrancha f fam *Degen* m
garrancho m *(Ast) Splitter, Aststumpf* m
garrapa|ta f ⟨Zool⟩ *Holzbock* m, *Zecke* f (Ixodes ricinus) || ⟨Mil⟩ figf *ab- od aus|gemustertes od verbrauchtes Pferd* n, *Schindmähre* f || **-tear** vt *kritzeln* || desp *(hin)schmieren* || **-teo** m *Gekritzel* n || desp *Geschreibsel* n || **-to(s)** m*(pl) Gekritzel* n, *Kritzelei* f, fam *Krakelfüße* mpl || *Käfer* m (→ **escarabajo**) || **-tón** m fam *Unsinn,* fam *Quatsch* m || *Aussprache- bzw Ausdrucks|schnitzer* m || **-toso** adj *kritzlig (Schrift)*
garrapi|ñar vt = **garrafiñar** || **-ñera** f = **garapiñera**
garrapo m Sal *Ferkel* n
ga|rrar vi ⟨Mar⟩ *vor schleppendem Anker treiben* || **-rraspera** f pop *rauher Hals* m (→ **carraspera**) || **-rrear** vi ⟨Mar⟩ = ~ || Arg figf *stehlen* || Arg figf *auf Kosten anderer leben, nassauern*
garrido adj *hübsch, nett, zierlich, fesch,* fam *stramm* || *schneidig* || ~a moza *strammes Mädel* n
△**garro** m *Hand* f
garro|ba f = **algarroba** || **-bo** m ⟨Bot⟩ = **algarrobo**
garro|cha f *Wurfspieß* m *mit Widerhaken* || *Spieß* m *der Stierhirten* || ⟨Taur⟩ *Pike* f *des Pikadors* || Chi *(Feder)Pfeil* m || **-chador, -chero** m ⟨Taur⟩ *Pikador* m || **-chazo** m ⟨Taur⟩ *Stich* m *mit der* garrocha || **-chear** vt ⟨Taur⟩ *mit der* garrocha *treffen* || **-chón** m ⟨Taur⟩ *Stachelpike* f *(des Pikadors zu Pferde)*
garro|fa, -ba f *Johannisbrot* n (→ **algarroba**)
garro|ta f *Knüttel* m || *Schäferstab* m || **-tazo** m *Schlag* m *mit einem Knüppel* || **-te** m *Knüppel, kurzer Stock* m || *Gerte* f || *Knebel* m || *Prügel, Stock* m || *Olivensetzreis* n || prov *Korb* m, *Kiepe* f || *Knebeln* n || ⟨Med⟩ *Knebelpresse* f || *Würg|schraube* f, *-eisen* n *bei Hinrichtungen* || *Garrotieren* n, *Erdrosselung* f *durch die Würgschraube (in Spanien übliche Todesstrafe)* || Mex *Bremsscheit* n || vino de ~ *Kelterwein* m || ◊ dar ~ (vil) *garrotieren, knebeln, erdrosseln, erwürgen* || *mit der Würgschraube hinrichten* || **-tero** adj Cu Chi pop *geizig* || Chi *feilschend* || ~ m Mex *Bremser* m || **-tillo** m ⟨Med⟩ *Krupp* m, *Hals-, Rachen|bräune, Diphtherie* f (→ **difteria**) || Rioja *Holzknebel* m *zum Garbenbinden* || **-tín** m *ein span. Tanz* m *(zweite Hälfte des 19. Jh.)*
garru|cha f *Block, Kloben* m || *Blockrolle, (Block)Scheibe* f || *Rolle* f *an einem Ziehbrunnen* || *Flasche* f *(des Flaschenzugs)* || *Flaschenzug* m || *Haspel* f || ⟨Mar⟩ *Taukloben* m, *Takel* n || fig *Patsche* f, *mißliche Lage* f || ~ combinada, sistema de ~ *Flaschenzug* m || fija (loca) *feste (lose) Rolle* f || *tormento de* ~ *Wippgalgen* m || **-cho** m ⟨Mar⟩ *Eisen- bzw Holz|ring* m

garrudo adj *starkkrallig* || Mex *stark, kräftig* || ~ m Chi *Teufel* m
garru|leria f fam *Geschwätz, Geschnatter* n || **-lidad** f *Geschwätzigkeit* f
gárru|lo adj *laut zwitschernd, plappernd (Vögel)* || fig *geschwätzig* || fig *murmelnd (Bach)* || *sausend (Wind)* || *flüsternd (Laub)* || **-los, -linos** mpl *elsterartige Vögel* mpl (→ **arrendajo**)
△**garsina** f *Diebstahl* m || △~r vt *stehlen*
garsón m gall = **garzón**
garúa f ⟨Mar⟩ Murc Am *Sprüh-, Staub|regen* m || *feuchter Nebel* m || PR *Krawall* m
garuar [3 sg pres **-úa**], **garugar** [g/gu] vt Am *fein regnen, stieben, nieseln*
garujo m → ¹**hormigón**
garu|lla f *ausgekernte Traube* f || figf *Menschenauflauf* m || figf *Haufen* m *Gesindel* || **-llada** f figf *Haufen* m *Gesindel* || figf *Menschenauflauf* m || *Krawall* m || **-llo** m Sal *junger Puter* m || And Av Tol *Truthahn* m *(Zuchttier)* || Sant And Extr *(Art) wilde Birne* f || Col = **barullo**
△**garvé** m *Weste* f
garza f ⟨V⟩ *Fischreiher* m (Ardea cinerea) || Chi fig *langhalsiger Mensch* m || *Schwertfisch* m || ~ cenicienta, ~ real ⟨V⟩ *Fischreiher* m || ~ imperial ⟨V⟩ *Purpurreiher* m (A. purpurea) || plumas de ~ *Reiherfedern* fpl
garzo adj *hell-, blaß|blau* || *tiefblau (Augen)* || *blauäugig*
gar|zón m *junger Bursche* m || ~ azul, ~ soldado Col Mex ⟨V⟩ *Amerikanischer Graureiher* m (Ardea herodias) || melena a lo ~, melena -zona *Bubikopf* m || **-zon(er)ía** f *verliebtes Benehmen, Werben* n
garzota f ⟨V⟩ *Cayennereiher* m (Nyctanassa violacea) || *Reiherbusch* m *(am Hut)*
gas m *Gas* n || *Leuchtgas* n || pop *Erdöl* n || con ~ *mit Kohlendioxid (Mineralwasser)* || ~ del alumbrado (Am & ~ iluminante) *Leuchtgas* n || ~ de combate ⟨Mil⟩ *Gaskampfstoff* m || ~ de cloaca *Kloaken-, Faul|gas* n || ~ de escape, ~ perdido *Auspuff-, Abdampf|gas* n || ⟨Aut⟩ *Auspuff-, Ab|gas* n || degenerado ⟨Nucl Astr⟩ *entartetes Gas* n || ~ fulminante, ~ detonante, ~ oxhidrico *Knallgas* n || ~ de gasógeno *Generatorgas* n || ~ de guerra *Kampfgas* n, *Gaskampfstoff* m || ~ hilarante *Lachgas* n || ~ lacrimógeno *Tränengas* n *(Augenreizstoff)* || ~ líquido *Flüssiggas* n || ~ motor, ~ para fuerza motriz *Treibgas* n || ~ mostaza, ~ cruz amarilla ⟨Mil⟩ *Senfgas, Gelbkreuz(gas)* n || ~ natural *Erd-, Natur|gas* n || ~ de los pantanos *Sumpfgas* n || ~ pobre *Wasser-, Kraft-, Misch|gas* n || *Gas von geringer Heizkraft, Schwachgas* n || ~ público *Stadtgas* n || ~ suministrado a gran distancia *Ferngas* n || alumbrado de ~ *Gasbeleuchtung* f || calefacción de ~ *Gasheizung* f || cañería de ~ *Gasrohrleitung* f || contador de ~ *Gasuhr* f || depósito de ~ *Gasbehälter* m || enfermo de ~ ⟨Mil⟩ *Gaskranke(r)* m || estufa de ~ *Gasofen* m || fábrica de ~ *Gas|werk* n, *-anstalt* f || granada de ~ ⟨Mil⟩ *Gasgranate* f || hornillo de ~ *Gaskocher* m || intoxicación por ~ *Gasvergiftung* f || mechero de ~ *Gasbrenner* m || motor de *(od a)* ~ *Gasmotor* m || turbina de ~ *Gasturbine* f || ◊ cortar *(od quitar)* el ~ *das Gas abstellen (Haushalt)* || *das Gas wegnehmen (Motor)* || dar *(más)* ~ ⟨Aut⟩ *Gas geben, beschleunigen* || ~es pl *schlechte Ausdünstungen* fpl || *Blähungen* fpl || ~ asfixiantes pl *erstickende Kampfstoffe* mpl || *ataque por medio de* ~ *asfixiantes Gasangriff* m || *máscara antigás Gasmaske* f || ~ mefiticos, ~ deletéreos ⟨Bgb⟩ *Grubengas* n, *böse Wetter* npl || ◊ a *grisú* || ~ de reacción *Rückstoßgase* npl *(Rakete)* || ~ tóxicos *Giftgase* npl || *protección contra los* ~ *Gasschutz* m
gasa f *Gaze* f || *Flor* m || *Trauerflor* m || *Mull* m || Am *Schleier* m || ~ esterilizada *sterilisierte*

gascón — gasto 578

Verbandgaze f || ~ metálica *Drahtgaze* f || ~ organdi *Organdygaze* f
gas|cón, -conés *m*/adj *Gaskogner* m || *gaskognische Mundart* f || **-conada** *f* fam *Aufschneiderei, Großsprecherei, Gaskonade* f
△**gascote** *m Buch* n
Gascuña *f Gaskogne* f
gase|ado adj *gaskrank* || *vergast* || ⟨Web⟩ *abgesengt (offene Gasflamme)* || **-amiento** *m* ⟨Neol⟩ *Vergasung* f *(Tötung)* || **-ar** vt = **gasificar** || ⟨Neol⟩ *vergasen (töten)* || ⟨Web⟩ *(ab)sengen*
gaseiforme adj *gasförmig*
gaseoducto *m Fern-, Erd|gasleitung* f
gaseo|sa *f Brauselimonade* f, *Sodawasser* n *(mit Fruchtgeschmack), Sprudel* m || **-so** adj *gasförmig* || *gashaltig* || ⟨Chem⟩ *dampfend (Flüssigkeiten)*
¹**gasero** *m Gaserzeuger* m
²**gasero** *m Gazeweber* m
gas|fiter *m* Chi engl *Gasinstallateur* m || **-fitero** *m* engl Am prov = **gasista**
gasifi|cación *f* ⟨Chem⟩ *Verdampfung* f || *Vergasung* f || *Gasbildung* f || **-car** vt *vergasen, in Gas verwandeln* || *mit Kohlendioxid versetzen (Wasser)*
gasi|fista *m* Chi engl *Gasinstallateur* m || **-no** *m* Chi *Gasarbeiter* m
gasista *m Gasinstallateur* m || *Laternenputzer* m
gasoducto *m* = **gaseoducto**
gasógeno *m*/adj *Gasgenerator(anlage f)* m || *coche con* ~ *Holz(ver)gaser* m || ~ adj *gasbildend*
gas-oil, gas oil, gasóleo *m Gasöl* n || *Dieselkraftstoff* m
gasoli|na *f (Auto)Benzin* n || →a **bencina** || *puesto de* ~ ⟨Aut⟩ *Tankstelle* f || ~ *normal (normales) Benzin, Normalbezin* n || ~ *de marca Markenbenzin* n || (~) *súper Super(benzin)* n || ◊ *tomar (od echar od cargar od reponer od pop coger)* ~ *tanken* || **-nera** *f Motorboot* n || *Tankstelle* f || **-nero** *m Tankwart* m
gasometría *f* ⟨Chem⟩ *Gasanalyse* f
gasómetro *m Gasometer, Gasbehälter* m || *Gas|messer* m, -uhr f
Gaspar *m* np Tfn *Kaspar* m
gasta|dero *m* fam *Ursache* f *von Ausgaben* || ~ *de paciencia*, ~ *de nervios* figf *Nervensäge* f || **-do** adj *aufgezehrt* || *abgenutzt, verbraucht* || *abgetragen* || figf *veraltet* || figf *heruntergekommen* || fig *abgenutzt, abgedroschen* || *un chiste muy* ~ *ein sehr alter Witz* m || **-dor** adj *verschwenderisch* || ~ *m Verschwender* m || *Vernichter* m || ⟨Mil⟩ *Schanzgräber* m || ⟨Mil⟩ *Pionier* m || ⟨Mil⟩ *Melder, Funker* m || *Zuchthaussträfling* m || **-dura** *f Abnutzung* f, *Verschleiß* m || **-miento** *m Abnutzung* f || *Verbrauch* m
gastar vt/i *(Geld) aus|geben, -legen, verausgaben* || *aufwenden* (en *für* acc) || *ver|schwenden, -geuden, durchbringen* || *ab|nutzen, -tragen (durch den Gebrauch)* || *verschleißen* || *ver|zehren, -brauchen* || ⟨Typ⟩ *versetzen (Schrift)* || *(ge)brauchen, anwenden* || *sich bedienen* (gen) || *(regelmäßig) tragen, haben, besitzen (Kleid, Brille usw)* || *verderben, zerstören* || ◊ ~ *anteojos Brille tragen* || ~ *barba Bart tragen* || ~ *bigote Schnurrbart tragen* || ~ *una broma einen Spaß machen, spaßen* || *no* ~ *bromas keinen Spaß verstehen* || ~ *buen humor stets bei guter Laune sein* || ~ *ceremonias (od cumplidos) viele Umstände machen* || ~ *energías Kräfte aufwenden (od einsetzen)* || ~ *energías inútilmente (od en vano) Kräfte vergeuden* || ~ *mucho (dinero) viel Geld ausgeben* || ~ *mucha salud pop sehr gesund sein* || ~ *palabras,* fam ~ *saliva (en vano) umsonst reden* || ~ *sin tasa Geld verschleudern* || ~ *el tiempo die Zeit verschleudern* || *a medio* ~ *abgetragen (Kleidungsstücke)* || *con eso gastaremos media hora das wird e-e halbe Stunde dauern* || *así las gasto yo* fam *ich bin nun einmal so* || ¡*no sabe V. cómo las gasta!* fam *Sie haben keine Idee, wie gefährlich er ist* || *en ello se ha gastado la mitad de su fortuna das hat ihn die Hälfte seines Vermögens gekostet* || ~**se** *sich abnützen, abtragen (Kleid)* || *verschleißen* (& vi) || *verwittern (Steine usw)* || *verderben, verfaulen* || fig *sich erschöpfen* || ◊ ~ *físicamente sich ausarbeiten*

gasterópodos *mpl* ⟨Zool⟩ *Bauchfüßer, Gastropoden* mpl, *Schnecken* fpl (Gastropoda)
gasto *m Ausgabe* f || *Auf|wand* m, -*wendung* f || *Verausgabung* f || *Kosten, Unkosten* pl || *Verbrauch* m || *Zeche* f || *Verzehr* m *(Bar, Lokal)* || *Schüttung(smenge), Ergiebigkeit* f *(Quelle)* || ◊ *hacer* ~ *Geld ausgeben* || *hacer (od llevar) el* ~ *de la conversación die Kosten (od die Last) der Unterhaltung tragen* || *es lo que hace el* ~ fam *das ist die Hauptsache* || *pagar el* ~ *die Zeche bezahlen* || ~**s** *mpl (Un)Kosten* pl || *Spesen* pl || *Auslagen* fpl || ~ *accesorios pl Nebenkosten* pl || ~ *de adquisición Beschaffungskosten* pl || ~ *de acarreo Fuhrgeld* n, *Abfuhrkosten* pl || ~ *accesorios,* ~ *accidentales,* ~ *adicionales Nebenkosten, Extraspesen* pl, *Mehrausgaben* fpl || ~ *de camionaje Rollgeld* n || ~ *de la casa Haushalts-, Wirtschafts|geld* n || ~ *cobrados (od reembolsados) nachgenommene Spesen* pl || ~ *de almacenaje Lagergebühren* fpl || a ~ *comunes auf gemeinschaftliche Kosten* || ~ *de composición* ⟨Typ⟩ *Satzkosten* pl || ~ *de construcción Baukosten* pl || ~ *de correo Postgebühren* fpl, *Portokosten* pl || ~ *de descarga Abladegebühr* f || ⟨Mar⟩ *Löschgebühr* f || ~ *domésticos Haushaltungskosten* pl || ~ *generales allgemeine Kosten, Gemeinkosten* pl || ~ *los* ~ *hechos (od habidos) die gehabten Spesen* pl || ~ *incluidos zuzüglich der Kosten* || ~ *de impresión Druckkosten* pl || ~ *imprevistos unvorhergesehene Ausgaben* fpl || ~ *e ingresos Ausgaben und Einnahmen* fpl || ~ *de mantenimiento Unterhaltungskosten* pl || = ~ *de manutención Lebensunterhalt* m || ~ *de material Sachaufwand* m || ~ *materiales Sachausgaben* fpl, *Materialkosten* pl || ~ *menores,* ~ *menudos* ⟨Com⟩ *kleine Ausgaben* fpl || ~ *de ocupación* ⟨Pol⟩ *Besatzungskosten* pl || ~ *de personal Personal|ausgaben* fpl, -*aufwand* m || ~ *personales persönliche Ausgaben* fpl || ~ *de reembolso Nachnahmespesen* pl || ~ *de reparación Reparaturkosten* pl || ~ *de representación Aufwandsentschädigung* f, *Repräsentationskosten* pl || ~ *de residencia Wohnkosten* pl || *Wohnungsgeld* n || *los* ~ *que resultan die entstehenden Spesen* pl || ~ *de sepelio Bestattungskosten* pl || *Sterbegeld* n *(Versicherung)* || ~ *de traslado Umzugskosten* pl || ~ *de transporte Frachtkosten* pl, *Fracht* f || ~ *de viaje Reisespesen* fpl || *aumento, disminución de* ~ *Kosten|verringerung,* -*erhöhung* f || *cuenta de los* ~ *Spesenrechnung* f || *economía de* ~ *Kostenersparnis* f || *libre de* ~, *sin* ~ *spesenfrei* || *presupuesto de los* ~ *Kostenvoranschlag* m
◊ *causar (od acarrear)* ~ *Kosten verursachen* || *condenar en los* ~ ⟨Jur⟩ *zu den Kosten verurteilen* || *contribuir a sufragar los* ~ *zu den Kosten beitragen* || *cubrir* ~ *die Unkosten decken, die Spesen bestreiten* || *economizar los* ~ *die Kosten sparen* || *hacer* ~ *Ausgaben machen* || *Geld ausgeben* || *hacer frente a los* ~ *die Kosten bestreiten (od aufbringen)* || *incluso sus* ~ *einschließlich Ihrer Spesen* || *meterse en* ~ *sich in Unkosten setzen, stürzen* || figf *sich gewaltig anstrengen, sich viel Mühe machen (mit et dat)* || *originar (od traer consigo)* ~ *mit Kosten verbunden sein, Kosten verursachen* || *reducir los* ~ *die Kosten verringern* || *reembolsar los* ~ *die Spesen vergüten* || *reembolsarse de sus* ~ *die Spesen nachnehmen* || *resarcirse de los* ~ *die Kosten*

gastralgia — gaucho

wiedererlangen ‖ sin atender *(od* mirar*)* a ∼ *ohne auf die Kosten zu sehen,* fam *egal was es kostet* ‖ *es sich et kosten lassen*
gas|tralgia *f* ⟨Med⟩ *Magen|schmerz, -krampf* m, *Gastralgie* f ‖ **–trea** *f* ⟨Zool⟩ *(von Haeckel) angenommenes Urdarmtier* n, *Gasträa* f ‖ **–trectasia** *f* ⟨Med⟩ *Magenerweiterung, Gastrektasie* f ‖ **–trectomía** *f* ⟨Chir⟩ *Magenresektion, Gastrektomie* f ‖ **–tricismo** *m* ⟨Med⟩ *Magenverstimmung* f, *Gastrizismus* m
gástri|ca *f* ⟨Med⟩ *Magenkatarrh* m ‖ **–co** adj ⟨Physiol Med⟩ *zum Magen gehörend, den Magen betreffend, gastral, Magen-* ‖ *acidez* ∼a *Magensäure* f ‖ *jugo* ∼ *Magensaft* m
gastritis *f* ⟨Med⟩ *Magen|schleimhautentzündung* f, *-katarrh* m, *Gastritis* f
gastro|diafanoscopia *f* ⟨Med⟩ *Magendurchleuchtung, Gastrodiaphanie* f ‖ **–duodenal** adj ⟨An Med⟩ *Magen und Zwölffingerdarm betreffend, gastroduodenal* ‖ **–duodenitis** *f* ⟨Med⟩ *Gastroduodenitis* f ‖ **–enteritis** *f* ⟨Med⟩ *Magen-Darm-Entzündung, Gastroenteritis* f ‖ **–enterocolitis** *f* ⟨Med⟩ *Gastroenterokolitis* f ‖ **–intestinal** adj ⟨An Med⟩ *Magen und Darm betreffend, gastrointestinal, Magen-Darm-* ‖ **–lito** *m* ⟨Med⟩ *Magenstein, Gastrolith* m
gastrólogo *m* ⟨Med⟩ *Gastrologe, Facharzt* m *für Magenleiden*
gas|tronomía *f* *Kochkunst* f ‖ *Feinschmeckerei* f ‖ *Gastronomie* f ‖ **–tronómico** adj *gastronomisch* ‖ *Feinschmecker-* ‖ **–trónomo** *m* *Feinschmecker* m ‖ *Kochkünstler* m ‖ *Gastronom* m
gas|tropatía *f* ⟨Med⟩ *Magenleiden* n, *Gastropathie* f ‖ **–trópodos** *mpl* ⟨Zool⟩ = **gasterópodos** ‖ **–trorragia** *f* ⟨Med⟩ *Magenblutung, Gastrorrhagie* f ‖ **–troscopia** *f* ⟨Med⟩ *Magenspiegelung, Gastroskopie* f ‖ **–trosofía** *f* *Gastrosophie* f ‖ **–trostomía** *f* ⟨Chir⟩ *Gastrostomie* f ‖ **–trotomía** *f* ⟨Chir⟩ *Gastrotomie* f, *Magenschnitt* m ‖ **–trotricos** *mpl* ⟨Zool⟩ *Gastrotrichen* pl
gástrula *f* ⟨Gen Zool⟩ *zweischichtiger Becherkeim* m, *Gastrula* f
gata *f* *Katze* f, *Katzenweibchen* n ‖ ⟨Bot⟩ *Hauhechel* f, *Quecke* f (→ **gatuña**) ‖ *pop aus Madrid stammende Frau,* *Madriderin* f, fam *Madrider Kind* n ‖ ⟨Mar⟩ *Gatt* f ‖ ⟨Mar⟩ *Fockmars* m ‖ fig *kleine Wolke (am Berghang)* ‖ figf *geriebene Frauensperson* f ‖ Sant Ast Al ⟨Entom⟩ *(große) Raupe* f *(bes wenn dichtbehaart)* ‖ Mex *(Dienst)Mädchen* n ‖ Chi *Hebewerkzeug* n, *Winde* f ‖ Chi *Griff* m, *Heft* n ‖ ∼ *parida* figf *magere, abgezehrte Person* f ‖ ◊ *hacer la* ∼ *muerta* figf *sich bescheiden* bzw *harmlos stellen* ‖ ∼**s** *pl*: a ∼ *auf allen vieren* ‖ Arg *kaum, schwerlich, mühsam*
gatada *f* *Katzenstreich* m ‖ *Krallenhieb* m ‖ *Wurf* m *junger Katzen* ‖ fig *schlauer Diebstahl* m ‖ figf *Schurkenstreich* m, *Gaunerei* f ‖ *Falle* f (→ a **engatada**) ‖ ◊ dar ∼s ⟨Jgd⟩ *Haken schlagen (Hase)*
gata|llón *m* fam *Ganove, Gauner, Schlauberger* m ‖ **–muso** *m* Vall *Heuchler* m ‖ **–tumba** *f* fam *Schöntuerei* f ‖ *Simulation, Vortäuschung* f *(e–r Krankheit)*
gatazo *m* augm *v.* **gato** ‖ fam *Prellerei* f ‖ fam *Schurkenstreich* m, *Gaunerei* f ‖ ◊ dar ∼ *betrügen, täuschen*
△**gaté** *m* *Hemd* n
gateado adj *katzenfarbig* ‖ *getigert (Marmor)* ‖ ∼ *m* Am *stark gemasertes Holz* n
gatear vt/i fam *(zer)kratzen* ‖ fam *stehlen, mausen* ‖ ∼ vi *klettern, klimmen* ‖ fam *auf allen vieren kriechen* ‖ Arg *schmeicheln* ‖ Mex figf *hinter den Dienstmädchen her sein*
gate|ra *f* fam *Katzenliebhaberin* f ‖ fam *Taschendiebin* f ‖ *Katzenloch* n *(Einlaß)* ‖ ⟨Arch⟩ *Lüftungsloch* n ‖ ⟨Mar⟩ *(Anker)Klüse* f ‖ figf *Taschendieb(in* f*)* m ‖ Bol *zänkische Frau* f ‖

Bol Ec Pe *Gemüsehändlerin* f ‖ **–ría** fam *Katzen(versammlung* f*)* fpl ‖ figf *Halbstarken(ansammlung* f*)* mpl ‖ figf *Katzenfreundlichkeit* f ‖ figf *Schmeichelei, Duckmäuserei* f ‖ **–ro** adj *Katzen-* ‖ ∼ *m* *Katzenverkäufer* m ‖ *Katzenliebhaber* m
gatesco adj fam = **gatuno**
gatillazo *m* *Einschnappen* n *des Drückers (Gewehr)* ‖ ◊ dar (pop pegar) ∼ figf *versagen (Gewehr & fig)* ‖ *sein Ziel nicht erreichen* ‖ fig pop *geschlechtlich versagen (Mann)*
gatillo *m* *Hahn, Drücker, Abzug(sbügel)* m *(Gewehr)* ‖ *Zahnzange* f ‖ *Klinke* f ‖ *Gesperre* n ‖ ⟨Zim⟩ *Klammer, Klaue* f ‖ *Widerrist* m *der Tiere* ‖ fam *Spitzbube* m ‖ Pal *Akazienblüte* f
gati|ta *f*, **–to** *m* *Kätzchen* n
gato *m* ⟨Zool⟩ *Katze* f ‖ *Kater* m ‖ *Geldkatze* f ‖ *Beutelgeld* n ‖ *Ersparnisse* fpl ‖ *Reifzange* f *der Böttcher* ‖ *Hebe|winde* f, *-bock* m ‖ *Schraubenwinde* f ‖ ⟨Aut⟩ *Wagenheber* m ‖ *Schreiner-, Schraub|zwinge* f ‖ ⟨Mil⟩ *Visiereisen* n *beim Geschütz* ‖ fig *schlauer Taschendieb* m ‖ fam *verschmitzter Mensch* m ‖ figf *Madrider, in Madrid geborener Spanier* m ‖ ⟨Sch⟩ *der älteste Schüler einer Klasse* ‖ *ein argentinischer Tanz* m ‖ Mex *Diener* m ‖ Mex *Trinkgeld* n ‖ ∼ *de algalia Zibetkatze* f *(Viverra zibetha)* ‖ ∼ *de Angora Angorakatze* f ‖ ∼ *cerval Serval* m (Leptailurus serval) ‖ ∼ *común Hauskatze* f ‖ ∼ *montés,* ∼ *silvestre Wildkatze* f (Felis catus) ‖ ∼ *persa,* ∼ *siamés Perser* m ‖ *el* ∼ *con botas der gestiefelte Kater (Märchengestalt)* ‖ *pa el* ∼ *pop für die Katz'* ‖ ◊ *andar buscando (od* buscar*) tres pies al* ∼ *einen Streit vom Zaune brechen* ‖ *correr (od* ir, pasar*) como* ∼ *por ascuas* fam *wie verrückt laufen, um einer Gefahr zu entkommen* ‖ *dar (od* vender*)* ∼ *por liebre* figf *jdn prellen, betrügen, jdn übers Ohr hauen* ‖ *no hacer mal a un* ∼ fig *keinem Kind et zuleid(e) tun* ‖ *no había ni un* ∼ figf *k–e Menschenseele (od k–e Katze) war dabei* ‖ *jugar al ratón y al* ∼ fig *Katze und Maus spielen* ‖ *lavarse a lo* ∼ fam *sich nachlässig waschen,* fam *Katzenwäsche machen* ‖ *llevar el* ∼ *al agua* figf *einer Gefahr mutig trotzen* ‖ figf *den Vogel abschießen* ‖ *llevarse como el perro y el* ∼ *sich wie Hund und Katze vertragen* ‖ *aquí hay* ∼ *encerrado* figf *da ist nicht alles in Ordnung, da steckt et dahinter* ‖ ∼ *escaldado, del agua fría huye gebranntes Kind scheut das Feuer* ‖ *el* ∼ *maullador nunca buen cazador Hunde, die bellen, beißen nicht* ‖ ∼s *pl:* *al teatro asistieron cuatro* ∼ *desp das Theater blieb fast leer* ‖ *hasta los* ∼ *quieren zapatos* sprichw. *Ansp. auf Leute, die sich über ihren Rang erheben wollen: selbst der Kleinste möchte hoch hinaus*
gatuno adj *Katzen-*
gatuña *f* ⟨Bot⟩ *Hauhechel* f (Ononis spp)
gatuperio *m* fam *Mischmasch* m, *Durcheinander* n ‖ figf *Ränke* pl, *Intrige* f, *Machenschaften* fpl
gau|cha *f* *Frau, Tochter* f *usw eines Gaucho* ‖ Arg fig *Mannweib* n ‖ Arg fig *leichtes Mädchen* n ‖ **–chada** *f* Am *(gewagter, schlauer) Streich* m bzw *eigentümliches Verhalten* n *(eines Gaucho)* ‖ fig *Großtuerei, Prahlerei* f ‖ Arg *Stegreifverse* mpl ‖ Arg *Freundschafts-, Liebes|dienst* m ‖ *Klatsch* m, *Geschwätzigkeit* f ‖ fig *Witz, Spaß* m ‖ **–chaje** *m* Arg *die Gauchos* mpl ‖ Arg *Gauchotrupp* m ‖ fig *Gesindel* n ‖ **–ch(e)ar** vn Am *sich wie ein Gaucho benehmen* ‖ figf *sich in gefährliche Liebesabenteuer einlassen* ‖ **–chesco** adj *Gaucho-* ‖ *al uso* ∼ *nach Gauchobrauch* ‖ **–chismo** *m* *Gaucholiteratur* f ‖ **–chita** *f* *Gaucholiedchen* n ‖ fam *hübsche Frau* f
[1]**gaucho** *m* südam. Gaucho, *Bewohner der Pampas, meist Viehzüchter* m ‖ fig *geriebener Mensch* m ‖ Arg *Mestize* m ‖ ◊ *ser un buen* ∼ fig *ein guter Freund sein* ‖ *a lo* ∼ fig *gauchohaft, nach Gauchogebrauch*

²**gaucho** adj ⟨Tech⟩ *schief, nicht waagerecht* ‖ Am *Gauchen-* ‖ Arg Chi *geübt im Reiten* ‖ Arg Chi *tapfer, mutig* ‖ Arg *grob, ungeschliffen* ‖ Arg Chi *gerieben, schlau* ‖ *herrenlos herumlaufend (Hund)* ‖ Ec *breitkrempig (Hut)*
gaudeamus *m* fam *Freudenfest, Vergnügen* n, *Schmauserei* f
gaudón *m* Al ⟨V⟩ = **alcaudón**
△**gaul** *m Laus* f
***Gaula** f *Gallien* n
gausio, gauss *m* ⟨Phys⟩ *Gauß* n
gavan|za f *wilde Rose, Wildrose* f *(Blüte)* ‖ **–zo** *m* ⟨Bot⟩ = **agavanzo, escaramujo**
gavera f And *Ziegelform* f ‖ Pe *Fachwerk* n
gaveta f *Schublade* f ‖ *Schubfach* n ‖ *Schatulle* f
¹**gavia** f ⟨Hist⟩ *(Holz) Käfig* m *für Tobsüchtige* ‖ △ *Helm* m ‖ ⟨Mar⟩ *Mastkorb, Mars* m ‖ ⟨Mar⟩ *Marssegel* n ‖ *Entwässerungsgraben* m
²**gavia** f = **gaviota**
gavial *m Gavial, indisches Schnabelkrokodil* n (Gavialis gangeticus)
gaviero *m* ⟨Mar⟩ *Marsgast* m
gavilán *m Sperber* m (Accipiter nisus) ‖ *Ausstrich* m *eines Buchstabens* ‖ *jede der beiden Spitzen der Schreibfeder* ‖ *Schnörkel* m ‖ ⟨Chir⟩ *Nasenverband* m ‖ ⟨Mar⟩ *Ruderdolle* f ‖ *Schnabel* m *am Vorderteil der Hose* ‖ figf *Taschendieb* m ‖ And Cu Mex MAm PR *ins Fleisch eingewachsener Nagel* m ‖ *nariz de* ∼, *nariz gavilana Habichtnase* f ‖ *uñas de* ∼ fam *lange, ungeschnittene Nägel* mpl ‖ ∼**es** pl *Bügel* m *am Degengefäß, Degenkreuz* n
gavi|lla f *Garbe* f ‖ *Bündel* n *Reisig* ‖ fig *Bande* f, *Gesindel* n ‖ ∼ *de ladrones Diebesvolk* n ‖ △ **–llada** f *Diebesgut* n, *Sore* f ‖ **–lladora** f ⟨Agr⟩ *Mähbinder* m ‖ **–llar** vt = **agavillar**
¹**gavillar** *m* prov *Garbenhaufe(n)* m
²△**gavillar** vt *vereinigen*
gavillero *m Garben\schicht, -reihe* f ‖ *Getreideschober* m
gavina f = **gaviota** ‖ fam And *Zylinderhut* m
gavión *m* ⟨V⟩ *Mantelmöwe* f (Larus marinus) ‖ ⟨Fort⟩ *Schanzkorb* m
gaviota f ⟨V⟩ *(See) Möwe* f ‖ ∼ *argéntea Silbermöwe* f (Larus argentatus) ‖ ∼ *cana Sturmmöwe* f (L. canus) ‖ ∼ *común,* ∼ *reidora Lachmöwe* f (L. ridibundus) ‖ ∼ *marfil Elfenbeinmöwe* f (Pagophila eburnea)
gavota f *Gavotte* f *(Tanz)*
gaya f ⟨V⟩ *Elster* f (→ **urraca**) ‖ *farbiger Streifen* m ‖ △ *Straßendirne* f
gayado adj *bunt(gestreift)* ‖ Cu *weißgesprenkelt (hellbraunes Pferd)*
¹**gayo** adj *munter, lustig* ‖ *bunt(farbig)* ‖ ∼**a** *ciencia* (*od* doctrina) f *Dichtung der Toulouser Meistersinger im 14. Jh.* ‖ *Poesie, Dichtung* f
²**gayo** *m* prov ⟨V⟩ *Häher* m (→ **arrendajo**)
Gayo *m* np *Cajus, Gajus* m
gayola f fam *Kittchen* n
△**gayón** *m Zuhälter* m
gay saber = **gaya ciencia**
gayuba f *Bärentraube* f (Arctostaphylos uva-ursi)
△**gayumbos** mpl *Unterhose* f
¹**gaza** f ⟨Mar⟩ *Stropp* m
²△ **gaza** f = **gazuza**
gazafatón *m* = **garrapatón**
gazapa f fam *Lüge* f, *Schwindel* m
gazapatón *m* = **garrapatón**
gaza|pera f *Kaninchenbau* m ‖ figf *Schlupfwinkel* m *(von Gesindel)* ‖ figf *Streitigkeit, Zankerei* f *(mehrerer Personen)* ‖ **–pina** f fam *Rotte* f *von Gesindel* ‖ *Diebskonvent* m ‖ *Zankerei, Schlägerei* f
gazapito *m ein Kinderspiel* n *(Öffnen und Schließen der Hände)*
gazapo *m (junges) Kaninchen* n ‖ figf *grober Irrtum* m ‖ figf *geriebener Junge,* fam *Schlau-*

meier m ‖ figf *(Zeitungs) Ente* f
gazapón *m* pop *Spielhölle* f
gazmiar vt *naschen*
gazmo|ñada, –ñería f *Scheinheiligkeit, Heuchelei* f ‖ *geheuchelte Sittsamkeit, Prüderie* f ‖ **–ñera, –ña** f *Heuchlerin, Frömmlerin, Betschwester* f ‖ **–ñero, –ño** adj *prüde* ‖ *heuchlerisch, schmeichlerisch* ‖ ∼ *m Heuchler, Schmeichler, Frömmler* m
gaznápiro m/adj pop *dummer Gaffer, Einfaltspinsel* m
gaznate *m Kehle* f, *Schlund* m ‖ *apretar el* ∼ *a alg.* vulg *jdn er|würgen, -drosseln* ‖ *refrescarse el* ∼ figf *trinken,* fam *sich e-n hinter die Binde gießen*
gazpacho *m* Span *(Art) kalte Suppe* f *aus Brotkrumen, mit Öl, Essig, Knoblauch, Zwiebeln und geschnittenen Gurken* ‖ *(Art) Brotgericht* n *aus Brocken e-s in der Asche oder auf offenem Feuer gebackenen Eierkuchens* ‖ ∼ *extremeño, granadino, jerezano verschiedene Arten gazpacho*
gazuza f fam *(Bären) Hunger,* fam *Kohldampf* m ‖ CR *Lärm* m
g.c., g/c = **grados centígrados**
g.ᵈᵉ Abk = **guarde**
ge f *span* g n
Gea f ⟨Myth⟩ *Gäa, Gaia, Mutter Erde* f ‖ ∼ *physische Geographie e-s Landes* bzw *e-r Landschaft*
ge|co *m* ⟨Zool⟩ *Gecko* m (→a **salamanquesa**) ‖ **–cónidos** mpl ⟨Zool⟩ *Geckos, Haftzeher* mpl (Gekkonidae)
Gede|ón *m* np *Gideon* m ‖ *Name e-s berühmten ehemaligen span. Witzblattes* ‖ **–onada** f fam *Tölpelei* f
Gehena, gehena f *Gehenna, Hölle* f
géiser *m Geysir, Geiser* m
geisha f *Geisha* f
gejionense adj/s *aus Gijón* (= **gijonés**)
△**gejostré** *m Sünde* f
gel *m* ⟨Pharm Chem⟩ *Gel* n
gelatina f *Gelatine* f ‖ *Gallerte, Sülze* f ‖ *Photogelatine* f ‖ ∼ *animal Tierleim* m ‖ ∼ *cromatada Chromgelatine* f *(Lichtdruck)* ‖ ∼ *de pies de ternera Eisbeinsülze* f
gelati|niforme adj *gallertartig* ‖ **–nización** f *Gelatinierung* f ‖ *Gelieren* n ‖ **–nizarse** vr *gelieren* ‖ **–nobromuro** *m* ⟨Phot⟩ *Bromsilbergelatine* f ‖ **–nografía** f ⟨Typ⟩ *Gelatinedruck* m ‖ **–noso** adj *gallertartig, sulzig* ‖ *schleimig*
△**geliché** *m Bindfaden* m
gélido, da adj ⟨poet⟩ *gefroren* ‖ *eisig kalt, eiskalt*
geli|ficación f ⟨Chem⟩ *Gelierung, Aushärtung* f ‖ **–fracción** f *Frost|verwitterung, -wirkung* f ‖ **–vación** f *Frostwirkung* f
gema f/adj *Edelstein* m, *Gemme* f ‖ ⟨Zim⟩ *Baum-, Wahn-, Wald\kante* f ‖ ⟨Bot Zool⟩ *Knospe* f ‖ sal ∼ *Steinsalz* n ‖ ∼**ción** f ⟨Biol⟩ *Knospung* f
gemebundo adj ⟨poet⟩ *tief seufzend, stöhnend* ‖ *schmerzvoll klagend*
geme|la f *Zwillingstochter* f ‖ **–lación** f: ∼ *de ciudades Städtepartnerschaft* f ‖ **–lado** adj *Zwillings-, Doppel-* ‖ **–lar** adj ⟨Biol⟩ *Zwillings-* ‖ *parto* ∼ *Zwillingsgeburt* f ‖ **–lo** adj *doppelt* ‖ *Zwillings-, Doppel-* ‖ *hermanos* ∼**s** *Zwillingsbrüder* mpl ‖ *Zwillinge* mpl, *Zwillingsgeschwister* pl ‖ *hermanas* ∼**as** *Zwillingsschwestern* fpl ‖ ∼ *m Zwillingssohn, Zwilling* m ‖ (músculo) ∼ *m Zwillingsmuskel* m ‖ ∼**s** pl *Zwillinge* mpl, *Zwillingspaar* n ‖ *Fern-, Opern|glas* n ‖ *Manschettenknöpfe* mpl ‖ *Hemdknöpfe* mpl (& sg) ‖ ∼ *de campaña Feldstecher* m ‖ ∼ *de marina Marineglas* n ‖ ∼ *prismáticos Feldstecher* m ‖ ∼**s** mpl ⟨Astr⟩ *Zwillinge* mpl (= **Géminis**)
gemi|do *m Seufzen, Ächzen, Stöhnen, Schluch-*

zen, Wimmern n || Klagelaut(e mpl) m || Heulen n *des Windes* || Brausen n *des Meeres* || **–dor** adj *seufzend, stöhnend, ächzend, klagend* || *wimmernd* || fig *brausend, heulend* || fig *sausend (Wind)* || *knarrend (Fußboden)*
gemifero adj ⟨Biol⟩ *knospentragend*
gemi|nación f *Verdoppelung, Paarung* f || ⟨Gen Biol⟩ *Teilung* f || ⟨Li Gr⟩ *Gemination, Konsonantenverdoppelung* f || **–nada** f ⟨Li Gr⟩ *Doppelkonsonant* m || **–nado** adj ⟨Biol⟩ *geteilt* || ⟨Bot⟩ *gepaart, paarweise geordnet* || ⟨Arch⟩ *Doppel-, Zwillings-* || **–nativo** adj *paarend* || **–nifloro** adj ⟨Bot⟩ *paarig blühend, zweiblütig*
Géminis m ⟨Astr⟩ *Zwillinge* mpl *im Tierkreis*
gemique|ar vi And = **gimotear** || s: **-o**
gemir [-i-] vi *seufzen, ächzen, stöhnen* || *schluchzen, wimmern, winseln* || fig *heulen (Tiere)* || *sausen (Wind)* || *brausen (Meer)* || *krachen, knarren (Holz)* || ◊ ~ *en un calabozo im Gefängnis schmachten*
gen m ⟨Gen⟩ *Gen* n
gen. (gen.¹) Abk = **general** || = **género**
genciana f ⟨Bot⟩ *Enzian* m (Gentiana spp)
gendar|me m *Gendarm, Landjäger* m || Mex *Schutzmann, Polizist* m || **–mería** f *Gendarmerie, Landjägertruppe* f
gene m ⟨Gen⟩ = **gen**
genea|logía f *Genealogie, Geschlechter-, Familien|kunde* f || *Stammbaumforschung* f || *Abstammungsforschung* f || *Abstammung* f || *Stammtafel* f || *Stammregister* n || **–lógico** adj *genealogisch* || *árbol* ~ *Stammbaum* m || **–logista** m *Genealoge* m
genemutación f ⟨Gen⟩ *Genmutation* f
genera|ble adj *erzeugbar* || **–ción** f ⟨Biol⟩ *Zeugung* f || *Fortpflanzung* f (→ **reproducción**) || *Gewinnung* f || *Nachkommenschaft* f || *Stamm* m, *Geschlecht* n || *Menschenalter* n || *Generation* f || *Geschlechterfolge* f || ⟨Phys Chem El⟩ *Erzeugung, Entwicklung* f || ~ *agámica* ⟨Gen⟩ *ungeschlechtliche Fortpflanzung* f || ~ *alternante* ⟨Gen⟩ *Generationswechsel* m || ~ *de energía* ⟨Phys⟩ *Energieerzeugung* f || ~ *espontánea* ⟨Gen Philos⟩ *Urzeugung* f || ~ *sexual geschlechtliche Fortpflanzung* f || *la* ~ *presente, futura das gegenwärtige, kommende Geschlecht* n || *la* ~ *del (18)98* ⟨Lit⟩ *die Generation* f *von (18)98* || *órganos de la* ~ *Zeugungsorgane* npl || **–dor** m/adj *Erzeuger* m || ⟨El Nucl Tech⟩ *Generator* m || *Dynamo* m || *(Dampf)Kessel* m || *Gaserzeuger* m || ⟨Math⟩ *Erzeugende* f || ~ *de acetileno Azetylenerzeuger* m || ~ *de arco Lichtbogengenerator* m || ~ *de barrido* ⟨TV⟩ *Ablenkgenerator* m || ~ *de corriente continua* ⟨El⟩ *Gleichstromdynamo* m || ~ *de descargador* ⟨El⟩ *Funkenentladergenerator* m || ~ *(eléctrico) bes* ⟨Aut⟩ *Generator* m || ~ *de vapor Dampferzeuger* m || *motor* ~ *Motorgenerator* m || ~ adj *erzeugend* || fig *bewirkend* || *Zeugungs-* || *fuerza* ~a ⟨Biol⟩ *u.* fig *Zeugungskraft* f || fig *bewirkende Kraft* f
gene|ral adj *allgemein* || *Haupt-, General-, Allgemein-, Ober-, Grund-, Gesamt-* || *umfassend* || *generell* || *gewöhnlich, geläufig* || *agente* ~ *General|agent, -vertreter* m || *asamblea, junta* ~ *Generalversammlung* f || *capitán* ~ → **capitán** || *confesión* ~ *Generalbeichte* f || *cónsul* ~ *Generalkonsul* m || *depósito* ~ *Hauptniederlage* f || *director* ~ *Generaldirektor* m || *instrucción* ~ *allgemeine Bildung* f || *regla (od norma)* ~ *Allgemeinregel* f || *representante* ~ *Generalvertreter* m || *revisión (od repaso)* ~ ⟨Aut⟩ *Generalüberholung* f || *procura* ~ *Generalvollmacht* f || *en* ~, *por lo* ~ *im allgemeinen* || *überhaupt* || *de interés* ~ *gemeinnützig* || *de uso* ~ *allgemeingebräuchlich* || *de validez* ~ *allgemeingültig* || *allgemeinverbindlich* || ~ m ⟨Mil⟩ *General, Feldherr* m || *Ordensgeneral* m || △ *Strohsack* m || Ar *Zollamt* n || ~ *de (la) artillería General* m *der Artillerie* || ~ *de brigada* ⟨Mil⟩ *Brigade|general, -führer* m || *Generalmajor* m || ~ *de división* ⟨Mil⟩ *Divisions|general, -führer* m || ~ *de un cuerpo de ejército kommandierender General* m || *Generalleutnant* m || ~ *en jefe Oberbefehlshaber* m || *Feldherr* m || *Heerführer* m || ~ *jefe de ... kommandierender General* m || *capitán (teniente)* ~ → **capitán (teniente)** || *el* ~ *Invierno* fig *General Winter* m || **–rales** fpl: *las* ~ *de la ley* ⟨Jur⟩ *allgemeine Fragen* fpl *zur Person, Personalien* fpl
genera|la f *(heute nicht mehr gebräuchlich) Frau e-s Generals, Generalin, Generalsfrau* f || ⟨Mil⟩ *Generalmarsch* m *(Alarmsignal)* || ◊ *tocar (a)* ~ ⟨Mil⟩ *den Generalmarsch blasen (od schlagen)* || **–lato** m *Generalrat* m *e-s Klosters* || *Generalswürde* f, *Generalat* n *(Ordensgemeinschaft)* || ⟨Mil⟩ *Generals|rang* m, *-würde* f || ⟨Mil⟩ *die Generalität* || **–licio** adj *Generals-* || **–lidad** f *Allgemeinheit* f, *Allgemeingültigkeit* f || *Allgemeine(s), Ganze(s)* n || *Kenntnis* f *im allgemeinen* || *Ar Gemeinde* f || *la* ~ *de los hombres die meisten Menschen* mpl || *la* ≈ (cat *Generalitat* f) *de Cataluña* ⟨Hist⟩ *Katalanische autonome Landesregierung (nach dem Staatsstreich v. 1931, unter der Präsidentschaft von F. Maciá)* || ◊ *contestó con una* ~ *er gab e-e unbestimmte Antwort* || ~**es** pl *allgemeine Ausdrücke, Angaben, Begriffe* pl || *Allgemeine(s) (in Schriften, Büchern usw)* || *allgemeine Ideen bzw Redensarten* fpl, *ungenaue, unpräzise Ausdrucksweise* f || ⟨Jur⟩ *Generalklausel* f || Ar *Zollgebühren* fpl || **–lísimo** m *Generalissimus, Oberbefehlshaber* m || *el* ≈ Span *der Generalissimus (Francisco Franco)*
genera|lizable adj *zu verallgemeinern, verallgemeinerungsfähig* || **–lización** f *Verallgemeinerung* f || *allgemeine Verbreitung* f || **–lizador** adj *verallgemeinernd* || **–lizar** [z/c] vt *der Öffentlichkeit übergeben* || *verallgemeinern* || *verbreiten* || ◊ *podemos afirmar generalizando man darf ganz allgemein behaupten* || ~**se** *allgemein werden, sich (allgemein) verbreiten (Sitten usw), zum Gemeingut werden* || **–lmente** adv *(im) allgemeine(en)* || *meistens* || ~ *hablando ganz allgemein gesagt (od gesprochen)* || **–lote** m desp *ungeschliffener General* m
gene|rar vt *(er)zeugen, generieren* (→ a **engendrar**) || **–rativo** adj *Zeugungs-* || ⟨Gr⟩ *generativ* || **–ratriz** [pl **-ces**] adj: *fuerza* ~ *zeugende Kraft* f || ~ f ⟨Math⟩ *(linea)* ~ f *Erzeugende, Mantellinie* f || ⟨El⟩ *Stromerzeuger* m
genéri|camente adv *allgemein (gesagt)* || **–co** adj *allgemein* || *Gattungs-* || ⟨Gr⟩ *Genus-* || *nombre* ~ *Gattungsname* m
género m *Geschlecht* n || ⟨Zool Bot⟩ *Gattung* f || ⟨Gr⟩ *Genus, Geschlecht* n || ⟨Lit⟩ *Gattung* f || *Genre* m *(Kunst)* || *Art,* pop *Sorte* f || *Art, Weise, Art und Weise* f || fig *Geschmack, Stil* m || ⟨Com⟩ *Ware* f || *Stoff* m, *Gewebe* n || ~ *ambiguo* ⟨Gr⟩ *Doppelgeschlecht* n *(z. B. el, la mar)* || ~ *común gemeinschaftliche Form* f *für männliches und weibliches Geschlecht (z. B. el, la testigo)* || ~ *chico* Span *ein- oder zwei|aktiges (meist lustiges) Volksstück* n (zarzuela, sainete usw) || *leichte Muse, Kleinkunst* f || *Posse* f || ~ *dramático dramatische Gattung* f || ~ *epiceno Gebrauch* m *e-s Geschlechts zur Bezeichnung von Männchen und Weibchen (z. B. el gato, la perdiz)* || ~ *grande mehraktiges Theaterstück* n || ~ *y especie* ⟨Zool Bot⟩ *Gattung und Art* f || ~ *humano Menschengeschlecht* n || *inferior minderwertige Ware* f || ~ *masculino, femenino, neutro männliches, weibliches, sächliches Geschlecht* n || ~ *de vida Lebens|art, -weise* f || *de mal* ~ *un|passend, -angebracht* || *unzeitgemäß* || *cuadro de* ~ ⟨Mal⟩ *Genrebild* n || *pintor de* ~ *Maler* m *von Genrebildern* || *pieza de* ~ *Genrestück* n || *este* ~ *de hombres diese Art Leute,* pop *Leute dieser Sorte*

generosamente — gentil

‖ sin ningún ~ de duda *ohne jeden Zweifel* ‖ ◊ le deseo todo ~ de felicidades *ich wünsche Ihnen alles Gute (übliche Wunschformel)* ‖ ése no es mi ~ fig *das ist nicht m–e Art* bzw *mein Stil, das liegt mir nicht* ‖ se tomarán todo ~ de precauciones *jede Vorsorge wird getroffen* ‖ **~s** *pl Waren* fpl, *Artikel* mpl ‖ ~ de algodón *Baumwollwaren* fpl ‖ ~ listados *gestreifte Gewebe* npl ‖ ~ mermantes ⟨Mar⟩ *leckende Güter* npl *(Wein, Obst usw)* ‖ ~ de moda *Modewaren* fpl ‖ ~ de pacotilla *Ramschwaren* fpl ‖ ~ de primera calidad *Qualitätswaren* fpl ‖ *Qualitätsstoffe* mpl ‖ ~ de punto *Wirk-, Trikot|waren* fpl ‖ *Trikotagen-, Wirkwaren|herstellung* bzw *-fabrik* f ‖ ~ sin salida *unverkäufliche Ware* f ‖ corredor de ~ *Warenmakler* m
genero|samente adv v. **-so** ‖ **-sidad** f *adelige Herkunft* f ‖ **(Erb)Adel* m ‖ *Edelmut* m ‖ *Seelengröße* f ‖ *Großmut* f ‖ *Freigebigkeit* f ‖ *Großzügigkeit* f ‖ **-so** adj **adelig, von edler Abkunft* ‖ *edel-, groß|mütig* ‖ *freigebig* ‖ *großzügig* ‖ *vor|züglich, -trefflich* ‖ *(rein)rassig, feurig (Pferd)* ‖ *fruchtbar, ergiebig (Land, Boden)* ‖ *edel (Pferde)* ‖ *fein (Weine)* ‖ ⟨poet⟩ *üppig, reich* ‖ ~ de espíritu *edelmütig* ‖ vino ~ *feiner Wein* m ‖ ~ con *(od* para, para con) los pobres *freigebig gegenüber den Armen*
gene|siaco, -síaco adj *kosmogonisch* ‖ *Weltentstehungs-* ‖ *Schöpfungs-* ‖ *die Genesis (Mosis) betreffend* ‖ →a **genésico**
genésico adj ⟨Biol⟩ *genetisch* ‖ *Geschlechts-* ‖ *Zeugungs-* ‖ *Fortpflanzungs-* ‖ →a **genético, genesiaco** ‖ instinto ~ *Geschlechtstrieb* m
Génesis m *Genesis* f, *das erste Buch Mosis* ‖ ∠ m fig *Werden* n, *Entstehung* f ‖ *Entwicklung (-sgeschichte)* f ‖ *Werdegang* m
genesta f prov = **genista**
Gengis-Kan m *Dschingis-Khan*
genéti|ca f *Erb|forschung* bzw *-lehre, Vererbungs|forschung* bzw *-lehre, Genetik* f ‖ **-(ci)sta** m *Vererbungsforscher, Genetiker* m ‖ **-co** adj *erblich bedingt* ‖ *die Vererbung betreffend* ‖ *genetisch* ‖ *auf Herkunft* bzw *Entstehung bezüglich* (& fig) ‖ →a **genésico, genesiaco**
gene|tlíaco, -tlíaco adj/s ⟨Astrol⟩ *Nativitäts-, Geburts-* ‖·(poema) ~ m *(antikes) Geburtstagsgedicht, Genethliakon* n
geniada f prov u. Chi *rücksichtslose Handlung* f ‖ fam *Protzstück* n
genial adj *der Natur, dem Geist angemessen* ‖ *eigentümlich* ‖ *angeboren* ‖ *genial, sehr hervorragend* ‖ *hochbegabt* ‖ fig *dämonisch* ‖ *geistvoll* ‖ *witzig* ‖ *behaglich, angenehm* ‖ ~ m *Al Sal Sant* pop *Gemütsart* f, *Charakter* m ‖ ◊ es un tipo ~ *er ist ein toller Kerl* ‖ tiene unas salidas ~es *er hat tolle Einfälle (im positiven Sinn)* ‖ adv: **~mente**
genia|lidad f *geniales Wesen* n, *Genialität* f ‖ *Genie* n ‖ *Eigentümlichkeit* f ‖ ◊ tener ~es *s–e Eigenheiten* (iron *Grillen) haben* ‖ **-zo** m fam *großes Genie* n ‖ fam *Kraftgenie* n ‖ fam *reizbare Gemütsart* f, *Jähzorn* m
génico adj ⟨Gen⟩ *genisch, Gen-* ‖ mutación **~a** ⟨Gen⟩ *Genmutation* f
geniecillo m dim v. **genio** ‖ *Elf, Kobold* m (→ **duende, elfo, trasgo**)
genio m *Genius, Geist* m ‖ *Schutzgeist* m ‖ *Naturgabe, natürliche Anlage* f ‖ *Gemütsart, Veranlagung* f, *Charakter* m ‖ fig *Genie* n ‖ *geniale Veranlagung* f ‖ *Kraftgeist* m ‖ fam *Feuer* n, *Lebendigkeit* f ‖ *Geist* m, *innerstes Wesen* n *(z. B. e–r Sprache)* ‖ ~ tutelar *Schutzgeist* m ‖ *vivo (od alegre) munteres Temperament* n ‖ corto de ~ *geistig beschränkt* ‖ k–n *Unternehmungsgeist haben* ‖ *schüchtern sein* ‖ ◊ llevarle a alg. el ~ figf *jdm nicht widersprechen, mit jdm umzugehen verstehen* ‖ mal ~ *üble Laune* f ‖ *Jähzorn* m ‖ tener mal ~ *jähzornig, reizbar sein* ‖ tener buen ~ *gutmütig sein* ‖ tener ~ *Anlage haben (para zu*

dat) ‖ tener mucho ~ *jähzornig sein* ‖ *trotzig sein (Kind)* ‖ tener el ~ de la organización *ein ausgesprochener Organisationsmensch sein* ‖ ~ y figura, hasta la sepultura *Gemüt ist Gemüt, niemand kann über s–n Schatten springen*
ge|nista, -nesta f ⟨Bot⟩ = **hiniesta**
geni|tal adj *Zeugungs-, Geschlechts-, Genital-* ‖ *(órganos)* **~es** ⟨An⟩ *Zeugungsorgane, Genitalien* npl, *Geschlechtsteile* pl ‖ ~ m ⟨An⟩ *Hode* f ‖ **-tivo** adj *zeugungsfähig* ‖ ~ m ⟨Gr⟩ *Genitiv, Wesfall* m
geni|tor m *Erzeuger* m *(Vater)* ‖ *männliches Zuchttier* n ‖ fig *Schöpfer* m ‖ **-tourinario** adj ⟨Med⟩ *Geschlechts- und Harn|organe betreffend*
genitriz [pl **-ces**] f ⟨poet Lit⟩ *Zeugerin, Mutter* f
genízaro adj = **jenízaro**
genoci|da adj/s *völker-* bzw *rassen|mordend* ‖ ~ m *Völker-* bzw *Rassen|mörder* m ‖ **-cidio** m *Völker-* bzw *Rassen|mord* m, *Genozid* n
geno|típico adj ⟨Gen⟩ *auf das Erbbild bezogen, genotypisch* ‖ **-tipo** m ⟨Gen⟩ *Erbbild* n, *Genotyp(us)* m ‖ →a **fenotipo**
Génova f *Genua (Stadt)*
genovés m/adj *Genuese(r)* (m)
gente f *Menschen* mpl, *Leute* pl ‖ *Volksklasse* f ‖ *Volk* n, *Nation* f ‖ ⟨Mil⟩ *Kriegsvolk* n, *Mannschaft* f ‖ ⟨Mar⟩ *Schiffsmannschaft* f ‖ *Personal, Gesinde* n ‖ *anständige Menschen* mpl ‖ *höhere Gesellschaftsschichten* fpl ‖ fam *Angehörige(n)* mpl ‖ ~ de alpargata *(heute wenig gebräuchlich) Arbeiter, Bauern* mpl ‖ fig *Pöbel* m ‖ ~ (& adj) *Personen* fpl, *Menschen* mpl ‖ ~ de armas *Kriegsvolk* n, *Soldaten* mpl ‖ ~ baja *Pöbel* m, *gemeines Volk* n ‖ ~ de bien, ~ buena *rechtschaffene Leute* pl, *gute Menschen* mpl ‖ ~ de a caballo ⟨Mil⟩ *Reiterei* f ‖ ~ de capa parda fam *Landleute* pl ‖ ~ decente *rechtschaffene, anständige Leute* pl ‖ fam *bessere Leute* pl ‖ ~ de color *Farbige* pl *(Mulatten usw)* ‖ ~ de chape Chi *bessere Leute* pl ‖ ~ de chaqueta *Leute* pl *aus dem Volke* ‖ ~ de dinero fam *reiche Leute* pl ‖ ~ de escaleras abajo *Dienerschaft* f, *Hauspersonal* n ‖ ~ niederes *Volk* n ‖ *Pöbel* m ‖ ~ del hampa *Unterweltler* mpl ‖ *Gesindel* n ‖ ~ honrada *anständige Leute* pl ‖ ~ de levita figf *Leute* pl *aus den gebildeten Ständen* ‖ ~ de mal vivir, ~ non sancta, ~ perdida fam *liederliches Volk, Gesindel* n ‖ *Stromer, Landstreicher* mpl ‖ ~ de mar ⟨Mar⟩ *Seeleute* pl ‖ ~ de medio pelo pop *kleiner Mittelstand* m ‖ ~ menuda fam *Kinder* npl ‖ figf *Pöbel* m ‖ ~ moza *junge Leute* pl ‖ ~ de paz *gute Leute* pl ‖ ¿quién vive? ¡~ de paz! ⟨Mil⟩ *Halt, wer da? gut Freund!* ‖ ~ de pluma fam *Schreibervolk* n ‖ fam *Schriftsteller* mpl ‖ ~ de poco más o menos fam *kleine Leute* pl ‖ ~ del pueblo *Landvolk* n ‖ ~ de trato *Geschäfts-, Kauf- und Handels|leute* pl ‖ ~ de la vida (airada) *Wüstlinge* mpl, *Lebemänner* mpl ‖ buena ~ *anständige Leute* pl ‖ de ~ en ~ *von Mund zu Mund* ‖ ◊ la ~ no lo cree *man glaubt es nicht* ‖ bullir de ~ fig *von Menschen wimmeln* ‖ burlarse de la ~ *sich über die ander(e)n lustig machen* ‖ al decir de la ~ *volkstümlich, nach der Volksmeinung* ‖ hablar como la ~ pop *anständig reden* ‖ hacer ~ ⟨Mil⟩ *Soldaten anwerben* ‖ fig *Aufsehen erregen* ‖ ser ~ fam *zur Gesellschaft gehören*, fam *wer sein* ‖ *gesellschaftsfähig sein* ‖ ande yo caliente y ríase la ~ fam *eigene Bequemlichkeit über alles!* ‖ yo conozco a mi ~ fam *ich kenne m–e Leute (*fam *m–e Pappenheimer)* ‖ **~s** pl: las ~ de pie *die Leute, die Welt* ‖ ~ de los Völker npl ‖ *die Stämme* mpl ‖ △ Ohren npl ~ *derecho de* ~ *Völkerrecht* n ‖ todas las ~ *alle Völker* npl ‖ Apóstol de las ~ *der (Heiden) Apostel Paulus*
gentecilla f dim v. **gente** ‖ desp *Lumpenpack, Gesindel* n
gentil adj *artig* ‖ *nett, lieb, freundlich, liebenswürdig* ‖ *anmutig, hübsch, reizend, entzückend,*

niedlich || *brav, mutig* || *heidnisch* || ¡~ disparate! iron *ein schöner Blödsinn!* || sin más que su cuerpo ~ joc *wie er geht und steht, ohne et zu besitzen* || ~es hombres *Edelleute* pl || ~ *m Heide* m || los ~es *die Heiden* mpl || Apóstol de los ~es *der (Heiden)Apostel Paulus*
gentileza *f *adelige Herkunft* f, **Adel* m || *Anstand* m || *Höflichkeit, Artigkeit* f || *Geschicklichkeit* f || *Niedlichkeit, Feinheit, Anmut* f || *reizende, nette, anmutige Art* f
gentilhombre *m* [*pl* **gentileshombres**] *Edelmann, Adelige(r)* m || ~ de cámara *(adeliger) Kammerherr, Kämmerer* m
gentilicio adj: nombre ~ *Volksname* m *(Spanier, Deutscher usw)* || *Geschlechts-, Familien|-name* m
gentilico adj *heidnisch, Heiden-*
genti|lidad *f,* **–lismo** *m Heidentum* n || *Heiden* mpl
gentilmente adv *anständig, schicklich* || *anmutig* || *nett* || *artig* || **auf heidnische Art*
gentío *m Menschenmenge* f || *Gedränge, Menschengewühl* n || ◊ hay gran ~ allí *es ist ein Gedränge dort*
gen|tleman *m* engl *feingebildeter Mann, Gentleman* m || **–tlemen's agreement** *m* engl ⟨Pol⟩ *Gentlemen's Agreement* n
gentualla, gentuza *f* desp *(Lumpen)Gesindel, Bettelvolk* n, *Pöbel* m || *Hefe* f *des Volkes*
genufle|xión *f Kniebeuge* f || *Kniefall* m || *Niederknien* n || fig *Unterwürfigkeit, Kriecherei* f || ◊ hacer una ~ *niederknien* || fig *einen Kniefall machen, sich unterwerfen* || →a **arrodillarse** || **–xo** adj *kniend*
genui|nidad *f Echtheit* f || **–no** adj *echt, rein* || *un|verfälscht, -gemischt* || *urwüchsig, angeboren* || *naturgemäß*
geobiótico adj ⟨Biol⟩ *geobiotisch*
geo|botánica *f Pflanzengeographie, Geobotanik* f || **–botánico** adj *pflanzengeographisch, geobotanisch* || **–carpia** *f* ⟨Bot⟩ *Erdfrüchtigkeit, Geokarpie* f || **–céntrico** adj *geozentrisch* || **–centrismo** *m* = **–céntrica** || **–desia** *f Vermessungskunde, Geodäsie* f || **–désico** adj *geodätisch* || **–desta** *m Landmesser, Geodät* m || **–dinámica** *f Geodynamik* f
geofagia *f Geophagie* f ⟨& Med⟩
geó|fago adj *erd(fr)essend* || ~ *m Erd(fr)esser* m || **–filo** adj ⟨Bot⟩ *in der Erde wachsend* || ⟨Zool⟩ *in der Erde lebend*
geo|física *f Geophysik* f || **–físico** adj/s *geophysikalisch* || ~ *m Geophysiker* m
Geofredo *m* np *Gottfried* m
geo|génesis, –genia *f Geo|genese, -genie* f || **–gnosia** *f* = **geología** || **–gnosta** *m* = **geólogo**
geo|grafía *f Erdkunde, Geographie* f || *erdkundliches Werk* n || ~ astronómica *Kosmographie* f || ~ física (política) *physische (politische) Geographie* f || ~ descriptiva *beschreibende Geographie* f || ~ económica *Wirtschaftsgeographie* f || ~ humana (zoológica) *Anthropo-, Human-(Tier)geographie* f || **–gráfico** adj *erdkundlich, geographisch* || atlas ~ *Landkartensammlung* f, *geographischer Atlas* m
geógrafo *m Geograph* m
geoide *m Geoid* n
geo|logía *f Geologie* f || **–lógico** adj *geologisch*
geólogo *m Geologe* m
geo|magnético adj *erdmagnetisch* || **–magnetismo** *m Erdmagnetismus* m || **–mancia** *f Geoman|tie, -tik* f
geómetra *m Geometriebeflissene(r)* m || *** = **agrimensor** *f* ⟨Entom⟩ *Spanner* m
geometría *f Geometrie* f || ~ analítica *analytische Geometrie* f || ~ aplicada *angewandte Geometrie* f || ~ descriptiva *darstellende Geometrie* f || ~ elemental *niedere Geometrie* f || ~ del espacio *Geometrie des Raumes, Stereometrie* f ||

~ (no) euclidiana *(nicht)euklidische Geometrie* f || ~ plana *Planimetrie* f || ~ superior, ~ sublime *höhere Geometrie* f
geométrico adj *geometrisch* || fig *sehr genau, pünktlich* || lugar ~ *geometrischer Ort* m
geométridos *mpl* ⟨Entom⟩ *Spanner* mpl (Geometridae)
geomor|f(olog)ía *f Geomorphologie* f || **–morfológico, –mórfico** adj *geomorphologisch*
geopolíti|ca *f Geopolitik* f || **–co** adj/s *geopolitisch* || ~ *m Geopolitiker* m
geo|ponía *f* = **agricultura** || **–química** *f Geochemie* f || **–químico** adj/s *geochemisch* || ~ *m Geochemiker* m
georama *f Georama* n (→a **cosmorama**)
georgiano adj/s ⟨Geogr⟩ *georgisch* || ~ *m Georgier* m || *Georgische(s)* n
geórgi|cas *fpl Georgika* pl, *(Vergils) Gedichte* npl *über den Landbau* || **–co** adj *auf die Georgika bezüglich* || fig *idyllisch*
georgina *f* ⟨Bot⟩ *Georgine, Dahlie* f (→ **dalia**)
geoterapia *f* ⟨Med⟩ *Geotherapie, klimatische Heilbehandlung* f
gépidos *mpl die Gepiden (Volk)*
ger. Abk = **gerundio** || **gerente**
gerani|áceas *fpl* ⟨Bot⟩ *Storchschnabelgewächse* npl (Geraniaceae) || **–o** *m Storchschnabel* m, *Geranie* f (Geranium spp)
Gerardo *m* np *Gerhard* m
gerbero adj PBurg *aus Villahoz*
gerbo *m* ⟨Zool⟩ = **jerbo**
geren|cia *f Geschäftsführung* f || *Verwaltung* f || ◊ encargarse de (*od* tomar) la ~ de una casa *die Führung e-s Geschäftes übernehmen* || **–te** *m Geschäftsführer, Leiter* m || *Disponent, Prokurist* m || *Hotelwirt* m || *Verwalter* m || ⟨Mar⟩ *Korrespondenzreeder* m || ~ de imprenta ⟨Typ⟩ *Druckereileiter* m
geria|tra *m Facharzt* m *der Geriatrie* || **–tría** *f* ⟨Med⟩ *Altersheilkunde, Geriatrie* f
geriátrico adj ⟨Med⟩ *geriatrisch*
△**geribar** vi *sieden, kochen*
gerifalte *m* ⟨V⟩ *Ger-, Jagd|falke* m (Falco rusticolus) || fig *hervorragender Mensch* m || △ *Dieb* m
gerineldo *m* fam *Stutzer, Geck* m
Germán *m* np Tfn *Hermann* m || San ~ *St. Germain*
germán *m* → **germano**
¹**germana** *f v.* **germano**
²△ **germana** *f Hure* f
germanesco adj *Gauner-* || lenguaje ~ *Rotwelsch* n, *Gaunersprache* f
Germania *f Germanien* || fig *Deutschland* n
germanía *f Rotwelsch* n, *Gauner-, Diebes|-sprache* f || *Zigeunersprache* f (→ **caló**) ⟨Hist⟩ Val *Zunftbruderschaft* f || △ *wilde Ehe* f || △ *Gaunerbande* f || *Lumpenvolk* n
germánico adj/s *germanisch* || *deutsch* || el ~ *die germanische Sprache, das Germanische* ≚ *m* np *Germanikus* m
germanio *m* ⟨Chem⟩ *Germanium* n
germa|nismo *m Germanismus* m || **–nista** *m Germanist* || **–nística** *Germanistik* f || **–nización** *f Germanisierung* f || *Eindeutschung* f || **–nizante** adj *germanisierend* || **–nizar** [z/c] vt *eindeutschen* || *germanisieren* || → vi *Germanismen gebrauchen* || **–se** *deutsches Wesen annehmen*
germa|no adj *germanisch* || *deutsch* || ~ *m Germane* m || *Deutsche(r)* m || *Halbbruder* m || **–nofilia** *f Deutschfreundlichkeit, Vorliebe* f *für deutsches Wesen* || **–nófilo** adj/s *deutschfreundlich* || ~ *m Deutschenfreund* m || **–nofobia** *f Deutschfeindlichkeit* f || **–nófobo** adj/s *deutschfeindlich* || ~ *m Deutschenfeind* m
germanohispano adj *germanisch-spanisch, deutsch-spanisch*
germen (*pl* **gérmenes**) *m* ⟨Biol Med⟩ *u.* fig

(Frucht)Keim m || ⟨Bot⟩ *erster Sproß* m ||
fig *Keim, Ursprung* m, *Quelle* f || ~ *del contagio* ⟨Med⟩ *Infektionskeim, Keim* m *der Ansteckung* || ~ *patógeno,* ~ *séptico Krankheits|-keim, -erreger* m || *en* ~ fig *angehend, in spe*
germi|cida adj/s *keimtötend* || ~ *m keimtötendes Mittel* n || **-nación** f *Kei|men* n, *-mung* f || *Germination* f || fig *Entstehen* n || *Werden* n ||
germi|nal *m Germinal* m *(der Keimmonat: 7. Monat der Frz. Revolution)* || ~ adj *Keim-* || **-nar** vi *keimen* (& fig) || *sprießen* || *sich entwickeln* (& fig) || *entstehen* || *werden*
geron|te *m* ⟨Hist⟩ *Geront* m|| **-tocracia** f *Herrschaft der Alten, Gerontokratie* f
geron|tología f ⟨Med⟩ *Gerontologie* f || **-tólogo** *m Gerontologe, Altersforscher* m
△**gertas** fpl *Ohren* npl
Gertrudis f np Tfn *Getrud* f
gerundense adj *geronesisch, aus Gerona*
gerun|diada f fam *alberne Redensart* f || fam *gezierte, schwülstige Redeweise* f || **-diano** adj fam *gespreizt, schwülstig (Stil)*
¹**gerundio** *m* ⟨Gr⟩ *Gerundium* n
²**gerundio** *m* fam *schlechter, schwülstiger, lächerlicher Prediger* m || fam *anmaßender und dabei unwissender Mensch* m *(nach „Fray Gerundio de Campazas", Titel e–r Satire des span. Jesuiten Isla)*
Gervasio *m* np Tfn *Gervas(ius)* m || *San* ~ *Stadtviertel* n *in Barcelona*
gesta f *Heldentat(en* fpl) f || cantar *de* ~ *Heldenepos* n || ~s pl *Helden-, Ruhmes|taten* fpl
ges|tación f *Schwangerschaft* f || *Trächtigkeit* f *(bei Tieren)* || fig *Entstehung* f || fig *Werden* n || *en* ~ *schwanger* || *trächtig (Tier)* || fig *im Werden* || **-tante** adj/s *schwanger* || *trächtig (Tier)* || ~ f *Schwangere* f || **-tar** vt *tragen (Leibesfrucht)* || fig *austragen*
gestatorio adj: *silla* ~a *Tragsessel* m *(z. B. des Papstes)*
geste|ar vi *Gebärden machen, gestikulieren* (→ **gesticular**) || **-ro** m/adj jd, *der viele Gebärden macht* || *Grimassenschneider* m
gesticu|lación f *Gestikulieren, übertriebenes Gebärdenspiel* n || *Gesichterschneiden* n || *Mienenspiel* n || *Gebärdensprache* f || **-lador** adj/s = **gestero** || **-lar** adj *Gebärden-* || **-lar** vi *Gebärden machen, gestikulieren* || **-loso** adj *gestikulierend*
ges|tión f *Betreibung* f *(e–s Anliegens usw)* || *Führung, Handhabung* f || *Geschäfts|führung, -verwaltung* f || *aprobación de la* ~ *Entlastung* f || *capacidad de* ~ ⟨Jur⟩ *Geschäftsfähigkeit* f || ◊ *hacer las* ~es *necesarias die nötigen Schritte unternehmen* (para + inf *od* nom, um zu + inf) || **-tionador** *m Vermittler* m || **-tionar** vt/i *betreiben, fördern, Schritte tun (zu)* || *(amtlich) vermitteln, besorgen* || *sich um e–e Angelegenheit* (acc) *bemühen* || *sich Urkunden ausstellen lassen* || ◊ ~ *la obtención de una patente Schritte zwecks Erlangung e–s Patentes unternehmen* || ~ a. a alg. *für jdn et in die Wege leiten*
gesto m *Gebärde, Geste* f || *Miene* f, *Gesichtsausdruck* m || *Gesicht, Antlitz* n || *Gesichtsverzerrung, Fratze* f || *Fratzengesicht* n || *Bewegung* f *(des Körpers)* || fig *Geste, großzügige Tat* f || ◊ *afirmar con el* ~ *schweigend bejahen* || *estar de mal* ~ *verdrießlich sein* || *poner* ~ *ein saures Gesicht machen* || fam *schmollen* || *hacer un* ~ *ein Zeichen machen* || *hacer* ~s *Gesichter, Fratzen schneiden* || *gestikulieren*
ges|tor adj/s *Vermittler-* || ~ *m Vermittler* m || *tätiger Teilhaber* m || *Agent* m *für Verwaltungssachen* || *Geschäftsführer* m || *administrativo* Span *Bevollmächtigter* bzw *Agent* m *vor den Verwaltungsbehörden* || ~ *patrimonial Vermögenspfleger* m || **-toría** f Span: ~ *administrativa Agentur* f *zur (raschen) Erledigung behördlicher Formalitäten* bzw *zur Beschaffung von Urkunden*
gestudo adj fam *mit saurem Gesicht* || *schmollend*
getas mpl *Geten* mpl *(Volk)*
Gethsemaní m *Gethsemane* n *(Bibel)*
getter m ⟨El⟩ *Getter* n/m, *Fangstoff* m
géyser m = **géiser**
gf. Abk = **garrafa**
ghazel m *Gasel* n *(orientalische Gedichtform)*
ghetto m *G(h)etto* n (& fig)
gi- → a **ji-**
△**gi** m *Korn* n
giaur m *Ungläubiger, Giaur* m
gi|ba f *Höcker, Buckel* m || figf *Unannehm-lichkeit, Last* f || *Ballen* m || *Ranzen* m || **-bado** adj/s *höck(e)rig, buck(e)lig* || pop *verärgert* || **-bar** vt *krümmen, höck(e)rig machen* || figf *belästigen, plagen* || pop *(jdn) zur Sau machen*
△**gibelar** vt/i *singen*
gibelinos mpl ⟨Hist⟩ *Gibellinen, Waiblinger* mpl
gibión m prov = **jibión**
gibón m ⟨Zool⟩ *Gibbon* m (Hylobates spp) *(Affe)*
gibo|sidad f *Höcker, Buckel,* ⟨Med⟩ & *Gibbus* m || **-so** adj/s *höck(e)rig, buck(e)lig* || *holp(e)rig (Boden)*
gibral|tareño adj/s *aus Gibraltar* || ≃**tar**, ***Jibraltar** m *Gibraltar*
gicleur m frz ⟨Aut⟩ *Vergaserdüse* f
giennense adj = **jiennense**
giga f ⟨Mus⟩ *Gigue* f
gigan|ta f *Riesin* f || *Riesenweib* n || ⟨Bot⟩ = **girasol** || **-te** adj/s *riesig* (→ **gigantesco**) || ~ m *Riese, Gigant* m (& fig) || ⟨Entom⟩ *größte, riesenköpfige Ameisenarbeiterin* f *(bes bei Ernteameisen [Messor spp])* || *a paso de* ~ fig *mit Riesenschritten* || *pasos de* ~ ⟨Sp⟩ *Rundlauf(gerät* n) m || ~s pl: ~ *y cabezudos Riesen- und großköpfige Pappgestalten* fpl, *die in span. Volksfesten herumgetragen werden* || *Casa de los* ≃s *Justizpalast* m *in Saragossa* || *las Montañas de los* ≃s *(od del* ≃) ⟨Geogr⟩ *das Riesengebirge*
gigan|tesco, *-teo adj *riesenhaft, riesig, gigantisch, Riesen-* (& fig) || fig *gewaltig, ungeheuer* || fig *sehr hervorragend* || *árbol* ~ *Riesenbaum* m || *avión* ~ *Riesenflugzeug* n || **-tez** [*pl* **-ces**] f *Riesengestalt, riesige Größe* f || **-tilla** f *groteske, unproportionierte Figur* f, etwa: *Schwellkopf* m || *iron sehr fettes, kleines Weibsbild* n || ⟨Bot⟩ *(Art) Sonnenblume* f (Helianthus multiflorus) || **-tismo** m ⟨Med⟩ *Riesenwuchs, Gigantismus* m || fig *Riesenhaftigkeit* f (→ a **-tomanía**) || **-tomaquia** f *(poet* Lit Myth) *Gigantomachie* f, *Titanenkampf* m (& fig) || **-tomanía** f *Gigantomanie* f || **-tón** m augm v. **-te** || ~ *m großer Riese* m || *Riesenfigur* f *(bei Prozessionen)* || Men ⟨Bot⟩ = **girasol** || Cu ⟨Bot⟩ = **dalia** || ~es *mpl* = **-tes**
gigolo m frz *Gigolo* m
gigote m *Hackfleisch(gericht)* n || *(geschmorte) Hammel-, Lamm-, Reh|keule* f
gijonense adj/s *aus Gijón (Stadt)*
Gil m np *Ägidius* m
gilí adj fam *blöd, einfältig* || fam *dämlich*
gilipo|llas m vulg *Fatzke, Possenreißer* m || ◊ *ser un* ~ *dämlich und arrogant sein* || **-llear** vi vulg/pop *sich idiotisch und arrogant benehmen* || **-llez** f vulg/pop *dämliche Arroganz* f
gilvo adj *aschblond*
gimna|sia f *Turnen* n || *Gymnastik* f || fig *Übung* f || ~ *correctiva,* ~ *funcional Heilgymnastik* f || ~ *para embarazadas Schwangerschaftsgymnastik* f || ~ *respiratoria Atmungsgymnastik* f || ~ *sueca schwedische Gymnastik* f || *aparato de* ~ *Turngerät* n || *profesor de* ~ *Turnlehrer* m || *ropa de* ~ *Turnanzug* m || *sala de* ~ *Turnhalle* f || ◊ *hacer* ~

turnen ‖ **-sio** *m* *Ringbahn f ‖ *Turn\anstalt* f, **-platz** m ‖ *Turnhalle* f ‖ ⟨Hist⟩ *Gymnasium* n
gimnasta *m Gymnast* m ‖ *(Vor)Turner* m ‖ *Akrobat, Athlet* m ‖ **~s** *mpl Turnerschaft* f
gimnásti|ca *f Gymnastik, Turnkunst* f ‖ *Turn-, Leibes|übungen* fpl ‖ **-co** adj *gymnastisch, turnerisch, Turn-* ‖ aparatos **~s** *Turngeräte* npl ‖ ejercicios **~s** *Turnübungen* fpl ‖ paso **~** *Laufschritt* m ‖ sociedad **~a** *Turnverein* m
gímnico adj ⟨Lit⟩ *Turn-, Athletik-*
gimnosofista *m* ⟨Hist Philos⟩ *Gymnosophist* m
gimnospermas *fpl* ⟨Bot⟩ *nacktsamige Pflanzen* fpl, *Gymnospermen* pl (Gymnospermae)
gim|nótidos *mpl* ⟨Fi⟩ *Messerfische* mpl (Gymnotidae) ‖ **-noto** *m* ⟨Fi⟩ *Zitteraal* m (Electrophorus electricus)
gimo|quear vi CR = **-tear**
gimo|tear vi fam *u. oft* desp *winseln* ‖ *greinen* ‖ *wimmern* ‖ **-teo** *m* fam *u. oft* desp *Gewimmer* n ‖ *Greinen* n
gin *m* engl *Gin, Wacholderbranntwein* m ‖ **~** *fizz* m engl *Gin-Fizz* m ‖ **~** *tonic* m engl *Gin Tonic* m ‖ → **ginebra**
ginan|dria *f* ⟨Bot⟩ *Gynandrie* f ‖ ⟨Zool⟩ *Scheinzwitt(e)rigkeit, Gynandrie* f ‖ **-dro** adj *gynandrisch* ‖ **-dromorfismo** *m* ⟨Entom V⟩ *Scheinzwittertum* n, *Gynandromorphismus* m ‖ ⟨Med⟩ = **hermafroditismo**
ginatresia *f* ⟨Med⟩ *Gynatresie* f
gincgo *m* ⟨Bot⟩ = **gingko**
△**gindama** *f Furcht, Feigheit* f
Ginebra *f Genf* ‖ *Ginevra* f *(Sagenfigur)* ‖ Convención de **~** ⟨Jur⟩ *Genfer Konvention* f
ginebra *f Genever, Wacholderbranntwein, Gin* m ‖ *Klapperfiedel* f *(Bauerninstrument)* ‖ *ein bestimmtes Kartenspiel* n ‖ fam *Unordnung* f, *Wirrwarr* m
glneceo *m* ⟨Bot⟩ *Gynäzeum* n, *sämtliche weiblichen Blütenorgane* npl ‖ ⟨Hist⟩ *Frauengemach, Gynaeceum, Gynäzeum, Gynäkeion* n
ginecocracia *f Weiberherrschaft, Gynäkokratie* f
ginecofobia *f* ⟨Med Psychol⟩ *Weiberhaß* m, *Gynäkophobie* f
gineco|logía ⟨Med⟩ *Gynäkologie, Frauenheilkunde* f ‖ **-lógico** adj *gynäkologisch* ‖ **-logista**, **ginecólogo** *m Frauenarzt, Gynäkologe* m
ginecomastia *f* ⟨Med⟩ *Brustbildung (bei Männern), Gynäkomastie* f
Ginés *m* np Tfn *Gines* m
ginesta *f* ⟨Bot⟩ *Ginster* m (→ **hiniesta**)
gineta *f* ⟨Zool⟩ = **jineta**
gingivitis *f* ⟨Med⟩ *Zahnfleischentzündung, Gingivitis* f
gingko *m* ⟨Bot⟩ *Ginkgo* m (Ginkgo biloba) ‖ **-áceas** *fpl* ⟨Bot⟩ *Ginkgobäume* mpl (Ginkgoaceae)
gin|seng, -sén *m* ⟨Bot⟩ *Ginseng* m (Panax ginseng) ‖ ⟨Pharm⟩ *Wurzel* f *des Ginsengs*
gipsífero adj *gipshaltig*
gira *f Rundreise* f ‖ *gemeinsamer Ausflug* m ‖ *Landpartie* f ‖ ⟨Th⟩ *Tournee* f ‖ **-discos** *m* = **tocadiscos** ‖ → **a jira**
gira|do *m Bezogene(r), Trassat* m *(e-s Wechsels)* ‖ **-dor** *m Aussteller, Trassant* m ‖ *Zedent* m
girafa *f* ⟨Zool⟩ = **jirafa**
giral|da *f Wetterfahne* f *(in Gestalt e-r menschlichen bzw tierischen Figur)* ‖ la ≃ *der Domturm in Sevilla* ‖ **-dilla** *f* dim *v.* **-da** ‖ *ein ast. Volkstanz* m
girándula *f Feuerrad* n *(Feuerwerk)* ‖ *mehrarmiger Leuchter* m
girante *m* = **girador**
girar vt/i *in Kreisbewegung bringen, drehen, kreisen* ‖ *(um)wenden* ‖ *rotieren* ‖ *girieren, ausstellen, trassieren, ziehen (Wechsel)* ‖ *in Umlauf setzen, drehen* ‖ *überweisen (Geld)* ‖ ◊ **~** *una visita e-n (Rund)Besuch machen* ‖ **~** *una letra*

de cambio sobre Londres *e-e Tratte auf London ausstellen* ‖ **~** por saldo de cuenta *zum Rechnungsausgleich trassieren* ‖ **~** contra *(od* a cargo de) alg. tres meses fecha *auf jdn 3 Monate Sicht ziehen* ‖ giraremos contra V. por la mitad del importe de su factura *wir werden für die Hälfte des Rechnungsbetrages auf Sie ziehen* ‖ **~** vi *sich (im Kreise) (um)drehen* ‖ *rotieren* ‖ *umherziehen* ‖ *Geschäfte (aus)führen* ‖ **~** alrededor de *sich drehen, herum\gehen, -laufen um* (acc) ‖ **~** en torno *sich im Kreise herumdrehen* ‖ **~** hacia la izquierda *sich nach links drehen* ‖ ⟨StV⟩ *nach links ein- (od ab)biegen* ‖ hacer **~** *drehen, in Kreisbewegung bringen* ‖ **~** en un círculo vicioso *e-n Teufelskreis (od e-n circulus vitiosus od* ⟨Philos⟩ *e-n Zirkelschluß) beschreiben* ‖ **~** un oficio *e-e amtliche Mitteilung machen* ‖ **~** (la) visita pastoral *die (jährliche) Visitation vornehmen (Bischof)* ‖ la casa girará bajo la razón social (de) ... *das Geschäft wird unter der Firma* ... *geführt werden* ‖ la conversación gira acerca de *das Gespräch dreht sich um* (acc)
girasol *m Sonnenblume* f (Helianthus annuus) ‖ ⟨Min⟩ *(gelblicher) Opal* m ‖ pepitas (*od* semillas) de **~** *Sonnenblumenkerne* mpl
giratorio adj *kreisend, rotierend* ‖ *umdrehend* ‖ *Dreh-, Kreis-* ‖ escena **~a** ⟨Th⟩ *Drehbühne* f ‖ (estantería) **~a** *f drehbares Büchergestell* n ‖ placa **~a** ⟨EB⟩ *Drehscheibe* f ‖ movimiento **~** *Dreh-, Kreis|bewegung* f ‖ **~** m *drehbares Büchergestell* n
girl *f* engl *Revuetänzerin* f, *Girl* n
gi|rínidos *mpl* ⟨Entom⟩ *Taumelkäfer* mpl (Gyrinidae) ‖ **-rino** *m* ⟨Entom⟩ *Taumelkäfer* m (Gyrinus natator)
¹**giro** *m Kreisbewegung* f ‖ *Kreislauf* m ‖ *Umlauf* m ‖ *Drehung, Wendung* f ‖ *Handelsverkehr* m ‖ *Geldumsatz* m *(in e-m Geschäft)* ‖ *Vertrieb, Absatz* m ‖ *(gezogener) Wechsel* m, *Tratte* f ‖ *Indossament* n *(e s Wechsels)* ‖ *(Geld)Überweisung* f ‖ *Schmiß* m *(im Gesicht)* ‖ fig *Wendung* f *(Leben, Angelegenheit, Krieg)* ‖ *Rede-, Stil|wendung* f ‖ fig *Drohung* f ‖ *Großtuerei, Aufschneiderei* f ‖ **~** bancario *Banküberweisung* f ‖ **~** en blanco *Blankogiro* n ‖ **~** al (des)cubierto *(un)gedeckter Scheck* m ‖ **~** corriente *Usowechsel* m ‖ **~** ficticio *Kellerwechsel* m ‖ **~** de letras *Wechselgeschäft* n ‖ **~** obligatorio ⟨StV⟩ *Kreisverkehr* m ‖ **~** en peligro *notleidender Wechsel* m ‖ **~** postal *Postanweisung* f ‖ **~** postal bancario *Bankpostwechsel* m ‖ **~** de valores *Giroverkehr* m ‖ **~** a la vista (sobre Madrid por ...) *Sicht|wechsel* m, *-tratte* f *(auf Madrid für ...)* ‖ aviso de **~** *Trattenavis* n ‖ banco de **~s** *Girobank* f ‖ cuenta de **~s** *Girokonto* n ‖ gastos de **~** *Wechselkosten* pl ‖ (oficina de) **~** *mutuo Abrechnungshaus, Clearinghaus* n ‖ ◊ atender un **~** *e-n Wechsel honorieren* ‖ tomar un **~** favorable *e-e günstige Wendung nehmen* ‖ su **~** contra nosotros por la suma de ... *Ihre Tratte auf uns über ...* ‖ → **a letra**
²**giro** adj And Murc Am bzw-Arg Chi *mit gelbroten* bzw *schwarzweißer Federn gestiftet (Hahn)*
giro|avión *m* ⟨Flugw⟩ *Drehflügelflugzeug* n ‖ **-bús** *m* ⟨Aut⟩ *Gyrobus* m ‖ **-clinómetro** *m* ⟨Flugw⟩ *Wendezeiger* m ‖ **-compás** *m* ⟨Mar⟩ *Kreiselkompaß* m ‖ **-dino** *m* ⟨Flugw⟩ *Flugschrauber* m
giroflé *m* ⟨Bot⟩ *Gewürznelkenbaum* m (Eugenia caryophyllata = Caryophyllum aromaticum)
girola *f* ⟨Arch⟩ *Chorumgang* m, *Deambulatorium* n
girómetro *m Drehzahlmesser, Tourenzählapparat* m, *Gyrometer* n
Giron|da *f* ⟨Geogr⟩ *Gironde* f ‖ **⁼dinos** *mpl* ⟨Hist⟩ *Girondisten* mpl
giro|piloto *m* ⟨Flugw⟩ *Selbststeuergerät* n ‖

–plano *m Drehflügelflugzeug* n || **–scópico** *adj gyroskopisch, Kreisel-* || **–scopio** *m* = **giróscopo**
girós|copo *m Kreisel* m, *Gyroskop* n || **–tato** *m Gyrostat* m
giróvago *m* ⟨Lit⟩ *Vagabund* m || ⟨Hist Kath⟩ *Gyrovage* m *(Art Bettelmönch)* || ~ *adj herumschweifend*
gis *m (Maler) Kreide* f (→ **tiza**) || Col *Griffel* m || Mex = **pulque** || Mex *fig Betrunkene(r)* m
Gisela *f* np Tfn *Gisela* f
giste *m Bierschaum* m
gita|na *f Zigeunerin* f *(& als Kosewort)* || *fig durchtriebene, liederliche Frau* f || *figf Schlampe* f || **–nada** *f Zigeunerstreich* m || *fig Schmeichelei* f || *fig Schöntuerei* f || →a **–nería** || **–near** *vi schmeicheln* || *gerissen vorgehen* || *feilschen, schachern* || **–nería** *f Zigeunertruppe* f || *Zigeunerleben* n || *Zigeunerstreich* m || *fig Verschmitztheit* f || **–nesco** *adj zigeunerisch* || *zigeunerhaft* || *Zigeuner-* || *fig schlau, durchtrieben* || **–nismo** *m Zigeunerart* f || *Zigeunertum* n || ⟨Li⟩ *Zigeunerwort* n || **–no** *adj zigeunerhaft* || *zigeunerisch* || *fig verführerisch, reizend (Frau)* || *schlau, verschmitzt, pfiffig* || *schmeichlerisch* || **ägyptisch* || *amor* ~ *Zigeunerliebe* f || ~ *m Zigeuner* m || *fig schlauer, durchtriebener Mensch* m || *fig Fuchsschwänzer* m || **Ägypter* m || *casa de* ~s *figf Zigeunerwirtschaft* f
glabro *adj* ⟨Zool Bot⟩ *unbehaart, kahl* || ⟨Lit⟩ *kahl*
glaciación *f Eisbildung, Vereisung* f || *Vergletscherung* f
glacial *adj eiskalt, eisig* (& *fig*) || *Eis-* || ⟨Geol⟩ *glazial, glaziär, glazigen* || *Océano* ~ *Ártico (od Boreal) Nördliches Eismeer, Nordpolarmeer* n || *Océano* ~ *Antártico (od Austral) Südliches Eismeer, Südpolarmeer* n || *período* ~ *Eiszeit* f, *Glazial* n || *zona* ~ *kalte Zone* f || ◊ *hace un frío* ~ *es ist eisig kalt* || *adv:* ~**mente**
glaciar *m Gletscher* m
glaciología *f Gletscherkunde* f
glacis *m* ⟨Mil⟩ *Feldbrustwehr, Wallböschung* f, *Glacis* n || ⟨Geol⟩ *Glacis, Pediment* n
gladia|dor, –tor *m Gladiator* m || *fig Raufbold* m
gla|díolo, –diolo *m* ⟨Bot⟩ *Gladiole, Siegwurz* f (Gladiolus spp) || *Schwertlilie* f (Iris spp)
glagolítico *adj glagolitisch (Schrift)*
glan|de *m* ⟨An⟩ *Eichel* f *des männlichen Gliedes* || ⟨Bot⟩ *Nuß* f *(Fruchtart)* || *Rioja* ⟨Bot⟩ *Eichel* f
△**glandí** *m Schwert* n
glandí|fero, –gero *adj Nüsse* bzw *Eicheln tragend*
glándula *f* ⟨An⟩ *Drüse* f || ~ *excretoria Ausscheidungsdrüse* f || ~ *genital,* ~ *sexual Keimdrüse* f || a **gónada** || ~ *lagrimal Tränendrüse* f || ~ *linfática Lymphknoten* m || ~ *mamaria Milchdrüse* f || ~ *mucosa Schleimdrüse* f || ~ *pituitaria Hypophyse* f || ~ *prostática Vorsteherdrüse, Prostata* f || ~ *salival Speicheldrüse* f || ~ *sebácea Talgdrüse* f || ~ *sudorípara Schweißdrüse* f || ~ *timo Thymusdrüse* f || ~ *tiroides Schilddrüse* f || ~s *endocrinas,* ~s *de secreción interna* ⟨An⟩ *endokrine, innersekretorische, inkretorische Drüsen, Drüsen* fpl *(mit) innerer Sekretion* || ~s *exocrinas exokrine, exkretorische Drüsen, Drüsen* fpl *(mit) äußerer Sekretion* || ~s *suprarrenales Nebennieren* fpl
glandu|lar *adj glandulär, Drüsen-* || *tejido* ~ ⟨An⟩ *Drüsengewebe* n || **–loso** *adj drüsen|artig, -förmig, drüsig, Drüsen-*
glano *m* ⟨Fi⟩ *Wels, Waller* m (Silurus glanis)
gla|sé *m Glanztaft* m || Am *Zickel-, Lamm-, Glacé|leder* n (→ **cabritilla**) || **–sear** *vt glasieren (Textilien, Töpfe usw)* || *satinieren (Papier)* || *polieren* || *hielo* **–seado** *Glatteis* n, *Eisglätte* f
glasto *m* ⟨Bot⟩ *Färberwaid* m (Isatis tinctoria)

glauco *adj meer-, blau-, grau|grün* || *hellgrün* || ~ *m* ⟨Zool⟩ *(Art) Fadenschnecke* f (Glaucus marinus)
glaucoma *m* ⟨Med⟩ *grüner Star* m, *Glaukom* n
gleba *f (Erd) Scholle* f (& *fig*) || *Grundbesitz* m || Ar *Grasboden* m || *siervos de la* ~ *Leibeigene* mpl
glicemia *f* ⟨Med⟩ = **glucemia**
glicerina *f* ⟨Chem⟩ *Glyzerin* n
glici|na *f* ⟨Chem⟩ *Glyzin* n || ⟨Bot⟩ = **–nia** *f Glyzin(i)e, Wistarie* f (Wisteria spp)
gli|col *m* ⟨Chem⟩ *Glykol* n || **–cosuria** *f* = **glucosuria** || **–fo** *m* ⟨Arch⟩ *Glyphe, Glypte* f
glíptica *f Steinschneidekunst, Glyptik* f
glipoteca *f Glyptothek* f
glisar *m* Am gall *rutschen, gleiten*
glo|bal *adj global, pauschal,· Global-, Pauschal-* || **–balizado** *adj als Globalkontingent, globalkontingentiert* || **–balizar** *vt bes* ⟨Com Wir⟩ *im ganzen nehmen, globalisieren* || **–balmente** *adv im ganzen (genommen)* || *in Bausch und Bogen (berechnet)*
globetrotter *m* engl *Weltenbummler, Globetrotter* m
globo *m Kugel* f, *Ball* m || *Erd|ball* m, *-kugel* f || *Weltkugel* f || *Himmelskugel* f || ⟨Hist⟩ *Reichsapfel* m || *(Glas-, Lampen)Glocke* f || ~ *aerostático Luftballon* m || ~ *de barrera (aérea) (Luft-) Sperrballon* m || ~ *cautivo Fesselballon* m, ⟨Mil⟩ fam *Divisionswurst* f || ~ *celeste (künstliche) Himmelskugel* f || ~ *dirigible lenkbares Luftschiff* n || ~ *de ensayo Versuchsballon* m || ~ *histérico* ⟨Med⟩ *hysterische Kugel* f || ~ *ocular (od del ojo) Augapfel* m || ~ *de papel papier(e)ner Luftballon* m || ~ *piloto Pilot-, Windrichtungsweiser|ballon* m || ~ *terráqueo,* ~ *terrestre Erdball* m, *Erdkugel, Erde* f || *Globus* m || ~ *tripulado bemannter Ballon* m || *elevación de un* ~ *Ballonaufstieg* m || *en* ~ *im großen, im ganzen, in Bausch und Bogen* || *in runder Summe* || **–so** *adj kugel-(förm)ig*
globular *adj kugel(förm)ig* || *kernig, Kern-*
globulina *f* ⟨Physiol Chem⟩ *Globulin* n
glóbulo *m Kügelchen* n || *Blutkörperchen* n || ⟨Pharm⟩ *Arzneikugel, Pille* f || ~ *blanco weißes Blutkörperchen* n (→ **leucocito**) || ~ *rojo rotes Blutkörperchen* n (→ **eritrocito, hematie**)
glo-glo, gloglό *m Gluckgluck, Geräusch* n *des träufelnden od sprudelnden Wassers* || *Plätschern* n || *Kollern* n *(Pfau, Truthahn)*
gloglotear *vi plätschern* || *Gluckgluck machen (Wasser)* || *kollern (Truthuhn)* || = **cloquear**
glomerulitis *f* ⟨Med⟩ *Glomerulitis* f
glomérulo *m Knäuel* m/n || ⟨An⟩ *(Gefäß) Knäuel, Glomerulus* m
glomerulonefritis *f* ⟨Med⟩ *Glomerulonephritis* f (→ a **nefritis**)
gloria *f Ruhm* m, *Ehre* f || *Herrlichkeit* f || *Seligkeit* f || ⟨Kath⟩ *Gloria* n *(Teil der Messe)* || ⟨Mal⟩ *Glorie* f, *Heiligenschein* m || *Heiligenbild* n || *Glanz* m, *Gloria* m *(Glanzzeug)* || ⟨Web⟩ *Gloriaseide* f || *(Art) süße Blätterteigpastete* f || *(Art) Mandelsüßigkeit* f || ⟨Th⟩ *fig „Vorhang" (für den Beifall)* || ⟨Phys⟩ *Glorie* f || *fig Wonne* f, *Genuß* m || *Cast Wärmebecken* n || ~ *f* np Tfn *Gloria* f || ◊ *cubrirse de* ~ *fig Ruhm ernten* || *iron sich bis auf die Knochen blamieren* || *dar* ~ *Ruhm verschaffen* || *dar la* ~ *die ewige Seligkeit verleihen* || *estar en la* ~ *figf ruhig, zufrieden leben* || *... que en santa* ~ *esté, que santa* ~ *haya (q. s. g. h.) der selige, der verewigte ...* || *Dios le tenga en la (od en su santa)* ~ *Gott habe ihn selig (von Verstorbenen)* || *saber a* ~ *fam köstlich schmecken* || *tener avidez (od estar ávido) de* ~ *ruhmsüchtig sein* || *tocar a* ~ *Ostern einläuten, (am Ostersonntag) mit allen Glocken läuten* || *Cervantes es (la)* ~ *de España Cervantes*

gloriado — gobierno

ist Spaniens Stolz || en la ~ fam *im Himmel* || ¡~ santa! *um Gotteswillen!* || ¡pedazo de ~! *mein Herzliebchen! (Kosewort)* || estar en sus ~s fam *in seinem Element sein, im siebenten Himmel sein*
gloriado *m* Am *(Art)* Punsch *m*
gloria patri *m* ⟨Kath⟩ *Gloria* n || en un ~ figf *im Nu*
glo|riar [pres –io] vt *rühmen, lobpreisen* (→ a **glorificar**) || ~**se** *sich freuen, vergnügt sein* || ~ *de sich einbilden, stolz sein auf* (acc) || *sich rühmen* (gen) || **–rieta** *f (Garten)Laube* f || *Platz* m *mit Anlagen* || ⟨Arch⟩ *Lusthäuschen* n || *runder Altan (-platz)* m
glorifi|cación *f Verherrlichung* f || *Glorifizierung* f (& pej) || ⟨Rel⟩ *Verklärung* f || **–car** [c/qu] vt *verherrlichen* || *rühmen, preisen* || *(Gott) hochpreisen* || *verklären* || ~**se** (de) a/c *sich rühmen*
△**glorinqué** *m Welt* f
Glorio|sa *f*: la ~ *die ruhmreiche Jungfrau Maria* f || fig *die span. Revolution von 1868* || ◊ *echar de la* ~ pop *prahlen, großtun* || **÷so** adj *glor-, ruhm|reich, ruhmvoll* || *ehrenvoll, rühmlich* || *Ruhmes-* || *ruhmsüchtig* || *selig, verklärt* || pop *prahlerisch, großtuerisch* || el ÷ *San José der heilige Joseph* || la ÷a *Ascensión del Señor a los cielos die ruhmreiche Himmelfahrt Christi* || de ~a *memoria seligen Andenkens*
glo|sa *f Glosse, erklärende Note* f || *Erläuterung* f || ⟨Jur⟩ *Vermerk* m || fig *Bemerkung* f || *Glosse* f *(Versform)* || ⟨Mus⟩ *freie Variation* f || ~ *marginal Randglosse* f || ~**s** fpl *Kommentar* m || **–sador** *m Glossator* m || *Ausleger, Deuter, Erklärer, Kommentator* m
glosalgia *f* ⟨Med⟩ = **glosodinia**
glosar vt *auslegen, glossieren, deuten, erklären, kommentieren* || fig *ausschmücken (e-e Erklärung)* || fig *besprechen* || fam *übel auslegen* || fig *bekritteln, rügen*
glo|sario *m Glossar, (erklärendes) Wörter|verzeichnis, -buch* n || *Wortschatz* m, *Vokabular* n *(e-r Sprache)* || **–se** m *Glossieren* n || *Eintragung* f *von Vermerken (in Büchern, Urkunden usw)*
glosilla *f* ⟨Typ⟩ *Kolonel* f *(7-Punkt-Schrift)*
glo|sitis *f* ⟨Med⟩ *Zungenentzündung, Glossitis* f || **–sodinia** *f* ⟨Med⟩ *Gloss|odynie, -algie* f || **–sofaríngeo** adj ⟨An⟩ *glossopharyngeal* || **–solalia** *f* ⟨Rel⟩ *Zungenreden* n, *Glossolalie* f || **–sopeda** *f* ⟨Vet⟩ *Maul- und Klauen|seuche* f
glótico adj ⟨An⟩ *Stimmritzen-*
glotis *f* ⟨An⟩ *Stimmritze, Glottis* f
glotón, ona adj/s *gefräßig, gierig* || ~ *m Fresser, Schlemmer, Vielfraß* m || ⟨Zool⟩ *Vielfraß, Jerf, Järv* m (Gulo gulo)
gloto|near vt *gierig essen, schlingen*, pop *fressen* || **–nería** *f Gefräßigkeit, Völlerei* f || *Schlemmerei* f || pop *Fresserei* f
gloxinea *f* ⟨Bot⟩ *Gloxinie* f (Sinningia speciosa)
glucemia *f* ⟨Med⟩ *Zucker|gehalt, -spiegel* m *des Blutes, Glykämie* f (→ a **diabetes, glucosuria, hiperglucemia**)
gluco|genia *f* ⟨Physiol⟩ *Aufbau* m *des Glykogens, Glykogenie* f || **–génico** adj *Glykogen-*
glu|cógeno *m* ⟨Physiol⟩ *Glykogen* n, *tierische Stärke* f || **–cogenolisis** *f* ⟨Biol⟩ *Glykogenolyse* f || **–colisis** *f* ⟨Physiol Chem⟩ *Glykolyse* f || **–cómetro** *m* ⟨Chem⟩ *Glykometer* n, *Zuckergehaltsmesser* m
glucosa *f Glukose* f, *Traubenzucker* m
glucosuria *f* ⟨Med⟩ *Glykosurie, Ausscheidung* f *von Zucker im Harn, Zuckerharnen* n (→ a **diabetes, glucemia, hiperglucemia**)
gluglu (**gluglú**) *m* onom *Geräusch* n *des Trinkens* od *des quellenden Wassers* || *Kollern* n *des Puters* || el ~ *de la fuente das Murmeln der Quelle* (→ a **glo-glo**)
glu|támico adj: ácido ~ *Glutaminsäure* f ||

–tamina *f* ⟨Chem⟩ *Glutamin* n
gluten *m Klebstoff* m || ⟨Chem⟩ *Kleber* m, *Gluten* n || pan de ~ *Glutenbrot* n
glúteo adj *gluteal, Gesäß-* || región ~a ⟨An⟩ *Gesäßgegend* f
glutinoso adj *klebrig, leimartig* || *Schleim-*
gm. Abk = **gramo**
gneis *m* ⟨Geol⟩ *Gneis* m
gnómico adj *gnomisch, aus (Sinn)Sprüchen bestehend* || *Spruch-* (poeta) ~ *m Spruchdichter, Gnomiker* m
gnomo *m Gnom, Erd-, Berg|geist, Kobold* m (→ a **duende, enano, trasgo**) || *Sinnspruch* m, *Gnome* f || fig *häßlicher Zwerg* m
gnomon *m* ⟨Math Top⟩ *Gnomon* m || *Sonnenuhr(zeiger* m*)* f
gnoseo|logía *f Erkenntnis|lehre, -theorie, Gnoseologie* f || **–lógico** adj *gnoseologisch*
gnosis *f Gnosis, Erkenntnis, Offenbarung* f *von Gott* || *Gnostizismus* m *(Sekte)*
gnosticismo *m Gnostizismus* m *(Sekte)*
gnósticos *mpl/adj Gnostiker* mpl *(Sekte im 2. Jh.)*
gnte. Abk = **gerente**
gnu [pl **–úes**] *m* ⟨Zool⟩ *Gnu* n (Connochaetes spp)
G.° Abk = **Gonzalo**
goa *f* ⟨Metal⟩ *Massel* f || *Roheisen* n *nach dem Abstich*
goal *m* engl = **gol**
△**goba|rey** *m Turteltaube* f (→ **tórtola**) || △ **–rí** *f Taube* f (→ **paloma**)
gober|nable adj *regierbar* || fig *lenksam, leitbar* || **–nación** *f Regieren* n || Am *Statthalterschaft* f || (Ministerio de la) ~ *Innenministerium, Ministerium des Innern* || **–nador** *m Gouverneur, Statthalter* m *(e-r Provinz)* || ⟨Mil⟩ *Stadtkommandant, Militärgouverneur* m || *Gouverneur, Regierungsvertreter* m *in e-r Bank* || ⟨V⟩ *Grünkardinal* m (Gubernatrix cristata) (→ a **cardenal**) || ~ civil *Zivilgouverneur m (Statthalter)* || ~ militar *Militärgouverneur* m || **–nadora** *f Statthalterin* f || **Frau* f *e-s Gouverneurs*
gober|nalle *m* ⟨Mar⟩ *Steuer(ruder), Ruder* n || **–nanta** *f Gouvernante, Haushälterin* f || *Beschließerin* f *(e-s Hotels)* || Arg *Kinderfrau* f || **–nante** *m Herrscher* m || *Regent* m || ~**s** mpl: los ~ *die Regierenden* mpl || **–nar** [–ie–] vt *regieren* || *beherrschen* || *leiten, führen* || *lenken* || *vorstehen, verwalten (Amt)* || *beaufsichtigen* || ⟨Mar⟩ *(ein Schiff) steuern* (Am & ⟨Tech⟩) || ~ vi *regieren* || den *Oberbefehl führen* || fig *das Wort führen* || fig *den Haushalt führen* || ◊ *llegar a* ~ *ans Ruder kommen* || *die Macht ergreifen* || ~**se** *sich führen lassen* || *sich steuern lassen, dem Steuer gehorchen (Schiff* u*.* fig*)* || *sich in der Gewalt haben* || **–nativo** = **gubernativo**
△**goberó** *m Gebärde* f
gobier|na *f Wetterfahne* f (→ **veleta**) || **–nista** adj Am = **gubernamental**
gobierno *m Herrschaft* f || *(Staats)Regierung, Staatsbehörde* f || *Regierungsform, Verfassung* f || *Regierungsgebäude* n || *Statthalterei* f || *Ministerialrat* m || *Statthalterschaft* f || *Gouvernement* n || *Gouverneursamt* n || *Regierungsbezirk* m, *Provinz* f || ⟨Mil⟩ *Kommando* n || *Haushaltung* f || *Verwaltung* f || *Verwaltung, Aufsicht* f || *Führung, Leitung* f || *Norm, Richtschnur* f || *Gewandtheit* f || ⟨Mar⟩ *Steuerung* bzw *Manövrierfähigkeit* f *(e-s Schiffes)* || △ *Zaum* m || ~ absoluto *absolutistische Regierung* f || ~ de las almas fig *Seelsorge* f || ~ civil *Zivilverwaltung* f *(e-r Provinz)* || ~ a distancia *Fern|steuerung, -lenkung* f || ~ de la casa *Haushaltung* f || ~ exiliado *Exilregierung* f || ~ fantoche, ~ cipayo, ~ marioneta, ~ titere *Marionettenregierung* f || *fantasma Schattenkabinett* n || ~ militar *Militärverwaltung(sgebäude* n*)* f *e–r Provinz* || *Militärregierung* f || ~ parlamen-

tario, ~ constitucional *konstitutionelle Regierung* f || ~ general *(de Polonia)* NS *Generalgouvernement* n *(Polen)* || ama de ~ *Haushälterin, Beschließerin* f || cambio de ~ *Regierungswechsel* m || caída de un ~ *Regierungssturz* m || empréstito del ~ *Staatsanleihe* f || forma de ~ *Regierungsform* f || garantías del ~ *Regierungssicherheiten* fpl || sede del ~ *Regierungssitz* m || para su ~ *zu Ihrer Richtschnur, Kenntnisnahme* f || por vía de buen ~ *zum allgemeinen Wohl* || ◊ formar (derrocar un) ~ *e-e Regierung bilden (stürzen)* || mirar contra el ~ *joc* fam *schielen* || *servir de* ~ *als Norm, als Richtschnur dienen* || →a **régimen**
 gobio m ⟨Fi⟩ *Gründling* m (Gobio gobio) || ⟨Fi⟩ *Meergrundel* f/m (Gobius spp)
 Gob.^{no} Abk = **Gobierno**
 gob.^r Abk = **gobernador**
 goce *m Genuß* m, *Vergnügen* n, *Wonne* f || *Behagen* n || fig *Freude* f || ⟨Jur⟩ *Genuß, Nießbrauch* m, *Nutznießung* f || *(Be)Nutzung(srecht n)* f || ~ sensual *Sinnenlust* f || ◊ *entregarse (od darse) al* ~ *de schwelgen in* (dat)
 Gocia *f Gotland* n *(schwedische Provinz)*
 goci(an)o adj/s *gotländisch*
 gocho m/adj fam *Schwein* n (& fig)
 △**godeño, godizo** adj *reich*
 △**godería** *f Saufgelage* n
 ¹**godo** adj/s *gotisch* || △ *vornehm, adelig* || △ (bracio) ~ *rechte Hand* f
 ²**godo** *m Gote* m || △ *gotische Sprache* f || *Am desp Spanier* m || ~s *mpl Goten* mpl || **iberische Edelinge* mpl *in Spanien, die sich mit den eindringenden Goten vermischten* (→a **gótico, ostrogodo, visigodo**)
 goecia *f schwarze Magie* f (→a **magia**)
 gofio *m Can Arg Bol Cu Ec PR Zuckerteig* m || *Mehl* n *von geröstetem Mais*
 gofo adj/s *roh, grob, unwissend* || fig *zwergenhaft*
 go|frado *m Präge-, Blind|druck* m, *Gaufrieren* n || -**frar** vt *Muster aufprägen, gaufrieren* (→a **estampar, imprimir**)
 Gofredo *m* np = **Godofredo**
 Goito *m* fam = **Gregorio**
 △**goji** *f Wurst* f
 gol *m* ⟨Sp⟩ *Tor, Mal, Goal* n || ◊ *dar (od marcar od meter) un* ~ *ein Tor erzielen* || *encajar un* ~ *ein Tor einstecken (müssen)* || *tirar un* ~, *tirar a* ~ *ein Tor schießen*
 gola *f Kehle* f || *Schlund* m || ⟨Hist⟩ *Halskrause* f, span. *Halskragen* m || ⟨Hist⟩ *Halsstück* n *(e-r Rüstung)* || *Busenstreif* m || ⟨Mil⟩ *Brustschild* n *(Dienstabzeichen)* || *Beffchen* n *der Geistlichen* || *Ausschnitt* m *am Barbierbecken* || ⟨Mar⟩ *Seegatt* n || *enge Hafeneinfahrt* bzw *Flußmündung* f || *Einfahrtrinne* f *für Schiffe in Häfen* || ⟨Arch⟩ *Karnies* n || ◊ *hacer* ~ Col fig *hartnäckig sein*
 △**golar** vt/i *schreien, rufen*
 goldre *m Köcher* m
 △**gole** *m Stimme* f
 gole|ada f ⟨Sp⟩ *große Anzahl* f *von Toren*, fam *Torsegen* m || -**ador** m ⟨Sp⟩ *Tor|schütze, -jäger*, fam *Bomber* m || -**ar** vi/t ⟨Sp⟩ *ein Tor schießen*
 goleta *f* ⟨Mar⟩ *Schoner* m
 golf *m Golf* m *(Ballspiel)* || *jugador de* ~ *Golfspieler* m
 gol|fa *f* pop *(Straßen)Dirne*, pop *Hure* f || -**fante** *m* fam *Gauner* m || *Gammler* m || -**fear** vi *ein liederliches Leben führen* || *herumstrolchen* || -**fería** *f Bubenschwarm* m || *Straßenjugend* f || *Strolche, Lumpen, Ganoven* mpl || *Buben|stück* n, -*streich* m || -**filla** *f* fam *(kesse) Göre* f || *Range* f || -**fillo** *m* fam *Gassenjunge* m || *(Vorstadt-) Bengel* m || *kleiner Gauner* m || →a ²**golfo** || -**fin** *m Bandendieb* m || ⟨Zool⟩ = **delfín**
 ¹**golfo** *m Meerbusen* m, *Golf* m, *Bucht* f || *große inellose Meeresfläche* f || fig *Chaos, Durcheinander* n || el ~̇ *Arábico der arab. Meerbusen* || ~̇ de *Bengala Golf* m *von Bengalen* || el ~̇ *Pérsico der Persische Golf* m || ~̇ *de Vizcaya Biskaya* f, *Golf* m *von Biskaya* || *corriente del* ~̇ *Golfstrom* m
 ²**golfo** *m Gassen-, Straßen|junge* m || fig *liederlicher Mensch, Vagabund* m || *Gauner, Strolch* m || vulg *Ficker* m || →a **gamberro, hippie**
 ³**golfo** *m Golf* n *(Kartenspiel)* || →a **golf**
 ⁴**golfo** *m Ar Türband* n
 Gólgota *m:* el ~ *Golgatha* n
 Goliat *m* np *(der Riese) Goliath* || ~̇ ⟨Entom⟩ *m Goliathkäfer* m (Goliathus giganteus)
 golilla *f* dim *v.* **gola** || span. *Halskrause* f || figf *Amtsperson* f || *Busenstreif* m *der Frauen* || *wallende Halsfedern* fpl *(bes des Hahnes)* (→a **muceta**) || ⟨Bot⟩ *Kragen* m *der Pilze* || ⟨Tech⟩ *Pumpenring* m || Cu fam *(Geld) Schuld* f || Am fam *Halstuch* n *der Gauchos* || ~**s** *pl* fam **Nichtsoldaten, Zivilisten* mpl || fam *Gerichtsbeamte(n)* mpl
 △**golipén** *m Gesundheit* f
 △**golondrera** *f Trupp* m *Soldaten*
 golondri|na *f Schwalbe* f (Hirundo sp) || ~ *común Rauchschwalbe* f (H. rustica) || ~ *dáurica* ⟨V⟩ *Rötelschwalbe* f (H. daurica) || ~ *de ribera* ⟨V⟩ = ¹**avión** *zapador* || ~ *de mar Seeschwalbe* f (Sterna spp) (→ **charrán**) || *Schwalbenmuschel* f || ⟨Fi⟩ *Fliegender Hering, Schwalbenfisch* m (Exocoetus volitans) || ⟨Fi⟩ *Roter Knurrhahn* m (Trigla hirundo) || Cat *kleiner Dampfer* m *für den Personentransport* || ◊ *voló la* ~ figf *der Vogel ist ausgeflogen* || *una* ~ *no hace verano e-e Schwalbe macht noch keinen Sommer* || -**no** *m junge Schwalbe* f || figf ⟨Med⟩ *Achseldrüsen|geschwulst* f, -*furunkel* m || fig *Vagabund, Landstreicher* m || △**gemeiner Soldat** m || △⟨Mil⟩ *Fahnenflüchtige(r)* m
 golondro *m* fam *Lust* f, *Verlangen, Gelüsten* n *(nach)* || ◊ *campar de* ~ *auf anderer Kosten leben, nassauern* || *andar de* ~**s** fam *Luftschlösser bauen*
 △**goloría** *f Betrug* m
 golorito *m* Rioja *Distelfink* m (→ **jilguero**)
 golo|sazo *m Erzleckermaul* n || -**sear** vi = -**sin(e)ar** || -**sina** *f Leckerbissen* m, *Naschwerk* n || *Delikatesse* f || *unmäßiges Gelüsten* n *(nach)*, *Nasch|sucht, -erei, -haftigkeit* f || fig *Lockspeise* f, *Köder* m || ~**s** *pl* fam *Leckereien* fpl || -**sin(e)ar** vi *naschen, naschhaft sein* || -**so** adj *nasch-, leckerhaft* || *gefräßig* || fig *gierig* || *anreizend, verlockend* || ~ *de gierig nach* (dat) (& fig) || ~ *m Leckermaul* n || fig *Feinschmecker* m
 golpazo *m* augm *v.* **golpe**
 golpe *m Schlag, Stoß, Hieb, Puff* m || *Stich* m || *Aufschlag* m || *Unfall* m, *plötzliches Unglück* n || *Zug, Schluck* m *(Wein)* || ⟨Mal⟩ *Strich* m *(im Zeichnen)* || *Zulauf, Zufluß* m, *(Menschen)Menge* f || *heftiger Andrang* m *von Wasser* || *Streich* m, *schnell ausgeführte Tat* f || fig *Handlung* f || fig *Witz* m || fig *Reiz* m || fig *geistreicher Einfall* m || fig *Eindruck* m || fig *Wirkung* f || *Riegel* m *an e-m Springschloß* || *Klappe* f *an e-r Rocktasche* || *aufgenähter Zierbesatz* m *(an e-m Kleid)* || *Pulsschlag* m || fig *Kunstgriff, Pfiff* m || fig *Vorhaben* n, *Absicht* f || ⟨Sp⟩ *Treffer* m || △*Überfall, Einbruch* m, △*Ding* n || Col *Revers* n || Mex *Schlegel, Klöpfel* m || ~ *de agua Platzregen* m || ~ *de arco* ⟨Mus⟩ *Bogenstrich* m || ~ *bajo Uppercut* (engl), *Tiefschlag* m *(Boxkampf)* || ~ *del destino*, ~ *de la fortuna Schicksalsschlag* m || ~ *de efecto, gall* ~ *de teatro Knalleffekt* m || *Theatercoup* m, *überraschende Wendung* f || *unerwartetes Ereignis* n || ~ *de Estado Staats|streich* m, -*umwälzung* f || *Putsch* m || ~ *de fortuna (Glücks)Zufall* m || ~ *franco* ⟨Sp⟩ *Freistoß* m || ~ *de gente Gedränge* n || ~ *de gracia Gnadenstoß* m || ~ *maestro Meisterstück* n || ~ *de mano Handstreich* m || →a **manotazo** || ~ *de mar* ⟨Mar⟩ *Sturzsee* f,

golpeadero — gordo

Brecher m ‖ ~ *militar Militärputsch* m (→ **pronunciamiento**) ‖ ~ **de sol** gall ⟨Med⟩ *Sonnenstich* m ‖ ~ **de tos** ⟨Med⟩ *Hustenanfall* m ‖ ~ **de viento** *Windstoß* m ‖ **al primer** ~ *de vista* fig *auf den ersten Blick* ‖ **un buen** ~ **de patatas** *ein Haufen Kartoffeln* ‖ **a** ~ *seguro sicher, ganz gewiß, unfehlbar* ‖ **de** ~ fig *auf einmal, plötzlich* ‖ **de un** ~ *zugleich, auf einmal* ‖ **in e–m, ohne Unterlaß** ‖ **de** ~ **y porrazo** figf *urplötzlich, unversehens* ‖ *unüberlegt* ‖ ~ **tras** ~ *Schlag auf Schlag, ununterbrochen* ‖ ◊ **dar el** ~ fig *großes Aufsehen erregen, großen Eindruck machen* ‖ **no dar** ~ figf *überhaupt nichts tun* ‖ *faulenzen* ‖ **dar un** ~ fig △ **e–n** *Anschlag ausführen (von Dieben usw)*, △**ein** *Ding drehen* ‖ fam *losgehen auf* (acc) ‖ **ha errado el** ~ fig *es hat fehlgeschlagen* ‖ **hacer un buen** ~ fam *ein gutes Geschäft machen* ‖ **parar el** ~ *den Schlag abwehren* ‖ **si sale bien el** ~ fig *wenn die Sache gut ausfällt* ‖ **~s** pl: **los** ~ **del destino** *die Schicksalsschläge* mpl ‖ **a** ~ fig *stoßweise* ‖ *mit Unterbrechungen* ‖ **hier und da** ‖ ◊ **andar a** ~ *sich (dauernd) schlagen* (con alg. *mit jdm* dat) ‖ **dar de** ~ **a alg.** *jdn prügeln* ‖ **dar** ~ *schuckeln (Auto usw)* ‖ **darse** ~ **de pecho** *sich an die Brust schlagen (vor Reue)* ‖ **salir a** ~ *stoßweise ausfließen (Wasser)*
golpe|adero m *Klopfen, Schlagen* n ‖ *Auftreffstelle* f *(e–s Wasserfalls)* ‖ △**–ado** m *Tür* f ‖ **–adura** f *Schlag(en* n*)* m ‖ *Klopfen* n ‖ **–ar** vt/i *schlagen* ‖ *stoßen* ‖ *klopfen* ‖ *die Wäsche klopfen* ‖ ⟨Typ⟩ *abklopfen* ‖ *treffen* ‖ ◊ ~ **el suelo con el pie** *auf den Boden stampfen* ‖ **¡te –arán los dedos!** *du bekommst et auf die Finger!* ‖ ~ vi ⟨Tech⟩ *schlagen, pochen* ‖ *klopfen (Motor)* ‖ **~se** vr: ◊ ~ **la cabeza** *sich vor den Kopf schlagen* ‖ **mit dem Kopf anstoßen** ‖ ~ **los hombros** *sich (gegenseitig) auf die Schulter klopfen* ‖ **–cillo, –cito** m *kleiner, leichter Schlag, Stoß* m
golpeo m *Schlagen, Klopfen, Geklopfe* n *(& Geräusch)* ‖ ⟨Aut⟩ *Nageln, Klopfen* n *(Motor)*
golpete m *Hebel, Anschlag* m *(um Tür od Fenster offenzuhalten)*
golpete|ar vt/i *wiederholt stoßen, schlagen* ‖ *hämmern* ‖ s: **–o**
golpista m Am *Putschist, Umstürzler* m
golpiza f Mex *Tracht* f *Prügel* (→ **paliza**)
golver vi pop = **volver**
golle|ría f *Leckerbissen* m ‖ figf *Überspanntheit* f ‖ figf *zuviel des Guten* ‖ ◊ **en tiempo de guerra no se podían pedir** *~s damals im Kriege konnte man k–e Wunderdinge erwarten (od nicht allzuviel verlangen)* ‖ **–roso** adj *zimperlich*
golle|tazo m *Abschlagen* n *des Flaschenhalses* ‖ fig *Gewaltmittel* n ‖ figf *rücksichtslose Beendigung* f *e–r Angelegenheit* ‖ ⟨Taur⟩ *Halsstich* m ‖ **–te** m *Kehle* f ‖ *(Flaschen)Hals* m ‖ ⟨Zim⟩ *Zapfen* m ‖ ⟨Kath⟩ *Halskragen* m *der Laienbrüder (e–s Klosters)* ‖ ◊ **estar hasta al** ~ figf *die Nase voll haben* ‖ *überdrüssig sein* (de a. *e–r Sache* gen) ‖ **estoy metido en eso hasta el** ~ figf *ich sitze bis zum Hals drin (in Schwierigkeiten)*
golliz(n)o m *Fußrist* m ‖ *Berg-, Eng|paß* m
¹**goma** f *Gummi* m, n ‖ *Gummiband* n ‖ *Kautschuk* m ‖ *Gummifluß* m *(der Bäume), Gummi(harz)* n ‖ pop *Präservativ* n (→ **condón**) ‖ △*vornehme Gesellschaft* f ‖ ~ *arábiga Gummiarabikum* n ‖ ~ *(de borrar) Radiergummi* m ‖ ~ *elástica Gummielastikum* n, *Kautschuk* m ‖ ~ *esponjosa,* ~ *espum(os)a Schaumgummi* m ‖ ~ *guta Gummigutt* n ‖ ~ *laca Schellack* m ‖ ~ *liquida Klebstoff* m, *Gummilösung* f ‖ ~ **de mascar** *Kaugummi* m (→ **chicle**) ‖ *papel de* ~ *bicromatada* ⟨Phot⟩ *Gummidruckpapier* n ‖ **~s** pl *Gummiwaren* fpl
²**goma** m u. f ⟨Med⟩ *Gumma* n, *Gummigeschwulst* f *(bei Syphilitikern)*
³**goma** f fam *Stutzertum* n, *Geckenhaftigkeit* f (→ **gomoso**)
⁴**goma** f: ◊ **estar de** ~ MAm fig *e–n Kater haben*
gomal m Am *Kautschukpflanzung* f
△**goma|rra** f *Henne* f ‖ △**–rrero** m *Hühnerdieb* m ‖ △**–rrón** m *(Hühner)Küken* n
gomecillo m fam = **lazarillo**
gome|ra f Am = **tiragomas** ‖ **–ro** m/adj *Kautschuk|sammler, -händler* m ‖ ⟨Bot⟩ *Parakautschukbaum* m (Hevea brasiliensis) ‖ *Gummibaum* m (Ficus elastica)
gomia f prov *Popanz* m, *Schreckbild* n (→ a **tarasca**) ‖ figf *Vielfraß* m ‖ fig *Aussauger, Parasit* m ‖ figf *verzehrende Krankheit* f, allg *Verzehrende(s)* n
gomífero adj *Gummi-*
gomina f *Haarfestiger* m
gomioso adj fam *gefräßig* ‖ fam *gierig* ‖ fam *verzehrend, vernichtend*
gomitar vt pop = **vomitar**
Gomorra ⟨Myth⟩ *Gomorrha*
gomorresina f *Schleim-, Gummi|harz* n
gomoso adj *gummi|artig* bzw *-haltig, Gummi-* ‖ ⟨Med⟩ *gummös* ‖ ~ m fam *Geck, Stutzer, Modenarr, Gigerl* m
gónada f ⟨Biol Gen⟩ *Geschlechts-, Keim|drüse, Gonade* f
gonadotropo adj ⟨Biol Gen Med⟩ *gonadotrop*
góndola f *Gondel* f *(auch z. B. e–s Luftballons)* ‖ *Gondel-, Stell|wagen* m ‖ Col Chi *Omnibus* m
gondolero m *Gondelführer, Gondoliere* m
gonfalón m = **confalón**
gong(o) m ⟨Mus⟩ *Gong* m
gongo|rino adj/s *schwülstig (Stil)* ‖ ~ m *Gongorist* m ‖ **–rismo** m *Gongorismus* m, *Schwülstigkeit* f *des Stils (nach Art des span. Dichters Góngora)* ‖ **–rizar** vi *im Schwulststil schreiben*
go|niometría f *Winkelmessung, Goniometrie* f ‖ **–niómetro** m ⟨Opt⟩ *Winkelmesser* m, *Goniometer* n ‖ ⟨Mil⟩ *Richtkreis* m *(Artillerie)* ‖ ⟨Flugw⟩ *Peilscheibe* f
△**gonó** m *Beutel* m ‖ *(Frauen)Rock* m
gono|coc(c)ia f ⟨Med⟩ *allgemeine Vergiftung* f *durch Gonokokken* ‖ **–coco** m ⟨Med⟩ *Gonokokkus, Trippererreger* m
gonocorismo m ⟨Biol⟩ *Geschlechtstrennung, Getrenntgeschlechtigkeit* f, *Gonochorismus* m
gono|rrea f ⟨Med⟩ *Gonorrhö(e)* f, *Tripper* m ‖ **–rreico** adj *gonorrhoisch, Tripper-*
Gonz. Abk = **González**
Gonzalo m np Tfn *Gonzalo* m
gorbiza f Ast *Erika* f (→ **brezo**)
gor|da f *Fett* n ‖ fam *Hader, Zwist, Skandal* m ‖ pop *10-Céntimos-Münze* f ‖ ◊ **se va a armar la** ~ figf *das wird e–n Skandal geben* ‖ **estar sin una** ~ fam *blank (od abgebrannt) sein* ‖ **–dal** adj *überdurchschnittlich rund* bzw *groß (Sache)* ‖ *aceituna* ~ *Riesenolive* f ‖ **–dezuelo** adj dim v. **gordo**
gordiano adj *gordisch* ‖ *nudo* ~ *gordischer Knoten* m ‖ ◊ **cortar el** ~ fig *e–e gewaltsame Lösung herbeiführen, fig den gordischen Knoten durchhauen*
gor|dillo adj dim v. **gordo** ‖ **–di(n)flón, ona** adj/s fam *fett, aufgedunsen, dicklich, pummelig* ‖ *pausbäckig*
gordo adj/s *dick, fleischig* ‖ *beleibt, fett, feist* ‖ *fettig* ‖ *grob (Zwirn, Wort, Gewebe)* ‖ *hart (Wasser)* ‖ fig *groß, derb, ungeheuer* ‖ fam *reich, mächtig* ‖ ~ **de talle** *von breiter Taille* ‖ *carne* ~ *a fettes Fleisch* n ‖ *perra* ~ *a pop 10-céntimos-Münze* ‖ ◊ **¡ésta si que es ~a!** fam *das ist (doch) ein starkes Stück!* ‖ fam *da hört schon alles auf!* ‖ **ese tío me cae** ~ pop *den Kerl kann ich nicht riechen* ‖ **hacer la vista ~a** *tun, als sehe man nichts, ein Auge zudrücken* ‖ **allí ha pasado a. muy** ~ fam *dort ist et ganz Tolles (bzw Schreckliches) passiert* ‖ **tener la lengua ~a** figf *e–e schwere Zunge haben* ‖ **¡buenas y ~as! guten Tag!** ‖ fam

gordolobo — gótico 590

schöne Geschichte! || estar muy ~ *sehr dick sein* || ~ *m Fett* n, *Speck* m || el (premio) ~ *m das Große Los (Lotterie)* || sacar el ~ *den Haupttreffer ziehen* || el ~ y el flaco fam ⟨Filmw⟩ *Dick und Doof* m *(Oliver Hardy u. Stan Laurel)*
gordolobo *m* ⟨Bot⟩ *Königskerze* f (Verbascum spp) (→ **candelera, verbasco**)
gor|dote [*f* ~**a**] adj fam *et beleibt, dicklich* || untersetzt || **-dura** *f Fett* n || *Talg* m || *Fettleibigkeit, Korpulenz* f || Arg PR *Sahne* f, *Rahm* m
gorgo|jo *m* ⟨Entom Agr⟩ *Rüsselkäfer, Kornwurm* m || ~ del avellano *Haselnußbohrer* m (Curculio nucum) || ~ de las bellotas *Eichelbohrer* m (C. glandium) || ~ del trigo, ~ de los cereales *Kornkäfer* m (Calandra granaria) || →a **curculiónidos, agorgojarse** || figf *Knirps* m || fam *Zweg* m || **-joso** adj fam *von Kornwürmern befallen*
gorgona *f* ⟨Arch⟩ *Medusenhaupt* n|| ⋍ ⟨Myth⟩ *Gorgo* f || ⋍**s** fpl ⟨Myth⟩ *Gorgonen* fpl
gorgo|rear vi fam *Blasen aufwerfen, brodeln* || Chi *trällern* || **-rita** *f Bläschen* n || fam *Trällern* n || **-ritear** vi fam *trällern, trillern* || **-rito** *m* fam *Triller* m || *Trillern* n *(Stimme)* || fam *Koloratur* f || hacer ~s *brodeln (siedenden Wasser)* || *trällern, trillern* || **-rotada** *f (hastiger) Schluck* m || **-tear** vi *Blasen werfen, brodeln (Wasser, Schlamm)* || **-teo** *m Brodeln* n *(des Wassers, des schlammigen Kotes)* || *Gurgeln* n *(Geräusch)* || **-tero** *m* = **buhonero**
gorguera *f Koller* n, *Halskrause* f || *Halspanzer* m
gorigori *m* fam *Trauerchor* m, *Grablied* n
gorila *m* ⟨Gorilla⟩ m (Gorilla gorilla) || fig *Gorilla, Leibwächter* m
Goriza, Goricia *f* ⟨Geogr⟩ *Görz*
gor|ja *f Kehle* f || ⟨Mar⟩ *Scheeg* m || estar de ~ fam *fröhlich, aufgeräumt sein* || **-jal** *m Priesterkragen* m || *(Hals)Kragen* m *e–s Kleides* || **-jear** vi *trillern* || *zwitschern (Vögel)* || *tirilieren (Lerche)* || *lallen (Kind)* || fig *plätschern, murmeln (Bach)* || fig *flüstern* || **-jeo** *m Triller* m || *Trillern, Trällern* n || *Gezwitscher* n || *Lallen, Brabbeln* n *(Kind)* || *Geplätscher, Murmeln* n *(Bach)*
gorkiano adj *auf den russischen Schriftsteller Maxim Gorki bezüglich*
gormar vt/i prov *erbrechen*
△**goró** *m Füllen* n
gorobeto adj/s Am = **jorobado**
△**gorque** *m Gurke* f
gorra *f Mütze, Kappe* f || *Kindermütze* f || *Tuch-, Bauern|mütze* f || ~ (de plato) *Tellermütze*, ⟨Mil⟩ *Dienstmütze* f (→a **gorro**) || fam *Schmarotzer, Nassauer* m || de jockey *Jockeimütze* f || ~ de piel(es) *Pelzmütze* f || ~ con *(od de)* visera *Schirmmütze* f || de ~ pop *umsonst, gratis* || ◊ andar de ~ fam *herumschmarotzen*, fam *nassauern* || quitarse (ponerse) la ~ *die Mütze abnehmen (aufsetzen)* || vivir de ~ fam *auf Kosten anderer leben*
gorrear vi fam *nassauern, schmarotzen*
gorre|ro *m Mützenmacher* m || fam *Schmarotzer, Nassauer* m || **-tada** *f Mützeabnehmen* n *(zum Gruß)*
gorrín *m* = **gorrino**
gorri|nería, -nada *f Zote* f || *Schweinerei* f || **-nera** *f Schweinestall* m (→a **cochiquera, pocilga, porqueriza**) || **-no** *m Spanferkel* n || *Schwein* m (& fig)
go|rrión *m Sperling, Spatz* m || fam *Gauner* m || MAm ⟨V⟩ *Kolibri* m || ~ común ⟨V⟩ *Haussperling* m (Passer domesticus) || ~ alpino *Schneefink* m (Montifringilla nivalis) || ~ chillón *Steinsperling* m (Petronia petronia) || ~ molinero *Feldsperling* m (Passer montanus) || ~ moruno *Weidensperling* m (Passer hispaniolensis) || ◊ comer como un ~ figf *wie ein Spatz essen* || ◊ conocido como un ~ pop *bekannt wie ein bunter Hund* || **-rriona** *f Sperlings|weibchen* n, *-henne* f
gorrionci|llo, -to *m* dim *v.* **gorrión**
gorrionera *f* figf *Schlupfwinkel* m *von Gesindel*
gorrista *m* fam *Schmarotzer* m
gorro *m runde Kappe* f || *Beutel-, Zipfel|mütze* f || *Kindermütze* f || ⟨Mil⟩ *Mütze (ohne Schirm)*, *Feldmütze* f, fam *Schiffchen* n || ~ catalán *katalanische Beutelmütze* f *(rot od violett)* || ~ de dormir *Schlaf-, Nacht-, Zipfel|mütze* f || ~ frigio *phrygische Mütze* f || ◊ apretarse el ~ figf *sich anschicken auszureißen*, pop *die Beine in die Hand nehmen* || apretarse la uno el ~ *die Geduld verlieren* || ponerle a uno el ~ fig pop *vor jdm (e–e Frau) befummeln*, allg *jdn blamieren* || se le caería el ~ Am fig *er würde sprachlos bleiben*, fam *ihm bliebe die Spucke weg*
gorrón *m*/adj *große Mütze* f || *glatter, runder Kieselstein* m || ⟨Tech⟩ *Zapfen, Kloben* m || *Angelstift* m || ⟨Zim⟩ *Dolle* f || ⟨Speck⟩*Griebe* f || ⟨Mar⟩ *(Gang)Spillspake* f || fam *Schmarotzer, Nassauer* m || fig *Wüstling, ausschweifender Mensch* m
gorro|na *f*/adj *Dirne* f || **-near** vi fam *schmarotzen, nassauern, schnorren* || **-nería** *f* fam *Schmarotzen, Nassauern* n || ⟨Jur⟩ *Zechprellerei* f
gorver vi pop = **volver**
gosi|pino adj ⟨Lit⟩ *Baumwoll-* || ⟨Bot⟩ *gossypin* || **-po** *m* ⟨Bot⟩ *Baumwollpflanze* f (→ **algodonero**)
gota *f (Regen)Tropfen* m || ⟨Med⟩ *Gicht* f || ⟨Arch⟩ *Tropfenornament* n || ~ caduca *(od coral)* ⟨Med⟩ *Epilepsie* f || ~ militar ⟨Med⟩ *chronischer Tripper* m, fam *Bonjourtropfen* mpl || ~ serena ⟨Med⟩ *Amaurose* f || una ~ figf *ein bißchen, ein klein wenig* || vino de ~ *Ausbruch, Vorlauf* m || ◊ quedó sin ~ de sangre fig *er blieb starr vor Entsetzen* || sudar la ~ gorda figf *wie ein Neger arbeiten, Blut schwitzen* || no ver ni ~ figf *keinen Stich sehen* || no se ve (ni) ~ *es ist stockfinster* || ni ~ *nichts, kein bißchen* || ~ a ~ *(od a* ~s*) tropfenweise* || ~ a ~ se llena la bota fig *steter Tropfen höhlt den Stein* || parecerse alg. como una ~ de agua a otra, parecerse como dos ~s de agua figf *sich wie ein Ei dem ander(e)n gleichen, jdm bildähnlich sein* || ~s pl *(Arznei)Tropfen* mpl || ~ estomacales *Magentropfen* mpl || café con ~ Span *schwarzer Kaffee* m *mit Rum od Anis*
Gotardo *m* np *Gotthard* m
gotario *m* Am = **cuentagotas**
△**gote** *m (Trink)Glas* n
gote|ado adj *besprtizt* || *gesprenkelt* || **-ar** vi *tropfen* || *tröpfeln* (& fig) || fig *in kleinen Gaben geben* || v. impers *tröpfeln (Regen)* || ~ de von ... (dat) *heruntertropfen* || ◊ está –ando *es tröpfelt* || **-o** *m Tropfen* n || *Tröpfeln* n || **-ra** *f beständiges Tröpfeln* n *(des Regenwassers)* || *undichte Stelle* f *im Dach* || *Regenwasser* n, *das durch e–e undichte Stelle im Dach dringt* || *dadurch entstandener Fleck* m || *(Dach)Traufe, Ablauf-, Dach|rinne* f || *Traufloch* n || *Wasserfäule* f *der Bäume* || fig *Gebrechen* n || *Plage, Belästigung* f || figf *laufende Ausgabe* f || ◊ la ~ cava la piedra *steter Tropfen höhlt den Stein* || ~**s** *pl* fig *Gebrechen* n || **-ro** *m* Am = **cuentagotas** || **-rón** *m großer Regentropfen* m || ⟨Arch⟩ *Tropf-, Wasser|nase, Unterschneidung, Rinne* f *am Dachkarnies*
góti|ca *f* ⟨Typ⟩ *Fraktur* f || *gotische Schrift* f || **-co** adj *gotisch, Goten-* || *Fraktur-* || fig *vornehm, ad(e)lig* || estilo ~ *gotischer Stil* m, *Gotik* f || lengua ~**a** *(antigua) (alt)gotische Sprache* f || (letra) ~**a** *Mönchsschrift* f || *Gotisch, gotische Schrift, Schwabacher* f || niño ~ fam *verwöhnter Sohn* m *(bes von wohlhabenden Eltern)* || niña ~ fam *affektierte, verhätschelte Modepuppe* f || ~ *m* → **letra** || *gotische Sprache* f, *Gotische(s)* n

|| *Gotik* f || ~ primitivo *Frühgotik* f || ~ flamígero *Spätgotik* f, *Flamboyantstil* m
Gotinga f *Göttingen (Stadt)*
gotoso m/adj *Gichtleidende(r)* m || ~ adj *gichtisch*
gouache m frz *Guasch-*, *Gouache\malerei* f
gouvernante f frz *Erzieherin* f
Goyes|cas *Musikwerk* n *des katalanischen Komponisten E. Granados († 1916)* || ≃**co** adj *auf den span. Maler Goya bezüglich*
Goyo np fam = **Gregorio**
go|zador m *Genußmensch* m || *Genießer* m || **-zar** [z/c] vt/i *genießen* || *den Genuß haben* || *im Besitz sein, teilhaftig sein* (gen), *besitzen* (acc) || ~ + ger, ~ con + s *sich freuen an* (dat) || ◊ ~ de a. *et genießen, e-n Genuß haben (von)* || *sich erfreuen* (de gen *od an* dat) || ~ de la autoridad de cosa juzgada ⟨Jur⟩ *rechtskräftig sein* || ~ de crédito, de confianza *Kredit, Vertrauen genießen* || ~ con la desgracia de alg. *jdm gegenüber Schadenfreude empfinden* || ~ de buena salud *sich e-r guten Gesundheit erfreuen* || ~ de Dios *die ewige Seligkeit genießen* || ~ de una mujer *e-e Frau beschlafen* || ~ del privilegio de pobreza ⟨Jur⟩ *auf das Armenrecht Anspruch haben* || ~ de una rebaja *normalerweise Rabatt erhalten* || ~ de sueldo *Sold, Lohn beziehen* || gozaba contemplándola *er schaute sie mit Vergnügen an* || gozaban pensando en ella *sie freuten sich auf sie* || ~la fam *es genießen*

gozne m *(Tür) Angel, Haspe* f || *Gelenk, Scharnier* n
go|zo m *Freude, Lust, Wonne* f, *Vergnügen* n || *Genuß* m, *(Wohl) Behagen* n || *Jubel* m || fig *Aufflackern des Feuers (bes des Reisigfeuers)* || ◊ ~ da ~ oírlo *es ist e-e Wonne es zu hören* || *no caber en sí de* ~, *saltar de* ~ fig *vor Freude außer sich sein* || esperar con ~ *sich freuen auf* (acc) || manifestar su ~ sobre *seine Freude bezeugen über* (acc) || mi ~ en un pozo fam *ich kann meine Hoffnung begraben*, fam *alles ist im Eimer!* || **~s** mpl ⟨Kath⟩ *Lobgesang* m *(zu Ehren der Jungfrau Maria od der Heiligen)* los ~ de la Virgen *Lobgesänge* mpl *zu Ehren der Jungfrau Maria* || **-zoso** adj *fröhlich, freudig, vergnügt* || *erfreut* (con *über* acc) || ~ de *froh über* (acc) || ~ del resultado *über den Erfolg erfreut* || ◊ esperar ~ a/c *sich freuen auf* (acc)
gozque m *Kläffer* m *(Hund)* || *Spitz* m *(Hund)* || ◊ el ~ al mastín ladra *Anspielung auf Schwache, die gegen Mächtige schreien*
gozquecillo, gozquejo m dim v. **gozque** || *Spitz* m *(Hund)* || *kleiner Haushund* m
G. P. Abk = **ganancias y pérdidas**
gr. Abk = **griego** || **gramo** || **grande**
gr.ª Abk = **gracia**
Graal np m = **Grial**
graba|ción f *Tonaufnahme* f || fig *Schallplatte* f || ~ de discos *Schallplattenaufnahme* f || ~ de alta fidelidad *Hi-Fi-Aufnahme* f || ⟨Typ⟩ = **grabado** || **-do** m *Kunst* f *des Grabstichels* || *Graviermethode* f || *Gravierkunst* f || *(Kupfer) Stich* m || *Gravüre* f || *Illustration, Abbildung* f, *Bild* n || ~ en acero *Stahlstich* m || ~ al ácido ⟨Typ⟩ *Ätzung* f || ~ al agua fuerte *Ätzung, Radierung* f || ~ en acero *Kupferstich* m || ~ electromecánico *Nadeltonaufnahme* f || ~ hueco ⟨Typ⟩ *Tiefdruck* m || ~ de línea(s) ⟨Typ⟩ *Strichätzung* f || ~ en madera *Holzschneidekunst* f || *Holzschnitt* m || ~ en piedra *Steindruck* m || ~ en relieve ⟨Typ⟩ *Hochdruck* m || ~ en talla dulce *Kupferdruck* m || **-dor** m *Graveur, (Kupfer) Stecher* m || ⟨Typ⟩ *Klischier-, Ätz|gerät* n || ⟨Ak⟩ *Aufnahmegerät* n || ~ de cinta sonora *Tonbandgerät* n || ~ en madera *Holzschneider* m || **-dora** f *Gravier-, Ätz|maschine* f || ~a **-dor** || **-dura** f *Gravierung* f
grabar vt/i *(mit dem Grabstichel) eingraben, stechen, schneiden* || *gravieren* || *(Schall-*

platte) || →a **grabado** || ◊ ~ al agua fuerte *ätzen, radieren* || ~ en cinta (en discos) *auf Tonband (auf Schallplatten) aufnehmen* || ~ en madera *in Holz schneiden* || la escena se le grabó profundamente en la memoria *die Szene prägte sich ihm tief ins Gedächtnis ein*
graben m ⟨Geol⟩ *Graben* m
grace|jada f Mex MAm *alberner Streich* m, *Hanswurstiade* f || **-jar** vi *mit Witz sprechen* || *witzeln* || *sich geistvoll ausdrücken* || *schlagfertig antworten* || *Witze erzählen* || **-jo** m *Witzigkeit* f, *(Mutter) Witz* m || *Schlagfertigkeit* f || *Spaß, Scherz* m || *Grazie, Anmut* f || Mex Guat *zotiger Kerl* m || *schlechter Clown* m || CR *Spaßmacher* m

gracia f *Gnade* f *(Gottes)* || *Gunst, Gewogenheit* f || *Begnadigung* f || *Verzeihung* f || *Leutseligkeit* f || *witziger Einfall, Witz* m || *Scherzwort* n || *Reiz* m || *Grazie, Anmut* f || *Erkenntlichkeit, Dankbarkeit* f || ≃ ⟨Myth⟩ *Grazie, Huldin* f || ~ ática *attisches Salz* n || ~ de Dios *Gottes Gnade* f || *Begnadigungsrecht* n || días de ~ ⟨Com⟩ *Respekttage* mpl || ejemplar de ~ *Freiexemplar* n || golpe de ~ *Gnadenstoß* m || plazo de ~ ⟨Com⟩ *Gnaden-, Schon\frist* f || término de ~ *Karenztage* mpl || solicitud de ~ *Gnadengesuch* n || tiro de ~ *Fangschuß* m || ◊ caer de la ~ fig *in Ungnade fallen* || caer en ~ *gefallen, gute Aufnahme finden* || dar en la ~ de (+ inf) *in die Gewohnheit verfallen zu* (+ inf) || hacer ~ de jdm *et erlassen, ersparen* || hacerle ~ a uno jdn *amüsieren* || figf *jdm gefallen*, iron *jdm mißfallen* || con ~ *schalkhaft* || *drollig, spaßig* || *anmutig, mit Grazie* || de ~ *umsonst, unentgeltlich* || en ~ de *zugunsten* (gen), (dat) *zuliebe, um...* (gen) *willen* || *in Anbetracht* (gen), *unter Berücksichtigung* (gen) || por ~ *zum Scherz* || por la ~ de Dios *von Gottes Gnaden (König)* || ¡por la ~ de Dios! *um Gottes willen!* || por ~ *zum* (bzw als) *Scherz* || *unentgeltlich* || ¿(cuál es) su ~ (de V.)? *(wie ist) Ihr werter Name?* || ¡maldita la ~! fam *e-e schöne Bescherung! das hat noch gefehlt!* || ¡me hace ~! ¡tiene ~! fam *das ist gelungen! reizend!*, iron *die Sache ist gut! sehr witzig, was?* || no tiene ~ *da fehlt das gewisse Etwas* || *das ist ja wirklich nicht zum Lachen!* || ¡qué ~! *was für e-e Zumutung! das ist gelungen! wo denken Sie hin?* || ¡qué poca ~! *wie albern!* || es una triste ~ fam *es ist scheußlich (od zum Heulen)* || más vale caer en ~ *que ser gracioso besser ein Quentlein Glück als ein Pfund Weisheit* || **~s** pl *Dank* m || *Reize* mpl, *Anmut* f || *Witz* m || ¡~! *danke! (auch z. B. als Erwiderung auf den Heilwunsch „Jesús" od „Salud" beim Niesen)* || ~ a *dank* (gen *od* dat) || ~ a su ayuda *dank seiner Hilfe* || ¡ ~ a V.! *ich danke Ihnen!* || ¡muchas ~! *danke sehr!* || *... y* ¡~s! *... und man kann zufrieden sein!* || acción de ~ ⟨Rel⟩ *Danksagung* f || ◊ dar ~ *anticipadas im voraus danken* || decir ~ *witzeln* || *geistreiche Einfälle haben* || hacer ~ *drollige Sachen tun (Kind)* || *allerhand Schabernack treiben* || las tres ~ ⟨Myth⟩ *die drei Grazien* || dar las ~ *danken, sich bedanken* || le doy mis ~ *más expresivas ich spreche Ihnen meinen innigsten Dank aus* || ¡... y ~! *er (bzw ich, sie, wir usw) hat noch einmal Glück gehabt* || *es hätte schlimmer kommen können* || *und damit basta!* || ¡ ~ a Dios! *Gott sei dank!*
graciable adj *gnädig, huldreich* || *leicht zu bewilligen(d)*
Gracias m fam = **Deogracias**
grácil adj *zierlich, grazil* || *schlank* || *zart*
gracilidad f *Zierlichkeit, Grazilität* f
graciola f ⟨Bot⟩ *Gnaden-, Gicht\kraut* n *(Gratiola officinalis)*
gracio|sa f ⟨Th⟩ *Naive, Soubrette* f || **-samente** adv *graziös* || *gnädig* || *gnadenweise* || *unentgeltlich* || **-sidad** f *Schönheit, Anmut, Grazie* f, *Lieb-*

gracioso — gran 592

reiz m ‖ *Witzigkeit* f ‖ **-so** adj *anmutig, reizend, lieblich* ‖ *drollig, witzig* ‖ *gnädig, huldvoll* ‖ *unentgeltlich* ‖ ~ *m Spaßmacher* m ‖ *Witz|ling, -bold* m ‖ *Hanswurst, Possenreißer* m ‖ ⟨Th⟩ *lustige Person* f, *Komiker, Gracioso* m ‖ ◊ hacer(se) el ~ *den Hanswurst spielen* ‖ ¡métete a ~! *fam macht der aber schlechte Witze!*
Graco *m* np *Gracche, Gracchus* m
¹**grada** *f (Treppen)Stufe* f ‖ *Altarstufe* f ‖ ⟨Th⟩ *Rangreihe* f ‖ *Stufensitz* m *(Stadion)* ‖ ⟨Taur⟩ *Sitzreihe* f ‖ ⟨Mar⟩ *Helling* f, *Stapel* m ‖ ⟨Mar⟩ *Holm* m, *Werft* f ‖ ~ *del Estado Marinewerft* f ‖ ~ *ascendente* ⟨Bgb⟩ *Firstenstoß* m ‖ **~s** *pl Freitreppe* f ‖ *Gerichtshof* m ‖ *Chi Pe Vor|hof* m, *-halle* f ‖ *las* ~ *del altar die Altarstufen* fpl
²**grada** *f* ⟨Agr⟩ *Egge* f ‖ ~ *de discos Scheibenegge* f
gra|dación *f Abstufung, Steigerung, Reihenfolge* f ‖ ⟨Mus⟩ *Steigerung* f ‖ *Stufenreihe* f (& fig) ‖ ⟨Gr Mus⟩ *Steigerung* f ‖ ⟨Rhet Phot⟩ *Gradation* f ‖ ⟨Tech⟩ *Staffelung* f ‖ ~ *de velocidad* ⟨Mech⟩ *Geschwindigkeitsabstufung* f ‖ **-dado** adj *abgestuft* ‖ *gestaffelt* ‖ **-d(e)ar** vt ⟨Agr⟩ *eggen* ‖ **-deo** *m* ⟨Agr⟩ *Eggen* n ‖ **-dería** *f Stufen|gang* m, *-reihe* f ‖ *Freitreppe* f ‖ **~s** *pl Terrassen* fpl *(bei Bewässerungswerken)*
gra|diente *m* ⟨Math⟩ *Steigungsmaß* n *(e–r Funktion), Gradient* m ‖ ⟨Meteor El⟩ *Gefälle* n, *Gradient* m ‖ ~ *f* Arg Chi Ec *Gefälle* n, *Abhang* m ‖ **-dilla** f *(alte, hölzerne) Ziegelform* f ‖ *tragbare Treppe* f ‖ ⟨Chem⟩ *Reagenzglasständer* m
¹**grado** *m Grad* m, *Stufe* f ‖ *Rang* m, *-stufe* f ‖ fig *Stufe* f, *Grad* m ‖ *Einstufung* f ‖ *akademischer Grad* m, *akademische Würde* f ‖ *Grad* m *(des Kreises)* ‖ *(Meß)Grad* m ‖ *Thermometergrad* m ‖ *Grad, Höhepunkt* m ‖ ⟨Typ⟩ *Schriftkegel* m ‖ *Schul|jahr* n, *-klasse* f ‖ ⟨Jur⟩ *Verwandtschaftsgrad* m ‖ *Einteilungsgrad* m ‖ *Gehalt* m ‖ *Stadium* n ‖ ~ *de afinidad* ⟨Jur⟩ *Verwandtschaftsgrad* m ‖ ~ *alcohólico Alkoholgehalt* m ‖ 5 ~s *centígrados 5 Grad Celsius* ‖ ~ *de congelación Gefrierpunkt* m ‖ ~ *de doctor Doktorwürde* f ‖ ~ *de latitud,* (~ *de longitud) Breiten-, (Längen)grad* m ‖ ~ *de mecanización Mechanisierungsgrad* m ‖ ~ *positivo, comparativo, superlativo* ⟨Gr⟩ *Positiv, Komparativ, Superlativ* m ‖ ~ *de rodadura Grenzgradient* m *(Straßenbau)* ‖ *pariente de primer* ~ *Verwandte(r)* m *im 1. Grad* ‖ *de* ~ *en* ~ *stufenweise, nacheinander* ‖ *en* ~ *superlativo* fig *im höchsten Grad* ‖ ◊ *sacar* el ~ fig *(zum Doktor) promovieren* (→a **graduarse**) ‖ **~s** *pl: por* ~ *stufenweise* ‖ ~ *por mil Promillegehalt* m ‖ *marcar cinco* ~ *bajo (sobre) cero auf 5 Grad unter (über) Null stehen (Thermometer)*
²**grado** *m Bereitwilligkeit* f ‖ *de (buen)* ~ *gutwillig, gern* ‖ *freiwillig* ‖ *de mal* ~ *widerwillig, ungern* ‖ *de* ~ *o por fuerza in Güte od mit Gewalt, wohl oder übel* ‖ (a) *mal* de mí (tu *usw*) ~ *ungern* ‖ *wider meinen (deinen usw) Willen*
gradua|ble adj *abstufbar* ‖ *richtbar* ‖ *ein-, ver|stellbar* ‖ *abblendbar (Lampe)* ‖ **-ción** *f Gradeinteilung, Graduierung* f ‖ *Schätzung, Würdigung* f ‖ *Abstufung* f ‖ ⟨Mil⟩ *Rangordnung* f, *Rang* m ‖ ⟨Mil⟩ *Dienstgrad* m ‖ ⟨Mil⟩ *Beförderung* f ‖ *Alkoholgehalt* m *(Wein usw)* ‖ ⟨Tech⟩ *Einstellung* f ‖ ~ *del alza* ⟨Mil⟩ *Aufsatzteilung* f ‖ ~ *de* (la) *espoleta* ⟨Mil⟩ *Zündereinstellung* f ‖ ~ *de inmersión* ⟨Mar⟩ *Tiefeneinstellung* f ‖ **-do** adj *stufenweise gehend, allmählich* ‖ *abgestuft, graduiert* ‖ *Grad-, Meß-* ‖ *mit Skaleneinteilung* ‖ *tubo* ~ ⟨Chem⟩ *Meßglas* n ‖ ~ m/adj *Inhaber* m *e–s Hochschultitels, Graduierte(r)* m ‖ ⟨Mil⟩ *Dienstgrad* m
gra|dual m ⟨Kath⟩ *Graduale* n ‖ ~ adj *allmählich, graduell* ‖ **-dualmente** adv *stufenweise* ‖ **-duando** m *Promovent, Doktorand* m ‖ **-duar**

[pres -úo] vt *in Grade abteilen* ‖ *abmessen, bestimmen* ‖ *abstufen, stufenweise bestimmen* ‖ *regeln* ‖ *ein-, ver|stellen* ‖ *abschätzen, beurteilen* ‖ *eichen* ‖ ⟨Th⟩ *abstufen* ‖ *jdm e–n Dienstgrad erteilen* ‖ *jdm e–n akademischen Grad verleihen* ‖ ◊ ~ *de bueno für gut erklären* ‖ ~ *de coronel jdn zum Oberst ernennen* ‖ **~se** vr *e–n akademischen Grad erwerben* ‖ ~ *en leyes Doktor der Rechte werden*
grafía *f Schreibweise, Graphie* f ‖ →a **radiotelegrafía**
gráfi|ca *f lineare (od graphische) Darstellung* f, *Diagramm, Schema* n ‖ *Graphik* f ‖ *Wetterlinie* f ‖ *Kurve* f *(Statistik)* ‖ ~ *de temperaturas* ⟨Med⟩ *Fieberkurve* f ‖ **-co** adj *schriftlich, graphisch* ‖ *Schrift-* ‖ *Schreib-* ‖ fig *anschaulich, deutlich* ‖ fig *illustriert (Zeitung)* ‖ *artes ~as graphische Kunst* f ‖ *graphisches Gewerbe* n ‖ *talleres ~os Druckerei* f ‖ adv: **~amente** ‖ ~ *m Zeichnung* f ‖ *Bild* n ‖ *graphische Darstellung* f ‖ *Graphiker* m
grafio *m Griffel* m
grafismo *m Schreibung* f ‖ *Schrift(art, -form)* f
graf(f)iti mpl it Neol → **esgrafiado**
gra|fítico adj *graphit|haltig* bzw *-artig* ‖ **-fito** m ⟨Min⟩ *Graphit* m
gra|fología *f Graphologie* f ‖ **-fológico** adj *graphologisch* ‖ **-fólogo** m *Graphologe* m ‖ **-fomanía** *f Schreibsucht* (⟨Med⟩ u. fig), *Graphorrhö(e)* f
grafómetro m *Winkelmeßgerät* n
grafo(e)spasmo m ⟨Med⟩ *Schreibkrampf, Graphospasmus* m
gragea *f* ⟨Pharm⟩ *Dragée* n
gra|ja *f (Saat)Krähenweibchen* n ‖ ⟨V⟩ *Saatkrähe* f (Corvus frugilegus) ‖ △*Geld* n ‖ **-jear** vi *krächzen (Rabenvögel)* ‖ **-jilla** *f* ⟨V⟩ *Dohle* f (Corvus monedula) ‖ **-jo** m ⟨V⟩ (→ **graja, grajilla, corneja, chova**) ‖ fig *Schwätzer* m, *geschwätzige Person* f ‖ Cu Col Ec Pe PR *Schweiß-, Achsel|geruch* m *(bes der Neger)*
gral., gr.ᵃˡ Abk = **general**
grama *f* ⟨Bot⟩ *Bermuda-, Hundszahn|gras* n (Cynodon dactylon) ‖ *Rasen* m
gramallera *f* Gal *Kesselhaken* m
gramática *f Grammatik, Sprachlehre* f ‖ ~ *comparada de las lenguas indoeuropeas vergleichende Grammatik* f *der indogermanischen Sprachen* ‖ ~ *generativa generative Grammatik, Transformationsgrammatik* f ‖ ~ *parda* fig *Mutterwitz* m ‖ **~s** *pl* fam *Spitzfindigkeiten* fpl
gra|matical adj *grammatikal(kali)sch* ‖ **-maticalizar** vt *grammatikalisieren* ‖ **-mático** adj = **-matical** ‖ ~ m *Grammatiker, Sprachkundige(r)* m ‖ **-matiquería** *f* fam *oft desp grammatische Spitzfindigkeit, Grammatiktüftelei* f
gramil m ⟨Tech⟩ *Reißstock, Parallelreißer* m ‖ *Streichmaß* n
gra|milla *f* Arg „*Knot grass*" n *(Viehfutter)* (Paspalum distichum) ‖ **-mináceas, -míneas** fpl ⟨Bot⟩ *Süßgräser* npl (Gramineae) ‖ **-mináceo** adj *grasartig*
gramo *m Gramm* n *(Gewicht)*
gramófono *m Grammophon* n ‖ *aguja, disco de* ~ *Grammophon|nadel, -platte* f
gran adj sg *(statt **grande**, vor Hauptwörtern): groß* (& fig) ‖ ~ *bebedor großer Trinker* m ‖ ⥊ *Bretaña Großbritannien* ‖ ~ *casa großes, vornehmes Haus* n ‖ ~ *cruz Großkreuz* n ‖ ~ *duque Großherzog* m ‖ ~ *Großfürst* m *(Rußland)* ‖ ⟨V⟩ ~ *Uhu* m (→ **búho** real) ‖ ~ *hombre bedeutender, guter Mensch* m ‖ el ⥊ *Mogol der Großmogul* ‖ ~ *pícaro Erzschelm* m ‖ ~ *potencia Großmacht* f ‖ ~ *prior Großprior* m ‖ *visir Großwesir* m ‖ *envío a* ~ *velocidad* ⟨EB⟩ *Eilgutsendung* f, *Eilgut* n ‖ *no es* ~ *cosa* fam *das ist ziemlich unbedeutend* ‖ *no ha conseguido* ~ *cosa er hat nicht viel erreicht*

¹grana f ⟨Bot⟩ *Samenkörner* npl || → a **granazón**
²grana f/adj *Koschenille, Kermesschildlaus* f (→ **cochinilla**) || *Kermesrot* n || *Scharlachfarbe* f || ⟨Bot⟩ *Kermesbeere* f (Phytolacca americana) || *Scharlachtuch* n || rojo como una ~ *hochrot* (& fig) || ◊ ponerse como la ~ fig *tief erröten, schamrot werden* || labios ~s fig *hochrote Lippen* fpl
³△grana m = **granuja**
granada f *Granatapfel* m || ⟨Mil⟩ *(Hand)Granate* f || ~ arrojadiza ⟨Mil⟩ *Wurfgranate* f || ~ fumígena *Rauch-, Nebel\granate* f || ~ lastrada ⟨Mil⟩ *blindgeladene Granate* f || ~ (de mano) con mango ⟨Mil⟩ *Stielgranate* f || ~ de mano ⟨Mil⟩ *Handgranate* f || ~ rompedora, ~ de fragmentación ⟨Mil⟩ *Splittergranate* f || ~ trazadora ⟨Mil⟩ *Leuchtspurgranate* f || casco de ~ *Granatsplitter* m
Granada f ⟨Geogr⟩ *Granada (Stadt)* || Nueva ~ *Neu-Granada* || ◊ quien no ha visto (a) ~, no ha visto nada *sprichwörtliche Lobeserhebung der Schönheiten Granadas*
grana\dera f ⟨Mus⟩ *Grenadiermarsch* m || **-dero** m ⟨Mil⟩ *Grenadier* m || ⟨Mil⟩ *Handgranatenwerfer* m || ⟨Mil⟩ *Soldat* m || ~ tanquista *Panzergrenadier* m || talla de ~ figf *stattlicher Wuchs* m || marcha de ~s *Grenadiermarsch* m || *alter Name* m *der span. Nationalhymne* || **-dilla** f *Blüte* f *der Passionsblume* || Am *Grenadille, Passionsblume* f (→ **pasionaria**) || Am *Grenadille, Granadille* f *(frucht)* || **-dillo** m *Grenadill* n
¹granadina f ⟨Web⟩ *Grenadine* f, *(Art) Gazegewebe* n
²granadina f *Grenadine* f, *Granatapfeltrank* m
³granadina f *Granadina* f *(and. Tanz)*
grana\dino adj/s *aus Granada* || ⟨Mus⟩ *im Stile des katalanischen Komponisten Enrique Granados* || ~ m ⟨Bot⟩ *Granatblüte* f || **-do** adj *körnig* || fig *berühmt* || fig *erfahren* || fig *reif* || fig *hübsch* || fig *vornehm, erlesen* || fig ~a *schwanger (Frau)* || lo más ~ (od –dito) de la sociedad figf *die Creme der Gesellschaft* || ~ m *Granat(apfel)baum* m (Punica granatum) || **-lla** f *kleines Gesäme* n || *Metallschrot, Stahlkies* m, *Metallkörner* npl || ~ de oro *Gold* n *in Körnern* || en ~ *granuliert (Erz)*
granangular adj ⟨Phot⟩ *Weitwinkel-* || objetivo ~ ⟨Phot⟩ *Weitwinkelobjektiv* n
granar vt *körnen, sieben (Pulver)* || vi *Körner ansetzen (Getreide)* || figf *gedeihen* || fig *reich werden* || ◊ la cosa va que grana figf *das läuft wie geschmiert!* || →a **granear**
granat m ⟨Min⟩ *Granat(stein)* m || *Granatfarbe* f || ~ de Bohemia *böhmischer Granat, Pyrop* m || ~ adj *granatrot* || rojo de ~ *granatrot*
granazón f *Körneransetzen* n *des Getreides* || allg *Samenbildung* f || fig *Reife* f
grande [*vor* s gran, comp & mayor *od regelmäßig*] adj/s *groß (im Ausmaß)* || *(lang) erwachsen* || *großartig* || *wichtig, bedeutend* || *gut* || *stark* || *erhaben* || *edel* || *gewaltig* || *großzügig* || *luxuriös* || *zahlreich* || *hoch(gestellt)* || *Groß-* || ~ de estatura, ~ de talla *hochgewachsen* || en *(od* por) sus dotes literarias *mit außerordentlicher literarischer Begabung* || en ~ *im großen (und ganzen)* || pasarlo en ~ *fam sich großartig vergnügen* || vivir en ~ *auf großem Fuße leben* a lo ~ *großartig* || ¡es ~! *das ist gelungen!* || los zapatos me están ~s *die Schuhe sind mir zu groß* || hacer ~s negocios *ausgedehnte Geschäfte machen* || papá (mamá) ~ Mex fam *Groß\vater* m *(-mutter)* f || ~ m fam *Erwachsene(r)*, fam *Große(r)* m || ⋩ de España *adj fam*. Grande m || los ~s *die Großen des Reiches* || la ~ Arg fam *das Große Los* n
grande\cito adj *ziemlich groß* || *schon herangewachsen*, fam *schon größer (Kinder)* || **-mente** adv *recht, sehr* || *ungemein, ungeheuer* || **-vo** adj ⟨Lit⟩ *hochbetagt* || **-za** f *Größe* f, *Hoheit* f || *Macht*

f || *Pracht, Herrlichkeit* f || *Erhabenheit* f || *Würde* f *e–s span. Granden* || *Grandezza* f || manía de ~s *Größenwahn* m || **-zuelo** adj (dim v. **grande**) *ziemlich groß*
grandilocuen\cia f *hochtrabende bzw geschwollene Ausdrucksweise* f, fam *Bombast* m || **-te**, **grandilocuo** adj *hochtrabend bzw geschwollen redend oder schreibend* || *bombastisch*
grandillón, ona adj/s fam *augm v.* **grande** || *hoch aufgeschossen* || ~ m/f fam *lange Latte* f || → **grandullón**
grandio\sidad f *Großartigkeit, Erhabenheit, Pracht* f || **-so** adj *großartig, prächtig, herrlich, grandios* || *majestätisch* || *großzügig*
grandísimo adj sup v. **grande** || ¡~ pillo! pop *Erzschurke!*
gran\dísono adj ⟨poet⟩ *hochtönend* || **-dón, ona** adj fam *sehr, recht groß, enorm*
gran\dor m *Größe* f || **-dote** [f ~a] adj fam *enorm, riesig, riesengroß*
grandullón, ona adj fam *hochaufgeschossener Mensch* m || fam *langer Lulatsch, baumlanger Kerl* m
grane\ado adj *gekörnt (Pulver)* || *gesprenkelt* || Am *genarbt (Leder)* || fuego ~ ⟨Mil⟩ *Schnellfeuer* n || **-ar** vt *(be)säen* || *bespritzen* || *körnen (Pulver, Steine, Platten)* || Am *(Leder) narben*
granel m: a ~ *haufenweise* || *lose, unverpackt* || *offen* || *vom Faß* || fig *im Überfluß* || fig *in Bausch und Bogen* || carga a ~ *Schüttgut* \n, *Schüttladung* f || vender a ~ *im großen verkaufen*
grane\o m *Pulversieben* n || *Körnen, Narben* n || **-ro** m *Kornboden, (Getreide)Speicher* m, *Scheune* f || *Dachraum* m || fig *Kornkammer* f || el ~ de España *die Kornkammer Spaniens (das Gebiet der Tierra de Campos in der* PVall*)* || ~ adj/s *aus El Grao* (PVal)
granete m ⟨Tech⟩ *Körner* m
granguardia f ⟨Mil⟩ *Feldwache* f
Gránico ⟨Hist⟩. el ~ *der Granikos (Fluß)*
△granádio adj *reich, wohlhabend* || △ ~ m *Barzahlung* f
grani\forme adj *kornähnlich* || **granífugo** adj: cañón ~ *Hagelkanone* f || **-grueso** adj *grobkörnig (Stein)* || **-lla** f *Traubenkernen* m || ⟨Web⟩ *Füllhaar* n || **-llo** m dim v. **grano** || **-lloso** adj *mit Eiterblattern bedeckt*
gra\nítico adj *Granit-, graniten* || rocas ~as *Granitgestein* n || **-nito** m dim v. **grano** || *Mitesser* m, *Finne* f || *Pickel* m (→a **barro**) || ⟨Min⟩ *Granit* m || ~ *porfídico, porfiroide Porphyrgranit* m || ◊ echar un ~ de sal figf *das Gespräch würzen* || con su ~ de sal figf *mit Überlegung*
graniza\da f *Hagel(schauer)* m || fig *Hagel* m, *Menge* f || **-do** -**do** m, **-da** f *Eissorbett* m/n, *Erfrischungsgetränk* n *mit gekörntem Eis*
grani\zar [z/c] v. imp *hageln* (& fig) || ◊ -za es hagelt || -zo m *Hagel* m, *Schloßen, Graupeln* fpl || fig *Menge* f, *Haufe(n)* m || ◊ cae ~ *es hagelt*
gran\ja f *Gutshof* m, *Landgut* n || *Bauernhof* m || *Farm* f || *Milch\bar, -stube* f || ~ agrícola *Bauerngut* n, ~ avícola *Geflügelfarm* f || ~-escuela *Landwirtschaftsschule* f || ~-escuela, ~ modelo *Mustergut* n || ~ experimental *Versuchsgut* n || la ~ *ehem. königl. Schloß* n *bei Segovia* || **-jear** vt *mit et (bes Vieh) handeln* || *erwerben (Reichtümer, Ehre)* || ⟨Mar⟩ *Fahrt machen* || Chi *betrügen* || *stehlen* || **~se** vr: ◊ ~se la voluntad (de) *jdn für sich gewinnen, jds Wohlwollen gewinnen* || ~se generales simpatías *sich allgemein beliebt machen* || s: **-jeo** m || **-jería** f *Ertrag* m *der Landwirtschaft* || ⟨Agr⟩ *Bewirtschaftung* f || fig *Gewinn* m || fig *Erwerb* m || **-jero** m *Landwirt* m || *Farmer* m || fig *Geschäftemacher* m
grano m *(Samen)Korn* n || *Getreidekorn* n || *Korn, Getreide* n || *Körnerfutter* n || *Erntefrucht* f || *Kern* m *(von Trauben, Gewürzkräutern,*

granollerense — gravedad 594

Granatäpfeln) || *(Kaffee)Bohne* f || *Beere* f || *Hagelkorn* n || *Narbenseite* f *des Leders* || *Korn* n *des Leders, Papiers* || ⟨Med⟩ *Blatter, Pocke* f || *Mitesser, Pickel* m, *Finne* f || *Gran* n *(Apothekergewicht)* || ⟨Phot⟩ *Korn* n *(des Filmes)* || ⟨Metal⟩ *Korn* n || *allg Feingefüge* n || fig *Schmetterlings-, Falter-,* fam *Raupen|eier* npl || fig *bißchen* n || fig *Auswahl* f, *(das) Beste, Feinste* || ~ de *anís Aniskern* m || ~ de *arena Sandkorn* n || ~ de *cacao Kakaobohne* f || ~ de cebada ⟨Bot⟩ *Gerstenkorn* n || ~ fino (grueso) ⟨Phot Typ⟩ *Fein- (Grob-) Korn* n || de ~ grueso *grobgenarbt (Leder)* || ~ de maiz (~ de mostaza) *Mais- (Senf)Korn* n || ~ de naranja *Orangenschnittchen* n || ~ de uva *Weinbeere* f || ◊ apartar el ~ de la paja fig *die Spreu vom Weizen scheiden* || aportar su ~ *(od* granito) de arena fig *sein Scherflein dazu beitragen* || echar ~ a las gallinas *den Hühnern Korn hinwerfen* || sacar ~ figf *Nutzen ziehen* || mal ~ fam *Karbunkel* m || con su ~ de sal fig *mit Überlegung* || cum ~ salis lat fig *nicht ganz buchstäblich zu nehmen* || ¡ahí es un ~ de anís! figf *das ist nicht so einfach!* || no es ~ de anís figf *das ist wichtig (od* schwer*), das ist k–e Lappalie!* || ¡al ~! *zur S.!* || ~s *pl Korn, Getreide* n
  granollerense adj *aus Granollers* (PBarc)
  grano|so adj *körnig, rauh (Oberfläche)* || *kornreich* || *voller Pickel* od *Mitesser (Haut)* (→ a **granujiento**) || △ **-te** m *Gerste* f
  △**gransia** f *Müdigkeit* f
  granu|do adj = **–loso** || **–ja** f *entkernte Traube* n || *Traubenkamm* m || ~ m/adj fam *Gassen-, Straßenjunge* m || fig *Gauner, Spitzbube, Lump, Schuft, Halunke* m || **-jada** m fam *Bubenstreich* m || fam *Gaunerei* f || *Niederträchtigkeit, Gemeinheit* f || **–jería** f fam *Gesindel* n || figf *Gaunerbande* f || △*Gaunerstreich* m || **–jiento** adj *pick(e)lig* || *gekörnt (Haut, Papier)* || *voll Blattern* || **-jilla** m fam *(Spitz)Bube* m || **-jo** m fig *Pickel* m, *Blase, Blatter, Finne* f *auf der Haut* || **-joso** adj = **-jiento**
  granu|lación f *Granulierung, Granulation, Körnung* f || *Körnigkeit* f || *Korngröße* f || *Körnen* n *der Metalle* || ⟨Med⟩ *Körnchenbildung, Granulation* f || **~es** pl ⟨Med⟩ *Knötchen* npl || ⟨Med⟩ *Trachom* n (→ **tracoma**) || **-lado** adj *körnig* || *gekörnt* || *narbig (Leder)* || *carbón* ~ *Gruskohle* f || finamente ~ *feinkörnig* || ~ m *Körnung* f *(z. B. des Papiers)* || *Am Kristallzucker* m
  ¹**granular** adj *körnig*
  ²**granular** vt *körnen, granulieren*
  gránulo m *Körnchen* n
  granulo|citos mpl ⟨An⟩ *Granulozyten* pl || **–ma** m ⟨Med⟩ *Granulom* n || **–matosis** f ⟨Med⟩ *Granulomatose* f (→ a **linfogranulomatosis**) || **–sis** f ⟨Med⟩ *Granulose* f (→ **tracoma**) || **–so** adj *körnig* || *gekörnt* || *granulös*
  ¹**granza** f ⟨Bot⟩ *(Färber)Krapp* m, *Färberröte* f (→ **rubia**)
  ²**granza** f ⟨Bgb⟩ *Schlich* m, *zerriebenes Erz, Feinerz, Stauberz* n || ~s pl *Kornsiebsel* n || *Metallschlacken* fpl
  granzón m *Spreu* f || ⟨Metal⟩ *größeres Erzstück* n || ⟨Geol⟩ *Am Grobsand* m
  grañón m *Weizen-* bzw *Körner|grieß* m
  grao m ⟨Mar⟩ *flaches Seeufer* n *(z. B. bei Valencia)* || *Landungsplatz* m
  gra|pa f *(Heft)Klammer, Krampe* f || *Klammerhaken* m || *Mauke* f *der Pferde* || ⟨Chir⟩ *Wundklammer* f || **–padora** f *Heftmaschine* f || **–par** vt *heften*
  grapefruit m engl *Grapefruit* f (→ **pomelo**)
  grapón m *große Klammer* f
  △**gras** m *Pferd* n
  gra|sa f *Fett* n || *Schmalz* n || ⟨Tech⟩ *Fett* n, *Schmiere* f || *Schmiermittel* n || *schmieriger Schmutz* m || ~ de cerdo *Schweineschmalz* n || ~ para coches, ~ Am de carro *Wagenschmiere*

f || ~ vegetal *Pflanzenfett* n || ◊ echar ~(s) fam *dick werden, Speck ansetzen* || tener mucha ~ fam *sehr fettleibig sein* || **~s** fpl *Fette* npl, *Fettwaren* fpl || → a **aceite** || **–saria** f *e–e Krankheit der Seidenraupen* || **–sera** f *Fettgefäß* n || *Untersetzpfanne* f || **–sero** m ⟨Bgb⟩ *Schlackenhalde* f || **–seza** f *Fettigkeit* f || *Fettleibigkeit* f || **-siento** adj *fett(ig)* || *schmierig* || **–so** adj *fett* || *ölig* || *fettig* || *speckig* || *schmierig* || →a **craso** || *ácido* ~ *Fettsäure* f || cuerpo ~ ⟨Chem⟩ *Fett* n || jabón ~ *Fettseife* f || *Schmierseife* f || aceites ~s ⟨Chem⟩ *Fettöle* npl || **–soso** adj = **–siento**
  grata f *Drahtbürste* f || *Kratze* f
  gratamente adj *lieblich, angenehm*
  gratén m gall: al ~ ⟨Kochk⟩ *überbacken*
  gratifi|cación f *Gratifikation, Sondervergütung* f || *Belohnung* f || *Prämie* f || *Zuwendung* f || *Gehaltsaufbesserung* f || *Trinkgeld* n || ~ anual *Jahresprämie* f || ~ de destino ⟨Mar⟩ *Arbeitsplatzzulage* f || ~ de mando ⟨Mar⟩ *Heuerzuschlag* m *(für Schiffsführung)* || **–car** [c/qu] vt *beschenken, belohnen* || *vergüten* || *jdm e–n Gefallen tun* || *jdm e–e Sondervergütung geben* || ⟨Com⟩ *e–e Ausfuhrprämie gewähren* (dat) || fig *befriedigen* || *erfreuen*
  gratín m gall = **gratén**
  gra|tis adv *unentgeltlich, umsonst, gratis* || *entrada* ~ *Eintritt frei* || ~ y *libre de portes gratis und franko* || **–titud** f *Dankbarkeit, Erkenntlichkeit* f || *falta de* ~ *Undank* m || por ~ aus *Dankbarkeit* || **-to** adj *angenehm, lieblich* || *lohnend (Arbeit)* || *unentgeltlich* || *willkommen* || *erwünscht* || Am *dankbar* || ~ al *(od* para el*) oído angenehm anzuhören* || ~ de recordar *woran man sich gerne erinnert* || *persona no* ~a ⟨Pol⟩ *Persona* f *non grata* (lat)
  gratui|dad f *Unentgeltlichkeit* f || *Gebührenfreiheit* f || fig *Grundlosigkeit, Unmotiviertheit* f || *Willkür* f || **-to** adj *unentgeltlich, kostenfrei* || *umsonst* || *Gratis-, Frei-* || *unverzinslich (Darlehen)* || *schulgeldfrei (Unterricht)* || fig *un|begründet, -motiviert* || *grundlos* || *willkürlich, arbiträr, Willkür-* || ⟨Rel⟩ *unverdient (Gnade)* || *degustación* ~a *Gratiskostprobe* f || *ejemplar* ~ *Freiexemplar* n || *escuela* ~a *Freischule* f || adv: ~**amente**
  gratu|lación f *Glückwunsch* m || **–latorio** adj *Glückwunsch-* || *carta* ~a *Glückwunschschreiben* n
  grauvaca f *Grauwacke* f *(Sandstein)*
  grava f *Kieselsand* m || *Kies* m || *Schotter (-sand)* m
  gra|vamen m [pl **gravámenes**] *Last* f || *Leistungspflicht* f || *Belastung* f || *Abschöpfung(sbetrag* m) f *(EG)* || *libre de* ~ *abgaben-, lastenbzw hypotheken|frei* || *tener* ~es *dinglich belastet sein* || **-var** vt *(be)drücken* || *beschweren* || *belasten* || ◊ ~ con impuestos *mit Steuern belasten, besteuern* || **-ve** adj *schwer (körperlich)* || fig *schwer, groß (Verbrechen, Sünde)* || *ernst, ernsthaft* || *feierlich, steif* || *stolz* || *zurückstoßend* || *wichtig* || *hart, schlimm* || *folgenschwer* || *bedenklich* || *schwer, böse (Krankheit)* || *stark (Geruch)* || *tief (Stimme)* || ⟨Mus⟩ *tief (Ton)* || *acento* ~ ⟨Gr⟩ *Gravis* m || *enfermedad, lesión* ~ *schwere Krankheit, Verwundung* f || *enfermo* ~ *Schwerkranke(r)* m || *voz* ~ ⟨Gr⟩ *auf der vorletzten Silbe betontes Wort, Paroxytonon* n *(z. B. imagen, hablado)* || ◊ *estar* ~ *schwer krank sein* || *ser* ~ *gefährlich sein* || fig *ernst, wichtig sein* || ~**mente** adv *ernst* || fig *schwer* || *herido* ~ *schwerverwundet* || **-vedad** f *Schwere* f || *Gewicht* n || fig *Größe* f *(e–s Verbrechens)* || fig *Wichtigkeit, Bedeutung* f, *Gewicht* n || *Gefährlichkeit* f *(e–r Krankheit)* || *Ernst* m, *Ernsthaftigkeit* f || fig *Feierlichkeit, Würde* f || *Amtsmiene, (steife) Würde* f || fig *Tiefe* f *(Stimme, Ton)* || *con afectada* ~ *mit gespielten Ernst* || *centro de* ~ *Schwerpunkt* m || *herido de* ~ *schwerverwundet*

Gravelinas f *Gravelines, Gravelingen (Stadt in Frankreich)*
gravera f *Kiesgrube* f
gra|videz [pl **-ces**] f *Schwangerschaft* f ‖ **-vídico** adj ⟨Med⟩ *Schwangerschafts-* ‖ estado ~ *Schwangerschaft* f ‖ **-vidismo** m ⟨Med⟩ *Schwangerschaft, Gravidität* f
grávido adj *schwanger* ‖ ⟨poet⟩ *trächtig* ‖ *voll, üppig*
gravilla f *Kieß-, Fluß|sand* m ‖ ⟨StV⟩ *Roll-, Grob|splitt* m
gra|vimetría f *Gravimetrie* f ‖ **-vimétrico** adj *gravimetrisch* ‖ **-vímetro** m *Schwerkraftmesser* m, *Gravimeter* n
gravísimo adj s v. **grave** ‖ ◊ está ~ *er ist schwerkrank*
gravi|tación f ⟨Phys⟩ *Schwerkraft, Massenanziehung, Gravitation* f ‖ *Strebekraft* f ‖ ~ *terrestre,* ~ *de la tierra Erdanziehung* f ‖ *Erdbeschleunigung* f ‖ **-tar** vi ⟨Phys⟩ *gravitieren, dem Schwerpunkt zustreben* ‖ *angezogen werden* (hacia von dat) ‖ fig *ruhen, lasten* (sobre *auf* dat) ‖ fig *drücken, beschweren* ‖ fig *hineigen* ‖ ◊ ~ *alrededor de a. kreisen um* (acc) ‖ ~ *alrededor de* alg. fig *ständig um jdn sein*
gravoso adj *beschwerlich, lästig* ‖ *kostspielig* ‖ *kieshaltig*
graz|nar vi *krächzen (Raben, Krähen, Dohlen)* ‖ *schnattern (Gänse, Enten)* ‖ *quaken (Enten)* ‖ **-nido** m *Krächzen, Gekrächz(e)* n (& fig desp) ‖ *Quaken* n ‖ *Schnattern, Geschnatter* n ‖ fig *widerliches Geschrei* n ‖ fig *schlechter Gesang* m
greba f ⟨Hist⟩ *Beinröhre* f *(Rüstung)*
greca f *Mäander* m *(Ornament)* ‖ → **griega**
△**gre|car** [c/qu] vi *sündigen* ‖ **-caró** m *Verbrecher* m
Gre|cia f *Griechenland* ‖ ≈**cismo** m *Gräzismus* m (→ **helenismo**) ‖ ≈**co** adj *griechisch, Gräko-* ‖ ~ m *Grieche* m (→ **griego**) ‖ El ≈ *Beiname des span. Malers Dominico Theotocópuli*
greco|hispano adj *griechisch-spanisch* ‖ **-latino** adj *griechisch-lateinisch* ‖ **-rromano** adj *griechisch-römisch* ‖ *byzantinisch (Kaisertum)* ‖ lucha ~a ⟨Sp⟩ *griechisch-römisches Ringen* n
gre|da f *Ton, Letten* m ‖ *Kreide* f ‖ **-dal** m *Ton|boden* m, *-erde* f ‖ *Kreidegrube* f ‖ **-doso** adj *tonig* ‖ *kreidig*
gre|gal m prov *Nordost(wind)* m ‖ ~ adj = **-gario** ‖ **-gario** adj *Herden-* ‖ ⟨Zool⟩ *herdenweise lebend* ‖ fig *herdenmäßig* ‖ fig *gewöhnlich* ‖ fig *Massen-* ‖ fig *Durchschnitts-* ‖ espíritu ~, instinto ~ fig *Herden|geist, -trieb* m ‖ moral ~a *Dutzendmoral* f ‖ **-garismo** m ⟨Zool⟩ u. fig *Herdentrieb* m ‖ fig *Herdengeist* m
Greg.° Abk = **Gregorio**
grego|riánica f ⟨Mus⟩ *Gregorianik* f ‖ **-riano** adj *Gregorianisch (Kalender, Gesang)*
Gregorio np Tfn *Gregor(ius)* m
greguería f *verwirrtes, unverständliches Geschrei* n *(z. B. der Vögel)* ‖ fig *toller Einfall* m ‖ ~**s** pl ⟨Lit⟩ *geistreiche bzw satirische Aussprüche* m *(des span. Schriftstellers Ramón Gómez de la Serna [† 1963])*
***greguiescos** mpl *breite Knie-, Pluder|hosen* fpl *(XVII. Jh.)*
△**grejerí** f *Spargel* m
grelo m Gal León ⟨Kochk⟩ *Steckrübenstengel* m (pl) ‖ lacón con ~s Gal León *Gericht* n *aus zarten Steckrübenstengeln mit geräuchertem (Vorder)Schinken* ‖ sopa de ~s Gal *(Art) Gemüsesuppe* f
gre|mial adj *Innungs-, Zunft-* ‖ *genossenschaftlich* ‖ escuela ~ *Gremialschule* f ‖ ~ m *Zunft-, Innungs|genosse* m ‖ ⟨Kath⟩ *Gremiale* n ‖ **-mio** m *Schoß* m *(bes der Kirche)* ‖ *Genossenschaft* f ‖ *Innung* f ‖ ⟨Hist⟩ u. fig *Zunft* f ‖ *Körperschaft* f, *Verband* m ‖ *Kammer* f ‖ ~ *docente*

Lehrkörper m *(e-r Universität)* ‖ →a **sindicato**
△**greno** m *Neger* m
gre|na f *zerzauste Locke, Haarlocke* f ‖ fig *Verwirrung* f, *Wirrwarr* m ‖ ◊ andar a la ~ pop *sich umherzausen, raufen* ‖ a ~s *zerzaust* ‖ ~**s** fpl *zerzaustes Haar* n ‖ *zerzauster Haarschopf* m ‖ **-ñudo** adj *zerzaust, mit wirrem Haar* ‖ *zottig*
grequesco adj *auf den span. Maler El Greco bezüglich*
gres m *Sandstein* m ‖ *Steingut* n
gresca f *Lärm, Radau* m ‖ *Streit* m, *Zänkerei* f ‖ ◊ *armar una* ~ fam *Skandal machen*
△**gresé** m *Zeit* f
grévol n ⟨V⟩ *Haselhuhn* n (Tetrastes bonasia)
grey f *(Vieh)Herde* f ‖ fig *Schar* f *der Gläubigen* ‖ fig *Herde* f ‖ fig *Gruppe* f *(Menschen)* ‖ fig u. desp *Klub* m
Grial m *der Heilige Gral* ‖ los paladines del (santo) ~ *die Gralsritter* mpl
gribar vi ⟨Mar⟩ *abtreiben* (→ **derivar**)
grie|ga f, **-go** adj *griechisch* ‖ peinado a la ~ *griechische Frisur* f ‖ piedra ~a *Geigenharz* n ‖ nariz ~a *griechische Nase* f ‖ ~ f *Griechin* f ‖ ~ m *Grieche* m ‖ *Griechisch* n ‖ △(*Falsch*)*Spieler* m ‖ ~ *clásico*, ~ *antiguo (moderno) Alt- (Neu-) griechisch* n ‖ ◊ es ~ *para mí* figf *das sind für mich böhmische Dörfer* ‖ *hablar en* ~ figf *dunkel, unverständlich reden* ‖ *dejar para las calendas* ~as fig *auf den Nimmerleinstag verschieben*
grie|ta f *Riß, (Erd)Spalte* m ‖ *Riß* m *in der Haut, auf Gemälden* ‖ *Schrunde* f ‖ ⟨Bgb⟩ *Spalte, Kluft* f ‖ ⟨Metal⟩ *(Ein)Riß* m ‖ *Lunker* m ‖ fig u. ⟨Pol⟩ *Spaltung* f ‖ **-tado, -toso** adj = **agrietado** ‖ **-tarse** vr = **agrietarse**
grifa f *Marihuana* n ‖ p. ex. *Rauschgift* n
grifería *(Wasser)Hahn|armaturen* fpl bzw *-armaturenhandlung* f
¹**grifo** adj: letra ~a *Kursivschrift* f ‖ →a **aldino**
²**grifo** adj *kraus, wirr, zerzaust (Haar), kraushaarig*
³**grifo** m ⟨Myth Her⟩ *Greif* m
⁴**grifo** m *(Wasserleitungs)Hahn* m ‖ *Umstellhahn* m ‖ ~ *de compresión Zischhahn* m ‖ ~ *de emisión*, ~ *de salida Auslaßhahn* m ‖ *agua del* ~ *Leitungswasser* n
⁵**grifo** adj/s Col *prahlerisch* ‖ Mex *berauscht (Alkohol, Rauschgift)* ‖ ~ m Cu PR *Farbige(r)* m *(Mensch)* ‖ Pe *Tankstelle* f ‖ Pe fig *Chichakneipe* f
grifón m augm v. **grifo**: *großer (Wasser)Hahn* m ‖ *Pinscher* m *(Hund)*
¹**grilla** f *Grillenweibchen* n ‖ fam *Lüge, Ente* f ‖ △*kleiner Dietrich* m ‖ ◊ ¡ésa es ~ (y no canta)! figf *das ist e-e glatte Lüge! das kannst du e-m anderen erzählen!*
²**grilla** f ⟨El⟩ *Gitter* n
gri|llarse vr *(aus)keimen (Kartoffeln usw)* ‖ **-llera** f *Grillenloch* n ‖ *Grillenkäfig* m ‖ fam *viele Grillen* fpl ‖ figf *Wirrwarr* m, *Durcheinander* n ‖ figf *Stimmengewirr* n (→a olla de **grillos**)
grillete, ~**s** mpl *Fußschellen* fpl, *Fußeisen* n ‖ ⟨Mar⟩ *Schäkel* m
¹**grillo** m ⟨Entom⟩ *Grille* f ‖ ~ *campestre (Feld)Grille* f ([Lio]Gryllus campestris) ‖ ~ *cebollero*, ~ *topo*, ~ *real Maulwurfsgrille*, südöst *Werre* f (Gryllotalpa vulgaris) (→ **alacrán** cebollero) ‖ ~ *doméstico*, ⟨Lit⟩ ~ *del hogar Heimchen* n (Gryllus domesticus) ‖ *canto del* ~ *Zirpen* n ‖ △*Feld* n ‖ olla de ~s fam *Durcheinander, Tohuwabohu* n, *Wirrwarr* m ‖ ◊ *coger* ~s fig *Grillen fangen*, *andar a* ~s fam *auf Grillenfang gehen* ‖ figf *die Zeit vertrödeln*
²**grillo** m: ~s mpl *Fußschellen* fpl
³**grillo** m *Keim, Sproß* m *(gelagerter Kartoffeln usw)*
grillotalpa f ⟨Entom⟩ = **grillo** topo
¹**grima** f *Schauder* m, *Grausen* n ‖ ◊ *da* ~ *verlo es graust e-n*

grima — grupera 596

²**grima** f: una ~ Chi *ein bißchen*
grimmiano adj: los cuentos ~s ⟨Lit⟩ *die Grimmschen Märchen* npl
grímpola f ⟨bes Mar⟩ *Wimpel* m
grin|ga f Am *Ausländerin* f ‖ **–gada** f Am *toller bzw plumper Streich* m *e–s gringo* ‖ **–go** m/adj (dim **–guito**) fam desp *Yankee bzw Engländer* m ‖ bes Am *Ausländer* m, *der kein Spanier ist* (→ a **gachupín, gallego**) ‖ fam *Kauderwelsch* n
Grino np fam = Tfn **Peregrino**
griñón m *Nonnenschleier* m ‖ ⟨Bot⟩ *Mandelpfirsich* m
gri|pal adj ⟨Med⟩ *grippal* ‖ *grippeartig* ‖ **Grippe-** ‖ **–pe** f ⟨Med⟩ *Grippe, Influenza* f ‖ **–poso** adj *grippeartig, grippös* ‖ *grippekrank*
gris adj *grau(farbig)* ‖ fig *traurig, matt, trüb, grau* ‖ fig *düster* ‖ fig *gedämpft* ‖ ~ *azulado blaugrau* ‖ ~ o(b)scuro *dunkelgrau* ‖ ~ plomo *bleigrau* ‖ ~ m *graue Farbe* f, *Grau* n ‖ figf *kalter Wind* m ‖ figf *kaltes Wetter* n ‖ ⟨Zool⟩ *Feh, Transbaikal-Eichhörnchen* n ‖ *Feh, Grauwerk* n *(Pelz)* (→ **petigrís**) ‖ ◊ sopla *(od* hace*) un ~ que pela (iron que corta el cutis) fam es weht ein schneidender Wind* ‖ ~ de plata *Silbergrau* n ‖ de cabellos ~es *grauhaarig* ‖ los ~es Span desp *die kasernierte Polizei* f *(grau uniformiert)*
grisáceo adj *gräulich, ins Graue gehend*
grisear(se) vi/r *grau durchschimmern* ‖ *grau aussehen*
gríseo adj *grau, gräulich*
griseta f *Grisett* m, *Grisaille* f *(Seidenzeug)* ‖ ⟨Agr⟩ *Wasserfäule* f *(der Bäume)* ‖ gall *Grisette* f *(Modistin)*
gri|són, ona adj/s *graubündnerisch* ‖ ≃**sones** mpl *Graubünden (Kanton i. d. Schweiz)*
grisú [pl **–úes**] m ⟨Bgb⟩ *Grubengas* n, *schlagende Wetter* npl ‖ ~**metro** m *Grubengas|anzeiger, -messer* m
grisura f *graue Beschaffenheit* f
gri|ta f *Geschrei* n ‖ ⟨Th⟩ *Auspfeifen* n ‖ ◊ dar ~s (a) *hinter jdn herschreien* ‖ ⟨Th⟩ *auszischen* ‖ *en ~ schreiend ‖ **–tar** vt *an-, aus|rufen* ‖ *jdn anschreien* ‖ *zurufen* (a. a alg. *jdm et* acc) ‖ ⟨Th⟩ *auszischen* ‖ fig *ausposaunen* ‖ ~ vi *schreien* ‖ *rufen* ‖ *knarren, knirschen, kreischen* ‖ ⟨Th⟩ *zischen* ‖ **–tería** f, **–terío** m *Geschrei, Gekreisch, GeGröle* n ‖ **–to** m *Schrei* m ‖ *Gegröle* n ‖ *(Aus) Ruf* m ‖ *Tierstimme* f ‖ △*Getreide* n ‖ ~ del estaño *Zinnschrei* m ‖ ~ de guerra *Schlachtruf* m ‖ ~ de socorro *Hilferuf* m ‖ ◊ alzar *(od* levantar*) el ~ losschreien* ‖ fam *Lärm schlagen* ‖ en ~ *schreiend* ‖ a voz en ~, a ~ herido *(od* pelado) *mit großem Geschrei, laut schreiend* ‖ último ~ figf *letzter Schrei* m, *allerneuste Mode* f ‖ acometer a ~s *anschreien* ‖ poner el ~ en el cielo figf *herumlamentieren* ‖ *wettern und toben* ‖ dar ~s *schreien* ‖ a ~s *mit lautem Geschrei* ‖ llorar a ~s *laut weinen* ‖ → **cielo** ‖ **–tón** m fam *Schreihals* m
grizzly m ⟨Zool⟩ *Grizzly(-), Grau|bär* m (Ursus arctos horribilis) (→ **oso**)
g.ro Abk = **género**
△**grodogopo** m *Aussätzige(r)* m
groe(n)|landés, esa adj/s *grönländisch* ‖ ~ m *Grönländer* m ‖ ≃**landia** f *Grönland*
groera f ⟨Mar⟩ *Kabel-* bzw *Spei|gatt* n
△**grofa** f *Straßendirne* f
grog m *Grog* m *(Getränk)* ‖ ~**gy** adj engl ⟨Sp⟩ u. fig *groggy, benommen*
groma f pop = **broma**
gromo m *Baumschößling* m (→ a **mugrón**) ‖ Ast *Ginsterzweig* m
△**groñí** f *Misthaufe(n)* m
groom m engl *Groom, Laufbursche* m ‖ *junger Diener, Page* m
gros m Nav *Groschen* m *(Kupfermünze)*
grosa f = **gruesa**
grose|lla f *Johannisbeere* f ‖ *Erfrischungsge-* *tränk* n *aus Johannisbeersaft* ‖ ~ espinosa *Stachelbeere* f ‖ **–llero** m *Johannisbeerstrauch* m (Ribes rubrum) ‖ ~ espinoso *Stachelbeerstrauch* m (R. uva-crispa) (→ **uva** crespa)
grose|ramente adv *auf grobe, unhöfliche Art* ‖ **–ría** f *Grobheit, Unhöflichkeit* f ‖ *Flegelei* f ‖ *Zote* f ‖ *Plumpheit* f ‖ *Rüpelei* f ‖ **–ro** adj *grob, roh* ‖ *plump* ‖ *unflätig* ‖ *ungebildet* ‖ *plump, kunstlos (Arbeit)* ‖ ~ m *grober Mensch, Grobian, Rüpel, Lümmel* m
gro|sísimo adj/s v. **grueso** ‖ **–so** adj *körnig (Tabak)* ‖ **–sor** m *Dicke, Größe, Stärke* f ‖ *Leibesumfang* m ‖ *Fett* n ‖ **–sura** f *Fett* n ‖ ⟨Kochk⟩ *Pfoten* fpl *und Gekröse* n ‖ ⟨Kath⟩ *Fleisch* n (→ a **ayuno**) ‖ *día de* ~ *Fleischtag* m *(kein Fasttag)*
grotesco adj *grotesk, seltsam, wunderlich* ‖ *auffällig, grob* ‖ ⟨Arch⟩ *grotesk* ‖ ⟨Typ⟩ *Grotesk-* ‖ ~ m *Groteske* f
grotorar vi pop = **crotorar**
grs. Abk = **gramos**
grúa f ⟨Tech⟩ *Kran* m ‖ *Hebelade, Baumwinde* f ‖ ⟨StV⟩ *Abschlepp-, Kran|wagen* m ‖ ⟨Mar⟩ *Winsch* f ‖ ~ cantiléver *Auslegerkran* m ‖ ~ de brazo *Auslegerkran* m ‖ ~ (des)cargadora *(Ent-) Ladekran* m ‖ ~ flotante *Schwimmkran* m ‖ ~ giratoria *Drehkran* m ‖ ~ de martinete *Fallwerkskran* m ‖ ~ para obras (para la construcción de edificios) *Baukran* m ‖ ~ transbordadora *Umladekran* m
grue|sa f *Gros* n, *zwölf Dutzend* ‖ *póliza de préstamo a la* ~ *Bodmereibrief* m ‖ **–so** adj *dick, beleibt* ‖ *dick (Buch usw)* ‖ *groß, zahlreich* ‖ *grob(körnig)* ‖ fig *schwerfällig* ‖ fig *grob, schwer (See)* ‖ ⟨Mus⟩ *tief (Saite)* ‖ ~ de cuello *dickhalsig* ‖ artillería ~a ⟨Mil⟩ *schwere Geschütze* npl ‖ avería ~a ⟨Mar⟩ *große Havarie* f ‖ intestino ~ ⟨An⟩ *Dickdarm* m ‖ mar ~a ⟨Mar⟩ *grobe See* ‖ en ~ *im großen* ‖ en gros ‖ ~ m *Dicke, Stärke* f ‖ *Haupt|sache* f, *-teil* m ‖ *Masse* f ‖ *Groschen* m *(Münze)* ‖ ⟨Mil⟩ *Hauptmacht* f, *Gros* n ‖ *Grundstrich* m *(Schrift)* ‖ ⟨Typ⟩ *Schriftkegel* m ‖ el ~ del ejército ⟨Mil⟩ *das Haupther, die Kerntruppe*
gruir [–uy–] vi *schreien (Kranich)*
grulla f ⟨V⟩ *Kranich* m ‖ figf *häßliches Weib* n ‖ figf Mex *gerissener Mensch* m ‖ ⋆ ⟨Astr⟩ *Kranich* m ‖ ~ común ⟨V⟩ *Kranich* m (Grus grus) ‖ ~ damisela ⟨V⟩ *Jungfernkranich* m (Anthropoides virgo) ‖ ≃**s** fpl △*Gamaschen* fpl ‖ **–da** f = **gurullada** ‖ = **perogrullada**
grullo m fam *Tölpel* m ‖ fam *Einfaltspinsel* m ‖ △*Häscher* m ‖ Mex *Silberpeso* m *(Münze)* ‖ Bol *Geld* n ‖ Arg *kräftiger Hengst* m ‖ ~ adj Mex *aschgrau (Pferd)*
grumete m ⟨Mar⟩ *Schiffsjunge* m ‖ △*(Kletter) Dieb, Fassadenkletterer* m
gru|mo m *Klumpen* m *(Blut, Milch)* ‖ *Krume* f ‖ ⟨Bot⟩ *kleiner Schößling* m, *Auge* n ‖ *Herz* n *(Salat, Kohl)* ‖ ~ de uvas *Bündel* n *Trauben* f ‖ ◊ formar ~s *verklumpen* ‖ *gerinnen* ‖ **–moso** adj *klumpig, knollig*
△**gru|miente** m *Schwein* n ‖ **–ñido** m *Grunzen* n *des Schweines (& fig)* ‖ *Knurren* n *des Hundes (& fig)* ‖ *Brummen* n *des Bären (& fig)* ‖ fig *Brummen, Murren* n ‖ **≃ñidor** m fam *Brummbär* m ‖ △*Schweinedieb* m ‖ **–ñir** m *(perf –ñó)* vi *grunzen (Schwein) (& fig)* ‖ *brummen (Bär) (& fig)* ‖ *knurren (Hund) (& fig)* ‖ *schnurren (Katze) (& fig)* ‖ fig *knarren (Tür, Wagenrad, Magen)* ‖ **–ñon, ona** m/adj fam *Brumm|bär, -kopf, Muffel* m ‖ ~ adj *mürrisch, brummig*
gru|pa f *Kruppe* f, *Kreuz* n *der Pferde* ‖ fam *(u. Lit) Hintern* m *(bes e–r Frau)* ‖ ◊ volver la ~, volver ~s *Kehrt machen (Reiter)* ‖ p. ex. *kehrtmachen* ‖ en la ~ *del caballo hinter dem Reiter sitzend* ‖ **–pada** f *Wolkenbruch* m ‖ *starke Bö* f ‖ **–pera** f *Schwanzriemen der Pferde* ‖ *Sattelkissen* n

gru|p(p)e(t)to m ⟨Mus⟩ *Doppelvorschlag* m ‖ **-po** m *Gruppe* f ‖ *Zirkel* m ‖ ⟨Com⟩ *Konsortium, Syndikat* n, *Konzern* m ‖ ⟨Mil⟩ *Gruppe, Abteilung* f, *Verband* m ‖ *Abteilung* f *(Artillerie)* ‖ ⟨Pol⟩ *Fraktion* f *(Parlament)* ‖ ⟨Tech⟩ *Anlage* f, *Werk* n ‖ ⟨El Tech⟩ *Satz* m ‖ *Einheit* f ‖ *Aggregat* n ‖ *Gruppe* f ‖ ~ *de cabeza* ⟨Mil⟩ *Infanteriespitze* f ‖ ~ *de combate* ⟨Mil⟩ *Kampfgruppe* f ‖ ~ *compresor* ⟨Tech⟩ *Kompressoranlage* f ‖ ~ *electrógeno Stromaggregat* n ‖ ~ *de ejércitos Heeresgruppe* f ‖ ~ *escolar einklassige Volksschule* f ‖ ~ *de estudio Studiengruppe* f ‖ ~ *étnico Rassen-* bzw *Volks|gruppe* f ‖ ~ *flotador* ⟨Flugw⟩ *Schwimmwerk* n ‖ ~ *motopropulsor* ⟨Flugw⟩ *Triebwerk* n ‖ ~(s) *de presión Interessengruppe(n)* f(pl) ‖ ~ *sanguíneo Blutgruppe* f ‖ ~ *de trabajo Arbeits|gruppe* f, *-kreis* m ‖ ~ *táctico* ⟨Mil⟩ *Kampfgruppe* f ‖ ~ *de turistas Reisegruppe* f ‖ *por* ~s *gruppenweise*
gru|ta f *Grotte, Höhle* f ‖ *la* ~ *de Fingal Fingalshöhle* f ‖ **-tesco** adj/s = **grotesco**
gruyère m: *queso (de)* ≃ *Gruyère-, Schweizer|-käse* m
gr/vd. Abk = **gran velocidad**
¡gua(h)! int Am *ach! oh!*
guaca f Am ⟨Hist⟩ *steinerner Grabhügel* m *der Indianer* ‖ Am *vergrabener Schatz* m ‖ Pe *Indianertempel* m ‖ fig Bol CR Cu Mex *Sparbüchse* f ‖ fig Cu *(scharfer) Verweis* m ‖ fig Chi *Durchfall* m ‖ fig Ven *häßliche, alte Jungfer* f ‖ ◊ *dar* ~ fig Cu *jdm e–e Standpauke halten* ‖ *tener* ~ figf Chi *steinreich sein*
guacama|ya f MAm Col Mex = **-yo** ‖ **-yo** m ⟨V⟩ *Ara* m
gua|camol(e) m MAm Cu Mex *Avocadosalat* m ‖ **-carnaco** m fig Chi *lange Latte* f
guaco m *Guako* m, *südam. Liane* f ‖ Am *Name* m *verschiedener Pflanzen* ‖ ⟨V⟩ *Hokkohuhn* n (→ **pauji**) ‖ ⟨V⟩ CR *Chimango* m *(Ibycter americanus)* ‖ Mex *Zwillingskind* n ‖ MAm *Keramikgegenstand* m *(aus e–r guaca)*
guachapear vt/i *plätschern (im Wasser)* ‖ figf *hudeln, pfuschen* ‖ vi *klappern* ‖ vt Chi *stehlen*
guáchara f fam Cu *Lüge, Ente* f
gua|che m Col Ven *Flegel, Lümmel* m ‖ **-cho** adj/s Arg *ausgesetzt (Findelkind)* ‖ Arg *verwaist* ‖ SAm figf *schutz-, hilf|los* ‖ ~ m Arg *Waisenkind* n ‖ *junger Vogel* m ‖ Chi *(Art) Branntwein* m
gua|da f Mex *Pfütze* f ‖ **-dal** m Arg *ausgetrockneter, sandiger Sumpfboden* m ‖ Am *kleine Düne* f ‖ **-dalajareño** adj/s *aus Guadalajara* ‖ **-dalmecí** m = **guadamecí**
Guadalquivir: el ~ *der Guadalquivir (Fluß in Spanien)*
Guadalupe ⟨Geogr⟩ *Guadalupe (span. Wallfahrtsort)* ‖ *Guadalupe* f *(Frauenname)*
guadame|cí, –cil m *weiches, gepunztes Leder* n
guada|ña f *Sense* f ‖ *la de la* ~ figf *der Tod* ‖ **-ñadora** f ⟨Agr⟩ *(Gras)Mäher* m, *Mähmaschine* f ‖ **–ñ(e)ar** vt/i *(ab)mähen* ‖ **–ñero** m *Mäher, Schnitter* m ‖ **–ñeta** f Sant *Kalmarfänger* m *(Gerät)*
guadapero m ⟨Bot⟩ *Holzbirnbaum* m ‖ →a **peral**
guadarnés m *Geschirrkammer* f ‖ *Schirrmeister* m
Guadiana: el ~ *der Guadiana (Fluß in Spanien)*
guadijeño adj/s *aus Guadix* (PGran) ‖ ~ m *(Art) Messer* n
△**guadra** f *Schwert* n
[1]**guagua** f *wertloses Ding* n ‖ *de* ~ *umsonst, gratis*
[2]**guagua** f Chi *Brustkind* n, *Säugling* m ‖ Can Cu PR *(Auto)Bus* m ‖ Col ⟨Zool⟩ *Pakarana* m *(Dinomys* sp)

guaguá m Guat *Popanz, Kinderschreck* m
gua|ja m fam *Schelm* m ‖ *Spitzbube* m ‖ **–je** m Mex ⟨Bot⟩ *Flaschenkürbis* m ‖ fig *Tölpel* m
guaji|ra f *kubanischer ländlicher Tanz* m ‖ **–ro** m Cu *weißer Landbewohner* m ‖ allg *Bauer* m
guajolote m Mex *Truthahn* m (→ **pavo**) ‖ figf Mex *Tölpel* m
guala f Col Ven ⟨V⟩ *Truthahngeier* m → **zopilote**)
gual|da f ⟨Bot⟩ *Reseda* f, *Wau* m *(Reseda luteola* bzw R. lutea) (→ **reseda**) ‖ *cabello de* ~ ⟨poet⟩ *blondes Haar* n ‖ →a **bandera** ‖ **–do** adj/s *(gold)gelb* (bes *Wein)*
gualdrapa f *Schabracke, Satteldecke* f ‖ figf *Fetzen* m
gualicho m Arg Col Chi *Verhexung* f (→ **maleficio**) ‖ Arg *Talisman* m
Gualter(i)o m np *Walt(h)er* m
guamil m Mex *Stoppelfeld* n
guampudo m RPl Bol *Hahnrei* m (→ **cornudo**)
guana|co m *Guanako, wildes Lama* n *(Lama huanachos)* (→a **llama** ⟨Zool⟩) ‖ fig MAm SAm *Dummkopf* m ‖ **–jo** m Ant *Truthahn* m (→ **pavo**) ‖ fig Am *Tölpel* m
guanche m/adj *Guanche* m *(Ureinwohner der Kanarischen Inseln)* ‖ *(das) Guanche* n *(Sprache)*
Guancho np fam = **Juan** (Tfn)
gua|near vt Chi *mit Guano düngen* ‖ **–nera** f *Guano|fundstätte* f bzw *-lager, -vorkommen* n ‖ **–nero** m *Guano|schiff* n bzw *-fahrer* m
[1]**guano** m Am allg *Palme* f ‖ *Palmwedel* m
[2]**guano** m *Guano, Vogeldünger* m ‖ ~ *artificial Kunstguano* m
[3]**guano** m fig Cu PR *Zaster* m, *Moneten* pl
guan|tada, –tazo m *Ohrfeige* f, *Schlag* m *mit der flachen Hand* ‖ **–te** m *Handschuh* m ‖ *Waschhandschuh* m ‖ ~ *de ante*, ~ *de gamuza Wildlederhandschuh* m ‖ ~ *de cabritilla Glacéhandschuh* m ‖ ~ *forrado gefütterter Handschuh* m ‖ ~ *de esgrima Fechthandschuh* m ‖ ~ *protector Schutzhandschuh* m ‖ ◊ *arrojar (od echar) el* ~ fig *jdn herausfordern*, fig *jdm den Fehdehandschuh hinwerfen* ‖ *recoger el* ~ fig *die Herausforderung annehmen*, fig *den Fehdehandschuh aufnehmen* ‖ *echarle el* ~ *a uno* figf *jdn festnehmen, ertappen, einkerkern* ‖ *poner a uno como un* ~ figf *jdn um den Finger wickeln* ‖ *quedarse más suave que un* ~ figf *gefügig (od lammfromm) werden* ‖ *sentar como un* ~ fig *wie angegossen sitzen* ‖ fig *vortrefflich passen* ‖ ~s pl *Handschuhe* mpl ‖ *Trinkgeld* n ‖ ~ *de boxeo Boxhandschuhe* mpl ‖ ~ *de hilo Zwirnhandschuhe* mpl ‖ ~ *de punto gestrickte Handschuhe* mpl ‖ ~ *de señora Damenhandschuhe* mpl ‖ ◊ *ponerse (quitarse) los* ~ *die Handschuhe an-, aus|ziehen* ‖ **–tecillo** m dim v. **-te** ‖ **–telete** m *Stulphandschuh* m ‖ ⟨Hist⟩ *Panzerhandschuh* m ‖ **–tera** f ⟨Aut⟩ *Handschuhfach* n ‖ **–tería** f *Handschuh|laden* m, *-fabrik* f ‖ *Handschuhwaren* fpl ‖ **–tón** m Am = **–tazo**
guañir [pret –ñó] vi Extr *quieken (Spanferkel)*
gua|pamente adv fam *kühn, mutig* ‖ *vorzüglich, glänzend* ‖ **–pear** vi fam *keck auftreten* ‖ fam *großtun* ‖ *protzen* ‖ **–pería** f fam *Protzertum* n ‖ **–petón, ona** adj/s fam *sehr hübsch* ‖ *schneidig* ‖ *äußerst tapfer, mutig* ‖ **–peza** f fam *Mut* m, *Kühnheit, Entschlossenheit* f ‖ fam *Großtuerei, Angabe* f, *Protzertum* n ‖ *Schneid* m ‖ fam *Putzsucht, Geckenhaftigkeit* f ‖ *(stämmige) Schönheit* f ‖ **-po** adj fam *mutig, tapfer, wacker* (bes Am) ‖ fam *großtuerisch, protzerhaft, angeberisch* ‖ *zierlich, nett, schick* ‖ *schön, hübsch* ‖ *fesch* ‖ Chi *ernst, streng* ‖ ◊ *echarla de* ~ fam *den Tapferen spielen, großtun* ‖ ~ m fam *streitsüchtiger Mensch, Raufbold* m ‖ *Messerheld* m ‖ *Eisenfresser, Angeber* m ‖ fam *Großsprecher* m ‖ fam *Liebhaber* m ‖ (→a **gigolo**) ‖ **–pote** adj fam *schön, hübsch* ‖ figf *gutmütig* ‖ **–pura** f fam *Schönheit* f

guaque|ar vi Am *Schätze bzw guacas suchen* ||
-quero m Am *Guaca- bzw Schatz|sucher, -gräber* m
guara|chero m/adj Cu = **juerguista** || PR *Spaßmacher* m || **-gua** f Chi Pe *Grazie, Anmut* f || fig *Umschweife* pl || Hond *Lüge* f || ~**s** fpl Chi *Putz, Schmuck* m
guarán m Ar *(Zucht)Hengst* m || →a **garañón**
guara|ní [pl **-íes**] m *Ursprache* f *der Indianer in Paraguay und Corrientes* || *Guaraní(indianer)* m || *Währungseinheit* f *Paraguays* || ~, **-nítico** adj *auf die Guaranisprache bezüglich*
guara|palo m Chi = **varapalo** || fig *Grobian* m || **-po** m *Zuckerrohrsaft* m || *Zuckerrohrbranntwein* m || **-pón, ona** adj SAm *dick, plump (Person)*
¹**guarda** f *Wache, Aufsicht* f || *Aufbewahrung* f || *Degengefäß* n || *Säbelkorb* m || *Schutz, Schirm* m || *Wächter(in), Aufseher(in), Wärter(in)* m (f) || *Hof-, Begleit|nonne* f || ⟨Typ⟩ *Vorsatz* n || *Schutz-, Respekt|blatt* n *(Buch)* || *fruta de* ~ *Lagerobst* n || ◊ *estar de* ~ *Dienst haben* || ~**s** pl *Zuhaltungen* fpl *(e-s Schlosses)* || *Vorsatzpapiere* npl *(Buch)* || *Außenstäbe* mpl *(e-s Fächers)* || *Schlüsselprofil* n
²**guarda** m *Wächter, Wachmann, Aufseher, Hüter* m || *Feldhüter* m || ⟨EB⟩ *Bahnwärter* m || prov *Zugschaffner* m || Arg *Straßenbahnschaffner* m || Arg *Zollwächter* m || ~ *de campo Feldhüter* m || ~ *de caza Jagdaufseher* m || ~ *forestal Waldhüter, Forstwart, Revierförster* m || ~ *jurado beeidigter Wächter bzw Jagdhüter* m || ~ *Weinbergschütze* m || ~ *nocturno Nachtwächter* m || ~ *piscícola Fischereiaufseher* m || →a **guardia, policía**
³¡**guarda!** int *Vorsicht! Achtung!*
guarda|agujas m ⟨EB⟩ *Weichensteller* m || **-almacén** m *Lagerverwalter* m || ⟨Mil⟩ *Kammerunteroffizier* m || **-banderas** m ⟨Mar⟩ *Aufseher* m *des Kompaßhäuschens* || **-barrera(s)** m ⟨EB⟩ *Schrankenwärter* m || **-barros** m *Kotflügel* m *am Wagen* || *Spritzleder, Schutzblech* n || **-bicicletas** m *Fahrradständer* m || **-boca** m *Mündungsschoner* m *(für Feuerwaffen)* || **-bosque** m *Waldhüter, Forstwart, Förster* m || *Jagdhüter* m || *casa de(l)* ~ *Forsthaus* n || **-brisa(s)** m *Sturmlaterne* f || ⟨Auto⟩ *Windschutzscheibe* f || Mex *Schutztür* f || *Türvorhang* m || **-cabo(s)** m ⟨Mar Flugw⟩ *Kausche* f || **-cabras** m *Ziegenhirt* m || **-cadena** m *Ketten|schutz, -kasten* m *(für Fahrräder usw)* || **-calor** m *Kaminschacht* m || *Kaffee- bzw Fleischbzw Eier|wärmer* m || ⟨Mar⟩ *Maschinenschacht* m || **-cantón** m *Prell-, Eck|stein* m || *Meilenstein* m || **-coches** m *Parkwächter* m || **-costas** m *Küstenbzw Strand|wache* f || ⟨Mar⟩ *Zoll-, Fischerei|aufsichtsschiff* n || ⟨Mar⟩ *Küstenwachtschiff* n || **-cuerpo** m ⟨Mil⟩ *Abweiser* m *(Artillerie)* || ⟨EB⟩ *Schutzgeländer* n || **-dor** adj *bewachend* || *vorsichtig* || fig *beobachtend (Gesetze, Vorschriften)* || *knickerig, filzig* || ~ m *Wächter* m || *Beschützer* m || *Halter* m *(Vorschriften, Gebote)* || *Knicker* m || **-esclusa(s)** m *Schleusen|wärter, -meister* m || **-espaldas** m fig *Leibwächter, Gorilla* m || **-faldas** m *Fahrradnetz* n || **-fango** m *Kotschutzer* m *am Wagen* || **-flanco** m ⟨Mil⟩ *Seitendeckung* f || **-frenos** m ⟨EB Bgb⟩ *Bremser* m || **-fuego** m *Feuer-, Kamin|schirm* m || *Bodenblech* n || ⟨Mar⟩ *Feuerschirm* m || **-gujas** m = **-agujas** || **-infante** m *Reifrock, Wulst* m *um die Hüfte* || **-joyas** m *Schmuckkassette* f (→ **joyero**) || **-lado(s)** m *(Brücken)Geländer* n || ⟨Mar⟩ *Reling* f || **-lanzaderas** m ⟨Web⟩ *Schiffchen-, Schützen|fänger* m || **-lápiz** m *Bleistifthalter* m || **-lmacén** m = **-almacén** || **-lobo(s)** m ⟨Bot⟩ *Wolfskerze* f || **-lodos** m Am = **-barros** || **-llamas** m *Zündsicherung* f || **-mano** m *Stichblatt* n *am Degen, Degengefäß* m || *Säbelkorb* m || ⟨Mar⟩ *Geländerstange* f || ⟨Mil⟩ *Handschutz* m *(Gewehr)* || **-meta** m ⟨Sp⟩ *Torwart* m || **-monte** m *Förster* m || *Forstmeister* m || *kurzer, zugeknöpfter Überrock, Wetterumhang* m || *Abzugsbügel* m *(Gewehr)* || Arg *Lederschutz* m *(für die Beine des Reiters)* || **-muebles** m *öffentlicher Möbel|speicher* m, *-halle* f, *-lager* n || *Möbelüberzug* m || **-pelo** m *Medaillon* n *zur Aufbewahrung von Locken, Bildchen usw* || **-pesca** m *Fischereiaufsichtsboot* n || **-piés** m *Fußdecke* f || **-polvo** m *Wetterdach* n || *Staub-, Reise|mantel* m || *Staubdeckel* m *(e-r Uhr)* || *(Möbel)Überzug* m || **-puentes** m *Brückenwärter* m || **-puerta** f *Türvorhang* m || **-puntas** m *Bleistifthülse* f
guardar vt *ver-, aufbe|wahren, aufheben* || *(bei)behalten* || *für sich behalten, zurückbehalten* || *behalten (im Gedächtnis)* || *bewahren (Geheimnis)* || *(be)hüten* || *bewachen* || *beaufsichtigen* || *aufpassen* (a *auf et* acc) || *überwachen* || *beobachten* || *warten, pflegen* || *beschützen, beschirmen* || *halten (Gesetz, Wort)* || *feiern (Festtag)* || *(er)sparen (Geld)* || ◊ ~ a alg. de a. *jdn vor et (dat) bewahren, jdm et (acc) ersparen* || ~ *entre algodones* fig *in Watte packen* (a alg. *jdn* acc) || ~ *las apariencias den Schein (od den Anstand) wahren* || ~ (la) *cama das Bett hüten* || ~ *las distancias* fig *Abstand wahren* || *sich zurückhaltend benehmen* || ~ *la izquierda (derecha)* ⟨StV⟩ *links (rechts) fahren* || ~ *con (od bajo) llave unter Verschluß halten* || ~ *miramientos* a *Rücksicht nehmen auf* (acc) || ~ *silencio schweigen, Stillschweigen bewahren* || ¡Dios *guarde a V.! Seien Sie willkommen! leben Sie wohl!* || → **año** || ~**se** *sich in acht nehmen, sich vorsehen, sich hüten (de vor dat)* || *sich sichern (contra gegen* acc) || *sich verwahren (de gegen* acc) || ◊ ~**sela** a uno figf *jdm et nachtragen, jdm grollen* || *auf die passende Gelegenheit warten (um sich zu rächen)* || ¡guárdese de no caer! *geben Sie acht, daß Sie nicht fallen!*
guarda|rropa f *Garderobenfrau, Garderobiere, Kleiderwärterin* f || ~ m *Kleiderraum* m, *Garderobe* f || *Kleiderschrank* m || ⟨Th⟩ *Garderobe, Kleiderablage* f || ⟨Th⟩ *Kleiderwart, Garderobier* m || *Vorrat* m *an Kleidungsstücken* || ⟨Bot⟩ *Eberraute* f (→ **abrótano**) || **-rropía** f *Kleidervorrat* m *und Requisiten* npl *e-s Theaters* || *Garderobe, Kleiderkammer* f *de* ~ *fam falsch, nur dem Scheine nach* || ⟨Arch⟩ *Radabweiser, Prellstein* m || **-rruedas** m *Räder-, Schutz|kasten* m || ⟨Arch⟩ *Radabweiser, Prellstein* m || **-sellos** m *Siegelbewahrer* m || **-silla** f *Wandleiste* f *zum Schutze gegen die Stuhllehnen* || **-sol** m *Sonnenschirm* m || **-temperaturas** m ⟨Tech⟩ *Temperaturwächter* m || **-trén** m Arg *Zugführer* m || **-valla** m Am ⟨Sp⟩ *Torwart* m || **-vía** m ⟨EB⟩ *Streckenwächter, Begeher* m
guardería f *Wächteramt* n || *Anstalt* f, *Heim* n || ~ *infantil Kinder|garten, -hort* m, *-krippe* f || *Säuglingsheim* n
guardesa f *Wächterin, Aufseherin* f
¹**guardia** f *(Schild)Wache* f || ⟨Mil⟩ *(Wacht-)Posten* m || ⟨Mil⟩ *Wach(t)haus* n, *Wache* f || *Wachlokal* n || *Schutz, Schirm* m || ⟨Ob⟩ *Hut* f || *Gewahrsam* m, *Bewachung* f || *Grundstellung* f *(beim Boxen)* || *Nachtdienst, Bereitschaftsdienst* m *(z. B. Apotheken)* || ⟨Mil⟩ *Garde* f || *Auslage* f *(Fechtkunst)* || ~ *avanzada* ⟨Mil⟩ *Vorposten* m || ~ *civil (Feld)Gendarmerie, Landpolizei* f || ~ *de tráfico Verkehrspolizei* f *(Gendarmerie)* || ~ *de corps königliche Leibwache* || ~ *de honor Ehrenwache* f || ~ *libre,* ~ *franca* ⟨Mar⟩ *Freiwache* f || ~ *media,* ~ *de perro* ⟨Mar⟩ *Mittel|Hunde|wache* f || ~ *municipal Gemeinde-, Stadt|polizei* f || ~ *nacional Nationalgarde* f || ~ *principal* ⟨Mil⟩ *Hauptwache* f || ~ *saliente (entrante) ab- (auf)ziehende Wache* f || ~ *suiza Schweizergarde f (des Papstes)* || ~ *urbana Stadtpolizei* f || *Verkehrspolizei* f || ~ *cuerpo de* ~ *Wache* f, *Wachlokal* n || *médico de* ~ *diensttuender Arzt* m || ◊ *entrar de* ~, *montar la* ~ ⟨Mil⟩ *die Wache*

beziehen || estar de ~ ⟨Mil⟩ *Posten stehen, auf Wache sein* || estar en ~ fig *auf der Hut sein, sich hüten* (contra *vor*) || *oficial de ~ Wachoffizier* m || *soldado de ~ Gardesoldat* m || *poner en ~ warnen* (contra *vor* dat) || *ponerse en ~* fig *Vorsichtsmaßregeln treffen* (contra *gegen*) || *sich vorsehen, sich in acht nehmen* || *auslegen (Fechten)* || *relevar (od* mudar) *la ~* ⟨Mil⟩ *die Wache ablösen* || ¡en ~! *Obacht! Vorsicht!* || ¡~ a formar! ⟨Mil⟩ *Wache heraus!*
²**guardia** *m* ⟨Mil⟩ *Schildwache* f, *Posten* m || ⟨Mil⟩ *Gardist, Gardesoldat* m || *Polizist, Schutzmann* m || ~ civil *(Feld)Gendarm, Landpolizist* m || ~ forestal *Forstwächter* m || ~ de honor ⟨Mil⟩ *Ehrenwache* f || ~ de seguridad, ~ de orden público *Polizist* m || ~ (civil) de tráfico *Verkehrspolizist* m || ~ urbano, ~ municipal *Schutzmann* m || →a **guarda, policía**

guardiamarina *m Fähnrich zur See, Seekadett* m

guardián *m Bewahrer, Hüter* m || *Aufseher* m || *Wächter* m || *Platzwart* m || *(Kloster)Guardian, Klostervorsteher* m || ⟨Mar⟩ *Lieger* m, *Trosse* f || ~ adj *Wach-* || *Schutz-* || ángel ~ *Schutzengel* m || perro ~ *Wachhund* m

guardi|lla *f (Dach)Luke* f || *Dach|stube, -kammer* f || **-llón** *m elende* bzw *große Dachkammer* f || *Hängeboden* m

guardín *m* ⟨Mar⟩ *Ruderkette* f

guardón, ona; guardoso *adj/s sparsam, knauserig* || *nachtragend*

gua|recer [-zc-] vt *(be)schützen* (de *vor* dat) || *ver-, aufbe|wahren* || *beherbergen, Obdach gewähren* || *jdn pflegen* bzw *heilen* || **~se** *flüchten* || ~ (en) *sich an e–n Ort flüchten* || ◊ ~ de la lluvia *sich vor dem Regen schützen* || **-riao** *m* ⟨V⟩ Ant Cu *Riesenralle* f (Aramus guarauna) || **-richa** f desp Col Ec Ven *Weib* n || *Schlampe* f || Ven *ledige Indianerin* f || Col Ven Ec Pan *Dirne* f || **-rida** f *Höhle* f, *Bau* m *e-s (wilden) Tieres* || *Wildlager* n || *Zufluchtsort, Schlupfwinkel* m || fig *Lieblingsort* m || fig *Stammlokal* n || △**-rilla** f ⟨Taur⟩ = **burladero**

△**guarinda** f = **cuaresma**

guarismo *m Zahl, Ziffer* f || *Bezifferung* f || *Reihenfolge* f || ◊ no tener ~ fig *unberechenbar, unzählig sein*

guarne|cer [-zc-] vt *einfassen, auslegen (mit Gold, Silber)* || *staffieren, besetzen (Kleider)* || *garnieren (Hut)* || *zieren, ausschmücken* (de, con *mit* dat) || *(die Mauer) bekleiden* bzw *tünchen* bzw *verputzen* || ⟨Tech⟩ *beschlagen, bekleiden* || *ver|sehen, -sorgen* (con, de *mit* dat) || *anschirren (Pferd)* || ⟨Mil⟩ *(e-e Festung) ausrüsten* || ⟨Mar⟩ *(ein Schiff) ausrüsten* || ⟨Kochk⟩ *garnieren* || **-cido** *m*/adj ⟨Arch⟩ *Verkleidung* f || ⟨Mil⟩ *Besatzung, Garnison* f || **-ción** *f Besatz, Zierat* m || *Versatz* m || *Garnitur* f || *Verzierung* f || *(Ein)Fassung* f *(von Edelsteinen)* || *Degengefäß* n || *Zubehör* n || *Beschlag* m || *(Ein-, Auf)Satz* m, *Aus|rüstung, -stattung* f || *(Ab)Dichtung* f || *Futter* n || *Geschirr* n *(Pferd)* || ⟨Kochk⟩ *Garnierung* f, *Beilagen* fpl || ⟨Mil⟩ *Besatzung, Garnison* f || *Garnisonstadt* f, *Standort* m || ~ de carda ⟨Web⟩ *Kratzenbeschlag* m || ~ de cojinete ⟨Tech⟩ *Lagerausfütterung* f || *Lagerausguß* m || ~ de cuerdas ⟨Mus⟩ *Saitenbezug* m || ~ de fieltro *Filzdichtung* f || ~ de freno *Bremsbelag* m || ~ de oro *Goldfassung* f || **-es** pl *Pferdegeschirr* n || *Armaturen* fpl || *Beschläge* mpl || ~ para muebles *Möbelbeschläge* mpl || *-cionar* vt *mit Garnison belegen* || ⟨Mil⟩ *in Garnison legen* || **-cionería** f *Sattlerei, Geschirrmacherei* f || **-cionero** *m Sattler, Riemer* m || *Geschirrmacher* m

guarnigón *m Wachtelküken* n

*****guarnir** def vt = **guarnecer**

guaro *m* MAm → **guarapo** || SAm *Papagei* m

gua|rrada f fam, **-rrería** f *Dreck, Schmutz* m || fam *Saustall* m || fig *Sauerei, Schweinerei* f || fig *Pfuscherei, schlampige Arbeit* f || fig *Unanständigkeit, Unsittlichkeit* f || **-rrero** *m* pop *Schweinehirt* m || **-rro** adj/s *dreckig, schmutzig* || *schweinisch* || *unmoralisch* || ~ *m Schwein* n (& fig) || fig *Mistfink* m || →a **cerdo, cochino**

¡**guarte**! *aufgepaßt!*

guasa f fam *Schwerfälligkeit, Plumpheit* f || fam *Scherz, Witz* m || con ~ *im Scherz* || de ~ *im Scherz* || ◊ tener mucha ~ *ein Spaßmacher sein* || *sich über andere lustig machen*

guas|ca f SAm *Strick* m *aus Pitahanf, Leder usw (als Peitsche* bzw *Zügel benutzt)* || Am pop *männliches Glied* n || ◊ dar ~ (a) figf *jdn auspeitschen* || **-cazo** *m* SAm *Hieb* m *mit e–m Pitastrick*

guase|arse vr *spötteln* (de *über* acc), *sich lustig machen (über* acc) || *sich gegenseitig verulken* || **-ría** f Arg Chi *Tölpelhaftigkeit* f

guaso *m*/adj Chi *Bauer* m- *(chilenischer) Gaucho* m || ~ adj Chi *auf den guaso bezüglich* || Arg Chi Cu Ec *bäurisch, grob*.

gua|són *m*/adj fam *langweiliger Mensch* m || fam *Spaßvogel, Witzbold* m || **-sonería** f fam *Spaßtreiben* n

guasquear vt Am *peitschen* (→ **guasca**)

¹**gua|ta** f *Watte* f || *Wattierung* f || *Watteline* f || *wattierte Decke* f || ⟨Web⟩ *Flor* m
²**guata** f Chi *Wanst, Bauch* m || fig *(Ver)Werfen* n *(Holz, Wand)* || Cu *Lüge* f, *Schwindel* m

guata|ca f Cu *(kurze) Jäthacke* f || Cu Dom fam *(großes) Ohr* n || Cu fig *Schmeichler* m || **-cazo** *m* Chi PR ~ **batacazo** || **-co** adj Hond *dicklich* || Cu *ungehobelt, grob*

guatado adj *wattiert* || *mit Watte (aus)gepolstert* || *Stepp-* || fig *mäßig* || *gemäßigt* || ~ *m Wattierung* f

guate|ado adj/s = **guatado** || **-ar** vt *wattieren* || *mit Watte (aus)polstern* || **~se** vr fig *Bauch ansetzen*

guatemalteco adj/s *aus Guatemala* || *guatemaltekisch* || ~ *m Guatemalteke* m

Guatepeor: ◊ salir de Guatemala y entrar en ~ figf *vom Regen in die Traufe kommen*

guatepín *m* Mex *Faustschlag* m *(an den Kopf)*

guate|que *m* fam *(Tanz)Party* f || **-quear** vi fam *an e–r Party teilnehmen* || *e–e Party veranstalten*

*****guatí** *m Watte* f

gua|toco adj ⟨Bol⟩ *dicklich* || **-tón** *m* Chi fam *Dickwanst* m || **-tusa, -tuza** f ⟨Zool⟩ CR Ec Hond *Goldhase* m (Dasyprocta sp) (→ **agutí**) || **-tuso** adj fig Salv *blond*

¡**guau**! onom *wau! (Bellen des Hundes)*

¡**guay**! ⟨poet⟩ *ach! weh!*

guaya|ba f *Guajave|apfel* m, *-birne* f || Am prov *Lüge* f || Col *minderwertige Kaffeebohne* f || Guat Salv fig *(die) Macht* f || Pan *Lappalie* f || Ec *Fußknöchel* m || figf Mex *Braut* f || *Geliebte* f || Guat *Kuß* m || dulce de ~ *Guajavepaste* f || **-bear** vi fam *gern (*bzw *oft) mit jungen Mädchen umgehen* || Am prov *lügen* || **-beo** *m* fam s v. **-bear**: *(öfteres) Verkehren* n *mit jungen Mädchen* || **-bera** f *(Art) kurze, leichte Jacke* f || **-bero** *m* Am *Lügner, Aufschneider* m || **-bo** *m Guajavenbaum* m (Psidium guajava) || figf *junges, kesses Mädchen* n, fam *süße Krabbe* f

guaya|ca f Arg Bol Chi *(Geld)Beutel* m || fig *Talisman* m || **-cán** *m* → **guayaco**

guaya|co *m* ⟨Bot⟩ *Guajakbaum* m (Guajacum officinale) || *Pock-, Guajak|holz* n || **-col** *m* ⟨Pharm⟩ *Gu(a)jakol* n

Guayana f ⟨Geogr⟩ *Gu(a)yana* f

*****guayar** vi prov *miauen (Katze)*

guazubirá *m* ⟨Zool⟩ Arg *Roter Spießhirsch* m (Mazama rufina)

guber|namental adj *Regierungs-* ‖ *der Regierung nahestehend* ‖ *regierungsfreundlich* ‖ **–nativamente** adv *durch die Regierung* ‖ *von seiten der Regierung* ‖ *regierungsseitig* ‖ **–nativo** adj *Regierungs-* ‖ *Verwaltungs-* ‖ **–nista** adj Am = **–namental** ‖ ~ *m* Am *Anhänger* m *der Regierungspartei*
  gubia *f Hohlmeißel* m
  gubio *m* ⟨Fi⟩ = **gobio**
  △**gucarar** vt *öffnen*
  guede|ja *f langes Haar* n ‖ *Mähne* f *des Löwen* ‖ *(Stirn)Locke, Schmachtlocke* f ‖ joc *Herrenwinker* m ‖ ◊ tener a/c por la ~ fig *die Gelegenheit beim Schopfe fassen* ‖ **–jar** vt *(das Haar) kräuseln* ‖ **–jón** *m* augm *v.* **–ja**
  güegüecho adj/s Am *kropfkrank* ‖ MAm Col fig *schwachsinnig* ‖ ~ *m* ⟨Med⟩ Am *Kropf* m
  △**guel** *m Krätze* f
  güela prov = **huela** *v.* **oler** ‖ = **vuela**
  Güel|dres *m* ⟨Geogr⟩ *Geldern* n ‖ **–drés** adj/s *aus Geldern (Holland)*
  güelfo adj/s *welfisch* ‖ ~ *m Welfe* m ‖ ~s y gibelinos ⟨Hist⟩ *Welfen und G(h)ibellinen*
  güelta, güerta *f* pop = **vuelta**
  güelte, guelt(r)e *m* prov *Geld* n
  guepardo *m* ⟨Zool⟩ *Gepard, Jagdleopard* m *(Acinonyx jubatus)*
  △**guer, gueré** *m Dienstag* m
  Guernikako adj bask *aus Guernica* (P Vizc) ‖ ~ arbola *berühmte bask. Hymne* f
  ¹**güero** adj Mex *blond*
  ²**güero** adj prov = **huero**
  guerra *f Krieg* m ‖ *Kampf, Streit, Zwist* m, *Fehde* f ‖ *Streitig-, Zwistig|keiten* fpl ‖ *Feindschaft* f ‖ fig *Widerstand* m ‖ fig *Ärger* m ‖ fig *Mühe* f ‖ ~ abierta *offene Fehde* f ‖ ~ aérea (de agresión) *Luft- (Angriffs)krieg* m ‖ ~ atómica *Atomkrieg* m ‖ ~ bifrontal *Zweifrontenkrieg* m ‖ ~ caliente (fría) *heißer (kalter) Krieg* m ‖ ~ campal *Krieg* m *im offenen Felde* ‖ ~ civil *Bürgerkrieg* m ‖ ~ comercial (económica) *Handels- (Wirtschafts)krieg* m ‖ ~ de conquista *Eroberungskrieg* m ‖ ~ defensiva *Verteidigungskrieg* m ‖ ~ de desgaste *Abnutzungskrieg* m ‖ ~ de exterminio, ~ de aniquilamiento *Vernichtungskrieg* m ‖ ~ de independencia *Unabhängigkeitskrieg* m ‖ ~ (in)justa *(un)gerechter Krieg* m ‖ ~ de liberación *Befreiungskrieg* m ‖ la ⚔ de Liberación Span *der Bürgerkrieg 1936–39* ‖ ~ de movimiento (de posiciones) *Bewegungs- (Stellungs)krieg* m ‖ ~ naval, ~ marítima *Seekrieg* m ‖ ~ mundial *Weltkrieg* m ‖ primera ~ mundial (GM 1), ~ europea, Gran ~ *1. Weltkrieg* m ‖ segunda ~ mundial (GM 2) *2. Weltkrieg* m ‖ ~ de nervios *Nervenkrieg* m ‖ ~ ofensiva *Angriffskrieg* m ‖ ~ preventiva *Präventivkrieg* m ‖ ~ (p)sicológica *psychologische Kriegführung* f ‖ ~ relámpago *Blitzkrieg* m ‖ ~ de religión, ~ de religiones *Religionskrieg* m ‖ ~ santa *Glaubenskrieg, Kreuzzug* m (→ **cruzada**) ‖ ⚔ de secesión *Sezessionskrieg* m *(Nordamerika)* ‖ ~ submarina *U-Boot-Krieg* m ‖ ~ de sucesión *Erbfolgekrieg* m ‖ ~ terrestre *Landkrieg* m ‖ ~ de trincheras *Graben-, Stellungs|krieg* m ‖ →a **batalla** ‖ ⚔ de la independencia Span *Unabhängigkeitskrieg* m *(gegen Napoleon)* ‖ la ~ de los Treinta Años *der Dreißigjährige Krieg* ‖ ardid de ~ *Kriegslist* f ‖ atrocidades de (la) ~ *Kriegsgreuel* mpl ‖ buque de ~ *Kriegsschiff* n ‖ cansancio de la ~ *Kriegsmüdigkeit* f ‖ cementerio de ~ *Soldatenfriedhof* m ‖ consejo de ~ *Kriegsrat* m ‖ contribución de ~ *Kriegsabgabe* f ‖ daños de ~ *Kriegsschäden* mpl ‖ declaración de ~ *Kriegserklärung* f ‖ derecho de ~ *Kriegsrecht* n ‖ economía de ~ *Kriegswirtschaft* f ‖ efectivos de ~ *Kriegsstärke* f ‖ empréstito de ~ *Kriegsanleihe* f ‖ entrada en ~ *Kriegseintritt* m ‖ escuela de ~ *(früher) Kriegsschule* f ‖ *(heute) Offiziersschule* f ‖ estado de ~ *Kriegszustand* m ‖ estallido de la ~ *Kriegsausbruch* m (→ ruptura de **hostilidades**) ‖ gente de ~ *Kriegsvolk* n ‖ indemnización de ~ *Kriegsentschädigung* f ‖ instigación a la ~ *Kriegshetze* f ‖ instigador a la ~ *Kriegshetzer* m ‖ irse a la ~ *in den Krieg ziehen* ‖ marina de ~ *Kriegsmarine* f ‖ material de ~ *Kriegsmaterial* n ‖ Ministerio de la ⚔ *Kriegsministerium* n ‖ mutilado de ~ *Kriegsversehrte(r)* m ‖ nombre de ~ fig *Künstler-, Deck|name* m ‖ oficio de la ~ *Kriegshandwerk* n ‖ perjudicado (od damnificado) de la ~ *Kriegsbeschädigte(r)* m ‖ pie de ~ *Kriegsfuß* m ‖ prisionero de ~ *Kriegsgefangene(r)* m ‖ responsabilidad (od culpabilidad) de la ~ *Kriegsschuld* f ‖ teatro de la ~ *Kriegsschauplatz* m ‖ tiempo de ~ *Kriegszeiten* fpl ‖ tribunal de ~ *Kriegsgericht* n ‖ víctima de la ~ *Kriegsopfer* n ‖ viuda de ~ *Kriegerwitwe* f ‖ ◊ armar (od mover) ~ *Krieg anfangen* ‖ fam *Krach machen* ‖ armar en ~ ⟨Mar⟩ *als Hilfskreuzer ausstatten (Schiff)* ‖ dar ~ figf *jdn belästigen, bekriegen* ‖ *jdm zu schaffen machen* ‖ declarar la ~ *Krieg erklären* ‖ estar en ~ *sich im Krieg(szustand) befinden* ‖ fig *im Streit liegen* (con *mit* dat) ‖ hacer la ~ *Krieg führen* ‖ ~ a a. *et bekämpfen* (& fig) ‖ tener (la) ~ declarada a alg. *jds offener Feind sein* ‖ en buena ~ fig *mit ehrlichen Waffen, mit anständigen Mitteln* ‖ en la ~ como en la ~ fam *Krieg ist Krieg* ‖ *man muß sich ins Unvermeidliche fügen*
  guerre|ar vi *Krieg führen* (& fig) ‖ fig *streiten* ‖ fig *kämpfen* ‖ **–ra** *f* ⟨Mil⟩ *Waffenrock* m ‖ *Feldbluse* f ‖ **–ro** adj *kriegerisch* ‖ *Kriegs-Kampf-* f ‖ canto ~ *Kriegslied* n ‖ espíritu ~ *Kampfgeist* m ‖ hazañas ~as *Kriegstaten* fpl ‖ ~ *m Krieger* m ‖ *Soldat* m
  guerri|lla *f Kleinkrieg* m *(bes im J. 1808 gegen Napoleon in Span.)* ‖ ⟨Mil⟩ *Guerilla* f ‖ ⟨Mil⟩ *kleines Gefecht, Scharmützel* n ‖ ⟨Mil⟩ *Freischarzug* m ‖ →a **partisano** ‖ **–llear** vi ⟨Mil⟩ *scharmützeln* ‖ **–llero** *m* ⟨Mil⟩ *Freischärler* m ‖ ⟨Mil⟩ *Freischarenführer* m ‖ *Guerillakämpfer* m ‖ →a **partisano**
  güerta *f* pop = **huerta**
  güeso *m* pop **hueso**
  güevo *m* pop = **huevo**
  △**gui** *f Getreide* n
  ¹**guía** *f Richtschnur, Anleitung* f ‖ *Führer, Leitfaden* m *(Buch)* ‖ *Reiseführer* m *(Buch)* ‖ *Leitkarte* f *(Kartei)* ‖ *Adreßbuch* n ‖ *Fahrplan* m ‖ *Kursbuch* n ‖ ⟨Com⟩ *Begleitschein* m ‖ ⟨Radio TV⟩ *Werbefunk* m ‖ ⟨Tech⟩ *Führung, Steuerung, Leitstange* f ‖ *Leitschiene* f ‖ *Gleitbahn* f *(& Geschütz)* ‖ ⟨Mar⟩ *Wurfleine* f ‖ *Richtschnur* f, *Lenkseil* n, *Leitstern* m ‖ fig *Anweisung* f ‖ fig *Plan* m ‖ *Leitstange* f *(am Fahrrad)* ‖ ~ de bolsillo *Taschen-, Bestimmungs|buch* n ‖ ~ *Taschenfahrplan* m ‖ ~ comercial *Adreßbuch* n ‖ ⟨Radio TV⟩ *Werbefunk* m ‖ ~ de depósito *Lagerschein* m ‖ ~ de ferrocarriles *Kursbuch* n, *Fahrplan* m ‖ ~ telefónica *Telefonbuch* n ‖ ~ de tránsito *Zollbegleit-, Durchfuhr|schein* m ‖ ~ de viajeros *Reisehandbuch* n ‖ ~s *pl Schnurrbartspitzen* fpl
  ²**guía** *m/f Führer, Wegweiser* m ‖ fig *Führer, Lehrmeister* m ‖ ⟨Sp⟩ *Schrittmacher* m ‖ ⟨Mil⟩ *Flügel-* bzw *Vorder|mann* m ‖ *Leitstier* m ‖ *Richtholz* n *am Hobel* ‖ ~ de forasteros *Fremdenführer* m ‖ ~-**intérprete** *sprachkundiger Reisebzw Fremden|führer* m
  guía|dera *f Führerin* f ‖ ⟨Tech⟩ *Leitschiene* f ‖ *Führungsstück* n ‖ *Leitriemen* m ‖ **–dor** *m Führer* m ‖ ~ adj *führend* ‖ **–ondas** *m* ⟨Radio⟩ *wellenführende Leitung* f
  guiar [pres guío] vt/i *(den Weg) weisen, zeigen* ‖ *leiten, führen* (& fig) ‖ *lenken (Pferde, Wagen, Geschoß)* ‖ *ziehen (Pflanze)* ‖ ~ vi *voran|-gehen, -fahren* ‖ **–se** *sich führen, lenken lassen* (por *von* dat) ‖ *sich richten* (por, según *nach* dat)

guia|tipos *m Typenführung* f *(Schreibmaschine)* ‖ **–virutas** *m Spanführung* f
△**guichitó** *m Adler* m
Guido, Guidón *m* np Tfn *Guido* m
△**guido** *adj gut*
guienés *adj* → **guineo**
guiguí *m* ⟨Zool⟩ Fil *Taguan* m, *Riesenflughörnchen* n (Petaurista petaurista)
guija *f Kiesel(stein)* m ‖ *Kies* m ‖ ⟨Bot⟩ *Platterbse* f (→ **almorta**) ‖ **–rral** *m kieselreiche Stelle* f ‖ **–rreño** *adj* = **–rroso** ‖ fig *stämmig*
guija|rro *m Kiesel(stein)* m ‖ ∼s *mpl* ⟨Geol⟩ *Geröll* n ‖ **–rroso** *adj Kiesel-*
gui|jeño *adj kiesel-, schotter|artig* ‖ fig *hart, grausam* ‖ fig *hart(näckig)* ‖ **–jero** *m Steinfeld* n ‖ **–jo** *m (Quarz)Schotter* m ‖ ⟨Tech⟩ *Dorn, Zapfen* m
guilla *f reiche Ernte* f ‖ de ∼ fig *in Hülle und Fülle*
△**guillabar** vt/i *singen*
guilla|do *adj* fam *verdreht, halb verrückt* ‖ **–dura** *f* fam *Verrücktheit* f
guillame *m* ⟨Zim⟩ *Sims-, Falz-, Spund|hobel* m
guillar vt: ∼**se** fam *(halb) verrückt werden*, fam *durchdrehen* ‖ *ent|weichen, -laufen* ‖ **–las** fam *Reißaus nehmen*, fam *abhauen*
güillegüille *m* Ec *Kaulquappe* f (→ **renacuajo**)
Guiller|mo (Abk **Guill.**º) *m* np *Wilhelm* m ‖ **–mina** *f* np *Wilhelmine* f
guilloque *m* ⟨Tech⟩ *Guilloche* f
guilloti|na *f Fallbeil* n, *Guillotine* f ‖ *Planschneider* m, *Papierschneidemaschine* f ‖ *Tafelschere* f ‖ de ∼ *senkrecht verstellbar(es)* (*Schiebefenster*) ‖ **–nar** vt *mit der Guillotine hinrichten, guillotinieren* ‖ (*Papier*) *beschneiden*
guim|balete *m Pumpenhebel* m ‖ **–barda** *f* ⟨Zim⟩ *Nuthobel* m
guimeriano *adj auf den katalanischen Schriftsteller A. Guimerá (1849-1924) bezüglich*
güinca *m* Chi *Spanier* m ‖ *Weißer* m ‖ fam *Freund, Kamerad* m
¹**guin|da** *f Weichsel-, Sauer|kirsche* f ‖ △*Rucksack* m ‖ ∼ agria *Weichselkirsche* f ‖ ∼ garrafal *dunkelrote Herzkirsche, süße Weichsel* f ‖ **–dal** *m* = **–do** ‖ **–dalera** *f Sauerkirschpflanzung* f
²**guinda** *f* ⟨Mar⟩ *Flaggen-, Mast|höhe* f
guinda|leza *f* ⟨Mar⟩ *Trosse* f ‖ **–maina** *f* ⟨Mar⟩ *Flaggengruß* m
guin|dar vt *hinauf|winden, -bringen* ‖ *hissen*, ⟨Mar⟩ *heißen* ‖ fam *wegschnappen*, fam *angeln* ‖ pop *(auf)hängen* ‖ △*quälen, plagen* ‖ **–daste** *m Schiffs(lade)winde* f ‖ ⟨Flugw⟩ *Ballonwinde* f
guin|dilla *f Spanische Pfefferkirsche* f ‖ *Spanischer Pfeffer, Paprika* m ‖ ∼ m fam desp *Polizist, Schutzmann*, desp *Polyp* m ‖ desp *Spitzel* m ‖ **–do** *m Weichsel-, Sauerkirsch|baum* m (Prunus cerasus) ‖ **–dola** *f* ⟨Mar⟩ *Rettungsboje* f ‖ *Logschein* n
Gui|nea *f Guinea* ‖ *gallina de* ∼, ⋆ *Perlhuhn* n (→ **gallina, pintada**) ‖ ⋆ *Guinea* f *(alte engl. Rechnungsmünze)* ‖ **–neano** *adj aus Guinea* ‖ *auf Guinea bezüglich* ‖ **–neo** *adj/s aus Guinea* ‖ *Guinea-* ‖ ∼ *m Guineabanane* f ‖ *ein Negertanz* m
guin|ja *f*, **-jo(lero)** *m* ⟨Bot⟩ = **azufai|fa** *f*, **-fo** *m*
guiña(da) *f Äugeln, (Zu)Blinzeln, (Zu)Zwinkern* n, *Augenwink* m ‖ ⟨Mar⟩ *Gieren* n ‖ ⟨Flugw⟩ *Schrauben* n
guiña|po *m alter Lumpen, Fetzen* m ‖ fig *Waschlappen* m ‖ ◊ *estar hecho un* ∼ fig *sehr heruntergekommen sein* ‖ fig *sich wie ein Waschlappen (od Wrack) fühlen* ‖ **–poso** *adj lumpig, zerrissen*
gui|ñar vt *jdm (zu)winken, jdn anschielen* ‖ ◊ ∼ *los ojos mit der Augen zwinkern* ‖ *jdm zublinzeln* ‖ ⟨Mar⟩ *gieren* ‖ **–la** pop = **diñarla** ‖ ∼**se** △*Reißaus nehmen* ‖ **–ño** *m Augenzwinkern, Blinzeln* n ‖ *Fratzen* f ‖ ◊ *hacer* ∼s *jdm zublinzeln* ‖ *mit den Augen zwinkern*
gui|ñol *s/adj Puppenspielfigur* f ‖ fig *Kasperle* n ‖ *teatro* ∼ *Marionetten-, Kasperle|theater* n ‖ *muñeco (od figura) de* ∼ *Marionette* f ‖ **–ñolesco** *adj Marionetten-, Kasperle-* ‖ *arte* ∼ *Marionettenspiel* n
gui|ón *m Kirchen-, Prozessions|fahne* f ‖ *Tragkreuz* n ‖ *Vortänzer* m ‖ ⟨Jgd⟩ *Leithund* m ‖ fig *Führer, Wegweiser* m ‖ fig ⟨Radio TV⟩ *Manuskript, Skript* n ‖ ⟨Filmw⟩ *Drehbuch, Skript* n ‖ ⟨Typ⟩ *Kustos* m ‖ *Binde-, Gedankenstrich* m, *Verbindungszeichen* n ‖ ⟨Hist⟩ *Königsbanner* n ‖ ⟨Mil⟩ *Standarte* f ‖ *Stander* m ⟨& Mar⟩ ‖ ⟨Mil⟩ *Korn* n, *Teiltrommel* f *(zum Anschneiden höherer od tieferer Ziele)* ‖ ⟨Mar⟩ *Knie(holz)* n ‖ ∼ *de las codornices* ⟨V⟩ *Wachtelkönig* m (Crex crex) ‖ ◊ *poner un* ∼ *einen Bindestrich setzen* ‖ ∼ adj: *perro* ∼ ⟨Jgd⟩ *Leithund* m ‖ **–onista** *m Drehbuchverfasser* m
guipar vt pop *sehen, (be)merken* ‖ pop *spannen*
guipuzcoano *adj/s aus Guipúzcoa* ‖ *eine der acht baskischen Mundarten*
güira *f* ⟨Bot⟩ Ant Mex *Flaschenkürbis* m (Lagenaria vulgaris) ‖ *Kürbisbaum* m (Crescentia sp) ‖ *Guirafrucht* f, *Baumkürbis* m
△**guiri** *m Gendarm, Polyp* m ‖ ⟨Hist⟩ desp *Liberaler* m *(in den Karlistenkriegen)*
guirigay *m* fam *Rot-, Kauder|welsch* n ‖ fam *Getöse* n, *Radau* m ‖ *lärmendes Durcheinander* n
guirlache *m (Art) Turron* m (→ **turrón**)
guirnalda *f Girlande* f, *Zier-, Blumen|kranz* m ‖ *Blumengehänge* n ‖ ⟨Mar⟩ *Stoßtau* n ‖ *Fender* m ‖ ⟨Bot⟩ = **perpetua, siempreviva** ‖ *tejer* ∼s *Kränze winden*
güiro *m* ⟨Bot⟩ Ant *Flaschenkürbis* m (→ **güira**) ‖ Cu *Musikinstrument* n, *das aus einem Flaschenkürbis hergestellt wird* ‖ Cu fig *heimliches Verhältnis* n ‖ Cu fig *Liebhaber* m bzw *Geliebte* f ‖ Guat *Straßenjunge* m
△**guirpiñar** vt/i *essen, verzehren*
△**guirrar** vi *lachen*
guisa *f*: a ∼ de *als, wie* (nom), *nach Art* (gen), *nach Art von* (dat) ‖ *de tal* ∼ *derart, dergestalt*
guisa|do *m Gericht* n, *zubereitete Speise* f ‖ *Schmor-, Würz|fleisch* m *(Gericht mit Kartoffeln und Soße)* ‖ *Saftbraten* m ‖ allg *Gericht*, n *mit Soße* ‖ fig *Änderung, Bearbeitung* f ‖ ∼ de liebre *Hasenklein* n ‖ **–dor** *adj/s kochend* ‖ ∼ m *Koch* m (→ **cocinero**) ‖ **–dora** *f Köchin* f (→ **cocinera**)
guisandero *m Koch* m
guisan|tal *m Erbsenacker* m ‖ **–te** *m Erbse(nstaude)* f (Pisum sativum) ‖ *(Garten)Erbse* f ‖ ∼ de olor ⟨Bot⟩ *Wohlriechende Wicke* f (Lathyrus odoratus) ‖ ∼s *pl*: ∼ en conserva *Erbsenkonserve* f ‖ *verdes grüne Erbsen* fpl ‖ ∼ secos *gelbe Erbsen* fpl ‖ *lágrimas como* ∼ fig *erbsengroße Tränen* fpl
gui|sar vt/i *kochen, (Speisen) zubereiten* ‖ *schmoren* ‖ fig *einrichten, anordnen* ‖ ◊ *ellos se lo guisan, ellos se lo coman* figf *wer sich die Suppe eingebrockt hat, soll sie auch auslöffeln* ‖ **–so** *m Gericht* n, *zubereitete Speise* f ‖ *Geschmorte(s)* n ‖ ∼ de liebre *Hasenklein* n ‖ **–sote** *m* fam *Sudelkocherei* f, vulg *Fraß* m
güisque, güisqui *m* Am pop *Whisky, Branntwein* m
¹**guita** *f Schnur* f ‖ *Bindfaden* m ‖ *Seil* n
²△**guita** *f* pop *Moneten, Kohlen* fpl, *Zaster* m, *Moos* n, *Marie* f
guita|rra *f Gitarre* f ‖ ⟨Tech⟩ *Gipsschlegel* m ‖ desp *altes Schiff* n, fig *Seelenverkäufer* m ‖ *Ven Feiertagsanzug, Sonntagsstaat* m ‖ Pe *Säugling* m ‖ *buena* ∼ figf *geriebener Kerl* m ‖ ∼ *solista Sologitarre* f ‖ ◊ *eso viene (od pega) como* ∼ *en un entierro* fig *das paßt zusammen wie Tag und Nacht* ‖ *otra cosa es con* ∼ figf *das ist et anderes!* ‖ *das sieht ihm ähnlich!* ‖ **–rrazo** *m Schlag* m *mit der Gitarre* ‖ **–rreo** *m Gitarrenspiel* n ‖ desp *Gitarrengeklimper* n ‖ **–rrero** *m Gitarren|macher* bzw *-händler* m ‖ **–rrista, –rrero** *m Gitarrenspie-*

ler m || **-rro** *m* ⟨Mus⟩ *kleine, viersaitige Gitarre* f *(meist aragon(es)ische Form der span. Gitarre)*
guitero *m prov Seiler* m
¹**güito** *m* Cu *Leber-, Haut\fleck* m || △*Zylinderhut* m || fig pop *Kopf* m, pop *Birne* f
²△**guito** *m Esel* m
³**guito** adj Ar *tückisch, falsch (Lasttier)*
guizque *m Hakenstange* f
△**gujerú** *m Quecksilber* n
gula f *Gefräßigkeit, Schlemmerei, Völlerei* f || → a **glotonería**
gulden *m Gulden* m *(Münze)*
gules *mpl* ⟨Her⟩ *Rot* n || *campo de* ~ ⟨Her⟩ *rotes Feld* n
△**gulistraba** f *Schlange* f
△**gulu** prov *etwas*
gulusme|ar vi *naschen* || **-ro** adj *naschhaft*
gullería f *Leckerhaftigkeit* f || *Leckerbissen* m || *Lüsternheit* f || → **gollería**
△**guma** f *Henne* f
gúmena f ⟨Mar⟩ *Ankertau* n
gumía f *krummer maurischer Dolch* m
△**gumiá** f *(Straßen)Dirne* f
gumífero adj *Gummi-*
△**gura** f *Justiz(behörde)* f
△**gurapandó** *m Sonne* f
gur|bia f Am = **gubia** || Col *Hunger* m || CR pop *Zaster* m, *Kohlen* fpl || Mex *Gauner* m || **-bio** adj *gebogen (Blechinstrument)*
gurbión *m Zeug* n *von gedrehter Seide*
gurí *m* RPl *Indianer-* bzw *Mestizen\junge* m || p. ex *Junge* m
guripa *m* pop *Soldat* m || *Rekrut* m || *Schlingel* m || *Schutzmann,* pop *Schupo* m || *Drückeberger* m
gurisa f RPl *Indianer-* bzw *Mestizen\mädchen* n || p. ex *Mädchen* n
△**guritanó** *m Schweigen* n
△**gurón** *m Kerkermeister* m
△**gurrea** *m Henker* m
¹**gurriato** *m junger Sperling* m || fig *Kleine(r)* m, pop *Küken* n || León Sal Zam *Ferkel* n
²**gurriato** adj pop *aus El Escorial* (→ **escurialense**)
gurrumi|na f *Unterwürfigkeit* bzw *allzu große Nachgiebigkeit* f *(des Ehemannes)* || Am fam *Last, Plage* f || Ec Guat Mex *Ärger* m || Col *Schwermut* f || MAm Mex *Lappalie* f || Mex *Mädchen* n || **-no** adj fam *elend, erbärmlich* || *mick(e)rig* || Hond *gerieben* || ~ m fam *Pantoffelheld* m || Am *Feigling* m || *Schwächling* m || Mex *Bube* m
gusa|na f Sant *Regenwurm* m (→ **lombriz** de tierra) || **-near** vi *wimmeln* || *kribbeln*
gusa|nera f *Wurm\nest, -loch* n || *Madengewimmel* m || fig *Gewürm* m || fig *Brutstätte* f || figf *nagender Schmerz* m || **-niento** adj *wurmstichig* || *madig*
gusa|nillo *m* dim v. **-no** || *Besatz* m *auf Wäsche* || figf *Hunger, Appetit* m || figf *Gewissenswurm* m || ◊ *matar el* ~ figf *Schnaps (früh)morgens trinken* || *essen (gehen)* || **-no** *m* ⟨Zool⟩ *Wurm* m || pop u. fam *Made* f (→ **larva**) || pop u. fam *Raupe* f (→ **oruga**) || fig *widerlicher Kerl* m || vulg Cu *Gegner* m *F. Castros* || ~ *de la conciencia* fig *Gewissenswurm* m, *nagende Reue* f || ~ *intestinal Eingeweidewurm* m || ~ *de luz Leuchtkäferchen* n, *Johanniskäfer* m || ~ *de seda Seiden\raupe* f, pop *-wurm* m || **-noso** adj *wurmstichig* || *madig*
gusara|piento adj *voller Maden* bzw *voller Ungeziefer* || fam *unflätig, unrein* || **-po** m, **-pa** f *wurmartiges Tierchen* n *(z. B. im faulenden Wasser)*
gusla, gusle f, **gusli** m(pl) *Gusla* f *(Saiteninstrument)*
gustar vt *schmecken* || *kosten, versuchen* || *abschmecken* || *genießen* || *wünschen* || ~ vi *gefallen, behagen* || ◊ ~ *de bromas Spaß lieben* || *gern scherzen* || ~ *de cazar gern jagen* || ~ *de jugar am Spiel Gefallen finden* || *me gusta comerlo ich esse es gern* || *no le gusta estudiar er studiert nicht gern* || *gusto de oírlo ich höre es gern* || *como gustes wie du willst* || *si V. gusta wenn es Ihnen genehm ist* || *¿V. gusta? darf ich Ihnen (et) anbieten? gefälligst?* || *Haben Sie Appetit? Wollen Sie mitessen?* || *¡cuando (V.) guste! wann Sie wollen!* || *¡así me gusta! das gefällt mir!* || *iron das haben wir gern!*
gusta|tivo, -torio adj ⟨An⟩ *Geschmacks-* papila ~a *Geschmacksbecher* m || *sensación* ~a *Geschmacksempfindung* f
Gustavo *m* Tfn *Gustav* m
gus|tazo *m* augm v. **gusto:** *Riesenfreude* f || fam *Schadenfreude* f || fam *Rachegefühl* n || *darse el* ~ pop *sich et (Besonderes) leisten* || **-tillo** m dim v. **-to** || *Beigeschmack* m || *Nachgeschmack* m
gusto *m Geschmack(ssinn)* m || *guter Geschmack* m || *Vorliebe* f || *Vergnügen, Gefallen* n *an* (dat) || *Gefälligkeit* f, *Dienst* m || *Laune* f, *Einfall* m || ~ *picante scharfer Geschmack* m || ~ *soso,* ~ *insípido fader Geschmack* m || ~ *por las flores Vorliebe* f *für Blumen* || ~ *a la música Sinn* m *für Musik* || *adorno de mal* ~ *geschmackloser Schmuck* m || *chocolate al* ~ *español Schokolade nach span. Art* || *cuestión de* ~(s) *Geschmack(s)sache* f || *Frage* f *des Geschmacks* || ◊ *dar* ~ *gefallen, behagen* (dat) || *dar* ~ (a) *jdm entgegenkommen* || *jdm ein Vergnügen bereiten* (dat) || *dar a uno por el* ~ *jdm et zu Gefallen tun* || *darse el* ~ *de es sich leisten zu* || *no es de mi* ~ *es sagt mir nicht zu* || *despacharse a su* ~ fam *nach Belieben schalten und walten,* figf *frei von der Leber weg reden* || *estar a (su)* ~ *sich behaglich fühlen* || *hablar al* ~ fam *nach dem Munde sprechen* || *hacer su* ~ *der Bequemlichkeit pflegen* || *nach Belieben handeln* || *¿me hará V. el* ~ *de comer conmigo? wollen Sie mein Gast sein?* || *hay* ~s *que merecen palos* fam *Geschmäcker gibt's!* || *quitar a alg. el* ~ (de) *jdm et verleiden* || *tener buen* ~ fig *guten Geschmack haben* || *tener* ~ *para vestir sich mit Geschmack kleiden* || *tener el* ~ *de das Vergnügen haben zu* || (tengo) *mucho* ~ *en conocerlo* (¡tanto ~!) *es freut mich sehr, Ihre Bekanntschaft zu machen* || *el* ~ *es mío ganz meinerseits (Höflichkeitsformel)* || *sobre* ~(s) *no hay disputa (od no hay nada escrito) über den Geschmack (*fam *über Geschmäcker) läßt sich nicht (ist nicht zu) streiten* || *das ist Geschmackssache* || *tomar el* ~ *Geschmack finden* (a *an* dat), *a* ~ *nach Belieben* || *behaglich* || *gerne* || *gelegen* || *a* ~ *del comprador* ⟨Com⟩ *nach Wunsch des Käufers* || *con* ~ *gern* || *con mucho* ~, *con sumo* ~ *sehr gern, herzlich gern* || *de buen* (mal) ~ *geschmack|voll (-los)* || *de último* ~ *nach dem neuesten Geschmack* || *por* ~ *zum Vergnügen, aus Spaß* || *nach Herzenslust* || *en la variación está el* ~ *in der Abwechslung liegt der Reiz, Abwechs(e)lung ergötzt!*
gusto|samente adv *mit Vergnügen, gern* || **-so** adj *schmackhaft* || *behaglich* || *willig, bereitwillig* || *lo haré* ~ *ich werde es gern tun*
guta|gamba f ⟨Bot⟩ *Gummiguttbaum* m (Garcinia spp) || ⟨Chem Mal⟩ *Gummigutt* n || ⟨Pharm⟩ *Gutti* n || **-percha** f *Guttapercha* f
gutara f CR Ven *Sandale* f
gutíferas fpl ⟨Bot⟩ *Johanniskraut-, Hartheu|gewächse* npl (Guttiferae)
gutu|ral adj *kehlig, Kehl-, Rachen-, Hals-* || ⟨Gr⟩ *guttural, Kehl-* || *consonante* ~ *Kehllaut, Guttural* m || *pronunciación* ~ *gutturale Aussprache* f || *sonido* ~ *Kehllaut, Guttural* m || **-rar** vt/i *guttural aussprechen*
guyanés, esa adj/s *aus Gu(a)yana*
guzla f = **gusla**
△**guzpátaro** *m Loch* n

H

(*Statt* **ha...**, **he...** *usw* →a **a...**, **e...**; →a **g, j**)

h (= **hache**) f *H* n
h. Abk = **haber** || **hasta** || **hace(r)** || **hoja(s)** || **habitantes** || **hora(s)**
ha = **hectárea**
[1]**ha** (→ **haber**) *er (sie, es) hat* || *veinte años* ~ ⟨Lit⟩ *zwanzig Jahre ist es her, vor zwanzig Jahren* (= hace veinte años)
[2]**¡ha!** *he! ach! ei!*
[3]**¡ha, ha!** *haha!*
hab. Abk = **habitantes**
haba f [el] ⟨Bot Agr⟩ *Acker-, Sau-, Pferde\|bohne* f (Vicia faba) || *(Kakao-, Kaffee)Bohne* f || Ast = **faba** || fig *in einer Ostertorte versteckte Glücksfigur* f *aus Porzellan* || fig vulg *Eichel* f *(des männlichen Gliedes)* || ⟨Med⟩ *Quaddel* f (→ **habón**) || ⟨Vet⟩ *Gaumengeschwulst* f *(der Pferde)* || ⟨Min⟩ *Steinknoten* m || △*(Finger-) Nagel* m || ~ de cacao *Kakaobohne* f || ~ de San Ignacio, ~ de los jesuitas ⟨Bot⟩ *Ignatius\|strauch* m, *-bohne* f (Strychnos ignatii) || ⟨Pharm⟩ *Ignatia, Ignatiusbohne* f || ~ de soja *Sojabohne* f (→ **soja**) || ~ tonca SAm *Tonka-, Tonga\bohne* f *(von* Dipteryx odorata) || ~**s** *pl:* son ~ contadas fig *das ist eine abgekartete Sache* || lo que tiene son ~ contadas figf *er muß mit dem Pfennig rechnen* || en todas partes (se) cuecen ~ fig *es wird überall mit Wasser gekocht*
Habacuc m np *Habakuk* m *(Bibel)*
Haba\|na np: la ~ *Havanna* || ≃**nera** f/adj *Habanera* f *(Tanz)* || ≃**no** adj/s *aus Havanna* (→a **indiano**) || *hellbraun (Tabak)* || tabaco ~ *Havannatabak* m || ~ m *(echte) Havanna(zigarre)* f
habar m ⟨Agr⟩ *Saubohnenacker* m
[1]**haber** [pres ind he, has, ha, hemos, habéis, *hais, han; pres subj haya *etc.;* pret hube *etc.;* fut habré] vt/i a) *haben, besitzen* (= tener) || ~ menester *nötig haben, bedürfen* || no ha lugar de... *es ist unstatthaft, zu* || ~(se)las con alg. fam *es mit jdm zu tun haben* || *es mit jdm aufnehmen* || ¡~lo sabido! *hätte ich es gewußt!* → allá
b) *haben, sein (als Hilfszeitwort bei allen span. Zeitwörtern, z. B.* he nadado *ich bin geschwommen,* he corrido *ich bin gelaufen,* había sabido *ich (bzw er, sie) hatte gewußt),* cuando lo habré hecho *wenn ich es getan habe*
c) *bekommen, empfangen* || *eintreiben (Gelder)* || *festnehmen* || los malhechores no pudieron ser habidos *man konnte der Verbrecher nicht habhaft werden* || leo cuantos libros puedo ~ *ich lese alle Bücher, die ich bekommen kann* || ¡mal haya! ⟨bes Lit⟩ *verflucht!* ¡mal haya la hora! *verflucht sei die Stunde!* || bien haya el que...! *wohl dem, der...!* || →a **habido**
d) *in Zeitangaben:* = hacer || un año ha *es ist jetzt ein Jahr (her)* || no ha mucho tiempo, poco tiempo ha *vor kurzer Zeit* || mucho ha que... *schon seit langer Zeit...*
e) ~ de = 1. *Ausdruck der Notwendigkeit od Wahrscheinlichkeit: müssen, sollen* || he de salir *ich muß ausgehen* || habré de soportarlo *ich werde es ertragen müssen* || hube de creerlo *ich mußte es glauben* || se ha de hacer *es muß geschehen* || ha de ~ muchos *es sind sicherlich viele* || sé lo que le ha de hacer *ich weiß, was ich zu tun habe* || no le ha de faltar ayuda *es soll ihm an Hilfe nicht fehlen*
2. *(verstärkter) Sinn des einfachen Futurums:* ganz sicher werden: cuando lo sepas, no lo has de creer *wenn du es erfährst, wirst du es (sicher, bestimmt) nicht glauben* || V. no ha de delatarnos *Sie werden uns sicher nicht verraten* || habrá de suceder *es wird (wohl) geschehen müssen* || habrá de hacerse *es muß gemacht werden*
f) hay *(nur 3. sg aus* ha +y, *vgl* frz il y a): 1. *es ist, es sind, es gibt, kommt vor, es findet statt* || hay mucha gente *es gibt viele Leute* || no hay nada que hacer *da ist nichts zu machen* || no hay nadie *es ist niemand da* || no hay como la previsión *es geht nichts über Vorsicht* || no hay más que decirlo *man braucht es nur zu sagen* || no hay que decir que *es ist selbstverständlich, daß* || hay quien no lo sabe *(od* hay quienes no lo saben) *manche wissen es nicht* || no hay quien lo sepa *niemand weiß es* || no hay tal *das ist nicht wahr* || es listo, si los hay *er ist ein Ausbund an Klugheit* || *er ist hochintelligent* || es valiente, si los hay *er ist über alle Maßen, unvergleichlich tapfer* || ayer hubo junta *gestern fand die Versammlung statt* || hubo un instante de silencio *ein Augenblick des Schweigens folgte* || mañana no hay *(od* habrá) función ⟨Th⟩ *morgen findet keine Vorstellung statt* || ¡algo habrá! *etwas wird schon da sein!* || *etwas muß (an der Sache) dran sein!* || ¡hay que ver! fam *unglaublich!* fam *denken Sie nur an!* || ¡habrá infame! *gibt es einen (größeren) Halunken?* || ¿qué hay? *was ist los?* || *was gibt es?* fam *wie geht's?* || ¿qué hay de nuestro asunto? *wie steht es mit unserer Angelegenheit!* || ¡no hay de qué (darlas)! *keine Ursache! (Antwort auf:* ¡gracias! danke!) || ¡es de lo que no hay! *so etwas findet man nicht wieder!* || *Sachen gibt's!...*
g) habida: cuenta ~, ~ cuenta *unter Berücksichtigung (de von dat)* (= teniendo en cuenta [que])
2. hay que = *man muß, man soll:* hay que trabajar *man muß, man soll arbeiten* || no hay que temer nada *es ist nichts zu fürchten* || no hay que olvidar que *man darf nicht vergessen, daß* || no hay que preocuparse *man braucht sich keine Sorgen zu machen*
~**se:** ¡habráse visto! *wer hätte es geglaubt! das ist unerhört!*
[2]**haber** m *Haben* n *(Buchhaltung)* || *Guthaben* n, *Habenseite* f || *Geldforderung, Löhnung* f, *Sold* m || *Anteil* m || ~ monedado *(Bar)Geld* n || debe y ~ *Soll und Haben* n || ◊ pasar al ~ ⟨Com⟩ *gutschreiben, kreditieren* || ~**es** *pl Vermögen* npl, *Einkünfte* pl || *Habe* f, *Hab und Gut* n || *(Gut)Haben* n || *Gehalt* n || *Bezüge* pl || ~ pasivos *Ruhegehalt* n, *Rente* f
habe\|río m *Viehbestand* m *eines Landgutes* || ~**roso** adj León *reich, begütert*
habichuela f *(Weiß)Bohne, Schmink-, Prinzeß\bohne* f || *braune Bohne* f || *Salatbohne* f || = **judía**
habido pp v. **haber** || la conversación ~a ayer *das gestrige Gespräch* || la reunión ~a hoy *die heute abgehaltene Versammlung* || los hijos habidos de ese matrimonio ⟨Jur⟩ *die Kinder aus dieser Ehe* || lo ~ y por haber fam *alles mögliche, alles Erdenkbare*
habiente p.act v. **haber** || ~ causa, ~**-derecho** *Rechtsnachfolger* m || derecho ~ = **derechohabiente**
hábil adj *geschickt, fähig* || *tüchtig, tauglich* || *diensttauglich* || *flink, gewandt* || *geeignet* || *zur*

Ausübung *e-s Amtes befähigt* || *berechtigt* (para *zu* dat) || ~ en (*od* para los) negocios *geschäftstüchtig* || *días* ~es *mpl Amts-, Werk-, Arbeits|tage mpl* || ~ para adquirir (testar) ⟨Jur⟩ *erwerbs- (testier)fähig*
habili|dad *f Geschick(lichkeit* f*)* n || *Tüchtigkeit* f || *Gewandtheit* f || *Kunstgriff, Kniff* m || *Kunststück* n || *Kunstfertigkeit* f || ~ manual *Handfertigkeit, handwerkliche Begabung* f || **–doso** *adj geschickt, begabt, befähigt* || **–tación** *f* ⟨Jur⟩ *Befähigung* f || *(Erteilung* f *der) Befugnis* f || *Bevollmächtigung* f || *Ermächtigung* f *(z. B. e-s Minderjährigen)* || ⟨Mil⟩ *Zahlmeisterei* f || *Zahlmeisteramt* n || ~ de créditos ⟨Com⟩ *Mittelbewilligung* f || ~ de edad ⟨Jur⟩ *Volljährigkeitserklärung* f || **–tado** *adj befähigt, berechtigt, befugt* (para *zu* [dat *od* inf]) || ~ m *Bevollmächtigte(r)* m || *Kassenleiter, Zahlungsbevollmächtigter* m || *Quästor* m *(Universität, Hochschule)* || ⟨Mil⟩ *Zahlmeister* m || **–tar** *vt befähigen* || *ermächtigen* || *bevollmächtigen* || *berechtigen* || *rechtskräftig machen (Urkunde)* || *versorgen* (de *mit* dat) || *ausrüsten, versorgen* (para *für* acc) || *ein-, her|richten* || ⟨Mar⟩ *(ein Schiff) klarieren* || ⟨Com⟩ *finanzieren, fundieren, mit Geldmitteln versehen* || Am *leihen (Geld)* || **–se** *sich ausrüsten* (para *für* acc bzw de *mit* dat) || fig *sich qualifizieren* (para *für* acc) || Am *gebraucht werden, dienen* (de *zu* dat)
hábilmente *adv geschickt, gewandt* || *tüchtig*
habi|tabilidad *f Bewohnbarkeit* f || **–table** *adj bewohnbar* || **–tación** *f Wohnung, Wohnstätte* f || *(Wohn)Zimmer* n, *(Wohn)Stube* f, *(Wohn-)Raum* m || ⟨Biol⟩ = **–tat** || ~ doble, ~ de matrimonio (individual) *Doppel- (Einzel)zimmer* n || ~ exterior (interior) *äußeres (inneres) Zimmer* n || ~ de lujo *Luxuszimmer* n || ~ para niños *Kinderzimmer* n || derecho de ~ *Wohnrecht* n || higiene de la ~ *Wohnungshygiene* f || dim: **~cita** || **–táculo** *m* ⟨Lit⟩ *u. * Wohnung* f || ⟨Flugw⟩ *Kabine* f, *Raum* m || **–tante** *m Einwohner* m || *Bewohner* m || *número de* ~s *Einwohnerzahl* f || **–tar** *vt bewohnen* || *vi wohnen, hausen*
habitat *m* ⟨Biol⟩ *Habitat, Wohn-, Verbreitungs|gebiet, Vorkommen* n, *Standort* m || *Lebensraum* m (→ **espacio** vital)
hábito *m Kleid* n || *Tracht* f || *Ordenskleid* n || *Gewohnheit* f || ◊ tomar el ~ (de) *sich angewöhnen zu* || in einen Orden *eintreten* || el ~ no hace al monje fig *die Kutte macht noch k–n Mönch, der Schein trügt* (→ a **apariencia**) || el ~ hace al monje fig *Kleider machen Leute* || **~s** *pl:* ◊ colgar (*o* ahorcar) los ~ fam *das Ordenskleid ablegen* || fig den Beruf an den Nagel *hängen* || tomar los ~ fig *ins Kloster gehen*
habi|tuación *f Angewöhnung* f || *Gewöhnung* f || ⟨Med⟩ *Habituation* f || **–tuado** *m (Rauschgift-)Süchtige(r)* m || **–tual** *adj gewohnt, gewöhnlich* || *üblich* || *gebräuchlich* || *Gewohnheits-* || *cliente* ~ *Stammgast* m *(e–r Gaststätte usw)*, *öst Habitué* m || *Stammkunde* m || pecado ~ *Gewohnheitssünde* f || *adv:* **~mente:** *gewohnheitsmäßig* || **–tualidad** *f* ⟨Jur⟩ *Gewohnheitsmäßigkeit* f *(e-r strafbaren Handlung)* || **–tuar** [pres –úo] vt *gewöhnen* (a an acc) || **~se** *vr sich an et* (acc) *gewöhnen* || ~ al calor *sich an die Wärme gewöhnen* || **–tud** *f Zusammenhang* m *zwischen zwei Sachen* || Am *Gewohnheit* f
habla *f* [el] *Sprache, Rede* f, *Sprechen* n || *Sprechweise* f || *Sprache* f *eines Volkes* || *Sprachgebrauch* m || *Mundart* f || *Anrede* f || *Rücksprache, Unterredung* f || de ~ española *spanischsprechend, spanischsprachig* || ◊ dar ~ a alg. *mit jdm sprechen* || estar ~ con alg. *mit jdm verhandeln* || estar sin ~ *verhandelt werden (ein Geschäft)* || estar sin ~ *sprachlos sein* || perder el ~ fig *die Sprache verlieren* || nos hizo perder

el ~ fig *es hat uns die Sprache verschlagen* || ponerse al ~ *sich in Verbindung setzen, in Verhandlung treten* (con *mit* dat) || ¡al habla! ⟨Tel⟩ *am Apparat!*
habla|dero *m* Chi *Gerede* n, *Afterrede* f || **–do** *adj:* bien ~ *beredt* || *anständig (in der Ausdrucksweise)* || *gut gesprochen* || ¡~! *sehr richtig!* || mal ~ *grob im Ausdruck* || *unanständig, zotig (im Ausdruck)* || ~ *adv/s* ⟨Th⟩ *gesprochen (Prosapartie)* || **–dor** *adj geschwätzig* || *gesprächig* || *klatschsüchtig* || *schwatzhaft* || ~ m *Schwätzer* m || pop *Wasch-, Klatsch|maul* n || *Zuträger* m || *Großsprecher, Aufschneider* m || **–duría** *f Geschwätz* n || **~s** *pl Klatsch* m, *Gerede* n || *üble Nachrede* f || **–nchín** *adj/s* fam = **–dor** || **–nte** *adj/s sprechend, -sprachig* || *hispano~ spanischsprachig* (→ a **hispanófono, parlante**) || ~ *m:* ~ nativo *Muttersprachler* m *(Informant)*
hablar *vt (aus)sprechen* || *reden* || *hersagen, vortragen* || ◊ no le hablo *ich bin ihm böse, ich spreche mit ihm nicht mehr* || ~ perfectamente alemán *perfekt deutsch sprechen* || ~ castellano *Spanisch sprechen* || ~ en castellano *spanisch sprechen* || ~ (en) cristiano, ~ (en) castellano, ~ (en) español, ~ (en) romance, no ~ (en) chino, no ~ (en) griego *deutlich, verständlich reden*, etwa: *auf gut deutsch sagen* || ~ disparates *Unsinn reden* || esta palabra la habla mal *dieses Wort spricht er falsch aus* || Dios le habló *Gott hat es ihm eingegeben* || ~ vt/i *sprechen, Rücksprache nehmen* (con *mit* dat) || *miteinander sprechen* || *sich unterhalten (mit* dat bzw de, über acc) || *e–e Rede, Ansprache halten* || *plaudern* || *klatschen* || ◊ ~ a (*od* ~ con) alg. *mit jdm sprechen* || ~ con una mujer *ein Liebesverhältnis mit e-r Frau haben* || ~ a borbotones, ~ a chorros *sprudeln, hastig sprechen* || ~ a gritos *schreien* || ~ al aire, ~ por ~ *in den Tag hineinreden* || ~ al caso *fachgemäß reden* || ~ con Dios fig *beten* || ~ como un libro fig *wie ein Buch reden* || eso habla conmigo *das geht mich an, das ist meine Sache* || ~ con las manos *sich durch Gebärden verständigen (Taubstumme)* || ~ de (*od* en, sobre) a/c *von, über et sprechen* || ~ de ⟨Lit⟩ *künden von* || no se hable más de (*od* en) ello *Schluß damit! Schluß der Debatte!* || ~ en romance = en cristiano || ~ entre dientes *brummeln*, fam *in s–n Bart brummen* || ~ entre sí, ~ consigo *mit sich selbst sprechen* || ~ por los codos fam *schwatzen* || ~ por enigmas *in Rätseln sprechen* || ~ por la nariz *näseln* || ~ por señas *sich durch Zeichen verständigen* || es ~ por demás *eitle Reden!* || yo hablaré por V. *ich werde mich für Sie verwenden* || ~ alto *laut sprechen* || ~ bajo, ~ quedo *leise reden* || ~ fuerte, ~ recio fig *energisch, würdevoll reden* || ~ hueco fig *stolz, anmaßend reden* || ~ mal *nicht korrekt reden, sich falsch ausdrücken* || *anstößig sprechen* (→ a mal **hablado**) || ~ mal (bien) de alg. *schlecht (gut) sprechen von jdm* od *über jdn* || ~ bien *korrekt* bzw *präzise sprechen* (→ a bien **hablado**) || dar que ~ *Anlaß zu Gerede geben* || *Aufsehen erregen* || hacer ~ a uno fig *jdn zum Sprechen bringen* || el cuadro está hablando fig *das Bild ist sprechend ähnlich* || hablando entre los dos *unter uns gesagt* || eso se llama ~ *das ist ein Wort! das lasse ich mir gefallen!* || de eso no hay que ~ *das versteht sich von selbst* || **~se** *vr miteinander sprechen, sich sprechen* || no nos hablamos *wir sprechen nicht mehr miteinander, wir sind verfeindet*, fam *wir sind verkracht* || se habla mucho de ello *darum wird viel Gerede gemacht*
hab|lilla(s) *f(pl) Gerücht, Gerede* n || *Klatsch* m || **–lista** *m gewandter Redner* m || *Redekünstler* m
habón *m augm v.* **haba** || ⟨Med⟩ fam *Quaddel* f

habré → haber
Habsburgo m ⟨Hist⟩: la Casa de ~ *(häufiger:* la Casa de Austria*) die Habsburger* mpl *(Fürstengeschlecht)*
haca = jaca
hace|dero adj *tunlich, möglich* || *leicht* || **–dor** m *Täter* m || *Urheber* m || Arg *Verwalter e–r Hazienda, Gutsverwalter* m || ~ de versos *Verseschmied, Versifex* m || el Supremo ~ *der Schöpfer*
hacen|dado adj *begütert, wohlhabend* || ~ m *Grundeigentümer, Gutsbesitzer* m || Am *Besitzer* m *e–r Hazienda* || *Viehzüchter* m || **–dar** vt *Grundstück übertragen (an* acc*)* || *mit Ländereien ausstatten* || **~se** vr *Grundbesitz erwerben, sich mit Grundbesitz niederlassen* || **–dera** f *gemeinsame Gemeindearbeit* f || **–dero** adj/s *haushälterisch* || **–dilla, –dita, –duela** f dim v. **hacienda**
–dista m *Finanzbeamte(r)* m || *Finanzmann* m || *Staatswirtschaftler* m || *Haushaltsexperte* m || **–doso** adj *geschäftig, emsig, regsam* || *haushälterisch*
hacer [irr pres 1. **hago**, pret **hice**, fut **haré**, part **hecho**]
A) ~ vt *machen, tun* || *tun, ausüben* || *(be-)wirken* || *verfertigen* || *ausmachen, betragen (e–e Summe)* || *schöpfen, erschaffen* || *vollbringen, ausführen* || *anfertigen, herstellen, fabrizieren (Gegenstand)* || *verwandeln in* (acc) || *gewöhnen* (a *an* acc) || *versorgen* (con, de *mit*) || ⟨Th⟩ *vorstellen, spielen* || *bauen (Haus)* || *schneidern, machen (Kleid)* || *anfertigen, machen (Anzug)* || *machen (Bett)* || *packen (Koffer)* || *aufräumen (Zimmer)* || *tun, machen, erledigen (Arbeit)* || *zubereiten (Essen)* || *backen (Brot)* || *verrichten (Notdurft)* || *verdienen (Geld)* || *ausstellen (Rechnung)* || *führen (den Krieg)* || *ableisten (Militärdienst)* || *abstatten, machen (Besuch)* || *erweisen (Dienst, Gefälligkeit)* || *tun (Gefallen)* || *machen, verursachen (Lärm)* || *machen (Vorschlag)* || *unterbreiten (Angebot)* || *geben (Zeichen)* || *schneiden (Grimasse)* || fam *begehen (Dummheit, Irrtum)* || fam *erfüllen (Pflicht)* || fam *verfassen (Dichtung)* || *ausmachen (Anzahl, Summe)* || *(veran)lassen, bewirken, verursachen, zur Folge haben* || *glauben* || *halten für* || *sein werden* || *enthalten, fassen* || ~ buena acogida a una letra de cambio *e–n Wechsel honorieren* || ~ agua(da) *sich mit Wasser versehen (Schiff)* || ⟨Mar⟩ *leck sein, lecken* || ~ alguna fam *e–n tollen Streich begehen* || fam *sich sehr daneben benehmen* || ~ el amor (a) *jdm den Hof machen* || *die Liebe machen* || ~ el ánimo *den Vorsatz fassen* || *Stimmung machen* || ~ el balance *die Bilanz ziehen* || ~ bien *richtig handeln* || *recht haben* || ~ blanco, ~ diana *treffen, e–n Volltreffer erzielen* || ~ bueno *bekräftigen* || *verbürgen* || ~ burla, ~ chacota, ~ chanza, ~ chunga *(derben) Spaß treiben* || ~ de uno *jdn verspotten* || ~ caediza u/c *et absichtlich fallen lassen* || ~ calceta *stricken* || ~ caso *Wert legen* (de *auf* acc), *et beachten* || *et hochschätzen* || no ~ caso *außer acht lassen* || ~ la comida *das Essen zubereiten, kochen* || ~ una concesión *ein Zugeständnis machen* || ~ un contrato *e–n Vertrag abschließen* || ~ cuesta *abschüssig sein (Gelände)* || ~ dinero *Geld verdienen* || ~ economías (Geld) sparen || *sparsam leben* || ~ un favor (a) *jdm e–e Gefälligkeit erweisen* || ~ fe *beglaubigen, beweisen* || ~ gestos *gestikulieren* || ¡me hace gracia! *das ist köstlich!* || ~ (la) guerra *Krieg führen* || ~ honor *Ehre erweisen* || ~ el inventario *das Inventar aufnehmen* || ~ juego *spielen* || fig *zueinander passen (z. B. zwei Gegenstücke)* || ~ juicio *ein Urteil fällen* || *urteilen, dafürhalten* || ~ justicia *gerecht behandeln, beurteilen* || esta botella hace un litro *diese Flasche faßt e–n Liter,* fam *in diese Flasche geht ein Liter* || ~la sich et zuschulden kommen lassen || hacérsela a alg. *jdm e–n schlimmen Streich spielen* || ¡la hemos hecho buena! iron *da sind wir schön hereingefallen! da haben wir was Schönes angerichtet!* || hará un gran abogado *er wird (einmal) ein guter Anwalt (werden* bzw *sein)* || ~ a un lado *beiseite schaffen* || ~ memoria *sich besinnen* || *sich erinnern* || ~ su negocio fam *gut abschneiden* || hágame el obsequio de callar *schweigen Sie gefälligst* || ~ (las) paces *Friede machen* || ~ un pago *e–e Zahlung leisten* || ~ un papel ⟨Th⟩ *e–e Rolle spielen* || ~ parte *mitteilen* || ~ pedazos, ~ añicos, ~ trizas, ~ trozos *in Stücke hauen* || ~ penitencia *Buße tun, büßen* || ~ el plato *vorlegen (Suppe, Speise)* || ~ posible *ermöglichen* || ~ el ridículo, ~ un papelón fam *sich blamieren* || ~ sombra *Schatten werfen* || *beschatten* || ~ de las suyas *sein Unwesen treiben* || ~ tiempo fam *die rechte, günstige Zeit zu et abwarten* || *sich zerstreuen, sich die Zeit vertreiben (beim Warten)* || ~ las uñas *die Nägel schneiden* || ~ las veces de alg. *jds Stelle vertreten* || ~ vela ⟨Mar⟩ *(ab)segeln* || no le hago tan necio *ich halte ihn nicht für so dumm* || ~ que se hace *so tun, als ob (man arbeitete)* || yo le hacía en Madrid *ich glaubte, er wäre in Madrid* || nueve y cuatro hacen trece 9+4 = 13 || no lo hizo a mal ~ *er hat es nicht absichtlich getan* || ¡haga V. su gusto! *machen Sie sich's bequem!* || ¡buen provecho le haga! *wohl bekomm's ihm!*

1. in Verb. mit inf = „*heißen, lassen*" od *als Ersatz für einfache deutsche Zeitwörter:* ~ andar el reloj *die Uhr in Gang bringen* || ~ callar *zum Schweigen bringen* || ¡hágalo entrar! *heißen Sie ihn eintreten!* || ~ hablar a uno *jdn zum Sprechen bringen* || ~ llegar (a) *jdm et zukommen lassen* || ~ reir *zum Lachen bringen* || ~ saber *jdn benachrichtigen, jdn et mitteilen, zur Kenntnis bringen* || ~ sudar a uno *figf jdm Anstrengung verursachen* || ~ valer su derecho *sein Recht geltend machen* || ~ ver *zu verstehen geben* || *zeigen*

2. in Verb. mit subj.: ~ que + subj *veranlassen, zur Folge haben, bewirken, daß* + ind || esto hace que venga *das hat zur Folge, daß er kommt*

3. in Verb. mit Adjektiven, bes *als Ersatz einfacher deutscher Zeitwörter:* ~ fácil *erleichtern* || ~ difícil *erschweren* || ~ patente *an den Tag legen* || ~ presente *erinnern an* (acc) || *erklären, darlegen* || ~ público *bekanntmachen* || ~ suyo *sich zu eigen machen* || *annehmen*

B) ~ vi *arbeiten, schaffen* || *handeln* || *passend sein, passen, harmonieren* || *ausmachen, betreffen* || *fungieren (als* nom*)* || ¡déjele ~! *lassen Sie ihn gewähren!* || ~ mal *schlecht handeln* || *unrecht haben* || dar que ~ (a) *jdm zu schaffen machen* || tener mucho que ~ *viel zu tun haben* || estarse haciendo *im Werden sein* || ~ feo *nicht passen* (con *zu* dat) || *häßlich aussehen* || fig *e–n schlechten Eindruck machen* || ¿qué (le) hemos de hacer? ¿qué se le ha de ~? ¡qué le vamos a ~! *was ist zu tun? was soll man da weiter machen?* || *das ist nicht zu ändern!* || *was will man da machen!* || donde(quiera que) fueres, haz como vieres *andere Länder, andere Sitten*

1. in Verb. mit con, de, por: ~ con *sich schicken (zu), zusammenpassen* || ~ de aprendiz *in der Lehre sein* || ~ del cuerpo pop *zu Stuhl gehen* || ~ de intérprete *den Dolmetscher machen, als Dolmetscher fungieren* || ~ sus necesidades, pop ~ de vientre *s–e Notdurft verrichten, zu Stuhl gehen* || ~ por llegar *sich anstrengen, um anzukommen*

C) ~ v. impers: hace calor *es ist warm* || hace frío *es ist kalt* || hace sol *die Sonne scheint* || hace buen, mal tiempo *es ist schönes, schlechtes Wetter* || hace quince días *vor vierzehn Tagen* ||

haces — haleche 606

ayer hizo un mes *gestern war es ein Monat* || hacía tiempo que se ocupaba en ello *er beschäftigte sich schon seit einiger Zeit damit* || se me hace que *es scheint mir, daß* || por lo que hace al precio *was den Preis anbetrifft, hinsichtlich des Preises* || eso no le hace *das spielt keine Rolle* || eso no hace al caso *das hat nichts damit zu tun* || ~**se** *werden, entstehen* || *sich gewöhnen* (a, con *an* acc) || *sich versehen* (de *mit*) || *sich irgendwohin begeben* || *sich et aneignen* || ~ afuera *hinaus-, fort\gehen* || ~ cristiano *das Christentum annehmen* || ~ fuerte ⟨Mil⟩ *sich verschanzen* || *hartnäckig bestehen* (en *auf* dat) || ~ a un lado *zur Seite treten* || ~ a la mar ⟨Mar⟩ *in See stechen* || ~ con el mando *die Führung übernehmen* || ~ el interesante fam *sich interessieren machen, aufzufallen versuchen* || ~ el olvidadizo *sich stellen, als ob man sich nicht erinnerte* || ~ obedecer *sich Gehorsam verschaffen* || *seinen Willen durchsetzen* || ~ presente *vortreten, sich vorstellen* || ~ responsable *die Verantwortung übernehmen* (de *für*) || ~ rico *reich werden* || ~ servir *sich gern bedienen lassen* || ~ el sordo *den Tauben spielen* || ~ al trabajo *sich an die Arbeit gewöhnen* || ~ el tonto *den Unwissenden spielen* || ~ viejo *alt werden, altern* || se hace lo que se puede *man tut, was man kann* || se me hacía fácil *es kam mir leicht vor* || ya se hace tarde *es wird schon spät* || ~ a la mar, ~ a la vela ⟨Mar⟩ *unter Segel gehen* || ~ a una parte *sich seitwärts stellen* || *beiseite gehen* || ~ con a/c *sich e-r S. bemächtigen, sich et aneignen* || no poder ~ con el coche ⟨Aut⟩ *den Wagen nicht in der Gewalt haben* || ~ de a. *sich versehen mit et* || ~ de rogar *sich sehr bitten lassen, spröde tun* || ya se está haciendo de noche *es wird schon Nacht* || ¡eso no se hace! *so etwas tut man nicht!* || ¡qué se (le) va a ~! fam *da hilft alles nichts!* || *da kann man nichts machen!*
haces *pl v.* **haz**
hacezuelo *m* dim *v.* **haz**
hacia prep *gegen, nach, auf et zu, in Richtung auf* || *gegen, etwa um (Zeitangabe)* || *ungefähr zu* (dat) || ~ abajo *(strom)abwärts* || *nach unten* || ~ adelante *nach vorn, vorwärts* || ~ allí *dorthin, hin* || ~ aquí, ~ acá *hierher* || ~ arriba *aufwärts, hinauf* || ~ atrás *rückwärts, zurück, nach hinten* || ~ el año de 1890 *um das Jahr 1890* || ~ las cinco *ungefähr um 5 Uhr* || ~ donde *wohin, woher* || ~ fuera *nach außen* || ~ el interior, ~ dentro *nach innen* || ~ el interior del país *landeinwärts* || ~ el norte *nach (dem) Norden zu* || *nördlich* || su aversión ~ mi *seine Abneigung gegen mich* || mirar ~ ... *hinsehen*
hacienda *f Besitzung* f, *Landgut* n || *Pachthof* m || *Grundstücke* npl || *Vermögen* n, *Habe* f || *Feld, Land* n || *Haushalt* m || *(Staats)Finanzen* pl || *Finanzwesen* n || *Finanzschatz* m || prov *Vieh* n || Am *Hazienda* f || *Viehzüchterei* f || *Plantage, Farm* f || ~ pública *Staatsfinanzen* pl || *Finanzwesen* n || *Finanzverwaltung* f || administración de ~ *Finanzverwaltung* f || delegación de ~ *Finanzamt* n || delegado de ~ Span *Finanzpräsident* m || Ministerio de ⸺ *Finanzministerium* n || ~ vacuna SAm *Rinder(bestand* m*)* pl
haci|na *f (Heu)Schober* m, *Hocke, Feime* f || *Haufen* m *(Heu, Getreidegarben)* || fig *Haufen* m || **-namiento** *m Aufschichten* n || *Anhäufung* f (& fig) || fig *Zusammendrängen* n *(Menschen)* || *Zusammenpferchen* n *(Tiere)* || **-nar** vt *aufschichten (Garben)* || fig *an-, auf\häufen* || ~**se** vr *aufgehäuft sein* || fig *sich drängen* || *sich zusammenballen*
¹**hacha** *f*[el] *(Wachs)Fackel* f || *Strohbündel* n *zum Dachdecken* || fig *Stern* m, *Leuchte* f || ~ de viento *Windfackel* f
²**hacha** *f*[el] *Axt* f, *Beil* n || *Horn* n *(des Stiers)* ||

~ de armas *Streitaxt* f || ~ de piedra, ~ de sílex *Steinbeil* n *(Steinzeit)* || ◊ (des)enterrar el ~ de la guerra figf *das Kriegsbeil be- (aus)graben* || ser un ~ figf *ein As sein*
³**hacha** *f* ⟨Hist⟩ *spanischer (Volks)Tanz* m
hacha|dor *m* Am *Holzfäller* m || **-zo** *m Axt-, Beil\hieb* m || fig *Hornstoß* m *(e-s Stiers)* || Am fig *tiefe Wunde* f
hache *f* [el] *das span.* H || ◊ llámelo (usted) ~ figf *es ist ganz dasselbe!* || *da ist keine Wahl!* || por ~ o por be figf *aus dem e-n od ander(e)n Grund, so oder so*
hache|ar vt *mit dem Beil bearbeiten* || *(ab-, zer)hacken, zerhauen* || vi *hacken (mit dem Beil)* || **-ro** *m Holzfäller* m || ⟨Mil⟩ *Schanzarbeiter* m || *Fackelständer* m (→ **hachón**)
ha|chís, -chis *m Haschisch* n
ha|cho *m Strohbündel* n || *Kienspan* m || △*Dieb* m || **-chón** *m Pech-, Wind\fackel* f ⟨Hist⟩ *Flammenmal* n || *Freudenfeuer* n || **-chote** *m* ⟨Mar⟩ *Windlicht* n
hachuela *f Handbeil* n
hada *f*[el] *Fee* f (& fig) || →a **(an)jana, ondina, hechicera, bruja**) || cuento de ~s *(Fee)Märchen* n || ◊ tener dedos *(od* manos*)* de ~ *sehr geschickt sein* (*Mädchen, Frau*)
ha|dado adj *vom Schicksal verhängt* || →a **bien-, mal|hadado** || **-dar** vt *verzaubern || vi *das Schicksal künden*
hadji *m Hadschi* m
hado *m Schicksal, Geschick* n || *Los* n || fig *Vorsehung* f
hafnio *m* ⟨Chem⟩ *Hafnium* n
ha|giografia *f Hagiographie, Lebensbeschreibung* f *von Heiligen* || **-giógrafo** *m Hagiograph, Verfasser* m *von Heiligenleben* || **-giolatría** *f Hagiolatrie, Verehrung* f *der Heiligen*
hago → **hacer**
hahnemaniano adj ⟨Med⟩ *homöopathisch (nach dem dt. Arzt S. F. Hahnemann)*
hai Am pop = **ha de** (→ **haber**)
haiduco *m* = **jeduque**
haiga pop = **haga** (→ **hacer**) || ~ m fig u. bes iron *Span Straßenkreuzer* m
hais → **haber**
Hai|ti *m* ⟨Geogr⟩ *Haiti* || ⸗**tiano** adj/s *aus Haiti* || ~ m *Haitianer* m
haje *f* ⟨Zool⟩ *Uräusschlange* f (Naja haje) || → **naja, áspid**
¡**hala**! *he! holla! (Ruf)* || *nur los!*
hala|gador adj *schmeichelhaft* || *schmeichlerisch* || *verheißungsvoll* || **-gar** [g/gu] vt *liebkosen* || *schmeicheln, schöntun* (a alg. *jdm* dat) || *freuen* (a alg. *jdn* acc) || *vergnügen* || ◊ me halaga tu hablar *deine Worte gefallen mir* || *al paladar* fig *kitzeln* || **-go** *m Schmeichelei* f || *Schmeicheln* n || *Liebkosung* f || *Vergnügen* n, *Genuß* m || **-güeño** adj *schmeichelhaft* || *reizend, lockend* || *vielversprechend*
halalí *m* ⟨Jgd⟩ *Halali* n
halar vt/i ⟨Mar⟩ *auf-, ein-, an\holen* || *(aus)fieren*
hal|cón *m* ⟨V⟩ *Falke* m || ~ abejero *Wespenbussard* m (Pernis apivorus) || ~ común *Wanderfalke* m (Falco peregrinus) || →a **alcotán, cernícalo, esmerejón** || **-conear** vi fig *die Männer herausfordern, auf Männerjagd gehen (Frau)* || **-conera** *f Falkengehege* n || **-conería** *f* ⟨Jgd⟩ *Falken\beize* bzw *-jagd* f || *Falknerkunst* f || **-conero** *m* ⟨Jgd⟩ *Falkner, Falkenier* m
hal|da *f*[el] = **falda** || *(Rock)Schoß* m || *(grober) Sack* m || de ~s o de mangas figf *um jeden Preis, so od so* || **-dada** *f Sackvoll* m || *Schoßvoll* m || **-dear** vi ⟨Lit⟩ *mit fliegenden Rockschößen eilen* || **-deta** *f* dim *v.* ~ || fig *Frackschoß* m || *(kurzer) Rockschoß* m
hale = **le ha** (→ **haber**) || ¡~! = ¡**hala**!
haleche *m* ⟨Fi⟩ *Sardelle* f (Engraulis encrasicolus) || → **boquerón**

half *m* engl ⟨Sp⟩ *Läufer* m
halieto *m* ⟨V⟩ *Fischadler* m (→ **águila** pescadora)
hálito *m Hauch* m ‖ *Atem* m ‖ ~ *de viento* ⟨poet⟩ *Luft-, Wind\hauch* m ‖ ~ *de vida* ⟨poet⟩ *Lebenshauch* m ‖ →a **aliento**
halitosis *f* ⟨Med⟩ *übler Mundgeruch, Halitus* m
halo *m* ⟨Astr⟩ *Hof* m *um Sonne, Mond usw* ‖ ⟨Phot⟩ *Lichthof* m ‖ fig *Schein* m ‖ fig *Aureole* f, *Nimbus* m ‖ →a **nimbo** ‖ con supresión del ~ ⟨Phot⟩ *lichthoffrei*
ha|lobionto adj/s = –**lófilo** ‖ ~ *m Halobiont* m ‖ –**lófilo** adj ⟨Biol⟩ *halophil, im salzreichen Milieu lebend* ‖ –**lógeno** adj/s ⟨Chem⟩ *halogen, salzbildend* ‖ ~ *m Halogen* n ‖ –**loideo** adj/s ⟨Chem⟩: *sal* ~a *Haloid* n
halón *m* ⟨Astr⟩ *Hof* m bzw *Korona* f *(der Gestirne)*
halte|ra *f*, –**rio** *m* ⟨Sp⟩ *Hantel* f ‖ –**rofilia** *f* ⟨Sp⟩ *Gewichtheben* n
hall *m* engl *(Eingangs)Halle* f ‖ →a **zaguán**
halla|da *f Finden* n, *Fund* m ‖ –**dera** adj fam Sant *gemütlich (Ort)* ‖ –**do** adj: bien ~ *zufrieden* ‖ *gewohnt* (con *an* acc) ‖ –**dor** m/adj ⟨Jur⟩ *Finder* m ‖ ⟨Mar⟩ *Berger* m
hallar vt *(azf)finden* ‖ *(an)treffen* ‖ *ausfindig machen* ‖ *begegnen* (a alg. *jdm* dat) ‖ *er|finden, -sinnen* ‖ *(be)finden, meinen, der Ansicht sein (que daß)* ‖ *dafürhalten* ‖ *empfinden (als)* ‖ *er|forschen, -mitteln* ‖ ◊ ~ *buena acogida guten Empfang finden* ‖ *honoriert werden (Wechsel)* ‖ ~ *aprobación Anklang finden* ‖ ~ *su cuenta en* a/c *bei e–r S. auf seine Rechnung kommen* ‖ *lento despacho schwer verkäuflich sein (Ware)* ‖ ~ *rápida venta schnellen Absatz finden (Ware)* ‖ ‖ ~ *que decir contra todo überall et auszusetzen haben* ‖ *apenas halló palabras para ... er konnte kaum Worte finden, um ...* ‖ →**se** vr *sein* (= estar) ‖ *sich (irgendwo) befinden* ‖ *sich fühlen* ‖ *sich einfinden* ‖ *sich begegnen, sich treffen* ‖ *dasein, vorhanden sein* ‖ ⟨Zool Bot Geol⟩ *vorkommen* ‖ ◊ ~ (= estar) *enfermo krank sein* ‖ *sich krank fühlen* ‖ ~ *en situación (od en condiciones)* (de) *imstande sein (zu)* ‖ ~ *presente zugegen sein* ‖ ~ *con u/c et besitzen* ‖ ~ *con un obstáculo auf ein Hindernis stoßen* ‖ ~ *en una situación embarazosa sich in e–r heiklen Lage befinden*
hallazgo *m Entdeckung* f ‖ *Auffinden* n ‖ *Fund* m ‖ ⟨Med⟩ *Befund* m ‖ ⟨Jur⟩ *Fund(gegenstand)* m ‖ fig *glücklicher Fund, guter Einfall* m, *glänzende Idee* f, fam *Volltreffer* m ‖ *premio en* ~ ⟨Jur⟩ *Finderlohn* m
hallulla *f Aschenbrot* n
hama|ca *f Hängematte* f ‖ *Schaukelnetz* n ‖ Am *Schlafnetz* n ‖ *Schaukel* f ‖ Arg *Schaukelstuhl* m ‖ ~**columpio** *f Hollywoodschaukel* f ‖ –**car(se)** [c/qu] vt/r Am *(sich) schaukeln* ‖ ◊ tener que ~se Arg fig *sich anstrengen* (fam *durchschaukeln*) *müssen*
hama|dría(de) *f Baumnymphe, Dryade* f ‖ ~, –**drías** *m* ⟨Zool⟩ *Mantelpavian, Hamadryas* m (Papio hamadryas)
hámago *m Bienenpech* n ‖ fig *Überdruß* m
hamamelidáceas *fpl* ⟨Bot⟩ *Zaubernuß-, Hamamelis|gewächse* npl (Hamamelidaceae)
hamaque|ar vt Am *wiegen* ‖ fig *verwöhnen, vertrösten* ‖ →**hamacar** ‖ –**ro** *m Hängematten|-hersteller* bzw *-träger* m ‖ Am *Haken* m *(für Hängematten)*
hambre *f* [el] *Hunger* m ‖ *Hungersnot* f ‖ fig *heftiges Verlangen* n *(de nach* dat) ‖ ~ *canina Heißhunger (Wissensdurst)* m ‖ ~ *de cariño (ciencia) Liebeshunger (Wissensdurst)* m ‖ ~ *estudiantina* figf *großer Hunger* m ‖ ◊ *matar el* ~ fig *den Hunger stillen* ‖ *matar de* ~ fig *sehr hungern lassen* ‖ *morirse de* ~, *estar (od* andar) *muerto de* ~ *verhungern, vor Hunger vergehen* ‖ *perecer de* ~ *vor Hunger sterben,* ⟨Lit⟩ *Hungers sterben* ‖ *saciar el* ~ fig *s–n Hunger stillen* ‖ *ser más listo que el* ~ figf *sehr schlau* bzw *sehr gewitzt sein* ‖ *ser un muerto de* ~ fig *ein Hungerleider sein* ‖ *tener* ~ *Hunger haben, hungrig sein* ‖ *tengo un* ~ *que no veo* fam *ich habe e–n Bärenhunger* ‖ *a buen(a)* ~ *no hay pan duro Hunger ist der beste Koch* ‖ *el* ~ *aguza el ingenio Not macht erfinderisch*
ham|brear vi *hungern (lassen)* ‖ fig *bettelarm sein* ‖ –**briento** adj/m *hungrig* ‖ fig *sehr begierig (de nach* dat) ‖ –**brina,** –**bruna** *f And große Hungersnot* f ‖ –**brón, ona** adj/s fam *hungrig, nimmersatt* ‖ *unersättlich* ‖ *gierig* ‖ ~ *m Nimmersatt* m (& fig)
Hambur|go *m Hamburg* n *(Stadt)* ‖ =**gués, esa** adj *hamburgisch* ‖ ~ *m Hamburger* m ‖ =**guesa** *f Hamburgerin* f ‖ *deutsches Steak* n, *Frikadelle* f, *Hamburger* m/n
hamletiano adj *auf Shakespeares Hamlet bezüglich* ‖ *Hamlet-*
hamo *m Angelhaken* m ‖ *kleine Harpune* f ‖ →a **anzuelo, arpón**
ham|pa *f* [el od la] *Gaunertum* n ‖ *Unterwelt* f ‖ *Gesindel* n, *Ganoven* mpl ‖ *Lumpen-, Bummel|-leben* n ‖ *gente del (od de la)* ~ *Unterweltler* mpl ‖ *Gesindel* n ‖ *jerga del* ~ *Gaunersprache* f, *Rotwelsch* n (→ **germanía**) ‖ –**pesco** adj *Gesindel-, Gauner-, Ganoven-* ‖ –**pón** m/adj *Raufbold* m ‖ *Gauner, Ganove* m
hámster *m* ⟨Zool⟩ *Hamster* m ‖ ~ *de Europa*, *gran* ~ *Großhamster* m (Cricetus sp) ‖ ~ *dorado*, ~ *doméstico (syrischer) Goldhamster* m (Mesocricetus auratus)
han → **haber**
hand ball *m* engl ⟨Sp⟩ *Handball* m
hándicap *m* engl ⟨Sp⟩ *Handicap* n, *Vorgaberennen* n ‖ fig *Handikap* n
hanega *f* = **fanega**
hangar *m* frz *Hangar* m, *Schutzdach* n ‖ *Flugzeug-, Luftschiff\halle* f
Han|nóver *m Hannover (Stadt)* ‖ =**noveriano** m/adj *Hannoveraner* m
Han|sa *f* [el] *Hanse* f ‖ =**seático** adj/s *hanseatisch* ‖ *Hanse-* ‖ *ciudad* ~a *Hansestadt* f ‖ ~ *m Hanseat* m
hapálidos *mpl* ⟨Zool⟩ *Krallenäffchen* npl (Hapalidae)
haplología *f* ⟨Gr⟩ *Haplologie* f *(z.B. cejunto für cejijunto)*
happening *m* engl *Happening* n
hara|gán *m Faulenzer, Tagedieb* m ‖ *Stromer* m ‖ ~, **ana** adj *faul, träge* ‖ *Faulenzer-* ‖ –**ganear** vi *faulenzen, herumlungern, ein Lotterleben führen* ‖ –**gan(er)ía** *f Faulenzerei* f, *Müßiggang* m
harakiri *m Harakiri* m
hara|piento adj *lumpig, zerlumpt* ‖ –**po** *m Lumpen, Fetzen* m ‖ *letzter Abguß* m *(Branntwein)* ‖ ◊ *andar (od* estar) *hecho un* ~ fig *lumpig gekleidet gehen* ‖ –**poso** adj = –**piento**
harca *f* [el] ⟨Mar Mil⟩ *Truppe, Abteilung* f ‖ *Kriegszug* m
haré → **hacer**
harem, harén [beides gespr. are'] *m Harem* m, *Frauengemach* n *der Mohammedaner*
harense adj/s *aus Haro* (PLogr)
harija *f Staubmehl* n
harina *f Mehl* n ‖ fam *Puder* m ‖ ~ *blanca (morena) Weiß- (Schwarz)mehl* n ‖ ~ *de centeno Roggenmehl* n ‖ ~ *de flor,* ~ *extrafina, flor de* ~ *Blüten-, Auszug|mehl* n ‖ ~ *lacteada Kinder-, Milch\mehl* n ‖ ~ *de pescado* (trigo) *Fisch- (Weizen)mehl* n ‖ *fábrica de* ~(s) *Getreidemühle* f ‖ *manjar de* ~ *Mehlspeise* f ‖ ◊ *hacer* ~ *u/c* fig *et in Stücke schlagen* ‖ *ésta es* ~ *de otro costal* figf *das ist ganz was anderes* ‖ *estar metido en* ~ figf *bis über die Ohren (in der Arbeit) stecken* ‖ *hacerse* ~ figf *zer|brechen, -splittern* (→a **polvo**)

hari|nado *m Mehlbrei* m || **-nero** adj *Mehl-* || *Mahl-* || *molino* ~ *Mahlmühle* f || ~ *m Mehlhändler* m || *Mehlkasten* m || **-nilla** *f dim. v.*
harina || **-noso** adj *mehlig, Mehl-* || ~s *pl Mehlspeisen* fpl
harka *f* = **harca**
har|monía, -mónico, -monio(so) = **armharnero** *m Sieb* n
harón, ona adj *faul, träge*
har|pa *f* = **arpa** || **-pado** adj = **arpado**
Harpagón np *Harpagon (in Molières L'Avare)* || fig *Geizhals* m
harpía *f* = **arpía**
harpillera *f* = **arpillera**
har|tada *f* = **hartazgo** || **-tamente** adv *vollauf, reichlich*
har|tar vt/i *(über)sättigen* || fig *überhäufen* || fig *befriedigen* || fig *anekeln* || ◊ eso *harta das sättigt, das ist ergiebig* || me *harta ich habe es satt* (+inf, *zu* inf) || ~ de *insultos jdn mit Schimpfworten überhäufen* || **-se** *sich satt essen, sich überladen* || *sich sättigen* || fig *satt bekommen, fam satt kriegen* || ◊ ya me he -tado de eso figf *das habe ich schon satt, das hängt mir zum Halse heraus* || ~ de *fruta sich an Obst voll essen* || ~ de *esperar des Wartens müde werden* || **-tazgo** *m Sattheit* f || *Überladung* f *des Magens* || *Übersättigung* f || ◊ *darse un* ~ *sich überladen* (& fig) || *darse un* ~ *de leer* figf *sich satt lesen* || **-tazón** *m* = **-tazgo**
¹**harto** pp irr s *v.* **hartar** || ~ adj/s *(über)satt* || *hinreichend* || fig *überdrüssig* || ~ de *trabajar arbeitsmüde* || *estar* ~ de a. fig *e-r S. überdrüssig sein* || el *buey* ~ *no es comedor allzuviel Vergnügen erweckt Ekel* || ~as *veces viele Male, oft*
²**harto** adv *genug* || *viel* || *sehr ziemlich* || ~ *dificil ziemlich schwer* || *sehr schwer* || ~ *sé que es verdad ich weiß wohl, daß es wahr ist* || ~ *conocida es la causa der Grund ist sattsam bekannt*
hartón, ona adj/s Mex fig *lästig* || ~ *m* MAm *Vielfraß* m
△**har|tón** *m Brot* n || **-tura** *f (Über)Sättigung* f || *Überfluß* m || *Übermaß* m || fig *völlige Befriedigung* f || con ~ *vollauf, reichlich*
haschich *m* = **hachís**
hase = **se ha** (→ **haber**)
¹**hasta** prep/adv a) *bis* || ~ *ahora bis jetzt, bisher* || ~ *dentro de una semana erst in e-r Woche* || ~ *después,* ~ *luego,* ~ *pronto,* ~ *más tarde auf baldiges Wiedersehen!* || ~ *una legua de allí etwa e-e Meile von dort* || ~ *la muerte bis zum Tode* || *bis in den Tod* || *no me levanto* ~ *las nueve ich stehe erst um 9 Uhr auf* || ~ *nueva orden bis auf weiteres, bis auf Widerruf* || *el tercer día no volvió er kehrte erst am dritten Tage zurück* || b) *in bindewörtlichem Sinne (mit* inf; *hasta que mit* subj *od* ind): *se olvidó* ~ *decirle groserías er vergaß sich so weit, daß er ihm Grobheiten sagte* || ~ *más no poder im höchsten Grade* || ~ *que bis daß* || ~ *qué punto wie weit* || *inwieweit* || ~ *que vuelva bis er zurückkommt* || *le golpearon* ~ *matarle man hat ihn zu Tode geschlagen* || ~ *que lo dijo bis er es (endlich) sagte*
²**hasta** adv *sogar, selbst* || ~ *cuando llora está bonita sogar wenn sie weint, ist sie schön* || ~ *los hombres lloraban sogar die Männer weinten*
hastial *m* ⟨Arch⟩ *Giebel* m || *Giebel\seite, -wand* f || ⟨Arch⟩ *Abseite, geneigte Fläche* f *e-s Daches* || ⟨Bgb⟩ *Stoß* m || fig *bäu(e)rischer Mensch* m || ~ *escalonado Treppen-, Staffel|-giebel* m
has|tiar [pres **-ío**] vt *langweilen* || *anekeln* || ~**se** *überdrüssig sein* bzw *werden* || (de gen) || **-tío** *m Ekel, Widerwille* m || *Überdruß* m || ◊ *coger* ~(a) *überdrüssig werden* (gen) || *causar* ~ *anekeln*

hastora Am pop = **hasta ahora**
hata|jador *m* Mex *Führer* m *e-r Koppel Vieh* || **-jo** *m kleine Herde* f || *Trupp* m *Saumtiere* || fig *Bande* f || figf *Menge* f, *Haufen* m || *un* ~ *de desatinos e-e Menge Unsinn*
ha|tear vi *den Hirten hatería geben* || **s-n Reisebedarf packen* || **-tería** *f Verpflegung und Ausrüstung* f *(für Tagelöhner, Hirten usw)* || **-tillo** *m dim. v.* **hato**: *(Kleider)Pack* m
hato *m Leibwäsche* f || *Bündel* n, *Pack* m *(Kleider usw)* || *kleine (Vieh)Herde* f || *Weideplatz* m || fig desp *Bande, Rotte* f *(Gauner usw)* || fig *Menschenmenge* f || Cu Ven *Landgut* n, *Viehfarm* f || *un* ~ *de pícaros ein Haufen* m *Spitzbuben* || *e-e Bande* f *Gauner* || ◊ *liar el* ~ *fam sich davonmachen, fam sein Bündel schnüren* (→ *a petate*) || *ser un* ~ *de nervios sehr nervös sein*
hawaiano adj *hawaiisch, Hawaii-*
***haxix** *m* = **hachís**
¹**hay** → **haber** f): *es gibt* || *es ist* (bzw *sind*) *vorhanden*
²**hay** Am barb = **ahí, allí**
³**hay** Am barb = **ay**
¹**haya** *f*[el] ⟨Bot⟩ *(Rot)Buche* f *(Fagus sylvatica)* || *Heister* m || *Buchenholz* n
²**haya** → **haber**
Haya *f*: *La* ~ *Den Haag (Stadt)* || *Tribunal de* ~ *(Tribunal Permanente de Arbitraje) Ständiger od Haager Schiedshof* m
ha|yal, -yedo, León **-yucal** *m Buchenwald* m || **-yuco** *m Buchecker* f (→ **fabuco**)
¹**haz** *m* [*pl* **-ces**] *Bündel, Büschel, Bund* n *(Holz, Reisig)* || *Garbe* f || *Garbenhaufen* m || ⟨Tech El⟩ *Bündel* n, *Strahl* m || ⟨Radio El⟩ *Büschel* n || ⟨Tel⟩ *Leitungsbündel* n || ⟨Mil⟩ *Garbe* f *(Geschoß)* || ⟨Bgb⟩ *Gruppe* f *(Flöz)* || ~ *direccional,* ~ *de guía* ⟨Flugw⟩ *Leitstrahl* m || ~ *de fibras* ⟨An⟩ *Faserstrang* m || ~ *de laser Laserstrahl* m || ~ *de leña Reisig-, Holz|bündel* n || ~ *del lictor* ⟨Hist⟩ *Liktorenbündel* n || ⟨Pol⟩ *Liktorenbündel* n *(Symbol des [ital.] Faschismus)* || p ex *Faschismus* m || ~ *luminoso Lichtkegel* m || *Licht\bündel* n, *-garbe* f *(Scheinwerfer)* || ~ *nervioso* ⟨An⟩ *Nervenstrang* m || ~ *de paja Bund* n *Stroh* || ~ *de trigo Korngarbe* f || ~**ces** *mpl:* ~ *del lictor* (→ **haz**)
²**haz** [*pl* **-ces**] *f*[el] *Gesicht, Antlitz* n || fig *Vorderseite* f || fig *Oberfläche* f || *en* ~ *y en paz fam in Ruhe und Frieden* || *sobre la* ~ *de la tierra* fig *auf der Erden,* ⟨Lit⟩ *auf dem (weiten) Erdenrund* || *a sobre* ~ *dem Anschein nach*
³**haz** → **hacer**
haza *f Sant u.* *⟨Agr⟩ *Stück* n *Acker*
haza|ña *f Waffen-, Helden|tat* f || *Ruhmestat* f || fig *hervorragende Leistung* f || iron *Schandtat* f || ~ *guerrera Kriegstat* f || **-ñero** adj/s *zimperlich, geziert* || **-ñoso** adj *helden\haft, -mutig, Helden-, tapfer*
hazme|rreir, -rreír *m* fam *Prügelknabe* m, *Aschenbrödel* n, *Zielscheibe* f *des Witzes (Person)* || *lächerliche, komische Figur* f || fam *Komiker, Hanswurst* m || ◊ *es el* ~ *de todo el mundo er ist das Gespött der Leute*
hazte → **hacer(se)**
hazu|ela, Sant **-ca** *f dim. v.* **haza**
¹**¡he!** int *siehe! sieh da!* || *he, holla, halt!*
²**¡he!** adv dem: *¡*~(*lo*) *aquí! ei, da ist er (es)!* || *¡hé(te)me aquí! da bin ich nun!* || *¡*~*nos aquí! da sind wir!* || ~ *los allí (od ahí)! ei, da sind sie ja!* || ~ *aquí mi opinión das ist meine Meinung* || *he(te) aquí que ... fam da auf einmal ...* || ~ *allí otro obstáculo da gibt es wieder ein Hindernis*
³**he** → **haber**
hebdomadario adj *wöchentlich, Wochen-* || ~ *m Wochenschrift* f || ⟨Kath⟩ *Hebdomadar(ius)* m
Hebe *f Hebe* f *(Göttin)* || ~ ⟨An⟩ *(die weiblichen) Schamhaare* npl || fig *Mannbarkeit* f || *Pubertät* f

hebefrenia f ⟨Med⟩ *Jugendirresein* n, *Hebephrenie* f || → **esquizofrenia**
hebén adj *oberflächlich (Mensch)* || *uva ~ (Art) weiße Muskatellertraube* f
hebe|tado adj Am gall *stumpfsinnig, geistig abgestumpft* || **–tud** f ⟨Med⟩ *Stumpfsinnigkeit* f
hebi|lla f *Schnalle* f || *Schließe* f || *~ de cinturón Gürtelschnalle* f || ⟨Mil⟩ *Koppelschloß* n || *~* corrediza *Schiebeschnalle* f || *Reißverschluß* m || *~ de zapato Schuhschnalle* f
hebra f *Faden, Zwirn* m || *(Holz) Faser, Zaser* f || *Fiber* f || →a **fibra** || *Stempel* m *(in der Safranblüte)* || fig *Faden* m *des Gesprächs* || *tabaco de ~ e–e faserige Tabakart* f || ◊ buscarle a uno la ~ Am pop *jdn zum Streit reizen* || estar (od ser) de buena ~ figf *stark und rüstig sein* || estar en punto de ~ ⟨Kochk⟩ *anfangen, Fäden zu ziehen (gar sein) (Zuckersirup)* || pegar la ~ figf *ein Gespräch wieder anknüpfen* || *lange od ausgiebig plaudern* || →a **fibra** || *~s* fpl fig ⟨poet⟩ *Haare* npl
he|braico adj = **–breo** || **–braísmo** m *Hebraismus* m || **–braista** m/adj *Hebraist* m || **–braizante** adj/s *zum Judentum neigend* (→ **judaizante**) || **–braizar** vi *Hebraismen gebrauchen* || **–brea** f *Judín* f || **–breo** adj *hebräisch, jüdisch* || *~ m Hebräer* m || *Jude* m || *das Hebräische* m || figf *Wucherer* m || figf *Schacherer* m || → **judío**
Hébridas fpl *Hebriden* fpl *(Inseln)*
he|broso adj = **fibroso** || **–brudo** adj And Am *faserig, Faser-*
hecatombe f *großes, feierliches Opfer* n || *Hekatombe* f (& fig) || fig *Gemetzel, Blutbad* n || *Katastrophe* f
hectárea (Abk = **hect.**) f *Hektar* m = 100 Ar
héctico adj = **hético**
hectiquez f ⟨Med⟩ *Schwindsucht* f || *zehrendes Fieber* n
hecto|cotilo, –cótilo m ⟨Zool⟩ *Hectocotylus- Arm, Geschlechtsarm* m *(der Argonautiden)* (→ **argonauta**) || →a **brazo** hectocotilizado
hec|tografiar [pres –ío] vt *vervielfältigen, hektographieren* || **–tógrafo** m *Hektograph* m || **–togramo** m *Hektogramm* n
hec|tolitro, hectólitro m *Hektoliter* n = 100 Liter || **–tómetro** m *Hektometer* n/m || **–tovatio** m ⟨El⟩ *Hektowatt* n
hecha f * u. Am = **fecha** || Ar *Bewässerungsgebühr* f || *de esta ~ von nun an, seitdem*
hechi|cera f *Zauberin, Hexe* f (→a **hada, bruja**) || **–cería** f *Zauberei* f || *Hexerei* f || **–cero** adj *Zauber-* || fig *bezaubernd* || ◊ ser ~ *Zauberwesen* n || *~ m Zauberer, Hexenmeister* m || *Medizinmann* m *(bei den Naturvölkern)* || →a **brujo** u. **médico** brujo || **–zar** [z/c] vt *be|zaubern, -hexen, ver|zaubern, -hexen* || fam *becircen* (a alg. *zdn acc*) || **–zo** adj (a) *künstlich, gekünstelt* || b) Chi *einheimisch (Ware)* || *~ m Zauber* m, *Bezauberung* f || *Bann* m || *Zaubertrank* m (→a **filtro**) || *Zauberspruch* m (→a **encantamiento, ensalmo, maldición**) || ◊ hacer desaparecer por ~ *wegzaubern*
¹**hecho** pp/irr/adj v. **hacer** || *getan* || *gemacht* || *vollendet* || *gebaut, gewachsen* || *reif* || *beschaffen* || *hergerichtet* || ⟨Jur⟩ *ausgefertigt (en in* dat), *geschehen (zu* dat) || *gar, gekocht (Speise)* || *durch (Käse)* || *gewöhnt* (a *an* acc) *geworden (zu et)* || *~ a la chanza an den Scherz gewöhnt* || *~ un Adán* figf *entblößt, nackt* || *~ carne Fleisch geworden (Bibel)* || *~ y derecho vollendet* || desp *ausgemacht* || *hombre ~ ganzer Mann* m || *aufrechter Mann* m || *~ realidad zur Wirklichkeit geworden* || *~ un tigre wie ein Tiger (wütend)* || *bien ~ gelungen, richtig gemacht* || *wohlgestaltet, gut proportioniert (Körper)* || *mal ~ schlecht gemacht* || *unproportioniert (Körper)* || *dicho y ~ gesagt, getan* || *a cosa ~a absichtlich* || *mit sicherem Erfolg* || *¡es cosa ~a! abge-*

macht! || *¡bien ~! so ist's recht!* || *¡~! in Ordnung!* || *ja(wohl)!* || *einverstanden!* || *gemacht! erledigt!* || *¡mal ~! das ist nicht richtig gehandelt! falsch!* || *¿te ha ~ bien? hat es dir geholfen?* || a lo ~, *pecho dem Schicksal muß man mutig trotzen*, fam *geschehen ist geschehen* || *traje ~ fertiger Anzug* m *(nicht auf Maß gearbeitet)* || estar ~ ... fig *der vollendete* (fam *reinste) ... sein* || *wie ... (nom) aussehen* || *zu ... (dat) werden* || estar ~ a todo *an alles* (acc) *gewöhnt sein*
²**hecho** m *Tat, Handlung* f || *Tatsache* f || *Umstand* m || *Vorfall* m, *Ereignis* n || *Begebenheit* f || *Fall* m || ⟨Jur⟩ *Tatbestand* m || ⟨Jur⟩ *Streitsache* f || *ajeno* ⟨Jur⟩ *Handlung* f *e–s Dritten* || *~ de armas Waffen-, Kriegs|tat* f || *~* constitutivo ⟨Jur⟩ *Entstehungsgrund* m || *~ contrario a la ley, ~ antijurídico rechtswidrige Handlung* f || *~ consumado vollendete Tatsache* f, *Faktum* n || *~ de Dios höhere Gewalt* f || *~ de guerra Kriegshandlung* f || cuestión de *~ Sachverhaltsfrage* f || error de *~* ⟨Jur⟩ *Tat(sachen)irrtum* m || *matrimonio de ~ faktische Ehe* f || *hombre de ~(s) Mann m der Tat* || *el mal ~ die Missetat, das Verbrechen* || a *~ sogleich* || *im ganzen* || de *~ wirklich, tatsächlich* || *willkürlich* || *vías de ~ Tätlichkeit(en)* f(pl) || *de ~ pensado absichtlich* || *de ~ y de derecho recht und billig, von Rechts wegen* || *tatsächlich und rechtlich* || ◊ el ~ es que *Tatsache ist, daß* || *die Sache ist die, daß* || *jedenfalls* || es un ~ *da ist nichts mehr zu ändern* || *~s* mpl ⟨Jur⟩ *Sachverhalt* m || *los ~ de los Apóstoles die Apostelgeschichte* || *~ controvertidos streitiger Sachverhalt* m || *exposición de ~ Sachverhaltsdarstellung* f
hechor m Chi = **malhechor** || Arg Chi Ven *(Esels)Hengst* m
hechura f *Machen* n || *Verfertigung, Ausführung* f || *Anfertigung* f || *Machart, Fasson* f || *Äußere(s), Aussehen* n || *Macherlohn* m || *Machwerk* n || *Gestalt, Statur* f || *Plastik* f || *Standbild* n || fig *Kreatur* f, *Geschöpf* n || fig *Günstling* m || a *~ de in der Art, wie* || ◊ no tener *~* fam *nicht möglich sein* || *~s* pl *Macherlohn* m
hedentina f *durchdringender Gestank* m
heder [–ie–] vi *(unerträglich) stinken, übel riechen* (a *nach* dat) || fig *lästig sein* || *~ a azufre nach Schwefel riechen*
hedion|dez [pl **–ces**] f *Gestank* m || *Unrat* m || **–do** adj *stinkig, stinkend* || *Stink-* || fig *ekelhaft* || fig *lästig* || fig *unflätig, geil* || *~ m Stinkstrauch* m (Anagyris foetida) || Arg ⟨Zool⟩ *Stinktier* n (→ **mofeta**)
hedonis|mo m ⟨Philos⟩ *Hedonismus* m || *Hedonik* f || **–ta** adj/s *hedonistisch* || *~ m Hedonist* m
hedor m *Gestank, übler Geruch* m || *~ a azufre Geruch* m *nach Schwefel* || *~ a carroña Aas-, Verwesungs|geruch* m
Hefestos m ⟨Myth⟩ *Hephäst(us), Hephaistos* m
hegelia|nismo m ⟨Philos⟩ *Hegelsche Philosophie* f || **–no** adj/s *hegelianisch, hegelsch* || *~ m Hegelianer* m
hege|monía f *Hegemonie, Ober-, Vor|herrschaft* f || **–mónico** adj *hegemonisch*
hégira f, **héjira** f *Hedschra* f *(der Mohammedaner)*
heiniano adj *heinisch, auf den Dichter H. Heine (1797–1856) bezüglich*
Hélada: la *~* ⟨Geogr⟩ *Hellas, Griechenland* n
hela|da f *(Ge)Frieren* n || *Frost* m || *~ blanca (Rauh)Reif* m || ◊ caen *~s es friert* || **–dera** f *Sekt|kühler, -kübel* m || Am prov *Kühlschrank* m || **–dero** m *Eisverkäufer* m || *Eisdielenbesitzer* m || **–dizo** adj *leicht gefrierend* || **–do** adj *gefroren, vereist* || *mit Eis bedeckt* || *vor Kälte erstarrt* || *eiskalt, eisig* (& fig) || fig *frostig, kalt* || fig *starr (vor Schrecken)* || Ven *kandiert (Zuckerwerk)*

‖ ◊ se quedó ~ figf *es verschlug ihm die Sprache* ‖ ~ *m Speiseeis, Gefrorene(s)* n ‖ *Eisgetränk* n ‖ ~ de fresa *Erdbeereis* n ‖ ~ de frutas *Eisfrüchte* fpl ‖ copa ~a *Eisbecher* m ‖ **–dora** *f Eismaschine* f ‖ *Gefrierfach* n ‖ **–dura** *f Gefrieren* n ‖ *Erstarren* n ‖ ⟨Agr⟩ *Frostschaden* m ‖ ⟨Med⟩ *Erfrierung* f ‖ **–miento** *m (Ge)Frieren* n ‖ *Erfrieren* n
 helar [–ie–] vt/i *gefrieren lassen, einfrieren* ‖ *kalt machen, kalt stellen* ‖ *vereisen* ‖ p. ex *durchkälten* ‖ *frappieren (Wein)* ‖ fig *erstarren lassen (vor Schreck, Angst usw* [dat]*)* ‖ fig *unempfindlich machen* ‖ ◊ eso hiela el corazón fig *das macht das Herz erstarren* ‖ la visión le heló la sangre (en las venas) *der Anblick ließ sein Blut gerinnen* ‖ ~ vi *frieren* ‖ *gefrieren, zu Eis werden* ‖ *erfrieren* ‖ hiela *es friert* ‖ **~se** vr *gefrieren* ‖ *zufrieren (Gewässer)* ‖ fig *erstarren* ‖ ◊ ~ de frío *vor Kälte er|starren, -frieren* ‖ el río se ha helado completamente *der Fluß ist zugefroren*
 hele|chal *m mit Farn bestandenes Gelände* n ‖ **–cho** *m* ⟨Bot⟩ *Farn(Kraut* n*)* m ‖ ~ hembra *Frauenfarn* m (Athyrium filix-femina) ‖ ~ macho *Wurmfarn* m (Dryopteris filix-mas)
 helénico adj *hellenisch*
 helenio *m* ⟨Bot⟩ *Alant* m (Inula helenium)
 hele|nismo *m Hellenismus* m ‖ ⟨Li⟩ *Gräzismus* m ‖ **–nista** *m Hellenist* m ‖ *Gräzist* m ‖ **–nística** *f Hellenistik* f ‖ *Gräzistik* f ‖ **–nístico** adj *hellenistisch* ‖ *gräzistisch* ‖ **–nizar** vt *hellenisieren* ‖ *griechische Wörter verwenden* ‖ **~se** vr *hellenisiert werden* ‖ *griechisches Vorbild nachahmen* ‖ **–no** adj/s *hellenisch* ‖ *griechisch* ‖ ~ *m Hellene* m ‖ *Grieche* m
 hele|ra *f Darre* f *(der Vögel)* ‖ Arg *Kühlschrank* m ‖ **–ro** *m* ⟨Geol⟩ *Gletscher* m (→ glaciar)
 Helesponto *m* ⟨Geogr⟩ *Hellespont* m
 helian|tina *f* ⟨Chem⟩ *Helianthin, Methylorange* n ‖ **–to** *m* ⟨Bot⟩ *Sonnenblume* f, *Helianthus* m (Helianthus spp)
 hélice *f Schraubenlinie, Wendel* f ‖ *Schiffsschraube* f ‖ *Luftschraube* f, *Propeller* m ‖ ⟨An⟩ *Helix* f *(an der Ohrmuschel)* ‖ vapor de ~ *Schraubendampfer* m
 helicicultura *f Schneckenzucht* f (→ **caracol**)
 heli|coide *f* ⟨Math⟩ *Schraubenfläche* f ‖ ⟨Arch⟩ *Schneckenlinie* f ‖ **–coideo, –coidal** adj *schraubenförmig* ‖ *Schrauben-*
 Helicón *m* ⟨Myth⟩ *Helikon* m ‖ ≃ *m* ⟨Mus⟩ *Helikon* n *(Blasinstrument)*
 helicóptero *m* ⟨Flugw⟩ *Hubschrauber, Helikopter* m ‖ *(Art) Spielzeug* n
 Helio m np = **Helios**
 helio *m* ⟨Chem⟩ *Helium* n
 helio|calcador, –copiador *m Lichtpausgerät* n ‖ **–céntrico** adj ⟨Astr⟩ *heliozentrisch* ‖ **–cromía** *f Farb(en)photographie* f
 he|liófilo adj ⟨Lit Zool⟩ *heliophil, sonnenliebend* ‖ **–liofísica** *f Solarphysik* f ‖ **–liófobo** adj ⟨Lit Zool⟩ *heliophob, den Sonnenschein meidend*
 heliogábalo *m* fig *Fresser, Vielfraß*, pop *Freßsack* m
 heliograbado *m Heliogravüre* f, *Lichtdruck-(verfahren)* m
 heli|ografía *f* ⟨Astr⟩ *Sonnenbeschreibung* f ‖ ⟨Mil⟩ *Blinkspruchsystem* n ‖ ⟨Typ⟩ = **heliograbado** ‖ **–ógrafo** *m* ⟨Astr⟩ *Heliograph* m ‖ ⟨Mil⟩ *Blinkgerät* n ‖ **–ograma** *m* ⟨Mil⟩ *Blinkspruch* m ‖ **–olatría** *f Sonnenanbetung* f ‖ **–ómetro** *m* ⟨Astr⟩ *Heliometer* m ‖ **–ón** *m* ⟨Phys⟩ *Heliumkern* m
 Helios *m Helios* m *(Sonnengott)*
 heli|oscopio *m* ⟨Astr⟩ *Helioskop* n ‖ **–óstato** *m* ⟨Astr⟩ *Heliostat* m ‖ **–otaxia** *f* ⟨Biol⟩ *Heliotaxis* f ‖ **–otécnica** *f Heliotechnik* f
 helio|terapia *f* ⟨Med⟩ *Lichtbehandlung, Heliotherapie* f ‖ **–tropismo** *m* ⟨Biol⟩ *Heliotropismus* m ‖ **–tropo** *m* ⟨Bot⟩ *Heliotrop* m (Heliotropium

spp) ‖ ⟨Min⟩ *Heliotrop* m *(& Farbstoff)*
 heli|puerto *m* ⟨Flugw⟩ *Hubschrauber|landeplatz, -flughafen, Heliport* m ‖ **–transportar** vt *mit Hubschrauber(n) transportieren*
 helmin|tagogo *m*/adj ⟨Med⟩ *Wurmmittel, Helminthagogum* n ‖ **–tiasis** *f* ⟨Med⟩ *Wurmkrankheit, Helmin|thiasis, -those* f ‖ **–to** *m* ⟨Zool Med⟩ *Eingeweidewurm* m, *Helminthe* f ‖ **–tología** *f Helminthologie* f
 helos → ¹**he**
 Helve|cia *f Helvetien* n *(die Schweiz)* ‖ ≃**cio, helvético** adj/s *helvetisch* ‖ *schweizerisch* ‖ ~ *m Helvetier* m ‖ *Schweizer* m
 hemático adj ⟨Med⟩ *Blut-*
 hema|tíe *m rotes Blutkörperchen* n ‖ **–tites** *f Hämatit, Eisenglanz, Blutstein* m ‖ **–toblastos** mpl ⟨An⟩ *Häm(at)oblasten* pl ‖ **–tógeno** adj *hämatogen* ‖ **–tología** *f* ⟨Med⟩ *Hämatologie* f ‖ **–toma** *m* ⟨Med⟩ *Bluterguß* m, *Hämatom* n ‖ **–topoyesis** *f* ⟨Physiol⟩ *Blutbildung, Hämatopoese* f ‖ **–topoyético** adj *blutbildend, hämatopoetisch* ‖ **–tozoario** *m* ⟨Zool Med⟩ *Hämatozoon* n ‖ **–turia** *f* ⟨Med⟩ *Blutharnen* n, *Hämaturie* f
 hem|bra *f*/adj *Frau* f, *Weib* n ‖ *Weibchen* n *(der Tiere)* ‖ *Schlinge* f *der Heftel* ‖ *Form, Matrize* f ‖ *Öse* f ‖ *Loch* n, *Buchse* f ‖ *Nonne* f *(Werkzeugmaschinen)* ‖ *(Bolzen) Mutter* f ‖ flores **~**s *weibliche Blüten* fpl ‖ **–braje** *m* Am *Frauen* fpl, fam *Weibervolk* n ‖ Am *alle weiblichen Tiere* npl *(der Herden)* ‖ **–brear** vi *brünstig sein (Männchen)* ‖ *nur weibliche Nachkommenschaft (er-) zeugen* ‖ **–brilla** *f* dim v. **–bra** ‖ *Schlinge* f *der Heftel* ‖ ⟨El⟩ *Buchse* f ‖ → a **armella**
 heme|rálope, –ralope adj/s *nachtblind* ‖ ~ *m Nachtblinder* m ‖ **–ralopía** *f* ⟨Med⟩ *Nachtblindheit, Hemeralopie* f
 hemeroteca *f Bibliothek* f *für Tagespresse, Zeitungsarchiv* n *(z. B. in der städtischen Bibliothek von Madrid)*
 hemi|ciclo *m Halbkreis* m ‖ *Halbrund* n ‖ *halbkreisförmiger Raum* m ‖ **–cránea** *f* ⟨Med⟩ *Hemikranie, Migräne* f ‖ **–edro** adj/s *halbflächig (Kristall)* ‖ ~ *m* ⟨Math⟩ *Hemieder* n ‖ **–plejía** *f* ⟨Med⟩ *einseitige Lähmung, Hemiplegie* f
 hemípteros mpl ⟨Entom⟩ *Schnabelkerfe* mpl (Hemipteroidea)
 hemis|férico adj *halbkugelförmig* ‖ *Hemisphären-* ‖ **–ferio** *m* ⟨Math Astr⟩ *Halbkugel, Hemisphäre* f ‖ ⟨Geogr⟩ *Erdhalbkugel* f ‖ ~ ártico (antártico) *nördliche (südliche) Erdhalbkugel* f ‖ **–tiquio** *m Hemistich*|*on, -um* n, *Halbvers* m
 hemo|cianina *f Hämozyanin* n ‖ **–cito** *m Blutkörperchen* n, *Hämozyt* m ‖ **–filia** *f* ⟨Med⟩ *Bluterkrankheit, Hämophilie* f ‖ **–fílico** *m*/adj *Bluter* m
 hemo|globina *f Hämoglobin* n, *roter Blutfarbstoff* m ‖ **–globinuria** *f* ⟨Med⟩ *Hämoglobinurie* f ‖ **–lisis, hemólisis** *f* ⟨Med⟩ *Hämolyse* f ‖ **–patía** *f* ⟨Med⟩ *Blutkrankheit, Hämopathie* f ‖ **–ptisis** *f* ⟨Med⟩ *Blut|husten* m, *-spucken* n, *Hämoptysis* f ‖ **–rragia** *f* ⟨Med⟩ *Blutung, Hämorrhagie* f ‖ ~ pulmonar *Lungenblutung* f ‖ **–rrágico** adj ⟨Med⟩ *Blut|husten* m, *-spucken* n, *Hämoptyse* f
 hemorroi|dal adj ‖ **–des** mpl ⟨Med⟩ *Hämorrhoiden* fpl
 hemorroisa *f an Blutungen leidende Frau* f ‖ la ~ *das Weib, das den Blutgang hatte (Evangelium)*
 hemos → **haber**
 hemos|tasia, –tasis *f* ⟨Med⟩ *Blutstillung, Hämostase* f ‖ **–tático** adj/s *blutstillend* ‖ ~ *m blutstillendes Mittel* m, *Hämostatikum* n
 hemotórax *m* ⟨Med⟩ *Häm(at)othorax* m
 hena|dor *m* ⟨Agr⟩ *Heuer* m ‖ **–je** *m Heumachen* n, *Mahd* f
 henal *m Heuboden*, öst *Heustadel* m
 Henao *m* ⟨Geogr⟩ *Hennegau* m

henar m *Heuwiese* f
hen|chido adj *geschwollen* (& fig) || *aufgeblasen* || fig *strotzend* (de *von* dat) || **-chidura** f, **-chimiento** m *Schwellung* f || **-chir** [-i-] *anfüllen, ausstopfen* || *vollstopfen* || *polstern, füllen (Matratze usw)* || *aufblasen* || *anschwellen lassen* || ◊ ~ de paja *mit Stroh ausstopfen* || ~se *sich aufblähen* || *anschwellen* || *sich vollstopfen* || *sich vollsaugen (Zecke)* || fam *sich wohl fühlen* || ◊ ~ de *orgullo mit Stolz erfüllt werden* || →a **llenar(se)**
hen|dedura f = **-didura** || **-der** [-ie-] *entzweispalten, zersprengen* || *auf|schneiden, -schlitzen* || *spalten* || *aufreißen* || ⟨poet⟩ *zerteilen (die Wogen), durchfurchen (das Meer)* || ~ el aire *durch die Luft schießen (od fliegen)* || ~se vr *(auf)reißen* || *bersten, sich spalten* || *Risse, Sprünge bekommen* || **-dido** adj *gespalten* || ⟨Bot⟩ *geteilt (Blatt)* || **-didura, -dedura** f (Am **-dija**) f *Spalt, Riß* m || *Sprung* m || *Schlitz* m || *Spalte, Ritze* f || *Einschnitt* m || ⟨An⟩ *Spalt(e* f*)* m || ⟨Geol⟩ *Kluft* f || ⟨Tech⟩ *Falz* m || *Kerbe, Fuge* f || →a **fisura** || **-dimiento** m *Riß* m || *Spalten* n || *Auf|schneiden, -schlitzen* n || (→ **-didura**)
hené m *Henna* f *(Haarfärbemittel)*
henear vt/i = **henificar**
henequén m ⟨Bot⟩ *Henequen-Agave* f (Agave fourcroydes) (→ **agave, pita**)
he|nificar vt/i *heuen, Heu machen* || **-nil** m *Heuboden,* öst *Heustadel* m || *Heuscheuer* f || →a **henal**
he|no m *Heu(gras)* n || segundo ~ *Grum(me)t* n || *Heu* n || **-noso** adj *grasreich*
heñir [-i-, pret **-ñó**] vt *den Teig kneten*
hepáti|ca f ⟨Bot⟩ *Leberblümchen* n (Anemone hepatica) || ~s fpl ⟨Bot⟩ *Lebermoose* npl (Hepaticae) || **-co** adj/s ⟨An⟩ *Leber-* || ⟨Med⟩ *leberkrank* || cólico ~ *Gallenkolik* f || mancha ~a *Leberfleck* m
hepati|tis f ⟨Med⟩ *Leberentzündung, Hepatitis* f || **-zación** f ⟨Med⟩ *Hepatisation* f
hepato|grafia f ⟨An Med⟩ *Hepatographie* f || **-logía** f ⟨Med⟩ *Hepatologie* f || **-ma** m ⟨Med⟩ *Lebergeschwulst* f || **-patía** f *Leberkrankheit, Hepatopathie* f
hep|taedro adj/s ⟨Math⟩ *siebenflächig, heptaedrisch* || ~ m *Heptaeder* m || **-tagonal** adj *siebeneckig* || **-tágono** m ⟨Math⟩ *Siebeneck* n || **-tasílabo** m/adj *siebensilbiger Vers, Siebensilbner* m || ⁼**tateuco** m *Heptateuch* m *(Bibel)* / **héptodo, heptodo** m ⟨Elc⟩ *Siebenpolröhre, Heptode* f
heraclida(s) m*(pl)* *Herakliden, Nachkomme(n* mpl*)* m *des Herakles* || ~ adj *Herakles-*
heraldía f *Heroldsamt* n
heráldi|ca f *Wappenkunde, Heraldik* f || **-co** adj *heraldisch* || ~ m *Wappenkundige(r), Heraldiker* m
heraldista m *Wappenkundige(r), Heraldiker* m
heraldo m *Herold* m || fig *Vor|bote, -kämpfer* m
her|báceo adj *krautartig* || **-bada** f ⟨Bot⟩ *Seifenwurz* f (→ **jabonera**)
herba|je f *(Vieh)Weide* f || *Futtergras* n || *Weidegeld* n || **-j(e)ar** vi *weiden, grasen (Vieh)* || vt *auf die Weide treiben* || **-jero** m *Verpächter* m *von Weiden* || **-rio** m/adj *Pflanzensammlung* f, *Herbarium* n || **-za** f augm ~. **hierba** || **-zal** m *Grasplatz* m (→ a **prado, pradera**)
herbe|cer [-zc-] vi *hervorkeimen (Gras)* || **-cilla, -cita** f dim v. **hierba**
herbicida m/adj *Herbizid, Unkrautvertilgungsmittel* n
herbívoros mpl *pflanzenfressende Tiere* npl
herbo|lario m *Kräuter|sammler, -kenner* m || *Kräuterladen* m, etwa: *Reformhaus* n || figf *Spinner* m || **-rista** m *Kräuter|händler* bzw *-sammler* m || **-ristería** f *Kräuterladen* m || **-rizar** [z/c] vi *Kräuter sammeln* || *botanisieren* || caja de ~ *Botanisiertrommel* f || **-so** adj *grasig, begrast* || *grasreich*
her|ciano adj = **hertziano** || **-ciniano** adj ⟨Geol⟩ *herzynisch*
hercúleo adj *herkulisch, riesenstark, Riesen-* || fuerza ~a *Riesenkraft* f
Hércules m *Herkules, Herakles* m (& fig)
here|dabilidad f ⟨Gen⟩ *Erblichkeit* f || ⟨Jur⟩ *Vererbbarkeit* f || **-dable** adj ⟨Gen⟩ *erblich* || ⟨Jur⟩ *vererbbar*
here|dad f *Stamm-, Erb|gut* n || *Landgut, Grundstück* n || *Grundbesitz* m || **-dado** adj *vererbt* || *ererbt* || *begütert* || fig *angeerbt, Erb-* || ~ m/adj *(reicher) Gutsbesitzer* m || *Begüterte(r)* m || **-damiento** m *Erbvertrag* m || **-dar** vt *erben* (de *von* dat) ⟨& Gen⟩ || *vererben* (de *von*) || *schenken, abtreten* || *zum Erben bestimmen* || ◊ ~ a alg. *jdn beerben* || *jdn zum Erben einsetzen* || ~ en (*od* por) linea directa *in gerader Linie erben* || **-dera** f *Erbin* f || **-dero** adj *erbberechtigt* || principe ~ *Erb-, Kron|prinz* m || ~ m *Erbe* m || *Gutsbesitzer* m || ~ abintestato *gesetzlicher Erbe* m || ~ a beneficio de inventario, ~ beneficiario *Erbe* m*, der ein Inventar errichtet hat* || ~ fideicomisario *Nacherbe* m || ~ fiduciario *Vorerbe* m || ~ puro y simple *Erbe, der ohne vorherige Inventarerrichtung die Erbschaft annimmt* || ~ universal *Universal-, Alleinerbe* m || ◊ instituir (por) ~ *jdn zum Erben bestimmen* || **-dípeta** m *Erbschleicher* m || **-ditario** adj *erblich* ⟨& Gen⟩ || *ererbt* || *Erb-* || *hereditär* || carácter ~ ⟨Gen⟩ *erbliches Merkmal* n || derecho ~ *Erbanspruch* m || masa ~a ⟨Gen Jur⟩ *Erbmasse* f
heredobio|logía f *Erbbiologie* f || **-lógico** adj *erbbiologisch*
here|je m/f *Ketzer(in* f*)* m (& fig) || *Irrgläubiger(in* f*)* m || fig *unverschämte Person* f || cara de ~ figf *Gaunervisage* f || *unverschämter Kerl* m || **-jía** f *Ketzerei* (& fig), *Häresie, Irrlehre* f || fig *Unrecht* n, *Unbill* f || fig *Unsinn* m || sospechoso de ~ ⟨Hist⟩ *Häresieverdächtige(r)* m || **-jote** m desp *(Erz)Ketzer* m
herencia f *Erbrecht* n || *Erbfolge* f || *Erbe* n || *Erbschaft* f, *Erbteil* n, *Nachlaß* m || fig *Erbe* n || ⟨Gen Biol⟩ *Erbanlage* f || apertura de la ~ *(Erbschafts)Anfall* m || causante de la ~ *Erblasser* m || ◊ adquirir por ~ *(er)erben* || dejar en ~ *vererben, hinterlassen* || repudiar la ~ *die Erbschaft ausschlagen*
heresiarca m *Häresiarch* m (& fig) || *Haupt* n e-r *Sekte*
herético adj/s *ketzerisch, häretisch* || *sektiererisch* || fig *ketzerisch*
hereu m Cat *Alleinerbe* m (→ a **pubilla**)
herguijeleño adj *aus La Iglesuela* (PTol)
Heriberto m np *Her(i)bert* m
heri|da f *Wunde* (& fig), *Verwundung, Verletzung* f || *Stich, Hieb* m || fig *Beleidigung, Kränkung* f || ~ de arma de fuego, ~ de bala *Schußverletzung* f || ~ contusa *Quetschwunde* f || ~ incisa *Hieb-, Schnitt|wunde* f || ~ ligera (grave) *leichte (schwere) Wunde* f || ~ mortal (de necesidad) *tödliche Wunde* f || ~ de pronóstico reservado *gefährliche Wunde* f || ~ punzante *Stichwunde* f || ◊ infligir una ~ e-e *Verletzung beibringen* || resollar (*od* respirar) por la ~ fig *s-e (verletzten) Gefühle verraten* || *producir una ~* (a) *jdm e-e Wunde verursachen, jdn verwunden* || *renovar viejas ~s* fig *alte Wunden wieder aufreißen* || *vendar una ~ e-e Wunde verbinden* || **-do** adj *verwundet* || *verletzt* (& fig) || fig *getroffen* || fig *beleidigt* || ~ de muerte *tödlich verwundet* || *tödlich getroffen* || mal ~, *gravemente* ~ *schwerverwundet* || a grito ~ *aus voller Kehle* || a campana ~a *beim Glockenschlag* || como ~ por un rayo *wie vom Blitz getroffen* || ◊ sentirse ~ fig *sich beleidigt fühlen* || fig *getroffen sein* || ~ m *Verwundete(r)* m ||

Verletzte(r) m ‖ *Beleidigte(r)* m ‖ ~ de guerra *Kriegsversehrte(r)* m
herir [-ie/i-] vt *ver|wunden, -letzen* ‖ *wund reiben* ‖ *hauen, schlagen* ‖ *beschädigen* ‖ *treffen (das Gehör)* ‖ *bescheinen, scheinen auf* (acc) *(Sonne)* ‖ ⟨Mus⟩ *(die Saiten) anschlagen* ‖ *in die Saiten greifen* ‖ fig *unangenehm berühren, weh tun* (a alg. *jdm* dat) ‖ fig *erwecken (Gefühl)* ‖ fig *rühren* ‖ fig *beleidigen, kränken* ‖ fig *beeinträchtigen (Rechte)* ‖ ◊ ~ el aire *(od los cielos)* con quejas *die Luft mit Klagen erfüllen* ‖ ~ al miedo ⟨Taur⟩ *furchtlos sein* ‖ ~ de muerte *tödlich verwunden* ‖ ~ el suelo con el pie *auf den Boden stampfen* ‖ ~ la vanidad de alg. fig *jds Eigenliebe verletzen* ‖ ~ la vista grell *in die Augen stechen* ‖ *blenden* ‖ fig *das Auge verletzen (od beleidigen)* ‖ eso hiere la vista fig *das sticht in die Augen* ‖ me hieren tales palabras *solche Worte kränken mich* ‖ ~se en el dedo *sich in den Finger schneiden*
herma m *Hermessäule* f
hermafrodi|ta m/adj *Zwitter (Mensch, Tier, Pflanze), Hermaphrodit* m ‖ ~ adj *zweigeschlechtig, Zwitter-* ‖ **-tismo** m *Doppel-, Zwei|geschlechtigkeit* f, *Zwittertum* n, *Zwittrigkeit* f, *Hermaphroditismus* m ‖ **-to** m = **-ta**
herma|na f *Schwester* f ‖ *(barmherzige) Schwester, Ordensschwester* f ‖ *Krankenschwester* f ‖ △*Hemd* n ‖ ~ de abuelo *Großtante* f ‖ ~ bastarda *natürliche Schwester* f ‖ ~ de la caridad *Vinzentinerin* f ‖ ~ carnal *leibliche Schwester* f ‖ ~ de leche *Milchschwester* f ‖ ~ política *Schwägerin* f ‖ prima ~ *Base* f ‖ media ~ *Stief-, Halb|schwester* f ‖ ~s gemelas *Zwillingsschwestern* fpl ‖ ~ fpl △*Schere* f ‖ △*Ohren* mpl ‖ **-nado** adj *zusammenpassend* ‖ ⟨Bot⟩ *Zwillings-(Pflanzenorgane)* ‖ Am *ähnlich, gleich* ‖ **-namiento** m *Verbrüderung* f ‖ *Schadensgemeinschaft* f ‖ ~ de ciudades *Städtepartnerschaft* f ‖ **-nar** vt *verbrüdern* ‖ *zusammentun* ‖ *zusammenstellen* ‖ *vereinen* ‖ *gleichmachen* ‖ Chi *paarweise anordnen* ‖ ~se vr *sich verbrüdern* ‖ *sich verein(ig)en* ‖ *sich miteinander vereinbaren lassen* ‖ *sich anpassen* ‖ *zueinander passen* ‖ **-nastra** f *Stiefschwester* f ‖ **-nastro** m *Halb-, Stief|bruder* m ‖ ~s mpl *Halbgeschwister* pl ‖ **-nazgo** m *brüderliche Verwandtschaft* f ‖ *Bruderschaft* f ‖ *Verbrüderung* f
hermàndad f *Brüder-, Schwestern|schaft* f ‖ *Laienbruderschaft, Hermandad* f ‖ fig *Brüderlichkeit* f ‖ *innige Freundschaft* bzw *Kameradschaft* f ‖ fig *Verbrüderung* f, *Bündnis* n ‖ *genaue Übereinstimmung* f ‖ *Unterstützungsverein* m ‖ Span *Art (Syndikats)Genossenschaft* f ⟨bes Agr u. Fi⟩ ‖ Santa ⁓ ⟨Hist⟩ *Wegepolizei* f *(die heilige Hermandad)*
herma|nito m dim v. **-no** ‖ **-no** adj *verbrüdert* ‖ *ähnlich* ‖ *passend* ‖ *gleich(förmig)* ‖ *Bruder-* ‖ *Schwester-* ‖ lenguas ~as *Schwesternsprachen* fpl ‖ pueblos ~s *Brudervölker* npl ‖ ~ m *Bruder* m ‖ *Ordens-, Kloster|bruder* m ‖ fig *Gegen-, Seiten|stück* n ‖ ~ del abuelo *Großonkel* m ‖ ~ bastardo *natürlicher Bruder* m ‖ ~ carnal *leiblicher Bruder* m ‖ ~ de la Doctrina Cristiana *Barmherziger Bruder* m ‖ ~ de leche *Milchbruder* m ‖ ~ mayor, menor *älterer, jüngerer Bruder* m ‖ ~ político *Schwager* m ‖ ~ uterino, ~ de madre *Bruder* m *mütterlicherseits* ‖ amor de ~(s) *Geschwisterliebe* f ‖ medio ~ *Halbbruder* m ‖ ~s pl: los ~ *die Geschwister* pl ‖ *Brüder* mpl ‖ ⟨Com⟩ *Gebrüder* pl ‖ Ganga ⁓ ⟨Com⟩ *Gebrüder Ganga* ‖ ~ gemelos *Zwillingsbrüder Zwillinge* pl

Hermenegildo m np Tfn *Hermenegild* m
hermenéuti|ca f *Hermeneutik, Deutung, Auslegekunst* f ‖ **-co** adj *hermeneutisch*
hermèti|camente adv: ~ cerrado adj *luftdicht, hermetisch verschlossen* ‖ **hermeticidad** f *Dichtig-*
keit f ‖ *Undurchlässigkeit* f ‖ fig = **hermetismo** ‖ **-co** adj *luftdicht, hermetisch (Verschluß)* ‖ *undurchlässig* ‖ ⟨Lit⟩ *hermetisch (Dichtung)* ‖ fig *unverständlich* ‖ fig *verschlossen, unzugänglich, hermetisch* ‖ ~ m ⟨Philos⟩ *Hermetiker* m
hermetismo m *Verschlossenheit* f ‖ *Unverständlichkeit* f ‖ *Unnahbarkeit* f
hermo|sa f *(die) Schöne, schöne Frau* f ‖ ⁓ np *Hermosa* (span. *Frauenname)* ‖ **-samente** adv *schön, wundervoll* ‖ fig *triftig* ‖ fig *vortrefflich* ‖ **-seamiento** m *Verschönerung* f ‖ **-sear** vt *verschönen* ‖ *ausschmücken* ‖ ~se *sich schönmachen* ‖ s: **-seo, -seamiento** m ‖ **-sísimo** sup v. **-so**: *bild-, wunder|schön* ‖ **-so** adj *schön* ‖ *stattlich (Mann)* ‖ *prächtig (Tier)* ‖ fig *ausgezeichnet* ‖ *großartig* ‖ ~a letra *schöne Hand(schrift)* f ‖ en un día ~ fam *e–s schönen Tages* ‖ ~ m ,,liebes Kind" *(Zärtlichkeitsausdruck für Kinder)* ‖ ~**sote** adj augm ~ ‖ **-so** ‖ **-sura** f *Schönheit* f ‖ fig *Schönheit, schöne Frau* f ‖ fig *Pracht* f ‖ una ~ de caballo *ein prächtiges Pferd* n ‖ ¡qué ~! *wie schön!*
Herm.³ Abk = **Hermanos**
*****Hernán, Hernando** m np = **Fernando**
her|nia f ⟨Med⟩ *Bruch* m, *Hernie* f ‖ ~ estrangulada *eingeklemmter Bruch, Klemmbruch* m ‖ ~ inguinal *Leistenbruch* m ‖ ~ umbilical *Nabelbruch* m ‖ ◊ reducir una ~ *e–n Bruch zurückdrücken* ‖ **-niado** m/adj *Bruchleidende(r)* m ‖ **-niario, -nial** adj ⟨Chir⟩ *Bruch-* ‖ anillo ~ *Bruchring* m ‖ vendaje ~ *Bruchband* n ‖ **-niarse** vr *sich e–n Bruch zuziehen* ‖ **-nioso** m/adj ⟨Med⟩ *Bruchkranke(r)* m ‖ **-nista** m *Facharzt* m *für Bruchleiden*
hernuta m *Herrnhuter* m *(Brüdergemeine)*
Hero|des m np *Herodes* m ‖ ◊ ir *(od andar)* de ~ a Pilatos figf *von Pontius zu Pilatus laufen, aus dem Regen in die Traufe kommen* ‖ pop *hin und her laufen* ‖ **⁼diano** adj *Herodes-*
Herodias f np *Herodias* f
Herodoto m np *Herodot* m
héroe m *Halbgott, Heros* m ‖ *(Kriegs)Held* m ‖ fig *Hauptperson* f ‖ fig *(Roman)Held* m
heroi|camente adv *heldenhaft, heroisch* ‖ **-cidad** f *Heldenmut* m ‖ *Heldentum* n ‖ *Heldentat* f ‖ **-co** adj *helden|mütig, -haft, heroisch* ‖ *Helden-, episch (Gedicht)* ‖ *sehr stark wirkend (Arznei)* ‖ *aufputschend (Arznei)* ‖ acto ~ *Heldentat* f ‖ *aufopfernde Handlung* f, *hazaña* ~ ‖ edad ~a, tiempos ~s *Sagenzeit* f, *Heldenzeitalter* n ‖ poesía ~a f *Heldendichtung* f ‖ *Heldengedicht* n ‖ verso ~ *großer elfsilbiger Vers* m *der span. Poesie* ‖ la ~a villa *Beiname m der Stadt Madrid* ‖ ciudad ~a y leal *heroische und treue Stadt (Beiname der Stadt Huesca)*
heroicómico adj *komisch-heroisch* ‖ poema ~ *komisches Heldengedicht* n
heroida(s) f(pl) ⟨Poet⟩ *Heroide(n)* f(pl)
¹**heroína** f *Heroine, Roman-, Theater|heldin* f
²**heroína** f ⟨Chem⟩ *Heroin* n
heroísmo m *Heldenmut* m ‖ *Heldentum* m *Heroismus* m
herostra|tismo m *Herostratentum* n, *verbrecherische Ruhmsucht* f ‖ **⁼to** m ⟨Hist⟩ *Herostratos* m ‖ fig *Herostrat* m
her|pe(s) m/f(pl) ⟨Med⟩ *Bläschenausschlag, Herpes* m ‖ ~ zóster ⟨Med⟩ *Herpes zoster, Zoster* m, *Gürtelrose* f ‖ **-pético** adj *Herpes-*
herpetología f *Kriechtierkunde, Herpetologie* f
herra|da f *eisenbeschlagener (Holz) Eimer, Bottich* m, *Bütte* f ‖ **-dero** m *Zeichnen, Brandmarken* n *(des Viehs)* ‖ *Ort* m *und Zeit* f *der Brandmarkung* ‖ ⟨Taur⟩ fig desp *regelwidriger Stierkampf* m ‖ **-do** adj *aus Eisen* ‖ bolsa bien ~a fam *gespickte Börse* f ‖ **-dor** m *(Huf)Schmied* m ‖ **-dura** f *Hufeisen* n, *Huf* m ‖ *Hufbeschlag* m ‖ ⟨Zool⟩ *Hufeisennase* f (Rhinolophus ferrum-equinum u. a.) *(Fledermaus)* ‖ camino de ~ *Reitweg* m ‖

herraje — hidalgo

en forma de ~ *hufeisenförmig* ‖ ◊ poner una ~ *ein Hufeisen anbringen* ‖ mostrar las ~s *ausschlagen (Pferde)*
¹**herraje** *m (Eisen)Beschlag* m ‖ *Hufbeschlag* m ‖ Arg *Hufeisen* n
²**herraje** *m* = **erraj**
herra|mental *m Werkzeug* n ‖ *Werkzeugtasche* f ‖ ~ adj *Werkzeug-* ‖ **-mienta** *f (eisernes) Werkzeug* n ‖ figf *Gehörn, Geweih* n *der Tiere* ‖ figf *Gebiß* n ‖ △*Klappmesser* n ‖ ~s fpl *Arbeitsgerät, Handwerkszeug* n
herrar [-ie-] vt *(mit Eisen) beschlagen* ‖ *stempeln, brennen (Vieh)* ‖ ⟨Hist⟩ *brandmarken* ‖ ◊ ~ en frio *kalt beschlagen* ‖ ~ a fuego *heiß beschlagen*
he|rrén *m* Sal = **forraje** ‖ **-near** vt Sal = **forrajear**
herrería f *Schmiede(werkstatt)* f ‖ *Eisen|-hammer* m, *-hütte* f, *-werk* n ‖ fig *Getös(e)*, *lärmendes Durcheinander* n ‖ dueño *(od propietario)* de ~s *Hüttenbesitzer* m
herreriano adj ⟨Arch⟩ *Herrera- (auf Juan de Herrera [16. Jh.] bezüglich)*
herrerillo *m* ⟨V⟩ *(Kohl)Meise* f ‖ ~ capuchino *Haubenmeise* f (Parus cristatus) ‖ ~ ciáneo *Lasurmeise* f (P. cyanus) ‖ ~ común *Blaumeise* f (P. caeruleus) ‖ →a **carbonero** ⟨V⟩
¹**herrero** *m (Huf)Schmied* m ‖ ~ de grueso *Grobschmied* m ‖ en casa del ~, cuchillo de palo Spr *der Schuster trägt die schlechtesten Schuhe, des Schusters Frau geht barfuß, der Schneider hat keine Kleider*
²△**herrero** *m* = **ferreruelo**
herreruelo *m* dim v. **herrero** ‖ ⟨V⟩ *Tannenmeise* f (→ **carbonero** garrapinos) ‖ ⟨Hist⟩ *Schwarzer Reiter* m *(der dt. Kavallerie)*
herre|te *m* dim v. **hierro** ‖ *Schnürsenkel, Nestelstift* m ‖ Am *Brenneisen* n *(zum Viehzeichnen)* ‖ Am *Stiefelschnur* f ‖ **-zuelo** *m* dim v. **hierro**
herrial adj: uva ~ *große, dunkelrote Traube(nart)* f
herrum|bre f *(Eisen)Rost* m ‖ *Eisenschlacken* fpl ‖ *Eisengeschmack* m ‖ ⟨Bot Agr⟩ *Rost* m ‖ **-broso** adj *rostig*
hertz|iano adj ⟨El⟩ *Hertz-* ‖ ondas ~as *Hertzsche Wellen* fpl ‖ **-(io)** *m Hertz* n *(Schwingung pro Sekunde)*
hervidero m/adj *Aufwallen, Brodeln, Sprudeln* n ‖ fig *Röcheln, Rasseln* n ‖ fig *Sprudel* m ‖ fig *Gewimmel, Gewühl* n *(Würmer, Insekten, Menschen)* ‖ ~ de gente *Menschengewimmel* n
hervidor *m Kocher* m ‖ *Siederohr* n ‖ Am *Kochapparat* m ‖ ~ *(eléctrico)* sumergible *Tauchsieder* m
her|vir [-ie/i-], Am & -i-] vi *sieden, kochen* ‖ *gären (Most)* ‖ *in Wallung geraten, wallen (Blut)* ‖ fig *sprudeln* ‖ fig *toben (Leidenschaft)* ‖ fig *wimmeln* ‖ vt *(auf)kochen (lassen)* ‖ *auskochen* ‖ ◊ ~ de *(od en)* gente *von Menschen wimmeln* ‖ **-vor** *m Kochen, Sieden* n, *Sud* m ‖ fig *Aufwallen, Sprudeln* n ‖ fig *Brausen* n ‖ fig *Hitze* f, *Feuer* n ‖ fig *Ungestüm* m/n ‖ ◊ alzar *(od levantar)* el ~ *zu sieden anfangen (Flüssigkeit)* ‖ dar algunos ~es a fuego lento ⟨Kochk⟩ *langsam (ver)kochen lassen* ‖ **-voroso** adj *kochend* ‖ = **fervoroso**
Hesíodo m np *Hesiod* m
hesi|tación f ⟨Lit⟩ *Bedenklichkeit, Unschlüssigkeit* f ‖ *Zaudern, Zögern* n ‖ **-tar** vi ⟨Lit⟩ *schwanken, zögern*
Hesperia f *Hesperien* n ‖ ⟨Lit⟩ *Spanien* n ‖ *Italien* n ‖ *Westeuropa* n
hespéri|co, hesperio, héspero adj *hesperisch* ‖ **-de** adj *Hesperiden-*
Hespérides fpl ⟨Myth⟩ *Hesperiden* fpl
hesperi|dio *m* ⟨Bot⟩ *Hesperidium* n *(Fruchtart)* ‖ **-o** m/adj *Bewohner* m *Hesperiens*
héspero adj/s = **hesperio** ‖ ~ *m* ⟨poet⟩ *Abend-*

stern m ‖ ⟨Myth⟩ *Hesperus, Hesperos* m
hespirse [-i-] vr Sant = **hispirse**
△**hetar** vt *rufen*
hete, héteme → ¹**he**
hetera, hetaira f *Hetäre* f ‖ *Buhlerin, Dirne* f
hete|rocíclico adj ⟨Bot Chem⟩ *heterozyklisch* ‖ **-rocigosis** f ⟨Gen⟩ *Heterozygotie* f ‖ **-rocigoto** *m* ⟨Gen⟩ *Heterozygote* f ‖ **-rocinesis** f ⟨Gen⟩ *Heterokinese* f ‖ **-róclito** adj ⟨Gr⟩ *regelwidrig* ‖ fig *seltsam, wunderlich* ‖ *verschiedenartig* ‖ **-rodino** *m* ⟨Radio⟩ *Heterodyn* n ‖ **hetero|doxia** f *Andersgläubigkeit, Heterodoxie* f ‖ p.ex *Irrglaube* m ‖ ⟨Pol⟩ *Mangel* m *an Linientreue* (→ **desviacionismo**) ‖ **-doxo** adj *andersgläubig, heterodox* ‖ ⟨Pol⟩ = **desviacionista** ‖ ~ *m Andersgläubige(r)* m ‖ **-geneidad** f *Ungleich-, Verschieden|artigkeit, Heterogenität* f ‖ **-géneo** adj *ungleich-, verschieden|artig, heterogen* ‖ **-mancia** f *Wahrsagung* f *aus dem Vogelflug* ‖ **-morfismo** *m* ⟨Geol Biol⟩ *Heteromorphismus* m, *Heteromorphie* f ‖ **-morfo** adj *heteromorph* ‖ **-plasia** f ⟨Med⟩ *Heteroplasie* f ‖ **-plastia** f ⟨Chir⟩ *Heteroplastik* f
hete|rópodos mpl ⟨Zool⟩ *Kielfüßer* mpl (Heteropoda) ‖ **-rópteros** mpl ⟨Entom⟩ *Wanzen* fpl (Heteroptera) ‖ **-rosexual** adj *heterosexuell* ‖ **-rosexualidad** f, **-rosexualismo** *m Heterosexualität* f (→ **homosexualidad**)
hético adj/s *schwindsüchtig, hektisch* ‖ fig *abgezehrt*
hetmán *m* ⟨Hist⟩ *Hetman* m *(Kosakenhauptmann)* (→ **ataman**)
hexa|canto adj ⟨Zool⟩ *sechsstachelig* ‖ **-cordo** *m* ⟨Mus⟩ *Hexachord* m/n ‖ **-dáctilo** adj ⟨Zool Med⟩ *sechsfingerig, hexadaktyl*
hexa|edro *m* ⟨Math⟩ *Sechsflächner* m, *Hexaeder* n ‖ **-gonal** adj *sechseckig* ‖ ⟨Tech⟩ *Sechskant-* ‖ ~ *m:* ~ regular ⟨Math⟩ *Würfel* m
hexá|gono, hexagonal adj ⟨Math⟩ *sechseckig, hexagonal* ‖ ~ *m* ⟨Math⟩ *Sechseck* n ‖ **-metro** *m Hexameter* m ‖ **-podo** adj/s *sechsfüßig*
hexavalente adj ⟨Chem⟩ *sechswertig*
hez [pl *-ces*] f *Hefe* f, *Bodensatz* m ‖ *Ablagerung* f ‖ fig *Hefe* f, *Abschaum* m ‖ la ~ del género humano *der Abschaum der Menschheit* ‖ la ~ del pueblo *die Hefe des Volkes, der niedrigste Pöbel* ‖ **heces** pl *(Darm)Kot* m ‖ ~ fecales *Fäkalien* pl ‖ hasta las ~ *bis zur Neige*
hg Abk = **hectogramo(s)**
¹**hi** pop = **hijo** *Sohn* m ‖ ~ de puta vulg *Hurensohn* m *(Schimpfwort)* ‖ pop *Gauner* m
²**hi** Am pop = **he** (→ **haber**)
hialino adj ⟨Biol Med Geol⟩ *glasartig, hyalin*
hiato *m* ⟨Gr⟩ *Hiatus* m ‖ fig *Unterbrechung* f ‖ fig *Spalt* m ‖ fig *Lücke* f ‖ ⟨Geol An⟩ *Hiatus* m
hiber|nación f ⟨Biol⟩ *Winterschlaf* m ‖ *Überwintern* n ‖ ⟨Med⟩ *Heil-, Dauer|schlaf* m, *Hibernation* f ‖ *Unterkühlung(stherapie)* f ‖ **-nal, -nizo** adj *Winter-* ‖ **-nar** vi *Winterschlaf halten* ‖ vt ⟨Med⟩ *unterkühlen* ‖ *in Heilschlaf versetzen*
hibisco *m Eibisch* m (Hibiscus spp)
hibri|dación f ⟨Biol⟩ *Kreuzung* f ‖ *Bastardierung* f ‖ **-dez** [pl *-ces*] f, **-dismo** *m Hybridität* f, *Hybridismus* m ‖ *Bastardnatur* f ‖ *hybrid(isch)er Charakter* m
híbrido adj *Bastard-, Zwitter-, hybrid* (& fig) ‖ palabra ~a ⟨Gr⟩ *Worthybride, Mischbildung, hybride Bildung* f ‖ raza ~a *Mischrasse* f ‖ ~ *m Hybride* f, *Bastard, Mischling* m (→ **bastardo, mestizo**)
hicotea f Ant Mex ⟨Zool⟩ *Sumpfschildkröte* f (Emys rugosa) ‖ →a **jicotea**
hidal|ga f *Edel|frau* f, *-fräulein* n ‖ **-gamente** adj *auf ritterliche Art* ‖ **-go** [pl & ***hijosdalgo**] *m Edelmann, Edle(r), Adlige(r)* m ‖ ~ de aldea, ~ rústico *Dorfjunker* m ‖ ~ adj *ad(e)lig* ‖ *edel, erhaben, vortrefflich, ausgezeichnet* ‖ *ritterlich* ‖

hidalgote — hierro 614

-gote *m* augm *v.* **-go** ‖ **-guejo, -güelo, -guete, -guillo** *m* dim *v.* **-go** ‖ **-guez** [*pl* **-ces**], **-guía** *f Adel, Adelstand* m ‖ fig *Seelenadel, Edelmut* m ‖ ~ de ejecutoria *Briefadel* m ‖ ~ de sangre *Geburtsadel* m
Hidra *f Hydra* f ‖ ⁓ *f Plättchenschlange* f (Pelamis platurus) ‖ *Süßwasserpolyp* m (Hydra spp)
hidrácido *m Wasserstoffsäure* f
hidrartrosis *f* ⟨Med⟩ *Gelenkwassersucht, Hydrarthrose* f
hidrar|gírico adj *Quecksilber-* ‖ **-girio, hidrargiro** *m* ⟨Chem⟩ *Quecksilber* n
hidra|tación *f* ⟨Chem⟩ *Hydra(ta)tion, Hydratisierung, Hydratbildung* f ‖ **-tado** adj *mit Wasser verbunden* ‖ **-tar** vt *mit Wasser verbinden, hydratisieren* ‖ **-to** *m* ⟨Chem⟩ *Hydrat* n
hidráuli|ca *f Hydraulik, Wasserbaukunst* f ‖ **-co** adj *hydraulisch, Wasser-* ‖ *Wasserbau-* ‖ *obras* ~s *Wasserbau* m ‖ *rueda* ~a *Wasserrad* n ‖ ~ *m Hydrauliker* m ‖ *Wasserbauingenieur* m
hidro|ala *m Tragflügelboot, Tragflächenboot* n ‖ **-avión** *m Wasserflugzeug* n ‖ **-carburo** *m* ⟨Chem⟩ *Kohlenwasserstoff* m ‖ **-cefalia** *f* ⟨Med⟩ *Wasserkopf, Hydrozephalus* m ‖ **-céfalo** *m* ⟨Med⟩ *Wasserkopf* m ‖ ~ adj *wasserköpfig* ‖ **-cele** *f* ⟨Med⟩ *Wasserbruch* m, *Hydrozele* f ‖ **-dinámica** *f Hydrodynamik* f ‖ **-eléctrico** adj: *central* ~a *Wasserkraftwerk* n ‖ **-filia** *f* ⟨Biol Chem⟩ *Hydrophilie* f ‖ **-filidos** *mpl* ⟨Entom⟩ *(Kolben)Wasserkäfer* mpl (Hydrophilidae)
hidrófilo adj *wasseransaugend* ‖ *hydrophil* ‖ ⟨Biol⟩ *wasserliebend* ‖ *Wasser-* ‖ *algodón* ~ *Verbands-, Wund|watte* f ‖ ~ *m* ⟨Entom⟩ *Kolbenwasserkäfer* m (Hydrous piceus)
hidrofobia *f* ⟨Med⟩ *Wasserscheu* f ‖ ⟨Med⟩ *Tollwut* f (→ **rabia**)
hidrófobo adj/s *wasserscheu* ‖ ⟨Web⟩ *hydrophob, wasser|abstoßend, -abweisend* ‖ ⟨Med⟩ *tollwütig*
hidrofoil *m Tragflächenboot, Tragflügelboot* n
hidrófugo adj ⟨Biol⟩ *wassermeidend* ‖ ⟨Web⟩ *wasser|abstoßend, -abweisend, hydrophob*
hidro|genación *f* ⟨Chem⟩ *Hydrierung* f ‖ *Verflüssigung* f ‖ **-genado** adj *wasserstoff|haltig* bzw *-reich* ‖ **-genar** vt ⟨Chem⟩ *hydrieren*
hidrógeno *m Wasserstoff* m
hidro|grafía *f Hydrographie, Gewässerkunde* f ‖ fig *Gewässer* npl ‖ **-gráfico** adj *hydrographisch, Gewässer-* ‖ *mapa* ~ *Seekarte* f ‖ **-lisis, hidrólisis** *f* ⟨Chem⟩ *Hydrolyse* f ‖ **-mel** *m Honigwasser* n ‖ *(Honig)Met* m
hidrómetra *m* ⟨Entom⟩ *Teichläufer* m (Hydrometra sp)
hidro|metría *f* ⟨Phys⟩ *Hydrometrie* f ‖ **-métrico** adj *hydrometrisch* ‖ **-miel** *m Honigwasser* n ‖ **-nefrosis** *f* ⟨Med⟩ *Hydronephrose* f ‖ **-patía** *f Hydropathie, Wasserheilkunde* f ‖ **-pesía** *f* ⟨Med⟩ *Wassersucht* f
hidrópico adj/s ⟨Med⟩ *hydropisch, wassersüchtig* ‖ *unersättlich (Durst)* ‖ ~ *m Wassersüchtige(r)* m
hidro|planeador *m* ⟨Flugw⟩ *Wassersegelflugzeug* n ‖ **-plano** *m Gleitboot* n ‖ *Wasserflugzeug* n ‖ **-quinona** *f* ⟨Chem Phot⟩ *Hydrochinon* n ‖ **-sol** *f* ⟨Chem⟩ *Hydrosol* n ‖ **-soluble** adj *wasserlöslich*
hidrostáti|ca *f Hydrostatik* f ‖ **-co** adj *hydrostatisch*
hidro|tecnia, -técnica *f Hydro-, Wasserbau|technik* f ‖ **-terapia** *f Hydro|therapie, -pathie, Wasserheil|kunde* f bzw *-verfahren* n
hidro|terápico adj *hydrotherapeutisch* ‖ *instituto* ~ *(Kalt)Wasserheilanstalt* f ‖ *tratamiento* ~ *Wasserkur* f ‖ **-velero** *m* = **-planeador**
hidróxido *m* ⟨Chem⟩ *Hydroxid* n
hidrozo|arios, -os *mpl* ⟨Zool⟩ *Hydrozoen* pl (Hydrozoa)
hie- → **a ye-**
hiedra *f* ⟨Bot⟩ *Efeu* m (Hedera spp)
hiel *f Galle* f ‖ fig *Erbitterung* f, *Groll* m ‖ ◊ echar *(od* sudar*) la* ~ fig *sich ungemein anstrengen* ‖ *no tener* ~ figf *e-e friedliche Gemütsart haben* ‖ *no hay miel sin* ~ *keine Rose ohne Dornen* ‖ ~es *pl Unannehmlichkeiten* fpl ‖ ~ *de ironía* fig *bitt(e)rer, derber Spott* m ‖ ◊ *saber a* ~ fig *bitter, peinlich sein* ‖ →a **bilioso, bilis**
hielo *m Eis* n ‖ *Frost* m ‖ fig *eisige Kälte* f ‖ fig *frostige Haltung, Kälte, Abneigung* f ‖ ~ *movedizo Treibeis* n ‖ ~ *resbaladizo Glatteis* n ‖ *banco de* ~ *Eisbank* f ‖ *frío como el* ~ (& fig) *eiskalt* ‖ ◊ *estar hecho un* ~ figf *kalt wie Eis sein* ‖ *romper el* ~ figf *jds Schüchternheit überwinden* ‖ *e-e alte Freundschaft erneuern* ‖ figf *das Eis brechen, das Eis zum Schmelzen bringen*
hiemal adj *winterlich, Winter-* ‖ ⟨Bot⟩ *winterhart, überwinternd*
hiena *f Hyäne* f ‖ fig *Hyäne* f, *gemeines Biest* n ‖ ~ *manchada Flecken-, Tüpfel|hyäne* f (Crocuta sp) ‖ ~ *parda Schabrackenhyäne* f, *Strandwolf* m (Hyaena brunnea) ‖ ~ *rayada Streifenhyäne* f (H. hyaena)
hienda *f León* Extr = **hendidura**
hiera Al = **hiedra**
hierático adj *hieratisch, priesterlich* ‖ fig *ernst, steif, förmlich* ‖ *escritura* ~a *(altägyptische) hieratische (Priester)Schrift* f ‖ *papel* ~ *Papyrus* m
hierba *f Kraut, Gewächs* n, *Pflanze* f ‖ *Gras, Grüne(s)* n ‖ *Rasen* m (→ **césped**) ‖ *Heu* n ‖ *fam* desp *Gemüse* n ‖ ~ *buena* = **hierbabuena** ‖ ~ *cana Greis-, Kreuz|kraut* n (Senecio spp) ‖ ~ *doncella Immer-, Winter|grün* n (Vinca spp) ‖ ~ *guardarropa Eberraute* f (→ **abrótano**) ‖ ~ *jabonera Seifenkraut* m (→ **jabonera**) ‖ ~ *luisa Zitronenstrauch* m (Aloysia citriodora) ‖ (~) *mate, ~ del Paraguay Mate-Teestrauch* m, *Mate* f (Ilex paraguariensis) ‖ ~ *piojera Läusekraut* n (Pedicularis spp) ‖ ~ *pulguera Flohkraut* n (Pulicaria spp) ‖ ~ *santa Minze* f (Mentha spp) ‖ ~ **hierbabuena**) ‖ ~ *de San Juan Johanniskraut, Grundheil* n (Hypericum spp) ‖ *Mutterkraut* n (Chrysanthemum parthenium) ‖ ~ *tora Sommerwurz* f (→ **orobanca**) ‖ *en* ~ *noch grün (Saat)* ‖ ◊ *crecer como la mala* ~ *fam wie Unkraut wachsen* ‖ *haber pisado mala* ~ *schlechten Erfolg haben* ‖ figf *schlechter Laune sein* ‖ *la mala* ~ *crece mucho (od nunca muere) Unkraut vergeht nicht* ‖ ~s *pl Kräuter* npl, *Kräuterwerk* n ‖ *Gifttrank* m ‖ *(Futter)Gras* n ‖ ~ *medicinales Heilkräuter* npl ‖ *y otras* ~ *usw, usf (bei Aufzählungen)*
hierba|buena *f* ⟨Bot⟩ *(wilde) Minze* f (Mentha spp) ‖ **-jo** *m* desp *Unkraut* n ‖ **-luisa** *f Zitronenstrauch* m (→ **hierba luisa**) ‖ **-tero** *m* Chi Mex *Kräutermann* m ‖ **-zal** *m Grasplatz* m (→ **herbazal**)
hierbecilla *f* dim *v.* **hierba**
hiere → **herir**
hiero *m* ⟨Bot⟩ = **yero**
hiero|cracia *f Priesterherrschaft, Hierokratie* f ‖ **-fante** *m* ⟨Hist⟩ *Hierophant* m
hieroglífico adj = **jeroglífico**
hieromancia *f Hieromantie, Weissagung* f *aus Opfern*
hierosolimitano adj/s *aus Jerusalem* (→a **Jerusalén**)
hierra *f* Am → **herradero**
hierre|zuelo, -cillo *m* dim *v.* **hierro**
¹**hierro** *m Eisen* n ‖ fig *Waffe* f ‖ fig *eisernes Werkzeug* n ‖ fig *Brandeisen* n ‖ *Brandmal* n ‖ fig *Joch* n ‖ fig *Gefangenschaft* f ‖ ~ *afinado Frischeisen* n ‖ ~ *albo, ~ candente glühendes Eisen* n ‖ ~ *batido Schweißeisen* n ‖ ~ (en) *bruto Roheisen* n ‖ ~ *colado Eisenguß* m ‖ ~ *crudo, ~ de fundición Roheisen* n ‖ ~ *dulce, ~ fundido*

Flußeisen n ‖ ~ maleable, ~ dúctil *schmiedbares Eisen* n ‖ ~ viejo *Alteisen* n ‖ *edad del ~ Eisenzeit* f ‖ *Eisernes Zeitalter* n ‖ fundición de ~ *Eisengießerei* f ‖ *Eisenguß* m ‖ mineral de ~ *Eisenerz* n ‖ ◊ llevar ~ a Vizcaya figf *Eulen nach Athen tragen* ‖ perecer a ~ *durchs Schwert umkommen* ‖ ser de ~ fig *eisern sein* ‖ a ~ y fuego *mit Feuer und Schwert* ‖ al ~ caliente batir de repente *man muß das Eisen schmieden, solange es heiß ist* ‖ quitale ~ iron *halb so wild* (od *schlimm)* ‖ ~s pl *Eisenarten* fpl ‖ *Fesseln* fpl ‖ fig *Joch* n
²**hierro** → **herrar**
hietometría *f* = **pluviometría**
hifa *f* ⟨Bot⟩ *Pilzfaden* m, *Hyphe* f
higa *f Amulett, Anhängsel* n ‖ *Gebärde* f *des Hohns* bzw *als Abwehr gegen den bösen Blick* ‖ fig *Hohn* m, *Verachtung* f ‖ vulg *weibliche Scham, Feige* f ‖ ◊ no me importa una ~ fam *das ist mir schnuppe*
higa|dencia *f Am Ungehörigkeit, Frechheit* f ‖ *Aufdringlichkeit* f ‖ **-dilla** *f*, **-dillo** *m (Vogel-) Leber* f
hígado *m Leber* f ‖ malos ~s fig *ein schlechtes Herz* ‖ ◊ echar los ~s figf *sich abrackern, hart arbeiten* ‖ *(heftig) (er)brechen* ‖ tener ~s *Mut haben* ‖ enamorado hasta los ~s figf *bis über die Ohren verliebt*
higiene *f Gesundheitspflege, Hygiene* f ‖ *Gesundheitslehre, Hygiene* f ‖ fig *Reinlichkeit, Sauberkeit* f ‖ ~ alimenticia *Nahrungsmittel-* bzw *Ernährungs|hygiene* f ‖ ~ corporal, ~ física *Körperpflege* f ‖ ~ dental *Zahnpflege* f ‖ ~ escolar *Schulgesundheitspflege* f ‖ ~ pública *öffentliches Gesundheitswesen* n
higiénico adj *hygienisch* ‖ compresas ~as, paños ~s *Damenbinden* fpl
higo m *Feige* f ‖ fig *nichts* ‖ △ *weibliche Scham* f ‖ ~ chumbo, ~ de tuna *Nopalfrucht, Opuntia* f (→ **chumbera**) ‖ ~ paso, ~ seco *getrocknete Feige* f ‖ ◊ (estar) hecho un ~ figf *vollkommen zerdrückt (sein)* ‖ *völlig kaputt (sein)* ‖ no vale un ~ figf *das ist keinen Pfifferling wert* ‖ no se me da un ~ de eso figf *das ist mir schnuppe* ‖ ~s *pl:* pan de ~ *Feigenbrot* n
hi|grofilia *f* ⟨Biol⟩ *Hygrophilie* f ‖ **-grófilo** adj = **-drófilo** ‖ **-grometría** *f Luftfeuchtigkeitsmessung, Hygrometrie* f ‖ **-grómetro** m *(Luft-) Feuchtigkeitsmesser* m, *Hygrometer* n
higros|copicidad *f Hygroskopizität* f ‖ **-cópico** adj ⟨Phys⟩ *hygroskopisch* ‖ **-copio** m ⟨Phys⟩ → **higrómetro** ‖ *Wetterhäuschen* n
higue|ra *f Feigenbaum* m (Ficus carica) ‖ vulg *weibliche Scham* f ‖ ~ chumba, ~ de Indias, ~ de pala, ~ de tuna *Feigenkaktus* m, *Opuntie* f, *Nopal* m ‖ ◊ estar en la ~ figf *mit den Gedanken abschweifen, geistesabwesend sein, dösen* ‖ **-reta**, **-rilla** *f* ⟨Bot⟩ *Rizinus* m (→ **ricino**)
¡**hi, hi, hi!** *hi, hi, hi! (Lachen)*
hija *f Tochter* f ‖ *Zärtlichkeitsausdruck, etwa:* „meine Liebe", „mein Kind" ‖ ~ política *Schwiegertochter* f ‖ ~ de Madrid pop *Madrider Kind* n ‖ las hijas de María *die Marientöchter* fpl *(kath. Vereinigung)* ‖ → a **hijo**
*****hijadalgo** *f* = **hidalga**
hijas|tra *f Stieftochter* f ‖ **-tro** m *Stiefsohn* m ‖ *Stiefkind* n ‖ ~s *mpl Stiefkinder* npl
hijito, hijillo *m* dim v. **hijo**
hijo *m Sohn* m ‖ fig u. p. ex *Kind* n ‖ *Junge(s)* n *von e-m Tier* ‖ *Abkömmling, Sprößling* m ‖ *Eingeborene(r)* m ‖ *Schwiegersohn* m *(mit Bezug auf die Schwiegereltern)* ‖ *Zärtlichkeitsausdruck, etwa:* „mein Lieber", „mein Freund" ‖ fig *Erzeugnis, Erfolg* m ‖ fig *Folge* f ‖ ~ de la. = hidalgo ‖ ~ adoptivo *Adoptiv|kind* n bzw *-sohn* m ‖ *Ehrenbürger* m ‖ ~ adulterino *außereheliches Kind* n ‖ ~ bastardo, ~ espurio *uneheliches Kind* n ‖ ~ de confesión *Beichtkind* n ‖ ~ espiritual *Beichtkind* n ‖ ~ del hombre *des Menschen Sohn (Jesus Christus)* ‖ ~ (i)legitimo *(un)eheliches Kind* ‖ ~ de (su) madre fam *(ganz) wie s-e Mutter* ‖ pop = ~ de puta ‖ ~ de Madrid *Madrider Kind* n, *geborener Madrider* m ‖ ~ natural *natürliches Kind, uneheliches Kind* n ‖ *Findelkind* n ‖ ~ político *Schwiegersohn* m ‖ ~ póstumo *nachgeborenes Kind* n ‖ el ~ pródigo *der verlorene Sohn* m ‖ ~ de puta *Hurenkind* n, *Hurensohn* m *(bes als Schimpfwort)* ‖ fig vulg *geriebener Kerl, Gauner, Schweinehund* m ‖ ~ sacrílego *Kind* n bzw *Sohn* m *e-s Priesters* ‖ cada ~ de vecino fam *der erste beste, jeder* ‖ ¡~ de Dios! *Herr Jesus!* ‖ ~s *pl Kinder* npl *(mit Bezug auf die Eltern)* ‖ sin ~s *kinderlos* ‖ Montero ~s ⟨Com⟩ *Montero & Söhne*
*****hijodalgo** *pl v.* **hidalgo**
hijoputada *f* vulg *Sauerei, Hundsgemeinheit* f (→ **hijo** de puta)
hijuca *f* dim v. **hija**
hijue|la *f* dim v. **hija** ‖ *Erb-, Pflicht|teil* n ‖ *Erbschein* m, *Teilungsurkunde* f, *Erbteilungsschein* m ‖ *angenähter Streifen* m *Zeug* ‖ *kleine Abzugsrinne* f ‖ *Nebenstelle* f ‖ *Nebenweg* m ‖ ⟨Postw⟩ *Landzustellung* f ‖ ⟨Kath⟩ *Palla* f ‖ **-lo** *m* dim v. **hijo** ‖ ⟨Bot⟩ *Ableger, Wurzelschößling* m
¹**hila** *f Reihe* f ‖ *dünner Darm* m ‖ ~ de casas *Häuserreihe* f ‖ a la ~ *hintereinander*, fam *im Gänsemarsch* ‖ ~s *pl* ⟨Hist Chir⟩ *Scharpie* f, *Zupflinnen* pl
²**hila** *f Spinnen* n ‖ *Spinnzeit* f
³**hila** *f* ⟨Zool⟩ *Laubfrosch* m (Hyla spp) ‖ → *rana* de San Antonio
hila|cha *f*, **-cho** *m Tuchfasern* fpl ‖ △ *Faden* m ‖ ~s *fpl Am Fetzen* mpl ‖ **-choso** adj *faserig, fusselig*
hilada *f Reihe* f ‖ *Schicht* od *Lage* f *Steine* ‖ *Wachsstock* m
hila|dillo *m Florettseide* f ‖ **-dizo** adj *spinnbar* ‖ **-do** *m Spinnen* n ‖ *Gespinst* n ‖ *Faden* m ‖ *Garn* n ‖ ~ mecánico *Maschinenspinnerei* f ‖ ~s *mpl Spinnstoffwaren* fpl ‖ ~ y tejidos *Spinnstoffwaren* fpl *und Textilien* pl ‖ **-dor** *m Spinner* m ‖ **-dora** *f|adj Spinnerin* f ‖ *(máquina)* ~ *Spinn|-maschine* f, *-stuhl* m ‖ **-dura** *f* prov = **hilatura**
hilande|ra *f Spinnerin* f ‖ **-ría** *f Spinnerei* f ‖ *Spinnen* n ‖ **-ro** m, ~a *f Spinner(in)* m(f) ‖ *Spinnstube* f
hilanza *f* → **hilado**
¹**hilar** vt/i *spinnen* ‖ *verspinnen* ‖ fig *anknüpfen (Gespräch)* ‖ *anstiften (Ränke)* ‖ ◊ ~ muy delgado figf *sehr eingehend sein* ‖ *es sehr genau nehmen*
²**hilar** adj ⟨poet⟩ *fröhlich, vergnügt*
hila|rante adj *erheiternd* ‖ gas ~ ⟨Chem⟩ *Lachgas* n *(N_2O)* ‖ **-ridad** *f Heiterkeit, Fröhlichkeit* f
Hilario *m* Tfn *Hilarius* m
hila|tura *f (Ver)Spinnen* n ‖ *Spinnverfahren* n ‖ *Spinnerei* f ‖ ~ de algodón *Baumwollspinnerei* f ‖ **-za** *f dicker Zwirn* m ‖ *Seponnene(s), Gespinst* n ‖ *Spinnfaden* m, *Stickgarn* n ‖ ~ de lino *Bast* m *(Flachs)* ‖ ◊ descubrir la ~ figf *sein wahres Wesen offenbaren*
Hildebrando m np *Hildebrand* m
¹**hilera** *f Reihe* f *(von Häusern, Bäumen)* ‖ ⟨Arch⟩ *Schicht* f *(Steine)* ‖ ⟨Mil⟩ *Glied* n, *Rotte* f ‖ ⟨Mil⟩ *Truppenlinie* f ‖ chaleco con una ~ de botones *einreihige Weste* f
²**hilera** *f Zugbalken* m
³**hilera** *f Stickgarn* n ‖ *Spinndüse* f ‖ *(Draht-)Zieheisen* n ‖ *Drahtziehbank* f
⁴**hilera** *f Spinnwarze* f *(der Spinnen)*
hilero *m* ⟨Mar⟩ *Strom* m, *(Neben)Strömung* f ‖ *Stromstrich* m
hilillo *m* dim v. **hilo** ‖ ⟨Web⟩ *Filet* n ‖ ~ de sangre *feiner Streifen* m *Blut*

hilio m ⟨An⟩ *Hilus* m
hilito m dim v. **hilo** ‖ un ~ Am *ein Bißchen* **hilo** m *Faden* m ‖ *Garn* n ‖ *Schnur* f ‖ *Zwirn* m ‖ *Hanfzeug* n ‖ ⟨El⟩ *Leitschnur* f ‖ *(dünner) Metalldraht* m ‖ *Schneide* f *(e–s Messers)* ‖ fig *feiner Strahl* m *e–r Flüssigkeit* ‖ fig *Reihe* f ‖ fig *Zusammenhang* m, *ununterbrochene Folge* f ‖ ~ de agua fig *dünner Wasserstrahl* m ‖ ~ de bordar *Stickgarn* n ‖ ~ conductor ⟨El⟩ *Leitungsdraht* m ‖ ~ esmaltado *Lackdraht* m ‖ ~ de camello *Kamelhaar(gespinst)* n ‖ ~ conductor ⟨El⟩ *Leitungsdraht* m ‖ ~•de coser *Nähgarn* n ‖ ~ de estambre *Kammgarn* n ‖ ~ de perlas *Perlenschnur* f ‖ ~ torcido *Zwirn* m ‖ ~ de trama (de urdimbre) ⟨Web⟩ *Schuß- (Kett)faden* m ‖ ~ de telaraña *Spinngewebsfaden* m ‖ el ~ de la vida ⟨poet⟩ *der Lebensfaden* ‖ ~ de zapatero *Schusterdraht* m ‖ artículos de ~ *mpl Leinenwaren* fpl ‖ traje de ~ *Leinenkleid* n ‖ a ~ *ununterbrochen* ‖ ~ a ~ *allmählich* ‖ ~ a ~ como *ganz genau wie* ‖ al ~ *fadengleich (Zeug)* ‖ al ~ de *gleichlaufend mit* ‖ al ~ de mediodía *gerade um Mittag* ‖ de ~ *in gerader Linie* ‖ por el ~ se saca el olvillo *Sinn: e–e leise Spur gibt oft wesentlichen Aufschluß* ‖ ◊ cortar el ~ del discurso *(od de la conversación)* fig *den Faden des Gesprächs, der Rede unterbrechen* ‖ forrar con ~ *überspinnen* ‖ el ~ se rompe *der Faden reißt* ‖ vivir con el alma en un ~ fig *Todesangst ausstehen* ‖ ~s *pl:* ~ de araña *Sommerfäden* mpl, *Altweibersommer* m ‖ telegrafía sin ~ *drahtlose Telegraphie* f
hilo|morfismo m ⟨Philos⟩ *Hylomorphismus* m ‖ **–teísmo** m ⟨Philos⟩ *Hylismus* m ‖ **–tropía** f *Hylotropie* f ‖ **–zoísmo** m ⟨Philos⟩ *Hylozoismus* m
hilván m *Heftnaht* f ‖ *Verlorenheften* n ‖ *Chi Heftzwirn* m ‖ ◊ hablar de ~ figf *sich im Reden überstürzen*
hilvanar vt *(verloren) heften* ‖ fig *entwerfen* ‖ figf *überstürzen* ‖ fig *anknüpfen*
Himalaya: el ~ *der Himalaya, das Himalayagebirge*
himen m ⟨An⟩ *Hymen, Jungfernhäutchen* n ‖ ⟨poet u. Myth⟩ = **himeneo**
Himeneo m *Hymen(äus)* m, *Gott der Ehe* ‖ ⇸ m *Hochzeit, Ehe* f ‖ →a **epitalamio**
himenópteros mpl ⟨Entom⟩ *Hautflügler* mpl, *Hymenopteren* pl (Hymenoptera)
himenio m ⟨Bot⟩ *Hymenium* n, *Fruchtschicht* f *(der Pilze)*
himnario m *Hymnensammlung* f ‖ ⟨Rel⟩ *Hymnar(ium)* n
hímnico adj *hymnisch*
himno m *Hymne* f ‖ *Lobgesang* m ‖ ⟨Mus⟩ *Hymne* f, *Choral* m ‖ ⟨Rel⟩ *Hymnus* m ‖ ~ nacional *Nationalhymne* f ‖ ⇸ **de Riego** *Riego-Hymne* f *(auch Nationalhymne der 2. Republik)* ‖ **–logía** f *Hymnenkunde, Hymnologie* f
himos Am pop = **hemos** (→ **haber**)
hinca|dura f *Einschlagen* n ‖ **–pié** m *Aufstemmen* n *des Fußes* ‖ fig *Vorwand* m ‖ ◊ hacer ~ den Fuß anstemmen ‖ fig *sich versteifen* (en *auf* acc) ‖ *hartnäckig beharren* (en *auf* dat) ‖ *Nachdruck legen* (en *auf* acc)
hincar [c/qu] vt *hineinstecken, ein|schlagen, -treiben, einrammen* ‖ *aufstemmen (Fuß)* ‖ ◊ ~ el diente (en *in et*) *hineinbeißen, et anbeißen* ‖ ~ el diente en alg. *jdn angreifen* ‖ ~ su mirada en *seinen Blick heften auf* (acc) ‖ ~ el pico figf *sterben,* fam *krepieren,* fam *ins Gras beißen* ‖ ~se vr *eindringen* ‖ ~se de rodillas, ~ la rodilla *niederknien*
¹**hincha** f fam *Haß, Groll* m ‖ ◊ ¡me tiene una ~! fam *der kann mich nicht riechen!*
²**hincha** m/f *Fan* m ‖ ~ de fútbol *Fußballfan* m
³**hincha** → **henchir**
hin|chable adj: colchón ~ *Luftmatratze* f ‖ **-ado** adj *geschwollen* ‖ *verquollen (Holz)* ‖

fig *aufgeblasen, eingebildet, stolz* ‖ fig *schwülstig (Schreibart)* ‖ ◊ tener un carillo ~ *e–e dicke Backe haben* ‖ **–chamiento** m = **–chazón** ‖ **–char** vt *aufblasen (Backen)* ‖ *aufpumpen (Luftschlauch)* ‖ *anschwellen lassen* ‖ *auftreiben, (auf)blähen* ‖ *aufgehen lassen (Teig)* ‖ fig *übertreiben* ‖ fig *stolz machen* ‖ ~se *auf-, an|schwellen* ‖ fig *anschwellen (Bach)* ‖ fig *sich aufblähen, dicktun* ‖ pop *viel essen,* pop *sich vollstopfen* ‖ pop *viel Geld verdienen* ‖ ◊ ~ (por la humedad) *quellen* ‖ ~ el lomo Am pop *sich abrackern* ‖ ~ de risa *vor Lachen bersten* ‖ ~ de ver a. fam *sich satt-, sich müde sehen an et* (dat) ‖ **–chazón** f *Geschwulst* f ‖ *Schwellung* f ‖ *Blähung* f ‖ *Quellen* n *(Holz)* ‖ ⟨Tech⟩ *An-, Auf|schwellung* f ‖ fig *(Rede-) Schwulst* f
hin|dú [pl -úes] adj/s *hinduistisch* ‖ ~ m *Hindu* m ‖ →a **indio** ‖ **–duismo** m *Hinduismus* m
hiniesta f ⟨Bot⟩ *Ginster* m (→ **aulaga, retama**)
¹**hinojo** m ⟨Bot⟩ *Fenchel* m (Foeniculum vulgare) ‖ ¡~! pop = ¡caramba! ‖ ¡vete al ~! pop *geh zum Teufel!*
²**hinojo** m *Knie* n *(ungebräuchlich)* ‖ ◊ ponerse de ~s *auf die Knie fallen, niederknien* ‖ de ~s *kniend*
hinterland m *Hinterland* n
hioides m ⟨An⟩ *Zungenbein* n
hip. Abk = **hipoteca(rio)**
hipar vi *den Schluckauf haben, schlucken* ‖ *schluckend weinen (bes. Kinder)* ‖ *keuchen, japsen (Hund)* ‖ *wimmern, winseln (mit hauchender Aussprache des H)* ‖ fig *sehnlich verlangen nach* (dat) ‖ fig *sich abarbeiten*
hipera|bundancia f *Überfluß* m (→ **sobreabundancia**) ‖ **–acidez** f → **hiperclorhidria**
hiper|adrenalismo m ⟨Med⟩ *Hyperadrenalismus* m ‖ **–alg(es)ia** f ⟨Med⟩ *Hyperalgesie* f
hipér|baton m ⟨Rhet⟩ *Hyperbaton* n ‖ **–bola** f ⟨Math⟩ *Hyperbel* f *(Kurve)* ‖ ◊ llegar a la ~ figf *das höchste Maß erreichen* ‖ **–bole** m ⟨Rhet⟩ *Hyperbel, Übertreibung* f
hiper|bólico adj *hyperbolisch, übertreibend* ‖ *hyperbelartig, Hyperbel-* ‖ **–bolizar** vi ⟨Rhet⟩ *Hyperbeln verwenden* ‖ *hyperbolisch reden bzw schreiben* ‖ **–boloide** m ⟨Math⟩ *Hyperboloid* n
hiperbóreo adj ⟨Lit Myth⟩ *hyperboreisch, nördlich, Nord-* ‖ ~ m *Hyperboreer* m
hiper|clorhidria, –acidez f ⟨Med⟩ *Superazidität, Hyperchlorhydrie* f ‖ **–crítico** adj *über-, hyper|kritisch* ‖ **–dactilia** f ⟨Med⟩ *Hyperdaktylie* f
hiperdulía f ⟨Rel⟩ *Mariendienst* m ‖ *Marienverehrung* f
hiper|emia f ⟨Med⟩ *Hyperämie* f ‖ **–estesia** f ⟨Med⟩ *Überempfindlichkeit, Hyperästhesie* f ‖ **hiper|función** f ⟨Med⟩ *Überfunktion* f ‖ **–galactosis** f ⟨Med⟩ *übermäßige Milchabsonderung, Hypergalaktie* f ‖ **–glucemia** f ⟨Med⟩ *Hyperglykämie* f (→a **glucosuria, diabetes**)
hipermanganato m ⟨Chem⟩ *übermangansaures Salz, Manganat(VII)* n
hiper|metamorfosis f ⟨Entom⟩ *Hypermetamorphose (nach J.-H. Fabre), Hypermetabolie* f ‖ **–metropía** f ⟨Med⟩ *Über-, Weit|sichtigkeit, Hypermetropie* f (→a **miopía**) ‖ **–moderno** adj *übermodern* bzw *übertrieben modern* ‖ **–plasia** f ⟨Med⟩ *Hyperplasie* f ‖ **–sensibilidad** f *Überempfindlichkeit* f ‖ **–sensible** adj *überempfindlich* (& Phot)
hiper|tensión f ⟨Med⟩ *(Blut)Hochdruck* m, *Hypertonie* f (→ **hipertonía**) ‖ *esencial essentielle Hypertonie* f ‖ **–tiroidismo** m ⟨Med⟩ *Hyperthyreoidismus* m, *-se* f ‖ **–tonía** f *gesteigerte Muskelspannung* f ‖ *Hypertonie* f ‖ **–tricosis** f *starke Behaarung, Hypertrichose* f ‖ **–trofia** f ⟨Med⟩ u. fig *Hypertrophie* f ‖ **–trofiado,** ⟨Wiss⟩ **–trófico** adj *hypertroph(iert),* zu *stark* (bzw *krankhaft*) *entwickelt*
hípico adj *Pferde-* ‖ carreras ~as, concurso ~ *Pferderennen* npl ‖ deporte ~ *Pferdesport* m

hipismo m *Pferde-, Reit\sport* m
hípnico adj *Schlaf-*
hip|nosis f *Hypnose* f || **-nótico** adj ⟨Med⟩ *auf Hypnose bezüglich, hypnotisch* || ~ m *Schlafmittel* n || **-notismo** m *Hypnose* f || **Hypnoselehre** f || **-notizador** m *Hypnotiseur* m || **-notizar** vt [z/c] *hypnotisieren, in Zwangsschlaf versetzen*
hipo m *Schluckauf* m || *Aufschlucken* n || *Schluchzen* n *(bes beim Weinen)* || fig *Sehnsucht* f, *Verlangen* n || fig *Groll* m, *Erbitterung* f || ◊ *quitar el* ~ figf *toll, phantastisch sein* || *tener* ~ *schlucken, Schluckauf haben*
hipo|campo m ⟨Zool⟩ *Seepferdchen* n (→ **caballo** *marino*) || **-centro** ⟨Geol⟩ *Hypozentrum* n
hipocon|dría f *Schwermut, Hypochondrie* f || **-dríaco** adj/s *schwermütig* || *hypochondrisch* || ~ m *Hypochonder* m || **hipocóndrico** adj = **-dríaco** || ⟨An⟩ *am seitlichen Oberbauch* || **-drio** m ⟨An⟩ *Hypochondrium* n
hipocorístico m ⟨Li⟩ *Kosename* m, *Hypokoristikum* n || *Verkleinerungsform* f
Hi|pócrates m np *Hippokrates* m || **-pocrático** adj *hippokratisch* || *juramento* ~ *hippokratischer Eid* m *(der Ärzte)*
hipocresía f *Heuchelei, Gleisnerei, Scheinheiligkeit* f || *Verstellung* f || → a **fariseísmo**
hipócrita m/adj *Heuchler, Gleisner, Scheinheilige(r)* m || ~ adj *heuchlerisch, scheinheilig* || *falsch, pharisäisch*
hipo|dactilia f ⟨Med⟩ *Hypodaktylie* f || **-dérmico** adj ⟨Med⟩ *subkutan (z. B. Einspritzung)* || **-dermo** m ⟨An⟩ *Hypoderm* n
hipódromo m *Rennbahn* f, *Hippodrom* n || *Kunstreiterzirkus* m || *el* ~ *das Hippodrom von Madrid*
hipófisis f ⟨An⟩ *Hypophyse* f
hipofosfito m *Hypophosphit* n
hipo|función f ⟨Med⟩ *Unter-, Hypo\funktion* f || **-galactosis** f *Hypogalaktie* f || **-gastrio** m ⟨An⟩ *Unterleib* m, *Hypogastrium* n || **-genitalismo** m ⟨Med⟩ *Hypogenitalismus* m || **-geo** m ⟨Arch⟩ *Hypogäum* n, *unterirdische Kapelle* f bzw *unterirdischer Bau* m
hipogrifo m ⟨Myth⟩ *Hippogryph* m *(Musenroß)*
Hipólito m np *Hippolyt* m
hipólogo m *Pferdekenner* m
hipo|potámidos mpl ⟨Zool⟩ *Nil-, Fluß\pferde* npl (Hippopotamidae) || **-pótamo** m *Nil-, Fluß\-pferd* n || fig *Tölpel, Schafskopf* m, *Rhinozeros* n || ~ *del Nilo* ⟨Zool⟩ *Großfluß-, Nil\pferd* n (Hippopotamus amphibius)
hiposo adj *aufschluchzend* || *mit Schlucken, Aufstoßen behaftet*
hi|pospadia(s) m ⟨Med⟩ *Hypospadie* f || **-póstasis** f ⟨Rel Philos Med⟩ *Hypostase* f || **-postático** adj ⟨Rel Philos Med⟩ *hypostatisch* || ⟨Philos⟩ *hypostasierend*
hiposulfito m: ~ *sódico Natriumthiosulfat* n || ⟨Phot⟩ *Fixiernatron* n || *Fixiersalz* n
hipote|ca f *Hypothek, Grundschuld* f || ◊ ¡*vaya una* ~! fam iron *das ist e-e schöne Bescherung!* || **-cable** adj *belastbar (mit e-r Hypothek)* || **-car** [c/qu] vt *(hypothekarisch) belasten* || fig *belasten* || fig *in Gefahr bringen, in Frage stellen* || ◊ ~ *voluntades* fig *sich die öffentliche Meinung geneigt machen* || **-cario** adj *hypothekarisch, Hypotheken-, Hypothekar-* || *banco* ~ *Hypothekenbank* f || *deuda* ~a *Pfandschuld* f || *título* ~ *Pfandbrief* m
hipotensión f ⟨Med⟩ *niedriger Blutdruck* m, *Hypotonie* f (→ **hipotonía**)
hipotenusa f ⟨Math⟩ *Hypotenuse* f
hipotermia f ⟨Med⟩ *unternormale Temperatur, Hypothermie* f
hipótesis f *Voraussetzung, Annahme, Hypothese* f || *Unterstellung* f

hipotético adj *hypothetisch, angenommen*
hipo|tiroidismo m ⟨Med⟩ *Hypothyreo\idismus* m, *-se, Schilddrüsenunterfunktion* f || **-tonía** f ⟨Med⟩ *herabgesetzte Muskelspannung, Hypotonie* f || **-tónico** adj/s *hypotonisch* || ~ m *Hypotoniker* m || **-trofia** f ⟨Med⟩ *Hypotrophie, (krankhafte) Unterentwicklung* f || **-vitaminosis** f ⟨Med⟩ *Hypovitaminose* f
hippie, hippy m engl *Hippie* m
hipsómetro m ⟨Phys⟩ *Siedebaro-, Hypso\meter* n
hiriente adj *verletzend* (bes fig) || *beleidigend*
hirsu|tismo m ⟨Med⟩ *starker Haarwuchs, Hirsutismus* m || **-to** adj *haarig, zottig, borstig* || ⟨Bot⟩ *haarig, stach(e)lig* || fig *widerborstig* || *brummig, mürrisch*
hirudíneos mpl ⟨Zool⟩ *Blutegel* mpl (Hirudinea) (→ **sanguijuela**)
hirvien|te, -do adj *siedend, kochend*
hiso|pada f *Besprengung* f *mit Weihwasser* || **-pazo** m fam *Schlag* m *mit dem Sprengwedel* || **-p(e)ar** vt *mit Weihwasser besprengen* || **-pillo** m *Tränklappen* m *für Kranke* || ⟨Bot⟩ *Winterbohnenkraut* n (Satureja montana) || **-po** m ⟨Bot⟩ *Ysop* m (Hyssopus officinalis) || ⟨Kath⟩ *Weihwedel* m || *Am (großer) Pinsel* m
hispalense adj *aus Sevilla, sevillanisch* || ~ m *Sevillaner* m
Hispania f *Hispanien (Spanien der Römerzeit)*
hispánico adj *(hi)spanisch*
hispa|nidad f *Spaniertum* n || *Hispanität* f || *Gemeinschaft* f *der hispanischen Völker* || *spanisches Wesen* n || **-nismo** m span. *Spracheigentümlichkeit* f || *Liebe* bzw *Neigung* f *zu Spanien (bzw zur (hi)spanischen Kultur od Art)* || **-nista** m/adj *Hispanist* m || **-nizar** [z/c] vt *hispanisieren* || **-no** adj/s *spanisch* || *spanisch-* || ~ m *Spanier* m (bes Lit) || **~américa** f *Spanisch-Amerika* (→ a **Iberoamérica, Latinoamérica**) || **-noamericanismo** m *spanisch-amerikanische Spracheigentümlichkeit* f || *Gemeinschaft(sgefühl* n bzw *-gedanke* m*) f zwischen den spanisch-amerikanischen Ländern untereinander und mit Spanien* || **-noamericano** adj/s *spanisch-amerikanisch* ||, *republicas* ~as *spanisch-amerikanische Republiken* fpl (→ a **iberoamericano**) || ~ m *Hispano-Amerikaner* m || **-nófilo** adj/s *spanienfreundlich* || **-nófobo** adj/s *spanienfeindlich* || **-nófono, -nohablante** adj *spanisch sprechend, spanischsprachig*
híspido adj *borstig* || *stach(e)lig*
hispido adj Sant fig *hochmütig*
hispir vt Ast *auflockern* || **~se** vr Sant fig *hochmütig werden*
hist. Abk = **historia**
histamina f ⟨Med⟩ *Histamin* n *(Gewebehormon)*
his|terectomía f ⟨Chir⟩ *Hysterektomie, Entfernung* f *der Gebärmutter* || **-téresis** f ⟨Phys⟩ *Hystere\se, -sis* f || **-teria** f *Hysterie* f || **-térico** adj ⟨Med⟩ *hysterisch* || ~ m *Hysteriker* m || **-téridos** mpl ⟨Entom⟩ *Stutzkäfer* mpl (Histeridae) || **-terismo** m *Hysterie* f || **-tograma** m *Säulendiagramm, Histogramm* n
histo|logía f ⟨Med⟩ *Histologie* f || **-lógico** adj *histologisch*
histólogo m *Histologe* m
historia f *Geschichte* f || *Erzählung, Beschreibung* f || fig *Geschichte, Erzählung* f || *Fabel, Dichtung* f || fig *Klatsch* m, *Gerede* n || *Geschichtswissenschaft* f || *Geschichtswerk* n || ⟨Mal⟩ *Geschichtsbild* n || ~ *antigua (clásica) alte (klassische) Geschichte* f || ~ *del arte Kunstgeschichte* f || ~ *cultural,* ~ *de la cultura,* ~ *de la civilización Kulturgeschichte* f || ~ *eclesiástica Kirchengeschichte* f || ~ *de España span. Geschichte* f *(bes als Unterrichtsgegenstand)* || ~ *de la literatura española span. Literaturgeschichte* f || ~ *de la edad media,* ~ *medieval Geschichte* f *des Mittelalters* || ~ *moderna,* ~ *contemporánea*

neuere Geschichte, Geschichte f *der Neuzeit* || ~ natural *Naturgeschichte* f || *Naturkunde* f || ~ sagrada *biblische Geschichte* f || ~ de terror *Schauer-, Horror|geschichte* f || ~ universal *Weltgeschichte* f || de ~ *berühmt* || iron *verrufen*, fam *mit Vergangenheit* || ◊ hacer ~ *erzählen* || *berichten* || *Geschichte machen* || pasar a la ~ *in die Geschichte eingehen*, fig *sehr berühmt werden* || eso ha pasado a la ~ fam *das ist e-e alte Geschichte* || ¡así se escribe la ~! *und das nennt man Wahrheit!* || ~s *pl* fam *Vorwände* mpl || *Umschweife* mpl || *Zank, Streit* m || ◊ ¡eso son ~! *das sind (nur) dumme Geschichten!* || *das sind faule Ausreden!*

histo|riado adj ⟨Typ⟩ *verziert (Anfangsbuchstaben)* || fig *kitschig, überladen* || ⟨Mal⟩ *gut angeordnet (Figuren)* || **-riador** *m Geschichtsschreiber, Historiker* m || *Erzähler* m || ~ de la literatura *Literaturhistoriker* m || **-rial** *m/adj Entwicklungsgeschichte* f || *geschichtlicher Rückblick* m || *beruflicher Werdegang* m || *Angaben* fpl *über den Lebenslauf (e-s Beamten)* || **-riar** [pres -io] vt *erzählen* || *darstellen* || *e-e geschichtliche Darstellung machen (über acc)* || *sehr eingehend schildern (et acc)* || Am fig *verwirren* || ~ vi fam *Geschichten erdichten*

histori|cidad f *Geschichtlichkeit* f || *geschichtlicher Wert* m || **-cismo** *m Histor(iz)ismus* m

histórico adj *geschichtlich, historisch* || *Geschichts-* || *sicher, tatsächlich* || *denkwürdig* || ~-cultural *kulturgeschichtlich* || ~-literario *literaturhistorisch* || *documentos* ~s *historische Belege* mpl || *novela* ~a *historischer od geschichtlicher Roman* m || *personaje* ~ *geschichtliche Persönlichkeit* f || *pintura* ~a *Geschichtsmalerei* f || ¡es ~! fam *das ist die reine Wahrheit!* || adv: ~amente

histo|rieta f *Geschichtchen* n || *Kurzgeschichte* f || **-riografía** f *Geschichtsschreibung, Historiographie* f || **-riógrafo** *m Geschichtsschreiber, Historiograph* m || → a **historiador**

histri|ón *m* ⟨Hist Lit⟩ *Histrione, Mime, Schauspieler* m *(im alten Rom)* || iron *Komödiant* m || *Spaßvogel* m || fig *Heuchler* m || **-onismo** *m Komödiantentum* n || *Komödianten* mpl || fig *Heuchlerei* f

hita f *Stift, Stecker* m || ⟨Jgd⟩ *Ende* n, *Sprosse* f *(am Hirschgeweih)*

hitita adj/*m het(h)itisch* || ~ *m Het(h)iter* m

hitler|iano adj *auf Adolf Hitler bezüglich* || *Hitler-* || la Alemania ~a *Hitlerdeutschland* n || Juventudes ~as *fpl Hitlerjugend* f || **-rismo** *m Hitlerismus* m (→ **nacionalsocialismo**)

¹**hito** *m Mark-, Grenz-, Meilen|stein* m || fig *Ziel* n || *Wurfspiel* n || ◊ dar en el ~ fig *den Nagel auf den Kopf treffen* || mirar de ~ (en ~) *unverwandten Blickes, fest ansehen* || a ~ *fest* || *standhaft*

²**hito** adj *unmittelbar, nächst* || *angrenzend* || *fest(stehend)* || calle ~a *nächste Straße* f

³**hito** adj *makellos schwarz (Rappe)*

hizo → **hacer**

hl Abk = **hectolitro(s)**

hm Abk = **hectómetro(s)**

Hnos. Abk = **Hermanos**

*;**ho!** int → ¡**oh!**

hoba|chón, ona adj/s *träge, faul (dicker Mensch)* || **-chonería** f *Müßiggang* m

hoblón *m* Am = **lúpulo**

hocecilla f dim *v.* **hoz**

hoci|cada f *Stoß* m *mit der Schnauze* || fig vulg *grobe Antwort* f, *Anschnauzer* m || **-car** [c/qu] vt *wühlen (Sau)* (→ **hozar**) || figf *abschmatzen (küssen)* || ~ vi *auf die Nase fallen* || *auf ein Hindernis stoßen* || figf *e-n Bock schießen* || ⟨Mar⟩ *mit dem Bug tief im Wasser liegen* || **-co** *m (Schweins)Rüssel* m || *Schnauze* f || fam *Fratze, Visage* f || figf *Gesicht* n || ◊ cerrar el ~ vulg *das Maul halten* || meter el ~ en todo figf *die Nase in alles stecken* || poner ~, torcer el ~ figf *die Nase rümpfen* || ~s *pl* fam *Maul* n, pop *Schnauze* f || ◊ dar en el suelo de ~ fam *aufs Gesicht fallen* || echar *(od* decir, refregar*)* una cosa por los ~ figf *jdm e-e Unverschämtheit ins Gesicht sagen* || estar de ~ figf *schmollen, maulen* || **-cón, ona** adj/s *schmollend* || =**-cudo** adj/s *mit großer Schnauze* || fig *mit wulstigen Lippen*

hocino *m Reb-, Gärtner|messer* n || *Talschlucht* f (→ **hoz**) || *Flußdurchbruch* m

hoci|quear vt/i *(be)schnüffeln* || *mit der Schnauze anstoßen* || = **hozar** || Chi fam *abschmatzen, abdrücken (küssen)* || **-quera** f Cu Pe *Maulkorb* m || **-quito** dim *v.* **hocico** || ◊ hacer ~s fam *den Mund verziehen, ein Maul machen*

hockey *m* engl ⟨Sp⟩ *Hockey(spiel)* n || ~ sobre hielo *Eishockey* n || ~ sobre patines *Rollschuhhockey* n

hoco *m* ⟨V⟩ *Hokko* m

hodierno adj ⟨Lit⟩ *heutig*

hogaño adv fam *heuer, dies Jahr* || fig *heutzutage*

hogar *m (Feuer)Herd* m || *Feuerstelle* f || ⟨Tech⟩ *Kesselfeuerung* f *(der Lokomotive)* || *Feuerraum* m || fig *Heim* n, *Herd* m || fig *Heim* n *(Verein)* || ~ de estudiantes *Studentenheim* n || ~ sindical *Gewerkschaftshaus* n || Span *Sindikatenhaus* n (→ **nacionalsindicalismo**) || médico del ~ *Hausarzt* m || ◊ retornar al ~ *heimkehren*

hoga|reño adj *häuslich, Haus-* || **-za** f *Laib* m *Brot* || *Kleinenbrot* n

hoguera f *Scheiterhaufen* m || *Freudenfeuer* n || *Flackerfeuer* n || *Lagerfeuer* n || ~ de San Juan *Johannisfeuer* n

hoja f *(Blumen)Blatt* n || *Laub* n, *Blätter* npl || *Nadel* f *(der Nadelbäume)* || *Blatt* n *(Papier)*, *Bogen* m || *Formular* n, *Vordruck* m || *Blatt* n, *Hälfte* f *von e-m Ärmel* || *Klinge* f *(e-s Degens, Messers)* || *Rasierklinge* f || *(Metall)Folie* f || fig *Degen* m, *Schwert* n || *Flügel* m *(Tür, Fenster, Altar)* || ⟨Agr⟩ *Brachfeld* n || fig *Zeitung* f || ~ de afeitar *Rasierklinge* f || *Rasiermesser* n || ~ aovada, aserrada, dentada ⟨Bot⟩ *eiförmiges, gesägtes, gezähntes Blatt* n || ~ de estaño *Stanniol, Blattzinn* n || *Spiegelfolie* f || ~ de instrucciones *Merkblatt* n || ~ de marcha *Frachtbrief* m || ~ de parra *Rebblatt* n || fig *Feigenblatt* n || ~ de pedidos *Auftragsschein, Bestellzettel* m || ~ plástica *Kunststoffolie* f || ~ de ruta (Com) *Frachtbrief, Laufzettel* m || ⟨EB⟩ *Begleitschein* m || ⟨Mil⟩ *Aufzeichnung* f *der Marschroute* || ~ de servicios *Personalakte* f || ~ de tocino *Speckseite* f || ~ volante *Flugblatt* n || de la ~ fam *e-r der Uns(e)rigen* || ◊ batir ~ *(Gold) zu Blättchen schlagen* || a la caída de la ~ fig *im Herbst* || doblemos la ~ fig *reden wir von et anderem* || mudar la ~ figf *von seinem Vorhaben ablassen* || ser de la ~ Am pop *vornehm sein* || temblar como la ~ en el árbol fig *wie Espenlaub zittern* || tener ~ *e-n Sprung haben (Klinge)* || tener (la) ~ *limpia* fig *sich tadellos führen* || ⟨bes Mil⟩ || no tiene vuelta de ~ figf *das ist nun einmal so* || volver la ~ figf *seine Meinung ändern* || fig *dem Gespräch e-e andere Wendung geben* || ~s *fpl Laub* n, *Belaubung* f (→ **follaje**) || ~ sueltas *lose Blätter* npl || vino de tres ~ *dreijähriger Wein* m

hojala|ta f *Weißblech* n || **-tería** f *Klempnerei, Spenglerei* f

hojalatero *m Klempner, Spengler* m

hojal|drado *m Blätter-, Teig|gebackene(s)* n || **-dre** m/f *Blätterteig* m || *Schaumgebäck* n

hoja|ranzo *m* ⟨Bot⟩ = **ojaranzo** || = **adelfa** || **-rasca** f *Laub(werk)* n || *dürres Laub* n, *dürre Blätter* npl || fig *unnützes Zeug* n || *Klatsch* m || **-zón** f prov *Laub* n

hoje|ar vt *(durch)blättern (Buch)* ‖ *rauschen, sich bewegen (Laub)* ‖ Col Guat *Blätter treiben* ‖ **-o** m *Durchblättern* n
hojudo, hojoso adj *(leicht) belaubt* ‖ *blattreich*
hojuela f *Blättchen* n ‖ ⟨Bot⟩ *Teilblättchen* n ‖ ⟨Bot⟩ *Kelchblatt* n ‖ *Öl-, Oliventrester* m ‖ *Waffel* f, *dünnes, flaches Gebäck* n ‖ ⟨Tech⟩ *Folie* f, *Blättchen* n *(aus Metall)* ‖ Cu *Blätterteig* m ‖ ~s *fpl:* → **miel**
hol. Abk = **holandés**
¡hola! *holla! hallo! he! ei!* ‖ *o weh!* ‖ *so was!, nanu!* ‖ fam *guten Tag! (bzw Morgen usw)* ‖ fam *grüß Gott!* Öst *Servus!* ‖ *¿~? so? ist es möglich?*
Holan|da f *Holland* ‖ ⋏ f *feine holländische Leinwand* f ‖ **=dés, esa** adj *holländisch* ‖ *a la ~a auf holländische Art* ‖ ⟨Buchb⟩ *Halbfranzband* m ‖ **~ m** *Holländer* m ‖ *die holländische Sprache* f, *das Holländische* n
holártico adj ⟨Biol Geogr⟩ *holarktisch* ‖ *(región)* **~a** f *Holarktis* f
holding m engl: (sociedad) ~ *Holdinggesellschaft* f
holgachón, ona adj/s = **holgazán**
holga|damente adv *bequem* ‖ *mit allen Bequemlichkeiten* ‖ **-do** adj *müßig, unbeschäftigt* ‖ *geräumig, breit* ‖ *weit, bequem (bes Kleidung)* ‖ *posición* **~a** *einträglich, auskömmliche Lebensstellung* f
hol|ganza f *Behaglichkeit* f ‖ *Muße* f ‖ *Müßiggang* m ‖ *Vergnügen* n ‖ **-gar** [-ue-], g/gu] vi *ausruhen, feiern* ‖ *ruhen, müßig sein* ‖ *stillstehen, nicht im Betrieb sein* ‖ *überflüssig sein* ‖ *sich ergötzen, sich belustigen* ‖ →a **holgazanear** ‖ ◊ **huelga decir** (que) *es ist selbstverständlich (daß)* ‖ *aquí huelga todo comentario jede Bemerkung erübrigt sich hier* ‖ **~se** *sich belustigen* ‖ *sich freuen* (de, con über acc) ‖ *holgárame de que* (subj) *es würde mich freuen, wenn*
holga|zán, ana adj *müßiggängerisch* ‖ *faul* ‖ ~ m *Müßiggänger, Tagedieb, Faulenzer* m ‖ **-zanear** vi *faulenzen, herumlungern* ‖ fam *blaumachen* ‖ (→a **holgar**) ‖ **-zanería** f *Müßiggang* m ‖ *Faulenzerei* f
hol|gón, ona adj/s *müßiggängerisch* ‖ *vergnügungssüchtig* ‖ **-gorio** m fam *lärmendes Vergnügen* n, fam *Rummel* m ‖ **-gura** f *Weite, Breite* f ‖ *Bequemlichkeit, Gemächlichkeit* f ‖ *Wohlhabenheit* f ‖ *freie Bewegung* f ‖ ⟨Tech⟩ *Spiel* n ‖ *toter Gang* m ‖ ◊ *vivir con* ~ *sein reichliches Auskommen haben*
holmio m ⟨Chem⟩ *Holmium* n
holo|ártico adj = **holártico** ‖ **-béntico** adj ⟨Zool⟩ *holobenthisch*
holocausto m *(Sühne)Opfer* n ‖ ⟨Rel⟩ *Brandopfer* n ‖ *en* ~ *de la patria dem Vaterlande zum Opfer*
holoceno adj/s ⟨Geol⟩: (período) ~ m *Holozän, Alluvium* n
holo|édrico adj ⟨Min⟩ *holoedrisch* ‖ **-edro** m *Holoeder* n *(Kristall)*
hológrafo adj ⟨Jur⟩ = **ológrafo**
holometábolos mpl ⟨Entom⟩ *Holometabolen* pl (→a **metamorfosis**)
holómetro m *Höhenwinkelmeßgerät* n
holo|turia f ⟨Zool⟩ *See|gurke, -walze, Holothurie* f ‖ **-túridos, -turioideos** *See|walzen, -gurken, Holothurien* fpl (Holothurioidea)
holstenés, esa m/adj *Holsteiner* m
holla|dero adj *viel betreten (Weg)* ‖ **-do** adj *niedergetreten* ‖ *betreten, begangen* ‖ *no* ~ fig *unberührt* ‖ **-dura** f *Betreten* n ‖ *Niedertreten* n
hollar [-ue-] vt *betreten (Weg)* ‖ *nieder-, zer|treten* ‖ fig *mit Füßen treten, verachten* ‖ fig *schänden* ‖ ◊ ~ *el suelo patrio den Heimatboden betreten*
hollejo m *dünne Obst-, Bohnen|schale* f ‖ *Traubenschale* f

¹**ho|llín** m *Ruß* m ‖ *Kienruß* m ‖ *lleno de* ~ *verrußt* ‖ **-llinarse** vr Chi *verrußen* ‖ **-lliniento** adj *verrußt*
²**hollín** m fam = **jollín**
hollywoodense adj *auf Hollywood bezüglich, Hollywood-*
¡hom! int Am *hm!*
homaro m ⟨Zool⟩ *Hummer* m (→ **bogavante**)
hom|bracho, -brachón m augm desp v. **hombre:** figf *Schrank* m ‖ **-brada** f *mutige Mannestat* f iron *Bramarbasieren, Prahlen* n *(mit Heldentaten)* ‖ *¡vaya* ~*! desp das ist (ja) kein Ruhmesblatt!*
hombre m *Mensch* m ‖ *Mann* m, *männliche Person* f ‖ pop *(Ehe)Mann* m ‖ *Kerl, Bursche* m ‖ pop *Manns|person* f, *-bild* n ‖ ⟨Kart⟩ *Lomberspiel* n ‖ ~ *de acción Mann* m *der Tat* ‖ ~(-)**anuncio** m *Werbeläufer*, engl *Sandwichman* m ‖ ~ *al agua* fam *unrettbar verlorener Mann* m ‖ *¡~ al agua!* ⟨Mar⟩ *Mann über Bord!* ‖ ~ *de bien rechtschaffener Mann* m ‖ ~ *bueno guter Mensch* m ‖ ⟨Jur⟩ *Schiedsmann, Vermittler* m ‖ ⟨Hist⟩ *Gemeinfreie(r)* m ‖ *buen* ~ fam *guter Kerl* m ‖ *armer Schlucker* m ‖ *¡buen* ~*! mein Guter!* ‖ *el* ~ *blanco der weiße Mann* m ‖ ~ *de calidad angesehene Persönlichkeit* f ‖ *el* ~ *de la calle* fig *der Mann auf der Straße*, fam *der Normalverbraucher* m ‖ *de(l) campo Landmann* m ‖ ~ *de categoría achtbare Persönlichkeit* f ‖ ~ *de color Farbige(r)* m ‖ ~ *de confianza Vertrauensmann* m ‖ ~ *de* (alto) *copete Mann* m *von Stande* ‖ ~ *de chapa* fam *gesetzter Charakter* m ‖ ~ *del día* fam *der Held (od Löwe) des Tages* ‖ fam *Modemensch* m ‖ ~ *de distinción feiner Mann* m ‖ ~ *de edad alter Mann* m ‖ ~ *de cierta edad ältere(r) Mann* m ‖ ~ *de Estado Staatsmann* m ‖ *Höfling* m ‖ *Politiker* m ‖ ~ *de estofa* fam *angesehener Mann* m ‖ ~ *estrafalario Sonderling* m ‖ fam *seltsamer Kauz* m ‖ ~ *de fondos reicher Mann* m ‖ ~ *hecho erwachsener Mann* m ‖ ~ *experimentado erfahrener Mann* m ‖ ~ *de honor Ehrenmann* m ‖ ~ *honrado Biedermann* m ‖ ~ *de letras Schriftsteller, Literat* m ‖ ~ *de leyes Jurist* m ‖ ~ *de los antes (de la guerra)* fam *Mann vom alten Schlage, Mann m von altem Schrot und Korn* ‖ ~(-)**lobo** m ⟨Myth⟩ *Werwolf* m (→ **licántropo**) ‖ ~ *de mar Seemann* m ‖ ~(-)**masa** *Massenmensch* m ‖ ~ *mayor älterer Mann* m ‖ ~ *mosca Fassadenkletterer* m ‖ ~ *de mundo Weltmann* m ‖ ~ *de negocios Geschäftsmann* m ‖ ~ *de nieve Schneemann* m ‖ ~ *de paja* fig *Strohmann* m (→ **testaferro**) ‖ ~ *de pelo en pecho* figf *unerschrockener Mann* m ‖ ~ *privado Privatmann* m ‖ ~ *de pro(vecho) rechtschaffener, zuverlässiger Mensch* m ‖ ~ *público Politiker* m ‖ *Mann m des öffentlichen Lebens* ‖ ~ *del pueblo Mann* m *aus dem Volk* ‖ ~(-)**rana** *Froschmann, (Sport)Taucher* m ‖ ⟨Mil⟩ *Kampfschwimmer* m ‖ ~ *serpiente Schlangenmensch* m ‖ *buen* ~ *pero mal sastre* fam *ein guter Mann, aber ein schlechter Musikant* ‖ *como un solo* ~ *geschlossen, wie ein Mann* ‖ *einstimmig* ‖ *gran(de)* ~ fig *großer Mann* m ‖ *juego del* ~ ⟨Kart⟩ *Lomberspiel* n ‖ *Hijo del* ⋏ fig *des Menschen Sohn* m *(Christus)* ‖ *mal* ~ *schlechter Mensch* m ‖ *un pobre* ~ fam *ein armer Schlucker* m ‖ *de* ~ *a* ~ *von Mann zu Mann* ‖ *unter vier Augen* ‖ ◊ *hay* ~ *que ... es gibt Leute, die...* ‖ △*hacer un* ~ *e-e Eroberung machen (Straßendirne)* ‖ *hacerse* ~ *ins Mannesalter treten* ‖ *ser mucho* ~ *ein ganzer Mann sein* ‖ *ser muy* ~ *unerschrocken, tapfer sein* ‖ *ser todo un* ~ *ein ganzer Mann sein* ‖ *ser poco* ~ *nicht sehr mannhaft (bzw männlich) sein* ‖ fig *feige sein* ‖ *no ser el* ~ *indicado nicht der Mann zu et (dat) sein* ‖ *un* ~ *tiene sólo una palabra ein Mann, ein Wort* ‖ *¡~! um Gotteswillen! unglaublich! was sagen Sie!* ‖ pop *Mensch!*

(Überraschung, Zorn, Unwillen) || *nanu! das sind Sie? (Überraschung, Zufriedenheit)* || *„mein Lieber" (Ansprache unter Freunden, Ausdruck der Vertraulichkeit)* || *Ausdruck des Vorwurfs (z. B. no lo hagas, ~ tu es doch nicht! das wirst du doch nicht tun!)* || *Ausdruck des Zögerns, der Verlegenheit (z. B. ¡~! ... es difícil es ist wahrhaftig schwer)* || *¡pues ~!* fam *da siehst du!* || *ganz einfach!* || *¡si, ~! natürlich! jawohl!* || *¡vamos ~! keine Rede!* || *wo denkst du hin!* || *nur zu! Mut!* || *el ~ propone y Dios dispone der Mensch denkt, Gott lenkt* || *~ prevenido vale por dos Vorsicht ist besser als Nachsicht* || *~s mpl ⟨Mil⟩ Mannschaften* fpl || *coro de ~ Männerchor m*
hombre-anuncio *m:* → **hombre(-)anuncio**
[1]**hombrear** vi *den Mann spielen wollen (von Knaben)* || fig *sich spreizen, protzen*
[2]**hombrear** vi *die Schultern, Achseln anstemmen* || fig *es jdm gleichtun wollen (& ~se vr)* || vt Col Mex *fördern, unterstützen*
hombre|cillo *m* dim *v.* **hombre:** *Männchen n* || ⟨Bot⟩ *Hopfen* m, *-pflanze f* (→ **lúpulo**) || **-dad f* = **hombradía**
hombre-lobo *m:* → **hombre(-)lobo**
hombrera *f Schulterpolster n (am Kleid)* || *Träger m (Büstenhalter usw)* || ⟨Mil⟩ *Achselstück* n, *Schulterklappe f*
hombre-rana *m:* → **hombre(-)rana**
hombre|tón *m* augm *v.* **hombre** || **-zuelo** *m* dim *v.* **hombre**
hombría *f Männlichkeit f* || *Mannhaftigkeit f* || *~ de bien Redlichkeit, Rechtschaffenheit f*
hombro *m Schulter, Achsel f* || *al ~ auf der Schulter* || ◊ *arrimar el ~ die Schulter anstemmen* || fig *sich tüchtig ins Zeug legen* || fig *sich anstrengen, sich Mühe geben* || *echar(se) al ~ a/c* fig *et auf sich nehmen* || *mirar a uno por encima del ~* figf *jdn über die Achsel ansehen* || *¡(armas) al ~!* ⟨Mil⟩ *Gewehr über! schultert's Gewehr!* || *encogerse de ~s die Achseln zucken (& fig)* || *llevar (od sacar) a ~s auf der Schulter tragen*
hom|brón *m* augm *v.* **-bre:** *grobschlächtiger Kerl m* || *de niéve Schneemann m* || **-bruco** *m* dim *v.* **-bre** || **-bruno** adj fam *mannsmäßig (Frau)* || *männlich (z. B. Gang e-r Frau)* || *mujer ~a Mannweib* n
home *m* And = **hombre**
homena|je *m* ⟨Hist⟩ *Leh(e)nseid m* || fig *Ehrerbietung, Huldigung, Ehrung f* || *(Ehren-)Geschenk n* || *en ~ de zu Ehren von* || *en ~ de sus méritos in Anerkennung seiner Verdienste* || *⋌ de ... gewidmet von ... (bes in Bücherwidmungen)* || *torre (od torreón) del ~* ⟨Hist⟩ *Bergfried, Hauptturm m* || *rendir, tributar ~ (a) jdm e-e Huldigung darbringen* || *jdm Achtung entgegenbringen* || **-jeado** *m der Geehrte m*
home|ópata *m/adj Fußmöopath m (Arzt)* || **-opatía** *f Homöopathie f* || **-opático** adj *homöopathisch* || fig *verschwindend klein* || *en dosis ~as* fig *in verschwindend kleinen Mengen*
homérico adj *homerisch* || *Homer- carcajada ~a* fig *homerisches Gelächter* n
homérida adj/s *homerisch* || *~ m* ⟨Hist u. poet⟩ *Homeride* m
Homero *m* np *Homer* m
homi|cida *m/adj* ⟨Jur⟩ *Totschläger m* || p.ex *Mörder m* (→ **asesino**) || *adj Totschlag(s)-* || p.ex *mörderisch, Mord- arma ~ Mordwaffe f* || **-cidio** *m* ⟨Jur⟩ *Tötung f, Totschlag m Tötungsdelikt* n || p.ex *Mord m* (→ **asesinato**) || *~ culposo, ~ por imprudencia, ~ involuntario* ⟨Jur⟩ *fahrlässige Tötung f* || *~ deliberado, voluntario* ⟨Jur⟩ *Mord* m (→ **asesinato**)
homilía *f Homilie f (Erklärung)* || *Predigt f* || fig *(Tugend)Predigt* f
hominal adj *⟨bes Wiss⟩ auf den Menschen bezüglich, Menschen-* (→ **humano**)
hominicaco *m* fam *feiger, verächtlicher Mensch m* || fam desp *erbärmlicher Wicht* m
ho|mínidos *mpl* ⟨Biol⟩ *Hominiden* pl || **-minismo** *m* ⟨Philos⟩ *Hominismus m* || **-minización** *f* ⟨Biol⟩ *(stammesgeschichtliche) Menschwerdung, Hominisation* f
homocigo|sis *f* ⟨Gen⟩ *Homozygotie, Reinerbigkeit f* || **-to** adj/s *reinerbig, homozygot* || *~ m Homozygote* f
homocro|mía *f* ⟨Biol⟩ *Homochromie* f || **-nía** *f* ⟨Geogr Meteor⟩ *Homochronie* f
homofilia *f Homophilie f* (= **homosexualidad**) || **homófilo** adj *homophil, homosexuell* || ⟨Bot⟩ *gleichblätt(e)rig* || **-fonía** *f* ⟨Mus Li⟩ *Homophonie* f
homo|geneidad *f Gleichartigkeit, Homogenität f* || **-geneizar** vt *homogenisieren, innig (ver-) mischen* || **-géneo** adj *homogen, gleichartig* || ⟨Math⟩ *gleichnamig* || ⟨Phys Tech⟩ *gleich|-förmig, -mäßig* || *einheitlich* || **-grafía** *f* ⟨Gr⟩ *Homographie* f
homo|logación *f gerichtliche bzw amtliche Bestätigung bzw Genehmigung f* || *Annahme f (e-s Schiedsspruchs)* || *Vollziehung f* || *Ratifizierung f* || *gall* ⟨Sp⟩ *Anerkennung f (e-s Rekords)* || *(Typ)Prüfung f (e-s Rennwagens usw)* || **-logar** vt *gerichtlich od amtlich bestätigen bzw genehmigen* || *für verbindlich erklären* || *gall* ⟨Sp⟩ *anerkennen (Rekord)* || *freigeben, prüfen (Rennwagen, Motor)* || **-logía** *f Homologie* f
homólogo adj *homolog, übereinstimmend* || ⟨Chem Math Biol⟩ *homolog*
ho|monimia *f* ⟨Gr⟩ *Gleichlaut m, Homonymie* f || **-mónimo** adj *gleichlautend, homonym* || *~ m Homonym n* || *Namensvetter* m
homópteros *mpl* ⟨Entom⟩ *Pflanzensauger, Gleichflügler* mpl (Homoptera)
homose|xual adj/s *homosexuell, gleichgeschlechtlich* || *~ m Homosexuelle(r) f* || **-xualidad** *f Homosexualität, Gleichgeschlechtlichkeit f* || **-xualismo** *m* = **-xualidad**
homúnculo *m Homunkulus m* || fam desp *Männlein n, Wicht, Knirps* m
hon|da *f (Stein)Schleuder f* || ◊ *tirar con ~ (Stein) schleudern* || **-dado** *f,* **-dazo** *m Schleuderwurf m* || **-damente** adv *tief* || *heftig, stark* || *'ergreifend* || *~ afligido tief betrübt* || **-dear** vi/t ⟨Mar⟩ *(aus)loten* || ⟨Mar⟩ *leichtern, entladen (Schiff)* || △ *prüfen, auskundschaften,* △ *baldowern (z. B. e-e (Diebes)Gelegenheit)*
hondero *m Schleuderer* m
hon|dillos *mpl Schritt m e-r Hose* (→ a **fondillos**) || **-do** adj *tief(liegend)* || fig *tief, heftig* || *plato ~ tiefer Teller, Suppenteller m* || *con ~ pesar (od sentimiento) mit tiefem Bedauern* || *~ m Tiefe f* || *Boden m* || **-dón** *m Boden m (z. B. e-s Gefäßes)* || *Schlucht f, Hohlweg m Nadelöhr n* || *Fußraste f bzw Schuh m (des Steigbügels)* || **-donada** *f Mulde, Niederung f Hohlweg m Schlucht f* || **-dura**, ***-dor** *m Tiefe f* || **-duras** fpl *meterse en ~ = ~ profundidad*
Hondu|ras *m Honduras (Republik)* || **⁼reño** *m/adj Honduraner, Bewohner m von Honduras* || *~ adj honduranisch*
hones|tidad *f Anständigkeit, Ehrbarkeit, Sittsamkeit f* || *Keuschheit f* || *Ehrlichkeit, Rechtschaffenheit f* || → a **decencia, honradez** || **-to** adj *anständig, ehrbar, sittsam* || *keusch, züchtig* || adv: *~amente*
hongo *m/adj* ⟨Bot⟩ *Pilz m (& fig)* || *(Erd-)Schwamm m* || ⟨Med⟩ *Schwamm m* || *~ marino* ⟨Zool⟩ *Seeanemone f* (→ **anémona**) || *yesquero Echter Zunderschwamm m (Ungulina fomentaria)* || *el ~ (japonés)* fam pop *Teepilz m (sehr verbreitet in den fünfziger Jahren zur Herstellung e-s Heiltranks)* || *sombrero ~ steifer Hut* m, fam *Melone f* || *solo como un ~* figf

mutterseelenallein || **~s** *pl:* ~ *comestibles eßbare Pilze* mpl || ~ *venenosos Giftpilze* mpl || ◊ *darse (od crecer) como* ~ *fig wie Pilze aus dem Boden schießen* || → a **seta**
honor *m Ehre* f || *Ehrgefühl* n || *Ehrung, Ehrenbezeigung* f || *Auszeichnung, Würde* f || *Ehrenamt* n || *Ehrentitel* m || *Ruhm* m || *Ehrbarkeit* f || *Zucht, Sittsamkeit* f || fig *Zier(de)* f, *Stolz* m || ~ *militar soldatische Ehre, Soldatenehre* f || ~ de cuerpo *Standesehre* f || *aceptación (od pago) por* ~ *de firma Ehrenannahme* f *(e–s Wechsels)* || *afrenta al* ~ *Ehrenkränkung* f || *campo de* ~ fig *Feld* n *der Ehre* || *caso de* ~ *Ehrensache* f || *dama de* ~ *Ehrendame* f || *doncella de* ~ *Brautjungfer* f || *guardia de* ~ *Ehrenwache* f || *hombre de* ~ *Ehrenmann* m || *Legión de* ~ frz *Ehrenlegion* f || *matrícula de* ~ ⟨Sch⟩ *Ehrenfreistelle* f *für tüchtige Schüler* || *Vorzug* m, *Auszeichnung* f *(Schulzeugnis)* || *sehr gut (/Prüfungs/Note)* || *punto de* ~, *cuestión de* ~ *Ehren|punkt* m, *-sache* f || *tribunal de* ~ *Ehrengericht* n || *en* ~ de *zu Ehren* (gen) || *en* ~ de *la verdad der Wahrheit willen, (um) der Wahrheit die Ehre zu geben* || *en el campo del* ~ *auf dem Felde der Ehre* || ◊ *lo considero un gran* ~ *ich halte es für e–e große Ehre* || *hacer* ~ *a su firma* fam *seinen Verpflichtungen nachkommen* || *hacer* ~ *al giro den Wechsel honorieren, in Schutz nehmen* || *pagar por* ~ *de alg. zu jds Ehre zahlen (e–n Wechsel)* || *es para mí un* ~ *ich mache mir e–e Ehre daraus* || *tener a mucho* ~ *s–e Ehre dareinsetzen* || *tengo el* ~ de *presentarme ich habe die Ehre, mich vorzustellen* || *¿a quién tengo el* ~ *de hablar? mit wem habe ich die Ehre zu sprechen?* || ~s *pl Ehrenbezeigung* f || *Ehrentitel* m || *Salut(schießen* n) m || ~ *militares militärische Ehren* fpl *(rendir erweisen)* || ◊ *hacer los* ~ *de la casa die Gäste bewillkommnen* || *hicimos los* ~ *a la comida wir ließen uns das Essen gut schmecken*
honora|bilidad f *Ehrenhaftigkeit* f || *Ehrbarkeit* f || **-ble** adj *ehrenhaft* || *ehrenwert* || *rühmlich* || *wohlgeboren (Titel)* || adv: **~mente** || **-r** vt = **honrar** || **-rio** adj *Ehren-* || *Honorar-* || *cónsul Wahlkonsul* m || *cargo (od empleo)* ~ *Ehrenamt* n || ~ m *Ehrensold* m, *Honorar* n || *Lohn* m || **~s** *Honorar, Gehalt* n || ~ *notariales Notariatsgebühren* fpl || *impugnación de* ~ *Beschwerde* f *gegen die Honorarfestsetzung*
honórem [..ren]: ad ~ lat *ehrenhalber*
honorífico adj *ehrenvoll, rühmlich* || *Ehren-* || *mención* ~a → **mención**
Honorio m np *Honorius* m
honoris causa lat *ehrenhalber, honoris causa* (Abk: *h.c.*)
honra f *Ehre* f || *Ehrgefühl* n || *Ehrerbietung, Ehrfurcht* f || *Ansehen* n || *Keuschheit* f || *Ehrbarkeit* f *(e–r Frau)* || *Sittsamkeit* f || *Gunst(bezeigung)* f || *con* ~ *mit Ehren, ehrlich* || ◊ *tener a. a mucha* ~ *sich et zu großer Ehre anrechnen* || *¡a mucha* ~*! große Ehre für mich!* || *allerdings!* || *ich bin stolz darauf!* || **~s** *(fúnebres)* pl *Leichengepränge* n || *Trauerfeier* f || *Totenamt* n, *Seelenmesse* f || ◊ *hacer* ~ *a alg. jdm die letzte Ehre erweisen*
honra|damente adv *redlich* || *anständig* || *ehrlich (gesagt)* || **-dez** [pl **-ces**] f *Ehrbarkeit, Anständigkeit* f || *Rechtschaffenheit, Redlichkeit* f || *Biederkeit* f || *con* ~ *bieder, redlich* || *falta de* ~ *Unredlichkeit, Unehrlichkeit* f || **-do** adj *ehrenvoll, ehrlich* || *anständig, redlich* || *ehrbar* || *rechtschaffen* || *bieder* || *keusch, jungfräulich* || *hombre* ~ *Ehren-, Bieder|mann* m || → a **decente, decoroso**
hon|rar vt *(ver)ehren* || *in Ehren halten* || *schätzen, achten* || *auszeichnen, ehren* || *Ehre machen* (a. alg. *jdm*) || ⟨Com⟩ *honorieren, einlösen, bezahlen, (Wechsel usw)* || ◊ ~ *con confianza, con pedidos mit Vertrauen, mit Aufträ-*

gen beehren || ~ *un giro* ⟨Com⟩ *e–e Tratte einlösen* || **~se** vr *sich e–e Ehre machen* (con *aus* dat), *et als e–e Ehre ansehen* || ◊ *me honro con la amistad de* V. *Ihre Freundschaft ehrt mich* || ~ *en sich beehren zu* (dat) || **-rilla** f dim *v*.
honra || *falsches Ehrgefühl* n || *por la negra* ~ *fam aus falscher Scham* || *des Scheines wegen* || **-roso** adj *ehrenvoll, beehrend* || *würdig*
honta|na f ⟨Lit poet⟩ *Quell(e* f) m || **-nal, -nar** m ⟨Lit poet⟩ *Quell(e* f) m || allg *Quellgrund* m
hopa f *langer Leibrock* m || *Pilgergewand* n || *Arme(n)sünderhemd* n
hopalanda f **langer Talar* m *der Hochschüler* || fig *Deckmantel* m
hoplita m ⟨Hist⟩ *Hoplit* m *(schwerbewaffneter Fußsoldat im alten Griechenland)*
hopo m *stark behaarter Schwanz mancher Tiere (z. B. Fuchs)* || *Haarteil* n || △ *Halsteil* m *e–r Kasacke* || ◊ *nos ha de sudar el* ~ figf *es wird uns noch manchen Schweißtropfen kosten*
¹**hora** f *Stunde* f || *Uhr* f || *Zeitpunkt* m, *schickliche Zeit* f || ⟨Kath⟩ *Hore* f, *Stundengebet* n || prov *Meile* f || ~ *de cese del trabajo Feierabend* m || ~ *de cerrar el comercio Ladenschluß* m || ~ *de cierre de (od de cerrar) los establecimientos públicos Polizeistunde* f || ~ *de descanso Ruhezeit* f || ~ *de emisión* ⟨Radio TV⟩ *Sendezeit* f || ~ *de Europa Central mitteleuropäische Zeit* f *(MEZ)* || ~ *de Greenwich Greenwicher Zeit* f || ~ *de invierno (verano) Winter- (Sommer)zeit* f || ~ *local Ortszeit* f || ~ *punta Stoßzeit, (Verkehrs)Spitze* f || ~ *suprema Todesstunde* f || ~ *de la verdad Stunde* f *der Bewährung, Stunde* f *der Wahrheit* || *cada* ~ *immer, fortwährend* || *noticias de última* ~ ⟨Ztg⟩ *letzte Nachrichten* fpl || *a la* ~ *augenblicklich, sogleich* || *puntlich* || *a la* ~ *de ahora* fam *in diesem Augenblick, jetzt* || *a buena* ~ *zur rechten Zeit* || *bald* || iron *zur Unzeit* || fam *meinetwegen!* || *¡a buena* ~ *mangas verdes!* figf *die Gelegenheit ist schon verpaßt!* || *a la última* ~ *im letzten Augenblick, zuletzt* || *schließlich* || *en buena, en buen(a)* ~, *a la buena* ~ *glücklich, in Gottes Namen* || *¡en buen(a)* ~*! meinethalben! von mir aus!* || *en buena* ~ *lo digo fam unberufen!* || *hasta esta* ~ *bis zur Stunde* || *cien kilómetros por* ~ *100 km pro Stunde* || ◊ *dar* ~ *e–e Frist setzen* || *dar la* ~ *schlagen (Uhr)* || fig *vortrefflich sein* || *hacer* ~ *die Zeit zu vertreiben suchen* || *¡ya es* ~*! es ist schon Zeit!* || *trabajar a tanto por* ~ *für Stundenlohn arbeiten* || *¡vaya* V. en ~ *mala! gehen Sie zum Teufel!* || *¿qué* ~ *es? wieviel Uhr ist es? ¿tiene (od lleva)* V. ~*?* fam *wie spät ist es?* || **~s** pl *stündliche Gebete* npl, *Horen* fpl || ⟨Myth⟩ *Horen* fpl || *(libro de)* ~ *Stunden-, Gebetbuch* n || ~ *de despacho,* ~ *de oficina Amts-, Geschäfts|zeit* f bzw *-stunden* fpl || ~ *extraordinarias* ⟨Com⟩ *Überstunden* fpl || ~ *muertas leere Stunden* fpl || *las cuarenta* ~ *die vierzigstündigen Gebete* npl || *a* ~ *avanzadas (od a altas* ~) *de la noche spät in der Nacht* || *a todas* ~, *(de* ~ *a* ~) *fortwährend, zu jeder Zeit* || *por* ~ *unaufhörlich* || *zusehends* || *nach Zeit (Droschkenfahrt)* || *stundenweise* || *cada tres* ~ *dreistündlich* || *a estas* ~ fig *zur Zeit, jetzt* || *im Augenblick* || ◊ *tiene sus* ~ *contadas* fig *seine Stunden sind gezählt*
²**hora** adv = **ahora** || **ora**
hora|ciano adj *horazisch* || ⁼**cio** m np *Horaz* m
hora|dar vi *durchlöchern* || *lochen* || *durchbohren* || **-do** m *Loch* n || *Höhle* f
horario adj *stündlich, Stunden-* || ~ m *Stundenzeiger* m *(an der Uhr)* || *Uhr* f || *Stundenplan* m || *Arbeitsplan* m || *Fahrplan* m || *Gebetbuch* n || ~ *de clases* ⟨Sch⟩ *Stundenplan* m || ~ *de invierno (verano)* ⟨EB⟩ *Winter- (Sommer)fahrplan* m

horca *m Galgen m* ‖ *Stroh-, Heu|gabel* f ‖ **Schnur** f *(Knoblauch, Zwiebel)* ‖ ~ **pajera** ⟨Agr⟩ *Strohgabel* ‖ **carne de** ~ **desp** *Galgenvogel m* ‖ ◊ **tener** ~ **y cuchillo** ⟨Hist⟩ *Recht über Leben und Tod haben* ‖ figf *das Wort führen*
horcadura *f Gabelung* f ‖ *Abzweigung* f ‖ *Verästelung* f
horcaja|das: a ~, a **–dillas** adv *rittlings* ‖ **–dura** *f Ansatzwinkel m der Muskeln* ‖ ◊ **poner a uno la mano en la** ~ figf *jdn von oben herab behandeln*
horcajo *m Gabeljoch n* ‖ *Gabel* f *am Trottbalken der Ölmühle* ‖ fig *Zusammenfluß m zweier Flüsse* ‖ *Vereinigung* f *zweier Berge*
hor|co *m Schnur* f *(Zwiebeln, Knoblauchzwiebeln)* (→ **ristra**) ‖ **–cón** *m* augm *v.* **–ca**
horcha|ta *f Erfrischungsgetränk n (aus Erdmandeln, Mandeln, Wassermelonenkernen usw)* ‖ ~ **de chufa** *Erdmandelmilch* f (→ **chufa**) ‖ ◊ **tener sangre de** ~ (→**chufa**) ‖ **–tería** *f Kühltrankerzeugung* f ‖ *Kühltrankverkauf* m ‖ **–tero** *m Kühltrankverkäufer m*
horda *f Horde* f ‖ *Bande* f ‖ *Schar* f
hor|diate *m geschältes Gerstenkorn n* ‖ *Getränk n aus Gerste* ‖ **–dio** *m* Ar *Gerste* f (→ **cebada**)
horita *f* dim *v.* **hora:** *Stündchen n* ‖ adv Am prov: ~ mismo *jetzt, sofort* (→ **ahora**)
horizon|tal adj *horizontal, waag(e)recht* ‖ ⟨Mar⟩ *wasserpaß* ‖ *f Horizontale, Waag(e)rechte* f ‖ gall fig *Halbweltdame* f, pop *e–e vom horizontalen Gewerbe* ‖ **–talidad** *f waag(e)rechte Lage* f ‖ *Horizontalität* f ‖ **–te** *m Gesichtskreis, Horizont m* ‖ fig *Bildungskreis m, Denkweite* f ‖ ⟨Flugw⟩ *Horizont(kreisel)* m ‖ ⟨Geol⟩ *Schicht* f ‖ *Horizont* m ‖ ~ **artificial** ⟨Astr Mar Flugw⟩ *künstlicher Horizont m* ‖ ~ **visual** *Sehkreis m* ‖ **depresión de** ~ ⟨Mar⟩ *Kimmtiefe* f ‖ **el** ~ **de sus conocimientos es muy limitado** *der Kreis seiner Kenntnisse ist sehr beschränkt* ‖ **de reducidos** ~**s, de estrechos** ~**s** *von engem Gedankenkreis* ‖ *engstirnig*
horma *f Form* f ‖ *Hutform, Kuppe* f ‖ *Leisten* m, *Schuhform* f ‖ *Schuhspanner* m ‖ *Wand* f *(aus Trockenmauerwerk)* ‖ Am *Hutzuckerform* f ‖ ◊ **hallar la** ~ **de su zapato** fam *s–n Mann finden; bekommen, was man sucht* ‖ *s–n Meister finden* ‖ **poner** (*od* **meter**) **en (la)** ~ **auf den Leisten schlagen** (*od* **spannen**) ‖ **–zo** *m Steinhaufen m* ‖ *Wand* f *aus Trockenmauerwerk*
hormiga *f Ameise* f ‖ ⟨Med⟩ *Ameisenlaufen* n ‖ ~ **alada** *geflügelte Ameise* f ‖ ~ **amazona** *Amazonenameise* f *(Polyergus rufescens)* ‖ ~ **argentina** *Argentinische Ameise* f *(Iridomyrmex humilis)* ‖ ~ **arriera** Mex *Blattschneiderameise* f *(Atta spp)* ‖ ~ **blanca** pop *Termite* f (→ **termite**) ‖ ~ **cosechadora,** ~ **recolectora de granos** *Ernteameise* f *(Messor spp)* ‖ ~(-)**león** *Ameisenjungfer* f, **–löwe** m *(Myrmeleon formicarius)* ‖ ~ **de miel,** ~ **busilera** Mex *Honig(topf)ameise* f *(Myrmecocystus horti-deorum)* ‖ ~ **roja** *Rote Waldameise* f *(Formica rufa)* ‖ *Knotenameise* f *(Myrmica rubra)* ‖ ~ **reina** (~ **obrera,** ~ **soldado)** *Ameisen|königin* f *(-arbeiterin* f, *-soldat* m*)* ‖ ◊ **ser una** ~ *emsig, sehr geschäftig sein* ‖ △**sehr gescheit sein**
[1]**hormigón** *m Beton* m‖ ~ **armado** *Stahlbeton, bewehrter Beton* m‖ ~ **de asfalto** *Asphaltbeton* m‖ ~ **de cemento** *Zementbeton* m‖ ~ **hidráulico** *Wasserbau-, Unterwasser|beton* m‖ ~ (**pre**)**tensado** *Spannbeton* m‖ ~ **tipo** *Regelbeton* m‖ **construcción de** ~ *Betonbau* m
[2]**hormigón** *m Wurzelfraß* m *(Pflanzenkrankheit)*
[3]**hormigón** *m* fam augm *v.* **hormiga:** *große Ameise, Riesenameise* f
hormigo|nado *m Betonierung* f ‖ **–nar** vt *betonieren* ‖ **–nera** *f Betonmischer* m, *-mischa-*

schine f ‖ ~ (auto)**móvil** *Transportmischer m*
hormi|guear vi *kribbeln, jucken* ‖ fig *wimmeln* ‖ *reichlich vorkommen* ‖ **–güela, –guilla, –guita** *f* dim *v.* **–ga** ‖ **–gueo** *m Kribbeln, Jucken, Ameisenlaufen* n ‖ *Wimmeln, Gewimmel* n ‖ fig *Menschengewimmel* n ‖ fig *innere Unruhe* f ‖ **–guero** *m*/adj *Ameisenhaufen* m ‖ *Ameisenstaat* m ‖ fig *Menschengewimmel* n ‖ △ *Kleindieb* m ‖ ~ adj *Ameisen-* ‖ **oso** ~ *Ameisenbär m* (→ **oso**) ‖ **–guilla** *f* dim *v.* **–ga** ‖ *(Haut)Jucken* n ‖ **–guillo** *m (Haut)Jucken* n ‖ *(Huf)Grind m der Pferde* ‖ fig *Kette* f *von Arbeitern, die sich z. B. Baumaterial weiterreichen* ‖ ◊ **tener** ~ **fam** *kribbelig sein* ‖ **–guita** *f* dim *v.* **–ga** ‖ fig *emsige Person* f
hor|mona *f,* **–món** *m* ⟨Med⟩ *Hormon* n ‖ ~ **del crecimiento** *Wachstumshormon, Somatotropin n* ‖ ~ **folicular** *Follikelhormon* n ‖ ~ **hipofisaria** *Hypophysenhormon* n ‖ ~ **somatotropa** *somatotropes Hormon, Somatotropin* n ‖ ~ **tiroidea** *Schilddrüsenhormon* n ‖ ~**s sexuales** *Geschlechtshormone* npl ‖ **–monal** adj *hormo|nal, -nell* ‖ **–monoterapia** *f* ⟨Med⟩ *Hormontherapie* f ‖ **–>a endocrinología, secreción** *interna*
horn(a)blenda *f* ⟨Min⟩ *Hornblende* f
horna|cina *f* ⟨Arch⟩ *bogenförmige (Mauer-)Nische* f ‖ **–cho** *m (Sand)Grube* f ‖ **–da** *f Ofenladung, Gicht* f, *Backofenvoll, Satz* m ‖ *Gebäck, Brot* n ‖ *Brand* m, *Brennzeit* f *(Keramik)* ‖ fig *Ernennung* f *in Masse, Schub* m ‖ fig *Menge* f ‖ fig *Jahrgang* m ‖ **–guera** *f Steinkohle* f ‖ **–je** *m* Rioja *Backgeld* n ‖ **–za** *f Schmiedeesse* f ‖ *kleiner Werkstattofen m (der Silber|Schmiede)* ‖ *gelbe Töpferglasur* f ‖ **–zo** *m* augm *v.* **horno** ‖ *Osterkuchen m*
horne|ar vi *backen, Bäcker sein* ‖ **–ro** *m Bäcker* m ‖ *Einschieber m (in der Bäckerei)* ‖ ⟨V⟩ *Töpfervogel* m (Furnarius rufus *u. a.*)
hor|nilla *f Küchen-, Brat|ofen* m ‖ *Ofen-, Herd|loch* n ‖ *Wärmeofen m in e–m Speisesaal* ‖ *Nistloch* n *(im Taubenschlag)* ‖ **–nillo** *m* dim *v.* **–no** ‖ *kleiner (Back)Ofen m* ‖ *Koch|platte* f *bzw -herd* m ‖ *Kocher* m ‖ *Pfeifenkopf* m ‖ ⟨Mil⟩ *Sprengladung* f ‖ ~ **de alcohol** *Spirituskocher* m ‖ ~ **eléctrico** *elektrischer Wärmeofen* m ‖ ~ **eléctrica Kochplatte** f ‖ ~ **de gas** *Gaskocher* m ‖ *kleiner Ofen* m ‖ ⟨Mil⟩ *Sprengladung* f ‖ ~ **de la mina** ⟨Mil⟩ *Minenkammer* f ‖ **–no** *Ofen m* ‖ *Back-, Küchen|ofen* m ‖ *Brenn-, Ziegel|ofen* m ‖ *Back-, Brat|ofen* m ‖ *Herd* m ‖ *Bratröhre* f ‖ *Kohlenmeiler* m ‖ Ar *Bäckerladen* m ‖ △ *Kerker* m ‖ ~ **de afino** *Frischherd* m ‖ **alto** ~ *Hochofen* m ‖ ~ **castellano** *altspanischer niedriger Schmelzofen* m ‖ ~ **crematorio** *Einäscherungs-, Verbrennungs-, Krematoriums|ofen* m ‖ ~ **circular** *Ringofen* m ‖ ~ **continuo** *Durchlaufofen* m ‖ ~ **de cuba** *Schachtofen* m ‖ ~ **eléctrico** *Elektroofen* m ‖ ~ **de fusión** *Schmelzofen* m ‖ ~ **Martin** *SM-Ofen* m ‖ ~ **de panadero** *Backofen* m ‖ ~ **de recocido,** ~ **de recocer** *Einsatz-, Glüh|ofen* m ‖ ~ **de reverbero** *Flammofen* m ‖ ~ **de sangría** *Stichofen* m ‖ ◊ **no está el** ~ **para bollos** *(dazu gelegentlich:* ni la madera para hacer cucharas*)* figf *jetzt ist nicht der richtige Augenblick dafür!*
horóscopo *m Horoskop* n ‖ *Sterndeuter* m ‖ ◊ **hacer el** ~ **de** (*od* **a**) **alg.** *jds* ~ *stellen* ‖ p. ex *jdm die Zukunft weissagen*
horque|ta *f* dim *v.* **horca** ‖ *Gabelstütze* f *der Obstbäume* ‖ *Astgabelung* f ‖ *Heu-, Getreide|gabel* f ‖ Chi *Rechen* m ‖ Arg *Flußwinkel* m ‖ **–tada** *f e–e Gabelvoll* f
horquilla *f* dim *v.* **horca** ‖ *(zweizinkige) Heugabel* f ‖ *Gabel* f *am Fahrrad* ‖ ⟨Tel⟩ *Gabel* f ‖ ⟨Mar⟩ *Dolle* f ‖ ⟨Agr⟩ *Gabel, Forke* f ‖ ⟨Uhrm⟩ *Gabel* f ‖ *Haarnadel* f *(der Frauen)* ‖ ⟨Instr Chir⟩ *Zungenheber* m ‖ * *Stimmgabel* f ‖ ~ **de cola** ⟨Flugw⟩ *Schwanzgabel* f ‖ ~ **de paratramas** ⟨Web⟩ *Absteller-*

gabel f ‖ ~ **de presión** ⟨Mil⟩ *Druckgabel* f *(Panzer)* ‖ ~ **de tocador** *Haarnadel* f ‖ ~**je** m ⟨Mil⟩ *Gabelschießen* n ‖ ~**r** vt ⟨Mil⟩ *Gabel schießen* ‖ ~ **el tiro** *eingabeln*
horrar vt Am pop = **ahorrar**
horrendo adj *entsetzlich, schrecklich, fürchterlich* ‖ *unerhört* ‖ *ungeheuer (groß)* ‖ fam *fabelhaft, kolossal*
hórreo m *Korn|boden* m, *-kammer* f ‖ Ast Gal *Kornhaus* n *auf Pfeilern*
horri|ble, sup **–bilísimo** adj = **horrendo** ‖ adv- ~**mente**
hórrido, horrífico adj = **horrendo**
horripi|lación f *Haarsträuben* n ‖ ⟨Med⟩ *Kälteschauer, Schauder* m *(bei Fieber)* ‖ fig *Schaudern* n ‖ **–lante** adj *haarsträubend* ‖ fig *schauerlich, entsetzlich* ‖ **–lar** vt *die Haare, sträuben* ‖ fig *schaudern machen, mit Entsetzen erfüllen,* fig *die Haare zu Berge stehen lassen* (a alg. jdm dat) ‖ ~**se** vr fig *schaudern*
horrísono adj ⟨poet⟩ *furchtbar tönend, schaurig hallend*
horro adj *freigelassen (Sklave)* ‖ *befreit* ‖ *frei, ungehindert* ‖ *unbeladen, leer* ‖ *schal (billiger Tabak)* ‖ *sorgenfrei* ‖ ~**a** *unfruchtbar (Kuh, Stute usw)*
horror m *Grauen, Entsetzen* n, *Schauder* m ‖ *Schrecken* m ‖ *Gräß-, Entsetz-, Scheuß|lichkeit* f ‖ *Abscheu* (de vor dat), *Widerwille* m *(gegen* acc*)* ‖ *Ruchlosigkeit, Bosheit* f ‖ *Scheusal* n ‖ ⟨poet⟩ *Graus* m ‖ ¡~! *pfui!* ‖ ¡**un** ~! fam *schrecklich viel!* ‖ ¡**qué** ~! *wie schrecklich!* ‖ **cuentos** *(od* historias*)* **de** ~ *Schauer-, Horror|geschichten* fpl ‖ ◊ **causar** ~ *Abscheu, Schrecken erregen* ‖ **me da** ~ **das ist mir ein** *Greuel* ‖ **me gusta un** ~ *es gefällt mir fabelhaft* ‖ **hace un** ~ **de frío** fam *es ist bitterkalt* ‖ **tiene un** ~ **de dinero** fam *er ist steinreich* ‖ ~**es** pl *Greueltaten* fpl, *Greuel* mpl ‖ ◊ **contar** ~ *Schauderhaftes berichten*
horro|rizar [z/c] vt *mit Schrecken, Entsetzen erfüllen* ‖ *schaudern machen* ‖ ~**se** vr *sich entsetzen* (de, con *über* acc) ‖ **–roso** adj *entsetzlich, gräßlich* ‖ fam *abstoßend* ‖ →a **horrendo**
horrura f *Schmutz, Unrat* m ‖ *(Bau)Schutt* m ‖ fig *Schund* m
horst m ⟨Geol⟩ *Horst* m
hortaliza f *grüne Gemüse* npl, *Grünzeug* n
horte|cillo m dim v. **huerto** ‖ **–lana** f *Gärtnerin* f ‖ **–lano** adj *Garten(land)-* ‖ ~ m *Gärtner* m ‖ ⟨V⟩ *Gartenammer* f, *Ortolan* m (Emberiza hortulana) ‖ **amor de** ~ ⟨Bot⟩ *Klette(nkraut* n*)* f (→ **amor**)
horten|se adj *Garten-* ‖ **–sia** f np *Hortensia* f ‖ **–sia** ⟨Bot⟩ *Hortensie* f (Hydrangea spp)
horte|ra f *hölzerner Suppennapf* m *(der armen Leute)* ‖ ~ m (dim **–rilla**) fam desp *Kommis, Handelsgehilfe*, desp *Ladenschwengel* m
hortícola adj *Garten(bau)-* ‖ **productos** ~**s** *Gartenbauerzeugnisse* npl
horticul|tor m *Obst-, Gemüse|gärtner* m ‖ *Handelsgärtner* m ‖ **–tura** f *Gartenbau* m ‖ *Kunstgärtnerei* f ‖ *Handelsgärtnerei* f ‖ **exposición de** ~ *Gartenbauausstellung* f
hortofrutícola adj *Obst- und Garten-*
H.ᵒˢ Abk = **Hermanos**
hosanna m *Hosianna* n *(Lobgesang)* ‖ ◊ **cantar el** ~ *jubeln, frohlocken, Hosianna singen* ‖ ¡~! *Hosianna! (Freudenruf)*
hosco adj *dunkelbraun, schwärzlich* ‖ *düster, finster* ‖ *mürrisch*
¡hospa! int *Sant weg von hier!*
hospe|daje m *Aufnahme und Bewirtung* f ‖ *Beherbergung* f ‖ *Unterkunft und Verpflegung* f ‖ *Herberge* f ‖ *Kostgeld* n ‖ **–dar** vt *be|wirten, -herbergen* ‖ *unterbringen* ‖ ~**se** *sich einquartieren, logieren, absteigen (in e-m Hotel usw)* (& vi) ‖ **–dera** f *Wirtin* f ‖ **–dería** f *Herberge* f ‖ *Gast-, Fremden|zimmer* n ‖ *Einquartierung, Bewirtung* f ‖ *Gastzimmer* npl *in Klöstern* ‖ **–dero** m *(Haus)Wirt* m ‖ *Gastfreund* m
hospi|ciano, Col Mex **–ciante** m *Armenhäusler* m ‖ *Waisenkind* n ‖ **–cio** m *Versorgungshaus* n, *Verpflegeanstalt* f ‖ *Armenhaus* n ‖ *Waisenhaus* n
hospital m *Hospital, Spital, Krankenhaus* n ‖ *Herberge* f, *Armenhaus* n ‖ ~ **clínico** *Klinik* f ‖ ~ **de incurables** *Siechenhaus* n ‖ ~ **municipal** *städtisches Krankenhaus* n ‖ *Gemeindekrankenhaus* n ‖ ~ **provincial** *Landeskrankenhaus* n ‖ ~ **de sangre,** ~ **militar** ⟨Mil⟩ *Feldlazarett* n
hospita|lario adj *gast|frei, -freundlich, gastlich* ‖ *Spital-* ‖ **caballero** ~ *Johanniter* m ‖ **establecimiento** ~ *Heilanstalt* f ‖ **–lero** m *Spitalverwalter* m ‖ **–licio** adj *gastfreundlich* ‖ **–lidad** f *Gastfreundschaft* f ‖ *gastliche Aufnahme* f ‖ **derecho de** ~ *Gastrecht* n ‖ **–lización** f *Einweisung* bzw *Aufnahme* f *in ein Krankenhaus* ‖ *Krankenhaus|aufenthalt* m bzw *-behandlung* f ‖ **–lizar** vt *in ein Krankenhaus einweisen (*bzw *einliefern* bzw *aufnehmen)*
hospodar m *Hospodar* m *(ehemals Titel der Fürsten der Moldau und Walachei)*
hosquedad f *düsteres (*bzw *mürrisches) Wesen* n
hostal m *Wirtshaus* n ‖ *Gasthof* m ‖ Neol *Eßlokal* n ‖ *Hotel* n
hoste|lera f *Wirtin* f ‖ **–lería** f *Gaststättengewerbe* n ‖ *Gast-, Wirts|haus* n ‖ **exposición de** ~ *Hotelfachausstellung* f ‖ **–lero** m *Wirtshausbesitzer* m ‖ *Kostgeber* m ‖ ~ adj *Gaststätten-*
hostia f *Hostie* f, *Weihbrot* n ‖ *Oblate* f ‖ *Zuckeroblate* f ‖ ~ **consagrada** *geweihte Hostie* f ‖ ¡~! *sehr* vulg *Sakrament!* ‖ ◊ **repartir** ~**s** vulg *Schläge austeilen* ‖ **–rio** m *Hostienbehälter* m *(für nichtgeweihte Hostien)* (→a **tabernáculo**)
hosti|gador m/adj *Züchtiger* m ‖ *Neckende(r)* m ‖ **–gamiento** m *Quälerei, Plage* f ‖ *Züchtigung* f ‖ *Störung* f ‖ ⟨Mil⟩ *Feuerüberfall* m ‖ **fuego de** ~ ⟨Mil⟩ *Störfeuer* n ‖ **–gar** [g/gu] vt *züchtigen, strafen* ‖ fig *necken, reizen,* fig *quälen, belästigen, plagen* ‖ fig *ärgern* ‖ fig *mit Worten angreifen* ‖ ⟨Mil⟩ *stören, mit Störfeuer belegen* ‖ →a **fustigar**
hos|til adj *feindlich* ‖ *feindselig* ‖ **actitud** ~ *feindseliges Verhalten* n ‖ **–tilidad** f *Feind|seligkeit, -schaft* f ‖ ~**es** fpl *Feindseligkeiten, Kampfhandlungen* fpl ‖ **ruptura de** ~ *Eröffnung* f *der Feindseligkeiten, Kriegsausbruch* m ‖ ◊ **romper, suspender las** ~ *die Feindseligkeiten eröffnen, einstellen* ‖ **–tilizar** [z/c] vt *an-, be|feinden*
hostilmente adv *auf feindliche Art*
hotel m *Hotel* n, *Gasthof* m ‖ *Familienhaus* n, *Villa* f ‖ *vornehmes Privathaus* n ‖ ~ **de primer orden** *Hotel* n *ersten Ranges* ‖ **dueño de(l)** ~ *Hotelier* m
hote|lero adj *Hotel-* ‖ **industria** ~**a** *Hotelindustrie* f, *Gaststätten- und Beherbergungs|gewerbe* n ‖ ~ *Hotelbesitzer, Hotelier* m ‖ *Gastwirt* m ‖ **–lito** m dim v. **hotel** (→ **chalet**)
hotentotes mpl/adj *die Hottentotten*
hoto m: **en** ~ *im Vertrauen*
hove m AI *Buchecker* f (→ **hayuco**)
hover|craft, -foil m engl *Luftkissenboot* n
hoy adv *heute* ‖ *heutzutage* ‖ **jetzt** ‖ ~ **día,** ~ **en día** *heute* ‖ *heutzutage* ‖ ~ **mismo** *noch heute,* **heute noch** ‖ ~ **por** ~ *gegenwärtig, (bis) jetzt* ‖ *vorläufig* ‖ **por** ~ *vorläufig* ‖ *einstweilen* ‖ ~ **por mí, mañana por ti** fam *e-e Hand wäscht die andere* ‖ **de** ~ *heutig* ‖ **de** ~ **a mañana** *von heute auf morgen; demnächst* ‖ **de** ~ **en adelante** *von heute an, künftig* ‖ **de** ~ **en quince días** *heute über vierzehn Tage* ‖ **desde** ~ *von heute, von nun an* ‖ **hasta** ~ *bis heute* ‖ *bis jetzt* ‖ **sin más por** ~ *ohne weiteres für heute (Briefschluß)* ‖ **con fecha de** ~ *vom heutigen Tage, heutig* ‖ **mi carta de** ~ *mein heutiger Brief* m ‖ **por el correo de** ~ *mit heutiger Post*

hoya f *Grube* f || *Grab* n || *eingeschlossene Ebene* f *(von Bergen umgeben)* || ⟨Agr⟩ *(Treib-) Beet* n
ho|yada f *Untiefe* f || *Niederung* f || **-yanca** f fam *Massengrab* n *(des Friedhofs)*
ho|yito m dim v. **hoyo** || **-yo** m *Grube* f, *ausgegrabenes Loch* n || *Vertiefung* f || *Grab* n, *Gruft* f || *Grübchen* n *(in der Wange)* || *Blatternarbe* f || ◊ △mandar al ~ *totschlagen, abmurksen* || **-yoso** adj *pockennarbig (Gesicht)* || **-yuela** f dim v. **hoyo** || *Grübchen* n *(in der Wange, im Kinn)* || *Halsgrube* f || *Grübchenspiel* n *(der Kinder)*
¹**hoz** [pl **-ces**] f *Sichel* f || de ~ y de coz pop *rücksichtslos* || *mir nichts, dir nichts* || la ~ y el martillo *Hammer und Sichel (des Kommunismus)* || fig *Kommunismus* m
²**hoz** [pl **-ces**] f *Bergenge* f, *Engpaß* f || *Klamm* f
hozar [z/c] vt *mit dem Rüssel aufwühlen (Schwein usw)* || vi *in der Erde wühlen* || fig *sich suhlen*
HP, H.P. Abk = *caballo(s) de vapor*
h.ᵗᵃ Abk = **hasta**
¡hu! int *hu!*
hua- → a *gua-*
△**hua** f *Rauch* m
huaca|lón m/adj Mex *Dickwanst* m || Mex *Schreihals* m || **-tay** m Am ⟨Bot⟩ *Sammet-, Hoffarts|blume* f (Tagetes spp)
huachafo adj Pe *kitschig, lächerlich*
huahua m/f Am *Säugling* m || Am *Kinderleiche* f *(in der Quetschuasprache)*
huaso m Chi *Landmann, Viehwirt* m
hubo → **haber**
hucha f *(irdene) Sparbüchse* f || fig *Ersparnisse* fpl
huebra f ⟨Agr⟩ *Tagewerk* n || *Brachfeld* n || △ *Spiel* n *Karten*
hueco adj *hohl* || *leer* (& fig) || *locker, schwammig (Erdboden)* || *(weit)bauschig (Kleid, Ärmel)* || fig *eitel, aufgeblasen* || *geziert, geschmacklos (Stil)* || *hohlklingend, hallend (Stimme)* || ◊ ponerse ~ *sich bauschen* || *sich aufblähen* || *hablar* ~ *in gebieterischen Ton reden* || ~ m *Loch* n, *Öffnung* f || *Vertiefung* f || *Lücke* f || *Zwischenraum* m || *Aushöhlung* f, *Hohlraum* m || ⟨StV⟩ *Parklücke* f || ⟨Arch⟩ *Nische* f || *Treppenschacht* m || *Fahrschacht* m *(Aufzug)* || ⟨Tech Typ⟩ *Aussparung* f || ⟨Bgb⟩ *abgebaute Stelle* f || el ~ de la mano *die hohle Hand* f || *grabado* en ~ *Tiefdruck* m || ◊ *llenar un* ~ fig *e–e Lücke schließen*
huecograbado m ⟨Typ⟩ *Tiefdruck* m
hue|huete m Guat *Geck* m (→ **lechuguino, petimetre**) || **-leflor** m PR *Einfaltspinsel* m
huelga f *Ruhe, Erholung* f *(von der Arbeit)* || *Ausruhen, Feiern* m || *Streik, Ausstand* m || *Ruheplatz* m || *de advertencia Warnstreik* m || ~ de brazos caídos *Sitzstreik* m || ~ de celo *Bummelstreik* m || ~ espontánea *wilder Streik* m || ~ general *Generalstreik* m || ~ del hambre *Hungerstreik* m || ~ patronal *Aussperrung* f || ~ portuaria *Hafenstreik* m || ◊ *declararse en* ~ *streiken, in den Ausstand treten* || *romper la* ~ *den Streik brechen* || ola de ~s *Streikwelle* f
¹**huelgo** m *(Morgen)Luft* f, *Wind* m || *Fuge, Lücke* f || *Spielraum* m || *Spiel* n || ◊ *tomar* ~ *Atem holen, ausruhen*
²**huelgo** → **holgar**
huel|guista m *Streikende(r)* m || **-guístico** adj *Streik-*
huelo → **oler**
huelveño adj/s *aus Huelva* (→ **onubense**)
hue|lla f *Spur, Fährte* f, *Fußtritt* m, *Fußstapfe(n* m) || fig *Spur* f || ⟨Arch⟩ *Einkerbung* f || *Delle* f || *Auftritt* m *der (Treppen)Stufe* || ~ dactilar, ~ digital *Fingerabdruck* m || ni ~ de ello *keine Spur davon* || *seguir las* ~s *de alg.*

fig *in jds Fuß(s)tapfen treten* || fig *jdn verfolgen* || **-llo** m *Wegspur* f || *Sohlenplatte* f *(des Hufes)*
huemul m Arg Chi *Huemul* m (Hippocamelus bisulcus)
huérfa|na f *Waise* f, *Waisenkind* n || **-no** m *Waise* f, *Waisenkind* n, *-knabe* m || Chi *Findelkind* n || ~ de padre (madre) *vaterlose (mutterlose) Waise, Halbwaise* f || ~ de padre y madre *Vollwaise* f || *quedar* ~ *verwaisen* || ~ adj *verwaist* || fig *schutzlos* || ~ de valor ⟨poet⟩ *mutlos*
huero adj *unbefruchtet (Ei)* || fig *leer, gehaltlos, schal* || Am *faul (Ei)* || *huevo* ~ *Windei* n
huer|ta f *eingehegter Frucht-, Nutz|garten* m || *großer Gemüsegarten* m || Val Murc Ar u.a. *angebautes, bewässertes Obst- und Gemüse|land* n || la ~ de Valencia *das fruchtbare Obstland um Valencia* || **-tano** m/adj *Bewohner* m *einer Huerta (& adj)* || *Gemüsebauer* m
huerte|cilla, -cita, -zuela f dim v. **huerta**
huerto m *ummauerter (Obst)Garten, Gemüse-, Baum|garten* m || la Oración en el ~ *das Gebet Christi im Garten Gethsemane*
huesa f *Grube, Gruft* f, *Grab* n (→ a **osario**)
hue|sarrón m augm v. **hueso** || **-s(ec)illo, -secito, -sezuelo** m dim v. **hueso:** *Knöchelchen* n || **-sera** f León Chi = **huesa**
hue|so m *Knochen* m, *Bein* n || *(Obst)Kern* m || ⟨Arch⟩ *Strebepfeiler* m || fig *wertloses Ding* n, fam *Krimskrams* m || ⟨Sch⟩ fig *harter Prüfer* m || fig *Mühe, Last* f || fig *(Haupt)Schwierigkeit* f || fig *schwere Arbeit* bzw *Schwierigkeit*, fig *harte Nuß* f || ~ frontal *Stirnbein* n || ~ maxilar *(Ober-)Kieferbein* n || la sin ~ fam *die Zunge* || *róete ese* ~ fig *daran kannst du schwitzen!* || a otro perro con ese ~ figf *machen Sie das e–m anderen weis* || ~s pl *Gebeine* npl || *costal de* ~ fig *Gerippe* n || *helado hasta los* ~ *starr vor Kälte* || ◊ *estar en los* ~ fig *nur Haut und Knochen sein* || *quedarse en los* ~ *bis auf die Knochen abmagern* || *romperle a uno los* ~ figf *jdn tüchtig verprügeln (bes als Drohung)* || *tener los* ~ *duros* figf *zu alt sein (para für)* || *tener los* ~ *molidos* fig *sehr abgearbeitet sein* || **-soso** adj *knochig* || *Knochen-* || ~ a **huesudo, óseo**
huésped m *(Haus)Wirt* m || *Gastwirt* m || *Gast* m || *Kostgänger* m || ⟨Biol Med⟩ *Wirt* m || ⟨Zool Entom⟩ *Gast* m || fig pop *Ungeziefer* n *(bes Läuse* fpl) || ~ puente ⟨Biol⟩ *Brückenwirt* m || ~ a comer *Kostgänger* m || *cuarto (od habitación) para* ~es *Fremdenzimmer* n || → **casa**
huéspeda f *Haus|wirtin, -frau* f || → **cuesta**
hueste f *(Kriegs)Heer* n || *Rotte, Bande* f || ⟨Lit⟩ *Heer-, Kriegs|schar* f || ~s pl *Kriegsscharen* fpl || *Anhänger(schaft* f) mpl || *Mitläufer* mpl
huesudo adj *(dick)knochig*
hueva f *Fischei* n || *Insektenei* n || ~s *(Fisch-) Rogen* m || ~ de esturión *echter Kaviar, Störrogen* m
hueve|cillo, -cito m dim v. **huevo** || **-ra** f *Eierhändlerin* f || *Eier|becher, -kelch* m || **-ría** f *Eiergeschäft* m || **-ro** m/adj *Eierhändler* m || *Eierbecher* m || fam *Eierliebhaber* m || adj: *producción* ~a *Eiererzeugung* f || **-zuelo** m dim v. **huevo**
huevo m *Ei* n || *Stopfei* n || ⟨Schuhm⟩ *Sohlenformer* m || figf *Klein(st)wagen* m || fam *Kabinenroller* m || ~ de coser *Stopfei* n || ~ crudo *rohes Ei* n || ~ duro *hartgekochtes Ei* n || ~ fresco *(del día) Frischei, frisch gelegtes Ei* n || ~ frito *Spiegelei* n || ~ de gallina *Hühnerei* n || ~ huero *Windei* n || ~ de incubar *Brutei* n || ~ de Pascua *Osterei* n || ~ al plato *Setzei* n || ~ blanco (de) ~ *Eiweiß* n || ◊ *parecerse como un* ~ a otro fig *einander bildähnlich sein* || *esto cuesta un* ~ fig vulg *das ist sündhaft teuer* || *das ist verdammt schwierig* || ~s pl *Eier* npl || vulg *Hoden* mpl, *Eier* npl || ~ *blandos weichgesot-*

huevón — humo

tene Eier npl || ~ *borrachos Rühreier* npl *mit Rotwein* || ~ *estrellados,* ~ *al plato Spiegel-, Setz|eier* npl || ~ *fritos en nido Nesteier* npl || ~ *pasados por agua,* ~ *en cáscara weichgekochte Eier* npl || ~ *rellenos Fülleier* npl || ~ *revueltos Rührei(er)* n(pl) || ~ *al vaso Eier* npl *im Glas* || ◊ *empollar (od* sacar) los ~ *die Eier ausbrüten (Vögel)* || tener ~ fig vulg *tapfer sein*
huevón, ona adj *hervorstehend (Augen)* || Chi fig *brutal* || *dumm, einfältig* || Ven *dumm* || Cu Mex Guat *faul, träge*
¡huf! ach! au! || uff!
Hugo np *Hugo* m || Victor ~ *Victor Hugo* m *(franz. Schriftsteller)* || adj: **huguesco**
hugonotes mpl/adj ⟨Hist⟩ *die Hugenotten* pl
hui- → a **güi-**
huida *f Flucht* f, *Entweichen* n || *Verschwinden* n || *Entschwinden* n *(Zeit)* || *Ausbrechen* n *(Pferd)* || fig *Ausflucht* f || (→ a **fuga**)
hui|dizo, -dor adj/s *flüchtig* || *fliehend* || *scheu* || *unbeständig* || mirada ~a *scheuer (od verstohlener) Blick* m
huido adj *scheu (bes Tiere)* || ~ *m Flüchtling* m || → a **fugitivo**
huir [-uy-] vt *(ver)meiden, umgehen* || ◊ ~ *el cuerpo e-m Schlag ausweichen* || fam *sich dukken* || ~ vi *(ent)fliehen, davonlaufen, flüchten* || *entwischen* || fig *Ausflüchte suchen* || *entschwinden, verfliegen (Zeit)* || *zurücktreten (Stirn)* || ~ *al campo aufs Land fliehen* || ~ *de* alg. *vor jdm fliehen* || ~ *de a/c et vermeiden, umgehen* || hacer ~ *ver|scheuchen, -jagen* || *el tiempo huye de Zeit flieht* || ha huido con ella *er ist mit ihr durchgegangen* || ~se vr *entfliehen* || *nachgeben (Mauer)* || → a **escapar, fugar**
¹hule *m Wachstuch* n || *Öl|einwand* f || ~ *encerado Öltuch* m || *caja con* ~ *Kiste* f *mit Wachstucheinlage* || ◊ *va a haber* ~ ⟨Taur⟩ *es wird blutig enden* || figf *es ist dicke Luft* || figf *es wird mit e-r Prügelei enden*
²hu|le *m* Am *Kautschuk* m || **-lero** *m* Am *Kautschukarbeiter* m || **-loso** adj MAm *zäh* (→ **correoso**)
hulviche *f* ⟨Mar Fi⟩ *Fischfangnetz* n
hu|lla *f Steinkohle* f || ~ *aglomerante,* ~ *coquificable Kokskohle* f || ~ *blanca weiße Kohle* f *(Elektrizität aus Wasserkraft)* || ~ *menuda Nußkohle* f || ~ *picea Pechkohle* f || **-llero** adj *steinkohlenhaltig, Steinkohlen-* || industria ~a *Steinkohlenindustrie* f
¡hum! *hm!*
huma|nal adj ⟨Lit⟩ = **-no** || **-namente** adv *menschlich* || es ~ imposible *das ist nicht menschmöglich* || ◊ hacer lo ~ posible *das menschmögliche tun* || **-nar** vt = **-nizar** || **-narse** vr ⟨Rel⟩ *Mensch werden* || fig *menschlich werden* || Am *sich erniedrigen* || ~ con los vencidos *die Besiegten menschlich behandeln* || **-nidad** *f Menschheit* f || *Menschengeschlecht* n || *menschliche Natur* f || *Menschlichkeit, Menschenliebe* f || fig *Mitgefühl* n || *Leutseligkeit* f || fam *Dickleibigkeit* f || fam *Körper* m || ◊ tener gran ~ fam *sehr beleibt sein* || ~es pl *Studium* n *der schönen Wissenschaften, (die) Humaniora* pl || *humanistische Bildung* f || *Studium* n *der (klassischen) Literatur* || *alte Sprachen* fpl *(als Fach)* || **-nismo** *m Humanismus* m || **-nista** m/adj *Humanist* m || ~ adj = **-nistico** adj *humanistisch*
humani|tario adj/s *Humanitäts-* || *human, menschenfreundlich, humanitär, wohltätig* || **-tarismo** *m Menschenfreundlichkeit* f || *human(itär)e Bestrebung* f || **-zación** *f Humanisierung* f || *Vermenschlichung* f || fig *Zivilisierung* f || **-zar** [z/c] vt *zu gesitteten Menschen machen* || *vermenschlichen* || fig *umgänglicher, entgegenkommender machen* || fig *bezwingen, zähmen* || **-se** vr *Gesittung, Kultur annehmen* || *menschlich(er) werden* || *gesitteter, entgegenkommender, freundlicher werden* || fig *sich besänftigen lassen*
humano adj *menschlich, Menschen-* || *menschenfreundlich* || *gütig, mitleidig* || el linaje ~, el género ~ *das Menschengeschlecht* || la naturaleza ~a *die menschliche Natur* || ~ con los vencidos *menschlich den Besiegten gegenüber* || ◊ ser más que ~ *übermenschlich sein* || eso no está en lo ~ *das liegt nicht in Menschenhand* || ~ *m* ⟨poet⟩ *Mensch, Sterbliche(r)* m || ~**s** mpl ⟨Lit⟩ *Menschen* mpl
humareda *f Rauch-, Dampf|wolke* f
humazo *m dichter Rauch* m || *Ausräuchern* n *(von Ungeziefer, Ratten usw)*
hume|ante adj *rauchend, dampfend* || ruinas ~s *rauchende Trümmer* pl || **-ar** vi *qualmen, rauchen* || *glimmen* || fig *dampfen (Blut, Erde)* || fig *großtun* || fig *schwelen (Feindschaft usw)* || ~ vt Am *verprügeln* || Am *ausräuchern*
humec|tabilidad *f Befeuchtfähigkeit* f || **-tación** *f Be-, An|feuchtung* f || *Benetzen* n || **-tador** *m* ⟨Tech⟩ *Anfeuchter* m || **-tante** adj *anfeuchtend* || ~ *m Netz-, Benetzungs|mittel* n || **-tar** vt *be-, an|feuchten* || *(be)netzen*
hume|dad *f Feuchtigkeit* f || *Nässe* f || ~ *del aire,* ~ *ambiente,* ~ *atmosférica Luftfeuchtigkeit* f || *resistente a la* ~ *feuchtigkeitsbeständig* || ◊ hay ~ *es ist naß* || *¡guárdese de la* ~*! vor Nässe schützen! (auf Kisten)* || *trocken aufbewahren!* || **-decer** [-zc-] vt *an-, be|feuchten, benetzen* (con, en *mit* dat) || ◊ ~ la garganta figf *die Kehle befeuchten*
húmedo adj/s *feucht* || *naß* || *dunstig* || ◊ hace un calor ~ *es ist feuchtwarm*
humera *f (mit gehauchter Aussprache des* h) fam *Rausch, Schwips* m
humeral m/adj ⟨Kath⟩ *Humerale, Schultertuch* n *des Priesters* || ~ adj ⟨An⟩ *Oberarm(knochen)-*
humero *m Rauch|(ab)zug, -kanal* m
húmero *m* ⟨An⟩ *Oberarmknochen, Humerus* m || *Schulter* f
humícola adj/s ⟨Biol⟩ *auf dem Humus lebend*
humidifi|cación *f Be-, An|feuchtung* f || **-cador** *m Be-, An|feuchter* m || *Luftbefeuchter* m *(Dampfheizung)* || **-car** [c/qu] vt *feucht machen*
húmido adj ⟨poet⟩ *feucht*
humifi|cación *f Humusbildung, Vermoderung, Humifikation* f || **-cador** adj/s *humusbildend* || **-car** vt *humifizieren, zu Humus umwandeln* || ~ vi *vermodern*
humil|dad *f Demut* f || *Bescheidenheit* f || ~ de linaje, ~ de nacimiento *niedrige Herkunft* f || **-de** adj *demütig* || *bescheiden* || *gering, unbedeutend* || *niedrig (Herkunft)*
humi|llación *f Demütigung* f || *Unterwerfung* f || *Erniedrigung* f || **-lladero** *m kleine Kapelle* f bzw *Bildstock* m *(an der Landstraße)* || *Wegekreuz* n || **-llante** adj *demütigend* || *erniedrigend* || *ehrenrührig* || *kränkend* || **-llar** vt *erniedrigen* || fig *(jds Stolz) beugen* || *demütigen, kränken* || *(den Körper) bücken* || *(die Knie) beugen* || **-se** *sich erniedrigen* (ante, a *vor* dat) || *sich beugen* (ante, a *vor* dat) || ⟨Taur⟩ *den Kopf senken (Kampfstier)*
humillo *m* dim *v.* **humo** || ~**s** pl fig *eitler Dunst* m
humita *f* Arg Chi Pe Bol *Maisgericht* n
humo *m Rauch, Qualm* m || *Dampf, Dunst* m || *Schwaden* m || *Pulverdampf* m || fig *blauer Dunst* m, *Illusion* f || fig *Eitelkeit* f, *Dünkel* m || Cu *Rausch, Schwips* m || ~ de párpados *Lidschatten* m *(Schminke zum Betonen der Augen)* || lleno de ~ *rauchig* || sin ~ *rauchlos* || a ~ de pajas figf *leichtsinnig* || ◊ *desaparecer como el* ~ fig *spurlos verschwinden* || *¡eche V.* ~*!* fam *das ist verlorene Mühe!* || la sopa está echando ~ *die Suppe dampft* || hacer ~ *rauchen (Ofen)* || hacer ~ a uno figf *jdn hinausekeln* || hacer la del ~ pop *aus-*

reißen, Reißaus nehmen ‖ la estufa hace ∼ *der Ofen raucht* ‖ alli no hará ∼ figf *dort wird er nicht lange bleiben* ‖ irse en ∼ fig *zunichte werden (Hoffnung)* ‖ ¡la del ∼! fam *es ist aus damit!* ‖ ∼s *pl Ofenrauch* m ‖ ◊ (re)bajarle a uno los ∼ figf *jds Stolz brechen*, fam *jdn ducken* ‖ vender ∼ figf *protzen*
²**humo** *m* = **humus**
humor *m Körpersaft* m, *-flüssigkeit* f ‖ ⟨Lit u. Hist⟩ *Humor* m ‖ fig *Gemütsart* f ‖ fig *(heitere) Laune, Stimmung* f, *Humor* m ‖ fig *Lust* f ‖ fig *Humor* m ‖ ∼ *negro*, ∼ *macabro schwarzer Humor* m ‖ buen ∼ *gute, heitere Laune* f ‖ mal ∼ *böse, schlechte Laune* f ‖ *palabras de mal* ∼ *mürrische Worte* npl ‖ ◊ estar de mal ∼ *übel gelaunt sein* ‖ hacer a. de mal ∼ *et unwillig, ungern tun* ‖ ∼ de patíbulo *Galgenhumor* m ‖ ∼ de perros fam *mürrische Laune*, fam *Stinklaune* f ‖ llevarle *(od* seguirle) a uno el ∼ *sich jds Laune fügen* ‖ ∼es *pl* fam *Unpäßlichkeit* f
humora|cho *m* desp *v.* **humor**: *Stinklaune* f ‖ **-da** *f sonderbare Laune, Grille* f ‖ *witziger Einfall* m ‖ **-do** adj: bien (mal) ∼ *gut- (schlecht)gelaunt*
humoral adj *Körpersäfte betreffend, Humoral-*
humorcillo *m* dim *v.* **humor**
humoris|mo *m Humor, humoristischer Charakter* m ‖ ⟨Med⟩ *Humoralpathologie* f ‖ **-ta** *m*/adj *Humorist* m ‖ *Spaßmacher* m ‖ *Vertreter* m *der Humoralpathologie*
humorístico adj *humoristisch* ‖ revista ∼a, periódico ∼ *humoristische Zeitschrift* f, *Witzblatt* n
humoso adj *rauchig, räucherig* ‖ *rauchend*
humus *m Humus* m
hundi|do adj *versenkt* ‖ *eingesunken* ‖ *eingefallen, tief (Augen)* ‖ fig *versunken* ‖ ∼ *del lomo satteltief (Pferd)* ‖ **-miento** *m Versinken* n, *Versenken* f ‖ *Versenken* n ‖ *Einsenkung* f ‖ *Einsinken* n ‖ *Einsturz* m ‖ *Absacken* n *(e–s Dammes)* ‖ fig *Zusammenbruch* m ‖ fig *Verfall* m ‖ ∼ de tierra *Erd|senkung* f, *-rutsch* m ‖ ∼ de la cultura *Verfall* m *der Kultur*
hundir vt *ver|tiefen, -senken* ‖ *ein-, nieder|- drücken* ‖ *(ein)senken* ‖ *ein|rammen, -treiben* ‖ fig *besiegen* ‖ fig *vernichten, zerstören* ‖ fig *erledigen* ‖ ∼se *vr ein-, unter-, ver|sinken* ‖ *untergehen* ‖ *einfallen (Mauer)* ‖ *ins Wasser fallen, scheitern (Vorhaben)* ‖ *zunichte werden (Hoffnung)* ‖ fig *zusammenstürzen* ‖ figf *spurlos verschwinden* ‖ ◊ ∼ en el cieno *im Schlamm steckenbleiben* ‖ ∼ el gorro *die Mütze in die Stirn drücken* ‖ ∼ en meditaciones *in Gedanken versinken* ‖ aunque se hunda el mundo figf *um jeden Preis*
húngaro adj *ungarisch* ‖ a ¹a ∼a *nach ungarischer Art* ‖ vino ∼ *ungarischer Wein* m ‖ *Tokaierwein* m ‖ ∼ *m Ungarn* m ‖ *(die) ungarische Sprache* f, *(das) Ungarische* n ‖ pop *Zigeuner* m
Hungría *f Ungarn* n
huno adj *hunnisch* ‖ ∼s *Hunnen* mpl *(Volk)*
¡hup(a)! Chi *auf! hopp!*
hupe *f Holzschwamm* m
hura|cán *m Orkan, Sturmwind, Hurrikan* m ‖ *Wirbelsturm* m ‖ fig *Sturm* m ‖ **-canado** adj *orkanartig, stürmisch* ‖ fig *zerzaust*
huraco *m Loch* n *(→* **agujero***)*
hura|ñía, -ñería *f Ungeselligkeit* f, *barsches Wesen* n ‖ *Menschenscheu* f ‖ **-ño** adj *menschenscheu, ungesellig* ‖ *barsch, unwirsch*
hurdano adj *a Las Hurdes (PCác)*
hurgador *m*/adj *Schüreisen* n
△**hurgamandera** *f Dirne, Hure* f
hur|gar [g/gu] vt/i *schüren* (acc), *stochern* (en in dat) ‖ *wühlen* (en *in* dat) ‖ *umrühren* ‖ *betasten* ‖ fig *aufwühlen* ‖ fig *aufstacheln* ‖ fig *quälen* ‖ fig *aufregen* ‖ ◊ ∼ los tizones *das Feuer schüren* ‖ ∼ en la nariz, ∼se las narices *mit dem Finger in der Nase bohren* ‖ **-gón** *m Schüreisen* n ‖ fam *Degen* m ‖ **-gonada** *f Schüren* n ‖ fam *Degen-*stich m ‖ **-gonear** vt/i *(Feuer) schüren* ‖ fam *(mit dem Degen) stechen* ‖ **-guete** *m* Arg Chi fam *Schnüffler* m ‖ **-guillas** *m* fam *Quälgeist* m
huri *f* [*pl* **-ies**] *Huri* f, *Schöne in Mohammeds Paradies*
hurón *m*/adj *Frettchen* n (Putorius [= Mustela] furo) ‖ figf *Naseweis, Schnüffler* m ‖ figf *ungeselliger* bzw *mürrischer Mensch* m ‖ fig *Duckmäuser* m ‖ ∼es *mpl Huronen* mpl *(Indianervolk)*
hurona *f weibliches Frettchen* n ‖ fig *ungeselliger Weibsbild* n
hurone|ar vi fig *herum|stöbern, -spüren* ‖ fam *schnüffeln, vorwitzig sein* ‖ ⟨Jgd⟩ *frettieren, mit dem Frettchen jagen* ‖ s: ∼o ‖ **-ra** *f Frettchenbau* m ‖ figf *Schlupfwinkel* m
huroniense adj/s *Huron-* ‖ ∼ *m* ⟨Geol⟩ *Huron* n *(Gesteinsserie)*
¡hurra! int *hurra! (Beifallsruf, Freudengeschrei)* ‖ los ∼s *die Hurrarufe* mpl
hurta|dillas: a ∼ (de) *verstohlenerweise, heimlich* ‖ **-dor** *m*/adj *Stehler, Dieb* m (→ **ladrón**) ‖ **-mano**: de ∼ fig *verstohlen*
hur|tar vt/i *stehlen, entwenden* ‖ *betrügen (im Maß oder Gewicht)* ‖ *(Ufer) annagen, wegschwemmen (Fluß)* ‖ fig *(literarische Erzeugnisse anderer) sich (unrechtmäßig) aneignen* ‖ fig *ausweichen, vermeiden* ‖ ◊ ∼ el cuerpo fig *durch e–e rasche Bewegung e–m Stoß ausweichen* ‖ ∼ del peso *das Gewicht betrügerisch verringern* ‖ ∼ el precio im Preis betrügen ‖ ¡no ∼tarás! *du sollst nicht stehlen! (Gebot Gottes)* ‖ ∼ a tal cordel fig *unversehens* ‖ ∼se fam *entschlüpfen* ‖ *sich drücken*, fig *kneifen* ‖ *→*a **robar** ‖ **-to** *m Diebstahl* m ‖ *Diebesgut* n ‖ *Unterschlagung* f ‖ ∼ *cualificado*, ∼ con (circunstancias) agravantes *schwerer Diebstahl* m ‖ ∼ de cosa encontrada *Fundunterschlagung* f ‖ ∼ doméstico *Hausdiebstahl* m ‖ ∼ famélico *Mundraub, Notdiebstahl* m ‖ ∼ con nocturnidad *Diebstahl* m *bei Nachtzeit* ‖ a ∼ *verstohlen, heimlich* ‖ *hinter jds Rücken* ‖ ◊ coger a uno con el ∼ en las manos fig *jdn auf frischer Tat ertappen* ‖ *→*a **robo**
húsar *m* ⟨Mil⟩ *Husar* m ‖ *regimiento de* ∼es ⟨Mil⟩ *Husarenregiment* n
¹**husillo** *m (kleine) Spindel* f ‖ ⟨Tech⟩ *Welle* f ‖ *Bohrstange* f ‖ *Handwinde* f ‖ ∼ de dirección ⟨Aut⟩ *Lenkspindel* f ‖ ∼ hueco ⟨Uhrm⟩ *Hohlschnecke* f
²**husillo** *m Abzugsrinne* f
husi|ta adj *hussitisch* ‖ las guerras ∼s *die Hussitenkriege* mpl ‖ ∼ *m Hussit* m ‖ **-tismo** *m Hussitentum* n
hus|ma *f* = **-meo** ‖ ◊ andar *(od* estar) a la ∼ de a/c fig *e–m Ding nachspüren* ‖ *herumschnüffeln* ‖ **-mar** vt = **-mear** ‖ **-meador** *m Schnüffler* m ‖ *Spürnase* f ‖ adj *nachspürend* ‖ **-mear** vt ⟨Jgd⟩ *wittern* (& fig) ‖ *herumschnüffeln (in* dat) ‖ *beschnüffeln* ‖ figf *aufspüren, ausfindig machen* ‖ ◊ ∼ el peligro *die Gefahr wittern* ‖ vi *anfangen, schlecht zu riechen*, fam *muffeln* ‖ **-meo** *m Wittern* n ‖ *Riechen, Schnüffeln* n (& fig) ‖ fig *Schnüffelei* f ‖ **-mo** *m muffiger Geruch* m *des Fleisches* ‖ *Wildgeruch* n ‖ ◊ estar al ∼ figf *auf der Lauer sein*
huso *m Spindel, Spille* f ‖ ⟨Her⟩ *schmale Raute* f ‖ ∼ de atracción ⟨Gen Biol⟩ *Anziehungsspindel* f ‖ ∼ *esférico* ⟨Math⟩ *Kreisbogensichel* f ‖ ∼ horario ⟨Astr⟩ *Zeitzone* f ‖ ∼ nuclear ⟨Gen Biol⟩ *Kernspindel* f ‖ *más derecho que un* ∼ figf *kerzengerade, sehr gerade (sein)* ‖ *wie e–e Tanne gewachsen*
huta *f* ⟨Jäger⟩ *Hütte* f
hutía *f* Ant ⟨Zool⟩ *Kuba-Baumratte, Hutia-Conga* f (Capromys pilorides)
¡huy! au! weh! ‖ pfui! *(Bewunderung, Zärtlichkeit, Überraschung, Ekel)*
huye → **huir**
huyente adj *fliehend, flüchtig* ‖ *→*a **huidizo**

I
(→ a *unter* **hi, y**)

¹**i** [*pl* **íes**] *f:* ~ latina *I* n || ~ griega *Ypsilon* n || ◊ poner los puntos sobre las íes figf *das Tüpfelchen auf das i setzen*
²**i** Am pop || **hay**
I Abk ⟨Chem⟩ = **yodo**
Iah|vé, -veh *m* = **Yahvé**
íb. Abk = **ibídem**
iba → **ir**
Iberia *f Iberien (Spanien und Portugal)*
ibérico adj *iberisch* || *spanisch* || la Península ~a *die Pyrenäenhalbinsel*
ibe|rio adj *iberisch* || **-rismo** *m* ⟨Lit⟩ *Iberismus* m || *iberische Grundlage* f
ibero, íbero *m Iberer* m || *Spanier* m || →a **celtíbero** || ~ adj *iberisch* || *spanisch* || ~**américa** *f Iberoamerika* n || ~**americano** adj *ibero-amerikanisch* || ~ *m Iberoamerikaner* m
íbice *m* ⟨Zool⟩ *Steinbock* m (→ **cabra** montés)
ibicenco adj/s *aus Ibiza* (Bal)
ibídem [...den] adv lat *ebenda*, lat *ibidem*
ibis *f* ⟨V⟩ *Ibis* m (Ibis spp) || ~ religiosa *Heiliger Ibis* m (Threskiornis aethiopica)
ibón *m* Ar *Gebirgssee* m
△**ibraín** *m Februar* m
ibsenista adj/s *auf den norwegischen Schriftsteller H. Ibsen (1828-1906) bezüglich*
icáreo, icario adj ⟨Myth⟩ u. fig *Ikarus-* | juegos ~s *Akrobatik* f *am Hochtrapez* || ~ *m Hochakrobat* m
Ícaro *m* np *Ikarus* m
ice Ar pop = **dice**
ice|berg *m* engl *Eisberg* m || **-field** *m* engl *Eisfeld* n *(Treibeis)* || **-hockey** *m* engl ⟨Sp⟩ *Eishockey* n (→ **hockey**)
icneumón *m Ichneumon* m, *Pharaonenratte, Manguste* f (Herpestes ichneumon) (→ **mangosta**) || ⟨Entom⟩ *(Riesen)Schlupfwespe* f (Ichneumon sp) || **-idos** mpl ⟨Entom⟩ *Schlupfwespen* fpl, *Ichneumoniden* pl (Terebrantes)
icno|grafía *f* ⟨Arch⟩ *Grundriß* m || *Bauplan* m || **-grama** *m* ⟨Med⟩ *Gangspur* f, *Ichnogramm* n
icono *m Ikone* f *(russisches Heiligenbild)*
icono|clasta m/adj *Ikonoklast, Bilderstürmer* m || ~ adj *ikonoklastisch, bilderstürmerisch* || **-clastia** *f Ikonoklasmus, Bildersturm* m || **iconógeno** *m* ⟨Phot⟩ *Entwickler(substanz* f*)* m || **-grafía** *f Bilderkunde* f || *Bildersammlung* f || *Ikonographie* f || **-gráfico** adj *ikonographisch*
iconólatra m/adj ⟨Rel⟩ *Bilderverehrer* m
icono|latría *f Bilderverehrung, Ikono|latrie, -dulie* f || **-logía** *f Ikonologie* f || **-métrico:** visor ~ ⟨Phot⟩ *Rahmensucher* m
iconómetro *m* ⟨Phot⟩ *Rahmensucher* m, *Ikonometer* n
iconostasio *m* ⟨Rel⟩ *Bilderwand* f, *Ikonostas(e* f*)* m
icosaedro *m Ikosaeder* n, *Zwanzigflächner* m
ic|tericia *f Gelbsucht* f, *Ikterus* m || **-tericiado** adj/s = **-térico** adj/s ⟨Med⟩ *gelbsüchtig, ikterisch* || ~ *m Gelbsucht-, Ikterus|kranke(r)* m
ictéridos mpl ⟨V⟩ *Stärlinge* mpl (Icteridae) (→ a **trupial**)
ictio- präf *Fisch-, Ichthyo-*
icti|ocola *f Fischleim* m || **-ófago** adj/s *fisch(fr)essend* || ~ *m Fisch|esser* bzw *-(fr)esser, Ichthyophage* m || **-ol** *m* ⟨Pharm⟩ *Ichthyol* n || **-ología** *f Fischkunde, Ichthyologie* f || **-ólogo** *m Ichthyologe* m || **-osaur(i)o** *m* ⟨Paläont⟩ *Ichthyosau|rier, -rus* m, *Fischechse* f || **-osis** *f* ⟨Med⟩ *Fischschuppenkrankheit, Ichthyo|se, -sis* f ||

-smo *m* ⟨Med⟩ *Fischvergiftung* f
ictus *m* ⟨poet u. Med⟩ *Iktus* m || ~ apoplético ⟨Med⟩ *Schlaganfall* m
íd., id. Abk = **ídem**
ida *f Gehen* n, *Gang* m || *Weg, Gang* m || *Hin|weg* m, *-reise* f || *Hin|fahrt* f bzw *-flug* m || *Weggehen* n || ⟨Jgd⟩ *Fährte, Spur* f || *Ausfall, Angriff* m *(fig u. beim Fechten)* || fig *plötzliche Anwandlung* f || ~ y venida *Hin- und Herweg* m || ~ y vuelta *hin und zurück* || billete de ~ (sola) ⟨EB⟩ *einfache Fahrkarte* f || billete de ~ y vuelta ⟨EB⟩ *Rückfahrkarte* f || viaje de ~ y vuelta *Hin- und Rückreise* f || la ~ del humo fig *das Verschwinden*, fam *das Abhauen* n *(auf Nimmerwiedersehen)* || ~s y venidas *Hin- und Herlaufen* n
idea *f Begriff* m, *Idee* f || *Gedanke, Einfall* m || *Meinung, Ansicht* f || *Anschauung* f || *Vorstellung* f, *Bild* n || *Darstellung* f || *Plan* m, *Absicht* f || *Entwurf* m, *Skizze* f || fam *Grille, Laune* f || fam *Einbildung, falsche Ansicht* f || fam *Winzigkeit*, fam *Idee* f || ~ de Dios *Gottesvorstellung* f || ~ delirante *Wahnvorstellung* f || ~ directriz *Leitgedanke* m || ~ fija *fixe Idee, Wahnvorstellung* f || ~ fundamental *Grundgedanke* m || ~ general *allgemeiner Überblick* m || *Grundkenntnisse* fpl || ~ del mundo *Vorstellung* f *von der Welt* || *Weltanschauung* f || ~ preconcebida *vorgefaßte Meinung* f || una ~ de sal *eine Prise* (od *ein bißchen*) *Salz* || hombre de ~ *urwüchsiger Geist* m || de mala ~ *boshaft* || ◊ abrazar una ~ *Anhänger* m *e-r Idee werden* || abrigar una ~ *e-e Idee hegen* || dar una ~ (de) *e-n Begriff geben (von)* || *e-e Vorstellung von et* (dat) *vermitteln* || formarse (una) ~ de u/c *sich von e-r S. e-n Begriff machen* || tener ~ de *beabsichtigen zu* || no tiene V. ~ de lo rico que es *Sie können sich von seinem Reichtum k-e Vorstellung machen* || no tengo (ni) la menor ~ de ello *ich habe k-e blasse Ahnung* (fam *k-n blassen Dunst) davon* || ni ~ *k-e Ahnung* || *k-e Spur (de von* dat) || ¡qué ~! ¡vaya una ~! *ist das ein Einfall!* || ~**s** *pl:* ~ políticas *politische Gesinnung* f || asociación de ~ *Gedanken|verkettung* f, *-gang* m || ◊ asumir *(od* adoptar *od* hacer suyas) las ~ de alg. *sich jds Auffassungen zu eigen machen* || cambiar ~ *Gedanken austauschen* || cambio de ~ *Gedankenaustausch* m || ser pobre de ~ *gedankenarm sein* || ¡eso son ~ suyas! *das bildet er sich nur ein!*
ideación *f Herausbildung* f *der Gedanken* || *Begriffsbildung* f || *Erfinden, Ausdenken* n
idea(-)fuerza *f Machtgedanke* m || *kraftvoller Gedanke* m || *Leitgedanke* m
¹**ideal** adj *ideell* || *ideal, vorbildlich, vollkommen* || *ideal, erdacht, vorgestellt* || ⟨Philos⟩ *idealistisch* || belleza ~ *ideale Schönheit* f || marido ~ *Mustergatte* m || mundo ~ *ideale Welt* f || *Gedankenwelt* f
²**ideal** *m Ideal, Vor-, Muster|bild* n || *Wunschbild* n || *Hauptziel* n || ◊ los ~es que persigue la institución *das Ziel, das die Körperschaft anstrebt*
idea|lidad *f Idealität* f || *ideale Anschauung* f || **-lismo** *m* ⟨Philos⟩ u. fig *Idealismus* m || fam *Schwärmerei* f || **-lista** *m Idealist* m || *Schwärmer, Schöngeist* m || fig *weltfremder Mensch* m || **-lización** *f Idealisierung* f || *Idealisieren* n || **-lizador** adj *idealisierend* || fig *veredelnd, verschönernd* || **-lizar** [z/c] vt *idealisieren* (& fig) || fig *verklären* || fig *veredeln*
idealmente adv *auf ideale Art, vollkommen, ideal* || *ideal, gedacht, vorgestellt*

idear — ignominia 628

idear vt *fassen, begreifen* ‖ *ersinnen* ‖ *entwerfen* ‖ *vorhaben, planen*
ideario m *Gedankengut* n ‖ *Gedankenwelt* f ‖ *Ideologie* f (→ **ideología**)
ideático adj Am *grillenhaft* (→ **lunático, maníatico**)
ídem [i'den] pron lat *eben derselbe, eben dasselbe* ‖ ~ per ~ *eins wie das andere* ‖ ~ adv *desgleichen* ‖ ⟨Com⟩ *dito, desgleichen*
idéntico adj *identisch, einerlei* ‖ *übereinstimmend* ‖ *völlig gleich* ‖ *sehr ähnlich* (a dat) ‖ *gleichlautend (Abschrift)* ‖ en sentido ~ *in demselben Sinne* ‖ adv: ~**amente**
identidad f *Identität, völlige Übereinstimmung* f ‖ *Gleichheit* f ‖ *Personalien* pl ‖ documento nacional de ~, Am cédula de ~ *Personalausweis* m, *Legitimation, Kennkarte* f ‖ ◊ probar a ~ *sich ausweisen*
identifi|cable adj *identifizierbar* ‖ **-cación** f *Identifizierung, Feststellung* f *der Persönlichkeit* ‖ *Ortung, Bestimmung* f *e-s Ortes* ‖ ⟨Psychol⟩ *Identifikation* f ‖ ~ dactiloscópica *Identifizierung* f *durch Fingerabdrücke* ‖ marca de ~ *Nämlichkeitszeichen* n *(Zoll)* ‖ **-car** [c/qu] vt *identifizieren, gleichsetzen* ‖ *identifizieren (como als acc)* ‖ ⟨Jur⟩ *(die Persönlichkeit) feststellen (von)* ‖ **-se** vr *sich identifizieren, sich ausweisen* (con *mit* dat) ‖ *sich miteinander verschmelzen, ineinander aufgehen* ‖ *übergehen* (con *in* acc) ‖ *sich ganz hinein|-denken, -leben* (con *in* acc), *eins werden* (con *mit* dat) ‖ ~ con las ideas de otro *die Gedanken e-s anderen übernehmen*
ideo|grafía f *Bilder-, Begriffs|schrift, Ideographie* f ‖ **-gráfico** adj *ideographisch* ‖ **-grama** m *Begriffszeichen, Ideogramm* n
ideo|logía f ⟨Philos⟩ *Ideologie, Ideen-, Begriffs|lehre* f ‖ *Denkart* f ‖ *Gedankenkreis* m ‖ *geistige Veranlagung* f ‖ ⟨Pol⟩ *Ideologie, politische Anschauung* bzw *Weltanschauung* f ‖ **-lógico** adj *ideologisch, Begriffs-, Gedanken-* ‖ desp *schwärmerisch, weltfremd*
ideólogo m *Ideologe* m ‖ fig *Schöngeist* m ‖ fig *weltfremder Mensch, Schwärmer* m ‖ fig *reiner Theoretiker* m
idílico adj *idyllisch* ‖ *ländlich, einfach* ‖ *friedlich*
idilio m ⟨Lit⟩ *Idylle* f ‖ *Schäferszene* f ‖ *Schäferdichtung* f ‖ fig *Idyll* n ‖ *romantische Liebe* f
idio|blasto m ⟨Gen⟩ *Idioblast* m ‖ **-cia** f ⟨Med⟩ *hochgradiger Schwachsinn* m, *Idiotie* f ‖ **-cromático** adj *eigenfarbig, idiochromatisch* ‖ **-glosia** f ⟨Med⟩ *Idioglossie* f ‖ **-lecto** m *Idiolekt* m
idio|ma m *(Landes)Sprache* f ‖ *Idiom* n ‖ *Sprechart* f ‖ ~ extranjero *fremde Sprache* f ‖ ~ oficial, ~ nacional *Landessprache* f ‖ academia de ~s *Sprach(en)schule* f ‖ *Sprach(en)institut* f ‖ enseñanza de ~s *Sprachunterricht* m ‖ profesor de ~s *Sprachlehrer* m ‖ →a **lengua** ‖ **-mático** adj *idiomatisch, mundartlich* ‖ *Sprach(en)-*
idio|patía f ⟨Med⟩ *Idiopathie* f ‖ **-pático** adj ⟨Med⟩ *von sich aus entstanden, idiopathisch* ‖ **-plasma** m ⟨Gen⟩ *Idio-, Erb|plasma* n
idiosin|crasia f *scharf ausgeprägte Eigentümlichkeit* f ‖ *(geistige) Veranlagung* f ‖ *Charakter* m, *Eigen-* bzw *Denk|art* f ‖ *Wesen* n ‖ ⟨Med⟩ u. fig *Idiosynkrasie* f (→**alergia, anafilaxis**) ‖ **-crático** adj *eigentümlich, Charakter-, Temperament-* ‖ ⟨Med⟩ *idiosynkratisch, (krankhaft) überempfindlich*
idio|ta adj *blöd, idiotisch, blöd-, stumpf|sinnig* ‖ ⟨Med⟩ *hochgradig schwachsinnig, idiotisch* ‖ ~ m *Blödsinnige(r), Idiot* m ‖ *Dummkopf* m ‖ **-tez** [pl **-ces**] f *(angeborener) Blöd-, Stumpfsinn* m ‖ *Dummheit* f ‖ ⟨Med⟩ = **idiocia** ‖ **idiótico** adj ⟨Li⟩ *reich an Eigentümlichkeiten (Sprache)* ‖ **-tismo** m *Stumpfsinn* m, *Dummheit* f ‖ ⟨Li⟩ *Idiotismus* m, *Idiolexem* n ‖ →a **modismo** ‖ ⟨Med⟩ =

idiocia ‖ **-tizar** [z/c] vt *verdummen* ‖ *idiotisch machen* ‖ *betäuben*
¹**ido** m *Ido* n *(künstliche Welthilfssprache)*
²**ido** pp v. **ir** ‖ ◊ estar ~ *(de la cabeza)* fam *verrückt sein*
³**ido** adj Am *betrunken*
idólatra m *Götzendiener* m ‖ fig *leidenschaftlicher Verehrer* m *(de* gen*)* ‖ *abgöttisch Liebende(r)* m ‖ ~ adj *Götzendienst treibend* ‖ *Götzen-* ‖ allg *abgöttisch (verehrend)* (de alg. jdn acc) ‖ fig *leidenschaftlich verliebt*
idola|trado adj *vergöttert* ‖ *abgöttisch geliebt* ‖ su hija ~a *seine heißgeliebte Tochter* f ‖ **-trar** vt *abgöttisch verehren (& fig)* ‖ *vergöttern, leidenschaftlich lieben* ‖ **-tría** f *Götzendienst* m, *Idolatrie* f ‖ fig *Vergötterung* f ‖ fig *abgöttische Verehrung* f ‖ fig *leidenschaftliche Liebe* f
idolátrico adj *abgöttisch (& fig)* ‖ *Götzen-* ‖ (→ **idólatra**)
ídolo m *Götze, Abgott* m, *Idol* n *(& fig)* ‖ *Götzenbild* n
idoneidad f *Tauglichkeit, Fähigkeit* f
idóneo adj *tauglich, fähig, geeignet* (para *für* acc) ‖ Mex *echt* ‖ *personal* ~ *fähiges, kompetentes Personal* n
idos → **ir** ‖ ~ mpl = **idus**
idus mpl *Iden* pl ‖ los ~ de marzo *die Iden des März*
i.e. lat Abk = **id est** *(d. h.)*
ig. Abk = **igual(es)**
igarapé m SAm *Seiten|kanal, -arm* m *(e-s Flusses in Amazonasgebiet)*
igl.ª Abk = **iglesia**
igle|sia f *Kirche* f, *Tempel* m, *Gotteshaus* n ‖ *Kirche, christliche Gemeinde* f ‖ *Kirchengemeinschaft* f ‖ *Geistlichkeit* f ‖ *geistlicher Stand* m ‖ *Kirchenstaat* m ‖ *Religionsbekenntnis* n ‖ ~ catedral *Münster* n, *Domkirche* f ‖ ~ católica *katholische Kirche* f ‖ ~ colegial *Kollegialkirche* f ‖ ~ conventual *Ordens-, Kloster|kirche* f ‖ ~ evangélica *evangelische Kirche* f ‖ ~ matriz *Mutterkirche* f ‖ ~ metropolitana, ~ mayor *Metropolitan-, Haupt|kirche* f ‖ ~ militante *(purgante, triunfante) streitende (leidende, triumphierende) Kirche* f ‖ ~ ortodoxa, ~ griega *(griechisch-) orthodoxe Kirche* f ‖ ~ parroquial *Pfarrkirche* f ‖ ~ primitiva *Urkirche* f ‖ ~ protestante *protestantische Kirche* f ‖ ~ reformada *reformierte Kirche* f ‖ la ~ die *katholische Kirche* f ‖ los Estados(s) de la ~ *der Kirchenstaat* m ‖ hombre de ~ *Geistliche(r)* m ‖ príncipe de la ~ *Kirchenfürst* m ‖ ◊ casarse por la ~ *sich kirchlich trauen lassen* ‖ casarse por detrás de la ~ fig pop *e-e wilde Ehe schließen* ‖ cumplir con la ~ *die österlichen Pflichten verrichten* ‖ ir a la ~ *zur (od in die) Kirche gehen* ‖ **-siero** m/adj desp *Scheinheilige(r), Betbruder* m ‖ **-sieta** f dim v. **-sia**
iglú m *Iglu* m, n *(der Eskimos)*
igna|ciano adj *auf Ignatius von Loyola bezüglich* ‖ *den Jesuitenorden betreffend, jesuitisch, Jesuiten-* (→a **jesuita, jesuítico**) ‖ **-cio** m np Tfn *Ignaz* m ‖ San ~ de Loyola *heiliger Ignatius* m *von Loyola*
ignaro adj *unwissend, ungebildet*
ígneo adj *feurig* ‖ *Feuer-* ‖ *feuerfarbig*
ignescente adj *(er)glühend*
ignición f *Glühen* n, *Glühzustand* m ‖ *Verbrennen* n ‖ *Verbrennung* f ‖ ⟨Aut Radio⟩ *Zündung* f ‖ bujía de ~ *Zündkerze* f *(e-s Motors)* ‖ →a **encendido**
igní|fero adj ⟨poet⟩ *feuersprühend* ‖ **-fugo** adj *flammen-, feuer|sicher, -beständig* ‖ *flammen-, feuer|sicher machend* ‖ ~ m *Feuerschutzmittel* n
ignipotente adj ⟨poet⟩ *über das Feuer gebietend*
ignívomo adj ⟨poet⟩ *feuerspeiend*
Ign.º Abk = **Ignacio**
ignomi|nia f *Schmach, Schande* f ‖ *Schimpf* m ‖ *Beschimpfung, Entehrung* f ‖ con ~ *schmachvoll*

|| **-nioso** adj *schmachvoll, schändlich* || *schimpflich*
ignoran|cia f *Unwissenheit, Unkenntnis* f || *Bildungslücke* f || *Ignoranz* f || ~ *afectada geflissentliche Rechtsunkenntnis* f || ~ *de hecho* ⟨Jur⟩ *Tatirrtum* m || *por* ~ *durch Unkenntnis* || ◊ *pecar de* ~ *aus Unkenntnis fehlen (sündigen)* || ~ *no quita pecado,* ⟨Jur⟩ *la* ~ *de la ley no excusa de su cumplimiento Unkenntnis schützt vor Strafe nicht* || **-te** adj *unwissend* || *ungebildet* || ~ *m Ignorant* m || *Unwissende(r)* m || ◊ *hacerse el* ~ *sich unwissend stellen* || **-tismo** m *planmäßige Volksverdummung* f || **-tista** m/adj *Volksverdummer* m || *Verteidiger* m *der Volksverdummung* f || **-tón** augm v. **-te** || fam *des großer Dummkopf* m
igno|rar vt *nicht wissen, nicht kennen* || *nicht wissen, nicht kennen wollen, ignorieren* || ◊ **-ro** *su paradero ich weiß nicht, wo er sich aufhält* || *no* -ramos *que wir verkennen nicht, wir wissen wohl, es ist uns nicht unbekannt, daß* || **-to** adj *unbekannt* || *unerforscht (Länder)* || *lo* ~ *das Unbekannte*
Igor m np *Igor* m
¹**igual** adj/s *gleich(förmig)* || *gleichmäßig* || *eben, gleichmäßig (Weg, Gelände)* || *gleichbleibend (Stimmung)* || *gleichrangig* || *gleichwertig* || *entsprechend* || *ähnlich* || *einerlei, eins* || *gleichgültig,* fam *egal* || ⟨Math⟩ *gleichwertig* || ⟨bes Geom⟩ *kongruent* || ~ *a gleich wie* || *e-r S. gewachsen* || ~ *a la muestra dem Muster entsprechend* || *dos y dos* ~ *a cuatro* 2+2=4 || *al* ~ (*pop a la* ~a) *auf dieselbe Weise* (*de wie*) || *al pari* ⟨Com⟩ || *al* ~ *que ebenso(sehr) wie* || *de* ~ *condición* (*od calidad*) *ebenbürtig (Person)* || *en* ~ *de an Stelle von* || *por (un)* ~ *gleich, auf gleiche Weise* || *von demselben Schlage* || *belleza sin* ~ *unvergleichliche Schönheit* f || *todo me es* ~ *es ist mir alles eins* (*od gleich od einerlei od egal*) || *un* ~ *suyo e-r seinesgleichen* || ◊ *me quedo* ~ fam *ich bin genauso schlau wie vorher,* fam *ich verstehe (immer) nur Bahnhof* || *no tener* ~ *ganz hervorragend sein* || *no tiene* ~ *er ist nicht zu ersetzen* || *pop prov dem ist nicht abzuhelfen* || *ha encontrado su* ~ *er hat seinen Mann gefunden* || *tratar de* ~ *a* ~ *als gleichstehend behandeln* || *¿le sería a V.* ~? *würde es Ihnen et. ausmachen?* ... || ~ *m Gleichberechtigte(r)* m || *Ebenbürtige(r)* m || ⟨Math⟩ *Gleichheitszeichen* n (=) || *el* ~*, la* ~*, lo* ~ *der Gleiche* m*, die Gleiche* f*, das Gleiche* n || *no tener* ~ *nicht seinesgleichen haben* || *sin* ~ *unerreicht* || *unvergleichlich* || *de* ~ *a* ~ *als gleichstehend (tratar behandeln)* || ~**es** mpl fam *Lose* npl (*der span. Blindenlotterie*)
²**igual** adv *gleichfalls, auf dieselbe Weise*
iguala f *vereinbarte Zahlung* f || *Pauschalhonorarvereinbarung* f (*bes zwischen Ärzten und Patienten*) || ⟨Maur⟩ *Richtlatte* f || *Gleichmachung* f || *Angleichung* f
igua|lación f *Gleichmachung* f || *Gleichsetzung* f || *Angleichung* f || *Ausgleich* m || *Anpassung* f || *Glättung* f || fig *Übereinkunft* f || **-lado** adj/s *schon mit ausgeglichenem Gefieder (Jungvogel)* || fig *unbefangen* || fig *anmaßend* || **-lador** adj/s *ausgleichend* || ⟨Soz⟩ *gleichmacherisch* || ~ m *Ausgleichsvorrichtung* f || **-ladora** f *Egalisiermaschine* f || **-lamiento** m = **-lación** || ⟨Tech⟩ *Planierung* f || *Egalisierung* f || **-lar** vt/i *gleichmachen, ausgleichen* || *ebnen (Wege)* || *ausgleichen (Schritt)* || *stutzen (Bart, Haar)* || *einebnen, eben machen,* *nivellieren, planieren (Boden, Gelände)* || *glattstreichen* || fig *gleichhalten* || fig *gleichmachen* || fig *gleichstellen, für gleichwertig halten* || ◊ ~ *a uno jdm gleichkommen* (en an *dat*) || *gleich sein, die Waage halten* || ~**se** *sich vergleichen (mit* dat*)* || *übereinkommen, e-e Vereinbarung treffen (über* acc*)* || ◊ ~ (*a od* con) alg. *jdm gleichkommen* (en in dat) || *sich mit jdm gleichstellen* || *gleichkommen, gleichen* (a, con dat)
igualatorio m Neol *Verein* m *von Ärzten und Patienten (unter Vereinbarung e-r iguala* [→d]*) dessen Klinik* f

igualdad f *Gleich|heit* f || *Gleich|mäßigkeit* bzw *-förmigkeit* f || *Gleichwertigkeit* f || *Ebenmaß* n*, Übereinstimmung* f || *Ebenheit* f *(des Bodens)* || *Kongruenz* f || ⟨Math⟩ → **igual** || fig *Ebenbürtigkeit* f || ~ *de ánimo Gleichmut* m || ~ *de derechos Gleichberechtigung* f || ~ *ante la ley Gleichheit* f *vor dem Gesetz* || ~ *de oportunidades Chancengleichheit* f || ~ *de puntos* ⟨Sp⟩ *Unentschieden* n || en ~ *de condiciones bei* (*od unter*) *gleichen Bedingungen* || *en pie de* ~ *gleichberechtigt*
igualita|rio adj *ausgleichend, gleichstellend* || *das Prinzip der Gleichheit verfechtend* || **-rismo** m *Egalitarismus* m*, Lehre* f *von der Gleichheit aller Menschen* || desp *Gleichmacherei* f
igualmente adv *auf gleiche Weise* || *gleichfalls, auch* || ¡(gracias) ~! *danke, gleichfalls! (Erwiderung auf gute Wünsche usw)*
igu|ana f *Leguan* m*, Kammeidechse* f || Mex *(Art) Gitarre* f || **-ánidos** mpl *Leguane* mpl (Iguanidae) || **-anodonte** m ⟨Paläont⟩ *Iguanodon* n
igüedo m *Ziegenbock* m (→ macho **cabrío, cabrón**)
IHS Abk = **Jesús**
ija|da f ⟨An⟩ *Seite, Weiche* f || *Flanke* f *des Pferdes* || *dolor en las* ~s ⟨Med⟩ *Seitenstechen* n || **-dear** vi *keuchen* (bes *Pferd, Hund usw*) || → a **jadear**
ijar m = **ijada** || ~**es** mpl *Flanken* fpl (*bes des Pferdes, Hundes usw*)
¡ijujú! int *juchhe(i)! heißa! heisa! (Jubelruf)*
ila|ción f *Folgerung* f*, Schluß* m || (*Gedanken-*) *Verbindung* f || **-tivo** adj *folgerecht* || ⟨Gr⟩ *folgernd, konsekutiv (Bindewort)* || ~ m ⟨Li Gr⟩ *Illativ* m
Ilda f np Tfn fam = **Casilda**
Ildefonso m (Abk **Ildef.°**) np Tfn *Ildefons* m
Il.ᵉ Abk = **Ilustre**
ile|gal adj *gesetz-, rechts|widrig, ungesetzlich, illegal* || *competencia* ~ *unlauterer Wettbewerb* m || adv: ~**mente** || ~**-galidad** f *Gesetzwidrigkeit, Ungesetzlichkeit, Illegalität* f || p. ex. *Unrechtmäßigkeit* f
ilegi|bilidad f *Unleserlichkeit* f || *Unlesbarkeit* f (& fig) || **-ble** adj *unleserlich* || *unlesbar* (& fig)
ilegiti|mar vt *die Legitimität nehmen, gesetzbzw rechts|widrig machen* || *für unehelich erklären* || **-midad** f *Gesetzwidrigkeit, Ungesetzlichkeit* f || *Widerrechtlichkeit, Unrechtmäßigkeit* f || *Unehelichkeit* f
ilegítimo adj *gesetzwidrig* || *widerrechtlich* || *unrechtmäßig* || *unehelich* || fig *ungerechtfertigt* || fig *unecht* || fig *verfälscht*
ileíble adj Am = **ilegible**
íleo m ⟨Med⟩ *Ileus* m*, Darmver|schlingung* f*, -schluß* m
ileocecal adj ⟨An⟩ *Blinddarm-* || *región* ~ *Blinddarmgegend* f
ileon m ⟨An⟩ *Ileum* n || = **ilion**
iler|dense adj/s *aus Lérida* (PTarr) || **-getes** mpl *Ilergeten* mpl (*altspan. Völkerschaft*)
ileso adj *unver|letzt, -sehrt* || ◊ *salir* ~ *de un peligro aus e-r Gefahr mit heiler Haut davonkommen*
iletrado adj *ungelehrt, ungebildet* || *des Lesens und Schreibens unkundig, analphabetisch* (→a **analfabeto**)
ilíaco, iliaco adj ⟨An⟩ *Darmbein-* || ⟨Hist Lit⟩ *aus Ilium* (= *Troja*) (→a **troyano**) || *hueso* ~ ⟨An⟩ *Hüftbein* n || *Darmbein* n
Ilíada f (Homers) *Ilias* f
ilicitano adj/s *aus Elche* (PAli)
i|lícito adj *unerlaubt, verboten* || *unlauter* || *unstatthaft* || *competencia* ~a ⟨Com⟩ *unlauterer Wettbewerb* m || *negocio* ~ *Schleich-, Schmuggel|-*

ilicitud — imaginero 630

handel m || **-licitud** f Unerlaubtheit f || Unerlaubte(s) n || Unlauterkeit f
iliense adj/s = **troyano**
ilimitado adj unbeschränkt, unbegrenzt || unumschränkt || nicht genau festgelegt || schrankenlos || ⟨Com⟩ unlimitiert || schrankenlos || poder ~ unumschränkte Gewalt f
ilímite adj ⟨poet⟩ unbeschränkt, grenzlos, weit (Gelände)
ilion m ⟨An⟩ Darmbein n
Ilión f Ilion n (Troja)
i|liquidez f ⟨Com⟩ Illiquidität f || Zahlungsunfähigkeit f || **-líquido** adj unbezahlt (Rechnung) || illiquid
Ili|ria f ⟨Geogr Hist⟩ Illyrien n || **-rio** m Illyr(i)er m || ~, **ilírico** adj illyrisch
Il.^{mo}, **Il.**^{ma}, **Illmo.**, **Illma.** Abk = **Ilustrísimo**, ~a
△**ilo** m Geist m
i|lógico adj vernunftwidrig, unlogisch || **-logismo** m Mangel m an Logik || das Unlogische n, fam Unlogik f
ilo|ta m ⟨Hist⟩ u. fig Helot m || fig Entrechtete(r) m (→ **paria**) || desp Sklave/nseele f) m || **-tismo** m ⟨Hist⟩ u. fig Helotentum n
ilumi|nación f Er-, Be|leuchtung f || Festbeleuchtung f || ⟨Mal⟩ Kolorierung f, Ausmalen n || ⟨Opt Phot⟩ Ausleuchtung f || Beleuchtungsstärke f || ⟨Mar Flugw⟩ Befeuerung f || ⟨Arch⟩ Anstrahlen n (von Bauwerken) || fig Licht n (das e-m aufgeht) || Verklärung f ⟨Mystik⟩ || fig Aufklärung f || indirecta indirekte Beleuchtung f || **-nado** adj er-, be|leuchtet || festlich beleuchtet || angestrahlt (Bauwerk) || fig aufgeklärt, vorurteilsfrei || figf angeheitert, angetrunken || prov beschwipst || ⟨Rel⟩ erleuchtet || con luz eléctrica mit elektrischer Beleuchtung || ~ m Illuminat m (Sekte) (→ **iluminista**) || ⟨Rel⟩ Erleuchtete(r) m || fig Schwärmer m || fig Verrückte(r) m || **-nador** m Ausmaler, Kolorist m || Erleuchter m || ⟨Opt Phys⟩ Lichterzeuger m || **-nar** vt er-, be|leuchten || illuminieren, festlich beleuchten || ⟨Opt⟩ ausleuchten || anstrahlen (Bauwerke, Gebäude) || ausmalen, kolorieren, färben || fig belehren || fig aufklären || ⟨Theol⟩ erleuchten || **-naria(s)** f(pl) = **luminarias** || **-nativo** adj erleuchtend || **-nismo** m ⟨Hist⟩ Illuminatentum n || Illuminaten|orden m, -bewegung f || **-nista** m Illuminat m (Sektenanhänger)
ilusión f Täuschung f || eitle Hoffnung, Träumerei f || Grille f || Selbstbetrug m || Vorspiegelung f, Blendwerk n || Zauberkunststück n || Vorfreude f || große Erwartung f || allg u. ⟨Th⟩ Illusion f || ~ óptica optische Täuschung f || ~ sensorial, ~ de los sentidos Sinnestäuschung f || ◊ me ha dado tanta ~ fam ich habe mich so sehr darüber (bzw darauf) gefreut || hacerse (od forjarse) ~es sich eitlen Hoffnungen hingeben || falsche Vorstellungen machen (acerca de, sobre über acc)
ilusio|nar vt blenden, täuschen (acerca de, sobre über acc) || ◊ ~ a alg. con a. jdm Hoffnungen machen auf (acc) || **~se** sich Täuschungen hingeben || sich et vormachen || sich Illusionen machen (acerca de, sobre über acc) || **-nismo** m ⟨Philos⟩ Illusionismus m || allg Zauberkunst f || **-nista** adj/s illusionistisch, illusionär || ~ m ⟨Philos⟩ u. fig Illusionist m || Neol Taschenspieler, Zauberkünstler m || ge- bzw ent|täuschter Mensch m
ilu|sivo adj täuschend, trügerisch || **-so** adj/s betrogen, getäuscht || enttäuscht || ~ m Träumer, Schwärmer, Schwarmgeist m || **-sorio** adj täuschend, Wahn- || trügerisch, illusorisch (Hoffnung) || zwecklos, unnütz || ⟨Jur⟩ verfänglich || nichtig || befristet (Verordnung) || ◊ resultar ~ sich als trügerisch erweisen
ilus|tración f (Aus)Bildung f || allg u. ⟨Hist⟩

Aufklärung f || Erleuchtung f || Erklärung, Auslegung f || (Ruhmes)Glanz m || Berühmtheit f || Auszeichnung f || Textbild n, Illustration f || Bebilderung f || illustriertes Werk n || illustrierte Zeitschrift f || ⟨Sch⟩ Kladde f || ~ de página entera ganzseitige Abbildung f || ~ en el texto Textabbildung f || ~es fuera de texto Abbildungen fpl auf Tafeln || **-trado** adj aufgeklärt || gebildet || bebildert, illustriert (Zeitschrift) || revista ~a, periódico ~ Illustrierte f || **-trador** m Illustrator, Bildmaler m || **-trar** vt er-, be|leuchten || fig der Gesittung zuführen, bilden, zivilisieren || erläutern, erklären || aufklären || belehren || ⟨Rel⟩ erleuchten || (e–n Text) mit Abbildungen versehen, illustrieren || fig veranschaulichen, erläutern, illustrieren || jdn berühmt machen || ~se vr sich bilden, Kenntnisse erlangen || Ansehen, Ruhm erlangen, sich berühmt machen, berühmt werden || sich auszeichnen || **-trativo** adj erklärend || bildend || anschaulich || erbaulich || **-tre** adj berühmt, hervorragend || vornehm, erlaucht || rühmlich || hochwohlgeboren (Titel) || ¡~ auditorio! erlauchtes Publikum! || △~s fpl Schuhe mpl
Ilustrísi|ma f: Vuestra ~ Ew. Hochwürden || Bischöfl. Gnaden (Ehrentitel) || su ~ el obispo de Oviedo S. Hochwürden der Bischof von Oviedo || **-mo** adj Hochwürdigster (Ehrentitel, bes der Bischöfe, Konsuln usw Abk = **Ilmo.**)
imagen f [pl **imágenes**] Bild(nis) n || Abbildung f || Ebenbild n || Heiligen|bild n, -statue f || ⟨Phot⟩ Bild n || ~ borrosa ⟨Phot⟩ unscharfes Bild n || ~ fantasma ⟨TV⟩ Geisterbild n || ~ nítida ⟨Phot⟩ scharfes Bild || ~ de la retina, ~ retiniana Netzhautbild n || ~ virtual ⟨Phys⟩ virtuelles Bild, Scheinbild n || ◊ parecer una ~ fig bildschön sein (Frau) || Dios hizo al hombre a su ~ Gott schuf den Menschen nach seinem Ebenbild || ~**es** Heiligenbilder npl || Heiligenstatuen fpl || hablar en ~ sich bildlich ausdrücken || quedar(se) para vestir ~ figf e–e alte Jungfer bleiben, sitzenbleiben, keinen Mann bekommen (Mädchen)
imagi|nable adj ersinnlich || vorstellbar || denkbar || lo más sólido ~ denkbar fest || **-nación** f Einbildung(skraft), Phantasie f || leere Einbildung f || Vorstellung f || Hirngespinst n || Vorurteil n || creadora schöpferische Einbildungskraft f || libros de ~ schöngeistige Literatur, Belletristik f || ◊ no pasar por la ~ fam nicht in den Sinn kommen || eso sobrepasa la ~ das ist unvorstellbar || ni por ~ figf um keinen Preis || **-nar** vt aus-, er|denken, ersinnen, erdichten, erfinden || ahnen, vermuten || sich vorstellen, sich denken || verfallen auf (acc) || ◊ ¡ni -lo siquiera! keine Idee! nicht im entferntesten! || ~ vi sich einbilden || Hirngespinste haben || auf e–e Idee verfallen || nunca lo hubiera imaginado das hätte ich mir nie träumen lassen || ~**se** vr sich e–e Vorstellung machen, sich vorstellen, sich einbilden || sich einbilden (ser zu sein) || ◊ ¡imaginese! denken Sie an! stellen sie sich vor! || no podérselo ~ es sich nicht vorstellen können
imaginaria m ⟨Mil⟩ Wache f, Nachtwachhabender m (Soldat im Schlafsaal der Kaserne) || ~ f ⟨Mil⟩ Ersatz-, Bereitschafts|wache f || ~ m de guardia Soldat m der Nacht- bzw Bereitschafts|wache
imagi|nario adj eingebildet || in der Vorstellung od Einbildung || erdichtet, erdacht || unwirklich || Schein- || imaginär (Größe, Gewinn) || moneda ~a Rechnungsmünze f || ganancia ~a eingebildeter Gewinn m || universo ~ Traumwelt f || **-nativa** f Einbildungskraft f || gesunder Menschenverstand m || **-nativo** adj erfindungsreich || sinnreich || phantasievoll || Einbildungs- || facultad ~a Einbildungskraft f || **-nería** f Phantasiestickerei f || Blumenstickkunst f || religiöse Bildhauerkunst, Heiligenbildschnitzerei f || religiöse Malerei f || **-nero** m/adj Maler od Schnitzer m von Heili-

gen\bildern od -statuen, Herrgottschnitzer m ||
allg Bild\schnitzer bzw -hauer m
imago m ⟨Theol Psychol⟩ Imago f || ⟨Entom⟩
Imago f, fertig ausgebildetes, geschlechtsreifes
Insekt n
¹**imán** m (natürlicher) Magnet m || fig Köder
m, Lockung f || ~ de Ceilán ⟨Min⟩ Turmalin m
|| ~ del cohesor ⟨Radio⟩ Klopfermagnet m || ~
(en forma) de herradura Hufeisenmagnet m ||
polos del ~ Magnetpole mpl
²**imán** m Imam m (des Islams) || Iman n, Glaube
m (des Islams)
iman(t)a|ción f Magnetisierung f || **-do** adj
magnetisiert (→ **magnético**) || **-r** vt magnetisieren
|| ~**se** vr magnetisch werden
imbécil adj schwach-, blöd\sinnig || ~ m pop
Dummkopf, Einfaltspinsel m || ⟨Med⟩ Geistes-
schwache(r), Schwachsinnige(r) m
imbecilidad f Schwachsinn m || fig Blödsinn m,
Dummheit, fam Eselei f
imberbe adj/s unbärtig, bartlos || fig noch sehr
jung (Mann), desp noch grün, mit Milchbart
imbibición f Vollsaugen n (Brot, Schwamm
usw) (→ a **embeber**) || Tränkung f
imbíbito adj Guat Mex (mit) einbegriffen
imbornal m ⟨Mar⟩ Speigatt n
imborrable adj unauslöschlich || unvergeßlich
imbrica|ción f dachziegelartige (od schuppen-
förmige) Anordnung, Überlappung f || ⟨Arch⟩
Dachziegelverband m || dachziegelartiges Über-
einandergreifen n || fig Verschachtelung f, In-
einandergreifen n || **-do** adj dachziegelartig (od
schuppenförmig) angeordnet
im|buido adj eingenommen (für) || versessen
auf (acc) || ~ de (od en) opiniones erróneas voller
irrtümlicher Ansichten || **-buir** [-uy-] vt ein|-
flößen, -prägen || (jdm et) eingeben || beibringen
imbun|char vt Chi verhexen || betrügen || steh-
len || **-che** m Chi Popanz, Kinderschreck m ||
Hexerei f || fig verwickelte Angelegenheit f
imi|table adj nachahmbar || nachahmenswert ||
-tación f Nachahmung f || Fälschung f || Nach-
ahmung, Imitation f || ⟨Rel⟩ Nachfolge f || ~ de
coral ⟨Mus⟩ Choralimitation f || ~ de Cristo
Nachfolge f Christi (→ **Kempis**) || ¡desconfíe(se)
de las ~es! vor Nachahmungen wird gewarnt! ||
-tado adj nachgeahmt, nachgemacht || unecht ||
-tador m/adj Nachahmer m || ⟨Lit⟩ Epigone m ||
-tar vt nach\ahmen, -bilden, -machen (a et acc)
|| zum Vorbild nehmen (a alg. jdm dat), sich
richten (nach jdm dat), nachfolgen (a alg. jdm
dat) || kopieren, imitieren || fälschen || iron nach-
äffen || **-tativo, -tatorio** adj nachahmend || Nach-
ahmungs-
imp. Abk = importación || imperial || imper-
fecto || impagado
impacien|cia f Ungeduld f || fig Erbitterung f
|| Entrüstung f || fig Neugierde f || con ~ unge-
duldig || fig entrüstet || fig gereizt || fig neugierig
|| fig erwartungsvoll || **-tar** vt ungeduldig machen
|| ~**se** vr ungeduldig werden, die Geduld verlie-
ren || **-te** adj ungeduldig (de, con, por wegen) ||
fig beängstigt, unruhig || fig voller Sehnsucht
(de nach dat)
impacto m Auf-, Ein\schlag, Aufprall m (Ge-
schoß) || Einschuß m || Einschlagloch n || Treffer
m (& fig) || fig große Wirkung f || obra de ~ fam
Knüller m
impa|gado (Am **impago**) adj ⟨Com⟩ unbe-
zahlt || **-go** m Nicht(be)zahlung f || Arg unbe-
friedigter Gläubiger m
impalpa|bilidad f Unfühlbarkeit f || **-ble** adj
nicht fühlbar, unfühlbar || staubfein || nicht greif-
bar || verschwindend klein
impar adj ungleich, ungerade || ⟨Biol An⟩
unpaarig (Organe) || fig unvergleichlich || núme-
ro ~ ungerade Zahl f
imparable adj unaufhaltbar

impar|cial adj/s unparteiisch, gerecht (Rich-
ter, Urteil) || historia ~ objektive Geschichte f ||
adv: ~**mente** || **-cialidad** f Unparteilichkeit,
Objektivität f || ◊ hablando con entera ~ ganz
unparteiisch gesprochen
impari|dad f Ungleichheit f || Ungeradheit f ||
-sílabo adj ungleichsilbig
impar|tición f ⟨Mil⟩ Erteilung f || ~ de una
orden Befehlserteilung f || **-tir** vt mitteilen || ⟨Jur⟩
gewähren || (Weisungen) geben || anfordern || auf-
teilen (Besitz) || ◊ ~ justicia Recht sprechen
impasi|bilidad f Leidlosigkeit f || Unempfind-
lichkeit f || fig Gefühllosigkeit f, Gleichmut m ||
Unbeirrbarkeit f || **-ble** adj empfindungs-, ge-
fühl\los || gleichgültig || gelassen, gleichmütig ||
(felsen)fest || unbeirrbar, äußeren Einflüssen un-
zugänglich
im|pavidez [pl **-ces**] f Unerschrockenheit, Kalt-
blütigkeit f || **-pávido** adj furchtlos, unerschrocken,
kaltblütig || unbeirrbar, unerschütterlich || Chi
frech, anmaßend
impeca|bilidad f Fehlerlosigkeit f || fig Tadel-
losigkeit, Vollkommenheit f || **-ble** adj sündlos
|| fig tadellos, vollkommen, einwandfrei || von
tadelloser Eleganz (Kleid, Krawatte)
impe|dancia f ⟨El⟩ Impedanz f, Wechselstrom-,
Schein\widerstand m || **-dido** adj/s körperbehin-
dert || (glieder)lahm, krüppelhaft || ~ de los pies
an den Füßen gelähmt || ~ para trabajar arbeits-
unfähig || ~ m Körperbehinderte(r) m || **-didor**
adj hindernd, hemmend || **-diente** adj ⟨Jur⟩ auf-
schiebend (→ **-dimento**) || **-dimenta** f ⟨Mil⟩
Troß m || **-dimento** m Hindernis n, Abhaltung f ||
Ehehindernis n || Hemmung f || ~ de consanguini-
dad Ehehindernis n der Blutsverwandtschaft ||
~ dirimente (impediente) trennendes (aufschie-
bendes) Ehehindernis n || ◊ poner ~ a verhindern
|| **-dir** [-i-] vi/i (ver)hindern || hemmen, erschwe-
ren || aufhalten || unmöglich machen || ◊ ~ el
tráfico ⟨Com⟩ den Verkehr hemmen || eso no se
puede ~ das ist nicht zu vermeiden || eso no
impide que trabajes dabei kannst du doch auch
arbeiten || **-ditivo** adj hemmend || hindernd || hin-
derlich || (Ver)Hinderungs-
impe|lente adj antreibend || anstoßend || be-
wegend || bomba ~ Druckpumpe f || **-ler** vt
(weg)stoßen || fortschieben || antreiben || bewegen
|| drücken (Pumpe) || (a) anreiben, anspornen,
bewegen (a zu dat) || anregen || ◊ **-lido** de (od por)
la necesidad durch die Not gezwungen || **-lir** vt
Chi = **-ler**
impenetra|bilidad f Undurchdringlichkeit f (&
fig) || ⟨Phys Tech⟩ Undurchlässigkeit, Dichtheit
f || fig Undurchsichtigkeit, Unerforschlichkeit f ||
-ble adj undurchdringlich || ⟨Phys Tech⟩ undurch-
lässig, dicht || schußfest (Panzerung) || fig un-
durchsichtig || fig unerforschlich, unergründlich
impeniten|cia f Unbußfertigkeit, Verstocktheit
f || **-te** adj/s unbußfertig, verstockt || pecador ~
verstockter Sünder m
impensa(s) f(pl) Aufwand m, Aufwendung f
(zur Aufrechterhaltung bzw Verbesserung e-s
Besitzes) || ~ suntuaria(s), ~ de lujo Luxusauf-
wendung(en) f(pl) || ~ útil(es) nützliche Aufwen-
dung f
impensa|ble adj undenkbar || unvorstellbar ||
-damente adv unverhofft, plötzlich || **-do** adj un-
vermutet, unerwartet, unverhofft
impepinable adj fam: eso es ~ fam das ist
indiskutabel, daran ist nicht zu rütteln
impe|rante adj herrschend || la penuria ~ die
herrschende Not || **-rar** vi herrschen || **-ratividad**
f zwingender Charakter m || **-rativo** adj/s gebie-
terisch, gebietend || obligatorisch, verpflichtend,
bindend || imperativ || ⟨Gram⟩ Zwangs-
(modo) ~ m ⟨Gr⟩ Befehlsform f, Imperativ m ||
fig Gebot n, Imperativ m || ~ categórico katego-
rischer Imperativ m (Kant) || **-ratoria** f ⟨Bot⟩

Kaiserwurz f (Peucedanum ostruthium) || **–ratorio** adj = **imperial**
impercepti|bilidad f *Nichtwahrnehmbarkeit, fehlende Wahrnehmbarkeit* f || *Unfühlbarkeit* f || **–ble** adj *unmerkbar, un(be)merklich* || *unfühlbar* || *unhörbar* || adv: ~**mente**
imperdible adj *unverlierbar* || ~ m *Sicherheits-, Patentsteck\nadel* f || *Gürtelnadel* f || *Brosche* f
imperdonable adj *unverzeihlich*
imperecedero adj *unvergänglich* || *gloria* ~a *unvergänglicher Ruhm* m || ⟨Theol⟩ *ewige Herrlichkeit* f
imper|fección f *Unvollkommenheit, Unvollständigkeit* f || *Mangelhaftigkeit* f || *Mangel* m, *Gebrechen* n || *con* ~ *mangelhaft* || **–fectibilidad** f *mangelnde Vervollkommnungsfähigkeit* f || **–fectible** adj *nicht vervollkommnungsfähig* || **–fecto** adj *unvollkommen* || *unvollendet* || *mangel-, fehler\haft* || ~ m ⟨Gr⟩ *Imperfekt* n, *Mitvergangenheit* f
impefora|ble adj *nicht durchbohrbar* || ⟨Med⟩ *imperforabel* || **–ción** f ⟨Med An⟩ *(angeborene) Verwachsung (e–r Körperöffnung), Imperforation* f || **–do** adj *verwachsen, imperforiert (Körperöffnung)*
impe|rial adj *kaiserlich, Kaiser-* || *imperial, das Imperium betreffend* || *ciudad* ~ *Freie Reichsstadt* f || *coche* ~ *(Doppeldeck)Omnibus, Straßenbahnwagen* m *(mit Verdecksitzen)* || *gobierno* ~ *(deutsche) Reichsregierung* f *(→ Reich)* || ~ *y real kaiserl. u. königl. (k. u. k.)* || *la Roma* ~ *das kaiserliche Rom* || *los* ~**es** *die Kaiserlichen, kaiserliche Truppen* fpl || ~ f *Kutschenhimmel* m || *Betthimmel* m || *Verdecksitz* m || *Mirabelle* f *(Frucht)* || ⟨Bot⟩ *Kaiserkrone* f (Fritillaria imperialis) || **–rialismo** m *Imperialismus* m, *Machtstreben* n || *Weltmachtpolitik* f || **–rialista** adj/s *imperialistisch* || ~ m *Imperialist* m
impericia f *Unwissenheit* f || *Unfähigkeit* f || *Unerfahrenheit* f *(z. B. im Fahren)*
impe|rio m *Herrschaft, Gewalt* f || *Imperium* n || *(Kaiser)Reich* n (→a **Reich**) || *Kaisertum* n || ⟨Jur⟩ *richterliche Gewalt* f || fig *Macht* f || fig *Einfluß* m || fig *Stolz* m || ~ *colonial Kolonialreich* n || *Bajo* ~ *das Byzantinische Kaisertum* || *el Sacro Romano* ~ *das Heilige Römische Reich* n *(Deutscher Nation)* || *Canciller del* ~) *Reichskanzler* m || *estilo* ~ *Empirestil* m || *con* ~ *auf gebieterische Art* || *los* ~**s** *Centrales die Mittelmächte* fpl *(im 1. Weltkrieg)* || ◊ *estar bajo el* ~ *de alg. unter jds Einfluß stehen* || *obrar (od actuar od proceder) bajo el* ~ *de la necesidad unter dem Zwang der Not handeln* || ~ *sobre sí mismo Selbstbeherrschung* f || **–rioso** adj *gebieterisch, herrisch* || fig *dringend* || *necesidad* ~a *dringende Not* f
imperito adj *unerfahren* || *unfähig* || *unwissend*
impermea|bilidad f *Undurchlässigkeit* f || *Dichtigkeit* f || **–bilización** f *Dichtung, Dichtmachung, Undurchlässigmachung* f || *Imprägnierung* f || *Hydrophobierung* f || **–bilizante** m/adj *Imprägnierungsmittel* n || ~ adj *undurchlässig machend* || *imprägnierend* || **–bilizar** [z/c] *wasserdicht (bzw undurchlässig) machen, imprägnieren (Stoffe)* || **–ble** adj *wasserdicht* || *dicht* || *undurchlässig* || ⟨Phys⟩ *undurchdringlich* || ~ m *Wetter-, Regen-, Gummi\mantel* m || *Ölhaut* f
impermutable adj *nicht vertauschbar* || ⟨Math⟩ *nicht permutabel*
imper|sonal adj *unpersönlich* || **–sonalidad** f *Unpersönlichkeit* f || *Mangel* m *an Persönlichkeit* || **–território** adj *unerschrocken* || *furchtlos* || *unerschütterlich*
impertinen|cia f *Ungebührlichkeit* f || *Dreistigkeit, Keckheit, Aufdringlichkeit* f || *Ungereimtheit* f || *Unverschämtheit, Frechheit* f || *Flegelei* f || *con* ~ *dreist, keck* || **–te** adj/s *unpassend, ungebührlich, unverschämt, impertinent* || *keck,* *dreist* || *zudringlich, lästig* || *flegelhaft* || ~**s** pl *Lorgnette, Stielbrille* f
imperturba|bilidad f *Unerschütterlichkeit* f || **–ble** adj *unerschütterlich, ruhig*
impesantez f *Schwerelosigkeit* f
impétigo m ⟨Med⟩ *Impetigo* f || ~ *bovino* ⟨Vet⟩ *Rinderimpetigo* f
impe|tra f *Erlaubnis, Befugnis* f || **–tración** f *Erlangung* f *(durch Bitten)* || **–trador, –trante** adj/s *Ersuchende(r), Bittende(r)* m || *Antragsteller* m || **–trar** vt *erlangen, erreichen (durch Bitten), erbitten* || *ein Gnadengesuch einreichen* || ~ *auxilio (de) jdn um Hilfe rufen*
ímpetu m *Heftigkeit* f, *Ungestüm* n || *Wucht* f || *Schwung* m || *Gewalt, Kraft* f || *(An)Trieb* m || *con* ~ *heftig, ungestüm* || ◊ *tomar* ~ *Anlauf nehmen (beim Springen)*
impetuo|sidad f *Ungestüm, Impetus* n, *Heftigkeit* f, *hinreißender Schwung* m || *stürmische Leidenschaft* f || **–so** adj *heftig, ungestüm* || *wuchtig* || *reißend, tobend (Wasser, Sturm)* || *stürmisch* (& fig)
impide → **impedir**
impiedad f *Gott-, Ruch\losigkeit* f || *Herzlosigkeit, Grausamkeit* f
impignorable adj *nicht verpfändbar*
impío adj/s *gott-, ruch\los* || *grausam* || *mitleidlos, hart, unbarmherzig* || ◊ *jurar como un* ~ *gottlos fluchen*
implaca|bilidad f *Unversöhnlichkeit* f || **–ble** adj *unversöhnlich* || *unerbittlich, schonungslos*
implan|tación f *Einfügung* f || ⟨Med Biol⟩ *Implantation* f || fig *Ein\setzung, -führung* f || fig *Festsetzung* f || fig *Verwurzelung* f || fig *Einbürgerung* f || ~ *de contingentes* ⟨Wir⟩ *Kontingentierung* f || **–tar** vt *einpflanzen* || ⟨Med Biol⟩ *inplantieren* || fig *ein\setzen, -führen* || *festsetzen* || fig *senken (Wurzel)* || fig *einbürgern* || ~ *un sistema ein System einführen* || ~**se** vr *sich festsetzen* || fig *sich einbürgern, verwurzeln* || *fam sich einnisten*
implemento m engl Am *Zubehör* n/m
impli|cación f *Einbeziehung, Verwick(e)lung* f *(en* a *in et* acc) || ⟨Jur⟩ *Verwick(e)lung, Teilnahme* f *(in e–e bzw an e–r Straftat)* || ⟨Phils⟩ *Implikation* f || fig *Zurfolgehaben* n || **–cancia** f Am ⟨Jur⟩ *Unvereinbarkeit* f, *Ablehnungsgrund* m || *Befangenheit* f || **–car** [c/qu] vt *ver\wickeln, -wirren* (a alg. en *jdn in* acc) || *mit einbegreifen, mit enthalten, mit einschließen, bedeuten* || *implizieren* || *mit sich bringen* || *voraussetzen* || vi *widersprüchlich sein* || ◊ ~ *contradicción e–n Widerspruch enthalten* || *eso no -ca que damit ist nicht gesagt, daß* || ~**se** vr: ◊ ~ *en sich in et* (acc) *hineinziehen lassen* || ~ *con* alg. *sich mit jdm einlassen* || *estar -cado en verwickelt sein in* (acc) || **–catorio** adj *widersprüchlich* || *mit sich bringend* || *nach sich ziehend*
implici|tamente adv *mit inbegriffen* || *stillschweigend* || **–to** adj *mit einbegriffen, mit einverstanden* || *selbstverständlich* || *stillschweigend, unausgesprochen* || *implizit*
implo|ración f *Anflehung* f || *Flehen* n || *Ansuchen* n *(inständige) Bitte* f || **–rante** adj *flehend* || *flehentlich* || **–rar** vt/i *anrufen, anflehen* || *erbitten* || *inständig bitten* || ~ *perdón um Verzeihung bitten* || ~ *auxilio um Hilfe rufen*
implo|sión f ⟨Phon Phys⟩ *Implosion* f || **–sivo** adj *implosiv*
implume adj *ungefiedert* || *federlos* || *bípedo* ~ joc ⟨Lit⟩ *„federloser" Zweibeiner* m *(der Mensch)*
impolítico adj *unpolitisch* || *unklug* || *taktlos*
impoluto adj *makellos, rein*
impondera|bilidad f ⟨Phys⟩ u. fig *Unwägbarkeit* f || **–ble** adj *unwägbar* || *unschätzbar, unvergleichlich* || ~**s** mpl fig *Unwägbarkeiten* fpl, *Imponderabilien* pl
im|ponedor m *jd, der Steuern auferlegt* || ⟨Typ⟩

imponente — impotencia

Seiteneinrichter m || **–nente** adj *Ehrfurcht einflößend, imposant, eindrucksvoll* || *mächtig, gewaltig* || *großartig,* fam *toll, Klasse-* || *una chavala* ~ pop *ein tolles Weib* n || ◊ *tengo unos dolores de cabeza* ~s fam *ich habe rasende Kopfschmerzen* || ~ m ⟨Com⟩ *Aufgeber, Absender* m || *Einleger* m *(Bank)* || **-ner** [irr → **poner**] vt *auferlegen, erheben (Steuern)* || *jdm e–n Auftrag geben* || *aufbürden, zumuten, aufzwingen (Arbeit, Meinung)* || *beilegen (Namen, Titel)* || *auflegen (die Hände)* || *einflößen (Ehrfurcht)* || *gebieten (Achtung, Ruhe, Schweigen)* (a alg. *jdm* dat) || *einjagen (Furcht)* || *einlegen (Geld in e–e Bank)* || *unterweisen* || ⟨Typ⟩ *ausschießen* || ◊ ~ *un castigo, un derecho e–e Strafe, e–e Steuer auferlegen* || ~ *dinero* (en) *Geld (in e–e Sparkasse) einlegen* || ~ *una obligación e–e Verpflichtung auferlegen* || ~ *a uno en sus obligaciones jdn in seine (Amts)Pflichten einführen* || ~ *su opinión* (a) *jdm seine Meinung aufdrängen* || ~ *respeto Respekt einflößen* || ~ *silencio Stillschweigen auferlegen* || ~ *terror* (a) *jdm Furcht einjagen* || *jdn terrorisieren* || vi *Eindruck machen, imponieren* (a alg. *jdm* dat) || *actitud* (od *comportamiento*) *destinada* (od *destinado*) *a* ~ ⟨Ethol⟩ *Imponier|verhalten, -gehaben* n *(bes der männlichen Tiere)* || ~**se** vr *sich aufzwingen* || *sich aufdrängen, sich durchsetzen* || *unvermeidlich sein* || fig *sich lohnen* || ~ (en od de) *sich ausbilden (in* dat*)* || *sich bekannt machen (mit)* || *(ein Handelsfach) belegen* || *Nachricht einziehen (von)* || ~ *en lo referente a los precios* ⟨Com⟩ *sich hinsichtlich der Preise behaupten* || *la necesidad se –ne es erweist sich als notwendig* || *¡una visita se –ne! ein Besuch lohnt sich (immer)!* || → a **impuesto**
imponi|bilidad f *Belastbarkeit* f || *(Be)Steuerbarkeit* f || *Verzollbarkeit* f || **-ble** adj *belastbar* || *(be)steuerbar* || *verzollbar*
impopu|lar adj *(beim Volke) unbeliebt* || *nicht volkstümlich, unpopulär* || **-laridad** f *Unbeliebtheit* f *(beim Volke)*
impor|table adj *einführbar* || **-tación** f *(Waren-)Einfuhr* f, *Import* m || *eingeführte (Waren)Menge* f || *Einfuhrgeschäft* n || fig *Einschleppung* f *(e–r Seuche)* || fig *Einführung* f *(e–r Sitte)* || ~ (in)directa *(in)direkte Einfuhr* f || *comercio de* ~ *Einfuhrhandel* m || *contingente de* ~ *Einfuhrkontingent* n || *derecho de* ~ *Einfuhrzoll* m || *permiso de* ~ *Einfuhrerlaubnis* f || *prima de* ~ *Einfuhrprämie* f || *régimen de* ~ *Einfuhrregelung* f || *las* ~**es** *die importierten Waren, der Import* || ◊ *restringir las* ~**es** *die Einfuhr drosseln* || **-tador** m/adj *Importeur, Einfuhrhändler* m || *casa* ~**a** *Importhaus* f || ~ adj *einführend* || *Einfuhr-, Import-*
importan|cia f *Wichtigkeit, Bedeutung* f || *Belang* m || *Größe* f || *Umfang* m *(Schaden)* || *Höhe* f *(Summe)* || *Ansehen* n, *Einfluß* m, *Gewichtigkeit* f || figf *Angabe, Wichtigtuerei* f || *la* ~ *del pedido* ⟨Com⟩ *die Größe der Bestellung* || *aire de* ~ *hochwichtige Miene* f || *hombre de* ~ *hochstehende Persönlichkeit* f || *de poca* ~ *unbedeutend, unerheblich* || *de (mucha)* ~ *(höchst) wichtig, von (großer) Bedeutung* || ◊ *adquirir* (od *alcanzar, tomar)* ~ *Bedeutung erlangen* || *carecer de* ~ *unbedeutend sein* || *dar* ~ *Wert legen* (a *auf* acc) || *darse* ~ *sich ein gewichtiges Ansehen geben,* fam *sich wichtig machen* || fam *angeben, mit et prahlen* || *es cosa de mí* ~ *das geht (nur) mich an* || *no tiene* ~, *es sin* ~ *das hat keine Bedeutung, das ist belanglos* || **-te** adj *wichtig, bedeutend* || *erheblich, beträchtlich, weitgehend* || *nennenswert* || *mächtig, einflußreich, angesehen, gewichtig* || *hochwichtig (Miene)* || *schwer (Verletzung)* || *poco* ~ *unwichtig* || *asuntos* ~**es** *bedeutende Geschäfte* npl || ◊ *hacerse el* ~ figf *sich aufspielen, wichtig tun,* fam *angeben*
impor|tar vt/i *(Waren) einführen, importie-*

ren || *betragen, sich belaufen (auf) (Rechnung)* || *mit sich bringen, herbeiführen* || *einführen (Mode, Sitte)* || *einschleppen (Seuche)* || *Eingang verschaffen (Ideen)* (a a. dat) || ◊ ~ *urgencia dringend sein* || *Am (e–n Auftrag) erteilen* || ~ vi (& impers) *Einfuhrhandel treiben* || *von Wichtigkeit, von Bedeutung, von Belang sein* || *e–e Rolle spielen* || ◊ (eso) no (me) importa *das ist (mir) einerlei* || *eso importa mucho das ist sehr wichtig* || *poco –ta es spielt k–e Rolle, es kommt nicht so sehr darauf an* || *poco me –ta das ist mir einerlei* (fam *egal,* pop *schnuppe)* || *poco me importan sus asuntos an seinen Angelegenheiten ist mir wenig gelegen* || *lo que –ta worauf es ankommt* || *¿qué –ta? was ist daran gelegen?* || *¡no –ta! macht nichts!* || **-te** m *Betrag* m, *Summe* f || ~ *neto Nettobetrag* m || *el* ~ *asciende a... der Betrag beläuft sich auf* (acc) *hasta el* ~ *de bis zum Betrag von* || *cobrar, remitir un* ~ *e–n Betrag ein|ziehen, -senden* || *girar por el* ~ *de für den Betrag von... ziehen*
importu|nación f *Belästigung* f (→a **-nidad**) || **-namente** adv *zur Unzeit* || **-nar** vt/i *jdn belästigen, jdm beschwerlich fallen* || *aufdringlich sein* || **-nidad** f *Auf-, Zu|dringlichkeit* f || *Lästigkeit, Unannehmlichkeit* f || *Belästigung* f || *Unschicklichkeit* f || **-no** adj *auf-, zu|dringlich, lästig* || *ungelegen* || *ungebeten (Gast)*
imposi|bilidad f *Unmöglichkeit* f, *Unvermögen* n || *unüberwindliche Verhinderung* f || ~ *pecuniaria Geldschwierigkeiten* fpl || *imposible de toda* ~ fam *ganz und gar, schlechterdings unmöglich* || ◊ *hallarse en la* ~ (de) *außerstande sein (zu)* || **-bilitado** adj/s *unfähig (zu)* || *arbeitsuntüchtig* || *(körper)behindert* || *gelähmt* (de *an* dat) || ◊ *estar* ~ *gliederlahm, gelähmt sein* || fig *in Verlegenheit sein* || **-bilitar** vt *unmöglich machen* || *vereiteln (Pläne)* || *unfähig, unbrauchbar machen (para zu)* || ◊ *para* ~ *la entrada a los curiosos um den Zutritt Neugieriger zu verhindern* || ~**se** vr fig *zum Invaliden werden* || **-ble** adj/s *unmöglich* || *unerträglich* || Am *schwerkrank, gelähmt* || ~ *n Unmögliche(s)* n || *Unmöglichkeit* f || ~ *de describir unbeschreiblich* || ◊ ~ *que subj es ist unmöglich, daß* || *¡este niño está* ~! *es ist nicht zum Aushalten mit diesem Kinde!* || *estar* ~ figf *sehr schmutzig sein* || *abstoßend sein* || Am *schwer krank* bzw *gelähmt sein* || *hacer* ~ *unmöglich machen* || *vereiteln* || *hacer lo* ~ *alles aufbieten* || *hasta lo* ~ *bis zur Unmöglichkeit* || *pedir* ~**s** *et Unmögliches verlangen* || *ponerse* ~ *unausstehlich werden*
imposi|ción f *Auflegung* f *(der Hände)* || *(Steuer)Auflage* f || *Besteuerung, Belastung* f || *steuerliche Erfassung* f || *Steuerveranlagung* f || *Beilegung f e–s Namens* || *(Geld)Einlage f* || ⟨Typ⟩ *Ausschießen* n || ⟨Typ⟩ *Leiste* f, *Steg* m || ~ *de ahorro Spareinlage* f || ~ *de las insignias del Toisón de Oro feierliche Bekleidung* f *mit den Insignien des Goldenen Vlieses* || ~ *progresiva progressive Besteuerung* f || *al valórem Wertverzollung* f || *talón de* ~ ⟨Com⟩ *Einzahlungsschein* m || **-tivo** adj *Steuer-* || **-tor** m = **imponente** || ⟨Typ⟩ = **imponedor**
imposta f ⟨Arch⟩ *Kämpfer, Widerlagerstein* m || *Fries* m || *Oberlicht* n
impostergable adj *nicht zurückstellbar, unaufschiebbar* || *nicht übergehbar*
impos|tor m/adj *Betrüger* m || *Lügner* m || *Heuchler* m || *Hochstapler* m || *falscher Kronprätendent* m || **-tura** f *(Be)Trug* m || *Lüge* f || *Schwindel* m || *Heuchelei* f || *Hochstapelei* f || *Verstellung* f || *Vorspiegelung* f *falscher Tatsachen*
impotable adj *untrinkbar* || →a **potable**
impoten|cia f *Unvermögen* n, *Ohnmacht, Machtlosigkeit* f || ⟨Med⟩ *Impotenz, Zeugungsunfähigkeit* f || ~ *coeundi* (generandi) lat *Beischlafs- (Zeugungs)unfähigkeit* f || ◊ *reducir a*

la ~ *bewältigen, bezwingen, entwaffnen* (& fig) ||
-te adj/s *unvermögend, machtlos* (contra *gegenüber* dat *od gegen* acc) || *zeugungsunfähig* || *impotent*
impractica|bilidad *f Undurchführbarkeit* f || *Unwegsamkeit, Ungangbarkeit, Unbenutzbarkeit* f || **-ble** adj *unaus-, undurch\führbar, untunlich* || *unwegsam, unfahrbar* || *nicht befahrbar*
impre|cación *f Fluch* m || *Verwünschung* f ||
-car [c/qu] vt *verfluchen* || *verwünschen* || **-catorio** adj *Fluch-* || *Verwünschungs-* || **-cisión** *f Ungenauigkeit* f || *Verschwommenheit* f || **-ciso** adj *ungenau* || *verschwommen*
impreg|nación *f* ⟨Chem⟩ *Tränkung, Imprägnierung* f || fig *Durchdringung* f || fig *Aneignung, Assimilation* f || ~ de madera *Holzimprägnierung* f || **-nado** adj *imprägniert* || fig *durchdrungen* || **-nar** vt *sättigen, durchtränken, imprägnieren (Stoffe)* || ~**se** vr *sich vollsaugen* (de, con *mit* dat) || fig *et ganz in sich aufnehmen*
impremedita|ción *f Unüberlegtheit* f || *fehlende Absicht, Absichtslosigkeit* f || **-do** adj *unüberlegt, unbedacht* || *absichtslos*
impren|ta *f (Buch) Druckerei* f || *Buchdruckerkunst* f || *Druck* m || p. ex. *Gedruckte(s)* n || *Drucksachen* fpl || **en** ~ *in Druck (Buch)* || ~ artística *Kunstdruckerei* f || ~ del Estado *Staatsdruckerei* f || ~ tipográfica, litográfica *Buch-, Stein\druckerei* f || *error de* ~ *Druckfehler* m || *listo para la* ~ *druckfertig* || *material de* ~ *Druckmaterial* n || *tinta de* ~ *Druckerschwärze* f, *Druckfarbe* f || **-tar** vt Chi *(ab) drucken* (→ **imprimir**)
imprescindible adj *unumgänglich, unvermeidlich* || *unentbehrlich, unerläßlich*
imprescripti|bilidad *f* ⟨Jur⟩ *Unverjährbarkeit* f || **-ble** adj *unverjährbar, unersitzbar* || allg *unantastbar*
impresentable adj *nicht vorzeigbar* || *schlampig* || *así vestido, estoy* ~ figf *in diesem Aufzug kann ich mich nicht sehen lassen*
impresión *f (Ab) Druck* m || *Aufdrücken* n || fig *Eindruck* m, *Wirkung* f || fig *Eindellung* f || ⟨Typ⟩ *Druck* m || *Druckwerk* n || *Drucklegung* f || *Grundierung (Malerei)* || ⟨Web⟩ *Bedrucken* n || *(Ton) Aufnahme* f || *Bespielen* n *(Tonband)* || ~ al carbón *Kohlen-, Pigment\druck* m || ~ clandestina *unerlaubter (Nach) Druck* m || ~ en (dos) colores *(Zwei) Farbendruck* m || ~ dactilar, ~ digital *Fingerabdruck* m || ~ de los dientes *Zahnspur* f || ~ estereotípica *Plattendruck* m || ~ excesiva ⟨Phot⟩ *Überbelichtung* f || ~ de libros *Buchdruck* m || ~ litográfica *Steindruck* m || ~ con luz diurna ⟨Phot⟩ *Kopieren* n *bei Tageslicht* || ~ de música *Notendruck* m || ~ offset *Offsetdruck* m || ~ sensorial *Sinneseindruck* m || ~ sonora, ~ de discos *(bzw* de cintas magnetofónicas) *Tonaufnahme* f || ~ de un timbre *Abdruck* m *e-s Stempels* || ~ tipográfica *Buchdruck* m || ◊ *hacer, dejar (od causar od producir) (buena)* ~ *e-n (guten) Eindruck machen* || *hacer (una)* ~ *desfavorable ungünstig wirken*
impresio|nabilidad *f Eindrucksfähigkeit* f || *(leichte) Beeindruckbarkeit, Empfindlichkeit, Reizbarkeit* f || *Empfänglichkeit, Sensibilität* f || ⟨Phot⟩ *Lichtempfindlichkeit* f || **-nable** adj *Eindrücken zugänglich, leicht erregbar* || *eindrucksfähig* || *reizbar* || *empfindlich, sensibel* || ⟨Phot⟩ *lichtempfindlich* || **-nante** adj *eindrucks-, wirkungs|voll* || *aufregend* || *großartig*, fam *toll* || **-nar** vt *einprägen (in den Sinn)* || *Wirkung ausüben, einwirken (auf* acc) || *beeindrucken, Eindruck machen (auf* acc) || ⟨Phot⟩ *belichten* || *bespielen (Schallplatten, Tonband)* || ⟨Phot⟩ *belichten* || ◊ ~ en cera *in Wachs abdrucken* || *dejarse* ~ *sich beeinflussen lassen (por durch)* || *la escena me ha* -nado *mucho die Szene hat mich tief erschüttert* || *no me* -na fam *das läßt mich*

kalt || ~**se** fig *sich hinreißen (bzw beeindrucken) lassen* (por, de *von* dat) || ◊ *excesivamente* -nado ⟨Phot⟩ *überbelichtet* || **-nismo** *m Impressionismus* m *(Kunstrichtung)* || **-nista** *m Impressionist* m || ~ adj *impressionistisch*
impre|so pp/irr *v.* **imprimir** || ~ *m Druck* m || *Druck\schrift, -sache* f || *Druckstoff* m || *Vordruck* m, *Formular* n || ~**s** mpl ⟨Postw⟩ *Drucksache* f || ~ *certificado(s) eingeschriebene Drucksache* f || ~ *bajo faja Drucksache* f *unter Streifband* || **-sor** m/adj *(Buch) Drucker* m || ~ adj *Druck-* || *telégrafo* ~ *Drucktelegraph* m
impre|visibilidad *f Unvorhersehbarkeit* f || **-visible** adj *unvorhersehbar* || **-visión** *Mangel* m *an Voraus-, Um\sicht* || *Unvorsichtigkeit* f || *Sorglosigkeit, Unbesorgtheit* f || **-visor** adj *der nicht voraussieht* || *unvorsichtig* || *sorglos, unbesorgt* || **-visto** adj *unvorgesehen (Ereignis, Kosten)* || *unerwartet* || *überraschend* || *ungeahnt* || *(gastos)* ~**s** *unvorhergesehene Ausgaben* fpl || *Unwägbarkeiten* fpl (→ a **imponderables**)
impri|mación *f* ⟨Mal⟩ *Grundierung* f || **-madera** *f* ⟨Mal⟩ *Grundierspachtel* m/f || **-mador** m ⟨Mal⟩ *Grundierer* m || **-mar** vt ⟨Mal⟩ *grundieren* || **-mátur** m lat *Imprimatur* f/n, *Druckerlaubnis* f *(der kirchlichen Behörde)* || **-mible** adj *druckbar, druckfähig* || **-mir** [pp *impreso*] vt *abdrucken (Siegel)* || *(ab) drucken (Buch)* || *drucken lassen, auflegen (Buch)* || fig *herausbringen, verlegen* (→ **editar**) || fig *einprägen (ins Gedächtnis usw)* || fig *geben (Richtung)* || fig *übertragen (a auf* acc), *mitteilen* (a dat) *(Bewegung)* || ◊ ~ *movimiento (a) et in Bewegung setzen* || ~ *un sello e-n Stempel aufdrücken* || ~ *con (od de) letras de oro mit goldenen Lettern bedrucken* || ~ *en el ánimo fig einprägen* || ~ *sobre cera in Wachs drucken* || *papel de* ~ *Druckpapier* n || ~**se** fig *sich einprägen*
improba|bilidad *f Unwahrscheinlichkeit* f || **-ble** adj *unwahrscheinlich* || **-ción** *f*, **-r** vt = **desaprobación, desaprobar**
improbidad *f Unredlichkeit, Treulosigkeit* f
improbo adj *unredlich, treu-, ruch|los* || *mühsam, beschwerlich* || ◊ *es un trabajo* ~ *es ist e–e äußerst ermüdende Arbeit*
improceden|cia *f Unzulässigkeit* f || *Rechtswidrigkeit* f || **-te** adj *unangebracht* || *unzweckmäßig* || *unzulässig* || *rechtswidrig*
improductivo adj *unergiebig* || *unwirtschaftlich* || *unfruchtbar* || *zwecklos* || *unproduktiv* || *tot (Kapital)*
impromptu *m* ⟨Mus⟩ *Impromptu* n
impronta *f Ab\druck, -guß* m || fig *Gepräge* n || fig *Eigenart* f || ◊ *lo ha marcado con su* ~ fig *(er bzw sie bzw es) hat ihn (es) geprägt*
impronuncia|bilidad *f Unaussprechbarkeit* f || fig *Unaussprechlichkeit* f || **-ble** adj *unaussprechbar, nicht aussprechbar* || fig *unaussprechlich*
improperio(s) *m(pl) Schmähung, Schimpfrede* f || ⟨Kath⟩ *Improperien* pl
impro|piedad *f Unschicklichkeit, Unzweckmäßigkeit* f || *Unpassende(s)* n || *Untauglichkeit* f || *Unrichtigkeit* f || *falsche Anwendung* f || ⟨Philos⟩ *Uneigentlichkeit* f || **-pio** adj *ungeeignet, unpassend* || *unschicklich* || *unrichtig* || *falsch angewandt (Wort, Ausdruck)* || ⟨Math⟩ *unecht (Bruch)* || ⟨Philos⟩ *uneigentlich* || *quebrado* ~ *unechter Bruch* m || ◊ *es* ~ *de (od* a, en, para*) su edad es ist unschicklich für sein Alter*
improrroga|bilidad *f Nichtverlängerbarkeit* f || **-ble** adj *nicht verlängerbar* || *unaufschiebbar*
improsulto adj Am *gewagt*
improvi|sación *f Improvisation* f, *Stegreif|* m, *-rede, -dichtung* f, *-spiel* n, allg *-handlung* f || *behelfsmäßige Lösung* f || ⟨Th⟩ *Extemporieren* n || ⟨Mus⟩ *Improvisation* f, *Phantasieren* n || *schnelle (unverdiente) Karriere* f || **-sa(da)mente** adv *plötzlich, unverhofft* || **-sado** adj *improvisiert* || *behelfsmäßig* || *Stegreif-* || *poesía* ~**a** *Stegreif-*

dichtung f ‖ rico ~ fam *Emporkömmling* m ‖ **–sador** m *Improvisator* m ‖ **–sar** vt/i *aus dem Stegreif reden, dichten, improvisieren* ‖ ⟨Mus⟩ *improvisieren* ‖ ⟨Th⟩ *extemporieren, improvisieren* ‖ *et in aller Eile zustande bringen* ‖ ◊ ~ una mesa *e–n Tisch behelfsmäßig aufstellen* ‖ **–so** adj *unvermutet* ‖ de (*od* al) ~ *unversehens* ‖ *plötzlich*

impruden|cia f *Unklugheit* f, *Unverstand* m ‖ *Unbesonnenheit* f ‖ *Unvernunft* f ‖ *Unvorsichtigkeit* f ‖ ⟨Jur⟩ *Fahrlässigkeit* f ‖ ~ temeraria ⟨Jur⟩ *grobe Fahrlässigkeit* f ‖ por ~ *aus Unvernunft* ‖ ◊ es una ~ inconcebible *es ist ein bodenloser Leichtsinn* ‖ es de una ~ inconcebible *er (bzw sie) ist unerhört leichtsinnig* ‖ **–te** adj/s *unklug* ‖ *unvernünftig, unverständig* ‖ *unbesonnen* ‖ *unvorsichtig* ‖ ⟨Jur⟩ *fahrlässig* ‖ *nachlässig (Fahren)*

imp.ᵗᵉ Abk = **importe**

impúber(o) adj/s *(geschlechts)unreif, noch nicht erwachsen* ‖ ⟨Jur⟩ *unmündig, noch nicht heiratsfähig* ‖ ~ m, **–a** f *Unreife(r* m) f, *Unerwachsene(r* m) f ‖ *Unmündige(r* m) f, *noch nicht Heiratsfähige(r* m) f

impu|dencia f *Schamlosigkeit* f ‖ →a **inverecundia, desvergüenza** ‖ **–dente** adj *schamlos, frech* ‖ **–di(ci)cia** f *Unkeuschheit* f ‖ *Sitten-, Hemmungs|losigkeit* f ‖ *Unzucht, unzüchtige Handlung* bzw *unzüchtiges Verhalten* n

impúdico adj *unkeusch, unzüchtig* ‖ *hemmungs-, scham|los*

impudor m *Schamlosigkeit* f ‖ *(schamlose) Unverschämtheit* f (→a **impudi(ci)cia, cinismo)**

impuesto pp/irr v. **imponer** ‖ ~ de *auf dem laufenden, unterrichtet über* (acc) ‖ se ha ~ en todos los detalles *er hat sich mit allen Einzelheiten vertraut gemacht* ‖ ~ m *Abgabe, Gebühr* f ‖ *Steuer* f ‖ *Last* f ‖ *Taxe* f ‖ *Auflage* f ‖ ~ adicional *Steuerzuschlag, Nachsteuer* f ‖ ~ sobre los alquileres *Mietsteuer* f ‖ ~ de beneficencia *Armensteuer* f ‖ ~ sobre los beneficios *Gewinnabgabe* f ‖ ~ de capitación *Kopfsteuer* f ‖ ~ sobre el capital *Vermögenssteuer* f ‖ ~ sobre la cerveza *Biersteuer* f ‖ ~ de consumo *Akzise, Verbrauchssteuer* f ‖ ~ sobre las ganancias *Ertragssteuer* f ‖ ~ industrial *Gewerbesteuer* f ‖ ~ sobre los ingresos *Einkommensteuer* f ‖ ~ sobre los salarios *Lohnsteuer* f ‖ ~ sucesorio *Erbschaftssteuer* f ‖ ~ suntuario *Luxussteuer* f ‖ ~ territorial *Bodensteuer* f ‖ ~ de timbre *Stempelsteuer* f ‖ ~ sobre transacciones, ~ sobre el volumen de negocios *Umsatzsteuer* f ‖ ~ sobre usos y consumos *Verbrauchssteuer* f ‖ ~ de utilidades Span *Einkommen- od Lohn|steuer* f ‖ ~ sobre el valor agregado *Mehrwertsteuer* f ‖ **~s** *pl Steuerwesen* n ‖ *Steuern* fpl ‖ *Steuerlast* f ‖ ~ adicionales *Steuerzuschlag* m ‖ ~ (in)directos *(in)direkte Steuern* fpl ‖ ley de ~ *Steuergesetz* n ‖ exento de ~ *steuerfrei* ‖ sujeto a ~(s) *steuerpflichtig* ‖ ◊ cargar *(od* gravar) con ~ *besteuern* ‖ (→a **contribución**)

impugna|bilidad f ⟨Jur⟩ *Anfechtbarkeit* f ‖ *Bestreitbarkeit* f ‖ **–ble** adj *bestreitbar* ‖ *anfechtbar* ‖ **–ción** f ⟨Jur⟩ *Anfechtung* f ‖ *Bestreiten* n ‖ *Einwand* m ‖ *Bekämpfung* f ‖ **–dor** adj/s *anfechtend* ‖ *bestreitend* ‖ *bekämpfend* ‖ ~ m ⟨Jur⟩ *Anfechtender(r* m) f ‖ *Bestreiter, Gegner* m

impugnar vt *anfechten* ‖ *bestreiten* ‖ *bekämpfen*

impul|sar vt = **impeler** ‖ **–sión** f = **–so** ‖ ~ de ondas ⟨Radio⟩ *Wellenstoß* m (→a **propulsión**) ‖ **–sividad** f *Impulsivität, Triebhaftigkeit* f ‖ **–sivo** adj *treibend, anstoßend, Trieb-* ‖ fig *lebhaft, ungestüm, hitzig* ‖ *impulsiv* ‖ m *impulsiver, rasch handelnder Mensch* m ‖ **–so** m *Stoß, Druck* m ‖ *(An)Trieb, Drang, Stoß* m ‖ ⟨El⟩ u. fig *Impuls* m ‖ ⟨El⟩ *Stromstoß* m ‖ *Schub* m *(Rakete)* ‖ fig *Anregung* f ‖ *Veranlassung* f ‖ fig *Anreiz* m ‖ fig *Schwung* m ‖ al ~ de *unter dem Antrieb* (gen) ‖ dar ~ al comercio *den Handel beleben* ‖ ◊ dar un nuevo ~ a los negocios *die Geschäfte wieder in Schwung bringen*

impu|ne adj *straflos, unbe-, unge|straft* ‖ adv: **~mente** ‖ **–nidad** f *Straflosigkeit* f ‖ *Unbestraftheit* f ‖ *Ausbleiben* n *nachteiliger Folgen* ‖ con ~ *straflos* ‖ causa de ~ ⟨Jur⟩ *Strafausschließungsgrund* m

impu|reza f *Unreinheit* f (& ⟨Rel⟩ u. fig) ‖ ⟨Chem Nucl⟩ *Verunreinigung* f ‖ fig *Unkeuschheit, Unsittlichkeit* f ‖ fig *Unzucht* f ‖ →a **obscenidad** ‖ **~s** fpl *Verschmutzung* f ‖ **–rificar** vt *unrein machen* ‖ *verunreinigen, verschmutzen* ‖ **–ro** adj *unrein* ‖ *schmutzig, verschmutzt* ‖ *unkeusch, unzüchtig*

impu|tabilidad f ⟨Jur⟩ *Zurechnungsfähigkeit* f ‖ **–table** adj *an-, zu|rechenbar* ‖ *zu|zuschreiben(d), -rückzuführen(d)* (a *auf* dat) ‖ ⟨Com⟩ *abzuziehen(d), zu Lasten* ‖ **–tación** f *Anrechnung, Zumutung* f ‖ ⟨Jur⟩ *An-, Be|schuldigung* f ‖ **–tador** m/adj *Bezichtiger* m ‖ **–tar** vt *jdn anschuldigen, jdm et aufbürden, zurechnen, beimessen* ‖ *zur Last legen, belasten (Konten)* ‖ *verbuchen*

imputrescible adj *unverweslich* ‖ *nicht faulend, fäulnis|fest, -beständig (z. B. Holz)*

in prep lat = **en**

inabarcable adj *nicht umfaßbar* ‖ *unermeßlich*

inabordable adj *unzugänglich* ‖ *unnahbar* ‖ *barsch, unwirsch*

inaca|bable adj *unendlich, endlos* ‖ **–bado** adj *unvollendet* ‖ *unfertig*

inaccesible adj *unzugänglich* (& fig) ‖ *unerreichbar* ‖ *unnahbar*

inacción f *Untätigkeit* f ‖ *Nichtstun* n

inacentuado adj *unbetont* ‖ ⟨Gr⟩ *ohne Akzent*

inaceptable adj *unannehmbar*

inactínico adj ⟨Phys⟩ *nicht aktinisch*

inac|tivación f ⟨Chem⟩ *Inaktivierung* f ‖ **–tivado** adj *inaktiviert, passiviert* ‖ **–tividad** f *Untätigkeit* f ‖ *Wartestand* m ‖ ⟨Chem Pharm⟩ *Unwirksamkeit* f ‖ ⟨Wiss Philos⟩ *Inaktivität* f ‖ fig *Müßiggang* m ‖ **–tivo** adj *untätig* ‖ *unwirksam* ‖ *nicht in Betrieb* ‖ *inaktiv* ‖ fig *müßig* ‖ **–tual** adj *unzeitgemäß, nicht aktuell*

inadapta|bilidad f *mangelnde Anpassungsfähigkeit* f ‖ **–ble** adj *unanwendbar* (a *auf* acc) ‖ *nicht anpassungsfähig* ‖ fig *schwer erziehbar* ‖ **–ción** f *Mangel* m *an Anpassungsfähigkeit* ‖ *Ungeeignetheit* f, *Nichtpassen* n ‖ **–do** adj/s *nicht angepaßt* ‖ *ungeeignet, nicht passend* ‖ *schwer erziehbar* ‖ *asozial* ‖ fig *kontaktarm*

inadecuado adj *unangemessen* ‖ *ungeeignet* ‖ *inadäquat*

inad|misibilidad f *Unzulässigkeit* f ‖ **–misible** adj *unzulässig* ‖ **–misión** f *Nichtzulassung* f ‖ **–vertencia** f *Unachtsamkeit* f ‖ por ~ *aus Versehen, versehentlich* ‖ **–vertido** adj *unachtsam, unbemerkt* ‖ *unbesonnen* ‖ ◊ pasar ~ *(unr.* desapercibido) *unbeachtet lassen, übergehen* ‖ *nicht beachtet werden* ‖ *nicht auffallen*

ina|gotable adj *unerschöpflich* ‖ **–guantable** adj *unerträglich* ‖ **–jenable** adj *unveräußerlich* (→ **inalienable**) ‖ **–lámbrico** adj ⟨El⟩ *drahtlos*

in albis adv lat fam: ◊ estar ~ fam *k–n blassen Schimmer haben* ‖ quedarse ~ *leer ausgehen* ‖ *zu kurz kommen* ‖ *nicht im Bilde sein (de über* acc) ‖ *nicht begreifen* (de *et* acc) ‖ me he quedado ~ figf *ich versteh' (immer) nur Bahnhof*

inal|canzable adj *unerreichbar* ‖ **–ienabilidad** f *Unveräußerlichkeit* f ‖ **–ienable** adj *un|veräußerlich, -übertragbar* ‖ **–terable** adj *unver-, unab|änderlich* ‖ fig *unerschütterlich, unwandelbar* ‖ **–terado** adj *unverändert*

ina|mical, –mistoso adj *unfreundlich* ‖ p. ex *feindselig*

inamovi|bilidad f *Unabsetzbarkeit* f *(der Beamten od Richter)* ‖ **–ble** adj *unabsetzbar*

ina|ne adj *seicht, gehaltslos, leer* ‖ **–nición** f *Entkräftung, Erschöpfung* f ‖ *Verhungern* n ‖

inanidad — incierto

◊ morirse de ~ *an Entkräftung, Hunger sterben* || **-nidad** *f Nichtigkeit* f
ina|nimado, inánime adj *unbeseelt* || *leblos, tot* || *ohnmächtig* || **-peable** adj fam *halsstarrig* || **-pelable** adj ⟨Jur⟩ *unberufbar, der Berufung nicht unterliegend* || *unanfechtbar* (& fig) || fig *unwiderruflich* || fig *endgültig* || fig *unvermeidlich*
inapeten|cia *f Appetitlosigkeit* f || fig *Überdruß* m || **-te** adj/s *ohne Eßlust*
inaplazable adj *unaufschiebbar* || *äußerst dringend*
inaplica|bilidad *f Unanwendbarkeit* f || **-ble** adj *nicht anwendbar* || **-ción** *f Nachlässigkeit* f || *Unaufmerksamkeit* f || *Faulheit* f || **-cado** adj *nicht angewandt* || *nachlässig* || *unaufmerksam* || *träge, faul*
ina|preciable adj *unschätzbar* || *nicht wahrnehmbar* || **-provechable** adj *unbrauchbar*
inap|titud *f Unfähigkeit, Untüchtigkeit* f || *Ungeeignetheit* f || ⟨Mil⟩ *Untauglichkeit* f || **-to** adj *unfähig* || *ungeeignet* || ⟨Mil⟩ *untauglich*
inarmónico adj *unharmonisch*
inarrugable adj *knitterfrei (Stoff)*
inarticula|ble adj *unaussprechbar (Laut)* (→ a **impronunciable**) || **-do** adj *unartikuliert*
in artículo mortis lat ⟨bes Jur⟩ *auf dem Sterbebett* || matrimonio ~ *Eheschließung* f *auf dem Sterbebett*
inasequible adj *unerreichbar*
inasi|ble adj *nicht greifbar* || **-milable** adj *nicht assimilierbar* || minoría étnica no ~ *nicht assimilierbare rassische Minderheit* f || **-stencia** *f Nichtanwesenheit* f || *Mangel* m *an Pflege*
in|astillable adj *splitterfrei (Glasscheibe)* || **-atacabilidad** *f Unangreifbarkeit* f || fig *Unantastbarkeit* f || fig *Unanfechtbarkeit* f (→ **inimpugnabilidad**) || ⟨Tech⟩ *Beständigkeit* f || **-atacable** adj *unangreifbar* (& fig) || fig *unantastbar* || fig *unanfechtbar* || ⟨Tech⟩ *beständig* || ~ por los ácidos *säurefest*
inatento adj *unhöflich, grob*
inaudi|ble adj *unhörbar* || **-to** adj *unerhört* || *empörend* || *noch nie dagewesen*
inaugu|ración *f Einweihung* f || *Eröffnung* f *(e-s Lehrkurses)* || *Enthüllung* f *(e-s Denkmals)* || fig *Anfang, Beginn* m || **-ral** adj *Einweihungs-, Eröffnungs-* || *Antritts-* || discurso ~ *Antrittsrede* f || partido ~ ⟨Sp⟩ *Eröffnungsspiel* n || **-rar** vt *einweihen, (feierlich) eröffnen* || *enthüllen (Denkmal)* || fig *anfangen*
inave|nible adj *unerträglich, ungesellig* || **-riable** adj *pannensicher*
inca m Pe *Inka* m || allg *Bewohner* m *des Inkareiches* || Pe *Goldmünze* f = 20 *soles*
incaducable adj *nicht verfallend*
incaico adj *Inka-, inkaisch*
incalculable adj *unberechenbar* || *unübersehbar, unermeßlich* || fig *nicht vorauszusehen(d), unberechenbar*
incalificable adj pej *unqualifizierbar, unbeschreiblich* || procedimiento ~ *schmähliches, schnödes Vorgehen* n
incandescen|cia *f* ⟨Phys⟩ *Weißglühen* n || *Weißglut* f || fig *Glut, Erhitzung, Erregung* f *(der Gemüter)* || *Glut, Gewalt* f, *Sturm* m *(der Leidenschaft)* || gas de ~ *Gasglühlicht* n || lámpara de ~ *Glühlampe* f || **-te** adj *(weiß)glühend, Glüh-* || fig *erhitzt, erregt* || *aufbrausend* || luz ~ *Glühlicht* n
incansable adj *unermüdlich, unverdrossen*
incapaci|dad *f Mangel* m *an Fassungsvermögen (Raum, Behälter)* || *Untauglichkeit, Unfähigkeit* f || fig *Einfalt, geistige Beschränktheit* f || fig *Unvermögen* n || ⟨Jur⟩ *Geschäftsunfähigkeit* f || *Arbeitsunfähigkeit* f || ~ de (od para) adquirir *Erwerbsunfähigkeit* f || ~ para contratar *Vertragsunfähigkeit* f || ~ física *körperliche Untauglichkeit* f || ~ de gestión ⟨Jur⟩ *Geschäftsunfähigkeit* f || ~ laboral *Arbeitsunfähigkeit* f || mental *Un-*

zurechnungsfähigkeit f || **-tación** *f* ⟨Jur⟩ *Entmündigung* f || **-tado** adj/s *behindert (körperlich)* || *beschränkt (geistig)* || *nicht eingliederungsfähig (z. B. in der Gesellschaft)* || *arbeitsunfähig* || ⟨Jur⟩ *für unfähig erklärt* || *entmündigt* || **-tar** vt *unfähig machen* || ⟨Jur⟩ *für unfähig erklären* || *entmündigen*
incapaz [pl **-ces**] adj/s *unfähig, untüchtig* || fig *einfältig, dumm* || Guat Mex *lästig, widrig* || ~ de hacerlo *unfähig, es zu tun* || ~ de trabajar *arbeitsunfähig* || ~ para su cargo *für sein Amt unfähig* || ◊ ser ~ de hacer a. *unfähig (bzw nicht imstande) sein, et zu tun*
incardinación *f Inkardination, Eingliederung* f *e-s Klerikers (in die Diözese)*
incasable adj ⟨Jur⟩ *nicht revisionsfähig* || *ehe-unfähig* || fig *ehefeindlich* || ◊ esta chica es ~ fam *dieses Mädchen findet sicher k-n Mann*
incásico adj *auf e-n peruan. Inka bezüglich, Inka-, inkaisch*
incau|tación *f Beschlagnahme* f || *Sicherstellung* f || **-tarse** vr: ~ de a/c ⟨Jur⟩ *et beschlagnahmen* || *et sicherstellen* || *sich e-r S. bemächtigen* || **-to** adj *unvorsichtig, unbedacht* || *leichtgläubig, naiv*
incen|diado m *Abgebrannte(r)* m || **-diar** vt *anzünden* || *in Brand stecken* || fig *anfeuern* || ~se vr fig *sich röten (Gesicht)* || **-diario** adj *Zünd-, Brand-* || fig *aufrührerisch, aufwiegelnd, Brandbzw Hetz-* || discurso ~ *(aufrührerische) Brandrede* f || granada ~a ⟨Mil⟩ *Brandgranate* f || ~ m *Brandstifter* m || *Hetzer* m || **-dio** m *Brand* m || *Fuersbrunst* f || fig *Glut* f, *Feuer* n || ~ intencionado, ~ doloso *Brandlegung, (böswillige) Brandstiftung* f || advertidor de ~s *Feuermeldeapparat, Brand-, Feuer|melder* m || extintor de ~ *Feuerlöscher* m || peligro de ~ *Brandgefahr* f || seguro contra ~ *Feuer-, Brandschaden|versicherung* f
incen|sación *f Räuchern* n *mit Weihrauch* || *Weihrauchopfer* n, *Beweihräucherung* f (& fig) || **-sar** [-ie-] vt *(ein)räuchern* (& fig) || fig *beweihräuchern, schmeicheln* (a alg. *jdm* dat) || **-sario** m *Weihrauch|faß* n, *-kessel* m || fig *Lobhudelei* f
incensurable adj *tadellos, nicht zu tadeln*
incentivo m/adj *Anregung* f, *Ansporn, Anreiz* m || ⟨Pharm⟩ *Reizmittel* n || fig *Lockmittel* n || ~ fiscal *Steuervergünstigung* f || ◊ no ofrecer ~(s) k-n *Anreiz bieten*
incer|tidumbre *f Unsicherheit, Ungewißheit* f || *Zweifel* m || *Unschlüssigkeit* f || *(man)tener* a alg. en la ~ *jdm im ungewissen lassen* || **-tísimo** adj sup v. **incierto**
incesante adj *unaufhörlich, unablässig* || *ununterbrochen*
inces|to m *Blutschande, Inzest* m || **-tuoso** adj/s *blutschänderisch, inzestuös, Inzest-* || *blutschänderisch gezeugt* || ~ m *Blutschänder* m
incidencia *f Zwischenfall* n || *Nebenumstand* m || ⟨Phys Math⟩ *Einfall* m, *Auftreffen* n → a
incidente || ángulo de ~ ⟨Opt⟩ *Einfallwinkel* m || ⟨Phys⟩ *Schneidwinkel* m || por ~ *beiläufig* || *nebensächlich* || *gelegentlich*
inciden|tal adj *beiläufig* || *gelegentlich* || *nebensächlich* || **-te** adj *dazwischenkommend* || *nebensächlich* || *gelegentlich* || ⟨Phys Math⟩ *einfallend* || *auftreffend* || *Zwischen-, Neben-* || rayo ~ ⟨Phys⟩ *einfallender Strahl* m || ~ m *Zwischenfall* m || *verdrießlicher Vorfall* m || ⟨Jur⟩ *Zwischenstreit, strittiger Nebenpunkt* m || *Nebenumstand* m || ~ fronterizo *Grenzzwischenfall* m || **~mente** adv *gelegentlich, durch Zufall*
incidir vi ⟨Phys Opt⟩ *einfallen* || ⟨Med⟩ *(ein)schneiden* || ◊ ~ en una falta *in e-n Fehler verfallen*
incienso m *Rauchharz* n || *Weihrauch* m || figf *übertriebenes Lob, Weihrauchstreuen* n, *Lobhudelei* f || ◊ dar ~ *weihräuchern* || fig *Weihrauch streuen, beweihräuchern* (a algn. *jdn* acc)
incierto adj *ungewiß, unsicher* || *zweifelhaft,*

unwahr || schwankend || ~ del éxito *des Erfolges unsicher* || ◊ *estar* ~ *unschlüssig sein*
incine|ración *f Einäscherung* f || *Feuerbestattung* f || *Verbrennung* f || ⟨Chem⟩ *Veraschen* n, *Veraschung* f || **–rar** *vt einäuschern* || *veraschen, zu Asche verbrennen*
incipiente adj/s *beginnend, einsetzend* || *bigote* ~ *Milchbart* m
incircunciso adj *unbeschnitten* (→ **circuncisión**)
inci|sión *f (Ein)Schnitt* m || ⟨Chir⟩ *(Ein-) Schnitt* m, *Inzision* f || ⟨Gr Poet⟩ *Zäsur* f || **–sivo** adj *einschneidend, Schneide-* || fig *schneidend, bissig* || *scharf (Stimme, Ton)* || *(diente)* ~ *Schneidezahn* m || **–so** adj: *herida* ~a *Schnittwunde* f || ~ *m* ⟨Typ⟩ *Absatz* m || ⟨Gr⟩ *Komma* n, *Beistrich* m || *Zwischensatz, eingeschobener Satz, Einschub* m *(im Satz)* || p. ex. *Unterbrechung* f || *Ausschweifung* f || *Exkurs* m || **–sorio** adj *(ein)schneidend* || **–sura** *f* ⟨An⟩ *Einschnitt* m, *Inzisur* f
inci|tación *f Anreizung, Erregung* f || fig *Anstiftung* f || *Antrieb* m || *Aufstachelung* f || *Verleitung* f (a *zu* dat) || **–tador** adj/s *aufreizend* || *anstiftend* || **–tante** adj *anregend* || *antreibend* || *aufstachelnd* || *verleitend* || **–tar** vt *(an)reizen, antreiben* || *auf\hetzen, -wiegeln* (contra *gegen* acc) || *anhalten* (a *zu* dat) || ◊ ~ *la rebelión (od* a *rebelarse) zum Aufstande treiben* || **–tativo** *m Anreizung* f || ~ adj *aufreizend*
inci|vil adj *unhöflich* || *ungebildet, ungesittet* || **–vilidad** *f Unhöflichkeit* f || *Grobheit, Ungeschliffenheit* f || **–vilizado** adj = **–vil**
incl. Abk = **inclusive**
inclaniano adj *auf den span. Schriftsteller Ramón del Valle-Inclán (1866–1936) bezüglich*
inclasificable adj *nicht klassifizierbar, nicht einzuordnen(d)*
inclaustración *f Eintritt* m *in e–n Klosterorden*
inclemen|cia *f Unfreundlichkeit, Unbarmherzigkeit* f || fig *Rauheit* f *(des Klimas)* || fig *Strenge* f *(des Winters)* || *la* ~ *del tiempo die Ungunst der Witterung* || **–te** adj *ungnädig, unbarmherzig, hart, sehr streng* || *rauh (Witterung, Klima)*
incli|nable adj *neigbar* || *schrägstellbar* || **–nación** *f Neigung, Biegung* f || *Verneigung, Verbeugung* f, *Bückling* m || ⟨Mar⟩ *Schlagseite* f || ⟨Mar Flugw⟩ *Krängung* f || ⟨Top⟩ *Neigung* f || ⟨Astr⟩ *Neigungswinkel* m || ⟨Geogr⟩ *Inklination* f *(der Magnetnadel)* || fig *Hang* m, *(Zu)Neigung* f (a, hacia *zu* dat) || fig *Veranlagung* f || ~ *de la hélice* ⟨Flugw⟩ *Drall* m *der Luftschraube* || ~ *de la trayectoria* ⟨Flugw⟩ *Flugbahnneigung* f || ~ *a la ligereza Neigung* f *zum Leichtsinn* || *ángulo de* ~ *Neigungswinkel* m || **–nado** adj *gebückt, geneigt* || *schräg(gestellt)* || *abfallend* || ⟨Bgb⟩ *tonnlägig* || *zugetan, geneigt* || *plano* ~ ⟨Math⟩ *schiefe Ebene* f || ◊ *estar* ~ *a reconciliarse zur Versöhnung geneigt sein* || **–nar** vt *neigen* || *beugen* || *schräg stellen* || fig *geneigt machen, veranlassen, beeinflussen* || ◊ ~ *a la virtud jdn auf den Weg der Tugend bringen* || ~ *vi fig hinneigen* (a *zu*) || **–se** *sich beugen, sich (ver)beugen* || *e–n Hang haben* (a *zu* dat) || fig *neigen* || *geneigt sein* || *sich beugen* (ante *una razón e–m Argument*) || me *–no* a *creerle ich bin geneigt, ihm Glauben zu schenken* || me *–no* a *tu opinión ich neige zu deiner Meinung hin* || **–natorio** *m* ⟨Mar⟩ *Magnetkompaß* m || **–nómetro** *m* ⟨Flugw Top⟩ *Neigungsmesser* m || **→a clinómetro**
ínclito adj *berühmt, erlaucht*
incluido adj ⟨Com⟩ *bei-, ein\liegend, beifolgend* || *porte* ~ *einschließlich Porto*
incluir [–uy–] vt *einschließen, (in sich) begreifen, fassen* || *bei\fügen, -legen* || *bei-, ein\schließen (in e–n Brief)* || *ein\verleiben, -reihen* || ◊ ~ *en una carta in e–n Brief einlegen* || ~ *en la cuenta* ⟨Com⟩ *in die Rechnung einschließen* || ~ *en el*

número de invitados *in die Liste der Eingeladenen eintragen* || ~ *entre el resto dem Rest einverleiben* || *sírvase* ~ *un 2 % de comisión para mí schließen Sie bitte 2 % Provision für mich ein*
inclu|sa *f Findelhaus* n || **–sero** m/adj, **–sera** f/adj *Findelkind* n || ~ adj *im Findelhaus aufgezogen*
inclu|sión *f Einschließung, Inklusion, Einbeziehung* f || *Einschluß* m || *Einschaltung* f || *Einverleibung* f || *Einbegriffen-, Einbezogen\sein* n || *Beipackung* f || ⟨Metal⟩ *Einschluß* m || ⟨Geol⟩ *Einlagerung* f || ⟨Min⟩ *Einsprengung* f || *Einsprengling* m || con ~ (de) *einschließlich* (gen) || **–siv(ament)e** adv *einschließlich* || **–so** pp/irr *v.* **incluir** || *eingeschlossen* || *ein-, bei\liegend* || ◊ *le remito* ~ ⟨Com⟩ *ich sende Ihnen beiliegend* || ~ adv *sogar, selbst, und wenn*
inco|ación *f Anfang, Beginn* m || ⟨Jur⟩ *Eröffnung, Einleitung* f *(e–s Verfahrens bzw e–s Prozesses)* || ~ *del proceso* ⟨Jur⟩ *Einleitungs\beschluß* m, *-verfahren* n || **–ar** vt def *anfangen, beginnen* (fast nur ⟨Jur⟩) || ◊ ~ *un proceso e–n Prozeß anstrengen* || *ein Verfahren einleiten* || ~ *un sumario ein Ermittlungsverfahren einleiten* || **–ativo** adj ⟨Gr⟩ *inchoativ, den Beginn anzeigend (Zeitwort)* (z. B. *amanecer*)
incobrable adj *uneinlösbar, uneinbringlich*
incoerci|bilidad *f Unbezwingbarkeit* f || **–ble** adj *unbezwingbar, nicht zu unterdrücken(d)* || *unstillbar, nicht aufzuhalten(d)* (z. B. *Blutung*)
incógni|ta *f* ⟨Math⟩ *unbekannte Größe, Unbekannte* f || fig *geheimer Grund* m || *la* ~ *de su conducta* fig *sein seltsames Benehmen* || **–to** adj/s *unbekannt* || *unerkannt, unter fremdem Namen* || ~ *m Inkognito* n || ◊ *guardar riguroso* ~ *ein strenges Inkognito wahren* || *viajar de* ~ *inkognito reisen*
incognosci|bilidad *f* ⟨Philos⟩ *Unerkennbarkeit* f || **–ble** adj *unerkennbar, der menschlichen Erkenntnis entzogen* bzw *verschlossen*
incoheren|cia *f Zusammenhanglosigkeit, Inkohärenz* f || **–te** adj *unzusammenhängend, ohne Zusammenhang, inkohärent*
íncola *m Ein-, Be\wohner* m
incoloro adj *farblos* || *blaß*
in|cólume adj *unversehrt, heil, unverletzt* (→a **indemne**) || ◊ *salir* ~ *mit heiler Haut davonkommen* || **–columidad** *f Unversehrtheit* f
incombusti|bilidad *f Un(ver)brennbarkeit* f || *Feuerfestigkeit* f || **–ble** adj *un(ver)brennbar* || *feuer\fest, -sicher, -beständig*
incomible adj *nicht eßbar* || *ungenießbar*
incomo|dado adj *böse, erzürnt* || **–dar** vt *jdn belästigen, jdm beschwerlich fallen* || *lästig sein* || ◊ ¡*no se –de V.! nehmen Sie es nicht übel!* || *bemühen Sie sich nicht!* || **–didad** *f*, **incómodo** *m Unbe\quemlichkeit, -haglichkeit* || *Ungemach* n || *Verdruß, Ärger* m || *Beschwerlichkeit* f
incómodo adj *unbe\quem, -haglich* || *beschwerlich, lästig* || *böse, verärgert* || *unangenehm, peinlich*
incomparable adj *unvergleichlich, ohnegleichen* || fig *unübertrefflich* || adv: **–mente**
incompare|cencia *f* ⟨Jur⟩ *Nichterscheinen* n || **–cer** vi *nicht erscheinen (vor Gericht)*
incompartible adj *(mit anderen) teilbar*
incompasivo adj *mitleidlos*
incompati|bilidad *f Unverträglichkeit* f || ⟨Jur⟩ *Unvereinbarkeit* f || *Unzulässigkeit* f || ~ *de cargos Verbot* n *der Ämterhäufung* || **–es** pl *Mißhelligkeiten* fpl || **–ble** adj *unver\träglich, -einbar* (con *mit* dat)
incompeten|cia *f* ⟨Jur⟩ *Unbefugtheit, Unzuständigkeit* f || *Unfähigkeit, Untauglichkeit* f || **–te** adj ⟨Jur⟩ *unzuständig, unbefugt* || *unfähig, untauglich* || *unmaßgeblich* || *según mi parecer* ~ *meiner unmaßgeblichen Meinung nach*
incompleto adj *unvollständig* || *unvollkommen* ||

unvollständig ‖ *lückenhaft* ‖ *dürftig* ‖ ◊ *dejar* ~ *unvollendet (hinter)lassen* ‖ ~**s** *mpl* ⟨Typ⟩ *Defektbogen* mpl
incomprehensible *adj* ⟨Philos Psychol⟩ → **incomprensible**
incompren|dido *adj unverstanden* (& *fig*) ‖ *iron verkannt (Genie)* ‖ **–sibilidad** *f Unverständlichkeit* f ‖ *Unbegreiflichkeit, Unfaßbarkeit* f ‖ **–sible** *adj unbegreiflich, unfaßbar* ‖ *unverständlich* ‖ *fam schleier-, rätsel|haft* ‖ **–sión** *f Mangel* m *an Verständnis, Verständnislosigkeit* f ‖ **–sivo** *adj verständnislos*
incompresi|bilidad *f* ⟨Phys⟩ *Inkompressibilität, Nichtpreßbarkeit* f ‖ **–ble** *adj inkompressibel, nicht preßbar, nicht zusammendrückbar* ‖ →**a elástico**
incomuni|cable *adj außer Verbindung* ‖ *nicht übertragbar* ‖ *nicht mitteilbar* ‖ **–cación** *f Unterbrechung e–r Verbindung, Anschlußlosigkeit* f ‖ *Verkehrslosigkeit* f ‖ *Unterbrechung* f ‖ *Einzelhaft* f *(Gefangene)* ‖ **–cado** *adj außer Verkehr* ‖ *ohne Verbindung; abgeschnitten* ‖ *in Einzelhaft (Gefangene)* ‖ **–car** [c/qu] *vt absperren, abschließen* ‖ ⟨Jur⟩ *Einzelhaft verhängen (über* acc*)* ‖ *unterbrechen (Telefongespräch, Verbindung)* ‖ ~**se** *vr sich absondern*
incon|cebible *adj unfaßlich, unbegreiflich* ‖ *unerklärlich* ‖ **–ciliable** *adj unver|söhnlich, -träglich* ‖ *unvereinbar* ‖ **–cluso** *adj unbeendet, unvollendet* ‖ *halbfertig* ‖ **–cuso** *adj unstreitig, unumstößlich* ‖ *unbestreitbar* ‖ ◊ *es un hecho* ~ *es ist e–e unbestrittene Tatsache* ‖ *adv:* ~**amente** ‖ **–dicional** *adj unbedingt (nötig)* ‖ *bedingungslos* ‖ ~ *m bedingungsloser Anhänger* m *(bzw Freund* m*)* ‖ ~**mente** *adv unbedingt* ‖ *bedingungslos* ‖ *auf Gnade und Ungnade* ‖ **–dicionalismo** *m Am bedingungslose Ergebenheit* f ‖ **–ducta** *f* gall *Arg schlechter Lebenswandel* m ‖ *schlechtes Betragen* n
incone|xión *f Mangel* m *an Zusammenhang* ‖ *Beziehungslosigkeit* f ‖ **–xo** *adj unzusammenhängend* ‖ *unabhängig*
inconfe|sable *adj was nicht gebeichtet werden kann (Schandtat)* ‖ *fig schändlich* ‖ ⟨Jur⟩ *nicht geständig* ‖ *fig unaussprechlich* ‖ **–so** *adj* ⟨Jur⟩ *ungeständig* ‖ ◊ *morir* ~ *ohne Beichte sterben*
incon|formidad *f Nichtübereinstimmung* f ‖ *Nichtzustimmung* f ‖ **–fortable** *adj unbequem, ungemütlich* ‖ *ohne Komfort* ‖ **–fundible** *adj unverwirrbar* ‖ *unverwechselbar* ‖ **–gelable** *adj kältebeständig* ‖ **–gruencia** *f Ungehörigkeit* f, *Mißverhältnis* n ‖ *Inkongruenz* f ‖ *Unstimmigkeit* f ‖ *Unschicklichkeit* f ‖ *Zusammenhang(s)losigkeit* f ‖ **–gruente** *adj unverhältnismäßig* ‖ *unpassend, ungehörig* ‖ *ungebührlich* ‖ *unschicklich* ‖ *zusammenhang(s)los* ‖ *inkongruent* ‖ **–gruo** *adj* = **–gruente** ‖ ~ *m Geistliche(r)* m*, der k–n standesgemäßen Unterhalt hat* ‖ **–jugable** *adj* ⟨Gr⟩ *nicht beugbar* ‖ **–mensurable** *adj unermeßlich* ‖ *fig maßlos* ‖ ⟨Math⟩ *inkommensurabel* ‖ **–movible** *adj unbeweglich* ‖ *unerschütterlich, fest (Grundsätze)* ‖ **–quistable** *adj uneinnehmbar (Festung)* ‖ *fig unerbittlich*
inconscien|cia *f Bewußtlosigkeit* f ‖ *Unzurechnungsfähigkeit* f ‖ *Leichtfertigkeit* f ‖ *Ahnungslosigkeit* f ‖ *fehlendes Bewußtsein* n ‖ **–te** *adj unbewußt* ‖ *unwillkürlich* ‖ *bewußtlos* ‖ *leichtfertig* ‖ *lo* ~ *das Unbewußte* n ‖ *adv:* ~**mente**
inconsecuen|cia *f Folgewidrigkeit* f ‖ *Widerspruch* m ‖ *mangelnde Folgerichtigkeit, Inkonsequenz* f ‖ **–te** *adj/s folgewidrig, widersprechend* ‖ *leichtsinnig, unbesonnen, unbedacht* ‖ *wankelmütig*
inconside|ración *f Unbedachtsamkeit* f ‖ *Rücksichtslosigkeit* f ‖ **–rado** *adj unbedacht, unbesonnen, unvorsichtig* ‖ *rücksichtslos*
inconsisten|cia *f Bestand-, Halt|losigkeit* f ‖ *Veränderlichkeit* f ‖ **–te** *adj haltlos, unhaltbar, nicht haltbar* ‖ *nicht standfest* ‖ *veränderlich* ‖ *locker*

inconsolable *adj untröstlich, trostlos*
inconstan|cia *f Unbeständigkeit* f*, Wankelmut* m ‖ *fig Treulosigkeit, Untreue* f ‖ *Unbestand* m*, Veränderlichkeit* f *der Dinge* ‖ **–te** *adj unbeständig* ‖ *wankelmütig* ‖ *wetterwendisch* ‖ *fig treulos, untreu*
inconstitucio|nal *adj verfassungswidrig* ‖ **–nalidad** *f Verfassungswidrigkeit* f ‖ *recurso de* ~ *Verfassungsbeschwerde* f
incon|sútil *adj ohne Naht, nahtlos* ‖ **–table** *adj unzählbar* ‖ *unzählig* ‖ *nicht erzählbar* ‖ **–tenible** *adj uneindämmbar* ‖ ⟨Mil⟩ *unaufhaltsam (Angriff, Offensive)* ‖ *fig unbezähmbar (Leidenschaft)* ‖ **–testable** *adj unbestreitbar, unstreitig* ‖ *adv:* ~**mente** ‖ **–testado** *adj unbeantwortet (Brief, Schrift)* ‖ *unbestritten (Anspruch, Recht)* ‖ **–tinencia** *f Unenthaltsamkeit* f ‖ *Unkeuschheit* f ‖ *Hemmungslosigkeit* f ‖ ~ *de orina* ⟨Med⟩ *unwillkürlicher Harnabfluß* m ‖ **–tinente** *adj unenthaltsam, unkeusch* ‖ *hemmungslos* ‖ *an Harnabfluß leidend* ‖ **–tinenti** lat*,* **–tinente(mente)** *adv unverzüglich, sogleich* ‖ *auf der Stelle* ‖ **–trastable** *adj unwiderstehlich* ‖ *unerschütterlich* ‖ *unumstößlich*
incontro|lable *adj unkontrollierbar, nicht nachprüfbar* ‖ *nicht beherrschbar* ‖ **–vertible** *adj unbestreitbar* ‖ **–vertido** *adj unbestritten*
incon|venible *adj nicht passend, nicht angezeigt* ‖ **–veniencia** *f Unschicklichkeit, Ungehörigkeit* f ‖ *Unannehmlichkeit, Schwierigkeit* f ‖ *fam Schattenseite* f ‖ **–veniente** *adj unschicklich, ungebührlich* ‖ *zweckwidrig* ‖ *adv:* ~**mente** ‖ ~ m *Miß-, Übel|stand* m ‖ *Nachteil* m ‖ *Unannehmlichkeit* f*, Hindernis* n ‖ *Schwierigkeit* f*, fam Schattenseite* f*, fam Haken* m ‖ *sin* ~ alg*. unbeanstandet, ohne Schwierigkeit* ‖ ◊ *acarrear (od causar)* ~**s** *Unannehmlichkeiten nach sich ziehen* ‖ *remediar un* ~ *e–m Übel(stand) abhelfen* ‖ *no tengo* ~ *(*en ello*) ich habe nichts dagegen (einzuwenden)* ‖ *ich bin nicht abgeneigt* ‖ **–versable** *adj ungesellig* ‖ **–vertibilidad** *f* ⟨Com⟩ *Nichtkonvertierbarkeit* f ‖ **–vertible** *adj nicht konvertierbar, umwechselbar* ‖ *unverwandelbar*
incordi|ar *vt* pop *ärgern, belästigen* ‖ **–o** m ⟨Med⟩ = **bubón** ‖ *fig* pop *Ärger* m ‖ *unerträgliche Person* f
incor|poración *f Ein|verleibung, -reihung* f ‖ *Eingliederung* f ‖ *Vereinigung* f ‖ *Aufnahme* f *in e–e Gesellschaft* ‖ ~ *a filas* ⟨Mil⟩ *Aufnahme* f *in das Heer* ‖ *Antritt* m *des Waffendienstes* ‖ *Einberufung* f ‖ ⟨Tech⟩ *Einbau* m ‖ **–porado** m ⟨Mil⟩ *Einberufene(r), Dienstpflichtige(r)* m ‖ **–poral** *adj* = **–póreo** ‖ *adv:* ~**mente** ‖ **–porar** *vt einverleiben* ‖ *einfügen* ‖ *eingliedern* ‖ *vereinigen (mit)* ‖ *(in e–e Gesellschaft) aufnehmen* ‖ ⟨Mil⟩ *ins Heer einstellen* ‖ *einziehen (Rekruten)* ‖ *aufrichten (Körper)* ‖ ⟨Tech⟩ *ein|bauen, -verleiben* ‖ ◊ ~ *a (od con,* en*) et einverleiben (*dat*), aufnehmen (in* acc*)* ‖ ~**se** *sich einverleiben, sich anschließen (*a *an* acc*)* ‖ *sich vereinigen (mit)* ‖ *den Körper aufrichten, sich aufrichten* ‖ *antreten (Amt)* ‖ ⟨Mil⟩ *sich anschließen (an e–e Truppe)* ‖ *s–n Dienst antreten* ‖ ◊ ~ *a (*las*) filas in die Wehrmacht (*od *in die Streitkräfte) eintreten* ‖ **–poreidad** *f Unkörperlichkeit* f ‖ **–póreo** *adj unkörperlich* ‖ *immateriell (Güter)*
incorrec|ción *f Fehlerhaftigkeit, Unrichtigkeit* f ‖ *Unhöflichkeit, Unkorrektheit* f ‖ *unkorrektes Benehmen* n ‖ *Verstoß* m ‖ *fig Fehler, Irrtum* m *(Buch)* ‖ ◊ *cometer una* ~ *gegen den Anstand verstoßen* ‖ **–to** *adj fehlerhaft, unrichtig* ‖ *unhöflich, unkorrekt, nicht korrekt* ‖ *unvorschriftsmäßig*
incorregi|bilidad *f Unverbesserlichkeit* f ‖ **–ble** *adj unverbesserlich* ‖ *verstockt*
incorrosible *adj korrosions|fest, -beständig*
incorrup|tibilidad *f Unverderblichkeit* f ‖ *fig Unbestechlichkeit* f ‖ **–tible** *adj unverderblich* ‖

fig *unbestechlich* || **-to** adj *unverdorben, unverwest* || fig *unbestechlich* || fig *unbescholten* || fig *unverdorben, jungfräulich*
Incoterms *mpl* ⟨Com⟩ *Incoterms* pl (Abk. f. International Commercial Terms)
increado adj *unerschaffen*
increción *f* ⟨Physiol Med⟩ *Inkretion, innere Sekretion* f
incre|dibilidad *f Unglaub|haftigkeit, -würdigkeit* f || **-dulidad** *f Ungläubigkeit* f, *Unglaube* m || *Mißtrauen* n || → **escepticismo**
incrédulo adj/s *ungläubig* || *mißtrauisch*
increíble adj *unglaublich* || fig *unerhört*
incremen|tar vt *wachsen lassen* || *vermehren* || *verstärken* || *erhöhen* || **-to** *m Anwuchs, Zuwachs* m || *Wachstum* n, *Zunahme* f || *Steigerung, Erhöhung* f || ⟨Li Math⟩ *Inkrement* n || ~ de la cifra de negocios *Umsatzerweiterung* f || ~ de valor *Wertaufstockung* f || tomar ~ *zunehmen*
incre|pación *f scharfer Verweis* m || **-par** vt *zurechtweisen, (aus)schelten, rügen, herunter|machen, -putzen*
incrimi|nación *f An-, Be|schuldigung* f || **-nar** vt *an-, be|schuldigen, bezichtigen* (a alg. de a. jdn e-r Sache) || ~**se** vr *sich selbst bezichtigen*
incruento adj *unblutig (Opfer)*
incrus|tación *f Inkrustation, Verkrustung, Krustenbildung* f || *Steinkruste, Übersinterung* f || *Kesselstein* m || *Belag* m || ⟨Arch⟩ *eingelegte Verzierung* f || *Kesselsteinbildung* f || *Einlegen* n || ⟨Geol⟩ *Inkrustation, Ablagerung* f || ⟨Bgb⟩ *Druse, Geode* f || ⟨Chir⟩ *Schorfbildung* f || ⟨Med⟩ *Einlagerung* f || con ~es de nácar *mit Perlmutter eingelegt* || **-tado** adj *eingelegt* || ⟨Bot⟩ *eingewachsen* || ~ en el asiento fig *wie angenagelt sitzend* || ~ m *eingelegte Arbeit* f || **-tar** vt *(mit Holz, Metall usw) aus-, be|legen, inkrustieren* || *überziehen, verkleiden* (con mit dat) || *einbetten* || ⟨Arch⟩ *mit Inkrustationen verzieren* || ~**se** vr *sich mit e-r Kruste (bzw mit Kesselstein) überziehen* || *sich ansetzen* || *verkrusten* || ⟨Min⟩ *sich überkrusten* || fig *sich festsetzen, sich einfressen (Ansicht, Meinung)* || *sich einnisten (& Person)* || aguas –tantes *absetzende Gewässer* npl
incu|bación *f Brüten* n, *Ausbrütung* f || *Brutzeit* f || ~ artificial *künstliche Brut* f || ⟨Med⟩ *Inkubation, Bebrütung* f || fig *Vorbereitung* f || *horno de ~ Brutofen* m || *período de ~ Brutzeit* f || *Entwicklungs-, Inkubations|zeit* f (e-r Krankheit) || **-badora** *f Brutofen* m || *Brutapparat* m || ~ infantil ⟨Med⟩ *Inkubator* m || **-bar** vt *ausbrüten* || ~ vi *brüten (Henne)*
íncubo *m Inkubus, Buhlteufel* m (→ a **súcubo**) || fig *Alp (drücken* n) m
incuestionable adj *fraglos, unbestreitbar*
incul|cación *f Einprägung* f || **-car** [c/qu] vt *ein|schärfen, -prägen* || *lehren* || *ein|trichtern, -pauken* || fig *beibringen* || ◊ ~ en el ánimo *dem Geiste einprägen* || ~**se** en fig *hartnäckig beharren auf* (dat)
inculpa|bilidad *f Schuldlosigkeit* f || *veredicto de ~* ⟨Jur⟩ *Freispruch* m *(der Geschworenen)* || **-ble** adj ⟨Jur⟩ *schuldlos, unschuldig* || *unsträflich* || **-ción** *f* ⟨Jur⟩ *Anschuldigung* f || *Beschuldigung* f || **-do** *m Angeklagte(r), Beschuldigte(r)* m
inculpar vt *an-, be|schuldigen, anklagen*
incul|tivable adj *nicht kultivierbar* || ⟨Agr⟩ *nicht anbaufähig* || **-tivado** adj *unbebaut (Land)* || **-to** adj *unbebaut, öde (Gelände)* || fig *roh, unausgebildet* || fig *ungepflegt* || fig *unkultiviert* || **-tura** *f Unbildung, Roheit* f || *Unkultur* f || *Mangel* m *an geistiger Entwicklung(sfähigkeit)*
incum|bencia *f Obliegenheit, Pflicht* f || *Zuständigkeit* f, *Ressort* n || ◊ no es asunto de mi ~ *das geht mich nichts an* || *das fällt nicht in mein Ressort* || **-bir** vi *obliegen* || ◊ eso no me incumbe *das geht mich nichts an* || nos incumbe este deber *diese Pflicht obliegt uns*

incumpli|do adj *unerfüllt* || **-miento** *m Nichterfüllung* f || *Nichteinhaltung* f (e-r Frist) || *Verletzung* f (e-s Vertrages) || *Zuwiderhandlung* f
incunable *m*/adj *Inkunabel* f, *Wiegendruck* m
incura|bilidad *f Unheilbarkeit* f || **-ble** adj *unheilbar* || fig *unverbesserlich, verstockt* || *hospital de (los) ~s Siechenheim* f *für unheilbar Kranke* || **-do** adj *ungeheilt*
incur|ia *f Sorglosigkeit, Fahr-, Nach|lässigkeit* f || *Schlamperei* f || **-ioso** adj *sorglos, fahr-, nach|lässig* || *schlampig*
incurrir [pp & irr *incurso*] vi *verfallen, geraten* (en *in* acc) || *Am sich hinreißen lassen (zu)* || ◊ ~ en contradicciones *sich in Widersprüche verwickeln* || ~ en un descuido *sich ein Versehen zuschulden kommen lassen* || ~ en falta *e-n Fehler begehen* || ⟨Rel⟩ *in Sünde verfallen* || ~ en una multa *mit e-r Geldstrafe bestraft werden* || ~ en murmuraciones *ins Gerede kommen* || ~ en odio *sich Haß zuziehen* || ~ en responsabilidad *verantwortlich gemacht werden* (por *wegen* gen)
incursión *f Einfall, Streifzug* m || ⟨Flugw⟩ *Einflug* m || ⟨Sp⟩ *Angriff* m
incur|vación *f Biegung* f || ⟨Biol Med⟩ *(Ver-) Krümmung* f || **-var** vt *biegen* || *krümmen* || *einbuchten*
ind. Abk = **individual** || **indicativo**
inda|gación *f Nachforschung* f || *Untersuchung* f || *Ermittlung* f || *Erforschung* f *(der Vaterschaft)* || **-gador** *m (Er)Forscher* m || **-gar** [g/gu] vt/i *aufsuchen* || *nachspüren* || *erforschen, forschen nach* (dat) || *auskundschaften* || *ermitteln* || *untersuchen* || *(nach)fragen (de bei* dat) || ◊ ~ el paradero de alg. *jds Aufenthaltsort ermitteln* || **-gatoria** *f* ⟨Jur⟩ *richterliche Vernehmung* f || *(uneidliche) Aussage* f *des Angeklagten* || *Vernehmung* f *zur Person* || **-gatorio** adj *Vernehmungs-, Untersuchungs-, Ermittlungs-*
Indalecio *m* span. *Taufname* f: ~**a** *f*
indantrenos *mpl* ⟨Chem⟩ *Indanthrene* npl *(blaue Indanthrenfarbstoffe)*
inde|bido adj *un|gebührlich, -gehörig* || *ungerechtfertigt* || *rechtswidrig* || *nicht geschuldet* || *unrichtig* || adv: ~**amente** || **-cencia** *f Unanständigkeit, Anstößigkeit* f || *Ungebührlichkeit* f || *gemeiner Ausdruck* m || *Zote* f || figf *Gemeinheit* f || **-cente** adj *unanständig, unverschämt, schamlos* || *ungebührlich* || fam *gemein* || fam *unmöglich* || adv: ~**mente** || **-cible** adj *unsäglich, unsagbar* || *unaussprechlich* || adv: ~**mente**
indeci|sión *f Unentschlossenheit, Unschlüssigkeit* f || *Wankelmut* m || fig *Un|bestimmtheit, -genauigkeit, -klarheit* f || *Unentschiedenheit* f || **-so** adj *unentschlossen, unschlüssig* || *unbestimmt, unklar, ungenau* || *unentschieden* || *ungelöst* || ~ en *(od* para) obrar *unschlüssig handelnd* || ◊ estar *(od* quedar) ~ *unentschieden sein*
indeclinable adj *unumgänglich* || *unentrinnbar* || ⟨Gr⟩ *nicht beugungsfähig, undeklinierbar, indeklinabel* (→ a **invariable**)
indeco|ro *m Taktmangel* m || *mangelnde Würde* f || **-roso** adj *unanständig, unziemlich* || *unrühmlich* || *schändlich* || *würdelos*
indefectible adj *unaufhörlich* || *unausbleiblich* || *unvergänglich* || fig *treu, unwandelbar (Freundschaft, Liebe)* || adv: ~**mente**: *unfehlbar, mit absoluter Sicherheit*
indefen|sible, -sable, -dible adj *unhaltbar, nicht zu verteidigen* || *nicht aufrechtzuerhalten (Entscheidung)* || **-sión** *f Wehrlosigkeit* f || *Verteidigungslosigkeit* f || **-so** adj *wehrlos, ohne Schutz* (a *gegen*) || ⟨Mil⟩ *verteidigungslos, nicht verteidigt*
indefi|nible adj *undefinierbar, nicht definierbar, unbestimmbar* || fig *unbeschreiblich* || fig *geheimnisvoll* || **-nido** adj *unbestimmt* || *unerklärt* || *unbegrenzt* || ⟨Gr⟩ *unbestimmt (Artikel)* || *por tiempo ~ auf unbestimmte Zeit* || *auf immer*

indeformable adj *form\beständig, -treu, nicht verformbar* ‖ *unverwüstlich*
indehiscente adj ⟨Bot⟩ *undehiszent, nicht aufspringend (Fruchthülle)* ‖ fruto ~ *Schließfrucht* f
indeleble adj *unauslöschlich* ‖ *nicht zu entfernen(d) (Fleck, Zeichen)* ‖ *kuß\echt, -fest (Lippenstift)* ‖ *un(ver)tilgbar* ‖ *unauslöschlich, unvergänglich (Erinnerung)*
inde\legable adj *nicht übertragbar, nicht delegierbar* ‖ **–liberado** adj *unüberlegt*
indelica\deza f *Mangel m an Zartgefühl* ‖ *Taktlosigkeit* f ‖ **–do** adj *un\zart, -fein* ‖ *takt-, rücksichts\los*
indemne adj *schadlos, heil* ‖ ◊ salir ~ de un accidente *bei e–m Unfall nicht zu Schaden kommen*
indemni\dad f *Schadloshaltung, Entschädigung* f ‖ ⟨Jur Pol⟩ *Indemnität* f ‖ **–zable** adj *entschädigungsfähig* ‖ **–zación** f *Entschädigung, Schadloshaltung* f ‖ *Schadenersatz* m ‖ *Ausgleich* m ‖ *Abfindung* f ‖ ~ por accidente *Unfallentschädigung* f ‖ ~ por daños y perjuicios *Schadenersatz* m ‖ ~ de guerra *Kriegsentschädigung* f ‖ ~ por incumplimiento *Schadenersatz* m *wegen Nichterfüllung* ‖ ~ de separacion *Trennungszulage* f ‖ pleito de ~ *Entschädigungsklage* f ‖ en calidad (od a título) de ~ *als Entschädigung* f ‖ ◊ pretender (od exigir) ~ de daños y perjuicios *Entschädigungsansprüche geltend machen* ‖ tener derecho a ~ *Ersatzanspruch haben* ‖ **–zar** [z/c] vt *entschädigen, schadlos halten (de für acc)* ‖ *erstatten, ersetzen* ‖ *vergüten* ‖ ~ a alg. *jdn entschädigen* ‖ *jdn abfinden* ‖ **~se** *sich schadlos halten* ‖ ◊ quedar (od estar) **–zado** *entschädigt werden*
indemostrable adj *nicht beweisbar*
indentación f *Aus\zahnung, -zackung* f ‖ *Einbuchtung* f
indepen\dencia f *Unabhängigkeit* f ‖ *Selbständigkeit* f ‖ *Freiheitsdrang* m ‖ *Freiheit* f ‖ guerra de la ~ (⁂) *Freiheitskrieg* m ‖ span. *Unabhängigkeitskrieg (1808–1814)* ‖ **–derse** vr Am = **–dizarse** ‖ **–diente** adj *unabhängig, keiner Partei angehörend* ‖ *selbständig* ‖ *frei, ungebunden* ‖ *mit eigenem Eingang (Zimmer, Wohnung)* ‖ ~ de todos *von niemandem abhängig* ‖ ~ de eso *abgesehen davon* ‖ ◊ hacerse ~ *unabhängig werden* ‖ **–dista** adj/s Am *Unabhängigkeits-, Freiheits-* ‖ ~ m Am *Kämpfer* m *für die Unabhängigkeit* ‖ *Freiheitskämpfer* m ‖ **–dizar** [z/c] vt *unabhängig machen, verselbständigen* ‖ *befreien (de von dat)* ‖ **~se** vr *selbständig werden* ‖ *die Freiheit erringen, sich freimachen*
inderoga\bilidad f *Unabdingbarkeit* f ‖ **–ble** adj *un\abdingbar, -aufhebbar*
indescifrable adj *unentzifferbar* ‖ *unleserlich* ‖ *rätselhaft*
indescriptible adj *unbeschreiblich*
indeseable adj/s *unerwünscht* ‖ *lästig* ‖ ~ m/f fam *unerwünschte Person* f
indes\gastable adj *verschleißfest* ‖ **–mallable** adj ⟨Web⟩ *maschenfest* ‖ **–montable** adj *nicht abmontierbar*
indestructi\bilidad f *Unzerstörbarkeit* f ‖ **–ble** adj *unzerstörbar*
indetermi\nable adj *unbestimmbar* ‖ **–nación** f *Unbestimmtheit* f ‖ *Un\schlüssigkeit, -entschlossenheit* f ‖ **–nado** adj *unbestimmt* ⟨& Math⟩ ‖ *un\schlüssig, -entschlossen* ‖ ⟨Philos⟩ *undeterminiert* ‖ **–nismo** m ⟨Philos⟩ *Indeterminismus* m
index m = **indice**
indezuelo m → **indio**
India f *Indien* ‖ ~ Francesa ⟨Hist⟩ *Indochina* ‖ ~ Holandesa ⟨Hist⟩ *Holländisch-Indien* ‖ Inglesa ⟨Hist⟩ *Britisch-Indien* ‖ las **~s** pl ⟨Hist⟩ *Spanisch-Amerika* ‖ las ~ Occidentales *Westindien* ‖ las ~ Orientales *Ostindien* ‖ Consejo de ~ ⟨Hist⟩ *Indienrat* m ‖ **⁂** *Indianerin* f ‖ *Inderin* f

india\da f Am *Indianer(volk* n*)* mpl ‖ *Menge* f *Indianer* ‖ *Indianerstreich* m ‖ Chi *heftiger Zornausbruch* m ‖ **–na** f ⟨Web⟩ *Zitz, feiner Kattun* m ‖ **–nismo** m ⟨Pol⟩ *indianische Bewegung* f ‖ *Förderung* bzw *Bevorzugung* f *der indianischen Kultur* ‖ *Indianertum* n ‖ *Indienkunde* f ‖ *indische Spracheigentümlichkeit* f ‖ **–nista** adj/s *indianerkundlich* ‖ *Indianer-* ‖ *indienkundlich* ‖ ~ m ⟨Pol⟩ *Förderer* m *der Indianerkultur* bzw *des Indianersubstrats* ‖ *Indianerforscher* m ‖ *Indologe* m
india\no adj *indianisch* ‖ *indisch* ‖ *hindustanisch* ‖ en fila ~a fig im *Gänsemarsch* ‖ ~ m *Indianer* m (→ **indio**) ‖ fig *(in Amerika reich gewordener und heimgekehrter) Spanier* m ‖ **–zo** m augm v. **indio**
indi\cación f *Anzeige* f ‖ *Angabe* f ‖ *Anweisung* f ‖ *Kennzeichen, Merkmal* n ‖ *(An)Zeichen* n ‖ *Auskunft* f ‖ *Hinweis, Fingerzeig, Wink* m, *Andeutung* f ‖ *Vermerk* m ‖ ⟨Med⟩ *Indikation, Heilanzeige* f ‖ ~ de lugar *Ortsangabe* f ‖ ~ de origen *Ursprungsvermerk* m ‖ ~ de procedencia *Herkunftsbezeichnung* f ‖ por ~ de *auf Anregung von* ‖ salvo ~ en contrario *falls nicht anderes angegeben ist* ‖ **–cado** adj *geeignet, passend* ‖ *angezeigt* ‖ *indiziert (Heilverfahren)* ‖ lo más ~ *(para tal propósito) das zweckmäßigste*
indicador m/adj *An\geber, -zeiger* m ‖ *Anzeige-, Meß\gerät* n, *Zeiger* m ‖ ⟨Tel⟩ *Zeichengeber, Indikator* m ‖ ⟨Chem Tech⟩ *Indikator* m ‖ *Maßstab* m ‖ *Kursbuch* n ‖ *Verzeichnis* n ‖ poste ~ *(Fahrt)Richtungsanzeiger* m ‖ *dispositivo* ~ ⟨El⟩ *Zeigervorrichtung* f ‖ ~ de (cambio de) dirección ⟨StV⟩ *Fahrtrichtungsanzeiger* m ‖ ~ de calles *Straßenverzeichnis* n ‖ ~ de camino *Wegweiser* m ‖ ~ de comercio *Adreßbuch* n ‖ ~ de esencia, ~ de gasolina ⟨Aut⟩ *Benzinuhr* f ‖ ~ de grisú ⟨Bgb⟩ *Schlagwetteranzeiger* m ‖ ~ de ferrocarriles ⟨EB⟩ *Semaphor* m ‖ ~ de nivel de agua *Wasserstandszeiger, Pegel* m ‖ flecha ~a *Richtpfeil* m
indi\car vt [c/qu] *an\zeigen, -deuten* ‖ *angeben* ‖ *weisen (Weg)* ‖ *bezeichnen* ‖ *bekanntmachen* ‖ *zu erkennen geben* ‖ *bezeichnend* ‖ *richtung\gebend, -weisend* ‖ ◊ ~ como domicilio ⟨Com⟩ *als Erfüllungsort angeben (Firma)* ‖ **–cativo** adj *an\zeigend, -deutend* ‖ *bezeichnend* ‖ *richtung\gebend, -weisend* ‖ ◊ (modo) ~ ⟨Gr⟩ *Indikativ* m ‖ ~ m *Kenn\buchstabe* m bzw *-zeichen* n *(e–r Station)* ‖ ⟨Radio⟩ *Pausenzeichen* n ‖ ⟨TV⟩ *Erkennungszeichen* n
indicción f ⟨Kath⟩ *Einberufung* f *(zum Konzil, zur Synode)*
indice m *Merkmal, Anzeichen* n ‖ *Zeigefinger* m ‖ *Uhrzeiger* m ‖ *Stab* m *(der Sonnenuhr)* ‖ ⟨Tel⟩ *Zeiger* m ‖ *Inhaltsverzeichnis* n ‖ *Katalog* m *(e–r Bibliothek)*, p. ex *Katalogsaal* m ‖ *Register* n ‖ *Tabelle* f ‖ ⟨Com Math⟩ *Index* m ‖ ⟨Math⟩ *Kennziffer* f *der Logarithmen* ‖ ⟨Math (Wurzel)Exponent* m ‖ ⟨Math Tech⟩ *Kennziffer* f ‖ *Richtzahl* f ‖ ⟨Kath⟩ *Index* m ‖ ~ de acidez *Säurezifffer* f ‖ ~ alfabético *alphabetisches Register* n ‖ ~ del coste de la vida *Lebens\kostenindex, -haltungsindex* m ‖ ~ estadístico *statistische Kennziffer* f ‖ ~ expurgatorio ⟨Kath⟩ *Index* m *(librorum prohibitorum), Verzeichnis* n *der verbotenen Bücher* ‖ ~ de materias *Sachregister* n ‖ ~ de octano *Oktanzahl* f *(Maß für die Klopffestigkeit)* ‖ ~ pluviométrico *Regenindex* m ‖ ~ de refracción ⟨Opt⟩ *Brechungsindex* m ‖ ◊ poner en el ~ *auf den Index setzen (Buch, Person)*, fig *auf die schwarze Liste setzen* ‖ fig *ächten, in Acht und Bann tun* ‖ *verbieten* ‖ ~ adj: dedo ~ *Zeigefinger* m
indici\ado adj/s ⟨Jur⟩ *jd, gegen den die Indizien sprechen* ‖ *verdächtig* ‖ **–ar** vt *aus den Indizien überführen* ‖ *schließen lassen (auf* acc*)*, *hinweisen auf* (acc) ‖ **–ario** adj *Indiz(ien)-* ‖ prueba ~a *Indizienbeweis* m ‖ **–o** m *(An, Kenn-*

Zeichen n (de *für* acc, *von* dat) || fig *Vorbote* m || ~**s** mpl ⟨Jur⟩ *Indizien* npl
índico adj *indisch* || Océano ≃ *Indischer Ozean* m
indiecillo m dim v. **indio**
indiferen|cia f *Gleichgültigkeit* f, *Teilnahmslosigkeit* f || *Kaltsinn* m || ⟨Phys⟩ *Indifferenz* f || con ~ *gleichgültig* (a, [para] con *gegenüber* dat) || *teilnahmslos* || **-te** adj *gleichgültig* || *kaltsinnig, teilnahmslos* || **-temente** adv *gleichgültig* || *in gleicher Weise* || *unterschiedlos* || **-tismo** m ⟨Rel⟩ *Gleichgültigkeit* f, *Indifferentismus* m
indigena adj *eingeboren* || *einheimisch* || producción ~ *einheimische Produktion* f || ~ m *Eingeborene(r)* m || bes iron *Einheimische(r), Inländer* m
indigenato m *Heimatsrecht* n || *Staatsangehörigkeit* f || *eingesessene Bevölkerung* f || *derecho de* ~ *Bürgerrecht* n || fe de ~ *Heimatsschein* m
indigencia f *Armut, (Be)Dürftigkeit, Not* f || ~ *espiritual,* ~ *mental geistige Armut* f
indigenismo m *Am „Indigenismo"* m *(politisch-kulturelle Bewegung, die das indianische Element fördert* bzw *über den Weißen stellt)*
indigente adj/s *arm, (be)dürftig, unbemittelt*
indigerible adj *unverdaulich*
indiges|tarse vr *schwer im Magen liegen* (& fig), *nicht bekommen* || ◊ *se me indigestó la carne das Fleisch liegt mir schwer im Magen* || *se me indigestó ese hombre* figf *dieser Mensch liegt mir im Magen* || **-tible** adj *unverdaulich* || **-tión** f *schlechte Verdauung* f || *(leichte) Verdauungsstörung, Indigestion* f || *Unverdaulichkeit* f || figf *Über|sättigung* f, *-druß* m || ◊ *tener una* ~ *e–n verdorbenen Magen haben* || *coger (od contraer) una* ~ *sich den Magen verderben* || **-to** adj *unverdaulich* (& fig) || fig *mürrisch, unleutselig, barsch*
indig|nación f *Entrüstung, Erzürnung, Empörung* f || *Zorn, Unwille* m || **-nante** adj *empörend* || **-nar** vt *empören, in Empörung versetzen, aufbringen, böse machen* || ~**se** *unwillig, böse werden, sich entrüsten* || ◊ ~ de *(od* por) a. *sich wegen e–r S. erzürnen* || ~ con *(od* contra) alg. *sich über jdn entrüsten* || **-nidad** f *Unwürdigkeit* f || *Niederträchtigkeit* || *schändlicher Streich* m || *Ehrverlusterklärung* f || ~ *sucesoria* ⟨Jur⟩ *Erbunwürdigkeit* f || **-no** adj *unwürdig, e–r S. nicht wert* || *unehrenhaft* || *niederträchtig, schmählich* || ◊ es un proceder ~ *es ist e–e schnöde Handlungsweise*
índigo m/adj *Indigo* m/n || *Indigoblau* n || el ~ del firmamento fig *der indigoblaue Himmel* || → **añil**
indino adj pop = **indigno**
¹**indio** adj *indisch* || *indianisch* || fig *roh* || en fila ~a fig *im Gänsemarsch* || ~ m *Inder* m || *Indianer* m || *indianische Sprache* f || fig *geriebener Kerl* m || fig *roher Mensch* m || ⟨Chem⟩ *Indium* n || ◊ hacer el ~ figf *sich toll benehmen, fam blödeln* || ¿es que somos ~s? figf *sind wir vielleicht blöd? mit uns nicht!*
²**indio** adj *blau*
indió|filo adj/s *indianerfreundlich* || **-fobo** adj/s *indianerfeindlich*
indirecta f fam *Fühler, Wink* m, *Anspielung* f || *Andeutung* f || *Stichelrede* f || ◊ echar, (tirar, soltar) ~s fam *(bissige) Anspielungen machen* || ¡vaya ~! figf *das ist ja ein Wink mit dem Zaunpfahl!*
indirec|tamente adv *auf Schleichwegen* || fam *durch die Blume* || **-to** adj *mittelbar, indirekt*
indiscipli|na f *Zucht-, Disziplin|losigkeit* f || fig *Ungehorsam* m || **-nado** adj *zuchtlos, undiszipliniert* || *ungehorsam* || **-narse** vr *zuchtlos werden* || *sich wider Zucht und Ordnung (od wider die Disziplin) auflehnen* || *ungehorsam werden* bzw *sein*

indiscre|ción f *Un|bedachtsamkeit, -klugheit* f || fig *unbedachtsame Äußerung* f || *Vertrauensbruch* m, *Indiskretion* f || *Auf-, Zu|dringlichkeit* f || *Taktlosigkeit* f || fig *Neugier* f || *Schwatzhaftigkeit* f || **-to** adj *unbedachtsam, unvorsichtig, indiskret* || *vorwitzig, unbescheiden* || *taktlos* || *auf-, zu|dringlich* || *neugierig* || *schwatzhaft* || ◊ ¿sería ~ preguntar si...? *dürfte ich vielleicht fragen, ob...?*
indisculpable adj *un|entschuldbar, -verzeihlich*
indis|cutible adj *unbestreitbar* || ◊ es un hecho ~ *es ist e–e feststehende Tatsache* || *es unterliegt keinem Zweifel* || **-cutido** adj *un|bestritten, -zweifelhaft*
indisolu|bilidad f *Unauflösbarkeit* f || **-ble** adj *un(auf)löslich* || fig *unauflösbar* || fig *unzertrennlich*
indis|pensable adj *unerläßlich, unumgänglich* || *unentbehrlich* || *unabkömmlich* || ◊ es ~ que V. venga *Sie müssen unbedingt kommen* || nadie es ~ *niemand ist unentbehrlich* || lo ~ *das Allernotwendigste* || **-poner** [irr → poner] vt *außerstande setzen, unfähig machen* || *abgeneigt machen* || *entzweien, verfeinden* (con *mit* dat) || *verstimmen* || *unwohl, krank machen* || ~**se** *kränklich, unpäßlich werden* || *sich entzweien, sich verfeinden* (con *mit* dat) || *ärgerlich werden* || **-ponible** adj *unverfügbar* || *unabkömmlich* || **-posición** f *Unfähigkeit, Untüchtigkeit* f || *Unpäßlichkeit* f, *Unwohlsein* n || **-puesto** part pass v. **poner** *unpäßlich, unwohl* || *auf schlechtem Fuß stehend* (con *mit* dat) || fig *verstimmt* || *ungehalten* || *nicht aufgelegt* (para *zu* dat) || ◊ sentirse ~ *sich unwohl fühlen* || **-putable** adj = **indiscutible** || **-tintamente** adv *ohne Unterschied* || *undeutlich* || **-tinto** adj *un|deutlich, -klar* || *nicht verschieden*
indivi|duación f ⟨Philos Psychol Wiss⟩ *Individuation* f || ⟨Jur⟩ *Spezifizierung* f || = **-dualización** || **-dual** adj *persönlich* || *einzeln* || *individuell* || Am *identisch, sehr ähnlich* || adv: ~**mente** || **-dualidad** f *Persönlichkeit, Individualität* f || *Eigenart* f || *Besonderheit, Eigentümlichkeit* f || fig *Einzelperson* f || **-dualismo** m *Individualismus* m || **-dualista** m/adj *Individualist* m || ~ adj *individualistisch* || **-dualización** f *Individualisierung* f || **-dualizar** vt *individualisieren* || *für sich betrachten* || *einzeln behandeln* || **-duar** vt *spezifizieren* || = **-dualizar**
individuo adj = **individual** *unteilbar, ungeteilt* || *individuell* || ~ m *Individuum, Einzelwesen* n || *Einzelne(r)* m, *Person* f || *Mitglied* n *(e–r gelehrten Gesellschaft)* || desp *Individuum, Subjekt* n || ◊ cuidar del ~ fam *für seine Person sorgen*
indivi|sibilidad f *Unteilbarkeit* f || **-sible** adj *unteilbar* || **-sión** f *Ungeteiltheit* f || ⟨Jur⟩ *Gemeinschaft* f || **-so** adj *ungeteilt, ungetrennt, Gesamt-* || pro ~ ⟨Jur⟩ *gemeinschaftlich, zur gesamten Hand*
indo m/adj *Inder* m || *indisch* || el ≃ *der Indus* m *(Fluß)* || ~ adj *indisch*
Indó m fam = **Pedro** (Tfn) || ~ f fam = **Casilda** (Tfn)
indoario adj = **indoeuropeo**
in|dócil adj *unlenksam* || *unbeugsam* || *halsstarrig* || **-docilidad** f *Unlenksamkeit* f || *Unbeugsamkeit* f || *Starrsinn* m || **-docto** adj *ungelehrt, ungebildet* || *unwissend* || **-documentado** adj *ohne Dokumentation, ohne Ausweispapiere* || *nicht ausgewiesen* || fig *wenig bekannt (Person)* || figf *unwissend, unkundig*
Indo|china f ⟨Hist⟩ *Indochina* n || ⇌**no** adj/s ⟨Hist⟩ *indochinesisch*
indo|europeo, -gérmanico adj/s *indo|europäisch, -germanisch* || ~**s** mpl: los **-europeos** *die Indogermanen* mpl
índole f *Gemütsart, Denkart* f, *Charakter* m, *Naturell* n || *Wesen* n || *Veranlagung* f || de tal

indolencia — ineptitud

~, de esta ~ *dieser Art, derartig* || de variada ~ *allerhand*
indolen|cia *f Trägheit, Lässigkeit* f || *Gleichgültigkeit, Interesselosigkeit, Uninteressiertheit* f || *Empfindungslosigkeit* f || **Indolenz** f || con ~ *sorglos, nachlässig* || **-te** adj *lässig, träge, sorglos* || *gleichgültig* (para con *gegen*)
indoloro adj *schmerzlos*
indoma|bilidad *f Unbändigkeit* f || **-ble** adj *unbändig, un(be)zähmbar* || *unbeugsam* || **-do** adj *un|gebändigt, -gezähmt*
indomesticable adj *unzähmbar, nicht zu zähmen(d)*
indómito adj *unbändig* || *ungebändigt*
indo|nésico adj, **-nesio** adj/s *indonesisch* || ~ *m Indonesier* m || *Indonesisches* n
Indos|tán *m Hindustan (Land)* || *Vorderindien* || ≈**tanés, esa** adj/s *aus Hindustan* || *hindustanisch* || *indisch (im Gegensatz zu pakistanisch)* || ~ *m Inder* m *(im Gegensatz zum Pakistaner)* || ≈**tánico** adj *hindustanisch* || ≈**taní** *m (moderne) hindustanische Sprache* f
ind.ˢ Abk = **individuales**
indu m/adj *Hindu*-
indubitable adj = **indudable**
inducción *f Anstiftung, Verleitung* f || *Folgerung, Herleitung* f || *Schlußfolgerung* f || *Veranlassung* f || ⟨Philos El⟩ *Induktion* f || ~ *electromagnética* ⟨El⟩ *elektromagnetische Induktion* f || *carrete de* ~ *Induktionsspule* f || *corriente de* ~ ⟨Phys⟩ *induzierter Strom, Induktionsstrom* m || *máquina de* ~ *Induktionsmaschine* f || *por* ~ *auf dem Induktionswege*
inducido m ⟨El⟩ *Anker, Läufer, Rotor, Stator, Ständer* m || ⟨Jur⟩ *Angestiftete(r)* m || *arrollamiento de* ~ ⟨El⟩ *Ankerwicklung* f || *corriente del* ~ ⟨El⟩ *Ankerstrom* m
indu|cir [-zc-, pret -je] vt *anstiften, verleiten, verführen* (a, en *zu* dat) || *veranlassen* (a *zu* dat) || *folgern* (de *aus* dat) || ⟨El⟩ *induzieren* || *Am provozieren* || *corriente* -cida *induzierter Strom, Induktionsstrom* m || ◊ ~ a (hacer) a. *bewegen, bringen (zu)* || ~ a error *irreführen, zum Irrtum verleiten*
induc|tancia *f* ⟨El⟩ *Induktanz* f, *induktiver Blindwiderstand* m || ~ *de arco* ⟨Filmw⟩ *Bogeninduktanz* f || ~ *primaria Primärinduktanz* f || ~ *de sintonización Abstimmungsinduktanz* f || **-tividad** *f* ⟨El⟩ *Induktivität* f || **-tivo** adj *verleitend* || *folgernd* || ⟨Philos Phys⟩ *induktiv* || *método* ~ *induktive Methode* f || **-tor** adj *anstiftend, verleitend* || ⟨El⟩ *induzierend* || *corriente* ~a ⟨El⟩ *Induktionsstrom* m || ~ *m Anstifter* m || ⟨El⟩ *Induktionsapparat, Induktor* m || →a **inducido**
indudable adj *unzweifelhaft, zweifellos* || adv: ~mente
indujo → **inducir**
indulgen|cia *f Nachsicht, Milde* f || *Schonung* f || *Langmut* f || *Nachgiebigkeit* f || ⟨Rel⟩ *Ablaß* m || ~ *plenaria* (Abk indulg. plen.) *vollkommener Ablaß* m || ◊ *proceder sin* ~ *schonungslos, unnachsichtig vorgehen (contra gegen)* || *suplicar (od implorar, pedir, solicitar)* ~ *um Nachsicht bitten* || *granjería (od tráfico) de* ~s *Ablaßhandel* m || **-ciar** vt *Ablaßgewähren*(dat) || **-te** adj *nachsichtig* || *nachgiebig* || *langmütig*
indul|tar vt *jdn begnadigen* || *freisprechen (von* dat*)* || *ausnehmen (von e—m Gesetz)* || ◊ ~ *de la pena de muerte jdm die Todesstrafe erlassen* || **-to** *m Begnadigung* f || *Gnadenerlaß* m || ⟨Rel⟩ *Indult* m || ~ *apostólico päpstlicher Indult* m || *derecho de* ~ *Begnadigungsrecht* n || →a **amnistía**
indumen|taria *f Kleidung* f || *(Volks)Tracht* f || *Trachtenkunde* f || **-tario** adj *Kleidungs*- || **-to** *m Kleid* n, *Kleidung* f
induración *f* ⟨Med⟩ *Verhärtung, Induration* f
industria *f Betriebsamkeit* f, *Fleiß* m || *Ge-*

schicklichkeit f || *(Gewerbe)Fleiß* m || *Industrie* f || *Gewerbe* n || *Betrieb* m || *Unternehmen* n || *Kunstfertigkeit* f || *Erfindungsgabe* f || *List, Schlauheit* f || ~ *algodonera Baumwollindustrie* f || ~ *automovilística,* ~ *del automóvil Kraftfahrzeug-, Auto(mobil)|industrie* f || ~ *básica Grundstoffindustrie* f || ~ *de bienes de consumo Konsum-, Verbrauchs|güterindustrie* f || ~ *de bienes de equipo Ausrüstungsindustrie* f || ~ *de bienes de producción Produktionsgüterindustrie* f || ~ *del carbón y del acero Montanindustrie* f || ~ *del calzado Schuhwarenindustrie* f || ~ *cárnica fleischverarbeitende Industrie* f || ~ *cervecera Brauindustrie* f || ~ *de la construcción Bauindustrie,-gewerbe* f || ~ *corchera Korkindustrie* f || ~ *extractiva extraktive Industrie* f || ~ *de fibras artificiales Kunstfaserindustrie* f || ~ *lanera Wollindustrie* f || ~ *del libro Buchgewerbe* n || ~ *ligera* (pesada) *Leicht-(Schwer)industrie* f || ~ *nacional,* ~ *del país einheimische Industrie* f || ~ *naval Schiffsbau(industrie* f*)* m || ~ *petrolera,* ~ *petrolífera Erdölindustrie* f || ~ *siderúrgica Eisen- und Stahl|industrie* f || ~ *textil Textilindustrie* f || ~ *de transformación verarbeitende Industrie* f || *caballero de* ~ *Glücks-, Industrie|ritter* m || *ramo de* ~ *Industriezweig* m || *de* ~ *mit Fleiß, absichtlich* || ~s *químicas chemische Industrie* f || ◊ *favorecer la* ~ *das Gewerbe fördern*
¹**industrial** adj *industriell, Industrie-, Gewerbe-* || *technisch* || *Werk(s)-* || *ácido láctico* ~ ⟨Chem⟩ *technische Milchsäure* f || *arte* ~ *Kunstgewerbe* n || *banco* ~ *Gewerbebank* f || *centro* ~ *Industriezentrum* n || *electricidad* ~ *Elektrizität* f *zu technischen Zwecken* || *empresa* ~ *Industrieunternehmen* n || *escuela* ~ *Gewerbeschule* f || *espionaje* ~ *Werkspionage* f || *explotación* ~ *Gewerbebetrieb* m || *exposición* ~ *Industrie-, Gewerbe|ausstellung* f || *producto* ~ *Gewerbeerzeugnis* n || *ramo* ~ *Industriezweig* m || *acciones* ~es *Industrie-, Gewerbe|aktien* fpl || *valores* ~es *Industriepapiere* npl
²**indus|trial** *m Industrielle(r), Gewerbetreibende(r)* m || *Fabrikant* m || **-trialismo** *m „Industrialismus"* m, *Vorherrschaft* f *der Industrie* || **-trialización** *f Industrialisierung* f || **-trializar** [z/c] vt ⟨Com⟩ *industrialisieren* || **-triar** vt *unter-, ab|richten* || ~se vr *sich zu helfen wissen* || **-trioso** adj *geschickt* || *erfinderisch* || *betriebsam* || *geschäftig, emsig, fleißig*
inecuación *f* ⟨Math⟩ *Ungleichung* f
inédito adj *noch unveröffentlicht (Buch)* || fig *urwüchsig, neu, originell* || *fam funkelnagelneu*
ine|ducación *f mangelnde Erziehung* bzw *Bildung* f || *Ungezogenheit* f || **-ducado** adj *unerzogen* || *ungezogen* || **-fable** adj *unaussprechlich, unsäglich* || *unbeschreiblich*
inefi|cacia *f Unwirksamkeit* f || *Wirkungslosigkeit* f || *Zwecklosigkeit* f || ~ *jurídica rechtliche Unwirksamkeit, Rechtsunwirksamkeit* f || **-caz** [*pl* **-ces**] adj *unwirksam* || *zwecklos*
inejecu|ción *f Nichtausführung* f || *Nichtvollstreckung* f || *Nichtvollstreckbarkeit* f || **-tabilidad** *f Unvollstreckbarkeit* f || **-table** adj *undurchführbar* || *nicht erfüllbar* || *unvollstreckbar*
inelegan|cia *f mangelnde Eleganz* f || *Taktlosigkeit* f || **-te** adj *unelegant* || *taktlos*
inelegi|bilidad *f Nichtwählbarkeit* f || **-ble** adj *nicht wählbar*
ine|luctable, -ludible adj *unumgänglich* || *unabwendbar, unentrinnbar*
inembarga|bilidad *f Unpfändbarkeit* f || **-ble** adj *unpfändbar* || *beschlagnahmefrei* || *k-m Embargo unterworfen*
inenarrable adj *unsäglich, unbeschreiblich* || *nicht wiederzugeben(d)*
inencogible adj ⟨Web⟩ *nicht einlaufend*
inep|cia *f Albernheit, Ungereimtheit* f || **-titud** *f Unfähigkeit, Ungeschicklichkeit* f || *Beschränkt-*

heit f ‖ **-to** adj/s *unfähig* ‖ *unzulänglich* ‖ *ungeeignet* ‖ *albern, blöd*
inequívoco adj *eindeutig*
inercia f *Untätigkeit* f ‖ fig *Stumpfheit* f ‖ fig *Energielosigkeit* f ‖ ⟨Phys⟩ *Beharrungsvermögen* n, *Trägheit* f ‖ ley de ~ *Trägheitsgesetz* n ‖ ~l adj ⟨Phys⟩ *Trägheits-, inertial*
△**inerín** m *Januar* m
inerme adj *waffenlos, unbewaffnet* ‖ fig *wehrlos* ‖ ⟨Zool⟩ *stachel-* ⟨Bot⟩ *dorn|los*
inerte adj *schwach, schlaff* ‖ *bewegungs-, regungs|los* ‖ fig *leblos, tot* ‖ fig u. ⟨Phys⟩ *träge* ‖ *inert (Gas)*
inerva|ción f ⟨Biol⟩ *Innervation* f ‖ **-do** adj *mit Nerven versorgt*
Inés f np *Agnes* f
ines|crutable adj *unerforschlich* ‖ *nicht zu erraten(d)* ‖ **-cudriñable** adj *unerforschlich*
inesperado adj *unverhofft, unerwartet* ‖ *plötzlich* ‖ adv: ~**amente**
inesta|bilidad f *Unbeständigkeit* f ‖ ⟨Phys⟩ *Labilität, Instabilität* f ‖ ⟨Med Psychol⟩ = **labilidad** ‖ **-ble** adj *unbeständig, wandelbar* ‖ *schwankend* ‖ ⟨Phys⟩ *instabil, labil* ‖ ⟨Chem⟩ *unbeständig* ‖ *unsicher (z. B. Frieden)* ‖ ◊ *estar en equilibrio* ~ fig *auf der Kippe stehen*
inestima|bilidad f *Nichtabschätzbarkeit, Unschätzbarkeit* f ‖ **-ble** adj *unschätzbar*
inevitable adj *unvermeidlich, unumgänglich* ‖ *unausbleiblich*
inexac|titud f *Ungenauigkeit, Unrichtigkeit* f ‖ *Nachlässigkeit* f ‖ *Fehler(haftigkeit* f*)* m ‖ **-to** adj *ungenau, unrichtig* ‖ *fehlerhaft, falsch* ‖ *unzuverlässig*
inex|cusable adj *un|entschuldbar, -verzeihlich* ‖ *unumgänglich* ‖ *zwingend* ‖ **-haustible** adj *unerschöpflich* ‖ **-hausto** adj *unerschöpft* ‖ **-igibilidad** f *Uneintreibbarkeit* f ‖ *Unverlangbarkeit* f ‖ *Unzumutbarkeit* f ‖ **-igible** adj *uneintreibbar, nicht einzutreiben(d) (z. B. Schuld)* ‖ *unverlangbar* ‖ *unzumutbar (Bedingung)* ‖ **-istencia** f *Nichtvorhandensein* n ‖ *Wesenlosigkeit* f ‖ *Nichtbestehen* n ‖ *Fehlen* n ‖ ⟨Jur &⟩ *absolute Nichtigkeit* f ‖ **-istente** adj *nicht vorhanden, nicht bestehend* ‖ *wesenlos* ‖ *absolut nichtig* ‖ fam *unwichtig* ‖ *wertlos, unbedeutend*
inexora|bilidad f *Unerbittlichkeit* f ‖ **-ble** adj *unerbittlich* ‖ fig *unbeirrbar*
inex|periencia f *Unerfahrenheit* f ‖ **-perimentado** adj *(noch) nicht erprobt* ‖ = **-perto** ‖ **-perto** adj/s *unerfahren* ‖ **-piabilidad** *Unsühnbarkeit* f ‖ **-piable** adj *unsühnbar* ‖ **-piado** adj *ungesühnt* ‖ **-plicable** adj *unerklärlich, unbegreiflich* ‖ fig *sonderbar, rätselhaft* ‖ **-plorable** adj *unerforschbar* ‖ **-plorado** adj *unerforscht (& fig)* ‖ **-plosible** adj *explosionssicher* ‖ **-plotable** adj *nicht auszubeuten(d)* ‖ *nicht verwertbar* ‖ ⟨Bgb⟩ *nicht abbaufähig* ‖ **-plotado** adj *unausgebeutet* ‖ *nicht in Betrieb (befindlich)* ‖ **-presividad** f *Ausdruckslosigkeit* f ‖ **-presivo** adj *ausdruckslos, nichtssagend* ‖ **-pugnable** adj ⟨Mil⟩ *uneinnehmbar* ‖ fig *unüberwindlich* ‖ **-tensibilidad** f *Un(aus)dehnbarkeit* f ‖ **-tensible** adj *un(aus)dehnbar, nicht (aus)dehnungsfähig* ‖ **-tenso** adj *ausdehnungslos* ‖ *unelastisch* ‖ **-tinguible** adj *nicht zu löschen(d)* ‖ fig *unauslöschlich* ‖ *untilgbar*
in extremis lat *in den letzten Zügen (liegend)* ‖ *matrimonio* ~ *Eheschließung* f *auf dem Sterbebett* ‖ ◊ *estar* ~ ~ *mit dem Tode ringen*
inextricable adj *unentwirrbar* ‖ fig *ver|worren, -zwickt*
inf. Abk = **inferior** ‖ **infinitivo**
infa|libilidad f *Unfehlbarkeit* f ‖ *Untrüglichkeit* f ‖ *absolut sichere Wirkung* f, *absolut sicherer Erfolg* m ‖ ~ *pontificia päpstliche Unfehlbarkeit* f ‖ **-lible** adj *unfehlbar* ‖ *untrüglich* ‖ *unausbleiblich* ‖ fam *(bomben)sicher*
infa|mación f *Entehrung, Verunehrung* f ‖

Verleumdung f ‖ **-mador** m *Verleumder, Lästerer* m ‖ **-mante** adj *entehrend* ‖ *schimpflich* ‖ **-mar** vt *verlästern* ‖ *entehren* ‖ *schänden* ‖ *verleumden* ‖ **-matorio** adj *entehrend, schimpflich* ‖ *schmähend* ‖ *verleumderisch* ‖ **-me** adj/s *ehrlos, unehrlich* ‖ *infam, niederträchtig, gemein* ‖ *schmählich, Schand-* ‖ *verrufen, ruchlos* ‖ **-mia** f *Schändlichkeit, Niederträchtigkeit, Schmach* f ‖ *Schandtat* f ‖ *Verruchtheit* f ‖ *signo (od señal)* de ~ *Brand-*, fig *Schand|mal* n ‖ *pena* de ~ *Ehrenstrafe* f
infan|cia f *Kindheit* f, *Kinderjahre* npl ‖ fig *die Kinder* npl ‖ fig *Anfang* m ‖ *desde la* ~ *von Kindheit an* ‖ *enfermedades de la* ~ ⟨Med⟩ *Kinderkrankheiten* fpl ‖ *jardín de la* ~ *Kindergarten* m ‖ **-ta** f *Infantin* f *(span. Prinzessin)* ‖ ⟨Lit⟩ *kleines Mädchen* n ‖ **-tado** m *Grundbesitz* m *bzw Gebiet* n *e-s Infanten* ‖ *Würde* f *des Infanten* ‖ **-te** m *Infant* m *(königlicher Prinz)* ‖ ⟨Lit u. poet⟩ *kleiner Knabe* m ‖ ⟨Mil⟩ *Infanterist* m ‖ ~**s** pl ⟨Mil⟩ *Infanteristen* mpl, *Fußvolk* n ‖ ~ *de coro Chor-, Sänger|knaben* mpl ‖ **-tería** f ⟨Mil⟩ *Infanterie* f ‖ *Fußvolk* n ‖ ~ *acorazada,* ~ *blindada Panzergrenadiere* mpl (→ **granadero** *tanquista*) ‖ ~ *ligera* ⟨Mil⟩ *leichte Infanterie* f ‖ ~ *de linea* ⟨Mil⟩ *Linieninfanterie* f ‖ ~ *de marina Marineinfanterie* f ‖ *regimiento de* ~ ⟨Mil⟩ *Infanterieregiment* n ‖ *con apoyo de* ~ *mit Infanterieunterstützung* ‖ **-ticida** adj/s *kindesmörderisch* ‖ ~ m *Kindesmörder* m ‖ **-ticidio** m *Kind(e)smord* m ‖ **-til** adj *kindlich, Kinder-* ‖ *kindisch* ‖ ⟨Med⟩ *infantil* ‖ *canción* ~ *Kinderlied* n ‖ *mortalidad* ~ *Kindersterblichkeit* f ‖ *prueba* ~ *Kinderprobe* f ‖ **-tilismo** m ⟨Med⟩ *Infantilismus* m
infan|zón m/adj ⟨Hist⟩ *erbeingesessener Landedelmann* m ‖ **-zonazgo** m *Gebiet* n *bzw Würde* f *des infanzón*
infar|tación f ⟨Med⟩ *Infarzierung* f ‖ **-to** m ⟨Med⟩ *Infarkt* m ‖ ~ *de(l) miocardio Herzinfarkt* m
infatigable adj *unermüdlich*
infa|tuación f *Selbstgefälligkeit* f ‖ *eitle Einbildung* f ‖ **-tuado** adj *selbstgefällig, eingebildet, dünkelhaft* ‖ *töricht, eingenommen (por für)* ‖ **-tuar** [pres -úo] vt *betören* ‖ ~**se** *sich et einbilden (con auf* acc*)* ‖ *eitel werden (con auf* acc*)*
infausto adj *unglücklich* ‖ *unheilvoll*
infec|ción f *Ansteckung (& fig)* ‖ ⟨Med⟩ *Ansteckung, Infektion* f ‖ *foco de* ~ *Ansteckungsherd* m ‖ **-cionar** vt = **-tar** ‖ **-cioso** adj *ansteckend, infektiös* ‖ fig *ansteckend* ‖ *enfermedad* ~**a** *ansteckende Krankheit* f ‖ *foco* ~ *Ansteckungsherd* m ‖ **-tado** adj *angesteckt* ‖ *infiziert* ‖ fig *ver|pestet, -seucht* ‖ fig *vergiftet* ‖ **-tar** vt *infizieren, anstecken* ‖ fig *vergiften, verderben* ‖ **-to** adj = **-tado** ‖ *verseucht (& fig)* ‖ fig *vergiftet, verdorben* ‖ *schmutzig* ‖ *stinkend, faulig*
infecun|didad f *Unfruchtbarkeit* f *(& fig)* ‖ *Unergiebigkeit* f ‖ **-do** adj *unfruchtbar*
infe|licidad f *Unglückseligkeit* f ‖ *Unglück* n ‖ **-liz** [pl **-ces**] adj/s *unglücklich* ‖ fam *arm, elend* ‖ fam *bedauernswert* ‖ fam *naiv* ‖ ~ m = **desgraciado** ‖ figf *armer Schlucker* m ‖ *gutmütiger Trottel* m ‖ →a **ingenuo** ‖ ◊ *es un* ~ fam *er ist ein armer Schlucker* ‖ **-lizote** m fam *gutmütiger Tropf* m *(& desp)*
inferencia f *Schlußfolgerung* f, *Schluß* m
infe|rior adj *untere, unten befindlich* ‖ *gering(er)* ‖ *minderwertig* ‖ *unterlegen (a* alg. *jdm* dat*)* ‖ *untergeordnet (a* alg. *jdm* dat*)* ‖ *subaltern (Beamter)* ‖ *nieder, niedrig (Gefühl, Trieb)* ‖ *schwächer (a, en als* nom*) (der Zahl nach)* ‖ *Nieder-, Unter-* ‖ ~ *en talento an Begabung zurückstehend* ‖ *de calidad (od valor)* ~ *minderwertig* ‖ *género (mercancía) de calidad* ~ *minderwertige Ware* f ‖ *Austria* ≃ *Niederösterreich* ‖ *labio* ~ *Unterlippe* f ‖ *precio* ~ *niedrigerer Preis* m ‖ *ser* ~

inferioridad — influir 644

minderwertig(er) sein (a *als* nom) || *no ser ~ a nicht nachgeben* (dat) || *animales ~es niedere Tiere* npl || *pedidos no ~es a...* ⟨Com⟩ *Aufträge* mpl *von nicht weniger als...* || *~ m untergeordnete Persönlichkeit* f || *Untergeordnete(r)* m || *Untergebene(r)* m || *Subalternbeamte(r)* m || **-rioridad** *f Minderwertigkeit, geringe Qualität* f || *Untergeordnetheit* f || *niedrigere Stellung* f || *Unterlegenheit* f || *Niedrigkeit* f || *~ numérica* ⟨Mil⟩ *zahlenmäßige Unterlegenheit* f || *complejo* (sentimiento) *de ~* ⟨Psychol⟩ *Minderwertigkeits\komplex* m *(-gefühl* n*)*
inferir [ie/i] vt/i *folgern, schließen* (de, *por aus* dat) || *(mit sich) bringen* || *(Verletzung, Beleidigung) zufügen* || ◊ *~ una ofensa* (a) *jdn beleidigen* || *~se vr. sich ergeben* (de *aus* dat), *hervorgehen* (de *aus* dat) || *de (od* por) *ello se infiere daraus folgt, daraus ergibt sich*
infer\nal adj *höllisch, Höllen-* || *máquina ~ Höllenmaschine* f || *piedra ~* ⟨Chem⟩ *Höllenstein* m || *Höllensteinstift* m *(AgNO₃ + KNO₃)* || *ruido ~ fam Höllenlärm* m || **-nar** vt fig *reizen* || **-nillo** m fam *(Spiritus)Kocher* m (→ **infiernillo**)
ínfero adj ⟨Bot⟩ *unterständig*
infes\tación f ⟨Agr Med⟩ u. fig *Verseuchung* f || *Befall* m *(Ungeziefer)* || fig *Heimsuchung* f || **-tar** vt *anstecken* (→ **infectar**) || *verseuchen, befallen* || fig *heimsuchen, verheeren* || fig *plagen* || fig *unsicher machen (Räuber, Feinde)* || fig *überschwemmen, überfluten* || *-tado de piojos verlaust* || *von Milben befallen (Vogel)* || **-to** adj ⟨poet⟩ *schädlich*
infeu\dación f ⟨Hist⟩ *Belehnung* f || **-dar** vt *belehnen*
infibulación f ⟨Med Chir⟩ *Infibulation* f
inficionar vt ⟨Med⟩ *anstecken* (& fig) || →a
infectar
infi\delidad f *Treu\losigkeit* f, *-bruch* m || *Untreue* f (& fig) || ⟨Jur⟩ *Veruntreuung* f || *Verletzung* f *von Amtspflichten* || fig *Ungenauigkeit* f *(Übersetzung, Beschreibung)* || fig *Unzuverlässigkeit, Schwäche* f *(Gedächtnis)* || ⟨Rel⟩ *Unglaube* m || *Irrglaube* m || *~ en la custodia de documentos Urkunden\vernichtung* bzw *-unterdrückung* f || *~ en la custodia de presos Entweichenlassen* n *von Gefangenen* || **-delísimo** adj sup v. **infiel**
infiel adj/s *untreu, treulos* (en in dat) || *ungenau, nicht getreu, falsch (Wiedergabe)* || *unzuverlässig (Gedächtnis)* || *ungewiß, schwankend (Glück)* || ⟨Rel⟩ *un-* bzw *irr\gläubig* || *la memoria me es ~ das Gedächtnis versagt mir* || *~ m* ⟨Rel⟩ *Un-* bzw *Irr\gläubiger* m || *los ~es die Ungläubigen, die Heiden* || adv: *~mente*
infier\nillo m fam *Spirituskocher* m || **-no** m *Hölle* f || *Unterwelt* f || *Abrahams Schoß* m, *Vorhölle* f (→ **limbo**) || figf *Höllenlärm* m || figf *Wirrwarr* m, *Tohuwabohu* n || fig *Giftschrank* m *(Bibliothek)* || fig *Höllenqualen* fpl || ◊ ¡anda *(od* vete) *al ~! geh zum Teufel!* || *el ~ está lleno de buenos propósitos der Weg zur Hölle ist mit guten Vorsätzen gepflastert* || *~s* pl *die Hölle der Alten, die Unterwelt* f || *Hölle* f || *descenso a los ~ Höllenfahrt* f || *los quintos ~ fam sehr abgelegener Ort* m || ◊ *vivir en los quintos ~ (od* en el quinto infierno*) fam j. w. d. wohnen*
infijo m ⟨Gr⟩ *Infix* n || *(manchmal auch) Fugenelement* n
infil\tración f *Einsickern* n ⟨& Pol⟩ || ⟨Pol⟩ *Unterwanderung* f || ⟨Pol Mil⟩ *Einschleusung* f || ⟨Geol Med⟩ *Infiltration* f || = **-trado** || **-trado** m/adj ⟨Med⟩ *Infiltrat* m || **-trar** vt fig *einprägen, beibringen (Meinungen)* || fig u. ⟨Pol Mil⟩ *infiltrieren* || *einflößen* || *~se ein\sickern, -dringen (Flüssigkeiten)* || ⟨Med⟩ *(sich) infiltrieren* || fig *in den Geist eindringen (Meinungen)* || ◊ *~ en* a. ⟨Pol⟩ *et unterwandern*
ínfimo adj *niedrigst, unterst* || *sehr niedrig, sehr*

gering || *minderwertigst* || *a precios ~s* ⟨Com⟩ *zu Schleuderpreisen, spottbillig*
infini\dad f *Unendlichkeit* f || fig *unendliche Zahl, Unzahl, Unmenge* f || **-tamente** adv *unendlich* || *~ mejor bei weitem besser* || **-tesimal** adj *unendlich (od verschwindend) klein* || ⟨Math⟩ *Infinitesimal-* || *cálculo ~* ⟨Math⟩ *Infinitesimalrechnung* f || **-tivo** adj/s *Infinitiv-* || *(modo) ~* ⟨Gr⟩ *Infinitiv* m, *Nennform* f || **-to** adj *unendlich, grenzen-, end\los* || fig *unzählig* || *hasta lo ~ ins Unendliche* || *~ m* ⟨Math⟩ *Zeichen* n *für unendlich* (∞) || ⟨Math⟩ *Unendliches* n || ◊ *poner* a(l) *~* ⟨Phot⟩ *auf „Unendlich" stellen* || *~ n: lo ~ das Unendliche* || *die Unendlichkeit* f || *~ adv unendlich, äußerst, überaus, sehr* || **-tud** f ⟨bes Lit poet Philos⟩ *Unendlichkeit* f
infirió → **inferir**
infirmar vt ⟨Jur⟩ *außer Kraft setzen* (→a **invalidar**)
infla\ción f *Aufblasen, Anschwellen* n *(z. B. e–s Ballons)* || ⟨Med⟩ *Aufblähung* f || fam *Stolz, Dünkel* m || ⟨Wir⟩ *Inflation, Geldentwertung* f || *~ reprimida zurückgestaute Inflation* f || *~ reptante, ~ furtiva schleichende Inflation* f || *época (od* período) *de ~ Inflationszeit* f || **-cionismo** m *Inflationismus* m, *Inflationspolitik* f || **-cionista** adj/s *inflationär, inflationistisch, inflatorisch* || *~ m Inflationist, Anhänger* m *e–r inflationistischen Politik* || **-dor** m *Luftpumpe* f || *Aufblasegerät* n
inflama\bilidad f ⟨Phys⟩ *Entflammbarkeit, Entzündbarkeit* f || fig *Entflammbarkeit* f || **-ble** adj *entzündbar* || *brennbar* || fig *leicht entflammt* || *géneros ~s feuergefährliche Waren* fpl || **-ción** f *Entzündung* f || fig *Auflodern* n || *~ espontánea Selbstentzündung* f || **-do** adj *entzündet* ⟨& Med⟩ || *flammend, glühend* || *feurig* || *gerötet (Gesicht)* || fig *begeistert* || fig *zündend (Rede)*
infla\mar vt *an-, ent\zünden* || fig *entflammen, erhitzen* || *~se sich entzünden* ⟨& Med⟩ || *in Brand geraten* || *sich röten (Gesicht)* || ◊ *~ de (od* en) *ira vor Wut entbrennen, in Zorn geraten* || **-matorio** adj *entzündlich*
inflar vt *aufblasen* || *anschwellen* || *aufbauschen* || fig *hochmütig machen* || *~se* fig *sich aufblasen* || fig *sich aufblähen* || fig *eitel werden* || figf *sich aufspielen*
inflexi\bilidad f *Unbiegsamkeit* f || fig *Unbeugsamkeit, Härte* f || fig *Unerbittlichkeit* f || **-ble** adj *starr, unbiegsam* || fig *unbeugsam* || fig *unerbittlich* || *~ a los ruegos unerbittlich* || *~ en su dictamen auf seiner Meinung unbeugsam beharrend*
inflexión f *Biegung* f || *Beugung* f || *Stimm-, Ton\fall* m || ⟨Gr⟩ *Beugung, Flexion* f || ⟨Math⟩ *Wendung* f || ⟨Phys⟩ *Ablenkung, Brechung* f || *~ verbal* ⟨Gr⟩ *Umlaut* m || *~es de ternura Regungen* fpl *der Zärtlichkeit* || *sin ~es eintönig (Worte)*
inflic\tivo adj: *penas ~as Leibesstrafen* fpl || **-to** pp/irr v. **infligir**
infligir [g/j] vt ⟨Jur⟩ *(Strafen) auferlegen, verhängen* || *erteilen (Verweis)* || *beibringen, bereiten (Niederlage)* || ◊ *~ un castigo a uno jdn bestrafen* || *~ gastos Kosten verursachen*
inflorescencia f ⟨Bot⟩ *Blütenstand* m, *Infloreszenz* f || *Blüte* f
influen\cia f ⟨Rel⟩ *Einfluß* m || *Einwirkung* f || fig *Gewalt* f, *Ansehen* n || *Geltung* f || ⟨Phys El⟩ *Influenz* f || *~ mundial Weltgeltung* f || *~ recíproca Wechselwirkung* f || *~s ambientales Umwelteinflüsse* mpl || *esfera (od* zona) *de ~* ⟨Pol⟩ *Interessensphäre* f, *Einflußbereich* m || *de (mucha) ~ einflußreich* || ◊ *ejercer (od* tener) *~ Einfluß (aus)üben* (en, sobre *auf* acc) || *(gute) Beziehungen haben* || *estar bajo la ~* (de) *unter dem Einfluß... (gen) stehen* || *beeinflußt werden von* (dat) || **-ciar** vt *beeinflussen* (→ **influir**) || **-te** adj = **influyente** || **-za** f ⟨Med⟩ *Grippe, Influenza* f
in\fluir [–uy–] vt/i *jdn beeinflussen* || *auf jdn*

Einfluß ausüben || *auf jdn einwirken* || ◊ ~ con alg. *auf jdn Einfluß haben* || *jdn beeinflussen* || ~ en a. *auf et einwirken* || **–flujo** m *Einfluß* m || *Einwirkung, Gewalt* f, *Ansehen* n || **–fluyente** adj *einflußreich* || **–folio** m *Folioband* m || *Foliant* m || *Folioformat* n
informa|ción f *Erkundigung, Nachfrage* f || *Auskunft, Information* f || *Benachrichtigung, Mitteilung* f || *Meldung* f || *Bericht* m, *Berichterstattung* f || *Nachweis* m || *gerichtliche Untersuchung* f || ⟨Jur⟩ *einleitendes Verfahren, Zeugenverhör* n || ~ **gráfica** *Bildbericht* m || ~ **hidrográfica** *Wasserstandsmeldung* f || ~ **tendenciosa** *Tendenzmeldung* f || a título de ~ *informationshalber* || *ohne Gewähr* || **~es** pl: oficina de ~ *Aus|kunftsbüro* n, *-kunftei* || ◊ llamar a ~ ⟨Tel⟩ *die Auskunft anrufen* || **–dor** m *Berichterstatter* m || *Reporter* m || *Informant* m
infor|mal adj/s *ordnungswidrig* || *formwidrig* || *unzuverlässig* || *nicht seriös, nicht reell, unsolid* || *unartig (Kind)* || *unförmlich, ungezwungen* || **–malidad** f *Ordnungswidrigkeit* f || *Unzuverlässigkeit* f || *Unschicklichkeit* f || *unreelle Handlungsweise* f || *Ungezwungenheit* f || **–mar** vt *benachrichtigen, unterrichten* (de, sobre *von* dat, *über* acc) || *anzeigen, melden* || ⟨Philos⟩ *Gestalt (*od *Form) geben* (dat) || ~ vi ⟨Pol⟩ *berichten, Bericht erstatten* || ⟨Jur⟩ *plädieren, e–n mündlichen Vortrag halten (Verteidiger, Staatsanwalt)* || *gerichtlich untersuchen, e–e Untersuchung einleiten* || **~se** *sich erkundigen (*de, sobre *nach, über)* || *sich informieren* || *sich bekannt machen (mit)* || *estar bien* **–mado** *gut unterrichtet sein* || **–mática** f ⟨Wiss⟩ *Informatik* f || **–mativo** adj *informativ, unterrichtend, unterweisend* || *Bericht(s)-* || *libro* ~ *Leitfaden, Ratgeber* m *(Buch)*
¹**informe** adj *unförmlich* || *formlos, ungestalt*
²**informe** m *Erkundigung* f || *Auskunft* f || *Nachricht* f || *(Rechenschafts)Bericht* m, *Gutachten* n || *Meldung* f || ⟨Jur⟩ *gerichtliche Untersuchung* f || ⟨Jur⟩ *Verteidigungsrede* f, *Plädoyer* n *(e–s Anwaltes)* || ⟨Pol⟩ *mündlicher Vortrag* m || ~ **acerca del mercado** *Marktbericht* m || ~ **administrativo** *Verwaltungsbericht* m || **el** ~ **del fiscal** *das Plädoyer des Staatsanwalts* || ~ **pericial** *Sachverständigengutachten* n || ~ **acerca de la situación** *Lagebericht* m || **~s** pl *Referenzen* fpl *(bei Stellenanzeigen)* || ~ **minuciosos** *(*od *detallados) ausführliche Auskunft* f || **agencia de** ~ *Auskunftsbüro* n || ◊ **dar** ~ **(acerca)** *Auskunft geben (über* acc) || **pedir** ~ *Auskunft verlangen* || **um Auskunft bitten** || **tomar** *(*od *adquirir)* ~ *Erkundigungen einziehen*
informidad f *Unförmigkeit* f
infortu|nadamente adv *unglücklicherweise* || **–nado** adj *unglücklich, unselig* || **–nio** m *Mißgeschick, Unglück* n || **~s** mpl *Schicksalsschläge* mpl || *compañero de* ~ *Leidensgenosse* m
infrac|ción f *Verletzung, Übertretung* f *(e–s Gesetzes)* || *allg strafbare Handlung, Straftat* f || *Verstoß* m || *Zuwiderhandlung* f || *Einbruch* m || ⟨Chir⟩ *(Bein)Bruch* m || ~ **del contrato** *Vertragsbruch* m || ~ **de un deber** *Pflichtwidrigkeit* f || ~ **de fondo** *materieller Rechtsmangel* m || ~ **de ley** *Gesetzesverletzung* f || ~ **de las normas de la circulación** ⟨StV⟩ *Verkehrsübertretung* f || **–tor** adj/s *verletzend, verstoßend* || ~ m *Verletzer, Rechtsbrecher* m || **–turable** adj *einbruchssicher (Kasse)*
infraestructura f ⟨Tech Arch⟩ *Unterbau* m || ⟨Mil Wir Soz⟩ *Infrastruktur* f
infraganti, in fraganti adv lat *auf frischer Tat (ertappen), in flagranti*
infrahumano adj *untermenschlich* || *menschenunwürdig*
infrangible adj *unzerbrechlich*
infranqueable adj *unwegsam* || *unüberschreitbar* || fig *unüberwindlich (Hindernis)*

infraoctava f ⟨Kath⟩ *Infraoktav* f
infrarrojo adj *infra-, ultra|rot, Infra-, Ultra|rot-*
infrascrito m/adj *Unter|zeichnende(r), -zeichnete(r)* m || **yo el** ~ *ich Unterzeichneter* || ~ adj *daruntergeschrieben*
infrasonido ⟨Phys⟩ *Infraschall* m
infrecuente adj *selten*
infringir [g/j] vt *(ein Gesetz) übertreten, (e–m Gesetz) zuwiderhandeln, (gegen ein Gesetz) verstoßen* || ◊ ~ **un contrato** *gegen e–n Kontrakt verstoßen* || ~ **la etiqueta** *gegen die Etikette verstoßen*
infruc|tífero, –tuoso adj fig *unfruchtbar (& fig)* || *frucht-, ergebnis-, erfolg|los* || *vergeblich* || **–tuosidad** f *Erfolglosigkeit* f || *Nutzlosigkeit* f
infrutescencia f ⟨Bot⟩ *Fruchtstand* m, *Infrukteszenz* f
infula f *Inful, Bischofsmütze* f || **~s** pl fig *eitle Hoffnung* f || ~ **de la vanidad** *Rausch* m *der Eitelkeit* || **tener muchas** ~ fig *sich sehr viel einbilden* || *sehr eitel sein*
infumable adj *nicht rauchbar, nicht zu rauchen (Tabak)*
infundado adj *grundlos* || *unbegründet* || **~s rumores** *leere Gerüchte* npl || **temores ~s** *unbegründete Besorgnisse* fpl
infun|dibuliforme adj ⟨Biol⟩ *trichterförmig* || **–díbulo** m ⟨An Biol⟩ *Trichter* m, *Infundibulum* n (lat)
infun|dio m *Lüge, Ente* f, *Gerücht* n || **–dioso** adj *lügnerisch* || *lügenhaft*
infundir vt fig *einflößen (Vertrauen, Furcht)* || ◊ ~ **ánimo (a, en)** *jdm Mut einflößen* || ~ **en la mente de alg.** *jdm et einprägen* || ~ **miedo (a)** *jdm Furcht einjagen*
infungible adj ⟨Jur⟩ *nicht vertretbar*
infu|sible adj *nicht schmelzbar, unschmelzbar* || **–sión** ⟨Pharm⟩ *Aufguß* m || *Infusion* f || *Aufguß* m || *(Kräuter)Tee* m || ⟨Med⟩ *Eingießung* f || *Infusion* f || ⟨Rel⟩ *Aufgießen* n *des Wassers (bei der Taufe)* || ~ **del Espíritu Santo** *Ausgießung* f *des Heiligen Geistes* || ◊ **poner en** ~ *ziehen lassen (Tee)* || **–so** adj ⟨Theol⟩ *eingegeben, offenbart, eingegossen* f || fig *angeboren, natürlich, naturgegeben* || **–sorios** m *Aufgußtierchen, Infusorien* npl
ingeniar vt *ersinnen, (sinnreich) erfinden* || **~se** *auf Mittel sinnen* || *sich bemühen, versuchen* (en hacer a. *et zu tun*)
ingenie|ría f *technischer Beruf* m || *Ingenieurtechnik* f || *Ingenieurwissenschaft* f || ⟨Mil⟩ *Ingenieur-*, öst schw *Geniewesen* n || *licenciado en* ~ *Diplomingenieur* m || **–ro** m *(Diplom)Ingenieur* m || *Techniker* m || ~ **aeronáutico** *Luftfahrtingenieur* m || ~ **agrónomo** *Diplomlandwirt* m || ~ **de caminos, canales y puertos** *Hoch- und Tief|bauingenieur, Straßenbauingenieur* m || ~ **civil** *Zivilingenieur* m || ~ **diplomado** *Diplomingenieur* m || ~ **de Estado** *Regierungsbaumeister* m || ~ **hidráulico** *Wasserbaumeister* m || ~ **industrial** *Wirtschaftsingenieur* m || ~ **(en) jefe** *Ober-, Betriebs|ingenieur* m || ~ **mecánico** *Maschinenbauingenieur* m || *Techniker* m || ~ **de minas** ⟨Bgb⟩ *Bergingenieur* m || ~ **de montes** etwa: *Forstwirt* m || *Förster* m *(im gehobenen Dienst)* || ~ **naval** *Schiffbauingenieur* m || ~ **químico** *Diplomchemiker* m || ~ **sanitario** *Sanitätsingenieur* m || ~ **de sonido** *Toningenieur* m || ~ **de telecomunicación** *Fernmeldeingenieur* m || **cuerpo de ~s** ⟨Mil⟩ *Pionier-*, öst schw *Geniekorps* n
inge|nio m *Geist* m || *geistreicher Mensch* m || *großer Geist* m *(→a* **genio***)* || *Erfindungsgabe* f || *Ver|stand* m, *-nunft* f || *Kunstgriff* m || *Kunstwerk* n || *Anlage, Vorrichtung, Maschine* f || *Mechanismus* m || ⟨Typ⟩ *Beschneidemaschine* f || ⟨Mil⟩ *Geschoß* n, *Sprengkörper* m || ⟨Mil Hist⟩ *Kriegsmaschine* f || **Ar** *Wachsgießerei* f || **Am** *Zuckerrohrpflanzung* f || *Zuckersiederei* f || *Zuckerfabrik* f || **Am prov**

Münze f ‖ ◊ aguzar el ~ fig *sich zusammennehmen, auf Mittel sinnen*
inge|niosidad *f Scharfsinn* m ‖ *Witz* m ‖ *Erfindungsgeist* m ‖ *Geschicktheit, Findigkeit* f ‖ *sinnvolle Einrichtung* f ‖ iron *Verstiegenheit* f ‖ fig desp *geistreiche Idee* f ‖ **–nioso** adj *erfinderisch, scharfsinnig,* fam *findig* ‖ *künstlich ersonnen* ‖ *sinnreich* ‖ *geistreich, witzig*
ingénito adj *angeboren* ‖ *von Natur aus vorhanden* ‖ → **innato**
ingente adj *ungeheuer, riesig, gewaltig*
inge|nua *f* ⟨Th Filmw⟩ *Naive* f ‖ **–nuidad** *f Harmlosigkeit* f ‖ *Treu-, Offen|herzigkeit, Aufrichtigkeit* f ‖ *Naivität* f ‖ **–nuo** adj *harmlos* ‖ *treu-, offen|herzig* ‖ *naiv* ‖ ◊ hacerse el ~ figf *den Unschuldigen spielen,* fam *markieren*
inge|rencia *f Einmischung* f (en *in* acc) ‖ **–rir** [ie/e] vt *(hinunter)schlucken* ‖ *zu sich nehmen* ‖ ⟨Med⟩ *schlucken, einnehmen* ‖ ~**se** vr = **injerirse** ‖ **–stión** *f Einführen* n *(in den Magen)* ‖ *(Hinunter)Schlucken* n ‖ ⟨Med⟩ *Einnahme* f
Inglaterra *f England* n
ingle *f* ⟨An⟩ *(Scham)Leiste, Weiche, Leistenbeuge* f
inglés, esa adj *englisch* ‖ a la ~a *nach englischer Art* ‖ Δ*auf eigene Rechnung* ‖ *blutig, wenig gebraten (Fleisch)* ‖ *encuadernación a la* ~ *biegsamer Einband* m *mit abgerundeten Ecken* ‖ llave ~a *Engländer, (Universal)Schraubenschlüssel* m ‖ *tafetán* ~ *englisches Pflaster* n ‖ ~ m *Engländer* m ‖ *englische Sprache* f, *das Englische* ‖ Chi *pünktlicher Mensch* m ‖ ◊ es mi ~ pop *er ist mein Gläubiger* ‖ *hablar* ~ *englisch sprechen*
ingle|sa *f Engländerin* f ‖ **–sada** *f* fam *Schwabenstreich* m ‖ **–sismo** m *Anglizismus* m, *englische Spracheigentümlichkeit* f (→ **anglicismo**) ‖ **–sar** vt *verengländern*
inglete m ⟨Zim Tech⟩ *Geh|rung, -re, Gehrungslade, Schräge* f ‖ *empalme a* ~ ⟨Zim⟩ *Gehrstoß* m ‖ *sierra de* ~ *Zapfensäge* f
Ing.° Abk = **Ingeniero**
ingobernable adj *nicht zu regieren(d)* ‖ *unlenksam* ‖ fig *unlenkbar*
ingra|titud *f Undankbarkeit* f, *Undank* m (hacia *gegen* acc) ‖ fig *Unfruchtbarkeit (Boden), Nutzlosigkeit, Vergeblichkeit* f *(Arbeit, Mühe)* ‖ **–to** adj *undankbar, unerkenntlich* (para, para con *gegenüber* dat) ‖ *unergiebig (Boden)* ‖ *nutzlos, vergeblich (Arbeit, Mühe), unangenehm, widrig (Geschmack, Farbe, Arbeit)* ‖ *hartherzig, spröde (Person)* ‖ ~ a los beneficios *für empfangene Wohltaten nicht erkenntlich* ‖ la edad ~a fig *die Flegeljahre* npl ‖ *das Backfischalter* n ‖ →a **desagradecido** ‖ adv: ~amente ‖ **–tón, ona** adj/s augm v. **–to**
in|gravidez *f Schwerelosigkeit* f (& fig) ‖ **–grávido** adj *schwerelos* ‖ *leicht, luftig*
ingre *f* Burg = **ingle**
ingrediente m *Zutat* f ‖ *Bestandteil* m ‖ *Ingredienz, Ingrediens* f
ingre|sar vt/i *eintreten* (en *in* acc) ‖ *ein Amt antreten* ‖ ⟨Med⟩ *eingeliefert (bzw aufgenommen) werden* (in das Krankenhaus) ‖ ⟨Mil⟩ *in das Heer eintreten* ‖ *als Wehrpflichtiger erfaßt werden* ‖ ◊ ~ en caja *einkassieren* ‖ *einwechseln* ‖ *ein|gehen, -kommen (Gelder)* ‖ *einzahlen (Geld)* ‖ ~ en la carrera diplomática *die diplomatische Laufbahn einschlagen* ‖ ~ en la cárcel *in die Haft abgeführt werden (Verbrecher)* ‖ ~ en el hospital *in ein Krankenhaus aufgenommen werden* ‖ **–so** m *Eintritt* m ‖ *Aufnahme* f ‖ *Einlieferung* f ‖ *Einführung* f ‖ ⟨Sch⟩ *Aufnahmeprüfung* f ‖ ⟨Sch⟩ *Einschreibgebühr* f ‖ ⟨Sch⟩ *Vorbereitungskurs(us)* m ‖ ⟨Com⟩ *Einnahme* f, *eingenommenes Geld* n ‖ *Eingang* m *(von Geld)* ‖ ~ de un socio ⟨Com⟩ *Eintritt* m *e-s Teilhabers* ‖ *(examen de* ~ *Aufnahmeprüfung* f) ‖ ~**s** mpl *Einkünfte* pl, *Einkommen* n ‖ *aumento de los* ~ *Mehreinkommen* n ‖

◊ los ~ son superiores a los gastos *die Einnahmen sind größer als die Ausgaben*
íngrimo adj *Am einsam, verlassen* ‖ *ganz allein*
inguandio *m* Col *Lüge, Ente* f
ingui|nal adj *Leisten-* ‖ *hernia* ~ ⟨Med⟩ *Leistenbruch* m ‖ **–nodinia** *f Inguinodynie* f, *Leistenschmerz* m
ingurgi|tación *f* ⟨bes Med⟩ *Verschlingen* n ‖ **–tar** vt *verschlingen, (hinunter)schlucken,* fam *hinunter|schlingen,* fam *-stürzen*
inhábil adj *unfähig, untauglich (für ein Amt)* ‖ *días* ~es *Tage, an denen nicht amtiert wird, Feiertage* mpl ‖ ~ *para ser testigo* ⟨Jur⟩ *zeugnisunfähig*
inhabili|dad *f Unfähigkeit, Untüchtigkeit* f ‖ *Untauglichkeit* f ‖ *Ungeschicklichkeit* f ‖ ⟨Jur⟩ = **incapacidad** ‖ **–tación** *f* ⟨Jur⟩ *Erklärung* f *der Unfähigkeit* ‖ *Verbot* n *der Berufsausübung* ‖ ~ *(absoluta) Aberkennung* f *der bürgerlichen Ehrenrechte* ‖ →a **incapacitación** ‖ **–tar** vt *unfähig machen* ‖ *für unfähig (bzw untüchtig) erklären* ‖ *ein Berufsverbot verhängen* ‖ ◊ ~ para un empleo *für ein Amt unfähig erklären* ‖ ~**se** vr *unfähig werden* ‖ ~ *para navegar seeuntüchtig werden*
inhabi|tabilidad *f Unbewohnbarkeit* f ‖ **–table** adj *unbewohnbar* ‖ **–tado** adj *unbewohnt* ‖ **–tuación** *f Abgewöhnung* f ‖ *Entwöhnung* f ‖ →a **deshabituación** ‖ **–tuado** adj *nicht gewöhnt* (a *an* acc) ‖ **–tual** adj *ungewohnt* ‖ *ungewöhnlich*
inha|lación *f Einatmung* f ‖ ⟨Med⟩ *Inhalation* f ‖ **–lador** m ⟨Med⟩ *Inhalationsapparat* m, *Inhaliergerät* n, *Inhalator* m ‖ ~ de oxígeno *Sauerstoffinhalator* m ‖ **–lante** m *Inhalationsmittel* n ‖ **–lar** vt ⟨Med⟩ *einatmen, inhalieren* ‖ ⟨Kath⟩ *in Kreuzesform hauchen (Ölweihe)* ‖ **–latorio** m ⟨Med⟩ *Inhalatorium* n
inhallable adj *unauffindbar*
inheren|cia *f Inhärenz, Zugehörigkeit* f ‖ *(inniges) Verbundensein* n ‖ **–te** adj *innewohnend, eng verbunden* (a *mit* dat) ‖ *verknüpft* (a *mit* dat) ‖ ⟨Wiss⟩ *inhärent* (dat) ‖ el defecto ~ de los géneros ⟨Com⟩ *der innere Verderb der Waren*
inhi|bición *f* ⟨Biol Psychol⟩ *Hemmung* f (& fig) ‖ *Funktionsverlust* m ‖ ⟨Jur⟩ *Verbot* n ‖ *Verhinderung* f ‖ *(Selbst)Ablehnung* f *(z. B. e-s Richters)* ‖ ⟨Chem⟩ *Inhibition, negative Katalyse* f ‖ **–bir** vt ⟨Jur⟩ *untersagen, verbieten* ‖ *ablehnen (Richter)* ‖ ⟨Biol Psychol⟩ u. fig *Hemmung* f ‖ ~**se** *sich fernhalten* (de, en *von* dat), *et vermeiden* ‖ ⟨Biol Psychol⟩ *gehemmt werden* ‖ **–bitoria** *f Verfügungsbeschränkung* f ‖ *Ablehnung* f *wegen Unzuständigkeit (des Gerichts)* ‖ **–bitorio** adj ⟨Jur⟩ *verbietend, Verbots-* ‖ *Ausschließungs-* ‖ ⟨Biol Psychol⟩ u. fig *hemmend* ‖ *acción* ~a ⟨Jur⟩ *Klage* f *auf Unzuständigkeitserklärung*
inhonesto adj *unehrbar*
inhos|pitable, –pedable, –pital adj = **–pitalario** ‖ **inhos|pitalario, –pitalario,** ⟨Lit⟩ **inhóspito** adj *ungastlich* ‖ *fremdenfeindlich* ‖ *unwirtlich (Land)* ‖ **–pitalidad** *f Ungastlichkeit* f
inhumación *f Beerdigung* f, *Begräbnis* n
inhuma|nidad *f Unmenschlichkeit, Grausamkeit* f ‖ **–no** adj *unmenschlich, grausam* ‖ fam *sehr anstrengend (Arbeit)* ‖ Chi *ekelhaft, unflätig* ‖ adv: ~amente
inhumar vt *beerdigen, begraben*
INI Abk: **Instituto Nacional de Industria**
inicia|ción *f Ein|weihung, -führung* f (en *in* acc) ‖ ⟨Rel⟩ *Initiation* f ‖ *Beginn* m ‖ ~ sexual *sexuelle Aufklärung* f ‖ el **–do** *der Eingeweihte* ‖ **–dor** m fig *Bahnbrecher, Wegbereiter* m ‖ *Förderer* m ‖ *Einweihende(r)* m ‖ *Initiator* m ‖ ~ adj *ein|führend, -leitend* ‖ *bahnbrechend* ‖ ~**es** mpl ⟨Mil⟩ *Zündstoffe* mpl
inicial adj/s *anfänglich, Anfangs-* ‖ *(letra)* ~ *Anfangsbuchstabe* m, *Initiale* f ‖ *velocidad* ~ *Anfangsgeschwindigkeit* f ‖ **–es** fpl *Monogramm* n, *Namenszug* m

ini|ciar vt *(in Geheimnisse) ein|weihen, -führen* ‖ *vertraut machen* (en *mit* dat) ‖ *zustande bringen* ‖ *einleiten, anbahnen* ‖ *anfangen, beginnen* ‖ ◊ ~ **gestiones** *Schritte einleiten* ‖ ~ **relaciones comerciales** *in Geschäftsverbindungen treten* ‖ ~ **en un secreto** *in ein Geheimnis einweihen* ‖ ~**se sich vertraut machen** (en *mit* dat) ‖ *anfangen* ‖ **s–n Anfang nehmen** ‖ ⟨Rel⟩ *die niederen Weihen empfangen* ‖ **–ciativa** *f Antrag* m ‖ *Anregung, Initiative* f ‖ *Antrieb* m ‖ *Unternehmungsgeist* m ‖ ~ **popular** ⟨Pol⟩ *Volksbegehren* n ‖ **hombre de** ~ **tat-,** *unternehmungs|freudiger Mensch* m ‖ **por (la)** ~ **del presidente** *auf Anregung des Präsidenten* ‖ ◊ **carecer de** ~ **keinen Unternehmungsgeist haben** ‖ **tomar la** ~ **die Initiative ergreifen, den Anfang machen**
inicuo adj *unbillig,* p. ex. *ungerecht* ‖ *schnöde, ruchlos*
in illo témpore lat *in jener Zeit* ‖ *in alten Zeiten*
inimagina|bilidad *f Unvorstellbarkeit* f ‖ **–ble** adj *un|vorstellbar, -denkbar* ‖ *unglaublich*
inimitable adj *unnachahmlich*
inim|pugnabilidad *f* ⟨Jur⟩ *Unanfechtbarkeit* f ‖ **–pugnable** adj *unanfechtbar* ‖ **–putabilidad** *f Unzurechnungs-, Nichtanrechnungs|fähigkeit* f ‖ *causa de* ~ ⟨Jur⟩ *Schuldausschließungsgrund* m ‖ **–putable** adj *nicht anrechnungsfähig*
ininflamable adj *nicht entzündbar* ‖ *feuer-, flamm|fest*
in integrum lat *(in der Wendung):* ~ *restitutio* lat ⟨Jur⟩ *Wiedereinsetzung* f *in den vorigen Stand*
ininteligi|bilidad *f Unverständlichkeit* f ‖ **–ble** adj *unverständlich* ‖ *unleserlich*
ininterrumpido adj *ununterbrochen*
ini|quidad *f Unbilligkeit* f ‖ *(schwere) Ungerechtigkeit* f ‖ *Gott-, Ruch|losigkeit* f ‖ *Sünde* f ‖ **fig Gemeinheit** f ‖ **–quísimo** adj sup *v.* **-cuo**
injerir [ie/i] vt *einführen (Sonde usw)* ‖ fig *mit einbegreifen* ‖ →a **Ingerir** ‖ ~**se** vr *sich einmischen* (en *in* acc), fam *s–e Nase in et stecken*
injer|tar vt *pfropfen, äugeln, veredeln* ‖ *ein|pfropfen (Reis)* ‖ ⟨Chir⟩ *über-, ver|pflanzen (Gewebe, Organe)* ‖ ⟨Tech⟩ *an-, ein|setzen (Rohr)* ‖ **–tera** *f Baumschule* f ‖ **–to** *m Pfropfen, Äugeln* n ‖ *Pfropfreis* n ‖ ⟨Chir⟩ *Transplantation* f ‖ *Transplantat* n ‖ ⟨Tech⟩ *Abzweigrohr* n ‖ ~ **de corazón** *Herztransplantation* f ‖ ~ **de las glándulas** ⟨Med⟩ *Drüseneinsetzung* f
inju|ria *f Beleidigung, Schmähung, Beschimpfung* f ‖ *Schmäh-, Schimpf|wort* n ‖ fig *angetanes Unrecht* n ‖ *Beschädigung* f ‖ ~ **de hecho** (de palabra) ⟨Jur⟩ *tätliche Beleidigung, Real- (Verbal)injurie* f ‖ **las** ~**s del tiempo** fig *der Zahn der Zeit* ‖ **causa de** ~**s** *Ehrenklage* f ‖ **–riado** adj/s *beleidigt* ‖ *beschädigt* ‖ ~ **m Beleidigte(r)** m ‖ **–riador** adj/s *beleidigend* ‖ *beschädigend* ‖ ~ **m Beleidiger** m ‖ **–riante** adj/s = **–riador** ‖ **–riar** vt *beleidigen, schmähen* ‖ *beeinträchtigen* ‖ **–rioso** adj *beleidigend, schimpflich* ‖ *aus|fallend, -fällig*
injus|tamente adv *zu Unrecht, unberechtigterweise* ‖ *ohne Grund* ‖ **–ticia** *f Ungerechtigkeit* f ‖ *Unrecht* n ‖ **con** ~ *zu Unrecht* ‖ ◊ **cometer (reparar) una** ~ *ein Unrecht begehen (wiedergutmachen)* ‖ **–tificable** adj *nicht zu rechtfertigen* ‖ *unentschuldbar* ‖ **–tificado** adj *ungerechtfertigt* ‖ *unberechtigt* ‖ adv: ~**amente** ‖ **–to** adj/s *ungerecht* (con *gegen* acc) ‖ *widerrechtlich* ‖ *unberechtigt* ‖ *ungerechtfertigt* (& fig) ‖ *demanda* ~**a** *ungerechte Forderung* f
Inmacula|da *f:* **la** ~ *die Unbefleckte (Mutter Gottes)* ‖ **la** ~ *(Concepción) die Unbefleckte Empfängnis (& als Kunstwerk), die Immaculata* ‖ **=do** adj *unbefleckt* ‖ *makellos* ‖ fig *rein*
inmadu|rez *Unreife* f ‖ **–ro** adj *unreif (&* fig)
inmaneja|bilidad *f Unhandlichkeit* f ‖ fig *Unlenksamkeit* f ‖ **–ble** adj *unhandlich* ‖ fig *unlenksam*

inmanen|cia *f* ⟨Philos⟩ *Immanenz* f (→a **trascendencia**) ‖ **–te** adj *immanent, innewohnend, (mit)enthalten*
immar|cesible, –chitable adj *unverwelkbar, -lich* ‖ fig *unvergänglich* ‖ fig *ewig* ‖ **los laureles** ~**s** fig *der unverwelkliche Ruhm* ‖ **–chito** adj *unverwelkt* ‖ fig *lebendig* ‖ fig *ewig jung*
inmate|rial adj *unkörperlich, geistig* ‖ *unstofflich* ‖ ⟨Jur Philos⟩ *immateriell* ‖ **–rialidad** *f Unstofflichkeit* f ‖ *Unkörperlichkeit* f ‖ **–rialismo** *m* ⟨Philos⟩ *Immaterialismus* m ‖ **–rializar** [z/c] vt *entmaterialisieren* ‖ *vom Stofflichen befreien* ‖ fig *vergeistigen* ‖ **rostro** ~**do** fig *vergeistigtes Gesicht* n ‖ →a **espiritualizar**
inmatricular vt *immatrikulieren, einschreiben*
inmaturo bes fig adj = **inmaduro**
inmedia|ción *f (unmittelbare) Nähe, Nachbarschaft* f ‖ ⟨Jur⟩ *unmittelbare Rechtsnachfolge* f *(Erbrecht)* ‖ **las** ~**es** *angrenzende Gegend, Umgebung* f ‖ **en las** ~**es de** *in nächster Nähe* (gen) ‖ **–ta** *f* fam: **la** ~ *die unvermeidbare Folge* ‖ *die umgehende (scharfe) Antwort* ‖ **–tamente** adv *unmittelbar (nachher), gleich (darauf), unverzüglich* ‖ ~ **que lo termine** *sobald ich es beende* ‖ **–tez** *f Unmittelbarkeit* f ‖ **–to** adj *unmittelbar* ‖ *direkt* ‖ *sofortig* ‖ *unverzüglich* ‖ *nächstfolgend* ‖ *nahe* ‖ *angrenzend* ‖ *nächst(gelegen)* ‖ *Grenz-* ‖ ~ **al cortijo** *in nächster Nähe des Landgutes* ‖ **pago** ~ *sofortige Bezahlung* f ‖ **pueblo** ~ *Nachbardorf* n ‖ **respuesta** ~**a** *umgehende Antwort* f ‖ **de** ~ *unmittelbar* ‖ *unverzüglich* ‖ ~ **a** *angrenzend an* (acc) ‖ ~ **a** *neben* (dat)
inmejorable adj *hervorragend, vortrefflich* ‖ **de calidad** ~ *von bester Beschaffenheit, erstklassig (Ware)* ‖ adv: ~**mente**
inmemo|rial, –rable adj *uralt* ‖ *weit zurückliegend* ‖ **desde tiempos** ~**es** *seit Menschengedenken, seit undenklichen Zeiten*
inmen|samente adv *ungeheuer* ‖ fam *riesig, fabelhaft* ‖ *rico steinreich* ‖ **–sidad** *f Unermeßlichkeit* f ‖ *unermeßliche Weite* f ‖ fig *Unendlichkeit* f ‖ *ungeheu(e)re Größe, Menge* f ‖ **–so** adj *unermeßlich, unendlich* ‖ *überaus groß* ‖ **–surable** adj = **inconmensurable**
inmerecido adj *unverdient*
inmer|gir [g/j] vt *ein-, unter|tauchen* ‖ *versenken (im Meer)* ‖ **–sión** *f (Ein)Tauchen* n ‖ *Versenkung* f ‖ *Überflutung* f ‖ ⟨Phys Tech⟩ *Immersion* f ‖ ⟨Astr⟩ *Immersion* f, *Eintritt* m *in den Schatten* ‖ ⟨Math⟩ *Einbettung* f ‖ ⟨Mar⟩ *Eintauchtiefe* f ‖ **–so** adj bes fig *versunken*
inmi|gración *f Einwanderung* f ‖ **país de** ~ *Einwanderungsland* n ‖ **–grado** adj *eingewandert* ‖ **–grante, –grado** *m Einwanderer* m ‖ **–grar** vi *einwandern* (a *in* acc, *nach* dat) ‖ →a **emigración** ‖ **–torio** adj *Einwanderungs-* ‖ *corriente* ~**a** *Einwandererstrom* f
inminen|cia *f nahes Bevorstehen* n ‖ *unmittelbares Drohen* n ‖ **la** ~ **del peligro** *die bevorstehende Gefahr* ‖ **–te** adj *nahe bevorstehend* ‖ *drohend (Gefahr)* ‖ *imminent* ‖ ◊ **ser** ~ *nahe bevorstehen* ‖ *unmittelbar drohen*
inmisci|bilidad *f Un(ver)mischbarkeit* f ‖ **–ble** adj *un(ver)mischbar*
inmiscuirse [–uy–] vr fig *sich (unbefugt) einmischen* (en *in* acc)
inmobiliario adj ⟨Jur⟩ *unbeweglich* (→ **inmueble**) ‖ *Boden-, Grundstücks-, Immobiliar-* ‖ *crédito* ~ *Bodenkredit* m
inmode|ración *f Unmäßigkeit* f ‖ **–rado** adj *un-, über|mäßig, maßlos*
inmodes|tia *f Unbescheidenheit* f ‖ *Schamlosigkeit, Unanständigkeit* f ‖ **–to** adj *unbescheiden* ‖ *schamlos, unanständig*
inmo|lación *f Opferung* f ‖ *Aufopferung* f ‖ fig *Abschlachten, Hinmorden* n ‖ **–lar** vt ⟨Rel⟩ u. fig *opfern* ‖ fig *abschlachten, hinmorden* ‖ ~**se** vr *sich (auf)opfern* ‖ **–ral** adj *unsittlich, unmoralisch* ‖

immoralidad — inquietud

unanständig, anstößig || figf in dunkle Geschäfte verwickelt || persona ~ ausschweifender Mensch m || ~ m Wüstling m || **-ralidad** f Unsittlichkeit f || Sittenlosigkeit f || Immoralität f || **-ralismo** m ⟨Philos⟩ Immoralismus m
  inmor|tal adj/s unsterblich || **-talidad** f Unsterblichkeit f || fig ewiger Ruhm m || fig Unvergänglichkeit f || ⟨Bot⟩ Strohblume f (Helichrysum) (→ a **siempreviva**) || **-talizar** [z/c] vt unsterblich machen || verewigen
  inmotivado adj grundlos, ohne Grund || unberechtigt
  inmovible adj unbeweglich || bewegungsunfähig
  inmóvil adj unbeweglich, fest || fig standhaft, unerschütterlich
  inmovi|lidad f Unbeweglichkeit, Festigkeit f || Regungs-, Bewegungs|losigkeit, Starrheit f || Unerschütterlichkeit f || fig toter Punkt m || fig Starrheit f || **-lismo** m Fortschrittsfeindlichkeit f || geistige Starrheit f || **-lización** f Fest|legung, -stellung f || Unbeweglichmachen n || Stillegung, Außerbetriebsetzung f || ⟨Wir⟩ feste Anlage f (Kapital) || ⟨Jur⟩ Immobilisierung f || Einschränkung f des Veräußerungsrechts || ⟨Med⟩ Ruhigstellung f || Bettlägerigkeit f || **~es** fpl Anlage- (\kapital, -vermögen n) f || **-lizar** [z/c] vt unbeweglich machen || festlegen (Kapital) || immobilisieren (bewegliche Güter) || stillegen (Fahrzeug) || sperren (Konto) || ⟨Tech⟩ festlegen || fig lähmen
  inmueble adj unbeweglich (Gut) || Grund\stück n, -besitz m, -eigentum n || Gebäude n || (bienes) ~s Liegenschaften fpl, Grundstücke npl, Immobilien pl, unbewegliche Güter npl
  △**inmulela** adj unsterblich
  inmun|dicia f Unreinigkeit f, Schmutz, Unrat m || **-do** adj unrein, schmutzig (& fig) || el espíritu ~ fig der Teufel, der unreine Geist
  inmu|ne adj frei, unbelastet || nicht verpflichtet, befreit || (steuer)frei || ⟨Med⟩ immun (a, contra gegen acc) || ⟨Pol⟩ immun, unantastbar || **-nidad** f (Steuer)Freiheit f || Asylrecht n || ⟨Pol⟩ Immunität, Unantastbarkeit f || ⟨Med⟩ Immunität f || Unbelastetheit, Befreiung f (Steuern, Abgaben) || ◊ otorgar (levantar) la ~ ⟨Pol⟩ die Immunität gewähren (aufheben) || **-nización** f ⟨Med⟩ Immunisierung f || **-nizar** [z/c] vt ⟨Med⟩ u. fig immunisieren, immun machen (contra gegen acc) || allg unempfänglich machen (contra für acc) || **-nizante** adj immunisierend, Schutz- || suero ~ ⟨Med⟩ Immunserum n || **-nología** f ⟨Med⟩ Immunologie, Immunbiologie f
  inmuta|bilidad f Unveränderlichkeit f || Unabänderlichkeit f (e-s Urteils) || **-ble** adj unveränderlich, unwandelbar || stets gleich(bleibend) || unabänderlich (Urteil) || fig unerschütterlich || **-ción** f Veränderung, Umwandlung f || Bestürzung f || sin ~ fig in aller Ruhe || **-do** adj verstört
  inmu|tar vt um-, ver|ändern, umwandeln || fig erschüttern, aufregen || **-se** sich verändern || fig aus der Fassung kommen || fig erblassen || sin ~ in aller Ruhe || ohne sich erschüttern zu lassen || souverän, gelassen
  inna|tismo m ⟨Philos⟩ Nativismus m || **-to** adj angeboren || Erb- || caracteres ~s ⟨Gen⟩ Erbanlagen fpl || **-tural** adj unnatürlich
  in naturalibus → **in puris**
  innavega|bilidad f Nichtschiffbarkeit f || Seeuntüchtigkeit f || **-ble** adj nicht schiffbar (Fluß, Meeresag) || seeuntüchtig (Schiff)
  in|necesario adj unnötig, unnütz || **-negable** adj unleugbar || unbestreitbar || **-negado** adj unbestritten || **-negociable** adj ⟨Com⟩ unübertragbar, nicht handels- bzw bank- bzw börsen|fähig || **-nervación** f = **inervación** || **-noble** adj unedel || niedrig, gemein, niederträchtig || **-nocuo** adj unschädlich || harmlos (& Arznei) || **-nominado** adj namenlos || unbenannt || ungenannt || hueso

~ ⟨An⟩ Beckenknochen m (→ a **ilíaco**)
  inno|vación f Neuerung f || Abänderung f || Innovation, Modernisierung f || Neuheit f (→ **novedad**) || ◊ introducir ~es Neuerungen einführen || **-vador** m Neuerer, Bahnbrecher, Wegbereiter m || ~ adj neuerungsfreudig || nach Neuem suchend bzw strebend || **-var** [-ue-] vt (Neuerungen bzw Neuheiten) einführen || modernisieren
  innumerable, innúmero adj unzählig, zahllos || unzählbar
  inobedien|cia f Ungehorsam m || Nichtbefolgung f || **-te** adj ungehorsam (a, con gegen acc) || = **inobservante** || → a **desobediente**
  inobservan|cia f Nicht\beachtung, -befolgung f || **-te** adj nicht Folge leistend
  inocen|cia f Unschuld f || Schuldlosigkeit f || Reinheit f || Einfalt, Harmlosigkeit, Naivität f || ∸**cio** m np Tfn Innozenz m || **-tada** f fam harmlose, naive Rede, Handlung f || Einfältigkeit f || harmloser Scherz m (am 28. Dezember) || fam Aprilscherz m || ◊ dar la ~, dar ~s fam (April)Scherze machen || **-te** adj/s unschuldig || schuldlos || unschädlich || einfältig, harmlos, naiv || fig rein || ~ m Unschuldige(r) m || Día de los (Santos) ~s Fest n der Unschuldigen Kindlein (28. Dezember) || la degollación de los ~s der bethlehemitische Kindermord || adv: ~**mente** || **-tón** m/adj fam Einfaltspinsel, dämlicher Kerl m
  inocu|idad f Unschädlichkeit f || Harmlosigkeit f || **-lable** adj ⟨Med⟩ (über)impfbar || **-lación** f ⟨Med⟩ (Über)Impfung f || Einimpfung (& fig) || fig Einflößen n || **-lar** vt ⟨Med⟩ (ein)impfen, inokulieren || fig einflößen
  inocuo adj = **innocuo**
  inocupado adj unbeschäftigt
  inodoro adj geruchlos || ~ m Geruchbeseitiger, Geruchsverschluß m || Entdünstungsvorrichtung f für Bedürfnisanstalten || Zimmerklosett n
  inofensivo adj harmlos || ungefährlich || giftfrei (Farbstoff) || unschädlich (Speise) || chiste ~ unschuldiger, harmloser Witz m
  inoficio|sidad f ⟨Jur⟩ Pflichtteilswidrigkeit f || **-so** adj ⟨Jur⟩ pflichtteilswidrig || nicht offiziös || Am nutzlos
  inolvidable adj unvergeßlich
  inopia f Dürftigkeit, Not f || ◊ estar en la ~ ahnungslos (bzw zerstreut) sein, k–n blassen Schimmer od Dunst von et haben
  inopinadamente adv unvermutet || unvorhergesehen
  inoportu|nidad f Unzweckmäßigkeit f || ungelegener Zeitpunkt m || **-no** adj ungeeignet, ungelegen || unzeitig, unpassend || ◊ ser ~ ungelegen kommen
  in p. inf. Abk = **in pártibus infidelium** im Gebiet der Ungläubigen (& fig)
  in púribus lat fam, **in puris naturálibus** lat splitternackt
  inquebrantable adj unzerbrechlich || fig unverbrüchlich, felsenfest, eisern || resolución ~ felsenfester Entschluß m
  inquie|tante adj beunruhigend || besorgniserregend || bedrohlich || **-tar** vt beunruhigen || besorgt machen || Besorgnis erregen (a alg. jds), ängstigen || necken, quälen || ⟨Jur⟩ (im Besitz bzw im Genuß) stören || ~**se** fam die Ruhe verlieren || sich sorgen, sich Sorgen (bzw Gedanken) machen (con, de, por um acc, wegen gen) || **-to** adj unruhig, ruhelos || fig besorgt, ängstlich || ◊ estar ~ beunruhigt sein || ausgelassen, ungezogen sein (Kind) || adv: ~**amente** || **-tud** f Unruhe f || Beunruhigung, Besorg-

inquilinaje — insocial

nis f ‖ con ~ *unruhig ‖ ungeduldig* ‖ ~es *fpl fig Bemühungen* fpl
inqui|linaje *m* Chi, **–linato** *m Hausmiete* f, *Mietzins* m ‖ casa de ~ Arg *Mietskaserne* f, *Proletarierwohnungen* fpl ‖ (derecho de) ~ *Mietsteuer* f ‖ **–lino** *m Mieter* m ‖ Chi *Heuerling* m ‖ Am *häufig* = **habitante** ‖ ~s *mpl* ⟨Entom⟩ *Inquilinen, Einmieter* mpl
inquina *f* fam *Abneigung* f, *Groll, Haß* m ‖ ◊ tener ~ a alg. *jdn nicht ausstehen (* fam *nicht riechen) können*
inqui|ridor, –rente *m*/adj *Nachforscher* m ‖ *Untersucher* m ‖ ~ adj *forschend* ‖ *untersuchend* ‖ mirada ~a *forschender Blick* m ‖ **–rir** [ie/i, pret –ri] vt *nachforschen ‖ untersuchen* ‖ ~ vi *nachfragen, sich erkundigen (por, sobre nach* dat) ‖ **–sición** *f Nachforschung* f ‖ ⟨Jur⟩ *(gerichtliche) Untersuchung* f ‖ *Glaubens-, Ketzer|gericht* n, *Inquisition* f ‖ *Kerker* m *der Inquisition* ‖ **–sidor** adj *(nach)forschend ‖ prüfend ‖ inquisitorisch* ‖ ~ m *Glaubens-, Ketzer|richter, Inquisitor* m ‖ Gran ~ ⟨Hist⟩ *Großinquisitor* m ‖ **–sitivo, –sitorio** adj *Forschungs-* ‖ mirada ~a *forschender Blick* m ‖ **–sitorial** adj *inquisitorisch, Inquisitions-* ‖ con aire ~ *mit argwöhnischer Miene*
inq.[or] Abk = **inquisidor**
inri *m I.N.R.I.* n *(Aufschrift am Kreuze Christi)* ‖ fig *Hohn* m, *Schmähung* f
insacia|bilidad *f Unersättlichkeit* f ‖ **–ble** adj *unersättlich*
insacu|lación *f Kugelwahl, Ballotierung* f ‖ ⟨Med⟩ *Ballottement* n *(zur Schwangerschaftsdiagnose)* ‖ **–lar** vt *(in e–e Urne u.ä.) sammeln (Stimmzettel usw)* ‖ *ballotieren*
insalivar vt *einspeicheln*
insalu|bre adj *ungesund (Klima)* ‖ *gesundheitsschädlich* ‖ **–bridad** *f ungesunder Charakter* m *(z. B. e–r Gegend)*
insa|nable adj *unheilbar* ‖ **–nia** *f Wahnsinn* m, *Tollheit* f ‖ fig *Unsinn* m ‖ **–no** adj *wahnsinnig* ‖ barb *ungesund, schädlich (Speise, Klima) (→* **malsano**) ‖ *toll, verrückt*
insatis|facción *f Unzufriedenheit* f ‖ **–fecho** adj *unbefriedigt ‖ unzufrieden*
insatura|bilidad *f* ⟨bes Chem⟩ *Unersättlichkeit* f ‖ **–ble** adj *unersättlich* ‖ **–do** adj *ungesättigt*
inscribir [pp **inscri(p)to**] vt *ein|schreiben, -tragen (en in* acc) ‖ *anmelden (para zu* dat) ‖ *einmeißeln (in ein Denkmal usw)* ‖ ⟨Math⟩ *ein|(be-)schreiben, -zeichnen* ‖ ~**se** *sich einschreiben (lassen)* ‖ *sich anmelden*
inscripción *f Ein|schreibung, -tragung* f ‖ *Anmeldung* f ‖ *Auf-, Über|schrift* f ‖ *Inschrift* f ‖ ⟨Com⟩ *Buchung* f ‖ ⟨Pol⟩ *Aufnahme* f *(in die Tagesordnung)* ‖ ⟨Math⟩ *Einbeschreibung* f ‖ ~ hipotecaria *Eintragung* f *der Grundschuld* ‖ cuota de ~ *Einschreibegebühr* f ‖ ~es funerarias *Grabinschriften* fpl
inscri(p)to pp/irr *v.* **inscribir** ‖ **–tor** adj: aparato ~ *(Ein)Schreib(e)apparat, Schreiber* m
insec|ticida adj/s *insekten|tötend, -vernichtend* ‖ polvo ~ *Insektenpulver* n ‖ ~ m *Insekten(vernichtungs)mittel, Insektizid* n ‖ ~ de contacto *Kontaktinsektizid* n ‖ **–tífugo** adj/s *insektenvertreibend* ‖ ~ m *Insektenvertreibungsmittel* n ‖ **–tívoro** adj/s ⟨Biol⟩ *insektenfressend* ‖ ~ m *Insektenfresser* m ‖ **–s** *mpl* ⟨Zool⟩ *Insektenfresser* mpl (Insectivora) ‖ **–to** m *Insekt. Kerbtier* n ‖ picadura de ~ *Insektenstich* m ‖ →a **entomología**
insegu|ridad *f Unsicherheit* f ‖ fig *Schwanken* n, *Zweifel* m ‖ **–ro** adj *unsicher ‖ schwankend* ‖ *unzuverlässig*
insemi|nación *f* ⟨Gen⟩: ~ (artificial) *künstliche Befruchtung* f ‖ ⟨Vet⟩ *Besamung* f ‖ (→a **fecundación**) ‖ **–nar** vt *(künstlich) befruchten* ‖ ⟨Vet⟩ *besamen* ‖ →a **fecundar**
insensa|tez [*pl* **–ces**] *f Unvernunft, Torheit* f ‖ *Unsinn* m ‖ **–to** adj/s *toll ‖ unvernünftig, töricht,*

sinnlos ‖ *wahnwitzig*
insensi|bilidad *f Unempfindlichkeit* f ‖ fig *Gefühllosigkeit* f ‖ *(Gefühls)Kälte* f ‖ fig *Herzlosigkeit* f ‖ **–bilizador** m ⟨Med⟩ *Betäubungsmittel* n ‖ **–bilizar** vt *unempfindlich machen ‖ betäuben* ‖ **–ble** adj *empfindungslos* ‖ & fig *unempfindlich* ‖ *gefühllos* ‖ fig *herz-, gefühl|los* ‖ fig *unmerklich* ‖ ~ a la luz *lichtunempfindlich* ‖ ~ a los choques *stoßunempfindlich* ‖ ~**mente** adj *allmählich ‖ unmerklich*
insepara|bilidad *f Untrennbarkeit* f ‖ **–ble** adj *untrennbar ‖ unzertrennlich* ‖ ~**s** *mpl* ⟨V⟩ *Unzertrennliche* pl (Agapornis spp)
insepulto adj *unbegraben*
inserción *f Ein|rückung, -schaltung* f ‖ *Anzeige* f, *Inserat* n ‖ *Annoncieren, Inserieren* n ‖ *Veröffentlichung, Bekanntmachung* f ‖ ⟨An⟩ *Ansatz* m
inser|tar vt *ein|setzen, -fügen, -legen, -rücken, -schalten* ‖ *einblenden ‖ einflechten (in die Rede)* ‖ ◊ ~ un anuncio *e–e Anzeige einrücken* ‖ ~**se** vr ⟨Biol⟩ *einwachsen* ‖ ⟨An⟩ *ansetzen* ‖ **–to** pp/irr *v.* **–tar** *veröffentlicht (Anzeige)* ‖ *eingerückt* ‖ *ein|geblendet, -geflochten* ‖ *an-, ein|gewachsen*
inservible adj *unbrauchbar*
insi|dia *f listige Nachstellung* f ‖ *Hinterlist* f ‖ *Schlinge, Falle* f ‖ con ~ *ränkevoll, tückisch* ‖ ~**s** *pl Ränke* mpl ‖ **–diar** vt *überlisten* ‖ *jdm nachstellen* ‖ *jdm nach dem Leben trachten* ‖ **–dioso** adj/s *hinterlistig, tückisch ‖ schleichend, heimtückisch (Leiden)* ‖ *verfänglich (Frage)*
insig|ne adj *ausgezeichnet, vortrefflich ‖ berühmt* ‖ **–nia** *f Merk-, Ab-, Kenn|zeichen* n ‖ *Fahne* f ‖ *Ehrenzeichen* n ‖ ~ de(l) partido *Parteiabzeichen* n ‖ buque ~ ⟨Mar⟩ *Flaggschiff* n ‖ ~**s** *fpl Insignien* pl
insignifican|cia *f Geringfügigkeit* f ‖ *Unbedeutendheit, Bedeutungslosigkeit* f ‖ *Belanglosigkeit* f ‖ fam *Lappalie* f ‖ **–te** adj *unbedeutend* ‖ *gering(fügig) ‖ unerheblich ‖ belanglos*
insince|ridad *f Unaufrichtigkeit* f ‖ **–ro** adj *unaufrichtig ‖ falsch*
insi|nuación *f Andeutung, Anspielung* f ‖ *Wink* m ‖ *Zumutung, Anregung* f ‖ *Einflüsterung* f ‖ *Unterstellung, Verdächtigung* f ‖ *Einschmeichelung* f ‖ *Gunsterschleichung* f ‖ ⟨Rhet⟩ *Captatio* f *benevolentiae* ‖ **–nuante** adj *ein|schmeichelnd, -nehmend* ‖ *verführerisch* ‖ palabras ~es *Schmeichelworte* npl ‖ con voz ~ *mit überredender Stimme* ‖ **–nuar** [pres –úo] vt *andeuten, zu verstehen geben* ‖ *einflüstern ‖ beibringen (e–e Meinung)* ‖ ⟨Jur⟩ *ein-, be|händigen* ‖ ◊ ~ dudas *Zweifel einflößen* ‖ ~**se** fig *unbemerkt eindringen (Wärme, Kälte)* ‖ fig *sich einschmeicheln, sich beliebt machen* ‖ ◊ ~ con los poderosos *sich in die Gunst der Mächtigen einschleichen, sich einschmeicheln* ‖ ~ en el ánimo de uno *sich bei jdm einschmeicheln, jdn für sich gewinnen* ‖ **–nuativo** adj *einschmeichelnd ‖ verführerisch ‖ andeutend*
insipidez [*pl* **–ces**] *f Geschmacklosigkeit, Schalheit* f ‖ fig *Abgeschmacktheit* f ‖ fig *Geistlosigkeit, Öde* f
insípido adj *geschmacklos, schal, fade* ‖ fig *abgeschmackt* ‖ fig *witz-, geist|los*
insis|tencia *f Nachdruck* m ‖ *Drängen* n ‖ *Anliegen, Dringen* n *(auf* acc) ‖ *Beharrlichkeit* f ‖ con ~ *nachdrücklich* ‖ **–tente** adj *beharrlich ‖ nachdrücklich* ‖ **–tir** vi *dringen (en auf* acc), *bestehen, beharren (en auf* dat) ‖ *e–n besonderen Nachdruck legen (en auf* acc) ‖ ◊ ~ sobre *(od* en) el pago *auf Zahlung dringen* ‖ ~ en su oferta *auf sein Angebot zurückkommen* ‖ ~ en que no es verdad *ich beharre darauf, daß es nicht wahr ist* ‖ debo ~ en ello *ich muß darauf bestehen*
insobornable adj *unbestechlich*
inso|ciabilidad *f Ungeselligkeit* f ‖ fig *Menschenscheu* f ‖ **–ciable, –cial** adj *ungesellig, unleutselig* ‖ fig *menschenscheu*

inso|lación f Sonneneinwirkung f || Sonnenscheindauer f || Insolation, Sonneneinstrahlung f || Sonnenbestrahlung f (der Weintrauben usw) || ⟨Med⟩ Sonnenstich m || **-larse** vr den Sonnenstich bekommen
insolen|cia f Vermessenheit, Anmaßung f || Frechheit f || Grobheit f || frecher Übermut m || Schmähwort n || con ~ frech, dreist || **-tarse** vr unverschämt, frech werden (con gegenüber dat) || **-te** adj/s anmaßend, vermessen || unverschämt, frech || ~ m Grobian, Flegel, fam Frechdachs m
insólito adj ungewohnt || ungewöhnlich
inso|lubilidad f Unlöslichkeit f || **-luble** adj unlös|lich, -bar
insolvencia f Zahlungsunfähigkeit, Insolvenz fam Pleite f || ~ fraudulenta betrügerischer Bankrott m || ◊ declarar su ~ sich für zahlungsunfähig erklären
insolvente adj zahlungsunfähig, insolvent, fam verkracht || ◊ declarar(se) ~ (sich) für zahlungsunfähig erklären || resultar ~ zahlungsunfähig werden bzw sein
insom|ne adj schlaflos || fig verstört (Blick) || **-nio** m Schlaflosigkeit f || ◊ padecer ~s an Schlaflosigkeit leiden
insondable adj nicht auslotbar || fig uner|gründlich, -forschlich
insono|rización f ⟨Ak Tech⟩ Schall|dämmung, -dichtung f || **-rizado** adj schalldicht || **-rizar** vt schalldicht machen || **-ro** adj ton-, klang|los || schalldicht || →a **sordo**
insoportable adj unerträglich
insospechado adj unverhofft || unerwartet
insostenible adj unhaltbar (& fig)
inspec|ción f Besichtigung f || Aufsicht, Beaufsichtigung f || Untersuchung, Kontrolle f || Wartung f || (Über)Prüfung f || ⟨Mil⟩ Musterung f || ⟨Mil⟩ Besichtigung f || Inspektionsgebäude n || ⟨Schul-⟩ Aufsicht f || ~ aduanera Zollkontrolle f || ~ de productos cárnicos Fleischbeschau f || ~ sanitaria gesundheitliche Überwachung f || ~ del lugar del hecho ⟨Jur⟩ Besichtigung f des Tatortes, Lokaltermin m || ~ de los libros ⟨Com⟩ Prüfung, Durchsicht f der Bücher || viaje de ~ Inspektionsreise f || **-cionar** vt be(auf)sichtigen || untersuchen || inspizieren || kontrollieren || (über)prüfen, nachsehen, überwachen || ⟨Mil⟩ mustern || **-tor** m Aufseher m || Be(auf)sichtiger m || Inspektor m || ~ de aduanas Zollaufseher m || ~ de cuentas Rechnungsprüfer m || ~ de segunda enseñanza Mittelschulinspektor m || ~ de estudios Schulinspektor m || ~ de ferrocarriles Eisenbahninspektor m || ~ general Generalinspektor m || ~ de policía Polizeiinspektor m
inspersión f ⟨Med⟩ Einstäubung f
inspi|ración f Einatmung, Inspiration f, Atemholen n || Ein|blasen, -hauchen n || fig (dichterische) Begeisterung, Inspiration f || fig göttliche Eingebung, Offenbarung f || figf Einfall m || **-rado** adj poetisch, gedankenvoll, begeistert || **-rador** adj/s inspirierend || begeisternd || anregend, belebend || ⟨An⟩ Atem- || ~ m Anreger, Inspirator m || Anstifter m || **-rar** vt einatmen || ein|blasen, -hauchen || fig ein|flößen, -geben || fig begeistern, anregen, anfeuern, inspirieren || ◊ para ~ confianza um Zutrauen zu erwecken || ~ respeto Achtung einflößen || ~ una idea a (od en) alg. jdm e-n Gedanken eingeben || ~se fig sich begeistern, sich inspirieren (Künstler) || Anregungen schöpfen (en an, aus)
inst.[a] Abk = **instancia**
insta|bilidad f, **-ble** adj = **inesta|bilidad, -ble**
insta|do adj: ~ por mí auf mein Anliegen (→ **instar**) || **-damente** adv dringend, inständig
insta|lación f Ein|fügung, -weisung f (in ein Amt) || Installation f (e-s Geistlichen) || Einrichtung, Installation f || Aufstellung f || Ausstattung f || Anlage f || Einbau m || Vorrichtung f || ~ de

agricultura landwirtschaftliche Anlage f || ~ de climatización Klimaanlage f || ~ depuradora (de aguas) Kläranlage f || ~ electrónica de elaboración de datos elektronische Datenverarbeitungsanlage f || ~ frigorífica Gefrier-, Kühl|anlage f || ~ generadora Generatormaschinensatz m || ~ hidráulica Wasserkraftanlage f || ~ de interpretación simultánea Simultandolmetschanlage f || ~ de luz eléctrica elektrische Beleuchtungsanlage f || ~ de radar Funkmeß-, Radar|anlage f || ~ radiogoniométrica Funkpeilanlage f || ~ sanitaria sanitäre Einrichtung f || ~ telefónica Fernsprechanlage f || material de ~ Installationsmaterial n || gastos de ~ Anlagekosten pl || ~es de cervecería Bierbrauereieinrichtungen fpl || →a **aparato, equipo, dispositivo** || **-lador** m Monteur, Installateur, Aufsteller m || Verleger m (v. Kabeln usw) || **-lar** vt ein|weisen, -führen (in sein Amt) || aufstellen, installieren || einrichten, ausstatten (Wohnung) || errichten, einbauen (Anlage) || ◊ ~a uno en su casa jdn in sein Haus aufnehmen || **~se** sich (häuslich) einrichten || ein Haus beziehen, sich niederlassen
instancia f Inständigkeit f || inständige Bitte f || (schriftliches) Gesuch n, Eingabe f || Instanz f (Gericht) || en última ~ ⟨Jur⟩ in letzter Instanz || a ~ ⟨Jur⟩ auf Ansuchen, auf Antrag (de gen) || de ~ única ⟨Jur⟩ eininstanzlich || de primera ~ zuerst || mit e-m Schlage || ⟨Jur⟩ erster Instanz || en última ~ ⟨Jur⟩ in letzter Instanz || figf wenn alle Stricke reißen || a ~s de ... auf Parteiantrag, auf Ersuchen (gen od von dat) || ◊ hacer ~ dringend (acc) || hacer (od elevar) una ~ a e-e Eingabe machen an (acc)
instan|tánea f ⟨Phot⟩ Momentaufnahme f || Schnappschuß m || **-táneo** adj augenblicklich || nur e-n Augenblick dauernd || plötzlich (eintretend) || fotografía ~ Momentphotographie f || **-te** m Sekunde f || fig Augenblick m || al ~ augenblicklich, sogleich || cada ~ jeden Augenblick, sehr häufig || en un ~ sehr schnell, im Nu || sin cesar un ~ ohne e-n Augenblick aufzuhören || por ~s unaufhörlich, immer mehr || a los pocos ~s kurz darauf || →a **momento, segundo** || **-temente** adv ⟨bes Lit⟩ dringend, inständig
instar vt/i nachdrücklich bitten, dringend auffordern || mit scholastischen Argumenten anfechten (Lösung) || ◊ ~ a alg. in jdn dringen || ~ el despacho de un expediente auf die Erledigung e-s Gesuch(e)s dringen || ~ vi dringen (auf acc) || dringend sein (Erledigung)
in statu quo adv lat im früheren Zustande, so wie es war (ist)
instau|ración f (Be)Gründung, Errichtung f || Ein|setzung, -führung f || →a **restauración** || **-rar** vt (be)gründen, errichten || ein|setzen, -führen || erneuern || stiften (Ordnung) || →a **restaurar** || **-rativo** adj (Be)Gründungs-, Einsetzungs- || Erneuerungs-
insti|gación f Anstiftung, Aufhetzung f || ~ en grado de tentativa, ~ frustrada ⟨Jur⟩ versuchte Anstiftung f || a ~ de alg. auf jds Anregung || **-gador** m Anstifter, Aufhetzer m, fam Drahtzieher m || ~ adj anstiftend, aufhetzend || **-gar** [g/gu] vt anstiften, aufhetzen (a zu dat)
insti|lación f Einträu|felung f, -feln n || Instillation f || **-lador** m ⟨Med⟩ Tropfenzähler m, Tropfröhrchen n || **-lar** vt ein|tröpfeln, -träufeln f || fig einflößen, träufeln
instin|tivamente adv unwillkürlich, von selbst, instinktiv || instinktiv, triebhaft || fig unwillkürlich || **-to** m Instinkt, Naturtrieb m || fig Hang, Drang m, Neigung f (de zu dat) || fig Einfühlungsvermögen n, Instinkt m || fig angeborenes Gefühl n || ~ de conservación (Selbst)Erhaltungstrieb m || ~ genésico Geschlechtstrieb m || ~ gregario Herdentrieb m (& fig) || ~ musical (angeborenes) Gefühl n für die Musik || por ~ instinktmäßig || un-

willkürlich || *malos* ~s fig *schlechte Neigungen fpl*
insti|tución *f Einrichtung* f || *Ein|setzung, -führung* f *(in ein Amt)* || *Anordnung, Satzung* f || *Errichtung, Gründung, Stiftung, Einsetzung* f || *Anstalt* f, *Institut* n || *Unterweisung* f || ~ *benéfica,* ~ *de beneficencia Wohltätigkeitsanstalt* f || ~ *científica wissenschaftliche Anstalt* f || ~ *de heredero* ⟨Jur⟩ *(letztwillige) Erbeinsetzung* f || ~ *de utilidad pública gemeinnützige Einrichtung* f || **~es** *pl Lehrbuch* n || *Anfangsgründe* mpl *e–r Wissenschaft* || *(staatliche) Institutionen* fpl || ~, **-tuta(s)** *f pl* ⟨Jur⟩ *Institutionen* fpl *(Justinians)* || → a **-to** || **-tucional** adj *institutionell* || **-tuidor** adj/s = **-tutor** || **-tuir** [-uy–] vt *stiften, errichten* || *gründen* || *anordnen, einrichten* || *einsetzen* || *einführen* || *ernennen* || *unter|richten, -weisen* || ◊ ~ (por) *heredero* ⟨Jur⟩ *als od zum Erben einsetzen* || **-tutivo** adj *einrichtend, anordnend* || **-tuto** m *(öffentliche) Anstalt* f, *Institut* n || ~ *(de segunda enseñanza od de enseñanza media) (span.) Mittelschule* f, *Gymnasium* n *(→* **bachillerato***)* || ⟨Rel⟩ *Kongregation, Gesellschaft* f || ~ *de enseñanza Lehranstalt* f || ~ *de belleza Schönheitssalon* m || ⁓ *Español de Moneda Extranjera span. Devisenbehörde* f || ⁓ *Iberoamericano Iberoamerikanisches Institut* n || ⁓ *Nacional de Previsión Span Sozialversicherungsanstalt* f || **-tutor** *m Stifter, (Be-) Gründer* m || *Col (Volksschul) Lehrer* m || **-tutriz** [*pl* **-ces**] *f Erzieherin, Hauslehrerin* f || *Gouvernante* f
instrucción *f Unterricht* m, *Unterweisung, Schulung* f || *An-, Gebrauchsan|weisung* f || *Lehre, Vorschrift* f || *Verhaltensmaßregel* f || *Bildung* f || *Kenntnisse* fpl, *Wissen* n || *Benachrichtigung* f || ⟨Jur⟩ *Untersuchung* f || ⟨Verw⟩ *Instruktion, Weisung* f || ⟨Mil⟩ *Ausbildung* f || ~ *cívica Bürgerkunde* f || ~ *premilitar vormilitärische Ausbildung* f || ~ *primaria Volks-, Elementar|unterricht* m || *Volksschulwesen* n || ~ *de un proceso Anstrengung* f *e–s Prozesses* || ~ *profesional Berufsausbildung* f || ~ *pública öffentliches Unterrichtswesen* n || ~ *religiosa Religionsunterricht* m || *religiöse Kenntnisse* fpl || ~ *del sumario Ermittlungsverfahren* n || ~ *teórica* ⟨Mil⟩ *Dienstunterricht* m || ~ *de tiro Ausbildungsschießvorschrift* f || *con* ~ *técnica technisch geschult* || *sin* ~, *falto de* ~ *ungebildet* || **~es** *fpl Verhaltungsmaßregeln* fpl || ~ *para el empleo (od uso) Gebrauchsanweisung* f || *de acuerdo (od conformidad) con (od según, siguiendo, conforme a, ateniéndome a) sus* ~ *Ihren Weisungen gemäß* || ◊ *contravenir las* ~ *den Weisungen zuwiderhandeln* || *dar* ~ *Weisungen geben, erteilen* || *seguir las* ~ *sich an die Weisungen halten* || *die Vorschriften befolgen*
instruc|tivo adj *lehrreich* || *instruktiv* || *belehrend (Buch, Reise)* || ⟨Jur⟩ *Untersuchungs-* || **-tor** adj *unterweisend* || *Untersuchungs-* || *juez* ~ ⟨Jur⟩ *Untersuchungsrichter* m || *m Lehrer, Unterweiser* m || ⟨Mil⟩ *Ausbilder* m || ⟨Flugw⟩ *Link-, Flug|trainer* m *(Einrichtung)* || ~ *de vuelo,* ~ *de pilotaje* ⟨Flugw⟩ *Fluglehrer* m
instruido adj *gebildet*
instruir [-uy–] vt *unter|richten, -weisen* (en, de, sobre in dat) || *anweisen* || *(be)lehren, instruieren* || ⟨Mil⟩ *schulen, ausbilden (e–n Lehrling) anlernen* || *benachrichtigen* || *jdm Verhaltungsmaßregeln geben* || ◊ ~ *una causa* ⟨Jur⟩ *e–n Prozeß einleiten, führen* || ~ *el sumario,* ~ *las diligencias Ermittlungen anstellen* || **~se** *sich (aus)bilden* (en *in* dat), *Kenntnisse erwerben*
instrumen|tación *f* ⟨Mus⟩ *Instrumentierung* f || **-tal** adj ⟨Mus⟩ *Instrumental-* || ⟨Jur⟩ *urkundlich, Urkunden-, Urkunds-* || *música* ~ ⟨Mus⟩ *Instrumentalmusik* f || *prueba* ~ ⟨Jur⟩ *urkundlicher Beweis* m || ~ *m (chirurgische) Instrumente* npl, *Instrumentarium, Besteck* n || ⟨Gr⟩ *Instrumental* m || ⟨Mus⟩ *Orchesterbesetzung* f || *allg*

Arbeitsgerät n || **-tar** vt ⟨Mus⟩ *instrumentieren* || ⟨Taur⟩ *versetzen* || **-tista** *m Instrumenten|bauer, -macher* m || ⟨Mus⟩ *Instrumentalist* m *(Musiker)* || **-to** *m Werkzeug, Instrument* n || ⟨Mus⟩ *Instrument* n || *Werkzeug* (& fig) *(Hilfs) Mittel* n || *Mittelsmann* m || *Urkunde* f, *Schriftstück* n || ~ *músico Musikinstrument* n || ~ *negociable Wertpapier* n || ~ *privado Privaturkunde* f || ~ *público öffentliche Urkunde* f || **~s** *pl:* ~ *de arco* ⟨Mus⟩ *Streichinstrumente* npl || ~ *de a bordo* ⟨Flugw⟩ *Bord-, Flugüberwachungs|geräte* npl || ~ *de cuerda* ⟨Mus⟩ *Saiteninstrumente* npl || ~ *de la generación Zeugungs-, Geschlechts|teile* mpl || ~ *de percusión* ⟨Mus⟩ *Schlaginstrumente* npl || ~ *quirúrgicos chirurgische Instrumente* npl || ~ *de viento* ⟨Mus⟩ *Blasinstrumente* npl || *fabricante de* ~ *(de música) (Musik) Instrumenten|bauer, -macher* m
insubordi|nación *f Widersetzlichkeit, Insubordination, Unbotmäßigkeit, Verweigerung* f *des Gehorsams (im Dienst)* || **-nado** adj/s *unbotmäßig, widersetzlich, ungehorsam (im Dienst)* || *aufständisch* || **-nar** vt *zur Unbotmäßigkeit (od zur Gehorsamsverweigerung) führen od treiben* || **~se** vr *den Gehorsam verweigern*
insubsanable adj *nicht wiedergutzumachen(d)* || fig *nicht heilbar*
insubstancial adj = **insustancial**
insuficien|cia *f Unzulänglichkeit* f || *Mangel* m || *Untauglichkeit, Unfähigkeit* f || *Geistesarmut* f || ⟨Med⟩ *Insuffizienz, Schwäche* f || ~ *auditiva Schwerhörigkeit* f || ~ *cardíaca Herz|insuffizienz, -schwäche* f || ~ *de franqueo ungenügendes Porto* n || ~ *gástrica Magenschwäche* f || ~ *muscular Muskelschwäche* f || ~ *de rendimiento Minderleistung* f || *Ertragsminderung* f || **-te** adj *unzulänglich, unzureichend, ungenügend, untauglich* || *minderwertig, mangelhaft* || *nutrición* ~ *Unterernährung* f
insu|flación *f Einblasung, Insufflation* f || **-flador** *m* ⟨Med⟩ *Einbläser* m *(Gerät)* || **-flar** vt ⟨Med⟩ *(ein)blasen*
insufrible adj *unerträglich* || *unausstehlich*
*****ínsula** *f Insel* f || ~ *(Barataria)* fig ⟨Lit⟩ *kleines Reich* n *(wie die Insel Barataria Sancho Panzas im „Don Quijote")*
insu|lano, na adj *Insel-* || fig *einsam* || ~ *m Inselbewohner* m || **-lar** adj *Insel-* || *pueblo* ~ *Inselvolk* n
insuli|na *f* ⟨Pharm⟩ *Insulin* n || **-noterapia** *f* ⟨Med⟩ *Insulin|therapie, -behandlung* f
insul|sez [*pl* **-ces**] *f Fadheit, Geschmacklosigkeit* f || fig *Abgeschmacktheit, Albernheit* f || **-so** adj *geschmacklos, unschmackhaft, fade* || fig *abgeschmackt, albern* || *cosa* ~ *a Abgeschmacktheit* f
insul|tante adj *beleidigend, Beleidigungs-, Schmäh-* || *palabras* **~s** *Schmähworte* npl || **-tar** vt *beleidigen, beschimpfen, schimpflich behandeln* || **-to** *m grobe Beleidigung, Beschimpfung* f, *Insult* m (*&* Med) || ◊ *ser un* ~ fig *ein Hohn sein* (a, para *auf* acc)
insume adj *aufwendig*
insumergi|bilidad *f* ⟨Mar⟩ *Unsinkbarkeit* f || *Unversenkbarkeit* f || **-ble** adj *un|sinkbar, -versenkbar*
insumi|sión *f Ungehorsam* m || *Widerspenstigkeit* f || **-so** adj *ungehorsam* || *widerspenstig*
insuperable adj *unüberwindlich* || fig *unvergleichlich, ausgezeichnet, unübertrefflich*
insurgente m/adj *Aufständische(r)* m || *Empörer, Aufrührer* m || ~ adj *aufständisch*
insurrec|ción *f Aufstand* m, *Empörung, Erhebung, Insurrektion, Revolte* f || **-cional** adj *aufständisch, Aufstands-* || **-cionar** vt *zum Aufstand treiben od führen* || **~se** vr *sich erheben, sich empören (contra gegen, wider* acc) || **-to** adj *aufständisch, aufrührerisch* || ~ *m Aufständische(r)* m (→ **insurgente**) || *los* **~s** *die Aufständischen* pl

insustan|cial adj *gehalt-, substanz|los* ‖ *unbedeutend* ‖ fig *oberflächlich (& Person)* ‖ **–cialidad** *f Gehalt-, Substanz|losigkeit* f ‖ *Bedeutungslosigkeit* f ‖ fig *Oberflächlichkeit* f
insustituible adj *unersetz|bar, -lich*
int. Abk = **interés** ‖ **interior** ‖ ⟨Pharm⟩ **interiormente**
intacto adj fig *unberührt* ‖ *unverletzt* ‖ *unversehrt, intakt*
intachable adj *tadellos* ‖ *musterhaft (Benehmen)* ‖ *einwandfrei* ‖ *untadelig*
intangi|bilidad *f Unberührbarkeit* f ‖ *Unantastbarkeit* f ‖ **–ble** adj *unbe-, unan|rührbar* ‖ *unantastbar*
integérrimo adj sup v. **íntegro**
integra|ble adj ⟨Math⟩ u. fig *integrierbar* ‖ **–ción** *f* ⟨Math Pol⟩ *Integrierung* f, *(& Soz Com⟩ Integration* f ‖ **–cionista** *m Verfechter* m *der Rassenmischung*
integral adj *vollständig, ganz, völlig* ‖ *uneingeschränkt* ‖ *unvermindert* ‖ *ungekürzt (Text)* ‖ **Integral-** ‖ *cálculo* ~ ⟨Math⟩ *Integralrechnung* f ‖ *pan* ~ *Vollkornbrot* n ‖ *reembolso* ~ ⟨Com⟩ *volle Rückzahlung* f ‖ ~*f* ⟨Math⟩ *Integral* n ‖ adv: ~**mente**
inte|grando *m* ⟨Math⟩ *Integrand* m ‖ **–grante** adj *integrierend* ‖ *wesentlich (Bestandteil)* ‖ *dazugehörend* ‖ *parte* ~ *wesentlicher (Bestand)Teil* m ‖ **–grar** vt *ausmachen, bilden* ‖ *et ersetzen* ‖ ⟨Pol Soz Math⟩ *integrieren* ‖ fig *einfügen* (en *in* acc) ‖ Col *(aus)zahlen* ‖ **–grado** por *bestehend aus* (dat) ‖ **–gridad** *f Vollständigkeit, Integrität* f ‖ *Unversehrtheit* f ‖ *Integrität, Redlichkeit, Rechtschaffenheit* f ‖ *Jungfrauschaft* f
íntegro adj *ganz, vollständig, unversehrt* ‖ fig *ehrlich, rechtschaffen, bieder, redlich, unbescholten, integer* ‖ *hombre* ~ *Ehrenmann* m ‖ *pago* ~ *Volleinzahlung* f ‖ ◊ *pagar el precio* ~ *den vollen Preis zahlen*
*****intelec|tiva** *f Verstandeskraft* f ‖ **–tivo** adj *Verstandes-* ‖ **–to** *m Intellekt, Verstand* m ‖ **–tual** adj *geistig, intellektuell* ‖ *verstandesmäßig, Verstandes-* ‖ *las clases* ~**es** *die gebildeten Schichten* fpl ‖ *facultades* ~**es** *geistige Begabung* f ‖ *trabajo* ~ *Geistesarbeit* f ‖ ~ *m Intellektuelle(r)* m ‖ *Verstandesmensch* m ‖ **–tualidad** *m Geistig-, Verstandesmäßig|keit* f ‖ fig *Intelligenz* f ‖ *gebildete Kreise, Intellektuellen* mpl ‖ **–tualismo** *m Intellektualismus* m ‖ **–tualista** adj/s *intellektualistisch* ‖ ~ *m Intellektualist* m ‖ **–tualización** *f Intellektualisierung* f ‖ *Ver-* (bzw *Durch)geistigung* f ‖ **–tualizar** vt *intellektualisieren* ‖ *ver-* (bzw *durch-)geistigen*
inteli|gencia *f Intelligenz, Fassungskraft* f ‖ *Verstand* m ‖ *geistiges Wesen* n ‖ *Geist* m *(& Person)* ‖ *Scharfsinn* m ‖ *Meinung, Auffassung* f ‖ *Bedeutung* f, *Sinn* m ‖ *Geschicklichkeit, Gewandtheit* f ‖ *(geheimes) (Ein)verständnis* n ‖ *Einvernehmen* n ‖ *geheime Verbindungen* fpl ‖ *richtiges Verständnis* n ‖ *Benachrichtigung, Nachricht* f ‖ *buena* ~ *gutes Einvernehmen* n ‖ *cociente de* ~ *Intelligenzquotient* m ‖ *mala* ~ *Mißverständnis* n ‖ *Uneinigkeit* f ‖ *mirada de* ~ *verständnisvoller Blick* m ‖ *Zuwinken* n ‖ *servicio de* ~ *Am Nachrichtendienst* m ‖ ⟨*estar en* ~ *con el enemigo mit dem Feinde in Verbindung stehen*⟩ ‖ *llegar a una* ~ *zu e–r Verständigung gelangen* ‖ **–gente** adj *klug, verständig, intelligent, einsichtig* ‖ *scharfsinnig* ‖ *gebildet, gelehrt* ‖ ~ *en* fisica *in der Physik bewandert* ‖ ~ *en la materia fachmännisch geschult* ‖ *seres* ~**s** *vernünftige Wesen* npl ‖ ~ *m Kenner* m ‖ *Kunst-, Sach|verständige(r)* m ‖ **–gibilidad** *f Verständlichkeit* f ‖ ⟨Philos⟩ *intelligible Artung* f ‖ **–gible** adj *verständlich, begreiflich* ‖ *vernehmlich, deutlich* ‖ ⟨Philos⟩ *intelligibel*
intelligent|zia, –sia *f* russisch *Intelligenzija* f, *die „Intelligenz", die Intellektuellen*
intempe|rancia *f Unmäßigkeit* f *(bes im Trinken*

u. *Essen)* ‖ *Maßlosigkeit* f ‖ *Zügellosigkeit* f ‖ *Ausschweifung* f ‖ **–rante** adj *unmäßig* ‖ *maßlos* ‖ *zügellos* ‖ **–rie** *f Unbilden* pl *der Witterung* ‖ *a la* ~ *obdachlos, dem Unwetter ausgesetzt* ‖ *unter freiem Himmel*
intemperización *f* ⟨Geol⟩ *Verwitterung* f
intempesti|vamente adv *zur Unzeit, ungelegen* ‖ **–vo** adj *unzeitig, unzeitgemäß* ‖ *ungelegen, unangebracht*
intemporal adj *zeitlos* ‖ *ewig* ‖ ~**idad** *f Zeitlosigkeit* f ‖ fig *Ewigkeit* f
intención *f Absicht* f ‖ *Vorhaben* n, *Plan* m ‖ *Vorsatz* m ‖ *Wille* m, *Willensmeinung, Gesinnung* f ‖ ⟨Lit⟩ *Tendenz* f ‖ ⟨Philos⟩ *Intention* f ‖ fig *Verschlagenheit, Tücke* f ‖ *con* ~ *mit Absicht, absichtlich, vorsätzlich* ‖ fig *schelmisch, tückisch* ‖ *con honda* ~ *mit besonderem Nachdruck* ‖ *con la* ~ *de* (inf) *damit, auf daß, um* ‖ *sin* ~ *unwillkürlich, unabsichtlich* ‖ *de primera* ~ *vorläufig, einstweilen* ‖ *zu Anfang, anfangs* ‖ *aus dem Stegreif (spielen usw)* ‖ *segunda* ~ *fam Falschheit* f, *Hintergedanke* m ‖ *sin mala* ~ *ohne böse Absicht* ‖ *toro de* ~ *bösartiger Stier* m ‖ ◊ *curar de primera* ~ *e–m Verwundeten die erste Hilfe leisten* ‖ *decir una misa en* ~ *de alg.* ⟨kath⟩ *für jdn Messe lesen* ‖ *salir con su* ~ *sein Vorhaben ins Werk setzen* ‖ *tengo la* ~ *de partir hoy ich gedenke (beabsichtige) heute abzureisen* ‖ *mis* ~**es** *para lo futuro meine Pläne* mpl *für die Zukunft*
intencio|nadamente adv *absichtlich, mit Absicht, vorsätzlich* ‖ **–nado** adj *vorsätzlich (& fig)* ‖ *absichtlich* ‖ *bien* ~ *wohlgesinnt* ‖ *guten Willens* ‖ *ehrlich* ‖ *mal* ~ *böswillig* ‖ *fuego* ~ *Brandlegung, (böswillige) Brandstiftung* f ‖ **–nal** adj *absichtlich* ‖ *beabsichtigt* ‖ *bewußt* ‖ ⟨Philos⟩ *intentional* ‖ **–nalidad** *f Absicht(lichkeit)* f ‖ *Vorbedacht* m
inten|cia *f Verwaltung, Oberaufsicht* f ‖ *Intendanz* f ‖ ⟨Mil⟩ *Intendantur* f ‖ *Bekleidungs-* (bzw *Beschaffungs)amt* n ‖ **–te** Abk = **intend.**[te] *m Intendant, Oberaufseher, Vorsteher* m ‖ ⟨Mil⟩ *Verwaltungs|offizier* bzw *-beamte(r)* m ‖ Arg *Bürgermeister* m ‖ ~ *mercantil* Span *Betriebsberater* m ‖ *Betriebswirt* m
inten|samente adv *heftig, stark* ‖ **–sidad** *f Heftigkeit, Stärke, Intensität* f ‖ *Nachdruck* m ‖ ⟨Tech⟩ *Kraft, Stärke* f ‖ ⟨Phon⟩ *Intensität* f ‖ ⟨EB⟩ *Streckenbelastung* f ‖ fig *Kraft, Tiefe* f ‖ ~ *de campo* ⟨El⟩ *Feldstärke* f ‖ ~ *de la luz Lichtstärke* f ‖ ~ *del sonido Ton-, Schall|stärke* f ‖ **–sificación** *f Verstärkung* f *(& Phot)* ‖ *Intensivierung* f ‖ *Ausweitung* f ‖ ⟨Com⟩ *Ausbau* m ‖ ~ *de la competencia Verschärfung* f *des Wettbewerbs* ‖ **–sificador** adj/*m verstärkend* ‖ ~ *m Verstärker* m *(& Phot)* ‖ **–sificar** [c/qu] vt *verstärken, intensivieren, steigern* ‖ *ausbauen (Beziehungen)* ‖ ~**se** *zunehmen* ‖ **–sión** *f* = **sidad** ‖ **–sivo** adj *intensiv, heftig* ‖ *hochgradig* ‖ *durchgehend (Arbeitszeit)* ‖ *cultivo* ~ ⟨Agr⟩ *intensive Bewirtschaftung* f
inten|tar vt *beabsichtigen, vorhaben* ‖ *trachten, suchen (nach)* ‖ *versuchen* ‖ *unternehmen* ‖ ◊ ~ *una acusación contra (od a) alg.* ⟨Jur⟩ *gegen jdn e-e Klage einreichen* ‖ *anstrengen (Prozeß)* ‖ ⟨Philos⟩ *intendieren* ‖ **–to** *m Absicht* f, *Vorhaben* n ‖ *Vorsatz* m ‖ *Versuch* m (→ **tentativa**) ‖ ~ *de crimen Versuch* m *e–s Verbrechens* ‖ *de* ~ *absichtlich, vorsätzlich* ‖ *con* ~ *de mit der Absicht zu* ‖ ◊ *frustrar un* ~ *jds Vorhaben zunichte machen* ‖ **–tona** *f* fam *gewagtes Unternehmen* n ‖ *fam (mißlungener) Putsch* m ‖ fam *fehlgeschlagener (hinterhältiger) Versuch* m
[1]**inter** lat prep = **entre** ‖ ~ *nos* fam *unter uns, unter vier Augen* ‖ *en el* ~ *prov bis dahin*
[2]**inter** *m* Arg *Kaplan, Pfarrvikar* m
inter|acción *f Wechselwirkung* f ‖ **–aliado** adj/s *interalliiert* ‖ *die Verbündeten betreffend* ‖ *ver-*

interalemán — interesado

bündet ‖ **–alemán** adj *innerdeutsch* ‖ **–americano** adj *interamerikanisch* ‖ **–andino** adj *interandin, auf die Andenländer bezüglich* ‖ **–articular** adj *in (bzw zwischen) den Gelenken liegend* ‖ **–astral** adj *inter|astral, -stellar*

inter|cadencia f *Unregelmäßigkeit* f *(des Pulses)* ‖ *Schwanken* n *(des Verhaltens, der Gefühle)* ‖ **–cadente** adj *ungleichmäßig* ‖ *unregelmäßig (Puls)* ‖ *schwankend (Gefühl, Verhalten)*

interca|lación f *Einschaltung* f ‖ ⟨Typ⟩ *gemischter Satz* m ‖ **–lado** adj *eingeschaltet, Schalt-* ‖ *eingeschoben* ‖ **–lar** vt *ein|schalten, -schieben* ‖ ⟨El Tech⟩ *vor-, zwischen|schalten* ‖ *einrücken (Getriebe)*

inter|cambiable adj *austauschbar* ‖ **–cambio** m *Austausch* m ‖ ~ *comercial wechselseitige Handelsbeziehungen* fpl ‖ ~ *intelectual Austausch* m *geistiger Güter* ‖ ~ *de mercancías Warenverkehr* m ‖ *Tauschhandel* m

interceder vi *dazwischentreten, einschreiten, einspringen, interzedieren* ‖ *sich verwenden, Fürbitte einlegen (para alg. cerca de alg. für jdn bei jdm)* ‖ ~ *por una persona sich für e-e Person verwenden (cerca de, con bei dat)*

intercelular adj *zwischen den Zellen (befindlich), zwischenzellig, interzellulär, Interzellular-*

intercep|ción f *Unterbrechung, Hemmung* f *(der Bewegung)* ‖ *Abfangen* n ‖ *Abhorchen* n ‖ *Abhören* n ‖ *Auffangen* n, *Unterschlagung* f ‖ *cohete de* ~ ⟨Mil⟩ *Abfangrakete* f ‖ **–(ta)ción** f *Unterbrechung, Sperrung* f ‖ ⟨Phys⟩ *Unterbrechung, Hemmung* f, *Auffangen (e-r Bewegung)* ‖ → a **intercepción** ‖ ~ *de la correspondencia Unterschlagung* f, *Auffangen* n *der Briefe* ‖ ~ *de la vía* ⟨EB⟩ *Unterbrechung (od Sperrung)* f *der Strecke* ‖ **–tar** vt *hemmen, unterbrechen, sperren* ‖ *auffangen (Bewegung)* ‖ *unterschlagen, abfangen (Brief)* ‖ ⟨Mil Flugw⟩ *abfangen (& Rakete)* ‖ ⟨Tel⟩ *ab|hören, -horchen* ‖ ◊ ~ *la vía die Bahnverbindung sperren* ‖ **–tor** adj/s: (caza) ~ m ⟨Mil⟩ *Abfangjäger* m ‖ → a **–ción** ‖ Am prov *Schalter* m (→ **interruptor**)

interce|sión f *Für|bitte, -sprache, Verwendung* f ‖ *Vermittlung* f ‖ ⟨Jur &⟩ *Interzession* f ‖ **–sor** m *Fürsprecher* m ‖ *Bürge* m ‖ *Vermittler* m

inter|clasificadora f *Kartenmischer, Zuordner* m *(Lochkarten)* ‖ **–colu(m)nio** m ⟨Arch⟩ *Säulenweite* f ‖ **–comunal** adj *zwischengemeindlich* ‖ **–comunicación** f *wechselseitige Verbindung* f ‖ ⟨Tel⟩ *Zwischenverkehr* m ‖ ~ *en dúplex* ⟨Tel⟩ = **–comunicador** m *Gegensprechanlage* f ‖ **–conexión** f ⟨Zwischen⟩ *Verbindung* f ‖ ⟨El Tel⟩ *Verbundschaltung* f ‖ *Verkettung* f ‖ **–confesional** adj *interkonfessionell, zwischenkirchlich* ‖ **–continental** adj *interkontinental* ‖ *überseeisch* ‖ *cable* ~ *Überseekabel* n ‖ **–costal** adj ⟨An⟩ *Zwischenrippen-, Interkostal-* ‖ *espacio* ~ ⟨An⟩ *Zwischenrippenraum* m ‖ **–currente** adj *hinzukommend* ‖ ⟨Med⟩ *inter|kurrent, -kurrierend, hinzukommend* ‖ **–decir** [irr → *decir*] vt *untersagen, verbieten* ‖ → a **prohibir** ‖ **–dental** adj ⟨An Phon⟩ *interdental* ‖ *espacio* ~ ⟨An⟩ *Zahnlücke* f ‖ ~ m/f ⟨Phon⟩ *Interdental, Zwischenzahnlaut* m ‖ **–departamental** adj *interministeriell* ‖ **–dependencia** f *gegenseitige Abhängigkeit* f ‖ *Verflechtung* f ⟨& Com⟩ ‖ *Wechselbeziehungen* fpl ‖ **–dependiente** adj *voneinander abhängig* ‖ **–dicción** f *Verbot* n ‖ *Untersagung* f ‖ *Amtsenthebung* f ‖ *Berufsverbot* n ‖ ~ *civil Entmündigung* f ‖ → a **–dicto, prohibición** ‖ **–dictal** adj ⟨Jur⟩ *auf dem Wege der einstweiligen Verfügung* ‖ *e-e einstweilige Verfügung betreffend* ‖ **–dicto** m ⟨Jur⟩ *einstweilige Verfügung* f *(gerichtliches) Verbot* n ‖ *Entmündigte(r)* m ‖ ⟨Kath⟩ *Interdikt* n ‖ ~ *de recobrar einstweilige Verfügung* f *auf Herausgabe* ‖ ~ *de retener einstweilige Verfügung* f *gegen Besitzstörung* ‖ ~ *posesorio einstweilige Verfügung* f *auf Besitzschutz*

inter|digital adj ⟨An⟩ *zwischen den Fingern (bzw den Zehen)* ‖ *membrana* ~ ⟨An Zool⟩ *Schwimmhaut* f ‖ **–ejecutivo** adj *interexekutiv* ‖ **–empresarial** adj *innerbetrieblich*

interés m *Nutzen, Vorteil* m ‖ *Gewinn* m ‖ *Wert* m ‖ *Wichtigkeit* f ‖ *Bedeutung* f ‖ *Reiz* m ‖ *Zinsen* mpl ‖ *Gewinn-, Hab|sucht* f ‖ *Eigennutz* m ‖ *Beteiligung, Teilnahme* f, *Anteil* m ‖ *(Zu)Neigung* f ‖ *Interesse* n *(für)* ‖ *Gegenstand* m *des Interesses* ‖ ~ *acreedor Aktivzinsen, Habenzinsen* mpl ‖ ~ *compuesto Zinseszins* m ‖ ~ *deudor Passivzinsen, Debetzinsen* mpl ‖ ~ *fijo fester Zins* m ‖ ~ *de intereses,* ~ *de los réditos Zinseszins(en)* m(pl) ‖ ~ *legal gesetzlicher Zinsfuß* m ‖ *simple einfache Zinsen* mpl ‖ *einfache Verzinsung* f ‖ ~ *vivo lebhaftes Interesse* n ‖ *casamiento por* ~ *Vernunftsheirat* f ‖ *préstamo a* ~ *verzinsliches Darlehen* n ‖ *tipo de* ~ *Zins|satz, -fuß* m ‖ *por (el)* ~ *aus Eigennutz, des Nutzens wegen* ‖ *sin* ~ *uninteressant* ‖ *unwichtig* ‖ *unbedeutend* ‖ *gleichgültig, teilnahmslos, uninteressiert* ‖ *con* ~ *aufmerksam, interessiert* ‖ *verzinst, Zinsen tragend* ‖ *de* ~ *wichtig* ‖ *interessant* ‖ *de* ~ *vital lebenswichtig* ‖ ◊ *abonar un* ~ *del 5 por ciento 5 % Zinsen vergüten* ‖ *actuar (od obrar) contra su propio* ~ fig *sich selbst ins Fleisch schneiden* ‖ *dar (od producir)* ~ *Zinsen tragen, sich verzinsen* ‖ *elevar (reducir) el tipo del* ~ *den Zins|fuß, -satz erhöhen, (herabsetzen)* ‖ *el* ~ *de esa novela reside en el diálogo der Reiz dieses Romans liegt im Dialog* ‖ *excitar (od despertar)* ~ *Interesse erregen, erwecken* ‖ *mostrar* ~ *Interesse zeigen* ‖ *obrar por* ~ *aus Interesse, aus Selbstsucht handeln* ‖ *prestar a* ~ *auf Zins leihen* ‖ *es de* ~ *para V. es liegt in Ihrem Interesse* ‖ *tener* ~ *en sich für et (acc) interessieren, an et (dat) interessiert sein* ‖ *tener* ~ *en un negocio an e-m Geschäft beteiligt sein* ‖ *no tiene* ~ *para mí, no tengo* ~ *en ello es interessiert micht nicht* ‖ *tengo (mucho)* ~ *en ello es liegt mir (viel) daran* ‖ *tomar* ~ *sich interesieren (en für), Anteil nehmen an (dat)* ‖ *tomar prestado a* ~ *auf Zins borgen, nehmen* ‖ **~es** mpl *Zinsen* mpl, *Interessen* pl ‖ *Vermögen* n ‖ *öffentliche Interessen* npl ‖ ~ *acumulados aufgehäufte Zinsen* mpl ‖ *Zinseszinsen* mpl ‖ ~ *atrasados rückständige Zinsen* mpl ‖ ~ *creados Interessengemeinschaft* f ‖ *Interessenverflechtung* f ‖ ~ *crecidos* ~ *erhöhte Zinsen* mpl ‖ ~ *moratorios (od de demora) Verzugszinsen* mpl ‖ ~ *retrasados Zinsrückstände* mpl ‖ ~ *usurarios Wucherzinsen* mpl ‖ ~ *vencidos die fälligen Zinsen* mpl ‖ ~ *vitales Lebensinteressen* npl ‖ *acumulación de* ~ *Zinshäufung* f ‖ *cómputo (od cálculo) de los* ~ *Zins(be)rechnung* f ‖ *moratoria de* ~ *Zinsmoratorium* n ‖ *planilla (od tabla) de* ~ *Zinstabelle* f ‖ *contrario a los* ~ *den Interessen zuwider* ‖ *cuenta de* ~ *Zinsrechnung* f ‖ ◊ *bonificar* ~ *die Zinsen vergüten* ‖ *calcular los* ~ *die Zinsen berechnen* ‖ *cargar* ~ *die Zinsen anrechnen* ‖ *cobrar* ~ *Zinsen erheben* ‖ *conciliar los* ~ *die Interessen in Einklang bringen* ‖ *convenir a los* ~ *de alg. jdn Interesse entsprechen* ‖ *cuidar de los* ~ *de alg. jds Interessen wahren* ‖ *obrar (od ir) contra los* ~ *de alg. gegen jds Interesse handeln* ‖ *pagar (od abonar)* ~ *Zins zahlen* ‖ *perjudicar a los* ~ *de alg. jds Interesse schädigen* ‖ *producir (od dar od arrojar od devengar)* ~ *Zinsen tragen* ‖ *proteger los* ~ *de alg. jds Interessen wahren* ‖ *no es compatible con mis* ~ *es ist mit meinen Interessen nicht vereinbar.*

intere|sado adj/s *interessiert (a an dat)* ‖ *mitbeteiligt* ‖ *eigen, gewinnsüchtig* ‖ *geizig, knauserig, filzig* ‖ ~ *en comprar kauflustig* ‖ ~ *en el negocio en ... am Geschäft beteiligt mit ...* ‖ *la parte* ~a *der Beteiligte* ‖ *der Vertragschließende* ‖ *der Betroffene* ‖ ~ m *Reflektant, Bewerber* m ‖ *Betroffene(r)* m ‖ *Beteiligte(r)* m ‖ *Teil-*

haber m || *Liebhaber, Amateur* m || *Interessent* m || *firmado por el* ~ *eigenhändig unterschreiben* || **-sante** adj *interessant, fesselnd, anziehend* | *reizend* || *wissenswert* || *wichtig* || *bedeutsam* || *hacerse el (bzw* la*)* ~ *die Aufmerksamkeit auf sich lenken* || *en estado* ~ *figf in anderen Umständen, schwanger* || **-sar** vt/i *interessieren, teilnehmen lassen* (en *an* dat) || *heranziehen (zu)* || *gewinnen, einnehmen* (para *für*) || *spannen, fesseln, interessieren (Rede, Buch)* || *berühren, ergreifen* || *Teilnahme erregen* || *betreffen, angehen* || *wichtig, interessant sein* (a alg. *für jdn* acc) || ⟨Com⟩ *beteiligen* (en a. *an et* dat) || *(Geld) anlegen* (en in dat) || *mitverletzen, angreifen (Verwundung)* || ◊ ~ a alg. *en un negocio jdm an einem Geschäft interessieren* || *eso me interesa mucho das geht mich nahe an* || *por si le interesa zur gfl. Durchsicht* || *ha logrado interesar su corazón er hat ihr Herz für sich gewonnen* || *esta herida interesa los pulmones diese Verletzung zieht die Lunge in Mitleidenschaft* || ~ vi *wichtig sein, Interesse erwecken* || **-se** *reflektieren auf* (acc) || *sich interessieren* (por *für* acc) || *sich beteiligen* (en a. *an et* dat) || *Wert darauf legen* (en hacer a. *et zu tun)* || *eintreten* (por alg. *für jdn* acc) || ◊ ~ con alg. *por una persona sich bei jdm für e–e Person verwenden* || *me intereso en ello ich nehme Anteil daran* || ~ *en una empresa Anteil nehmen an e–r Unternehmung*
interesencia f *persönliche Anwesenheit* bzw *Teilnahme* f
inter|estatal adj *zwischenstaatlich* || **-estelar** adj ⟨Astr⟩ *interstellar* || **-facial** adj ⟨Chem⟩ *Grenzflächen-* || **-fase** f *Zwischenphase* f
inter|fecto *m/adj ermordet* || *gewaltsam getötet* || *el* ~ *der Ermordete, das Opfer* || **-ferencia** f ⟨Phys Radio⟩ *Interferenz* f || *Überlagerung* f || ⟨Tel⟩ *Übersprechen* n || fig *Überschneidung* f *(v. Rechten usw)* (→ **colisión, competencia**) || fig *Einmischung* f || ~ *de segundo canal* ⟨Radio⟩ *Nachbarkanalstörung* f || **-ferir** vt *überschneiden* || *überlagern* || ~ vi ⟨Phys⟩ *interferieren* || fig *sich einmischen* || **-se** vr *sich überschneiden* || *sich überlagern* || **-ferometria** f ⟨Phys⟩ *Interferometrie* f || **-ferómetro** m ⟨Phys⟩ *Interferometer* n || **-foliar** vt *(mit Papier) durchschießen (Buch)* || **-fono** m *Sprechanlage* f || ~ *de portería Türsprechanlage* f || **-glaciar** adj: *periodo* ~ *Zwischeneiszeit* f, *Interglazial* n || **-gubernamental** adj *zwischen den Regierungen* || *zwischenstaatlich* || *declaración* ~ *gemeinsame Erklärung* f *der Regierungen* || **-humano** adj *zwischenmenschlich*
ínterin m *Zwischenzeit* f || *Interim* n || (en el) ~ *unterdessen* || *einstweilen* || → a **entretanto**
interi|namente adv *einstweilen* || *vorläufig* || **-nar** vt *vorübergehend wahrnehmen (Amt)* || **-nato** m Arg Chi Hond = **-nidad** || **-nidad** f *einstweiliger Zustand, Zwischenzustand* m, *Interimslösung* f || *(Zeit* f *der) vorläufige(n) Wahrnehmung* f *e–s Amtes* || **-no** adj *stellvertretend* || *vorläufig, einstweilig. interimistisch* || *Zwischen-* || *dividendo* ~ *Interimsdividende* f || ~ m *stellvertretende(r) Beamte(r)* m
interinsular adj *zwischen den Inseln*
inte|rior adj *innerer, innere, inneres* || *innerlich, inwendig* || *innerlich, geistig* || *verborgen, geheim* || *in-, binnen|ländisch* || *Innen-* || *Binnen-* || *cambio* ~ *Inlandkurs* m || *comercio, mercado* ~ *Binnen|handel, -markt* m || *consumo* ~ *einheimischer Bedarf* m || *habitación* ~ *Hof-, Innen|zimmer* n || *mar* ~ *Binnenmeer* n || *navegación* ~ *Binnenschiffahrt* f || *piso* ~ *Hofwohnung* f || *política* ~ *Innenpolitik* f || *ropa* ~ *Unterwäsche* f || *vida* ~ *Innenleben* n || ~ m *Innere(s)* n || *inneres Stadtgebiet* n || *Inland* n || ⟨Teatr⟩ *Herz* n || ⟨Ku⟩ *Innenansicht* f, *Interieur* n || ⟨Phot⟩ *Innenaufnahme* f || ⟨Filmw⟩ *Atelieraufnahme* f || ⟨Sp⟩ *Mittelstürmer* m || ~ *del bosque Waldinnere(s)*

n || ~ *izquierda Halblinke(r)* m *(Fußball)* || ~ *(del país) Inland* n || *letra de cambio sobre el* ~ *inländischer Wechsel* m || ≾ *Hier (bei Briefadressen)* || → a **interno** || **-es** pl *Innere(s)* n || *Col Frauenunterwäsche* f || **-rioridad** f *Innerlichkeit* f || *Innere(s)* n, *innere Lage* f || **-es** pl *innere, private Angelegenheiten* fpl || fig *Intimitäten* fpl || fig *Intimsphäre* f || *retratos en* ~ *Porträtzimmeraufnahmen* fpl || **-riorizar** vt *verinnerlichen* || **-riormente** adv *innerlich* || *innen* || ◊ *murrurar* ~ *vor sich hinmurmeln*
interjec|ción f ⟨Gr⟩ *Interjektion* f, *Empfindungswort* n || fig *Fluch* m || **-tivo** adj *als Interjektion, Interjektions-, Ausrufungs-*
interlínea f ⟨Typ⟩ *Durchschuß, Zeilenabstand* m
interli|neación f ⟨Typ⟩ *Durchschuß* m || *Durchschießen* n || **-neado** adj: *composición* ~ a ⟨Typ⟩ *durchschossener Satz* m || **-neador** m/adj *Zeilenschalthebel* m *(Schreibmaschine)* || *palanca* -neadora *Zeilenschalthebel* m *(e–r Schreibmaschine)* || **-neal** adj *Interlinear-, zwischen den Zeilen* || *traducción* ~ *zwischen-, wechsel|zeilige Übersetzung* f || **-near** vt/s *zwischen die Zeilen schreiben* od *eintragen* || ⟨Typ⟩ *durchschießen* || ~ (lo) *Geschriebene(s)* bzw *Gedruckte(s)* n
interlobular adj ⟨An Med⟩ *interlobulär*
interlock m/adj engl ⟨Web⟩ *Interlock* n || *sistema* ~ ⟨Filmw⟩ *Verriegelungssystem* n
inter|locutor m *Redende(r), Gesprächspartner* m || *Wortführer* m || *der beim Interview Ausfragende* m || ⟨Tel⟩ *Gegensprechteilnehmer* m || **-lope, intérlope** adj *unkonzessioniert, Schmuggel- (in Kolonien)* || **-ludio** m ⟨Mus⟩ u. fig *Zwischenspiel, Intermezzo, Interludium* n || **-lunio** m *Neumond* m || **-mediar** vi = **mediar** || **-mediario** adj *Zwischen-, Mittel-* || *comercio* ~ *Zwischenhandel* m || *estacion* ~ a *Zwischenstation* f || *puerto* ~ *Zwischenhafen* m || ~ m *Vermittler* m || ⟨Phot⟩ *Kassetteneinlage* f || ◊ *no se admiten* ~s *Vermittler unerwünscht* || **-medio** adj *in der Mitte befindlich* || *dazwischen|kommend* bzw *-liegend* || ⟨Wiss⟩ *intermediär* || *estación* ~ a *Zwischenstation* f || *tiempo* ~ *Zwischenzeit* f || ~ m *Zwischenzeit* f || *Zwischenraum* m || ⟨Th⟩ *Zwischen|spiel* n *(& fig), -aktmusik, Einlage* f || ⟨Th⟩ *Aktpause* f || *por* ~ *de (ver)mittels, durch Vermittlung* (gen) || **-mezzo** m it ⟨Mus Th⟩ u. fig *Intermezzo, Zwischenspiel* n
interminable, ⟨poet⟩ **intérmino** adj *endlos* || *unabsehbar*
intermi|nisterial adj *inter-, zwischen|ministeriell* || **-sión** f *Unterbrechung* f || **-so** adj *unterbrochen, ausgesetzt* || **-tencia** f *Abwechseln* n || *(kurze) Unterbrechung* f || ⟨Med El⟩ *zeitweiliges Aussetzen* n || ⟨Med⟩ *Fieberpause* f || **-tente** adj ⟨Med⟩ *aussetzend, ungleich, intermittierend* || *allg zeitweilig unterbrochen* || (fiebre) ~ *Wechselfieber* n || *fuente* ~ *intermittierende Quelle, Hungerquelle* f || *luz* ~ *Blinklicht* n || ~ m ⟨Aut⟩ *Blinker* m
internación f = **internamiento**
internacio|nal adj *international, zwischenstaatlich* || *comercio* ~ *Welthandel* m || *derecho* ~ *Völkerrecht* n || ~ m ⟨Sp⟩ *Internationale(r)* m || ⟨Pol⟩ *Internationale* f *(Organisation, Hymne)* || **-nalidad** f *Internationalität, Überstaatlichkeit* f || *internationaler Status* m || **-nalismo** m *Internationalismus* m || **-nalista** adj/s *internationalistisch* || ~ m ⟨Pol⟩ *Internationalist* m || *Anhänger* m *der Internationale* || ⟨Jur⟩ *Völkerrechtler* m || **-nalización** f *Internationalisierung* f || **-nalizar** [z/c] vt *international gestalten*
inter|nado m *Internat* n *(Erziehungsanstalt)* || *Interne(r)* m *(Schüler)* || ⟨Mil Pol⟩ *Internierte(r)* m || ~ adj ⟨Mil Pol⟩ *interniert* || *in eine Nervenklinik eingewiesen (Geisteskranker)* || **-namente** adv *innerlich, innen* || **-namiento** m *Ein-*

weisung f *(in ein Krankenhaus usw)* || *Unterbringung* f *(in e-r Anstalt)* || *Verbringung* f *(ins Internat, ins Landesinnere)* || ⟨Mil Pol⟩ *Internierung* f || campo de ~ ⟨Pol⟩ *Internierungslager* n || **-nar** vt *ins Innere (e-s Landes) führen* || *in ein Internat geben* || *hineinstecken* || ⟨Med⟩ *in e-e Anstalt einweisen* || ⟨Mil Pol⟩ *internieren* || ◊ ~ en un colegio *in ein Internat geben (e-n Schüler)* || ~ en un manicomio *in eine Nervenklinik einweisen* || **~se** *eindringen (in ein Land)* || *vordringen (in e-e Wald)* || *sich vertiefen (ins Gebet)* || *sich einlassen* (en *in* acc) || ~ con alg. *sich bei jdm einschmeicheln* || **-nista** m/adj ⟨Med⟩ *Internist, Facharzt* m *für innere Krankheiten* || **-no** adj *inner, innerlich* || *inwendig* || *binnenländisch* || (alumno) ~ *Interne(r), Internatsschüler* m || *Assistenzarzt,* öst *Sekundararzt* m *(im Krankenhaus)* || *Lehrling* bzw *Angestellte(r)* m *(beim Arbeitgeber wohnend)* || otitis ~a ⟨Med⟩ *Mittelohrentzündung* f || ángulos ~s ⟨Math⟩ *innere Winkel* mpl || por vía ~a *innerlich (Arznei)* || enfermedades ~as *innere Krankheiten* fpl || de ~ *innerlich*
inter|nunciatura f *Internuntiatur* f || **-nuncio** m *Internuntius* m
interoceánico adj *zwischen zwei Ozeanen befindlich, Ozeane verbindend, interozeanisch*
interparlamentario adj *interparlamentarisch*
interpe|lación f *(parlamentarische) Interpellation, (große) Anfrage* f || *Aufforderung* f || ⟨Jur⟩ *Mahnung* f *(Schuldrecht)* || *Vorhalt* m *(Prozeßrecht)* || **-lado** m *der bei e-m Interview Ausgefragte* m || *zur Stellungnahme Aufgeforderte(r)* m || **-lante** m *Fragesteller* m || ⟨Pol⟩ *Interpellant* m || **-lar** vt *interpellieren* || *(parlamentarisch) anfragen* || *ausfragen* || *um Beistand ersuchen* || *mahnen* || ⟨Jur⟩ *e-n Vorhalt machen (e-m Zeugen)*
inter|penetración f *gegenseitige Durchdringung* f || *Verflechtung* f || **-penetrarse** vr *sich gegenseitig durchdringen* || **-planetario** adj *interplanetarisch,* Weltraum- || nave ~a *Raumschiff* n
Interpol f *Interpol* f *(Internationale Kriminalpolizeiliche Organisation)*
interpo|lación f *Ein|schaltung, -schiebung* f || ⟨& Math Li⟩ *Interpolation* f || **-lar** vt ⟨Math Li⟩ *interpolieren* || allg *ein|schalten, -schieben* || *fälschen (Text)*
inter|poner [irr → **poner**] vt *dazwischen|stellen, -legen, -setzen* || *zwischen-, ein|schalten* || fig *ins Mittel legen* || ⟨Jur⟩ *einlegen (Rechtsmittel)* || *stellen (Antrag)* || ◊ ~ (el recurso de) apelación ⟨Jur⟩ *Berufung einlegen* || ~ sus influencias en favor de alg. *seinen Einfluß für jdn verwenden* || por persona -puesta *durch Mittelsperson* || **~se** *sich ins Mittel* (fam *sich ins Zeug) legen* || *vermitteln* (entre *zwischen* dat) || **-posición** f *Einschiebung* f || *Dazwischen|stellen, -legen, -sein, -setzen* n || *Zwischen|stellung, -lage* f || fig *Dazwischentreten* n
inter|prender vt ⟨Mil⟩ *überrumpeln* || **-presa** f ⟨Mil⟩ *Überrumpelung* f
interpre|table adj *auslegbar, deutbar* || *zu interpretieren(d)* || ⟨Mus Th⟩ *spielbar* || **-tación** f *Auslegung, Erklärung, Deutung* f || *Auswertung* f || *Erläuterung, Erklärung* f || *Übersetzung* f || *Übersetzen* n (→ **traducción**) || *Dolmetschen* n || *Verdolmetschung* f || ⟨Th Filmw⟩ *Darstellung* f, *Spiel* n || ⟨Mus⟩ *Interpretation* f, *Spiel* n || ~ consecutiva *(simultánea) Konsekutiv- (Simultan)dolmetschen* n || ~ literal *wörtliche Auslegung* f || ~ de los sueños *Traumdeutung* f || oficina de ~ de lenguas Span *Sprachendienst* m *(z. B. des Auswärtigen Amtes)* || **-tador** m *Ausleger, Erklärer, Deuter* m || *Dolmetsch(er)* m || **-tar** vt *auslegen, erklären, deuten* || *dolmetschen* || *übersetzen* || ⟨Th⟩ *darstellen, verkörpern (Rolle)* || ⟨Mus⟩ *spielen, interpretieren, wiedergeben* || Ku *wiedergeben* || ◊ ~ con acierto *sinngemäß auslegen* || ~ mal

übel (auf)nehmen || *falsch verstehen* || *mißverstehen* || ~ del alemán al español *aus dem Deutschen ins Spanische übersetzen (dolmetschen)* || ~ en español *spanisch wiedergeben* || **-tariado** m Neol *Dolmetscherwesen* n || *Dolmetscherdienst* m || *Dolmetscher* mpl || **-tativo** adj *auslegend, erläuternd, erklärend, deutend_|| dolmetschend* || *Deutungs-* || *Interpretations-*
intérprete m *Ausleger, Erklärer, Deuter* m || *Dolmetsch(er)* m || *Übersetzer* m || fig *Dolmetsch(er)* m || fig *Fürsprecher* m || ⟨Mus⟩ *Interpret* m || ⟨Filmw Th⟩ *Darsteller, Schauspieler* m || ~ de la canción moderna *(od* de la canción de moda) *Schlagersänger* m || traductor ~ jurado *beeideter Dolmetscher und Übersetzer* n || ◊ hacerse ~ de alg. *et dolmetschen, auslegen* || *sich zu jds Sprachrohr machen*
interpuesto adj pp/irr *v.* **interponer**
interregno m *Zwischenregierungszeit* f, *Interregnum* n || fig *Zwischenzeit, Unterbrechung* f || ~ parlamentario *Parlamentsferien* pl
interro|gación f *Frage* f || ⟨Gr⟩ *Fragezeichen* n || ~ final *(Typ) Schlußfragezeichen* n (?) || ~ inicial *Anfangsfragezeichen* n (¿) || signo de ~ *Fragezeichen* n || **-gador** m *(Aus)Frager* m || ⟨Jur⟩ *Verhörende(r)* m || ~ adj *fragend, prüfend* || *forschend (Blick)* || ⟨Jur⟩ *verhörend* || **-gante** adj *fragend* || ~ m *Frage* f || (punto) ~ ⟨Gr⟩ *Fragezeichen* n || **-gar** [g/gu] vt *aus-, be)fragen* || ⟨Jur⟩ *verhören (Beschuldigte)* || *vernehmen (Zeugen)* || ~se con la mirada *sich fragende Blicke zuwerfen* || **-gativo** adj/m *fragend* || tono ~ *Frageton* m || señal ~a ⟨Gr⟩ *Fragezeichen* n || ~ m ⟨Gr⟩ *Fragewort* n || **-gatorio** m *Ausfragung* f, *Verhör* n || ⟨Jur⟩ *Verhör* n *(Beschuldigte)* || *Vernehmung, Einvernahme* f *(Zeugen)* || *Protokoll* n *des Verhörs* || *Fragebogen* m || ~ cruzado ⟨Jur⟩ *Kreuzverhör* n
interrumpir vt *unter-, ab|brechen* || *stören* || *hemmen* || *jdm das Wort abschneiden* || ⟨Tel⟩ *abklingeln* || ⟨El⟩ *ausschalten, trennen* || ~ el viaje (las relaciones) *die Reise (die Verbindungen) unterbrechen* || **~se** *in der Rede abbrechen*
interrup|ción f *Unterbrechung* f || *Störung* f || ⟨El⟩ *Unterbrechung, Ab-, Aus|schaltung* f || *Einstellen* n *(Zahlen)* || *Zwischenruf* m *(Parlament)* || ~ del embarazo *Schwangerschaftsunterbrechung* f || ~ de relaciones *Unterbrechung* f *der (Geschäfts)Verbindungen* || ~ del servicio ⟨EB⟩ *Betriebsstörung* f || sin ~ *ununterbrochen* || **-tor** m *Unterbrecher* m ⟨& El⟩ || ⟨El⟩ *(Ein-, Aus-) Schalter* m || *Schaltapparat* m || ~ automático *Selbst(aus)schalter* m || ~ de botón *Druckknopfschalter* m || ~ de corriente *Stromunterbrecher* m || ~ de urgencia *Notschalter* m
inter|secarse vr ⟨Math⟩ *sich schneiden* || **-sección** f ⟨Math⟩ *Durchdringung* f || *Schnitt|punkt* m bzw *-linie* f || *Schnitt* m || **-sexual** adj ⟨Biol⟩ *intersexuell* || **-sexualidad** f *Intersexualität* f || **-sideral** adj ⟨Astr⟩ *interstellar, zwischen den Sternen* || *Weltraum-*
intersti|cial adj ⟨Biol⟩ *interstitiell* || **-cio** m *Zwischenraum, Spalt* m || *Zwischenzeit* f
intertrigo m ⟨Med⟩ *Wolf* m *(in der Dammgegend), Intertrigo* f
inter|tropical adj *zwischen den Wendekreisen (gelegen)* || zona ~ *heiße Zone* f || **-urbano** adj ⟨Tel⟩ *Fern-* || öst *interurban* || despacho telefónico ~ *Fernamt* n || conferencia ~a ⟨Tel⟩ *(Inlands)Ferngespräch* n || **-valo** m *Zwischenraum* m || *Zwischenzeit* f || *Abstand* m || ⟨Mus⟩ u. fig *Intervall* n || con ~ de pocos días *innerhalb weniger Tage* || claros *(od* lúcidos) ~s *lichte Augenblicke* mpl *bei Geisteskranken* || a ~s *in Abständen von Zeit zu Zeit, dann und wann* || **-vención** f *Ein|schreiten* n, *-mischung, Intervention* f || *Vermittlung* f || ⟨Med⟩ *Eingriff* m, *Operation* f || ⟨Com⟩ *Eingriff* m || *Bewirtschaftung*

f *(v. Waren)* || *Beschlagnahme* f *(v. Gütern)* || ⟨Jur⟩ *Intervention* f || *Beaufsichtigung* f || ⟨Pol⟩ *Intervention* f || *Kontrolluntersuchung* f || *Aufsichtsbehörde* n || aceptación por ~ *Interventionsakzept* n || mediante la ~ *durch Vermittlung(en)* || la no ~ *die Nichtintervention, die Nichteinmischung* f || sin mi ~ *ohne mein Zutun* || ◊ pagar por ~ *per Intervention zahlen* || **–vencionismo** *m* ⟨Pol⟩ *Interventionismus* m || ⟨Wir⟩ *Zwangsbewirtschaftung* f, *Dirigismus, Interventionismus* m (→ **dirigismo**) || **–vencionista** adj/s *interventionistisch* || ~ *m Interventionist* m || **–venir** [irr → **venir**] vt *nachprüfen, kontrollieren* || *prüfen (Rechnung)* || *staatlich beaufsichtigen* || *sperren (Konto)* || *beschlagnahmen (Güter b. Zoll)* || *bewirtschaften (Waren)* || ⟨Med⟩ *e–n Eingriff vornehmen, operieren* || vi *sich ereignen, eintreten* || *dazwischenkommen, vermitteln* || fig *hineinspielen* || *sich einmischen* (en in acc) || *mitarbeiten* || *(als Zeuge) beiwohnen* || *inzwischen eintreten, vorkommen* || *eingreifen, intervenieren* || ◊ ~ en la conversación *am Gespräch teilnehmen* || ~ las cuentas *die Buchführung nachprüfen* || ~ en honor de una firma *zu Ehren e–r Unterschrift intervenieren* || ~ por alg. *sich für jdn einsetzen* || **–ventor** *m Vermittler* m || *(Mit) Aufseher* m || *Kontrolleur, Inspektor, Prüfer* m || *Staatskommissar* m || *Intervenient* m *(⟨Jur⟩ u. b. Wechseln)* || ~ adj *eingreifend* || *intervenierend* || **–viú, –view** *f* engl *Interview* n, *Zusammenkunft und Befragung* f || **–viuvar** vt *interviewen* (a alg. jdn acc)
intervocálico adj ⟨Li⟩ *intervokalisch*
intestado adj/s ⟨Jur⟩ *ohne Testament (verstorben)* || →a **abintestato**
intesti|nal adj ⟨An⟩ *Darm-, Eingeweide-, intestinal* || **–no** adj *innerlich* || *intern* || = **interior** || guerras ~as *Bürgerkrieg* mpl || ~ *m* ⟨An⟩ *Darm* m || ~ ciego *Blinddarm* m || ~ delgado *Dünndarm* m || ~ grueso *Dickdarm* m || ~s *pl Gedärm, Eingeweide* n
íntima *f* ⟨An⟩ *Intima, innerste Haut* f *der Gefäße*
intimación *f Ankündigung* f || *Bekanntmachung* f || *Mahnung* f, *Mahnbrief* m || *Aufforderung* f || *Erteilung* f *(Befehl)* || ⟨Jur⟩ *Vorladung* f || *Mitteilung* f *e–r richterlichen Verfügung* f || ~ al pago *Zahlungsaufforderung* f
íntimamente adv *innigst, eng* || ◊ estar ~ ligado (con) *eng verbunden sein (mit)*
intimar vt *ankündigen, ansagen* || *einschärfen* || *erteilen (Befehl)* || ◊ ~ la rendición ⟨Mil⟩ *zur Übergabe auffordern* || ~ el retiro del capital ⟨Com⟩ *das Kapital kündigen* || vi *vertraut* (*od intim*) *werden, (enge) Freundschaft schließen* (con *mit* dat) || **–se** vr *sich anfreunden, intim werden* || *(durch Poren) eindringen* || *durchtränken*
intimatorio adj/s ⟨Jur⟩ *Aufforderungs-* || *Mahn-* || ~ *m richterliche Verfügung* f
intimidación *f Einschüchterung* f
intimidad *f Vertraulichkeit* f || *Vertrautheit, Freundschaft* f || *Gemütlichkeit* f || *Intimität* f || la ~ del hogar *die Gemütlichkeit des Familienlebens* || en la más estricta ~ *in strengster Vertraulichkeit* || *im engsten Familienkreise* || ◊ hacer (*od* entrar en) ~ con alg. *mit jdm vertraut werden*
intimidar vt *einschüchtern* || **–se** vr *sich einschüchtern lassen*, fam *bange werden*
íntimo adj *innerlich, innerst* || *intim* || *innig(st)* || *vertraut* || *tief* || *gemütlich* || *amigo* ~ *Busen-, Herzens|freund, Intimus* m || relaciones ~as *enge Beziehungen* fpl || fam *Geschlechtsverkehr* m || ◊ penetrar en lo ~ del corazón *in das Innerste des Herzens eindringen*
intitular vt *betiteln* || *benennen* || ~se vr *sich nennen* || *sich den Titel* (gen) *geben*
intocable adj *unberührbar* || ~ *m:* los ~s *die Unberührbaren* mpl *(Parias)*
intole|rable adj *unerträglich* || *unausstehlich* || hasta lo ~ *bis zur Unerträglichkeit* || **–rancia** *f Unduldsamkeit, Intoleranz* f || ⟨bes Med⟩ *Unverträglichkeit* f || **–rante** adj/s *unduldsam, intolerant*
intonso adj *ungeschoren* || *unbeschnitten (Buch)* || fig *einfältig, dumm*
intoxi|cación *f Vergiftung, Intoxikation* f || ~ alcohólica *Alkoholvergiftung* f || ~ saturnina *Bleivergiftung* f || **–car** [c/qu] vt *vergiften* || ~se *sich vergiften*
intraatómico adj ⟨Phys⟩ *intra-, inner|atomar*
intracomunitario adj *innergemeinschaftlich*
intra|dós *m* ⟨Arch⟩ *Leibung, innere Bogenod Gewölbefläche* f || ~ del ala ⟨Flugw⟩ *Flügelunterseite* f || ~ de ventana *Fensterleibung* f
intra|ducible adj *unübersetzbar* || **–gable** adj *nicht zu schlucken* || fig *ungenießbar* || **–muros** adv *innerhalb der Mauern (e–r Stadt)* || fig *hier, bei uns* || fig *nichtöffentlich, geheim* || **–muscular** adj *intramuskulär*
intranqui|lidad *f Unruhe, Ruhelosigkeit* f || →a **inquietud** || **–lizar** [z/c] vt *beunruhigen* || *aufregen* || →a **inquietar** || **–lo** adj *unruhig* || *ängstlich, besorgt*
intranscenden|cia *f Unwichtigkeit* || *Belanglosigkeit* f || ⟨Philos⟩ *Intranszendenz* f || **–te** adj *unwichtig, belanglos*
intransferi|bilidad *f Unübertragbarkeit* f || **–ble** adj *unübertragbar*
intransigen|cia *f Unnachgiebigkeit* f || *Starrsinn* m || *Unversöhnlichkeit* f || *Unbewegbarkeit* f || *Unduldsamkeit* f || **–te** adj/s *unnachgiebig* || *unversöhnlich* || *unduldsam*
intransi|table adj *unwegsam* || *unbefahrbar (Weg)* || *nicht begehbar* || **–tivo** adj/s ⟨Gr⟩ *intransitiv, nichtzielend*
intrans|misibilidad *f Unübertragbarkeit* f || **–misible** adj *unübertragbar* || ⟨Gen⟩ *nicht erblich* || ~ por herencia ⟨Jur⟩ *unvererblich* || **–parente** adj *undurchsichtig*
intranuclear adj ⟨Nucl⟩ *intranuklear*
intratable adj *barsch, ungesellig* || *unzugänglich* || figf *ungenießbar*
intra|telúrico adj ⟨Geol⟩ *intratellurisch* || **–uterino** adj ⟨An⟩ *innerhalb der Gebärmutter, intrauterin* || **–vaginal** adj ⟨An Med⟩ *innerhalb der Scheide, intravaginal* || **–venoso** adj *intravenös* || inyección ~a ⟨Med⟩ *intravenöse Injektion* f
intrepidez [pl **–ces**] *f Unverzagtheit, Unerschrockenheit* f || fig *Kühnheit, Verwegenheit* f
intrépido adj *unverzagt, kühn, unerschrocken*
intri|ga *f Intrige, Kabale* f, *Ränke* pl || *Kunstgriff, Kniff* m || *Verwicklung* f || ⟨Th Lit⟩ *Knoten* m, *Verwicklung* f || *comedia de* ~ ⟨Th⟩ *Intrigenstück* n || ~s *fam Ränke* pl, *Machenschaften* fpl || **–gado** adj *eingenommen (für)* || *voll Neugierde* || *eifrig* || *mißtrauisch* || **–gante, –gador** *m Intrigant, Ränkeschmied* m || ~ adj *ränke|voll bzw –süchtig* || *spannend* || **–gar** [g/gu] vt *jds Aufmerksamkeit auf sich ziehen, jds Neugierde, Interesse erwecken* || *neugierig machen* || ~ vi *intrigieren, Ränke schmieden* || ◊ me intriga saber qué (*od* lo que) . . . *ich möchte wirklich erfahren, was* . . .
intrin|cado adj *ver|wickelt, -worren* || *unwegsam, dicht (Wald)* || en lo más ~ *del monte im tiefsten Dickicht* || **–car** vt *verwirren, verwickeln* (& fig)
intringulis *m* fam *geheime Absicht* f || figf *des Pudels Kern* m || *Wirrwarr* m, *Verwirrung* f || *Schwierigkeit* f, fam *Haken* m || ◊ éste es el ~ fam *da liegt der Hase im Pfeffer* || *das ist der Pudels Kern*
intrínseco adj *innerlich, inwendig, inner* || *wesentlich* || *valor* ~ *wahrer, innerer Wert* m || *Eigenwert* m

intro|ducción *f Einführung f, Hineinbringen n ‖ Einfuhr f ‖ Einleitung f, Vorwort n ‖ Eröffnung f ‖ Anfang, Eingang m ‖ fig Zutritt m (zu) ‖ fig vertrauter Verkehr, Umgang m (mit) ‖ Aufkommen n (e–r Mode) ‖ Einleitung f, Vorwort n (e–s Buches) ‖ ⟨Mus⟩ Vorspiel n, Introduktion f ‖ ⟨Tech⟩ Zufuhr f ‖ Hineinschieben n ‖ Einführung f ‖ Einschlagen n ‖ ~ de la demanda ⟨Jur⟩ Klageerhebung f ‖ ~ de pilares Absenkung f von Pfeilern ‖ publicidad de ~ ⟨Com⟩ Einführungswerbung f ‖ –***ducir** [–zc–, pret –je] vt hinein|bringen, -stecken,-tun ‖ einführen (Waren, Gewerbe, Mode) ‖ einführen bei jdm ‖ ⟨Th⟩ aufführen (Stück) ‖ jdn anleiten, jdm Anleitung geben ‖ einschalten ‖ einwerfen (ins Gespräch) ‖ beimischen ‖ verursachen ‖ ⟨Jur⟩ erheben, anbringen (Klage) ‖ eröffnen, einleiten (Verfahren) (→ a **incoar**) ‖ einschleppen (Krankheit) ‖ ⟨Lit⟩ ein|schalten, -schieben ‖ säen (Zwietracht) ‖ ⟨Tech⟩ zuführen ‖ ein|-schieben, -stecken ‖ einschlagen ‖ ◊ ~ a alg. jdn einführen (bei) ‖ ~ un articulo en el mercado e–n Artikel auf den Markt bringen ‖ ~ de contrabando, ~ clandestinamente einschmuggeln (Ware) ‖ fam einschwärzen ‖ ~ la discordia Zwietracht stiften ‖ ~ la llave en la cerradura den Schlüssel in das Schloß hineinstecken ‖ ~ la moneda Münze einwerfen ‖ ~**se** hinein|gehen, -kommen ‖ eindringen ‖ sich aufdrängen ‖ sich einschleichen ‖ sich einbürgern (Sitte, Tier-, Pflanzen|art) ‖ aufkommen (Mode) ‖ sich einmischen (in acc) ‖ ◊ ~ con alg. sich Zutritt verschaffen (bei) ‖ los ladrones se introdujeron en la casa die Diebe drangen in das Haus ein ‖ –**ductor** m/adj Einführer m ‖ Neuerer m ‖ ~ de embajadores Oberzeremonienmeister m, Chef m des Protokolls ‖ ~ adj ein|führend, -leitend ‖ Eingangs- ‖ nota ~a Eingangsnote f
introito m Anfang, Eingang m ‖ ⟨Kath⟩ Introitus, Eingang m der Messe
intromisión f Einführung f ‖ Dazwischenkunft, Einmischung f ‖ ~ en los asuntos internos ⟨bes Pol⟩ Einmischung f in die inneren Angelegenheiten
introspec|ción f ⟨Psychol⟩ Innenschau, Selbstbeobachtung f ‖ fig Selbstprüfung f ‖ –**tivo** adj introspektiv
introver|sión f ⟨Psychol⟩ Introversion f ‖ –**tido** adj/s introvertiert ‖ ~ m Introvertierte(r) m
intru|sión f (unberechtigtes) Eindringen n (z. B. in ein Amt) ‖ unberufener Eingriff (en in acc) ‖ ⟨Geol⟩ Intrusion f ‖ –**sismo** m unerlaubte Ausübung f e–s (freien) Berufes ‖ Amtsanmaßung f ‖ ⟨Med⟩ Kurpfuscherei f (→ **curanderismo**) ‖ –**so** adj/s unqualifiziert ‖ ohne Berechtigung eingedrungen ‖ ~ m Eindringling m ‖ Besitzstörer m ‖ ungebetener Gast m
ints. y dtos. Abk = **intereses y descuentos**
intubación f ⟨Med⟩ Intubation f
intuición f Intuition, unmittelbare Erkenntnis f ‖ Einfühlungsvermögen n ‖ Anschauung f ‖ ⟨Theol⟩ Anschauung f Gottes ‖ fig (Vor)Ahnung f ‖ por ~ anschaulich, direkt ‖ enseñanza por (od a base de) ~ Anschauungsunterricht m
intuir [–uy–] vt (unmittelbar) erkennen (od erfassen) ‖ ◊ ~ a. fig et ahnen
intui|tivo adj/s anschauend, anschaulich ‖ intuitiv ‖ enseñanza ~a Anschauungsunterricht m ‖ –**to** m Blick m, Ansicht f
intumescen|cia f Schwellung, Intumeszenz f, Anschwellen n ‖ –**te** adj (an)schwellend
intususcepción f ⟨Bot Chir⟩ Intususzeption f
ínula f ⟨Bot⟩ Alant m (Inula helenium) ‖ Dürrwurz f (I. conyza)
inulina f ⟨Pharm⟩ Inulin n
inulto adj ungerächt ‖ ungestraft
inunción f ⟨Med⟩ Einreibung, Einsalbung, Inunktion f
inun|dación f Über|schwemmungen, -flutung f,

Hochwasser n ‖ ⟨Bgb⟩ Absaufen n (e–r Grube) ‖ fig Unmenge f ‖ ~ del mercado con (od por) un articulo Marktschwemme f ‖ –**dar** vt über|-schwemmen, -fluten (& fig) ‖ fig sich ergießen (a. über, in et acc) (Menschenmenge) ‖ ◊ ~ de claridad ⟨poet⟩ bescheinen (Mond, Sonne) ‖ ~ el mercado de mercancias den Markt mit Ware überschwemmen ‖ estar –dado unter Wasser stehen
inurba|nidad f Unhöflichkeit f ‖ –**no** adj unhöflich, unartig
inus(it)ado adj ungewöhnlich ‖ ungewohnt ‖ ungebräuchlich ‖ außerordentlich
inútil adj unnütz, nutzlos ‖ vergeblich, zwecklos ‖ unbrauchbar, wertlos ‖ unfähig ‖ ⟨Mil⟩ untauglich ‖ ~ para el servicio dienstuntauglich ‖ presunto ~ mutmaßlich untauglich ‖ ◊ todo es ~ alles ist umsonst, vergeblich ‖ hacer esfuerzos ~es sich vergeblich bemühen ‖ ~ m Nichtsnutz m ‖ Taugenichts m
inutili|dad f Nutzlosigkeit f ‖ Zwecklosigkeit f ‖ Ergebnislosigkeit f ‖ Vergeblichkeit f ‖ Unbrauchbarkeit f ‖ ⟨Mil⟩ Untauglichkeit f ‖ –**zación** f Unbrauchbarmachung f ‖ Entwertung f (v. Wertzeichen) ‖ fig Vernichtung f ‖ –**zar** [z/c] vt unbrauchbar machen ‖ wertlos machen ‖ entwerten (Wertzeichen) ‖ fig vernichten, zerstören ‖ ◊ ~ el sello die Briefmarke entwerten
inútilmente adv unnützerweise ‖ vergebens, umsonst
invadir vt (feindlich) überfallen ‖ (Feind) ein|-fallen, -brechen, -dringen (a. in et acc) ‖ (feindlich) einmarschieren ‖ fig überfluten, anfüllen ‖ fig beherrschen, einnehmen ‖ erfassen (Feuer) ‖ heimsuchen (Seuche, Plage) ‖ befallen (Krankheit, Schmarotzer, Schwermut) ‖ ◊ el agua invadió la bodega das Wasser drang in den Keller ein ‖ el público invadió la plaza das Volk überflutete den Platz ‖ ~ el dominio privado in den privaten Bereich (od in die Privatsphäre) eindringen
invagi|nación f ⟨Med Chir⟩ Einstülpung, Invagination f ‖ –**nar** vt einstülpen
invali|dación f Ungültigmachung f ‖ Rückgängigmachung f ‖ Nichtigkeitserklärung f (→ a **anulación**) ‖ –**dar** vt entkräften, ungültig machen ‖ für ungültig erklären ‖ (ein Geschäft) rückgängig machen ‖ –**dez** [pl –**ces**] f Ungültigkeit f ‖ Dienstuntauglichkeit f ‖ Arbeits-, Erwerbs|unfähigkeit f ‖ Invalidität f ‖ ~ fisica körperliche Untauglichkeit f ‖ seguro de ~ y vejez Alters- und Invaliden|versicherung f
inválido adj kraftlos, schwächlich ‖ arbeits-, dienst|unfähig ‖ invalide ‖ fig geistig unvermögend ‖ ungültig ‖ ⟨Jur⟩ ungültig ‖ ◊ declarar la elección ~a die Wahl für ungültig erklären ‖ ~ m/adj Invalide m ‖ ~ de guerra Kriegsversehrte(r) m ‖ los ~s del trabajo die Arbeitsunfähigen mpl ‖ asilo de ~s Invalidenhaus n
inva|lor m Unwert m (Nietzsche) ‖ –**lorable**, –**luable** adj un(ein)schätzbar
invaria|bilidad f Unveränderlichkeit f ‖ –**ble** adj unveränderlich ⟨& Gr⟩, unwandelbar ‖ beständig, fest ‖ ⟨Wir⟩ krisenfest ‖ –**nte** m ⟨Math⟩ Invariante f
inva|sión f (Feindes)Einfall, Einmarsch m, Invasion f ‖ Ausbruch m (Seuche) ‖ plötzliches Auftreten n (e–r Krankheit) ‖ fig schnelle Verbreitung f ‖ ~ de los bárbaros ⟨Hist⟩ Völkerwanderung f ‖ ~ de un mercado Überfremdung f ‖ ◊ hacer ~ en ⟨Mil⟩ einbrechen in (acc) ‖ –**sor** m/adj einfallender Feind m ‖ Eindringling m ‖ Invasor m
invectiva f Schmährede, Invektive f ‖ Schmähschrift f ‖ Beleidigung f ‖ Schmähung f ‖ grober Ausfall m ‖ ◊ proferir ~s contra alg. sich gegen jdn (acc) in Schmähungen ergehen ‖ ~**mente** adv mit Schimpfwörtern

invenci|bilidad f Unbesiegbarkeit f || **-ble** adj unbesiegbar, unüberwindlich || siegreich
invención f Erfindung f (& fig u. pej) || pej (reine) Phantasie, Lüge f || fig Erdichtung f (& pej) || Ausfindigmachen n || Erfindungs|kraft, -gabe f, -geist m || patente de ~ Erfindungspatent n || pobre de ~ erfindungsarm (Künstler) || la ~ de la Santa Cruz ⟨Kath⟩ die Kreuzesauffindung f (Fest)
invendi|ble adj unverkäuflich || (articulos) ~s unverkäufliche, unabsetzbare Waren fpl || Remittenden fpl || fam Ladenhüter mpl || ◊ resultar (od estar) ~ in unverkäuflichem Zustand sein (Ware) || **-do** adj unverkauft
inventar vt erfinden || ersinnen, ausdenken || erdenken (e-e Lüge) || ~**se** vr fam: ◊ ~ a. et erfinden, fam et aushecken, sich et zusammendichten
inventa|riar [pres –io] vt/i Inventur machen || ins Inventar aufnehmen || Am (genau) untersuchen || **-rio** m Inventar, Bestandsverzeichnis n || Bestandsaufnahme, Inventur f || Vermögens- bzw Nachlaß|verzeichnis n || formación del ~ Inventuraufnahme f || libro de (los) ~s Inventar-, Lager|buch n || a beneficio de ~ ⟨Jur⟩ unter Inventarerrichtung (aceptar annehmen) || ◊ hacer (od levantar, establecer) el ~ das Lager aufnehmen, Inventur machen
inven|tiva f Erfindungs|gabe, -kraft f || **-tivo** adj erfinderisch || **-to** m Erfindung f || Erdichtung f || Entdeckung f || **-tor** m/adj Erfinder m || fam Aufschneider, Lügner m || ~ adj Erfinder- || Entdeckungs- || genio ~, espíritu ~ Erfindungsgeist m
inverecun|dia f ⟨bes Lit⟩ Schamlosigkeit f || Frechheit, Unverschämtheit f || **-do** adj schamlos || frech, unverschämt
inverisímil adj = inverosímil
inver|na f Pe = **-nada** Am || **-nación** f barb = **hivernación**
inver|náculo m Treib-, Glas-, Gewächs|haus n || **-nada** f Winter(s)zeit f || Ven = **aguacero** || Am Winterweide f || (Zeit f der) Wintermast f || **-nadero** m Winteraufenthalt m || Winterweide f || Winterquartier n || Treib-, Glas-, Gewächs|haus n || **-nal** adj winterlich, Winter- || estación (od temporada) ~ Winterzeit f || estación ~ Winterkurort m || sueño ~ ⟨Zool⟩ Winterschlaf m (→ **letargo**) || **-nante** m/adj allg u. ⟨V⟩ Wintergast m || **-nar** [-ie–] vi überwintern (en in dat) || Winterschlaf halten (Tiere) || ~ v. impers Winter(zeit) sein || **-nil** m Ar Viehpacht f (gegen Bezahlung durch den Eigentümer) || **-nizo** adj winterlich || im Winter geboren || Winter-
invero|símil adj unwahrscheinlich || unglaubwürdig || **-similitud** f Unwahrscheinlichkeit f || Unglaubwürdigkeit f
inversamente adv umgekehrt ⟨& Math⟩ || dagegen, hinwieder(um)
inver|sión f Umkehrung, Umstellung f || Vertauschung f (von Begriffen) || Verdrehung f || Geldanlage, Investition, Investierung f || ⟨Med⟩ Umkehrung, Umstülpung f || ⟨Med Gr Chem Math Mus⟩ Inversion f || ⟨El⟩ Umschaltung f || fig (Zeit) Aufwand m || ~ de fondos Kapitalanlage f || ~ de imagen ⟨Opt Phot⟩ Bildumkehr f || ~ de marcha ⟨Tech⟩ Bewegungsumkehr, Gangumkehrung f || Umsteuerung f || Fahrtwendung f || ~ sexual ⟨Med⟩ Homosexualität f || mecanismo de ~ ⟨Tech⟩ Wendegetriebe n || **-so** adj umgekehrt || verkehrt || a (od por) la ~a umgekehrt, im Gegenteil || **-sor** m Investor m
inver|tebrado adj/s wirbellos || fig ohne Rückgrat || ~**s** mpl ⟨Zool⟩ wirbellose Tiere npl, Wirbellose pl, E-, In|vertebraten mpl (Evertebrata) || **-tido** adj/s verkehrt, umgekehrt, auf dem Kopfe stehend || angelegt (Kapital) || ⟨Med⟩ homosexuell, gleichgeschlechtlich empfindend || ~ m

Homosexuelle(r) m || **-tir** [ie/i] vt umdrehen, umkehren || ver|setzen, -stellen || umstürzen || (Geld) anlegen, investieren || ⟨El⟩ umschalten || fig (Zeit) aufwenden (en für dat) || ◊ ~ millones en una empresa Millionen in e–m Unternehmen anlegen || invirtieron en el recorrido media hora sie legten die Strecke in e–r halben Stunde zurück
investidura f Belehnung, Investitur f || Einsetzung f (in ein Amt) || ⟨Rel Pol⟩ Investitur f || Querella de las ~s ⟨Hist⟩ Investiturstreit m
investi|gación f (Er)Forschung f || Nachforschung f || Ermittlung f || Untersuchung f || ~ científica wissenschaftliche Forschung f || ~ criminal gerichtliche Untersuchung f || comisión de ~ Untersuchungs|ausschuß m, -kommission f || **-gador** adj forschend || Forscher- || Forschungs- || expedición ~a Forschungsreise f || ~ m (Er-) Forscher, Nachforscher m || ~ científico Wissenschaftler m || **-gar** [g/gu] vt (nach)forschen || untersuchen, prüfen || vi forschen, Forschung(en) treiben
investir [–i–] vt belehnen (de mit dat) || ◊ ~ de poder mit e–r Vollmacht ausstatten || ~ de (od con) una dignidad jdn mit e–r Würde bekleiden
invete|rado adj eingewurzelt || eingefleischt || chronisch, hartnäckig (Leiden) || notorisch, Gewohnheits- (Trinker, Rauschgiftsüchtiger, Verbrecher) || costumbre ~a eingewurzelte Gewohnheit f || herkömmlicher Brauch m || bebedor ~ Gewohnheitstrinker m || adv: ~**amente** || **-rarse** vr zur festen Gewohnheit werden
invicto adj unüberwunden, unbesiegt, siegreich
inviden|cia f Blindheit f || fig geistige Blindheit f || **-te** adj (geistig) blind || ~ m Blinder m || fig mit geistiger Blindheit Geschlagene(r) m
invierno m Winter m || Winter(s)zeit f || Am Regen|zeit f, -winter m || Ven Regenguß m (→ **aguacero**) || cereales de ~ Wintergetreide n || cuarteles de ~ Winterquartiere npl || deporte(s) de ~ Wintersport m || fruta de ~ Winter-, Lager|obst n || pelaje de ~ Winterpelz m || ropa de ~ Winterwäsche f || Winterkleidung f || torero de ~ ⟨Taur⟩ pop elender Stierfechter m || trigo de ~ Winterweizen m || ◊ contar 70 ~s fig 70 Jahre alt sein
inviola|bilidad f Unverletzbarkeit, Unantastbarkeit f || ~ de la correspondencia Unverletzlichkeit f des Briefgeheimnisses || ~ parlamentaria ⟨Pol⟩ Immunität, Unverletzbarkeit f || **-ble** adj unverletzlich, unantastbar || ⟨Pol⟩ immun || unverbrüchlich (Eid) || **-do** adj fig unverletzt || unversehrt || unbezwungen (Berggipfel)
invirtió → **invertir**
invisi|bilidad f Unsichtbarkeit f || **-ble** adj unsichtbar, unantastbar || ⟨Pol⟩ immun || ~ geheim, verborgen || fig nie anzutreffen(de Person)
invistió → **investir**
invi|tación f Einladung f || Einladungsschreiben n || Aufforderung f || fig Veranlassung, Aufmunterung f || ~ al vals Aufforderung f zum Tanz (von Carl Maria von Weber) || ~ al (od para el) pago Zahlungsaufforderung f || ◊ recibir una ~ eingeladen werden (para zu) || **-tado** m/adj Eingeladene(r), Gast m || ◊ estar ~ eingeladen sein || **-tador** adj/s, **-tante** adj/s einladend || ~ m Gastgeber m || **-tar** vt einladen (a, para zu dat od inf) || auffordern (a + inf, zu + inf) || aufmuntern, veranlassen || ◊ ~ a comer zum Essen einladen || lo invitó a que callara er gebot ihm Schweigen || **-tatorio** m ⟨Kath⟩ Invitatorium n (Antiphon zur Matutin)
invo|cación f Anrufung, Anflehung f (um Beistand) || flehentliche Bitte f || Invokation f || **-car** [c/qu] vt anrufen, anflehen || (flehentlich) bitten || anrufen || ⟨Jur⟩ sich berufen auf (acc), sich beziehen auf (acc) || anführen (Bestimmung) ||

invocatorio — ir

geltend machen, vorbringen ‖ ◊ ~ el auxilio *um Hilfe rufen* ‖ ~ la indulgencia *um Nachsicht bitten* ‖ ~ la ley *sich auf das Gesetz berufen* ‖ ~ a los Santos *die Heiligen anrufen* ‖ **–catorio** adj *Anrufungs-*

involu|ción f ⟨Math Philos Biol⟩ *Involution* f ‖ ⟨Biol⟩ *Rückbildung* f ‖ ⟨Bot⟩ *Einrollen* n ‖ **–crado** adj *von Hüllblättern umgeben* ‖ **–crar** vt *vermengen* ‖ *(ins Gespräch od in die Rede) einflechten* ‖ **–cro** m ⟨Bot⟩ *Involukrum* n, *Hüllkelch* m

involunta|riedad f *Unfreiwilligkeit* f ‖ *fehlender Wille* m ‖ **–rio** adj *unfreiwillig, unwillkürlich* ‖ adv: **~amente**

invulnera|bilidad f *Unverwundbarkeit* f ‖ *Unverletzlichkeit* f ‖ **–ble** adj *unverwundbar* ‖ fig *unverletzlich* ‖ fig *gefeit* (a *gegen* acc) ‖ fig *einbruchsicher (Geldkasse)*

inyec|ción (Abk **iny.**) f ⟨Med Tech⟩ *Einspritzung, Injektion* f ‖ ⟨Med⟩ *Spritze* f ‖ ~ intravenosa *intravenöse Injektion* f ‖ ~ subcutánea, ~ hipodérmica *subkutane Injektion* f ‖ ◊ poner una ~ *e–e Spritze geben* ‖ **–table** adj/s ⟨Med⟩ *injizierbar* ‖ ~ m *Ampulle* f ‖ *Injektionsmittel* n ‖ **–tado** adj *blutunterlaufen (Augen)* ‖ ojos ~s de sangre *blutunterlaufene Augen* npl ‖ **–tar** vt *einspritzen, injizieren* ‖ *einspritzen (Zement, Kraftstoff usw)* ‖ ◊ los ojos se le inyectaron de rabia *seine Augen röteten sich vor Wut* ‖ **–tor** m *(Motor)(Chem) Spritzdüse, Düse* f ‖ *Injektor* m, *Dampfstrahlpumpe* f

inzozobrable adj ⟨Mar⟩ *nichtkenternd*

Iñi|go m np *Ignaz* m ‖ **=guista** m/adj *Jesuit* m (→ **jesuita**)

iodo m *Jod* n ‖ **~formo** m *Jodoform* n

ion, ión m ⟨Phys⟩ *Ion* n ‖ ~ anfótero, ~ híbrido *Zwitterion* n ‖ flujo de ~es *Ionen|wanderung* f, *-fluß* m

iónico adj = **jónico**

ionio m ⟨Chem⟩ *Ionium* n

ioniza|ción f ⟨Phys⟩ *Ionisierung, Ionisation* f ‖ **–dor** m *Ionisator* m ‖ **–r** vt *ionisieren*

ionosfera f *Ionosphäre* f

iota f *griech. i, Jota* n

iota|ción f ⟨Gr⟩ *Jotation* f ‖ **–cismo** m ⟨Gr⟩ *Jotazismus* m

I. P. Abk = **Indulgencia plenaria**

i. p. c. Abk = **ignórase peso y contenido**

ipecacuana f *Ipekakuanha, Brechwurz(el)* f (Cephaelis ipecacuanha)

iperita f ⟨Chem Mil⟩ *Senfgas* n (→ **gas mostaza**)

ípsilon m *griech. v, Ypsilon* n

ipso: ~ facto lat *somit* ‖ *sogleich, unverzüglich* ‖ **~-jure** lat *von Rechts wegen*

¹**ir** [pres **voy, vas** *etc.*, subj **vaya**, imperf **iba**, pret **fui**, pp **ido**, ger **yendo**, imp **ve, *vé**]

A) vi/t *(hin-, her-)gehen* ‖ *sich (wohin) begeben (reiten, fahren, reisen usw)* ‖ *kommen* ‖ ⟨Mil⟩ *marschieren* ‖ *(mit) folgen* ‖ *gehen, führen (Weg)* ‖ *sich ziehen, sich ausdehnen (z. B. Gebirge)* ‖ *ziehen (Wolken, Vögel)* ‖ *zum Vorschein kommen* ‖ *sein, bestehen, sich befinden* ‖ *handeln, vorgehen* ‖ *stehen, passen (Farbe, Kleid)* ‖ *auf dem Spiele stehen, gelten (& fig)* ‖ *abhängen (von)* ‖ ~ bien (de salud) *sich wohl befinden* ‖ el vestido le va bien (mal) *das Kleid steht Ihnen gut (schlecht)* ‖ ~ fuera de camino figf *irre reden* ‖ ~ descaminado fig *nicht Bescheid wissen* ‖ ~ (muy) lejos fig *zu weit gehen, sich übereifern* ‖ ~ mal *sich schlecht befinden, krank sein* ‖ va de mal en peor *es geht ihm immer schlechter* ‖ ~ y venir *kommen und gehen* ‖ *hin und her gehen ne Ziel* ‖ *hin- und her|gehen (hin und zurück)* ‖ *auf und ab gehen* ‖ *herumspazieren* ‖ ni va ni viene figf *er weiß nicht, wozu er sich entschließen soll* ‖ eso ni te va ni te viene fam *das geht dich nichts an!* ‖ yendo y viniendo en el corredor *auf dem Gange hin und her gehend, spazierend* ‖ sin –le ni venirle figf *ohne daß ihm et daran gelegen sei* ‖ tanto se le da por lo que va como por lo que viene fam *es ist ihm alles einerlei, alles gleich* ‖ 7 de 5 no va *7 von 5 geht nicht* ‖ de 5 a 7 van 2 *von 7 bleiben 2 (beim Abziehen)* ‖ va mucho de uno a otro *es ist ein großer (himmelweiter) Unterschied zwischen den beiden* ‖ lo que va del cielo a la tierra fig *ein himmelweiter Unterschied* m ‖ ¡lo que va de ayer a hoy! fig *wie sich die Zeiten ändern!* ‖ esta alameda va hasta la encrucijada *diese Baumallee zieht sich bis zum Kreuzweg hin* ‖ ¡van cinco duros a que tú no lo sabes! *ich wette 25 Pesetas, daß du es nicht weißt!*

²**ir** in Ausrufungen und fragenden Redensarten: **¡voy!** *ich spiele mit (im Kartenspiel)* ‖ ¡(allá) voy! *jawohl, ich komme schon! (Antwort des Kellners, den man herbeiruft)* ‖ ¡cómo le va! Am *Was Sie sagen! das ist gelungen! (Überraschung, Bewunderung, Freude usw)* ‖ ¡allá va (eso)! fam *da haben Sie es!* ‖ fam ¡Achtung! Vorsicht!* ‖ ¡ahora va de veras! *jetzt wird die Sache ernst!* ‖ ¡jetzt spreche ich im Ernst!* ‖ ¡qué va! *ach was! ach wo! i wo (denn)!* ‖ ¡así va el mundo! fam *so geht's in der Welt!* ‖ **¡vamos!** *auf! na! vorwärts! los! gehen wir! wir gehen!* ‖ *so! jetzt verstehe ich!* ‖ *das ist gelungen!* ‖ *das glaube ich!* ‖ *gehen Sie!* ‖ *das ist doch unmöglich!* ‖ *genug schon! halt!* ‖ *das freut mich!* ‖ ¡vamos claros! fam *reden wir klar!* ‖ ¡vamos despacio! fam *keine Übereilung!* ‖ ¡vamos por partes! *erst das eine, dann das andere!* ‖ ¡vamos con calma! *immer mit der Ruhe.* ‖ ... pero vamos, no está mal ... *trotz alledem ist es (aber) annehmbar* ‖ vamos, no sé explicármelo *ich kann es mir tatsächlich nicht erklären* ‖ con este traje estás ... ¡vamos! fam *dieses Kleid steht dir fabelhaft!* ‖ **¡vaya!** *wohlan!* ‖ *meinetwegen, jawohl, es ist recht, es ist mir recht!* ‖ *ach was! bah!* ‖ *natürlich! das glaube ich! jawohl!* ‖ *ei! nanu! das würde noch fehlen! (Verdruß od Unwillen ausdrückend)* ‖ ¡vaya por Dios! *um Gotteswillen!* ‖ ¡vaya si lo sabe! *der muß es wissen! ob der es weiß!* ‖ es demasiado ¡vaya! *das ist wahrhaftig zu viel!* ‖ ¡vaya un poco de vino! *da haben Sie ein Gläschen Wein!* ‖ ¡vaya que sí! *das glaube ich wohl!* ‖ ¡vaya una sorpresa! fam *e–e schöne Überraschung!* ‖ **¡vayamos!** *frisch! frisch auf!* ‖ ¿cómo le va? ¿cómo vamos? *wie geht es Ihnen?* ‖ ¿cómo van las cosas de V.? *wie gehts bei Ihnen?* ‖ ¿cuánto va? *was gilt die Wette?* ‖ ¿quién va (allá)? *wer ist da? was gibts?*

³**ir** + Gerundium: *andauerndes Fortschreiten, durative Bedeutung od (langsamer) Anfang der Handlung, oft auch als Ersatz des Präsens:* voy comprendiendo *ich komme schon (od allmählich) dahinter* ‖ mañana lo iré estudiando *morgen werde ich es in aller Ruhe studieren, durchnehmen* ‖ cuanto más voy estudiándolo *je länger ich es studiere* ‖ ~ zumbando fam *dahinsausen* ‖ eso va siendo difícil *das wird schwer* ‖ va siendo la hora *es ist bald Zeit!* ‖ los precios van bajando *die Preise sind im Sinken begriffen* ‖ ¡ve diciéndolo todo! *sage alles frei heraus!*

⁴**ir** + pp: *passive Bedeutung (Abschluß e–s passiven Vorgangs, oft statt estar):* ir montado *reiten* ‖ ~ perdido fam *den kürzeren ziehen* ‖ todo va vendido ya *alles ist schon verkauft, abgesetzt* ‖ iba vestido de negro *sie (er) war schwarz angezogen* ‖ (ese tío) está ido figf *der (Kerl) hat nicht alle Tassen im Schrank!* ‖ allí va apuntado todo *darin ist alles verzeichnet* ‖ ¡van apostados dos duros! *die Wette (der Einsatz) ist 10 Pesetas!* ‖ van pasados más de tres años *es ist über drei Jahre her*

⁵**ir** m: el ~ y venir *das Hin- und Her|gehen*

B) in Verb. mit Präpositionen (od präpositionalen Adverbialbestimmungen):

1. **ir** + **a** *mit* inf:
a) *hingehen, um et zu tun:* ~ a buscar a alg. *jdn abholen* ‖ ~ a dormir (*od* descansar) *zu Bett gehen* ‖ ~ a recibir a alg. *jdm entgegengehen* ‖ ~ a ver a uno *jdn be-, auf\suchen* ‖ fue a verme ayer *er besuchte mich gestern* ‖ al ~ a pagar *beim Zahlen*
b) Absicht, unmittelbares Bevorstehen, Entschluß, Wille, Ziel: *ich will, ich möchte, ich bin daran* . . . ‖ ~ a hacer a/c *im Begriff sein, sich anschicken et zu tun* ‖ voy a hacerlo *ich will es sogleich tun* ‖ iba a hacerlo *ich war im Begriff es zu tun* ‖ voy a pedirselo *ich will ihn darum ersuchen* ‖ es lo que iba a decir *das wollte ich eben sagen* ‖ ibas a creerlo *du hättest es beinahe schon geglaubt* ‖ vamos a ver si nos quedamos (*wir wollen*) *mal sehen, ob wir hier bleiben* ‖ ¿quién lo iba a suponer? *wer hätte das geglaubt?* ‖ ¡va ya V. a saber! fam *das ist schwer zu sagen!* ‖ *das läßt sich nicht behaupten!* ‖ ¡no vayas a perderlo! *verliere es nicht! du könntest es leicht verlieren!* ‖ ¡no vaya V. a creer que no lo hago! *glauben Sie ja nicht, daß ich es nicht tue!* ‖ ¡no le vayas a decir nada a nadie! *sage (nur) niemandem etwas!*
c) Ersatz des Futurs: voy a partir mañana *ich reise morgen ab* ‖ tu ligereza va a perderte *dein Leichtsinn wird dich zugrunde richten* ‖ el tren va a pasar el puente *der Zug wird gerade über die Brücke fahren* ‖ ¡vas a caer! *du wirst hinfallen!*
d) in sonstigen Verb.: *1.* mit **a:** ~ a caballo *reiten* ‖ ~ a pie *zu Fuß gehen* ‖ ~ a pique *untergehen, sinken (Schiff)* ‖ ~ a casa del (*od* ~ al) sastre *zum Schneider gehen* ‖ voy a casa *ich gehe nach Hause* ‖ fui a su casa *ich war bei ihm* ‖ ~ a la cama *zu Bett gehen* ‖ el camino va a la ciudad *der Weg führt nach der Stadt* ‖ ~ al encuentro de alg. *jdm entgegengehen* ‖ ~ a la plaza *auf den Markt einkaufen gehen (Frau)* ‖ ~ a España *nach Spanien reisen* (bzw *fahren* bzw *fliegen*) ‖ voy a Berlín *ich gehe nach Berlín* ‖ ~ a los alcances de alg. *jdm auf dem Fuße nachfolgen* ‖ ~ a una *dasselbe Ziel verfolgen* ‖ *einverstanden (od einig) sein* ‖ ~ al colegio *in die Schule gehen* ‖ ¡a eso voy! *darum handelt es sich eben!* *das ist die Geschichte.* ‖ *das will ich auch meinen!*
2. ~ + **con:** ~ con alg. *jdn begleiten, mit jdm (mit)gehen* ‖ fig *es mit jdm halten* ‖ voy contigo *ich gehe mit* ‖ ~ con tiento *vorsichtig handeln, auf der Hut sein* ‖ eso no va conmigo *das geht mich nichts an*
3. ~ + **de:** ~ de excursión *e–n Ausflug* (*od e–e Landpartie*) *machen* ‖ ~ de intérprete *als Dolmetscher beiwohnen, herangezogen werden* ‖ ~ de largo (*zum erstenmal*) *lange Röcke tragen (Mädchen)* ‖ ~ de tiendas *e–n Einkaufsbummel machen* ‖ ~ de viaje *verreisen*
4. ~ + **en:** ~ en coche, ~ en carruaje *(mit dem Wagen) fahren* ‖ ~ en avión *fliegen (Flieger)* ‖ ~ en barco *mit dem Schiff fahren* ‖ ~ en bicicleta *radfahren* ‖ ~ en ferrocarril *mit der Eisenbahn fahren* ‖ ~ en contra *sich widersetzen* ‖ en eso va mi vida *davon hängt mein Leben ab* ‖ esto va en serio *das ist Scherz, das ist ernst gemeint* ‖ ¡jetzt wird es ernst!, fam *jetzt kommt es dick!* ‖ va mucho en eso *es kommt viel darauf an* ‖ en eso ni te va ni te viene fam *das geht dich nichts an!* ‖ el año en que vamos *das laufende Jahr* ‖ los números van en cada pieza *jedes Stück ist mit e–r Nummer versehen*
5. ~ + **hacia:** ~ hacia casa *nach Hause gehen* ‖ voy hacia el mar *ich gehe in Meeresrichtung*
6. ~ + **para:** voy para viejo *ich werde alt* ‖ va para tres meses que no lo he visto *es sind fast 3 Monate her, daß ich ihn nicht gesehen habe* ‖ eso va para largo *das wird noch lange dauern*
7. ~ + **por:** ~ por a/c *gehen, sich richten (nach)* ‖ et *(auf)suchen, holen* ‖ *auf et hinarbei-*

ten ‖ ~ por (fam a por) agua, leña, pan *Wasser, Holz, Brot holen* ‖ ~ por la milicia *ins Heer eintreten* ‖ este verbo va por . . . *dieses Zeitwort wird nach . . . konjugiert* ‖ eso va por su cuenta *das geht auf Ihre Rechnung* ‖ ¡va por la salud de V.! *auf Ihre Gesundheit!* ‖ ¡va por V. . . . ! fam *das ist auf Sie gemünzt! das geht auf Sie!* ‖ ¿por dónde vas? – voy por la página 50 *wie weit (auf welcher Seite) bist du?* – *ich bin auf Seite 50*
8. ~ + **sobre** *od* **tras:** ~ sobre huella *auf der Spur sein* (& fig) ‖ ~ sobre seguro *voller Sicherheit haben* ‖ ~ sobre (*od* tras) a/c *e–r S. nachgehen, et nicht aus den Augen verlieren* ‖ *auf et hinarbeiten* ‖ ir(se) tras alg. *jdm nachlaufen, jdn verfolgen* ‖ fig *sich auf jds Seite stellen*

C) ~**se:** (*oft gleichbedeutend mit* vi) *weg-, fort\gehen* ‖ *abreisen* ‖ *sich irgendwohin begeben* ‖ *entfahren (ein Wort)* ‖ *ausgehen, sich erschöpfen (Vorrat)* ‖ *hinscheiden, sterben* ‖ *im Sterben liegen* ‖ *(her)auslaufen (Flüssigkeit)* ‖ *ver\dunsten, -fliegen (Flüssigkeit)* ‖ *leck sein (Gefäß)* ‖ *entgleiten* ‖ *ausgleiten (Füße)* ‖ *sich senken (Mauer)* ‖ *zerreißen (Zeug, Kleid)* ‖ *ausströmen (Gas)* ‖ pop *furzen,* pop *e–n fahren lassen,* fam *ein Tönchen gehen* ‖ pop *in die Hose machen* ‖ ◊ ~ abajo *zugrunde gehen* ‖ *hinunterstürzen* ‖ allá fam *gleichkommen* (dat) ‖ ~ al cielo fig *sterben, verscheiden* ‖ ¡vete a pasear (*od* a paseo)! ¡vete a freír espárrages (*od* a esparragar)! ¡sigf *geh' zum Teufel!* ‖ ~ a pique *untergehen (Schiff)* ‖ ~ de copas fam *e–n fahren lassen* ‖ ~ de la mano *aus der Hand fallen* ‖ ~ de la memoria *dem Gedächtnis entfallen, vergessen werden* ‖ ~ de un palo ⟨Kart⟩ *e–e Farbe abwerfen* ‖ se le han ido los pies *er ist (zu Boden) gefallen* ‖ ~se de vareta joc *Durchfall haben* ‖ ~ por esos mundos fam *auf und davongehen* ‖ muriendo fig *hinsiechen* ‖ ¡sigf *langsam schleichen* ‖ ~ los ojos por a/c fig *et herbeisehnen* ‖ *et sehr lieben* ‖ váyase lo uno por lo otro fam *das e–e für das andere!* ‖ ¡no te vayas! *geh nicht fort!* ‖ ¡apaga y vámonos! fig *da ist nichts zu machen!* → a **andar**

ira *f Zorn, Unwille m* ‖ *Groll m* ‖ fig *Wut f der Elemente* ‖ ◊ descargar la ~ *seinen Zorn auslassen* (en an dat) ‖ ¡~ de Dios! **potztausend!** *Donnerwetter (noch mal)!* ‖ →a **cólera**
iraca *f* ⟨Bot⟩ *Am Panama-, Iraka\palme f* (Carludovica sp) ‖ Col fig *Hut m*
iracun|dia *f Zorn(es)ausbruch m* ‖ *(Jäh)Zorn m* ‖ **-do** adj/s *zornmütig, (jäh)zornig*
ira|ní [*pl* **–ies**] adj/s *aus dem Iran, iranisch* ‖ ~ *m Iraner m* ‖ **–ni(an)o** adj/s *altiranisch* ‖ ~ *m Altiraner m* ‖ ⟨Li⟩ *(Alt)Iranisch* n, *(alt)iranische Sprache f*
iraquí adj/s *aus dem Irak, irakisch* ‖ ~ *m Iraker m*
irasci|bilidad *f Reizbarkeit f* ‖ *Jähzorn m* ‖ **–ble** adj *jähzornig* ‖ ⟨Theol⟩ *zornmütig*
irasco *m* Ar Al Nav *Ziegenbock m* (→ **macho cabrío**)
irato: ab ~ lat *zornig, im Affekt*
Irene *f* np Tfn *Irene f*
irgo, irguió → **erguir**
iribú *m* RPl ⟨V⟩ = **aura**
iribuacabiray *m e–e Art Neuweltgeier*
iridáceas *fpl* ⟨Bot⟩ *Schwertliliengewächse* npl (Iridaceae)
íride *m* ⟨Bot⟩ *Stinkschwertel m* (→ **lirio**)
iridectomía *f* ⟨Chir⟩ *Iridektomie f*
iridio *m* ⟨Chem⟩ *Iridium n*
iridiscen|cia *f Irisieren n* ‖ **–te** adj *irisierend, in den Regenbogenfarben schillernd*
iriense adj/s *aus Iria Flavia* (PCor)
Iris *f* ⟨Mit⟩ *f* (Göttin) ‖ ≃ *m Regenbogen m* ‖ ⟨An⟩ *Iris, Regenbogenhaut f des Auges* ‖ ⟨Bot⟩ *Iris, Schwertlilie f* (→ **lirio**) ‖ arco ~ *Regenbogen m* ‖ ⟨Min Phot⟩ *Iris f (& Radar)* ‖ los colores del arco ~ *die Regenbogenfarben* fpl

iri|sación *f* ⟨Phys⟩ *Irisierung* f ‖ **-sado** *adj regenbogenfarbig, irisierend* ‖ **-sar** *vi schillern, farbig glänzen* ‖ ~ vt *schillern lassen* ‖ **~se** vr *e–n regenbogenfarbenen Glanz annehmen* ‖ **-tis** *f* ⟨Med⟩ *Regenbogenhautentzündung, Iritis* f
Irlan|da *f Irland* n ‖ **≃dés, esa** *adj irländisch, irisch* ‖ ~ *m Irländer, Ire* m ‖ *el* ~ *die irländische Sprache*
irolense *adj/s aus La Iruela* (PJaén)
ironía *f Ironie* f ‖ *feiner Spott*, fig *Hohn* m ‖ *con* ~ *ironisch* ‖ **~s de la suerte** *Ironie* f *des Schicksals* ‖ ◊ **es una** ~ **fam** *es ist ein wahrer Hohn*
iróni|camente *adv auf ironische Art* ‖ *reir* ~ *grinsen* ‖ **-co** *adj/s ironisch, spöttisch, schalkhaft* ‖ *en sentido* ~ *ironisch*
iro|nista *m Ironiker, Spötter* m ‖ **-nizar** [z/c] vt/i *ironisieren, bespötteln* ‖ *ironische (bzw bissige) Bemerkungen machen* ‖ *ironisch werden*
iroqués *adj/s irokesisch* ‖ ~ *m Irokese* m ‖ *Irokesisches* n
irracional *adj vernunftwidrig* ‖ *unvernünftig, vernunftlos* ‖ ⟨Math⟩ *irrational* ‖ ⟨Soz⟩ *irrational, außerhalb des Rationalen* ‖ (ser) ~ *unvernünftiges Wesen, Tier* n ‖ **~idad** *f* ⟨Psychol Philos⟩ *Irrationalität, Vernunftwidrigkeit* f ‖ **~ismo** *m* ⟨Psychol Philos⟩ *Irrationalismus* m
irra|diación *f Strahlen* n, *Ausstrahlung* f ‖ ⟨Med⟩ *Bestrahlung* f ‖ ⟨Opt⟩ *Irradiation* f ‖ **-diar** vi/t *ausstrahlen (& fig)* ‖ vt *bestrahlen* ‖ ⟨Nucl⟩ *beschießen* ‖ vi *strahlen*
irrazonable *adj unvernünftig*
irreal *adj unwirklich* ‖ ⟨Philos Wiss⟩ *irreal* ‖ ~ *m* ⟨Li⟩ *Irrealis* m
irreali|dad *f Unwirklichkeit* f ‖ ⟨Philos Wiss⟩ *Irrealität* f ‖ **-zable** *adj unausführbar, nicht zu verwirklichen*
irrebatible *adj unwiderlegbar*
irre|conciliable *adj unversöhnlich* ‖ *enemigos* ~s *Todfeinde* mpl ‖ **-cuperable** *adj unwiederbringlich* ‖ **-cusable** *adj unabweislich* ‖ *unwiderlegbar* ‖ *glaubwürdig (Zeuge)*
irredentis|mo *m* ⟨Pol⟩ *Irredentismus* m ‖ **-ta** adj/s ⟨Pol⟩ u. fig *irredentistisch* ‖ ~ *m Irredentist* m ‖ **-dento** *adj unbefreit, (noch) nicht heimgekehrt (Gebiet, auf das aus geschichtlichen, rassischen od kulturellen Gründen Anspruch erhoben wird)*
irredimible *adj* ⟨Theol⟩ *unerlösbar* ‖ ⟨Jur Wir⟩ *unablöslich* ‖ *untilgbar*
irre|ducible *adj nicht reduzierbar* ‖ ⟨Math⟩ *unkürzbar (Bruch)* ‖ ⟨Chir⟩ *irreponibel* ‖ ⟨Chir⟩ *nicht wieder einzurenken* ‖ *nicht zurückzubringen(der Bruch)* ‖ **-ductible** *adj nicht miteinander vereinbar* ‖ *hart, un|beugsam, -nachgiebig, -erbittlich* ‖ *nicht zu unterwerfen(der Feind)* ‖ **-emplazable** *adj unersetzlich*
irrefle|xión *f Unbedachtsamkeit, Unüberlegtheit* f ‖ fam *Kopflosigkeit* f ‖ **-xivo** *adj unüberlegt (Handlung)* ‖ *un|bedacht(sam), -besonnen, gedankenlos (Mensch)* ‖ fam *kopflos*
irre|formable *adj unabänderlich* ‖ *unverbesserlich* ‖ **-fragable** *adj unabweislich*
irre|frenable *adj zügellos, unbändig* ‖ **-frenado** *adj ungebändigt* ‖ **-futable** *adj nicht widerlegbar, un|widerleglich, -leugbar* ‖ *unumstößlich*
irregu|lar *adj unregelmäßig* ⟨& Gr⟩ ‖ *regel-, ordnungs|widrig* ‖ *regellos* ‖ *außerplanmäßig* ‖ *irreguläre* ⟨& Mil⟩ ‖ *ungleichmäßig* ‖ *uneben* ‖ fig *un|gebührlich, -gehörig* ‖ **-laridad** *f Regellosigkeit* f ‖ *Unregelmäßigkeit, Ordnungswidrigkeit, Unordnung* f ‖ *Regelwidrigkeit* f ‖ *Formfehler* m ‖ fig *Verfehlung* f ‖ *Kassenmanko* n, *Unterschlagung* f ‖ figf *Mißbrauch* m *der Amtsgewalt* ‖ *con gran (od mucha)* ~ *sehr unregelmäßig*
irre|ivindicable *adj nicht herausforderbar* ‖ **-levante** *adj unerheblich, irrelevant*
irreligi|ón *f Unglaube* m ‖ **-osidad** *f unreligiöse Einstellung, Religionslosigkeit, Irreligiosität* f ‖ **-oso** *adj/s unreligiös, religions-, glaubens|los* ‖ *gott|los, -vergessen*
irre|mediable *adj unheilbar* ‖ *unwiderruflich* ‖ *nicht wiedergutzumachend* ‖ *unvermeidlich* ‖ *es* ~ *dem ist nicht abzuhelfen* ‖ →a **-misible, -parable** ‖ adv: **~mente** ‖ ~ *perdido hilflos verloren* ‖ **-misible** *adj unverzeihlich* ‖ *unersetzbar* ‖ *nicht wieder gutzumachen(d)* ‖ *unabänderlich* ‖ **~mente** *adv unumgänglich* ‖ *hilflos (verloren)* ‖ **-nunciable** *adj unverzichtbar, unabdingbar* ‖ fig *unentrinnbar* ‖ ~ *destino* ⟨Lit poet⟩ *unentrinnbares Schicksal* n ‖ **-parable** *adj unersetzlich (Schaden)* ‖ *nicht wieder gutzumachen* ‖ ⟨Tech⟩ *nicht mehr zu reparieren(d)* ‖ adv: **~mente** ‖ **-prensible** *adj untadelig* ‖ *beispiel-, muster|haft* ‖ *einwandfrei* ‖ **-presentable** *adj* ⟨Th⟩ *nicht aufführbar* ‖ = **inimaginable** ‖ **-primible** *adj ununterdrückbar* ‖ **-prochable** *adj tadellos* ‖ *fehlerfrei, unbescholten* ‖ *conducta* ~ *tadelloses Benehmen* n ‖ **-sistible** *adj unwiderstehlich*
irresolu|ción *f Unschlüssigkeit* f ‖ *Unentschlossenheit* f ‖ *Wankelmut* m ‖ **-to** *adj unschlüssig* ‖ *wankelmütig* ‖ *unentschlossen* ‖ *unentschieden* ‖ *ungelöst*
irrespetar vt *mißachten*
irrespetuo|sidad *f Unehrerbietigkeit, Respektlosigkeit* f ‖ **-so** *adj unehrerbietig, respektlos*
irrespirable *adj nicht zu atmen* ‖ fig *unerträglich* ‖ *atmósfera* ~ *stickige Luft* f ‖ fig *unerträgliche Atmosphäre,* fam *dicke Luft* f
irresponsa|bilidad *f Unverantwortlichkeit* f ‖ *Unzurechnungsfähigkeit* f ‖ *Haftungsausschluß* m ‖ fig *Leichtfertigkeit* f ‖ fig *Verantwortungslosigkeit* f ‖ **-ble** *adj unverantwortlich (für acc)* ‖ *nicht haftbar (für acc)* ‖ *unzurechnungsfähig* ‖ fig *leichtfertig, verantwortungslos*
irrestañable *adj* ⟨Med⟩ *unstillbar (Blutung)* ‖ fig *unaufhaltsam*
irretroacti|vidad *f* ⟨Jur⟩ *Nichtrückwirkung* f ‖ **-vo** *adj nicht rückwirkend*
irreveren|cia *f Unehrerbietigkeit* f ‖ **-te** *adj unehrerbietig* ‖ *rücksichtslos* ‖ adv: **~mente**
irre|versible *adj* ⟨Med Phys Chem Wiss⟩ *irreversibel, nicht umkehrbar* ‖ **-visable** *adj* ⟨Jur⟩ *nicht revidierbar*
irrevoca|bilidad *f Unwiderruflichkeit* f ‖ *Unabsetzbarkeit* f ‖ **-ble** *adj unwiderruflich* ‖ *unabsetzbar* ‖ *unwiederbringlich (Zeit)*
irriga|ción *f* ⟨Agr⟩ *Bewässerung* f ‖ *Berieselung* f ‖ ⟨Med⟩ *Spülung* f ‖ *Einlauf* m (→ **lavativa**) ‖ ⟨Physiol⟩ *Durchblutung* f ‖ ⟨Chem⟩ *Wässerung* f ‖ ~ *gástrica* ⟨Med⟩ *Magenspülung* f ‖ *canal de* ~ ⟨Agr⟩ *Bewässerungsgraben* m ‖ **-dor** *m* ⟨Med⟩ *Irrigator, Spülapparat* m ‖ *(Bewässerungs)Spritze* f
irrigar [g/gu] vt ⟨Med⟩ *(be)spülen* ‖ ⟨Agr⟩ *bewässern* ‖ *berieseln* ‖ *beregnen*
irri|sible *adj:* *precio* ~ *Spott-, Schleuder|preis* m ‖ **-sión** *f Hohnlachen* n ‖ *Spott* m, *Verspottung* f ‖ fig *Lächerlichkeit* f ‖ ◊ *tomar en* ~ *lächerlich machen* ‖ **-sorio** *adj lächerlich, lächerlich* ‖ *precio* ~ *Spott-, Schleuder|preis* m
irrita|bilidad *f* ⟨Biol⟩ *Reizbarkeit* f ‖ allg *Erregbarkeit, Empfindlichkeit* f ‖ **-ble** *adj reizbar* ‖ *(leicht) erregbar* ‖ *empfindlich* ⟨& Med⟩ ‖ ⟨Jur⟩ *vernichtbar, annullierbar* ‖ **-ción** *f Reiz* m, *Reizung* f ⟨& Biol Med⟩ ‖ ⟨Med⟩ *Entzündung* f ‖ *Gereiztheit* f ‖ *Verärgerung* f ‖ *Wut* f, *Zorn* m ‖ *Entrüstung* f ‖ ⟨Jur⟩ *Annullierung, Vernichtung* f ‖ *Ungültigkeit* f
irritante *adj anreizend, erbitternd* ‖ *ärgerlich* ‖ *erregend* ‖ *Reiz-* ‖ ~ *m* ⟨Med Pharm⟩ *Reizmittel* n
irri|tar vt *(auf)reizen* ‖ *aufbringen, er-, auf|regen* ‖ *erbittern, erzürnen* ‖ ⟨Biol Med⟩ *reizen, angreifen* ‖ ⟨Jur⟩ *annullieren, vernichten, nichtig machen* ‖ fig *aufstacheln, anspornen* ‖ ◊ ~ *los celos (de) eifersüchtig machen* ‖ **~se** *sich erzür-*

nen, böse werden (con *auf* acc) || *in Harnisch geraten* (con *über* acc) || ⟨Chir⟩ *sich entzünden* (*Wunde*) || **-tativo** adj *reizend, erregend*
irrito adj ⟨Jur⟩ *ungültig, nichtig* || ◊ *hacerse ~ unwirksam werden, erlöschen*
irro|gación f *Schadens|verursachung, -zufügung* f || **-gar** [g/gu] vt *zufügen, antun (Schaden)* || ◊ ~ *gastos Kosten verursachen*
irrompible adj *unzerbrechlich* || *splitterfrei (Glasscheibe)*
irrumpir vt *(mit Gewalt irgendwo) ein|dringen, -brechen*
irrupción f *feindlicher Einfall* m || *heftiger Angriff* m || *Einbruch* m || fig *Eindringen, Hereinbrechen* n || fig *Durchbrechen* n || fig *Hineinstürzen* n *(in e-n Raum)* || fig *schnelle Verbreitung, Einführung* f || fig *plötzliches Überfluten* n *(Wasser)* || ~ *de agua* ⟨Bgb⟩ *Wassereinbruch* m || ◊ *hacer* ~ *eindringen* (en *in* acc)
I. S. Abk = **Ilustre Señor**
Isaac m np Tfn *Isaak* m
Isa|bel f np Tfn *Elisabeth* f || *Isabella* f || ~ *la Católica Isabella von Spanien* || ⁼**bela** adj/s: *(color)* ~ *isabellfarben* || ~ m *Isabellfarbe* f || ⁼**belino** adj *auf das Zeitalter Isabellas II. (bzw I.) von Spanien bezüglich* || *elisabethanisch, auf Elisabeth von England bezüglich* || *isabellfarben (Pferd)* || ~**s** mpl *Anhänger* mpl *Isabellas II.* (in den Karlistenkriegen)
isagoge f ⟨Rhet⟩ *Isagoge, Einführung* f
Isaías m np *Jesaja* m *(Prophet)*
isatis m ⟨Zool⟩ *Eis-, Polar-, Weiß|fuchs* m (*Alopex lagopus*) (→**a zorro**) || ⟨Bot⟩ → **glasto**
isba f *Isba* f
Iscariote m: *(Judas de) (Judas) Ischariot* m || fig *Verräter* m
Iseo f np Tfn *Isolde* f
isido|riano adj *auf den Heiligen Isidor von Sevilla bezüglich* || ⁼**ro** m np Tfn *Isidor* m
Isidro m np *Isidor* m *(Schutzpatron von Madrid)* || *la fiesta de San* ~ *Volksfest* n *in Madrid (15. Mai)* || ⁼ m fam *Provinzler* m, *der an den St. Isidor-Festlichkeiten teilnimmt* || *Provinzler, Bauer* m
Isis f *Isis* f *(ägyptische Göttin)*
isla f *Insel* f, *Eiland* n || *Häuserblock* m || fig *einsamer Ort* m || ~ *de tráfico* ⟨StV⟩ *Verkehrsinsel* f (→ **burladero**) || en ~ *vereinzelt* || *las* ⁼**s** *del Almirantazgo die Admiralitäts-Inseln* pl || ~ *de los Amigos (od de la Amistad) Freundschafts-Inseln, Tongainseln* pl || *las* ~ *Baleares die Balearischen Inseln* pl || *las* ~ *Filipinas die Philippinen* || *las* ~ *de la Sociedad die Gesellschaftsinseln* pl
Islam [izla'n] m *Islam* m, *die mohammedanische Welt* f, *die islamischen Völker* npl ⟨Rel⟩ *Islam* m
islámico adj *islamisch, Islam-*
isla|mismo m *Islam(ismus)* m || **-mita** m/adj *Bekenner des Islams, Islamit* m || **-mizar** vt *islamisieren, zum Islam bekehren*
islan|dés adj *isländisch* || ~ m *Isländer* m ⟨Li⟩ *Isländisches* || ⁼**dia** f *Island*
islándico adj *isländisch*
islario m ⟨Geogr⟩ *Inselbeschreibung* f || *Inselkarte* f
isle|ño adj *Insel-* || ~ m *Inselbewohner* m || **-ta** f dim v. **isla**
islilla f ⟨An⟩ *Schlüsselbein* n
islote m *Felseneiland* n || *(kleine) Flußinsel* f || ~ *(de separación)* ⟨StV⟩ *Trennungsinsel* f *(Straße)* || ⟨StV⟩ *Verkehrsinsel* f (→ **burladero**)
ismaelita m/adj ⟨Rel⟩ *Ismaelit* m
△ **¡isna!** int *ach!*
iso|bara f ⟨Meteor⟩ *Isobare* f || **-bárico** adj ⟨Meteor Phys⟩ *gleichen (Luft)Drucks* || *líneas* ~**as** ⟨Meteor⟩ *Isobaren* fpl || **-baros** mpl ⟨Nucl⟩ *Isobare* npl

isocro|masia f ⟨Phot⟩ *Isochromasie* f || **-mático** adj *isochrom(atisch)*
isocronismo m ⟨Phys Uhrm Wiss⟩ *Isochronismus* m, *gleichzeitiges Ablaufen* n, *Gleichzeitigkeit* f
isócrono adj *isochron, gleichzeitig (eintretend)* || *regelmäßig (Schritte)* || *eintönig*
isoga|metos mpl ⟨Gen⟩ *Isogameten* pl || **-gamia** f ⟨Gen⟩ *Isogamie* f
isó|geno adj ⟨Biol⟩ *isogen* || **-gono** adj ⟨Math⟩ *gleichwinklig, isogonal*
isome|ría f ⟨Bot Chem⟩ *Isomerie* f || **-rización** f ⟨Chem⟩ *Isomerisation* f
isómero adj ⟨Chem⟩ *isomer*
isópodos mpl ⟨Zool⟩ *Asseln* fpl (*Isopoda*)
isópteros mpl ⟨Entom⟩ *Termiten* fpl (*Isoptera*) (→ **termita**)
isósceles adj: *triángulo* ~ ⟨Math⟩ *gleichschenkliges Dreieck* n
iso|termia f ⟨Phys Med⟩ *Isothermie* f || **-térmico** adj *isotherm* || *vagón* ~ *Isolier-, Kühl|wagen* m || **-termo** adj *isotherm* (*líneas*) ~**as** fpl ⟨Phys Geogr⟩ *Isothermen* fpl
i|sotónico adj *isotonisch, isosmotisch (Lösung)* || **-sótonos** mpl ⟨Nucl⟩ *Isotone* npl || **-sótopo** m ⟨Nucl Chem⟩ *Isotop* n || **-sótropo** adj ⟨Phys⟩ *isotrop*
isquemia f ⟨Med⟩ *Ischämie, (örtliche) Blutleere* f
ls|quias, -quialgia f ⟨Med⟩ *Ischias* f (m, n) || **-quiático** adj ⟨An⟩ *Sitzbein-* || *callosidades* ~**as** ⟨An⟩ *Gesäßschwielen* fpl *(beim Mandrill, Babuin usw)* || **-quion** m ⟨An⟩ *Ischium, Sitzbein* n
Isra|el m *Israel* n || *el reino (de)* ~ *das Reich Israel* || **-elí** [pl **-elíes**] m/adj *Israeli* m || ~ adj *israelisch* || ⁼**elita** m/f *Israeli* m/f || *Israelit(in)* m(f) || ~ adj *israelitisch* || *jüdisch* || ⁼**elítico** adj *israelitisch*
istmo m *Landenge* f, *Isthmus* m || ⟨An⟩ *Enge* f
Istria f ⟨Geogr⟩ *Istrien*
istrio m/adj *Istrier* m
it. Abk = **item**
ita m = **aeta**
Itaca (Ítaca) f *die Insel Ithaka*
Italia f *Italien*
italia|na f *Italienerin* f || **-nismo** m *italienische Spracheigentümlichkeit* f || *Liebe* f *zu Italien* || **-nizar** [z/c] vt *itali|anisieren, -enisieren* || *verwelschen* || **-no** adj *italienisch* || *a la* ~**a** *nach italienischer Art* || ~ m *Italiener* m || *die italienische Sprache*
itáli|ca f ⟨Typ⟩ *Kursivschrift* f || **-co** adj ⟨Hist⟩ *italisch* || ⟨Typ⟩ *Kursiv-* || ⟨Lit poet⟩ *italienisch* || ~ m *Italiker* m
italo adj/s ⟨poet⟩ *italienisch*
ita|lofilia f *Italienfreundlichkeit* f || **-lófilo** adj *italienfreundlich* || **-lofobia** f *Italienfeindlichkeit* f || **-lófobo** adj *italienfeindlich*
ítem [íten] adv *desgleichen, ditto, ebenso* || *dazu* || *außerdem* || *ferner* || ~, *ite* m *Ditto* n || fig *Zusatz, Nachtrag* m || fig *Punkt* m, *Sache* f
itera|ción f *Iteration, Wiederholung* f || **-r** vt *wiederholen* || **-tivo** adj *wiederholend, iterativ* || *wiederholt* || *verbo* ~ *Iterativ* n || ~ m ⟨Li⟩ *Iterativ* n
iterbio m ⟨Chem⟩ *Ytterbium* n
itifálico adj/s ⟨Poet⟩ *ithyphallisch* || ~ m ⟨Poet⟩ *Ithyphallikus* m *(Kurzvers)*
itine|rante adj *Wander-* || *embajador* ~ *fliegender Botschafter* m || *exposición* ~ *Wanderausstellung* f || **-rario** adj/s *Weg-, Reise-* || *medida* ~**a** *Wegmaß* n || ~ m *Reise-, Marsch|route* f || *Reiseplan* m || *Reise|führer* m, *-handbuch* n || *Reisebeschreibung* f || *Itinerar* n || ⟨EB⟩ *Fahrplan* m || ⟨Flugw⟩ *Flugstrecke* f || ⟨Mil⟩ *Marschroute* f
itrio m ⟨Chem⟩ *Yttrium* n
I. U. Abk ⟨Med⟩ = **unidad inmunizante**
i/u Abk = **interés usual**

Iván m np *Iwan* m ‖ ~ el Terrible *Iwan der Schreckliche (russ. Zar)*
ivorina f *künstliches Elfenbein* n
ixtle m ⟨Bot⟩ Mex = **pita** ‖ Mex p. ex. *Pflanzenfaser* f
iza f *(Auf)Hissen* n ‖ △*Straßendirne* f
izar [z/c] vt ⟨Mar⟩ *(auf)hissen (Flagge)* ‖ *heißen, setzen (Segel)* ‖ ¡~! ¡~! ⟨Mar⟩ *heiß auf!* ‖ ◊ ~ la bandera ⟨Mar⟩ *die Flagge hissen* ‖ ~**se** vr fam = **amancebarse**
iz.^{do} Abk = **izquierdo**
izquier|da f *linke Hand, Linke* f ‖ *linke Seite* f ‖ ⟨Pol⟩ *Linke* f ‖ extrema ~ ⟨Pol⟩ *extreme, äußerste Linke* f ‖ extremo ~ ⟨Sp⟩ *der Linksaußen* ‖ primero ~ (Abk = 1º izd.ª od izq.^{da}) *erster Stock* m, *linke Tür* f *(bei Wohnungsangaben)* ‖ a (la) ~, por la ~ *links* ‖ *nach links* ‖ ◊ desviar(se) a la ~ ⟨StV⟩ *links ab- od ein|-biegen* ‖ guardar la ~ ⟨StV⟩ *links fahren* ‖ ser un cero a la ~ figf *e–e Null sein* ‖ tener dos manos ~s figf *unbeholfen sein,* fam *zwei linke Hände haben* ‖ ¡tome V. la ~! *halten Sie sich links!* ‖ **–dear** vi *unvernünftig (bzw ungeschickt bzw unrichtig) handeln* ‖ Arg fam *stehlen, stibitzen* ‖ **–dista** m/adj ⟨Pol⟩ *Linke(r), Linksparteiler* m ‖ ~ adj *linksgerichtet* ‖ ~ extremo *Linksextremist* m ‖ **–do** adj/s *linker, linke, linkes* ‖ *links(händig)* ‖ x-beinig *(Pferd)* ‖ fig *krumm, gebogen* ‖ la mano ~a *die linke Hand* ‖ ◊ tener lado ~ fam *Mut haben, mutig sein*

J

(Bei and. u. südam. Wörtern →a unter H u. F)

j *f* (= jota) *das span. j*
J. Abk: **a. J. (d. J.)** = **antes (después) de Jesucristo**
¡ja! ¡ja! onom *ha! ha! (Lachen)* ‖ △ *aufgepaßt!*
ja|ba *f* ⟨Hydr⟩ *kastenförmige Steinpackung* f *(in Maschendraht), Netz* n *mit Steinschüttung* ‖ Am *Lattenkiste* f *(für Geschirr, Tonwaren usw)* ‖ *Binsenkorb* m ‖ Cu fig *Buckel* m ‖ *Bettelsack* m ‖ ◊ *tomar la* ~ figf *Cu betteln* ‖ **–bado** adj Murc *scheckig (Gefieder)* ‖ Cu fig *unschlüssig, schwankend* ‖ ~ *m* fig *Mischling* m
jabalcón *m* ⟨Arch Bgb⟩ *Strebe* f, *Druckpfosten* m
jaba|lí [*pl* **–íes**] *m* ⟨Zool⟩ *Wildschwein* n (Sus scrofa) ‖ *Keiler, Wildeber* m ‖ Am = **saíno** ‖ *cabeza de* ~ *Wildschweinskopf* m ‖ **–lina** *f Wildsau, Bache* f ‖ ⟨Sp⟩ *(Wurf)Speer* m ‖ *(Jagd-)Spieß* m ‖ *lanzamiento de* ~ ⟨Sp⟩ *Speer|wurf* m, *-werfen* n
jabato *m* ⟨Zool Jgd⟩ *Frischling* m ‖ fig *kühner Draufgänger* m ‖ fig *Kraftmeier* m
jabeca *f* = ¹**jábega**
¹**jábega** *f dreiteiliges Stand-, Schlepp|netz* n
²**jábega** *f* ⟨Mar⟩ *(Fischer)Boot* n
jabeguero *m Schleppnetzfischer* m
△**jabelar** vt *kennen, verstehen*
jabeque *m* ⟨Mar⟩ *Schebeke* f ‖ fam *Schmiß* m
△**jaberes** pron *wir*
ja|bí [*pl* **–íes**] *m* ⟨Bot⟩ *(Art) Holz-, Wild|apfel* m ‖ Am *Kopaiva-Baum* m (Copaifera spp) ‖ **–billa** *f,* **–billo** *m* ⟨Bot⟩ Am *Sandbüchsenbaum* m (Hura crepitans) ‖ **–bín** *m* ⟨Bot⟩ Mex = **–bí** ‖ ⟨Bot⟩ Mex *e–e Dalbergia-Art* f (Andira inermis) ‖ *Andira-Wurzel* f
jabirú *m* ⟨V⟩ Am = **baguarí**
jabón *m Seife* f ‖ pop *unverkaufte Ware* f, fam *Ladenhüter* m ‖ fam *Prügel* m ‖ Arg Mex PR *Schrecken* m, *Angst, Furcht* f ‖ ~ *de afeitar Rasierseife* f ‖ ~ *de almendras Mandelseife* f ‖ ~ *de azúcar* ⟨Mal⟩ *Zuckerseife* f ‖ ~ *blando,* ~ *verde,* ~ *negro,* ~ *de potasa (grüne, schwarze) Schmier-, Kali|seife* f ‖ ~ *de brea Teerseife* f ‖ ~ *de coco Kokosseife* f ‖ ~ *dentífrico Zahnseife* f ‖ ~ *doble Doppelseife* f ‖ ~ *duro,* ~ *firme,* ~ *de piedra Kernseife* f ‖ ~ *de (od* a la) *glicerina Glycerinseife* f ‖ ~ *graso Fettseife* f ‖ *Schmierseife* f ‖ ~ *de (od* a la) *lanolina Lanolinseife* f ‖ ~ *líquido flüssige Seife* f ‖ al lisol *Lysolseife* f ‖ ~ *medicinal medizinische Seife* f ‖ ~ *metálico Metallseife* f ‖ ~ *de miel Honigseife* f ‖ ~ *moreno Schwarz-, Schmier|seife* f ‖ ~ *de olor wohlriechende Seife* f ‖ ~ *de Palencia* figf *Tracht Prügel* f ‖ ~ *en panes Riegelseife* f ‖ ~ *en pasta Teigseife* f ‖ ~ *en polvo,* ~ *pulverizado, polvo de* ~, ~ *en escamas, escamas de* ~ *Seifenpulver* n, *Pulverseife* f ‖ ~ *preparado con piedra pómez Bimssteinseife* f ‖ ~ *de potasa Kaliseife* f ‖ ~ *quitamanchas Fleckseife* f ‖ ~ *resinoso Harzseife* f ‖ ~ *de sastre* = **jaboncillo** ‖ ~ *sulfuroso Schwefelseife* f ‖ ~ *de tocador Fein-, Toiletten|seife* f ‖ ~ *de trementina Terpentinseife* f ‖ ~ *transparente Transparentseife* f ‖ ~ al yodo *Jodseife* f ‖ *espuma de* ~ *Seifenschaum* m ‖ *fábrica de* ~ *Seifenfabrik* f ‖ *pastilla de* ~ *Seifenkugel* f, *Stück* n *Seife* ‖ ◊ *dar* m ~ *einseifen* ‖ *dar* ~ a alg. figf *jdm Honig um den Mund schmieren, jdn heuchlerisch loben, jdm um den Bart gehen* ‖ *dar un* ~ a alg. figf *jdm den Kopf waschen, e–n Wischer geben* (→a **jabona-**

dura) ‖ *en* ~ Am *in Vorbereitung, eingeweicht* ‖ ◊ *hacer* ~ Am pop *Angst haben* ‖ *poner* ~ (a) *einseifen*
jabona|da *f* Chi = **–do** ‖ Mex *derber Verweis* m ‖ **–do** *m Einseifen* n ‖ *eingeseifte Wäsche* f ‖ *Wäsche* f *zum Einseifen*
jabo|nadura *f Einseifen* n ‖ figf *Wischer, derber Verweis* m ‖ ~s *pl Seifenschaum* m ‖ **–nar** vt *(ein)seifen* ‖ fig *jdm den Kopf waschen*, fam *jdm e–e Abreibung geben*
jaboncillo *m Toilettenseife* f ‖ Chi *flüssige Seife* f ‖ *Seifenpulver* n ‖ ~ (de sastre) *Schneiderkreide* f ‖ ⟨Bot⟩ Am *Name* m *mehrerer Seifenbaumgewächse (z. B.* Sapindus saponaria*)*
jabone|ra *f Seifen|büchse* f, *-behälter* m ‖ ⟨Bot⟩ *Seifenkraut* n (Saponaria spp) ‖ ~ *para afeitar Rasiernapf* m ‖ **–ría** *f Seifensiederei* f ‖ *Seifenladen* m ‖ **–ro** adj *von schmutzigweißer Farbe mit gelbem Stich (Stier)* ‖ *industria* ~a *Seifenindustrie* f ‖ ~ *m Seifensieder* m ‖ *Seifenhändler* m ‖ **–ta** *f,* **–te** *m Toiletten-, Gesichts|seife* f ‖ *Seifenkugel* f
jabonoso adj *seif(enart)ig, Seifen-* ‖ *baño* ~ *Seifenbad* n
jaborandi *m* ⟨Bot⟩ Am *Jabo|randi, -rindi* m (Pilocarpus jaborandi)
jaca *f kleines Pferd, Doppelpony* n ‖ Arg *alter Hahn* m ‖ Cu *Wallach* m ‖ Pe *kleine Stute* f
ja|cal, –car m Guat Mex Ven = **choza** ‖ **–calón** *m* Mex *Schuppen* m
△**jacanó** *m Geizhals* m
jácara *f gesungene Romanze* f *von heiterem Inhalt* ‖ *ein span. Volkstanz* m ‖ figf *lärmende Fröhlichkeit* f ‖ figf *Ente, Lüge* f
jacarandá *f* am. *Jakarandabaum* m (Jacaranda spp) ‖ *mehrere Dalbergia-Arten* fpl ‖ *verschiedene andere Pflanzen* fpl
△**jacaranda(i)na** *f Gaunerbande* f
jacarandoso adj *(unternehmungs)lustig* ‖ *dreist, keck*
jacaré *m* ⟨Zool⟩ Am *Schakare, Breitschnauzenkaiman* m (Caiman latirostris) ‖ →a **yacaré**
jacare|ar vt/i *Jácaras singen* ‖ fam *lärmend durch die Straßen ziehen* ‖ *Radau machen, randalieren* ‖ *anpöbeln*
jacarero *m*/adj figf *lustiger Geselle, Spaßvogel* m
jácaro adj/s *großspurig, bramarbasierend* ‖ ~ *m Prahler, Angeber* m
jácena *f* ⟨Arch⟩ *(Trag)Balken, Unterzug* m
jacinto *m* ⟨Bot⟩ *Hyazinthe* f (Hyacinthus spp) ‖ ⟨Min⟩ *Hyazinth* m ‖ ⁓ *m* np Tfn *Hyazinth* m
jack m engl ⟨Tel Radio⟩ *(Anschluß)Klinke* f (→ **conjuntor**)
jaco *m (kleiner) Klepper* m, fam *Schindmähre* f
Jacob *m* np *(Bibel) Jakob* m
jaco|beo, –bino adj *auf den Apostel Santiago* (→) *bezüglich* ‖ *año* ~ ⟨Kath⟩ *Jubiläumsjahr* n *des Santiago de Compostela* ‖ *ostra* ~a ⟨Zool⟩ *Jakobusmuschel* f (Pecten jacobaeus) ‖ (→ *concha de peregrino*) ‖ *ruta* ~a ⟨Kath⟩ *Jakobsweg* m *(Pilgerstraße nach Santiago de Compostela)* ‖ **–binismo** *m* ⟨Pol u. Hist⟩ u. fig *Jakobinertum* n ‖ **–bino** adj/s ⟨Pol u. Hist⟩ *jakobinisch, Jakobiner-* ‖ ~ *m Jakobiner* m ‖ fig *radikaler Demokrat* m ‖ **–bita** *m*/adj ⟨Rel Hist⟩ *Jakobit* m *(Anhänger des J. Baradäus)*
Jacobo *m* np Tfn *Jakob* m
Jacquard np: *aparato* ~ ⟨Web⟩ *Jacquardwebstuhl* m ‖ ⁓ *Jacquardgewebe* n

jactan|cia *f Prahlerei, Großsprecherei* f ‖ *Protzenhaftigkeit* f ‖ **-cioso** m/adj *Prahler, Protz, Angeber* m, *Großmaul* n ‖ ~ adj *angeberisch, prahlerisch*
jactar vt: ◊ ~ *valor mit seiner Tapferkeit protzen* ‖ ~**se** *sich brüsten* (de *mit* dat) ‖ ◊ ~ de erudito *mit seiner Gelehrsamkeit prahlen*
Jac.[10] Abk = **Jacinto**
jaculato|ria *f Stoßgebet* n ‖ **-rio** adj *inbrünstig u. kurz*
△**jacuno** *m Sommer* m
△**jachá** *m Hitze* f
△**jachipén** *m Schmaus* m
jada *f* Ar = **azada**
jade *m* ⟨Min⟩ *Jade* m, f
jade|ante adj *keuchend* ‖ **-ar** vi *keuchen, schnauben, schnaufen* ‖ **-o** *m Keuchen* n
jaenero, jaenés adj/s *aus Jaén* (PJaén)
jaez [*pl* **-ces**] *m Pferdegeschirr, Sattel-, Saum|zeug* n (& pl) ‖ fig *Art, Beschaffenheit* f ‖ △*Kleidung* f ‖ del mismo ~ *vom selben Schlag* ‖ ~**ar** vt = **enjaezar**
jafético adj *auf Japhet (dem dritten Sohn Noahs) bezüglich* ‖ *arisch* ‖ *indogermanisch* ‖ → **ario, indoeuropeo**
jagellones mpl ⟨Hist⟩ *die Jagellonen* mpl
jaguar, SAm ~**eté** *m* ⟨Zool⟩ *Jaguar* m (Panthera onca)
jaguarzo *m* ⟨Bot⟩ *Zistrose(art)* f (Cistus clusii)
jagüey *m* Am *Wasser|loch* n, *-graben* m ‖ (Art) *Zisterne* f ‖ ⟨Bot⟩ *Cu Ficus* spp
jaha|rrar vt ⟨Arch⟩ *weißen, kalken* ‖ *verputzen* ‖ → **revocar** ‖ **-rro** *m* ⟨Arch⟩ *Weißen* n ‖ *Bewerfen, Verputzen* n ‖ *(Gips)Verputz* m
△**jahivé** *m Morgen* m
jai-alai *f* bask *Pelotaspiel* n
jai|ba *f* ⟨Zool⟩ Am allg *Krebs* m ‖ ◊ ser una ~ Ant Mex fig *ein schlauer Fuchs sein* ‖ **-bería** *f* PR fig *Gerissenheit* f
Jai|me [dim *-mín, -mito*] *m* np Tfn *Jakob* m ‖ ~ el Conquistador ⟨Hist⟩ *Jakob* m *der Eroberer (1213-76)*
jaique *m* Haik, *Überwurf* m *(der Nordafrikaner)*
△**jairó** adj *dünn*
¡**ja, ja, ja**! int *ha, ha, ha! (Gelächter)*
△**jal** *m Dolch* m ‖ ~(**e**) *m* Mex *Bimsstein* m ‖ *(grober) goldhaltiger Schwemmsand* m
ja|la *f* Col *Rausch* m, *Trunkenheit* f ‖ **-lado** adj Am *betrunken* ‖ MAm Col *krankhaft bleich aussehend* ‖ ◊ no ser tan ~ para ... Mex *nicht liebenswürdig genug sein, um* ...
jalapa *f* ⟨Bot⟩ *Jalapa-Wunderblume* f (Mirabilis jalapa) ‖ ⟨Pharm⟩ *Jalapenwurzel* f ‖ fam *Jalapenharz* n
jalar bt/i fam *ziehen, zu sich heranziehen* ‖ pop *essen, verschlingen* ‖ Col Ven *ausdrücken* ‖ Pe *durchfallen, nicht bestehen (Prüfung)* ‖ Dom *ab|nehmen, -magern* ‖ ~ vi CR = **flirtear** ‖ ¡jala y jala! pop *immer zu!* ‖ ~**se** Cu *sich beschwipsen* ‖ Am *sich davonmachen, Reißaus nehmen* ‖ ◊ no ~ con alg. Mex *sich mit jdn schlecht vertragen*
jalbe|gar [g/gu] vt *weißen, tünchen* ‖ **-gue** *m Kalktünche* f ‖ fig bes ⟨Lit⟩ *(weiße) Schminke* f
jalde, jald(ad)o adj *(hoch)gelb*
jalea *f Obst|gelee, -mark* n ‖ ⟨Chem⟩ *Gallerte* f, *Lyogel* n ‖ ~ de membrillo *Quittengelee* n ‖ → a **gelatina**
jale|ar vt/i ⟨Jgd⟩ *(an)hetzen (Hunde)* ‖ And *(Tänzer, Sänger) durch Händeklatschen usw aufmuntern, anfeuern* (bes *beim Flamenco*) ‖ Chi *belästigen* ‖ **-o** *m* ⟨Jgd⟩ *(An)Hetzen* n *der Hunde* ‖ *Tanzfest* n ‖ *Jaleo, ein and. Volkstanz* m ‖ fam *lustiger Rummel* m ‖ fam *Radau, Krach, Lärm* m ‖ fam *Wirrwarr* m, *Durcheinander* n ‖ ◊ armar ~ fam *Radau machen* ‖ armarse uno un ~ fam *in Verwirrung geraten* ‖ meter en un ~ pop *in die Patsche bringen*
jabera *f* Cu *Rausch* m, *Trunkenheit* f
jaletina *f* pop *feines Obstgelee* n ‖ = **gelatina**
jali|fa *m marokkanischer Kalif* m *(im ehemal. span. Protektorat)* ‖ Marr *Statthalter, Stellvertreter* m ‖ **-fato** *m* Marr *Würde* f *(bzw Machtbereich* m*) e-s* jalifa
jalisco adj/s Mex joc *betrunken* ‖ ~ m *Jaliscohut, großer Strohhut* m *aus Jalisco*
ja|lón *m* ⟨Top⟩ *Absteckstange* f ‖ *Fluchtlatte* f ‖ *Land-, Grenz|marke* f ‖ fig *Markstein* m ‖ Am *Ruck, Zug* m ‖ Mex Bol Chi *Strecke* f ‖ MAm *Verehrer* m ‖ ~ de alineación ⟨Top⟩ *Visierstab, Richtpfahl* m ‖ ~ de estación ⟨Top⟩ *Fluchtstab* m ‖ ~ de medir ⟨Top⟩ *Vermessungsstange* f ‖ **-lona** *f* MAm = **coqueta, veleidosa** ‖ **-lonador** *m* ⟨Mil⟩ *Verbindungsmann* m ‖ **-lonamiento** *m* ⟨Top⟩ *Abpfählung* f ‖ **-lonar** vt *ab|stecken, -pfählen, markieren* ‖ ⟨Mil⟩ *ausmessen* ‖ ⟨Mil⟩ *abgreifen (en el mapa auf der Karte)* ‖ fig *säumen* (fig) ‖ ◊ *su existencia estuvo jalonada de fracasos* fig *sein Leben war e–e Kette v. Mißerfolgen* ‖ **-lonero** *m* ⟨Top⟩ *Meßgehilfe* m
jaloque *m Südostwind* m (→ a **siroco**)
△**jallares** mpl *Geld, Vermögen* n
jalleiro adj/s *aus Santa Comba* (PCor)
△**jalli|pear** vt *gierig verschlingen* ‖ **-pén** *m Essen* n ‖ **-pí** *m Hunger* m ‖ *Durst* m
jallo adj *zimperlich* ‖ *nörglerisch* ‖ *prahlerisch*
Jamaica *f Jamaika (Insel)* ‖ *ron* (de) ~ *Jamaikarum* m ‖ ⁓ Mex *Wohltätigkeitsfest* n ‖ Mex *Hibiskustrank* m ‖ ⁓ *m* △*Tabak* m ‖ ⁓**no** adj/s *aus Jamaika* ‖ ~ *m Jamaikaner* m
ja|mancia *f* pop *Essen* n ‖ **-mar** vt pop *essen*, pop *ver|schlingen, -drücken*
jamás adv *niemals, nie* ‖ *jemals, je* ‖ (~) por ~, nunca ~ (fam [en] ~ de los jamases) *nimmermehr* ‖ fam *nie und nimmer* ‖ fam *nicht im Traum* ‖ por siempre ~ *auf ewig* ‖ ¿has visto ~ *un caso parecido? hast du so e–n Fall jemals gesehen?* ‖ → a **nunca**
jam|ba *f Tür- bzw Fenster|pfosten* m ‖ **-bado** adj Mex fam *verfressen* ‖ **-baje** *m* ⟨Arch⟩ *Tür- bzw Fenster|rahmen* m ‖ **-barse** vr Mex pop *sich verfressen, sich vollstopfen* ‖ **-bazón** *f* Mex pop *Essen* n ‖ *Übersättigung* f
jámbico adj = **yámbico**
¹**jambo** *m* = **yambo**
² △**jambo** *m Mann, Geliebte(r)* m
△**jamelar** vt *essen, verschlingen*
jamelgo *m* fam *Klepper* m, *Schindmähre* f
jamerdana *f Abfallgrube* f *des Schlachthofes*
jamón *m Schinken* m ‖ △ *Lohn* m ‖ ~ crudo *roher Schinken* m ‖ ~ (en) dulce *gekochter Schinken* m ‖ ~ serrano *Landschinken* m ‖ ~ de York *gekochter Schinken* m ‖ ¡y un ~ (con chorreras)! iron *das kommt nicht in Frage! denkste! ja, Pustekuchen!*
jamona *f*/adj fam *wohlerhaltene, mollige Frau* f *mittleren Alters* ‖ fam *Fettpolster anlegende, rüstige Frau* f ‖ ~**za** *f*/adj fam augm *v.* ~
jámparo *m* Col *Schaluppe* f
jampudo adj *dick und kräftig (Mensch)*
jamuga(s) *f(pl)* Frauen-, *Quer|sattel* m
jamurar vt ⟨Mar⟩ *Wasser ausschöpfen* ‖ Col *auswringen (Wäsche)*
¹**jan** *m* = **kan**
²**jan** *m* Cu *Pfahl* m
jana *f Brunnen-, Wasser|holde* f ‖ *Nixe* f ‖ → a **anjana, xana**
jándalo adj/s fam *andalusisch (h fast wie j sprechend)* ‖ *im kantabrischen Gebiet: Der sich andalusische Sitten u. Spracheigentümlichkeiten zu eigen gemacht hat*
△**jandaripén, jandorro** *m Geld* n
ja|near vt Cu *Pfähle einschlagen, einpfählen*

‖ fig *über (ein Tier) hinwegspringen* ‖ ~**se** vr Cu *stehenbleiben* ‖ **-neirino** adj Am *aus Rio de Janeiro*
jangada f = **gansada** ‖ ⟨Mar⟩ *Rettungsfloß* n ‖ Am *Floß* n
Ja|nín np pop dim v. **Juan** ‖ **-nina** = **Juana**
Jano m ⟨Myth⟩ *Janus* m
△**janrelles** mpl *Hoden* fpl
△**janró** m *Säbel* m
janse|nismo m ⟨Rel⟩ *Jansenismus* m ‖ **-nista** m ⟨Rel⟩ *Jansenist, Anhänger des holländ. Theologen Jansen (Jansenio) († 1638)* ‖ ~ adj *jansenistisch*
jantina f ⟨Chem⟩ *Xanthin* n
Jantipa f np *Xantippe* f
△**ja|ñar** vi *harnen* ‖ *stinken* ‖ **-ñi** m *Quelle* f ‖ **-ñiqué** m *Brennen* n
Japón: el ~ *Japan* n
japo|nense, -nés, esa adj *japanisch* ‖ **-nés** m *Japaner* m ‖ *die japanische Sprache*
japuta f ⟨Fi⟩ *Bläuel* m (Lichia glauca) ‖ ⟨Fi⟩ *Sternseher, Meerpfaff* m (Uranoscopus scaber) ‖ ~**mo** m Bol ⟨Zool⟩ = **filaria**
jaque m *Schach* m *(Zuruf im Schachspiel)* ‖ fam *Großsprecher, Bramarbas, Maulheld* m ‖ ◊ ‖ dar ~ *Schach bieten* ‖ dar (od poner) ~ mate *(schach)matt setzen* ‖ tener en ~ fig im *Schach halten* ‖ ~ (y) mate *schachmatt* ‖ ¡~ a la reina! *Gardez! Schach* m *der Königin*
jaqué m Mex = **chaqué**
jaquear vt/i *Schach bieten* (dat) (f fig) ‖ fig *im Schach halten*
jaque|ca f *(einseitiges) Kopfweh* n, *Migräne* f ‖ ◊ dar ~ *Migräne bekommen* ‖ dar ~ a alg. figf *jdm auf die Nerven fallen* ‖ **-coso** adj *an Migräne leidend* ‖ fig f *lästig*
jaquemate m *Schachmatt* n
jaque|ta f *Jacke* f ‖ **-tilla** f *kurze Jacke* f ‖ **-tón** m fam *Maulheld, Bramarbas, Prahlhans* m ‖ ⟨Fi⟩ *Weiß-, Menschen|hai* m (Carcharodon carcharias) ‖ = **chaquetón**
jáquima f *Halfter* m/n ‖ CR *Betrug* m ‖ Guat Salv *Rausch* m
¹△**jar** vi *harnen*
²△**jar** m *Hitze* f
jara f *(Art) Wurfspieß* m ‖ ⟨Bot⟩ *(Labdanum) Zistrose* f (Cistus ladanifer[us]) ‖ △**Goldunze** f ‖ Mex Guat *Pfeil* m ‖ Mex ⟨Bot⟩ *versch. Pflanzen* ‖ Bol *Rast* f
jara|be m *Sirup* m (f ⟨Pharm⟩) ‖ *Jarabe* m *(mex. Tanz)* ‖ ~ (de pico) *Geschwätz* n ‖ *leere Versprechungen* fpl ‖ ~ medicinal *Arzneisirup* m ‖ ~ de palo figf *Tracht* f *Prügel* m ‖ ~ pectoral *Brustsirup* m ‖ ◊ dar ~ a alg. *jdm schmeicheln, jdm Honig um den Bart schmieren* ‖ **-bear** vt/i *(laufend) Sirup verschreiben (bzw. einnehmen)* ‖ ~**se** vr *Sirup einnehmen*
jaracabla f ⟨V⟩ = **alondra**
jaral m *Zistenfeld, mit Zistrosen bestandenes Gelände* n ‖ *Gestrüpp, Dickicht* n ‖ fam *Patsche* f ‖ fig *Wirrwarr* m
jaramago m ⟨Bot⟩ *Doppelsame* m (Diplotaxis sp)
△**jarampero** m *Schmuggler* m
jaramugo m ⟨Fi⟩ *Jungfisch* m
jara|na f fam *Lärm* m ‖ *lärmende Fröhlichkeit* f ‖ *Volksvergnügen* n ‖ fig *Zank, Streit* m ‖ fig *Falle* f, fam *Lug und Trug* m ‖ Bol Pe *Tanzvergnügen* n ‖ Ant SAm *Spaß, Scherz* m ‖ MAm *Schuld* f ‖ Mex = **-nita** ‖ ◊ ir (od andar) de ~ = **-near** ‖ → a **juerga** ‖ **-near** vi fam *lärmen, poltern* ‖ **-nero** adj/s *spaßliebend, immer lustig*, fam *stets fidel* ‖ MAm *Schwindler* m ‖ Mex *Jaran(it)a-spieler* m ‖ **-nita** f Mex *kleine Gitarre* f ‖ **-no** m *grauer bzw. weißer Filzhut* m
△**jarapa** f ⟨Th⟩ *Vorhang* m
jarapote m Ar And = **potingue** ‖ = **jaropeo**
jarca f Marr = **harca**

jarcia f ⟨Mar⟩ *Tau, Seil* n ‖ *Fischergerät* n ‖ fig *Haufe(n)* m ‖ Sant fig u. desp *Gesindel* n ‖ ~**s** pl ⟨Mar⟩ *Takelwerk* n ‖ ~**r** vt = **enjarciar**
jarcio adj Mex *betrunken*
jardín m *(Lust-, Zier)Garten* m ‖ *Fleck* m *im Smaragd* ‖ ⟨Mar⟩ *Schiffsklosett* n ‖ △*Markt* m ‖ △*Klosett* n ‖ ~ botánico *botanischer Garten* m ‖ ~ colgante *hängender Garten* m ‖ *Lustgarten* m ‖ ~ de (la) infancia Arg ~ de infantes *Kindergarten* m ‖ ~ a la inglesa engl. *Park* m ‖ ~ público de recreo *Erholungspark, öffentlicher Lustgarten* m ‖ planta de ~ *Gartenpflanze* f ‖ ~**es** municipales *Stadtpark* m
jardine|ra f *Gärtnerin* f ‖ *Gärtnersfrau* f ‖ *Blumen|tisch, -ständer* m, *Jardiniere* f ‖ *Blumenkasten* m ‖ *Kremser* m *(Wagen)* ‖ fam *offener (Straßenbahn-) Anhänger* m ‖ ~**-educadora** f Neol *Kindergärtnerin* f ‖ **-ría** f *Gärtnerei* f ‖ *Gartenkunst* f ‖ *Gartenarbeit* f ‖ **-ro** m *Gärtner* m ‖ ~(-)**paisajista** *Landschaftsgärtner* m ‖ **-te** m Am *Grünanlage* f
jare|a f Mex = **gazuza** ‖ **-arse** vr Mex *vor Hunger sterben* ‖ Mex *fliehen* ‖ Mex *schaukeln, schwingen*
jare|ta f *Durchzug, Bund, Saum* m *(zum Durchziehen e-s Bandes)* ‖ *Biese* f ‖ ⟨Mar⟩ *Verstärkungstau* n ‖ CR *Hosenlatz* m ‖ Ven *Unannehmlichkeit* f ‖ **-tón** m *breiter Saum* m
jargón m *Jargon* m *(e-e Abart von Zirkon)*
jarife m = **jerife**
jarifo adj fam *stattlich* ‖ *prunkvoll* ‖ fig *stolz*
jarillo m ⟨Bot⟩ = **aro**
jaripeo m Mex *Rodeo* m/n ‖ Bol *Ritt* m *auf e-m Stier*
jaro m ⟨Bot⟩ = **aro** ‖ *Gestrüpp* n (→ a **jaral**) ‖ ~**cho** adj/s prov *grob, unhöflich* ‖ ~ m Mex *Bauer* m *des Küstenlandes bei Veracruz*
△**jaroí** m *Mehl* m
jaro|pe m *(Arznei) Sirup* m ‖ fam *Ge|bräu, -söff* n ‖ **-peo** m fam *(laufendes) Schlucken* n *von (Husten)säften*
jarra f *(ein- od. zweihenk(e)liger) Krug* m ‖ *henkelloses irdenes Gefäß* n ‖ *(Blumen)Vase* f ‖ *Öl-, Wasserkrug* m ‖ ◊ ponerse en ~**s** *die Hände in die Seiten stemmen* ‖ figf *sich brüsten, protzen*
jarrazo m augm v. **jarro** ‖ *Schlag* m *mit e-m Krug*
¡**jarra**! Am = ¡**arre**!
jarre|ar vt fig *sehr stark regnen*, fig *wie aus Kannen gießen* ‖ vi *mit dem Krug schöpfen* ‖ vt *e-m Krug zuschlagen* ‖ **-pas** fpl Sant *(Art) Maisbrei* m ‖ **-ro** m *Krugmacher* m ‖ *Schöpfmeister* m ‖ **-ta** f dim v. **jarra**
jarretar vt fig *die Kraft nehmen* ‖ *entmutigen* ‖ * = **desjarretar**
jarre|te m ⟨An⟩ *Kniekehle* f ‖ *Sprunggelenk* n *(beim Pferd)* ‖ ~ de ternera *Kalbskeule* f ‖ **-tera** f *Knie-, Strumpfband* n ‖ *Orden de la* ⚜ engl *Hosenbandorden* m
jarrito m dim v. **jarro**
ja|rro m *einhenk(e)liger (irdener od. gläserner) Krug* m *(mit Schneppe)* ‖ *Henkelkrug* m ‖ *Kanne* f ‖ *Humpen* m ‖ *(Blumen)Vase* f ‖ ~ para la leche *Milchtopf* m ‖ ~ para cerveza *Bier|krug* m, *-kanne* f ‖ un ~ de cerveza *ein Krug* m, *e-e Maß* f *Bier* ‖ ~ decorativo *Ziervase* f ‖ a ~**s** fam *in Überfluß* ‖ ◊ echarle a uno un ~ de agua fría fig *jdm e-e kalte Dusche verabreichen* ‖ **-rrón** m *großer Krug* m ‖ *große Blumen-, Porzellan|vase* f
△**jas** m *Husten* m
jasar vt = **sajar**
Jasón m np ⟨Myth⟩ *Jason* m
jas|pe m *Jaspis* m ‖ **-peado** adj/s *gesprenkelt, marmoriert, geädert (z. B. Papier, Buchschnitt)* ‖ **-pear** vt *sprenkeln, aufsprengen, marmorieren, adern* ‖ ⟨Web⟩ *jaspieren*
jaspiar vt Guat fam *essen*
ja|tear vt Salv *wickeln (Säugling)* ‖ ~ vi/r CR fig *streiten* ‖ **-teo** m ⟨Jgd⟩ *Fuchshund* m ‖ **-tivés** adj/s *aus Játiva* (PVal)

jato m *Kalb* n
jaudo adj Rioja = **jauto**
Jauja f *Jauja* f, *Gegend von sprichwörtlicher Üppigkeit in Peru* || fam *Goldland, Eldorado* n || fam *Schlaraffenland* n || ◊ vivir en ~ figf *wie (der Herr) Gott in Frankreich leben* || ⁓ f Am fam *Lüge, Ente* f
jau|la f *Käfig* m ⟨& Tech⟩ || *(Vogel) Bauer* n || *Zelle* f *für Tobsüchtige* || *Lattenkiste* f || ⟨Bgb⟩ *Förderkorb, Fahrstuhl* m || ⟨Aut⟩ *Box* f, *geschlossener Stand* m || ⟨Tech⟩ *Materialbox* f || *Laufstall* m *(für Kleinkinder)* || fig *Gefangenenwagen* m, pop *grüne Minna* f || ~ del ascensor *Fahr(stuhl)korb* m || ~ para ganado ⟨EB⟩ *Viehwagen* m || ~ de Faraday ⟨El⟩ *Faradayscher Käfig* m || augm: **–lón**
jauría f *Meute, Koppel* f *Jagdhunde*
Java f *Java (Insel)* || ⁓ f/m *Java* m *(Tanz)*
javanés m *Javaner* m || ~ adj *javanesisch*
javelización f *Behandlung* f *mit der wäßrigen Kaliumhypochloritlösung*
Javier m np Tfn *Xaver* m
jayán m *rüstiger, kräftiger Mensch* || *grober Kerl* m (→ **gañán**)
jayón m Sant *uneheliches Kind* n
jaz|mín m ⟨Bot⟩ *Jasmin* m (Jasminum spp) || **–míneo** adj *jasminartig* || fig ⟨poet⟩ *(schnee)weiß*
jazz m engl *Jazz* m || ~ **band** m engl *Jazz|band, -kapelle* f
J.C. Abk = **Jesucristo** || **a. de J.C.** = **antes de Jesucristo** *vor unserer Zeitrechnung*
J.D. Abk. = **Junta Directiva**
J. de G. Abk = **Junta de Gobierno**
je- → a **ge-, he-**
¹**jebe** m = **alumbre** || Col Chi Pe = **caucho**
²△**jebe** m *Loch* n
△**jeco** m *Eis* n
jedar vt Sant *werfen (Kuh, Sau)* (→ **parir**)
jedive m ⟨Hist⟩ *Khedive* m *(Vizekönig von Ägypten)*
jeduque m *Heiduck* m *(Fußsoldat od. Diener)*
jeep m engl *Jeep* m *(Geländekraftwagen)*
je|fa f fam *Oberin, Vorsteherin, Chefin* f || **–fatura** f *Vorsitz* m || *Leitung, Direktion* f *(e–r Behörde)* || *(obere) Behörde* f || *(obere) Führung* f || ~ del Estado *Amt* n *des Staats|oberhaupts, -chefs* || p. ex *Staats|oberhaupt* n, *-chef* m || ~ de policia *Polizei|direktion* f, *-präsidium* n || condiciones *(od* cualidades*)* de ~ *Führereigenschaften* fpl || **–fe** m *(Ober-) Haupt* n || *Haupt* n || *Führer* m || *Vorgesetzte(r), Vorsteher, Obmann* m || *Chef* m *(e–r Firma)* || *(An)Führer, Befehlshaber* m || ~ de batallón *Bataillonskommandeur* m (→ **comandante**) || ~ del escudo *Schildhaupt* n || ~ de estación ⟨EB⟩ *Bahnhofsvorsteher* m || ~ de partido *Parteivorsitzender* m || ~ del Partido *Führer* m *der Partei* || ~ de personal *Personal|leiter, -chef* m || ~ de servicio ⟨EB⟩ *Fahrdienstleiter* m || ~ de taller *Werk|führer, -meister* m || ~ de tren *Zugführer* m || ~ de ventas ⟨Com⟩ *Verkaufsleiter* m || comandante en ~ ⟨Mil⟩ *Oberkommandierende(r)* m || *Oberbefehlshaber* m || culto al ~ *Führerkult* m || ingeniero (en) ~ *Ober-, Chefingenieur* m
Jehová m np *Jahve, Jahwe, Jehova(h)* m || testigos de ~ ⟨Rel⟩ *Zeugen* mpl *Jehovas*
¡**je, je, je**! *he, he, he! (Gelächter)*
jején m Am *(kleine) Stechmücke* f *(verschiedene Arten)* || Mex fig *Unmenge* f || fig *Hülle und Fülle* f || ◊ saber dónde el ~ puso el huevo Cu PR *äußerst klug sein*
△**je|lanó** m *Liebhaber* m || **–lar** vt *lieben* || **–len, –li** m *Liebe(lei)* f
jeme m *Spanne* f *(Abstand zwischen den Spitzen von Daumen und Zeigefinger bei ausgestreckter Hand)* || figf *schönes Frauengesicht*, fam *Lärvchen* n
jemique|ar vi = **gimotear** || **–o** m = **gimoteo**
jena|be, –ble m ⟨Bot⟩ = **mostaza**
jengibre m ⟨Bot⟩ *Ingwer* m (Zingiber officinale) || *Ingwer* m *(Gewürz)*

jenízaro m/adj *Janitschar* m *(türkischer Soldat)* || Mex fam *Gendarm* m || Mex *Abkömmling* m *e–s* cambujo (→ d) *und e–r* china (→ d)
△**jenlí** m *Hammel* m
jenny f ⟨Web⟩ *Wagenspinner* m
Jenofonte m np *Xenophon* m
△**jentivar** m *September* m
jeque m *Scheik* m *(arab. Häuptling)*
jer. Abk = **jeringa**
¹**jera** f Sal *Tagesslohn* m || Zam *Beschäftigung* f || Extr fig = **yugada**
²**jera** f *Behaglichkeit* f || *Fest|essen* n, *-schmaus* m || Al *Liebenswürdigkeit* f
△**jerañí** f *Mütze* f
jerarca m *Hierarch* m || fig *Würdenträger* m
je|rárquico adj *hierarchisch* || *nach der Rangordnung* || por la vía ~a *auf dem Dienstweg* || **–rarquizar** *rangmäßig gliedern* || *nach Bedeutung einstufen* || **–rarquía** f *Hierarchie* f || fig *Abstufung* f || *Rang* m, *-ordnung* f || persona de alta ~ *sehr angesehene Persönlichkeit* f || ~**s** fpl ⟨Pol⟩ *Führer (-schaft* f*)* mpl *(del Movimiento, de la Falange der Bewegung, der Falange)*
jerbo m ⟨Zool⟩ *(Wüsten)Springmaus* f (Jaculus sp || Dipus sp)
△**jere** m *Mensch* m
jere|miada f fam *Klagelied* n || fig *Jammerreden* fpl, *Jeremiade* f || fig *Gejammer* n || ⁓**mías** m np *Jeremias* m || fig *wehleidiger Mensch* m || **–miquear** vi Am *jammern* || **–miqueo** m fam Am *Gejammer* n
Jerez m *Jerez de la Frontera (span. Stadt)* || ⁓ m fig *Jerezwein, Sherry* m || ⁓ *dulce süßer Jerezwein* m || ⁓ *seco trockener Jerezwein* m
¹**jerga** f *grobe Leinwand* f || *Strohsack* m
²**jerga** f *Kauder-, Rot|welsch* n || fig *Jargon* m *Sondersprache* f || fig *Berufssprache* f || **-jargon** m || fam *Quatsch* m || ~ del hampa *Gaunersprache* f
jergal adj *Jargon-* || *lenguaje* ~ *Kauderwelsch* n
jergón m *Bett-, Stroh|sack* m || fig *schlecht passende Kleidung* f, fam *Sack* m || fam *Dickwanst* m
jerguilla f ⟨Web⟩ *leichter Stoff* m *aus Seide u/od Wolle*
△**jeria** f *Fuß* m || *Bein* n
jeribeque m *Grimasse* f || ◊ hacer ~**s** *Grimassen schneiden*
Jericó: rosa de ~ *Jerichorose* f (Anastatica hierochuntica)
jerifalte m = **gerifalte**
jeri|fe m *Scherif* m *(arab. Titel)* || **–fiano** adj *Scherifen-*
jerigonza f *Kauder-, Rot|welsch* n || *Gaunersprache* f || → a **jerga** || figf *sonderbares, lächerliches Treiben* n
jerin|ga f *(Injektions)Spritze* f || *Klistierspritze* f || *Brätspritze* f, *Stopftrichter* m *bei der Wurstbereitung* || *Krem-, Schokoladen|spritze* f *(für Torten usw)* || ~ aspirante *Saugspritze* f || ¡qué ~! pop *wie unangenehm!* || *wie langweilig!* || **–gar** (g/gu) vt *(ein)spritzen* || *e–e Spritze geben* (a alg. jdm dat) || figf *quälen, plagen* || (euph *für*: **joder**) || **–se** vr fig (euph *für* **joderse**) || *sich belästigen lassen (müssen)* || *sich (widerwillig) damit abfinden müssen* || *sich langweilen* || ◊ ¡no me jeringues! pop *laß mich in Frieden!* || → a **fastidiarse** || **–gazo** m fam *Einsprit|zung* f, *-zen* n || *Strahl* m *aus der Spritze* || **–guear** vt pop *belästigen, plagen* || **–guilla** f dim v. **-ga**: *kleine Injektionsspritze* f || ⟨Bot⟩ *Falscher Jasmin, Pfeifenstrauch* m (Philadelphus sp)
Jerjes m np ⟨Hist⟩ *Xerxes* m
△**jerminachí** f *Biene* f
△**jeró** m *Kopf* m
jeroglífico adj *hieroglyphisch* || fig *rätselhaft* || escritura ~a *Bilder-, Hieroglyphen|schrift* f || ~ m *Hieroglyphe* f || *Hieroglyphenschrift* f || fig *Geheimnis, Rätsel* n || *Rebus* m, *(Bilder-) Rätsel* n || fig *unverständliche Schrift bzw Rede bzw Sprache* f

Jerónimo (Abk **Jerón.°**) *m* np Tfn *Hieronymus* m ‖ ⁓ *m*/adj *Hieronymit, Hieronymitenmönch* m
jerosolimita(no) adj/s *aus Jerusalem, jerusalemitisch* ‖ ⁓ *m Jerusalemit* m
jerpa *f* ⟨Agr⟩ *unfruchtbare Rebe* f
△**jerre** *m Gendarm* m
jerrycan *m* engl *Kanister* m
jersey *m feines Garn* n ‖ *Pullover* m
△**jertas** *fpl Ohren* npl
Jerusalén *f Jerusalem* n
jeruza *f* fam *Gefängnis* n, fam *Kittchen* n, pop *Knast* m
△**jes** num *ein(e)*
△**jestiá** *f Gedanke* m
Jesú *m* np And = **Jesús**
Jesu|**cristo** *m* np *Jesus Christus* m (→ a **Jesús**)
‖ ⸗**ita** *m*/adj *Jesuit* m (& fig) ‖ fig *Heuchler* m, ‖ fig *schlauer Fuchs* m ╡ ⸗**ítico** adj *jesuitisch* ‖ fig *heuchlerisch (u. schlau)* ‖ ⸗**itismo** *m Jesuitentum* n ‖ fig *Heuchelei, Hinterlistigkeit* f
△**Jesunvay** *m* np *Jesus* m
Jesús *m* np *Jesus* m ‖ *Kännchen* n *für Meßwein* ‖ span. *Taufname* m ‖ ⁓ del Gran Poder *berühmte, tragbare Christusstatue* f *in Sevilla* ‖ ⁓ Nazareno *Jesus* m *von Nazareth* ‖ Compañía de ⁓ *Jesuitenorden* m ‖ Niño ⁓ *Jesuskind* n ‖ ◇ es un ⁓ fig*f es ist wonnig (Kind), es ist ein kleines Engelchen (Kind)* ‖ en un (decir) ⁓ fig*f in e–m Nu, im Handumdrehen* ‖ morir sin decir ⁓ fig *plötzlich sterben* ‖ ¡⁓! *Ausruf m der Bewunderung, Überraschung usw. herrje(h)! herrjeses!* ‖ ¡⁓! *Gesundheit! (Heilwunsch beim Niesen, worauf* ¡gracias! *erwidert wird)*
Jesu|**sa** (dim -sita) *f* np = **María de Jesús** *(span. Tfn)* ‖ **-sear** vi fam *laufend „¡Jesús!" in der Rede wiederholen* ‖ **-sín** *m* pop dim v. **Jesús**
jet *m* engl ⟨Flugw⟩ *Jet* m (→ a **chorro**)
je|**ta** *f dicke Lippe* f ‖ *(Schweins)Rüssel* m ‖ *Gebrech* n *(des Wildschweins)* ‖ fig pop *Fratze, Visage, Schnauze* f, *Rüssel* m ‖ prov vulg = **coño** ‖ And pop = **seta** ‖ Ar = **espita** ‖ **-tazo** *m* Ar Murc *Faustschlag m ins Gesicht*
△**jetro** adj = **otro**
jetta(tura) *f* it *Verhexung* f, *böser Blick* m
je|**tudo, -tón** adj *dicklippig* ‖ *mit vorspringender Schnauze*
***Jhs.** Abk = **Jesús**
ji *f* griech. χ, *Chi* n
ji- → a **gi-, hi-**
jiba *f Höcker* m (→ **giba**)
jiba|**ra** *f*/adj Dom *leichtes Mädchen* n ‖ *Dirne* f ‖ **jibarear** vi Dom = **coquetear** ‖ **-ro** adj/s Am *wild* ‖ *verwildert* (→ a **cimarrón**) ‖ *bäurisch* ‖ *ungesellig* ‖ Hond *stattlich (Mann)* ‖ **-ros** *mpl Jivaras* mpl *(Indianerstamm)*
△**jibé** *m Schnee* m
jibia *f* ⟨Zool⟩ *(Gemeiner) Tintenfisch* m (Sepia officinalis) ‖ *Schulp* m *des Tintenfisches* (→ **jibión**)
△**jibilén** *m Brunnen* m
jibión *m (Kalk)Schulp* m *des Tintenfisches, Sepiaschale* f ‖ = **calamar**
jibo|**so** adj *höck(e)rig, buck(e)lig* (→ **giboso**) ‖ **-sidad** *f*: las ⁓ es del camino fig *die Unebenheiten* fpl *des Weges*
Jibraltar ⟨Geogr⟩ *Gibraltar*
jícara *f (kleine) Schokoladenschale* f ‖ *Kaffee-, Teetasse* f ‖ *Isolator, Hut* m *der Telegraphenstange* ‖ MAm *Frucht* f *des Kürbisbaums* ‖ MAm *Trinkschale* f *aus dem Baumkürbis*
jicarazo *m Schlag* m *mit e–r jícara* ‖ figf *Giftmord* m
jicarón *m* augm v. **jícara**
jicote *m* Mex *Wespe* f ‖ **-a** *f* Ant Mex ⟨Zool⟩ *Zierschildkröte* f (Chrysemys sp) ‖ **⁓ra** *f* MAm *(Wespen)Summen* n ‖ fig *Krach, Lärm* m ‖ fig *Krawall* m
△**jidipén** *m Schmutz* m ‖ *Bosheit* f
jiennense adj/s *aus Jaén*

jifa *f Abfall* m *(beim Schlachten)*
△**jifera** *f Kloß* m
jife|**ría** *f Schlächterhandwerk* n ‖ **-ro** *m*/adj *Schlächter* m ‖ *Schlachtmesser* n ‖ ⁓ adj *dreckig*
jijas *fpl* León Sal *Kraft* f
¡**ji, ji, ji!** int *hi, hi, hi! (Gelächter)*
jifia *f* = **pez espada**
jigger *m* ⟨Web⟩ *Jigger* m *(Breitfärbemaschine)*
ji|**guaga** *f* ⟨Fi⟩ Cu *Stachelmakrele* f (Caranx spp) ‖ **-güe** *m* Cu *Nix, Wasserkobold* m
jije|**ar** vi Sal *juchhe(i) rufen* ‖ **-o** *m* Sal *Juchhe(i)* n
jijona *f* Span *besonderer Mandelkuchen* m *aus Jijona* (PAlic) (→ **turrón**) ‖ *e–e Weizensorte* f
△**jil** *m Luft* f
△**jilé** *m*/adj *Dummkopf* m
jilguero *m Stieglitz, Distelfink* m (Carduelis carduelis)
jilibioso adj Chi *weinerlich* ‖ *empfindlich (Pferd)*
△**jililé** *m Lilie* f
jilimaestre *m* ⟨Mil⟩ *Schirrmeister* m
ji|**lo** *m* Am = hilo ‖ de ⁓ adv Am *entschlossen* MAm Mex *grüner Maiskolben* m
jimelga *f* Mex *(Mast)Schalung* f ‖ *Bärführung* f, *Mäkler* m *(Ramme)*
△**jimiloy** *m Seufzer* m
△**jimona** *f Mütze* f
△**jina** *f Lohn* m
△**jindama** *f Angst, Furcht* f, pop *Schiß* m
△**jindo** adj *schmutzig*
¹**jineta** *f Genette, Genett-, Nordafrikanische Ginster*|*katze* f (Genetta genetta)
²**jineta** *f Reiten* n *mit kurzgeschnallten Steigbügeln* ‖ ◇ montar a la ⁓ *mit kurzgeschnallten Steigbügeln reiten* ‖ tener los cascos a la ⁓ figf *kopflos handeln*
³**jineta** *f* Arg ⟨Mil⟩ *Tresse* f
jine|**te** *m (geübter) Reiter* m ‖ ⟨Mil⟩ *Kavallerist* m ‖ *(leichtes) Reitpferd* n ‖ Cu figf = **sablista** ‖ **-tear** vt/i *herumreiten* ‖ vt MAm Mex *zureiten (Pferde usw.)* ‖ **-teario** *m* Mex *schlechter Reiter* m
△**jingalé** *m Hahnrei* m
jinglar vi *schaukeln* ‖ *schwanken*
△**jinglar** vi *schnüffeln*
jingoísmo *m Hurrapatriotismus, Jingoismus* m (→ **patrioterismo**)
jinjol *m* ⟨Bot⟩ = **azufaifa**
△**jinochar** vt *entfernen*
jinojo *m* pop = **hinojo**
jinquetear vi PR *streiten*
¡**jip!** pop *auf*
jip(i)ar vi *seufzen, schluchzen* (→ **hipar**) ‖ *schluchzend singen*
jipijapa *f* (fam **jipi** *m*): (sombrero de) ⁓ *Panamahut* m
jipío *m Klage* f *(im andal. cante jondo)* ‖ **⁓s** *mpl* figf *Gejammer* n
jipo And = **hipo**
△**jir** *m Kälte* f, *Frost* m
¹**jira** *f abgerissenes Stück* n *Zeug* ‖ *Fetzen* m
²**jira** *f Landpartie* f ‖ *Picknick, Mahl* n *im Freien* ‖ *Rundreise* f, *Ausflug* m ‖ ⟨Th⟩ *Tournee* f ‖ ⁓ campestre *Landpartie* f
△**jirabé** *m Todeskampf* m
jirafa *f Giraffe* f (Giraffa camelopardis) ‖ figf *Hopfenstange* f *(Person)* ‖ ⟨Tech⟩ *(Mikrophon-, Ton)Galgen* m
jirapliega *f* ⟨Pharm⟩ *Purgierlatwerge* f
jirel *m Schabracke* f
△**jiribí** *m Arglist* f
△**jirinó** *m*/adj *Asturier* m
ji|**rón** *m Volant, Besatz* m *(an Frauenkleidern)* ‖ ⟨Her⟩ *Ständer* m ‖ fam *(abgerissener) Fetzen* m ‖ hecho ⁓ es *zerfetzt* ‖ **-ronado** adj *zerfetzt* ‖ ⟨Her⟩ *geständert*
△**jitarro** *m Fetzen* m

jiu-jitsu m ⟨Sp⟩ *Jiu-Jitsu* n
△**jiyabar** vt/i *singen*
***J.**° Abk = **Juan**
¡**jo**! int = ¡**so**!
Joaquín m np Tfn *Joachim* m
Job m np *Hiob* m (& fig) ‖ *el libro de* ~ *das Buch Hiob* ‖ ◊ *tener la paciencia de*(l santo) ~ figf *Hiobs-, Engels\geduld haben*
   job m engl *Job* m
jocis\mo m *katholische Arbeiterjugendbewegung* f ‖ **-cista** m *Angehörige(r)* m *der kath. Arbeiterjugendbewegung* (JOC = Juventud Obrera Católica)
jockey m engl *Jockei* m
joco adj *sauer, scharf, gärend (Frucht(* ‖ *sauer, scharf (Speise, Geruch)*
jocó m = **orangután**
jocoque m Mex *Sauermilchkrem(speise)* f
joco\serio adj *halb im Spaß, halb im Ernst (Stil, Theaterstück)* ‖ fig *sauersüß* ‖ **-sidad** f *Scherzhaftigkeit* f ‖ *Schäkerei* f ‖ *Vergnügen* n ‖ **-so** adj *spaßhaft* ‖ *munter, lustig* ‖ *scherzend*
jocun\didad f *Fröhlichkeit* f ‖ **-do** adj *munter, fröhlich* ‖ *gefällig* ‖ *gemütlich*
jo\der vi/t (sehr vulg) *den Beischlaf ausüben,* vulg *vögeln, ficken* ‖ fig vulg *plagen, ärgern, belästigen* ‖ *jdm et vermasseln* ‖ *jdn abkanzeln,* pop *jdn zur Sau machen* ‖ *et völlig kaputt machen* ‖ ◊ ¡~! vulg *verflucht! verdammt noch mal!* ‖ ¡¡ódete! sehr vulg *scher' Dich zum Teufel! ätsch!* ‖ ¡que se joda! sehr vulg *zum Teufel mit ihm!* ‖ *er soll nur sehen, wie er (damit) fertig wird* ‖ ¡no jodas! sehr vulg *so was (gibt's ja gar nicht)!* ‖ ¡no me jodas! sehr vulg *laß mich in Frieden!* ‖ sehr vulg *no me jode* V. *más sehr vulg von Ihnen lasse ich mir jetzt nichts mehr bieten* ‖ ~le a uno el empleo (*od* la plaza) sehr vulg *jdn um s-e Stellung bringen* ‖ estoy –dido vulg *ich bin schön angeschmiert!* ‖ estoy –dido de las muelas sehr vulg *ich habe e–n verdammten Zahnschmerz* ‖ ~**se** vr sehr vulg fig *sich belästigen lassen (müssen)* ‖ *sich abrackern* ‖ → a **jeringarse, fastidiarse** u **joder** ‖ **-dienda** f sehr vulg *Vögeln, Ficken* n ‖ *Koitus,* vulg *Fick* m ‖ fig *Plackerei, Schinderei* f ‖ fig *Scheiße* f
jofaina f *(Wasch)Becken* n
△**jojoy** m *Kaninchen* n
jola f Mex *Geld* n, fam *Moneten* fpl
jolgorio m = **holgorio**
△**jolilí** m *Erde* f ‖ ~ motó *Erdbeben* n
¡**jo\lín**! ¡**-lines**! pop (euph *für* ¡**joder**!) *verflucht und zugenäht!*
jollín m fam *Radau, Tumult* m ‖ → **jolgorio** ‖ ¡~! Vizc *Donnerwetter!*
Jonas m np *Jona(s)* m *(Prophet)*
Jonatán m np *Jonathan* m
jondo adj *And =* **hondo** ‖ → **cante**
jónico adj *ionisch* ‖ Mar ≃ *das Ionische Meer* ‖ ~ m *Ionikus, ionischer Vers* m ‖ ⟨Arch⟩ *ionischer Stil* m
jonio m/adj *Ionier* m ‖ ~ adj *ionisch*
△**jonjabar** vt *prellen* ‖ *plagen*
jonsista adj *zu den JONS* (Juntas de Ofensiva Nacionalsindicalista) *gehörend* (→ **Falange**)
△**jopa** f *Karst* m
△**jopar(se)** vi/r *sich davonmachen, entfliehen*
△**jopiní** m *Safran* m
jopo m = **hopo** ‖ Bol *große Haarnadel* f
△¡**jopo**! int *fort!*
jora f SAm *vergorener Mais* m *(zur Bereitung der* chicha*)*
Jordán: el ~ *Jordan* m *(Fluß)* ‖ Lucas ~ *Luca Giordano (it. Maler)* ‖ ≃ m fig *Stätte* f *(bzw Mittel* n*) zur Läuterung und Einkehr*
Jorda\nia f ⟨Geogr⟩ *Jordanien* n ‖ **=no** adj/s *jordanisch* ‖ ~ m *Jordanier* m
jorfe m *Trockenmauerwerk* n ‖ *steiler Fels* m
Jorge m np *Georg* m ‖ ≃ m ⟨Entom⟩ *Maikäfer* m (Melolontha melolontha)

jor\guín m *Zauberer, Hexenmeister* m ‖ **–guina** f *Hexe* f (→ **sorguiña**) ‖ **–guinería** f *Zauberei* f
jorja f Mex *Strohhut* m
jorna\da f *(Tage)Reise* f ‖ *Reisedauer* f ‖ *Tagewerk* n ‖ *tägliche Arbeitsleistung* f ‖ *Arbeitstag* m ‖ *Arbeitszeit* f ‖ ⟨Mil⟩ *Tagemarsch* m ‖ *Kriegstat* f ‖ *Lebensdauer* f ‖ fig *Lebensende* n ‖ ⟨Th⟩ *Akt* m, *Abteilung* f ‖ *Teil* m, *Abteilung* f *e–s Filmstückes* ‖ ~ de marcha *Tagemarsch* m ‖ la ~ de seis horas *der Sechsstunden(Arbeits)tag* ‖ ~ de trabajo *Arbeitszeit* f ‖ *al fin de la* ~ fig *zum Schluß* ‖ ~ intensiva (continuada) *durchgehende Arbeitszeit* f ‖ ◊ hacer mala ~ *schlechte Geschäfte machen* ‖ ir de ~ *e–n Ausflug, e–e Ausfahrt machen* ‖ ~**s** pl *Tagung* f ‖ a grandes ~ ⟨Mil⟩ *in Eilmärschen* ‖ fig *in aller Eile* ‖ **–dista** m *Tagungsteilnehmer* m
jornal m/adj *Tagelohn* m ‖ ⟨Agr⟩ *Tagwerk* n ‖ ◊ trabajar a ~ *auf Tagelohn arbeiten*
jornalar vt → **ajornalar**
jornalero m/adj *Tagelöhner* m
joro\ba f *Buckel, Höcker* m ‖ figf *Zudringlichkeit, Dreistigkeit* f ‖ figf *Belästigung* f ‖ ◊ ¡a mí me da ~ V.! fam *das machen Sie e–m anderen weis!* ‖ **–bado** m/adj *buck(e)lig, höckerig* ‖ fig *übel dran* (→ **jodido, fastidiado**) ‖ ◊ estar ~ pop *in der Patsche sitzen* ‖ ~ m *Buck(e)lige(r), Höckrige(r)* m ‖ **–bar** vt fig pop *belästigen* ‖ *sehr oft* euph *für* **joder** ‖ ~**se** pop *Unannehmlichkeiten haben* ‖ *sehr oft* euph *für* **joderse** ‖ **–beta** m fam *Spottname m für e–n Buckligen*
joron\che adj Am *buck(e)lig, höckerig* ‖ **–go** m Am = **poncho** ‖ Mex *Wolldecke* f
△**joropoy** m *Land* n
jorquín m *Ruß* m
jorro m *Grundschleppnetz* n
△**jorrodar** vt *nässen*
jorungo m fam Cu Ven *lästig* ‖ Ven = **gringo**
José m np *Joseph, Josef* m ‖ ~ **Antonio** np Span *José Antonio Primo de Rivera (Gründer der Falange Española)* ‖ ~ de Arimatea *Joseph von Arimathia* ‖ ~ María span. *Taufname*
joseantoniano adj Span *auf José Antonio (Primo de Rivera, Gründer der Falange) bezüglich*
Josefa f np *Josephine, Josefine* f
Jose\fina, –nita f dim v. **Josefa** ‖ **=fino** adj ⟨Hist⟩ *josephinisch (Zeitalter)* ‖ *bonapartistisch* ‖ Chi *klerikal* ‖ **–fo** m np *Josephus* m ‖ **–lito** m np *Beiname des berühmten span. Stierfechters José Gómez († 1926)*
¡**Josú**! And pop = ¡**Jesús**!
Josué m np *Josua* m *(Prophet)*
[1]**jota** f *das span. j nach seiner Aussprache* ‖ fig *Jota* n, Deut m, *Winzigkeit* f ‖ ◊ sin faltar (una) ~ figf *haargenau* ‖ ni una ~ fam *kein Tropfen,* garnichts ‖ no saber (una) ~ figf *keine Ahnung haben* ‖ *erzdumm sein*
[2]**jota** f *Jota* f (span. *Volkstanz)* ‖ ~ aragonesa, ~ valenciana, ~ navarra *aragon(es)ische, valencianische, Navarreser Jota* f
[3]**jota** f ⟨Kochk⟩ *Gemüseeintopf* m *in Fleischbrühe*
[4]**jota** f Am = **ojota**
jote m Arg Chi Pe = **zopilote** ‖ fig desp *Priester,* desp *Pfaffe* m
jotero m *Jota\tänzer* bzw *-sänger* m
joule m → **julio**
jovada f *Joch n (Fläche, die mit einem Ochsengespann an einem Tag gepflügt werden kann)*
Jove m *Jupiter, Jovis* m
△**jove** adj/s *sechs*
joven [pl **jóvenes**] adj *jung* ‖ más ~ *de un año que um ein Jahr jünger als* ‖ ~ m *Jugendlicher, Jüngling* m ‖ *junger Mann* m ‖ ~ m *junges Mädchen* n ‖ *junge Frau* f ‖ los ~es *die jungen Leute, die Jugend* ‖ ~ f *Jungfrau* f, *(junges) Mädchen* n
jovenado m ⟨Kath⟩ *Noviziat* n *(bei bestimmten Orden)*
joven\cito adj/s, **–zuelo** adj/s v. **joven** ‖ desp

Grünschnabel m
jo|vial *adj jovial, aufgeräumt, leutselig, gemütlich* ‖ *lustig, fröhlich* ‖ **–vialidad** *f Heiterkeit f, Frohsinn m* ‖ *Jovialität f* ‖ *Gemütlichkeit f*
joviano *adj Jupiter-*
joya *f Juwel, Kleinod n, Schmuck m (&fig)* ‖ *fam Schatz m, Perle f (& ⟨Lit⟩)* ‖ *iron (nettes od sauberes) Früchtchen n* ‖ **~s** *fpl Wert-, Schmuck|sachen fpl* ‖ *poet Geschmeide n*
joyante *adj glänzend, Glanz-(Seide)*
joyel *m (kleines) Juwel n*
joye|ría *f Juwelierladen m* ‖ **–ro** *m Juwelier m* ‖ *Schmuck|behälter m, -schatulle f*
joyo *m* ⟨Bot⟩ *= cizaña*
¡Jozús! And pop = **¡Jesús!**
*Jph. Abk = José
J.P.I. *Abk* = **Juzgado de primera instancia**
jua- → **a hua-**
Juan *m np Johann, Hans m* ‖ △ ~ *m Almosenstock m* ‖ ~ *de buen alma, buen* ~ *fam gutmütiger Tropf m* ‖ △~ *Díaz Vorhängeschloß n* ‖ △~ *Dorado Goldstück n* ‖ ~ *Español (der) Durchschnittsspanier m (dem deutschen Michel entsprechend)* ‖ △~ *de Garona Laus f* ‖ ~ *Lanas fam gutmütiger Mensch, Tropf m* ‖ *fam Schwächling, Pantoffelheld m* ‖ ~ *Moreira typische Figur der arg. Gaucholiteratur* ‖ ~ *Palomo fam Taugenichts m* ‖ *Selbstsüchtling m* ‖ ~ *Pablo Jean Paul (deut. Schriftsteller)* ‖ ~ *Perejil Chi Haderlump m* ‖ ~ *Pérez fam der Mann auf der Straße, fam der Normalverbraucher m* ‖ △~ *Platero Silbermünze f* ‖ △~ *Tarafe Würfel m* ‖ *Don* ~ (*Tenorio*) *Don Juan (bes. im Drama von Zorrilla)* ‖ *fig gefährlicher Frauenverführer, Don Juan, Casanova m* ‖ ~ *Sin Tierra* ⟨Hist⟩ *Johann ohne Land* ‖ *San* ~ *Bautista St. Johannes der Täufer* ‖ *San* ~ *Evangelista St. Johannes der Evangelist* ‖ *San* ~ *Nepomuceno St. Johannes von Nepomuk* ‖ *caballero de la Orden de San* ~ *Johanniter(ritter) m*
Juana *f np* (*dim* **–nita, –nilla**) *Johanna, Hanna f* ‖ (*santa*) ~ *de Arco Jeanne d'Arc, die Jungfrau von Orléans* ‖ (*Doña*) ~ *la Loca Span Johanna die Wahnsinnige (Tochter der Katholischen Könige)* ‖ **~s** *fpl Handschuhspanner m (der Handschuhmacher)*
juane|te *m (hervorstehender) Backen|knochen m, -bein* ‖ *hervorstehender Knöchel m an der großen Zehe* ‖ ⟨Chir⟩ *schmerzhafte Schwiele f auf der Fußsohle od. an der großen Zehe* ‖ ⟨Mar⟩ *Toppsegel n* ‖ **–tero** *m* ⟨Mar⟩ *Toppgast m* ‖ **–tudo** *adj mit hervorstehenden Backenknochen (Gesicht)* ‖ *mit Schwielen (bes. an der großen Zehe)*
jua|nillo *m Pe Trink- bzw Bestechungs|geld n* ‖ **–pao** *m Ven Peitschenschlag m*
ju|arda *f* ⟨Web⟩ *Woll|schweiß m, -fett n* ‖ **–arista** *m* ⟨Pol⟩ *Mex Anhänger m des Benito Juárez*
jubi|lación *f Versetzung f in den Ruhestand* ‖ *Pensionierung f* ‖ *Ruhestand m* ‖ (*Alters*)*Pension f, Ruhegehalt n* ‖ *Emeritierung f (Universität)* ‖ ~ *de Altersgrenze f* ‖ *funcionario en* ~ *pensionierte(r) Beamte(r) m* ‖ *perceptor de una* ~ *Ruhegehaltsempfänger m* ‖ *caja de* ~*ones Pensionskasse f* ‖ **–lado** *adj in den Ruhestand versetzt, pensioniert* ‖ *außer Dienst (a. D.)* ‖ *emeritiert (Universität)* ‖ ◊ *declarar* ~ *in Ruhestand versetzen* ‖ ~ *Pensionierte(r) m* ‖ *Cu fig schlauer Fuchs m* ‖ *erfahrener Mensch m* ‖ *Col fig Trottel m*
¹**jubilar** *adj: Jubiläums-* ‖ *año* ~ ⟨Kath⟩ *Jubel|jahr n*
²**jubi|lar** *vt pensionieren, in den Ruhestand versetzen* ‖ *emeritieren (Universität)* ‖ ◊ ~ *del empleo (e–n Beamten) in den Ruhestand versetzen* ‖ *vi jubeln (& vr)* ‖ **–se** *sich pensionieren lassen in den Ruhestand versetzt werden bzw treten* ‖ *sein Amt niederlegen* ‖ *Col fig herunterkommen* ‖ *Col fig ver|blöden, -dummen* ‖ *Ven Guat die Schule schwänzen* ‖ *Cu Mex erfahrener werden*

jubileo *m Jubiläum n* ‖ ⟨Rel⟩ *Jubeljahr n* ‖ ⟨Kath⟩ *auch: Jubiläumsablaß m* ‖ *Ablaßjahr n* ‖ *fig Andrang m* ‖ ⟨Hist⟩ *Jubelfest n der Juden* (*año de*) ~ *Jubeljahr n* ‖ *por* ~ *fig alle Jubeljahre (einmal)*
júbilo *m Jubel m, Freude f* ‖ *Jubelgeschrei n* ‖ ⟨Lit Rel⟩ *Frohlocken n* ‖ *con* ~ *jubelnd*
jubo *m Ar = yugo*
jubón *m Wams, Leibchen n* ‖ *Unterjacke f*
△**jucó** *adj schwach, dünn*
Ju|dá *np Juda* ‖ **⁼daico** *adj jüdisch* ‖ *judäisch* ‖ *fig arglistig* ‖ **⁼daismo** *m Judentum n* ‖ *Judaismus m* ‖ **⁼daización** *f Judaisierung f* ‖ *Verjudung f* ‖ *Annahme f des jüdischen Glaubens bzw der jü-schen Kultur* ‖ **⁼daizante** *m/adj Anhänger m des jüdischen Glaubens bzw Brauchtums* ‖ *verkappter Jude m (& ⟨Hist⟩)* (→ *criptojudío*) ‖ **⁼daizar** [z/c] *vi die jüdische Religion (bzw das jüdische Brauchtum) annehmen* ‖ *jüdischen Glaubens sein* ‖ *ein verkappter Jude sein* ‖ *fam jüdeln*
Ju|das *m np Judas m* ‖ ~ (*gemeiner*) *Verräter m* ‖ *Span Strohpuppe f, die während der Karwoche auf der Straße verbrannt wird* ‖ △*Guckfenster n in e-r Gefängniszelle* ‖ *Mex Namenstag m* ‖ ◊ *estar hecho un* ~ *fam zerlumpt sein* ‖ → **beso** ‖ **–dea** *f Judäa* ‖ **–dería** *f Judenviertel, Getto n* ‖ *Judenvolk n* ‖ *Juden mpl* ‖ *Judentum n*
¹**judía** *f Jüdin, Hebräerin f*
²**judía** *f* (*Schmink.*)*Bohne f* ‖ ~ *blanca Welsche Bohne f* ‖ ~ *seca Schminkbohne f* ‖ ~ *tierna,* ~ *verde grüne Bohne f*
judiada *f Judenstreich m* ‖ *Judenversammlung f* ‖ *Menge f Juden* ‖ *figf Wucher m* ‖ *fig Gemeinheit f, gemeiner Streich m, Niederträchtigkeit f* ‖ *fig pop Sauerei f*
judiar *m* ⟨Agr⟩ *Bohnenacker m*
judiazo *m augm desp v.* **judío** (& *fig*)
judi|catura *f Richteramt n* ‖ *Richter|gewalt, -tätigkeit f* ‖ *Gerichtsbarkeit f* ‖ *Richterstand m* ‖ *richterliche Amtsdauer f* ‖ **–cial** *adj gerichtlich, richterlich, Richter-* ‖ *auto* ~ *Prozeßsache f* ‖ *decisión* ~ *gerichtliche Entscheidung f* ‖ *error* ~ *Justizirrtum m* ‖ *organización* ~ *Gerichtsverfassung f* ‖ *partido* ~ *Gerichtskreis m* ‖ *poder* ~ *richterliche Gewalt f* ‖ *por vía* ~ *auf dem Rechtswege* ‖ *gerichtlich* ‖ *procedimiento* ~ *Rechtsverfahren n* ‖ *gastos* ~ *es Gerichtskosten pl* ‖ ◊ *recurrir a medidas* ~ *den Rechtsweg betreten*
judío *adj jüdisch* ‖ *hebräisch* ‖ *Juden-* ‖ ~ *m/adj Jude, Hebräer m* ‖ *fig Geizhals, Wucherer m* ‖ *el* ~ *errante der Ewige Jude* ‖ *fig u. Am gewissenloser Mensch m* ‖ *fig pej Schweinehund, Saujud m* ‖ *figf Ungetaufte(r) m* ‖ *dim:* **judihuelo**, *****judezno**
judión *m Stangenbohne(nart) f* ‖ *fam große Bohne f*
Judit *f np Judith f*
ju|do *m* ⟨Sp⟩ *Judo n* ‖ **–doka** *m Judo|ka, -sportler m*
jue *Am pop* = **fue** (→ **ser, ir**)
jueces *pl v.* **juez**
juego *m Spiel n* ‖ *Spielen n* ‖ *Belustigung f, Zeitvertreib m* ‖ *Scherz, Spaß m* ‖ *Spielerei f, Tändelei f* ‖ *Spielhölle f* ‖ *Kinderspiel n* ‖ *Kartenspiel n* ‖ *Einsatz m (beim Spiel)* ‖ *Satz m, Garnitur f (Knöpfe, Gläser)* ‖ *vollständiges Zubehör n* ‖ *Einrichtung, Ausstattung f* ‖ *Pendant, Gegenstück n* ‖ ⟨Tech⟩ *Spiel n, Spielraum, toter Gang m* ‖ *Satz m Werkzeuge* ‖ *Gestell n e-r Lafette* ‖ ~ *de aguas Wasserspiele npl* ‖ ~ *de ajedrez Schachspiel n* ‖ ~ (*por*) *alto* ⟨Sp⟩ *hohes Spiel n (Fußball)* ‖ ~ *de azar Glücksspiel n* ‖ ~ *de banderas* ⟨Mar⟩ *Stell m Flaggen* ‖ ~ *de baño Badezimmereinrichtung f* ‖ ~ *de barras* ⟨El⟩ *Sammelschienen fpl* ‖ ~ *de billar Billardspiel n* ‖ ~ *de bobinas* ⟨El⟩ *Spulensatz m* ‖ ~ *de bolos Kegel|spiel, -schieben n* ‖ ~ *de bolsa Börsenspiel n* ‖ ~ *de botones Knopfgarnitur f* ‖ ~ *de café Kaffeeservice n* ‖ ~ *de campa-*

nas *Schlagwerk* n *(e-r Turmuhr)* ‖ ~ de cartas *(od* naipes) *Kartenspiel* n ‖ ~ de los cientos ⟨Kart⟩ *Pikettspiel* n, *bei dem die Gewinnzahl Hundert ist* ‖ ~ de colores *Farbenspiel* n ‖ ~ de compadres fig f *Kamarilla* f, *geheimes Einverständnis* n ‖ ~ de dados *Würfelspiel* n ‖ ~ de damas *Damespiel* n ‖ ~ delantero de un coche *Vordergestell* n *am Wagen* ‖ ~ duro, sucio ⟨Sp⟩ *hartes, rohes Spiel* n ‖ ~ del émbolo ⟨Tech⟩ *Kolbenspiel* n ‖ ~ de entretenimiento *Unterhaltungsspiel* n ‖ ~ de envite *Glücksspiel* n ‖ ~ de las cuatro esquinas *Wechselt eure Plätze! (Kinderspiel)* ‖ ~ fuerte *hohes Spiel* n (& fig) ‖ ~ del hombre *Lomberspiel* n ‖ ~ de ingenio *Rätsel* n ‖ ~ de interés *Spiel* n *um Geld* ‖ ~ limpio bes ⟨Sp⟩ u fig *sauberes Spiel (bzw Verhalten)* n, *Fairneß* f, *Fair play* n ‖ ~ de loteria *Lotto*-, *Lotterie|spiel* ‖ ~ de luces *Lichtspiel* n ‖ ⟨Web⟩ *Schillern, Changieren* n ‖ ~ de la mano *Handgelenk* n ‖ ~ de manos *Klatschspiel* n *(Kinderspiel)* ‖ *Taschenspielerei* f ‖ fam *Gaunerei* f ‖ ~ de muchachos *Knabenspiel* n ‖ ~ de niños *Kinderspiel* n (& fig) ‖ *Kinderei* f ‖ ~ de novia *Brautausstattung* f ‖ ~ de palabras *Wortspiel* n ‖ ~ de pasa pasa *Taschenspielerei* f ‖ ~ de pelota *Ballspiel* n ‖ *Fußball* m ‖ *baskisches Ballspiel* n ‖ ~ de porcelana *Porzellangarnitur* f ‖ ~ de prendas *Pfänderspiel* n ‖ ~ raso ⟨Sp⟩ *niederes Spiel* n *(Fußball)* ‖ ~ de ruleta *Roulettespiel* n ‖ ~ de selectores ⟨Tel⟩ *Wählersatz* m ‖ ~ de sociedad *Gesellschaftsspiel* n ‖ ~ de suerte *Glücksspiel* n ‖ ~ de tazas *Tassengarnitur* f ‖ ~ de tocador *Waschtoilette* f ‖ ~ de trinquete ⟨Tech⟩ *Zahngesperre* n ‖ ~ de trucos *Billardspiel* n ‖ ~ de vocablos *(od.* voces) *Wortspiel* n ‖ doble ~ fig *Doppelspiel* n ‖ ◊ te conozco *(od.* veo) el ~ fam *ich durchschaue dich* ‖ dar mucho ~ *viel zu schaffen geben* ‖ no dejar entrar en ~ fig f *jdn nicht zum Stich kommen lassen* ‖ descubrir su ~ fig *s-e Karten aufdecken* ‖ estar en ~ fig *auf dem Spiele stehen* ‖ hacer ~ *zusammen|passen, -gehören* ‖ *ein Pendant sein* (con *zu*) ‖ *das Spiel eröffnen* ‖ ¡hagan ~! *bitte zu spielen! (Zuruf an die Spieler, z. B. beim Roulettespiel)* ‖ poner en ~ *et. in Tätigkeit setzen, aufbieten* ‖ por ~ *zum Scherz* ‖ no ser ~ de niños fig *kein Kinderspiel sein* ‖ ~s *pl öffentliche Spiele* npl *(der Alten)* ‖ ~ náuticos *wassersportliche Veranstaltung* f ‖ ~ florales → *floral* ‖ ~ olímpicos *Olympische Spiele* npl ‖ ◊ hacer ~ malabares *jonglieren*

juegue|cillo, -cito, -zuelo m dim v. **juego**

juer|ga f fam *lärmendes Vergnügen* n ‖ *Kneiperei* pop *Sauferei* f ‖ *lustiges Bummeln* n ‖ *Durcheinander* n ‖ (→ a *jarana*) ‖ ◊ ir de *(od.* correr una) ~ pop *sich e-n vergnügten Tag machen, bummeln (gehen)* ‖ *e-e Orgie veranstalten* ‖ estar de ~ fam *feiern* ‖ **-guearse** vr fam = estar de *(bzw* correrse una) **juerga**) ‖ ~ de fam *sich lustig machen über* (acc) ‖ **-guista** m pop *Bummler, Nachtschwärmer* m

jueves (Abk **juev.**) m *Donnerstag* m ‖ ~ lardero, ~ gordo *der Donnerstag vor Fastnacht* ‖ ~ Santo *Gründonnerstag* m ‖ ◊ no es cosa del otro ~ fam *es ist nichts Welterschütterndes* ‖ eso será la semana que no tenga ~ *das wird am Sankt-Nimmerleins-Tag sein*

juez [pl **-ces**] m *Richter* m ‖ *Schiedsrichter* m *(bei Wettbewerben)* ‖ *(Be)Gutachter* m ‖ ~ de alzada *Berufungsrichter* m ‖ ~ arbitral, ~ árbitro *Schiedsrichter* m ‖ ~ competente *zuständiger Richter* m ‖ ~ del distrito *Kreis-, Bezirksrichter* m ‖ ~ instructor *Untersuchungsrichter* m ‖ ~ municipal *Stadt-, Gemeinde-, Amts|richter* m ‖ ~ de paz *Friedensrichter* m ‖ ~ pesquisidor, ~ inquisidor *Untersuchungsrichter* m ‖ ~ de primera instancia *Richter* m *erster Instanz (etwa: Amtsrichter)* ‖ ~ de salida (de linea, de llegada) ⟨Sp⟩ *Starter* m *(Linien- bzw Ziel|richter* m) ‖ ~ unipersonal *Einzelrichter* m ‖ ◊ comparecer ante el ~ *vor Gericht erscheinen* ‖ el libro de los Jueces *das Buch der Richter (Bibel)*

juga|da f *Zug* m *(im Spiel)* ‖ fig f *(gutes) Geschäft* n ‖ fig f *(übler) Streich* m ‖ fig *Spekulation* f ‖ prov fig joc *weibliche Scham* f ‖ ~ de bolsa *Börsen|spiel* n, *-spekulation* f ‖ ◊ hacer una ~ ziehen *(z. B. im Schachspiel)* ‖ hacer su ~ fig f *gut abschneiden* ‖ hacer una mala ~ (a) fam *jdm e-n bösen Streich spielen* ‖ fig *ein schlechtes Geschäft machen* ‖ **-do** adj Col Mex *erfahren, gerissen* ‖ **-dor** m/adj *Spieler* m ‖ *Glücksspieler* m ‖ *Börsen|spieler, -spekulant* m (→ **especulador**) ‖ ~ de ajedrez *Schachspieler* m ‖ ~ de bolsa *Börsenspieler* m ‖ ~ de manos *Taschenspieler, Zauberkünstler* m ‖ *Jongleur* m ‖ ~ profesional ⟨Sp⟩ *Berufsspieler* m ‖ ~ de ventaja *Falschspieler* m ‖ adj fig *dem Spiel verfallen*

jugar [-ue-, g/gu] vt *(aus-)spielen* ‖ *verspielen* ‖ *bewegen (Tür)* ‖ *wetten, einsetzen* ‖ fig *einsetzen, spielen lassen* ‖ fig *aufs Spiel setzen* ‖ *schwingen (Säbel)* ‖ *führen (e-n Stoß)* ‖ ◊ ~ una carta *e-e Karte ausspielen* ‖ ~ la espada *das Schwert führen* ‖ ~ (~ se) su fortuna *sein Vermögen verspielen* ‖ ~ un partido de ajedrez *e-e Schachpartie spielen* ‖ ~ una mala pasada a alg. fig f *jdm e-n schlimmen Streich spielen* ‖ ~ el todo por el todo *alles auf eine Karte setzen* ‖ ~ vi *(aus)spielen* ‖ *spielen, scherzen, tändeln* (con *mit* dat) ‖ *gehen (Maschinen)* ‖ fig *mitmachen (ein Geschäft)* ‖ *spielen (Farben)* ‖ *zueinander passen* ‖ ~ al ajedrez *Schach spielen* ‖ ~ al alza (a la baja) *auf Hausse (Baisse) spielen (Börse)* ‖ ~ a la bolsa *Börsenspiel treiben, spekulieren* ‖ ~ con a/c *passen, sich schicken* ‖ ~ en a/c *mitwirken, teilnehmen (an* dat*)* ‖ ~ a las damas *Dame spielen* ‖ ~ fuerte *hoch spielen, ein hohes Spiel spielen* ‖ ~ limpio fig *rein (od* fair) *spielen* ‖ ~ a mano *mit der Hand spielen (baskisches Ballspiel)* ‖ **-se** vr *wetten, einsetzen* ‖ fig *riskieren* ‖ fig *aufs Spiel setzen* ‖ *verspielen* ‖ ~ la vida *das Leben aufs Spiel setzen, fam Kopf und Kragen riskieren* ‖ ~ el todo por el todo *alles aufs Spiel setzen* ‖ es capaz de ~ hasta la camisa *er ist imstande, selbst das Hemd auf dem Leibe zu verspielen* ‖ jugársela a alg. fam *jdm e-n üblen Streich spielen* ‖ ~ m: el ~ pícaro de los ojos fig f *das schelmische Augenspiel*

jugarreta f fam *(Schelmen)Streich* m ‖ *Gaunerei* f ‖ ◊ hacer una ~ (a) *jdn e-n bösen Streich spielen*

juglandáceas fpl ⟨Bot⟩ = **yuglandáceas**

jug|lar m *Gaukler, Possenreißer* m ‖ **Troubadour, Spielmann, fahrender Sänger* m ‖ **-laresco** adj *gauklermäßig* ‖ *Gaukler-* ‖ *Spielmanns-* ‖ *poesía* ~ a ⟨Lit⟩ *Spielmannsdichtung* f ‖ **-laría** ‖ **-lería** f *Gaukel-, Possen|spiel* n, *Gaukelei* f ‖ ⟨Hist⟩ *Spielmannsberuf* m ‖ *mester de* ~ ⟨Lit⟩ *mittelalterlicher Meistergesang* m ‖ → a **clerecía**

jugo m *Saft* m ‖ *Brühe* f ‖ *Bratenbrühe* f ‖ fig *der Kern* ‖ ~ gástrico, ~ digestivo *Magensaft* m ‖ ◊ sacar ~ fig *das Beste herausschlagen (de aus* dat*)* ‖ *ausnutzen* ‖ → a **zumo**

jugo|sidad f *Saftigkeit* f ‖ **-so** adj *saftig* ‖ fig *kräftig, ausgiebig* ‖ *substanzreich* ‖ *ergötzlich* ‖ *erstklassig (Geschäft)*

jugue|te m *Spielzeug* n (& fig) ‖ *Schwank, Scherz, Spaß* m ‖ ⟨Th⟩ *Schwank* m ‖ fig *Spielball* m ‖ ~ cómico ⟨Th⟩ *leichtes Lustspiel* n ‖ *Schwank* m ‖ ~ de las olas fig ⟨poet⟩ *Spielball der Wogen* ‖ un violín de ~ *e-e Kindergeige* ‖ por ~ *scherzerweise, aus Scherz* ‖ es un ~ fam *er ist spielend leicht* ‖ ~s mecánicos *aufziehbare Spielzeuge* npl ‖ tienda de ~s *Spielzeugladen* m ‖ **-tear** vi *spielen, tändeln* ‖ *spielen* (& fig) ‖ **-teo** m *Spielerei* f ‖ **-tería** f *Spielwaren* fpl ‖ *Spielwaren|laden* m *(bzw -handel* m) ‖ **-tón, ona** adj *spielerisch* ‖ *verspielt (Kind, Welpe usw.)* ‖ *tändelnd, kurzweilig*

jui|cio m *Urteilskraft* f, *Verstand* m ‖ *Vernunft* f ‖ *Urteilsvermögen* n ‖ *Gutachten*, *Urteil* n ‖

Meinung f ‖ *Rechtsverfahren* n, *Verhandlung* f, *Prozeß* m ‖ *Urteilsspruch* m, *Urteil* n ‖ ~ contencioso ⟨Jur⟩ *Streitsache* f, *streitiges Verfahren* n ‖ ~ declarativo *Erkenntnisverfahren* n ‖ *Feststellungsverfahren* n ‖ ~ definitivo *abschließendes Urteil* ‖ el ~ final *das Jüngste Gericht* ‖ ~ sumarísimo *Militärgericht* n ‖ ~ universal *das Jüngste Gericht* ‖ ~ oral, ~ verbal *Hauptverhandlung* f *(Strafprozeß)* ‖ *mündliche Verhandlung* f *(Zivilprozeß)* ‖ ~ reivindicatorio *Herausgabeprozeß* m ‖ de buen ~ *vernünftig, klug* ‖ falto de ~ *unbesonnen* ‖ *verrückt* ‖ muela del ~ *Weisheitszahn* m ‖ a nuestro ~ *nach unserem Urteil* ‖ *unserer Meinung nach* ‖ a mi ~ *meiner Meinung nach, meines Erachtens* ‖ en mi ~ *nach meinem Dafürhalten* ‖ ◊ lo dejo a su ~ *ich überlasse es Ihrer Entscheidung* ‖ aplazar *(od* dejar) a para el día del ~ (final) figf *et auf den Nimmerleinstag verschieben* ‖ emitir un ~ *ein Urteil fällen* ‖ entrar en ~ (con) *jdn zur Verantwortung ziehen* ‖ (com)parecer en ~ *vor Gericht erscheinen* ‖ estar en su ~ *bei gesunden Sinnen sein* ‖ estar fuera de ~, no tener cabal ~ *von Sinnen sein* ‖ fig *verblendet sein* ‖ formarse un ~ *sich ein Urteil bilden, urteilen* ‖ pedir en ~ *vor Gericht fordern* ‖ perder el ~ *von Sinnen kommen, den Verstand verlieren* ‖ sacar de ~ a uno figf *jdn aus dem Gleichgewicht (fam aus dem Häuschen) bringen* ‖ lo someto a su ~ *ich unterbreite es Ihrer Beurteilung* ‖ nos trae vuelto el ~ a todos fam *er macht uns alle verrückt* ‖ volver *(od* quitar *od* trastornar) a uno el ~ *jdn den Kopf verdrehen* ‖ **–cioso** adj/s *vernünftig* ‖ *klug, weise* ‖ *besonnen* ‖ *artig (Kind)*
juir Am pop = **huir**
juje|ar vi *Sant juchhe(i) rufen* ‖ **–o** m *Sant Juchhe(i)* n *(bei Volksliedern)*
△**jul** adj *blau*
△**julay** m *Patron* m ‖ *Wirt* m
jule|pe m *sirupartiger Arzneitrank* m ‖ *ein Kartenspiel* n ‖ figf *Prügel* pl ‖ figf *Strafe* f ‖ figf *Verweis* m ‖ Am *Angst* f, *Schrecken* m ‖ MAm Mex *Arbeit*, fam *Schufterei* f ‖ **–pear** vt fam *durchprügeln* ‖ *rügen, tadeln* ‖ Mex *ärgern, belästigen* ‖ *antreiben*
△**julí** m *Papier* n
Julia f np *Julie* f
juliana f/adj ⟨Bot⟩ *Nachtviole, *Julienne* f (Hesperis spp) ‖ sopa ~ *Julienne(Suppe)* f
Ju|liano, (–lián) m np Tfn *Julian* m ‖ ≃ adj *julianisch, auf Julius Cäsar bezüglich* ‖ calendario ~ *Julianischer Kalender* m ‖ **–lieta** f dim v. **Julia** ‖ Romeo y ~ *Romeo und Julia (Shakespeare)* ‖ **–lio** m np *Julius* m ‖ ~ César *Julius Cäsar*
¹**julio** m *Juli* m
²**julio** m ⟨Phys⟩ *Joule* n
△**julistraba** f *Schlange* f
Jul.ⁿ Abk = **Julián**
juma f pop = **jumera** ‖ ~do adj pop *betrunken*, pop *besoffen*
△**jumar** vt *hören*
jumarse vr pop *sich betrinken*, pop *saufen*
△**jumba** f *Hausfrau* f
jume m Chi ⟨Fi⟩ *Blauhai* m *(Carcharias glaucus)* ‖ ⟨Bot⟩ *Salpeterbusch* m *(Suaeda* sp) ‖ *Halloplepis* sp) ‖ *Aschenlauge* f *(aus dem Salpeterbusch)*
júmel m *Mako(baumwolle), ägyptische Baumwolle* f
jumento m *Esel* m *(&* fig) ‖ *Lasttier* n
jumera f pop *Rausch* m, *Trunkenheit* f ‖ ◊ papar una ~ pop *sich besaufen*
juna: ¡ay ~! Am = ¡**ahijuna**!
△**junca** f *Geldschrank* m
juncáceas fpl ⟨Bot⟩ *Binsengewächse* npl *(Juncaceae)*
¹**juncal** adj *Binsen-* ‖ And *anmutig, stolz* ‖ *hehr, tapfer* ‖ pop *glänzend, famos*
²**jun|cal, –car** m *Binsengebüsch* n ‖ *binsenbestandenes Gelände* n
juncia f *Zypergras* n *(Cyperus* spp) ‖ ~ avellanada *Erdmandelstrauch* m *(C. esculentus)* (→ **chufa**) ‖ ◊ vender ~ fig *protzen, prahlen*
jun|ciana f figf *(leere) Prahlerei* f ‖ **–ciera** f *Riechtopf* m *(für Kräuter)*
juncir vt Al = **uncir**
¹**jun|co** m ⟨Bot⟩ *Binse, Simse* f *(Juncus* spp) ‖ *Spanisches Rohr* n, *Rotangpalme* f *(Calamus* rotang) ‖ *Spazierstock* m ‖ Am *Narzisse* f (→ **narciso**) ‖ ~ florido ⟨Bot⟩ *Schwanenblume* f *(Butomus umbellatus)* ‖ muebles de ~ *(Peddig-) Rohrmöbel* npl ‖ **–coso** adj *binsenartig* ‖ *mit Binsen bestanden*
²**junco** m ⟨Mar⟩ *Dschunke* f
△**jundó** m *Soldat* m
jungla f *Dschungel* f/m/n ‖ ~ de asfalto fig *Asphalt-, Weltstadt-, Großstadt|dschungel* f/m/n
ju|niano adj ⟨Myth⟩ *auf Juno bezüglich* ‖ fig *bildschön* ‖ **–nio** m *Juni* m
júnior [pl **juniores**] m *Junior* m
junípero m *Wacholder* m (→ **enebro**)
△**junós** pron *sie* (mpl)
junquera f ⟨Bot⟩ *Binse* f (→ **junco**) ‖ = **juncar**
junquillo m ⟨Bot⟩ *Jonquille* f *(Narzisse)* *(Narcissus jonquilla)* ‖ Span. *Rohr* n (→ **junco**) ‖ *Stuhlrohr* n ‖ ⟨Arch⟩ *feines Stuckgesims* n ‖ *Stäbchen* n ‖ *(Zier) Leiste* f
jun|ta f *Versammlung, Zusammenkunft* f ‖ *Sitzung* f ‖ *Ausschuß, Rat* m ‖ *ärztliche Beratung* f, *Konsilium* n ‖ *Abordnung, Kommission* f ‖ *Anhäufung* f ‖ ⟨Arch⟩ *Fuge* f ‖ ⟨Tech⟩ *Verbindung* f ‖ *Dichtung* f ‖ ⟨Pol⟩ *Junta* f ‖ Am *Stadtrat* m ‖ ~ de administración f *Aufsichts-, Verwaltungs|rat* m ‖ ~ de concejales *Stadtrat* m ‖ ~ de conciliación *Schlichtungsausschuß* m ‖ ~ **consentida** → ~ **de dilatación** ‖ ~ de defensa nacional *nationaler Verteidigungsrat* m ‖ ~ de dilatación ⟨Tech⟩ *Dehnungsfuge* f ‖ directiva *Vorstand* m, *Direktorium* n ‖ *leitender Ausschuß* m ‖ ~ electoral *Wahlvorstand* m ‖ *Wahlversammlung* f ‖ ~ de estudiantes *Studentenverbindung* f ‖ ~ de examen, ~ calificadora *Prüfungskommission* f ‖ ~ general *Generalversammlung* f ‖ ~ general (extra)ordinaria *(außer)ordentliche Generalversammlung* f ‖ ~ de gobierno *Regierungsausschuß* m ‖ *Verwaltungsrat* m *(z. B. e-r Bank)* ‖ ~ de goma *Gummidichtung* f ‖ ~ de médicos ⟨Med⟩ *Konsilium* n ‖ ~ militar *Militärjunta* f ‖ ~ de obras del puerto *Hafenbaubehörde* f ‖ ~ de socios *Mitglieder- bzw Gesellschafter|versammlung* f ‖ ~ de soldadura ⟨Tech⟩ *Lötfuge* f ‖ ~ vecinal *Gemeindebezirksvertretung* f ‖ ◊ celebrar (convocar) una ~ *e-e Versammlung abhalten (einberufen)* ‖ ~ de defensa Span *Vereinigung* f *zur Wahrung der Standesinteressen der Militärs (während des Direktoriums des Generals Primo de Rivera)* ‖ **–tamente** adv *zusammen* ‖ *gleichzeitig, zugleich* ‖ **–tar** vt *ver|einigen, -binden, -sammeln* ‖ *(zusammen)fügen* ‖ *zusammenbringen* ‖ *zusammen- bzw nebeneinander|legen* ‖ *auf-, zusammen|bringen (Geld)* ‖ ◊ ~ las manos *die Hände falten* ‖ ~ la puerta *die Tür anlehnen, ohne zuzuschließen* ‖ ~ rabia Am pop *in Wut geraten* ‖ ~ al resto *mit dem Rest verbinden* ‖ ~ **se** *zusammenkommen* ‖ *sich versammeln* ‖ *sich verbinden* ‖ *sich anschließen* ‖ *sich vereinigen (*pop *auch körperlich)* ‖ *e–e wilde Ehe eingehen,* pop *zusammenziehen*
juntera f ⟨Zim⟩ *Kant-, Falz|hobel* m (→ a **aderezador**)
juntillo adj *ganz nahe (aneinander)* ‖ a pie ~, a pies ~as fam *mit beiden Füßen zugleich* ‖ figf *hartnäckig* ‖ *felsenfest (glauben)*
juntiña f Dom *Busenfreundschaft* f
¹**junto** pp/irr v. **juntar** ‖ ~ adj *ver|bunden, -einigt* ‖ *vereint* ‖ *versammelt* ‖ *angeschlossen* ‖ *zusammen* ‖ *aneinandergereiht* ‖ con las manos ~as *mit gefalteten Händen* ‖ ◊ ir ~s *zusammengehen od*

fahren || viven ~s *sie leben zusammen*
²**junto** adv a) *in der Nähe, neben* || *zugleich* || *zusammen* || (de) por ~ *im ganzen* || *in Bausch und Bogen* || en ~ *insgesamt* || *im ganzen, im großen* || muy ~ *ganz in der Nähe* || todo ~ *alles zusammen* || fam *übereinander* || b) ~ a prep *bei, neben, an* (dat) || ~ a Madrid *bei Madrid* || ~ a sí *bei sich* || ◊ se fue ~ a él *sie trat auf ihn zu*
juntura *f Gelenk* n, *Fügung* f || *Verbindung* f || ⟨An⟩ *Gelenk* n || ⟨Tech⟩ *Naht* f || *Dichtung* f || *Scharnier* n || *Gelenkstück* n || *Fuge* f || ⟨Zim⟩ *Stoß* m || ⟨Geol⟩ *Kluft* f || ~ de cabos ⟨Mar⟩ *Spleißung* f || ~ de testa ⟨Zim⟩ *Hirnfuge* f
junza *f* Murc = **juncia**
¹**juñir** vt Ar = **uncir**
²△**juñir** vt *hetzen*
*****Ju.°** Abk = **Juan** || **Juicio**
jupiar vt Pan *hetzen (Hunde)* || ~**se** vr MAm *sich betrinken*
Júpiter *m* np ⟨Myth⟩ *Jupiter* m
jupiterino adj *jupiterhaft* || *Jupiter-*
jura *f Huldigungs-, Treu|eid* m || *(Amts)Eid* m || ~ de la bandera ⟨Mil⟩ *Fahneneid* m *(der Rekruten)* || ~ del cargo ⟨Pol⟩ *Amtseid* m
Jura *m* ⟨Geogr⟩ : el ~ *das Juragebirge, der Jura*
jura|do adj *geschworen* || *beeidigt* || *vereidigt* || enemigo ~ *Todfeind, geschworener Feind* m || guarda ~ *beeidigter Aufseher* m || traductor e intérprete ~ *beeidigter (Gerichts)Dolmetscher* m || ~ *m Geschworene(r)* m || *Schöffe* m || *Geschworenengericht* n || *Jury* f, *Preisgericht* n || ~ de empresa Span *Betriebsrat* n || *Betriebsratmitglied* n || tribunal de ~s *Schwurgericht* n || –**dor** *m (gewohnheitsmäßiger) Flucher* m || ⟨Jur⟩ *Schwörende(r)* m || –**duría** *f Geschworenen- bzw Schöffen|amt* n || –**mentación** *f Vereidigung* f || –**mentado** m/adj *eidlich Verpflichtete(r)* m || –**mentar** vt *vereidigen, e–n Eid abnehmen* || ~**se** vr *sich eidlich verpflichten* || –**mento** *m Eid, Schwur* m || *Schwur, Fluch* m || *Fluchwort* n || ~ falso *Meineid* m || ~ de fidelidad *Treueid* m || ~ profesional *Dienst-, Amtseid* m || bajo ~ *eidlich, unter Eid* || condonación del ~ *Eidesentbindung* f || declaración (od afirmación) bajo ~ *eidliche Aussage* f || prestación de ~ *Eidesleistung* f || *Eid* m || violación de un ~ *Eidesbruch* m || ◊ afirmar bajo ~ *eidlich bestätigen* || echar un ~ *e-n Fluch ausstoßen* || prestar (un) ~ *e–n Eid leisten* || prorrumpir en (fam echar od soltar) ~s *Verwünschungen ausstoßen, fluchen* || romper el ~ *den Eid brechen*
jurar vt *schwören* || *beschwören* || ◊ ~ la bandera ⟨Mil⟩ *den Fahneneid leisten* || ~ un cargo *den Amtseid leisten, auf ein Amt vereidigt werden* || ~ hacer a. *geloben et zu tun, beteuern* || puedo –lo *ich kann e–n Eid darauf ablegen* || ~ vi/t *schwören* || *e–n Eid ablegen* || *lästern, fluchen* || △ *Reißaus nehmen* || ◊ ~ como un carretero (od cochero) fig *wie ein Fuhrmann lästern* || ~ sobre los evangelios *auf die Evangelien schwören* || ~ en falso *falsch schwören* || ~ en (od por) el nombre de Dios *beim Namen Gottes schwören* || no jurarás (el nombre de Dios) en vano *du sollst den Namen Gottes nicht unnütz führen* || juro hacerlo *ich schwöre, daß ich es tue* || ~se amor *sich Liebe schwören* || jurárselas a alg figf *jdm Rache schwören*
jurásico ⟨Geol⟩ adj *Jura-* || formación ~a ⟨Geol⟩ *Jura* m
△**jurba** *f Wasser* n
△**jurdí** *f Pulver* n
¹**jurel** *m* ⟨Fi⟩ *Stöcker* m, *Holzmakrele* f (Trachurus trachurus)
²**jurel** *m* pop *Rausch, Schwips* m || ◊ tener ~ Cu *Angst haben*
△**jurepén** *m Angst* f
jurero *m falscher Zeuge* m || *Eidbrüchige(r)* m (→ **perjuro**)
jurg(u)ina *f* = **jorguina**

△**jurí** *m Feile* f || *Kuh* f
ju|ridicidad *f strenge Befolgung* f *des Rechts* || *Gesetzlichkeit, Legalität* f || –**rídico** adj *juristisch, juridisch, rechtlich, rechtmäßig, Rechts-* || capacidad ~a *Rechtsfähigkeit* f || negocio ~ *Rechtsgeschäft* n
juris|consulto *m Rechts|gelehrte(r), -kundige(r)* m || –**dicción** *f Gerichtsbarkeit* f || *Gerichtssprengel* m || *Gerichtsbehörde* f || *Gerichtsstand* m || *Zuständigkeit* f || *Zuständigkeitsbereich* m || *Rechtsprechung* f || fig *Macht, Gewalt* f || ~ administrativa *Verwaltungsgerichtsbarkeit* f || ◊ tener ~ sobre a/c *Gewalt über et haben* || –**diccional** adj *Gerichts-* || *Rechtsprechungs-* || aguas ~es *Hoheitsgewässer* npl || –**pericia** *f* = –**prudencia** || –**perito** *m Rechtskundige(r)* m || –**prudencia** *f Jurisprudenz* f || *Rechts|kunde, -wissenschaft* f || *Rechtsnorm* f || *Rechtsprechung* f || *Spruchpraxis* f || ~ médica *gerichtliche Medizin* f || ~ del Tribunal Supremo *Rechtsprechung* f *(od Entscheidungen* fpl*) des Obersten Gerichtshofes* || ◊ sentar ~ *Rechtsprechung schaffen* || –**ta** *m Jurist, Rechtsbeflissene(r)* m
juro *m Eigentumsrecht* n || de ~ *sicherlich, bestimmt* || *zwangsläufig* || por ~ de heredad *für immer und vererblich*
jurón *m* Ec *Hühnerstall* m || →a **serón**
△**juru** *m Stier* m
jurunguear vt Ven *belästigen*
jury *m* gall = **jurado**
jusil *m* Am pop = **fusil**
jusnaturalismo *m* ⟨Jur⟩ *Naturrechtslehre* f
justa *f* ***Lanzenstechen* n || *Turnier* n || fig *Wettstreit* m || ~(s) literaria(s) *literarischer Wettbewerb* m
justamente adv *mit (Fug und) Recht* || *richtig* || *gerade, eben, öst justament* || ~ como *genau so wie* || el vestido le viene ~ al cuerpo *das Kleid paßt ihm genau* || lo ~ preciso *das unumgängliche Notwendige* || de eso se trata ~ *darauf kommt es eben an*
justar vi *im Turnier kämpfen*
justedad *f Knappheit* f || *Genauigkeit* f
¹**justicia** *f Gerechtigkeit* f || *Recht* n || *Billigkeit* f || *Gericht* n || *Gerichtswesen* n || *Justiz* f || *Justiz-, Gerichts|behörde* f || *die Gerichte* npl || *Rechtspflege* f || fam *Todesstrafe* f || fam *Hinrichtung* f || fam *Galgen* m || *Polizei* f, *Polizeibeamte* mpl || la ~ de Dios *die Gerechtigkeit Gottes* || administración de la ~ *(Ausübung der) Gerichtsbarkeit* f || consejero de ~ *Justizrat* m || palacio de ~ *Justizpalast* m || de ~ *von Rechts wegen* || de ~ en ~ *per Schub, auf Schub (von Ausgewiesenen)* || ◊ administrar ~ *Gerechtigkeit pflegen* || *nach dem Gesetz entscheiden* || caer en manos de la ~ *in die Hände der Gerechtigkeit fallen* || es (de) ~ *es ist recht und billig* || estar a ~ *vor Gericht erscheinen* || hacer ~ *Gerechtigkeit widerfahren lassen* || hacerse ~ (od tomarse la ~) por su mano *sich auf eigene Faust Recht verschaffen* || pedir ~ *Gerechtigkeit fordern* || pedir en ~ *vor Gericht klagen* || ¡~! ¡~! *zu Hilfe, zu Hilfe!* || ¡~ de Dios! *gerechter Gott!*
²**justicia** *m* ⟨Hist⟩ u Am *Richter* m || el ~ mayor del reino de Aragón ⟨Hist⟩ *der Oberrichter* m *des Königsreichs Aragoniens*
justiciable adj *aburteilbar* || *der Gerichtsbarkeit unterliegend* || *(be)strafbar*
justicialismo *m* ⟨Pol⟩ *Justizialismus* m *(pol. u. soz. Doktrin der Justizialistischen Befreiungsfront des Juan Domingo Perón [1895–1974] in Arg)* (→a **peronismo**)
justiciar vt → **ajusticiar**
justi|ciero adj *gerechtigkeitsliebend* || hay un Dios ~ *es gibt e–n gerechten Gott* || poder ~ *strafende Gerechtigkeit* || –**ficable** adj *zu rechtfertigen(d)* || fig *vertretbar* || *nachweisbar* || –**ficación** *f Rechtfertigung* f || *Berechtigung* f || *urkund-*

liche Nachweisung f || *Be-, Nach|weis* m || ⟨Typ⟩ *Satzbreite* f || *Zeilenlänge* f || *Justierung* f || ~ *de capacidad Befähigungsnachweis* m || **-ficado** adj *rechtmäßig, gerecht* || *gerecht* || ◊ *está* ~ *es ist gerechtfertigt*

justifi|cante m *Beleg* m || *Beweisschrift* f || *Beweis(grund)* m || ~ *de pago Zahlungsbeleg* m || ~ adj *rechtfertigend* || **-car** [c/qu] vt *rechtfertigen, entschuldigen* || *berechtigen* || *(mit Belegen) nach-, be|weisen* || *berichtigen, verbessern, gutmachen* || ⟨Typ⟩ *justieren, ausgleichen* || ◊ ~ *la confianza das Vertrauen rechtfertigen* || *el fin* –ca *los medios der Zweck heiligt die Mittel* || **~se** *sich rechtfertigen* || *sich ausweisen* || ◊ ~ *(para) con alg sich bei jdm entschuldigen, rechtfertigen* || ~ *de algún cargo sich von e–r Anschuldigung rechtfertigen* || **-cativo** adj *rechtfertigend* || *beweiskräftig, dem Nachweis dienend* || *Beweis-, Beleg-* || *Rechtfertigungs-*

justillo m *Leibchen* n || *Mieder, Korsett* n

Justi|niano m np *Justinian* m || **-no** m np Tfn *Justinus* m

justipre|ciación f *Ab-, Ein|schätzung* f || ~ *de averías Havereiaufmachung, Dispache* f *(Seeschäden)* || **-ciar** vt *(ein)schätzen, abschätzen* || **-cio** m *Abschätzung, Bewertung* f (→ a **tasación**) || *gerechter Preis* m

¹**justo** adj/s *gerecht* || *billig* || *recht, richtig* || *passend, genau* || *knapp (anliegend), eng* || ~ *y equitativo recht und billig* || *a* ~ *título wohlberechtigt* || *mit Recht* || *a la hora* ~ *a im letzten Augenblick* || ◊ *pedir más de lo* ~ *die Ware übertreuern* || *es* ~ *es gebührt sich* || *el traje me viene* ~ *der Anzug ist mir zu eng* || ~ *m Gerechte(r)* m || ◊ *los* ~ s *pagan por pecadores die Unschuldigen leiden für die Schuldigen* || ⌁ m np Tfn *Justus* m

²**justo** adv *recht, richtig* || *gebührend* || *knapp* || *al* ~ *(ganz) genau* || *bestimmt, sicher* || ¡~ ! *so ist es! stimmt!*

△**jutia** f *Nadel* f

jutía f Cu → **hutía**

Jutlandia f ⟨Geogr⟩ *Jütland* n

ju|venil adj *jugendlich* || *Jugend-* || *Organización* ⌁ (O J) *del Movimiento (od de la Falange) Jugendorganisation* f *der Bewegung (od der Falange)* || *los años* ~ es *die Jugendjahre* npl || ◊ *tener aspecto* ~ *jugendlich aussehen* || **–ventud** f *Jugend(zeit)* f || fig *Jugendlichkeit* f || fig *Frische* f || ◊ ~ *no conoce virtud Jugend hat keine Tugend* || *Frente de* ⁼es *Span* ⟨Hist⟩ *Jugendfront* f *(Jugendorganisation der Falange)*

¡**juv**! = ¡**huy**!

juzgado m *(unteres) Gericht, Einmanngericht* n || *Gerichtssitz* m || *Gerichtsbezirk* m || *Richteramt* n || *Gerichtshof, Richterstuhl* m || ~ *comarcal etwa: Amtsgericht* n *(auf dem Lande)* || ~ *municipal etwa: Amts-, Gemeinde-, Stadt|gericht* n || ~ *de instrucción Amtsgericht* n *(in Strafsachen)* || ~ *de paz Friedensgericht* n || ~ *de primera instancia e instrucción Gericht erster Instanz und Untersuchungsgericht* n, etwa: *Amtsgericht* n || →a **tribunal**

juzgador m *Richter, Urteilende(r)* m (→ **juez**)

juzgar [g/gu] vt/i *richten, (be)urteilen* || *aburteilen* || fig *meinen, glauben, annehmen* || fig *befinden (necesario für nötig)* || ◊ ~ *mal falsch beurteilen* || *lo juzgo de mi deber ich halte es für meine Pflicht* || *no lo juzgo conveniente (od oportuno) ich halte es nicht für ratsam* || *no le juzgo capaz ich halte ihn nicht für fähig* || ~ vi ⟨Jur⟩ *erkennen, ein Urteil fällen* || ◊ *a* ~ *por la demanda nach der Nachfrage zu urteilen* || ~ *algo por (od a) ofensa et als Beleidigung ansehen, empfinden* || *a* ~ *según (od por) las apariencias dem Anschein nach* || *es difícil* ~ *de ello es ist schwer zu beurteilen* || ¡*juzgue* V. *de mi sorpresa! stellen Sie sich meine Überraschung vor*

Juzg.° Abk = **Juzgado**

K

k ƒ (= ka) *K* n
kabila ƒ = **cabila**
kaftén m Arg = **alcahuete**
kaiser m *Kaiser* m *(bes. Wilhelm II.)*
kakapo m ⟨V⟩ *Kakapo, Eulenpapagei* m (Strigops habroptilus)
kakemono m jap ⟨Mal⟩ *Kakemono* n
kaki m ⟨Bot⟩ *Kaki(baum)* m, *Kakipflaume* f
kaleidoscopio m = **calidoscopio**
kali m ⟨Bot⟩ *Salzkraut* n (Salsola kali) ||
⟨Chem⟩ = **potasa**
Kam(t)chatka ƒ *Kamtschatka (Halbinsel)*
kan m = **khan** || ~**ato** m = **khanato**
kant|iano adj/s ⟨Philos⟩ *auf Kant bezüglich,*
kantisch || ~ m *Kantianer* m || –**ismo** m *Philosophie*
f *Kants*
kaolín m → **caolín**
kapoc m ⟨Bot⟩ = **miraguano**
kappa ƒ griech. κ, *Kappa* n
karakul m ⟨Zool⟩ *Karakulschaf* n
karate m ⟨Sp⟩ *Karate* n
karstico adj → **cársico**
kart m ⟨Sp⟩ *Go-Kart* n || ~**ing** m engl *Go-Kart-Fahren* n
katiuska ƒ ⟨Flugw⟩ pop *russisches Kampfflugzeug* n *(im span. Krieg 1936–39)* || ~**s** fpl pop *(Gummi)Stiefel* mpl *für Damen*
kayak m *Kajak* m/n
kefir, kéfir m *Kefir* m, *bulgarisches Gärungsmittel* n || *Kefir* m, *geronnene Milch* f
Kempis, kempis m ⟨Kath⟩ „*Nachfolge Christi*"
f *(Werk von Thomas von Kempen)*
kenotrón m ⟨El Nucl⟩ *Kenotron* n *(Hochspannungsgleichrichter)*
kepis m ⟨Mil⟩ *Käppi* n
kepleriano, na adj ⟨Astr⟩ *Kepler-, Keplersch*
kermesse ƒ *Kirchweih, Kirmes* f || *Wohltätigkeitsfest* n, *Tombola* f || *Volksfest* n
kero|seno, –sén, –sene m, –**sina** ƒ *Kerosin* n
kg Abk = **kilogramo(s)**
kgm Abk = **kilográmetro**
khaki adj = **caqui**
khan m *Khan* m *(Tatarenfürst)* || ~**ato** m *Khanat* n
kibbutz m *Kibbuz* m
kif m *sehr reines (harzfreies) Marihuana*
kil. Abk = **kilómetro** || ~ **c.** = *kilómetro cuadrado*
kilo m *Kilogramm, Kilo* n || ~ präf *Kilo* = *tausendmal so groß*
kilo|caloría ƒ *Kilo(gramm)kalorie* ƒ || –**ciclo** m ⟨El Radio⟩ *Kilohertz* n || –**grámetro** m *Meterkilogramm* n || –**gramo** m *Kilogramm* n || –**litro** m *Kiloliter* m || –**metraje** m *Kilometer|stand* m, *-zahl* f || *Kilometermessung* f || *Kilometerleistung* f *(des Wagens, der Reifen)* || *Kilometergeld* n || gall

Entfernung f *(in km)* || –**metrar** vt *nach Kilometern (ver)messen* || gall *mit Kilometersteinen versehen, kilometrieren* || –**métrico** adj *kilometrisch* || (billete) ~ ⟨EB⟩ *Kilometerheft* n
kilómetro m *Kilometer* m || ~ cuadrado *Quadratkilometer* m || ~-hora ⟨Phys⟩ *Stundenkilometer* m
kilo|pondio (kp) m *Kilopond* n *(kp)* || –**vatio** m (kW) ⟨El⟩ *Kilowatt* n *(kW)* || ~-**hora** m (kWh) *Kilowattstunde* f *(kWh)* || –**voltio** m (kV) ⟨El⟩ *Kilovolt* n
kilt m *Kilt* m *(Schottenrock)*
kimono m = **quimono**
kindergarten m *Kindergarten* m (→ a **jardín** de la infancia)
kinesiterapia ƒ ⟨Med⟩ *Massage und Heilgymnastik, Kinesiotherapie* f
kios|ko, –co m = **quiosco**
kirghises, kirguises mpl *Kirgisen* mpl
kirie(s) m(pl) *Kyrieeleison* n
kirieleisón m *Kyrieeleison* n || fam *Trauergesang* m || ◊ cantar el ~ figf *um Gnade bitten* || a ése le van a cantar pronto el ~ figf *der liegt im Sterben*, fam *der wird bald ins Gras beißen*
kirsch m *Kirsch(wasser* n*)* m
kiwi m ⟨V⟩ *Kiwi* m *(Schnepfenstrauß)*
kl Abk = **kilolitro(s)**
klaxon m engl *(Auto)Hupe* f
km = **kilómetro(s)**
Kneipp: método *(od* sistema*)* del abate ~
⟨Med⟩ *Kneippsches Heilverfahren* n
knock-out m engl *Knockout, Niederschlag* m *(b. Boxen)* || ◊ quedar ~ *unterliegen* (& fig) || Abk: **k. o.**
knut m *Knute* f *(russ. Geißel)* (& fig)
koala m ⟨Zool⟩ *Koala, Beutelbär* m (Phascolarctos cinereus)
Koch m np || → **bacilo**
kola ƒ = ³**cola**
kol|jós, –joz m *Kolchos* m
kolo m *serbischer Rundtanz* m
Komin|form m ⟨Pol⟩ *Kominform* n || –**tern** ƒ ⟨Pol⟩ *Komintern* f (→ a **pacto, Comintern**)
kopek m *Kopeke* f *(russ. Münze)*
krack, krach m *Bank- bzw Börsen|krach* m
krausis|mo m ⟨Philos⟩ *Krausismus* m, *System* n *des dt. Philosophen Krause (1791–1832)* || –**ta** adj/s *auf Krause und seine Lehre bezüglich* || ~ m *Anhänger* m *Krauses*
Kremlin: el ~ *der Kreml (in Moskau)* ||
~**ologo** m ⟨Pol⟩ *Kremlspezialist* m
kronprinz m *(deutscher) Kronprinz* m
kulak m russ *Kulak* m
kumis m *Kumy|ß, -s* m *(gegorene Stutenmilch)*
kummel m *Kümmel(-branntwein)* m
kurdo adj/s *kurdisch* || ~ m *Kurde* m

L

¹l (= ele) f L n
²l. Abk = ley || libro || litro(s) || letra || legal (c/l = curso legal) || le(s) || la
l' pop *für el od*. la (l'alma = el alma)
L. Abk = Licenciado || Letra || Libranza || Lira(s) || Linneo || Longitud || Ley || Loco || *röm*. *Ziffer* = 50
L/, l/, 1 Abk = letra
£ Abk = libra(s) esterlina(s)
¹la [*pl* las] art *f* 1. *die* || ~ madre *die Mutter* || 2. pop *vor weiblichen Vor- od Zunamen:* ~ Juanita, ~ Sánchez || 3. *bei einigen Ländernamen:* (~) China *China* || ~ India *Indien* || 4. pop *(bes.* Am & 〈*poet*〉*) statt* el *bei weiblichen Hauptwörtern mit betontem* h(a): ~ alma *statt* el alma || 5. *in Vertretung von Hauptwörtern:* ~ sin hueso fam *die Zunge* || ¡ ~ de vino que hubo! pop *da gab es Wein in Hülle und Fülle!*
²la pron: a) pron acc *sie:* no ~ veo *ich sehe sie nicht* || ~ pluma ~ tengo aquí *(aber aquí tengo* ~ pluma) *hier habe ich die Feder* || quiero dársela *ich will sie ihm geben* || no quiere dármelas *er will sie* (fpl) *mir nicht geben* || ¡amala! *liebe sie!* || amalla inf pop = amarla b) pron dat inc *statt des dativischen* le ihr (→ laismo) : ~ digo, dígola *(statt* le digo) *ich sage ihr* || c) *elliptisch:* echarlas de valiente pop *den Mutigen spielen* || ¡te ~ pagaré! fam *das werde ich dir heimzahlen!* || ¡me ~s pagarás! *das wirst du mir büßen!* || d) ~ que, ~ cual diejenige, welche || *die, welche*
³la m 〈Mus〉 *das a* || ~ bemol 〈Mus〉 *as* n || ~ sostenido 〈Mus〉 *ais* n || ◊ dar el ~ 〈Mus〉 *das a angeben (beim Stimmen)*
Laban m Labán m *(Bibelname)*
lábaro m *Labarum* n, *Kreuzfahne* f || p.ex. *Banner, Zeichen* n
△labelar, labilar vt/i *singen*
laberintero adj Pe = embrollón
labe|ríntico adj *labyrinthisch* || fig *verworren* || –rinto m *Labyrinth* n, *Irr|garten, -gang* m || 〈An〉 *Labyrinth* n *(im Ohr)* || fig *Verwirrung* f, *Wirrwarr* m
la|bia f *Zungenfertigkeit, Beredsamkeit* f || ◊ tener mucha (*od* buena) ~ fam *ein gutes Mundwerk haben* || –biadas *fpl* 〈Bot〉 *Lippenblütler* mpl (Labiatae) || –bial adj *Lippen-* || *labial* || sonido ~ 〈Gr〉 *Lippenlaut, Labial* m || –bializar vt 〈Gr〉 *labialisieren, runden* || –biar vt/i *im Gespräch hinwerfen (Wort)* || *versetzen, (langsam) antworten*
labihendido adj *mit gespaltener Lippe* || *hasenschartig*
lábil adj *labil, schwankend* || *hinfällig* || *in-, un|stabil, unsicher*
labilidad f 〈Biol Psychol Wiss〉 *Labilität* f || *Beeinflußbarkeit* f || *Schwankung* f
labio m *Lippe* f || *Lefze* f *(bei Tieren)* || fig *Wund|rand* m, *-lefze* f || fig *Mund* m || fig *Sprache* f || ~ inferior *Unterlippe* f || ~ superior *Oberlippe* f || ~ leporino, ~ hendido *Hasenscharte* f || ~s *pl Lippen* fpl || *Mund* m || 〈An〉 *Schamlippen* fpl || 〈Med〉 *(Wund) Ränder* mpl || grandes ~, ~ mayores 〈An〉 *äußere Schamlippen* fpl || pequeños ~, ~ menores 〈An〉 *kleine, innere Schamlippen* fpl || ~ de la vulva 〈An〉 *Schamlippen* fpl || ◊ no despegar (*od* no descoser) los (*od* sus) ~ *den Mund nicht auftun, nicht mucksen* || estar pendiente de los ~ (de) fig *an jds Lippen hängen, jdm aufmerksam zuhören* || morderse los ~ *sich auf die Lippen beißen* || fig *das Lachen verbeißen* || fig *es bereuen* || tener el corazón en los ~ *das Herz auf der Zunge*
haben || → a belfo || → a labro
labio|apical adj 〈Gr〉 *labioapikal* || –dental adj 〈Gr〉 *labiodental*
labio|sear vt Am *schmeicheln* || –sidad *f* Ec MAm *Schöntuerei, Schmeichelei* f || –so m/adj Am *Schmeichler* m
labor *f Arbeit* f, *Werk* n || *Mühe, Anstrengung* f || *Näherei, weibliche Handarbeit* f || *Schnitzwerk* n || *Feldarbeit* f || ~ de gancho *Häkelarbeit* f || anchura de ~ 〈Web〉 *Arbeitsbreite* f || casa de ~ *Landgut* n, *Bauernhof* m || tierra de ~ *Ackerland* n || ◊ hacer ~ *nähen, sticken (Frau)* || ~es *pl Handarbeiten* fpl *(der Frauen)* || sus ~ *(bes in Formularen)*, ~ propias de su sexo *Hausfrau* f
labo|rable adj *bestellbar, urbar (Land)* || día ~ *Arbeits-, Werk|tag* m || –ral adj *Arbeits-* || *derecho bzw legislación* ~ *Arbeits|recht* n *bzw -gesetze* npl || relación ~ *Arbeitsverhältnis* n ||
–rante → –rar || ~ m 〈Pol〉 *Konspirant* m || –rar vi *(eifrig) arbeiten* || *Wühlarbeit leisten* || konspirieren || vt = labrar || –ratorio m *Laboratorium)* n, *Versuchsraum* m || 〈Tech〉 *Brennraum* m *(eines Ofens)* || *practicante de* ~ *Laborant* m || –rear vt = labrar || 〈Bgb〉 *abbauen* || *schürfen* vi 〈Mar〉 *einscheren* || –reo m *Feldbestellung* f, *Ackerbau* m || 〈Bgb〉 *Abbau* m || *Bergwesen* n || ~ exhaustivo *Raubbau* m
△laborí *f Lob* n
laborio|sidad *f Arbeitsamkeit, Emsigkeit* f, *Fleiß* f || –so adj *arbeitsam, fleißig, emsig* || *müh|sam, -selig, schwierig, schwer (Sache, Arbeit)* || *schwerfällig (Stil)*
laborismo m 〈Pol〉 *Labourbewegung* f *(England)*
laborista m/adj 〈Pol〉 *Angehörige(r)* m *der Labourpartei* || ~ adj *Labour-* || partido ~ *Labourpartei* f
labra *f* 〈Tech〉 *Bearbeitung* f
labra|da *f* 〈Agr〉 *Brache* f, *Brachland* n || △ ~s *fpl Schnallen* fpl || –dío m/adj = labrantío || –do adj *gemustert (Stoffe)* || *geschliffen (Edelstein)* || 〈Tech〉 *bearbeitet* || 〈Agr〉 *Ackerland* n || plata ~ *Silberarbeit* f, *Silber(geschirr)* n || –dor adj/s *ackernd* || *arbeitend* || ~ m *Ackerbautreibende(r)*, *Bauer, Landwirt* m || *Land|bewohner*, *-mann* m || *(Tierra del)* ~ *Labrador (Halbinsel in Nordamerika)* || –dora *f Bäuerin* f || *Bauersfrau* f || *Landmädchen* n || *Landbewohnerin* f || △ *Hand* f || *Arm* m || dim: –dorcita
labradorita *f* 〈Min〉 *Labrador(it)* m
labran|tío adj/s *angebaut* || *bestellbar, anbaufähig* || ~ m *Acker|land, -feld* n || –za *f Ackerbau* n || *Feld|arbeit, -bestellung* f || *Anbaubetrieb* m || *Landgut, Hof* m || aperos de ~ *Ackergeräte* npl || campo de ~ *Ackerfeld* n
labrar vt/i *(aus)arbeiten, machen, herstellen* || *be-, verarbeiten* || *gestalten* || *ausbeuten (Bergwerk)* || *(Acker) bestellen* || *ackern, pflügen* || *hacken (Weinberg)* || *weben, wirken* || *nähen, sticken* || *aus|feilen, -höhlen* || *schleifen (Gläser)* || *behauen, bearbeiten (Steine)* || *prägen (Münze)* || fig *bewirken* || fig *hinarbeiten (auf* acc*)* || fig *schaffen, bilden* || ◊ ~ la fortuna de alg *jds Glück machen, jdn glücklich machen* || ~ plata *Kunstarbeiten in Silber ausführen* || ~ la ruina de alg *jdn ruinieren* || ~ en sin ~ *unbearbeitet, roh*
labrieg|o m *Bauer(smann), Landmann* m || –a *f Bäuerin, Bauersfrau* f
labro m 〈Entom〉 *Oberlippe* f, *Labrum* n || 〈Hist〉 = labio

labrusca *f Wilder Wein* m ‖ *Wildrebe* f
laburno *m* ⟨Bot⟩ *Goldregen* m (Laburnum spp)
laca *f (Gummi) Lack* m ‖ *Lackfirnis* m ‖ *Harzlack* m ‖ p.ex *Haarspray* m ‖ prov *Lackware* f ‖ Chi *Pustel* f ‖ ~ *amarilla Gelblack* m ‖ ~ *para cuero Lederlack* m ‖ ~ *esmalte Emaillelack* m ‖ ~ *para fotografías Photolack* m ‖ ~ *japonesa, del Japón Japanlack* m ‖ ~ *de lustre Glanzlack* m ‖ ~ *mate Mattlack* m ‖ ~ *al óleo Öllack* m ‖ ~ *negativa Negativlack* m ‖ ~ *universal Universallack* m ‖ ~ *para las uñas Nagellack* m ‖ → a **barniz, pintura** ‖ ~**do** adj/s *lackiert* ‖ ~ *m Lackierung* f
laca|yo *m Lakai* m ‖ *Bediente(r)* m ‖ *Reitknecht* m ‖ dim **-yuelo, -yuno** adj (bes pej) *liebedienerisch, lakaienhaft* ‖ *Lakaien-, Knechts-*
lace|ador *m* Am *Lassowerfer* m ‖ **-ar** vt *mit Bändern verzieren (od schmücken)* ‖ *mit der Schlinge (bzw mit dem Lasso) fangen* ‖ Arg *mit dem Lasso peitschen*
lacede|món, -monio adj/s *lakedämonisch, spartanisch* ‖ ~ *m Lakedämonier, Spartaner* m ‖ **=monia** *f Lakedämon, Sparta* ‖ **-mónico** adj *lakedämonisch, spartanisch*
lace|ración *f Verletzung* f ‖ *Abreißen* n ‖ **-rante** adj fig *reißend (Schmerz)* ‖ *herzzerreißend* ‖ *gellend (Schrei)* ‖ **-rar** *verletzen* ‖ *quetschen* ‖ fig *zerreißen (das Herz)* ‖ fig *schädigen* ‖ ◊ ~ *la fama de alg. jds guten Ruf schädigen* ‖ ~**se** *sich kasteien* ‖ **-ría** *f Dürftigkeit, Armut* f, *Elend* n ‖ *Mühe, Plage* f ‖ ⟨Med⟩ **Aussatz* m, *Lepra* f ‖ fig *mühselige Arbeit* f
lace|ría *f Bandwerk* n, *Bänder* npl ‖ ⟨Arch⟩ *Entrelacs* pl ‖ **-ro** *m Lassowerfer* m ‖ *Schlingenleger* m ‖ *Hundefänger* m
lacértidos mpl ⟨Zool⟩ *Eidechsen* fpl (Lacertidae) (→ **lagar|tija, -to**)
lacífero adj ⟨Bot⟩ *lacktragend*
lacillo *m* dim *v.* **lazo**
laciniado adj ⟨Bot⟩ *ausgefranst, zerteilt*
Lacio *m* ⟨Geogr⟩ *Latium* n
lacio adj *welk, verwelkt* ‖ *schlaff (Haare, Muskeln)* ‖ *weich (Federn)* ‖ fig *schwach, kraftlos*
lacito *m* dim *v.* **lazo**
lacón *m gesalzener und getrockneter Vorderschinken* m (*bes in* Gal)
lacónico adj *lakonisch* ‖ fig *gedrängt, kurz und bündig* ‖ fig *einsilbig (Person)* ‖ *estilo* ~ *lakonischer Stil* m ‖ adv ~**amente**
laco|nio *m*/adj ⟨Hist⟩ *Lakonier* m ‖ ~ adj *lakonisch* ‖ **-nismo** *m Bündigkeit, Kürze* f *(Stil, Ausdrucksweise)* ‖ *Gedrängtheit* f ‖ *Lakonismus* m
lacra *f Nachwehen* fpl ‖ *Mangel* m, *Gebrechen* n ‖ *Narbe* f ‖ Arg Pe PR *Wundschorf* m ‖ Mex Ven Hond *schwärende Wunde* f, *Geschwür* n ‖ ~ *hereditaria erbliche Belastung* f (→ **tara**)
lacradura *f* Col *Narbe* f
¹**lacrar** vt *ver-, zu|siegeln*
²**lacrar** vt *jdn anstecken* ‖ fig *jdn schädigen*
¹**lacre** *m Siegellack* m
²**lacre** adj Am *(hoch)rot*
lacri|mal adj *Tränen-* ‖ *saco* ~ ⟨An⟩ *Tränensack* m ‖ **-mante** adj ⟨poet⟩ *tränend (Augen)* ‖ **-matorio** *m*/adj ⟨Hist⟩ *Tränenkrug* m *(Grabbeigabe)* ‖ **-mógeno** adj/s *tränenerregend, Tränen-* (gas) ‖ ~ *m Tränengas* n, *Augenreizstoff* m ‖ **-moso** adj *tränend* ‖ *traurig, rührend (zu Tränen)* ‖ *tränenreich*
△**lacró** *m Diener, Knecht* m
△**lacroi** *f Beischläferin* f
lac|tación *f* ⟨Biol Physiol⟩ *Milcherzeugung* f ‖ *Milchabsonderung* f ‖ *Stillen, Säugen* n ‖ **-talbúmina** *f Milcheiweiß* n ‖ ~**s** fpl ⟨Chem Biol⟩ *Laktalbumine* npl
lactan|cia *f Säugen, Stillen* n *(e-s Säuglings)* ‖ *Still\periode, -zeit* f ‖ **-te** *m*/adj *Säugling* m
lactar vt *stillen, säugen* ‖ *saugen (Säugling)* ‖ *mit Milch aufziehen* ‖ vi ⟨Biol Physiol⟩ *Milch absondern, laktieren* ‖ *gesäugt werden* ‖ *sich aus Milch nähren*
lacta|rio *m*/adj ⟨Bot⟩ *Reizker, Milchling* m (Lactarius spp) ‖ ~ adj *milchig* (→ a **lácteo, lechoso**) ‖ **-to** *m* ⟨Chem⟩ *Laktat* n
lacte|ado adj: *harina* ~ a *Kindermehl* n ‖ **-ina** *f* ⟨Chem⟩ *Laktein* n
lácteo adj *milchig* ‖ *Milch-* ‖ *dieta* ~a, *régimen* ~ *Milch\diät, -kur, -kost* f ‖ *vía* ~a ⟨Astr⟩ *Milchstraße* f
lactescencia *f* ⟨Biol Chem⟩ *milchige Beschaffenheit, Lakteszenz* f
lacticíneo adj = **lácteo**
lacticinio *m Milchspeise* f
láctico adj ⟨Chem⟩ *Milch(säure)-* ‖ *ácido* ~ ⟨Chem⟩ *Milchsäure* f
lactífero adj *milchhaltig* ‖ *Milch-* ‖ *conductos* ~s ⟨An⟩ *Milchgänge* mpl
lactífico adj ⟨Zool Bot⟩ *milcherzeugend*
lacto|densímetro *m Milchmesser* m, *Laktodensimeter* n ‖ **-flavina** *f Laktoflavin* n ‖ **-globulina** *f Laktoglobulin* n
lactosa *f* ⟨Biol Chem⟩ *Milchzucker* m, *Laktose* f (→ a **azúcar**)
lacustre adj *See-, Teich-, Sumpf-* (& ⟨Bot Zool⟩) ‖ ⟨Geol⟩ *lakustisch, limnisch* ‖ *choza* ~ *Pfahlhütte* f ‖ *construcciones* ~s *Pfahlbauten* mpl
¹**lacha** *f* ⟨Fi⟩ *Sardelle* f (→ **boquerón**)
²**lacha** *f* fam *Scham* f ‖ *Ehrgefühl* n ‖ ◊ *tener poca* ~ fam *dreist, unverschämt sein* ‖ *es un poca* ~ fam *er ist ein unverschämter Kerl* m ‖ *¡qué poca* ~! fam *wie unverschämt!*
△**lachar** vi *genesen*
△**lachí** adj *glücklich*
lacho *m* Chi *Liebhaber* m
△**lachó** adj *gut* ‖ *besser*
lade|ado adj *(wind)schief* ‖ *seitlich geneigt* ‖ **-ar** vt *schiefstellen* ‖ *zur Seite neigen* ‖ *(ab)schrägen* ‖ *verkanten* ‖ *(ver)drehen* ‖ ◊ ~ *la cabeza e-e ausweichende Bewegung mit dem Kopfe machen* ‖ ~ a (od hacia) *la izquierda nach links schieben* ‖ ~ vi fig *vom geraden Wege abweichen* ‖ *ausweichen* ‖ *sich werfen (Holz)* ‖ **-se** *sich auf die Seite neigen* ‖ *sich drehen, sich wenden* ‖ fig *zu jdm hinneigen* ‖ fig Chi *sich verlieben* ‖ ◊ ~ *con alg.* fig *sich auf jds Seite stellen* ‖ *jdm gleich sein* ‖ pop *sich mit jdm verfeinden* ‖ ~ *al partido contrario sich zu der Gegenpartei schlagen* ‖ ~ *m Neigung* f *(auf die Seite)* ‖ *Verkantung* f *(z.B. e-r Feuerwaffe)* ‖ **-ra** *f Bergabhang, Abhang* m ‖ *Flanke, Berglehne* f ‖ ~**s** pl *Leiterbäume* mpl *e-s Wagens* ‖ **-ro** adj *seitlich* ‖ ~ *m* Am *Stangenpfort* n
ladilla *f* ⟨Entom⟩ *Filzlaus* f (Phthirus pubis) ‖ ◊ *pegarse como una* ~ vulg *sich an jdn wie eine Klette hängen* (→ a unter **lapa**)
ladillo *m Seitenlehne* f *(e-r Kutsche)* ‖ ⟨Typ⟩ *Randtitel* m
ladi|no adj/s **altspanisch* ‖ **in Sprachen bewandert, sprachkundig* ‖ **Judenspanisch* ‖ fig *schlau, gerieben, verschmitzt* ‖ Am *spanisch sprechend (Indianer od Neger)* ‖ adv ~**amente** **-nos** mpl *Ladiner, Rätoromanen* mpl
Ladislao *m* Tfn *Ladislaus* m
lado *m (rechte od linke) Seite* f *(& ⟨Math⟩)* ‖ fig *Seite* f, *Gesichtspunkt* m ‖ fig *Gegend* f ‖ *Land* n ‖ *(freier) Platz* m ‖ ⟨Math⟩ *Kante* f *e-s regelmäßigen Vielecks* ‖ *(Winkel)Schenkel* m ‖ *Linie, Sippe* f ‖ fig *Gunst* f, *Schutz* m ‖ *al* ~ *daneben, nebenan* ‖ *la casa de al* ~ *das Haus (von) nebenan* ‖ *a un* ~ *seitwärts* ‖ *seitlich* ‖ *¡bromas a un* ~ ! *Spaß beiseite!* ‖ *al* ~ *de a/c neben (dat)* ‖ *al (od del) otro* ~ *auf der anderen Seite, jenseits (gen)* ‖ *a este* ~ *diesseits (gen)* ‖ *umstehend* ‖ *de* ~ *seitlich, seitwärts* ‖ *de mi* ~ *auf meiner Seite (& fig)* ‖ *del* ~ *de acá diesseits* ‖ *del* ~ *de allá jenseits* ‖ *de un* ~ *a (od para) otro hin und her* ‖ *de uno y de otro* ~ *von beiden Seiten* ‖ *el* ~ *de arriba (abajo) die obere (untere) Seite* f ‖ *el buen* ~ *die richtige (Tuch)-*

Seite || die gute Seite (e-s Menschen) || de ~s invertidos seitenverkehrt || ~ flaco (od débil) fig schwache Seite f || por el ~ económico vom wirtschaftlichen Standpunkt aus || por el ~ materno mütterlicherseits (Verwandtschaft) || por este ~ in dieser Hinsicht || por otro ~ hingegen, dagegen, andererseits || por un ~ einerseits || por un ~ ... (y) por otro teils ... teils, einerseits ... (und) and(e)rerseits || ◊ comerle un ~ a alg. figf jdm ewig auf der Tasche liegen || dar de ~ a uno figf jdm den Rücken kehren || dar mucho ~ a alg. fam jdn hochschätzen, auf jdn große Stücke halten || dejar a un ~, dejar de ~ fig beiseite lassen || auslassen, nicht erwähnen || echar por otro ~ fig e–n anderen Weg einschlagen || hacer ~ Platz machen || hacerse a un ~ auf die Seite treten || ir ~ a ~ nebeneinander, Seite an Seite gehen || voy a su ~ ich gehe zu ihm || mirar de (medio) ~ fig von der Seite ansehen, scheel anblicken || venir a este ~ herüberkommen || visto de ~ von der Seite gesehen || volver la cabeza a un ~ y a otro den Kopf hin und her bewegen || volverse de ~ sich auf die Seite wenden || tacones de medio ~ abge-, ver\tretene Schuhabsätze || todo tiene su ~ desinteresado ich weiß es von unbeteiligter Seite || todo tiene su ~ bueno y su ~ malo alles hat seine zwei Seiten || ~s mpl: ◊ tener buenos ~ (malos) ~ fig gute (schlechte) Helfer haben || gut (schlecht) beraten sein || por (en, de) todos ~ überall, von (auf) allen Seiten
la|dra f Gebell n || Bellen n || **–drador** adj bellend || **–drar** vt (an-)bellen || fig lästern, schmähen || fig bellen (ohne zu beißen) (→ a **perro**) || ~ la luna fig den Mond anbellen, machtlos drohen || tie unnützen Lärm machen || **–drido** m Bellen, Gebell n || ⟨Jgd⟩ Geläut n
ladri|llado m Backstein-, Ziegel\pflaster n || **–llar** m Ziegelbrennerei, Ziegelei f || vt = **enladrillar** || **–llejo** m dim v. **–llo** || **–llera** f (alte hölzerne) Ziegelform f (→ a **gradilla**) || **–llero** m Ziegelbrenner m
¹**ladrillo** m Ziegel-, Back\stein m || figf Schinken (Theaterstück, Buch), Wälzer m (Buch) || ~ aplantillado Form\ziegel, -stein m || ~ cocido Backstein, gebrannter Ziegel, Klinker m || ~ crudo, ~ sin cocer ungebrannter Ziegel m || ~ de chocolate dicke Schokoladetafel f || ~ esmaltado glasierter Verblender m || ~ hueco Hohl\stein, -ziegel m || ~ molido Ziegelmehl n || ~ recocido Klinker m || ~ recocho Hartbrandstein m || ~ refractario feuerfester Ziegel(stein), Schamottestein m || Ofenziegel m || ~ santo Klinker m || ◊ cocer ~ s Ziegel brennen
²Δ**ladrillo** m Dieb m
ladrón adj/s diebisch || spitzbübisch || fig verführerisch (Augen) || ~ m Dieb m || Räuber m || Gauner, Spitzbube m || Bösewicht m || fig (Anzapf) Vorrichtung f zur unbefugten Entnahme von Strom, Wasser usw || ~ casero, ~ doméstico Hausdieb m || ~ de cepillos de iglesia fam Opferstockmarder m || ~ cuatrero Viehdieb m || ~ de guante blanco, ~ de levita fig Hochstapler, Gentleman-Dieb m || ~ de muertos (od cadáveres) Leichenräuber m || ◊ piensa el ~ que todos son de su condición der Dieb meint, es seien alle so ehrlich wie er || quien hurta (od el que roba) al ~, ha cien años de perdón den Dieb bestehlen heißt nicht sündigen || ~ a descuidero, ratero
ladro|na f Diebin f || Räuberin f || Spitzbübin, Gaunerin f || **–nera** f Diebes\winkel m, -nest n || Diebrerei f || ⟨Agr⟩ unbefugte Wasser\anzapfung, -ableitung f || figf Sparbüchse f
ladro|nería f = **latrocinio** || **–nesca** f figf Diebesbande f || Diebsgesindel n || **–nicio** m = **latrocinio**
ladronzuelo m dim v. **ladrón** || Taschendieb m
ladruquear vi winseln, heulen (Hund)
lady f engl Lady, Dame f
lagar m (Wein)Keller f || Öl-, Frucht\presse f ||

Steinbehälter m zum Mosten
lagar|ta f/adj Eidechse f (Weibchen) || ⟨Entom Agr⟩ Schwammspinner m (Lymantria dispar) || figf Luder n || figf Flittchen n || **–tera** f Eidechsenhöhle f || **–terano** adj/s aus Lagartera (PTol) || **–tija** f ⟨Zool⟩ allg kleine Eidechse f || Mauereidechse f (Lacerta muralis) || **–tijero** adj ⟨Zool⟩ eidechsenfressend || ⟨Taur⟩ im Stil von Lagartijo || media (estocada) ~ a ⟨Taur⟩ kurzer, tödlicher Degenstoß m || **–tijo** m dim v. **lagarto** || ⁓ m np berühmter span Stierfechter m || ~ Mex fig Geck m (→ **lechuguino**) || **–to** m ⟨Zool⟩ allg Echse, große Eidechse f || ~ **ocelado** Perleidechse f (L. lepida) || figf Schlauberger m || △ Geldbörse f || Am Kaiman m || △ (Feld)Dieb m || ¡ ~ ! int fig toi toi toi! || **–tón** m/adj fig gerissener Mensch m || **–tona** f/adj fig gerissenes Weib, Luder n || figf Nutte f
lago m See m || fig Lache f || ⁓ de Constanza Bodensee m || ⁓ de Ginebra Genfer See m || ⁓ Mayor Lago Maggiore m || ⁓ de Garda Gardasee m
lagomorfos mpl ⟨Zool⟩ Hasen mpl (Lagomorpha)
lagón m Lagune f
lagópodo m ⟨V⟩ Moorschneehuhn n (Lagopus lagopus)
lagote|ría f fam (arglistige) Schmeichelei f || **–ro** m fam (arglistiger) Schmeichler m
lágrima f Träne, ⟨poet⟩ Zähre f || ⟨Bot⟩ Ausfluß m (von Pflanzen nach dem Beschneiden od Verletzen) || una ~ de aguardiente pop ein Schluck Branntwein || ~ de Batavia, ~ de Holanda batavische Träne f, Bologneser Tropfen m || vino de ~ Vorlauf, Ausbruch m || ◊ llorar a ~ viva heiße, bittere Tränen vergießen || ~s pl: ~ de cocodrilo fig Krokodilstränen fpl || en este valle de ~ fig in diesem (irdischen) Jammertal || ◊ las ~ corren die Tränen rollen herunter || derramar (od verter) ~ Tränen vergießen || deshacerse en ~ fig in Tränen zerfließen || saltár(se)le a uno las ~ in Tränen ausbrechen || arrancar ~ (a) jdm Tränen in die Augen pressen, jdn tief rühren || beberse (od sorberse) las ~ fig seinen Schmerz unterbeißen
lagri|mal adj/s ⟨An⟩ Tränen- || ~ m ⟨An⟩ Tränensack m || Tränenwinkel m (des Auges) || (fistula) ~ ⟨Med⟩ Tränenfistel f || ⟨Agr⟩ Baumgeschwür n (in Astgabelungen) || **–mear** vi (häufig) tränen || s: **–meo** m || **–món** m augm v. **lágrima** || ◊ llorar a ~ es pop in Tränen aufgelöst sein || **–moso** adj tränend, verweint (Augen) || triefäugig || → a **lacrimoso**
lagu|na f Lagune f, kleiner See m || Salzseeteich m || Haff n || Lache f || Sumpf, Morast m || fig Lücke f, Fehlende(s) n || ⟨Elc⟩ Lücke, Leerstelle f || las ~s die Lagunen von Venedig || con ~s fig lückenhaft, unvollständig || ◊ llenar (od colmar) una ~ fig e–e Lücke ausfüllen || **–nero** adj/s Lagunen-, See- || aus La Laguna (Teneriffa) || **–noso** adj lagunenreich || sumpfig
lai|cado m die Laien, die Nichtgeistlichen mpl || **–cidad** f gall weltliche(r) Charakter m, Weltlichkeit f || **–cismo** m Laizismus m || **–cización** f Lai(zi-) sierung, Verweltlichung f (& fig) || → **secularización** || **–co, (–cal)** adj weltlich || laienhaft || Laien-, apostolado ~ ⟨Kath⟩ Laienapostolat m || escuela ~ a Laienschule f || freie Schule f || ~ m Laie m
lais|mo m ⟨Gr⟩ (falscher) Gebrauch m von la(s) statt le(s) (z.B. er schenkte ihr Blumen la (statt le) regaló flores || → **leísmo** || **–ta** m adj der la(s) statt le(s) im Dativ verwendet
¹**laja** f glatter Stein m || ⟨Mar⟩ Untiefe; flache, felsige Stelle f || → a **lastra**
²**laja** f = **trailla** || Col dünner Agavenfaserstrick m
Δ**laja** f || **–jariar** vt anbeten
Lalá f np pop = **Adela** (Tfn)
Δ**lalá** f ⟨Med⟩ Lallen n, Lallmonolog m
Δ**laló** m Portugiese m

△**Laloré** m Portugal
¹**lama** f Schlamm, Sumpfkot m || ⟨Bgb⟩ Grubenschlamm m || = **ova**
²**lama** f Lahn, Gold-, Silber|lahn m || Metallfaden m (Lamé)
³**lama** m Lama m (Buddhapriester od Mönch in Tibet u. der Mongolei) || **~ismo** m ⟨Rel⟩ Lamaismus m || **~ista** m/adj Lamaist m || **~sería** f Lamakloster n
lamarckismo m ⟨Zool⟩ Lamarckismus m
lanb|da f griech. λ, Lambda n || **–dacismo** m Sant Sal León f fehlerhafte Aussprache des l für r (z.B. palaguas für paraguas)
lambel m ⟨Her⟩ Turnierkragen m
lam|ber vt Sant prov Am = **lamer** || **–bido** pp Sant Sal León u prov Am = **lamido** || MAm = **relamido** || **–bisconear** vt prov Speisereste zu sich nehmen || Mex = **adular** || **–bistón, ona** adj Sant naschhaft || **–bón** m/adj Col fig Schmeichler m
lambrequín m ⟨Her⟩ Helmdecke f || ⟨Arch⟩ Lambrequin n
lameculos m vulg Speichel-, Arsch|lecker m
lamedal m Sumpf, Morast m
lame|dor adj leckend (f fig) || ~ m (arglistige) Schmeichelei f || p.ex Sirup m ||**–dura** f Lecken n (& fig)
lameli|branquios mpl ⟨Zool⟩ Muscheln fpl (Lamellibranchiata) || **–cornios** mpl ⟨Entom⟩ Blattkäfer mpl (Lamellicornia) || **–forme** adj ⟨Wiss⟩ lamellen-, blättchen|förmig || **–rrostro** adj ⟨V⟩ blätterschnäb(e)lig
lamen|table adj kläglich, jämmerlich || bedauer-|nswert, -lich || fam elend || **–tación** f Weh|geschrei n, -klage f || **Jammern** n || **~es** fpl Gejammer n (→ a **trenos**) || **–tar** vt beklagen | beweinen | bejammern | bedauern || ◇**–to** mucho, que (+ subj) ich bedaure sehr, daß || ~ vi jammern, wehklagen, lamentieren || es muy de ~ es ist sehr bedauerlich || ◇**~**, ~ se de (od por, sobre) a/c über et klagen, jammern || **–to(s)** m (pl) Wehklagen, Gejammer n || **–tón, ona** adj/s wehklagend, jammernd || **–toso** adj kläglich, jämmerlich || jammernd, klagend, lamentierend
lameplatos m fam Tellerlecker m
lamer vt (ab)lecken || fig belecken (Wellen, Flammen) || fig leicht berühren, streifen || el río lame los muros der Fluß bespült die Mauern || ◇ dejar a uno (mucho) que ~ fig jdm einen schwer gutzumachenden Schaden zufügen || jdn arg zurichten || **~se** sich belecken (Tiere)
lame|rón, ona, –ruzo adj/s fam naschhaft || **–tada** f, **–tón** m (gieriges) Lecken n || ◇ beber a ~**s** aufschlabbern
lamia f ⟨Myth⟩ Lamia f || ⟨Fi⟩ = **tiburón**
lamido adj geleckt (& fig) || fig sehr hager || fig abgegriffen || fig affektiert (→ **relamido**) || ~**a** f fam Lecken n
lámina f (dünne) Metallplatte f (dünnes) Blech n || Folie f || Lamelle f, Plättchen n || Kupfer-, Stahlstich m || fig Bild n, Abbildung f || fig Äußeres, Aussehen n || ⟨Illustrations⟩Tafel f (der Bücher) || Blatt n, Platte f || ⟨Com⟩ Wertpapiermantel m || Col Gauner m || ~ mural ⟨Sch⟩ Wandbild n, Anschauungstafel f || toro de buena (od bonita) ~ ⟨Taur⟩ schöner, stattlicher Stier m || con ~ s illustriert (Buch) || ~s a todo color mit Farbbildern || ◇ desprenderse en ~s abblättern
lamina|ble adj ⟨Tech⟩ auswalzbar || **–ción** f Walzung f || (Aus)Walzen, Strecken n || **–do** adj blätterig, geblättert, schichtig || lamelliert || mit Platten belegt || ⟨Tech⟩ gewalzt || ~ m ⟨Tech⟩ (Aus)Walzen, Strecken n || ~**s** mpl ⟨Tech⟩ Walzwerkerzeugnisse npl || **–dor** m Walzwerkarbeiter m || (tren)~ Walzwerk n || ⟨Pap⟩ Kalander m || **–dora** f (Aus)Walz|maschine bzw –anlage f bzw -werk n
¹**laminar** vt ⟨Tech⟩ (aus)walzen, strecken || mit Folien (bzw Platten) belegen || ⟨Web⟩ laminieren
²**laminar** vt Ar naschen || Ar lecken

³**laminar** adj blätterig || laminar (z.B. Bewegung e–s Gletschers)
laminaria f ⟨Bot Med⟩ Blatt-, Riemen|tang m (Laminaria spp)
lamine|ría f Ar Naschhaftigkeit f || Ar Nascherei f || **–ro** adj/s Ar naschhaft || ~ m Ar Leckermaul n
lami|nilla f Blättchen, Plättchen n || ~ de afeitar Rasierklinge f || **–noso** adj blätt(e)rig || geblättert, schichtig || lamellenförmig
lamiscar [c/qu] vt/i fam eifrig (ab)lecken || schlecken
lamoso adj schlammig, kotig
lampacear vt ⟨Mar⟩ aufwischen, schwabbern
lampadario m Laternenpfahl m || ⟨Hist⟩ Lampadarius m
lampar vi = **alampar** || PR faulenzen
lámpara f Lampe f | Leuchte f || ⟨Radio⟩ Röhre f || ⟨Bgb⟩ Geleucht n || Ölflecken m (am Kleid) || ~ de acetileno Acetylenlampe f || ~ de aire comprimido ⟨Bgb⟩ Luftdrucklampe f || ~ de alarma Warnleuchte f || ~ de alcohol Spirituslampe f || ~ de aplique Wandlampe f || ~ de arco (voltaico) Bogenlampe f || ~ para bicicleta Fahrradlampe f || ~ de bolsillo Taschenlampe f || ~ de cuarzo Quarzlampe f || ~ detectora Detektorlampe f || ~ eléctrica elektrische Lampe f || ~ de escritorio Bürolampe f || ~ fluorescente Leucht(stoff)|röhre f, -lampe || ~ de gas (de incandescencia) Gas(glüh)lampe f || ~ de iglesia Kirchenlampe f || ~ de lectura Leselampe f || ~ de magnesio Magnesiumblitzlampe f || ~ de mano Handlampe f || ~ de mesa Tischlampe f || ~ de minero Wetter-, Gruben|lampe f || ~ de neón Neonröhre f || ~ de pared Wandlampe f || ~ de petróleo Petroleumlampe f || ~ de pie Stehlampe f || ~ portátil tragbare Lampe, Handlampe f || ~ de poste Mastenlampe f || ~ de proa ⟨Mar⟩ Bug|lampe, -laterne f || ~ con reflector Reflektorlampe f || ~ relámpago Blitzlampe f || ~ del Santísimo ⟨Kath⟩ Ewiges Licht n || ~ de seguridad Sicherheitslampe f || ~ de sintonización ⟨Radio⟩ Abstimmröhre f || ~ de soldar Lötlampe f || ~ de suspensión, ~ colgante Hängelampe f || ~ de techo Deckenlampe f || ~ vertical Stehlampe f || culo de ~ ⟨Arch⟩ herabhängender Deckenzierat m || ⟨Typ⟩ Schlußzierat m || globo, tubo de ~ Lampen|glocke f, -glas n || ◇ atizar la ~ fig noch einen einschenken, fig noch einen auf die Lampe gießen (→ a **lamparillazo, lingotazo**)
lamparámetro m ⟨El⟩ Röhrenprüfgerät n
lampa|razo m Col Schluck m || **–rería** f Lampenfabrik f, -laden m || Installationsgeschäft n || **–rero, –rista** m Lampenmacher m || Lampenverkäufer m || Lampenwärter m || Laternenanzünder m || **–riento** adj Pe ölfleckig (Kleid) || **–rilla** f dim v. **lámpara** || Nacht|lampe f, -licht n (→a **mariposa**) || Allerseelenlicht n (z.B. auf dem Friedhof) || ~ ⟨Bot⟩ Espe, Zitterpappel f (Populus tremula) (→ **álamo**) || pop Gläschen n Schnaps || **–rillazo** m augm v. **–rilla**: pegarse (od echarse) un ~ figf sich e–n hinter die Binde gießen || **–rín** m Lampenstock m || Chi Öllämpchen m || **–rón** m augm v. **lámpara** || (großer) Ölfleck m (am Kleid) || **–es** mpl ⟨Med⟩ Halsskrofeln fpl || ⟨Vet⟩ Rotz m || **–roso** adj ⟨Med⟩ = **escrofuloso** || Dom schlampig
lampazo m ⟨Bot⟩ Große Klette f (Arctium lappa) || ⟨Mar⟩ Schrubber, Schwabber, Schiffsbesen m || Col fam Peitschenhieb m || ~**s** pl ⟨Med⟩ Hitzblattern fpl
lampiño adj bartlos || haarlos, kahl (Tuch, Blütenkelch)
△**lam|pio** de Öl n || **–pión** m Laterne, Leuchte f || Lampion m || **–píridos** mpl ⟨Entom⟩ Leuchtkäfer mpl (Lampyridae) || **–pista** m = **lamparero** || Installateur m || ⟨EB⟩ Lampenwärter m || **–pistería** f = **lamparería**
lampo m ⟨poet⟩ Blitz m, Aufleuchten n
¹**lamprea** f ⟨Fi⟩ Lamprete f, Neunauge n || ~

lamprea — lanzallamas

fluvial, ~ de río *Flußneunauge* n (Lampreta fluviatilis) ‖ ~ marina *Meerneunauge* n (Petromyzon marinus)
²**lamprea** *f* Ven *offene Wunde* f, *Geschwür* n
lampuga *f* ⟨Fi⟩ *Goldmakrele* f (Coryphaena spp)
¹**lana** *f (Schaf) Wolle* f ‖ *Wollzeug* n, -*stoff* m ‖ ~ de angora *Angorawolle* f ‖ ~ artificial *Zell-, Kunstwolle* f ‖ ~ de borra *Ausschußwolle* f ‖ ~ en bruto *Rohwolle* f ‖ ~ cardada *Streichgarn* n ‖ ~ de escoria ⟨Metal⟩ *Schlackenwolle* f ‖ ~ esquilada *Schurwolle* f ‖ ~ de madera *Holzwolle* f ‖ ~ merina *Merinowolle* f ‖ ~ de oveja *Schafwolle* f ‖ de ~ (y algodón) *(halb)wollen* ‖ ~ pura *reine Wolle* f ‖ tejido, vestido de ~ *Wollstoff* m, -*kleid* n ‖ perro de ~ s *Pudel* m ‖ ◊ cardarle a uno la ~ fig *jdm eine Rüge erteilen*, fig *jdm gewaltig den Kopf waschen* ‖ lavarle a alg. la ~ fig *jdm auf die Schliche kommen* ‖ muchos van por ~ y vuelven trasquilados fam *mancher geht nach Wolle aus und kommt geschoren nach Haus* ‖ → a **Juan lanas**
²**lana** *m* Hond Guat fig *Mensch m aus dem Pöbel* ‖ *Landstreicher* m
lanada *f* ⟨Mil⟩ *Wischstock* m ‖ *(Rohr)Wischer* m *(für Feuerwaffen)*
lanado adj *bewollt* ‖ *wollig*
¹**lanar** adj: ganado ~ *Wollvieh* n ‖ *Schafe* npl
²△**lanar** vt *bringen*
lanaria *f* ⟨Bot⟩ *Seifenkraut* n (→ **jabonera**)
lancasteriano adj *aus Lancaster in England*
lance *m Werfen* n ‖ *Wurf* m ‖ *Auswerfen* n ‖ *(Fisch)Fang* m *(mit dem Netz)* ‖ *(Fisch)Zug* m ‖ *Zufall* m ‖ *gefährliche, kritische Lage, Gefahr* f ‖ *günstige Gelegenheit* f ‖ *Gelegenheits-, Glücks|kauf* m ‖ *Ereignis* n, *Begebenheit* f, *Vor-, Zwischen|fall* m ‖ *Quadrille* f *(Tanz)* ‖ *Zustand* m, *(mißliche) Lage* f *e-r S.* ‖ *Erfolg, glücklicher Ausgang* m ‖ *Zwist, Streit* m ‖ ⟨Taur⟩ *Capa-, Stierfechter|figur, Behandlung* f *des Stieres mit der Capa durch den Stierkämpfer* ‖ ⟨Hist⟩ *Bolzen* m *(der Armbrust)* ‖ Chi *Seitenbewegung* f *des Körpers* ‖ ~ de fortuna *Glücks-, Zu|fall* m, *unerwartetes Ereignis* n ‖ ~ de honor *Ehrenhandel, Zweikampf* m, *Duell* n ‖ librería de ~ *Antiquariat* n ‖ librero de ~ *Antiquar(iatsbuchhändler)* m ‖ libros de ~ *antiquarische Bücher* npl ‖ de ~ *durch Zufall* ‖ compra de ~ *Gelegenheitskauf* m ‖ ◊ comprar de ~ *aus zweiter Hand, antiquarisch kaufen*
lan|cear vt/i *mit der Lanze stechen, verwunden* (→ **alancear**) ‖ ⟨Taur⟩ *den Stier mit der Capa bearbeiten* ‖ Mex *sprießen (Maiskorn)* ‖ –**ceolado** adj ⟨Bot⟩ *lanzettförmig, lanzettlich, lanzeolat, Lanzett-* ‖ –**cera** *f Lanzenständer* m ‖ –**cero** *m Lanzenmacher* m ‖ ⟨Mil⟩ *Lanzenreiter* m (→ a **ulano**) ‖ ⟨Taur⟩ *Lanzenkämpfer* m ‖ ~**s** pl *Lanzier* m, *Quadrille* f *(Tanz)* ‖ –**ceta** *f* ⟨Med⟩ *Lanzette* f ‖ *Impfmesser* n ‖ Chi Mex Pe *Stachel* m ‖ –**cetazo** *m Einstich* bzw *Schnitt* m *(mit der Lanzette)* ‖ Chi Mex Pe *Stachelstich* m ‖ –**cetero** *m* Chi *Lanzettenetui* n
lanci|lla *f* dim *v.* **lanza** ‖ –**nante** adj *stechend, reißend (Schmerz)* ‖ –**nar** vt *stechen, zerreißen* ‖ ~ vi ⟨Med⟩ *stechen, klopfen, lanzinieren (Wunde, entzündete Stelle)*
lan|cha *f dünne, glatte Steinplatte* f ‖ *Boot* n, *Kahn* m ‖ ⟨Mar⟩ *Barkasse, Schaluppe* f ‖ ⟨Mar⟩ *L(e)ichter* m ‖ Ec *Nebel* m ‖ *Reif* m ‖ ~ aduanera *Zoll|kreuzer, -kutter* m ‖ ~ de asalto ⟨Mil⟩ *Sturmboot* n ‖ ~ automóvil, ~ de motor *Motorboot* n ‖ ~ cañonera ⟨Mil⟩ *Kanonenboot* n ‖ ~ cohetera *Raketenboot* n ‖ ~ rápida (torpedera) ⟨Mil⟩ *(Torpedo)Schnellboot* n ‖ ~ de salvamento *Rettungsboot* n ‖ –**chada** *f Bootsladung* f ‖ *Ladevermögen* n *(e–s Bootes)* ‖ –**chaje** *m Bootsdienst* m ‖ *Leichter-, Boots|verkehr* m ‖ *Leichtergeld* n ‖ –**chero** *m Bootseigner* m ‖ *Leichtunternehmer* m ‖ *Matrose* m

(e–s Bootes) ‖ –**chón** *m* augm *v.* –**cha**
landa *f Heide, Sandsteppe* f, *Ödland* n
landgrave *m Landgraf* m
landó [pl -**oes**] *m Landauer* m *(Wagen)*
landre *f Geldbeutel* m ‖ ⟨Med⟩ *(Drüsen)Geschwulst* f
△**landrero** *m (Geld)Dieb* m ‖ *Geizhals* m
lane|ría *f Wollwaren* fpl ‖ *Wollwarengeschäft* n ‖ *Wollfabrikation* f ‖ –**ro** m/adj *Wollhändler* m ‖ ~ adj *wollen, Woll-* ‖ industria ~ a *Wollindustrie* f
△**langar** [g/gu] vi *hinken*
lánga|ra adj Mex *hinterlistig* ‖ –**ro** *m* MAm *Landstreicher* m ‖ Mex fig *schlauer Fuchs* m ‖ Arg figf *Schlaks* m
langor *m* ⟨poet⟩ = **languidez**
langos|ta *f* ⟨Entom⟩ *Wanderheuschrecke* f (Locusta migratoria, Dociostaurus maroccanus) ‖ ⟨Entom⟩ *Grünes Heupferd* n (Tettigonia viridissima) (→ a **saltamontes**) ‖ ⟨Zool⟩ *Languste* f, *Stachelhummer* m (Palinurus vulgaris) ‖ ~ a **bogavante**) ‖ fig *(alles zerstörende) Plage*, fam *Landplage* f ‖ ~ viajera *Wanderheuschrecke* f ‖ plaga de la ~ *Heuschrecken|plage* f, *-schwärme* mpl ‖ –**tero** *m Langustenfischer* m *(Mann, Boot)* ‖ –**tin**, –**tino** *m* ⟨Zool⟩ *(garnelenartiger) Langschwanzkrebs* m (Penaeus caramote, P. setifer) ‖ –**tón** *m* ⟨Entom⟩ *Grünes Heupferd* n (Tettigonia viridissima)
languedociano adj *auf Languedoc (Südfrankreich) bezüglich*
languescente adj *schmachtend, matt*
langui|decer [-zc-] vi *schmachten* ‖ *die Kräfte verlieren, dahin|welken, -siechen* ‖ *verkümmern* ‖ *sich verzehren (vor Liebe, Gram usw)* ‖ –**dez** [pl -**ces**], –**deza** *f*, **languor** *m Mattigkeit, Entkräftung, Schwäche, Abgespanntheit* f ‖ *Schmachten, Dahinwelken* ‖ *Sehnsucht* f
lánguido adj *matt, schwach* ‖ *schmachtend, mutlos*
△**langus|tí** *f Daumen* m ‖ –**tia** *f Finger* m
lanicio adj *Woll-*
lani|fero, –**gero** adj *woll(e)tragend* ‖ ⟨Biol⟩ *wollig*
lanificación *f Wollverarbeitung* f
lanilla *f dünner Wollstoff* m
lanolina *f* ⟨Pharm⟩ *Lanolin* n (Adeps lanae anhydricus)
lanoso adj *wollig*
lansquenete *m* ⟨Hist Mil⟩ *Landsknecht* m
lantano *m* ⟨Chem⟩ *Lanthan* n
lan|terno *m* Ar ⟨Bot⟩ = **aladierna** ‖ –**tisco** *m* And ⟨Bot⟩ = **lentisco**
lanu|do adj/s *wollig, Woll-* ‖ pop *grob, roh* ‖ pop *arm, elend* ‖ –**ginoso** adj *wollartig* ‖ *mit feinem Flaum* ‖ –**go** *m* ⟨Zool⟩ *Lanugo* f
lanza *f Lanze* f ‖ p.ex *Lanzen|ritter* bzw -*kämpfer* m ‖ *(Wurf)Spieß* m ‖ *(Fahnen)Stange* f, *Schaft* m ‖ ⟨Wagen⟩ *Deichsel, Schere* f ‖ *Mundstück* n *(e–r Spritze)* ‖ *Strahl|rohr* n, -*werfer* m ‖ ⟨Sp Hist⟩ *Ger* m ‖ ◊ estar con la ~ en ristre figf *in voller Bereitschaft sein* ‖ ~**s** pl: ◊ correr ~ *Lanzen brechen* ‖ romper ~ por uno fig *e–e Lanze für jdn brechen*
lanza|bombas *m* ⟨Flugw⟩ *Bombenwerfer* m ‖ *Bombenwurfvorrichtung* f ‖ –**cabos** *m Seilwerfer* m (→ **cañón**) ‖ –**cohetes** *m* ⟨Mil⟩ *Raketen-, Nebel|werfer* m ‖ ⟨Mar⟩ *Raketenapparat* m ‖ –**da** *f Lanzenstich* m ‖ *Lanzenstoß* m ‖ –**dera** *f* ⟨Web⟩ *Schiffchen* n ‖ *auswechselbare Alphabetplatte* f *e–r Schreibmaschine* ‖ ◊ parecer una ~ figf *hin und her laufen* ‖ –**dero** *m* ⟨Tech⟩ *Schurre, Rutsche* f ‖ –**do** adj: salida ~a ⟨Sp⟩ *fliegender Start* m ‖ –**dor** m/adj *Werfer* m ‖ *Schleuderer* m ‖ *Trägerrakete* f ‖ ~ de jabalina ⟨Sp⟩ *Speerwerfer* m ‖ –**dora** f/adj *Schleuder* f ‖ *Werferin* f ‖ ⟨Tech⟩ *Schleuder(gerät* n*)* f ‖ –**fuego** *m* ⟨Mil⟩ *Brander* m ‖ –**granadas** *m* ⟨Mil⟩ *Granatwerfer* m ‖ –**llamas** *m* ⟨Mil⟩ *Flammenwerfer* m ‖ –**men-**

lanzamensajes — largo

sajes m ⟨Mil⟩ *Nachrichtenwerfer* m || **-miento** m *Werfen, Schleudern* n || *Start, Abschluß* m || *Anwerfen* n || ⟨Mil⟩ *Abschuß* m || *Abwurf* m || ⟨Mar⟩ *Stapellauf* m || ⟨Jur⟩ *(Zwangs)Räumung* f *(durch das Gericht)* || *Besitzentsetzung* f || ⟨Com⟩ *Lancierung* f *(e–r Ware)* || ~ de bombas *Bombenabwurf* m || ~ por catapulta ⟨Flugw⟩ *Schleuderstart* m || ~ de disco ⟨Sp⟩ *Diskuswerfen* n || ~ de jabalina ⟨Sp⟩ *Speerwurf* m || ~ de martillo ⟨Sp⟩ *Hammerwerfen* n || ~ de peso ⟨Sp⟩ *Kugelstoßen* n || diligencias de ~ ⟨Jur⟩ *Räumungsverfahren* n || **-minas** m *Minenwerfer* m || *Minenleger* m

lanzar [z|c] vt *werfen, schleudern* || *fort-, weg-, hinwerfen* || *schnellen* || *(aus)speien* || *ausstoßen (Schreie, Flüche)* || fig *einführen (e–n Künstler usw)* || *aufbringen (Mode)* || *auf den Markt werfen* (od *bringen*) || *fördern (Autor, Werk)* || ⟨Jur⟩ *gerichtlich räumen* || *aus dem Besitz setzen* || *ausbringen, aussetzen (Fischnetz)* || ⟨Mar⟩ *auslegen (Minen)* || *abfeuern (Torpedo)* || ⟨Mil⟩ *abschießen, starten (Rakete)* || *abblasen (Giftgase)* || ⟨Jgd⟩ *loslassen (Falken, Hunde)* || fig *antreiben, anspornen* || fig *ausstoßen (Fluch)* || fig *machen (Vorwurf)* || ◊ ~ al agua vom *Stapel (laufen) lassen (Schiff)* || ~ un grito *e–n Schrei ausstoßen* || ~ al mercado ⟨Com⟩ *auf den Markt werfen* || ~ una noticia *e–e Nachricht lanzieren, in Umlauf bringen* || sus ojos lanzaban rayos fig *seine Augen sprühten Feuer* || le lanzó una mirada de despecho *er warf ihm e–n verächtlichen Blick zu* || ~**se** *stürzen* (en, sobre *in* acc, a *auf* acc) || *sich (zu weit) einlassen auf* (acc) || *sich bekannt machen (Künstler)* || *abspringen (mit dem Fallschirm)* || ◊ se lanzó a gritar *er erhob ein Geschrei* || ~ a (od en) especulaciones *sich in Spekulationen einlassen* || ~ al agua de cabeza *e–n Kopfsprung machen (Schwimmer)* || ~ al mar *sich ins Meer stürzen* || ~ a la pelea *sich in den Kampf stürzen* || ~ por la cuesta *den Abhang hinunter|laufen, -reiten usw* || ~ sobre el enemigo *über den Feind herfallen* || → a **arrogar, despedir, irradiar, proferir**

Lanzarote m np ⟨Myth⟩ *Lanzelot* m || ⟨Geogr⟩ *e–e der Kanar. Inseln*

lanza|señales m ⟨Mil⟩ *Signalwerfer* m || **-torpedos** m ⟨Mar Flugw⟩ *Torpedoträger* m || *Torpedo(ausstoß)rohr* n

lanzazo m = **lanzada**

lan|zón m augm v **-za** || *Wagendeichsel* f || **-zuela** f dim v. **-za**

laña f ⟨Tech⟩ *eiserne Klammer* f || *Winkelring* m || ⟨Bot⟩ *unreife Kokosnuß* f

△**lao** m *Wort* n

laociano adj/s *laotisch, aus Laos*

Laoco(o)nte m np ⟨Myth⟩ *Laokoon* m

¹**lapa** f *Kahm, Schimmel* m (*auf Wein usw*) || *große Klette* f (→ **lampazo**)

²**lapa** f ⟨Zool⟩ *Schüsselschnecke* f (Patella spp) || ◊ pegarse a alg. como una ~ fig *an jdn wie eine Klette hängen*

³**lapa** f Ven ⟨Zool⟩ = **paca**

laparotomía f ⟨Chir⟩ *Bauchschnitt* m, *Laparotomie* f

lapear vt ⟨Tech⟩ *läppen*

lapicera f Arg Chi = **lapicero** || Chi = **portaplumas** || ~ fuente *Füllhalter* m || ~ esferográfica Am *Kugelschreiber* m

lapicero m (Am ~**a** f) *Bleistift(halter)* m || ⟨Mal⟩ *Pastellstift* m || ~ de bolilla Arg *Kugelschreiber* m

lápida f *Grab-, Gedenkstein* m, *Steintafel* f

lapidación f *Steinigung* f *(& Strafe)*

lapi|dar vt *steinigen* || Col Hond *(Edelsteine) schleifen* || **-dario** adj/s *Edelstein-* || fig *lapidar* || *knapp, kurz und bündig* || *kraftvoll, wuchtig* || estilo ~ fig *Lapidarstil* m || ~ m *Stein|schneider, -schleifer* m || ⟨Uhrm⟩ *Lapidar* m

lapídeo adj *steinern* || *steinartig* || *Stein-*

lapidícola adj ⟨Biol⟩ *im Gestein (bzw unter Steinen) lebend*

lapidificar vt ⟨Chem⟩ *versteinern*

lapislázuli m ⟨Min⟩ *Lasurstein, Lapislazuli, Azurit* m || *Lasurfarbe* f

lapitas mpl ⟨Myth⟩ *die Lapithen* mpl

lápiz [pl **-ces**] m *Bleistift* m || *Reißblei* n || ⟨Pharm⟩ *Lapis, Ätzstift* m || ⟨Mal⟩ *Zeichenstift* m || *Lippenstift* m || ~ de alumbre *Alaunstift* m || ~ (de) carbón *Kohlestift* m || ~ cáustico (od corrosivo) *Ätzstift* m || ~ de cejas *Augenbrauenstift* m || ~ de color *Farb-, Bunt|stift* m || ~ de copiar, ~ copiador *Kopierstift* m || ~ eléctrico *Elektroschreiber* m || ~ encarnado, ~ rojo *Rotstift* m || *Rötel* m || ~ de maquillaje *Schmink-, Make-up stift* m || ~ de mentol *Migränestift* m || ~ negro *Schwarzstift* m || ~ de nitrato de plata *Höllensteinstift* m || ~ pastel *Pastellstift* m || ~ de pelo ⟨Mal⟩ *Haarstift* m || ~ de pizarra *Griffel* m || ~ (de) tinta *Tintenstift* m || dibujo a ~ *Bleistiftzeichnung* f

¹**lapo** m fam *Schlag* m *(mit Riemen od Gerte)* || p. ex *Ohrfeige* f || p. ex fam *Kopfnuß* f

²**lapo** m *Schluck* m

lapón m/adj *Lappländer, Lappe* m || *Lappische(s)* n *(Sprache)* || ~ adj *lappländisch*

Laponia f *Lappland* n

lap|so m *Zeitraum* m || *Zwischenzeit* f, *Intervall* n || = **-sus** || **-sus** m lat *Versehen* n, *Fehler, Irrtum, Lapsus* m || ~ calami lat *Verschreiben* n, *Lapsus calami* || ~ linguae lat *Versprechen* n, *Lapsus linguae*

laquear vt *lackieren*

Láquesis f ⟨Myth⟩ *Lachesis* f || ⁓ f ⟨Zool⟩ *Buschmeister* m (Lachesis) *(Giftschlange)*

lar m *Herd* m || **~es** mpl *Laren* pl, *Hausgötter, Schutzgeister* mpl *(der Familie, des Hauses)* || fig *Haus und Hof* || fig *Heim* n || *Heimat* f || *Heimstätte* f

△**laracha** f *Nacht* f

¡**larán**, ~ ~ ! pop *tralala!*

△**laranó** m *Leser* m

lardáceo adj *speck|ig, -artig, -ähnlich* || bazo (hígado, riñón) ~ ⟨Med⟩ *Speck|milz (-leber, -niere)* f

lar|d(e)ar vt *(durch)spicken (Braten usw)* || *mit Fett übergießen* || *mit Speck reiben* || **-dero** adj ~ jueves || martes ~ *Dienstag* m || *!schermittwoch* ~ m/adj ⟨Entom⟩ *Speckkäfer* m (Dermestes lardarius) || **-do** m *Speck* m || *(Tier-) Fett* n || *Schmer* m/n

△**lardorí** f *Gerste* f

lardoso adj *speckartig* || *speckig, fett* || *Speck-* || aguja ~**a** *Specknadel* f

lar|ga f *Ausweitesohle* f *der Schuhmacher* || *langer Billardstock* m || ⟨Gr⟩ *lange Silbe* f || ⟨Taur⟩ *Abbringen* n *des Stieres vom Picador mit ausgebreitetem, auf dem Boden schleifendem Tuch* || △ *Weg* m || **-gada** f Am *Los-* bzw *Nach|lassen* n || **~s** pl *Aufschub* m, *Verzögerung* f || ◊ dar ~ et *in die Länge ziehen* || **-gamente** adv *lang(e)* || fig *reichlich* || fig *unbeschränkt* || fig *umständlich* || ◊ pasarlo ~ *gutes Auskommen haben* || **-gar** [g|gu] vt *nachfahren lassen* || *(langsam) loslassen* || *losmachen* || *versetzen (Hieb, Ohrfeige)*, fam *e–e herunterhauen, verpassen (Ohrfeige)* || *ab|lassen, -senden, aufsteigen lassen (Brieftauben)* || ⟨Mar⟩ *aufsetzen, fieren (Boot)* || ⟨Mar⟩ *beisetzen (Segel)* || *ziehen (Flagge)* || *abtrennen, wegstoßen (Raketenstufe)* || ◊ ~ una barbaridad fam *mit e–r Dummheit herausplatzen* || ~ la corredera ⟨Mar⟩ *loggen* || vi ⟨Mar⟩ *umschlagen (Wind)* || ~**se** ⟨Mar⟩ *in See gehen* || fig *ausreißen, entwischen* || ◊ ¡lárgate! *fort von hier!* || ~ con viento fresco fam *Reißaus nehmen, sich davonmachen*

¹**largo** adj/s *lang* || *lange dauernd* || *weit, ausgedehnt* || fig *weitläufig* || fig *reichlich* || fig *freigebig* || ⟨Gr⟩ *lang, gedehnt (Laut, Silbe)* || ~ de lengua

largo — latigazo 682

figf *frech im Reden, vorlaut* || ~ de manos figf *dreist, verwegen* || ~ de pelo *langhaarig* || ~ en trabajar *arbeitstüchtig* || ~a travesía *lange Seefahrt* f || ~a vista, ~ plazo *lange Sicht* f *(Wechsel)* || anteojos de ~a vista *Fernrohr* n || camino ~ weiter *Weg* m || peso ~ *Gutgewicht* n || a ~ andar *mit der Zeit* || a la ~a *auf die Dauer* || *nach langer Zeit* || *weitläufig, ausführlich* || a la corta o a la ~a *früher od später* || *mit der Zeit* || a lo ~ *der Länge nach* || *längs, entlang* || *in der Ferne* || a lo más ~ *höchstens* || a paso ~ *mit großen Schritten* || fig *in Eile, eiligst* || a las siete ~a pop *spät nach 7 Uhr* || (de) ~ a ~ *der ganzen Länge nach* || *in aller Bequemlichkeit* || de ~a fecha *seit langem* || por ~ *ausführlich, umständlich* || ◊ cayó cuan ~ era pop *er fiel der ganzen Länge nach hin*, fam *wie ein Sack* || es ~ de contar *das ist e–e lange Geschichte* || hacerse a lo (*od* al) ~ ⟨Mar⟩ *in See gehen* || Am *fort|gehen, -reisen* || el tiempo se me hace ~ *die Zeit wird mir lang* || ir (para) ~ fam *sich in die Länge ziehen (Angelegenheit(* || ir de ~ *lange Kleider tragen (Mädchen)* || pasar (*od* ir, irse) de ~ *vor|beigehen, -übergehen (ohne sich aufzuhalten)* || fig *außer acht lassen, vergessen, übersehen* || poner de ~ ≈ *in die Gesellschaft einführen (junge Mädchen)* || saberla muy ~a fam *sehr verschmitzt, schlau sein* || ser ~ de uñas fam *ein Langfinger sein* || tener el brazo ~, ser ~ de manos pop *den Rummel kennen* || *sehr gerieben sein*
²**largo** *adv ausführlich* || *reichlich* || ~ y tendido pop *in Hülle und Fülle* || *weit und breit* || *unaufhörlich, beständig* || ¡~ (de ahí)! *fort von hier!*
³**largo** *m Länge* f || ⟨Mar⟩ *offene, hohe See* f || ⟨Mus⟩ *Largo* n || medio ~ de caballo *halbe Pferdelänge* f *(Maß)* || pelota al ~ ⟨Sp⟩ *baskisches Ballspiel* n *ohne frontón* || ◊ llevar un ~ ⟨Sp⟩ *um eine Pferdelänge (bzw Radlänge usw) voraus sein* || tener un metro de ~ *ein Meter lang sein*
largometraje *m* ⟨Filmw⟩ *abendfüllender Film, Langmetrage-Film, Hauptfilm* m
lar|gor *m Länge* f || figf *langes Gesicht* n || **-guero** *m* ⟨Tech⟩ *Holm* m || *Seitenholz* n *(am Bettgestell)* || ⟨Aut⟩ *Längsträger* m *(des Rahmens)* || ⟨Flugw⟩ *Holm* m || *Pfühl* m, *längliches Kopfkissen* n || ⟨Sp⟩ *Torbalken* m *(Fußball)* || ~ de escalera *(Leiter)Holm* m || **-gueza** *f Freigebigkeit* f || * ~ = **-gura** || **-guirucho** *adj fam lang, groß und schmächtig, hager* || ~ *m* fam *Schlaks* m || △**-gules** *mpl Finger* mpl || **-gura** *f Länge* f
lárice *m* ⟨Bot⟩ = **alerce**
láridos *mpl* ⟨V⟩ *Möwen* fpl (Laridae)
la|ringe *f* ⟨An⟩ *Kehlkopf, Larynx* m || **-ringea** *f* ⟨Li⟩ *Kehl(kopf)laut, Laryngal, Glottal* m || **-ringectomía** *f* ⟨Chir⟩ *Laryngektomie* f || **-ríngeo** adj ⟨An⟩ *Kehlkopf-*
larin|gitis *f* ⟨Med⟩ *Kehlkopfentzündung, Laryngitis* f || **-goscopia** *f* ⟨Med⟩ *Kehlkopfspiegelung, Laryngoskopie* f || **-goscopio** *m* ⟨Med⟩ *Kehlkopfspiegel* m, *Laryngoskop* n || **-gotomía** *f* ⟨Chir⟩ *Kehlkopfschnitt* m, *Laryngotomie* f
lar|va *f Larve* f *(Jungstadium mancher Tiere, bes Insekten)* || *Larve, Maske* f || *Larve* f, *Gespenst* n || **-vado** adj ⟨Med⟩ *larviert, versteckt, ohne typische Merkmale* || fig *verschleiert, verhüllt* || *heimlich, verborgen* || *maskiert* || **-val, -vario** adj ⟨Zool⟩ *larval, Larven-*
las 1. art *fpl die* || → **la** (nosotras) ~ mujeres *wir Frauen* || llevar ~ de perder fam *Mißerfolg haben* || → **Villadiego** || 2. ~ pron *sie (als acc od* dat): → **la**
las|ca *f Steinsplitter* m || **-car** *m* ⟨Hist⟩ *Laskar* m *(indischer Matrose, ind. Soldat)* || ~ vt ⟨Mar⟩ *lockern* || Mex *verletzen*
lasci|via *f Geilheit, Wollust* f || *Unzüchtigkeit, Lüsternheit, Schlüpfrigkeit, Laszivität* f || fig *Üppigkeit* f || → **lujuria** || **-vo** adj/s *geil, wollüstig, lüstern, lasziv, unzüchtig* || *schlüpfrig* || fig *üppig* || → a **luju|rioso, -riante**

laser *m* ⟨Phys⟩ *Laser* m
lasiocámpidos *mpl* ⟨Entom⟩ *Glucken* fpl (Lasiocampidae)
la|situd *f Müdigkeit, Mattigkeit, Schlaffheit* f || *Niedergeschlagenheit* f || **-so** adj *matt, kraftlos*
lástex *m* ⟨Web⟩ *Lastex* n *(düsengespritzte Gummifäden)*
lástima *f Bedauern* n || *Erbarmen* n || *Mitleid* n *(Weh)Klagen* n || *Unannehmlichkeit, Plage* f || *Jammer* m || *Gejammer* n || ¡~ ! ¡que ~ ! *wie schade! es ist ewig schade!* || ¡~ de dinero! *schade um das Geld!* || por (*od* de) ~ *aus Mitleid* || ◊ ~ que no haya venido *er ist leider nicht gekommen* || dar (*od* causar, mover a) ~ *Mitleid, Bedauern einflößen* || me da ~ *es tut mir leid* || es ~ *es ist schade* || es una ~ *es ist zum Erbarmen* || *es ist jammerschade* || estar hecho una ~ *zum Gotterbarmen aussehen* || übel zugerichtet sein || está que da ~ *er ist sehr übel daran*
lasti|madura *f Verletzen* n || *Verletzung* f || **-mar** vt *ver|letzen, -wunden* || *schaden, schädigen* || fig *jdn beleidigen, jdm nahetreten* || *bemitleiden, bedauern* || **~se wehklagen** || ◊ ~ de *Mitleid haben mit* dat || ~ el pie *sich am Fuß verletzen* || ~ con (*od* contra, en) una piedra *sich an e–m Stein verletzen* || **-mero** adj *jämmerlich, erbärmlich* || *kläglich* || *klagend* || con voz ~ a *mit klagender Stimme*, *kläglich* || **-moso** adj *elend, jämmerlich* || *bedauernswert* || *mitleiderregend*
lastra *f Steinplatte* f (→ a **lancha**)
lastrar vt *belasten* || *mit Ballast versehen* || *beschweren* || *(be)schottern* || vi ⟨Mar⟩ *Ballast einnehmen od übernehmen od aufnehmen, ballasten*
¹**lastre** *m Schotter* m || *Kleinschlag* m
²**lastre** *m* ⟨Mar⟩ *Ballast* m (& fig) || saco de ~ *Ballastsack* m
¹**lata** *f Latte* f, *Brett* n
²**lata** *f Blech* n || *Blech|büchse, -dose* f || ⟨Kochk⟩ *Backblech* n || *Blechform* f || Am pop *Säbel* m || ~ de conservas *Konserven|büchse, -dose* f || hoja de ~ *Blechplatte* f, *Blech* n || sardinas en ~ (s) ~ *Büchsensardinen* fpl || una ~ de sardinas *eine Büchse Sardinen*
³**lata** *f* fig *langweilige Rede, Unterhaltung* f, figf *Blech* n, *Quatsch* m || ¡qué ~ ! *welcher Unsinn!* || wie *langweilig!* || ◊ dar (la) ~ a alg. figf *jdn belästigen, jdm lästig fallen* || es una ~ fam *das ist e–e langweilige Geschichte*, pop *das ist stinklangweilig!* || este libro es una ~ figf *dies(es) Buch ist ein langweiliger Wälzer*
Latá *f* np Tfn pop = **Adela**
la|tamente adv *weitläufig* || fig *im weiteren Sinne* || **-tazo** *m* figf *großer Quatsch* m, *großes Blech* n || → **lata** || **-tear** vt Arg Chi PR *jdn langweilen* || vi Arg *schwatzen*
late|bra *f Versteck* n || *Schlupfwinkel* m || **-brícola** adj ⟨Zool⟩ *verborgen lebend*
laten|cia *f* ⟨Wiss Med Biol⟩ *Latenz* f || *período de ~* ⟨Med⟩ *Latenzzeit* f *(z. B. e–r Krankheit)* || **-te** adj *geheim, verborgen* || ⟨Med⟩ *latent (Krankheit)* || ⟨Li⟩ *Tiefen- (Struktur)* || calor ~ ⟨Phys⟩ *Umwandlungswärme, gebundene Wärme* f
lateral adj *seitlich, Seiten-, Neben-, lateral* || línea ~ *Seitenlinie* f || parentesco ~ *Verwandtschaft* f *in der Seitenlinie* || adv: **-mente**
lateranense adj *Lateran-* (→ **Letrán**)
late|ría *f Weißblechartikel* mpl || *Blechemballagen* pl || **-rio** *m* fam *(Vorrat* m *an) Konservendosen* fpl || **-rita** *f* ⟨Geol⟩ *Laterit* m
latero *m* Am *Klempner, Spengler* m || ~ adj/s fam *lästig, widrig*
látex *m Latex* m
latido *m Klopfen, Pochen, Schlagen* n *(des Herzens, Pulses)* || *Anschlagen* n *(von Hunden)*
latifun|dio *m Großgrundbesitz* m, *Latifundium* n || **-dismo** *m Latifundienwesen* n || **-dista** *m/*adj *Großgrundbesitzer* m
latigazo *m Peitschenhieb* m || *Peitschenknall* m

|| fig *(Schicksals)Schlag* m || fam *Wischer* m || pop *Schluck* m *(Wein)* || ◊ *pegarse un* ~ fig pop *sich e-n hinter die Binde kippen*
látigo *m Peitsche* f || *(Reit)Gerte* f || *chasquido del* ~ *Peitschenknall* m
lati|guear vt *mit der Peitsche knallen* || **–guillo** *m* dim *v.* **látigo** || ⟨Bot⟩ *Trieb, Sproß* m || fig *Kehrreim* m || *de* ~ ⟨Th Taur⟩ figf *auf Effekt berechnet* || *caída de* ~ ⟨Taur⟩ *Sturz* m *e–s Pikadors auf den Rücken*
latín *m Latein* n, *lateinische Sprache* f || ~ *de boticario,* ~ *macarrónico* fam *Küchenlatein* n || ~ *clásico, moderno klassisches, modernes Latein* n || *bajo* ~, ~ *rústico,* ~ *vulgar Spät-, Vulgärlatein* n *(im Mittelalter)* || ◊ *coger a uno en (algún) mal* ~ figf *jdn bei e–m Fehler ertappen* || *saber (mucho)* ~ figf *sehr gerissen sein* || **~es** *pl* fam *lateinische Ausdrücke, lat. Brocken* mpl || fam *gelehrte Tüfteleien* fpl || ◊ *entender de* ~ pop *gebildet sein*
lati|najo *m* fam desp *Küchenlatein, schlechtes Latein* n, *lateinische Brocken* mpl || **~s** *pl* fam *lat. Brocken* mpl || fam *Erdichtung, Lüge* f || fam *Jägerlatein* n, *Aufschneiderei* f || **–nidad** *f lat. Sprache* f || *lat. Schreibweise; Literatur* f || *Latinität* f || *lateinisches Wesen* n || *baja (od infima)* ~ *Vulgär-, Spät|latein* n || *spätlateinische Zeit* f || **–niparla** *f* joc *od* desp *lateinisches bzw lateinähnliches Kauderwelsch* n || **–nismo** *m Latinismus* m, *lat. Redewendung* f || **–nista** *m/*adj *Latinist* m || **–nización** *f Latinisierung* f || **–nizar** [z/c] vt *dem lat. Wesen anpassen, latinisieren* || *lateinische Ausdrücke (bzw Wörter) gebrauchen* || **–no** *m Latiner* m || *Lateiner* m || *los* ~s *die romanischen Völker* npl, *die Romanen* mpl || adj *lateinisch, aus Latium (Lacio)* || *latein(isch)* || *romanisch (Sprache)* || *im Orient: abendländisch* || *la América* ╌*a Lateinamerika* n || *los pueblos* ~s *die romanischen Völker* npl || *Barrio*╌*Quartier* n *Latin in Paris* || *vela* ~a ⟨Mar⟩ *Latein-, Rutensegel* n || ╌**américa** *f Lateinamerika* n (→ **Hispano-, Ibero|américa**) || *americano* adj/s *lateinamerikanisch* || ~ *m Lateinamerikaner* m || → **hispano-, ibero|americano** || → a **latín**
latir vi *schlagen (Herz, Puls)* || *pochen (Herz, Pulsader)* || *klopfen (Herz, Schmerz)* || *anschlagen (Hund)*
latirismo *m* ⟨Med⟩ *Lathyrismus* m, *Vergiftung* f *durch die Platterbse* (Lathyrus sp)
lati|tud *f (geographische) Breite* f || *Ausdehnung* f || fig *Weite* f *(z. B. e–s Begriffs)* || ~ *meridional,* ~ *Sur* ⟨Mar⟩ *Südbreite* f || ~ *septentrional,* ~ *Norte* ⟨Mar⟩ *Nordbreite* f || *grado de* ~ ⟨Geogr⟩ *Breitengrad* m || **–tudinario** *m* ⟨Rel⟩ *Latitudinarier* m
lato adj *breit, weit, geräumig* || *en sentido* ~, ~ *sensu lat im weiteren Sinne (genommen)*
¹**latón** *m Messing* n || Am *Säbel* m || ~ *blanco Gelbmessing* n || ~ *de cartuchería* ⟨Mil⟩ *Patronenmessing* n
²**latón** *m* Ar *Elsbeere* f
latone|ría *f Messing-, Gelb|gießerei* f || *Messingwaren* fpl || **–ro** *m Messinggießer* m || *Messingwarenhändler* m || Ar ⟨Bot⟩ = **almez**
latoso adj/s fam *lästig, zudringlich* || *langweilig* || *widrig*
latría *f* ⟨Kath⟩ *Latrie, Anbetung* f *Gottes*
latrocinio *m* = **robo, hurto**
latrodecto *m* ⟨Zool⟩ *Malmignatte* f (Latrodectus tredecimguttatus) || → a **cazampulga, viuda negra**
Lat|via *f Lettland* n || ╌**vio** adj *lettisch* || ~ *m Lette* m || *die lettische Sprache* (→ a **lituano**)
laucha *f* Arg Bol Chi allg *Maus* f (→ **ratón**) || fig *Waschlappen, Trottel* m || Arg Ur *schlauer Fuchs, gerissener Kerl* m || ⟨Bgb⟩ *(kleiner) Hund, Hunt* m
laúd *m* ⟨Mus⟩ *Laute* f || ⟨Mar⟩ *(Art) Feluke* f || ⟨Zool⟩ *Lederschildkröte* f (Dermochelys coriacea)
laudable adj *löblich, lobenswert*
láudano *m* ⟨Pharm⟩ *Laudanum* n
laudar vi ⟨Jur⟩ *einen Schiedsspruch fällen*
laudatorio adj *Lob-* || *discurso* ~ *Lobrede* f
laudo *m:* ~ (arbitral) ⟨Jur⟩ *Schiedsspruch* m
launa *f* ⟨Min⟩ *Magnesiumtonerde* f
laurá|ceas *fpl* ⟨Bot⟩ *Lorbeergewächse* npl (Lauracee) || **–ceo** adj *lorbeerartig*
laurea|do adj/s *lorbeer-, preisgekrönt* || *poeta* ~ *gekrönter Dichter* m || *(cruz)* –da de San Fernando ⟨Mil⟩ *Lorbeerkreuz* n *des heiligen Ferdinand (höchste span. Tapferkeitsauszeichnung)* || *caballero* ~ Span ⟨Mil⟩ *Träger* m *der cruz laureada de S. Fernando* || **–r** vt *mit Lorbeer bekränzen* || *(mit e–m Preis) auszeichnen*
lauredal *m Lorbeerhain* m || ⟨Bot⟩ *Lorbeerbaum* m (→ **laurel**)
laurel *m* || ⟨Bot⟩ *Lorbeer(baum)* m (Laurus nobilis) || fig *Lorbeer, Siegerkranz* m || ~ *alejandrino* ⟨Bot⟩ *Alexandrinischer Lorbeer* m (Danae racemosa) || ~ *cerezo* = **lauroceraso** || ~ *rosa* = **adelfa** || *hojas de* ~ *Lorbeerblätter* npl || **~es** *pl: corona de* ~ *Lorbeerkranz* m || ◊ *dormirse sobre sus* ~ fig *auf seinen Lorbeeren ausruhen*
laurencio *m* ⟨Chem⟩ *Lawrencium* n
láureo adj *Lorbeer-*
¹**lauréola, laureola** *f Lorbeerkrone* f, *Lorbeerkranz* m
²**lauréola, laureola** *f Heiligenschein* m (→ **aureola**)
³**lauréola, laureola** *f* ⟨Bot⟩ *Seidelblast* m (Daphne spp)
lauretano adj *lauretanisch, aus Loreto (Italien)*
lauro *m Ruhm* m || = **laurel** || **~ceraso** *m* ⟨Bot⟩ *Kirschlorbeer* m (Prunus [Cerasus] laurocerasus)
Lausana *f Lausanne (am Genfer See)*
lauto adj ⟨Lit⟩ *üppig* || *reich*
¹**lava** *f (Vulkan)Lava* f
²**lava** *f* ⟨Bgb⟩ *Erzwäsche* f
lava|ble adj *(ab)waschbar* || *vollwaschbar (Kleidungsstück)* || *waschecht (Farbe)* || *vestido* ~ *Waschkleid* n || **–bo** *m Wasch|becken* n, -*tisch* m || *Waschraum* m || ⟨Kath⟩ *Lavabo* n *(in der Messe)* || **~s** *mpl* fam euph *Toiletten* fpl || *encargada de los* ~ *Toilettenfrau* f || **–caras** *m/f* fam *Schmeichler(in)* m(f) || **–coches** *m Wagenwäscher* m || *Wagenwaschgerät* n || *Wagenwaschanlage* f || **–da** *f (Ab-)Waschen* n, ~ **–dero** *m Wasch|haus* n, *-raum* m || *Waschküche* f || *Waschbrett* n || *Waschplatz* m || ⟨Tech⟩ *Wäsche* f || *Waschanlage* f || ~ *de oro Goldwaschplatz* m *(der Goldsucher)*
lava|do adj *gewaschen* || *mit dunklen Flecken (Pferd)* || Cu *hellrot (Rindvieh)* || ~ *m (Ab-)Waschen* n || ⟨Med⟩ *Waschung* f || ⟨Med Tech⟩ *Spülung* f || ⟨Tech⟩ *Wässerung* f || ⟨Mal⟩ *einfarbiges Aquarellgemälde* n || ⟨Mal⟩ *Tuschen* n || ~ *de cerebro* fig *Gehirnwäsche* f || *lista* del ~ *Wäschezettel* m *(für die Waschfrau)* || **–dor** adj *waschend* || ~ *m Wäsche* m (bes ⟨Tech⟩) || **–dora** *f Waschmaschine* f || **–dura** *f (Ab)Waschen* n || *Spüllicht* n || *Wascherei* f || **–frutas** *m Waschschale* f *(für Tischobst)* || **–je** *m (Ab)Spülen* n || *Wollwäsche* f || **~s** *del estómago Magenspülungen* fpl || **–manos** *m Handwasch|becken* bzw *-mittel* n || *Spülbecken* n *(Tischgerät)*
lavanda *f* gall ⟨Bot⟩ = **lavándula** || *agua de* ~ *Lavendelwasser* n || *perfume de* ~ *Lavendelduft* m
lavande|ra *f Wäscherin, Waschfrau* f || ~ *de fino Feinwäscherin* f || ⟨V⟩ *Bachstelze* f (Motacilla) || ~ *blanca Gemeine Bachstelze* f (M. alba) || ~ *boyera Schafstelze* f (M. flava) || ~ *cascadeña Gebirgstelze* f (M. cinerea) || **–ro** *m Wäscher* m
lavándula *f* ⟨Bot⟩ *Lavendel* m (→ **espliego**)
lava|ojos *m* ⟨Med⟩ *Augen|spülglas* n, *-schale* f *(für Augenbäder)* || **–parabrisas** *m* ⟨Aut⟩ *Scheibenwaschanlage* f || **–platos** *m Tellerwäscher* m || *Geschirrspülmaschine* f

lavar vt *(aus) waschen* ‖ *abwaschen, abspülen* ‖ *putzen (Zähne)* ‖ *auspumpen, spülen (Magen)* ‖ fig *tilgen (Sünde)* ‖ fig *reinigen* ‖ fig *abwaschen (Schande)* ‖ *(e–e Mauer) übertünchen* ‖ ⟨Arch⟩ *(e–e Zeichnung) in Aquarell ausmalen, tuschen, lavieren* ‖ ⟨Tech Chem⟩ *ab-, aus|schwemmen, -schlämmen* ‖ ⟨Bgb⟩ *waschen, aufbereiten* ‖ ⟨Metal⟩ *läutern* ‖ ◇ ~ la cara a alg. figf *jdm Weihrauch streuen, jdn heuchlerisch loben* ‖ ~ una ofensa con sangre fig *e–e Beleidigung mit Blut sühnen* ‖ ~ con tinta china ⟨Mal⟩ *tuschen, antuschen* ‖ dar a ~, hacer ~ *in die Wäsche geben* ‖ me lavo las manos fig *ich wasche meine Hände in Unschuld* ‖ *ich will nichts damit zu tun haben* ‖ hay que ~ la ropa sucia en casa *(od* en familia) fig *man soll seine schmutzige Wäsche nicht in der Öffentlichkeit waschen* ‖ agua de ~ *Waschwasser* n ‖ **~se** *sich waschen*
lava|tiva *f Klistier* n, *Einlauf* m ‖ *Klistierspritze* f ‖ figf *Unannehmlichkeit* f ‖ **–torio** *m (Ab)Waschen* n ‖ ⟨Med⟩ *Blähungsmittel, Karminativ* n ‖ ⟨Kath⟩ *Handwaschung* f *(in der Messe)* (→ **lavabo**) ‖ *Fußwaschung* f *(am Gründonnerstag)* ‖ **–zas** *fpl Spülicht* n ‖ ⟨Tech⟩ *Abwasser* n
lave m → ²**lava**
lávico adj *Lava-*
lavote|ar vt fam *oberflächlich, eilig waschen* ‖ **~se** fam *sich abspülen* ‖ **–o** *m* fam *Katzenwäsche* f
lawn-tennis *m Lawn-Tennis, Tennis(spiel)* n ‖ jugador de ~ *Tennisspieler* m
laxación *f Erschlaffung* f ‖ *Entspannung* f ‖ *Lockerung* f ‖ →**relajación**
laxante m/adj ⟨Med⟩ *Abführmittel* n
laxar vt/i *lockern* ‖ ⟨Med⟩ *abführen*
laxativo m/adj = **laxante**
laxismo m ⟨Theol⟩ *Laxismus* m
la|xitud *f Abspannung, Schlaffheit* f ‖ **–xo** adj *schlaff, erschlafft* ‖ *locker* ‖ *nachsichtig* ‖ fig *gelockert, lax (Grundsätze, Sitten)*
lay m ⟨Lit⟩ *Leich* m
¹**laya** *f Gattung, Art, Beschaffenheit* f ‖ de la misma ~ *von demselben Schlag* ‖ de toda ~ *allerhand* ‖ de esta ~ *derartig*
²**laya** *f (baskisches) Grab-, Stech|scheit* n ‖ *(Abstech)Spaten* m *(bes in der Form e–r mehrzinkigen Gabel, mit e–m Handgriff quer am Stielende)*
³△**laya** *f Scham* f
la|zada *f (Band)Schleife f ‖ Schlinge* f, *leichter Knoten* m ‖ **–zador** m *Greifer* m *(Nähmaschine)* ‖ **–zar** [z/c] vt *mit e–r Schlinge (bzw mit dem Lasso) fangen* ‖ *(fest)binden*
laza|reto m *Leprastation* f, *Leprosorium* n ‖ *Quarantänestation* f ‖ → a **hospital** *militar* ‖ **–rillo** *m Blindenführer* m *(Ansp. auf den Helden des Schelmenromans Lazarillo de Tormes 16. Jh.])* ‖ **–rista** m ⟨Kath⟩ *Lazarist* m *(der Pflege der Leprakranken gewidmet)*
Lázaro m np *Lazar(us)* m ‖ ◇estar hecho un ~ fig *mit Wunden bedeckt sein* ‖ ≟ m fig *Lepraranke(r), Aussätzige(r)* m (→ **leproso**)
lazo m *Schlinge, Schleife* f ‖ *Schleifknoten* m ‖ *Schlaufe* f ‖ *Schleife*, fam *Fliege* f *(Krawatte)* ‖ *Strang, (Pack)Strick* m ‖ *Fangschlinge* f ‖ *Lasso* n ‖ ⟨Flugw⟩ *Fangleine* f ‖ fig *Band* n *(der Freundschaft usw)* ‖ fig *Falle, Intrige* f ‖ ~ de cable ⟨Mar⟩ *Stropp* m ‖ ~ corredizo *Schleifknoten* m ‖ ~ matrimonial *Eheband* n ‖ → **ligamen** ‖ ◇ armar *figf e–e Falle stellen* ‖ cazar con ~ *mit dem Lasso (Schlinge) fangen, jagen* ‖ caer en el ~ figf *in die Falle, auf den Leim gehen* ‖ tender un ~ a uno fig *jdm e–e Falle stellen* ‖ **~s** pl: ~ de amor *Liebesbande* npl
lazulita f ⟨Min⟩ → **azurita**
lba., lb. Abk = **libra**
lbs. Abk = **libras**
L.C. Abk = **Lista de Correos**

L.do, **l.**do Abk = **licenciado**
L. E. Abk = **libra(s) esterlina(s)**
le [pl **les**] pron 1. dat *ihm, ihr, Ihnen* ‖ ~ digo (a V.) *ich sage Ihnen* ‖ (~) digo al padre *(aber al padre* ~ digo) *ich sage dem Vater* ‖ no ~ digo nada fam *das ist e–e saubere Geschichte!* ‖ ¡sígue-le! *folge ihm nach!* ‖ ¡sigámoslos! *folgen wir ihnen nach!* ‖ ¿que ~ parece? *was sagen Sie dazu?* ‖ 2. acc. *ihn, sie, Sie* (= **lo**) (→ **leísmo**) ‖ (~) veo al padre *(aber* al padre ~ veo) *ich sehe den Vater* ‖ → a **lo** ‖ → a **se**
△**lea** *f (Straßen)Dirne* f ‖ *Peseta* f (→ a **leandra**)
leader m engl = **líder**
leal adj/s *treu, ergeben* ‖ *ehrlich, bieder, redlich* ‖ *loyal* ‖ *reell (bes Kaufleute)* ‖ adv: ~ **mente**
lealtad *f Treue* f ‖ *Ehrlichkeit* f ‖ *Redlichkeit* f ‖ *Ergebenheit* f ‖ *Loyalität* f ‖ *Rechtschaffenheit* f ‖ *Ehrenhaftigkeit* f ‖ con ~ *treu, ergeben*
leandra *f* fam *Peseta* f ‖ **~s** *fpl* fam *Moneten* fpl
Leandro m np Tfn *Leander* m
lebaniego adj/s *aus dem Liebanatal* (PSant)
lebeche m *Südwestwind* m *(an der span. Mittelmeerküste)*
le|brato, –bratón m *Junghase* m ‖ **–brel** adj: (perro) ~ *Wind-, Hetz|hund* m ‖ **–brero** adj/s *zur Hasenjagd abgerichtet (Hund)*
lebrillo m *großer irdener Napf* m
le|brón m augm v. **liebre** ‖ figf *Feigling, Angsthase* m ‖ **–broncillo** m *junger Hase* m ‖ **–bruno** adj *Hasen-*
lección *f Lesen* n ‖ *Vorlesung, (Lehr)Stunde* f ‖ *Unterricht* m ‖ *Lehrstück* n, *Lektion* f ‖ *Lehr-, Unterrichts|stunde* f ‖ *(Lern)Aufgabe* f ‖ *Lesart* f ‖ *Weisung, Lehre* f ‖ fig *Lehre, Warnung* f ‖ fig *Belehrung* f ‖ ~ en grupo, ~ de clase *Klassenstunde* f ‖ ~ de idiomas *Sprachstunde* f ‖ ~ individual *Einzelstunde* f ‖ ~ particular *Privatstunde* f ‖ ◇ dar la ~ *seine Lektion aufsagen* ‖ dar a uno una ~ fam *jdm die Leviten lesen, jdm einen Denkzettel geben* ‖ tomar la ~ *(jdn e–e Lektion) aufsagen lassen, jdn überhören* ‖ ¡que le sirva de ~! *lassen Sie sich das gesagt sein!* ‖ **es** *fpl*: por correspondencia *Unterrichtsbriefe* mpl ‖ ~ de equitación *Reitstunden* fpl ‖ ◇ dar ~ *Stunden, Unterricht geben* ‖ tomar *(od* dar) ~ *Unterricht nehmen (con bei)* ‖
leccionario m ⟨Kath⟩ *Lektionar* n
lecitina *f* ⟨Chem⟩ *Lecithin* n
lec|tivo adj: año ~ *Vorlesungsjahr* n ‖ día ~ *Kollegtag* m *(an Hochschulen)* ‖ **–tor** *m Leser* m ‖ *Vorleser* m ‖ *die zweite der geistlichen Weihen* ‖ *Lektor* m *(an e–r Hochschule, in e–m Verlag)* ‖ ⟨Ak⟩ *Tonabnehmer, Abtaster* m ‖ ~ de cinta perforada ⟨Tech⟩ *Lochstreifenleser* m ‖ buen ~ de almas figf *guter Menschenkenner* m ‖ **–tora** *f Leserin* f ‖ *Lektorin* f ‖ **–torado** m *Lektorat* n ‖ **–toría** *f Lektorat* n ‖ **–tura** *f (Vor)Lesen* n ‖ *Lesestoff* m, *Lektüre* f ‖ *Vorlesung* f ‖ *Lesart* f ⟨Pol⟩ ‖ *Lesung* f *(im Parlament)* ‖ ⟨Typ⟩ *Korrekturlesen* n ‖ *Ablesen* n *(von e–m Meßinstrument)* ‖ ⟨Typ⟩ *Cicero(schrift)* f ‖ *Belesenheit* f ‖ *e–r Person* ‖ ~ del presupuesto *Haushaltlesung* f *(im Parlament)* ‖ ~ de pruebas ⟨Typ⟩ *Korrekturlesen* n ‖ ◇ dar ~ (de) *et vorlesen* ‖ → **gabinete**
lecha f ⟨Fi⟩ *Samen* m, *Milch* f *der männlichen Fische* ‖ *Samen|, Milch|beutel* m *(der Fische)*
le|chada *f Mörtel(brei)* m ‖ *Kalk|bewurf* m, *-milch* f ‖ ⟨Chem⟩ *Aufschwemmung* f ‖ **Brühe** f ‖ **–chal** adj ⟨Zool⟩ *saugend (Tier)* ‖ ⟨Bot⟩ *milchhaltig* ‖ ~ m ⟨Bot⟩ *Milchsaft* m *(mancher Pflanzen)*
leche *f Milch* f ‖ *milchähnliche Flüssigkeit* f ‖ fig *erster Unterricht* m *in e–r Kunst* ‖ vulg *männlicher Same* m *(& vulg als Fluchwort)* ‖ ~ adulterada *gefälschte Milch* f ‖ ~ agria *saure Milch* f ‖ ~ aguada *gewässerte Milch* f ‖ ~ de almendras *Mandelmilch* f ‖ ~ de cabra *Ziegenmilch* f ‖ ~ de cal *Kalkmilch* f ‖ ~ condensada *Kondensmilch* f ‖

~ desnatada, ~ descremada *entrahmte Milch* f ||
~ entera *Vollmilch* f || ~ esterilizada *sterilisierte
Milch* f || ~ hervida *abgekochte Milch* f || ~ de
manteca *Buttermilch* f || ~ materna *Muttermilch*
f || ~ merengada *(Art) Milcheis* n || ~ pasteurizada *pasteurisierte Milch* f || ~ de vaca *Kuhmilch*
f || ~ de los viejos figf → **vino** || ~ de yegua
Stutenmilch f || ama de ~ *Nähramme* f || cochinillo de ~ *Spanferkel* n || diente de ~ *Milchzahn*
m || hermano de ~ *Milchbruder* m || como una ~
fam *zart, mürbe (Speise, Braten)* || ◊ estar de
mala ~ vulg *übelgelaunt sein,* pop *saumäßig gelaunt sein* || mamar en la ~ figf *mit der Muttermilch einsaugen* || tener la ~ en los labios figf
noch nicht trocken hinter den Ohren sein || tener
mala ~ vulg *ein hundsgemeiner Kerl sein* || ¡~!
vulg *Donnerwetter!*
 leche|cilla(s) *f(pl) Kalbsmilch* f, *(Kalbs)Bröschen* npl || *Milch* f *der männlichen Fische* ||
arenque con ~s *Milchner* m || ~ de ternera
Kalbs|milch f, *-bries* n || **-ra** f *Milch|frau* f, *-mädchen* n || *Milch|kanne* f, *-topf* m || la cuenta *(od* el
cuento) de la ~ fig *die Milchmädchenrechnung* f ||
-ría f *Molkerei, Milchwirtschaft* f || **-ro** adj *Milch-*
|| figf *geizig, knauserig* || (vaca) ~a *Milchkuh* f ||
industria ~a *Milch|wirtschaft, -industrie* f || ~ *m
Milch|mann, -verkäufer* m || **-ruela, -trezna** *f*
⟨Bot⟩ *Sonnen-Wolfsmilch* f (Euphorbia helioscopia)
 lechigada *f Wurf* m *(Hunde, Wölfe, Katzen)* ||
Satz m *(Hasen* usw*)* || fig *Gesindel* n
 lecho *m Bett, Lager* n || *Ruhebett* n || *Lagerstatt, Schlafstätte* f || fig *Flußbett* n || *Meeres-, See|-
grund* m || fig *Lage, Schicht* f || fig *Ehe* f || ⟨Arch⟩
Lager n, *Unterlage* f || ⟨Tech⟩ *Bett* n || ⟨EB⟩,
Grundbau m, *Unterlage* f || ~ conyugal *Ehebett* n
|| ~ de Procusto, ~ de Procustes *Prokrustes-,
Folter|bett* n || divorcio de ~ y mesa *Trennung* f
von Tisch und Bett || hijo del primer ~ *Kind aus
erster Ehe*
 Lecho *m* np pop = Tfn **Lorenzo**
 le|chón *m (Span)Ferkel* n || fig pop *schmutzige
Person* f, *Ferkel* n || fig pop *Schweinehund* m ||
-choso adj *milch|haltig, -artig* || *milchig*
 lechucero *m/*adj Ec *Nachtschwärmer* m (→
noctámbulo, trasnochador)
 lechu|ga *f* ⟨Bot⟩ *Lattich* m (Lactuca sativa) ||
⟨Agr⟩ *Kopfsalat* m || *gefältelte Hals-, Ärmelkrause* f || *Falte, Krause* f || ~ de mar ⟨Bot⟩ *Meersalat*
m (Ulva lactuca) || ~ romana ⟨Bot Agr⟩ *Sommerendivie* f (Lactuca sativa romana) || ensalada
de ~ *Lattich-, Kopf|salat, grüner Salat* m || como
una ~ figf *frisch und munter, vor Gesundheit
strotzend (Person)* || ◊ *estar fresco como una* ~
taufrisch sein || ser más frsco que una ~ fig *sehr
dreist, unverschämt sein* || esa ~ no es de su huerto
das ist nicht auf seinem Mist gewachsen || **-guilla** *f
Wilder Lattich* m || *Hals-, Ärmelkrause* f || **-guino**
m ⟨Agr⟩ *Salatsetzling* m || *Salatbeet* n || figf *Modenarr, Geck, Fatzke, Stutzer,* öst *Gigerl* m
 ¹**lechu|za** *f* ⟨V⟩ *(Schleier) Eule* f (Tyto alba) || ~
campestre ⟨V⟩ *Sumpfohreule* f (Asio flammeus)
|| ~ de Atenea, ~ de Minerva ⟨Hist⟩ *Eule der
Athene, Eule f der Minerva* || ◊ llevar ~ s a Atenas
fig *Eulen nach Athen tragen*
 ²**lechuza** *f* fig *Eule* f || △ *Nachtdieb* m || Mex
Dirne f || Am *Albino* m
 lechuzo *m* fig *Eule* f *(Person)* || fig *Nachtschwärmer* m || fig *(Steuer)Einnehmer* m || fig prov
ulkiger Kerl, Sonderling m
 ledo adj ⟨poet⟩ *frohlebig, fröhlich*
 leer [-ey-] vt/i *(vor)lesen* || *ab-, ver|lesen* || *lesen
(Vorlesungen halten)* || ~ *(ver)lesen* || ⟨Mus⟩
lesen || ◊ ~ mal *verlesen, falsch lesen* || ~ en la
mano *die Handlinien deuten* || ~ en los ojos *an den
Augen absehen* || ~ entre líneas fig *zwischen den
Zeilen lesen* || ~ los pensamientos *Gedanken lesen*
|| ~ las pruebas ⟨Typ⟩ *Korrektur lesen* || ~ con

soltura *fließend lesen* || al que leyere *an den Leser
(Überschrift von Vorreden)*
 △**lega** *f Seide* f
 lega|cía *f Gesandtenamt* n || *Gesandtschaftsbezirk* m || *Aufgabe* f *e-s Gesandten* || **-ción** *f
Gesandtschaft* f || *päpstliche Legation* f || *Gesandtschafts- bzw Legations|gebäude* n || → **consejero** ||
-do *m Vermächtnis, Legat* n || *Nachlaß* m || *päpstlicher Legat* m || *Legat* m *(Altrom)* || ~ a látere
lat ⟨Kath⟩ *Sondergesandte(r),* lat *Legatus* m *a
latere*
 legajo *m Bündel* n || *Pack, Stoß* m *(Schriften)* ||
Akten bündel n
 legal adj *gesetzlich* || *gesetzmäßig* || *legal* || p.ext
rechtmäßig || *gerichtlich* || interés *(od* tipo) ~ *gesetzlicher Zinssatz* m || medio ~ de pago *gesetzliches Zahlungsmittel* n || necesario desde el punto
de vista ~ *gesetzlich erforderlich* || gastos ~es
gerichtliche Unkosten fpl || por vía ~, por los
cauces ~es *auf legalem Wege* || *gesetzmäßig* || ◊
adquirir fuerza ~ *rechtskräftig werden*
 legali|dad *f Gesetzlichkeit, Gesetzmäßigkeit* f ||
Legalität f || **-smo** *m Legalismus* m || *strikte Befolgung* f *des Gesetzes* || *starres Festhalten* n *an den
Buchstaben der Vorschriften* || **-zación** *f Beglaubigung, Legalisierung* f || ~ judicial (notarial) *gerichtliche (notarielle) Beglaubigung* f || **-zar** [z/c]
vt *legalisieren* || *(amtlich) beglaubigen*
 legalmente adv *kraft Gesetzes* || *gesetzmäßig*
 légamo *m Schlamm, Morast, Schlick* m || ⟨Agr⟩
tonhaltige Erde f
 lega|moso adj *schlammig, morastig, schlickig* ||
-mal *m Morast* m, *Schlammpfütze* f
 lega|ña *f Augenbutter* f || △ *Peseta* f *(Münze)* ||
-ñoso adj/s *triefäugig*
 legar [g/gu] vt ⟨Jur⟩ *vermachen* || fig *vererben,
hinterlassen* || fig *abordnen, delegieren* || *entsenden*
 legatario *m* ⟨Jur⟩ *Vermächtnisnehmer, Legatar* m
 legen|da *f Legende* f (→ **hagiografía, leyenda**) ||
-dario *m Legendensammlung* f, *Legendar* n || ~
adj *legendär, sagenhaft, Sagen-, Legenden-* ||
legendenhaft || *berühmt* || *ruhmvoll* || *héroe* ~
Sagenheld m
 △**legerar** vt *(er)tragen*
 legible adj *lesbar* || *leserlich*
 legiferante adj *gesetzgebend* || *rechtsschöpfend*
 legión *f Legion* f || *Kriegsschar* f || fig *große
Menge, Unzahl, Legion* f || ⟨Hist⟩ *Legion* f
(Altrom, ital. Faschismus) || ≃ *Cóndor* ⟨Mil⟩
Legion f *Condor (der deut. Flieger im span.
Bürgerkrieg 1936/39)* || ~ extranjera *Fremdenlegion* f || Caballero de la ≃ de Honor *Ritter* m
der Ehrenlegion
 legionario *m/*adj *Legionär* m
 legionense adj/s *leonisch, aus León* (→ **leonés**)
 legis|lable adj *zum Gesetz erhebbar* || **-lación** *f
Gesetzgebung* f || *Gesetzessammlung* f || *Gesetze*
npl *(als Gesamtheit)* || *(Satzungs) Recht* n ||
Gesetzbuch n || *Rechtswissenschaft* f || ~ de
accidentes *Unfallgesetzgebung* f || ~ laboral, ~
de(l) trabajo *Arbeits|recht* n, *-gesetzgebung* f || ~
racial *Rassengesetzgebung* f || **-lador** *m Gesetzgeber* m || ~ adj *gesetzgeberisch, Gesetzgebungs-* ||
-lar vt *Gesetze geben, machen, erlassen* || **-lativo**
adj *gesetzgebend, Gesetzgebungs-* || cuerpo ~
gesetzgebende Körperschaft f || poder ~ *gesetzgebende Gewalt, Legislative* f || **-latura** *f Legislaturperiode* f || Am *Parlament* n || **-perito** *m* =
jurisperito
 legista *m Rechtsgelehrte(r)* m || *Gesetzeskenner*
m || p.ex *Jurist* bzw *Rechtsanwalt* m
 legítima *f* ⟨Jur⟩ *Pflichtteil* m || privación de la
~ *Pflichtteilsentziehung* f
 legitimación *f Rechtsmäßigkeitserklärung* f ||
gesetzliche Anerkennung f || *Echtheitserklärung* f
|| *Ehelichkeitserklärung* f || p.ex. *Beglaubigung* f ||

legitimar — lengua 686

Berechtigungsnachweis m || *Ausweis* m, *Legitimation* f || → a **legalización**
legi|timar vt *für gesetzmäßig erklären* || *rechtfertigen, berichtigen* || *beglaubigen* || *befähigen* || *als ehelich anerkennen* bzw *erklären (uneheliches Kind)* || p.ex *ausweisen* || ~**se** *sich (rechtlich) ausweisen* || **-timario** adj/s ⟨Jur⟩ *Pflichtteil(s)-* || ~ m *Pflichtteilsberechtigte(r)* m || **-timidad** f *Gesetz-, Recht|mäßigkeit* f || *Berechtigung* f || *eheliche Geburt, Ehelichkeit* f || *Legitimität* f || *Echtheit* f || **-timismo** m ⟨Pol⟩ *Legitimismus* m || **-timista** m ⟨Pol⟩ *Legitimist* m
legítimo adj *recht-, gesetz|mäßig, gesetzlich* || *legitim (echt, unverfälscht, wirklich)* || *richtig* || *ehelich (Kind)* || Sant *rasserein (Tier)* || ~ a *defensa Selbstverteidigung, Notwehr* f
lego m *Laie* m (& fig) || *Laienbruder* m || ~ adj *weltlich, Laien-* || fig *ungelehrt* || fig *ungeschult* || ◊ *ser* ~ *en la materia* fig *nichts davon verstehen, Laie auf dem Gebiet sein*
legón m *Hacke, Haue* f
legrar vt *schaben (Knochen)*
legua f span *Meile* f = 20 000 *Fuß* = 5,5727 km || *Cu* = 5000 *varas cubanas* = 4240 m || p.ex *Wegstunde* f || ~ *argentina* = 40 *cuadras* = 5,196 km || ~ *marina*, ~ *marítima Seemeile* f = 5,555 km || ◊ *a la* ~ *se le conoce* figf *man sieht es ihm schon auf Meilen hin an* || *tragar* ~s *rasend schnell laufen (Pferd)* || *no hay mejor en diez* ~s *a la redonda* pop *man findet weit und breit nichts besseres* || ¡*ni con cien* ~s! figf *nicht im Traum!* || → **cómico** || ~**je** m *Am Entfernung* f *in Meilen* || *Reiseweg* m *in Meilen* || Pe *Reisespesen* pl *(der Abgeordneten)*
legui m ⟨Mil⟩ *Ledergamasche* f
leguleyo m desp *Winkeladvokat* m
legumbre f *Hülsenfrucht* f || p.ex *Gemüse* n (→ **hortaliza**)
legumino|sas fpl ⟨Bot⟩ *Schmetterlingsblütler* mpl, *Leguminosen* fpl (Leguminosae = Papilionaceae) || *Hülsenfrüchte* fpl || **-so** adj *Hülsen-*
leíble adj = **legible**
leibniziano adj *leibnizisch, auf Leibniz bezüglich*
leída f fam: *de una* ~ *nach einmaligem Durchlesen* || ◊ *dar una* ~ a *et (flüchtig) durchlesen*
Leiden *Leiden (Stadt)*
leído [sup **leidísimo**] adj *belesen, unterrichtet* || *gebildet* || *digno de ser* ~ *lesenswert* || ~ y "*escribido*" iron „*gebüldet*"
leís|mo m ⟨Gr⟩ *Gebrauch* m *des pron* **le(s)** *anstatt* **lo(s)** u. **la(s)** *(von der Real Academia Española nur für Akk. der Person zugelassen), z. B. le (anstatt lo) vi ich sah ihn* || → a **laísmo**, **loísmo** || **-ta** m *Verwender* m *der pron* **le(s)** *statt* **lo(s)** *im Akkusativ*
leitmotiv m ⟨Mus⟩ *Leitmotiv* n (& fig)
leja|namente adv: ni ~ *bei weitem nicht* || **-nía** f *Entfernung, Ferne* f, *Abstand* m || **-no** adj *fern, entfernt (von* dat*)* || *ent-, ab|gelegen* || fig *fernliegend* || *fernstehend (Mensch)* || ~ *parecido entfernte Ähnlichkeit* f || *rumor* ~ *von weitem hörbares Geräusch* n || *en un porvenir no muy* ~ *in absehbarer Zeit* || *de países* ~s *aus fernen Landen*
lejas adj pl: *de* ~ *tierras aus fernen Landen (nur in dieser Wendung gebräuchlich)*
le|jía f (Wasch) *Lauge* f || *Eau* f *de Javelle* || *Natron-* bzw *Kali|lauge* f || pop *derber Verweis, Wischer* m || ◊ *poner en* ~ *laugen* || **-jío** m *Färberlauge* f
le|jísimos adv sup *sehr weit (entfernt)* || **-jitos** adv dim fam *recht entfernt* || ◊ *está* ~ *de aquí* fam *es liegt ziemlich weit (von hier)*
lejivar vt *(aus)laugen*
le|jos adv/s *weit entfernt, weit weg* || (no) ~ *de aquí (nun)weit von hier* || *a lo* ~ *in der Ferne* || *de(sde)* ~ *von der Ferne, von weitem* || *desde muy* ~ *aus großer Entfernung* || ~ *de vista*, ~ *de*

corazón aus den Augen, aus dem Sinn || ◊ *estar* ~ *fern, entfernt sein* || *estoy (muy)* ~ *de pensarlo ich bin (weit) davon entfernt (od es liegt mir fern), es zu denken* || *eso me queda muy* ~ *das liegt mir fern* || *ayer, sin ir más* ~ ... *gerade gestern ...* || *para no ir más* ~ *um ein handgreifliches Beispiel zu nennen* ... || *so z. B.* ... || ~ m *Ferne* f || ⟨Mal⟩ *Tiefe* f, *Hintergrund* m || *augm* fam: **-jote(s)** || **-juelos** adv dim *ziemlich ferne* || **-jura** f prov *Ferne* f
△**lel** m *Brieftasche* f
lelo adj/s *kindisch, faselig* || *blöd, albern* || ◊ *andar* ~ fam *von Sinnen sein* || *quedarse* ~ *sprachlos bleiben* || → a **alelado**
lema m (Sinn)*Spruch* m || *Wahlspruch* m || *Motto* n || *Kennwort* n || *Lemma* n || *Grundgedanke* m || ⟨Math⟩ *Lehrsatz* m *(zu beweisen)*
△**lembresquear** vt/i *lügen*
△**lemitre** m *Montag* m
lem(m)ing m ⟨Zool⟩ *Lemming* m (Lemmus lemmus)
lemnáceas fpl *Wasserlinsengewächse* npl (Lemnaceae)
lemnícola adj *von Lemnos (Insel im Agäischen Meer)*
lemniscata f ⟨Math⟩ *Lemniskate* f
Lemosín m *Limousin* n *(frz Landschaft)* || ~, **ina** adj/s *limousinisch*, *Langue d'oc* f *(alte Sprache Südfrankreichs)* || *aus Limoges* || p.ex ⟨poet⟩ *die katalanische Sprache*
lémur m ⟨Zool⟩ *Maki* m (Lemur spp) || ~**es** mpl ⟨Myth⟩ *Lemuren* mpl || fig *Geister* mpl, *Gespenster* npl
lemúridos mpl ⟨Zool⟩ *Lemuren od Makis* mpl (Lemuridae)
△**len** m *Fluß* m || *Beute* f
¹**lena** f *Kraft* f || *Mut* m
²***lena** f = **celestina** || → a **lenocinio**, **lenón**
lence|ría f *Leinwandhandel* m || *Weißwarengeschäft* n || *Leinwaren* fpl || *Weiß|wäsche* f, *-waren* fpl || *Wäschegeschäft* n || **-ro** m *Wäsche-, Leinwand|händler* m
Lencho m np Tfn pop = **Florencio**
len|drera f *Staub-, Läuse-, Nissen|kamm* m (→ **liendre**) || **-droso** adj *nissig, verlaust*
lene adj *sanft, mild(e)* || *leicht* || ⟨Phon⟩ *lenis*
lengua f *Zunge* f || *Sprache* f *(System)* || *Kunde, Nachricht* f || * u. ⟨Lit⟩ *Dolmetscher* m || *Glockenschwengel* m || ~ *aglutinante agglutinierende Sprache* f || ~ *del agua Uferstreifen* m || *Wasserlinie* f *eines schwimmenden Körpers* || ~ *bífida Spaltzunge* f || ~ *de buey* ⟨Bot⟩ *Ochsenzunge* f (Anchusa spp) || ~ *canina*, ~ *de perro* ⟨Bot⟩ *Hundszunge* f (Cynoglossum spp) || ~ *de cerdo*, ~ *de puerco Schweinszunge* f || ~ *cerval*, ~ *cervina*, ~ *de ciervo* ⟨Bot⟩ *Hirschzunge* f (Scolopendrium vulgare) || ~ *de escorpión*, ~ *mala*, ~ *viperina* fig *giftige (od spitze) Zunge* f, *Lästermaul* n || = ~ *de estropajo* figf *stotternder Mensch* m || = ~ *de trapo* || ~ *madre Ur-, Stammsprache* f || ~ *materna*, ~ *nativa Muttersprache* f || ~ *muerta (viva) tote (lebende) Sprache* f || ~ *nacional Landessprache* f || ~ *de oc Langue d'oc* f || ~ *de oíl (oil) Langue d'oïl* f || ~ *original Grund-, Stammsprache* f || *Ursprache* f || ~ *popular Volkssprache* f || ~ *sabural, saburrosa*, ~ *sucia*, ~ *cargada*, ~ *blanca* ⟨Med⟩ *belegte Zunge* f || ~ *de tierra Landzunge* f || ~ *de trapo* figf *Lallen* n || *Gestammel* n || *Gestotter* n || *Stotterer, stotternder Mensch* m || ~ *universal Weltsprache* f || ~ *de vaca Rindszunge* f || ~ *vulgar Volkssprache* f || *largo de* ~ figf *dreist, unverschämt* || *media* ~ fam *Stotterer* m || *Gestammel* n *der Kinder* || *con la* ~ *de un palmo, con la* ~ *fuera* figf *mit großer Anstrengung*
◊ *buscar la* ~ (a) figf *jdn zum Streit reizen* || *desatar la* ~ (a) figf *jdn zum Sprechen veranlassen* || *se le va la* ~ fam *die Zunge geht ihm durch*, || ¡*métete la* ~ *donde te quepa!* pop euph *métete*

la ~ en el culo vulg *Mund halten!*, vulg *halt die Schnauze!* || morderse la ~ fig *sich auf die Zunge beißen, den Mund halten* || perder la ~ *stumm werden* || sacar la ~ (a) *jdm die Zunge herausstrecken* || fig *jdn verhöhnen* || sacar la ~ a paseo figf *in die Luft hineinreden* || *unanständig reden* || tener la ~ gorda joc *betrunken sein* || tener la ~ (demasiado) larga, tener mucha ~ figf *viel und gerne reden, einen losen Mund haben*, pop *eine große Schnauze haben* || no tener pelos en la ~ figf *beherzt reden, beredt sein* || *jdm unverblümt seine Meinung sagen, kein Blatt vor den Mund nehmen* || lo tengo en (la punta de) la ~ figf *es schwebt mir auf der Zunge* || tirar a alguien de la ~ figf *jdm die Würmer aus der Nase ziehen* || tomar ~ (s) *Erkundigungen einziehen* || ~ s *pl:* ~ de gato *Katzenzungen* fpl *(aus Schokolade)* || ~ hermanas *Schwestersprachen* fpl || ~ indoeuropeas, ~ indogermanas *indoeuropäische, indogermanische Sprachen* fpl || ~ modernas *neue Sprachen* fpl || *neuere Sprachen* fpl *(Fach, Studium)* || ~ peninsulares *iberische Sprachen* fpl || ~ semíticas, ~ semitas *semitische Sprachen* fpl || ◊ andar *(od ir)* en ~ figf *ins Gerede kommen* || hacerse ~ (de) figf *jdn außerordentlich loben, herausstreichen* || traer *(od* llevar*)* en ~ a uno figf *jdm übel nachreden* || *jdn in Verruf bringen* || quien ~ ha, a Roma va *Fragen kostet nichts* || → a **boca, lenguaje, idioma**
lenguachuta m/adj Bol *Stotterer* m (→ **tartamudo**)
lenguado m ⟨Fi⟩ *Seezunge* f (Solea solea)
lengua|je m *Sprache* f || *Sprachvermögen* n || *Sprech|weise* f, *-akt* m || *Stil* m || ~ del abanico figf *Fächersprache* f || ~ convenido *verabredete Sprache* f || ~ culto *gehobene (od gebildete) Sprache* f || ~ comercial *Handels-, Verkehrssprache* f || ~ escrito *Schriftsprache* f || ~ familiar *Umgangssprache* f || ~ figurado *figürliche Redeweise* f || ~ de las flores *Blumensprache* f || ~ literario *Schrift-, Buch|sprache* f || ~ mímico *Gebärdensprache* f || ~ de los ojos *Augensprache* f || ~ técnico, ~ profesional *Fachsprache* f || ~ vulgar *volkstümliche Ausdrucksweise* f || **–larga** adj/s fam = lengüilargo || **–rada** *f* = **lengüetada** || **–raz** *[pl* **-ces]** adj/s *frech, dreist, unverschämt (im Reden)* || ~ m *böse Zunge* f, *Lästermaul* n || *Schwätzer* m || **–tón** adj/s Sant = **–raz**
len|guaz *[pl* **-ces]**, **–gudo** adj *geschwätzig*
lengüe|cilla, –cita *f* dim v. **lengua** || **–ta** *f* dim v. **lengua** || ⟨An⟩ *Kehldeckel* m, *Zäpfchen* n || *(Schuh) Lasche* f || *Schornsteinzunge* f || *(Waag-) Zünglein* n || ⟨Zim⟩ *Feder* f || ⟨Mus⟩ *(Metall-) Blättchen* n, *Zunge* f, *Rohrblatt* n || Am *Schwätzer* m || *dreister Mensch* m || Chi *Papiermesser* n || ~ de hebilla *Schnallendorn* m || **–tada** *f,* **–tazo** m *Zungenschlag* m || *Lecken* n || ◊ beber a **–s** *schlürfen, schlabbern (Hund)* || vaciar a ~ *auslecken* || **–tería** *f Zungenpfeifen* fpl *einer Orgel* || **~ s** fpl Dom = **habladurías** || **–zuela** *f* dim v. **lengua**
lengüicorto adj fam *wortkarg* || *schüchtern (im Reden)*
lengüilargo adj fam *geschwätzig* || = **lenguaraz**
lenguón adj Mex *geschwätzig, klatschsüchtig*
leni|dad *f Sanftmut, Milde* f || **–ficar** [c|qu] vt *mildern, lindern* || **–ficativo** adj/s *lindernd, Linderungs-* || *beruhigend, Beruhigungs-* || ~ m *Linderungs-* bzw *Beruhigungs|mittel* n
Leningrado m *Leningrad* n
leninis|mo m ⟨Pol⟩ *Leninismus* m || **–ta** adj/s *leninistisch* || ~ m *Leninist* m
lenitivo m *Linderungsmittel* n || *Beruhigungsmittel* n
lenocinio m *Kuppelei* f || *casa de* ~ *Bordell* n
lenón m ⟨Lit⟩ *Kuppler* m (→ **alcahuete**)
lentamente adv *langsam* || *gemächlich, behäbig*
lente m|f *(Glas) Linse* f || *Augenglas* n || ~ de aumento *Vergrößerungs|glas* n, *-linse* f, *Lupe* f || ~ acromática *achromatische Linse* f || ~ de apertura ⟨TV⟩ *Öffnungslinse* f || ~ convergente *Sammellinse* f || ~ diminutiva *Verkleinerungslinse* f || ~ divergente *Zerstreuungslinse* f || ~ escalonada *Fresnel-Linse* f || ~ supletoria ⟨Phot⟩ *Vorsatzlinse* f || fórmula de una ~ ⟨Opt⟩ *Linsenformel* f || **~ (s)** m*(pl) Kneifer, Klemmer, Zwicker* m, *Pincenez* n || *Brille* f || **~ s** adicionales ⟨Phot⟩ *Vorsatzlinsen* fpl || *Zusatzoptik* f || de varias **~ s** *mehrlinsig*
lente|ja *f* ⟨Bot⟩ *Linse* f (Lens esculenta) || *Linse* f *(Frucht)* || ~ de agua, ~ acuática ⟨Bot⟩ *Wasserlinse* f (Lemna spp) || **~ s** *pl Linsen* fpl *(Gericht)* || plato de **~ s** *Linsengericht* n *(des Evangeliums)* || **–jar** m ⟨Agr⟩ *Linsen|pflanzung* f, *-feld* n || **–juela** *f* dim v. **–ja** || *Muttermal* n || **~ s** fpl *Flitter-, Flimmer-, Glimmer|blättchen* npl, *Paillletten* fpl || **–zuela** *f* dim v. **lente**
lenti|cular adj *linsenförmig, Linsen-* || *lentikulär* || **–go** m ⟨Med⟩ *Lentigo* f, *Leberfleck* m || *Muttermal* n || *Sommersprossen* fpl
lentisco m ⟨Bot⟩ *Mastixstrauch* m (Pistacia lentiscus) || ~ del Perú → **turbinto**
len|titud *f Langsamkeit* f || fig *Schwerfälligkeit* f || fig *Trägheit* f || ~ en los pagos ⟨Com⟩ *Säumigkeit* f *im Zahlen* || con ~ *langsam* || *gemächlich* || **–to** adj *langsam, gemächlich* || *träge, schwerfällig* || *gelind (Feuer, Wind)* || ⟨Pharm⟩ *schleimig* || Sal *weich* || ~ para comprender fig *schwerfällig* || ~ en resolverse *sich schwer entscheidend* || ◊ quemar a fuego ~ *bei kleinem Feuer rösten* || fig *langsam quälen* || ~ en el pago *ein säumiger Zahler sein* || ~ adv ⟨Mus⟩ *lento* (it) || ~ m ⟨Mus⟩ *Lento* n
△**lentré** m *Deutsche(r)* m
le|ña *f Brennholz* n || figf *Tracht* f *Prügel* || ◊ dar ~ (a) figf *jdn (durch) prügeln* || echar *(od* añadir, poner) ~ al fuego *Holz auf-, zu|legen* || fig *Öl ins Feuer gießen* || hacer ~ *menuda Holz spalten, splittern* || ¡~ ! pop *Donnerwetter!* || llevar ~ al monte figf *Holz in den Busch tragen* || **–ñador** m *Holzhauer* m || *Holzhändler* m
leñazo m fam *Prügel* m
¡**leñe!** prov = ¡**caramba!**
leñe|ra *f Brennholzschuppen* m || *Holz|platz* bzw *-stapel* m || *(Brenn) Holzhändler* m || = **leñera**
leñero m *Holzschuppen* m
le|ño m *gefällter, abgeästeter Baum(stamm)* m || *(Holz) Kloben* m || *Holz(scheit)* n || figf *Klotz, Dummkopf* m || fig *(poet) Schiff, Floß* n || el ~ de la Santa Cruz *das heilige Holz, das Kreuz Christi* || → a **tronco, madera** || **–ñoso** adj *holz(art)ig* || *Holz-* || → a **lignoso**
Leo, León m ⟨Astr⟩ *Löwe* m *(Sternbild)*
Leocadia *f* np Tfn *Leokadia* f
león m *Löwe* m ⟨Zool⟩ (Panthera leo) (& fig) || ⟨Entom⟩ = **hormiga** león || fig *Löwe* m *des Tages* || △ *Gauner* m || ~ americano ⟨Zool⟩ = **puma** || ~ marino *Seelöwe* m (Eumetopias sp) || *Zalophus* spp || *Phocarctos* sp || *Otaria* sp) || *diente de* ~ ⟨Bot⟩ *Löwenzahn* m || domador de **~ es** *Löwenbändiger* m || parte de(l) ~ fig *Löwenanteil* m || ~ pasante ⟨Her⟩ *schreitender Löwe* m || ◊ no es tan fiero *(od* bravo) el ~ como lo pintan *der Löwe ist nicht so wild, wie man ihn malt* || fam *es wird nichts so heiß gegessen, wie es gekocht wird*
León m *León (Stadt und Provinz in Spanien)* || ~ Tfn *Leo* m || ~ de Francia *Lyon (Stadt)*
leo|na *f Löwin* f (& fig) || △*Hausmeisterin, Portiersfrau* f || prov *Dirne* f || ~ a **lona**, **–nado** adj *falb, fahl* || *fahlrot*
leonardesco adj *auf Leonardo da Vinci bezüglich*
Leoncio m np Tfn *Leontius* m
leone|ra *f Löwen|zwinger, -käfig* m || figf *Spielhölle* f || figf *Spielzimmer* n *der Kinder* || figf *enge, dichtbewohnte Wohnung* f || *Rumpel-, Gerümpel-|kammer* f || fig *Bruchbude* f, pop *elendes Loch* n || Col Chi fig *Ganovenbande* f || Arg Ec PR fig

Kerker m, *Gefängnis* n || Pe fig *Judenschule* f
leonés adj/s *leonisch, aus León* || *auf León bezüglich*
Leónidas m np *Leonidas*
leo|nino adj *löwenähnlich, Löwen-* || cara ~ a, facies ~ a lat ⟨Med⟩ *Löwengesicht* n, *Facies* f
leonina lat *(der Leprakranken)* || contrato ~ ⟨Jur⟩ *leoninischer Vertrag, Knebelungsvertrag* m || –**nismo** m *der span. Provinz León eigene Redensart*
Leonor f np Tfn *Le(o)nore* f
leontina f *kurze, dicke Uhrkette* f
leontopodio m ⟨Bot⟩ *Edelweiß* n (Leontopodium alpinum)
leopar|diano adj *auf den it. Dichter Leopardi bezüglich* || –**do** m ⟨Zool⟩ *Leopard, Panther* m (Panthera pardus) (→ **pantera**) || → **guepardo, jaguar**
Leopoldo m np Tfn *Leopold* m
leotardos mpl *Strumpfhosen* fpl
△**lepar** vt *ausrauben, (ab)rupfen*
Lepe m: ◇ saber *más que* ~ (, *Lepijo y su hijo*) fam *sehr gescheit sein, ungeheuer viel wissen,* fam *ein gelehrtes Haus* (od *ein wandelndes Lexikon*) *sein (Ansp. auf den span. Bischof Don Pedro de Lepe i. 17. Jh.)* || ¡por vida de ~ ! fam *meiner Treu!* || ⚡ m Ven = **lapo** *Schluck* m *Schnaps*
lépero adj/s MAm Mex *schurkisch, gaunerhaft* || *Gesindel-* || Ec Mex *pöbelhaft* || Cu *gerissen* || Ec *heruntergekommen*
leperuzca f/adj Mex = **pelandusca**
lepi|dio m ⟨Bot⟩ *Kresse* f (Lepidium spp) || –**dodendro(n)** m ⟨Bot⟩ *Schuppenbaum* m (Lepidodendron spp)
lepidóptero m ⟨Entom⟩ *Schuppenflügler, Schmetterling, Falter* m (→ **mariposa**) || ~ *diurno*, nocturno *Tag-, Nachtfalter* m || ~ **s** mpl ⟨Entom⟩ *Schuppenflügler, Schmetterlinge* mpl (Lepidoptera) || *colección de* ~ s *Schmetterlingssammlung* f
le|pidosirena f ⟨Zool⟩ *Schuppenmolch* m (Lepidosiren paradoxa) || –**pisma** f ⟨Entom⟩ *Silberfischchen* n (Lepisma saccharina) (→ **pececillo de plata**)
lepóridos mpl ⟨Zool⟩ *echte Hasen* mpl (Leporidae) || → **lagomorfos**
leporino adj *hasenartig, Hasen-* || labio ~ *Hasenscharte* f
le|pra f ⟨Med⟩ *Aussatz* m, *Lepra* f || –**proma** m ⟨Med⟩ *Lepraknoten* m, *Leprom* n || –**prosería** f *Leprastation* f, *Leprosorium* n || –**proso** adj/s *aussätzig* (& fig), *leprös* || m *Aussätzige(r)* m (& fig), *Leprakranke(r)* m
lepto|nas fpl, –**nes** mpl ⟨Phys Nucl⟩ *Leptonen* npl || –**nema** m ⟨Gen⟩ *Leptonema* m || –**somático** adj/s ⟨Med⟩ *leptosom, schlankwüchsig* || ~ m *Leptosome* m/f
△**lequeján** m *Zollamt* n
△**ler** num *zwei* || *die* (pl)
lerdo adj *langsam, träge, faul* || *schwerfällig* || △ ~ = **cobarde**
lerdón m ⟨Vet⟩ *Kniegeschwür* n
lerendo adj Mex *einfältig, dumm*
les pron 1. *den, ihnen, Ihnen* (dat pl) || *oft unrichtig statt dessen* las *(als* dat pl f: → **laísmo**) *od* los *(als* dat pl m*) gebraucht (auch bei guten Schriftstellern)* || 2. sie, Sie (acc pl) *(auf Personen bezüglich:* → **leísmo**) || no ~ *(od* los) *veo ich sehe sie nicht* || ~ a **le, la, lo**
lesada f SAm *Albernheit* f || *Dummheit* f
lesbi|a(na) f *Lesbierin* f || –**anismo** m *lesbische Liebe* || –**(an)o** adj/s *aus Lesbos* || *lesbisch*
lésbico adj: *amor* ~ *lesbische Liebe* f
lesena f ⟨Arch⟩ *Lisene* f
le|sión f *Verletzung* f || *Wunde* f || fig u. ⟨Biol Med⟩ *Schädigung* f || ~ *corporal Körperverletzung* f || ~ *corporal por negligencia* ⟨Jur⟩ *fahrlässige Körperverletzung* f || ~ *de derecho,* ~ *jurídica Rechtsverletzung* f || –**siones** mpl ⟨Jur⟩

(schwere) Körperverletzung f
lesio|nado m *Verwundete(r)* m || *Verletzte(r)* m || –**nar** vt *verletzen* (& fig) || *verwunden* (& fig) || *(be)schädigen*
lesivo adj *verletzend* || *(be)schädigend* || *schändlich*
lesna f = **lezna**
lesnordeste m ⟨Mar Flugw⟩ *Ostnordost* m *(Wind, Richtung, Kurs)*
leso adj *verletzt* || *beleidigt* || → **crimen**
leste m ⟨Mar⟩ *Ost(wind)* m || △*Fluß*
lessueste m ⟨Mar Flugw⟩ *Ostsüdost* m *(Wind, Richtung, Kurs)*
letal adj *tödlich, letal* || *dosis* ~ ⟨Med⟩ *tödliche Dosis* f || *factor* ~ ⟨Gen Med⟩ *Letal-, Sterblichkeits|faktor* m || ~ **idad** f *Letalität* f
letanía f *Litanei* f || *Bittgebet* n *(bei e–r Prozession)* || figf *Litanei, langweilige Geschichte* f || ~ *de la Virgen,* ~ *lauretana* ⟨Kath⟩ *Lauretanische Litanei* f
letargia f ⟨Med⟩ *Lethargie* f || *~ =* **letargo** → *a* **apatía**
letárgico, ca adj ⟨Med⟩ *schlafsüchtig* || *lethargisch* (& fig) || fig *dumpf, starr* || *estado* ~ ⟨Med⟩ *Lethargie* f
letargo m ⟨Med⟩ *Schlafsucht* f || *Lethargie* f (& fig) || fig *tiefer, bleierner Schlaf* m || fig *Stumpfsinn* m || ~ *invernal* ⟨Biol⟩ *Winterschlaf* m
△**letaya** f *Olive* f
Lete(o): el ~ *Lethe* f *(Unterweltsfluß)*
Leticia f np Tfn *Lätitia* f || ⚡ f ⟨Hist Lit⟩ *Freude* f || *Fröhlichkeit* f
letificar [c/qu] vt *erheitern* || *erfreuen*
let° Abk = **letrado**
letón m/adj *Lette* m || *lettische Sprache* f, *Lettisches* n || ~ adj *lettisch*
Letonia f *Lettland*
letra f *Buchstabe* m, *Type* f || *Hand(schrift)* f || *Schriftzüge* mpl ⟨Typ⟩ *(Druck)Letter* f || ⟨Gr⟩ *Laut* m || *Filmtext* m, *Drehbuch* n || fig *Wort* n, *Worte* npl ⟨Mus⟩ *Text, Operntext* m || *Textbuch* n || → a **argumento** || *Lied* n, *Gesang* m || *Glosse* f *(Gedicht)* || ⟨Com⟩ *Wechsel* m || *Zollzettel* m || *Verfügung, Verordnung* f || ~ *abierta offenes Schreiben* || *Kreditbrief* m || ~ *aceptada Wechselakzept* n || ~ *alemana Fraktur* f || ~ *alta,* ~ *baja* ⟨Typ⟩ *hoch-, tief|stehender Buchstabe* m || *bastard(ill)a, italica* ⟨Typ⟩ *Bastardschrift* f || ~ *de cambio Wechsel* m || ~ *de compensación* ⟨Com⟩ *Saldowechsel* m || ~ *consonante* ⟨Gr⟩ *Konsonant, Mitlaut* m || ~ *convencional Gefälligkeitswechsel* m || ~ *a corto (largo) plazo kurz(lang)sichtiger Wechsel* m || ~ *corriente,* ~ *normal Latein-, Normal|schrift* f || ~ *cruzada Reitwechsel* m || ~ *por cuenta de tercero Kommissionstratte* m || ~ *cursiva* ⟨Typ⟩ *Kursivschrift* f || ~ *deudora Passivwechsel* m || ~ *doble Doppellaut* m || ~ *domiciliada Domizilwechsel* m || ~ *espaciada Sperrung* f || ~ *española gerade Schrift* f || ~ *estrecha schmale Schrift* f || ~ *de excardinación* ⟨Kath⟩*Ausgliederungsurkunde* f || ~ *sobre el extranjero* ⟨Com⟩ *Exporttratte, Devise* f || ~ *a fecha fija Präziswechsel* m || ~ *ficticia Kellerwechsel* f || ~ *sobre el interior Inlandswechsel* m || ~ *gótica Schwabacher, gotische Schrift, Gotisch* f *(gebrochene Schrift)* || ~ *gutural* ⟨Gr⟩ → **gutural** || ~ *de imprenta* ⟨Typ⟩ *Drucktype, Letter* f || ~ *inglesa schräge Schrift* || ~ *inicial (großer) Anfangsbuchstabe* m, *Initiale* f || ~ *mayúscula Großbuchstabe, großer Buchstabe* m || ~ *minúscula Kleinbuchstabe, kleiner Buchstabe* m || ~ *nasal* ⟨Gr⟩ *Nasenlaut* m || ~ *oblicua Schräg-, Kursiv|schrift* f || ~ *pagadera en (la fecha de) una feria Meß-, Markt|wechsel* m || ~ *pagadera a la vista Sichtwechsel* f || ~ *pagadera a algunos días después de la fecha Nachsichtwechsel* m || ~ *pagadera después de vista Zeitsichtwechsel* m || ~ *paladial,* ~ *palatal* ⟨Gr⟩ *Palatal, Vordergaumenlaut* m || ~ *sobre la plaza*

Platzwechsel m || ~ al portador *Inhaberwechsel* m || ~ proforma *Gefälligkeitswechsel* m || ~ de 7, 10, 12, 14 puntos *Kolonel* f, *Brevier* f, *Cicero-*, *Mittel\schrift* f || ~ a la propia orden *Eigenorderwechsel* m || ~ redond(ill)a, ~ romanilla *runde Schrift* f || ~ de resaca, ~ de reembolso *Rückwechsel* m, *Ritratte* f || ~ romana ⟨Typ⟩ *Antiqua* f || ~ por saldo *Abschluß-, Saldo\wechsel* m || ~ sencilla *einfacher Buchstabe* m || ~ sibilante ⟨Gr⟩ *Zischlaut* m || ~ supernegra *fette Schrift* f || ~ a uso *Usowechsel* m || ~ versal ⟨Typ⟩ *Versal* m || ~ a la vista *Sicht\wechsel* m, *-tratte* f || ~ vocal *Vokal, Selbstlaut* m || carácter *(od* tipo) de ~ *Handschrift* f *(e-r Person)* || ⟨Typ⟩ *Schriftart* f || duplicado de la ~ de cambio *Wechselkopie* f || portador de una ~ *Wechselinhaber* m || a(l pie de) la ~ *buchstäblich, wörtlich* || de ~ *gedruckt* || ~ por ~ *Wort für Wort*
◇ aceptar, cobrar una ~ *e-n Wechsel annehmen, einkassieren* || hacer circular una ~ *e-n Wechsel in Umlauf (Kurs) setzen* || descontar, endosar, domiciliar una ~ *e-n Wechsel diskontieren, indossieren, domizilieren* || girar, librar una ~ (a cargo de) *Wechsel ziehen (auf* acc) || negociar, protestar una ~ *e-n Wechsel begeben, protestieren* || prestar el aval para una ~ *Wechselbürgschaft leisten* || saber mucha ~ fig *viel wissen* || fam *aufgeweckt sein* || tener buena ~ *eine schöne Handschrift haben* || tener (mucha) ~ *menuda sehr schlau sein,* fam *sehr viel Mutterwitz haben* || la ~ con sangre entra *ohne Fleiß kein Preis* || una ~ de cambio por valor de ... pesetas a la orden de ... *Tratte über ... auf ...* || ~ s *pl Geisteswissenschaften* fpl || *humanistisches Studium* n || *Wissen* n || *Literatur* f || ~ de adorno *Zierschrift* f || ~ en circulación *die laufenden Wechsel* mpl || ~ de relieve *Blindenschrift* f || bellas (*od* buenas) ~ *die schönen Wissenschaften* fpl || *schöngeistige Literatur, Belletristik* f || con ~ de molde *fett gedruckt* || las primeras ~ *die Grundkenntnisse* fpl || ◇ escribir *(od* poner) en ~ *in Buchstaben ausschreiben* || poner dos *(od* cuatro) ~ *ein paar Zeilen schreiben* || seguir las ~ *Geisteswissenschaften studieren* || tener muchas ~ figf *sehr gebildet sein* || augm: ~**ón**
letrado adj *gelehrt* || *gebildet* || fam *anmaßend* || ~ m *(Rechts)Gelehrte(r)* m || *Anwalt* m || *Sachwalter* m || ~ actuante *auftretender Anwalt* m || ~ defensor *Strafverteidiger* m
Letrán *m der Lateran in Rom* || Tratado de ~ *Lateranverträge* mpl *(1929 zwischen dem Papst und der Regierung Mussolini)*
letrero *m In-, Auf\schrift* f || *Aushängeschild* n || *Tafel* f || *Etikett* n (& fig)
letrilla *f (Art) Strophengedicht* n || *e-e Gedichtform*
letrina *f Latrine* f
letrista *m* ⟨Mus⟩ *Textdichter* m
leu\cemia *f* ⟨Med⟩ *Leukämie* f || **-cémico** adj/s *leukämisch, Leukämie-* || ~ *m an Leukämie Erkrankte(r)* m || **-clobastos** mpl ⟨Med Biol⟩ *Leukoblasten* pl || **-cocito** *m weißes Blutkörperchen* n, *Leukozyt* m || **-cocitosis** *f* ⟨Med⟩ *Leukozytose* f || **-coma** *m* ⟨Med⟩ *Leukom* n || **-correa** *f* ⟨Med⟩ *weißer Fluß* m *(der Frauen), Leukorrhö(e)* f || **-cotricosis, -cotriquia** *f* ⟨Med⟩ *Leukotri\chose* f, *-chie* f
leva *f* ⟨Mar⟩ *Ankerlichten* n || *Abreise, Abfahrt* f || ⟨Mar⟩ *Handspeiche* f || ⟨Mil⟩ *Einberufung(sbefehl* m*)* f || *Aushebung* f *von Truppen* || ⟨Tech⟩ *Nocke* f || MAm *Betrug, Schwindel* m || *árbol* de ~s ⟨Aut Tech⟩ *Nockenwelle* f
leva\da *f Gang* m *beim Fechten* || **-dizo** adj *abhebbar* || puente ~ → **puente** || puerta ~a *Falltür* f || **-dor** m *(Auf)Heber* m || ⟨Tech⟩ *Daumen* m || **-dura(s)** *f(pl) Hefe* f || *Sauerteig* m || ⟨Bot⟩ *Hefepilz* m (Saccharomyces spp) || fig *Keim* m || fig ⟨Lit⟩ *Katalysator* m || ~ de cerveza *Bierhefe* f || ~ seca *Preßhefe* f || polvo de ~ *Backpulver* n || sin ~ *ungesäuert (Brot)* (→ **ácimo**)
levan\tacarril(es) *m(pl)* ⟨EB⟩ *Gleisheber* m || **-tada** *f* fam *Aufstehen* n *(vom Bett)* || **-tadizo** adj Ar = **levadizo** || **-tado, da** adj *aufgerichtet* || fig *stolz* || fig *rebellisch* || **-tamiento** m *Heben* n || *Aufstehen* n || *E(mpo)rhebung, Erhöhung* f || *Aufstand, Aufruhr* m || fig *Erhebung* || *Meuterei* f || *Aufhebung* f *(der Verbannung)* || *Anlage* f *(e-s Protokolls)* || ⟨Flugw⟩ *Abheben* n *(beim Start)* || ⟨Top⟩ *Vermessung* f || ~ del cadáver *amtliche Untersuchung* f *e-r Leiche* || ~ de impactos en el blanco *Treffbildaufnahme* f || ~ nacional *nationale Erhebung, Volkserhebung* f || *Volksaufstand* m || **-taplacas** *m* ⟨Phot⟩ *Plattenheber* m || **-tar** vt *(auf)heben* || *erhöhen, höher stellen* || *wegnehmen, trennen* || fig *gründen* || *errichten (Denkmal)* || fig *(er)bauen* || fig *ab\räumen, -decken (Tisch)* || *aufschlagen (Zelte)* || *bauen (Haus)* || *hochziehen (Mauer)* || *anwerben, ausheben (Truppen)* || *erheben (auf den Thron)* || *auf\treiben, -jagen, -stöbern (Wild)* || fig *aufwiegeln (Volk, Massen)* || *beenden, aufheben (Belagerung)* || *aufwirbeln (Staub)* || fig *veranlassen* || fig *rühmen* || *heben* || fig *erheben* || *aufheben (Verbannung)* || *verstärken (Stimme)* || *aufnehmen, zeichnen (Plan)* || *abheben (Karten)* || ⟨Kart⟩ *stechen* || ⟨Top⟩ *aufnehmen* || *vermessen* || ⟨Mar⟩ *aufholen* || ◇ ~ acta *ein Protokoll aufnehmen (od führen)* || ~ el ala del sombrero *die Hutkrempe hoch-, auf\schlagen* || ~ cabeza fig *wieder auf-, emporkommen* || la cabeza fig *den Kopf hochtragen* || ~ el campo ⟨Mil⟩ *das Lager abbrechen* || ~ un capital *ein Kapital aufbringen* || ~ la casa *die Wohnung wechseln* || ~ la comunicación ⟨Tel⟩ *die Verbindung aufheben* || ~ la cosecha *die Ernte einbringen* || ~ un chichón *e-e Beule verursachen* || ~ un destierro, ~ el sitio *e-e Verbannung, die Belagerung aufheben* || ~ el espíritu *Mut einflößen* || ~ falso testimonio *falsches Zeugnis ablegen* || ~ el gatillo *den Hahn spannen (Feuerwaffe)* || ~ un grito *ein Geschrei erheben* || ~ a uno hasta las nubes fig *jdn in den Himmel heben* || ~ el hervor *anfangen zu kochen* || ~ la mano (a) fig *jdm nahetreten* || ~ la mesa, ~ los manteles *den Tisch abdecken* || ~ un monumento *jdm ein Denkmal setzen* || ~ una multa *e-e Geldstrafe (Buße) erlassen* || ~ polvo *Staub aufwirbeln* (& fig) || ~ la tapa de los sesos a alg. fig *jdm den Schädel einschlagen (Drohung)* || ~ la vista *(od* los ojos) del suelo *den Blick vom Boden erheben* || ~ el vuelo *auf-, davonfliegen* || ⟨Flugw⟩ *abfliegen, starten* || figf *Reißaus nehmen* || ~ del suelo *vom Boden aufheben* || ~ en alto *emporheben* || vi *aufklaren (Wetter)* || *abziehen (Unwetter)* || ~**se** *aufstehen* || *sich erheben (Wind)* || *sich erholen (Kranker)* || fig *emporkommen* || *sich empören, in Aufstand geraten* || ⟨Th⟩ *aufgehen (Vorhang)* || ◇ ~ con los fondos fig *Geld veruntreuen* || *mit dem Geld auf und davon gehen,* fam *mit dem Geld durchbrennen* || ~ a mayores figf *jdm den schuldigen Gehorsam verweigern* || ~ de la cama *(vom Bett) aufstehen* || ~ temprano *früh aufstehen*
¹**levante** *m Sonnenaufgang* m || *Osten, Morgen* m || *Ostwind* m || *Levante* f || la costa de ∠ *die Ostküste* || el *(od* *la) ∠ *Morgenland* n, *Levante* f
²**levante** *m* MAm *Verleumdung* f || PR *Aufstand* m, *Meuterei* f || Col *Eitelkeit* f
levan\tino adj/s *aus der span. Ostküste, aus der span. Levante* || *levantinisch, morgenländisch* || *jüdisch* || ~ m *Levantiner, Morgenländer* m || *Jude* m || **-tisco** adj *aufsässig* || *aufrührerisch*
levar vt: ~ las anclas ⟨Mar⟩ *die Anker lichten* || figf *sich fortmachen, Reißaus nehmen, verduften*
leve adj *leicht (an Gewicht)* || *leicht, gelind* || *gering, unbedeutend* || fig *erläßlich, verzeihlich* || fig *gnädig (Strafe)* || culpa ~ *leichter Fehler* m || delito ~ ⟨Jur⟩ *Rügesache* f || herida ~ *leichte*

Wunde f || pecado ~ *läßliche Sünde* f || adv: ~ **mente**
levedad f *Leichtigkeit* f
leviatán m ⟨Rel⟩ *Leviathan* m || fig *Ungeheuer* || ⟨Philos Pol⟩ *Leviathan, der allmächtige Staat* m *von Hobbes*
levigar vt ⟨Chem⟩ *ab|setzen, -klären (in Flüssigkeiten)* || *schlämmen*
levirato m *Leviratsehe* f
levirrostro adj ⟨V⟩ *leichtschnäb(e)lig* || ~s mpl *Leichtschnäbler* mpl
levísimo adj sup v. **leve**
¹**levita** m/adj *Levit* m
²**levita** f *Geh-, Überrock* m || *de* ~ *in Gala* || *gente de* ~ fig *Angehörige* mpl *der gebildeten Stände* || ◊ *tirar de la* ~ a alg. figf *jdm schmeicheln* || *vor jdm kriechen*
levitación f ⟨Rel Med⟩ *Levitation* f, *freies Schweben* n *(in der Luft)*
levítico adj *levitisch* || pej *klerikal* || ~ m *Levitikus* m *(3. Buch Moses)*
levi|tín m dim v. **levita** –**tón** m augm v. **levita**
le|vógiro adj ⟨Chem Opt⟩ *linksdrehend* || –**vografía** f *linksläufige Schrift* f
△**levosa** f = **levita**
levulo|sa f ⟨Chem⟩ *Lävulose, Fructose* f, *Fruchtzucker* m || –**suria** f ⟨Med⟩ *Lävulo-, Fructo|surie* f
lexema m *Lexem* n
lexicalizar vt ⟨Li⟩ *lexikalisieren*
léxico m/adj *Wörterbuch, (Sprach)Lexikon* n || *Lexik* f, *Wortschatz* m || →a **diccionario** || ~ adj *lexikalisch*
lexico|grafía f *Lexikographie* f || –**gráfico** adj *lexikographisch*
lexicógrafo m *Lexikograph, Wörterbuchverfasser* m
lexi|cología f *Lexikologie* f || *Wortkunde* f || –**cológico** adj *lexikologisch* || –**cólogo** m *Lexikologe* m || –**cón** m = **léxico**
ley f *Gesetz* n || *Gebot* n || *Satzung* f || *Anordnung* f || *Treue, Ergebenheit, Anhänglichkeit* f || *(gesetzlich bzw amtlich) vorgeschriebene Beschaffenheit* f *(von Waren)* || *Feingehalt* m, *Korn* n *(der Münzen)* || ~ *agraria Agrargesetz* n || *la* ~ *antigua das Gesetz Mose (od Mosis)* || ~ *de bases Rahmengesetz* n || ~ *de bolsa Börsengesetz* n || ~ *constitucional,* ~ *fundamental Verfassung* f, *(Staats)Grundgesetz* n || ~ *civil Bürgerrecht* n || || ~ *del más fuerte Recht des Stärkeren, Faustrecht* n || ~ *del embudo* figf *richterliche Willkür* f || *Behördenwillkür* f || fig *das Recht des Stärkeren* || *Schikane* f || ~ *del encaje* fam *willkürlicher Richterspruch* m || ~ *escrita geschriebenes Recht* n || ~ *escrita,* ~ *de Dios die Zehn Gebote Gottes* || ~ *de excepción Ausnahmegesetz* n || ~ *de imprenta Pressegesetz* n || ~ *de Lynch Lynchjustiz* f || ~ *marcial* ⟨Mil⟩ *Standrecht* n || ~ *de Moisés,* ~ *mosaica das Gesetz Mose (od Mosis)* || || ~ *moral Sittengesetz* n || ~ *natural Naturgesetz* n || ~ *orgánica de un Estado Span (Staats)Grundgesetz* n || ~ *penal Strafgesetz* n || ~ *sálica* ⟨Hist⟩ *das Salische Gesetz* || ~ *de la selva,* ~ *de la jungla Recht des Stärkeren, Recht* n *des Dschungels* || ~ *social Sozialgesetz* n || *Vereinsgesetz* n || ~ *de las Doce Tablas* ⟨Hist⟩ *Zwölf-Tafel-Gesetz* n || *la* ~ *vigente das geltende Recht* || *bajo de* ~ *nicht vollwichtig (Münze)* || *comercio de buena* ~ *ehrbarer Handel* m || *chiste de baja* ~ fam *gemeiner Witz* m || *en el espíritu de la* ~, *conforme a la* ~ *im Sinne des Gesetzes* || *fuerza de* ~ *Gesetzes-, Rechts|kraft* f
◊**contravenir** a *(od infringir, transgredir) la* ~ *dem Gesetz zuwiderhandeln, gegen das Gesetz verstoßen* || *cumplir la* ~, *observar la* ~ *das Gesetz befolgen* || *estar enamorado con todas las de la* ~ fam *bis über die Ohren verliebt sein* || *eludir la* ~ *das Gesetz umgehen* || *estar sujeto a la* ~ *dem*

Gesetz unterliegen || *guardar* ~ a alg. *jdm treu bleiben* || *hacer* ~ *als Norm gelten* || *hecha la* ~, *hecha la trampa fam jedes Gesetz hat eine Hintertür* || *la necesidad carece de* ~ *Not kennt kein Gebot* || *poner la* ~ fig *großen Einfluß haben* || *tener fuerza de* ~ *Gesetzeskraft haben* || *no le tiene* ~ *er hält nicht zu ihm* || *er ist ihm nicht sehr zugetan* || *a la* ~ *fam gebührlich* || *sorgfältig* || *a* ~ *de caballero auf Ehrenwort* || *a toda* ~ *unter allen Umständen* || *nach allen Regeln der Kunst* || *de* ~ *gesetzlich* || ~ *es pl Gesetzsammlung* f || *Rechtsordnung* f || *Rechtsstudium* n || ~ *excepcionales Ausnahmegesetze* npl || *según las* ~ *vigentes laut geltendem Recht* || *hombre de* ~ *Jurist* m || ◊ *estudiar* ~ *Jura (od die Rechte) studieren*
leyenda f *Sage* f || *Legende* f || *Heiligen|legende* f, *-leben* n || *(Vor) Lesen* n || *Lesestoff* m || *Lesart* f || *Umschrift* f *e-r Münze* || *Bildtext* m || *Zeichenerklärung* f *(Plan, Karte, bildliche Darstellung)* || fig *Ruhm* m || "~ *áurea"* (de Jacobo de Vorágine) ⟨Rel Hist⟩ *„Legenda aurea"* lat, *(Sammlung von Heiligenbeschreibungen des Jacobus de Voragine,* † *1298)* || ~ *local Ortssage* f || ~ *negra „schwarze Legende"* f *(spanienfeindliche Darstellung der span. [Kolonial]Geschichte)* || *ciclo de* ~s *Sagenkreis* m
lezna f *Ahle* f || *Pfriem* m
L. F. Abk = **Loco frontera**
△**lí** f *Freiheit* f
¹**lía** f *Espartostrick* m || ~s fpl = **heces**
²△**lía** f *Brief* m
Lía np pop = **Julia, Cecilia, Rosalía, Eulalia** etc
liane f ⟨Bot⟩ *Liane* f *(→a bejuco)*
liar [pres lío] vt *fest-, zusammen|binden* || *ein|wickeln, -packen* || ◊~ *un cigarrillo e-e Zigarette drehen* || ~*las* figf *sich heimlich davonmachen* || figf *sterben, pop krepieren* || ~**se** pop *sich mit Frauen einlassen*
liásico m/adj ⟨Geol⟩ *Lias* m/f *(Schwarzer Jura)* || ~ adj *Lias-*
lib. Abk = **libro** || **libra(s)**
libación f ⟨Rel⟩ *Trankopfer* n, *Libation* f || *(Ein)Schlürfen, Nippen* n || ◊ *hacer abundantes* ~*es fam tüchtig zechen*
libamen m *Opfergabe* f
△**libanar** vt *schreiben*
libanés adj/s *libanesisch* || ~ m *Libanese* m
Líbano m *der Libanon*
libar vt/i *nippen, kosten (Getränk)* || *schlürfen* || *saugen (Bienen usw)*
libe|lista m *Libellist* m || *Verfasser* m *e-r Schmähschrift* || *Pamphletschreiber, Pamphletist, Pasquillant* m || –**lo** m *Pamphlet, Pasquill, Libell* n, *Schmähschrift* || ~ *infamatorio Schmähschrift* f
libélula f ⟨Entom⟩ *Wasserjungfer, Libelle* f *(→ a odonatos)*
△**libenar** vt *lesen*
libentísimamente adv *sehr bereitwillig*
líber m ⟨Bot⟩ *Bast* m, *Innenrinde* f
libe|ración f *Freilassung* f || *Befreiung* f || ⟨Com⟩ *Schuldbefreiung* f || *Entlastung, Quittung* f || *(Voll-)Einzahlung* f *(Aktie)* || *Freigabe* f *(Ware)* || *Freisetzung* f || ~ *condicional Entlassung* f *auf Bewährung* || *Guerra de* ± *Befreiungskrieg* m || *spanischer Bürgerkrieg* m *(1936–1939)* || –**rado** adj *befreit* || *freigelassen* || ⟨Com⟩ *einbezahlt* || *abgelöst* || ⟨Phys⟩ *freigesetzt, frei geworden* || –**rador** adj/s *befreiend* || *tropas* ~ *als Befreiungstruppen* fpl || –**ral** adj *freigebig* || *großzügig, gewandt, bereitwillig* || *freiheitlich* || ⟨Pol⟩ *u allg freisinnig, liberal* || *frei (Beruf)* || ~ m ⟨Pol⟩ *Liberale(r)* m || *partido* ~ *freisinnige, liberale Partei* f || *artes* ~ *es die freien Künste* fpl || ~ m *Freisinnige(r), Liberale(r)* m || adv ~ **mente** –**ralidad** f *Freigebigkeit* f || *Groß|mut, -zügigkeit* f || *Weitherzigkeit* f || ⟨Com⟩ *Geschenk* n || *Schenkung* f || –**ralismo** m

Liberalismus, Freisinn m || **-ralización** f *Liberalisierung* f || ~ de los precios *Preisfreigabe* f || **-ralizar** vt ⟨Pol Com⟩ *liberalisieren*
libe|rar vt *befreien* || *freistellen* (de *von* dat) || ⟨Jur⟩ *entlassen* || ⟨Com⟩ *entlasten* || *ablösen* || *einzahlen* (*Aktien, Gesellschaftskapital*) || ◊ ~ de (toda) responsabilidad *aus der Haftung entlassen* || **-ratorio** adj *befreiend* || *freigebend* || *entlastend*
libérrimo adj sup *v.* **libre**
liber|tad f *Freiheit, Unabhängigkeit* f || *Befreiung* f || *Freilassung* f || *Willensfreiheit* f || *Handlungsfreiheit* f || *Freimütigkeit* f || *Unbefangenheit, Ungezwungenheit* f || *Keckheit, Dreistigkeit* f || *Befugnis* f (*de zu*) || ~ de acción *Freiheit des Handelns* f || ~ de comercio *Handelsfreiheit* f || ~ de conciencia *Gewissensfreiheit* f || ~ condicional *bedingte Freilassung, bedingte Entlassung* f (*aus der Haft*) || ~ de costumbres *Sittenlosigkeit* f || ~ de cultos *Glaubensfreiheit* f || ~ de imprenta *Pressefreiheit* f || ~ de opinión *Meinungsfreiheit* f || ~ de pactar, ~ contractual *Vertragsfreiheit* f || ~ provisional *vorläufige Entlassung aus der Haft* f || con toda ~ *ganz unabhängig, frei, in voller Freiheit* || *unbehindert* || *unbefangen* || poner en ~ *freilassen, in Freiheit* (od *auf freien Fuß*) *setzen* || ⟨Chem⟩ *befreien* || tener la ~ de *die Freiheit haben zu* || eso es tomarse demasiada ~ *das geht doch zu weit* || me tomo la ~ de... *ich nehme mit die Freiheit, ich erlaube mir zu* ... || ~ **es** pl *Vorrechte, Freiheiten* pl || *Vertraulichkeiten* f pl || ~ individuales *Freiheitsstatus* m || tomarse ~ sich (zuviel) *Freiheiten erlauben* || **-tador** m *Befreier* m || el ✻ Am *Simón Bolívar, der Befreier Südamerikas* || **-tar** vt *befreien* || *frei-, lossprechen* (de *von* dat) || *bewahren, beschützen* (de *von* dat) || ◊ ~ de la pena *von e-r Strafe retten* || → a **liberar** || ~ **se** *sich retten* || *sich losmachen* (*von*) || ◊ ~ del peligro *der Gefahr entrinnen* || **-tario** adj *anarchistisch* || **-ticida** adj/s *freiheitsvernichtend* || **-tinaje** m *Zügellosigkeit* f || *Ausschweifung* f || *Liederlichkeit* f || *wüstes Leben* n || ⟨Pol⟩ *Mißbrauch* m *der Freiheit(en)* || **-tino** adj/s *ausschweifend, zügellos* || *freigeistig* || ~ m *Wüstling, Libertin, ausschweifender Mensch* m || ⟨Hist⟩ = **-to** || **-to** m *Freigelassene(r)* m (*Sklave im Altrom*)
Libia f *Libyen* n
líbico adj *libysch*
libídine f *Lüsternheit* f || *Wollust* f || *Geilheit* f
libidinoso, sa adj *lüstern, geil, libidinös, wollüstig* || *schlüpfrig, unzüchtig*
libido f ⟨Med Psychol⟩ *Libido* f || ⟨Wiss⟩ *Trieb* m
libio adj *libysch* || ~ m *Libyer* m
líbitum [..tun]: **ad** ~ lat *nach Belieben*
libón m Ar *sprudelnde Quelle* f || → a **ibón**
Liborio m np Tfn *Liborius* m
libra f *Pfund* n || ⟨Cat⟩ *Cast Gewicht von 16 Unzen* (= 460 *Gramm*) || Cat = 12 *Unzen* || Gal = 20 *Unzen* || Vasc = 17 *Unzen* || *einpfündiges Brot* n || p.ex *Laibbrot* n || *Güteklasse III des kubanischen Tabaks* || ✻ ⟨Astr⟩ *Waage* f *im Tierkreis* || ~ esterlina *Pfund* n *Sterling* || *área* (od *bloque*) de la ~ (esterlina) *Sterling|block* m, *-zone* f || a ~, por ~ s *pfundweise* || la baja de la ~ *der Sturz des Pfundes* || ◊ de tales casos entran pocos en ~ pop *solche Fälle sind e-e Seltenheit*
libracarro m *Wagenlöser* m (*der Schreibmaschine*)
libración f ⟨Phys⟩ *Schwingung* f || *Ausschwingen* n || ⟨Astr⟩ *Libration* f (*des Mondes*)
libra|co, -cho m desp *altes, wertloses Buch* n, *Schmöker, alter Schinken* m
libra|do adj: salir bien ~ fam *mit e-m blauen Auge davonkommen, gut wegkommen* || así saldré mejor ~ *ich komme so besser weg* || ~ m ⟨Com⟩ *Trassat, Bezogene(r)* m || **-dor, *-nte** m *Trassant, Aussteller* m (*e–s Wechsels*) || **-miento** m *Aus-*

fertigung, -stellung f (*e–s Schecks*) || (*Geld*) *Anweisung* f || ⟨Tech⟩ *Entriegelung* f (*e–r Waffe*)
librancista m *Trassat, Wechsel-, Anweisungs-|empfänger* m
libranza f (*Geld*) *Anweisung* f, *Scheck* m || *Tratte* f || *Rate, Teilzahlung* f || *Zahlungsanweisung* f || Am *Postanweisung* f (→ **giro** postal) || ~ a la vista *Sichtanweisung* f || ~ por cuenta de tercero *Kommissionswechsel* m
librapapel m *Papierlöser* m (*der Schreibmaschine*)
librar vt *befreien, erlösen, retten* || *bewahren* || *schützen* || *besorgen* (*Geschäft*) || *ausstellen, ausfertigen* (*Urkunde*) || *erteilen, erlassen* (*Befehl, Verordnung, Urteil*) || *freisprechen* (*e–n Angeklagten*) || *anweisen* (*Geld*) || *liefern, schlagen* (*Schlacht*) || ◊ ~ una batalla ⟨Mil⟩ *e-e Schlacht liefern* || ~ una letra a cargo de (od contra) alg. *e–n Wechsel auf jdn ziehen* || ~ una sentencia *ein Urteil fällen* || ~ una letra sobre Londres *e–n Wechsel auf London ausstellen* || ¡líbreme Dios! pop *Gott bewahre!* || ~ vi *gebären, entbinden* (*Frau*) || *in den Sprechraum treten* (*Nonne*) || ◊ estar para ~ *hochschwanger sein* (*Frau*) || ~ **se** *sich hüten, bewahren, schützen* (de *vor*) || ◊ ~ bien (mal) *gut* (*schlecht*) *abschließen* (*Geschäft*) || a mal ~ *im schlimmsten Fall, schlimmstenfalls* || salir bien (mal) librado *gut* (*schlecht*) *wegkommen* (*bei e–r Angelegenheit*)
librazo m augm *v.* **libro** || *Schlag* m *mit einem Buch*
libre adj *frei, unabhängig* || *freiwillig* || *schuldlos, unschuldig* || *freigelassen* (*Sklave*) || *ledig, unverheiratet* || *frei, ungehindert* || *zwanglos* || *frei* (*Sitten, Übersetzung, Stil*) || *ungezwungen, unbefangen* || *freimütig, rücksichtslos, frech, zügellos* || *geil, unzüchtig* || ⟨Tel⟩ *unbesetzt, nicht besetzt, frei* (*Anschluß*) || ~ acceso *freier Zutritt* m || ~ albedrío *freier Wille* m || ~ cambio *Freihandel* m || ~ de cuidados, ~ de preocupaciones *sorgenfrei* || ~ de derechos *zollfrei* || ~ de distorsiones ⟨Radio⟩ *verzerrungsfrei* || ~ de impuestos *steuerfrei* || ciudad ~ *freie Stadt* f || ⟨Hist⟩ *Reichsstadt* f || ejemplar ~ *Freiexemplar* n || entrada ~ *Eintritt frei* || freier *Eintritt* || *freier Zutritt* || *kein Kaufzwang* || estilo ~ ⟨Sp⟩ *Freistil* m || puerto ~ *Freihafen* m || ◊ V. es ~ *es steht Ihnen frei* || por fin estoy ~ *de* endlich bin ich ihn los geworden! || queda ~ de elegir *die Wahl steht ihm frei* || al que no tiene, el rey lo hace ~ *wo nichts ist, hat der Kaiser sein Recht verloren*
librea f *Bediententracht, Livree* f || ⟨V Jgd⟩ *Gefieder* n || ⟨Jgd⟩ *Fell* n, *Balg* m || ~ nupcial ⟨V⟩ *Schmuckgefieder* n *der Paarungszeit*
librecam|bio m *Freihandel* m (→ a **zona**) || **-bismo** m *Freihandels|lehre* bzw *-bewegung* f || **-bista** adj/s *Freihandels-, freihändlerisch* || ~ m *Freihändler* m
librejo m dim od desp *v.* **libro**
libre|líneas: palanca ~ *Walzenlösehebel* m (*e–r Schreibmaschine*) || **-mente** adv *v.* **libre** || **-pensador** m/adj *Freidenker* m || **-pensamiento** m *Lehre* f *der Freidenker* || *Freidenkertum* n || desp *Freigeisterei* f
libre|ría f *Büchersammlung, Bücherei, Bibliothek* f || *Buchhandel* m || *Buchhandlung* f || *Bücher* npl || *Bücherschrank* m || → a **estantería** || ~ antigua y moderna *Buchhandlung und Antiquariat* || ~ editorial *Verlagsbuchhandlung* f || ~ circulante *Leihbücherei* f || ~ general, ~ de depósito *Sortimentsbuchhandlung* f || ~ de lance, ~ de ocasión, ~ de viejo *Antiquariat(sbuchhandel* m) || ~ técnica *Fachbuchhandlung* f || *Fachbücherei* f || ~ volante *fahrende Bücherei* f || **-ro** m *Buchhändler* m || ~ editor *Verlagsbuchhändler, Verleger* m || ~ de lance, ~ de ocasión, ~ de viejo *Antiquar(iatsbuchhändler)* m || ~ de surtido *Sortimentsbuchhändler* m || precio de ~ *Buchhändlerpreis* m

libresco adj ⟨Lit⟩ Buch-, Bücher- ‖ fig *roman-haft* ‖ fig *tot, lebensfremd (aus den Büchern, nicht aus dem Leben)*
¹**libreta** f dim v. **libra**
²**libre|ta** f dim v. **libro** ‖ *Notizbuch* n ‖ ⟨Com⟩ *Bestell-, Auftrags|buch* n ‖ *Kontobuch* n ‖ *Lohnbuch* n ‖ ⟨Mil⟩ *Soldbuch* n ‖ ~ de ahorro(s) *Sparbuch* n ‖ ~ de navegación ⟨Mar⟩ *Seefahrtsbuch* n ‖ ~ del seguro *Versicherungsbuch* n ‖ **–te** m dim v. **libro** ‖ **–tín** m dim v. **librete** ‖ **–tista** m *Librettist, (Opern)Textdichter* m ‖ **–to** m *Libretto, Textbuch* n *e–r Oper*
¹**librillo** m dim v. **libro** ‖ *Büchlein* n *Zigarettenpapier* ‖ ⟨Zool⟩ = **libro** ⟨Zool⟩ ‖ ~ de oro (plata) *Päckchen* n *Blatt|gold (-silber)*
²**librillo** m ⟨Bot⟩ *Bast* m
libro m *Buch* n ‖ *Band* m, *Werk* n ‖ *Libretto, Textbuch* n ‖ *Film-, Dreh|buch* n ‖ ⟨Zool⟩ *Blättermagen* m *(der Wiederkäuer)* ‖ ~ (de agalla) ⟨Fi⟩ *Kiemenbuch* n ‖ *~ = **impuestos** ‖ ~ *das Buch, die Bibel* ‖ ~ de aceptaciones, ~ de libranzas *Trattenbuch* n ‖ ~ de almacén *Lagerbuch* n ‖ ~ ameno ⟨Lit⟩ *Unterhaltungswerk* n *(Roman usw)* ‖ ~ auxiliar *Hilfsbuch* n ‖ ~ de balances ⟨Com⟩ *Bilanzbuch* n ‖ ~ blanco, amarillo, rojo etc *Weiß-, Gelb-, Rot|buch* n *(von diplomatischen Urkunden)* ‖ ~ borrador → **borrador** ‖ ~ de caballerías *Ritteroman* m ‖ ~ de caja *Kassabuch* n ‖ ~ científico *wissenschaftliches Werk* n ‖ ~ de cocina *Kochbuch* n ‖ ~ de consulta *Nachschlage|buch, -werk* n ‖ ~ copiador *Kopiebuch* n ‖ ~ de cuenta(s) corriente(s) *Kontokorrentbuch* n ‖ ~ de cuentos *Märchenbuch* n ‖ ~ de defunciones *Sterbebuch* n ‖ ~ diario ⟨Com⟩ *Journal, Tagebuch* n ‖ ~ de enseñanza *Lehrbuch* n ‖ ~ escolar *Schulbuch* n ‖ ~ de existencias ⟨Com⟩ *Lagerbuch* n ‖ ~ en folio *Folioband* m ‖ ~ de fondo *Verlagswerk* n ‖ ~ ilustrado, ~ con grabados *Bilderbuch* n, *Bildband* m ‖ ~ de inventarios *Inventarbuch* n ‖ ~ de Job *das Buch Hiob* n, *Bildband* m ‖ ~ con láminas (fam estampas) *Bilderbuch* n, *Bildband* m ‖ ~ de lectura *Lesebuch* n ‖ ~ mayor ⟨Com⟩ *Hauptbuch* n ‖ ~ de nacimientos *Geburtenbuch* n ‖ ~ para niños *Kinderbuch* n ‖ ~ de oraciones *Gebetbuch* n ‖ ~ de oro *Goldenes Buch* n ‖ *Adelsregister* n ‖ ~ de pedidos *Auftrags-, Bestell|buch* n ‖ ~ en rama *zusammengetragenes Buch* n ‖ ~ de reclamaciones *Beschwerdebuch* n ‖ ~ en rústica *ungebundenes Buch* n ‖ ~ de surtido *Sortimentbuch* n ‖ ~ talonario *Scheck-, Kuponbuch* n ‖ ~ (encuadernado) en tela *(in Leinwand)* *gebundenes Buch* n, *Leinenband* m ‖ ~ de texto *Schul-, Lehrbuch* n ‖ ~ de ventas *Verkaufsbuch* n *(Handelsbuch, nach dem Gesetz v. 1925 in Span. eingeführt)* ‖ a ~ abierto ⟨Mus⟩ *vom Blatt (spielen)* ‖ *aus dem Stegreif, vom Blatt (Übersetzung)* ‖ exposición del ~ *Buch(gewerbe)ausstellung* f ‖ industria del ~ *Buchgewerbe* n ‖ ◊ *devorar un ~* fig *ein Buch verschlingen* ‖ *hablar como un ~ abierto* fig *formvollendet, sachverständig reden* ‖ *wie ein Buch (od sehr gut od hochtrabend) reden* ‖ hacer ~ nuevo fig *seinen Lastern entsagen* ‖ *ein neues Leben anfangen* ‖ ~s *pl Bücher npl* ‖ ~ de a bordo ⟨Mar⟩ *Schiffs-, Bord|papiere npl* ‖ ~ comerciales *Handelsbücher* npl ‖ ~ de contabilidad *Geschäftsbücher* npl ‖ ~ rayados *Notiz-, Handelsbücher* npl ‖ amante de los ~, aficionado a los ~ *Bücherliebhaber* m ‖ tenedor de ~ *Buch-halter, -führer* m ‖ teneduría de ~ *(por partida doble) (doppelte) Buchführung* f ‖ ◊ *ahorcar los ~* figf *das Studium an den Nagel hängen* ‖ *llevar* ~ ⟨Com⟩ *Bücher führen*
librote m augm v. **libro**: *dickes Buch* n, fam *Wälzer* m
libs. Abk = **libras**
Libusa f np *Libussa*
Lic., lic., lic.ᵈᵒ Abk = **licenciado**
licaénidos mpl ⟨Entom⟩ *Bläulinge* mpl (Lycae-nidae)
li|cantropia f ⟨Myth Med Psychol⟩ *Lykanthropie* f ‖ **–cántropo** m ⟨Myth⟩ *Werwolf* m
liceísta m Col Chi *Gymnasiast* m
licencia f *Bewilligung, Erlaubnis* f ‖ *Genehmigung* f ‖ *Lizenz* f ‖ *Urlaub* m, *Entlassung* f ‖ *Entlassungsschein* m *(& ⟨Mil⟩) ‖ *Dienstbefreiung* f ‖ *Zuchtlosigkeit, Ausschweifung* f ‖ *Zügellosigkeit* f ‖ = **licenciatura** ‖ ⟨Typ⟩ *Druckerlaubnis* f ‖ ⟨Aut⟩ *Führerschein* m *(→ **permiso** de conducir)* ‖ ~ absoluta ⟨Mil⟩ *endgültige Befreiung* f *(vom Wehrdienst)* ‖ ~ de (uso de) armas *Waffenschein* m ‖ ⟨Jgd⟩ *Jagdschein* m ‖ ~ de construcción, ~ de obras *Baugenehmigung* f ‖ ~ obligatoria *Zwangslizenz* f ‖ ~ de piloto ⟨Flugw⟩ *Flugzeugführer-, Luftfahrer|schein* m ‖ ~ poética *dichterische Freiheit* f ‖ ◊ estar con ~ *auf Urlaub sein* ‖ *Urlaub haben* ‖ dar a alg. la ~ (absoluta) figf *jdn feuern, jdn hinauswerfen*
licen|ciado adj *freigelassen* ‖ *beurlaubt* ‖ ~ m *Akademiker* m *(mit absolviertem Staatsexamen)* ‖ ⟨Rel⟩ *Lizenziat* m ‖ fam *Stubengelehrte(r)* m ‖ *Titel* m *der Rechtsanwälte* ‖ ⟨Mil⟩ *Urlauber* m ‖ ⟨Mil⟩ *Entlassene(r)* m ‖ *Verabschiedete(r)* m ‖ ~ (de presidio) *(aus dem Gefängnis) Entlassene(r)* m ‖ ~ *Vidriera* fig *übertrieben heikler und furchtsamer Mensch* m *(Ansp. auf die gleichnamige Novelle von Cervantes)* ‖ **–ciar** vt *erlauben* ‖ *beurlauben (Soldaten, Beamte)* ‖ *verabschieden, entlassen (aus dem Dienst)* ‖ *eine Lizenz bzw Genehmigung erteilen* ‖ *den Grad e-s licenciado verleihen* ‖ ~se *den Grad e-s licenciado erreichen* ‖ **–ciatura** f *Grad* m *e-s licenciado* ‖ *Staatsexamen* n ‖ *Studium* n *zur Erreichung des Staatsexamens* ‖ **–cioso** adj *ausschweifend, liederlich* ‖ *anstößig, unanständig* ‖ *unbändig, zügellos*
liceo m ⟨Philos Hist⟩ *Lyzeum* n ‖ *literarischer Klub* m, *Lyzeum* n ‖ Am *Mittelschule* f ‖ *Teatro del ~ Opernteater* n *in Barcelona*
licita|ción f *Versteigerung* f ‖ *Ausschreibung, Auktion* f ‖ *pública öffentliche Versteigerung* f ‖ **–dor, –nte** m *Bieter* m *(bei e-r Auktion)* ‖ *Versteigerer* m ‖ citación a ~s *Versteigerungsankündigung* f
lícito adj *zulässig, statthaft*
licoperdón m *Bofist* m *(Bauchpilz)*
licopodio m ⟨Bot⟩ *Bärlapp* m (Lycopodium spp) ‖ *Lykopodium* n
licor m *Flüssigkeit* f, *Saft* m ‖ *geistiges Getränk* n ‖ *Likör, Schnaps* m ‖ ~ (anodino) de Hoffmann *Hoffmannstropfen* mpl ‖ ~ seminal *Samenflüssigkeit* f ‖ ~ tónico, ~ estomacal *Magenlikör* m
lico|rera f *Likörständer* m ‖ *Likörtablett* n ‖ *Likörkaraffe* f ‖ **–rista** m *Likörfabrikant* m ‖ *Likörverkäufer* m
licosa f ⟨Zool⟩ *Tarantel* f (Lycosa spp) (→ **tarántula**)
licua|ble adj *schmelzbar* ‖ *verflüssigbar* ‖ **–ción** f *Verflüssigung* f ‖ ⟨Metal⟩ *Seigerung* f, *Entmischen* n ‖ *Zerfließen* n ‖ **–facer** vt *schmelzen* ‖ **–r** vt ⟨Chem⟩ *verflüssigen* ‖ ~se vr *schmelzen, flüssig werden*
licue|facción f *Verflüssigung* f ‖ **–facer** vt *verflüssigen* ‖ **–factible** adj = **licuable** ‖ **–factor** m/adj ⟨Tech⟩ *Verflüssiger* m
licuescencia f ⟨Tech⟩ *Schmelzbarkeit* f
licuor m = **licor**
△**licurdio** m *Steiß* m
Licurgo m np *Lykurg* m
△**licha** f *Gasse* f
lid f ⟨Lit⟩ *Kampf* m, *Gefecht* n ‖ *Wett-, Ringkampf* m ‖ en buena ~ *im ehrlichen Kampf*
líder m engl ⟨Pol Soz⟩ *Führer, Leader* m ‖ ⟨Sp⟩ *Tabellenführer* m, *führende Mannschaft* f, *führender Teilnehmer* m
lide|rato, –razgo m bes Am *Führertum* n ‖ *Führung* f ‖ vgl **caudillaje**

lidia f *Kampf* m (& fig) || *Stier|kampf* m, *-gefecht* n
Lidia f np Tfn *Lydia* f
lidiadera f Ec Guat *Streit, Krach* m
lidiadero adj ⟨Taur⟩ *kampfreich* (& fig)
li|diador m *Kämpfer* m || *Stier|kämpfer, -fechter* m || **-diar** vt/i *kämpfen, streiten* (& fig) || ⟨Taur⟩ *als Stierkämpfer auftreten* || ◊ ~ *con los niños* figf *sich mit den Kindern herumschlagen* || ~ *toros* ⟨Taur⟩ *mit Stieren kämpfen*
lidi|o adj/s ⟨Hist Mus⟩ *lydisch* || **-ta** f *Lyddit* n *(englischer Sprengstoff)* || ⟨Min⟩ *Lydit* m
liebra(s)tón, liebratico m dim v. **liebre**
liebre f ⟨Zool⟩ *(Feld)Hase* m (Lepus europaeus) || ~ *ártica Polarhase, Arktischer Schneehase* m (L. arcticus) || ~ *de las nieves,* ~ *alpina Schneehase* m (L. timidus) || ~ *marina,* ~ *de mar Seehase* m (Aplysia depilans) *(Weichtier)* || fig *Feigling, (Angst)Hase* m || (asado de) ~ *Hasenbraten* m || *caza de* ~ s *Hasenjagd* f || ◊ *coger una* ~ figf *aufs Gesicht fallen* || *levantar la* ~ ⟨Jgd⟩ *den Hasen aufscheuchen* || figf *Staub aufwirbeln* (fig) || *donde menos se piensa, salta la* ~ *unverhofft kommt oft*
liebre|cilla, -zuela f dim v. **liebre** || *Kornblume* f
lied [pl **lieder**] m ⟨Mus⟩ *Lied* n, *Arie* f
liendre f *Nisse* f || ◊ *cascarle a uno las* ~ s fam *jdm den Kopf waschen, jdn ordentlich zusammenstauchen*
lienzo m *Leinwand* f || *Leinen, Linnen* n || *Schnupf-, Taschentuch* n || *Malerleinwand* f || *(Öl)Gemälde* n || ⟨Arch⟩ *Fassaden|breite, -front* f || ~ *alquitranado Teerleinwand* f || ~ *crudo rohe Leinwand* f || ~ *curado gebleichte Leinwand* f
lifara f Ar = **alifara**
Lig. Abk ⟨EB⟩ = **Ligero**
liga f *Band* m, *Bündnis* n || *Liga* f || *Verband* m || *Strumpfband* n || *Sockenhalter* m || *Band* n || *Vogelleim* m || ⟨Metal⟩ *Legierung* f || *Verbindung, Mischung* f || ⟨Bot⟩ = **muérdago** || ⟨Sp⟩ *Liga* f || △*Freundschaft* f || Arg *Glück(strähne* f) n *(beim Spiel)* || ~ *antituberculosa Schutzverband* m *zur Bekämpfung der Tuberkulose* || ~̆ *Árabe Arabische Liga* f || ~ *de los derechos del hombre Liga* f *für Menschenrechte* || ~ (h)anseática ⟨Hist⟩ *der Hansabund, die Hanse* || ~ (od lliga) *regionalista* Cat ⟨Hist⟩ *gemäßigte katalanistische Partei* f
liga|do adj *gebunden* || ◊ *estar* ~ fig *gebunden sein* || ~ m ⟨Mus⟩ *Legato* n || ⟨Mus⟩ *Ligatur* f || ⟨Mus⟩ *Bindung* f || *(Ver)Bindung* f *(Schrift)* || **-dura** f *Bindung* f (& *beim Fechten*) || *Verbindung* f || *Verbinden* n || *bes* ⟨Med⟩ *Verschnürung* f || ⟨Med Mus⟩ *Ligatur* f || ⟨Med⟩ *Ab-, Unter|bindung* f || fig *Fessel* f || fig *Hindernis* n, *Behinderung* f || *las dulces* ~ s *del amor die zarten Bande der Liebe* || **-men** m *Eheband* n || *impediment de* ~ ⟨Jur Kath⟩ *Ehehindernis* n *des Ehebandes* || **-mento** m ⟨An⟩ *(Muskel)Band* n || ⟨Web⟩ *Bindung* f || ~ *de sarga Köperbindung* f || ~ *satén Atlasbindung* f || ~ *de tela Leinwandbindung* f
li|gar [g/gu] vt *(fest)binden* || *verbinden, vereinigen* || ⟨Metal⟩ *legieren* || ⟨Metal⟩ *beschicken* || ⟨Mus⟩ *binden* || ⟨Mus⟩ *verschleifen* || fig *zusammenführen (z. B. Interessen), verpflichten, binden* || fig *ver|binden, -knüpfen* || vi figf *mit jdm ein Liebesverhältnis anzuknüpfen (versuchen), an|bandeln, -bändeln* || ⟨Kart⟩ *kombinieren* || ~ *intentar* ~ figf *Annäherungsversuche machen, anzubändeln versuchen* || **-se** *ein Bündnis schließen* || *sich verbinden* || *sich binden* (& fig ⟨Chem⟩) || ◊ ~ *con* (od *por*) *una promesa sich durch ein Versprechen binden, verpflichten* || **-gaterna** f ⟨Zool⟩ *Burg Cue Pal* = **lagartija** || **-gazón** f *Verbindung, Zusammenfügung* f || ⟨Gr⟩ *Bindung* f || ⟨Mar⟩ *Auflanger* m
lige|ramente adv *leicht-, obenhin, oberflächlich* || fig *flüchtig* || **-reza** f *Leichtigkeit* f (& fig) || *Leichtfüßigkeit* f || *Schnelligkeit, Hurtigkeit, Geschwindigkeit* f || *Flüchtigkeit* f || fig *Unbesonnenheit* f, *Leichtsinn* m || fig *Leichtfertigkeit* f || fig *Anmut* f || fig *Flüssigkeit* f *(Stil)* (→ **fluidez**) || **-ro** adj *leicht (an Gewicht)* || fig *leicht (Schlaf, Kleidung, Mahlzeit, Speise, Getränk, Wunde)* || *geschwind, behende, hurtig, flink* || fig *leichtsinnig* || *flüchtig, oberflächlich* || *sanft (Wind)* || *leise (Geräusch)* || *locker (Erde, Sitten)* || ~ *de pies schnellfüßig* || ~ *de ropas* fam *leicht geschürzt* || *sueño* ~ *leichter Schlaf* m || *a la* ~ *a schnell, hurtig* || *leicht|fertig, -sinnig* || ◊ *creer de* ~ *leichtgläubig sein* || *obrar muy de* ~ *sehr leichtfertig handeln* || *tomar a la* ~ *a* fig *auf die leichte Schulter nehmen* || *de* ~ *as costumbres von lockeren Sitten* || ~ adv *rasch, schnell* || dim: **-ruelo** || sup: **-rísimo**
lig|nario adj *Holz-* || **-nificación** f *Verholzung* f || **-nificar** vt, **-nificarse** vr *verholzen* || **-nina** f *Lignin* n || **-nito** m *Braunkohle* f || *Lignit* m || **-nívoro** adj ⟨Zool⟩ *holzfressend*
lignum n crucis lat ⟨Rel⟩ *Kreuzesholz* n || *Kreuz(es)partikel* f *(Reliquie)*
li|gón m figf *der Liebesverhältnisse anknüpft bzw anzuknüpfen versucht, der anbändelt* (→ **ligar**) || **-gue** m figf *Anbändelung* f || *Anbändeln* n (→ **ligar**)
liguero m *Strumpfhalter(gürtel)* m
lígula f ⟨Bot⟩ *Ligula* f, *Blatthäutchen* n || ⟨Entom⟩ *Ligula* f || ⟨Zool⟩ *Riemenwurm* m (Ligula intestinalis) || → a **epíglotis**
ligur(ino) adj/s *ligurisch* || ~ m *Ligurer* m || *ligurische Sprache* f, *das Ligurische* n
ligustro m ⟨Bot⟩ *Rainweide* f (→ **aligustre**)
lija f ⟨Fi⟩ *Katzenhai* m (Scylliorhinus spp) || *Haifischhaut* f *(zum Schmirgeln)* || *papel de* ~ *Schmirgel-, Sand|papier* n
△**lijañí** m *Wette* f
[1]**lijar** vt *schmirgeln, schleifen (mit Sandpapier)*
[2]**lijar** vt Sant = **lisiar, lastimar**
lila adj/s *lila(farben)* || ~ f ⟨Bot⟩ *Flieder* m (Syringa spp) || *Lilafarbe* f || ~ m fam *dummer, einfältiger Mensch, Einfaltspinsel, Tölpel* m
[1]**Lila** f *Lille (Stadt)*
[2]**Lila** f np Tfn = **Camila**
lilai|la f, **-lo** m fam *Kniff* m, *List* f || ~ m △*Dummkopf* m
Lilí f np pop = **Cecilia** || **Luisa**
Lilí Marlén f *Lili Marlen* f *(das berühmte Soldatenlied des Zweiten Weltkrieges – H. Leip u. N. Schultze)*
liliáceo adj ⟨Bot⟩ *lilienartig*
△**lilipendo** m *Dummkopf* m
liliputiense m/adj *Liliputaner, Däumling* m (& fig) || ~ adj *Liliputaner-*
lilo m ⟨Bot⟩ *Flieder* m (→**lila**)
△**liló** adj *närrisch*
△**lillar** vt *nehmen*
[1]**lima** f *Süße Zitrone, Limette* f (→ **limero**)
[2]**lima** f *Feile* f || fig *Ausfeilung* f, *Vollendung* f || ~ *angular Eckfeile* f || ~ *gruesa Schrupp-, Grob|feile* f || ~ *llana,* ~ *plana flache Feile* f || ~ *para uñas Nagelfeile* f || ◊ *comer como una* ~ figf *sehr tüchtig essen,* pop *tüchtig futtern* || *rebajar* (od *quitar*) *con la* ~ *wegfeilen*
[3]**lima** f ⟨Arch⟩ *Dachdecke* f || ~ *hoya Dachkehle* f || ~ *tesa Dachgrat* m
[4]**lima** f △*Hemd* n
Lima f *Lima (Hauptstadt v. Perú)*
limácidos mpl ⟨Zool⟩ *Egelschnecken* fpl (Limacidae)
limaco m ⟨Zool⟩ Al Ar → **limaza**
lima|dura f *(Aus)Feilen* n || *Feilarbeit* f || *Feilicht* n || ~ **s** *pl*, **-lla** f *Feilspäne* mpl
limán m *Liman* m *(flacher Mündungsbusen)*
limántridos mpl ⟨Entom⟩ *Träg-, Schad|spinner* mpl (Lymantriidae) = **lagarta**
limar vt *(aus)feilen* (& fig) || fig *aufreiben* || fig *vollenden* || fig *wurmen (Gewissen)*
△**limarí** m *Likör* m

limaza f ⟨Zool⟩ *Nackt-, Weg\schnecke* f (Arion spp)
limbo m *Limbus* m, *Vorhölle* f || *Rand, Saum* m *(e-s Kleides)* || ⟨Astr⟩ *Hof* m *(e-s Gestirns)* || ⟨Bot Zool Theol Tech⟩ *Limbus* m || ~ *vertical* ⟨Top⟩ *Scheitelkreis* m || ◊ *estar en el* ~ *figf zerstreut sein, mit den Gedanken abschweifen*
limen m ⟨Physiol Psychol Med⟩ *Schwelle* f || *Schwellenwert* m || || → **umbral**
limeño m/adj *Bewohner* m *von Lima* (Pe) || ~ adj *aus Lima*
¹**limero** m ⟨Bot⟩ *Limetta, Süße Zitrone* f (Citrus limetta)
²**limero** m *Feilenhauer* m
limi\nar adj *ein\führend, -leitend* || **–nar, –nal** adj *Schwellen-*
limi\tación f *Begrenzung* f || *Ein-, Be\schränkung* f || *Gebiet* n || fig *Begrenztheit* f || ~ *de armamentos Rüstungsbeschränkung* f || ~ *de nacimientos*, ~ *de la natalidad Geburtenbeschränkung* f || ~ *de (la) velocidad* ⟨StV⟩ *Geschwindigkeitsbegrenzung* f || ◊ ~ *manifiesta maestría in der Beschränkung zeigt sich der Meister* || *sin* ~ *unbeschränkt* || **–tado** adj *beschränkt* (& fig) || *begrenzt* || *knapp, kärglich* || ~ *de alcances*, ~ *de talento geistig beschränkt, wenig begabt* || *compañía* ~ a ⟨Com⟩ *GmbH* || *medios* ~ s *geringe (Geld) Mittel* npl || **–tador** m ⟨El Tech⟩ *Begrenzer* m || **–tar** vt *(be)grenzen* || fig *einschränken* || fig *fest\setzen, -legen* || fig *beschränken, verkürzen* || ◊ ~ *la duración de las intervenciones die Redezeit beschränken* || ~ *los precios die Preise bestimmen,* **limitieren** || ~ vi: ~ *con grenzen an* (acc) || ~**se** *sich beschränken (a auf* acc*)* || **–tativo** adj *abgrenzend* || *einschränkend*
límite m *Grenze* f || ⟨Com⟩ *Limit* n, *Plafond* m || fig *Schranken* fpl || ~ *de audibilidad Hörschwelle* f || *el* ~ *de edad die Altersgrenze* || ~ *de tolerancia* ⟨Tech⟩ *Toleranz, Spielraumgrenze* f || ~ *de valor Wertgrenze* f || *valor* ~ *Grenzwert, Limes* m || *situación* ~ ⟨Psychol⟩ *Grenzsituation* f || *sin* ~ *unbeschränkt* || *grenzenlos, weit* || ◊ *extender (od* subir*) el* ~ ⟨Com⟩ *die Preisgrenze erhöhen* || ~ s *pl*: *su gratitud sin* ~ *seine unbegrenzte Dankbarkeit* f || ◊ *no conocer* ~ *keine Grenzen kennen* || *pasar los* ~ fig *zu weit gehen* || *no salirse de los* ~ *die Grenze einhalten*
△**limitrén** m *Montag* m
limítrofe adj *angrenzend* || *Grenz-* || *montes* ~ s *Grenzgebirge* n
lim\nobiótico, –nófilo adj ⟨Ökol⟩ *limno\biotisch, -phil* || **–nología** f *Seenkunde, Limnologie* f || **–nólogo** m *Limnologe* m || **–noplancton** m ⟨Zool⟩ *Limno-, Süßwasser\plankton* n
¹**limo** m *Lehm, Schlamm, Morast, Kot* m || → a **légamo, lodo**
²**limo** m ⟨Bot⟩ *Chi Col* = **limero**
¹**limón** m *Zitrone* f || *Zitronenlimonade* f || ⟨Bot⟩ = **limonero** || *agua de* ~ *Zitronenwasser* n || ~ adj *zitronengelb* || *Zitronen-* || dim: ~**cillo**
²**limón** m *Gabeldeichsel* f || *a la* ~ pop *zu zweit* (→ a **alalimon**)
limo\nada f *Zitronenwasser* n, *Limonade* f || ~ *efervescente Brauselimonade* f || ~ *gaseosa Brauselimonade* f || **–nar** m ⟨Agr⟩ *Zitronenpflanzung* f || **–nera** f *Gabeldeichsel* f || **–nero** m ⟨Bot⟩ *Limone, (Sauer)Zitrone* f (Citrus limon[um]) || *Zitronenverkäufer* m || **–nita** f ⟨Min⟩ *Limonit, Brauneisenstein* m
limos\na f *Almosen* n || fig *Geldbeitrag* m || ◊ *pedir* ~, **–near** *betteln* || **–nera** f *Klingelbeutel* m || *Almosentasche* f || **–nero** m/adj *Armenpfleger, Almosenier* m || *Almosengeber* m || SAm *Bettler* m || ~ adj *almosenspendend*
limosidad f *Schlammigkeit* f || *Zahnstein* m (→ **sarro**)
limoso adj *schlammig, morastig* || *lehmig*
¹**limpia** f *Reinigung, Säuberung* f || ⟨Agr⟩ *Wor-*
feln n || *Reinigen* n *des Getreides* || *Lichtung* f || △ *Schluck* m *(Wein)*
²**limpia** m pop = **limpiabotas**
limpia\barros m *Kratzeisen* n || *(Schuh) Sohlenabstreifer, Türvorleger* m *(zum Schuhabstreichen)* || **–botas** m *Schuhputzer(junge)* m || *salón* ~ *Schuhputz(er)laden* m || **–coches** m *Wagenputzer* m || **–cristales, –ventanas** m *Fensterputzer* m || **–cuchillos** m *Messerputzer* m *(Küchengerät)* || **–chimeneas** m *Schornsteinfeger* m || **–dedos** m *Fingerspülnapf* m *(Tischgerät)* || **–dientes** m *Zahnstocher* m (→ **palillo** *de dientes*) || **–dor** adj *reinigend* || **–dora** f *Reinigungs-, Putzmaschine* f || (de cuchillos) *Messerputzmaschine* f || **–mente** adv *rein(lich), sauber* || fig *redlich* || fig *leicht, einfach* || fig *glattweg* || **–metales** m/adj *Metallputzmittel* n || ~**–nieves** f *Schneeräumer* m || **–oídos** m *Ohrlöffel* m || **–parabrisas** m *Scheibenwischer* m || **–piés** m *Fußabstreicher, Türvorleger* m
limpiar vt/i *reinigen, säubern* || *ausfegen* || *auswaschen* || *(aus)putzen* || fig *läutern, reinigen, reinwaschen (de von* dat*)* || fam *rupfen* || fam *stehlen, wegputzen, stibitzen* || *Geld beim Spiel gewinnen* || ◊ ~ *(las botas) die Stiefel putzen* || ~ *de culpas von Sünden reinigen* || ~ *la chimenea den Schlot fegen* || ~ *los mocos a un niño* pop *e–m Kind die Nase putzen* || ~ *de polvo abstauben* || ~ *volatería Geflügel rupfen* || *paño para* ~ *Abwischtuch* n || ~**se** *sich säubern* || ◊ ¡*límpiate!* fam pop *es geschieht dir recht!* || *Morgen! nicht im Traum! Geflügel rupfen* || ~ *a* alg. figf *jdn töten*, pop *jdn abmurksen* || ~ *con el pañuelo sich die Nase putzen, sich schneuzen*
Limpias *berühmter* span. *Wallfahrtsort* (PSant)
limpia\tinta m *Tintenwischer* m || **–uñas** m *Nagelreiniger* m || **–uvas** m *Traubenspüler* m *(Tischgerät)* || **–vasos** m *Gläserbürste* f || **–ventanas** → **–cristales**, **–vías** m *Schienenräumer* m *(der Straßenbahn)*
limpidez [pl *-ces*] f *Klarheit, Durchsichtigkeit* f || *Reinheit* f || *Lauterkeit* f || *Makellosigkeit* f || ⟨Radio⟩ *Klangreinheit* f
límpido adj ⟨poet⟩ *hell, klar, durchsichtig* || *rein* || *lauter* || *makellos* || *klar (Wein)* || ⟨Phot⟩ *rein (Lichtbild)* || *glänzend, strahlend (Himmel, Wetter)*
lim\pieza f *Reinheit, Sauberkeit* f || *Reinlichkeit* f || *Reinigen, Putzen* n || *Säuberung* f || fig *Ehrlichkeit* f || fig *Gewandtheit* f || ~ *de casta Reinrassigkeit* f || ~ *de corazón Herzensreinheit* f || ~ *de manos* fig *Unbestechlichkeit* f || *Redlichkeit* f || ~ *pública Straßenreinigung* f || ~ *de sangre* ⟨Hist Rel⟩ *Reinblütigkeit, Reinheit* f *des Blutes (rein christliche, besonders nichtjüdische Abstammung)* || *operación (de)* ~ *Säuberungsaktion* f (& ⟨Mil⟩) || *paño de* ~ *Wischtuch* n || ◊ *hacer la* ~ *aufräumen, säubern (Wohnung)* || **–pio** adj *rein, sauber* || *reinlich* || *lauter* || *redlich, ehrlich* || *rechtlich* || *zierlich, nett* || *fehlerfrei* || *rein, ungemischt* || *ungezwungen, zwanglos* || *unbefleckt* || *baumlos (Gelände)* || ~ *de manos* fig *unbestechlich, ehrlich* || *cutis* ~ *saubere (Gesichts)Haut (frei von Pickeln usw)* || *verdad pura y* ~ *a die reine Wahrheit* || *estar* ~ pop *kein Wort (davon) wissen* || *en* ~ *rein, netto (Ertrag)* || *copia en* ~ *Reinheit* f || ◊ *acabar a bocado* ~ *aneinander geraten (zwei Hunde)* || ◊ *acabar a trastazo* ~ *in e–e Schlägerei ausarten (Streit)* || *poner (od* sacar*) en* ~ *ins reine schreiben* || fig *ins reine bringen* || *klar beweisen* || *quedar* ~ fig *das ganze Geld verspielen* || *quedar en* ~ *que fam es ist klar, daß* || *quedarse* ~ *sauber werden* bzw *bleiben* || fig *kein Wort (davon) verstehen* || figf *keinen Pfennig mehr haben*, fam *blank sein* || *sacar en* ~ *ins Bild kommen* || *folgern (de aus* dat*)* || *tener manos* ~ as fig *saubere Hände haben* || ~ adv: *jugar* ~ *ehrlich spielen* || ⟨Sp⟩ *fair spielen* || adv: ~ **amen*t*e** || **–pión** m *flüchtige Reinigung* f || ◊ *dar un* ~ (a) *et flüchtig reinigen, säu-*

bern usw || ¡date un ~! pop *wart' ein Weilchen! es hat doch keinen Sinn!*
limpísimo adj sup *v.* **limpio**
lin. Abk = **línea**
Lina *f* Tfn pop = **Catalina** || **Carolina** || **Isolina (Isabel)**
liná|ceas *fpl* ⟨Bot⟩ *Leingewächse* npl (Linaceae) || **–ceo** adj *Lein-, Flachs-*
lina|je *m Geschlecht* n, *Familie, Sippe* f || *Abstammung* f || fig *Gattung, Art* f || el ~ *humano das Menschengeschlecht* || ~ rancio *altes Adelsgeschlecht* n, *Uradel* m || de tal ~ *derartig* || **–judo** adj/s *altad(e)lig* || *ahnenstolz* || *vornehm*
li|nar *m* ⟨Agr⟩ *Flachsfeld* n || **–naria** *f* ⟨Bot⟩ *Leinkraut* n (Linaria spp)
linaza *f Leinsamen* m
lince *m* ⟨Zool⟩ *Luchs* m (Lynx spp) || fig *Luchs* m || ◊ ser un ~ fig *äußerst klug sein* || tener ojos de ~ fig *Luchsaugen haben*
lin|chamiento *m Lynchjustiz* f || **–char** vt *lynchen*
lindante adj *angrenzend*
lin|dar vi *(an)grenzen* (con *an* acc) || **–de** m/f *Grenze* f || *Grenz|weg, -pfad* m || *Grenzrain* m || *Markscheide* f || **–dero** adj *Grenz-* || ~ *m Grenze* f || *Grenzweg* m || Hond *Markstein* m
lin|deza *f Zierlichkeit, Anmut, Niedlichkeit* f || *Nettigkeit* f || *Witzigkeit* f || **~s** *fpl* iron *Grobheiten,* iron *Artigkeiten* fpl || ◊ decirse ~ fam *sich (gegenseitig) die Meinung sagen* || **–do** adj/s (bes Am) *schön, hübsch, niedlich, nett, zierlich* || de lo ~ *gehörig, gewaltig, tüchtig* || *glänzend, vortrefflich* || ¡qué ~! *wie schön!* || *das ist gelungen!* || ~ don Diego, don ∽ fam *Stutzer, Geck* m || **–dura** *f* = **–deza** || ◊ berrear de lo ~ pop *heulen wie am Spieße (Kind)* || sudar de lo ~ pop *gehörig schwitzen*
línea *f* allg *Linie* f || *Strich* m || *Reihe* f || *Zeile* f || *Verwandtschaftslinie* f || *Art, Gattung* f || *Äquator* m, *Linie* f || ⟨Sp⟩ *Grenzlinie* f || ⟨StV Mar Flugw⟩ *Linie* f || *Strecke* f || ⟨El⟩ *Leitung* f || ⟨EB⟩ *Bahn(linie)* f || fig *Ziel, Ende* n || fig *Richtschnur* f || fig *Richtlinie* f || fig *schlanke Linie* f || ~ de aduana *Zollinie* f || ~ aérea ⟨Flugw⟩ *Fluglinie* f || ⟨El⟩ *Luft-, Frei|leitung* f || ~ de ataque ⟨Mil⟩ *Angriffslinie* f || ~ de avanzadas ⟨Mil⟩ *Vorposten|linie, -kette* f || ~ de batalla *(od* combate) ⟨Mil⟩ *Schlachtlinie* f || ~ de cabotaje *Küstenschiffahrtslinie* f || ~ de circunvalación ⟨EB⟩ *Ringbahn* f || *Umgehungsstrecke* f *(Verkehr)* || ~ divisoria de aguas *Wasserscheide* f || ~ colateral *Seitenlinie* f *(Verwandtschaft)* || ~ de comunicación ⟨El⟩ *Fernsprechleitung* f || *Verbindungsleitung* f || ~ de conducta *Lebens-, Verhaltens|regel* f || ~ de corte *Schnittlinie* f || ~ curva ⟨Math⟩ *Kurve* f || ~ de demarcación *Demarkationslinie* f || ~ directriz *Leitlinie* f || ~ discontinua *gestrichelte Linie* f || ~ divisoria *Grenz-, Teil|linie* f || ~ férrea, ~ de ferrocarril *Bahn(linie), Eisenbahn* f || ~ de flotación ⟨Mar⟩ *Wasserlinie* f || ~ de fuerza ⟨Phys Radio⟩ *Kraftlinie* f || ~ generatriz ⟨Math⟩ *Mantellinie* f || ~ interurbana ⟨El⟩ *Fernleitung* f || ⟨EB⟩ *Vorortsstrecke* f || ~ masculina (femenina) *männliche (weibliche) Linie* f *(Mode, Adel)* || ~ de mira ⟨Opt Mil⟩ *Visier-, Ziel|linie* f || ⟨Mil⟩ *Schußlinie* f || pariente por ~ materna *Verwandte(r) mütterlicherseits* || ~ de medios ⟨Sp⟩ *Mittellinie* f || ~ recta ⟨Math⟩ *Gerade* f || ~ secundaria ⟨EB⟩ *Nebenbahn* f || ~ Sigfrido ⟨Hist⟩ *Westwall* m || ~ telegráfica *Telegrafenleitung* f || ~ de tiro *Schußlinie* f || coche de ~, autobus de ~ *Überlandbus* m || doble ~ ⟨Typ⟩ *Doppelstrich* m (||) || tropa(s) de ~ ⟨Mil⟩ *Linientruppen* fpl || en ~ recta *in gerader Linie* || en la ~, *sin apartarse de la* ~ ⟨Pol⟩ *linientreu* || ◊ cruzar con una ~ *et durchstreichen* || guardar la ~ *die schlanke Linie bewahren* || tirar una ~ *e–e Linie ziehen* || **~s** *pl*: con ~ dobles *doppelt liniiert (Papier)* || ◊ leer entre ~ fig *zwischen den Zeilen lesen* || poner un par de ~ fam *ein paar Zeilen schreiben*
line|al, –ar adj *geradlinig, linear, Linien-* || ⟨Bot⟩ *lang und schmal (Blatt)* || dibujo ~ *Linearzeichnung* f || *Linearzeichnen* n || **–ar** vt/i *lini(i)eren* || *skizzieren*
△**linericar** [c/qu] vt *beschützen*
lin|fa *f* ⟨An⟩ *Lymphe* f || ⟨Bot⟩ *Holzsaft* m || ⟨poet⟩ *Wasser* n, *Quell* m || **–fangitis** *f* ⟨Med⟩ *Lymphangitis* f || **–fangioma** *m* ⟨Med⟩ *Lymphangiom* n || **–fático** adj: glándula ~ا *Lymph|knoten* m, *-drüse* f || (vasos) ~s ⟨An⟩ *Lymphgefäße* npl || **–focito** *m* ⟨Med⟩ *Lymphozyt* m || **–fogranulomatosis** *f* ⟨Med⟩ *Lymphogranulomatose* f (→ **granulomatosis**)
lingotazo *m* augm *v.* **lingote** || ◊ pegarse un ~ figf *sich e–n hinter die Binde gießen (od kippen)*
lingote *m Barren, Block* m || ⟨Typ⟩ *(Format-) Steg* m || ~ de oro *Goldbarren* m || **–ra** ⟨Metal⟩ *Kokille* f || **~ro** *m* ⟨Typ⟩ *Stegregal* n
lingual adj *Zungen-* || ~ *m*/f ⟨Gr⟩ *Lingual, Zungenlaut* m
linguete *m Sperrklinke* f, *Pall* m
lingüista *m Linguist, Sprach|wissenschaftler, -forscher* m
lingüísti|ca *f Linguistik, Sprachwissenschaft* f || **–co** adj *linguistisch, sprachwissenschaftlich* || *Sprach-*
△**liniarí** *m Branntwein* m
linim(i)ento *m Einreibemittel, Liniment* n || *flüchtiges Öl* m *(zum Einreiben)*
Linneo np *Carl von Linné*
lino *m* ⟨Bot⟩ *Lein, Flachs* m (Linum usitatissimum) || ⟨Web⟩ *Rohflachs* m || *Leinen, Linnen* n, *Leinwand* f || ~ bayal, ~ frio *Herbstflachs* m || ~ crepitante *Spring-, Klang|lein* m || ~ enriado *Röste-, Rotte|flachs* m || cultivo del ~ *Flachsbau* m || espadilla para agramar ~ *Flachsbreche* f || ◊ espadillar el ~ *den Flachs schwingen*
linóleo *m Linoleum* n
linón *m* ⟨Web⟩ *Linon* n
linoti|pia *f Linotype, Zeilensetz- und -gießmaschine* f || ⟨Typ⟩ *Zeilenguß-Maschinensatz* m || **–pista** *m* ⟨Typ⟩ *Linotypist, Maschinensetzer* m
lintel *m* → **dintel**
línteres *mpl* ⟨Web⟩ *Linters* pl
linter|na *f Laterne* f (& ⟨Arch⟩) || ⟨Zim⟩ *Büge* m || ⟨Mar⟩ *Leuchtturm* m || ~ de bolsillo *Taschenlampe* f || ~ de laboratorio *Dunkelkammerlampe* f || ~ mágica *Zauberlaterne, Laterna f magica* || ~ sorda *Blendlaterne* f || ~ de papel *Lampion* m/n || **–nazo** *m* pop *(derber) Hieb, Schlag* m || **–nilla** *f (elektrische) Taschenlampe* f || **–nón** *m* augm *v.* **–na** || ⟨Mar⟩ *großes Hecklicht* n
li|ño *m (Baum-, Strauch)Reihe* f || **–ñuelo** *m Seilstrang* m
lío *m Bündel* n, *Pack* m || figf *Durcheinander* n || *(Liebes)Verhältnis* n || ~ de faldas *Weibergeschichte* f || ◊ armar un ~ figf *Verwirrung anrichten, Unruhe stiften* || hacerse un ~ figf *in Verwirrung geraten* || *sich nicht mehr zurechtfinden* || tener ~s fam *schmutzigen Geschäften nachgehen* || *e–n schlechten Ruf haben* || tener ~s con mujeres *in Weibergeschichten verwickelt sein*
liofili|zación *f Gefriertrocknen* n || **–zar** vt *gefriertrocknen*
lionés, esa adj/s *aus Lyon*
Liorna *f* it *Livorno* n || ∽ *f Wirrwarr* m, *Durcheinander* n || *Unordnung* f || *Radau* m
lioso adj fam *verworren* || *wirr* || *unklar* || *streitsüchtig, stänkerisch, zänkerisch* || ◊ ése es un ~ fam *der ist ein Stänkerfritze*
lipasa *f* ⟨Chem⟩ *Lipase* f *(Ferment)*
lipemanía *f* ⟨Med⟩ *Lypemanie* f
△**lipendi** *m* fam *armer Teufel* m
lipidia *f* MAm *Armut* f || Mex Cu *Unverschämtheit* f
lípido *m* ⟨Chem⟩ *Lipoid* n
lipógeno adj ⟨Med⟩ *Fett-*

lipoide m ⟨Chem⟩ Lipoid n ‖ ~ adj = **lipoideo**
lipoideo adj fett|artig, -haltig, lipoid
lipoidosis f ⟨Med⟩ Lipoidose, Lipoidstoffwechselstörung f
lipo|ma f ⟨Med⟩ Fettgeschwulst f, Lipom n ‖ –soluble adj fettlöslich
líq. Abk = **líquido**
liquen m ⟨Bot⟩ (Moos)Flechte f ‖ ~ de Islandia Islandflechte f (Cetraria islandica) ‖ ~ de los renos Rentierflechte f (Cladonia rangiferina) ‖ –ología f Flechtenkunde, Lichenologie f
liq.ⁿ Abk = **liquidación**
△**liquerar** vt tragen
líquida f ⟨Gr⟩ Fließlaut, Liquid m, Liquida f
liqui|dación f Verflüssigung f ‖ Flüssigmachen n ‖ ⟨Com⟩ Abrechnung, Liquidation, Abwicklung f ‖ Ausverkauf m ‖ Liquidation f ‖ Begleichung f (e–r Rechnung) ‖ ~ de fin de año Jahresabrechnung f ‖ ~ de fin de temporada Saison|ausverkauf, -schlußverkauf m ‖ ~ forzosa Zwangs|liquidation, -auflösung f ‖ ~ judicial gerichtliche Liquidation f ‖ ~ total Totalausverkauf m ‖ Gesamtabrechnung f ‖ curso de ~ Liquidationskurs m ‖ en ~ de su factura zum Ausgleich ihrer Rechnung ‖ ◊ hacer (od proceder a) la ~ die Liquidation vornehmen ‖ –**dador** m/adj ⟨Com⟩ Liquidator m
liquidámbar m Amberbaum m (Liquidambar spp)
liqui|dar vt verflüssigen, flüssigmachen ‖ ver-, ab|rechnen, liquidieren ‖ auflösen ‖ ausverkaufen ‖ fig beenden, erledigen ‖ euph töten, liquidieren ‖ ◊ ~ una deuda con pagos parciales e–e Schuld abzahlen ‖ vi in Liquidation sein ‖ ~ se flüssig werden ‖ –**dez** f Flüssigkeit f (& ⟨Com⟩) ‖ ⟨Com⟩ Liquidität f
líquido adj flüssig ‖ klar ‖ rein ‖ verfügbar, liquid, flüssig (Gelder) ‖ Netto-, Rein- (Betrag) ‖ ⟨Gr⟩ flüssig (Mitlaut) (→ **líquida**) ‖ importe ~ reiner Überschuß, Barbetrag m ‖ Endsumme f ‖ producto ~ Reinertrag m ‖ ~ m Flüssigkeit f ‖ ⟨Com⟩ reiner Überschuß m ‖ Barertrag m ‖ ¡~! fam Quatsch! ‖ adv: ~ **amente**
liquidus m Liquiduskurve f (im Schmelzdiagramm)
¹**lira** f Lyra, Leier f ‖ Lira f (it. Münzeinheit) ‖ ⟨V⟩ Leierschwanz m
²**lira** f Guat Schindmähre f, Klepper m
³**lira** f (de dilatación) ⟨Tech⟩ Lyra-Bogen, Lyra-Dehnungsausgleicher m
△**li|renar** vt lesen ‖ –**rí** f Gesetz n
liri|ca f Lyrik f ‖ –**co** adj lyrisch ‖ Opern- ‖ poesía ~ a lyrische Dichtkunst, Lyrik f ‖ (lyrisches) Gedicht n ‖ Am prov utopisch ‖ ~ m Lyriker m ‖ ~ -**épico** adj lyrisch-episch
lirio m ⟨Bot⟩ Lilie f (Lilium spp) ‖ ~ de agua ⟨Bot⟩ = **cala** ‖ ~ blanco Weiße Lilie f (Lilium candidum) (→ **azucena**) ‖ ~ hediondo ⟨Bot⟩ Stinkschwertel n, Sumpflilie f (Iris foetidissima) ‖ ~ de los valles Maiglöckchen n (Convallaria majalis) ‖ escarabajo del ~ ⟨Entom⟩ Lilienhähnchen n (Crioceris = Lilioceris merdigera)
△**liripió** m Blei n
lirismo m Lyrik f ‖ dichterische Sprache f ‖ (übertrieben) lyrischer Stil m ‖ fig Gefühlsduselei f ‖ Schwärmerei f ‖ Begeisterung f, innerer Schwung m
li|rón m ⟨Zool⟩ Siebenschläfer m (Glis glis) ‖ fig Sieben-, Lang|schläfer m ‖ ◊ dormir como un ~ fam wie ein Murmeltier schlafen ‖ –**rones** mpl ⟨Zool⟩ Bilche, Schläfer mpl (Myoxidae = Muscardinidae) ‖ → a **moscardino**
lirondo adj fam rein ‖ mondo y ~ → **mondo**
△**liruque** m Name m
lis f ⟨poet⟩ Lilie f ‖ flor de ~ (bourbonische) Wappenlilie f
lisa f ⟨Fi⟩ Steinbeißer m, Dorngrundel f/m (Cobitis taenia) ‖ Gemeine Meeräsche f (→ **mújol**)

Lisa f pop Tfn = **Luisa** ‖ **Isabel**
lisamente adv glatt ‖ lisa y llanamente einfach, glatt, ohne Umschweife
Lisandro m np Lysander m
Lis|boa f Lissabon (Portugal) ‖ ⁼**boeta**, ⁼**bonense** adj aus Lissabon ‖ ~ m Lissaboner m
Liseta f = **Lisa**
lisiado adj gebrechlich ‖ krüppelhaft ‖ ~ m Krüppel, gebrechlicher Mensch m ‖ ~ de la guerra Kriegs|beschädigte(r), -verletzte(r), -versehrte(r) m
lisiar vt ver|letzen, -wunden ‖ verstümmeln, zum Krüppel machen ‖ beschädigen
Lisímaco m np Lysimachos m
lisis f ⟨Wiss Biol Med⟩ Lysis f ‖ Lösung f ‖ Auflösung f ‖ ⟨Psychol⟩ Persönlichkeitszerfall m
liso adj glatt, eben, gleich ‖ klar, deutlich ‖ einfach, schlicht (Kleidung) ‖ einfarbig, uni (Kleidung) ‖ fig bieder, arglos ‖ Am △dreist, unverschämt ‖ es ~ y llano fam es liegt auf der Hand ‖ es ist ganz einfach ‖ verdad ~ a y llana volle Wahrheit f ‖ géneros ~ s ⟨Web⟩ Tücher npl ‖ 100 metros ~ s ⟨Sp⟩ 100-m-Lauf (auf Flachstrecke) ‖ ~ m pop Atlas m⁻
lison|ja f Schmeichelei f, Schmeichelwort n ‖ verliebte Worte npl, fam Süßholz n ‖ –**jeador** m/adj Schmeichler ‖ ~ **jear** vt/i schmeichelnd ergötzen ‖ ◊ ~ el gusto (de) jds Geschmack schmeicheln, ~ **se** sich schmeicheln, eitel werden ‖ fig sich Hoffnungen machen ‖ sentirse –jeado sich geschmeichelt fühlen, –**jero** adj schmeichlerisch, schmeichelhaft ‖ fig ergötzlich ‖ ~ m Schmeichler m
lisor m = **lisura**
lis|ta f langer, schmaler Streif m (Papier, Leder) ‖ Striefe f, Streif m (im Gewebe) ‖ Liste f, Verzeichnis n ‖ Waschzettel m ‖ ~ de abonados al teléfono = **listín** de teléfonos ‖ ~ de bajas ⟨Mil⟩ Verlustliste f ‖ ~ de correos postlagernd ‖ ~ de cotizaciones Kurszettel m ‖ ~ de créditos Konkurstabelle f ‖ ~ electoral Wählerliste f ‖ ~ de miembros Mitgliederverzeichnis n ‖ ~ negra schwarze Liste f (z. B. während des Krieges) ‖ ~ de platos Speisekarte f ‖ ~ de precios Preisliste f, Katalog m ‖ ~ de presencia, ~ de los presentes Anwesenheitsliste f ‖ ~ de socios Mitgliederverzeichnis n ‖ ~ de sorteo Gewinnliste f ‖ ~ única ⟨Pol⟩ Einheitsliste f ‖ ~ de vinos Weinkarte f ‖ en ~ postlagernd (Brief) ‖ paño a ~ s gestreiftes Tuch n ‖ por orden de ~ nach der Liste ‖ ◊ pasar ~ die Präsenzliste herumgehen lassen ‖ die Anwesenheit aus-, auf|rufen ‖ –**tado** adj gestreift (Gewebe)
listar vt = **alistar**
listel m Leiste f ‖ ⟨Arch⟩ Sims, Vorsprung m
listín m Liste f ‖ (vorläufiges) Verzeichnis n ‖ Adreßbuch n ‖ Kurszettel m ‖ ~ telefónico, ~ de teléfonos Telefon-, Fernsprech|buch n
listo adj a) mit ser: gewandt, geschickt ‖ aufgeweckt, klug ‖ anstellig ‖ gerieben, verschmitzt, gerissen ‖ b) mit estar: fertig, bereit ‖ ⟨Flugw Mar⟩ klar ‖ figf fertig, erledigt ‖ ¡~! schnell! rasch! ‖ ~ para despegar ⟨Flugw⟩ startklar ‖ ¡~ el ancla! ⟨Mar⟩ klar Anker! ‖ ~ para la expedición versandbereit ‖ ◊ estoy ~ ich bin bereit ‖ ich bin fertig (mit der Arbeit) ‖ fam mit mir ist es aus, ich bin erledigt ‖ △dejar ~ a alg. jdn abmurksen, töten ‖ pasarse de ~ fam sehr schlau, gescheit sein wollen
listón m großer Streif m ‖ ⟨Zim⟩ Leiste f ‖ ⟨Zim⟩ Latte f
lisura f Glätte f (z. B. der Haut) ‖ fig Offenherzigkeit, Arglosigkeit f ‖ fig Naivität f
Lit., lit. Abk = **liras italianas**
litargirio m ⟨Min⟩ Bleiglätte f
litera f Sänfte, Tragbahre f ‖ Stockbett n ‖ ⟨Mar⟩ Schlafkoje f
lite|ral adj wörtlich ‖ buchstäblich ‖ traducción

literalidad — lo

~ *wörtliche Übersetzung* f ‖ **-ralidad** f *Buchstäblichkeit* f ‖ adv: ~ **mente**
litera|rio adj *literarisch* ‖ *schriftstellerisch* ‖ *schöngeistig* ‖ *gehoben* ‖ *lenguaje* ~, *estilo* ~ *Schriftsprache* f ‖ *el mundo* ~ *die Literatenkreise* mpl ‖ *gelehrte Welt* f ‖ *sociedad* ~a *literarischer Verein* m ‖ **-ta** f *Schriftstellerin* f ‖ **-to** m/adj *Literat, Schriftsteller* m ‖ **-toide** m *desp* ⟨Lit⟩ *Skribent, elender Schriftsteller* m ‖ **-tura** f *Literatur, Dichtung* f ‖ *Bücherwesen* n ‖ *Schrifttum* n ‖ *Sekundärliteratur* f ‖ fig desp *Wortgeklingel* n, *leere Worte* npl ‖ ~ *amena Belletristik* f ‖ ~ *popular Volksliteratur* f ‖ ◊ *hacer* ~ figf *in den Wind hineinreden* ‖ ¡eso es ~ ! *das ist bloß leeres Gerede! das ist nur wortreiches Pathos!*
litiasis f ⟨Med⟩ *Lithiasis* f, *Steinleiden* n ‖ ~ *biliar Gallensteine* mpl
lítico adj ⟨Wiss⟩ *Stein-*
liti|gante adj/s *streitend* ‖ *prozeßführend* ‖ *partes* ~s *die streitenden Parteien* fpl ‖ ~ m *Prozeßpartei* f, *Streitteil* m ‖ **-gar** [g/gu] vt *be-, ab|streiten* ‖ ~ vi *Prozeß führen, gerichtlich vorgehen* (con, contra *gegen*) ‖ fig *hadern, sich zanken, streiten* ‖ ◊ ~ *sobre una herencia wegen e–r Erbschaft Prozeß führen* ‖ **-gio** m ⟨Jur⟩ *Streit* m ‖ *Prozeß* m ‖ fig *Wortwechsel, Streit* m ‖ *la cuestión en* ~ *die strittige Frage* ‖ *en caso de* ~ *im Streitfall* ‖ ◊ *entablar un* ~ *e–n Streit anfangen* ‖ *estar en* ~ *im Streit sein* ‖ **-gioso** adj *im Streit, strittig, Streit-* ‖ *streitsüchtig*
liti|na f ⟨Chem⟩ *Lithium(hydr)oxid* n ‖ **-o** m ⟨Chem⟩ *Lithium* n
litis f *lat* ⟨Jur⟩ *(Rechts)Streit* m ‖ *Prozeß* m ‖ ~ **consorcio** *Streitgenossenschaft* f ‖ ~ **consorte** m *Streitgenosse* m ‖ ~ **contestación**, ~ **contestatio** lat f *Streit|einlassung, -festlegung* f ‖ *Klagebeantwortung* f ‖ ~ **expensas** fpl *Prozeßkosten* pl ‖ ~ **pendencia** f *Rechtshängigkeit* f ‖ *Streitbefangenheit* f
li|tódomo adj ⟨Ökol⟩ *lithodom* ‖ **-tófago** adj ⟨Zool V⟩ *lithophag, steinfressend* ‖ **-tófilo** adj ⟨Ökol⟩ *lithophil*
lito|grafía f *Steindruck* m, *Lithographie* f ‖ **-grafiar** [pres -io] vt *lithographieren* ‖ **-gráfico** adj *lithographisch* ‖ *instituto* ~ *Kunstdruckanstalt* f
litógrafo m *Steindrucker, Lithograph* m
lito|lapaxia f ⟨Chir⟩ *Litholapaxie* f ‖ **-logía** f ⟨Geol⟩ *Lithologie, (Sediment) Petrographie* f
li|tón m *Hues eßbare Frucht* f *des* **-tonero** ‖ **-tonero** m ⟨Bot⟩ *Hues* = **almez** ‖ **-topón** m *Lithopone* f
litoral m/adj *(See)Küste* f, *Küsten|gebiet* n, *-provinz* f, *-gestade* n ‖ ⟨Ökol⟩ *Strandzone* f ‖ ~ adj *Küsten-, Strand-*
litosfera f ⟨Geol⟩ *Lithosphäre* f
lítote m ⟨Rhet⟩ *Litotes* f
litotomía f ⟨Chir⟩ *Lithotomie, operative Entfernung* f *von Steinen* ‖ *Zerlegen* n *von Edelsteinen*
litro m *Liter* m *(Maß)* ‖ *vaso de medio* ~ *Halbliterglas* n, *Schoppen* m
△**lituaje** m *Prozeß* m
Litua|nia f *Litauen* n ‖ =**no** adj *litauisch* ‖ ~ m *Litauer* m ‖ *die litauische Sprache*
lituo m ⟨Hist⟩ *Lituus* m *(der Auguren bzw Militär- u Signal|instrument im Altrom)*
li|turgia f *Liturgie, Gottesdienstordnung* f ‖ **-túrgico** adj *liturgisch* ‖ fig *feierlich* ‖ fig *sehr förmlich* ‖ *lengua* ~a *Kirchensprache* f
Liutprando m np *Liutprand* m
li|viandad f *Unzucht, Geilheit, Lüsternheit* f *(bes von Frauen)* ‖ *Leicht|fertigkeit* f, *-sinn* m ‖ **-viano** adj a) prov u Am *leicht (von Gewicht)* ‖ *leicht zu ertragen* ‖ *unbedeutend, gering(fügig)* ‖ b) *unzüchtig, geil* ‖ *leichtfertig, liederlich* ‖ Am *leicht, behende* ‖ ~ m *Leitesel* m ‖ *(bes pl) Lunge* f (→ ¹**bofe**)

lividez [pl **-ces**] f *fahle Farbe* f ‖ ~ *cadavérica Leichenblässe* f
lívido adj *fahl, bleifarbig, schwarzblau* ‖ *totenbleich, blaß* ‖ ~ *de espanto schreckensbleich*
Livo|nia f ⟨Hist⟩ *Livland* f ‖ =**nio** adj *livländisch* ‖ ~ m *Livländer* m
livor m bes ⟨poet⟩ *fahle, schwarzblaue Farbe* f ‖ *bleicher Schimmer* m *(der Augen)* ‖ fig *Neid* m ‖ fig *Haß* m ‖ fig *Bosheit* f
lixiviar vt ⟨Geol⟩ *auswaschen, schlämmen* ‖ ⟨Chem⟩ *ab-, aus|laugen*
¹**liza** f *Renn-, Lauf|bahn* f ‖ *Kampf-, Turnier|-platz* m ‖ *Ringplatz* m ‖ *(Box)Ring* m
²**liza** f Ar *(Hanf)Schnur* f
³**liza** f ⟨Fi⟩ = **mújol**
lizo m *(Schaft)Litze, Helfe* f ‖ ⟨Web⟩ *Aufzug* m, *Kette* f
lo 1. art n *das (vor substantivisch gebrauchten Adjektiven, Adverbien und Substantiven, bes zur Bildung von abstrakten Begriffen)*: a) ni ~ uno, ni ~ otro *weder das e–e, noch das andere* ‖ ~ bueno *das Gute* ‖ ~ malo (~ peor) *es que das Schlimme (das Schlimmste) dabei ist, daß ...* ‖ ~ *dificil del asunto die Schwierigkeit der Sache* ‖ *me aburren por* ~ *repetidas sie langweilen mich wegen ihrer Wiederholung (Lieder)* ‖ *no son todo* ~ *aplicados que deberían ser sie sind bei weitem nicht so fleißig, wie sie sein sollten* ‖ ~ *más pronto posible so bald wie möglich* ‖ *möglichst bald* ‖ ~ *más del tiempo die meiste Zeit* ‖ ~ *más fácilmente am leichtesten* ‖ ~ *mejor que puedas so gut wie du kannst, bestmöglich* ‖ ¡~ *de siempre! immer dieselbe Geschichte!* ‖ *en todo sobresale, en* ~ *luchador,* ~ *escritor,* ~ *modesto in jeder Hinsicht ist er hervorragend, als Kämpfer, als Schriftsteller, als bescheidener Mensch* ‖ → **dicho**
b) *in der Verb.* a + lo *(mit Substantiv)* = *nach Art, wie* ‖ a ~ *señor nach Herrenart, vornehm* ‖ *pelo a* ~ *chico Bubikopf* m
2. pron n *es, das, dasjenige (bes als bestimmendes od demonstratives Fürwort)* (→ a 3.): a) yo ~ *veo ich sehe es* ‖ *se* ~ *diré ich werde es ihm sagen* ‖ *eso* ~ *tengo hecho damit bin ich fertig* ‖ *el puro* ~ *tengo aquí die Zigarre habe ich hier (aber: aquí tengo el puro)* ‖ *como bueno,* ~ *eres du bist wirklich, zweifellos gut* ‖ *interesante fue el libro, y no* ~ *fue menos su autor interessant war das Buch, und nicht weniger war es sein Verfasser* ‖ ¿*Es V. extranjero? Sí,* ~ *soy. Sind Sie Ausländer? Ja, ich bin es*
b) *enklitisch*: no puedo decírse~ *ich kann es ihm nicht sagen* ‖ tener que pagar~ *todo alles bezahlen müssen* ‖ ¡hazlo! *tue es!* ‖ ¡díganos~! *sagen Sie es uns!* ‖ meneallo pop = menear~ 3. pron m acc *ihn* ‖ ~ veo *ich sehe ihn* ‖ al padre ~ llamo *den Vater rufe ich* ‖ ¡salúda~! *grüße ihn!* ‖ → a **le**
4. *in der Verb.* ~ + que, ~ + cual: *was* ‖ *so viel als* ‖ *wie viel, wie sehr (relativ od demonstrativ)*: a) no entiendo ~ que V. dice *ich verstehe nicht, was Sie sagen* ‖ de todo ~ que (= de cuanto) ha dicho *von allem, was er gesagt hat* ‖ hagan ~ que hagan *sie mögen tun, was sie wollen* ‖ um jeden Preis ‖ ~ que no concibo, es su intención *was ich nicht begreife, ist seine Absicht* ‖ ~ que es tú, no ~ harás *du wirst es sicherlich nicht tun!* ‖ ~ que es él, querría fam *er (seinerseits) möchte...* ‖ se disculpó conmigo, con ~ cual estoy satisfecho *er entschuldigte sich bei mir, womit ich zufrieden bin* ‖ tú mismo no sabes ~ que quieres *du weißt selbst nicht, was du willst* ‖ haga V. ~ que yo machen Sie es wie ich ‖ así veo ~ desinteresado que eres *so erkenne ich deine Uneigennützigkeit* ‖ a ~ que parece *allem Anschein nach* ‖ a ~ que yo presumo *nach meinem Dafürhalten* ‖ no vio ~ muy turbado que estaba *er merkte seine (große) Verlegenheit nicht* ‖ me quejo de ~ vilmente que se portó *ich beklage mich über sein niederträch-*

tiges Benehmen || gasta más de ~ que gana *er gibt mehr aus als er verdient* || ¡es ~ que digo! *das sage ich eben!*
b) *in Ausrufungen: wie viel, wie sehr* || ¡~ que son las cosas! *was e–m widerfahren kann!* || *das ist gelungen!* || ¡~ que él me quiere! *wie sehr liebt er mich!* || ¡~ atentos que estuvieron conmigo! *wie zuvorkommend waren sie zu mir!* || ¡~ que (tú) quieras! *nach deinem Belieben!*
loa *f Lob* n || *kurzes Festspiel* n
loable adj *löblich* || *rühmlich*
loar vt *loben* || *rühmen*
¹loba *f Wölfin* f || ~ capitolina ⟨Hist⟩ *Kapitolinische Wölfin* f || hijo de la ~ fig *(Alt)Römer* m *(& fig)*
²loba *f Leibrock* m *(der Geistlichen)* || △*Mund* m
³loba *f* ⟨Agr⟩ *Furchenrain* m
lobado adj ⟨Bot Zool An⟩ = **lobulado** || ~ m ⟨Vet⟩ *Eitergeschwulst* f
lobagante *m* ⟨Zool⟩ = **bogavante**
lobanillo *m* ⟨Med⟩ *Talggeschwulst* f, *Grützbeutel* m
lobato, lobezno *m Welpe, junger Wolf* m
△**lobatón** *m Schafdieb* m
lo|bear vt fig *wie ein Wolf auf Beute lauern* || –**bera** *f Wolfsversteck* n || *Wolf(s)|schanze,* -schlucht f || –**bero** adj/s *wölfisch* || *Wolfs-* || ~ m *Wolfsjäger* m
lobina *f* ⟨Fi⟩ = **lubina**
△**lobito** *m Taschentuch* n
¹lobo *m* ⟨Zool⟩ *Wolf* m (Canis lupus) || p.ex *Wolfshund* m || ⟨Fi⟩ *Bartgrundel, Schmerle* f (→ **locha**) || Mex MAm = **coyote** || = **zorro** || ~ cerval ⟨Zool⟩ ⇒ **lince** || = **gato** cerval || ~ acuático, ~ de río Am *Nutria, Biberratte* f *(Myocastor coypus)* || ~ marino *Seehund* m (→ **foca**) || ~ de mar figf *alter Seebär* m, *alter Wasserratte* f || ~ con piel de oveja fig *Wolf im Schafspelz* || boca de ~ fig ⟨Mar⟩ *Mastloch* n || △ *Falschspielertrick* m || como boca de ~ fig *stockfinster (Nacht)* || *pechschwarz* || ◇**coger** *(od* pillar*)* un ~ figf *sich e–n Rausch antrinken* || *dormir (od* desollar*)* el ~ figf *den Rausch ausschlafen* || de lo contado come el ~ figf *man kann nie vorsichtig genug sein* || encomendar las ovejas al ~ *den Bock zum Gärtner machen* || tener un hambre de ~ figf *einen Bärenhunger haben* || ver las orejas al ~ figf *mit knapper Not e–r Gefahr entgehen* || meterse en la ~ del lobo fig *sich in die Höhle des Löwen begeben* || tener el ~ por las orejas fig *in einer heiklen Lage sein* || trabajar como un ~ *wie ein Neger arbeiten* || un ~ a otro no se muerden fig *eine Krähe hackt der ander(e)n nicht die Augen aus* || quien con ~s anda, a aullar se enseña *mit den Wölfen muß man heulen* || ¡son ~s de la misma camada! figf *gleiche Brüder, gleiche Kappen!*
²lobo *m* ⟨Bot Zool⟩ = **lóbulo** || ⟨Metal⟩ *(Ofen-)Sau* f || ⟨Web⟩ *Reißwolf* m (→ a **abridor**) || ⚹ ⟨Astr⟩ *Wolf* m
³lobo adj Chi *barsch* || △ ~ m *Dieb* m
lóbrego adj *dunkel, finster, düster* || fig *traurig, unheimlich*
lobreguez *[pl* -ces*] f tiefe Dunkelheit* f || *düsterer Eindruck* m
lobu|lado, –la adj ⟨Bot Zool An⟩ *lappig* || *gelappt* || ⟨Med⟩ *lobulär*
lóbulo *m* ⟨An⟩ *Lappen, Flügel* m || ⟨Arch⟩ *Paß* m || ⟨Bot⟩ *(Keim)Läppchen* n || ⟨El⟩ *Keule* f, *Zipfel* m *(des Antennendiagramms)* || ~ de la oreja *Ohrläppchen* n || ~ pulmonar ⟨An⟩ *Lungenflügel* m || ~s olfatorios ⟨Zool⟩ *Riechlappen* mpl
lobuno adj *wölfisch* || *Wolfs-*
loc. Abk = **locución**
loca *f Närrin, Verrückte* f || → a **loco** || Arg *schlechte Laune* f || *Wut* f
loca|ción *f* ⟨Jur⟩ *Verpachtung, Pacht* f || *Vermietung* bzw *Miete* f || ⟨EB⟩ *Platz|vermerk* m, *-karte* f || **–dor** *m* Am *Verpächter* m || *Vermieter* m

local adj *örtlich, lokal, Orts-* || agente ~ *Platzagent* m || consumo ~ *Lokalbedarf, Platzgebrauch* m || (conferencia) ~ ⟨Tel⟩ *Ortsgespräch* n || tráfico ~ *Platzverkehr* m || ⟨EB⟩ *Ortsverkehr* m || ~ m *Raum* m ||*Zimmer, Lokal* n || ~ de venta(s) *Verkaufsraum* m
loca|lidad *f Örtlichkeit* f || *Ort* m *(Stadt, Dorf usw)* || ⟨Th Filmw⟩ *Eintrittskarte* f || ⟨Th Filmw⟩ *Sitz(platz)* m || ~es pl *Räumlichkeiten* fpl, *Räume* mpl || ⟨Th Filmw⟩ *Sitzplätze* mpl || despacho de ~ *Billettkasse* f || **–lismo** *m* ⟨Pol Soz⟩ *Gebundenheit* f *an die engere Heimat* || *Kirchturmpolitik* f || pej *Lokalpatriotismus* m || **–lización** *f Lokalisierung* f || *Ortung* f || *Standort* m *(e–r Fabrik)* || *Lagebestimmung* f || *Auffinden* n || *Suchen* n || *Ein|schränkung, -grenzung* f || **–lizador** *m* ⟨Nucl⟩ *Fokusblende* f || ⟨Flugw⟩ *Landekurssender* m, *Ansteuerungsfunkfeuer* n || **–lizar** [z/c] vt *lokalisieren* || ⟨Mil Flugw TV⟩ *orten* || *suchen* || *finden* || *beschränken, begrenzen* || *eindämmen (Feuer, Seuche)*
locamente adv *verrückt, toll, irre* || *übermäßig,* über allen Maßen || ~ enamorado *sterblich verliebt*
locatario *m Mieter* m
locaut m → **lock-out**
loción *f* ⟨Pharm⟩ *Flüssigkeit, Lotion* f || ⟨Med⟩ *Waschung* f || *Spülung* f || ~ capilar (facial) *Haar- (Gesichts)Wasser* n, *Lotion* f || ~ bronceadora *Sonnen(schutz)öl* n || *Bräunungsmilch* f
lock-out m engl *Aussperrung* f *(von Arbeitern)*
¹loco adj *irr-, wahn|sinnig, toll* || *töricht, närrisch, albern* || *lustig, vergnügt, ausgelassen* || *unsinnig, übertrieben, toll* || fig *kolossal, fabelhaft* || fig *wuchernd (Pflanze)* || fig *zu üppig, zu geil* || ~ de amor *liebestoll* || ~ de atar, ~ de remate *völlig (fam total) verrückt* || ~ de cólera *rasend vor Zorn* || ~ por la música fig *sehr musikbegeistert* || éxito ~ fig *Bombenerfolg* m || polea ~a ⟨Tech⟩ *Losscheibe* f || suerte ~a fam *fabelhaftes (fam tolles) Glück* n || ◇ andar ~ por una mujer figf *rasend, sterblich verliebt sein,* fam *in eine Frau vernarrt (od* verschossen *od* verknallt*) sein* || correr la ~a fam *bummeln* || estar ~ de contento *vor Freude außer sich sein* || estar medio ~ fam *einen Klaps (od* Spleen engl*) haben* || volver a uno ~ fig *jdn zur Verzweiflung bringen* || *jdn verrückt machen (aus Liebe, vor Ärger)* || volverse ~ *toll werden* || es para volverse ~ *es ist zum Verrücktwerden* || traigo a tontas y a ~as *ich bin den Tag hinein* || ~ m *Narr, Verrückte(r), Irr-, Wahnsinnige(r)* m || *Irre(r), Tolle(r)* n || fam *Narr, verrückter Kerl* m || casa de ~s *Irren|haus* n, *-anstalt* f || cada ~ con su tema *jeder Narren gefällt seine Kappe,* fam *jedem Tierchen sein Pläsierchen* || ◇ tener vena de ~ fam *nicht recht bei Trost(e) sein*
²loco: ~ citato lat *am angeführten Orte*
locomo|ción *f Fortbewegung* f || *Lokomotion* f (bes ⟨Med Zool⟩) || medio de ~ *Beförderungsmittel* n || **–tor** adj *(fort)bewegend, (Fort)Bewegungs-* || ⟨Wiss⟩ *lokomotorisch* || aparato ~ ⟨An⟩ *Muskulatur* f || *Bewegungs|organe* npl, *-apparat* m || **–tora** *f Lokomotive,* fam *Lok* f || ~ de aire comprimido *Druckluftlokomotive* f || ~ Diesel *Diesellokomotive* f || ~ eléctrica *Elektrolokomotive* f || ~ de refuerzo *Vorspannlokomotive* f || ~ de vapor *Dampflokomotive* f || ~ hogar de ~ *Lokomotivfeuerung* f || **–triz** *[pl* -ces*]* adj: fuerza ~ *fortbewegende Kraft* f
locomóvil, locomotive *f*/adj *Lokomobile* f || ~ adj *(Fort)bewegungsfähig*
locotractora *f* ⟨EB⟩ *Rangierlokomotive* f, *Trekker* m
Lócrida *f* ⟨Geogr Hist⟩ *Lokris*
locuacidad *f Geschwätzigkeit* f
locuaz *[pl* -ces*]* adj *geschwätzig* || *redselig* || **locución** *f Rede|weise, -wendung* f || *Redensart* f || ⟨Gr⟩ *Äußerung* f || *Ausdruck* m

locue|la *f individuelle Sprechweise* f || *fam Närrchen, lebhaftes Mädchen* n || **-lo** *adj dim v.*
loco || *fam Närrchen* n
locuente *adj/s der Sprechende, der Redner*
locura *f Wahn* m || *Verrücktheit, Narrheit* f, *Wahnsinn* m || *fig törichte Handlung* f || *tolle Idee* f, *verrückter Einfall* m || ~ *erótica Liebeswahn, erotischer Wahn* m || ~ *maniaco-depresiva manisch-depressives Irresein* n || ~**s** *pl unüberlegte Streiche* mpl || *Narreteien* fpl || *Schäkerei* f || ◊ hacer ~ *schäkern* || *(herum)albern*
locus delicti lat ⟨Jur⟩ *Ort des Verbrechens*
locu|tor *m* ⟨Radio TV⟩ *Ansager, Sprecher* m || **-tora** *f Ansagerin, Sprecherin* f || **-torio** *m Sprechzimmer* n *(in Klöstern, in Gefängnissen)* || ⟨Tel⟩ *Sprechzelle* f || ~ (público) *(öffentliche) Sprechstelle* f
locha *f* ⟨Fi⟩ *Bartgrundel, Schmerle* f (Nemachilus barbatulus) || Ven *Nickelmünze* = ¹/₂ *real*
lo|dazal *m schlammige Stelle* f || *Morast* m || **-do** *m Schlamm, Morast* m || *Kot, Schmutz* m || *Straßenkot* m, vulg *Dreck* m || ~ *medicinal Heilschlamm, Fango* m || ◊ salpicar de ~ *mit Kot bewerfen* || *fig beschimpfen* || salir del ~ y caer en el arroyo figf *aus dem Regen in die Traufe kommen*
lodoño *m* ⟨Bot⟩ Nav = **almez**
lodoso *adj schlammig, morastig* || *kotig*
loes(s) *m* ⟨Geol⟩ *Löß* m
loga *f* MAm *Lob* n
loganiáceas *fpl* ⟨Bot⟩ *Logangewächse* npl (Loganiaceae)
loga|ritmación *f* ⟨Math⟩ *Logarithmierung* f || **-ritmar** vt/i *logarithmieren* || **-rítmico** *adj logarithmisch* || **-ritmo** *m Logarithmus* m || tabla de ~s *Logarithmentafel* f || ◊ tomar el ~ *logarithmieren*
¹**logia, loggia** *f* it *Loggia* f
²**logia** *f Loge* f || ~ *masónica Freimaurerloge* f
lógi|ca *f Logik* f || *fig Folgerichtigkeit* f || *fig Gedankengang* m || *fig Denkweise* f || ~ *parda fam natürlicher Mutterwitz* m || **-co** *adj/s logisch* || *folgerichtig* || fam *selbstverständlich* || ~ *m Logiker* m
logismo *m* ⟨Philos⟩ *Logismus* m
logísti|ca *f* ⟨Mil Philos⟩ *Logistik* f || **-co** *adj/s logistisch* || ~ *m Logistiker* m
logocracia *f* ⟨Soz⟩ *Logokratie* f
logogrifo *m Logogriph* m *(Buchstabenrätsel)*
logo|maquia *f* ⟨Philos⟩ *Logomachie, Haarspaltterei* f, *Wortstreit* m || **-patía** *f Sprachstörung, Logopathie* f || **-pedia** *f Logopädie* f || **-rrea** *f* ⟨Med⟩ *krankhafte Geschwätzigkeit, Logorrhö(e)* f
logos *m* ⟨Philos, ~ Theol⟩ *Logos* m
logotipo *m* ⟨Typ⟩ *Logotype* f *(zwei oder mehrere auf e-r Drucktype vereinigte Buchstaben)*
lograr vt/i *erlangen, erreichen* || *erwerben, gewinnen* || *erreichen, durchsetzen* || ◊ logra cuanto quiere *es geht ihm alles nach Wunsch* || ~ la aprobación (de) *Beifall finden (bei)* || ~ un favor *e-e Gunst erlangen* || ~ un gol (od tanto) ⟨Sp⟩ *ein Tor schießen* || ~ muchos éxitos *viel Erfolg haben* || ~ a fuerza de ruegos *durch Bitten erreichen* || logré disuadirle de su propósito *es gelang mir, ihn von seinem Vorhaben abzubringen* || no lo logró *es mißlang ihm* || no logra expresarse *er ist nicht imstande, sich auszudrücken* || ~ **se** *gelingen* || *geraten*
logrero *m Wucherer* m || *fam Schieber, Hamsterer* m || *Spekulant* m || ⟨Pol⟩ *Opportunist* m || Arg Chi Col Ur fig *Schmarotzer* m
logro *m (Geschäfts)Gewinn* m || *Nutzen, Vorteil* m || *Besitz, Genuß* m || *Zustandebringen, Gelingen* n, *Erfolg* m || *Wucher(zins)* m || ◊ dar a ~ *auf Zins leihen* || *zu Wucherzinsen leihen*
Loira: el ~ *die Loire (Fluß)*
loís|mo *m* ⟨Gr⟩ *(empfohlene) Verwendung* f *von* lo(s) *als Akkusativform des männlichen Personalpronomens*: lo vi *ich sah ihn* || los vi *ich sah sie* || vgl **leísmo** || **-ta** *m Verwender* m *der (empfohlenen Form)* lo(s) *als Akkusativform des männlichen Personalpronomens*
lo|jano *adj/s aus Loja* (Ec) || **-jeño** *adj/s aus Loja* (PGran)
△**lojelar** vt *verursachen*
Lojito *m* fam = **Liborio** (Tfn)
Lola, Lolita, Lores, Lolen *f* fam = **Dolores** (Tfn)
△**lolé** *m Tomate* f
Lolo *m* fam = **Eulogio** (Tfn)
△**loló** *(f lolli) adj rot*
loma *f Bergrücken, (kleiner) Bergkamm* m || *Hügel* m, *Erhöhung, Anhöhe* f || *Hügelkette* f
△**lomar** vt *geben*
lomba *f* Sant León = **loma**
lombar|da *f* ⟨Mil Hist⟩ *Lombarde* f || (col) ~ *Rotkohl* m || **-dero** *m* ⟨Mil Hist⟩ *Soldat* m *an einer Lombarde*
Lom|bardía *f die Lombardei* f || ⁼**bárdico** *adj lombardisch* || ⁼**bardo** *m/adj Lombarde* m (→ a **longobardo**) || *Lombardbank* f || ~ *adj lombardisch* || *Lombarde* m || ~ (Taur) *dunkelbraun mit hellbraunem Oberteil des Rumpfes (Stier)*
△**lombardó** *m Löwe* m
lombo *m* Sal = **lomo**
lombri|cida *m*/adj ⟨Med Pharm⟩ *Wurmmittel* n || **-guera** *f (Regen)Wurmloch* n
lombriz [*pl* **-ces**] *f Wurm* m || ~ *intestinal Eingeweide-, Spulwurm* m || ~ *de tierra Regenwurm* m || ~ **ces** *fpl Wurmkrankheit* f
lomera *f* ⟨Arch⟩ *Dachfirst* m || ⟨Buchb⟩ *Rücken|einlage, -verstärkung* f || *Heftbund* m
lometón *m* Cu → **montículo**
lomibayo *adj* Cu ⟨Agr⟩ *scheckig (Schwarzbuntzucht)*
lomi|(e)nhiesto *adj mit hohem Rücken (Pferd usw)* || *fig hochmütig* || **-llería** *f* SAm *(Laden* m *für) Riemenzeug* n || **-llo** *m Sattelrücken* m || *Kreuzstich* m || ⟨Kochk⟩ Ar = **lomo**
lomo *m (Unter)Rücken* m || *Lende(n)* f(pl) || *Rücken* m *der Tiere (vom Kreuz bis zu den Hüften)* || ⟨Kochk⟩ *Lenden|stück* n, *-braten* m || fig *Lasttier* n || *Buchrücken* m || *Rücken* m *e-s Messers usw* || *Rücklehne* f *(e-s Sessels)* || ⟨Agr⟩ *Furchenrücken* m || ~ de asno ⟨EB⟩ = **albardilla** || sobre el ~ *auf dem Rücken* || ◊ pasar(le) a alg. la mano por el ~ figf *jdm schmeicheln* || *jdm um den Bart gehen*
△**lon** *m Geldtasche* f || *Salz* n
lona *f Segeltuch* n || *Leinwand* f || *(Zelt)Plane* f || Mex *Sackleinen* n || ~ de bomberos, ~ de salto *Sprungtuch* n
loncha *f dünner, flacher Stein* m || *Schnitte* f *(Schinken)* || vgl **lonja**
lóndigo *m* → **alhóndiga**
lon|dinense *adj aus London* || ~ *m Londoner* m || ⁼**dres** *m* London
loneta *f* ⟨Mar⟩ *leichtes Segeltuch* n
longa *f* ⟨Mus⟩ *Longa* f
lon|ganimidad *f Langmut* f || **-gánimo** *adj langmütig, hochherzig* || **-ganiza** *f Schlackwurst* f || fig *lange Reihe* f || ◊ hay más días que ~s fam *nur Geduld!* || *nicht "so eilig!* || *allá (od aquí usw)* tampoco (se) atan los perros con ~(s) figf *es wird überall mit Wasser gekocht* || △**-gares** *m Feigling* m || **-gazo** adj augm *v.* **luengo** || **-gevidad** *f Langlebigkeit* f || *hohes Alter* n || fig *Lebensdauer* f || **-gevo** *adj langlebig* || **-gincuo** *adj fern, entfernt*
Longino(s) *m* np Tfn *Longinus* m
longi|pedo *adj* ⟨poet⟩ *langfüßig* || **-simo** *adj sup v.* **luengo**
longirrostro *adj/s* ⟨V⟩ *langschnäb(e)lig*
longi|tud *f Länge* f || ~ *focal* ⟨Opt⟩ *Brennweite* f || ~ *este, oriental* ⟨Mar⟩ *Ostlänge* f || ~ *oeste, occidental* ⟨Mar⟩ *Westlänge* f || ~ *de anclaje* ⟨Ing⟩ *Verankerungslänge* f || ~ *de onda* ⟨Radio⟩

longitudinal — lubrificador 700

Wellenlänge f ‖ salto de ~ ⟨Sp⟩ *Weitsprung* m ‖ **-tudinal** adj *Längen-* ‖ *Längs-* ‖ *longitudinal* ‖ corte ~ *Längenschnitt* m ‖ en sentido ~ *in Längsrichtung* ‖ ~**mente** adv *der Länge nach*
longobardo adj *langobardisch* ‖ ~ *m Langobarde* m
longue|ra f *schmaler Streifen* m *Land* ‖ **-tas** fpl ⟨Med⟩ *Verbandstreifen* mpl
longui(s) m fam: ◊ *hacerse el* ~ *sich unwissend stellen, den Dummen spielen* (*vgl* hacerse el sueco) ‖ tomar ~ *Reißaus nehmen*
lon|g(u)ísimo adj sup v. **luengo** △**-guiso** m
Feigling m ‖ **-gura** f *Länge* f ‖ *Weite* f
¹**lonja** f *Scheibe, Schnitte* f *(Schinken, Speck)* ‖ Arg *sauberes Fell* n *(ohne Fleisch und Haare)* ‖ Arg *Schnitze* f *(der Peitsche)* ‖ ~ de ternera *(Kalbs) Schnitzel* n ‖ ~ de jamón *Scheibe* f *Schinken*
²**lonja** f *Warenbörse* f *(& Gebäude)* ‖ *Vorhof* m *(bes e-r Kirche)* ‖ ~ de contratación *Handelsbörse* f
lonta|nanza f ⟨Mal⟩ *Fernsicht* f ‖ *Ferne, Entfernung* f ‖ en ~ *in der Ferne, von Ferne* ‖ **-no** adj prov *weit, entfernt*
looping m engl ⟨Flugw⟩ *Looping, Überschlag* m
loor m *Lob* n ‖ en ~ de la Virgen *zu Ehren der Jungfrau Maria* ‖ ~ **es** mpl ⟨Rel⟩ *Loblieder* npl, *Laudes* fpl lat
lopesco adj *auf den span. Dramatiker Lope de Vega bezüglich*
López np: ésos son otros ~, ésos son otros *Lópeces* fam *das ist et ganz anderes*
lopista m *Kenner* m *Lope de Vegas* ‖ *Lope-Forscher* m
loque|ar vi *sich wie ein Narr benehmen* ‖ fam *dummes Zeug treiben* ‖ fig *scherzen, schäkern* ‖ *herumtollen* ‖ **-ra** f fam *Irrenzelle* f ‖ *Irrenaufseherin* f ‖ **-ría** f Pe Chi *Irrenanstalt* f (→ **manicomio**) ‖ **-ro** m fam *Irren|wärter, -aufseher* m
loquios mpl ⟨Med⟩ *Lochien* fpl
lora f Span joc *Papageienweibchen* n ‖ Am *Papagei* m ‖ Chi *Papageiweibchen* n ‖ Chi *geschwätzige Frau*, fam *Klatschtante* f
△**lorampio** m *Uhr* f
Loran, loran m ⟨Flugw Mar⟩ (engl: *Long Range Navigation*): radionavegación ~ *Lorannavigation* f *(ein Hyperbelnavigationsverfahren)*
lorantáceas fpl ⟨Bot⟩ *Mistelgewächse* npl (Loranthaceae)
lord [pl **lores**] m *(englischer) Lord* m ‖ la *Cámara de los Lores das Oberhaus (in England)*
lordosis f ⟨Med⟩ *Lordose* f
△**loré** m *Mücke* f
Lore|na f *Lothringen* n ‖ la doncella de ~ *Jeanne d'Arc, die Jungfrau von Orléans* ‖ ⁼**nés,** **esa** adj *lothringisch* ‖ ~ m *Lothringer* m
Lorenzo m np Tfn *Lorenz* m ‖ fam *die Sonne* f ‖ ¡hoy (le) pega ~! *heute sengt die Sonne!* ‖ el río San ~ Am *St. Lorenzstrom*
△**loreta** f *(Straßen)Dirne* f
Loreto it *Loreto* ‖ *Nuestra Señora de* ~ *die Mutter Gottes von Loreto*
lori m ⟨Zool⟩ *Lori* m (Loris spp ‖ Nycticebus spp) *(Halbaffe)* ‖ ⟨V⟩ *Lori* m
loriga f *(Schuppen)Panzer* m
lorito m dim v. **loro** ‖ *Lori, kleiner Papagei* m
¹**loro** adj *dunkel, schwärzlich* ‖ *bräunlich*
²**loro** m *Papagei* m ‖ Chi *geschwätzige Person* f ‖ fig *häßliche, liederliche Frau* f, fam *Besen* m ‖ figf *geschwätziges Weibstück* n, *Klatschtante* f
lorquiano adj *F. García Lorca betreffend*
lorquino adj *aus Lorca* (PMurc)
Lor.²⁰ Abk = **Lorenzo**
¹**los, las** pl art pl *die* (pl v. el, la) ‖ → **el**
²**los, las** pl pron, pl nom acc *sie* ‖ *falsch auch statt* les *im* dat pl *gebraucht (auch bei guten Schriftstellern)* ‖ prov *auch vor* pron poss: los nuestros asuntos *unsere Angelegenheiten* ‖ no los

veo *ich sehe sie nicht* ‖ ¡déjalos! *laß sie sein!* ‖ (vosotros) ~ españoles lo sabéis *ihr Spanier wißt es*
³**los, las** pl Am & *für* os *gebraucht*
losa f *Steinplatte* f ‖ *Fliese* f ‖ p.ex *Falle* f *(aus Steinplatten gebaut)* ‖ ~ sepulcral (od funeraria) *Grabstein* m
losange m ⟨Math⟩ *Rhombus* m ‖ ⟨Her⟩ *Raute* f
lo|sar vt *mit Fliesen belegen, pflastern* (= **enlosar**) ‖ **-seta, -silla** f dim v. **losa** ‖ *Falle* f, *Betrug* m
losino adj *aus Losa* (PBurg)
löss m ⟨Geol⟩ *Löß* m
Lot m np *Lot* m *(Bibel)*
Lotario m Tfn *Lothar* m
lote m *(An)Teil* m, *Los* n ‖ ⟨Com⟩ *Partie* f, *Posten* m *Waren* ‖ *Parzelle* f ‖ Arg = **imbécil** ‖ ~ de géneros *Posten m Waren* ‖ ◊ *darse un* ~ fig pop prov *eine Frau befummeln*
lote|ar vt *in Lose (auf)teilen* ‖ *parzellieren (Grundstücke)* ‖ **-ra** f *Lotterieloskäuferin* f ‖ *Lotterieeinnehmerin* f ‖ **-ría** f *Lotterie* f ‖ ~ primitiva, ~ con números *Lotto* n, *Zahlenlotterie* f ‖ ~ de *Navidad span. staatliche Weihnachtslotterie* f ‖ *Administration de* ⁼s *span. staatliche Lotterieverwaltung* f ‖ *billete (décimo) de* ~ *Lotterielos (Zehntellos)* n *der span. Lotterie* ‖ juego de ~ *Lotto-, Lotterie|spiel* n ‖ lista de la ~ *Gewinnliste* f ‖ ◊ *caerle (od tocarle) a uno la* ~ fig *in der Lotterie gewinnen (& iron)* ‖ fig *iron Glück* bzw *Pech haben* ‖ **-ro** m *Lotterielosverkäufer* m ‖ *Lotterieeinnehmer* m
loto m ⟨Bot⟩ *Seerose* f (Nymphaea spp) ‖ *Lotosblüte* f
lotófagos mpl ⟨Myth⟩ *Lothophagen, Lotosesser* mpl
Lovaina *Louvain, Löwen (Stadt in Belgien)*
lovaniense adj *aus Löwen*
△**lovén** m *Geld* n
loxodromia f ⟨Flugw Mar⟩ *Loxodrome* f
△**loyar** vt *nehmen, packen*
loza f *Steingut* n ‖ *feine irdene Ware* f ‖ ~ común *Töpferware* f ‖ ~ de la Cartuja *feine sevillanische Porzellanware* f ‖ ~ de China *chinesisches Porzellan* n ‖ ~ de Fayenza *Fayence* f ‖ ~ feldespática *Feldspatsteingut* n ‖ ~ fina *Feinsteingut* n ‖ ~ sanitaria *Sanitärkeramik* f ‖ de ~ *irden*
loza|namente adv *frisch, munter* ‖ *üppig* ‖ **-near, -necer** [-zc-] vi *üppig wachsen, wuchern (Pflanzen)* ‖ *munter, fröhlich sein* ‖ *vor Gesundheit strotzen* ‖ **-nía** f *Wuchern* n, *Üppigkeit* f *(der Pflanzen)* ‖ *Kraft, Vollsaftigkeit, Rüstigkeit, Stattlichkeit* f ‖ *Munterkeit, Fröhlichkeit* f ‖ **-no** adj *frisch, rüstig, jungkräftig* ‖ *vollsaftig* ‖ *üppig (Pflanze)* ‖ fig *lustig, munter*
L.P. Abk = **letras a pagar**
lqdo. Abk = **líquido**
Ls. Abk = **Liras**
L.S. Abk = **Locus sigilli (lugar del sello)**
ltda. Abk = **limitada**
lúa f ⟨Mar⟩ *Leeseite* f ‖ *Espartohandschuh* m *(zum Pferdestriegeln)* ‖ Mancha *Lederbeutel* m *zum Safransammeln* ‖ △*Peseta* f *(Münze)*
△**luandar** vt *hängen*
△**luar** [pres lúo] vt *binden*
lubequés, esa adj/s *aus Lübeck, lüb(eck)isch*
lubigante m ⟨Zool⟩ = **bogavante**
lubina f ⟨Fi⟩ *Wolfs-, See|barsch* m (Labrax lupus)
lubri|cación, -cante = **lubrifi|cación, -cante**
lubricán m ⟨poet⟩ *Morgen-* bzw *Abend|dämmerung* f
lubricidad f *Schlüpfrigkeit* f *(& fig)* ‖ *Lüsternheit, Geilheit* f ‖ *Ausschweifung* f
lúbrico adj *schlüpfrig, glatt* ‖ fig *geil, unzüchtig, schlüpfrig* ‖ adv: ~ **amente**
lubrifi|cación f *Einölung* f ‖ *Einölen* n ‖ *Abschmieren* n ‖ *Abschmierung* f ‖ **-cador** m/adj

lubrificante — lugar

Schmiervorrichtung f || *Schmierbüchse* f || *Schmiernippel* m || **-cante** adj/s *Schmier-* || *materia* ~ *Schmier|stoff* m, *-öl* n || ~ m *Schmiermittel* n || **-car** [c/qu] vt *ein|schmieren, -ölen*
△**luca** f *Peseta* f *(Münze)*
lu|cano m ⟨Entom⟩ *Hirschkäfer* m (Lucanus cervus) (→ **ciervo** volante) || ⟨V⟩ Ar = **lugano** || **-cánidos** mpl ⟨Entom⟩ *Hirschkäfer* mpl (Lucanidae)
Lucas m np Tfn *Lukas* m
△**lucas** mpl *Spielkarten* fpl
luceci|ta, -lla f dim v. **luz**
lucense adj/s *aus Lugo*
lucentísimo adj sup v. **luciente**
lu|cera f *Dachfenster* n || *Boden-, Giebel|luke* f || **-cerna** f *Dachluke* f || *Kronleuchter* m
Lucerna f *Luzern (Schweiz)*
lucernario m ⟨Arch⟩ *Oberlicht(ausbau* m) n, *Laterne* f || *Lichtschacht* m *(Katakomben)* || → a **linterna**
△**lucerno** m *Leuchter* m
lucero m/adj *(Morgen-* bzw *Abend)Stern* m || fig *Stern* m, *Blesse* f *(bei Rindern, Pferden usw)* || figf *Schatz* m, *Liebchen* n *(Kosewort)* || ~ del alba, ~ matutino *Morgenstern* m, *Frühgestirn* n || ~ vespertino *Abendstern* m || caballo ~ *Pferd* n *mit e-r Blesse* || ~**s** mpl fig ⟨poet⟩ *Augen* npl
luces pl v. **luz**
Lucía f np Tfn *Luzie* f
Luciano m np Tfn *Lucian* m
lucidez [pl **-ces**] f fig *Klarheit* f || *Helle* f || *Deutlichkeit* f || *(Verstandes)Schärfe* f
lúcido adj *strahlend, leuchtend* || ⟨poet⟩ *licht, hell* || fig *klar, deutlich* || *intervalos* ~**s** *lichte Augenblicke* mpl *(bei Geisteskranken)*
lucido adj *prächtig, auserlesen, pracht-, glanz-| voll* || *glänzend, prächtig* || **lucir(se)** || ◊ *hacer un papel* ~ fam *sich auszeichnen*
luciente adj *strahlend, leuchtend* || *glänzend*
luciérnaga f ⟨Entom⟩ *Johannis-, Leucht|käfer, Leuchtwurm* m || ~ común *großer Leuchtkäfer* m, *Glühwürmchen* n (Lampyris noctiluca)
Luci|fer m *Luzifer, Teufel* m (& fig) || *Luzifer, Morgenstern* m || ≃**ferino** adj *luziferisch, teuflisch*
lucifero m *Morgenstern* m || Col *Zünd-, Streichhölzchen* n
lucífugo adj ⟨poet Wiss⟩ *lichtscheu*
lucimiento m *Glanz, Schimmer* m || fig *Pracht* f, *Prunk* m || *Freigebigkeit* f || *Großartigkeit* f || *de gran* ~ *prächtig (Arie usw)*
Lucio m np Tfn *Luzius, Lutz* m
lucio adj *glänzend, glatt* || *glanzhaarig (Vieh)* || fig *gescheit* || ~ m ⟨Fi⟩ *Hecht* m (Esox lucius) || *Strandlache* f
lu|ción m ⟨Zool⟩ *Blindschleiche* f (Anguis fragilis) || **-ciónidos** mpl *Schleichen* fpl (Anguidae)
lucioperca f ⟨Fi⟩ *Zander* m (Lucioperca sandra)
lucir [-zc-] vt *beleuchten* || ◊ ~ *sus facultades seine Fähigkeiten zur Schau stellen* || ~ *un vestido mit e–m Kleid prangen* || *ein (neues) Kleid anhaben* || *eso no te luce das ist nicht hübsch von dir* || ~ vi *leuchten, glänzen, funkeln, schimmern* || *sich hervortun* || *nützen, ersprießlich sein* || ~ en *prangen in* (dat) || *el* ~ *del sol der Sonnenschein bien (od así) le luce el pelo er sieht kümmerlich aus* || ~ **se** vr *sich putzen (kleiden)* || fig *sich auszeichnen, sich hervortun* || *sich blamieren* || ◊ *haberse lucido sich schön blamiert haben* || *lucidos estaríamos si... das fehlte noch, daß* || *¡nos hemos lucido! ¡lucidos estamos!* fam *welche Blamage! (für uns!)*
Lucita f fam = **María de la Luz** (Tfn)
lucrar vt/i *erreichen, erzielen* || *Gewinn schlagen* || ~**se** vr *Nutzen ziehen* || *sich bereichern*
lucrativo adj *einträglich, nutz-, gewinn|bringend* || *lohnend* || *lukrativ* || *no* ~ *unentgeltlich*
Lucre|cia f np Tfn *Lukretia, Lukrezia* f ||

-cio m np Tfn *Lukrez* m
lucro m *Gewinn, Nutzen* m || *Profit* m || *Erwerb* m || *afán (od ánimo) de* ~ *Gewinn|absicht* f, *-streben* n || ~ *cesante* ⟨Jur⟩ *entgangener Gewinn* m || *ni* ~ *ni gloria weder Gewinn noch Ruhm*
lucroniense adj/s *aus Logroño*
luctuoso adj *kläglich, traurig* || *Trauer-*
lucubración f *geistige Nachtarbeit* f || *fleißiges Studium* n
Lúculo m np *Lucullus* m
lucha f *(Ring)Kampf* m || fig *Bekämpfung* f || fig *Ringen* n || fig *Wettstreit* m || ~ *antituberculosa Kampf* m *gegen die Tuberkulose* f || ~ a brazo partido *Handgemenge* n || ~ *contra el cáncer Krebsbekämpfung* f || ~ de *clases Klassenkampf* m || ~ *cuerpo a cuerpo* ⟨Mil⟩ *Kampf Mann gegen Mann, Nahkampf* m || ~ *desigual ungleicher Kampf* m || ~ *encarnizada erbitterter Kampf* m || ~ *grecorromana griechisch-römischer Ringkampf* m || ~ *por la civilización Kulturkampf* m || ~ *contra las plagas Schädlingsbekämpfung* f || ~ *contra el ruido Lärmbekämpfung* f || ~ *de razas Rassenkampf* m || ~ *por la vida (od existencia) Kampf* m *ums Dasein, Daseinskampf* m || ~ *de posiciones* ⟨Mil⟩ *Stellungskampf* m || ~ *sin cuartel gnadenloser Kampf* m || *la* ~ *con la muerte der Todeskampf* m || "Mi ~" „*Mein Kampf*" *(Hitlers Werk)* || *dispuesto (od pronto) para la* ~ *kampfbereit* || → a **batalla, combate, guerra**
luchador m *(Ring)Kämpfer, Ringer* m (& fig) || fig *Kämpfer* m || fig *Streiter* m || fig *armer Mensch* || ~ *político politischer Kämpfer* m
luchar vi *kämpfen* || *streiten* || fig ⟨Sp⟩ *ringen* || ◊ ~ *con la muerte mit dem Tode ringen* || ~ *por recobrar la salud für die Wiederherstellung der Gesundheit kämpfen*
△**luchipén** m *Abgrund* m
△**luda** f *Weib* n, *Frau* f
ludibrio m *Spott, Hohn* m || ◊ *hacer* ~ *de a. et verspotten*
ludión m ⟨Phys Hist⟩ *kartesianisches Teufelchen* n, *kartesianischer Taucher* m
ludir vt/i *(aneinander)reiben* (con *an* dat) || ◊ *el* ~ *de las cucharas das Geklirr der Löffel*
lúe f = **infección**
luego 1. adv *hernach, nachher, sodann* || *demnach, mithin, also* || *alsbald, sogleich* || *schnell* || ~, ~ *sogleich, auf der Stelle* || ⟨Philos⟩ *pienso,* ~ *existo cogito, ergo sum* || *¿* ~ *será verdad? sollte es doch wahr sein?* || *desde* ~ *sogleich, sofort, gleich, jetzt* || *selbstverständlich, natürlich* || (de) ~ a ~ *unverzüglich* || ~ **hasta** 2. conj: ~ *que,* ~ *como sobald als* || ~ *que lo reciba sobald ich es erhalte*
*****luengo** adj *lang*
lueñe adj prov *weit, fern*
lúes f ⟨Med⟩ *Lues* f
lugano m ⟨V⟩ *Zeisig* m (Carduelis spinus)
lugar m *Ort, Raum, Platz* m || *Sitz* m *(im Wagen)* || *Stelle, Stätte* f || *Rang* m, *Stelle* f, *Amt* n, *Würde* f || *Örtlichkeit* f || *Ortschaft* f, *Dorf* n, *Ort* m *(zwischen villa und Aldea)* || *Wohnort* m || *Beweisstelle* f || *Veranlassung* f, *Anlaß* m || ~ *común Gemeinplatz* m, *Alltagsgedanke* m, *Banalität* f || ~ *del contrato Abschlußort* m || ~ *de cumplimiento* ⟨Jur⟩ *Erfüllungsort* m || ~ *de destino* ⟨Com⟩ *Bestimmungsort* m || ~ *excusado,* ~ *común Klosett* n, fam *Abort* m || ~ *de(l) nacimiento,* ~ *natal Geburtsort* m || ~ *del óbito,* ~ *de la defunción,* ~ *del fallecimiento Sterbeort* m || ~ *del pago* ⟨Com⟩ *Zahlungsort* m || ~ *del sello an Siegels statt (L.S.)* || *composición de* ~ ⟨Jur⟩ *Lokaltermin* m || ⟨Jur⟩ *Alibi* n || *nombre de(l) lugar* ⟨Geogr⟩ *Ortsname* m || *unidad de* ~ ⟨Th⟩ *Einheit* f *des Ortes* || *en* ~ *de statt, anstatt (gen)* || *en primer* ~ *erstens* || *en ante* ~ *Stelle* || *en segundo* ~ *zweitens* || ◊ *dar* ~ *Platz machen* || *Anlaß (od Veranlassung od Gelegenheit geben)* *(a zu dat)* || *zulassen* || *declarar sin* ~ ⟨Jur⟩ *für unstatthaft*

lugarejo — lunecilla 702

erklären || no hay ~ *es ist kein Anlaß da* || estar en su ~ fig *angebracht sein* || estar fuera de ~ *unangebracht sein* || *nicht (od fehl) am Platz sein* || como mejor haya ~ de (*od* en) derecho ⟨Jur⟩ *nach Gesetz und Recht* || hacer ~ *Platz machen* || *ausweichen (*a dat*)* || hacerse ~ *sich durchdrängen* || *sich durch Verdienste hervortun* || hacer su composición de ~ fig *das Für und Wider abwägen* || poner en su ~ fig *aufs richtige Maß bringen, berichtigen* || póngase V. en mi ~ *versetzen Sie sich in meine Lage* || yo en su ~ ... *ich an Ihrer Stelle...* || tener ~ *stattfinden, vorkommen* || ~ es *pl*: los santos ~ *die Heiligen Stätten* fpl *(in Israel)*
  luga|rejo *m* dim v. **lugar** || **-reño** adj *dörflich, Dorf-* || *kleinstädtisch, Kleinstadt-* || *Provinz-* || costumbres ~as *Volksbräuche* mpl || ~ *m Dorfbewohner, Dörfler* m || *Kleinstädter* m || *Provinzler* m (→ a **provinciano**)
  lugarte|nencia *f Stellvertretung f* || *Stellvertreterschaft* f || *Statthalterschaft* f || **-niente** *m Stellvertreter* m || *Statthalter* m
  lugdunense adj = **lionés**
  luge *m (Rodel)Schlitten* m
  △**lugo** *m Feld* n
  lugre *m* ⟨Mar⟩ *Logger, Lugger* m
  lúgubre adj *traurig, kläglich* || *unheimlich* || *unheilvoll* || *düster, grausig* || *schwermütig, melancholisch*
  lugués adj/s *aus Lugo*
  Luis, Luis (fam **Luisito, Luisón**) *m Ludwig, Louis* m || ~ el Piadoso *Ludwig der Fromme* || ~ Catorce *Ludwig XIV.* || San ~ arg. *Provinz und Stadt* || ≃ *m Louisdor* m *(Münze)* || △ *Klerikale(r), Pfaffenfreund* m || *Homosexuelle(r)* m
  Luisa *f* np Tfn *Luise* f || (hierba) ≃ ⟨Bot⟩ *Zitronenstrauch* m (Aloysia = Lippia citriodora)
  lujación *f* = **luxación**
  lujo *m Luxus* m || *Pracht* f || *übertriebener Aufwand* m || *Prachtliebe* f || *Üppigkeit* f || ~ asiático *übertriebener, orientalischer Luxus* m || edición de ~ *Prachtausgabe* f || encuadernación de ~ *Prachteinband* m || modele (*od* tipo) de ~ *Luxusmodell* n || *Luxusausführung* f || muebles de ~ *Luxusmöbel* npl || con un ~ de detalles *mit zahlreichen Einzelheiten (z. B. Nachricht)* || ◊ ese ~ no me lo puedo permitir *das kann ich mir nicht leisten*
  △**lujoñar** vt *billigen*
  lujo|sidad *f Prachtliebe* f || *Luxus* m || **-so** adj *prachtvoll, prächtig, luxuriös* || *verschwenderisch* || *kostspielig, aufwendig* || *prachtliebend*
  luju|ria *f Wollust, Geilheit* f || *Unzucht* f || *Lüsternheit* f || *Sinnlichkeit* f || fig *Zügellosigkeit, Ausschweifung* f || *Fleischeslust* f || **-riante** adj *üppig wuchernd (Vegetation)* || fig *üppig, strotzend* || **-rioso** *m Lüstling* m
  lu|liano adj ⟨Lit Philos⟩ *lullianisch, zum System des katalanischen Theologen Raimundus Lullus (Raimundo Lulio) gehörig* || **-lismo** *m Lullismus* m, *System des Raimundus Lullus* || **-lista** adj/s *lullistisch* || ~ *m Lullist, Anhänger* m *der Lehre Lullus*
  lulú *m*: perr(it)o ~ pop *Schoßhündchen* n
  △**lumadero** *m Zahn* m
  lumaquela *f* it *Lumachelle* f *(Schill-Kalk)*
  lum|bago *m* ⟨Med⟩ *Lumbago* f, *Hexenschuß* m || **-bar** adj *Lenden-, Lumbal-, lumbal* || región ~ *Lendengegend* f
  lumbra(ra)da *f Lohe* f, *Flackerfeuer* n
  lumbre *f Feuer* n || *glühende Kohle* f || *(Holz-, Kohlen)Glut* f || *Flamme* f || *Licht* n || ⟨Arch⟩ *Dachluke* f, *Dachfenster* n (→ a **luz**) || fig *Glanz* m, *Pracht* f || *Schimmer* m || fig *Licht* n || fig *Aufklärung, Belehrung* f || piedra de ~ *Feuerstein* m || ~ del agua *Wasserspiegel* m || a la ~ del agua *wassergleich, mit dem Wasser gleich* || al amor de la ~ *in der Nähe des (Kamin)Feuers, am Ofen* || ni por ~ figf *nicht im Traum* || ◊ dar ~ *Feuer geben (Raucher)* || es la ~ de mis ojos fig *ich liebe ihn wie meinen Augapfel* || echar ~ figf *Funken sprühen (vor Zorn usw)* || pedir ~ *um Feuer ersuchen, bitten (Raucher)* || ~s *pl Feuerzeug* n *(Stein, Stahl u. Zunder)*: sin dar más ~ *ohne weitere Erklärung*
  lumbrera *f leuchtender Körper* m || *Dach\fenster* n, *-luke* f || *Ochsenauge* n *(bei Kuppeln)* || ⟨Tech⟩ *Zugloch* n *(Ofen)* || ⟨Mar⟩ *Oberlicht* n || *Bullauge* n || fig *Stern* m || figf *Leuchte* f, *Genie* n || Mex ⟨Taur⟩ *Loge* f
  lumbriz *f* Am pop = **lombriz**
  △**lumé** *m Reich* n
  lumen *m* ⟨Biol Med Phys⟩ *Lumen* n
  △**lumia** *f* pop *(Straßen)Dirne* f
  luminaria *f (künstliche) Lichtquelle* f || *Festbeleuchtung* f || *Ewiges Licht* n *(in katholischen Kirchen)* || △ *Fenster* n
  lumínico adj *Leucht-, Licht-*
  lumi|niscencia *f Nachleuchten* n, *Lumineszenz* f || **-niscente** adj *lumineszent, lumineszierend* || *kaltes Licht ausstrahlend* || **-nosidad** *f Leuchten* n || *Leuchtkraft* f || *Lichtstärke* f || ⟨Opt⟩ *Helligkeit* f || **-noso** adj *leuchtend, hell, Licht-* || fig *klar, deutlich* || carrera ~a *glänzende Laufbahn* f || intensidad, potencia ~a *Lichtstärke* f || **-notecnia** *f Beleuchtungstechnik* f || **-notécnico** adj/s *beleuchtungs-, licht\technisch* || ~ *m Beleuchtungsfachmann* m
  lumpenesco adj Am *gemein, kanaillenhaft*
  lumpiense adj *aus Limpias* (PSant)
  lumumba *m Weinbrand* m *in heißem Kakao (Erfrischungstrank)*
  lun. Abk = **lunes**
  luna *f Mond* m || *Mond\licht* n, *-schein* m || *Mondphase* f || *Mondwechsel* m || *Glas* n *des Spiegels, Spiegelglas* n || *Tafel-, Schrankspiegel* m || *geschliffenes (Brillen)Glas* n || fig *Mondsucht* f || fig *Laune* f || △*Hemd* n || fig *Islam* m || ~ creciente *erstes Viertel* n, *zunehmender Mond* m || ~ llena *Vollmond* m || ~ menguante *letztes Viertel* n, *abnehmender Mond* m || ~ de miel *Flitterwochen* fpl || ~ nueva *Neumond* m || armario de ~ *Spiegelschrank* m || cara de ~ llena fig *Vollmondgesicht* n || claro de ~ *Mondschein* m || cuernos de la ~ fig *Spitzen* fpl *der Mondsichel* || fases de la ~ *Mondphasen* fpl || media ~ *zunehmender Mond, Mondsichel* fpl || fig *Islam* m || fig *türkisches Reich* n || Am *Hörnchen* n, *Kipfel* m *(Gebäck)* || noche de ~ *Mondnacht* f || ◊ dejar a uno a la ~ de Valencia figf *jdn in seinen Erwartungen täuschen* || mirar la ~ fam *gaffen* || quedarse a la ~ de Valencia (Chi Pe a la ~ de Paita) figf *in seinen Hoffnungen getäuscht werden* || dormir a la ~ figf *bei Mutter Grün übernachten, im Freien schlafen* || estar de buena, mala ~ *guter, schlechter Laune sein* || ladrar a la ~ figf *den Mond anbellen* || pedir la ~ figf *et Unmögliches verlangen* || vivir (*od* estar) en la ~ figf *in den Wolken schweben* || *mit den Gedanken abschweifen* || ~s *pl Mondwechsel* m || ◊ tener ~ fam *mondsüchtig sein* || tener sus ~ fam *wunderliche Einfälle haben*
  lu|nación *f Mond\wechsel, -umlauf* m, *-phase* f || *Umlauf(s)zeit* f *des Mondes* || **-nar** adj *Mond-,* ⟨Wiss⟩ *lunar(isch)*, fig *(halb)mondförmig* || eclipse ~ *Mondfinsternis* f || ~ *m (Mutter)Mal* n || *Tupfen* m *(Kleidung)* || fig *Schandfleck* m || fig *Schönheitsfehler, unbedeutender Fehler* m *(z.B. an e-m Spiegel)* || *Schönheitspflaster* n || *Apfel, Groschen* m *der Pferde* || **-naria** *f* ⟨Bot⟩ *Silberblatt* n (Lunaria rediviva) || **-nario** adj *auf die Mondphasen bezüglich* || **-nático** adj/s *mondsüchtig* || fig *irrsinnig* || fig *wunderlich* || figf *grillenhaft* || ~ *m Mondsüchtige(r)* m || fam *Irrsinnige(r)* m || fam *schrullige Person* f, *ulkiger Kauz* m || **-natismo** *m Mondsucht* f
  lunch *m* engl *Lunch* m
  Luneburgo *m Lüneburg (Niedersachsen)*
  lunecilla *f* dim v. **luna** || *Halbmond* m *(Schmuck)*

lunel m ⟨Her⟩ *vier vereinigte Halbmonde* mpl
lunes m *Montag* m ‖ ≃ *de Pascua Ostermontag* m ‖ ~ *de los zapateros* fam *blauer Montag* m ‖ (todos) *los* ~ *jeden Montag* ‖ *no ir al trabajo el* ~ *Mex hacer san* ≃ *blauen Montag machen* ‖ *de* ~ *a martes, poco de apartes* fig *der e–e ist soviel wert wie der andere* ‖ *cada* ~ *y cada martes immer wieder*, fam *alle nas(en)lang*
luneta f *Halbmond* m *(Schmuck)* ‖ ⟨Arch⟩ *Firstziegel* m ‖ ⟨Arch⟩ *Gewölbe-, Stich|kappe* f ‖ ⟨Arch⟩ *Lünette, Lichtöffnung* f ‖ ⟨Arch Tech⟩ *Lünette* f ‖ *Lünette* f, *geschliffenes Brillenglas* n ‖ ⟨Th⟩ *Sperrsitzreihen* fpl
lun|fa m RPl *Dieb* m ‖ **–fardismo** m *Ausdruck* m *der arg. Gaunersprache* ‖ **–fardo** m/adj Arg *Gauner* m ‖ *Lunfardo* m *(arg. Gaunersprache, arg. Rotwelsch)*
lunícola m *Mondbewohner* m
lúnula f *Möndchen* n, *der weiße Rand* m *an der Nagelwurzel* ‖ ⟨Kath⟩ *Lunula* f *(Hostienbehälter des Altars)* ‖ ⟨Math⟩ *Lunula* f, *Möndchen, Zweieck* n
lunulado adj *halbmondförmig*
lupa f *Lupe* f
lupanar m *Bordell* n
lupercales fpl ⟨Hist⟩ *Luperkalien* pl *(Fest der altrömischen Hirten)*
lupia f ⟨Med⟩ *Grützbeutel* m (→ **lipoma**) ‖ ⟨Metal⟩ *Luppe* f ‖ ⟨Bot⟩ = **lupina** ‖ ~ m Hond *Kurpfuscher* m ‖ *Magier* m
lupi|na f ⟨Bot⟩ *Lupine* f (Lupinus spp) (→ **altramuz**) ‖ **–no** adj *wölfisch, Wolf-* ‖ *uva* ~ a ⟨Bot⟩ *Eisenhut* m (→ **acónito**)
lupulífero adj *hopfenreich*
lupulina f ⟨Pharm⟩ *Lupulin, Hopfenmehl* n
lúpulo m ⟨Bot⟩ *(Gemeiner) Hopfen* m (Humulus lupulus) ‖ *cerveza de* ~ *Hopfenbier* n
lupus m ⟨Med⟩ *Lupus* m
Luquitas m Tfn fam = **Lucas**
△**luriandar** vi *donnern*
lurte m Ar → **alud**
Lusa|cia f *die Lausitz* ‖ *Alta, Baja* ~ *Ober-, Nieder|lausitz* ‖ ≃**ciano** adj *lausitzisch, aus der Lausitz* ‖ ~ m *Lausitzer* m ‖ *Lausitzer Sorbe, Wende* m
Lusiadas mpl: *Los* ~ *Heldengedicht von Camões*
Lusita|nia f *Lusitanien (Portugal)* ‖ ≃**nismo** m *dem Lusitanismus, Portugiesischen eigene Redensart* f ‖ ≃**no, luso** adj *lusitanisch* ‖ *portugiesisch* ‖ ~ m *Lusitan(i)er* m ‖ *Portugiese* m
lusoespañol adj *portugiesisch-spanisch*
lustra|botas m Am prov *Schuhputzer* m (→ **limpiabotas**) ‖ **–trado** m/adj *Polieren* n *(Möbel)* ‖ ⟨Web⟩ *Lüstrieren* n ‖ **–dor** m/adj Am prov *Schuhputzer* m
lus|trar vt *glänzend machen, Glanz geben, blank putzen (wichsen (Schuhe)* ‖ *(Möbel) polieren* ‖ ⟨Web⟩ *lüstrieren* ‖ ⟨Rel Hist⟩ *entsühnen* ‖ Am *(Schuhe) putzen* ‖ **–tre** m *Glanz* m ‖ *Schimmer* m, *Politur* f ‖ *(Schuh) Wichse* f ‖ ⟨Web⟩ *Lüsterfarbe* f ‖ fig *Ruhm, Glanz* m ‖ ~ *para calzado Schuhglanz* m ‖ *de* ~ *glänzend, Glanz-* ‖ figf *angesehen (Persönlichkeit)* ‖ ◊ *dar* ~ (a) *glänzend machen* ‖ *polieren* ‖ *blank putzen (Schuhe)* ‖ fig *Glanz verleihen*
lustrina f *Glanzseide* f ‖ *Lüster(stoff)* m ‖ Chi *Schuhwichse* f
lustro m *Jahrfünft* n ‖ ⟨Rel Hist⟩ *Lustrum* n ‖ *diez* ~ s *50 Jahre*
lustroso adj *glänzend*
lútea f ⟨V⟩ *Pirol* m (→ **oropéndola**)
lutecio m ⟨Chem⟩ *Lutetium* n
luteína f ⟨Chem⟩ *Lutein, Xanthophyll* n
lúteo adj *schlammig* ‖ *hellgelb* ‖ *cuerpo* ~ ⟨An⟩ *Gelbkörper* m ‖ *hormona del* ~ *lúteo* ⟨Physiol⟩ *Gelbkörperhormon* n
lutera|nismo m *Luthertum* n ‖ **–no** m/adj *Lutheraner* m ‖ ~ adj *luther(an)isch*
Lutero m np *Luther* m
luto m *Trauer* f ‖ *Trauerkleid* n ‖ *Trauerflor* m ‖ ‖ *Trauerrand* m *(e–s Briefbogens, e–r Visitenkarte)* ‖ *Trauer, Betrübnis* f ‖ ~ *nacional Staatstrauer* f ‖ fig *Trauertag* m *für das ganze Volk* ‖ ~ *riguroso tiefe Trauer* f ‖ ~ *de viuda Witwentrauer* f ‖ *gran* ~ *große Trauer* f ‖ *medio* ~ , *alivio de* ~ *Halb-,* ⟨Hist⟩ *Aus|trauer* f ‖ *orla de* ~ *Trauerrand* m *(z. B. am Briefpapier)* ‖ ◊ *aliviar el* ~ *abtrauern, Halbtrauer anlegen* ‖ *cerrado por* ~ *de familia* ⟨Com⟩ *wegen Sterbefalls geschlossen* ‖ *estar de* ~ , *llevar* ~ *Trauer tragen* ‖ fig *traurig, enttäuscht sein* ‖ *llevar las uñas de* ~ figf *Trauerränder an den Fingernägeln haben* ‖ *ponerse de* ~ , *vestirse de* ~ *Trauer anlegen, trauern (por um* acc*)*
*****luva** f *Handschuh* m
lux m ⟨Phys⟩ *Lux* n
luxación f ⟨Chir⟩ *Verrenkung, Luxation* f
Luxembur|go m *Luxemburg* m ‖ ≃**gués** adj/s *luxemburgisch* ‖ ~ m *Luxemburger* m
luz [pl **luces**] f *Licht* n ‖ *Strahlen* n, *Ausstrahlung* f ‖ *Licht* n, *Lampe* f ‖ *Beleuchtung* f ‖ *Glanz, Schimmer* m ‖ fig *Licht* n ‖ fig *Leuchte, Gabe* f ‖ fig *Leuchte* f, *Vorbild* n ‖ *Erkenntnis* f ‖ fig *Vernunft* f, *Verstand* m ‖ fig *Aufschluß* m, *Aufklärung* f ‖ ⟨Arch⟩ *lichte Weite* f ‖ *Spannweite* f ‖ *Luke* f ‖ *Öffnung* f ‖ △ pop Am *Geld* n, *Moneten* fpl ‖ ~ *anterior, ~ de frente* ⟨Phot⟩ *Ausleuchtung* f *vorn, Vorder|licht* n , *-beleuchtung* f ‖ ~ *antiniebla* ⟨Aut⟩ *Nebelscheinwerfer* m ‖ ~ *de aparcamiento Parkleuchte* f ‖ ~ *de aproximación* ⟨Flugw⟩ *Anflug-, Anschwebe|licht* n ‖ ~ *artificial künstliches Licht* n ‖ ~ *de aviso, ~ de advertencia* ⟨Aut⟩ *Warn|licht* n, *-leuchte* f ‖ ~ *azul Blaulicht* n ‖ ~ *de Bengala bengalisches Licht* n ‖ ~ *de carretera,* ~ *larga Fernlicht* n ‖ ~ *cenital Oberlicht* n ‖ ~ *de cera Wachs-, Kerzen|licht* n ‖ ~ *de cruce* ⟨Aut⟩ *Abblendlicht* n ‖ *la* ~ *del día das Tageslicht* ‖ *con* ~ *diurna bei Tageslicht* ‖ ~ *eléctrica elektrisches Licht* n ‖ ~ *de freno* ⟨Aut⟩ *Brems|licht* n, *-leuchte* f ‖ ~ *de gas (incandescente) Gas(glüh-)licht* n ‖ ~ *intermitente* ⟨Flugw Mar StV⟩ *Blinkfeuer* n ‖ ⟨Flugw Mar Mil Aut⟩ *Blinklicht* n ‖ ~ *lateral Seitenlicht* n ‖ ~ *de (la) matrícula* ⟨Aut⟩ *Kennzeichenlicht* n ‖ ~ *de población* ⟨Aut⟩ *Standlicht* n ‖ ~ *de popa* ⟨Flugw⟩ *Schwanzlicht* n ‖ ⟨Flugw Mar⟩ *Hecklicht* n ‖ ~ *de posición* ⟨Aut Flugw⟩ *Kenn-, Positions|licht* n ‖ ~ (od *luces*) *del puerto* ⟨Mar⟩ *Hafenfeuer* n ‖ ~ *refleja,* ~ *de reflexión* ⟨Opt⟩ *reflektiertes Licht, Auflicht* n ‖ ~ *relámpago* ⟨Phot⟩ *Blitzlicht* n ‖ ~ *roja* ⟨StV⟩ *rotes Licht, Rotlicht* n ‖ ~ *de situación* ⟨Aut⟩ *Positionslicht* n ‖ ⟨Flugw⟩ *Kenn-, Seiten-, Positions|licht* n ‖ ⟨Mar⟩ *Positions|laterne, -leuchte* f ‖ ~ *verde* ⟨StV⟩ *grünes Licht* n (& fig) ‖ *gusano de* ⟨Entom⟩ *Leuchtkäfer* m (→ **luciérnaga**) ‖ *media* ~ *Halb-, Zwie|licht* n ‖ a *media* ~ *im Zwielicht* ‖ *rayo de* ~ *Lichtstrahl* m ‖ a *primera* ~ , *a las primeras* ~ es fig *bei Tagesanbruch* ‖ *exposición a plena* ~ ⟨Phot⟩ *Freilichtaufnahme* f ‖ ◊ *apagar la* ~ *das Licht aus|löschen, -machen* ‖ ⟨El⟩ *ausdrehen* ‖ *cambiar las placas en plena* ~ ⟨Phot⟩ *die Platten bei Tageslicht wechseln* ‖ *dar* ~ *(be)leuchten* ‖ fig *erleuchten, aufklären* ‖ *dar a* ~ *gebären, in die Welt setzen* *(ein Buch) herausgeben* ‖ *dar (od encender la)* ~ *das Licht anmachen* ‖ ⟨El⟩ *andrehen* ‖ *no dar* ~ pop *mißlingen, fehlschlagen* ‖ *hacer* ~ *Licht machen* ‖ *hacer* ~ *en es ins klare bringen, aufklären* ‖ *sacar a* ~ fig *ans Tageslicht bringen* ‖ *herausgeben (Buch)* ‖ *salir a (la)* ~ fig *ans Licht kommen, bekanntwerden* ‖ *herauskommen, erscheinen (Buch)* ‖ *ver la* ~ *ans Tageslicht treten* ‖ *geboren werden (Kind)* ‖ fig *erscheinen* ‖ María de la ≃ span. *Taufname* ‖ **luces** pl fig *Talent* n, *Befähigung*

f, *Geistesgaben* fpl ‖ fig *Verstand* m ‖ *Kenntnisse* fpl *Bildung* f ‖ ~ de tráfico ⟨StV⟩ *Verkehrsampel(n)* f(pl) ‖ hombre de pocas (*od* cortas) ~ fig *geistig beschränkter Mensch* m ‖ honrado a todas ~ fig *sehr ehrlich, rechtschaffen* ‖ siglo de las ~ fig *Aufklärung(szeitalter n)* f ‖ traje de ~ ⟨Taur⟩ *Torerokostüm* n ‖ a todas ~ fig *überall* ‖ *überhaupt* ‖ *auf alle Fälle, entschieden* ‖ *in jeder Beziehung* ‖ *allem Anschein nach* ‖ entre dos ~ fig *im Zwielicht* ‖ figf *angeheitert, beschwipst*

Luzbel m *Luzifer* m
luzco → **lucir**
lynchar vt = **linchar**
Lyon m *Lyon (Frankreich)*

LL

ll (= **elle**) *f das span. ll (bei Silbentrennung nicht trennbar:* co-llar, deta-lle
Ll. Abk ⟨EB⟩ = **llegada**
-lla(s) ⟨Hist⟩: *Verschmelzung des enklitischen* la(s) *mit dem vorangehenden Infinitiv:* manda|lla, –llos, –lle pop = mandar|la, –los, –le
llábana *f* Ast *schlüpfriger, glatter Fels* m
llaca *f* ⟨Zool⟩ SAm *Zwergbeutelratte* f (Marmosa cinerea)
lladre *m* Cat = **ladrón**
¹**llaga** *f* ⟨Arch⟩ *Stoß-, Ziegel-, Quader|fuge* f ‖ → a **degolladura**
²**lla|ga** *f offene (schwärende) Wunde* f ‖ *Geschwür* n ‖ fig *Schmerz, Kummer* m ‖ ◊ indignarse una ~ Ar *vereitern, sich infizieren (Wunde)* (→ **enconarse**) ‖ → a **dedo** ‖ –**gar** [g/gu] vt *verwunden, verletzen* ‖ *zum Schwären bringen* ‖ ~ **se** vr *Schwären bekommen (Person)* ‖ *Schwären bilden (Wunde)*
llaguero *m* ⟨Arch⟩ *Fugenkelle* f
△**llagulé** *m Feuer* n
¹**llama** *f (Feuer) Flamme* f ‖ fig *Heftigkeit* f, *Feuer* n ‖ fig *Flamme, Liebschaft* f ‖ ~ *vital Lebensflamme* f ‖ ◊ echar ~s *flammen, feuern, lodern* ‖ fig *Feuer sprühen (vor Zorn)* ‖ por ella andaría entre ~s figf *für sie würde ich ins Feuer springen*
²**llama** *f* ⟨Zool⟩ *Lama* n (Lama spp) ‖ → **alpaca, guanaco, vicuña**
³**llama** *f Sumpf, Morast* m
llama|da *f Ruf* m ‖ *Zu-, An-, Ausruf* m ‖ *rufende Gebärde* f, *Herbeiwinken* n ‖ *Klopfen* n *(an der Tür usw)* ‖ *(Noten)Hinweis* m, *Verweisungszeichen* n *(in Büchern)* ‖ ⟨Mil⟩ *Appell* m ‖ ⟨Th⟩ *Stichwort* n ‖ ⟨Th⟩ *Herausrufen* n ‖ ⟨Tel⟩ *Anruf* m ‖ *Abberufung* f *(e–s Diplomaten)* ‖ *aviso de* ~ ⟨Tel⟩ *Gesprächsaufforderung* f ‖ (billete de) ~ Am *Schiffskarte* f *mit Einwanderungserlaubnis für Einwanderer* ‖ ~ nominal *Namensaufruf* m ‖ ~ al orden *Ordnungsruf* m ‖ ~ de servicio ⟨Tel⟩ *Dienstgespräch* n ‖ mecanismo de ~ *Anrufvorrichtung* f ‖ señal de ~ *Anrufzeichen* n ‖ ◊ tocar ~ ⟨Mil⟩ *zum Appell blasen* (& fig) ‖ hacer otra ~ ⟨Tel⟩ *neu anrufen* ‖ –**do** adj *gerufen* ‖ *berufen* ‖ *sogenannt* ‖ ~ *m Ge- bzw Be|rufene(r)* m ‖ Am = **llamada** ‖ →a **llamamiento** ‖ ◊ acudir sin ser ~ *unvermutet erscheinen* ‖ estar ~ a grandes cosas *zu Großem berufen sein* ‖ muchos son los ~s y pocos los escogidos *viele sind berufen, aber wenige ausgewählt* ‖ el ~ gobierno libre ⟨Pol⟩ desp *die sogenannte freie Regierung* ‖ –**dor** *m Rufer* m ‖ *(Tür)Klopfer* m ‖ *Klopfring* m ‖ *Türklingel* f ‖ *Drücker, Knopf* m ‖ ⟨Tel⟩ *Rufapparat* m ‖ –**miento** m *Aufruf* m ‖ *Appell* m ‖ *Vorladung* f ‖ *Einberufung* f, *Aufgebot* n ‖ *Ein-, Vor|ladung* f ‖ *Ruf* m *(a e–e Universität)* ‖ ⟨Mil⟩ *Aufgebot* n ‖ ⟨Mil⟩ *Appell* m ‖ ⟨Mil⟩ *Einberufung* f, *Gestellungsbefehl* m ‖ ~ al orden ⟨Pol⟩ *Ordnungsruf* m ‖ ~ a filas ⟨Mil⟩ *Einberufung* f *zum Wehrdienst* ‖ ~ general *Massenaufgebot* n
llamar vt/i *(an-, auf-, be-, herbei)rufen* ‖ *wachrufen, (er)wecken* ‖ *vor-, ein|laden* ‖ *heißen, (be-)nennen* ‖ ⟨Tel⟩ *(an)rufen* ‖ ⟨Jur⟩ *be-, er|nennen* ‖ *rufen, (herbei)holen (Taxi, Arzt)* ‖ *abberufen (Diplomaten)* ‖ *(an-, herbei)locken (Tiere)* ‖ *(herbei-)wünschen (Liebe, Segen, [Un]Glück)* ‖ ⟨Mil⟩ *einberufen, (Soldaten bzw Rekruten) einziehen* ‖ ~ vi *rufen* ‖ *(an)klopfen, an die Tür pochen* ‖ *(an)läuten, klingeln* ‖ *(auf)wecken, herbeirufen* ‖ ◊ ~ el apetito *den Appetit anregen* ‖ ~ la atención *die Aufmerksamkeit auf sich lenken* ‖ *aufmerksam machen (sobre auf* acc*)* ‖ ~ atención *Aufsehen erregen* ‖ *auffällig sein* ‖ ~ a la central ⟨Tel⟩ *das Amt anrufen* ‖ ~ a cuenta *zur Rechenschaft ziehen* ‖ ~ al escenario ⟨Th⟩ *vor die Rampe rufen* ‖ ~ al médico *den Arzt holen lassen* ‖ ~ al orden ⟨Pol⟩ *zur Ordnung rufen* ‖ ~ con *(od* dando) palmadas *herbeiklatschen (z.B. den Kellner, den Nachtwächter)* ‖ ~ a la puerta *an die Tür klopfen* ‖ ~ en ayuda *zu Hilfe rufen* ‖ ¡llaman! *man klopft!* ‖ lo llaman Pedro *er heißt Peter* (→ ~ **se**) ‖ ~ dicho- so a alg. *jdn glücklich preisen* ‖ ¿quién llama? *wer ist dort, bitte? (beim Anklopfen od* ⟨Tel⟩*)* ‖ ¿quién lo llama? *wer ruft ihn?* ‖ fam *was haben Sie hier verloren?* ‖ llámele que baje *rufen Sie ihn herab!*
~**se** *sich nennen, heißen* ‖ ◊ ¿cómo se llama V.? *wie heißen Sie?* ‖ así será, o no me llamo... *sehr pop ich will Mops (od Oskar) heißen, wenn nicht... (Beteuerung)* ‖ ¡esto se llama (tener) pega! fam *das heißt Pech haben!* ‖ Dios lo ha llamado fig *Gott hat ihn zu sich gerufen, er ist verschieden* ‖ → a **engaño**
△**llámara** *f Geld* n
llamarada *f Loder-, Flacker|feuer* n ‖ *plötzliches Aufflackern* n ‖ *Lohe* f ‖ ⟨Mil⟩ *Mündungsfeuer* n ‖ *(Scham-, Zorn) Röte* f ‖ ~ *(de estopa)* fig *Strohfeuer* n, *flüchtige Begeisterung* f
llamativo adj *auffallend, auffällig* ‖ *durst|reizend, -erregend (Gericht)* ‖ *colores* ~s *grelle od knallige Farben* fpl ‖ ~ *m Lock-, Reiz|mittel* n
llamazar *m Sumpf, Morast* m
llamear vi *flammen* ‖ *lodern* ‖ *flackern*
llamón adj/s Mex *feige*
¹**llana** *f (Mauer)Kelle* f ‖ *Reibebrett* n
²**llana** *f Blattseite* f *(Papier)* ‖ *Ebene* f
llana|da *f Flachland* n ‖ –**mente** adv fig *offenherzig, frei heraus* ‖ *einfach, schlicht*
llanar vt Am *regeln, schlichten*
llane|ro *m Talbewohner* m ‖ *Bewohner* m *des Flachlandes* ‖ –**za** *f Offenherzigkeit, Aufrichtigkeit* f ‖ fig *Einfachheit, Schlichtheit* f
llanisco adj/s *aus Llanes* (POviedo)
lla|no adj *eben, flach* ‖ p. ex *glatt* ‖ *glatt (Masche beim Stricken)* ‖ fig *schlicht, einfach (Kleid, Stil)* ‖ fig *leutselig, gutmütig* ‖ fig *hausbacken, derb* ‖ fig *gering, niedrig* ‖ fig *klar, deutlich* ‖ fig *einfach, nicht geziert (Stil)* ‖ ⟨Gr⟩ *auf der vorletzten Silbe betont (Wort)* ‖ estado ~ *der Bürger- und Bauernstand* ‖ mar ~ a *ruhige See* f ‖ *Meeresstille* f ‖ (voz) llana *auf der vorletzten Silbe betontes Wort, Paroxytonon* n ‖ de ~ (en) ~ fig *klar und deutlich!* ‖ ◊ es caso ~ *es ist e–e ausgemachte S.*, fam *klarer Fall!* ‖ → a **canto, punto** ‖ poner ~ *leicht verständlich machen* ‖ *vereinfachen* ‖ ~ *m Ebene* f, *Flachland* n ‖ ~**s** pl *Llanos* mpl *(große Ebenen und Steppen im nördlichen Südam.)* ‖ –**note** adj fam *sehr schlicht, offenherzig, umgänglich*
¹**llanta** *f Schnittkohl* m
²**llanta** *f Rad|schiene, -felge* f ‖ *Radkranz* m ‖ ⟨Metal⟩ *Flachstahl* m ‖ *flaches Eisenstück, Reifeisen* n ‖ ~ de bicicleta *Fahrradfelge* f ‖ ~ de goma *Gummireifen* m ‖ ~ maciza *Vollreifen* m
llantén *m* ⟨Bot⟩ *Wegerich* m (Plantago major)
llan|tera *f* fam = –**tina** ‖ –**tería** *f* (Am –**terío** *m*) *Weinen* n *mehrerer Personen* ‖ –**tina** *f* fam *Geschluchze* n ‖ *(hysterisches) Weinen* n. *Weinkrampf* m, *Heulerei* f ‖ ◊ tuvo una ~ fenomenal fam *(sie) heulte wie ein Schloßhund*
llanto *m Weinen* n ‖ *Jammern, Wehklagen* n ‖

Klage f || ⟨Mus⟩ Cu *melancholische Volksweise* f || ◊ deshacerse en ~(s) *in Tränen zerfließen*
llanura *f Ebene, Flur* f, *Flach-, Tief\land* n ||
Flachheit f || la ~ *de Castilla die kastilische Hochebene*
llar *m* Ast Sant *(Küchen) Herd* m (vgl **lar**) || **~es** *pl Kesselhaken* mpl *(zum Aufhängen des Kochtopfes)*
llareta *f* Chi Bol *Lamamist m (als Brennstoff)*
llave *f (Tür) Schlüssel* m || *Uhrschlüssel* m || *Schraubenschlüssel* m || ⟨Mus⟩ *Stimm\hammer,* *-schlüssel* m || *Klappe* f *(beim Saxophon, bei Holzinstrumenten) || Ventil* n *(bei Blechinstrumenten) ||* *(Faß) Hahn* m || *Flintenschloß* n || ⟨El⟩ *Schaltknopf, (Licht) Schalter* m || ⟨Tech⟩ *Verteiler* m || *Taste* f || *Gashahn* m || ⟨Arch⟩ *Schlußstein* m *(e—s Gewölbes)* (→ **clave**) || ⟨Chir⟩ *Zahnzange* f || ⟨Typ⟩ *Klammer* f ({, [) || fig *Schlüssel* m, *Aufklärung, Lösung* f || ~ *anti-robo Patentschlüssel* m || ~ *de dos bocas Doppelschraubenschlüssel* m || ~ *de contacto,* ~ *del encendido* ⟨Aut⟩ *Zündschlüssel* m || ~ *de la casa (bzw del piso bzw de la vivienda) Hausschlüssel* m || ~ *de fa* ⟨Mus⟩ *F-Schlüssel* m || ~ *falsa Nachschlüssel, Dietrich* m || ~ *inglesa* → **inglés** || ~ *maestra Hauptschlüssel* m || ~ *en mano schlüsselfertig (Wohnung, Neubau)* || ~ *Nelson Nelson* m *(Nakkenhebel beim Ringen)* || ~ *de la puerta (de la calle) Hausschlüssel* m || ~ *de telegramas Telegrammkode* m || ~ *tubular Rohr-, Steck\schlüssel* m || ~ *universal Universalschlüssel, Passepartout* m || ~ *de tres vías Dreiwegehahn* m || ◊ *echar la* ~ *zuschließen* || △*Erfolg haben* || **~s** *fpl:* las ~ *de San Pedro Schlüssel* mpl *Petri* || *potestad de* ~ ⟨Jur⟩ *Schlüsselgewalt* f
llave|ra *f (Be) Schließerin* f || **–ro** *m Schlüssel-| brett* n bzw *-schrank* bzw *-ring* m || *(Be) Schließer, Türhüter* m
llavín *m kleiner Schlüssel* m *(z. B. e—s Sicherheitsschlosses)*
lle ⟨Hist⟩ = **–rle,** → **–lla(s)**
llegada *f Ankunft* f || *Eintreffen* n || *Eingang* m *(e—s Briefes)* || ⟨Sp⟩ *Ziel (linie* f*)* n || *an (Fahrplan)* | *estación de* ~ *Ankunftsstation* f || a la ~ *bei Ankunft* || → **andén**
llegar [g/gu] * vt *nähern, näher-, heran|bringen* || *verbinden, vereinigen (*a *mit dat)* || *reichen, hin-, darreichen* || *gleichkommen* (dat)
~ vi 1. *ankommen* || *eintreffen* || *(hin-) gelangen* || *anlangen* || *sich nähern, herannahen* || *einfahren (Zug)* || *einlaufen (Schiff, Zug, Post)* || *eingehen (Post)* || *kommen (Gelegenheit)* || *geschehen* || *reichen, sich erstrecken* (hasta bis) || *sich belaufen (*a *auf* acc*)* || *reichen, hinlänglich sein* || ◊ ~ *tarde sich verspäten* || ~ *a tiempo rechtzeitig ankommen* || el tren llega con retraso *der Zug kommt verspätet an* || llega el momento decisivo *der* · *entscheidende Augenblick naht* || está llegando, está al *(od* para*)* || *er kommt jeden Augenblick* || *er ist im Kommen* || si alcanza no llega fam *es reicht sehr knapp hin* || it a ~ *por pop* jdn *(ab) holen, holen gehen* || ~ *hasta reichen bis* || mi abrigo no llegará hasta Navidad *mein Mantel wird bis Weihnachten nicht halten* || ¡ya llegará un día! *es wird schon eine Zeit kommen!*
2. ~ a + Subst *od* Adj: || ~ a algo *zu et kommen* || fig *es zu et bringen* || ~ al alma *das Herz ergreifen, heftig erschüttern* || ~ a un arreglo *zu e—m Vergleich (od zu e—r Vereinbarung) gelangen* || ~ a cuarenta años, ~ a los cuarenta *das vierzigste Jahr erreichen, in die Vierziger kommen* || ~ a la cumbre *den Gipfel erreichen* || ~ a (su) destino *am Bestimmungsort ankommen* || el enfermo no llegará a la primavera *der Kranke wird das Frühjahr nicht mehr erleben* || ~ al fin *sich dem Ende zuneigen* || ~ a los postres *zum Nachtisch kommen* || fig *zu spät kommen* || no ~ a su rival fig *seinem Gegner nachstehen* || no llega a los 5 años *er ist*

noch nicht 5 Jahre alt || el gasto llega a 1000 pesetas *die Ausgabe beträgt 1000 Peseten* || el abrigo le llega a la rodilla *der Mantel reicht ihm bis an die Knie* || llegó a mi conocimiento que *ich habe in Erfahrung gebracht, daß* || no ha llegado a viejo *er ist nicht alt geworden* || *er ist jung gestorben*
3. ~ a + Inf a) *als Ergebnis, Abschluß der Handlung:* impers *gelingen (zu)* || *et endlich, schließlich tun* || ~ a comprender *einsehen lernen, richtig verstehen* || ~ a oír, ~ a entender *endlich (endlich doch) hören, verstehen* || ~ a saber *erfahren, in Erfahrung bringen* || *todavía no lo he llegado a saber ich habe es noch nicht erfahren können* || no llegará a tanto, fam no llegará la sangre al río *so schlimm wird es nicht sein* || *es wird nicht soweit kommen* || si llegas a realizarlo *wenn du es überhaupt zustande bringst* || por fin llegó a terminarlo *es gelang ihm endlich es zu beendigen* || ¡si yo llegara a ver esos tiempos! *wenn ich diese Zeit erleben würde!* || el cazador llegó a matar 50 liebres *der Jäger erlegte nicht weniger als 50 Hasen* || llegó a decírselo cara a cara *er sagte es ihm sogar ins Gesicht* || ¡hasta ahí podíamos ~! *das fehlte gerade noch! das wäre ja noch schöner!*
b) ~ a ser *werden (Übergang von einem Zustand in den anderen):* han llegado a ser muy ricos *sie sind sehr reich geworden* || ~ a ser barato *billiger werden, sich verbilligen*
~se vr *sich nähern, näher (heran)kommen* || *ankommen* || ◊ ~ *(od)* a las manos fig *handgemein werden* || ~ *hasta la playa e—n Spaziergang bis zum Strand machen* || *me llegará a casa de mis padres ich werde meine Eltern besuchen*
llena *f Anschwellen* n *(e—s Gewässers)*
llenamente adv *reichlich, vollauf*
llenar vt *(ab) füllen* || *an-, aus\füllen* || *sättigen, satt machen* || *(voll) stopfen* || *stopfen (Pfeife)* || fig *überhäufen (mit)* || *erfüllen (Wunsch, Aufgabe)* || *Genüge leisten, genügen* (dat) || *befriedigen, zufriedenstellen* || *gefallen, behagen* || pop *schwängern* || pop *decken (Tiere)* || ◊ ~ *un cometido,* ~ *una misión e—e Aufgabe, e—e Mission erfüllen* || ~ *un formulario,* ~ *un padrón ein Formular ausfüllen* || ~ *una necesidad einem Mangel abhelfen* || ~ *su objeto sein Vorhaben durchführen* || ~ el teatro ⟨Th⟩ *ziehen (Stück)* || ~ un vacío, ~ una laguna *eine Lücke ausfüllen* || ~ *de agua mit Wasser (an) füllen* || ~ *de encargos mit Aufträgen überhäufen* || ~ *de improperios mit Schmähungen überhäufen* || ~ el saco de trigo *den Sack mit Getreide füllen* || ~ con *(od* de*)* tierra *mit Erde (aus) füllen* || eso le llena al ojo fig *das befriedigt ihn in vollem Maße* || eso no me llena figf *das genügt mir nicht* || ~ vi *voll werden (Mond)* || ◊ argumentos que llenan *überzeugende Gründe* mpl || a medio ~ *halbvoll* || **~se** *sich füllen* || fam *sich überladen, sich vollstopfen, sich vollschlagen (den Bauch)*, figf *die Geduld verlieren*, fam *es satt haben*
llenazo *m* augm v. **lleno** || ⟨Filmw Th⟩ *volles Haus* n || *voller Saal* m *(Schauspiel, Vortrag)* || *volle Ränge* mpl *(Stadion)* || ◊ *hubo un* ~ *das Theater war bis zum letzten Platz besetzt*
llene *m (Ab) Füllen* n
△**llenira** *f Unglück* n
lleno adj *~s voll || (an) gefüllt || voll\zählig, -ständig || vollbesetzt (Kino, Saal, Bahn) || völlig || füllig || ~ de alegría voller Freude, freudig || ~ de sí mismo eingebildet, dünkelhaft || rostro ~ cesto ~ de frutas Korb m mit Obst || luna ~a Vollmond* m || ◊ la medida está *~a das Maß ist voll* || está *~a de ist gefüllt mit* || ~ m *(Über) Fülle* f || *volles Haus* n *(Schauspiel, Veranstaltung)* || *Vollmond* m || ⟨Mus⟩ *Tutti* n || →a **llenos** || *de* ~ (en ~) *vollständig, ganz und gar* || ◊ *dar de* ~ *ins Gesicht wehen (Wind)*,

scheinen (Sonne) || *voll treffen* || mirar de ~ *unverwandt anblicken* || hay (un) ~ ⟨Th⟩ *es ist ausverkauft (& Konzertsaal usw)* || ~s mpl ⟨Mar⟩ *Rundung f des Schiffsbodens* || *Sprung* m
llenura *f Fülle* f
△**lleona** *f Geldschrank* m
△**llerel** *m Farbe* f
lleva\|dero adj *tragbar* || *erträglich* || **–dizo** adj *leicht tragbar*
llevar 1. vt/i *tragen* || *(mit)bringen, herbeischaffen* || *mit sich führen, bei sich tragen* || *tragen, anhaben (Kleider)* || *mitnehmen* || *davontragen* || *befördern, (fort)schaffen* || *ent-, abreißen (Stück)* || *führen (Reisende)* || *leiten, lenken, treiben, führen (Geschäfte)* || *tragen (Früchte)* || *eintreiben (Steuern)* || *beitragen (Geld)* || *abwerfen (Nutzen)* || *vertragen (Speisen)* || *abfordern, an-, berechnen (Preis)* || *jdm zuvorkommen, jdn übertreffen* || *haben, besitzen* || *erlangen, erwerben* || *(er)tragen, dulden, aushalten* || *übernehmen (Verpflichtung)* || *wohin führen, gehen (Weg)* || *zurückbehalten (beim Addieren usw)* || *kaufen, ziehen (Karten)* || ⟨Math⟩ *(im Sinn) behalten* ||◇ ~ adelante *vorwärts führen* || *weiterführen* || *vorantreiben (& fig)* || *durchsetzen* || ~ a cabo *durchführen* || *verwirklichen* || ~ el agua a su molino *nur an sich denken, nur für sich sorgen* || llevo dos años a Juan *ich bin zwei Jahre älter als Hans* || ya llevo trece años en Alemania *ich bin schon dreizehn Jahre (od seit dreizehn Jahren) in Deutschland* || ~ (con) bien *gut ertragen* || ~ la cabeza *im Sinne führen* || me lleva la cabeza *er ist um eine Kopflänge größer als ich* || no ~ buen camino *nicht auf dem rechten Wege sein* || ¿a dónde lleva esta calle? *wohin führt diese Straße?* || ~ la casa *den Haushalt führen* || ~ el compás *den Takt schlagen* || ~ consigo *mithaben* || *mitnehmen* || → **consigo** || ~ la contraria a alg. *jdm offen widersprechen* || ~ cuenta(s) *die Rechnung führen* || ~ a cuestas *auf dem Rücken tragen* || fig *et übernehmen* || ~ detrás *hinter sich lassen* || ~ a efecto *zustande bringen, bewerkstelligen* || *fördern* || ~ gafas, ~ lentes *e–e Brille tragen* || ~ los gastos *die Kosten, Ausgaben bestreiten* || ~ los libros, ~ la contabilidad *die Bücher führen* || ~ luto *Trauer tragen* || ~ la mano (a) *jdm die Hand führen* || ~ lo mejor *fam sehr gut abschneiden* || ~ encima *mithaben* || ~ con paciencia *geduldig ertragen* || ~ la palabra *das Wort führen* || ~ parte *Anteil nehmen (de an dat)* || ~ lo peor, ~ la peor parte *fam den kürzeren ziehen* || ~ las de perder *fam Mißerfolg haben, nichts zu erhoffen haben* || ~ un recado *et ausrichten gehen* || el tren lleva retraso *der Zug hat Verspätung* || ~ y traer *hin und her tragen* || fam *belästigen* || fam *Klatschereien machen* || *jdn ins Gerede bringen* || no lleva traza de acabar *es scheint kein Ende zu nehmen* || llevo 4 *ich behalte 4, 4 im Sinn (beim Rechnen)* || no llevamos este artículo *wir führen diesen Artikel nicht* || ~ las bien (mal) con alg. *fam sich mit jdm gut (schlecht) vertragen* || V. lo lleva demasiado lejos *Sie treiben es zu weit* || ¿cuánto me lleva V. por …? *wieviel berechnen Sie mir für …?* (acc) || la bala le llevó un brazo *die Kugel riß ihm einen Arm ab*
2. *Ergebnis einer vergangenen Handlung, Betonung des erreichten Zustandes (meistens statt* haber, tener)*:* ◇ lo llevo estudiado todo *ich habe alles durchstudiert* || lo llevas muy atrasado *du bist sehr im Rückstande damit* || llevo los minutos contados *fig ich habe es sehr eilig* || llevo gastadas 1000 pesetas *ich habe bisher 1000 Peseten ausgegeben* || llevo peleando 3 años *ich habe schon drei Kriegsjahre hinter mir* || según lo lleva dicho *wie er gesagt hat, wie eben angedeutet* || ~ puesto el sombrero *den Hut aufhaben* || llevo 5 años estudiando *ich studiere seit 5 Jahren*
3. in Ve r b. mit a: *Richtung, Bestimmung, (End)Ziel:* ◇ ~ al cine *verfilmen* || ~ al mercado ⟨Com⟩ *auf den Markt bringen* || ~ a la puerta *zur Tür hinausbegleiten* || ~ a la práctica *in die Tat umsetzen* || *verwirklichen* || ~ a la prisión *einkerkern* || ~ a mal *übelnehmen*
4. in Ve r b. mit de, por, sobre, tras: a) ~ de la mano *an der Hand führen* || ~ (= tener) por lema *als Wahlspruch führen* || b) ~ por las narices *an der Nase herumführen* || dejarse ~ por (*od* de) la pasión *sich von der Leidenschaft hinreißen lassen* || (sobre sí) *anhaben (Kleid)* || ~ tras sí *hinter sich herschleppen*
~ **se** vr *(mit)nehmen* || *für sich nehmen* || *für sich gewinnen (& fig)* || *mit- bzw weg\|reißen* || ◇ ~ *(od* ~ las) bien con alg. fam *mit jdm gut auskommen* || *sich mit jdm gut vertragen* || ~ la mano a la frente *mit der Hand an die Stirne fassen* || ~ a/c a la boca *et an den Mund führen* || ~ el día *den ganzen Tag zubringen* (en mit dat) || ~ la victoria (fam ~ sela) *den Sieg davontragen* || eso se lleva todo mi dinero *das verschlingt mein ganzes Geld* || ya no se lleva *es ist nicht mehr Mode* || ¿se (lo) lleva V. todo? *nehmen Sie alles mit?* || se lo llevó el aire (*od* el diablo) figf *es ist zunichte geworden* || verlorene Liebesmühe! || ¡el diablo se lo lleve! *der Teufel soll ihn holen!*
lliga *f* Cat ⟨Pol⟩ → **liga**
△**llima** *f Hemd* m
-llo(s) pop = **-rlo(s)** || → **-lla(s)**
llocido adj León *dick, fett*
llora *f* Ven *Totenwache* f (→ **velatorio**)
llo\|radera *f* desp *grundlose Heulerei* f || ~ a **llantina, lloresa** || **–raduelos** *m* fam *Jammerer* m, *Klageweib* n
llorar vt *beweinen* || *beklagen* || *vergießen (Tränen)* || fig *betrauern, trauern um* || ◇ ~ la muerte de alg. *jds Tod beweinen* || ~ vi *weinen* || *klagen* || *tränen (Augen)* || *bluten (Baum)* || *tröpfeln* || ◇ ~ de gozo *vor Freude weinen* || ~ en (*od* por) a. *für et weinen, et beweinen* || ~ a moco y baba, ~ a lágrima viva, ~ como un becerro *fam kläglich weinen,* fam (*wie ein Schloßhund) heulen* || el que no llora, no mama *ein blöder Hund wird selten fett* || *man muß sich schon melden* (, *um et zu erreichen*) || desahogarse (*od* aliviarse) llorando *sich ausweinen* || hacer ~ *zum Weinen bringen, zu Tränen rühren* || fig *rührend sein, Tränen ablocken* || pasar (la noche) llorando *(die Nacht) verweinen*
llorera *f* fam *Geheule, Geflenne* n
llori\|ca **–cón** adj/s fam *weinerlich, Heul-* (bes *Kind*)
llori\|quear vi *wimmern, winseln* || *flennen,* fam *greinen* || ⟨Ak⟩ *wimmern* || **–queo** *m Weinen, Gewinsel, Gewimmer,* fam *Geflenne* n || ⟨Ak⟩ *Wimmern* n
llo\|ro(s) *m(pl)* fam *Weinen* n || *Tränen* fpl || *Klagen* fpl || **–rón, ona** adj *weinerlich* || (sauce) ~ *Trauerweide* f (→ **sauce**) || ~ *m Flenner, Heulpeter* m, *Heulsuse* f || ⟨Bot⟩ *Trauerweide* f || *herunterhängender Federbusch* m || pop dim: **–roncete** || **–roso** adj *weinend* || *weinerlich* || *verweint (Augen, Gesicht)* || *beklagenswert*
llovedero *m* Arg *Dauerregen* m
llovedizo adj *Regen-* || agua ~ a *Regenwasser* n
llo\|ver [-ue-] v/impers, vi/t *regnen (& fig)* || △ *weinen* || ◇ llueve a mares, a cántaros, a torrentes *es regnet in Strömen, es gießt (wie mit Kübeln)* || ~ sobre mojado fig *Schlag auf Schlag kommen* (*Unglück*) || me escucha como quien oye ~ figf *er schenkt mir kein Gehör, er hört mir gar nicht zu* || como **–vido** (del cielo) fig *wie vom Himmel gefallen, wie hergeschneit* || ¡cuántas desgracias han **–vido** sobre nosotros! *wieviel Unglück hat uns betroffen!*
llovido pp v. **llover** || ~ *m blinder Passagier* m (→ **polizón**)
lloviz\|na *f Sprühregen* m, *Nieseln* n || **–nar** vi *nieseln, fein regnen*
llubina *f* Sant → **lubina**

llueca adj/s = **clueca**
△**llundaina** f Dudelsack m
△**Llundún** = **Londres**
△**llunquera** f Bastschuh m
llu|via f Regen m (& fig) || fig Unmenge f || Funkenregen m (Feuerwerk) || Chi = **ducha** || ~ de balas Kugel\hagel, -regen m || ~ continua Landregen m || ~ menuda, ~ fina Sprühregen m || ~ de oro ⟨Bot⟩ Goldregen m || fig Goldregen m || ~ de pedradas Steinhagel m (bes fig) || ~ primaveral Frühlingsregen m || ~ roja Schwefel-, Blut\regen m (Staub, Pollen) || nube de ~ Regenwolke f || ráfaga de ~ Regenwand f || tiempo de ~ Regenwetter n || ◊ después de la ~ viene el buen tiempo auf Regen folgt Sonnenschein || **-vioso** adj regnerisch || tiempo ~ Regenwetter n

M

m (= **eme**) f M n
M. *römische Ziffer* = *1000* || **Madre** || **Majestad** || **Maestro** f **Merced** || **Muy** || **Mediano** (*Prüfungsnote*) || **Medida** || ⟨Pharm⟩ = **Mézclese** || **Mayor** || **Mano**(s)
m/ Abk = **mi**(s), **mío**(s) || **mes**(es)
m., M. Abk = **masculino** || **metro**(s) || **minuto**(s) || **muerto** || **más** || **mañana** || **modo** || **mes**(es) || **E.M.E.** Abk = **Errores mecanográficos exceptuados**
m' pop = **mi** (m'hijo = mi hijo)
M.ª Abk = **María**
m.ª Abk = **mediana**
M.A. Abk = **Ministerio de Agricultura** || **Ministerio del Aire**
má pop = **más** || **mar**
△**ma** pron.rel *was*
ma|**binga** f Mex = **estiércol** || Cu *schlechter Tabak* m || **-bita** m Ven *böser Blick* m || *Unglücksbringer* m || *Pechvogel* m
mabra f: ~ *herrera* ⟨Fi⟩ *Marmorbrasse* f (Lithognatus mormyrus)
maca f *Druckfleck* m (*am Obst*) || p.ex *Schönheitsfehler, kleiner Makel* m (*im Stoff, an der Kleidung usw*) || figf *Schelmerei* f, *Kniff* m
macabeos mpl *Makkabäer* mpl
macabro adj *schau*|*derhaft, -rig, makaber* || *danza* ~ a ⟨Mal⟩ *Totentanz* m
macaco m ⟨Zool⟩ *Makak* m || ⟨Zool⟩ *Meerkatze* f (Cercopithecus spp) || Arg PR fig *Tölpel, Einfaltspinsel* m || RPl *Spitzname* m *der Brasilianer* || ~ *de Gibraltar,* ~ *de Berbería* ⟨Zool⟩ *Magot, Berberaffe* m (Macaca sylvanus) || ~ *rheso Rhesusaffe, Bunder* m (Macaca rhesus = Rhesus mulatta)
maca|**dam, -dán** m *Makadam* m/n
macadamizar [z/c] vt *makadamisieren, beschottern* (*Straße*)
maca|**na** f *Indianerkeule* f || *Schlagstock* m || *grobes Baumwollzeug* n *der Indianer* || Am figf *Scherz, Spaß* m || Am figf *Belästigung* f || Am figf *Kniff* m, *Lüge* f, *Humbug* m || ◊ *no me vengas con ~s* Am *das kannst du e-m andern weismachen* || *¡todo eso son ~s! das alles sind leere Flausen!* || **-nazo** m Am *Keulenschlag* m || p.ex *Hieb* m (*mit e-r Waffe*) Am *Kopflosigkeit* f || Am *Belästigung* f || Am *langweilige Rede* f || **-neador** adj/s = **-nero** || **-near** vi Am *mit der Indianerkeule kämpfen* || Hond Col *hart arbeiten* || Am prov (*die Geschäfte*) *gut führen* || Am fam *aufschneiden, lügen* || *Unsinn treiben* || fam *jdm auf die Nerven gehen* || **-neo** m Arg *Gefasel, Gewäsch* n || **-nero** adj/s fam Arg *aufschneiderisch, verlogen* || **-nudo** adj Arg u Span *toll, prima, klasse* || *glänzend, vortrefflich,* pop *famos*
macarelo m *Raufbold* m
Macare|**na** f (Virgen de la Esperanza) *die im Stadtteil Macarena verehrte Mutter Gottes (Patronin von Sevilla)* || **-no** adj/s *aus dem Stadtteil Macarena* (Sev) || ~ m figf *Eisenfresser* m || fam *Raufbold* m
△**macaro** m *Frist* f
macarrón m *Makkaronistange* f || fig pop *Zuhälter* m || ⟨Tech⟩ *Isolierschlauch* m
macarrones mpl (a la italiana) *Makkaroni* pl
macarrónico adj *makkaronisch* || latín ~ *Küchenlatein* n
macarse vr *Druckflecken bekommen bzw faulen* (*Obst*)
macatrullo m/adj Ar *Trottel, Tölpel, Einfaltspinsel* m

macear vt *hämmern* || *klopfen, bleuen* || vi fig *lästig werden*
Mace|**donia** f *Makedonien* n || ≃ *de frutas Obstsalat* m || ≃**dónico,** ≃**donio,** ≃**dón** m/adj *Makedonier* m || ~ adj *makedonisch*
macelo m *Schlachthof* m (→ **matadero**)
maceo m *Hämmern* n || *Klopfen, Bleuen* n
mace|**ración** f *Beizen* n || *Wässern* n || *Einweichen* n, *Weichmachung, Mazeration* f || fig *Kasteiung* f || **-rar** vt ⟨Pharm Chem Tech⟩ *einweichen, (aus)wässern, auslaugen, mazerieren* || fig *kasteien*
macero m (*Amts*)*Stabträger* m
¹**maceta** f dim v. **maza**
²**mace**|**ta** f *Blumentopf* m || *Blumenschale* f || ⟨Bot⟩ (*Blumen*)*Dolde* f || Gran fig *großes Weinglas* n || Mex fig *Kopf,* pop *Schädel* m || Mex *Kopfhaar* n || Chi *Blumenstrauß* m || **-tero** m *Blumentisch* m || **-tón** m augm v. **-ta**
³**maceta** f ⟨Tech Bgb⟩ *Fäustel* m || *Holzhammer* m
⁴**maceta** adj Arg *langsam, schwer von Begriff* || *träge, schwerfällig*
mac|**farlán, -ferlán** m *Pelerinenmantel* m
Macián m np fam = **Matías**
macicez [pl **-ces**] f *Festigkeit* f || *Dicke* f || *Dichtigkeit* f || *Massigkeit* f || ⟨Med⟩ *Herzdämpfung* f
macilento adj *abgezehrt, hager* || *blaß* || *übernächtigt* || *traurig, niedergeschlagen*
maci|**lla** f dim v. **maza** || **-llo** m dim v. **mazo** || ~ *de piano Klavierhammer* m
macis f *Macis* m (*Muskat*|*blüten, -rinde*)
maci|**zar** [z/c] vt *fest zumachen, ausfüllen, ausstopfen* || *zuschütten* || Sant ⟨Fi⟩ *Salzsardinen* (*bzw Regenwürmer usw*) *als Lockmittel auswerfen* || Sant fig *anlocken,* fig *e-n Köder auslegen, ködern* || **-zo** adj *massiv, dicht, fest* || *voll, massig* || ⟨Aut⟩ *voll* (*Gummireifen*) (→ **llanta**) || fig *gewichtig* || *de oro* ~ *massiv golden* || ~ m *Festigkeit, Dichtigkeit* f || *festes Mauerwerk* n || *Block* m, *dichte Häusergruppe* f || *dichtes Blumenbeet* n || *Gebirgsstock* m || ⟨Aut⟩ *Vollreifen* m || ⟨Bgb⟩ *Schutz-, Sicherheits*|*pfeiler* m || ⟨Tech⟩ *Quader, Klotz* m || Sant *Salzsardinen* fpl (→ **macizar**) || ~ *de arbustos Sträuchergruppe* f
macla f *Raute* f (*mit Vertiefung im Zentrum*) || ⟨Geol⟩ *Zwilling*(*skristall*) m || ~ **do** m ⟨Geol⟩ *Zwillingsbildung* f
△**maco** adj *schurkisch*
macoca f Ar Sal *Kopfnuß* f || ⟨Agr⟩ *große Frühfeige* f *aus Murcia*
△**macolotende** m *Meer* n
maco|**lla** f ⟨Bot⟩ *Stengel-, Blumen-, Ähren*|*büschel* n || **-llar** vi (*Stengel-* bzw *Blumen*)*Büschel treiben*
macón m *ausgetrocknete Bienenwabe* f (*ohne Honig*) || Al *Bienenharz* n
macro präf *Makro-, Groß-* || vgl **mega, micro**
macro|**bio** adj ⟨Biol Med⟩ *langlebig* || **-biosis** f *Langlebigkeit, Makrobiose* f || **-biótica** f *Makrobiotik, Kunst* f, *das Leben zu verlängern*
macro|**cefalia** f ⟨Med Biol⟩ *Großköpfigkeit, Makrozephalie* f || **-céfalo** adj/s *großköpfig, makrozephal* || ~ m *Großköpfige*(*r*), *Makrozephale* m || **-citos** mpl ⟨Med⟩ *Makrozyten* pl || **-cosmo** m *Makrokosmos, -mus* m || **-dactilia** f ⟨Med Biol⟩ *Makrodaktylie* f || **-dáctilo** adj/s *langfing*(*e*)*rig* || **-economía** f *Makroökonomie* f || **-fauna** f ⟨Zool⟩ *Makrofauna* f || **-física** f *Makrophysik* f || **-glia** f ⟨An⟩ *Makroglia* f (→ **neuroglia**) || **-glosia**

macrolepidópteros — madona 710

f ⟨Med⟩ *Makroglossie* f || **–lepidópteros** mpl ⟨Entom⟩ *Großschmetterlinge* mpl (Macrolepidoptera) || **–molécula** f ⟨Phys⟩ *Makromolekül* n || **–plancton** m ⟨Zool MK⟩ *Makroplankton* n
macrópodo adj/s ⟨Zool⟩ *langbeinig* || *langflossig* || ⟨Bot⟩ *stielig* || ∼ m ⟨Fi⟩ *Paradiesfisch*, *Großflosser* m (Macropodus opercularis) || ∼**s** mpl ⟨Zool⟩ *Springbeutler* mpl, *Känguruhs* npl (Macropodidae)
macro|scélidos mpl ⟨Zool⟩ *Rüsselspringer* mpl (Macroscelididae) || **–scópico** adj *makroskopisch* || **–sociología** f *Makrosoziologie* f
macruros mpl ⟨Zool⟩ *Langschwänze* mpl (Macrura)
macuco adj Chi fam *schlau* || Arg Bol Col *hochaufgeschossen* || Ec alt, *unnütz, nutzlos* || Arg Chi Pe = **macanudo**
macuito m Pe fam *Neger* m
mácula f *Flecken, Fleck* m || fig *Makel, Tadel* m || figf *Schwindel, Betrug* m || sin ∼ *tadel-, makel|los* || ∼ lútea ⟨An⟩ *gelber Fleck* m *(der Netzhaut)*
macular vt = **manchar**
maculatura f ⟨Typ⟩ *Schmutzbogen* m || *Altpapier* n, *Makulatur* f
macuto m *Tornister* m || *Ranzen* m || *Rucksack* m || ◊ eso son noticias de Radio ⌕ fam *das sind nur Enten*, ⟨Mil⟩ fam *das sind Latrinenparolen*
¹**macha** f Am = **marimacho**
²△**macha** f *Fliege* f
macha|ca f *Stößel* m || ∼ m/f fam *lästige Person* f, fam *Wanze* f || **–cadera** f *(Kartoffel)Quetsche* f || **–cadora** f ⟨Tech⟩ *Steinbrechmaschine* f || *Stampfwerk* n || ⟨Bgb⟩ *Erzmühle* f || **–cante** m fam ⟨Mil⟩ *Ordonnanz* f *e-s Feldwebels* || pop *5-Peseten-Münze* f (= **duro**) || **–car** [c/qu] vt *stampfen, (zer-)stoßen* || *zermalmen, (zer)quetschen* || ⟨Kochk⟩ *klopfen (Fleisch)* || *einpauken, ständig* (fam *bis zur Bewußtlosigkeit*) *wiederholen, einhämmern* || ∼ vi figf *zudringlich, lästig sein (Person)* || **–cón** m/adj *zudringlicher Mensch* m || **–conería** f *stetiges, aufdringliches Wiederholen, Einhämmern* n || ◊ ¡ya está ése otra vez con su(s) machaconería(s)! fam *der kommt schon wieder mit seiner ewigen Litanei!*
macha|da f *Bockherde* f || figf *Albernheit* f || ◊ ¡éso son ∼s! fam *das ist purer Unsinn! das ist Quatsch!* || **–diano** adj *auf Antonio und Manuel Machado bezüglich* || **–do** adj Arg *betrunken, beschwipst*
machamartillo: a ∼ *blindlings, fest* || *católico* a ∼ *erz-*, fam *stock|katholisch*
macha|queo m (Zer) *Stampfen*, (Zer) *Stoßen* n || fig = **–conería** || fig *Belästigung* f || bajo el ∼ de la artillería *unter dem Trommelfeuer der Artillerie* (→ **fuego** graneado) || *Belästigung* f
machar vt = **machacar**
△**mache** m *Fisch* m
mache|ta f León Sal *Axt* f || **–tazo** m *Hieb* m *mit e-r Machete* || ◊ matar a ∼s *mit Säbeln niedermetzeln* || **–te** m *Seitengewehr* n || fam *Plempe* f || *Hack-, Busch|messer* n, *Machete* f || **–tear** vt *niedersäbeln* || ⟨Mar⟩ *einschlagen (Pfähle)* || vi ⟨Mar⟩ *stampfen* || **–tero** m Cu *der mit der Machete arbeitende Mann* || Mex *langsamer, schwerfälliger Arbeiter* m || Mex ⟨Typ⟩ → **cajista** || Mex *schwer lernender Student* m || Ant *Revolutionär, Guerillero* m || Ven desp *Soldat* m
machicó m *Katze* m
machiega f/adj *Bienenkönigin* f (→ **abeja**)
machihem|brado m ⟨Zim⟩ *Verzapfung, Spundung* f || **–brar** vt ⟨Zim⟩ *spunden* || *nuten und falzen*
machina f ⟨Mar⟩ *Kran* m || ⟨Mar⟩ *Ankerspill* n || → **martinete**
machismo m *Männlichkeitskult* m
machito m dim v. **macho**: ◊ no apearse del ∼ *nicht nachgeben wollen* || estar en el ∼ fig *fest im Sattel sitzen*
¹**macho** m *männliches Tier, Männchen* n || *Maul-*

esel m *(Ziegen)Bock* m || *Glockenform* f || ⟨Zim⟩ *Mönch* m || ⟨Arch⟩ *Strebemauer* f || ⟨Taur⟩ *Stier* m || figf *Dummkopf* m || pop *Zigarre* f || ∼ (de) cabrío *(Ziegen)Bock* m || ∼ romo *Maulesel* m (→ **burdégano**) || ∼ s y hembras *Haken* mpl *und Ösen* fpl
²**macho** m *Schmiedehammer* m || *Amboß(block)* m || *Gewindebohrer* m
³**macho** adj *handfest, kräftig* || figf *dumm* || *ganso* ∼ *Gänserich* m || ◊ ser muy ∼ pop *sehr männlich sein*
△**machó** m *Fisch* m
machona f Am *Mannweib* n
△**machorar** vt *fischen*
macho|rra f *unfruchtbares Weibchen, Gelttier* n || p.ex *unfruchtbares Weib* n || Mex *Mannweib* n || **–rro** adj *unfruchtbar, gelt (Tier)* || **–ta** f And Mex *Mannweib* n
machote m augm v. **macho** || figf *kühner Draufgänger* m || figf *Kraft|meier, -protz* m
machucar [c/qu] vt *zer|stoßen, -stampfen, -quetschen*
machucho adj *klug, gescheit* || *gesetzt* || *alt-(väterisch)* || ∼ m Chi *Teufel* m
Madagascar *Madagaskar (Inselstaat)*
madama f frz *vornehme, verheiratete Frau*, frz *Madame* f || RPl pop *Hebamme* f || Arg *Bordellinhaberin*, vulg *Puffmutter* f
madapolán m ⟨Web⟩ *Madapolam* m *(Wäschestoff)*
madeja f *Strähne, Docke* f, *Strang* m *(Zwirn, Wolle)* || p.ex *Knäuel* m || figf *Haarbüschel* n || figf *schwacher, dürrer Mensch* m, fam *lange Latte* f || ◊ hacer ∼ fig *Fäden ziehen, spinnen (Wein, Sirup)* || tener una ∼ en la cabeza figf *ein Wirrkopf sein*
Madelón f fr: la ∼, *die Madelon (berühmtes Lied des Ersten Weltkrieges)*
madera f *Holz* n *(als Material)* || *Zimmer-, Bau-, Nutz|holz* n || *Stück Holz, Holzstück* n || *Horn* n *der Hufe (beim Pferd)* || fig *Veranlagung* f || fig *Begabung* f || fig *Zeug* n || ∼ blanca, ∼ blanda *weiches Holz* n || ∼ de combustión *Brennholz* n || ∼ de construcción *Bauholz* n || ∼ cortada *Schnittholz* n || ∼ curada *abgelagertes Holz* n || ∼ curvada *gebogenes Holz* n || ∼ dura *Hartholz* n || ∼ de encina *Eichenholz* n || ∼ fina *Edelholz* n || ∼ de fresno *Eschenholz* n || ∼ limpia *astfreies Holz* n || ∼ de raja *Spaltholz* n || ∼ redonda, ∼ en rollo *Stamm-, Rund|holz* n || ∼ serradiza *Schnittholz* n || ∼ tratada al vapor *gedämpftes Holz* n || ∼ verde *(saft)frisches Holz, Grünholz* n || grabado en ∼ *Holzschnitt* m || pulpa de ∼ *Holz|masse* f, *-schliff* m || ◊ descubrir la ∼ figf *jds Schwächen entdecken* || hay que tocar ∼ fig *man muß auf Holz klopfen! toi, toi, toi!* || tener ∼ de pop *Veranlagung haben zu* || tiene ∼ de investigador *er hat das Zeug zum Forscher* || ¡toca ∼! *Gott bewahre! toi, toi, toi!* || ∼**s** pl *Fensterladen* m
Madera f *Madeira (Insel)* || ⌕ *Madeira(wein)* m
made|rable adj *Nutzholz liefernd (Wald, Baum)* || *zu Bauzwecken verwendbar (Holz)* || **–rada** f *Flößholz* n || **–raje, –ramen** m *Gebälk, Balkenwerk* n || *Sparrenwerk* n || *Gerippe* n || **–rería** f *Holzniederlage* f || *Holzhandlung* f || **–rero** m *Holzhändler* m || *Floßführer* m || *Zimmermann* m || ∼ adj *Holz-* || *riqueza* ∼a (de un país) *Holzreichtum* m *(e-s Landes)* || **–ro** m *Holz* n *(als bearbeiteter Stoff)* || *Holzstück* n || *Balken* m || fig *Schiff* n || figf *Klotz, plumper Mensch* m || fig *Trottel, Tölpel, Einfaltspinsel, Dummkopf* m || ∼ entero *Stammholz* n || el ⌕ glorioso, el sagrado ⌕ *das heilige Holz (Kreuz Christi)*
*¡**madiós**! int pop *Donnerwetter!*
madona f ⟨Lit⟩ *Madonnenbild* n, *Madonna* f ||
(gnädige) Frau (als Anrede)

mador m *leichte Hautfeuchtigkeit, Hautausdünstung* f || *leichtes Schwitzen* n
△**madraga** f *Zange* f
madrás m ⟨Web⟩ *Madras* m *(leichter Gardinenstoff)*
ma|drastra f *Stiefmutter* f || fig *Schädliche(s)* n || *Belästigende(s)* n || △*Gefängnis* n || ◊ actuar *(od* obrar) en *(od* como) ~ *stiefmütterlich handeln* || **-draza** f fam *allzu nachsichtige Mutter* f
madre f *Mutter* f || *(Titel einer) Äbtissin, Priorin* f || fig *bejahrte Bäuerin* f || *Muttertier* n || ⟨An⟩ *Gebärmutter* f || *Ursprung* m || *Quelle, Ursache* f || *(Fluß)Bett* n || *Unterste(s)* n *im Weinfaß, Bodensatz* m, *Hefe* f || ⟨Ak⟩ *Mutter* f || *Stützbalken* m || *Stütze* f || *Hauptträger* m ⟨Mal⟩ *Dolorosa* *Schmerzensmutter* f || la ~ *patria das Mutterland* || ~ *política Schwiegermutter* f || *Stiefmutter* f || *lengua* ~ *Mutter-, Ursprache* f || *reina* ~ *Königinmutter* f || *viga* ~ *Hauptbalken* m || ◊ *alli estuvieron ciento y la* ~ fam *es war (pop waren) ein Haufen Leute da!* || *ésa es (od* ahí está) la ~ *del cordero* figf *das ist des Pudels Kern! da liegt der Hase im Pfeffer!* || *salirse de* ~ *austreten, über die Ufer treten (Fluß)* || fig *über die Stränge schlagen* || figf *aus dem Häuschen geraten (Aufregung, Wut, Ärger)* || *sacar de* ~ *a uno* figf *jds Geduld erschöpfen* || *tal* ~, *tal hijo der Apfel fällt nicht weit vom Stamm* || ¡mi ~! fam *Donnerwetter!* || ¡~ *de Dios! um Gotteswillen!* || *bes südd Heilige Mutter Gottes!* || *ach du meine (liebe) Güte!*
madrecilla f *Eierstock* m *der Vögel*
madrecita f dim v. **madre** || *Mütterchen* n *(als Kosewort)*
madre|ñas, Ast **-ñes** fpl *Holzschuhe* mpl (→ **almadreña**)
madreperla f ⟨Zool⟩ *Perlmuschel* f || → a **margarita**
madrépora f ⟨Zool⟩ *Sternkoralle* f (Astraea spp)
madrero adj *verwöhnt, sehr an der Mutter hängend* || *niño* ~ *Schoßkind* n
madreselva f ⟨Bot⟩ *Geißblatt* n, *Heckenkirsche* f, *Jelängerjelieber* n (Lonicera spp)
Madrid *Madrid (die Hauptstadt Spaniens)* || ◊ *el aire de* ~, *mata a un hombre y no apaga un candil sprichwörtliche Anspielung auf die (trotz ihrer scheinbaren Milde) gefährliche Bergluft von Guadarrama*
madridista adj/s ⟨Sp⟩ *Mitglied* n *des span. Fußballklubs „Real Madrid"*
madriga|da adj f *in zweiter Ehe verheiratet (Frau)* || **-do** adj *(Stier usw) der weibliche Tiere belegt (*allg *gedeckt) hat* || fig *erfahren, bewandert*
madrigal m *Madrigal* n || ~ **esco** adj *Madrigal-, madriga|listisch, -lesk*
madriguera f *Kaninchenbau* m || *Höhle* f *(wilder Tiere)* || *Schlupfwinkel* m *(z. B. von Insekten, Spinnen* usw*)* || *Schanze* f *(& fig)* || *Lager* n *der Tiere* || fig *Spelunke* f || fig *Schlupfwinkel* m || ~ *de bandidos (od* ladrones) *Räuberhöhle* f (& fig)
madrile|ñizarse vr *das Wesen eines Madriders annehmen* || **-ño** adj *aus Madrid* || ~ m *Madrider, Einwohner* m *von Madrid*
Madriles: los ~ pop (△Madrilatí) *Madrid*
madrina f *(Tauf)Patin* f *(e-s Kindes, e-s Schiffes)* || *Trauzeugin* f || *Anstandsdame* f || fig *Beschützerin* f || *Leitstute* f *e-r Pferdeherde* || *Holzpfeiler* m || *Koppelriemen* m || *Stütze* f || ⟨Hist⟩ fig *Kupplerin* f || ~ *de guerra* ⟨Mil⟩ *Kriegspatin* f *e-s Soldaten im Felde*
madro|ñal m, **-ñera** f *Erdbeerstrauch|pflanzung* f, *-hain* m || **-ñero** m Murc *Erdbeerbaum* m || **-ño** m ⟨Bot⟩ *Erdbeer|baum, -strauch* m (Arbutus unedo) || *Erdbeer(baum)traube* || *Meerkirsche* f || *Troddel* f || *mantilla de* ~ s *(Spitzen)Umhang* m *(der Spanierinnen) mit eingenähten Troddeln* || *el oso y el* ~ *der Bär und der Erdbeerbaum*

(Madrider Stadtwappen)
madrota f augm desp v. **madre** || Am *Bordellinhaberin*, pop *Puffmutter* f
madru|gada f *früher Morgen* m || *Frühaufstehen, frühzeitiges Aufstehen* n || *de* ~ *frühmorgens, bei Tagesanbruch* || **-gador** adj/s: ◊ *ser muy* ~ *sehr früh aufstehen, Frühaufsteher sein* || **-gar** [g/gu] vi *früh aufstehen* || fam *früher aufstehen* || figf *zuvorkommen (z. B. dem Gegner, bei e-r Bewerbung)* || ◊ *a quien -ga, Dios le ayuda Morgenstunde hat Gold im Munde* || **-gón** m *Aufstehen vor Tagesanbruch, sehr frühes Aufstehen* n || ~ adj fam *früh aufstehend*
madu|ración f *Reif(werd)ung* f || *Reif(werd)en* n, *Reifungsprozeß* m || **-rar** vt *zur Reife bringen, reif machen* || *reiflich überlegen, eingehend erwägen* || vi *reif werden, reifen* (& fig) || fig *vernünftig(er) bzw älter werden* || **-rez** [pl **-ces**] f *Reife* f (& fig) || fig *Reifung, Vollendung* f || ~ *precoz Frühreife* f || ~ *sexual Geschlechtsreife* f || **-ro** adj *reif* || *ausgereift* (& fig) || fig *reif(lich)* || fig *bedächtig* || fig *ausgeglichen* || fig *gescheit* || fig *in reifen Jahren, erwachsen* || *después de* ~ a *reflexión nach reiflicher Überlegung* || *edad* ~ a *reif(er)es Alter* n
maese m ⟨Hist Lit⟩ *Meister* m || pop *Gevatter* m *(Titel)* || ~ *zorro Meister Fuchs* m
maestra f|adj *(Schul)Lehrerin, Lehrmeisterin* f || *Meisterin* f || *Bienenkönigin* f || ⟨Arch⟩ *Richtlinie* f || ⟨Mar⟩ *Großsegel* n || ⟨Entom⟩ *Bienenkönigin* f (→ **abeja**) || △*Dietrich* m || ~ *de primeras letras,* ~ *de escuela* (Am ~ normal) *Volksschullehrerin* f || *viga* ~ *Hauptträger, Hauptunterzug, Tragbalken* m || ◊ *ir a la* ~ *in die Schule gehen (Mädchen)*
maestral adj *meisterlich* || *schulmeisterisch* || ~ m ⟨Mar⟩ *Nordwestwind auf dem Mittelmeer, Mistral* m
maes|tranza f *Geschützfabrik* f || ⟨Mil⟩ *Werkstatt* f || *Zeugamt* n || ⟨Mil⟩ *Artilleriewerkstätte* f || ⟨Mar⟩ *Schiffsausrüstungsplatz* m, *Werft* f || *Personal* n *(der maestranza)* || ⟨Hist⟩ *Reiterklub* m *der Adligen* || **-trazgo** m *Würde* f *bzw Amt* n *e-s Ordensmeisters* || *Ordensgebiet* n *(e-s Ritterordens)* || **-tre** m *Großmeister* m || *Gran* ⋏ *de Calatrava,* ~ *de Alcántara Großmeister des Calatrava- bzw des Alcántara|ordens* || *Gran* ⋏ *de la Orden Teutónica Deutschmeister* m || *Gran* ⋏ *de Campo* ⟨Hist⟩ *Oberfeldmeister* m || **-tría** f *Meisterwürde* f || *Meistertitel* m || *Unterweisung, Lehre* f || *Meister|schaft, -haftigkeit* f || fig *großes Können* n, *Bravour* f || *con* ~ *meisterhaft* || *mit Bravour* || **-trillo** m dim **-tro** || desp *Schulmeister* m || **-tro** adj *vorzüglich, ausgezeichnet, meister-|haft, -lich* || *Meister-* || *Haupt-* || *abeja* ~ a *Bienenkönigin* f || *escalera* ~ a *Haupttreppe* f || *llave* ~ a *Hauptschlüssel* m || *obra* ~ a *Meisterwerk* n || *perro* ~ *abgerichteter (Jagd)Hund* m || *viga* ~ a *Hauptbalken, -träger, -unterzug* m || ~ m *(Handwerks-) Meister* m || ⟨Mus⟩ *Meister, Maestro* (it) m || *Komponist* m || ⟨Mus⟩ *Orchesterdirigent* m || *Lehrmeister, Lehrer* m || ⟨Mar⟩ *Hauptmast* m || pop „Meister", *Chef* m *(als Anrede)* || *en artes Meister der freien Künste, Magister* m || ~ *de capilla Regens chori, Domkapellmeister* m || ~ carpintero *Tischlermeister* m || ~ *de ceremonias Zeremonienmeister* m || ~ *de cocina Oberkoch* m || ~ *(de) escuela,* ~ *nacional,* ~ *de primeras letras Volksschullehrer* m || *Schulmeister* m || ~ *de obras Baumeister* m || ~ *de novicios Novizenmeister* m || ~ *de primera enseñanza* (Am ~ normal) *Volksschullehrer* m || ~ *en teología Magister* m *der Gottesgelahrtheit (alter Titel)*
ma|fia f it *Mafia* f (& fig) || **-fioso** f/adj *Mafioso* m
Magalona f np *Magelone (Sagenfigur)*
Magallanes m np: *Estrecho de* ~ *Magalhãesstraße* f

magan|cear — majada 712

magan|cear vi Chi *faulenzen* || *–cería f Schwindel, Betrug* m || *–to* adj *niedergeschlagen* || *kränklich* || *schwermütig*
¹**magaña** *f List* f || *Kniff* m || *Verschlagenheit* f || *Fehler* m *im Guß (e–s Kanonenrohrs)* || ◊ *no me vengas con* ~ s *erzähl(e) mir k–e Märchen!*
²**maga|ña** *f* Sant And *Augenbutter* f || *–ñoso* adj/s Sant And *triefäugig* || → **lega|ña**, *–ñoso*
magarza *f* ⟨Bot⟩ *Mutterkraut* n (→ **matricaria**)
Magdalena *f* np Tfn *Magdalene* f || fig *Magdalene, Büßerin* f || ⁓, pop **madalena** *f Bärentatze* f, *ein längliches (in Papierhüllen gebackenes) Zuckerwerk* n || el (Río) ~ Am *der Magdalenenstrom* || ◊ llorar como una ⁓ figf *wie ein Schloßhund heulen*
magia *f Zauberkunst, Magie* f || *Zauberei* f || fig *Zauber* m || ~ *negra die schwarze Kunst* || *comedia de* ~ ⟨Th⟩ *Zauberstück* n
magiar adj *madjarisch, magyarisch, ungarisch* || ~ *m Madjar, Magyar, Ungar* m
mágico adj *magisch* (& fig) || fig *bezaubernd, zauberhaft* || *libro* ~ *Zauberbuch* n || *fórmula* ~a *Zauberformel* f || *varita* ~a *Zauberstab* m || ~ *m Magier, Zauberer* m
magín *m* fam *Einbildungskraft* f, *Kopf* m || *Verstand* m, *Intelligenz* f, fam *Köpfchen* n
magisterio *m Lehramt* n || *Lehr(er)beruf* m || *die Lehrerschaft* || *Magisterwürde* f || fig *schulmeisterliches Wesen* n
magistra|do *m höherer Justizbeamte(r)* m || *Beisitzer* m *(e–s Gerichtes)* || *(Berufs) Richter* m *(am Kollegialgericht)* ||*Justizbeamte(r), Richter* m || *–dura f Richterstand* m (→ **magistratura**)
magis|tral adj *meister|lich, -haft, Meister-* || *fórmula* ~ ⟨Pharm⟩ *erprobte Arzneiformel* f || *erst anzufertigendes Arzneimittel* n *(nach ärztlicher Vorschrift)* || *instrumento* ~ ⟨Phys⟩ *Präzisionsinstrument* n || *de un modo* ~ *auf meisterhafte Art* || *tiro* ~ *Meisterschuß* m || **–tralmente** adv *meister|lich, -mäßig*
magistratura *f Richterstand* m || *Amt(szeit* f*)* n *e–s magistrado* || ~ *del trabajo* Span *Arbeitsgerichtsbarkeit* f || *Arbeitsgericht* n
magma *m zähe, klebrige, knetbare Masse* f, *Brei* m, *Gallerte* f || ⟨Med Geol Chem⟩ *Magma* n
mag|nanimidad *f Groß-, Edelmut* m, *Seelengröße* f || *–nánimo* adj *groß|herzig, -mütig* || adv: ~ **amente** || **–nate** *m Magnat* m || fig *angesehene Persönlichkeit* f
magnesia *f Magnesia, Bittererde* f *(Magnesiumoxid)* || ~ *calcinada gebrannte Magnesia* f || ~ *efervescente Brausemagnesia* f || ◊ *confundir la gimnasia con la* ~ (y *la velocidad con el tocino*) fam *die Begriffe völlig verwechseln* || *schwer von Begriff sein*
magnesio *m* ⟨Chem⟩ *Magnesium* n || *luz de* ~ *Magnesiumlicht* n
magnético adj *magnetisch, Magnet-* || fig *magnetisierend, hypnotisch, faszinierend (Blick)* || *aguja* ~ a *Magnetnadel* f
magne|tismo *m* ⟨Phys⟩ *Magnetismus* m || fig *Magnetismus* m, *magnetische Kraft, unwiderstehliche Anziehungskraft* f || ~ *animal tierischer Magnetismus* m || ~ *terrestre Erdmagnetismus* m || **–tita** *f* ⟨Min⟩ *Magnetit* m || **–tización** *f Magnetisierung* f, *Magnetisieren* n (& fig) || **–tizado** adj *magnetisiert* || fig *hingerissen, begeistert (Volk, Massen, Publikum)* || **–tizante** adj: *mirada* ~ fig *magnetisierend (Blick)* || **–tizar** vt *magnetisieren* (& fig) || fig *bannen, in seinen Bann schlagen* || fig *begeistern, bedingungslos (für sich, für e–e Idee) gewinnen*
magneto *m Magnet* m || ⟨Aut⟩ *Zündmagnet, Magnet(zünder)* m
magne|tofón, –tófono *m Tonbandgerät, Magnetophon* n || **–tofónico** adj *Magnetophon-* || *cinta* ~ a *Tonband* n || *grabación* ~ a *Tonbandaufnahme* f
magni|cida *m Mörder* m *einer bekannten Per-*

sönlichkeit || **–ficar** [c/qu] vt *verherrlichen, preisen, rühmen*
magnificat *m Magnifikat* n *(Lobgesang)*
magnifi|cencia *f Großartigkeit, Herrlichkeit, Pracht* f || ⁓ *m Herrlichkeit, Magnifizenz* f *(Titel)* || ~ s fpl *Prunkgegenstände* mpl
magnífico [sup **magnificentísimo**] adj *großartig, prächtig, herrlich* || *glänzend, ausgezeichnet* || *großmütig, freigebig* || ◊ *hace un día* ~ *es ist ein prachtvoller Tag*
mag|nitud *f Größe* f || *Größenordnung* f || ⟨Astr⟩ *Größe, Magnitudo* f || fig *Erhabenheit, Herrlichkeit* f || *estrella de primera* ~ *Stern* m *erster Größe* (& fig) || **–no** adj ⟨Lit⟩ *groß* || *erhaben* || *gewaltig* || *großartig* || ~ a *empresa* ⟨Lit⟩ *großartiges Unternehmen* n || *Alejandro* ⁓ *Alexander der Große*
magno|lia *f* ⟨Bot⟩ *Magnolie* f *(Magnolia'* denudata*)* || ~ *rosa Lilien-, Purpur|magnolie* f *(M. liliiflora)* || **–liáceas** fpl ⟨Bot⟩ *Magnoliengewächse* npl *(Magnoliaceae)* || **–lio** *m* ⟨Bot⟩ *Magnolie(nbaum* m*)* (→ **magnolia**)
mago *m*/adj *Magier, Zauberer* m || *Sterndeuter* m || *los Reyes* ⹀s, *los* ⹀s *de Oriente die Heiligen Drei Könige, die Drei Weisen aus dem Morgenlande*
magos|ta *f* Sant, **–to** *m Feuer* n *zum Kastanienrösten* || *Kastanienrösten* n *(Fest)* || *geröstete Kastanien* fpl
magote *m* ⟨Zool⟩ *Magot, Berberaffe* m (Macaca sylvanus*)*
magra *f Schinkenschnitte* f || △ *Haus* n || ¡~ s! pop *nicht im Traum! i wo!* || *Morgen!*
magrear vt vulg *befummeln, betasten (e–e Frau)*
Magreb *m Maghreb* m || ⁓**í** adj/s *aus dem Maghreb, maghrebinisch*
magro adj *mager, hager* || ~ *m* fam *mageres Schweinefleisch* n || fam *Fleisch* n *(im Gegensatz zu Fett)*
magrura, magrez *f Magerkeit* f
△**magué** *m männliches Glied* n
*****maguer (que)** conj *obwohl, obzwar*
maguey *m* Mex MAm ⟨Bot⟩ *Agave* f (→ **pita**)
magu|lladura *f Quetschmal* n, *Quetschung* f || **–llar** vt *(zer)quetschen* || *zerdrücken* || **–llón** *m Quetschung* f
Magun|cia *f* ⟨Geogr⟩ *Mainz* n || ⹀**tino,** ⹀**ciense** adj/s *aus Mainz* || ~ *m Mainzer* m
maharajá *m Maharadscha* m
maherir [-ie/i-] vt *bezeichnen, anzeigen* || *warnen* || *herbeirufen*
Maho|ma m np *Mohammed* m || ⹀**metano** adj *mohammedanisch* || ~ *m Mohammedaner* m || ⹀**mético** adj *mohammedanisch* || ⹀**metismo** *m Mohammedanismus, Islam* m
mahón *m* ⟨Web⟩ *Nanking* m
mahonés adj/s *aus Mahón auf Menorca* || (salsa) ~ a = **mayonesa**
maicero *m Maishändler* m || *Maisbauer* m || fam *Maisesser* m
maicillo *m Gamagras* n (Tripsacum dactyloides) || Chi *Kiessand* m
maído *m Miauen* n
maillot *m* frz *Trikot* m/n || ~ (de baño, ~ de playa) *Damenbadeanzug* m
Maita f pop Tfn = **Encarnación** f‹
maitines mpl *Frühmette* f
maíz [pl **–ces**] *m*, **maíz** Sant ⟨Bot⟩ *Mais* m (Zea mays) || *Maiskorn* n || ~ *de Guinea,* ~ *morocho Mohrenhirse* f (Sorghum spp)
maizal *m Maisfeld* n
¹**maja** *f hübsches, nach dem Volksgeschmack geputztes Mädchen* n *(bes Madrid)* || *auch: Schönheitskönigin, Miss* f (→ **miss**) || la ~ *desnuda,* la ~ *vestida berühmte Bilder von Goya*
²**maja** *f* And *Mörserkeule* f
majada *f Pferch* m || *Schafhürde* f || *Mist* m *(der Tiere)* || Arg *Schafherde* f

majade|ra f *einfältiges, albernes Weib* n || **-rear** vt/i Am *lästig fallen (Person)* || **-ría** f fam *dummes Geschwätz* n || *Quatsch* m, *Albernheit* f || *Bubenstreich* m || **-rillo** m *Spitzenklöppel* m || **-ro** adj *dumm, einfältig* || *albern* || *lästig* || ~ m *Stößel* m, *Mörserkeule* f || *Hanfbrecher* m || fig *Bengel, Tölpel* m

majagranzas m fam *Einfaltspinsel* m || fam *lästiger Kerl* m

majal m *Fischschwarm* m (→ **banco** de peces)

majar vt *zerstoßen* || *hämmern* || fig *belästigen* || ⟨Lit⟩ u prov *prügeln* || ◊ lo majaron a palos *er bekam eine Tracht Prügel*

majareta adj/s nam *nicht ganz bei Verstand* || *verrückt* || ◊ estar ~ por alg. fam *in jdn verknallt sein*

△**majari|ficar** [c/qu] vt *loben* || **-pen** m *Heilige(r)* m

△**majelé** m *Ehebruch* m

majencia f = **majeza**

majes|tad f *Majestät, Herrscherwürde* f || *Würde, Herrlichkeit* f || Su ≃ *Católica Seine katholische Majestät (Prädikat des span. Königs)* || **-tuosidad** f *Herrlichkeit, Majestät* f || fig *Stattlichkeit, Großartigkeit* f || **-tuoso** adj *majestätisch* || *königlich* || *würdevoll* || *herrlich* || *stattlich* || *großartig*

maje|tón, ona adj augm v. **majo** || **-za** f fam *Wichtigtuerei* f || fam *Stattlichkeit* f || pop *(bäuerische) Eleganz* f

majo adj *hübsch, stattlich, jugendlich, eingebildet (Leute aus dem Volk)* || fam *geputzt, aufgedonnert* || fam *keß* || fam *schön, zierlich, niedlich* || ◊ ponerse ~ fam *sich festlich kleiden* || fam *sich herausstaffieren* || ~ m *stattlicher, schmucker Bursche* m *aus dem Volke* || *Zierbengel, Stutzer* m *(aus dem Volke)* || pop *Bramarbas, Eisenfresser, Prahler* m || ◊ hacer el ~ pop *den Herren spielen*

majolar m ⟨Agr⟩ *junge Rebpflanzung* f

majuelo m ⟨Bot⟩ *Weißdorn* m (→ **espino** albar) || ⟨Agr⟩ *(tragende) Jungrebe* f

[1]**mal** adj *(statt* **malo**, *nur in der Einzahl und vor männlichen Hauptwörtern): schlecht, schlimm, böse* || *ungünstig* || ~ hombre *Bösewicht* m || ~ negocio *schlechtes Geschäft* n || fig *unangenehme Angelegenheit* f || ◊ tener ~ despacho *schlechten Absatz haben (Ware)*

[2]**mal** adv *übel, schlecht, schlimm* || *schwerlich, kaum* || *wenig, nicht recht* || *irrig, fehlerhaft* || ~ aconsejado *übel beraten* || ~ avisado unbedachtsam || ~ hecho *ungestalt* || ¡~ hecho! *das ist nicht recht gehandelt!* || ~ nombre *Spitzname* m || ~ de su grado *wider seinen (ihren) Willen* || ~ que bien fam *soso, mittelmäßig* || *recht und schlecht* || ~ que le pese *er mag wollen od nicht* || lo hace ~ es ihm ankommt || trotz (gen) || *gegen seinen Willen* || (de) ~ a ~, por ~ *mit Gewalt* || a ~ andar *im schlimmsten Falle* || a ~ dar *wenigstens* || de ~ en peor fam *immer ärger* || *immer schlechter* || *immer schlimmer* || *vom Regen in die Traufe* || ¡~ rayo! pop *Donnerwetter!* || ¡menos ~! fam *das ist noch nicht so schlimm!* || lo menos ~ que pude fam *so gut ich vermochte* || el enfermo va ~ *dem Kranken geht es schlecht* || ~ se te conoce *man sieht es dir wenig (kaum) an* || decir ~ de alg. *jdm Übles nachreden* || echar a ~ *verachten* || *verübeln* || *vergeuden* || estar ~ *übel daran sein* || no está ~ *es ist nicht übel* || estar ~ con alg. *verfeindet sein mit jdm* || no está ~ *nicht schlecht, mittelmäßig* || *nicht (so) übel, recht gut* || estar ~ *fundado* fig *auf schwachen Füßen stehen* || hacer ~ jdm *schaden* || pop *wehtun* || la cabeza me hace ~ pop *ich habe Kopfschmerzen* || no hacer ~ a un gato figf *keinem Würmchen ein Leid tun* || llevar (od tomar od pop echar) a ~ *übel nehmen, verübeln* || poner en ~ (con) jdn *anschwärzen (bei)* || salir ~ *miß|lingen, -raten* || no me lo tomes a ~ *nimm mir das nicht übel* || no va ~ eso *das geht nicht übel* || haces ~, espera otro tal *jede Schuld rächt sich auf Erden*

[3]**mal** m *Übel, Leid* n, *Schaden* m || *Unglück, Mißgeschick* n || *Krankheit* f, *Leiden* n || ~ de las alturas, ~ de montaña *Berg-, Höhen|krankheit* f || ~ de los aviadores ⟨Med⟩ *Luft-, Höhen|krankheit* f *der Flieger* || ~ caduco *Fallsucht* f (→ **epilepsia**) || ~ de estómago *Magenleiden* n || ~ de(l) mar *Seekrankheit* f || ~ napolitano, ~ francés (gálico) ⟨Med⟩ *Syphilis, Franzosenkrankheit, Lustseuche* f || el ~ menor *das kleinere Übel* || ~ de ojo *böser Blick* m *(Behexung mit dem Blick)* || ~ de piedra *Steinleiden* n || ~ venéreo *Geschlechtskrankheit* f || ~ de vientre, ~ de barriga pop *Bauchweh* n || ◊ devolver ~ por ~ *Böses mit Bösem vergelten* || devolver bien por ~ *Böses mit Gutem vergelten* || parar en ~ *schlecht ausgehen* || ¡~ haya el que ...! *wehe dem, der ...!* || no hay ~ que por bien no venga *auch das Unglück hat ein Gutes* || ... líbranos de ~ (Padrenuestro) *erlöse uns von dem Bösen (Vaterunser)*

mala f *Postbeutel* m bzw *Post* f *(auf Frankreich od England bezogen)*

mala|bar adj/s *Malabar-* || *juegos* ~ es *(Jongleur) Kunststücke* npl || fig *Seiltänzerkunststücke* npl (& ⟨Pol⟩) || fig *Gaukeleien* fpl || **-barismo** m *Jongleurkunst* f || *Zauberkunst* f || fig *(gewagte) Geschicklichkeit* f || fig *Gratwanderung* f (& ⟨Pol⟩) || fig *Seiltänzerei* f || desp *Hokuspokus* m || **-barista** m/adj *Jongleur* m (& fig) || *Gaukler, Taschenspieler* m (& fig)

Malaca np ⟨Geogr⟩ *die Halbinsel Malakka*

malacate m ⟨Tech Bgb⟩ *Göpel* m, *Göpelwerk* n

malacia f ⟨Med⟩ *Erweichung, Malazie* f || → **osteomalacia**

malaco|logía f *Malakologie, Weichtierkunde* f || **-lógico** adj *malakologisch*

malaconsejado adj *übel beraten*

malacostumbrado adj *ver|hätschelt, -zogen, -wöhnt*

Málaga f *Malaga (Stadt)* || *vino de* ~, ≃ m *Malaga(wein)* m || *pasas de* ~ *trockene Malagatrauben, Traubenrosinen* fpl || ◊ salir de ~ y entraren Malagón figf *aus dem Regen in die Traufe kommen*

malagradecido adj *undankbar*

malague|ña f *Malagueña* f *(südspan. Tanz)* || *verwickelte Geschichte* f || **-ño** adj/s *aus Málaga*

malaje m pop And *plumper, ungeschickter, unnützer Mensch* m

malamente adv *böse, übel* || *ungeschickt* || *ungünstig*

malan|danza f *Unglück, Mißgeschick* n || **-drín** m/adj *Spitzbube* m || *Übeltäter* m

malángel m And = **malaje**

malapata m fam *Pechvogel* m

Malaquías m np *Malachias*

malaquita f ⟨Min⟩ *Malachit* m

malar adj ⟨An⟩ *Wangen-*

malaria f *Sumpf-, Wechsel|fieber* n, *Malaria* f

Malasia f ⟨Geogr⟩ *Malaysia* n

malasombra m fam *Pechvogel* m || *plumper* bzw *lästiger Mensch* m

malavenido adj *unverträglich*

malaventu|ra f *Mißgeschick, Unglück* n || **-rado** adj/s *unglücklich, unselig* || **-ranza** f *Un-|glück, -heil* n

malaxar vt *kneten, malaxieren*

¡**malaya**! Am pop = ¡**mal haya**!

malayo m/adj *Malaie* m || *die malaiische Sprache* f || adj *malaiisch*

mal|baratar vt *verschleudern* || *ver|schwenden, -geuden* || *zugrunde richten* || **-casado** adj *von verdächtigem Äußeren* || **-casado** adj/s *schlecht, unglücklich verheiratet* || **-comido** adj *hungrig, spärlich gefüttert* || *schlecht genährt* || **-contentadizo** adj *ungenügsam* || **-contento** adj/s *unzufrieden, mißvergnügt* || **-criado** adj *ungezogen (Kind)* || **-criar** vt *schlecht erziehen*

maldad f Bos|heit, -haftigkeit f || Schlechtigkeit f || Ruchlosigkeit, Verruchtheit f || Übel-, Schandtat f || con ~ boshaft || ~ gratuita reine Bosheit f || → a **malignidad**
maldecido adj boshaft || pop verflucht
mal|decir [irr → **decir**, jedoch fut, imp u pp regelmäßig, adj –**dito**] vt ver|fluchen, -wünschen || vi fluchen, lästern || –**diciente** adj/s lästerhaft || lästernd || verleumderisch || –**dición** f Fluch m, Verwünschung f || ¡~! Donnerwetter! || –**dije** → –**decir** || –**dispuesto** adj abgeneigt, mißmutig || –**dita** f fam Zunge f || –**dito** pp irr v. –**decir** || ~ adj boshaft, bösartig || ver|dammt, -flucht, fam verflixt (und zugenäht) || ruchlos || ◊ ~ a la cosa que entiende er versteht nicht das geringste davon || ¡~ a la gracia! e–e schöne Bescherung! || le hacen ~ el caso pop kein Hund achtet auf ihn || ¡~ si lo sé! das weiß ich wahrhaftig nicht! || valer para ~ a la cosa pop zu garnichts taugen || ¡~ a sea! verflucht! || el ∻ pop der Teufel
Maldivas: Islas ~ Malediven(inseln f) pl (Staat im Ind. Ozean)
malea|bilidad f Schmiedbarkeit f || Geschmeidigkeit f || Hämmerbarkeit f || fig Biegsamkeit f (des Charakters) || –**ble** adj hämmerbar || schmiedbar || fig biegsam || fundición ~ Temperguß m || hierro ~ Schmiedeeisen n
maleado adj fam = **viciado** || = **pervertido**
male|ante m/adj Spitzbube, Bösewicht m || Vagabund m || ~ s mpl Gesindel n || –**ar** vt ver|derben, -schlechtern || fig sittlich verderben || ~ **se** verderben (z. B. Wein) || fig sittlich verkommen
malecón m (Ufer-, Fluß) Damm m || Deich m || Kai, Dammweg m || Wasserschutzmauer f || Mole f
maledicencia f Lästerung f || Verleumdung f || üble Nachrede f
malefi|cencia f boshafte Gesinnung, Bosheit f || –**ciar** vt ver|derben, -schlechtern || jdm Schaden zufügen || bezaubern, behexen || –**ficio** m Hexerei f, Zauber m || Be-, Ver|hexung f || Unheil n
maléfico adj/s schädlich, unheilbringend || verderbend || be-, ver|hexend
malejo adj dim v. **malo** || kränklich, gebrechlich, fam nicht auf der Höhe
malemplear vt unpassend anwenden
malenconía f Sant Sal = **melancolía**
malentendido m (gall statt mala inteligencia) Mißverständnis n
maléolo m ⟨An⟩ (Fuß)Knöchel m
malestar m Unbehagen, Unwohlsein n
male|ta f Hand|koffer m || Mantelsack m, Felleisen n || ⟨Aut⟩ fam Kofferraum m || figf Col Höcker m || figf Am plumper Mensch m || ◊ hacer (od preparar) la(s) ~ (as) die Koffer packen (& fig) || figf sein Bündel schnüren || ~ n pop Trottel, Tölpel m || ⟨Taur⟩ schlechter Stierfechter m || Δmitgeführte Straßendirne f || ~ -gramófono Kofferapparat m (Plattenspieler) || –**tero** m Gepäckträger m || Koffer|händler bzw -macher m || Chi Taschendieb m || –**tín** m Reise-, Handtasche f || Köfferchen n || Instrumenten- bzw Werkzeug|tasche f || ⟨Sp⟩ Ledertasche f (am Fahrrad) || Satteltasche f || ~ de viaje Reisetasche f
malevo adj/s Arg Bol böse, gaunerhaft (→ **malévolo**)
malevolencia f Übelwollen n, Böswilligkeit f || Groll m
malévolo adj/s übelgesinnt || böswillig, gehässig || schadenfroh
maleza f Gesträuch, Gestrüpp, Dickicht n
mal|formación f ⟨Med⟩ Miß-, Fehl|bildung f || –**formado** adj miß-, fehl|gebildet
malgache adj/s madagassisch, aus Madagaskar || ~ m Madagasse m
malgas|tador m/adj Verschwender m || –**tar** vt ver|schwenden, -tun, -prassen, -geuden, fam -putzen || –**to** m Verschwendung f

mal|hablado adj verleumderisch || lästernd || mit frechem Mundwerk || zotig || ~ m Afterredner m, Lästermaul n || –**hadado** adj unglück|lich, -selig || –**hecho** adj mißgestaltet, ungestalt || ~ m Übel-, Misse|tat f || –**hechor** m/adj Übel-, Misse|täter, Verbrecher m
malherir [ie/i] vt (schwer) verwunden
malhumorado adj übel-, schlecht|gelaunt, verstimmt || ◊ ponerse ~ üble Laune bekommen
mali|cia f Schlechtigkeit, Verderbtheit f || Bosh(aftigk)eit, Tücke, Arglist f || Ver|schmitztheit, -schlagenheit f || Geriebenheit f || Gefährlichkeit f || fam Argwohn, Verdacht m || fam Schalkhaftigkeit, Schelmerei f || por ~ aus Bosh(aftigk)eit || ◊ tener mucha ~ pop sehr gerieben sein (bes Kind) || –**ciar** vt verfälschen || et übel auslegen || verführen, sittlich verderben || ~ vi/t (bes Am) ahnen, argwöhnen || ~ **se** fig sittlich verkommen || Schlechtes denken || Argwohn (od Mißtrauen) hegen || ◊ ya me lo –ciaba yo das war vorauszusehen || –**cioso** adj/s boshaft, arglistig || schadenfroh, hämisch || argwöhnisch || schalkhaft, schelmisch || → **malpensado**
málico adj Apfel- || ácido ~ ⟨Chem⟩ Apfelsäure f
malig|nar vt verderben, anstecken || vi verschlechtern || ~ **se** vr verderben || bösartig werden (Krankheit) || –**nidad** f Bosheit, Boshaftigkeit f || ⟨Med⟩ Bösartigkeit f || –**no** adj/s boshaft || verderblich, gefährlich || bösartig (Krankheit, Geschwür) || el (espíritu) ~ böser Geist m || tumor ~ ⟨Med⟩ Malignom, bösartiges Geschwür n || –**noma** m ⟨Med⟩ Malignom n
malilla f Manille f (Kartenspiel) || zweithöchste Karte (in verschiedenen Spielen)
malillo adj nicht sehr gut || kränklich, gebrechlich || fig schlaff, weich
Malinas ⟨Geogr⟩ Mechel(e)n (Belgien)
malintencionado adj/s übelgesinnt || übelwollend || böswillig || heimtückisch || ~ m Übelgesinnte(r) m || heimtückischer Mensch m
Δ**malipiar** vt waschen
malisimo sup v. **malo** ganz schlecht, fam hundsgemein || erzübel
malito adj dim v. **malo**
malmaridada f/adj untreue bzw schlechte Ehefrau f
mal|meter vt verschwenden || schlecht anwenden || verleiten, auf den falschen Weg bringen || entzweien || Ar verderben || –**mirado** adj rücksichtslos || unbeliebt || unhöflich
malo adj/s [comp & peor] schlecht, wertlos || böse, schlimm || übel || böse, boshaft, bösartig || gott-, ruchlos || gefährlich, schädlich || unangenehm, peinlich || leidend, krank || fam schlau, gerieben || fam ungezogen, störrisch, wild (Kinder) || de condición von schlechter Beschaffenheit || el ~ pop der Teufel || es ~ (para) con su padre er verträgt sich nicht mit dem seinen Vater || ~ a inteligencia Mißverständnis n || ~ a ventura Unglück, Mißgeschick n || lo ~ es que ... das Schlimme dabei ist, daß ... || lo encuentro ~ ich mißbillige es || más vale ~ conocido que bueno por conocer besser schlecht, aber bekannt, als gut, aber unbekannt || ¡~! das ist schlimm! || de (muy) ~ a gana (sehr) ungern || por la ~ a, por ~ as mit Gewalt || por ~ as o por buenas gutwillig od mit Gewalt, so oder so || ◊ andar (od estar) a ~ con alg. mit jdm auf gespanntem Fuße stehen || echar a ~ a parte übel auslegen, verübeln || estar de ~ as Pech haben (bes im Spiel) || pasar un rato muy ~ große Unannehmlichkeiten haben || ponerse ~ kranken || in una ~ pone pop er läßt kein Sterbenswörtchen von sich hören || tener ~ s los pies wunde Füße haben || venier de ~ as mit bösen Absichten kommen || ungelegen kommen
malo|grado adj ungeraten, miß|lungen, -raten || unglücklich || frühverstorben || el ~ artista ... der frühverstorbene, allgemein betrauerte Künstler ...

malograr — mamilar

|| **-grar** vt *vereiteln, zunichte machen* || *ver|scherzen, -schwenden (Zeit, Gelegenheit)* || *versäumen* || *verfehlen (Zweck)* || *verderben, zugrunde richten* || ~ **se** *mißlingen, fehlschlagen* || *scheitern* || *mißraten (Früchte)* || *zu früh sterben* || **-gro** m *Mißerfolg* m
malojo m Ven *böser Blick* m *(Behexung mit dem Blick)*
maloliente adj *übelriechend* (→ **apestar**)
malón m Am *unerwarteter Einfall* m *der Indianer* || *unerwarteter, tückischer Verrat* m
malote adj fam *kränklich, siech* || Mex *tapfer, kühn* || ~ m Mex *Fieber* n || *Fieberfrost* m
mal|parado adj *übel zugerichtet* || ◊ *salir* ~ fam *schlecht davonkommen* || **-parar** vt *übel zurichten* || **-parida** f fam *Frau, die e-e Fehlgeburt gehabt hat* || **-parir** vi fam *e-e Fehlgeburt haben* (→ a **abortar**) || **-parto** m *Fehlgeburt* f (→ a **aborto**) || **-pensado** adj/s *argwöhnisch* || *übelgesinnt* || *böswillig* || ◊ ser (un) ~ *immer gleich das Schlechteste denken (od annehmen)* || *stets an Zweideutigkeiten denken* || **-querencia** f *Übelwollen* n, *Haß, Groll* m || *Abneigung* f || **-querer** [irr → **querer**] vt *nicht wohlwollen, übelwollen, hassen, jdm grollen* || **-quistarse** vr: ~ (con) *sich verfeinden (mit dat)* || **-quisto** adj *verfeindet (con mit dat)* || *verhaßt* || **-rotar** vt *verschwenden, durchbringen* || **-sano** adj *ungesund, gesundheitsschädlich* || *krank, siech* || *krankhaft (Neugierde)* || *schlüpfrig (Buch)*
malsonan|cia f *Mißklang* m || **-te** adj *anstößig, unanständig (Wort)*
malsufrido adj *unverträglich* || *unerträglich* || *ungeduldig*
malta f, **malte** m *(Brau) Malz* n || *Malzkaffee* m
Malta np *Malta (Insel)* || *cruz de* ~ *Malteserkreuz* n || *fiebre de* ~ ⟨Med⟩ *Maltafieber* n (→ **brucelosis**) || *caballero de (la orden de)* ~ *Malteserritter* m
malteclear vt pop *klimpern (Piano)*
maltés m/adj *Malteser* m || *maltesisch*
maltosa f ⟨Chem⟩ *Maltose* f
maltrabaja m/f fam *Faulpelz, Tagedieb* m
mal|tratar vt *mißhandeln* || *(mit Worten) heruntermachen, fam anbrüllen* || *schädigen* || *verächtlich behandeln* || *verhunzen, übel zurichten* || ◊ ~ a *uno de obra jdn tätlich mißhandeln* || ~ *animales Tiere quälen* || **-trato** m *Mißhandlung* f || ~ *de obra* ⟨Jur⟩ *tätliche Mißhandlung* f || **-trecho** adj *übel zugerichtet*
maltusia|nismo m *Malthusianismus* m, *Lehre* f *des Malthus* || **-no** adj/s *malthusianisch, auf die Lehre von Malthus bezüglich* || ~ m *Malthusianer, Anhänger* m *der Lehre von Malthus*
¹**maluco** adj fam Sant *kränklich, siech* || Ven *hartherzig*
²**maluco** adj/s *von den Molukken (Malucas)*
malucho adj fam *kränklich, unpäßlich*
△**maluño** m *Blitz* m
malura f Am *Unwohlsein* n
mal|va ⟨Bot⟩ *Malve* f (Malva spp) || *Malve* f *(Blüte)* || *(infusión de) flor de* ~ *Malvee* f || ◊ *estar criando* ~ s figf *tot sein, unter der Erde liegen*, figf *sich die Radieschen von unten besehen* || *ser una* ~ *sehr sanftmütig (bzw kennig) sein* || ~ adj *malven|farben, -farbig* || **-váceas** fpl ⟨Bot⟩ *Malvengewächse* npl (Malvaceae)
malvado adj/s *böse, ruch-, gottlos* || adv: ~ **amente**
¹**malvasía** f *Malvasiertraube* f *(bes von Sitges in Katalonien)* || *Malvasier* m *(Wein)*
²**malvasía** f ⟨V⟩ *Weißkopf-Ruderente* f (Oxyura leucocephala)
malvavisco m ⟨Bot⟩ *Samtpappel, Stockmalve* f, *Eibisch* m (Althaea officinalis) (vgl **hibisco**) || *pastillas de* ~ ⟨Pharm⟩ *Eibischpastillen, engl marsh-mallow*
malvender vt *unter Preis verkaufen, verschleudern*

malver|sación f *Veruntreuung* f, *Unterschleif* m || ~ *de fondos Geldunterschleif* m, *Unterschlagung* f || ~ *de una herencia Erbschleicherei* f || **-sador** m *Täter* m *e-r Veruntreuung* || **-sar** vt *(Geld) veruntreuen, unterschlagen*
malvezar [z|c] vt *jdn verwöhnen*
Malvi|nas fpl ⟨Geogr⟩ *Falklandinseln* fpl || **-nero** adj/s *von den Falklandinseln*
malvís [pl **-ses**] m ⟨V⟩ *Singdrossel* f (Turdus philomelos)
malvivir vi *miserabel leben, dahinvegetieren*
malviz m → **malvís**
malla f *Masche, Netz-, Strumpfmasche* f || *Netzgewebe* n, *Trikot* m/n || Am p.ex *Badetrikot* n || *Panzerhemd* n || *las* ~ s ⟨Sp⟩ fig *Tor* n *(Fußball)*
mallete m dim v. **mallo** || ⟨Mar⟩ *Kettensteg* m
mallo m ⟨Tech⟩ *Schlägel, Fäustel* m || *Holzhammer* m || = **cricket**
△**mallo** m *Esel* m
Mallor|ca f *die Insel Mallorca* f || **-quín, ina** adj *zu Mallorca gehörig, mallorcinisch* || ~ m *Mallorciner, Bewohner* m *der Insel Mallorca* || *Mallorcinische(s)* n *(Mundart* f *des Katalanischen)*
mama f *weibliche Brust* f || ⟨Zool⟩ *Brustdrüse* f || *Euter* n *(der Tiere)*
mamá f (prov u pop **mama**) *Mutti*, pop *Mama, Mutter* f
mama|da f fam *Saugen* n *an der Mutterbrust* || *gesaugte Milchmenge* f || fig *sehr vulg Fellatio* f, *sehr vulg (Ab)Lutschen, (Ab)Saugen* n || *Säugezeit* f || Am *leichter, müheloser Gewinn* m || Arg *Rausch* m, *Trunkenheit* f || **-dera** f *Milchpumpe* f || Am *Sauger, Schnuller* m (→ **chupete**) || Am *Milchflasche* f || Am *Melkkuh* f (& fig) || **-(d)o** adj Cu pop *blödsinnig, einfältig* || fam Am *betrunken, beschwipst*
mamaíta f dim v. **mamá**
maman|durria f SAm *unverhoffter Erfolg* m, pop *Schwein* n || **-tón** adj/s *saugend (Tierjunges)*
mamar vt/i *(an der Mutterbrust) saugen* || fam *saufen, gierig schlucken* || fam *fressen, gierig verschlingen* || pop *einheimsen, kriegen* || ◊ *dar de* ~ *a un niño ein Kind säugen, nähren, stillen* || ~ **la** fig *sehr vulg Fellatio ausüben*, *sehr vulg (ab-) lutschen, (ab)saugen* || ◊ **ése** (se) la *mama* fig vulg *der ist ein vollkommener Idiot!* || ~ **se** vr *sich betrinken* || ◊ *no* ~ *el dedo* fig pop *schlau, aufgeweckt sein* || ~ *el dedo* fig pop *leicht zu betrügen sein* || a *ése le gusta* ~ fig pop *der ist ein Säufer*
mamario adj *Brust-* || *glándulas* ~ as fpl ⟨An⟩ *Milchdrüsen* fpl
mamarra|chada f fam *Sudelei* f || *Pfuscherei* f || *Quatsch* m || fam *Erzdummheit* f || **-chero, -chista** m fam *Sudelmaier, Schmierer* m || *Pfuscher, Stümper* m || **-cho** m fig *Vogelscheuche* f *(Person)* || fig *ungestalter Knirps* m || *Sudelwerk* n, *Schmarren* m || *Kitsch* m
mamasita f Am = **mamaíta**
mambi(s) m Cu *Kämpfer* m *gegen die spanische Herrschaft*
mambo m ⟨Mus⟩ *Mambo* m *(Tanz)*
Mambrino m np *Mambrinus* m
Mambrú np pop *Malbruck (Marlborough) (in der span. Volkspoesie)* || ≃ m ⟨Mar⟩ *Schornstein* m *(der Kombüse)*
mamelón m *(Brust)Warze* f || *rundlicher (alleinstehender) Hügel* m
mameluco m *Mameluck, ägyptischer Soldat* m || fig *Tölpel* m || Bras *Mestize* m *(Portuguese u Indianerin)* || Am *Overall* m || Am *Nachtkleid* n *der Kinder*
mamella f *Brustwarze* f *des Mannes* || fam *Brüste* fpl || *Wamme* f
Mamen f np pop = **Carmen**
mamey m am. *Mameibaum* m
mamiferos mpl *Säugetiere* npl
mami|la f ⟨An⟩ *Brustwarze* f || **-lar** adj ⟨An⟩ *Brust(warzen)-*

△**mamisarar** vt = **mamar**
mamita f dim v. **mamá**
Mam(m)ón m Mammon m *(der Gott des Reichtums)*
mamola f: ◊ hacer la ~ a alg. figf *jdn über den Löffel barbieren, prellen* ǁ ¡~ ! *fehlgeschossen!*
mamón, ona adj *saugend* ǁ diente ~ *Milchzahn* m ǁ ~ m *Säugling* m ǁ *junges Tier, Tierjunge(s)* n ǁ ⟨Bot⟩ fig *Wassertrieb* m *(des Baumes)* ǁ fig pop *Knilch* m ǁ fig pop *Fatzke* m ǁ → **gilipollas** ǁ (→ **mamar**) ǁ Am fig *Säufer* m ǁ Mex ⟨Kochk⟩ *(Art) Schaumbiskuit* n
mamoncillo m dim v. **mamón**
mamotreto m *Sammel-, Erinnerungs|buch* n ǁ fig *großes, dickes Buch* n, fam *Wälzer, Schinken* m ǁ *ungefüges Möbel* n (vgl **armatoste**) ǁ *Gerümpel* n
mampara f *spanische Wand* f ǁ *Wandschirm* m ǁ *Kaminschirm* m ǁ Pe *Glastür* f
mamparo m ⟨Mar⟩ *Schott* n
△**mamporejio** m = **colegio**
mamporro m fam *(leichter) Schlag, Puff* m
mampos|tería f *(Bruchstein) Mauerwerk* n ǁ –**tero** m *Mörtelmaurer* m
mampuesto m ⟨Arch⟩ *Bruchstein* m ǁ *Füllsteine* mpl ǁ de ~ *im Vorrat*
mamujar vi *nuckeln* ǁ *an der Mutterbrust spielend trinken (Säugling)*
mamullar vt *schmatzend essen* ǁ figf *herstottern* ǁ figf *mummeln*
mamut m ⟨Paläont⟩ *Mammut* n (Elephas primigenius)
¹*****man** f *Hand* f ǁ a ~ *salva leicht, ohne Mühe und Gefahr*
²△**man** = **mangue**
maná m *Manna* n ǁ fig *reichliche Gabe* f
¹**manada** f *Herde* f *Vieh (bes Schafe)* ǁ *Rudel* n *(Wild)* ǁ ⟨Jgd⟩ *Sprung* m *Rehe* ǁ *Haufen* m *(Leute)* ǁ a ~s *haufen-, scharen-, truppweise*
²**manada** f *Handvoll* f *(Getreide)*
manadero m *(Sprudel) Quelle* f ǁ *Viehtreiber* m (→ a **pastor**)
manan|tial m *Quelle* f (& fig) ǁ *Quell, Born* m ǁ ~ a **fuente** ǁ ~ *acídulo Sauerbrunnen* m ǁ *agua (de)* ~ *Quellwasser* n ǁ –**tío** adj *hervorsprudelnd* ǁ ~ m *Quelle* f, *Born* m
manar vi *fließen, rinnen, quellen* ǁ *ausströmen (lassen)* ǁ fig *entspringen, abstammen* ǁ ◊ ~ en *agua triefen (Boden)* ǁ ~ *sangre von Blut triefen*
manate m pop = **magnate**
manatí [pl -**ies**] m ⟨Zool⟩ *Manati* n, *Lamantin* m, *Seekuh* f (Trichechus manatus)
manaza f fam augm v. **mano**: *große Hand*, fam *Pranke* f ǁ ~**s** adj/s *ungeschickt* ǁ ◊ ser un ~ *zwei linke Hände haben*
mancar [c/qu] vt *verstümmeln (Hand)* (→ **manco**) ǁ ~ vi *sich legen (Wind)* ǁ △*fehlen*
mancarrón m *(Schind) Mähre* f, *Klepper* m
mance|ba f *Beischläferin, Konkubine* f, *Kebsweib* n ǁ –**bía** f: (casa de) ~ *Hurenhaus, Bordell* n ǁ –**bo** m/adj *Jüngling, junger Bursche* m ǁ *Hagestolz* m ǁ *Ladendiener* m ǁ *Gehilfe, Handwerksgeselle* m
máncer, mancer m *Hurenkind* n
mancera f *Pflugsterz* m
manci|lla f fig *Makel, Schandfleck* m ǁ sin ~ *makellos* ǁ *unbefleckt (Jungfrau)* (→ a **mácula, tacha, deshonra**) ǁ –**llado** adj: *hijo* ~ *uneheliches Kind* n ǁ –**llar** vt *beflecken* ǁ fig *entehren*
mancipación f *öffentliche Übergabe* f ǁ *Kauf* m ǁ *Veräußerung* f
△**mancloy, manclayo** m *Prinz* m
manco adj *ein|armig, -händig* ǁ *flügellahm* ǁ fig *mangelhaft, unvollständig* ǁ ~ de la derecha *ohne die rechte Hand* ǁ *an der rechten Hand gelähmt* ǁ ~ en *(od para)* fig *plump, ungeschickt zu* ǁ ◊ no ser (cojo ni) ~ figf *ein ganzer Kerl sein* ǁ ~ m *Einarmige(r)* m ǁ Chi *Klepper* m ǁ el ~ de Lepanto *Beiname* m *von Miguel de Cervantes (der in der Schlacht bei Lepanto am linken Arm verstümmelt wurde)*
manco|mún m: de ~ *gemeinschaftlich* ǁ *gesamt|schuldnerisch* bzw *-gläuberisch* ǁ *gegenseitig* ǁ –**munidad** f *gemeinschaftliche Verpflichtung, Solidarität* f ǁ *Vereinigung* f *verschiedener Gemeinden zu Verwaltungszwecken* ǁ *besondere Provinzialvertretung* f ǁ *Gemeinschaft* f ǁ ~ Británica (de Naciones) *Commonwealth* n ǁ ~ de pastos ⟨Jur⟩ *Weidegemeinschaft* f
mancor|nar [-ue-] vt *(e–n jungen Stier) bei den Hörnern packen und niederdrücken (Rinder)* ǁ *an den Hörnern zusammenbinden* ǁ fig *koppeln, paaren* ǁ *paarweise zusammen|tun* bzw *-binden* ǁ –**nas, mancuernas** fpl Am *Manschettenknöpfe* mpl
¹**mancha** f *Fleck (en)* (& fig), *Schmutzfleck* m ǁ *Muttermal* n ǁ ⟨Astr⟩ *Sonnenfleck* m ǁ ⟨Web⟩ *Tupfen* m ǁ ⟨Mal⟩ *Farbskizze* f ǁ ⟨Agr Bot⟩ *dicht bewachsene Stelle* f ǁ fig *Schandfleck* m (→ **sangre**) ǁ Arg *(Art) Barlauf* m *(Knabenspiel)* ǁ ~ de aceite *Ölfleck* m ǁ ~ de tinta *Tintenklecks* m ǁ sin ~ *makellos* ǁ ◊ extenderse como ~ de aceite *sich unaufhaltsam verbreiten, sich nach und nach durchsetzen* ǁ hasta el sol tiene ~s *nichts ist vollkommen in der Welt* ǁ ~s hepáticas *Leberflecken* mpl ǁ ~s solares *Sonnenflecken* mpl
²**mancha** f Ar *(Blase) Balg* m
Mancha: La ~ span. *Landschaft* ǁ Don Quijote de la ~ *Don Quijote, Don Quichotte (Held des Meisterwerks Cervantes')* ǁ → **canal**
manchado adj/s *fleckig* ǁ *gefleckt* ǁ *beschmutzt* ǁ *scheckig*
manchador m Ar *Bälgetreter, Kalkant* m
manchar vt *beflecken* (& fig) ǁ *beschmutzen* ǁ *abfärben* ǁ ⟨Mal⟩ *schattieren* (→ a **sombrear**) ǁ ⟨Typ⟩ *mit Spießen (ab)drucken* ǁ ◊ ~ con *(od de, en) lodo mit Kot beschmutzen, bespritzen* ǁ ~**se** *sich beschmutzen*
mancharras fpl → **cháncharas**
manchego adj *zur La Mancha gehörig* ǁ ~ m *Manchaner* m, *Einwohner der La Mancha* ǁ ⟨Typ⟩ pop *Leiche* f
△**manchín** m *Schatz* m
manchón m augm v. **mancha**
manchoso adj/s Al Ar *schmutzempfindlich (Stoff)* ǁ *leicht schmutzend*
manchú [pl -úes], **manchuriano** m/adj *Mandschu, Bewohner* m *der Mandschurei*
manchuela f dim v. **mancha**
Manchuria f *Mandschurei* f *(Land)*
manda f *Vermächtnis* n ǁ *Anerbieten, Versprechen* n
manda|dero m *Klosterdiener* m ǁ *Botengänger, Bote, Laufbursche* m ǁ –**do** m *Auftrag, Befehl* m ǁ ◊ hacer ~s *Besorgungen verrichten* ǁ hacer de un camino dos ~s fig *zwei Fliegen auf einen Schlag töten* ǁ ~ pp v. **mandar**: *befohlen* ǁ ⟨Tech⟩ *gesteuert* (→ **dirigir**) ǁ –**miento** m *Gebot* n ǁ *Befehl* m ǁ *Erlaß* m ǁ ~ de embargo ⟨Jur⟩ *Pfändungsbefehl* m ǁ ~ de pago *Zahlungsbefehl* m ǁ los ~s (de la ley de Dios) *die zehn Gebote (Gottes)* ǁ los cinco ~s figf *die Finger (e–r Hand)* ǁ ◊ poner a uno en la cara los cinco ~s figf *jdn ohrfeigen*
mandanga f fam *Trägheit* f ǁ *Dickfelligkeit* f ǁ *Tun und Treiben* n ǁ → **pachorra**
mandante m *Auftrags-, Vollmachtgeber* m ǁ ⟨Jur⟩ *Mandant* m
mandar vt *befehlen, gebieten* ǁ *anordnen* ǁ *beherrschen* ǁ *bestellen* ǁ ⟨Mil⟩ *befehligen, anführen, kommandieren* ǁ ⟨Jur⟩ *et vermachen* ǁ ⟨Tech⟩ *steuern* (& fig) (→ **dirigir**) ǁ *allg ein-, zu|senden, -schicken* ǁ *zukommen lassen* ǁ *entsenden* ǁ ~ vi *befehlen, gebieten* ǁ ◊ ~ por a., a buscar a. *et holen lassen* ǁ ~ al diablo, ~ a freir espárragos, ~ a hacer gárgaras, ~ a escardar cebollinos fam, ~ a la mierda vulg, ~ a la eme euph *zum Teufel schicken, jdm den Laufpaß geben* ǁ ~ por correo

mit der Post schicken || ~ *de vacaciones jdn in Ferien (bzw in Urlaub) schicken* || ¡*no me dejo mandar así por V.! ich lasse mich nicht so von Ihnen herumkommandieren!* || **~se** *sich beherrschen* | *sich selbst helfen können* || Mex fam *(auf-)essen* || ◇ ~ *mudar* Arg *weggehen,* fam *abziehen*
¹**mandarín** *m Mandarin* m *(Beamtenadel in China)* || iron *Zopfbeamte(r)* m
²**mandarín** *m* ⟨V⟩ *Mandarinente* f (Aix galericulata) (→ **pato**)
³**mandarín** *m* Chi *herrischer Mensch,* fam *Tyrann* m
mandari|na *f Mandarine* f || **-no** *m* ⟨Bot⟩ *Mandarine(nbaum* m*)* f (Citrus reticulata)
manda|tario *m Beauftragte(r)* m || *Mandatar* m || *Bevollmächtigte(r), Sachwalter* m || bes Am *Regierende(r)* m || *primer* ~ bes Am *Präsident, Staatschef* m || **-to** *m (Verwaltungs)Befehl* m*, Vorschrift* f || *Auftrag* m || *Vollmacht* f || ⟨Jur⟩ *Beschluß* m || *(Geld)Anweisung* f || ⟨Pol⟩ *Mandat* n || ⟨Gr⟩ *Befehlssatz* m || *Fußwaschung* f *(am Gründonnerstag)* || ~ *de arresto Steckbrief* m || ~ *postal Postauftrag* m || ~ *internacional internationale Geldanweisung* f || ~ *de registro domiciliario* ⟨Jur⟩ *Haussuchungsbefehl* m || ◇ *infringir los ~s den Vorschriften zuwider handeln* || → a **mandamiento, orden**
manderecha *f*: a ~ *rechts, auf die rechte Seite*
man|díbula *f* ⟨An⟩ *Kinn|lade* f*, -backen* m || ⟨Zool⟩ *(Unter)Kiefer* m*, Mandibula* f || ⟨Tech⟩ *Backen* m || ~ *inferior Unterkiefer* m || **~s** *fpl* ⟨Zool⟩ *Mandibeln* pl *(bes der Gliederfüßer)* || **-dibular** adj *mandibular* || *Kinnbacken- | Kiefer-*
mandil *m Schürze* f*, Schurz* m *(bes der Handwerker)* || ~ *masónico Freimaurerschurz* m
△**mandilandinga** *f Gaunervolk* n
mandilón *m* figf *Memme* f*, Angsthase, Feigling* m
mandinga *m/adj* Am *afrikan. Neger* m *(aus Nordguinea)* || Am prov *Neger bzw Mulatte* m || Am *fig der Teufel* || ◇ *ése es un* ~ Am *gerissen ist er! er ist ein hinterlistiger Kerl* || Murc figf ~ *un Pantoffelheld*
mandioca *f* ⟨Bot⟩ *Maniok* m*, Cassava* f (Manihot esculenta) || *Maniokmehl* n || *Tapioka* f
mando *m Macht, Gewalt, Herrschaft* f || ⟨Mil⟩ *Oberbefehl* m*, Befehlsgewalt* f*, Kommando* n || ⟨Tech⟩ *Steuerung* f*, Schaltung* f || *Antrieb* m || ⟨Pol⟩ fig *der Führer* m *bzw die Führer* mpl *die Führung* f || ~ *del cambio de velocidad* ⟨Aut⟩ *Getriebeschaltung* f || ~ *a distancia* ⟨Tech⟩ *Fernsteuerung* f (& fig) || ~ *mecánico Kraftantrieb* m || ~ *supremo* ⟨Mil⟩ *Oberbefehl* m || *Oberkommando* n || ~ *supremo de las fuerzas armadas alemanas* ⟨Hist⟩ *Oberkommando der Wehrmacht* || *árbol de* ~ *Antriebswelle* f || *botón de* ~ ⟨Radio⟩ *Bedienungs-, Schalt|knopf* m || *cuadro de* ~ ⟨Pol Mil⟩ u fig *Stab* m || *Führung* f || ⟨Tech Aut⟩ *Armaturenbrett* n || *mecanismo (od dispositivo) de* ~ *Triebwerk* n || *el* ~ *(od los* ~s*) del partido die Führer der Partei* || *die Parteiführung* f || *eje de* ~ ⟨Tech⟩ *Antriebswelle* f || *al* ~ *de unter dem Befehl von* || ◇ *ejercer el* ~ *sobre, estar al* ~ *de* ⟨Mil⟩ *das Kommando haben über* acc || figf *das Regiment führen* || *estar bajo el* ~ *de alg. jdm unterstehen,* ⟨Mil⟩ *unter dem Befehl jds stehen* ||
mandoble *m mit beiden Händen geführter Hieb* m || *großes Schwert* n || fig *scharfer Verweis* m
mandolina *f* ⟨Mus⟩ *Mandoline* f
mandón *m/adj* fam *befehlshaberischer Mensch* m || ~ adj *herrschsüchtig, herrisch*
mandracho *m* prov *Spielhölle* f
mandrágora *f* ⟨Bot⟩ *Alraun(e* f*)* m*, Alraunwurzel* f (Mandragora spp) || *(raíz de)* ~ *Alraunwurzel* f
mandria *m/adj* pop *Memme* f*, Angsthase, Waschlappen, Feigling* m || Ar *Faulenzer, Drückeberger* m

¹**mandril** *m* ⟨Zool⟩ *Mandrill* m (Mandrillus sphinx) *(Affe)*
²**mandril** *m* ⟨Tech⟩ *(Bohr-, Spann)Futter* n || *(Drück-, Richt)Dorn* m
mandrilar vt ⟨Tech⟩ *ausbohren, aufdornen, weiten*
mandu|car [c/qu] vt/i fam *essen,* fam *futtern* || **-ca(toria)** *f* fam *Essen* n
manea *f* = **maniota**
manecilla *f* dim *v.* **mano** || ⟨Tech⟩ *Handhebel, Griff* m || *Schließhaken* m || *Händchen* n *(Verweisungszeichen)* || *(Uhr)Zeiger* m || ~s *luminosas* ⟨Uhrm⟩ *Leuchtzeiger* mpl
mane|jabilidad *f Handlichkeit* f || *Wendigkeit* f || *Fügsamkeit* f || **-jable** adj *handlich, bequem* | *wendig* || *fügsam* || **-jar** vt *handhaben, behandeln, zureiten (Pferde)* || fig *führen (Feder, Waffe)* || ~ *(bien) beherrschen (Sprache)* || fig *leiten (Geschäft)* || fig *umgehen (a* mit dat*)* || fig *umzugehen verstehen (a* mit dat*)* || fig *in der Gewalt haben* | bes Am *(Auto) fahren* || ◇ ~ *dinero viel Geld umgehen* || ¡~ *con cuidado! Vorsicht! (auf Kisten)* || **~se** vr fig *sich zurechtfinden, sich zu helfen wissen* ||*zurechtkommen* || **-jo** *m Handhabung* f || *Betätigung* f || *Behandlung* f || *Bedienung* f || *Gebrauch* m *(z. B. der Glieder)* || *Leitung, Lenkung* f (& fig) || *(Geschäfts)Führung* f || *Verwaltung* f || ~ *del fusil* ⟨Mil⟩ *Gewehrgriffe* mpl || *instrucciones para el* ~ *Gebrauchsanweisung* f || *de fácil* ~ *leicht zu handhaben* || △**-jo** adj *derselbe* || ~s mpl fig *Machenschaften, Intrigen* fpl*, Ränke* pl
manera *f Art* f || *Weise* f || *Art und Weise* f || *Benehmen* n*, Anstand* m || ⟨Mal⟩ *Manier* f || *Mittel* n*, Möglichkeit* f || *Hosenschlitz* m || ~ *de decir Redensart* f || ~ *de hablar Redeart* f || *a la* ~ *in der Art* | *a* ~ *de als, wie* || *nach Art* (gen), *in Nachahmung* gen || *a mi* ~ *de ver nach meinem Dafürhalten, meines Erachtens, meiner Ansicht nach* || *a su* ~ *in seiner Art* || *de* ~ *que so daß* || *damit (mit* subj*)* || *de buena* ~ *anständig* || *de otra* ~ *sonst* || *de es(t)a* ~ *so, auf diese Art* || *de una u otra* ~ *auf die eine oder andere Weise, so oder so* || *folglich, daher* || *de tal* ~ *derart(ig)* || *de tal* ~ *que so daß* || *de ninguna* ~, *en* ~ *alguna auf keinen Fall, keineswegs* || *en gran* ~ *in hohem Maße, hochgradig* || *de la* ~ *siguiente folgendermaßen* || *de cualquier* ~ *que sea wie dem auch sei* || *sobre* ~ *über die Maßen, ungemein* || ◇ *esa no es la* ~ *de obrar so soll man nicht handeln* || *no hay* ~ *(de hacerlo) es läßt sich nicht machen, es ist unmöglich* || *acabar de mala* ~ *schlecht enden* || *hizo de* ~ *que er richtete es so ein, daß* || ~s pl *Manieren, Umgangsformen* fpl*, Benehmen* n || *de mil* ~ *auf tausenderlei Weise* || *de todas* ~ *jeden-, allen|falls* || vgl **modo** || **forma** || **caso**.
manerismo *m Manierismus* m *(in der Kunst)*
manes mpl *Manen* mpl (& fig) || *a los* ~ *de fig dem Andenken von (Widmung)*
maneta *f* ⟨Tech⟩ *Handhebel, Griff* m
mane, tecel, phares *m Menetekel* n
manezuela *f* dim *v.* **mano**
△**manfariel** *m Engel* m
△**manflis** *m*: *un* ~ *ein x-Beliebiger, ein armer Schlucker* m
manflo|rico adj/s Col Ven *homosexuell,* pop *schwul* || **-ta** *f* △*Bordell* m
△**manf(lot)a** *f Hure* f
Manfredo *m* np *Manfred* m
man|ga *f Ärmel* m || *Mantelsack* m*, Felleisen* n || *Seiher* m*, Seihtuch* n || *Schlauch* m || *(Straßen-)Spritze* f || *Hand-, Wurf-, Senk|garn* n || ⟨Mar⟩ *(größte) Schiffsbreite* f || *Anhangszettel* m *für Indossamente an e-m Wechsel* || fig *Ärmel- bzw Schlauch|ähnliche(s)* n || △*Rausch, Schwips* m || ~ *de agua Wolkenbruch, Platzregen* m || *Wasserhose* f (→ **turbión**) || ~ *boba loser, breiter Ärmel* m || ~ *de jamón Keulenärmel* m || ~ *de riego Spreng-, Wasser-, Garten|schlauch* m*, -spritze* f ||

mangajo — maniobra 718

~ sobrepuesta, ~ postiza *Ansteckärmel* m ‖ ~ de viento → **torbellino** ‖ de ~ ancha figf *mit weitem Gewissen* ‖ *zu nachsichtig (Vater, Beichtvater, Vorgesetzter)* ‖ ◊ *allí anda* ~ *por hombro dort geht alles drunter und drüber* ‖ echar de ~ a uno *jdn als Strohmann benutzen* ‖ ¡échese una piedra en la ~ ! fam *zupfen Sie sich an Ihrer eigenen Nase!* ‖ estar (*od* ir) de ~ alg. fam *in dasselbe Horn mit jdm blasen, mit jdm unter einer Decke stecken* ‖ ~s *pl Nutzen, Gewinn* m ‖ en ~ de camisa *in Hemd(s)ärmeln (ohne Rock)* ‖ sin ~ ärmellos ‖ ◊ hacer ~ y capirotes fig *unbesonnen und voreilig handeln*, fig *die Dinge übers Knie brechen* ‖ **–gajo** m Am Memme f
manga|nato m ⟨Chem⟩ *Manganat* n ‖ **–neso** m ⟨Chem⟩ *Mangan* n
manga|neta f Ar *Vogel(fang)netz* n ‖ **–nilla** f List f, Trick m
△**man|gante** m pop *Bettler* m ‖ *Taugenichts* m ‖ *Dieb* m ‖ *Gauner* m ‖ *unverschämter Kerl* m ‖ **–gar** [g/gu] vt *betteln* ‖ bes Sant Nav pop *stehlen*, fam *stiebitzen*, fam *mausen* ‖ Arg fam *jdn anpumpen* ‖ *Wagentüröffner* m
△**mangar** [g/gu] vi *stehlen*
mangazo m augm v. **manga**
mangle m ⟨Bot⟩ *Mangrovebaum* m (Rhizophora mangle) ‖ *(Wäsche) Mangel* f
[1]**mango** m *Stiel, (Hand)Griff* m ‖ *(Messer)Heft* n ‖ *Hals* m *(e–r Geige)* ‖ *Federhalter* m ‖ ~ de (un) pincel *Pinselstiel* m ‖ sin ~ *ungestielt* ‖ ◊ *tener la sartén por el* ~ fig *das Heft in der Hand haben, bestimmen (können)*
[2]**mango** m *Mango(baum)* m (Mangifera indica) ‖ *Mango(frucht* f*)* m
mangón m pop *Höker* m
mango|neador adj pej *aufdringlich* ‖ *herrisch, herrschsüchtig* ‖ **–near** vi fam *herumlungern* ‖ fam *in fremden Angelegenheiten schalten und walten*, fam *sich einmischen*, ‖ ◊ *querer* ~ *todo* pej *das Regiment führen wollen* ‖ **–neo** m *Einmischung* f ‖ *Herumlungern* n
mangorrero adj fam *gemein, geringwertig*
mangosta f ⟨Zool⟩ *Mungo, Ichneumon* m, *Manguste* f (Herpestes spp)
mangostán m ⟨Bot⟩ *Mangostane* f (Garcinia mangostana)
mangote m fam *großer, weiter Ärmel* m ‖ ~s *pl Schutzärmel, Ärmelschoner* mpl
△**mangue, mangul** pron *ich* ‖ *mich* ‖ *mein(e)* ‖ *mit mir*
manguear vt Am *Vieh zusammentreiben* ‖ fig *jdm den Weg abschneiden* ‖ Chi fig *jdn locken* ‖ fam *jdn manipulieren*
△**manguelar** vi *beten* ‖ *bitten*
mangue|ra f *(Spritzen)Schlauch* m ‖ *Lüftungsrohr* n ‖ Chi *Schlauchwagen* m *der Feuerwehr* ‖ ~ de tempestad ⟨Flugw⟩ *Gewittersack* m ‖ ~ de ventilación ⟨Mar⟩ *Windsack* m ‖ **–ro** m *Spreng-, Spritzen|meister* m ‖ *Pumpenmann* m ‖ Mex ⟨Bot⟩ = **mango**
manguilla f dim v. **manga**
manguillo m dim v. **mango**
△**manguis** = **mangue**
mangui|ta f *Überzug* m, *Futteral* n ‖ **–tería** f *Pelzladen* m ‖ **–tero** m *Kürschner, Pelzwarenhändler* m ‖ **–to** m *Muff* m ‖ *langer Handschuh, Schlupfhandschuh* m ‖ *Pulswärmer* m ‖ *Ärmelschoner, Schmutz-, Überärmel* m ‖ ⟨Tech⟩ *Manschette* f ‖ *Hülse, Muffe* f, *Halterung* m ‖ ⟨Radio⟩ *Muffe, Hülse* f ‖ ~ incandescente *Glühstrumpf* m
△**manguzáa** f *Ohrfeige* f
maní [*pl* **-íes**] m *Erdnuß* f (→ **cacahuete**) ‖ Cu *ein Negertanz* m ‖ ¡a mi, ~ ! Arg *mir ist es einerlei!*, fam *mir ist es (piep)egal*
manía f *Wahn* m (& ⟨Med⟩) ‖ *Wahn|sinn, -witz* m ‖ *Sucht, Manie, fixe Idee* ‖ *Grille* f, *wunderlicher Einfall* m ‖ fam *Groll* m, *Feindschaft* f ‖ ~ persecutoria *Verfolgungswahn* m ‖ ◊ *es su* ~ *es ist sein Steckenpferd* ‖ *er schwärmt dafür* ‖ tener ~ por las modas *modesüchtig sein* ‖ tener ~ s figf *e–e Meise (od e–e Grille) haben* ‖ → **grandeza** → **psicosis**
maniaco adj/s ⟨Med⟩ *manisch* ‖ *locura* ~-*depresiva manisch-depressives Irresein* n ‖ vgl **maniático**
maniatar vt *die Hände binden* ‖ *Handfesseln anlegen* ‖ *an den Vorderfüßen fesseln (Tiere)*
maniático adj *manisch* ‖ *irre, verrückt, wahnsinnig* (& fig) ‖ fig *grillenhaft* ‖ fig *sonderbar* ‖ ~ m *Verrückte(r), Wahnsinnige(r)* m (& fig) ‖ *grillenhafter Mensch* m ‖ *Sonderling*, fam *(ulkiger) Kauz* m
manicomio m *Irrenanstalt* f ‖ ◊ *esto es un* ~ fig *das ist ein Irrenhaus!*
manicorto adj/s *kurzhändig* ‖ figf *knickerig, knauserig*
manicu|ra f *Handpflege, Maniküre* f ‖ *Handpflegerin, Maniküre* f ‖ *Nagelgarnitur* f ‖ ◊ hacer ~ *die Nägel pflegen, maniküren* ‖ **–ro** m *Handpfleger, Manikeur* m
[1]**manida** f *Aufenthaltsort* m ‖ *Unterschlupf* m ‖ ⟨Jgd⟩ *Lager* n ‖ △*Haus* n
[2]**manida** f Cat *Katalanischer Salat* m *(Kopfsalat, Tomaten, Zwiebeln, Oliven)*
[1]**manido** adj *verborgen, versteckt*
[2]**manido** adj *ab|gegriffen, -gedroschen, gebraucht* ‖ *fadenscheinig (Kleid)* ‖ *überreif (Obst)* ‖ *mit (e–m Hauch) Hautgout (Fleisch* bes *Wild)* ‖ fig *gemein, alltäglich*
maniego adj *gleich geschickt im Gebrauch beider Hände*
manierismo m *Manierismus* m ‖ → a **manerismo** ‖ → a **amaneramiento**
manifacero adj fam *vorwitzig*
manifes|tación f *Kundgebung, Offenbarung* f ‖ *Bekanntmachung* f ‖ *Erklärung, Darlegung* f ‖ *Äußerung* f ‖ *Demonstration, politische Kundgebung* f ‖ ~ deportiva *Sportveranstaltung* f ‖ ~ divina ⟨Rel⟩ *Offenbarung* f ‖ ~ de protesta ⟨Pol⟩ *Protestkundgebung* f ‖ **–tante** m/adj *Manifestant, politischer Demonstrant* m ‖ *Kundgebungsteilnehmer* m ‖ **–tar** [-ie-] vt *bekanntmachen, kundgeben (vor)zeigen* ‖ *offenbaren, an den Tag legen* ‖ *äußern* ‖ *zu erkennen geben* ‖ ~ el Santísimo ⟨Kath⟩ *das Allerheiligste (zur Anbetung) aussetzen* ‖ ~**se** *bekannt, sichtbar werden* ‖ *sich äußern* ‖ ⟨Rel⟩ *sich offenbaren* ‖ ⟨Pol⟩ *demonstrieren*
manifiesto adj *offenbar, augenscheinlich, klar* ‖ *offenkundig* ‖ fig *notorisch, erwiesen* ‖ *handgreiflich* ‖ ~ m *Bekanntmachung, öffentliche Darlegung* f ‖ *Manifest* n ‖ *Schiffsmanifest* n ‖ el ~-comunista ⟨Hist⟩ *das Kommunistische Manifest* ‖ ◊ poner de ~ *zeigen, offenbaren, an den Tag legen* ‖ por razones ~ as *aus offensichtlichen Gründen*
manigua f Cu *Gestrüpp* n ‖ fig *Unordnung* f, *Wirrwarr* m
manija f *Griff* m, *Heft* n, *Handhabe* f ‖ *(Hand-)Kurbel* f ‖ *Kurbelgriff* m
Manila f ⟨Geogr⟩ *Manila* n ‖ → **mantón**
manilargo m/adj fam *Langfinger, Dieb* m ‖ ~ adj *langhändig* ‖ fig *freigebig* ‖ fig *diebisch*
[1]**manila** f *Arm|band* n, *-ring* m ‖ ~**s** *fpl Handschellen* fpl (→ **esposas**)
[2]**manilla** f *Zeiger* m ‖ *Uhrzeiger* m ‖ ⟨Tech⟩ *Kurbel* f ‖ *Griff* m ‖ *ein Kartenspiel* n ‖ Chi *Fausthandschuh* m ‖ ~ del desenganche de bombas ⟨Mil Flugw⟩ *Bombenauslösegriff* m
manillar m *Lenkstange* f *(Fahrrad)*
manina f dim v. **mano**
manio|bra f *Hand|arbeit* f, *-werk* n ‖ *Hand|griff* m, *-bewegung* f ‖ *Handhabung* f ‖ *Kunstgriff, Schlich* m ‖ ⟨Tech⟩ *Betätigung* f ‖ *Bedienung* f ‖ ⟨Tech Mar Flugw Mil⟩ *Manöver* n (& fig) ‖ ⟨Mil⟩ *Manöver, Truppenübung* f ‖ ⟨Mil⟩ *Trup-*

penverschiebung f || ⟨Mar⟩ *Tauwerk* n || fig *Trick*, *Kniff* m || fig *Machenschaft* f || ~ de aproximación ⟨Mil⟩ *Annäherungsmanöver* n (& fig) fig *Annäherungsversuch* m || ~ de (di)simulación, ~ de engaño ⟨Mil⟩ u fig *Täuschungsmanöver* n || ~ de escuadrilla ⟨Flugw⟩ *Staffelexerzieren* n || ~ fraudulenta *betrügerisches Geschäftsverfahren* n || ~ de fusil ⟨Mil⟩ *Griff* m *mit dem Gewehr* || ~ del fusil ⟨Mil⟩ *Gewehrgriff* m || ~s *fpl* ⟨Mil⟩ *Exerzieren* n || ⟨EB⟩ *Zugverschiebung* f, *Rangieren* n || fig *Machenschaften* fpl || ~ de bolsa *Börsenumtriebe* mpl || ~ aéreas ⟨Flugw⟩ *Luftmanöver* npl || campo de ~ ⟨Mil⟩ *Übungslager* n || palanca de ~ ⟨EB⟩ *Stell*-, *Umleg*|*hebel* m || jefe de ~ ⟨EB⟩ *Wagenmeister* m || manivela de ~ *Stell*-, *Schalt*|*kurbel* f || ~ por botón de presión ⟨Tech⟩ *Druckknopfsteuerung* f || ◊ hacer ~ ⟨Mil⟩ *schwenken, exerzieren, manövrieren* || ⟨EB⟩ *rangieren* || **–brabilidad** *f Wendigkeit* f || *Bedienbarkeit* f || *Lenkbarkeit* f || *Manövrierfähigkeit* f || **–brar** vt/i ⟨Tech Flugw Mil⟩ *manövrieren* (& fig) ⟨Tech⟩ *steuern* || ⟨Tech⟩ *bedienen* || fig *Ränke schmieden* || ~ en retirada ⟨Mil⟩ *sich zurückziehen*

maniobrero adj *gut eingeübt (Truppe)* || allg *wendig* || *tüchtig, manövrierfähig*

maniota *f Spann*|*strick* m, *-seil* n *(für Pferde)*

manipu|**lación** *f Handhabung, Behandlung* f || *Verfahren* n, *Behandlungsweise* f || *Geschäftskniff* m || *Verarbeitung* f || allg ⟨Pharm Pol⟩ *Manipulation* f || fig *Machenschaft* f || ~ aduanera *Zollverfahren* n || ~ electoral *Wahlmanipulation* f || **–lador** m ⟨Pharm⟩ *Gehilfe* m || ⟨Tech⟩ *Manipulator* m || ⟨Tel⟩ *Taster, Schlüssel* m || ~ Morse ⟨Tel⟩ *Morsetaster* m || ~ de transmisión, ~ de emisión ⟨Radio⟩ *Sendetaste* f || botón del ~ *Tasterknopf* m || **–lante** m *Manipulant* m || **–lar** vt *handhaben, behandeln* || *betätigen* || *(herum-) hantieren (an dat), umgehen (mit dat)* ⟨Radio⟩ *tasten* || allg u fig *manipulieren*

manípulo m ⟨Hist⟩ *Manipel* f/m, *Armbinde* f *des Meßpriesters* || *Manipel* m *(Unterabteilung der altrömischen Kohorte)*

mani|**queísmo** m ⟨Rel⟩ *Manichäismus* m || ⟨Pol⟩ *Schwarzweißmalerei* f, *Manichäismus* m || **–queo** m/adj *Manichäer* m

maniquí [*pl* **–íes**] m ⟨Mal⟩ *Gliedermann* m, *Phantom* n || *Gliederpuppe* f || *Modellpuppe* f *(der Modistinnen)* || *Schneider-* bzw *Schaufenster puppe* f || *Mannequin* m/n, *Vorführdame* f || *männliches Mannequin* m/n, *Dressman* m || fig *Puppe, Marionette* f || fig *Strohmann* m || → a **muñeca**

manir vt ⟨Kochk⟩ *mürbe machen* || *abhängen lassen (Wild)*

manirroto adj/s *äußerst freigebig, verschwenderisch*

manis *m Fliese* f *aus Manises* (PVal)

mani|**ta** *f* dim *v.* **mano**: *Händchen* n || ◊ hacer –tas fam *Händchen halten*

manito *m Manaextrakt* m *(Abführmittel für Kinder)* || Mex fam u pop (= hermanito) *Freund, Kamerad, Bruder* m, *Brüderchen* n

mani|**vacío** adj *mit leeren Händen* || **–vela** *f* ⟨Tech⟩ *(Wellen)Kröpfung* f || *(Hand)Kurbel* f || ~ de arranque ⟨Aut Flugw⟩ *Anlaß-, Andreh*|*kurbel* f || ◊ dar (vuelta[s]) a la ~, girar a ~ *die Kurbel drehen*

man|**jar** m ⟨Lit⟩ u joc *Speise* f || ~ delicado, ~ fino *feine Speise* f || ~ de los dioses bes fig *Götterspeise* f || *Leckerbissen* m, *Delikatesse* f

△**manjaró** *m Heiliger* m

manjúa *f* Sant ⟨Fi⟩ *Fischschwarm* m (→ **cardumen, banco de peces**)

Man.! Abk = **Manuel**

[1]**mano** *f Hand* f || *Handvoll* f || *Handschlag* m || *Vorderfuß* m *eines Tieres, Pfote* f || *Rüssel* m *des Elefanten* || *Handschrift* f || *Buch* n *Papier* (= ¹/₂₀ resma) || *Anstrich* m, *Schicht* f *(Kalk, Farbe)* || *Stößel* m, *Mörserkeule* f || *erster Zug* m *im Schachspiel* || ⟨Sp⟩ *Vorhand* f || ⟨Sp⟩ *Hand* f *(Fußball)* || *Macherlohn* m || fig *Schar, Gruppe* f || fig *Reihe* f || fig *Handfertigkeit* f || fig *Geschicklichkeit* f || fig *Herrschaft, Macht, Gewalt* f || fig *hilfreiche Hand, Hilfe* f, *Beistand* m || ~ de almirez, (od mortero) *Mörserkeule* f || ~ de azotes fam *Tracht* f *Prügel* → (→ **azotaina**) || la ~ derecha (od diestra) *die rechte Hand* || a ~ derecha (izquierda) *rechts (links)* || la ~ izquierda, ~ siniestra, pop ~ zurda *die linke Hand* || ~ de jabón *Einseifen* n *der Wäsche* || la ⌁ Negra *die Schwarze Hand* f || ~ de obra *Arbeitskräfte* fpl || *Arbeiter* mpl || ~ de obra cualificada (od especializada) *Facharbeiter* mpl || escasez de ~ de obra *Arbeitskräfte*|*mangel, -engpaß* m || ~ de pintura *Anstrich* m || buena ~ fig *Glück* n || fig *Geschicklichkeit* f || *Fähigkeit* f *(für e–e Arbeit, zu musizieren)* || carrito, dibujo, trabajo a ~ *Hand*|*karren* m, *-zeichnung* f, *-arbeit* f || a una ~ fig *entsprechend, gleich* || ⟨Tech⟩ *in derselben Drehrichtung* || ~ a ~ fig *unter vier Augen* || ~ sobre ~ *müßig, mit den Händen im Schoß* || a ~ *mit, von der Hand* || fig *zur Hand* || fig *in der Nähe* || fig *künstlich* || fig *absichtlich* || a ~, bajo ~, (por) debajo de ~ fig *unterhand, heimlich* || a ~ airada *gewaltsam, mit Gewalt* || a ~ armada *mit Waffengewalt, bewaffnet* (→ **robo**) || a ~ salva *ohne jegliche Gefahr* || a la ~ fig *leicht, handgreiflich* || → **bulto** || ¡a la ~ de Dios! *Gott befohlen!* || si a ~ viene *vielleicht, etwa* || de ~ a (od en) ~ fig *von Hand zu Hand, direkt* || de primera, segunda ~ fig *aus erster, zweiter Hand (Kauf)* || coche de segunda ~ *Gebrauchtwagen* m || en (od de) propia ~ ~ *eigenhändig* || por su ~ *mit eigener Hand* || ◊ abrir la ~ fig *freigebig sein* || fig *nachsichtig sein* || alargar la ~ *eine hilfreiche Hand reichen* || alzar la ~ fig *jdm drohen* || apretar la ~ *die Hand drücken* || fig *unter Druck setzen* || figf *auf et dringen* || bajar la ~ *im Preis zurückgehen* || besar la ~ *die Hand küssen, sich empfehlen (bes in Briefen)* || cargar la ~ fig *den Preis zu hoch berechnen* || *überwürzen (Speisen)* || fig *überladen* || cerrar la ~ fig *geizig sein* || comer en (od de) la ~ de alg. *jdm aus der Hand fressen (Tiere & fig)* || dar ~ a uno *jdm die Vollmacht geben* || dar la ~ a uno fig *jdm beistehen, helfen* || dar la última ~ fig *die letzte Hand an et legen* || dar de ~ pop *jdn im Stich lassen* || dar una ~ *jdm einen Verweis erteilen* || dejar de la ~ u/c fig *et aufgeben* || echar ~ a *Hand anlegen* (acc) || greifen nach || echar ~ a la espada *nach dem Schwert greifen* || ¡eche V. una ~! *fassen Sie mit an! helfen Sie mit!* || escribir a la ~ *nach Diktat schreiben* || estar ~ sobre ~ *mit gekreuzten Armen dastehen* || estar al alcance de la ~ *ganz nahe liegen* || ¡eso está a la ~! *das ist doch handgreiflich!* || ganar a uno por la ~ fig *jdm zuvorkommen* || hacer a. a ~ *et von Hand machen* || hecho a ~ *handgearbeitet* || irsele a uno la ~ fig *jdn unwillkürlich stoßen, schlagen* || *das Maß überschreiten* || una ~ lava la otra *eine Hand wäscht die andere* || matar a ~ airada *ermorden* || meter ~ de la espada *den Degen ziehen* || meter la ~ fig *seinen Schnitt machen (bei)* || meter mano a a/c *et in Angriff nehmen* || meter ~ a una mujer pop *e–e Frau befummeln* || pedir la ~ de una señorita *um die Hand eines jungen Mädchens anhalten* || poner ~(s) a la obra *Hand ans Werk legen* || ser la ~ derecha de alg. fig *jds rechte Hand sein* || tener con uno fig *auf jdn Einfluß haben* || tener buena ~ *geschickt sein* || *Glück haben* || tener de su ~ *auf jdn rechnen können* || tener a la ~ *bei der Hand haben* || tener mucha ~ izquierda pop *sehr diplomatisch sein* || *sehr gerieben sein* || tener la ~ ligera *e–e lockere (od geschickte) Hand haben* || figf *ein geschickter Taschendieb sein* || → **tener** || untar la ~ figf *bestechen*, fam *schmieren* || vender a ~ ~ (de primera ~) *freihändig verkaufen* || venir a la

~ *(od a las* ~ *s)* fig *in den Schoß fallen (unverhofftes Glück)* || si a ~ viene *vielleicht, bei Gelegenheit*
~s pl *Vorderhand* f, *Vordergliedmaßen* pl, *Vorderläufe* mpl *der Vierfüß(l)er* || ~ limpias figf *Redlichkeit* f || ~ muertas fig *die Tote Hand* || corto de ~ fig *plump* || escalera de ~ *Trittleiter* f || jugador de ~ *Taschenspieler* m || silla de ~ *Tragstuhl* m || ◊ mal me han de andar las ~ pop *es müßte nicht mit rechten Dingen zugehen (bei Beteuerungen)* || caer en buenas ~ *in gute Hände fallen* || caerse de las ~ fig *sehr langweilig sein (Buch)* || cambiar de ~ fig *in andere Hände übergehen (od gelangen)* || || comerse las ~ tras figf *begierig sein nach* || darse a ~ fig *nachgeben* || dar de ~ *aufs Gesicht fallen* || dar en ~ de alg. fig *in jds Hände fallen* || darse las ~ fig *sich versöhnen* || estar con las ~ en la masa figf bei *der Arbeit sein* || irse *(od* venirse, volverse) con las ~ vacías *mit leeren Händen abziehen, leer ausgehen, den kürzeren ziehen, Mißerfolg haben* || lavarse las ~ fig *sich die Hände (in Unschuld) waschen* || llegar *(od* venir) a las ~ *handgemein werden* || mirar a uno (a) las ~ fig *jdm auf die Finger gucken, jdn bespähen* || quedarse soplando las ~ fig *sich in seiner Hoffnung getäuscht sehen* || retorcerse las ~ *die Hände ringen (aus Verzweiflung)* || tener muchas ~ fig *sehr gewandt sein* || tocar a cuatro ~ ⟨Mus⟩ *vierhändig spielen* || a ~ llenas fig *sehr freigebig* || reichlich, *im Überfluß* || con las ~ cruzadas fig *mit gekreuzten Händen, müßig* || de ~ a boca figf *plötzlich, unverhofft* || ¡en sus propias manos! *Eigenhändig!* || ¡~ a la obra! *(frisch od Hand)* ans Werk! nun los!
²**mano** m Mex = **manito** Mex
manojo m *Handvoll* f, *Bündel, Büschel, Bund* n || ~ de ajos *Bündel* n *Knoblauch* || ~ de flores *kleiner Blumenstrauß* m || ~ de llaves *Bund Schlüssel, Schlüsselbund* m/n || ◊ ser un ~ de nervios figf *äußerst nervös sein,* fam *ein Nervenbündel sein* || *sehr kräftig sein*
Manole|te m *Beiname* f *des berühmten span. Stierkämpfers Manuel Rodríguez († 1947)* || ⇌**tina** f ⟨Taur⟩ *von Manolete eingeführte Finte* f
Mano|lo, -lín, -lito m np pop = **Manuel** || Madr pop *Gassenjunge* m
manómetro m ⟨Phys⟩ *Manometer* n, *Druckmesser* m
manopla f *Fäustling, Fausthandschuh* m || *Badehandschuh* m || *kurze Fuhrmannspeitsche* f || ⟨Hist⟩ *Panzerhandschuh* m || ⟨Tech⟩ *Walzendrehknopf* m *(Schreibmaschine)* || Al *große Hand,* fam *Pranke* f
manose|ado, -ra f *zerknittert, welk* || *abgegriffen (Buch)* || ~a adj/f desp *verbraucht (Frau)* || **-ar** vt *betasten, befühlen, angreifen* || fam *befummeln* (→ **magrear**)
mano|ta f augm v. **mano** || **-tada** f, **-tazo, -tón** m *Schlag mit der Hand, Klaps* m || **-tear** vi *gestikulieren, mit den Händen fuchteln* || **-teo** m *Gestikulieren, Herumfuchteln* n
manque|dad, -ra f *Einarmigkeit, Einhändigkeit* f || fig *Mangel, Fehler* m
manresano adj/s *aus Manresa* (PBarc)
△**mansarro** m *Brot* n
mansalva f: a ~ *sicher* || *mühe-, gefahr|los* || *aus dem Hinterhalt*
mansarda f gall *Mansarde* f || *Dach|zimmer* n, -stube f
mansedumbre f *Sanftmut, Milde* f
△**mansín** m *Schatz* m
mansión f *Aufenthalt(sort)* m || *Wohnsitz* m || ~ eterna ⟨poet⟩ *die ewige Heimat*
¹**manso** adj/s *sanft(mütig)* || *mild* || *zahm (Tiere)* || *still (Wasser)* || fig *leutselig* || ⇌ *m Leithammel* m || figf iron *wissentlicher Hahnrei, wissentlich betrogener Ehemann* m (→ **consentido**) || dim: **-ito**

²△**manso** m *Matratze* f
man|sote, -surrón, ona adj ⟨Taur⟩ *allzu ruhig (Stier)*
¹**manta** f *Decke* f || *(Reise)Decke* f, *Plaid* m || *Satteldecke* f || *Umhang* m *der Frauen* || fig *Tracht* f *Prügel* || Am prov = **poncho** || ~ de algodón *Baumwolldecke* f || ~ de cama *Bettdecke* f || a ~ pop *in Hülle und Fülle* || ◊ tirar de la ~ figf *et Ehrenrühriges (bzw Anstößiges) aufdecken*
²**manta** f ⟨Fi⟩ *Teufelfisch* m (Manta birostris)
mantear vt *prellen, wippen, auf e-r Decke in die Höhe schnellen*
manteca f *(Tier- bzw Pflanzen)Fett* n || *Schweinefett* n *(Tier)Schmalz* n, *Schmer* m/n || *Butter* f (→ **mantequilla**) || Am *Manuskriptmaterial* n *e-r Tageszeitung* || ~ artificial (= **margarina**) || ~ de cacao *Kakaobutter* f || ~ de cerdo *Schweine|fett, -schmalz* n || ~ de coco *Kokosbutter* f || ~ derretida *zerlassene Butter* f || ~ dulce *ungesalzene Butter* f || ~ de ganso *Gänseschmalz* n || ~ salada *gesalzene Butter* f || ~ de vaca *(Kuh-)Butter* f || ~ vegetal *Pflanzenfett* n || como ~ fam *butterweich* || pan con ~ *Butterbrot* n || ◊ hacer ~ *butter, Butter schlagen* || hecho un rollo de ~ fig *kerngesund (Kind)* || juntársele a uno las ~s figf *dem Erstickungstod vor Verfettung nahe sein* || untar con *(od* de) ~ *mit Butter bestreichen* || eso no se le ocurre ni al que asó la ~ figf *etwa: blöder geht es nicht mehr*
mante|cada f *Butterbrot* n *mit Zucker* || *Butterkuchen* m || **-cado** m *Schmalzgebäck* n || *Eiscreme* f, *Sahne-, Vanille|eis* n || **-cón** m/adj figf *Weichling* m || **-coso** adj *fett(haltig), schmalzig* || *butterartig* || PR *lästig* || *frech, unverschämt*
mantehuelo m dim v. **manto**
man|tel m *Tischtuch* n || *Tischleinwand* f || *Altar|decke* f, -*tuch* n || ◊ poner los ~ es *den Tisch decken* || quitar *(od* levantar) los ~ es *den Tisch abtragen, abdecken* || a ~ es, sobre ~ es *an gedecktem Tisch* || **-telería** f *Tisch-, Tafel|zeug* n || **-teleta** f *Schultertuch* n || **-telete** m *Chorumhang* m *(des Geistlichen)* || ⟨Mil⟩ *Blende* f *(Befestigung)*
mantención f pop = **manutención**
mante|nedor m *Platzhalter, Redner* m *(z. B. bei e-m literarischen Wettbewerb)* || **-ner** [irr → **tener**] vt *(fest)halten, stützen* || *(aus)halten, unterhalten, ernähren, beköstigen* || *instand halten* || *fortsetzen, führen (Gespräch)* || *aufrechterhalten (Ehre)* || *(ein Recht) behaupten* || *halten (sein Wort)* || ◊ ~ correspondencia con alg. *im Briefwechsel mit jdm stehen* || ~ el fuego *das Feuer unterhalten* (od *in Gang halten*) || ~ el precio ⟨Com⟩ *den Preis halten* || ~**se** *sich ernähren* (de *von* dat) || *s-n Lebensunterhalt bestreiten (de mit* dat) || *sich behaupten* || *sich halten* || ◊ ~ el aire figf *von der Luft leben* || ~ firme en su propósito *auf seinem Entschluß fest beharren* || ~ de legumbres *nur von Gemüse leben* || el cambio se mantiene *der Kurs hält sich (Börse)* || **-nida** f fam *ausgehaltene Geliebte* f || **-nido** m Mex pop *wissentlich betrogener Ehemann* m || **-nimiento** m *(Lebens)Unterhalt* m || *Beköstigung* f || *Nahrung, Speise* f || *Erhaltung* f || *Aufrechterhaltung* f ⟨Tech⟩ *Instandhaltung* f || *Wartung* f *(z. B. des Wagens)*
manteo m *Priestermantel* m
mante|quera f *Butter|händlerin*, -*frau* f || *Butterfertiger* m || *Butter|büchse*, -*dose* f || *Butterschüssel* f || **-quería** f *Molkerei* f || Neol *Delikatessen- bzw Lebensmittel|geschäft* n *(bes* Madr) || **-ro** m *Butterhändler* m || **-quilla** f dim v. **manteca** (→ d) || *(Süß)Butter* f || ~ danesa *dänische Butter* f || ~ dulce *ungesalzene Butter* f || ~ rancia *ranzige Butter* f || ~ salada *gesalzene Butter* f || pan con ~ *Butterbrot* n || ~ a **manteca**
manti|lla f *Mantille* f *(kleiner, den Kopf einhüllender, bis über den Gürtel reichender Spitzenüberwurf* od *Schleier[mantel] der span. Frauen)*

|| *Einschlagtuch* n *der Säuglinge* || *Satteldecke* f || ⟨Typ⟩ *Drucktuch* n || ~ blanca *weiße Spitzenmantille* f *(bes für Stiergefechte)* || ~ de blonda, ~ de encajes *Spitzenmantille* f || ~ de mandroños *Troddelmantille* f || ~ negra *schwarze Spitzenmantille* f *(bes am Karfreitag getragen)* || ~ s *pl Windeln* fpl || ◊ estar en ~ figf *noch in den Kinderschuhen stecken* || *noch nicht trocken hinter den Ohren sein* || haber salido de ~ *selbständig geworden sein*, fam *aus den Kinderschuhen heraus sein* || **–llo** *m Mutter-*, *Humus-*, *Dünger|erde* f
mantis f/m ⟨Entom⟩ *Gottesanbeterin* f *(Fang-[heu]schrecke)* || ~ (religiosa) ⟨Entom⟩ *Gottesanbeterin* f (Mantis religiosa) (→ **santateresa, campanero**)
mantisa f ⟨Math⟩ *Mantisse* f
manto *m weiter Mantel* m || *Umhang* m || *Mantille, Kappe* f || fig *Deckmantel* m || ⟨Zool⟩ *Mantel(falte* f*)* m *der Weichtiere* || *Mantel* m *der Manteltiere* (Tunicata) || *Vorderseite* f *des Kaminabzugs* || ~ (de corrimiento) ⟨Geol⟩ *Deckensystem* n || cavidad del ~ ⟨Zool⟩ *Mantelhöhle* f *der Weichtiere*
mantón *m Umschlage-*, *Schultertuch* n, *großer seidener, langgefranster Umhang der span. Frauen* || *Umschlagetuch* n || ~ alfombrado *buntes, geblümtes Schultertuch* n *der Spanierinnen* || ~ de cuadros *gewürfeltes Umschlagetuch* n *der span. Marktfrauen* || ~ de flecos *Umschlagetuch* n *mit langen Fransen* || ~ de Manila *Manilatuch* n, *großes, reichgesticktes Umschlagetuch* n *aus Seide*
Mantua *Mantua (it. Stadt)* || el Cisne de ~ *Beiname* m *Vergils*
mantuano adj/s *aus Mantua* || Ven *adeliger Herkunft*
mantudo adj *aufgeplustert (kranker bzw frierender Vogel)* || ~ m Hond *Scheusal, Ungeheuer* n
mantuve → **mantener**
△**manú** [*pl* **-uses**] *m Mensch* m
manual adj *Hand-* || *handlich* || *leicht auszuführen* || fig *umgänglich, fügsam* || *habilidad* ~ *Handfertigkeit* f || trabajo ~ *Handarbeit* f || ~ m *Handbuch* n || *Lehrbuch* n, *Leitfaden* m || *Manual, Ritualbuch* n || *Tage-, Notizenbuch* n || ~ de conversación *Sprachführer* m, *Gesprächsbuch* n || ~ del buen tono *Handbuch* n *über das gute Benehmen*
manuar *m* ⟨Web⟩ *Streckwerk* n || *Strecke* f
manubrio *m (Hand)Griff* m, *Handhabe* f || *Kurbel* f || piano de ~ fam *Drehorgel* f
manuca f dim v. **mano**
Manuel *m* Tfn *Emanuel, Immanuel* m
Manuela f Tfn *Emanuela* f || ≃ f Madr *Fiaker, einspänniger, offener Kutschwagen* m *(Zweisitzer)*
manuelino adj: *auf die Epoche und bes auf den Baustil Emanuels I v. Portugal (1469–1521) bezüglich*
manufactu|ra f *Handprodukt* n, *Manufakturartikel* m || *Manufaktur, Fabrik* f || *Manufaktur* f *(Fabrikation)* || **–rado** adj: artículos ~ s *Manufakturartikel* mpl || *Erzeugnisse* npl || *Waren* fpl || **–rar** vt *an-, (ver)fertigen, fabrizieren* || **–ras** fpl *Fertigwaren* fpl || **–rero** adj/s *gewerbetreibend* || *Manufaktur-* || ciudad ~ a *Fabrikstadt* f || clase ~ a ⟨Hist⟩ *Arbeiterklasse* f || industria ~ a *Manufakturindustrie* f
manumi|sión f *Freilassung* f *(von Sklaven &* fig*)* || **–tir** vt *freilassen (Sklaven &* fig*)*
△**manusalo** adj *kräftig, handfest*
manuscrito *m Handschrift* f || *Manuskript* n || ~ adj *handschriftlich* || *Manuskript-*
manutención f *Unterhalt* m, *Beköstigung* f || *Beibehaltung* f || *Verpflegung* f *(Hotel, Pension)* || ⟨Tech⟩ *Fördertechnik* f || gastos de ~ *Unterhaltungskosten* pl || ~ y hospedaje *mit voller Verpflegung, Kost und Logis*
manza|na f *Apfel* m || *Degenknopf* m || *Häuser-|viereck* n, *-block* m || fig ⟨Lit⟩ *Versuchung* f *(Anspielung auf Eva)* || ~ de Adán Am *Adamsapfel, Kehlkopf* m || ~ de la discordia fig *Zankapfel* m || ~ de oro Val (Art) *Apfelsine* f || ~ reineta *Renettapfel* m, *Renette* f || sano como (*od* más sano que) una ~ figf *kerngesund* || ~ s en rajas *Apfelschnitte* mpl || tarta de ~ s *Apfelkuchen* m || ◊ la ~ podrida pierde a su compañía *schlechte Gesellschaft verdirbt gute Sitten* || **–nal**, **–nar** *m Apfelbaumpflanzung* f
Manzanares: el ~ *Fluß in Spanien*
manza|neta (*od* **–nita**) f dim v. **manzana** Ar: ~ de dama, ~ de Manuel = **acero|la, –lo**
manzani|ta, **–lla** f dim v. **manzana** || → **manzaneta** || **–lla** f ⟨Bot⟩ *Kamille* f (Matricaria chamomilla) || ⟨Pharm⟩ u fam *Blütenköpfe* mpl *der Kamille* || *Kamillentee* m || *Manzanilla(wein)* m *(herber and. Weißwein)* || ~ fétida, ~ hedionda, ~ de perro ⟨Bot⟩ *Hundskamille* f (Anthemis spp) || ~ loca ⟨Bot⟩ *Bertram* m, *Bertramwurzel* f (Anacyclus spp) || infusión de ~ *Kamillentee* m || **–llo** *m* ⟨Bot⟩ *Manzinella-*, *Manzanillo|baum* m (Hippomane mancinella) || ◊ ser como la sombra del ~ figf *unglückbringend sein (Person)*, fam *ein Unglücksbringer sein* || **–llero** *m Manzanillatrinker* m
manzano *m* ⟨Bot⟩ *Apfelbaum* m (Malus communis = M. sylvestris)
¹**maña** f *Geschicklichkeit, Gewandtheit* f || *Schlauheit, (Arg)List* f, *Kunstgriff* m || *Büschel* n *Flachs* || ◊ darse ~ (para, a) *sich geschickt anstellen (zu)* || más vale ~ que fuerza *List geht über Kraft* || sacar con ~ *entlocken* || tener ~ *geschickt bzw gewandt sein*
²**maña** f pop *Aragonierin* f || Ar *Liebling* m, *Herzchen, Liebchen* n *(Kosename)* || Ar *junges Mädchen* n *bzw Frau* f *(Anrede)*
³**mañas** fpl fam (bes Sant And) *Launen*, fam *Mucken bzw schlechte Angewohnheiten* fpl *(der Kinder, der Pferde)* || ◊ tiene muchas ~ figf *es ist sehr launisch od störrisch (Kind, Pferd)*
¹**mañana** f *Morgen* m || *Vormittag* m || ~ de sol *sonniger Morgen* m || el (día de) ~ *die (nächste) Zukunft* f || ~ será otro día *morgen ist auch noch ein Tag* || estrella de la ~ *Morgenstern* m || traje de ~ *Morgenanzug* m || el tren de la ~ ⟨EB⟩ *der Frühzug* || a media ~ *(etwa) um 10 Uhr vormittags* || de buena ~ *gleich in der Frühe* || de ~, por la ~ *morgens, früh* || muy de ~ *sehr früh* || de ~ en ocho días *morgen in acht Tagen* || a las tres de la ~ *um 3 Uhr morgens* || ◊ no quiero que el día de ~ digas (que) *ich will nicht, daß du einmal sagen kannst (daß)* || no pensar en el día de ~ figf *in den Tag hinein leben* || tomar la ~ fam *in der Frühe et zu sich nehmen*
²**maña|na** adv/s *morgen* || fig *nächstens, bald* || fig *in der Zukunft* || ~ por la ~ *morgen früh, frühmorgens* || pasado ~ *übermorgen* || después de pasado ~ *überübermorgen* || ¡~ ! iron *ja, morgen.* || **–near** vt *sehr früh aufstehen* || **–nero** adj *früh aufstehend* || *Morgen-* || aire ~ *Morgenluft* f || ~ m *Frühaufsteher* m (→ **madrugador**) || **–nica, –nita** f *früher Morgen* m || *Bettjäckchen* n || de ~ *frühmorgens*
mañe|ar vi *mit Geschick vorgehen* || **–ría** f *listiges Vorgehen* n || **–ro** adj *geschickt, gewandt* || *listig* || *betriebsam, fleißig* || Am *scheu, störrisch (Tier)*
mañico *m* Ar dim *v*. **maño**
maño *m* Ar pop *Aragonier* m || *junger Bursche* m || Ar Chi *Herzchen, Liebchen* n *(Kosename)* || Ar Chi *Mann, Bruder* m *(Anrede)* || dim: ~ **ico**
mañoco *m Maniok, Sago* m
mañoso adj *geschickt, gewandt* || *schlau, verschlagen* || bes Sant And *launisch, störrisch (Kind, Pferd)* || *verwöhnt*
mañuela f dim v. **maña**
maoís|mo *m* ⟨Pol⟩ *Maoismus* m || **–ta** adj/s *maoistisch, auf Mao Tse-Tung (*1893) bezüglich* || ~ m *Maoist* m

¹**mapa** m *Landkarte* f || ~ *altimétrico Höhenkarte* f || ~ *cromosómico* ⟨Gen⟩ *Chromosomenplan* m || ~ *especial Spezialkarte* f || ~ *geográfico Landkarte* f || ~ *itinerario Reisekarte* f || ~ *meteorológico Wetterkarte* f || ~ *mudo stumme Karte* f || ~ *mural Wandkarte* f || ◊ *no estar (od figurar) en el* ~ *nicht auf der Karte eingezeichnet sein* || *no estar en el* ~ figf *selten, außerordentlich sein* || *unbekannt sein*
²**mapa** f *Spitze*, fam *Klasse* f || ◊ *llevarse la* ~ fam *den Preis davontragen*
  mapaceli m *Himmels-, Stern\karte* f
  mapache m ⟨Zool⟩ *Waschbär* m (Procyon lotor) || *Schupp* m
  mapamundi m *Welt-, Erd\karte* f || fam *Hintern* m, *der Hintere, Gesäß* n
  mapuche adj/s *araukanisch* || ~ m *Araukaner* m || *das Araukanische (Sprache)*
  maque m *Japanlack* m
  △**maquelar** vi *schweigen*
  maqueta f *(verkleinertes) Modell* n *(e–s Bauwerks, e–r Anlage)* || *Skizze* f *(bes* ⟨Arch⟩*)* || ⟨Typ⟩ *Layout* n engl || *(Manuskript)Makette* f
  maqui m ⟨Zool⟩ *Maki, Halbaffe* m || (→ **lémur, lori**)
  maquia\vélico adj *machiavellistisch* || *skrupellos, hinterlistig* || **–velismo** m *Machiavellismus* m || allg *Skrupellosigkeit u Falschheit* f || **–velo** m np *Machiavelli* || ◊ *ser un* ⁓ fig *falsch und skrupellos, ein Machiavelli sein*
  maquila f *Schüttung* f *auf der Mühle* || *Mahlgeld* n || *Mahlmetze* f *(Kornmaß =* ¹/₂ *celemín)* || *de* ~s fam *auf Kosten anderer*
  △**maquilén** m *männliches Glied* n
  maquilero m Sant *Mahlmetze* f (→ **maquila**)
  maquilla\dor m *Maskenbildner, Schminkmeister* m || *Theaterfriseur* m || **–dora** f *Kosmetikerin* f || **–je** m *Make-up* n engl || ⟨Th⟩ *Schminken* n || **–llar** vt *Make-up auflegen* || ~ **se** vr *sich schminken, sein Make-up auflegen*
  máquina f *Maschine* f || *Triebwerk* n || *Lokomotive, Lok* f || fig *Flugzeug* (→ **avión**)*, Auto* (→ **automóvil**)*, Motorrad* n (→ **motocicleta**) usw || fig *Kunstgriff* m || figf *Organismus, Körper* m || fig *Mechanismus* m, *Maschinerie* f || fig *Automat* m || figf *Gewohnheitstier* n *(Mensch)* || ~ *de afeitar Rasierer, Rasierapparat* m || ~ *agrícola landwirtschaftliche Maschine, Landmaschine* f || ~ *calculadora Rechenmaschine* f (→ a **calculadora**) || *Buchungsmaschine* f || ~ *de componer* ⟨Typ⟩ *Setzmaschine* f || ~ *de copiar Kopier-, Vervielfältigungs\maschine* f || ~ *de cortar jamón Schinkenschneidemaschine* f || ~ *de coser Nähmaschine* f || *Heftmaschine* f *(Büro, Buchbinderei)* || ~ *dínamo* ⟨El⟩ *Dynamo* m, *Dynamomaschine* f || ~ *de escribir* (portátil) *(Reise)Schreibmaschine* f || ~ *fotográfica Fotoapparat* m || ~ *frigorífica Kältemaschine* f || ~ *herramienta Werkzeugmaschine* f || ~ *infernal Höllenmaschine* f || ~ *lavadora Waschmaschine* f || ~ *lavadora de vajilla Geschirrspülmaschine* f || ~ *de llenar botellas Flaschenfüllmaschine* f || ~ *parlante Sprechmaschine* f || ~ *rotativa* ⟨Typ⟩ *Rotationsmaschine* f || ~ *segadora Mäher* m, *Mäh-, Schneidemaschine* f || ~ *de vapor Dampfmaschine* f || ~ *de viaje,* (~) *portable Reiseschreibmaschine* f || a ~ *maschinell* || *a toda* ~ *mit voller Kraft* (& *fig),* ⟨Mar⟩ *mit Volldampf* (& fig) || *composición a* ~ ⟨Typ⟩ *Maschinensatz* m || *hecho a* ~ *maschinell hergestellt*
  maqui\nación f *geheimer Anschlag* m || ~**es** pl *Ränke* pl || *Intrigen* fpl || *Umtriebe* mpl, *Machenschaften* fpl || ~ *políticas politische Umtriebe* mpl || **–nado** m ⟨Tech⟩ *Bearbeitung* f *(v. Teilen)* || **–nador** m *Ränkeschmied, Intrigant* m || *Anstifter* m || **–nalmente** adv *mechanisch, ohne Nachdenken, unwillkürlich* || ◊ *lo he leído* ~ *ich habe es mechanisch gelesen* || vgl a **máquina** || **–nar** vt *ausdenken,*

ersinnen || *vorhaben, planen* || ~ vi *Ränke schmieden, intrigieren* || **–naria** f ⟨Th⟩ *Maschinerie* f || *Maschinen* fpl || *Maschinenbau* m || *Maschinenbauwesen* n || *Maschinenpark* m || **–nilla** f dim v. **máquina:** *kleine Maschine* f || *Rasierer* m, *Rasiermaschine* f || *Haarschneidemaschine* f || *kleiner Spirituskocher* m || *Zigarettenwickler* m || **–nismo** m *Maschinenbau* m || *Mechanismus* m || *Maschinenzeitalter* n || **–nista** m *Mechaniker* m || *Maschinenführer* m || *Maschinenmeister* m || ⟨EB⟩ *Lok(omotiv)-, Maschinenführer* m || ⟨Th⟩ *Maschinist* m
  maquis m gall *Macchia* f, *Buschwald* m, *Gestrüpp* n *(in Korsika)* || ⟨Pol⟩ *Widerstands-, Untergrund\kämpfer* m(pl) || *Widerstandsbewegung* f || → a *partisano* || → a *partida* || → a **guerrillero**
  ¹**mar** m/f *Meer* n, *See* f || *Brandung* f *(an der Küste)* || *Seegang* m || ~ *abierta offene See* f || ~ *alta* ⟨Mar⟩ *Hochwasser* n *bei Flut* || *alta* ~ ⟨Mar⟩ *hohe See* f || *en alta* ~ *auf hoher See* || ~ *baja* ⟨Mar⟩ *Niedrigwasser* n || ~ *de bloques Felsen-, Block\meer* n || ~ *de fondo* ⟨Mar⟩ *Grund\dünung, -see* f || ~ *gruesa* ⟨Mar⟩ *(hoher) Seegang* m || ~ *interior Binnenmeer* n || ~ *litoral Küstengewässer* n || ~ *movida bewegte See* f || ~ *picada* ⟨Mar⟩ *grobe See* f || ~ *llana ruhige See* f || *Meeresstille* f || ~ *de popa achterliche See, Hecksee* f || ~ *de proa Gegensee* f || ~ *adentro* ⟨Mar⟩ *seewärts* || *golpe de* ~ *Brecher* m || *lleno de* ~ a ~ fig *gesteckt voll* || *por* ~ *zur See, auf dem Seewege* || ◊ *la* ~ *sube* ⟨Mar⟩ *die Flut steigt* || *hacerse a la* ~ *in See stechen* || *hace* ~, *la* ~ *está picada das Meer ist bewegt,* nordd *kabbelig, das Meer geht hoch* || *llevar agua al* ~ figf *Eulen nach Athen tragen* || *quien no se aventura no pasa la* ~ *wer nichts wagt, der nichts gewinnt*
  ²**mar** f figf *Unmenge,* fam *jede Menge* f || *la* ~ *de in Hülle und Fülle* || *la* ~ *de bonita* fam *bildschön* || *la* ~ *de dinero ein Haufen Geld; Geld in Hülle und Fülle* || ~ *de gente e–e Menge* (*od ein Haufen) Leute* || ◊ *me gusta la* ~ fam *sie (er, es) gefällt mir riesig,* fam *ich finde sie (ihn, es) klasse* || *tiene la* ~ *de suerte er hat (immer) Glück,* fam *er ist ein Glückspilz* || *tiene la* ~ *de preocupaciones er hat viel Ärger* || *aquí hay la* ~ *de mosquitos hier gibt es e–e Unmenge Mücken* || *llueve a* ~**es** *es gießt, es regnet in Strömen*
  ³**mar** m ⟨Geogr⟩: ⋍ *Adriático das Adriatische Meer* || ⋍ *Antártico das südliche Eismeer* || ⋍ *de las Antillas das Karibische Meer* || ⋍ *de Aral Aralsee* m || ⋍ *Ártico Nordpolarmeer* n || ⋍ *Atlántico der Atlantische Ozean* || ⋍ *Báltico die Ostsee* || ⋍ *Cantábrico Golf* m *von Biskaya* || ⋍ *Caspio das Kaspische Meer* || ⋍ *Glacial das Eismeer* || ⋍ *Mediterráneo das Mittelmeer* || ⋍ *Muerto das Tote Meer* || ⋍ *Negro das Schwarze Meer* || ⋍ *del Norte Nordsee* f || ⋍ *Rojo das Rote Meer*
  △**mara** f *Wirrwarr* m
  marabú [pl -úes] m ⟨V⟩ *Marabu* m (Leptoptilus spp) || ~ *africano Afrika-Marabu* m (L. crumeniferus) || ~ *de la India Argala, Indischer Marabu* m (L. dubius)
  marabuto m *Marabut* m *(mohammedan. Einsiedler, Heiliger)*
  maraca f ⟨Mus⟩ Am *Kürbisrassel* f || *Rumbakugel* f || Chi Pe *ein Würfelspiel* || Chi *(Luxus-) Prostituierte* f || → a **zoquete**
  maragato adj/s *aus Maragatería* (PLeón)
  △**maramucha** f *Kapelle* f
  marantáceas fpl ⟨Bot⟩ *Marantagewächse* npl (Marantaceae)
  mara\ña f *dickes Gestrüpp* n || *Dickicht* n || fig *verwirrtes Haar* n || fig *Lüge* f, *Kniff* m || fig *Verwirrung* f, *Durcheinander* n, *Wirrwarr* m || fig *Verwicklung* f || ⟨Bot⟩ = **coscoja** || △*Straßendirne* f || **–ñero** m/adj *Ränkeschmied, Intrigant* m
  Mara\ñón m Pe *der Amazonenstrom* || ⋍ m

⟨Bot⟩ *Acaju-, Kaschu|baum* m (Anacardium sp) || *castaña del* ⁂ *(eßbare) Mandel* f *des Kaschubaums*
△**marar** vt = **matar**
marasmo m *Marasmus, Kräfteverfall* m || *Mattigkeit, Niedergeschlagenheit* f || fig *Erlahmen, Stocken* n
Marat(h)ón np ⟨Geogr⟩ *Marathon* || ⁂ m ⟨Sp⟩ *Marathonlauf* m || ⟨Pol⟩ *Marathonsitzung* f || *Dauerdebatte* f
maravedí [*pl* -**ís,** -**íes,** -**íses**] m *Maravedi* m, span. *Kupfermünze* f || ◇ *no valer un* ~ fig *keinen roten Heller wert sein*
maravi|lla f *Wunder* n *(nicht in religiösem Sinne)* || *Wunderwerk, Großartige(s), Herrliche(s)* n || *Wunderschöne(s)* n || fig *Erstaunen* n || fig *Bewunderung* f || fig pop *Schätzchen* n *(Kosename)* || ⟨Bot⟩ *Wunderblume* f (Mirabilis spp) (→ **dondiego**) || *Prunkwinde* f (Ipomoea spp) || *Ringelblume* f (Calendula spp) || *las siete* ~ s *del mundo die Sieben Weltwunder* npl || *la octava* ~ *das achte Weltwunder* || *Beiname des span. Schlosses Escorial* || a ~, a las (mil) ~ s fig *wunder|bar, -voll* || *es una* ~ *es ist et ganz Vortreffliches* || *país de las* ~ s *Wunderland* n || **–llado** adj *verwundert, erstaunt* || **–llar** vt *in Bewunderung versetzen* || *wundern* || ~ **se** *con (od de) sich über et* (acc) *verwundern, erstaunen* || **–lloso** adj *wunder|bar, -voll, -schön*
marbellí adj *aus Marbella* (PMá)
marbete m *Preiszettel* m *(an Tuchen)* || *Aufklebezettel* m *(Etikett usw)* || ⟨EB⟩ *Begleitzettel* m
marca f *Merk-, An-, Kenn|zeichen, Merkmal* n || *Wasserzeichen* n *(im Papier)* || *Warenzeichen* n || *(Münz) Stempel* m || *Brandzeichen* n *(des Viehs)* || *(Spiel) Marke* f || *Mark* f, *Grenzbezirk* m || ⟨Sp⟩ *Rekord* m || △*Straßendirne* f || *la* ⁂ *de Brandeburgo die Mark Brandenburg* || ~ *de fábrica Fabrikmarke* f || ~ *registrada eingetragene Schutzmarke* || *hombre de* ~ *bedeutender Mann* m || *vino de* ~ *feiner Tafelwein* m || *de* ~ (mayor) fam *ganz besonders groß* || *groß-, Erz-* || *pícaro de* ~ fam *Erzgauner* m
marca|do adj *deutlich, betont* || *con* ~ *acento extranjero mit ausgesprochenem ausländischem Akzent* || *con* ~ *a displicencia mit sichtbarem Mißbehagen* || ~ m ⟨Typ⟩ *Anlage* f || *Einlegen* n *(der Haare)* || *de ondas Wellenlegen* n *(beim Friseur)* || *lavado y* ~ *Waschen und Einlegen* n *(der Haare)* || **–dor** m *Markieren* m || *(Ab-) Stempler* m || *Stempelstift* m || *Eichmeister* m ⟨Sp⟩ *Toranzeiger* m || *(Markier) Rädchen* n *(der Näherinnen)* || ⟨Typ⟩ *Anleger* m || ⟨Sp⟩ *Ergebnistafel* f, *Totalisator* m || ~ *de gasolina* ⟨Aut⟩ *Benzinuhr* f || ~ *del tanto (od* gol) ⟨Sp⟩ *Torschütze* m || **–je** m ⟨Sp⟩ *Deckung* f *(beim Fußballspiel)*
marcapasos m ⟨Med⟩ *Schrittmacher* m
marcar [c/qu] vt *(an)zeichnen, kennzeichnen, bezeichnen* || *anschreiben* || *markieren* || *zeichnen (Wäsche)* || *eichen (Maß und Gewicht)* || ⟨Typ⟩ *anlegen (Bogen)* || ⟨Nucl *Mus*⟩ *markieren* || ⟨Tel⟩ *wählen (Nummer)* || *einlegen (Haare)* || *legen (Frisur)* || *zinken (Karten)* || ⟨Sp⟩ *anzeigen (Ergebnis)* || *schießen (Tor, beim Fußball)* || *(Spiel) decken (Fußball)* || fig *(vor)bestimmen* || ◇ ~ *el compás* ⟨Mus⟩ *den Takt schlagen* || ~ *a fuego mit Glühstempel brandmarken* || ~ *el precio den Preis auszeichnen* || ~ *a uno* fig *sich jdn anmerken* || ~**se** *hervorstechen, sich abzeichnen (z. B. Umrisse)*
marcasita f ⟨Min⟩ *Markasit* m *(rhombischer Pyrit)*
marcial adj *kriegerisch, Kriegs-* || *soldatisch* || fig *rüstig, martialisch* || *artes* ~**s** *Budo-, Kampf|sport* m *(z. B. Karate)* || *ley* ~ ⟨Mil⟩ *Standrecht* n || ~**idad** f *martialisches Wesen* n || *Zackigkeit* f, *soldatisches Benehmen* n

Marcial m np Tfn *Martial* m
marciano adj/s ⟨Astr⟩ *Mars-* || ~ m *Marsbewohner* m
¹**marco** m *Mark* f *(Gold- und Silbergewicht)* || *Eichmaß* n || ~ (alemán) *(deutsche) Mark* f || ~ *oro Goldmark* f
²**marco** m *Rahmen* m || *Bilderrahmen* m || *(Ein-) Fassung* f || *Gestell* n || *Fenster-* bzw *Tür|rahmen* m || ◇ *poner en un* ~ *einrahmen* (& fig) || (→ **enmarcar**)
marconigrama m *Funkspruch* m
Marcos m np *Markus* m
marcha f ⟨Mil Mus⟩ *Marsch* m || ⟨Mil⟩ *Abmarsch* m || *Abreise* f || *Gang* m *(e–s Menschen, e–s Pferdes, e–r Uhr)* || *Verlauf* m || *Lauf, Gang* m || *Betrieb* m || *Funktionieren* n || *Fahren* n || ~ *adelante* ⟨Mil⟩ *Vormarsch* m || ~ *adelante* (atrás) ⟨Aut⟩ *Vor- (Rück)wärtsgang* m || ~ *en columna* ⟨StV⟩ *Fahren* n *in Kolonne* || ~ *forzada Eilmarsch* m || ~ *fúnebre* ⟨Mus⟩ *Trauermarsch* m || ~ *militar* ⟨Mus⟩ *Militärmarsch* m || *de un negocio* bzw *de los negocios Geschäftsgang* m || ~ *de protesta Protestmarsch* m || ~ *del proyectil* ⟨Mil⟩ *Geschoßbahn* f || *la* ⁂ *Real (de Granaderos)* span. *Nationalhymne* f || ~ *solemne Festmarsch* m || ~ *en vacío* ⟨Tech⟩ *Leerlauf* m || *a toda* ~ *mit voller Geschwindigkeit* || *cambio de* ~ ⟨Tech⟩ *Umsteuerung* f || ⟨Aut⟩ *Umschaltung* f, *Gangwechsel* m || *Schalt-, Wechsel|getriebe* n || *orden de* ~ *Marschbefehl* m || ⟨Mil⟩ *Marschfolge* f || *Fahrordnung* f || *pronto para* ~ *marschfertig* || ◇ *abrir la* ~ *vorangehen* || *estar en (buena)* ~ *gut im Gange sein* || *im Schwung sein (Geschäfte)* || *poner en* ~ *in Gang bringen (z. B. eine Maschine)* || ⟨Mil⟩ *in Marsch setzen* || *ir a una* ~ *loca wie rasend rennen, fahren* || *tocar la* ~ ⟨Mil⟩ *zum Aufbruch blasen* || *tocar (od interpretar)* ~ **s** *Marschmusik spielen* || *velocidad de* ~ ⟨Aut⟩ *Fahrgeschwindigkeit* f || *a* ~**s** *forzadas* ⟨Mil⟩ *in Eilmärschen*
marcha|dor adj/s bes Am *schnell und unermüdlich zu Fuß* || *caballo* ~ *Paßgänger* m || **–mo** m *Zoll|siegel* n, *-plombe* f || *Warenzeichen* n || ◇ *poner* el ~ *verplomben* (a.a. *et* acc)
marchante m *Handelsmann, Händler* m And Am fam *Kunde* f
marchar vi *marschieren* || *ab|reisen, -fahren* || *(fort)gehen* || ⟨Tech⟩ *gehen, funktionieren* || *laufen* || *fahren* || ⟨Mil⟩ *ab|marschieren, -rücken* || fig *fortschreiten* || ◇ *la cosa marcha die Sache macht sich, die Sache geht gut voran* || ¡*marchen!* ⟨Mil⟩ *vorwärts marsch!* || ~**se** *weg-, fort|gehen* || *abreisen* || ~ *a España sich nach Spanien begeben*
marchi|tar vt/i *(ab)welken, welk machen* || ~**se** *(ver)welken, welk werden* || fig *erschlaffen* || **–tez** [*pl* **–ces**] f *(Hin)Welken* n || **–to** adj *welk*
mardito adj And = **maldito**
mardono m Ar = **morueco**
mare f And = **madre**
marea f ⟨Mar⟩ *Ebbe und Flut*, f *Gezeiten* pl ⟨Mar⟩ *leichte Meeresbrise* f, *leichter Seewind* m || ~ *alta* ⟨Mar⟩ *(Hoch)Flut* f, *Hochwasser* n || ~ *ascendente Flut(strom* m) f || ~ *baja* ⟨Mar⟩ *Ebbe, Stippflut* f, *Niedrigwasser* n || ~ *creciente* ⟨Mar⟩ *Flut(strom* m) f || ~ *vaciante Ebbe* f, *Ebbstrom* m || ~ *viva* ⟨Mar⟩ *Springflut* f || ~**s** *muertas,* ~**s** *de cuadratura Totwassergezeit* f || ~**s** *vivas Springtiden* pl || *coeficiente de* ~ *Gezeitenkoeffizient* m || ◇ *aprovechar la* ~ *die Gezeiten benutzen* || *contra viento y* ~ fig *allen Hindernissen zum Trotz*
mareaje m *Schiffahrt(skunde)* f || *Seefahrt* f || *Strich, Schiffskurs* m
marear vt *ein Schiff führen* || *seekrank machen* || *jdm Übelkeiten verursachen* || *ersticken* || *berauschen (Wein)* || fig *jdn plagen, jdm lästig fallen* || And ⟨Kochk⟩ = **rehogar** || ◇ ~ *a preguntas mit Fragen überhäufen* || ~**se** *seekrank werden* || *Übel-*

marejada — mariposa 724

keiten bekommen || durch den (See)Transport leiden (Waren)
mareja|da f ⟨Mar⟩ hoher Seegang m || fig Wogen und Brausen n e–r Menschenmenge || **–dilla** f leichter Seegang, kurzer Wellenschlag m
maremágnum [...un], **maremagno** m Weltmeer n || fig Unendlichkeit f || fig Durcheinander, n, Mischmasch m
maremoto m ⟨Mar⟩ Seebeben n
marengo m ⟨Web⟩ Marengo m (Streichgarn- u Kammgarngewebe aus Marengogarnen)
mareo m Seekrankheit f || Schwindel m || Ohnmacht, Übelkeit f || figf Überdruß m, Langeweile f || Belästigung, Widerwärtigkeit f || el ~ del vino der Weinrausch || ¡qué ~ de hombre! figf ist das ein lästiger Mensch! || ◊ resistir el ~ seefest sein
mareógrafo m ⟨Mar⟩ Flut-, Pegel|messer m, Gezeiten(Schreib)Pegel, Mareograph m || p.ex dessen Bau m (Gebäude)
mareomotor, triz adj Gezeitenkraft-
marete m: ◊ hacer ~ s Haken schlagen (Hase)
mar|fil m Elfenbein n || Zahnbein n || Costa de ⁓ Elfenbeinküste f || color de ~ elfenbeinfarben || figura de ~ Elfenbeinfigur f || **–fileño, –fileo, –filino** adj ⟨poet⟩ elfenbeinern
¹**marga** f Sackleinen n
²**marga** f ⟨Geol⟩ Mergel m
mar|gal m Mergelgrube f || Mergelerde f || **–gar** vt ⟨Agr⟩ mit Mergel düngen
margarina f Margarine f
margari|ta f Perle f || ⟨Zool⟩ Seeperlmuschel f (Pinctada spp) || ⟨Bot⟩ Wiesenmargerite, Margaretenblume, Wiesen-Wucherblume f (Chrysanthemum leucanthemum) || ⟨Bot⟩ Gänseblümchen, Tausendschön n (Bellis perennis) (→ **maya**) || echar ~ s a puercos fig Perlen vor die Säue werfen || echar ~ s, estar echando ~ s figf gestorben sein, unter der Erde liegen, figf sich die Radieschen von unten besehen || ⁓ Margarete f (Tfn) || Fausto y ⁓ Faust und Gretchen || **–tífero** adj: concha ~ a Perlmuschel f (→ **margarita, madreperla**)
margen m/f Rand, Saum m || Rain m || (Fluß-) Ufer n || Grenze f || ⟨Typ⟩ Steg m (freier Raum um die Kolumnen) || ⟨Tech⟩ (Spiel)Raum m (& fig) || (Toleranz)Bereich m || ⟨Com⟩ Spanne, Marge f || fig Anlaß m || ~ de beneficios Gewinnspanne f || victoria con (od por) escaso ~ ⟨Sp⟩ knapper Sieg m || al ~ am Rande (& fig) || nota al ~ Randbemerkung f || ◊ dar ~ fig veranlassen, Gelegenheit geben (a zu) || dejar un ~ Spielraum lassen || fig Gewinn abwerfen
marginal adj Rand- || nebensächlich, Neben- || nota ~ Randbemerkung f || tecla ~ Randauslöstaste f (Schreibmaschine) || ~ m Randsteller m (Schreibmaschine)
margoso adj mergelhaltig
margra|ve m Markgraf m || **–viato** m Markgrafschaft f || **–vina** f Markgräfin f
Marg.ᵗᵃ Abk = **Margarita**
marguera f Mergelgrube f
Mari fam = **María**
María f np Tfn Marie || Virgen ~, ~ Santísima (die allerheiligste) Jungfrau Maria || ¡~ Jesús! Jesus Maria! || ~ Antonieta Marie Antoinette || ~ Estuardo Maria Stuart || ~ Josefa span. Frauenname (Tfn) || ~ Teresa Maria Theresia || ~ de Jesús ⟨Kath⟩ Marie vom Herzen Jesu (= Jesusa) || las tres ~ s ⟨Astr⟩ die Gürtelsterne mpl des Orion || baño de ~ ⟨Kochk Med Chem Phot⟩ → **baño-maría**
maria|che, –chi m Mex Volksweise f (ursprünglich aus Jalisco) || Musikkapelle f bzw Musikanten mpl, die mariachi spielen
marial adj/s Marien-
María|nas (Islas ~) fpl die Marianen(inseln f)pl || **–no** m np Marianus m ||
maria|nismo m ⟨Kath⟩ Marienverehrung f ||

–nistas mpl Marianisten mpl (Schul- u Missions- brüder Mariä) || **–no** adj marianisch, Marien- || año ~ Marienjahr n || devoción ~ a Marienverehrung f
Marica fam dim v. **María**
¹**marica** f ⟨V⟩ Elster f (→ **urraca**)
²**marica** m/f figf weibischer (bes homosexueller) Mensch, pop warmer Bruder m || desp feiger, mutloser Mensch m
Maricastaña f np (Fabelgestalt): en tiempos de ~ anno Dazumal, anno Tobak, zu Olims Zeiten
mari|cón m/adj augm v. ²**marica**: ¡~! pop Schweinehund! Sauerl! || **–conada** f pop fig große Niederträchtigkeit, pop Hundsgemeinheit f || **–conazo** m/adj pop augm v. **–cón**
mari|dada f Ehefrau f || **–daje** m Ehe f || fig enge, innige Verbindung f || **–dar** vt fig vereinigen, verbinden || ~ vi heiraten || ehelich leben || **–dazo** m fam gutmütiger, nachsichtiger Ehemann m || **–dito** m dim v. **–do** || **–do** m Ehemann m || ~ cornudo pop Hahnrei, betrogener Ehemann m || ~ sin mujer fam Strohwitwer m (→ **Rodríguez**)
mariguana, marihuana f Marihuana n
Marihuela f dim v. **María**
marijuana f → **mariguana**
mari|macho m fam Mannweib n || dickes, rüstiges Weib n || **–mandona** f herrschsüchtige Frau f || **–morena** f fam Zwist, Hader, Krach m || ◊ armar la ~ Krawall machen || ¡aquí se va a armar la ~! fam hier wird es Stunk geben!
Marina f np Marina f (Frauenname)
mari|na f Marine f, Seewesen n || Marine, Flotte f || Seemacht f || Küstengebiet n || ⟨Mal⟩ Seestück n || Seel|volk n, -leute pl || ~ de guerra Kriegsmarine f || mercante Handelsmarine f || oficial de ~ Marineoffizier m || **–naje** m Seeleute pl || **–nar** vt einpökeln || marinieren, einlegen (Fische, Meerestiere) || seetüchtig machen || bemannen (Schiff) || **–nera** f Matrosenbluse f || (canción) ~ Matrosenlied n || **–nería** f ⟨Mar⟩ Seeleute pl || Matrosen mpl || Schiffsmannschaft f || **–nero** adj/s seetüchtig || seefest || seemännisch || seefahrend || Marine-, Matrosen-, See-, Meer-, Schiffs- || a la ~ a nach Matrosenart || mariniert (Hering usw) || mit pikanter Soße (Muscheln usw) || vida ~ a Seemannsleben n || ~ m Seemann, Matrose m || ~ de agua dulce iron Landratte f || ~ de primera (clase) Span Matrose mit Rang, Vollmatrose m
marinismo m ⟨Lit⟩ Marinismus m (nach Giambattista Marino)
marino adj Matrosen-, See-, Meer-, Schiffer-, Seemanns- || marin legua ~ a Seemeile f || lenguaje ~ Schiffersprache f || guardia ~ a Fähnrich m zur See || pez ~ Seefisch m || mariposa ~ as ⟨Zool⟩ Flügel-, Ruder|schnecken fpl (Pteropoda) || ~ m Seemann, Matrose m || ⟨Her⟩ Sirene f
△**mariñar** vt tun, machen
Mario (dim **Marito**) m np Marius
mario|latría f ⟨Kath⟩ Mariolatrie, Marienverehrung f || **–logía** f Mariologie, Lehre f von der Gottesmutter || **–lógico** adj mariologisch || ~ m Mariologe m
marionета f Hampelmann m, Gliederpuppe, Marionette f || fig willenloses Werkzeug n || gobierno ~ ⟨Pol⟩ = gobierno **títere**
Maripepa f np = **María Josefa**
maripo|sa f ⟨Entom⟩ Schmetterling, Falter m || in Öl schwimmendes Wachs-, Nacht-, Sparlichtchen n || ⟨Tech⟩ Drossel|ventil n, -klappe f || Flügelschraube f || euph = **marica** || ⟨Sp⟩ Schmetterlingsstil m (Schwimmen) || △Peseta f, Geld n || △(Straßen)Dirne f || Cu ⟨V⟩ Papstfink m (Passerina ciris) || ~ blanca de la col (Kohl)Weißling m (Pieris brassicae) || ~ de calavera, ~ cabeza de muerte Totenkopf m (Acherontia atropos) (Nachtfalter) || ~ diurna Tagfalter m || ~

nocturna *(od de noche) Nachtfalter* m ‖ red para coger ~s *Schmetterlingsnetz* n ‖ **–sear** vi fig *flatterhaft sein* ‖ fig *hin und her laufen, herumflattern* ‖ **–són** *m* fam joc *Liebhaber* m ‖ *Schürzenjäger* m ‖ ~ adj *flatterhaft*

Mariqui|la, –lla *f* pop dim *v*. **María**

mariquita *f* ⟨Entom⟩ *Marien-, Sonnen|käfer* m (Coccinella septempunctata *u viele andere)* (→ **coccinélidos**) ‖ *versch Papageiarten* (→ **peri|co, –quito**) ‖ fam *weibischer (od homosexueller) Mensch* m

Marirrosa *f* np = **María Rosa** *(span. Frauenname)*

marisabidilla *f* fam *Blaustrumpf* m ‖ fam *vorwitzige Frau* f

mariscal *m* ⟨Mil⟩ *Marschall* m ‖ **(Huf-)Schmied* m ‖ ~ **de campo** ⟨Mil⟩ *(General)Feldmarschall* m ‖ ~**ato** *m Marschallrang* m

maris|car [c/qu] vt/i *Muscheln suchen* ‖ △*stehlen* ‖ **–co** *m* allg *(eßbares) Meerestier* n *(bes Seemuschel* f*)* ‖ figf *Kämpfer* m *der galicischen Einheiten (während des span. Krieges 1936–39)* ‖ **–ma** *f salzhaltiges Marschland* n ‖ *morastiges Küstengebiet* n ‖ ~**s** *Sumpfgebiet* n *entlang des Guadalquivir*

marismo *m* ⟨Bot⟩ → **orzaga**

maristas mpl ⟨Kath⟩ *Maristen* mpl *(Kongregation)*

marital adj *ehelich, Ehe-* ‖ *Gatten-, Ehemanns-* ‖ ◊ *hacer vida* ~ *in Ehegemeinschaft leben*

marítimo adj *Marine-, See-, Meer-* ‖ *Schiffs-* ‖ *seefahrend* ‖ *an der See* bzw *an der Küste gelegen* ‖ *maritim* ‖ club ~ *Marineverein* m ‖ código ~ *Seeordnung* f ‖ *Seegesetzbuch* n ‖ comercio ~ *Seehandel* m ‖ derecho ~ *Seerecht* n ‖ estrategia ~a *Seekriegführung* f ‖ guerra ~a *Seekrieg* m ‖ nación ~a *seefahrende Nation* f ‖ navegación ~a *Seeschiffahrt* f ‖ potencia ~a *Seemacht* f ‖ seguro ~ *Seeversicherung* f ‖ supremacía ~a *Seeherrschaft* f ‖ tráfago (tráfico) ~ *Seeverkehr* m ‖ transporte ~ *Seetransport* m ‖ viaje ~ *Seereise* f ‖ por ruta *(od vía)* ~ *auf dem Seeweg* ‖ costumbres ~as *Seegebrauch* m ‖ riesgos ~s *Seegefahr* f ‖ Alpes~s *Seealpen* pl ‖ Estado ~ *Seestaat* m ‖ ◊ enviar por vía ~a *zu Wasser senden*

Maritornes *f (asturische Magd im Don Quijote)* ‖ ~ fam joc *(häßliches) Dienstmädchen* n ‖ *Küchendragoner* m

△**marivén** *f Tod* m

marjal *m Moor, Sumpf* m

marketing *m* engl ⟨Com Wir⟩ *Marketing* n, *Markt-, Absatz|forschung* f

△**marmalla** *f Patrone* f

marmelada *f* = **mermelada**

marmi|ta *f (Koch)Topf, Fleischtopf* m ‖ ~ **de campaña** ⟨Mil⟩ *Feldtopf* m (→ **gamella**) ‖ ~ **de gigante** ⟨Geol⟩ *Riesentopf* m *(Gletschermühle)* ‖ ~ **de Papin** ⟨Phys⟩ *Papinscher Topf* m ‖ **–tón** *m Küchenjunge* m

mármol *m Marmor(stein)* m ‖ *Marmorbild* n ‖ *Marmorskulptur* f ‖ *Gegenstand* m *aus Marmor* ‖ ⟨Tech⟩ *Anreiß|platte* f, *-brett* n ‖ ~ artificial *künstlicher Marmor* m ‖ ~ blanco de Paros *weißer parischer Marmor* m ‖ ~ de Carrara *karrarischer Marmor* m ‖ ~ cipolino *Cippolin, Zwiebelmarmor* m ‖ ~ de Córdoba *kordovanischer Statuenmarmor* m ‖ ~ jaspe *Jaspismarmor* m ‖ ~ de León *roter, weißgeäderter span. Marmor* m ‖ ~ de la Mancha *schwarzer span. Marmor* m ‖ ~ de Santiago *weißgeäderter, fleischroter Marmor* m ‖ ~ de Toledo *grauer span. Glanzmarmor* m ‖ ~ estatuario *Bildhauermarmor* m ‖ de ~ *marmorn* (→ **marmóreo**) ‖ frío como el ~ fig *kalt wie Stein, kalt und herzlos*

marmo|leado adj *marmoriert (z. B. Papier)* ‖ **–lejo** *m kleiner Prellstein* m ‖ **–lería** *f Marmorarbeit* f ‖ *Marmorwerkstätte* f ‖ *Bildhauerwerkstatt* f ‖ **–lillo** *m Prell-, Eckstein* m ‖ **–lista** m

Marmorsch|leifer m

marmóreo adj *marmorn* ‖ *Marmor-* (& fig)

marmorización *f* ⟨Geol⟩ *Marmorisierung* f

marmota *f* ⟨Zool⟩ *Murmeltier* n (Marmota spp) ‖ fig *Murmeltier* n *(Person)* ‖ fig pop *Dienstmädchen* n ‖ ◊ *dormir como una* ~ fig *wie erschlagen, wie ein Murmeltier schlafen*

△**marmucha** *f Kapelle* f

Marne *m* np *Marne* f *(Fluß in Frankreich)* ‖ la batalla del ~ *die Marneschlacht (1914 u 1918)*

marnolia *f* pop = **magnolia**

△**Marochende** *m Estremadura (span. Region)*

marojo *m* ⟨Bot⟩ *Olivenmistel* f (Viscum cruciatum) (→ **muérdago**) ‖ = **melojo**

maro|ma *f dicker Hanfstrick* m ‖ *Trosse* f ‖ *Seil* n ‖ *Rüst-, Lenk-, Schwungseil* n ‖ *festes Seil* n *der Seiltänzer* ‖ *Seil* n *zum Klettern* ‖ **–mero** *m Am Seiltänzer* m (& ⟨Pol⟩)

marón *m* ⟨Fi⟩ *Stör* m (→ **esturión**) ‖ ⟨Zool⟩ = **morueco**

maronita *m Maronit* m *(Christ im Libanon)*

maro|ta *f* Mex *Mannweib* n ‖ **–to** *m Sal* = **morueco**

marqués *m Markgraf* m ‖ *Marquis* m *(span. Adelstitel zwischen* conde *und* duque*)* ‖ ~ del Brinco fam *armer Teufel*

marque|sa *f Marquise* f ‖ *Markgräfin* f ‖ *Sonnendach* n (→ **–sina**) ‖ **–sado** *m der Titel, die Würde, das Gebiet eines Marquis* ‖ *Markgrafschaft* f ‖ **–sina** *f Glas-, Regen-, Wetter|dach* n ‖ *Zelt-, Sonnen-, Leinendach* n ‖ *Markise* f, *Sonnendach* n *vor Türen, Fenster usw* ‖ **–sita** *f (Art) gepolsterter Lehnstuhl* m

marquetería *f Intarsie* f ‖ *eingelegte(s) Holz|arbeit* f, *-mosaik* n ‖ *Tafel-, Fachwerk* n ‖ trabajo de ~ *Laubsägearbeit* f

△**marqui|da, –sa** *f Straßendirne* f

marquilla *f* dim *v*. **marca**: *papel de* ~ *ein span. Bogenformat (43,5 × 63 cm)*

△**marquincha** *f Frau* f

¹**marra** *f Lücke* f, *leerer Raum* m

²**marra** *f großer (langstieliger) Steinhammer, Schlägel* m ‖ *Stößel* m

marrajo adj/s ⟨Taur⟩ *spähend (Stier)* ‖ fig *listig, tückisch, gerissen* ‖ ~ *m heimtückischer, gerissener Mensch* m ‖ ⟨Fi⟩ *Hai* m (→ **tiburón**) ‖ ⟨Fi⟩ *Heringshai* m (Lamna nasus = Isurus cornubicus) ‖ *Riesenhai* m (Cetorhinus maximus = Selache maxima)

marra|mao, –miao, –miau onom *Miauen* n ‖ *Maunzen* n

marra|na *f Sau* f, *Mutterschwein* n ‖ figf *unflätige Frau*, fam *Schlampe*, pop *Sau* f ‖ ⟨Agr⟩ *Achse* f *des Schöpfrads* ‖ **–nada** *f* pop *Schweinerei* f ‖ pop *Hundsgemeinheit* f ‖ **–nillo** *m (Span)Ferkel* n ‖ **–no** adj pop *schmutzig, unflätig, schweinisch* ‖ pop *gaunerhaft* ‖ ~ *m* pop *Schwein* n (& fig) ‖ fig pop *unflätiger, unzüchtiger Kerl*, pop *Schweinigel* m ‖ figf *Gauner* m ‖ ⟨Hist⟩ *Marrane, verkappter Jude, Scheinkonvertit* m *(in der Inquisitionszeit)*

marrar vt *(ver)fehlen (Wurf)* ‖ ◊ ~ el tiro fig *danebenschießen* ‖ ~ vi *versagen (Feuerwaffe)* ‖ fig *fehlen* ‖ *fehlschlagen*

marras adv: de ~ *vorhin, einst* ‖ *gedacht, erwähnt, bewußt* ‖ la carta de ~ *der bewußte damalige Brief* ‖ la noche de ~ *an dem bewußten Abend* ‖ ¿volvemos a lo de ~? *sollen wir denn wieder die alte Geschichte aufwärmen?*

marrasquino *m Maraschino* m *(Kirschlikör)*

marro *m Fehler* m, *Versehen* n ‖ *Wurfspiel* n ‖ *Bezeichnung für versch. Spiele*

marrón adj gall *(kastanien)braun* ‖ traje color ~ *braunes Kleid* n ‖ ~ *m*: ~ glacé frz *kandierte Kastanie (Marone)* f

marro|quí [pl **–ies**] adj *marokkanisch* ‖ ~ *m Marokkaner* m ‖ ~, **–quin** *m Saffian(leder* n*)* m ‖ **–quinería** *f Saffianlederwaren* fpl (→ **tafiletería**)

marrubio *m* ⟨Bot⟩ *Andorn* m (Marrubium vulgare)
Marruecos *m Marokko* n
marrulle|**ría** *f Schlau-, Gerissen-, Verschmitzt-*|*heit* f ‖ **–ro** *adj gerissen, verschmitzt, schlau* ‖ ~ *m Schlauberger* m ‖ *gerissener Kerl* m
Marse|**lla** *f Marseille* n ‖ **–llés** *adj aus Marseille, Marseiller* ‖ ~ *m Marseiller* m ‖ *Matrosenkapuze* f ‖ **–llesa** *f Marseillaise* f *(frz. Nationalhymne)*
marsopa *f* ⟨Zool⟩ *Schweinswal, Braunfisch* m (Phocaena phocaena)
marsupial *adj* ⟨Zool⟩ *Beutel-* ‖ ~ **es** *mpl* ⟨Zool⟩ *Beuteltiere* npl (Marsupialia)
mart. Abk = **martes**
marta *f* ⟨Zool⟩ *(Baum) Marder, Feldmarder* f (Martes martes) ‖ *Marderfell* n ‖ ~ *cebellina,* ~ *cibelina* ⟨Zool⟩ *Zobel* m (Martes zibellina) ‖ *Zobelpelz* m
Marta *f* np Tfn *Martha* f ‖ ~ *la piadosa* figf *Frömmlerin* f
martagón *m* ⟨Bot⟩ *Türkenbundlilie* f (Lilium martagon)
Marte *m* ⟨Astr Mythol⟩ *Mars* m ‖ fig *Kriegsheld* m ‖ *hijo de* ~ ⟨poet⟩ *Marssohn, Krieger* m
martemóvil *m Marsmobil* n *(Fahrzeug zum Befahren des Planeten Mars)*
martensita *f* ⟨Metal⟩ *Martensit* m *(Austenit)*
martes *m Dienstag* m ‖ ~ *de Carnaval Fastnachts-, Karnevals*|*dienstag* m ‖ ⁓ *Santo Dienstag* m *in der Karwoche* ‖ ◊ *en* (viernes y) ~, *ni te cases ni te embarques (nach dem span. Volksglauben) Dienstag (und Freitag) Unglückstag* → *a nacer*
marti|**llar** *vt hämmern* ‖ fig *plagen, quälen* ‖ ~ vi △*gehen, reisen* ‖ **–llazo** *m schwerer (Hammer-) Schlag* m ‖ **–llejo** *m* dim *v.* **–llo** ‖ **–lleo** *m Hämmern* n ‖ *Gehämmer* n ‖ *Klopfen* n *(Motor)* ‖ ~ *de artillería Trommelfeuer* n *der Artillerie* ‖ ‖ **–llo** *m Hammer* m ‖ *Klöppel, Schläger* m ‖ △*Weg* m ‖ ~ *de geólogo Gesteinshammer* m ‖ ~ *de herrador Schmiedehammer* m ‖ ~ *mecánico Maschinenhammer* m ‖ ~ *neumático Preßlufthammer* m ‖ ~ *de orejas Nagelzieher* m ‖ ~ *pilón Fallhammer, (Ramm) Bär* m ‖ ~ *de remachar Niethammer* m ‖ *mango del* ~ *Hammerstiel* m ‖ *ojo del* ~ *Stielloch* n ‖ *pez* ~ ⟨Fi⟩ *Hammerhai* m (→ **pez**) *a macha* ~ fig *stark, fest (z. B. Glaube)* (→ **machamartillo**)
martín m: ~ *pescador,* ~ *del río* ⟨V⟩ *Eisvogel* m (Alcedo atthis) ‖ ~ *del río* ⟨V⟩ = **martinete**
Mar|**tín** *m*: *día de San* ~ *Martinstag* m ‖ ◊ *también a tí te llegará tu San* ~ fam *dein Tag wird auch kommen, das dicke Ende kommt noch* ‖ → **puerco** ‖ **–tina** *f* np Tfn *Martina* f
¹**martinete** *m* ⟨V⟩ *Nachtreiher* m (Nycticorax nycticorax)
²**martinete** *m* ⟨Arch⟩ *Ramme* f ‖ *Pochhammer* m ‖ *Schmiedehammer* m ‖ ~ *de cárcola Kettelhammer* m ‖ ~ *para pilotes Pfahlramme* f
martingala *f Kniff, Kunstgriff* m, *(Arg) List* f
martiniano *adj den kubanischen Schriftsteller José Martí betreffend*
Martinica *f Martinique (Insel u frz. Überseedepartement)*
mártir *m Märtyrer(in)* m (f) ‖ fig *Duldner(in)* m(f), *Opfer* n ‖ *muerte de* ~ *Märtyrertod* m
marti|**rial** *adj* ‖ *Märtyrer-* ‖ **–rio** *m Märtyrertod* m ‖ *Martyrium* n (& fig) ‖ *Märtyrertum* n ‖ fig *Marter, Pein, Tortur* f ‖ *corona del* ~ *Märtyrerkrone* f ‖ **–rizar** [z/c] *vt zu Tode martern* ‖ fig *quälen, plagen, martern* ‖ **–rologio** *m Martyrologium, Buch* n *mit Märtyrerverzeichnis* ‖ fig *Märtyrer* mpl
marts. Abk = **mártires**
Maru|**ja, –ca, –cha** *f* np pop = **María**
marulla *m* ⟨Mar⟩ *hohe See* f
marxis|**mo** *m Marxismus* m ‖ ~ **-leninismo** *m Marxismus-Leninismus* m ‖ ~ *con rostro humano Marxismus mit menschlichen Zügen (od mit menschlichem Gesicht) [Dubček-Šik-Smrkovský-Ära Prag 1968]* ‖ **–ta** *adj/s marxistisch* ‖ ~ *m Marxist* m
marzal *adj März-* ‖ *cerveza* ~ *Märzenbier* n
marzas *fpl Sant Frühlings- und Lob*|*lieder, Märzständchen* npl ‖ *Geschenke* npl *für deren Sänger (Butter, Blut- bzw Paprika*|*wurst usw)*
marzo *m März, Lenzmonat* m
¹**mas** conj ⟨Lit⟩ *aber, jedoch* ‖ *sondern*
²**mas** *m* Cat *Bauernhof* m, *Gehöft* n
³△**mas** *n Fleisch* n ‖ *Essen* n
más adv *1. mehr (bes zur Bildung des Komparativs und Superlativs)* ‖ *besser* ‖ *lieber* ‖ *ferner* ‖ *länger* ‖ *weiterhin* ‖ *zudem* ‖ *noch (mehr)* ‖ *überdies* ‖ *am liebsten* ‖ *am meisten* ‖ *am stärksten* ‖ ⟨Math⟩ *plus, und, mehr (Zeichen +)* ‖ ~ *acá (weiter) hierher, herwärts* ‖ *diesseits* ‖ ~ *allá weiterhin, jenseits* ‖ ~ *de lo que pensaba mehr als er dachte* ‖ ~ *bien eher* ‖ *vielmehr* ‖ ~ *que mehr als* ‖ ~ *que subj wenn auch, obwohl* ‖ *ahora* ~ *que nunca lo afirmaré jetzt werde ich es erst recht behaupten* ‖ *el embalaje* ⟨Com⟩ *die Verpackung extra* ‖ *a* ~ *y* ~, *besser: cada vez* ~ *immer mehr, mehr und mehr* ‖ *immer lieber* ‖ *immer stärker usw* ‖ *a* ~ *außerdem, noch dazu* ‖ *a* ~ *de außer, noch über* ‖ *a* ~ *correr im vollen Lauf* ‖ *a* ~ *y mejor aufs allerbeste, vortrefflich* ‖ *a* ~ *no poder aus allen Kräften* ‖ *a* ~ *que außer daß* ‖ *a* ~ *tardar spätestens, längstens* ‖ *a cual* ~ *um die Wette* ‖ *a lo* ~ *höchstens* ‖ *trabaja como el que* ~ *er arbeitet wie jeder andere (auch)* ‖ *cuando* ~ *höchstens* ‖ *cuanto* ~ …, ~ … *je mehr* …, *desto* … ‖ *de* ~ *darüber* ‖ *beber de* ~ *zu viel trinken* ‖ *hay dos paquetes de* ~ *zwei Ballen sind überzählig* ‖ *aquí estoy de* ~ *hier bin ich überflüssig* ‖ ¡*razón de* ~ ! *ein Grund mehr!* ‖ *nun erst recht!* ‖ *de* ~ *a* ~ *noch dazu, überdies* ‖ *no* ~ *nicht mehr, nur* ‖ *nur, lediglich (= nomás)* ‖ ¡*espera no más! Am warte nur!* ‖ ¡*siéntese no* ~ ! *Am setzen Sie sich bitte!* ‖ *o menos mehr oder weniger* ‖ *ungefähr* ‖ *ni* ~ *ni menos gerade soviel* ‖ *ebenso, desgleichen* ‖ *genau so* ‖ *natürlich, freilich (Bejahung)* ‖ *mucho* ~ *viel mehr* ‖ *nada* ~ *sonst (gar) nichts* ‖ *nadie* ~ *sonst niemand* ‖ *nunca* ~ *nie mehr, nie wieder* ‖ *poco* ~ *o menos ungefähr, beiläufig* ‖ *por* ~ *que subj soviel immer auch* ‖ *por* ~ *que haga, no lo conseguirá er mag sich noch so viel Mühe geben, er wird es doch nicht erreichen* ‖ *el que* ~ *y el que menos beide im gleichen Maße* ‖ pop *jedermann, jedes Kind* ‖ *sin* ~ *acá ni* ~ *allá fam mir nichts dir nichts* ‖ *sin* ~ *ni* ~ *fam ohne Bedenken* ‖ *ohne weiteres* ‖ *plötzlich* ‖ *sin* ~ *por hoy* ⟨Com⟩ *ohne mehr für heute (in Briefschlüssen)* ‖ *tanto* ~ *cuanto que um so mehr als* ‖ *cada vez* ~ *immer mehr* ‖ *Juan es el que come* ~ *Hans ist der stärkste Esser* ‖ *sabe* ~ *que nadie er weiß mehr als alle andern* ‖ *nadie lo sabe* ~ *que él niemand weiß es außer ihm* ‖ *niemand weiß es (besser) als er* ‖ *los* ~ *(de ellos) die meisten (von ihnen)* ‖ *los* ~ *de los días die meisten Tage* ‖ *son las dos todo lo* ~ *es ist höchstens 2 Uhr* ‖ *poner* ~ *cuidado Eifer verdoppeln* ‖ *vorsichtiger vorgehen* ‖ *sorgfältiger tun* ‖ → **estar**
2. bei der Steigerung: Komparativ: ~ *bajo weiter unten* ‖ ~ *alto* ‖ *el* ~ *largo länger* ‖ *Superlativ: el* ~ *largo der längste, am längsten* ‖ *lo* ~ *largo das längste* ‖ ~ *tarde o* ~ *temprano früher oder später, mit der Zeit, einmal* ‖ ~ *tiempo längere Zeit, länger* ‖ *lo* ~ *pronto (posible) sobald wie möglich, baldmöglichst* ‖ ~ *bien* … *que vielmehr, eher,* … *als* ‖ (ni) *en lo* ~ *mínimo nicht im geringsten*
3. bei Ausrufungen: ¡*es* ~ *bueno! wie gut er ist!* ‖ ¡(y) *no hay* ~ ! *fam Schluß damit!* ‖ *das ist alles!* ‖ ¡*lo hace* ~ *bien! wie glänzend er es macht!*
¹**masa** *f Masse* f (& fig) ‖ *Teig* m ‖ *Paste* f ‖ *Mör-*

tel m || ~ atómica ⟨Nucl⟩ *Atommasse* f || ~ de cobertura ⟨Wir⟩ *Deckungsmasse* f || ~ coral *Singverein* m ||~ hereditaria ⟨Gen Jur⟩ *Erbmasse* f || ~ de maniobra ⟨Mil⟩ *operative Reserven* fpl || ~ patrimonial *Vermögen(smasse) f*) n || consumo en ~ *Massenkonsum* m || hombre-~ ⟨Soz⟩ *Massenmensch* m || manifestación en ~ ⟨Soz⟩ *Massen|kundgebung, -demonstration* f || el pueblo en ~ *die Masse des Volkes, das ganze Volk* || ~s *fpl Massen* fpl (bes ⟨Soz⟩) || las ~ *die Massen* || *die breite Masse (des Volkes)* || (p)sicología de las ~ *Massenpsychologie* f || → a **medios** || **(p)sicosis**
²**masa** *f* Ar = **masada**
mas(s)acre *f* gall *Massaker* n
masada *f Meier-, Bauern|hof* m, *Gehöft* n
masa|je *m Massieren* n, *Massage* f || **Knetkur* f || ~ facial *Gesichtsmassage* f || ~ subacuático *Unterwassermassage* f || ~ de vapor *Dampfmassage* f || ~ vibratorio *Vibrationsmassage* f || ◊ dar ~ *massieren* || darse ~ *sich massieren* || darse (un) ~ *sich massieren lassen* || **-jear** vt/i *massieren* || **-jista** *m/f Masseur* m bzw *Masseuse* f
mascar [c/qu] vt *kauen, käuen* || figf *vorkauen* || figf *die Worte verschlucken* || ◊ mascando rabia *seinen Zorn verbeißend* || dar a alg. mascada a/c figf *jdm et vorkauen*
máscara *f Maske* f (& fig) || *Larve* f || *Maske* f, *Vermummte(r)* m/f || fig *Tarnung* f || *Mummerei, Maskerade* f || fig *Vorwand, Deckmantel* m || ~ gall *Gesichtsmaske* f *(Kosmetik)* || ~ antigás ⟨Mil⟩ *Gas(schutz)maske* f || ~ para esgrima *Maske* f *zum Fechten* || ◊ ponerse la ~ *e-e Larve vortun* || quitar a uno la ~ fig *jdm die Maske vom Gesicht reißen, jdn entlarven* || quitarse la ~ *die Maske ablegen* || fig *sich entpuppen, die Maske fallenlassen* || ~s *pl Maskerade* f || baile de ~ *Maskenball* m || → **enmascarado**
masca|rada *f Maskerade* f || *Maskenaufzug* m || *Mummenschanz* m || **-ret** *m Gezeitenbrandungswelle* f || **-rilla** *f Halb-, Augen|maske* f || *Totenmaske* f || *Lebendmaske* f || ~ de oxígeno *Sauerstoffmaske* f || **-rón** *m* augm *v.* **máscara** || ⟨Arch⟩ *Maske* f || fig *Scheusal* n, *Fratze* f || ~ de proa ⟨Mar⟩ *Galionsfigur* f
mascota *f Glücksbringer* m *(Amulett), Maskottchen* n || *Fetisch* m, *Kühlerfigur* f *(am Automobil)*
masculi|nidad *f Männlichkeit* f (→ **virilidad**) || **-nización** *f* = **virilización** || **-no** adj *männlich* || género ~ ⟨Gr⟩ *männliches Geschlecht* || moda ~a *Herrenmode* f || ~ m ⟨Gr⟩ *Maskulinum, Wort* n *männlichen Geschlechts*
mascullar vt fam *(hin)murmeln*
△**maselucas** mpl *Spielkarten* fpl
maser *m* ⟨Phys⟩ *Maser* m
masera *f Backtrog* m || *Abdecktuch* n *für den Backtrog* || ⟨Zool⟩ *Taschenkrebs* m (Cancer pagurus)
masía *f* Ar Cat *Bauern-, Meier|hof* m, *Gehöft* n
másico adj ⟨Phys⟩ *Masse(n)-*
masifi|cación *f* ⟨Soz⟩ *Vermassung* f || **-car** vt/i, ~ se vr *vermassen*
masiliense adj/s ⟨Lit Hist⟩ *aus Marseille*
masilla *f* dim *v.* **masa** || *Glaserkitt* m
masita *f* ⟨Mil⟩ *Kleidergeld* n *(das im span. Heer vom monatlichen Sold abgezogen wird)*
masitas *fpl* And Am *Gebäck* n, *Törtchen* npl
masivo adj Neol *massiv, in Massen auftretend* || *stark (Dosis)* || *Massen-*
maslo *m Schwanz|stumpf, -stummel* m, *Rübe* f *e-s Vierfüß(l)ers*
¹**masón** *m* augm *v.* **masa**
²**ma|són** *m Freimaurer* m || **-nería** *f Freimaurerei* f (→ a **francmasonería**) || **-sónico** adj *freimaurerisch, Freimaurer-* || logia ~a *Freimaurerloge* f
masoquis|mo *m* ⟨Med Psychol⟩ *Masochismus* m || **-ta** adj/s *masochistisch* || ~ m *Masochist* m
masovero *m* Ar *Meier, Pächter* m
△**masqueró** *m Platz* m

mastelero *m* ⟨Mar⟩ *Stenge* f || ⟨Mar⟩ *Toppmast* m
mástic, mástico *m Mastix* m *(Harz)* || *Glaserkitt* m
masti|cación *f Kauen* n || *Mastikation* f *(des Kautschuks)* || **-cador** adj/s ⟨An⟩ *Kau-* || músculos ~es ⟨An⟩ *Kaumuskeln* mpl || ~ *m* ⟨Tech⟩ *Kneter, Mastikator* m || **-car** [c/qu] vt *kauen* || fig *in den Bart brummen*
mástil *m* ⟨Mar⟩ *Mast(baum)* m || *Pfosten* m || *Pfahl* m || *Federstiel* m || *Langbaum* m *(e-s Wagens)* || *Hals* m, *Griffbrett* n *(der Geige)* || ⟨Bot⟩ *dicker Stiel* m || ⟨V⟩ *Schaft* m *(der Vogelfeder)* || ~ de antena ⟨Radio⟩ *Antennenmast* m || ~ de la bandera *Fahnen|mast* m, *-stange* f || ~ exterior ⟨Flugw⟩ *Endstiel* m || ~ de mesana ⟨Mar⟩ *Fockmast* m || ~ de televisión *Fernsehmast* m || ~ de tienda (de campaña) *Zeltmast* m
mas|tín *m Haus-, Hof-, Fleischer|hund* m || *Bulldogge* f || △*Gerichtsdiener* m || **-tinazo** *m* augm *v.* **-tín**
mastitis *f* ⟨Med⟩ *Mastitis* f
mástique *m Mastix* m
mastodonte *m* ⟨Paläont⟩ *Mastodon* n
mastoides adj ⟨An⟩ *zitzenförmig*
mastuerzo *m* ⟨Bot⟩ *Gartenkresse* f (Lepidium sativum) || ⟨Bot⟩ *(Brunnen)Kresse* f (Nasturtium spp) || fig *Tölpel, Dummkopf* m
mastur|bación *f Masturbation, Onanie, Selbstbefriedigung* f || **-bador** *m Onanist* m || **-barse** vr *masturbieren, onanieren*
Masuria *f* ⟨Geogr⟩ *Masuren*
masvalor *m Mehrwert* m (→ **plusvalía**)
masvale *m* → ¹**malvasía**
mata *f Strauch* m, *Staude* f || *Gesträuch, Gebüsch* n || *Pflanzenstengel* m || *Wald-, Baumpflanzung* f || ~ de pelo *Haarbüschel* n || a salto de ~ pop *plötzlich, unerwartet* || *schleunigst* || *ungereimt* || ◊ vivir a salto de ~ fig *in den Tag hinein leben* || *von der Hand in den Mund leben*
mata|burro *m* Col *starker Rum* bzw *Branntwein* m || **-caballos** *m* MAm ⟨Zool⟩ *„Pferde|beißer, -töter"* m: *e-e Würgspinne* (Teraphosa sp) || Col ⟨Entom⟩ *Libelle, Wasserjungfer* f || **-cabras** *m* fam *starker, kalter Nordwind* m || **-cán** *m Hundegift* n || ⟨Bot⟩ *Brechnuß* f (→ **nuez** vómica) || ⟨Bot⟩ *Hundsgift* n, *Hundstod* m (Apocynum spp) || ⟨Mil⟩ *Schießscharte* f || Murc *junge Eiche* f || Hond *junger Ochs* m || **-candelas** *m Löschhorn* n || **-candiles** *m* ⟨Bot⟩ *Milchstern* m (Ornithogalum sp) || **-cía** *f* Ar *Schlachten* n || △*Tod* m || **-chín** *m Schlächter* m || figf *Raufbold* m
mata|dero *m Schlacht|haus* n, *-hof* m || *Schlachtbank* f || figf *Schinderei* f || Am fam *Junggesellenzimmer* n || **-dor** m/adj *Mörder, Totschläger* m || ⟨Taur⟩ *Matador, Stiertöter* m || **-dura** *f Sattelwunde* f *des Pferdes* || fam *Wunde* f, *Geschwür* n *(bes bei Kindern)* || **-fuego** *m Brandbekämpfungsmittel* n || **-hierba:** a ~ *oberflächlich, leicht*
△**matagarnó** adj *beschwipst*
matahombres *m* Murc ⟨Entom⟩ = **carraleja**
matajudío *m* ⟨Fi⟩ = **mújol**
mátalascallando *m* figf *Duckmäuser, Schleicher, Leisetreter* m
matalobos *m* ⟨Bot⟩ = **acónito**
mata|lón m/adj *(Schind)Mähre* f, *Klepper* m || **-maridos** *f* fam joc *Frau* f, *die mehrere Male heiratet* || **-mata** *m* ⟨Zool⟩ *Fransenschildkröte* f (Chelys fimbriata = Chelys matamata) || **-moros** *m* figf *Eisenfresser, Prahlhans, Bramarbas* m || **-moscas** m/adj *Fliegenklatsche* f || *Fliegen|fänger* m, *-falle* f || papel ~ *Fliegenpapier* n
matanza *f Töten, Schlachten* n || *Gemetzel, Blutbad* n || *Haus-, Schweineschlachten* n || *Schlachtzeit* f || ◊ hacer una ~ ⟨Mil⟩ *alles niedermetzeln* || hacer la ~ fam *das Schlachtfest (bes des Schweines) feiern*
mata|palo *m* Am *kautschukhaltiger Terpentinbaum* m || **-perros** *m* pop *Straßenjunge* m || **-polvo** *m Sprühregen* m

matar vt *töten* || *umbringen* || *ums Leben bringen* || *schlachten (Vieh)* || *erlegen (Wild)* || *(aus-)löschen (Licht, Feuer)* || *stillen (Durst, Hunger)* || *mattieren (Glas, Holz, Metall)* || *stechen (im Kartenspiel)* || *abrunden (Kanten)* || figf *jdn sehr belästigen, quälen* || fig *zerstören, auflösen* || *zugrunde richten* || *vernichten* || ◊ ~ la cal *den Kalk löschen* || ~ el frío *die Kälte überwinden, sich erwärmen* || ~ de gusto a alg. figf *jdm e–e unerwartete Freude bereiten* || ~ las horas, ~ el tiempo *die Zeit totschlagen* || ~ a palos *totprügeln* || ~ a puñaladas *erdolchen* || *durch Messerstiche töten* || ~ el sello *abstempeln (Stempel, Briefmarke)* || ser el mata la araña de alg. figf *jdm sehr überlegen sein* || ~ el sueño *den Schlaf überwinden* || a mata caballo *eiligst, in aller Hast* || *flüchtig, obenhin* || mátalas callando figf *Duckmäuser, Schleicher* m || todos la matamos figf *wir sind allzumal Sünder* || estar a ~ con alg. figf *mit jdm sehr verfeindet sein* || ¡que me maten! fam *dafür laß ich mich totschlagen! (bei Beteuerungen)* || ~se *sich töten, sich umbringen* || *ums Leben kommen, umkommen* || *sich wundreiben (Pferd)* || fig *sich abmühen, sich zu Tode arbeiten* || fig *sich abhärmen* || ~ a (fuerza de) trabajar, ~ trabajando figf *sich totarbeiten, sich abrackern.*

matarife m *Schlächter* m
mataronés, esa adj Cat *aus Mataró*
mata|rratas m *Rattengift* n || figf *starker (und schlechter) Schnaps*, pop *Fusel, Rachenputzer* m || **-rrotos** m Chi fam *Fusel, Schnaps* m || **-sanos** m figf *Quacksalber, Kurpfuscher* m || joc pop *Arzt* m || **-sellos** m *(Post)Stempel* || *(Datum-)Stempel* m *auf Marken* || ~ automático *Freistempler* m || **-siete** m pop *Prahlhans, Bramarbas, Eisenfresser* m || **-suegras** f *Rüssel* m *(Faschingsartikel)* || **-vivos** m fam *Quacksalber* m || figf *Verleumder*

match m engl ⟨Sp⟩ *Wettspiel* n, *Kampf* m, *Match* n/m || ~ de boxeo *Boxkampf* m
¹**mate** adj *matt, glanzlos* || cristal ~ *Mattscheibe* f
²**mate** m *Matt* n *(im Schachspiel)* || ◊ dar (jaque) ~ *schachmatt setzen*
³**mate** m ⟨Bot⟩ *Mate-Teestrauch* m, *Mate* f (Ilex paraguariensis) || *Yerba-, Paraguay|tee, Mate* m || *Matetopf* m, *Kürbisgefäß* n || figf *Kopf*, fam *Schädel* m || ◊ cebar ~ Am *e–n Mateaufguß bereiten*
¹**matear** vt *undicht säen, pflanzen* || ~ vi (& vr) *dicht wachsen (Korn)* || *Gebüsche durchsuchen (Jagdhund)*
²**matear** vt/i Am *Paraguaytee (Mate) trinken od bereiten* || *mit Mate bewirten (Gäste)*
³**matear** vt *mattieren (Glas, Holz, Metall)*
matecito m dim v. ²**mate**
matemáti|ca(s) f(pl) *Mathematik* f || **-co** adj *mathematisch* || fig *unumstößlich, sicher* || ~ m *Mathematiker* m
matemati(ci)smo m ⟨Philos⟩ *Mathematizismus* m

Mateo m np *Matthäus* m
mate|ria f *Materie* f, *Stoff* m || *Substanz* f, *Stoff* m || *Werkstoff* m || *Zeug* n || *Materielle(s), (Grob)Sinnliche(s)* n || fig *Gegenstand, Anlaß* m, *Thema, Objekt* n || fig *(Sach)Gebiet* n || *Fach* n *(Schule, Studium)* || pop *Eiter* m (→ **pus**) || ~ colorante *Farbstoff* m || ~ gris ⟨An⟩ *graue Substanz* f *(des Gehirns)* || ~ penal ⟨Jur⟩ *Strafsache* f || ~ viva ⟨Biol⟩ *lebende Substanz* f || en ~ de *hinsichtlich, in bezug auf* (acc) || en tal ~ *in solchen Dingen* || ◊ tener poca ~ gris figeuph *wenig Hirn haben, nicht sehr intelligent sein* || entrar en ~ *zur Sache kommen* || ~s pl: ~ fecales ⟨Med⟩ *Auswurfstoffe* mpl, *Kot* m, *Fäkalien* pl || ~ plásticas *Kunststoffe* mpl || ~ primas, primeras ~ *Rohstoffe* mpl || índice de ~, tabla de ~ *Inhaltsverzeichnis* n || **-rial** adj *körperlich, stofflich, materiell*

|| *sachlich* || fig *materiell, prosaisch* || daño ~ *Sachschaden* m || nombre ~ *Stoffname* m || el sentido ~ de las palabras *der eigentliche Sinn der Worte* || ~ m *(Arbeits)Stoff* m, *Material* n || *Baumaterial* n || *Gut* n || ~ de enseñanza *Lehrmittel* npl || ~ de explotación *Betriebsmaterial* n || ~ rodante, ~ móvil *rollendes Material* n
materia|lidad f *Stoff-, Körper|lichkeit* f || **-lismo** m *Materialismus* m || ~ dialéctico (histórico) *dialektischer (historischer) Materialismus* m || **-lista** m ⟨Philos⟩ *Materialist* m || ~ adj *materialistisch* || **-lización** f *Verwirklichung* f || *Materialisierung* f || *Materialisation* f *(Spiritismus)* || **-lizar** *materialisieren* || *verwirklichen* || *versinnlichen* || *in Materie verwandeln* || *gestalten (Kunst)* || ~se vr *sinnfällig werden* || *sich materialisieren (Spiritismus)*
materialmente adv *tatsächlich* || ◊ es ~ imposible *es ist völlig unmöglich*
mater|nal adj *mütterlich, Mutter-* || amor ~ *Mutterliebe* f || **-nidad** f *Mutterschaft* f || *Titel* m *der Priorin, Äbtissin (in Nonnenklöstern)* || casa de ~ *Entbindungsanstalt* f || *protección a la* ~ *Mutterschutz* m || **-nizado** adj *maternisiert* || leche ~a *maternisierte (der Muttermilch angepaßte) Milch* f || **-no** adj *mütterlich, Mutter-* || *mütterlicherseits* || abuelo, tío ~ *Großvater, Oheim* m *mütterlicherseits* || lengua ~a *Muttersprache* f || por línea ~a *mütterlicherseits (Verwandtschaft)* || **-nología** f *Mutterschaftskunde* f || consultorio de ~ *Mütterberatung(sstelle)* f
matero m Am *Matetrinker* m
Matías m np *Matthias* m
matidez [pl **-ces**] f ⟨Opt⟩ *Undurchsichtigkeit* f || *Glanzlosigkeit* f || ⟨Med⟩ *Dämpfung* f, *matter Ton* m *(Herzschlag)*
mati|nada f Cat Am = **madrugada** || **-nal** adj *morgendlich* || **Morgen-** || **-né** m, **-née** f gall ⟨Filmw⟩ *Vormittagsvorstellung, Matinee* f || ⟨Th⟩ gall *Vor- od auch Nach|mittagsvorstellung* f
△**matipén** m *Rausch* m, *Trunkenheit* f
matita f dim v. **mata**
matiz [pl **-ces**] m *Schattierung, Farbenabstufung* f, *Farbton* m || *Nuance* f || *Färbung* f || fig *Anhauch* m || ⟨Mus⟩ *Tonabstufung* f
matizar [z/c] vt *abtönen, schattieren* || *(die Farben) abstufen* (& fig) || fig *beleben* || fig *nuancieren* || ◊ ~ con (od de) rojo y amarillo *rotgelb*
mato m → **matorral**
matoco m Chi *Teufel* m
matojo m desp *Gestrüpp* n
ma|tón m pop *Schläger* m || *Raufbold* m || *Rausschmeißer* m || *Killer* m || *Haudegen* m || *Eisenfresser* m || aire de ~ *rauflustiges Wesen* n || **-tonismo** m *Schlägertum* n || *Händelsucht* f || *Rowdytum* m
mato|rral m *Gebüsch, Gestrüpp, Dickicht* n || **-rro** m Sant desp = **matojo** || **-so** adj *voll Gestrüpp*
matra f Am *grobe Satteldecke* f
matra|ca f *Knarre, Schnarre, Klapper* f || *Kirchenklapper* f || ◊ dar ~ figf *auf jdn sticheln, jdn verhöhnen* || *jdn quälen* || *lästig werden* || **-quear** vi fam *knarren, klappern* || fig *jdn belästigen, jdn ärgern, jdn quälen* || → **matraca**
matraz [pl **-ces**] m ⟨Chem⟩ *Kolben* m || ~ (de) Erlenmeyer *Erlenmeyerkolben* m || ⟨Med⟩ *Keimglas* n *für Bakterienzucht*
matre|ría f *Verschmitztheit, Tücke* f || **-ro** adj *schlau, verschmitzt* || *gerissen* || ~ m Arg *Räuber, Bandit* m
matri|arcado m *Matriarchat, Mutter|recht* n, *-herrschaft* f || **-arcal** adj *matriarchalisch, mutterrechtlich*
matricaria f ⟨Bot⟩ = **manzanilla**
matricial adj ⟨Math⟩ *Matrizen-*
matri|cida m/f *Muttermörder(in)* m(f) || **-cidio** m *Muttermord* m

matrícula f *Matrikel* f || *Register, Verzeichnis* n *(bes der Pfarrkinder)* || *Steuer|register* n, *-rolle* f || *Immatrikulation, Einschreibung* f *(Schule, Universität)* || p.ex *Studentenzahl* f || ⟨Mil⟩ *Stammrolle* f || ⟨Mar⟩ *Seerolle* f ⟨Med⟩ *Krankenliste* f ·*(des Krankenhauses)* || ⟨Aut StV⟩ *polizeiliches Kennzeichen* n || derechos de ~ *Immatrikulations-, Einschreibe|gebühr* f || plazo de ~ *Immatrikulationsfrist* f || ~ de buques ⟨Mar⟩ *Schiffsregister* n || ~ de mar *Seerolle* f ||
matriculación f ⟨Aut⟩ *Anmeldung* f
matricu|lado *m Eingeschriebene(r), Immatrikulierte(r)* m *(Student)* || **–lar** vt *immatrikulieren, einschreiben* || *in Register* (usw) *einschreiben* || ~**se** *sich einschreiben* (bzw *immatrikulieren) lassen*
matrimo|nial adj *ehelich, Ehe-* || derecho ~ *Eherecht* || promesa ~ *Eheversprechen* n || **–nio** *m Heirat, Ehe* f || *Ehestand* m || *Ehepaar* n || *Eheleute* pl || *Ehebett* n || ~ canónico *kirchliche Trauung* f || ~ civil *Zivilehe* f || ~ clandestino *heimliche Ehe* f || ~ de conciencia *Gewissenehe* f || ~ consumado *vollzogene Ehe* f || ~ de conveniencia, ~ de interés *Vernunftehe* f || ~ por especulación *Geldheirat* f || ~ mixto *Mischehe* f || ~ morganático *morganatische Ehe* f || ~ rato *geschlossene, nicht vollzogene Ehe* f || agencia de ~s *Eheanbahnungsinstitut* n || cama de ~ *Ehe-, Doppel|bett* n || ◊ contraer ~ *die Ehe schließen, sich verheiraten* || tomar en ~ *heiraten* || pedir en ~ *anhalten (um ein junges Mädchen)* || nacido fuera de ~ *unehelich (Kind)*
matritense adj/s *aus Madrid*
matriz [pl -ces] f ⟨An⟩ *Gebärmutter* f || ⟨Typ⟩ *Matrize* f || *(justierte) Mater* f || ⟨Math⟩ *Matrix* f || ⟨Tech⟩ *Matrize, Schnittplatte* f, *Unterwerkzeug* n || *Matrize* f e–s *Scheckbuches usw* || *Eichmaß* n || ⟨Jur⟩ *Protokoll* n || ⟨Mar⟩ *Mutterschiff* n || ~ adj *Stamm-* || *Mutter-* || casa ~ *Stammhaus* n || idea ~ *Grundgedanke* m || Iglesia ~ *Mutterkirche* f || *Stammkirche* f
matro|na f *(römische) Matrone* f || *angesehene, würdige Frau* f || *Hebamme, Geburtshelferin* f || *Zollbeamtin* f, *die Frauen durchsucht* || joc *korpulente Frau, Matrone* f || **–nal** adj *matronenhaft*
matula f prov *Docht* m
matungo m/adj Am *Klepper* m, *Schindmähre* f
△**maturnar** vt *versorgen*
△**maturran|ga** *(Straßen)Dirne* f || ~**s** fpl fam *Schwindel* m || *Machenschaften* fpl || *Tricks* mpl || **–go** m Pe *Klepper* m || Arg *schlechter Reiter* m || ~ adj Chi *plump, schwerfällig* || **–guero** adj Am *schlau* || *gerissen*
Matusalén m np *Methusalem* m (& fig)
matu|te m *Schleichhandel, Schmuggel* m *(beim Stadtzoll)* || *Schmuggelwaren* fpl || *Spielhölle* f || de ~ *eingeschmuggelt* || figf *heimlich, heimtückisch* || ◊ pasar *(od* colar) a. de ~ figf *et unterschmuggeln* || **–tear** vi *(ein)schmuggeln* || **–tero** m *Schmuggler, Pascher, Schleichhändler* m
matutino adj *früh* || *Morgen-* || estrella ~ a *Morgenstern* m || edición ~ a *Morgenausgabe* f *(Zeitung)* || oración ~ a *Morgengebet* n || llegar ~ *früh kommen*
mau|la f *Trödel, Schund* m || *Schlich, Kniff* m || ⟨Com⟩ fig *Ladenhüter* m *(Ware)* || fig *geriebener Mensch* m || **–lar** vi: ◊ sin paular ni ~ pop *ohne zu mucksen* || **–lería** f fam *Trödelbude* f || figf *Verschlagenheit* f || **–lón** m fam *gerissener Kerl* m
mau|llar [pres maúllo] vi *miauen (Katze)* || **–llido, maúllo** m *Miauen* n || ◊ dar ~ s *miauen*
Mauricio m np Tfn *Moritz, Mauritius* m || ⟨Geogr⟩ *Mauritius* f *(Inselstaat)*
Maurita|nia f ⟨Geogr⟩ *Mauretanien* n || **–no** adj/s *mauretanisch* || ~ m *Mauretan(i)er* m
máuser m ⟨Mil⟩ *Mausergewehr* n || *Mauserpistole* f
mausoleo m *Mausoleum* n || *(Familien)Gruft* f || *Grabkapelle* f

m'aver Am pop = **voy** *(od* **vamos**) **a ver**
máx. Abk = **máximo**
maxi adj *Maxi- (Kleid)*
maxi|la f ⟨An⟩ *Kinnbacken, Kiefer* m || **–lar** adj ⟨An⟩ *Kiefer-, maxillar* || ~ m ⟨An⟩ *Kinnbacken* m || ~ superior, ~ inferior ⟨An⟩ *Ober-, Unterkiefer* m
máxima f *Maxime, Regel, Richtschnur* f || *Grundsatz* m || ⟨Meteor Phys⟩ *Höchsttemperatur* f
maximalis|mo m ⟨Pol⟩ *Maximalismus* m || **–ta** m/adj *Maximalist* m
máxim(ament)e adv *hauptsächlich* || *besonders, namentlich* || *zumal*
Maximiliano m np *Maximilian, Max* m
maximizar vt *maxim(alis)ieren* || *auf das Maximum einstellen*
máximo adj sup v. **grande** || *sehr groß* || *vorzüglich* || *am größten* || *maximal, Maximal-, Höchst-* || peso ~ *Maximalpreis* m || la ~ a oferta *Höchstangebot* n || *Meistgebot* n || *rendimiento* ~ *Höchstleistung* f || ~ m *Maximum* n || *Höchst-, Scheitel-|wert* m || ◊ exceder (d)el ~ *das Maximum übersteigen*
Máximo m np Tfn *Maximus* m
máximum [máksimun] m → **máximo**
[1]**maya** f ⟨Bot⟩ *Gänseblümchen, Tausendschön* n (→ **margarita**)
[2]**maya** f *Maikönigin* f *(Folklore)*
[3]**maya** m/f *Mayaindianer(in)* m(f) || *Maya* n *(Sprache)*
mayal m *Dreschflegel* m || *Göpelwelle* f *in Ölmühlen*
mayar vt *miauen (Katze)*
mayaró m/adj → **magiar**
mayear v impers *Maiwetter sein, maien*
mayestático adj *majestätisch*
mayéutica f ⟨Med⟩ = **obstetricia** || ⟨Philos⟩ *Mäeutik, sokratische Methode* f
mayido m *Miauen* n
may.[mo] Abk = **mayordomo**
mayo m *Mai(monat)* m || *Maie* f, *Maibaum* m || *Maistrauß* m || ⟨Mus⟩ *Maiständchen* n || una muchacha de 20 ~ s *ein Mädchen von 20 Lenzen* || hermosa como la flor de ~ *bildschön (Mädchen)* || ~ adj: las fiestas ~ as Arg *die Unabhängigkeitsfeiern am 25. Mai (Nationalfeiertag)*
mayólica f *Majolika*
mayonesa f ⟨Kochk⟩ *Mayonnaise, Majonäse* f
[1]**mayor** adj/s comp v. **grande** || *größer, vornehmer* || *höher* || *bedeutender* || *berühmter* || *älter, ältlich, bejahrt* || *mündig* || *volljährig* || *erwachsen (Person)* || ⟨Mus⟩ *dur* || *Haupt-, Ober-, Koch-, Erz-* || el ~ *der größte, der älteste* || la ~ parte (de) *der größte Teil, die meisten* || por la ~ parte *größtenteils* || la ~ parte del tiempo *die meiste Zeit* || ~ que *größer als* || dos años ~ *zwei Jahre älter* (que als) || ~ en estatura *von größerem Wuchs* || altar ~ *Haupt-, Hochaltar* m || cocinero ~ *Oberkoch* m || cuarta ~ ⟨Mus⟩ *große Quart* f || ~ de edad *volljährig* || estado ~ ⟨Mil⟩ *Generalstab* m || libro, misa ~ *Haupt|buch* n, *-messe* f || modo ~, tono ~ ⟨Mus⟩ *Dur-Tonart* f || persona ~ *ältere, erwachsene Person* f || con la ~ sorpresa *zu meinem (seinem usw) großen Befremden* || la suma ~ *Höchstbetrag* m || por ~ *im großen* || comerciante al por ~ *Großhändler, Grossist* m || comercio al por ~ *Großhandel* m || precio al por ~ *Engrospreis* m || órdenes ~ es *die drei höheren (Priester)Weihen* fpl || ◊ echar por ~ figf *übertreiben, aufschneiden* || estar en meses ~ es *hochschwanger sein (Frau)* || pasar a ~ es *neue und wichtige Schritte unternehmen* || *verwickelt werden (Fall)* || → **carro, caza, fuerza, libro, palo** etc || ~ **es** mpl *Vorfahren, Ahnen* mpl
[2]**mayor** m *Oberste(r), Vorsteher* m || *Bürochef* m || Am ⟨Mil⟩ *Major* m (Span = **comandante**)
mayo|ral m *Ober|hirt, -knecht, Schaff(n)er* m

mayorazgo — mecedora 730

e-r Meierei || ⟨Agr⟩ Arbeiteraufseher, Vorarbeiter m || Arg Straßenbahnschaffner m || △Häscher m || △Landrichter m || ~ de la plaza ⟨Taur⟩ Aufseher m der Arena || **-razgo** m Ritter-, Majoratsgut n || Fideikommiß n || Majoratsherr m || Majoratserbe m || fam Erstgeburtsrecht n
mayorci|llo, -to adj dim v. **mayor** || halb erwachsen (Kind)
mayordo|ma f Verwalterin f || prov Wirtschafterin f e-s Pfarrers || **-mía** f Gutsverwaltung f || **-mo** m Haushofmeister m || Haus-, Gutsverwalter m || Wirtschaftsverwalter, Meier m || ⟨Mar⟩ Obersteward m || Pe Hausdiener m || ~ mayor Oberhofmarschall m im kgl Palast || **-na** f pop = **-ma**
mayoreo m Am Großhandel m
mayo|ría f Majorität f || Überlegenheit f, Vorzug m || Vortrefflichkeit f || ⟨Jur⟩ Voll-, Groß-| jährigkeit f || ⟨Pol⟩ Stimmenmehrheit f || allg Mehrheit f || en la ~ de los casos meistens, meistenteils || ◊ obtener ~ de votos ⟨Pol⟩ Stimmenmehrheit erlangen || **-ridad** f Voll-, Groß-| jährigkeit f || **-rista** m Grossist, Großhändler m || **-ritario** adj majoritär || in der Mehrheit befindlich, Mehrheits-
mayormente adv größtenteils || besonders, insbesondere || vorzüglich, hauptsächlich || eigentlich, sozusagen || zumal
Mayto f pop Tfn = **Angelita**
mayueta f Sant Wilde Erdbeere f
mayúscu|la f Großbuchstabe, großer (Anfangs-) Buchstabe m, Majuskel f || tecla (de) ~ s Umschalttaste f (Schreibmaschine) || ◊ escribirse con ~ großgeschrieben werden || **-lo** adj ⟨Typ⟩ groß (Buchstabe) || fam groß, heftig || riesig || ungemein || letra ~ a ⟨Typ⟩ Majuskel f
maza f Keule f, (Streit)Kolben m || Zeremonien-, Amts|stab m || Block, Klotz m || Rammbär m || ⟨Tech⟩ Stößel m
maza|cón, ona adj ungeschlacht, roh || **-cote** m Kalkmörtel m || fig Tölpel m || → **amazacotado** || **-da** f Keulenschlag m || fig derber Schlag m, Kränkung f
mazamo|rra f ⟨Mar⟩ Zwiebackbrei m || Zwiebackbrocken m || fig Brocken m(pl) || Pe Maisbrei m || **-rrero** m/adj Pe Beiname der Einwohner Limas || Maisbrei|verkäufer bzw -esser m
mazapán m Marzipan m || ~ de almendra Mandel(zucker)brot n || ~ de Toledo (de Lübeck) Marzipan m aus Toledo (Lübecker Marzipan)
mazar [z|c] vt schlagen || buttern (Milch)
mazarí m Fußboden|platte, -fliese f
Mazarino m np Mazarin
mazdeís|mo m ⟨Rel⟩ Mazdaismus m || **-ta** m/adj Mazdaist m
mazmorra f unterirdischer Kerker m, Verlies n
mazo m ⟨Hydr⟩ Ramm|klotz, -bär m || (hölzerner) Schlägel, Klöpfel, Klopfer m || Stempel m (in Pochwerken) || ⟨Typ⟩ Klopfholz n || Bündel n (Zigarren) || Strähne f (Wolle) || fig plumper Mensch m || ~ para carne Fleischklopfer m || ◊ a Dios rogando, y con el ~ dando hilf dir selbst, so hilft dir Gott
mazonado adj ⟨Her⟩ gemauert
mazonería f Mauerwerk n || Relief n
mazorca f Mais-, Rohrkolben m || Kakaoschote f || Arg ⟨Hist⟩ fig Diktatur f
mazo|rra f große Keule f || **-rral** adj grob, plump
mazurca f ⟨Mus⟩ Mazurka f || △Gamasche f
mazut m Heizöl n
mbaracayá m arg. Wildkatze f
m/c Abk = **mi cuenta** || **mi cargo**
mco, mc(o)s Abk = **marco(s)**
Md. Abk = **Madrid**
m/e Abk = **mi entrega**
M.ᶜ Abk = **Madre**
me pron mir || mich || △ich || ◊ yo ~ lavo ich wasche mich || se ~ (pop u Am & ~ sc) ofrece es wird mir (an)geboten || ~ (lo) dice er sagt (es) mir || ¡dímelo! sage es mir! || ¿quieres decírmelo? willst du es mir sagen? || alejaré~ (neben ~ alejaré, bes im Buchstil) ich werde mich entfernen || ¿qué ~ (= ethischer Dativ) le hacen? was treibt man denn mit ihm? (bes Vizc) || yo sé lo que ~ hago ich weiß wohl, was ich tue
mea f fam Harnen, pop Pissen n
mea|da f Harnen, pop Pissen n || pop Piß m || Pißlache f || pop Pißflecken mpl || ◊ echar una ~ pop pissen (od pinkeln) gehen || **-dero** m Pissoir n, pop Pißwinkel m || Chi das männliche Glied || **-dos** mpl Urin, Harn m, pop Pisse f || **-dura** f Pissen n
meaja f ⟨Hist Jur⟩ Vollstreckungsgebühr f || ~ de gallo fam = **galladura**
meandro m Krümmung, Schleife, Schlinge f, Mäander m (Fluß, p.ex Weg usw) || ⟨Arch⟩ Mäander(linie f) m (Friesverzierung) || ~ s mpl Windungen fpl || ◊ hacer (od describir) ~ sich winden, sich schlängeln (a través de durch)
mear vt harnen, pop pissen || ◊ ~ fuera del tiesto pop vulg von der Sache abgehen, fehlgehen || no son hombres todos los que mean en pared pop der Schein trügt || ~ **se** vr pop in die Hose pissen || ◊ ~ (de risa) pop sich totlachen || → orinar
meato m ⟨An⟩ Körper|kanal, -gang, Meatus (lat) m
meauca f ⟨V⟩ = **pardela**
Meca f Mekka (arab. Stadt) || ◊ andar de la Ceca a la ~ (od de Ceca en ~) figf von Pontius zu Pilatus laufen || la ~ del cine fig Hollywood
¹**meca** f Chi Tierkot m
²**meca** f fam Tippse f
¡mecachis! pop Donnerwetter! verflixt noch mal! (mildernd für ¡me cago!)
mecada f Mex Blödsinn m
mecánica f Mechanik f || Maschinenbautechnik f || Getriebe n || ~ celeste Himmelsmechanik f || ~ cuántica ⟨Phys⟩ Quantenmechanik f || ~ ondulatoria ⟨Phys⟩ Wellenmechanik f || ~ de precisión Feinmechanik f
mecanicismo m ⟨Philos⟩ mechanistische Welt-| anschauung bzw -erklärung f
mecánico adj mechanisch || maschinell || fig handwerksmäßig, gemein || fig maschinenmäßig, unwillkürlich || candado ~ Patenthängeschloß n || ~ m Mechaniker m || pop (Kraftwagen)Führer m || ~ de automóviles Autoschlosser m || ~ dentista Zahntechniker m
meca|nismo m Mechanismus m || Technik, Kunstfertigkeit f || Vorrichtung f || Getriebe n || Apparat m, Gerät n || ~ alimentador Zuführungseinrichtung f || ~ de arranque Anlaßvorrichtung f || ~ de cierre Verschlußeinrichtung f || ~ de llamada ⟨Tel⟩ Anrufvorrichtung f || ~ propulsor Antriebsvorrichtung f || **-nización** f Mechanisierung f || ~ de la agricultura Mechanisierung f der Landwirtschaft || **-nizar** [z|c] vt mechanisieren || mechanisch bearbeiten
¹**mecano** m Baukasten m
²**mecano** adj/s aus Mekka
meca|nógrafa f Stenotypistin f, pop Tippfräulein n, Tippse f || **-nografía** f Kunst f des Maschinenschreibens || Maschinenschreiben n || Maschinenschrift f || **-nografiar** [pres -io] vt/i auf Maschine (ab)schreiben || mit der Maschine schreiben || **-nógrafo** m Stenotypist m
mecano|terapia f ⟨Med⟩ Mechanotherapie f || **-tipista** f ⟨Typ⟩ Setzer m an der Setzmaschine △**mecar** vt (zu)lassen
mecasúchil m Am ⟨Bot⟩ (Art) Pfeffer m (Piper amalago)
mecate m Am Bindfaden m
mece|dor m/adj Schaukel f || Schaukelstuhl m || Rührlöffel m || **-dora** f Schaukelstuhl m

Mece|nas *m np Mäzenas, Maecenas* m || fig *Mäzen* m || **=nazgo** *m Mäzenatentum* n
mecer [c/z] vt *(ein)wiegen* || *schaukeln* || Ast *melken* || **~ se** *sich schaukeln*
mecida *f* fam *Schaukeln* n || *Wiegen* n
Mecklemburgo *m Mecklenburg* n
△**mecli** *f Gasse, Straße* f
¡mecón! *m* Chi pop *Donnerwetter!*
meconio *m* ⟨Med⟩ *Kindspech, Mekonium* n || ⟨Pharm⟩ *Mohn(kopf)saft* m
mecual *m* Mex *Agavenwurzel* f
mecha *f Docht* m || ⟨Mil⟩ *Lunte* f || *Haarsträhne* f || *Zündschnur* f || ⟨Mar⟩ *Ruderschaft* m || ⟨Web⟩ *Vorgarn* n || *Zigarrenanzünder* m *(mit Docht)* || ⟨Kochk⟩ *Speck* m *zum Spicken* || △*geschickter Taschendiebstahl* m || Am *Hohn, Spott* m || Col *Schundware* f || ~ *redonda Runddocht* m || ◊ *aguantar* ~ figf *alles geduldig ertragen, breite Schultern haben*
Mecha *f* Am Tfn pop = **Mercedes** || = **María**
mechado *m gespickter Braten* m
¹**mechar** vt *spicken* || *einbrennen (Wein)* || *dichten (Weinfässer)* || ◊ *carne mechada con tocino gespicktes Fleisch* n || *durchwachsener Speck* m
²**mechar** *m Spicknadel* f *(für Braten)*
meche|ra *f Spicknadel* f || ⟨Web⟩ *Vorspinnmaschine* f, *Flyer, Fleier* m || pop *Ladendiebin* f || **-ro** *m (Lampen)Brenner* m || *Taschenzünder* m, *Feuerzeug* n *(mit Docht)* || ~ (de) Bunsen *Bunsenbrenner* m || ~ *incandescente Gasstrumpf* m || ~ de gas *Gasbrenner* m || ~ de pintor *Malerbrenner* m
mechificar [c/qu] vt Am *prellen, anschmieren*
mechinal *m* ⟨Arch⟩ *Entwässerungsloch* n || *Rüstloch, Stützbalkenloch* m || p.ex figf *enge Wohnung* f, *Loch* n
mechón *m Stirnhaar* n, *Strähne* f || *Strohwisch* m || ~ de pelo *Haarbüschel* m
mecho|near vt Col *zerzausen*
△**mechuza** *f Geld* n || *Rausch* m
Med. Abk = **Mediano** || **Medicina**
meda|lla *f Medaille* f || *Rundbild* n || fig *Scheibe* f || Col *Goldunze* f || ~ *militar Kriegsdenkmünze* f, *Orden* m || span. *Tapferkeitsauszeichnung* f || **-llón** *m Medaillon* n || *Haarkapsel* f || ⟨Kochk⟩ ⟨Art⟩ *Pastete* f, *Medaillon* m
medanal *m* Mex Chi *morastiges Gelände* n
médano *m Düne* f || *Sandbank* f || Chi *Sumpf, Morast* m
medanoso adj *voller Dünen*
media *f Strumpf* m || *Durchschnitt(swert)* m, *Mittel* n || ⟨Sp⟩ *mittlere Geschwindigkeit* f || *Läuferreihe* f *(Fußball)* || ⟨Taur⟩ *Mittelstoß* m || fam *halbe Stunde* f || ~ *anual Jahresdurchschnitt* m || ~ *aritmética arithmetisches Mittel* n || ~ *atravesada*, ~ *caída*, ~ *delantera*, ~ *ladeada* ⟨Taur⟩ *verschiedene Arten von Degenstichen* || ~ *corta*, ~ *de deporte Kniestrumpf* m || ~ de goma *Gummistrumpf* m *(gegen Krampfadern)* || ◊ ha dado la ~ *es hat halb geschlagen (Uhr)* || **~s** *pl:* ~ de señora *Damenstrümpfe* mpl || ~ (de) color carne *fleischfarbene Damenstrümpfe* mpl || ~ de lana *wollene Strümpfe* mpl || ~ de punto *gestrickte Strümpfe* mpl
mediacaña *f* ⟨Zim⟩ *Hohlkehle* f || ⟨Metal⟩ *Halbrundstahl* m
media|ción *f Vermittlung* f || *Schlichtung* f || por ~ de *vermittels, durch* || *(Vermittlung)* (gen) *über* (acc) || **-do** adj *halb vergangen, Halb-* || hasta ~ el día *den ganzen Nachmittag* || ~ a la tarde *am Spätnachmittag* || estar ~ (de) *halbvoll sein (Gefäß, Glas)* || a ~s de Enero *Mitte Januar* || hacia ~s de Marzo *gegen Mitte März* || **-dor** *m Vermittler* || *Mittelsmann* m || adj *vermittelnd* || **-l** adj ⟨Li⟩ *in Wortinnern (Konsonant)* || *medial* || **-luna** [*pl* **medialunas**] *f Hackmesser* n || *Hörnchen* n *(Gebäck)* || → a **luna** || **-na** *f* ⟨Math⟩ *Mediane* f || **-namente** adv *mittelmäßig* || un *hombre* ~ *rico ein leidlich wohlhabender Mensch* m || ◊ eso no es ni ~ *decente* fam *das ist durchaus nicht anständig* || quedar ~ fam *es ist mittelmäßigen Erfolg haben* || *sich nicht sehr auszeichnen* || **-nejo** adj fam dim v. **mediano** || ◊ estoy ~ fam *es geht mir einigermaßen,* fam *es geht mir so lala* || **-nería** *f Trennmauer, Scheidewand* f || **-nero** adj *dazwischenliegend, Zwischen-* || persona ~ a *Mittelsperson* f || ~ *m Vermittler, Mittelsmann* m || ⟨Jur⟩ *Eigentümer m der Hälfte (e-s Doppelhauses, e-r Doppelwohnung usw)* || Am *Halbpächter* m || **-nía**, **-nidad** *f Mittelmaß* n || *Mittelmäßigkeit* f || **-no** adj *von mittlerer Größe, Art* || fig *mittelmäßig* || fig *elend, minderwertig* || fig *annehmbar* || ~ de cuerpo *von mittlerem Körperwuchs* || **-noche** *f Mitternacht* f || ~ [*pl* **mediasnoches**] ⟨Kochk⟩ *gefülltes Hefekleingebäck* n || a ~ *um Mitternacht*
¹**mediante** adv *vermittels, mittels, vermöge* || *mit, durch* || Dios ~ *mit Gottes Hilfe, so Gott will*
²**mediante** *f* ⟨Mus⟩ *Mediante* f
mediar vt *dazwischen kommen* || *in der Mitte liegen* || *sich ins Mittel legen, vermitteln* || *schlichten (Streit)* || *halb verflossen sein (Zeit)* || *verstreichen (Zeit)* || *sich (inzwischen) ereignen* || ◊ ~ con alg. *jds Vermittler sein* || ~ *entre los contrarios zwei Gegner zu versöhnen suchen* || ~ por alg. *sich für jdn einsetzen* || al ~ de la mañana *als der Vormittag zur Hälfte verstrichen war* || *median estrechas relaciones entre las dos casas die beiden Firmen stehen in enger Geschäftsverbindung* || *mediaban los días de Mayo es war Mitte Mai* || **~ se** *gewechselt werden (Worte)*
mediastino *m* ⟨An⟩ *Mittelfell* n
mediatamente adv *mittelbar, indirekt*
media|tinta [*pl* **mediastintas**] *f* ⟨Mal⟩ *Halb|ton, -schatten* m || *Mezzotinto* n
mediati|zación *f* bes ⟨Pol⟩ *Mediatisierung, entscheidende Beeinflussung* f || **-zar** vt *mediatisieren*
mediato adj *mittelbar, indirekt*
mediatriz *f* ⟨Math⟩ *Mittel|lot* n, *-senkrechte* f
media vita in morte sumus lat *Mitten wir im Leben sind von dem Tod umfangen (mittelalterliche deut Übersetzung)*
médica *f Ärztin* f || fam *Arztfrau* f
medi|cable adj *heilbar* || **-cación** *f Heilverfahren* n, *Kurmethode* f || *Arzneiverordnung* f || **-camentar** vt/i *mit Arzneien versorgen* || *mit Heilmitteln behandeln* || **-camento** *m Arznei* f, *Arznei-, Heilmittel, Medikament* n || **-camentoso** adj *heilkräftig, medikamentös, Heil-* || ~ vino ~ *Medizinalwein* m || **-castro** *m* desp *Quacksalber, Kurpfuscher, Scharlatan* m || → a **matasanos**
medi|cina *f Medizin, Heilkunde* f || *Medizin, Arznei* f, *Arzneimittel* n || ~ *aeronáutica Luftfahrtmedizin* f || ~ *clínica klinische Medizin* f || ~ *doméstica*, ~ popular *Haus|medizin* f, *-mittel* npl || "~ general" *"praktischer Arzt", "Arzt für Allgemeinmedizin" (auf Schildern)* || ~ *interna innere Medizin* f || ~ *legal Gerichtsmedizin* f || ~ mental = **(p)siquiatría** || ~ *naturista Naturheilkunde* f || ~ *operatoria* = **cirugía** || ~ *preventiva* = **higiene** || ~ *(p)sicosomática psychosomatische Medizin* f || ~ *social Sozialmedizin* f || ~ *del trabajo*, ~ *laboral Arbeitsmedizin* f || ~ *tropical Tropenmedizin* f || ~ *veterinaria Veterinärmedizin* f || *estudiante de* ~ *Medizinstudent* m || *facultad de* ~ *medizinische Fakultät* f || **-cinal** adj *Heil-, Medizin(al)-* || *hierba* ~ *Heilkraut* n || vino ~ *Medizinalwein* m || **-cinar** vt *jdm Arznei verabreichen* || **~ se** *Arznei nehmen*
medición *f (Ab-, Ver)Messung* f || ~ *escalonada* ⟨Top⟩ *Stufenmessen* n || ~ *de las ondas* ⟨Radio⟩ *Wellenmessung* f || *aparato (instrumento) de* ~ *Meß|gerät, (-instrument)* n
médico adj *ärztlich* || *medizinisch* || *Heil-, Medizin(al)-* || *ciencias* ~*as Medizin* f || ~ *-legal*

gerichtsärztlich || examen ~ *gerichtsärztliche Untersuchung* f || ~ *m Arzt* m || ~ asistente *Assistenzarzt* m || ~ de cabecera *Hausarzt* m || ~ *Leibarzt* m *(bei Persönlichkeiten)* || ~ de cámara *kgl Leibarzt* m || ~ de consulta *zugezogener Arzt* m || ~ de enfermedades de la mujer, ~ ginecólogo *Frauenarzt* m || ~ de estado mayor *Stabsarzt* m || ~ forense *Gerichtsarzt* m || el ~ del hogar *Hausarzt* m *(Buch)* || ~ (en) jefe, primer ~ *Oberarzt* m || ~ de medicina general *praktischer Arzt, Arzt* m *für Allgemeinmedizin* || ~ militar *Militärarzt* m || ~ sin visitas *Arzt* m *ohne Patienten* || ◊ hacerse examinar *(od* auscultar*)* por el ~ *sich ärztlich untersuchen (auskultieren) lassen*
medicucho *m* fam desp *Quacksalber, Kurpfuscher, Scharlatan* m || → a **matasanos**
medi|da *f Maß* n, *-stab* m || *Messen* n, *(Aus-) Messung* f || *Maß|regel, -nahme* f || *Silben-, Versmaß* n || ⟨Mus⟩ *Taktmaß* n || *Bedacht* m, *Überlegung* f || ~ agraria, ~ de superficie *Flächenmaß* n || ~ (de capacidad) para áridos *Trockenmaß* n || ~ de capacidad *Raum-, Hohlmaß* n || ~ longitudinal *Längenmaß* n || ~ para líquidos *Flüssigkeitsmaß* n || ~ métrica *Metermaß* n || ~ de precisión *Präzisionsmessung* f || ~ rigurosa *(od* coercitiva*) Zwangsmaßregel* f || traje a ~ *Anzug* m *nach Maß* || a ~ *de gemäß* (dat), *nach Maßgabe* (gen) || a ~ que *sowie* || *während* || *je nachdem* || a ~ que decía *während, wobei er sagte* || a ~ que vayas trabajando ... *während, im Laufe der Arbeit* ... || a ~ del deseo *dem Wunsche gemäß* || con ~ *maßvoll, mit Bedacht* || en la ~ de nuestras fuerzas *nach Kräften* || ◊ adoptar una ~ *zu e-r Maßnahme greifen, e–e Maßnahme ergreifen od treffen* || se ha colmado la ~ fig *das Maß ist voll* || no en la ~ que esperábamos *nicht in dem Maße, wie wir erwarteten* || guardar la ~ *Maß halten* || sich mäßigen || tomar la ~ *das Maß nehmen (zu e–m Kleide)* || ~s *pl*: ◊ ajustar las ~ a alg. fig *jdn zurechtweisen* || tomar sus ~ fig *seine Vorkehrungen, seine Maßnahmen treffen* || tomar *(od* adoptar*)* ~ enérgicas *energisch vorgehen* || **-damente** adv *mit Bedacht* || **-dor** *m (Ver) Messer* m || *Meßgerät* n || ~ de corriente ⟨El Hydr⟩ *Stromzähler* m (→ a **contador**)
medie|val adj *mittelalterlich* || época ~ *Mittelalter* n || **-validad** *f Mittelalterlichkeit* f || **-valismo** *m Mediävistik* f || **-valista** *m Mediävist* m || **-vo, =vo** *m Mittelalter* n
medio adj/adv *halb, zur Hälfte, halbwegs* || *Mittel-, Zwischen-* || *durchschnittlich* || *mittelmäßig* || ~ billete *halbe Fahrkarte* f || *Kinderbillet* n || ~a caña ⟨Typ⟩ *fettfeine Linie* f || botas de ~a caña *(Damen) Halbstiefel* mpl || *kurze Militärschaftsstiefel* mpl || ~ centro ⟨Sp⟩ *Mittelläufer* m *(Fußball)* || ~ hermano *Halbbruder* m || ~a hora *halbe Stunde* f || hora y ~a *anderthalb Stunde* f || ~a lana *Halbwolle* f || ~a latinidad *Vulgärlatein* n || ~a luna *Halbmond* m || → **medialuna** || ~ luto *Halbtrauer* f || △~ mundo *Regenschirm* m || ~a naranja *halbe Apfelsine* f || figf *Ehehälfte, bessere Hälfte* f || ~a noche = **medianoche** || era ~a mañana *es war in der Mitte des Vormittags* || ¡ni ~a palabra! pop *abgemacht!* || *kein Wort darüber!* || *sage niemandem etwas!* || ~ tiempo ⟨Sp⟩ *Halbzeit* f || ~as tintas ⟨Typ⟩ *gebrochene Farben* fpl || ⟨Mal⟩ *Halbtöne* mpl || fig *Halbheiten* fpl || ~ vacío, ~ desnudo *halb|leer, -nackt* || edad ~a, ~a edad *Mittelalter* n || de ~a edad ~ *a mittelalterlich* || de ~a edad *von mittlerem Alter* || velocidad ~a *Durchschnittsgeschwindigkeit* f || dos, tres y ~ *dritt-, vierthalb* || por término ~ *im Durchschnitt, durchschnittlich* || tonto y ~ fam *erzdumm* || a ~ abrir *halboffen (Tür)* || a ~ asar *halb gebraten* || a ~ camino *halbwegs* || a ~ cocer, ~ cocido *halbgar* || a ~ hacer, ~ hecho *halbgar (Speise)* || *halbfertig* ||

a ~a luz *im Halbschatten* || a ~a melena *halblang geschnitten (Haar)* || gente de ~ pelo figf *kleine Leute* f || a ~ vestir *halb angekleidet* || a ~a voz *halblaut* || son las cinco y ~a *es ist* $^1/_2$ 6 *Uhr* || dar ~a vuelta *sich umdrehen, kehrtmachen* || ¡~a vuelta ... ar! ⟨Mil⟩ *kehrt ... um!* || dormido a ~s *halbschlafend*
²**medio** *m Mitte* f || *Hälfte* f || *(Hilfs) Mittel* n || *(Auskunfts-) Mittel* n, *Ausweg* m || ⟨Opt Phys Biol Jur⟩ *Medium* n || ⟨Biol Soz⟩ *Umwelt* f, *Milieu* n || *Medium* n *(z. B. im Spiritismus)* || *Durchschnitt* m, *Durchschnittszahl* f || *halbes Glas* n *(Wein)* || fig *Sphäre* f, *Lebens-, Wirkungskreis* m || ⟨Sp⟩ *Läufer* m *(Fußball)* || ~ ambiente, ~ circundante ⟨Ökol Philos⟩ *Umwelt* f || protección del ~ ambiente *Umweltschutz* m || teoría del ~ (ambiente *od* circundante) ⟨Ökol⟩ *Umwelttheorie* f || ~ de cambio *Tauschmittel* n || ~ centro *Mittelläufer* m *(Fußball)* || ~ por ciento $^1/_2\%$, *ein Halb vom Hundert* || ~ de cultivo *Kulturboden* m *(für Bakterien, für subversive Ideen)* || ~ de envío *Versandweise* f || ~ nutritivo ⟨Med Biol⟩ u fig *Nährboden* m || en ~ de la noche *um Mitternacht* || ~ de recepción ⟨Radio⟩ *Empfangsmittel* n || ~ de sintonización ⟨Radio⟩ *Abstimmittel* n || compartim(i)ento del ~ *Mittel|fach, -abteil* n || de ~ a ~ *zur Hälfte* || *vollständig* || de por ~ *(da)zwischen* || *halbwegs* || en ~ de *arriba vom Gürtel aufwärts* || en ~ de todo *trotz alledem* || en ~ del invierno *im tiefsten Winter* || en ~ de eso *trotzdem, dessenungeachtet* || por ~ *in der Mitte* || por ~ de *(ver)mittels* (gen) || por en ~ *mitten durch* || día por ~ *Am alle zwei Tage* || ◊ asir por el ~ *in der Mitte halten (Stock)* || se engaña V. de ~ a ~ *Sie irren sich vom Anfang bis zu Ende* || pasó por ~ de la muchedumbre *er ging durch die Menge* || *hindurchgegangen* || meterse en ~ fig *in e–m Streit vermitteln* || no hay ~ de convencerle *er ist nicht zu überzeugen* || no hay ~ de hacerlo *es ist unmöglich* || ponerse de por ~ *sich ins Mittel legen* || quitar de en ~ figf *aus dem Wege räumen* || quitarse de en ~ figf *aus dem Wege gehen* || en el (término) ~ está la virtud *der Mittelweg ist der beste* || ~s *pl Mittel* npl || *Medien* npl || ~ de comunicación *Verkehrsmittel* npl || ~ de comunicación (de masas) ⟨Soz Pol Wir⟩ *Massenmedien, -kommunikationsmittel* npl || ~ de fortuna *Vermögensumstände* mpl, *Mittel* npl || ~ pacíficos *friedliche Mittel* npl || ~ de producción *Produktionsmittel* npl || corto de ~ *knapp an Geld*, *unbemittelt* || falto (*od* desprovisto) de ~ *mittellos* || línea de ~ ⟨Sp⟩ *Mittellinie* f || ◊ salir a los ~ ⟨Taur⟩ *den Stier in der Mitte der Arena bekämpfen (Stierfechter)*
medio|**cre** adj *mittelmäßig* || *durchschnittlich* || *gewöhnlich* || muy ~ fig *mangelhaft* || **-cridad** *f Mittelmäßigkeit* f || **-día** *m Mittag* m, *Mittagszeit* f || ⟨Süden m⟩ ⟨Mar⟩ *Südwind* m || gente(s) del ~ (☼) *Südländer* mpl || lado de ~ *Sonnenseite* f || a ~ *mittags* || *um zwölf Uhr* || del ~ *aus dem Süden* || *Süd-* || ◊ hacer ~ *Mittagsrast halten* || **-eval** = **medieval** || **-evo** *m Mittelalter* n || **-pelo** *m/adj Am Mulatte, Mischling* m
mediquillo *m* fam *junger Arzt* m || desp = **medicucho**
medir [-i-] vt *messen* || *aus-, ab-, ver|messen* || fig *ab|wägen, -schätzen* || fig *bemessen* || fig *beurteilen* || ◊ ~ las armas con alg. *mit jdm die Waffen kreuzen* || ~ las costillas a alg. figf *jdn durchbläuen* || ~ las fuerzas con alg. *es mit jdm aufnehmen* || ~ a palmos *nach Spannen messen* || ~ por varas *nach Ellen messen* || ~ sus fuerzas con alg. s–e *Kräfte mit jdm messen* || ~ sus *(od* las*)* palabras fig *seine Worte auf die Goldwaage legen, sich vorsichtig ausdrücken* || *sich s–n Ausdrücken mäßigen* || ~lo todo por un rasero fig *alles über e–n Kamm scheren* || le hizo ~ el suelo fig *er streckte ihn zu Boden* || ~**se** *sich mäßigen* || *vorsichtig*

sein (en *mit* dat) || *sich messen* (con *mit jdm* dat)
medita|bundo adj *nachdenklich, grübelnd* || **-ción** f *Nachdenken, (Nach)Sinnen* n || *Betrachtung* f || fig *Versunkenheit* f || *Andacht* f, *stilles Gebet* n || ⟨Mus⟩ *Meditation* f || ◊ sumergido en sus ~ es fig *in seinen Gedanken versunken* || **-dor** adj/s *betrachtend* || *meditierend* || *nachdenklich* || *grüblerisch* || ~ m *Betrachter* m || fig *Grübler* m
medi|tar vt|i *betrachten, überlegen, nachdenken über* (acc) || *meditieren* || ~ vi *nachdenken, grübeln* (en, sobre *über* dat) || **-tativo** adj *nach|denklich, -sinnend* || *besinnlich*
mediterráneo adj *mittelländisch* || *mediterran* || *Mittelmeer-* || ciudad ~a *Binnenstadt* f || *Stadt* f *am Mittelmeer* || Mar ⁓ *das Mittelländische Meer, das Mittelmeer* || fauna ~ a *Mittelmeerfauna* f || raza ~ a *mediterrane* (od *westische*) *Rasse* f (→ **raza** europea occidental) || ◊ descubrir el ⁓ *längst Bekanntes entdecken* bzw *erfinden*
médium [..djun] m *Medium* n (*Spiritismus*)
mediumnístico, mediúmnico adj *mediumistisch, Medium-*
medo adj *medisch* || ~ m *Meder* m
medra f *Gedeihen, Wachsen* n || *Blühen* n
medrado adj *gesund, rüstig* || *erwachsen* (bes Sant) (→ **crecido**) || fig *sozial aufgestiegen* || fig *reich geworden* || ~ m fam *Emporkömmling* m || ◊ ¡~ s estaríamos! pop *das fehlte (gerade) noch!*
medrar vi *gedeihen* || *wachsen* (bes Sant) (→ **crecer**) || fig *sozial aufsteigen* || fig *vorwärtskommen* || fig *sich bereichern*
medro m = **medra** || ◊ procurar su ~ personal *auf seinen Vorteil bedacht sein* || ~ s pl *Fortschritte* mpl
medroso adj/s *furchtsam* || *zag(haft)* || *fürchterlich* || *nicht geheuer*
medu|la, médula f *Mark* n *(der Pflanzen, der Knochen &* fig*)* || *Kern* m *des Holzes* || fig *Kern* m || fig *Mark* n || ~ espinal ⟨An⟩ *Rückenmark* n || ~ oblonga⟨An⟩ *verlängertes Mark* n || ~ ósea ⟨An⟩ *Knochenmark* n || muebles de ~ *Rohrmöbel* npl || persona sin ~ pop *geistloser Mensch* m || hasta la ~ figf *durch und durch, bis ins Mark* || **-lar** adj *Rückenmark(s)-* || fig *Kern-* || anestesia ~ ⟨Med⟩ *Rückenmarkanästhesie* f || cuestión ~ fig *Kernfrage* f
medusa f ⟨Zool⟩ *Meduse, Qualle* f (geschlechtliche Quallenform der Nesseltiere)
Medusa f ⟨Myth⟩ *Meduse* f || cabeza de ~ *Medusenhaupt* n
meeting m engl = **mitin**
Mefis|tófeles m *Mephisto* m || **⁓tofélico** adj *mephistophelisch,* p.ex *teuflisch* (& fig)
mefítico adj *mephitisch, pestartig, giftig (Luft, Gas)*
mega präf *Mega-*
megaciclo m ⟨Radio⟩ *Megahertz* n
megáfono m *Megaphon, Sprachrohr* n
mega|lítico adj *megalithisch, Megalith-* || cultura ~ a *Megalithkultur* f || sepultura ~ a *Megalithgrab* n || **-lito** m *Megalith* m
megalomanía f ⟨Med⟩ *Größenwahn* m, *Megalomanie* f
megaterio m ⟨Paläont⟩ *Megatherium* n
megatonelada f *(Gewicht) Megatonne* f (Abk Mt) || ⟨Nucl⟩ *Megatonne* f (Abk *MT*)
Megera f ⟨Myth⟩ *Megäre* f || ⁓ f fig *Megäre* f, *böses Weib* n
mego adj *sanft, nachgiebig*
megohmio m ⟨El⟩ *Meg(a)ohm* n
mehal(l)a f Marr ⟨Mil⟩ *Truppe* f
meiga f Gal León *Hexe, Zauberin* f || ~ adj *zauberisch* || *Hexen-, Zauber-* || ojos ~ s *bezaubernde* (od *verführerische*) *Augen*
Mein → **Francfort**
mej. Abk = **mejor**
mejica|na f *Mexikanerin* f || **-nismo** m *Mexikanismus* m, *mex. Spracheigentümlichkeit* f || **-no** adj *mexikanisch* || ~ m *Mexikaner* m || *mex. Sprache* f
Méjico m *Mexiko*
mejido adj *mit Zucker und Wasser eingerührt (Eigelb)*
mejilla f *Wange, Backe* f
mejillón m ⟨Zool⟩ *(eßbare) Mies-, Pfahl-| muschel* f (Mytilus edulis)
mejillonera f *Bank* f *für Muschelzucht*
mejón pop = **mejor**
¹**mejor** adj/s (comp v. **bueno**) || *besser* || *höher* || el ~ *der Bessere* || *der Beste* || lo ~ *das Bessere* || *das Beste* || el ~ de todos *der Beste von allen* || el ~ día *e–s schönen Tages, an ersten besten Tage* || a lo ~ fam *vielleicht* || *unter Umständen, womöglich* || ◊ pasar a ~ vida fig *sterben, hinscheiden* || lo ~ es que (subj) *es ist am besten, daß*
²**mejor** adv *besser* || *am besten* || *mehr* || *lieber* || ~ dicho, por ~ decir *besser gesagt* || *eigentlich* || ~ que ~ *so ist's besser, um so besser* || a lo ~ no viene (od vendrá) fam *er wird kaum kommen, vielleicht kommt er nicht* || a cual ~ *um die Wette* || como ~ pudo, lo ~ que pudo *so gut er konnte* || lo ~ posible *auf die beste Art* || *so gut wie möglich* || cuanto antes ~ *je eher, je lieber* || tanto ~ *desto besser* || ¡~! *um so besser!* || estar ~ *sich wohler fühlen (Kranker)* || ◊ ~ quiero morir que … *ich will lieber sterben, als …* || de ~ en ~ *vom Guten zum Besseren* || está ~ *es geht ihm besser* || lo que ~ le plazca *ganz nach Ihrem Belieben* || Juan es el que lo hace ~ *Hans macht es am besten* || → **más**
mejo|ra f *(Ver)Besserung* f || *Zunahme, Erweiterung, Vermehrung* f || *Neuerung* f || *Aufbesserung* f || ⟨Tech⟩ *Veredelung* f *(Waren)* || *Vergütung* f *(Stahl)* || *Erholung* f *(Kurs)* || ⟨Agr⟩ *Melioration* f *(Boden)* || ⟨Com Wir⟩ *höheres Gebot* n *(bei Versteigerung)* || *Zuwendung* f || ⟨Jur⟩ *Teil* m *der Erbmasse, den der Erblasser frei unter seinen pflichtteilsberechtigten Abkömmlingen verteilen kann* || ~s *sociales complementarias (zusätzliche) firmeneigene Sozialleistungen* fpl || *susceptible de* ~ *verbesserungsfähig* || *tercio de* ~ ⟨Jur⟩ *für die* reichlich *nicht frei testierbares Drittel* n *der Erbmasse* || ◊ hacer ~ s *Verbesserungen vornehmen* || **-ración** f: explotaciones de ~ *Veredelungsbetriebe* mpl || **-rado** adj *gebessert, besser* || **-ramiento** m *(Ver)Besserung* f || *(Ver)Bessern* n
mejorana f ⟨Bot⟩ *Majoran* m (Majorana hortensis)
mejorar vt *aus-, (ver)bessern* || *meliorieren (Boden)* || *veredeln (Waren)* || ⟨Jur⟩ *die mejora* (→ d) *gewähren* || ~ vi *sich bessern, besser werden (Gesundheit, Wetter)* || fig *emporkommen* || ◊ ~ de condición *s–e Lebenslage bessern* || mejorando lo presente *die Anwesenden ausgenommen (Höflichkeitsformel)* || los negocios mejoran *die Geschäfte bessern (erholen) sich* || el tiempo va mejorando *das Wetter klärt sich allmählich auf* || ~ se *sich bessern, besser werden* || ¡que se mejore! *gute Besserung!*
mejorcito adj dim v. **mejor** || lo ~ fig *das Beste vom Besten* || lo ~ de la gente fam *die Creme der Gesellschaft*
mejoría f *(Ver)Besserung* f || *Erleichterung* f || *Besserung* f *(Kranker, Wetter)* || *Aufhellung* f *(Wetter)* || *⁎Überlegenheit* f || ◊ experimentar ~ *sich wohler fühlen (Kranker)*
mejunje m *Pomade, Riechsalbe* f || *Heilmittel* n, *Latwerge* f || desp *Gebräu* n
mela|da f *Honigschnitte (Brot)* || *getrocknete Marmelade(brocken)* mpl || f || **-do** adj/s *honigfarben* || *lichtbraun (Pferd)* || *hell-, gold|braun (Augen)* || ~ m *Klärsel* n, *Klarsaft* m *(Zuckergewinnung)*
△**melalar** vt *(ab)messen*
melan|colía f *Melancholie, Schwermut* f, *Trüb-*

melancólico — memoria 734

sinn m ‖ **–cólico** adj *melancholisch, schwermütig, trübsinnig*
melandro m Ast ⟨Zool⟩ = **tejón**
Melane|sia f ⟨Geogr⟩ *Melanesien* n ‖ **–sio** adj/s *melanesisch* ‖ ~ m *Melanesier* m
melanismo m ⟨Med⟩ *Mela|nismus* m, *-nose* f ‖ → a **albinismo, lutinismo**
mela|nita f ⟨Min⟩ *Melanit* m ‖ **–noma** m ⟨Med⟩ *Melanom* n ‖ **–nterita** f ⟨Min⟩ *Eisenvitriol* n, *Melanterit* m ‖ ‖ **–nuria** f ⟨Med⟩ *Melanurie* f
melar adj *Honig-*
melaza f *Melasse* f, *Sirup* m
melcocha f *verdickter Honig* m ‖ *Marzipan* m ‖ *Honig-, Pfeffer-, Leb|kuchen* m
Melchor m np Tfn *Melchior* m
melecina f pop León Sal Mex = **medicina**
¹**melena** f ⟨Med⟩ *Melaena, Schwarzruhr* f
²**mele|na** f *(Löwen)Mähne* f ‖ *Stirn|haar* n, *-lokken* fpl ‖ *langes Haar* n ‖ *Haar|schopf* m, *-büschel* n ‖ *fliegende Haare* npl ‖ pop *Künstlerhaar* n ‖ ~ *corta* (~ a lo chico, ~ a la garçonne, etc) *Bubikopf* m ‖ *Herrenschnitt* m ‖ *cortado en* ~ *kurz zugeschnitten (Haar)* ‖ *media* ~ *halblang (Haar)* ‖ *cortar a* ~ *halblang schneiden* ‖ → a **pelo** ‖ **–nudo** adj *langhaarig* ‖ ~ m p.ex *Gammler* bzw *Hippie* m (usw)
mele|ra f ⟨Bot⟩ = **lengua** de buey ‖ **–ro** m *Honigverkäufer* m ‖ *Honigtopf* m ‖ *Honigschlekker* m
meli|fago adj *honigfressend* ‖ **–fero** adj *Honig enthaltend*
melificación f *Honigbereitung* f
melífico adj *Honig bereitend* (od *erzeugend*) *(Bienen)*
meli|fluidad f fig *Süßigkeit, Lieblichkeit* f ‖ fig desp *Schmiegkeit* f ‖ **–fluo** adj *honigfließend* ‖ fig *lieblich, süß* ‖ fig desp *honig-, zucker|süß* ‖ pej *salbungsvoll, ölig*
Melilla f *Melilla* n *(span. Stadt in Marokko)*
melindre m *Honigpfannkuchen* m ‖ *Marzipanbaiser* n *(süßes Gebäck)* ‖ fig *Ziererei, Zimperlichkeit* f ‖ ◊ *hacer* ~ *(de) sich zieren, spröde sein* ‖ *hacer* ~ s *a la comida zimperlich bei Tisch sein* ‖ *no andar con* ~ s *fig energisch zu Werke gehen*
melin|drosa f fam *Zierpuppe* f ‖ **–droso** adj *geziert, zimperlich* ‖ ~ m *Zieraffe* m
melisa f ⟨Bot⟩ *Melisse* f *(Melissa officinalis)*
melitar m pop = **militar**
meloco|tón m *Pfirsichbaum* m ‖ *Pfirsich* m ‖ ~es *en almíbar eingemachte Pfirsiche* mpl ‖ **–tonar** m *Pfirsichpflanzung* f ‖ **–tonero** m ⟨Bot⟩ *Pfirsichbaum* m *(Prunus persica)*
melodía f *Melodie*, *(Sing)Weise* f ‖ *Wohlklang* m ‖ ~ *de siempre Evergreen* n/m
melódico adj *melodisch, wohlklingend*
·**melo|dioso** adj *melodiös, wohlklingend* ‖ **–drama** m ⟨Th⟩ *Melodram(a), Singspiel* n ‖ *Oper* f ‖ *Melodram(a)* n *(gesprochener Text mit Musikbegleitung)* ‖ ⟨Th⟩ *Musikbegleitung* f *zum mimischen Spiel* ‖ p.ex ⟨Th⟩ *Volks-, Rühr|stück* n ‖ fig *Melodram(a)* n ‖ *héroe de* ~ fig *Poseur* m ‖ **–dramático** adj *melodramatisch* (& fig)
melo|e m ⟨Entom⟩ *Ölkäfer, Maiwurm* m (→ **carraleja**) ‖ **–id(e)os** mpl ⟨Entom⟩ *Ölkäfer* mpl *(Meloidae)* ‖ → **triungulino**
meloja f *Honigseim* m
melojo m ⟨Bot⟩ *Flaumeiche* f *(Quercus pubescens)*
melolonta m ⟨Entom⟩ *Maikäfer* m (→ **abejorro** sanjuanero, **jorge**)
melomanía f *Melomanie, Musikliebhaberei* f
melómano m *Musikliebhaber* m
¹**melón** m *Melone* f ‖ fig *Kahlkopf* m ‖ fam *Kopf* m, fam *Birne* f ‖ fam *Schafskopf* m ‖ fam *runder, steifer Filzhut* m, pop *Melone* f
²**melón** m ⟨Zool⟩ = **meloncillo**
melo|nada f figf *Tölpelei* f ‖ figf *Dummheit* f ‖ **–nar** m *Melonen|beet* n, *-pflanzung* f ‖ **–ncillo**

m ⟨Zool⟩ *Meloncillo* m *(Unterart des nordafrikanischen Ichneumons)* ‖ **–nera** f *Melonengewächs* m ‖ **–nero** m *Melonen|pflanzer* m bzw *-verkäufer* m
melo|sidad f *Honigsüße* f ‖ *Süßigkeit* f ‖ *Süße, Lieblichkeit* f (& fig) ‖ **–so** adj *honigartig* ‖ *honigsüß* ‖ fig *süß, lieblich* ‖ fig *süßlich, zuckersüß* ‖ **–te** m *Zuckersirup* m
Melpómene f *Melpomene* f *(Muse)*
Melquíades m np *Melchiades* m (& Tfn)
melsa f Ar ⟨An⟩ *Milz* f ‖ Ar fig *Phlegma* n, fam *Ruhe* f
meluca f prov *Fischköder* m
Melusina f ⟨Myth⟩ *Melusine* f
mella f *Scharte* f *(am Messer, Degen usw)* ‖ *(Zahn)Lücke* f ‖ fig *Eindruck* m, *Wirkung* f ‖ fig *Beeinträchtigung* f, *Schaden* m ‖ ◊ *hacer* ~ fig *Eindruck machen (auf), jdn rühren* ‖ *no hacer* ~ *(en) keinen Schaden verursachen* ‖ *kein Aufsehen erregen*
mellado adj *schartig, stumpf* ‖ *zahnlückig*
mellar vt *schartig machen* ‖ fig *mindern, beeinträchtigen (Ansehen* usw*)* ‖ ◊ ~ *la honra* fig *den guten Ruf antasten* ‖ ~ **se** *schartig werden* ‖ *sich abstumpfen (Messer) (en an dat)* ‖ ◊ ~ *los dientes sich die Zähne ausbeißen*
melli|za f *Zwillingsschwester* f ‖ **–zo** adj *Zwillings-* ‖ ~ m *Zwilling (sbruder)* m ‖ ~ **s** pl *Zwillinge* mpl
memada f pop = **memez**
membra|na f *Häutchen* n ‖ *Membran(e)* f (& ⟨El⟩) ‖ *Pergament* n ‖ ~ *del himen*, ~ *virginal* ⟨An⟩ *Jungfernhäutchen* n ‖ ~ *mucosa* ⟨An⟩ *Schleimhaut* f ‖ ~ *timpánica* ⟨An⟩ *Trommelfell* n ‖ **–noso** adj ⟨An⟩ *häutig*
*****mem|brar** [-ie-] vt *in Erinnerung bringen* ‖ **–brete** m *Brief-* bzw *Tabellen|kopf* m ‖ *erster Entwurf* m, *Konzept* n ‖ *kurze briefliche Mitteilung* f ‖ **–bricar** [c/qu] vt *büßen*
membri|llate m *Quittenfleisch* n ‖ **–llero** m *Quittenbaum* m ‖ **–llo** m ⟨Bot⟩ *Quittenbaum* m *(Cydonia vulgaris)* ‖ *Quitte* f ‖ *Quittenfleisch* n ‖ *Quittenmus* n ‖ *carne, dulce de* ~ *Quittenpaste* f ‖ *jalea de* ~ *Quittengelee* n ‖ ◊ *crecerá el* ~ *y cambiará el pelillo kommt Zeit, kommt Rat*
membrudo adj *stämmig, vierschrötig*
memento m ⟨Rel⟩ *Memento* n *(der Messe)* ‖ *Merkzeichen* n
memez [pl -ces] f pop *Albernheit, Einfältigkeit* f
memo adj *albern, dumm, einfältig* ‖ ~ m *Dummkopf, Tölpel* m ‖ ◊ *hecho un* ~ figf *ganz außer sich* ‖ figf *wie ein Idiot*
memo|rable adj *denkwürdig* ‖ **–rándum** [...un] m *Memorandum* n, *Denkschrift* f ‖ ⟨Com⟩ *Memorandum* m, *Nota* f ‖ ~ *de una letra de cambio Interimswechsel* m ‖ **–rar** vt ⟨Lit⟩ *sich erinnern* (a *an* acc) ‖ **–rativo** adj *erinnernd* ‖ **–ria** f *Gedächtnis* n ‖ *Erinnerungsvermögen* n ‖ *Andenken* n ‖ *Erinnerung* f ‖ *Denkschrift* f ‖ *Jahresbericht* m ‖ *Sitzungsbericht* m ‖ *Verzeichnis* n ‖ ⟨Med⟩ *Krankengeschichte* f (~ **anamnesis**) ‖ *Speicher* m *(des Rechners)* ‖ ⟨Jur⟩ *ausführlicher Bericht* m ‖ ~ *local Ortsgedächtnis* n ‖ *falta de* ~ *Vergeßlichkeit* f, *schlechtes Gedächtnis* n ‖ *Gedächtnislücke* f ‖ *flaco de* ~ *vergeßlich* ‖ *de* ~ *auswendig* ‖ *de* ~ *de hombre seit Menschengedenken* ‖ ◊ *aprender de* ~ *auswendig lernen* ‖ *borrarse de la* ~ fig *dem Gedächtnis entfallen* ‖ *calcular de* ~ *im Kopf rechnen* ‖ *conservar (od retener) en la* ~ *im Gedächtnis behalten* ‖ *decir de* ~ *aus dem Kopfe hersagen* ‖ *hacer* ~ *de a/c (sich) an et erinnern* ‖ *ya no hay* ~ *de ello es ist schon in Vergessenheit geraten* ‖ *se me ha ido de la* ~ fig *es ist mir entfallen, ich habe es vergessen* ‖ *tener en la* ~ *gegenwärtig halten* ‖ *tener* ~ *de elefante* fig *ein Mammutgedächtnis haben* ‖ *tener* ~ *de grillo (od de gallo) ein Gedächtnis wie ein Sieb haben* ‖ *traer a la* ~ *in Erinnerung bringen* ‖ *en la* ~ *de hombres*

seit Menschengedenken || ~**s** *fpl Memoiren pl* ||
***Empfehlungen** *fpl* || ◊ dar ~ *Empfehlungen, Grüße ausrichten lassen (diese Form ist heute kaum gebräuchlich)*
memo|rial *m Erinnerungs-, Tagebuch* n || *Bittschrift, Eingabe* f || *Gedächtnisstütze* f || *Gedenkbuch* n || *Mitteilungsblatt* n || **–rión** *m fam starkes, sehr gutes Gedächtnis* n || **–rioso, –rión, ona** adj/s *mit gutem Gedächtnis* || **–rismo** *m Memoriersystem* n *(beim Lernen, im Unterricht)* || **–rístico** *adj: método (od sistema)* ~ *Memorier|system* n, *-methode* f
men. Abk = **menor** || **menos**
△**men** pron *mein(e)*
mena *f* ⟨Bgb⟩ *Erz* n || *Fördererz* n
Mena *f* pop = **Filomena**
ménade *f Mänade, Bacchantin* f
menaje *m Hausrat* m, *Möbeleinrichtung* f *e–s Hauses* || *Lehrmaterial* n *e–r Schule* || gall *Haushalt* m || *vida de* ~ *Am häusliches Leben* n
mención *f Erwähnung, Erinnerung* f || *diploma de bachillerato con* ~ *honorífica Reifezeugnis* n *mit Auszeichnung* || *digno de* ~ *erwähnenswert* || ◊ hacer ~ (de) *erwähnen* || *no puedo dejar sin* ~ *que ich will nicht unerwähnt lassen, daß*
mencio|nar vt *et erwähnen, e–r Sache gedenken, et anführen* || ◊ dejar de ~ *unerwähnt lassen* || *los artículos* **–nados** *(a continuación) die (unten) verzeichneten Artikel*
menchevi|que *m* ⟨Pol⟩ *Menschewik* m || **–quismo** *m Menschewismus* m
menda pron *pop ich* || ~ *piensa (3. Person) que m–e Wenigkeit meint, daß* || *lo dice* ~ *ich sage es*
men|dacidad *f Verlogenheit* f || *Lügenhaftigkeit* f || **–daz** [*pl* **-ces**] adj *lügenhaft, verlogen*
Mendel: leyes de ~ ⟨Gen⟩ *Mendelsche Gesetze* npl *(der Vererbung)* || ◊ aparecer *(od manifestarse) según las leyes de* ~ *mendeln*
mende|liano adj ⟨Gen⟩ *Mendelsch, Mendel-* || **–lismo** *m Mendelismus* m, *Vererbungslehre* f *des Johann Gregor Mendel (1822–1884)*
△**menderí** *f Flasche* f
mendi|cación *f Betteln* n, *Bettelei* f || **–cante** adj *Bettel-* || *orden* ~ *Bettelmönchorden* m || ~ *m Bettler* m || *Bettelmönch* m || **–cidad** *f Bettelhaftigkeit* f || *Bettelei* f || *Bettelleben* n || *Bettelstand* m || *asilo de* ~ *Armenhaus* n || ◊ verse obligado a la ~ *an den Bettelstab kommen* || **–ga** *f Bettlerin* f || **–gar** [g/gu] vt/i *betteln* || *erbetteln* || fig *inständig bitten* || **–go** *m Bettler* m || *de profesión Bettler* m *von Beruf*
mendoso adj *lügenhaft, irrig*
mendrugo *m Stück* n *Brot, Brotbrocken* m || un ~ pop *ein Bißchen* n || ◊ no tener para llevarse un ~ a la boca figf *bettelarm sein* || ~**s** *pl Brocken, Überreste* mpl *von Speisen*
meneallo = **menearlo** (→ **menear**)
menear vt *(hin und her) bewegen* || *schwenken* || *rütteln, schütteln* || *(um)rühren* || ◊ ~ la cabeza (de un lado a otro) *den Kopf schütteln* || ~ la cabeza afirmativamente *zustimmend nicken* || ~ la cola *(od el rabo) mit dem Schwanz wedeln (Hund)* || peor es meneallo fig *besser ist es, nicht daran zu rühren* || ~ se *sich bewegen, sich rühren* || figf *eilen, sich sputen* || el diente se menea *der Zahn ist locker* || ~ se vulg *wichsen, masturbieren*
Menegilda *f* Tfn *Menegildis* f || ⁓ *f* △*(Straßen)Dirne* f || fam → *criada*
Menelao *m* np *Menelaos* m
meneo *m Schwenken* n || *Bewegen, Schütteln, Rütteln* n || fam *Durchprügeln* n
menes|ter *m Not(wendigkeit)* f, *Bedürfnis* n || *Amt* n, *Dienst* m || *Geschäft* n, *Verrichtung* f || ◊ haber ~ de a/c *et nötig haben, e–r Sache bedürfen* || no habrá ~ de *man wird verzichten können auf* (acc) || es ~ (hacerlo) *es ist nötig* || *man muß (es tun)* || no tengo ~ de ello *ich brauche es nicht* ||

~**es** *pl natürliche Bedürfnisse* npl || *Dienstobliegenheiten* fpl || fam *Gerät, Handwerkszeug* n || **–teroso** adj/s *dürftig, notleidend* || ~ *m Bedürftige(r)* m
menestra *f Gemüseeintopf* m || it *Minestra* f || ~**s** *fpl trockene Hülsenfrüchte* fpl
menes|tral *m Handwerker* m || *Minne|sänger*, *-singer* m *(in Deutschland)* || *Minstrel* m *(in Frankreich und England)* || **–tralía** *f* = **artesanía**
menfítico adj *auf Memphis (Menfis) bezüglich*
meng. Abk = **menguante**
mengano *m*/adj: fulano, zutano y ~ *der und der (wenn von mehreren die Rede ist)* (→ **fulano**)
mengua *f Abnehmen* n, *Verminderung* f, *Abgang* m || *Einbuße* f || *Mangel* m, *Ermangelung, Not* f || *Armut, Dürftigkeit* f || fig *Schande* f || sin ~ *ohne jede Schmälerung*
men|guado adj/s *feig, kleinmütig* || *dumm, einfältig* || *elend* || *karg, filzig* || *unglücklich* || *knauserig* || ¡~ amigo! ⟨Lit⟩ *iron hübscher Freund!* || (puntos) ~**s** *abgenommene Maschen* fpl *(beim Stricken)* || ◊ naciste en hora ~**a** ⟨Lit⟩ *du bist unter einem bösen Stern geboren* || **–guante** *f Fallen* n *des Wassers* || *Abnehmen* n *des Mondes* || ⟨Mar⟩ *Ebbe* f || fig *Rückgang, Verfall* m, *Abnahme* f || cuarto ~ *abnehmendes (Mond)Viertel* n || **–guar** [gu/gü] vt *vermindern* || *schmälern* || vi *abnehmen* || *in Verfall geraten* || *abnehmen (beim Stricken)* || *schwinden (beim Kochen)*
mengue *m* fam *Teufel* m
menhir *m Menhir* m
***menina** *f Edelfräulein, ad(e)liges Mädchen* n || prov *Liebchen, Schätzchen* n *(Kosewort für Kinder)* || "Las ⁓**s**" ⟨Mal⟩ *berühmtes Gemälde von Velázquez*
menin|ge *f* ⟨An⟩ *Hirnhaut* f || **–gitis** *f* ⟨Med⟩ *Hirnhautentzündung, Meningitis* f
menisco *m* ⟨Phys An⟩ *Meniskus* m
menjunje, menjurje *m* = **mejunje**
menonita *m* ⟨Rel⟩ *Mennonit* m
menopausia *f* ⟨Physiol Med⟩ *Menopause* f, *Wechsel(jahre* npl*) m* (→ **climaterio**)
¹**menor** adj/s *kleiner* || *geringer* || *minder* || *jünger* || *minderjährig, unmündig* || ⟨Mus⟩ *moll* || *Bagatell-* || *hermano* ~ *jüngerer Bruder* m || *modo* ~, *tono* ~ ⟨Mus⟩ *Molltonart* f || *tercera* ~ ⟨Mus⟩ *kleine Terz* f || *valor* ~ *Minderwert* m || *de edad minderjährig, unmündig* || *que jünger als* || ⟨Math⟩ *kleiner als* (<) || *un año* ~ *que él ein Jahr jünger als er* || *al* ~ *movimiento bei der geringsten Bewegung* || *por* ~ *im kleinen, einzeln* || *ausführlich, umständlich* || *comercio (al) por* ~ *Einzelhandelsgeschäft* n || *no conseguirás la* ~ *cosa du wirst nicht das geringste erreichen* || *clérigos* **–es** *Minoriten* mpl *órdenes* **-es:** ~ **es** *die vier niederen (Priester)Weihen* fpl || *romanza en tono* ~ *Romanze in Moll*
²**menor** *m Minderjährige(r)* m || *Mündel* m/n || *Jüngere(r)* m || el ~ *der Kleinste* m || *der Jüngste* m || *der Geringste* m || ~**es** de 5 años *Jugendliche* mpl *unter 5 Jahren* || *carrera de* ~**es** ⟨Sp⟩ *Jugendlauf* m || *corrupción de* ~**es** ⟨Jur⟩ *Verführung* f *Minderjähriger* || *trabajo de* ~**es** *Kinderarbeit* f || *tribunal (tutelar) de* ~**es** *Jugend-, Vormundschaftsgericht* n
meno|rete adj fam dim *v.* **menos** || **–ría** *f Minderjährigkeit* f (→ **minoridad**) || *geringerer Rang* m || **–rista** *m* Am *Einzelhändler* m
menos adv/s 1. *weniger, minder* || *abzüglich, außer, ausgenommen* || ⟨Math⟩ *Minuszeichen* — || ~ *los intereses abzüglich Zinsen* || *mucho* ~ *viel weniger* || *no es aplicado ni mucho* ~ *er ist alles andere als fleißig* || *poco* ~ *que nada so gut wie nichts* || *fast garnichts* || *punto* ~ *que imposible beinahe unmöglich* || *a* ~ *que wofern (nicht), falls (nicht)* || *es sei denn, daß* || *a* ~ *que no venga wofern er nicht kommt* || *es sei denn, er kommt nicht* || *al* ~, *a lo* ~, *cuando* ~, *por lo* ~ *wenigstens, min-*

destens, zum (aller)mindesten, zumindest ‖ de ~ *zu wenig* ‖ en ~ *que se dice* fam *im Nu* ‖ por ~ que (subj) *so wenig auch* ‖ 8 ~ 2 8 *weniger 2* ‖ no ~ *ebenso|viel, -sehr* ‖ todos ~ tú *alle außer dir* ◊ apreciar en ~ *weniger schätzen* ‖ le han dado una peseta de ~ *man hat ihm e-e Pesete zu wenig gegeben* ‖ echar de ~ *vermissen* ‖ es lo de ~ *das ist das geringste* ‖ *darauf kommt es nicht an* ‖ no era ~ de esperar de V. *nichts Geringeres war von Ihnen zu erwarten* ‖ el susto no era para ~ pop *der Schrecken war in vollem Maße berechtigt* ‖ cuando ~ se lo esperaba nadie *als man es am wenigsten erwartete, plötzlich, unerwartet* ‖ no puedo dejarlo en ~ *ich kann es nicht billiger lassen* ‖ no puedo ~ de *(od* no puedo por ~ que) *ich kann nicht umhin zu* ‖ *ich muß unbedingt* ‖ no pudo ~ que reirse *er konnte sich des Lachens nicht enthalten* ‖ son ~ de las diez *es ist noch nicht zehn Uhr* ‖ tengo ~ de doce pesetas *ich habe weniger als (noch nicht) 12 Peseten* ‖ venir a ~ *in Verfall geraten, herunterkommen*

2. *bei der Steigerung (Komparativ, Superlativ):* ~ largo *weniger lang, kürzer* ‖ el ~ largo *der kürzeste, am kürzesten* ‖ lo ~ largo *das kürzeste (od das kürzeste)* ‖ lo ~ corto posible *so kurz wie möglich* ‖ ~ lejos *weniger weit, näher* ‖ ~ mal que *noch ein Glück, daß* ‖ *zum Glück* ‖ el ~ prudente (de todos) *der Unvernünftigste (von allen)* ‖ es lo ~ que puedes hacer *es ist das mindeste, was du tun kannst*

3. *bei Ausrufungen:* ¡~ puedes saberlo tú! *du kannst es erst recht nicht wissen!* ‖ ¡a ~ será! pop *so arg wird es doch nicht sein! (bei Übertreibungen)* ‖ ¡~ a tí! (¡a tí, ~!) *dir erst recht nicht!* *(Verweigerung)* ‖ → a **más** ‖ ¡ni mucho ~! *bei weitem nicht!*

menos|cabar vt *vermindern* ‖ *schädigen* ‖ *beeinträchtigen* ‖ **–cabo** m *Abbruch, Nachteil* m ‖ *Beschädigung* f ‖ *Verminderung* f ‖ *Beeinträchtigung* f ‖ *Schmälerung* f, *Verlust* m ‖ *entgangener Gewinn* m ‖ *Wertverlust* m ‖ sin ~ (de) *unbeschadet* (gen)

menospre|ciar vt *geringschätzen* ‖ *unterschätzen* ‖ *verachten* ‖ **–ciativo** adj *verächtlich* ‖ **–cio** m *Geringschätzung* f ‖ *Unterschätzung* f ‖ *Verachtung* f

△**menrimar** vt *aneignen*

mensa|je m *Botschaft* f ‖ *Auftrag* m ‖ *Nachricht* f ‖ *Mitteilung* f, *Brief* m ‖ → a **parte, boletín, informe** ‖ **–jera** f *Botin* f ‖ **–jería** f *Landpost* f ‖ *Botendienst* m ‖ servicio de ~ *Paketfahrt* f ‖ **–jero** adj: paloma ~a *Post-, Brieftaube* f ‖ ~ m *Bote* m ‖ *Abgesandte(r)* m ‖ fig *Vorbote* m ‖ ◊ enviar por ~ *durch einen Boten senden*

menso adj Mex *dumm, einfältig*

mens|truación f, **–truo** m *Menstruation, Regel, Periode* f ‖ **–trual**: período ~ = **menstruación** ‖ **–truar** vi *die Regel haben, menstruieren*

men|sual adj *monatlich, Monats-* ‖ sueldo, periódico ~ *Monats|gehalt* n, *-schrift* f ‖ ~ Am *Bedienstete(r)* m ‖ **–sualidad** f *Monats|gehalt* n, *-lohn* m ‖ *Monatsrate* f ‖ *Monatszins* m ‖ ~ anticipada *monatliche Vorauszahlung* f ‖ por ~ es in *Monatsraten* ‖ **–sualmente** adv *(all)monatlich*

ménsula f ⟨Arch⟩ *Kragstein* m, *Konsole* f

mensu|rabilidad f *Meßbarkeit* f ‖ **–rable** adj *meßbar* ‖ no ~ *unmeßbar* ‖ fam a **inconmensurable** ‖ **–rar** vt *(aus)messen* (→ *medir)*

menta f ⟨Bot⟩ *Minze* f (Mentha spp) ‖ ~ piperita ⟨Bot⟩ *Pfefferminze* f (M. piperita) ‖ *Pfefferminz(likör)* m ‖ caramelos de ~ *Pfefferminzbonbons* m(n)pl ‖ infusión de ~ *Pfefferminztee* m ‖ → a **hierbabuena, poleo**

mentado adj *erwähnt* ‖ *berühmt*

mentagra f ⟨Med⟩ *Kinn-, Bart|flechte* f

men|tal adj *innerlich, geistig* ‖ *gedanklich, in Gedanken* ‖ *Geistes-* ‖ cálculo ~ *Kopfrechnen* n ‖ enajenación ~ *Geistesgestörtheit* f ‖ estado ~

Geisteszustand m ‖ oración ~ *stilles Gebet* n ‖ restricción ~ *geheimer Vorbehalt* m ‖ trabajo ~ *geistige Arbeit* f ‖ enfermedades ~ es *Geisteskrankheiten* fpl ‖ **–talidad** f *Denk|vermögen* n, *-art* f ‖ *geistige Veranlagung* f ‖ *Mentalität* f ‖ **–talización** f ⟨Pol Soz⟩ *Bewußtwerdung* f ‖ **–talmente** adv *im Geist, im Kopf, innerlich* ‖

mentar [-ie] vt *erwähnen, anführen* ‖ Am *nennen*, *jdm e–n (Spitz) Namen beilegen* ‖ ◊ ~ (le) a uno la madre *jdn tödlich beleidigen (durch Beschimpfung s–r Mutter)*

mente f *Sinn* m ‖ *Ver|stand* m, *-nunft* f ‖ *Gemüt* n ‖ *Seele* f ‖ *Geist* m ‖ *Meinung, Absicht* f ‖ ◊ tener en la ~ *im Kopf haben, vor sich haben*

menteca|tez *[pl* -ces], **–tería** f *Torheit, Narretei, Verrücktheit* f ‖ *Unsinn* m ‖ **–to** adj *närrisch, töricht* ‖ *unüberlegt, unbesonnen* ‖ ~ m *(eingebildeter) Tor, Tölpel* m ‖ *schwachsinniger Mensch, Schwachkopf* m

menti|dero m *Klatschecke* f ‖ *Klatschkolumne* f *(Zeitung)* ‖ **–do** adj *erlogen, erdichtet* ‖ *lügnerisch, verlogen* ‖ *trügerisch (Hoffnung)* ‖ amor ~ *erheuchelte Liebe* f

mentir [ie/i] vt *anlügen* ‖ *ersinnen, erdichten* ‖ ◊ ~ amor *Liebe heucheln* ‖ ~ vi *lügen* ‖ *heucheln* ‖ *trügen (Hoffnungen)* ‖ *Lügen strafen* ‖ ◊ ~ a alg. *jdn an-, be|lügen* ‖ *jdm vor|lügen* ‖ ~ con descaro, ~ más que la gaceta *usw* joc *unverschämt lügen, lügen wie gedruckt* ‖ ¡V. no me dejará ~! *Sie werden mich doch nicht Lügen strafen!* ‖ miente más que habla *das lügt er in seinen Hals hinein* ‖ *er lügt wie gedruckt* ‖ ¡miento! *Irrtum! ich irre mich! ich möchte mich berichtigen!*

menti|ra f *Lüge* f ‖ *Unwahrheit* f ‖ fig *Täuschung* f ‖ *Schein* m ‖ *Trug* m, *Einbildung, Illusion* f ‖ *Wahn* m ‖ fig *Glücksfleck* m, *Nagelblüte* f ‖ fig *Knacken* n *der Fingergelenke* ‖ ~ inocente *unschuldige Lüge* f ‖ ~ jocosa *Scherzlüge* f ‖ ~ oficiosa *Gefälligkeitslüge* f ‖ *Notlüge* f ‖ ~ piadosa *fromme Lüge* f ‖ *Notlüge* f ‖ inclinación a las ~ s *Verlogenheit, Lügenhaftigkeit* f *(e–r Person)* ‖ una ~ como una casa pop *e–e unverschämte Lüge* f ‖ ◊ coger en ~ *Lügen strafen* ‖ engañar a alg. con ~ s *jdn anlügen* ‖ inventar ~ s *erlügen* ‖ las ~ s no tienen pies *Lügen haben kurze Beine* ‖ eso es un tejido de ~ s *das ist ein Lügen|netz (od -gewebe)* ‖ ¡~! *das ist e–e Lüge!* ‖ ¡parece mentira! *unmöglich! unglaublich! wer hätte es je geglaubt!* ‖ **–ri(ji)lla** f *harmlose, kleine unschuldige Lüge* f ‖ de –rijillas *zum Scherz, aus bloßer Kurzweil* ‖ **–roso** adj *lügenhaft, lügnerisch, verlogen* ‖ *(be)trüglich, täuschend* ‖ *unwahr, falsch (Behauptung)* ‖ *trügerisch* ‖ *irrig, fehlerhaft* ‖ las ~ as apariencias ⟨Lit⟩ *der trügerische Schein* ‖ ~ m *Lügner* m

mentís m *Dementi* n ‖ *Lügenstrafen* n ‖ ◊ dar un ~ (a) *dementieren* ‖ *richtigstellen* ‖ *jdn Lügen strafen* ‖ no pudo dar un ~ *er konnte es nicht leugnen*

mentol m ⟨Chem⟩ *Menthol* n ‖ ~ ado adj *mentholhaltig (z. B. Taschentücher)*

mentón m *Kinn* n

Mentón ⟨Geogr⟩ *Menton (Frankreich)*

Mentor m *Mentor* m ‖ (~) fig *Ratgeber* m ‖ fig *Hauslehrer, Schulmeister* m ‖ fig *Hofmeister* m

menú m frz *Speisekarte* f ‖ *Menü* n ‖ *Gericht* n ‖ ~ del día *Tages|gericht, -menü* n

menu|damente adv *umständlich, genau* ‖ *eingehend* ‖ **–dear** vt *oft wiederholen* ‖ *im kleinen verkaufen* ‖ ◊ ~ tragos *einen Schluck nach dem anderen tun* ‖ ~ las visitas *häufige, wiederholte Besuche machen* ‖ ~ vi *sich häufig wiederholen, oft vorkommen* ‖ *schnell aufeinanderfolgen* ‖ *genau darstellen, eingehend schildern* ‖ ◊ ~ menudearon las fiestas *die Festlichkeiten jagten einander* ‖ **–dencia** f *Kleinigkeit* f ‖ fam *Läpperei, Lappalie* f ‖ *Umständlichkeit* f ‖ *Kleinlichkeit* f ‖ *Pedanterie* f ‖ ~ s pl *Einzelheiten* fpl ‖ ⟨Kochk⟩

Geschlinge n || *Kutteln* fpl || **-deo** *m öftere Wiederholung* f || *Kleinhandel* m || ~ de miradas *wiederholtes Anblicken* n || **-dero** *m Kuttelhändler* m || **-dillo** *m* ⟨Vet⟩ *Köte* f || Ar *Kleienmehl* n || ~**s** *pl Geschlinge* n, *Blut* n *und Innereien* fpl || ~ de gallina *Hühnerklein* n || **-do** *adj klein, winzig, geringfügig, unbedeutend* || *fein, dünn (Regen, Staub)* || *kleinlich, pedantisch, peinlich* || *iron fam toll, riesig, phänomenal!* || dinero ~ *Kleingeld* n || ganado ~ *Jung-, Kleinvieh* n || labor ~a *Filigranarbeit* f || gente ~a *Kinderschar* f, *Kinder* npl || a ~ *oft, öfters* || por ~ *umständlich* || *haar-| klein, -genau* || *im kleinen (Kauf usw)* || ¡~ negocio! *iron das ist e–e schöne Bescherung!* || ◊ ~ alegrón *he tenido was für e–e riesige Freude!* || ~ *m (Kohlen)Grus* m, *Nuß* f IV || Am *männliches Glied* n || ~**s** *pl Kutteln* fpl *und Füße* mpl *vom Schlachtvieh* || *Geschlinge* n *vom Geflügel* || *Kleingeld* n
  meñique *adj fam sehr klein, winzig* || (dedo) ~ *kleiner Finger* m
  meollada *f* And *Hirn* n *(des Schlachtviehs)*
  meollo *m Gehirn* n || *Mark* n || *fig Inhalt, Kern* m || *fig Verstand* m, *fam Grütze* f || ◊ *no tener ~ pop einfältig sein* || → a **mollera**
  meón *m/adj Bettnässer* m || *pop Pinkler* m
  meona *f joc (kleines) Mädchen* n
  △**mequerar** vt *(ver)lassen*
  mequetrefe *m fam zudringlicher Mensch* m || *fam seichter Mensch* m || *Laffe, Geck* m
  Mer., Merc. Abk ⟨EB⟩ = **(tren de) mercancías**
  meramente *adv rein, bloß, nur, lediglich*
  ¹**merar** vt *(Wein, Getränke) mischen, verdünnen*
  ²△**merar** vi *sterben*, pop *krepieren*
  mer|ca *f fam (Ein)Kauf* m || **-cachifle** *m Hausierer* m || *desp kleiner Händler*, *desp Krämer* m || *fig Krämer|geist* m, *-seele* f || *desp Kriegsgewinnler* m || **-dear** vi *handeln* || *feilschen* (→ **regatear**)
  merca|der *m Händler* m || △*Marktdieb* m || el ~ de Venecia *der Kaufmann von Venedig (Shakespeare)* || ◊ hacer oídos de ~ *figf sich taub, unwissend stellen* || **-dería** *f (bes am.) (Kaufmanns-) Ware* f || *Handel* m || △*Diebesgut* n, △*Sore* f || **-do** *m Markt(platz)* m || *Jahr-, Wochen|markt* m || *Handelsplatz* m || ⟨Com⟩ *Absatz* m, *-gebiet* n || ~ abundante (escaso) *reichlich (knapp) versehener Markt* m || ~ de capitales *Kapitalmarkt* m || ⋩ Común (CEE) *Gemeinsamer Markt* m *(EWG)* || ~ cubierto *Markthalle* f || ~ de dinero *Geldmarkt* m || ~ exterior (interior *od* interno) *Auslands- (Binnen)markt* m || ~ flojo, ~ desanimado *lustloser (od flauer) Markt* m || ~ negro *schwarzer Markt* m || boletín del ~ *Marktbericht* m || buen ~ *guter Kauf* || estudio del ~ *Markt|untersuchung* bzw *-forschung* f || manipulación en el ~ *Marktbeeinflussung* f || organización del ~ *Marktordnung* f || perturbación del ~ *Marktstörung* f || plaza, precio de ~ *Markt|platz, -preis* m || situación del ~ *Markt-, Absatz-, Konjunktur-| lage* f || sondeo del ~ *Markt|erkundung* f || *Marktforschung* f || ◊ arruinar (inundar) el ~ *den Markt verderben (überschwemmen)* || conquistar (nuevos) ~s *neue Absatzgebiete erschließen* || el ~ está desanimado *(od* en calma) *der Markt ist flau od gedrückt (od still)* || lanzar al ~ *auf den Markt werfen* || crear nuevos ~s *neue Absatzgebiete eröffnen* || ~s potenciales *Absatzchancen* fpl || **-dología,** Am **-dotecnia** *f Marktforschung* f || *Marketing* n
  mercan|cia *f Ware* f || *Handel* m || ~**s** *fpl Güter* npl || ~ arrojadas ⟨Mar⟩ *Seewurf* m || ~ sin derechos *unverzollte Waren* fpl || ~ de estorbo *(od* bulto) *Sperrgüter* npl || tarifa de ~ ⟨EB⟩ *Gütertarif* m || tráfico de ~ *Warenverkehr* m || tren de ~ *Güterzug* m || **-te** *adj Handels-* || *kaufmännisch* || buque ~ *Handelsschiff* n || flota ~ *Handelsflotte* f || **-til** *adj kaufmännisch, Handels-* || escuela de altos estudios ~es *Handelshochschule*

f || profesor ~ etwa: *graduierter Betriebswirt* m || **-tilismo** *m Kaufmannsgeist* m || ⟨Wiss⟩ *Merkantilsystem* n || *Merkantilismus* m || **-tilizar** vt = **comercializar**
  mercaptán *m* ⟨Chem⟩ *Thioalkohol* m, *Mercaptan* n
  mer|car [c/qu] vt *(ab)kaufen, (er)handeln* || **-cear** vt *mit Kurzwaren handeln*
  mer|ced *f (Arbeits)Lohn* m || *Gnade(nbezeigung)* f || *Gefälligkeit, Gunst(bezeigung)* f || *Gefallen* m || *Güte, Schonung* f || *Willkür* f || *Orden* m *der barmherzigen Brüder (Mercedarier)* || a ~ umsonst, ohne Gehalt || dank (dat) || ~ a vuestra generosidad *dank eurer Großmut* || Vuestra ~ *Euer Gnaden (zusammengezogen in* usted*)* || ◊ darse *(od* entregarse, rendirse) a ~ *sich auf Gnade und Ungnade ergeben* || estar a ~ de alg. *in jds Gewalt (od Händen) sein* || *preisgegeben sein* (dat) || ¡~! ¡muchas ~es! *vielen Dank! (kaum gebräuchlich)* || **-cedario** *m barmherziger Bruder,* Mercedarier m
  merce|nario *adj um Lohn arbeitend* || *Söldner-,* *Lohn-, Miets-* || manos ~as *bezahlte Kräfte* fpl || tropa ~a ⟨Mil⟩ *Söldnertruppe* f || ~ *m Söldner* m || ⟨Lit⟩ *Lohnarbeiter* m || *Mietling* m || ⟨Kath⟩ = **mercedario** || **-ría** *f Kurzwaren* fpl || *Kurzwarengeschäft* n || pej *Krämerei* f || **-rizar** [z/c] vt *merzerisieren (Baumwollgeweben)*
  mer|cero *m Kurzwarenhändler* m || pej *Krämer* m || **-cología** *f Warenkunde* f || **-cológico** *adj warenkundlich*
  mercu|rial *adj quecksilberhaltig* || *Quecksilber-* || ungüento ~ ⟨Med⟩ *Quecksilbersalbe* f || ~ *m* ⟨Bot⟩ *Bingelkraut* n *(Mercurialis annua* || M. perennis) || **-rialismo** *m* ⟨Med⟩ = **hidrargirismo** || **mercúrico** *adj Quecksilber(II)-* || ⋩**rio** *m* ⟨Astr Myth⟩ *Merkur* m || ~ *m Quecksilber* n || **-rioso** *adj quecksilberhaltig* || *Quecksilber(I)-* || **-r(i)ocromo** *m* ⟨Chem Pharm⟩ *Chromquecksilber* n
  merchante *m Straßenhändler* m || *Handelsmann* m *(heute fast nur* ⟨Lit⟩*)*
  △**merchero** *m Kaufmann* m
  merdellón *adj/s fam vulg schlampig* bzw *dreckig (Dienstmädchen, Diener)*
  △**mer|dipén** *m Krankheit* f || **-dó** *adj krank* || **-doso** *adj pop schmutzig, unflätig, dreckig*
  merecedor *adj verdienstlich, würdig* || ~ de crédito *kreditwürdig* || ◊ ser ~ de confianza *Vertrauen verdienen, vertrauenswürdig sein*
  merecer [-zc-] vt *verdienen (Lob, Tadel)* || *würdig sein* (gen) || *ein|tragen, -bringen* || *lohnen* || ◊ ~ (la) atención *Beachtung verdienen, beachtenswert sein* || no merece la pena *es (ver)lohnt sich nicht, es ist nicht der Mühe wert* || su encargo merecerá nuestro mayor interés *Ihrem Auftrag werden wir unsere größte Sorgfalt widmen* || su propuesta ha merecido nuestra aprobación ⟨Com⟩ *wir haben Ihren Vorschlag angenommen* || por eso ha merecido una condecoración *das hat ihm einen Orden eingetragen* || no (se) las merece (d.h. un servidor) pop *bitte sehr! nichts zu danken! keine Ursache! (Antwort auf* ¡gracias!*)* || ~ vi *sich verdient machen* (de um acc.) || *wert, würdig sein* || ◊ dar en qué ~ *fig zu schaffen machen* || ~ bien de *(od* con, para con) uno *sich jdn zu Dank verpflichten, sich um jdn verdient machen* || en estado de ~ *(noch) ledig,* fig *noch nicht unter der Haube (Mädchen)*
  mereci|damente *adv verdientermaßen, mit gutem Recht* || **-do** *adj/s (wohl)verdient* || ◊ bien ~ lo tiene *es geschieht ihm (gerade) recht* || ~ m *verdiente Strafe* f || ◊ llevó su ~ *es ist ihm recht geschehen* || **-miento** *m Verdienst* n || *verdienstliche Tat* f
  meren|dar [-ie-] vt *als Vesperbrot nehmen* || ~ vi *vespern, öst jausen* || prov *zu Mittag essen* || ⟨Kart⟩ *jdm in die Karten sehen* || ~**se** a/c *pop*

et mausen ‖ fam *et übergehen* ‖ fam *et übersehen* ‖ **–dero** *m Ort* m, *wo man vespert* ‖ *Gartenhäuschen* n, *Laube* f ‖ *Gast-, Wirts|haus* bes *für Ausflügler, Ausflugslokal* n ‖ *(Dorf)Wirtshaus* n ‖ **–dilla** *f* dim *v.*
merienda (augm: **–dona**)
merengue *m Meringe* f, *Meringel, Baiser* n ‖ *Schneerolle* f ‖ figf *Zimper|ling* m, *-liese* f ‖ ~ *helado Eismeringe* f
meretriz [pl **-ces**] *f (Straßen)Dirne, Prostituierte* f
mer|gánsar, –go m ⟨V⟩ = **serreta**
mérgulo *m* ⟨V⟩ *Krabbentaucher* m (Plautus alle)
△**mericlén** *m (Hühner)Hof* m
meri|diana *f Ruhebett, leichtes Sofa* n ‖ *Chaiselongue* f ‖ **–diano** adj *Mittags-* ‖ fig *sonnenklar* ‖ *altura* ~a *Mittagshöhe* f ‖ (línea) ~a ⟨Astr⟩ *Meridianlinie* f ‖ orientación (*od* exposición) ~a *Südlage* f ‖ ~ *m* ⟨Astr⟩ *Meridian* m ‖ *Mittagskreis* m
merídiem [...en]: ante, post ~ *Am vor-, nach-|mittags*
meridional adj *mittäglich* ‖ *südlich, Süd-* ‖ ~ *m Südländer* m
merienda *f Vesperbrot* n, *Nachmittagsimbiß* m, öst *Jause* f ‖ *Picknick* n ‖ figf *Buckel, Höcker* m ‖ *cesta de la* ~ *Korb* m *mit Eßwaren* ‖ ~ *de negros* figf *riesiges Durcheinander* n ‖ figf *Wirrwarr* m ‖ ◊ *ir de* ~ *picknicken*
merino adj *Merino-* ‖ *cabello* ~ fig *krauses, dichtes Haar* n ‖ (lana) ~a *Merinowolle* f ‖ *oveja* ~a *Merinoschaf* n, *Merino* m ‖ ~ *m Merino* m (*Zeug*)
△**meripén** *m Tod* m
***meri|tar** vt/i *verdienen* ‖ **–tísimamente** adv *mit vollem Recht* ‖ **–tísimo** adj *höchst verdienstlich, hoch verdient, würdig*
mérito *m Verdienst* n ‖ *Würdigkeit* f ‖ *innerer Gehalt, Wert* m ‖ *de* ~ *bemerkenswert* ‖ *cuadro de* ~ *hervorragendes Bild, Kunstwerk* n ‖ *hombre de* ~ *verdienst-, talentvoller Mann* m ‖ *obra de* ~ *verdienstvolle Tat* f ‖ ◊ ****hacer* ~ *de alles daransetzen zu* ‖ *haber hecho* ~s fig *sich die Sporen verdient haben* ‖ *de que se ha hecho* ~ *obenerwähnt (im Amtsstil)* ‖ *hacer* ~s fig *sich dienstfertig, gefällig erweisen* ‖ *eso no le quita* ~ *das verringert nicht seinen Wert, seine Verdienste* ‖ → **orden**
merito adv dim *v.* **mero** ‖ Am *nur* ‖ *aquí* ~ Am *hier gerade*
meritorio adj *verdienstlich* ‖ *wohlverdient* ‖ ~ *m unbesoldeter Angestellter, Volontär, Praktikant* m ‖ *Lehrling* m ‖ ◊ *entrar de* ~ (en) ⟨Com⟩ *in die Lehre treten bei*
Merlín *m* np *Merlin* m
merlo *m* ⟨Fi⟩ *Amsellippfisch, brauner Lippfisch* m (Labrus merula)
merluza *f* ⟨Fi⟩ *Seehecht, Hechtdorsch* m (Merluccius merluccius) ‖ pop *Rausch* m, *Trunkenheit* f ‖ ◊ *coger una* ~ pop *sich betrinken*, pop *sich besaufen*
mer|ma *f Verkürzung* f ‖ *Abnahme, Verminderung, Schmälerung* f ‖ *Fehlbetrag, Abgang* m ‖ *Abzug* m ‖ *Verlust, Schwund* m, *Abnahme* f ‖ ⟨Com⟩ *Gewichtsabgang* m, *Leckage* f ‖ ~ *por dispersión* ⟨Radio⟩ *Streuungsverlust* m ‖ ~ *de peso Gewichtsverlust* m ‖ *Gewichtsabnahme* f ‖ **–mar** vt *verringern, schmälern* ‖ ◊ ~ *la paga vom Lohn abziehen* ‖ ~ vi *abnehmen* ‖ *schwinden* ‖ *lecken (Faß)* ‖ ~ **se** *sich vermindern* ‖ *eingehen, sich einsiedn*
mermelada *f Marmelade* f ‖ ~ *de fresa (piña) Erdbeer- (Ananas)marmelade* f
¹**mero** adj *rein, unvermischt* ‖ *ausschließlich* ‖ *lediglich* ‖ ~ *imperio unumschränkte Rechtsgewalt* f ‖ *por* ~a *diversión bloß zum Vergnügen* ‖ *es* ~ *juego es ist nur eine Spielerei* ‖ *por el* ~ *hecho (de que) durch die einfache Tatsache (daß)* ‖ *nur weil*
²**mero** adv MAm Mex *tatsächlich, wirklich, eigentlich* ‖ Mex *im Nu* ‖ Mex *fast* ‖ *es* ~ *malo er ist wirklich schlecht* ‖ ◊ *ya* ~ *llega la hora* Mex *es ist fast schon Zeit*
³**mero** *m* ⟨Fi⟩ *Riesenzackenbarsch* m (Epinephelus gigas)
Mero *m* pop = **Baldomero** (Tfn)
mero|deador *m Marodeur, Plünderer, plündernder Nachzügler* m ‖ **–dear** vi *plündern, brandschatzen* ‖ *marodieren* ‖ p.ex *herum|streichen, sich -treiben* ‖ **–deo** *m Plündern, Marodieren* n
merovingio adj *merowingisch* ‖ ~**s** pl *Merowinger* mpl
meruéndano *m* Ast León ⟨Bot⟩ = **arándano**
mes *m Monat* m ‖ *Monatsgeld* n ‖ fam *Regel, Monatsblutung* f, fam *Tage* mpl *der Frauen* ‖ *el* ~ *corriente der laufende Monat* ‖ ~ *lunar sinódico synodischer Monat* m ‖ ~ *de María der Marienmonat, der Monat Mai* ‖ *el* ~ *pasado (próximo) der vorige (nächste) Monat* ‖ *con un* ~ *de aviso mit monatlicher Kündigungsfrist* ‖ *al (od por)* ~ *monatlich* ‖ *¿a qué día del* ~ *estamos? den wievielten haben wir heute?* ‖ ~ **es** pl *Monatsgeld* n ‖ *letra a tres* ~ *Dreimonatswechsel* m ‖ *todos los* ~ *monatlich* ‖ → **mayor**
mesa *f Tisch* m ‖ *Tafel* f ‖ fig *Essen* n, *Kost, Verpflegung* f ‖ *(Hoch)Ebene* f *(bes Am)* ‖ *Bergebene* f ‖ *Treppenabsatz* m ‖ *Vorstandstisch* m ‖ *Vorstand* m, *Präsidium* n ‖ *Tafel f (des Brillanten)* ‖ ~ *andante, ~ parlante Tisch|rücken, -klopfen* n ‖ (Spiritismus) ~ *catalana* fam *reiche, reichgedeckte Tafel* f ‖ ~ *de(l) comedor Eßtisch* m ‖ ~ *de charnela(s) Klapptisch* m ‖ ~ *escritorio,* ~ *de despacho Schreibtisch* m ‖ ~ *extensible Ausziehtisch* m ‖ ~ *de juego Spieltisch* m ‖ ~ *-ministro Arbeits-, Schreib|tisch* m ‖ ~ *de montaje* ⟨Tech Typ⟩ *Montagetisch* m ‖ ~ *de noche Nachttisch* m ‖ ~ *petitoria Sammeltisch* m *(für milde Gaben)* ‖ ~ *de planta Stammtisch* m ‖ ~ *plegable,* ~ *extensible,* ~ *de tijera Aufschlage-, Ausziehe-, Klapp|tisch* m ‖ ~ *puesta gedeckter Tisch* m ‖ ~ *redonda runder Tisch* m ‖ *Gast-, Wirtstafel* f ‖ *Tafelrunde* f ‖ ~ *de tertulia Stammtisch* m ‖ ~ *vibratoria Rüttel-, Vibrier-, Vibrations|tisch, Rüttler* m ‖ *aceite de* ~ *Tafelöl* n ‖ *de* ~ *bei Tisch* ‖ *(de) sobre mesa* → **sobremesa** ‖ *vino de* ~ *Tisch-, Tafel|wein* m ‖ ◊ *comer en* ~ *an der Table d'hôte speisen* ‖ *cubrir la* ~ *den Tisch decken* ‖ p.ex fig *die Speisen auftragen* ‖ *alzar (od quitar, levantar) la* ~ *den Tisch abdecken* ‖ *levantarse de la* ~ *vom Tisch aufstehen* ‖ *poner la* ~ *den Tisch decken* ‖ *a* ~ *puesta ohne Mühe und Arbeit* ‖ *a zu rechter Zeit, genau im richtigen Augenblick* ‖ *sentarse a la* ~ *sich zu Tisch setzen*
mesada *f Monatsgeld* n ‖ *Monatsrate* f ‖ *monatliche Zuwendung* f
Mesalina *f* np *Messalina* f ‖ ⩞ *Messaline* f
mesana *f* ⟨Mar⟩ *Besanmast* m ‖ ⟨Mar⟩ *Besansegel* n ‖ *palo de* ⟨Mar⟩ *Besan-, Hinter|mast* m
mesar vt *ausreißen (Haare)* ‖ ◊ ~**se** *los cabellos sich die Haare (aus)raufen (aus Verzweiflung usw)*
mes|calina *f* ⟨Chem⟩ = **mezcalina** ‖ **–colanza** *f* = **mezcolanza**
mesegue|ría *f Flurschutz* m, *Feldbewachung* f ‖ **–ro** adj|s *Flur-, Feld-* ‖ ~ *m Feldhüter* m
mesenterio *m* ⟨An⟩ *Mesenterium, Gekröse* n
mese|ta *f stufenförmiger Absatz* m ‖ *Podest* m/n, *Treppen|absatz, -flur* m ‖ *Hoch-, Berg|ebene* f, *Tafelland* n ‖ ⟨Taur⟩ *Platz* m *über dem Stierzwinger* ‖ *la* ⩞ *de Castilla die Kastilische Hochebene* ‖ **–teño** m adj *Tafellandbewohner* m
me|siánico adj *auf den Messias bezüglich, messianisch (& fig)* ‖ **–sianismo** *m Messianismus* m (& ⟨Pol⟩) ‖ *Messias|erwartung* bzw *-lehre* f
Mesías *m* np *Messias, Erlöser* m (& fig) ‖ ◊ *esperar al* ⩞ fig *jdn erwarten, der schon da ist*

mesilla f dim v. **mesa**: *Tischchen* n ‖ *Podestplatte* f ‖ ~ **de noche** *Nachtisch(chen* n*)* m ‖ → **a meseta**
mesita f dim v. **mesa** ‖ ~ **costurera** *Nähtischchen* n ‖ ~ **de ruedas** *Servierwagen* m
mesmo adj prov = **mismo**
mesna|da f *Truppe, Partei, Sippe* f ‖ **–dero** m *Söldner* m
meso- präf *Meso-, Mittel-*
mesocracia f *(Herrschaft der) Mittelklasse* f
¹**mesón** m *(kleines) Wirts-, Gasthaus* n, *-stätte* f ‖ **Chi** *Ladentisch* m ‖ **en el ~ de la estrella** figf *im Freien, bei Mutter Grün*
²**mesón** m ⟨Nucl⟩ *Meson* n
mesonero m *(Gast)Wirt* m
Mesopo|tamia f ⟨Geogr⟩ *Mesopotamien* ‖ ⸗**támico** adj *mesopotamisch*
mesotórax m ⟨Entom⟩ *Mesothorax, mittlerer Brustring* m
Mesta f **(Consejo de la Mesta General)** Span *Vereinigung* f *von (Wander)Herdenbesitzern und Viehzüchtern*
mesta f ⟨Hist⟩ *verbrieftes Weiderecht* n
mester m ⟨Kunst⟩ f, *Handwerk* n ‖ ~ **de clerecía** *mittelalterliche Klerikerdichtung* f (→ **cuaderna vía**, **tetrástrofo**) ‖ ~ **de juglaría** *mittelalterliche Volks-, Spielmanns|poesie* f
△**mestipén** m *Leben* n ‖ *Freiheit* f
mesti|za f *Mestizin* f ‖ **–zaje** m *Rassen|kreuzung, -mischung, Bastardierung* f ‖ *die Mestizen* mpl ‖ **–zar** vt *bastardieren, kreuzen (Rassen)* ‖ **–zo** adj *mischrassig, Bastard-* ‖ **raza ~a** *Mischrasse* f ‖ ~ m *Mestize* m ‖ *Mischling, Bastard* m ‖ prov *Kleienbrot* n
mestura f Ar Am *Weizenroggenmischung* f
△**mesuna** f *Kneipe* f
mesu|ra f *Gemessenheit* f ‖ *Maß* n ‖ *Mäßigung* f ‖ *Höflichkeit, Wohlerzogenheit* f ‖ **–rado** adj *gemessen* ‖ *gemäßigt* ‖ *höflich, wohlerzogen* ‖ *ernst* ‖ *bescheiden* ‖ fam *offiziell* ‖ *umsichtig* ‖ *zurückhaltend* ‖ **–rar** vt Am *messen* ‖ ~ **se** *sich mäßigen* ‖ ◊ ~ **en las acciones** *mit Zurückhaltung handeln*
¹**meta** f *(End)Ziel* n, *Grenze* f ‖ fig *Ziel* n ‖ ⟨Sp⟩ *Tor* n *(Fußball)* ‖ ◊ **llegar a la ~ ans Ziel gelangen** ‖ ~ m ⟨Sp⟩ *Torwart* m ‖ → **a objetivo**
²**meta** f Sant = **mayueta**
³**meta-** präf *Meta-*
metabiosis f ⟨Zool⟩ *Metabiose* f *(Symbioseform)*
metabolismo m ⟨Physiol⟩ *Stoffwechsel* m ‖ ~ **basal** *Grundumsatz* m ‖ → **ana-, cata|bolismo**
metacarpo m ⟨An⟩ *Mittelhand* f
metacentro m ⟨Mar Flugw⟩ *Metazentrum* n
metad f pop = **mitad**
meta|física f *Metaphysik* f ‖ fig *Spitzfindigkeit* f ‖ **–físico** adj *metaphysisch, übersinnlich* ‖ fig *dunkel, schwer verständlich* ‖ ~ m *Metaphysiker* m
metafonía f ⟨Li⟩ *Umlaut* m
metáfora f *Metapher* f
metafórico adj *metaphorisch, bildlich*
metagénesis f ⟨Zool⟩ *Generationswechsel* m, *Metagenese* f *(z.B. Polyp-Meduse)*
metal m *Metall* n ‖ prov *Messing* n ‖ *Timbre* n, *Klang(farbe* f*)* m *der Stimme* ‖ fig *Beschaffenheit* f ‖ *Wesen(sart* f*)* n ‖ ⟨Mus⟩ *Blech* n ‖ ~ **base** *Grundmetall* n ‖ ~ **blanco** *Weißmetall* n ‖ *Packfong, Alpaka* n ‖ ~ **campanil** *Glocken|gut* n, *-speise* f ‖ ~ **de imprenta** *Lettern-, Schrift|metall* n ‖ ~ **nativo**, ~ **virgen** *gediegenes Edelmetall* n ‖ ~ **precioso** *Edelmetall* n ‖ **el vil ~** figf *Geld* n ‖ **artículos de ~** *Metallwaren* fpl ‖ **plancha de ~** *Metallplatte* f ‖ *Blech* n ‖ ~ **de voz** *Klangfarbe* f, *Timbre* n
metalengua f *Metasprache* f
metalescente adj *metallglänzend*
metálico adj/s *metallen, aus Metall, Metall-* ‖ *metallisch* (& fig: *Stimme, Klang*) ‖ ⟨Wir Com⟩ *in Metall auszahlbar* ‖ *brillo, lustre* ~ *Metallglanz* m ‖ **circulación ~a** *Metallgeld* n *(im Umlauf)* ‖ **moneda ~a** *Metallgeld* n ‖ **patrón ~** *Metallwährung* f ‖ **reserva ~a** *Metallreserve* f *(Bank)* ‖ **tela ~a** *Draht|gewebe, -netz* n ‖ ~ m *Metallgeld* n ‖ **premio en ~** ⟨Sp⟩ *Geldpreis* m ‖ ◊ **cambiar por ~** *in Bargeld umwechseln* ‖ **pagar en ~** *in klingender Münze zahlen*
meta|lífero adj *metall-, erz|haltig* ‖ **–lizar** vt *metallisieren* ‖ **–lografía** f *Metallographie* f ‖ ⟨Typ⟩ *Aluminium-, Zink|druck* m ‖ **–loide** m *Metalloid, Halbmetall* n
meta|lurgia f *Metallurgie, Hüttenkunde* f ‖ **–lúrgico** adj: *Metall-*, ‖ *metallurgisch, Hütten-* ‖ **fábrica ~a** *Metallhütte* f ‖ **industria ~a** *Metallindustrie* f
meta|mórfico adj ⟨Geol⟩ *metamorphisch* ‖ **–morfismo** m ⟨Geol⟩ *Metamorphismus* m
metamor|fosear vt *umgestalten, verwandeln, metamorphosieren* ‖ ~ **se** *verwandelt werden* ‖ *sich verwandeln, sich metamorphosieren* ‖ **–fosis** f *Metamorphose, Umwandlung* f ‖ fig *Glückswandel* m ‖ fig *Gesinnungswechsel* m ‖ ~ **imperfecta** ⟨Zool Entom⟩ *unvollständige Metamorphose, Hemimetabolie* f ‖ ~ **perfecta** *vollständige Metamorphose, Holometabolie* f
metano m *Methan* n
metaplasmo m ⟨Gr⟩ *Metaplasmus* m
metapsíqui|ca f *Parapsychologie* f ‖ **–co** adj *parapsychologisch*
metástasis f ⟨Med⟩ *Metastase* f ‖ ◊ **formar ~** *metastasieren*
metatarso m ⟨An⟩ *Mittelfuß* m
metate m Mex *Steinplatte* f *(in der Maismühle)*
metatelia f ⟨Zool⟩ *Metatelie, Geschlechtsreife* f *im Larvenstadium*
metátesis f ⟨Phon⟩ *Metathese, Buchstaben|versetzung, -vertauschung* f
metatórax m ⟨Entom⟩ *Metathorax, hinterer Brustring* m
metazoos mpl ⟨Zool⟩ *Metazoen* npl (*Metazoaria*)
mete|chismes m fam *Klatschmaul* n ‖ **–dor** m *Schmutztuch* n *(unter der Windel) für Neugeborene* ‖ ⟨Typ⟩ *Tisch* m *der Druckpresse* ‖ **–dura** f fam *Hineinstecken* n ‖ ~ **de pata** figf *Blamage* f ‖ *Fauxpas* m, *Taktlosigkeit* f ‖ **–duría** f *Schleichhandel* m
metempsícosis, metempsicosis f *Metempsychose, Seelenwanderung* f
metense adj *aus Metz* ‖ ~ m *Bewohner* m *von Metz*
mete|órico adj *meteorisch* ‖ **piedra ~a** *Meteorstein* m ‖ **–orismo** m ⟨Med⟩ *Meteorismus* m, *Blähung* f ‖ **–orito** m ⟨Geol⟩ *Meteorit* m ‖ **–orización** f ⟨Geol⟩ *Verwitterung* f ‖ **–orizado** adj ⟨Med⟩ *aufgebläht*
meteoro, metéoro m *Lufterscheinung* f ‖ ⟨Astr⟩ *Sternschnuppe* f, *Meteor* n/m
meteorógrafo m ⟨Meteor⟩ *Meteorograph* m
meteoro|logía f *Meteorologie, Wetterkunde, Witterungslehre* f ‖ ~ **aeronáutica** ⟨Meteor Flugw⟩ *Flugwetterkunde* f ‖ **–lógico** adj *Wetter-, meteorologisch* ‖ **parte ~** *Wetterbericht* m ‖ **servicio ~** *Wetterdienst* m
meteo|rólogo, –rologista m *Meteorologe* m
meter vt *hinein|bringen, -schieben, -stecken, -tun, -legen* ‖ *(hin)legen* ‖ *ein-, beimischen* ‖ *(unter)tauchen* ‖ *beigesellen, zusammenbringen* ‖ *einschmuggeln (Ware)* ‖ *ver|ursachen, -anlassen* ‖ *einsetzen (im Spiel)* ‖ *einreichen (Gesuch)* ‖ fam *machen, verursachen (Lärm)* ‖ ⟨Mar⟩ *beschlagen (Segel)* ‖ fam *jdm ein X für ein U vormachen* ‖ ~ **aufbinden einreden** ‖ *jdm hintergehen, prellen* ‖ fig *verwickeln (en in acc)* ‖ ◊ ~ **en la cabeza** fam *einpauken* ‖ ~ **cizaña** *Zwietracht säen* ‖ ~ **chismes** *klatschen* ‖ ~ **a alg. los dedos por los ojos** figf *jdm ein X für ein U vormachen* ‖ ~ **mano** pop *(e-e Frau) befummeln* ‖

metesillas — mi

~ miedo *Furcht einjagen* || ~ *las narices fam die Nase stecken (*en *in* acc*)* || ~ *la pata pop sich blamieren, e–n Mißgriff tun* || –le a alg. en un puño figf *jdn beschämen, in die Enge treiben* || ~ ruido *lärmen* || *Aufsehen erregen* || ~ en un sobre *in e–n Umschlag stecken* || ~**se** vr *hineindringen* || *sich eindrängen* || *sich in et hineinmischen* || *sich begeben (*en *an* acc*)* || *(in Laster) geraten* || *sein wollen* || *werden* || ◇~ en alguna parte *sich wohin begeben* || ~ *en sich einmischen, mischen, einlassen in* (acc) || *sich (be)kümmern (um)* || ~ en los peligros *sich in Gefahr stürzen* || ~ en todo figf *in alles die Nase stecken* || ~ en gastos *sich in Unkosten stürzen* || ~ a. en la cabeza *fig sich et in den Kopf setzen* || ~ con alg. *mit jdm Streit anfangen* || *Händel mit jdm anfangen* || ~ en la cama *bettlägerig werden* || ~ a hacer a/c *et anfangen* || ~ a poeta pop *Dichter werden* || ~ fraile *Mönch werden* || ~ soldado *den Waffendienst antreten* || *no me meto en nada ich will nichts damit zu tun haben*
△**metesillas** *m Kirchendiener m*
meticón adj fam *naseweis, vorwitzig, zudringlich* (→ **entremetido**)
meticu|losidad *f (peinliche) Genauigkeit, Pünktlichkeit* f || *(große) Gewissenhaftigkeit* f || *Pedanterie, Kleinlichkeit* f || **(übertriebene) Furchtsamkeit, (allzugroße) Angstlichkeit* f || **–loso** adj *zaghaft* || *ängstlich, peinlich* || *peinlich genau* || *gewissenhaft* || **übertrieben ängstlich* || adv: ~ **amente**
metido adj *gedrängt* || *voll* || ⟨Typ⟩ *eng, kompreß (Satz)* || Arg *verliebt, vernarrt* (→ **colado**) || ~ en *erpicht auf* (acc) || ~ en años *bejahrt* || ~ en cama *bettlägerig* || ~ en carnes *beleibt, fettleibig* || ~ sí *in sich gekehrt* || *in Gedanken versunken* ||◇ *estar muy* ~ *con sehr vertraut, eng befreundet sein mit* || *estar muy* ~ *en fig sehr bedacht sein auf* (acc) || *la llave está* ~ *a der Schlüssel steckt* || *ya* ~ *a la noche erst nach Einbruch der Nacht* || *tengo* ~ *algo en el ojo mir sitzt et im Auge* || ~ m *Stoß* m || *Windelunterlage* f || ⟨Taur⟩ *Wutanfall* m *des Stieres* || ⟨Typ⟩ *Einlage* f *im Text* || figf *derber Verweis, Wischer*, fam *Rüffel, Anschnauzer m*
me|tileno *m* ⟨Chem⟩ *Methylen* n || **–tílico** adj *Methyl–* || **–tilo** *m Methyl m*
metimiento *m (Hinein)Legen, (Hinein)Stekken* n || fam *Einfluß* m *(*con *auf* acc*)*
metódico adj *methodisch, planmäßig* || *übertrieben pünktlich*
Meto|dio *m* Tfn *Method* m || ⹀**dismo** *m* ⟨Rel⟩ *Methodismus* m || ⹀**dista** m/adj ⟨Rel⟩ *Methodist* m || ~ adj *methodistisch*
metodizar vt *planmäßig durchführen* || = **sistematizar**
método *m Methode* f || *Ordnung* f*, System* n || *(Arbeits)Plan* m || *Verfahren(sweise)* f) n || *Leitfaden, Lehr\gang* m*, -buch* n || ⟨Med⟩ *Heilverfahren* n || ~ *analógico Analogieverfahren* n || ~ *de aproximación Annäherungsverfahren* n || ~ *comparativo Vergleichsverfahren* n || ~ *directo direkte Unterrichtsmethode* f || ~ *de enseñanza,* ~ *pedagógico Unterrichts–, Lehr\methode* f || ~ *de francés Lehrbuch* n *des Französischen* || ~ *intuitivo Anschauungsunterricht* m || ~ *radiogoniométrico Peilverfahren* n || ~ *de trabajo Arbeitsweise* f || ~ *de violín Violinschule* f || con ~ *methodisch, planmäßig, systematisch* || *falto de* ~ *planlos, unsystematisch*
metodología *f Methodologie* f*, Lehre* f *von den Methoden* || *Methodik, Unterrichtslehre* f
metomentodo *m* = **entremetido, meticón**
meto|nimia *f Metonymie* f || **–nímico** adj *metonymisch* || **–nomasia** *f* ⟨Li⟩ *Metonomasie* f
métopa *f* ⟨Arch⟩ *Metope* f
metra f Al Sant = **mayueta**
metraje *m Maß* n *in Metern* || *Meterlänge* f *(e–s Filmes)* (→ a **película**)
metra|lla *f Schrott* m || ⟨Mil⟩ *Kartäschen–,*
Schrapnel\ladung f || *Splitter* m(pl) || *Flintenschrot* m || *Splitterwirkung* f || *fuego de* ~ ⟨Mil⟩ *Maschinengewehrfeuer* n || **–llar** vt ⟨Mil⟩ *(nieder)kartätschen* || **–llazo** *m* ⟨Mil⟩ *Schrapnell–, Maschinengewehr\feuer* n || ~ *de piedras Steinregen* m || **–lleta** f *Maschinenpistole* f
métri|ca *f Metrik* f || **–co** adj *metrisch* || *in gebundener Rede, in Versen* || (arte) ~ a *Metrik, Verslehre* f || *sistema* ~ *metrisches System* n
metritis *f* ⟨Med⟩ *Gebärmutterentzündung, Metritis* f
¹**metro** *m Maß* n || *Meter* m *(Längenmaß)* || *Versmaß, Metrum* n || ~ *cuadrado Quadratmeter* m || ~ *cúbico Kubikmeter* m
²**metro** *m* fam (Abk *für* **metropolitano**) *Untergrundbahn, U-Bahn* f
metrología *f Metrologie, Maß– und Gewichtskunde* f
metrónomo *m* ⟨Mus⟩ *Metronom* n
metrópoli *f* ⟨Haupt–, Mutter\stadt, Metropole* f || *Weltstadt* f || *Mutter\staat* m*, -land* n || *erzbischöfliche Kirche* f || *erzbischöflicher Sitz* m || fig *Hauptsitz* m
metropo|lita *m* ⟨Rel⟩ *Metropolit* m || **–litano** adj *hauptstädtisch* || *weltstädtisch* || *erzbischöflich* || (ferrocarril) ~ = ²**metro** || → a **iglesia**
meucar [c/qu] vi *Chi einnicken, schlummern*
mexcal *m* = **mezcal**
mexicano, México *(bes in Am übliche Schreibart)* → **mejicano, Méjico** || *Golfo Mexicano der Golf von Mexiko* || *Estados Unidos* ⹀s *die Vereinigten Staaten von Mexiko* || *Nuevo México New Mexico (US-Unionsstaat)*
mez|cal *m* ⟨Bot⟩ *Peyotl, Pellote* f (Lophophora williamsii) || *Mescal* m (vgl **pulque, tequila**) || **–calina** *f* ⟨Chem⟩ *Meskalin, Mescalin* n *(Alkaloid)*
mezcla *f (Ver)Mischung* f*, Gemisch* n || *farbig gewobenes Zeug* n || *Mörtel* m || ~ *pobre* ⟨Aut⟩ *mageres Gemisch* n || ~ *rica* ⟨Aut⟩ *fettes Gemisch* n || *tejido de* ~ *Halbwollgewebe* n || *sin* ~ *unvermischt* || ~**ble** adj *mischbar*
mezcla|dillos mpl *gemischtes Zuckergebäck* n || **–do** adj *gemischt, mischfarbig* || ~ m *Mischzeug* n || **–dor** *m Mischer* m (& ⟨Metal⟩) || *Mischbatterie* f || *Mischapparat* m || **–dora** *f Mischmaschine* f || **–dura** *f* = **mezcla** || *Mischtrank* m || **–miento** *m Mischen* n
mez|clar vt *(ver)mischen* || *beimischen* || *vermengen* || *verschneiden (Wein)* || *mischen, verwickeln* (en in acc) || ~**se** *sich vermischen* ||◇ ~ en a/c fig *sich (unberufen) in et einmischen, einlassen* || **–clilla** *f melierter Stoff* m || **–colanza** *f* fam *Mischmasch* m
mezqui|nar vt Am *spärlich zumessen* || *verteidigen* || **–ndad** *f Armut, Armseligkeit, Dürftigkeit* f*, Elend* n || *Knauserei, Knickerei* f || *Schäbigkeit* f || **–no** adj *arm(selig), dürftig, ärmlich, schäbig* || *elend, erbärmlich* || *hämisch* || *knauserig, karg* || *klein, winzig* || *unglücklich, unselig* || *precio* ~ *Schand\Spott\preis* m || ~ m *Knauser, Knicker* m
mezquita *f Moschee* f || △*Kneipe* f || ⟨Taur⟩ pop *die Arena von Madrid*
mezzo-soprano *m* ⟨Mus⟩ *Mezzosopran* m
m/f Abk = **mes(es) fecha** || **mi favor** || **mi factura**
mg Abk = **miligramo(s)**
m/g Abk = **mi giro**
M. H.: con ~ ⟨Sch⟩ = *con mención honorífica*
¹**mi** *m* ⟨Mus⟩ *die E-Note* || ~ *bemol* ⟨Mus⟩ *Es* n || ~ *sostenido* ⟨Mus⟩ *Eis* n
²**mi** (pl **mis**) pron *mein, meine* || ~ *madre (*pop *la* ~ *madre) meine Mutter* || *mi General (comandante, capitán usw) Herr General bzw Herr Major, Herr Hauptmann usw (Anrede des Untergebenen an den Vorgesetzten)* || ⹀s *padres meine Eltern* pl || *uno de* ⹀s *amigos e–r meiner Freunde*

³**mí** pron *mir, mich* || a ~ *mir* || *dímelo* (a ~) *sage es mir* || *de* ~ *von mir selbst, aus eigenem Antrieb* || *para* ~ *für mich* || *sin* ~ *ohne mich* || y a ~ *¿qué?* fam *das ist mir (piep)egal* || *na und?*
mía (*od* **miá**) pop = **mira** (v. **mirar**)
mi|agar, –añar, –ar vi = **maullar**
miaja *f* = **migaja** || una miaj(it)a *ein kleines Bißchen*
miar [mío] vi *miauen*
miasma m *Miasma* n, *schädliche Ausdünstung* f
miau onom *miau*
△**mibao** m *Frucht* f || *Ertrag* m
¹**mica** *f* ⟨Min⟩ *Glimmer* m || ~ *amarilla Katzengold* n || ~ *argentina Katzensilber* n || ~ *blanca Muskovit, Muskowit* m
²**mica** *f*/adj *Äffin* f, *Affenweibchen* n || Am *Kokette* f || Guat *Rausch* m, *Trunkenheit* f
*****micado** m **Mikado** m *(Japan)* (→ **tenno**)
Micaela *f* Tfn *Michaela* f
micción *f* *Harnen* n
micelio m ⟨Bot⟩ *Myzel(ium)* n
micer m *Herr* m *(*Ehrentitel der Krone von Aragón)*
mico m *langschwänziger Affe* m || pop *lebhaftes, ungezogenes Kind* n || figf *geiler Bock* m || △ *junger Dieb* m || SAm ⟨Zool⟩ *Mico* f *(Dendryphantes noxiosus) (e–e angeblich sehr giftige kleine Springspinne)* || ~ *capuchino* Am *Kapuzineraffe* m (Cebus capucinus) || ◊ dar ~ (a) pop *jdn anführen, prellen, düpieren* || *quedarse hecho* un ~ figf *beschämt, verblüfft sein* || *feo como un* ~ *häßlich wie die Nacht*
mico|logía *f* ⟨Bot⟩ *Pilzkunde, Mykologie* f || **–lógico** adj *pilzkundlich, mykologisch*
micra *f* *Mikrometer, Mikron* n *(ein Tausendstelmillimeter)*
micro präf *Mikro-*
micro|biano adj *Mikroben-* || **–bicida** adj *mikrobentötend* || **–bio** m *Mikrobe* f, *Mikrobion* n || **–biología** *f* *Mikrobiologie* f || **–bus** m Neol *Kleinbus* m || **–cefalia** *f* ⟨Med⟩ *Mikrozephalie* f || **–céfalo** adj/s *kleinköpfig, mikrozephal* || **–copia** *f* *Mikrokopie* f
micro|cosmo m ⟨Philos Wiss⟩ *Mikrokosmos* m || **–economía** *f* *Mikroökonomie* f || **–ficha** *f* *Mikrokarte* f
micro|film(e) m *Mikrofilm* m || **–filmador** m *Mikrofilmaufnahmegerät* n || **–física** *f* *Atom-* + *Kernphysik* f
microfotografía *f* *Mikrofotografie* f
micro|lector m *Lesegerät* n *für Mikrofilme* || **–melia** *f* ⟨Med⟩ *Mikromelie* f
micro|milímetro, micrón m = **micra** || **–motor** m *Kleinstmotor* m || **≠nesia** *f* ⟨Geogr⟩ *Mikronesien* || **–organismos** mpl *Mikroorganismen* mpl (→ **microbio**)
micros|cópico adj *mikroskopisch* || **–copio** m ⟨Opt⟩ *Mikroskop* n || ~ *electrónico Elektronenmikroskop* n
microsurco m *Mikrorille* f || p.ex *Langspielplatte* f
microtaxi m Neol *Minicar* m
micha *f* fam = **michino**
△**miche** m *weibliche Scham* f
michino m fam *Kätzchen, Miezchen* n
midi adj *Midi- (Kleid)*
mido, midió → **medir**
mieditis *f* fam *Angst* f, fam *Bammel* m
mie|do m *Furcht, Angst* f *(a vor dat)* || ~ *cerval* fig *panischer Schrecken* m || ~ *a morir Furcht* f *vor dem Tode* || ◊ da ~ *verle er sieht schrecklich aus* || *me entra* ~ *ich bekomme Furcht* || *meter* ~ (a) *Furcht einjagen* || *ser de* ~ figf *fürchterlich sein (& Person)* || desp *lästig sein* || fam *unmöglich sein* || fam *toll sein* || *tener* ~ (a) *sich fürchten (vor)* || *tener* ~ *a alg. sich vor jdm fürchten* || *jdn fürchten* || *no le tengo miedo ich fürchte ihn nicht* ||

por ~ de (que + subj) *aus Furcht vor* || *de* ~ *vor Angst* || **–doso** adj *furchtsam, ängstlich* || ~ m *furchtsamer Mensch, Feigling* m
miel *f* *Honig* m || ~ *extraída* (con meloextractor) *Schleuderhonig* m || ~ *sobre hojuelas* figf *ausgezeichnet, sehr gelegen* || ◊ *no hay* ~ *sin hiel keine Rose ohne Dornen* || gustar las primeras ~ es *del amor* fig *die erste Liebe kosten* || *hacerse* ~ es con alg. figf *jdn durch Schmeicheleien zu gewinneń suchen* || → **luna**
¹**mielga** *f* ⟨Bot⟩ *Luzerne* f (Medicago sativa)
²**mielga** *f* ⟨Fi⟩ *Gemeiner Dornhai* m (Squalus acanthias)
³**mielga** *f* → **bielgo**
mielitis *f* ⟨Med⟩ *Myelitis* f
miembro m *Glied* n, *Teil* m || *Mitglied* n *(e–r Gesellschaft)* || ~ (viril) ⟨An⟩ *männliches Glied* n || ~ *de la junta Vorstandsmitglied* n || ~**s** *pl Glieder* npl, *Gliedmaßen* pl
mienta *f* Ast Sant ⟨Bot⟩ = **menta**
¹**miente** *f* *Gedanke* m, *Nachdenken* n || ◊ *poner (od parar)* ~ s en *achtgeben, aufpassen auf* (acc) || *traer a las* ~ s *an et erinnern* || *se le vino a las* ~ s *es ist mir in den Sinn gekommen* || *ni por* ~ s *nicht einmal im Traum*
²**miente** → **mentir**
mientras adv *unter-, in|dessen, mittlerweile* || ~ tanto (mientrastanto) *inzwischen* || *in der Zwischenzeit* || ~ *más..., más... je mehr..., desto mehr...*
mientras conj *während, indem* || *so lange als* || *bis daß* || *wenn* || *während* || ~ que, ~ tanto *während, unterdessen* || *inzwischen* || ~ que *dormía während er schlief*
miera *f* *Wacholderöl* n || *Fichtenterpentin* n || *Rohharz* n
miércoles (Abk **miérc.**) *[pl unverändert] m Mittwoch* m || ⚶ Santo *Mittwoch* m *der Karwoche* || *los* ~ *y sábados jeden Mittwoch und Samstag* || → **ceniza**
mier|da *f* vulg *Menschen-, Tier|kot* m, vulg *Scheiße* f (& fig) || un ~ vulg *ein Scheißkerl* m || ◊ *enviar a la* ~ vulg *zum Teufel schicken* || *me importa una* ~ *sehr* vulg *es ist mir scheißegal* || **–doso** adj vulg *dreckig*, sehr vulg *beschissen, Scheiß-*
mies *f* *reifes Getreide* n *(auf dem Halm)* || *Ernte* f (& fig, z.B. *im religiösen Sinne)* || *die (Saat)Felder* npl
miga *f* *Brosame, (Brot)Krume* f || *das Weiche im Brot* figf *innerer Gehalt* m || △*Beischläferin* f || *de poca* ~ *unbedeutend* || ◊ *es la* ~ *fam das ist die Hauptsache* || *eso tiene* (su) ~ fam *das hat seinen Sinn* || *das ist nicht so einfach* || △*ir a la* ~ *in die Schule gehen* || ~ **s** *pl*: ~ (de pan) *Brotkrumen* fpl *mit Öl, Schmalz, Knoblauch und span. Pfeffer gebraten* || ◊ *estar hecho* ~ figf *hundemüde (od kaputt) sein* || *hacer* ~ *zerbröseln* || *hacerse* ~ *kaputtgehen* || *hacer buenas* ~ figf *gut miteinander auskommen*
migaja *f* *Brosame* f, *Brotkrümel* m/n || fig *Stückchen, Bißchen* n || ◊ *no sabe leer* ~ pop *er kann kein Sterbenswörtchen lesen* || ~**s** *pl Brotreste* mpl || fig *Abfälle* mpl, *Brocken* m
migajuela *f* dim *v.* **migaja**
mi|gale, –la *f* ⟨Zool⟩ *Vogelspinne* f (Mygale spp || Eurypelma spp *usw*) || **–gálidos** mpl ⟨Zool⟩ *Vogelspinnen* fpl (Mygalomorphae, Mygalidae)
migar [g/gu] vt *Brot einbröckeln (in die Suppe)*
migra|ción *f* *(Völker)Wanderung* f || *Migration* f || *Wanderzug* m *(der Vögel)* || **–dor** adj/s ⟨V⟩ *Wander-, Zug-* || ~ m ⟨V⟩ *Zugvogel* m || ~ *parcial* ⟨V⟩ *Teilzieher* m || **–torio** adj *Wander-, Zug-* || *ave* ~ *a Zugvogel* m
migraña *f* *Migräne* f *(Kopfweh)* (→ **jaqueca**)
Miguel m np (dim →**in**) *Michael* m || *día de San* ⚶ *Michaelis(fest)* n || ~ *Angel Michelangelo*

miguelete — mina 742

miguelete m **Zollsoldat* m, *zur Verfolgung von Schmugglern* ‖ el ⁓ *achteckiger Turm* m *in Val.*
mihrab m *Mihrab* m, *Nische* f, *nach welcher die betenden Mohammedaner blicken*
△**mijate** m *Messe* f
¹**mijita** f: una ⁓ pop *ein bißchen*
²**mijita** f Am pop = **mi hijita**
¹**mijo** m ⟨Bot⟩ *Echte Hirse* f (Panicum miliaceum)
²**mijo** [dim **mijito**] m Am pop = **mi hijo**
mikado m = **micado**
mil adj *tausend* ‖ *der tausendste* ‖ a las ⁓ y quinientas figf *zu spät* ‖ *sehr verspätet (Ankunft)* ‖ ⁓ veces *tausendmal* ‖ ⁓ m *Tausend* n ‖ ganar muchos ⁓es de pesetas *viele Tausende verdienen* ‖ ⁓es y ⁓es *Tausende und aber Tausende (öst Abertausende)*
miladi f engl *Mylady* f *(frühere engl. Anrede)*
mila|grero adj *zum Wunderglauben neigend* ‖ fam *wundertätig* (→ **milagroso**) ‖ imagen ⁓a *Wunderbild* n ‖ **–gro** m *übernatürliches Wunder* n ‖ p.ex fig *Wunder* n ‖ *Wunderwerk* n ‖ ⁓ económico *Wirtschaftswunder* n ‖ ni de ⁓ pop *nicht im Traum* ‖ ⁓s f Tfn span. *Frauenname* ‖ vida y ⁓s *das Leben und die Taten*, fam *der Lebenslauf* ‖ ◊ hacer ⁓ fig *Wunder vollbringen* ‖ vivir de ⁓ fig *von der Luft leben*, *wenig essen* ‖ *kein festes Einkommen haben* ‖ ¡qué ⁓ (verlo a V. por aquí)! *wo nehmen Sie denn her!* ‖ **–groso** adj *wundertätig* ‖ *übernatürlich* ‖ p.ex *wunderbar* ‖ *Wunder-* ‖ cura ⁓a *Wunderkur* f ‖ la Virgen ⁓a *die wundertätige Mutter Gottes* ‖ vgl **maravilla**, **prodigio**
milamores f ⟨Bot⟩ *Spornblume* f (Centranthus ruber)
Milán m *Mailand* n
milanés m/adj *Mailänder* m ‖ ⁓ adj *mailändisch*
¹**milano** m ⟨V⟩ *Milan* m ‖ ⁓ negro *Schwarzer Milan* m (Milvus migrans) ‖ ⁓ rojo *Roter Milan* m (M. milvus)
²**milano** m ⟨Fi⟩ *Seehahn* m (Trigla milvus)
³**milano** m fam = **vilano**
milcentésimo adj: el ⁓ *der elfhundertste*
mildiú (engl **mildew**) m ⟨Bot⟩ *Mehltau(pilz)* m ‖ *Rebenmehltau* m (Plasmopara viticola)
mile|folio m ⟨Bot⟩ = **milenrama** ‖ **–nario** adj *tausendjährig* ‖ ⁓ m *Jahrtausendfeier* f ‖ *Jahrtausend* n
milenrama f ⟨Bot⟩ *Schafgarbe* f (Achillea millefolium)
milési|ma f, **–mo** m *Tausendstel* n ‖ ⁓ adj *tausendster*
milés.ˢ, milé.ˢ Abk = **milésimas**
mili f fam *Kommiß, Barras* m (→ **milicia**)
miliar adj ⟨Med⟩ *Miliar-, frieselartig* ‖ → **fiebre**
miliárea f *Milliar* n = ¹/₁₀₀₀ *Ar*
miliar(io) adj *Meilen-* ‖ columna ⁓a *Meilensäule* f ‖ piedra ⁓a *Meilenstein* m (& fig)
mili|cia f *Kriegs|wesen* n, *-kunst* f ‖ *Kriegsdienst* m ‖ *Bürgerwehr* f ‖ *Miliz* f ‖ fam *Wehrdienst* m ‖ ⁓ fascista ⟨Hist⟩ *faschistische Miliz* f *(Italien)* ‖ ⁓ nacional *Volks-, Land-, Bürgerwehr* f ‖ ⁓ territorial, ⁓ provincial *Landsturm* m ‖ *Heimatschutztruppe* f ‖ ⁓ universitaria Span *besondere Wehrdienst m für Studenten* ‖ **–ciano** m *Landwehrsoldat* m ‖ *Milizangehörige(r)* m ‖ **–co** m Am fam *Soldat* m
miligramo m *Milligramm* n
mililitro m *Milliliter* n
milímetro m *Millimeter* m
militante adj *kämpfend* ‖ *kämpferisch, militant* ‖ ⁓ m *Vorkämpfer* m ‖ ⟨Pol⟩ *Aktivist* m ‖ fig *Verfechter* m
¹**militar** adj *militärisch* ‖ *soldatisch* ‖ *Kriegs-, Militär-* ‖ campaña, correo ⁓ *Feld|zug* m, *-post* f ‖ escuela ⁓, academia ⁓ *Kriegs-, Kadetten|schule* f ‖ espíritu ⁓ *soldatischer Geist* m ‖ orden ⁓ *Ritterorden* m ‖ marcha ⁓ *Militärmarsch* m ‖ virtudes ⁓es *soldatische Tugenden* fpl ‖ → **arte, disciplina, hospital, servicio**
²**militar** m *Soldat, Militär* m
³**militar** vi *im Heere dienen* ‖ *sich einsetzen (en favor de für acc) (contra gegen acc)* ‖ ◊ no ⁓ en ningún partido político *keiner politischen Partei angehören*
milita|rada f pej *Militärstreich* m ‖ pej *grobe Handlungsweise f des Militärs* ‖ **–rismo** m *Militarismus* m ‖ **–rista** m/adj *Militarist* m ‖ ⁓ adj *militaristisch* ‖ **–rizar** vt *militarisieren* ‖ *militärisch bzw soldatisch organisieren* ‖ **–rote** m desp *derber Soldat* m
milocha f prov *Papierdrache* m
milonga f Arg *Milonga* f *(Volkstanz)* ‖ *Volksfest* n *mit Tanz* ‖ fam *Händel* pl, *schmutziger Handel* m
milord [pl **milores**] m engl *Mylord* m ‖ *Mylord, gedeckter Halbwagen* m
milori m (**azul milori**) *Miloriblau* n *(Berliner Blau)*
milpiés m ⟨Zool⟩ allg *Tausendfüß(l)er* m ‖ *Kellerassel* f ‖ ⁓ **cochinilla** de la humedad)
milla f *Meile* f ‖ ⁓ marina (Am náutica) *Seemeile* f *(1852 m)*
Millán m pop Tfn = **Emiliano**
millar m *Tausend* m ‖ a ⁓es *im Überfluß, haufenweise*
millarada f: a ⁓s fig *zu Tausenden*
millón m *Million* f ‖ mil ⁓es *(eine) Milliarde* f ‖ ◊ ¡doy a Vd. un ⁓ de gracias! *tausend Dank!*
millo|nada f fig *große Summe* f ‖ ¡una ⁓ de gracias! pop *vielen Dank!* ‖ **–naria** f *Millionärin* f ‖ **–nario** m *Millionär* m
milloncejo dim v. **millón**
millonésimo m/adj *Millionstel* n ‖ ⁓ adj *millionstel*
mi|mado adj *verhätschelt* ‖ *verwöhnt* ‖ niño ⁓ *Schoßkind* n, *Liebling* m ‖ **–mar** vt *ver|zärteln, -hätscheln* ‖ *verwöhnen*
mim|bre m ⟨Bot⟩ *Korbweide* f (Salix viminalis) ‖ *Weidengeflecht* n ‖ *Weidenrute* f ‖ de ⁓ *geflochten (Stuhl, Stuhlsitz)* ‖ muebles de ⁓ *Korbmöbel* npl ‖ **–breño** adj *weidenartig* ‖ *sich geschmeidig hin und her bewegend* ‖ **–brera** f ⟨Bot⟩ = **mimbre** ‖ = **–breral** m *Weidengebüsch* n ‖ **–brón** m *Weide* f
mi|mesis f *Mimesis* f ‖ **–mético** adj *mimetisch, nachahmend* ‖ *Nachahmungs-* ‖ *Tarnungs-* ‖ **–metismo** m ⟨Biol⟩ *Mime|se, -sis, Mimikry* f ‖ **–metizar** vt *tarnen*
Mimí f pop Tfn = **María**
mími|ca f *Mimik, Gebärdenkunst* f ‖ *Gebärdenspiel* n ‖ *Pantomime* f ‖ **–co** adj *mimisch* ‖ lenguaje ⁓ *Gebärdensprache* f ‖ talento ⁓ *Darstellungsgabe* f ‖ ⁓ m *Mimiker* m
mimo m *Mimiker* m ‖ ⟨Th⟩ *Mime* m ‖ ⟨Th⟩ *Mimus* m ‖ *Possenmacher* m ‖ fig *Schmeichelei, Verhätschelung* f ‖ *Liebkosung* f ‖ *Ziererei* f ‖ ◊ hacer ⁓s *sich zieren* ‖ hacer ⁓s a alg *jdn streicheln, liebkosen*
mimo|sa f ⟨Bot⟩ *Mimose, Schamhafte Sinnpflanze* f (Mimosa pudica) ‖ **–so** adj *geziert, zimperlich* ‖ *weichlich* ‖ *schmeichelnd* ‖ *verhätschelt (Kinder)* ‖ *zärtlich* ‖ ◊ es como una ⁓ fig *sie (bzw er) ist wie e-e Mimose (od mimosenhaft)*
mina f *Bergwerk* m, *(Erz)Grube, Zeche* f ‖ ⟨Bgb⟩ *Stollen* m ‖ *unterirdischer Gang* m ‖ *(Wasser)Quelle* f ‖ ⟨Mil⟩ *Mine* f ‖ *Mine* f, *Graphitstift* m ‖ fig *Goldgrube* f ‖ fig *Fundgrube* f ‖ ⁓ de carbón *Kohlenbergwerk* n ‖ ⁓ de sal gema *Salzbergwerk* n ‖ ⁓ flotante ⟨Mil⟩ *Treibmine* f ‖ ⁓ magnética ⟨Mil⟩ *magnetische Mine* f ‖ ⁓ radar *Funkmeßmine* f ‖ ⁓ submarina ⟨Mil⟩ *Unterwasser-, Grund|mine* f ‖ ⁓-trampa f *Minenfalle* f ‖ consejero, derecho, escuela de ⁓s *Berg|rat* m, *-recht* n, *-akademie* f

mina|do adj *unterminiert* (& ⟨Chir⟩) ‖ ⟨Mil⟩ *vermint* ‖ **–dor** *m* ⟨Mil⟩ *Mineur, Pionier* m ‖ ⟨Mar⟩ *Minenleger* m ‖ ⟨Bgb⟩ *Stollenbauer* m ‖ *Abteufhäuer* m
minal adj *Gruben-, Zechen-* ‖ *bergbaulich*
minar vt *untergraben, aushöhlen* ‖ ⟨Mil⟩ *verminen, Minen legen* ‖ *(unter)minieren* ‖ fig *untergraben, vernichten (z. B. Gesundheit)*
minarete *m Minarett* n, *Moscheenturm* m
mincha *f*: ◇ ir a la ~ prov *schlafen gehen (Kinder)*
△**minchabar** vt *gebären*
minera *f* = **mina** ‖ And *Bergmannslied* n
mineral adj *mineralisch* ‖ *anorganisch* ‖ *Mineral-* ‖ *Erz-* ‖ reino ~ *Mineralreich* n ‖ agua ~ *Mineralwasser* n ‖ ~ *m Mineral* n ‖ *Erz* n ‖ *Gestein* n ‖ fig *Ursprung, Quell* m ‖ ~ de estaño *Zinnerz* n ‖ ~ de hierro *Eisenerz* n ‖ colección de ~es *Gesteinssammlung* f
minerali|zación *f* ⟨Geol⟩ *Mineralisation* f ‖ *Vererzung* f ‖ ⟨Bgb⟩ *Erzführung* f ‖ ⟨Med⟩ *Verkalkung* f ‖ **–zar** [z/c] vt *mineralisieren, vererzen* ‖ *Mineralstoffe zusetzen* (gen) ‖ **~se** *Mineralstoffe aufnehmen* ‖ *hart werden*
minera|logía *f Mineralogie* f ‖ **–lógico** adj *mineralogisch* ‖ **–logista** *m Mineraloge* m
mine|ría *f Bergbau* m ‖ *Hütten|wesen* n, *-kunde* f ‖ **–ro** adj *bergmännisch* ‖ *Berg-* ‖ *Gruben-* ‖ *Montan-* ‖ explotación ~a *Bergbau* m ‖ riquezas ~as *Bodenschätze* mpl ‖ ~ *m Bergmann, Knappe* m ‖ Arg Chi allg *Maus* f ‖ ~ continuo ⟨Bgb⟩ *Schrämlader* m, *Kohlekombine* f ‖ traje de ~ *Bergmannstracht* f
mineromedicinal adj: agua ~ *Heilquelle* f
Miner|va *f Minerva* f *(Göttin)* ‖ ≃ *f* fig *sittsames, kluges Weib* n ‖ ⟨Typ⟩ *Minerva, Tiegeldruckpresse* f ‖ ⁓**vista** *m* ⟨Typ⟩ *Tiegeldrucker* m
minga *f* pop *männliches Glied* n, pop *Gießkanne, Spritze* f
Mingo *m* pop Tfn = **Domingo** ‖ pop *die rote Billardkugel* ‖ ◇ poner el ≃ pop *sich auszeichnen, hervorragen*
mini präf *Mini-* ‖ *Klein-*
minia|tura *f Miniatur|gemälde, -bild* n ‖ *Miniatur* f ‖ *Zierbuchstabe* m ‖ *Miniatur|ausführung, -arbeit* f ‖ fig *zierliche Person* f, *Persönchen* n ‖ en ~ *im kleinen* ‖ pintor en ~ *Miniaturenmaler* m ‖ **–turista** *m Miniaturenmaler* m ‖ **–turizar** vt ⟨Tech⟩ *miniaturisieren*
mini|falda *f Minirock* m ‖ **–faldera, –faldeña** *f*/ adj *Minirock tragendes Mädchen*, fam *Minimädchen* n
mini|fundio *m* ⟨Agr⟩ *Zwergbesitz* m ‖ *Zwergbetrieb* m ‖ **–fundista** *m Klein(st)bauer* m
mini(bi)kini *m Mini(bi)kini* m, fam „*Oben-ohne*" ‖ moda del ~ „*Oben-ohne*"-*Mode* f
míni|ma *f* ⟨Mus⟩ *halbe Note* f ‖ **–mamente** adv *ganz wenig*
minimizar vt *bagatellisieren* ‖ *minim(al)isieren (Datentechnik)*
míni|mo sup *v.* **pequeño** *kleinste(r, -s)* ‖ *Mindest-* ‖ *sehr klein, winzig* ‖ exigencia ~a *Mindestforderung* f ‖ peso ~ *Mindestgewicht* n ‖ no le ayuda en lo más ~es *hilft ihm nicht im geringsten* ‖ ~ *m Minimum* n, *geringster Grad* m ‖ *Pauliner* m *(Mönch)* ‖ ~ *vital Existenzminimum* n ‖ ◇ reducir al ~ *auf das Mindestmaß beschränken* ‖ ni en lo más ~ *nicht im geringsten, überhaupt nicht* ‖ **–mum** [...mun] *m Minimum* n
mini|na *f* fam *Katze* f *(weibliches Tier)* ‖ **–no** *m* fam *Kater* m ‖ *Katze* f *(Art)*
minio *m* ⟨Min⟩ *(Blei)Mennige* f
minipantalones mpl fam *heiße Höschen* npl, *hot pants* pl engl
ministe|rial adj/s *ministeriell* ‖ *Ministerial-* ‖ *Regierungs-* ‖ *regierungs|treu, -freundlich* ‖ amt-

lich ‖ crisis ~ *Ministerkrise* f ‖ decreto ~ *Ministerialerlaß* m ‖ declaración ~ *Regierungserklärung* f ‖ **–rio** *m Ministerium* n *(& Gebäude)* ‖ *Ministeramt* n ‖ p.ex *Kabinett* n, *Regierung* f ‖ ⟨Lit⟩ *Amt* n ‖ fig *Aufgabe* f ‖ fig *Vermittlung* f ‖ ~ de Agricultura *Landwirtschaftsministerium* n ‖ ~ del Aire Span *Luftfahrtministerium* n ‖ ~ de Asuntos Exteriores (Am ~ de Relaciones Exteriores) *Außenministerium, Auswärtiges Amt* n ‖ ~ de la Gobernación *Innenministerium* n ‖ ~ fiscal *Staatsanwaltschaft* f ‖ p.ex *Staatsanwalt* m ‖ ~ de Hacienda *Finanzministerium* n ‖ ~ de Información y Turismo Span *Informations- und Fremdenverkehrs|ministerium, Ministerium* n *für Information und Fremdenverkehr* ‖ ~ de la ley kraft *Gesetzes* ‖ ~ de Obras Públicas *Ministerium* n *für öffentliche Arbeiten* ‖ ~ sacerdotal *geistliches Amt* n ‖ ~ del Trabajo Span *Arbeitsministerium* n ‖ ~ de la Vivienda Span *Wohnungsbauministerium* n ‖ por ~ (de) *laut Vorschrift*
minis|trable adj/s *zum Minister geeignet* ‖ ~ *m Kandidat* m *für ein Ministerium* ‖ **–trar** vt *bekleiden, verwalten (Amt)* ‖ **–tril** *m Gerichtsdiener* m ‖ **–tro** *m Minister* m ‖ *Gesandte(r)* m ‖ *(Gerichts)Diener* m ‖ *Richter, Gerichtsrat* m ‖ *Geistliche(r)* m *im Amt* ‖ *Ministrant, Meßdiener* m ‖ fig *Helfer, Diener* m ‖ ~ sin cartera *Minister* m *ohne Portefeuille (od ohne Geschäftsbereich)* ‖ ~ de Dios, ~ del evangelio fig *Priester* m ‖ ~ de Estado *Staatsminister* m ‖ (Enviado Extraordinario y) ≃ Plenipotenciario *(außerordentliche[r] Gesandte[r]* m *und) bevollmächtigte(r) Minister (Gesandte[r])* m ‖ Primer ~ *Premierminister, Ministerpräsident* m ‖ consejo de ~s *Ministerrat* m
min.°, **min.°** Abk = **ministro**
mino|ración *f Verminderung* f ‖ **–rar** vt *vermindern* ‖ **–rativo** adj *verringernd* ‖ **–ría** *f Minderheit* f ‖ ⟨Pol⟩ *Minderheit* f ‖ *Minderjährigkeit* f ‖ *sprachliche Minderheit* f *in e-m Staate* ‖ ◇ quedar en ~ *überstimmt werden* ‖ ~s étnicas, ~s nacionales *nationale (od völkische) Minderheiten* fpl ‖ problema de las ~s *(étnicas od nacionales) Minderheitenfrage* f ‖ protección a las ~s *Minderheitenschutz* m ‖ **–ridad** *f* ⟨Jur⟩ *Minderjährigkeit* f ‖ **–rista** *m Einzelhändler* m ‖ *Geistlicher* m, *der die niederen Weihen empfangen hat* ‖ **–rita** *m Minorit* m *(Mönch)* ‖ **–ritario** adj *in der Minderheit befindlich* ‖ *minoritär* ‖ *Minderheits-*
Minotauro *m* ⟨Myth⟩ *Minotaur(us)* m
ministral *m Nordwestwind* m (→ **mistral**)
mintió → **mentir**
minu|cia *f Kleinigkeit* f ‖ *Lappalie, Bagatelle* f ‖ *Spitzfindigkeit* f ‖ **–ciosidad** *f Kleinlichkeit* f ‖ *peinliche Genauigkeit* f ‖ **–cioso** adj *kleinlich* ‖ *peinlich genau* ‖ *eingehend* ‖ *ausführlich* ‖ *minuziös* ‖ examen ~ *eingehende Untersuchung* f
minué *m Menuett* n *(Tanz)*
minuendo *m* ⟨Math⟩ *Minuend* m
minúsculo adj *sehr klein* ‖ *winzig* ‖ (letra) ~a *Kleinbuchstabe, kleiner (Anfangs)Buchstabe* m, *Minuskel* f
minus|valía *f Unter-, Minder|wertigkeit* f ‖ *Minderwert* m ‖ **–válido** adj/s *körperbehindert* ‖ ~ *m Körperbehinderte(r)* m
minu|ta *f Konzept* n, *erster Entwurf* m *(e-s Schriftstückes)* ‖ *Anmerkung, Note* f ‖ *Schlußzettel* m *(Börse)* ‖ *Speisekarte* f ‖ *Beamtenliste* f ‖ *Gebührenrechnung* f ‖ **–tero** *m Minutenzeiger, großer Zeiger* m *(Uhr)* ‖ **–tisa** *f* ⟨Bot⟩ *Bartnelke* f (Dianthus barbatus) ‖ **-to** adj ≃ **menudo** ‖ **–to** *m (Zeit) Minute* f *(& Winkeleinheit)* ‖ fig *Augenblick* m ‖ **~ instante, momento**) *en un* ~ *im Nu, augenblicklich* ‖ *sofort* ‖ ~ de conferencia ⟨Tel⟩ *Gebühren-, Gesprächs|minute* f ‖ ~ de silencio *Schweigeminute* f ‖ ◇ espere V. dos ~s *warten Sie e-n Augenblick*
△**miñarse** vr *sich davonmachen*

Miño *m*: el ~ *der Miño, Minho (Fluß auf der Pyrenäenhalbinsel)*
¹**miñón** *m Grenzaufseher* m || Al *Gendarm* m
²**miñón** adj Am gall *zierlich*
mío, mía pron *mein, meine* || el ~ *der mein(ig)e* || *der Mein(ig)e* || lo ~ *das mein(ig)e* || *das Mein(ig)e* || lo ~ y lo tuyo *mein und dein* || ◊ el libro es ~ *das Buch gehört mir (dagegen attributiv:* es mi libro*)* || muy señor ~ → muy || es muy amigo ~ *er ist ein guter Freund von mir* || de ~ *aus eigener Kraft* || *aus mir selber* || los ~s *meine Angehörigen* || son hijos ~s *es sind meine Kinder* || ¡ésta es la ~a! fam *jetzt bin ich an der Reihe!*
miocar|dio *m* ⟨An⟩ *Myokard* n, *Herzmuskel* m (→ a **infarto**) || **–ditis** *f* ⟨Med⟩ *Myokarditis, Herzmuskelentzündung* f
mio|cénico adj ⟨Geol⟩ *miozän* || **–ceno** *m* ⟨Geol⟩ *Miozän* n
miología *f* ⟨Med⟩ *Muskellehre, Myologie* f
mio|ma *m* ⟨Med⟩ *Myom* n || **–parálisis** *f* ⟨Med⟩ *Muskellähmung, Myoparalyse* f || **–sis** *f* ⟨Med⟩ *Pupillenverengung, Miosis* f
mio|pe adj/s *kurzsichtig* (& fig), *myop(isch)* || **–pía** *f Kurzsichtigkeit, Myopie* f
miosota *f* → **miosotis**
miosotis *f* ⟨Bot⟩ *Vergißmeinnicht* n (Myosotis spp)
△**mipi** *m Gebärde* f
miquis fam: con ~ *mit mir* || tiquis ~ pop → **tiquis miquis**
mira *f Visier* n || ⟨TV⟩ *Testbild* n || *(Richt)Korn, Visier* n *(auf e–m Gewehr)* || fig *Absicht* f, *Ziel* n || fig *Rücksicht(nahme)* f || ~ *topográfica Visier|tafel* f, *-kreuz, Nivellierkreuz* n || ◊ *estar a la ~ auf der Lauer stehen* || *aufpassen* || *poner la ~ en* fig *das Augenmerk richten auf* (acc) || **~s** *Absichten* fpl || *elevadas ~* fig *edle Gesinnung* f || con ~ *a in Hinblick auf* (acc) || ~ *deshonestas unzüchtige Absichten* fpl
Mira *f* ⟨Astr⟩ *Mira* f *(im Sternbild des Walfischs)*
mirabolano *m* → **mirobálano**
mira|da *f (An)Blick* m || de una ~ *auf e–n Blick* || ◊ *interrogar con la ~ jdn fragend anblicken* || *poner la ~ en den Blick richten auf* (acc) || **–dero** *m Aussichtspunkt, Luginsland* m || figf *Gesprächsthema* n *(Person, Angelegenheit)* || **–do** adj *umsichtig* || *rücksichtsvoll* || *klug, vorsichtig* || *behutsam* || (bien) mal ~ *(gern) ungern gesehen* || bien ~ adv *alles wohl bedacht* || *eigentlich, schließlich, letzten Endes* || *im Grunde genommen* || **–dor** *m Zuschauer* m || *Ort* m, *Galerie* f *usw mit schöner Aussicht* || *verglaster Balkon, Erker* m || *Ausguck* m || *Aussichtspunkt* m || ~ *pintoresco, ~ panorámico Aussichtspunkt* m *(Zeichenerklärung e–r Landkarte)* || *cuarto con ~ Erkerzimmer* n
Miraflores: Cartuja de ~ *berühmtes span. Kartäuserkloster* n *bei Burgos*
miraguano *m* ⟨Bot⟩ *Woll-, Kapok|baum* m (Ceiba pentandra) || *Miraguanowolle* f *(für Steppdecken)*
mirahuevos *m Eierdurchleuchtungs|maschine* f, *-gerät* n
mira|je *m* (gall *bes* Am) *(Luft)Spiegelung* f || **–miento** *m Anschauen, Ansehen* n || *Um-, Vorsicht* f || *Rücksicht(nahme)* f || *Schonung* f || sin ~ *rücksichtslos* || *ohne Umstände* || *schonungslos* || lleno de ~s *schonungsvoll*
mirandés adj/s *aus Miranda de Ebro* (PBurg)
mirar vt *ansehen, anblicken* || *betrachten* || *beobachten* || *nachsehen* || *belauern* || *berücksichtigen* || ◊ *überprüfen* || *überlegen* || fig *achten, schätzen* || ◊ *mirándolo salir als er ihn ausgehen sah* || ~ vi/t *sehen* || *zusehen, blicken* || fig *nachsehen* || *Aussicht haben, gehen auf* (acc), *nach (Gebäude, Fenster)* || ◊ ~ atrás *zurückblicken* || ~ *alrededor um sich schauen* || ~ *por a/c das Augenmerk auf et richten*

|| *für et sorgen* || *por lo que a mí mira was mich anbetrifft* || ~ *a uno por encima del hombro* fig *jdn über die Achsel (od über die Schulter) ansehen, geringschätzen* || esta casita mira al mar *dieses Häuschen sieht auf die See hinaus* || ~ de reojo fig *schief ansehen* || ~ *por la ventana zum Fenster hinaussehen* || ~ *por encima de las gafas über die Brille hinwegsehen* || ~ *por un agujero durch ein Loch schauen* || ~ *por sí auf seinen Vorteil bedacht sein* || sin ~ *nada rücksichtslos* || si bien se mira *genaugenommen, genaubetrachtet* || *eigentlich* || ¡mira! *sieh mal!* || *bedenke nur!* || *sieh dich vor!* *(Drohung)* || ¡mira que no estoy para bromas! *Achtung, denn ich bin nicht zum Spaßen aufgelegt!* || ¡mira lo que haces! *bedenke, was du tust!* || mírame y no me toques figf *allzu empfindliche, heikle Person,* fig *e–e Mimose,* fig *ein Kräutlein* n *Rührmichnichtan* || ¡mírame y no me toques! *rühr(e) mich nicht an!* || ¡mira tú que ...! pop *das ist unglaublich, daß ...!* || ¡~ éste! pop *das ist gelungen!* || ~ **se** *sich beschauen, sich ansehen* || ◊ ~ *a sí mismo* fig *auf sich selbst achten* || ~ al *(od en el) espejo sich im Spiegel betrachten* || ~ *unos a otros* fig *einander verwundert anschauen* || ~ en alg. fig *jdn wie sein zweites Ich lieben*
mirasol *m* ⟨Bot⟩ = **girasol**
miray pop = **mira ahí**
mirelón *m* Am pop = **míre(n)lo**
miríada *f Myriade* f || fig *Unzahl* f
miriámetro *m Myriameter* m
miriápodos mpl ⟨Zool⟩ *Tausendfüß(l)er* mpl (Diplopoda)
mirífico adj ⟨poet⟩ *wundervoll*
mirilla *f Guckloch* n *(an Türen)*, fam *Spion* m || ⟨Tech⟩ *Guckloch* n || *Skalenfenster* n || ⟨Phot⟩ *Sucher* m
△**miranda** adv *unterdessen*
miriñaque *m Reifrock* m, *Krinoline* f || ⟨EB⟩ Am *Kuhfänger* m || fig *Schnickschnack* m, *Nippes* pl || → a **quitapiedras**
miriópodos mpl = **miriápodos**
mi|rística *f* ⟨Bot⟩ *Muskat(nuß)baum* m (Myristica fragrans) || **–risticáceas** fpl ⟨Bot⟩ *Muskatnußgewächse* npl (Myristicaceae)
mirlarse vr fam *sich brüsten* || pop *e–e Amtsmiene aufsetzen*
mirlo *m* ⟨V⟩ *Amsel* f (Turdus merula) || ~ *acuático* ⟨V⟩ *Wasseramsel* f (Cinclus cinclus) || ~ *capiblanco* ⟨V⟩ *Ringdrossel* f (T. torquatus) || un ~ *blanco* fig *ein weißer Rabe* m || ◊ *aguantar el ~* fam *nicht mucksen*
mirme|cofilia *f* ⟨Ökol Bot⟩ *Myrmekophilie* f || **–cófilo** adj ⟨Bot Zool⟩ *myrmekophil* || **~s** mpl ⟨Zool⟩ *Ameisengäste* mpl, *Myrmekophilen* pl || **–cología** *f* ⟨Entom⟩ *Ameisenkunde, Myrmekologie* f || **–cólogo** adj/s *ameisenkundlich, myrmekologisch* || ~ *m Myrmekologe* m
mirobálano *m* ⟨Bot⟩ *Kirschpflaume, Myrobalane* f (Prunus cerasifera myrobalana)
mirón, ona adj *aufmerksam zuschauend* || *gaffend* || *neugierig* || ~ *m Gaffer* m || *Zaungast* m || ⟨Kart⟩ *Zuschauer, Kiebitz* m || ◊ *hacer el papel de ~ den stummen Beobachter machen*
mirra *f Myrrhe* f *(ein balsamisches Gummiharz)*
mirtáceas fpl ⟨Bot⟩ *Myrtengewächse* npl (Myrtaceae)
mirtilo *m Heidelbeere* f (→ **arándano**)
mirto *m* ⟨Bot⟩ *Myrte* f (Myrtus spp)
miruell|a *f* Sant ⟨V⟩ *Amselweibchen* n || **–o** *m* Sant Ast = **mirlo**
Miryam *f* np *Mirjam* f *(Schwester von Moses und Aaron)*
M.I.S. Abk = **Muy ilustre señor**
misa *f Messe* f, *Meßopfer* n || △ *Peseta* f || ~ *del alba,* fam ~ *de los cazadores Frühmesse* f || ~ *de campaña Feldgottesdienst* m || ~ *cantada, ~ solemne Singmesse* f, *feierliches Hochamt* n *(mit*

Musik) || ~ *de cuerpo presente am Sarge gelesene Seelenmesse* f || ~ *de difuntos Seelenmesse* f || ~ de(l) gallo *Christ-, Weihnachts*|*mette* f || ~ negra *schwarze Messe, Teufelsmesse* f (→ **satanismo**) || ~ de perdón *letzte Messe* f *bei e–m Seelenamt* || ~ de réquiem *Seelenmesse* f || ~ rezada *stille Messe* f || ◊ ayudar a ~ *die Messe bedienen, Ministrant sein* || cantar (su primera) ~ *sein erstes Meßopfer feiern (Primiziant)* || celebrar (la) ~, decir ~ *Messe lesen* || ya te lo dirán de ~ s fam *du wirst es schon erfahren* || *das wirst du mir heimzahlen* || engañar a uno por el procedimiento de las ~ s *jdn unter Vorwand e–r Seelenmesse betrügen* (→ ³**timo**) || no saber de la ~ la media figf *gar nichts wissen* || venir de ~ *aus der Messe kommen* || ser cura de ~ y olla fam *bäurisch, ungeschliffen, ungebildet sein ([Dorf]Priester)*
misacantano m *Primiziant, Priester* m, *der seine erste Messe liest* || △*Hahn* m
misal m/adj *Missal(e), Meßbuch* n || ⟨Typ⟩ *Bezeichnung für einen Schriftgrad von 22 Punkten*
misan|**tropía** f *Misanthropie* f, *Menschenhaß* m || **–trópico** adj *misanthropisch, menschenfeindlich*
miscelánea f *Vermischte(s)* n, *Miszellen* fpl
miscible adj ⟨Wiss Lit⟩ *mischbar* (→ **mezclable**)
mise|**rable** adj (sup **–rabilísimo**) *elend, erbärmlich* || *armselig* || *verächtlich, elend, niederträchtig* || *kleinmütig* || *knauserig, filzig* || ~ m *niederträchtiger Mensch, Bösewicht,* pop *Schurke, hundsgemeiner Kerl* m || *Los* ~ s *Die Elenden (V. Hugo)* || adv: ~ **mente** || **–rere** m *Miserere* n *(51. Psalm)* || (cólico) ~ ⟨Med⟩ *Darmgicht* f, *Kotbrechen* n *mit Darmverschlingung* || **–ria** f *Elend, Unglück* n || *Not, Trübsal* f || figf *Kleinigkeit, Lappalie* f || *Knauserei* f, *Geiz* m || fam euph *Ungeziefer(plage* f) n, bes *Läuse(befall* m*)* figf ◊ allí pagan una ~ *dort werden Hungerlöhne bezahlt* || **–ricordia** f *Barmherzigkeit* f, *Erbarmen, Mitleid* n || *Dolch* m, *mit dem der Ritter seinem Gegner den Gnadenstoß gab* || **–ricordioso** adj/s *barmherzig, mitleidig* || ~ con *(od* para, para con*) su prójimo barmherzig gegen seinen Nächsten* || **–riuca** f dim v. **–ria**
misero m/adj fam *Kirchenläufer* m || *Meßpriester* m
mísero adj/s (sup **misérrimo** *erbärmlichst) elend, unglücklich* || *niedergeschlagen, kleinmütig* || *geizig* || ¡ay, ~ de mí! ⟨Lit⟩ *ich Unglücklicher!*
misiá, misia f *Am* (Abk *aus* **mi señora**) *Frau* f *(bes als Anrede)*
misil m engl *Fernlenkwaffe* f || *Rakete* f || ~ de cabeza múltiple ⟨Mil⟩ *Rakete* f *mit Mehrfachsprengkopf*
misión f *(Aus) Sendung* f || *Auftrag* m || *Mission, Bekehrung* f || *(hohe) Aufgabe* f || *(hochgestecktes) Ziel* n || *Missionshaus* n || joc *Predigt* f || ⟨Pol⟩ *Mission* f *(Diplomatie)* || ⟨Mil⟩ *Einsatz* m || ◊ cumplir con *(od* desempeñar*) una* ~ *e–e Aufgabe erfüllen* || dispuestos a cumplir (con) su ~ *einsatzbereit (Truppen usw)*
misionero m *Missionar* m || *Heidenbekehrer, Glaubensprediger* m
Misisipí: el ~ *der Mississippi (Fluß)*
misiva f/adj *(Send)Schreiben* n || *Brief* m || *Nachricht* f || (carta) ~ *Sendschreiben* n
mis|**mamente** adv fam *genau, pünktlich, gerade so* || ~ como *genau wie* || ◊ hace ~ temblar *es ist direkt schauderhaft* || **–midad** f ⟨Philos⟩ *Selbstheit* f || **–mísimo** adj sup v. **–mo** || fam *leibhaftig*
mismo adj *selbst, selber* || *nämlich* || *eigen* || ~ adv *eben* || *genau* || *gerade* || el el valor = *er ist die Tapferkeit selber* || el ~ dinero *dasselbe Geld* || *das Geld selbst* (= el dinero ~) || él ~ *er selbst* || el ~ *derselbe* || lo ~ que *dasselbe wie, ebensogut wie* || *gleichsam* || *wie auch* || ¡eso ~ ! *so ist es! jawohl! fam stimmt!* || por lo ~ *gerade deswegen* || ¿quiere V. verlo por sí ~ ? *wollen Sie es selbst sehen?* || lo ~ da *es ist einerlei,* fam *es ist egal* || viene a ser lo ~, es lo ~ *es läuft auf dasselbe hinaus* || del ~ color *gleichfarbig* || dominio, desprecio de sí ~ *Selbst|beherrschung, -verachtung* f || yo ~ lo haré *ich werde es selbst tun* || Cervantes ~ lo dice *Cervantes sagt es selbst* || sogar *Cervantes sagt es* || ahora ~ *sogleich, auf der Stelle* || así ~ = **asimismo** || aquí ~ *eben, gerade hier* || hoy ~ llegará *gerade heute (schon heute) kommt er an* || una ~ a palabra *ein und dasselbe Wort* || → **confianza**
misoginia f ⟨Psychol Med⟩ *Weiber|haß* m bzw *-scheu, Misogynie* f
misógino m/adj *Misogyn, Weiberhasser* m
misología f *Haß* m *gegen den Logos, Misologie* f
misoneís|**mo** m *Haß* m *gegen Neuerungen* || **–ta** adj/s *neuerungsfeindlich*
míspero m Al Burg Logr = **níspero**
mispíquel m ⟨Min⟩ *Arsenopyrit* m
miss f engl *(Schönheits)Königin, Miß* f
mistar vi: sin ~ fam *ohne zu mucksen*
miste pop = mire usted
mistela f *mit Alkohol versetzter Most* m || *Grog* m *mit Zimt*
¡**místela!** pop = **mírela V.**
mister m engl *Mr.* = *Herr* || joc *Engländer* m
miste|**rio** m *(Religions)Geheimnis* n || *Mysterienspiel* n || ◊ hablar de ~ *geheimnisvoll sprechen* || hacer ~ (de) *et verheimlichen* || eso es para mí un ~ fam *das ist für mich ein Rätsel* || **–rioso** adj *geheimnisvoll* || adv: ~ **amente**
mística f ⟨Theol⟩ *Mystik* f || *Mystikerin* f || *utopische radikale Ideologie* f
misticismo m *Mystizismus* m || *Mystik* f || *mystische Bewegung* f || *religiöse Schwärmerei* f || *Verzückung* f || *Ekstase* f
¹**místico** adj *mystisch* || *geheim, unerklärlich* || fig *schwärmerisch* || pej *frömmlerisch* || *Am auch zimperlich* || unión ~ a ⟨Myst⟩ *mystische Einung* f || adv: ~ **amente** || ~ m *Mystiker* m
²**místico** m ⟨Mar⟩ *Küstenboot* n *(mit Dreiecksegeln)*
mistifi|**cación** f *Mystifizierung, Täuschung* f || **–cador** m/adj *Schwindler, Betrüger* m || **–car** [c/qu] vt *mystifizieren, irreführen* || *täuschen* || *betrügen* || *fälschen*
△**misto** adj *gut*
mistral m *Nord(west)wind (auf dem Mittelmeer), Mistral* m
mistress f engl *Mrs.* = *Frau* f
Misuri: el ~ *der Missouri (Fluß)*
mitá f pop = **mitad**
mitad f *Hälfte* f || *Mitte* f || la ~ menos *um die Hälfte weniger* || ~ y ~, a ~, (~) por ~ *zur Hälfte* || mi cara ~ fam *meine Ehehälfte* || de cuenta por *(od* y) ~ *auf gemeinschaftliche Rechnung* || a ~ de precio *zu halbem Preis* || a ~ del camino *halbwegs* || ~ ... ~ ... *halb ... halb ...* || ◊ se lo dijo en ~ de la cara pop *er sagte es ihm gerade ins Gesicht* || entro por ~ en esta empresa ... *ich bin zur Hälfte bei dem Unternehmen beteiligt* || mentir por la ~ de la barba fam *unverschämt lügen* || plantar *(od* poner*)* a uno en ~ del arroyo *(od* de la calle) figf *jdn vor die Tür setzen*
*****mite** adj *sanft, gelind*
mítico adj *mythisch* || *sagenhaft* || *Mythos-*
△**mitichó** adj *streng*
miti|**gación** f *Linderung, Milderung* f || *Abschwächung* f || **–gar** [g/gu] vt *lindern, mildern* || ~ a la cólera (de) *jds Zorn beschwichtigen* || ~ **se** *nachlassen (Schmerz)*
mitilicultura f *Muschelzucht* f (→ **mejillón**)
mitin m ⟨Pol⟩ *Versammlung* f
Mitivo m pop = **Primitivo**
mito m *Mythos, Mythus* m || *Mythe* f || *(Helden-)Sage* f || *Märchen* n || *Legende* f || fig *Erdichtung* f ||
mito|**logía** f *Mythologie* f || **–lógico** adj *mythologisch*

mitomanía f ⟨Med⟩ *Lügensucht, Mythomanie* f
mitón m *fingerloser Handschuh, Autohandschuh* m || *Pulswärmer* m
mitosis f ⟨Gen Biol⟩ *Mitose* f
mitra f *(persische) Mitra* f || *Bischofsmütze* f || p.ex *Bischofswürde* f || *Bürzel* m *der Vögel* (→ **obispillo**) || ~ *de papel Papiermütze* f *(der Kinder)* || ~ **do** adj/s *berechtigt, die Mitra zu tragen* || ~ m fig *Bischof* bzw *hoher kath. Geistlicher* m
mitral adj ⟨An⟩ *mitral* || *válvula* ~ ⟨An⟩ *Mitralklappe* f
Mitrídates m np *Mithridates*
miura m *starker andalusischer Kampfstier* m *von der Züchterei Miura* || figf *tückischer, hinterlistiger Mensch* m || ◊ *ser más valiente (od fam templado) que un* ~ *sehr tapfer sein* || *tener la intención de un* ~ *sehr (heim)tückisch sein*
Mix. Abk ⟨EB⟩ = **mixto**
△**mixa** f *Grenze* f
mixedema m ⟨Med⟩ *Myxödem* n || ~**toso** adj/s *myxödematös*
mixomatosis f ⟨Vet⟩ *Myxomatose* f *(der Hasen u Kaninchen)*
mixomicetos mpl ⟨Bot⟩ *Schleimpilze* mpl (Myxophyta, Myxomycetes)
mixtificar vt → **mistificar**
mix|tión f *(Ver) Mischung* f || ⟨Pharm⟩ *Mixtur* f || **-to** adj *ge-, vermischt* || ~ m fam *Zündhölzchen* n || ⟨EB⟩ *gemischter Zug, Personenzug* m *mit Güterbeförderung* || **-tura** f *Mischung* f, *Gemisch* n || ⟨Med⟩ *Mixtur* f
miza f fam *Miez, Katze* f
mízcalo m ⟨Bot⟩ = **níscalo**
△**mizo** adj *link(shändig)*
ml. Abk = **mililitro**
m/l Abk = **moneda legal**
m/L Abk = **mi letra**
Mm. Abk = **miriámetro(s)**
m/m Abk = **más o menos** || **milímetros**
mm. Abk = **milímetros**
m/n Abk = **moneda nacional**
mnemo|tecnia, -técnica f *Mnemotechnik, Gedächtniskunst* f || **-técnico** adj *mnemotechnisch, das Gedächtnis unterstützend, Gedächtnis-*
mo, mó pop = **modo**
m/o Abk = **mi orden**
△**moa** f *Geld* n
moaré m ⟨Web⟩ *Moiré* m/n
mobiliario m *Mobiliar* n || *Möbel(einrichtung* f) npl || = **moblaje**
moblaje m *Möbeleinrichtung* f || *Hausrat* m
moca m *Mokka* m *(Kaffee)*
mo|cador m prov (△**-cante**) *Schnupftuch* n || **-carse** [c/qu] vr *sich schneuzen* || **-carro** m vulg *Rotz* m
mocasín m *Mokassin* m || *Slipper* m *(Schuh)*
mocear vi pop *jugendliche Ausschweifungen begehen*
moce|dad f *Jugend(zeit)* f, *Jugendjahre* npl || *desde la* ~ *von jung auf* || *en mis* ~**es** *in meiner Jugend* || *a* ~ *ociosa, vejez trabajosa (od menesterosa)* fig *junger Schlemmer, alter Bettler* m || **-río** m *junges Volk* n, *Jugend* f || **-ril** adj *Mädchen-* || *Burschen-* || **-ro** m fam *Mädchen-, Schürzenjäger* m || **-te** m Ar *junger Bursche* m || **-tón** m *strammer (od draller) Bursche* m || **-tona** f fam *dralles (Bauern)Mädchen* n
mocil adj *jugendlich, Jugend-*
mocino, mocín, mociño m prov dim v. **mozo**
moción f *Bewegung* f || fig *Gemütsbewegung, Rührung* f || *Antrieb* m, *innere Regung* f || ⟨Pol⟩ *Antrag* m || ◊ *presentar (una)* ~ *e-n Antrag stellen (od einbringen)*
mocita f dim v. **moza**
mocito m dim v. **mozo**
moco m *Nasenschleim*, pop *Rotz* m || *Rahm, Satz* m *(bei Getränken)* || *(Licht)Schnuppe* f || *von e-r brennenden Kerze ablaufendes Wachs* n ||

~ *de pavo Hautlappen* m *am Schnabel des Truthahnes* || ◊ ¡*no es* ~ *de pavo!* figf *das ist keine Kleinigkeit! fam das ist kein Pappenstiel!* || *das ist (ja) nicht zu verachten!* || *caérsele el* ~ *a alg.* figf *sehr einfältig sein* || *llorar a* ~ *tendido (od a* ~ *y baba)* pop *Rotz und Wasser weinen* || pop *heulen* || *quitarse (od limpiarse) los* ~**s** fam *sich schneuzen, sich die Nase putzen* || ¡*te voy a limpiar los* ~**s**! fig pop *ich schlage dir eins auf die Schnauze!* || *tener* ~**s** pop *rotzig sein*
moco|sa f fam *junges, unverständiges Mädchen* n, vulg *Rotznase* f || pop *Backfisch* m || **-so** adj *rotzig, feuchtnasig* || fig *bedeutungs-, wertlos* || ~ m fam *kleiner dummer Junge* m, vulg *Rotznase* f || pop *Grünschnabel* m || dim: **-suelo, -sillo**
Moctezuma m np *Moctezuma, Montezuma II. (der letzte Aztekenherrscher – 1466 bis 1520)* || fig *steinreicher Mann* m
mocha f Am *Frömmlerin* f || Cu → **machete**
mochales adj: pop ◊ *estar* ~ *halb verrückt sein, fam nicht alle Tassen im Schrank haben, bekloppt sein*
mochar vt *(mit Kopf od Hörnern) stoßen (& fig)* || fam *stehlen*, fam *klauen*
mochila f *Ränzel* n, *Rucksack* m || *Bettelranzen* m, *Jagdtasche* f || ⟨Mil⟩ *Tornister* m (→ **macuto**) || *pulverizador de* ~ *Rückenspritzgerät* n
mocho adj *beschnitten, gestutzt (Bäume)* || *ungehörnt (Tier)* || *ohne Spitze (Turm)* || *entmastet, mit gebrochenen Masten (Schiff)* || figf *mit gestutztem Haar* || Am *konservativ, reaktionär* || ~ m *Gewehrkolben* m || Chi fam *Laienbruder* m || → **fray**
mochuelo m ⟨V⟩ *Kauz* m || ⟨Typ⟩ pop *Leiche* f *(im Satz)* || fig *harte (od unangenehme) Arbeit* f || ~ *(común)* ⟨V⟩ *Steinkauz* m (Athene noctua) || ~ *chico* ⟨V⟩ *Sperlingskauz* m (Glaucidium passerinum) || ◊ *cargar con el* ~ figf *es ausbaden müssen* || *cargarle (od echarle) a uno el* ~ figf *jdm et aufhalsen*
mod. Abk = **moderno**
moda f *Mode* f || *Sitte* f, *Gebrauch* m || *función (od día) de* ~ ⟨Th⟩ *Galavorstellung* f *(für Abonnenten im span. Theater)* || *pasado (od fuera) de* ~ *aus der Mode, nicht mehr modern* || *según la última* ~ *nach der neuesten Mode* || *a la* ~ *modern* || fig *Mode-, modisch (z.B. Schauspieler)* || *de* ~ *de aquel tiempo nach dem damaligen Brauch* || *de* ~ *modisch* || *de* ~ *antigua altmodisch* || *la* ~ *del día die augenblickliche Mode* f || *artículo, color de* ~ *Modeartikel* m, *-farbe* f || *de última* ~ *neumodisch* || ◊ *estar de* ~, *ser* ~ *Mode sein* || ¡*está de* ~! *das ist nun mal Mode!* || *hacerse* ~ *Mode werden* || *pasado de* ~ *altmodisch, unmodern* || *veraltet* || *salió una nueva* ~ *e-e neue Mode ist aufgekommen* || *seguir la* ~ *die Mode mitmachen* || *revista de* ~**s** *Modenzeitung* f
modal adj/m *Modal-, modal* || *Modalverb* n
moda|les mpl *Manieren* fpl, *Benehmen* n || ◊ *tener buenos* ~ *gesittet, anständig sein* || **-lidad** f *Eigenart* f || *Modalität* f || *Ausdrucksform, Art und Weise, Beschaffenheit* f
mode|lación f, **-lado, -laje** m *Modellieren* n || **-lador** m *Modellierer* m || **-lar** vt *modellieren* || *formen, modeln, gestalten* || **-lista** m *Modelleur* m || *Modellschreiner* m || *Modell|zeichner* bzw *-schneider* m || **-lo** m *Muster, Modell* n || *Kleiderschnitt* m || fig *Vorbild* n || ~ *de maridos Mustergatte* m || *según* ~ *nach Vorlage* || ◊ *llenar un* ~ *impreso ein (Druck)Formular ausfüllen* || *servir de* ~ *als Vorbild dienen* || *tomar por* ~ *zum Vorbild nehmen* || ~ f ⟨Mal⟩ *Modell* n *(modellstehende Frau)* || *Fotomodell* n *(Frau)* || *Mannequin* m/n, *Vorführdame* f
mode|ración f *Mäßigung* f || *Zurückhaltung* f || **-rado** adj *mäßig, gemäßigt* (& ⟨Pol⟩) || *gesetzt, ruhig* || ~ *en los gastos wirtschaftlich* || *precio* ~ *mäßiger Preis* m || adv: ~**amente** || **-rador** m

Mäßiger m || *(Piano) Dämpfer* m || ⟨Tech⟩ *Regler* m *(der Geschwindigkeit)* || ⟨Chem Radio Nucl TV⟩ *Moderator* m || **–rar** vt *mäßigen, mildern* || *herabsetzen* || *verlangsamen* || ⟨Tech⟩ *drosseln* || fig *in Schranken halten* || *zügeln (Leidenschaft)* || ◊ ¡–re V. su lenguaje! *achten Sie darauf, was Sie sagen!* || **~ se** *sich mäßigen* || ◊ ~ en las palabras *seine Zunge im Zaume halten* || **–rativo** adj *mäßigend* || *einschränkend* || **–rato** m ⟨Mus⟩ *Moderato* n
moder|namente adv *neulich, jüngst* || *nach der Mode* || **–nismo** m ⟨Rel Lit Kunst⟩ *Modernismus* m || **–nista** adj *modernistisch* || ~ m *Modernist* m || **–nización** f *Modernisierung* f || *Erneuerung* f || **–nizar** [z/c] vt *modernisieren* || **–no** adj *neu, unlängst geschehen* || *modisch, zeitgemäß, modern* || *jung, neu (dem Dienstalter nach)* || *edad* ~ a *Neuzeit* f || *el griego* ~ *das Neugriechische* || *lenguas* ~ *as, idiomas* ~ *s die neuen Sprachen* || *a la* ~ *a, a lo* ~ *nach dem neuen Geschmack, modern*
modes|tia f *Bescheidenheit* f || *Schlichtheit* f || *Sittsamkeit, Ehrbarkeit* f || *con* ~ *bescheiden* || *falsa* ~ *falsche Bescheidenheit* f || ~ *aparte ohne Bescheidenheit glaube ich sagen zu können* || **–to** adj *bescheiden, anspruchslos* || *sittsam, ehrbar* || ⁓ m np Tfn *Modestus* m
modicidad f *Mäßigkeit* f || *Niedrigkeit* f *(der Preise)*
módico adj *mäßig, beschränkt* || *al precio más* ~ *zum niedrigsten Preise* || *precio* ~ *erschwinglicher Preis* m
modifi|cación f *Ab-, Ver|änderung* f || *Neugestaltung, Reform* f || ◊ *estar sujeto a* ~ *es Änderungen unterliegen* || **–car** [c/qu] vt *ändern* || *ab-, ver-, um|ändern* || *modifizieren* || ~ *una factura e–e Rechnung ändern* || ~ *su opinión seine Meinung ändern* || **–cativo, –catorio** adj *abändernd* || *Änderungs-* || *Modifikations-*
modillón m ⟨Arch⟩ *Gesimskonsole* f *(ohne tragende Funktion)*
modín m: a ~ León *leise, sachte*
modismo m *eigentümliche Redewendung, Spracheigentümlichkeit* f
modis|ta f *Modistin* f || *Putzmacherin* f || *Damenschneiderin* f || ~ m *Mode|schöpfer, -macher* m || *Damenschneider* m || **–tilla** f fam *Lehrmädchen* n *e–r Modistin* || *Nähmädchen* || **–to** m pop = **–ta** m
modo m *Art und Weise, Beschaffenheit* f || *Lebensweise* f || *Form, Methode* f, *Weg* m, *Mittel Verfahren* n || ⟨Gr Philos El⟩ *Modus* m || ⟨Mus⟩ *Tonart* f || ~ *adverbial* ⟨Gr⟩ *Adverbial(e)* n, *adverbiale Bestimmung* f || ~ *conjuntivo* ⟨Gr⟩ *Konjunktiv* m || ~ *de escribir Schreibweise* f || ~ *imperativo* ⟨Gr⟩ *Imperativ* m || ~ *indicativo* ⟨Gr⟩ *Indikativ* m || ~ *infinitivo* ⟨Gr⟩ *Infinitiv* m || ~ *mayor* ⟨Mus⟩ *Durtonart* f || ~ *menor* ⟨Mus⟩ *Molltonart* f || ~ *potencial* ⟨Gr⟩ *Potentialis, Optativ* m || ~ *subjuntivo* ⟨Gr⟩ *Subjunktiv, Konjunktiv* m || ~ *de tratar od actuar Handlungsweise* f || *a(l)* ~ *de nach Art von, wie* || *de algún* ~ *auf irgendeine Art* || *a mi* ~ *nach meiner Art* || *a mi* ~ *de ver (las cosas) nach meiner Auffassung, meines Erachtens* || *a su* ~ *de hablar nach der Art, wie er spricht* || *de ese* ~ *auf diese Art, so* || *de otro* ~ *anders* || *sonst* || *de* ~ *y manera, que ... folglich, daher ...* || *de un* ~ *especial auf besondere Art* || *insbesondere* || *de ningún* ~ *durchaus nicht, keineswegs* || *de tal* ~ *dergestalt, so* || *de* ~ *que so daß, damit* || *also* || *en cierto* ~ *gewissermaßen* || *por* ~ *de así* || **~ s** pl *Manieren* fpl, *Betragen* n || *con* ~ *anständigerweise* || *de todos* ~ *unter allen Umständen* || *allenfalls* || *durchaus*
modo|rra f *große Schläfrigkeit, bleierne Müdigkeit, Schlafsucht* f || fam *Kater, Katzenjammer* m || ⟨Vet⟩ *Drehkrankheit* f *(der Schafe)* || **–rrilla** f fam ⟨Mil⟩ *dritte Nachtwache* f || **–rro** adj/s *schläfrig* || *faulig (Obst)* || fig *einfältig*

modo|so [dim -sito] adj *anständig, artig, gesittet*
△**modraga** f *Zange* f
modrego m *bäurischer Mensch* m || *Tölpel* m
modu|lación f ⟨Mus Ak TV Radio⟩ *Modulation* f || ~ *de frecuencia Frequenzmodulation* f || **–lador** m *Modulator* m || ~ adj *modulierend* || **–lar** vt/i ⟨Mus TV Radio⟩ *modulieren*
modulo, módulo m ⟨Arch Math Tech⟩ *Modul* m || *Model* m || fig *Maßstab* m, *Norm* f || ~ *de deslizamiento* ⟨Tech⟩ *Gleitmodul* m || ~ *lunar Mond|fähre* f, *-fahrzeug* n
modus vivendi m lat ⟨Pol⟩ *erträgliche Übereinkunft* f || *leidliches Verhältnis* n || *Vereinbarung* f, *Abkommen* n
moer m → **muaré**
mofa f *Hohn, Spott* m || *Verhöhnung* f || *con* ~, *en son de* ~ *spöttisch, höhnisch* || ◊ *hacer* ~ *(de) jdn verhöhnen* || *et verspotten acc*
mofarse vr *sich lustig machen (de über acc)* || ◊ ~ *de alg. jdn ver|spotten, -höhnen*
¹**mofeta** f ⟨Bgb⟩ *Grubengas* n || ⟨Geol⟩ *Mofette* f *(CO₂-Exhalation)* || **~ s** fpl ⟨Bgb⟩ *schlagende Wetter* npl
²**mofeta** f ⟨Zool⟩ *Skunk* m, *Stinktier* n *(Mephitis mephitis)* || → a **zorrillo**
mofle|te m *Pausbacke* f || **–tudo** adj *paus-, rund|bäckig*
mogol m/adj *Mogul* m || *Mongole* m || *el Gran* ⁓ *der Großmogul*
mogollón m/adj *Schmarotzer* m || *de* ~ *gratis, umsonst*
mogón, ona adj *mit nur e–m Horn (Rindvieh)* || *mit abgebrochenem Gehörn (Rindvieh)*
mogote m *einzeln liegender Hügel* m *mit abgeflachter Kuppe* || *Erdauswurf* m *(Heu-, Holz-) Stapel* m || *Puppe* f, *Garbenhaufen* m || ⟨Jgd⟩ *Geweihknospe* f
*****Mohamed** m np *Mohammed* m *(=* **Mahoma***)*
moha|tra f *Wuchergeschäft* n || *Betrug* m || **–trero** m *Wucherer* m || *Betrüger* m
mohicano m/adj *Mohikaner* m
mohín m *Gesichtsbewegung, Grimasse* f || *Gebärde* f || *Hand-, Körper|bewegung* f || *con (un)* ~ *de enojo mit zorniger Gebärde* || ◊ *hacer* ~ *es Gesichter schneiden* || *schmollen*
mohi|na f *Verdruß, Unwille* m || *Groll* m || **–no** adj *verdrießlich, mißmutig, unwillig* || *zornig*
moho m ⟨Bot⟩ *Schimmel(pilz)* m || *Hausschwamm* m || *Moder* m || *Rost* m || *Grünspan* m || *cubierto de* ~ *rostig, kahmig* || *mancha de* ~ *Stockfleck* m || *con manchas de* ~ *stockfleckig (altes Buch)* || *olor de* ~ *schimm(e)liger, muffiger Geruch* m || ◊ *criar* ~ *(ver)rosten* || *schimm(e)lig werden* || *Grünspan ansetzen* || *no dejar criar* ~ *a/c* fig *et schnell verbrauchen,* fam *et nicht verschimmeln lassen*
mohoso adj *schimm(e)lig* || *modrig* || *kahmig (Wein)* || *rostig* || *voller Grünspan*
moiré m frz = **muaré**
Moisés m np *Moses* m || ⁓ m *(Trag) Körbchen* n *(für Säuglinge)*
moja|ble adj ⟨Chem⟩ *benetzbar, benetzungsfähig* || **–da** f *Anfeuchten, Netzen* n || △*Stichwunde* f || **–do** adj pop *beschwipst* || ◊ *estoy* ~ *ich bin ganz naß* || **–dor** m *Anfeuchtnapf* m *(z. B. für Briefmarken)* || ⟨Chem⟩ → **humectante, humectador** || ⟨Typ⟩ *Feuchtwalze* f || *Fingeranfeuchter* m *der Bankkassierer* || **–dura** f *Befeuchtung* f || *(Be)Netzen, Anfeuchten* n || *Durchnässen, Naßwerden* n *(vom Regen)* || ◊ *he cogido (od pescado) una mojadura* fam *ich bin völlig durchnäßt* || **–ma** f *eingesalzener, getrockneter Thunfisch* m || figf *dürre, magere Person* f
mo|jar vt/i *(be)netzen, anfeuchten, befeuchten* || *naß machen, nässen* || *ein|tunken, -weichen* || fig *teilhaben (an* alg*)* || figf *mit von der Partie sein* || ◊ ~ *en aceite in Öl tauchen* || ⁓ *la pluma die Feder eintauchen* || **~ se** *naß werden (z. B. vom Regen)* ||

mojasellos — molli(z)na 748

-jasellos m *Markenanfeuchter* m
moje m fam *Soße* f || ~**te** m Ar Murc = **moje**
moji|cón m *(Marzipan)Gebäck* n || *(Art)*
Biskuit m/n *zur Schokolade* || fam *(Faust)Schlag*
m *(ins Gesicht)*, *Ohrfeige* f ||◊ *andar a* ~*es pop*
sich herumbalgen || **-ganga** f *Mummerei* f, *Maskenaufzug* m || ⟨Th⟩ *Possenspiel* n, *Farce* f ||
-gatería, -gatez [pl -ces] f *Duckmäuserei, Frömmlerei* f || *Heuchlerei* f || **-gato** adj *gleisnerisch,*
heuchlerisch || *frömmlerisch, scheinheilig, bigott*
|| ~ m *Duckmäuser, tückischer Heuchler, Gleisner*
m || *Frömmler, Scheinheilige(r)* m
mojón m *Grenz-, Mark\stein* m || *Wegweiser* m
|| pop *Haufen* m
mojonera f *Grenzsteine* mpl || *Grenzlinie* f
(zwischen Feldern)
^{1}**mol** m ⟨Phys⟩ *Mol* n
^{2} △**mol** m *Wein* m
△**Molancia** f = **Valencia**
^{1}**molar** m/adj ⟨An⟩ *Backenzahn* m || ~ adj
Mahl- || *Mühl-* || *diente* ~ *Backenzahn* m ||
piedra ~ *Mühlstein* m
^{2}**molar** adj ⟨Chem⟩ *Mol-, molar*
△**molchibé** m *Weihnachten* n
moldar vt = **moldear**
Moldava: el ~ *die Moldau* f *(Fluß)*
Molda|via f *die Moldau (Prov. in Rumänien*
und in der UdSSR) || ⁼**vo** adj *moldauisch* || ~ m
Moldauer m
mol|de m *Modell, Muster* n || *Mulde, (Gieß-)*
Form f || *Backform* f || *Abklatsch* m || *Matrize* f ||
Negativform f || ⟨Typ⟩ *Form* f || fig *Vorbild, Muster* n || ~ *para dulces Kuchenform* f || ~ *de yeso*
Gipsform f || *de* ~ *gedruckt (Schrift)* ||◊ *sacar el*
~ *abformen, abgießen* || *venir como de* ~ *wie gerufen kommen* || **-deable** adj *formbar* || **-deado** m
Formerei f || ~ || **-deador** m *Former* m || **-deadora** f
Formmaschine f || **-dear** vt *abformen, abgießen* ||
abdrucken || *modellieren, formen* || ~ *en cera in*
Wachs (aus)gießen || **-dura** f *Sims* m || *Gesims,*
Simswerk n || *Profilleiste* f || Ec *Bilderrahmen* m
^{1}**mole** adj *weichlich*
^{2}**mole** f *große, schwere Masse* f || *großer Umfang*
m, *Dicke* f || ⟨Phys⟩ *Masse* f (→ **masa**) || ⟨Chem⟩
Mol, Grammolekül n || ⟨Geol⟩ *stabiler Raum* m
(Orogenese)
^{3}**mole** m Mex MAm *Pfefferfleisch* n
molécula f *Molekül* n
molecular adj *Molekular-, molekular*
mole|dor m/adj *Zerreiber* m || *Müller* m || fig
lästiger Mensch m || ~ adj *lästig, zermürbend* ||
-dura f = **molienda** || **-jón** m → **mollejón**
molendero m *Müller* m || *Mahlgast* m
moler [-ue-] vt/i *mahlen (in der Mühle)* || *zer\-*
reiben, -malmen || *(zer)kauen* || fig *ärgern*
(Kleid) || fig *ermüden, erschöpfen* || fig *belästigen*
|| figf *strapazieren* || fam *durchprügeln* ||◊ ~ a
azotes durchpeitschen || ~ a *coces mit Füßen*
treten || ~ a *palos,* ~ *los hombros (od las costillas)* a alg. fam *durch\walken, -prügeln* || ~ a
preguntas pop *mit Fragen belästigen* || ~**se** a
trabajar figf *sich abarbeiten, sich abrackern*
molesquín m ⟨Web⟩ *Moleskin* m/n, *Englisch-,*
Deutsch\leder n
moles|tar vt/i *jdn belästigen, jdm beschwerlich,*
lästig fallen || *stören* || *ärgern* || *plagen, quälen* ||
beunruhigen || *drücken (Kleid, Schuh)* ||◊ *sentirse*
-tado fig *sich getroffen fühlen* || *si no le* **-ta** *wenn*
es Ihnen angenehm ist, wenn es Ihnen nichts ausmacht (Höflichkeitsform) || ~**se** *sich Umstände*
machen, sich mühen || fig *sich getroffen fühlen,*
verletzt sein || *verletzt werden* ||◊ ¡*no se* ~**le** V.
por mí! *machen Sie sich meinetwegen keine Umstände!* || **-tia** f *Belästigung, Plage* f || *Ärger(nis* n*)*
m || *Unannehmlichkeit* f || *Mühe* f || *Unruhe,*
Störung, Beunruhigung f || *Zudringlichkeit* f ||
Verdruß m || *sin* ~ *mühelos* ||◊ ¡*tómese* V. la ~
de entrar! *bemühen Sie sich gefälligst herein!* ||

causar ~s *Ärger, Unannehmlichkeiten verursachen* || **-to** adj *lästig, beschwerlich* || *unbequem* ||
belästigend || *auf-, zu\dringlich* || *verdrießlich,*
ärgerlich || *sentirse* ~ fig *sich getroffen fühlen* ||
-toso adj Am = **-to**
moleta f *Farbmühle* f || → **rodillo** *estriado*
moletear vt *rändeln*
molibdeno m ⟨Chem⟩ *Molybdän* n
moli|cie f *Weichheit, Weiche* f || fig *Schlaffheit*
f || fig *Ver\weichlichung, -hätschelung* f || **-do** adj :
◊ *estar* ~ *wie zerschlagen (fam wie gerädert) sein*
molienda f *Mahlen* n *(auf der Mühle), Müllerei*
f || *Mahlgut* n || *Mahlquantum* n *(von Getreide)*
|| *Mühle* f || fig *Last, Plage* f
moliente adj : *corriente y* ~ *geläufig, üblich*
moli|ficar [c/qu] vt *erweichen* || *geschmeidig*
bzw flüssig machen || **-miento** m *Mahlen* n || fig
Ermüdung, Strapaze f
moli|nejo m dim v. **-no** || **-nera** f *Müllerin* f ||
-nería f *Mühlenwerk* n || **-nero** adj *Mühl(en)-,*
Müller- || *mozo* ~ *Müllerbursche* m || *oficial* ~
Müllergeselle m || *industria* ~a *Mühlenindustrie*
f || ~ m *Müller* m || *Müllerknecht* m || ~ mayor
Altmüller m || **-nete** m dim v. **-no** || *Windrädchen*
n, *Papiermühle* f *(Spielzeug)* || ⟨Mar⟩ *Kreis-,*
Anker\winde f || ⟨Taur⟩ *Mühle, gewandte Kreiswendung* f *des Stierfechters* || ~ *hidráulico hydrometrischer Flügel, Wassermeß\flügel* m, *-schraube*
f ||◊ *hacer* ~ *de (den Spazierstock) kreisförmig*
schwingen || *die Daumen drehen* || **-nillo** m *Handmühle* f || *Quirl* m || ~ *de café Kaffeemühle* f
molinis|mo m ⟨Hist⟩ *Molinismus* m, *Gnadenlehre* f *des span. Jesuiten Luis de Molina († 1600)*
|| **-ta** m/adj *Anhänger* m *Molinas*
molino m *(Wind-, Öl-, Wasser-)Mühle* f || fig
sehr lästiger Mensch m || joc *Mund* m || △*Folter* f
|| ~ *de aceite Ölmühle* f || ~ *de agua Wassermühle*
f || ~ *arrocero Reismühle* f || ~ *de café Kaffeemühle* f || ~ *glaciar Gletscher\mühle* f, *-topf, -trichter* m || ~ *harinero Mehl-, Getreide\mühle* f || ~
hidráulico Wassermühle f || ~ *de viento Windmühle* f || *ala (od aspa) de* ~ *Mühlflügel* m || *mozo mayor (de* ~*) erster Müllerbursche, Bescheider*
m || *rueda de* ~ *Mühlrad* n || → **llevar**
molo m ~ **malecón**
mo|loc, -loch m ⟨Zool⟩ *Moloch, Dornteufel* m
(Moloch horridus) (Echse)
Mo|loc, -loch m np *Moloch* m
móloc m Ec *Kartoffelpüree* n
molon|dra f fam *großer Kopf* m ||
fam *Birne* f || **-drón** m fam *Kopfnuß* f
molote m Mex *Auf\lauf, -ruhr* m
△**molsoré** m *Essig* m
moltu|ra(ción) f = **molienda** || **-rar** vt *(Getreide)*
mahlen
Molucas fpl ⟨Geogr⟩ *die Molukken (Inseln)*
molusco m *Molluske* f, *Weichtier* n || ~s mpl
⟨Zool⟩ *Weichtiere* npl *(Mollusca)*
molva f ⟨Fi⟩ *Leng* m *(Molva molva)*
mo|lla f *mageres Stück* n *am Fleisch* || **-llar** adj
weich || *mager und ohne Knochen (Fleisch)* ||
weich und saftig (Kirschen) || fig *einträglich, ergiebig* || *gewinnbringend* || figf *toll, klasse*
△**mollate** m *Rotwein* m || *Flasche* f
molledo m *fleischiger Teil* m *der Wade, des Schenkels, des Armes* || *Muskelfleisch* n || *Brotkrume* f
molleja f dim v. **molla** || *Bries* n, *Halsdrüse* f *der*
Kälber || *Kaumagen* m *der Vögel* || ~ *de ternera*
Kalbs\milch f, *-brieschen* n || ~ a ^{1} **timo**
^{1}**mollejón** m fam *fetter, träger Mensch* m
^{2}**mollejón** m *Schleifwerk* n *(mit Schleifstein)*
mollera f *Schädeldach* n || pop *Kopf, Verstand*
m || *cerrado de* ~ fig *geistig beschränkt* || *duro de*
~ figf *starrköpfig* || *trotzig*
molle|ta f, **-te** m *mürbes Weizen-, Milch\brot* n
|| **-tudo** adj *mofo* = **mofletudo**
molli(z)na f prov *feiner, sanfter Regen, Sprühregen* m (→ **llovizna**)

m/ o m/ Abk = **más o menos**
momen|táneo adj *augenblicklich, für den Augenblick* || *unverzüglich* || *momentan, kurzzeitig* || adv: ~ **amente** || **-to** *m Augenblick, Moment* m || *Zeitpunkt, Moment* m || ⟨Tech⟩ *Moment* n || *Wichtigkeit* f, *Belang* m || *gute Gelegenheit* f, *richtiger Zeitpunkt* m || ~ **de inercia** ⟨Tech⟩ *Trägheitsmoment* n || ~ **de resistencia** ⟨Tech⟩ *Widerstandsmoment* n || **de poco** ~ *unbedeutend* || **al** ~ *(so)gleich, auf der Stelle* || (a) **cada** ~ *jeden Augenblick* || **a los pocos** ~ **s** *kurz darauf* || **en este** ~ *zur Zeit, augenblicklich* || **en un** ~ *im Nu* || **por el** ~ *vorläufig* || *vorderhand* || ◊ **creciendo por** ~ **s** *zusehends wachsend* || **llegará de un** ~ **a otro** *er wird jeden Augenblick da sein* || **volveré en un** ~ *ich werde gleich wieder da sein*
momi|a f *Mumie* f || ◊ **quedarse hecho una** ~ fam *sehr abmagern* || *spindeldürr sein* || **-aje** *m Mob* m *(in den Straßen)* || **-ficación** f *Mumifizierung* f || **-ficar** vt *mumifizieren*
momio adj *mager* || ~ *m* fam *Glücksfall* m || fam *tolle Angelegenheit* f || ¡**esto es una** ~ ! *das ist toll! das ist fabelhaft!* || **de** ~ *umsonst, gratis*
Momo m: **el dios** ~ fig *(Prinz) Karneval* m
Mon *m* pop = **Segismundo**
mona f *Äffin* f || *Affe* m || fig *Zieraffe* m || fig *Nachäfferin* f || fig *Affe, Rausch* m || ~ **de Gibraltar** ⟨Zool⟩ *Magot, Berberaffe* m *(Macaca sylvanus)* || ~ **de Pascua** *(Art) Ostertorte* f || ◊ **pillar** *(od* **coger) una** ~ figf *sich beschwipsen* || *dormir la* ~ figf *s-n Rausch ausschlafen* || **aunque la** ~ **se vista de seda,** ~ **se queda** *den Esel erkennt man auch unter der Löwenhaut* || *ein Aff bleibt ein Aff,* *er mag König werden oder Pfaff*
Mona f pop = **Ramona** (Tfn)
mona|cal adj *mönchisch, Mönch-* || *Kloster-* || **orden** ~ *Mönchsorden* m || **regla, vida** ~ *Klosterregel* f, *-leben* n || **-cato** *m Mönch(s)tum* n || **-cillo** *m Meß-, Chor|knabe* m
monacita f ⟨Min⟩ *Monazit* m
mónaco *m Mönch* m
Mónaco *m* ⟨Geogr⟩ *Monako* n
mónada f *Monade* f *(Leibniz)* || || ⟨Biol⟩ *Monade* f
monada f *Affenstreich* m || *Ziererei, Äfferei* f || *Mummerei* f || fam *artige Kleinigkeit* f || fig *kopflose Handlung* f || fig *Kinderei* f || fig *Schmeichelei* f || fig *Entzückende(s)* n || fig *ein (sehr) hübsches Mädchen* n || ◊ **es una** ~ fam *es ist reizend, entzückend* || ¡**qué** ~ ! fam *wie hübsch! wie niedlich!* || **hacer** ~ **s** *sich possierlich drehen* || fam *seine Künste vorführen (Kind)*
monadelfo adj ⟨Bot⟩ *einbruderig*
monadismo *m Mona|dismus* m, *-dologie* f *(Leibniz)*
mona|guillo, fam **-go** *m Meß-, Chor|knabe* m || △**Magen** m
monar|ca *m Monarch, Alleinherrscher* m || **-quía** f *Monarchie* f
monárquico adj *monarchisch* || *monarchistisch* || ~ *m Anhänger* m *der Monarchie*
monarquismo *m monarchistische Gesinnung* f || *Monarchismus* m
monasterio (Abk **monast.**°) *m (Mönchs)Kloster* n || ~ **de mujeres** *Nonnenkloster* n
monástico adj *klösterlich, Kloster-* || *Mönchs-* || *Nonnen-*
monaural adj ⟨Ak⟩ *mit e-m Ohr, monaural*
¹**monda** f *Schälen, Putzen* n || *Schleißen* n *von Federn* || *(Be)Schneiden* n *der Bäume* || *dessen Zeit* f || ~ **de patatas** *Kartoffelschälen* n || ¡**esto es la** ~ ! pop *das ist allerhand!* || ~ **s** *pl* = ~ **duras**
²△**monda** f *Fichte* f
monda|dientes *m Zahnstocher* m || **-dor** *m Schäler, Putzer* m || **-dora** f *Schälmaschine* f || **-dura** f *Reinigen, Säubern, Putzen* n || *Aushülsen* n || *Schale* f || ~ **s** *pl Abfälle* mpl, *Überbleibsel* npl || *Streu* f, *Hülsen* fpl *(vom Getreide usw)*

monda|oídos, -orejas *m Ohrlöffel* m
mondar vt *reinigen, säubern, putzen* || *schälen (Obst, Nüsse)* || *aushülsen (Erbsen)* || *schneiden (Haare)* || *beschneiden (Reben, Bäume)* || *entrinden, schälen* || *abborken* || figf *jdn ausziehen, rupfen* || **Cu** *stark durchprügeln* || ~ **se** *sich häuten (nach e–r Krankheit)* || ◊ ~ **los dientes** *sich die Zähne stochern* || → **avena**
mondo adj *rein, sauber* || *unvermischt* || *haarlos (Gesicht)* || ~ **y lirondo** figf *unvermischt, lauter* || *ungeschminkt* || *sauber und rasiert (Gesicht)*
mondon|go *m Schweins-, Rinds|kuttel*n**, Kaldaunen** pl || *Gedärm* n || *Eingeweide, Gekröse* n || ◊ **preparar el** ~ *Kutteln verarbeiten (zum Wurstfüllen)* || **-guería** f *Kaldaunenmetzgerei* f
monear vi fam *sich zieren*
mone|da f *Münze* f, *Geldstück* n || *Geld* n || *Währung* f || figf *Vermögen, Geld* n || ~ **blanda,** ~ **débil** *weiche Währung* f || ~ **de cobre,** ~ **de plata** *Kupfer-, Silber|münze* f || ~ **de curso legal** *gesetzliches Zahlungsmittel* n || ~ **divisionaria,** ~ **harte Währung** f || ~ **extranjera** *fremde Währung* *fraccionaria Teil-, Scheide|münze* f || ~ **fuerte** || ~ **imaginaria** *Rechnungsmünze, vorgestellte Münze* f *(z.B. früher Guinee in England)* || ~ **efectiva,** ~ **contante y sonante** *klingende Münze* f || ~ **falsa** *falsche Münze* f || ~ **de oro** *Goldmünze* f || *Goldwährung* f || ~ **suelta** *Kleingeld* n || ~ **en** ~ **española** *in span. Währung* || **cambio de** ~ *Geldwechsel* m || **casa de la** ~ *Münze, Münzstätte* f || **papel** ~ *Papiergeld* n || **revaluación de la** ~ *Währungsaufwertung* f || ◊ **acuñar, batir** ~ *Münzen schlagen, prägen* || **pagar con** *(od* **en) la misma** ~ figf *Gleiches mit Gleichem vergelten* || ~ **s** *Münzen* fpl || *Geldsorten* fpl || **colección de** ~ *Münz(en)sammlung* f || **-dero** *m Geldbeutel* m, *Portemonnaie* m || *Taschenbörse* f || *Münzer* m || ~ **falso** *Falschmünzer, Münzfälscher* m || ~ **de plata** *Silber|börse* f, *-täschchen* n || ~ adj: **sobre** ~ *Geldbrief* m
monegasco adj/s *monegassisch, aus Monako* || ~ *m Monegasse* m
mónera f ⟨Biol Hist⟩ *Monere* f *(Haeckel)*
monergol *m Monergol* n *(Raketentreibstoff)*
monería f fig *Spielerei, Gaukelei* f || fig *reizender Kinderstreich* m, *Kinderei* f || *Albernheit* f
monesco adj *äffisch, Affen-*
mone|tario adj *Währungs-, Geld-, Münz-* || **circulación** ~ **a** *Geldumlauf* m || **crisis** ~ **a** *Geldkrise* f || **depreciación** ~ **a** *Geldentwertung* f || **sistema** ~ *Währungssystem* n || *Geldwesen* n || **reforma** ~ **a** *Währungsreform* f || **desde el punto de vista** ~ *währungspolitisch* || **transacciones** ~ **as** *Geldgeschäfte* npl || **unidad** ~ **a** *Münzeinheit* f || ~ **m** *Münz|sammlung* f *bzw -kabinett* n || **-tización** f *Münzen(prägen)* n || *Papiergeldausgabe* f || *Monetisierung* f || **-tizar** vt *ausmünzen, zu Geld prägen* || *zum öffentlichen Zahlungsmittel erklären (Anweisungen usw)* || *Papiergeld ausgeben* || figf *zu Geld machen*, pop *versilbern*
mon|gol adj/s *mongolisch, Mongolen-* || **-goles** mpl *die Mongolen* mpl || **-gólico** adj *mongolisch (&* ⟨Med⟩*)* || **-golismo** *m* ⟨Med⟩ *Mongolismus* n || **-goloide** adj ⟨Med⟩ *mongoloid (& Rassenmerkmal)*
moni *m* fam **Am** *Geld* n || → **a monises**
moniato *m* = **buniato**
Mónica f np **Tfn** *Monika* f
monicaco *m* desp = **monigote** || Col desp *Frömmler, Heuchler* m
monigote *m Laienbruder* m || figf *unansehnlicher, lächerlicher Mensch* m, *Männchen* n || figf *Witzfigur* f || figf *Zieraffe* m || fig *Pfuschwerk* n || fig *Hampelmann* m, *Puppe* f || **Bol Chi Pe** *Seminarist* m *(e-s Priesterseminares)* || ◊ **pintar** ~ **s** fam *herumkritzeln* || fam *schmieren*
monises mpl fam *Geld* n, fam *Moneten* fpl || ◊ **tener** ~ fam *bei Geld sein*

monísimo — montaje 750

monísimo adj sup v. **mono** (Koseausdruck)
monis|mo m ⟨Philos⟩ Monismus m ‖ **-ta** adj/s monistisch ‖ ~ m Monist m
moni|tor m Mahner, Warner, Ratgeber m ‖ *Anzeiger m (als Zeitungstitel) ‖ ⟨Mar Hist⟩ Monitor m, Küstenpanzerschiff n ‖ ⟨Radio TV⟩ Monitor m ‖ ⟨Sp Mil⟩ Ausbilder m ‖ ⟨Sp⟩ Vorturner m ‖ Riegenführer m ‖ Chi Hilfslehrer m ‖ ~ de gimnasia Sportlehrer m ‖ **-torio** adj mahnend ‖ erinnernd ‖ carta ~ a Mahnbrief m ‖ ~ m Mahnschreiben n (des Papstes, der Bischöfe) ‖ ⟨Rel⟩ Mahnung f ‖ Androhung f der Exkommunikation ‖ Ladung f vor ein kirchliches Gericht
mon|ja f Nonne, Klosterschwester f ‖ ~ lega Laienschwester f ‖ besi|cos, -tos, pellizcos (usw) de ~ figf (von Nonnen bzw nach Klosterart zubereitete) Süßigkeiten fpl ‖ carrillos de ~ boba figf Pausbacken fpl ‖ **~s** fpl Papier|glut bzw -asche f ‖ **-je** m Mönch, Klosterbruder m ‖ León (Art) Brühe f ‖ **-jero** m pop Nonnenfreund m (bes v. Priestern) ‖ **-jil** adv Nonnen- ‖ ~ m Nonnentracht f ‖ **-jio** m Nonnenstand m ‖ Nonnenwesen n ‖ allg die Nonnen fpl ‖ Nonnenkloster n ‖ Nonnengelübde n
¹**mono** adj fam artig, lieblich, nett, hübsch ‖ reizend ‖ anmutig, graziös (von Kindern) ‖ drollig, possierlich ‖ Am blond (Haar)
²**mono** m Affe m (& fig) ‖ fig Zieraffe m ‖ fig Nachäffer m ‖ fig Hampelmann m ‖ fam Illustration f, Bild n ‖ fam Kritzelzeichnung f ‖ Am fam Ausländer m ‖ ~ antropoide → ⟨Zool⟩ araña Miriki, Spinnenaffe m (Brachyteles arachnoides) ‖ ~ aullador Brüllaffe m ‖ ~ capuchino Kapuzineraffe m ‖ ~ sabio ⟨Taur⟩ Gehilfe m des Pikadors ‖ ~ volatinero, ~ titiritero Harlekinaffe m ‖ ◊ estar de ~s fig schmollen, böse zueinander sein (bes Liebende)
³**mono** m Monteuranzug, Overall m
⁴**mono** präf Mono-, Allein-, Ein-, Einzel-
mono|ácido adj ⟨Chem⟩ einsäurig ‖ **-básico** adj ⟨Chem⟩ einbasig ‖ **-carril** m Einschienenbahn f ‖ **-casco** adj ⟨Tech⟩ selbsttragend ‖ **-celular** adj ⟨Biol⟩ einzellig ‖ **-cero, monócero** adj ⟨Zool⟩ einhörnig ‖ **-cíclico** ⟨Biol Tech⟩ monozyklisch ‖ **-cilíndrico** adj ⟨Aut⟩ einzylindrig
mono|clamídeas fpl ⟨Bot⟩ Zweikeimblättrige fpl, Netzblättler mpl ‖ **-corde** adj mit einer Saite ‖ fig monoton, eintönig ‖ **-cordio** m ⟨Mus⟩ Monochord n
mono|cotiledóneas fpl ⟨Bot⟩ einkeimblättrige Pflanzen, Einkeimblättrige fpl, Streifenblättler mpl (Monocotyledoneae) ‖ **-cotiledóneo** adj einkeimblättrig
monocristal m Einkristall m
mono|cromasia f ⟨Med⟩ Monochromasie f, Einfarbigsehen n ‖ **-cromático, -cromo** adj einfarbig
monóculo m Monokel, Einglas n
monocultivo m ⟨Agr⟩ Monokultur f ‖ Einkultursystem n
monofásico adj ⟨El⟩ einphasig
monofilamento m (Chemiefaden) Monofil n, monofiler Einzelfaden m
monofi|sismo m ⟨Rel⟩ Monophysitismus m ‖ **-sita** adj/s monophysitisch ‖ herejía ~ Monophysitismus m, ketzerische monophysitische Lehre f ‖ ~ m Monophysit m
monofónico adj ⟨Ak⟩ Mono-
mo|nogamia f Monogamie, Einehe f (& ⟨Zool⟩) ‖ **-nógamo** adj monogam (& ⟨Zool⟩)
mo|nografía f (wissenschaftliche) Einzeldarstellung, Monographie f ‖ **-nográfico** adj monographisch, Einzeldarstellungs- ‖ **-nograma** m Monogramm n ‖ **-nolítico** adj aus einem Steinblock ‖ monolithisch (& fig) ‖ ⟨Pol⟩ monolithisch, straff, (durch)organisiert bzw -geführt ‖ **-nolitismo** m bes ⟨Pol⟩ straffe Zusammenhaltung f, unbedingter Zusammenhalt m ‖ **-nolito** m Monolith m
mo|nologar vi Selbstgespräche führen ‖ **-nólogo** m Selbstgespräch n, Monolog m
mono|manía f Monomanie, fixe Idee f ‖ **-maniaco, -maniático** adj/s monoman(isch) ‖ ~ m Monomane m ‖ **-metalismo** m Monometallismus m (Währungssystem) ‖ **-motor** adj einmotorig ‖ ~ m einmotoriges Flugzeug n ‖ **-pétalo** adj ⟨Bot⟩ monopetal ‖ **-plano** m ⟨Flugw⟩ Eindecker m ‖ **-polar** adj einpolig ‖ **-polio** m Monopol n, Alleinvertrieb m ‖ ausschließliches, alleiniges Recht n ‖ ~ de(l) tabaco Tabakmonopol n ‖ **-polista** adj/s Monopol- ‖ ~ m Monopolist m ‖ Monopol|inhaber, fig -herr m ‖ **-polizar** [z/c] vt monopolisieren ‖ fig (für sich) in Anspruch nehmen
monóptero adj: templo m ~ (antiker) Rundtempel, Monopteros m
monorriel m → **monocarril**
mono|rrítmico adj eintönig ‖ **-sabio** m →²**mono** ‖ **-sacáridos** mpl ⟨Chem⟩ Monosaccharide npl ‖ **-sépalo** adj ⟨Bot⟩ einblätterig (Blütenkelch) ‖ **-sílabo** adj einsilbig ‖ ~ m ⟨Gr⟩ einsilbiges Wort n ‖ ◊ contestar con ~s fig einsilbig antworten ‖ **-síndeton** m ⟨Gr⟩ Monosyndeton n ‖ **-teísmo** m Monotheismus m ‖ **-teísta** adj/s monotheistisch ‖ ~ m Monotheist m
monoti|par vt/i ⟨Typ⟩ mit Monotype setzen ‖ **-pia** f Monotype f (Setzmaschine) ‖ **-po** m ⟨Typ⟩ Monotypesatz m ‖ Monotype(setzmaschine)
monotonía f Monotonie, Eintönigkeit f ‖ fig Einförmigkeit f
monótono adj monoton, eintönig ‖ fig einförmig
monotremas mpl ⟨Zool⟩ Kloakentiere npl (Monotremata)
monovalente adj ⟨Chem⟩ einwertig
monóxilo m Einbaum m
△**monrabar** vt stutzen, rasieren
△**monró** m Freund m
monroís|mo m ⟨Pol⟩ Monroedoktrin f ‖ **-ta** m/adj Anhänger bzw Verfechter m der Monroedoktrin
Monseñor (Abk **Mons.**) m Monsignore, Euer Gnaden (Ehrentitel und Anrede der Kardinäle, Bischöfe usw)
monserga f fam dummes Geschwätz n ‖ fam Kauderwelsch n ‖ ~s fpl dummes Geschwätz n, fam Quatsch m ‖ dumme Ausreden fpl
mons|truo m Ungeheuer n ‖ Scheusal, Ungetüm n ‖ Monstrum n ‖ Unmensch, Wüterich m ‖ Untier n ‖ Mißgeburt f ‖ ~ de la naturaleza Beiname m des fruchtbaren span. Dramatikers Lope de Vega ‖ **-truosidad** f Mißbildung f ‖ Scheußlichkeit f ‖ Ungeheuerlichkeit f ‖ Widernatürlichkeit f ‖ Frevel m ‖ Häßlichkeit f ‖ ungeheu(e)re Größe f ‖ Monstrosität f ‖ ~**es** pl scheußliche Reden oder Handlungen ‖ Greuel(taten fpl) m ‖ **-truoso** adj un-, wider|natürlich ‖ ungeheuer(lich) ‖ scheußlich ‖ äußerst häßlich ‖ mißgestaltet ‖ fig riesenhaft ‖ fig gräßlich, entsetzlich ‖ adv: ~**amente**
monta f Aufsitzen, Reiten n ‖ Reitkunst f ‖ Beschälung f, Decken n (vgl **remonta**) ‖ Betrag m, Höhe f e-r Summe ‖ Wichtigkeit f, Belang m ‖ Wert, Preis m ‖ → **monto** ‖ de poca ~ fig unbedeutend, gering
monta|barcos m Schiffshebewerk n ‖ **-cargas** m ⟨Tech⟩ Hebe|maschine f, -zeug n ‖ Lastenaufzug m
monta|dero m (Auf)Tritt m, um zu Pferd zu steigen ‖ **-do** adj beritten ‖ reitend ‖ ⟨Tech⟩ eingebaut ‖ montiert ‖ soldado ~ berittener Soldat m ‖ ◊ estar ~ en las rodillas (de) auf jds Knien sitzend (Kind) ‖ **-do** m Reiter m ‖ berittener Soldat m ‖ **-dor** m (Be)Reiter m ‖ ⟨Mar⟩ Montiervorrichtung f ‖ ⟨Tech⟩ Monteur m ‖ (Maschinen)Schlosser m ‖ ~ de escena ⟨Filmw⟩ Bühnenmeister m ‖ f (Pferde-) Geschirr n ‖ Fassung f (e-s Edelsteines) ‖ **-je** m Aufstellung f (e-r Maschine) ‖ Montage f ‖ Ein-

bzw *Zusammen|bau* m || ⟨Radio⟩ *Schaltschema* n || *Schaltung* f || ⟨Filmw⟩ *Montage* f || *Feinschnitt* m || ⟨Mil⟩ *Lafette* f || ~ *fotográfico Fotomontage* f || ~ *impreso* ⟨El⟩ → *circuito* **impreso** || ~ *con lámpara* ⟨Radio⟩ *Röhrenschaltung* f
 montane|ra f *Eichelmast* f || **-ro** m *Förster* m || *Waldhüter* m
 montano adj *Berg-*
 ¹**montante** m *(Schlacht)Schwert* n || *Pfosten, Tragbaum* m || *Ständer* m || *Stütze* f || *Zwischenpfeiler* m *(der Fensteröffnung)* || *Oberlicht* n || *Türfenster* n || *Betrag* m, *Summe* f || ◊ *coger el ~ fam fortgehen*
 ²**montante** f ⟨Mar⟩ *(steigende) Flut* f
 monta|ña f *Berg* m | *Gebirge* n || *Gebirgsland* n || *artillería de ~ Berg-, Gebirgsartillerie* f || *el sermón de la ~ die Bergpredigt* || ~(s) *rusa*(s) *Achter-, Rutschbahn* f || ◊ *la fe mueve las ~s der Glaube versetzt Berge* || *La* ~ *Beiname m der Provinz Santander* || **-ñés, esa** adj *Gebirgs-, Berg-* || *aus der PSant* || ~ m *Gebirgsbewohner* m || *Bewohner m der Stadt und PSant* || **-ñismo** m *Alpinismus, Bergsport* m || *Bergsteigen* n || **-ñoso** adj *bergig* || *gebirgig* || *Berg-, Gebirgs-* || **-ñuela** f dim v. **-ña**
 montar vt/i *besteigen (Pferd), aufsitzen* || *reiten (Pferde usw)* || *aufschlagen (Gerüst)* || *beschälen, decken (Hengst die Stute)* || *fassen (Edelsteine)* || *spannen (Gewehr)* || *aufziehen (Uhr)* || *spannen (Waffe)* || *bestielen (Messer)* || ⟨Tech⟩ *montieren, aufstellen, zusammen|stellen, -setzen, -fügen* || ⟨Mar⟩ *(ein Schiff) ausrüsten* || ◊ ~ *a bicicleta radeln* || ~ *bien un caballo ein Pferd gut reiten* || ~ *la guardia* ⟨Mil⟩ *Wache stehen* || *auf Wache ziehen* || ~ *en serie* ⟨Tech⟩ *serienweise montieren, aufstellen* || ~ *en tela auf Leinwand aufziehen* || *tanto monta es ist einerlei* || *montando la pierna derecha sobre la izquierda mit übereinandergeschlagenen Beinen* || ~ vi *(hinauf)steigen* || *aufsteigen* || *fig betragen, sich belaufen (Summe)* || ~ *a caballo zu Pferd sein* || *reiten* || ~ *en automóvil Auto fahren* || ~ *en cólera in Zorn geraten* || *la suma monta a . . . die Summe beläuft sich auf . . .* || *silla, calzón de* ~ *Reit|sattel* m *-hose* f
 montaraz [pl **-ces**] adj *im Gebirge wohnend* || fig *wild, ungezähmt (Tier)* || ~ m *Förster* m || *Waldhüter* m
 montasacos m *Sack|aufzug, -heber* m
 montazgo m *Wegzoll* m
 monte m *Berg* m || *Hochwald, Forst* m || *ungerodetes Gelände* n || *Heide* f || ⟨Kart⟩ *Montespiel* n || *Bank* f *im Spiel* || △ *öffentliches Haus, Hurenhaus* n || *Am unbebautes Land* n || ~ *alto Hochwald* m || ~ *arriba,* ~ *abajo berg|auf, -ab* || ~ *bajo Buschwerk, Schlag-, Unter|holz* n || *el* ~ *de los Olivos der Ölberg (Evangelien)* || ~ *de piedad Leih-, Pfand|haus,* öst *Versatzamt* n || ~ *pío* → **montepío** || ~ *de Venus* ⟨An⟩ *Venusberg* m || *cuchillo de* ~ ⟨Jgd⟩ *Hirschfänger* m || ~**s** pl *Waldländereien* fpl || *los* ~ *de los Gigantes das Riesengebirge* || *los* ~ *Metálicos Erzgebirge* n || ~ *Roc(all)osos Am die Rocky Mountains* || *por* ~ *y valles über Berg und Tal* || *escuela de* ~ *Forstakademie* f
 montea f *(Hoch)Jagd* f || ⟨Arch⟩ *1 : 1 Zeichnung* f, *Aufriß* m *in natürlicher Größe* || → **estereotomía, flecha**
 monteci|to, -llo m dim v. **monte**
 montene|grino m/adj *Montenegriner* m || **⸗gro** m *Montenegro (Gliedstaat Jugoslawiens)*
 montepío m Span *Berufskasse, Berufsgenossenschaftliche Kasse* f || *Versorgungskasse* f || *Witwen- und Waisen|kasse* f || *Am* = **monte** *de piedad*
 monte|ra f *Tuch-, Bauern|mütze* f || ⟨Taur⟩ *Mütze des Stierfechters, Stierkämpfermütze* f || *Jagdmütze* f *mit Stulp* || ⟨Arch⟩ *Oberteil* m

e-s Strohdaches || *Glasdach* n || ⟨Mar⟩ *Oberbramsegel* n || **-ría** f *(hohe) Jagd* f || *Jagdpartie* f || *Jagdwesen* n || ⟨Mal⟩ *Jagdstück* n || **-rilla** m pop *Dorfschulze* m
 montero m/adj *Jäger, Weidmann* m || ~ *mayor Oberjägermeister* m || *casa del* ~ *Jagdhaus* n || → a **montés**
 montés, esa adj *in Wäldern lebend, wachsend, Wald- wild (Tiere)* || *gato* ~ *Wildkatze* f (→ **gato**)
 Montesa: *orden de* ~ *Montesaorden* m *(span. Ritterorden)*
 Montescos mpl *die Montecchi in Verona*
 montevideano adj *aus Montevideo*
 Montezuma → **Moctezuma**
 montículo m *kleiner, einzelstehender Berg, Hügel* m
 montieleño adj *aus Montiel (PCReal)*
 montilla m span. *Montillawein* m *(nach der Stadt Montilla (PCórd)*
 montillano adj *aus Montilla (PCórd)*
 Montjuich m [mɔnʒwik] m Cat *Fort Montjuich bei Barcelona* || *Parque de* ~ *großer Stadtpark von Barcelona*
 montmartrés, esa adj/s *vom Montmartre (in Paris)*
 montmorilonita f ⟨Min⟩ *Montmorillonit* m
 monto m *(Geld)Betrag* m, *(End)Summe* f
 montón m *Haufen* m || *(Korn)Puppe* f || figf *Taugenichts* m || *Haufen* m, *Unmenge* f || *a* ~ *de cosas* fam *ein Haufen, e-e Menge* || *a* ~ *in Bausch und Bogen* || fig *oberflächlich* || *a* ~**es** figf *haufenweise* || de(l) ~ fam *alltäglich, gewöhnlich, Dutzend-* || *en* ~ *haufenweise* || *beisammen* || ◊ *salirse del* ~ fam *hervorragend sein* || *ser del* ~ figf *ein Dutzendmensch sein*
 montoncillo m dim v. **montón**
 montonera f SAm *revolutionärer Reitertrupp* m || *Guerrilleros, Partisanen* mpl || *Banditen* mpl
 Montserrat m *Kloster* n *u Berggruppe* f *in* Cat || N.tra S.ra *de* ~ *die schwarze Mutter Gottes von Montserrat*
 montu|no adj *Berg-* || *Am* fig *grob, ungeschlacht* || **-tuoso** adj *bergig, hügelig* || *Gebirgs-*
 montura f *Reittier* n || *Pferde-, Reitgeschirr* n || *Ausrüstung, Montur* f *(der Soldaten)* || *Montage* f, *Aufstellen* n || ~ f ⟨Tech⟩ *Halterung* f || ⟨Astr⟩ *Aufstellung* f *(des Fernrohrs)* || ~ *de las gafas (Brillen)Fassung* f || *gafas sin* ~ *randlose Brille* f
 monumen|tal adj *monumental, großartig (Pracht)* || **-to** m *Denkmal, Monument* n (& fig) || *Baudenkmal* n || *Heiliges Grab* n *(Karwoche)* || *Grabmal* n || ~ *funerario Grabdenkmal* n || *los* ~**s** *de una ciudad die Sehenswürdigkeiten* fpl *e-r Stadt* || ◊ *declarar* ~ *nacional unter Denkmalschutz stellen (Sehenswürdigkeiten usw)* || *esa chica es un* ~ *(nacional)* figf *dieses Mädchen ist bildschön*
 mon|zón m ⟨Meteor Mar⟩ *Monsun* m || **-zónico** adj *Monsun-* || *lluvias* ~**as** *Monsunregen* m
 ¹**moña** f And *Haarschleife* f || *Zierschleife* f *(e-s Pferdes)* || ⟨Taur⟩ *Schopfschleife* f *der Stierkämpfer*
 ²**moña** f fam *Rausch* m, *Trunkenheit* f || ◊ *llevar una* ~ *encima, haber agarrado una* ~ pop *besoffen sein* || *e-n sitzen haben*
 △**moñista** m *Stutzer* m
 moño m *Haarknoten* m *(der Frauen)* || *Nackenzopf* m || *Haarschleife* f || *Haube* f, *Schopf* m *(der Vögel)* || pop *Kopf* m || Chi *Scheitelhaar* n || *Col launiger Einfall* m || ¡~ ! pop *Donnerwetter*! || ◊ *agarrarse del* ~ *sich in die Haare fahren (zankende Frauen)* || *hacerse el* ~ pop *sich kämmen (Frauen)* || *ponerse* ~**s** *sich aufblasen, viel einbilden* || fam *schmollen* || *quitar muchos* ~**s** figf *den Frauen den Kopf verdrehen*
 moñudo adj *mit Haube (Vogel)* || *Hauben-* || *canario* ~ *Haubenkanarienvogel* m

moquear — morfológico

moque|ar vi fam *heulen, weinen* || **-ro** m pop *Schnupf-, Taschen|tuch* n || **-ta** f ⟨Web⟩ *Mokett* m, *Ausleg-, Rollenware* f || **-te** m *Faustschlag* m
moqui|llo m *Pips* m *(der Hühnervögel)* || *Staupe* f *(der Hunde)* || **-ta** f fam *Nasentropfen* mpl
m.ᵒʳ Abk = **mayor**
mor m: *por* ~ ⟨Lit⟩ (= *amor*) *de él pop seinetwegen*
¹**mora** f *Brombeere* f (→ **zarzamora**) || *Maulbeere* f (→ ³**moral**) || *Hond Himbeere* f
²**mora** f *Maurin* f
³**mora** f *Chi pop Blut-, Leberwurst* f
⁴**mora** f *Verzug* m, *Verzögerung* f
mora|bito, -buto m = **marabuto**
moráceas fpl ⟨Bot⟩ *Maulbeergewächse* npl (Moraceae)
moracho adj/s *(leicht) maulbeerfarben, veilchenblau*
morada f *Wohnung* f || *Wohn-, Aufenthalts|ort* m || *Aufenthalt* m || *la eterna* ~ fig *das Jenseits* || *acompañamiento a la eterna* ~ fig *Beisetzung* f || ◊ *no tener* ~ *fija keine bleibende Stätte haben*
morado adj *maulbeerfarben, dunkelviolett* || ◊ *pasarlas* ~ *as* figf *Schlimmes durchmachen*
morador m *Ein-, Be|wohner* m
¹**moral** adj *moralisch, sittlich* || *Moral-* ǀǀ *geistig, inner* || *filosofia* ~ *Ethik, Moralphilosophie* f || *obligación* ~ *sittliche Verpflichtung* f || *principios* ~ *es sittliche Grundsätze* mpl
²**moral** f *Moral, Sittenlehre* f || *Sittlichkeit* f || *fig Mut* m || *fig geistige Verfassung, Stimmung* f *(bes der Soldaten)* || *fig Zuversicht* f || ◊ *elevar (minar) la* ~ *die Stimmung heben (zu drücken suchen)* || *faltar a la* ~ *gegen die Sittlichkeit verstoßen*
³**moral** m ⟨Bot⟩ *Maulbeerbaum* m (Morus ssp) || ~ *blanco Weißer Maulbeerbaum* m (Morus alba)
moraleja f *Nutzanwendung, Moral* f *e–r Fabel* || *Lehrfabel* f
mora|lidad f *Sittlichkeit, Moral* f || **–leja** f || **–lina** f iron *Moralin* n || **–lismo** m *Moralismus* m || **–lista** m *Moralist, Sittenlehrer* m || pej *Moralist, Sitten|richter bzw -prediger* m || **–lización** f *Festigung der Sittlichkeit, Sittlichkeitshebung* f || *sittliche Besserung* f || **–lizar** [z/c] vt *jdm Sitte beibringen* || ~ vi *moralisieren, den Sittenprediger spielen*
moralmente adv *sittlich, moralisch* || *seelisch*
morapio adj *violett (säurearmer Rotwein)*
morar vi *wohnen* || *sich aufhalten* || *verweilen*
moratiniano adj *auf den span. Schriftsteller Moratín bezüglich*
moratoria f *Moratorium* n, *(Nach-)Frist* f || *Stundung* f || ⟨Jur⟩ *Aufschub, Verzug* m || ~ *fiscal Steuerstundung* f
moratorio adj/s *Verzugs-* || *intereses* ~ *s* ⟨Jur⟩ *Verzugszinsen* mpl || ◊ *conceder (od acordar) el* ~ *das Moratorium gewähren*
Mora|via f ⟨Geogr⟩ *Mähren* || **–vo** adj *mährisch* || ~ *m Mähre* m || *hermanos* ~ *s Böhmische od Mährische Brüder* mpl
morbidez f *Zartheit, Weichheit* f *(des Fleisches, der Farbtöne e–s Gemäldes)*
morbididad f ⟨Med⟩ = **morbilidad**
mórbido adj *krankhaft, kränklich* || *zart, weich, geschmeidig anzufühlen* || ⟨Mal⟩ *weich, zart* || ⟨Phot⟩ *weich (Negativ)*
morbi|fico, -fero, -geno adj *krankheitserregend*
morbilidad f ⟨Med⟩ *Krankhaftigkeit, Morbidität* f || *Krankheitshäufigkeit* f || *Krankenstand* m
mor|bo m *Krankheit* f || ~ *comicial* = **epilepsia** || ~ *gálico* = **sífilis** || ~ *regio* = **icteria** || **–boso** adj *krankhaft* || *krank, ungesund* || *krankmachend* || *cuadro* ~ ⟨Med⟩ *Krankheitsbild* n || *síntoma* ~ *Krankheitszeichen* n
morciguillo m = **murciélago**
morcilla f *(Blut)Wurst* f || *Bratwurst* f || ⟨Th⟩ figf *Extempore* n || ~ *de hígado Leberwurst* f || ◊ ¡*que le den* ~ ! *pop das kann er e–m ander(e)n weismachen!* || *der Teufel soll ihn holen!*
morcillero m *Wurst|macher, -händler* m || ⟨Th⟩ *extemporierender Schauspieler* m
morcillo adj: *caballo* ~ *schwarzes Pferd* n *mit rötlichem Schimmer*
mor|cillón m augm v. **morcilla** || **–cón** m *Riesenwurst* f || fig *Fett|sack, -wanst* m
mordacidad f *Ätzkraft* f || ⟨Chem⟩ *Säurenschärfe* f || fig *Bissigkeit* f || *con* ~ fig *bissig*
mordaga f *Rausch, Schwips* m, *Trunkenheit* f, fam *Affe* m
mordaz [pl **-ces**] adj *scharf, beizend, ätzend* || *prickelnd, beißend (Geschmack)* || fig *beißend, bitter, scharf, bissig, spottend* || adv: ~ **mente**
mordaza f *(Mund)Knebel* m || *Spann|backe* f, -*kloben* m || ◊ *poner (una)* ~ *a alg. jdn knebeln*
mordedura f *Biß* || *Bißwunde* f || *Beißen* m
mordente m *Beize* f, *Beizmittel* n || ⟨Typ⟩ *Mordant* n *(Ätzpaste)* || *Ätzmittel* n || ⟨Mus⟩ *Mordent* m *(& Zeichen dafür)*
morder [-ue-] vt *beißen* || *an-, ab|beißen* || *brennen, ätzen, fressen (scharfe Säfte usw)* || fig *allmählich abnützen* || fig *bekritteln* || fig *lästern* || ◊ ~ *el freno* figf *seinen Verdruß hinunterschlucken* || ~ *el polvo* fam *ins Gras beißen, sterben* || *le hizo* ~ *el polvo er schlug ihn zu Boden* || ~ *se las uñas sich die Nägel beißen* || ~ *se la lengua sich in die Zunge beißen* || fig *sich auf die Zunge beißen* || → **labio**
mordi|car [c/qu] vi *prickeln* || *stechen* || *brennen* || **–da** f fam *Biß* m || Mex *Bestechung(sgeld* n*)* f || **–do** adj fig *geschmälert* || ~ pp v. **morder**
mor|diente m *Beizmittel* n, *Beize* f || *Ätzmittel* n || *Fixiermittel* n *(für Farben)* || fig *Schwung* m || **–s** pl ◊ *Schere* f || →a **mordente** || **–dimiento** m *Biß* m
△**mordipén** m *Mord* m
mordis|car [c/qu] vt/i *knabbern, nagen* || *(ab-)beißen* || fig *bekritteln* || **–co** m *Biß* m || *Bissen* m || *Bißwunde* f || ◊ *arrancar a* ~ *s abbeißen (von Hunden)* || augm: **-cón**
Morea f *Morea (alter Name für Peloponnes)*
¹**morena** f *braun-, schwarzhaariges Mädchen* n, *Brünette* f || ◊ ¡*anda* ~ ! *pop nur zu!* || *keine Rede!*
²**morena** f ⟨Fi⟩ *Muräne* f (→ **murena**)
³**morena** f ⟨Geol⟩ = **morrena**
⁴**morena** f ⟨Agr⟩ *Garbenhaufen* m
morenas fpl pop = **almorranas**
more|nita f dim v. **–na**: *schwarzbraunes Mädel* n || **–no** adj *dunkel-, schwarzbraun* || *braun (Hautfarbe)* || *schwarz (Hautfarbe)* || ~ *de cara von brauner Gesichtsfarbe* || *el ojo* ~ vulg *das Arschloch* || *pan* ~ *Schwarzbrot* n || ◊ *ponerse* ~ *von der Sonne gebräunt werden* || ~ m fam *Dunkel-, Schwarz|brot* n || pop *Neger* m || ⟨Th⟩ *Auszischer* m || **–note** adj augm v. **–no**
morera f ⟨Bot⟩ *(Weißer) Maulbeerbaum* m (Morus alba) || **–l** m *Maulbeer(baum)pflanzung* f
morería f *Mohren-, Mauren|land* n || *Maurenvolk* n || *maurisches Stadtviertel* n || *Maurenviertel* n
moretón m fam *blauer Fleck* m *(auf der Haut)* (→ **equimosis**)
morfema m ⟨Li⟩ *Morphem* n
Morfeo m ⟨Myth⟩ *Morpheus* m || ◊ *descansar (od estar) en brazos de* ~ fig *schlafen*, fig *in Morpheus' Armen ruhen*
morfi|na f ⟨Chem⟩ *Morphium, Morphin* n || **–nismo** m ⟨Med⟩ *Morphinismus* m, *Morphiumsucht* f || ⟨Med⟩ *Morphiumvergiftung* f || **–nista** m/f *Morphinist(in)* m/f || **–nomanía** f *Morphiumsucht* f, *Morphinismus* m || **–nómano** m/adj *Morphinist* m || ~ adj *morphiumsüchtig*
morfo|logía f ⟨Wiss⟩ *Morphologie, Formenlehre* f || **–lógico** adj *morphologisch*

morganático adj morganatisch, zur linken Hand (Ehe)
morgue f frz Morgue f, Leichenschauhaus n
△**moribén** m Tod m
moribun|dear vi fam kränkeln || **–dez** [pl **-ces**] f tödliche Erschöpfung f || Todeskampf m || **–do** adj sterbend || ⟨Med⟩ auch moribund || ~ m Sterbende(r) m
morige|ración f Mäßigung, Mäßigkeit f || fig gesittetes Wesen n, Wohlerzogenheit f || ~ de las costumbres feines Benehmen n || **–rado** adj mäßig || enthaltsam || wohlerzogen, gesittet, artig
morilla f ⟨Bot⟩ Morchel f (Morchella ssp.)
morillo m Brand-, Feuer|bock m || SAm Steg m
moringa f Cu Wauwau, Popanz m
morir [-ue/u, pp muerto] vi sterben || umkommen || eingehen (Tier, Pflanze) || ausgehen, erlöschen (Feuer, Licht) || enden (Zug, Weg) || fig aufhören, ausgehen || vergehen (de oder dat), verschmachten || untergehen || dahinschwinden || ◊ ~ a manos de asesino von Mörderhand sterben || ~ vestido, ~ con las botas puestas fig keines natürlichen Todes sterben || ~ de frío vor Kälte vergehen || ~ de poca edad jung sterben || ~ de nostalgia vor Sehnsucht sterben, verschmachten || ~ de sed verschmachten (& fig), vor Durst sterben || ~ de tifus an Typhus sterben || ~ para el mundo der Welt absterben || ~ sin decir Jesús figf plötzlich sterben || !muera! nieder mit ihm! fort! || estar a ~ con alg figf mit jdm spinnefeind sein || le gusta a ~ fam es gefällt ihm wahnsinnig || moría la tarde der Tag neigte sich zu Ende || **~se** vr sterben || fig erstarren (ein Glied) || fig ausgehen (Licht) || es para ~ de risa es ist zum Totlachen || ~ por a/c fig et heiß ersehnen || → **estar** e)
moris|ca f getaufte Maurin f || **-co** adj maurisch || auf Morisken bezüglich || ◊ sentado a usanza (od a la) ~a mit gekreuzten Beinen auf dem Boden sitzen (nach Maurenart) || ~ m Moriske, Abkömmling m der nach dem Sturz ihres Reiches in Spanien zurückgebliebenen Mauren || neubekehrter, getaufter Maure m || Mex Mischling m von Spanier und Mulattin || **–ma** m Mauren mpl (oft desp) || Maurenversammlung f || Maurensekte f || **–queta** f Maurenlist f || allg Streich m (den man e–m anderen spielt)
¹**morito** m dim v. **moro**
²**morito** m ⟨V⟩ Sichler m (Plegadis falcinellus)
moriaco m pop ⟨Taur⟩ Kampfstier m || Am Peso m (Münze)
mor|món m, **-mona** f Mormone m, Mormonin f || **–mónico** adj mormonisch, Mormonen- || **–monismo** m Mormonentum n (Kirche Jesu Christi der Heiligen der letzten Tage)
mormullo m = **murmullo**
moro adj maurisch || mauretanisch || p. ex mohammedanisch || vino ~ ungetaufter, reiner Wein m || ◊ sentarse a lo ~ s. nach Maurenart hinsetzen || vestido a lo ~ in Maurentracht || díselo al ≃ Muza das kannst du deiner Großmutter erzählen || ~ m Maure m || Mauretane(r) m || Rappe m || ~ de paz figf friedliche Person f || **~s** pl: ~ y cristianos (in Alcoy) öffentliches Kampfspiel n zwischen Mauren und Christen || ¡hay ~ en la costa! figf Vorsicht! da ist es nicht geheuer!
△**moró** m Meer n
morocho adj Am fam kräftig, rüstig || Am dunkel(häutig) || Ven Zwilling- || → a ²**maíz**
moron|danga f fam Mischmasch m || fam Krimskrams m || **–do** adj geschoren, kahl
moronga f Mex Blut-, Leberwurst f
moro|sidad f Saumseligkeit, Langsamkeit f || ⟨Jur⟩ Säumnis, Säumigkeit f (→ a **mora**) || **–so** adj saumselig, zaudernd, langsam || deudor ~ säumiger Schuldner m

morote m augm v. **moro**
¹**morra** f oberer Teil m des Kopfes || Schädel m || ◊ andar a la ~ fam sich prügeln
²**morra** f Morra-, Finger|spiel n
morrada f Zusammenstoß m (mit den Gesichtern od Köpfen) || figf Zusammenprall m || Aufprall m (der Wagen) || figf Ohrfeige, Maulschelle f
morral m Futterbeutel, Freßkorb m der Pferde || Ranzen, Rucksack m || Jagdtasche f || ⟨Mil⟩ Tornister m || fam Grobian, Lümmel m || **~ero** m ⟨Jgd⟩ Jagdgehilfe m
morralla f figf wertloser Mischmasch m, Durcheinander n || Plunder m || fig Gesindel m || ⟨Typ⟩ Zwiebelfische mpl
morrena f ⟨Geol⟩ Moräne f || ~ depositada abgelagerte Moräne f || ~ movediza bewegte Moräne f
morrillo m dicker Nacken und Hals m (des Rindviehs) || fig feister Nacken m || ~(**s**) m(pl) Rollstein m
morri|ña f fig Traurigkeit, Schwermut, Melancholie f || fig Sehnsucht f || fig = **llovizna** ⟨Vet⟩ Viehseuche f || Räude f der Schafe || **–ñoso** adj traurig, schwermütig || sehnsüchtig || schwächlich, kränklich || ⟨Vet⟩ krank (Vieh) || räudig (Schaf)
morrión m Sturmhaube f || Helm m || (Art) Tschako m
morrito m dim v. **morro**
¹**morro** m kleiner runder Felsen m || runder Kieselstein m
²**morro** m vorstehende, dicke Lippen fpl. vulg Ochsenmaul n || vulg Maul n, Schnauze, Fresse f (bes pl) || ⟨Mar⟩ Schleusenhaupt n || Molenkopf m || (Schlüssel)Bart m || allg (alles) Vorspringende(s): ~ del avión Flugzeugbug m || ~ del acantilado Felskuppe f || ◊ andar al ~ figf sich herumprügeln, raufen (bes Kinder) || beber a ~ pop ohne Glas (vom Krug, direkt von der Quelle) trinken || estar de ~ (od ~s) figf schmollen || ~**s** pl Maul m, Schnauze f (& fig) || ◊ cerrar los ~ vulg das Maul halten || hincharle a alg. los ~ pop jdm eins auf die Schnauze schlagen
³¡**morro**! ¡**morroña**! Miez! (Lockwort für Katzen)
morroco|ta f Col fam Goldstück n (Münze) || **–tudo** adj fam sehr schwierig bzw wichtig || fam riesig || fam toll, prima || ◊ fue una fiesta ~a fam das war eine tolle Party || Chi grob, unbeholfen || Col reich, vermögend || adv: ~ **amente**
¹**morrón** m fam Stoß m (ins Gesicht) || Schlag m
²**morrón, ona** adj: pimiento ~ dicke, wohlschmeckende, großfrüchtige Paprikaart f
morrongo m fam Katze f || Mex Knecht m || Diener m
morroñoso adj Am verkümmert (Pflanze)
morrudo adj dicklippig || großmäulig || vulg schnauzig || Ar naschhaft || Arg kräftig, rüstig
¹**morsa** f ⟨Zool⟩ Walroß n (Odobenus rosmarus)
²**morsa** f Schraubstock m
mortadela f it Mortadella(wurst) f
¹**mortaja** f Leichentuch n
²**mortaja** f ⟨Zim⟩ Einschnitt m || Schlitz m, Fuge f || Zapfenloch n || ⟨Mar⟩ Gatt n
mortajadora f ⟨Tech⟩ (Be)Stoßmaschine f || ⟨Zim⟩ Zapfenlochmaschine f
mortal adj sterblich || tödlich (krank) || fig ermüdend || fig langweilig || fig heftig (Leidenschaft) || fig untrüglich, schlagend (Zeichen, Beweis) || odio ~ tödlicher Haß m || palidez ~ Leichenblässe f || pecado ~ Todsünde f || sudor ~ Todesschweiß m || angustias ~es Todesangst f || diez millas ~es fam zehn lange Meilen || ~ m Sterbliche(r) m (der Mensch)
mor|talidad f Sterblichkeit f || ~ infantil Kindersterblichkeit f || cuota (od tasa) de ~ Sterbeziffer, Sterblichkeitsrate f || **–talmente** adv tödlich || ~ aburrido todlangweilig || ~ pálido totenblaß || ◊ odiar ~ fig tödlich hassen || **–tandad** f

Massensterben n *(Epidemie, Krieg)* || *Gemetzel, Massaker* n || ◊ hacer una ~ *ein Blutbad anrichten*
mortecino adj fig *sterbend, halbtot* || fig *matt, blaß, trüb (Farben, Augen, Licht)* || *erlöschend (Feuer)* || *verendet (Tier)* || carne ~a *Fleisch* n *e-s verendeten Tieres* || ◊ hacer la ~a figf *sich tot stellen (bes von Käfern, Raupen usw)*
morterete m *Böller* m
¹mortero m *Mörser* m || ⟨Pharm⟩ *Reibschale* f || ⟨Mil⟩ *Granatwerfer, Mörser* m || ⟨Bgb⟩ *Pochwerk* n
²mortero m *(Mauer-) Mörtel* m || ~ aéreo *Luftmörtel* m || ~ hidráulico *Wassermörtel, hydraulischer Mörtel* m
morte|ruelo m dim v. **-ro**
mortífero adj *todbringend* || *tödlich, letal* || dosis ~a ⟨Med⟩ *tödliche Dosis* f || → a **letal**
mortifi|cación f *Abtötung* f *des Fleisches* || fig *Züchtigung, Kasteiung* f || *Unannehmlichkeit* f || *Kränkung, Beleidigung, Demütigung* f || **-cante** adj *ermüdend, lästig* || *kränkend* || ⟨Rel⟩ *Buß-* || **-car** [c/qu] vt ⟨Med⟩ *abtöten* || *zum Absterben bringen* || *brandig werden lassen* || fig *kasteien, abtöten (die sinnlichen Begierden)* || fig jdn *kränken, jdm nahetreten* || fig *demütigen* || fig *quälen, martern, plagen* || ~**se** vr *absterben* (& ⟨Rel⟩) || *sich abplagen* || *sich betrüben, sich grämen* || ◊ ~ con una indirecta *e-e Anspielung übelnehmen* || **-cativo** adj *abtötend* || fig *kränkend*
mortuorio adj *Leichen-, Sterbe-, Totentrauer-* || cámara ~a *Sterbezimmer* n || carro ~ *Leichenwagen* m || casa ~a *Trauerhaus* n || esquela ~a *Todesanzeige* f
morucho m ⟨Taur⟩ *junger Stier* m
morueco m *Schafbock, Widder* m
mórula f ⟨Gen⟩ *Morula* f
moruno adj *maurisch, Mauren-* || piernas cruzadas a lo ~ *nach Maurenart sitzend (mit gekreuzten Beinen)*
morusa f fam *Geld* n, fam *Moneten* fpl
mos pop And = **nos**
Mosa: el ~ *die Maas (Fluß)*
¹mosaico adj *mosaisch* || *Moses-* || la ley ~a *das Mosaische Gesetz*
²mosaico adj *musiv(isch)* || *Mosaik-* || ~ m *Mosaik* n, *eingelegte Arbeit* f || *Mosaikbild* n || *Fliesenbelag* m || ⟨TV⟩ *Mosaik* n || ⟨Bot⟩ *Mosaikkrankheit* f || ~ de madera *eingelegte Holzarbeit* f || → a **taracea** || ~ vidriado *(Ofen-) Kachel* f || juego de ~ *Zusammensetzspiel* n
mosaísmo m *Lehre* f *Mosis* || p. ex *Judentum* n
mosaísta m *Mosaikarbeiter* m
mosca f *Fliege* f || *Fliege* f *(Bart unter der Unterlippe)* || figf *zudringlicher Mensch* m, *Fliege* f || figf *nagender Kummer* m || *böse Laune* f || figf *Geldbeutel* m || figf *Geld* n, *Moneten* fpl || ⟨Typ⟩ *Satzfehler* m || ~ (azul) de la carne ⟨Entom⟩ *Schmeißfliege* f *(Calliphora vomitoria)* || ~ (gris) de la carne *(graue) Fleischfliege* f *(Sarcophaga carnaria)* || ~ común, ~ de las casas, ~ doméstica *(Gemeine) Stubenfliege* f *(Musca domestica)* || ~ pequeña ~ de las casas, ~ de las lámparas *Kleine Stubenfliege* f *(Fannia canicularis)* || ~ del caballo, ~ borriquera, ~ de burro *Pferdelausfliege* f *(Hippobosca equina)* || ~ de España *spanische Fliege* f = **cantárida** || ~ de los establos, fam ~ de aquijoú *Wadenstecher* m, *Stallfliege* f *(Stomoxys calcitrans)* || ~ muerta figf *Duckmäuser, Schleicher* m || ~ parásita *Schmarotzerfliege* f || ~ verde, ~ dorada *Goldfliege* f *(Lucilia caesar)* || ~ del sueño, ~ tsé-tsé *Tsetsefliege* f *(Glossina ssp)* || pat(it)as de ~ figf *Gekitzel* n || ◊ aflojar *(od soltar)* la ~ figf *den Beutel ziehen, zahlen* || ser incapaz de matar una ~ figf *k-r Fliege et zuleide tun können, ganz harmlos sein (Mensch)* || estar ~ figf *Mißtrauen empfinden, fam auf der Hut sein* || figf *eingeschnappt sein* || ser una ~ blanca figf *ein weißer Rabe sein* || no sé qué ~ le ha *(od le habrá*

od le puede haber) picado pop *ich weiß nicht, welche Laus ihm über die Leber gekrochen (od gelaufen) ist* || ¿qué ~ te ha picado? *was ist (denn) mit dir los?* || ~**s** pl *Sprühfunken* mpl || ~ de la miel pop *(Honig-) Bienen* fpl (→ **abeja**) || ~ volantes *(od oculares) Mückensehen, Augenflimmern* n || cazar ~ figf *gaffen, Maulaffen feilhalten* || *in die Luft gucken* || *faulenzen* || ◊ papar ~ figf *gaffen, gaffend dastehen* || sacudir las ~ *sich die Fliegen abwehren (Vieh)* || se cazan más ~ con miel que con hiel *mit Speck fängt man Mäuse* || ¡~ ! fam *zum Teufel!* || como ~ fig *in Unmenge, unzählig, in hellen Scharen* || caer *(od morir)* como ~ figf *wie die Fliegen sterben* || por si las ~ figf *auf alle Fälle* || → **peso**
moscado adj: nuez ~a *Muskatnuß* f || ~ m CR *Muskatbaum* m
moscar|da f ⟨Entom⟩ *Schmeiß-, Schweißfliege* f *(Calliphora vomitoria)* || **-dino** m ⟨Zool⟩ *Haselmaus* f *(Muscardinus avellanarius)* || **-dón** f *(k-e wiss. Bezeichnung): große Schmeißfliege* f || *(Art) Bremse, Schmeißer* m || *Fleisch-, Brummfliege* f || *Hummel* f || pop *Hornisse* f || figf *zudringlicher Mensch* m, pop *Wanze* f || figf *(Polizei-) Spitzel* m || **-donear** vi *summen (Fliegen)*
moscareta f ⟨V⟩ *Schnäpper* m (→ **papamoscas**)
¹moscatel m *Muskateller(wein)* f || uva ~ *Muskatellertraube* f
²moscatel m fam *lästiger Mensch* m || fig prov *strammer Bursche* m
mosco m = **mosquito** || Ec *Fliege* f || Chi *Biene* f
¹moscón m = **moscardón**
²moscón m *Bergahorn* m
moscona f augm fam v. **mosca**: *große, dicke Fliege* f || fig *zudringliches Weibsstück* n
mosconear vt = **importunar** || = **rondar**
Moscova f *Moskwa* f *(Fluß)*
moscovita f ⟨Min⟩ *Muskovit, Muskowit* m
Moscú m *Moskau* n *(Stadt)*
Mosela: el ~ *die Mosel (Fluß)*
mosén, mosen m Ar *Titel* m *der Geistlichen* || ~ Cinto pop *Jacinto Verdaguer (katalanischer Dichter, 1845–1902)*
mosiú m fam joc *od* iron *Monsieur, Herr* m *(bes als Anrede von Franzosen)*
mosque|ado adj *gefleckt, getüpfelt, gesprenkelt* || **-ar** vt *(die Fliegen) abwehren, wegjagen* || figf jdn *mißtrauisch machen, Mißtrauen erwecken* || *verstimmt antworten bzw reagieren* || ~**se** vr fam *von Fliegen befallen werden* || *voller Fliegen sein* || *Fliegendreck bekommen* || fig *hitzig werden* || fam *sich getroffen fühlen* || *mißtrauisch werden* || s: ~**o** m || ~**río** m *Schwarm Fliegen, Fliegenschwarm* m || **-ro** m *Fliegenwedel* m || *Fliegenfänger* m
mosque|tazo m *Musketen|schuß* m, *-feuer* n || *Schußwunde* f || **-te** m ⟨Mil Hist⟩ *Muskete* f || **-tería** f *Musketiere* mpl || *Musketenfeuer* n || **-tero** m *Musketier* m || **-tón** m ⟨Mil⟩ *kleiner Karabiner* m || *Karabine* f, *Karabinerhaken* m *(für Uhrketten)*
mosquil adj *Fliegen-*
mosqui|lla, -ta f dim v. **mosca**, **-ta** muerta figf *Duckmäuser* m || **-tero** m *Mücken-, Moskitonetz* n, *-vorhang* m || ⟨V⟩ ~ (común) *Zilpzalp* m *(Phylloscopus collybita)* || ~ musical *Fitis* m *(Ph. trochilus)* || ~ papialbo *Berglaubsänger* m *(Ph. bonelli)* || ~ silbador *Waldlaubsänger* m *(Ph. sibilatrix)* || **-to** m *(Stech-) Mücke* f || *Schnake* f || *Moskito* m || ~ común ⟨Entom⟩ *Gemeine Stechmücke* f *(Culex pipiens)* || *Geringelte Stechmücke* f *(C. annulatus)* || ~ del paludismo *Malariamücke* f *(Anopheles spp)* || figf *Trinker* m || ~**s** mpl ⟨Entom⟩ *Stechmücken* fpl *(Culicidae)*
mosta|cero m, **-cera** f *Senfnapf* m || **-cilla** f ⟨Jgd⟩ *Vogel|schrot, -dunst, (Blei-) Schrot* m || *kleinste Glasperlen* fpl

mosta|cho *m* fam joc *Schnurrbart* m ‖ fam *Schmarre* f *(im Gesicht)* ‖ ⟨Mar⟩ *Bugsprietvertäuung* f ‖ **–chón** *m kleiner Marzipan-, Mandelkuchen* m *(mit Zuckerseim)* ‖ **–chudo** adj fam *schnurrbärtig*
△**mostagán** *m Most* m ‖ *Wein* m
△**mostañear** vt *ausziehen*
mostaza *f Senf* m, *Senfpflanze* f ‖ *Senfsamen* m ‖ *Senf, Mostrich* m ‖ *kleine Glaskorallen* fpl ‖ ⟨Jgd⟩ → **mostacilla** ‖ ~ blanca ⟨Bot⟩ *Weißer Senf* m (Sinapis alba) ‖ ~ (negra) *(Schwarzer) Senf* m (Brassica nigra) ‖ ~ preparada *Mostrich* m ‖ (de) color ~ *senffarben* ‖ gas ~ ⟨Mil⟩ *Senfgas* n ‖ grano de ~ *Senfkorn* n ‖ papel ~ *Senfpapier* n
moste = **moxte**
mostear vi *mosten (Trauben)*
mostense adj fam *prämonstratisch*
mos|tillo *m junger Most* m ‖ ~ adj/s *Hues dumm, einfältig* ‖ *albern* ‖ **–to** *m (Wein) Most* m ‖ *Bierwürze* f ‖ ~ de yema *Vorlauf* m
mostra|dor *m Unterweiser* m ‖ *Zifferblatt* n *e–r Uhr* ‖ *Laden-Verkaufstisch* m ‖ *Auslegetisch* m ‖ *Schau|fenster* n, *-kasten* m ‖ *Schenk-, Schank-|tisch* m, *Theke* f
mostrar [-ue-] vt *(vor)zeigen, weisen* ‖ *an den Tag legen, kundgeben* ‖ *nachweisen, dartun* ‖ ◊ ~ *valor sich mutig zeigen* ‖ ~ los dientes a alg. fig *jdm die Zähne zeigen* ‖ ~se amigo *sich als Freund zeigen*
mostrear vt *(be)sprenkeln*
mostrenco adj *herrenlos* ‖ fig *schwerfällig* ‖ fig *bäurisch* ‖ fig *einfältig* ‖ bienes ~s ⟨Jur⟩ *herrenlose Güter* npl
mota *f Knötchen* n *im Tuch* ‖ *Fäserchen* n ‖ *feine Verbrämung* f *am Zeug* ‖ *Fleck* m *in e–m Spiegel* ‖ *Fremdkörper* m *(im Auge)* ‖ ⟨Web⟩ *Noppen* m *(im Tuch)* ‖ fig *kleiner, unbedeutender Fehler* m ‖ fig *Bißchen* n, *Fingerspitze* f ‖ *einsamer Hügel* m ‖ *Stück* n *Erde, Boden* ‖ △ *Geld* m ‖ Arg *krauses Haar* n *der Neger* ‖ corbata de ~s *gefleckte, gesprenkelte Krawatte* f ‖ ◊ el que ve la ~ en el ojo ajeno, vea la viga en el suyo *er sieht den Splitter in seines Bruders Auge, aber nicht den Balken im eigenen (Evangelien)*
motacila *f* ⟨V⟩ *Stelze* f (→ **lavandera**)
△**motar** vt/i *stehlen*
¹**mote** *m Denk-, Wahlspruch* m, *Motto* n ‖ *Bei-, Spitz-, Spottname* m ‖ Chi *Stotterer* m ‖ *Irrtum* m ‖ ◊ poner *(od* sacar*)* ~ a alg. *jdm e–n Spitznamen beilegen*
²**mote** *m* Am *Mote* m *(Maisgericht)*
moteado adj *gefleckt, getigert* ‖ ⟨Typ⟩ *fehlerhaft, mit vielen Fehlern*
mote|jar vt *e–n Bei-* bzw *Spitz|namen geben* ‖ desp *bezeichnen* (de *als* nom) ‖ *ver|höhnen, -spotten* ‖ ◊ ~ a alg. de ignorante *jdn wegen Unkenntnis verspötteln* ‖ **–jo** *m Spitz-, Spottname* m ‖ desp *Bezeichnung* f
motel *m Motel* n
¹**motete** *m* ⟨Mus⟩ *Motette* f
²**motete** *m Spott-, Spitz|name* m ‖ *Hohnwort* n
³**motete** *m* SAm *Tragkorb* m
motilar vt *(die Haare) scheren, stutzen*
motilidad *f* ⟨Physiol⟩ *Beweglichkeit, Motilität* f
motilón adj/s *kahlgeschoren* ‖ (fraile) ~ *m Laienbruder* m
motín *m Aufstand* m, *Meuterei* f
motita *f* dim *v.* **mota**
moti|vación *f Begründung, Motivation, Motivierung* f ‖ *Verursachung* f ‖ **–vado** adj *begründet, berechtigt* ‖ **–var** vt *verursachen, veranlassen, herbeiführen* ‖ *motivieren, erklären, begründen* ‖ ◊ ~ disgustos *zu Ärgernissen Anlaß geben* ‖ los puntos que motivan el presente contrato ⟨Com⟩ *die diesem Vertrag zugrunde liegenden Punkte* ‖ **–vo** *m (Beweg)Grund* m, *Motiv* n ‖ *Anlaß, Antrieb* m, *Veranlassung* f ‖ ⟨Mal Arch Mus⟩ *Thema, Motiv* n ‖ *Leitgedanke* m, *tragende Idee* f (& ⟨Lit⟩) ‖ ~ de divorcio *Scheidungsgrund* m ‖ ~ principal *Hauptgrund* m ‖ con ~ de *aus Anlaß, anläßlich, wegen* gen ‖ *in Anbetracht, in betreff* ‖ con este ~ *aus dieser Veranlassung* ‖ *bei dieser Gelegenheit* ‖ con mayor ~ cuando ... *um so mehr als* ... ‖ de ~ *proprio*, de su ~ *aus eigenem Antrieb* ‖ por este ~ *aus diesem Grund(e)* ‖ por cuyo ~ *weshalb* ‖ sin ~ *ohne Grund, unbegründet* ‖ *ohne Veranlassung* ‖ *absichtslos* ‖ ◊ carecer de ~ *unbegründet, unberechtigt sein* ‖ dar ~ (a) *Anlaß geben (zu)* ‖ no tener ~ (para) *keine Ursache haben (zu)* ‖ ser el ~ de *(od* para*) die Veranlassung sein zu* ‖ ~s pl *(Entscheidungs)Gründe* mpl ‖ ◊ alegar ~ (para) *Ausflüchte suchen* ‖ *ausentarse por* ~ *comerciales geschäftlich abgerufen werden* ‖ por los ~ expuestos *aus den dargelegten Gründen* ‖ por ~ de prudencia *klugerweise* ‖ *vorsichtshalber*
¹**moto** *m Grenz-, Eckstein* m
²**moto** *f* pop ~ **cicleta** ‖ ~ con sidecar (pop ~ si te caes) *Motorrad* n *mit Beiwagen* ‖ (Real) *~ Club (königl.) Automobilklub* m *in Madrid*
³**moto** adj Chi *schwanzlos (Tier)*
moto|barco *m Motorschiff* n ‖ **–bomba** *f Motorpumpe* f ‖ **–carro** *m Motorradlieferwagen* m
motoci|cleta *f Motor-, Kraft|rad* n, ⟨Mil⟩ *Krad* n ‖ ~ de carrera *Rennmotorrad* n ‖ ◊ ir en ~ *Motorrad fahren* ‖ **–clismo** *m Motorradsport* m ‖ **–clista** *m/f Motorradfahrer* m ‖ **–clo** *m Einspurfahrzeug* n
moto|cultivo *m* ⟨Agr⟩ *maschineller Bodenbau* m, *maschinelle Bodenbestellung* f ‖ *motorisierte (od maschinelle) Landwirtschaft* f ‖ **–cultor** *m* ⟨Agr⟩ *Einachs-, Zweirad|schlepper* m ‖ **–lancha** *f Motorboot* n ‖ **–mensajero, –enlace** *m* ⟨Mil⟩ *Meldefahrer* m ‖ **–modelo** *m Flugmodell* n *(mit Verbrennungsmotor)*
motón *m* ⟨Mar⟩ *Blockrolle* f ‖ *(Flasche* f *am) Flaschenzug* m
motonave *f Motorschiff* n
motoneta *f Motorroller* m
motor (f **motriz**) adj *bewegend, treibend* ‖ *Bewegungs-* ‖ ⟨An Psychol Philos⟩ *motorisch* ‖ nervio ~ ⟨An⟩ *Bewegungsnerv* m ‖ ~ *m Beweger* m ‖ *Anstifter, Urheber* m ‖ *bewegende Kraft* f ‖ ⟨Tech⟩ *Motor* m (& fig) ‖ ~ asincrónico *Asynchronmotor* m ‖ ~ atómico *Atommotor* m ‖ ~ auxiliar (para bicicletas) *(Fahrrad)Hilfsmotor* m ‖ ~ de dos (cuatro) tiempos *Zwei-(Vier)taktmotor* m ‖ ~ de bencina *Benzinmotor* m ‖ ~ de combustión (interna) *Verbrennungsmotor* m ‖ ~ de cuatro cilindros *Vierzylindermotor* m ‖ ~ de chorro *Düsenmotor* m, *Strahltriebwerk* n ‖ ~ de explosión *Verbrennungsmotor* m ‖ ~ de fuera de bordo *Außenbordmotor* m ‖ ~ (de gran potencia) de gas *(Groß)Gasmotor* m ‖ ~ Diesel *Dieselmotor* m ‖ ~ eléctrico *Elektromotor, elektrischer Motor* m ‖ ~ fijo *stationärer Motor* m ‖ ~ de gasolina *Benzinmotor* m ‖ ~ gemelo *Zwillingsmotor* m ‖ ~ marino *Schiffsmotor* m ‖ ~ de popa, ~ popero *Heckmotor* m *(e–s Bootes, e–s Flugzeuges)* ‖ ~ de reacción *Düsenmotor* m, *Strahltriebwerk* n ‖ ~ de recambio *Austauschmotor* m ‖ ~ de tracción *Fahrzeugmotor* m ‖ ~ trasero ⟨Aut⟩ *Heckmotor* m ‖ ~ vertical *stehender Motor* m ‖ ~ de viento *Windmotor* m ‖ primer ~ ⟨Philos⟩ *der erste Beweger* m, *Primum mobile* n *(bei Aristoteles)* ‖ *die erste Ursache* f ‖ vehículo de ~ *Kraft-, Motor|fahrzeug* n ‖ ◊ el ~ vomita ⟨Flugw⟩ *der Motor kotzt* ‖ poner en marcha el ~ *den Motor anlassen*
motora *f Motorboot* n
motoricidad *f* = **motricidad**
moto|rismo *m Motorsport* m ‖ *Motorenkunde* f ‖

motorista — mu 756

~ aéreo *Motorflugsport* m || **-rista** *m Motorradfahrer m* || *Kraftfahrer* m || **-rización** *f Motorisierung* f || **-rizado** adj *motorisiert* || **-rizar** vt *motorisieren*
  motorreactor *m Luftstrahltriebwerk* n
  motosilla *f Motorroller* m
  motovelero *m* ⟨Mar Flugw⟩ *Motorsegler* m
  motri|cidad *f* ⟨Physiol⟩ *Motrizität* f || **-z** adj *antreibend, bewegend, Trieb-* || ⟨Phys⟩ *kinetisch* || *fuerza* ~ *Triebkraft* f || → a **automotor**
  motudo adj *Am kraushaarig (Neger)*
  motu prop(r)io adv lat *aus eigenem Antrieb*
  movedizo adj *beweglich* || *bewegbar* || *verstellbar* || *fig veränderlich* || *locker* || *fig unbeständig, wankelmütig* || *fig unsicher* || *fig schwankend, flatterhaft* || → **arena**
  mover [-ue-] vt *bewegen, in Bewegung setzen* (& fig) || *rühren, schütteln* || *fig veranlassen, antreiben zu* || *fig rühren (zum Mitleid)* || *fig anregen, in Anregung bringen* || ◊ ~ *la cabeza den Kopf schütteln* || ~ *la cola mit dem* Schweif wedeln || ~ *discordia Zwietracht stiften* || ~ *a compasión Mitleid erregen* || *él lo hace* ~ *todo figf er hat die Fäden in der Hand* || ~ **se** *sich bewegen, sich rühren* (& fig) || *entstehen (Streit)* || ~ *a piedad sich zum Mitleid bewegen lassen*
  movi|ble adj *beweglich* (& *z. B. Feste)* || *verschiebbar* || *fig schwankend, wankelmütig* || *fig unbeständig, flatterhaft* || **-do** adj ⟨Mus⟩ *schnell, lebhaft* || ⟨Phot⟩ *verschwommen, nicht scharf (Bild)*
  moviente adj *bewegend, treibend* || *mesas* ~s *Tischrücken* n
  móvil adj *beweglich, nicht fest* || *verschiebbar* || *fahrbar* || *mobil* || *material* ~ *Betriebsmaterial* n || *timbre* ~ *(Rechnungs) Stempel* m || ~ *m Ursache* f, *Beweggrund* m || ⟨Phys⟩ *Körper* m, *der sich in Bewegung befindet*
  movili|dad *f Beweglichkeit* f || *fig Veränderlichkeit* f || **-zación** *f Mobilmachung* f, *Aufgebot* n || *Mobilisierung* f (& fig) || *Einsatz* m *(von Menschen, der Industrie, von Mitteln)* || *Flüssigmachung* f *(von Zahlungsmitteln)* || ~ *general (parcial)* ⟨Mil⟩ *allgemeine (Teil) Mobilmachung* f || **-zar** [z/c] vt ⟨Mil⟩ *mobil machen, mobilisieren* || *bereitstellen, einsetzen* || *flüssigmachen (Geld)*
  movimiento *m Bewegung* f || *fig Regung, Gemütsbewegung* f || *Volksbewegung, Strömung* f || *Erholung* f || *Unruhe* f || ⟨Mil⟩ *Bewegung* f, *Stellungswechsel* m || *fig Verkehr* m || *fig Kommen und Gehen* n || *Getümmel, Treiben* f || *fig Veränderung, Umwälzung* f || *fig Ablösung* f || ⟨Com⟩ *Umsatz* m || *Umschlag* m || *fig reges Leben, Getümmel* n || ⟨Mus⟩ *Taktmaß, Tempo* n || ⟨Tech⟩ *Antrieb* m, *Bewegung* f || ⟨EB⟩ *Betrieb* m || *Gangart* f *bzw Zug* m *(beim Schachspiel usw)* || ~ *acelerado* ⟨Tech⟩ *beschleunigte Bewegung* f || ~ *anual* ⟨Com⟩ *jährlicher Umsatz* m || ~ *browniano Brownsche (Molekular) Bewegung* f || ~ *de cabeza* (afirmativo, negativo) *(bejahende, verneinende) Kopfbewegung* f || ~ *de caja Kassenumsatz* m || ~ *del cambio* ⟨Com⟩ *Kursbewegung* f || ~ *circular,* ~ *giratorio,* ~ *rotativo,* ~ *de rotación Kreis-, Drehbewegung* f || ~ *continuo* ⟨Phys⟩ *Perpetuum mobile* n || ~ *clandestino Untergrundbewegung* f || ~ *demográfico Bevölkerungsbewegung* f || ~ *huelguístico Streikbewegung* f || ~ *del mar Seegang* m || ~ *marítimo,* ~ *de barcos Schiffsverkehr* m || ~ *nacional nationale Bewegung* f || ≃ *Nationale Erhebung* f *(Francos in Span. 1936)* || ~ *de retroceso* ⟨Tech⟩ *Rück|gang, -lauf* m || ~ *de vaivén Hinu Herbewegung, hin- und hergehende Bewegung* f || ~ *sobre orugas* ⟨Tech⟩ *Raupenantrieb* m || *|| una tienda de mucho* ~ *ein vielbesuchter Laden* m || ~ *de resistencia* ⟨Pol⟩ *Widerstandsbewegung* f || ~ *retrógrado rückläufige Bewegung* f || ~ *de tierras* ⟨Arch⟩ *Erdbewegung* f || *Erdarbeiten*

fpl || ~ *vibratorio Schwingbewegung* f || *el* ⚔ *die Bewegung (& Nationalsozialismus)* || *sin* ~ *bewegungslos* || ◊ *poner en* ~ *in Bewegung setzen* || *beleben* || *in Gang bringen*
  moviola *f* ⟨Filmw⟩ *Filmbetrachter* m
  moxte → **oxte**
  moyana *f Kleiekuchen* m *(Hundefutter)* || *fig Lüge* f, *Betrug* m
  moyo *m* ⟨Hist⟩ *Flüssigkeitsmaß* n (= *258 Liter)*
  moyuelo *m Aftermehl* n, *feinste Kleie* f || *pan de* ~ *Kleiebrot* n
  moza *f Mädchen* n, *Mädel* n, *Magd* f || *Dienstmädchen* n || *Waschbleuel* m *der Wäscherinnen* || *Herdaufsatz* m || *Pfannenhalter* m || ⟨Kart⟩ *letzter Stich* m || ~ *de cámara Stubenmädchen* n || ~ *casadera heiratsfähiges Mädchen* n || ~ *de honor Kranz-, Brautjungfer* f || ~ *de(l) partido Straßendirne* f || ~ *de servicio Dienstmädchen* n || *buena* ~ , *real* ~ *schmuckes, strammes Mädchen* n
  mozada *f Versammlung* f *junger Leute*
  mozalbete dim *v.* **mozo** || *junger Laffe*, fam *Grünschnabel* m
  mozallón *m* fam *stämmiger Bauernknecht* m || *kräftiger Bursche* m
  mozárabe adj *mozarabisch, christlichmaurisch* || ~ *m Mozaraber* m, *unter den Mauren in Spanien lebender (mit e-r Maurin verheirateter) Christ* m || *span. Christ* m, *der aus solcher Mischehe stammte*
  mozartiano adj *auf Mozart bezüglich, Mozart*-
  mozcorra *f* fam *(Straßen)Dirne*, pop *Hure* f
  mo|zo adj *jung* || *ledig, unverheiratet* || *gente* ~a *junge Leute* pl || ~ *m junger Mensch, Bursche, Jüngling* m || *Junggeselle, lediger Mann* m || *Wehrpflichtige(r)* m || *Diener, Knecht* m || *Aufwärter* m || *Tagelöhner, Lastträger* m || *Kellner, Aufwärter* m || *Kleiderrechen* m || ~ *de almacén Ladendiener* m || ~ *de billar Markör* m || ~ *de caballos Stallknecht* m || ~ *de café (Kaffee-) Kellner* m || ~ *de cámara Kammerdiener* m || ~ *de cocina Küchenjunge* m || ~ *de cuadra Stallknecht* m || ~ *de cuerda (Last) Träger, Dienstmann* m || ~ *de estación Gepäckträger* m || ~ *de honor Brautführer* m *(bei e-r Hochzeit)* || ~ *de labranza Bauernknecht* m || ~ *de molino Müllerbursche* m || ~ *para recados,* ~ *recadero Laufbursche* m || ~ *del reemplazo* ⟨Mil⟩ *erfaßter Wehrpflichtige(r)* m || *buen* ~ fam *strammer Junge* m || △ *fe de* ~ *Löffel* m || **-zón** *m* augm *v.* **-zo** || **-zuelo** *m* dim *v.* **-zo**
  m/P Abk = **mi pagaré**
  m/pl Abk = **meses plazo**
  M.P.S. Abk = **Muy Poderoso Señor**
  m/r Abk = **mi remesa** || **mi recibo**
  Mr. Abk = **monsieur** || **mister**
  mr. Abk = **mártir**
  mrd. Abk = **merced**
  Mrn. Abk = **Martín**
  Mrnz. Abk = **Martínez**
  Mro. Abk = **Maestro**
  mrs. Abk = **maravedises** || **mártires**
  ms. Abk = **meses** || **modos**
  M.ˢ Abk = **marcos**
  M.S., m.s., ms. Abk = **manuscrito(s)**
  m.ˢ a.ˢ Abk = **muchos años**
  ms/fha. Abk = **meses fecha**
  M.S.M. Abk = **Muy Señor mío**
  M.SS. Abk = **manuscritos**
  m/t Abk = **mi talón**
  mtd. Abk = **mitad**
  ¹**mu** pop = **muy**
  ²**mu** *m Gebrüll* n *(des Rindviehs(* || ◊ *hacer* ~ pop *muhen, brüllen* || *habló el toro y dijo ¡~! fig* pop *er hat (wieder) e-e Dummheit von sich gegeben, er hat Unsinn geredet* || *das waren die kreißenden Berge!*
  ³**mu** *f:* ◊ *ir a la* ~ fam *schlafen gehen (Kinder)*, fam *in die Heia gehen*

muarar vt ⟨Web⟩ *moirieren*
muaré *m Moiré* m/n ‖ *Moiréglanz* m
muca|ma *f* Am *Dienstmädchen* n, *Magd* f ‖ **-mo** *m* Am *Diener, Knecht* m
△**mucar** [c/qu] vt *lassen*
muceta *f Robe* f, *Talar* m *(Rechtsanwälte, Professoren usw)* ‖ *Mozzetta* f *der Prälaten* ‖ *Chorpelz* m ‖ ⟨V⟩ *wallende Halsfedern* fpl (bes *der männlichen Hühnervögel*) (→ **golilla**)
mucilaginoso adj *schleimig* ‖ *schleimartig*
mucílago, mucílago *m (Pflanzen) Schleim* m ‖ ⟨Pharm⟩ *schleimige Lösung* f ‖ *Gummilösung* f
mucina *f* ⟨Physiol Chem⟩ *Muzin* n *(Schleimstoff)*
Mucio *m* np *Mucius* m
△**muciquí** *f Ärmel* m
△**muclar** vi *harnen*
mucoráceo adj: *hongo* ~ *Köpfchenschimmelpilz* m
muco|sa *f* ⟨An⟩ *Schleimhaut* f ‖ **-sidad** *f Schleim* m ‖ *Pflanzenschleim* m ‖ ~**es** pl ⟨Med⟩ *Schleimauswurf* m ‖ **-so** adj *schleimartig* ‖ *schleimig* ‖ *Schleim-* ‖ glándula ~a *Schleimdrüse* f ‖ membrana ~a ⟨An⟩ *Schleimhaut* f
mucrón *m* ⟨Bot⟩ *warzenförmiger Auswuchs* m
mucus *m* lat *Schleim* m
mucha|cha *f Mädchen* n ‖ *Haus-, Dienst|mädchen* n ‖ ***Magd** f ‖ ~ de servicio *Dienstmädchen* n ‖ ~ para todo *Mädchen* n *für alles* (& fig) ‖ **-chada** *f Jugendstreich* m ‖ *Kinderei* f ‖ *Kinder* npl ‖ *junge Leute* pl ‖ **-chez** *f Knaben-* bzw *Mädchen|alter* n ‖ **-chil** adj *Knaben-* ‖ *Mädchen-* ‖ **-cho** m/adj *Knabe, Junge* m *(auch als Anrede unter Freunden)* ‖ *Bursche* m ‖ *Diener, Knecht* m ‖ fam *junger Mann* m ‖ fam *Neger* m ‖ ◊ es un gran ~ fam *er ist ein sehr netter, solider (junger) Mann* ‖ **~s** pl *Kinder* npl ‖ juego de ~ *Knabenspiel* n ‖ dim: ~**uelo** m
muchedumbre *f Menge* f ‖ *Menschenmenge* f, *Leute* pl, *Volk* n
△**muchí** *f Flügel* m ‖ *Funke* m
muchísimo [prov **muchismo**] sup *v.* **mucho** *außerordentlich, sehr viel* ‖ ◊ lo siento ~ *es tut mir herzlich leid*
¹**mucho** (dim muchito) adj/s *viel, zahlreich* ‖ *zuviel* ‖ ~ dinero *viel Geld* ‖ en ~ tiempo *lange* ‖ hacer ~ (tiempo) *seit langem* ‖ tener ~ a maña *sehr gescheit sein* ‖ es ~ para él *das ist zuviel für ihn* ‖ ¡es ~ decir! *das ist viel gesagt* ‖ ¡es ~a mujer! *es ist ein prächtiges Weib!* ‖ ~as veces *oft(mals)* ‖ es un mal de ~s fam *es ist ein allgemeines Übel, daran leiden viele* ‖ toro con ~s pies ⟨Taur⟩ *kampflustiger, flinker Stier* m ‖ toro con ~s pitones ⟨Taur⟩ *Stier* m *mit gefährlichem Gehörn* ‖ en ~s casos *häufig, in vielen Fällen*
²**mucho** adv/s *viel, sehr* (vgl **muy**) ‖ *oft* ‖ *lange* ‖ *schnell* ‖ fam *allerdings, natürlich (als Bejahung)* ‖ ~ antes *(od* con ~), ~ *después viel eher, viel später* ‖ ~ más, ~ menos *viel mehr, viel weniger* ‖ ~ que sí fam *gewiß, allerdings, freilich* ‖ *das glaube ich wohl!* ‖ muy ~ pop *riesig, sehr* ‖ no hace (⟨Lit⟩ ha) ~ *vor kurzem* ‖ no es barato, ni ~ menos *es ist durchaus nicht billig* ‖ con ~ *bei weitem* ‖ ni con ~ *nicht entfernt, bei weitem nicht, lange nicht* ‖ entrar por ~ en a/c *stark beteiligt sein an* (dat) ‖ ~ fuera que ... *es wäre zu verwundern, wenn* ... ‖ no es ~ que subj *es ist kein Wunder, daß* ... ‖ ¿qué ~ que ...? subj *was Wunder, daß* ...? ‖ por ~ que haga, nada conseguirá *er mag tun was er will, und doch wird er nichts erreichen* ‖ producir ~ *viel einbringen* ‖ lo siento ~ *es tut mir sehr leid* ‖ tener en ~ *hochschätzen* ‖ tardaré ~ en volver *(od* venir) *ich werde lange ausbleiben* ‖ augm: pop **muchote**
³**mucho** *m:* ~s viele *Leute, viele Menschen* ‖ ~s pocos hacen un ~ *viele Wenig machen ein Viel*
△**muchobelar** vt *taufen*

¹**muda** *f Veränderung* f, *Wechsel* m ‖ *Wechseln* n *(der Kleider, der Wäsche)* ‖ *frische Wäsche* f ‖ *Garnitur* f *([Bett]Wäsche)* ‖ *Kleider* npl *(zum Wechseln)* ‖ *Pferdewechsel* m *(auf Reisen)* ‖ ⟨Aut⟩ *Ölmenge* f *(zum Wechseln)* ‖ *Mutieren* n *der Stimme, Stimm|wechsel, -bruch* m ‖ *Haarwechsel* m *der Pelztiere* ‖ *Mausern* n *der Vögel* ‖ *Mauser(zeit)* f ‖ *Häuten* n bzw *Häutung* f *(der Insekten, der Spinnen, der Gliederfüßer im allgemeinen, der Schlangen)* ‖ ◊ estar *(od* en la) de ~ ‖ ⟨V⟩ *sich mausern*
²**muda** *f Stumme* f ‖ ◊ estar en ~ figf *verschwiegen sein*
muda|ble, -dizo adj *veränderlich, unbeständig* ‖ *wankelmütig*
mudada *f* Am = **muda** ‖ = **mudanza**
mudamente adv *stumm, schweigend, in aller Stille*
mudanza *f (Ver)Änderung, Umwandlung* f ‖ *Wandel* m ‖ *Unbeständigkeit* f, *Wankelmut* m ‖ *Umzug, Wohnungswechsel* m ‖ *Ortswechsel* m ‖ *Tanz|serie, -ronde* f ‖ ⟨Mus⟩ *Mutation* f ‖ ⟨Med⟩ *Wechsel* m ‖ camión de ~(s) *Möbel-, Spediteur|wagen* m ‖ empresa de ~s y transportes *Transport- und Umzugs|unternehmen* n ‖ ◊ estar de ~ *ausziehen, die Wohnung wechseln*
mudar vt/i *(ver-, ab)ändern* ‖ *umwandeln* ‖ *wechseln (Kleider, Wohnung, Pferde)* ‖ *weg|bringen, -schaffen* ‖ *mausern (Vogel)* ‖ *das Haar* (bzw *den Pelz) wechseln, haaren (Säugetiere)* ‖ *wechseln, mutieren (Stimme)* ‖ ◊ ~ la ropa de la cama *das Bett frisch überziehen* ‖ ~ vi *mausern (Vögel)* ‖ *sich häuten (Gliederfüßer, Reptilien)* ‖ *haaren (Säugetiere)* ‖ ~ (casa) *die Wohnung wechseln* ‖ ~ la camisa *ein frisches Hemd anziehen* ‖ ~ de color *die Farbe (ver)ändern* ‖ ~ de parecer *sich anders besinnen* ‖ ~ de estado *heiraten* ‖ ~ de tiro *die Pferde wechseln* ‖ ~ de tono figf *andere Saiten aufziehen* ‖ **-se** *sich (ver)ändern* ‖ *sich drehen (Wind)* ‖ *sich umkleiden* ‖ *umziehen, die Wohnung wechseln* ‖ fam *fortgehen* ‖ fam *seine Notdurft verrichten* ‖ ◊ ~ de casa *umziehen, die Wohnung wechseln* ‖ ~ la camisa *ein frisches Hemd anziehen* ‖ ¿adónde se ha mudado? *wo ist er hingezogen?*
mudéjar m/adj *Mudejar, Maure* m *unter christlicher Herrschaft* ‖ estilo ~ *Mudejarstil* m, *Baustil* m *12.–16. Jh. (Vereinigung christlicher Elemente mit der arabischen Ornamentik)*
mu|dez [pl **-ces**] *f Stummheit, Sprachlosigkeit* f ‖ fig *Verstummen* n ‖ fig *(verstocktes) Schweigen* n ‖ **-do** adj/s *stumm, sprachlos* ‖ *schweigend* ‖ fig *stumm* ‖ además *stumme Gebärde* f ‖ ~ de nacimiento *stumm geboren* ‖ el arte ~ *die Stummfilmkunst* ‖ cine ~ *stummer Film* m ‖ lenguaje ~ *Gebärdensprache* f ‖ personaje ~ ⟨Th⟩ *Statist* m ‖ a la ~a fig *geräuschlos* ‖ ◊ quedar ~ *verstummen* ‖ quedarse ~ de asombro *vor Staunen sprachlos sein* ‖ ~s y fríos se alzan los muros *die Mauern stehn sprachlos und kalt (Hölderlin)*
mue|blaje *m (Möbel)Einrichtung* f ‖ **-blar** vt = **amueblar** ‖ **-ble** m/adj *bewegliches Gut* n (→ a **bienes**) ‖ *Möbel(stück)* n ‖ *Hausgerät* n ‖ *Hausrat* m ‖ *Einrichtungsstück* n ‖ ~**-bar** *Hausbar* f ‖ ~ frigorífico *Kühltruhe* f ‖ ~**-radio** *Musiktruhe* f ‖ ~es un ~ figf *er ist e–e Null* ‖ **~s** pl *bewegliche Habe* f ‖ ~ acolchados *Polstermöbel* npl ‖ ~ americanos *moderne Büromöbel* npl ‖ ~ forrados de piel *Ledermöbel* npl ‖ ~ funcionales, ~ de elementos *Anbaumöbel* npl ‖ ~ tapizados *bezogene Möbel* npl ‖ **-blé** *m Absteigequartier, Stundenhotel* n ‖ **-blería** *f Möbelfabrik* f ‖ *Möbelladen* m ‖ *Möbelverkauf* m ‖ **-blero** m/adj *(Möbel)Tischler* m ‖ **-blista** *m Möbelhersteller* m ‖ *Möbelhändler* m
mueca *f Grimasse, Gesichtsverzerrung* f ‖ ◊ hacer una ~ de contrariedad *sein Mißbehagen äußern* ‖ hacer ~s *Gesichter schneiden* ‖ *sich zieren*

muecín — mujer 758

muecín m = **almuecín**
¹**muela** f *Mühlstein* m ‖ *Schleif-, Wetz|stein* m ‖ *Schleifscheibe* f ‖ *einzelstehender Hügel* m ‖ *Backen-, Stock|zahn* m ‖ ~ *de copa cónica kegelige Topfschleifscheibe* f ‖ ~ *hueca, ~ cariada hohler Zahn* m ‖ ~ *del juicio, ~ cordal Weisheitszahn* m ‖ ~ *de molino Mühlstein* m ‖ ◊ sacar, extraer (poner, empastar) una ~ *e–n (Backen)Zahn ausziehen (einsetzen, plombieren)* ‖ tener dolor de ~s *Zahnschmerzen haben*
²**muela** f ⟨Bot⟩ *Platterbse* f (→ **almorta**)
³**muela** f ⟨Fi⟩ *Schwarm* m *Fische* (→ **banco**)
¹**muelo** m *Haufen* m *Korn*
²**muelo** → **moler**
muellaje m ⟨Mar⟩ *Kaigebühren* fpl
¹**muelle** adj *mollig, zart, weich* ‖ *weichgepolstert (Stuhl)* ‖ fig *weichlich, zärtlich, zart* ‖ *wollüstig*
²**muelle** m *Sprungfeder* f ‖ ~ *de ballesta Blattfeder* f ‖ ~ *de reloj Uhrfeder* f ‖ ◊ el ~ está roto *die Feder ist zerbrochen* ‖ ~s pl *Federung f (Wagen)* ‖ colchón de ~ *Sprungfedermatratze* f ‖ ◊ ser flojo de ~ fam *die Winde nicht halten können*
³**muelle** m ⟨Mar⟩ *Hafen-, Wehr|damm* m ‖ *Mole* f, öst *Molo* m ‖ *Kai, Pier* m ‖ ⟨EB⟩ *Rampe* f, *Abstieg* m ‖ ~ *flotante Landungsbrücke* f ‖ atracar en el ~ *am Kai anlegen*
muequear vi *Grimassen machen*
mueras fpl: ◊ dar ~ „*Nieder!"* *rufen*
muérdago m ⟨Bot⟩ *Mistel* f (Viscum album)
¹**muerdo** m fam *Beißen* n, *Biß* m
²**muerdo** → **morder**
muere → **morir**
muergo m ⟨Zool⟩ *Schwertmuschel* f (Solen = Ensis ensis)
muermo m ⟨Vet⟩ *Rotz* m *(der Pferde)*
muer|ta f *Tote, Leiche* f ‖ **–te** f *Tod* m ‖ *Sterben* n ‖ *Todes-, Sterbe|fall* m ‖ *Mord* m, *Mordtat* f ‖ *(menschliches) Gerippe* n ‖ *Vernichtung* f, *Untergang* m ‖ ~ *aparente Scheintod* m ‖ ~ *repentina jäher, plötzlicher Tod* m ‖ ~ *violenta, ~ a mano airada gewaltsamer Tod* m ‖ buena ~ *gottseliges Ende* n ‖ enfermo de ~ *todkrank* ‖ la hora de la ~ *die Todesstunde* ‖ lecho de ~ *Sterbebett* n ‖ peligro de ~ *Lebensgefahr* f ‖ un empleíllo de mala ~ fam *ein erbärmlicher Amtsposten* m ‖ un pueblo de mala ~ *ein elendes Dorf*, fam *ein Nest*, pop *Kaff* n ‖ pálido como la ~ *totenbleich, leichenblaß* ‖ Procesión de la Buena ⁓ *Bußprozession* f *am Aschermittwoch* ‖ sentencia de ~ *Todesurteil* n ‖ silencio de ~ *Totenstille* f ‖ sudor, sueño de ~ *Todes|schweiß, -schlaf* m ‖ a ~ *auf Tod und Leben, erbarmungslos* ‖ a vida o ~ *auf Leben und Tod* ‖ de ~ *tödlich* ‖ *zum Tode bestimmt* ‖ con un cansancio de ~ *todmüde* ‖ hasta la ~ *bis in den Tod* ‖ en caso de ~ *im Todesfalle* ‖ ◊ aborrecer de ~ *tödlich hassen* ‖ aburrirse de ~ *sich zu Tode langweilen* ‖ dar ~ (a) jdn. *töten, umbringen* ‖ estar entre la vida y la ~ *zwischen Leben und Tod schweben* ‖ luchar con la ~ fig *mit dem Tode ringen* ‖ llevarse un susto de ~ fig *tödlich erschrecken* ‖ morir de ~ *natural eines natürlichen Todes sterben* ‖ contra la ~ no hay cosa fuerte fig *gegen den Tod ist kein Kraut gewachsen* ‖ ¡es una ~! *es ist unerträglich!* ‖ *es ist sterbenslangweilig!* ‖ **–tecito** dim v. **muerto**
¹**muerto** pp/irr v. **morir** ‖ ~ adj *tot* ‖ *gestorben* ‖ *getötet* ‖ *leblos* ‖ *verblichen (Farben)* ‖ *gelöscht (Kalk)* ‖ matt *(Kugel)* ‖ *unempfindlich (Glied)* ‖ ~ de apariencia *scheintot* ‖ ~ de hambre *verhungert* ‖ carnes ~as *Schlachtfleisch* n ‖ como ~ *wie tot* ‖ como ~a *wie ausgestorben (Stadt)* ‖ horas ~as *Mußestunden* fpl ‖ leña ~a *Reisig, dürres Holz* n ‖ naturaleza ~a ⟨Mal⟩ *Stilleben* n ‖ ni ~ ni vivo *gänzlich verloren, nirgends aufzufinden* ‖ ◊ estar ~ *tot bzw gestorben sein* ‖ estar *(od* haber) ~ para alg. *für jdn nicht mehr existieren*, fam *ganz und gar abgeschrieben sein* ‖ estar ~ (por) *unendlich herbeisehnen* ‖ llorar por ~ *als tot beweinen* ‖ quedarse ~ *sterben, umkommen* ‖ quedarse medio ~ (de miedo), quedarse más ~ que vivo *(vor Schrecken) fast vergehen* ‖ ser ~ *getötet werden* ‖ estar medio ~ *halbtot sein* ‖ no tener con qué caerse ~ figf *bettelarm sein* ‖ ¡estoy ~ (de cansancio)! *ich bin todmüde!*
²**muerto** m *Tote(r)* m ‖ *Verstorbene(r)* m ‖ *Leiche* f ‖ *unverkäufliche Ware* f ‖ fam *Ladenhüter, Krebs* m ‖ fam *Strohmann* m ‖ cabeza de ~ *Totenkopf* m ‖ toque a ~s *Trauergeläute* n ‖ ◊ callar como un ~ *wie ein Grab schweigen* ‖ *verschwiegen sein* ‖ colgarle a uno el ~ fig *auf jdn die Schuld schieben* ‖ hacerse el ~ fig *sich ducken* ‖ resucitar ~s *Tote erwecken* ‖ el ~, al hoyo, y el vivo, al bollo *Sinn: Man soll den Tod beklagen, ohne das Leben zu vergessen*
muesca f *Kerbe, Fuge* f, *Einschnitt* m ‖ *Zapfenloch* n ‖ ⟨Mil⟩ *Kimme* f *(an der Waffe)* ‖ ⟨Zim⟩ *Kröse, Kimme* f ‖ fresa para ~s ⟨Tech⟩ *Nutenfräser* m ‖ máquina de sacar ~ *Krösemaschine* f ‖ ◊ hacer ~ *(an)kerben, falzen*
muestra f *Aushängeschild* n ‖ *(Stich)Probe* f ‖ *(Waren)Muster* n ‖ *Vorschrift* f, *Modell* n ‖ *Vorlage* f ‖ *Vorlegeblatt* n ‖ *(An)Zeichen, Merkmal* n ‖ *Zifferblatt* n *e–r Uhr* ‖ fig *Beweis, Beleg* m ‖ ~ para bordado *Stickmuster* n ‖ ~ *de escritura Vor|schrift, -lage* f ‖ ~ *gratuita Warenprobe* f ‖ ~ *sin valor* ⟨Com⟩ *Muster* n *ohne Wert* ‖ ~ *tomada al azar Stichprobe* f ‖ botón de ~ *Glanzstück* n, *Paradenummer* f ‖ feria de ~s *Mustermesse* f ‖ número de ~ *Probeexemplar* n *(z. B. e–r Zeitschrift)* ‖ oferta con ~ *bemusteres Angebot* n ‖ como ~ *zur Ansicht* ‖ para ~, a título de ~ *als Muster* ‖ para ~ basta (con) un botón figf *wie die Frucht, so der Baum* ‖ perro de ~ *Vorstehhund* m ‖ según ~ *nach Vorlage* ‖ *nach Probe* ‖ ◊ hacer ~ de *et kundgeben, bezeigen* ‖ pasar ~ ⟨Mil⟩ *Heerschau halten* ‖ ser conforme a la ~ *dem Muster entsprechen* ‖ ser igual *(od* corresponder) a la ~ *nach Muster sein* ‖ por la ~ se conoce el paño *wie die Frucht, so der Baum* ‖ ~s de mercancías *(od* de comercio) *Warenproben* fpl ‖ paquete de ~ *Musterpaket* n ‖ ◊ acompañar de ~ ⟨Com⟩ *bemustern* ‖ dar ~ de valor *sich mutig zeigen* ‖ dar ~ de gratitud *sich dankbar erweisen* ‖ sacar ~s *Muster aussuchen*
muestrario m *Muster|buch* n, *-kollektion, -karte* f ‖ *(Muster)Katalog* m ‖ baúl-~ *Musterkoffer* m
muestreo m *Probennahme, Stichprobenerhebung* f
mufla f ⟨Tech⟩ *Muffel* f
△**muflir** vt/i *essen, kauen*
muflón m ⟨Zool⟩ = **musmón**
muftí m *Mufti* m *(islamischer Rechtsgelehrter)*
mugar [g/gu] vi *laichen (Fische)*
mugido m *Gebrüll, Brüllen* n *(Rindvieh)* ‖ *Rauschen, Brausen, Tosen* n *(des Stromes, des Windes)* ‖ **–r** adj *brüllend*
múgil m ⟨Fi⟩ = **mújol**
mugir [g/j] vi *brüllen (Rindvieh)* ‖ fig *brüllen (zorniger Mensch)* ‖ *heulen (Wind)* ‖ *rauschen (Strom)* ‖ *brausen, tosen (Wasser, Wind)*
mu|gre f *(Woll)Schmutz* m ‖ *Fett-, Öl|fleck* m ‖ **–griento, -groso** adj *schmutzig, schmierig*
mugrón m ⟨Bot⟩ *(Ab)Senker, Ableger* m ‖ *Senkrebe* f
muguete m ⟨Bot⟩ *Mai|glöckchen* n, *-blume* f (Convallaria majalis) (→ **margarita**) ‖ ⟨Med⟩ *Soor* m
△**mui** f *Zunge* f ‖ *Mund* m ‖ ◊ ¡achanta la ~! pop *halt den Mund!*
muir [–uy–] vt Ar *melken*
mujer f *Frau, weibliches Wesen* n ‖ *Frauenzimmer* n ‖ *(Ehe)Frau, Gattin* f ‖ (buena) ~ *de su casa gute Hausfrau* f ‖ ~ *fácil leichtes Mädchen* n ‖ ~ *de gobierno Haushälterin, Wirtschafterin* f ‖ ~ *de la limpieza Putzfrau, Raumpflegerin* f ‖ ~ *de (mala) vida, ~ mundana, ~ del partido, ~ pública, ~ de la vida (Straßen)Dirne* f ‖ casa de ~es

pop *Bordell, öffentliches Haus* n ‖ habladurías de ~ *Weibergeschwätz* n ‖ mi ~ *m–e Frau* ‖ trabajo de ~ *(od* para ~es) *Frauenarbeit* f ‖ ◊ gozar a una ~ *mit e–r Frau geschlechtlich verkehren* ‖ tomar ~ *e–e Frau nehmen, heiraten*
muje|racha f desp *gemeines Weibsbild* n ‖ **–rada** f fam *Weiberstreich* m
mujercilla f dim v. **mujer**: *Weibchen* n ‖ *Mädchen* n
muje|riego adj *weibisch, Frauen-* ‖ *den Frauen zugetan* ‖ fam *den Frauen nachlaufend, Frauen-* ‖ (hombre) ~ *Frauenheld* m ‖ ◊ cabalgar *(od* montar) a ~as *(od* a la ~a) *nach Frauenart, mit beiden Beinen auf e–r Seite reiten* ‖ **–ril** adj *weiblich* ‖ *Frauen-* ‖ **–río** m *Weibs|volk* n, *-leute* pl, *Frauen* fpl ‖ **–rona** f *starkes Weib* n ‖ *ehrwürdige Matrone* f ‖ **–rota** f desp v. **mujer**
mujeruca f dim v. **mujer** ‖ *liederliche Weibsperson* f
mujerzuela f dim desp v. **mujer** ‖ *Hure*, pop *Nutte* f
△**muji** f *Tod* m
mújol m ⟨Fi⟩ *Gemeine Meeräsche* f, *Großkopf* m (Mugil cephalus)
¹**mula** f *Maul|eselin* f, *-tier* n ‖ figf *brutaler Kerl* m ‖ *Rohling, Grobian* m ‖ mozo de ~s *Mauleseltreiber* m ‖ *Stallknecht* m
²**mula** f *Pantoffel* m *des Papstes*
△**mulabar** vt *töten, hinrichten*
mula|da f *Herde* f, *Maultiere, Maultierherde* f ‖ figf *Roheit* f ‖ *Brutalität* f ‖ **–dar** m *Mistgrube, Dungstätte* f
△**mulanó** adj *traurig*
mular adj *Maultier-* ‖ ganado ~ *Maultiere und Maulesel* pl
mula|ta f *Mulattin* f ‖ **–tada** f Am *Wutanfall* m *e–s Mulatten*
mulatero m *Maultierknecht* m
mulato adj *Mulatten-* ‖ *dunkelbraun* ‖ ~ m *Mulatte, Mischling* m *von Weißen und Negern*
△**mulé** m: ◊ dar ~ *totschlagen*, pop *umbringen*
mulero m *Maultierknecht* m ‖ *Maultiertreiber* m
¹**muleta** f *Maultierfüllen* n
²**mule|ta** f *Krücke* f ‖ ⟨Taur⟩ *Muleta* f *(Stab mit Scharlachtuch)* ‖ ⟨Taur⟩ *Scharlachtuch* n ‖ ⟨Tech⟩ *Kniestütze* f ‖ ◊ pasar de ~ al toro, dar un pase de ~ ⟨Taur⟩ *den Stab mit Scharlachtuch dem Stier entgegenhalten* ‖ **–tear** vt/i ⟨Taur⟩ *den Stier mit der Muleta hetzen, necken* ‖ **–tero** m *Maultiertreiber* m ‖ *Maultiervermieter* m ‖ **–tilla** f ⟨Taur⟩ *(kleine) Muleta* f ‖ ⟨Taur⟩ *Besatz* m *in erhabener Stickerei an e–m Stierfechteranzug* ‖ *länglicher, walzenförmiger Knopf* m ‖ *(Spazier-) Stock* m *mit Quergriff* ‖ fig *Lückenbüßer* m, *Flickwort* n ‖ ⟨Bot⟩ *Steckling* m *mit Astring*
muletón m ⟨Web⟩ *Molton* m
Mulhacén m *Mulhacen* m *(Berg in der Sierra Nevada)*
mulillas pl ⟨Taur⟩ *festlich geschmückte Maultiere, welche die getöteten Stiere od Pferde aus der Arena fortschleifen*
mulita f Am *Gürteltier* n
mulo m *Maul|esel* m, *-tier* n
△**muló** adj *tot*
mulón, ona adj Chi *stotternd*
mul|ta f *Geld|strafe, -buße* f ‖ *Zollstrafe* f ‖ ◊ incurrir en una ~ *straffällig werden* ‖ **–tar** vt *mit e–r Geldstrafe belegen* ‖ *strafen*
multi präf *Multi-, Mehr-*
multicanal adj ⟨TV⟩ *Mehrkanal-*
multicaule adj ⟨Bot⟩ *vielstengelig*
multi|céfalo adj *vielköpfig (z.B. Menge)* ‖ **–color** adj *vielfarbig* ‖ *bunt* ‖ ⟨Typ⟩ *Mehrfarben-* ‖ **–copista** m|f *Vervielfältigungsapparat* m ‖ **–empleo** m *Tätigkeit* f *an verschiedenen Arbeitsstellen* ‖ **–floro** adj ⟨Bot⟩ *vielblumig, mit vielen Blüten* ‖ **–forme** adj *vielgestaltig* ‖ **–millonario** m *Multimillionär* m ‖ **–nacional** adj *multinational*

multípara f/adj *Mehrfachgebärende* f
multi|partidista adj *Mehrparteien-(System)* ‖ **–plaza** m/adj *Viel-, Mehr|sitzer* m *(Kraftfahrzeug)*
múltiple adj *viel-, mehr|fach*
multipli|cación f *Verviel|fältigung, -fachung* f ‖ *Fortpflanzung, Vermehrung* f ‖ ⟨Tech⟩ *Übersetzung* f ‖ ⟨Math⟩ *Multiplikation* f ‖ **–cador** m ⟨Math Radio⟩ *Multiplikator* m ‖ ⟨El⟩ *Vervielfacher* m ‖ ⟨Aut⟩ *Übersetzungsgetriebe* n ‖ **–cando** m ⟨Math⟩ *Multiplikand* m ‖ **–car** [c|qu] vt *verviel|fachen, -fältigen* ‖ ⟨Biol⟩ *vermehren* (& fig) ‖ ⟨Math⟩ *multiplizieren* ‖ tabla de ~ *Einmaleins* n ‖ **–se** *sich (ver)mehren* ‖ fam *sehr geschäftig, überall sein (Person)* ‖ ◊ ¡creced y multiplicaos! *wachset und mehret euch! (Bibel)* ‖ **–cidad** f *Mannigfaltigkeit* f ‖ *Vielfalt* f
múltiplo adj/s *was e–e andere Zahl mehrmals enthält, vielfach* ‖ ~ m *Vielfache(s)* n
multistandard adj ⟨TV⟩ *Mehrnormen-*
multitud f *Menge, große Anzahl* f ‖ *(Menschen-) Menge* f ‖ fig *Volksmasse* f ‖ desp *Pöbel* m, *Hefe* f *des Volkes*
mullido adj *weich, sanft, geschmeidig* ‖ *wollig, locker* ‖ ~ lecho *weiches Bett, Lager* n ‖ ~ m *Polstermaterial* n
mullir [pret –lló] vt *auflockern (Betten)* ‖ *aufschütteln (Erde)* ‖ *häufeln (Weinberg usw)* ‖ *fachen (Wolle)*
△**mumelí** f *Licht* n
mun|danal adj ⟨Lit⟩ *weltlich, Welt-* ‖ *irdisch, eitel* ‖ **–dano** adj = **mundanal** ‖ **–dial** adj *allgemein, Welt-* ‖ comercio ~ *Welthandel* m ‖ fama ~ *Weltruhm* m ‖ guerra ~ *Weltkrieg* m
mundillo m dim v. **mundo** ‖ *Klöppelkissen* n ‖ *Trokkenständer* m *(für Wäsche)* ‖ fig *die Gesellschaft, die Welt* ‖ ⟨Bot⟩ *Schneeball* m (Viburnum spp)
¹**mundo** m *Welt* f ‖ *Weltall* n ‖ *Erde* f ‖ *Erdkugel* f, *Globus* m ‖ *die Menschheit, die Menschenwelt* f ‖ *Leute* pl ‖ *Gesellschaft* f ‖ *Umgang* m *mit Menschen* ‖ *Menschen-, Welt|kenntnis* f ‖ *Lebensart* f ‖ *Weltleben* f ‖ *die irdischen, weltlichen Dinge* npl ‖ *Gesicht* n ‖ el ~ antiguo *die Alte Welt* ‖ *das Altertum* ‖ el ~ cristiano *die Christenheit* ‖ el ~ primitivo *die Vorwelt* ‖ el gran ~ *die große, die vornehme Welt* ‖ el Nuevo ~ *die Neue Welt, Amerika* ‖ el otro ~ *die andere Welt* f, *das Jenseits* ‖ todo el ~ *jedermann* ‖ visión (*od* concepción) del ~ *Weltanschauung* f ‖ a la vista de todo el ~ *vor allen Leuten, öffentlich* ‖ con la mayor tranquilidad del ~ *mit aller Seelenruhe* ‖ ◊ dejar el ~ *der Welt entsagen* ‖ echar al ~ *auf die Welt setzen, zur Welt bringen (gebären)* ‖ echarse al ~ fig *in Gesellschaft gehen* ‖ fig *sich der Prostitution hingeben (Frau)* ‖ ir, rodar (por el) ~ figf *die Welt durchstreifen (od bereisen)* ‖ irse por esos ~s figf *seinen Weg gehen* ‖ mandar al otro ~ fig *ins Jenseits befördern* ‖ había allí medio ~ figf *dort gab es e–n Riesenbesuch* ‖ lo sabe medio ~ *fast jeder weiß es* ‖ ¿qué ~ ocurre? fam *was ist denn los?* ‖ parecer un ~ figf *großartig aussehen* ‖ todo el ~ lo sabe *es ist allgemein, überall bekannt* ‖ fam *das weiß jedes Kind* ‖ tener (mucho) ~ *viel Welterfahrung, viel Weltkenntnis haben* ‖ venir al ~ *geboren werden* ‖ ver el ~ fig *sich in der Welt umsehen* ‖ desde que el ~ es ~ figf *seit die Welt besteht* ‖ así va el ~ *so ist der Lauf der Welt*
²**mundo** m *(Reise)Koffer* m ‖ ~ ropero *Wäschekoffer* m ‖ baúl ~ *großer Koffer* m
mundología f fam *Lebenserfahrung* f ‖ *Lebensart* f ‖ *Welt-, Menschen|kenntnis* f
mundonuevo m *Guckkasten* m
munición f *Schießbedarf* m ‖ *Munition* f, *Schrot* m ‖ pan de ~ *Kommißbrot* n ‖ de ~ figf *überhudelt, verpfuscht* ‖ ~ de guerra *scharfe Munition* f ‖ ~es de boca ⟨Mil⟩ *Mundvorrat, Proviant* m
municio|nar vt *mit Munition versorgen* ‖ *verproviantieren* ‖ **–nero** m *(Heeres)Lieferant* m ‖ **–nista** m *Munitions|kanonier, -schütze* m

munici|pal adj *städtisch, Stadt-* ‖ *Gemeinde-* ‖ concejo ~ *Stadtrat* m ‖ parque ~ *Stadtpark* m ‖ piscina ~ *Stadtbad* n ‖ guardia ~ *städtischer Schutzmann* m ‖ término ~ *Gemeindebezirk* m ‖ **–palidad** f *Gemeinde* f ‖ *Gemeinderat* m ‖ *Rathaus* n ‖ *Gemeindeverwaltung* f ‖ **munícipe** m ⟨Lit⟩ *Gemeinde|angehöriger, -bürger* m ‖ *Ratsmitglied* n ‖ **–pio** m *Gemeinde* f ‖ *Stadt-, Gemeinde|-rat* m ‖ *Gemeindebezirk* m ‖ *Rathaus* n ‖ ~ rural *Landgemeinde* f ‖ ~ urbano *Stadtgemeinde* f
Munich (itʃ, *seltener* ik) *München (Stadt)* ‖ cerveza de ~ *Münchener Bier* n
municen|cia f *(große) Freigebigkeit* f ‖ *Großzügigkeit* f ‖ *Prachtentfaltung* f ‖ **–te** [sup –tísimo] adj *sehr freigebig* ‖ *großzügig*
muniqués m/adj *Münchner* m ‖ ~ adj *münchnerisch, Münchner*
Múnster *Münster (Stadt)*
¹**muñeca** f *Handgelenk* n ‖ *Handwurzel, Faust (-biege)* f ‖ ◊ menear las ~s figf *tüchtig Hand anlegen* ‖ tener mucha ~ *ein sehr schmiegsames Handgelenk haben*
²**muñeca** f *(Kinder)Puppe* f ‖ ⟨Mal⟩ *Zeichenpuppe* f ‖ *Modellpuppe* f, *Kleidermodell* n *der Putzmacherinnen* ‖ *Schneiderpuppe* f ‖ figf *Püppchen* n, *kleine, nette Frau* f *(& als Kosewort)* ‖ *Polierbausch* m *der Polierer* ‖ *Leinenbausch* m *(um Kranken den Mund zu erfrischen)* ‖ ⟨Mal⟩ *Bausche* f ‖ ~ articulada *Gliederpuppe* f ‖ ~ automática *automatische Puppe* f ‖ ~ de celuloide *Zelluloidpuppe* f ‖ ~ de madera *Holzpuppe* f ‖ ~ parlante *sprechende Puppe* f
muñeco m *kleine männliche Figur, Puppe* f ‖ *Glieder-, Hand|puppe* f ‖ figf *Modenarr*, fam *Fatzke* m ‖ figf *Waschlappen, Schlappschwanz* m ‖ fig *Marionette* f
muñeira f *Muñeira* f, *galizischer Volkstanz* m
muñequera f *Armband* n *(für die Uhr)* ‖ *Armriemen* m ‖ reloj de ~ *Armbanduhr* f
muñequilla f dim v. **muñeca** ‖ ⟨Tech⟩ *Zapfen* m ‖ ⟨EB⟩ *Achsschenkel* m ‖ Chi *unreifer Maiskolben* m
muñidor m *Famulus, dienender Bruder* m ‖ *Bote* m *e–r Bruderschaft* ‖ *Ränkeschmied* m ‖ ~ electoral *Wahlschlepper* m
muñir [perf –ñó] vt/i *ein|berufen, -laden* ‖ *vermitteln* ‖ *zustande bringen* ‖ fam *managen* (engl)
△**muñó** adj *schnell*
muñón m *(Glieder)Stummel* m ‖ *Ansatz, Zapfen* m ‖ *Stumpf* m ‖ ~ de amputación ⟨Chir⟩ *Amputationsstumpf* m ‖ ~ del eje *Achs|schenkel, -stummel* m ‖ ~ del eje del tren de aterrizaje ⟨Flugw⟩ *Fahrgestellachsstummel* m
muñonera f ⟨Mil⟩ *Schildzapfenlager* n *(der Geschütze)*
△**muquir** [qu/c] vt *essen, speisen, kacheln*
mural adj *Mauer-, Wand-* ‖ mapa, pintura ~ *Wand|(land)karte* f, *-gemälde* n
mura|lla f *Mauer, (Stein)Wand* f ‖ *Stadtmauer* f ‖ *(Festungs)Wall* m, *Wehrmauer* f ‖ Am *dicke Mauer, dicke Wand* f ‖ ~ del Atlántico *Atlantikwall* m *(deut. Küstenbefestigung in Westeuropa 1942–1944)* ‖ ~ del oeste = línea **Sigfrido** ‖ la ⌢ (de la) China, la Gran ⌢ *die Chinesische (od Große) Mauer* ‖ ⌢ de los Lamentos *Klagemauer* f *(Jerusalem)* ‖ **~s** fpl *Gemäuer* n ‖ **–llar** vt = **amurallar** ‖ **–llón** m augm v. **–lla**
murar vt *(ver)mauern*
*****murceguillo** m = **murciélago**
△**murcia** m *Arm* m
murciano adj/s *aus Murcia*
murciégalo m = **murciélago**
murciélago m *Fledermaus* f
murcielaguina f *Fledermausmist* m *(Düngemittel)*
△**murcio** m *Dieb* m
mu|rena f ⟨Fi⟩ *Muräne* f *(Muraena helena)* ‖ **–rénidos** mpl ⟨Fi⟩ *Muränen* fpl *(Muraenidae)*

murete m dim v. **muro**
mur|ga f fam *Straßenmusikkapelle* f ‖ *Bettelmusikanten* mpl ‖ fam *schlechtes Orchester* n ‖ fam *Lärm, Radau* m ‖ fam *Plage* f ‖ ◊ dar ~ (a) *lärmen, Radau machen* ‖ dar la ~ a alg. *jdn plagen, jdm auf die Nerven fallen* ‖ fam *jdm die Leviten lesen* ‖ *jdn belästigen, plagen* ‖ ¡no me des la ~! *laß mich in Frieden!* ‖ **–guista** m *Bettel-, Straßen|-musikant* m ‖ fig *lästiger Kerl* m
△**murguir** [gu/g] vt/i *essen*
△**murí** f *Erdbeere* f
muriático adj ⟨Chem⟩ = **clorhídrico**
múrice m ⟨Zool⟩ *Purpurschnecke* f *(Purpura lapillus)* ‖ *Stachel-, Leisten|schnecke* f *(Murex trunculus)* ‖ ⟨Lit poet⟩ *Purpurfarbe* f
múridos mpl ⟨Zool⟩ *Echtmäuse* fpl *(Muridae)*
murien|do → **morir** ‖ **–te** adj fig *schwach, matt (Licht)*
murillesco adj *auf den span. Maler B. E. Murillo bezüglich*
murió, muriera → **morir**
mur|mujear vt/i *murmeln, lispeln* ‖ **–mullo** m *Gemurmel, Murmeln* n ‖ *Geflüster* n ‖ *Murmeln, Rauschen* n *(des Baches)* ‖ *Rauschen, Säuseln* n *(der Blätter)* ‖ **–muración** f *Gerede* n, *üble Nachrede, Verleumdung* f ‖ *Klatscherei* f ‖ **–murador** m *Lästerzunge* f ‖ *Verleumder* m ‖ fam *Klatschmaul* n ‖ **–murar** vt/i *(vor sich hin-)murmeln* ‖ fam *ver|lästern, -leumden* ‖ ~ vi *murmeln (Bach)* ‖ *rauschen* ‖ *wispern* ‖ *säuseln (Wind)* ‖ fig *murmeln, leise reden* ‖ fig *murren, in den Bart brummen* ‖ jdn. *ver|leumden, -lästern* ‖ fam *klatschen* ‖ ◊ ~ al oído *ihm Ohr flüstern* ‖ lo que se **–mura** *was man munkeln hört* ‖ ~ de alg. *jdn schlechtmachen* ‖ ~ de los ausentes *den Abwesenden Übles nachreden* ‖ **–mureo** m *üble Nachrede* f ‖ *Murren* n ‖ **–murio** m *Murmeln, Rauschen* n ‖ *Murmeln, Plätschern* n *(des Wassers)* ‖ *Säuseln n (des Windes)* ‖ ~ del bosque *Waldesflüstern* n
△**murnó** (f *murní*) adj *teuer*
muro m *Mauer(wand)* f ‖ *äußere Mauer* f *(des Hauses)* ‖ *(Festungs)Wall* m ‖ *Wand* f ‖ ~ del calor → ~ térmico ‖ ~ ciclópeo *Zyklopenmauer* f ‖ ~ de contención *Schutz|wall* m, *-mauer* f ‖ ~ medianero *Zwischenwand* f ‖ ⌢ de las lamentaciones *Klagemauer* f *(in Jerusalem)* ‖ ~ térmico *Hitzemauer* f ‖ ~ de la vergüenza *Schandmauer* f *(13.8.1961 in Berlin)* ‖ **~s** mpl *Mauerwerk* n ‖ vgl **barrera**
murria f fam *Trübsinn* m ‖ *schlechte Laune* f
murrio adj *trübsinnig, vergrämt, verstimmt*
murta f *Myrte* f (→ **mirto**) ‖ *Frucht* f *der Myrte*
murucuya f *(Art) Passionsblume* f
murza m = **mirza**
¹**mus** m ⟨Kart⟩ *Mußspiel* n
²**mus** m: ◊ sin decir tus ni ~ figf *ohne ein Sterbenswörtchen zu sagen* ‖ no hay ~ figf *nein! es ist nicht(s) zu machen! (Ausdruck der Verweigerung)*
musa f *Muse* f ‖ fig *Poesie, Dichtkunst* f ‖ fig *Inspiration, Muse* f ‖ templo de las **~s** *Musentempel* m
muskäceas fpl ⟨Bot⟩ *Bananengewächse* npl *(Musaceae)* ‖ → **plátano**
musaraña f ⟨Zool⟩ *Spitzmaus* f *(Sorex* spp ‖ *Crocidura* spp ‖ *Neomys* spp) ‖ p. ex *kleines Tier, kleines Viehzeug, kleines Viech* n (→ a **gusarapo**) ‖ *Ungeziefer* n ‖ fig *Puppe* f ‖ ~ acuática ⟨Zool⟩ *Wasserspitzmaus* f (N. fodiens) ‖ ~ enana *Zwergspitzmaus* f (S. minutus) ‖ ~ doméstica *Hausspitzmaus* f (C. russula) ‖ ~ etrusca *Etruskische Spitzmaus* f (Suncus etruscus) ‖ ◊ mirar a las ~ figf *dösen, mit offenen Augen träumen* ‖ pensar *(od estar pensando)* en las ~s figf *geistesabwesend sein* ‖ tener ~s *Augenflimmern haben*, fam *weiße Mäuse sehen*
△**musardí** f *Mädchen* n
muscarina f ⟨Bot Chem⟩ *Muskarin* n *(Gift des Fliegenpilzes)*

múscidos mpl ⟨Entom⟩ *fliegenähnliche Insekten* npl (→ **braquíceros**)
muscíneas fpl ⟨Bot⟩ *Moose* npl (→ **briofitas**)
muscívoro adj *fliegenfressend*
muscu|lar adj *Muskel-* ‖ fibra ~ *Muskelfaser* f ‖ fuerza ~ *Muskelkraft* f ‖ sistema ~ *Muskelsystem* n ‖ **-latura** f *Muskelgefüge* n, *Muskulatur* f
músculo m ⟨An⟩ *Muskel* m ‖ *Muskelfleisch* n ‖ ~ abductor *Abduktor* m ‖ ~ adductor *Adduktor* m ‖ ~ deltoides *dreieckiger Oberarmmuskel* m ‖ ~ elevador *Hebemuskel, Aufheber* m ‖ ~ extensor *Streckmuskel, Extensor* m ‖ ~ de fibra estriada (lisa) *gestreifter (glatter) Muskel* m ‖ ~ flexor *Beugemuskel, Beuger* m ‖ ~ obturador *Schließmuskel* m ‖ ~ sartorio *Schneidermuskel* m ‖ ~ tensor *Streckmuskel, Extensor* m
musculo|sidad f *Muskelstärke* f ‖ **-so** adj *muskulös* ‖ p. ex *kräftig*
muselina f *Musselin* m
museo m *Museum* n ‖ *Kunstsammlung* f ‖ ⋍ de Arte Moderno *Galerie* f *der modernen Kunst (Madrid)* ‖ ~ etnográfico *Museum* n *für Völkerkunde* ‖ ~ de pinturas *Gemäldegalerie* f ‖ (⋍ del) Prado *berühmte span. Gemäldegalerie* f *in Madrid* ‖ ~ naval *Museum* n *für Meereskunde*
muserola f *Nasenband* n *am Zaum*
musgaño m *Spitzmaus* f (→ **musaraña**)
mus|go m ⟨Bot⟩ *Moos* n ‖ ~ de Islandia →**liquen** ‖ **~s** pl ⟨Bot⟩ *Moose, moosartige Gewächse* npl (→ **briofitas**) ‖ **-goso** adj *moosartig* ‖ *bemoost*
música f *Musik* f ‖ *Tonkunst* f ‖ *Tonwerk* n ‖ *(Musik) Noten* fpl ‖ figf *Radau* m, *Getöse* n ‖ ~ de baile *Tanzmusik* f ‖ ~ de cámara *Kammermusik* f ‖ ~ celestial *himmlische Musik* f ‖ *Sphärenmusik* f, *-klänge* mpl ‖ figf *dummes Geschwätz* n, fam *Quatsch* m ‖ ¡todo eso es ~ celestial! fam *leere Worte!* ‖ fam *Quatsch!* ‖ ~ clásica *klassische Musik* f ‖ ~ dodecafónica *Zwölftonmusik* f ‖ ~ electrónica *elektronische Musik* f ‖ ~ gregoriana *Gregorianische Musik* f ‖ ~ de fondo *untermalende Musik* f ‖ ~ instrumental *Instrumentalmusik* f ‖ ~ de jazz *Jazzmusik* f ‖ ~ ligera *Unterhaltungsmusik, leichte Musik* f ‖ ~ militar, ~ de marcha(s) *Marsch-, Militär|musik* f ‖ ~ ratonera figf *Katzenmusik* f ‖ ~ regional, ~ folklórica *Volksmusik* f ‖ ~ sacra *Kirchenmusik* f ‖ ~ sinfónica *symphonische Musik* f ‖ ~ vocal *Vokalmusik* f ‖ aficionado a la ~ *Musikliebhaber* m ‖ cartera de ~ *Notenmappe* f ‖ compositor de ~ *Komponist, Tonsetzer* m (→ **músico**) ‖ estante de ~ *Notenständer* m ‖ papel de ~ *Notenpapier* n ‖ *Musikalien* pl ‖ ◊ hacer ~ inc *Musik spielen* ‖ poner en ~ *in Musik setzen* ‖ la ~ le va por dentro figf *er hat e–n geheimen Schmerz, Groll* ‖ ¡váyase con la ~ a otra parte! pop *schwatzen Sie es anderen vor!* ‖ pop *verschwinden Sie!* ‖ **~s** pl pop *Unsinn, Quatsch* m.
musical adj *musikalisch* ‖ *Musik-* ‖ centro (*od* asociación) ~ *Musikverein* m ‖ compoción ~ *Tonwerk* n ‖ frase ~ *Tonsatz* m ‖ talento ~ *Musiktalent* n ‖ velada ~ *Musikabend* m
musicante m *Chi Musiker* m
music hall m engl *Varieté (theater)* n
músico adj *musikalisch, Musik-* ‖ ~ m *Tonkünstler, Musiker* m ‖ *Komponist, Tonsetzer* m ‖ Am fig *schlechter Reiter* m ‖ ~ aficionado *Musikliebhaber* m ‖ ~ ambulante *Straßenmusikant* m ‖ ~ mayor ⟨Mil⟩ *Musikmeister* m ‖ ~ profesional *Berufsmusiker* m ‖ ~ de teatro *Theatermusiker* m
musi|cógrafo m *Musikschriftsteller* m ‖ **-cología** f *Musikwissenschaft* f ‖ **-cólogo** m *Musik|-wissenschaftler* bzw -*gelehrter* m ‖ **-comanía** f = **melomanía** ‖ **-coterapia** f ⟨Med⟩ *Musiktherapie* f
musilé adj *stumm*
musi|quero m *Noten|ständer, -kasten* m ‖ ~ adj figf *lästig, zudringlich, plagend* ‖ **-quilla** f dim v. **música:** *Dudelei* f, *Gedudel* n

musitar vi/t *murmeln* ‖ *raunen* ‖ *(hin)lispeln, leise sprechen* ‖ *flüstern* ‖ *sanft rauschen (Laub)* ‖ ◊ ~ a. a alg. al oído *jdm et ins Ohr flüstern*
musiú m = **mosiú**
muslim(e) m *Moslem* m
muslo m ⟨An⟩ *(Ober)Schenkel* m ‖ *Schlegel* m, *Keule* f *(der Tiere)*
musmón m ⟨Zool⟩ *Mufflon* m (Ovis musimon)
mustang(o) m *Mustang* m, *wildes Pferd* n
mus|tela f ⟨Zool⟩ *Wiesel* n (Mustela spp) ‖ ⟨Fi⟩ *Marder-, Stern|hai* m (Mustelus laevis) ‖ **-télidos** mpl ⟨Zool⟩ *Wiesel* npl
musteriense adj: cultura ~ *Moustérien(kultur* f*)* n
△**mustilar, mustiñar** vt *ausziehen*
mustímetro m → **pesamosto**
mustio adj *traurig, niedergeschlagen, düster* ‖ *welk, verwelkt* ‖ Mex *heuchlerisch*
musulmán adj/s *muselmanisch, mohammedanisch* ‖ ~ m *Muselman, Mohammedaner* m
muta|bilidad f *Veränderlichkeit* f ‖ *Unbeständigkeit* f ‖ *Mutabilität* f ‖ **-ble** adj *veränderlich* ‖ *wandelbar* ‖ *mutabel* ‖ **-ción** f *Wechsel* m ‖ *Umschlag(en* n*)* m ‖ *(Ver)Änderung* f ‖ ⟨Th⟩ *(Bühnen-)Verwandlung* f ‖ *Szenenwechsel* m ‖ ⟨Meteor⟩ *Witterungswechsel* m ‖ ⟨Biol Gen⟩ *Mutation* f ‖ ~ bacilar *Bazillenmutation* f ‖ **-nte** m/adj ⟨Biol Gen⟩ *Mutante* f
mutatis mutandis lat *mit den nötigen Abänderungen*
mutismo m *Stummheit, Verschwiegenheit* f ‖ *Schweigsamkeit* f ‖ *beharrliches Schweigen* n ‖ *Stillschweigen* n ‖ ◊ abandonar su ~, salir(se) de su ~ *sein Stillschweigen aufgeben, aus seiner Reserve heraustreten*
△**mutrar** vi *harnen*
△**mutri** f *Flügel* m
mutua f *Genossenschaft* f *auf Gegenseitigkeit*
mutua|lidad f *Wechsel-, Gegen|seitigkeit* f ‖ *gegenseitige Hilfe* f ‖ *Sozialversicherung* f *auf Gegenseitigkeit* ‖ **-lismo** m *gegenseitige Hilfsbereitschaft* f ‖ *Genossenschaftswesen* n ‖ ⟨Biol Philos⟩ *Mutualismus* m ‖ **-lista** adj/s *Gegenseitigkeits-* ‖ ~ m *Anhänger* m *des Mutualismus* ‖ *Mitglied* n *e–r mutualidad* ‖ **-mente** adv *wechselseitig* ‖ ◊ se odian ~ *sie hassen sich gegenseitig*
mútulo m ⟨Arch⟩ *Mutulus, Dielenkopf* m
mutuo adj *gegen-, wechsel|seitig* ‖ sociedad de seguros **~s** *Versicherung(sgesellschaft)* f *auf Gegenseitigkeit*
muy adv *sehr* ‖ *zuviel* ‖ *höchst* ‖ *hoch* ‖ *ungemein* ‖ *recht* ‖ ~ cómodamente *mit aller Bequemlichkeit* ‖ ~ fino *extrafein* ‖ ~ enfermo *schwerkrank* ‖ ~ mucho fam *gar viel, sehr viel* ‖ ¡me guardaré ~ mucho! fam *ich werde mich schwer hüten!* ‖ ~ otro *ganz anders* ‖ ~ a pesar mío *zu meinem größten Bedauern* ‖ ~ de tarde en tarde *nur selten, ab und zu* ‖ ~ temprano, ~ de mañana *sehr früh* ‖ ~ a tiempo *gerade noch zur rechten Zeit* ‖ el ~ tuno *der Erzgauner* ‖ es ~ de lamentar que (subj) *es ist sehr bedauerlich, daß* ‖ todo eso está ~ bien, pero... fam *das ist alles recht schön, aber*... ‖ es ~ de V. *es steht Ihnen zu Diensten* ‖ es ist typisch für Sie ‖ no estoy ~ bueno *ich fühle mich nicht ganz wohl* ‖ ⋍ señor mío *Sehr geehrter Herr*... *(im Deutschen mit Namen)* ‖ ¡~ señor mío! *sehr angenehm! (Höflichkeitsformel)* ‖ ~ suyo... *Ihr ergebener (veralteter Briefschluß)*
Muza m → **moro**
muzárabe = mozárabe
m/v Abk = **meses vista**
M.V. Abk = **Ministerio de la Vivienda**
my f griech. μ, *My* n
M.Z.A. Abk ⟨EB⟩ = **Madrid-Zaragoza-Alicante** *(Bahnlinie)*

N

n (= ene) f N n
n. Abk = **neutro** ‖ **nota** ‖ **nacido** ‖ **nombre** ‖ **noche** ‖ **nuevo** ‖ **normal** ‖ **–na** ‖ **número**
N Abk = **nitrógeno**
N. Abk = **Norte** ‖ **Notable(mente aprovechado)** *(Prüfungsnote)* ‖ **Nota** ‖ **N.** *(unbekannte Person)*
n/ Abk = **nuestro**, **~a**
na pop = **nada** ‖ △*nein*
Na ⟨Chem⟩ = **sodio**
N.ª S.ª Abk = **Nuestra Señora**
naba f ⟨Bot⟩ *Weiße Rübe, Herbst-, Wasser|-rübe* f *(Brassica rapa rapa)* ‖ → **nabo**
nabab m *Nabob, indischer Fürst* m *(& fig)*
△**nabelar** vi *fehlen*
nabi|col f ⟨Bot⟩ *Kohlrübe, Wruke* f *(Brassica napus napobrassica)* ‖ **–na** f *Rübsamen, Rübsen* m ‖ **–za** f *zartes Rübenblatt* n ‖ *Rübchen* n
nabo m ⟨Bot⟩ *Raps* m *(Brassica napus napus)* ‖ *Kohl-, Steck|rübe, Wruke* f (→ **nabicol**) ‖ *Wasserrübe, Weiße Rübe* f (→ **naba**) ‖ vulg *männliches Glied*, vulg *Rübe* f ‖ ⟨Arch⟩ *Spindel* f *(e–r Wendeltreppe)* ‖ △*Beschlagnahme* f
Nabucodonosor m np *Nebukadnezar* m
nac. Abk = **nacional** ‖ **nacido**
nácar m *Perl|mutter* f, *-mutt* n ‖ *dientes de ~ perlweiße Zähne* mpl ‖ *con incrustaciones de ~ mit Perlmutter eingelegt*
△**nacar** vi *fortgehen*
nacarado adj *mit Perlmutter besetzt, eingelegt* ‖ *perlmutterfarben* ‖ *perlmutterartig*
△**nacardar** vt/i *lesen (Buch)*
nacáreo, nacarino adj *Perlmutter*-
nacencia f León Sal = **nacimiento** ‖ *Auswuchs* m, fam *wildes Fleisch* n ‖ *Geschwulst* n
nacer [–zc–] vi *geboren werden, zur Welt kommen* ‖ *ausschlüpfen (aus den Eiern)* ‖ fig *sprießen, hervorkommen, (hervor)wachsen, (Pflanzen, Haare)* ‖ *entspringen (Quellen, Flüsse)* ‖ *anbrechen (Tag)* ‖ *aufgehen (Sonne, Mond, Sterne)* ‖ fig *angehen, entstehen* ‖ *hervor-, heraus|kommen* ‖ ◊ *~ con (buena) estrella, haber nacido de pie (pop de pies)* figf *ein Glückskind sein* ‖ *~ en viernes (od martes)*, *haber nacido de cabeza* pop *ein Unglückskind, ein Pechvogel sein* ‖ *hoy ha nacido este hombre* figf *heut ist dieser Mensch neu geboren, d.h. er ist e–r großen Gefahr entgangen* ‖ *al ~ el día bei Tagesanbruch* ‖ *nadie nace sabiendo (od enseñado) kein Meister fällt vom Himmel* ‖ *no con quien naces, sino con quien paces sage mir mit wem du umgehst, und ich werde dir sagen, wer du bist* ‖ *(yo) no he nacido ayer* figf *ich bin doch nicht von gestern! so naiv bin ich nicht!*
naci(–) m ⟨Pol⟩ = **nazi(–)**
nacido adj *(an)geboren* ‖ *gebürtig* ‖ *entstanden* ‖ *geschaffen, geboren (für)* ‖ *bien ~ hochwohlgeboren* ‖ *aus guter Familie* ‖ *gesittet, von edler Gesinnung* ‖ *gut veranlagt* ‖ ◊ *viene como ~* figf *er kommt wie gerufen* ‖ *~ m Geborene(r), Mensch* m ‖ *recién ~ Neugeborene(r)* m ‖ → a **nacencia**
naciente adj *entstehend, werdend* ‖ *sich entfaltend* ‖ *sich entwickelnd* ‖ fig *angehend, aufkommend* ‖ fig *anbrechend (Tag)* ‖ ⟨Chem⟩ *naszierend, freiwerdend* ‖ *bozo ~ Milchbart* m ‖ *~m* ⟨poet⟩ *Osten* m ‖ *a ~ im Osten, östlich*
nacimiento m *Geburt* f ‖ *Ab-, Her|kunft, Abstammung* f ‖ *Anfang, Ursprung* m, ⟨Lit⟩ *Born, Quell* m ‖ *Wurzelteil* m *(e–s Gliedes, der Brust)* ‖ *Ansatz* m ‖ *Entstehung* f ‖ *Entstehen* n ‖ *el ~ Christi Geburt* f ‖ p.ex *(Weihnachts)Krippe* f ‖ *~ de un derecho Entstehen e–s Rechtes* ‖ *~ prematuro Frühgeburt* f ‖ *el ~ de la rama der Ansatz m e–s Astes* ‖ *de alto ~ von edler Herkunft, hochwohlgeboren* ‖ *el ~ del día der Tagesanbruch* ‖ *día de(l) ~ Geburtstag* m ‖ *certificado de ~, partida de ~ (früher:) Geburtsurkunde* f, *(heute:) Abstammungsnachweis* m ‖ *ciego de ~ blindgeboren* ‖ *registro de ~s Geburtenbuch* n ‖ ◊ *poner el ~ die (Weihnachts)Krippe bauen*
nación f *Nation* f ‖ *Volk* n ‖ *la ~ más favorecida die meistbegünstigte Nation* ‖ *cláusula de ~ más favorecida Meistbegünstigungsklausel* f ‖ *comunidad de la ~ Volksgemeinschaft* f ‖ *comunidad de las ~es Völkergemeinschaft* f ‖ *Organización de las ~es Unidas (ONU) Organisation* f *der Vereinten Nationen (UNO)* ‖ *la Sociedad de las ~es (S.D.N.)* ⟨Hist⟩ *der Völkerbund* ‖ *derecho de las ~es Völkerrecht* n ‖ *La ~ arg. Tageszeitung* f *(gegr. 1870 von B. Mitre)*
nacio|nal adj/s *national* ‖ *(inner)staatlich* ‖ *inländisch* ‖ *einheimisch* ‖ *völkisch* ‖ *völklich* ‖ *volkstümlich* ‖ *National-, Staats-* ‖ *Landes-, Volks-* ‖ *artículos ~es y extranjeros in- und aus|ländische Waren* fpl ‖ *bandera ~ Landesflagge* f ‖ *consumo ~ Inlandsverbrauch* m ‖ *colores ~es Nationalfarben* fpl ‖ *fabricación ~ Landeserzeugung* f ‖ *fiesta ~ Volksfest* n ‖ *(offizieller) Nationalfeiertag* m ‖ *Span* fig *Stierkampf* m ‖ *himno ~ Nationalhymne* f ‖ *milicia ~* ⟨Mil⟩ *Landwehr* f ‖ *los ~es* mpl „*die Nationalen", die Anhänger* mpl *Francos im Krieg 1936–1939* ‖ **–nalidad** f *Nationalität, Staatsangehörigkeit* f ‖ *Volkszugehörigkeit* f ‖ *Volkstum* n ‖ *Volkscharakter* m ‖ ◊ *es de ~ española er ist Spanier von Geburt* ‖ *er besitzt die span. Staatsangehörigkeit* ‖ *principio de las ~es Nationalitätenprinzip* n ‖ **–nalismo** m *Volks-, National|gefühl* n ‖ **–nalista** m/adj *Nationalist* m ‖ adj *nationalistisch* ‖ *Volks-* ‖ **–nalización** f *Verstaatlichung* f ‖ *Einbürgerung, Naturalisation* f ‖ allg *Nationalisierung* f ‖ **–nalizar** [z/c] vt *jdn einbürgern, naturalisieren* ‖ *verstaatlichen* ‖ *nationalen Charakter geben (e–r Sache)* ‖ allg *nationalisieren* ‖ *~se* vr *e–e Staatsangehörigkeit erwerben*
nacionalsindicalis|mo m ⟨Pol⟩ *Nationalsyndikalismus* m *(Lehre und Bewegung der span. Falange)* ‖ **–ta** adj/s *nationalsyndikalistisch, falangistisch* ‖ *~ m Nationalsyndikalist* m ‖ → **falangista**
nacionalsocialis|mo m ⟨Hist Pol⟩ *Nationalsozialismus* m ‖ **–ta** adj/s *nationalsozialistisch* ‖ *Partido Obrero Alemán ~* ⟨Hist⟩ *Nationalsozialistische Deutsche Arbeiterpartei* f *(NSDAP)* ‖ *~ m Nationalsozialist* m
△**nacle, nacri** f *Nase* f
Nachito m pop Tfn = **Narciso**
△**nacho** adj = **chato**
¹**nada** adv (pron. indef) 1. *nichts* ‖ *sehr wenig* ‖ *keineswegs, gar nicht (kaum), durchaus nicht, überhaupt nicht* ‖ *~ bueno nichts Gutes* ‖ *¡~ de bromas! Spaß beiseite!* ‖ *~ de eso mitnichten* ‖ *keineswegs* ‖ *durchaus nicht!* ‖ *~ entre dos platos* fam *Kleinigkeit, Lappalie* f ‖ *... y al fin, ~ entre dos platos und sonst gar nichts* ‖ *~ más nichts mehr, weiter nichts, sonst nichts* ‖ *antes que ~ zunächst, in erster Linie* ‖ *~ más que nur, lediglich* ‖ *~ menos bes als Verstärkung des Ausdrucks:* se *gastó ~ menos que mil marcos*

er gab nicht weniger als 1000 Mark aus ‖ ¡un estudiante ~ menos! iron *ein Student sogar!* ‖ ~ menos que eso iron *nur das und nichts mehr (bei übertriebenen Forderungen, Ansprüchen)* ‖ ¡~! eres un valiente! fam *du bist wahrhaftig ein Held!* ‖ casi ~ *fast gar nichts* ‖ ¡casi ~! *so was! unglaublich!* ‖ iron *nur e–e Kleinigkeit!* ‖ ¡de ~! (¡no ha sido ~!) *bitte sehr! keine Ursache! (Antwort auf* ¡gracias!*)* ‖ de aquí a ~ *gleich darauf* ‖ de una belleza ~ común *von ungewöhnlicher Schönheit* ‖ no es ~ fácil *es ist durchaus nicht leicht* ‖ más que ~ *in erster Linie, vor allen Dingen* ‖ *lediglich* ‖ *eigentlich, sozusagen* ‖ ~ sé *(aber:* no sé ~) *ich weiß (gar) nichts* ‖ por ~ del mundo fam *um nichts in der Welt* ‖ ◊ irritarse por ~ *gleich aufbrausen* ‖ no servir para *(od de)* ~ *ganz unbrauchbar, unnütz sein* ‖ *nichts taugen* ‖ no tener ~ que comer *nichts zu essen haben* ‖ mucho ruido para *(od* por*)* ~ *viel Lärm um nichts* ‖ ¡no le digo ~! fam *Sie machen sich keine Vorstellung!* ‖ ¡no he dicho ~! fam joc *ich will nichts gesagt haben!* ‖ ¡no es ~! *das macht nichts!* ‖ fam *unglaublich!* ‖ en ~ estuvo que el buque naufragara *es fehlte nicht viel, so wäre das Schiff gekentert* ‖ como (si) ~ *als ob (es) nichts wäre, wie nichts* ‖ por ~ riñe *er zankt beim geringsten Anlaß* ‖ como quien no hace *(od* dice*)* ~ figf *mit großer Leichtigkeit* ‖ *mir nichts, dir nichts* ‖ eso costará mil pesetas como ~ *das wird mindestens tausend Peseten kosten*
 2. im negativen Zusammenhang: *etwas* ‖ ¿has oído (en tu vida) ~ igual *(od* parecido*)? hast du (einmal) et Derartiges gehört?* ‖ no digas ~ a nadie *sage niemandem etwas!*
 ²**nada** *f Nichts* n ‖ *Nichtsein* n ‖ *Nichtseiende(s)* n
 nada|dera *f Schwimmblase* f ‖ *Schwimmgürtel* m ‖ *(Fisch)Flosse* f ‖ **~s** *pl Schwimmkürbisse* mpl *(zum Schwimmenlernen)* ‖ **–dero** m *Schwimmplatz* m ‖ **–dor** adj/s *schwimmend* ‖ ~ m *Schwimmer* m ‖ ~ de delfín ⟨Sp⟩ *Delphinschwimmer* m ‖ ~ (estilo) crawl engl, ~ (estilo) crol ⟨Sp⟩ *Krauler* m ‖ ~ de estilos ⟨Sp⟩ *Lagenschwimmer* m ‖ ~ de fondo ⟨Sp⟩ *Langstreckenschwimmer* m ‖ ~ de relevos ⟨Sp⟩ *Staffelschwimmer* m ‖ **–dora** *f Schwimmerin* f ‖
 nadar vi *schwimmen* ‖ ◊ ~ de espalda(s) *auf dem Rücken schwimmen* ‖ ~ en oro fig *im Geld schwimmen* ‖ ~ de pecho *brustschwimmen* ‖ aprender a ~ *schwimmen lernen* ‖ estoy nadando en sudor fig *ich schwitze über und über* ‖ pasar nadando *durchschwimmen*
 nadería *f Kleinigkeit, Nichtigkeit, Lappalie* f
 nadie pron/s 1. *niemand* ‖ un don ~ joc *ein Herr von Habenichts* ‖ fam *e–e Null, e–e Niete* f ‖ ◊ me levanté primero que ~ *ich stand als erster auf* ‖ ~ lo sabe (= no lo sabe ~) *niemand weiß es* 2. in negativem Zusammenhang = *jemand* ‖ ◊ si ~ viene *wenn jd kommt*
 nadien Chi pop = **nadie**
 nadir m ⟨Astr⟩ *Nadir, Fußpunkt* m
 nadi|ta, –lla *f*/adv dim v. **nada**
 nado m: a ~ *schwimmend, durch Schwimmen* ‖ ◊ pasar el río a ~ *den Fluß durchschwimmen, über den Fluß schwimmen*
 nafa *f:* agua de ~ prov *Pomeranzenblütenwasser* n
 nafra *f* Ar *Sattelwunde* f (→ **matadura**)
 nafta *f* ⟨Chem⟩ *Naphtha* n ‖ Am prov *Benzin* n ‖ →a **petróleo**
 naftalina *f* ⟨Chem⟩ *Naphthalin* n
 nagua(s) *f(pl)* pop = **enagua(s)**
 naide(s) pop = **nadie**
 nailón m = **nilón**
 naipe m *(Spiel)Karte* f ‖ *Kartenblatt* n ‖ castillo de ~s *Kartenhaus* n ‖ fig *Luftschloß* n (→a **castillo**) ‖ juego de ~s *Kartenspiel* n ‖ jugador de ~s *Kartenspieler* m ‖ ◊ barajar los ~s *die Karten mischen* ‖ cortar los ~ *die Karten abheben* ‖

le da el ~ por *(od* para*)* eso figf *er schwärmt dafür* ‖ le da bien *(od* le acude*)* el ~ *er hat Glück (beim Spielen &* fig*)* ‖ estar como el ~ figf *sehr mager sein* ‖ jugar a los ~es *Karten spielen*
 ¹**naja** *f* ⟨Zool⟩ *Kobra, Brillenschlange* f (Naja naja)
 ²**naja:** ◊ salir de ~ fam *Reißaus nehmen, sich davonmachen,* fam *verduften*
 △**najabar** vt *verlieren*
 △**najal** adj *keine(r)*
 na|jarse, –járselas vr fam *fliehen, sich davonmachen*
 △¡**najencia!** *fort!*
 △**najira** *f Flagge, Fahne* f
 nal|ga *f Hinterbacke* f ‖ **~s** *fpl Gesäß* n ‖ ◊ dar de ~ *auf den Hintern fallen* ‖ **–gada** *f* fam *Klaps* m *auf den Po(po)* ‖ **–gatorio** m fam joc *Gesäß* n, fam *Hintern,* fam *Po(po)* m ‖ **–gudo** adj *mit dicken Hinterbacken* ‖ **–guear** vi fam *(heftig) mit dem Gesäß wackeln* (→ **bullarengue**)
 nana *f Wiegenlied* n ‖ *Großmutter,* fam *Oma* f ‖ Am *Amme, Kinderwärterin* f
 Nana, Nanita pop = **Ana** Tfn
 ¡**nanay!** int pop *denkste! es kommt nicht in Frage,* fam *kommt nicht in die Tüte!*
 nandú m = **ñandú**
 nanismo m ⟨Med Biol⟩ *Zwergwuchs, Nanismus* m (vgl **gigantismo** ‖ **acromegalia**)
 nanita *f* → **año** ‖ *Wiegenlied* n
 Nankín m *Nanking (Stadt)*
 nao *f* prov u. ⟨Lit⟩ = **nave** ‖ △~ m *Name* m
 napalm m ⟨Chem Mil⟩ *Napalm* n ‖ bomba de ~ *Napalmbombe* f
 napias *fpl* pop *Nase* f
 napole|ón m ⟨Hist⟩ *Napoleondor* m, frz *Zwanzigfrankenstück* n ‖ **–ónico** adj: guerras ~as *Napoleonische Kriege* mpl
 Nápoles m *Neapel* n *(Stadt)*
 napolitano m/adj *Neapolitaner* m ‖ ~ adj *neapolitanisch*
 △**naquerín** m *Gespräch* n
 naquí m *Nase* f
 naran|ja *f Apfelsine, Orange* f ‖ *Orange ([n] farbe)* f ‖ →a **naranjado** ‖ ~ agria *sauersüße Apfelsine* f ‖ ~ confitada *Orangeat* n ‖ ~ amarga *bittere Pomeranze* f ‖ ~ dulce *süße Apfelsine* f ‖ ~ encarnada, ~ de sangre *Blutapfelsine* f ‖ ~ mandarina *Mandarine* f ‖ color (de) ~ *orange (-farben)* f ‖ media ~ figf *Ehehälfte* f ‖ ¡~s de la China! pop *nichts da! morgen! i wo (denn)!* ‖ **–jada** *f Orangeade* f ‖ **–jado** adj *orange(farben)* ‖ **–jal** m *Apfelsinenpflanzung* f, *Orangenhain* m ‖ **–jera** *f Orangenhändlerin* f ‖ **–jero** adj/s *Apfelsinen-* (→ **trabuco**) ‖ ~ m *Orangen|züchter* bzw *-händler* m ‖ ⟨Mil⟩ pop *Maschinenpistole* f ‖ huerta *(od* zona*)* ~a *Apfelsinenanbaugebiet* n ‖ industria ~a *Apfelsinenindustrie* f ‖ **–jo** m ⟨Bot⟩ *Pomeranze, Orange* f (Citrus aurantium ssp) ‖ *Orangenholz* n ‖ figf *roher Kerl* m
 narci|sismo m ⟨Psychol⟩ *Narzißmus* m ‖ **⸗so** m np ⟨Myth⟩ *Narziß* m (& Tfn) ‖ **–so** m ⟨Bot⟩ *Narzisse* f (Narcissus spp)
 nar|coanálisis m ⟨Med⟩ *Narkoanalyse* f ‖ **–codiagnóstico** m *Narkodiagnose* f
 nar|cosis *f* ⟨Med⟩ *Betäubung, Narkose* f ‖ **–cótico** m/adj *Betäubungsmittel, Narkotikum* n ‖ ~ adj *betäubend, narkotisch* ‖ **–cotismo** m ⟨Med⟩ *Narkotismus* m ‖ **–cotización** *f Betäubung, Narkotisierung, Narkose* f ‖ **–cotizar** [z/c] vt *narkotisieren, betäuben* ‖ ⟨Sp⟩ *dopen*
 △**nardian** adv *nie*
 nardo m ⟨Bot⟩ *Narde* f
 Nardo m pop = **Bernardo**
 △**nares** *fpl Nase* f
 nargui|lle, –lé m *Nargileh* f/n *(türkische Wasserpfeife)*
 nari|ces → **nariz** ‖ **–gada** *f Prise* f *(Schnupf-*

tabak) || **–gón, ona** adj/s *groß-, dick|nasig* || ~ *m* fam *große od dicke Nase* f || *Loch* n *in der Nasenscheidewand (für den Führungsring, z. B. beim Stier od Bären)* || *Junge od Knecht* m, *der den Ochsen beim Pflügen am Nasenring führt* || **–guera** f *Nasenring m (der Indianer)* || **–gudo** adj *groß-, dick|nasig* || *nasenförmig* || **–gueta, –guilla** f dim v. **nariz**
nariz f [pl **–ces**] *Nase* f || *Nüstern* fpl || fig *Geruch(ssinn)* m || ⟨Arch⟩ *Vorsprung, Ansatz* m || ⟨Tech⟩ *Nase* f, *Vorsprung* m || ~ **aguileña** *Adlernase, römische Nase* f || ~ **arremangada,** *Stups-, Himmelfahrts|nase* f || ~ **chata** *Platt-, Stumpf|nase* f || ~ **del goterón** ⟨Arch⟩ *Wassernase* f || ~ **griega** *griechische Nase* f || ~ **en punta,** ~ **afilada,** **puntiaguda** *Spitznase* f || ~ **respingona** *Stups-,* fam *Himmelfahrts|nase* f || ~ **torcida** *krumme Nase* f || ◊ *dar de ~ces auf die Nase fallen* || *dejar a uno con un palmo de ~ces figf jdn mit e–r langen Nase abziehen lassen* || *estar hasta las ~ces de a.* fam *die Nase voll v. et haben* || *hablar por las ~ces (& sg) näseln* || *hacer un palmo de ~ces, hacer las ~ces a alg.* pop *jdm e–e lange Nase machen* || *meter las ~ces en* figf *die Nase* (fam *den Rüssel*) *stecken in* (acc) || *romper las ~ces vulg den Schädel einschlagen* (bes *als Drohung*), pop *e–n in die Fresse hauen* || *torcer las ~ces* figf *die Nase rümpfen* || *no ver más allá de sus ~ces* figf *einfältig sein* || *schwer kapieren,* fam *schwer von Kappe sein* || ¡~! pop *morgen! nicht im Traum! ja freilich! von wegen! kommt nicht in Frage,* fam *kommt nicht in die Tüte!* || → **portazo**
nari|zón, ona adj Am *großnasig* || **–zota** f augm v. **nariz:** *sehr große Nase,* fam *Mordsnase* f || ~**s** m/f *Person* f *mit e–r Riesennase*
narra|ción f *Erzählung* f || **–dor** m *Erzähler* m
narrar vt *erzählen* || *hersagen* || *berichten*
narrati|va f *Erzählung* f || *Erzähl(ungs)kunst* f || **–vo** adj *erzählend* || *Erzähl-* || *estilo* ~ *erzählender Stil* m || *facultades* ~**as** *Erzählungsgabe* f
nártex m ⟨Arch⟩ *Narthex* m
narval m ⟨Zool⟩ *Narwal, Einhornwal* m (Monodon monoceros)
nasa f *(Fisch) Reuse* f || *Beutelnetz* n || *(Fisch-)Korb* m *(der Angler)* || *Vorratskorb* m
nasal adj *nasal, Nasen-* || *abertura* ~ ⟨An⟩ *Nasenöffnung* f || *sonido* ~ ⟨Gr⟩ *Nasenlaut, Nasal* m || **–idad** f ⟨Gr Li⟩ *Nasalität* f || **–ización** f *Nasalierung* f || **–izar** vt *nasalieren*
△**nasaló** adj *krank*
△**nasardar** vt/i *lesen*
násico m ⟨Zool⟩ *Nasenaffe* m
naso m joc *große Nase* f, fam *Rüssel* m || **–faríngeo** adj ⟨An⟩ *Nasen-Rachen-*
△**nastí** = **no**
nat. Abk = **natural**
nata f *(Milch) Rahm* m, *Sahne* f, *Schmetten* m || *Ober(e)s, Flott* n || fig *das Beste, die Blume* || ~ **batida** *Schlagsahne* f
natación f *Schwimmen* n || *Schwimmkunst* f || ~ **a braza** ⟨Sp⟩ *Brustschwimmen* n || ~ **de espalda** *Rückenschwimmen* n || *club de* ~ *Schwimmklub* m || *concurso de* ~ *Preis-, Wett|schwimmen* n || *escuela de* ~ *Schwimmschule* f || vgl **nadador, nadar**
natal adj *heimatlich* || *Geburts-, Heimat-, Vater-* || *ciudad, pueblo* ~ *Geburts-, Vater-, Heimat|stadt* f || *suelo* ~ *Heimatboden* m || ~ *m Geburtstag* m
nata|licio adj *Geburtstags-* || *fiesta* ~**a** *Geburtstagsfest* n || ~ *m Geburtstag* m || **–lidad** f *Geburtenziffer* f || *Geburtenrate* f || *durchschnittliche Geburtenzahl* f || **Geburt, Herkunft* f || *control de la* ~, *limitacion de la* ~ *Geburtenkontrolle* f || *Geburtenbeschränkung* f || *Familienplanung* f || *descenso de la* ~ *Geburtenrückgang* m || *premio de* ~ Span *Geburtenprämie* f

Natán m np *Nathan* m
natátil adj *schwimmfähig*
natatorio adj *Schwimm-* || *membrana* ~**a** ⟨Zool⟩ *Schwimmhaut* f || *vejiga* ~**a** ⟨Zool⟩ *Schwimmblase* f
natilla(s) f(pl) *Creme-, Krem|speise aus Eiern, Milch und Zucker*
Natividad f *Geburt* f *Christi* || *Weihnacht(en* n) f
nativismo m ⟨Psychol⟩ *Nativismus* m || Am = **indigenismo**
nativo adj *eingeboren, gebürtig* || *naturgemäß* || *angeboren, angestammt, natürlich* || *gediegen (Metall)* || *aires* ~**s** *Heimatklänge* mpl || *idioma* ~, *lengua* ~**a** *Muttersprache* f || *inglés* ~ *geborener Engländer* m || *suelo* ~ *Heimatland* n, *-boden* m || ~ *m Einheimische(r)* m || *Eingeborene(r)* m (→ **indígena**)
nato pp/irr v. **nacer** || fig *geboren* || fig *gebürtig* || *(an)geboren* || *herkömmlich* || ⟨Pol⟩ *von Amts wegen, kraft Amtes (Mitglied)* || *geboren (Mitglied–s Gremiums)* || *procurador* (en Cortes) ~ Span *Abgeordnete(r)* m *von Amts wegen*
NATO f Abk = **OTAN**
natrita f ⟨Min⟩ → **natrón**
natrón m ⟨Min⟩ *(Kristall)Soda* f, *Natrit* m
***natu|ra** f *Natur* f (bes ⟨Lit⟩ u. ⟨Rel⟩) || euph *Scham* f *(Geschlechtsteile)* || *de* ~ *natürlich* || *contra* ~ *widernatürlich* || **–ral** adj *natürlich, Natur-* || *naturgegeben* || *wesensmäßig* || *angeboren* || *natürlich vorkommend* || *schlicht, einfach, natürlich* || *selbstverständlich, natürlich* || *ungezwungen* || *naturrein* || *unehelich,* ⟨Lit⟩ *natürlich (Kind)* || *calor* ~ *Blutwärme* f || *do* ~ ⟨Mus⟩ *C ohne Vorzeichen* || fam *hohes C* n || *disposición, don, hombre, ley* ~ *Natur|anlage, -gabe* f, *-mensch* m, *-gesetz* n || *productos* ~**es** *Naturerzeugnisse* npl || *de tamaño* ~ *in Lebensgröße* || *de* ~ *geboren in* (dat) || *(gebürtig) aus* (dat) || *inc wohnhaft in* (dat) || ~ *m Naturtrieb* m, *angeborene Neigung* f || *Gemüts-, Sinnes-, Denk|art* f, *Naturell* n || *Charakter* m || *Einwohner, Landsmann* m || *al* ~ *nach der Natur, ungekünstelt* || *natürlich, in natürlichem Zustand* || ⟨Kochk⟩ *im eigenen Saft* || ◊ *copiar, pintar del* ~ *nach der Natur malen* || → **ciencia, hijo, filosofía, historia, muerte, pase** || **–raleza** f *Natur, sichtbare Welt* f || *Naturkraft* f || *Art, Gemütsart, Beschaffenheit, natürliche Veranlagung* f, *Naturell, Temperament* n, *Charakter* m, *Wesen* n || *Naturschönheit* f || *Zuständigkeit* f || *Bürger-, Heimats|recht* n || ~ *humana Menschengeschlecht* n || *muerta* ⟨Mal⟩ *Stilleben* n || *de esta (od* tal) ~ *dieser Art, derartig* || *conservación de la* ~ *Naturschutz* m || *derecho de* ~ *Zuständigkeit* f || *Heimat-, Bürger|recht* n || *ley de la* ~ *Naturgesetz* n || ◊ *pagar tributo a la (ley de la)* ~ fig *der Natur den schuldigen Tribut zahlen (= sterben)*
natura|lidad f *Natürlichkeit* f, *natürliches Wesen* n || *Ungezwungen-, Unbefangen-, Einfach|heit* f || *Schlichtheit* f || *Naturgegebenheit* f ⟨Jur⟩ *mit der Geburt entstandenes Heimatrecht* n || **–lismo** m ⟨Philos Lit⟩ *Naturalismus* m || *Wirklichkeitstreue* f || = **realismo** || Am *Naturgegebenheit* f || **–lista** m *Naturforscher* m || ⟨Lit Philos⟩ *Naturalist* m || ~ adj *auf die Natur bezüglich* || ⟨Philos Lit⟩ *naturalistisch* || **–lización** f *Naturalisierung, Einbürgerung* f *(auch von Tieren, Pflanzen)* || *Einführung* f || **–lizar** [z/c] vt *das Bürgerrecht verleihen, einbürgern, naturalisieren* || *einbürgern, einführen, einheimisch machen (Tierarten, Bräuche, Würter)* || ~**se** *sich einbürgern* || *Bürger- oder Heimatrecht bekommen, eingebürgert werden* (& fig)
naturalmente adv *natürlich, selbstverständlich* || *naturgemäß* || *von Natur aus* || *auf natürliche Weise* || *allerdings, freilich*
naturis|mo m *Naturreligion* f || *Naturismus* m, *Naturbewegung* f || *natürliche Lebensweise* f ||

Naturheilkunde f ‖ *Freikörperkultur* f (→ **nudismo**) ‖ **-ta** adj/s *Natur-* ‖ *Natur(heil)-* ‖ *Naturbewegungs-* ‖ *Naturfreunde-* ‖ *Nacktkultur-* ‖ ~ *m Natur(heil)kundige(r)* m ‖ *Anhänger* m *der Natur|bewegung* bzw *der -religion* ‖ = **nudista**
naufra|gar [g/gu] vi ⟨Mar⟩ *Schiffbruch erleiden, scheitern* ‖ fig *zugrunde gehen* ‖ *scheitern, fehlschlagen* ‖ **-gio** m ⟨Mar⟩ *Schiffbruch* m ‖ fig *Scheitern, Verderben* n ‖ *derecho de* ~ *Strandrecht* n ‖ *en caso de* ~ *im Strandungsfalle*
náufrago adj *schiffbrüchig* ‖ (restos de un) buque ~ *Wrack* n ‖ ~ *m Schiffbrüchige(r)* m ‖ ⟨Fi⟩ *Hai* m
nau|plio, -plius *m* ⟨Zool⟩ *Naupliuslarve* f *(Jugendform der Krebse mit e-m unpaaren Auge)*
náusea(s) *f* fig *große Widerwärtigkeit* ‖ *Übelkeit* f, *Brechreiz* m ‖ *Würgen* n *(im Halse)* ‖ fig *Ekel* m ‖ fig *Anstößigkeit* f ‖ ◊ *tengo* ~ *mir ist übel* ‖ *eso me da* ~ *das ekelt mich an*
nausea|bundo adj *Übelkeit erregend* ‖ *ekelhaft* ‖ *widerlich* ‖ fig *anstößig* ‖ **-r** vi *sich ekeln, Ekel empfinden*
nauta *m Schiffer* m
náuti|ca *f* ⟨Mar⟩ *Schiffahrtskunde, Nautik* f ‖ **-co** adj *nautisch, Schiffahrts-, Seefahrts-* ‖ *rosa* ~a ⟨Mar⟩ *Windrose* f ‖ *Club* ≃ *Schwimmklub* m
nau|tílidos mpl ⟨Zool⟩ *Schiffsboote* npl (Nautilidae) ‖ **-tilo** *m* ⟨Zool⟩ *Perlboot* n (Nautilus pompilius)
nava *f Ebene, Senke* f *(zwischen Bergen)*
nava|ja *f Taschenmesser* n ‖ *Schnapp-, Klapp|messer* n ‖ *Dolchmesser* n ‖ *Rasiermesser* n ‖ fig *Läster|zunge* f, fam *-maul* n ‖ ⟨Zool⟩ = **muergo** ‖ *Hauer* m *des Keilers* ‖ ~ *de afeitar Rasiermesser* n ‖ ~ *automática Klappmesser* n ‖ ~ *de bolsillo Taschenmesser* n ‖ ~s *de Albacete,* ~s *albaceteñas* span. *Messerartikel* mpl *aus Albacete*, p. ex *Klappmesser* n ‖ *corte de pelo a (besser:* con) ~ *Messerschnitt* m ‖ **-jada** *f,* **-jazo** *m Messerstich* m ‖ **-jero** *m Rasierbesteck* n ‖ *Rasierschale* f ‖ *Rasiertuch* n *zum Reinigen des Messers* ‖ *Messerschmied* m ‖ **-jón** *m* augm *v.* **navaja** ‖ **-juela** *f* dim *v.* **navaja**
naval adj *Marine-* ‖ *See-* ‖ *Schiffs-* ‖ *arquitectura* ~ *Schiffbaukunst* f ‖ *batalla* ~ *Seeschlacht* f ‖ *servicio* ~ *Seedienst* m
navarro m/adj *Navarr(es)er* m ‖ △*Gänserich* m ‖ ~ adj *aus Navarra*
nave *f* ⟨Mar Luftw⟩ *Schiff* n (& *Weltraumforschung*) ‖ ⟨Arch⟩ *(Kirchen)Schiff* n ‖ *Halle* f ‖ *Flügel* m *e-s Gebäudes* ‖ ~ *espacial Raumschiff* n ‖ ~ *de (la) estación Bahnhofshalle* f ‖ ~ *frigorifica Kühlschiff* n *(Halle)* ‖ ~ *de guerra Kriegsschiff* n ‖ ~ *lateral, principal* ⟨Arch⟩ *Seiten-, Haupt|schiff* n ‖ ~ *de San Pedro das Petrusschiff, die Kirche* ‖ ~ *de taller Werkstatthalle* f ‖ ◊ *quemar las* ~s fig *alle Brücken hinter sich abbrechen (Ansp. auf Cortés, der vor der Eroberung von Mexiko alle span. Schiffe verbrennen ließ*
navecilla *f* dim *v.* **nave**: *Schifflein* n, *Nachen* m ‖ *Weihrauchschiffchen* n *(der Kirchen)* ‖ *Räucherfäßchen* n
navega|ble adj *schiffbar* ‖ *aguas* ~s ⟨Mar⟩ *Fahrwasser* n ‖ *rutas* ~s *Schiffahrtstraßen* fpl ‖ **-ción** *f Schiffahrtskunde, Nautik* f ‖ ⟨Mar Flugw⟩ *Schiffahrt* f ‖ ⟨Mar⟩ *Seefahrt* f ‖ ⟨Mar Flugw⟩ *Navigation* f ‖ ⟨Flugw⟩ *Ortung* f ‖ ~ *acústica* ⟨Flugw⟩ *akustische Ortung* f ‖ ~ *aérea Luftschiffahrt* f ‖ ~ *de altura* ⟨Mar⟩ *Hochseeschiffahrt* f ‖ ~ *costera,* ~ *de cabotaje Küstenschiffahrt* f ‖ ~ *espacial (Welt)Raumfahrt* f ‖ ~ *fluvial Flußschiffahrt* f ‖ ~ *interior,* ~ *por aguas interiores Binnenschiffahrt* f ‖ ~ *submarina Unterseeboot-, Unterwasserschiff|fahrt* f ‖ ◊ *estar en buen estado para la* ~ *seetüchtig sein (Schiff)*
nave|gador *m Schiffer, Seefahrer* m ‖ *Navigator* m ‖ **-gante** *m Schiffer, Seefahrer* m ‖ **-gar**
[g/gu] vi *zur See fahren* ‖ ⟨Mar⟩ *fahren, schiffen, segeln* ‖ ⟨Flugw⟩ *fliegen* ‖ *orten* ‖ ⟨Flugw Mar⟩ *navigieren* ‖ ◊ ~ *bajo bandera extranjera* (neutral) ⟨Mar⟩ *unter fremder (neutraler) Flagge segeln* ‖ ~ *hacia el polo e-e Polarfahrt unternehmen* ‖ ~ *a toda vela,* ~ *a velas desplegadas* ⟨Mar⟩ *mit vollen Segeln laufen* ‖ *dotes para* ~ *Seetüchtigkeit* f ‖ *pasar* -gando *durchschiffen*
naveta *f* dim *v.* **nave** ‖ *Räucherfaß* n ‖ *Schublade* f
navicert *m* engl *Navicert* n *(Geleitschein für [im Kriege] neutrale Schiffe)*
navi|cular adj *nachen-, kahn|förmig* ‖ **-chuela** *f* dim *v.* **nave**
Navi|dad *f Weihnacht(en* n*)* f ‖ *Weihnachtszeit* f ‖ *de* ~ *Weihnachts-* ‖ *árbol de* ~ *Weihnachtsbaum* m ‖ *fiestas de* ~, ≃es *Weihnachtsfest* n, *Weihnachten* fpl ‖ *por* ~es *um die Weihnachtszeit* ‖ =**deño** adj *weihnachtlich, Weihnachts-*
naviero adj *Schiffahrts-* ‖ *compañía (od* empresa) ~a *Schiffahrtsgesellschaft, Reederei* f ‖ ~ *m* ⟨Mar⟩ *Reeder* m ‖ *(Schiffs)Ausrüster* m ‖ ~**-gestor** *m Schiffsdisponent* m
navío *m* ⟨Mar⟩ *(großes Segel-, Kriegs-, Handels-)Schiff* n ‖ △*Körper* m ‖ ~ *de alto bordo Hochbord-, See|schiff* n ‖ ~ *de linea Linienschiff* n ‖ ~ *de dos puentes* ⟨Mar⟩ *Zweidecker* m
náyade *f Najade, Wassernymphe* f
nazareno adj *nazarenisch* ‖ *von Nazareth (Israel)* ‖ fig *christlich* ‖ ~ *m Nazaräer, Nazarener* m ‖ fig *Christ* m, *der Nazarener* ‖ *Büß(end)e(r)* m, *der im langen Mantel an den Bittgängen in der Karwoche teilnimmt* ‖ *el (Divino)* ≃ *Jesus Christus* m ‖ ◊ *estar hecho un* ~ fig *arg zugerichtet sein*
nazareo adj/ = **nazareno**
nazco → **nacer**
nazi adj/s pej ⟨Pol⟩ *nazistisch, Nazi-* ‖ ~ *m Nazi* m ‖ ~**smo** *m* pej *Nazismus* m
N. B. Abk = **Nota bene**
N.^{bre} Abk = **Noviembre**
n/c Abk = **nuestra cuenta** ‖ **nuestro cargo**
n/cta Abk = **nuestra cuenta**
n/ch. Abk = **nuestro cheque**
N. del T. Abk = **Nota del traductor**
△**ne** = **no** ‖ **ni**
NE Abk = **Nordeste**
neártico adj *nearktisch* ‖ *región* ~a *nearktische Region, Nearktis* f *(Tiergeographie)*
△**nebel** adv/s *neun*
nebladura *f* ⟨Agr⟩ *Nebelschäden* mpl ‖ ⟨Vet⟩ *Drehkrankheit* f *der Schafe* (→ **modorra**)
nebli [pl **-ies**] *m Falke* m (→ **halcón**)
neblin|a *f (dichter, niederer) Nebel, Bodennebel* m ‖ *Dunst,* ⟨Mar⟩ *Mist* m ‖ **-ógeno** *m Nebelgerät* n
△**nebó** adj *neu*
nebreda *f* → **enebral**
nebrisense adj *aus Lebrija* (PSev)
nebuli|zación *f Sprühen* n ‖ *Sprühmittel* n ‖ **-zador** m/adj *Sprühflasche* f, *Spray* m/n ‖ **-zar** vt *sprühen*
nebulo|sa *f* ⟨Astr⟩ *Nebel|fleck* m, *-wolke* f, *kosmische Nebel* m ‖ **-sidad** *f (schwacher) Nebel* m ‖ *Nebelbildung* f ‖ *(leichte) Bewölkung* f ‖ *Wolkige(s), Trübe(s)* n ‖ fig *Schatten, Nebel* m ‖ fig *Unklarheit, Dunkelheit* f ‖ *Nebelhaftigkeit, Verschwommenheit* f ‖ **-so** adj *dunstig, diesig* ‖ *wolkig, neb(e)lig* ‖ fig *unklar, verschwommen, finster, nebelhaft, nebulos* ‖ fig *ungewiß* ‖ fig *trostlos*
△**necaulé** adj *kein*
necedad *f Torheit, Albernheit* f ‖ *Dummheit* f ‖ ◊ *decir* ~es *Unsinn reden*
***necesa|ria** *f Abort* m ‖ *Am Nachtgeschirr* n ‖ **-riamente** adv *zwangsweise* ‖ *unbedingt* ‖ **-rio** adj *notwendig, (unbedingt) nötig* ‖ *unentbehrlich* ‖ *unerläßlich* ‖ *unabwendbar* ‖ *(unbedingt) erforderlich* (para *für* acc, *zu* dat) ‖ *lo estrictamente*

~ soviel, als unbedingt nötig ist ǁ ◊ es absolutamente ~ que (subj) es ist unbedingt nötig, daß creer, considerar ~ für angezeigt halten ǁ dar los pasos ~s, tomar las medidas ~as *die erforderlichen Schritte tun, die nötigen Maßnahmen ergreifen* ǁ hacerse ~ *nötig werden* ǁ *sich unentbehrlich machen* ǁ no es ~ que vayas *du brauchst nicht zu gehen*

nece|ser *m Necessaire* n *(Reisekästchen)* ǁ ~ de bolsillo *Taschengarnitur* f ǁ **–sidad** *f Notwendigkeit* f ǁ *Bedürfnis* n ǁ *Dürftigkeit, (Hungers-) Not* f, *Mangel* m ǁ *Bedarf* m ǁ *Not* f ǁ en caso de ~ *nötigenfalls, im Notfall* ǁ herida mortal de ~ *(unbedingt) tödliche Wunde* f ǁ es de ~ *absoluta (od apremiante od imperiosa) es ist durchaus, unbedingt nötig* ǁ artículos de primera ~ *Bedarfsartikel* mpl, *Güter* npl *des täglichen Bedarfs* ǁ estado de ~ (del Estado) ⟨Pol⟩ *(Staats)Notstand* m ǁ legislación (acerca) del estado de ~ *Notstandsgesetzgebung* f ǁ proclamar el estado de ~ *den Notstand ausrufen* ǁ según la ~ *nach Maßgabe des Bedarfs* ǁ ◊ hacer de (la) ~ virtud *aus der Not e–e Tugend machen* ǁ se me pone en la ~ de *das nötigt mich zu* ǁ por ~ *zwangsweise* ǁ satisfacer una ~ *e–m Bedürfnis entsprechen* ǁ tener ~ (de) *nötig haben* ǁ verse en la ~ de *sich genötigt sehen zu* ǁ la ~ carece de ley *Not kennt kein Gebot* ǁ la ~ hace maestro *Not macht erfinderisch* ǁ hacer sus ~es *seine Notdurft (od sein Bedürfnis) verrichten*

necesi|tado adj/s *(be)dürftig, notleidend* ǁ **–tar** vt/i *nötigen, zwingen* ǁ *erfordern* ǁ *bedürfen* ǁ *müssen* ǁ *(dringend) brauchen, benötigen* ǁ ◊ necesito salir *ich muß (hin)ausgehen* ǁ ~ (de) auxilio *der Hilfe bedürfen* ǁ no ~ mucho para vivir *bescheidene Lebensbedürfnisse haben* ǁ no ~ respuesta *keine Antwort erfordern* ǁ no necesito de tí *(od no te necesito) ich verzichte auf deine Hilfe* ǁ ~se *nötig sein* ǁ ◊ "se necesita secretaria" "*Sekretärin gesucht*"

necezuelo adj dim *v.* **necio**
necio adj/s *unwissend* ǁ *einfältig, albern, dumm, töricht* ǁ *unbesonnen* ǁ *starrköpfig* ǁ a palabras ~as oídos sordos *auf e–e dumme Frage gehört e–e dumme Antwort* ǁ ~ *m Dummkopf, Dussel, Trottel* m ǁ *Narr* m

nécora *f* ⟨Zool⟩ *Schwimmkrabbe* f (Portunus puber) ǁ P. corrugatus *u.a.*)

ne|crofagia *f* ⟨Zool⟩ *Aas(fr)esserei* f ǁ **–crófago** adj *aas(fr)essend*, *Aas-* ǁ **–crofilia** *f* ⟨Med Psychol⟩ *Leichenschändung, Nekrophilie* f ǁ **–crófilo** m/adj *Leichenschänder* m ǁ **–crofobia** *f Nekrophobie, Furcht* f *vor Toten* ǁ **–cróforo** *m* ⟨Entom⟩ *Totengräber* m (Necrophorus vespillo) (→ **enterrador**) ǁ **–crología** *f Nekrologie, Lehre* f *der Sterblichkeitsursachen* ǁ *Nekrologie, Todesstatistik, Totenliste* f ǁ *Nachruf* m ǁ **–lógico** adj *Todes-* ǁ *Nachruf-* ǁ **–logio** m *Totenbuch, Nekrologium* n *(der Kirche)* ǁ **–cromancia** *f* = **nigromancia**

necrópolis *f Nekropole* f ǁ ⟨Lit⟩ *Friedhof* m
ne|croscopia *f Nekroskopie, Nekropsie* f, **–crósico** adj = **–crótico** ǁ **–crosis** *f* ⟨Med⟩ *Nekrose* f, *Gewebstod* m ǁ **–crótico** adj *nekrotisch, abgestorben, brandig*
necrosis *f* ⟨Med⟩ *Nekrose* f
néctar *m Nektar, Göttertrank* m (& fig) ǁ ⟨Bot⟩ *Honigsaft, Nektar* m *(der Blüte)*
nectáreo, nectarino adj *nektarisch, nektarartig* ǁ *nektarähnlich* ǁ *honigsüß*
nectario *m* ⟨Bot⟩ *Nektarium* n, *Honigdrüse* f *(der Blüten)*
nec|ton *m* ⟨Zool⟩ *Nekton* n (vgl **plancton**) ǁ **–tónico** adj *nektonisch*
neerlandés adj/s *niederländisch* ǁ ~ *m Niederländer* m

nefando adj *schändlich*
nefario adj *ruchlos*

nefas adv: por ~ *widerrechtlich*
nefasto adj *unheilvoll, unselig* ǁ *unglückbringend*
nefelio *m* ⟨Med⟩ *Hornhautfleck* m *im Auge*
nefrítico adj *Nieren-* ǁ piedra ~a *Nierenstein* m
ne|fritis *f* ⟨Med⟩ *Nierenentzündung, Nephritis* f ǁ **–frógeno** adj *nephrogen* ǁ **–frolitiasis** *f* ⟨Med⟩ *Nephrolithiasis* f ǁ **–froma** *m* ⟨Med⟩ *Nephrom* n, *(bösartige) Nierengeschwulst* f ǁ **–frosis** *f* ⟨Med⟩ *Nephrose* f

nega|ción *f Verneinung* f, ⟨Gr⟩ *Negation* f, *Verneinungswort* n ǁ *Ablehnung* f ǁ *Negation* f *(logische Grundschaltung)* ǁ ⟨Ab⟩ *Leugnen* n ǁ *Verweigerung* f ǁ *Weigerung* f ǁ **–do** adj *unfähig, untüchtig* ǁ ~ *m Unbegabte(r)* m
negar [–ie–, g/gu] vt/i *verneinen* ǁ *ab-, ver|leugnen* ǁ *nicht anerkennen* ǁ *verweigern, abschlagen* ǁ *verbieten, untersagen* ǁ *streitig machen, betreten* ǁ *verhehlen* ǁ *vernachlässigen* ǁ ◊ ~ con la cabeza *verneinend nicken* ǁ ~se *sich weigern* ǁ e–e *abschlägige Antwort erteilen* ǁ ~ a aceptar *die Annahme verweigern* ǁ no se puede ~ que *man muß zugestehen, daß*

negati|va *f Verneinung* f ǁ *abschlägige Antwort* f, fam *Korb* m ǁ *Weigerung* f ǁ *Absage* f ǁ ⟨Phot⟩ *Negativ* n ǁ ~ de aceptación ⟨Com⟩ *Verweigerung der Annahme* ǁ ante la ~ *bei (od infolge der) Verweigerung* ǁ en caso de ~ *im Weigerungsfalle* ǁ **–vamente** adv *negativ, ungünstig* ǁ ◊ mover la cabeza ~ *verneinend nicken* ǁ **–vo** adj *negativ, verneinend* ǁ *abschlägig, negativ* ǁ ⟨Tech El⟩ *negativ* ǁ oración ~a *Verneinungssatz* m ǁ (prueba) ~a ⟨Phot⟩ *Negativ* n ǁ signo ~ ⟨Math⟩ *Minuszeichen* n ǁ en caso ~ *verneinendenfalls* ǁ ⟨Typ Phot⟩ *Negativ* n ǁ ⟨Typ⟩ *Stereotypplatte* f
negatrón *m* ⟨Phys⟩ *Negatron* n ǁ → a **electrón**
negligé(e) *f Negligé* n ǁ *Hauskleid* n
negligen|cia *f Nachlässigkeit* f ǁ ⟨Jur⟩ *Fahrlässigkeit* f ǁ homicidio por ~ *fahrlässige Tötung* f (→ **imprudencia**) ǁ **–te** adj *fahr-, nach|lässig, unachtsam* (en, para in dat)
negocia|ble adj *verkäuflich, umsetzbar* ǁ *begebbar (Wechsel)* ǁ **–ción** *f Unter-, Ver|handlung* f ǁ ⟨Com⟩ *Begebung* f *(Wechsel)* ǁ *Umsatz* m *(Bank, Börse)* ǁ ◊ entablar *(od entrar en)* ~es *in Verhandlungen, in Verbindung treten* ǁ ~es arancelarias *Zolltarifverhandlungen* fpl ǁ **–do** m *Befehl, Auftrag* m ǁ *Kanzlei-, Verwaltungs|abteilung, Sektion* f, *Referat* n ǁ *Geschäftsstelle* f ǁ *Amt* n, *Behörde* f ǁ *Arg Chi Ec Pe Kuhhandel* m ǁ *Schwarzgeschäft* n ǁ *Chi Laden* m, *Geschäft* n ǁ jefe de ~ *Sektionschef, Abteilungsvorsteher* m
nego|ciante *m Geschäftsmann* m ǁ *Großhändler* m ǁ ~ en granos *Getreidehändler* m ǁ ~ (al) por mayor *Großhändler* m ǁ **–ciar** vt *kaufen und verkaufen (Waren)* ǁ *begeben (Wechsel)* ǁ *zustande bringen (Geschäft)* ǁ ~ la paz *um den Frieden unterhandeln* ǁ ~ vi *Handel treiben, handeln* ǁ *verhandeln, (diplomatisch) unterhandeln* ǁ ◊ ~ con papel *in Papier handeln* ǁ ~ en vinos *Weinhandel treiben* ǁ ~se *gehandelt werden (Ware, Wertpapiere)* ǁ *verhandelt werden (Geschäft, Diplomatie)* ǁ ~ en bolsa *an der Börse gehandelt werden (Wertpapiere)*
nego|cio *m Geschäft* n ǁ *Betrieb* m ǁ *Handel* m ǁ *Beschäftigung, Stellung* f, *Amt* n ǁ *Sache, Angelegenheit* f ǁ *Ver-, Unter|handlung* f ǁ ~ activo, ~ pasivo *Aktiv-, Passiv|geschäft* n ǁ ~ de baratillo *Hökerhandel* m, *Krämerei* f ǁ ~ de depósitos *Depositengeschäft* n ǁ ~ de efectos negociables *(od valores en cartera) Effektengeschäft* n ǁ ~ de emisiones *Emissionsgeschäft* n ǁ ~ de expedición, ~ de transportes *Speditionshandel* m ǁ ~ jurídico ⟨Jur⟩ *Rechtsgeschäft* n ǁ ~ obligacional *schuldrechtliches Geschäft* n ǁ ~ a premio *Stellgeschäft* n *(Börse)* ǁ ~ principal *Hauptgeschäft* n ǁ ~ de préstamos *Leih- od Lombard|geschäft* n ǁ ~ redondo figf *einträgliches Geschäft* ǁ mal ~

schlechtes Geschäft ‖ ¡mal ~! figf *Pech (gehabt)!* ‖ voluntad de ~ ⟨Jur⟩ *Geschäftswille* m ‖ ◊ anular un ~ *ein Geschäft rückgängig machen* ‖ ceder, traspasar, transferir un ~ *ein Geschäft abtreten,* übertragen ‖ concertar un ~ *ein Geschäft abschließen* ‖ ejercer, dirigir un ~ *ein Geschäft betreiben* ‖ establecer, abrir, fundar un ~ *ein Geschäft eröffnen, gründen* ‖ evacuar un ~ fam *ein Geschäft erledigen* ‖ hacer buen (*od* su) ~ *ein gutes Geschäft machen,* fam *gut abschneiden* ‖ liquidar un ~ *ein Geschäft abwickeln* ‖ salir mal de un ~ *schlecht wegkommen* ‖ **~s** *pl:* ~ del Estado *Staatsangelegenheiten* fpl ‖ calma de los ~ *Geschäftsstille* f ‖ cifra (anual) de ~ *(Jahres)Umsatz* m ‖ cúmulo de ~ *Geschäftsüberhäufung* f ‖ curso (*od* marcha) de los ~ *Geschäftsgang* m ‖ desarrollo de los ~ *Geschäfts/entwicklung* f, *-aufschwung* m ‖ estado de los ~ *Geschäftslage* f ‖ estancamiento (*od* paralización) de los ~ *Geschäftsstockung* f ‖ hombre de ~ *Geschäftsmann* m ‖ el modo de hacer los ~ *Geschäftsgebaren* n ‖ relaciones de ~ *Geschäftsverbindungen* fpl ‖ viaje de ~ *Geschäftsreise* f ‖ ◊ dedicarse a los ~ *sich dem Geschäft widmen* ‖ estar abrumado de ~ *mit Geschäften überlastet sein* ‖ extender (*od* ampliar) los ~ *das Geschäft ausdehnen* ‖ →a **comercio** ‖ **-cioso** *adj geschäftig, fleißig*
negotiorum gestio *f* lat ⟨Jur⟩ *Geschäftsführung* f *ohne Auftrag*
negozuelo *m* dim *v.* **negocio**
ne|gra *f Negerin, Schwarze* f ‖ fig *Pech, Unglück* n ‖ ⟨Mus⟩ *Viertelnote* f ‖ △*Kessel* m ‖ ◊ pasar la ~ pop *Pech, Not haben* ‖ tiene la ~, lo persigue la ~ *er hat e–e Pechsträhne* f ‖ →**a negro** ‖ **-grada** *f* desp *Negervolk* n ‖ ⟨Hist⟩ *Schar* f *der Negersklaven* ‖ **-gral** *adj schwärzlich* ‖ **-grear**, **-grecer** [-zc-] vi *ins Schwarze spielen* ‖ *schwarz werden* ‖ **-grero** *m*/adj *Neger-, Sklaven|händler* m ‖ *Sklavenschiff* n ‖ figf *Tyrann* m
négrido adj/s *negrid, dem negriden Rassenkreis angehörend* ‖ **~ m** *Negride* m
negri|lla *f* ⟨Typ⟩ *(halb)fette Schrift* f ‖ ⟨Agr⟩ *Schwarzschimmel* m *(der Zitrusfrüchte, der Oliven)* ‖ **-llo** *adj schwärzlich* ‖ ~ m *Ulme, Schwarzpappel* f ‖ **-to** *m*, **-ta** *f* dim *v.* **negro, ~a** ‖ *Kosename* m *in südam. Volksliedern* ‖ **-tud** *f* gall *Gesamtheit* f *der Neger* ‖ *Negervölker* npl ‖ *Négritude* f *(z. B. bei Senghor)*
negro *adj schwarz* ‖ *schwarzbraun* ‖ *schwarz (Brot)* ‖ fig *trübe, düster* ‖ △*gerieben* ‖ la suerte ~a (pop la ~a) *das böse Geschick* ‖ ◊ estar (*od* verse) ~ pop *ratlos sein* ‖ tirar a ~ *ins Schwarze spielen* ‖ verlo todo ~ *im Schwarzseher sein* ‖ se vió ~ para librarse de sus uñas fig *er entkam mit knapper Not* ‖ está ~ de(l) sol *er ist von der Sonne verbrannt* ‖ pasar las ~as fam *vom Unglück verfolgt werden* ‖ ~ m *Neger, Schwarze(r)* m ‖ *(Buchdrucker)Schwärze* f ‖ *schwarze Farbe* f, *Schwarze(s)* n ‖ *Ruß* m ‖ fig *Sklave* ‖ ⟨Lit⟩ *Ghostwriter* m (engl) ‖ ~ pop Tfn = **Benito** *m* ‖ ~ de alizarina *Alizarinschwarz* n ‖ ~ de anilina *Anilinschwarz* n ‖ ~ animal *Tierkohle* f ‖ ~ azul(ado) *Blauschwarz* n ‖ ~ de carbón *Kohlschwarz* n ‖ ~ de gaz *Gasruß* m, *Carbonblack* n ‖ ~ de humo *Rußschwarz* n ‖ ~ de imprenta *Druckerschwärze* f ‖ ~ de marfil *Elfenbeinschwarz* n ‖ ~ profundo *Tiefschwarz* n ‖ ~ de la uña *schwarzer Schmutz* m *unter den Nägeln,* joc *Hoftrauer* f ‖ fig *ein kleines bißchen* ‖ como al ~ del sermón pop *ohne et verstanden, begriffen zu haben* ‖ boda de ~s figf *lärmende Lustbarkeit* f ‖ tráfico (*od* trata) de ~s *Negerhandel* m ‖ ◊ ¡no somos ~s! fig *so lassen wir uns nicht behandeln!* ‖ ponerse ~ *schwarz werden* ‖ trabajar como un ~ figf *wie ein Pferd, hart arbeiten,* fam *ochsen*
negroide adj/s *negroid, negerähnlich* ‖ ~ m *Negroide* m

△**negrota** *f Kessel* m
negru|no *adj schwärzlich* ‖ **-ra** *f Schwärze* f ‖ la ~ de la noche *die schwarze Nacht*
negruzco *adj schwärzlich* ‖ *schwarzbraun*
neg.^te Abk = **negociante**
neguilla *f* ⟨Bot⟩ *Kornrade* f (*Agrostemma githago*) ‖ *Braut in Haaren, Jungfer* f *im Grünen* (*Nigella damascena*)
△**neguisar** vt = **negar**
Nehemías *m* np *Nehemia(s)* m *(Prophet)*
neis *m* ⟨Min⟩ = **gneis**
△**nejebar** vt *vergrößern*
nel pop = **en el**
Nelo, Nela *m* pop Tfn = **Manuel, ~a**
nelumb(i)o *m* ⟨Bot⟩ *Indische Lotosblume* f (*Nelumbo nucifera u. andere*)
*****nema** *f Briefsiegel* n
nematelmintos mpl ⟨Zool Med⟩ *Schlauch-, Hohl-, Rund|würmer* mpl (*Nemathelminthes*)
nematodos mpl ⟨Zool Med⟩ *Fadenwürmer* mpl (*Nematoda*)
Nembrot *m* np *Nimrod* m
nemertinos mpl ⟨Zool⟩ *Schnurwürmer* mpl (*Nemertini*)
Némesis *f Nemesis, Göttin* f *der Rache* ‖ ≃ fig *Rache* f
némine discrepante lat *widerspruchslos* ‖ *einstimmig*
nemoroso adj ⟨poet⟩ *bewaldet, Wald-*
ne|na *f* (dim **-nita**) fam *kleines Mädchen, Kindchen* n ‖ **-ne** *m* (dim **-nito**) fam *kleines Kind* n (bes *als Kosewort*)
Nené *f* pop Tfn = **Aurora** *f*
nenia *f Totenklage* f ‖ *Klagelied* n, *Nänie* f
n/entr. Abk = **nuestra entrega**
nenúfar *m* ⟨Bot⟩ *Seerose* f (*Nymphaea* spp) ‖ *Teichrose, Mummel* f (*Nuphar* spp)
neño *m* prov = **niño**
neo präf *Neu-, Neo-*
neo|catolicismo *m Neokatholizismus* m ‖ **-clasicismo** *m Klassizismus* m ‖ **-clásico** adj/s *klassizistisch* ‖ **-colonialismo** *m* ⟨Pol⟩ *Neokolonialismus* m ‖ **-darwinismo** *m* ⟨Biol⟩ *Neodarwinismus* m
neodimio *m* ⟨Chem⟩ *Neodym* n
neofascismo *m* ⟨Pol⟩ *Neofaschismus* m
neófito *m*/adj *Neophyt* m, *Neubekehrte(r)* m ‖ fig *Anfänger* m ‖ fig *Neuling* m ‖ carrera de ~s ⟨Sp⟩ *Jugendlauf* m
neógeno *m* ⟨Geol⟩ *Neogen* n
neo|gótico adj ⟨Arch⟩ *neugotisch* ‖ **-gramático** adj ⟨Gr⟩ *junggrammatisch* ‖ **-griego** adj *neugriechisch* ‖ **-kantismo** *m* ⟨Philos⟩ *Neukantianismus* m ‖ **-latino** adj *neulateinisch* ‖ idiomas ~s *romanische Sprachen* fpl ‖ **-liberalismo** *m Neoliberalismus* m (*z. B. Röpke, v. Hayek*) ‖ **-lítico** adj *jungsteinzeitlich, neolithisch* ‖ (periodo) ~ m *Jungsteinzeit* f, *Neolithikum* n ‖ **-lógico** adj *neugebildet* ‖ **-logismo** *m Neologismus* m, *Neuwort(bildung* f) n
neón *m* ⟨Chem⟩ *Neon* n ‖ tubo de ~ *Neonröhre* f
neo|plasia *f* ⟨Med⟩ *Neubildung* f ‖ **-platónico** adj *neuplatonisch* ‖ ~ m *Neuplatoniker* m ‖ **-rrealismo** *m* ⟨Filmw⟩ *Neo|realismus, -verismus* m
neo|rromántico adj *neuromantisch* ‖ **-salvarsán** *m* ⟨Pharm⟩ *Neosalvarsan* n ‖ **-tenia** *f* ⟨Zool⟩ *Neotenie* f (*z. B. beim Axolotl*) ‖ **-trópico** adj ⟨Zool Geogr⟩ *neotropisch* ‖ región ~a *Neo|tropis, -gäa, neotropische Region* f ‖ **-yorquino** adj/s *aus New York* ‖ **-zoico** adj *neozoisch* ‖ (periodo) ~ m *Erdneuzeit* f, *Neozoikum* n.
nepotismo *m Vetternwirtschaft, Verwandtenbegünstigung* f, *Nepotismus* m
neptunio *m* ⟨Chem⟩ *Neptunium* n
Neptuno *m* ⟨Myth & Astr⟩ *Neptun* m ‖ el ≃ ⟨poet⟩ *das Meer*

nequáquam [.. kwa'kwan] adv fam *keineswegs, mitnichten*
nereida f *Nereide, Seenymphe* f
nereidos mpl ⟨Zool⟩ *Nereidae* pl *(vielborstige Würmer)*
nerítico adj *neritisch, sublitoral*
neroli m ⟨Chem⟩ *Orangenblüten-, Neroli|-öl* n
Nerón m np *Nero* m
neroniano adj *neronisch* ‖ fig *grausam*
nerva|dura, -tura f ⟨Bot⟩ *Blattgerippe* n ‖ ⟨Arch Tech⟩ *Rippenwerk* n
nérveo adj *Nerven-*
nervezuelo m dim v. **nervio**
nerviecillo m dim v. **nervio**
nervio m *Nerv* m ‖ *Sehne* f ‖ ⟨Bot⟩ *Rippe* f *e–s Blattes* ‖ ⟨Flugw Mar Tech Arch⟩ *Rippe* f ‖ ⟨Buchb⟩ *Bund* m ‖ fig *Kraft, Seele, Verve* f ‖ *Haupttriebfeder* f ‖ ~ *de buey Ochsenziemer* m ‖ ~ *motor Bewegungsnerv* m ‖ ~ *óptico Sehnerv* m ‖ ~ *simpático Sympathikus* m ‖ ~ *trigémino Trigeminus* m ‖ ~ *vago Vagus* m ‖ *enfermedad de los ~s Nervenkrankheit* f ‖ ◊ *ser un manojo de ~s* figf *ein Nervenbündel sein* ‖ *tener (od* traer*) los ~s de punta* figf *sehr aufgeregt sein* ‖ *tener un ataque de ~s e–n Nervenanfall bekommen* ‖ *tener buenos ~s sich sehr gut beherrschen können, starke Nerven haben* ‖ *beherzt, tapfer sein* ‖ *me crispa los ~s* fig *das geht mir auf die Nerven*
nervio|sidad f *Reizbarkeit, Nervosität* f ‖ *Neurasthenie* f, *Nervenleiden* n ‖ fig *Unruhe* f ‖ fig *Kraft, Stärke* f ‖ **-sismo** m = **nerviosidad ‖ -so** adj *nervös* ‖ *unruhig* ‖ *leicht erregbar, reizbar* ‖ *nervenkrank* ‖ fig *nervig, kräftig* ‖ *Nerven-* ‖ *ataque ~ Nervenanfall* m ‖ *sistema ~* ⟨Med⟩ *Nervensystem* n ‖ ◊ *ponerse ~ nervös, aufgeregt werden* ‖ fig *das Zittern, Angst bekommen*
ner|viosidad f = **nerviosidad** ‖ *Geschmeidigkeit* f *(der Metalle)* ‖ **-voso** adj = **-vioso** ‖ *sehnig (Fleisch)* ‖ **-vudo** adj *starknervig* ‖ *sehnig, kräftig, rüstig* ‖ **-vura** f→**nervio**
nescientemente adv *unwissend* ‖ *unbewußterweise* ‖ *unwillkürlich*
nesga f *Keil, Zwickel* m *(an e–m Kleid)*
nés|pera f ⟨Bot⟩ *Mispel* f (→**níspero**) ‖ **-pilo** m = **níspola**
neste pop = **en este**
néstor m ⟨V⟩ *Kaka* m (Nestor meridionalis) ‖ *Kea* m (N. notabilis)
nestoriano adj/s ⟨Rel⟩ *nestorianisch* ‖ ~ m *Nestorianer, Anhänger* m *der Lehre des Patriarchen Nestorius v. Konstantinopel (5. Jahrhundert)*
netamente adv *rein, nett* ‖ *klar, deutlich*
netezue|lo m, **-la** f dim v. **nieto, -a**
neto adj/adv/m *rein, lauter, sauber* ‖ ⟨Com⟩ *netto, Rein-, Netto-* ‖ ~ *al contado netto Kasse* ‖ *beneficio ~ Nettogewinn* m ‖ *peso ~ Rein-, Netto|gewicht* n ‖ *precio ~ Nettopreis* m ‖ *producto ~ Reinertrag* m ‖ ~ m ⟨Com⟩ *Nettobetrag* m, *netto*
neumático adj *pneumatisch, Luft-* ‖ *bomba ~a Luftpumpe* f ‖ *(tarjeta) postal ~a Rohrpostkarte* f ‖ ~ m ⟨Aut⟩ *(Luft)Reifen, (Schweiz) Pneu* m ‖ ~ *sin cámara (de aire) schlauchloser Reifen* m ‖ ~ *radial Gürtelreifen* m ‖ ~ *de recambio Ersatzreifen* m ‖ ~s mpl *Bereifung* f
neumatolisis f ⟨Geol⟩ *Pneumatolyse* f
neumonía ⟨Med⟩ *Lungenentzündung, Pneumonie* f
neumotórax m ⟨Med⟩ *Pneumothorax,* fam *Pneu* m
neu|ralgia f ⟨Med⟩ *Neuralgie* f ‖ **-rálgico** adj *neuralgisch* ‖ **-rastenia** f ⟨Med⟩ *Neurasthenie, Nervenschwäche* f ‖ **-rasténico** adj *neurasthenisch,* ‖ ~ m *Neurastheniker* m
neurita f ⟨An⟩ *Neurit, Fortsatz* m *der Nervenzelle* f

neuroglia f ⟨An⟩ *Neuroglia* f
neu|rología f *Neurologie* f ‖ **-rológico** adj *neurologisch* ‖ **-rólogo** m *Neurologe, Nervenforscher* m ‖ *Nervenarzt* m
neurona f ⟨An⟩ *Neuron* n, *Nervenzelle* f
neurópata m ⟨Med⟩ *Nervenkranke(r), Neuropath* n
neuropatía f *Nervenleiden* n, *Neuropathie* f
neurópteros mpl ⟨Zool⟩ *Netzflügler* mpl (Neuroptera)
neu|rosis f *Neurose* f, *Nervenleiden* n ‖ **-rótico** adj/s *nervenkrank, neurotisch* ‖ ~ m *Neurotiker* m
neu|tral adj *neutral* (& ⟨Chem⟩) ‖ *parteilos, unparteiisch* ‖ *bandera ~ neutrale Flagge* f ‖ ~ m *Neutrale(r)* m ‖ **-tralidad** f *Neutralität* f ‖ *Parteilosigkeit* f ‖ **-tralismo** m ⟨Pol⟩ *Neutralismus* m ‖ *Neutralitätspolitik* f ‖ *Parteilosigkeit* f ‖ **-tralista** adj/s *neutralistisch* ‖ ~ m *Neutralist* m
neutrali|zación f ⟨Pol Chem⟩ *Neutralisierung* f (& fig) ‖ **-zante** adj *neutralisierend* ‖ ~ m ⟨Chem⟩ *Neutralisierungsmittel* n ‖ **-zar** [z/c] ⟨Pol Chem⟩ u. fig vt *neutralisieren* ‖ fig *durch ~e Gegenwirkung abschwächen, unwirksam machen* (& ⟨Pharm Phys⟩)
neutrino m ⟨Nucl⟩ *Neutrino* m
neutro adj ⟨Gr⟩ *sächlich* ‖ ⟨Chem⟩ *neutral* ‖ *sales ~as* ⟨Chem⟩ *normale od neutrale Salze* npl ‖ ~ m ⟨Gr⟩ *sächliches Geschlecht, Neutrum* n ‖ ⟨Gr⟩ *sächliches Hauptwort* n
neutrón m ⟨Nucl⟩ *Neutron* n
neva|da f *Schneefall* m ‖ **-do** adj *beschneit* ‖ fig *schneeweiß* ‖ ~ m SAm *Gipfel* m *mit ewigem Schnee* ‖ *Gletscher* m
nevar [-ie-] vt *beschneien* ‖ fig *weiß färben* ‖ vi *schneien* ‖ v. impers *schneien* ‖ ◊ *nieva,* está *nevando es schneit*
nevasca f *Schneefall* m ‖ *Schnee|gestöber* n, *-sturm* m
nevatilla f ⟨V⟩ *Bachstelze* f (→**lavandera**)
neva|zo m *starker Schneefall* m ‖ **-zón** f Arg Chi Ec = **nevada**
△**nevelí** f *Linie* f
neve|ra f *Eiskeller* m (& fig) ‖ *Eisschrank* m ‖ *Kühlschrank* m ‖ *Eisverkäuferin* f ‖ *Eiskasten* m ‖ *Eisgrube* f ‖ fig *kalte, ungeheizte Stube* f ‖ prov fig *Kerker* m, fam *Kittchen* n ‖ ~ *eléctrica Kühlschrank* m ‖ ~ *portátil Kühltasche* f ‖ →a **frigorífico** ‖ **-ría** f *Eisdiele* f (→**heladería**) ‖ **-ro** m *Eisverkäufer* m ‖ *Schneegrube* f ‖ ⟨Geol⟩ *Gletscher* m (→**glaciar**)
nevis|ca f *(kurzes, feines) Schneegestöber* n ‖ **-car** [c/gu] v. impers *schwach schneien, stöbern*
neviza f *Firn* m
nevo m ⟨Med⟩ *Naevus* m, *(Mutter)Mal* n ‖ ~ *materno Muttermal* n ‖ ~ *pigmentoso Pigmentmal* n
nevoso adj *schneeig, Schnee-*
nexo m *Zusammenhang, Nexus* m
n/f Abk = **nuestro favor** ‖ **nuestra factura**
n/g Abk = **nuestro giro**
ni conj *auch nicht* ‖ *und nicht, nicht einmal* ‖ *oder, oder vielleicht* ‖ *oder (so)gar* ‖ ~ *aún,* ~ *siquiera nicht einmal* ‖ ~ *tú siquiera (od* tampoco) *nicht einmal du* ‖ ~ *tampoco noch, auch* ‖ *auch nicht* ‖ *sin más ~ más plötzlich, auf einmal* ‖ *ohne weiteres, ohne Umstände* ‖ *sin miedo ~ vergüenza ohne Furcht und Scham* ‖ *¿yo te hablé ~ te ofendí? habe ich dich gesprochen, oder sogar beleidigt?* ‖ *¡* ~ *soñarlo! ¡* ~ *por pienso! nicht im Traum! ‖ ¡ wo (denn)! ‖ ¡* ~ *que fuera Dios!* fam *das müßte Gott selbst sein! ‖ ¡* ~ *que fuera un loco!* fam *da müßte ich verrückt sein! ‖* ~ ..., ~ ... *nicht ..., nicht ...* ‖ *weder ..., noch ...* ‖ ~ *uno* ~ *otro keiner von beiden* ‖ *no descansa (~) de día ~ de noche (aber: ~ de día ~ de noche descansa) er ruht weder bei Tag noch bei Nacht aus* ‖ ~ *sabe leer ~ cosa que lo parezca* pop *er kann kein Wort lesen*

Niágara: los saltos (*od* las cataratas) del ~ *die Niagarafälle* mpl
nial *m* Sant *Vogelnest* n || *Vogelhecke* f || Sal Feime, Miete f (→ **almiar**)
Nibelungos *mpl* ⟨Myth⟩ *Nibelungen* mpl || el Anillo de los ~ *der Ring der Nibelungen*
△**nibobia** *f Braut* f
△**nicabar** vt *trennen*
Nicara|gua *f Nicaragua, Nikaragua (Staat in MAm)* || ≃**güense** adj/s *nicaraguanisch* || *Nicaraguaner* m
Niceto *m* np *Nicet(us)*
nicky *m* engl pop *Nicki* m *(plüschartiges, pulloverartiges Kleidungsstück)*
Nicolás *m* np *Nikolaus* m
nicoti|na *f* ⟨Chem⟩ *Nikotin* n || **-nismo**, **nicotismo** *m* ⟨Med⟩ *Nikotinvergiftung* f || *Nikotinsucht* f || *Nikotinismus* m
nic|tálope adj/s *tagblind* || ~ *m Tagblinde(r)* m || **-talopía** *f* ⟨Med⟩ *Tagblindheit* f
nictitante adj: membrana ~ ⟨V⟩ *Nickhaut* f *der Vogelaugen*
nictofobia *f* ⟨Med⟩ *Nachtangst, Nyktophobie* f
nicho *m (Bilder)Blende* f || ⟨Arch⟩ *Nische, Mauervertiefung* f || *Nische* f, *Nischengrab* n
△**nichobel** *m Tat* f || *Ausgang* m
ni|dada *f Nesteier* npl, *Gelege* n || *Brut* f || **-dal** *m Ort* m, *an dem Hühner usw ihre Eier legen* || *Vogelhecke* f || *Brutkäfig* m || *Legenest* n || *Nestei* n || fig *Nest* n, *Lieblingswinkel* m || **-dícola** m/adj ⟨V⟩ *Nestbewohner* m || **-dificar** vi *nisten*
nido *m (Vogel)Nest* n || *Horst* m *(der Greifvögel)* || *Nestvoll* n || fig *Nest* n || *Schlupfwinkel* m || *Unterschlupf* m || fig *Herd, Haushalt* m, *Haus* n || fig *Grundlage* f || fig *Haarwulst* m || ~ de abeja *Wabe* f || ~ de ametralladoras ⟨Mil⟩ *Maschinengewehrnest, MG-Nest* n || ~ de amor *Liebesnest* n || ~ de fusileros, ~ de tiradores *Schützennest* n || ~ de ladrones fig *Räuber-, Diebes|nest* n || ◊ hacer ~ *nisten* || yo no me he caído (ayer od esta mañana) de un ~ figf *ich bin nicht von gestern*
niebla *f Nebel* m || *Wölkchen* n *im Auge* || *Brand* m *im Getreide* || fig *Dunkelheit, Verwirrung* f || △*Morgen* m || ◊ hace ~ *es gibt Nebel*
nielar vt ⟨Metal⟩ *niellieren*
nie|ta *f Enkelin* f || **-to** *m Enkel* m || ~ segundo *Enkel* m *zweiten Grades* || **-s** pl *Enkel-, Kindes|-kinder* npl
nietzscheano adj/s *auf Friedrich Nietzsche bezüglich*
nieve *f Schnee* m || *Schneefall* m, *Schneien, Schneewetter* n || fig *blendende Weiße* f || fig *schneeweißes Haar* n || △*Kokain* n, △*Schnee* m || *Am Gefrorene(s), Eis* n || ~ alta *tiefer Schnee* m || ~ carbónica, ~ seca *Kohlensäureschnee* m *(festes Kohlendioxid)* || cubierto de ~ *schneebedeckt* || *verschneit* || figura *(od hombre, muñeco)* de ~ *Schneemann* m || el abominable hombre de las ~s „*der Yeti*" || montón de ~ *Schneehaufen* m || polvo de ~ *Pulverschnee* m || temporal de ~ *Schneesturm* m || ~s perpetuas, ~s eternas *ewiger Schnee* m || ~s penitentes *Büßerschnee* m || tiempo de ~s *Schneewetter* n
Nieves (dim **Nievecitas**) *f span. Frauenname*
nigroman|cia *f Nekromantie, schwarze Kunst, Weissagung* f *durch Totenbeschwörung* || p. ex *Hexerei, Zauberei* f || **-te**, **nigromántico** *m Nekromant, Schwarzkünstler, Toten-, Geister|beschwörer* m || *Zauberer* m
nigua *f* ⟨Entom⟩ *Sandfloh* m (Tunga penetrans)
nihilis|mo *m* ⟨Pol⟩ *Nihilismus* m || **-ta** m/adj *Nihilist* m || ~ adj *nihilistisch*
níkel *m* = **níquel**
△**nilay** *m Sommer* m
Nilo: el ~ *der Nil (Fluß)*
nilón *m Nylon* n || medias de ~ *Nylonstrümpfe* mpl

nim|bar vt *mit e-m Heiligenschein, Nimbus umgeben* || *mit e-r Aureole umgeben* || **-bo** *m Heiligenschein, Nimbus* m (& fig) || ⟨Astr⟩ *Hof* m *(um Mond od Sonne)* || ⟨Meteor⟩ *Nimbostratus* m || **-boestrato** *m* ⟨Meteor⟩ *Nimbostratus* m
nimiamente adv *zuviel* || *überängstlich* || *umständlich*
nimiedad *f Weitschweifigkeit* f || *Umständlichkeit* f || *Gehaltlosigkeit* f || *Kleinigkeit* f, *Kleinkram* m || ◊ pasar el tiempo en ~es *die Zeit vertrödeln*
nimio adj *weit|läufig, -schweifig* || *(über)ängstlich* || *kleinlich*
nin conj prov = **ni**
ninfa *f Nymphe* f || ⟨poet⟩ *schönes Mädchen* n, fam *Puppe* f || ⟨Entom⟩ *Nymphe, geflügelte Larve* f *(z. B. der Zikade)* (vgl **pupa**)
ninfálidos mpl ⟨Entom⟩ *Fleckenfalter* mpl (Nymphalidae)
ninfo *m* figf *Stutzer, Geck*, öst *Gigerl* m
nin|fómana *f* ⟨Med Psychol⟩ *Nymphomanin* f || ~ adj *mannstoll, nymphoman* || **-fomanía** *f Mannstollheit, Nymphomanie* f
ningún adj: de ~ modo *keineswegs, durchaus nicht* || en ~ lugar *(od sitio) nirgends*
¹**ninguno** adj/pron *keiner, kein einziger* || *irgendeiner* || de ~a manera *keineswegs, durchaus nicht, nicht im geringsten* || ~a vez *nie*
²**ninguno** pron. indef ~ *keiner, niemand* || ◊ no lo sabe ~ *(aber:* ~ lo sabe) *niemand weiß es* || ~ de los presentes *keiner der Anwesenden* || no ha venido ~ *niemand ist gekommen* || ¿*tienes dinero?* No tengo ~ *hast du Geld? Ich habe keins*
2. in negativem Zusammenhang: si ~ viene *wenn jemand kommt*
Niní *f* pop Tfn = **Eugenia**
Ninina *f* pop Tfn = **Marcelina**
Nínive *Ninive (Stadt)*
ninivita adj/s *aus Ninive, ninivitisch* || *Ninivit* m
niña *f Kind, kleines Mädchen* n || ⟨An⟩ *Augapfel* m, *(Seh)Pupille* f || And prov Am *Fräulein* n (bes *in der Anrede*) || ~ bien fam *höhere Tochter* f || ~ del ojo *Pupille* f || fig *Auge* n || △la ~ bonita *die Zahl 15* || pop ⟨Hist⟩ *Republik* f || ◊ la quiero como a la ~ de mis ojos figf *ich liebe sie über alles* || ≃ *eine der drei Karavellen des Chr. Kolumbus*
niña|da *f Kinderei* f, *Kinderstreich* m || **-do** adj *kindisch* || **-rrón** *m* fam *großes, dickes Kind* n || **-to** *m* fam *verwöhnter Sohn* m *reicher Eltern* || *ungeborenes, totes Kalb* n (→ **nonato**)
niñe|ar vi *Kindereien treiben* || **-ra** *f Kinder|-frau* f, *-mädchen, -fräulein* n || **-ría** *f Kinderei* f, *Kinderstreich* m || *Kleinigkeit, Lappalie* f || **-ro** m/adj *Kinderfreund* m
niñez [pl **-ces**] *f Kindheit* f, *Kinderjahre* npl || fig *Kinderei* f || desde la ~ *von Kindheit an* || **-ces** pl *Kinderstreiche* mpl
niño adj *klein, kindlich* || pej *kindisch* || fig *unbesonnen* || ~ m *Kind* n (& fig) || And *Junggeselle, Hagestolz* m || Am *(junger) Herr* m (bes *in der Anrede*) || el ≃ *Dios (od Jesús) Christkind(lein)* n || ≃ *Jesús de Praga Prager Christkindlein, Gnadenreiches Prager Jesukind* n *(in der Wallfahrtskirche Maria vom Siege – bes in Span & Am verehrt)* || ~ expósito *Findelkind* n || ~ de pecho, pop ~ de teta *Säugling* m *juego de* ~s *Kinderspiel* n || como ~ con zapatos nuevos figf *mit kindischer Freude* || desde ~ *von Kindheit an* || ya de ~ *schon als Kind* || no sea V. ~ *seien Sie nicht kindisch! haben Sie doch Verstand!*
niobio *m* ⟨Chem⟩ *Niob* n
nipón, ona adj *japanisch* || ~ *m Japaner* m
△**nipos** mpl *Geld* n
níquel *m* ⟨Chem⟩ *Nickel* n || moneda de ~ *Nickelgeld* n

niquelado — no 770

nique|lado m *Vernickeln* n ‖ **-lar** vt *vernickeln* ‖ **-lina** f ⟨Min⟩ *Rotnickelkies, Nickelin* m
△**niquillar** vi *(fort)gehen*
niquitrefe m pop = **mequetrefe**
nirvana m/f *(bei den Buddhisten) Nirwana* n *(das Nichts)*
níscalo m ⟨Bot⟩ *Edelreizker, Echter Reizker* m (Lactarius deliciosus)
△**nisolpa** m *Erzbischof* m
níspero m ⟨Bot⟩ *Mispel* f (Mespilus germanica) ‖ *Mispel* f *(Frucht)*
níspola f *Mispel* f *(Frucht)*
nitidez [pl **-ces**]f *Glanz* m, *leuchtende Helligkeit* f ‖ *Reinheit* f ‖ ⟨Opt Typ TV Phot⟩ *(Bild-)Schärfe* f
nítido adj ⟨poet⟩ *glänzend, leuchtend, hell* ‖ *rein* ‖ ⟨Opt Phot Typ TV⟩ *scharf* ‖ fig *einwandfrei, tadellos, klar*
nitra|ción f *Nitrierung* f ‖ **-l** m *Salpeterlager* n ‖ **-r** vt *nitrieren*
nitra|tación f *Nitrifikation* f *(ein Oxydationsvorgang beim Kreislauf des Stickstoffs)* ‖ **-tar** vt *mit Höllenstein bestreichen* ‖ ⟨Agr⟩ *mit Salpeterdünger düngen* ‖ ⟨Chem⟩ *Nitrit in Nitrat verwandeln* ‖ **-to** m ⟨Chem⟩ *Nitrat* n ‖ ~ **de Chile** *Chilesalpeter* m *(Natriumnitrat)*
nítrico adj *salpetersauer* ‖ *ácido* ~ .⟨Chem⟩ *Salpetersäure* f
nitrito m: ~ **de potasa** ⟨Chem⟩ *Kaliumnitrit* n
nitro m *(Kali)Salpeter* m ‖ **~benceno** *Nitrobenzol* n ‖ **~celulosa** f *Nitrozellulose* f *(Zellulosenitrat)* ‖ **~genación** f: ~ **del aire** *Stickstoffgewinnung* f *aus der Luft*
nitrógeno m ⟨Chem⟩ *Stickstoff* m
nitroglicerina f *Nitroglyzerin* n *(Glyzerintrinitrat)*
nitroso adj *salpetrig (Säure)* ‖ *stickstoffhaltig* ‖ *nitros*
nitru|ración f ⟨Metal⟩ *Nitrierung* f *(von Stahl)* ‖ **-rar** vt *Stahl nitrieren* ‖ **-ro** m *Nitrid* n
nival adj ⟨Meteor⟩ *nival*
nivel m *Wasser-, Richt|waage, Libelle* f ‖ *Niveau* n, *Spiegel, Stand, Pegel* m ‖ *Höhe* f ‖ *gleiche Höhe* f ‖ *waagrechte Lage* f ‖ fig *Gleichförmigkeit* f ‖ fig & ⟨Li⟩ *Ebene* f ‖ fig *Stufe* f ‖ ~ **de agua de manguera** *Schlauchwasserwaage* f ‖ ~ **de aire** → ~ **de burbuja** ‖ ~ **de albañil** *Lotwaage* f ‖ ~ **de burbuja** *Wasserwaage, Libelle* f ‖ **bajo el** ~ **del mar** *(od* **marítimo)** *unter dem Meeresspiegel* ‖ **el más bajo** ~ ⟨Com⟩ *Tiefstand* m ‖ ~ **de la gasolina** *(del aceite)* ⟨Aut⟩ *Benzin- (Öl)stand* m ‖ ~ **de(l) ruido** (~ **de[l] sonido)** *Lärm-(Schall-)Pegel* m ‖ ~ **de vida** *Lebensstandard* m ‖ **a** ~ *völlig waagrecht* ‖ *schnurgerade* ‖ → **paso** ‖ ◊ *alcanzar su* ~ *mínimo den Tiefstand erreichen (Preise)* ‖ *estar a* ~ *auf der Höhe sein* ‖ *los precios vuelven a su* ~ *normal die Preise gehen auf ihren normalen Stand zurück* ‖ *mantenerse al* ~ *sich auf der Höhe erhalten*
nive|lación f *Nivellement* n, *Nivellierung, Gleichmachung, Einebnung* f ‖ ⟨Arch⟩ *Planierung* f ‖ *Ausgleich* m (& fig) ‖ ~ **del presupuesto** *Ausgleichung* f *des Haushalts* ‖ **-lador** adj *nivellierend* ‖ *ausgleichend* ‖ *(ein)ebnend* ‖ **-ladora** f *Planiergerät* n ‖ **-lar** vt *nivellieren, mit der Wasserwaage abmessen* ‖ *(ein)ebnen, waagrecht machen* ‖ ⟨Arch⟩ *planieren* ‖ fig *gleichmachen* ‖ fig *ausgleichen*
niveleta f *Planierkreuz* n
níveo adj ⟨poet⟩ *schneeig, schneeweiß, Schnee-*
nivoso m *Nivose* m *(4. Monat des Kalenders der Frz. Revolution)*
Niza ⟨Geogr⟩ *Nizza*
n/L Abk = **nuestra letra**
NNE Abk = **nornordeste**
NNO Abk = **nornoroeste**
NO Abk = **noroeste**
N.°, No. Abk = **Número** ‖ **Neto**

n/o Abk = **nuestra orden**
¹**no** adv neg 1. alleinstehend: *nein* ‖ *nicht* ‖ *¿lo quieres?* ~ *Willst du es? (od liebst du ihn?) Nein* ‖ *eso* ~ *nein, mitnichten* ‖ *decir que* ~ *nein sagen* ‖ *et abschlagen* ‖ *¡bromas* ~*! mit mir ist nicht zu spaßen!* ‖ *Spaß beiseite!*
2. in Verb. (bes mit Verben): a) ~ *lo quiero ich will es nicht (od ich liebe ihn nicht)* ‖ ~ *hay tal cosa (od* ~ *tal) nein, ganz und gar nicht* ‖ ~ *veo nada ich sehe nichts (aber:* nada veo*)* ‖ ~ *viene nadie es kommt niemand (aber:* nadie viene*)* ‖ ~ *hay función* ⟨Th⟩ *spielfrei* ‖ ~ *tiene apenas pelo er ist fast kahl(köpfig)* ‖ *pueden* ~ *saberlo vielleicht wissen sie es nicht* ‖ ~ *lo haré hasta mañana ich werde es erst morgen tun*
b) in Verb. mit ser: ~ *es que lo dijese* (, sino) *nicht, daß ich es gesagt habe (, sondern...)* ‖ ~ *es que* ~ *lo quiera, pero* ~ *puedo ich will es wohl, aber ich kann nicht* ‖ ~ *sea que* (subj) *damit nicht...* ‖ *sonst (könnte) ...* ‖ *y* ~ *sea más que un momento und wäre es nur ein Augenblick* ‖ *a* ~ *ser que ... es sei denn, daß*
3. in Verb. mit más *od* menos: ~ *más nur, lediglich* ‖ *genug* ‖ *me dio esto* ~ *más que nur dies gegeben* (Am) ‖ *entre V.* ~ *más* Am *kommen Sie nur herein, machen Sie keine Umstände* ‖ *¡* ~ *más hablar inútilmente! keine unnützen Reden mehr!* ‖ ~ *menos nicht weniger* ‖ *lediglich* ‖ ~ *puedo menos de ich kann nicht umhin, zu* ‖ ~ *es menos agradable es ist nicht weniger angenehm*
4. in Verb. mit sino *(od* si ~): ~ *tengo sino dos pesetas ich habe nur (noch) zwei Peseten* ‖ ~ *lo haré, si no (od si* ~) *máteme V.* fam *nein, wenn es mich auch den Hals kostet!* ‖ *¡castígale si* ~*! strafe ihn also!* ‖ ~ *sino,* ~ *sino que;* ~ *sólo, si (que) también;* ~ *sólo, sino es;* ~ *... ni ... nicht nur ... sondern auch*
5. in Verb. mit sólo, solamente, ya: ~ *sólo,* ~ *solamente* (~ *ya) nicht nur*
6. in Verb. mit que: *¡que* ~*! nein! nicht doch!* ‖ *¡que* ~ *viene! er wird bestimmt nicht kommen!* ‖ *¿a que* ~*? etwa nicht?* ‖ *bestimmt nicht! (Herausforderung, Widerspruch)* ‖ *¡mañana lo haré mejor! - ¡A que* ~*! Morgen mache ich es besser! bestimmt nicht!*
7. als Konj. in Verb. mit bien: ~ *bien kaum* ‖ *sobald als*
8. in anderen Verb.: ~ *obstante ungeachtet, trotz* ‖ *dessenungeachtet, nichtsdestoweniger, trotzdem* ‖ ~ *por cierto gewiß nicht* ‖ ~ *por eso nichtsdestoweniger* ‖ *todavía* ~ *noch nicht* ‖ ~ *modesto unbescheiden* ‖ *el cumplimiento, la* ~ *ejecución die Nichterfüllung* ‖ ~ *del todo nicht ganz* ‖ ~ *lejos de aquí unweit von hier*
9. in doppelter Anwendung, als Verstärkung der Verneinung: (eso) ~ *lo haré,* ~ *(od* ~, ~ *lo haré) nein, ich werde es nicht tun, ich tue es auf keinen Fall* ‖ ~, *que* ~ *(od* ~, *sino* ~) *(oft* iron *als verstärkte, entgegengesetzte Verneinung) mitnichten, auf keinen Fall, nicht im Traum* ‖ fam *freilich, das glaube ich*
10. Verstärkung der Bejahung od. Betonung des Gegensatzes: *él puede decirlo mejor que* ~ *yo er kann es ja (viel) besser sagen als ich* ‖ *¡* ~ *grita poco!* fam *wie er schreit!* ‖ *más vale ayunar que* ~ *robar besser ist nüchtern bleiben, als stehlen* ‖ *¡qué* ~ *sabrá él!* pop *der wird wohl alles wissen!* ‖ *¡cuánto* ~ *habrá sufrido! wie sehr wird er gelitten haben!* ‖ *¡pues* ~ *está burlándose de mi! er macht sich doch lustig über mich!* ‖ ~ *lo dice sin malicia er sagt es mit gewisser (offenbarer) Boshaftigkeit*
11. in Fragesätzen, bes. als verstärkte Verneinung: *¿pues* ~*? ist es vielleicht (od etwa) nicht wahr? etwa nicht!* ‖ *habe ich etwa nicht recht?* ‖ *¿cómo* ~*? wieso nicht?* ‖ *natürlich, jawohl, freilich, das glaube ich* (bes Am) ‖ *¿* ~ *me comprendes (pues)? verstehst du mich denn nicht?*

12. als beliebtes Füllwort: *nicht wahr, gelt, gell, gelle?* ‖ *¿es muy bonito, ~? es ist sehr schön, nicht wahr?*
²**no** *m:* dar el ~ *nein sagen, verneinen* ‖ un sí o un ~ *ja od nein, Bejahung od Verneinung* ‖ un ~ sé qué (de) *ein gewisses etwas, etwas* ... ‖ sí por sí, ~ por ~ *so od so, auf jeden Fall* ‖ sin faltar un sí, ni un ~ figf *ohne daß der geringste Umstand ausgelassen wäre*
Nobel *m* np → **premio**
nobelio *m* ⟨Chem⟩ *Nobelium* n
nobiliario adj *ad(e)lig, Adels-* ‖ título ~ *Adelstitel* m ‖ ~ m *Adelsbuch* n
nobilísimo adj sup *v.* **noble**
noble adj *edel(mütig)* ‖ *erhaben* ‖ *würdevoll* ‖ *hervorragend, herrlich* ‖ *adlig, von Adel* ‖ *vornehm* ‖ *groß(mütig), -herzig* ‖ *uneigennützig* ‖ acción ~ *rühmliche, edle Tat* f ‖ gas ~ *Edelgas* n ‖ ~ en sus obras *edel handelnd* ‖ estado ~ *Adel(-sstand)* m ‖ ~ m *Adlige(r), Edelmann* m ‖ ⟨Jgd⟩ *Greifvogel* m ‖ ◊ ~ hacer ~ (a) *jdn adeln, in den Adelsstand erheben* ‖ los ~s *der Adel* ‖ adv: ~**mente**
noble|tón, ona, noblote, ~**a** adj augm *v.* **noble** ‖ -**za** *f Adel* m, *Adelswürde* f ‖ *Edelleute* pl ‖ fig *Adel, Edelmut* m ‖ *edle Gesinnung* f ‖ fig *Redlichkeit, Gutherzigkeit* f ‖ ~ de sangre, ~ de casta *Geschlechtsadel* m ‖ ~ de sentimientos *Edelmut* m ‖ ◊ ~ obliga *Adel verpflichtet*
nocáut *m* → **knock-out**
nocedal *m Nußbaumhain* m
noción *f Begriff* m, *Idee* f ‖ *(Er)Kenntnis* f, *Aufschluß* m ‖ *Nachricht* f ‖ ~ general *Allgemeinbegriff* m ‖ ~es elementales, primeras ~es *Grund-, Elementar|kenntnisse* pl ‖ ~es comerciales *Handelskunde* f ‖ ◊ perder la ~ de las cosas *das Bewußtsein verlieren* ‖ fig *den Halt verlieren* ‖ tener ~ de la pintura *et von Malerei verstehen*
noci|vidad *f Schädlichkeit* f ‖ -**vo** adj *schädlich* ‖ animal ~ *Schädling* m
noc|tambular vi *nachtwandeln* ‖ -**tambulismo** *m* ⟨Med⟩ *Nachtwandeln* n ‖ -**támbulo** adj/s *nachtwandelnd* ‖ ~ m ⟨Med⟩ *Nachtwandler* m ‖ fig *Nachtschwärmer* m ‖ con seguridad de ~ *mit nachtwandlerischer Sicherheit*
noctifloro adj/s ⟨Bot⟩ *nachts blühend*
noctiluca *f* adj ⟨Entom⟩ *(Großer)Leuchtkäfer* m (Lampyris noctiluca) ‖ ⟨Zool⟩ *Leuchttierchen* n (Noctiluca miliaris) *(Meeresleuchten)*
noctívago adj ⟨poet⟩ *nachtwandelnd* ‖ *in der Nacht bummelnd* ‖ ~ m joc *Bummler, Nachtschwärmer* m
noctuidos mpl ⟨Entom⟩ *Eulenfalter* mpl (Noctuidae)
nocturnidad *f* ⟨Jur⟩ *Nächtlichkeit* f *(erschwerender Umstand)*
nocturno adj *nächtlich, Nacht-* ‖ ⟨Bot⟩ *nachts blühend* ‖ alboroto ~ *nächtliche Ruhestörung* f ‖ mariposa, helada ~a *Nacht|falter, -frost* m ‖ aves ~as *Nachtvögel* mpl ‖ ~ *m* ⟨Mus⟩ *Notturno* n ‖ *Nokturne, Nachtmusik* f ‖ ⟨Mal⟩ *Nachtstück* n ‖ ⟨Kath⟩ *Nokturn* f
noche *f Nacht* f ‖ *(später) Abend* m ‖ fig *Dunkelheit* f ‖ fig *Verwirrung* f ‖ fig *Übernachtung* f ‖ ~ en blanco, ~ toledana, ~ vizcaína *schlaflose Nacht* f ‖ ⟨poet⟩ *Tod* m ‖ △*Todesurteil* n ‖ ᄂ Buena = ᄂ**buena** ‖ ~ de luna *Mondnacht* f ‖ la ~ del sábado *der Hexensabbat* ‖ ~ de San Bartolomé ⟨Hist⟩ *Bartholomäusnacht, Pariser Bluthochzeit* f *(1572)* ‖ la ~ de la víspera *die vorige Nacht* ‖ ~ y día (día y ~) *Tag und Nacht* ‖ fig *unaufhörlich* ‖ a la ~ *abends* ‖ a las altas horas de la ~ *in späten Nachtstunden* ‖ a media ~ *um Mitternacht* ‖ a primera ~ *in den ersten Nachtstunden* ‖ a la entrada de la ~, al cerrar la ~ *bei Anbruch der Nacht* ‖ muy entrada (*od* avanzada) la ~ *tief in der Nacht* ‖ ayer ~ (= anoche) *gestern abend* ‖ de ~ *bei Nacht* ‖ de la ~ a la mañana *fig*

---

plötzlich, unverhofft ‖ durante la ~ *in der Nacht* ‖ por la ~ *abends* ‖ esta ~ *heute abend (od nacht)* ‖ ◊ era de ~ *es war Nacht* ‖ se va haciendo de ~, la ~ cierra *die Nacht bricht ein, es wird dunkel* ‖ en plena ~ *mitten in der Nacht* ‖ más feo que la ~ pop *häßlich wie die Nacht* ‖ hacer ~ (en) *übernachten* ‖ △hacerse ~ *verschwinden* ‖ pasar la ~ *übernachten* ‖ ¡buenas ~s! *gute Nacht!* ‖ *guten Abend!* ‖ a buenas ~s figf *blindlings, aufs Geratewohl* ‖ dim: ~**cita**
Nochebue|na *f Christ-, Weih|nacht* f, *Weihnachtsabend* m ‖ cena de (la) ~ *Weihnachtsfestmahl* n ‖ ᄂ**no** *m (Art) Weihnachtskuchen, Stollen* m ‖ öst *Striezel* m
nochecita *f* dim *v.* **noche** ‖ fam iron *unwirtliche (bzw schlaflose) Nacht* f
nocherniego adj *nächtlich* ‖ ~ m fig *Nachtschwärmer, Bummler* m
nodal adj ⟨Phys⟩ *Knoten-*
nodo *m Knoten* m (& ⟨Med Astr Phys⟩) ‖ ⟨Ak⟩ *Chladni-Figur* f
no-do *m* (= **Noticiarios y Documentales**) ⟨Filmw⟩ span. *Wochenschau* f ‖ el ~ p.ex *die Wochenschau* f
nodriza *f (Säug)Amme* f ‖ ⟨Tech⟩ *Hilfskessel* m ‖ *Hilfstank* m ‖ ⟨Flugw⟩ *Fallbehälter* m ‖ avión ~ *Tankflugzeug* n ‖ buque ~ *Mutterschiff* n
nódulo *m Knoten* m, *Knötchen* n
Noé *m* np *Noah, Noe* m ‖ arca de ~ *Arche* f *Noah*
Noel frz = **Nochebuena** ‖ Papá ~ fam *Weihnachtsmann* m
nogal *m* ⟨Bot⟩ *(Wal)Nußbaum* m (Juglans regia) ‖ *Nußbaumholz* n ‖ de ~ *Nußbaum-* △**nogué** *m Horn* n
noguera *f* ⟨Bot⟩ *(Wal)Nußbaum* m (→ **nogal**)
noia *f* Cat *Mädchen* n
nolens volens lat *wollend od nicht wollend, wohl od übel*
nolición *f* ⟨Philos Rel⟩ *Nichtwollen* n (vgl **volición**)
noli me tángere *m* lat „rühr mich nicht an", meist iron *das ist verboten, das ist tabu* ‖ ⟨Bot⟩ = **sensitiva, mimosa** ‖ ⟨Med⟩ *bösartiges Geschwür* n ‖ *Nolimetangere* n *(Bibel)*
Nolo *m* pop Tfn = **Manuel**
noluntad *f* ⟨Philos⟩ = **nolición** (vgl **voluntad**)
nom. Abk = **nominal**
noma *f* ⟨Med⟩ *Gesichtsbrand, Wasserkrebs* m, *Noma* n
nóma|da, -de adj/s *wandernd, nomadisch* ‖ *Nomaden-, Wander-* ‖ pueblo ~ *Wander-, Nomadenvolk* n ‖ → **vida**
nomadismo *m Nomadentum* n ‖ *Nomadenleben* n
nomasito adv Am pop = **nomás** (→ **más**)
nombra|damente adv *namentlich* ‖ -**día** *f Ruf, Ruhm* m ‖ *Berühmtheit* f ‖ -**do** adj *berühmt* ‖ *designiert* ‖ -**miento** *m Ernennung* f ‖ *Bestallung* f ‖ *Ernennungsurkunde* f
nom|brar [Am pop auch -ue-] vt *(be)nennen, heißen* ‖ *(rühmlich) erwähnen* ‖ *ernennen* ‖ *bestellen, bestallen* ‖ ◊ ~ (un) abogado *e-n Anwalt bestellen* ‖ ~ para un empleo *zu e-m Amte ernennen* ‖ -**bre** *m Name* m (& fig) ‖ *Tauf-, Ruf-, Vor|name* m ‖ *Benennung* f ‖ *guter Ruf, Ruhm* m ‖ *Spitz-, Spott|name* m ‖ ⟨Gr⟩ *Nennwort, Nomen* n ‖ ~ adjetivo *Eigenschaftswort, Adjektiv* n ‖ ~ apelativo *Gattungsname* m ‖ Chi *Zu-, Beiname* m ‖ ~ comercial *Firma, Firmenbezeichnung* f ‖ ~ convencional *Deckname* m ‖ ~ genérico, ~ común *Gattungsname* m ‖ ~ de guerra pop *Spitzname* m ‖ ~ numeral *Zahlsubstantiv, substantivisches Zahlwort* n *(z. B.* decena*)* ‖ ~ de pila *Taufname* m ‖ ~ propio ⟨Gr⟩ *Eigenname* m ‖ ~ substantivo ⟨Gr⟩ *Hauptwort, Substantiv* n ‖ ~ y apellidos *Vorname* m *und die Familiennamen* mpl *des Vaters und der Mutter (gebräuchlich nahezu im*

nomenclátor — Norteamérica 772

gesamten Sprachraum) ‖ *sin* ~ *namenlos* ‖ *gall unzählig* ‖ *Dulce* ~ *(de Maria, de Jesús) Mariä Namen, Jesu Namen (12. Sept.)* (& Tfn) ‖ *en el* ~ *de Dios in Gottes Namen* ‖ ◊ *obro en su* ~ *ich hand(e)le in seinem Namen* ‖ *conocer de* ~ *dem Namen nach kennen* ‖ *dar el* ~ (a) *(be)nennen, heißen* ‖ ⟨Mil⟩ *das Losungswort geben* (→ **consigna**) ‖ *indicar el* ~ *namhaft machen* ‖ *llamar u/c por su* ~ *fig das Kind beim rechten Namen nennen* ‖ *poner* ~ *e-n Namen beilegen, geben* ‖ *reservar a* ~ *de N auf den Namen N reservieren* ‖ *su conducta no tiene* ~ *fig sein Benehmen ist äußerst verwerflich* ‖ *por* ~ *N genannt, namens N* ‖ *por mal* ~ *N mit (dem) Spitznamen N*
nomen|clátor (–clador) *m Namenverzeichnis* n ‖ *Katalog* m
nomenclatura *f Nomenklatur* f ‖ *Fachausdrücke* mpl ‖ *wiss. Terminologie* f ‖ ⟨Wiss⟩ *Einteilung u. Benennung* f ‖ *allg Katalog* m, *Liste* f, *Verzeichnis* n ‖ ~ *binaria* (de Linneo) ⟨Zool Bot⟩ *Doppelbezeichnung, binäre Nomenklatur* f *(von Linné) (der Gattung und der Art, in lat. Sprache)*
nomeolvides *f* ⟨Bot⟩ *Vergißmeinnicht* n (→ **miosotis**)
nómina *f Namenverzeichnis* n ‖ *Gehaltliste* f *(der Beamten)* ‖ *Gehalt* m ‖ *Gehaltsauszahlung* f
nominación *f* = **nombramiento**
nominal *adj namentlich, Namen-* ‖ *nominell* ‖ *Nominal-, Nenn-* ‖ *valor* ~ *Nennwert* m ‖ *votación por llamamiento* ~ *namentliche Abstimmung* f ‖ **–idad** *f Charakter* m *e–s Namenspapiers* ‖ ~**ismo** *m* ⟨Philos⟩ *Nominalismus* m ‖ ~**ista** *adj/s nominalistisch* ‖ ~ m *Nominalist* m ‖ **nomi|nalmente** *adv nach Nomen, namensweise* ‖ **–nar** vt = **nombrar** ‖ **–nativo** *adj namentlich, Namen(s)-* ‖ *acción* ~*a Namensaktie* f ‖ *lista* ~*a Namensverzeichnis* n ‖ ~ m ⟨Gr⟩ *Nominativ, Wer-, Nenn|fall* m ‖ ◊ *especificar* ~*amente namentlich aufführen*
nomograma *f* ⟨Math⟩ *Nomogramm* n
nomparell *m* ⟨Typ⟩ *Nonpareille* f *(6-Punkt-Schrift)*
¹**non** *m/adj ungerade Zahl* f ‖ *de* ~ *ungerade, ohne Paar* ‖ ◊ *estar de* ~, *quedar de* ~ *fam allein (übrig)bleiben* ‖ **es** pl: *de* ~ *unbesetzt, offen (Amt)* ‖ *fam ohne Beschäftigung (Person)* ‖ ◊ *dice que* ~ *fam er sagt nein, er weigert sich* ‖ *jugar a pares y* ~ *gerade od ungerade spielen* ‖ *la acera de los* ~ *fam die Straßenseite der ungeraden Hausnummern* (→ **pares**)
²**non** *adv pop* = **no**
nona *f Non(e)* f *(Gebet)* ‖ ~**s** pl *Nonen* fpl *(im altrömischen Kalender)*
nonada *adv pop garnichts* ‖ ~ *f Kleinigkeit, Lappalie* f
nona|genario *m/adj Neunzigjährige(r)* m ‖ ~ *adj neunzigjährig* ‖ **–gésimo** *adj neunzigste(r)* ‖ ~ *m*: (parte) ~a *Neunzigstel* n
nonato *adj ungeboren* ‖ *nicht geboren* (& fig) ‖ *durch Kaiserschnitt zur Welt gekommen* ‖ *(noch) nicht vorhanden* ‖ → a **niñato**
nones → ¹**non**
non(in)gentésimo *adj neunhundertste(r)* ‖ ~ m *Neunhundertstel* n
nonio *m* ⟨Tech⟩ *Nonius, Vernier* m
nono *adj* = **noveno**
non olet lat *(das Geld) stinkt nicht*
non plus ultra lat *Nonplusultra* n, *höchster erreichbarer Grad* m
non possumus lat *wir (die römische Kirche, der Papst) können nicht (Weigerung)*
△**nonrio** *adj unser*
non sancta lat: *gente* ~ *sittenloses (bzw vertrauensunwürdiges) Volk* n ‖ *mujer* ~ *fig leichtes Mädchen* n ‖ ~ *Prostituierte* f
nopal *m* ⟨Bot⟩ *Feigenkaktus* m (→ **chumbera**) ‖ ~ *de la cochinilla Cochenillekaktus* m *(Opuntia cochenillifera)* ‖ *cochinilla del* ~ ⟨Entom⟩ *Echte Koschenillelaus* f (→ **cochinilla**)
noque *m* ⟨Arch⟩ *Kalkkasten* m ‖ *Lohgrube* f
noque|ar vt *knockout, k.o. schlagen* ‖ fam *(tüchtig) schlagen, verprügeln* ‖ **–o** *m fam K.-o.-Schlag* m ‖ *fam Tracht* f *Prügel*
noquero *m* ⟨Loh⟩ *Gerber* m
noramala *adv* = **enhoramala**
noray *m* ⟨Mar⟩ *Poller* m
Norberto *m* Tfn *Norbert* m
nordes|tada *f* ⟨Mar⟩ *anhaltender, kräftiger Nordostwind* m ‖ **–te** *m Nordost(wind)* m ‖ **–tear** vi ⟨Mar⟩, *auf Nordost drehen (Wind)* ‖ *sich nach dem Nordostpunkt richten*
Nordetania *f* pop *Nordland* n *(bes England)*
nórdi|co *adj nordisch (Rasse, Sprache, Dichtung)* ‖ *nördlich, Nord-* (→ **norteño, septentrional**) ‖ ~ *m nordische Sprache* f ‖ *la idea* ~*a der nordische Gedanke* ‖ *raza* ~*a nordische Rasse* f ‖ **–do** *adj/s nordid, zu dem Norden gehörend* ‖ ~ *m Nord(id)e* m
nordista *m/adj* ⟨Hist⟩ *Nordstaatler* m *(Sezessionskrieg in den USA)*
noria *f Schöpfrad* n ‖ *Ziehbrunnen* m *(mit Göpelgetriebe)* ‖ *figf undankbare Arbeit*, *fig Tretmühle* f ‖ *fig Riesenrad (auf dem Volksfest)*
△**norical** *m Schnecke* f
noriego *adj aus Añora* (PCórd)
Norita *f* pop = **Leonor**
nor|ma *f Winkelmaß* n ‖ *fig Norm, Regel* f ‖ *fig Richtschnur, (Leit)Regel* f ‖ ~ *general Norm, Allgemeinregel* f ‖ *por* ~ *general in der Regel* ‖ ◊ *servir de* ~ *zur Richtschnur dienen* ‖ ~**s** *industriales Industrienormen* fpl ‖ ~ *de circulación (od de tráfico)* ⟨StV⟩ *Verkehrsregeln* fpl ‖ (→ a **medida, regla**) **–mal** *adj regelrecht, normal* ‖ *Muster-* ‖ ⟨Mus⟩ *normal (Stimmung)* ‖ *escuela* ~ *(de maestros,* ~ *Lehrer(innen)bildungsanstalt* f, *-seminar* n, (Deut heute: *Pädagogische Hochschule* f) ‖ *hora, reloj* ~ *Einheits|zeit, -uhr* f ‖ *vía* ~ ⟨EB⟩ *Normalspur* f ‖ *adv*: ~**mente** ‖ ~ *f* = **escuela** *-mal* ‖ ⟨Math⟩ *Normale, Senkrechte* f
norma|lidad *f Regelmäßigkeit, Normalität* f ‖ *Ordnungsmäßigkeit* f ‖ *Normalzustand* m ‖ ◊ *volver a la* ~ *sich normalisieren (Lage)* ‖ **–lista** *m/f adj Schüler(in)* m(f) *e-r Lehrer(innen)bildungsanstalt* ‖ ~ *adj Lehrerseminars-* ‖ **–lización** *f Normalisierung* f ‖ *Normung, Standardisierung* f ‖ **–lizar** [z/c] vt *normalisieren* ‖ *normen, standardisieren, vereinheitlichen* ‖ ⟨Metal⟩ *normalglühen (Stahl)*
Normandía *f Normandie* f
norman(d)o, normánico *adj normannisch* ‖ ~ *m Normanne* m
normar vt Col *normalisieren*
normativismo *m* ⟨Philos Pol⟩ *Normativismus* m *(Vorrang des Sollens vor dem Sein)*
normativo *adj normativ, Regel-* ‖ *gramática* ~*a* ⟨Li⟩ *normative Grammatik* f
normógrafo *m Schriftschablone* f
norna *f Norne* f ‖ ~**s** pl *die drei nordischen Schicksalsgöttinnen (Urd, Werdandi, Skuld)*
nor|nordeste *m* ⟨Mar⟩ *Nordnordost(wind)* m ‖ **–noroeste**, **–norueste** *m* ⟨Mar⟩ *Nordnordwest (-wind)* m ‖ **–tada** *f* ⟨Mar⟩ *anhaltender, kräftiger Nordwind* m ‖ **–tazo** *m* ⟨Mar⟩ *heftiger Nordwind* m
norte *m Nord(en)* m *(N.)* ‖ *Nordpol* m ‖ *Nordwind* m ‖ *Nord-, Polar|stern* m ‖ *nördliche Richtung* f ‖ *fig Führer, Wegweiser* m ‖ *fig Vorbild* n ‖ *fig Ziel* n, *Zweck* m ‖ *Estrella del* ~ ⟨Astr⟩ *Nordstern* m ‖ *España del* ~, *el* ~ *de España Nordspanien* n ‖ *ferrocarril del* ~ *Nordbahn* f ‖ *lado del* ~ *Nord-, Winter|seite* f ‖ *al* ~ *nördlich*
Norteamérica *f Nordamerika* n, *bes die Vereinigten Staaten*

norteamericano adj *nordamerikanisch* ‖ ~ *m Nordamerikaner*, bes *US-Amerikaner* m
nortear vi ⟨Mar⟩ *auf Nord drehen (Wind)* ‖ *sich nach dem Nordpunkt richten* ‖ *nach Norden abweichen (Kompaßnadel)*
norteño adj/s *nördlich* ‖ *nordländisch* ‖ *aus dem Norden* ‖ ~ *m Nordländer* m ‖ →**nórdico**
nortino adj Chi Pe *aus dem Norden stammend*
△**nortó** *m Geld* n, *Münze* f
Nortumbria f *Northumberland*
Norue|ga f *Norwegen* ‖ ≃**go** adj *norwegisch* ‖ ◊ llevar bacalao a ~ figf *Eulen nach Athen tragen* ‖ ~ *m Norweger* m ‖ el ~ *die norwegische Sprache, das Norwegische*
norueste *m* = **noroeste**
△**norunji** adj *zornig*
nos pron *wir (im Nominativ nur als Pluralis majestatis gebraucht)* ‖ *uns* ‖ no ~ (lo) cree *er glaubt (es) uns nicht* ‖ ¡míranos! *sieh uns an!* ‖ ¡marchémonos! *gehen wir fort!* ‖ venga a ~ el tu reino *dein Reich komme (zweite Bitte im Vaterunser)* ‖ ruega por ~ Santa Madre de Dios *bitte für uns, heilige Mutter Gottes!* ‖ ¡dínoslo! *sage es uns!* ‖ dicennos (= nos dicen) que ... *man sagt uns, daß* ‖ ⩲, Alfonso, Rey por la gracia de Dios ... Wir Alfons, König von Gottes Gnaden ...
nosequé *m (normalerweise: no sé qué): tiene un ~ (que parece un quéseyo)* fam *sie hat ein gewisses (bzw das gewisse) Etwas* ‖ un ~ de estrafalario *ein leichter Anflug von Verschrobenheit*
noso|comio *m* Am *Kranken|haus* n, *-anstalt* f ‖ **–mania** f ⟨Med⟩ *Krankheitssucht, Nosomanie* ‖ **–fobia** f *Nosophobie, Angst* f *vor (ansteckenden) Krankheiten* ‖ **–genia** f *Nosogenie* f (→*etiología*) ‖ **–logía** f *Krankheitslehre, Nosologie* f ‖ **–lógico** adj *nosologisch* ‖ **–manía** f ⟨Med⟩ *Krankheitssucht, Nosomanie* f
nosotros, as pron *wir (Silbentrennung nosotros!)* ‖ a ~ *uns* (Dat. od Akk.) ‖ se despide de ~ *er verabschiedet sich von uns* ‖ (~) los españoles *wir Spanier* ‖ va con ~ *er geht mit (uns)* ‖ unter uns ‖ zwischen uns ‖ esto queda entre ~ *das bleibt unter uns, wir wollen nicht darüber sprechen* ‖ entre ~ *no hay problemas zwischen uns gibt es k–e Probleme* ‖ esta silla está entre ~ *dieser Stuhl steht zwischen uns*
nostal|gia f *Heimweh* n ‖ fig *Sehnsucht* f ‖ fig *Nostalgie, Wehmut* f ‖ fig *Trübsinn* m, *Schwermut* f ‖ ◊ sentir ~ (od *-giar) de sich sehnen (nach)* ‖ tengo (od siento) ~ de ti *ich habe Sehnsucht nach dir*
nostálgico adj *sehnsuchtsvoll* ‖ *nostalgisch* ‖ fig *sehnsüchtig* ‖ *trübsinnig, schwermütig* ‖ *sentimiento* ~ *Heimweh* n ‖ *Nostalgie* f
nostramo *m* = **nuestramo**
nostras adj: cólera ~ *Cholera nostras, europäische Cholera* f, *Brechdurchfall* m
¹**nota** f ~ (Merk)Zeichen, Merkmal n ‖ *An-, Be|merkung, Note* f ‖ *Rand-, Fuß|note* f ‖ *Zeitungsnotiz* f ‖ *(diplomatische) Note* f ‖ *Andeutung* f ‖ *Aufzeichnung* f ‖ *Rechnung* f ‖ *Zensur, Note* f *(für Schülerleistungen)* ‖ *kurzer Aufsatz* m ‖ fig *Tadel, Vorwurf* m ‖ fig *Schimpf, Schandfleck* m ‖ *guter Ruf* m, *Berühmtheit* f ‖ ⟨Musik⟩*Note* f ‖ ⟨Radio⟩ *Tonhöhe* f, *Ton* m ‖ fig *Note* f, *Ton* m ‖ fig *Bedeutung, Wichtigkeit* f ‖ ~ de caja ⟨Com⟩ *Kassenschein* m ‖ ~ del cambio *Kurszettel* m ‖ (inter)cambio de ~s ⟨Pol⟩ *Notenwechsel* m ‖ ~ circular *Rundschreiben* n ‖ ~ de paso ⟨Mus⟩ *Durchgangsnote* f ‖ ~ de pedido *Bestellschein* m ‖ ~ al pie (de página) *Fußnote* f ‖ ~ de precios *Preisliste* f ‖ ~ verbal *Verbalnote* f ‖ de ~ *berühmt, bedeutend (z. B. Schriftsteller)* ‖ wichtig ‖ de mala ~ *berüchtigt* ‖ digno de ~ *bemerkenswert* ‖ escritor de ~ *bekannter Schriftsteller* m ‖ de mucha ~ *sehr berühmt* ‖ ◊ dar la ~ *tonangebend sein* ‖ forzar la ~ *übertreiben, zu weit gehen* ‖ tomar ~ de *et aufzeichnen, vormerken* ‖ tomar buena ~ *entsprechende Notiz nehmen* ‖ tomar ~s *sich Notizen machen* ‖ sírvase tomar ~ de nuestros giros ⟨Com⟩ *wir bitten Sie, unsere Abgaben vorzumerken* ‖ habiendo tomado buena ~ de su contenido *von dessen Inhalt wir gute Kenntnis nahmen (Handelsbrief)* ‖ ~**s** *pl:* ~ de adorno ⟨Mus⟩ *Ziernoten* fpl ‖ cuaderno de ~ *Notiz-, Taschen|buch* n ‖ ◊ (ob)tener malas ~, fam traer malas ~ *ein schlechtes Zeugnis bringen (Schüler)*
²**nota** f: ~ bene lat *notabene, wohlgemerkt (NB)*
nota|bilidad f *Wichtigkeit* f ‖ *Bedeutung* f ‖ *hervorragende Persönlichkeit, Berühmtheit* f ‖ *Ansehen* n, *Ruhm* m ‖ **–ble** adj (sup **–bilísimo**) *bedeutend, angesehen* ‖ *merkwürdig, hervorragend* ‖ *beträchtlich* ‖ ~ m/adj *etwa: Befriedigend* n *(Schulnote)* ‖ los ~s *del pueblo die Honoratioren* mpl, *die Prominenz* f *des Ortes* ‖ adv: **-mente** ‖ **–ción** f *Bezeichnung(sweise)* f ‖ *Notierung, Notation* f ‖ ⟨Math Chem⟩ *Formel* f ‖ *Darstellung, Schreibweise* f ‖ *Symbol, Zeichen* n (& ⟨Chem⟩) ‖ ~ fonética *phonetische Symbolschrift* f ‖ ~ musical *Notenschrift* f ‖ **–do** adj: mal ~ *anrüchig, verrufen*
notar vt *an-, auf-, (be)zeichnen* ‖ *verzeichnen* ‖ *notieren* ‖ *an-, ver|merken* ‖ *(be)merken, wahrnehmen* ‖ *feststellen* ‖ *tadeln, rügen* ‖ ◊ ~ una falta *e–n Fehler bemerken, aussetzen* (en *bei*) ‖ ~ a uno hablador *jdm seine Schwatzhaftigkeit vorhalten* ‖ hacer ~ *bemerken, erwähnen* ‖ *hinweisen (auf acc)* ‖ hacerse ~ *die Aufmerksamkeit auf sich lenken* ‖ ~**se**: apenas se nota *es ist kaum zu merken* ‖ se le nota el buen músico *man sieht ihm den guten Musiker an*
nota|ría f *Notariat(sbüro)* n ‖ **–riado** *m Notariat* n ‖ *die Notare* mpl ‖ *Notariatskollegium* n ‖ *Amt* n *e–s Notars* ‖ ~ adj *notariell geglaubigt* ‖ **–rial** adj *notariell* ‖ gastos ~es *Notariatsgebühren* fpl
nota|riato *m Notarsamt* n ‖ *Amt* n *e–s Notars* ‖ **–rio** *m Notar* m ‖ *(Notariats)Schreiber* m *(= amanuense)* ‖ ◊ depositar en casa de un ~ *bei e–m Notar hinterlegen, deponieren*
noti|cia f *Kenntnis(nahme)* f ‖ *Erkenntnis* f ‖ *Wissen, Bewußtsein* n ‖ *Nachricht* f ‖ *Notiz* f ‖ ~ breve *Kurznachricht* f ‖ ~ falsa *falsche Nachricht* f ‖ ~ remota *schwache Erinnerung* f (de *an* acc) ‖ ◊ no tengo ~ de eso *ich weiß nichts davon* ‖ Fulano siempre es ~ figf *über Herrn Soundso gibt es immer Interessantes zu berichten* ‖ ~**s** fpl: ~ deportivas *Sportnachrichten* fpl ‖ ~ sueltas *Einzelnachrichten* fpl ‖ ~ del día *Tagesnachrichten* fpl ‖ ~ de prensa *Pressenachrichten* fpl ‖ sección de ~ *kleine Chronik (Zeitung)* ‖ según las ~ recibidas *nach den erhaltenen Nachrichten* ‖ ◊ estar sin (od hallarse privado, falto de) ~s *ohne Nachricht sein, keine Nachricht haben* ‖ recibir ~ recientes *frische Nachrichten erhalten* ‖ tener ~ de *Kenntnis haben von* ‖ **–ciar** vt *jdn benachrichtigen, jdm et melden, zur Kenntnis bringen* ‖ **–ciario** *m* ⟨Filmw⟩ *Wochenschau* f (→**no-do**) ‖ ~ (hablada) ⟨Radio TV⟩ *Nachrichten* fpl, *Nachrichtendienst* m ‖ **–cierismo** *m* pop *Neuigkeitskrämerei* f ‖ **–ciero** *m Berichterstatter* m ‖ *Zeitung* f, *Tageblatt* n, *Tageszeitung* f ‖ ~ adj *Nachrichten-* ‖ **–ción** *m* augm v. **-cia** ‖ fam *ungewöhnliche, wenig glaubwürdige Nachricht* f ‖ *sehr wichtige Nachricht* f ‖ fam *Knüller* m ‖ **–cioso** adj *unterrichtet, informiert* ‖ ~ de *in Kenntnis gesetzt von* ‖ ~ m = **erudito** ‖ **–ficación** f *(amtliche) Bekannt|gabe, -machung, Anmeldung* f ‖ *Kundmachung, Anzeige* f ‖ ⟨Pol⟩*Notifizierung* f ‖ **–ficar** [c/qu] vt *(förmlich) anzeigen, bekanntgeben* ‖ *mitteilen, zur Kenntnis bringen* ‖ ⟨Pol⟩ *notifizieren* ‖ ◊ ~ una citación ⟨Jur⟩ *e–e Ladung zustellen*
¹**noto** adj *(allgemein) bekannt* ‖ *ruchbar* ‖ **unehelich (Kind), Bastard-*

²**noto** m ⟨poet⟩ *Südwind* m
³**noto** m ⟨Entom⟩ *Notum* n *(Rückenteil jeder der drei Brustringe)*
notocordio m ⟨Zool⟩ *Notochordium* n
notodóntidos mpl ⟨Entom⟩ *Zahnspinner* mpl (Notodontidae)
notonecta f ⟨Entom⟩ *Rückenschwimmer* m (Notonecta glauca)
noto|riamente adv *offenkundig* ‖ *anerkanntermaßen* ‖ **-riedad** f *Offenkundigkeit*, ⟨Jur⟩ *Notorietät* f ‖ *Ruhm* m, *Berühmtheit* f ‖ *Popularität* f ‖ *deseo de* ~ *Ruhmsucht* f ‖ **-rio** adj *allgemein od öffentlich bekannt, offenkundig* ‖ ⟨Jur⟩ *notorisch* (& fig) ‖ *un bebedor* ~ *ein notorischer Trinker* m
noúmeno m ⟨Philos⟩ *Noumenon* n
nova f ⟨Astr⟩ *Nova* f
novaciano m ⟨Rel⟩ *Novatianer* m *(nach dem römischen Gegenpapst Novatian)*
novación f *Neuerung* f ‖ ⟨Jur⟩ *Schuld|umwandlung, -ersetzung* f ‖ ~ *subjetiva Schuldübernahme* f (→ **asunción** de deuda)
nova|cha f fam joc *unerwartete, überraschende Nachricht* f ‖ **-chero** m/adj fam *Neuigkeitskrämer* m ‖ **-dor** m *Neuerungssüchtige(r)*, *Neuerer* m
noval adj: *tierra* ~ ⟨Agr⟩ *Neubruch* m
no-va-más m: *esto es el* ~ fam *das ist das Höchste!*
novar vt ⟨Jur⟩ *erneuern* ‖ *Schuld umwandeln*
nova|tada f *derbe Neckereien* fpl, *die Neulinge (Schule, Armee usw) von ihren Kameraden ertragen müssen* ‖ fam *Kinderei, Albernheit* f ‖ fam *Jugendstreich* m ‖ **-to** m/adj *Neuling, Anfänger* m
nov.ᵉ, nov.ᵇʳᵉ, nov.ʳᵉ (9.ᵉ, 9.ᵇʳᵉ) = noviembre
Nov. Recop. Abk ⟨Jur⟩ = **Novísima Recopilación**
novecientos, as adj *neunhundert* ‖ *neunhundertste(r, s)* ‖ *el año* ~ *das Jahr 900 (& 1900)* ‖ ~ m *Neunhundert* f *(Zahl)*
nove|dad f *Neuheit* f ‖ *Neuigkeit* f ‖ *Neuerung, Veränderung* f ‖ *Nachricht* f ‖ *Ereignis* n ‖ fig *Aufsehen* n ‖ *artículos de* ~ *Modeartikel* mpl ‖ ¡*sin* ~! *danke der Nachfrage! (Antwort auf ¿cómo sigue V.?)* ‖ ⟨Mil⟩ *nichts Neues!* ‖ ◊ *me causa* ~ *ich bin ganz verwundert (darüber)* ‖ *no hay* ~ *es ist alles beim Alten* ‖ *el paciente sigue sin* ~ *der Patient weist keine Verschlimmerung auf* ‖ *llegar sin* ~ *wohlbehalten ankommen* ‖ **-es** pl *Neuheiten, Modewaren* fpl ‖ **-doso** adj/s Am *neu, modern* ‖ *neuigkeitssüchtig*
novel adj/s *neu, angehend, unerfahren, ungeübt* ‖ ~ m *Neuling, Anfänger* m
novela f *Roman* m ‖ fig *Erdichtung* f ‖ ⟨Jur⟩ *Novelle* f *(zu e-m Gesetz)* ‖ ~ *de amor(es) Liebesroman* m ‖ ~ *de anticipación, ~ de ciencia ficción, ~ de fantaciencia Science-fiction-Roman* m ‖ ~ *de aventuras Abenteuerroman* m ‖ ~ *barata billiger Roman* m (& fig) ‖ fig *Dreigroschenroman* m ‖ ~ *cómica, ~ humorística heiterer Roman* m ‖ ~ *cinematográfica Filmroman* m ‖ ~ *comprometida engagierter Roman* m ‖ ~ *corta Novelle* f (→ a **narración**) ‖ *de costumbres Sittenroman* m ‖ ~ *de costumbres taurinas Stierfechterroman* m ‖ ~ *detectivesca Detektivroman* m (→ ~ *policíaca*) ‖ ~ *educativa Erziehungsroman* m ‖ *Entwicklungsroman* m ‖ ~ *por entregas Roman* m *in Lieferungen* ‖ ~ *erótica erotischer Roman* m ‖ ~ *de éxito Erfolgsroman, Bestseller* m (engl) ‖ ~ *de familia Familienroman* m ‖ ~ *galante galanter Roman* m ‖ ~ *histórica historischer Roman* m ‖ ~ *de horror Grusel-, Schauer-, Horror|roman* m ‖ ~ *pastoril Schäferroman, schäferlicher Liebesroman* m ‖ ~ *de perra gorda Dreigroschenroman* m ‖ ~ *picaresca pikaresker Roman, Schelmenroman* m ‖ ~ *policíaca Kriminalroman,* pop *Krimi* m ‖ ~ *pornográfica pornographischer Roman, Schmutz- und Schundroman* m ‖ ~ *(p)sicológica psychologischer Roman* m ‖ ~ *rosa (kitschiger bzw naiver)*

Liebes- od Gesellschafts|roman, fam *Lore-Roman* m ‖ ~ *rústica Bauern-, Dorf|roman* m ‖ *Blut- und Bodenroman* m ‖ ~ *sensacional Sensationsroman* m ‖ *social Gesellschaftsroman* m ‖ ~ *tendenciosa, ~ de tesis Tendenz-, Thesen|roman* m ‖ *estilo de* ~ *Romanstil* m ‖ *protagonista de* ~ *Romanheld* m ‖ *en forma de* ~ *in Romanform* ‖ **~s** pl: *autor de* ~ *Romanschriftsteller, Romancier* m
nove|lador m = **-lista** ‖ **-lar** vt/i *in Romanform bringen (od erzählen)* ‖ *zu e-m Roman gestalten* ‖ vi *Romane schreiben* ‖ *biografía* **-lada** *biographischer Roman* m ‖ **-lería** f *Neuigkeitskrämerei* f ‖ fam *Roman|sucht, -lesewut* f ‖ **-lero** adj *neuigkeitssüchtig* ‖ *wankelmütig* ‖ *(roman)lesewütig* ‖ ~ m *Neuigkeitskrämer* m ‖ *Romanfreund* m ‖ △ *Diebesbote* m ‖ **-lesco** adj *romanhaft, Roman-* ‖ fig *romanhaft, phantastisch* ‖ *lance* ~ *romanhaftes Abenteuer* n ‖ *imaginación* **~a** *romanhafte Phantasie* f ‖ **-lista** m/adj *Romanschriftsteller, Romancier* m ‖ *Novellist* m ‖ **-lística** f *Kunst* f *des Romans* ‖ *Novellistik* f ‖ **-lístico** adj *novellistisch* ‖ *den Roman betreffend, Roman-* ‖ **-lón** m augm fam v. **novela** ‖ *Schauderroman* m
nove|na f ⟨Rel⟩ *Novene, neuntägige Andacht* f ‖ *Novenenbuch* n ‖ **-nario** m *Zeitraum* m *von neun Tagen* ‖ ⟨Kath⟩ *Novene* f *(oft mit Predigt)* ‖ ⟨Kath⟩ *neuntägige Trauer* f ‖ ⟨Kath⟩ *Neuntageamt* n ‖ ~ *de baños (de mar) neun Tage Seebäder* ‖ **-no** adj/s *neunte(r)* ‖ *la* **~a** *parte, el* ~ *Neuntel* n ‖ *Pío* ~ *Pius IX* ‖ ~ m *Neuntel* n
noven|ta adj *neunzig* ‖ *el año* ~ *das Jahr (18) 90* ‖ ~ m *Neunzigstel* n ‖ **-tena** f *Gruppe* f *von 90 Einheiten* ‖ **-teno** adj *neunzigster* ‖ **-tón, ona** adj/s *neunzigjährig (Person)*
¿no verdá? pop = **¿no es verdad?** *nicht wahr?*
novia f *Braut* f ‖ *Neuvermählte* f ‖ fam *etwa: Freundin* f ‖ ◊ *echarse* ~ pop *sich e-e Freundin zulegen* ‖ *pedir la* ~ (Am *noviar*) *um ein Mädchen werben, freien*
noviazgo (prov *noviajo*) m *Brautstand* m ‖ *Braut-, Verlobungs|zeit* f
novi|cia f *Novize, angehende Nonne* f ‖ fig *Anfängerin* f ‖ **-ciado** m *Noviziat* n ‖ fig *Probe-, Lehr|zeit* f ‖ **-cio** adj *unerfahren, ungeübt* ‖ ~ m *Novize, Probemönch* m ‖ fig *Neuling, Anfänger* m
noviembre m *November* m
noviero m/adj fam *der stets die Freundinnen wechselt (nicht mit enamoradizo verwechseln!)*
novilunio m *Neumond* m
novi|lla f *Färse, Kalbkuh* f ‖ **-llada** f *Jungstierherde, Herde* f *von jungen Rindern* ‖ ⟨Taur⟩ *Kampf* m *mit jungen Stieren* ‖ **-lleja** f, **-llejo** m dim v. **-lla, -llo** ‖ **-llero** m ⟨Taur⟩ *Kämpfer* m *mit Jungstieren* ‖ *angehender Stierfechter* m ‖ figf *Durchgänger, (Schul)Schwänzer* m ‖ **-llo** m *Jungstier, junger Stier, junger Ochse* m ‖ ⟨Taur⟩ *junger Kampfstier* m ‖ figf *gehörnter Ehemann, Hahnrei* m ‖ ◊ *hacer* **~s** fam *die Schule schwänzen* ‖ *fehlen*
novio m *Bräutigam* m ‖ fam *etwa: Freund* m ‖ *los* **~s** *die Neuvermählten, das Brautpaar* ‖ → a **compuesto, viaje**
novísimo adj sub v. **nuevo** ‖ *ganz neu* ‖ *der letzte* ‖ **~s** mpl: *los* ~ ⟨Rel⟩ *die vier letzten Dinge* npl
novocaína f ⟨Chem⟩ *Novokain* n
n/P Abk = **nuestro pagaré**
n/r Abk = **nuestra remesa** ‖ **nuestro recibo**
ns. Abk = **nacionales**
N.S.J.C. Abk = **Nuestro Señor Jesucristo**
n.ᵗᵒ Abk = **neto**
ntro., ntra., nro., nra. Abk = **nuestro, ~a**
△**nu** = **me**
nuba|da f *Platzregen, Regen|guß, -schauer* m ‖ fig *Schwarm, Haufe* m, fam *Unmenge* f ‖ **-rrada** f = **-da** ‖ **-(rra)do** adj *gewölkt, wolkig* ‖ *gewässert (Zeug)* ‖ **-rrón** m *große (einzelstehende) Wolke* f ‖ *Sturm-, Gewitter|wolke* f

nube f *Wolke* f || fig *Schar* f, *Schwarm* m, fam *Unmenge* f || *Fleck* m, *Wolke* f *(im Auge)* || *Wolke* f *(Fleck in e-m Edelstein)* || fam *Halswärmer* m || △*Mantel* m || ~ de humo *Rauchwolke* f || ~ de lluvia *Regenwolke* f || ~ de niebla *Nebel (-dunst)* m || ~ de tormenta *Gewitterwolke* f || ~ de verano *vorübergehende Regenwolke* f *im Sommer* || fig *launiger Einfall* m || fig *vorübergehende Unannehmlichkeit* || fig *Strohfeuer* n || *Läpperei* f || ~**s**: ~ de polvo *Staubwolken* fpl || ◊ como caído de las ~ fig *plötzlich, wie vom Himmel gefallen* || andar *(od* estar, ir) por las ~ fig *über den Wolken wandeln, weltfremd* bzw *zerstreut sein* || fig *außerordentlich hoch sein (Preise)* || fig *sehr aufgebracht sein (Person)* || levantar, subir a *(od* hasta) los ~, poner por las ~ figf *in den Himmel erheben, über alle Maßen* (fam *über den grünen Klee) loben* || remontarse a las ~ figf *sich viel einbilden* || *in heftigen Zorn geraten* || sin ~ *wolkenlos*

nubecilla f dim v. **nube**
Nubia f *Nubien* n
núbil adj *heiratsfähig* (bes *Mädchen),* *mannbar
nubilidad f *Heirats-* bzw *Geschlechts|fähigkeit, Pubertät* f *(des Mädchens)*
¹**nubio** adj/s *nubisch* || ~ m *Nubier* m
△²**nubio** adj *der neunte*
nublado adj *um-, be|wölkt* || *wolkig, trübe* || ◊ el cielo está muy ~ *der Himmel ist sehr bewölkt* || ~ m *Gewölk* || *Wetter-, Sturm-, Gewitter|wolke* f || fig *drohende Gefahr* f || fig *Unmenge* f, *Haufen* m || △*Mantel* m || ◊ llegó un ~ de gente figf *es kam e-e Unmenge Menschen*
nublar vt *umwölken* || fig *be-, ver|decken* || ~**se** *trübe werden (Augen, Blick)*
nu|ble Ar, **-blo** adj = **nublado** || **-blo** m ⟨Agr⟩ *Rost* m *des Getreides*
nubloso adj *neb(e)lig, wolkig, trübe* || fig *trübe, düster*
△**nubol** m *Bettuch* n
nubo|sidad f ⟨Meteor⟩ *Bewölkung* f || **-so** adj *bewölkt*
nuca f *Genick* n, *Nacken* m || *Hals* m || *Rücken* m || ~ de toro *Stiernacken* m (& fig) || rigidez de *(od* en) la ~ *Genickstarre* f
nuclear adj ⟨Biol Phys Nucl⟩ *Kern-* || ⟨Phys Nucl⟩ *nuklear* || desintegración *(od* escisión *od* fisión) ~ *Kernspaltung* f || explosión ~ *Kernexplosion* f || investigación ~ *Kernforschung* f || →a **atómico**
nucle|ina f ⟨Chem⟩ *Nuklein* n || **-ínico** adj: ácido ~ *Nukleinsäure* f
núcleo m ⟨Biol Phys Nucl Tech⟩ *Kern* m || ⟨Bot⟩ *Samen-* bzw *Frucht|kern* m || fig *Kern* m, *Zentrum* n, *Mitte* f || fig *Herz* n || fig *Stamm* m || fig *Grundlage* f, *Hauptteil* m || ~ atómico, ~ del átomo *Atomkern* m || ~ celular, ~ de la célula *Zellkern* m || ~ del alambre *Drahtkern* m || ~ de la tempestad ⟨Meteor⟩ *Gewitter|kern, -sack* m || ~ de la tierra ⟨Geol⟩ *Erdkern* m || el ~ de las tropas ⟨Mil⟩ *die Kerntruppen* fpl
nucléolo m ⟨Biol⟩ *Kernkörperchen* n *des Zellkerns, Nucleolus* m
nucleón m ⟨Nucl⟩ *Nukleon* n || **~ica** f ⟨Nucl⟩ *Kerntechnik, Nukleonik* f
△**nudicoy** m *Dezember* m
nudillo m *Fingerknöchel* m || *Zehenknöchel* m || ⟨Arch⟩ *(Holz) Dübel* m || **~s** pl: ◊ golpear *(od* llamar) con los ~ *(mit dem Knöchel gegen die Tür)* klopfen *(beim Eintritt)*
nudis|mo m *Freikörperkultur* f, *Nudismus* m || **-ta** m/f *Anhänger(in)* m(f) *der Freikörperkultur* || → **desnudismo, naturismo**
¹**nudo** m *Knoten* m || *Schleife, Schlinge* f || *Knoten, Knorren* m *(am Holz)* || *Knoten* m *(im Pflanzenrohr)* || *Knollen* m *(auf den Fingerknöcheln)* || ⟨Med⟩ *Knoten, Nodus* m || ⟨Geogr⟩ *Gebirgsknoten* m || ⟨Mar⟩ *Knoten* m, *(See) Meile* f || ⟨Lit⟩ *Schürzung* f *des Knotens* || ⟨Web⟩ *Knoten* m, *Noppe* f || fig *Ver|knüpfung, -bindung* f, *Band* n || *Knotenpunkt* m || fig *Knoten* m, *Schwierigkeit* f || ~ corredizo *Schleife, Schlinge* f || ~ gordiano *Gordischer Knoten* m || ~ ferroviario *Eisenbahnknotenpunkt* m || ~ de tensión ⟨Radio⟩ *Spannungsknoten* m || ◊ cortar el ~ gordiano fig *den Gordischen Knoten durchhauen* || echar un ~ (a) *zusammenschnüren* (& fig) || hacerse el ~ *sich die Krawatte binden* || **~s** pl: bastón de ~ *Knotenstock* m || cuerda de ~ *Knotenseil* n *(Turnen)* || lleno de ~ *ästig (Holz)* || → a **atravesar** || → a **lazo**
²**nudo** adj ⟨Lit Jur⟩ *nackt* || ~ proprietario ⟨Jur⟩ *Obereigentümer* m
nudo|sidad f *Knotigkeit* f || **-so** adj *knotig* || *knorrig (Holz)*
nueces → **nuez**
nuégado m *Beton* m || **~s** pl *Honigkuchen* m *mit Nüssen, Mandeln usw* || *Nougat* m/n
nuera f *Schwiegertochter* f
nuestramo, nuestro amo m || *Gebieter, Herr* m || fig *die heilige Hostie* || △*Gerichtsschreiber* m
nuestro pron *unser(er), unsere* (& *als Pluralis majestatis)* || **~a** Señora *Madonna, Jungfrau* f *Maria* || pan ~ de cada día *unser täglich(es) Brot (Vaterunser)* || con gran pesar ~ *zu unserem tiefen Bedauern* || por amor ~ *unsertwegen* || los ~s *die Uns(e)rigen*
nuética f ⟨V⟩ Sant = **lechuza**
nueva f *Neuigkeit* f || *Nachricht* || ◊ esto me coge de ~s *das befremdet, überrascht mich* || hacerse de ~s fam *den Unwissenden spielen, sich unwissend stellen* || las malas ~s, siempre son ciertas pop *Unglück ist immer sicher* || la Buena ⌐ ⟨Rel⟩ *die Frohe Botschaft, die Frohbotschaft* f *(Geburt Christi)*
nuevamente adv *von neuem, aber-, noch|mals* || *neulich, unlängst, kürzlich* || ◊ al examinarlo ~ *bei nochmaliger Prüfung*
nueve adj *neun* || libro ~ *das neunte Buch* || ~ m *die Zahl neun* || ⟨Kart⟩ *Neuner* m || el ~ de enero *am neunten Januar*
nueve|cito adj dim v. **nuevo** || pop *funkelnagelneu* || **-mesino** s/adj *Neunmonatskind* n
nuevo adj *neu (Kleid, Nachricht)* || *frisch* || *jung (Tiere, Pflanzen)* || *abweichend, verschieden* || *auffallend, befremdend* || fig *unerfahren, ungeübt* || agua **~a** prov *frisches Wasser* n || año ~ *Neujahr* n || hasta ~ aviso *bis auf weitere Mitteilung, bis auf weiteres* || balance ~ ⟨Com⟩ *Saldovortrag* m || Ciudad ⌐a *Neustadt* f *(Stadtviertel)* || luna **~a** *Neumond* m || ⌐a *Granada* Col *Neugranada* || **~a** edición *Neuauflage* f *(Buch)* || el ⌐ *Mundo die Neue Welt* || el ⌐ *Testamento das Neue Testament* || ⌐a York *New York* || ⌐a *Zelandia Neuseeland* || de ~ *von neuem, unvermutet, erneut* || de ~ en España *erneut (od* wieder) *in Spanien* || ◊ hacer (de) ~ *neu machen* || el libro está ~ *das Buch ist wie neu (dagegen:* es ~ *ist neu)* || hacerse de **~as** *sich unwissend stellen* || ponerle a uno la cara *(od* como de ~) ⌐a fam *jdn ohrfeigen, derb verprügeln* || quedar como ~ *wie neu aussehen (od werden) (z.B. Kleid nach der Änderung)* || ¿qué hay de ~? *was gibts Neues?* || ~ m *Neuling, Anfänger* m
nuez f [pl **-ces**] *Nuß,* bes *Walnuß* f || *nußgroßes Stück* || *Nuß* f *(am Flintenschlosse)* || *Stimmkugel* f || *Nuß(stück* n)f *(Schlachtfleisch)* || ⟨Web⟩ *Wirtel* m, *(Ketten) Nuß* f || ⟨Mus⟩ *Frosch* m *am Bogen* || ⟨Mil⟩ *Schlagbolzenmutter* f || (de Adán) fam *Adamsapfel, Kehlkopf* m || ~ de agallas *Gallapfel* m || ~ de armar *Spannuß* f *(der Geschütze* || ~ del Brasil *Paranuß* f || *del cerrojo Verschlußriegel* m *(an Waffen)* || *Schlößchen* n *(am Gewehr)* || ~ de ciprés *Zypressenzapfen* m || ~ de coco *Kokosnuß* f || ~ de cola *Kolanuß* f || ~ de

especia *Muskatnuß* f ‖ ~ moscada *Muskatnuß* f ‖ ~ vómica ⟨Bot⟩ *Strychninbaum* m (Strychnos nux-vomica) ‖ ~ *Brechnuß* f *(Frucht)* ‖ cara de ~ figf *runz(e)liges Gesicht* n ‖ ◊ apretar a uno la ~ figf *jdn (er)würgen* ‖ ~**ces** *pl:* ◊ cascar ~ *Nüsse knacken* ‖ cascarle a uno las ~ figf *jdn um den Kopf schlagen* ‖ figf *jdn durch triftige Gründe zum Schweigen bringen* ‖ mucho ruido, pocas ~ *viel Lärm um nichts*
  nueza f ⟨Bot⟩ *Rote Zaunrübe* f (Bryonia dioica) ‖ ~ blanca *Weiße Zaunrübe* f (B. alba) ‖ ~ negra *Schmerwurz* f (Tamus communis)
  nugal adj *albern, läppisch*
  nugatorio adj *trügerisch, täuschend* ‖ *läppisch, haltlos*
  nulidad f *Nichtigkeit* f ‖ *Fehler, Mangel* m ‖ *Unfähigkeit* f ‖ ⟨Jur⟩ *Nichtigkeit* f ‖ *Rechtsunwirksamkeit* f ‖ →a *invalidez* ‖ *declaración de* ~ ⟨Jur⟩ *Nichtigkeitserklärung* f ‖ *demanda de* ~ *Nichtigkeits-, Anfechtungsklage* f ‖ ◊ *ser una* ~ figf *e–e Null, e–e Niete, ein Versager sein*
  nulo adj *null und nichtig, ungültig* ‖ *gehaltlos, unbedeutend* ‖ *gleich null* ‖ *klein* ‖ ◊ considerar (como) ~ *als null und nichtig betrachten* ‖ declarar ~ *für nichtig erklären* ‖ declarar ~ y sin valor *null und nichtig erklären* ‖ hacer combate ~ ⟨Sp⟩ *unentschieden spielen* ‖ los negocios son absolutamente ~s *das Geschäft stockt gänzlich*
  nulla poena sine lege lat ⟨Jur⟩ *keine Strafe ohne Gesetz*
  núm., núm.° Abk = **número**
  numantino adj/s ⟨Hist⟩ *aus Numancia, numantinisch* ‖ fig *numantinisch, heldenhaft, heroisch* ‖ ~ m *Numantiner* m
  numen m *heidnische Gottheit* f, *Numen* n ‖ fig *dichterische Begeisterung, Begabung* f
  nume|ración f *Zählen* n ‖ *Auf-, Her|zählung* f ‖ *Numerierung, Bezifferung* f ‖ *Zahlenschreibung* f ‖ **–rador** m ⟨Math⟩ *Zähler* m *e–s Bruches* ‖ *Zähler, Zählapparat* m ‖ ⟨Typ⟩ *Numerierwerk* n ‖ **–ral** adj *Zahl-, Zahlen-,* ‖ letra ~ *Zahlziffer* f ‖ **–rar** vt *zählen* ‖ *beziffern* ‖ *numerieren, benummern* ‖ ¡~**se!** ⟨Mil⟩ *Abzählen!* ‖ **–rario** adj *Zahl-, Zähl-* ‖ *Zahlungs-, Münz-* ‖ *ordentlich (Mitglied)* ‖ catedrático ~ *ordentlicher Professor* m ‖ miembro ~ *(ordentliches) Mitglied* n *(e–s Vereins usw)* ‖ ~ m *bare(s) Geld, Bargeld* n ‖ klingende *Münze* f ‖ **–rativo** adj *Zahl-*
  numérico adj *numerisch, auf Zahlen bezüglich* ‖ *zahlenmäßig, der Zahl nach* ‖ *digital (Informatik)* ‖ calculadora ~a *Digitalrechner* m ‖ cálculo ~ ⟨Math⟩ *Be-, Aus|rechnung* f ‖ orden ~ *Reihenfolge* f ‖ superioridad ~a ⟨Mil⟩ *zahlenmäßige Überlegenheit, Überzahl* f
  número m *Zahl* f ‖ *Zahlzeichen* n, *Zahl, Ziffer* f ‖ *Anzahl, Menge* f ‖ *Nummer* f *(Zeitungsexemplar)* ‖ ⟨Gr⟩ *Numerus* m, *Zahl* f ‖ *musikalischer Wohlklang, Rhythmus* m ‖ ⟨Com⟩ *Nummer* f, *Numero* n ‖ ~ arábigo, ~ de guarismo *arabische Zahl* f ‖ ~ cardinal *Kardinal-, Grund|zahl* f ‖ ~ cúbico *Kubikzahl* f ‖ ~ digito, ~ simple *einfache, einziff(e)rige Zahl* f ‖ ~ dominical *Sonntagsnummer* f *(einer Zeitung usw)* ‖ ~ dual ⟨Gr⟩ *Dual* m ‖ ~ entero *ganze Zahl* f ‖ ~ extraordinario *Sondernummer* f *(z.B. e–r Zeitung)* ‖ ~**-guía** m *Leitzahl* f *(bei Blitzlichtaufnahmen)* ‖ ~ (im)par *(un)gerade Zahl* f ‖ ~ de matrícula ⟨Aut⟩ *Kfz-Kennzeichen* n, fam *Autonummer* f ‖ ~ mixto *gemischte Zahl* f ‖ ~ de orden *laufende Zahl* f ‖ *Buchungsnummer* f ‖ ~ ordinal *Ordinal-, Ordnungs|zahl* f ‖ ~ de página *Seitenzahl* f ‖ ~ plural *Mehrzahl* f, *Plural* m ‖ ~ quebrado, ~ fraccionario *Bruchzahl* f ‖ ~ de revoluciones *Umdrehungs-, Touren|zahl* f *(Motor)* ‖ ~ singular *Einzahl* f, *Singular* m ‖ ~ suelto *Einzelnummer*

f *(e–r Zeitung)* ‖ ~ uno joc *das Ich* ‖ *der Klassenbeste, der Primus* m ‖ académico de ~ *ordentliches Mitglied* n *(e–r Akademie)* ‖ *Akademiker* m *(im Ostblock)* ‖ en ~ de *an Stelle von* ‖ en ~ cien *hundert an der Zahl* ‖ sin ~ *unzählig, zahllos* ‖ ◊ llenar el ~ de *a/c et vervollständigen* ‖ ser contado en el ~ de ... *unter ... gerechnet werden* ‖ ~**s** *pl:* ~ nones *ungerade Zahlen* fpl ‖ ~ pares *gerade Zahlen* fpl ‖ ◊ hacer ~ *Berechnungen machen* ‖ vgl **cifra**
  numerología f *symbolische, mystische Zahlenlehre* f (bes *des Mittelalters)*
  numero|sidad f *große Anzahl* f ‖ *große Menge* f ‖ **–so** adj *zahlreich, reichlich* ‖ *volkreich* ‖ *kinderreich* ‖ Am *laut, lärmend (z.B. Lachen)* ‖ familia ~a *kinderreiche Familie* f (→**natalidad**) ‖ ~a clientela ⟨Com⟩ *zahlreiche Kundschaft* f ‖ en ~as ocasiones *öfters, sehr oft*
  númida (numídico) adj ⟨Hist⟩ *numidisch* ‖ ~ m *Numidier* m
  numinoso adj/s ⟨Rel⟩ *numinos* (& fig) ‖ ~ m *das Numinose*
  numis|mática f *Münzkunde, Numismatik* f ‖ **–mático** adj *numismatisch, Münz-, Münzen-* ‖ ~ m *Münzen|sammler, -kenner, Numismatiker* m
  numulita f ⟨Paläont⟩ *Nummulit* m
  nunca adv *niemals, nimmer* ‖ ~ jamás *nie und nimmer* ‖ *irgend je(mals)* ‖ *niemals wieder* ‖ con más fuerza que ~ *mit ungewohnter Kraft* ‖ ~ viene (= no viene ~) *er kommt nie*
  nun|ciatura f *Nuntiatur* f ‖ **–cio** m *Bote* m ‖ *Nuntius, päpstlicher Botschafter* m ‖ fig *Vorbote* m ‖ ~ apostólico *päpstlicher Nuntius* m ‖ ◊ ¡que lo haga el ~! *fam das tue ich nicht!*
  nuncupa|tivo adj ⟨Jur⟩ *offen (Testament)* ‖ **–torio** adj *Widmungs-,*
  nup|cial adj *Hochzeits-* ‖ *Braut-* ‖ *Heirats-* ‖ bendición ~ *kirchliche Trauung* f ‖ coche ~ *Brautwagen* m ‖ corona ~ *Brautkranz* m ‖ lecho ~, tálamo ~ *Brautbett* n ‖ marcha ~ *Hochzeitsmarsch* m ‖ vestido ~ *Brautkleid* n ‖ viaje ~ *Hochzeitsreise* f ‖ vuelo ~ ⟨Entom⟩ *Hochzeitsflug* m *(der Bienenkönigin, der geflügelten Ameisen usw* ‖ **–cialidad** f *Durchschnittszahl* f *der geschlossenen Ehen* ‖ préstamo de ~ *Heiratsdarlehen* n ‖ **–cias** fpl *Hochzeit* f ‖ hijos de primeras ~ *Kinder* npl *erster Ehe* ‖ viudo en segundas ~ *Witwer nach zweiter Ehe* f ‖ ◊ casarse en segundas ~ *sich zum zweitenmal verheiraten*
  Nuremberg, Nürenberg m *Nürnberg* n
  nurse f engl *Erzieherin* f
  △**nutive** m *Juni* m
  nutria f *Fischotter* m (Lutra lutra) ‖ ~ de mar, ~ marina *See-, Meer|otter* m (Enhydra lutris) ‖ *(Anmerkung: die deut Bezeichnung Nutria od Biberratte* = **coipo***)*
  nutri|cio adj ⟨Lit⟩ *(er)nährend* ‖ **–ción** f *Ernährung* f ‖ *artificial künstliche Ernährung* f ‖ enfermedad de la ~ ⟨Med⟩ *Ernährungskrankheit* f ‖ **–do** adj *genährt* ‖ fig *zahlreich* ‖ *vielköpfig (Delegation)* ‖ *stark (Beifall)* ‖ *reich (Lesestoff)* ‖ bien ~ *wohlgenährt* ‖ **–mento** m *Nahrung* f ‖ *Nahrungsmittel* npl
  nutrir vt *(er)nähren* (& fig) ‖ *stillen (Kind)* ‖ *füttern (Tiere)* ‖ fig *Nahrung geben* ‖ fig *kräftigen, stärken* ‖ ~**se** *sich (er)nähren* (de von dat) ‖ fig *gestärkt (od gekräftigt od genährt) werden* (de *durch* acc)
  nutriti|vidad f *Nahrhaftigkeit* f ‖ **–vo** adj *nahrhaft, nährend* ‖ *Nahrungs-, Nähr-* ‖ alimentación ~a *Kraftkost* f ‖ facultad, potencia, substancia ~a *Nähr|kraft* f, *-stoff* m ‖ solución ~a ⟨Med⟩ *Nährlösung* f ‖ valor ~ *Nährwert* m
  ny f griech. n, *Ny* n
  nylon m = **nilón**

Ñ

ñ [= eñe] *f das span.* ñ
ña Ast Am pop = **señora**
△**ñacle** *m Nase* f
ñaco *m* Chi *Brei* m *aus geröstetem Mehl*
△**ñafrar** vi/t *spinnen*
△**ñai** *m Nagel* m
ñame *m* ⟨Bot⟩ *Jamswurzel* f (Dioscorea spp)
△**ñanabar** vi = **ñañabar**
ñandú [*pl* –úes, pop –uces] *m* ⟨V⟩ *Nandu* m (Rhea americana) ‖ ~ de Darwin *Darwinstrauß* m (Rhea pennata)
ñanga adv Am *umsonst, unnütz* ‖ ~**da** *f* MAm *Biß* m
ñango adj Am *krummgewachsen* ‖ Arg Chi *plump, bäurisch* ‖ *ungeschickt* ‖ PR *einfältig* ‖ *empfindlich* ‖ ~ *m* Mex fam *Schwachmatikus* m
ñaña *f* MAm *(ältere) Schwester* f ‖ *Freundin* f ‖ fam *Amme* f ‖ →a **niñera** ‖ MAm *Exkrement* n, *Kot* m
△**ñañabar** vi *schwimmen*
ñañería *f* Ec *enge Freundschaft* f
ñaño *m* MAm = **manito** ‖ Pe = **niño**
ñapa *f* Col *Zugabe* f
ñaque *m Gerümpel* n ‖ *Plunder* m
ñato adj Am *(außer* Mex*) stumpfnasig* ‖ *Kosewort, etwa: Kind, Mädchen usw*

ñausa adj Pe *blind*
△**ñay** *f Nagel* m
ñecla *f* Chi *Papierdrache* m
ñifle int Chi fam *nein, keineswegs*
ñiquiñaque *m* fam *Schnickschnack* m ‖ *Larifari* n
ño *m* Am pop = **señor**
ñoclos *mpl (Art) Zuckergebäck* n
ñoñería, ñoñez [*pl* –ces] *f Zimperlichkeit* f ‖ *Ziererei* f ‖ *Schüchternheit, Kleinmütigkeit* f ‖ *Altersverblödung* f
ñoño adj/s fam *schüchtern, zimperlich* ‖ *kindisch* ‖ *fade* ‖ ~ *m Zimperling* m, ~**a** *f Zimperliese* f ‖ *blöder Mensch* m
ñopo adj Col *plattnasig* ‖ ~ *m* Pan *Spanier* m
ñoquear vi Arg *lügen, schwindeln*
ñor, ~a Am pop = **señor, ~a**
△**ñorda** *f (Menschen)Kot* m
ñu *m* ⟨Zool⟩ *Gnu* n (Connochaetes gnu)
△**ñuco** *m Schwiegervater* m
△**ñudicoy** *m November* m
ñudo *m* = **nudo**
△**ñuntive** *m Juli* m
△**ñuñi** *f Schwiegermutter* m
ñusear vt Arg *belästigen* ‖ *plagen*
ñutir vi/t Col *brummen* ‖ *auszanken*

O

o *f O* n ‖ 1° = primero
o, o/ Abk = orden
O Abk = Oeste ‖ Oficial ‖ Omisión ‖ Orden (-anza) ‖ ⟨Chem⟩ oxígeno ‖ E. u O.E. = error u omisión exceptuados
△o pron *er* ‖ *ihn, es*
¡o! ¡oh! *o! oh!*
o *(zwischen Zahlen ó)* ‖ *vor mit* o *od ho beginnenden Wörtern* u → a u*) conj oder, oder auch* ‖ ~ bien *oder (vielleicht) obwohl* ‖ ~ ... ~ ... (bien ... ~ ...) *entweder ... oder ...* ‖ ~ sea, ~ bien *oder, mit andern Worten* ‖ *das heißt (d.h.)* ‖ eran 4 ó 5 niños *es waren 4 od 5 Kinder*
oasis *m Oase* f (& fig)
ob. Abk = obispo
obceca|ción *f Verblendung* f ‖ **–do** adj *verblendet* ‖ *s-r Sinne nicht Herr* ‖ **–r** vt *(ver)blenden* ‖ **~se** vr *verblendet sein bzw werden* ‖ *für et blind sein* ‖ *et nicht (ein)sehen wollen*
obducción *f* ⟨Med⟩ *Leichenöffnung, Obduktion* f
obduración *f Verstocktheit* f ‖ *Starrsinn* m
obedecer [–zc–] vt/i *gehorchen* (dat) ‖ fig *nachgeben, sich fügen* ‖ *weichen* (dat) ‖ *entsprechen, folgen* (dat), *die Folge sein* (gen) ‖ *hören (Tier)* ‖ ⟨Tech⟩ *ansprechen* ‖ ◊ ~ al superior *seinem Vorgesetzten gehorchen* ‖ ~ al timón ⟨Mar⟩ *dem Ruder folgen* ‖ hacerse ~ *sich Gehorsam verschaffen* ‖ obedece al hecho de que ... *es ist der Tatsache zuzuschreiben, daß* ... ‖ mi partida obedece a la voluntad de mi padre *meine Abreise geschieht nach dem Willen meines Vaters*
obedien|cia *f Gehorsam* m ‖ *Lenk-, Fügsamkeit* f ‖ *Folgsamkeit* f ‖ *Unterordnung* f ‖ ~ ciega fig *blinder Gehorsam* m ‖ ~ pasiva, ~ de cadáver *Kadavergehorsam* m ‖ ◊ reducir a la ~ *zum Gehorsam bringen* ‖ **–te** adj *gehorsam* ‖ *folgsam* ‖ *gefügig* ‖ *lenkbar*
obelisco *m Obelisk* m
obenque *m* ⟨Mar⟩ *Want (tau* n *)f* ‖ *Pardun (e* f *)* n
obertura *f* ⟨Mus Th⟩ *Ouvertüre* f
obe|sidad *f Fettleibigkeit* f ‖ **–so** adj/s *fett (-leibig), wohlbeleibt*
óbice *m Hindernis, Hemmnis* n, *Schwierigkeit* f ‖ ◊ no es ~ para que (subj) *dessenungeachtet, nichtsdestoweniger, nichtsdestotrotz kann man* ...
obis|pado *m Bischofswürde* f ‖ *Bistum* n ‖ **–pal** adj *bischöflich, Bischofs-* (→ a **episcopal, pastoral**) ‖ **–pillo** *m Bürzel m der Vögel* (→ **uropigio**) ‖ *Riesenblutwurst* f ‖ **–po** *m Bischof* m ‖ △*Hahn* m ‖ ~ auxiliar *Weihbischof* m ‖ ~ sufragáneo *Suffragan (bischof)* m ‖ ◊ trabajar para el ~ figf *ohne Lohn, umsonst arbeiten*
óbito *m Tod* m, *Ableben* n
obituario *f Totenregister* n ‖ *Todesanzeigen (-ecke* f *)* fpl *(der Zeitungen)*
obje|ción *f Ein|wurf, -wand* m, *Einwendung* f ‖ ‖ ⟨Jur⟩ *Einspruch* m ‖ ◊ hacer una ~ *e–e Einwendung machen, et einwenden* (contra gegen) ‖ **–tar** vi *einwenden* ‖ *entgegenhalten* ‖ fig *vorhalten* ‖ ⟨Jur⟩ *Einspruch erheben (*a *gegen* acc*)* ‖ ◊ no tengo nada que ~ *ich habe nichts einzuwenden (od nichts dagegen)* ‖ **–tivación** *f Objektivierung* f ‖ **–tivamente** adv *objektiv, sachlich* ‖ **–tivar** vt *objektivieren, vergegenständlichen* ‖ *vom Subjektiven lösen* ‖ **–tividad** *f Sachlichkeit, Objektivität* f ‖ **–tivismo** *m* ⟨Philos⟩ *Objektivismus* m ‖ → a **–tividad** ‖ **–tivo** adj *objektiv, rein sachlich* ‖ *unparteiisch* ‖ ~ m ⟨Phot⟩ *Objektiv* m ‖ *Objektivlinse* f ‖ *Optik* f ‖ *Zweck* m, *Absicht* f, *Ziel* n (& ⟨Mil⟩) ‖ ~ acromático, anastigmático *Achromat* m, *achromatisches, anastigmatisches Objektiv* n ‖ ~ aéreo ⟨Flugw⟩ *Luftziel* n ‖ ~ aplanático *Aplanat* m ‖ ~ del ataque ⟨Mil⟩ *Angriffsziel* n ‖ ~ para cinematografia *Filmobjektiv* n ‖ ~ de retratos *Porträt-, Petzval-Objektiv* n ‖ ~ universal *Universalobjektiv* n ‖ campo de un ~ *Bild-, Gesichts|feld* n ‖ juego de ~s *Objektivsatz* m, *Wechselobjektive* npl ‖ ◊ tener por ~ *zum Ziel haben*
objeto *m Objekt* n ‖ *Gegenstand* m ‖ *Sache* f, *Ding* n ‖ *Stoff, Gegenstand* m ‖ *Zweck* m, *Absicht* f, *(End)Ziel* n ‖ ~ del contrato, ~ contractual *Vertragsgegenstand* m ‖ ~ fotografiado *Aufnahmegegenstand* m ‖ ~ litigioso, ~ de(l) litigio ⟨Jur⟩ *Streit|gegenstand* m, *-objekt* n ‖ el ~ principal *Hauptzweck* m ‖ con el ~, al ~ (de) *in od mit der Absicht zu* ‖ con tal ~ *zu dem (diesem) Zweck* ‖ sin ~ *zweck-, nutz|los* ‖ ⟨Philos⟩ *objektfrei* ‖ el ~ de la presente es rogar a V. *mit diesem Schreiben möchte ich Sie bitten* ... ‖ ~s de enseñanza *Lehrmittel* npl ‖ ◊ lograr un ~ *e–n Zweck erreichen* ‖ tener por ~ *bezwecken* ‖ **~r** adj/s *entgegenstehend* ‖ ~ *m Einsprucherhebende(r)* m ‖ ~ de conciencia *Wehrdienstverweigerer* m *(aus Gewissensgründen)*
obla|ción *f* ⟨Rel⟩ *Darbringung* f ‖ *(Meß-)Opferung* f ‖ **–da** *f* ⟨Rel⟩ *Totenspende* f ‖ ⟨Fi⟩ *Brandbrasse* f (Oblada melanura) ‖ **–ta** *f Oblate* f *(Ordensangehörige)* ‖ *Bereitung* f *der Opfergabe (der Messe)* ‖ *Hostie* f *und Wein* m *(in der Messe)* ‖ **–to** *m Oblate* m *(Ordensangehöriger)*
oblea *f Oblate* f ‖ *Siegelmarke* f
obli|cuángulo adj ⟨Math⟩ *schiefwinklig (Dreieck)* ‖ **–cuidad** *f Schrägheit, Schiefe* f ‖ **–cuo** adj *schräg, schief* ‖ ⟨Gr⟩ *abhängig (Fall)* ‖ fig *ausweichend (Antwort)* ‖ *indirekt (Rede)* ‖ medios ~s *Schleichwege, krumme Wege* mpl, fam *Touren* fpl
obli|gación *f Verpflichtung* f ‖ *Pflicht, Schuldigkeit* f, *Obliegenheit* f ‖ *(Schuld)Verschreibung* f, *Schuld|brief, -schein* m ‖ ⟨Jur⟩ *Schuldverhältnis* n, *Schuld, Obligation* f ‖ ⟨Com⟩ *Obligation* f ‖ fig *gesetzlicher Charakter* m (→ **obligatorio**) ‖ fig *Verbindlichkeit* f ‖ *Dankespflicht* f ‖ ~ convertible *Wandelschuldverschreibung* f ‖ ~ de declarar *(An)Meldepflicht* f *(z.B. beim Zoll)* ‖ ~ -profesional *Berufspflicht* f ‖ ~ del Estado *Staatsschuldverschreibung* f ‖ ~ del servicio militar *Wehrpflicht* f ‖ ~ por ~ *aus bloßer Amtspflicht* ‖ *unausweichlich* ‖ *erzwungenermaßen* ‖ sin ~ *ohne Verbindlichkeit* ‖ ◊ constituirse en ~ *zur Pflicht werden* ‖ contraer (imponer) una ~ *e–e Verpflichtung eingehen (auferlegen)* ‖ cumplir con una ~ *e–e Verbindlichkeit erfüllen* ‖ me incumbe esta ~ *diese Verpflichtung obliegt mir* ‖ primero es la ~ que la devoción *Pflicht geht über alles* ‖ **~es** pl: emisión de ~ *Ausgabe* f *von Schuldverschreibungen* ‖ ~ a la vista *Sichtverbindlichkeiten* fpl ‖ ◊ faltar a sus ~ *seinen Verpflichtungen nicht nachkommen* ‖ implicar ~ *Verpflichtungen nach sich ziehen* ‖ **–gacionista** *m Obligationeninhaber, Obligationär* m ‖ *Anleihegläubiger* m ‖ **–gado** adj *notwendig, zwangsläufig* ‖ *verpflichtet* ‖ ~ zu Dank *verpflichtet* ‖ ⟨Mus⟩ *obligat* ‖ ¡muy ~! *sehr verbunden!* ‖ ¡–gadísimo! besten *Dank!* ‖ ◊ le estoy ~ (*od* quedo) muy ~ *ich bin Ihnen sehr verbunden* ‖ estar ~ *müssen* ‖ verse ~ a *sich verpflichtet od gezwungen sehen zu* ‖ ~ m *Verpflichtete(r)* m ‖ *Schuldner* m ‖ *Stadt-, Gemeinde|lieferant* m
obli|gar [g/gu] vt *verpflichten, verbindlich ma-*

chen ‖ fig *e–e Gefälligkeit erweisen* (a alg. *jdn* acc) ‖ *nötigen, zwingen* ‖ *antreiben, anhalten* (a *zu*) ‖ ◊ ~ a pagar *zur Zahlung zwingen* ‖ ~ a uno con dádivas *jdn durch Geschenke gewinnen* ‖ ~se *sich verpflichten, sich anheischig machen* ‖ *sich binden* ‖ **–gatoriedad** *f* ⟨Jur⟩ *Verbindlichkeit* f ‖ *Geltungskraft* f *(der Rechtsnorm)* ‖ fig *gesetzlicher (od zwingender) Charakter* m ‖ **–gatorio** adj *bindend, verpflichtend* ‖ *rechtsverbindlich* ‖ *gesetzlich* ‖ asignatura ~a *Pflichtfach* n ‖ consumación ~a *Getränke-, Verzehr|zwang* m ‖ enseñanza ~a *Schulzwang* m ‖ seguro ~ *(od legal) gesetzliche Versicherung* f ‖ servicio ~ *Dienstpflicht* f ‖ vacuna(ción) ~a *Impfzwang* m ‖ ◊ ser ~ *bindend sein*
obliteración *f Verwischung* f ‖ ⟨Med⟩ *Verstopfung, Verschließung, Obliteration* f *(der Gefäße)* ‖ ⟨Biol⟩ *Schrumpfung, Verödung* f ‖ *(Ab)Stempelung, Entwertung* f *(von Briefmarken)*
oblongo adj *länglich, gestreckt* ‖ →**médula**
obn. Abk = **observación**
obnubilar vt *verdunkeln* (& fig)
oboe *m* ⟨Mus⟩ *Oboe* f ‖ *Oboespieler* m ‖ ⟨Flugw⟩ *Kurzstreckennavigationsverfahren* n *(aus dem Shoran-Verfahren hervorgegangen)*
óbolo *m Obolus* m *(altgriechische Münze)* ‖ fig *milde Gabe* f
obpo. Abk = **obispo**
obra *f Werk* n ‖ *Arbeit* f ‖ *Handlung(sweise)* f ‖ *Tat* f ‖ *Leistung* f ‖ *Ausführung* f ‖ *(Geistes-)Werk, gelehrtes Werk* n ‖ *Buch* n, *Schrift* f ‖ *(Um)Bau* m ‖ *Bauarbeit* f ‖ *Bauprojekt* n ‖ *Handwerksarbeit* f ‖ *Kraft, Macht* f ‖ *(gute od schlechte) Tat* f ‖ ⟨Jur⟩ *Tätlichkeit* f ‖ ~ de aguja *Handarbeit* f ‖ ~ artística, ~ de arte *Kunstwerk* n ‖ ~ de caridad, buena ~ *Wohltätigkeit* f, *wohltätiges Werk* n ‖ ~ de consulta *Nachschlagewerk* n *(Buch)* ‖ ~ de fábrica ⟨Arch⟩ *Mauerwerk* n ‖ ~ mal hecha, fam ~ chapucera *Machwerk* n ‖ ~ de historia *Geschichtswerk* n ‖ ~ literaria *literarisches Werk, Buch* n ‖ ~ maestra *Meister|werk, -stück* n ‖ ~ manual *Handarbeit* f ‖ ~ muerta ⟨Mar⟩ *Freibord* m ‖ *pía fromme Stiftung* f ‖ = ~ de caridad ‖ ~ póstuma ⟨Lit⟩ *Nachlaß* m, *nachgelassenes Werk* n ‖ ~ de romanos *monumentales Bauwerk* n ‖ fig *gewaltige (od ungeheure) Leistung* f ‖ a media ~ *halbfertig* ‖ de ~ *tatkräftig* ‖ *tätlich* ‖ en *(od* a) ~ de un mes *ungefähr in e–m Monat* ‖ ¡(ya) es ~! *das ist keine Kleinigkeit!* ‖ por ~ de *vermöge* gen, *kraft* gen, *dank* dat ‖ por ~ y gracia de *dank* dat (& *iron*) ‖ ◊ allí hay ~ *da wird gebaut* ‖ maltratar de ~ ⟨Jur⟩ *tätlich mißhandeln* ‖ poner por ~ *(od* poner, meter en ~) *ins Werk setzen, ausführen, bewerkstelligen* ‖ ponerse *(od* poner la mano) a la ~ *Hand ans Werk legen* ‖ ¡manos a la ~! *Hand ans Werk!* ‖ tal ~, tal pago *wie die Arbeit, so der Lohn* ‖ ~s pl *Bauten* fpl, *Bau* m ‖ ⟨StV⟩ *Baustelle* f *(Warnzeichen)* ‖ ~ completas de Galdós *Galdós' gesammelte od sämtliche Werke* ‖ ~ exteriores ⟨Mil⟩ *Außenwerke* npl ‖ ~ públicas *öffentliche Bauten* fpl ‖ hacer ~ *bauen, an e–m (Um)Bau arbeiten* ‖ ~ son amores, que no buenas razones *Taten, nicht schöne Worte!* ‖ ~ del puerto *Hafenarbeiten* fpl ‖ Junta de ~ del puerto *Hafenbaubehörde* f ‖ →**maestro**
obra|da *f* ⟨Agr⟩ *Tagewerk* n ‖ *(regional unterschiedliches) Feldmaß* n ‖ **–dor** *m Arbeits|saal, -raum* m ‖ *Werkstatt* f ‖ **–je** m *Ver-, An|fertigung* f ‖ *Werkstatt* f ‖ Bol Chi Pe *Holzfällerei* f *(im Chaco)* ‖ Mex *Schweinemetzgerei* f
obrar vt *tun, verrichten* ‖ *bearbeiten* ‖ *ausüben, begehen* ‖ *ausführen* ‖ *(be)arbeiten* ‖ *bauen, ausführen (Bau)* ‖ ◊ ~ buen efecto *gute Wirkung haben* ‖ ~ vi *handeln* ‖ *wirken* ⟨& Pharm⟩ ‖ ⟨Verw⟩ *vorliegen, sich befinden (Beleg, Urkunde)* ‖ fam *seine Notdurft verrichten* ‖ ◊ ~ bien, mal con alg. *gut, schlecht gegen jdn handeln* ‖

‖ ~ de acuerdo con ... *in Übereinstimmung mit* ... *handeln* ‖ ~ con malicia *tückisch handeln* ‖ ~ de buena fe *redlich handeln* ‖ manera de ~ *Handlungsweise, Gebarung* f ‖ obra en mi poder su grata de(l) ... ⟨Com⟩ *ich bin im Besitz Ihres werten Briefes vom* ...
O.^{bre} Abk = **Octubre**
obregón *m* ⟨Kath⟩ *Hospitaliter* m *(Mitglied des Krankenpflegeordens, der 1565 von B. de Obregón gegründet wurde)*
obrep|ción *f* ⟨Jur⟩ *Erschleichung* f *(e–r Stellung)* ‖ **–ticio** adj *erschlichen, Erschleichungs-*
obre|ra *f Arbeiterin* f ‖ **–rada** *f* Arg *Arbeiter* mpl ‖ **–rismo** *m* ⟨Soz⟩ *Arbeiterbewegung* f ‖ *Arbeiterherrschaft* f ‖ *Arbeiterwesen* n ‖ **–rista** adj *Arbeiterbewegungs-* ‖ *Arbeiter-* ‖ problema ~ *Arbeiterproblem* n ‖ **–ro** adj *Arbeits-* ‖ *Arbeiter-* ‖ arbeitstätig ‖ clase ~a *Arbeiterklasse* f ‖ crisis ~a *Arbeitskrise* f ‖ ~ *m Arbeiter, Arbeitsmann* m ‖ *Arbeitskraft* f ‖ *Werktätige(r)* m ‖ *Handwerksmann* m ‖ ~ agrícola *Landarbeiter* m ‖ ~ auxiliar *Hilfsarbeiter* m ‖ ~ c(u)alificado *gelernter Arbeiter* m ‖ ~ especializado *Facharbeiter* m ‖ ~ extranjero *Gastarbeiter* m ‖ ~ no c(u)alificado *ungelernter Arbeiter* m ‖ ~ rural *Landarbeiter* m
obsce|nidad *f Unzüchtigkeit, Obszönität* f ‖ *Zote* f ‖ **–no** adj *unzüchtig, unanständig, obszön* ‖ novela ~a *Schmutz- und Schund|roman* m ‖ pintura ~a *obszönes Gemälde* n ‖ → a **pornografía**
obscu ... → **oscu ...**
obseder vt gall = **obsesionar**
obse|quiador, –quiante adj/s *dienstbeflissen* ‖ *gefällig* ‖ *beschenkend* ‖ *bewirtend* ‖ *schenkend* ‖ **–quiar** vt *sich (jdm gegenüber) gefällig zeigen* ‖ *jdn beschenken* ‖ *bewirten, gastlich aufnehmen* ‖ *jdm seine Aufwartung machen* ‖ *ehren, feiern* ‖ *schenken* ‖ ◊ se le obsequió con un banquete *es wurde ihm ein Bankett gegeben* ‖ **–quio** *m Dienstbeflissenheit* f ‖ *Gefälligkeit* f ‖ *Liebenswürdigkeit* f ‖ *Geschenk* n, *Spende* f ‖ *Freiexemplar* n *(Buch)* ‖ en ~ de *jdm zu Gefallen, zuliebe* ‖ *jdm zu Ehren* ‖ ◊ ¡Hágame V. este ~! *Tun Sie mir diesen Gefallen! Seien Sie so gut!* ‖ ofrecer sus ~s a alg. *jdm seine Aufwartung machen* ‖ **–quioso** adj *dienstbeflissen, -fertig* ‖ *willfährig, gefällig* ‖ *zuvorkommend* ‖ *freigebig*
obser|vación *f Beobachtung* f (& ⟨Med⟩) ‖ *Wahrnehmung* f ‖ *Überwachung* f ‖ *Forschung, Untersuchung* f ‖ *Bemerkung* f ‖ *Anmerkung* f ‖ *Be-, Ver|folgung, Einhaltung* f ‖ ~ de la ley *Befolgung* f *des Gesetzes* ‖ espíritu de ~ *Beobachtungsgabe* f ‖ sentido de ~ *Beobachtungssinn* m ‖ punto de ~ ⟨Mil⟩ *Beobachtungspunkt* m ‖ ◊ hacer una ~ *e–e Bemerkung machen, et bemerken* ‖ **–vador** m *Beobachter* m *(& z. B. in e–m Flugzeug)* ‖ *Späher* m ‖ ⟨Mil⟩ ‖ ⟨Flugw⟩ *Orter,* fam *Franz* m ‖ *Observator* m *(an e–r Sternwarte)* ‖ ~ del tiro ⟨Mil⟩ *Schußbeobachter* m ‖ ~ adj *beobachtend, Beobachtungs-* ‖ *satélite* ~ ⟨Mil⟩ *Beobachtungssatellit* m ‖ **–vancia** *f Beobachtung, Einhaltung, Befolgung* f *(z. B. e–s Gesetzes)* ‖ *Ordensregel, Observanz* f ‖ **–vante** adj *beobachtend* ‖ ⟨Kath⟩ *streng (Orden)* ‖ **–var** vt/i *beobachten* ‖ *(er)forschen* ‖ *betrachten* ‖ *bemerken, wahrnehmen* ‖ *et auszusetzen haben* ‖ *befolgen, (beob)achten, einhalten (Gesetz, Vorschrift)* ‖ *einhalten (Frist)* · ‖ ◊ ~ una conducta sospechosa *sich verdächtig benehmen* ‖ ~ la fecha *die Frist einhalten* ‖ debo hacerle ~ que ....*ich muß Sie darauf aufmerksam machen, daß* ... ‖ **–vatorio** *m Warte, Beobachtungsstation* f, *Observatorium* n ‖ ⟨Mil⟩ *Warte* f, *Beobachtungsstand* m ‖ ~ (astronómico), ~ marítimo *(Stern-), See|warte* f
obse|sión *f Besessenheit* f (& ⟨Theol⟩) ‖ ⟨Med⟩ *Zwangsvorstellung* f (& fig), *Phobie* f ‖ fig *fixe Idee, Einbildung, Grille* f ‖ fig *quälender Gedanke* m ‖ **–sionante** adj *verfolgend, unablässig*

obsesionar — oce 780

bohrend, nicht aus dem Sinn gehend ‖ **-sionar** vt fig *ständig plagen (od verfolgen), nicht aus dem Sinn gehen (Idee)* ‖ **-sivo** adj *dauernd belästigend od verfolgend* ‖ ⟨Theol⟩ *die Besessenheit betreffend, auf die Besessenheit bezüglich* ‖ ⟨Med⟩ *Zwangs-* ‖ **-so** adj/s *besessen* (& fig) ‖ ~ *m Besessene(r)* m
  obsidiana f ⟨Geol⟩ *Obsidian* m
  obsoleto adj *veraltet, obsolet*
  obstaculizar vt *behindern* ‖ ◊ ~ *la circulación den Verkehr behindern*
  obstáculo m *Hindernis* n ‖ *Sperre, Behinderung* f ‖ *Hemmnis* n ‖ un ~ *insuperable ein unüberwindliches Hindernis* n ‖ *carrera de* ~(s) ⟨Sp⟩ *Hindernisrennen* n ‖ ◊ *dar con (od encontrar) un* ~ *auf ein Hindernis stoßen* ‖ *poner un* ~ *ein Hindernis in den Weg legen* ‖ ~s *de alambre* ⟨Mil⟩ *Drahtverhaue* mpl ‖ *sin (*~*)s unbehindert, glatt* ‖ *tropezar (od topar) con* ~s *auf Schwierigkeiten stoßen* ‖ → **carrera**
  obs|tante adv: *no* ~ *trotzdem, dessen-, dem|ungeachtet, nichtsdestoweniger, nichtsdestotrotz, jedoch* ‖ *allenfalls* ‖ fam *trotz* (gen, fam dat) ‖ *no* ~ *sus riquezas trotz seines Reichtums* ‖ **-tar** vi *hindern, hinderlich sein* ‖ ◊ *eso no obsta para que... man kann trotzdem...*
  obs|tetricia f *Geburtshilfe, Obstetrik* f ‖ **-tétrico** adj *Entbindungs-* (→ a **partero**)
  obsti|nación f *Halsstarrigkeit, Hartnäckigkeit* f ‖ *Trotz* m ‖ *Widerspenstigkeit* f, *Eigensinn* m ‖ *Verharren* n ‖ → a **contumacia, persistencia** ‖ **-nado** adj *halsstarrig, hartnäckig* ‖ *widerspenstig, eigen-, starr|sinnig* ‖ ~ *en callar hartnäckig schweigend* ‖ *su silencio* ~ *sein entstocktes Schweigen* ‖ **-narse** vr *hartnäckig bestehen* (en *auf* dat) ‖ *halsstarrig, hartnäckig werden* ‖ ◊ ~ *en callar hartnäckig schweigend* ‖ ~ (contra) jdm *Trotz bieten*
  obstruc|ción f *Versperrung* f *(des Weges)* ‖ ⟨Med StV⟩ *Verstopfung* f ‖ ⟨Pol⟩ *Obstruktion* f ‖ ⟨Pol⟩ *Verschleppung(spolitik)* f (→ **táctica** dilatoria) ‖ ◊ *hacer* ~ *Obstruktion(spolitik) treiben* ‖ **-cionismo** m ⟨Pol⟩ *Verschleppung(spolitik), Verzögerung(staktik), Obstruktionspolitik* f ‖ **-cionista** adj/s *Obstruktions-, Verschleppungs-, Verzögerungs-* ‖ ~ m ⟨Pol⟩ *Verschleppungstaktiker* m
  obstruir [-uy-] vt *verstopfen (Röhre)* ‖ *versperren (Weg)* ‖ fig *(be)hindern* ‖ *blockieren* (& fig) ‖ ~**se** *sich verstopfen*
  obtemperar vt = **obedecer** ‖ = **asentir**
  obtención f *Erlangung* f ‖ *Erreichung* f ‖ *Beschaffung* f ‖ ⟨Agr Chem Bgb⟩ *Gewinnung* f ‖ ~ *del corcho Korkgewinnung* f ‖ ~ *de recursos Anschaffung* f *von Geldmitteln*
  obtener [irr→tener] vt *erlangen, erzielen, erreichen* ‖ *erhalten, bekommen, kommen zu* (dat) ‖ *gewinnen (Metalle, Kork usw)* ‖ *erwirken* ⟨Jur⟩ *er-, be|wirken* ‖ ◊ *difícil de* ~ *schwer erreichbar* ‖ ~ *un resultado zu e-m Resultat kommen* ‖ ~ *ventajas Vorteile erzielen*
  obtu|ración f *Ver|stopfung, -schließung* f ‖ *(Ab)Dichtung* f ‖ *Liderung* f ‖ ⟨Mil⟩ *Verriegelung, Liderung* f *(Waffe)* ‖ ⟨Med⟩ *Füllung, Plombierung* f *(ver)stopfend* ‖ **-rador** adj *(ab)schließend* ‖ *(ver)stopfend* ‖ *verriegelnd* ‖ *músculo* ~ ⟨An⟩ *Schließmuskel* m ‖ ~ m ⟨Phot⟩ *Blende* f, *Verschluß* m ‖ ⟨Med⟩ *Verschlußplatte* f ‖ ~ *automático* ⟨Phot⟩ *automatischer Verschluß* m ‖ ~ *compur* ⟨Phot⟩ *Compurverschluß* m ‖ ~ *de compuerta* ⟨Flugw⟩ *Drosselschieber* m ‖ ~ *de instantánea* ⟨Phot⟩ *Momentverschluß* m ‖ ~ *de exposición* ⟨Phot⟩ *Zeitverschluß* m ‖ ~ *de cortinilla (armado) (gespannter) Schlitzverschluß* m ‖ ~ *por sectores Sektorenverschluß* m ‖ **-rar** vt *zu-, ver|stopfen* ‖ *(ab)dichten* ‖ *füllen, plombieren (Zähne)* ‖ ⟨Phot⟩ *abblenden* ‖ ⟨Tech⟩ *ab-, ver|schließen* ‖ *lidern* ‖ *ausgießen, dichten (Fuge)*

obtu|sángulo adj ⟨Math⟩ *stumpfwinklig (Dreieck)* ‖ **-so** adj *stumpf, abgestumpft* ‖ fig *schwachsinnig* ‖ fig *schwer von Begriff, begriffsstutzig* ‖ → **ángulo**
  obús m ⟨Mil⟩ *Haubitze* f ‖ *Mörsergranate* f
  obvención f *Nebenverdienst* m
  ob|viar vt *abwenden* ‖ *beseitigen* ‖ *entgegentreten* ‖ *vorbeugen* (dat) ‖ **-vio** adj fig *einleuchtend, klar, deutlich, handgreiflich* ‖ ◊ *es* ~ *das liegt auf der Hand*
  oc: lengua de ~ langue f d'oc frz *(Altprovenzalisch)*
  oca f ⟨V⟩ *Gans* f (→ **ganso**) ‖ *Oca-Spiel* n ‖ *paso de la* ~ ⟨Mil⟩ *Stechschritt, deutscher Paradeschritt* m *(DDR)* ‖ ◊ ¡*esto es la* ~! figf *das rede* f ‖ *librería de* ~ *Antiquariat* n ‖ *en esta* ~ *bei ist allerhand!* ‖ fam *das ist ein tolles Ding!* ‖ fam *das ist ein dicker Hund!*
  ocal adj *saftig, wohlschmeckend (Obst)* ‖ *groß, duftend (Rosenarten)* ‖ And *groß(artig)* ‖ ~ *m Doppelkokon* m *(der Seidenraupen)*
  △**ocan** m *Sonne* f
  △**ocana** adv *jetzt*
  △**ocanar** vi *beten*
  ocarina f ⟨Mus⟩ *Okarina* f
  oca|sión f *Gelegenheit* f ‖ *gelegene Zeit* f ‖ *Anlaß* m, *Veranlassung* f ‖ *Umstand* m ‖ *Gefahr* f, *Risiko* n ‖ ⟨Theol⟩ *Sündengefahr, Versuchung* f, *Anlaß* m *zur Sünde* ‖ *con* ~ *de anläßlich* gen ‖ *wegen* gen ‖ *de* ~ *aus zweiter Hand* ‖ *gebraucht* ‖ *antiquarisch (Buch)* ‖ *Gelegenheits-* ‖ *coche de* ~ *Gebrauchtwagen* m *(compra de)* ~ *Gelegenheitskauf* m, *Okkasion* f ‖ *discurso de* ~ *Gelegenheitsrede* f ‖ *librería de* ~ *Antiquariat* n ‖ *en esta* ~ *bei dieser Gelegenheit* ‖ *en aquella* ~ *zu jener Zeit, damals* ‖ *en (od a) la primera* ~ *que se presente bei erster (bester) Gelegenheit* ‖ *en* ~s *gelegentlich* ‖ *ab und zu* ‖ ◊ *aprovechar la* ~ *die Gelegenheit benutzen* ‖ *asir (od coger, tomar) la* ~ *por la melena, por los cabellos* figf *die Gelegenheit beim Schopf fassen (od packen)* ‖ *dar* ~ (a) *Veranlassung geben (zu)* ‖ *perder (od desperdiciar) la* ~ *die Gelegenheit versäumen* ‖ *tomar* ~ *(para) Anlaß nehmen* ‖ *si se presenta la* ~ *bei Gelegenheit* ‖ *wenn es sich gerade (so) trifft* ‖ *tener* ~ *de censura Anlaß zum Tadel haben* ‖ *a la* ~ *la pintan calva man muß die Gelegenheit beim Schopf ergreifen (od fassen)* ‖ *la* ~ *hace al ladrón Gelegenheit macht Diebe* ‖ **-sional** adj *gelegentlich* ‖ *veranlassend* ‖ *enfermedad* ~ ⟨Med⟩ *Grund|leiden* n, *-krankheit* f ‖ **-sionalismo** m ⟨Philos⟩ *Okkasionalismus* m ‖ **-sionalista** m/adj *Okkasionalist* m ‖ **-sionar** vt *ver|anlassen, -ursachen* ‖ *herbeiführen, zur Folge haben* ‖ *an-, er|regen* ‖ *gefährden* ‖ *hervorrufen* ‖ *anrichten (Schaden)* ‖ ◊ ~ *molestia(s),* ~ *pérdida Mühe, Verlust verursachen*
  ocaso m ⟨Astr⟩ *Untergang* m (& fig) ‖ *Westen, Abend* m ‖ fig *Tod* m ‖ *el* ~ *de los dioses die Götterdämmerung* (& fig) ‖ *hacia el* ~ *gegen Westen* ‖ *gegen Sonnenuntergang, gegen Abend* ‖ → a **decadencia, ruina**
  occiden|tal adj *abendländisch,* & ⟨Pol⟩ *westlich, West-* ‖ *las naciones* ~es *die westlichen Staaten (od Länder)* ‖ *las potencias* ~es ⟨Pol⟩ *die Westmächte* fpl ‖ ~ m *Abendländer* m ‖ ⟨Pol⟩ *Mensch der westlichen Welt,* (pej) *Westler* m ‖ **-te** m *Abendland* n *(bes im kulturellen Sinne)* ‖ ⟨Pol⟩ *der Westen* ‖ *West(en)* m ‖ → **India**
  occi|pital adj ⟨An⟩ *Hinterhaupts-* ‖ **-pucio** m ⟨An⟩ *Hinterhauptbein* n
  occiso adj/s *ermordet, gewaltsam getötet* ‖ ~ m *Ermordete(r)* m
  Occi|tania f ⟨Hist Li⟩ *Okzitanien* n ‖ ≈**tánico** adj, ≈**tano** adj/s *okzitanisch* ‖ ~ m *Okzitanier* m ‖ ⟨Li⟩ *das Okzitanische* (→ **oc**) ‖ *das Neuprovenzalische*
  oce And pop = **doce**

oceánico adj *ozeanisch* || *auf den Ozean* bzw *Ozeanien bezüglich* || verde ~ *Meergrün* n
oceanidas *fpl* ⟨Myth⟩ *Okeaniden, Meernymphen* fpl
océano (⟨poet⟩ & **oceano**) *m (Welt) Meer* n, *Ozean* m || fig *ungeheure (Menschen) Menge* f || ◊ un ~ de gente invadió la plaza *e–e riesige Menschenmenge überflutete den Platz* || ~ Glacial Artico, Antártico *Nördliches, Südliches Eismeer* n || el ~ Atlántico *der Atlantische Ozean* || el ~ Austral *die Südsee* || el ~ Boreal *das Nordmeer* || el ~ Pacífico *der Stille Ozean*
oceano|grafía *f Meereskunde, Ozeanographie* f || **–gráfico** adj *meereskundlich* || Museo ~ *Museum* n *für Tiefseeforschung*
oceanógrafo *m Meereskundler, Ozeanograph* m
oce|lado adj ⟨Zool⟩ *mit Ozellar- (augenähnliche Farb)flecken* (→**lagarto**) || **–lo** *m* ⟨Entom Zool⟩ *Ozelle* f, *Ocellus* m (lat), *Punktauge* n *(mancher Quallen und Gliederfüßer)* || *Ozellarfleck* m
ocelote *m* ⟨Zool⟩ *Ozelot* m, *Pardelkatze* f (Leopardus pardalis) || *Ozelot(pelz)* m
ocena *f* ⟨Med⟩ *Ozaena, Stinknase* f
ocio *m Muße, Ruhe* f || *Müßiggang* m, *Nichtstun* n || *(freie) Zeit* f || (planificación del) ~ *Freizeitgestaltung* f || horas de ~ *Mußestunden* fpl || ◊ entregarse al ~ *sich dem Müßiggang ergeben* || **~s** pl *freie Zeit* f || *Freizeitbeschäftigung* f || ◊ divertir sus ~ *seine Zeit totschlagen*
△**oción** adv *ja*
ocio|sidad *f Müßiggang* m, *Untätigkeit* f || ◊ la ~ es madre de (todos) los vicios *Müßiggang ist aller Laster Anfang* || **–so** adj/s *müßig* || *überflüssig, unnütz* || *stillgelegt* || palabras **~as** *unnützes Gerede* n || ◊ estar ~ *untätig sein* || fam *faulenzen*
ocle *f* Ast ⟨Bot⟩ = **sargazo**
oclo|cracia *Pöbelherrschaft, Ochlokratie* f || **–crático** adj *ochlokratisch*
oclu|ir [–uy–] vt *verstopfen* || *verschließen* || **–sión** *f* ⟨Med⟩ *Ver|schluß* m, *-stopfung* f || ⟨Phon⟩ *Verschluß* m || ⟨Metal⟩ *Einschluß* m || ⟨Meteor Phys⟩ *Okklusion* f || ~ instestinal ⟨Med⟩ *Darmverschluß, Ileus* m || **–sivo** adj *verschließend* || ⟨Phon Gr Med⟩ *Okklusiv-, Verschluß-* || articulación **~a** ⟨Gr⟩ *Verschlußlaut* m
△**ocola** adj *dieser* || *jener*
ocotito *m* Mex *Zwietrachtstifter* m
ocozol *m Amberbaum* m (Liquidambar styraciflua)
ocratación *f* ⟨Arch⟩ *Okratieren* n *(des Betons)*
△**ocray, oclay** *m König* m
ocre *m Ocker* m || ~ calcinado (quemado, tostado) *gebrannter Ocker* m || ~ crómico *Chromocker* m || ~ dorado *Goldocker* m || ~ adj *ockerfarben*
oct. Abk = **octubre**
octa|edro *m* ⟨Math⟩ *Achtflächner* m, *Achtflach, Oktaeder* n || **–gonal** adj *achteckig*
octágono m/adj ⟨Math⟩ *Achteck, Oktogon* m
octanaje *m* ⟨Aut⟩ *Oktanzahl* f
octangular adj *achteckig*
octano *m* ⟨Chem⟩ *Oktan* n || indice de ~ ⟨Aut⟩ *Oktanzahl* f
octante *m* ⟨Math Mar⟩ *Oktant* m
△**octarba** *m October* m
octa|va *f* ⟨Poet Mus Rel⟩ *Oktave* f || **Woche* f || ~ real ⟨poet⟩ *Stanze* f, *Ottaverime* pl || ◊ hacer **~s** ⟨Mus⟩ *Oktaven spielen* || **–vado** adj ⟨Mus⟩ *Oktaven-* || **–var** vi ⟨Mus⟩ *Oktaven greifen* bzw *blasen* || **–viano** adj *oktavianisch, augu|stäisch, -steisch* || *den Oktavius (Octavio, Octaviano) Cäsar Augustus betreffend* || paz **~a** *Pax Romana, Pax Augusta* || fig *echter, andauernder Friede(n)* m || **–villa** *f* ⟨Typ⟩ *Achtelblatt* n, *Zettel* m || ⟨poet⟩ *Octavilla* f || ~ de propaganda ⟨Pol⟩ *Flugblatt* n || **–vo** *m Achtel* m || ⟨Typ⟩ *Oktavformat* n || ~ ma-

yor ⟨Typ⟩ *Großoktav* n || ~ menor ⟨Typ⟩ *Kleinoktav* n
oct.ᵉ (8.ᵉ, 8.ᵇʳᵉ) Abk = **octubre**
octeto *m* ⟨Mus Phys⟩ *Oktett* n
octingentésimo adj/s *achthundertste(r)*
octo|genario m/adj *Achtziger* m || **–gésimo** m/adj *Achtzigstel* n
oc|togonal adj *achteckig* || **–tógono** *m* ⟨Math⟩ *Achteck, Oktogon* n
octópodos mpl ⟨Zool⟩ *Achtfüß(l)er, Kraken* mpl (Octobrachia) (→**argonauta, pulpo**)
△**octorba** *f Oktober* m
octosílabo m/adj *achtsilbiger Vers* m
octóstilo adj ⟨Arch⟩ *achtsäulig*
octubre *m Oktober* m
óctu|ple, –plo adj/s *acht|fach, -fältig*
ocu|lar adj/s *Augen-* || ducha, jeringa ~ ⟨Med⟩ *Augen|dusche, -spritze* f || globo ~ *Augapfel* m || testigo ~ *Augenzeuge* m || ~ *m* ⟨Opt⟩ *Okular* n || **–lista** *m Augenarzt* m
ocul|tación *f Verbergung* f || ⟨Astr⟩ *Bedeckung* f || p.ex *Verheimlichung* f || *Verschleierung* f || *Hinterziehung* f || ~ fiscal *Steuerhinterziehung* f || **–tamente** adv *heimlich, verstohlenerweise* || **–tar** vt *ver|bergen, -stecken* (de, a *vor* dat) || *ver|hehlen, -heimlichen, -schweigen* || *hinterziehen (Gewinn, Steuern)* || ◊ ~ el rostro entre las manos *das Gesicht zwischen den Händen verbergen* || no podemos **~le** que ... *wir können Ihnen nicht verhehlen, daß* ... || **~se** vr *verschwinden* || *sich verstecken* || *sich verborgen halten* || ~ a la vista *sich dem Blick entziehen* || **–tismo** *m Okkultismus* m || **–tista** adj/s *okkultistisch* || ~ *m Okkultist* m || **–to** adj *geheim, verborgen* || de ~ *inkognito* || en ~ *heimlich, insgeheim*
ocu|pación *f Besetzung* (& ⟨Mil⟩), *Okkupation* f || ⟨Mil⟩ *Besatzung* f || ⟨Jur⟩ *(In)Besitznahme, Okkupation* f || *Beschäftigung, Arbeit* f || *Arbeitsverhältnis* n || *Auslastung* f || ~ accesoria *Nebenbeschäftigung* f || potencia (tropas) de ~ ⟨Mil Pol⟩ *Besatzungs|macht* f *(-truppen* fpl) || sin ~ *unbeschäftigt* || *arbeitslos* || **–pacional** adj Am *Berufs-* || **–pada** adj/f *schwanger* || **–pante** adj/s *besetzend* || *in Besitz nehmend* || ~ *m* ⟨Aut⟩ *Insasse, Fahrgast* m || *Okkupant* m (bes *in kommunistischer Sprachregelung)*: ~ del coche *Fahrgast* m || **–par** vt *besetzen* || *okkupieren* || *einnehmen (Platz)* || *bewohnen, beziehen (Wohnung)* || *bekleiden (Amt)* || *beschäftigen (Person* acc*)* || *Arbeit geben (e–r Person,* dat*)* || *in Anspruch nehmen (Zeit)* || *(ver)hindern* || *in Beschlag nehmen* || ◊ ~ sitio *Raum einnehmen* || ~ un puesto *e–n Posten ausfüllen* || ~ un asiento *e–n Platz belegen* || ¡–pado! besetzt! || **~se:** ◊ ~ en (od de od con) *sich befassen (od beschäftigen) mit* (dat) || mañana volveré a **~me** de ello *morgen werde ich darauf zurückkommen*
ocurren|cia *f (Vor)Fall* m || *Gelegenheit* f || *Einfall* m, *Idee* f || *Witz, lustiger Einfall* m || *Vorkommen* n || ¡qué ~! fam *ist das e–e Idee!* || ◊ tener **~s** *witzige (bzw sonderbare,* fam *ulkige) Einfälle haben* || **–te,** pop **–cioso** adj *witzig*
ocu|rrir vi *sich ereignen, vor|fallen, -kommen, geschehen* || *eintreten* || ◊ le ha –rrido un accidente *es ist ihm ein Unfall zugestoßen* || ha –rrido un cambio *e–e Änderung ist eingetreten* || ¿qué –rre? *was gibt's? was ist los?* || ¿qué le –rre? *was fehlt Ihnen?*, fam *was haben Sie denn?* || **~se** vr *einfallen* || se me –rre que ... *es fällt mir ein, daß* ... || únicamente se nos –rre pensar (que) *wir können nur denken (, daß)* || no se me –rre nada *es fällt mir nichts ein*
△**ochardó** *m Mantel* m
***ocha|va** *f Achtel* n || Am *Straßenecke* f || **–vado** adj *achteckig* || **–vo** m **(Art) Kupfermünze* f || figf *Geld* n || ◊ no tener ni un ~ figf *(gar) kein Geld haben,* fam *blank (od pleite) sein* || no valer un ~ pop *keinen Pfifferling wert sein*

ochen|ta adj/s *achtzig* ‖ **-tavo** m/adj *Achtzigstel* n, *achtzigstel* ‖ **-tón, ona** adj/s fam *achtzigjährig*
△**ocherito** m *Verdienst* m
△**ochí** f *Seele* f ‖ *Geist* m
ocho adj/s *acht* ‖ dentro de ~ días *in acht Tagen* ‖ *innerhalb e–r Woche* ‖ a las ~ de la mañana *um acht Uhr früh* ‖ jornada de ~ horas *Achtstundentag* m
ochocientos adj/s *achthundert*
△**ochón** m *Monat* m
oda f *Ode* f
odalisca f *(türkische) Odaliske* f *(& fig)*
odeón m *Odeon, Odeum* n
Odesa f *Odessa* n *(Stadt)*
odiable adj *verhaßt*
odiar vt *hassen*
Odín m *Odin* m *(nordische Gottheit)*
odio m *Haß* m ‖ fig *Feindschaft* f ‖ *Abscheu, Widerwille* m ‖ ~ a *Haß gegen* acc ‖ ~ de clases *Klassenhaß* m ‖ ~ de razas *Rassenhaß* m ‖ ~ entre los pueblos *(od* naciones) *Völkerhaß* m ‖ por ~ a *aus Haß gegen* ‖ ◊ concebir *(od* cobrar) ~ contra *gram werden (daf)*
odio|sidad f *Gehässigkeit* f ‖ *Verhaßtsein* n ‖ **-so** adj *verhaßt, gehässig,* fam *gemein* ‖ *widerlich, hassenswert, verabscheuungswürdig* ‖ ⟨Jur⟩ *odiös*
Odi|sea f *(Homers) Odyssee* f ‖ ≃ fig *Irrfahrt* f ‖ **-seo** m *Odysseus* m
△**odisiló** m *Laster* m
Odoacro m np *Odoaker* m
odómetro m *Schrittmesser* m
Odón m np *Odo* m
odonatos mpl ⟨Entom⟩ *Libellen* fpl (Odonata)
odon|talgia f *Zahnschmerz* m, *Odontalgie* f ‖ **-titis** f *Zahnfäule* f ‖ **-togloso** m ⟨Bot⟩ *Zahnzunge* f (Odontoglossum spp) ‖ **-tología** f *Zahnheilkunde, Odontologie* f ‖ **-tólogo** m *Zahnarzt, Odontologe* m
odo|rante adj *(wohl)riechend* ‖ *duftend* ‖ ~ m *Riechmittel* n ‖ **-rar** vt *parfümieren* ‖ **-rífero** adj *wohlriechend* ‖ *duftend* ‖ **-rización** f *Odorierung* f *(von Gasen)*
△**odoros** mpl *Eifersucht* f
odre m *(Wein)Schlauch* m ‖ fam *Säufer, Trunkenbold* m ‖ dim: ~**zuelo** ‖ ~**ro** m *Schlauchmacher* m
oersted(io) m ⟨El⟩ *Oersted* n *(alte Einheit der magnetischen Feldstärke)*
oes mpl: los ~ die *Achrufe* mpl *(Staunen, Schrecken usw)*
oesnorueste, oesnoroeste m *Westnordwest (-wind)* m
oessudueste, oessudoeste m *Westsüdwest (-wind)* m
oeste m *West(en)* m ‖ *Westwind* m ‖ España del ≃ *Westspanien* n ‖ al ~ *westlich* ‖ →a **occiden|tal, -te**
ofen|der vt *beleidigen, kränken* ‖ fig *verletzen* (→**herir, dolerse**) ‖ *jdm zunahe treten* ‖ fig *mißhandeln* ‖ ◊ ~ a Dios fig *sündigen* ‖ ~ a la vista *den Augen weh tun* ‖ ~ vi *zuwider, widrig sein (Geruch, Speise)* ‖ ~**se** sich *beleidigt fühlen (de,* por *durch* acc) ‖ *et übel (auf)nehmen* ‖ **-dido** m *beleidigt* ‖ ◊ hacerse al ~ *den Beleidigten spielen* ‖ **-sa** f *Beleidigung, Kränkung* f ‖ *Sünde* f ‖ **-siva** f ⟨Mil⟩ & fig *Offensive* f, *Angriff* m ‖ ~ de diversión ⟨Mil⟩ *Entlastungsoffensive* f ‖ ◊ tomar la ~ *die Offensive ergreifen* ‖ *zum Angriff übergehen* ‖ fig *den Angriff eröffnen* ‖ **-sivo** adj *beleidigend, kränkend* ‖ *anstößig, zuwider* ‖ *angriffslustig, Angriffs-* ‖ armas ~as *Angriffswaffen* fpl ‖ guerra ~a *Angriffskrieg* m ‖ palabras ~s *kränkende Worte* npl ‖ **-sor** m *Beleidiger* m
oferente m *Anbieter, Offerent* m
ofer|ta f *Anerbieten, Versprechen* n ‖ *Angebot* n, *Vorschlag* m ‖ ⟨Com⟩ *Angebot* n, *Offerte* f ‖ ~ especial, ~ extraordinaria *Sonderangebot* n ‖ ~ espontánea *unaufgefordertes Angebot* n ‖ ~ sin compromiso *unverbindliches Angebot* n ‖ ~ solicitada *erbetenes Angebot* n ‖ la máxima ~ *das Höchstgebot* ‖ la primera ~ *der Ausrufpreis* ‖ la ~ es superior a la demanda *das Angebot übersteigt die Nachfrage* ‖ ~-demanda *Geld-Brief (Börse)* ‖ ◊ aumentar la ~ *ein Mehrgebot machen* ‖ hacer *(od* someter) una ~ a jdm *ein Angebot machen* ‖ **-tar** vt Am = **ofrecer** ‖ **-torio** m ⟨Kath⟩ *Offertorium* n, *Darbringung* f
off|set m ⟨Typ⟩ *Offset (druck* m)m/n ‖ **-side** m engl ⟨Sp⟩ *Abseits* n ‖ *Abseitstor* n
ofi|cial adj *amtlich, Amts-* ‖ *dienstlich, Dienst-* ‖ *behördlich, offiziell* ‖ p.ex. *gültig, anerkannt* ‖ *förmlich* ‖ fig *steif, offiziell* ‖ de carácter ~ *offiziell, Amts-* ‖ fiesta ~ *amtliche Feier* f ‖ papel ~ *Amtspapier* n ‖ ~ m ‖ *(Handwerks)Gesell(e)* m ‖ *Gehilfe* m ‖ ⟨Mil⟩ *Offizier* m ‖ *Aktuar, Schreiber* m ‖ *Unterbeamte(r)* m ‖ ~ de aviación *Fliegeroffizier* m ‖ ~ de complemento (→**complemento**) ‖ ~ de estado mayor *Generalstabsoffizier* m ‖ ~ de guardia ⟨Mil⟩ *wachhabender Offizier* m ‖ ~ profesional *Berufsoffizier* m ‖ ~ radiotelegrafista *Funkoffizier* m ‖ ~ de la reserva *Reserveoffizier* m ‖ ~ sastre *Schneidergeselle* m ‖ cargo de ~ ⟨Mil⟩ *Offiziersrang* m ‖ **-ciala** f *(Handwerk-)Gehilfin* f ‖ *Sekretärin* f ‖ *Amtsgehilfin* f ‖ ~ de farmacia *Apothekenhelferin* f ‖ **-cialidad** f *offizieller Charakter, Ton* m, *amtliche Eigenschaft* f usw ‖ *Offizierskorps* n ‖ **-cialmente** adv *von Amts wegen* ‖ *offiziell* ‖ **-cialismo** m Arg *Bürokratie* f ‖ *Regierungsapparat* n ‖ *Establishment* n engl ‖ **-cializar** vt bes Am *amtlichen Charakter verleihen* dat ‖ *amtlich bestätigen* acc ‖ **-ciante** m die *Messe lesender (od* zelebrierender) *Priester, Zelebrant* m ‖ ~ adj *zelebrierend* ‖ **-ciar** vt *amtieren, ein Amt versehen* ‖ *Dienst tun, fungieren* (de *als* nom) ‖ ⟨Kath⟩ *zelebrieren* ‖ ◊ ~ de intérprete *als Dolmetscher dienen, beiwohnen* (dat)
ofici|na f *Amts|raum* m, *-zimmer* n ‖ *Geschäfts|-zimmer, -lokal* n ‖ *Kanzlei* f ‖ *Büro* n ‖ *Werkstätte* f ‖ ~ central *Zentralstelle* f ‖ ~ de correos *Postamt* n ‖ ~ de cheques postales *Postscheckamt* n ‖ ~ de información matrimonial *Eheberatungsstelle* f ‖ ~ del registro civil *Standesamt* n ‖ ~ de(l) trabajo *Arbeitsamt* n ‖ trabajo(s) de ~ *Büroarbeit(en)* f (pl) ‖ **-nal** adj: *offizinell (Arznei), Arznei-, Offizinal-, Heil-* ‖ plantas ~es *Heilpflanzen* fpl ‖ **-nesco** adj desp *bürokratisch, Amts-* ‖ trabajo ~ desp *Schreiberlingsarbeit* f ‖ **-nista** m *Büroangestellte(r)* m ‖ *(Kanzlei)Beamte(r)* m
oficio m *Beschäftigung* f, *Beruf* m ‖ *Gewerbe, Handwerk* n ‖ *Amt* n, *Dienst* m ‖ *Gesuch* n, *Antrag* m ‖ *(amtliches) Schreiben* n, *amtliche Mitteilung* f ‖ *Anrichte(zimmer* n)f ‖ ~ de difuntos *Seelenmesse* f, *Totenamt* n ‖ ~ solemne ⟨Kath⟩ *Hochamt* n *(Messe)* ‖ Santo ~ *Inquisitions-, Ketzer|gericht* n ‖ *Inquisition* f ‖ *Heiliges Offizium* n *(heute die „Kongregation für die Glaubenslehre")* ‖ de ~ *von Amts wegen, offiziell* ‖ defensor de ~ *Offizial-, Pflicht|verteidiger, Armenanwalt* m ‖ papel de ~ *Kanzleipapier* n ‖ por ~ *offiziell, amtlich* ‖ por medio de (atento) ~ *von Amts wegen* ‖ procedimiento de ~ *Offizialverfahren* n ‖ ◊ aprender un ~ *ein Handwerk (er)lernen* ‖ ejercer un ~ *ein Gewerbe treiben* ‖ hacer su ~ *seine Schuldigkeit tun* ‖ poner a ~ *in die Lehre geben* ‖ quien tiene ~, tiene beneficio *Handwerk hat goldenen Boden* ‖ sin ~ ni beneficio *ohne Beruf und ohne Geld* ‖ ~s pl *amtliche Mitteilungen* fpl ‖ ~ artísticos *Kunstgewerbe* n ‖ ◊ hacer buenos ~ *gute Dienste leisten*
oficio|sidad f *Dienstfertigkeit, Gefälligkeit* f ‖ *Beflissenheit* f ‖ *Emsigkeit, Geschäftigkeit* f ‖ ~ excesiva, ~ exagerada *Liebedienerei* f ‖ **-so** adj *emsig, geschäftig* ‖ *dienstfertig* ‖ *gefällig* ‖ *halbamtlich, offiziös* ‖ mentira ~a *Notlüge* f ‖ *Ge-*

sellschaftslüge f || la prensa ~a *die offiziöse Presse* || ◊ hacerse el ~ figf *offiziell werden* || *dienstbeflissen werden*
ofidios mpl ⟨Zool⟩ *Schlangen* fpl (Ophidia, Serpentes)
ofre|cer [-zc-] vt/i *anbieten* || *darbringen*, *-bieten* || *überreichen* || *opfern* || *darlegen*, *zeigen* || ◊ ~ un banquete *ein Essen geben* || ~ dificultades *schwierig sein* || ~ garantía, seguridad *Sicherheit bieten* || ~ en holocausto *als Opfer darbieten* || ~ muchas ventajas *sehr vorteilhaft sein* || no ~ peligros *nicht gefährlich sein* || ~**se** *sich dar-, sich an|bieten* || *sich ereignen, vorkommen* || *einfallen, in den Sinn kommen* || ¿qué se le -ce a V.? *womit kann ich dienen? Sie wünschen?* (oft ablehnend bzw *zurückhaltend*) || **-cimiento** m *Anerbieten, Angebot* n || *Darbringung* f (& ⟨Rel⟩) || ⟨Rel⟩ *Gelübde* n
ofren|da f *Opfer* n, *-gabe* f || *Geschenk* n, *(milde) Gabe* f || *Spende* f || **-dar** vt *opfern, spenden*
oftal|mía f ⟨Med⟩ *Augenentzündung, Ophthalmie* f || **oftálmico** adj *augenheilkundlich, ophthalmisch, Augen-* || **-mólogo** m ⟨Med⟩ *Augenarzt, Ophthalmologe* m
ofusca|ción f, **-miento** m ⟨Opt⟩ *Blendung* f || ⟨Opt⟩ *Verdunk(e)lung* f || *Trübung* f *des Sehvermögens* || fig *Trübung* f *der Vernunft* || fig *Verblendung* f || **-r** [c/qu] vt *verdunkeln* || *blenden* || fig *die Vernunft trüben* (dat) || fig *umnebeln, verblenden*
ogiva f = **ojiva**
△**ogomo** m *Magen* m
ogro m/adj (f: **ogresa**) *Oger, Menschenfresser* m *(Märchengestalt)* || figf *Fresser, brutaler Kerl* m
¡**oh**! *ach!*
ohm(io) m ⟨El⟩ *Ohm* n
ohmiómetro, ohmímetro m ⟨El⟩ *Ohmmeter* n
oibilidad f ⟨Radio⟩ *Hörbarkeit* f
oíble adj *hörbar* (→ **audible**)
oídio m ⟨Agr Bot⟩ *Faulschimmel* m *(der Trauben)* (Oidium Tuckeri) || *Eischimmel* m || → **a mildiú**
oído pp *gehört* || jamás visto ni ~ *unerhört* || ~ m *Gehör* n || *Gehörsinn* m || *(inneres) Ohr* n || ¡~! ⟨Mil⟩ *Achtung!* || ~ fino *scharfes Gehör* n || ~ afección del ~ *Gehörleiden* n || defecto del ~ *Gehörfehler* m || supuración del ~ ⟨Med⟩ *Ohrvereiterung* f (→ **otorrea**) || tardo, duro de ~ *schwerhörig* || zumbido de ~s *Ohrensausen* n || ◊ decir al ~ (a. *od* de) jdm ins Ohr, vertraulich sagen || decir dos palabr(it)as al ~ de alg. *jdm ins Gewissen reden* || escuchar con un ~ *sólo* figf *nur mit halbem Ohr hin-* bzw *zu|hören* || aprender de ~ (pop de ~as) *nach (durch) Gehör lernen* || le entra por un ~ y (le) sale por el otro fig *et geht ihm zu einem Ohr hinein und zum anderen hinaus* || eso suena mal al ~ *das klingt schlecht* || tener el ~ duro *schwer hören* || tocar de ~ ⟨Mus⟩ *nach dem Gehör spielen* || aguzar los ~s fig *die Ohren spitzen, aufpassen, aufmerksam zuhören* || dar ~s (a) *jdm Gehör schenken* || hacer ~s sordos (a) *kein Gehör schenken, sich taub stellen* || hacer (*od* tener) ~s de mercader fig *so tun, als verstehe man nichts* || llegar a ~s (de) fig *zu Ohren kommen* || soy todo ~s *ich bin ganz Ohr* || prestar ~s *zuhören* || me suenan los ~s *es klingt mir in den Ohren* || taparse los ~s fam *sich die Ohren zuhalten*
oidor m *(Zu) Hörer* m || ⟨Hist⟩ *Oberrichter, Auditor* m *(bei e-m Obergericht)*
oigo → **oir**
oil: lengua de ~ *langue* f *d'oïl* frz, *alte Sprache Nordfrankreichs* || → a **lengua**
△**oique** m *Kaserne* f
oir [**oigo**, 3 pret **oyó**] vt *hören* || *an-, zu-, ver-, er|hören* || *verstehen* || *vernehmen* || ◊ ~ en con-

fesión *Beichte hören* || ~ en justicia ⟨Jur⟩ *vernehmen (Kläger)* || ~ misa *die Messe hören* || como quien oye llover figf *ohne Interesse, mir nichts, dir nichts* || ayer la oí cantar *gestern hörte ich sie singen* || he oído decir *ich habe singen hören* || ¡oye! ¡oiga(n)! *nein, so was! ei! ha!* (Verwunderung) || *aber hör(en Sie) doch!* || ¡oiga! ⟨Tel⟩ *hallo!* || ¿oyes? *hörst du? verstanden?* || ¡Dios te (*od* le) oiga! *Gott gebe es!*
*****oíslo** m/f fam prov *bessere Hälfte* f (fig) *Schatz* m, *Liebste(r* m)f *(unter Liebenden)*
Oita f pop = **Esperanza** (Tfn)
△**ojabesar** vt *verzeihen*
ojal m *Knopfloch* n || *Öhr* n *(e-r Axt usw)* || ⟨Tech⟩ *Langloch* n, *Schlitz* m || *Öse* f || ◊ ponerse una flor en el ~ *sich e-e Blume ins Knopfloch stecken*
¡ojalá! *wollte Gott! hoffentlich!* || ¡~ viniera! *wenn er nur käme!* || ~ haga buen día (fam ~ haga bueno) *mañana hoffentlich haben wir morgen schönes Wetter!* || *hätten wir doch morgen schönes Wetter!*
ojalar vt *mit Knopflöchern versehen*
ojalatero m *(v.* **ojalá)** fam *Glücksschwärmer* m (bes ⟨Pol⟩) || vgl **hojalatero**
ojalillo m dim *v.* **ojal**
ojáncano m Sant ⟨Myth⟩ *einäugiger Riese* m
ojaranzo m → **hojaranzo**
△**ojar** vt *erinnern*
ojazo m augm *v.* **ojo**
ojea|da f *(flüchtiger) Blick* m || de una ~ mit *e-m Blick* || **-dor** m ⟨Jgd⟩ *Treiber* m || **-r** vt *aufstöbern, treiben (Wild)* || fig *scheuchen, aufschrecken* || vt/i *beäugen, genau hinsehen* || = **aojar**
ojén m *(Art)* Anislikör m *(mit viel Zucker zubereitet) (aus Ojén)*
ojeo m ⟨Jgd⟩ *Treib-, Stöber|jagd* f || ◊ irse de ~ figf *auf (der) Jagd nach et sein* (fig)
oje|ras fpl *(schwarze) Ringe um die Augen* || **-riza** f *Unwille, Groll* m || ◊ le tiene ~ *er hegt e-n Groll gegen ihn*, fam *er kann ihn nicht ausstehen* || **-roso** adj *mit (bläulichen) Ringen (um die Augen)* || **-te** m dim v. **ojo** || *Schnür-, Nestel|loch* n || ⟨El Tech Web⟩ *Öse* f || figf *After* m
oji|alegre adj *mit munteren, lebhaften Augen* || **-azul** adj *blauäugig* || **-bajo** adj *mit gesenkten Augen* || **-llo** m dim *v.* **ojo** || *Öse* f || **-moreno, -pardo** adj *braunäugig* || **-negro** adj fam *schwarzäugig* || **-to** m dim v. **ojo** || **-tuerto** adj *schielend*
oji|va f ⟨Arch⟩ *Spitzbogen* m || *gotischer Bogen* m || ⟨Tech⟩ *Oberteil* n *e-r Stahlflasche* || *Nasenkegel* m *(e-r Rakete)* || ~ nuclear *Atomsprengkopf* m *e-r Rakete* || cejas en ~ *bogenförmige Augenbrauen* || **-val** adj *spitzbogig* || *gotisch (Kunst)* || arco ~ *Spitzbogen* m || estilo ~ *gotischer Stil* m, *Gotik* f
ojizarco adj fam *blauäugig*
¹**ojo** m *Auge* n || *Gesicht, Sehvermögen* n || *Augenähnliche(s)* n || *Öse* f, *Nadelöhr* n || *Auge* n *im Käse, Brot, Pfauenschwanz usw* || *(Strick-) Masche* f || *Öffnung* f || *Loch* n || ⟨Typ⟩ *Schriftbild* n || fig *Vorsicht* f || Am *Gewehrlauf* m || ~ de águila fig *Falkenauge* n || ~ de besugo figf *Scheelauge* n || ~ de buey ⟨Bot⟩ *Rinds-, Ochsen|-auge* n (Buphthalmum spp) || ⟨Arch⟩ *Ochsenauge* n || ⟨Mar⟩ *Bullauge* n || fam *Fünfpesetenstück* n || ~ de la cerradura *Schlüsselloch* n || ~ compuesto (simple) ⟨Entom Zool⟩ *Facetten-, (Einzel)auge* n || ~ de cristal *Glasauge* n || el ~ del culo, el ~ moreno vulg *das Arschloch* || ~ de gallo fig *Hühnerauge* n *(am Fuß)* || ~ legañoso, pitañoso, pitarroso *Triefauge* n || ~ mágico ⟨El⟩ *magisches Auge* n *(Abstimmanzeigeröhre)* || ~ pineal ⟨Zool Myth⟩ *Stirn-, Scheitel|auge* n || ~ de pollo fig *Hühnerauge* n || el del puente *Brücken|öffnung* f, *-feld* n || ~ overo fam *sehr helles Auge* n || ¡(mucho) ~! *Achtung! Vorsicht!* || alerta *mit Vorsicht* || a ~ fig *aufs Geratewohl*

◊ cerrar el ~ figf *sterben* || costar un ~ de la cara figf *sehr teuer, fam brandteuer sein* || echar mal de ~ (a) *mit dem Blicke behexen* || llenarle a. a uno el ~ figf *jdm sehr gefallen (Sache)* || mirar a alg. ~ a ~ *jdn unverwandt anblicken* || ser el ~ derecho (de) *jds Augapfel sein* || *jds rechte Hand sein* || el ~ del amo engorda el caballo *das Auge des Herrn macht die Kühe fett*
~s *pl*: ¡mis ~! fam *mein Schätzchen!* || ~ de gato *Katzenaugen* npl || ~ hundidos *eingefallene Augen* npl || ~ oblicuos, rasgados *schiefe Augen* npl || *Schlitzaugen* npl || ~ reventones, saltones *große hervortretende Augen, Glotzaugen* npl || a cuatro ~ *unter vier Augen* || a vistas *augenscheinlich, zusehends* || a cierra ~, a ~ cerrados figf *blindlings* || ◊ al (levantar) los ~ *aufblicken* || los ~ se le arrasaron de lágrimas fig *seine Augen füllten sich mit Tränen* || le bailan los ~ fig *er ist lebhaft, lebenslustig* || bajar los ~ *die Augen niederschlagen* cerrarle a uno los ~ fig *jdm in der Todesstunde beistehen* || clavar los ~ (en) fig *jdn scharf, unverwandt anblicken* || comer con los ~ figf (beim Essen) *die Augen größer als den Magen haben* || *sehr wählerisch im Essen sein* || dar de ~ figf *aufs Gesicht fallen* || dar en los ~ fig *ins Auge fallen* || írsele a uno los ~ tras (*od por*) u/c fig *scharf, u. gierig begehren* || *mit den Blicken verschlingen* (acc) || meter por los ~ fig *mit Gewalt auf\dringen, -nötigen* || *et aufdrängen* || mirar con buenos (malos) ~ *gern haben (Mensch, Sache)* || (*nicht ausstehen können* / *Mensch, Sache*) ||
..nar (*od* cuidar *od* celar) a alg. como a sus ~ fig *jdn wie seinen Augapfel hüten* || no pegar el ojo, los ~ figf *kein Auge zutun, nicht (ein)schlafen können* || poner los ~ a fig *et liebgewinnen* || poner los ~ en blanco *die Augen verdrehen* || fig vor *Wut außer sich sein* || no quitar los ~ de figf *nicht aus den Augen verlieren* || revolver los ~ *die Augen verdrehen (aus Wut, Zorn)* || sacar los ~ (a) *die Augen auskratzen, jdm den Schädel einschlagen* || fig *jdm große Ausgaben verursachen* || eso salta a los ~ fig *das ist augenscheinlich, das springt in die Augen* || torcer, volver los ~ *die Augen verdrehen* || los ~ se vidrian *die Augen (e–s Sterbenden) brechen* || volver los ~ en *die Augen richten auf* (acc) || con los ~ clavados (*od* fijos) en el suelo *mit niedergeschlagenen Augen* || enamorado hasta los ~ fig *bis über die Ohren verliebt* || ~ que no ven, corazón que no siente (*od* llora) *aus den Augen, aus dem Sinn* ||
→ **abrir, costar, lenguaje, niña, vista**
²¡**ojo**! Ec desp *bah!* || →~¹
ojón, ona adj Am *großäugig*
ojoso adj *voller Löcher (Brot, Käse)*
ojuelo *m* dim *v.* **ojo**: *Äuglein* n || ~s *pl* prov *Lesebrille* f
okapi *m* ⟨Zool⟩ *Okapi* n (Okapia johnstoni)
okumé *m* ⟨Bot⟩ *Ok(o)umé* n (Aucoumea klaineana)
ola *f* *Welle, (Meer)Woge* f || fig *Welle* f || (→ **oleada**) || ~ de calor, de frio *Hitze-, Kälte|welle* f || la nueva ~ fig *die neue Welle (Film, Mode)*
¡**ola!** int = ¡**hola**!
ole *m* ⟨Art⟩ *andalusischer Tanz* m
olé, ole int: ¡~! *bravo! recht so!* || los ~s *die Hurrarufe* mpl
oleáceas fpl ⟨Bot⟩ *Ölbaumgewächse* npl (Oleaceae)
olea|da *f* *Wellenschlag* m || *Sturzsee* f || fig *Welle* f || fig *(Menschen)Menge* f || **-ginoso** *adj* *ölig* || **-je** *m* *Seegang* m || *Wellengang* m || *Wellenschlag* m || *Brandung* f || → **baño**
oleandro *m* ⟨Bot⟩ *Oleander* m (Nerium oleander)
oleato *m* ⟨Chem⟩ *Oleat* n
Olegario *m* np Tfn *Olegarius* m
olei|co adj: ácido ~ ⟨Chem⟩ *Ölsäure* f ||

oleícola adj ⟨Agr⟩ *olivenanbauend* || *ölfruchtanbauend* || **-cultura** f *Ölbau* m
olei|fero adj *ölhaltig, Öl-* || **-na** f ⟨Chem⟩ *Olein* n
óleo *m* *Öl* n || pintura al ~ ⟨Mal⟩ *Ölgemälde* n || ~ santo ⟨Kath⟩ *Salböl* n || los santos ~s ⟨Rel⟩ *die Letzte Ölung, Krankensalbung* f
oleoducto *m* *Ölleitung, Pipeline* f
oleo|grafía *f* *Öldruck* m || **-so** adj *ölhaltig, ölig* || *gusto* ~ *Ölgeschmack* m
oler [-ue-], pres sg huelo, pl olemos] vt *riechen* || fig *wittern* || ◊ ~ el pote fam *den Braten riechen* || ~ vi *riechen (a nach dat)* || *duften (a nach dat)* || ◊ ~ bien *angenehm riechen* || mal *unangenehm riechen*, pop *stinken* || eso huele a traición fig *das riecht nach Verrat* || → **chamusquina**
óleum *m* ⟨Chem⟩ *Oleum* n, *rauchende Schwefelsäure* f
olfacción f *Riechen* n || *Wittern* n
olfa|tear vt/i *(be)riechen* || figf *wittern* || figf *beschnuppern* || fig *herumschnüffeln* || **-teo** *m* *Riechen* n || *Wittern* n || **-tivo** adj ⟨An⟩ *Geruchs-*|| nervio ~ *Geruchsnerv* m || **-to** *m* *Geruch(ssinn)* m || buen ~ fig *gute Nase* f
Olga *f* np *Olga* f || = **Olegaria** (Tfn)
△**olibay** *m* *Notar* m
oliente adj: mal ~ *übelriechend*
oli|garca *m* ⟨Pol⟩ *Oligarch* m || **-garquía** *f* *Oligarchie* f || **-gárquico** adj *oligarchisch*
oligo|ceno m/adj ⟨Geol⟩ *Oligozän* n || **-clasa** *f* ⟨Min⟩ *Oligoklas* m || **-fagia** *f* ⟨Zool⟩ *Oligophagie* f || **oligófago** adj/s ⟨Zool⟩ *oligophag* || **-frenia** *f* ⟨Med⟩ *Schwachsinn* m, *Oligophrenie* f ||
olimpíada *f* *Olympiade* f
olímpico adj *olympisch* || los juegos ~s *die Olympischen Spiele* npl || con ~ desdén fig *mit olympischer, stolzer Verachtung*
Olimpo *m* *der Olymp (Berg)* || ⟨poet⟩ *Himmel* m || ~ ⟨Th⟩ pop *Olymp* m, *oberste Galerie* f
Olindo *m* np Tfn *Olindus* m
oliscar [c/qu], **olisquear** vt/i *beschnüffeln, (be)schnuppern* || *wittern* || fig *(nach)spüren* || vi *anfangen zu stinken (z. B. Fleisch)*
oli|va *f* *Olive f (Frucht und Baum)* || ⟨V⟩ *Schleiereule* f (→ **lechuza**) || fig *Ölzweig* m, p. ex fig *Frieden* m || **-váceo, -vado** adj *olivenfarben* || **-var** *m* *Ölbaumpflanzung* f, *Olivenhain* m || **-varero** adj *Oliven-* || producción ~a *Olivenbau* m || región ~a *Olivenbaugebiet* n
Oliver(i)o *m* np Tfn *Oliver* m
Olive|te, -to: el monte ~ *der Ölberg (Evangelium)*
olivicultor m/adj *Olivenanbauer* m
olivicultura f *Olivenanbau* m
olivina *f*, **olivino** *m* ⟨Min⟩ *Olivin, Peridot* m
olivo *m* ⟨Bot⟩ *Öl-, Oliven|baum* m (Olea europaea) || *Olivenholz* n || ◊ tomar el ~ pop *verduften, sich drücken* || el Monte de los ~s *der Ölberg (Evangelium)*
ol|meda *f* *Ulmenwald* m || **-mo** *m* ⟨Bot⟩ *Ulme* f (Ulmus campestris) || ◊ pedir peras al ~ figf *das Unmögliche verlangen*
ológrafo adj *eigenhändig (geschrieben)* || testamento ~ ⟨Jur⟩ *eigenhändiges (od holographisches) Testament* n || ~ *m* = **autógrafo**
olor *m* *Geruch* m || fig *Ahnung* f || ~ cadavérico *Leichengeruch* m || ~ fétido (de la boca) *übler (Mund)Geruch* m || mal ~ *übler Geruch, Gestank* m || ◊ despedir (un) ~ *agradable angenehm riechen* || ~ de santidad fig *gottergeben (od im Ruf[e] der Heiligkeit) sterben* || **-cillo, ~cito** *m* dim *v.* **olla**
oloroso adj *wohlriechend* || *duftend (a nach)* || ~s *pl (Art schwere) Jerezweine* mpl
olvida|dizo adj *vergeßlich* || **-do** pp/adj *vergessen* || *vergeßlich* || fig *undankbar* || ◊ ~ de su deber *pflichtvergessen* || estar ~ *in Vergessenheit*

geraten sein ‖ ~ m ⟨Typ⟩ *Auslassung, Leiche* f
olvi|dar vt/i *vergessen* ‖ *verlernen* ‖ *auslassen, übergehen* ‖ ◊ ~ hacer *zu tun vergessen* ‖ no –des que .... *bedenke, daß* ... ‖ **~se** *sich vergessen* (fig) ‖ p. ex *vergessen und vergeben* ‖ se me –dó (*od* he –dado) el libro en casa *ich habe das Buch zu Hause vergessen* ‖ se me –dó la palabra *das Wort ist mir entfallen* ‖ ¡que no se le olvide! *vergessen Sie das nicht!* ‖ **~se de** *et vergessen* ‖ ◊ ~ de hacer (*aber:* ~ hacer) *zu tun vergessen* ‖ **–do** m *Vergessen* n ‖ *Vergessenheit* f ‖ fig *Unterlassen* n ‖ fig *Nachlässigkeit* f ‖ fig *Erkalten* n *der Freundschaft* ‖ ~ de si mismo *Selbstvergessenheit* f ‖ ◊ caer en ~ *in Vergessenheit geraten* ‖ echar (*od* dar, entregar) al ~, poner en ~ *der Vergessenheit übergeben, vergessen* ‖ sacar (*od* salvar) del ~ *der Vergessenehit entreißen*
olla *f (Koch-, Fleisch)Topf, Hafen* m ‖ fig *Hausmannskost* f ‖ fig *(Gemüse)Eintopf* m ‖ fig *irdene Sparbüchse* f ‖ ~ de campaña *Feldtopf* m ‖ ~ de grillos figf *Wirrwarr* m, *Durcheinander* n ‖ ~ podrida *span. Volksgericht* n *aus Gemüse, Speck, Kichererbsen, Wurst, Rindfleisch usw* ‖ ~ de presión *Schnellkochtopf* m *(Papinscher Topf)* ‖ ◊ hacer la ~ fig *den Haushalt besorgen* ‖ cada día ~ amarga el caldo *Nahrung braucht Abwechslung* ‖ por un garbanzo no se descompone la ~ fig *etwa: niemand ist unentbehrlich*
olla|res mpl *Nüstern* fpl *des Pferdes* ‖ **–za** f augm *v.* **olla** ‖ **–zo** m *Schlag* m *mit e–m Topf*
olle|ría f *Töpferei* f ‖ *Topfmarkt* m ‖ **–ro** m *Töpfer* m ‖ ◊ cada ~ alaba su puchero *jeder Krämer lobt seine Ware*
ollita, olluela f dim *v.* **olla**
Om. Abk ⟨EB⟩ = **ómnibus**
O.M. Abk = **Ordenanzas Municipales**
omaso m ⟨Zool⟩ *Blättermagen* m *(der Wiederkäuer)*
omatidio m ⟨Zool⟩ *Ommatidium* n, *einzelner Sehkeil* m *e–s Facettenauges*
ombli|go m *Nabel* m ‖ fig *Mittelpunkt* m ‖ ~ de Venus ⟨Bot⟩ *Venusnabel* m, *Nabelkraut* n (Umbilicus rupestris) ‖ ◊ encogérsele (*od* arrugársele) a uno el ~ figf *Angst bekommen* ‖ **–guero** m *Nabelbinde* f *(für Neugeborene)*
ombo m → **ombú**
ombú [–úes, pop –uses] ⟨Bot⟩ *Kermesbeere* f (Phytolacca dioica) *der Pampas, bes als Symbol der Treue und Anhänglichkeit*
ome pop And = **home, hombre**
omega f griech. ω, *Omega* n (& fig)
ómicron f griech. o, *Omikron* n
ominoso adj *unheil\verkündend, -bringend* ‖ *ominös, von schlimmer Vorbedeutung* ‖ ave ~a *Unglücksvogel* m
omi|sión f *Unterlassung* f (& ⟨Jur⟩) ‖ *Auslassung* f ‖ *Versäumnis* n ‖ *Übergehung* f ‖ ⟨Typ⟩ *Leiche* f ‖ ~ de socorro *unterlassene Hilfeleistung* f ‖ → **delito** ‖ → **pecado** ‖ **–so** pp/irr *v.* **–tir** ‖ ◊ hacer caso ~ (de) *et übergehen, nicht beachten* ‖ ~ adj *nachlässig* ‖ **–tir** vt *unterlassen* ‖ *übersehen* ‖ *versäumen* ‖ *überspringen, auslassen (beim Lesen)* ‖ ◊ no ~ esfuerzos, sacrificios *keine Anstrengungen, Opfer scheuen, sparen* ‖ no ~ medios para *nichts unterlassen um* ‖ he –tido decírselo *ich habe vergessen, es ihm zu sagen*
omma|tido, –dium m ⟨Zool⟩ = **omatidio**
ómnibus m *Omnibus* m ‖ tren ~ ⟨EB⟩ *Personenzug* m
omnipoten|cia f *Allmacht* f ‖ **–te** adj *allmächtig* ‖ el ⁓ m *der Allmächtige (Gott)*
omnipresen|cia f *Allgegenwart* f ‖ **–te** adj/s *allgegenwärtig*
omnisapiente adj *allwissend*
omnis|ciencia f *Allwissenheit* f ‖ **–ciencio** adj *allwissend*
ómnium m ⟨Com⟩ *Omnium* n, *Anlage-, Hol-*

ding|gesellschaft f ‖ ⟨Sp⟩ *Omnium, Rennen* n *aller Teilnehmer*
omnívoro adj/s ⟨Zool⟩ *alles(fr)essend*
omóplato, omoplato ⟨An⟩ *Schulterblatt* n △**on** pop = **en** ‖ = **con** ‖ = **de**
onagra f ⟨Bot⟩ *Schinkenkraut* n, *Rapontikawurzel* f
onagro m ⟨Zool⟩ *Onager, Persischer Halbesel* m (Equus hemionus onager) ‖ ⟨Hist Mil⟩ *Onager* m *(Wurfmaschine)*
onanismo m *Onanie, geschlechtliche Selbstbefriedigung* f ‖ *Coitus* m *interruptus* ‖ → a **masturbación**
once adj *elf* ‖ capítulo ~ *elftes Kapitel* n ‖ a las ~ *um elf Uhr* ‖ fam *heiß (Kopf)* ‖ ◊ estar a las ~ y cuarto pop *verrückt sein* ‖ tomar las ~ figf *e–n kleinen Morgenimbiß nehmen* ‖ ~ m ⟨Sp⟩ *Elf* f
onceja f dim *v.* **onza**
onceno adj *der elfte* ‖ el ~, no estorbar fam *das elfte Gebot: nicht stören* ‖ Alfonso ⁓ *Alfons XI*
on|cología f ⟨Med⟩ *Onkologie, Lehre* f *von den Geschwulsten* ‖ **–cológico** adj *onkologisch* ‖ **–cólogo** m *Onkologe* m
oncosfera f ⟨Zool⟩ *Onkosphaera, Hakenlarve* f *der Bandwürmer*
onda f *Welle, Woge* f ‖ ⟨poet⟩ *Wasser* n ‖ *(Haar)Welle* f ‖ ~ corta, larga, media, ultracorta ⟨Radio⟩ *Kurz-, Lang-, Mittel- Ultrakurz|-welle* f ‖ ~ luminosa *Lichtwelle* f ‖ ~ de choque *Stoßwelle* f ‖ ~ verde ⟨StV⟩ *grüne Welle* f ‖ **~s** pl *(natürliche) Wellen* fpl *des Haares*
ondámetro m → **ondímetro**
ondatra m ⟨Zool⟩ *Bisamratte* f (Ondatra zibethica)
*****onde** prov = **donde**
onde|ado, ado adj *wellenartig, wellig* ‖ **–ante** adj *flatternd (Fahne)* ‖ **–ar** vi *wellen, wogen, Wellen schlagen* ‖ *flattern, wehen (Fahne, Haar)* ‖ *wellig sein*
△**Ondebel** np *Gott* m
ondímetro m ⟨Radio⟩ *Wellenmesser* m
¹**ondina** f *Undine, Wassernixe* f (→ **anjana, jana, xana**)
²△**ondina** f *Flügel* m
ondino m *Wasser|mann, -geist* m
△**ondo|lé** pron *er* ‖ *jener* ‖ △**–quí** adv *hier*
ondu|lación f *Wellenbewegung* f ‖ *Wallen, Wogen* n ‖ ⟨El⟩ *Welligkeit* f ‖ fig *Windung* f *(e–s Flusses, e–s Weges)* ‖ *Ondulieren* n ‖ ~ al frío, (~ al caliente) *Kalt- (Warm)welle* f *(des Haares)* ‖ ~ permanente *Dauerwelle* f ‖ **–lado** adj *onduliert (Haare, Blech, Pappe)* ‖ plancha ~a *Wellblech* n ‖ ~ m *Ondulieren* n *des Haares* ‖ **–lar** vt *kräuseln* ‖ *ondulieren (Haar)* ‖ vi *flattern (Fahne)* ‖ *sich winden (Schlange, Weg)* ‖ ◊ ¡anda y que te ondulen! pop *hau ab! verdufte! bleib mir bloß vom Hals!* ‖ **–latorio** adj *Wellen-, wellenförmig* ‖ *wellig*
oneroso adj *lästig, beschwerlich* ‖ *kostspielig* ‖ ⟨Jur⟩ *entgeltlich* ‖ *mit Auflage* ‖ a título ~ *gegen Entgelt* ‖ *mit Auflage*
onfa|lo m ⟨Bot⟩ *Nabel* m ‖ **–locele** m ⟨Med⟩ *Nabelbruch* m
ónice, ónix m ⟨Min⟩ *Onyx* m
onicofagia f ⟨Med⟩ *Nägelkauen* n, *Onychophagie* f
Onila f Tfn pop = **Petronila** f
oniomanía f ⟨Med Psychol⟩ *Oniomanie* f, *krankhafter Kauftrieb* m
o|nírico adj *traumhaft, Traum-* ‖ **–niromancia** f *Traumdeutung* f
ONO Abk = **oesnoroeste**
Onofre m np Tfn *Onuphrius* m
ono|masiología f ⟨Li⟩ *Onomasiologie, Bezeichnungslehre* f ‖ **–masiológico** adj ⟨Li⟩ *onomasiologisch* ‖ **–mástica** f *Namenskunde, Onomastik* f ‖ **–mástico** adj *Namens-* ‖ fiesta ~a *Namenstagsfest* n

onomato|peya f ⟨Li⟩ *Wortbildung* f *durch Schallnachahmung* ‖ *Lautmalerei* f ‖ *Onomatopöie* f ‖ *Schallwort* n ‖ **–péyico** adj *klangnachahmend* ‖ *lautmalerisch, onomatopoetisch*
óntico adj ⟨Philos⟩ *ontisch, seiend* ‖ *unabhängig vom Bewußtsein existierend*
onto|logía f, **Ontologie** f ‖ **–lógico** adj *ontologisch* ‖ **–logismo** m ⟨Philos⟩ *Ontologismus* m *(Malebranche)*
ONU f Abk = **UNO** f (Organización de las Naciones Unidas)
onubense adv/s *aus Huelva*
¹**onza** f (Abk **onz.**) *Unze* f *(Gewicht)* ‖ ~ de oro *Goldunze* f *(& alte span. Münze)* ‖ por ~s fam *spärlich, knapp*
²**onza** f ⟨Zool⟩ *Jaguar* m (Panthera onca) ‖ *Gepard, Jagdleopard* m (Acinonyx spp)
onzavo adj = **onceavo**
oo|lito m ⟨Geol⟩ *Oolith* m ‖ **–logía** f ⟨V⟩ *Oologie* f
opa|cidad f *Undurchsichtigkeit* f ‖ fig *Trübheit* f ‖ fig *Trübung* f ‖ **–co** adj *undurchsichtig* ‖ ⟨Phot⟩ *licht|undurchlässig, -dicht* ‖ *deckend (Farbe)* ‖ fig *düster, finster* ‖ *belegt (Stimme)* ‖ color ~ *Deckfarbe* f
opa|lescente adj *opalisierend, schillernd* ‖ **–lino** adj: brillo ~ *Opalglanz* m ‖ (cristal) ~ *Opal-, Milch|glas* n
ópalo m *Opal* m
opción f *Wahl(freiheit)* f ‖ *Anrecht* n ‖ *Selbstbestimmung* f *(der Völker)* ‖ ⟨Pol Jur⟩ *Option* f ‖ ~ de compra *Kaufoption* f ‖ a ~ *nach Wahl* ‖ ◊ tener la ~ *die Wahl haben*
ópera f ⟨Th⟩ *Oper* f, *Singspiel* n ‖ *Opernhaus* n ‖ ~ bufa *Opera buffa, Buffooper* f ‖ ~ cómica *komische Oper* f ‖ cantante de ~ *m/f Opernsänger(in)* m/f ‖ autor de ~s *Opernkomponist* m
opera|ble adj *durchführbar* ‖ ⟨Med⟩ *operar|ierbar, -abel* ‖ **–ción** f ⟨Med Mil Com⟩ *Operation* f ‖ *Vorgang* m ‖ *Tätigkeit* f ‖ ~ aritmética *Rechenoperation* f ‖ ~ bancaria *Bankgeschäft* n ‖ ~ cesárea ⟨Med⟩ *Kaiserschnitt* m ‖ de prima *(od* ~ de opción*) Prämiengeschäft* n ‖ **–es** *pl*: sala de ~ ⟨Med⟩ *Operationssaal* m ‖ **–cional** adj ⟨Mil⟩ *operativ, Operations-* ‖ investigación ~ *Unternehmensforschung* f ‖ **–dor** m ⟨Med⟩ *Operateur* m ‖ *Bediener, Maschinist* m ‖ ⟨Filmw⟩ *Kameramann* m ‖ *Filmoperateur, Vorführer* m *(e-s Kinos)* ‖ ⟨Tel⟩ *Telegraphist* m ‖ ⟨Math⟩ *Operator* m ‖ ~ radar *Radarbeobachter* m ‖ ~ de radio ⟨Radio Mil Mar Flugw⟩ *Funker* m ‖ **–dora** f ⟨Tel⟩ *Telegraphistin* f
ope|rar vt/i ⟨Med⟩ *operieren* ‖ *wirken, Wirkung haben* ‖ ⟨Mil⟩ *manövrieren, operieren* ‖ ~**se** *operiert werden* ‖ *sich operieren lassen* ‖ los francos se –raron a ... *die Franken wurden zu ... gehandelt (Börse)* ‖ un cambio completo se –ró en él *e–e vollständige Änderung ist mit ihm vorgegangen* ‖ **–rario** m *Handwerker* m ‖ *Arbeiter* m ‖ *Werktätige(r)* m *(kommunistischer Sprachgebrauch)* ‖ **–rativo** adj *operativ* ‖ **–ratorio** adj: intervención ~a ⟨Med⟩ *operativer Eingriff* m
opérculo m ⟨Bot⟩ *Kapseldeckel* m ‖ ⟨Zool An⟩ *Deckel* m ‖ *Kiemendeckel* m ‖ *Kapseldeckel* m ‖ ⟨Entom⟩ *Deckel* m *der Bienenzellen (usw)*
opereta f ⟨Th⟩ *Operette* f ‖ ~ vienesa *Wiener Operette* f ‖ cantante de ~ *m/f Operettensänger(in)* m/f
△**operisa** f *Salat* m
operista m/f *Opernsänger(in* f) m
operístico adj *Opern-*
operoso adj *mühsam*
opiado adj *opiumhaltig* ‖ ~ m ⟨Pharm⟩ *Opiat* m
opila|ción f ⟨Med⟩ *Verstopfung* f ‖ **–tivo** adj ⟨Med⟩ *(ver)stopfend*
opimo adj *reich, ergiebig* ‖ *köstlich* ‖ *groß*
opi|nable adj *denkbar* ‖ *strittig* ‖ *diskutierbar* ‖ **–nante** adj *meinend* ‖ ~ m *der s–e Meinung äußert* ‖ **–nar** vt/i *meinen, glauben, dafürhalten* ‖ ◊ ~ bien de *e–e gute Meinung haben von* ‖ ¿qué opina V. sobre *(od* de, en*)* ello? *was halten Sie davon?* ‖ ~ en contra *e–e entgegengesetzte Meinung haben* ‖ **–nión** f *Meinung, Ansicht* f ‖ *Urteil* n ‖ la ~ pública *die öffentliche Meinung* ‖ la ~ publicada *iron die veröffentlichte Meinung* ‖ ◊ cambiar *(od* mudar*)* de ~ *seine Meinung ändern* ‖ *andern Sinnes werden* ‖ formarse una ~ sobre *(od* de*) sich von e–r Sache e–e Meinung bilden* ‖ yo soy de (la) ~ que ... ich meine, daß ... ‖ emitir su ~ *seine Meinung äußern* ‖ en mi ~ *meiner Meinung nach* ‖ es un asunto de ~ *das ist Ansichtssache* ‖ estar casado con su ~ figf *stur bei s–r Meinung bleiben* ‖ ~**es** *pl Meinungsverschiedenheit* f
opio m *Opium* n ‖ fumador de ~ *Opiumraucher* m ‖ ◊ * dar el ~ pop *gefallen, Eindruck machen*
opiómano m *Opiumsüchtige(r)* m
opíparo adj *prächtig, reichlich, üppig (bes Mahlzeiten)*
opistosoma m ⟨Zool⟩ *Opisthosoma* n, *Hinterleib* m *der Spinnentiere*
oploteca f *Waffenmuseum* n ‖ *Zeughaus* n
opobálsamo m ⟨Pharm⟩ *Mekkabalsam* m
oponente m *Gegner* m
oponer [irr → **poner**] vt *entgegen|setzen, -stellen* ‖ *einwenden* (contra *gegen* acc) ‖ ◊ ~ obstáculos *Hindernisse in den Weg legen* ‖ ~ resistencia *Widerstand leisten* ‖ ~**se** *sich widersetzen* ‖ *dagegen sein* ‖ no me opongo a ello *ich bin nicht dagegen* ‖ no nos oponemos a ... *wir sind nicht abgeneigt zu ...*
opopánax, opopónaco m → **opopónax**
opopónax m *Opopanax* m, *Panaxgummi* n/m
△**opormomo** m *Magen* m
Oporto m *Porto (Stadt in Portugal)* ‖ vino de ~, ≾ *Portwein* m
oportu|namente adv *zu gelegener Zeit* ‖ recibí ~ su grata carta *ich erhielt seinerzeit Ihr wertes Schreiben* ‖ **–nidad** f *passende, günstige Gelegenheit* f ‖ *Zweckmäßigkeit* f ‖ *Rechtzeitigkeit* f ‖ fig *Schicklichkeit* f ‖ ◊ aprovechar la ~ *die Gelegenheit ergreifen* ‖ anunciado con la debida ~ *rechtzeitig angezeigt* ‖ **–nista** adj/s *opportunistisch* ‖ politica ~ *opportunistische Politik* f ‖ ~ m *Opportunist* m ‖ **–no** adj *gelegen, günstig* ‖ *passend, richtig* ‖ *zweckmäßig, angebracht* ‖ *tauglich* ‖ *parat, witzig, geistreich* ‖ ~ en las respuestas *treffend antwortend* ‖ ~ para *(od* al*)* caso *zweckdienlich* ‖ en *(od* a*)* tiempo ~ *rechtzeitig* ‖ ◊ creer *(od* considerar*)* ~ *für gelegen, für angebracht halten* ‖ *für angemessen erachten* ‖ hay que firmar el ~ documento *man muß die betreffende Urkunde unterzeichnen*
oposi|ción f *Gegenüberstellung* f ‖ *Gegensatz* m ‖ *Opposition* f ‖ *Widerspruch* m, *Einwendung* f ‖ *Widerwille* m ‖ *Widerstand* m ‖ ⟨Pol⟩ *Opposition(spartei)* f ‖ ⟨Astr Li⟩ *Opposition* f ‖ por ~ *durch öffentlichen Wettbewerb* ‖ examen por ~ *öffentlicher Wettbewerb* m *(Prüfung)* ‖ ◊ encontrar ~ *auf Widerstand stoßen* ‖ ~**se** ~ *sich widersetzen, opponieren* ‖ ~**es** *fpl Span Auswahlprüfung* f *(für Staatsstellen)* ‖ hacer ~ a una cátedra *sich um e–n Lehrstuhl bewerben (durch Auswahlprüfung)* ‖ convocatoria de ~ *Ausschreiben* n *e–s Stellenwettbewerbs (des Staates)* ‖ tribunal de ~ *Prüfungskommision* f *(für die Auswahlprüfungen)* ‖ **–cionista** m ⟨Pol⟩ *Mitglied* n *der Opposition(sparteien)* ‖ **–tar** vi *sich an den staatlichen Auswahlprüfungen beteiligen* ‖ *sich widersetzen, dagegen sein* ‖ **–tor** m ⟨Jur⟩ *Gegner, Opponent* m ‖ *(Mit)Bewerber, Kandidat, Teilnehmer* m *an e–m staatlichen Wettbewerb*
opóssum m ⟨Zool⟩ *Opossum* n (Didelphis spp) *(Beutelratte)*
opoterapia f ⟨Med⟩ *Opo-, Organo|therapie* f

△**opré** prep *über*
opre|sión *f Druck* m || *Zwang* m, *Bedrückung, Tyrannei, Unter|drückung, -jochung* f || *Beklommenheit, Beklemmung* f (& ⟨Med⟩) || ~ *de pecho* ⟨Med⟩ *Brustbeklemmung* f || **-sivo** adj *drückend, lästig* || *bedrückend* || *beklemmend* || **-so** pp/irr ⟨Lit⟩ v. **oprimir** || **-sor** m/adj *Unter-, Be|drücker* m || *el yugo* ~ *fig das drückende Joch*
opri|mir [pp regelm & opreso] vt/i *unter-, be|drücken* || *unterjochen* || *drücken (enges Kleid)* || *fig beklemmen, bedrücken* || ◊ ~ *el botón* ⟨El⟩ *den Knopf drücken* || ~ *el disparador abdrücken (Gewehr)* || *se le -mía el corazón* || *er hatte Herzbeklemmungen* || *fig ihm schnürte sich das Herz zusammen*
opro|bio m *Schande* f || *Schandfleck* m || *Schmach* f, *Schimpf, Unglimpf* m || **-bioso** adj *schmachvoll, schimpflich* || *schändlich*
opsónico adj: *índice* ~ ⟨Med⟩ *opsonischer Index* m
optación f ⟨Rhet⟩ *Optatio* f
optar vt/i *(aus)wählen* || *stimmen, sich entscheiden* || ⟨Jur Wir Pol⟩ *optieren* || ◊ ~ a *(od por) et beanspruchen* || ~ *pop sich entschließen zu* || ~ *por una nacionalidad für e-e Staatsangehörigkeit optieren*
optativo adj *wahlfrei* || *Wunsch-, Wahl-, Options-* || *cláusula (od oración)* ~a ⟨Gr⟩ *Wunschsatz* m || *(modo)* ~ ⟨Gr⟩ *Optativ* m
ópti|ca f *Optik* f || *fig Meinung* f, *Standpunkt* m || **-co** adj *optisch* || *Augen-, Seh-* || *ángulo* ~ *Gesichtswinkel* m || *nervio* ~ ⟨An⟩ *Sehnerv* m || ~ m *Optiker* m
optimación f ⟨Math⟩ *Optimierung* f
óptim(ament)e adv *bestens*
opti|mismo m *Optimismus* m || **-mista** m/adj *Optimist, Schönseher* m || adj *optimistisch* || *carácter* ~ *optimistische Gemütsart* f || **-mización** f ⟨Math⟩ *Optimierung* f
ópti|mo adj [superl v. *bueno*]: *beste(r, s)* || *vortrefflich, ausgezeichnet* || ~, **-mum** m *Bestwert* m || *Optimum* n (& ⟨Biol⟩)
optómetro m ⟨Opt Med⟩ *Optometer* n
opuesto pp/irr v. **oponer**: *entgegengesetzt* || *gegenüber|liegend, -gestellt* || *Gegen-* || ~ a *gegenüber befindlich* || *el parecer* ~ *die entgegengesetzte Meinung* || *en sentido* ~ *in entgegengesetztem Sinn* || *al lado* ~ *auf der Gegenseite* || *ángulo* ~ *Gegenwinkel* m || *lo* ~ *das Gegenteil*
opugnar vt *bekämpfen* || ⟨Mil⟩ *bestürmen (Festung)*
opulen|cia f *großer Reichtum, Überfluß* m || *Fülle, Üppigkeit* f || ◊ *vivir en* ~ *üppig leben* || **-to** adj *sehr reich, überreich* || *üppig* || *stattlich, luxuriös* || *Wohlstands-*
opuncia f ⟨Bot⟩ *Nopal* m, *Opuntie* f (→ **nopal**)
opus m *Opus* n (bes ⟨Mus⟩) || ⁓ *Dei* m *Opus n Dei (kath. Laienorganisation)*
opúsculo m *Bändchen, kleine Schrift* f || *Broschüre* f || *Opusculum* n ||
opus incertum m ⟨Arch⟩ *Zyklopenmauerwerk* n *(ohne Mörtel), Trockenmauer* f || *Bruchsteinmauerwerk* n *(im Verband mit Mörtel)*
oque: *de* ~ adv *umsonst, gratis*
oquedad f *Höhlung, Lücke, Leere* f (& *fig*) || *Öffnung* f, *Loch* n || *fig Hohlheit* f
oquedal m *Hochwald* m
△**oquendar** vt *beleidigen*
△**or** pron = **el**
¹**ora** conj *(aus* **ahora**): ~ ..., ... *bald ... bald ...* || ~ *canta,* ~ *llora bald singt er, bald weint er* || ~ *sea ...,* ~ ... *sei es ... oder sei es ...*
²**ora** adv = **ahora**
oración f *Gebet* n || *Oremus* n *(Teil der Messe)* || *Rede* f || ⟨Gr⟩ *(Rede)Satz* m || ⟨Gr⟩ *Satzglied* n || *Redeteil* m || *el* ~ *del Señor,* ~ *dominical das Vaterunser* || ~ *fúnebre Leichen-, Trauer|rede* f || ~ *de la mañana,* ~ *matutina Morgengebet* n || ~ *mental,* ~ *vocal stilles, lautes Gebet* n || ~ *de mesa Tischgebet* n || ~ *de la noche,* ~ *vespertina Nachtgebet* n || ~ *principal (subordinada) Haupt- (Neben)satz* m || ~ *temporal* ⟨Gr⟩ *Temporalsatz* m || ◊ *tocar a* ~ *zum Gebet läuten* || *la* ~ *breve sube al cielo kurz Gebet, tiefe Andacht* || *partes de la* ~ ⟨Gr⟩ *Satz-, Rede|teile* mpl || **~es** *pl: libro de* ~ *Gebetbuch* n || *toque de* ~ *Gebetläuten* n || →**agonizante, parte**
oracional adj ⟨Gr⟩ *Satz-* || ~ m ⟨Rel⟩ *Gebetbuch* n
oráculo m *Orakel* n, *Götterspruch* m || *palabras de* ~ *fig dunkle, zweideutige Worte* npl
orador m *Redner* m || ~ *sagrado Kanzelredner, Prediger* m || ~ *político politischer Redner* m
△**orajabar** vt *verlieren*
oral adj *mündlich* || *oral* || *carácter* ~ *Mündlichkeit* f || *examen* ~ *mündliche Prüfung* f || *tradición* ~ *mündliche Überlieferung* f || ~ m ⟨Jur⟩ *Verhör* n
oranés, esa adj/s *aus Oran (Algerien)*
orangután m ⟨Zool⟩ *Orang-Utan* m *(Pongo pygmaeus)*
orante adj *betend* || *(en actitud)* ~ *in Gebetshaltung (Bildsäule)* || *estatua* ~ *Orant* m
orar vt/i *bitten, (er)flehen* || *öffentlich reden* || ◊ ~ *por los difuntos für die Verstorbenen beten*
△**orasta** f *Komödie* f
orate m/f *Narr, Wahnwitzige(r)* m/f || *casa de* ~s *Irrenhaus* n (& *fig*)
orato|ria f *Redekunst* f || *Beredsamkeit* f || ~ *sagrada Kanzelberedsamkeit* f || **-rio** adj *rednerisch* || *oratorisch* || *Rede-* || *estilo* ~ *Rednerstil* m || ~ m *Bethaus* m || *(Haus)Kapelle* f || ⟨Mus⟩ *Oratorium* n
orbayo m prov = **orvallo**
orbe m *Kreis, Zirkel* m || *Welt-, Erd|kugel* f || *Welt* f || ~ *de la tierra,* ~ *terráqueo Erdkreis* m || *Erdenrund* n || ~ *cristiano christliche Welt* f
orbicular adj ⟨Biol Med⟩ *kreis-, ring|förmig, orbikular* || *músculo* ~ ⟨An⟩ *Ringmuskel* m
órbita f ⟨Astr⟩ *(Planeten)Bahn* f || ⟨Astr Phys⟩ *Umlauf-, Kreis|bahn* f || ⟨An⟩ *Augenhöhle* f || *fig Laufbahn* f
orbital adj *Kreisbahn-* || ⟨Biol Med⟩ *orbital, Augenhöhlen-*
orbitar vt *umkreisen (z. B. die Erde)*
orca f *Orca, Schwert-, Raub|wal* m *(Orcinus orca)*
Orcades: *las Islas* ~ *die Orkney-Inseln* fpl
orco m *Orkus* m, *Unterwelt* f
△**orchi** f *Seele* f
orchilla f ⟨Chem⟩ *Orseille* m *(Pflanzenfarbstoff)*
△**orchirí** f *Schönheit* f
ord. Abk = **orden**
órdago m *Einsatz* m *im Musspiel* || *de* ~ *fam glänzend, famos, großartig* || *sehr gelegen* || *un bofetón de* ~ m *fam e-e schallende Ohrfeige*
ordalías fpl *Ordalien, Gottesurteile* npl
¹**orden** m(*f*) *Ordnung* f, *geordneter Zustand* m || *Regel, Richtschnur* f || *Methode* f, *System, Verfahren* n || *(Sach)Lage* f || *Gruppe* f || *Rang, Grad* m, *Kategorie* f || *Reihe(nfolge), Serie* f || *Aufstellung* f, *Anordnung* f || ⟨Arch⟩ *(Bau)Stil* m || ⟨Arch⟩ *Säulenordnung* f || ⟨Theol⟩ *(Engel-)Ordnung* f || ⟨Pol⟩ *Tagesordnung* f || ⟨Zool⟩ *Ordnung* f || ~ *de batalla* ⟨Mil⟩ *Schlachtordnung* f || ~ *corintio korinthische Säulenordnung* f || ~ *de cosas fig System* n, *Methode* f || ~ *del día Tagesordnung* f || ~ *dórico dorische Säulenordnung* f || ~ *de ideas fig Gedanken|komplex* m, *-gebäude* m || ~ *jónico ionische Säulenordnung* f || ~ *jurídico Rechtsordnung* f || ~ *sacerdotal*

Priesterweihe f || amigo del ~ *ordnungsliebend* || espíritu de ~ *Ordnungssinn* m || el Nuevo ~ europeo (de las potencias del Eje) ⟨Hist⟩ *die Neue Ordnung in Europa (der Achsenmächte)* || número de ~ *laufende Zahl* f || *Buchungsnummer* f || ¡al ~! *zur Ordnung!* || en ~ *ordentlich, in Ordnung* || de primer ~ *ersten Ranges* || para el buen ~ *der Ordnung halber* || por su ~ *der Reihe nach* || por ~ alfabético (cronológico) *in alphabetischer (chronologischer) Reihenfolge* || por ~ de estatura *nach der Größe* || sin ~ ni concierto *wahllos* || ◊ llamar al ~ *zur Ordnung rufen* || perturbar (*od* trastornar) el ~ *die Ordnung stören* || poner en ~ *in Ordnung bringen*
²**orden** f *Befehl* m, *Order* f || *Auftrag* m, *Bestellung* f || *Orden* m, *Ehrenzeichen* n || ⟨Rel Hist⟩ *Orden* m || ⟨Pol⟩ *Geschäftsordnung* f || fig *Gebot* n || ~ del Aguila Blanca ⟨Hist⟩ *(polnischer, jugoslawischer) Orden* m *vom Weißen Adler* || ~ del Aguila Negra ⟨Hist⟩ *(preußischer) Orden* m *vom Schwarzen Adler* || ~ de ataque *Angriffsbefehl* m || ~ de caballería *Ritterorden* m || *Militärorden* m || ~ de (los caballeros) de Malta *Malteserorden* m || la ~ de marcha ⟨Mil⟩ *der Marschbefehl (aber: el ~ de marcha die Marschordnung)* || ~ de (los caballeros de) San Juan *Johanniterorden* m || ~ de la Corona de Hierro *Orden* m *der Eisernen Krone* || ~ de la Cruz de Hierro *(deutscher) Orden* m *des Eisernen Kreuzes* || ~ del día ⟨Mil⟩ *Tagesbefehl* m || ~ monástica *Mönchsorden* m || ~ de Santo Domingo *Dominikanerorden* m || ~ Franciscana ~ de San Francisco *Franziskanerorden* m || ~ de Isabel la Católica span. *Orden Isabellas der Katholischen* || ~ de Jesucristo *päpstlicher Christusorden* m || ~ de la Media Luna *(türkischer) Halbmondorden* m || ~ del Mérito Militar span. *Kriegsverdienstorden* m || ~ Militar de Alcántara, de span. *Militärorden* m *von Alcántara, von Calatrava* || ~ Militar de la Cruz Laureada de San Fernando *höchste span. Kriegsauszeichnung* f || ~ de Santiago span. *Orden* m *des Hl. Jakob vom Schwert* || ~ del Santo Sepulcro *päpstlicher Orden* m *vom Hl. Grab* || ~ Teutónica *Deutschritterorden* m || ~ del Toisón de Oro *Orden des Goldenen Vlieses* || ~ de la Visitación *Saleserorden* m || Real ~ *Königlicher Erlaß* m || anulación de una ~ *Abbestellung* f || a la ~ *an die Order (Wechsel)* || letra a ~ *propia eigener Wechsel* m || papeles a la ~ ⟨Com⟩ *Orderpapiere* npl || de ~ y por cuenta ⟨Com⟩ *im Auftrag und für Rechnung* || en ~ *de in bezug auf* || hasta nueva ~ *bis zur weiteren Verfügung, bis auf Widerruf* || *bis auf weiteres* || por ~ *im Auftrag* || *per Prokura* || ◊ ejecutar (cumplir, efectuar, atender, despachar) una ~ ⟨Com⟩ *e-n Auftrag ausführen, erledigen* || dar una ~ *e-n Auftrag erteilen, et verordnen* || revocar, anular una ~ *e-e Bestellung, e-e Order zurückziehen, stornieren* || tener ~ de *angewiesen sein zu* || ¡a la ~! ⟨Mil⟩ *zu Befehl!* || *melde mich zur Stelle!* || ~**es** *pl*: las ~ mayores (menores) ⟨Kath⟩ *die oberen (niederen) Weihen* || ~ religiosas *Priesterorden* mpl || contrario a las ~ *befehlswidrig* || siempre a las ~ de V. *stets zu Ihren Diensten* || ¡a sus ~! ~ ¡a la ~! *zu Befehl!* || trompeta de ~ *Signaltrompete* f || ◊ dar (*od* hacer) ~ *Befehle, Aufträge erteilen* || favorecer, honrar con ~ *mit Aufträgen beehren*
orde|nación f *(An)Ordnung, Einrichtung* f || *Priesterweihe* f || ⟨Verw⟩ *Amt* n || *Buchhaltung* f || ~ jurídica, ~ legal *Rechtsordnung* f || ~ urbana *Stadtplanung* f || ~ de zonas, ~ de espacios *Raumordnung* f || **-nada** f ⟨Math⟩ *Ordinate* f || **-nadamente** adv *ordnungsmäßig* || **-nador** adj/s *ordnend* || ~ m *Ordner* m, *Rechner* m, *Rechenanlage* f || **-namiento** m *(An)Ordnung* f || *Priesterweihe* f || *(gesetzliche) Regelung* f || ~ de Alcalá ⟨Jur⟩ *Gesetzbuch* n *von 1348* || ~ de las

Tafurerías Gesetzessammlung von 1276 über das Glücksspiel || **-nancista** adj/m *unbedingt Einhaltung der Vorschriften verlangend* || **-nando** m *zu ordinierender Geistlicher* m || **-nanza** f *(An)Ordnung* f || *Verordnung* f || allg *Anweisung, Vorschrift* f || ⟨Mil Verw⟩ *Dienstanweisung* f || ~ administrativa *Verwaltungsverordnung* f || ~ ejecutiva, ~ de ejecución, ~ de aplicación *Ausführungsbestimmungen* fpl || ~ de régimen interior (de una empresa) *Betriebsordnung* f || ~ de riego *Satzung* f *e-r Bewässerungsgenossenschaft* || ◊ ser de ~ *vorgeschrieben sein* || ~**s** fpl ⟨Mil⟩ *Dienstanweisung* f || ~ m/f ⟨Mil⟩ *Ordonnanz* f || *Putzer, (Offiziers) Bursche* m || allg *Amts|diener, -bote* m || **-nar** vt/i *ordnen* || *in Ordnung bringen* || *regeln, einrichten* || *befehlen* || *bestimmen* || *verfügen, an-, ver|ordnen* || *die Priesterweihe erteilen* (dat), *ordinieren* || ⟨Med⟩ fig *verordnen, verschreiben* || ◊ ~ por materias *nach dem Stoff ordnen* || ~ en serie(s) *serienweise aufstellen* || ~no y mando hiermit *wird angeordnet* — *feststehende Anfangsformel* f *bei span. Militärverordnungen usw* || ~se de sacerdote *die Priesterweihe erhalten, ordiniert werden*
orde|ñadero m *Melkeimer* m || **-ñador** m/adj *Melker* m || **-ñadora** f *Melkerin* f || *Melkmaschine* f || **-ñar** vt *melken (& fig)* || **-ño** m *Melken* n (& fig) || a ~ fig *wie beim Melken (z. B.: das Pflücken von Oliven durch Abstreichen mit der ganzen Hand)*
órdiga f: ¡(anda) la ~! pop *nanu! so was!* || *das fehlte gerade noch!*
ordi|nal adj *Ordnungs-* || número ~ *Ordinal*, *Ordnungs|zahl* f || **-nariez** f *Grobheit* f, *Roheit, Ungeschliffenheit* f || *Unflätigkeit* f || *Gewöhnlichkeit, Gemeinheit* f || **-nario** adj *ordentlich, ständig* || *ordentlich (Gerichtsbarkeit, Professor)* || *gering, gemein, mittelmäßig, alltäglich* || *grob, ungeschlacht, ordinär* || *roh, ungeschliffen gewöhnlich, gemein, alltäglich* || fig *grob (& Stoff)* || expresión ~a *gemeiner, alltäglicher Ausdruck* m || juzgado ~ *Gericht* n *erster Instanz* || precio ~ ⟨Com⟩ *Ladenpreis* m || de ~ *gewöhnlich* || gastos ~**s** *laufende Ausgaben* fpl || lo ~ *no se sale de lo* ~ *es ist nichts Besonderes* || ~ m *täglicher Aufwand* m *(Haushalt)* || *Hausmannskost* f || ⟨Rel⟩ *Ordinarius* m || *ordentlicher Professor* m || *(Post) Bote* m || *(Fracht) Fuhrmann* m || desp: ~**ote**
ordo m: ~ de la misa ⟨Kath⟩ *(Meß)ordnung f der Kirche für die) unveränderliche(n) Teile* mpl *der Messe, Ordo* m *missae* lat
ords. Abk = **ordinarias**
ordubre m prov *Vorgericht* n
oréada f *Oreade, Bergnymphe* f
orear vt *auslüften, erfrischen* || ~**se** vr *sich frische Luft verschaffen* || fig *spazierengehen*
orégano m ⟨Bot⟩ *Dost, Origano, wilder Majoran* m *(Origanum vulgare)* || *Am verschiedene aromatische Pflanzen* || ◊ no es ~ *todo el monte* fig *jedes Ding hat seine Tücken* || ¡~ sea! fig *wir wollen das Beste hoffen!*
oreja f *(äußeres) Ohr* n || *Ohr|knorpel, -lappen* m || *Gehör* n || *Umschlagklappe* f, fam *Eselsohr* n *(an Büchern)* || *Backe* f *(e-s Sessels)* || *Ohrenklappe* f *(e-r Mütze)* || *Klappe* f, *Henkel* m, *Ohr* n || ~ de cerdo *Schweinsohr* n || ~ de mar, ~ marina ⟨Zool⟩ *Seeohr* n *(Haliotis tuberculata)* || *(Muschelart)* || pabellón de la ~ *Ohrläppchen* n || ~ de zapato *(Schuh) Lasche* f (→**lengua**) || zapato de ~ *Schnallenschuh* m || ◊ conceder la ~ ⟨Taur⟩ *das abgeschnittene Ohr des getöteten Stieres dem Stierfechter als Ehrenpreis zugestehen* || enseñar la ~ fig *s-e wahren Absichten zeigen* || *sich verraten* || mojar la ~ pop *jdn beleidigen* || *mit jdm Streit suchen* || tirar de la ~, tirar las ~**s** *beim Ohr, bei den Ohren zupfen* || tirar de la(s) ~(s) a Jorge fam *ein Spielchen machen* || ~**s** *pl*: con las ~ gachas *mit hängen-*

den Ohren (Hund) || fig *völlig gedemütigt* || ◊ **aguzar las** ~ fig *die Ohren spitzen* || **apearse por las** ~ fam *vom Pferd abgeworfen werden* || **bajar las** ~ figf *demütig gehorchen* || **haber visto las** ~ **al lobo** figf *e–r großen Gefahr entgangen sein* || **hacer** ~ **de mercader** figf *sich taub stellen* || **rasgarse las** ~ *sich hinter den Ohren kratzen* || **me suenan las** ~ *es klingt mir in den Ohren* || **taparse las** ~ *sich die Ohren zuhalten* || →**oído**
orejano adj *Am wild, ungezähmt* bzw *herrenlos, ohne Besitzzeichen (Vieh)* || fig *scheu, mißtrauisch*
oreje|ras fpl *Ohr(en)klappen* fpl *(e–r Mütze, am Pferdegeschirr)* || *Ohrenschützer* m || *Ohrenschutz* m *(des Helms)* || allg *Seiten|teil* n bzw *-klappe* f || **–ta** f dim v. **–ja**
orejón adj/s fam *großohrig,* fam *mit Segelohren* || ~ m Col Mex *Grobian* m || Mex *wissentlicher Hahnrei* m || augm v. **oreja**
ore|jones mpl *getrocknete Obstschnitte* mpl (bes *Aprikosen*) || **–judo** adj *langohrig* || ~ m ⟨Zool⟩ *Lang-, Groß|ohrfledermaus* f (Plecotus auritus) || **–juela** f dim v. **–ja** || *Henkel* m || *Tab* m engl *(bei Karteikarten)*
orensano adj/m *aus Orense*
orenza f Ar = **tolva**
oreo m *sanfte Luft* f || *Lüftung* f || *Lüftchen* n
orfa|nato, –natorio m *Waisenhaus* n
orfandad f *Verwaisung* f || *Waisenstand* m || fam *Waisen|rente* f, *-geld* n
orfe|bre m *Gold-* bzw *Silber|schmied* m || **–brería** f *Gold-* bzw *Silber|schmiedearbeit, Juwelierarbeit* f || *Goldschmiede-* bzw *Juwelier|kunst* f
orfelinato m gall = **orfanato**
Orfeo m np *Orpheus* m
orfeó m Cat = **orfeón** || ⁓ Catalá *berühmter katalanischer Gesangverein in Barcelona*
orfe|ón m *Gesangverein* m || *Chor* m || **–onista** m/f *Mitglied* n *e–s Gesangvereins* bzw *Chores*
órfico adj ⟨Myth Rel⟩ *orphisch* || fig *orphisch, geheim(nisvoll)* || *misterios* ~s *Orphik* f
organdí [pl **–ies**] m *Organdy,* öst *Organdin, Organtin* m
organero m *Orgelbauer* m
orgánico adj *organisch, Organ-* || *química* ~**a** *organische Chemie* f || *materias* ~**as** *organische Stoffe* mpl || *concepción* ~**a** *del mundo organisches Weltbild* n || *Ley* ~**a** *del Estado Span (Staats)Grundgesetz* n || *índice* ~ *nach Sachgebieten geordnetes Register*
organigráma m *Organisations|schema* n, *-plan* m || *Stellenplan* m
organi|llero m *Drehorgelspieler, Leierkastenmann* m || **–llo** m *Drehorgel* f, *Leierkasten* m
orga|nismo m *Organismus* m (& fig) || *organischer Bau* m || fig *Körperschaft* f || ~ *directivo* ⟨Com⟩ *Leitung* f || **–nista** m *Orgelspieler* m || *Organist* m || **–nización** f *Organisation* f || *Einrichtung, Verfassung* f || fig *innere Anordnung, Gliederung, Struktur, Organisation* f || *Organisation* f, *Verein* m || ⁓ *para la Alimentación y la Agricultura Ernährungs- und Landwirtschafts|organisation* f *(FAO)* || ⁓ *de Cooperación y Desarrollo Económico* (OCDE) *Organisation* f *für wirtschaftliche Zusammenarbeit und Entwicklung (OECD)* || ⁓ *de los Estados Americanos* (OEA) *Organisation* f *Amerikanischer Staaten (OAS)* || ⁓ *Internacional de Aviación Civil* (OACI) *Internationale Organisation* f *für Zivilluftfahrt (ICAO)* || ⁓ *Europea de Cooperación Económica* (OECE, *sustituida por la* OCDE, → **oben**) *Europäischer Wirtschaftsrat* n *(durch* OECD *abgelöst, →* **oben***)* || ⁓ *Meteorológica Mundial* (OMM) *Meteorologische Weltorganisation* f, *Weltwetterdienst* m || ~ *judicial Gerichtsverfassung* f || ~ *del trabajo Arbeitseinteilung* f || ~ *de ventas Absatzorganisation* f || **–nizador** adj *ordnend, gestaltend, organisierend* || *organisatorisch* || *Organisations-* || *comité*

~ *Arbeitsausschuß* m || ~ m *(An)Ordner, Organisator* m || *Veranstalter* m || **–nizar** [z/c] vt *ordnen, gliedern* || *einrichten, organisieren* || *gestalten, planen* || *veranstalten, organisieren* || ~**se** *sich organisch zusammenfügen* || *sich gliedern* || *in Ordnung, zustande kommen* || *stattfinden, zustande kommen* || *zur e–r festen Regel werden* || figf *geschehen,* fam *passieren* || ◊ ¡*la que se organizó allí!* fam *was dort nicht alles passierte!* || *da war vielleicht et los!*
órgano m ⟨Biol⟩ *Organ* n (& fig) || *Werkzeug* n || *Stimme, Sprache* f || ⟨Mus⟩ *Orgel* f || *Organ, Fachblatt* n || fig *Vertreter* m, *Sprachrohr* n || ~ *administrativo Verwaltungsorgan* n || ~ *de Berbería Drehorgel* f || ~ *consultivo Konsultationsorgan* n || ~ *de manubrio Drehorgel* f || ~ *de salón Salonorgel* f || ~**s** *de los sentidos Sinnesorgane* npl || ~ *sexual masculino (femenino) männliches (weibliches) Geschlechtsorgan* n || *registro de* ~ *Orgelregister* n || *teclado de* ~ *Manual* n || *tubos de* ~ *Pfeifwerk* n || ◊ *tocar del* ~ *die Orgel spielen*
organografía f ⟨Med Biol Mus⟩ *Organographie* f
organoterapia f ⟨Med⟩ *Organ(o)therapie* f
organza f ⟨Web⟩ *Organza* m
or|gasmo m *Orgasmus* m || *Nervenerregung* f, *Erethismus* m || **–gástico** adj *orgastisch* || *wollüstig*
or|gia, –gía f *Orgie* f || *Ausschweifung* f || *Zügellosigkeit* f || *Trinkgelage* n || fig *verschwenderische Fülle* f || *una* ~ *de colores* fig *ein Schwelgen in Farben* || ~**s** pl *Orgien* fpl, *Bacchusfeste* npl || **–giástico, –giaco** adj *orgiastisch* || *Orgien-* || *zügellos, wild* || *schwärmerisch* || *schwelgerisch*
org.! Abk = **original**
orgu|llo m *Stolz* m || *Hoch-, Über|mut* m || ◊ *ser el* ~ *de Stolz ...* (gen) *sein* || **–lloso** adj/s *stolz* || *hochmütig* || *de (od por) sus conocimientos stolz auf seine Kenntnisse* || ◊ *ser* ~ *stolz (bzw hochmütig) sein (von Natur aus)* || *stolz sein (augenblicklich od auf e–n Erfolg)*
△¡**ori!** = ¡**hola!**
orien|tación f *Orientierung, Wegweisung* f || ⟨Mar Flugw⟩ *Einortung, Nordung, Ortung, Peilung* f || fig *Richtung, Meinung* f || fig *Beratung, Orientierung* f || fig *Lage* f *(e–s Gebäudes nach den Himmelsrichtungen)* || ⟨Geol⟩ *Richtung* f, *Strich* m *(e–r Schicht)* || ⟨Pol⟩ *Ausrichtung* f, *Kurs* m || fig *Denkart, geistige Einstellung* f || *sentido de la* ~ *Orientierungs-, Orts|sinn* m (& ⟨Zool⟩) || ~ *acústica akustische Ortung* f || ~ *profesional Berufsberatung* f || ~ *radiogoniométrica Funkpeilung* f || *a título (od* con *carácter) de* ~ *zur Orientierung* || **–tador** adj *orientierend* || fig *richtungsweisend, Richtlinien gebend* || **–tal** adj *östlich, Ost-* || *morgenländisch, orientalisch* || *echtglänzend (Edelsteine)* || Am *aus Uruguay* || *bloque* ~ ⟨Pol⟩ *Ostblock* m || *España* ⁓ *Ostspanien* || *Iglesia* ⁓ *griech. Kirche, Ostkirche* f || *Imperio* ⁓ *byzantinisches Kaisertum* n || *lenguas* ~**es** *orientalische Sprachen* fpl || *raza* ~ *orientalische Rasse* f || ~**es** mpl *Morgenländer, Orientalen* mpl || Am *Bewohner* mpl *von Uruguay* || **–talismo** m *Orientalistik* f || *Neigung* f *zum Orientalischen* || *orientalisches Wesen* n || **–talista** m *Orientalist* m || **–tar** vt *(nach den Himmelsrichtungen) richten, orientieren* || *informieren, orientieren, belehren* (sobre, acerca de *über* acc) || *orten* || fig *ideologisch ausrichten* || *die Richtung weisen* (a alg. *jdm* dat) || ⟨Tech⟩ *(ein-)richten, ein-, ver|stellen* || ⟨Mil⟩ *schwenken (Geschütz)* || ⟨Mar⟩ *trimmen* || ⟨Flugw⟩ *orten,* fam *franzen* || ~**se** *sich orientieren, Umschau halten* || *sich zurecht-, sich hinein|finden* || *sich erkundigen* || *(an)peilen* || **–te** m *Ost(en), Morgen* m || *Morgenland* n, *Orient* m || *Aufgang* m *der Sonne* || *Wasser* n *(der Perlen)* || ⟨Pol⟩ *Osten* m || *Lejano*

~ **Fernost** m || ~ **Medio** *Mittlerer Osten* m || ~ **Próximo, Próximo** ~ *Nahost, Vorderer Orient* m || **los Reyes de** ~ *die Heiligen Drei Könige, die Drei Weisen aus dem Morgenland* || **al** ~, **hacia el** ~ *östlich*
orifi|cación *f Goldfüllung* f *(e–s Zahnes)* || **Goldfüllen** n *(e–s Zahnes)* || **-car** *vt mit Gold füllen (Zahn)*
orifice *m Goldschmied* m
orificio *m Mündung, Öffnung* f || *Mund* m, *Loch* n || ~ (anal) ⟨An⟩ *After* m || ~ **de carga** ⟨Mil Mar Flugw⟩ *Ladeluke* f || ~ **de salida** *Ab-, Aus|laßöffnung* f || ~ **de salida del proyectil** *Ausschuß (öffnung* f *)* m
oriflama *f (bunte) Fahne* f, *Wimpel* m || *Banner* n || ⟨Hist⟩ *Oriflamme, Kriegsfahne* f *der französischen Könige*
origen [*pl* **orígenes**] *m Ursprung, Anfang* m, *Entstehung* f || *Quelle* f || *Abstammung, Ab-, Her|kunft* f || fig *Grund* m, *Ursache* f || ⟨Math⟩ *Ausgangs-, Null|punkt* m (& fig) || ◊ **tener** *(od traer)* **su** ~ (en) *herrühren, hervorgegangen sein (aus* dat*)* || →**estación, certificado** || →**genealogía, parentesco**
origenismo *m* ⟨Rel⟩ *Origenismus* m *([häretische] Lehre des Origenes [185–254])*
origi|nal *adj ursprünglich* || *urschriftlich, echt* || *eigen|tümlich, -artig, urwüchsig, originell* || *sonderbar,* fam *ulkig* || *Original-, Ursprungs-, Ur-* **acción** ~ *Stammaktie* f || **cuadro** ~ ⟨Mal⟩ *Original* n || **edición** ~ *Erstausgabe* f *(e–s Buches)* || *Originalausgabe* f || **idea** ~ *urwüchsige Gedanke* m || **idioma** ~, **lengua** ~ *Ursprache* f || **pecado** ~ *Erbsünde* f || ◊ **tener cosas** ~**es** *urwüchsige Einfälle haben* || ~ *m Urtext* m, *Urfassung* f || *Urkunde, Urschrift* f, *Original* n || ⟨Mal⟩ *Original (werk)* n || ⟨Typ⟩ *Manuskript* n || *Vor-, Ur|bild* n || fam *urwüchsiger, origineller Mensch* m || fam *Sonderling, ulkiger Kauz* m, *Original* n || adv: ~**mente** || **-nalidad** *f Ursprünglichkeit, Echtheit* f || *Eigentümlichkeit, Originalität* f || *Urwüchsigkeit* f || *Sonderbarkeit,* fam *Kauzigkeit* f || fam *Ulk* m || **-nar** *vt veranlassen* || *verursachen, herbeiführen, hervorrufen* || ◊ ~ *gastos, daños, retraso Kosten, Schäden, Verzögerung verursachen* || ~ *molestias (od trastornos) Ungelegenheiten bereiten* || **a fin (de) que no se originasen habladurías** *um nicht zu Gerede Anlaß zu geben* || ~**se** *verursacht werden* || *ent|springen, -stehen* || *herrühren* || **-nario** *adj (her)stammend, gebürtig (de aus* dat*)* || *ursprünglich* || *angeboren, Mutter- || Anfangs-* || **enfermedad** ~**a** ⟨Med⟩ *Grundleiden* n
ori|lla *f Rand, Saum* m || *Sal|band* n, *-leiste* f || *Ufer, Gestade* n || *Fluß-, See|ufer* n || Arg Mex *Umgebung* f || *Stadtrand* m || **a la** ~ **de** *bei, neben* (dat) || **a** ~**s del mar** *am Ufer des Meeres* || **-llar** *vt einfassen* || *säumen, fassen* || *rändern* || *verbrämen* || *ordnen, ausrichten* || *beseitigen, überwinden (Gefahr, Hindernis, Schwierigkeit)* || fig *beiseite lassen (Argument)* || ◊ ~ **las dificultades** *die Hindernisse beseitigen* || **-llo** *m* ⟨Web⟩ *Webekante* f || *buntgewebter Rand* m
¹**orín** *m (Eisen) Rost* m || *Brand* m *im Getreide* || fig *Fehler, Makel* m || ◊ **tomarse de** ~ *rostig werden*
²**orín** *m* fam *Harn* m (bes *pl*)
ori|na *f Urin, Harn* m || **análisis de** ~ *Harnanalyse* f || ~ **sanguinolenta** ⟨Med⟩ *Blutharn* m || **retención de** ~ ⟨Med⟩ *Harnverhaltung* f || **-nal** *m Nachttopf* m || *Uringlas* n
orinar *vt/i harnen, Harn lassen, urinieren* || **pop** = **mear**
orines *mpl* fam = **orina**
oriniento *adj rostig, verrostet*
orinque *m* ⟨Mar⟩ *Bojenreep* n
oriol *m* ⟨V⟩ = **oropéndola**
oriolano *adj aus Orihuela* (PAli)
Orión *m* ⟨Astr⟩ *Orion* m

oripié *m* Murc *Fuß* m *e s Berges*
orita *adv* Am pop = **aho(rit)a**
oriun|dez *f Herkunft, Abstammung* f || **-do** *adj (her)stammend, gebürfig* (de *aus* dat)
orla *f Rand, Saum* m || *Borte* f *(am Tuch)* || *Randverzierung* f || *Salband* n *(e–s Stoffes)* || *Randschrift* f *e–r Münze* || ⟨Typ⟩ *Randlinie* f || **con** ~ **negra** *mit Trauerrand (Schreibpapier)*
△**orlangó** *adj aufmerksam*
orlar *vt säumen, einfassen* || ⟨Typ⟩ *mit e–m Schmuck- bzw Trauer|rand ausstatten*
orleanés, esa *adj/s aus Orléans*
orlo *m* ⟨Arch⟩ *Säulenplatte* f (→**plinto**) || ⟨Mus⟩ *Alphorn* n
orlón *m* ⟨Web⟩ *Orlon* n *(Kunstfaser)*
Ormuz *m* ⟨Rel⟩ *Ormuzd* m (Ahura Masdah)
ornamen|tación *f Ornamentierung* f || *Ausschmückung* f || *Verzierung* f || *Verzieren* n || *Dekorationsmalerei* f || *Stuckarbeit* f || **-tal** *adj Ornament-* || *Schmuck-, Zier-* || **-tar** *vt (aus-) schmücken, verzieren* || **-to** *m Schmuck, Zierat* m, *Verzierung* f || ⟨Mal Arch⟩ *Ornament* n || ~**s** *pl Kirchenschmuck* m || *(Kirchen)Ornat* m || *Priestergewänder* npl || *Schmuckelemente* npl || ~ **para árboles de Navidad** *Christbaumschmuck* m
ornar *vt schmücken, (ver)zieren* (de, con *mit* dat) || *ausstatten* || fig *verschönern, bereichern*
ornato *m Schmuck, Putz, Zierat* m || *Verzierung* f || *Buchschmuck* m || fig *Ausstattung* f || fig *Zierde* f || fig *Ausschmückung* f *(des Stils)*
ornear *vi* Gal León = **rebuznar**
ornitodelfos *mpl* ⟨Zool⟩ *Kloakentiere* npl (Monotremata)
ornitofilia *f Vogelliebhaberei* f || ⟨Bot⟩ *Ornitho|philie, -gamie, Bestäubung* f *durch Vögel*
orni|tología *f Ornithologie, Naturgeschichte der Vögel, Vogelkunde* f || **-tológico** *adj ornithologisch, vogelkundlich* || **-tólogo** *m Ornithologe, Vogelkundler* m
ornitomancia *f Weissagung* f *aus dem Vogelflug*
ornitóptero *m* ⟨Flugw⟩ *Schwingen-, Schlag|flügler, Ornithopter* m
ornitorrinco *m* ⟨Zool⟩ *Schnabeltier* n (Ornithorhynchus anatinus)
ornitosis *f* ⟨Med⟩ *Ornithose* f
oro *m Gold* n || *Gold|geld, -stück* n, *-münze* f || ~ **en barras** *Barrengold* n || ~ **batido** *Blattgold* n || ~ **de gato** *Katzengold* n || ~ **de ley** *Feingold* n || ~ **en polvo** *Goldstaub* m || ~ **virgen** *gediegenes Gold* n || **bordado de** ~ *golddurchwirkt* || **corazón de** ~ *fig goldenes Herz* n || **cobertura de** ~ ⟨Wir⟩ *Golddeckung* f || **edad de** ~, **siglo de** ~ *Goldenes Zeitalter* n || **existencia de** ~ *Goldvorrat* m *(Bank)* || **fiebre del** ~ ⟨Hist⟩ fig *Goldfieber* n || **moneda de** ~ *Goldmünze* f || **pico de** ~ figf *Goldmund* m || **prima del** ~ ⟨Com⟩ *Gold|agio* n, *-prämie* f || **tipo (del)** ~, **patrón** ~ *Goldstandard* m || **como un** ~, **como mil** ~ **s** *fig außerordentlich schön und reinlich* || ◊ **lo guarda como** ~ **en paño** fig *er hütet es wie e–n Goldschatz (od wie s–n Augapfel)* || **nadar en** ~ *im Geld schwimmen, Geld wie Heu haben* || **ofrecer el** ~ **y el moro** figf *das Blaue vom Himmel versprechen* || **pagar a peso de** ~ *mit Gold aufwiegen* || **pagar en** ~ *in Gold (be)zahlen* || **su palabra es** ~ fig *ein Mann, ein Wort* || **vale tanto** ~ **como pesa** figf *es ist Goldes wert* || **no es** ~ **todo lo que reluce** *es ist nicht alles Gold, was glänzt* || **el** ~ **pude todo** *Geld regiert die Welt* || ~**s** *pl*: **rey de** ~ *Schellenkönig* m || **siete de** ~ *Karo-Sieben* f || ~ **s son triunfo** ⟨Kart⟩ *Schellen sind Trumpf* || fig *Gold regiert die Welt* || →**costa**
oroban|ca *f*, **–que** *m* ⟨Bot⟩ *Sommerwurz* f (Orobanche spp)
△**orobar** *vi weinen*
△**orobrar** *vi (nach)denken*
oro|génesis *f* ⟨Geol⟩ *Gebirgsbildung, Oroge-*

nese f ‖ −genia f Lehre f von der Entstehung der Gebirge ‖ −grafía f Orographie f ‖ −gráfico adj orographisch ‖ Gebirgs-
  ¹orondo adj bauchig (Gefäß) ‖ figf stolz, eingebildet ‖ figf zufrieden, glücklich ‖ fig gemütlich ‖ fig prunkhaft ‖ fig schwülstig (Stil)
  ²△orondo m Diebstahl m
  oronja f Kaiserling m (Amanita caesarea)
  △oropaja f Blatt n
  oropel m Flitter-, Rausch|gold n ‖ fig Flitterstaat, eitler Tand m
  oropéndola f Pirol m (Oriolus oriolus) ‖ △ Wille m
  oropimente m ⟨Min⟩ Auripigment n
  △orosque m Kupfer n
  orozuz [pl −ces] m ⟨Bot⟩ Süßholz n (→ regaliz)
  △orpachiruna f Geduld f
  orques|ta f Orchester n ‖ Kapelle f ‖ ⟨Th⟩ Orchesterraum m ‖ ~ de baile Tanzkapelle f ‖ ~ de instrumentos de cuerda Streichorchester n ‖ ~ sinfónica Symphonieorchester n ‖ ensayo con (od de) ~ ⟨Mus⟩ Orchesterprobe f ‖ pieza para ~ Orchesterstück n ‖ → director ‖ −tación f ⟨Mus⟩ Orchestrierung, Instrumentierung f ‖ −tal adj Orchester- ‖ −tar vt orchestrieren, instrumentieren ‖ −trión m ⟨Mus⟩ Orchestrion n
  or|quidáceas fpl ⟨Bot⟩ Orchideengewächse npl (Orchidaceae) ‖ −quidea f Orchidee f
  △orquidén m Mut m
  orqui|tis f ⟨Med⟩ Hodenentzündung, Orchitis f ‖ −tomía f ⟨Chir⟩ Orchitomie, Verschneidung f (→ castración)
  △orrijar vt (er)sparen
  orsequio m And pop = obsequio
  △orso m Überfall m
  ortega f ⟨V⟩ Sandflughuhn n (Pterocles orientalis)
  orteguiano adj/s ⟨Philos⟩ Ortega- ‖ ~ m Anhänger m des span. Philosophen José Ortega y Gasset (1883–1955)
  orti|ga f ⟨Bot⟩ Brennessel f (Urtica spp) ‖ ~s de mar ⟨Zool⟩ Quallen fpl (Scyphozoa) ‖ ~ muerta ⟨Bot⟩ Taubnessel f (Lamium spp) ‖ ◊ estar sobre ~s figf wie auf glühenden Kohlen sitzen ‖ picadura de ~s Nesselstrand m ‖ −gal m mit Brennesseln bestandener Platz, Nesselgestrüpp n ‖ −gar vt Sant mit Brennesseln stechen ‖ ~se vr Sant sich mit Brennesseln stechen
  orto m (Sonnen)Aufgang m ‖ ⟨poet⟩ Geburt f
  orto|cromático adj orthochromatisch, farbenempfindlich (außer Rot) ‖ placas ~as ⟨Phot⟩ Orthochromplatten fpl ‖ −doncia f ⟨Med⟩ Orthodontie, Zahnregulierung f ‖ −doxia f Rechtgläubigkeit, Orthodoxie f ‖ allg geltende Lehre f ‖ −doxo adj/s rechtgläubig, orthodox ‖ geltend ‖ Iglesia ~a Orthodoxe Kirche f ‖ ~ m Orthodoxe(r) m ‖ −dromia f ⟨Flugw Mar⟩ Orthodrome f, größter Kreis m ‖ −gonal adj ⟨Math⟩ rechtwinklig, senkrecht ‖ proyección ~ senkrechte Projektion f (Kartographie) ‖ −grafía f Rechtschreibung, Orthographie f ‖ −gráfico adj schreibrichtig, orthographisch ‖ falta ~a Schreibfehler m
  △ortogrés adj/s achthundert
  ortología f ⟨Gr Phon⟩ Kunst f, richtig zu sprechen
  ortope|dia f ⟨Med⟩ Orthopädie f ‖ −pédico adj orthopädisch ‖ cama ~a Streckbett n ‖ ~ m → ortopedista ‖ −pedista m Orthopäde m
  ortopterología f ⟨Entom⟩ Orthopterologie, Kunde f von den Geradflüglern
  ortópteros mpl ⟨Entom⟩ Geradflügler mpl (Orthopteroidea)
  ortos|copia f ⟨Opt⟩ Orthoskopie f ‖ −tasia f ⟨Med⟩ Orthostase, aufrechte Körperhaltung f ‖ −tático adj ⟨Med Arch⟩ orthostatisch ‖ −tatos mpl ⟨Arch Hist⟩ Orthostaten pl
  △orú m Wolf m
  oruga f ⟨Entom⟩ Raupe, Schmetterlingslarve f ‖ ⟨Bot⟩ Ölrauke, Ruke f (Eruca vesicaria sativa) ‖ ⟨Tech⟩ Raupe f ‖ Raupenkette f (e–s Panzers, e–s Gleiskettenfahrzeugs) ‖ ~ de la col ⟨Entom⟩ Raupe f des Kohlweißlings ‖ ~ procesionaria ⟨Entom⟩ Raupe f des Prozessionsspinners ‖ ~ de la seda ⟨Entom⟩ Raupe f des Seidenspinners
  orujo m Wein|trester, -treber pl, ausgepreßte Trauben fpl ‖ Oliven|trester, -treber pl ‖ aguardiente de ~ Trester(schnaps) m
  △orundó m Taschendieb m
  orva|llar vi prov = lloviznar ‖ −llo m prov = llovizna
  orvío m And pop = olvido
  ¹orza f (Marmeladen-, Einmach-, Honig)Topf m
  ²orza f ⟨Mar⟩ Anluven n ‖ a (od de) ~ ⟨Mar⟩ gegen den Wind, luvwärts ‖ ◊ ir de ~ ⟨Mar⟩ luven
  ³orza f ⟨Mar⟩ (Kiel)Schwert n (der Segelschiffe)
  orzaga f ⟨Bot⟩ Meer-, Salz|melde f (Atriplex halimus)
  or|zante adj ⟨Mar Flugw⟩ luvgierig ‖ −zar [z/c] vi (an)luven
  orzuelo m ⟨Med⟩ Gerstenkorn m
  o/s Abk Am: $ o/s Arg peso(s) oro sellado
  ¹os pron (dat od acc) euch ‖ os amo ich liebe euch ‖ amaos liebt euch (aber idos geht fort) ‖ no puedo decíroslo (= no os lo puedo decir) ich sage es euch nicht sagen
  ²△os pron = los
  ¡os! = ¡ox!
  osa f Bärin f ‖ ≈ Mayor (Menor) ⟨Astr⟩ der Große (Kleine) Bär, Wagen m
  osa|día f Kühnheit f ‖ Wagemut m ‖ Verwegenheit, Dreistigkeit f ‖ −do adj kühn ‖ verwegen, dreist ‖ mutig
  osambre m → osamenta
  osamenta f Skelett, Gerippe n ‖ Gebeine npl ‖ Knochenhaufen m
  osar vi/t wagen, sich unterstehen ‖ sich erkühnen, sich erdreisten ‖ ◊ no osó contestar er wagte nicht zu antworten ‖ no osó acercarse er wagte sich nicht heran ‖ ~ venir sich heranwagen
  osario m Beinhaus n, Karner m ‖ Schädelstätte f ‖ Begräbnisplatz m ‖ ~ común Massengrab n
  osc- = → a obsc-
  oscense adj/s aus Huesca
  osci|lación f Schwingung, Oszillation f ‖ Pendelschlag m ‖ Pendelung f ‖ fig Schwanken n ‖ Schwankung f ‖ ~es de la coyuntura ⟨Wir⟩ Konjunkturschwankungen fpl ‖ ~es del mercado ⟨Wir⟩ Marktschwankungen fpl ‖ −lador m ⟨Radio Elc⟩ Oszillator, Wellenerreger m ‖ −ladora f ⟨Radio Elc⟩ Oszillatorröhre f ‖ −lante adj schwingend ‖ fig unschlüssig, schwankend ‖ −lar vi ⟨Biol Phys⟩ oszillieren, schwingen ‖ fig schwanken ‖ fig zucken ‖ fig pendeln ‖ fig unschlüssig sein ‖ el precio –la entre... der Preis bewegt sich zwischen... ‖ −latorio adj schwingend ‖ −lógrafo m ⟨Phys⟩ Oszillograph ‖ −lograma m Oszillogramm n
  oscu|lación f ⟨Math⟩ Oskulation, Berührung f zweier Kurven (vgl tangencia, tangente) ‖ −lar vi ⟨Math⟩ oskulieren, e–e Oskulation bilden
  ósculo m Kuß m ‖ ~ de Judas fig Judaskuß m ‖ ~ de paz Friedenskuß m
  oscu|rantismo m Denkart f der Dunkelmänner, *Obskurantismus m ‖ Verdummungseifer m, systematische Verdummung des Volkes ‖ −rantista adj/s verdummend, Verdummungs- ‖ ~ m Dunkelmann, Finsterling *, *Obskurant m ‖ −recer vt verdunkeln (& fig) ‖ verfinstern ‖ fig verschleiern ‖ fig unverständlich machen ‖ vi dunkel werden ‖ ~se vr sich verfinstern ‖ sich umwölken ‖ fig nachlassen, schwächer werden ‖ fig verblassen (z. B. Ruhm) (→ palidecer) ‖ ~ m Dunkelwerden n, Abenddämmerung f ‖ Verfinstern n ‖ al ~ in der Abenddämmerung ‖ −recimiento m ⟨Mil⟩ Ver-

oscuridad — otro 792

dunkelung f (& fig) ‖ *Verfinsterung* f ‖ *Dunkelwerden* n ‖ **-ridad** *f Dunkelheit, Finsternis* f ‖ *Dunkel* n ‖ *Dämmerlicht* n ‖ fig *Unklarheit, Undeutlichkeit* f ‖ fig *Ungewißheit* bzw *Niedrigkeit* f *(der Herkunft)* ‖ **-ro** adj *dunkel* (& fig) ‖ *finster* ‖ *trübe, schmutzig (Farbe)* ‖ fig *unbekannt* ‖ a ~as *im Dunkeln* ‖ fig *im dunkeln, ahnungslos, nichtwissend* ‖ *amarillo* ~ *schmutziggelb* ‖ de ~ *linaje niedriger Herkunft*
  Oseas m np *Hosea* m *(Prophet)*
  osecillo m *dim* v. **hueso**
  óseo adj *knochig, knöchern, Knochen-*
  osezno m *junger Bär* m, *Bärenjunges* n
  osezuelo m *dim* v. **hueso**
  osi|ficación f ⟨Med⟩ *Verknöcherung* f ‖ **-ficarse** vr *verknöchern* ‖ **-forme** adj *knochenförmig*
  osífraga f ⟨Bot⟩ *Beinbrech* m *(Narthecium ossifragum)* ‖ ~ f, ~**o** m ⟨V⟩ = **quebrantahuesos**
  osmático adj ⟨Biol⟩ *Geruch(ssinn)s-* ‖ vgl **anosmático**
  osmio m ⟨Chem⟩ *Osmium* n
  ósmosis, os|mosis f ⟨Phys⟩ *Osmose* f ‖ **-moterapia** f ⟨Med⟩ *Osmotherapie* f ‖ **-mótico** adj *osmotisch*
  OSO. Abk = **oessudoeste**
  oso m *Bär* m ‖ fig *schwerfälliger Mensch*, fam *täppischer Kerl* m ‖ ~ *blanco*, ~ *maritimo*, ~ *polar* ⟨Zool⟩ *Eisbär* m (Thalarctos maritimus) ‖ ~ *común*, ~ *pardo* ⟨Zool⟩ *Braunbär* m (Ursus arctos) ‖ ~ *gris* ⟨Zool⟩ *Graubär, Grizzly* m (Ursus arctos horribilis) ‖ ~ *hormiguero* ⟨Zool⟩ *Ameisenbär* m (Myrmecophaga spp – Cyclopes spp) ‖ ~ *lavador* ⟨Zool⟩ *Waschbär* m (→ **mapache**) ‖ ~ *marino* ⟨Zool⟩ *Seebär* m (Callorhinus sp – Arctocephalus spp) ‖ ~ *marsupial* ⟨Zool⟩ *Koala, Beutelbär* m (Phascolarctos cinereus) ‖ ~ *negro* ⟨Zool⟩ *Baribal* m (Ursus americanus) ‖ *piel de* ~ *Bärenhaut* f ‖ ◊ *hacer el* ~ figf *Prügelknabe sein* ‖ *jdm den Hof machen*
  ososo adj *knochig*
  △**ostabeo** m *Diebstahl* m
  △**ostar(di)** adj/s *vier(zig)*
  oste = **oxte**
  △**osté** And = **usted**
  ostealgia f ⟨Med⟩ *Knochenschmerz* m, *Ostealgie* f
  △**Ostebé** np *Gott* m
  osteítis f ⟨Med⟩ *Knochenentzündung, Ostitis* f
  △**Ostelinda** f = **María** f
  osten|sible adj *deutlich, offen|bar, -kundig* ‖ *auffällig* ‖ adv: ~**mente** ‖ **-sión** f *Offenbarung* f ‖ *Schaustellung* f ‖ **-sivo** adj *auffallend* ‖ *ostentativ, prahlerisch* ‖ **-sorio** m ⟨Kath⟩ *Ostensorium* n, *Monstranz* f ‖ **-tación** f *Vorzeigung, Schaustellung* f ‖ *Zurschaustellen* n ‖ *Großtuerei, Aufschneiderei* f, *Bramarbasieren* n ‖ *Prunksucht* f ‖ ◊ *hacer* ~ *de prunken, sich brüsten mit* ‖ *bramarbasieren* ‖ **-tar** vt *an den Tag legen* ‖ *zur Schau stellen* ‖ *vor-, auf|weisen* ‖ *(inne)haben (Amt, Würde)* ‖ *tragen (Orden, Auszeichnung)* ‖ fig *prahlen* ‖ ◊ ~ *una medalla e–e Medaille tragen* ‖ *e–e Medaille anlegen* ‖ ~ *un* título *e–n Titel tragen* ‖ **-tativo** adj *prahlerisch* ‖ *auffällig* ‖ *ostentativ* ‖ **-toso** adj *prächtig* ‖ *sehenswert* ‖ *prunkhaft*
  oste|ología f ⟨Med⟩ *Knochenlehre, Osteologie* f ‖ **-ólogo** m *Osteologe* m
  osteomalacia f ⟨Med⟩ *Knochenerweichung, Osteomalazie* f
  ostia f = **ostra**
  ostiario m ⟨Kath⟩ *Ostiarius* m (= „*Türhüter*", *unterster Weihegrad)*
  △**ostilar** vt *stehlen*
  △**ostinar** vt *wecken*
  ostra f ⟨Zool⟩ *Auster* f (Ostrea edulis) ‖ → **aburrir** ‖ ~s *verdes Zuchtaustern* fpl ‖ *banco de* ~s *Austernbank* f
  ostracismo m *Ostrazismus* m, *Scherbengericht*

n ‖ fig *Verfemung* f ‖ fig *Landesverweisung* f ‖ fig *Zurücktreten* n *vom öffentlichen Leben*
  ostrácodos mpl ⟨Zool⟩ *Muschelkrebse* mpl (Ostracoda)
  os|tral m *Austernbank* f ‖ **-trero** adj/s *Austern-* ‖ ~ m *Austern|fischer* bzw *-verkäufer* m ‖ *Austernbank* f ‖ ⟨V⟩ *Austernfischer* m (Haematopus ostralegus) ‖ **-trícola** adj *auf die Austernzucht bezüglich, Austernzucht-* ‖ **-tricultura** f *Austernzucht* f
  ostrogodo adj/s *ostgotisch* ‖ ~ m *Ostgote* m ‖ *die ostgotische Sprache, das Ostgotische* ‖ vgl **visigodo**
  ostrón m *große Miesauster* f
  osudo adj *knochig*
  osuno adj *Bären-* ‖ *bärenhaft*
  otaca f Al = **aulaga**
  otalgia f ⟨Med⟩ *Ohrenschmerz* m, *Otalgie* f
  OTAN f Abk = *NATO* f (Organización del Tratado del Atlántico Norte)
  otarias fpl ⟨Zool⟩ *Ohrenrobben* fpl (Otariidae)
  otario adj/s fam Arg *tölpelhaft*
  △**oté** adv *dort(hin)*
  otear vt *spähen, belauern* ‖ *beobachten (von e–r Höhe aus)*
  △**otely** adv *herunter*
  △**otembrolito** m *Herz* n
  ote|ro (dim **-ruelo**) m *Anhöhe* f, *einsam stehender Hügel* m
  otídidas fpl ⟨V⟩ *Trappen* fpl (Otididae)
  otis m ⟨V⟩ = **avutarda**
  otitis f ⟨Med⟩ *Ohrenentzündung, Otitis* f ‖ ~ *media Mittelohrenentzündung, Otitis* f *media* lat
  oto m ⟨V⟩ = **autillo**
  otolito m ⟨An Zool⟩ *Otolith* m, *Gehörsteinchen* n
  o|tología, -tiatría f ⟨Med⟩ *Ohrenheilkunde, Otiatrie, Otologie* f ‖ **-tólogo** m *Ohrenarzt, Otologe, Otiater* m
  otomano adj/s ⟨Hist⟩ *ottomanisch, osmanisch, türkisch* ‖ ~ m *Ottomane* m
  oto|ñada f *Herbstzeit* f ‖ *Herbsternte* f ‖ *Herbstwetter* n ‖ **-ñal** adj *herbstlich, Herbst-* ‖ ~ m/f *älterer (meist gutaussehender) Herr* m ‖ *ältere (meist attraktive) Dame* f ‖ *belleza* ~ *reife Schönheit* f *(Frau)* ‖ **-ñar** vi *den Herbst irgendwo zubringen* ‖ *im Herbst keimen* bzw *sprießen* ‖ **-ño** m *Herbst* m ‖ ~ *avanzado, fin(ales) de* ~ *Spätherbst* m ‖ *Feria de* ⚔ ⟨Com⟩ *Herbstmesse* f ‖ *Salón de* ⚔ ⟨Mal⟩ *Herbstsalon* m *(Paris)*
  △**otor** adj/s *acht* ‖ ~ *de achtzig* ‖ ~ *de que achtzehn*
  otor|gamiento m *Gewährung* f ‖ *Bewilligung* f ‖ *Erteilung* f ‖ *Verleihung* f ‖ *Errichtung* f *(e–s Testaments)* ‖ *Schließung* f *(e–s Vertrages)* ‖ *beurkundete Erklärung* f ‖ ~ *de un crédito Gewährung e–s Kredits* ‖ **-gante** m *Aus|steller, -fertiger* m *(e–r Urkunde)* ‖ *(Vollmacht)Geber* m ‖ **-gar** [g/gu] vt/i *bewilligen, gewähren* ‖ *verleihen, einräumen* ‖ *bejahend antworten* ‖ *hinwerfen (in der Rede)* ‖ *ausfertigen (Urkunde)* ‖ *errichten (Testament)* ‖ *schließen (Vertrag)* ‖ *zugestehen* ‖ *gönnen* ‖ ◊ ~ *un plazo e–e Frist einräumen* ‖ ~ *si* fig *sein Jawort geben* ‖ ~ *los poderes* (a) *jdm die Prokura erteilen* ‖ ~ *licencia Erlaubnis erteilen* ‖ → **callar**
  oto|rragia f ⟨Med⟩ *Ohrenbluten* n, *Otorrhagie* f ‖ **-rrea** f ⟨Med⟩ *Ohrenfluß* m, *Ohrlaufen* n, *Otorrhö(e)* f
  otorrinolarin|gología f ⟨Med⟩ *Hals-, Nasen-, Ohren|heilkunde, Otorhinolaryngologie* f ‖ **-gólogo** m *Hals-, Nasen-, Ohren|arzt, Otorhinolaryngologe* m
  otoscopio m ⟨Med⟩ *Ohrenspiegel* m
  otro adj/s *ein anderer* ‖ *ein zweiter* ‖ *noch ein(er)* ‖ fam *ein neuer* ‖ *abermalig* ‖ *verschieden* ‖ ~a *cosa etwas anderes* ‖ (el) ~ *día* fam *neulich* ‖

letzthin || al ~ día (Ar pop al ~ el día) *am nächsten Tag* || *am Tag darauf* || ~ tal *dasselbe* || ~ tanto *das nämliche* || *ebenso* || *noch einmal soviel* || ~a vez *noch einmal* || *nochmals* m ~ yo *mein anderes Ich* || ningún ~ *sonst niemand* || al ~ lado *auf der anderen Seite* || *umstehend (im Text)* || de un lado a ~ *hin und her* || uno después de ~ *e–r nach dem andern* || con un poco de atención y ~ poco de trabajo *mit ein bißchen Aufmerksamkeit und Arbeit* || de tal manera o de tal ~a *so oder so* || en ~a parte *anderswo* || ni uno ni ~ *weder der eine noch der andere* || a ~a parte *anderswohin* || por ~a parte *andernteils, hingegen* || ser muy ~ fam *ganz anders sein* || ¡~a! *da capo! (in Theatern)* || *oho! nanu!* || *das fehlte gerade noch!* || ¡ésa es ~! fam *das ist köstlich!* || *das wird ja immer besser!* || *das fehlte gerade noch!* || ¡a ~ con ésa! pop *das machen Sie andern weis!* || ¡hasta ~a! *auf Wiedersehen!* || ¡a ~ cosa (, mariposa) fam *und damit basta!* || *und jetzt Schluß (damit)!* || ~ que tal fam *noch einer* || fam *iron von derselben Sorte* || no digo u/c por ~a *ich sage die Wahrheit!* || ¡es ~ Colón! *das ist ein wahrer (ein neuer) Kolumbus!* || *er ist ein zweiter Kolumbus!* || entre ~s *unter anderen* || comer con ~s *mitessen* || → **mundo, uno**
otrora adv ⟨Lit⟩ *früher, ehemals*
otrosí adv ⟨Jur⟩ *überdies, ferner* || ◊ ~ digo ⟨Jur⟩ *ich erkläre bzw behaupte bzw beantrage ferner* || ~ m ⟨Jur⟩ *ergänzender Antrag* m || *Ergänzung* f *(im Antrag)* || ◊ proponer *(od* solicitar) por ~ ⟨Jur⟩ *hilfsweise beantragen*
ouad m *Wadi* n *(Trockental)*
ova|ción f *Ovation* f, *stürmischer Beifall* m || **-cionar** vt *jdm stürmischen Beifall spenden*
oval(ado) adj *eiförmig, oval*
óvalo m *Oval, Eirund* n
ovárico adj ⟨An⟩ *Eierstock-* || hormona ~a ⟨Physiol Med⟩ *Ovarialhormon* n
ovariectomía f ⟨Chir⟩ = **ovariotomía**
ovario m ⟨An Zool⟩ *Eierstock* m || ⟨Bot⟩ *Fruchtknoten* m || ⟨Arch⟩ *Eierstab* m
ovariotomía f ⟨Chir⟩ *Ovari|ektomie, –otomie, operative Entfernung* f *des Eierstocks bzw der Eierstöcke*
¹**oveja** f *Schaf* n (& fig) || ~ descarriada, ~ perdida *verlorenes Schaf (& des Evangeliums)* || ~ doméstica *Hausschaf* n || ~ merina *Merinoschaf* n || la ~ negra *das schwarze Schaf* (& fig) || ~ sarnosa *räudiges Schaf* n || lana, piel de ~ *Schaf|wolle* f, *-fell* n || cada ~ con su pareja *gleich und gleich gesellt sich gern*
²**oveja** f Arg fig *Prostituierte* f || SAm = **llama** *(Tier)*
ovejero adj/s *Schafe hütend* || *Schafs-* || perro ~ *Schäferhund* m || ~ m *Schäfer* m
ove|juela, -jita f dim v. **-ja** || **-juno** adj *Schaf(s)-* || queso ~, leche ~a *Schaf|käse* m, *-milch* f
overa f *Eierstock* m *der Vögel* (bes *des Geflügels)*
¹**overo** adj/s *falb, pfirsichfarben (Pferde)* || Am *weiß, rötlich und lichtbraun gesprenkelt (Tiere)* || p. ex *schwankend*, fam *wetterwendisch (Person)*
²**overo** adj: ojos ~s fam *Glasaugen* npl
overol m engl *Overall* m
ovetense adj/s *aus Oviedo*
ovezuelo m dim v. **huevo**
ovidiano adj *ovidisch, auf den Dichter Ovid bezüglich*

oviducto m ⟨An⟩ *Eileiter* m
oviforme adj *eiförmig* || → **oval**
ovil m *(Schaf) Stall* m || △*Bett* n
ovi|llar vt *abhaspeln, auf Knäuel wickeln* || ~**se** *sich zusammenkauern* (bes *v. Katzen)* || **-llo** m *Knäuel* m/n || ◊ hacerse un ~ *sich zusammen|kauern, -rollen* || figf *sich verhaspeln (bei Reden)* || *sich ducken* || hecho un ~ *zusammengekauert (z. B. Katze)*
ovino adj *Schaf(s)-* || ganado ~ *Schafe* npl
oviparismo m ⟨Zool⟩ *Oviparie, Fortpflanzung* f *durch Eiablage* || vgl **ovoviviparidad, viviparidad**
ovíparo adj/s *eierlegend, ovipar*
ovni(s) m*(pl) (aus O.V.N.I. =* objetos voladores no identificados) *Ufo(s)* m(pl) *(aus U.F.O.* engl = unidentified flying object[s]*)*
ovo|génesis f ⟨Gen Biol⟩ *Ovo-, Oo|genese* f || **-ide(o)** adj *eiförmig* || ~ m ⟨Math⟩ *Ovoid* n || **-scopio** m → **mirahuevos** || **-viviparidad** f *Ovovivi-parie* f || vulg **oviparidad, viviparidad** || **-vivíparo** adj ⟨Zool⟩ *ovovivipar*
ovulación f ⟨Biol Gen⟩ *Ovulation* f
óvulo m dim *v.* **huevo** || ⟨Zool⟩ *Eizelle* f || ⟨Bot⟩ *Samen|anlage, -knospe* f
¡**ox**! int *husch! (Ruf zum Verjagen der Hühner)*
oxalato m ⟨Chem⟩ *Oxalat* n
oxálico adj: ácido ~ ⟨Chem⟩ *Oxalsäure* f
oxear vt *(Geflügel) scheuchen*
oxfordiense adj/s *aus Oxford* || ~ m ⟨Geol⟩ *Oxford(ien, -ium)* n
oxiacanta f ⟨Bot⟩ *Weiß-, Hage|dorn* m (→ **espino**)
oxicorte m ⟨Tech⟩ *Brennschneiden* n
oxi|dable adj *oxydierbar* || *leicht rostend (Eisen)* || **-dación** f *Oxy|dierung, -dation* f || ⟨Tech⟩ *Rostansatz* m || *Rosten* n || **-dado** adj *oxydiert* || *sauerstoffhaltig* || ⟨Tech⟩ *rostig* || **-dar(se)** vi *oxydieren* || *(ver) rosten*
óxido m ⟨Chem⟩ *Oxid, Oxyd* n
oxídulo m ⟨Chem⟩ *Oxydul, sauerstoffärmeres Oxid* n || ~ a **protóxido**
oxigena|ción f ⟨Chem⟩ *Sättigung* f *mit Sauerstoff* || *Sauerstoffaufnahme* f || **-do** *sauerstoffhaltig* || *wasserstoff(peroxid)farbig, gebleicht (Haar)* || agua ~a *Wasserstoffperoxid* n || **-r** vt *mit Sauerstoff verbunden* || *mit Wasserstoffperoxid bleichen (Haar)*
oxígeno m ⟨Chem⟩ *Sauerstoff* m || contenido de ~ *Sauerstoffgehalt* m || máscara de ~ *Sauerstoffmaske* f
oxigenoterapia f ⟨Med⟩ *Sauerstofftherapie* f
oximetría f *Säuremessung* f
oxí|moron m ⟨Rhet⟩ *Oxymoron* n || **-tono(n)** m ⟨Li Gr⟩ *Oxytonon* n || ~ adj *endbetont*
oxiuro m ⟨Zool Med⟩ *Madenwurm* m (Oxyuris = Enterobius vermicularis)
oxoniense adj/s *aus Oxford*
¡**oxte**! pop *fort von hier! pack dich!* || ◊ sin decir ~ ni moxte pop *ohne zu mucksen*
oye, oyó → **oir**
oyente m *(Zu) Hörer* m || *Gasthörer* m *(Hochschule)* || ~ irregular, ~ clandestino *Schwarzhörer* m
oz. Abk = **onza**
ozena f = **ocena**
ozocerita f ⟨Chem⟩ *Ozokerit* m
ozo|n(iz)ador m *Ozonerzeuger* m *(Apparat)* || **-n(iz)ar** vt ⟨Chem⟩ *ozon(is)ieren* || *keimfrei machen (Wasser)* || **-no** m *Ozon* n
△**ozunchar** vt *erreichen*

P

p *f* (= pe) *P* n
P. Abk = **Papa** ‖ **Padre** ‖ **Pregunta** ‖ **Pagaré** ‖ **Pies** ‖ **Partido**
P/ Abk = **Pagaré** ‖ **Plazo**
p., p/ Abk = **por** ‖ **para** ‖ **pago** ‖ **pagar(é)** ‖ **plata** ‖ **parte(s)** ‖ **poder(es)** ‖ **propio** ‖ **participio** ‖ **palabra** ‖ **pies** ‖ **peso** ‖ **polvo(s)** ‖ **pequeño** ‖ **penique(s)** ‖ **paz** ‖ **palmo**
p%, p‰ Abk = **por ciento** ‖ **por mil**
P.A., p.a. Abk = **por ausencia** ‖ **por autorización** ‖ **por acuerdo**
p.ª Abk = **para**
pa And pop = **para**
pabellón *m* Zelt(dach) n ‖ Bett-, Thron-, Altarhimmel m ‖ Rundzelt n ‖ überdeckte Terrasse f ‖ ⟨Arch⟩ Seiten\flügel m, -gebäude n ‖ Pavillon m, Laube f, Gartenhaus n ‖ (Messe-)Halle f ‖ (National)Flagge f ‖ ⟨An⟩ Ohrmuschel f, äußeres Ohr n ‖ ~ de armas, ~ de fusiles ⟨Mil⟩ Gewehrpyramide f ‖ ~ de caza ⟨Jgd⟩ Jagdhütte f ‖ Jagdschlößchen n ‖ ~ de hidroterapia Kur\halle f, -haus n ‖ ~ nacional Nationalflagge f ‖ ◊ armar ~es ⟨Mil⟩ (die) Gewehre zusammensetzen, (die) Gewehre in Pyramiden aufstellen ‖ dejar bien sentado el ~ figf seine Aufgabe mit Ehren erledigen ‖ navegar bajo ~ extranjero ⟨Mar⟩ unter fremder Flagge segeln (bzw fahren)
pabilo, pábilo *m* (Lichter)Docht m ‖ (Licht-)Schnuppe f
pablar vt/i fam reden
Pablo m np Paul(us) m ‖ dim: ~**ito**
pábulo *m* * Nahrung, Speise f ‖ fig Gesprächsstoff m ‖ fig Anlaß m ‖ fig Nährboden m ‖ ◊ dar ~ a fig Anlaß geben zu (dat)
¹**paca** *f* Bündel n, Pack m
²**paca** *f* ⟨Zool⟩ Paka n/f (Cuniculus paca)
Paca *f* pop Tfn = **Francisca** *f*
pacato adj ruhig, fügsam ‖ still ‖ friedfertig ‖ furchtsam ‖ prüde, bigott
pa|cedero adj Weide- ‖ ~ m Sant Ast Weide f ‖ **-cedura** *f* Weiden, Hüten n
pacencia *f* pop = **paciencia**
pacense adj/s aus Badajoz (PExtr) ‖ aus Beja (Portugal)
paceño adj/s aus La Paz (Bolivien)
pacer [-zc-] vt ab\grasen, -weiden ‖ ◊ ~ la hierba abgrasen ‖ ~ vi grasen, weiden ‖ ⟨Jgd⟩ äsen ‖ ◊ sacar la lengua a ~ fig pop auspacken
paciencia *f* Geduld f ‖ Langmut f ‖ Duldung f ‖ (Art) Baiser m (Gebäck) ‖ ⟨Bot⟩ Agrestampfer m ‖ ~ de benedictino fam äußerste Geduld und Ausdauer f ‖ ~ de Job fig Hiobs-, Engels|-geduld f ‖ ◊ se me acaba la ~ mir geht die Geduld aus ‖ es para perder la ~ es ist nicht zum Aushalten ‖ tener ~ Geduld haben, sich gedulden ‖ con ~ se gana el cielo Geduld bringt Rosen ‖ ¡~ y barajar! figf abwarten und Tee trinken!
pacien|te *m/f* Kranke(r) m, Patient(in) m(f) ‖ ⟨Philos⟩ Erleidende(r) m ‖ ~ adj geduldig ‖ beharrlich, ausdauernd ‖ **-temente** adv geduldig ‖ **-zudo** adj/s sehr geduldig
pacifi|cación *f* Befriedung f ‖ Wiederherstellung f des Friedens ‖ Aussöhnung f ‖ **-cador** m/adj Friedensstifter m ‖ ~ adj Frieden stiftend, friedenstiftend ‖ irenisch ⟨bes Rel⟩ ‖ **-car** [c/qu] vt/i Frieden stiften, befrieden ‖ beruhigen, zur Ruhe bringen ‖ besänftigen ‖ fig beschwichtigen ‖ ~**se** sich beruhigen, fig nachgeben ‖ ruhig werden

pacífico adj fried\liebend, -lich ‖ friedfertig ‖ verträglich ‖ sanft, ruhig ‖ Friedens- ‖ el (Océano) ~ der Stille Ozean ‖ adv: ~**amente**
pacifis|mo *m* ⟨Pol⟩ Pazifismus m ‖ **-ta** *m* Pazifist m ‖ ~ adj pazifistisch
pación *f* Sant Ast Weiden n
¹**paco** *m* fam Freischärler m ‖ fam Heckenschütze m ‖ → **paquear**
²**paco** adj/s Arg Chi rötlich ‖ ~ m Am Rotsilbererz n ‖ Chi Schutzmann m ‖ SAm ⟨Zool⟩ = **alpaca**
Paco, Pacorro *m* pop Tfn = **Francisco** ‖ un tío ~ pop ein Bauernlümmel ‖ ◊ ser un ~ pop gerieben sein
pacoti|lla *f* ⟨Mar⟩ Freigepäck n e-s Seemanns ‖ pop Schund(ware), Ramschware f ‖ de ~ falsch, nicht echt ‖ minderwertig (Ware) ‖ cazador de ~ fam Sonntagsjäger m ‖ tabaco de ~ gemeiner Rauchtabak m ‖ ◊ hacer la ~ pop sein Ränzel schnüren ‖ **-llero** *m* kleiner Krämer, Ramschverkäufer m ‖ Chi Hausierer m
pac|tar vt/i (e-n Vertrag) schließen (con mit dat), vertraglich abmachen ‖ verabreden ‖ (aus-)bedingen ‖ ~ vi sich fügen ‖ paktieren ‖ lo –tado das Ausbedungene ‖ die Vertragsklauseln fpl ‖ **-to** *m* Vertrag, Pakt m ‖ Bund m mit dem Teufel ‖ ~ de acero ⟨Hist⟩ Stahlpakt m (Italien, Deutsches Reich 22.5.1939) ‖ ~ de no agresión Nichtangriffspakt m ‖ ~ Antikomintern ⟨Hist⟩ Antikomintern-Pakt m ‖ ~ de asistencia mutua Beistandspakt m ‖ ~ de retro(venta) Rückkaufsvertrag m ‖ ~ tripartito ⟨Hist⟩ Dreimächtepakt m (Italien, Deutsches Reich, Japan, 1940) ‖ ~ de Varsovia Warschauer Pakt m (14.5.1955) ‖ el ~ de Versalles der Versailler Vertrag (28.6.1919)
△**pacuaró** *m* Ordnung f
△**pacueca** *f* = **peseta**
△**pacha** *f*: a ~ einverstanden
pachá [pl **-aes**] *m* barb → **bajá** ‖ ◊ vivir como un ~ figf wie ein Pascha (od wie Gott in Frankreich) leben
△**pachacarrar** vt säen
△**Pachandra** *f* Ostern n
pach(ang)o adj Chi dick, untersetzt
△**pachí** *f* Jungfer f
△**pachimachí** *f* Bein n
¹**pachón** m/adj Dachshund m ‖ fam Faulpelz m
²**pachón, ona** adj Am zottig
pachorra *f* fam Fahrlässigkeit, Gleichgültigkeit f, Phlegma n ‖ ◊ tener (mucha) ~ fam phlegmatisch sein
pachulí [pl **-íes**] *m* ⟨Bot⟩ Patschuli(pflanze f) n (Pogostemon cablin) ‖ Patschuli n (Parfüm)
paddock *m* Paddock m (für Pferde)
pade|cer [-zc-] vt (er)leiden ‖ (er)dulden, ertragen ‖ fühlen (Schmerz) ‖ fig heimgesucht werden von (dat) ‖ ausgesetzt sein (dat) ‖ ◊ ~ un error sich irren ‖ ~ vi leiden ‖ ◊ ~ de los nervios nervenkrank sein ‖ ~ m: el amoroso ~ das Liebesleid ‖ **-cido** adj prov nachgiebig, sanft ‖ mitleidsvoll ‖ **-cimiento** *m* Leiden n ‖ Krankheit f
padilla *f* kleine (Brat)Pfanne f
Padilla *m* np: ◊ enviar adonde fue el (padre) ~ figf zum Teufel schicken (Ańsp. auf den span. Missionar Juan Padilla, †1539 in Mexiko)
padrastro *m* Stiefvater m ‖ fig Rabenvater m ‖ fig Neidnagel m ‖ fig Hindernis n ‖ △Staats-

anwalt m
padrazo *m* fam *allzu guter, nachsichtiger Vater* m
padre *m*/adj *Vater* m (pop *ohne Artikel*) ‖ *Haus-, Familien\vater* m ‖ *Geistliche(r), Pater* m ‖ *männliches Zuchttier* n ‖ fig *Urheber, Autor* m ‖ fig *väterlicher Beschützer* m ‖ △*knopfloses Wams* n ‖ ~ adoptivo *Pflegevater* m ‖ ~ de almas *Seelsorger* m ‖ ~ conciliar, ~ del concilio ⟨Kath⟩ *Konzilsvater* m ‖ ~ espiritual *Beichtvater, Seelsorger* m ‖ el ⁓ *Eterno der himmlische Vater* ‖ ⁓ de familia(s) *Haus-, Familien\vater* m ‖ ⁓ Nuestro, Padrenuestro *Vaterunser* n *(Gebet)* ‖ ~ de pila *Taufpate* m ‖ ~ putativo *vermeintlicher Vater* m ‖ Beatísimo ⁓ *Heiliger Vater* m *(Titel des Papstes)* ‖ el Santo ⁓, ⁓ Santo *der Heilige Vater* ‖ caballo ~ *(Zucht-) Hengst* m ‖ una bronca ~ pop *ein derber Verweis* m ‖ ◊ fue un escándalo de ~ y muy señor mío fig *es war ein Riesenskandal* ‖ le dió una paliza de ~ y muy señor mío pop *er verprügelte ihn tüchtig* ‖ tal ~, tal hijo *der Apfel fällt nicht weit vom Stamm* ‖ **~s** *pl die Eltern* pl ‖ *Väter, Voreltern* pl ‖ ~ conscriptos *altrömische Senatoren* mpl, *Patres* mpl *conscripti* lat ‖ nuestros primeros ~ *die ersten Menschen (Adam und Eva)* ‖ los santos ~, los ~ de la Iglesia *die Erzväter, die Patriarchen* mpl ‖ *die Kirchenväter* mpl
padrear vi *dem Vater ähneln* ‖ ⟨Agr⟩ *Samentier für die Zucht sein*
padrenuestro *m Vaterunser* n
padri\llo *m* Am pop *Hengst* m ‖ **-na** *f Patin* f ‖ **-nazgo** *m Patenschaft* f ‖ fig *Schutz* m, *Protektion* f ‖ **-no** *m Tauf\pate, -zeuge* m ‖ *Kampfzeuge, Sekundant* m *(beim Zweikampf)* ‖ fig *Gönner* m ‖ fig *Beschützer* m ‖ ~ de pila *Taufpate* m ‖ ~ de boda *Brautführer* m ‖ ◊ tener buenos ~s figf *(gute) Beziehungen haben* (vgl **enchufe**)
padrón *m Einwohner-, Häuser\verzeichnis* n ‖ *Urliste* f ‖ *Modell* n ‖ *Muster* n ‖ *Formular* n ‖ *Vorbild* n ‖ iron *Schandfleck* m ‖ *(Eich)Maß* n ‖ fam *allzu nachsichtiger Vater* m (= **padrazo**) ‖ Am *(außer* Mex*) Zuchthengst* m ‖ Col *Zuchtstier* m ‖ ◊ está cortado por el mismo ~ fam iron *das ist dieselbe Ware* ‖ llenar un ~ *ein Formular ausfüllen*
padrote *m* fam *allzu guter, nachsichtiger Vater* m ‖ Am pop *Hengst* m
paduano adj/s *aus Padua, paduanisch* ‖ ~ m *Paduaner* m
pae *m* pop = **padre**
paece, paez pop = **parece**
pae\lla *f Paella* f, span. *Reisgericht mit Safran, Hühner-, Rind\fleisch, Muscheln, Schnecken, Fischen, Paprikaschoten usw* ‖ ~ valenciana, alicantina, de carne, de mariscos, de pescado etc *valencianische Paella, Paella nach Alicanteart, Paella mit Fleisch, Paella mit Meeresfrüchten und Muscheln, Paella mit Fisch usw* ‖ *Paella-Pfanne* f ‖ **-llera** *f Paella-Pfanne* f
¡**paf**! *paff! plump(s)! bums!*
paflón *m* → **plafón**
pág., pag.ª Abk = **página**
paga *f (Be)Zahlung* f ‖ *(Arbeits)Lohn* m ‖ ⟨Mil⟩ *Sold* m ‖ ⟨Mar⟩ *Heuer* f ‖ fig *Belohnung* f ‖ fig *Strafe, Vergeltung* f ‖ *Gegendienst* m ‖ a media ~ *auf Halbsold*
paga\ble adj *(be)zahlbar* ‖ ◊ hacer ~ *zahlbar machen (Wechsel)* ‖ **-dero** adj *fällig* ‖ *zahlbar* ‖ ~ a la entrega *(od* presentación*)* ‖ ~ al vencimiento *zahlbar bei Ablieferung (bei Vorzeigung, bei Verfall)* ‖ ◊ ser ~ al portador *auf den Inhaber lauten (Orderpapiere)* ‖ **-do** adj *bezahlt, franko* ‖ *verzollt* ‖ fig *geschätzt* ‖ ~ de sí mismo *eingebildet, dünkelhaft* ‖ cuenta no ~a *unbezahlte Rechnung* f ‖ no ~ *unbeglichen* ‖ porte ~ ⟨Com⟩ *franko (Spesen)* ‖ ◊ enviar con porte ~ *franko senden* ‖ estamos ~s pop *wir sind quitt* ‖ **-dor** *m*/adj *Zahler* m ‖ *Zahlmeister* m ‖ *Kassenführer* m ‖ *mit Auszahlungen Beauftragte(r)* m ‖ buen, mal ~ *guter, schlechter Zahler* m ‖ ~ moroso, puntual *säumiger, pünktlicher Zahler* m ‖ **-duría** *f Zahlstelle* f ‖ **-m(i)ento** *m Zahlung* f
paga\nismo *m Heidentum* n ‖ **-nizar** vt *heidnisch machen* ‖ ~ vi *Heide sein* bzw *werden*
¹**pagano** adj *heidnisch* ‖ ~ m *Heide* m
²**pagano** *m* fam *Zahler* m ‖ ◊ hacer el ~ fam *die Zeche zahlen* ‖ *ser (siempre) el* ~ (pop auch: *el paganini*) *(immer) die Rechnung bezahlen müssen*
pagar [g/gu] vt/i *(be-, aus)zahlen* ‖ *zurückzahlen* ‖ *zahlen, an Zoll betragen (Ware)* ‖ fig *abbüßen, sühnen* ‖ fig *vergelten* ‖ fig *belohnen* ‖ fig *büßen, heimzahlen* ‖ ◊ ~ por anticipado *vorauszahlen* ‖ ~ al contado *bar bezahlen* ‖ ~ a cuenta *a conto zahlen* ‖ ~ (derechos) *zollpflichtig sein (Ware)* ‖ ~ los derechos (de aduana) *Zoll bezahlen, verzollen* ‖ ~ una deuda a plazos *e-e Schuld abtragen, abzahlen* ‖ ~ a la entrega *bei Ablieferung zahlen* ‖ ~ sus faltas *für seine Sünden büßen* ‖ ~ posteriormente *nachträglich, postnumerando bezahlen* ‖ ~ puntualmente *pünktlich zahlen* ‖ ~ trabajando *(eine Schuld) abarbeiten* ‖ ~ la visita a alg. *jds Besuch erwidern* ‖ obligación, compromiso de ~ *Zahlungspflichtung* f ‖ ◊ hacerse ~ *sich bezahlen lassen* ‖ *sich bezahlt machen (z. B. Mühe)* ‖ ¡me la(s) pagarás (todas juntas)! fam *das wirst du mir heimzahlen!* ‖ ¿cuánto hay que ~? *wie ist der Preis? (z. B. Miete)* ‖ ¡Dios se lo pague! *vergelt's Gott!* ‖ quien la hace la paga *wie du mir, so ich dir* ‖ **~se:** ~ (de) *et liebgewinnen* ‖ *eingenommen sein für* ‖ *sich et zu Herzen nehmen* ‖ *sich erholen an* (dat) ‖ ◊ páguese a la orden de *...(für mich) an die Order von ... zu zahlen*
paga\ré [*pl* **-rés**, *inc* pop **-reses**, *dim* **-recito**] *m eigener, trockener Wechsel, Solawechsel* m ‖ *Schuldschein* m ‖ *Zahlungs\anweisung* f, *-schein* m
pagel *m* ⟨Fi⟩ = **pajel**
△**pagelar** vi *absteigen*
página *(Blatt)Seite* f ‖ fig *Blatt* n ‖ ~ corta *kurze (auslaufende) Seite* f ‖ ~ de cubierta *Umschlagseite* f *(e-s Buches)* ‖ ~ de gloria fig *ruhmreiche Tat* f ‖ ~ (im)par *(un)gerade Seite* f ‖ ~ de muestra *Probeseite* f ‖ en la ~ 8 *auf Seite (S.) 8* ‖ ◊ ser una ~ en blanco fig *ein unbeschriebenes Blatt sein* ‖ ajustar las ~s ⟨Typ⟩ *die Kolumnen justieren* ‖ ⟨Typ⟩ *umbrechen*
pagi\nación *f Seitenbezeichnung, Paginierung* f ‖ **-nar** vt *paginieren*
¹**pago** *m (Be)Zahlung* f ‖ *Lohn* m, *Belohnung* f ‖ *Begleichung* f *(e-r Rechnung)* ‖ *Vergeltung* f ‖ ~ adicional *Nachzahlung* f ‖ *Zuschlag* m ‖ ~ anticipado, ~ previo *Vorauszahlung* f ‖ ~ a cuenta *Anzahlung* f ‖ ~ de los derechos (de aduana) *Verzollung* f ‖ ~ al contado *Barzahlung* f ‖ ~ por honor (de firma) *Ehrenzahlung* f ‖ ~ de una letra *Honorierung* f *e-s Wechsels* ‖ ~ mensual *monatliche (Teil)Zahlung* f ‖ ~ parcial *Teilzahlung* f ‖ *Abschlagszahlung* f ‖ ~ a plazos *Ratenzahlung* f ‖ buen ~ fig *Dank* m ‖ día de ~ *Zahl(ungs)tag* m ‖ por falta de ~ *mangels Zahlung (Protest)* ‖ lugar de ~ *Zahlungsort* m ‖ mal ~ fig *Undank* m ‖ modo *(od* forma) de ~ *Zahlungsweise* f ‖ previo ~ *Vorauszahlung* f ‖ requerimiento de ~ *Zahlungsaufforderung* f ‖ ~ zahlend *(nicht frei)* ‖ *zoll-, steuer\pflichtig* ‖ en ~ (de) *als Zahlung für* ‖ zum Lohn für ‖ ◊ anticipar el ~ *die Zahlung früher leisten* ‖ *vorauszahlen* ‖ conceder un plazo para el ~ *e-e Zahlungsfrist gewähren* ‖ dar

pago — pala 796

facilidades en el ~ *die Zahlung erleichtern* ||
diferir el ~ *die Zahlung verzögern* || efectuar
el ~ *die Zahlung leisten* || eximir *(od dispensar)*
del ~ *jdn e-r Zahlung entheben* || **~s** *pl:* suspensión de ~ *Zahlungseinstellung* f
²**pago** *m Bezirk* m *mit Grundstücken* || prov
& Arg *Heimatgegend* f || Am *Flur* f || Am
(Aufenthalts)Ort m, *Dorf* n || ◊ soy baqueano
de estos ~s Arg *ich kenne diese Gegend wie m-e
Westentasche*
³**pago** adj fam *bezahlt* || ◊ está ~ *es ist schon
beglichen* || *mit dem bin ich quitt*
pagoda f *Pagode* f
pagoscopio *m Frostanzeiger* m *(im Weinbau)*
pagro *m* ⟨Fi⟩ *Sackbrasse(n* m) f (Pagrus
pagrus)
págs. Abk = *páginas*
paguro *m* ⟨Zool⟩ *Einsiedlerkrebs* m (Eupagurus bernardus) (→ **ermitaño**)
pah int *Geräusch* n *des Atmens, des Hupens
usw*
paice pop Ar = **parece**
paila *f flaches Metallbecken* n *(Pfanne, Wasserbecken)* || Col *Bratpfanne* f
pailebot(e) *m* ⟨Mar⟩ *kleine Golette* f
△**pailló** *m Mensch* m
painel *m* ⟨Arch⟩ = **panel**
paíño *m* ⟨V⟩ *Sturmschwalbe* f || ~ *común
Sturmschwalbe* f (Hydrobates pelagicus = Procellaria pelagica) || ~ *de Wilson Buntfuß-,
Sturm|schwalbe* f (Oceanites oceanicus)
pai|rar vi ⟨Mar⟩ *beiliegen* || **-ro** *m* ⟨Mar⟩
Beiliegen n || ◊ estar al ~ *beiliegen*
país *m Land* n || *Mutterland* n || *Heimat* f ||
Fächerfeld n || ~ *integrante* ⟨Pol⟩ *Mitgliedsland* n || ~ *nativo Mutterland* n || ~ *de
procedencia,* ~ *de origen (de destino)* ⟨Com⟩
Herkunfts-, Ursprungs- (Bestimmungs)land n ||
~ en (vías de) *desarrollo Entwicklungsland* n ||
~ *miembro* ⟨Pol⟩ *Mitgliedsland* n || *producto
del* ~ *Landeserzeugnis* n || *vino del* ~ *einheimischer Wein* m || *los Países Bajos die Niederlande*
△**paisa** *m* = **paisano**
paisa|je *m Landschaft* f || ⟨Mal⟩ *Landschaftsstück* n || ~ *antropógeno (humanizado) Kulturlandschaft* f || **-jismo** *m Landschaftsmalerei* f || **-jista**
m Landschaftsmaler m || **-jístico** adj ⟨Mal⟩
Landschafts- || **-na** f *Bäuerin* f || *Landsmännin* f
|| *Bauerntanz* m || **-naje** *m Landvolk* n || *gleiche
Herkunft* f *(aus derselben Gegend bzw Stadt
usw)* || ⟨Mil⟩ *Zivilisten* mpl || **-no** *m Bauer,
Landmann* m || *Landsmann* m || ⟨Mil⟩ *Zivilist* m
|| fam *Gevatter, Freund* m || ◊ ir de ~ *in Zivil
gehen, Zivil tragen*
paja f *Stroh* n || *Strohhalm* m || *Spreu* f || fig
wertloses Ding n || ~ *cortada Häcksel* m/n,
Häckerling m *(Futter)* || ~ *nueva frisches Stroh* n
|| *sombrero de* ~ *Strohhut* m || *la* ~ *en el ojo
ajeno* fig *der Splitter in des Nächsten Auge* ||
◊ *no pesar una* ~ fig *ganz unbedeutend sein* ||
poner, echar ~ *(den Pferden) streuen* || **~s** *pl:*
a humo de ~ figf *spielend leicht* || *aufs Geratewohl* || ◊ *en quítame allá esas* ~, *en daca las* ~
fam *im Nu, im Handumdrehen* || *por un quítame
allá esas* ~ figf *e-r Bagatelle wegen, um nichts*
△**pajabar** vt *berühren*
△**pajandía** f *Flöte* f
pajar *m Strohboden* m || *Strohschober* m ||
Scheune, Scheuer f || ◊ *buscar un alfiler en un* ~
figf *e-e Nadel im Heuschober suchen, sich vergebliche Mühe machen*
pájara f fam inc *Vogelweibchen* n || fig *geriebene, schlaue Frau* f, fam *geriebenes Weibstück* n || euph *Dirne, Hure* f || → a ²**cometa**
paja|rear vt/i *fangen* (Vögel), *den Vogelfang
betreiben* || fig *herumlungern* || ~ vi Am *scheu
werden (Pferd)* || **-rel** *m* ⟨V⟩ *Hänfling* m (→

pardillo) || **-rera** f *Vogelhaus* n || *Vogelbauer* n/m
|| *Vogelhecke* f || *Voliere* f frz || **-rería** f *große
Menge* f *von Vögeln* || *Vogelhecke* f || *Vogelhandlung* f || p. ex *Zoohandlung* f || **-rero** adj fam
munter || *kurzweilig, spaßhaft* || fam *buntscheckig*
|| Am fam *scheu, schüchtern* || Tol fam *aus
Dos Barrios* || ~ *m Vogel|steller, -fänger* m ||
Vogelhändler m || *Vogelzüchter* m || fig *Pflastertreter* m || Enrique el ~ ⟨Hist⟩ *Heinrich der
Vogler* || **-rete** *m Jerezwein* m *(Sherry) mittlerer
Sorte* || **-rilla** f ⟨Bot⟩ *Akelei* f (→ **aguileña**) ||
Ar ⟨Entom⟩ *Eule* f *(Nachtfalter)* || prov *Milz* f
(bes der Schweine) || **-rillo** *m* dim v. **pájaro:**
Vögelchen n || ◊ a cada ~ *agrada su nidillo jeder
Vogel liebt sein Nest* || *jedem Narren gefällt
seine Kappe* || **-rita** f *gefalteter Papiervogel*
m || *Papierdrache* m || ~ *de las nieves* ⟨V⟩
Bachstelze f (→ **lavandera**) || *cuello de* ~ *(altmodischer) Spitzenkragen* m || *Stehkragen* m
|| *Schleife, Fliege* f *(Krawatte)* || **-rito** *m* dim v.
pájaro: *Vögelchen* n || ◊ *quedarse como un* ~
friedlich sterben
pájaro *m Vogel* m || fig *Schlaukopf* m, fam
sauberer Vogel m || ~ *bobo* ⟨V⟩ *Pinguin* m (→
pingüino) || ~ *carpintero Specht* m (→ ²**pico**)
|| ~ *de cuenta* fam *Gauner, Spitzbube* m, fam
sauberer Vogel m || *Hochstapler* m || ~ *gordo*
fam *großes Tier* n *(angesehene Person)* || ~
mosca Kolibri m (→ **colibrí**) || ~ *moscón* ⟨V⟩
Beutelmeise f (Remiz pendulinus) || ~ *niño
Pinguin* m (→ **pingüino**) || ◊ el ~ *voló* fig *der
Vogel ist ausgeflogen* || ¡(es) *un buen* ~! pop *ein
sauberer Vogel!* || *más vale* ~ *en mano que
ciento volando besser* ~ *en Sperling in der Hand
als e-e Taube auf dem Dach* || **~s** *pl:* ◊ *matar
dos* ~s *de un tiro* figf *zwei Fliegen mit e-r
Klappe schlagen* || *tener la cabeza (a) (od llena
de)* ~ figf *ein Windbeutel sein*
paja|rota f figf *Lüge, Ente* f, *Schwindel* m ||
-rote *m* augm v. **pájaro** || **-rraco** *m* desp v. **pájaro:** *großer, häßlicher Vogel* m || fam *Schlaumeier* m || **-ruco** *m* bes Sant dim v. **pájaro:**
Vögelchen n
pajaza f *Streu* f *(für das Vieh)*
paje *m Edelknabe, Knappe, Page* m || ⟨Mar⟩
Schiffsjunge m || ⟨Kath⟩ *den Bischof begleitender Novize* m || fig *Toilettentischchen* n *mit
Spiegel* || ~ *de cámara Kammerdiener* m || dim:
~**cillo**
pajel *m* ⟨Fi⟩ *Rotbrasse(n* m) f, *Pagel* m (Pagellus erythrinus)
pajero m/adj *Strohhändler* m
paji|lla f *Strohhälmchen* n || *Stroh-, Trink|-
halm* m || △**-llera** f *gemeine (Straßen)Dirne* f ||
-zo adj *strohgelb* || *techo* ~ *Strohdach* n
pajolero adj fam *ver|flucht, -flixt* || *lästig, unausstehlich* || vgl **puñetero**
pajón *m dicker Stoppelhalm* m
pajo|nal *m Espartograsfeld* n || Am *Punagras*
n || Arg Chi Ven *Pfeilgrasgelände* n || **-so** adj
strohig || *strohähnlich* || *Stroh-*
△**pajubique** m *homosexueller Mensch*, pop *Schwule(r)* m
pajuela f dim v. **paja** || *Schwefelfaden* m ||
Bol *Streichholz* n
pajuera adv Am pop = (**por, para**) **afuera**
△**pajumí** *m Floh* m
pakfón *m* ⟨Metal⟩ *Packfong* n
pakistaní adj/s *pakistanisch* || ~ *m Pakistaner*
m
¹**pal** *m* pop = **para el**
²△**pal** *m Brett* n
pala f *(Feuer-, Ofen)Schaufel, Schippe* f ||
Spaten m || *Schaufel* f *am Hirschgeweih* ||
⟨Flugw⟩ *Propellerblatt* n || ⟨Mar⟩ *Schraubenblatt* n || ⟨Mar⟩ *Ruderblatt* n || *Ballschläger* m,
Schlagholz n *(bes beim baskischen Ballspiel)* ||
Oberleder, Vorderblatt n *am Schuh* || fig *Kniff* m

|| ⟨Mil⟩ *Schulterstück* n, *Achselklappe* f || ~ *para batir alfombras Teppich(aus)klopfer* m || ~ *para carbón Kohlenschippe* f || ~ (con lama) redond(ead)a *Schippe* f || ~ mecánica *Löffelbagger* m △**palá** f *Rücken* m
△**palabear** vt *rasieren*
palabra f *Wort* n || *Ausdruck* m || *Wort, Versprechen* n, *Zusage* f || *Ehrenwort* n || *Sprache* f, *Redevermögen* n || *Beredsamkeit* f || ⟨Mil⟩ *Losungswort* n || ~ de Dios, ~ divina *Gottes Wort, Evangelium* n || ¡~ (de honor)! *mein Ehrenwort!* || ~ de matrimonio *Eheversprechen* n || ~ picante *pikantes Wort* n, *Pikanterie* f || ~ punzante, ~ hiriente *Stichelwort* n || ~ de rey figf *unverbrüchliches Wort* n || hombre de (su) ~ *(ein) Mann von Wort, (ein) Ehrenmann* m || es la última ~ de la moda *es ist die allerletzte (Mode-) Neuheit, es ist der (aller)letzte Schrei der Mode* || es mi última ~ *das ist mein letztes Wort* || ~ por ~ *Wort für Wort, wörtlich* || bajo ~ (de honor) *auf Ehrenwort* || de ~ *mündlich* || en una ~ mit einem Wort || kurz und gut || sin ~ *wortbrüchig* || ¡una ~! *hören Sie!* || ◇ coger la ~ (a), coger a alg. por su ~ figf *jdn beim Wort nehmen*, halten || conceder, dar (retirar, quitar) la ~ *jdm das Wort erteilen (entziehen)* || cumplir la ~ *Wort halten* || dar (su), empeñar la ~ *sein Wort geben, verpfänden* || no decir ~ fig *nicht mucksen* || sin decir ~ *ohne zu mucksen* || querer decir *(od* tener) siempre la última ~ *immer das letzte Wort haben wollen* || dejar a uno con la ~ en la boca figf *jdn nicht anhören* || dirigir la ~ (a) *jdn anreden* || sich an jdn *wenden* || no entiendo ni ~ *ich verstehe kein einziges Wort* || faltar a la ~ *sein Wort nicht halten* || llevar la ~ *das Wort führen* || ¡pase la ~! fam *meinetwegen!* || pedir la ~ *das Wort verlangen* || V. me quita la ~ de la boca fig *das wollte ich eben sagen!* || tener ~ *Wort halten* || no tener ~ fig *wortbrüchig sein* || no tener más que una ~ fig *ein Ehrenmann sein* || tomar la ~ *figf das Wort ergreifen* || tratar mal de ~ (a) fig *jdn derb anfahren* || usar de la ~ *das Wort ergreifen, reden* || volver su ~ atrás *sein Wort zurücknehmen* || ~ y piedra suelta no tienen vuelta *wenn das Wort heraus ist, so ist es des Teufels* || ~s pl: ~ cruzadas *Kreuzworträtsel* n || ~ mayores *Schmähworte* npl || *Beschimpfungen* fpl || *Wichtige(s), Wesentliche(s)* n || anuncios por ~ *wortweise bezahlte Anzeigen, Wortanzeigen* fpl *(Zeitung)* || en dos ~ pop *kurz und gut* || *leicht, ohne Mühe* || im Nu || hombre de dos ~ figf *doppelzüngiger, falscher Mensch* m || cuatro *(od* dos ~) *ein paar Worte* npl, *kurzes Gespräch* n || ◇ ahorrar ~ *nicht viel Worte machen* || beber las ~, comerse las ~ figf *sich im Reden überstürzen* || *Worte (beim Reden) auslassen* || estar colgado (od pendiente) de las ~ (de) fig *jdm sehr aufmerksam zuhören* || faltan ~ para ponderar su bondad fig *seine Güte ist unsäglich groß* || gastar ~ fig *in den Wind hineinreden* || no son más que ~ *das ist nur leeres Gerede* || eso quiere decir, en buenas ~ ... *das heißt mit anderen Worten* ... || ¡oiga V. dos ~! fig *hören Sie mal!* || tener ~ *(od* trabarse de ~) con fig *e-n Wortwechsel haben mit* || traer en ~ (a) fig *jdn mit leeren Versprechungen hinhalten* || volverle a uno las ~ al cuerpo figf *jdn Lügen strafen* || las ~ vuelan, lo escrito queda Spr *verba volant, scripta manent* lat || → **juego**
palabreja f dim desp. v. **palabra**: *schwieriges bzw geschraubtes Wort* n
pala|brería f, **-breo** m pop *Geschwätz* n || *leeres Gerede* n || *Wortschwall* m || *hohler Wortschall* m || fam *Faselei* f || **-brero, -brista** m/adj pop *Schwätzer, Mauldrescher* m || *Schmeichler* m || **-brita** f dim v. **-bra**: *wichtiges Wörtchen* n || **-brota** f fam desp *derber Ausdruck* m, *Zote* f

|| ◇ decir ~s *fluchen*
pala|cete m *kleiner Palast* m || *Jagdschloß* n || **-ciego** m/adj *Hofmann, Höfling* m || ~ adj *höfisch, Hof-* || **-cio** m *Palast* m || *königliches Schloß* n || *königlicher Hof* m || *Hof|gesinde* n, *-leute* pl || *Prachtgebäude* n || ≾ *Municipal Rathaus* n || ≾ *Real königlicher Palast* m *(in Madrid)* || *dama de ~ Palastdame* f || ◇ las cosas de ~ van despacio figf *große Herren haben es nicht eilig*
palada f *Schaufelvoll* f || *Schaufelwurf* m || *Ruderschlag* m || ◇ echar la primera ~ *die erste Schaufel Erde werfen (ins frische Grab)*
pala|dar m *Gaumen* m || fig *Gaumen, Geschmack* m || ~ blando ⟨An⟩ *Gaumensegel* m || ~ duro, ~ óseo ⟨An⟩ *Gaumen* m || ◇ hablar al ~ (de) fam *jdm nach dem Munde reden* || tener un ~ muy fino figf *ein großer Feinschmecker sein* || *e-n feinen Geschmack haben (Speise)* || *Bukett haben (Wein)* || **-dear** vt/i *(langsam) kosten, schmecken, schlürfen* || fig *erleben, kosten (Vergnügen, Glück)* || **-deo** m *Schmecken* n || **-dial** adj *Gaumen-* || (letra) ~ *Gaumenlaut* m || → a **palatal**
pala|dín, -dino m *Paladin, Ritter, Kämpe* m || fig *Vorkämpfer* m || fig *treuer Gefolgsmann* m || **-dinesco** adj *ritterlich, Ritter-* || **-dino** adj *öffentlich* || *offenkundig* || fig *klar, deutlich* || en román *(altspanisch = **lenguaje**) ~ in allgemeinverständlicher Sprache, klar gesprochen (Gonzalo de Berceo)* || → a **paladín**
paladio m ⟨Chem⟩ *Palladium* n
Paladión m *Palladium* n *(Pallasbild in Athen)*
palado adj ⟨Her⟩ *gepfählt*
palafito m *(prähistorischer) Pfahlbau* m || *Pfahlbausiedlung* f
pala|frén m ⟨poet⟩ *Zelter* m *(Pferd)* || **-frenero** m *Reitknecht* m || ~ mayor *königlicher Oberstallmeister* m
△**palal** prep *zu* || *hinter* (dat)
palanca f ⟨Tech⟩ *Brechstange* f || *Hebel* m || *Hebebaum* m || *Hebeeisen* n || *Sprungbrett* n || fig *Einfluß* m || fig *Beziehungen* fpl || ~ de embrague ⟨Aut Tech⟩ *Schalt-, Kupplungs|hebel* m || ~ del freno *Bremshebel* m || ~ del primer género *zweiarmiger Hebel* m || *salto de ~* ⟨Sp⟩ *Stabsprung* m || **-da** f *Hebelruck* m
palancana f = **palangana**
palangana f *Waschbecken* n || Arg pop *Schwätzer* m || ⟨Geol⟩ *Wanne* f
palan|gre m, **-cra** f ⟨Fi⟩ *Angelseil* n, *Legeangel* f || **-grero** m *Legangelfischer* m
palanque|ra f *Pfahl-, Palisaden|wand* f || **-ro** m *Blasebalgtreter* m *(in Schmieden)* || Chi *Bremsenwärter* m || **-ta** f dim v. **palanca** || Cu *süßes Maisgebäck* n
palanquilla f dim v. **palanca** || ⟨Metal⟩ *Knüppel* m
palanquín m *Lastträger* m || *Palankin* m *(gedeckte ostindische Sänfte)* || ⟨Mar⟩ *Geitau* n || △ *Dieb* m
palante pop = **(para) adelante**
Palas Atena f ⟨Myth⟩ *Pallas Athene* f
palatal adj *Gaumen-* || ⟨Phon⟩ *palatal* || ~ m ⟨Phon⟩ *Palatal, Vordergaumenlaut* m || **-izar** vt ⟨Phon⟩ *palatalisieren*
palati|na f ⟨Hist⟩ *Palatine* f *(Frauenpelzkragen)* || **-nado** m *Pfalzgraf|enwürde, -schaft* f || el ≾ *die Pfalz* || el Alto ≾ *die Oberpfalz* || el Bajo ≾ *die Rheinpfalz* || *Renania-Palatinado* m (país federal) *Rheinland-Pfalz* n *(Bundesland)*
¹**palatino** adj *Hof-, Palast-* || *pfälzisch, Pfalz-* || elector ~ *Kurfürst* m || fiesta ~a *Hoffest* n *(príncipe, conde)* ~ m *Pfalzgraf* m
²**palatino** adj: (hueso) ~ ⟨An⟩ *Gaumenbein* n
△**palatuñó** m *Franzose* m
pala|zo m *Schlag* m *mit e-r Schaufel* || **-zón** f *Pfahlwerk* n || Col *Palisadenwand* f

palazuelo m dim v. **palacio**
palco m Schaugerüst n || ⟨Th⟩ Loge f || △Balkon m || ~ escénico Bühnenloge f || ~ de orquesta Parkett-, Orchesterloge f || ~ de platea ⟨Th⟩ Parterreloge f || ~ presidencial Präsidentenloge f || ~ de principal Loge f im ersten Rang || ~ de proscenio Proszeniumsloge f
paleador m ⟨EB⟩ Schneepflug m || –a f ⟨Tech⟩ Ladeschaufler m
paleártico adj paläarktisch || región ~a paläarktische Region, Paläarktis f (Tiergeographie)
palenque m Verzäunung f || *Turnierplatz m || Lauf-, Renn\bahn f || Am Pfosten m zum Anbinden von Pferden || Chi Radaubude f
palentino adj/s aus Palencia
paleo\grafía f Paläographie f || –gráfico adj paläographisch || –lítico adj/s altsteinzeitlich, paläolithisch || periodo ~ Altsteinzeit f, Paläolithikum n || –lógico adj paläologisch
paleo\ontología f Paläontologie f || –ontológico adj paläontologisch || –ontólogo m Paläontologe m || –otrópico adj paläotropisch || región ~a paläotropische Region, Paläotropis f || –ozoico m Paläozoikum n || –ozoología f Zoologie der fossilen Tiere, Paläozoologie f
palera f Murc = **nopal**
palero m ⟨Mar⟩ Kohlentrimmer m || prov vulg Spanner, Voyeur m
palestin(ian)o adj aus Palästina, palästin(ens)isch
palestra f ⟨Hist⟩ Palästra f || Kampfplatz m || ⟨poet⟩ Kampf m
palestriniano adj auf den Komponisten Palestrina bezüglich
pale\ta f dim v. **pala** || Fleisch-, Servier\spatel f || Schür-, Feuer\eisen n || Mau(r)erkelle f || Schaufel f (am Mühlrad) || ⟨An⟩ Schulterblatt n || ⟨Mal⟩ Palette f, Farbenbrett n || ⟨Jgd⟩ Schaufel f (Geweih) || Palette f (Lademittel) || △Löffel m || ~ m/adj Maurer(gehilfe) m || figf grober, ungeschlachter Mensch m || **–tada** f: una ~ de e–e Schaufel, e–e Kelle voll ... || en dos ~s figf in e–m Nu || ~ **palada** || **–tazo** m ⟨Taur⟩ Seitenstoß m des Stieres || **–tear** vi klappern (Mühlradschaufeln) || **–tero** m Spießer m (Hirsch) || △Diebeshelfer m || **–tilla** f ⟨An⟩ Schulterblatt n || Kerzenleuchter m
paleto m Damhirsch m (→ **gamo**) || pop bäurischer, grober Mensch m || Tölpel m || unbeholfener Provinzler m
paletó [pl **–oes**] m Paletot, Über\rock, -zieher m
paletón m Schlüsselbart m
pali m ⟨Li⟩ Pali n
pa\llia f ⟨Kath⟩ Palla, Kelchabdeckung f || **–liación** f Milderung, Linderung f || **–liar** vt [pres **–io**] lindern (Traurigkeit, Leiden) || vertuschen || beseitigen (Mängel) || verbergen, verhehlen
paliativo m/adj ⟨Med⟩ Palliativ, Linderungsmittel n || fig Notbehelf m
pali\decer [–zc–] vi erblassen, erbleichen || fig ver\bleichen, -blassen || **–dez** [pl **–ces**] f Blässe, Bleichheit f || ~ mortal Todesblässe f
pálido adj blaß, bleich || fahl, falb || fig farblos, matt || ~ como la muerte (od como una sábana) totenblaß || ◊ ponerse ~ erblassen, blaß werden
paliducho adj (etwas) blaß || kränklich
palier m frz ⟨Aut⟩ Achsschenkel m || →a **cojinete**
palilogía f ⟨Rhet⟩ Palilogie f
palillero m Zahnstocher\büchschen n, -behälter m || Federhalter m
△**Palilli** m Ostersonntag m
palillo m dim v. **palo**: Stöckchen n || Zahnstocher m || Spitzenklöppel m || Korsettstange f || ⟨Mil⟩ Trommelstock m || ~s pl ⟨Mus⟩ Pauken-,

Trommel\schlegel mpl || fig Flitterkram m || And Kastagnetten fpl || ⟨Taur⟩ Wurfspieße mpl || ~ del tabaco Tabakrippe f || como ~ pop spindeldürr (Beine usw)
palimpsesto m Palimpsest m
palinge\nesia f Palingene\se, -sis f ⟨& Biol⟩ || ⟨Rel⟩ Wiedergeburt f || **–nético** adj palingenetisch || Wiedergeburts-
palinodia f Palinodie f || ◊ cantar la ~ seine Meinung (öffentlich) widerrufen || fam e–n Rückzieher machen
palinología f Palynologie f (Pollen- und Sporenforschung)
palio m Mantel m, Kapuze f || Thron-, Trag\himmel, Baldachin m || ⟨Kath⟩ Pallium n
palique m fam Geplauder n || ◊ estar de ~ (con) fam plaudern
palisandro m Palisanderholz n
palito m dim v. **palo**
palitroque m kurzer Knüttel m || ⟨Taur⟩ = **banderilla**
pali\za f Tracht f Prügel || ◊ dar (una) ~ (a) jdn verprügeln || darse una ~ figf schwer schuften, sich abrackern (mit der Arbeit) || angestrengt lernen, fam pauken || augm: **–zón** m || **–zada** f Pfahlwerk n, Einpfählung, Palisade f
¹**pal\ma** f Palmbaum m, Palme f || Palmblatt n || flache Hand f || fig Hand f || ~ datilera Dattelpalme f (Phoenix dactylifera) || ~ enana Zwergpalme f (Chamaerops humilis) || ~ indiana, (~) coco Kokospalme f (→ **cocotero**) || ~ del martirio fig Märtyrerkrone f || ~ de la victoria Siegespalme f || ~ real Königspalme f (Roystonea regia) || ~ aceite, azúcar, vino de ~ Palmen\öl n, -zucker, -wein m || ◊ apoyar la cara en ~ de la mano das Kinn auf die Hand stützen || conocer (un terreno) como la ~ de la mano figf jede Handbreit (e–s Geländes) kennen || ganar (od llevarse) la ~ fig den Preis, den Sieg davontragen || ~s pl Händeklatschen n || ¡~! Heil!, Hoch! || ◊ batir ~, tocar las ~ (in die Hände) klatschen || escuchar (od oír) ~ Beifall haben
²**palma** f Holz\verbindung f, -verband m (meistens Überblattung u. Verkämmung)
Palma f Bal = ~ **de Mallorca** || Las ~s Hauptstadt der Insel Gran Canaria (Can)
palmad\a f Schlag mit der flachen Hand, Klaps m || ◊ darse una ~ en la frente fig sich mit der Hand vor die Stirn schlagen (z.B. um sich an et zu erinnern) || ~s pl Händeklatschen n || ◊ dar ~s klatschen || jdm auf die Schulter klopfen || jdn anpatschen || dim: **–ita:** Klaps m
¹**palmar** adj Palm(en)- || Hand- || ~ m Palmenwald m
²**palmar** vt/i pop im Spiel verlieren || sterben, pop krepieren || ◊ estar palmado fig pop kein Geld haben, fam pleite sein
palmario adj handgreiflich, offenbar || klar, deutlich || es ~ fig es liegt auf der Hand || de modo ~ offenkundig, augenscheinlich
palmatoria f Handleuchter m || Kerzenhalter m || pop joc Sterben, pop Krepieren n || Klatsche, Pritsche f (der Schullehrer)
palmeado adj palmenförmig || ⟨Zool⟩ durch Haut verbunden (Zehen) || Schwimmhaut-
palme\ar vt/i aufspannen (mit der Hand) messen || jdm auf die Schulter klopfen (als Zeichen des Beifalls, der Freundschaft) || △prügeln || vi klatschen || s = **–o**
palmense adj/s aus Las Palmas (Can)
△**palmen\ta** f Brief m || △**–tero** m Briefträger m || Post f
palmer m Meßschraube f
palme\ra f Palmbaum m || Dattel-, Fächer\palme f || la ~ del Cura dreistämmige Riesenpalme f in Elche (PAl) || ~ datilera Dattelpalme f || **–ral** m Palmenhain m || **–ro** adj aus Santa Cruz

de la Palma (Can) ‖ **-sano** adj/s *aus Palma de Mallorca* (Bal) ‖ **-ta** f *Klatsche, Pritsche* f *(der Schullehrer)* ‖ *Rute* f ‖ *Schlag* m *damit* ‖ ⟨Arch⟩ *Palmette* f ‖ ◊ *ganar la* ~ fig *jdm zuvorkommen* ‖ *sich auszeichnen* ‖ **-tazo** m *Rutenstreich* m ‖ fig *derber Verweis* m, fam *Rüffel* m
palmiche m *Königspalme* f ‖ *Frucht* f *der Königspalme*
palmilla f *Sohleneinlage* f
palmípedas fpl ⟨V⟩ *Schwimmvögel* mpl (→ **lamelirrostros**)
Palmi|ra f, **-ro** m span. *Taufname*
palmista m/f Ant Mex *Handleser(in* f*)* m
palmita f dim v. **palma** ‖ ◊ *llevar en* ~s fig *aus den Händen tragen*
¹**palmito** m ⟨Bot⟩ *Zwergpalme* f (→ **palma** enana)
²**palmito** m dim v. **palmo** ‖ *buen* ~ fam *hübsches (Frauen)Gesicht* n
pal|mo m *Spanne, Handbreit* f (= ¹/₄ *vara*, = *21 cm*) ‖ ~ *de tierra* fig *kleines Stück* n *Land* ‖ *con un* ~ *de lengua* figf *mit großer Sehnsucht od Anstrengung* ‖ *con un* ~ *de orejas* fam *mit langen Ohren* ‖ ~ a ~ fig *spannweise, Stück für Stück* ‖ ◊ *dejar a alg. con un* ~ *de narices* figf *jdm e–e lange Nase machen* ‖ *disputar(se)* a ~ *(den Boden) Handbreit um Handbreit streitig machen* (& fig) ‖ *quedar con un* ~ *de narices* figf *mit langer Nase abziehen (müssen)* ‖ → **dejar** C) 2. ‖ ~s pl: ◊ *crecer a* ~ figf *sichtlich wachsen* ‖ *medir a* ~ *nach dem Augenmaß messen* ‖ **-món** m *Palmenzweig* m ‖ **-motear** vi *(Beifall) klatschen* ‖ s: **-moteo** m
palo m *Stock, Stab, Stecken* m ‖ *Pfahl* m ‖ *Stockschlag* m ‖ figf *Prügel* m ‖ *Holz* n *(als Material)* ‖ *entrindeter Stamm* m ‖ *Schandpfahl* m ‖ *Pfählen* n *(Todesstrafe)* ‖ *Hinrichtungspfahl* m ‖ *Galgen* m ‖ *Schandpfahl* m ‖ ⟨Mar Radio⟩ *Mast* m (→ **mástil**) ‖ ⟨Flugw⟩ *Spiere* f ‖ ⟨Her⟩ *Pfahl* m ‖ ⟨Kart⟩ *Trumpffarbe* f ‖ *Ober-* bzw *Unter|länge* f *der Buchstaben* ‖ *Stiel* m *(des Besens usw)* ‖ fig vulg *Geschlechtsverkehr, Koitus* m ‖ ~ *de amarre* ⟨Luftw⟩ *Ankermast* m *(e–s Ballons)* ‖ ~ *amarillo* ⟨Pharm⟩ *Fustikholz* n ‖ ~ *brasil*, ~ *del Brasil Brasilholz* n ‖ ~ *campeche*, ~ *de Campeche Kampecheholz* n ‖ ~ *dulce* ⟨Bot⟩ *Süßholz* n (→ **orozuz, regaliz**) ‖ ~ *de escoba Besenstiel* m ‖ ~ *de favor* ⟨Kart⟩ *Trumpffarbe* f ‖ ~ *de Fernambuco (od* Pernambuco*) Pernambukholz* n ‖ ~ *de golf Golfschläger* m ‖ ~ *granadillo rot geädertes Ebenholz* n ‖ ~ *mayor* ⟨Mar⟩ *Großmast* m ‖ ~ *de rosa*, ~ *de Rodas Rosenholz* n ‖ ~ *de (la) tienda (de campaña) Zeltstange* f ‖ ~ *santo Palisanderholz* n ‖ *de* ~ *hölzern, aus Holz* ‖ a ~ *seco* ⟨Mar⟩ *mit gerefften Segeln* ‖ figf *schlicht, (ganz) einfach, ohne Umstände* ‖ *ohne jede Beilage (Speise)* ‖ *ohne Verbrämung* ‖ *caballo de* ~ *Holz-, Schaukel|pferd* n ‖ *cuchara de* ~ *Holzlöffel* m ‖ *pie, pata de* ~ *Stelzfuß* m ‖ *de tal* ~, *tal astilla der Apfel fällt nicht weit vom Stamm* ‖ ◊ *dar a uno jdn durch-, ver|prügeln* ‖ *echar un* ~ vulg *koitieren* ‖ *recibir (od llevar)* ~ *Prügel bekommen* ‖ ~s pl ⟨Taur⟩ = **banderillas** ‖ *andar a* ~ figf *sich prügeln, sich herumbalgen* ‖ *dar* ~ *de ciego blindlings um sich schlagen* ‖ *herumtappen* ‖ *dar de* ~ *prügeln* ‖ *liarse a* ~ (con) figf *Händel anfangen (mit)* ‖ *matar a* ~ *zu Tode prügeln* ‖ *terminarse a* ~ *pop mit e–r Prügelei enden*
palodúz m ⟨Bot⟩ = **orozuz, regaliz**
paloma f *Taube* f (& fig) ‖ pop *hoher Hemdkragen* ‖ △*Bettlaken* n ‖ *(Anis)Schnaps* m *mit Selterswasser* ‖ △*(Straßen)Dirne* f ‖ Span & Am prov *Schmetterling* m ‖ ~ *bravía*, ~ *silvestre Felsentaube* f (Columba livia) ‖ ~ *buchona Kropftaube* f ‖ ~ *calzada Rauchfuß* m, *Trommeltaube* f ‖ ~ *doméstica Haustaube* f ‖ ~ *mensajera Brieftaube* f ‖ ~ *sin hiel* figf *harmloses Wesen* n ‖ ~ *torcaz* ⟨V⟩ *Ringeltaube* f (Columba palumbus) ‖ ~ *zurita* ⟨V⟩ *Hohltaube* f (C. oenas) ‖ *Verbena de la* ~ *typisches Volksfest* n *in Madrid (& e–e bekannte Zarzuela von T. Bretón) zu Ehren der Patronin von Madrid Virgen de la* ~ ‖ ◊ *de águila no nace* ~ *Adler brüten keine Tauben aus*
palo|mar m, **-mera** f *Tauben|schlag* m, *-haus* m ‖ ◊ *alborotar el* ~ figf *die Leute (fam den ganzen Verein) in Aufruhr bringen* ‖ **-mariega** adj *im Taubenhaus aufgezogen (Taube)* ‖ **-mear** vi *sich viel mit Tauben beschäftigen* ‖ *Tauben züchten* ‖ *Tauben jagen, auf Taubenjagd gehen* ‖ **-mero** m *Taubenliebhaber* m ‖ *Taubenzüchter* m ‖ *Taubenhändler* m
△**palomí** m *Schenkel* m
palo|milla f ⟨Entom Agr⟩ *Getreidemotte* f (Sitotroga cerealella) ‖ p. ex *jeder kleine Schmetterling* ‖ *(Mumien)Puppe* f *der Schmetterlinge* ‖ ⟨El⟩ *Dachständer* m ‖ *weißes Pferd* n, *Schimmel* m ‖ *Sattelhöhle* f ‖ *Sattelknopf* m *am Saumsattel* ‖ ⟨Tech⟩ *Zapfenmutter* f ‖ ⟨Bot⟩ *Erdrauch* m (Fumaria officinalis) ‖ ⟨Bot⟩ *Schminkwurz* f (Alkanna tinctoria) ‖ *Täubling* m (Russula spp) *(Pilz)* ‖ **-mino** m *junge Taube* f ‖ ~s mpl fam *Kotfleck* m *in Unterhosen, Schlüpfern usw)* ‖ **-mita** f dim v. **paloma**: *Täubchen* n *(& Kosewort)* ‖ prov *(kleiner) Schmetterling* m ‖ Am fig *Puffmais* m ‖ ~s *de maíz Popcorn* m, *Puffmais* m ‖ **-mo** m *Täuberich, Tauber* m ‖ fig = **muñidor** ‖ → **Juan**
palor m = **palidez**
palo|tada f *Schlag* m *mit e–m Stock* ‖ ◊ *no dar* ~ figf *nichts richtig treffen*, fam *stets danebenschießen* ‖ figf *k–n Handschlag tun* ‖ **-tazo** m ⟨Taur⟩ *Hörnerstoß* m ‖ **-te** m *kurzer Stock* m ‖ ~s mpl *erste Schreibübungen* fpl ‖ desp *Gekritzel* n ‖ **-teo** m fam *Schlägerei* f
palpable adj *tastbar* ‖ *greif-, fühl|bar* ‖ fig *handgreiflich* ‖ fig *deutlich, klar, einleuchtend* ‖ ⟨Med⟩ *palpabel* ‖ adv: ~**mente**
pal|pación f ⟨Med⟩ *Ab|tasten, -fühlen* n ‖ ⟨Med⟩ *Betasten* n, *Palpation* f ‖ allg *Abtasten* n ‖ **-pador** adj/s *(ab-, be)tastend* ‖ *Tast-* = m *Taster, Fühler, Tast-, Fühl|stift* m ‖ **-par** vt *be-, ab|fühlen, -tasten* ‖ ⟨Med⟩ *ab-, aus-, be|tasten* ‖ ⟨Tech⟩ *ab|fühlen, -tasten* ‖ vi *mit Händen greifen* ‖ *sich (vorwärts) tasten, (herum-) tappen* ‖ ~**se** vr *einleuchtend* bzw *handgreiflich sein* ‖ **-patorio** adj ⟨Med⟩ *palpatorisch, betastend*
pálpebra f *(Augen)Lid* n
palpebral adj ⟨An⟩ *Lid-*
palpi|tación f ⟨Med⟩ *Schlag* m, *Palpitation* f ‖ *Pochen* n *(des Herzens)* ‖ *krampfhaftes Zucken* n ‖ ~**es** fpl *(de corazón) Herzklopfen* n ‖ **-tante** adj *schlagend, zuckend, Schlag-* ‖ fig *brennend* ‖ fig *ergreifend, fesselnd* ‖ *la cuestión* ~ fig *die brennende Frage* ‖ *de* ~ *actualidad* fig *brandaktuell, höchst aktuell* ‖ *lo escuchó* ~ *er, sie hörte es mit pochendem Herzen* ‖ *con senos* -**tantes** *mit wogendem Busen* ‖ **-tar** vi *klopfen, schlagen, pochen (Herz, Pulsadern)* ‖ fig *schlagen, pochen* ‖ *zucken* ‖ *leben (Leben haben)* ‖ ◊ *en sus palabras* -**ta** *el odio aus seinen Worten spricht der Haß*
pálpito m *Vor|ahnung* f, *-gefühl* n ‖ pop *Riecher* m ‖ ◊ *me da el* ~ *de que esto no va a acabar bien mir schwant, daß dies nicht gut enden wird*
palpo m ⟨Zool Entom⟩ *(Mundwerkzeug) Taster* m *(vieler Gliederfüßer und Borstenwürmer), Palpe* f ‖ → **pedipalpo**
paludamento m ⟨Hist⟩ *Paludamentum* n *(Purpurmantel)*
palúdico adj *Sumpf-* ‖ *fiebre* ~a *Sumpffieber* n ‖ *terreno* ~ *Sumpfgelände* n ‖ ~ m *Sumpffieber-*

kranke(r) m
paludícula adj ⟨Zool⟩ *Sümpfe od Marschen bewohnend, Sumpf-*
paludismo m ⟨Med⟩ *Sumpffieber* n, *Malaria* f
palumbario adj: *halcón* ~ ⟨V⟩ *Habicht* m (→ **azor**)
△**palunó** m *Hof* m
palurdo adj/s *grob, plump, bäuerisch, tölpelhaft* ‖ ~ m *Bauernlümmel* m, p.ex *Tölpel* m
¹**palustre** adj *Sumpf-, Moor-*
²**palustre** m *Mau(r)erkelle* f ‖ →a **palustrillo**
palustrillo m *Fugenkelle* f
palla f Am = **paya**
pallador m Am = **payador**
pallar m Chi Pe ⟨Bot⟩ *e-e Bohnenart* f (Phaseolus pallar)
pallaso, pallazo m Am pop = **payaso** ‖ Ven *Strohsack* m
pallete m ⟨Mar⟩ *Matte* f
pallón m ⟨Bgb⟩ *Goldprobe* f
pamba adj Ec *flach* ‖ ~ f *flaches Gewässer* n
pamela f *flacher, breiter Damenhut* m
pamema f fam *Unsinn* m ‖ *Läpperei* f ‖ *Zimperlichkeit* f ‖ ◇ no me vengas con ~s fam *sei (doch) nicht so kleinlich!* ‖ laß mich in Ruhe mit deinen Flausen! *Quatsch!*
pampa f Am *Pampa, baumlose Grasebene, Steppe* f ‖ Arg *Pampa, Grasebene* f, *mittelargentinisches Territorium (westlich von Buenos Aires)* ‖ Chi *Küstenregion* f, *Salpeter*|*lager* n, *-pampa* f ‖ Chi ⟨Mil⟩ *offener Exerzierplatz* m ‖ ◇ tener todo a la ~ Arg, quedar en ~ Chi figf *s-e Blöße zeigen* ‖ ~ m Arg Chi *Pampaindianer* m ‖ ~**nilla** f *Lendenschurz* m *der Indianer*
pámpa|**no** m, **-na** f *Wein*|*ranke, -rebe* f ‖ *Wein*|*blatt, -laub* n ‖ ◇ echar ~s *sich ranken*
pampeano, pampero, pampeño adj Am *auf die Pampa bezüglich, Pampa-*
pampear vi SAm *die Pampa durchstreifen*
pampero m Am *Bewohner* m *der Pampas* ‖ RPl *Pampero* m, *(kalter) Pampasturm(wind)* m ‖ fig *Pampa*|*kenner* bzw *-führer* m
Pampico m pop = **Francisco** (Tfn)
pampino adj/s Chi *Pampa-* ‖ ~ m *Pampabewohner* m *(bes der Pampa salitrera, der Salpeterpampa)*
pampirolada f *(Art)* *Brotbrühe* f *mit Knoblauch* ‖ figf *Dummheit* f
pamplemusa f = **pomelo**
△**pamplín** m *Tölpel* m
pampli|**na** f ⟨Bot⟩ *Vogelmiere* f, *Hühnerdarm* m (Stellaria media) ‖ *Miere* f (Minuartia spp) ‖ fam *Albernheit* f, *Unsinn* m ‖ ~**s** pl *Flausen, Lappalien* fpl, *Quatsch* m ‖ ◇ no me vengas con ~ fam *das sind alles nur Flausen!* ‖ **-nería(s)** f(pl) fam = **-nas** ‖ **-nero, -noso** adj/s *lästig* ‖ *zimperlich* ‖ *schmeichlerisch*
pamplo|**nés, esa, -nica** adj/s *aus Pamplona* (P Nav)
pamporcino m ⟨Bot⟩ *Alpenveilchen* n (Cyclamen spp)
pamposado adj fam *träge, faul*
pampringada f fam *Brotschnitte* f *mit Öl (allg mit Fett)* ‖ figf *Ungereimtheit* f
pampsiquismo m ⟨Philos⟩ = **panpsiquismo**
pamue (inc **pamúe**) m *Eingeborene(r) aus dem ehemaligen span. Guinea*
¹**pan** m *Brot* n ‖ *(Brot)Laib* m ‖ fig *Getreide* n ‖ fig *Mehl* n ‖ fig *das tägliche Brot, das Essen bzw der Lebensunterhalt* ‖ ~ de almendras *Mandelbrot* n ‖ ⋍ de los ángeles fig ⟨Kath⟩ *die Heilige Hostie* f ‖ ~ ácimo, ~ ázimo, ~ cenceño *ungesäuertes Brot* n, *Matze(n* m *)*f ‖ ~ de azúcar *Zuckerhut* m ‖ ⋍ Zuckerhut *(Gneisblock im Hafen von Rio de Janeiro)* (port Pao de Açucar) ‖ ~ blanco *Weißbrot* n ‖ ~ candeal, ~ de trigo *Weizenbrot* n ‖ ~ casero *hausgebackenes Brot* n ‖ ~ de centeno *Roggenbrot* n ‖ ~ con *(od* untado *de,* con *) mantequilla Butterbrot* n ‖ ~ dormido *Bischofsbrot* n *(Gebäck)* ‖ ~ de especia(s) *Pfeffer-, Leb*|*kuchen* m ‖ ⋍ eucarístico ⟨Kath⟩ *Eucharistie, (die) Heilige Hostie* f ‖ ~ fermentado *gesäuertes Brot* n ‖ ~ de flor *feinstes Weißbrot* n ‖ ~ fresco *frisches, neugebackenes Brot* n ‖ ~ de higos *Feigenbrot* n ‖ ~ de gluten *Diabetikerbrot* n ‖ ~ de Graham *Grahambrot* n ‖ ~ integral *Vollkornbrot* n ‖ ~ lactofermentado *milchsaures Brot* n ‖ ~ de lujo *feinstes Weizenbrot* n ‖ ~ de maíz *Maisbrot* n ‖ ~ de mezcla, ~ de morcajo *Mischbrot* n ‖ ~ de miga *Brot* n *mit wenig Kruste* ‖ ~ mollete *mürbes Brot* n ‖ ~ moreno *Schwarzbrot* n ‖ ~ de munición ⟨Mil⟩ *Kommißbrot* n ‖ ~ negro *Schwarzbrot* n ‖ ~ de oro *Goldplättchen* n ‖ oro en ~es *Blattgold* n ‖ ~ porcino **= pamporcino** ‖ ~ rallado *Semmel-, Panier*|*mehl* n ‖ ~ regañado *aufgesprungenes Brot* n ‖ ~ de régimen, ~ dietético *Diätbrot* n ‖ ~ seco *trockenes Brot* n ‖ *Brot* n *ohne Zutat* ‖ ~ sentado, ~ de un día para otro *gesetztes, altbackenes Brot* n ‖ ~ subcinericio *in der Asche gebackenes Brot* n ‖ ~ tostado *Röstbrot, geröstetes Brot* n, *geröstete Brotschnitte* f, *Toast* m engl ‖ ~ de vidrio prov *Fensterscheibe* f ‖ ~ de Viena *Semmel* f, *Semmelgebäck* n ‖ barra de ~ *Stange Brot*, fam *französisches Brot* n ‖ corteza de ~ *Brotrinde* f ‖ la miga del ~ *das Weiche des Brotes* ‖ un pedazo de ~ *ein Stück* n *Brot* ‖ figf *ein herzensguter Mensch* m, fam *e-e Seele* f *von Mensch* ‖ tierra de ~ llevar *sehr fruchtbares Getreidegebiet* n *(Bezeichnung für die Tierra de Campos [PPal & PLeón], der „Kornkammer" Spaniens)* ‖ ~ y callejuela fig *freie Hand* f ‖ a ~ y agua *bei Wasser und Brot (als Strafe)* ‖ ◇ cocer ~ *Brot backen* ‖ no cocérsela a uno el ~ figf *vor Ungeduld vergehen* ‖ comer el ~ (de) figf *unterhalten werden (von), in jds Dienst sein* ‖ → **comer, día** ‖ es más bueno que el ~ figf *er ist ein seelenguter Mensch* ‖ el ~ nuestro de cada día dánoslo hoy *unser tägliches Brot gib uns heute (Vaterunser)* ‖ ganar su ~ fig *sein Brot verdienen* ‖ llamar al ~, ~ y al vino, vino fam *die Dinge beim (rechten) Namen nennen* ‖ venderse como el ~ fig *großen Absatz haben (Ware)* ‖ no tener para ~ fig *sehr notleidend sein* ‖ a ~ duro, diente agudo fig *Brot braucht scharfe Zähne* ‖ más vale ~ con amor, que gallina con dolor fig *lieber Armut mit Liebe als Reichtum mit Haß* ‖ ~**es** pl *Getreide, Korn* n
²**pan**... präf *All-, Ganz-, Gesamt-, Pan-*
³**Pan** m ⟨Myth⟩ *Pan* m ‖ *flauta de* ~ *Panflöte* f
¹**pana** f *Plüsch* m ‖ *Rippen-, Kord*|*samt* m ‖ ⟨Fi⟩ *Korkboje* f ‖ ~ inglesa *Manchesterstoff* m
²**pana** f gall ⟨Aut⟩ *Panne* f, *Unfall* m, *Störung* f
³**pana** f Chi *Leber* f *der Tiere* ‖ fig *Mut* m, *Beherztheit* f
panacea f *Universal-, Allheil*|*mittel* n, *Panazee* f (& fig)
panade|**ra** f *Bäckerei* f ‖ **-ría** f *Bäckerladen* m ‖ *Bäckerei* f ‖ **-ro** m/adj *Bäcker* m ‖ *harina* ~a *Backmehl* n ‖ ~**s** mpl *span. Tanz* m *(im ³/₄ Takt)*
panadizo m fam ⟨Med⟩ *Nagelgeschwür* n, *Fingerwurm, Umlauf* m, *Panaritium* n ‖ fig *kränkelnde, schwache Person* f
panafricano adj *panafrikanisch*
panal m *(Honig)Wabe* f ‖ △*Freund* m ‖ *radiador de* ~ ⟨Aut⟩ *Wabenkühler* m
Pana|**má:** *República de* ~ *Republik Panama* ‖ *el Istmo de* ~ *die Landenge von Panama* ‖ ⋍ m *Panamahut* m ‖ ⋍**meño** adj/s *aus Panama, panamaisch, öst panamenisch* ‖ ~ m *Panamaer*, öst *Panamenier* m
panamerica|**nismo** m *Panamerikanismus* m ‖ *panamerikanische Bewegung* f ‖ **-nista** m *Anhänger* m *des panamerikanischen Gedankens* ‖

-no *panamerikanisch* || Carretera ~a *Panamerican Highway* n engl || congreso ~ *panamerikanischer Kongreß* m
panarizo *m* → **panadizo**
panarra *m* fam *Dummkopf* m
pancarto *f Plakat* n || *Spruchband* n || *Transparent* n || *Schild* n
pan|cista *m*/adj fam *(selbstsüchtiger) Schlemmer* m || ~s *mpl* ⟨Pol⟩ *Opportunisten* mpl || **-cito** *m*, **-cita** *f* dim *v.* **-za**
Pancracio *m* np Tfn *Pankratius, Pankraz* m || ~ *m* ⟨Sp Hist⟩ *Pankration* n
páncreas *m* ⟨An⟩ *Bauchspeicheldrüse* f, *Pankreas* n
pancromático adj ⟨Phot⟩ *panchromatisch*
△**panchabar** vt *glauben*
△**pan|chardí** num *fünfzig* || △**-che** num *fünf* || △**-chedeque** num *fünfzehn*
pancho *m* fam *Wanst* m || ⟨Fi⟩ *junger Brassen* m || ◊ quedarse tan ~ figf *sich nicht aus der Ruhe bringen lassen*
Pan|cho, -chito *m* pop = **Paco (Francisco)** *(f.:* ~**a**)
¹**panda** *m* ⟨Zool⟩ *Bambusbär, Großer od (Riesen) Panda* m (Ailuropoda melanoleuca) || *Katzenbär, Kleiner Panda* m (Ailurus fulgens)
²**panda** *f Galerie* f *e-s Kreuzgangs*
³**panda** *f* fam = **pandilla**
△**pan|dar** vt *fesseln, binden* || △**-dararí** *m (Tür-) Schloß* n
pandear vi *sich werfen, durchhängen (Balken, Mauern)*
Pandectas *fpl* ⟨Jur⟩ *Pandekten* pl
pandeiro *m* (galicisch) *galicisches Tamburin* n
pan|demia *f* ⟨Med⟩ *Pandemie* f || **-démico** adj *pandemisch*
pandemónium *m Pandämonium* n, *Aufenthalt* m bzw *Gesamtheit* f *der Dämonen* || fig *Stätte* f *des Lasters* || figf *Tumult, Wirrwarr, Lärm* m
pandeo *m* ⟨Tech⟩ *Durchbiegung* f || *Durchhang* m || *Ausbeulen* n || *Knickung* f
pande|ra *f* = **-ro** || pop *Tölpel* m || **-rada** *f* fam *Albernheit* f || **-razo** *m Schlag* m *mit der Schellentrommel* || **-reta** *f* dim *v.* **pandera** *f Tamburin* n, *Schellentrommel* f || *España de (la)* ~ fig *Spanien als ein Land der Tamburinspieler, Tänzer, Toreros usw (falsche, oberflächliche Vorstellung von Spanien seitens der Fremden)* || **-retero** *m Schellentrommelschläger* m || **-ro** *m Schellentrommel* f, *Tamburin* n || *Papierdrache* m *der Kinder* || ◊ en buenas manos está el ~ fam (iron) *die Sache liegt in guten Händen* || **-rón, ona** adj fam *aus Villafranca* (PCord)
△**pandibó** *m Gefängnis* n
pandilla *f* fam *Clique, Bande* f || *Bande, Rotte* f || pop *Pack, Gesindel* n || ~ de malhechores *Diebespack* n || *Räuberbande* f || abogado de ~ pop *Winkeladvokat* m
pando adj *krumm, gebogen* || *eben (Gebiet zwischen Bergen)* || fig *ruhig, gelassen* || *träge fließend (Fluß)* || *seicht (Gewässer)*
Pandora *f* ⟨Myth⟩ *Pandora* f || caja de ~ (caja pandórica) *die Büchse der Pandora, Pandorens Büchse* f
pandorga *f* fam *plumpe Figur* f || *Papierdrache* m || Mex Col *Spaß, Witz* m
△**pandorró** *m Riegel* m
panduros *mpl* ⟨Hist⟩ *Panduren* mpl *(Soldaten)*
panecillo *m* dim *v.* **pan** || *Brötchen* n, *Semmel* f || *kleines Weißbrot* n
pane|gírico adj *panegyrisch, lobrednerisch, rührend* || *Lob(es)-* || discurso ~ *Lobrede* f || **Panegyrikus** m || **-girista** *m Lobredner* m || *Panegyriker* m
¹**panel** *m Füllung* f *(e-r Tür, e-r Wand), Paneel* n || ⟨Arch⟩ *Platte* f || ⟨Radio⟩ *Aufbauplatte* f, *Montagebrett* n || ~
²**panel** *m Panel* n engl *(Meinungsforschung)* ||

PR *Panel* n engl, *Liste* f *der Geschworenen* || *(die) Geschworenen* mpl || *Ausschuß* m
panera *f Mehl-, Brot|kammer* f || *Brotkorb* m
panesla|vismo *m Panslawismus* m, *Allslawentum* n || **-vista, -vo** adj/s *panslawistisch*
Paneuro|pa *f Paneuropa* n *(z. B. Graf Coudenhove-Kalergi)* || ⸗ **peo** adj *paneuropäisch*
pánfilo adj/s *allzu gutmütig* || *allzu duldsam* || p.ex *dumm, einfältig* || *naiv* || *langsam, träge*
panfle|tista *m Pamphletist* m || **-to** *m Pamphlet* n, *Streit-* bzw *Schmäh|schrift* f
△**panfli** adj/s = **pánfilo**
panga *f* MAm *Boot* n
panger|manismo *m Pangermanismus* m, *Alldeutschtum* n || *großdeutscher Gedanke* m || **-manista, -mano** m/adj *Anhänger des Alldeutschtums, Großdeutsche(r)* m
pangolín *m* ⟨Zool⟩ *Schuppentier* n (Manis spp)
paniaguado *m Diener, Knecht* m || figf desp *Günstling* m || figf *Anhänger* m
pánico m/adj *Panik* f, *wilder Schrecken* m || ◊ causar un ~ *in Schrecken versetzen* || producir ~ (entre) *e-e Panik verursachen* || ~ adj *panisch*
panículo m ⟨An⟩: ~ adiposo *Unterhautfettgewebe* n, *Panniculus* m *adiposus* lat, fam *Fettpolster* n
paniego adj *Brot-* || *Acker-, Land-* || *heredad* ~**a** *Landgut* n
panifica|ble adj *verbackbar, zur Brotherstellung geeignet* || cereales ~s *zur Brotherstellung geeignete (bzw verwendete) Getreidesorten* fpl || **-ción** *f Brotherstellung* f || *(Brot) Bäckerei* f || ⟨Mil⟩ *Truppenbäckerei* f || **-dora** *f Brotfabrik* f || *Bäckereimaschine* f || **-r** vt *Brot herstellen* || zu *Brot verbacken* || *(Weideland usw) zum Getreideacker machen*
panilla *f* dim *v.* **pana**: *(sehr) feiner Kordsamt* m || *altes Maß (etwa 115 g)*
△**panipén** *m Krankheit* f
panislamismo *m* ⟨Pol⟩ *Panislamismus* m
panizo *m* ⟨Bot⟩ *Borsten-, Kolben|hirse* f (Setaria italica) || prov *Hirse* f (→ **mijo**) || prov *Mais* m (→ **maíz**)
panne *f* frz = ²**pana**
panocha *f* = **panoja**
panocho m/adj *Bewohner der Huerta von Murcia*
panoja *f Maiskolben* m || ⟨Bot⟩ *Ähren-, Trauben|büschel* n
panoli m/adj fam *Einfaltspinsel*, fam *Simpel* m
Panonia *f* ⟨Hist⟩ *Pannonien* n
panoplia *f Waffensammlung* f || *vollständige Rüstung, Panoplie* f
panóptico *m Panoptikum* n || *Am konzentrisch gebautes Zuchthaus*
pano|rama *m Panorama* n, *Rundblick* m || *Rundgemälde* n || ◊ allí se abre un magnífico ~ *dort eröffnet sich e-e großartige Aussicht* || **-rámica** f *Überblick* m, *Übersicht* f || **-rámico** adj *Panorama-* || anteojo ~ *Panoramafernrohr* n || vista ~**a** *Rundblick* m
panorpa *f* ⟨Entom⟩ *Skorpionsfliege* f (Panorpa communis)
panoso adj *mehlig, mehlartig*
panpsiquismo *m* ⟨Philos⟩ *Panpsychismus* m
△**panro** *m Finger* m
panroma|nismo *m Panromanismus* m, *Allromanentum* n || **-no, -nista** adj/s *panromanisch*
pansa *m* Ar = **pasa**
pansexualismo *m* ⟨Psychol Med⟩ *Pansexualismus* m *(kritische Bezeichnung der Lehre Sigmund Freuds,* → **psicoanálisis**)
pan|sinusitis *f* ⟨Med⟩ *Pansinusitis, Entzündung* f *aller Nasennebenhöhlen* || **-siquismo** *m* = **panpsiquismo**
pansofia *f universelles Wissen* n, *Pansophie* f
pantagruélico adj figf *schlemmerisch, gierig essend* || fig *riesig*

Pantaleón — papayo

Pantaleón (fam **Panta**) m np Tfn *Pantaleon* m
panta|lón m *Hose* f ‖ ~ *corto*, ~ *a media pierna Kniehose* f ‖ ~ *de montar Reithose* f ‖ ~ *de niño Kinderhose* f ‖ ~ *con pliegues (longitudinales) Hose* f *mit Bügelfalten* ‖ ~ *con rodilleras Hose* f *mit herausgebeulten Knien* ‖ ~ *de señora Damenhose* f ‖ ~ *vaquero Niethosen* fpl, *Blue jeans* pl engl ‖ ~es *de fuelle auffällig breite Hose* f ‖ ◊ *llevar* ~ *largo lange Hosen tragen* ‖ *ponerse (od llevar) los* ~ es figf *das Regiment führen, die Hosen anhaben (Ehefrau)* ‖ **–lonera** f *Hosenschneiderin* f
pantalla f *Licht-, Lampen|schirm* m ‖ *Kamin-, Ofenschirm* m ‖ *Augenschirm* m ‖ *Abschirmung* f ‖ ⟨Filmw⟩ *Bild-, Lein|wand* f ‖ ⟨TV⟩ *Bildschirm* m ‖ pop *Strohmann* m ‖ ~ *de radar Radarschirm* m ‖ *el arte de la* ~ *Filmkunst* f ‖ *un(a) artista de la* ~ *ein Filmstar* m ‖ *un as de la* ~ *e–e Leinwandgröße* f ‖ *la pequeña* ~ ⟨TV⟩ figf *das Fernsehen*, fam *das Pantoffelkino* n ‖ ◊ *la mano puesta sobre los ojos a guisa de* ~ *(haciendo* ~ *de su mano) sich die Augen mit der Hand beschirmen* ‖ *llevar (od trasladar) a la* ~ *verfilmen* ‖ *retirarse de la* ~ *das Filmen aufgeben (Schauspieler)* ‖ *salir en la* ~ *als Filmkünstler auftreten* ‖ → *a film*
panta|no m *Sumpf* m ‖ *Morast* m ‖ *(Kot-) Lache, Pfütze* f ‖ *Talsperre* f ‖ *Stau|see* m, *-becken* n ‖ *Stauwerk* n ‖ **–noso** adj *morastig* ‖ *sumpfig* ‖ *Moor-* ‖ *Sumpf-*
pantasma m pop = **fantasma**
panteis|mo m *Pantheismus, Allgottglaube* m ‖ **–ta** m/adj *Pantheist* m ‖ ~ adj *pantheistisch*
panteón m *Pantheon* n, *Ruhmeshalle* f ‖ ~ *de los Reyes königliche Gruft* f *im Escorial* ‖ ~ *de familia Familiengruft* f
pantera f ⟨Zool⟩ *Panther, Leopard* m (Panthera pardus) ‖ ~ **leopardo** ‖ ~ *de las nieves Irbis, Schneeleopard* m (Uncia uncia)
pantógrafo m *Pantograph, Storchschnabel* m ‖ ⟨EB⟩ *Schere(nstromabnehmer* m) f *(bei elektrischen Lokomotiven)*
panto|mima f ⟨Th⟩ *Pantomime* f, *Gebärdenspiel* n ‖ **–mímico** adj *pantomimisch* ‖ **–mimo** m *Pantomime* f
pantorra f fam = **pantorrilla** ‖ fam *dicke Wade* f
pantorri|lla f *Wade* f ‖ ◊ *echar* ~s *dicke Waden bekommen* ‖ *enseñar las* ~ fam *die Beine zeigen (Frau)* ‖ **–lleras* fpl *falsche Waden* fpl
pantu|fla f, **–flo** m fam *Pantoffel, Hausschuh* m ‖ **–flazo** m *Schlag* m *mit dem Pantoffel*
panudo adj Cu *fleischig (Frucht)*
pan|za f *Bauch, Wanst* m ‖ *Pansen* m *(Vormagen der Wiederkäuer)* ‖ *color (de)* ~ *de burra* fam *dunkelgrau (bes der Himmel b. Schneewetter)* ‖ ◊ *tumbarse* ~ *arriba* fam *sich auf den Rücken strecken* ‖ **–zada** f fam: ◊ *darse una* ~ fam *sich den Bauch vollschlagen, sich vollstopfen*
Panza np → **Sancho**
pan|zudo, –zón adj *dickbäuchig*
pañal m *Windel* f ‖ ~es pl *Wickelzeug* n ‖ fig *Kinderjahre* npl ‖ ◊ *nacido en toscos* ~ fig *von niederer Herkunft* ‖ *haber salido de* ~ figf *aus den Kinderschuhen heraus sein*
△**pañaló** m *Branntwein* m
pañe|ría f *Tuchhandlung* f ‖ *Tuchhandel* m ‖ *Tuchartei* fpl ‖ **–ro** m *Tuchhändler* m ‖ **–te** m *minderwertiges Tuch* n, *Flaus* m ‖ → **paño, enlucido**
△**pañí** f *Wasser* n
pañizuelo m = **pañuelo**
paño m *Tuch* n ‖ ⟨& Mar⟩ ‖ *Stoff* m, *Zeug* n ‖ *Bahn* f *e–s Tuchs* ‖ *Breite* f *(e–s Tuchs* & *fig)* ‖ *Vor-, Be|hang* m ‖ ⟨Phot⟩ *Einstelltuch* n ‖ *Muttermal* n ‖ *Trübe(s), Angelaufene(s)* n *(an Spiegeln)* ‖ ⟨Arch⟩ *Füllung* f ‖ ⟨Med⟩ *Umschlag* m, *Tuch* n ‖ ~ *higiénico Damenbinde* f ‖ ~ *sin batanar*, ~ *loden Lodenstoff* m ‖ ~ *para uniformes Uniformtuch* n ‖ ◊ *acudir al* ~ ⟨Taur⟩ *der Muleta gehorchen (Stier)* ‖ figf *auf den Leim gehen* ‖ *conocer el* ~ figf *den Rummel kennen* ‖ *cortar ancho del* ~ *ajeno* figf *aus fremder Leute Leder Riemen schneiden* ‖ *dar (un)* ~ ⟨Th⟩ *dem Schauspieler in der Kulisse vorsagen (Einhelfer)* ‖ *guardar como oro en* ~ fig *wie seinen Augapfel hüten* ‖ *ser del mismo* ~ figf *ein und dasselbe sein* ‖ ~**s** pl *Kleidung* f ‖ *Stoffbehänge* mpl ‖ ~ *calientes heiße Umschläge* ‖ *unwirksame* bzw *unzureichende Maßnahmen* fpl ‖ *allzuviel Rücksicht* ‖ *en* ~ *menores im Negligé, noch nicht angezogen* ‖ *in Unterhosen* ‖ *fast nackt* ‖ → **arca**
pañol m ⟨Mar⟩ *Spind* m/n, *Kammer* f
pañoleta f *(kleines) Halstuch* n *für Frauen* ‖ *Dreiecktuch* n ‖ *Busentuch* n *der Frauen* ‖ **–lón** m *Umhang, Schal* m, *großes Umhängetuch* n *der Frauen* ‖ ~ *de Manila Manilaschaltuch* n (→ **mantón**)
pañuelo m *(Hals-, Schulter)Tuch* n ‖ ~ *(de bolsillo) Taschentuch* n ‖ ~ *para la (od de) cabeza Kopftuch* n ‖ ~ *de seda seidenes (Taschen)Tuch* n ‖ ◊ ¡*el mundo es un* ~! *wie klein ist (doch) die Welt! (bei Begegnung an e–m unerwarteten Ort)*
pap. Abk = **papel**
¹**papa** m *Papst* m ‖ *el* ~ *Luna* span. *(Gegen-)Papst* m *(†1424) unter dem Namen Benedikt XIII*
²**papa** m pop *Papa, Vati* (→ **papá**)
³**papa** f *Kartoffel* f *(bes And* & *Am)* ‖ ~ *dulce* = **batata**
⁴**papa** f figf *Lüge, Ente* f (= **paparrucha**) ‖ *wertloses Ding* n ‖ ◊ *no saber una* ~ pop *erzdumm sein*
papá m fam *Papa, Vati* m ‖ ~ *grande* Mex *Großvater* m ‖ ~**s** mpl fam *Eltern* pl
papable adj *(aus dem it. papabile) zum Papst wählbar* ‖ p.ex fam *kandidierend* bzw *in Frage kommend (für e–e Ernennung, für ein Amt)*
papa|da f *Doppelkinn* n ‖ *Wamme* f *(des Rindviehs)* ‖ **–dilla** f *Doppelkinn* n ‖ **–dineros** m fam *Preller, Betrüger* m
papado m *Papsttum* n, *Papstwürde* f
papagayo m *Papagei* m ‖ figf *Schwätzer* m ‖ ⟨Fi⟩ *Papageifisch* m (Scarus cretensis) ‖ ⟨Med⟩ Arg *Urinflasche* f, *Schieber* m ‖ ◊ *repite todo como un* ~ *er (od sie) plappert alles nach*
papahigo m *Tuch-, Winter-, Ohren|mütze* f ‖ ⟨Sp⟩ *Schneehaube* f ‖ ⟨Mar⟩ *Großsegel* n *(außer Besan)*
papa|íto m [Am pop **–cito**] fam *Väterchen* n, *Vati, lieber Vater* m *(Kosename)*
¹**papal** adj *päpstlich, Papst-*
²**papal** m Am *Kartoffelfeld* n
papalina f *Ohrenmütze, Haube* f ‖ fam *Rausch* m ‖ ◊ *coger una* ~ fam *sich beschwipsen*
△**papallona** f *(Straßen)Dirne* f
papa|moscas m ⟨V⟩ *(Fliegen)Schnäpper* m ‖ figf *Gimpel, Einfaltspinsel* m ‖ ~ *die Uhr in der Kathedrale von Burgos mit der Figur des Fliegenfressers* ‖ ~ *cerrojillo* ⟨V⟩ *Trauerschnäpper* m (Ficedula hypoleuca) ‖ ~ *collarino Halsbandschnäpper* m (F. albicollis) ‖ ~ *gris*, ~ *común Grauschnäpper* m (Muscicapa striata) ‖ **–natas** m figf *Gimpel, Trottel* m
papar vt fam *essen (Brei* bzw *ohne zu kauen)* ‖ ~ *moscas (od viento)* fam *gaffen*
paparrucha f fam *Ente, Lüge* f ‖ *unerbauliche, wertlose Lektüre* f ‖ *Geschwätz* n (Mex ~**da**)
△**paparuñí** f *Großmutter* f
△**papatuque** m *Vater* m
papave|ráceas fpl ⟨Bot⟩ *Mohngewächse* npl (Papaveraceae) ‖ **–rina** f ⟨Chem⟩ *Papaverin* n
papa|ya f *Papayefrucht* f ‖ Am = **–yo** m ⟨Bot⟩ *Melonenbaum* m, *Papaye* f (Carica pa-

paya)
papel m/adj *Papier* n || *Schriftstück* n || *Zettel* m || *Tapete* f || *Wechsel(brief)* m || *Wert-, Börsen|papier* n || *Papiergeld* n || *Zeitung* f || *Flugblatt* n || ⟨Th⟩ *Rolle* f || ⟨Med⟩ *Pulver* n || fig *Rolle* f || ◊ ~ *aus Papier, papieren, Papier-* || ~ albuminado ⟨Phot⟩ *Albuminpapier* n || ~ de aluminio *Aluminiumfolie* f || ~ aristotípico ⟨Phot⟩ *Aristopapier* n || ~ autovirador ⟨Phot⟩ *selbsttonendes Papier* n || ~ de barba *unbeschnittenes (Bütten-) Papier* n || ~ biblia *Dünn-, Bibeldruck|papier* n || ~ (de bolsa) seguro (dudoso) *(un)sicheres (Börsen-) Papier* n || ~ brillante *Glanzpapier* n || ~ de bromuro de plata ⟨Phot⟩ *Bromsilberpapier* n || ~ de calcar, ~ de calco *Pauspapier* n || ~ carbón *Kohle(druck)papier* n || ~ cebolla, ~ para copias *Durchschlagpapier* n || ~ para cartas *Brief-, Post|papier* n || ~ de celofán *Cellophanpapier* n || ~ continuo *fortlaufendes Maschinenpapier* n || *Rollenpapier* n || ~ de copiar *Kopierpapier* n || ~ a corto plazo *kurzes Papier* n *(Börse)* || ~ crespón, ~ crepe *Kreppapier* n || ~ cuadriculado *kariertes Papier* n || ~ cuché *Kunstdruckpapier* n || ~ de dibujo *Zeichenpapier* n || ~ de embalar, ~ de empaquetar, ~ de envolver *Packpapier* n || ~ de empapelar, ~ pintado *Tapete* f || ~ engomado *gummiertes Papier* n || ~ de (od para) escribir *Schreibpapier* n || ~ esmerilado *Schmirgelpapier* n || ~ de estaño *Stanniol* n || ~ de estracilla *(feines) Löschpapier* n || ~ de estraza *Lösch-, Pack|papier* n || ~ de fantasía *Überzugspapier* n || ~ (de) filtro *Filtrierpapier* n || ~ de fumar *Zigaretten- und Hülsenpapier* n || ~ de gracioso ⟨Th⟩ *Komikerrolle* f || ~ heliográfico *Lichtpauspapier* n || ~ higiénico *Toiletten-, Klosett|papier* n || ~ (de) hilo *Leinenpapier* n || ~ jaspeado *Marmorpapier* n || ~ de lija, ~ de vidrio, ~ de esmeril *Sand-, Glas-, Schmirgel|-papier* n || ~ de lustre *Glanzpapier* n || ~ mate ⟨Phot⟩ *Mattpapier* n || ~ ministro *Kanzleipapier* n || ~ moneda *Papiergeld* n || ~ de música *Notenpapier* n || ~ de oficio *Kanzleipapier* n || ~ parafinado, ~ encerado *Wachspapier* n || ~ pergamino *Pergamentpapier* n || ~ de periódico *Zeitungspapier* n || ~ pigmento ⟨Phot⟩ *Pigmentpapier* n || ~ pintado *Tapete(npapier)* f || ~ pluma *Federpapier, feines leichtes Druckpapier* n || ~ rayado *Linienpapier* n || ~ de renta ⟨Com⟩ *Rentenpapier* n || ~ de revelado ⟨Phot⟩ *Entwicklungspapier* n || ~ rizado *Kreppapier* n || ~ satinado *satiniertes Papier* n || ~ secante *Fließ-, Lösch|papier* n || ~ de seda *Seidenpapier* n || ~ sellado *Stempelpapier* n || ~ sensible ⟨Phot⟩ *Photopapier* n || ~ sepia ⟨Phot⟩ *Sepiapapier* n || ~ timbrado *Stempelpapier* n || ~ de tina *Büttenpapier* n || ~ de tornasol ⟨Chem⟩ *Lackmuspapier* n || ~ velin, ~ velina, ~ vitela *Velinpapier* n || ~ vergé, ~ vergueteado, ~ verjurado *Vergépapier, geripptes Papier* n || franco ~ *Papier-Franc* n || cuello, industria de ~ *Papier|kragen* m, *-industrie* f || pálido como el ~ pop *leichenblaß* || tejido de ~ *Papiergewebe* n || ◊ el ~ lo aguanta todo *Papier ist geduldig* || hacer (un) ~ fig *e–e Rolle spielen* || Am pop *sich blamieren* || hacer el ~ de madre *die Mutterstelle vertreten* || hacer su (od buen) ~ fig *auf seinem Platz sein, sich bewähren* || hacer un ~ *ridículo* fam *sich blamieren* || saber bien su ~ ⟨Th⟩ *seine Rolle gut können* (& fig) || ~**es** pl *Schriftstücke* npl || *Ausweispapiere* npl || ⟨Mar⟩ *Schiffspapiere* npl || *Mietzettel* mpl || pop *(die) Tagespresse* f || ~ de a bordo ⟨Mar⟩ *Schiffspapiere* npl || ~ del Estado *Staatspapiere* npl || ~ de negocios, ~ comerciales *Geschäftspapiere* npl || ◊ poner ~ en los balcones Span *Mietzettel auf den Balkongittern anbringen* || sacar de ~ *die Rollen (e–s Theaterstückes) ausschreiben* || traer los ~ mo-
jados figf *Unwahres erzählen* || → ¹**cesta**
pape|lear vi *in Papieren herumstöbern* || figf *protzen* || fig *e–e Rolle spielen wollen, sich nicht durchschauen lassen* || **-lejo** m dim v. **papel** || **-leo** m *Herum- bzw Durch|stöbern* n *mit Papieren* || *Papierkrieg* m || **-lera** f *Papier-, Akten|schrank* m || *Papierkorb* m || *Papierfabrik* f || *Schreibtisch* m || **-lería** f *Schreibwarengeschäft* n || *Papierwaren* fpl || **-lero** adj *Papier-* || *industria* ~a *Papierindustrie* f || ~ m *Papierhändler* m || joc *Prahlhans* m || **-leta** f *Zettel* m, *Papier* n || *Wahlzettel* m || *Pfandzettel* m || *Arbeits-, Lauf|zettel* m || *Beichtzettel* m || *(Papier)Tüte* f || figf *schwierige bzw unangenehme Aufgabe* f || Guat *Visitenkarte* f || ~ de empeño *Pfand|zettel, -schein* m || **-lillo** m dim v. **papel** || *Papierzigarre* f || *(Haar)Wickel* m || ⟨Pharm⟩ *Briefchen* n *(mit Medikamenten)* || hecho ~ Ven fig *puterrot (schamrot)* || **-lina** f → **popelín** || **-lista** m *Papierfabrikant* m || *Tapezierer* m || Cu *Querulant* m || Arg *Angeber* m || **-lón** m/adj *Wisch* m, *elendes Schriftwerk* n || *Papiertüte* f || ⟨Th⟩ *undankbare Rolle* f || fig *Prahlhans* m || ◊ hacer un ~ fam *sich blamieren* || **-lonear** vi fam *protzen* || **-lote, -lucho** m desp *Wisch, Schund* m || **-lote** m *Altpapier* n *(als Rohstoff)* || Cu *Papierdrachen* m
papera f ⟨Med⟩ *Kropf* m || ~**s** pl ⟨Med⟩ *Mumps, Ziegenpeter* m
papi m fam *Vater* m
△**papí** f *Gans* f
△**papichoré** f *Ente* f
△**papil** m *Eintrittskarte* f
papi|la f ⟨An⟩ *Papille* f, *Wärzchen* n || **-lar** adj *Papillen-* || ⟨An⟩ *warzenartig*
papili|onáceas fpl ⟨Bot⟩ *Schmetterlingsblütler* mpl (Papilionaceae, Leguminosae) (→ **leguminosas**) || **-ónidos** mpl ⟨Entom⟩ *Ritter, Edelfalter* mpl (Papilionidae)
papiloma m ⟨Med⟩ *Geschwulst* f *mit warziger Oberfläche, Papillom* n
papilón, ona adj fam *verzärtelt, weichlich*
papilla f *(Kinder)Brei* m || figf *hinterlistige Handlung* f || ~ de leche *Milchbrei* m || ◊ alimentar con ~, dar ~ (a) *aufpäppeln (Säuglinge)* || dar ~ (a) fam *jdm Honig um den Bart streichen* || hacer ~ figf *zerquetschen*, pop *kaputtmachen*
papillota f, **papillote** m *Haar-, Locken|wickel* m
papiniano adj/s *auf den ital. Dichter und Denker Giovanni Papini (1881–1956) bezüglich*
△**papinoró** m *Affe* m
△**pápira** f *Brieftasche* f || *(Droh)Brief* m
¹**papiro** m ⟨Bot⟩ *Papyrus(staude* f) m (Cyperus papirus) || *Papyrus* m *(Schriftrolle, Schreibstoff)*
²**papiro, (öfter) pápiro** inc pop *Geldschein* m, *Banknote* f
papi|rotazo, -rote m *Nasenstüber* m
papisa f *Päpstin* f
papis|mo m *Papismus* m || **-ta** m/adj *Papist, Päpstler, Römling* m || ◊ ser más ~ que el papa fam *päpstlicher als der Papst sein*
papo m *Wamme* f *der Rinder* || *Kropf* m *der Vögel* || pop *Kropf* m *des Menschen* || Am *Dummkopf* m
paporreta f R Pl *sinnloses Gerede* n
papú(es), papúa(s) m(pl)/adj *Papua(s)* m(pl) || *papuanisch*
papudo adj *dickkröpfig (Vögel)*
△**papujó** m *Haselnuß* f
pápula f ⟨Med⟩ *Hautknötchen* n, *Blatter, Papel* f
△**paque** m *Hälfte* f
paquear vi ⟨Hist⟩ *aus dem Hinterhalt schießen (die Mauren gegen die Spanier)* || p.ex *schießen (Freischärler, Heckenschütze)* (→ ¹**pa-**

paquebote — parafina 804

co)
paquebote *m* ⟨Mar⟩ *Paketboot* n, *Postdampfer* m ‖ *Passagier|dampfer* m, *-schiff* n
paque|te *m* *Paket* n ‖ *Päckchen* n ‖ *Bündel* n ‖ *Pack* m ‖ ⟨Mar⟩ *Postdampfer* m ‖ ⟨Typ⟩ *Satzstück* n ‖ fam *Modepuppe* f ‖ fam *Beifahrer* m *(auf e–m Motorrad)* ‖ fam *lästiger Kram* m ‖ figf *derber Verweis*, fam *Anschnauzer* m ‖ ⟨Mil⟩ fam *Verhaftung* f ‖ *Arrest* m ‖ *Strafe* f ‖ vulg *Geschlechtskrankheit* f ‖ ◊ ir hecho un ~ figf *geschniegelt und gebügelt sein* ‖ ~ postal *Postpaket* n ‖ **-tera** *f* ⟨Aut⟩ *kleiner Lieferwagen* m *mit Kasten* ‖ **-to** adj Am pop *elegant, stramm*
paquidermos *mpl* ⟨Zool⟩ *Dickhäuter* mpl
paquimeningitis *f* ⟨Med⟩ *Pachymeningitis* f
paquistaní adj → **pakistaní**
Paquito *m*, ~**a** *f* pop dim *v.* **Paco, Paca**
¹**par** adj/s *gleich* ‖ *ähnlich* ‖ *gerade (Zahl)* ‖ a ~ de *neben, bei* ‖ *gleichsam, wie* ‖ a(l) ~, *(zu)gleich* ‖ a la ~ *gleichzeitig* ‖ ⟨Com⟩ *(al) pari*
²**par** *m Paar* n ‖ *zwei Stück* ‖ un ~ (de banderillas) ⟨Taur⟩ *ein Paar* n *Spieße (Banderillas)* ‖ *Stoß mit zwei Spießen* ‖ un ~ de tijeras *e–e Schere* ‖ abierto de ~ en ~ *sperrangelweit offen (Tür)* ‖ *sperrweit offen (Augen)* ‖ sin ~ *unvergleichlich, ohnegleichen* ‖ la sin ~ *Dulcinea die unvergleichliche Dulzinea* ‖ a ~es *zu zweit* ‖ *paarweise* ‖ ◊ jugar a ~es y nones *gerade od ungerade spielen* ‖ la acera de los ~es *die Straßenseite der geraden Hausnummern* (→ **nones**)
³**par** *m* ⟨Phys⟩ *Kräftepaar* n ‖ *Moment* n
⁴**par** *m* ⟨Arch⟩ *Sparren* m
⁵**par** *f*: a la ~ *(zu)gleich* ‖ *ebenso* ‖ *cambio* a la ~ ⟨Com⟩ *Parikurs* m ‖ a la ~ que decía *indem (während, wobei) er sagte* ‖ trabajador a la ~ que honrado *arbeitsam und zugleich (auch) ehrlich*
⁶**par** *m Pair* m engl ‖ → **cámara**
⁷**par** prep = **por**
¹**para** prep *für, wegen, um* ‖ *zu, auf* ‖ *für, zu* ‖ *gegen, zu* ‖ *nach* ‖ *bis (nach)*
1. Ziel, Zweck: trabajar ~ vivir y no vivir ~ trabajar *arbeiten, um zu leben und nicht leben, um zu arbeiten* ‖ ~ acabar de una vez *um die Sache endgültig zu beenden* ‖ *kurz und gut*
2. Richtung: ~ allá *dorthin* ‖ salir ~ París *nach Paris abreisen* ‖ va ~ una hora *es ist schon fast e–e Stunde her*
3. Zeitbestimmung: pagaré ~ San Juan *ich werde zu Johanni bezahlen* ‖ ~ siempre *für immer* ‖ → a 2
4. Zweck, Verwendung: es bueno ~ comer *es ist gut zum Essen* ‖ no sirve ~ nada *er taugt zu nichts* ‖ es ist nichts wert ‖ dar ~ fumar *jdm Geld zum Rauchen (Trinkgeld) geben* ‖ ser ~ poco *zu wenigem zu gebrauchen sein, wenig taugen*
5. Gegensatz, Entgegenstellung: muy tarde vienes ~ la prisa que yo tengo *du kommst reichlich spät angesichts der Eile, die ich habe*
6. Vergleich, Verhältnis: poco le alaban ~ lo que merece *man lobt ihn weniger als er verdient* ‖ es muy alto ~ sus años *er ist sehr groß für sein Alter*
7. Grund, Ursache: ¿~ qué lo haces? *warum tust du es?* ‖ ¿~ eso me llamas? *deswegen rufst du mich?* ‖ no hay ~ qué decir que *es erübrigt sich zu sagen, daß*
8. Bereitschaft, im Begriff sein: estoy ~ marchar *ich bin im Begriff fortzugehen* ‖ está ~ llegar *er kommt jeden Augenblick, er wird gleich kommen*
9. Bezug auf sich selbst: leer ~ sí *für sich, leise lesen* ‖ ~ mí *was mich betrifft* ‖ tengo ~ mí que *ich meinerseits halte dafür, daß*
10. Verhältnis, Behandlung: está amable

~ conmigo *er ist freundlich zu mir* ‖ las obligaciones ~ con el prójimo *die Pflichten gegen den Nächsten*
11. Stimmung, Laune: no estoy ~ bromas *ich bin zum Spaßen nicht aufgelegt* ‖ no está el horno ~ bollos (, ni la madera para hacer cucharas) figf *ich bin dazu nicht aufgelegt*
12. Dienstwilligkeit: estoy ~ V. *ich stehe Ihnen zu Diensten*
13. als Bindewort: se levantó ~ en seguida dejarse caer *er stand auf, um gleich darauf (kraftlos) zusammenzufallen* ‖ tienes el libro ~ que lo leas *(od ~ leerlo) du hast das Buch, um es zu lesen*
²**para** *f* Sant = **parada**
³**para** *m* Mex *Hirse* f
Pará *m Pará (Staat in Brasilien)*
parabalas *m Kugelfang* m
△**parabelar** vt *brechen*
parabién *m Glückwunsch* m ‖ ¡mi ~ (mis ~es)! *meine Glückwünsche!* ‖ ◊ dar el ~ (a) *jdn beglückwünschen*
parábola *f Gleichnis* n, *Parabel* f ‖ ⟨Math⟩ *Parabel* f
para|bólico adj *gleichnishaft, Parabel-, parabolisch* ‖ ⟨Math⟩ *parabolisch, Parabol-* ‖ **-boloide** *m* ⟨Math⟩ *Paraboloid* n
para|brisa(s) *m* ⟨Aut⟩ *Windschutzscheibe* f ‖ *limpia-~ Scheibenwischer* m ‖ **-caídas** *m* ⟨Flugw⟩ *Fallschirm* m ‖ **-caidismo** *m Fallschirmspringen* n ‖ **-caidista** *m Fallschirmspringer* m ‖ ⟨Mil⟩ *Fallschirmjäger* m ‖ **-correas** *m* ⟨Tech⟩ *Riemenabsteller* m ‖ **-chispas** *m Funkenschutz* m ‖ **-choques** *m* ⟨Aut⟩ *Stoßstange* f ‖ ⟨EB⟩ *Prellbock* m ‖ **-chutista** *m* gall = **-caidista**
parada *f Aufenthalt* m ‖ *Stillstand* m ‖ *Stillstehen* n ‖ *Stillegung* f ‖ *Stehenbleiben* n ‖ *Innehalten* n, *Pause* f ‖ *Einsatz* m *(im Spiel)* ‖ ⟨Mil⟩ *Parade* f ‖ *Wachparade* f ‖ *Paradeplatz* m ‖ ⟨StV⟩ *Rast* f, *Halt* m ‖ *Standplatz* m *(z. B. für Taxen)* ‖ *(Fluß)Wehr* n, *Schleuse* f ‖ ⟨EB⟩ *Station, Haltestelle* f ‖ ⟨V⟩ *(Parade-) Balz* f *(des männlichen Vogels)* ‖ ⟨Fecht⟩ *Parade* f ‖ ⟨Sp⟩ *Parade* f *(des Torhüters)* ‖ ~ discrecional *Bedarfshaltestelle* f *(Straßenbahn)* ‖ ⟨EB⟩ *Bedarfshalt* m ‖ ~ fija, ~ obligatoria *Zwangshaltestelle* f *(Straßenbahn)* ‖ ⟨EB⟩ *planmäßiger Halt* m ‖ ~ de taxis *Taxistand* m ‖ ~ nupcial ⟨V⟩ *(Parade)Balz* f ‖ marcha de ~ *Parademarsch* m ‖ paso de ~ *Paradeschritt* m (→ paso de **oca**) ‖ perro de ~ *Vorstehhund* m ‖ ¡quince minutos de ~ y fonda! *fünfzehn Minuten Aufenthalt! (Ruf der Eisenbahnschaffner in Spanien)*
paradentosis *f* ⟨Med⟩ *Parodontose* f
paradero *m Verbleib* m ‖ *Bleibe* f, *Aufenthaltsort* m ‖ fig *Ende* n ‖ ◊ se desconoce su ~ *man weiß nicht, wo er sich aufhält* ‖ averiguar el ~ de alg. *jds Wohnort ausfindig machen*
paradigma *m Paradigma, Muster(beispiel)* n ‖ ⟨bes Gr⟩
paradisíaco adj *paradiesisch*
parado adj/s *stillstehend* ‖ *müßig, träge* ‖ *arbeitslos* ‖ *erstaunt, außer sich, verblüfft* ‖ Am *stehend, aufrecht* ‖ mal ~ pop *übel zugerichtet* ‖ ◊ estar ~ *arbeitslos sein* ‖ *quedarse* ~ *stehenbleiben* ‖ se quedó ~ figf *er war platt* ‖ dejar mal ~ (a) *jdn im Stich lassen* ‖ los ~s *die Arbeitslosen*
para|doja *f Paradox(on)* n ‖ **-dójico, -dojal** adj *paradox, widersinnig, befremdend* ‖ **-dojismo** *m* ⟨Rhet⟩ *Paradoxie* f
parador *m Wirts-, Einkehr|haus* n ‖ ~ nacional de turismo Span *staatliches Hotel* n
paraestatal adj *halbstaatlich*
parafango *m Kot-, Schutz|blech* n
parafernal adj ⟨Jur⟩: (bienes) ~es *mpl Sondergut* n *der Ehefrau*
parafina *f* ⟨Chem⟩ *Paraffin* n

parafrasear vt *paraphrasieren, umschreiben, erläutern*
paráfrasis f *Paraphrase, Umschreibung* f ∥ *freie Übersetzung* f
parafrástico adj *umschreibend, paraphrastisch*
para|goge f ⟨Li⟩ *Buchstabenanfügung, Paragoge* f ∥ **–gógico** adj *paragogisch*
*__parágrafo__ m = **párrafo**
paraguas m *Regenschirm* m ∥ ~ *plegable,* ~ *de bolsillo Taschenschirm* m ∥ *antena en* ~ ⟨Radio⟩ *Schirmantenne* f ∥ *arreglo de* ~ *Schirmreparatur* f
Para|guay: (el) ~ *Paraguay (südam. Staat)* ∥ **–guayo** m/adj *Paraguayer* m ∥ ~ adj *paraguayisch*
paragüe|ría f *Schirmgeschäft* n ∥ *Schirmfabrik* f ∥ **–ro** m *Schirmhändler* m ∥ *Schirmmacher* m ∥ *Schirmständer* m
paraíso m *Paradies* n (& fig) ∥ ⟨Th⟩ fig *Galerie* f, *Olymp* m ∥ fig *Wonne, Glückseligkeit* f ∥ *El* ⁓ *Perdido Das Verlorene Paradies (Milton)* ∥ *ave del* ~ *Paradiesvogel* m (Paradisea spp)
paraje m *Ort, Platz* m ∥ *Gegend, Landschaft* f
△**parajurbas** m *Regenschirm* m
paral m ⟨Mar⟩ *Ablaufbahn* f ∥ **~aje** m ⟨Astr⟩ *Parallaxe* f
para|lela f ⟨Math⟩ *Parallele, Parallellinie* f ∥ **~s** pl *Barren* m *(der Turner)* ∥ **–lelepípedo** m ⟨Math⟩ *Parallelepiped(on)* n, *schiefer Quader* m ∥ **–lélico** adj *parallelisch* ∥ **–lelismo** m *Parallelismus* m ∥ fig *Wechselbeziehung* f ∥ ⟨Math⟩ *Parallelität* f (& fig) ∥ **–lelo** adj ⟨Math⟩ *parallel, gleichlaufend* ∥ fig *entsprechend, übereinstimmend* ∥ ~ m *Parallele* f ∥ *Entsprechung* f ∥ *Vergleich* m, *Gegenüberstellung* f ∥ ⟨Astr Geogr⟩ *Breitenkreis* m ∥ *Breitengrad* m ∥ *el* ⁓ *ein Stadtviertel* n *von Barcelona* ∥ **–lelogramo** m ⟨Math Phys⟩ *Parallelogramm* n
paralís m pop inc = **parálisis**
Paralipómenos mpl *Paralipomena* mpl *(im Alten Testament)*
parálisis f ⟨Med⟩ *Lähmung, Paralyse* f ∥ ~ *cerebral Gehirnlähmung* f
paralítico m/adj *Paralytiker, Gelähmte(r)* m ∥ *Gichtbrüchige(r)* m *(Evangelium)* ∥ ~ adj *gelähmt, paralytisch*
parali|zación f *Lähmung* f ∥ *Erlahmen* n ∥ *Lahmlegung* f ∥ fig *Stockung* f ∥ ~ *de los negocios Geschäfts|stockung, -flauheit* f ∥ **–zado** adj: *estación* ~a ⟨Com⟩ *stille, tote Jahreszeit* f ∥ **–zar** [z/c] vt *lähmen* ∥ *paralysieren* ∥ fig *hemmen, lähmen, lahmlegen* ∥ **~se** *gelähmt werden* ∥ *erlahmen* ∥ fig *stocken (Geschäfte)*
paralodo m *Schutzblech, Spritzleder* n *(am Fahrrad)*
paralumo m *Gitterblende* f, *Raster* m *(an Leuchten für Leuchtstofflampen)*
paramagnético adj ⟨Phys⟩ *paramagnetisch*
paramecio m ⟨Zool⟩ *Pantoffeltierchen, Paramaecium* n
paramento m *Schmuck, Zierat, Putz* m ∥ *Wand* f ∥ *Schabracke* f *(Pferdedecke)* ∥ **~s** *de altar Altarschmuck* m ∥ ⟨Rel⟩ *Parament* n ∥ ~s *sacerdotales Kirchen-, Priester|gewänder* npl
paramera f *Ödland* n, *Öde* f
parámetro m ⟨Math⟩ *Parameter* m
páramo m *Ödland* n, *Öde* f ∥ fig *öde, kalte, (meist) hochgelegene Gegend* f
Paraná: (el) ~ *Am e–r der beiden Hauptströme des Río de la Plata* ∥ *Hauptstadt* f *der Provinz Entre Ríos* ∥ *Stadt in Brasilien*
paran|gón m *Vergleich* m ∥ ◊ *poner en* ~ *vergleichen* ∥ **–gonar** vt *vergleichen* ∥ ⟨Typ⟩ *justieren*
paraninfo m *Brautführer* m ∥ p.ex *Glücksbote* m ∥ *Aula* f (bes *Auditorium* n *maximum) e–r Universität*
parano|ia f ⟨Med⟩ *Wahnvorstellung, Paranoia* f ∥ **–ico** adj/s *geistesgestört, paranoisch* ∥ ~ m *Paranoiker* m ∥ **–ide** adj *paranoid*
parape|tar vt *mit Brustwehren schützen* ∥ fig *schützen* ∥ **~se** vr ⟨Mil⟩ *sich verschanzen* (& fig) ∥ fig *sich verwahren* ∥ **–to** m ⟨Mil⟩ *Brustwehr, Brüstung* f ∥ *Brücken-, Treppen|geländer* n
parapoco m figf *Taugenichts* m
parar vt/i *auf-, an|halten* ∥ *aufhalten (Stoß, Schlag)* ∥ *stehenlassen (Uhr)* ∥ *zu-, vor|bereiten* ∥ *einstellen (Arbeit)* ∥ *stillegen (Fabrik)* ∥ *festhalten* ∥ ⟨Tech⟩ *abstellen (Maschine)* ∥ *parieren (im Fechten)* ∥ ⟨Jgd⟩ *Wild stellen (Hund)* ∥ *fam (übel) zurichten* ∥ ◊ ~ *un golpe e–n Stoß parieren* ∥ fig *ein Unglück abwehren* ∥ ~ *mal fam übel zurichten* ∥ ~ *en mal schlecht ablaufen* ∥ ¿*en qué va a* ~ *esto? was wird daraus werden?* ∥ ~ *la consideración en die Aufmerksamkeit richten auf* (acc) ∥ ~ vi *aufhören* ∥ *(still)halten* ∥ *innehalten* ∥ *absteigen, übernachten* ∥ *wohnen, logieren* ∥ fig *hinauslaufen* (a *auf* acc) ∥ *ir a* ~ *en auf et abzielen, auf et hinauswollen* ∥ *no sé (od no se me alcanza) dónde quiere V. ir a* ~ *ich weiß (od verstehe) nicht, worauf Sie hinauswollen* ∥ ¡*paren en la disputa! hören Sie auf zu streiten!* ∥ *no* ~ *nunca fig rastlos arbeiten* ∥ *sin* ~ *ohne Verzug, augenblicklich* ∥ *unaufhörlich* ∥ *ha parado de llover es hat aufgehört zu regnen* ∥ *no paran en esto las perspectivas del asunto damit sind die Möglichkeiten dieses Gespräches (noch) nicht erschöpft* ∥ ¿*dónde para V.? wo sind Sie abgestiegen?* ∥ *para a considerar que... bedenke nur, daß ...* ∥ **~se** (~ vi) *stehenbleiben, stillstehen* (*delante de vor* dat) ∥ *verweilen, sich aufhalten* ∥ *halten (Zug)* ∥ *innehalten (in der Rede)* ∥ ◊ *el reloj se ha parado die Uhr ist stehengeblieben* ∥ ~ *en nimiedades kleinlich sein* ∥ *no* ~ *en nimiedades sich nicht durch Bagatellen aufhalten lassen (od abgeben)*
pararrayos m *Blitzableiter* m (& fig)
paraselene f ⟨Meteor⟩ *Nebenmond* m *(Haloerscheinung)*
parasi|tario adj *Schmarotzer-* ∥ *schmarotzerhaft* ∥ *parasitär* ∥ *existencia (od vida)* ~a *Schmarotzerleben* n ∥ **–tismo** m *Schmarotzertum* n ∥ *Schmarotzerleben* n ∥ ⟨Biol⟩ *Parasitismus* m
parásito adj *schmarotzerisch* ∥ *ruidos* ~s ⟨Radio⟩ *Nebengeräusche* npl ∥ *plantas* ~as *Schmarotzerpflanzen* fpl ∥ ~ m *Schmarotzer* m (& fig) ∥ ⟨El⟩ *(atmosphärische) Störung* f
parasi|tología f *Schmarotzerkunde, Parasitologie* f ∥ **–tólogo** m *Parasitenforscher* m
parasol m *Sonnenschirm* m ∥ ⟨Aut⟩ *Sonnenblend(scheib)e* f ∥ ⟨Phot⟩ *Sonnen-, Gegenlicht|blende* f ∥ ⟨Bot⟩ *Riesenschirmpilz* m (Lepiota procera)
parataxis f ⟨Li⟩ *Parataxe* f
para|tífico adj ⟨Med⟩ *Paratyphus-* ∥ ~ m *Paratyphuskranke(r)* m ∥ **–tifoidea, –tifus** m ⟨Med⟩ *Paratyphus* m
△**parbari** m *Kind* m
Parca f *Parze* f *(Schicksalsgöttin)* ∥ fig *Tod* m
parcamente adv *spärlich, karg*
parce|la f *(Bau) Parzelle* f, *Grundstück* n ∥ **–lar** vt *parzellieren* ∥ **–lario** adj *Parzellen-* ∥ *concentración* ~a *Flurbereinigung* f
par|cial adj *teilweise, Teil-* ∥ ⟨Phys⟩ *partiell, Partial-* ∥ *einzeln* ∥ *einseitig* ∥ *parteiisch, tendenziös* ∥ *leutselig* ∥ *historiador* ~ *parteilicher Geschichtsschreiber* m ∥ *pago* ~ *Teilzahlung* f ∥ *producto* ~ *Teilprodukt* n ∥ ~ *m Anhänger* m ∥ **–cialidad** f *Parteilichkeit* f ∥ *Voreingenommenheit* f ∥ *Vertraulichkeit* f ∥ **–cialmente** adv *teilweise* ∥ *mit Voreingenommenheit*
parco adj *sparsam* ∥ *kärglich, spärlich* ∥ ~ *en la comida mäßig im Essen* ∥ ~ *en palabras wortkarg*
parcómetro m ⟨StV⟩ *Parkuhr* f, *Parkometer* n
parcha f ⟨Bot⟩ = **pasionaria**
△**parchandra** f *Fasching* m

par|char vi Arg Chi Mex *flicken, e-n Flicken aufsetzen* || **–chazo** m fam *Prellerei* f || ⟨Mar⟩ *Killen* n *der Segel* || **–che** m *(Salben)Pflaster* n || *Flicklappen* m || *Trommelfell* n || fig *Trommel* f || fig *(Flick)Fleck* m || ~ *aglutinante Heftpflaster* n || ~ *ocular,* ~ *para el ojo Augenklappe* f || ¡ojo al ~! *Achtung! Vorsicht!* || **–chear** vt *flicken, e-n Flicken aufsetzen* || *notdürftig reparieren* || pop *(e-e Frau) befummeln*
△**parchén** num *fünf*
pardal m ⟨V⟩ *Sperling, Spatz* m (→ **gorrión**) || ⟨V⟩ *Hänfling* m (→ **pardillo**) || ⟨Zool⟩ *Ozelot* m, *Pardelkatze* f (→ **ocelote**) || ⟨Zool⟩ *Leopard* m (→ **leopardo**) || ⟨Zool⟩ **Giraffe* f (→ **jirafa**) || ⟨Bot⟩ → **acónito**
par|dear vi *braun erscheinen, braun durchschimmern* || *braun werden* || **–dejón, ona** adj *bräunlich* || **–dela** f ⟨V⟩ *Sturmtaucher* m || ~ *capirotada Großer Sturmtaucher* m *(Puffinus gravis)* || ~ *cenicienta Gelbschnabelsturmtaucher* m *(Procellaria diomedea)*
△**pardí** f *Grund* m
¡pardiez! pop *Donnerwetter!*
par|dillo m *Bäuerlein* n || fam *Bauernlümmel* m || figf *Gimpel, Simpel* m || ⟨V⟩ *Hänfling* m *(Acanthis cannabina)* || ~ *piquigualdo* ⟨V⟩ *Berghänfling* m *(A. flavirostris)* || ~ *sizerín* ⟨V⟩ *Birkenzeisig* m *(A. flammea)* || **–disco** adj = **–duzco** || **–do** adj/s *braun* || *grau, trübe (Wolken)* || fig *fade, eintönig* || *de ojos* ~s *braunäugig* || ⟨Pol Hist⟩ *el ejército* ~ *das braune Heer* (→ **camisas**) || ~ m Cu *Mulatte* m || *el* ~ *königl. Jagdschloß* n *(bei Madrid)* || **–duzco** adj *bräunlich* || *hellbraun*
pare m pop And = **padre**
△**paré** m *Wolke* f
pareado adj *gepaart* || ~ m ⟨Poet⟩ *paarweise gereimte Verse* mpl
¹**pare|cer** [–zc–] vi *erscheinen, sichtbar werden* || *sich zeigen, sich sehen lassen* || *zu sein scheinen* || *aussehen (wie)* || *ähnlich sein* || ◊ ~ *bien gut, schön aussehen* || *gefallen* || *me* ~ *bien ich bin dafür* || *ich bin damit einverstanden* || ~ *triste traurig aussehen* || *según (od a lo que)* –ce, *al* ~, –ce *ser que* ... *wie es scheint, allem Anschein nach* ... || *así* –ce *es scheint so, es ist so* || –ce *no saberlo er scheint es nicht zu wissen* || *si a V. le* –ce ... *wenn es Ihnen recht ist* ... || *esto se le* –ce *das sieht ihm ähnlich* || *me* –ce *que* ... *es kommt mir vor als ob* ... || –ce *que va a llover es sieht nach Regen aus* || *¿le* –ce *bien? billigen Sie es?* || ¡*(qué) le* –ce! *unglaublich!* || *¿qué le* –ce? *was meinst du?* || *quien no* –ce, *perece* fig *die Abwesenden verlieren immer* || ~se (a) *ähnlich sein (dat)* || *se le* –ce *mucho er ist ihm sehr ähnlich*
²**parecer** m *Dafürhalten* n, *Meinung* f || *Ansicht* f || *Urteil* n || *Aussehen, Äußere(s)* n || *por el bien* ~ *(nur) zum Schein, anstandshalber* || *obenhin* || *al* ~ *de V. nach Ihrer Meinung* || *contraste de* ~es *(Herausstellung* f*) gegensätzliche(r) Meinungen (in der politischen Diskussion)* || ◊ *es cuestión de* ~es *das ist Ansichtssache* || *dar su* ~ *sein Urteil äußern* || *soy del* ~ *de que ich bin der Meinung, daß* || *después de beber, cada uno dice su* ~ *im Wein liegt die Wahrheit, in vino veritas* lat
pare|cido adj *ähnlich* || *scheinbar* || *bien* ~ *schön* || *mal* ~ *häßlich* || *muy* ~ *treffend ähnlich (Bildnis)* || *cigarros o cosa* ~ *Zigarren oder dergleichen* || ~ m *Ähnlichkeit* f || **–ciente** adj = **–ciente** || **–ciento** m Chi = **comparecencia** || Pe = **parecido**
parecita f Am dim v. **pared**
pared f *Wand* f || ⟨Arch⟩ *Mauer* f || ~ *celular* ⟨Biol⟩ *Zellwand* f || ~ *divisoria Zwischen-, Scheide|wand* f || ~ *del estómago* ⟨An⟩ *Magenwand* f || ~ *maestra* ⟨Arch⟩ *tragende Wand* f || ⟨Flugw⟩ *Stirnwand* f || ~ *rocosa Felsenwand* f

|| *calendario de* ~ *Wandkalender* m || ~ *en (od por) medio Wand an Wand (od Tür an Tür) (wohnen)* || ◊ *hablar a la* ~ fig *vor tauben Ohren predigen* || *ponerse (tan) blanco como la* ~ figf *kalkweiß werden (Gesicht)* || *pegado a la* ~ fig *beschämt, verlegen* || *sordo como una* ~ figf *stocktaub* || ~es pl: *entre cuatro* ~ fig *zwischen seinen vier Wänden* || ◊ *subirse por las* ~ figf *auf die Palme gehen, an den Wänden hochgehen (vor Wut)* || *las* ~ *oyen* fig *die Wände haben Ohren*
pare|daño adj/s *benachbart, Wand an Wand* || **–dón** m augm v. **pared** || *Mauerrest* m || ◊ *mandar (od llevar) al* ~ fig *an die Wand stellen (erschießen)*
pare|ja f *Paar* n || *Tanzpaar* n || *Brautpaar* n || *Tanzpartner* m || *Pärchen* n *(kleine Tiere)* || ⟨Fi⟩ *zwei Fischkutter* mpl *(mit dem Schleppnetz)* (→ **bou**) || Span *Zweierstreife* f *der Guardia civil* (→ d) || fig *Seitenstück* n, *Entsprechung* f || ◊ *andar de* ~ *con* fig *Hand in Hand gehen mit* || → **oveja** || *hacer una buena* ~ *ein schönes Paar sein* || *zusammenpassen* || *a las* ~s *gleich* || *su hermosura corría* ~s *con su talento sie war ebenso schön wie begabt* || **–jero** m *Rennpferd* n || **–jo** adj *gleich, ähnlich* || *sin* ~ *ohnegleichen*
parel m ⟨Mar⟩ *Ruder* n, *Riemen* m *(paarweise betätigt)*
△**parelar** vt *füllen* || *bestimmen*
paremiología f *Sprichwortkunde* f
parénquima m ⟨An Biol⟩ *Parenchym, Grundgewebe* n
parenquimatoso adj ⟨An Biol⟩ *parenchymatös, Parenchym-*
paren|tela f *Verwandtschaft* f || *Verwandte* pl || **–tesco** m *(Bluts)Verwandtschaft* f || ~ *por (od de) afinidad* ⟨Jur⟩ *Schwägerschaft* f || ~ *consanguíneo* ~ *(od de) consanguinidad* ⟨Jur⟩ *Blutsverwandtschaft* f || ~ *de doble vínculo* ⟨Jur⟩ *doppelbürtige Verwandtschaft* f || ~ *espiritual,* ~ *legal* ⟨Jur⟩ *geistige Verwandtschaft* f || fig *Geistesverwandtschaft* f || ◊ *contraer* ~ *verwandt werden (con mit dat)*
paréntesis [pl unverändert] m *Parenthese, Einschaltung* f || ⟨Typ⟩ *halbovale, runde Klammer* f || *entre* ~, *por (vía de)* ~ figf *nebenbei bemerkt* || *entre* ~ *in Klammern* || ◊ *poner entre* ~ *einklammern*
pareo m *Paaren* n || *Zusammenfügen* n
△**parguela** m = **maricón**
parhelia f, **-o** m ⟨Meteor⟩ *Nebensonne* f *(Haloerscheinung)*
parhilera f ⟨Arch⟩ *Firstpfette* f
paria m *Paria* m (& fig) || fig *Geächtete(r)* m
parida f pop *Wöchnerin* f || *salir a misa de* ~ *als Wöchnerin den ersten Kirchgang halten* || adj pop *entbunden*
paridad f *Gleichheit* f || ⟨Wir Com Nucl⟩ *Parität* f
paridera adj/f *fruchtbar, gebärfreudig* || ~ f *(Art) Hütte* f, *in der das Vieh (bes die Schafe) Junge wirft* || *Abferkel-Bucht* f
¡paridez! pop = **¡pardiez!**
parien|ta f *Verwandte* f || pop *(Ehe)Frau* f, fam „*die bessere Hälfte*", fam „*die Mutti*" || **–te** adj *verwandt* || ~ m ⟨An⟩ *Verwandte(r)* m || fam *(Ehe)Mann* m || *entfernter Verwandter* m || ~s mpl *Angehörige* pl || ◊ *primero son mis dientes que mis* ~ *etwa: jeder ist sich selbst der Nächste*
parie|tal m/adj ⟨An⟩ *Scheitelbein* n || ~ adj *Wand-* || ⟨An⟩ *parietal* || **–taria** f ⟨Bot⟩ *Glaskraut* n *(Parietaria spp)*
parigual adj *gleich, sehr ähnlich*
parihuela(s) f(pl) *Tragbahre* f || *Trage* f
△**parín** m *Schatten* m
pario adj *parisch, von der Insel Paros (Marmor)*

paripé: ◊ hacer el ~ fam *angeben, prahlen* ‖ *(unaufrichtig) schmusen*
△**paripén** *m Gefahr* f
parir vt/i *gebären* (bes pop) ‖ *werfen (Tiere)* ‖ fig *hervorbringen* ‖ △*erbrechen* ‖ ◊ *estar para* ~ *ihrer Niederkunft entgegensehen, in die Wochen kommen (Frau)* ‖ poner a alg. a ~ fig pop *jdn rügen,* fam *den Kopf waschen,* pop *jdn zur Sau machen* ‖ *kein gutes Haar an jdm lassen* ‖ →a **acabar** b) 2.
Paris *m* ⟨Myth⟩ *Paris* m
París *m Paris (Stadt)* ‖ la moda de ~ *die Pariser Mode* ‖ ◊ me han traído de ~ un hermanito ⟨Kinds⟩ *der Storch hat mir ein Brüderchen gebracht*
parisiense, parisién [nur sg], **parisino** adj *aus Paris, Pariser* ‖ ~ *m Pariser* m
pari|sílabo adj *gleichsilbig, parisyllabisch* ‖ **-tario** adj *paritätisch* ‖ comité ~ *paritätischer Ausschuß* m
paritorio *m* Cu Dom Col = **parto**
parkerizar vt ⟨Chem Tech⟩ *parkern, parkerisieren (phosphatieren)*
parkinsonismo, fam **parkinson** *m* ⟨Med⟩ *Parkinsonismus* m, *Parkinsonsche Krankheit* f
parla *f* fam *Geschwätzigkeit* f ‖ *Wortschwall* m ‖ fam *Sprache* f
parla|do adj Am *manierlich, gesittet* ‖ **-dor** adj/s *geschwätzig* ‖ ~ *m Schwätzer* m ‖ **-duría** *f Geschwätzigkeit* f ‖ **-embalde** *m* fam *Schwätzer* m
parlamen|tal adj *Parlament-* ‖ **-tar** vi *ver-, unter|handeln* ‖ *sich in Güte zu verständigen (bzw einigen) suchen* ‖ *parlamentieren* ‖ **-tario** adj *parlamentarisch* ‖ *Parlament(s)-* ‖ ⟨Mil⟩ *Parlamentärs-* ‖ buque ~ *Kartellschiff* n ‖ ~ *m Parlamentsmitglied* n ‖ *Parlamentarier* m ‖ ⟨Mil⟩ *Parlamentär* m ‖ *Brautwerber* m ‖ **-tarismo** *m Parlamentarismus* m ‖ **-to** *m Parlament* n (& *Gebäude*) ‖ ⟨Th⟩ *lange Tirade* f ‖ ⟨Mil⟩ *Unterhandeln* n *(e-s Parlamentärs)* ‖ bandera de ~ ⟨Mil⟩ *Parlamentärflagge, weiße Flagge* f ‖ disolución del ~ *Parlamentsauflösung* f
par|lanchín adj *redselig* ‖ ~ *m Schwätzer* m ‖ **-lanchina** *f* △*Zunge* f ‖ **-lante** adj *sprechend* ‖ *geschwätzig* ‖ mesa ~ *(spiritistisches) Tisch|rücken, -klopfen* n ‖ máquina ~ *Sprechmaschine* f, *Grammophon* n ‖ película (*od* film) ~ (bes Am) *Sprechfilm* m ‖ **-lar** vt/i *geläufig reden* ‖ *plappern* ‖ *(aus)plaudern, schwätzen* ‖ *sprechen (z.B. Papagei)* ‖ **-latorio** *m Sprechzimmer* n, desp *Quasselbude* f ‖ **Gespräch* n ‖ *nacional* joc *Parlament* n ‖ **-lería** *f Geplauder* n ‖ *Klatscherei* f ‖ *Faselei* f ‖ **-lero** adj/s *plauderhaft, geschwätzig* ‖ *zwitschernd (Vögel)* ‖ fig *plätschernd, murmelnd (Quelle)* ‖ ojos ~s fig *beredte Augen* npl ‖ vgl **gárrulo**
△**parlo** *m Taschenuhr* f
par|lón, ona *m*/adj *Schwätzer* m ‖ **-lotear** vi fam *schwätzen* ‖ **-loteo** *m Geschwätz* n
parmesano adj *aus Parma, parmesanisch, parmaisch* ‖ queso ~ *Parmesan(käse)* m
parna|sia *f* ⟨Bot⟩ *Parnassie* f, *Herzblatt* n (Parnassia sp) ‖ ⟨Entom⟩ = **-sio** ‖ **-siano** *m*/adj ⟨Lit⟩ *Parnassier* m ‖ ~ adj *parnassisch, Parnaß-,* ⟨Lit⟩ *Parnassien-* ‖ **-sio** *m* ⟨Entom⟩ *Apollo (-falter)* m (Parnassius apollo) ‖ ≗**so** *m Parnaß* m *(& als Musenberg)*
△**parné** *m Geld, Vermögen* n, pop *Zaster* m, *Moneten* fpl
△**parnó** *m Lunge* f
¹**paro** *m* ⟨V⟩ *Meise* f ‖ ~ carbonero *Kohlmeise* f (Parus major) ‖ → **carbonero, herrerillo**
²**paro** *m* fam *Arbeits-, Betriebs|einstellung* f ‖ *Arbeitslosigkeit* f ‖ *Aussperrung* f ‖ *Stillstand* m ‖ *Stehenbleiben* n ‖ *Abstellen* n ‖ ~ *estacional saisonale od saisonbedingte Arbeitslosigkeit* f ‖ ~ *forzoso Arbeitslosigkeit* f ‖ ~ *general allge-*

meine Arbeitseinstellung f ‖ ~ patronal *Aussperrung* f ‖ dispositivo automático de ~ *automatische Abstellvorrichtung* f ‖ *seguro contra el* ~ *Arbeitslosenversicherung* f
△**paró** *m Wolke* f ‖ *Spaßmacher* m
paro|dia *f Parodie* f ‖ **-diar** vt *parodieren* ‖ *spöttisch nachdichten*
pa|ródico adj *parodistisch* ‖ **-rodista** *m Parodist* m
△**parojí** *f Blatt* n
paro|la *f* fam *Beredsamkeit* f ‖ *Wortschwall* m ‖ *Faselei* f ‖ *Seich* m ‖ fig *langes Geplauder* n ‖ ~ *m* Chi *Protz* m ‖ **-lero** *m* fam *Schwätzer* m
parón *m plötzliches Anhalten* n ‖ ◊ dar ~es (al toro) ⟨Taur⟩ *(den Stier) mutig angreifen (Stierfechter)*
paro|nimia *f* ⟨Gr Li⟩ *Paronymie* f ‖ **-nímico** adj *paronymisch, stammverwandt* ‖ **parónimo** *m Paronymon* n ‖ **-nomasia** *f* ⟨Gr Rhet⟩ *Paronomasie* f
parótida *f* ⟨An⟩ *Ohrspeicheldrüse, Parotis* f ‖ ~**s** fpl ⟨Med⟩ *Ziegenpeter, Mumps* m
paro|tídeo adj: conducto ~ ⟨An⟩ *Ohrdrüsengang* m ‖ **-tiditis** *f* ⟨Med⟩ *Entzündung der Ohrspeicheldrüse, Parotitis* f ‖ ~ epidémica ⟨Med⟩ fam *Ziegenpeter, Mumps* m (→ **paperas**)
paroxismo *m Paroxysmus* m, *höchste Steigerung* f *e-r Krankheit* ‖ fig *äußerst heftiger Ausbruch* m *(e-r Leidenschaft)*
paroxítono *m*/adj ⟨Li Gr⟩ *Paroxytonon, auf der vorletzten Silbe betontes Wort* n *(z.B. tejado)* ‖ ~ adj *paroxyton*
parpa|dear vi *blinzeln, zwinkern (mit den Augen)* ‖ *schimmern, flimmern (Lichter, Sterne)* ‖ **-deo** *m Lidschlag* m ‖ *Blinzeln* n ‖ *Augenzwinkern* n ‖ fig *Schimmer, Flimmer* m *(Lichter, Sterne)* ‖ ⟨El⟩ → **centelleo** ‖ sin ~ bes fig *ohne mit der Wimper zu zucken*
párpado *m (Augen)Lid* n ‖ ~ inferior (superior) *Unter- (Ober)lid* n
△**parpusa** *f Mütze* f
parque *m Park, Lust-, Tier|garten* m ‖ *(Schaf-) Pferch* m ‖ *Einhegung* f ‖ ~ de artillería ⟨Mil⟩ *Artilleriepark* m, *Artillerie-Instandsetzungswerkstatt* f ‖ ~ de atracciones *Vergnügungspark, Rummelplatz* m ‖ ~ de aviación *Flugzeugpark* m ‖ ~ de bomberos *Feuerwehrpark* m ‖ ~ de camiones *Lastwagenbestand, LKW-Bestand, LKW-Park* m ‖ ~ nacional *Nationalpark* m *(USA, Afrika)* ‖ *(BRD) Naturschutzpark* m ‖ ~ de ostras *Austernpark* m ‖ ≗ de Palermo *Prachtpark* m *in Buenos Aires* ‖ ~ zoológico *Tierpark, zoologischer Garten,* fam *Zoo* m
parqué *m Parkett(fuß)boden* m ‖ →a **entarimado**
parquear vi *parken, (Schweiz) parkieren*
parquedad *f Genügsam-, Sparsam|keit* f ‖ *Nüchternheit* f ‖ *Zurückhaltung* f
parquímetro *m* → **parcómetro**
parra *f Weinranke* f, *(unbeschnittener) Weinstock* m ‖ *Wein-, Bogen|laube* f ‖ *hojas de* ~ *Weinlaub* n ‖ ◊ subirse a la ~ figf *in Zorn geraten,* fam *an den Wänden hochgehen* ‖ *frech werden*
△**parrablé** *m Anstand* m
parrafada *f* fam *(längeres, meist vertrauliches) Gespräch* n ‖ fam *Tirade* f
párrafo *m Paragraph, Absatz* m ‖ *Abschnitt* m ‖ ~ aparte ⟨Typ⟩ *neuer Absatz* m ‖ ◊ echar un ~ *(od* ~ito, una ~ada) figf *plaudern* ‖ *ein Schläfchen tun* ‖ pop *jdm die Leviten lesen, jdm e-r Standpauke halten*
parragón *m Streichnadel* f *(zum Prüfen von Silber)*
parral *m Wein|geländer* n, *-laube* f ‖ *Spalierrebe* f ‖ △*Neuling* m
parran|da *f* fam *Fest* n, *bei dem auf der Straße getanzt wird, mit Verkleidungen, Tombolas,*

Jahrmärkten, Musikveranstaltungen || *Lustbarkeit* f || ◊ ir de ~ fam *bummeln gehen* || *e–n Rummel veranstalten* || **–deo** m fam *Bummeln* n || *Rummeln* n || **–dero** m fam *Bummler* m || *Lebemann* m
parri|cida m/f *Vatermörder* m || p.ex *Vater-, Mutter-, Blut|mörder(in)* m(f) || **–cidio** m *Vater-, Mutter-, Kindes-, Blut|mord* m
parrilla f *(Feuer)Rost* m || *Grill* m engl *Grillroom* m engl *e–s Hotels* || *Grillrestaurant* n || asado a la ~ *geröstet* || *gegrillt* || *Rostbraten* m || **~s** pl *(Brat)Rost* m || △*Folterbank* f || *Bettgerüst* n || **~da** f *Gegrillte(s)* n
parro m = **pato** || **–cha** f *kleine Sardine* f
párroco m: (cura) ~ *Pfarrer* m || *Pfarrherr* m || ~ de ca̍mpo *Landpfarrer* m || casa de ~ *Pfarrhaus* n
parro|quia f *Pfarre, Pfarrei* f || *Kirchspiel* n || *Gemeinde* f || *Pfarrkirche* f || fam *Kundschaft* f || fam *die Kunden* mpl || *numerosa (od grande)* ~ ⟨Com⟩ *große Kundschaft* f || con buena ~ *gut eingeführt (Geschäft)* || ◊ tener poca ~ *wenig Zuspruch haben (Geschäft)* || **–quial** adj *Pfarr-* || (iglesia) ~ *Pfarrkirche* f || **–quiano** m (f ~**a**) *Pfarrkind* n || *Kunde* m *e–s Geschäfts* || *Stammgast* m *(in e–m Gasthaus)* || ~ asiduo, ~ fiel *Stammkunde* m
△**parruguelar** vi *verschwinden*
parsi|monia f *(übertriebene) Sparsamkeit* f || *Knauserei, Knickrigkeit* f || *Umsicht, Bedachtsamkeit* f || con ~ *sparsam, knauserig* || **–monioso** adj *(übertrieben) sparsam* || *knauserig, knickrig* || *umsichtig, bedachtsam*
Part. Abk = **Partida** || **Particular** || **Participio**
¹**parte** m **Hofpost* f || *Bericht* m, *Nachricht* f || *Drahtbericht* m || *Anzeige, Meldung* f || *Kommuniqué* n || *Bekanntgabe* f || ⟨Mil⟩ *Meldung* f || ~ facultativo *ärztliches Kommuniqué (od Bulletin)* n || ~ (oficial) de guerra *(amtlicher) Heeresbericht* m || Deut ⟨Hist⟩ *Wehrmachtsbericht* m || ~ meteorológico *Wetterbericht* m || ~ radiotelegráfico *Funkmeldung* f || ◊ dar ~ (a) *berichten* || *benachrichtigen* || dar ~ *melden, Bericht erstatten* || dar el ~ *Meldung machen*
²**parte** f *Teil* m, *Stück* n || *Teilstück* n || *Anteil* m || *Bestandteil* m || *Teil|nehmer, -haber* m || ⟨Com⟩ *Gesellschafter* m || *Ort* m, *Gegend, Seite* f || *Zeit* f, *-punkt* m || ⟨Jur⟩ *Partei* f || fig *Partner* m || *Anlaß* m, *Ursache, Veranlassung* f || ⟨Mus⟩ *Stimme* f, *Part* m || ⟨Th⟩ *Rolle* f, *Part* m || *Schauspieler* m || ~ actora ⟨Jur⟩ *klägerische Partei* f || ~ alicuota ⟨Math⟩ *in e–r größeren genau aufgehende Zahl, Aliquote* f || la ~ de atrás *die Rückseite* || ~ contraria ⟨Jur⟩ *Gegenpartei* f || ~ contratante *Vertragspartner* m || las Altas Partes Contratantes ⟨Pol⟩ *die Hohen Vertragschließenden Parteien* fpl || ~ delantera *vorderer Teil* m || *Vorderteil* m || ~ integrante, ~ constitutiva *Bestandteil* m || ~ esencial ⟨Jur⟩ *wesentlicher Bestandteil* m || ~ del león fig *Löwenanteil* m || ~ litigante, ~ contendiente ⟨Jur⟩ *streitende Partei* f || ~ de piano *Klavierstimme* f, *Pianopart* m || aceptación en ~ ⟨Com⟩ *Teilakzept* n || (la) tercera ~ *Drittel* n || a ~ *für sich, beiseite* || →a **aparte** || a alguna ~ *irgendwohin* || ¡a buena ~ vamos! fam iron *das ist gerade die richtige Adresse!* || *das ist e–e schöne Bescherung!* || a esta ~ *diesseits* || hierher || de poco tiempo a esta ~ *seit kurzem* || a otra ~ *anderswo, anderwärts* || ¿a qué ~? wohin? || de ~ de alg. *von seiten jds* || *in jds Namen, Auftrag* || de (od por) mi ~ *meinerseits* || de alguna ~ *irgendwoher* || ¡muchos saludos de su ~! *(ich soll) viele Grüße von ihm (bestellen)!* || ¡de su ~! *Ich werde es (d.h. Ihre Grüße) ausrichten! (Höflichkeitsformel)* || de ~ a ~ *durch und durch* || *beiderseits* || de una ~ a otra *hin und her* || de otra ~ *anderswoher* || de la ~ *de otra jenseits* ||

de ~ de(l) padre *väterlicherseits* || en ~ *teilweise* || en ~ alguna, en alguna ~ *irgendwo* || no lo encuentro en ~ alguna *(od* en ninguna ~) *ich finde es nirgends* || en cualquier ~ *irgendwo* || en gran ~ *beträchtlich* || *zum großen Teil, großenteils* || en ninguna ~, en ~ alguna *nirgends* || en otra ~ *anderwärts* || en su (od la) mayor ~ *größtenteils, meistens* || en tal ~ *an dem od jenem Ort* || en ~ …, en ~ … teils …, teils || por ~ *zum Teil, teilweise* || ~ por ~ *Stück für Stück* || *gründlich, eingehend, ausführlich, ohne Auslassungen* || por la ~ de … was … anbetrifft || por esta ~ *in dieser Beziehung, Hinsicht* || por la mayor ~ *größtenteils, meistens* || in der Mehrzahl || por mi ~ *meinerseits* || por otra (~) *andererseits, dagegen* || por una ~ *einerseits* || wohl, zwar || ◊ echar a mala ~ *falsch, übel auslegen, mißdeuten* || *et übelnehmen* || formar ~ de *gehören zu, angehören* (dat) || estar de ~ de *auf jds Seite stehen, zu jdm halten* || *für jdn eintreten* || hace (od pone) cuanto está de su ~ *er tut sein möglichstes* || llevar la mejor ~ fam *am besten abschneiden* || no parar en ninguna ~ fam *kein Sitzfleisch haben* || el frio penetraba de ~ a ~ *es war e-e grimmige Kälte*, fam *die Kälte ging durch Mark und Bein* || ponerse de ~ de *jds Partei ergreifen* || ser ~ a que (od para que) + subj *verursachen, daß* + ind || *dazu beitragen, daß* + ind || *Veranlassung geben, zu dat* || *Anlaß sein für* acc bzw, zu + inf || no fue ~ a impedir que … *es verhinderte trotzdem nicht, daß* … || tener ~ en *teilhaben an* (dat) || no tener arte ni ~ fam *nichts (damit) zu tun haben* || lo tengo de mi ~ *er ist auf meiner Seite* || tomar ~ en *teilnehmen, beteiligt sein an* (dat) || *sich einsetzen für* (acc) || tomar en mala ~ *übel auslegen* || **~s** pl *Anlagen, Naturgaben* fpl || euph *Scham-, Geschlechts|teile* npl, *Scham* f || las cinco ~ del mundo *die fünf Weltteile* mpl || ~ beligerantes *die kriegführenden Mächte* fpl || ~ blandas ⟨An⟩ *Weichteile* npl || las ~ contratantes *die vertragschließenden Parteien* fpl || las medias ~ ⟨Mus⟩ *die Mittelstimmen* fpl || ~ de la oración ⟨Gr⟩ *Satz-, Rede|teile* mpl || ~ pudendas, ~ genitales *Scham-, Geschlechts|teile* npl, *Scham* f || a ~ *teilweise* || de todas ~ *von überallher, von allen Seiten* || en (od por) todas ~ *(Ort)*, a todas ~ *(Richtung), überall* || en ~ iguales *zu gleichen Teilen* || por estas ~ *in dieser Gegend* || por ~ *punktweise, der Reihe nach* || ◊ hacer las ~ *(ver)teilen* || hacer ~ ~ de ⟨Th⟩ *jdn vertreten* || en todas ~ cuecen habas fig *die Menschen sind überall gleich* || por todas ~ se va a Roma fig *alle Wege führen nach Rom*
³**parte** adv *teils* || *zum Teil* || ~ …, ~ … *teils …, teils …*
parte|cilla, -cita f dim v. **parte**
parteluz m ⟨Arch⟩ *(Fenster)Mittelsäule* f || →a **mainel**
partenaire m frz *Partner* m
partenocarpia f ⟨Bot⟩ *Parthenokarpie, Entstehung* f *von samenlosen Früchten ohne Befruchtung*
parteno|génesis f ⟨Myth⟩ *Parthenogene|se, -sis, Jungfrauengeburt* f || ⟨Biol⟩ *Parthenogene|se, -sis, Jungfernzeugung* f || *Entwicklung* f *von unbefruchteten Eiern*
Partenón m *Parthenon* m *(Athen)*
partenope m ⟨Zool⟩ *Langarmkrebs* m *(Parthenope* = Platylambrus sp) || **–o** adj ⟨Lit Hist⟩ *parthenopeisch, aus Parthenope (alter Name von Neapel)*
parte|ra f *Hebamme* f || **–ro** m *Geburtshelfer* m *(Arzt)* || **–teoh** m *Weichteile* npl || *sapo* ~ ⟨Zool⟩ *Geburtshelferkröte* f (Alytes obstetricans)
parterre m frz *Blumenbeet* n
partesana f *Partisane* f *(Art Hellebarde)*

Partia f *Parthien* n *(Land der Parther)*
parti|bilidad f *Teilbarkeit* f || **-ción** f *(Ver-) Teilung* f || *Erbteilung* f
partici|pación f *Teilnahme, Mitwirkung* f || *Beteiligung* f || *Anteil* m || *Anzeige* f || *Mitteilung* f || *Nachricht* f || ~ en el beneficio *Gewinnanteil* m || ~ (de lotería) *Teilnahmeschein* m *an e-r Lotterie, Verlosungsanteil* m || ~ de matrimonio *(od* boda *od* enlace) *Vermählungsanzeige, fam Hochzeitskarte* f || cuenta en ~ *gemeinschaftliche Rechnung* f || **-pante** m/f *Teilhaber(in)* m(f) || *Teilnehmer(in)* m(f) || **-par** vt/i *mitteilen, melden* || ◊ le -po por¹ la presente *ich teile Ihnen hierdurch mit* || tengo el gusto de ~ le que... *ich beehre mich Ihnen mitzuteilen, daß...* || ~ teilnehmen (an dat) || sich beteiligen || beteiligt sein (de, en *an* dat) || *Anteil haben* (de *an* dat) || ~ de los beneficios ⟨Com⟩ *am Gewinn beteiligt sein* || ~ en unas jornadas *(od* en un congreso) *an e-r Tagung teilnehmen* || ~ por mitad *sich zur Hälfte beteiligen* (en *an* dat) || hacer ~ *teilhaftig machen, beteiligen*
partícipe adj/s *teilhaftig* (de gen) || *beteiligt* (de *an* dat) || *teilnehmend* (en *an* dat)
parti|cipial adj ⟨Gr⟩ *Partizipial-* || **-cipio** m ⟨Gr⟩ *Partizip, Mittelwort* n || ~ activo, ~ de presente ⟨Gr⟩ *Mittelwort der Gegenwart, Präsenspartizip, Partizip* n *I* || ~ pasivo, ~ de pretérito ⟨Gr⟩ *Mittelwort der Vergangenheit, Perfektpartizip, Partizip* n *II*
partícula f *kleines Teilchen, Bruchteilchen* n, *Partikel* f || ≈ ⟨Kath⟩ *kleine Hostie* f *bzw Stück* n *Hostie* || ⟨Gr⟩ *Partikel* f || ~ adversativa *adversative Partikel* f || ~ alfa ⟨Nucl⟩ *Alphateilchen* n || ~ cósmica *Ultrastrahlpartikel* f, *Höhenstrahlteilchen* n || ~ de desintegración ⟨Nucl⟩ *Zerfallsteilchen* n || ~ prepositiva ⟨Gr⟩ *präpositionale Partikel* f *(in der Wortbildung.)* || bombardeo con ~s alfa ⟨Nucl⟩ *Beschießung mit Alphateilchen*
particu|lar adj *besonder, eigentümlich, eigen* || *einzeln* || *merkwürdig, seltsam* || *persönlich* || *Privat-* || en ~ *besonders, insbesondere* || carta, cuenta, persona, propiedad, secretario ~ *Privat|brief* m, *-rechnung, -person* f, *-eigentum* n, *-sekretär* m || de (mi) uso ~ *zum persönlichen Gebrauch* || eso no tiene nada de ~ *das hat nichts Ungewöhnliches an sich* || sin señas ~es *ohne besondere Kennzeichen (in Ausweispapieren)* || ~ m *Privatperson* f, *Privatier* m || *Gegenstand* m || *Angelegenheit* f || ◊ hemos hablado sobre el ~ *wir haben darüber (davon) gesprochen* || **-mente** adv *besonders* || **-laridad** f *Eigentümlichkeit* f || *Besonderheit* f || *Einzelheit* f || *Eigenheit* f || *Merkwürdigkeit* f || *Eigentümelei* f || las ~es del asunto *die näheren Umstände des Falles* || **-larismo** m *Partikularismus* m || *Sondergeist* m || → **individualismo** || **-larista** adj/s *partikularistisch* || *kleinstaatlich* || fig *individualistisch* || fig *egoistisch* || ~ m *Partikularist* m || **-larizar** [z/c] va *genau angeben, aufzählen* || ~se vr *sich absondern, eigene Wege gehen* || ~ (en) *sich hervortun (in* dat) || ~ (con) *sehr vertraut werden (mit)*
parti|da f *Abreise* f || *Abzug, Abmarsch* m || *Aufbruch* m || *Abfahrt* f || *Ausweis(schein)* m, *Urkunde* f || ⟨Com⟩ *Posten* m, *Partie* f || *(Spiel-) Partie* f || *Gruppe* f *von Spielern* || *Trupp* m *(Arbeiter, Bewaffnete,* ⟨& Taur⟩*)* || *Rotte* f || *Ausflug* m, *(Vergnügungs)Partie* f || *Stadtbezirk* m, *Weichbild* n || ~ de balance *Bilanzposten* m || ~ de bandidos *Räuberbande* f || ~ de bautismo *Taufschein* m || ~ campestre *Landpartie* f || ~ de caza *Jagdpartie* f || ~ de defunción *Sterbeurkunde* f || ~ de matrimonio *Trauschein* m, *Heiratsurkunde* f || ~ de nacimiento (früher): *Geburtsurkunde,* (heute): *Abstammungsurkunde* f || ~ serrana figf *böser Streich* m || teneduría por ~ doble (simple) doppelte (einfache) *Buchführung* f || a la ~ ⟨Com⟩ *bei Absendung* || por ~ doble *joc doppelt* || punto de ~ *Ausgangspunkt* m || ◊ le ha jugado una mala ~ *er hat ihm e-n schlimmen Streich gespielt* || sentar una ~ *e-n Posten eintragen* || ser de la ~ *(mit) von der Partie sein* || ~s pl: las Siete ≈ Span *die sieben Gesetzbücher (von 1265) Alfons' des Weisen* || venta en ~ *Partieverkauf* m || **-damente** adv *getrennt* || **-dario** adj *parteiisch* || ~ m/adj *Parteigänger* m || *Anhänger* m || *Befürworter, Verfechter* m || Am ⟨Com⟩ *Gesellschafter* m || **-dista** adj *Partei- parteiisch* || ¹**-do** adj *freigebig*
²**parti|do** m *Partei* f ⟨& Pol⟩, *Anhang* m || *Parteinahme* f || *(Gerichts)Bezirk* m || *Nutzen, Vorteil* m || *Abkommen* n || *(Gegen)Partie* f *im Spiel* || ⟨Sp⟩ *(Wett)Spiel* n || *(Heirats)Partie* f || And *Wohnzimmer* n || ~ cristianodemócrata, ~ democristiano, ~ demócrata cristiano *christlich-demokratische Partei* f || ~ comunista *kommunistische Partei* f || ~ de la derecha *Rechtspartei* f || ~ de fútbol *Fußballspiel* n || ~ judicial *Amtsbezirk* m || cabeza de ~ judicial *Gerichtsort* m || ~ laborista *Labour Party, Arbeiterpartei* f *(Großbritannien, Australien usw)* || ~ obrerista, ~ reformista *Arbeiter-, Reform|partei* f || ~ socialdemócrata *sozialdemokratische Partei* f ≈ Socialista Unificado de Alemania *Sozialistische Einheitspartei Deutschlands (SED - in der DDR)* || ~ único *Einheitspartei* f || espíritu de ~ *Parteigeist* m || mujer del ~ *Freudenmädchen* n || ~ **abrazar** || ◊ darse a ~ fig *nachgeben* || ganar (perder) un ~ ⟨Sp⟩ *ein Spiel gewinnen (verlieren)* || formar ~ *Partei bilden* || hallar un ~ *einen Ausweg finden* || sacar ~ *Nutzen ziehen* (de *aus* dat) || sacar buen ~ *fam gut abschneiden* || ser un buen ~ *e-e gute Partie sein (als Ehegatte)* || tener ~ *mit guten Gönnern rechnen* || tener gran ~ con (las) damas *bei (den) Damen Glück haben* || tomar ~ *e-n Entschluß fassen* || *Partei nehmen* (contra *gegen* acc) || tomar el ~ de *jds Partei ergreifen* || tomar otro ~ *seinen Entschluß ändern* || tomó el ~ de callarse *er entschloß sich zu schweigen* || →a **tomar** || **-dor** m *Teiler* m || ⟨Math⟩ *Divisor* m || ~ (de leña) *Holzspalter* m || **-ja** f *Teilchen* n
partió m pop = **partido**
partiquino m/adj, ~a f/adj ⟨Th⟩ *Nebenrolle* f *in Opern*
partir vt *teilen* || *absondern, trennen* || *zerschneiden* || *spalten* || *zerbrechen* || *hacken (Holz)* || *brechen (Brot)* || *einteilen* (en *in* acc) || ⟨Math⟩ *dividieren, teilen* || pop *jdn zugrunde richten* || ◊ ~ el cráneo (a) uno *jdm den Schädel einschlagen* || ~ nueces *Nüsse knacken* || ~ en pedazos *zerstückeln* || ~ leña *Holz spalten* || ~ el pan *Brot brechen* || p.ex *Brot schneiden* || ~ el pelo *das Haar (ab)scheiteln* || ~ por medio *halbieren, mitten durchschneiden* || figf *jdn aus der Fassung bringen* || pop *jdn zugrunde richten* || eso parte el alma *das ist herzzerreißend* || ~ vi *abreisen* (hacia, a, fam para *nach* dat) || *fort-, weg|gehen* || *ausgehen* || fig *ausgehen* (de *von* dat) || ~ en coche (auto etc.) *wegfahren* || ~ para la guerra *in den Krieg ziehen* || ~ para Madrid *nach Madrid abreisen* || estar pronto para ~ *reisefertig sein* || ~ corriendo *fort-, davon|laufen* || partiendo de esa base *von dieser Tatsache ausgehend* || a ~ de ahora *von jetzt an* || a ~ de entonces *seit damals* || ~se *sich spalten* || *ab-, ver|reisen* || ◊ la gente se partía de risa pop *die Leute lachten sich krank, es war zum Kranklachen*
partisano m gall *Partisan* m || vgl **guerrillero** || **francotirador, paco**
parti|tivo adj ⟨Gr⟩ *partitiv* || **-tura** f ⟨Mus⟩ *Partitur* f || ~ para *(od* de) piano ⟨Mus⟩ *Klavierauszug* m

¹**parto** *m Geburt, Niederkunft, Entbindung f ‖ Wurf m ‖ ~ sin dolor schmerzfreie Geburt f ‖ ~ gemelar Zwillingsgeburt f ‖ ~ prematuro Frühgeburt f ‖ ◊ estar de ~ niederkommen ‖ ¡esto ha sido el ~ de los montes! fig das waren die kreißenden Berge! ‖ vino el ~ derecho figf die Sache ist glücklich abgelaufen*
²**parto** *m*/adj ⟨Hist⟩ *Parther m*
parturien|te, ~ta *f Gebärende f ‖ Wöchnerin f*
△**parukní** *f Großmutter f*
△**paruquelar** vt *wechseln*
par|va *f* ⟨Kath⟩ *Fastenfrühstück n ‖* ⟨Agr⟩ *zum Dreschen ausgebreitetes Getreide n ‖ Frühstück n der Landarbeiter (beim Ernten) ‖ e-e Tennevoll Ausdrusch ‖* fig *Haufen m, Menge f ‖ Am Heuschober m ‖* **-vedad** *f Winzigkeit, Wenigkeit f ‖ Fastenfrühstück n ‖* **-vo** adj *klein, spärlich ‖ sparsam ‖ unbedeutend, winzig ‖ gering (fügig)*
párvulo adj/s *klein ‖* fig *einfältig ‖* fig *gering ‖ ~ m kleines Kind n ‖* ⟨Lit⟩ *Kindlein n (& Evangelium) ‖ escuela de ~s Kleinkinderschule f*
¹**pasa** adj/s →³**paso** *getrocknet ‖ uva ~ Rosine f ‖ ciruelas ~s Trockenpflaumen fpl ‖ ~ f getrocknete Weinbeere, Rosine f ‖ ~ gorrona Zibebe f ‖ ◊ estar hecho una ~* fig *verrunzelt sein ‖ tener cara de ~* fam *ein zerknittertes Gesicht haben ‖ ~s pl: ~ de Corinto Korinthen, kleine Rosinen fpl*
²**pasa** *f* ⟨Mar⟩ *Fahrwasser n, Fahrrinne f (zwischen Untiefen)*
pasa|blemente adv *so so, mittelmäßig ‖ ziemlich ‖* **-calle** *m Span lebhafter volkstümlicher Marsch m ‖* **-da** *f Vorübergehen n ‖ Vorbeigehen n ‖ Übergang m, Durchquerung f ‖ knapper Lebensunterhalt m, dürftiges Auskommen n ‖ Heftnaht f ‖* fig *Darüberhingehen n (Arbeit, Aufgabe) ‖ (schnelle) Rasur f ‖ de ~ im Vorbeigehen ‖ beiläufig ‖ ◊ jugar una mala ~ (a) jdm e-n bösen Streich spielen ‖* **-dera** *f Trittstein m (im Bach) ‖ (Bach)Steg m ‖ (Bade)Steg m (am Strand) ‖* ⟨Mar⟩ *Reep, Seil n ‖* **-dero** adj *gangbar, wegsam ‖ annehmbar, erträglich,* fam *passabel ‖ muy ~ ziemlich angenehm ‖* **-dito** *ad j dim v.* **-do** ‖ **-dizo** *m Steg m*
pasa|do adj *vergangen, vorüber ‖ vorig, ehemalig ‖ trocken (Brot) ‖ welk ‖ morsch, teigig (Obst) ‖ ranzig (Oliven) ‖ stinkig (Fleisch) ‖ überreif ‖ verdorben ‖* ⟨Kochk⟩ *übergar ‖* pop *(bes Am) langweilig ‖ mañana übermorgen ‖ ~ de moda altmodisch, aus der Mode ‖ veraltet ‖ überholt ‖* fam *passé frz ‖ ~ por agua weichgesotten, weichgekocht (Ei) ‖ el año ~ das Vorjahr ‖ una belleza ~a e-e verwelkte Schönheit ‖ muy ~ (gut) durchgebraten (Beefsteak) ‖ la semana ~a (die) vorige Woche ‖ ~ m Vergangenheit f (& Gr) ‖ como en el ~ wie früher ‖ wie einst ‖ lo ~, ~* pop *hin ist hin ‖* **-dor** *m (Schub) Riegel m ‖ Schieber m ‖ Splint m ‖ Türklinke f ‖ Seiher, Durchschlag m ‖ Schnürnadel f ‖ Krawattenring m ‖ Haarspange f der Frauen ‖ Ordens- bzw Abzeichen|spange f*
pasa|je *m Durchgang m, Überfahrt f ‖* ⟨Mar⟩ *Durchfahrt, Straße f ‖* ⟨Mar Flugw⟩ *Passage f ‖ Fahrkarte f ‖ Fahrgeld n ‖* ⟨Mar⟩ p.ex *Passagiere mpl ‖ Stelle f, Passus m, Passage f (in e-m Buch) ‖* ⟨Mus⟩ *Übergang m ‖* ⟨Arch⟩ *Durchgang m, Passage f ‖ precio de ~ Überfahrtspreis m ‖ con ~ de segunda Am mit Hintergedanken ‖ ◊ tomar (od sacar) ~ e-e (Schiffs)Fahrkarte lösen ‖* **-jero** adj *vorübergehend, vergänglich, flüchtig ‖ ~ m Reisende(r) m ‖* ⟨Aut EB⟩ *Fahrgast m ‖* ⟨Flugw⟩ *Fluggast m ‖* ⟨Mar⟩ *Passagier m ‖ ~ sin billete Schwarzfahrer m ‖* ⟨Flugw Mar⟩ *blinder Passagier m (vgl polizón) ‖ tráfico de ~s Personenverkehr m ‖ tren de ~s Personenzug m*
pasa|mán *m Borte, Tresse f ‖* **-manería** *f Posamentierarbeit f ‖ Posamentierhandwerk n ‖ Posa-mentengeschäft n ‖ Posamenten npl ‖* **-mano** *m Borte, Tresse f ‖ Handlauf m ‖* ⟨Mar⟩ *offene Reling f ‖ Laufbord m*
△**pasanta** *f Waage f*
pasan|te *m Praktikant m ‖ Assistent m ‖ Bürovorsteher m bei e-m Rechtsanwalt ‖* ⟨Sch⟩ *Aufseher m während der Pause ‖* ⟨Sch⟩ *Repetitor m ‖* **-tía** *f Probezeit f ‖ Praktikanten- bzw Assistenten|zeit f ‖ Beruf m des pasante*
pasao adj pop = **pasado**
pasa|pán *m* fam joc → **garganta** ‖ ◊ *le cortó el ~* fam *er schnitt ihm die Gurgel durch ‖* **-pasa** *m Taschenspielerei f ‖ juego de ~ Taschenspielerkünste fpl ‖* **-portar** vt pop *erledigen ‖* **-porte** *m (Reise)Paß m ‖* fig *Ermächtigung f ‖ ~ colectivo Sammelpaß m ‖ ~ individual Einzelpaß m ‖ visado de ~ (Paß)Visum n ‖ ◊ dar el ~ (a) jdn kündigen, entlassen ‖ dar el ~ a alg. (para el otro mundo) jdn erledigen, jdn abknallen ‖ extender (od librar) el ~ den (Reise)Paß ausstellen*
¹**pasar** A) vt/i *(hin)bringen, befördern ‖ über|führen, -fahren, -setzen ‖ über|bringen, -reichen ‖ über-, ab|geben ‖ reichen, weitergeben (z. B. am Tisch) ‖* ⟨Sp⟩ *(den Ball) abgeben ‖* ⟨Jur⟩ *vorlegen, einreichen ‖ über|schreiten, -treffen ‖ weg-, aus|lassen ‖ (hin)übertragen ‖ zugeben, einräumen ‖ hingehen lassen, verzeihen, erlassen ‖ (ein-)schmuggeln (Waren) ‖ anbringen (Münze) ‖ absetzen (Ware) ‖ befördern (im Amt) ‖ durch|-dringen, -stechen ‖ durchlesen (ein Buch) ‖ flüchtig durchlesen (ein Schriftstück) ‖ übergehen, unbeachtet lassen ‖ hersagen (z.B. Gebet) ‖ (e-n Studienkurs) durchmachen, hören ‖ ver-, herunter|schlucken ‖ durchseihen ‖ zu-, ver|bringen (Zeit) ‖ ertragen, erdulden, ausstehen ‖ verzeihen ‖ überstehen, aushalten (Krankheit)*
1. ~ aviso *(od nota) (a) jdm Nachricht geben ‖ ~ la esponja (por, sobre a.) et verzeihen ‖ ¡pasemos la esponja (sobre eso)!* fam *Schwamm drüber! ‖ ~ todo los límites den Bogen überspannen, zu weit gehen ‖ ~ lista aufrufen ‖ ~ la mano (por la cabeza) streicheln ‖ ~ la noche die Nacht verbringen ‖ übernachten ‖ ~ los ojos (por) flüchtig übersehen, überfliegen (Brief) ‖ ~ una orden e-n Auftrag erteilen ‖ ~ el peine kämmen ‖ pasó el río er ist über den Strom übergesetzt ‖ ~ plaza de* pop *gehalten werden für ‖ ~ un recado (a) jdm et ausrichten (lassen) ‖ ~ revista* ⟨Mil⟩ *Parade halten ‖ durchsehen ‖ zusammenfassen ‖ ~ el tiempo die Zeit verbringen, vertändeln ‖ ~lo bien es sich gutgehen lassen ‖ sich amüsieren ‖ ¡a pasarlo bien! ¡que lo pase V. bien! leben Sie wohl! ‖ ¿cómo lo pasa V.? wie geht es Ihnen? ‖ dejar ~ faltas (& Sp) Fehler durchgehen lassen ‖ no lo puedo ~ ich kann ihn nicht ausstehen*

2. in präpositionalen Verbindungen: **a:** *~ a la categoría de cosa juzgada* ⟨Jur⟩ *rechtskräftig werden ‖ ~ a cuchillo* ⟨Mil⟩ *niedermetzeln ‖ ~ a cuenta nueva* ⟨Com⟩ *auf neue Rechnung vortragen ‖ umbuchen ‖ ~ a la orden del día zur Tagesordnung übergehen ‖* **de:** *~ de contrabando durchschmuggeln ‖ ~ de largo vorbeigehen, ohne sich aufzuhalten ‖* fig *auslassen, nicht berücksichtigen ‖ ~ de mano en mano von Hand zu Hand gehen ‖ ~ de moda aus der Mode kommen, unmodern werden ‖* **en:** *~ en blanco auslassen ‖ nicht erwähnen ‖ ~ en silencio mit Stillschweigen übergehen ‖* **por:** *~ por alto übergehen, auslassen ‖ vergessen ‖ über et hinweggehen ‖ ~ por un cedazo (od tamiz) durchseihen ‖ ~ por encima* fig *et über|springen, -gehen*

B) ~ vi *gehen, (hin)treten ‖ durch|gehen, -kommen ‖ durchziehen ‖ durchreisen ‖ vorbei-, vorüber|gehen, vorüber|fahren, -ziehen ‖ verstreichen (Zeit) ‖ aufhören (Zorn) ‖ vergehen (Liebe) ‖ passen (im Spiel) ‖ einfallen, in den*

Sinn kommen (Gedanke) || aufrücken (in e–e höhere Klasse) übergehen || weiterkommen || gehalten werden (por für) || angehen, leidlich, erträglich sein || aus|dauern, -halten || angenommen werden (Geld) || nachlassen, endigen || ver|-blühen, -welken || verschießen (Farben) || aus der Mode kommen || anfangen zu faulen (Obst)
  1. ~ adelante weitergehen || vorwärts gehen || fortfahren || ~ corriendo vorbeilaufen || ~ y repasar hin und her gehen || puede ~ es geht (an), es ist nicht schlimm || es ist annehmbar, fam es ist passabel || no poder ~ nicht durchkönnen || al ~ ella als sie vorüberging || hacer ~ durchlassen, anbringen, unterschieben (falsche Münze) || durchschmuggeln (Ware) || weitergeben (Buch) || dejar ~ vorbeilassen || billigen || paso ich passe (z. B. beim Dominospiel) || ¿cuándo pasa el tren? wann fährt der Zug (vorbei)? || ¡pase! nun gut! meinetwegen! || angenommen! || herein! || que pase er mag hereinkommen || ¡pase V.! herein, bitte! || el verano pasó der Sommer ist vorbei || ¿ha pasado? ist er durchgekommen? (Schüler) || ¿por dónde ha pasado V.? wo kamen Sie durch? || ir pasando sich kümmerlich durchschlagen || das Leben fristen || ¡eso no pasa! das gilt nicht! || ¡cómo pasa el tiempo! wie die Zeit vergeht!
  2. a: ~ a la clase superior versetzt werden (Schüler) || ~ a la historia berühmt werden || in die Geschichte eingehen || ¡eso pasó a la historia! fam das gehört der Vergangenheit an! || ~ a otras manos in andere Hände übergehen || ~ a mejor vida fig sterben || pasó a oficial er ist zum Offizier befördert worden (→ ascender) || ~ al voto zur Abstimmung schreiten || ~ de amo a criado vom Herrn zum Diener werden || ~ (= llegar) a ser werden || pasó a la cárcel er wurde eingekerkert || ~ a caballo vorbeireiten || ¡pasemos a otra cosa! sprechen wir von et anderem! || lassen wir das! || de: ~ de hinausgehen über (acc) || ~ de los veinte über die Zwanziger hinaus sein || los gastos pasan de … die Ausgaben betragen über … (acc) || no he pasado de ahí darüber bin ich nicht hinweggekommen || no pasa de ser … es ist weiter nichts als … || ~ de largo weitergehen || por: ~ por durch|gehen, -kommen || über et hinweggehen, et leiden, dulden || gehalten werden für ~ (e–e Gegend) durchreisen || ~ por algo sich über et hinwegsetzen || por esa no paso das lasse ich mir nicht gefallen || ~ (por) entre hindurchgehen || mañana pasaré por su casa morgen werde ich bei Ihnen vorsprechen || morgen gehe ich zu Ihnen || no le pasa por el pensamiento das hat er gar nicht im Sinn, er denkt (gar) nicht daran!
  C) ~ v. impers geschehen, vorkommen, sich ereignen, passieren || ¿qué pasa? was ist los? || ¿qué te pasa? was hast du denn? was ist mit dir los? was fehlt dir? || no le ha pasado nada es ist ihm nichts geschehen
  D) ~se übergar werden (Gericht) || überreif werden, vergehen (Obst) || ver|blühen, -welken (& fig) || überschnappen (Schloß) || leck sein, rinnen (Topf) || aus der Mode kommen || fließen (ungeleimtes Papier) || zum Feind übergehen || vorliebnehmen || es zu weit treiben
  1. el arroz se pasa der Reis wird übergar || mientras que eso (se) pasaba während sich dies zutrug
  2. ~se al enemigo zum Feinde übergehen || ~ de médico zum Dr. med. promovieren || ~ de listo überklug sein || fig e–n Fehlgriff tun || sehr gerieben sein || se me ha pasado de la memoria das ist mir entfallen || se me han pasado las ganas Lust dazu ist mir vergangen, ich habe k–e Lust mehr || ~ sin sich behelfen ohne || entbehren (acc) absehen von || se pasó una mano por los cabellos er strich sich die Haare (nach rückwärts)
  ²pasar m Auskommen n || ◊ tener un buen ~ ein hinlängliches Auskommen haben
  pasa|rela f Steg, Übergang m || Laufsteg m (& ⟨Mar⟩) || ⟨Mar Flugw⟩ Landungssteg m || –tiempo m Zeitvertreib m || Freizeitbeschäftigung f || Belustigung f
  pasavante m ⟨Mar⟩ Passier-, Geleit|schein m
  △pasbatú m Stiefvater m
  △pasbe(s)chí f Halbinsel f
  Pas|cua f (christliche) Ostern n/pl, Osterfest n/pl || Weihnachten n/pl || Pfingsten n/pl || (jüdisches) Passah n || ~s de Navidad Weihnachten npl (Zeitraum zwischen Weihnachten und Dreikönigfest) || ~ de Pentecostés Pfingsten n/pl || ~ de Resurrección, ~ florida Osterfest n || cara de ~ pop fröhliches, heiteres Gesicht n || Domingo de ~ Ostersonntag m || ◊ estar (contento) como una(s) ~(s) fam vor Vergnügen strahlen || hacer la ⁓ a alg. pop jdn ärgern || jdm e–n üblen Streich spielen || ~s pl: ◊ dar las ~ zu den Feiertagen Glück wünschen || ¡santas ~! mir ist's recht || … y ¡santas ~! … pop … und damit basta! Schluß damit! || felices ~ fröhliche Ostern! frohes Fest! || fröhliche Weihnachten! || =cual adj österlich, Oster- || Weihnachts-|| Passah- || cirio, cordero ~ Oster|kerze f, -lamm n || Cordero ~ fig Jesus Christus (das Lamm Gottes)
  Pascual m np Tfn Paschalis m || f: ~a
  △pas|chaboró m Stiefsohn m || △–dai f Stiefmutter f
  pase m Erlaubnisschein m || Frei|karte f, -billett n ⟨bes Th⟩ || Dauerkarte f || Freikarte f, fam Passepartout n frz || Passen n (z. B. im Domino) || ⟨Fecht⟩ Passade f, Ausfall m || ⟨Med⟩ Streichen n mit den Händen || Handbewegung f des Hypnotiseurs || Abgabe f, Zuspiel(en) n (Fußball) || ~ ceñido, ~ alto, ~ de rodillas, ~ de pecho, ~ natural, ~ de muleta ⟨Taur⟩ verschiedene Arten Pase n (Vorbeischießenlassen des Stiers, ohne ihm den Todesstreich zu versetzen) || ◊ dar el ~ a alg. figf jdm den Laufpaß geben
  pase|ante m Spaziergänger m || Vergnügungsreisende(r) m || ~ en corte(s) figf Pflastertreter m || Nichtstuer m || ~ a pie Fußgänger m || –ar vt spazierenführen || fig herumzeigen || ◊ ~ bien el arco den Bogen richtig führen (Geiger) || ~ la calle e–e Fensterparade machen || ~ su ocio sich durch Spazierengehen zerstreuen || ~ vi hin und her gehen || spazierengehen || ◊ ~ en auto spazierenfahren || MAm sittlich verkommen || ~se spazieren(gehen) || fig arbeitslos sein, feiern || –ata f fam Spaziergang m || –illo, –ito m dim v. paseo
  paseo m Spazieren(gehen), Lustwandeln n || Spaziergang m || Spazierfahrt f || Spazierritt m || Spazierweg, Korso m, Promenade, Chaussee f (z. B. ~ de Gracia in Barcelona od ~ de Recoletos in Madrid) || ~ (de la cuadrilla) ⟨Taur⟩ Auf-, Ein|zug m der Stierfechter || ~ en auto(móvil) Autofahrt f || ~ en barco de vela Segelfahrt f || ◊ dar un ~ e–n Spaziergang machen, spazieren (-gehen) || dar un ~ en coche spazierenfahren || dar(le) el ~ a alg. jdn (meist nachts) verhaften und außerhalb der Stadt erschießen || mandar a ~ figf jdn zum Teufel schicken || jdn vor die Tür setzen || ¡vete a ~! scher dich zum Teufel!
  pasie|ga f Frau f bzw Mädchen n aus dem Pastal (Valle de Pas PSant) || p.ex Amme f (da die pasiegas dafür berühmt waren) || –go adj/s aus dem Pastal (PSant) || Sant fig schlau
  pasificación f Lufttrocknung der Weinbeeren, Bildung f von Zibeben
  pasiflo|ra f ⟨Bot⟩ Passionsblume f (→ pasionaria) || –ráceas fpl ⟨Bot⟩ Passionsblumengewächse npl (Passifloraceae)

pasillo *m Flur, Korridor m* ‖ *Gang m (in e-m Hause)* ‖ ⟨Mar⟩ *Laufgang m* ‖ ⟨Tech⟩ *Laufbühne f* ‖ ⟨Th⟩ *Kurzstück n* ‖ *Posse f* ‖ ⟨Kath⟩ *Antiphon f der Karwoche* ‖ Sev *kirchlicher Umzug m*

pasión *f Leiden n* ‖ *Leidenschaft f* ‖ *glühender Wunsch m* ‖ *Sehnsucht f* ‖ *heftige Liebe, Neigung f (por zu dat)* ‖ *heftiger Groll m* ‖ la ~ *die Leidensgeschichte Christi, Passion f* ‖ *fig Leidensgeschichte f* ‖ ~ *de amor Liebesglut f* ‖ ~ *torpe* ⟨Rel⟩ *Geschlechtstrieb m* ‖ *con* ~ *leidenschaftlich* ‖ ◊ *dejarse arrastrar por la* ~ *fig sich von s-r Leidenschaft fortreißen lassen* ‖ *juzgar a.* sin ~ *et unparteiisch (od sachlich) beurteilen*
pasio|nal *adj leidenschaftlich* ‖ *den Leidenschaften unterworfen* ‖ *im Affekt begangen* ‖ *aus Leidenschaft* ‖ *drama* ~ *spannendes Liebesdrama n* ‖ *elemento* ~ *Gefühlsmoment n* ‖ **-naria** *f* ⟨Bot⟩ *Passionsblume f (Passiflora incarnata)* ‖ **-nario** *m Passionsbuch n*
pasioncilla *f dim v.* **pasión**
pasito *m/adv dim v.* **paso** ‖ *muy* ~ *a paso ganz langsam*
pasi|var *vt passivieren (Metalle)* ‖ **-vidad** *f Passivität f* ‖ *leidender Zustand m* ‖ *Untätigkeit f* ‖ *Tatenlosigkeit f* ‖ **-vo** *adj untätig* ‖ *leidend* ‖ ⟨Gr Pol Chem Wir⟩ *passiv* ‖ *Pensions-, Ruhestands-, Rentner-* ‖ *deuda* ~a *Verschuldung f* ‖ *voz* ~a *Passiv n, Leideform f* ‖ **-vo** *m* ⟨Gr⟩ *Passiv n, Leideform f* ‖ *Passiva pl* ‖ *Soll n* ‖ *Schulden fpl* ‖ ~ *total Schuldenmasse f*
△**pasma** *m (Diebes)Wache f*
pas|mado *adj fig erstaunt, starr (vor Staunen)* ‖ *befremdet* ‖ *verdutzt, fam verdattert* ‖ **-mar** *vt betäuben* ‖ *fig verblüffen* ‖ **-se** *ohnmächtig werden* ‖ *e-n Krampf bekommen* ‖ *fig (er)staunen* ‖ ◊ ~ *de frío vor Kälte erstarren* ‖ **¡pásmate!** *denke nur an! unglaublich!* ‖ **-marota** *f fam Verwunderung f* ‖ **-marote** *m fam Trottel, Simpel, Gimpel m* ‖ **-mo** *m Krampf m* ‖ ⟨Med⟩ *Starrkrampf m (→* **tétanos***)* ‖ *fig Erstaunen n* ‖ *Schrecken m* ‖ *Wunder n (als Anlaß bzw Gegenstand des Erstaunens)*
△**pasmó** *m Landgut n*
pas|món *adj/s fam sinnlos gaffend* ‖ **-moso** *adj erstaunlich* ‖ *rasend (Schnelligkeit)*
¹**paso** *m Schritt m* ‖ *(Fuß)Tritt m, Fuß(s)tapfe, Spur f* ‖ *Gang m, Gangart f* ‖ *Über|fahrt, -führung f* ‖ *Durchgang m* ‖ *Durchfahrt f* ‖ *Übergang m* ‖ *Übergangsstelle f* ‖ *Durch|marsch, -zug m* ‖ *Strich, Zug m der Vögel* ‖ *Zugang m (zu e-m Orte)* ‖ *Zutritt (serlaubnis f) m* ‖ *Treppenstufe f* ‖ *Leitersprosse f* ‖ ⟨Th⟩ *kurzes Theaterstück n* ‖ *Exequatur n (e-s Diplomaten)* ‖ *kirchlicher Umzug, Bittgang m* ‖ *auf großen, flachen Estraden aufgestellte Skulpturengruppen od Wagen mit Gruppen aus der Leidensgeschichte Christi (in der Karwoche)* ‖ ⟨Mar⟩ *Meerenge, Straße f* ‖ *Fahrwasser n* ‖ *Fahrrinne f* ‖ *Engpaß m* ‖ ⟨Tech⟩ *Durch|laß bzw -fluß bzw -satz m* ‖ *Gang m* ‖ *Gewindesteigung f* ‖ ⟨Web⟩ *Fach n, Sprung m* ‖ *fig (große) Schwierigkeit, schwierige Lage, fam Klemme f* ‖ *fig* ⟨Lit⟩ *Tod m* ‖ *fig Schritt m, Maßnahme f* ‖ ~ *acelerado* ⟨Mil⟩ *Geschwindschritt m* ‖ ~ *de andadura Paßgang m (des Pferdes)* ‖ ~ *de Calais Meerenge f von Calais* ‖ ~ *de carga* ⟨Mil⟩ *Sturmschritt m* ‖ ~ *de comedia* ⟨Th⟩ *kurzes Schauspiel n* ‖ ~ *doble* ⟨Mus⟩ *Marsch, Twostep m engl* ‖ ~ *estrecho* ⟨StV⟩ *Engpaß m (Warnzeichen)* ‖ ~ *en falso Fehltritt m* ‖ ~ *gimnástico* ⟨Sp⟩ *Laufschritt m* ‖ ~ *de hélice* ⟨Flugw⟩ *Propellersteigung f* ‖ ~ *ligero* ⟨Mil⟩ *Geschwindschritt m* ‖ ~ *de marcha* ⟨Mil⟩ *Marschschritt m* ‖ ~ *a nivel* ⟨EB⟩ *Bahnübergang m* ‖ ~ *a nivel con (sin) barrera (od guarda) (un)beschrankter Bahnübergang m* ‖ → **ave** ‖ ~ *de la oca* ⟨Mil⟩ *Stechschritt, deutscher Paradeschritt m (DDR)* ‖ ~ *de parada* ⟨Mil⟩ *Paradeschritt m* ‖ ~ *de peatones* ⟨StV⟩ *Fußgängerüberweg m* ‖ ~ *romano* ⟨Mil⟩ „*römischer" Schritt m (Paradeschritt im faschistischen Italien)* ‖ ~ *de rosca* ⟨Tech⟩ *Gewindesteigung f* ‖ *derecho de* ~ *Durchzugsrecht n* ‖ *mal* ~ *fig Verlegenheit f* ‖ *a* ~ *im Schritt, schrittlings* ‖ ~ *a* ~ *Schritt für Schritt* ‖ *a* ~ *de tortuga figf im Schneckengang m* ‖ *a* ~ *de carga im Sturmschritt* ‖ *figf rasend, schnell* ‖ *a* ~ *lento mit langsamen Schritten* ‖ *a* ~ *se fig auf diese Art, so* ‖ *a mi* ~ *(por) bei meiner Durchreise* ‖ *al* ~ *unterwegs* ‖ *zugleich* ‖ *al* ~ *que fig nach Maßgabe gen, so wie* ‖ *während* ‖ *de* ~ *im Vorbeigehen, gelegentlich* ‖ *fig zugleich* ‖ *de* ~ *por París, auf der Durchreise in Paris* ‖ ~ *por* ~ *schrittweise* ‖ *a cada* ~ *fig auf Schritt und Tritt* ‖ *fortwährend* ‖ *al* ~ *que vamos auf diese Weise* ‖ ◊ *abrir* ~ *den Weg bahnen* ‖ *abrirse* ~ *(por entre) sich durchschlagen (durch acc)* ‖ *acortar el* ~ *langsamer gehen* ‖ *alargar (od apretar, avivar) el* ~ *fam den Schritt beschleunigen* ‖ *schneller gehen* ‖ *se arrojó al* ~ *de un tren er stürzte sich vor (od unter) e-n Zug (Selbstmörder)* ‖ *cambiar el* ~ ⟨Mil⟩ *den Tritt wechseln* ‖ *ceder (od dejar) el* ~ *(a) jdm den Vortritt, den Vorrang lassen* ‖ *cerrar el* ~ *den Weg sperren* ‖ *coger al* ~ *figf jdn treffen* ‖ → **coger** ‖ *dar* ~ *(a) jdm den Eingang verschaffen* ‖ *dar un* ~ *decisivo e-n entscheidenden Schritt tun* ‖ *dar un* ~ *en falso mit dem Fuß einknicken* ‖ *fig fehltreten, e-n Fehltritt tun* ‖ *dicho sea de* ~ *beiläufig gesagt* ‖ *aquí estoy de paso ich bin hier (nur) vorübergehend* ‖ *hacerse* ~ *sich Bahn schaffen* ‖ *sich durchpressen* ‖ *sich durchhauen* ‖ *ir a buen* ~ *tüchtig ausschreiten* ‖ *llevar el* ~ ⟨Mil⟩ *Tritt halten* ‖ *marchar (od ir, andar) al* ~ *langsam gehen* ‖ *no poder dar (un)* ~ *fig nicht vorwärts(kommen) können* ‖ *todmüde sein* ‖ *sacar del mal* ~ *a uno figf jdm aus seiner mißlichen Lage heraushelfen* ‖ *salir al* ~ *jdm entgegengehen* ‖ *fig jdm entgegenkommen* ‖ *jdm gegenübertreten* ‖ *tener el* ~ *den Vorrang haben* ‖ **¡~!** *aus dem Wege!* ‖ *Weg frei!* ‖ *Platz da!* ‖ **¡prohibido el ~!** *Durchgang verboten!* ‖ *kein Zutritt!* ‖ ~**s** *pl:* ~ *(de la Pasión) Stationen fpl der Leidensgeschichte Christi* ‖ *a* ~ *de gigante mit Riesenschritten* ‖ *a dos* ~ *einige Schritte weit, unweit* ‖ *a* ~ *medidos gemessenen Schrittes* ‖ *por sus* ~ *contados gemessen (schreiten)* ‖ *fig nach seiner gehörigen Ordnung* ‖ *wohlüberlegt* ‖ ◊ *dar* ~ *inútiles sich unnütz anstrengen* ‖ *dar los* ~ *necesarios die erforderlichen Schritte tun* ‖ *seguir los* ~ *(de) jdn auf Schritt und Tritt verfolgen* ‖ *volver sobre sus* ~ *(wieder) zurückgehen*
²**paso** *adv:* **¡~!** *sachte, gemach!* ‖ *behutsam* ‖ *leise*
³**paso** *adj getrocknet, Dörr- (Obst) (→* **pasa***)* ‖ *ciruelas* ~as *getrocknete Pflaumen fpl*
pasodoble *m* ⟨Mus⟩ *Paso doble m (Musik und Tanz)* ‖ → a **paso** doble
△**pasola** *f Bündel n*
△**paspilé** *adj beschwipst*
pasquín *m Schmähschrift f, Pasquill n*
△**pasrachi** *m Mitternacht f*
pássim *adv lat passim, allenthalben*
pas|ta *f Teig m* ‖ *Masse f* ‖ *Brotteig m* ‖ *Paste f* ‖ *(Juden)Gebäck n* ‖ *Pappdeckel m, Pappe f* ‖ *Pappband m* ‖ *fig Inhalt, Kern m* ‖ ⟨Med⟩ *(Zahn)Plombe f* ‖ *fig pop Geld n, pop Zaster m, Moneten fpl* ‖ ~ *de afeitar Rasierpaste f* ‖ ~ *alimenticia Nudel-, Teig|waren fpl* ‖ ~ *dentífrica, fam* ~ *de dientes Zahnpasta f* ‖ ~ *francesa* ⟨Buchb⟩ *Halblederband m* ‖ ~ *de hojaldre,* ~ *hojaldrada Blätterteig m* ‖ ~ *italiana* ⟨Buchb⟩ *Pergamenteinband m* ‖ ~ *de madera,* ~ *mecánica* ⟨Pap⟩ *Holzschliff m* ‖ ~ *media* ~ *Halbfranzband m* ‖ ~ *química* ⟨Pap⟩ *(Halb)Zellstoff m* ‖ *de buena* ~ *pop gutmütig*

|| ~s *pl (Zucker)Gebäck* n, *Törtchen* npl || ~ italianas *Makkaroni* pl
pas|taje *m* Am *(Vieh)Futter* n || **-tar** vt *(ab-)weiden, auf die Weide führen* || ~ vi *weiden*
paste *m* ⟨Bot⟩ Hond *Louisianamoos* n (Tillandsia usneoides) || CR Hond *Schwammgurke* f (Luffa aegyptiaca)
pas|tel *m Kuchen* m || *Törtchen* n || *Fleisch-, Obst\Pastete* f || ⟨Typ⟩ *Zwiebelfische* mpl || *Pastell* n || figf *heimliche Zusammenkunft* f, *Ränke* mpl || ~ de carne *Fleischpastete* f || ~ de hojaldre *Blätterteig* m || ~ de manzanas *Apfelkuchen* m || pintura al ~ *Pastellmalerei* f || ◊ coger a uno con las manos en el ~ pop *jdn auf frischer Tat ertappen* || → **descubrir** || ~**es** *pl Backwerk* n || **-telear** vi pop *sich überall lieb Kind machen* || **-telería** f *Konditorei* f (→ **confitería**) || *Zucker-, Fein\bäckerei* f || *Teigwaren* fpl || **-telero** *m Konditor, Feinbäcker* m || *Patissier* m frz || *Pastetenbäcker* m || **-telillo** *m süßes Backwerk* n, *Kuchen* m || **-telista** *m Pastellmaler* m || **-telón** *m* augm *v.* **-tel**
paste(u)ri|zación f *Pasteurisieren* n || **-zar** [z/c] vt *pasteurisieren (Milch usw)*
pastiche *m* frz *Pastiche* f || *Plagiat* n || *Pasticcio* n ital
pastilla f *Pastille* f || *Tablette* f || *Plättchen* n *(am Schneidwerkzeug)* || *Plätzchen, Kügelchen* n || ~ de jabón *Stück* n *Seife* || ~ de chocolate *Schokoladen\täfelchen, -plätzchen* n || ~ de menta *Pfefferminzpastille* f || ~ de malvavisco *Eibischpastille* f || ~ de olor *Räucherkerzchen* n || ~s de caldo *Bouillontafeln* fpl || ~s pectorales *Hustenbonbons* npl || ~s de cola *Kolatabletten* fpl
pastinaca f ⟨Bot⟩ *Pastinak(e* f) *m* (Pastinaca sativa) || = **zanahoria** || ⟨Fi⟩ *Stechrochen* m (Dasyatis = Trygon pastinaca)
pas|tizal *m Weideland* n, *Weide* f || **-to** *m (Ab)Weiden* n || *Weide* f, *Weideplatz* m || *(Grün-)Futter, Weidegras* n || fig *Zehrstoff* m || fig *Nahrung* f || ~ seco *Trockenfutter* n || ~ verde *Grünfutter* n || vino de ~ *Tischwein* m || a ~ im *Überfluß* || a todo ~ *ausschließlich* || *nach Belieben* || ◊ el edificio fue ~ de las llamas *das Gebäude brannte vollständig nieder* || **-tor** *m (Vieh)Hirt* m || *Schäfer* m || *Seelenhirt, Seelsorger* m || *Pastor* m || el Buen ~ fig *der Gute Hirt* m *(Jesus, der Herr)* || ~ adj *Hirten-, Schäfer-* (perro) ~ *Hirten-, Schäfer\hund* m || **-tora** f *Hirtin* f || **-toral** adj *Hirten-* || *Pastoral-* || anillo ~ *Bischofsring* m || (carta) ~ *Hirtenbrief* m || poesia ~ *Hirtenpoesie* f || sinfonía ~ ⟨Mus⟩ *Pastoralsymphonie* f || ~ f ⟨Th⟩ *Schäferspiel* n || ⟨Lit⟩ *Hirten-, Schäfer\dichtung* f
pas|torcillo *m* dim *v.* **-tor** || ~**s** *pl (Weihnachts)Krippe* f || **-torear** vi *weiden, auf die Weide führen* || ⟨Rel⟩ *betreuen* || MAm *verwöhnen* || **-torela** f ⟨Lit Mus⟩ *Pastorelle* f || *Weihnachtslied* n || *Hirtenlied* n || **-toreo** *m Weiden* n, *Weidegang* m || **-toril** adj ⟨Lit⟩ *Hirten-* || novela ~ *Schäferroman, schäferlicher Liebesroman* m
pastorización f → **paste(u)rización**
pasto|sidad f *teigartige Beschaffenheit* f || fig *Fülle* f || **-so** adj *teigig* || ⟨Mus⟩ *volltonend (Stimme)* || ⟨Mal⟩ *pastos* || ⟨Med⟩ *pastös (& Graphologie)* || *vollmundig, körperreif (Wein)*
pastral *m* Sant *Riesenblutwurst* f (→ **morcón**)
¹**pata** f *Pfote, Tatze* f || *Pranke* f || *Klaue* f *(von Tieren, Vögeln)* || fam *Bein* n, *Fuß* m || *Überschlag* m *(am Rock)* || ⟨Flugw⟩ *Bein* n *(des Fahrwerks)* || ~ galana figf *Hinkebein* n || ◊ estamos ~ fam *wir sind quitt* || estirar la ~ vulg *krepieren* || meter la ~ fam *e-n Bock schießen* || sich blamieren || ins *Fettnäpfchen treten* || tener mala ~ fam *Pech haben, ein Pechvogel sein* || a ~ fam *zu Fuß, per pedes (apostolorum)* || Am *barfuß* || a la ~ (la) llana *schlicht, offen heraus* || *ohne Umstände, ungezwungen* || a la ~ chula *hinkend* || ~**s** *pl*: ~ arriba *drunter und drüber* || *umge-, ver\kehrt* || ~ de gallo fig *Krähenfüße* mpl *(an den Augenwinkeln)* || a cuatro ~ fam *auf allen vieren* || una mesa de tres ~ *dreibeiniger Tisch* m || ~ cortas pop *kurzbeiniger Knirps* m || ~ **gallo** || el ~ Am *der Teufel* || ◊ estar ~ arriba pop *(mause)tot sein* || poner ~ arriba *alles durcheinanderbringen*
²**pata** f *Entenweibchen* n
patacón *m* fam *Fünfpesetenstück* n, *Duro* m || Am fam *Silberpeso* m
patada f *Fußtritt* m || *Fuß(s)tapfen* m || *Aufstampfen* n || *Hufschlag* m || a ~**s** *in Hülle und Fülle* || ◊ dar ~**s** en el suelo *auf den Boden stampfen* || dar a uno una ~ en el culo vulg *jdm e-n Tritt in den Hintern geben* || arrojar a ~**s** pop *herausschmeißen* || tratar a alg. a ~**s** *jdn sehr unhöflich (od grob) behandeln*
pata|gón *m*/adj *Patagonier* m || **-gonia** f *Patagonien* n
patagua, patahua f ⟨Bot⟩ *Lumamyrte* f (Myrtus luma = Luma apiculata)
patale|ar vi *auf den Boden stampfen* || *trippeln* || **-o** *m Stampfen* n || *Trippeln* n || *Trampeln* n || el derecho del ~ figf *„das Recht auf Protest"* (= *man darf wohl protestieren, es nutzt aber nichts)*
patán *m*/adj *Bauer* m || figf *Bauernlümmel, Grobian* m
△**patapuque** *m Papst* m
patarata f fam *albernes Zeug* n, *Albernheit* f || *Dummheit* f
pata|ta f *Kartoffel(pflanze)* f (Solanum tuberosum) || fig desp *Uhr*, fam *Zwiebel* f || nariz de ~ pop *Kartoffelnase* f || ~**s** deshidratadas *Trockenkartoffeln* fpl || ~**s** hervidas con su piel *(od sin pelar) Pellkartoffeln* fpl || ~**s** cocidas *Brühkartoffeln* fpl || ~**s** fritas *Pommes frites* pl || ~**s** harinosas *mehlige Kartoffeln* fpl || ~**s** machacadas *Quetschkartoffeln* fpl || escarabajo de la ~, escarabajo del Colorado ⟨Entom⟩ *Kartoffel-, Colorado-, Kolorado\käfer* m (Leptinotarsa decemlineata) || gusano de la ~, alacrán de la ~ ⟨Entom⟩ prov *Raupe* f *des Totenkopf(e)s* (Acherontia atropos) || ~**s** nuevas *neue Kartoffeln* fpl || ~**s** de siembra *Saatkartoffeln* fpl || almidón de ~**s** *Kartoffelstärke* f || **-tal, -tar** *m Kartoffelfeld* n || **-tero** *m*/adj fam *Kartoffel\esser, -liebhaber* m || ~ adj *Kartoffel-*
pata|tín (-tán) adv: ◊ que si -tín, que si -tán fam *umständlich, mit vielen Abschweifungen (Rede, Gespräch, Bericht)* || que si vino, que si ~ pop *ob er kam oder ob er nicht kam (Ironisierung e-s umständlichen Berichtes)*
¡**patatrás!** int *plumps!*
patatús *m (leichte) Ohnmacht* f || *Schwindelanfall* m || ◊ le dio un ~ *er hatte e-n (leichten) Schwindelanfall*
patavino adj → **paduano**
patear vt fam *mit Füßen treten* || ⟨Th⟩ *ausbuhen (& e-n Redner usw)* || *Fußtritte geben* (dat) || ~ vi *trampeln, trippeln* || ⟨Th⟩ *buh rufen, buhen (& bei e-r Rede usw)* || Am = **cocear**
patena f *Patene* f, *Hostienteller* m || *(Brust-)Medaillon* n *(der weiblichen Bauerntracht)* || limpio como una ~ fig *sauber wie ein Schmuckkasten* m, fam *blitz\blank* bzw *-sauber*
paten|tar vt *patentieren* || *patentieren lassen* || **-te** adj *offen, aufgedeckt* || fig *offenbar, klar, deutlich* || adv: **-mente** || ~ f *Patent* n || *Bestallungsbrief* m || *Diplom* n || *(Erfindungs)Patent* n || *Bescheinigung* f || *Ausweisschein* m || ~ de introducción *Einführungspatent* n || ~ de sanidad *Gesundheitspaß* m || descripción *(od* memoria, detalle) de la ~ *Patentbeschreibung* f || solicitud

patentizar — patrio 814

de ~ *Patentanmeldung* f || ◊ *solicitar, otorgar la* ~ *zum Patent anmelden, das Patent erteilen* || ~s *pl*: *derecho de* ~ *Patentrecht* n || *derechos de* ~ *Patentgebühren* fpl || *impuesto sobre* ~ *Patentsteuer* f || *oficina de* ~ *Patentamt* n || *registro de* ~ *Patentregister* n || **-tizar** [z/c] *vt klarlegen, kundgeben* || *bekunden* || *beweisen* || ⟨Tech⟩ *patentieren (in e-m Bad vergüten)*
pateo m fam *Trampeln, Stampfen* n
páter [*pl* ~(**e**)**s**] m fam *Pater, Geistlicher* m ⟨bes Mil⟩
△**paterán** m *Trödelmarkt* m
paterfamilias m lat ⟨Hist Jur⟩ *Paterfamilias* lat, *Hausvater* m
pater|nal adj *väterlich, Vater-* || *amor* ~ *Vaterliebe* f || *autoridad* ~ *väterliche Macht (od Autorität)* f || **-nalismo** f ⟨SozPol⟩ *Paternalismus* m, *(Politik* f *der) Bevormundung* f || **-nidad** f *Vaterschaft* f || *Vuestra* ~ *Euer Hochwürden (Titel der Geistlichen)* || *investigación de la* ~ ⟨Jur⟩ *Vaterschafts|forschung* f *bzw -prozeß* m || ◊ *reconocer (denegar) la* ~ *die Vaterschaft anerkennen (ableugnen)* || **-no** adj *väterlich* || *väterlicherseits* || *Vater-* || *casa* ~a *Vaterhaus* n || *abuela* ~a *Großmutter* f *väterlicherseits*
Pateta m fam *Teufel* m || ◊ *se lo llevó* ~ *er starb*
patético adj *pathetisch* || *rührend* || *feierlich* || *sinfonía* ~a ⟨Mus⟩ *pathetische Symphonie* f
patetismo m *Pathos* n
pathos m ⟨Lit Philos Psychol⟩ *Pathos* n, *Nachdruck* m
pati|abierto adj fam *mit gespreizten Beinen* || **-blanco** adj *weißfüßig (Tier)*
patibulario adj *Galgen-* || *Schafott-* fig *Spitzbuben-* || humor ~ fam *Galgenhumor* m || *rostro* ~ *Galgengesicht* n
patíbulo m *Galgen* m || *Richtstätte* f, *Schafott* m || ◊ *llevar al* ~ *zum Schafott führen*
paticojo adj/s fam *hinkend, lahm*
patidifuso adj fam *verblüfft, verdutzt, verdattert*
patieci|llo, -to m dim *v.* **patio**
pati|estevado adj *krumm-, säbel|beinig* || **-hendido** adj *spalthufig (Tier)*
patilla f *Klappe* f *an der Tasche e-s Rockes* || ⟨Tech⟩ *Bankeisen* n || ~s *pl Backenbart* m || *joc der Teufel* || ~ *flamencas Backenbart* m *nach and. Art*
¹**patín, patillo** m dim *v.* **patio**
²**patín** m *Schlittschuh* m || *Rollschuh* m || *(Schlitten) Kufe* f || *Schlitten* m || *(Schlitten) Kahn* m || *(Kinder) Roller* m || ⟨EB⟩ *Schienenfuß* m || ~ *acuático Tretboot* n || ~ *de rollos (od ruedas) Rollschuh* m || ◊ *ponerse (quitarse) los* ~**es** *die Schlittschuhe anziehen (abnehmen)*
³**patín** m ⟨V⟩ = **paíño**
pátina f *Patina* f, *Edelrost* m
pati|nadero m *Eisbahn* f || *Rollschuhbahn* f || **-nador** m *Schlittschuhläufer* m || *Rollschuhläufer* m || **-naje** m *Schlittschuhlaufen* n || *Eislauf* m || *Gleiten* n || ⟨Auto⟩ *Schleudern* n || ~ *artístico Eiskunstlauf* m || ~ *de velocidad Eisschnellauf* m || **-nar** vi *Schlittschuhe laufen* || *Rollschuh laufen* || *ins Schleudern geraten (Auto)* || *gleiten (Riemen)* || *Rutschen* n || **-nazo** m *Rutsch* m || *Rutschen* n || ◊ *dar un* ~ ⟨Aut⟩ *schleudern, ins Schleudern geraten* || fig *sich blamieren*, fam *aus der Rolle fallen*, fam *ins Fettnäpfchen treten* || **-neta** f *(Kinder) Roller* m *(Spielzeug)*
patio m *(Innen) Hof* m *(der span. Häuser)* || *Hofraum* m || ⟨Filmw Th⟩ *Parterre, Parkett* n || ~ *de armas,* ~ *del cuartel* ⟨Mil⟩ *Kasernenhof* m || ~ *de los Naranjos Orangenhof* m *in Sevilla* || ~ *de los Leones Löwenhof* m *(Alhambra)*, || *en el* ~ *im Hof* dim: **patinillo**
pati|ta f dim *v.* **pata** || ⟨El⟩ *Sockelstift* m *(der Elektronenröhre)* || ◊ *dar la* ~ fam *Pfötchen geben (Hund)* || *poner de* ~s *en la calle (a)* figf *jdm die Tür weisen, jdn vor die Tür setzen, jdn hinaus|werfen, -schmeißen* || **-tieso** adj *steifbeinig* || figf *erstaunt, verdutzt* || ◊ *quedar(se)* ~ *(de asombro)* pop *vor Verwunderung sprachlos sein* || **-tuerto** adj/s *krumm-, säbel|beinig*, fam *O-beinig* || **-zambo** adj/s *sichel-, bäcker-, säbel|beinig*, fam *X-beinig*
pato m ⟨V⟩ *Ente* f *(Anas spp)* || ⟨Zool⟩ *Taschenkrebs* m (→ **masera**) || ~ *arlequín* ⟨V⟩ *Kragenente* f *(Histrionicus histrionicus)* || ~ *colorado* ⟨V⟩ *Kolbenente* f *(Netta rufina)* || ~ *cuchara* ⟨V⟩ *Löffelente* f *(Anas clypeata)* || ~ *mandarín* ⟨V⟩ *Mandarinente* f *(Aix galericulata)* || ~ *asado (asado de* ~) *Entenbraten* m || ◊ *estar hecho un* ~ *(de agua)* figf *vom Regen ganz durchnäßt sein*, fam *klatschnaß sein* || *pagar el* ~ figf *es ausbaden müssen, die Zeche zahlen müssen*
patochada f fam *Albernheit* f
patofobia f ⟨Med Psychol⟩ *Pathophobie, (übertriebene) Furcht* f, *krank zu werden*
pa|togenia f ⟨Med⟩ *Pathogenese, Krankheits|entstehung* f *bzw -entwicklung* f || **-tógeno** adj *krankheitserregend, pathogen, Krankheits-*
patojo adj *schiefbeinig*
pato|logía f ⟨Med⟩ *Pathologie* f || ~ *comparada,* ~ *especial,* ~ *general vergleichende, spezielle, allgemeine Pathologie* f || **-lógico** adj *die Pathologie betreffend, auf die Pathologie bezüglich, pathologisch* || *krankhaft (& fig)* || *cuadro* ~ *Krankheitsbild* n
patólogo m *Pathologe* m
pa|tón, ona adj/s *großfüßig* || *großpfotig* || **-toso** adj/s pop *albern* || *ungeschickt* || *tölpelhaft* || ¡*no seas* ~! *sei nicht so albern!*
pato|ta f RPl *Halbstarkenbande* f *(durch die Straßen randalierend)* || **-tero** m *Mitglied* n *e-r Halbstarkenbande, Halbstarke(r)* m
Patr. Abk = **Patriarca**
patra|ña f *Ente, Lüge* f || *Schwindel* m || *Bluff* m || ◊ *contar* ~s pop *aufschneiden, lügen* || dim: **-ñuela**
patraquear vi *Chi* fam *mausen, stibitzen*
patrás adv = **para atrás**
pa|tria f *Vaterland* n || *Geburtsort* m, *Heimat* f || fig *Wiege* f || △*weibliche Scham* f || △*Steiß* m || △*Vogel* m || ~ *chica (engere) Heimat* f || *amor a la* ~ *Vaterlandsliebe* f || *madre* ~ *Mutterland* n || ◊ *merecer bien de la* ~ *sich ums Vaterland verdient machen* || *Córcega fue la* ~ *de Napoleón Korsika war Napoleons Wiege* (→ **cuna**) || *la* ~ *primitiva de los germanos die Urheimat* f *(bzw das Stammland) der Germanen* || **-triada** f *Am Freiheitskampf* m
patriar|ca m *Patriarch, Erzvater* m || *Patriarch* m *(der griech. Kirche)* || ~ *de las Indias Ehrentitel* m *der Prälaten* || **-cal** adj *patriarchalisch (& fig)*
patri|ciado m *Patriziat* n || **-cio** m/adj *Patrizier, Edelbürger* m || fig *Patriot* m || ~ m np Tfn *Patricius* m || ~ adj *patrizisch, Patrizier-* || *vornehm* || *edel, aristokratisch* || *ciudad* ~a *Patrizierstadt* f || *vornehme Stadt* f || *manos* ~as fig *aristokratische Hände* fpl || **-monial** adj *Vermögens-* || *Patrimonial-* || *Familien-* || *Erb-* || *Stamm-* || *bienes* ~es *Erb-, Stamm|güter* npl || **-monialidad** f *Vermögenscharakter* m || *vermögensrechtlicher Charakter* m || **-monio** m *Stamm-, Erb|gut* n || fig *Vermögen* n || *Vorrecht* n || ~ *artístico Kunstschätze* mpl *(e-s Landes)* || ~ *cultural* fig *geistiges Rüstzeug* n *(e-s Menschen)* || *Kulturgüter* npl *(e-s Landes)* || ~ *hereditario* ⟨Gen⟩ *Erb|gut* n, *-anlagen* fpl || *Real* ~ *Kro(nen)gut* n, *Krongüter* npl
patrio adj *vaterländisch, Vaterlands-* || *Heimat-* || *amor* ~ *Vaterlandsliebe* f || *suelo* ~

Heimatboden m || → a **potestad**
patrio|ta m *Patriot, Vaterlandsfreund* m || **-tería** f fam *Hurrapatriotismus* m || vgl **chauvinismo, xenofobia** || **-tero** m/adj fam *Hurrapatriot* m
patriótico adj *patriotisch, vaterländisch* || la Unión ~a ⟨Hist⟩ *die Vaterländische Liga in Spanien (unter dem Direktorium des Generals Primo de Rivera 1924 gegründet)*
patriotismo m *Patriotismus* m, *Vaterlandsliebe* f
patrísti|ca f ⟨Rel⟩ *Patristik* f || **-co** adj *patristisch, Väter-*
Patr.º Abk = **Patronato**
patroci|nado m *Schützling* m || *Geförderte(r)* m || **-nador** m *Gönner* m || *Förderer* m || *Patronats-, Schirm\herr* m || **-nar** vt *(be)schützen, begünstigen* || *fördern* || *unterstützen, empfehlen (Bewerber)* || *verfechten (Idee)* || ◊ ~ una fiesta *die Schirmherrschaft über ein Fest übernehmen* || **-nio** m *Schutz, Beistand* m || *Gunst, Gönnerschaft* f || *Schirmherrschaft* f || *Protektorat* n *(e–s Festes)* || ⟨Kath⟩ *Patrozinium* n || ~ f span. *Taufname* (pop **Patro**)
patrología f *Patrologie* f (= **patrística**)
patrón m *Beschützer, Schutzherr* m || *(Kirchen)Patron* m || *Schutzheilige(r)* m || *Landespatron* m || *Schiffs\patron, -führer* m || *Haus\herr, -wirt* m || *Arbeitgeber, Herr, Chef* m || *Patrone, Vorlage, Schablone* f || *Muster, Modell* n || *Schnitt(muster* n*)* m || *Standard* m engl || *Eichmaß* n, *Etalon* m frz || *Maß* n, *Lehre* f || ⟨Agr⟩ *Pfropfunterlage* f || ~ oro *Gold\währung* f, *-standard* m || doble ~ *Doppelwährung* f || ~ de bordado *Stickmuster* n || ◊ *todos estamos cortados por un* ~ fam *wir sind alle gleich* || *donde hay* ~, *no manda marinero* fig *besser zum Schmied als zum Schmiedlein gehen* (vgl fam *vor die richtige Schmiede gehen*)
patro|na f *Beschützerin, Gönnerin* f || *Hauswirtin* f || *Zimmervermieterin* f || *Arbeitgeberin, Chefin* f || *Patronin, heilige Beschützerin (bes die Heilige Jungfrau), Schutzheilige* f || **-nal** adj *Schutz-* || *Patronats-* || *Arbeitgeber-* || fiesta ~ *Namensfest* n *des Schutzpatrons* || liga ~ *Arbeitgeberverband* m || obra ~ *Stiftung* f, *Stift* n || **-nato** m *Patronat(srecht)* n || *Stiftung* f || *Stiftungsausschuß* m || *Arbeitgeberschaft* f || ~ de protección a la mujer Span *Mädchenschutzbehörde* f || **-nazgo** m *Patronat(srecht)* n || *Stiftung(sauschuß* m*)* f || *Schirmherrschaft* f
patroncito m dim v. **patrón** (bes Mex)
patro|nímico adj *patronymisch, Namens-* ⟨& Li⟩ *(nombre)* ~ *vom Vater hergeleiteter Familienname (wie Fernández von Fernando)* || *Familienname* m || ~ m = *(nombre)* ~ || ⟨Li⟩ *Patronymikon, Patronymikum* n || **-no** m *Schützer, Gönner, Schutzherr* m || *Kirchen-, Landes\patron* m || *Patronatsherr* m || *Arbeitgeber, Herr, Chef* m || ~s y obreros *Arbeitgeber und Arbeitnehmer* mpl || *Tarifpartner* mpl *(Arbeitsrecht)*
patru|lla f ⟨Mil⟩ *Streifwache, Runde* f || ⟨Mil⟩ *Spähtrupp* m || ⟨Mil⟩ *Streife* f || ~ de policía *Polizeistreife* f || ~ de reconocimiento ⟨Mil⟩ *Spähtrupp* m || **-llar** vi *auf Streife gehen bzw fahren* || ⟨Mil⟩ *auf Späh- bzw Streif\trupp bzw Erkundung gehen* || ~ (por) la costa *die Küste durchstreifen* || **-llero** m ⟨Mar⟩ *Streifen-, Erkundungs\boot* n || *Funkstreifenbeamte(r)* m
patu|ca, -ja f dim od desp v. **pata** || **-cas** f fam *Mädchen* n *mit spindeldürren Beinen* || **-do** adj *mit großen Füßen, Pfoten*
△**patulé** m *Hirt* m
patulea f pop *Gesindel* n || *Pöbel* m
△**patupiré** m *Treppe* f || *Leiter* f
△**patus** m *Vater* m
paucilocuo adj *wortkarg*
paují m Am ⟨V⟩ *Helmhokko* m (Pauxi pauxi)

Paúl m: San Vicente de ~ *der Hl. Vinzenz von Paul*
Pau|la, -lina f Tfn *Paula, Pauline* f
¹**paular** vi → **maular**
²**paular** m *morastige Gegend, Moorlandschaft* f, *Moor* n
paúlas fpl fam *Lazaristinnen* fpl *(Nonnen)*
paulati|namente adv *nach und nach, allmählich* || **-no** adj *langsam* || *stufenweise, allmählich (fortschreitend)*
pauliano adj ⟨Jur⟩: acción ~a *Anfechtungsklage* f
paulina f *päpstlicher Bannbrief* m || fig *anonymer Schmähbrief* m || figf *derber Verweis* m, fam *Rüffel* m || ~ adj *paulinisch, Paulinisch (bes auf den Apostel Paulus bezüglich)*
Paulino m np Tfn *Paulinus* m
Paulo m ⟨bes Rel⟩ *Paulus* m *(als Papstname)* || Paulo (auch Pablo) VI *Paul VI. (ab 1963)* || Am = **Pablo**
paupe|rismo m *Armenwesen* n || *Massen\elend* n, *-armut* f || **-rización** f ⟨Soz⟩ *Verarmung* f *(des Volkes, der Massen)*
paupérrimo adj sup v. **pobre**
pau|sa f *(Ruhe)Pause* f || *Bedächtigkeit* f || *Ruhe* f || *Langsamkeit* f || ⟨Mus Sch⟩ *Pause* f || ⟨Radio⟩ *Pausenzeichen* n || ~ de aire *Kunst-, Luft\pause* f || ~ de redonda, blanca, negra, corchea, semicorchea ⟨Mus⟩ *Viervierel-, Zweiviertel-, Viertel-, Achtel-, Sechzehntelpause* f || ◊ hacer (una) ~ *pausieren, e–e Pause einlegen* || **-sadamente** adv *langsam* || *ruhig, gelassen* || **-sado** adj *langsam, ruhig* || *gelassen* || *bedächtig* || *abgemessen* || **-sar** vi ⟨Mus⟩ *pausieren*
pau|ta f *Lini(i)erung* f || *Linienblatt* n || ⟨Mus⟩ *Notensystem* n || fig *Richtschnur* f || fig *Regel* f || fig *Vorbild* n || fig *Leitgedanke* m || **-tado** adj *lini(i)ert* || papel ~ ⟨Mus⟩ *Notenpapier* n || **-tar** vt *lini(i)eren*
¹**pava** f *Truthenne, Pute* f || *Pfauhenne* f || pop *dumme Gans* f || pop *Backfisch* m || figf *deutsches Kampfflugzeug* n *(Junker bzw Heinkel) (im span. Krieg 1936–1939)* || Chi *Spott, Hohn* m || Ven *breiter, flacher Hut* m || ◊ pelar la ~ figf *fensterln, am Fenstergitter sich mit der Geliebten unterhalten,* p. ex *den Hof machen,* fam *Süßholz raspeln*
²**pava** f Arg *Teekessel* m
³**pava** f ⟨Tech⟩ *Blasebalg* m
pavada f *Schar* f *Truthühner* || figf *Fadheit* f || *Radschlagen* n *(Kinderspiel)*
pavana f *Pavane* f *(altspan. Tanz)* || salida de ~ fam *grobe Antwort* f || ◊ zurrar la ~ figf *jdn verprügeln,* fam *jdm das Fell gerben* (→ **badana**)
pavero m *Hut* m || *Truthahnhändler* m || figf *breitkrempiger Schlapphut* m *(in der Art des Hutes der Truthahnhändler)* || Mex Chi RPl fig *Schwarzfahrer* bzw *blinder Passagier* m
pavés m *Langschild* m || *Glasbaustein* m
pavesa f *Flugasche* f || *Lichtschnuppe* f || ◊ estar hecho una ~ figf *nur ein Hauch sein* || reducir a ~s *zu Asche machen*
paveso m Chi fig *verheirateter Mann* m
*****pavezno** m *junger Puter* m (→ **pavipollo**)
pavía f *Paviapfirsich* m (→ **melocotón**)
Pavía f ⟨Geogr⟩ *Pavia* n
△**pavias** fpl *Nase* f
pávido adj ⟨Lit⟩ *furchtsam*
pavimen|tar vt *(aus)pflastern* || *mit Platten be-, aus\legen* || **-to** m *Estrich, Fußboden* m || *Bodenbelag* m || *(Straßen)Pflaster* m || ◊ arrancar el ~ *das Pflaster auf-, aus\reißen*
pavipollo m *junger Puter* m || *Junge* m *in den Flegeljahren*
¹**pavisoso** adj *fade,* fam *muffelig*
²△**pavisoso** m *Frauenheld* m
pavitonto adj fam *erzdumm*

pa|vo *m Puter, Truthahn* m ‖ ⟨V⟩ *Truthuhn* n (Meleagris gallopavo) ‖ figf *einfältiger Mensch* m ‖ △*Lohn* m ‖ ~ *asado Truthahnbraten* m *(span. Weihnachtsgericht)* ‖ ~ *real (Blauer) Pfau* m (Pavo cristatus) ‖ ◊ *comer* ~ figf *nicht zum Tanz aufgefordert werden, fam ein Mauerblümchen sein (Mädchen)* ‖ *edad del* ~ *Flegeljahre* npl ‖ *Backfischalter* n ‖ *ser el* ~ *de la boda Am pop es ausbaden müssen* ‖ **-vón** *m Pfau(hahn)* m ‖ ⟨Entom⟩: ~ *diurno Tagpfauenauge* n (Inachis = Vanessa io) ‖ *gran* ~ *nocturno Großes Nachtpfauenauge* n (Saturnia pyri) ‖ ~ *nocturno mediano Mittleres Nachtpfauenauge* n (Eudia spini) ‖ ~ *nocturno menor Kleines Nachtpfauenauge* n (Eudia pavonia) ‖ *dim:* ~**cito**
²**pa|vón** *m Stahlblau* n (→ **empavonar**) ‖ *Brünierung* f ‖ **-vonar** vt *blau anlassen, brünieren*
pavo|nado adj *blau angelaufen (Stahl)* ‖ ~ m *Brünierung* f ‖ **-near(se)** vi/r figf *sich (wie ein Pfau) aufplustern, dick(e)tun, einherstolzieren* ‖ **-neo** *m* figf *Aufplustern, Einherstolzieren* n
pa|vor *m Schrecken* m ‖ *Entsetzen* n ‖ *Furcht, Angst* f ‖ **-voroso** adj *fürchterlich, schauderhaft, entsetzlich, schrecklich*
pavote *m* desp *v.* **pavo**
pavura *f* ⟨Lit⟩ *Furcht, Angst* f
pax *f* lat = **paz**
paya|(da) *f* Am *Paya* f, *Stegreifgedicht* n *der Gauchos* ‖ **-dor** *m* Am *Stegreifsänger* m *(Gaucho) mit Gitarre (südam. Volkssänger)*
paya|sada *f* pop *dummer Spaß, Witz* m ‖ **-so** *m Bajazzo, Hanswurst* m (& fig) ‖ *Clown* m *(in e-m Varieté od Zirkus)* ‖ *Hanswurst* m ‖ *Possenreißer* m (& fig)
pa|yés *m Bauer* m *(in* Cat) ‖ figf *Bauernlümmel* m ‖ **-yesa** *f Bäuerin* f *(in* Cat)
payo m/adj *Bauer, Dorfbewohner* m ‖ figf *(Bauern)Lümmel* m ‖ △*Gendarm* m ‖ ~ adj *bäurisch* ‖ *grob* ‖ *tölpelhaft*
pay-pay *m* Am *Palmfächer* m ‖ *(runder) Pappenfächer* m
paz [pl **-ces**] *f Friede* m ‖ *Friedensschluß* m ‖ *(Gemüts)Ruhe* f ‖ *Eintracht* f ‖ *La* ≃ *Hauptstadt* f *von Bolivien* ‖ ~ *armada bewaffneter Friede* m ‖ ~ *eterna ewiger Friede* m ‖ ⟨Rel⟩ *ewige Seligkeit* f ‖ fig *Tod* m ‖ ~ *por separado Sonderfrieden* m ‖ *amante de la* ~ *friedliebend* ‖ *friedfertig* ‖ *gente de* ~ *friedliche Leute* pl ‖ ⟨Mil⟩ *gut Freund!* ‖ *juez, mensajero de* ~ *Friedens|richter, -bote* m ‖ → **beso, congreso, tratado** etc ‖ ◊ *concluir (od concertar) la* ~ *den Frieden schließen* ‖ *no dar* ~ *a la lengua* figf *unaufhörlich reden* ‖ *no se dio* ~ *hasta* (inf) *er ließ sich keine Ruhe, bis* ‖ *dejar en* ~ *in Ruhe lassen* ‖ ¡descanse en ~! *Ruhe sanft!* ‖ *mi padre que en* ~ *descanse* (Abk q.e.p.d.) *mein seliger Vater* ‖ *estar (od quedar) en* ~ *ausgeglichen, quitt sein* ‖ *meter* ~ ‖ → **negociar** ‖ *ponerse en* ~ (con) *sich aussöhnen (mit)* ‖ *vivir en santa* ~ *in Frieden und Ruhe leben* ‖ ¡~! *Ruhe! Stille!* ‖ ¡la ~ de Dios! fam *mit Gott! (Abschiedsformel)* ‖ ~ *de Dios* ⟨Hist⟩ *Gottesfrieden* m ‖ ¡déjame en ~! *laß mich in Frieden (od Ruhe)!* ‖ … y ¡en ~! pop *und damit basta! Schluß damit!* ‖ *hacer las paces Frieden schließen* ‖ *sich (miteinander) aussöhnen*
pazco → **pacer**
pazguato adj/s fam *einfältig, dumm*
pazo *m* Gal *Stammhaus* n
pazote *m* ⟨Bot⟩ → **epazote**
p.b. Abk = **peso bruto**
pble. Abk = **posible**
pbro. Abk = **presbítero**
p. c. Abk frz = **pour condoléance**
p/c, p/cta Abk = **por cuenta**
p/c/o Abk = **por cuenta y orden**
¡**pch(e)!** ¡**pchs!** int *bah! (Gleichgültigkeit, Unwillen)*

P.D. Abk = **posdata** ‖ **porte debido**
pd. Abk = **pie, pies** *(Maß)*
pdo., p.ᵈᵒ Abk = **pasado**
pdr. Abk = **poder**
P.ᵉ Abk = **Padre**
pe *f P* n *(Name des Buchstabens p, P)* ‖ ◊ *le contó todo de* ~ *a pa er erzählte ihm alles von A bis Z*
p.e., p/e Abk = **por ejemplo**
peaje *m Brückengeld* n ‖ *Wegegeld* n ‖ *Autobahngebühr* f ‖ *Durchgangsgebühr* f *(beim Tunnel)* ‖ ~**ro** *m Autobahn-, Straßen|zolleinnehmer, Mauteintreiber* m
peal *m Gamasche* f ‖ *Fußlappen* m ‖ △ *Herr Dingsda* m
peán *m* ⟨Lit⟩ *Päan* m ‖ fig *Lob-, Preis|lied* n
peana *f Fußgestell* n *e-r Bildsäule* ‖ *(Fuß-) Schemel* m
peatón *m Fußgänger* m ‖ *paso de* ~es ⟨StV⟩ *Fußgängerüberweg* m ‖ *zona de* ~es *Fußgängerzone* f
pebe|te *m Räucherkerzchen* n ‖ pop *Knirps* m ‖ **-tero** *m Räucherpfanne* f
pebre m/f *Pfeffertunke* f ‖ prov *Pfeffer* m
peca *f Sommersprosse* f ‖ *Leberfleck* m ‖ ~**s** pl *Sommersprossen* fpl
pecado [dim *-dillo*] *m Sünde* f ‖ *Vergehen* n ‖ *Fehler, Mangel* m ‖ ~ *de comisión Begehungssünde* f ‖ ~ *habitual Gewohnheitssünde* f ‖ ~ *leve, grave leichte, schwere Sünde* f ‖ ~ *mortal Todsünde* f ‖ ~ *de omisión Unterlassungssünde* f ‖ ~ *original Erbsünde* f ‖ ~ *venial läßliche Sünde* f ‖ *casa de* ~ pop *öffentliches Haus* n ‖ *más feo que el* ~ fig *häßlich wie die Nacht* ‖ *sin* ~ *sünden|los, -frei* ‖ *makellos* ‖ ◊ *caer en* ~ *der Sünde anheimfallen* ‖ *cometer un* ~ *e-e Sünde begehen* ‖ *está hecho un* ~ fig *es ist mißlungen* ‖ *de mis* ~**s** joc *allerliebst* ‖ joc *ver|dammt, -flixt*
peca|dor m/adj *Sünder* m ‖ ~ adj *sündig* ‖ **-dora** *f Sünderin* f ‖ **-minoso** adj *sündhaft* ‖ *acto* ~ *sündhafte Tat* f
pecar [c/qu] vi *sündigen* ‖ *verstoßen, fehlen, sich vergehen* (contra *gegen* acc) ‖ *sich et einbilden* (de *auf* acc) ‖ ◊ ~ *de bueno übermäßig gut sein* ‖ ~ *de prolijo zu weitschweifig werden* ‖ ~ *por exceso* fig *übertreiben* ‖ *no* ~ *de cobarde kein Feigling sein*
pécari, pecari *m* ⟨Zool⟩ *Nabelschwein* n, *Pekari* m (Tayassu spp)
pecblenda *f* ⟨Min⟩ *Pechblende* f
peccata minuta lat fam *Schönheitsfehler* m ‖ *belangloser Irrtum* m ‖ *Kavaliersdelikt* n
pececi|to, -llo *m* dim *v.* **pez** ‖ **-llo** *m de plata* ⟨Entom⟩ *Silberfischchen* n (Lepisma saccharina)
peceño adj *pechschwarz, Pech-*
pecera *f Glasbehälter* m *(für Fische)*
peces pl *v.* **pez**
pecezuela *f* dim *v.* **pieza**
¹**pecezuelo** *m* dim *v.* **pie**
²**pecezuelo** *m* dim *v.* **pez**
pecina *f kleiner Fischteich* m ‖ *Schlamm* m
peci|nal *m Sumpf, Morast* m ‖ **-noso** adj *schlammig*
pecíolo *m* ⟨Bot⟩ *Blattstiel* m ‖ → a **rabillo**
pécora *f Schaf* n ‖ *mala* ~ fam *geriebene, elende Dirne* f ‖ *geriebenes Weibsstück* n ‖ *böser Kerl* m
pecoso adj *sommersprossig*
pectina *f Pektin* n
pectoral adj *Brust-* ‖ *cavidad* ~ ⟨An⟩ *Brusthöhle* f ‖ *(músculo)* ~ ⟨An⟩ *Brustmuskel* m ‖ *pastillas* ~es *Brustpastillen* fpl ‖ ~ *m Bischofs-, Brust|kreuz, Pektorale* m ‖ ⟨Med⟩ *Brustmittel* n
pecuario adj *Vieh-* ‖ *industria* ~a *Viehwirtschaft* f
peculado *m (Geld)Unterschlagung* f *(im Amt)*
pecu|liar adj *besonder, eigen(tümlich)* ‖ **-liari-**

dad f *Besonderheit, Eigentümlichkeit* f ‖ *Eigengepräge* n ‖ *persönliche Prägung* f ‖ *Charakterzug* m ‖ **-lio** m *Spargroschen* m ‖ *Sondergut* n ‖ *Vermögen* n

pecu|nia f fam *Geld* n ‖ **-niario** adj *pekuniär* ‖ *Vermögen(s)-, Geld-* ‖ asunto ~ *Geldangelegenheit* f ‖ dificultad ~a *Geldverlegenheit* f ‖ pena ~a *Geldstrafe* f ‖ recursos ~s *Vermögensverhältnisse* npl

pechacar vt Chi *klauen, stibitzen*

pecha|da f *Stoß* m *(im Gedränge)* ‖ **-dor** m Am fam *Betrüger* m ‖ **-r** vi: ◊ ~ con a. *die Unannehmlichkeiten (bzw Verpflichtungen) auf sich nehmen* ‖ **-zo** m augm v. **pecho** ‖ pop *großer Mut* m ‖ fig pop *Frechheit* f

peche|ra f *Brust|latz* m, *-binde* f, *-tuch* n ‖ *Hemdbrust* f ‖ *Vorhemd* n, *Chemisette* f ‖ *Bluseneinsatz* m ‖ fam *Busen* m ‖ ~ postiza *Plastron* m/n ‖ **-ro** m/adj *Vasall, Hörige(r)* m ‖ *Brustlatz* m ‖ ~ adj *tributpflichtig* ‖ **-rón, ona** adj Am fam *glänzend*

pechiazul adj/s *blaubrüstig* ‖ ~ m ⟨V⟩ *Blaukehlchen* n (Cyanosylvia svecica)

pechiblanco adj *weißbrüstig*

pechina f allg *leere Muschel* f ‖ ⟨Zool⟩ *Venusmuschel* f (Venus spp) ‖ *Kammuschel* f (Pecten spp) ‖ ⟨Arch⟩ *Hängezwickel* m *(e-r Kuppel)*

pechirrojo adj *rotbrüstig* ‖ ~ m ⟨V⟩ = **petirrojo**

pechisacado adj fam *hochfahrend* ‖ *stolz* ‖ *hochmütig* ‖ *protzend*

△**pechista** m *Mesner, Küster* m

¹**pecho** m *Brust* f ‖ *Brustkorb* m ‖ *Frauenbrust* f, *Busen* m ‖ fig *Gemüt, Innere(s)* n ‖ fig *Mut* m ‖ voz de ~ *Bruststimme* f ‖ ~ de buey ⟨Kochk⟩ *Rinderbrust* f ‖ a ~ abierto fig *freimütig* ‖ hombre de ~ *mutiger Mensch* m ‖ mal de ~ *Brustkrankheit* f ‖ ◊ dar el ~ fam *die Brust geben* dat, *stillen* acc ‖ estar a tomar el ~ *an der Mutterbrust trinken (Säugling)* ‖ no le cabe en el ~ fig *er kann es nicht bei sich behalten* ‖ sacar en figf *protzen* ‖ tomar a ~(s) et *beherzigen* ‖ *sich et zu Herzen nehmen* ‖ ¡no lo tome tan a ~! pop *nehmen Sie es nicht so ernst!* ‖ ¡~ al agua! *nur mutig zu!* ‖ a lo hecho ~ fig *Mann muß für s-n Tun einstehen* ‖ morir del ~ *an der Schwindsucht sterben* ‖ ~s pl *Brüste* fpl ‖ ◊ caer de ~ *auf die Brust fallen* ‖ criar a los ~ *stillen (Kind)* ‖ fig *erziehen* ‖ fig ⟨Lit⟩ *an s-m Busen nähren* ‖ echarse a ~ a/c fig *et auf sich nehmen* ‖ pop *(ein Glas Wein) gierig austrinken*

²**pecho** m ⟨Hist⟩ *Tribut, Zins* m *(der Hörigen, der Vasallen)* ‖ ◊ *derramar los* ~s ⟨Verw⟩ *e-e Abgabe umlegen*

pechona adj/s pop *vollbusig*

pechuelo, pechito m dim v. **pecho**

pechu|ga f *Brust|fleisch, -stück* n *(vom Geflügel)* ‖ fam *Brust* f, *Busen* m ‖ ~ de ganso *Gänsebrust* f ‖ *Spickgans* f ‖ **-gón** m *Faustschlag* m *(in die Brust)* ‖ Col *Schmarotzer* m ‖ **-gona** f Am pop *Dirne* f ‖ ~ adj pop *vollbusig* △**pechul** m *Mann, Mensch* m

pechurana f ⟨Min⟩ *Pechblende* f

pedacito m dim v. **pedazo**

peda|gogía f *Pädagogik, Erziehung(slehre)* f ‖ ~ terapéutica *Heilpädagogik* f ‖ **-gógico** adj *erzieherisch, pädagogisch* ‖ film ~ *Lehrfilm* m ‖ sistema ~ *Erziehungssystem* n ‖ ***-gogio** m *Erziehungsanstalt* f ‖ **-gogo** m *Erzieher, Pädagoge* m ‖ *(Schul)Lehrer* m ‖ iron *Schulmeister* m

pe|dal m *Fußhebel* m, *Pedal, Trittbrett* n *(Fahrrad, Klavier, Orgel)* ‖ ◊ dar ~ fam ⟨Aut⟩ *Gas geben* (& fig) ‖ pisar el ~ ⟨Aut⟩ fig *mit Vollgas fahren* ‖ ~es mpl *Pedale* npl ‖ *Tretwerk* n ‖ **-dalear** vi pop *radeln, radfahren* ‖ *die Pedale treten*

pedáneo adj *Dorf-*

pedanía f ⟨Verw⟩ *Unterbezirk* m *e-r Gemeinde*

pedan|te m/adj *Besserwisser, Schul|meister, -fuchs* m ‖ fig *Kleinigkeitskrämer* m ‖ ~ adj *schulmeisterlich* ‖ *rechthaberisch* ‖ *pedantisch* ‖ **-tería** f ‖ *Schul|meisterlichkeit, -fuchserei* f ‖ *Kleinigkeitskrämerei, Pedanterie* f ‖ **-tesco** adj *schulmeisterlich* ‖ *rechthaberisch* ‖ *pedantisch, philisterhaft, kleinlich* ‖ crítica ~a *Silbenstecherei* f ‖ erudición *(od* sabiduría) ~a *Schulweisheit* f ‖ **-tismo** m *Pedanterie* f ‖ ~ burocrático *Amtsschimmel* m

peda|zo m *(Bruch)Stück* n ‖ *Bißchen* n ‖ ~ de alcornoque, ~ de animal, ~ de bruto, ~ de bárbaro, ~ de palo figf *Rindvieh* n, *Tölpel* m ‖ el ~ de mi alma *(od* corazón), el ~ de mis entrañas figf *mein Liebling, Schatz* m ‖ ~ de pan fig *gutmütiger Mensch* m ‖ por un ~ de pan pop *spottbillig, für ein Butterbrot* ‖ ~ por ~ *Stück für Stück* ‖ ◊ poner un ~ a a. *et flicken* ‖ ~s pl: ◊ caerse a ~ figf *todmüde sein*, fam *total kaputt sein* ‖ hacer ~ *in Stücke schlagen, hauen* ‖ *zerstören* ‖ fig *vereiteln (Pläne)* ‖ hacerse ~ pop *zugrunde gehen* ‖ hecho ~ *entzwei* ‖ *zerstückelt, zertrümmert* ‖ *kaputt* ‖ a *(od* en) ~ *stückweise* ‖ dim: **-zuelo** m

peder vi = **peer**

pederas|ta m *Knabenschänder, Päderast* m ‖ p.ex *Homosexuelle(r)* m ‖ **-tía** f *Knaben|liebe* bzw *-schändung, Päderastie* f ‖ p.ex *männliche Homosexualität* f

pedernal m *Kiesel, Feuerstein* m ‖ corazón de ~ fig *steinernes Herz* n ‖ obra de ~ *Steingut* n

pedes|tal m *Fußgestell, Postament* n ‖ *Sockel* m ‖ ⟨Arch⟩ *Säulenfuß* m, *Unterlage* f ‖ fig *Grundlage* f ‖ **-tre** adj *zu Fuß (gehend), Fuß-* ‖ fig *platt, gemein, geistlos, vulgär* ‖ →a **pedestrismo** ‖ **-triano** m ⟨Sp⟩ *Wettläufer* m ‖ **-trismo** m *Fuß(gänger)-, Wander|sport* m ‖ *Wettgehen* n

pedia|tra m *Kinderarzt, Pädiater* m ‖ **-tría** f *Kinderheilkunde, Pädiatrie* f

pediátrico adj *pädiatrisch* ‖ clínica ~a *Kinderklinik* f

pedicu|lado adj ⟨Biol⟩ *gestielt* ‖ ojo ~ *Stielauge* n ‖ **-lar** adj ⟨Med⟩ *Läuse-* ‖ **-losis** f ⟨Med⟩ *Läusebefall* m, *Pedikulose*, fam *Verlausung* f (→ **piojo**)

pedicu|ra f *Fußpflege, Pediküre* f ‖ *Fußpflegerin, Pediküre* f ‖ **-ro** m *Fußpfleger* m

pedi|da f *Verlobte, Braut* f ‖ **-do** pp/adj: muy ~ ⟨Com⟩ *sehr gesucht, sehr begehrt (Ware)* ‖ ◊ ser ~ *gesucht sein (Ware)* ‖ ~ m *(Bitt)Gesuch* n ‖ *Warenbestellung* f, *Auftrag* m ‖ *bestellte Ware* f ‖ ~ de ensayo, ~ de prueba *Probeauftrag* m ‖ ~ fuerte, ~ de importancia *großer Auftrag* m ‖ ~ suplementario *Nachbestellung* f ‖ ~ por telégrafo *telegrafische Bestellung* f ‖ anulación de un ~ *Zurückziehung* f *e-s Auftrags* ‖ a ~ *auf Bestellung* ‖ según ~ *auftragsgemäß* ‖ ◊ activar la ejecución de un ~ *die Ausführung e-s Auftrags beschleunigen* ‖ al hacer el ~ *bei Erteilung des Auftrags, bei (der) Bestellung* ‖ después de hecho el ~ *nach Erteilung des Auftrags* ‖ hacer un ~ en firme *fest bestellen* ‖ ~s pl *libro de* ~ *Bestell-, Auftrags|buch* n ‖ ◊ *capacidad de servir pronto los* ~ *Leistungsfähigkeit* f *(e-r Firma)*

pedigüeño adj *zudringlich (bettelnd)* ‖ *bettelhaft* ‖ ~ m *Bettler* m ‖ *zudringlicher Bittsteller* m

pediluvio m *Fußbad* n

pedipalpo m ⟨Zool⟩ *Pedipalpe* f *(bei Spinnentieren, gleichzeitig Begattungsorgan der männlichen Spinnen)*

pedir [-i-] vt/i *begehren, fordern, verlangen* ‖ *bitten* ‖ *betteln* ‖ *beten* (por *für* acc) ‖ *bestellen (Waren)* ‖ *erfordern* ‖ *sich bewerben (um)* ‖ ~ (a) *(ab)verlangen, fordern (von* dat*)* ‖ *angehen (um* acc*)* ‖ ◊ ~ agua, ~ de beber *um et zu trinken bitten* ‖ ~ cuenta (a) *Rechenschaft (ab-)*

pedo — peinador

fordern (von dat*)* ‖ ~ de nuevo, volver a pedir *wieder bestellen (Ware)* ‖ ~ en justicia *verklagen, vor Gericht fordern* ‖ ~ en matrimonio, ~ la mano (de) *freien, um ein Mädchen anhalten* ‖ ~ un favor (a) *um e-e Liebenswürdigkeit bitten* ‖ ~ garantía *Kaution verlangen* ‖ ~ géneros *Waren bestellen* ‖ ~ gracia *um Gnade bitten* ‖ ~ (la) hora *nach der Zeit fragen* ‖ ~ informes (de) *Erkundigungen einziehen (von)* ‖ ~ limosna *betteln* ‖ ~ mucho *große Ansprüche machen* ‖ ~ überteuern *(Ware)* ‖ ~ la palabra *ums Wort bitten* ‖ ~ para las ánimas *für die Seelen sammeln (in der Kirche)* ‖ ~ por Dios fig *betteln* ‖ ~ un precio excesivo *e-n übertriebenen Preis verlangen* ‖ ~ (dinero) prestado *(Geld) entleihen (a bei* dat*)* ‖ fam *jdn anborgen* ‖ se lo pido ich bitte Sie darum ‖ le pido perdón *ich bitte Sie um Verzeihung* ‖ a ~ de boca fig *nach Wunsch, nach Herzenslust* ‖ un plato que no hay más que ~ pop *ein famoses Essen* ‖ bebía cuanto le pedía el cuerpo pop *er trank nach Herzenslust*
pedo m vulg *Furz, Pup* m ‖ Am *Schwips* m ‖ ~ de lobo ⟨Bot⟩ *Bofist, Stäubling* m (Lycoperdon (spp) *(Pilz)*) ‖ →a **bejín** ‖ ~ de monja fig vulg *Fist, Schleicher, geräuschloser Wind* m ‖ fig pop *verschiedene Süßigkeiten (nach Klosterart)* ‖ ◊ soltar un ~, tirar(se) un ~ vulg *e-n fahren lassen,* vulg *furzen*
pedología f → **edafología**
pedo|rrear vi vulg *oft furzen* ‖ **-rreo** m vulg *Furzen* n, vulg *Furzerei* f ‖ **-rr(er)o** m vulg *Furzer* m
pedrada f *Steinwurf* m ‖ ◊ le pegó una ~ a la cabeza *er warf ihm e-n Stein an den Kopf* ‖ andar a ~s *(od* a ~ limpia*) einander mit Steinen bewerfen* ‖ matar a ~s *zu Tode steinigen* ‖ → **boticario**
pedre|a f *Steinigen* n ‖ *Steinregen, starker Hagel* m ‖ *Kampf* m *mit Steinwürfen* ‖ figf *Nebengewinne* mpl *(in der Lotterie)* ‖ **-cita** f *Steinchen* n ‖ **-gal** m *steiniger Ort* m, *steiniges Gelände* n ‖ **-goso** adj *steinig* ‖ **-ra** f *Steinbruch* m ‖ **-ría** f *Edelsteine* fpl ‖ **-ro** m *Steinmetz* m ‖ *Steinschleifer* m ‖ **-zuela, -ta** f dim v. **piedra**
pedris|ca f, **-co** m *(Stein)Hagel* m ‖ *Hagelwetter* n
pedriza f *steinige Stelle* f *im Gelände*
pedrizo adj *steinig (Gelände)*
Pedro [dim **Pedrito**] np *Peter* m ‖ △ ⁓ *Mantel* m *(der Nachtdiebe)* ‖ *Nachtgeschirr* n ‖ *Riegel* m ‖ como ~ en *(od* por) su casa figf *mit voller Freiheit, ohne auf jdn Rücksicht zu nehmen, völlig ungeniert* ‖ tal para cual, ~ para Juan *(od* tanto vale ~ como Juan*) iron sie sind beide über e-n Leisten geschlagen* ‖ el Cruel ⟨Hist⟩ *Peter der Grausame (1334–1369)* ‖ Santos ~ y Pablo ⟨Kath⟩ *Peter u. Paul (29. Juni)* ‖ fiesta de San ~ *Petritag* m ‖ → **Pero**
pedrojiménez m *e-e angeblich vom deutschen Riesling abstammende Traubenart, die bei Montilla, Málaga und hauptsächlich bei Jerez de la Frontera angebaut wird*
pe|drón m augm v. **piedra** ‖ **-drusco** m *Fels (-block), Stein(block)* m
pedúnculo m ⟨Bot⟩ *(Blumen)Stiel* m
peer vi vulg *furzen*
¹**pega** f *(Ver)Pichen* n *(der Fässer)* ‖ *Pech* n ‖ *Töpferglasur* f ‖ fam *Ulk, Possen* m ‖ fam *Prellerei* f ‖ fam *Pech, Unglück* n ‖ fam *Tracht* f *Prügel* ‖ ⟨Sch⟩ *verwickelte Frage* f ‖ *Schwierigkeit,* fam *Schikane* f ‖ de ~ pop *falsch* ‖ *nachgemacht* ‖ ◊ estar de ~, tener ~ fam *Pech haben* ‖ ser la ~ *lasterhaft sein*
²**pega** f ⟨V⟩ *Elster* f (→ **urraca**) ‖ ~ reborda ⟨V⟩ *Würger* m (→ **alcaudón**) ‖ ⟨Fi⟩ *Schiffshalter* m (→ **rémora**)
pega|dillo m Ec *Spitze, Blonde* f ‖ **-dizo** adj

pechig, klebrig ‖ figf *zudringlich* ‖ fig *ansteckend* (→ **contagioso**) ‖ canción ~a fam *Ohrwurm* m, *ins Ohr gehendes Lied* n ‖ *Schlager* m ‖ **do** adj fig *zugeneigt, zugetan* ‖ ~ a *ganz nahe an* (dat) ‖ ~ a la casa pop *zu Hause hockend* ‖ ~ a la pared *dicht an der Wand* ‖ fig *besiegt, gedemütigt* ‖ ~ a las faldas de su madre fig *verhätschelt* ‖ ◊ estar ~ (a) *kleben, haften (an* dat*)* ‖ **-joso** adj *klebrig, leimig* ‖ *aufdringlich* ‖ *schmierig, ölig (Mensch)* (→ **untuoso**)
pegar [g/gu] vt *(an)kleben, (an)leimen, (an-)heften* (a *an, auf* acc) ‖ *pichen (Fässer)* ‖ fig *befestigen* (a *an* dat) ‖ *annähen, anbinden, anknüpfen* ‖ *übertragen, anstecken (e-e Krankheit, Laster,)* ‖ *werfen, schleudern* (contra *gegen* acc) ‖ *geben, versetzen, austeilen (Schläge, Stöße)* ‖ *schlagen, prügeln, züchtigen* ‖ ⟨Taur⟩ *den Stier zum Stehen bringen (Stierfechter)* ‖ ◊ ~ un botón *e-n Knopf annähen* ‖ ~ un bofetón (a) pop *jdm e-e Ohrfeige herunterhauen* ‖ ~ (el) fuego (a) *Feuer anlegen, Brand stiften* ‖ ~ golpes sobre la mesa *auf den Tisch schlagen* ‖ → **hebra** ‖ no (poder) ~ el ojo *(od* los ojos) figf *nicht (ein-)schlafen können* ‖ ~ *e schlaflose Nacht verbringen* ‖ no ~ el ojo en toda la noche fam *die ganze Nacht kein Auge zutun* ‖ ~ una paliza (a) pop *jdn durchprügeln* ‖ ~ un puntapié (pop una patada) *e-n Fußtritt geben* ‖ ~ un salto *(od* brinco) *(auf)springen* ‖ ~ sobre a/c *überkleben* ‖ ~ voces *schreien* ‖ ~ un tiro *e-n Schuß abfeuern* ‖ ~la con alg. pop *mit jdm anbinden* ‖ *in Streit geraten (con mit* dat) ‖ **pegársela** (a) pop *jdn betrügen, hintergehen, jdm et aufbinden* ‖ fam *jdm Hörner aufsetzen* ‖ ¡a mí no me la pegan! pop *ich lasse mich nicht anführen!* ‖ ¿otra que te pego? pop *schon wieder? wieder dasselbe?* ‖ ~ vi *hängen-, kleben-, haften|bleiben* ‖ *stoßen* (con *auf* acc) ‖ *Wurzel fassen* ‖ ⟨Th⟩ pop *Beifall finden (Schauspiel)* ‖ *passen, passend sein, gelegen kommen* (con *zu* acc) ‖ *reimen* (con *mit* dat) ‖ *ganz nahe sein* (a *bei* dat) ‖ ⟨Taur⟩ *allzu unbändig sein (Stier)* ‖ ~ duro pop *hart zuschlagen* ‖ fig *kräftig sein* ‖ eso no pega ni con cola fam *das ist der reinste Unsinn* ‖ *das reimt sich nicht zusammen* ‖ **~se** *hängen-, haftenbleiben* ‖ *anbrennen (Gericht)* ‖ fig *sich tief einprägen* ‖ ⟨Sch⟩ *schüchtern sein, nicht antworten können* ‖ la lengua se me pega al paladar *die Zunge klebt mir am Gaumen* ‖ ~ un tiro fam *sich e-e Kugel durch den Kopf jagen, sich erschießen* ‖ ~ con alg. pop *auf jdn losgehen, jdn anfallen* ‖ se le pegó la enfermedad *er hat die Krankheit (auch) bekommen* ‖ → **lapa** ‖ → **sábana**
Pegaso m *Pegasus* m, *Musenroß* n ‖ ⟨Astr⟩ *Pegasus* m
pegmatita f ⟨Geol⟩ *Pegmatit* m *(magmatisches Gestein)*
△**pego** m *Prellerei* f
pegón m Am *Prellerei* f
pegote m *Pechpflaster* n ‖ fig *unpassender Zusatz* m ‖ fig *zudringliche Person* f ‖ **~ar** vi fam *schmarotzen,* fam *nassauern*
Pegro m/adj Am pop = **Pedro**
pegual m Am *Bindegurt* m *(für Tiere bzw Lasten)*
peguero m *Pechsieder* m ‖ *Pechhändler* m
pegu|jal, -jar m dim = **peculio** ‖ *kleines Bauerngut* n ‖ **-jalero** m *Kätner, Kleinbauer* m ‖ **-jón, -llón** m *Knäuel* m/n *(Haare, Wolle)*
peina f = **peineta**
peina|da f *Kämmen* n ‖ ◊ darse una ~ fam *sich (oberflächlich) kämmen* ‖ **-do** adj *gekämmt* ‖ figf *geschniegelt, geleckt, weibisch geputzt* (→ **repeinado**) ‖ ~ m *Haartracht* f ‖ *Frisur* f ‖ *Flachshecheln* n ‖ ⟨Web⟩ *Kämmen* n ‖ ◊ hacerse el ~ *sich kämmen* ‖ **-dor** m *Frisiermantel* m ‖ *Rasier|tuch* n bzw -umhang m ‖ ⟨Web⟩ *Kämmer*

m || *Kammstuhlarbeiter* m || → a **tocador** || **-dora** f *Kammstuhl* m, *Kämmaschine* f || **-duras** fpl *ausgekämmtes Haar* n
pei|nar vt *kämmen* || *auskämmen* || *(Wolle) krempeln, kämmen* || ⟨Zim⟩ *(mit dem Hobel) anstreifen* || *streifen, leicht berühren* || ⟨poet⟩ *(die Wellen) durchfurchen (Schiff)* || fig *putzen, schmücken* || figf *jdn zurechtweisen* || fig *durchkämmen (z.B. die Polizei ein Stadtviertel)* || ◊ ∼ la baraja *die Karten mischen* || ∼ canas figf *alt werden (od sein)* || **∼se** *sich kämmen* || *sich frisieren* || ∼ solo pop *sich selbst zu helfen wissen* || no se peina para él pop *sie ist keine Partie für ihn, sie denkt nicht daran, ihn zu nehmen* || **-ne** m *Kamm* m || *Weberkamm* m || ⟨Web⟩ *Rechen* m || → a **carda** || *(Woll)Karde* f || ⟨Web⟩ *Lochnadelmaschine* f || ⟨Tech⟩ *Tastenfeld* n *(Schreibmaschine)* || *Gewindestahl* m || *Gewindestrehler* m || ⟨Mil⟩ *Ladestreifen* m || ∼ de bolsillo *Taschenkamm* m || a sobre ∼ fig *oberflächlich, obenhin* || es un ∼ pop *er ist ein geriebener Mensch* || dim: **-necillo** || **-neta** f *Auf-, Ein|steckkamm* m *(der Spanierinnen)* || ∼ de teja *(Art) hoher Aufsteckkamm* m || ¡∼! vulg *Donnerwetter!* (euph *für* **puñeta**)
p. ej. Abk = **por ejemplo**
△**pejar** vt/i = **bajar**
peje m *Fisch* m || figf *verschmitzer, geriebener Kerl* m || *Gauner* m
peje|buey m ⟨Zool⟩ = **manatí** || **-judío** m Am = **manatí** || **-muller** m = **manatí**
peje|palo m *(geräucherter) Stockfisch* m || **-rrey** m ⟨Fi⟩ *Ährenfisch* m (Atherina spp) || Am *verschiedene Fischarten* || **-sapo** m ⟨Fi⟩ *Seeteufel* m (→ **rape**)
pejiguera f pop *Widerwärtigkeit* f
pejina f Sant *Frau* f bzw *Mädchen* n *des einfachen Hafenvolkes*
△**pejuchar** vt *kochen* || *backen*
Pekín m *Peking (Stadt)*
pekinés, esa adj → **pequinés**
¹**pela** f *Schälen* n || Am *Prügel* m
²**pela** m pop = **peseta** || ◊ no tener una ∼ pop *leere Taschen haben*
pela|dera f *Haarausfall* m || Am *Gerede* n || **-dez** [pl **-ces**] f Col *Elend* n || **-dilla** f *Zuckermandel* f || fig *kleiner Bachkiesel* m || *(Flinten-) Kugel* f || **-do** adj *kahl* || *nackt, baumlos* || *glattgeschoren* || *geschält* || *gerupft* || pop *geldlos* || pop *glatt (Zahl, z.B. 300)* || canto ∼ *glatter Stein* m || ◊ rompió a grito ∼ pop *er begann plötzlich zu schreien* || lo dejó ∼ pop *er hat ihn völlig ausgeplündert* || ∼ m Am *Schwips* m
pela|fustán m fam *Taugenichts* m || **-gallos, -gatos** m pop *Gelegenheitsarbeiter* m || *armer Schlucker* m || desp *Lumpenkerl* m
pelagia|nismo m ⟨Rel⟩ *Pelagianismus* m || **-no** m/adj *Pelagianer* m
pelágico adj ⟨Biol MK⟩ *pelagisch* || *See-, Meeres-*
pelagra f ⟨Med⟩ *Pellagra* n
pelaje m *Haarfarbe* f *(bes Tiere)* || *Fell* n || *Balg* m || fam *Äußere(s), Aussehen* n || p. ex *Wesen* n, *Art* f *usw e-r Person* || ◊ tiene un ∼ que no me agrada figf *er sieht übel aus*
pelam|bre m *Haufen* m *Felle* || *(Haut)Haare* npl || Am *Gerede* n || *Enthaarungsmittel* n || **-brero** m *Gerber* m
pelamen m fam *Haare* npl
pelamesa f pop *Rauferei* f
pelan|drín m pop *Schuft* m || **-dusca** f pop *Dirne* f
△**pelañí** f = **peseta**
pelapatatas m *Kartoffelschäler* m
pelar vt/i *(aus)rupfen (Haare)* || *(ab)scheren* || *ent-, ab|haaren* || *(ab)schälen (Rinde, Früchte)* || fig *jdn rupfen, ausziehen* || → **duro** || ◊ hace un frío que pela *es herrscht e-e grimmige Kälte,* fam *es ist eis-, bitter|kalt* || ∼ los dientes Am figf *scheinheilig grinsen* || *schadenfroh lächeln* || **∼se** *die Haare verlieren* || pop *sich die Haare schneiden lassen* || ∼la vulg *onanieren,* vulg *wichsen* || canta que se las pela pop *er singt unermüdlich, wunderbar*
pelargonio m ⟨Bot⟩ *Pelargonie* f (Pelargonium spp) (→ **geranio**)
pelaza f pop *Streit, Zank* m
pelcha f Chi *Haufen* m *(Leute)*
peldaño m *(Treppen)Stufe* f
△**pelé** m *Ei* n || *Hode* m/f
pele|a f *Gefecht* n, *Schlacht* f || *Kampf, Krieg* m || fig *Streit, Zank, Zwist* m || pop *Stierkampf* m || gallo de ∼ *Streit-, Kampf|hahn* m (& fig) || ◊ armar una ∼ *e-n Streit anfangen* || **-ador** m/adj *Kämpfer* m || *Raufbold, Zänker* m || **-ar** vi ⟨Mil⟩ *kämpfen, sich schlagen (por für* acc) || fig *streiten, zanken, hadern (por um* acc, *wegen* gen) || estar **-ados** *miteinander verzankt sein* || **∼se** *sich herumbalgen* || *sich verfeinden, uneins werden (con mit* dat)
Pelegrín m np Tfn *Peregrin(us)* m
pelele m *Strohmann* m, *Puppe* f || figf *Einfaltspinsel* m
pelendengue m = **perendengue**
peleón, ona adj/s *zänkisch* || *streitsüchtig* || *kampflustig* (vino) ∼ *ganz gewöhnlicher Wein,* fam *Krätzer* m || → **peleador**
pelerina f gall *Pelerine* f, *Mantelkragen, Umhang* m
pelete|ría f *Pelz-, Rauch|waren* fpl || *Kürschnerei* f || *Kürschnerladen* m, *Pelzgeschäft* n || **-ro** m *Kürschner* m || *Pelzhändler* m
peli|agudo adj *lang- und weich|haarig (Tier)* || figf *kitzlig, heikel, schwierig,* fam *haarig* || figf *fein, verschmitzt* || **-blanco** adj *weißhaarig* || **-blando** adj *weichhaarig* || **-cano** adj *grauhaarig*
pelícano, pelicano m ⟨V⟩ *Pelikan* m (Pelecanus spp) || ⟨Med⟩ *Pelikan* m *(Zahnzange)* || ⟨Bot⟩ → **aguileña** || ∼ ceñudo ⟨V⟩ *Krauskopfpelikan* m (P. crispus) || ∼ común, ∼ vulgar *Rosapelikan* m (P. onocrotalus) || = **alcatraz**
peli|castaño adj *braunhaarig* || **-corto** adj *kurzhaarig*
película f *Häutchen* n || *(Obst-, Frucht)Haut* f || *Film* m || *(hauchdünne) Folie* f || *Film|schauspiel,-drama|* || ∼ ancha (estrecha) *Breit- (Schmal-) film* m || ∼ de argumento *Spielfilm* m || ∼ en blanco y negro *Schwarzweißfilm* m || ∼ científica *wissenschaftlicher Film* m || ∼ en color(es) *Farbfilm* m || ∼ estereofónica *Stereophon-, Stereo|tonfilm* m || ∼ hablada, ∼ parlante *Sprechfilm* m || ∼ muda *Stummfilm* m || ∼ publicitaria *Werbefilm* m || ∼ sonora *Tonfilm* m || ∼ instructiva, ∼ pedagógica, ∼ didáctica, ∼ docente, ∼ cultural *Lehrfilm* m || → **film** || ∼ en rollo *Rollfilm* m || de ∼ pop *falsch, unecht* || *theatralisch* || *äußerlich* || actor de ∼ *Filmschauspieler* m || aparato de ∼(s) *Filmkamera* f || asunto de ∼ *Film|stoff* m, *-motiv* n || cámara para ∼s *Roll-filmkamera* f || carrete de ∼ *Filmspule* f || censura de ∼s *Filmzensur* f || novela de ∼ *Filmroman* m || ◊ correr la ∼ ⟨Phot⟩ *den (Roll)Film abdrehen* || echar una ∼ *e-n Film vorführen, geben* || ir a ver una ∼ *sich e-n Film ansehen* || poner en ∼ *verfilmen*
peliculable adj *verfilmbar* || asunto ∼ *Filmmotiv* n
pelicular adj *Film-* || ⟨El⟩ efecto ∼ *Skineffekt* m
peliculón m augm desp v. **película**: *langweiliger,* fam *unmöglicher Film* m || *Kitschfilm* m || *sentimentale Schnulze* f
peli|grar vi *in Gefahr sein, Gefahr laufen* || ◊ hacer ∼ *gefährden* || **-gro** m *Gefahr* f || *Gefährlichkeit* f || *Gefährdung* f || △*Folter* f || ∼ indefinido ⟨StV⟩ *allgemeine Gefahrenstelle* f *(Warnzeichen)* || ∼ de muerte *Lebensgefahr* f || ∼ en la

peligrosidad — pella 820

demora *Gefahr im Verzug* ‖ ◊ *afrontar un* ~ *e-r Gefahr trotzen* ‖ *correr* ~ *Gefahr laufen* ‖ *estar en* ~ *Gefahr laufen* ‖ *exponerse a un* ~ *sich e-r Gefahr aussetzen* ‖ *ofrecer* ~ *gefährlich sein* ‖ *poner en* ~ *gefährden* ‖ *combatir, conjurar un* ~ *e-e Gefahr bekämpfen, beschwören (abwenden)* ‖ *quien busca el* ~, *en él perece wer die Gefahr sucht, kommt darin um* ‖ *en la confianza está el* ~ *etwa: trau, schau, wem* ‖ **~s** *mpl* ⟨Mar⟩ *Untiefen fpl* ‖ **-grosidad** *f Gefährlichkeit* f ‖ *social Sozialgefährlichkeit* f ‖ **-groso** *adj gefährlich, bedenklich*
peli|largo *adj langhaarig* ‖ **-llo** *m dim v.* **pelo:** *Härchen n* ‖ *a* ~ *figf haarscharf* ‖ ¡~s (*od pelos*) *a la mar! fam Schwamm drüber!* ‖ (→a **echar**) ‖ ◊ *reparar en* ~s *figf sich bei Kleinigkeiten aufhalten* ‖ *no tener* ~ *en* (*od pelos*) *en la lengua figf kein Blatt vor den Mund nehmen*
pelindrusca *f pop Dirne* f
peli|negro *adj/s schwarzhaarig* ‖ **-rrojo** *adj/s rothaarig* ‖ **-rrubio** *adj/s blondhaarig*
pelitre *m* ⟨Bot⟩ → **piretro**
¹**pelma** *f:* ◊ *dar una* ~ *fam jdm den Kopf waschen*
²**pelma** *m/adj fam* = **pelmazo**
pelma|cería *f fam Aufdringlichkeit, Lästigkeit* f ‖ *Schwerfälligkeit* f ‖ **-zo** *m/adj pop lästiger bzw aufdringlicher Mensch* m ‖ *schwerfällige Person* f ‖ *Faulenzer m* ‖ *fig Dummkopf m*
pelo *m Haar* n ‖ (*Haar*) *Farbe* f ‖ *Kopf-, Haupt|haar* n ‖ *Behaarung* f ‖ *Flaum* m ‖ *Fell(-farbe f) n (e-s Tieres)* ‖ *Haarähnliche(s)* n ‖ *Faser* f ‖ *Bagatelle, Kleinigkeit* f ‖ ~ *arriba wider den Strich* ‖ ~ *de camello Kamelhaar (-zeug)* n ‖ ~ *corto kurzgeschnittenes Haar* n ‖ *fig Pagen-, Bubi|kopf* m ‖ ~ *a la garçonne,* ~ *a lo garzón,* ~ *a lo chico, fam* ~ *a lo Manolo,* ~ *a lo Juanito Bubikopf m (Frisur)* ‖ ~ *oxigenado (mit Wasserstoffperoxid) gebleichtes Haar n* ‖ ~ *postizo falsches Haar* n ‖ *Perücke* f ‖ ~ *rizado (Haar) Locken fpl* ‖ ~ *a la romana,* ~ *a lo Colón,* ~ *a lo paje Pagenkopf m (Frisur)* ‖ *a* ~ *ohne Kopfbedeckung* ‖ *a(l)* ~ *nach dem Strich* ‖ *figf sehr gelegen* ‖ *wie gerufen* ‖ *(haar)genau, pünktlich* ‖ ¡*al* ~! *toll! prima! genau wie ich es wollte!* ‖ ~ *a (od por)* ~ *figf gleich, quitt* ‖ *a contra* ~ *wider den Strich* ‖ *figf ungelegen* ‖ *fig verkehrt* ‖ *de* ~ *aus Haar, Haar-, hären* ‖ *figf wohlhabend, stattlich* ‖ *ni un* ~ *pop keine Spur* ‖ *de medio* ~ *fam volkstümlich, Volks-* ‖ *de poco* ~ *pop ärmlich, arm* ‖ *gente de medio (od de poco)* ~ *fam kleine(re) Leute pl, Volk* n ‖ *en* ~ *ungesattelt (Pferd)* ‖ *ungegerbt (Fell)* ‖ *sin* ~ *unbehaart* ‖ *kahl(köpfig)* ‖ → **cofre** ‖ ◊ *agarrarse (od asirse) de un* ~ *figf den geringsten Vorwand benutzen* ‖ *andar al* ~ *figf sich raufen* ‖ *no corre un* ~ *de aire es bläst kein Windchen* ‖ *cortar un* ~ *en el aire fig sehr scharfsinnig sein* ‖ *echar* ~ *pop sich abrackern* ‖ → **pelillo** ‖ *no falta un* ~ *es fehlt kein Härchen* ‖ *hacer el* ~ *das Haar kämmen, frisieren* ‖ *peinarse* ~ *arriba sich nach rückwärts kämmen* ‖ *no tener* ~ *de tonto figf Mutterwitz haben, schlau sein* ‖ *tomar el* ~ *(a) pop jdn anführen, jdn zum besten haben* ‖ *todo va al* ~ *fam alles wickelt sich glatt ab* ‖ *se le va a caer el* ~ *figf er wird (noch) sein .blaues Wunder erleben* ‖ *no se le ve el* ~ *pop er ist spurlos verschwunden* ‖ **~s** *pl: por los* ~ *im letzten Augenblick* ‖ *gerade noch* ‖ *estar a medios* ~ *figf angetrunken, beschwipst sein* ‖ *estoy de ello hasta los* ~ *(de) figf es wächst mir schon zum Halse heraus* ‖ *los* ~ *se le ponen de punta die Haare stehen ihm zu Berge* ‖ *con* ~ *con (todos sus)* ~ *y señales figf ein haarklein erzählen, haargenau berichten* ‖ → **pelillos** ‖ *tirar de los* ~ *bei den Haaren zausen*
pelón *m/adj Kahlkopf* m ‖ *figf armer Schlucker*

m ‖ ~ *adj kahl* ‖ *fig arm* ‖ *nackthalsig (Hühnerrasse)* ‖ *prov dumm, einfältig*
Pelope *m* ⟨Myth⟩ *Pelops* m
pelopo|nense, -nesiaco *adj peloponnesisch* ‖ **-neso** *m Peloponnes m/f*
△**pelosa** *f Kappe* f, *Mantel* m
¹**pelota** *f (Spiel) Ball* m ‖ *Fußball* m ‖ *Ballspiel* n ‖ *Knäuel* m ‖ *Schneeballen* m ‖ *prov Fleischkloß* m ‖ △*Kopf* m ‖ ~ *de goma,* ~ *de caucho Gummiball* m ‖ ~ *de cuero Lederball* m ‖ ~ *de manteca Butterklumpen* m ‖ ~ *de nieve Schneeball* m ‖ ~ *vasca Pelota* f *(bask. Ballspiel)* ‖ ~ *de pala Schlagball* m ‖ *juego de (la)* ~ *Ballspiel* n ‖ ◊ *echarse (od tirarse)* ~s *de nieve sich mit Schneebällen bewerfen* ‖ *hecho una* ~ *zusammengerollt (z. B. Katze)* ‖ *figf eingeschüchtert* ‖ *jugar a (la)* ~ *Ballspielen* ‖ *rechazar (od volver) la* ~ *fig jdn abblitzen lassen* ‖ ~ *m pop* = **pelotillero**
²**pelota** *f:* *en* ~(s) *fam splitternackt* ‖ *pop ausgeplündert, gerupft (z. B. beim Spiel)* ‖ ~s *pl vulg Hoden pl*
pelo|tari *m (bask.) Ballspieler* m ‖ **-tazo** *m (Ball) Wurf* m ‖ *Schlag* m *mit dem Ball*
pelote *m Füllhaar* n *(zum Polstern)*
pelo|tera *f fam Zänkerei* f ‖ *Skandal* m ‖ ~ *conyugal joc Gardinenpredigt* f ‖ **-tero** *adj/s Ball- (escarabajo)* ~ *m* ⟨Entom⟩ *Pillendreher* m *(Scarabaeus sacer)* ‖ ~ *menor* ⟨Entom⟩ *Kleiner Pillendreher* m (→ **sisifo**) ‖ ◊ *esto es* ~ *prov pop das ist toll, das ist e-e prima Sache!* ‖ ~ *m Ballhersteller* m ⟨Sp⟩ *Balljunge* m ‖ = **-tillero** ‖ **-tilla** *f dim v.* **pelota** ‖ ◊ *hacer la* ~ *(a) pop jdm sehr schmeicheln* ‖ *hacer* ~s *fam in der Nase herumstochern* ‖ ~ *m pop* = **pelotillero** ‖ **-tillero** *m/adj figf Schmeichler* m ‖ *Gunsterschleicher, fam Speichellecker* m ‖ ⟨Sch⟩ *Streber* m ‖ **-to** *adj* ⟨Agr⟩ *grannenlos (Weizen)* ‖ **-tón** *m augm v.* **pelota** ‖ ⟨Mil⟩ *fig Rotte* f, *Zug* m ‖ ⟨Mil⟩ *Trupp* m ‖ ⟨Mil Sp⟩ *Gruppe* f, *Peloton* n ‖ ~ *de ejecución Exekutions-, Erschießungs|kommando* n ‖ ~ *meteorológico* ⟨Flugw⟩ *Wetterzug* m ‖ ~ *de los torpes* ⟨Sch⟩ *Eselsbank* f ‖ ~ *de cabeza* ⟨Sp⟩ *Spitzen|mannschaft, -gruppe* f ‖ ◊ *escaparse del* ~, *romper el* ~ ⟨Sp⟩ *aus dem Feld ausbrechen, das Feld sprengen*
△**peltraba** *f Schnappsack* m
peltre *m Legierung* f *(Zn + Sn + Pb)* ‖ *Weichlot* n
peluca *f Perücke* f ‖ △*Peseta* f ‖ *figf Wischer* m, *Nase* f ‖ *época de las* ~s *Zopfzeit* f ‖ ◊ *usar (pop gastar)* ~ *Perücke tragen* ‖ *ponerse la* ~ *sich die Perücke aufsetzen (& fig)*
△**peluco** *m Taschenuhr* f
pelu|cón *m augm v.* **peluca** ‖ *Allongeperücke* f ‖ *Am fig Zopfmensch, Konservative(r)* m ‖ **-cona** *f fam Perückentaler* m ‖ **-che** *m (Seiden-) Plüsch* m ‖ (oso) ~ *Teddybär* m ‖ *a* ~ **césped** ‖ **-do** *adj stark behaart* ‖ *(lang)haarig* ‖ *bärtig* ‖ ~ *m fig desp Hippie, Gammler* m (→ **melenudo**) ‖ *prov (Esparto) Matte* f ‖ ⟨Arg Zool⟩ = **armadillo** ‖ *fig Rausch* m, *Trunkenheit* f ‖ *Schwips* m
peluque|ra *f Friseuse* f ‖ **-ría** *f Friseursalon* m ‖ ~ *de señoras Damensalon* m ‖ **-ro** *m Haarschneider, Friseur* m
peluquín *m kleine Perücke* f ‖ *Haarteil* n ‖ ◊ ¡*ni hablar del* ~! *figf das kommt nicht in Frage! nicht einmal im Traum!*
pelus|a *f* ⟨Bot⟩ *Flaumhaar* n ‖ *Flaum* m *(Tuch) Fasern fpl* ‖ *Eifersucht* f ‖ *fig (Kinder-)Neid* m ‖ △*Mantel* m ‖ *gente de* ~ *fam reiche Leute* pl ‖ *sin* ~ *faserfrei (Papier)* ‖ **-silla** *f dim v.* ~ ‖ *figf (Kinder) Neid* m, *Eifersucht* f *(bes. der Kinder)* ‖ ◊ *tener* ~ *eifersüchtig* bzw *neidisch sein (de auf acc)* ‖ → **a vellusilla**
pel|viano *adj Becken-* ‖ **-vis** *f* ⟨An⟩ *Becken* n
pella *f Klumpen, Ballen* m ‖ *Knäuel m/n* ‖ *Blumenkohl(kopf)* m ‖ *Schmalz-* bzw *Eis|klum-*

pen m *usw* ‖ ~ de algodón *Wattebäuschchen* n ‖ ~ de jabón *Seifenkugel* f ‖ ◊ hacer ~ ⟨Sch⟩ die Schule schwänzen ‖ **–da** f ⟨Arch⟩ *Kellevoll* f ‖ = **pella**
pelle|ja f *Schaffell* n *mit Wolle* ‖ *Tierhaut* f ‖ figf *das Leben*, fam *die Haut* ‖ fam *Straßendirne* f ‖ △*Frauenrock* m ‖ ◊ dejar la ~ pop *sterben* ‖ salvar la ~ figf *mit heiler Haut davonkommen* ‖ **–jería** f *(Weiß)Gerberei* f ‖ *Felle* npl *und Häute* fpl ‖ *Herstellung* f *von Weinschläuchen* ‖ **–jero** m *Fellhändler* m ‖ *Gerber* m ‖ *Hersteller* m *von Weinschläuchen* ‖ figf & joc *Hautarzt* m (→ **dermatólogo**) ‖ **–jo** m *Haut* f, *Fell* n ‖ *dünne Haut* f *des Obstes* ‖ *(Wein)Schlauch* m ‖ figf *Trunkenbold* m ‖ △*(Straßen)Dirne* f ‖ △*Mantel*, *Rock* m‖ ◊ dar *(od* dejar, perder, soltar) el ~ figf *sterben* ‖ si yo estuviera en tu ~ ... figf *würde ich in Deiner Haut stecken* ... ‖ estar hecho un ~ *betrunken*, pop *besoffen sein* ‖ estar hecha un ~ figf *zum Flittchen geworden sein* ‖ guardar el ~ fam *sich in Sicherheit bringen* ‖ mudar de ~ *sich häuten (z.B. Spinnen, Insekten, Schlangen)* ‖ fig *sich (grundsätzlich) ändern* ‖ pagar con el ~ figf *mit dem Leben bezahlen* ‖ salvar el ~ figf *mit heiler Haut davonkommen* ‖ dim: **–juelo** m
pelli|co m *Felljacke* f ‖ *Schafspelz* m ‖ **–za** f *Pelz(rock)*, *Pelzmantel* m ‖ *Pelzjacke* f ‖ *(Winter)Jacke* f *mit Pelzkragen* ‖ ⟨Mil⟩ *Husarenpelzjacke*, *Attila* f
pelliz|car [c/qu] vt *kneifen*, *zwicken* ‖ *leicht berühren (die Saiten e–r Zither)* ‖ *abzwacken* ‖ zupfen ‖ fig *mausen*, *wegstibitzen* ‖ **–co** m *Kneifen*, *Zwicken* n ‖ *Zupfen* n ‖ *Bissen* m ‖ *Biß* m ‖ *Prise* f *(Salz, Gewürz)* ‖ *ein bißchen* ‖ ◊ dar *(od* tirar) un ~ (a) *jdn kneifen*, *zwicken* ‖ dar un ~ al caudal figf *das Vermögen schröpfen* ‖ ~s de monja *(Art) Zuckergebäck* n
¹**pena** f *Strafe*, *Bestrafung* f ‖ *Züchtigung* f ‖ *Pein* f, *Schmerz* m, *Leiden* n ‖ *Kummer*, *Gram* m, *Seelenpein* f ‖ *Mühsal* f ‖ *Mühe*, *Arbeit* f ‖ *Strapaze* f ‖ pop *Trauerschleier* m ‖ *Am Schüchternheit* f ‖ *Ängstlichkeit*, *Angst* f ‖ ~ canónica *Kirchenstrafe* f ‖ ~ capital, ~ de muerte *Todesstrafe* f ‖ corporal *Leibesstrafe* f ‖ ~ correccional (aflictiva) *Sühne-*, *Besserungs- (schwere) Strafe* f ‖ ~ pecuniaria *Geldstrafe* f ‖ ~ de prisión *Gefängnisstrafe* f ‖ ~ privativa de libertad *Freiheitsstrafe* f ‖ la última ~ *die Todesstrafe* f ‖ alma en ~ *Seele* f *im Fegefeuer* ‖ pop *Gespenst* n, *umherirrender Geist* m ‖ remisión de la ~ *Straf|erlaß*, *-nachlaß* m ‖ bajo ~ de muerte *bei Todesstrafe* ‖ con suma *(od* mucha) ~ *mit knapper Not* ‖ sehr mühsam ‖ sin ~ ni gloria fig *mittelmäßig* ‖ so ~ de *außer daß*, *unter Vorbehalt*, *daß* ‖ ◊ dar ~ *leid tun* ‖ *peinlich sein* ‖ me da mucha ~ este hombre *dieser Mensch tut mir sehr leid* ‖ echar una ~ *im Fegefeuer sein (Seele)* ‖ imponer una ~ *e–e Strafe auferlegen* ‖ morir de ~ *sich zu Tode grämen* ‖ no merece *(od* no vale) la ~ *es ist nicht der Mühe wert*, *es (ver)lohnt sich nicht* ‖ el que lo haga, sufrirá ~ de vida *wer es tut, wird es mit seinem Leben büßen* ‖ ¡qué ~! *wie schade! wie schmerzlich!* weh! ‖ ~s pl: a duras ~ *mit Mühe und Not*, *mit knapper Not* ‖ ~: Pe = almas en ~, → **pena**
²**pen(n)a** f ⟨V⟩ *Schwungfeder* f
penable adj = **punible**
penacho m *Federbusch* m ‖ *Helmbusch* m ‖ figf *Stolz*, *Eigendünkel* m ‖ ~ de humo *Rauchwolke* f
penado adj *bestraft* ‖ *leidend*, *betrübt* ‖ *mühsam* ‖ *spärlich* ‖ Chi *unzertrennlich (Liebende, Freunde)* ‖ ya ~ *vorbestraft* ‖ ~ m *Sträfling* m
penal adj *Straf-* ‖ *código*, *derecho*, *estableciemento* ~ *Straf|gesetzbuch*, *-recht* n, *-anstalt* f ‖ antecedentes ~es *Vorstrafen* fpl ‖ lo ~ ⟨Jur⟩

die Strafsache(n pl) f ‖ juzgado de lo ~ *Gericht* n *in Strafsachen* ‖ ~ m *Strafanstalt* f
pena|lidad f *Strafbarkeit* f ‖ *Strafsystem* n *(im Gesetzbuch) vorgesehene Strafe* f ‖ *Strafe*, *Mühsal* f ‖ **–lista** m *Kenner des Strafrechtes*, *Strafrechtler* m ‖ **–lización** f *Belegung* f *mit Strafe* ‖ ⟨Sp⟩ *Bestrafung* f ‖ ⟨Sp⟩ *Strafpunkt(e* mpl) m ‖ ~ por mora ⟨Jur⟩ *Säumniszuschlag* m
penalty m engl ⟨Sp⟩ *Strafstoß* m *(Fußball)* ‖ área de ~ *Strafraum* m
¹**penar** vt *(be)strafen*, *züchtigen* ‖ ~ vi *leiden (por für* acc, *wegen* gen) ‖ *sich sehnen* (por *nach* dat) ‖ *büßen (die Seelen im Fegefeuer)* ‖ ~**se** *sich grämen*
²△**penar** vt/i *sagen* ‖ *reden*
penates mpl *Hausgötter* mpl, *Penaten* pl (& fig)
penca f ⟨Bot⟩ *fleischiges Blatt* n bzw *fleischiger Teil* m *e–s Blattes (z.B. von Agave, Mangold usw)* ‖ a la pura ~ CR Arg figf *nackt* bzw *ärmlich gekleidet*
△**pencar** [c/qu] vt *geißeln*
△**penclar** vt *erzählen*
penco m fam *elender Gaul* m, *Schindmähre* f ‖ fam *Flegel* m ‖ fam desp *häßliches*, *(großes) Weib* n, fam *Vogelscheuche* f ‖ Am pop *miese Hure* f
△**pencha|bar** vt/i *achten (auf* acc) ‖ △**–belo** adv *vielleicht*
△**penchí** f *Schwester* f
△**pendajimini** f *Nuß* f
pendajo m → **pingajo**
pendanga f fam *Dirne* f, *Flittchen* n
△**pendaripén** m *Geschichte* f
pen|dazo m And *Lumpen*, *Fetzen* m ‖ **–dejada** f pop *Dummheit*, *Albernheit* f ‖ **–dejo** m/adj pop *Schamhaare* npl ‖ fig pop *Feigling* m ‖ fig *blöde Person* f, *Tölpel* m ‖ fig *Prellerei* f ‖ pop *Dirne* f ‖ Arg figf *Junge*, *Schlingel* m
penden|cia f *Streit*, *Zwist* m ‖ *Schlägerei* f ‖ *Krakeelerei* f ‖ ◊ buscar ~s *Händel suchen* ‖ **–ciero** adj/s *streitsüchtig* ‖ ~ m *Streitsüchtige(r)* m
pender vi *(herab)hängen* ‖ *abhängen* (de *von* dat) ‖ fig *unentschieden sein* ‖ *schweben (sobre über* dat) ‖ ◊ ~ de la cruz *am Kreuz hängen* ‖ ~ de un hilo *(od* de un cabello) *an e–m Haar hängen (bes fig)*
¹**pendiente** adj *hängend* ‖ fig *unerledigt* ‖ fig *unentschieden*, *schwebend* ‖ fig *unbeendigt* ‖ fig *ausstehend*, *rückständig (Zahlung)* ‖ *anhängig (Prozeß)* ‖ ~ de la pared *an der Wand hängend* ‖ ◊ estar ~ *schweben*, *nicht erledigt sein* ‖ *anhängig sein (Prozeß)* (en *bei* dat) ‖ está ~ de sus palabras fig *er hängt an seinen Lippen* ‖ cuentas ~s *Außenstände* mpl
²**pendiente** m *Ohr|gehänge* n, *-ring* m ‖ *Gehänge* n, *herunterhängender Schmuck* m, *Pendentif* n ‖ ~s de oro *goldene Ohrringe* mpl ‖ ~s de luto *Trauerboutons* mpl
³**pendiente** f *(Berg)Abhang* m ‖ *Steigung* f ‖ *abschüssiges Erdreich* n ‖ ⟨Bgb⟩ *Hangende(s)* n ‖ *Gefälle(strecke)* f n ‖ *Neigung* f ‖ en ~ *abschüssig* ‖ ◊ estar en una mala ~ figf *auf der schiefen Ebene sein*
pendingue m: ◊ tomar el ~ pop *sich aus dem Staube machen*
¹**péndola** f *Pendel* n, *Perpendikel* m/n ‖ (reloj de) ~ *Penduluhr* f
²**péndola** f ⟨Arch⟩ *Hängesäule* f ‖ ⟨Hydr⟩ *Hänger*, *Hängestab* m *(bei Brücken)*
³**péndola** f *Gänsekiel* m *(zum Schreiben)* ‖ p.ex ⟨Lit⟩ *(Schreib)Feder* f
pendolaje m ⟨Mar⟩ *Deckgutprisenrecht* n
pendón m *Panier*, *Banner* n ‖ *Reiterfahne*, *Standarte* f ‖ *Kirchenfahne* f ‖ *Zug-*, *Prozessions|fahne* f ‖ ⟨Bot⟩ *Ableger* m ‖ figf *magere*, *hochaufgeschossene Person*, fam *lange Latte* f, fam *Schlaks* m ‖ figf *leichtes Mädchen*, *Flittchen* n ‖

figf *Dirne*, pop *Hure* f ‖ a ~ *herido* fig *aus Leibeskräften*
¹pendular adj *Pendel-* ‖ *movimiento* ~ *Pendelbewegung* f, *Pendeln* n
²pendular vi *flattern (Fahne)*
pendulino *m* ⟨V⟩ *Beutelmeise* f (→ **pájaro** moscón)
péndulo adj *herab-, herunter|hängend* ‖ ~ *m* ⟨Phys Tech⟩ *Pendel* n
pene *m* ⟨An⟩ *Penis* m, *männliches Glied* n
peneca *f* Chi fam *Vorschule* f ‖ ~ *m Vorschüler* m ‖ p.ex *Dümmling* m
△**penelar** vi = **penar** ‖ *erzählen*
Penélope *f* np *Penelope* f ‖ *la tela de* ~ fig *Träume*⸗mpl, *Illusionen* fpl
penellano *m* ⟨Geol⟩ *Peneplain* engl, *Fastebene, Rumpffläche* f
peneplanicie *f* → **penellano**
peneque adj/s *berauscht, betrunken* ‖ ◊ *estar* ~ fam *betrunken, beschwipst sein*
penetra|bilidad *f Durchdringungsfähigkeit* f ‖ **-ble** adj *durchdringbar* ‖ *nicht undurchdringlich (Wald)* ‖ fig *ergründlich, zugänglich, erkennbar* ‖ *zu verstehen* ‖ **-ción** *f Durchdringung* f ‖ *Eindringen* n ‖ *Zutritt* m ‖ ⟨Mil⟩ *Durchbruch* m ‖ *Durchschlag(skraft)* m *(e-r Kugel usw)* ‖ fig *Scharfsinn* m ‖ fig *Verstandesschärfe* f ‖ **-do** adj: ~ *de la verdad von der Wahrheit überzeugt* ‖ **-dor** adj *scharfsinnig* ‖ ~ *m* ⟨Tech⟩ *Zapfensenker* m
pene|trante adj *scharf, schneidend (Blick, Kälte, Dolch)* ‖ *durchdringend* ‖ *penetrant, aufdringlich (z.B. Geruch)* ‖ fig *scharfsinnig* ‖ *tief (Wunde)* ‖ *mirada* ~ *durchbohrender Blick* m ‖ **-trar** vt *durchdringen* ‖ *durchstecken* ‖ *durchbohren* ‖ fig *ergründen, durchschauen* ‖ fig *einsehen, begreifen* ‖ ⟨Mil⟩ *durch|stoßen, -brechen (e-e Stellung)*, *eindringen* ‖ ~ vi *(hin)eindringen* ‖ *durchlassen (Farbe)* ‖ ◊ ~ *con la vista durchblicken* ‖ (por) *entre las filas sich durch die Reihen hindurchzwängen* ‖ ~ *en el bosque in den Wald eindringen* ‖ ~ *en la casa ins Haus eintreten* ‖ ~ *en detalles auf Einzelheiten eingehen* ‖ *no lo* -*tro ich werde daraus nicht klug* ‖ *estar* -*trado de durchdrungen sein von* ‖ ~**se** vr *sich durchdringen* ‖ ~ *de* fig *sich et (tief) einprägen* ‖ *sich fest überzeugen (von dat)* ‖ fam *dahinterkommen* ‖ ~ *de la razón den Grund einsehen* ‖ **-trativo** adj *scharfsinnig*
pénfigo *m* ⟨Med⟩ *Schälblatter(n* fpl*)* f, *Blasensucht* f *der Haut und der Schleimhäute, Pemphigus* m
penibético adj: *Sistema* ⸗ Span *Gebirgsgruppe* f, *die sich von der Sierra Nevada bis zum Kap Tarifa hinzieht*
penici|lina *f* ⟨Pharm Med⟩ *Penicillin* n ‖ **-lio** *m* ⟨Bot⟩ *Penicillium* n *(Schimmelpilz)*
△**Peniché** *m (der) Heilige Geist*
penillanura *f* ⟨Geol⟩ *Fastebene* f ‖ →a **penellano**
penísula *f Halbinsel* f ‖ *la* ⸗ fig *Spanien (und Portugal)* ‖ *la* ⸗ *de los Balcanes die Balkan-Halbinsel* ‖ *la* ⸗ *Ibérica die Iberische Halbinsel, die Pyrenäenhalbinsel* ‖ *la* ~ *de los Apeninos die Apenninenhalbinsel*
peninsular adj/s *Halbinsel-* ‖ *peninsular(isch)* ‖ fig *iberisch* ‖ ~ *m Bewohner* m *e-r Halbinsel* ‖ *Can Spanier* m *(von der Halbinsel im Gegensatz zu* insular *= Spanier von den Inseln)*
penique *m* engl *Penny* m
penit. Abk = **penitente**
peniten|cia *f* ⟨Rel & fig⟩, *Pönitenz* f ‖ *Bußfertigkeit* f ‖ *Abbüßung* f ‖ *selbst auferlegte Buße* f ‖ *Beichte* f, *Bußsakrament* n ‖ *Reue* f, *Reuegefühl* n ‖ fig *Strafe* f ◊ *cumplir la* ~ *Buße tun (nach der Beichte)* ‖ *hacer* ~ *Buße tun* ‖ fig *spärlich essen* ‖ *oir de* ~ *Beichte hören* ‖ **-ciado** *m* ⟨Hist⟩ *von der Inquisition Bestrafte(r)* m ‖ Am *Zuchthäusler* m ‖ **-cial** adj *Buß-* ‖ *salmos* ~es ⟨Rel⟩ *Bußpsalmen* mpl ‖ **-ciar** vt/i *e-e Buße auferlegen (bes der Beichtvater)* ‖ **ciaría** *f Strafanstalt* f ‖ ⟨Rel⟩ *Pönitentiarie* f *(päpstliche Behörde)* ‖ **-ciario** adj: *colonia* ~a *Strafkolonie* f ‖ *sistema* ~ *Strafsystem* n ‖ ~ *m Pönitentiar* m ‖ *Besserungsanstalt* f ‖ **-te** adj *reuig, bußfertig* ‖ →a **nieve** ‖ ~ *m Büßer, Büßende(r)* m ‖ *Beichtkind* n ‖ *Pönitent* m
peno *m*/adj *Karthager, Punier* m
penol *m* ⟨Mar⟩ *Nock* n/f *e-r Rahe* ‖ *a toca* ~es ⟨Mar⟩ *Rahe an Rahe (Schiffe)*
penoso adj *mühsam* ‖ *schmerzlich, peinlich* ‖ *unangenehm* ‖ *sorgfältig, genau, penibel* ‖ *me es* ~ *es macht mir Mühe* ‖ *es ist peinlich für mich* ‖ *digestiones* ~as *Verdauungsbeschwerden* fpl ‖ adv: ~**amente**
pensa|do adj: *de* ~ *absichtlich* ‖ *el día menos* ~ *eines Schönen Tages* ‖ ◊ *ser un mal* ~ *immer das Schlechteste denken bzw vermuten bzw annehmen* ‖ **-dor** *m*/adj *Denker* m ‖ *libre* ~ *Freidenker* m (= **librepensador**) ‖ **-miento** *m Gedanke* m ‖ *Denken* n ‖ *Gedankengang* m ‖ *Grundidee* f ‖ *Denkspruch* m ‖ *Vor|haben* n, *-satz* m ‖ ⟨Mal⟩ *Skizze* f ‖ ⟨Bot⟩ *Stiefmütterchen* n *(Viola tricolor)* ‖ fig *Verdacht* m ‖ △*billige Garküche* f ‖ *color de* ~ *Penseefarbe* f *(Dunkellila)* ‖ *la dama de sus* ~s fig *das Ideal seiner Liebe* ‖ *en un* ~ pop *im Nu* ‖ *ni por* ~ pop *nicht im Traum* ‖ *sólo el* ~, *el solo* ~ *bloß der Gedanke, der bloße Gedanke* ‖ ◊ *guardar en el* ~ *im Sinne bewahren* ‖ *no le pasó por el* ~ *es ist ihm nicht in den Sinn gekommen* ‖ → **beber, barrera** ‖ *los* ~s *son libres Gedanken sind (zoll-)frei*
pensante adj *denkend* ‖ *Denk-* ‖ *facultad* ~ *Denkvermögen* n
¹pen|sar [-ie-] vt *(aus-, er)denken, ersinnen* ‖ *überlegen* ‖ *vorhaben, (zu tun) gedenken, planen* ‖ ◊ ~ *entre (od para) sí, ~ para consigo bei sich denken* ‖ *dafürhalten* ‖ *pienso (en) hacerlo ich habe es vor* ‖ *ich gedenke es zu tun* ‖ ¡*piénselo! überlegen Sie sich's!* ‖ *ya el* ~*lo me da horror schon der Gedanke daran macht mich schaudern* ‖ ¡*ni* ~*lo! nicht einmal im Traum! kein Gedanke! keine Rede!* ‖ ~ vi/t *denken (en* an acc*)* ‖ *meinen, glauben* ‖ *sich einbilden* ‖ *dafürhalten* ‖ *vermuten* ‖ *nachdenken (sobre über* acc*)* ‖ ~ en, *con denken an* (acc) ‖ *disfrutar pensando en sich freuen auf* (acc) ‖ *dar que* ~ *zu denken geben* ‖ *dar en qué* ~ *besorgt machen* ‖ V. *piensa mal de mí Sie haben e-e schlechte Meinung von mir* ‖ ~ *y repensar hin und her denken* ‖ *a fuerza de* ~ *nach langem Hin- und Hersinnen* ‖ *al* ~ *que bei dem Gedanken, daß* ‖ *sin* ~*(lo) unwillkürlich, unbewußt* ‖ *libertad de* ~ *(od pensamiento) Gedanken-, Denk|freiheit* f ‖ *modo de* ~ *Denkart* f ‖ ~**se**: *es muy de* ~ *es muß wohl erwogen werden* ‖ → **liebre**
²pensar vt *Trockenfutter (dem Vieh) vorwerfen* (→ **pienso**)
pensativo adj *nachdenkend, nachdenklich* ‖ *además* ~ *ernste Miene* f
pensil adj *hängend* ‖ *(in der Luft) schwebend (huerto)* ‖ ~ *hängender (Lust)Garten* m ‖ p.ex *allg Lustgarten* m
Pensilvania *f Pennsylvanien* n
pen|sión *f Pension* f, *Kostgeld* n ‖ *Ruhegehalt* n ‖ *Schulgeld* n ‖ *Pachtgeld* n ‖ *Sozialrente* f ‖ *Gnadengeld* n ‖ *Ehren|gehalt* n bzw *-sold* m ‖ *Stipendium* n, *Unterstützung* f ‖ *Pension* f, *Kosthaus, Fremdenheim* n ‖ *Pensionat, Stift* n ‖ Am *Angst, Besorgnis* f ‖ ~ *completa volle Pension, Vollpension, Kost und Wohnung* f ‖ *media* ~ *Halbpension* f *(im Hotel)* ‖ ~ *de familia Familienpension* f ‖ ~ *de vejez, ~ de ancianidad Altersrente* f, *Ruhegeld* n ‖ ~ *vitalicia Leibrente* f
pensio|nado adj *ausgedient (Beamter)* ‖ ~ *m*

Pensionär m ‖ *Stipendiat, Unterstützte(r)* m ‖ **Pensionat** n ‖ ~ para señoritas *Mädchenpensionat* n ‖ **-nar** vt *in den Ruhestand versetzen* ‖ *ein Ehrengehalt bzw ein Stipendium bewilligen (od zahlen)* dat ‖ **-nista** m *Kostgänger, Stiftsschüler* m ‖ *Internatszögling* m ‖ *alumno medio* ~ *halbinterner Schüler* m *e-s Schülerheims*
  pénsum [...un] m *Strafarbeit* f ‖ ⟨Sch⟩ *Pensum* n
  penta... präf *pent(a)-, Pent(a)-, fünf-, Fünfpen|taedro* m ⟨Math⟩ *Fünfflächner* m, *Pentaeder* n ‖ **-tágono** m ⟨Math⟩ *Fünfeck, Pentagon* n ‖ ⋋ *Pentagon, amerikanisches Verteidigungsministerium* n ‖ **-tagrama** m ⟨Mus⟩ *Notensystem, Pentagramm* n ‖ **-támetro** m/adj *Pentameter* m *(fünffüßiger Vers)* ‖ ⁼**tateuco** m *Pentateuch* m *(die fünf Bücher Mosis)* ‖ **-tatlón** m ⟨Sp⟩ *Fünfkampf* m ‖ ⁼**tecostés** m *Pfingsten* n/pl ‖ *Pascua de* ~ *Pfingstsonntag* m ‖ *Pfingsten* n/pl ‖ *en* ~ *zu Pfingsten* ‖ *vacaciones de* ~ *Pfingstferien* pl
  penúlti|ma f *vorletzte Silbe* f *e-s Wortes* ‖ **-mo** adj *vorletzt*
  penum|bra f *Halbschatten* m ‖ *Halbdunkel* n ‖ **-broso** adj *schattig* ‖ *halbdunkel*
  penuria f *Mangel* m, *(Geld)Not* f
  ¹**peña** f *Fels(en)* m ‖ *(Felsen)Klippe* f ‖ ◊ *dormirse como una* ~ pop *wie ein Klotz schlafen* ‖ ¡~s (y buen tiempo)! fam *flieh! mach dich fort! verschwinde!*
  ²**peña** f *(literarischer) Stammtisch* m ‖ *Freundeskreis* m ‖ fam *Clique* f ‖ *Klub* m ‖ ~ *deportiva Sportklub* m ‖ *Sportfans* mpl ‖ ~ *taurina Stierkampfklub* m
  ³**peña** f *Pinne* f *(e-s Hammers)*
  △**peñacoro** m *Apfelwein* m
  Peñaranda f: ~ (de Bracamonte) *(Stadt in der PSal)* ‖ ~ (de Duero) *(Stadt in der PBurg)* ‖ ⋋ fam *Pfandhaus*, öst *Versatzamt* n
  △**peñarse** vr *Reißaus nehmen*, pop *verduften*
  △**peñascaró** m *Branntwein* m
  peñas|co m *großer Fels, Stein* m ‖ ⟨An⟩ *Felsenbein* n ‖ ⟨Zool⟩ = **múrice** ‖ **-coso** adj *felsig*
  peñola f ⟨Lit⟩ *Schreibfeder* f ‖ fig *Feder, Begabung* f *(e-s Schriftstellers)* ‖ *la bien cortada* ~ fig ⟨Lit⟩ *die hohe schriftstellerische Begabung*
  peñolada f *Federstrich* m
  pe|ñón m augm v. **peña:** *Fels(en)* m ‖ *Klippe* f ‖ *el* ⋋ *Span Gibraltar* n ‖ **-ñuela** f dim v. **peña**
  peo m vulg = **pedo** ‖ fig *Rausch* m, pop *Besoffenheit* f
  △**peó** m *Behörde* f
  ¹**peón** m *Hilfsarbeiter* m ‖ *Fußgänger m (= **peatón**) ‖ *Handlanger, Tag(e)löhner* m ‖ *Fußsoldat m (= **infante**) ‖ *Bauer* m *(im Schachspiel)* ‖ *Stein* m *(im Damespiel)* ‖ *(Brumm)Kreisel* m ‖ *Kork* m *am Angelseil* ‖ ⟨Taur⟩ *Stierfechter* m *zu Fuß* ‖ *Stierkämpfergehilfe* m ‖ *Am Viehknecht* m ‖ *Am Landarbeiter* m ‖ ~ *caminero Straßenwärter* m ‖ ~ *de mano Handlanger* m ‖ dim: **peoncejo**
  ²**peón** m *Päon* m *(Versfuß)*
  peo|nada f *Tagewerk* n *e-s Handlangers* (≈ 39 áreas) ‖ *Arbeiterschaft* f *e-s Guts* ‖ **-naje** m *Handlanger* mpl ‖ **-nería** f ⟨Taur⟩ *Stierfechter* mpl *zu Fuß*
  peonía f ⟨Bot⟩ *Päonie, Pfingstrose* f (Paeonia spp) ‖ Ar *Tagewerk* n *e-s Handlangers*
  peonza f *(Brumm)Kreisel* m ‖ figf *kleiner, lebhafter Mensch* ‖ *a* ~ figf *zu Fuß, per pedes (apostolorum)* ‖ ◊ *jugar a la* ~ *Kreisel spielen* ‖ *bailar como una* ~ figf *ein geübter Tänzer sein*
  peor adj/adv (comp v. **mal[o]**) *schlimmer, schlechter* ‖ *ärger, übler* ‖ *eso va de mal en* ~ *es geht immer schlechter* ‖ *el* ~ *der Schlechtere* ‖ *der Schlechteste* ‖ *el* ~ *día Am ehe man sich's versieht* ‖ *el* ~ *de todos der Schlechteste bzw Schlimmste von allen* ‖ *en el* ~ *de los casos*

(od de las hipótesis) schlimmstenfalls ‖ *lo* ~ *das Schlimmste (das Schlimmere)* ‖ *lo* ~ *de lo* ~ *das Allerschlimmste* ‖ *lo* ~ (de todo) *es que ... was noch schlimmer ist, ...* ‖ *de mal (od peor) en* ~ *immer schlimmer* ‖ ~ *que* ~, (tanto ~) *noch, desto, um so schlechter* ‖ *estar* ~ *sich schlechter fühlen (Kranker)* ‖ *Juan es el que lo hace* ~ *Johann macht es am schlechtesten* ‖ *llevar la* ~ *parte (od lo* ~*) den kürzeren ziehen* ‖ *mal vestido y* ~ *afeitado schlecht gekleidet und noch schlechter rasiert* ‖ ¡~! *noch (od um so) schlimmer!*
  peorcito dim v. **peor** ‖ *lo* ~ *de su clase* pop *das denkbar Schlechteste*
  peoría f *Verschlimmerung, Verschlechterung* f
  Pepa f fam Tfn *(Kurzform von Josefina) Josephine* f ‖ fig ⟨Hist⟩ ¡viva la ~! *nur mutig zu! es lebe das Leben!* (bes iron)
  pepa f *Am Obstkern* m
  Pepablo m pop = **Pedro Pablo**
  Pepay f pop = **Pepa**
  Pepe m fam Tfn *(Kurzform von José) Sepp, Josef* ‖ *como un* ~ fam *wie Gott in Frankreich* ‖ *rund und gesund* ‖ ~ *Botella* ⟨Hist⟩ *Spottname für José Bonaparte*
  pepe m pop *schlechte Melone* f, pop *Gurke* f ‖ *Am Geck* m
  Pepeta f = **Pepita**
  pepi|nar m *Gurken|feld bzw -beet* n ‖ **-nazo** m fam *Knall* m *(e-s Geschosses)* ‖ *Explosion* f *(bei Bombardierungen)* ‖ **-nillo** m *(Essig)Gurke* f ‖ ~s *en vinagre (od en escabeche)*, con pimienta *Essig-, Pfeffer|gurken* fpl ‖ ~s *en salmuera Salzgurken* fpl
  pepino m *Gurke* f (Cucumis sativus) ‖ joc od desp *schlechte (od unreife) Melone* f ‖ ~s *en vinagre Essiggurken* fpl ‖ ◊ *no se me da un* ~ figf *das ist mir schnuppe* ‖ →a **pepinillo**
  Pepino np: ~ *el Breve Pippin der Kurze*
  ¹**pepita** f *(Obst)Kern* m ‖ ~s *de oro Goldkörner* npl
  ²**pepita** f *Pips* m *(der Hühner)* ‖ → **gallina**
  △**pepitilla** f & pop *Kitzler* m
  pepito m *Bröckchen* n *Fleisch*
  Pepi|to, -llo m dim v. **Pepe** ‖ f: ~a
  pepitoria f *(Gericht von) Geflügelklein* n *(Art Frikassee)* ‖ fig *Mischmasch* m ‖ *pollos (od gallina) en* ~ *Hühnerfrikasse* n
  pepona f *große Puppe* f *(Spielzeug)* ‖ figf *dralles Mädchen* n
  pep|sina f ⟨Chem⟩ *Pepsin* n ‖ **-tona** f *Pepton* n
  peque m/adj *Kind* n, *Kleine(r)* m *(Kurzform für pequeño)*
  peque|ñez [pl **-ces**] f *Kleinheit* f ‖ *Geringfügigkeit* f (→ **exigüidad**) ‖ *Geringheit* f ‖ *Kleinigkeit* f ‖ fam *Lappalie* f ‖ ~ *cuesta una* ~ *es ist spottbillig* ‖ **-ñín** m/adj *Kleinchen (& Kosewort)*, *kleines Kind* n ‖ **-ño** (comp & menor) adj/s *klein* ‖ *gering, unbedeutend* ‖ *un (niño)* ~ *ein kleines Kind* n ‖ *una* ~a *ein Mädchen* n ‖ *a* ~a *velocidad* ⟨EB⟩ *als Frachtgut* ‖ *desde* ~ *von klein an* ‖ *en* ~ *im kleinen* ‖ *un trabajo no* ~ *e-e nicht geringe Mühe* ‖ ~ *burgués, pequeñoburgués* adj ⟨Soz Pol⟩ *kleinbürgerlich* ‖ dim: ~**ito** ‖ **-ñuelo, -ñín, ina** adj/s dim v. **-ño** ‖ *los* ~s *die (kleinen) Kinder* npl
  pequinés, -esa adj *aus Peking, Peking-*
  △**per** prep = **por** ‖ ◊ *estar* ~ pop *ganz unwissend sein*
  pe|ra f *Birne* f ‖ *Gummibirne* f ‖ ⟨Tech⟩ *Birne* f *(k-e Glühbirne!* → **bombilla**) ‖ *Spitz-, Ziegen|bart* m ‖ ⟨Aut⟩ *Hupe* f ‖ fig *Sinekure, Pfründe* f ‖ vulg *männliches Glied* n, vulg *Gurke* f ‖ ~ *de agua Saft-, Tafel|birne* f ‖ ~ *inverniza Winterbirne* f ‖ ~ *mantequera Butterbirne* f ‖ ~ *temprana Früh-, August|birne* f ‖ ◊ *hacerse una* ~ vulg *onanieren* ‖ ~s *pl: dar para* ~ pop *züchtigen (Kinder)* ‖ *partir* ~ *con alg.* figf *mit jdm auf vertrautem Fuß stehen*, figf *mit jdm Kirschen*

essen ‖ → **olmo** ‖ **–rada** *f Birnen|mus* n *bzw -most* m ‖ **–ral** *m* ⟨Bot⟩ *Birnbaum* m *(Pyrus communis)* ‖ *saturnia del* ~ ⟨Entom⟩ *Großes Nachtpfauenauge* n *(Saturnia pyri)*
△**peralalí** *m Geist* m
peraleda *f Birnbaumgarten, Birnengarten* m
peralino *adj auf den span. Erfinder I. Peral (†1895) bezüglich*
peral|tado *adj* ⟨Arch⟩ *überhöht* ‖ **–tar** *vt* ⟨Mil Top Arch⟩ *überhöhen (Kurven)* ‖ **–te** *m Überhöhung* f
perambular *vi Am wandeln*
△**perar** *vi sterben* ‖ *fallen*
perborato *m* ⟨Chem⟩ *Perborat* n
perca *f* ⟨Fi⟩ *Barsch* m *(Perca fluviatilis)*
△**perca(ba)ñar** *vt beerdigen*
percador *m Einbrecher* m
per|cal *m* ⟨Web⟩ *Perkal* m ‖ △*Geld* n ‖ ◊ *se acabó el* ~ *pop es ist aus damit* ‖ **–calina** *f Perkalin* n
percán, percanque *m* Chi *Schimmel* m (→ **moho**)
¹**percance** *m Nebengewinn* m ‖ *Sporteln* fpl
²**percance** *m Zwischenfall* m ‖ *Unannehmlichkeit* f ‖ *Widerwärtigkeit* f, *widriger Zufall* m ‖ *Mißgeschick* m
percatarse *vr*: ◊ ~ *de a/c et wahrnehmen, gewahr werden*
percebe *m* ⟨Zool⟩ *eßbare Entenmuschel* f *(Pollicipes cornucopia)* ‖ *pop Dummkopf* m ‖ ~ *de madera (nicht eßbare) Entenmuschel* f *(Lepas anatifera)*
percentaje *m* ⟨Com⟩ *Prozentsatz* m ‖ *regla de* ~ *Prozentrechnung* f ‖ → **porcentaje**
percep|ción *f Wahrnehmung* f ‖ *Begriff* m ‖ ⟨Biol Wiss Philos⟩ *Perzeption* f ‖ ⟨Wir⟩ *Erhebung* f *(von Steuern, Abgaben usw)* ‖ *Bezug* m *(des Gehalts)* ‖ *(Steuer)Einnahme* f ‖ *Einziehung* f ‖ ~ *de los impuestos Steuereinnahme* f ‖ **–tibilidad** *f Wahrnehmbarkeit* f ‖ ⟨Radio⟩ *Schallfülle* f ‖ *Perzeptibilität* f ‖ **–tible** *adj wahrnehmbar* ‖ *merklich* ‖ *vernehmlich* ‖ *faßbar* ‖ *einziehbar (Geld usw)* ‖ **–tiblemente** *adv merklich* ‖ *offenbar* ‖ **–tual** *adj Perzeptions-*
percibir *vt wahrnehmen, (be)merken* ‖ *auffassen* ‖ *fühlen, empfinden* ‖ *hören* ‖ *erhalten, beziehen (Gehalt)* ‖ *erheben, einnehmen (Steuern)* ‖ ◊ ~ *su sueldo sein Gehalt beziehen*
Percival *m np* ⟨Myth⟩ *Parzival* m
perco|lador *m Kaffeefiltriermaschine* f ‖ *Perkolator* m ‖ **–lar** *vt filtrieren*
△**percollar** *vt erdrosseln*
percu|dido *adj Am mitgenommen, heruntergekommen* ‖ **–dir** *vt abnutzen, beschmutzen* ‖ **–sión** *f Erschütterung* f ‖ ⟨Med⟩ *Beklopfen* n, *Perkussion* f ‖ ⟨Tech Phys⟩ *Schlag, Stoß* m ‖ *Schlagen* n ‖ *arma de* ~ *Spreng-, Schuß|waffe* f ‖ *fuerza de* ~ *Durchschlagskraft* f ‖ *instrumento de* ~ ⟨Mus⟩ *Schlaginstrument* n ‖ **–sor** *m* = **–tor** ‖ **–tir** *vt/i schlagen, klopfen* ‖ ⟨Med⟩ *abklopfen, perkutieren* ‖ **–tor** *m Schlag|bolzen, -hammer* m *(e-r Schießwaffe)* ‖ *Zündnadel* f
¹**percha** *f* ⟨Stütz⟩ *Stange* f ‖ *Vogel-, Hühner|-stange* f ‖ *(Kletter)Stange* f *(Turnen)* ‖ *Kleiderbügel* m *(vgl* **perchero**) ‖ ⟨Web⟩ *Rauhmaschine* f ‖ ⟨Jgd⟩ *Schlinge* f ‖ △*(Wirts) Haus* n ‖ *Mex desp Clique* f ‖ *salto de* ~ ⟨Sp⟩ *Stabsprung* m
²**percha** *f* = **perca**
per|chado *adj Rauh-* ‖ *articulos* **~s** ⟨Web⟩ *Rauhware* f ‖ **–char** *vt* ⟨Web⟩ *(auf)rauhen*
△**perchear** *vt prüfen*
perchelero *adj/s aus dem Stadtviertel Perchel in Málaga* ‖ *fig apachenarfig*
perchero *m Kleider|rechen, -ständer* m ‖ *Garderobenschrank* m ‖ *baúl-* ~ *Kleiderkoffer* m
percherón *m schweres Zugpferd* n
perdedor *m/adj Verlierer* m
pérd. y gans. Abk = **pérdidas y ganancias**
perder [–ie] *vt verlieren* ‖ *um et kommen* ‖ *vergeuden* ‖ *versäumen (Zug, Gelegenheit)* ‖ *verpassen (Zug, Bus)* ‖ *aufgeben (Hoffnung)* ‖ *ablegen (Gewohnheit)* ‖ *verscherzen (Zeit)* ‖ *zugrunde richten* ‖ *beschädigen, zerstören* ‖ *undicht sein, lecken (Gefäß)* ‖ ~ *vi/t verlieren (im Kampf, im Spiel, an Achtung)* ‖ ◊ ~ *el aliento außer Atem kommen* ‖ ~ *una batalla e–e Schlacht verlieren* ‖ → **cuidado, cuenta** ‖ ~ *dinero, tiempo Geld, Zeit verlieren* ‖ ~ *en el (od al) juego im Spiel verlieren* ‖ ~ *el curso durchfallen (Schüler)* ‖ ~ *las ganas de ... keine Lust mehr haben zu ...* ‖ ~ *la gordura (od las carnes) mager werden, abnehmen* ‖ ~ *el hilo fig den (roten) Faden verlieren (Redner, Berichterstatter)* ‖ ~ *en un negocio bei e-m Geschäft zusetzen* ‖ ~ *la ocasión die Gelegenheit versäumen* ‖ ~ *el enlace,* ~ *el tren* ⟨EB⟩ *den Anschluß versäumen (od verpassen)* ‖ ~ *terreno fig zurück|bleiben, -fallen* ‖ *echado a* ~ *verdorben* ‖ *ruiniert* ‖ *zunichte gemacht* ‖ *hacer* ~ *den Verlust von* (dat) *verursachen* ‖ *llevar las de* ~ *pop den kürzeren ziehen* ‖ ~ *de vista aus den Augen verlieren* ‖ *no* ~ *la sangre fría fig die Fassung bewahren* ‖ V. *se lo pierde Sie kommen darum (z. B. um den Genuß)* ‖ *vender perdiendo mit Verlust verkaufen* ‖ **~se** *verlorengehen* ‖ *zugrunde gehen, verderben* ‖ *fig aussterben* ‖ *verderben, unbrauchbar werden (Lebensmittel)* ‖ *sich verirren* ‖ *den (roten) Faden verlieren (in der Rede)* ‖ *fig scheitern, Schiffbruch erleiden* ‖ *fig sich blind hingeben (e-m Laster)* ‖ *fig* ⟨Mus⟩ *Takt verlieren* ‖ ◊ ~ *de vista aus den Augen kommen* ‖ *¿qué se te ha perdido aquí? pop was hast du hier zu suchen (od verloren)?*
△**perdi** *m Gendarm* m ‖ →a **perdis**
perdices *pl v.* **perdiz**
perdición *f Verderben* n, *Untergang* m ‖ *Verderbnis* f ‖ *fig ewige Verdammnis* f, *Verderben* n ‖ *ausschweifendes Leben* n ‖ ◊ *el juego es su* ~ *fig das Spiel ist sein Untergang* ‖ *correr a su* ~ *sich selbst zugrunde richten* ‖ *an den Bettelstab kommen*
pérdida *f Verlust* m ‖ *Abgang* m, *Einbuße* f ‖ *Schaden, Nachteil* m ‖ *Ausfall, Abgang* m ‖ *Schwund* m ‖ *Abfluß* m, *Leck* n ‖ ~ *de acción de los mandos* ⟨Flugw⟩ *Steuerlosigkeit* f ‖ ~ *de altura* ⟨Flugw⟩ *Höhenverlust* m, *Absinken* n ‖ ~ *del cambio* ⟨Com⟩ *Kursverlust* m ‖ ~ *pecuniaria Geldverlust* m ‖ ~ *de sangre Blutverlust* m ‖ ~ *de vista Erblindung* f ‖ *(stark) herabgesetztes Sehvermögen* n ‖ *a* ~ *de vista unabsehbar* ‖ *sin* ~ *de tiempo ohne Zeitverlust, unverzüglich* ‖ ◊ *padecer (sufrir), reparar una* ~ *e–n Verlust erleiden, gutmachen* ‖ *¡no tiene* ~! *Sie können sich nicht verlaufen!* ‖ *es ist sehr leicht zu finden!* ‖ *vender con* ~ *mit Verlust verkaufen* ‖ **~s** *pl fam Ausfluß* m *(der Frau)* ‖ ◊ *evitar* ~ *sich vor Schaden bewahren* ‖ → **cuenta**
perdi|damente *adv*: ◊ ~ *enamorado sterblich verliebt (en in acc)* ‖ *llorar* ~ *trostlos weinen* ‖ **–dizo** *adj*: ◊ *hacerse el* ~ *fam sich unauffällig entfernen* ‖ **–do** *pp/adj verdorben* ‖ *ausschweifend, liederlich* ‖ *¡está* ~! *er ist verloren!* ‖ *pop mit ihm ist es aus!* ‖ *er findet sich nicht mehr zurecht* ‖ *er ist von Kopf bis Fuß beschmutzt* ‖ *llevar* ~*a* la cuesta *de ... sich nicht mehr (klar) erinnern an ...* ‖ *estar* ~ *por una mujer fig in e–e Frau sterblich verliebt (fam vernarrt) sein* ‖ *oficina de objetos* ~**s** *Fundbüro* n ‖ *puesto* ~ *de polvo ganz mit Staub bedeckt* ‖ *darse por* ~ *sich für überwunden erklären* ‖ *es un borracho* ~ *er ist ein unverbesserlicher Trinker* ‖ ~ *m: es un* ~ *pop er ist ein Taugenichts* ‖ *fam er ist vergammelt* ‖ **–doso** *adj*: ◊ *ser el* ~ *im Spiel (oft) verlieren, ein Pechvogel (im Spiel) sein*
perdi|damente *m* Ar *männliches Rebhuhn* n *(Lockvogel)* ‖ **–gana** *f* Ar Rioja *junges Rothuhn* n ‖ **–gar** [g/gu] *vt (ein Rothuhn) abbräunen, leicht rösten*

perdigón — **perfumar**

¹**perdigón** m Schrot(korn) n || junges Rebbzw Rot- bzw Felsen|huhn n || ~es mpl ⟨Jgd⟩ Schrot m (Munition)
²**perdigón** m fam verschwenderischer Mensch m || fam durchgefallener Schüler m
perdi|gonada f ⟨Jgd⟩ Schrotschuß m || Schrot|wunde bzw -verletzung f || **–guero** adj: (perro) ~ Hühner-, Wachtel|hund m
△**perdinel** m Soldat m
¹**perdis** m/f fam: ◊ es un ~ pop er ist ein unverbesserlicher Bummler || er ist moralisch verkommen || er ist ein Wüstling m
²**perdis** adj/s: ◊ hacerse ~ Arg absichtlich verlieren (im Spiel)
perdiz [pl **–ces**] f Reb-, Feldhuhn n || ~ común ⟨V⟩ Rothuhn n (Alectoris rufa) || ~ griega Steinhuhn n (A. graeca) || ~ moruna Felsenhuhn n (A. barbara) || ~ nival Alpenschneehuhn n (Lagopus mutus) || ~ pardilla Rebhuhn n (Perdix perdix) || caza de ~ces Rebhuhnjagd f || ni todos los días ~, ni todos los días Beatriz Spr zuviel des Guten ist von Übel
△**perdo** adj voll(ständig)
△**perdoba** pron er
perdón m Ver|gebung, -zeihung f || Begnadigung f || Ablaß m || Gnade f || ◊ con ~ sea dicho mit Verlaub zu sagen || dar (od otorgar) ~ entschuldigen || merecer ~ Verzeihung verdienen || verzeihlich sein || pedir ~ (a) um Verzeihung bitten || ¡~! Verzeihung! || no tiene ~ de Dios pop es schreit zum Himmel || → **misa** || le pido mil ~es ich bitte Sie tausendmal um Entschuldigung
perdo|nable adj verzeihlich || entschuldbar || **–nar** vt/i ver|zeihen, -geben || begnadigen || erlassen, schenken (Schuld) || verzichten (auf acc) || sparen, unterlassen || über et (hin)weggehen || ◊ ~ la vida (a) jdm das Leben schenken || fig jdn von oben herab behandeln || no ~ gastos keine Kosten scheuen || no ~ (ni) un pormenor alles haarklein erzählen || ... que (od a quien) Dios perdone ... dem Gott gnädig sei || perdone V. que lo haya molestado entschuldigen Sie meine Belästigung || V. perdone, pero ... fam ich kann mir nicht helfen, aber ... || **–navidas** m figf Eisenfresser, Großsprecher, Bramarbas m
perdulario m/adj verlorener, verkommener, lasterhafter Mensch m
perdu|rable adj (fort)dauernd || ewig || la vida ~ das ewige Leben (im Credo) || **–rar** vi (lange) dauern, bestehenbleiben
pere|cedero adj vergänglich || **–cer** [–zc–] vi vergehen, enden || zugrunde gehen || sterben || umkommen, ums Leben kommen || untergehen, sinken (Schiff) || verfallen || fig ver|blühen, -welken || ◊ ~ ahogado ertrinken || ~ de hambre Hungers sterben || ~ de hastío, fam ~ de aburrimiento vor Langeweile sterben, sich zu Tode langweilen || ~ de risa sich totlachen, krank lachen || **~se**: ◊ ~ por a/c fig sterblich verliebt sein in (acc) || schwärmen für acc, verrückt nach et dat sein || se perece por charlar er ist ein unentwegter Schwätzer || **=ciendo**: Don ~ fam Baron von Pumpental
perecuación f: ~ de cargas ⟨Verw Wir⟩ Lastenausgleich m
peregri|nación f Wall-, Pilgerfahrt f || Wanderung f || la ~ por esta vida ⟨Rel⟩ fig die Erdenpilgerschaft f || lugar de ~ Wallfahrtsort m || mi ~ por Alemania fig meine Fahrt (od Wanderung) durch Deutschland || **–no** adj pilgernd, wallfahrend || fig ungewöhnlich, seltsam || fig zierlich || fig wunder|schön, -bar || Pilger-, Wander- || ◊ lo más ~ del caso es que ... das seltsamste dabei ist, daß ... || ~ m Fremdling m || Pilger m || ⟨Rel⟩ Erdenwanderer m || ~ en Jerusalén Wallfahrer m nach Jerusalem || concha

de ~ ⟨Zool⟩ Pilger-, Kamm|-Muschel f (Pecten maximus)
perejil m ⟨Bot⟩ Petersilie f (Petroselinum sp) || ~**es** mpl übertriebener (Frauen)Schmuck m || ◊ poner a uno como hoja de ~ pop jdn herunterputzen || vgl **emperejilarse**
△**perelar** vt en(f)füllen
peren|céjez, –cejo m pop Herr Soundso, Herr Dingsda, ein Gewisser (nach perengano gebraucht) || **–ca** f fam Straßendirne f (→ **fulano**) || **–dengue** m Ohrgehänge n || pop Flitterkram m
peren|gano (* **–gánez**) m ein gewisser Herr Dingsda, Herr Soundso (nach fulano, zutano, mengano gebraucht)
peren|ne adj immerwährend, ewig || pino ~ immergrüne Tanne f || adv: **~mente** || **–nidad** f Fortdauer f
peren|toriedad f Dringlichkeit f || Endgültigkeit f || ~ de tiempo Drang m od Kürze f der Zeit || **–torio** adj entscheidend || dringlich, unaufschiebbar, öst urgent || petición ~a dringende Bitte f
pere|za f Faulheit, Trägheit f || Schwerfälligkeit, Langsamkeit f || ◊ sacudir la ~ die Trägheit überwinden || **–zoso** adj faul, träge || schlaff || schwerfällig, langsam || ~ m Faulenzer m || ⟨Zool⟩ Faultier n (Bradypus spp || Choloepus spp usw)
perfec|ción f Voll-, Be|endung f || Vollkommenheit f || Vervollkommnung f || Verbesserung f || a la ~, con ~ vollkommen, vollendet, perfekt, tadellos || con toda ~, con suma ~ aufs allerbeste || la ~ personificada, la personificación de la ~ die verkörperte Vollkommenheit f || **–cionamiento** m Vervollkommnung f || Verbesserung f || Veredelung f (Rohstoffe usw) || Fortbildung f || ⟨Jur⟩ Vertragsschließung f || curs(ill)o de ~ Fortbildungskurs m || **–cionar** vt vervollkommnen || vollenden || verbessern || ausbilden || ⟨Jur⟩ rechtskräftig werden lassen || **~se** sich vervollkommnen || sich ausbilden (en in dat) || **–tamente** adv vollkommen || gänzlich || ¡~! recht so, ausgezeichnet || **–to** adj vollkommen || vollendet, vollständig || vortrefflich || völlig || modo (~) m ⟨Gr⟩ Perfektum n, Vergangenheit f || → **pretérito**
perfidia f Treulosigkeit f, -bruch m || Falschheit, Tücke, Niedertracht f
pérfido adj treulos || wortbrüchig || falsch || verräterisch || perfide || heimtückisch || ~ m Verräter m
per|fil m Profil n, Seitenansicht f || Umriß m || ⟨Arch⟩ Seitenabriß m || ⟨Mal⟩ äußerer Umriß m e–r Figur || ⟨Tech⟩ Profil n || Haarstrich m (e–s Buchstabens) || ~ aguileño Adlergesicht n || de ~ seitlich, im Profil || pop tadellos || a ~ im Durchschnitt, im Profilriß || **–filado** adj/m wohlgebildet (Nase) || scharf geschnitten, mit scharfen Zügen (Gesicht) || profiliert (& fig) || m Formstahl m, Profil n || **–filar** vt im Profil darstellen || ⟨Mal⟩ skizzieren || umreißen || profilieren (& Tech⟩ || fig fein ausführen || **~se** fig sichtbar werden, hervortreten, sich abzeichnen
△**perfi|né** (f: –ñi) adj genau
perfo|ración f Durch|bohren, -löchern n, -stich m || Bohrung f || Bohrloch n || Öffnung f, Loch n || ⟨Med⟩ Durchbruch m || ⟨Filmw Typ Med⟩ Perforation f || **–rador** m Lochzange f || Locher m || ⟨Com⟩ Lochapparat m || **–radora** f Bohrmaschine f || ⟨Typ⟩ Perforiermaschine f || ~ de tarjetas Kartenstanzer (automatisch), Kartenlocher (manuell) || **–rante** adj ⟨Mil⟩ durchschlagend, panzerbrechend (Geschoß) || **–rar** vt (durch)löchern || durchbohren || ⟨Med⟩ durchstechen || ⟨Typ Filmw⟩ perforieren || ⟨Bgb⟩ abteufen (Schacht) || durchschlagen (Geschoß, Bolzen)
perfu|mador m (Duft)Zerstäuber m || **–mar** vt

peri... präf *um ... herum, über ... hinaus, umher-, peri-, Peri-*
△**Perí** = **Cádiz** *(Stadt)*
peri|antio m ⟨Bot⟩ *Blütenhülle* f *der Blütenpflanzen, Perianth(ium)* n ‖ **–artritis** f ⟨Med⟩ *Periarthritis* f
perica f Col *Rausch, Schwips* m
pericar|dio m ⟨An⟩ *Herzbeutel* m, *Perikard (-ium)* n ‖ **–ditis** f ⟨Med⟩ *Herzbeutelentzündung, Perikarditis* f
peri|cia f *Kenntnis, Erfahrung* f ‖ *Geschicklichkeit* f ‖ *Sachkenntnis* f ‖ **–cial** adj *fachkundig, sachverständig, Sachverständigen-* ‖ *dictamen ~ Sachverständigengutachten* n ‖ *examen ~ Untersuchung durch Sachverständige, Begutachtung* f ‖ *(durch)räuchern, parfümieren* ‖ fig *durchduften, wohlriechend machen* ‖ *~ vi duften* ‖ **–me** m *Wohlgeruch, Duft* m ‖ *Parfüm* n ‖ *Bukett* n *des Weines* ‖ *Hauch* m ‖ ◊ *llenar de ~ durchduften* ‖ **–mería** f *Parfümerie* f ‖ *Parfümwaren* fpl ‖ **–mero, –mista** m *Parfümerzeuger, Parfümeriehändler* m
perg. Abk = pergamino
perga|míneo adj *pergamentartig* ‖ fig *blaß, gelblich, zusammengeschrumpft* ‖ **–mino** m *Pergament* n ‖ *(Pergament)Urkunde* f ‖ *~ vegetal Echtpergament(papier)* n ‖ **~s** pl *Adelsbriefe* mpl
perge|ñar vt fam *anordnen, ausführen, ersinnen, planen* ‖ *entwerfen* ‖ **–se** pop *sich ausstaffieren* ‖ **–ño** m fam *Aussehen* n ‖ *Aufmachung* f
pérgola f *Laube* f, *Laubengang* m ‖ *Pergola* f
△**pergoleto** m *Wanderer* m
Perico m np pop dim v. **Pedro** ‖ ⁓ m *kleiner (kubanischer) Papagei* m *(verschiedene Arten)* ‖ *große Spargelsorte* f ‖ pop *großer Fächer* m ‖ pop *Rüge* f, *Nase* f ‖ pop *Zote* f ‖ pop *Nacht|topf* m, *-geschirr* n ‖ *~ entre ellas ein Mann, der sich gerne in Frauengesellschaft aufhält* ‖ *Hahn* m *im Korb* ‖ *Frauenheld* m ‖ → *a rey*
peri|cón m pop *großer Fächer* m ‖ *Perikon* m, *Tanz der arg. Gauchos (im Dreivierteltakt)* ‖ **–cote** m *ein Volkstanz* m *von Llanes (PAst)* ‖ SAm allg *(große) Ratte* f ‖ *große Maus* f *(Phyllotis tucumanus)*
peridote m ⟨Min⟩ *Olivin, Peridot* m
perieco m *Perióke* m
peri|feria f *Peripherie, Außenfläche* f ‖ *Umkreis, Umfang* m ‖ *Stadtrand* m ‖ *Vorstadt* f ‖ **–férico** adj *peripherisch, Umfangs-* ‖ *Oberflächen-* ‖ *Rand-*
perifollo m ⟨Bot⟩ *Kerbel* m (Anthriscus spp) ‖ **~s** pl figf *Flitterkram* m ‖ *meist* desp *Putz, Schmuck* m (vgl **perejiles**)
perifonía f *(Hör)Rundfunk* m
perifrasis f *Umschreibung, Periphrase* f
perifrástico adj *umschreibend, periphrastisch*
¹**perigallo** m fam *Doppelkinn* n ‖ *Halsfalte* f ‖ figf *Hopfenstange* f
²**perigallo** m ⟨Mar⟩ *Aufholer* m
peri|geo m ⟨Astr⟩ *Erdnähe* f, *Perigäum* n ‖ **–gonio** m ⟨Bot⟩ *Perigon(ium)* n ‖ **–gino** ⟨Bot⟩ *perigyn* ‖ **–helio** m ⟨Astr⟩ *Sonnennähe* f, *Perihel(ium)* n
perilustre adj *erlauchtest(er)*
perilla f dim v. **pera** ‖ *birnenförmiger Zierat* m ‖ *Mandelperle* f ‖ *Sattelknopf* m ‖ pop *Spitz-, Ziegen|bart* m ‖ ⟨El⟩ fam *Knipsschalter* m ‖ ~ *de la oreja unterer Teil* m *des Ohrläppchens* ‖ *de ~(s)* pop *sehr passend, gelegen*, pop *famos*
perillán m fam *Gauner* m ‖ *Schelm* m
perímetro m *Umkreis, Umfang* m, *Perimeter* n ‖ ⟨Opt⟩ *Perimeter* n
perínclito adj ⟨Lit⟩ *hochgerühmt* ‖ *heldisch*
peri|neo, –né m ⟨An⟩ *Damm* m, *Perineum* n
periódicamente adv *in regelmäßigen Zeitabständen* ‖ *ab und zu*
periodicidad f *regelmäßige Wiederkehr, Perio-*

dizität f ‖ *Kreislauf* m
periódico adj/s *periodisch, regelmäßig* ‖ *periodisch (Zahl)* ‖ *publicación ~a Revue, Zeitschrift, (Wochen)Zeitung* f ‖ *pago ~ Raten-, Abschlags|zahlung* f ‖ *~ m Zeitschrift* f ‖ *Tageszeitung* f ‖ *~ escolar Schulzeitung* f ‖ *~ de partido Parteiorgan* n ‖ *~ de la tarde, ~ vespertino Abendzeitung* f ‖ *artículo, timbre de ~ Zeitungs|artikel, -stempel* m
periodicucho m desp *Käseblatt* n ‖ *Hetzblatt* n
perio|dismo m *Zeitungswesen* n, *Journalismus* m ‖ *Tagespresse* f ‖ *escuela de ~ Journalistenschule* f ‖ **–dista** m *Zeitungsschreiber, Journalist* m ‖ **–dístico** adj *journalistisch, Journalisten-* ‖ *Zeitungs-* ‖ *estilo ~ Zeitungsstil* m
período, periodo m *Periode* f, *Zeitraum* m ‖ ⟨Astr⟩ *Umlaufzeit* f ‖ ⟨Gr⟩ *Periode* f ‖ *~ de carencia, ~ de espera Karenz-, Warte|zeit* f *(in der Versicherung)* ‖ *~ de lluvias Regenzeit* f ‖ *~ (menstrual) Menstruationszeit, Periode* f ‖ *~ de prueba Probezeit* f ‖ *~ de rodaje* ⟨Aut⟩ *Einfahrzeit* f ‖ *~ de transición Übergangszeit* f ‖ *construcción de ~s* ⟨Gr⟩ *Periodenbau* m
peri|ostio m ⟨An⟩ *Knochenhaut* f, *Periost* n ‖ *Wurzelhaut* f ‖ **–ostitis** f ⟨Med⟩ *Knochenhautentzündung, Periostitis* f ‖ **–patética** f/adj: ◊ *ser una ~ fügf auf den Strich gehen (Prostituierte)* ‖ **–patético** m/adj ⟨Hist Philos⟩ *Peripatetiker* m *(Schüler des Aristoteles)* ‖ figf *Sonderling* m ‖ **–pecia** f *Schicksalswendung* f ‖ *Zwischenfall* m, *Vorkommnis* n ‖ figf *Abenteuer* n, *Peripetie* f, *Wechselfall* m ‖ figf *dramatische Wendung* f ⟨& Th⟩
*****periplo** m *Umschiffung, Weltfahrt* f ‖ *Umseglung* f ‖ fig *(lange) Schiffsreise* f ‖ fig *Rundreise* f
períptero m ⟨Arch Hist⟩ *Peripteros* m
peri|puesto adj fam *(auf)geputzt*, fam *geschniegelt und gebügelt* ‖ fam *aufgedonnert* ‖ **–quete** m: *en un ~* pop *im Nu*, *im Handumdrehen* ‖ **–quillo** m *(Art) feines Zuckergebäck* n ‖ *falsches Zuckergebäck* n ‖ *falsches Stirnhaar* n ‖ **–quín** m *Volkstanz* m *(von Sant)*
periquito m ⟨V⟩ *Wellensittich* m (Melopsittacus undulatus)
Periquito m np dim v. **Perico**
△**Perís** m = **Cádiz** *(Stadt)*
peris|copio m ⟨Mar⟩ *Periskop, Sehrohr* n ‖ △**–ta** m *Hehler* m ‖ **–táltico** adj *peristaltisch* ‖ *movimiento ~* ⟨Physiol⟩ *wurmförmige Bewegung* f *(der Verdauungsorgane), Peristaltik* f ‖ **–taltismo** m ⟨Physiol⟩ *Peristaltik* f ‖ **–tilo** m ⟨Arch⟩ *Peristyl(ium)* n
perisodáctilos mpl ⟨Zool⟩ *Unpaar|hufer, -zeher* mpl (Perissodactyla)
perita f dim v. **pera**
peritaje m *Gutachten* n ‖ *Gutachterberuf* m ‖ *Begutachtung* f ‖ *Amt* n, *Stellung* f *e–s Sachverständigen* ‖ *Sachverständigengebühren* fpl
perito [sup –tísimo] adj *sachkundig* ‖ *erfahren, bewandert* ‖ *~ m Sachverständige(r), Fachmann, Experte* m ‖ *etwa:* Ingenieur grad. m ‖ *~ electricista Elektrofachmann, Bordelektriker* m ‖ *~ industrial Techniker* m ‖ *~ mercantil Absolvent* m *e–r Handelsschule* ‖ *~ tasador Taxator* m ‖ *a juicio (de opinión) de los ~s nach Urteil der Sachverständigen* ‖ ◊ *hacer apreciar por un ~ durch e–n Sachverständigen prüfen lassen*
perito|neo m *Bauchfell, Peritoneum* n ‖ adj: **–neal** ‖ **–nitis** f ⟨Med⟩ *Bauchfellentzündung, Peritonitis* f
perjudi|car [c/qu] vt *(be)schädigen, schaden* ‖ *beeinträchtigen* ‖ *benachteiligen* ‖ *~ la reputación den Ruf schädigen* ‖ **~se** *sich (selbst) schaden* ‖ *salir –cado den kürzeren ziehen* ‖ **–cial** adj *nachteilig, schädlich* ‖ *~ a (od para) la salud der Gesundheit schädlich, gesundheitsschädlich*
perjuicio m *Nachteil, Schaden* m ‖ *Beeinträchtigung* f ‖ *con (od en) su ~ zu seinem Nachteil* ‖ *sin ~ de unbeschadet, vorbehaltlich* (gen), *mit*

dem Vorbehalt, daß || a mi ~ *zu meinem Nachteil* || ◊ irrogar (*od* acarrear *od* causar) ~(s) *Schaden verursachen (od bringen)* || *benachteiligen* || eso redunda en mi ~ *das ist für mich nachteilig* || → **daño**
perju|rio *m Meineid* m || **-ro** *m Eidbrüchige(r)* m || *Meineidige(r)* m || p.ex *Wortbrüchige(r)* m || ~ adj *eidbrüchig* || *meineidig*
per|la *f Perle* f || ⟨Pharm⟩ *Perle* f, *Kügelchen* n, *runde Kapsel* f || ⟨Typ⟩ *Diamant* f *(4-Punkt-Schrift)* || fig *Perle* f, *Juwel, Kleinod* n || = **margarita** || → **madreperla** || (de) color ~ *perlfarbig* || ~ de cultivo *Zuchtperle* f || de ~s *ausgezeichnet, sehr passend* || eso me viene de ~s *das kommt mir wie gerufen* || ¡de ~! *prima! toll!* || **-lado** adj *perlfarbig* || *wie Perlen* || *geperlt* || cebada ~a *(Perl)Graupen* fpl || mal ~ *Perlsucht* f *des Vieh(e)s* || pantalla ~a ⟨Filmw⟩ *Perl(lein)wand* f || las hierbas ~as del rocío ⟨poet⟩ *die von Tautropfen perlenden Gräser* npl
perlático adj *gichtbrüchig* || *gelähmt*
perlequeque *m* fam joc *(affektierter) Ohnmachtsanfall* m
perle|ría *f Menge* f *Perlen* || →a **desgranar** || **-ro** adj *Perl(en)-*
perlesía *f* ⟨Med⟩ *Lähmung* f (→ **parálisis**)
per|lezuela, -lita *f* dim v. **-la** || **-liforme** adj *perlförmig* || **-lino** adj *perlartig* || *perlfarben* || brillo ~ *Perlenglanz* m || **-lita** *f* dim v. **perla** || ⟨Metal Min⟩ *Perlit* m || **-lón** *m* ⟨Web⟩ *Perlon* n *(Polyamidfaser auf Kaprolaktambasis)*
perlongar vi *längs der Küste (auf See) fahren*
△**perma** *f Eidotter* m/n
permafrost *m* ⟨Geol⟩ *Permafrost, Dauerfrostboden* m *(Gefrornis)*
perma|necer [-zc-] vi *(ver)bleiben* || *dableiben, sich aufhalten* || *verweilen* || *beharren* || *fortdauern* || → **quedar** || **-nencia** *f (Da)Bleiben, Verweilen* n || *Aufenthalt* m || *(Fort)Dauer* f || *Beständig-, Stetig|keit* f || *Haltbarkeit* f || ⟨Pol⟩ *Permanenz* f || ⟨Phys⟩ *Beharrungszustand* m || **-nente** adj *bleibend, fortdauernd* || *ununterbrochen* || *Dauer-* || ⟨Mil⟩ *stehend (Truppen)* || billete ~ *Dauerkarte* f || revolución ~ ⟨Pol⟩ *permanente Revolution* f *(Trotzki)* || servicio ~ *Tag- und Nacht|dienst* m || *Dauerbetrieb* m || de carácter ~ *ständig, dauernd* || *durchgehend (geöffnet) (Geschäfte)* || ~ *f Dauerwelle* f || ~ en frío *Kaltwelle* f || (→ **ondulación**)
perman|ganato *m* ⟨Chem⟩ *Permanganat* n || ~ potásico *Kaliumpermanganat* n || **-gánico** adj ⟨Chem⟩ *übermangansauer* || ácido ~ *Mangan-(VII)-säure* f
△**permasi** *f Brühe* f || *Salat* m
permea|bilidad *f Durchlässigkeit* f || *Undichtigkeit* f || ⟨Phys⟩ *Permeabilität* f || **-ble** adj *durchlässig* || *undicht* || fig *aufgeschlossen* || ~ para lo nuevo fig *Neuem gegenüber aufgeschlossen* || ~ a los sonidos *schalldurchlässig*
△**permear** vt *verstehen*
permiano adj → **pérmico**
pérmico adj ⟨Geol⟩ *permisch* || (período) ~ *Perm* n
permi|sible adj *zulässig* || *statthaft* || **-sión** *f* = **-so** || **-sivo** *gestattend, erlaubend, Erlaubnis-, permissiv* || *berechtigend* || bloqueo ~ ⟨EB⟩ *bedingter Block* m || **-so** *m Erlaubnis, Genehmigung, Bewilligung* f || *Zulassung* f || *Erlaubnisschein* m || *Aufenthaltskarte* f || *Urlaub* m || *Toleranz* f, *Passiergewicht* n *(e-r Münze)* || ⟨Aut⟩ *Führerschein* m || *Fliegerschein* m || ~ de circulación ⟨Aut⟩ *Kraftfahrzeugs*) || ~ de conducir, *auch* pop u. Am de manejar ⟨Aut⟩ *Führerschein* m || *(carnet)* || ~ de despegue ⟨Flugw⟩ *Starterlaubnis* f || ~ de exportación *Ausfuhrerlaubnis* f || ~ de transmisión ⟨Radio⟩ *Sendelizenz* f || con su ~ *wenn Sie gestatten* || sin ~ *ungebeten* || *unberechtigt* || ◊ dar (*od* conceder) ~ *Urlaub geben (bewilli-*

gen) || estar con ~ *auf Urlaub sein (z. B. Soldat)* || pedir ~ *um Erlaubnis bitten* || revocar el ~ de conducir ⟨StV⟩ *den Führerschein entziehen* || tener ~ de entrar *hineindürfen* || ¡con ~! *mit Verlaub!* || ¿hay ~? *darf ich?* || ¿da V. su ~? ⟨Mil⟩ *Eintrittsgruß* m *bei e-m Vorgesetzten* || → **licencia**
permi|tir vt *erlauben, gestatten* || *dulden* || *zulassen* || *einräumen, zugeben* || ◊ si el tiempo lo -te *bei günstiger Witterung* || ¿me -te V. ofrecerle el brazo? *darf ich Ihnen meinen Arm anbieten?* ¡no lo -ta Dios! *Gott bewahre!* || ¡-ta V.! *mit Verlaub!* || **~se**: ◊ ¡no se -te fumar! *Rauchen verboten!* || ~ la libertad (de) *sich et erlauben* || y permítaseme la frase *mit Erlaubnis zu sagen* || si se -te preguntar *wenn man fragen darf*
permu|ta *f (Um)Tausch* m || *Austausch* m || *Umsetzung* f || *Ämter-* bzw *Arbeitsplatz|tausch* m || **-table** adj ⟨Math⟩ *ver-, aus|tauschbar, permutabel* || **-tación** *f Tausch* m || *Auswechslung* f || *Tausch(en* n) m || ⟨Math Gr⟩ *Permutation* f || **-tador** *m* ⟨El⟩ *Kreuzschalter* m || **-tar** vt *ver-, um|tauschen* || *auswechseln* || *um|setzen, -stellen* || ⟨Math⟩ *permutieren* || ◊ ~ con (*od* por) *vertauschen für (od gegen)*
permutita *f Permutit* n
perna *f* ⟨Zool⟩ *Schinkenmuschel* f (Perna spp)
pernada *f Stoß* m *mit dem Bein* || ⟨Fi⟩ *Stellangel* f || derecho de ~ ⟨Hist⟩ *(das) Recht der ersten Nacht, jus* n *primae noctis* lat
Pernambuco ⟨Geogr⟩ *Pernambuco* || palo de ~ *Pernambukholz* n
per|naza *f* augm v. **pierna** || **-near** vi fam *strampeln* || pop *hin und her laufen, herumrennen*
Pernela *f* pop Tfn = **Petronila**
per|nera *f Hosenbein* n, *Beinling* m *(e-r Hose)* || **-neta** *f* dim v. **pierna** || **-niabierto** adj *mit gespreizten Beinen*
pernicioso adj *verderblich* || *gefährlich, schädlich* || ⟨Med⟩ *bösartig, perniziös* || ◊ ser ~ para las buenas costumbres *die guten Sitten verderben*
perni|corto adj *kurzbeinig* || **-cruzado** adj *mit gekreuzten Beinen*
△**pernicha** *f Bett* n || *Mantel* m
△**pernicho** *m Fensterladen* m
per|nil *m (Schweins)Keule* f || *Schinken* m || *Beinteil* m *(e-r Hose)* || **-nilargo** adj *langbeinig* || **pernio** *m* ⟨Zim⟩ *(Tür)Band* n || *Scharnierband* n || *Tür-* bzw *Fenster|angel* f
△**pernique** adj *klug, gebildet*
perni|quebrado adj *mit zerbrochenen Beinen* || *wack(e)lig (Stuhl)* || **-tuerto** adj *krummbeinig*
perno *m* ⟨Tech⟩ *Bolzen, Zapfen* m || *Stift* m
pernoctar vi *übernachten*
per os lat ⟨Med Pharm⟩ „*durch den Mund"*, *oral, per os (Anweisung für die orale Einnahme)*
¹**pero** *m Birnapfelbaum* m || *Birnapfel* m || prov *Birnbaum* m (→ **peral**)
²**pero** conj a) *aber, jedoch, indes, allein* || *sondern* || ◊ ¡~ espera! *warte doch!* || ha estado ~ que muy excelente pop *es ist ganz glänzend gewesen* b) *hauptwörtlich*: eso no tiene ~ *daran ist nichts auszusetzen* || no hay ~ *que valga keine Widerrede!* (*es gibt*) *kein Aber!* || no admito ~s *ich lasse keine Widerrede gelten*
Pero np pop = **Pedro** || ~ Botero fam *der Teufel* || las calderas de ~ figf *die Hölle* || ~ Jiménez (→ **pedrojiménez**
perogru|llada *f* fam *Binsen|wahrheit, -weisheit* f || **-llo, Pero Grullo** *m* np *erdichtete Persönlichkeit es ~ lächerlichen Sonderlings (in span. volkstümlichen Geschichten)* || verdad de ~ (que a la mano cerrada la llama puño) „*Weisheit* f *von Pero Grullo, die die geschlossene Hand Faust nannte"*) = *Binsenweisheit* f
perojiménez, perojimén *m* = **pedrojiménez**
perojo *m* Sant *kleine, runde Frühbirnsorte*

perol m Einmachkessel m || Kasserolle f, Schmortopf m || →a **estoperol**
perona f augm v. **pera**
peroné m ⟨An⟩ Wadenbein n
peronis|mo m Peronismus m, politisches System n von Juan Domingo Perón (1895-1974) (= **justicialismo**, → d) || **-ta** adj/s peronistisch || Peronist, Anhänger m Peróns
pero|ración f Rede f || Ansprache f || ⟨Rhet⟩ Zusammenfassung f, Schlußwort n || **-rar** vi (öffentlich) reden, sprechen || fig inständig bitten || figf langweilige Reden halten, fam salbadern || **-rata** f lang(weilig)e, hochtrabende Rede f
peróxido m Peroxid n
per pedes (apostolorum) lat bes joc zu Fuß (wie die Apostel)
△**perpelo** m Pfirsich m
perpen|dicular adj/s senk-, lot|recht || ⟨Web⟩ fadengerade || (línea) ~ ⟨Math⟩ senk-, lot|rechte Linie, Lot-, Senk|rechte f || roca ~ steiler Fels m || ◊ trazar una ~ ⟨Math⟩ ein Lot fällen || **-dículo** m Pendel n || Senkblei n || ⟨Math⟩ Höhe f, Lot n, Perpendikel n/m (im Dreieck)
△**perpente** adj/s blind
△**perpeñi** f Brücke f
perpe|tración f ⟨Jur⟩ Begehen, Verüben n, Begehung, Verübung f (e-s Verbrechens) || **-trador** m/adj Täter m || **-trar** vt (e-e Straftat, ein Verbrechen) begehen, verüben
perpe|tua f ⟨Bot⟩ Immergrün n (Vinca spp) || Strohblume f (Helichrysum spp) || Katzenpfötchen n (Antennaria spp) || Kugelamarant m (Gomphrena spp) || pop lebenslängliche Freiheitsstrafe f (→ **cadena**) || **-tuación** f Fortpflanzung f || Verewigung f || Fortdauer f || Fortbestehen(lassen) n || **-tuar** [pres -úo] vt verewigen || fortpflanzen || fig aufrechterhalten || **~se** vr sich fortpflanzen || sich verewigen || sich halten || fortbestehen || **-tuidad** f Ewigkeit, ewige Dauer f || Fortdauer f || Beständigkeit f || a ~ lebenslänglich || presidente honorario a ~ lebenslängliche Ehrenpräsident m || **-tuo** adj ewig, immerwährend || unaufhörlich || lebenslänglich, auf Lebenszeit (Amt, Pension, Rente) || calendario ~ immerwährender od ewiger Kalender m || nieves ~as ewiger Schnee m
perpiñanés, esa adj aus Perpignan (Perpiñán) in Frankreich
perple|jidad f Verlegenheit, Bestürzung f || Verblüffung f || Ratlosigkeit f || Unschlüssigkeit f || Perplexität f || **-jo** adj bestürzt, betreten || unschlüssig || ratlos || perplex || △**-jó** m Schrecken m
perquisición f genaue Untersuchung f
perra f/adj Hündin f || joc Rausch, Spitz m || fam Kinderzorn m, kindliche Wut f || Trotzweinen n der Kinder || ~ chica (~ gorda, ~ grande) fam span. Kupfermünze f zu 5 Céntimos (10 Céntimos) || ◊ tener ~s pop Geld haben || llevar una vida ~ fam ein Hundeleben führen
perra|da f fam Menge f Hunde || **jauría** f || figf niederträchtige Handlung, fam Hundsgemeinheit f || **-mente** adv figf erbärmlich, elend, pop hundeelend, hundsmäßig || **-zo** m augm v. **perro**
perrengue m fam Hitzkopf m || Trotzkopf m (Kind) || desp Neger m
perre|ra f Hundestall m || Hundehütte f || Hundezwinger m || ⟨EB⟩ Hundeabteil n || fig pop Arrestlokal n || **-ría** f pop niederträchtige Handlung, fam Hundsgemeinheit f || fig Gesindel n, fig Meute || = **perrada** || **-ro** m *Hundevogt m (in der span. Kirchen) || Hunde|wärter bzw -führer bzw -fänger m
perrezno m dim v. **perro**: Welpe m
perrillo m dim v. **perro**: Hündchen n || Flintenhahn m || ⟨El⟩ Drahtspanner m || ~ de falda Schoßhündchen n || ~ zorrero Dachshund m || ~ de todas bodas pop Stammgast m bei allen Festen
perri|ta f = **perra** (→d) chica || dim v. **perra** || **-to** m dim v. **perro**
perro ⟨Zool⟩ Hund m (Canis familiaris) || fig Starrkopf m || desp Hund, pop Schweinehund m || ⟨Tech⟩ Drehherz n || ⟨Zim⟩ (Parallel-) Zwinge f || pop span. Kupfermünze f (v. 5 od 10 céntimos) || ~ de aguas, ~ de lanas Pudel m || ~ ártico, ~ de trineo Polar-, Schlitten|hund m || ~ basset gall Basset m || ~ braco Bracke m || ~ bulldog Bulldogge f || ~ de busca Schäferhund m || ~ caliente Hot dog n engl (Brötchen mit Würstchen) || ~ cantonés, ~ de Cantón Chow-Chow m || ~ casero Haus-, Hof|hund m || ~ de casta Rassehund m || ~ de caza Jagdhund m || ~ de ciego Blindenhund m || ~ cobrador apportierender Hund m || ~ chato fam Bulldogge f || ~ chico pop = **perra** chica || ~ de Chihuahua (in Mexiko) Chihuahua(hund) m || ~ chino Pudel m || ~ dalmatino, ~ de Dalmacia Dalmatiner m || ~ dogo Dogge f || Hetzhund, Hasenhetzer m || ~ faldero Schoßhündchen n || fig Schürzenjäger, Frauenheld m || ~ galgo Windhund m || ~ galgo ruso russischer Windhund, Barsoi m || ~ gordo, ~ grande = **perra** gorda || ~ gozque Kläffer m || ~ jabalinero, ~ de jabalí Saupacker, Hetzhund m || ~ de lanas Pudel m || Schoßhündchen m || ~ lebrel Wind-, Hetz|hund m || ~ lobo Wolfshund m || ~ mastín Fleischerhund m || ~ de muestra Vorstehhund m || ~ pachón ⟨Jgd⟩ (Art) Dachshund m || ~ de parada Vorstehhund m || ~ paria, ~ cimarrón Pariahund m (des Nahen Ostens) || ~ (de) pastor alemán Deutscher Schäferhund m || ~ (de) pastor escocés Schottischer Schäferhund m || ~ (de) pastor de los Pirineos Pyrenäenhund m || ~ pequinés Pekinese m || ~ perdiguero Hühner-, Wachtel|hund m || ~ pince Pinscher m || ~ de las praderas Präriehund m (Cynomys ludovicianus) || ~ de presa Bulldogge f, Bullenbeißer m || Hetzhund m || ~ rastreador Spürhund m || ~ sabueso Windhund m || ~ de Terranova Neufundländer m || ~ tranvia fam Dackel m || ~ viejo figf geriebener, schlauer Mann, fam schlauer Fuchs, alter Hase m || con un humor de ~ figf in mürrischer Laune || los mismos ~s con distintos collares figf dasselbe in Grün || un día a (los) ~s figf ein Hundetag m || pop verlorener Tag m || tiempo de ~ Hundewetter n || una vida de ~(s) figf ein Hundeleben || ◊ nadar a lo ~ nach Hundeart schwimmen || ~ ladrador, nunca (buen) mordedor od: ~ que ladra no muerde Hunde, die (viel) bellen, beißen nicht || a otro ~ con ese hueso fam machen Sie das e-m anderen weis! bei mir nicht! || el ~ de buena raza, si hoy no, mañana caza Spr etwa: der Apfel fällt nicht weit vom Stamm || ~s pl: hacer tanta falta como los ~ en misa figf ganz unbrauchbar sein || völlig fehl am Platze sein || aquí tampoco atan los ~ con longaniza figf man hat es hier auch nicht so dick! hier lebt man auch nicht wie Gott in Frankreich!
perrona f augm v. **perra** || Ast Zehn-Céntimo-Münze f
△**perruca** f span. Goldunze f
perruno adj hündisch, Hunde-
persa adj persisch || ~ m Perser m || el ~ die persische Sprache, das Persische || →a **iraní**
persal f ⟨Chem⟩ Persalz n (der anorganischen Persäuren)
perse|cución f Verfolgung f || fig Plagen, Peinigen n || la ~ de los cristianos die Christenverfolgung || ~ judicial gerichtliche Verfolgung f || **-cutorio** adj: manía ~a Verfolgungswahn m || **-guidor** m/adj Verfolger m || fig Peiniger, Quälgeist m || **-guir** [irr → **seguir**] vt verfolgen || fig jdm nachsetzen, jdn belästigen || ◊ ser -guido por prófugo wegen Fahnenflucht verfolgt werden

perseve|rancia f *Ausdauer, Beharrlichkeit, Standhaftigkeit* f || *Stetigkeit* f || *Beständigkeit, Fortdauer* f || **–rante** adj *beharrlich, ausdauernd* || *standhaft* || *stetig* || *beständig, anhaltend* || **–rar** vi *aus|halten, -harren* (en *in* dat) || *beharren* (en *auf* dat) || *(fort)dauern* || *(ver)bleiben* || ◊ ~ en su *propósito auf seinem Vorsatz beharren*
Per|sia f *Persien* n || **–siana** f *Rolladen* m || *Jalousie* f || ↙ *automática Springrollo* n || ⟨Web⟩ *Persienne* f *(Seidenstoff)* || **=siano** adj = **persa**
pérsico adj *persisch* || ~ m ⟨Bot⟩ *Pfirsich (-baum)* m (→ **meloco|tón, -tonero**)
persignar vt *jdn mit dem Zeichen des Kreuzes bezeichnen* || *(ein)segnen* || **–se** *sich bekreuzigen*
△**persimacharse** vr *sich bekreuzigen*
△**persiné** adj *tapfer*
persis|tencia f *Anhalten, Andauern* n || *Beharrlichkeit, Beständigkeit, Ausdauer* f || *Fortdauer* f || *Fortbestand* m || ⟨Phys⟩ *Nachleuchten* n || ⟨Chem Nucl⟩ *Persistenz* f || **–tente** adj *ausdauernd* || *bleibend* || *hojas* ~s ⟨Bot⟩ *Dauerbelaubung* f || *de hojas* ~s ⟨Bot⟩ *immergrün* || *la baja* ~ *de los precios* ⟨Com⟩ *das anhaltende Fallen der Preise* || **–tir** vi *bestehen* (en *auf* dat), *verharren (bei)* || *fortdauern* || *andauern* || *anhalten* || *dabei bleiben* (en *zu* dat)
△**persó** adv *oben(auf)*
perso|na f *(einzelne) Person* f || *Persönlichkeit* f || *Wuchs* m, *(Leibes)Gestalt* f || *Stand, Rang* m || ⟨Theol⟩ *Vater, Sohn und Heiliger Geist (die drei Personen der Dreifaltigkeit)* || ⟨Gr⟩ *Person* f || ~ *física* ⟨Jur⟩ *natürliche Person* f || ~ *jurídica* ⟨Jur⟩ *juristische Person* f || ~ (non) *grata* ⟨Pol⟩ *persona (non) grata* || *primera, segunda* ~ ⟨Gr⟩ *erste, zweite Person* f || ~ *principal Hauptperson* f || *sin perjuicio de tercera* ~ ⟨Jur⟩ *unbeschadet der Rechte Dritter* || *de a* ~ *unter vier Augen* || *en* ~, *por* su ~ *in Person, persönlich* || *mi modesta* ~ *meine Wenigkeit* f || *a tanto por* ~ *soundso viel auf den od pro Kopf* || ~s *de edad Erwachsene* mpl || *sin consideración de* ~s *ohne Ansehen der Person* || ◊ *hacer de* su ~ *pop den Darm entleeren* || *ser buena* ~ *fam gutmütig sein, fam ein guter Mensch sein* || **–nación** f ⟨Verw⟩ *Meldung* f *(bei e–r Behörde)* || *persönliches Erscheinen* n || **–nado** adj *gemeldet* || *erschienen* || ⟨Bot Zool⟩ *maskiert* || *maskenförmig* || **–naje** m *Persönlichkeit* f || ⟨Lit Th Mal⟩ *Gestalt, Person* n || *los* ~s ⟨Th⟩ *die Personen* fpl *e–s Theaterstückes* || **–nal** adj *persönlich* || *personal* || *alusión* ~ *persönliche Anspielung* f || *fortuna* ~ *Privatvermögen* n || *en defensa* ~ *aus Notwehr* || *efecto* ~ ⟨Com⟩ *Namenpapier* n || *entrega* ~ *eigenhändige Abgabe* f || *mi trabajo* ~ *meine eigene Arbeit* f || *uso* ~ *Selbstgebrauch* m || ◊ *ser* ~ *auf die Person lauten (Papier)* || ~ m *Personal* n, *fam Leute* pl || *Belegschaft* f || *Mitarbeiter (-stab* m) mpl || ⟨Flugw⟩ *Besatzung* f || *Mannschaft* f || ⟨Com⟩ *Personalkonto* n || ~ *administrativo Verwaltung(spersonal* n*)* f || ~ *docente Lehrerschaft* f, *Lehrkörper* m || ~ *especializado Fachpersonal* n || ~ *de una mina* ⟨Bgb⟩ *Knappschaft* f || ~ *de servicio Bedienungspersonal* n || ~ *de(l) suelo* ⟨Flugw⟩ *Bodenpersonal* n || ~ *volante,* ~ *de a bordo* ⟨Flugw⟩ *fliegendes Personal, Bordpersonal* n || *falta (od escasez) de* ~ *Personalmangel* m || *jefe de* ~ *Personalchef* m || **–nalidad** f *Persönlichkeit* f || *culto a (od de)* la ~ ⟨Pol⟩ *Personenkult* m *(Stalins)* || ◊ *identificar (od* afirmar) su ~ *sich ausweisen* || *evitar toda* ~ *alles Persönliche vermeiden* || **–nalismo** m *Selbstsucht* f || ⟨Philos⟩ *Personalismus* m || **–nalizar** vt *personifizieren* || *verkörpern* || vi *persönlich werden* || **–nalmente** adv *persönlich, in Person* || ◊ *conocer* ~ *persönlich kennen* || *entregar* ~ *eigenhändig abgeben* || *yo* ~ ... *ich meinerseits* ... || **–narse** vr *sich einstellen, sich melden* || *persönlich erscheinen*
personero m *Chi Vertreter, Sprecher* m *(e–r Organisation)*
personifi|cación f *Personifizierung* f || *Verkörperung* f || **–car** [c/qu] vt *personifizieren* || *verkörpern* || **–se** *persönlich werden*
personilla f *dim desp v.* **persona** *(auch als Kosewort verwendet)*
perspecti|va f *Perspektive* f || *Fern(an)sicht* f || *fig Aussicht* f *(de auf* acc) || *fig Anschein* m || ~ *aérea* ⟨Mal⟩ *Pleinair* n frz || ⟨Flugw⟩ *Luftperspektive* f *(& Zeichnung)* || *Luftbild* n || ~ *caballera Kavalier-, Parallel|perspektive, Frontalaxonometrie* f || ~ *central,* ~ *cónica,* ~ *lineal Zentralperspektive* f || ~ *a vista de pájaro Vogelperspektive* f || *el negocio en* ~ *das in Frage stehende Geschäft* || *sin* ~ *aussichts-, hoffnungs|los* || ◊ *tengo un buen negocio en* ~ *ich habe Aussicht auf ein gutes Geschäft* || **–vo** adj *perspektivisch* || ~ m ⟨Mal⟩ *perspektivischer Maler* m
perspi|cacia f *Scharfblick* m || *Scharfsinn* m || **–caz** [*pl* **–ces**] adj *scharfsinnig* || *scharfblickend, hellsichtig* || **–cuidad** f *fig Deutlichkeit* f || *Klarheit* f || *Durchsichtigkeit* f || **–cuo** adj *durchsichtig* || *fig deutlich, klar*
persua|dir vt *über|reden, -zeugen* || *jdm zureden* || ◊ ~ *a hacer* a/c *jdm anraten, et zu tun, jdn dazu bringen, et zu tun* || *dejarse* ~ *sich bewegen lassen* || **–se** *de sich überzeugen von* dat || ◊ *estar* –dido *überzeugt sein* || **–sible** adj *leicht zu bereden* || **–sión** f *Über-, Zu|redung* f || *Überzeugung* f || *Überreden* n || *Überzeugen* n || *don de* ~ *Überredungsgabe* f || **–siva** f *Überredungs-* bzw *Überzeugungs|gabe* bzw *-kunst* f || **–sivo** adj *überzeugend* || *überredend* || *fuerza* ~a *Überredungskraft* f || **–sor** adj/s = **–sivo** || ~ m *Über|zeugende(r)* bzw *-redende(r)* m
persulfato m ⟨Chem⟩ *Persulfat* n
perte|necer [–zc–] vi *(an)gehören* || *dazugehören* || *zukommen, gebühren* || *betreffen, angehen* || ◊ ~ *a buena familia aus guter Familie sein* || *hoy no me pertenezco fig heute bin ich vergeben* || **–neciente** adj *gehörig* (a *zu* dat) || *schicklich, angemessen* || **–nencia** f *Zugehörigkeit* f || *Eigentum* n || *Zubehör* n || *de mi* ~ *mir zugehörig* || *la granja con todas sus* ~s *das Landgut mit allem Zubehör* || *vgl* **incumbencia**
pértiga f *(Sprung)Stab* m || *Schüttelstange* f || ⟨Zim⟩ *Rüststange* f || ⟨Top⟩ *Meßstange* f || ⟨El⟩ *Mikrophon-, Ton|angel* f || *Tragstange* f || *salto de (od* con) ~ ⟨Sp⟩ *Stabhochsprung* m
pertiguero m *Domküster, Domschweizer* m
perti|nacia f *Hartnäckigkeit* f || *fig Ausdauer, Beharrlichkeit* f || *con* ~ *hartnäckig* || *beharrlich* || **–naz** [*pl* **–ces**] adj *halsstarrig, hartnäckig* || *zäh de carácter* || *von unbeugsamer Gemütsart* || ~ *en su yerro auf seinem Irrtum beharrend* || *enfermedad* ~ *hartnäckige Krankheit* f || **–nencia** f ⟨Verw Jur⟩ *Sachgemäßheit* f || *Zulässigkeit* f || *Zugehörigkeit* f || *Schicklichkeit* f || *Relevanz* f *(& Phonologie)* || **–nente** adj *zugehörig* || *passend, schicklich* || ⟨Jur⟩ *sachgemäß* || *zulässig* || *rechtserheblich* || *los oficios* ~s *die erforderlichen Anträge* mpl || *no* ~ *unzulässig* || *unpassend* || ⟨Jur⟩ *unerheblich*
△**pertó** m *Riegel* m
pertre|char vt ⟨Mil⟩ *ausrüsten, versehen (de* mit dat) || *figf herrichten* || **–chos** mpl *Ausrüstung* f || *Geräte* npl || ~ *de guerra* ⟨Mil⟩ *Kriegsbedarf* m
pertur|bación f *Störung, Zerrüttung, Verwirrung* f || ~ *atmosférica* ⟨Radio TV⟩ *atmosphärische Störung* f || ~ *mental Sinnesverwirrung* f || **–bador** adj/s *verwirrend* || *störend* || *unruhestiftend* || *elementos* ~es ⟨Pol⟩ *unruhestiftende Elemente* npl || ~ m *Störenfried, Störer* m || *Ruhestörer* m || *Unruhestifter* m || **–bar** vt *stören* || *beunruhigen* || *zerrütten (geistig)* || *verwirren* || *Unruhe stiften* || ◊ ~ *el orden público die öffentliche Ruhe stören* || **–se** *in Verwirrung geraten* || *geistesgestört sein*

Perú: (el) ~ *Peru* n || *bálsamo del* ~ ⟨Pharm⟩ *Perubalsam* m || ◊ *eso vale un* ~ *pop das ist von unschätzbarem Wert*
   peru|ano, -viano m/adj *Peruaner* m
   △**peruco** m *Schweinemarkt* m
   perver|sidad f *Unnatur, Perversität* f || *Verderbtheit, Ruchlosigkeit* f || *Verkommenheit, Lasterhaftigkeit* f || **-sión** f *Sittenverderbnis, Entartung* f || ⟨Med⟩ *Pervertierung, Perversion, krankhafte (bzw widernatürliche) Abweichung* f *vom Normalen* || ~ **sexual** f ⟨Med⟩ *geschlechtliche Perversion* f || → **corrupción** || **-so** adj/s *verderbt* || *widernatürlich, entartet* || fig *lasterhaft* || fig *gottlos, ruchlos* || **-tir** [-ie/i] vt *zerrütten* || *verderben, -führen* || *pervertieren* || **~se** *sittlich verkommen* || *entarten* || *korrupt (od lasterhaft) werden*
   pervibrador m ⟨Maur⟩ *Innenrüttler* m
   pervinca f ⟨Bot⟩ *Immergrün* n (→ **perpetua**) || *ojos de* ~ fig *hellblaue Augen* npl
   △**perviricha** f *Eidechse* f
   pervitina f ⟨Pharm⟩ *Pervitin* n
   pervulgar vt → **divulgar, promulgar**
   pesa f ⟨Uhr⟩ *Gewicht* n || *Gewicht(sstück), Wägestück* n || *reloj de* ~s *Wanduhr* f *mit Gewichten* || *levantar* ~s ⟨Sp⟩ *Hanteln stemmen*
   pesa|ácidos m ⟨Chem⟩ *Säuremesser* m || **-bebés** m *Kinderwaage* f || **-cartas** m *Briefwaage* f
   pesa|da f *Einwaage* f || **-dez** [pl **-ces**] f *Schwere* f || fig *Plumpheit* f || fig *Schwerfälligkeit* f || *Unbeholfenheit* f || fig *Auf-, Zu|dringlichkeit* f || *Lästigkeit* f || *Ärger, Verdruß* m || ~ *de cabeza Druck* m *im Kopf* || **-dilla** f *Alp(traum)* m, *Alpdrücken* n || fig *Beklemmung* f || fig *Lästigkeit, schwere Sorge, Bürde* f || **-do** adj (dim **-dillo**) *schwer (von Gewicht)* || *schwerfällig, langsam* || fig *wohlbeleibt* || fig *lästig, aufdringlich* || fig *lästig, langweilig* || ◊ *está* ~ *er wird (ist) lästig* | *es ist schwül* | *hacerse* ~ *beschwerlich fallen* || *ser muy* ~ *(de cuerpo) sehr viel wiegen* || *ponerse* ~ *eigensinnig, lästig werden* || **-dumbre** f *Schwere* f || *Unannehmlichkeit* f, *Verdruß* m || *Gram, Kummer* m || **-leche** m → **galactómetro** || **-licores** m *Flüssigkeitswaage* f || **~a alcoholímetro**
   pésame m *Beileidsbezeugung* f || ◊ *dar el* ~ (a) *sein Beileid bezeigen* (dat) || *reciba V. mi (más) sentido* ~ *nehmen Sie mein innigstes Beileid entgegen* || *se ruega se abstengan del* ~ *um stilles Beileid wird gebeten* || → **carta**
   pesamonedas m *Münzwaage* f
   pesamosto m *Mostwaage* f, *Gleukometer* n
   pesantez [pl **-ces**] f *Schwere* f || ⟨Phys⟩ = **gravedad** || *con* ~ *schwerfällig*
   ¹**pesar** vt (& fig) *(ab)wiegen, (ab)wägen* || fig *in Erwägung ziehen* || fig *drücken, besorgt machen* || fig *bereuen* || ◊ *que pesa 5 gramos im Gewicht von 5 Gramm* || *me pesa haberlo ofendido es tut mir leid (od ich bereue), ihn beleidigt zu haben* || *mal que le pese ihm zum Trotz* || *pese a quien pese* fig *um jeden Preis* || ~ *vi wiegen* || fig *lasten (sobre auf* dat) || fig *reuen*
   ²**pesar** m *Gram, Kummer, Verdruß, Ärger* m || *Betrübnis, Sorge* f || *Leid* n || *a* ~ *de trotz, ungeachtet* (gen) || *a* ~ *de todo trotz alledem* || *a* ~ *mío, tuyo, suyo usw* (a mi …) *unwillkürlich* || *lo haré a* ~ *tuyo ich werde es gegen deinen Willen ausführen* || *a* ~ *de estar enfermo obwohl er (sie usw) krank ist, trotz Krankheit* || *a* ~ *von Ärger* || ◊ *ahogar sus* ~es figf *seinen Kummer ersticken*
   pesario m ⟨Med⟩ *Pessar* n
   pesaroso adj *traurig, betrübt* || *reuig*
   pesca f *Fisch|fang, -zug* m || *Fischerei* f || *(gefangene) Fische* mpl, *Fang* m || ~ *de altura Hochseefischerei* f || *del arenque Heringsfang* m || ~ *de bajura Küstenfischerei* f || ~ *de la ballena Walfang* m || ~ *submarina Unterwasserjagd* f || ~ *con caña Angeln* n || *avíos de* ~

Fischereigerät n || *aguas abundantes en* ~ *fischreiches Gewässer* n || ¡**brava** ~! fam *iron ein sauberer Hecht!* || ¡**buena** ~! *guten Fang!* | *Petri Heil!* || *paraje de* ~ *Fischgründe* mpl || ◊ *ir (od salir) de* ~ *fischen gehen (Mensch)* || *auf Fischfang gehen (Fischereifahrzeug)* || → **altura, bajura, ballena, barco, bou**
   pesca|da f ⟨Fi⟩ = **merluza** || *Trockenfisch* m *prov* = **bacalao** || △*Nachschlüssel* m || **-dera** f *Fischhändlerin* f || **-dería** f *Fischgeschäft* f || *Fischmarkt* m || **-dilla** f ⟨Fi⟩ *junger Seehecht* m (→ **merluza**) ⟨Fi⟩ *Merlan, Wittling* m (Gadus merlangus) || **-do** m *(gefangener, eßbarer, zubereiteter) Fisch* m || *Fisch|fleisch* n, *-speise* f || ~ *congelado Gefrierfisch* m || ~ *de río,* ~ *de mar Süßwasser-, See|fisch* m || ~ *en escabeche marinierter Fisch* m || ~ *frito Bratfisch* m || ~ *en gelatina Fisch* m *in Gelee* || ~ *hervido gesottener Fisch* m || ~ *a la marinera marinierter Fisch* m || ~ *rebozado panierter Fisch, Backfisch* m || ~ *en salsa Fisch* m *mit Soße* || *conservas de* ~ *Fischkonserven* fpl || **-dor** m/adj *Fischer* m || △**Späher** m || ~ *de caña Angelfischer, Angler* m || ~ *de perlas Perlenfischer* m || → **martín**
   pescante m *(Kutsch) Bock* m || *Führersitz* m *(Kraftwagen)* || ⟨Mar⟩ *(Anker-, Boots) Davit* m || ⟨Tech⟩ *(Kran) Ausleger* m
   pescar [c/qu] vt *fischen* || *angeln* || fig *auf|gabeln, -kapern, kriegen* || figf *ertappen, packen* || figf *erwischen (Erkältung, Grippe)* || ◊ ~ *con anzuelo,* ~ *con caña angeln* || ~ *en río revuelto (od en agua turbia)* fig *im trüben fischen* || ~ *un marido (od novio* etc) *sich e-n Mann (Bräutigam) angeln* || ~ *una merluza,* ~ *una mona* figf *sich betrinken* || ~ *unas cuantas palabras* figf *ein paar Worte auffangen (von e-m Gespräch usw)* || *lo que se pesca* fam *was sich gerade bietet* || *no sabe lo que se pesca er hat k-e (blasse) Ahnung, worum es sich handelt*
   △**pescaralla** f ⟨Taur⟩ *Wams* n *des Pikadors*
   pes|cozón m *Genickstoß, Schlag* m *auf den Kopf* || fam *Kopfstück* n || **-cozudo** adj *stiernackig* || **-cuecete** m *dim v.* **-cuezo**: *ir de* ~ Chi fam *sich umhalsen* || **-cuezo** m *Nacken* m, *Genick* n || *Hals* m || ◊ *agarrar por el* ~ *beim Kragen fassen* || *retorcer a alg. el* ~ *jdn den Hals umdrehen* (& fig) || *torcer el* ~ figf *sterben* || *romper el* ~ (a) *pop jdm den Hals umdrehen, jdn umbringen*
   pese: ~ *a trotz* (gen, dat)
   pese|bre m *Krippe* f || *Viehstall* m || ≈ *Weihnachtskrippe* f (→ **belén, nacimiento**) || *figura de* ~ *Krippenfigur* f || **-brista** m *Drechsler* m *von Krippenfiguren*
   pese|ta f *Pesete* f *(span. Münzeinheit = 100 Céntimos = 4 Reales)* || Cu *lästiger Mensch* m, fam *Wanze* f || *diez céntimos de* ~ = *10 Céntimos span. Währung* || → **cambiar** || **-tero** adj/s *heizig, knickerig* || ~ m fam *Pfennigfuchser* m || Am = **sablista**
   *¡**pesia (tal)**! pop daß dich doch!*
   pesillo m *dim v.* **peso** || *Goldwaage* f
   pésimamente adv *elend* || *sehr schlecht* || *miserabel*
   pesimis|mo m *Pessimismus* m, *Schwarzseherei* f || **-ta** m/adj *Pessimist, Schwarzseher* m || ~ adj *pessimistisch*
   pésimo adj *äußerst schlecht, erbärmlich* || *de* ~ *gusto äußerst geschmacklos*
   peso m *Gewicht* n || *Masse* f || *Waage* f || *Waagschale* f || fig *(Ge)Wichtigkeit, Bedeutung* f, *Gewicht* n || fig *Last, Bürde* f || fig *drückender Kummer* m || ~ *argentino,* ~ *chileno* Am *Peso* m *(Münzeinheit)* || ~ *atómico Atomgewicht* n || ~ *gallo, ligero, mosca, pluma, medio, pesado, superpesado, welter* ⟨Sp⟩ *Bantam, Leicht-, Fliegen-, Feder-, Mittel-, (Halb)Schwer-, Super-*

schwer-, Welter|gewicht n ‖ ~ bruto, ~ neto Brutto-, Netto|gewicht n ‖ ~ de comercio Handelsgewicht n ‖ ~ duro, ~ fuerte *Piaster, span. Taler m ‖ silbernes Fünfpesetenstück n (= Duro) ‖ ~ especifico spezifisches Gewicht n, Dichte f ‖ ~ moneda nacional (de curso legal) Arg Papierpeso (Abk m/n [de] c. l.) ‖ ~ oro Arg Geldwert von 1 am. Dollar ‖ ~ oro (sellado) (Abk o/s.) arg Goldpeso m ‖ a ~ de oro sehr teuer ‖ ~ vivo Lebendgewicht n ‖ campeón de ~ pluma Federgewichtsmeister m ‖ exceso de ~ Mehr-, Über|gewicht n ‖ corto (od falto) de ~ nicht vollwichtig ‖ falta de ~ (od deficiencia en el ~) Fehlgewicht n ‖ nota de ~(s) Gewichtsnota f a(l) ~ nach Gewicht ‖ de ~ vollwichtig ‖ fig angesehen ‖ fig klug, vernünftig ‖ fig bedeutend ‖ fig wichtig ‖ fig gewichtig ‖ en ~ korporativ, insgesamt ‖ fig unschlüssig ‖ ◊ dar buen ~ gutes Gewicht geben ‖ eso se cae de su ~ pop das ist einleuchtend, das ist e–e Selbstverständlichkeit ‖ dar ~ falto (corrido) zu leichtes (volles) Gewicht geben ‖ exceder el ~ das Gewicht überschreiten ‖ übergewichtig sein ‖ ganar (perder) en ~ an Gewicht gewinnen (verlieren) ‖ levantar en ~ jdn in die Höhe heben ‖ pagar a ~ de oro fig mit Gold aufwiegen ‖ ser de ~ (od tener el ~) de 5 kilos 5 kg wiegen ‖ tomar en (od a) ~ (mit der Hand) abwägen ‖ vender a(l) ~ nach dem Gewicht verkaufen ‖ ~s grandes, pequeños ⟨EB⟩ Schwer-, Leicht|gut n
pesol m prov Erbse f
peson m Balken-, Schnell|waage f
△**pespirincho** m Witwer m
pespun|t(e)ar vt steppen (nähen) ‖ –te m Steppnaht f ‖ Stepparbeit f
pesque|ría f Fischgrund m ‖ Fischerei f ‖ Fischfang m ‖ Fischgeschäft n ‖ –ro adj: barco ~ Fischdampfer m ‖ industria ~a Fisch(erei)industrie f
△**pesquibar** vt probieren
△**pesquilar** vt foppen ‖ verführen
pesqui(s) m pop Kopf m, Köpfchen n ‖ ◊ tener mucho ~ Köpfchen, pop Grips haben ‖ tener poco ~, no tener ~ ein Einfaltspinsel sein
pesqui|sa f Nachforschung f ‖ (polizeiliche) Untersuchung f ‖ Suche f ‖ Fahndung f ‖ ⟨Jur⟩ Ermittlungsverfahren n ‖ **–sante** m Am Geheimpolizist m ‖ **–sar** vt nachforschen (nach dat) ‖ fahnden ‖ nachforschen ‖ **–sidor** adj/m: juez ~ Untersuchungsrichter m ‖ ~ m Nachforscher m ‖ mit der Untersuchung Beauftragte(r) m (Beamter usw)
△**pesquital** m Gefallen m
pestalozziano adj auf den Pädagogen Pestalozzi bezüglich
pesta|ña f (Augen)Wimper f ‖ Paspelschnur, Franse, Borte f ‖ Sohl-, Zettel|ende n (am Tuch) ‖ Radkranz m ‖ Spurkranz m ‖ Falz m (am Blech) ‖ Glättholz n ‖ △scharfer Blick m ‖ provisto de ~s ⟨Biol⟩ gewimpert (z.B. Wimpertierchen) ‖ ◊ sin mover ~ fig ohne mit der Wimper zu zucken ‖ no pegar ~ pop kein Auge zutun ‖ **–ñear** vi blinzeln ‖ ◊ sin ~ figf unverwandt (ansehen) ‖ **–ñeo** m Blinzeln n
pestazo m augm v. **peste**
pes|te f Pest, Seuche f ‖ (ansteckende) Seuche f ‖ Gestank, übler Geruch m ‖ fig Pest, Geißel f ‖ fig Gesindel n ‖ ♦figf Unmenge f, Haufen m ‖ △Spielwürfel m ‖ Chi Blattern fpl ‖ Col Schnupfen m ‖ ~ bubónica Beulenpest f ‖ ~ negra ⟨Med⟩ ~ bubónica f ‖ ⟨Ökol⟩ Ölpest f ‖ ~ neumónica Lungenpest f ‖ ~ porcina ⟨Vet⟩ Schweinepest f ‖ ¡~ de él! vulg der Teufel soll ihn holen! ‖ ◊ echar ~s (de, contra) schimpfen, fluchen (auf) ‖ **–ticida** m Pestizid, Schädlingsbekämpfungmittel n (aller Art) ‖ **–tifero, –tilente** adj verpestend ‖ übelriechend, stinkend ‖ **–tilencia** f Pest(ilenz) f

pestillo m (Tür-, Schloß)Riegel m ‖ (Tür-)Drücker m, Klinke f ‖ ⟨Mil⟩ (Patronen)Rahmenhalter m (des Gewehrs) ‖ ⟨Mil⟩ Schloßriegel m (des Maschinengewehrs) ‖ Drücker m (des Visiers) ‖ ◊ echar el ~ verriegeln
pestiños mpl in Honig getauchtes Ölgebäck n
pestorejo m (dicker, fleischiger) Nacken, Stiernacken m
pesuña f = **pezuña**
△**pet** m (Tür)Schloß n
△**peta** f Name m
petaca f Zigaretten-, Zigarren|tasche f, -etui n ‖ △Bett n ‖ Mex Gesäß n, Hinterbacken fpl ‖ Busen m (in Jalisco, Mex) ‖ Mex Koffer m ‖ MAm Buckel m
△**petal** m Huf m
pétalo m ⟨Bot⟩ Blumen-, Blüten-, Kron|blatt n
petaquita f dim v: **petaca**
¹**petar** vt fam jdm gefallen ‖ ◊ se te peta wenn es dir gefällt ‖ wenn du Lust (dazu) hast
²**petar** vt Gal León (an der) Tür klopfen
petar|dista m pop Gauner, Betrüger m ‖ **–do** m Spreng|körper m, -kapsel f ‖ Sprengschuß m ‖ Feuerwerkskörper m ‖ figf Wertlose(s) n, fam Katastrophe f, südd Schmarren m ‖ ◊ el concierto, la película, la fiesta, el libro ... fue un ~ das Konzert, der Film, die Party, das Buch ... war e–e Katastrophe ‖ dar (a) jdn prellen
petate m Bettzeug n der Seeleute ‖ allg Schlafsack m ‖ allg Bett n ‖ fam Gepäck n ‖ ◊ liar el ~ figf sein Bündel schnüren, ausziehen ‖ sterben, pop abkratzen
petenera(s) f(pl) ein südspan. Tanz m ‖ ◊ salir por ~ pop ausweichend antworten ‖ sich blamieren ‖ et Ungehöriges antworten
petequia(s) f(pl) ⟨Med⟩ Petechien pl
peteretes mpl fam Naschwerk n
Petersburgo: San ~ St. Petersburg (das frühere Leningrad)
peti|ción f Gesuch n, Bitte f ‖ Ansuchen n ‖ Forderung f ‖ ⟨Jur⟩ Klage f ‖ ⟨Jur⟩ Bittschrift f ‖ a ~ del comprador auf Wunsch des Bestellers ‖ a ~ general auf allgemeines Verlangen ‖ ~ de principio Zirkelschluß m, Petitio f principii lat ‖ ◊ hacer, formular, presentar una ~ ein Gesuch einreichen, ersuchen (um) ‖ hacer la ~ de mano um die Hand (e–s jungen Mädchens) anhalten ‖ **–cionario** m/adj Bittsteller m
petifoque m ⟨Mar⟩ Außenklüver m
petimetre m Geck, Fatzke m
petirrojo m ⟨V⟩ Rotkehlchen n (Erithacus rubecula)
petiso adj Arg klein ‖ winzig ‖ ~ m (kleines) Pferd, Pony n
petitero m RPl Halbstarke(r) m
petito|ria f fam Bitte f ‖ → a **petición** ‖ **–rio** adj: carta ~a Bittschrift f ‖ mesa ~a Sammeltisch m (für milde Gaben) ‖ ~ m fam Sammeltisch m ‖ Kollekte f ‖ Katalog m von Forderungen ‖ ⟨Pharm⟩ Standardliste f
petizo adj/m Am = **petiso**
peto m Brustharnisch m ‖ Brustlatz m ‖ Vorhemd n ‖ ⟨Zool⟩ Bauchpanzer m ‖ delantal de ~ Latz-, Träger|schürze f ‖ Kleiderschürze f
petral m Brust-, Sielen|geschirr n
¹△**petrar** m Hüfte f
²△**petrar** vi vulg krepieren
petrar|quesco adj im Stil des Petrarca ‖ **–quista** m/adj Bewunderer bzw Nachahmer Petrarcas
petrel m ⟨V⟩ Sturmschwalbe f (Pterodroma spp) ‖ a **paiño**
pétreo adj steinern, Stein-, Felsen-
petrifi|cación f ⟨Geol⟩ Versteinerung f ‖ **–cado** adj: ◊ me quedé ~ pop ich war sprachlos (vor Schreck) ‖ **–car** vt versteinern ‖ fig erstarren lassen ‖ **–se** vr versteinern, zu Stein (bzw starr) werden
petrogénesis f ⟨Geol⟩ Petrogenese f

Petrogrado *Petrograd (das frühere Leningrad: 1914-1924)*
petro|grafía *f Petrographie* f ‖ **-lado, -lato** *m Petrolatum* n, *Naturvaseline* f
petróleo *m Erdöl* n ‖ *Petroleum* n ‖ ~ *bruto Rohöl* n ‖ ~ **lampante** *Leuchtpetroleum* n
petro|lero *m Petroleumhändler* m ‖ *Mordbrenner* m *(mittels Petroleum)* ‖ fig ⟨Hist⟩ *Revolutionär* m ‖ ⟨Mar⟩ *Tanker* m ‖ **-lífero** *adj erdölführend (Schicht)* ‖ *pozo* ~ *Erdölbohrung, Ölquelle* f ‖ *región* ~a *erdölreiche Gegend* f ‖ **-logía** *f Petrologie* f
Petronila *f* Tfn *Petronilla* f
petroquímica *f Petrochemie* f
petroso adj *steinig, Stein-*
△**petul** *m Huf* m
petulan|cia *f Ungestüm* n, *Unbändigkeit, Ausgelassenheit* f ‖ *Dreistigkeit* f ‖ *Unverschämtheit, Frechheit* f ‖ *anspruchsvolle Eitelkeit* f ‖ *Anmaßung* f ‖ **-te** adj *ungestüm, ausgelassen* ‖ *dreist* ‖ *unverschämt, frech* ‖ *lächerlich, eingebildet* ‖ *anmaßend* ‖ *sehr ungeduldig*
petunia *f* ⟨Bot⟩ *Petunie* f (Petunia spp)
peyorativo adj *verschlechternd (Sinn des Wortes)* ‖ *abschätzig, pejorativ, herabsetzend*
¹**pez** [*pl* **peces**] *m Fisch* m *(zoologischer Begriff)* ‖ *Flußfisch* m ‖ fig *schlechter, junger Schüler* m ‖ fig *Neuling* m ‖ ~ *ángel* ⟨Fi⟩ *Engelrochen, Meerengel* m (Rhina squatina) ‖ ~ *dorado,* fam ~ *de colores Goldfisch* m (Carassius auratus) ‖ ~ *espada* ⟨Fi⟩ *Schwertfisch* m (Xiphias gladius) ‖ ~ *gordo* fig *bedeutende Persönlichkeit* f, fam *hohes Tier* n ‖ ⟨Pol⟩ *Bonze* m ‖ ~ **hembra** *Rog(e)ner* m ‖ ~ *macho,* ~ *lechal Milch(n)er* m ‖ ~ *luna* ⟨Fi⟩ *Königsfisch, Gotteslachs* m (Lampris luna) ‖ ~ *mahoma* ⟨Fi⟩ *Dorn-, Nagel|-rochen* m (Raja clavata) ‖ ~ *martillo* ⟨Fi⟩ *Hammerhai* m (Sphyrna zygaena) ‖ ~ *mujer* ⟨Zool⟩ = **manatí** ‖ ~ *sierra* ⟨Fi⟩ *Sägefisch* m (Pristis spp) ‖ ~**ces voladores** ⟨Fi⟩ *Flugfische* mpl (Exocoëtidae) ‖ *como* el ~ *en el agua* figf *wie ein Fisch im Wasser,* pop *wie der Herrgott in Frankreich* ‖ ◊ *estoy* ~ *en ello* pop *ich habe keinen blauen Dunst (davon)* ‖ *el* ~ *pica der Fisch beißt an* (& fig) ‖ *salga* ~ *o salga rana* figf *aufs Geratewohl* ‖ ¡*yo me río de los peces de colores!* pop *das läßt mich kalt!*
²**pez** [*pl* **peces**] *f Pech* n ‖ *Baumharz* n ‖ ~ *de Judea* → **betún** *de Judea* ‖ ~ *negra Schusterpech* n ‖ *negro como la* ~ *pechschwarz* ‖ ◊ *pegar (od untar) con* ~ *einpichen*
pezón *m Brustwarze* f ‖ *Zitze* f ‖ ⟨Bot⟩ *(Blatt-) Stiel* m ‖ *Zipfel* m ‖ *Ende* n ‖ fig *Bergkegel* m ‖ dim ~**cito** *m*
pezonera *f* ⟨Med⟩ *Warzen-, Saug|hütchen* n ‖ *Brustglas* n ‖ ⟨Agr⟩ *Melkzitze* f ‖ ⟨Tech⟩ *Lünse* f *an der Radachse* ‖ Am prov = **biberón**
pezuña *f Huf* m, *Klaue* f *der Spalthufer*
Pf., p.f., Pfs. Abk **peso(s) fuerte(s)**
pfennig *m* deut *Pfennig* m
pgdo. Abk = **pagado**
phi *f* griech. φ, *Phi* n
pi griech. π, *Pi* n
pía *f Schecke, scheckige Kuh* f
piache: *tarde* ~ fam *zu spät*
pia|da *f Piepen* n ‖ **-dor** *m* △*Trinker* m ‖ ~ adj *piep(s)end*
piadoso adj *fromm* ‖ *andächtig* ‖ *mitleidig, barmherzig* ‖ *mild(tätig), gnädig* ‖ *liebevoll* ‖ *a la* ~a *memoria zum frommen Andenken* ‖ *canto* ~ *Kirchenlied* n
piafar vi *tänzeln (Pferd)* ‖ *piaffieren, die Piaffe ausführen (Dressur)*
pial *m* Am *Binde-, Fangstrick* m ‖ *Schlinge* f
piamadre, piamadre *f* ⟨An⟩ *Pia Mater* lat, *weiche Hirnhaut* f ‖ → a **madre**
Piamon|te *m Piemont* n ‖ ⁼**tés** adj/s *piemont(es)ich, aus Piemont* ‖ ~ *m Piemontese* m

pian adv: ~, ~ (~, *piano,* ~, *pianito*) fam *sachte, gemächlich*
pián *m* ⟨Med⟩ *Himbeerseuche, Frambösie* f
pia|nista *m/f Klavierspieler* m ‖ *Pianistin, Klavierspielerin* f ‖ *Klavierbauer* m ‖ *Klavierhändler* m ‖ **-nístico** adj *pianistisch, Klavier-* ‖ *für Klavier gut gesetzt (Musikstück)* ‖ **-no** adv/s ⟨Mus⟩ *piano, leise* ‖ ~ *m* ⟨Mus⟩ *Pianoforte, Klavier* n ‖ *Piano* n ‖ ~ *automático Pianoautomat* m ‖ ~ *de cola* ⟨Mus⟩ *Flügel* m ‖ ~ *de concierto Konzertflügel* m ‖ ~ *de media cola Stutzflügel* m ‖ ~ *de manubrio Drehorgel* f ‖ ~ *diagonal,* ~ *cruzado Kreuz(saiten)klavier* n ‖ ~ *recto,* ~ *vertical Piano, Klavier* n ‖ *afinador de* ~s *Klavierstimmer* m ‖ ◊ *tocar el* ~ *(a cuatro manos) Klavier (vierhändig) spielen* ‖ ***-noforte** *m Pianoforte, Klavier* n ‖ **-nola** *f Pianola, mechanisches bzw elektrisches Klavier* n
piapoco *m* Col Ven → **tucán**
piar vi [pres pío] *piep(s)en (Vögel)* ‖ △*viel trinken* ‖ ◊ ~ *por* fam *sich sehnen, lechzen (nach)* ‖ ¡*si no pío!* pop *ich sage doch kein Wort!*
piara *f Herde* f *(Schweine)* ‖ p.ex *Rinder-, Maultier|herde f (usw)*
piasava *f Piassava* f *(Faser der Parapiassava-, der Wein-, der Bahia-Piassava- und der Brenn|-palme)*
piastra *f Piaster* m *(Silbermünze)*
piazo *m* pop = **pedazo**
pibe *m* RPl *Kind, Kleine(s)* n
¹**pica** *f Pike, Lanze* f, *Spieß* m ‖ ⟨Taur⟩ *Spieß* m *des Pikadors* ‖ *Zweispitz, Pickel* m ‖ *Steinmetzhacke* f ‖ *Spitze* f ‖ *Dorn, Stachel* m ‖ ◊ *poner una* ~ *en Flandes* figf *et sehr Schwieriges und Gefährliches ausführen* ‖ *poder pasar por las* ~s *de Flandes* fig *fehlerlos sein, der strengsten Kritik standhalten* ‖ *saltar por las* ~s *de Flandes* figf *rücksichtslos vorgehen*
²**pica** *f* ⟨Typ⟩ *Pika* f (≈ *Cicero*)
picacaballos *f* ⟨Zool⟩ MAm „*Pferdebeißer*" *m* (*e-e Würgespinne* f = Teraphosa sp)
pica|cho *m spitzer Berggipfel* m ‖ *Bergspitze* f ‖ **-chón** *m Spitzhacke* f, *Pickel* m ‖ **-da** *f Anbeißen* n *der Fische* ‖ *Hieb* m *mit dem Schnabel* ‖ *Stich* m *e-s Insekts* ‖ *Am Felsenweg* m ‖ *Am Waldschneise* f ‖ Arg *schmale Furt* f ‖ **-dero** *m Reit|bahn, -schule* f ‖ *Tattersall* m ‖ pop *Junggesellenbude* f ‖ pop *Absteig(e)quartier* n ‖ ⟨Mar⟩ *Kielholz* n ‖ **-dillo** *m Hackfleisch* n ‖ *(Paprika-)Wurstfülle* f ‖ ~ *de cerdo Schweinshaschee* n ‖ ◊ *no lo diré, así me hagan* ~ pop *ich sage es nicht, wenn es mich auch den Kragen kostet (od auch wenn man mich zu Hackfleisch macht)* ‖ **-do** adj/s *gelocht, durchlöchert* ‖ *gehackt (Fleisch)* ‖ *angefault, mit e-m Stich (Fleisch, Obst, Wein)* ‖ *von Vögeln angepickt, angefressen (Früchte)* ‖ *wurmstichig* ‖ ⟨Mar⟩ *kabbelig (See)* ‖ figf *aufgebracht, gereizt, zornig* ‖ *pockennarbig* ‖ ~ *de* fig *befallen von* ‖ ~ *de viruelas blatter-, pocken|-narbig* ‖ ~ *del mosquito von der Mücke gestochen* ‖ *mar* ~a *aufgeregte, kabbelige See* f ‖ *carne* ~a *Hackfleisch* n ‖ ◊ *sentirse* ~ *sich getroffen fühlen* ‖ ~ *m Mottenfraß* m *(Stick-) Vorlage* f ‖ ⟨Mus⟩ *Stakkato* n ‖ ⟨Flugw⟩ *Sturzflug* m, *Vornüber-, Nachvorn|kippen* n ‖ ⟨Tech⟩ *Feilenhieb* m ‖ ⟨Aut⟩ *Klopfen* n *(Motor)* ‖ ~ *(entre)fino, superior, suave, común, fuerte verschiedene Sorten* fpl span. *dunklen Zigarettentabaks* ‖ ~ *ligado* ⟨Mus⟩ *gebundenes Stakkato* n ‖ *ataque en* ~ ⟨Flugw⟩ *Sturzflugangriff* m ‖ *vuelo en* ~ *Sturzflug* m ‖ ◊ → a **avión**
pica|dor *m Bereiter, Stallmeister, Zu-, Kunst|-reiter* m ‖ ⟨Taur⟩ *Pikador, (Lanzen)Stierfechter* m ‖ ⟨Mar⟩ *Block* m *(zur Kielauflage)* ‖ △*Dieb* m ‖ ~ *de toros* ⟨Taur⟩ *Pikador* m ‖ ~ *de minas* ⟨Bgb⟩ *Häuer* m ‖ **-dura** *f Stechen, Picken* n ‖ *Stich* m ‖ *feingeschnittener, dunkler Zigaretten-*

tabak m ‖ *Mottenfraß* m ‖ ~ *de insecto(s) Insektenstich* m
pica|flor *m* ⟨V⟩ Am *Kolibri* m ‖ fig *Schürzenjäger* m ‖ **-maderos** *m* ⟨V⟩ = ²**pico**
pican|te *adj (dim* **-tillo**) *scharf, beißend, brennend, prickelnd* ‖ fig *pikant, prickelnd* ‖ fig *beißend, bissig (Wort)* ‖ asunto *od* cosa *od* motivo *od* tema) ~ figf *Pikanterie, Anzüglichkeit* f ‖ ~ *m scharf gewürzte oder stark gepfefferte Speise* f ‖ △*Pfeffer* m
pica|ño *adj zerlumpt* ‖ *verwahrlost* ‖ *spitzbübisch* ‖ *dreist, frech* ‖ **-pedrero** *m Steinmetz* m ‖ *Schotter|schläger, -leger* m ‖ **-pica** *f Juckpulver* n ‖ **-pleitos** *m Winkeladvokat* m ‖ **-porte** *m (Tür-, Fenster)Klinke* f ‖ *Drücker* m ‖ nariz de ~ figf *Hakennase* f
picar [c/qu] *vt/i stechen* ‖ *(an)picken, mit dem Schnabel packen (Vogel)* ‖ *hacken (Fleisch)* ‖ *anbeißen (Fisch)* ‖ *beißen (Schlange, Spinne)* ‖ *jucken (Ausschlag)* ‖ *brennen (scharfe Speisen)* ‖ *spornen (Pferd)* ‖ *zureiten (ein Pferd)* ‖ *(aus)klopfen (Kleider)* ‖ *lochen (Fahrkarte)* ‖ *auspacken (Papier)* ‖ *behauen, spitzen (Steine)* ‖ ⟨Mar⟩ *kappen (Tau)* ‖ ⟨Mar⟩ *pumpen* ‖ ⟨Mar⟩ *schneller rudern* ‖ ⟨Flugw⟩ *drücken, Tiefensteuer geben* ‖ ⟨Flugw⟩ *stürzen, herunterstoßen* ‖ *dengeln (Sense)* ‖ *hauen (Feilen)* ‖ fig *antreiben, anspornen* ‖ fig *kränken, ärgern, reizen* ‖ figf *reizen* ‖ ⟨Mus⟩ *staccato spielen* ‖ ⟨Mus⟩ *kurz abstechen (Noten)* ‖ ◊ ~ el billete *die Fahrkarte lochen* ‖ ~ los ojos (a) *jdm die Augen aushacken* ‖ ~ la vena *zur Ader lassen* ‖ le pican los celos fig *die Eifersucht läßt ihn nicht zur Ruhe kommen* ‖ ~ vi *brennen, stechen, glühen (Sonne, Körperteil)* ‖ *klatschen (an der Tür) klopfen* ‖ *anbeißen (Fisch)* ‖ ~ alto, bajo *hoch, niedrig stoßen (Billard)* ‖ ~ más alto *fig größere Ansprüche machen* ‖ ~ a la puerta *an der Tür klopfen* ‖ ~ con las manos *in die Hände klatschen* ‖ ~ con los pies *mit den Füßen stampfen, trampeln* ‖ ~ (en la garganta) *im Hals kratzen (Speise usw)* ‖ ~ en la música pop *Musik dilettantisch* ‖ ~ a la puerta *an der Tür klopfen* ‖ ~ con las manos *in die Hände klatschen* ‖ ~ con los pies *mit den Füßen stampfen, trampeln* ‖ ~ en betreiben ‖ ~ en la pared *an die Wand klopfen* ‖ ~ en valiente pop *den Tapferen spielen wollen* ‖ ~ en viejo fam *alt werden* ‖ ~ en todo fam *flatterhaft sein* ‖ picaron hacia la venta *sie ritten der Kneipe zu* ‖ el sol pica *die Sonne sticht* ‖ ya va picando el frío *die Kälte nimmt zu* ‖ **~se** *Mottenstiche bekommen (Tuch)* ‖ *angehen, e-n Stich bekommen (Fleisch, Korn, Wein usw)* ‖ *schimmelig, stockig werden (Getreide, Buchseiten)* ‖ *unruhig werden (See)* ‖ fig *sich beleidigt fühlen (de über* acc), fam *pikiert werden* ‖ fig *sich einbilden (de auf* acc) ‖ *sich aufspielen (als* nom) ‖ ◊ ~ de *(od* por) una alusión *sich durch e-e Anspielung getroffen fühlen* ‖ ~ con sich *verfeinden mit* ‖ ~ de (ser) sabio *sich auf seine Gelehrsamkeit et einbilden* ‖ quien se pica, ajos come fig etwa: *wem's juckt, der kratze sich*
pica|rada *f Schelmenstreich* m ‖ **-raza** *f* ⟨V⟩ = **urraca** ‖ **-razo** *m Erzspitzbube* m
picar|día *f Schurkenstreich* m, *Gaunerstück* n ‖ *Schlauheit, Verschlagenheit* f ‖ *Schelmerei* f, *unschuldiger Streich* m ‖ con ~ *schelmisch* ‖ *heimtückisch, hinterlistig* ‖ **-do** *adj/s pikardisch (aus der Picardie, Frankreich)*
pica|resca *f* ⟨Lit⟩ *Schelmendichtung* f ‖ *Schurken-, Gauner|tum* n ‖ **-resco** *adj spitzbübisch* ‖ *schelmisch* ‖ *Schelmen- ‖ Gauner- ‖ possenhaft* ‖ novela ~a *pikaresker Roman, Schelmenroman* m ‖ **-rillo, -rín** *m kleiner Schelm* m, *Range* f
pícaro *adj schelmisch* ‖ *schurkisch, gaunerhaft, gerieben* ‖ fig *boshaft, heimtückisch* ‖ ~ *m Schurke, Gauner* m *Schelm* m ⟨bes Lit⟩ ‖ *Laus-, Spitz|bube* m *(& kosend)* ‖ *Strolch, Stromer* m ‖ fam *Galgenstrick* m ‖ ~ *de cocina Küchenjunge* m ‖ cara de ~ *Schelmengesicht* n ‖ augm: **picarón** *(meist Kosewort od nicht abwertend)*
pica|ronazo *m Erzschurke* m ‖ **-ronero** *m* Am *Brezelverkäufer* m ‖ **-ruelo** *adj/s dim v.* **pícaro**
picarrelincho *m* ⟨V⟩ *Specht* m (→ ²**pico**)
Picasso *m np Beiname des span. kubistischen Malers Pablo Ruiz Picasso (1881–1973)* ‖ un ~ *ein Picasso(bild)*
picatoste *m (geröstete) Brotschnitte* f, *Toast* m
¹**picaza** *f/adj Elster* f (→ **urraca**) ‖ fig *zanksüchtige Frau* f ‖ (caballo) ~ *Schecke* f *(Pferd)*
²**picaza** *f* Murc *Jät|hacke, -haue* f
¹**picazo** *m Pikenstich* m ‖ *Stichnarbe* f
²**picazo** *m* augm *v.* **pico**
³**picazo** *m* = **picotazo**
⁴**picazo** *m Schecke* f *(Pferd)*
⁵**picazo** *m junge Elster* f (→ **urraca**)
picazón *f Jucken, Beißen* n ‖ fig *Unruhe, Ungeduld* f ‖ figf *Ärger, Verdruß* m
picea *f* ⟨Bot⟩ *Gemeine Fichte, Rotfichte* f *(Picea abies)*
píceo *adj pech|schwarz, -farben, Pech-*
Picio *np: más feo que* ~ fam *häßlich wie die Nacht*
pic(k)nic(k) *m Picknick* n
pick-up *m* engl *Tonabnehmer* m ‖ *Plattenspieler* m
pícnico *adj/s* ⟨Med⟩ *pyknisch, dickleibig, untersetzt* ‖ ~ *m Pykniker* m
picnómetro *m Pyknometer* n *(zur Dichtebestimmung)*
¹**pico** *m Schnabel* m ‖ fig *Spitze* f ‖ fig *Bergspitze* f ‖ *hoher Berg* m ‖ ⟨Agr⟩ *Karst* m, *Pickel-, Spitz|haue* f ‖ ⟨Mar⟩ *Gaffel* f ‖ *Eispickel* m ‖ *Mundstück* n, *Schnabel* m, *Tülle* f *e-s Gefäßes* ‖ *Ausguß* m ‖ ⟨An⟩ *Zacke* f ‖ *Zipfel* m ‖ *Überschuß* m *e-r runden Summe* ‖ pop *Mund* m, *Schnabel* m, vulg *Maul* n ‖ *Beredsamkeit* f, *Mundwerk* n ‖ ~ de flauta ⟨Zim⟩ *schräger Blattstoß* m ‖ ~ de frasco → **tucán** ‖ ~ de gas *Gasflamme* f ‖ ~ de oro fig *ausgezeichneter Redner* m ‖ el ~ de una uña figf *ein klein bißchen* ‖ de ~ iron *mit dem Mund (aber nicht mit der Tat)* ‖ mil pesetas y ~ fam *et über tausend Pesetas* ‖ tiene 40 y ~ *er ist in den Vierzigern* ‖ es un ~ fam *es ist ein hübsches Sümmchen* ‖ cortado a ~ fig *steil (Felsen)* ‖ ◊ hacer el ~ pop *den Rest bezahlen* ‖ hincar el ~ pop *sterben*, vulg *krepieren* ‖ se lo quita del ~ pop *er spart es sich am Munde ab* ‖ tener buen ~, tener un ~ de oro fam *ein tolles Mundwerk haben* ‖ ¡calla el ~! ¡cierra el ~! fam *halt den Mund (od den Schnabel)*, vulg *halt's Maul!* ‖ andar (*od* irse) de *(od* a, con) ~s pardos figf *die Zeit unnütz vertrödeln* ‖ figf *flirten, jdm den Hof machen* ‖ ~ **sombrero**
²**pico** *m* ⟨V⟩ *Specht* m ‖ ~ carpintero *Specht* m ‖ ~ dorsiblanco *Weißrückenspecht* m (*Dendrocopos leucotos*) ‖ ~ mediano *Mittelspecht* m (D. medius) ‖ ~ menor *Kleinspecht* m (D. minor) ‖ ~ negro (→ ²**pito**) ‖ ~ picapinos *Buntspecht* m (D. major) ‖ ~ verde *Grünspecht* m (→ ²**pito**)
³**pico** *m* philipp. *Maß* = 63,262 kg
⁴**pico-** präf *Pico-* (10⁻¹²)
△**picoa** *f (Koch) Topf* m
picofeo *m* ⟨V⟩ Col = **tucán**
picogordo *m* ⟨V⟩ *Kernbeißer* m (*Coccothraustes coccothraustes*)
△**pícol** *adv ein bißchen*
picón, ona *adj/s mit überlangen Schneidezähnen (Pferd usw)* ‖ Am *geschwätzig* ‖ ~ *m Rupfer* m *(Pferd)* ‖ *(kleine) Holzkohlen* fpl ‖ *Bruchreis* m ‖ figf *Anreizen, Provozieren* n ‖ △*Laus* f
piconero *m/adj Holzkohlenhändler* m ‖ „La chiquita ~a" *berühmtes Bild* n *des span. Malers Julio Romero de Torres* ‖ → a **picador**

picor m *Jucken* n, *Juckreiz* m ‖ *Brennen* n ‖ *Kribbeln, Prickeln, Krabbeln* n
△**picosa** f *Stroh* n
picota f *Schandpfahl, Pranger* m ‖ *äußerste Spitze* f *(Turm. Fels, Berg)* ‖ ◊ poner a alg. en la ~ fig *jdn an den Pranger stellen, anprangern*
  picota|zo m (**-da** f) *Schnabelhieb, Stoß, Hieb* m *mit dem Schnabel* ‖ *(Insekten)Stich* m ‖ ◊ arrancar a ~s *aushacken* ‖ dar un ~ *picken* (a alg., a a. *jdn, et* acc) ‖ *zwischen* acc
[1]△**picote** m *Glas* n
[2]**picote** m ⟨Web⟩ *grobes Zeug* n *(aus Ziegenhaar)*
pico|tear vt/i *(an)picken, mit dem Schnabel picken* ‖ *hacken* ‖ fig *klatschen* ‖ **-se** vr *schnäbeln (Vögel)* ‖ figf *sich zanken (Frauen)* ‖ **-teo** m *Schnäbeln* ‖ **-tería** f figf *Geschwätzigkeit* f ‖ *Klatschen* n ‖ **-tero** m/adj *Schwätzer* m ‖ **-verde** m ⟨V⟩ *Grünspecht* m (→ **pito**)
picrato m ⟨Chem⟩ *Pikrat, pikrinsaures Salz* n
pícrico adj: ácido ~ ⟨Chem⟩ *Pikrinsäure* f
pictórico adj *malerisch, zum Malen geeignet* ‖ *auf die Malerei bezüglich* ‖ *Bild-, Mal-* ‖ arte ~a *Malkunst* f
picu|dillo adj *etwas spitz* ‖ **-do** adj *spitz(ig)* ‖ *großschnäb(e)lig* ‖ figf *schwatzhaft* ‖ Mex *gewandt* ‖ Cu *kitschig*
picu|re m Ven *Flüchtling* m ‖ **-rearse** vr *entfliehen*
picha f sehr vulg *Penis* m, vulg *Bockwurst, Stange* f ‖ **~r(se)** vi(r) vulg *pissen* ‖ **~rse** Arg fig *sich einschüchtern lassen* ‖ Dom figf *schwindsüchtig werden* ‖ Dom fig pop *sterben*, pop *krepieren, abkratzen*
pichel m *Zinngefäß* n *mit Deckel* ‖ *Zinnkrug* m
pichella m Ar *Weinkrug* m *(= 0,5 l)*
pichete m Hond *Eidechse* f
pichiciego adj/s Arg *kurzsichtig* ‖ ~ m Arg Chi ⟨Zool⟩ *Gürtel|mull* m, *-maus* f (Chlamydophorus truncatus)
pichicho m Arg *Schoßhündchen* n
pichilingo m Mex fam *kleines Kind* n, fam *Kleiner* m
pichincha f RPl *Mädchen* n *aus dem Volk* ‖ *Zufallstreffer* m ‖ *Glückskauf* m ‖ *Gelegenheitsgeschäft* n
△**pichirichi** m *Geschmack* m
△**pichó** m *Taschentuch* n
picholear vi Chi pop *geschlechtlich verkehren* bzw *onanieren (Mann)* (→ **picha**) ‖ figf *auf den Bummel gehen* ‖ Arg Bol *schachern*
pichón, ona m *junge Taube* f ‖ figf *Täubchen, Schätzchen* n *(Kosewort)* ‖ figf *unerfahrene, junge Person* f, fam *Grünschnabel, Neuling* m ‖ Cu *Feigling* m ‖ tiro de ~ ⟨Sp⟩ *Taubenschießen* n ‖ **~a** fig pop *Taube* f, *Täubchen* n *(Kosename)* ‖ Murc *ein Kartenspiel* n
pichoncito m dim v. **pichón** ‖ fam *Liebling* m
pi|chuncha f Chi *Dirne, Nutte* f ‖ **-churria** f Col *Kleinigkeit*, fam *Lappalie* f
pidazo m pop = **pedazo**
[1]**pido** m fam *Bitte* f
[2]**pido, pidió** → **pedir**
pidón m fam *ständig Bittende(r)* m ‖ *zudringlicher* bzw *bettelhafter Mensch* m
pie [*pié, *pl **pies**, pop **pieses**] m *Fuß* m ‖ *Tierfuß* m, *Pfote* f ‖ *Hinterfuß* m *(der Tiere)* ‖ fig *Schuhgröße* f ‖ ⟨Bot Agr⟩ *Schößling, Trieb* m *(e-s Baumes, e-r Pflanze)* ‖ *Stengel, Stamm* m ‖ *Kopf, Halm, Stock* m, *Staude* f *(der Pflanzen)* ‖ *Wurzelende* n, *Strunk* m ‖ *Unter|lage* f, *-satz*, *Ständer* m ‖ *Gestell* n ‖ *Stütze* f ‖ *Tisch-, Möbel|fuß* m ‖ *dicke Schicht* f ‖ *(Boden)Satz* m ‖ ⟨Mal⟩ *Grundierung* f ‖ ⟨Mal⟩ *Grundfarbe* f ‖ *Vers|fuß* m, *-maß* f ‖ ⟨Th⟩ *Stichwort* n ‖ *Fuß* m, *-maß* n *(Cast = 1/3 vara = 12 pulgadas = ca. 28 cm)* ‖ ⟨Mar⟩ *Kenterhaken* m ‖ ⟨Tech⟩ *Nagelzieher* m ‖ *Brechstange* f ‖ ⟨Math⟩ *Fußpunkt* m ‖

⟨Phot⟩ *Stativ* n ‖ *Schlußteil* m, *Ende* n ‖ *Grundlage* f, *Grund* m ‖ *Veranlassung* f, *Anlaß* m ‖ ~ adelante, ~ atrás *vorwärts, zurück* ‖ ~ de altar *Nebeneinkünfte* fpl *e-r Pfarrei* ‖ ~ ante ~ *Schritt vor Schritt* ‖ → **banco** a) ‖ ~ cuadrado *Quadratfuß* m *(Maß)* ‖ ~ delantero (trasero) *Vorder- (Hinter)fuß* m ‖ ~ de gallina → **quijones** ‖ ~ de imprenta ⟨Typ⟩ *Druckvermerk* m ‖ ~ de liebre ⟨Bot⟩ *Hasenklee* m (Trifolium arvense) ‖ ~ de rey ⟨Tech⟩ *Schieb-, Schub|lehre* f ‖ ~ plano *Plattfuß* m ‖ aparato de ~ ⟨Phot⟩ *Atelierkamera* f ‖ a ~ *zu Fuß* ‖ a ~ enjuto *trockenen Fußes* ‖ fig *ohne Gefahr, risikolos* ‖ *ohne Mühe* ‖ a ~ firme fig *fest, standhaft* ‖ soldado de a ~ *Fußsoldat* m ‖ *Infanterist* m ‖ al ~ *unten, am Fuß* ‖ *ungefähr (bei runden Summen)* Fuß- ‖ al ~ del árbol *am Baum(stamm)* ‖ al ~ de la carta *am Schluß des Briefes* ‖ al ~ de la letra *buchstäblich, wörtlich* ‖ como al ~ se indica *wie unten angegeben* ‖ con ~, pop de ~s ‖ en ~ de igualdad *auf gleichberechtigter Grundlage, auf der Grundlage der Gleichberechtigung* ‖ soldados de a ~ *Fußtruppen* fpl ‖ *Infanterie* f ‖ con un ~ en el estribo fig *im Begriff abzureisen* ‖ con un ~ en el otro mundo, con un ~ en la tumba *schwerkrank, kurz vor dem Sterben*, fig *mit e-m Fuß (od Bein) im Grab stehend* ‖ en un ~ de lujo fig *auf großem Fuße (lebend)* ‖ en ~ de guerra ⟨Mil⟩ *auf dem Kriegsfuß (& fig)* ‖ *kriegsstark (Bataillon)* ¡~ a tierra! ⟨Mil⟩ *abgesessen!* ‖ ◊ asentar ~ *fest auftreten* ‖ caer de ~ *auf die Füße fallen* ‖ fig *Glück* bzw *Erfolg haben* ‖ *gleich zu Anfang (od auf Anhieb) Glück haben* ‖ fig *mit heiler Haut davonkommen* ‖ fig *auf die Beine fallen* ‖ allí no se cabía (ni) de ~ figf *dort war alles gedrängt voll* ‖ cojea del mismo ~ figf *er ist mit demselben Laster behaftet* ‖ dar ~ *Anlaß geben (para zu dat od inf)* ‖ dar ~ (a) jdm *nachgeben* ‖ dar con el ~ (a) fig *et verächtlich behandeln* ‖ dar el ~ (de salida) ⟨Th⟩ *das Stichwort geben (Souffleur)* ‖ → **bola** ‖ echar el ~ atrás figf *von seinem Vorhaben abkommen* ‖ echar ~ a tierra *aus-, ab|steigen* ‖ ⟨Mar⟩ *an Land gehen* ‖ entrar con (el) ~ derecho fig *mit Glück anfangen* ‖ estar de ~, pop de pies *stehen* ‖ estar en ~ fig *bestehen, fortdauern* ‖ haber nacido de ~ figf *(immer) Glück (od Erfolg) haben, ein Glückskind sein* ‖ hacer ~ *Fuß fassen* ‖ *Grund fassen* bzw *haben, wieder (bzw noch) stehen können (im Wasser)* ‖ fig *sich ansiedeln, ansässig werden* ‖ mantener en ~ *aufrechterhalten (& fig)* ‖ no poderse tener en ~ fig *ganz erschöpft sein* ‖ poner en ~ *auf die Füße stellen* ‖ ponerse de ~ *aufstehen* ‖ votar poniéndose de ~ (od en) ~ *durch Aufstehen abstimmen* ‖ puesto en ~ *stehend* ‖ queda en ~ la duda de (si) *... es ist noch die Frage, ob ...* ‖ tomar ~ *Wurzel fassen* ‖ → hacer ~ ‖ tomar ~ (de) fig *et als Vorwand benützen* ‖ tomar ~ en *fußen auf (dat)* ‖ **~s** pl ⟨Phot⟩ *Stativ, Gestell* n ‖ ~ *baño, gato, juntillo* ‖ a cuatro ~ fig *auf allen vieren* ‖ a los ~ de la cama *am Fußende des Bettes* ‖ de (los) ~ a (la) cabeza *von Kopf bis zu Fuß, vollständig* ‖ *durch und durch* ‖ sin ~ ni cabeza figf *kopflos, sinnlos, weder Hand noch Fuß (habend)* ‖ ◊ arrastrar los ~ fig *altersschwach sein* ‖ echar los ~ por alto *sich aufbäumen* ‖ echarse a los ~ de uno fig *jds Füßen werfen* ‖ faltarle a uno los ~ fig *das Gleichgewicht verlieren* ‖ ir con los ~ adelante pop *gestorben sein, beerdigt werden* ‖ írsele los ~ a uno *(aus)gleiten* ‖ irse por (sus) ~ *die Flucht ergreifen* ‖ pensar con los ~ pop *kopflos handeln, nichts überlegen* ‖ poner ~ en polvorosa joc *sich aus dem Staube machen* ‖ no pondré más los ~ en su casa fig *ich werde seine Schwelle nicht mehr betreten* ‖ → **alforja** ‖ salir con los ~ hacia (pop para) delante figf *zu*

Grabe getragen werden || tener *(od* traer) muchos ~ ⟨Taur⟩ *sehr beweglich sein (Stier)* || eso no tiene ~ ni cabeza figf *das hat weder Hand noch Fuß* || vestirse por los ~ figf *Mann sein* || ¡a los ~ de V.! ¡beso a V. los ~! *Ihr Diener! (span. Höflichkeitsformel, namentlich gegenüber Damen)* || ¡A los reales ~ de Vuestra Majestad! *ehem. übliche Schlußformel in Eingaben an den span. König* || ¡(póngame V.) a los ~ de su señora! *meine Empfehlung (öst Handküsse) an Ihre Frau Gemahlin!* || traducido con los ~ pop *elend übersetzt*
piece|cilla, -cita, -zuela *f* dim *v.* **pieza** || **-cillo, -cito, -zuelo** *m* dim *v.* **pie**
piedad *f Frömmigkeit* f || *Mitleid, Erbarmen* n || *Milde, Nachsicht* f || *Kinderliebe* f || *Pietät* f || (⁎) *Pietà* f, *Darstellung* f *der schmerzhaften Mutter Gottes am Fuß des Kreuzes* || ~ *filial kindliche Liebe, Kindesliebe* f *(zu den Eltern)* || ◊ afectar ~ *frömmeln* || fig *heucheln* || tener ~ de *Erbarmen haben (mit* dat*), sich jds erbarmen* || ¡~! *Erbarmen!*
piedra *f Stein* m || *Hagel* m || *Denkmal* n || ⟨Med⟩ *Nieren-, Blasen-, Gallen|stein* m || *(Spiel-) Marke* f || *Krippe* f *in Findelhäusern* || *Stein* m *im Obst* || fig *hartes Herz* n || ⁎ fig *Petrus* m bzw *der Papst* bzw *die Kirche* || ~ de aceite *Öl-, Abzieh|stein* m || ~ de afilar, ~ de amolar *Schleif-, Wetz|stein* m || ~ angular *Eckstein* m || fig *Grundlage* f || ~ arenisca *Sandstein* m || ~ artificial *Kunststein* m || ~ berroqueña *Granit* m || ~ de cal, ~ calcárea *Kalkstein* m || ~ conmemorativa *Gedenkstein* m || ~ de escándalo fig *Stein* m *des Anstoßes* || ~ de sillería *Quaderstein* m || ~ de toque *Prüfstein* m (& fig) || ~ en bruto, ~ sin labrar *roher, unbehauener Stein* m || ~ falsa, ~ auténtica *falscher, echter (Edel)Stein* m || ~ filosofal *Stein* m *der Weisen* || ~ fina *Schmuckstein* m || ~ fundamental *Grundstein* m || ~ funeraria *Grabstein* m || ~ imitación *imitierter (Edel)Stein* m || ~ infernal ⟨Pharm⟩ *Höllenstein* m || ~ iris *Opal* m || ~ de mechero, ~ de encendedor *Feuerstein* m || ~ meteórica *Meteorstein* m || ~ miliar *Meilenstein* m || ~ oscilante *Wackelstein* m || ~ pómez *Bimsstein* m || ~ (semi)preciosa *(Halb)Edelstein* m || ~ sintética *Kunststein* m || ~ künstlicher *(Edel)Stein* m || ~ viva *noch nicht gebrochener Stein* m || ~ casa de la ~ *Findelhaus* n || edad de ~ *Steinzeit* f || → **cartón**, **edad** || corona de ~ *Mauerkrone* f *(im Wappen der span. Republik 1931)* || de ~ *steinern* || mal de ~ *Steinkrankheit* f || iron *(übermäßige) Baufreudigkeit* f || ◊ colocar la primera ~ *den Grundstein legen* || cerrado a ~ y lodo fig *dicht verschlossen, zugemauert* || no dejar ~ sobre ~ fig *völlig zerstören, k-n Stein auf dem ander(e)n lassen* || dormir como una ~ pop *wie erschlagen schlafen* || picar la ~ *den Stein behauen* || poner la primera ~ *den Grundstein legen* || ~ movediza nunca moho cobija fig *am rollenden Stein wächst kein Moos* || la ~ *steinern, aus Stein* (& fig) || ~s *pl:* las ~ hablan fig *die Wände haben Ohren* || encontrar ~ en su camino fig *auf Schwierigkeiten stoßen*
piedre|cita, -cilla, -zuela *f* dim *v.* **piedra**
piegra *f* Am pop = **piedra**
piel *f Haut* f ⟨& Bot⟩ || *(gegerbtes) Fell* n || *Leder* n || *Schale* f *des Obstes* || *Pelzwerk* n || figf *das Leben*, fig *die Haut* n || △ *Brieftasche* f || ~ de cocodrilo *Krokodilhaut* f || ~ sin curtir *ungegerbtes Fell* n || ~ charolada *Lackleder* n || ~ de gallina fig *Gänsehaut* f || ~ roja *Indianer* m, *Rothaut* f || ~ de Rusia *Juchtenleder* n || ~ en verde *Rohhaut* f || *encuadernación* en ~ ⟨Buchb⟩ *Ganzlederband* m *(Buch)* || guantes de ~ *Pelzhandschuhe* mpl || mala ~ pop *geriebener Mensch* m || ◊ arrancar *(od* quitar) la ~(a) Am *skalpieren* || le ha costado la ~ figf

es hat ihn das Leben gekostet || dejar(se), dar, soltar la ~ fam *die Haut lassen, sterben* || no quisiera encontrarme en su ~ pop *ich möchte nicht in seiner Haut stecken* || sin exponer la ~ figf *ohne sich selbst anzustrengen* || ~**es** *pl Lederarten* fpl || *Pelzwerk* n || abrigo, forro de ~ *Pelz|rock* m, *-futter* n || ◊ negociar en ~ *Lederhandel treiben* || → **cuero**, **pellejo**
piélago *m Meer* n, *Ozean* m || fig *Unmenge* f
pie|lero *m Pelz-, Fell|händler* m || fig pop *Hautarzt* m || **-litis** *f* ⟨Med⟩ *Nierenbeckenentzündung, Pyelitis* f
¹**pienso** *m (Vieh)Futter* n || ~ completo *Alleinfutter* n || ~, *Fertig-, Preß|futter* n || ~ concentrado *Kraftfutter* n || ◊ echar ~ *Futter geben*
³**pienso** → **pensar**
pierdo → **perder**
Piéri|des fpl ⟨Myth⟩ *Pieriden, Musen* fpl || ⁎, **=dos** *pl* ⟨Entom⟩ *Weißlinge* mpl (Pieridae)
pierna *f Bein* n || *Unterschenkel* m || *Keule* f *(vom Schlachtvieh und Geflügel)* || ~ artificial, ~ postiza, ~ de palo *künstliches Bein, Holzbein* n || ~ de bota *Stiefelschaft* m || ~ de carnero *Hammelkeule* f || ~ de ternera *Kalbskeule* f || a ~ suelta *(od* tendida) fig *ruhig, sorglos, behaglich* || ◊ dormir a ~ suelta fig *tief schlafen* || reírse a ~ suelta pop *aus vollem Halse lachen* || estirar o ~ fam *abkratzen* || eso lo hago por debajo de la ~ pop *das ist ein Kinderspiel für mich* || ~**s** *pl (auch) Schenkel* mpl *des Zirkels* || ~ cruzadas, ~ en tijera *übergeschlagene Beine* npl || con las ~ cruzadas *(con una pierna sobre otra)* fig *mit übergeschlagenen Beinen* || ~ delanteras, traseras *Vorder-, Hinter|füße* mpl || ~ en O *O-Beine* npl || las ~ del pantalón *die Hosenbeine* npl || ◊ echar ~ *sich auf die Beine machen* || figf *protzen* || estirar las ~ figf *sich die Beine vertreten, sich Bewegung machen* || hacer ~ figf *protzen* || fig *auf seinem Vorhaben bestehen* || ponerse sobre las ~ *sich bäumen (Pferd)* || y ¡~ para qué os quiero! pop *und er nahm Reißaus!* || ser un ~ figf *ein armer Schlucker sein* || e-e *Null*, e-e *Niete sein*
pierne|zuela, -cita *f* dim *v.* **pierna**
pierni|corto adj *kurzbeinig* || **-largo** adj *langbeinig*
pierrot *m Pierrot, Harlekin* m || *Harlekinsmaske* f
pietis|mo *m* ⟨Rel⟩ *Pietismus* m || **-ta** adj/s *pietistisch* || ~ *m Pietist* m
pieza *f Stück* n || *Teil* n || *Bestandteil* m || *Münz-, Geld|stück* n || *Zimmer, Gemach* n || *Strecke* f *Weg(e)s* || ⟨Jgd⟩ *Stück* n *Wild* || ⟨Fi⟩ *Fisch* m || ⟨Mil⟩ *Geschütz*, *Stück* n || *Stein* m, *Figur* f *(Schach-, Damespiel)* || *Meisterstück* || ⟨Th⟩ *Stück, Schauspiel* n || *Musikstück* n || *Zimmer* n, *kleine Wohnung* f || ⟨Tech⟩ *Ersatz|stück* n, *-teil* m || ~ amueblada *möbliertes Zimmer* n || ~ de artillería ⟨Mil⟩ *Geschütz* n || ~ de convicción, ~ probatoria ⟨Jur⟩ *Beweisstück* n || ~ de examen *Probestück* n || fig *Meisterstück* n || ~ de recambio, ~ de repuesto ⟨Tech⟩ *Ersatzteil* n || ~ de respeto *gute Stube* f *Salon* m || ~ de teatro *Theaterstück* n || ~ de unión *Verbindungsstück* n || ~ por ~ *Stück für Stück, einzeln* || ¡buena *(od* linda, gentil) ~! *ein sauberer Vogel!* || al cabo de una gran *(od* buena) ~ prov *nach e-r geraumen Weile* || en una ~ *beisammen* || ◊ cotizarse a la ~ ⟨Com⟩ *nach dem Stück notiert werden* || jugar una ~ a uno fig *jdm e-n bösen Streich spielen* || quedarse de una ~ fig *wie versteinert dastehen, die Sprache verlieren, starren* || tocar una ~ de música *ein Musikstück spielen* || ~**s** *pl:* ~ cobradas ⟨Jgd⟩ *Strecke* f || por ~ *stückweise* || hacer ~ *zerstückeln* || vender a ~ *(od* ~) *nach dem Stück verkaufen*
piezoeléctrico adj *piezoelektrisch*

pífano *m* ⟨Mil⟩ *Pikkolo(flöte), Trommlerpfeife* f ‖ *Pikkolospieler* m
pi|fia *f Kicks, Fehlstoß* m *(im Billardspiel, & fig)* ‖ ◊ *cometer una ~* figf *e–e Dummheit machen* ‖ figf *aus dem Rahmen fallen* ‖ **–fiar** vt/i *kicksen (beim Flötenspiel)* ‖ *e–n Kicks machen (beim Billardspiel)* ‖ Arg *auspfeifen, verhöhnen*
△**pifo** *m Mantel* m, *Kappe* f
pigargo *m* ⟨V⟩ *Seeadler* m (Haliaeetus albicilla)
Pigmalión *m* ⟨Myth⟩ *Pygmalion* m *(König von Kypros)*
pigmen|tación *f Pigmentbildung, Pigmentierung* f ‖ *~ de la piel Hautfärbung* f ‖ **–tario** *adj Pigment-* ‖ **–to** *m Pigment* n ‖ *Farbstoff* m ‖ *Farbkörper* m ‖ *~ dérmico Hautpigment* n ‖ *pepel de ~* ⟨Phot⟩ *Pigmentpapier* n
pigmeo *m/adj Zwerg, Knirps* m ‖ *Pygmäe* m *(Rasse & Volk)*
pigno|ración *f (Ver)Pfändung, Beleihung* f, öst *Versatz* m ‖ ⟨Com⟩ *Lombardierung* f ‖ *~ de efectos Lombarddarlehen* n ‖ *deudor por ~ Pfandschuldner* m ‖ **–rar** vt *verpfänden, beleihen*, öst *versetzen* ‖ ⟨Com⟩ *lombardieren* ‖ **–raticio** *adj Pfand-* ‖ *Lombard-* ‖ *acreedor ~ Pfandgläubiger* m
△**pigote** *m (Trink)Glas* n
pigricia *f* ⟨Lit⟩ *Faulheit, Trägheit* f
piído *m* fam *Piepen* n *(meist nur einmal)*
pi|ja *f* sehr vulg *männliches Glied* n *(→* **picha***)* ‖ **–jada** *f* fig vulg *Unsinn* m ‖ fam *Quatsch* ‖ *Zudringlichkeit* f ‖ *Belästigung* f ‖ ¡(eso son) ~! vulg *(das ist) Quatsch!* ‖ *→* **gilipollez**
pijama *m Pyjama* m/n, *Schlafanzug* m
pi|jo *m = * **gilipollas** ‖ *= * **pija** ‖ **–jotada, –jotería** *f = * **pijada** ‖ **–jotero** *adj* pop *lästig, verdammt, verflixt* ‖ *geckenhaft*
pil., píld. ⟨Pharm⟩ = **píldoras**
pila *f Wasser-, Brunnentrog* m ‖ *Spülbecken* n ‖ *Taufstein* m ‖ *Weihkessel* m ‖ *Stapel, Haufen, Stoß* m ‖ ⟨Arch⟩ *Strebe-, Brücken)pfeiler* m ‖ ⟨El⟩ *Element* m, *Batterie* f ‖ *~ agotada* ⟨El⟩ *erschöpftes Element* n ‖ *~ atómica* ⟨Nucl⟩ *Atommeiler* m *(Kernreaktor)* ‖ *~ de (od para) agua bendita Weihwasserkessel* m *in den Kirchen* ‖ *~ de baño Badewanne* f ‖ *~ bautismal Taufbecken* n ‖ *~ para filamento* ⟨Radio⟩ *Heizbatterie* f ‖ *~ galvánica* ⟨Phys⟩ *galvanisches Element* f ‖ *~ holandesa* ⟨Pap⟩ *→ * **pila** *refinadora* ‖ *Element* n ‖ *~ de leña Holzstapel* m ‖ *~ patrón* ⟨El⟩ *Normalelement* n ‖ *~ refinadora* ⟨Pap⟩ *Holländer* m ‖ *~ seca* ⟨El⟩ *Trockenelement* n ‖ *~ para tensión de ánodo (rejilla) Anoden-(Gitter)batterie* f ‖ *~ termoeléctrica Thermoelement* n ‖ *nombre de ~ Taufname* m ‖ ◊ *cargar las ~s* ⟨El⟩ *die Batterien laden* ‖ *sacar de ~, tener en la ~ a alg.* fig *bei jdm Patenstelle vertreten*
¹**pilar** *m (Stütz)Pfeiler* m ‖ *(einzelne) Säule* f ‖ *Pfahl* m ‖ *Pfosten* m ‖ *Grenzstein* m ‖ *Meilenstein* m ‖ *Wegweiser* m ‖ *(steinernes) Becken* n ‖ *fig Stütze* f ‖ *La Virgen (od Nuestra Señora) del ⋍* (pop Pilarica) *Muttergottes auf dem Pfeiler (in Saragossa), Patronin von Spanien ⋍ f* span. *Frauenname*
²**pilar** vt ⟨Agr⟩ *(Getreide) schälen*
pila|rejo *m* dim *v.* **pilar** ‖ **–rote** *m* ⟨Arch⟩ *Strebepfeiler* m ‖ *Podestpfosten* m
pilas|tra *f* ⟨Arch⟩ *Pilaster* m ‖ augm: **–trón** *m*
Pilato(s) *m* np: Poncio ~ *Pontius Pilatus* m ‖ (ir) *de Herodes a ~* fig *von Pontius zu Pilatus (laufen)*
pilav *m Pilau, Pilaw* m *(türkisches Reisgericht)*
△**pilbó** *adj kahl(köpfig)*
pilca *f* Arg *Lehmmauer* f ‖ *Trockenmauer* f
pilcha *f* Arg *Kleidungsstück* n ‖ pop *Liebschaft* f ‖ pop *Geliebte* f
píldora *f Pille* f *(& * fig*)* ‖ △ *(Schieß)Kugel* f ‖ △ *Stein* m ‖ *la ~* fam *die Pille* f *(= ~ anticonceptiva, → * d*)* ‖ *~ de hielo Eispille* f ‖ → **dorar** ‖ ◊ *tragarse la ~* figf *auf den Leim gehen*
△**pilé** *m Trunkenbold* m
pileta *f* dim *v.* **pila** ‖ Am *~ de natación → * **piscina**
pilili: ¡alza ~! pop *auf!* ‖ *nanu!*
pililo *adj* Arg *lumpig, schmutzig*
Pilita *f* Tfn dim *v.* **Pilar**
pilón *m* augm *v.* **pila** ‖ *Wasch-, Brunnen-, Tränk|trog* m ‖ *großer irdener Kornmörser* m ‖ *Zuckerhut* m ‖ *Läufer* m *(an der Schnellwaage)* ‖ ⟨Arch⟩ *Pylon (e f)* m ‖ ◊ *bajar(se) al ~* sehr vulg *Cunnilingus ausüben*, vulg *abstauben (= * **pilonero, mamón***)* ‖ Ven *Münze* f *(= ¹/₂ centavo)*
pilonero *m* fam *Schwätzer* m ‖ fam *Ohrenbläser* m ‖ sehr vulg *Cunnilingus Ausübende(r)*, sehr vulg *Fotzenbürster, Lecker* m
pilongo *adj mager, hager* ‖ *(castaña) ~a geröstete Kastanie* f
píloro *m* ⟨An⟩ *Pförtner* m *(rechte untere Magenöffnung)*
pilo|sidad *f (starke) Behaarung* f ‖ **–so** *adj haarig, behaart, Haar-*
¹**pilo|taje** *m Steuermanns-* bzw *Lotsen|kunst* f ‖ ⟨Flugw Mar⟩ *Steuerung* f, *Steuern* n ‖ *Lotsendienst* m ‖ ⟨Mar⟩ *Lotsengeld* n ‖ **–t(e)ar** vt/i *steuern, führen (Kraftwagen, Flugzeug)* ‖ ⟨Mar⟩ *lotsen* *(& * fig*)*
²**pilo|taje** *m* ⟨Arch⟩ *Pfahlwerk* n ‖ *Pfahlgründung* f ‖ **–te** *m* ⟨Arch⟩ *Pfahl* m ‖ ◊ *hincar un ~ e–n Pfahl einrammen*
piloto *m* ⟨Mar⟩ *Steuermann, Zweiter Offizier* m ‖ ⟨Mar⟩ *Lotse* m ‖ *Führer* m *(e–s Kraftwagens)* ‖ ⟨Flugw⟩ *(Flugzeug)Führer, Pilot* m ‖ ⟨Flugw⟩ *Steuergerät* n ‖ ⟨Tech⟩ *Führungszapfen* m ‖ fig *Führer, Unterweiser* m ‖ fig *Warnlampe* f ‖ ⟨Fi⟩ *Lotsenfisch* m (Naucrates ductor) ‖ *~ automático* ⟨Flugw⟩ *Autopilot, Flugregler* m, *Selbststeuergerät* n ‖ *~ aviador Pilot, Flugzeugführer* m ‖ *~ profesor* ⟨Flugw⟩ *Fluglehrer* m ‖ *~ de pruebas Testpilot* m ‖ *~ segundo ~* ⟨Mar⟩ *Steuermannsmaat* m ‖ *~ mayor* ⟨Mar⟩ *Lotsenmeister* m ‖ *instalación ~ Versuchsanlage* f
Pilsen *Pilsen, Plzeň (Stadt in Böhmen)* ‖ *→ * **cerveza**
△**piltra** *f Bett* n *(& * pop*)*
piltrafa *f mageres, schlechtes Fleisch* n, pop *Hader, Fetzen* m ‖ *(Fleisch)Abfall* m
△**piltro** *m Gemach, Zimmer* n
△**pilví** *m Glatze* f
pilla|da *f* fam *Schurkenstreich* m ‖ Arg *Erwischen* n ‖ *Überraschung* f ‖ **–je** *f* ⟨Mil⟩ *Plünderung* f ‖ *Kriegsbeute* f ‖ allg *Raub* m ‖ ◊ *entregarse al ~ plündern*
pillar vt fam *(weg)nehmen, packen* ‖ *(aus-)plündern* ‖ *(aus)rauben* ‖ fam *ergreifen, ertappen, erhaschen, kriegen* ‖ ◊ *~ algunas palabras einige Worte auffangen (beim Gespräch)* ‖ *~ un resfriado* fam *sich e–e Erkältung zuziehen (od holen)* ‖ *eso no me pilla de nuevo* fam *das läßt mich kalt* ‖ *eso no me pilla de sorpresa das ist für mich k–e Überraschung* ‖ *aquí te pillo, aquí te mato* pop *kaum gefangen, schon gehangen*
pi|llastre *m* fam *= * **–llo** ‖ *= * **pícaro** ‖ **–llería** *f* fam *Lumpenstreich* m ‖ *Lausbubenstreich* m ‖ fig *Gesindel* n ‖ **–llete, –llín** *m Gassenjunge* m, fam *Bengel, Strick* m ‖ **–llo** *m Spitzbube, Schlingel* m ‖ *Gauner, Schurke* m ‖ fam *geriebener Mensch* m ‖ *~ adj schurkisch* ‖ fam *gerieben, durchtrieben, schlau* ‖ **–lluelo** *m* fam *Schlingel, kleiner Strick* m, *Range* f ‖ *Lausbub* m ‖ *"Historias de ~s" "Lausbubengeschichten" (L. Thoma)*
pim, pam, pum *m* pop *Topfschlagen* n *(Spiel)*
△**pimar** vt/r *rauchen*
pimen|tada *f Paprikaspeise* f ‖ *Pimenttunke* f ‖ **–tal** *m Pimentbeet* n ‖ **–tero** *m* ⟨Bot⟩ *(Schwar-*

pimentón — pintado

zer) *Pfefferstrauch* m (Piper nigrum) || *Pfefferbüchse* f || ~ *falso* → **turbinto** || **-tón** *m* augm *v*.
pimiento || *Paprika, Spanischer Pfeffer* m
pimien|ta *f Pfeffer* m || ~ de Chiapa, ~ de Tabasco → **malagueta** || ~ *molida gemahlener Pfeffer* m || ~ *negra*, ~ *común (gemahlener) Schwarzer Gewürzpfeffer* m || ~ roja → **-to** || **-to** *m* ⟨Bot⟩ *Spanischer Pfeffer-, Paprika|-strauch* m (Capsicum annuum) || *Paprika* m *in Pulver, roter Pfeffer* m || *schwarzer Pfeffer* m || ~ *morrón* Span *großfrüchtige, fleischige rote Paprikaart* f *(eingelegt od in Öl gekocht)* || ~ *español* = **pimentón** || ~ *húngaro ungarischer Paprika* m || ~ *rojo*, ~ *colorado*, ~ *encarnado carnado (gemahlener) Paprika* m || *roher Paprika* m *(als Salat usw gegessen)* || ~ *verde roher, grüner Paprika* m *(als Salat gegessen)* || ◊ *ponerse más colorado que el* ~ fig *feuerrot werden* || (no) *me importa un* ~ fig *das ist mir einerlei*, fam *das ist mir piepegal*
pimpante adj *üppig* || *froh, forsch*
△**pimpear** vr *hoffen*
pimpinela *f* ⟨Bot⟩ *Bibernelle* f (Pimpinella spp) || ~ *mayor Große Bibernelle* f (P. major)
△**pimplar** vt fam *trinken (Wein)*
pimpollo *m junge Fichte* f || *junger, zarter Baum* m || *Schößling, Trieb* m || *(Rosen)Knospe* f || fam *hübsches Kind* bzw *Mädchen* n
¡pin, pan! onom *piff, paff! (Schuß(*
pinabete *m (Weiß)Tanne* f (→ **abeto**)
△**Pinacendá** *f Andalusien* n *(span. Provinz)*
pinacoteca *f Pinakothek, Gemäldegalerie* f
pináculo *m* ⟨Arch⟩ *Zinne* f, *Giebel* m || *Fiale* f || ◊ *llegar al* ~ *de la gloria* fig *den Gipfel des Ruhms erreichen*
pinar *m Kiefern-, Pinien|wald* m || dim: **~ejo** (→ **empinado**) m
pinatar *m* = **pinar**
pinaza *f* ⟨Mar⟩ *Pinasse* f
pincel *m Pinsel* m || fig *Malerei* f || ~ *de pelo de tejón Dachshaarpinsel* m || *mango de* ~ *Pinselstiel* m
pince|lación *f*, **-laje** *m* ⟨Med⟩ *Einpinseln* n, *Pinselung* f || **-lada** *f Pinselstrich* m || ◊ *dar la última* ~ fig *die letzte Hand anlegen* || **-lar** vt *bepinseln, anstreichen* || *(be)malen* || *porträtieren* || → **pintar** || **-lero** *m Bürstenmacher* m || **-lote** *m* augm *v*. **pincel** || **-ta** *f* gall ⟨Med⟩ *Pinzette* f
pinciano adj/s *aus Valladolid*
pinchar vt/i *stechen* || fig *auf\reizen, -stacheln* || fig *kränken* || *sticheln* || ⟨Jgd⟩ *anschießen* || ◊ *no ~ ni cortar* fig *weder Fisch noch Fleisch sein* || **~se** *sich stechen*
△**pinchar(d)ar** vt *kennen*
pincha|úvas *m Lausbub* m *(ursprünglich: der auf dem Markt Trauben herauspickt)* || p. ex *(kleiner) Taschendieb* m || *Gauner* m || *elender Kerl* m || *Null, Niete* f || **-zo** *m Stich* m || *Stichwunde* f || fig *Hieb* m, *Stichelei* f || ⟨Aut⟩ *Reifenpanne* f || ◊ *tuve un* ~ *ich hatte e-e Reifenpanne*, fam *ich hatte e-n Platten (platten Reifen)* || *dar el* ~ *(a)* pop *erdolchen* || *dar* **~s** *stechen*
pinche *m Küchenjunge* m || *Lehrling* m || *Col* ⟨V⟩ *Sperling, Spatz* m (→ **gorrión**)
pinchito(s) *m(pl) Appetithäppchen* npl
pincho *m Stachel* m || *Dorn* m || *Stecher* m *der Zollbeamten* || △*Raufbold* m || ⟨Taur⟩ *Degen* m || ◊ *clavarse un* ~ *sich e-n Stachel einjagen*
pindárico adj *pindarisch, auf den Dichter Pindar (Píndaro) bezüglich*
pindio adj Sant *sehr steil* (→ ¹**pino**)
pindon|ga *f* fam *Herumtreiberin, Pflastertreterin* f || **-guear** vi fam *umherstrolchen*
△**pindorrá** *f Mädchen* n
△**pindrabar** vt *öffnen*
△**pindré** *m Fuß* m, *Bein* n
pineal adj: *glándula* ~ ⟨An⟩ *Zirbeldrüse* f ||

órgano ~ ⟨Zool⟩ *Pinealorgan* n *(lichtempfindliches Organ der Reptilien)*
pinga|jo *m* fam *Fetzen* m || ◊ *estar hecho un* ~ fig *kaputt sein, ein Wrack sein* || **-joso** adj *lumpig* || *zerlumpt*
pinga|nilla *f/m* fam Arg *Geck, Stutzer* m || **-nitos**: en ~ fam *auf dem Gipfel*
pingar [g/gu] vi *(ab)tröpfeln*
pingo *m* fam = **pingajo** || desp *Pflastertreterin* f || *Straßendirne* f || *Flittchen* n || △*Raufbold* m || Arg *schnelles, feuriges Pferd* n || Mex *Teufel* m || ◊ *andar hecho un* ~ pop *ganz zerlumpt sein* || *andar (estar, ir) de* ~ fig *die Zeit unnütz vertrödeln (Frauen)* || *poner a uno como un* ~ pop *jdn herunterputzen*
pingo|nada *f* fam *Kopflosigkeit* f || **-near** vi fam *umherbummeln, die Zeit unnütz (außerhalb des Hauses) vertrödeln (Frauen)* || *auf den Strich gehen* || **-rotudo** adj fam *spitz, emporragend* || **-so** adj *zerlumpt, schlampig*
ping-pong *m* ⟨Sp⟩ *Pingpong, Tischtennis* n
pingüe adj *fettig, schmierig* || fig *ergiebig* || **~s** *rentas einträgliche Einkünfte* fpl
pingüino *m* ⟨V⟩ *Pinguin* m (Aptenodytes spp)
pinillo *m* ⟨Bot⟩ *Bisamgürtel* m, *Fichtenkraut* n (Ajuga spp)
pinito *m* dim *v*. **pino** || *los primeros* **~s** *die ersten Schritte* mpl *(des Kindes)* || fig *die Anfangsgründe* mpl || ◊ *hacer* **~s** *anfangen zu gehen (Kinder)* || fig *flügge werden*
pinjante adj → **pensil**
△**pinjempar** vt *stoßen*
pinnípedos mpl ⟨Zool⟩ *Robben* fpl, *Flossenfüßer* mpl (Pinnipedia) || → **fócidos**
¹**pino** adj *sehr gerade, sehr steil, abschüssig* (→ **empinado**)
²**pino** *m Kiefer* f (Pinus spp) || *Pinie* f (P. pinea) || *Kiefernholz* n || ~ *alerce Lärche* f (→ **alerce**) || ~ *americano Pechkiefer* f (P. rigida) || ~ *del Líbano Zeder* f (→ **cedro**) || ~ *marítimo Strandkiefer* f (P. pinaster) || ~ *negro Schwarzkiefer* f (P. nigra P. n. laricio) || *Berg-, Krummholz|kiefer* f (P. mugo) || ~ *rodeno Strandkiefer* f (P. pinaster) || *madera de* ~ *Kiefernholz* n
³**pino** m: en ~ *gerade, aufrecht (bes v. Kindern)* || ◊ *vivir (bzw estar) en el quinto* ~ *j.w.d.* *(= janz weit draußen) wohnen (bzw liegen)* || vgl **puñeta, quinto** || *hacer* **~s** fam *anfangen zu gehen (Kinder, Genesende)*
¹**pinocha** *f Kiefern-, Pinien|nadel* f
²**pinocha** *f* Ar RPl *Maiskolben* m
pinocho *m* Cuenca *(Fichten)Schößling* m || ≃ *Pinocchio* m *(Märchengestalt von Collodi)*
△**pinrel** *m Fuß* m, *(auch allgemeinsprachlich und* joc *üblich)*
△**pinsaba** *f Pike, Lanze* f
pinsapo *m* ⟨Bot⟩ *Spanische Tanne* f (Abies pinsapo)
△**pinsorra** *f Filzlaus* f
¹**pinta** *f Flecken, Tupf* m || *Rand-, Erkennungs|zeichen* n *(an Spielkarten)* || fig *äußerer Anschein* m || ~ *rara* fig *sonderbarer, auffälliger Mensch* m || *tener buena* ~ fam *gut* bzw *distinguiert aussehen* || *¡vaya una* ~! fig *ist das ein Typ!* || ≃ *f eine der drei Karavellen des Kolumbus*
²**pinta** *f Pinte* f *(altes Flüssigkeitsmaß)*
pinta|da *f Perlhuhn* n (→ **gallina** *de Guinea*) || **-dillo** *m* ⟨V⟩ *Stieglitz* m (→ **jilguero**) || **-do** adj *bunt, vielfarbig* || *getüpfelt, gesprenkelt* || ~ *de rojo rotgemalt* || *el más* ~ fam *der gescheiteste, der gescheiteste von allen* || *papel* ~ *Tapete(npapier* n) f || ◊ *eso viene* ~ *(od como* ~) fig *das kommt wie gerufen* || *no poder ver a uno* ~ fig *jdn nicht ausstehen können* || *esta chaqueta te está que ni* **~a** pop *dieser Rock sitzt dir vortrefflich* || *hacían una parejita que ni* **~a** pop *sie bildeten ein reizendes Pärchen* || ¡(recién) ~!

pintamonas — pipiripao 838

frisch gestrichen! || **–monas** *m* figf *Farbenkleckser, Sudler* m || **–nada** *m:* ◊ es un ~ pop *er ist e-e Null*
pin|tar vt *(be)malen* || *abbilden, darstellen* || *anstreichen* || fig *beschreiben, schildern* || fig *e-e Erzählung ausschmücken* || △ *stehlen* || Am *jdm nach dem Munde reden* || ◊ ~ al óleo, al pastel *in Öl, in Pastell malen* || ~ de azul *blau malen, anstreichen* || no ~ nada *nichts zu sagen, nichts zu bedeuten haben* (en *in* dat) || ~**la** figf *ein vornehmes Wesen haben (Person)* || y, pinto el caso ... pop *sagen wir, zum Beispiel* ... || ~ vi *sich färben, anfangen rot zu werden (Früchte)* || figf *bedeuten, wert sein* || figf *protzen* || sin ~ *nicht lackiert* || si nos pinta mal pop *im schlimmsten Falle* || ~**se:** ◊ ~ (la cara) *sich schminken* || para eso se pinta solo pop *darin ist er ein wirklicher Meister* || píntame que prov *es scheint mir, daß ...* || **–tarraj(e)ar** vt pop *(hin)klecksen* || **–tarroja** *f* ⟨Fi⟩ *Katzenhai* m (→ **lija**) || **–tarrojo** *m* Gal ⟨V⟩ *(Blut)Hänfling* m (→ **pardillo**) || **–tiparado** adj pop *sehr gelegen, passend* || ◊ eso viene ~ pop *das kommt wie gerufen*
Pinto: ◊ estar entre ~ y Valdemoro pop *stark angeheitert, beschwipst sein*
pinto adj Am *gesprenkelt (Vieh)*
pin|tor *m Maler* m || fam Am *Stutzer, Geck* m || ~ acuarelista *Aquarellmaler* m || ~ artista *Kunstmaler* m || ~ de brocha gorda *Anstreicher, Maler* m || fig *(Farben)Kleckser* m || ~ cubista *kubistischer Maler* m || ~ decorador *Dekorationsmaler* m || ~ escenógrafo ⟨Th⟩ *Dekorationsmaler* m || ~ de género *Genremaler* m || ~ de historia *Historien-, Geschichts|maler* m || ~ paisajista *Landschaftsmaler* m || ~ de retratos, ~ retratista *Porträtmaler, Porträtist* m || ~ de viviendas *Zimmermaler* m || **–tora** *f Malerin* f || **–toresco** adj *malerisch, pittoresk* || **–torrear** vt fam *sudeln, schmieren, klecksen* || **–torzuelo** *m* fam *Farbenkleckser* m
pintu|ra *f Malerei, Mal(er)kunst* f || *Gemälde, Bild* n || *Anstrich* m || *Mal-, Lack|farbe* f, *Lack* m || joc *Schminke* f || fig *Beschreibung, Darstellung* f || ~ al aceite *Ölfarbe* f || ~ de (od a [la]) acuarela, ~ a la aguada *Aquarellmalerei* f || ~ de aguazo *Wassermalerei* f || ~ anticorrosiva *Rostschutz|anstrich* m, *-farbe* f || ~ al duco *Spritzlackierung* f || ~ al encausto *Enkaustik, Brenn-, Brand|malerei* f || ~ esgrafiada *(od estofada) Sgraffito-, Kratz|malerei* f || ~ de (od al) esmalte *Emailmalerei* f || ~ al fresco *Freskomalerei* f || *Kalkmalerei* f || ~ ignífuga *Flammschutzanstrich* m || ~ al óleo *Ölmalerei* f || ~ de miniatura *Miniaturmalerei* f || ~ de mosaico *Mosaik(malerei)* f || ~ al pastel *Pastellmalerei, Malerei* f *mit Pastellfarben* || ~ de porcelana *Porzellanmalerei* f || ~ rupestre *Höhlenmalerei* f || *Felsbilder* npl || ~ submarina *Unterwasseranstrich* m || ~ al temple *Tempera-, Guaschmalerei* f || ~ bordada *Nadelmalerei* f || ~ de vidrio, ~ sobre cristal *Glasmalerei* f || escuela de ~ *Malerschule* f || ◊ dar una capa de ~ *anstreichen, einmal überstreichen* || no poder ver a alg. ni en ~ figf *jdn nicht leiden, riechen können* || es una ~ figf *sie ist bildschön* || ~s pl *Ölfarben* fpl || caja de ~ *Malkasten* m || galería de ~ *Gemäldegalerie* f || salón de ~ *Bildersaal* m || **–rero** *m*/adj pop *Geck, Stutzer, Gigerl* m || con aire de ~ pop *stutzerhaft*
pínula *f* ⟨Opt Top⟩ *Diopter* n
pin up *f* engl *Pin-up-girl* n
pinza *f Klemme* f || *(Heft)Klammer* f || *Klappe* f || *feine Zange* f || → a **tenaza** || △ *Mädchen* n || ~ de colgar la ropa *Wäscheklammer* f || ~ de soporte *Tragklemme* f || ~s pl: *(Klemm-)Zange* f || *(Krebs)Schere* f || *Pinzette* f || ~ para azúcar *Zuckerzange* f

pinzón *m* ⟨V⟩: ~ común, ~ vulgar *Buchfink* m (Fringilla coelebs) || ~ real (F. montifringilla) *Bergfink* m
pinzote *m* ⟨Mar⟩ *(Ruder)Zapfen* m
pi|ña *f Kiefern-, Pinien|zapfen* m || *Ananas* f (Ananas spp) || fig *Gedränge* n || ~ de ciprés *Zypressenapfel* m || ~ americana, ~ de América *Ananas* f || (horchata de) ~ *Ananaslimonade* f || **–ñal** *m* Am *Ananaspflanzung* f
piñata *f (Koch)Topf* m || pop *Gedränge* n
△**piño** *m Zahn* m
¹**piñón** *m Pinienkern* m || *Kern* m *der Kerntanne (in Span. oft statt Mandeln gebraucht)* || *(Samen der)* Jatropha multifida || ◊ estar a partir un ~ (con) figf *mit jdm dicke Freundschaft haben* || *sich mit jdn sehr gut vertragen*
²**piñón** *m* ⟨Tech⟩ *Trieb* m, *Ritzel* n, *kleines Zahnrad* n || *Nuß* f *im Flintenschloß* || ⟨Arch⟩ *Giebel* m || ~ libre *Freilauf* m *(am Fahrrad)* || ~ de marcha atrás *Rücklaufrad* n
piñona|ta *f geraspelte Mandeln* fpl *mit Zucker* || **–te** *m Gebäck* n *aus Pinienkernen*
piñoncillo *m* dim v. **piñón**
piñuela *f* dim v. **piña**
¹**pío** adj *fromm* || *sanft, gütig, mild* || ~a madre ⟨An⟩ *weiche Hirnhaut,* Pia mater f || monte ~ *Leih-, Pfand|haus, Leihamt* n, öst *Versatzamt* n || obras ~as *milde Stiftungen* fpl
²**pío** adj/s *scheckig (Pferde)*
³**pío** *m Piepen, Gepiepe* n *(der Vögel)* || △ *Wein* m || ◊ no decir ni ~ figf *k–n Piep sagen* || ¡ni ~! pop *gar nichts!* || ¡~! ¡~! *put! put! (Ruf beim Füttern des Geflügels)*
Pío np *Pius* m || ~ Nono *Pius IX. (Papst 1846–1878)*
piocha *f* ⟨Bgb⟩ *Kreuzhacke* f (→ a **piqueta**)
piógeno adj ⟨Med⟩ *eiterbildend, pyogen*
pio|jento adj *lausig* || **–jería** *f* pop *Lauserei, Knickerei* f || *Verlausung* f || **–jero** adj: hierba ~a *Läusekraut* n || **–jillo** *m Vogellaus* f || **–jo** *m Laus* f || *Vogellaus* f || ~ de la cabeza *Kopflaus* f (Pediculus humanus capitis) || ~ del cuerpo, ~ de la ropa *Kleiderlaus* f (P. h. corporis) || ~ del pubis (Phthirus pubis) → **ladilla** || ~ resucitado figf *lausiger Emporkömmling* m || **–joso** adj *verlaust* || *lausig* || ~ *m* vulg *Laus(e)kerl* m || fig *Knicker* m
pior pop = **peor**
¹**piorno** *m* Span. *Pfriemkraut* n
²**piorno** *m Trunkenbold* m
piorrea *f* ⟨Med⟩ *Eiterfluß* m, *Pyorrhö(e)* f
¹**pipa** *f Pipe* f, *Faß* n || *Wein-, Öl|pipe* f || *(Rauch)Pfeife, Tabakspfeife* f || ⟨Mus⟩ *Mundstück* n *(der Oboe, Schalmei usw)* || ~ de barro *irdene Tabakspfeife* f || ~ de yeso *Gipspfeife* f || cabeza, tapa, tabaco de ~ *Pfeifen|kopf* m, *-deckel, -tabak* m || fumador de ~ *Pfeifenraucher* m
²**pipa** *f (Zool)Kern* m
³**pipa** *f* ⟨Zool⟩ *Pipa, Wabenkröte* f (Pipa pipa)
⁴**pipa** *f* ⟨Mus⟩ *Pipa, chinesische Laute* f
pi|pada *f Zug* m *e-s Pfeifenrauchers* || **–par** vi *(Pfeife) rauchen* || *(gerne) trinken* || *sich betrinken* || **–pería** *f Rohrleitung* f || *Rohre* npl || **–peta** *f Pipette* f, *Stechheber* m
¹△**pipi** *m Tölpel* m
²**pipi** *m* fam *Laus* f || pop *(einfacher) Soldat* m || fam *albernes junges Ding* n
¹**pipí** *m Pipi* m || ◊ hacer ~ *(in der Kindersprache) Pipi machen*
²**pipí** *m* ⟨V⟩ *Pieper* m (→ **bisbita**)
pipiar [pres –io] vi *piep(s)en (Vögel)*
Pipina *f* pop = **Josefina**
△**Pipindorio** *m* np = **Antonio**
pipio|la *f* fam *Göre* f, *süßer Fratz* m || **–lo** *m* fam *Anfänger, Neuling* m || Chi *Liberale(r)* m
pipirigallo *m* ⟨Bot⟩ *Esparsette* f (Onobrychis sativa)
pipiripao *m Gelage* n || de ~ Arg *wertlos* ||

unbedeutend || tierra del ~ pop *Schlaraffenland* n
pipi(ri)taña f *Halmpfeife* f *der Kinder* || *Rohrflöte* f
pipo|rro m ⟨Mus⟩ fam *Fagott* n || –te m *Fäßchen* n
pipudamente adj pop *kolossal, phantastisch* || *prima, toll* || ◊ lo pasamos ~ pop *wir haben uns köstlich amüsiert*
¹**pique** m *Groll, Pik* m || *Eigensinn* m || de ~ *Am pikant*
²**pique** m pop *Lappalie* f
³**pique** m ⟨Mar⟩ *Piekstück* n || *Einschlag* m || a ~ (de) *nahe daran (zu)* || (tallado) a ~ *steil, senkrecht abfallend (Fels)* || ◊ echar a ~ ⟨Mar⟩ *in den Grund bohren (Schiff)* || fig *zugrunde richten* || irse a ~ ⟨Mar⟩ *scheitern, untergehen (Schiff)* || fig *zugrunde gehen* || estuvo a ~ de caer *er wäre beinahe gefallen*
⁴**pique** → **picar**
piqué m ⟨Web⟩ *Pikee* m
piquera f *Flugloch* n *der Bienen (am Bienenkorb)* || *Spund-, Zapf|loch* n || ⟨Metal⟩ *Abstich(loch* n*)* m || Cu *Taxistand* m
pique|ro m *Pikenträger* m || –**ta** f *Pickel* m, *Spitzhaue* f || *Keil, Kreuzhacke* f || –**te** m *(Absteck)Pfahl* m || *Hering* m *(für das Zelt)* || *kleines Loch* n || ⟨Mil⟩ *Pikett* n, *Feldwache* f || ⟨Mil⟩ *Trupp* m || ~ de ejecución *Exekutionskommando* n
piqueteado m *Tätowierung* f (→ **tatuaje**)
piqui|caliente adj/s Am *naseweis* || –**llo** m dim v. **pico** || pop *Sümmchen* n
piquín m Am *Bräutigam* m || → a **pizca**
piquituerto m ⟨V⟩ *Kreuzschnabel* m (Loxia spp) || ~ común *Fichtenkreuzschnabel* m (L. curvirostra) || ~ franjeado *Bindenkreuzschnabel* m (L. leucoptera) || ~ lorito *Kiefernkreuzschnabel* m (L. pytyopsittacus)
pira f *Scheiterhaufen* m || △ *Flucht* f || △ salir de ~ *sich davonmachen*
△**pirab(el)ar** vt *beschlafen (e–e Frau)*
pira|gua f ⟨Mar⟩ *Piroge* f || ⟨Sp⟩ *Kanu* m || p.ex *Paddelboot* n || –**güista** m ⟨Sp⟩ *Kanufahrer* m || → a **canoero**
pirálidos mpl ⟨Entom⟩ *Zünsler* mpl (Pyralidae)
piramidal adj *pyramidenförmig* || fam *kolossal, ungeheuer, phantastisch*
pirámide f *Pyramide* f ⟨& Soz⟩ || △ *Bein* n, *Fuß* m || la batalla de las ~s *Napoleons Schlacht* f *bei den Pyramiden (1798)* || ◊ formar las ~s ⟨Mil⟩ *die Gewehre zusammensetzen*
pirandellismo m ⟨Lit⟩ *Schreibart* f *des it. Dramatikers L. Pirandello (1867–1936)*
pirandón m And pop *Bummler* m
piraña f ⟨Fi⟩ *Piranha, Sägesalmler, Piraya* m
pirar vi fam *gehen, treten* || ◊ me las piro fam *ich verdufte* || pirárselas fam *Reißaus nehmen*, fam *abhauen, verduften*
pira|ta m/adj *Seeräuber, Pirat* m || ~ aéreo *Luftpirat* m || ~ adj *Piraten-* || buque ~ *Piratenschiff* n || edición ~ *Raub|druck* m, *-ausgabe* f || emisora ~ *Piratensender* m || –**tería** f *Seeräuberei, Piraterie* f || ~ aérea *Luftpiraterie* f
pirca f Am → **pilca**
pirenaico adj *pyrenäisch, Pyrenäen-*
pireo adj *feurig*
Pireo m ⟨Geogr⟩ *Piräus* m *(Hafen von Athen)*
pi|rético adj *Fieber-* || –**retro** m ⟨Bot⟩ *Pyrethrum* n
△**piri** m *Bube, Junge* m || *Essen* n
△**piribicha** f *Eidechse* f
piriforme adj *birnenförmig*
piri|neo adj = **pirenaico** || los ⁼neos ⟨Geogr⟩ *die Pyrenäen* pl || el Alto ⁼ *Oberpyrenäen* pl || el Bajo ⁼ *Niederpyrenäen* pl

pirita f *Pyrit, Eisen-, Schwefel|kies* m || ~ de cobre, ~ de hierro *Kupfer-, Eisen|kies* m
△**pirleblico** adj *öffentlich*
¹**piro** m: ◊ darse el ~ fam = **pirarse, pirárselas**
△²**piro** m *Diebstahl* m
pirófago m *Feuerschlucker* m
piroga f ⟨Mar⟩ *Piroge* f || → a **piragua**
pirogalol m ⟨Chem⟩ *Pyrogallol* n
pirógeno adj *fiebererzeugend, pyrogen* || ~ m *fiebererzeugendes Mittel* n
piroleñoso adj: ácido ~ ⟨Chem⟩ *Holzessig* m
pirolusita f ⟨Min⟩ *Pyrolusit* m *(Braunstein)*
pi|romancia f *Pyromantie* f || –**romanía** f ⟨Med⟩ *Brandstiftungstrieb* m, *Pyromanie* f || –**romano** m *Pyromane* m || –**rómetro** m ⟨Phys⟩ *Pyrometer* m
piro|peador m fam *(galanter) Schmeichler* m, pop *Schmeichelkatze* f || –**pear** vt/i = echar **piropos** (→ d) || –**po** m *Feuer-, Blut|granat* m || *böhmischer Granat, Pyrop* m *(Magnesia-Ton-Granat)* || *Karfunkel* m || fam *galante Schmeichelei* f, *schmeichelhafter Ausdruck* m, *Kompliment* n || ◊ echar ~s fam *den Frauen Artigkeiten sagen* || fam *Süßholz raspeln* || *Komplimente machen*
pirosis f ⟨Med⟩ *Sodbrennen* n, *Pyrosis* f
pirotécnico m/adj *Feuerwerker* m || ~ adj *pyrotechnisch*
pirrarse vr *schwärmen (por für* acc) || ◊ las mujeres se pirran por él pop *er verdreht den Frauen den Kopf*
△**pirria** f *Topf* m
pírrico adj *Pyrrhus-* || victoria ~a fig *Pyrrhussieg* m
pirriquio m *Pyrrhichius, Dibrachys* m *(Versfuß)*
Pirro m np *Pyrrhus* m
pirue|ta f *Dreh-, Luft|sprung* m, *Pirouette* f (frz) || *Pirouette* f *des Pferdes* || –**tear** vi *hin und her springen, herumtänzeln, pirouettieren* || –**tismo**: ~ literario fig *literarische Mätzchen* npl
pirulí m *Lutscher* m
pirulo adj Am *stutzerhaft*
pis m fam: ◊ hacer ~ *Pipi machen*
pisa f *Treten* n || fam *Fußtritt* m || △ *Bordell* n
△**pisabai** m *Ohrring* m || *Schnalle* f || *Tracht* f *Prügel* || ⟨Agr⟩ *Keltervoll* f *(Oliven* bzw *Trauben)*
pisa|da f *Tritt* m, *Auftreten* n || *Fuß-* bzw *Pfoten|spur* f || *Fußstapfen* m || ◊ seguir las ~s de alg. fig *in jds Fußstapfen treten* || –**dor** m *Keltertreter* m
△**pisante** m *Fuß* m || *Schuh* m
pisapapeles m *Briefbeschwerer* m || *rodillo* ~ *Papierbügelrolle* f
pisar vt/i *mit Füßen treten* || *betreten* || *zertreten* || *treten* || *keltern, pressen (Trauben, Tuch)* || *stoßen (im Mörser)* || *einrammen* || *(nieder)drücken* || *das Weibchen treten (Vögel)* || ⟨Mar⟩ & pop *koitieren, vulg vögeln* || ◊ ~ las cuerdas ⟨Mus⟩ *kräftig in die Saiten greifen* || ~ la mala hierba fig *e–e Widerwärtigkeit erfahren* || ~ el suelo patrio *den Heimatboden betreten* || ~ las uvas *Trauben treten (od keltern)* || siempre le pisa los talones fig *er tritt ihm immer auf die Fersen* || le ha pisado la novia fam *er hat ihm die Freundin abspenstig gemacht* || le han pisado el empleo fam *man hat ihm die Stelle vor der Nase weggeschnappt* || ¡me ha pisado V.! *Sie sind mir auf den Fuß getreten!* || ~ vi *stampfen (Pferd)* || ◊ ~ bien e–n *schönen Gang haben (Frau)*
pisaverde m fam *Geck* m || *Fatzke* m || *Stutzer* m
pis|catorio adj *Fischerei-* || –**cícola** adj *Fischzucht-*
pisci|cultura f *Fischzucht* f || –**factoría** f *Fischzuchtanstalt* f || –**forme** adj *fischförmig* || –**na** f *kleiner Fischteich, Weiher* m || *Schwimm|becken, -bassin* n || *Badeanstalt* f || ⟨Arch Rel⟩

Piscina f ‖ ~ **cubierta** *Hallenbad* n ‖ ~ **olímpica** *Schwimmstadion* n ‖ ~ **probática** *Teich* m *Bethesda*
Piscis m ⟨Astr⟩ *Fische* mpl
piscolabis m fam *kleiner Imbiß, Happen* m ‖ Guat Mex joc *Geld* n, fam *Moneten* pl
pisiforme adj *erbsenförmig*
pisiútico adj Chi *kitschig* (→ **cursi**)
△**pisjundi, pispirí** m *Pfeffer* m
piso m *(Fuß)Boden, Estrich* m ‖ *Stockwerk,* *Geschoß* n*, Etage* f ‖ *Wohnung* f ‖ ⟨Geol⟩ *Stufe* f ‖ *(Erd)Schicht* f ‖ *(Straßen)Pflaster* n*, Decke* f*, Belag* m ‖ ⟨Bgb⟩ *Sohle* f ‖ ~ **bajo** *Erdgeschoß* n ‖ ~ **piloto** *Musterwohnung* f ‖ **primer** ~ *erster Stock* m ‖ **principal** *Hauptgeschoß* n *(in den* span. *Häusern), Beletage* f ‖ ~ **de tabla** *Dielenfußboden* m ‖ ~ **entarimado**, ~ **de parquet** *Parkett(fuß)boden* m ‖ **de un** ~ *einstöckig* ‖ ◊ **buscar un** ~ *e–e Wohnung suchen* ‖ **vive en el tercer** ~ *er wohnt im dritten Stock*
pi|són m *Pflaster-* bzw *Hand|ramme* f ‖ *Stampfer* m *(der Former)* ‖ ~ **neumático** *Preß-, Druck|luftstampfer* m ‖ ~ **sonear** vt →a **apisonar**
piso|tear vt *nieder-, zer-, fest|treten* ‖ fig *mit Füßen treten* ‖ ◊ ~ **las leyes** fig *die Gesetze mit Füßen treten* ‖ **s:** ~**o** m ‖ **–tón** m *Tritt* m *auf den Fuß* ‖ ◊ **dar un** ~ **(a)** *jdn auf den Fuß treten*
pispa f Can *Vogel* m ‖ fig *kesse Göre* f ‖ Pe *Riß* m
pispajo m *Fetzen* m *(Stoff)* ‖ *Kram* m*, wertloses Zeug* n ‖ *zurückgebliebenes Kind* n
pispar vt fam *stehlen*, fam *klauen, stibitzen* ‖ vi Arg Chi *fragen, untersuchen* ‖ **~se** vr Pe *Risse bekommen, reißen, (zer)springen*
pista f *Spur, Fährte* f ‖ *Trampelpfad* m ‖ *Tummelplatz* m, *Fahr-, Renn-, Reit|bahn, Piste* f ‖ *Rennstrecke* f ‖ ⟨Schi⟩ *Spur* f ‖ ⟨Flugw⟩ *Piste, Bahn* f ‖ *Rollfeld* n ‖ ⟨Mil⟩ *Rollbahn* f ‖ ⟨Filmw⟩ *Tonstreifen* m ‖ fig *Spur* f ‖ ◊ **de aterrizaje** ⟨Flugw⟩ *Lande-, Auslauf|bahn* f*, Rollfeld* n ‖ ~ **de aterrizaje en la** *(od* **sobre)** *cubierta* ⟨Flugw Mar⟩ *Decklandebahn* f ‖ ~ **de baile** *Tanzfläche* f ‖ ~ **de carreras** *Rennbahn* f ‖ ~ **de ceniza** ⟨Sp⟩ *Aschenbahn* f ‖ ~ **de despegue** ⟨Flugw⟩ *Start-, Ablauf-, Anlauf|bahn* f ‖ ~ **de patinar** *Eisbahn* f ‖ ~ **de relajamiento** *Abreiteplatz* m *(Reiten)* ‖ ~ **sonora** ⟨Filmw⟩ *Tonspur* f ‖ ◊ **dar con la** ~ *(de) auf die Spur kommen (dat)* ‖ **seguir la** ~ **a uno** fam *jdn verfolgen, jdm auf den Fersen sein*
pista|chero m ⟨Bot⟩ *Pistazie(nstrauch* m*)* f *(Pistacia vera)* ‖ **–cho** m *Pistazie(nnuß)* f *(Frucht)*
pistero m *Schnabeltasse* f
pistilo m ⟨Bot⟩ *Stempel, Pistill* m
pisto m *Hühnerbrühe* f *für Kranke* ‖ *in der Pfanne gebackene Eier, Paprikaschoten, Zucchini, Tomaten* usw ‖ fig *Mischmasch* m ‖ fig *Wirrwarr* m*, Durcheinander* n ‖ ◊ **darse** ~ fam *angeben* ‖ *wichtigtun, protzen*
pisto|la f *(Dreh)Pistole* f ‖ *Druckluthammer* m ‖ *Spritzpistole* f *(der Maler)* ‖ ~ **ametralladora** *Maschinenpistole* f ‖ ~ **Browning** *Browningpistole* f ‖ **barniz a** ~ *Spritzlack* m ‖ **–lada** f fam Ven *Albernheit* f ‖ **–lera** f *Pistolenhalfter* m ‖ *Pistolentasche* f ‖ **–lero** m *Pistolenschütze* m ‖ fig *Räuber* m ‖ fig *Terrorist* m ‖ fig *Mörder, Killer* m ‖ desp *Revolverheld* m ‖ **–letazo** m *Pistolenschuß* m ‖ △**–lo** m ⟨Mil⟩ *Infanterist* m
pistón m ⟨Tech⟩ *Kolben, Stempel* m ‖ *Pumpenkolben* m ‖ ⟨Schieß⟩*Kapsel, Patrone* f ‖ *Zündkegel* m *(der Zündkapsel)* ‖ ⟨Mus⟩ *Klappe* f*, Ventil* n *(der Blasinstrumente)* ‖ **de** ~ pop *glänzend, famos* ‖ **cornetín de** ~ ⟨Mus⟩ *Piston (-horn), Klapphorn* n ‖ **juego de** ~ *Klappenspiel* n ‖ ~ **segmento de** ~ *Kolbenring* m
pistonudo adj fam *kolossal, famos* ‖ fam *toll,*

prima ‖ euph = **cojonudo**
pistraje fam *Sudelbrühe* f, pop *Gesöff* n
¹**pita** f ⟨Bot⟩ *Pita* f, *Amerikanische Agave, Baumaloe* f *(Agave* spp*)* ‖ *Pitahanf* m ‖ *Pitageflecht* n
²**pita** f pop *Henne* f ‖ **¡~s, ~s!** *Lockruf* m *für die Hühner (put, put, put!)*
³**pita** f *Glaskugel, Murmel* f*, Klicker* m
⁴**pita** f fam *Pfiff* m
⁵**pita** f fam *Weinkrampf, Wutanfall* m *der Kinder*
⁶△**pita** f *Branntwein* m
pitas fpl Guat *Lügen* fpl*, Schwindel* m
pitada f *Pfiff* m, *Pfeifen* n ‖ **Am** *Zug* m *(beim Tabakrauchen)* ‖ ~ **final** ⟨Sp⟩ *Schlußpfiff* m ‖ ◊ **dar una** ~ fam *aus dem Häuschen geraten*
△**pitafló** m *Krug* m
Pi|tágoras m np *Pythagoras* m ‖ **teorema de** ~ ⟨Math⟩ *pythagoreischer Lehrsatz* m ‖ **=tagórico** adj/s *pythagoreisch,* öst *pythagoräisch* ‖ *Pythagoreer* m ‖ **–tagorismo** m *Pythagoreertum* n
pitanza f *tägliche Beköstigung* f ‖ *Armenspeisung* f ‖ fam *Lohn* m*, Löhnung* f ‖ fam *Entgelt* n ‖ **Am** *Kettenrauchen* n ‖ Chi *Vorteil* m ‖ Chi *Glücksfall* m, *Gelegenheitsgeschäft* n
pitañoso adj *triefäugig* ‖ **ojos** ~**s** *Triefaugen* npl
pitar vt/i *pfeifen* ‖ pop *zahlen* ‖ fam *klappen, gut laufen* ‖ SAm *rauchen* ‖ Chi *betrügen* ‖ Ven *rufen* ‖ ◊ ~ **la falta** ⟨Sp⟩ *e-n Foul pfeifen* ‖ **salir pitando** pop *sich davonmachen* ‖ **¿cien pesetas quieres? toma cinco duros y vas que pitas** fam *hundert Peseten möchtest du? hier hast du fünfundzwanzig, und das ist (wohl) mehr als genug!*
pitarroso adj *triefäugig*
pitazo m *Pfiff* m ‖ ◊ **dar un** ~ *pfeifen*
pitecántropo, pitecantropo m *Affenmensch, Pithekanthropus* m *(Frühmensch des Diluviums)*
Pitia f *Pythia* f ‖ ≃ fig *Wahrsagerin* f (→ **pitonisa**)
pítico adj *pythisch*
pitido m *Pfiff* m
piti|llera f *Zigaretten|tasche* f*, -etui* n ‖ *Arbeiterin* f *e-r Zigarettenfabrik* ‖ **–llo** m pop *Zigarette* f
pítima f *Rausch* m*, Trunkenheit* f ‖ ◊ **coger una** ~ *fugl sich betrinken*
pitimini m: **rosa de** ~ *(Art) Kletterrose* f
pitipié m ⟨Top⟩ *Maßstab* m
¹**pito** m *(kleine) Pfeife, Triller-, Signal|pfeife* f ‖ *(Art) Okarina* f ‖ pop *Zigarette* f ‖ pop *männliches Glied* n, pop *Pfeife* f ‖ **Am** *Tabakspfeife* f ‖ **el** ~ **de la fábrica** *Sirene* f *(e-r Fabrik)* ‖ **~s flautos** fam *Faseleien* fpl ‖ ~ **flauto** ‖ ◊ **(no) me importa un** ~ figl *das ist mir k-n Pfifferling wert, das ist mir (piep)egal* ‖ **tocar el** ~ *pfeifen* ‖ **no tocar** ~ **en un asunto** *mit e-r Sache nichts zu tun haben* ‖ **no se me da un** ~ *(od* **tres pitos)** pop *das ist mir schnuppe* ‖ **no vale un** ~ pop *es ist keinen Pfifferling wert*
²**pito** m ⟨V⟩ *Specht* m ‖ ~ **cano** *Grauspecht* m *(Picus canus)* ‖ ~ **negro** *Schwarzspecht* m *(Dryocopus martius)* ‖ ~ **real** *Grünspecht* m *(P. viridis)* ‖ ~ **pico**
³**pito** adj Ar: ◊ **estar hecho un** ~ fam *rüstig und munter sein*, fam *noch gut auf dem Posten sein (Greis, ältere Person)* ‖ prov *geschniegelt und gebügelt sein*
⁴**pito** m Ar *Murmel* f*, Klicker* m ‖ ~ **de cristal** *Glasmurmel* f ‖ ◊ **¡vamos a jugar a** ~**s!** Ar ⟨Sch⟩ *wir wollen Murmeln spielen!*
pitoche m desp: ◊ **no vale** *(*bzw **no me importa)** **un** ~ *es ist (mir) k-n Pfifferling wert (das ist mir Wurs(ch)t)*
¹**pitón** m *Hörnchen* n *des jungen Tiers* ‖ *Horn* n *des Kampfstieres* ‖ ⟨Jgd⟩ *Spieß* m *des Edelhirsches* ‖ ⟨Jgd⟩ *Geweihknospe* f ‖ *Trinkschnabel*

m *e–s Gefäßes* || allg *Spieß* m || *Tülle* f || ⟨Tech⟩ *Höcker, Nocken* m || ⟨Radio⟩ *Klemmstift* m || → a **armella, pitorro**
²**pitón** m ⟨Zool⟩ *Pythonschlange* f (Python spp)
pitongo adj fam: niño ~ = **niño** *gótico*
pitónico adj *pythisch*
pitonisa f *Wahrsagerin* f
pito|rrearse vr pop *sich lustig machen (de über* acc) || **-rreo** m pop *Spott, Hohn* m || *Verspotten* n
pitorro m fam *Tülle* f || fam *Schnabel* m || → **botijo**
△**pitoso** m *Branntweintrinker* m
pitota f fam *große (hängende) Nase* f || desp *Bananennase* f
pitote m fam *Wirrwarr* m, *Durcheinander* n = **follón** || = **pitoche**
pitpit m ⟨V⟩ *Pieper* m (→ **bisbita**)
pituitario adj *schleimig* || *cuerpo* ~ (*glándula* ~a) ⟨An⟩ *Schleimdrüse* f || (*membrana*) ~a f ⟨An⟩ *Nasenschleimhaut* f
pitu|sa f prov *Zipfel* m, *Ende* n || **-so** adj/s *klein, niedlich (Kinder)*
piular vi *piepsen*
△**piuli** f *Witwe* f
pivote m ⟨Tech⟩ *(Spur)Zapfen* m || *Drehachse* f
píxide f ⟨Rel⟩ *Pyxis* f
△**pixol** [..ʃol] m *Bauer* m
△**piyar** vt *(ver)schlingen* || *trinken*
piza|rra f *Schiefer(stein)* m || *Schiefertafel* f || *Schreib-, Schul|tafel* f || *Aushänge-, Reklame|tafel* f || *Schwarzes Brett* m *(an Schulen usw)* || ~ *arcillosa Tonschiefer* m || ~ *bituminosa Ölschiefer* m || ~ de *hule Wachstafel* f || *para techar Dachschiefer* m || *techo de* ~ *Schieferdach* n || **-rral** m *Schieferbruch* m || **-rrero** m *Schieferdecker* m || **-rrín** m *Griffel, Schieferstift* m || *Schiefer-, Schreib|tafel* f || **-rrón** augm v. **-rra**: *Wandtafel* f || **-rroso** adj *schiefergrau* || *schieferig*
pizca f fam *bißchen* || ni ~ pop *keine Spur (de von* dat)
pizcar [c/qu] vt fam = **pellizcar**
pizco m bes Ar = **pellizco**
pizpireta, pizpereta adj/f fam *lebhaft* || *keß* || *anmutig* || *(alles bes. auf Mädchen bezüglich)*
pl. Abk = **plaza** | **plazo** | **plural**
placa f *Platte* f || *Plakette* f || *Namens-, Firmen|schild* n || *Scheibe* f || ⟨Phot⟩ *(Trocken-)Platte* f || *Ordensstern* m || ⟨Radio⟩ *Anode* f || *Schallplatte* f || ⟨Aut⟩ *Nummernschild* n || ~ de *asbesto*, ~ de *amianto Asbestplatte* f || ~ *aislante Isolierplatte* f || *Dämmplatte* f || ~ de *blindaje Panzerplatte* f || ~ *conmemorativa Gedenktafel* f || ~ *esmerilada* ⟨Phot⟩ *Mattscheibe* f || ~ *giratoria* ⟨EB⟩ *Drehscheibe* f || ~ de *hierro esmaltado Emailplatte* f || ~ de *identidad* ⟨Mil⟩ *Erkennungsmarke* f || ~ *lenta* ⟨Phot⟩ *wenig empfindliche Platte* f || ~ *metálica Metallschild* n || ~ de *matrícula* ⟨Aut⟩ *Nummernschild* n || ~ *ortocromática, autocroma, rápida*, ~ *muy sensible orthochromatische, Autochrom-, hochempfindliche Platte* f || ~ de *señalización en carretera* ⟨StV⟩ *Verkehrs|schild, -zeichen* n || ~ *con poca (con exceso de) exposición* ⟨Phot⟩ *unter-, (über)belichtete Platte* f || ~s *antihalo* ⟨Phot⟩ *lichthoffreie Platten* fpl || *colocación de las* ~s *Einlegen* n *der Platten*
placard m Am *Wandschrank* m
placear vi *auf dem Markt verkaufen*
placebo m ⟨Pharm⟩ *Placebo* n
placenta f ⟨An⟩ *Mutterkuchen* m, *Plazenta* f || ⟨Bot⟩ *Samenlappen* m || ~**ción** f *Plazentation, Bildung* f *des Mutterkuchens* || ~**rio** adj *plazental, plazentar* || ~**s** mpl ⟨Zool⟩ *Plazentalier* mpl, *Mutterkuchentiere* npl
placentero adj *vergnügt, fröhlich, lustig* || *gefällig* || *gemütlich*

¹**placer** [–zc–, subj & *plegue, plega, pret & plugo] vi def *gefallen* || ◊ si le place a V. *wenn es Ihnen gefällig ist* || *que me place mir ist's recht* || *eso se hace*, lo que a Dios place *der Mensch denkt, Gott lenkt* (vgl el hombre propone y Dios dispone) || *an Gottes Segen ist alles gelegen* || *se placía en ello* Am *er fand Genuß daran* || *si le place wenn es Ihnen beliebt* || *pluguiera a Dios (que así fuera) Gott gebe (seine Gnade dazu)! || möge Gott es geben!*
²**placer** m *Sandbank* f || *Gold|(sand)feld* n, *-seifenlagerstätte* f
place|ra f *Obst-, Gemüse|hökerin, Markthändlerin* f || **-ro** m *Markthändler* m || pop *Pflastertreter* m
plácet, placet m (lat) *Gutheißung* f || *Agrément* n (frz) *(der Diplomaten)* || allg *Plazet* n, *(offizielle) Zustimmung* f || ◊ *dar su* ~ (a) *et gutheißen*
placeta f dim v. **plaza**
placible adj *gefällig*
placidez [pl **-ces**] f *Sanftmut, Gelassenheit* f || *Gemütlichkeit* f
pláci|do adj *ruhig, still* || *angenehm, gemütlich* || *anmutig* || *sanft, gelassen* || ⌒ m np Tfn *Placidus* m || **-to** m *Meinung, Ansicht* f
¡**plaf!** int *bums! || plumps!*
plafón m *(Zimmer)Decke* f || *Deckenleuchte* f
pla|ga f *(Land)Plage, Geißel* f || *Seuche* f || fig *Mühsal* f, *Leid* n || *Heimsuchung* f || fig *Unmenge* f, *Haufen* m || fig *Überfluß* m || ~ de la *langosta Heuschreckenplage* f || *una* ~ de *ciruelas e–e üppige Ernte an Pflaumen* || *las siete* ~s de Egipto *die sieben Plagen Ägyptens* || **-gado** adj fig *verpestet* || ~ de *barro ganz kotig* || ~ de *faltas von Fehlern wimmelnd*
plagal adj: *cadencia* ~ ⟨Mus⟩ *Plagal-, Halb|schluß* m
plagar [g/gu] vt fig *heimsuchen, plagen* || *verseuchen (de mit* dat) || ◊ ~se de *gente pop sich mit Leuten füllen*
pla|giar vt/i *unbefugt abschreiben, plagiieren* || **-giario** m/adj *Plagiator, literarischer* bzw *künstlerischer Freibeuter* m || *Nachdrucker* m || adj *plagiatorisch, Plagiat-* || **-gio** m *Plagiat* n, *literarischer Diebstahl* m
plagioclasa f ⟨Min⟩ *Plagioklas* m
plaguicida m = **pesticida**
plaito m Am pop = **pleito**
△**plal** m *Freund* m || *Bruder* m
¹**plan** m *Höhe* f, *Niveau* n || ⟨Arch⟩ *Plan*, *(Grund)Riß* m || *Plan, Entwurf* m || Am *Flachland* n || ~ *cuatrienal Vierjahresplan* m || ~ *curativo* ⟨Med⟩ *Heilplan* f || ~ de *batalla* m ⟨Mil⟩ *Schlachtplan* m || ⌒ de *desarrollo económico y social* Span *Plan m für wirtschaftliche und soziale Entwicklung* f || ~ de *urbanización Bebauungsplan* m || ◊ *concebir, trazar un* ~ *e–n Plan entwerfen, et vorhaben* || *llevar a cabo (od realizar) un* ~ *e–n Plan ausführen*
²**plan** m fam *Vergnügungsvorhaben* n || *Verabredung* f, *Stelldichein, Rendezvous* n || p.ex *Mädchen* n (bzw *Mann), mit dem man ohne feste Verbindung) ausgeht* || p.ex *Mädchen* n bzw *Frau* f, *mit dem* bzw *der man vorhat, geschlechtlich zu verkehren* || ◊ *tener muchos* ~es figf *ein erfolgreicher Schürzenjäger sein*
¹**plana** f *(Maurer)Kelle* f
²**plana** f *Ebene, Fläche* f || *(Blatt-, Zeitungs-)Seite* f || ⟨Sch⟩ *(Schreib-, Blatt)seite* f || p.ex

plana — plantita 842

Schreibaufgabe f ‖ ⟨Typ⟩ *Schimmelabzug* m ‖ primera ~ *erste Seite* f ‖ → **enmendar**
³**plana** f ⟨Mil⟩ *Stab* m ‖ ~ *mayor* (de mando od regimental) *Regimentsstab* m
planc|ton m ⟨Biol MK⟩ *Plankton* n ‖ **-tónico** adj *planktonisch, Plankton-* ‖ *pulso* ~, *pulso del plancton* ⟨Ökol MK⟩ *Planktonpuls* m
plan|cha f *dünne (Metall) Platte* f ‖ *Blech* n ‖ *Bügel-, Plätt|eisen* n ‖ ⟨Mar⟩ *Laufplanke* f ‖ fam *Reinfall* m, *Blamage* f ‖ ⟨Typ⟩ *Druckplatte* f ‖ →a **tablón, tabla** ‖ ~ *de acero Stahl|platte* f, *-blech* n ‖ ~ *ondulada Wellblech* n ‖ ◊ *hacer la* ~ *den toten Mann machen (beim Schwimmen)* ‖ *hacer* (od *tirarse*) *una* ~ *pop e-n Bock schießen, sich blamieren, hereinfallen* ‖ ¡qué ~! *welche Blamage!* ‖ **-chado** m *Bügeln* n ‖ *Bügelwäsche* f ‖ *nota de* ~ *Wäscheliste* f ‖ ~ *alemán Span Plätterei* f *nach deutscher Art* ‖ ◊ *"no necesita* ~" *"bügelfrei"* ‖ ~ adj *gebügelt* ‖ (re)~ figf *geschniegelt und gebügelt* ‖ **-chadora** f *Plätterin* f ‖ **-char** vt *bügeln, plätten* ‖ *Mex jdn versetzen* ‖ PR *schmeicheln* ‖ ◊ ~ *con brillo auf Glanz plätten* ‖ ~**se** vr: ◊ ~ *una mujer pop e-e Frau vernaschen*
planchister m *Plansichter* m *(Siebmaschine)*
planchistería f *Spenglerei* f
plan|chón m augm v. **-cha** ‖ **-chuela** f dim v. **-cha**
planeador m ⟨Flugw⟩ *Segelflugzeug* n ‖ *Gleitflugzeug* n, *Gleiter* m ‖ *Segel-* bzw *Gleit|flieger* m
planeamiento m *Planung* f
plane|ar vt *vorhaben, planen* ‖ *organisieren* ‖ *entwerfen* ‖ vi *schweben, gleiten* ‖ ⟨Flugw⟩ *an-, ein-, aus|schweben, Gleitflug machen* ‖ *im Gleitflug niedergehen* ‖ **-idad** f *Ebenheit* f ‖ **-o** m *Gleitflug* m ‖ allg *Schweben* n
planero m ⟨Mar⟩ *Vermessungsschiff* n
¹**planeta** ⟨Kath⟩ *Kasel* f *(Planeta)*
²**plane|ta** m *Planet, Wandelstern* m ‖ △*Kerze* f ‖ **-tario** adj: *sistema* ~ *Planetensystem* n ‖ ~ m *Planetarium* n ‖ **-tarium** m *Planetarium* n ‖ **-toide** m *Planetoid* m
planicie f *Ebene, Fläche* f
planifi|cación f *Planung* f ‖ *Raumordnung* f ‖ ~ *familiar Familienplanung* f ‖ ~ *económica Wirtschaftsplanung* f ‖ *organismo responsable de la* ~ *Planungs|behörde, -stelle* f ‖ **-car** vt *planen* ‖ economía *-cada Plan(ungs)wirtschaft* f
plani|lla f dim v. **plana**: *Liste, Tabelle* f ‖ **-metría** f *Planimetrie* f ‖ *Flächenmessung* f ‖ **-métrico** adj *planimetrisch*
planípedo m/adj meist joc *Plattfuß* m
planisferio m (**celeste**) ⟨Astr⟩ *Sternkarte* f
¹**plano** adj/s *eben, flach, glatt* ‖ *platt, plan* ‖ *de* ~ *geradeheraus* ‖ *ohne Umstände* ‖ ◊ *caer de* ~ *der Länge nach hinfallen* ‖ *dar de* ~ *mit der offenen Hand zuschlagen* ‖ → **confesar, pie**
²**plano** m *(Ober-, Grund) Fläche* f ‖ ⟨Math Geogr Li⟩ *Ebene* f ‖ *Boden* m *(eines Wagens)* ‖ *Plan, Entwurf* m ‖ ⟨Mal⟩ *Plan* m ‖ *Plan, (Grund) Riß* m ‖ *en* ~ *im Planformat* ‖ ~ *de la ciudad Stadtplan* m ‖ ~ *general Übersichtsplan* m ‖ ⟨Phot⟩ *Total(aufnahme)* f ‖ *inclinado schiefe Ebene* f ‖ ~ *de polarización Polarisationsebene* f ‖ *primer* ~ ⟨Phot Filmw⟩ *Großaufnahme* f ‖ *Vordergrund* m (& *Mal*) ‖ ~ *en relieve Reliefkarte* f ‖ *Aufriß* m ‖ ~ *de resbalamiento Gleitfläche* f ‖ ~ *rebatible* ⟨Flugw⟩ *Schwenkflügel* m ‖ ~ *de sustentación* ⟨Flugw⟩ *tragende Fläche, Tragfläche* f ‖ ◊ *levantar* (od *trazar*) *un* ~ *einen Plan entwerfen*
planocóncavo adj *plankonkav*
planoconvexo adj *plankonvex*
△**plano(ró)** m *Bruder* m
plan|ta f *Pflanze* f ‖ *Gewächs, Kraut* n ‖ *Plantage* f ‖ *(Baum) Pflanzung* f ‖ *Setzling* m ‖ *(Fuß) Sohle* f ‖ ⟨Math⟩ *Fußpunkt* m ‖ *Plan, Entwurf, Aufriß* m ‖ *Grundriß* m ‖ ⟨Arch⟩

Flächenraum m *(eines Gebäudes)* ‖ *Fabrik* f ‖ *Anlage* f ‖ *Bauplan* m ‖ *Stockwerk, Geschoß* n ‖ *Stock* m ‖ *tabellarisches Verzeichnis* n ‖ pop *leere Prahlerei* f ‖ ⟨Bgb⟩ *Stollen* m ‖ ~ *anual jährige Pflanze* f ‖ ~ *baja Erdgeschoß* n ‖ ~ *forrajera, hortense, industrial Futter-, Gemüse-, Gewerbe|pflanze* f ‖ ~ *industrial Industrieanlage* f ‖ *Werk* n ‖ ~ *de interior Zimmerpflanze* f ‖ ~ *medicinal, parásita, textil, trepadora Heil-, Schmarotzer-, Textil-, Schling|pflanze* f ‖ ~ *del pie Fußsohle* f ‖ ~ *siderúrgica Eisenhüttenwerk* n ‖ ~ *vivaz immergrüne Pflanze* f ‖ *buena* ~ fam *gutes, stattliches Aussehen* n ‖ *de* ~ *von Grund aus* ‖ *nueva* ~ *Neubau* m ‖ ◊ *poner su* ~ *en seinen Fuß setzen auf* (acc) ‖ ~**s** pl: *echar* (od *hacer*) ~ figf *protzen* ‖ *bramarbasieren* ‖ *echarse a las* ~ (de) *sich jdm zu Füßen werfen*
plan|tación f *Pflanzung* f ‖ *Plantage* f ‖ ~ *de bosques Aufforstung* f ‖ ~ *de café Kaffeeplantage* f ‖ **-tado** adj pop *rüstig, stramm* ‖ **-tador** m *Pflanzgärtner* m ‖ *Pflanzer* m ‖ *Pflanzholz* n ‖ △*Totengräber* m ‖ **-tadora** f ⟨Agr⟩ *Setz-, Pflanz|maschine* f
plantagináceas fpl ⟨Bot⟩ *Wegerichgewächse* npl (Plantaginaceae)
plantaina f ⟨Bot⟩ *Wegerich* m (→ **llantén, plantagináceas**)
plan|tar vt/i *(be)pflanzen* ‖ fig *aufpflanzen, aufschlagen* (*Zelt*) ‖ ⟨Mil⟩ *aufstellen (Geschütz)* ‖ fig *gründen* ‖ fig *aufwerfen (Frage), aufstellen (Problem)* ‖ fig *jdm die Tür weisen, jdn hinausschmeißen* ‖ fig *entlassen (Angestellte)* ‖ *jdm e-n Korb geben* ‖ figf *versetzen (Schlag, Stoß)* ‖ *jdn versetzen (bei e-r Verabredung)* ‖ figf *im Stich lassen* ‖ figf *betrügerisch verlassen* ‖ figf *jdm den Kopf waschen* ‖ △*beerdigen* ‖ ◊ ~ *el campo aufschlagen (Lager)* ‖ ~ *en la calle, en la cárcel* figf *auf die Straße, ins Gefängnis werfen* ‖ ~ *un pleito e-n Prozeß anstrengen* ‖ *le plantó dos frescas* pop *er fuhr ihn derb an* ‖ ~**se** figf *sich auf|pflanzen, sich -bauen* ‖ figf *(plötzlich) erscheinen* ‖ *nicht von der Stelle wollen (störrische Tiere)* ‖ *Am sich putzen* ‖ ◊ *de pronto se plantó en Madrid auf einmal tauchte er in Madrid auf* ‖ *nos plantamos ahí en un par de horas in ein paar Stunden sind wir da* ‖ *me dejó -tado allí er hat mich dort stehen lassen* ‖ *er hat mich verlassen* ‖ *dejó plantada a la novia* figf *er ließ s-e Braut sitzen* ‖ ~**-te** m *Meuterei* f *(z. B. in Strafanstalten)* ‖ ◊ *hacer un* (od *declararse en*) ~ *sich empören*
plan|tear vt *entwerfen* ‖ fig *(be)gründen* ‖ *einführen* ‖ *stellen, aufwerfen (Frage, Problem)* ‖ ◊ ~ *un problema aufwerfen, ein Problem aufrollen* ‖ *se planteó el siguiente problema folgendes Problem stellte sich* ‖ *er stellte sich folgende Frage* ‖ **-tel** m *Pflanz-, Baum|schule* f *(Wald) Schonung* f ‖ *(Garten-) Beet* n ‖ fig *Bildungsstätte* f ‖ fig *Gruppe, Schar* f ‖ *un* ~ *de científicos e-e Schar Wissenschaftler* ‖ **-tificar** [c/qu] vt/i *errichten (Anstalt)* ‖ *anlegen* ‖ joc *austeilen (Ohr)feigen)* ‖ ~**se** vr fam = **plantarse** ‖ **-tígrados** mpl ⟨Zool⟩ *Sohlengänger* mpl
planti|lla f *Brandsohle* f ‖ *Einlegesohle* f ‖ *Strumpfsohle* f ‖ ⟨Arch⟩ *Auf-, Stand|riß* m ‖ ⟨Tech⟩ *Kurvenlineal* n ‖ *Bohrlehre* f ‖ *Schablone* f ‖ ⟨Verw⟩ *Stellenplan* m ‖ *Planstellen* fpl ‖ *Beamtenstab* m ‖ *Belegschaft* f, *Angestellte(n)* mpl ‖ *Rangliste* f ‖ figf *leere Prahlerei* f ‖ ~ *administrativa Verwaltungspersonal* n ‖ ~ *de corcho,* ~ *de paja Kork-, Stroh|sohle* f ‖ ~ *de curvas Kurvenlineal* n ‖ *personal de* ~ *ständige Belegschaft* f ‖ ◊ *echar* ~**s** fam Cu *dicktun* ‖ **-llero** m Am *Prahler, Großsprecher, Protz* m
plan|tío m/adj *Anpflanzen* n, *Bebauung* f ‖ *Baumpflanzung* f ‖ *Pflanzung* f ‖ **-tista** m fam *Großsprecher, Protz* m ‖ **-tita** f dim v. **planta** ‖

-tón m ⟨Agr⟩ *Setzling* m || ⟨Mil⟩ *ständiger Wachposten* m || ◊ dar un ~ *jdn lange auf sich warten lassen, spät erscheinen* || *jdn versetzen* || estar de (od en) ~, *llevarse un* ~ fam *lange warten müssen* || cansado del ~ *des Wartens* (fam *der ewigen Warterei*) *müde*
△**plantosa** f *Trinkgefäß* n
plañi|dera f *Klageweib* n || **-dero** adj *weinerlich, kläglich* || en tono ~ *wehklagend* || **-do** m *Wehklagen, Weinen* n
plañir [pret -ñó] vt/i *(be)weinen* || *jammern, wehklagen*
plaquear vt *plattieren*
△**plasa** f *Schwester* f
△**plasarar** vt *(be)zahlen*
plasma m ⟨Biol Phys Min⟩ *Plasma* n || ~ sanguíneo *Blutplasma* m
plasmacélula f ⟨Biol⟩ *Plasmazelle* f
¹**plasmar** vt *bilden, formen, gestalten*
²**plasmar** vt pop = **pasmar**
△**plasnó** adj *weiß*
plasta f *Teig, Ton* m || △*Kappe* f || △ *Dreck* m
△**plasta|near** vi *laufen* || **-nia** f *Flucht* f
plastear, plastecer [-zc-] vt *vergipsen, mit Gipsbrei ausbessern*
plástica f *Plastik, bildende Kunst* f
plasticidad f *Bildsamkeit* f || *Bildhaftigkeit* f || *Plastizität* f || *Nachgiebigkeit* (& fig) f
plástico adj *bildsam* || *plastisch* || *Plastik-* || *Kunststoff-* || arcilla ~a *plastischer Ton, Formton* m || artes ~as *die bildenden Künste* fpl || cuadros ~s *lebende Bilder* npl || materia ~a *Kunststoff* m || ~ m *Kunststoff* m || de ~ *Kunststoff-, Plastik-* || bomba de ~ *Plastikbombe* f || ~ explosivo *Plastiksprengstoff* m
plasti|ficante m/adj ⟨Chem⟩ *Weichmacher* m || **-lina** f *Knetmasse* f *(zum Modellieren), Plastilin* n
plastoquímica f *Kunststoffchemie* f
plastrón m gall *Vorhemd* n || *Brustlatz* m || corbata de ~ *wattierte Krawatte* f
plata f *Silber* n || *Silbergeld* n || *Silbergeschirr* n || fig (bes Am) *Geld* n || *Vermögen* n || △*kurzer Mantel* m || ~ alemana *Neusilber* n || ~ dorada al fuego *im Feuer vergoldetes Silber* n || ~ fulminante *Knallsilber* n || ~ de ley *Münzsilber* n || ~ menuda *kleines Silbergeld* n || ~ nativa, ~ virgen *gediegenes Silber* n || ~ nielada *Tulasilber* n || de ~ *silbern* || en ~ figf *kurz, in einem Wort* || hermoso como una ~ figf *wunderschön* || hoja de ~ *Silberfolie* f, *Stanniol* n || mina de ~ *Silberbergwerk* n || moneda de ~ *Silbermünze* f || limpio como una ~ figf *blendend rein* || mineral de ~ *Silbererz* n || tisú de ~ *Silberdamast* m || ◊ costar (mucha) ~ Am *kostspielig sein* || hablando en ~ figf *aufrichtig gesprochen* || tener mucha ~ Am *sehr reich* (pop *stinkreich*) *sein* || hablar en ~ *aufrichtig sprechen* || figf *kurz und bündig sprechen, die Sachen beim (rechten) Namen nennen* || el Rio de La ≃ Am *der La-Plata-Strom* || → **puente**
platabanda f *Stoßplatte* f || *Verbindungslasche* f
plataforma f *Platte* f || ⟨Arch⟩ *Plattform, Dachfläche, Abdachung* f || ⟨Pol⟩ *Plattform* f || ⟨Mil⟩ *Stück-, Geschütz|bettung* f || ⟨EB⟩ *offener Güter-, Plattform-, Gestell|wagen* m || ⟨Tech⟩ *Bühne* f || ⟨Phot⟩ *Objektivbrett* n || *tragbare Schaubühne* f *für Heiligenstatuen (bei span. Prozessionen)* || fig *Ausflucht* f || ~ delantera (trasera) *vordere (hintere) Plattform* f, *Vorder-, Hinter|perron* m *(Straßenbahnwagen)* || ~ continental, ~ submarina ⟨Geogr MK⟩ *Festlandssockel* m || ~ giratoria ⟨EB⟩ *Drehscheibe* f || ~ de lanzamiento *Start|tisch* m, *-plattform* f *(Rakete)* || ~ de sondeo *Bohrinsel* f || báscula de ~ *Brückenwaage* f || puesto de ~ *Stehplatz* m *(Straßenbahnwagen)*
platal m Am pop *Haufen* m *Geld* (→ **dineral**)

plata|nal m ⟨Agr⟩ *Bananenpflanzung* f || **-nero** m ⟨Bot⟩ *Banane(nstaude)* f (Musa spp) || ~ adj Ant *stark (Wind)*
plátano m ⟨Bot⟩ *Platane* f (Platanus spp) || *Bananenbaum* m, *Banane* f (Musa paradisiaca) || *Banane* f *(Frucht)*
△**plataró** m *Bruder* m
platea f ⟨Th⟩ *Parterre, Parkett* n || *Parterresitz* m || palco de ~ ⟨Th⟩ *Parterreloge* f
plate|ado adj *silberfarben* || *versilbert* || *silbergrau (Haare)* || Am *stockreich* || ~ m *Versilbern* n || *Versilberung* f || **-ar** vt *(ver)silbern*
platense f *aus La Plata* (Arg) || allg *aus den Río-de-la-Plata-Ländern* || *vom La Plata(Strom)*
plate|resco adj ⟨Arch⟩ *plateresk, geschnörkelt* || estilo ~ ⟨Arch⟩ *Platereken-, Platero|stil* m || **-ría** f *Silber-, Gold|schmiedearbeit* f, *-geschirr* n || *Silber- u. Goldwaren|geschäft* n || **-ro** m *Silber|schmied, -arbeiter* m || *Goldschmied* m || *Juwelier* m || *silbergrauer Esel* m ("Platero y yo" „*Platero und ich"* *von Juan Ramón Jiménez*) || Am *Reiche(r)* m
△**platesqueró** m *Hof* m
plática f *Zwiegespräch* n, *Unter|redung, -haltung* f || pop *Geplauder* n || *(An) Rede* f || *Kurzpredigt* f || ~ de familia *vertrauliches Gespräch* n || ◊ pedir ~s ⟨Mar⟩ *Erlaubnis* f *zum Einlaufen ersuchen (nach Quarantäne)*
plati|cador m *Prediger, Redner* m || **-car** [c/qu] vi *sprechen* (sobre *über* acc) || *sich unterhalten* || pop *plaudern*
platija f ⟨Fi⟩ *Flunder* f (Platichthys = Pleuronectes flesus)
plati|llero m ⟨Mus⟩ *Beckenschläger* m || **-llo** m dim v. **plato** || *Unter|teller* m, *-schale* f || *Dessertteller* m || *Beischüssel* f || *Waagschale* f || *Almosenbecken* n || *Tragscheibe* f *für Grammophonplatten* || ~ de copa *Untertasse* f || ~ de Petri *Petrischale* f || ◊ hacer ~ (de) figf *über jdn klatschen* || ~ para tarjetas *Kartenteller* m || ~s pl ⟨Mus⟩ *Becken* npl || *Tschinellen* fpl || ~ volantes *fliegende Untertassen* fpl (→ **ovnis**)
plati|na f ⟨Chem⟩ *Platin* n || *Objekt-, Apparate|tisch* m || *Objektträger* m *(Mikroskop)* || ⟨Web⟩ *Platine* f || *Laufwerk* n *(des Plattenspielers)* || *Platine* f *(der Uhr)* || ⟨Typ⟩ *Tiegel* m || peine de ~s ⟨Web⟩ *Platinenkamm* m || **-nar** vt *platinieren, mit Platin überziehen* || *platin(blond) färben (Haare)* || **-no** m ⟨Chem⟩ *Platin* n || ~s mpl ⟨Aut El⟩ *Unterbrecherkontakte* mpl || **-notipia** f ⟨Phot⟩ *Platindruck* m
plati|rrinos mpl ⟨Zool⟩ *Breitnasen, Neuweltaffen* mpl (Platyrrhina) || **-rrostros** mpl ⟨V⟩ *Breitschnäbler* mpl
△**platisarar** vt/i *zahlen*
platitud f Am fig *Plattheit* f
plato m *(Eß)Teller* m || *Schüssel, Platte* f || *Waagschale* f || *aufgetragene Speise* f, *Gang* m || *Kost, Beköstigung* f || ~ para carne *Fleischteller* m || ~ del día *(fertiges) Tagesgericht* n || ~ de dulce *süße Mehlspeise* f || ~ fino, ~ delicado *Delikatesse* f, *Leckerbissen* m || ~ para frutas *Fruchtschale* f || ~ fuerte, ~ principal *Haupt|gericht* n, *-speise* f || fig *Höhepunkt* m || ~ de la gorra *Teller* m *der Mütze* || ~ llano, ~ trinchero *flacher Teller* m || ~ petitorio *Sammelteller* m || ~ de porcelana *Porzellanteller* m || ~ de (od para) postre(s) *Dessertteller* m || ~ predilecto, ~ favorito *Lieblingsspeise* f || ~ de segunda mesa figf *zweite Garnitur* f || ~ sopero, ~ hondo *Suppenteller* m || ~ único *Eintopf* m || día de(l) ~ único *Eintopftag* m *(während des Krieges)* || ◊ hacer ~ *bei Tisch vorlegen* || hacer el ~ figf *jdn beköstigen* || parece que no ha roto un ~ en su vida *pop er sieht ganz harmlos aus*, tam er sieht (so) aus, als ob er kein Wässerchen trüben könnte || ¿cuándo hemos comido en el mismo ~? figf *wir haben noch k-e Schweine*

plató — pleito 844

zusammen gehütet! ‖ ~s pl: nada entre dos ~ figf *Kleinigkeit, Läpperei* f ‖ pagar los ~s rotos figf *es ausbaden müssen* ‖ tirarse los ~s a la cabeza figf *sich die Teller an die Köpfe werfen* ‖ dim: **platito**
plató m *Filmkulisse* f
platón m Arg *Waschbecken* n ‖ Mex *Schüssel* f
platónico adj/s *platonisch, auf Plato (Platon) bezüglich* ‖ *reingeistig, platonisch* ‖ *amor ~ platonische Liebe* f ‖ ~ m *Platoniker* m
platonismo m ⟨Philos⟩ *Platonismus* m
platudo adj fam Am *(stein)reich*
plausible adj *löblich* ‖ *glaubwürdig, stichhaltig* ‖ *wahrscheinlich* ‖ *plausibel*
plautino adj *auf den altrömischen Komödiendichter Plautus (Plauto) bezüglich*
△**play** m *Hügel* m
playa f *(Meeres)Strand* m ‖ *(Flach)Ufer* n ‖ *Strandbad* n ‖ *Seebad* n ‖ ~ *de moda Modebad* n ‖ *traje de ~ Strandanzug* m ‖ Mex → **bolsón**
play boy m engl *Playboy* m
pla|yera f *Muschel-, Fisch|verkäuferin* f ‖ *Strand|bluse* f bzw *-rock* m ‖ ~s fpl *Strandschuhe* mpl ‖ ⟨Mus⟩ *e-e andalusische Volksweise* ‖ **–yuela** f augm v. **-ya** ‖ **-yón** m augm v. **-ya** △**–yorro** m *Tabak* m
plaza f *(Markt)Platz* m ‖ *Markthalle* f ‖ ⟨Mil⟩ *Standort* m, *fester Platz* m ‖ ⟨Mil⟩ *Garnison* f ‖ ⟨Mil⟩ *Festung* f ‖ *Platz, Raum, Ort* m ‖ *Sitzplatz* m ⟨EB Flugw Aut usw⟩ *Stelle* f, *Amt* n ‖ *Anstellung* f ‖ ~ *de armas* ⟨Mil⟩ *Exerzierplatz* m ‖ *Waffenplatz* m ‖ *Heereslager* n ‖ ~ *abierta offene Stadt* f ‖ ~ *(comercial)* ⟨Com⟩ *Handelsplatz* m ‖ *fuerte* ⟨Mil⟩ *Festung* f, *fester Platz* m ‖ ~ *mayor Hauptplatz* m *einer Stadt* ‖ *Marktplatz* m ‖ ~ *mercantil Handelsplatz* m ‖ ~ *de toros (Stierkampf)Arena* f ‖ *en (la) ~ am Markt* ‖ *an Ort und Stelle* ‖ *en la ~* ⟨Com⟩ *loko, am Platze* ‖ *en esta (esa) ~* ⟨Com⟩ *am hiesigen (dortigen) Platze, hier (dort)* ‖ *caballero en ~ Stierfechter m zu Pferde* ‖ *cambio de la ~* ⟨Com⟩ *Platzkurs* m ‖ *conocimiento de la ~* ⟨Com⟩ *Platzkenntnis* f ‖ *letra sobre la ~* ⟨Com⟩ *Platzwechsel* m ‖ *operación en la ~* ⟨Com⟩ *Platzgeschäft* n ‖ **atacar** ‖ ◊ *echar (od sacar)* en (la) ~ figf *ans Tageslicht bringen* ‖ *ir a la ~* fam *zum Markt gehen* ‖ *einkaufen gehen (Lebensmittel)* ‖ *sentar ~ de sabio* fig *für einen Gelehrten gelten* ‖ *sentar ~ (de soldado)* ⟨Mil⟩ *sich anwerben lassen* ‖ *Soldat werden* ‖ ¡~! *Platz gemacht!*
plazca → **placer**
plazo m *Frist* f ‖ *Laufzeit* f ‖ *Abzahlung, Rate* f ‖ ~ *de circulación* ⟨Com⟩ *(Um)Laufzeit* f ‖ ~ *de costumbre* ⟨Com⟩ *Ziel wie gewöhnlich* ‖ ~ *de entrega Lieferfrist* f ‖ ~ *judicial* ⟨Jur⟩ *gerichtlich eingeräumte Frist* f ‖ ~ *de respiro Schonfrist* f ‖ ~ *de suscripción Subskriptions-, Abonnements|frist* f ‖ *a* ~ ⟨Com⟩ *auf Zeit* ‖ *auf Raten(zahlung)* ‖ *a corto (largo) ~ kurz(lang)fristig* ‖ *a ~ fijo zu bestimmter Zeit* ‖ *zum bestimmten Termin* ‖ *negocio a ~ Lieferungs-, Termin|geschäft* n ‖ *operaciones a ~ Zeit-, Termin|geschäfte* npl ‖ *prórroga (od prolongación) del ~ de (od para el) pago Verlängerung* f *der Zahlungsfrist* ‖ *a tres meses (de) ~* ⟨Com⟩ *gegen 3 Monate Ziel* ‖ *dentro del ~ convenido innerhalb der vereinbarten Frist* ‖ *encargo con ~ señalado* ⟨Com⟩ *befristeter Auftrag* m ‖ *en el ~ de 3 meses innerhalb 3 Monaten* ‖ *en el ~ que marca la ley innerhalb der gesetzlichen Frist* ‖ ~ *para reclamaciones Beschwerdefrist* f ‖ ◊ *conceder un ~ para el pago e-e Verlängerung der Zahlungsfrist zugestehen* ‖ *mañana expira (od vence) el ~ morgen läuft die Frist ab* ‖ *fijar un ~ e-e Frist festsetzen* ‖ *comprar, vender ~s auf Ratenzahlung kaufen, verkaufen* ‖ *pagar a ~s in Raten zahlen* ‖

pedir (od solicitar) un ~ Stundung verlangen ‖ *prolongar el ~ fristen, stunden* ‖ → **gracia**
plazolet(ill)a f dim v. **plaza**
plazuela f dim v. **plaza**
pleamar f ⟨Mar⟩ *Flut* f, *Hochwasser* n ‖ *Flut|dauer, -zeit* f
plébano m prov *Pleban, Seelsorger* m *e-r Pfarrei*
plebe f *Plebs* m/f ‖ *Pöbel, Mob* m ‖ *Hefe* f *des Volkes* ‖ *Gesindel* n ‖ **~yez** f *Plebejertum* n ‖ *pöbelhafte Art und Weise, Pöbelgesinnung* f
plebeyo adj *pöbelhaft* ‖ *gemein* ‖ *plebejisch* ‖ ~ m ⟨Hist⟩ *Plebejer* m (& fig) ‖ fig *gewöhnlicher, ungehobelter Mensch* m
plebiscitario adj *plebiszitär, Volksabstimmungs-*
plebiscito m *Plebiszit* n, *Volks|entscheid* m, *-abstimmung* f
plectro m ⟨Mus⟩ *Plektrum, Plektron* n ‖ fig *(dichterische) Begeisterung* f
plega|ble adj *biegsam* ‖ *faltbar* ‖ *umlegbar* ‖ *spreizbar* ‖ *Klapp-* ‖ *aparato* ~, *cámara* ~ ⟨Phot⟩ *Klappkamera* f ‖ *bote* ~ ⟨Sp⟩ *Faltboot* n ‖ *cama* ~ *Klappbett* n ‖ *mapa* ~ *faltbare Landkarte* f ‖ *silla* ~ *Klappstuhl* m ‖ *trípode* ~ ⟨Phot⟩ *Schnappstativ, ausziehbares Stativ* n ‖ **–dera** f *Falzeisen* n ‖ *Falz|bein, -messer* n ‖ *Brieffalzer* m ‖ **–dizo** adj *zusammenlegbar* ‖ *faltbar* ‖ *mesa* ~a *Tisch* m *zum Zusammenklappen* ‖ **–do** m *Falten* n ‖ *Falzen* n ‖ *Zusammenfalten* n ‖ ⟨Flugw⟩ *Einziehen* n *(des Fahrgestells)* ‖ ⟨Typ⟩ *Falz* m ‖ ~ adj *gefalzt* ‖ *geknickt* ‖ *umgelegt* ‖ **–dor** m/adj *Falzer* m ‖ *Falzbein* n ‖ *(Weber)Baum* m ‖ ~ *de urdimbre* ⟨Web⟩ *Kett-, Scher-, Zettel|baum* m ‖ **–dora** f ⟨Tech⟩ *Wickelmaschine* f ‖ ⟨Web⟩ *Bäummaschine* f ‖ **–dura** f *Falten, Aufwickeln* n ‖ *Falte* f ‖ **–miento** m ⟨Geol⟩ *Faltenbildung* f ‖ *Auffaltung* f
plegar [-ie-, g/gu] vt *(zusammen)falten, zusammenlegen* ‖ ⟨Buchb⟩ *falzen (& Klempnerei)* ‖ *rollen, aufwickeln* ‖ *kniffen* ‖ *zusammenlegen* ‖ ~**se** fig *sich fügen, sich beugen, nachgeben* (a dat)
plegaria f *Bitte* f, *Gebet* n ‖ *Mittagsgeläut* n (→ **ángelus**)
pleguerías fpl pop *Umschweife* mpl *in der Rede*
pleistoceno adj/s ⟨Geol Paläont⟩ *pleistozän* ‖ *(era)* ~(a) *Pleistozän* n
pleita f *Streifen* m *von Esparto- od Pitageflecht* ‖ *estera de* ~ *Espartomatte* f
plei|teador m *Prozeßführende(r)* m ‖ *Querulant, Prozeß|krämer,* pop *-hansl* m, *-liesel* f ‖ **–teante** m/adj *Prozeßpartei* f ‖ *Prozeßführende(r)* m ‖ **–tear** vi *prozessieren, e-n Prozeß führen* ‖ ~ *con (od contra)* alg *gegen jdn einen Prozeß führen* ‖ ~ *por conseguir* a/c *sich für et einsetzen* ‖ **–tecillo** m dim v. **-to** ‖ **–teo** m *Prozessieren* n ‖ **–tesía** f prov *Vergleich* m ‖ *Entgegenkommen* n ‖ ⟨Lit⟩ *Huldigung, Reverenz* f ‖ fig *Minne* f ‖ **–tista** m/adj *Prozeßkrämer, Querulant* m ‖ ~ adj *streitsüchtig*
pleito m *(Zivil)Prozeß, Rechtsstreit* m, *Streitsache* f ‖ *gerichtliche Klage* f ‖ *Auseinandersetzung* f ‖ *Zank, Streit* m ‖ *civil bürgerliche Rechtssache* f ‖ *gastos de ~ Prozeßkosten* pl ‖ *vista del ~ (Gerichts)Verhandlung* f *e-s Falles* ‖ *Voruntersuchung* f ‖ ~ *bestritten* ‖ ◊ *armar (od entablar) un ~ einen Streit anfangen* ‖ *arreglar un ~ einen Streit schlichten* ‖ *conocer de un ~ in einem Streit entscheiden (Richter)* ‖ *dar el ~ por concluso* ⟨Jur⟩ *die Sache spruchreif erklären* ‖ *ganar, perder el ~ den Prozeß gewinnen, verlieren* ‖ *hacer (od prestar) ~ homenaje* *Lehnspflicht leisten* ‖ *incoar un ~ ein Verfahren anfangen od einleiten* ‖ *poner a ~* fig *streitig machen, absprechen wollen* ‖ *poner e-n Prozeß anstrengen (a gegen)* ‖ *seguir un ~*

gegen jdn e–n Prozeß führen || ver un ~ *e–n Fall (vor Gericht) verhandeln*
plena|mente *adv vollständig, ganz* || ◊ *satisfacer* ~ *völlig befriedigen* || **–rio** *adj voll(ständig)* || ⟨Pol⟩ *Voll-, Plenar-* || *asamblea* ~a *Vollversammlung f* || → **indulgencia** || ~ *m* ⟨Jur⟩ *Hauptverfahren n (Strafrecht)*
pleni|lunio *m Vollmond m* || **–potencia** *f Vollmacht f* || **–potenciario** *adj/s bevollmächtigt* || *ministro* ~ *bevollmächtigte(r) Gesandte(r) m* || ~ *m Bevollmächtigte(r) m* || **–tud** *f Fülle f volles Maß, Vollmaß n* || *Vollblütigkeit f* || *Vollkraft f* || *sensación de* ~ *Gefühl n der Vollkraft bzw der Reife* || ⟨Med⟩ *Völlegefühl n*
¹**pleno** *adj* = **lleno** || a ~ *sol in der prallen Sonne* || en ~a *calle auf offener Straße* || en ~a *luz del día bei vollem Tageslicht* || *cambio en* ~a *luz* ⟨Phot⟩ *Tageslichtauswechslung f*
²**pleno** *m Plenum n* || *Plenarsitzung f* || *Vollversammlung f* || *reunión del (od en)* ~, *sesión en* ~ *Voll-, Plenar|versammlung, -sitzung f* || en ~ *vollzählig, in corpore (lat)*
pleo|nasmo *m* ⟨Li Gr⟩ *Pleonasmus m* || *Wortüberfluß m* || **–nástico** *adj pleonastisch* || fig *überflüssig*
plesiosauro *m Plesiosaurus m (Reptil einer ausgestorbenen Gattung)*
plétora *f Vollblütigkeit, Saftfülle f* || fig *Überfluß m, Fülle f* || ⟨Med⟩ *Plethora f*
pletórico *adj voll|saftig, -blütig* || fig *strotzend (de von dat)* || ~ *de juventud in der Blüte der Jugend* || ~ *de salud von Gesundheit strotzend*
pleu|ra *f* ⟨An⟩ *Brust-, Rippen|fell n, Pleura f* || **–resia, –ritis** *f* ⟨Med⟩ *Brustfellentzündung, Pleuritis f*
plexo *m* ⟨An⟩ *Geflecht n, Plexus m* || ~ *solar* ⟨An⟩ *Sonnengeflecht n, Solarplexus m*
pléyade *f* ⟨Lit⟩ *Plejade f, Dichterkreis m* || p.ex *Kreis m von berühmten Persönlichkeiten* || p.ex *Menge f* || ◊ *hay una* ~ *de solicitantes es gibt e–e Menge Bewerber*
Pléyades (Pléyadas) *fpl* ⟨Astr⟩ *Plejaden fpl, Siebengestirn n*
plica *f* ⟨An⟩ *Falte f*
¹**pliego** *m Bogen m Papier* || *(Akten)Umschlag m* || *Pack m Briefe* || *Heft n e–s Buches* || *Pacht|brief, -vertrag m* || ~ *de condiciones Lasten-, Bedingungs|heft n* || *Kauf-, Lieferungs|bedingungen fpl* || ~ *de prueba* ⟨Typ⟩ *Korrekturbogen m* || *en este* ~ ⟨Com⟩ *eingeschlossen, beiliegend* || ~**s** *de cordel* pop *Flugblätter npl*
²**pliego** → **plegar**
plie|gue *m natürliche od künstliche Falte f (bes in Gewändern und Kleidern)* || *Einschlag m* || *Kniff m* || ⟨Geol⟩ *Falte f* || *el* ~ *de una sonrisa zum Lächeln verzogene Lippen fpl* || ~ *(longitudinal) del pantalón Bügelfalte f* || ◊ *hacer* ~**s** *Falten werfen* || *sentar los* ~**s** *ausbügeln (Falten)* || **–guecillo** *m dim v.* **–go**
△**plima** *f Peseta f (Münze)*
plin: (p)a mí ~! pop *das ist mir schnuppe!*
pliniano *adj auf Plinius (Plinio) bezüglich*
plinto *m* ⟨Arch⟩ *Plinthe f*
plioceno *m* ⟨Geol⟩ *Pliozän n*
pli|sado *m Plissieren n* || **–sar** vt *plissieren, fälteln, in Falten legen*
△**plojorro** *m Tabak m*
plo|mada *f Lot n* || *Senkblei n* || *Reiß|stift m, -blei n* || *Reißleine f (zum Anreißen)* || ⟨Mar⟩ *Lotschnur f* || *Senkblei n der Fischer* || △*Wand f* || **–mar** vt *mit e–m Bleisiegel versehen* || *plombieren* || **–mazo** *m* Mex *Schußwunde f*
plombagina *f Graphit m* || *Graphitschmiermittel n*
plome|ría *f Bleiwerk n* || *Bleidach n* || **–ro** *m Bleigießer m* || *Bleiarbeiter m* || *Blei(waren)händler m* || *Am Klempner, Spengler m*
plomífero *adj bleihaltig*

plomizo *adj bleifarbig* || *bleiern*
plomo *m Blei n* || *Bleigewicht n* || *Bleikugel f* || *Bleistift m* || *Blei n am Fischernetz* || *Bleilot n* || *Bleisiegel n, Plombe f* || ~ *argentífero,* ~ *plata silberhaltiges Blei n* || ~ *blanco Bleiweiß n* || ~ *en galápagos Blei n in Mulden* || ~ *de obra Werkblei n* || ~ *de soldar Lötblei n* || *cólico de* ~ ⟨Med⟩ *Bleikolik f* || *fundición de* ~ *Bleigießen n* || *Bleihütte f* || *mineral de* ~ *Bleierz n* || *techo, vidrio de* ~ *Blei|dach, -glas n* || a ~ *senk-, lot|recht* || ◊ *andar (od in) con pies de* ~ fig *sehr bedächtig und vorsichtig zu Werke gehen* || *ser un* ~ fig *ungemein langweilig sein (Buch, Person usw)* || *lästig sein (Person)* || *caer a* ~ fig *der ganzen Länge nach hinfallen* || *el sol caía a* ~ *es war e–e Gluthitze* || ~**s** *mpl* ⟨El⟩ *Sicherung f* || ⋋ ⟨Hist⟩ *Piombi pl (ital) (Gefängnis der Dogen in Venedig)*
plot *m* gall ⟨Radio⟩ *Kontakt m*
△**plubí** *f Silber n*
plugo, pluguiera → **placer**
pluma *f Feder f* || *(Vogel)Feder f* || *Gefieder n (der Vögel)* || *Federkiel m* || *Schreibfeder f* || *Stahlfeder f* || *Hutfeder f* || fig *Stil m* || fig *Schriftsteller m* || fig *dichterische Begabung f* || ⟨Mal⟩ *Federzeichnung f* || *Ausleger m (z.B. beim Kran)* || pop *Vermögen n, Reichtum m* || fam *Furz m* || △*Ruder n* || △ = **peseta** || △*Löffel m* || ~ *de acero,* ~ *metálica Stahlfeder f* || ~ *de ave Vogelfeder f* || ~ *de carga Ladebaum m* || ~ *cortante* ⟨Phot⟩ *Beschneidefeder f* || ~ *de dibujo Reißfeder f* || ~ *estilográfica,* SAm ~ *fuente Füllfeder f, -halter m* || ~ *de halcón Falkenfeder f* || ~ *de oca,* ~ *de ganso Kiel m, Gänsefeder f* || ~ *para redondilla Rundschriftfeder f* || ~ *de sombrero Hutfeder f* || *barba de la* ~ *Federbart m* || *buena* ~ fig *guter Schriftsteller m* || *colchón de* ~ *Feder|kissen, -bett n* || *dibujo a* ~ *Federzeichnung f* || *gente de la* ~ fig *Leute pl (von) der Feder* || *rasgo de* ~ *Federstrich m* || *como una* ~ *federleicht* || *con* ~ *elocuente* fig *in beredtem Stil* || *de la mano y* ~ *eigenhändig geschrieben (unterschrieben)* || ◊ *cortar la* ~ *die Feder zuschneiden* || *dejar correr la* ~ fig *ohne Überlegung schreiben* || *escribir al correr de la* ~ *(od a vuela* ~*)* fig *et schnell hinschreiben* || *hacer a* ~ *y a pelo* fig *geschickt, zu allem brauchbar sein* || fig *in allen Sätteln gerecht sein* || *sich auf der Stelle entscheiden* || *anspruchslos sein* || fig pop *mit beiden Geschlechtern verkehren, sich bisexuell verhalten* || *llevar la* ~ *a uno* fig *nach jds Diktat schreiben* || *saber un poco de* ~ *e–e gewisse Bildung haben* || *tener* ~ pop *reich sein* || ~**s** *pl:* ~ *de adorno Schmuckfedern fpl* || *cajita para* ~ *Federkästchen n* || *sombrero de* ~ *Federhut m* || ◊ *dejar las* ~ fig *vom Bett aufstehen* || fig *Geld verlieren,* fam *Federn lassen (bes beim Spiel)* || *mudar las* ~ *mausern (Vogel)* || *vestirse de* ~ *ajenas sich mit fremden Federn schmücken* || → **cañón, dibujo**
pluma|da *f Feder|strich, -zug m* || **–do** *adj gefiedert* || *Feder-* || **–je** *m Gefieder, Feder|kleid n, -schmuck m* || *Federbusch m* || **–zo** *m Federstrich m* || *großes Federkissen n* || *Federbett n* || **–zón** *m* → **plumaje**
plúmbeo *adj bleiern (Stil usw)* || *langweilig*
plúmbico *adj bleihaltig* || *Blei(IV)-*
plume|ado *m* ⟨Mal⟩ *Schraffierung f* || **–ar** vt *schraffieren,* **–ría** *f,* **–río** *m Gefieder n* || *Schmuckfederhandel m* || **–ro** *m Federbesen, Abstäuber m (auch aus Papierstreifen)* || *Federwisch m* || *Federbusch m* || *Gefieder n* || ⟨Sch⟩ *Feder|schachtel, -büchse f, Schreibetui n* || *Ec Federhalter m* || ◊ *se le ve el* ~ fig *man merkt die Absicht,* fam *Nachtigall, ich höre dich (od ick hör dir) trapsen!* || → **besugo**
△**plumí** *f Welle f*

plumier *m* frz ⟨Sch⟩ *Federbüchse f*
plumífero adj ⟨poet⟩ *federtragend (Vogel, Fabeltier)* ‖ ~ *m* joc bzw desp *elender Schriftsteller*, fam *Skribler, Skribent m*
plumilla *f kleine Feder f* ‖ *(Gold)Feder f e–s Füllfederhalters*
plu|món *m Flaum m* ‖ *Flaumfeder, Daune f* ‖ *Flaumkissen n* ‖ colcha de ~ *Federbett n* ‖ **-moso** adj *federig*
plu|ral *m*/adj ⟨Gr⟩ *Mehrzahl f, Plural m* ‖ ~ de majestad (modestia) *Pluralis m majestatis (modestiae)* (lat) ‖ **-ralidad** *f Mehrheit f* ‖ *Vielfältigkeit f* ‖ *Viel\heit, -zahl f* ‖ la ~ (de) *die meisten (von)* ‖ por ~ de votos ⟨Pol⟩ *mit Stimmenmehrheit* ‖ **-ralismo** *m Pluralismus m* ‖ **-ralista** adj/s *pluralistisch* ‖ sociedad ~ ⟨Soz⟩ *pluralistische Gesellschaft f* ‖ **-ralizar** vt ⟨Gr⟩ *in die Pluralform setzen* ‖ *mehreren zuschreiben, was nur e–m gehört* ‖ vgl **generalizar**
pluri|celular adj ⟨Biol⟩ *mehrzellig* ‖ **-empleo** *m gleichzeitige Tätigkeit in mehreren Stellungen bzw Berufen* ‖ **-partidismo** *m Mehrparteiensystem n*
plus *m besondere Zulage f* ‖ *Lohnzuschlag m* ‖ *Plus n, Rest m* ‖ ~ de carestía de vida *Teuerungszulage f* ‖ ~ por hijos *Kindergeld n* ‖ ~ valía = **plusvalía**
pluscuamperfecto *m*/adj ⟨Gr⟩ *Vorvergangenheit f, Plusquamperfekt n*
plusmar|ca *f* ⟨Sp⟩ = **marca, record** ‖ **-quista** *m* ⟨Sp⟩ *Rekord\halter, -inhaber, Rekordler m* ‖ ~ adj *Rekord-*
plus ultra adv lat *noch weiter (hinaus) (Wahlspruch im span. Wappen, seit Karl V.)* ‖ ≙ *Ultra Flugzeug n des span. Kapitäns Ramón Franco (Bruder des späteren span. Staatsoberhaupts) (Flug nach Südamerika 1926)* ‖ ◊ ser el non ~ pop *unübertrefflich sein*
plus|valía *f*, **-valor** *m Mehrwert m* ‖ *Wertzuwachs m* ‖ *Kursgewinn m* ‖ *Zugewinn m* ‖ *Mehr-, Über|preis m* ‖ impuesto de *(od* sobre la) ~ *Wertzuwachssteuer f* ‖ teoría de la ~ *Mehrwerttheorie f*
plúteo *m Fach, (verstellbares) Bücherbrett n*
plu|tocracia *f Geldherrschaft, Plutokratie f* ‖ *die Reichen* mpl ‖ **-tócrata** *m Plutokrat m* ‖ **-tocrático** adj *plutokratisch*
Plutón *m* ⟨Myth⟩ *Pluto m* ‖ fig *Hölle, Unterwelt f*
plutonio *m* ⟨Chem⟩ *Plutonium n*
plu|vial adj *Regen-* ‖ agua ~ *Regenwasser n* ‖ capa ~ *Pluviale n (der kath. Priester)* ‖ **-viómetro, -vímetro** *m* ⟨Phys⟩ *Regenmesser m, Pluviometer m* ‖ **-viosidad** *f* ⟨Meteor⟩ *Niederschlagsmenge f* ‖ **-vioso** adj = **lluvioso** ‖ *Pluviose, Regenmonat m der Frz. Revolution*
P.M. Abk = **Padre Maestro**
p.m. Abk Am = *post meridiem (nachmittags)* ‖ **pasado meridiano**
pmo. Abk = **próximo**
PNB Abk = **producto nacional bruto**
p.n.(e.) Abk = **peso neto (entregado)**
pneu- → **neu-**
pno. Abk = **pergamino**
P.o., p.p., p/o Abk = **por orden** ‖ **por ocupación**
P.º Abk = **Pedro** ‖ **Peso**
p.º Abk = **pero** ‖ **peso**
p⁰/₀ Abk = **por ciento**
p⁰/₀₀ Abk = **por mil**
p.º/v.º Abk **próximo venidero**
△**pó** *m Bauch, Wanst m*
po Am pop = **pues**
△**poba** *f Apfel m*
△**Pobea** *m* np *Jesus m*
pobla|ción *f Bevölkerung f (e–s Landes)* ‖ *Besied(e)lung f* ‖ *Ort m, Ortschaft f* ‖ *Flecken, Weiler m, Dorf n* ‖ *Stadt f* ‖ *Einwohnerschaft f* ‖ ⟨Biol⟩ *Population f* ‖ ~ activa *erwerbstätige Bevölkerung f* ‖ ~ autóctona *Urbevölkerung f* ‖ ~ de peces *Fischbestand m* ‖ ~ de terreno baldío *Ödlandaufforstung f* ‖ censo de (la) ~ *Volkszählung f* ‖ exceso de ~ *Übervölkerung f* ‖ traslado de ~ *Umsiedlung f* ‖ **-cho** *m* desp *v.* **pueblo** ‖ *elendes Dorf, Nest,* pop *Kaff n* ‖ **-chón** *m große, elende Ortschaft f* ‖ **-da** *f* Chi *große Menschenmenge f* ‖ **-do** adj *dicht bewohnt* ‖ *besiedelt* ‖ *bewaldet* ‖ *buschig* ‖ ~ de árboles *beholzt, bewaldet* ‖ cejas ~as *dichte Augenbrauen* fpl ‖ ~ *m Ortschaft f* ‖ *bewohnte Gegend f (Stadt, Flecken, Dorf)* ‖ Cu *Ansied(e)lung f* ‖ **-dor** *m An-, Be|siedler m* ‖ *Gründer m e–r Siedlung f* ‖ *Bewohner m*
po|blar [–ue–] vt *anlegen, erbauen (e–e Stadt)* ‖ *besiedeln, bevölkern (ein Land)* ‖ *bepflanzen (mit Bäumen)* ‖ *mit Fischen besetzen (Teich, Gewässer)* ‖ ◊ ~ de árboles *aufforsten* ‖ ~ de bosque(s) *bewalden* ‖ ~**se** *sich stark fortpflanzen, sich mehren* ‖ *Blätter bekommen (Baum)* ‖ *dicht werden (Haare, Bart)* ‖ ~ de gente *sich mit Leuten füllen* ‖ **-blano** *m* Am *Dorfbewohner m* ‖ **-blezuelo (-blucho)** *m* dim (desp) *v.* **pueblo**
pobo *m Silberpappel f* (→ **álamo**)
¹**pobre** adj [sup **paupérrimo** od **pobrísimo**] *arm* ‖ *armselig* ‖ *ärmlich* ‖ *schlecht, gering* ‖ *ärmlich, dürftig* ‖ fig *unglücklich, jämmerlich, elend* ‖ fig *beklagenswert* ‖ fig *arm (en an dat)* ‖ fig *gutmütig* ‖ gas ~ *Kraftgas n* ‖ hombre ~ *Arme(r) m* ‖ ~ hombre *armseliger od einfältiger Mensch m* ‖ pop *gutmütiger Tropf m* ‖ ~ hombre! *armer Mensch!* ‖ me engañó como a un ~ hombre pop *er hat mich schmählich hintergangen* ‖ ~ de expresión *arm im Ausdruck (Sprache)* ‖ ~ de pedir *bettelarm* ‖ a lo ~ *nach Armenart* ‖ ¡~ de mí! *wehe mir!* ‖ ¡~ del que …! *wehe dem, der …!*
²**pobre** *m Arme(r) m* ‖ *Bettler m* ‖ *Unglückliche(r) m* ‖ ~ de espíritu *Arme(r) im Geiste (Bibel)* ‖ *geistesschwacher, energieloser Mensch m* ‖ ~ de imaginación fig *von engem Horizont* ‖ ~ limosnero *Bettler m* ‖ ~ de solemnidad *der das Armenrecht genießt* ‖ ~ vergonzante *verschämte(r) Arme(r) m* ‖ ◊ es un ~ pop *er ist ein verlorener Mensch m* ‖ ~ *f Arme f* ‖ *Bettlerin f*
pobre|cito adj dim *v.* **pobre** ‖ ¡~! fam *armes Kind!* ‖ **-mente** adv *ärmlich* ‖ **-ría** *f*, Am **-río** *m Bettelvolk n* ‖ **-ro** *m Armenpfleger m* ‖ **-ta** *f* fam *Straßendirne f* ‖ **-te** adj dim *v.* **pobre** ‖ fam *einfältig* ‖ ~ *m* fam *armer Schlucker m* ‖ **-tería** *f Bettelvolk n* ‖ la ~ *die Armen* pl ‖ **= pobreza** ‖ **-tón, -tuco** *m*/adj *mittelloser Mensch m* ‖ pop *armer Schlucker m* ‖ **-za** *f Armut, Dürftigkeit, Not f* ‖ fig *Kleinmütigkeit, Verzagtheit f* ‖ ~ de espíritu *Geistesarmut f* ‖ ◊ venir a ~ *verarmen, arm werden* ‖ vivir en ~ *dürftig leben* ‖ ~ no es vileza *Armut schändet nicht* ‖ **-zuelo** adj dim *v.* **pobre**
pobrón, ona adj/s *ganz arm*
pocapena *m* pop *leichtsinniger Mensch, Windbeutel, Luftikus m*
poce|ro *m Brunnen\macher, -reiniger m* ‖ **-ta** *f* Col *Wasserbehälter m*
pocilga *f Schweinestall m* ‖ fig *elende Spelunke f* ‖ vulg *Loch n*
pocillo *m eingemauertes Ölbehältnis n* ‖ *(Schokoladen)Tasse f*
pócima *f Arzneitrank m* ‖ fam *Gesöff n*
poción *f Trank m, Getränk n* ‖ *Arzneitrank m*
¹**poco** adj *wenig, klein* ‖ *gering(fügig)* ‖ *spärlich, knapp, karg* ‖ el ~ coste *de geringen Kosten* ‖ ~ dinero *wenig Geld* ‖ ~a cosa *nicht viel, e–e Kleinigkeit f* ‖ *nichts Besonderes* ‖ las ~as existencias ⟨Com⟩ *der geringe Vorrat* ‖ en ~as palabras *kurz und gut* ‖ → **amigo**
²**poco** adv *wenig* ‖ *gering* ‖ a ~ *bald (darauf)* ‖ ~ a ~ *nach und nach, allmählich* ‖ *spärlich,*

karg ‖ ¡~ a ~! *sachte!* ‖ ~ agradable *unangenehm, ungemütlich* ‖ tener en ~ *geringschätzen* ‖ a ~ de haber llegado *kurz nach seiner (ihrer usw) Ankunft* ‖ con ~ que hagas... *mit ein wenig Anstrengung* ... ‖ dentro de ~ *in nächster Zeit, bald, in Kürze* ‖ ~ después *bald darauf* ‖ desde hace ~ *seit kurzem* ‖ ~ más o menos *beinahe, fast (nur)* ‖ *ungefähr* ‖ *durchschnittlich* ‖ de ~ más o menos fam *sehr mittelmäßig* ‖ *wertlos* ‖ ~ menos que *beinahe, fast* ‖ a ~ que *wenn auch noch so wenig* ‖ en ~ *nahe daran* ‖ *beinahe, fast* ‖ en ~ estuvo que riñésemos *wir hätten uns beinahe gezankt* ‖ ~ ha faltado para ... *es wäre beinahe* ... ‖ por ~ *nahe daran, fast, beinahe* ‖ por ~ se cae *er wäre beinahe gefallen* ‖ por ~ que ... *so wenig ... auch* ‖ wenn nur ... ‖ *wenn auch im geringsten* ... ‖ ¡qué ~! *wie wenig!* ‖ unmöglich! ‖ tener ~ dinero *wenig Geld haben* ‖ tenemos para ~ fam *es ist bald zu Ende* ‖ el caso no es para ~ *der Fall ist nicht so einfach* ‖ hace ~, ~ ha *vor kurzem, unlängst* ‖ cargar ~ *wenig berechnen* ‖ pagar demasiado ~ *zu wenig zahlen* ‖ tener a alg. (a a.) en ~ fam *jdn (et) geringachten, nicht viel von jdm (davon) halten* ‖ es un embustero, para decir ~ *er ist, gelinde gesagt, ein Lügner* ‖ te servirá de muy ~ *das wird dir sehr wenig nützen* ‖ ¡pues ha comido ~! joc *der hat aber tüchtig gegessen!*

³**poco** adj/s *ein wenig, ein bißchen, einiges wenige* ‖ el ~ de felicidad que nos es comedido *das bißchen, das bescheidene Glück, das uns vergönnt ist* ‖ servir para ~ *nichtsnutzig sein* ‖ un ~ *ein wenig* ‖ un ~ de agua *ein wenig Wasser* ‖ ~s pl *wenige* pl ‖ los ~ que allí estuvieron *die wenigen (die wenigen Leute), die da waren* ‖ como hay ~ *wie es nur wenige gibt* ‖ muchos ~ hacen un mucho *viele Wenig machen ein Viel* ‖ → **aquí**

póculo m *Becher* m

po|cha f Am fam *Lüge, Ente* f ‖ *Amerikanerin* f *mexikanischer Herkunft aus den USA* ‖ Chi *Kaulquappe* f ‖ **-che** m mit Angloamerikanismen *verderbtes Spanisch der US-Amerikaner mexikanischer Herkunft* ‖ p.ex *inkorrektes Spanisch* n *der Ausländer* ‖ = **-cho** ‖ **-chismo** m *Ausdruck* m bzw *Wendung* f, *die im poche gebraucht werden* ‖ **-cho** adj Span Am fam *verdorben (bes Obst)* ‖ p.ex *verderbt* ‖ *morsch* ‖ *bleich* ‖ Am *dick und klein, untersetzt (Person)* ‖ ~ m bes Mex = **-che** ‖ Mex ⟨Zool⟩ *e-e Krötenart*

pocho|la f fam *kesse Göre, Kleine* f *(Kosewort)* ‖ **-lada** f fam *hübsches Ding* n *(Kosewort)* ‖ *tolle, schöne, hübsche, prima Sache* f ‖ **-lín, -lo** m *Junge, Bursche, Kleiner* m *(Kosewort)*

poda f *Beschneiden* n *der Bäume* ‖ *Rebschnitt* m
poda|dera f *Reb-, Garten|messer* n ‖ *Rebschere* f ‖ **-dor** m *Rebenschneider* m ‖ **-dora** f Arg Bras Chi Pe ⟨Zool Med⟩ *Podadora(spinne)* f *(Mastophora gasteracanthoides) (angeblich gefährliche Giftspinne)* ‖ ~ de setos *(elektrische) Heckenschere* f

podagra f ⟨Med⟩ *(Fuß)Gicht* f, *Podagra* n
podar vt *beschneiden (Bäume)* ‖ fig *streichen*
podenco m span. *Vorstehhund* m ‖ fig f *Tölpel, Trottel, Einfaltspinsel* m ‖ ◊ ¡guarda, que son ~s! fig *Holzauge, sei wachsam!*

¹**poder** [-ue-, fut **podré**, pret **pude**] A) vt/i: *können, vermögen, imstande sein (zu* inf*)* ‖ *dürfen* ‖ *ertragen können* ‖ *mögen* ‖ ◊ no ~ *entrar nicht hereinkommen können* ‖ ~ a alg. fam *jdn bezwingen* ‖ ~ (para) con alg. *jdn vermögen (zu) jdn dahinbringen, daß* ... ‖ no ~ con la carga *mit e-r Last nicht vorwärts können* ‖ no puedo con él *er ist mir überlegen* ‖ ich weiß mir keinen Rat mit ihm ‖ ich kann mit ihm nicht auskommen ‖ ich werde mit ihm nicht fertig ‖ a más no ~ *mit äußerster Kraftanstrengung* ‖ *aus vollem Halse (schreien)* ‖ *im höchsten Grad* ‖ *unsäglich, ungeheuer* ‖ *hasta más no* ~ *über alle Maßen (z. B. loben)* ‖ *inofensivo a más no* ~ *denkbar unschädlich, harmlos* ‖ riendo a más no ~ *aus vollem Halse lachend* ‖ me duele la cabeza a más no ~ *ich habe fürchterliche Kopfschmerzen* ‖ ~ más *mehr können* ‖ *mehr aushalten können* ‖ *stärker sein* ‖ *intelligenter sein* ‖ no ~ más *nicht anders, nicht weiterkönnen* ‖ *es nicht länger aushalten können* ‖ *am Ende s-r Kraft sein* ‖ *nicht umhinkönnen* ‖ ¡no puedo más! *ich kann nicht mehr!* ‖ no ~ menos (de) *nicht umhinkönnen (zu* inf*)* ‖ no ~ dejar de *nicht unterlassen können* ‖ ¡no puede ser! *ausgeschlossen!* ‖ no ~ soportar a uno, fam no ~ tragar a uno, no ~ ver a uno (ni) pintado fig *jdn nicht leiden* (fam *nicht riechen, nicht ausstehen*) *können* ‖ por lo que pudiere ocurrir *auf alle Fälle* ‖ pueden no saberlo *vielleicht wissen sie es nicht* ‖ lo mejor que puedas *so gut wie du kannst* ‖ ¡ojalá pudiera! *könnte ich doch!* ‖ *wenn ich doch könnte!* ‖ ¿qué puede estar haciendo ahora? *was dürfte er jetzt tun?*

B) v. imp: ◊ puede que (subj) ... *es kann sein, daß* ... ‖ puede que venga hoy *vielleicht kommt er heute* ‖ puede que sí *vielleicht ja, wahrscheinlich* ‖ puede ser *es mag sein* ‖ *vielleicht*

C) ~**se:** ◊ no ~ eludir *(od* evitar*) sich nicht umgehen (od vermeiden) lassen* ‖ no ~ tener *(en od* de pie*) sich nicht auf den Beinen halten können (vor Schwäche)* ‖ no ~ valer con uno *bei jdm nichts erreichen können* ‖ no se puede ver *es ist nicht sichtbar* ‖ no se puede ni abrir los ojos *man kann nicht einmal die Augen öffnen* ‖ ¿se puede? *ist es erlaubt?* ‖ *darf ich eintreten?*

²**poder** m *Macht, Gewalt, Herrschaft* f ‖ *Staatsgewalt* f ‖ *Kraft* f ‖ *Können* n, *Fähigkeit* f ‖ *Vermögen* n ‖ *bewaffnete Macht, Kriegsmacht, Staatsgewalt* f ‖ *Vollmacht* f ‖ *Ermächtigung, Befugnis* f ‖ *absoluto unumschränkte Gewalt* f ‖ ~ de absorción, ~ absorbente ⟨Phys⟩ *Saugfähigkeit* f, *Absorptionsvermögen* n ‖ ~ absorbente fig *unumschränkte Macht* f ‖ ~ adquisitivo, ~ de compra ⟨Com Wir⟩ *Kaufkraft* f ‖ ~ colectivo *Gesamtvollmacht* f ‖ ~ discrecional *Ermessensbefugnis* f, *freies Ermessen* n ‖ ~ ejecutivo *ausübende Gewalt, Exekutive* f ‖ Am *Regierung* f ‖ ~ judicial *richterliche Gewalt* f ‖ ~ legislativo *gesetzgebende Gewalt, Legislative* f ‖ ~ naval *Seemacht* f ‖ ~ notarial *notarielle Vollmacht* f ‖ ~ perforante ⟨Mil⟩ *Durchschlagskraft* f *(e-s Geschosses)* ‖ ~ público *öffentliche Gewalt* f ‖ *Behörde* f ‖ asunción del ~, toma del ~ *Machtübernahme* f ‖ *Machtergreifung* f ‖ los hombres en el ~ *die Machthaber* mpl ‖ a todo ~ *mit aller Gewalt* ‖ a ~ de ruegos *durch langes Bitten* ‖ los detentadores del ~ ⟨Pol⟩ *die Machthaber* mpl *(meist* pej*)* ‖ ◊ caer debajo del ~ de fig *unter jds Gewalt kommen* ‖ ejercer un ~ *e-e Vollmacht ausüben* ‖ no está en mi ~ *es steht nicht in meinem Vermögen* ‖ firmar por ~ *per Prokura zeichnen* ‖ lo que esté en mi ~ *was in meinen Kräften steht* ‖ obra en mi ~ su ... ⟨Com⟩ *ich bin im Besitze Ihres* ... ‖ proveer *(od* revestir*)* de ~ *jdn mit Vollmacht ausstatten* ‖ retirarse del ~ *sich von der Regierung zurückziehen* ‖ revocar un ~ *e-e Vollmacht zurückziehen* ‖ subir al ~ *die Macht übernehmen* (bzw *ergreifen*) ‖ *zur Macht gelangen, ans Ruder kommen (z. B. Regierung)* ‖ separación de ~es ⟨Pol⟩ *Gewaltenteilung* f ‖ doctrina de la separación de ~es *Gewaltenteilungslehre* f ‖ ¡~ de Dios! *um Gottes willen (Staunen, Lob* usw*)* ‖ (plenos) ~es fig *Vollmacht, Befugnis* f ‖ ⟨Pol⟩ *Ermächtigung* f ‖ ley de plenos ~es *Ermächtigungsgesetz* n ‖ extender los ~es *die Vollmacht ausstellen* ‖ por ~es *in Vollmacht* ‖

poderdante — polifonía 848

tener amplios ~es *unbeschränkte Vollmacht haben* || → **fuerza, poderío, potencia, potestad**
poder|dante *m* ⟨Jur⟩ *Vollmachtgeber m* || **–habiente** *m* ⟨Jur⟩ *Bevollmächtigte(r), Vollmachtsinhaber m*
pode|río *m Macht, Gewalt* f || *Besitz m* || *Reichtum* m || *Kraft, Stärke* f (& fig) || **–rosamente** adv *gewaltig* || **–roso** adj/s *mächtig, gewaltig* || *vermögend, reich* || *stattlich* || → **fuerza, poder, potencia, potestad**
podio *m Podium* n || ⟨Arch⟩ *Säulenstuhl, Sockel* m
podómetro *m Schrittzähler* m || →a **odómetro**
***podoteca** *f Fußbedeckung* f
podre *f Eiter* n || p. ex fig *Verderbnis* f || fig *Sittenlosigkeit* f
podré → **poder**
podre|cer [–zc–] vt/i = **pudrir** || **–dumbre** *f Fäulnis, Fäule* f, *Moder* m || *Verwesung* f || *Eiter* m || fig *Gram, Kummer* m || ~ moral *moralische Verkommenheit* f
podrido adj *verdorben* || *verfault, verwest* || *faul, faulig, mod(e)rig* || *morsch* || fig *sittlich verkommen, verdorben* || los ~s huesos fig *die morschen Knochen* || ◊ quedar ~ *verfaulen* || → **olla**
podrir [pres pudro, pp & pudrido] vt/i = **pudrir**
poe|ma *m Gedicht* n || *Heldengedicht* n || *Heldendichtung* f || ~ dramático, lírico *dramatisches, lyrisches Gedicht* || ~ épico *episches Gedicht, Epos, Heldengedicht* || ◊ es un ~ fam *das ist allerhand!* || *der ist ein unmöglicher Kerl!* || fam *so sitzen wir in der Patsche!* || *seltener: es ist ganz ausgezeichnet! es ist ein Gedicht!* || **–mario** *m Gedichtsammlung* f || *Gedichtband* m || **–mático** adj *Gedicht-* || **–sía** *f Dichtkunst, Poesie* f || *Gedicht* n || *Dichtung* f *(Dichtung auch* = **literatura**, → d) || ~ bucólica *Hirtendichtung* f || ~ dramática *dramatische Poesie* f || ~ épica *Heldendichtung* f || ~ lírica *lyrische Poesie, Lyrik* f || ~ religiosa, ~ devota *geistliche Poesie* f || ~ profana *weltliche Poesie* f || ~ rítmica *rhythmische Poesie* f || falto de ~, sin ~ *poesielos* || lleno de ~ *dichterisch, poetisch* || **~s** *pl Gedichtsammlung* f || **–ta** *m Dichter, Poet* m || ~ laureado fig *preisgekrönter Dichter* m || **–tastro** *m* desp *Dichterling, Reimschmied* m
poéti|ca *f Poetik, Dichtkunst* f || **–co** adj *dichterisch, poetisch* || fig *poetisch* || fig *stimmungsvoll* || arte ~ *Dichtkunst* f || *Poetik* f || vena ~a *dichterische Ader* f
poe|tilla *m* dim v. **poeta** || **–tisa** *f Dichterin* f || **–tizar** [z/c] vt *verschönern, poetisch gestalten* || *dichterisch verklären, poetisieren* || **–tón** *m* = **–tastro**
pogrom(o) *m Pogrom* m
pointer *m Pointer* m *(Hund)*
póker *m* engl *Poker(spiel)* n
pola|ca *f Polin* f || *polnischer Tanz* m || *Schuhstülpe* f || Chi *Wams, Rock* m || **–cada** *f* desp *Hinterhältigkeit, Gemeinheit* f *(im Tun)* || **–co** *m Pole* m || *das Polnische* || ~ adj *polnisch* || **–corruso** adj *polnisch-russisch*
polaina *f Gamasche* f, *Überstrumpf* m || Arg Bol Hond *(unvorhergesehene) Widerwärtigkeit* f || ~ de cuero *Ledergamasche* f || ~ con cordones *Schnürgamasche* f
¹**polar** adj *polar, Polar-, Pol-* || ⟨El⟩ *Pol-* || estrella ~ ⟨Astr⟩ *Polar-, Nord|stern* m || expedición ~ *Polarfahrt* f || frente ~ ⟨Meteor⟩ *Polarfront* f
²**polar** *f* ⟨Math Flugw⟩ *Polare* f
polari|dad *f* ⟨Phys⟩ *Polarität* f || *Gegensätzlichkeit* f || *Doppelung* f || la ~ de las cosas humanas *die Gegensätzlichkeit (od Polarität) der Menschendinge* || **–zación** *f* ⟨Phys⟩ *Polari|sierung, -sation* f || fig *Polarisierung, Bildung* bzw *Verhärtung* f *von Gegensätzen in e–r Gesellschaft* || **–zador** *m* ⟨Opt⟩ *Polarisator* m || **–zar** vt *polarisieren* (& fig) || luz –zada ⟨Opt⟩ *polarisiertes Licht* n
pol|ca *f Polka* f *(Tanz)* || **–car** [c/qu] vi *Polka tanzen*
pólder *m Polder* m *(eingedeichtes Land)*
polea *f Blockrolle* f || *Laufrad* n || *Riemenscheibe* f || ⟨Mar⟩ *Block* m || ~ combinada, sistema de ~s ⟨Tech⟩ *Flaschenzug* m || ~ fija *feste Riemen-, Fest|scheibe* f || ~ loca *lose Riemen-, Los|scheibe* f || **~s** *pl Hanteln* fpl *(Turnen)*
polémi|ca *f Polemik* f, *Streit* m || **–co** adj *polemisch, Streit-* || *escrito* ~ *Streitschrift* f
pole|mista *m Polemiker* m || **–mizar** vi *polemisieren*
polemología *f* ⟨Neol⟩ *Polemologie, Konfliktforschung* f *(manchmal: Friedensforschung* f*)*
polen [pl **pólenes**] m ⟨Bot⟩ *Blütenstaub, Pollen* m
polenta *f Polenta* f, *Maismehlbrei* m
poleo *m* ⟨Bot⟩ *Polei(minze* f*)* m (Mentha pulegium) || fam *kalter, heftiger Wind* m || △*Diebeshehler* m
Polesia *f* ⟨Geogr⟩ *Polesje, Polesien* n
poli- präf *mehr-, viel-, poly-, Mehr-, Viel-, Poly-*
poli *f* pop *Polente* f, *die Polypen, die Bullen* mpl
poli|andria *f Vielmännerei, Polyandrie* f || **–ándrico** adj *vielmännig, polyandrisch*
poliarquía *f* ⟨Pol⟩ *Herrschaft mehrerer, Polyarchie* f
poliartritis *f* ⟨Med⟩ *Polyarthritis* f
poli|atómico adj *mehratomig* || **–básico** adj ⟨Chem⟩ *mehrbasisch*
Polibio *m* np *Polybius* m
policárpico adj ⟨Bot⟩ *polykarp(isch)*
Policarpo *m* np *Polykarp* (Tfn)
***póliœ** *m Daumen* m
policía *f Polizei(verwaltung)* f || *Ordnung, Regelung* f || *Höflichkeit, Artigkeit* f || *Reinlichkeit, Nettigkeit* f || ~ de abastecimientos *Polizei* f *in Verbrauchssteuersachen* || *Gewerbepolizei* f || ~ armada Span *kasernierte (Stadtsicherheits-) Polizei* f || ~ de extranjeros *Ausländerpolizei* f || ~ gubernativa *f Staatspolizei* f || ~ judicial *Sicherheitspolizei* f || ~ popular ⟨Pol⟩ *Volkspolizei* f || ~ secreta *Geheimpolizei* f || ~ urbana *städtische Polizei* f || cuartelillo de ~ *Polizeiwache* f || agente de ~ *Polizist, Schutzmann* m || ~ *m Polizeibeamte(r), Schutzmann, Polizist* m
policíaco adj *polizeilich* || *Polizei-* || *Detektiv-* || *Kriminal-* || película ~a *Kriminalfilm* m || género ~ *Kriminalliteratur* f || *Kriminalromane*, fam *Krimis* mpl || ~ *m* Am *Schutzmann, Polizist* m
policlínica *f* ⟨Med⟩ *Stadtkrankenhaus* n, *Poliklinik* f || *Ambulanz* f
policopiar vt *vervielfältigen, hektographieren*
policro|mía *f Mehrfarbigkeit* f || ⟨Typ⟩ *Mehrfarbendruck* m || **–mo** adj *mehr-, vielfarbig* || *bunt* △**poliche** *m Spielhölle* f
polichinela *m Pulcinell(a)* m *(Maskenrolle bei den it. Possenspielern)* || *Pickelhering, Hanswurst* m (& fig) || *Possenreißer* m || *Hampelmann* m, *Zappelpuppe* f *(der Kinder)* || pop *Geck, Fatzke*, südd *Gigerl* m
polidipsia *f* ⟨Med⟩ *krankhafter Durst* m, *Polydipsie* f
poli|edro *m Vielflächner* m, *Polyeder* n || **–éster** *m* ⟨Chem⟩ *Polyester(harz* n*)* m || **–etileno** *m Polyäthylen* n
polifacético adj ⟨Wiss Lit⟩ *vielgestaltig* || ⟨bes Lit⟩ *vielseitig*
polifásico adj ⟨El⟩ *mehrphasig, Mehrphasen-* || corriente ~a ⟨El⟩ *Mehrphasenstrom* m
Polifemo *m* np *Polyphem* m
poli|fonía *f* ⟨Mus⟩ *Vielstimmigkeit, Poly-*

phonie f ‖ –fónico adj ⟨Mus⟩ polyphon(isch), vielstimmig
polígala f ⟨Bot⟩ Kreuzblume f (Polygala spp)
poligamia f Polygamie, Vielweiberei f
polígamo adj polygam ⟨& Biol⟩
poligloto (*poliglota, poliglota) m/adj Polyglott, Sprachkenner m ‖ oficina ~a Übersetzungsbüro n
poligonáceas fpl ⟨Bot⟩ Knöterichgewächse npl (Polygonaceae)
poligonal adj ⟨Math⟩ vieleckig, polygonal
polí|gono m/adj ⟨Math⟩ Vieleck, Polygon n ‖ ~ de descongestión (Plan de desarrollo español) Entballungsgebiet n, Industrieansiedlungen fpl zur Entlastung von Ballungszentren (span. Entwicklungsplan) ‖ ~ industrial (Plan de desarrollo español) Industrieansiedlungsgebiet n (span. Entwicklungsplan) ‖ ~ residencial, ~ urbano geschlossene Wohnsiedlung f ‖ Trabantenstadt f ‖ Wohnblock m ‖ ~ de tiro ⟨Mil⟩ Schießplatz m ‖ –grafo m Polygraph, Vielschreiber m
polilla f (Kleider)Motte f ‖ ~ de las colmenas, ~ de la cera ⟨Entom⟩ Große Wachsmotte f (Galleria mellonella) ‖ ~ de los granos, ~ de la harina Mehlmotte f (Ephestia kuehniella) ‖ ~ del melocotón ⟨Entom⟩ Pfirsichwickler m (Laspeyresia molesta) ‖ ~ de la ropa Kleidermotte f (Tineola biselliella) ‖ ~ de las pieles ⟨Entom⟩ Pelzmotte f (T. pellionella) ‖ comido (od roido) de la ~ von den Motten zerfressen ‖ wurmstichig ‖ ◊ es una ~ pop er ist wie e–e Wanze
po|limerización f ⟨Chem⟩ Polymerisation f ‖ –límero, –limero adj polymer ‖ ~s mpl Polymere pl
poli|morfismo m ⟨Biol Min⟩ Polymor\phie f, -phismus m ‖ –morfo adj vielgestaltig, polymorph ⟨& Her⟩
△polinche m Diebeshehler m
Polinesia f ⟨Geogr⟩ Polynesien n
polinización f ⟨Bot⟩ Bestäubung f
polinomio m ⟨Math⟩ Polynom n
polio f fam ⟨Med⟩ Polio f (→ poliomielitis)
poliomielitis f ⟨Med⟩ spinale (Kinder)Lähmung, Poliomyelitis f
polipasto m ⟨Tech⟩ Rollen-, Flaschen\zug m
pólipo m ⟨Med⟩ Polyp m ‖ ⟨Zool⟩ = pulpo ‖ ~s mpl ⟨Zool⟩ Nesseltiere npl (Cnidaria)
polipodio m ⟨Bot⟩ Tüpfelfarn m, Engelsüß n (Polypodium vulgare)
poli|ptoton m ⟨Rhet⟩ Polyptoton n ‖ –semia f ⟨Li Gr⟩ Polysemie f
polisílabo m/adj mehrsilbiges Wort n ‖ ~ adj mehrsilbig
poli|síndeton m ⟨Rhet⟩ Polysyndeton n ‖ –sintético adj ⟨Li⟩ polysynthetisch
*polisón m (Hüften)Wulst m (an Frauenrökken)
polispasto m ⟨Tech⟩ = polipasto
¹polista m ⟨Sp⟩ Polospieler m
²polista, polistes m ⟨Entom⟩ gallische Wespe, Feldwespe f (Polistes gallicus)
politburó m ⟨Pol⟩ Politbüro n
poli|técnico adj polytechnisch ‖ escuela ~a Technische Hochschule f ‖ Polytechnikum n ‖ –teísmo m Polytheismus m, Vielgötterei f ‖ –teísta adj/s polytheistisch ‖ ~ m Polytheist m
poli|tica f Politik f, Staatskunst, Staatswissenschaft f ‖ Staatsgeschäfte npl ‖ Staatsklugheit f ‖ Höflichkeit, Artigkeit f, Anstand m ‖ fig Geriebenheit, Politik f ‖ ~ agraria Agrarpolitik f ‖ ~ aislacionista Isolationspolitik f ‖ ~ de alianzas Bündnispolitik f ‖ ~ arancelaria Zoll(tarif)politik f ‖ ~ del gran bastón ⟨Hist⟩ Big-Stick-Policy f (engl) (Theodore Roosevelt gegenüber Iberoamerika ‖ ~ comercial (económica) Handels- (Wirtschafts)politik f ‖ ~ de entendimiento, ~ de entente (frz) Verständigungspolitik f ‖

~ exterior, ~ internacional Außenpolitik f ‖ ~ interior Innenpolitik f ‖ ~ oportunista opportunistische Politik, Politik f von Fall zu Fall ‖ ~ de precios Preispolitik f ‖ ~ de salarios Lohnpolitik f ‖ ~ zigzagueante Zickzackkurs m
politicastro m desp Politikaster m (→ político)
político adj politisch, Staats- ‖ staatskundig ‖ höflich, artig ‖ weltklug, gerieben ‖ ciencia(s) ~a(s) Staatswissenschaften fpl ‖ economía ~a politische Ökonomie, Nationalökonomie f ‖ hija ~a Schwiegertochter f ‖ Stieftochter f ‖ madre ~a Schwiegermutter f ‖ hermano ~ Schwager m ‖ padre ~ Schwiegervater m ‖ pleito ~ politischer Prozeß, Tendenzprozeß m ‖ situación ~a politische Lage f ‖ ~ m Politiker, Staatsmann m ‖ fig Schlaukopf m ‖ ~ de café iron Biertischpolitiker m ‖ = politicastro
politi|cón, ona adj/s äußerst höflich ‖ ~, -cucho m desp v. político = politicastro ‖ –quear vi fam politisieren, kannegießern ‖ –quejo m desp v. político = politicastro ‖ –queo m desp Politisieren, Kannegießern n ‖ = –quería f ‖ –quería f politische Ränke mpl ‖ –quero m politischer Ränkeschmied m ‖ = politicastro ‖ –quilla f fam Dorf-, Bierbank\politik f ‖ –quillo m dim v. político ‖ fam Biertischpolitiker m ‖ = politicastro
poli|tología f Politologie, Wissenschaft f der Politik ‖ –tólogo m Politologe m ‖ –truk m Politruk, politischer Offizier m der Roten Armee
poliuria f ⟨Med⟩ Polyurie f
poli|valencia f Mehrwertigkei f ‖ Polyvalenz f ‖ fig Vielseitigkeit f ‖ –valente adj mehrwertig ‖ polyvalent ‖ fig vielseitig
polivinilo m ⟨Chem⟩ Polyvinyl n
póliza f Police f ‖ Zollschein m ‖ Versicherungspolice f ‖ Steuer- bzw Stempel\marke f ‖ ⟨Typ⟩ Gießzettel m ‖ ~ abierta Generalpolice, laufende od offene Police f ‖ ~ en blanco Pauschalpolice f ‖ ~ de carga, ~ de fletamento (Mar) Fracht\schein, -brief m ‖ Befrachtungsbrief m, Charterpartie f ‖ ~ flotante Generalpolice, offene od laufende Police f ‖ ~ de negociación ⟨Com⟩ Schlußnote f ‖ ~ de seguros Versicherungspolice f ‖ ◊ librar, extender una ~ e–e Police ausstellen
poli|zón m ⟨Mar Flugw⟩ blinder Passagier m ‖ fig Müßiggänger, Stromer, Herumtreiber m ‖ –zonte m desp Polyp, Bulle m (Polizist)
polka f = polca
¹polo m ⟨Geogr Phys⟩ Pol m ‖ fig Richtpunkt m ‖ ~ ártico, ~ boreal, ~ norte Nordpol m ‖ ~ antártico, ~ austral, ~ sur Südpol m ‖ ~ positivo, ~ negativo ⟨El⟩ positiver, negativer Pol m
²polo m e–e and. Volksweise f
³polo m ⟨Sp⟩ Polospiel n ‖ p.ex Polohemd n ‖ jugador de ~ Polospieler m
⁴polo m Span Schwerpunkt m (im Plan de desarrollo →d) ‖ ~ de desarrollo (industrieller) Entwicklungsschwerpunkt m, industrielles Ausbauzentrum n ‖ ~ de promoción (industrielles bzw wirtschaftliches) Ausbauzentrum n
⁵polo m Eis n am Stiel
polo|la f Chi Ec fam kokettes Mädchen n ‖ fam Freundin f ‖ –lear vt Chi fam belästigen ‖ ~ vi zudringlich den Hof machen ‖ flirten ‖ –lo m Chi zudringlicher Freier bzw Verehrer m ‖ fam Freund m (e–s Mädchens, e–r Frau) ‖ Gigolo m ‖ zudringlicher Kerl m
△polomía f Hüfte f
polo|nés, esa adj/s = polaco ‖ –nesa f Polin f ‖ Polonaise f (Tanz) ‖ kurzer Schnür-, Pelz\rock m ‖ ⁼nia f Polen n
polonio m ⟨Chem⟩ Polonium n
polquista m Polkatänzer m
poltrón, ona adj faul, träge ‖ fam bequem ‖ (silla) ~a Arm-, Lehn\stuhl m

poltro|near vi fam *faulenzen* || **–nería** f *Trägheit, Faulheit* f || *Arbeitsscheu* f || *Bummlerleben* n
polu|ción f *Samenerguß* m, *Pollution* f || ⟨Ökol⟩ *Ver|schmutzung, -giftung, -seuchung, -unreinigung* f || ~ **del aire**, ~ **atmosférica** ⟨Ökol⟩ *Luft|verschmutzung, -verseuchung* f || ~ **del ambiente** ⟨Ökol⟩ *Umweltverschmutzung* f || ~ **por aceites minerales** ⟨Ökol MK⟩ *Ölverschmutzung* f (→ **peste** negra) || ~ **nocturna** ⟨Med⟩ *nächtlicher Samenerguß* m || → **contaminación, ecología** || **–cionar** vt ⟨Ökol⟩ = **contaminar** || **–to** adj *befleckt* || *geschändet*
Pólux m ⟨Astr⟩ *Pollux* m
polvareda f *Staubwolke* f || fig *Aufsehen* n || ◊ **armar** (od **mover, levantar**) **una ~** *Staub aufwirbeln* (& fig)
polvera f *Puder|büchse, -dose* f
polvi|ficar [c/qu] vt fam *pulvern* || **–llo, –to** m dim v. **polvo** (*Prise*) *Schnupftabak* m
polvo m *Staub* m || *Pulver* n || *Puder* m (*Kosmetik* & ⟨Pharm⟩) || *Prise* f (*Schnupftabak*) || pop *Beischlaf* m || ~ **alimenticio** *Nährpulver* n || ~ **de arroz** *Reispulver* n || *Reispuder* m || **azul** (od **azulete**) **en ~** *Wasch|bläue* f, *-blau* n || ~ **cáustico** *Ätzpulver* n || ~ **dentífrico** *Zahnpulver* n || ~ **efervescente** *Brausepulver* n || ~ **estornutatorio** *Niespulver* n || ~ **de harina** *Staubmehl* n || ~ **impalpable** *Feinstpulver* n || ~ **picante, escociente,** fam (~ **de**) **pica-pica** *Juckpulver* n || ~ **relámpago** *Blitz(licht)pulver* n || ~ **secante** *Sikkativ* n || ~ **vomitivo** *Brechpulver* n || **levadura en ~** *Backpulver* n || ◊ **cerrado contra ~** (od **aislado del**) ~ *staubdicht* || **echar un ~** pop *e-e Frau beschlafen, koitieren* (*Mann*) || **estar hecho** ~ figf *todmüde sein,* fam (*total*) *kaputt sein* || **hacer ~ zu Staub machen** || **hace (mucho) ~ es ist (sehr) staubig** || **hacerle a uno ~** figf *jdn vernichten, zugrunde richten* || **hacer morder el ~ a alg.** fig *jdn zu Boden werfen, überwinden,* fam *jdn in den Staub treten* || **hacerse ~** figf *zer|brechen, -splittern* || **limpiar de ~ ab-, aus|stäuben** || **matar el ~** fig *den Staub niederschlagen* (*Regen*) || **quitar** (od **sacudir**) **el ~ de a.** *et ab-, aus|stäuben* || **reducir a ~ zerreiben** || **sacudir el ~** → **quitar** **el ~** || figf *e-e Tracht* f *Prügel geben, verprügeln* || **tomar un ~ de rapé** *eine Prise nehmen, schnupfen* (*Tabak*) || **~s pl: ponerse ~ sich pudern** || **echar ~ mit Streusand bestreuen** || → **levantar**
pólvora f (*Schieß*) *Pulver* n || *Feuerwerk* n || fig *Lebhaftigkeit, Heftigkeit* f, *Feuer, Ungestüm* n || ~ **de algodón, algodón ~** *Schießbaumwolle* f || ~ **de grano fino** *feingekörntes Pulver* n || ~ **negra** *Schwarzpulver* n || ~ **relámpago** *Blitz(licht)pulver* n || **~ sin humo** *rauchschwaches, rauchloses Pulver* n || ◊ **disparar** (od **tirar**) **con ~ sola** *blind schießen* || **gastar la ~ en salvas** fig *sein Pulver umsonst verschießen* || **no haber inventado la ~** figf *das Pulver nicht erfunden haben* || **descubrir (inventar) la ~** figf *längst Bekanntes entdecken (erfinden)* || **ser una ~ sehr hitzig sein** || **volar con ~** *mit Pulver sprengen*
polvo|rear vt (*mit Staub* od *Pulver*) *bestreuen* || (*ein*)*pudern* || **–rero** m *Am Feuerwerker* m || **–riento** adj *staubig, bestaubt* || *staubbedeckt* || **–rilla** f *Silberschwärze* f || figf *ungestümer Mensch* m || **–rín** m ⟨Mil⟩ *Pulver|magazin* n, *-kammer* f || **–rista** m *Feuerwerker* m || △**-rosa** f *Gasse* f || **~ pie –roso** adj *staubig*
po|lla f *junge Henne* f || figf *junges Mädchen* n || vulg *männliches Glied* n || **Am Pferderennen** npl || ~ **de agua** ⟨V⟩ *Teichhuhn* n (*Gallinula chloropus*) || **–llada** f *Brut* f (*Hühner*), *Küken* npl *e-r Glucke* || pop *junge Leute* pl || **–llastre** m fam *junges Huhn* n || *junger Hahn* m || fig *junger Fatzke* m || *junger Bursche* m || **–llastro** m pop *Schlaumeier* m || **–llazón** f *Bruteier* npl *e-r Glucke* || = **–llada** || **–llear** vi pop *den Burschen*

nachgucken (*Mädchen*) || *sich wie ein* (*schwärmerischer*) *Backfisch benehmen* (*Mädchen*) || *wie ein Halbwüchsiger tun* (*Jüngling*)
polle|ra f *Hühnerhof* m || *Hühner|stall* m, *-haus* n || *Hühnerkorb* m || *Laufkorb* m (*für kleine Kinder*) || *Reifrock* m (*der Frauen*) || **Am** *Frauenrock* m || **Arg** fam *Schürze* f (*Frau*) || **–ría** f *Geflügelhandlung* f || **–ro** m *Geflügelhändler* m || *Geflügelzüchter* m || **–rón** m Arg *Rock* m *e-s Reitkleids*
polli|na f *junge Eselin* f || **–nejo** m dim v. **–no** || **–no** m/adj *Eselsfüllen* n, (*junger*) *Esel* m || fig *Dummkopf* m
polli|ta f pop *junges Mädchen* n, *Backfisch* m || *Teenager* m (*engl*) (*Mädchen*) || *Junghenne, junge Henne* f || **–to** m *Küken* n || pop *junger Bursche* m, fam *junger Herr* m
pollo m *junges Huhn, Küchlein, Küken* n || *junger Hahn, Junghahn* m || p. **ex** *Nestvögelchen* n, *Nestling* m || pop *junger Bursche,* fam *junger Herr* m || figf *Schlaumeier* m || △*Speichel* m || ~ **asadero** *Broiler* m || **asado de ~** *Hühnerbraten* m || ~ **bien** pop *Herrensöhnchen* n || ~ **frito** *Backhuhn* n || ~ **fiambre** *kaltes Backhuhn* n || *relleno gefülltes Huhn* n || **un ~ **pera*** (od *plátano, brea, Citröen usw*) pop *Geck, Modenarr* m || *verweichlichtes Herrensöhnchen* n || ◊ **echar ~s** pop *lange schlafen, nicht aufstehen wollen* || **echar una gallina a ~s** fam *e-r Glucke Bruteier geben* || **sacar** (od **criar**) **~s** *Hühnerzucht betreiben* || **voló el ~** figf *der Vogel ist ausgeflogen* || **hacerse el ~** **Am** *sich zieren* || **estar hecho un ~ de agua** figf *von Schweiß triefen* || **estar hecho un ~** figf (*noch*) *jung aussehen,* fam *noch gut auf dem Posten sein* (*ältere Person*)
pollona f Sant **Am** *junges, dralles Mädchen* n
polluela f ⟨V⟩ *Sumpfhuhn* n (*Porzana spp*)
polluelo m dim v. **pollo**: *Küken* n || *Nestvögelchen* n, *Nestling* m
¡pom! int *bum!*
poma f *Apfel* m || *Riechbüchse* f
pomada f *Pomade,* (*Haar*)*Salbe* f || *Haar-, Bart|wuchssalbe* f || ~ **mercurial** *Quecksilbersalbe* f || ◊ **ponerse** (**usar**) ~ *Pomade gebrauchen, das Haar einfetten*
pomar m *Apfel-, Obst|garten* m || **~ada** f bes *Ast* = **manzanal**
pombalino adj *auf das Zeitalter des port. Marquis de Pombal (1699 bis 1782) bezüglich*
pombista m/adj ⟨Hist Lit⟩ *Stammgast* m *der literarischen Sitzungen im Café Pombo in Madrid (unter dem Vorsitz von R. Gómez de la Serna)*
pomelo m ⟨Bot⟩ *Pampelmuse* f (Citrus maxima), *Grapefruit* f (C. paradisi)
Pome|rania f *Pommern* n || **Nueva ~** *Neupommern* n || **–rano** adj *pommer(i)sch* || ~ m *Pommer* m || *Pommerscher Hütehund* m
pómez f: (**piedra**) ~ *Bimsstein* m
△**pomí** m *Silber* n
pomo m *Degenknauf* m || *Riech|büchschen, -fläschchen* n || (*fleischige*) *Frucht* f, *Apfel* m || **Murc** *Blumenstrauß* m || dim: **–ito**
pomología f ⟨Agr⟩ *Obstkunde, Pomologie* f
pomológico adj: **jardín ~** *Obstgarten* m
pom|pa f *feierlicher Auf-, Um|zug* m || *Pracht* f, *Prunk* m, *Gepränge* m, *Pomp* m || *Rad* n *des Pfaues* || *Bausch* m *der Kleider* || *Wasserblase* f || ⟨Mar⟩ *Schiffspumpe* f || **con gran ~, en ~ mit großem Gepränge** || ◊ **hacer ~ de** fig *protzen, prahlen mit* (dat) || **~s fúnebres** *Bestattungsinstitut* n || **~s de jabón** *Seifenblasen* fpl || **–pear** vi *dicktun, prangen, protzen* (**con** *mit* dat) || **~se** fam *sich brüsten*
Pompeya f *Pompeji* (*in Italien*)
pompeyano adj/s *pompej(an)isch* || ~ m *Pompejaner* m
Pompeyo m np *Pompejus*
pompis m fam *Po(po)* m

pompo|sidad f Prunkhaftigkeit f, Prunk m, Pracht f ‖ **-so** adj pomp-, prunk|haft, prächtig ‖ pompös ‖ Prunk-, Pracht- ‖ fig geschwollen, hochtrabend (Stil)
pómulo m ⟨An⟩ Wangenbein n ‖ ~s sobresalientes hervorstehende Backenknochen mpl
pon → **poner**
Poncio m np Pontius m
pon|chada f Bowle f, Punsch m ‖ Am pop Menge, Anzahl f ‖ **-che** m Punsch m ‖ ~ español spanischer Fruchtpunsch m ‖ ~ de huevo, ~ con yemas Eier|punsch, -kognak m ‖ **-chera** f (Punsch)Bowle, Punschschale f
¹**poncho** adj schlaff ‖ träge
²**poncho** m Am Poncho m, deckenartiger, viereckiger Überwurf m der Gauchos (aus einem Stück, mit einem Schlitz zum Durchstecken des Kopfes, bes als Schutz gegen Regen) ‖ ◊ pisar a uno el ~ Am pop jdn zum Streit herausfordern
ponde|rabilidad f ⟨Phys⟩ Wägbarkeit f ‖ **-rable** adj wägbar (vgl **imponderable**)
ponde|ración f (Ab)Wägen n ‖ (Ein)Schätzung f ‖ Erwägung, Prüfung f ‖ Beschreibung f ‖ Lobeserhebung f ‖ Übertreibung f ‖ Gleichgewicht n, Ausgeglichenheit f ‖ ~ laudatoria Lobeserhebung f ‖ superior a toda ~ über alles Lob erhaben, ausgezeichnet ‖ sobre toda ~ unsäglich viel, ungeheuer ‖ **-rado** adj gesetzt, ruhig ‖ bedachtsam ‖ umsichtig ‖ ausgeglichen ‖ **-rar** vt (ab)wägen ‖ (ein)schätzen ‖ ausgleichen ‖ erwägen, überlegen ‖ beschreiben, loben, rühmen (bes Ware) ‖ übertreiben ‖ **-rativo** adj rühmend, schätzend ‖ Lobes- ‖ fig übertreibend ‖ expresiones ~as Ausdrücke mpl des größten Lobes ‖ **-rosidad** f Gewicht n, Schwere f ‖ fig Umsicht f ‖ Bedachtsamkeit f ‖ Überlegtheit f ‖ **-roso** adj gewichtig ‖ sehr schwer, Schwerst-
△**pondoné** m Korb m ‖ Matratze f
pondré → **poner**
pone|dero adj: gallina ~a Leghenne f ‖ ~ m Brutnest n ‖ Legkorb m (für Hennen) ‖ **-dor** adj/s: gallina ~a Leghenne f
ponen|cia f Bericht m ‖ Berichterstattung f ‖ Sachbericht m, Referat n ‖ Antrag m ‖ **-tada** f ⟨Mar⟩ starker Westwind m ‖ **-te** m ⟨Jur Pol⟩ Berichterstatter m ‖ Proponent, Antragsteller m ‖ Referent m ‖ **-tino, -tisco** adj westlich, West- ‖ ~ m Abendländer m
poner [pres pongo, imp pon, fut pondré, pret puse, pp puesto] vt/i: A) (hin)|legen, -stellen ‖ legen (Eier) ‖ ein|legen, -schließen ‖ hin|setzen, -zutun, beifügen ‖ aufsetzen, entwerfen ‖ (nieder)schreiben ‖ festsetzen, bestimmen ‖ vor-, dar|legen ‖ vorschlagen, einen Antrag stellen ‖ anbieten, ein Angebot machen ‖ einreichen (Gesuch) ‖ machen, ziehen, aufsetzen (Miene, Gesicht) ‖ anführen (als Beispiel)· ‖ geben (Spritze) ‖ aufkleben (Pflaster, Etikett) ‖ geben, beilegen (Namen, bes Spottnamen) ‖ anlegen, errichten ‖ (in eine Lage) versetzen ‖ bringen (in Gefahr) ‖ her-, zu|richten, zurechtmachen ‖ (übel) zurichten (durch Schläge) ‖ anziehen (Kleid, [Hand]Schuhe) ‖ umschnallen (Gürtel) ‖ anlegen (Schmuck) ‖ anstecken (Ring) ‖ setzen, bieten (im Spiel) ‖ wetten, (darauf-)setzen ‖ anheimgeben, freistellen ‖ auferlegen (Steuern) ‖ schaffen (Ordnung, Ruhe) ‖ beschaffen bzw einrichten (Wohnung)
1. ~ la aceptación (en) mit Akzept versehen (Wechsel) ‖ ~ aparte fig beiseite legen ‖ zurückstellen ‖ ~ aros (od flejes) a una caja eine Kiste bereifen ‖ ~ capital (en) Geld hineinstecken (en in acc) ‖ ~ cara de risa eine lächelnde Miene machen ‖ ~ una carta a alg. jdm einen Brief schreiben ‖ ~ cerco (od sitio) a una plaza ⟨Mil⟩ einen Platz belagern ‖ ~ un coche a la disposición de alg. jdm e – n Wagen zur Verfügung stellen ‖ ~ como nuevo (a) fam jdm den Kopf waschen ‖ ~ condiciones Bedingungen (auf)stellen ‖ ~ dos cubiertos für 2 Personen decken ‖ ~ los cuernos (a) figf jdn zum Hahnrei machen, jdm Hörner aufsetzen ‖ ~ cuidado, ~ (la) atención (en) vorsichtig sein, aufpassen (auf) ‖ ~ debajo unterlegen ‖ fig überwinden ‖ ~ delante (da)vorlegen, vorsetzen ‖ ~ encima (dar)auf|setzen, -legen ‖ ~ espacios ⟨Typ⟩ spationieren ‖ ~ la firma unterschreiben ‖ ~ freno (a) im Zaume halten ‖ bändigen (Trieb) ‖ ~ fuego (a) in Brand stecken ‖ ~ un gesto serio e–e ernste Miene machen ‖ ~ guerra a alg. jdn bekriegen ‖ ~ unas líneas ein par Zeilen schreiben ‖ ~ ropa limpia (en la cama) das Bett frisch überziehen ‖ ~ la mesa den Tisch decken ‖ ~ motes Spitznamen beilegen ‖ ~ e nombre (a) jdn (be)nennen ‖ ~ la olla den Kochtopf auf die Herd stellen ‖ ~ un remedio (a) abhelfen (dat) ‖ ~ el sello die Briefmarke aufkleben ‖ ~ un telegrama ein Telegramm aufgeben ‖ ~ el timbre stempeln ‖ ¿cómo le van a ~? pop auf welchen Namen wird er getauft? (Täufling) ‖ pongo un duro a que no viene ich wette einen Duro, daß er nicht kommt ‖ eso lo pongo en ti das stelle ich dir anheim ‖ ¿cuántos años me pone V.? pop für wie alt schätzen Sie mich? ‖ pongamos el caso (de) que . . . gesetzt den Fall, daß . . . ‖ (od a) de aquí a Bilbao ponen diez kilómetros man schätzt die Entfernung von hier nach Bilbao auf 10 Kilometer ‖ le puse una carta in schrieb ihm e–n Brief ‖ ¡cómo lo puso! wie er ihn ausgescholten hat!
2.' ~ + adj od pp ~ colorado erröten machen ‖ ~ furioso wütend machen ‖ ~ preso verhaften
B) in Verbindung mit Präpositionen od. präpositionalen Adverbialverbindungen:
a) mit a, ante: 1. ~ a asar zu braten geben, anbraten ‖ ~ a secar zum Trocknen aufhängen ‖ 2. ~ a contribución mitwirken, beisteuern (mit dat) ‖ ~ a cero ⟨Tech⟩ auf Null stellen ‖ ~ al corriente (de) in et einweihen ‖ ~ al fuego warm stellen ‖ ~ a oficio jdn ein Handwerk lernen lassen ‖ ~ al paso langsam gehen lassen (Zugtier) ‖ ~ al día modernisieren, aktualisieren (z. B. Wörterbuch) ‖ ~ a disposición
b) mit con, bajo: ~ a bien con alg. mit jdm versöhnen ‖ figjdm die schlechte Meinung nehmen, die er von einem anderen hat ‖ ~ a bien con Dios jdn mit Gott versöhnen ‖ ~ bajo tutela jdn unter Vormundschaft stellen ‖ tenga la bondad de ponerme con ... (od póngame con ..., por favor) ⟨Tel⟩ verbinden Sie mich bitte mit ...
c) mit de: ~ de aprendiz a jdn in die Lehre geben ‖ ~ de manifiesto kundgeben ‖ ~ de oro y azul (a) pop jdn grün und blau schlagen ‖ eso lo pone de su cosecha figf das setzt er aus eigener Erfindung hinzu
d) mit en, entre: ~ en actividad in Betrieb setzen ‖ ~ en el balance ⟨Com⟩ in die Bilanz einstellen ‖ ~ en una caja in einer Kiste verpacken ‖ ~ en la calle fam jdm die Tür weisen ‖ jdn entlassen ‖ ~ en claro aufklären ‖ ~ en (el) comparativo ⟨Gr⟩ steigern ‖ ~ en conocimiento (de) in Kenntnis setzen ‖ ~ en (la) cuenta in Rechnung stellen, anrechnen ‖ ~ en duda (be)zweifeln, in Zweifel ziehen ‖ ~ en ejecución, ~ en práctica ausführen ‖ ~ en evidencia beweisen, darlegen ‖ fig entlarven (→ ~**se**) ‖ ~ en el índice auf den Index setzen ‖ ~ en juego spielen lassen (& fig) ‖ aufs Spiel setzen ‖ ~ en limpio ins reine schreiben ‖ ~ en su lugar fig berichtigen (e–e Meinung) ‖ jdn in die Schranken weisen, jdm e–n Dämpfer aufsetzen ‖ ~ (la) mano (en) fig an et herangehen, et unternehmen ‖ ~ la mano (od las ~s) en una carta jdm gegenüber tätlich werden, jdn mißhandeln ‖ jdm strafen ‖ ~ en la mano in die Hand legen ‖ ~ en manos (de)

poney — popurri 852

jdm in die Hände geben || *et jds Sorge anvertrauen* || ~ *en marcha in Gang bringen* || fig *in Schwung bringen* || ~ *en mil pesetas für et 1000 Pesetas bieten (bei Versteigerungen)* || ~ *en movimiento in Gang bringen* || ~ *en música in Musik setzen* || ~ *los ojos (en) das Augenmerk richten (auf* acc) || ~ *en paz ver-, aus|söhnen* || ~ *en práctica bewerkstelligen* || *ins Werk setzen* || ~ *en salvo retten, sicherstellen* || ~ *en (od a la) venta in den Handel bringen* || *eso lo pongo en ti das stelle ich dir anheim* || *ponga* V. *la palanca en*: *Frio stellen Sie den Hebel auf: Kalt* || ~ *entre comillas in Anführungszeichen setzen*
e) mit por: ~ *por condición als Bedingung stellen* || ~ *por delante jdm et vorstellen, klarmachen* || ~ *por medio in den Weg stellen (ein Hindernis)* || *dazwischenlegen* || ~ *por nombre (be)nennen* || ~ *por obra ins Werk setzen* || ~ *a Dios por testigo Gott als Zeugen anrufen*
C) vi: *setzen (im Spiel)* || *legen (Henne)* || *anfangen et zu tun* || *pongamos que*... (subj) *setzen wir den Fall, daß* ... || ¡*ponga* V.! pop *servieren Sie! (das Essen)* || *piso acabado de* ~ *neu hergerichtete Wohnung* f || *als* s: *al* ~ *del sol bei Sonnenuntergang*
D) ~**se**: a) *untergehen (Sonne)*
1. ~ *bien sich anständig kleiden* || fig *seine Lage verbessern* || ~ *bueno fam gesund werden* || ~ *cómodo fam es sich bequem machen* || ~ (por) *delante dazwischenkommen (Hindernis)* || ~ *en lo peor auf das Schlimmste gefaßt machen* || ~ *perdido (de suciedad) sich von oben bis unten beschmutzen* (fam *schmutzig machen*) || *se me pone carne de gallina ich bekomme eine Gänsehaut* || *me pone que*... *Am es scheint mir, daß* ... || ¡*cómo se puso! wie wütend er wurde!* || ¡*no te pongas así!* fam *stelle dich nicht so an!* || *sei mir nicht nicht böse!* || *al* ~ *el sol bei Sonnenuntergang* || *no tener nada que* ~ figf *nichts anzuziehen haben*
2. in Verb. mit adj = *werden*: ~ *bueno gesund werden* || ~ *colorado erröten, schamrot werden* || ~ *flaco abmagern, mager werden* || ~ *furioso wütend werden* || ~ *malo erkranken* || ~ *pálido blaß werden* || ~ *serio ernst werden* || *el tiempo se va poniendo hermoso das Wetter wird schön* || *se puso como la pared* fig *er wurde leichenblaß*
b) in Verb. mit a: 1. ~*se a* inf *sich anschicken zu* || ~ *a escribir zu schreiben anfangen, sich zum Schreiben niedersetzen* || ~ *a reir in ein Gelächter ausbrechen* || 2. ~*se al abrigo in Deckung gehen* || fig *sich schützen (de* vor *dat)* || ~ *a caballo sich rittlings setzen* || ~ *al corriente sich einarbeiten,* fam *dahinterkommen* || ~ *al descubierto* fig *sich entpuppen* || ~ *a la ventana ans Fenster treten, sich hinauslehnen*
c) in Verb. mit con, de, en: ~*se a bien con Dios sich mit Gott versöhnen* || ~ *de acuerdo sich verabreden, sich einigen, einig werden* || ~ *de codos sich auflehnen* || ~ *en evidencia sich blamieren* || ~ *de mal humor verstimmt werden* || ~ *de (od en) pie,* ~ *derecho aufstehen, sich aufrichten* || ~ *de rodillas (nieder)knien* || ~ *de verano sich sommerlich kleiden* || ¡*cómo te has puesto de polvo! wie du staubig bist!* || ~ *en camino sich auf den Weg machen* || *abreisen* || ~ *en correspondencia in schriftliche Verbindung treten (con mir* dat) || *se puso en Irún en dos horas de viaje er kam in Irun nach zweistündiger Reise an* || ¡*póngase* V. *en mi lugar! versetzen Sie sich in meine Lage!*
poney m engl *Pony* n
¹**pongo** m Pe *indianischer Diener* m
²**pongo** m ⟨Zool⟩ = **orangután**
³**pongo** → **poner**
poniente m *Westen* m || ⟨Mar⟩ *Westwind* m || △*Hut* m || *el* ~ *die Abendländer* npl || ~ adj *untergehend (Sonne)*
△**ponripén** m *Tausch* m || *Vorteil* m
pontazgo m *Brücken|geld* n, *-maut* f, *-zoll* m
pontear vt/i *e–e Brücke schlagen od bauen od legen*
△**pontesqueró** m *Papst* m
pontevedrés, esa adj/s *aus Pontevedra*
pontezue|la f, **-lo** m dim v. **puente**
póntico adj ⟨Hist⟩ *pontisch* || ⟨Lit⟩ *Schwarzmeer*–
pontifi|cado m *Pontifikat* n || *päpstliche Würde* f || **-cal** adj *päpstlich* || *(erz)bischöflich* || *misa* ~ *Pontifikalamt* n || = **-cio** || ◊ *oficiar de* ~ *ein Pontifikalamt zelebrieren* || ir de ~ figf *sehr feierlich (bzw elegant) gekleidet sein* || ~ *Pontifikale* n, *Kirchenordnung* f *für die Bischöfe*
pontifice m *Oberpriester, Pontifex* m || ⟨Kath⟩ *(Erz)Bischof, Prälat* m || *Sumo* ~, *Romano* ~ *Papst* m (& fig)
pontificio adj *päpstlich* || *(erz)bischöflich* || *oberpriesterlich* || *Sede* ~a *Stuhl* m *Petri* || p.ex *der Papst bzw die kath. Kirche* || *Estados* ~s ⟨Hist⟩ *Kirchenstaat* m
ponto m ⟨poet⟩ *Meer* m
pontón m *Ponton* m || *Brückenkahn* m || *Fährboot* n || *Pontonbrücke* f || ~ *flotante Ponton-, Schiffs|brücke* f || ~ *de limpia Bagger(prahm)* m
ponzo|ña f *Gift* m (& fig) || **-ñoso** adj *giftig* || fig *verderblich*
pool m engl ⟨Wir Pol⟩ *Pool* m || ~ *Carbón-Acero Montanunion* f
popa f ⟨Mar⟩ *Heck* n || *Achter|schiff, -deck, Hinterschiff* n || pop *der Hintere, das Gesäß* || *castillo de* ~ ⟨Mar⟩ *Quarter-, Achter|deck* n || *de* ~ *a proa* ⟨Mar⟩ *vom Bug zum Heck* || pop *durchaus, vollständig* || *a* ~ *achtern* || *viento en* ~ *mit Rückenwind* || fig *glänzend, ausgezeichnet* || ◊ *tener el viento en* ~ fig *Glück haben* || *todo va viento en* ~ fig *alles geht glänzend, tadellos*
¹**popal** m Mex *Morast, Sumpf* m
²△**popal** m *langer (Frauen)Rock* m
popar vt *streicheln, patschen (mit der Hand)* || fig *(ver)hätscheln* || fig *von oben herab behandeln*
pope m *Pope* m, *orthodoxe(r) Geistliche(r)* m || desp *Pfaffe* m
pope|lin m, **-lina** f ⟨Web⟩ *Popelin(e* f) m
popo m En *Tüte* f
Popocatepetl m (= *der rauchende Berg) Popocatepetl* m (*Vulkan in Mexiko*)
popocho adj Col *voll, satt*
△**popondó** m *Gurke* f
popula|ción f *Bevölkerung* f ⟨bes Biol Ökol⟩ || = **población** || **-chería** f *Hang* m *zum Pöbelhaften* || *Beliebtheit* f *beim Pöbel* || *Gunst* f *des Pöbels* || **-chero** adj *pöbelhaft, Pöbel-* || *drama* ~ ⟨Th⟩ *reißerisches Volksstück* n || **-cho** m *Pöbel, Mob* m
popu|lar adj *volkstümlich, Volks-* || *volklich, volkhaft* || *populär, gemeinverständlich* || *gesellig, leutselig* || *aire, canto, fiesta* ~ *Volks|weise* f, *-lied, -fest* n || *edición* ~ *Volksausgabe* f || *las masas* ~*es die Volksmassen* fpl || **-laridad** f *Beliebtheit* f *beim Volke, Volksgunst* f || *Gemeinverständlichkeit* f, *Volkston* m || *Popularität* f || *Volkstümlichkeit* f || *volkstümlicher Charakter* m || **-larizar** [z/c] vt *popularisieren, volkstümlich, gemeinverständlich machen* || *verbreiten* || ~*se in die Volksschichten eindringen* || *Gemeingut werden* || **-lazo** m *Pöbel, Mob* m
populista adj *volksrechtlich* || ⟨Lit⟩ *populistisch* || *partido* ~ ⟨Pol⟩ *Volkspartei* f || ~ m *Volksrechtler* m
pópulo m joc *Volk* n || ◊ *hacer (od armar) una de* ~ *bárbaro* fam *ohne Rücksicht auf Verluste vorgehen*
populoso adj *(dicht) bevölkert, volkreich*
popurrí, popurri m ⟨Mus⟩ *Potpourri* n || p.ex

Mischmasch m, *buntes Allerlei* n || *Durcheinander* n

poquedad *f Wenigkeit* f || *unbedeutendes Ding* n || *kurze Dauer* f || *Geringfügigkeit* f || *Kleinmut* m

póquer, póker *m Poker(spiel)* n || ◊ *jugar al* ~ *pokern*

poquillo adv dim *v.* **poco**

△**poquinelar** vi *zahlen*

poquísimo adv/s *blutwenig*

poquito adj dim *v.* **poco:** *ein bißchen, ein wenig* || *de* ~a *cosa fam ganz unbedeutend* || *un* ~a *cosa pop ein Schwachmatikus* m || ¡~as *bromas conmigo! fam mit mir ist nicht zu spaßen!* || ¡~ *dinero! iron ein hübsches Sümmchen!* || ~ adv *ein (klein)wenig* || ~ *a poco, a* ~ *allmählich, ganz sachte*

¹**por** prep *für, um* || *an, in, auf, zu* || *durch, wegen* || *mit, durch, vermittels(t)* || *durch, über* || *an et vorüber* || *aus* || *zu einer gewissen Zeit* || *in betreff, was anbelangt, waš anbetrifft* || *zugunsten* || *für, wegen* || *für, als (Eigenschaft)* || (Com) *via* || *um (et zu holen)*

1. *Mittel, Vermittlung (bes in Passivsätzen)*: lo ha recibido ~ *mí er hat es durch meine Vermittlung erhalten* || la obra ha sido terminada ~ *mí das Werk ist durch mich zu Ende geführt worden* || lo cual visto ~ *él als er es sah*, ... || "Amor y pedagogía" ~ Unamuno *„Liebe und Erziehung" von Unamuno (auch mit de (→d), z.B.* "Amor y pedagogía" *de Unamuno)* || ganar el pan ~ sí mismo *seinen Unterhalt selbst verdienen* || adquirir ~ casamiento *erheiraten*

2. *Grund, Veranlassung, Zweck*: ~ mí se salvó *er ist auf meine Veranlassung, durch mich gerettet worden* || ~ causa del mal tiempo *wegen des schlechten Wetters* || ~ consiguiente *daher, deshalb* || es ~ esto ~ lo que merece elogio *(einfacher*: ~ esto *merece elogio) gerade deshalb ist er zu rühmen* || ~ pasatiempo *zum Zeitvertreib* || eso le pasa ~ ligero *daran ist sein Leichtsinn schuld* || ~ eso, ~ esto *deshalb, deswegen* || ~ falta de interés *aus Mangel an Interesse, aus Interesselosigkeit* || ~ mí *was mich anbelangt, meinetwegen* || meinerseits || *von mir aus* || no lo hago ~ dificil *ich tue es nicht, weil es (so) schwer ist* || preguntar ~ alg. *nach jdm fragen*

3. *Art und Weise, Beschaffenheit*: ~ escrito *schriftlich* || ~ dicha, ~ fortuna *zum Glück, glücklicherweise* || ~ fuerza *mit Gewalt* || *erzwungenermaßen* || ~ señas *durch Gebärden* || ~ varas *ellenweise* || hablar ~ lo bajo *leise reden* || de ~ sí *allein, aus eigenem Antrieb* || *an und für sich*

4. Preisangabe: lo compró ~ cien pesetas *er kaufte es für 100 Peseten* || ¿qué pide V. ~ ello? *was verlangen Sie dafür?*

5. Weg, Richtung, Durchkreuzung: ~ Zaragoza *via Saragossa* || ~ montes y valles *über Berg und Tal* || partir ~ *(od* para*) Madrid nach Madrid fahren* || irse ~ el mundo *in der Welt herumziehen* || echar ~ el suelo *zu Boden werfen* || de 5 ~ arriba *über 5, von 5 an* || → **atajo**

6. Ortsangabe: ~ aquí, ~ ahí *hier, hierorts* || *hierdurch* || *hierherum* || ~ dentro *innerlich, innen* || *von innen* || ~ el suelo *auf dem Boden* || andar ~ ahí *sich herumtreiben* || *sich in der Gegend aufhalten*

7. Zeit|angabe, -punkt: ~ agosto *im August* || (desde) ~ la mañana *(seit) heute morgen* || seit dem frühen Morgen || fue más o menos ~ junio *es geschah (od war ungefähr im Juni* || ~ aquellos tiempos *zu jener Zeit* || ~ San Juan *auf Johannis* || te dejo *(od* presto) el libro ~ quince días *ich leihe dir das Buch (für) vierzehn Tage*

8. Gunst, Interesse, Opfer, Hinneigung: ~ él

daría la vida *für ihn würde ich das Leben opfern* || estoy ~ V. *ich stehe zu Ihrer Verfügung* || *zu dienen!* || *ich stehe auf Ihrer Seite* || voto ~ él *ich stimme für ihn* || está loco ~ ella *pop er ist in sie verschossen (od* fam *vernarrt)* || tengo mucha afición ~ la música *ich schwärme für die Musik* || ~ Dios y España *für Gott und (für) Spanien* || ~ ti *für dich* || *deinetwegen* || *um deinetwillen* || *dir zuliebe*

9. Vertretung, Gleichstellung || Bestimmung, Zuweisung: lo tiene ~ padre *er hat ihn an Vaters Statt* || tomar ~ mediador *als Vermittler (an-)nehmen* || ... dijo ~ todo comentario *... sagte er als einzige Bemerkung* || recibir ~ esposa *zur Gattin erhalten* || tengo 10 duros ~ toda fortuna *mein ganzes Vermögen sind 10 Duros*

10. Meinung, Schätzung: pasar ~ bueno *für gut gehalten werden* || tengo ~ seguro que *ich halte es für ausgemacht, daß* || ~ cierto que ... *man muß dabei bemerken, daß* ...

11. Einteilung, Verteilung: a duro ~ persona *zu 5 Pesetas pro Person* || dos veces ~ día *zweimal täglich* || ~ dos, ~ tres *zu zweien, zu dreien (nebeneinander)*

12. Multiplikation: tres ~ cuatro *dreimal vier*

13. Verhältnis, Einteilung, Richtschnur: el tres ~ ciento 3 % || pongo mi reloj ~ la torre *ich richte meine Uhr nach dem Turm* || según ve V. ~ el adjunto prospecto *wie Sie aus dem beiliegenden Prospekt ersehen*

14. Vergleichung: ~ libro, prefiero el mío *wenn ich mich schon für ein Buch entscheiden soll, ziehe ich das meinige vor*

15. Bezugnahme, Betreffen: ~ una y otra proposición *hinsichtlich der beiden Vorschläge* || ~ mí, no lo hará *er wird das für mich (od meinetwegen) nicht machen* || *ich glaube, daß er es nicht tun wird* || ~ lo demás *übrigens* || ~ lo que yo sé *meines Wissens*

16. holen gehen: ir ~ leña *um Holz gehen, Holz holen gehen* || ¡vaya ~ él! *gehen Sie ihn holen!*

17. Mit Infinitiv: Bezeichnung der Zukunft, Abwesenheit, Nichterledigung || está ~ llegar *er ist noch nicht gekommen, er wird gleich kommen* || en lo ~ venir *in der Zukunft* || la cuenta está ~ pagar *die Rechnung ist noch nicht beglichen* || →a **estar** g

18. ~ **para:** ~ no traicionarlo *um ihn nicht zu verraten* || ~ decirlo así *sozusagen* || no es ~ alabarme, pero ... *nicht, daß ich mich rühmen wollte, aber* ... || ~ poco tiempo *auf kurze Zeit*

19. in adverbialen Verbindungen: ~ cierto *wohl, natürlich* || zwar || ~ lo demás *übrigens* || ~ fin *endlich* || ~ si acaso *wenn etwa* || *für alle Fälle* || ~ tanto *daher, deswegen, deshalb* || ~ poco *fast* || ¡sí, ~ cierto! *jawohl, ganz gewiß! ja, doch!* || →a **para, estar, ir ser**

20. in bindewörtlichen Verbindungen (→a oben): a) kausal, final: ~ que (= porque) *weil, da* || damit (= para que) || ~ que no se repitiera el caso *damit sich der Fall nicht wiederhole*

b) fragend *(direkt od indirekt)*: ¿por qué? *warum? weshalb? weswegen?* || ¿~ qué no viene? *warum kommt er nicht?* || no se ~ qué lo quiero tanto *ich weiß nicht, warum ich ihn so lieb habe*

c) einräumend: ~ más *(od* mucho) que grite *so sehr er auch schreien mag* || ~ bueno que fuese *so gut er auch sein mochte* || ~ muchos que seamos *soviel wir auch sein mögen*

d) bedingend: ~ si no viene *sollte er etwa nicht kommen, falls er nicht kommt*

²△**por** *m Schriftstück* n

porca|chón, -llón *m* augm s. **puerco** || **-da** *f Schweineherde* f || fig *Schweinerei* f

porcelana *f Porzellan* n || *Porzellangeschirr* n || ~ china *chinesisches Porzellan, Chinaporzellan*

n ‖ ~ del Japón *japanisches Porzellan, Japanporzellan* n ‖ ~ de Sajonia *Meiß(e)ner Porzellan* n ‖ media ~ *feines Steingut, Halbporzellan* n ‖ pintura de *(od sobre)* ~ *Porzellanmalerei* f
   porcentaje m *Prozentsatz* m ‖ *Prozente* npl ‖ *Anteil* m ‖ ⟨Tech⟩ *Quote* f ‖ fig *Verhältnis* n
   porci|cultor m *Schweinezüchter* m ‖ **–cultura** f *Schweinezucht* f ‖ **–no** adj *Schweine-* ‖ ~ m = **chichón** ‖ *Ferkel, junges Schwein* n
   porción f *Teil* m ‖ *(Erb)Anteil* m ‖ *Mundgabe* f ‖ *Kostgeld* n ‖ *Rente, Pension* f ‖ ⟨An⟩ *Teil* n, *Gegend* f ‖ fig *Anzahl, Menge* f ‖ ~ *hereditaria* ⟨Jur⟩ *Erb(an)teil* m ‖~ *congrua Rente* f *eines Priesters* ‖ *Ausgedinge* n ‖ ◊ hace ya una ~ de días *es ist schon einige Tage her*
   porcionero m ⟨Jur⟩ *Teilhaber* m
   porciúncula f ⟨Kath⟩ *(vollkommener) Totiesquoties-Ablaß, Portiunkulaablaß* m *(2. VIII.)*
   porcón m fam = **porcachón**
   porcuno adj *Schweine-* ‖ ganado ~ *Borstenvieh* n, *Schweine* npl
   porche m *Vor|hof* m, *-halle* f ‖ *Vorhaus* n ‖ *Säulenhalle* f ‖ *Laubengang* m ‖ *Portal* n
   pórdio|sear vt/i *betteln* ‖ *heischen* ‖ **–seo** m, **–sería** f *Bettelei* f, *Betteln* n ‖ **–sero** m *Bettler* m ‖ pop *armer Schlucker*
   porfia f *Streit, Wortwechsel* m ‖ *Eifer* m ‖ *Hartnäckigkeit* f, *Eigensinn* m ‖ *Zudringlichkeit* f, *ungestümes Anliegen* n ‖ a ~ *um die Wette* ‖ *mit größtem Eifer* ‖ *eiligst*
   porfia|do adj/s *hartnäckig* ‖ *trotzig* ‖ *rechthaberisch* ‖ **–dor** m/adj *(rechthaberischer bzw trotziger) Starrkopf* m
   porfiar [pres –io] vt/i *trotzen* ‖ *beharren* ‖ *streiten* ‖ *hartnäckig, starrköpfig, bockbeinig bzw zudringlich sein* ‖ ◊ ~ con alg. *mit jdm streiten* ‖ ~ en un empeño *auf einem Vorsatz hartnäckig bestehen* ‖ ~ sobre el mismo tema *immer auf dasselbe dringen*
   pórfido, pórfiro m *Porphyr* m
   porfirizar vt ⟨Pharm⟩ *fein zerreiben*
   porgar vt Ar = **ahechar**
   △**poriá** f *Darm* m
   ***poridad** f ⟨Lit Hist⟩ = **puridad**
   poriomanía f ⟨Med Psychol⟩ *krankhafter Reise- od Wander|trieb* m, *Poriomanie* f
   pormenor m *Einzelheit* f, *Detail* n ‖ *einzelner Umstand* m ‖ al ~ *genau* ‖ ◊ vender al ~ *en* *kleinen, en détail verkaufen* ‖ **–es** pl *Einzelheiten* fpl, *Details* npl ‖ ◊ dar ~ *Näheres mitteilen* ‖ entrar en ~ *auf Einzelheiten eingehen* ‖ para más ~ dirigirse a ... *Näheres bei ...* ‖ **~izar** vt *in alle Einzelheiten gehen* ‖ *eingehend beschreiben od darstellen* ‖ *präzisieren*
   porno|grafía f *Pornographie* f ‖ *Schmutz- und Schund|literatur* f ‖ **–gráfico** adj *pornographisch, unzüchtig, unsittlich, Schmutz-*
   pornógrafo m *Pornograph, Verfasser* m *unzüchtiger Werke* ‖ p. ex *Sammler bzw Liebhaber* m *pornographischer Werke*
   poro m *Pore* f, *feine (Haut)Öffnung* f ‖ ◊ sudar por todos los ~s *(del cuerpo)* fig *stark schwitzen*
   poron|ga f Chi *derber Spott* m ‖ **–go** m Am *Porongokürbis* m ‖ *Flüssigkeitsbehälter* m *aus Porongokürbis*
   pororó m Am pop *Katzenmusik* f
   pororoca f *Pororoca* f ‖ **~a mascaret**
   poro|sidad f *Durchlässigkeit* f ‖ *Löch(e)rigkeit* f ‖ *Porenweite* f ‖ *Porosität, Porigkeit* f ‖ **–so** adj *löch(e)rig bzw durchlässig, porig, porös* ‖ *schwammartig*
   poro|tada f Am *Bohnengericht* n ‖ **–tal** m Am *Bohnenpflanzung* f ‖ **–tero** adj/s Am fam *gern Bohnen essend* ‖ **–to** m Am *(Schmink)Bohne* f (→ **alubia**) ‖ figf SAm *Zwerg, Knirps* m ‖ p. ex *minderwertiger Mensch* m ‖ **~s** pl *Bohnengericht* n ‖ p. ex *Essen, tägliches Brot* n (vgl *alpiste,*
garbanzo)
   ¹**porque** conj *weil, da* ‖ *damit, auf daß* (= **para que**) ‖ ~ sí *nur so* ‖ *willkürlich* ‖ lo hizo ~ sí *er tat es aus Eigensinn*
   ²**porqué** m *Warum* n, *Grund* m, *Ursache* f ‖ sin qué ni ~ fam *ohne Warum, ohne Ursache,* fam *mir nichts, dir nichts* ‖ eso tiene su ~ *das hat seinen Grund* ‖ el ~ de las cosas *das Warum der Dinge* ‖ ¡~! inc, → ¡**por qué?** ‖ ¿ése es el ~? *das ist (also) der Grund?*
   porque|cillo m dim v. **puerco** ‖ **–ría** f fam *Schweinerei* f ‖ *Unflätigkeit* f ‖ fam *Lumperei* f ‖ *Kleinigkeit, Läpperei* f ‖ **–riza** f *Schweinestall* m (vgl **pocilga**) ‖ **–r(iz)o** m *Schweinehirt* m ‖ **–ta** f *Kellerassel* f (→ **cochinella**)
   porquezuelo m dim v. **puerco**
   porra f *Keule* f ‖ *Knotenstock* m ‖ *(Gummi-)Knüppel* m *(des Schutzmannes)* ‖ ⟨Metal⟩ *Zuschlaghammer* m *(der Schmiede)* ‖ figf *Anmaßung* f, *Dünkel* m ‖ figf *lästiger Mensch* m ‖ figf *Letzte(r) (bei einigen Kinderspielen)* ‖ Arg *zerzaustes Haar* n ‖ △*Gesicht* n ‖ △*der letzte Spieler* ‖ = **porreta** ‖ *guardia* de la ~ pop *Verkehrspolizist* m ‖ ◊ mandar a la ~ fam *zum Teufel (od zum Kuckuck) jagen* ‖ ¡vete a la ~! fam *geh zum Henker!* ‖ ~! fam *Donnerwetter! (Zornausdruck)*
   porrá f pop **porrada**
   porra|cear vt Am *schlagen, prügeln* ‖ **–da** f *Keulenschlag* m *(derber) Schlag, Stoß* m ‖ figf *Albernheit* f ‖ *große Dummheit* f ‖ fig *Haufen* m, *Menge* f ‖ una ~ de dinero pop *ein Heidengeld* n ‖ una ~ de gente e–e *Unmenge* f *Leute* ‖ **–zo** m *Keulenschlag* m ‖ *Knüppelschlag* m ‖ *(derber) Stoß, Schlag* m ‖ los ~s de la vida pop *die Schicksalsschläge* mpl ‖ ◊ darse (pop pegarse) un ~ fam *(zusammen)stoßen*
   porrear vi fam/pop *zudringlich werden*
   porrería f fam *Blödsinn* n, *dummes Zeug* n
   porre|ta f dim pop v. **porra** ‖ *das Grüne vom Lauch* ‖ p. ex *Knoblauch- bzw Zwiebel|lauch* m ‖ pop *männliches Glied*, vulg *Gurke* f, *Knüppel* m ‖ en ~ fam *splitternackt* ‖ **–tero** m pop *Schuft* m
   porrillo m dim v. **porro** ‖ a ~ fam *in Hülle und Fülle*
   porrita m pop *Verkehrspolizist* m
   ¹**porro** m = **puerro**
   ²**porro** m/adj *Klotzkopf, Tölpel* m ‖ *bäurischer Mensch*, *Grobian* m
   ¹**porrón** m *(irdener) Wasserkrug* m ‖ *(katalanischer) Porron* m *(langhalsige Flasche mit keilförmigen Trinkrohr an der Seite)*
   ²**porrón, ona** adj/s figf *schwerfällig, faul* ‖ *grobschlächtig* ‖ *bäurisch* ‖ *lästig, zudringlich* ‖ ~ m *Faulpelz* m
   porrudo m Am pop *Tölpel* m
   port. Abk = **portador** ‖ **portugués**
   ¹**porta** f ⟨Mil⟩ *Geschützpforte* f ‖ vena ~ ⟨An⟩ *Pfortader* f
   ²△**porta** m = **portamonedas**
   porta|aviones m ⟨Mar⟩ *Flugzeugträger* m ‖ **–bandera** f ⟨Mil⟩ *Fahnenbuch* m ‖ **–bayoneta** *Seitengewehrhalter* m ‖ **–ble** adj/s *tragbar* ‖ (gramófono) ~ *Koffergrammophon* n ‖ ~ f *Reiseschreibmaschine* f ‖ **–bobinas** m ⟨Radio⟩ *Spulenhalter* m ‖ ⟨Web⟩ *Spulstock* m ‖ ⟨Typ⟩ *Rollenträger* m ‖ **–bomba** m *Pumpenhalter* m *am Fahrrad* ‖ **~s** m *Bombenträger* m ‖ **–botellas** m *Flaschengestell* n ‖ **–biciclo** m *Fahrradständer* m ‖ **–brocas** m ⟨Tech⟩ *Bohrfutter* n ‖ **–caja** m ⟨Mil⟩ *Trommelriemen* m ‖ **–cargadores** m ⟨Mil⟩ *Magazinasche* f ‖ **–cargas** m ⟨Tech⟩ *Palette* f ‖ **–carretes** m *(Film) Spulenträger* m ‖ **–cartas** m *Briefträgertasche* f ‖ **–cartuchos** m *Patronengürtel* m *(zum Umhängen)* ‖ **–cierre** m ⟨Mil⟩ *Verschluß(tür* f*)* m, *Bodenstück* n ‖ **–cohetes** m/adj *Raketenträger* m ‖ **–cruz** m *Kreuzträger* m *(bei Prozessionen)* ‖

-cubiertos *m* Besteckkasten *m* ‖ **-cuchillas** *m* Messer\halter, -kopf *m* ‖ **-cuna** *f* ⟨Mil⟩ Rohrwiegenträger *m* (e-s Geschützes)

porta|da *f* ⟨Arch⟩ Portal, Türgerüst *n* ‖ fig Vorderseite *f* ‖ Titelblatt *n* ‖ Umschlagbild *n* ‖ Titelbild *n* ‖ Trag-, Schuß\weite *f* (& fig) ‖ falsa ~ ⟨Typ⟩ Schmutz-, Vor\titel *m* ‖ **-dera** *f* Weinkorb *m* ‖ **-dilla** *f* ⟨Typ⟩ Schmutz-, Vor\titel *m* ‖ **-do** adj: bien ~ von gutem Benehmen ‖ anständig gekleidet ‖ **-documentos** *m*/adj (Kolleg-) Mappe *f* ‖ Aktentasche *f* ‖ **-dor** *m* Überbringer *m* ‖ Träger *m* ‖ Inhaber *m* (& Jur) ‖ ~ de una letra de cambio Wechselinhaber *m* ‖ títulos al ~ Inhaber-. Order\ papiere npl ‖ ◊ ser pagadero al ~ ⟨Com⟩ an den Inhaber zahlbar sein ‖ adj Träger- ‖ → **acción, cheque**

porta|equipajes *m* Gepäckhalter *m* (am Fahrrad) ‖ Gepäckträger *m* (auf dem Wagendach) ‖ Gepäcknetz *n* (EB-Wagen, Bus usw) ‖ ⟨Aut⟩ Gepäckraum *m* ‖ **-espada** *m* Schwertträger *m* ‖ ⟨Mil⟩ Degenkoppel, Portepee *n* ‖ **-estandarte** *m* ⟨Mil⟩ Fahnenträger *m* ‖ **-etiquetas** *m* Zettelhalter *m* ‖ **-fardos** *m* pop Tragriemen *m* ‖ **-farol** *m* Lampenhalter *m* (am Fahrrad) ‖ **-firmas** *m* Unterschriftsmappe *f* ‖ **-fusil** *m* ⟨Mil⟩ Gewehrriemen *m*

porta|gérmenes *m* ⟨Med⟩ Keimträger *m* ‖ **-guión** *m* ⟨Mil⟩ Kornfuß *m* ‖ **-helicópteros** *m* Hubschrauberträger *m* ‖ **-herramientas** *m* Meißel-, Werkzeug\halter *m*

portal *m* Portal *n*, Haupteingang *m* ‖ Vor\halle *f*, -hof, -platz *m* ‖ Torweg *m* ‖ prov Stadttor *n* ‖ ⟨Arch⟩ Säulengang *m* ‖ **~ada** *f* großes Portal *n* mit (Familien)Wappen

porta|lámpara *m* Lampensockel *m* ‖ **-lápiz** [*pl* **-lápices**] *m* Bleistifthalter *m*

portalejo *m* dim v. **portal**

portalente *m* ⟨Opt⟩ Linsenträger *m*

portalera *m* Chi Straßendirne *f*

porta|libros *m* Bücher-, Trag\riemen *m* (der Schüler) *m* ‖ **-licores** *m* Likörständer *m* ‖ **-ligas** *m* Strumpfhalter *m* (= liguero)

portalón *m* großes Tor *n* ‖ große Einfahrt *f* ‖ großes Portal *n*, großer Hof *m* ‖ ⟨Mar⟩ Fallreep(stür *f*) *n*, Seitenluke *f*

porta|maletas *m* ⟨Aut⟩ Kofferraum *m* ‖ **-mantas** *m* Mantel-, Plaid\riemen *m* ‖ Gepäckhalter *m* am Fahrrad ‖ **-minas** *m* Bleistift *m* mit auswechselbarem Stift, Drehbleistift *m* ‖ Vielfarbenstift *m* ‖ Minenhalter *m* ‖ **-mira** *m* ⟨Tech⟩ Visierhalter *m* ‖ **-monedas** *m* Chi Ven *f* Geld\tasche, -börse *f*, Portemonnaie *n* ‖ **-negativos** *m* ⟨Phot Filmw⟩ = **-películas**

portante *m* Paßgang *m* (der Pferde) ‖ ◊ tomar el ~ figf sich davonmachen, pop sich verduften

porta|ñola *f* ⟨Mar⟩ Schießscharte *f* ‖ **-ñuela** *f* Streifen *m* am Hosenlatz ‖ Wagentür *f* ‖ **-objetivo** *m* Objektiv\gehäuse *n*, -standarte *f* ‖ ~ reversible Kippstandarte *f* ‖ **-objetos** *m* Objekt\glas *n*, -halter, -träger *m* ‖ **-ocular** *m* ⟨Opt⟩ Augen-, Okular\muschel *f* ‖ **-páginas** *f* ⟨Typ⟩ Portepage, Seitenhalter *m* ‖ **-papeles** *m* Papierhalter *m* ‖ Fakturenhalter *m* ‖ **-paz** *m* ⟨Kath⟩ Pacem *n*, Segensspender *m* ‖ **-películas** *m* ⟨Phot⟩ Filmhalter *m* ‖ Filmträger *m* (Kino) ‖ **-placas** *m* ⟨Phot⟩ Platten\halter, -heber *m* ‖ **-pliegos** *m* Aktentasche *f* ‖ ⟨Typ⟩ Bogenhalter *m* ‖ **-plumas** *m* Federhalter *m*

portar vt ⟨Jgd⟩ apportieren (Hund) ‖ = **llevar** ‖ ~**se** sich betragen, sich benehmen, sich aufführen, sich verhalten ‖ fam zuvorkommend bzw anständig sein (= ~ bien) ‖ ~ bien anständig sein ‖ ehrlich handeln ‖ zuvorkommend sein (con gegenüber dat) ‖ sich hervortun

porta|rreloj *m* Uhrhalter *m* ‖ **-rrollos** *m* Kleberolle *f* ‖ **-satélite(s)** *m*/adj: (cohete) ~ *m* Trägerrakete *f* ‖ **-secantes** *m* Löschwiege *f* (Tintenlöscher) ‖ **-sellos** *m* Stempelträger *m* (Gestell für Gummistempel) ‖ **-tacos** *m* Billardstockständer *m* ‖ **-tarjetas** *m* (Post)Kartenständer *m*

portátil adj tragbar ‖ (leicht) zu tragen, beweglich, fahrbar ‖ altar ~ Feldaltar *m* ‖ arma ~ Handwaffe *f* ‖ diccionario ~ Handwörterbuch *n* ‖ lámpara ~ Taschentuch *f* ‖ Stocklampe *f* ‖ máquina de escribir ~ Reiseschreibmaschine *f* ‖ silla ~ Trag-, Klapp\sessel *m* ‖ ~ *m* Stocklampe *f* (Salonlampe)

porta|toallas *m* Handtuchhalter *m* ‖ **-torpedo** *m* ⟨Mar⟩ Torpedoaufhängung *f* ‖ **-útil** *m* Werkzeug-, Meißel\halter *m* ‖ **-válvula** *f* ⟨Radio⟩ Lampensockel *m* ‖ Röhrenfassung *f* ‖ **-ventanero** *m* Haus-, Tür- und Fenster\tischler *m* ‖ **-vianda(s)** *m* Tragkorb *m* für -(kalte) Speisen, Provianttasche *f* (= **fiambrera**) ‖ Einsatz, Essen(s)träger *m* ‖ **-viones** *m* ⟨Mar⟩ Flugzeugträger *m* ‖ **-voz** [*pl* **-ces**] *m* ⟨Pol⟩ Sprachrohr *n* (& fig) ‖ Sprecher, Wortführer *m* ‖ ~ gubernamental Regierungssprecher *m* ‖ ~ del partido radical Organ *n* der radikalen Partei (Zeitung)

portazgo *m* Wegezoll *m*, Maut, Torsteuer *f*

portazo *m* heftiges Zuschlagen *n* der Tür ‖ ◊ dar un ~ die Tür zuschlagen (& fig) ‖ in Wut od wütend weggehen ‖ le dió un ~ en las narices fam er schlug ihm die Tür vor der Nase zu ‖ se despidió con un ~ er schlug hinter sich die Tür zu

porte *m* Trägerlohn *m* ‖ ⟨Postw⟩ Porto, Postgebühren fpl ‖ Fracht *f*, Frachtlohn *m* (zu Lande) ‖ Fuhrlohn *m* ‖ Benehmen, Betragen *n*, (Auf-) Führung, Haltung *f* ‖ ⟨Mar⟩ Tragfähigkeit *f*, Gehalt *m* ‖ Habitus, Wuchs *m* ‖ ~ aéreo Luftfracht *f* ‖ ~ de alcance ⟨Tel⟩ Zuschlagtaxe *f* ‖ ~ (debido) pagado (un)frei ‖ ~ de correos Postgebühren fpl, Porto *n* ‖ ~ militar soldatische, militärische Haltung *f* ‖ ~ suplementario Zuschlags-, Nach\porto *n* ‖ a ~(s) debido(s) ⟨Com⟩ unfrankiert ‖ „Fracht zahlt Empfänger" ‖ buque de alto ~ Seeschiff *n* ‖ carta de ~ Lade-, Fracht\schein *m* ‖ franco (od libre) de ~ porto-, post\frei, franko, frei ‖ sujeto al ~ portopflichtig ‖ gastos de ~ Frachtspesen pl ‖ ◊ cargar los ~s die Frachtspesen berechnen

porteador *m*/adj Frachtführer *m* ‖ Lastträger *m*

¹**portear** vt/i fortbringen, befördern ‖ ab- bzw an\fahren (Fracht) ‖ tragen, führen, mit sich haben ‖ schleppen

²**portear** vi die Tür(en) zuschlagen ‖ Arg = **marcharse**

porten|to *m* Wunder(werk) *n* ‖ fam Wunderkind *n* ‖ Ausbund *m* ‖ ◊ ser un ~ Bewunderung erregen ‖ **-toso** adj wunder\bar, -voll

porteño *m*/adj Einwohner von Puerto de Santa María (PCád), Buenos Aires (Arg), Veracruz (Mex), Valparaiso (Chi), Cortés (Hond), Ostia (Ital), Puerto Barrios (Guat)

porteo *m* (Last)Tragen *n*

△**porter** *m* Geldtasche *f*

porte|ra *f* Pförtnerin *f* ‖ Hausmeisterin *f* ‖ **-ría** *f* Portier-, Pförtner\wohnung bzw -loge *f* ‖ Hausmeisterlohn *m* ‖ ⟨Sp⟩ Tor *n* ‖ **-ro** *m* Pförtner, Portier *m* ‖ Hausmeister *m* ‖ Schuldiener, Pedell *m* ‖ ⟨Th⟩ Logen-, Be\schließer *m* ‖ ⟨Sp⟩ Torwart *m* ‖ ~ nocturno Nachtportier *m* (vgl sereno) ‖ **-zuela** *f* dim v. **puerta** ‖ ⟨Aut⟩ Tür *f*, Wagenschlag *m* ‖ ⟨EB⟩ Abteiltür *f* ‖ Klappe *f* einer Rocktasche (in der Schneidersprache) ‖ **-zuelo** *m* dim v. **puerto**

pórtico *m* Portikus, Säulen\gang *m*, -halle *f* ‖ Flur *m* ‖ Vorkirche *f* ‖ Portalkran *m*

portier *m* frz Portiere *f*, Vorhang *m*

portilla *f* Durchgang *m* für Menschen, Fuhrwerk und Vieh bei ländlichen Grundstücken ‖ ⟨Mar⟩ Bullauge *n*

portillo *m* kleiner Mauerdurchgang *m* zwischen Wiesen (nur für Menschen) ‖ Mauertor *n*, Pforte *f* ‖ kleine Innentür *f* in einem Haustorflügel ‖

pórtland — posible 856

Nebentor n *in Ortschaften* ∥ *Schiebefenster* n, *Schalter* m *(in einer Tür)* ∥ figf *schwache Seite, wo jdm beizukommen ist* ∥ fig *Engpaß im Bergland, (enger) Gebirgspaß* m (→ **puerto**) ∥ fig *ausgebrochene Ecke* f *(am Teller, Krug usw)*
   pórtland, portland m *Portlandzement* m
   Porto ⟨Geogr⟩ = *Oporto*
   portón m augm v. **puerta** *(Hof- bzw Portal- bzw Haus)Tor* n
   portorriqueño adj/s *aus Puerto Rico, puertorikanisch* ∥ ~ *Puertorikaner* m
   portuario adj *Hafen-* ∥ *instalaciones* ~as *Hafenanlagen* fpl
   portuense adj *aus Puerto od Porto*
   Portu|gal m *Portugal* n ∥ ⁼**galujo** adj *aus Portugalete* (PVizc) ∥ ⁼**gués, esa** adj *portugiesisch* ∥ ~ m *Portugiese* m ∥ *portugiesische Sprache* f ∥ ⁼**guesada** f pop *typische Handlung(sweise)* f *e–s Portugiesen*, p.ex *Aufschneiderei, Großtuerei* f ∥ ⁼**guesismo** m *portugiesische Redensart od Redewendung* f
   portula|ca f ⟨Bot⟩ *Portulak* m (Portulaca spp) (→ **verdolaga**) ∥ **-cáceas** fpl ⟨Bot⟩ *Portulakgewächse* npl (Portulacaceae)
   portulano m *Schiffer-, Hafen|handbuch* n ∥ ⟨Hist⟩ *Portolan* m
   △**porumí** m *Feder* f
   poruñazo m Chi *Schwindel, Betrug* m
   porvenir m *Zukunft* f ∥ *proyecto del* ~ *Zukunftsplan* m ∥ *es hombre de un gran* ~ *der Mann hat eine große Zukunft vor sich* ∥ *un brillante* ~ *eine glänzende Zukunft* ∥ *en el* ~ *lejano in ferner Zukunft* ∥ *en lo* ~ *für die Zukunft* ∥ *künftig(hin)* ∥ *sin* ~ fig *aussichtslos* ∥ →a *por* 17.
   ¹**pos** adv *hinter(her)* ∥ *en* ~ *hinterher, hintennach* ∥ *im Gefolge* ∥ *en* ~ *de ella* (⟨poet⟩ *de ella en* ~) *hinter ihr her* ∥ ◊ *ir en* ~ *de hinter jdn hergehen*
   ²**pos** m pop *Nachtisch* m
   ³**pos** pop = **pues**
   ⁴**pos-** präf *(Schreibung vor nachfolgendem Konsonanten) nach-, hinter-, post-, Post-* (→ *unter* **post-**)
   posa f *Totengeläute* n ∥ ~s pl *Hinterbacken* fpl, *Gesäß* n
   posa|da f *Wirts-, Gast|haus* n, *Krug* m, *Schenke* f ∥ *Herberge* f ∥ *Bewirtung* f ∥ *(Nacht)Lager* n ∥ *Wohnung* f ∥ ~ *franca freie Bewirtung* f ∥ ◊ *dar* ~ *beherbergen* ∥ *hacer* ~ *einkehren, absteigen, übernachten (en bei, in dat)* ∥ **-dera** f *(Gast-)Wirtin* f ∥ ~s pl *Hinterbacken* fpl, *Gesäß* n ∥ *Gesäßteil* m *der Hose* ∥ ◊ *tener carne en las* ~ pop *Sitzfleisch haben* ∥ **-dero** m *(Gast)Wirt* m ∥ *Ende n des Rektums* (~ **sieso**)
   posar vt *(eine Last) absetzen* ∥ Sant Am *(hin)legen* ∥ ◊ ~ *el vuelo sich niederlassen (Vogel, & fig)* ∥ *posó la mano sobre su cabeza er legte (sachte) die Hand auf ihren Kopf* ∥ ~ vi *einkehren, übernachten (en in dat)* ∥ *sich setzen, ausruhen* ∥ *sich setzen (Vogel, fliegende Insekten)* ∥ ⟨Mal⟩ *Modell stehen, sitzen (para zu)* ∥ ◊ *el sol posaba sobre la llanura* fig *die Sonne lag über der Ebene* ∥ *die Sonne ging über der Ebene unter* ∥ ~**se** *sich setzen (Vogel, fliegende Insekten)* ∥ *Bodensatz bilden (Flüssigkeiten)* ∥ ⟨Flugw⟩ *landen, aufsetzen* ∥ *wassern*
   posarmo m Sant *Wirsing(art* f) m (→ **repollo**)
   posbélico adj = **postbélico**
   poscomunión f = **postcomunión**
   posdata f *Nachschrift, Postskriptum* n ∥ *de* pop *nachträglich, nachher* ∥ ◊ *poner una* ~ *ein Postskriptum machen*
   pose f gall ⟨Mal⟩ *Pose, Positur* f ∥ figf *Ziererei, Pose* f ∥ *Affektiertheit* f
   poseedor m ⟨Jur⟩ *Besitzer* m ∥ p.ex *Inhaber* m ∥ ~ *anterior Vordermann* m *(eines Wechsels)* ∥ ~ *de buena fe* ⟨Jur⟩ *gutgläubiger Besitzer* m

pose|er [–ey–] vt *besitzen* ∥ *(vollkommen) beherrschen (Sprache, Kunst)* ∥ *besitzen (eine Frau)* ∥ ◊ ~ *a la fuerza vergewaltigen* ∥ ~**se** *sich beherrschen* ∥ **-ído** adj *(vom Teufel) besessen* ∥ *wie besessen* ∥ fig *wütend, grimmig* ∥ ~ *de fervor von Inbrunst erfüllt* ∥ ~ *de horror entsetzt* ∥ ~ m *Besessene(r)* m (& fig) ∥ fig *Wütende(r)* m ∥ ◊ *gritar como un* ~ *wie verrückt schreien*
   Poseidón m ⟨Myth⟩ *Poseidon* m
   pose|sión f *Besitz* m ∥ *Besitzung* f ∥ *Besessenheit* f, *Wahnsinn* m ∥ fig *Beischlaf* m ∥ ~ *diabólica* ⟨Rel⟩ *Besessenheit* f *vom Teufel* ∥ *toma de* ~ *Besitzergreifung* f ∥ *feierliche Übernahme* f *(eines Amtes usw)* ∥ ◊ *dar* ~ (a) *jdn in den Besitz einweisen* ∥ *entrar en* ~ *(de) in Besitz treten* ∥ *estoy en* ~ *de su grata del ... ich bin im Besitz(e) Ihres werten Schreibens vom ...* ∥ *tomar* ~ *(de) Besitz ergreifen (von dat)* ∥ *et übernehmen* ∥ *recuperar la* ~, *reintegrarse en la* ~ *den Besitz wiedererlangen* ∥ ~es *de ultramar überseeische Besitzungen* fpl ∥ **-sional** adj ⟨Jur⟩ *auf den Besitz bezüglich, Besitz-* ∥ **-sionarse** vr *sich bemächtigen (de gen)* ∥ *Besitz ergreifen (von dat)* ∥ ◊ ~ *de su cargo sein Amt antreten* ∥ **-sionero** m ⟨Agr Jur⟩ *Viehzüchter* m, *der die Weiden in s–n Besitz übernimmt* ∥ **-sivo** adj *besitzanzeigend* ∥ (*pronombre*) ⟨Gr⟩ *besitzanzeigendes Fürwort, Possessivpronomen* n ∥ **-so** pp/irr v. **-er** ∥ ~ m/adj *Besessene(r)* m ∥ **-sor** m/adj *Besitzer* m ∥ **-sorio** adj *Besitz-, possessorisch* ∥ *acción* ~a ⟨Jur⟩ *Besitz(schutz)klage* f
   poseur m frz *Poseur* m
   poseyente adj *besitzend*
   posfechar vt = **postfechar**
   posguerra f = **postguerra**
   posi|bilidad f *Möglichkeit* f ∥ *Befähigung* f ∥ *Vermögen* n ∥ ~ *de la ejecución Ausführbarkeit* f ∥ ◊ *tener la* ~ *de hacer a/c imstande (od in der Lage) sein, et zu tun* ∥ *eso va más allá de nuestras* ~es *das geht über unsere Kräfte* ∥ *vivir por encima de sus* ~es fig *über s–e Verhältnisse leben* ∥ **-bilismo** m ⟨Pol⟩ *Possibilismus* m *(Spaltbewegung innerhalb des frz. Sozialismus)* ∥ **-blista** m *Possibilist* m ∥ **-bilitar** vt *ermöglichen, möglich machen* ∥ **-ble** adj *möglich, tunlich* ∥ *möglichst* ∥ *lo* ~ *das Mögliche* ∥ *en lo* ~ *soviel wie möglich, nach Möglichkeit* ∥ *lo más* ~ *möglichst viel* ∥ *lo más rápidamente (od brevemente)* ~ *möglichst bald, ehestmöglich, baldmöglichst* ∥ *lo mejor* ~ *bestmöglich* ∥ *en la medida de lo* ~ *soweit wie möglich* ∥ *lo más difícilmente* ~ *auf die denkbar schwierigste Art* ∥ *con la mayor amabilidad* ~ *mit denkbar großer Freundlichkeit* ∥ *lo(s) más grande(s)* ~ *möglichst groß* ∥ *en la medida (de lo)* ~ *nach Möglichkeit* ∥ *vender en las mejores condiciones* ~s *bestmöglich verkaufen* ∥ *es* ~ *que (subj) es ist möglich, daß* ∥ *es* ~ *que vaya vielleicht werde ich gehen* ∥ *en cuanto sea* ~ *soweit (es) möglich (ist)* ∥ ¿*es* ~? *ist es (denn) möglich? (Bewunderung, Entrüstung usw)* ∥ *eso no es* ~ *das ist unmöglich, untunlich* ∥ *tan pronto como sea* ~, *lo más pronto* ~, *lo antes* ~ *baldigst, möglichst bald* ∥ *sobald wie möglich od tunlich, ehestens* ∥ *a ser* ~ *wenn (es) möglich (wäre)* ∥ *am besten* ∥ *si es* ~ *wenn es möglich ist, womöglich* ∥ *sería muy posible que lo hiciese es wäre wohl möglich, daß er es tut* ∥ *más pobre aún, si es* ~ *womöglich noch ärmer* ∥ *hacer (todo) lo* ~ *(por) alles aufbieten, sein möglichstes tun (um)* ∥ *hacer* ~ *ermöglichen* ∥ *hay que evitarlo lo más* ~ *es ist möglichst zu vermeiden* ∥ *darse todo el trabajo* ~ *sich alle erdenkliche Mühe geben* ∥ ¿*es* ~? *ist das möglich?* ∥ ¿*ist das wahr?* ∥ *pero ¿cómo es* ~? *wie ist das aber möglich?* ∥ ~ n *Mögliche(s)* n, *(das) Mögliche* ∥ *(die) Möglichkeit* f ∥ ~**s** mpl pop *Vermögen* n ∥ *Mittel und Wege* pl ∥ *gente de* ~ pop *vermögende,*

posiblemente — postilla

reiche Leute pl ‖ **–blemente** adv *möglicherweise, vielleicht* ‖ ◊ ~ *no venga vielleicht kommt er nicht*

posición f *Lage, Stellung* f ‖ *Stelle* f, *Platz* m ‖ *(Orts)Lage* f ‖ *Position* f ‖ *Gesellschafts-, Lebens|stellung* f ‖ *(Körper)Haltung* f ‖ ⟨Mil⟩ *Stellung* f ‖ ⟨Flugw⟩ *Standort* m ‖ *Grund-, Lehr|satz* m ‖ ~ *inicial, final* ⟨Gr⟩ *An-, Aus|laut* m ‖ *media* ~ ⟨Mus⟩ *halbe Lage* f *(Geige)* ‖ ~ *cero* ⟨Tech⟩ *Nullstellung* f ‖ ~ *de un astro* ⟨Astr⟩ *Stand* m *e–s Gestirns* ‖ *persona de* ~ *angesehene, hochgestellte Persönlichkeit* f ‖ *guerra de* ~**es** *Stellungskrieg* m ‖ ¡*en* ~! ⟨Mil⟩ *Stellung!* ‖ ◊ *ocupar una* ~ *importante eine angesehene Stellung einnehmen*

posicionador m ⟨Tech⟩ *dreh- und kippbare Schweißvorrichtung* f ‖ **–a** f *Positioniervorrichtung* f

positi|va f ⟨Phot⟩ *Positiv* n ‖ **–vamente** adv *gewiß, bestimmt* ‖ ◊ *lo sé* ~ *ich weiß es ganz zuverlässig* ‖ **–var** vt ⟨Phot⟩ *positivieren* ‖ **–vismo** m ⟨Philos⟩ *Positivismus* m ‖ fig *kalte Berechnung* f ‖ **–vista** adj/s *positivistisch* ‖ fig *berechnend* ‖ ~ *Positivist* m ‖ fig *kalter Rechner* m ‖ **–vo** adj *zuverlässig, gewiß, sicher, positiv* ‖ *tatsächlich* ‖ *bejahend, positiv, affirmativ* ‖ *bestimmt (Versprechen)* ‖ ⟨El⟩ *positiv* ⟨Pol⟩ ‖ *cantidad* ~**a** ⟨Math⟩ *positive Größe* f ‖ *proceso* ~ ⟨Phot⟩ *Positivverfahren* n ‖ *de* ~ *allerdings, ohne Zweifel* ‖ ◊ *estar por lo* ~ fam *(nur) auf seinen Nutzen (bzw auf das Angenehme) bedacht sein* ‖ ~ m ⟨Gr⟩ *Positiv* n, *erster Vergleichungsgrad* m ‖ → **prueba**

pósito m *öffentliche Kornkammer* f ‖ *Getreidespeicher* m ‖ p. ex *kommunale Lebensmittelbevorratung* f ‖ ~ *pío Kornspeicher (bzw Konsumladen)* m *für Bedürftige* (& ä.)

posit(r)ón m ⟨Phys⟩ *Positron* n

positura f *Lage* f, *Zustand* m ‖ = **postura**

posma f fam *Schwerfälligkeit, Trägheit* f, *Phlegma* n ‖ ~ m/f figf *Schlafmütze* f ‖ figf *lästiger, schwerfälliger Kerl* m

Posna|nia f *Posen* n *(Woiwodschaft in Polen)* ‖ **–niano** m/adj *Posener* (m)

poso m *(Boden)Satz* m ‖ *Hefe, Neige* f ‖ *Trub* m *(im Wein)* ‖ *Rast, Ruhe* f ‖ ~ *de café Kaffeesatz* m ‖ ◊ *beber hasta los* ~**s** *bis zur Neige trinken* (poet *leeren*) (vgl **hez**) ‖ *formar (od hacer)* ~ *Bodensatz bilden*

pospo|ner [irr → **poner**] vt *nachsetzen* ‖ *hintan-, zurück|setzen* ‖ fig *geringschätzen* ‖ *außer acht lassen* ‖ ◊ ~ *el interés a la honra die Ehre dem Gewinn vorziehen* ‖ ~ *el pago die Zahlung hinausschieben* ‖ **–sición** f *Zurücksetzung* f ‖ *Nachstellung* f ‖ ⟨Gr⟩ *nachgesetztes Verhältniswort* n, *Postposition* f ‖ **–sitivo** adj ⟨Gr⟩ *postpositiv, nachgestellt*

pospuesto pp/irr v. **posponer**

posromanticismo m = **postromanticismo**

post- präf *nach-, hinter-, post-, Post-* (→ ⁴**pos-**)

pos|ta f *Post* f ‖ *Postpferde* npl ‖ *Post, -station* f, *-haus* n ‖ *Postwagen* m ‖ *Entfernung* f *zwischen Poststationen* ‖ *Einsatz* m *(im Spiel)* ‖ *Schnitte* f *Fleisch bzw Fisch* ‖ ⟨Jgd⟩ *grober Flintenschrot, (Reh)Posten* m ‖ *Aushängeschild* n ‖ *Gedenktafel* f ‖ ⟨Arch⟩ *Mäander* m ‖ ⟨Kart⟩ *Einsatz* m *(& bei anderen Spielen)* ‖ △*Gerichtsdiener, Büttel* m ‖ ~ *restante* Arg ⟨Postw⟩ *postlagernd* (→ **lista de Correos**) ‖ *maestro de* ~**s** ⟨Hist Lit⟩ *Postmeister* m ‖ *silla de* ~ *Postkutsche* f ‖ *a* ~ fam *vorsätzlich, mit Absicht* ‖ *por la* ~ fig *eiligst*. ‖ ~ m *(Post)Kurier* m ‖ ~**s** pl ⟨Jgd⟩ *(Reh)Posten, Röller* mpl ‖ **–tal** adj ⟨Postw⟩ *postalisch, Post-* ‖ *convención* ~ *Postvertrag* m ‖ *giro* ~ *Postanweisung* f ‖ *paquete* ~ *Postpaket* n ‖ *servicio* ~ *(aéreo) (Luft)Postdienst* m ‖ *(Luft)Postwesen* n ‖ *tarifa* ~ *Posttarif* m ‖ *tarjeta* ~ *Postkarte* f ‖ ~ f *Postkarte* f ‖ ~ *con contestación*

doppelte Postkarte, Postkarte f *mit Rückantwort* ‖ *como una* ~ *sehr schön (Landschaft, Anblick)* ‖ *kitschig (bes in Farben)* ‖ ~ *con vistas Ansichts(post)karte* f ‖ *secreto* ~ *Briefgeheimnis* n ‖ ~ *sencilla (doble) einfache, doppelte Postkarte* f ‖ *tráfico, unión* ~ *Post|verkehr, -verein* m ‖ *Unión* ~ *Universal* ⟨Postw⟩ *Weltpostverein* m

△**postanó** adj *schwach*

postbélico adj *Nachkriegs-* ‖ *período* ~ *Nachkriegszeit* f

postcombustión f *Nachverbrennung* f *(& Düsenmotor)*

postcomunión f ⟨Kath⟩ *Postcommunio* f *(Meßgebet nach der Kommunion)*

post|data f = **posdata** ‖ *späteres Datum, Nachdatieren* n ‖ **–datar** vt *nachdatieren* ‖ **–diluviano** adj *nachsintflutlich,* pop *nachsündflutlich* ‖ **–dorso** m ⟨An⟩ *Hinterzunge* f

poste m *Mast, Pfosten, Pfeiler* m, *Säule* f ‖ ⟨Sch⟩ *Strafestehen* n, *Schandort* m ‖ figf *Müßiggänger* m ‖ △*Brust* f ‖ ~ *distribuidor* ⟨StV⟩ *Zapfsäule* f *(Tankstelle)* ‖ ~ *para lámpara(s) Lampenmast* m ‖ *lámpara de* ~ *Mastlampe* f ‖ ~ *indicador Wegweiser* m ‖ ~ *de(l) sacrificio Marterpfahl* m ‖ ~ *de salida* ⟨Sp⟩ *Rennpfosten* m ‖ ~ *de señal(es) Verkehrs|pfosten* m, *-tafel* f, *Signalmast* m ‖ ~ *de telégrafo,* ~ *telegráfico Telegraphenstange* f ‖ *como un* ~ pop *wie ein Klotz* ‖ *mudo como un* ~ *verstockt schweigend* ‖ *serio como un* ~ pop *todernst* ‖ ◊ *dar* ~ figf *jdn hinhalten* ‖ *estar hecho un* ~ figf *stundenlang müßig dastehen* ‖ *es un* ~ *de taberna* pop *er sitzt beständig im Wirtshaus* ‖ *oler el* ~ fam *Lunte riechen* ‖ *ese tipo parece un* ~ figf *der da ist ein steifer Kerl*, fam *steifer Heini* ‖ *ser un* ~ figf *sehr stumpfsinnig sein* ‖ figf *sehr schwerhörig oder stocktaub sein*

postema f ⟨Med⟩ *Schwäre* f ‖ fig = **posma**

postembrional adj ⟨Biol Gen⟩ *postembryonal*

postensión f *Nachspannung* f

póster m engl *Poster* m

poster|gación f *Hintansetzung* f ‖ fig *Geringschätzung* f ‖ *Benachteiligung* f ‖ **–gar** [g/gu] vt *hintan-, zurück|setzen, übergehen (bes bei Beförderungen)* ‖ *geringschätzen* ‖ *auf-, ver|schieben* (a. et acc) ‖ ◊ ~ *la fecha zurückdatieren* ‖ **–gativo** adj *zurücksetzend*

poste|ridad f *Nachkommenschaft* f, *Nachkommen* mpl ‖ *Nachwelt* f ‖ ◊ *pasar a la* ~ fig *berühmt werden* ‖ **–rior** adj *nach|herig, -malig* ‖ *später* ‖ *hinter* ‖ *neuer, später* ‖ *darauffolgend* ‖ *cara, lado* ~ *Rückseite* f ‖ *el endosante* ~ *der Hintermann (Wechsel)* ‖ *parte* ~ *Hinterteil* m ‖ ~ *a nach* (dat) ‖ *de fecha* ~ *späteren Datums* ‖ ~ *a él hinter ihm befindlich* ‖ *später als er* ‖ **–rioridad** f *Nachherigkeit* f ‖ *Hinterherkommen* n ‖ ~ *de fecha späteres Datum* n ‖ *spätere Zeit* f ‖ *con* ~ *nachträglich, nachher* ‖ **–riormente** adv *nachher, nachträglich*

postescolar adj *nachschulisch*

posteta f ⟨Typ⟩ *Buchbinderbogen* m ‖ *Ausschußbogen* m

post|fecha f *späteres Datum, Nachdatieren* n, *Nachdatierung* f ‖ **–fechar** vt *nachdatieren*

post|fijo m ⟨Gr⟩ *Suffix* n, *Nachsilbe* f ‖ **–guerra** f *Nachkriegszeit* f ‖ *la época de la* ~ *die Nachkriegszeit* ‖ *la generación de la* ~ *die Nachkriegsgeneration*

△**postí** f *Haut* f

postigo m *Pförtchen* n ‖ *Blendtür, kleine Durchgangstür* f *(in einem Haustürflügel)* ‖ *Tür-, Fenster|flügel* m ‖ *Fensterladen* m ‖ ⟨Mar⟩ *Pfortluke* f

¹**postilla** f *Schorf, Grind* m *(einer heilenden Wunde)*

²**postilla, postila** f → **apostilla**

³**postilla** f → **portilla**

postillar vt *mit Randglossen versehen*
postillón m *Postillon, Postkutscher* m ‖ *corneta de* ~ *Posthorn* n ‖ ~ *amoroso,* ~ *de amor* fig *Liebesbote, Postillon* m *d'amour* (frz)
pos|tín m pop *Einbildung, Pose* f ‖ *Angabe* f ‖ △*Haut* f ‖ *hombre de* ~ pop *Geck, Fatzke, Hohlkopf* m ‖ *una moza de* ~ pop *ein dralles Mädchen* n ‖ *mujer de* ~ *Luxusweib* n ‖ *de* ~ fam *piekfein* ‖ ◊ *hacer (od darse) mucho* ~ pop *stolzieren, wichtig tun* ‖ **-tinero** adj pop *piekfein* ‖ *geckenhaft* ‖ *angeberisch*
postizo adj *falsch, unecht, nachgemacht* ‖ *künstlich* ‖ *cuello* ~ *loser Kragen* m ‖ *dentadura* ~a *künstliches Gebiß* n ‖ *nombre* ~ *Spitzname* m ‖ *pelo* ~ *falsches Haar* n ‖ *con gravedad* ~a *mit geziertem Ernst* ‖ ~ m *falsche Haare* npl, *Perücke* f ‖ *Haar|einlage* f, *-teil* n
postmeridiano adj *Nachmittags-*
post merídiem [..en] lat *nachmittags*
postnoventaiochismo m 〈Lit〉 *Sammelbegriff für Strömungen, die nach der Generation von 98 kamen*
postónico adj 〈Gr〉 *nachtonig*
postoperatorio adj 〈Med Chir〉 *nach der Operation auftretend, postoperativ*
postor m *Bieter, Steigerer* m ‖ ◊ *adjudicar al mejor* ~ *dem Meistbietenden zuschlagen*
pos(t)palatal m/adj 〈Gr〉 *postpalataler Laut* m
postquemador m *Nachbrenner* m *(z.B. beim Düsenmotor)*
pos|tración f *Knie-, Fuß|fall* m ‖ *Niedergeschlagenheit, Entkräftung* f ‖ *Hinfälligkeit* f ‖ **-trado** adj *auf der Erde liegend* ‖ *darniederliegend* ‖ *matt, kraftlos* ‖ *niedergeschlagen* ‖ ~ *ante ella vor ihr kniend* ‖ ~ *de dolor schmerzgebeugt* ‖ ~ *en cama bettlägerig* ‖ ~ *con (od de) la enfermedad schwerkrank* ‖ ~ *por el trabajo von der Arbeit entkräftet* ‖ ~ *por el suelo auf dem Boden liegend* ‖ **-trar** vt *niederwerfen* ‖ *zu Boden strecken* ‖ *beugen, demütigen* ‖ *schwächen, entkräften* ‖ ~**se** *sich zu Boden werfen* ‖ *sich demütigen* ‖ *auf die Knie niederfallen (ante vor dat)* ‖ *zusammenbrechen* ‖ *die Kräfte verlieren*
[1]**postre** m *Nachtisch* m, *Dessert* n ‖ ~**s** pl *Nachtisch* m ‖ *juego para* ~, *servicio de* ~ *Dessertgarnitur* f ‖ ◊ *servir los* ~ *den Nachtisch auftragen* ‖ → **cuchillo**
[2]**postre** f: *a la* ~, *al* ~ *zuletzt* ‖ *al fin y a la* ~ *schließlich und endlich* ‖ *letzten Endes*
postre|mo adj 〈Lit〉 = **último** ‖ **-ramente** adv *zuletzt* ‖ **-ro** *(vor Hauptwörtern:* **postrer,** *vor primer,* →d) adj *letzter* ‖ *letzterer* ‖ *el postrer día der letzte Tag*
postrime|rías fpl *letzte Lebensjahre* npl ‖ *las* ~ *del hombre* 〈Rel〉 *die vier Letzten Dinge des Menschen* (→ **novísimos**) ‖ *en las* ~ *de sus tristes otoños in den traurigen Herbsttagen seines Alters* ‖ ◊ *está en sus* ~ *er ringt mit dem Tode* ‖ **-r(o)** adj 〈Lit〉 *letzter*
postro|manticismo m 〈Lit〉 *Spätromantik* f ‖ **-mántico** adj/s *spät-, nach|romantisch* ‖ ~ m *Spätromantiker* m
post scriptum [..un] m lat = **posdata**
postsincronización f 〈Filmw〉 *Nachsynchronisation* f
postu|lación f *Bitte, Gesuch* n ‖ *Kollekte, Geldsammlung* f ‖ **-lado** m *Postulat* n, *Forderung* f ‖ **-lante** m *Bewerber* m ‖ *Sammler* m *von milden Gaben* ‖ **-lar** vt/i *nachsuchen (um* acc*)* ‖ *sich bewerben (um* acc*)* ‖ *milde Gaben sammeln* ‖ *postulieren* ‖ ◊ *se* ~*ló a beneficio de la Cruz Roja es wurde für das Rote Kreuz gesammelt*
póstu|mamente adv *nach dem Tode* (gen) ‖ **-mo** adj *nachgeboren, post(h)um* 〈& Geol〉 *nachge-, hinter|lassen (Werk)* ‖ *gloria* ~a *Nachruhm* m ‖ *hijo* ~ *nachgeborener Sohn* m ‖ 〈Jur〉 *Postumus* m ‖ *obras* ~as *nachgelassene Werke* npl

postura f *Stellung* f ‖ *(Körper)Haltung, Positur* f ‖ schw *Postur* f ‖ *Lage* f ‖ *Angebot* n *bei Versteigerungen* ‖ *Einsatz* m e-r *Wette* ‖ *Abkommen* n ‖ 〈V〉 *Gelege* bzw *Legen* n bzw *Legezeit* f *der Vögel* ‖ 〈Jgd〉 *Ansitz* m ‖ fig *Stellungnahme* f ‖ fig *Haltung* f ‖ ~ *moral moralische Haltung* f ‖ ~ *del sol Sonnenuntergang* m ‖ ◊ *hacer* ~ *bieten (bei Versteigerungen)* ‖ *hacer* ~s *Posturen machen, „hübsch" machen (Hund)* ‖ *tomar varias* ~s 〈Phot〉 *mehrere Aufnahmen (Porträts) machen*
postventa f 〈Com〉: *servicio* ~ *Kundendienst* m
△**posuño** m *Gasthaus* n
pota|bilidad f *Trinkbarkeit* f ‖ **-bilización** f *Trinkwasseraufbereitung* f ‖ *Trinkwassergewinnung* f *(z.B. aus dem Meer)* ‖ **-bilizador** adj: *instalación* ~a *de agua de mar Trinkwasseraufbereitungsanlage* f *für Meereswasser* ‖ ~ m *Trinkwasseraufbereitungsgerät* n ‖ **-bilizar** vt *trinkbar machen, aufbereiten (Wasser)*
pota|ble adj *trinkbar* ‖ figf *toll, prima (Mädchen)* ‖ *annehmbar, günstig (z.B. Preis)* ‖ *agua* ~ *Trinkwasser* n ‖ *"agua no* ~*" „kein Trinkwasser"* ‖ ◊ *esa chica está* ~ *das ist ein erstklassiges (od tolles) Mädchen* ‖ *los precios de esa zapatería son* ~s *die Preise dieses Schuhgeschäfts sind günstig* ‖ △**-do** m *Trunkenbold* m ‖ **-je** m *(Gemüse)Eintopf* m ‖ *Suppe* f ‖ *(zusammen-) gekochtes od getrocknetes Gemüse* n ‖ fig *Mischung* f, *Mischmasch* m ‖ ~ *de garbanzos,* ~ *de lentejas Kichererbsen-, Linsen|suppe* f ‖ **-jería** f *(trockenes) Gemüse* n ‖ *Gemüsekonserven* fpl
potamología f *Flußkunde, Potamologie* f
potar vt pop *trinken*
[1]**potasa** f 〈Chem〉 *Pottasche* f ‖ *Kaliumkarbonat* n ‖ ~ *cáustica Ätzkali* n
[2]△**potasa** f *Tasche* f
potásico adj *kalihaltig, Kali-* ‖ *abono* ~ *Kalidüngemittel* n, *-dünger* m
potasio m 〈Chem〉 *Kalium* n
pote m *(irdener) Topf* m ‖ *Vase* f ‖ *Koch-, Fleisch|topf* m ‖ *Blechbüchse* f ‖ ~ *gallego galicischer Eintopf* m *(mit Bohnen, Kartoffeln, Kohl, Schinken, Speck usw)* ‖ *a* ~ fam *in Hülle und Fülle* ‖ *darse* ~ figf = *darse postín*
poteca f pop = **hipoteca**
poten|cia f *Kraft, Vermögen* n ‖ *Macht, Gewalt* f ‖ *Potenz* f, *Kopulationsvermögen* n ‖ *Möglichkeit* f ‖ *(Staats)Gewalt* f, *Staat* m ‖ *Kraft, Wirksamkeit* f ‖ *Lichtstrahl* m *am Heiligenschein* ‖ 〈Tech〉 *Potenz, Stärke, (Trieb)Kraft, Leistung* f ‖ *Leistungsfähigkeit* f ‖ 〈Radio〉 *Hörstärke* f ‖ 〈Math Med〉 *Potenz* f ‖ 〈Physiol Psychol〉 *Vermögen* n, *Fähigkeit* f ‖ ~ *admistrativa* 〈Aut〉 *Steuerleistung* f ‖ ~ *adquisitiva* 〈Com〉 *Kaufkraft* f ‖ ~ *ascensional* 〈Flugw〉 *Auftriebskraft* f ‖ ~ *auditiva Hörvermögen* n ‖ ~ *continental, marítima Land-, Seemacht* f ‖ ~ *copulativa Kopulationsvermögen* n, *Potenz* f ‖ ~ *generativa Zeugungsfähigkeit* f ‖ ~ *intelectual Begriffsvermögen* n ‖ ~ *del motor Motorleistung* f ‖ ~ *motriz Antriebsleistung* f ‖ *Treibkraft* f ‖ ~ *de tracción Zugkraft* f ‖ ~ *visiva,* ~ *visual Seh|vermögen* n, *-kraft* f ‖ *grande* ~ 〈Pol〉 *Großmacht* f ‖ ◊ *elevar a la tercera* ~ 〈Math〉 *in die dritte Potenz erheben* f ‖ *las* ~s *del alma* 〈Theol〉 *die Seelenkräfte* fpl ‖ *las* ~s *centrales die Mittelmächte* fpl *(im 1. Weltkrieg)* ‖ ~s *aliadas Alliierten* mpl *(2. Weltkrieg)* ‖ ~s *del Eje Achsenmächte* fpl *(2. Weltkrieg)* ‖ **-ciación** f 〈Math〉 *Potenzieren* n ‖ 〈Med〉 *Potenzierung* f ‖ → **fuerza, poder, poderío, potestad** ‖ **-cial** adj *vermögend* ‖ *möglich, potentiell* ‖ *(modo)* ~ 〈Gr〉 *Konditional* m ‖ *Potentialis* m ‖ ~ m 〈Tech Radio〉 *Potential* n ‖ 〈El〉 *Spannung* f ‖ 〈Gr〉 *Potentialis* m ‖ *Konditional* m ‖ ~ *simple, compuesto* 〈Gr〉 *einfacher, zusammengesetzter Konditional* m *(traería, habría traído)* ‖

-cialidad *f Leistungsfähigkeit* f ‖ *Möglichkeit, Potentialität* f ⟨& Philos⟩ ‖ **-ciar** vt ⟨Med⟩ *potenzieren* ‖ **-ciómetro** *m* ⟨Radio⟩ *Spannungsmesser* m ‖ *Potentiometer* n ‖ **-cioso** *adj kräftig, ausgiebig* ‖ **-tado** *m Machthaber, Potentat* m ‖ **-te** *adj mächtig, gewaltig* ‖ *kräftig, wirksam, stark* ‖ *kopulationsfähig, potent* ‖ *voz* ∼ *mächtige, kräftige Stimme* f ‖ **-za** *f Steigerradkloben* m *(in der Uhr)* ‖ **-zado** adj: *cruz* ∼ a ⟨Her⟩ *Krückenkreuz* n
poterna *f* ⟨Mil⟩ *Ausfalltor* n, *Poterne* f
△**potesqueró** *m* ⟨Mil⟩ *Zugführer* m
potestad *f Gewalt, Befugnis, Macht* f ‖ ⟨Math⟩ *Potenz* f ‖ ∼ *disciplinaria Disziplinargewalt* f ‖ ∼ *de llaves* ⟨Jur⟩ *Schlüsselgewalt* f *(Eherecht)* ‖ *patria* ∼ *elterliche Gewalt* f ‖ *las* ∼*es infernales die Mächte* fpl *der Hölle* ‖ → **fuerza, poder, poderío, potencia**
potestativo *adj potestativ, freigestellt, Wahl-* ‖ → **discrecional, facultativo**
potetero *m* And *Schöntuer* m
potevino *adj/s aus Poitou in Frankreich*
potingue *m* fam *(flüssige) Arznei* f ‖ vulg *Gesöff* n ‖ ∼**s** *mpl* fam *selten oft* : *Kosmetika* pl
potísimo adj *hauptsächlich* ‖ *äußerst stark* ‖ *äußerst wichtig* bzw *bedeutend*
potito *m* fam: *ni el* ∼ *niemand, kein Mensch* ‖ ◊ *esto no lo soluciona ni el* ∼ figf *da ist nichts zu retten*
¹**poto** *m* Pe *Kürbis* m ‖ Chi vulg *weibliche Scham* f ‖ Arg Bol Chi Pe fam *Hintern* m, *der Hintere*
²**poto** *m* ⟨Zool⟩ *Potto* m (Perodicticus potto) *(ein Halbaffe)*
Potosí *m Potosí* n *(Stadt und Silberbergwerksdistrikt im heutigen Bolivien)* ‖ Pe *Gesäß* n ‖ ◊ *vale un* ∼, *es un* ∼ figf *es ist Goldes wert* ‖ *se gastaba un* ∼ *er verschwendete fabelhafte Summen*
△**potosia** *f Geldbeutel* m
potra *f Stutfohlen* n ‖ pop/vulg *(Hoden)Bruch* m ‖ ◊ *tener* ∼ pop *ein Glückspilz sein*, pop *Schwein haben* ‖ *tener mala* ∼ *ein Pechvogel sein*
potrada *f Fohlenherde* f
potranca *f Stutfohlen* n
potrear vt fam *belästigen* ‖ Pe *prügeln, züchtigen*
potrejón *m* Am dim *v.* **potro**
¹**potrero** *m* pop *Brucharzt* m
²**potrero** *m Fohlenhirt* m ‖ *Fohlenweide* f ‖ Am *mit Drahtzaun umgrenztes Gehege* n *für das Vieh* ‖ Am *Baustelle* f
potrillo *m* dim *v.* **potro** ‖ Am *großes Glasgefäß* n
po|tro *m Fohlen, Füllen* n ‖ *Folterbank* f ‖ *Wehenstuhl* m *der Gebärenden* ‖ ⟨Sp⟩ *Turnbock* m ‖ fig *Qual, Marter, Pein* f ‖ ∼ *de herrador Zwangsstand* m *der Hufschmiede* ‖ ∼ *de martirio Folterbank* f ‖ ∼ *macho Hengstfohlen* n ‖ augm: **-trón** *m*
△**potsa** *f Tasche* f
poyal *m Steinbank* f *(an der Haustür)*
poyata *f Wandschrank* m ‖ *Abstellbord* n
poyete *m* dim *v.* **poyo** ‖ *abogado de* ∼ Am *Winkeladvokat* m
poyito *m* And pop = **pollito**
poyo *m Steinbank* f *(an der Haustür)* ‖ *Sockel* m *einer Mauer*
po|za *f Pfütze, Lache* f ‖ *Tiefe* f *in e–m Fluß* ‖ *Wassergrube* f *(zum Flachsweichen)* ‖ **-zal** *m Schöpfeimer* m ‖ *Brunnen|rand* m, *-brüstung* f
pozo *m Brunnen* m ‖ *tiefe Grube* f ‖ *tiefe Stelle, Tiefe* f *in e–m Fluß* ‖ *Abortgrube* f ‖ ⟨Bgb⟩ *Schacht* m ‖ *Bohrloch n ‖ ⟨Mar⟩ *Seitentiefe* f *des Schiffes* ‖ ⟨Mar⟩ *Kielboden* m ‖ *Fischbehälter* m *im Kahn* ‖ fig *Tiefe* f, *Abgrund* m ‖ RPl *Schlagloch* n (→ **bache**) ‖ abisinio *abessinischer Brunnen* m ‖ ∼ *de aire* ⟨Meteor⟩ *Fallbö* f ‖ ∼ *artesiano artesischer Brunnen* m ‖ ∼ *sin fondo* fig *Faß* n *ohne Boden* ‖ ∼ *de galería* ⟨Bgb⟩ *Stollenschacht* m ‖ ∼ *de luz Lichtschacht* m ‖ ∼ *de mina* ⟨Bgb⟩ *Schacht* m ‖ ∼ *maestro* ⟨Bgb⟩ *Hauptschacht* m ‖ ∼ *negro Abortgrube* f ‖ ∼ *de nieve Schneegrube* f ‖ ∼ *de petróleo (Erd)Ölquelle* f ‖ ∼ *de ventilación Luftschacht* m ‖ ⟨Bgb⟩ *Wetterschacht* m ‖ *agua de* ∼ *Quell-, Brunnen|wasser* n ‖ *brocal (od revestimiento) del* ∼ *Brunnenkranz* m ‖ *un* ∼ *de ciencia* fig *ein Born des Wissens* ‖ ◊ *caer en un* ∼ fig *in Vergessenheit geraten*
pozolano adj/s *aus Pozuelo* (PCác)
pozue|la *f* dim *v.* **poza** ‖ **-lo** *m* dim *v.* **pozo** ‖ *Flaschenkühler* m ‖ Col *Schokoladenschale* f ‖ ∼ *m Name* m *verschiedener span. Orte* ‖ pop *Kaff, Dorf* n, *Krähwinkel* m
pp. Abk = **páginas** ‖ **por permiso**
PP. Abk = **Padres**
P.P., p.p., p/p, P/p Abk = **Por poder** ‖ **Porte pagado** ‖ **Paquete postal**
p.p.^{do}**, ppdo.** Abk = **próximo pasado**
pq.^{o} Abk = **pequeño**
pr. Abk = **por**
Pr., pr. Abk = **provincia** ‖ **pronúnciese**
P.R. frz Abk = **Poste Restante** (lista de correos)
pr. pr. Abk = **por poder**
△**praco** *m Staub* m
pracrito, prácrito *m* ⟨Philol⟩ *Prakrit* n
práctica *f Anwendung, Praxis* f ‖ *(Aus) Übung* f ‖ *Erfahrung, erlernte Fertigkeit* f ‖ *Ausführung* f ‖ *Gewohnheit* f, *Gebrauch* m ‖ *Kniff, Kunstgriff* m ‖ *Verfahren* n, *Methode, Manier* f ‖ *año de* ∼ *Probejahr* n ‖ ⟨Med⟩ *Praktikantenjahr* n ‖ *en la* ∼ *in der Praxis* ‖ *una* ∼ *de largos años eine langjährige Praxis* ‖ ◊ *adquirir* ∼ *sich eine Praxis aneignen* ‖ *Erfahrung sammeln* ‖ *Gewandtheit erwerben* ‖ *entrar en (la)* ∼ *e–e Praxis antreten* ‖ *ausgeführt werden (Plan)* ‖ *poner en* ∼ *praktisch verwenden, bewerkstelligen* ‖ *durchführen, verwirklichen* ‖ *seguir una* ∼ *eine Praxis verfolgen* ‖ *tener* ∼ *gewandt sein, Gewandtheit haben* ‖ *la* ∼ *hace maestros Übung macht den Meister* ‖ ∼**s** *pl praktische Übungen* fpl ‖ *Seminarübungen* fpl *(an einer Hochschule)* ‖ *Praktikum* n ‖ ∼ *competitivas desleales,* ∼ *de competencia desleal* ⟨Com⟩ *unlautere Wettbewerbshandlungen* fpl ‖ ∼ *forenses Advokatenpraxis* f ‖ ∼ *judiciales Gerichtsverhandlungen* fpl ‖ ∼ *de tiro* ⟨Mil⟩ *Schießübungen* fpl ‖ ◊ *estar en* ∼, *cursar sus* ∼ *Praxis ausüben, praktizieren*
practicabilidad *f Durchführ-, Gang|barkeit* f ‖ *Anwendbarkeit* f ‖ *Praktikabilität* f
practicable adj *ausführbar, tunlich* ‖ *zugänglich* ‖ *gangbar* ‖ *praktikabel* ‖ *fahrbar (Weg, Gewässer)* ‖ *anwendbar (Mittel)* ‖ *puerta* ∼ ⟨Th⟩ *Tür* f *mit Durchgangsmöglichkeit* ‖ *los medios* ∼**s** *die anwendbaren Mittel* npl
prácticamente adv *praktisch* ‖ *in der Wirklichkeit, konkret* ‖ ◊ *emplear* ∼ *praktisch anwenden*
practi|cante *m Praktikant* m ‖ *Volontär* m ‖ *(Apotheker)Gehilfe* m ‖ *Unterarzt, Feldscher* m ‖ *Medizinalassistent* m ‖ *Heilpraktiker* m ‖ ∼ adj *ausübend, praktizierend* ‖ *católico* ∼ *praktizierender* (p. ex *strenggläubiger*) *Katholik* m ‖ **-car** [c|qu] vt *ausüben, praktisch betreiben (Kunst, Handwerk)* ‖ *praktisch anwenden* ‖ *praktizieren* ‖ *ausführen* ‖ *tun, verrichten* ‖ *bahnen (Weg)* ‖ ◊ ∼ *un agujero ein Loch bohren* ‖ ∼ *el bien Gutes tun* ‖ ∼ *los deportes Sport treiben* ‖ ∼ *obras de misericordia Werke der Barmherzigkeit üben* ‖ ∼ *una operación eine Operation ausführen* ‖ ∼ *la religión die kirchlichen Vorschriften einhalten* ‖ *se le* –có *la respiración artificial* ⟨Med⟩ *es wurde an ihm die künstliche Atmung vorgenommen* ‖ *abertura* –cada *en el piso Boden-*

práctico — precio

klappe f ‖ ~ vi *praktizieren, e–e Praxis haben*
práctico adj *ausübend, praktisch ‖ praktisch, brauchbar, handlich ‖ zweckmäßig ‖ erfahren, kundig ‖ ~ en bewandert in* (dat) ‖ *médico ~ praktischer, ausübender Arzt* m ‖ *piloto ~* ⟨Mar⟩ *Lotse* m ‖ *~ m Sachverständiger, Praktiker* m ‖ *ausübender Arzt, Künstler* m ‖ *~ de*(l) *puerto* ⟨Mar⟩ *(Hafen)Lotse* m
practicón *m* fam *meist* desp *Erfahrungsmann, Praktiker, Mann m der Praxis (ohne theoretische bzw wissenschaftliche Grundlage)*
△**prachindo** adj *unflätig*
prade|cillo, –jón *m* dim *v.* **prado** ‖ **–ño** adj *Wiesen-* ‖ **–ra** *f Wiesengrund* m ‖ *(große) Wiese, Aue* f ‖ *Grasweide* f ‖ *Prärie* f ‖ **–ria** *f Wiesengrund* m ‖ **–zuelo** *m* dim *v.* **prado**
prado *m Wiese, Aue* f ‖ *Anger* m ‖ *flor de los ~s Wiesenblume* f
Prado: *el Museo del ~ die Bildergalerie des Prado in Madrid*
Praga *f Prag* n, *Praha (tschech)* ‖ *jamón de ~ Prager Schinken* m ‖ *primavera de ~* ⟨Pol⟩ *Prager Frühling* m *(1968)* (→ **marxismo** *con rostro humano*) ‖ → **defenestración, niño**
pragmáti|ca *f Verordnung* f, *Gesetz* n ‖ fig *Norm* f ‖ **–co** adj *pragmatisch, auf der Erfahrung fußend* ‖ *~a sanción* ⟨Hist⟩ *Pragmatische Sanktion* f *(1713)*
pragmatis|mo *m* ⟨Philos⟩ *Pragmatismus* m ‖ **–ta** adj/s *pragmatistisch* ‖ *~ m Pragmatiker* m
praguense adj/s *aus Prag*
△**prajandí** *f Zigarre, Zigarette* f
pral. Abk = **principal**
praseodimio *m* ⟨Chem⟩ *Praseodym* n
pra|tense adj *Wiesen-* ‖ **–ticultura** *f Wiesenbau* m ‖ *Wiesenwirtschaft* f
△**pratobolo** *m Priester* m
pravedad *f Ruchlosigkeit* f
praviana *f* ast. *Volksweise* f ‖ *Mädchen* n bzw *Frau f aus San Esteban de Pravia* (Ast)
pravo adj *ruchlos* ‖ *verderbt*
Práxedes m/f Tfn *Praxedis* f
prdho. Abk = **predicho**
¹**pre** *m* ⟨Mil⟩ *Löhnung* f, *Sold* m ‖ △*Tageskost* f *(in Gefängnissen)*
²△**pre** prep = **por**
pre|ámbulo *m Vorrede, Einleitung* f ‖ *Präambel* f ‖ fig *Ausrede* f, *Umschweif* m ‖ *sin ~s ohne Umstände, ohne Umschweife* ‖ *~s* pl *Vorverhandlungen* fpl ‖ **–aviso** *m Voranzeige* f ‖ ⟨Tech⟩ *Voranmeldung* f ‖ *plazo de ~* ⟨Jur⟩ *Kündigungsfrist* f
preben|da *f (geistliche) Pfründe* f *(& fig)* ‖ *Studiengeld* n, *Stipendium* n ‖ fig *Sinekure* f, *Ruheposten* m ‖ **–dado** *m Pfründner* m ‖ **–dar** vt *e–e Pfründe verleihen* (a alg. *jdm* dat)
preboste *m* ⟨Rel⟩ *Propst* m ‖ *capitán ~* ⟨Mil⟩ *Generalprofos* m
precalentar vt *vorwärmen*
precapitalista adj *vorkapitalistisch*
precario adj/s *unsicher, ungewiß, prekär, schwankend* ‖ *situación ~a kritische Lage, Notlage* f ‖ *~ m Prekarie* f
precaución *f Vorsicht, Behutsamkeit* f ‖ *medidas de ~ Vorsichtsmaß|nahmen, -regeln* fpl ‖ *por ~ vorsichtshalber, aus Vorsicht* ‖ ◊ *obrar con ~ mit Vorsicht vorgehen, handeln* ‖ *eso requiere la más escrupulosa ~ dabei ist größte Vorsicht geboten* ‖ *tomar ~es Vorkehrungen treffen* ‖ *sich vorsehen*
precautorio adj *präventiv*
preca|ver vt *vorbeugen* (dat) ‖ *et verhüten* ‖ *~ un inconveniente einer Unannehmlichkeit vorbeugen* ‖ *~se sich hüten* ‖ *~se contra la traición sich gegen Verrat schützen* ‖ *~se del aire sich gegen Zugluft schützen* ‖ **–vido** adj *vorsichtig, behutsam*
preceden|cia *f Vorhergehen* n ‖ *Vorrang* m ‖ *Vortritt* m ‖ *Vorrecht* n ‖ *Überlegenheit* f ‖ *Vortrefflichkeit* f ‖ **–te** adj *vorig, vorhergehend, vormalig* ‖ *früher* ‖ *el año ~ das Vorjahr* ‖ *~ m Präzedenzfall* m ‖ *un caso sin ~s ein nie dagewesener Fall* ‖ ◊ *crear (od sentar) un ~ einen Präzedenzfall schaffen*
preceder vi *vor(an)gehen* ‖ *vorhergehen* ‖ *den Vorrang, Vortritt haben* ‖ ◊ *~ a uno en categoría höher im Rang stehen als jd*
precep|tista m/adj *Lehrer, Unterweiser* ‖ *literarischer Theoretiker, Ästhetiker* m ‖ *~* adj *lehrmeisterlich, bechmesserisch* ‖ **–tivo** adj *vorschriftlich, Vorschrifts-* ‖ **–to** *m Gebot* n, *Befehl* m ‖ *Vorschrift* f, *Anweisung* f ‖ *~s dispositivos (imperativos, potestativos)* ⟨Jur⟩ *Kann- (Muß-, Ermessens)vorschriften* fpl ‖ ◊ *cumplir con el ~* ⟨Kath⟩ *die österlichen Pflichten verrichten* ‖ *los ~s* pl *die Zehn Gebote* npl ‖ **–tor** *m Lehrer, Lehrmeister* m ‖ *Schullehrer* m ‖ *Hauslehrer, Erzieher* m ‖ ⟨Lit⟩ *Praeceptor* m ‖ fig *Lehrmeister* m ‖ **–toría** *f (Haus)Lehrerstelle* f ‖ **–tuar** [pres –úo] vt *vorschreiben* ‖ *verordnen*
preces fpl *Kirchengebet* n ‖ *Bitte* f
precesión *f* ⟨Astr⟩ *Präzession* f
pre|ciado adj *geschätzt, schätzenswert* ‖ *prahlerisch* ‖ *~ de si mismo eitel, eingebildet* ‖ **–ciar** vt *(wert)schätzen* ‖ *~ apreciar* ‖ *~se de sich rühmen* (gen) ‖ *sich brüsten* (de) *(mit* dat) ‖ *stolz sein, sich et einbilden auf* (acc) ‖ ◊ *~ de valiente den Tapferen spielen*
precin|ta *m (Steuer)Banderole* f ‖ *Papierband n eines Paketes Zigarren oder Zigaretten* ‖ *(Leder-) Riemen* m *(an Koffern, Kisten, Packungen usw)* ‖ ⟨Mar⟩ *Spund* m ‖ **–tado** *m (zollamtliche) Verplombung* f ‖ **–tadora** *f Plombiergerät* n ‖ **–tar** vt *mit einem Kontrollband versehen* ‖ *den Zollverschluß anlegen* (an acc) ‖ *(zollamtlich) versiegeln* ‖ ⟨Phot⟩ *überkleben (belichtete Filmspule)* ‖ **–to** *m Banderole* f ‖ *Verschluß* m ‖ *Zollverschluß* m ‖ ⟨Com⟩ *Kontrollband* n ‖ *Firmensiegel* n ‖ *~ de plomo Bleiplombe* f
precio *m Preis* m ‖ *Wert* m ‖ fig *Ansehen* n ‖ fig *Bestechung* f ‖ *~ bajo, aumentado niedriger, erhöhter Preis* m ‖ *~ barato niedriger Preis* m ‖ *~ de catálogo Katalogpreis* m ‖ *~ de compra Einkaufspreis* m ‖ *~ sin compromiso unverbindlicher Preis* m ‖ *~ al contado Barpreis* m ‖ *~ convenido Preis* m *laut Vereinbarung* ‖ *el ~ corriente, actual der Marktpreis, der gegenwärtige, jetzige Preis* ‖ *~ de coste (od costo) Selbstkosten-, Einstands|preis* m ‖ *~ económico effektiver Preis* m ‖ *~ elevado hoher Preis* m ‖ *~ de estimación Schätzwert* m ‖ *~ de fábrica Fabrikpreis* m ‖ *~ ex fábrica Preis m ab Werk* ‖ *~ de favor, de preferencia, fam ~ de amigo Vorzugspreis* m ‖ *~ fijo Festpreis* m ‖ *~ final Endpreis* m ‖ *~ en junto, ~ a destajo Pauschalpreis* m ‖ *~ equivocado (od inexacto) falscher Preis* m ‖ *~ exorbitante übertriebener, unerschwinglicher Preis* m ‖ *~ fuerte Ladenpreis* m ‖ *~ global Pauschalpreis* m ‖ *~ irrisorio Spott-, Schleuder|preis* m ‖ *~ limitado Limitpreis* m ‖ *~ máximo, ~ tope Höchstpreis* m ‖ *~ medio Mittel-, Durchschnitts|preis* m ‖ *~ de(l) mercado Marktpreis* m ‖ *~ mínimo niedrigster Preis* m ‖ *~ módico, ~ razonable erschwinglicher, mäßiger Preis* m ‖ *~ neto Nettopreis* m ‖ *~ de ocasión Gelegenheitspreis* m ‖ *~ sehr günstiger Preis* m ‖ *~ de orientación Richtpreis* m ‖ *~ al pormenor Detailpreis* m ‖ *~ preferente, ~ de preferencia Vorzugspreis* m ‖ *~ de propaganda Werbepreis* m ‖ *~ reducido ermäßigter Preis* m ‖ *~ regulador Richtpreis* m ‖ *~ ruinoso Schleuder-, Spott|preis* m ‖ *~ de transporte Beförderungspreis* m ‖ *Frachtsatz* m ‖ *~ de venta Verkaufspreis* m ‖ *"~ de venta al publico"* (P.V.P.) *Ladenpreis* m ‖ *~ ventajoso vorteilhafter Preis* m ‖ *aumento, baja de*(l) *~*

preciosa — precursor

Steigen (Erhöhung), Sinken n *des Preises* ‖ consolidación del ~ *Festigung* f *des Preises* ‖ diferencia de ~ *Preisunterschied* m ‖ disminución de ~ *Preisverminderung* f ‖ oscilación de ~ *Preisschwankung* f ‖ reducción de ~ *Preisermäßigung* f ‖ suplemento de ~ *Preisaufschlag* m ‖ el último ~ *der äußerste, niedrigste Preis* ‖ vil ~ *Schandgeld* n ‖ a buen ~ *zu niedrigen Preisen (aus der Sicht des Käufers)* ‖ teuer, z*u e-m hohen Preis (aus der Sicht des Verkäufers)* ‖ a cualquier ~ *um jeden Preis* ‖ *zu Schleuderpreisen* ‖ al ~ ínfimo *zum niedrigsten Preis* ‖ a menos ~ *wohlfeiler* ‖ a mitad de ~ *zu halbem Preis* ‖ a ningún ~ *um keinen Preis* ‖ fig *nicht im Traum* ‖ a ~ de oro *sehr teuer* ‖ a poco ~ *billig, wohlfeil* ‖ a ~ de su salud *auf Kosten seiner Gesundheit* ‖ a ~ de rescate *zum Rückkaufswert* ‖ a todo ~ *um jeden Preis* ‖ ◊ alzar, aumentar, elevar, subir el ~ *den Preis erhöhen* ‖ se lo alquilo al ~ de ... *ich vermiete es Ihnen zu ...* ‖ aumentar *(od* subir) de ~ *im Preise steigen* ‖ (re)bajar *(od* reducir) el ~ *den Preis ermäßigen* ‖ cotizar un ~ *einen Preis notieren* ‖ debatir, regatear el ~ *am Preise handeln* ‖ fijar el ~ *den Preis festsetzen* ‖ hacer bajar el ~ *den Preis herabdrücken* ‖ limitar, mantener el ~ *den Preis limitieren, halten* ‖ obtener un ~ *einen Preis erzielen* ‖ pasar del ~ *den Preis überschreiten* ‖ poner el ~ (a) *taxieren,* ~ *den Preis bestimmen* ‖ poner a ~ *e-n Preis ausschreiben auf* (acc) *et abschätzen* ‖ poner ~ a la cabeza de alg. fig *e-n Preis auf jds Kopf aussetzen* ‖ ponerse a ~ fig *sich der Prostitution hingeben (Frau)* ‖ se lo pondré al ~ más reducido *(od* bajo) *ich werde es Ihnen zum niedrigsten Preis überlassen* ‖ el ~ sube, aumenta (baja) *der Preis steigt (sinkt)* ‖ tener ~ *Absatz finden* ‖ no tener ~ *nicht zu bezahlen sein, unbezahlbar sein* ‖ *unvergleichlich sein* ‖ valer su ~ *preiswert sein* ‖ vender a bajo ~, a cualquier ~ *unter Preis verkaufen* ‖ ¿qué ~ tiene ...? *wie ist der Preis von ...?* ‖ **~s** pl *Preisstellung, Preisliste* f ‖ ~ de antes de la guerra *Vorkriegspreise* mpl (& fig) ‖ ~ astronómicos, ~ prohibitivos → **prohibitivo** ‖ baja de los ~ *Preis|sturz, -fall* m ‖ consolidación de los ~ *Festigung* f *der Preise* ‖ lista de ~ *Preisliste* f ‖ nota de ~ *Preisverzeichnis* n ‖ oscilaciones de los ~ *Preisschwankungen* fpl ‖ ◊ espero sus ~ *ich erwarte Ihren Kostenvoranschlag*

precio|sa f fam *Schätzchen, Liebchen* n, fam *Puppe f (Kosewort)* ‖ **-sidad** f *Kostbarkeit* f ‖ *Vortrefflichkeit* f ‖ fam *bildschönes Mädchen* n ‖ ◊ es una ~ *es ist wunderbar, wundervoll* ‖ **-silla** f fam *Zierpuppe* f ‖ **-sismo** m 〈Lit〉 *geschraubter, gezierter Stil* m ‖ *Preziösentum* n ‖ *Preziosität* f ‖ **-so** adj *kostbar, köstlich* ‖ *herrlich, vortrefflich* ‖ *wertvoll* ‖ fam *schön, nett* ‖ *witzig, spaßhaft* ‖ *affektiert* 〈bes Lit〉 ‖ piedras ~as *Edelsteine* mpl ‖ ~ m pop *Schätzchen, Liebchen* n

precipi|cio m *Abgrund* m ‖ fig *Untergang* m ‖ fig *Ruin* m ‖ al borde del ~ fig *am Rande des Abgrunds* (→ **abismo**) ‖ **-tación** f *Übereilung* f ‖ *Hast, Hastigkeit* f ‖ 〈Chem〉 *(Aus) Fällung* f, *Fällen* n, *Niederschlag* m ‖ 〈Meteor〉 *Niederschlag* m ‖ con ~ *hastig, voreilig* ‖ grandes ~es en el Cantábrico 〈Meteor〉 *starke Niederschläge an der kantabrischen Küste* ‖ **-tadamente** adv *voreilig, kopfüber* ‖ ◊ entrar ~ *(ins Zimmer) stürzen* ‖ **-tado** adj *übereilt, vorschnell, hastig* ‖ 〈Chem〉 *ausgefällt* ‖ ~ m 〈Chem〉 *(Aus) Fällung* f, *Niederschlag* m, *Präzipitat* n ‖ ~ rojo *rotes Präzipitat* n *(Quecksilber/II/-oxid)* ‖ **-tante** m 〈Chem〉 *Fällungsmittel* n ‖ **-tar** vt *(hinab)stürzen* ‖ *herunterwerfen, abwerfen (das Pferd den Reiter)* ‖ *überstürzen, übereilen, beschleunigen* ‖ fig *ins Verderben stürzen* ‖ 〈Chem〉 *(aus-) fällen* ‖ **~se** *sich be-, über/eilen* ‖ *sich überstürzen* ‖ *(Ereignisse)* ‖ *sich stürzen* (en *in* acc) ‖ *losstürzen* (sobre *auf* dat) ‖ 〈Chem〉 *einen Niederschlag bilden, (aus)fällen, sich niederschlagen* ‖ ◊ ~ al *(od* en el) abismo *sich in einen Abgrund stürzen* ‖ ~ al banco *die Bank bestürmen* ‖ ~ de (desde *od* por) el peñasco *vom Felsen stürzen* ‖ ~ por la escalera arriba *wie ein Blitz die Treppe hinauffliegen* ‖ ~ uno en brazos del otro *sich in die Arme fallen*

precipite adj 〈Lit〉 *in Gefahr zu stürzen*
precipuo adj 〈Lit〉 *hauptsächlich, vorzüglich* ‖ *vorwiegend*

preci|sado adj: ◊ me veo ~ a *ich (sehe) mich gezwungen, genötigt zu* ‖ **-samente** adv *bestimmt, genau* ‖ *eben, gerade* ‖ *eigentlich* ‖ *zwangsweise* ‖ y ~ *und zwar* ‖ iba a decirle ~ ... *ich wollte Ihnen eben sagen ...* ‖ este hombre ~ *eben, ausgerechnet dieser Mann* ‖ **-sar** vt *genau angeben* ‖ *präzisieren* ‖ *nötigen, zwingen* ‖ *benötigen, bedürfen, brauchen* ‖ ◊ no preciso de otros informes *ich bedarf keiner weiteren Informationen* ‖ **~se** vr *nötig sein* ‖ *nötig haben* ‖ se ~a secretaria *Sekretärin gesucht* ‖ **-sión** f *Genauigkeit, Präzision, Pünktlichkeit* f ‖ *Bündigkeit* f *(in der Schreibart)* ‖ *Feinheit* f ‖ *Verbindlichkeit* f ‖ *Zwang* m, *Nötigung, Notwendigkeit* f ‖ *Schärfe* f (& fig) ‖ Am barb *Eile* f ‖ ~ de tiro *Treffsicherheit* f ‖ arma, tiro de ~ *Präzisions|waffe* f, *-schießen* n ‖ báscula de ~ *Präzisions-, Feinstell/waage* f ‖ mecánica de ~ *Feinmechanik* f ‖ de toda ~ *sehr dringend* ‖ de ~ *Präzisions-* ‖ ~es fpl *genaue(re) Angaben* fpl ‖ **-so** adj *bestimmt* ‖ *genau, präzis(e)* ‖ *pünktlich, genau* ‖ *deutlich, ausdrücklich* ‖ *genau derselbe* ‖ *eingehend* ‖ *nötig, notwendig* ‖ *bündig (Schreibart)* ‖ en el caso ~ *nötigenfalls* ‖ *in demselben Fall* ‖ en el ~ momento *(od* momento ~) *gerade in dem Augenblick* ‖ lo ~ *soviel als nötig ist* ‖ *Lebensunterhalt* m, *Auskommen* n ‖ ◊ ~ es confesarlo *man muß es gestehen, zugeben* ‖ me es ~ hacerlo *ich muß es tun* ‖ es ~ es unbedingt nötig ‖ si es ~ *eventuell, gegebenenfalls* ‖ *wenn es nötig ist*

precitado adj *vorbenannt, besagt, vor-, oben|erwähnt*

precito adj/s 〈Rel〉 *verdammt, verworfen* ‖ ~ m: los ~s *die Verdammten* mpl
preclaro adj *berühmt, erlaucht* ‖ *herrlich, vortrefflich*

precocidad f *Frühreife* f ‖ *altkluges Wesen* n *(eines Kindes)* ‖ fig *Vorzeitigkeit* f ‖ ~ intelectual *geistige Frühreife* f

pre|colombino adj *prä-, vor|kolumbisch* ‖ época ~a *die Zeit vor der Entdeckung Amerikas* ‖ **-concebido** adj *vorbedacht, vorgefaßt (Meinung)* ‖ ideas ~as *Vorurteile* npl ‖ **-concebir** [-i-] vt *im voraus erwägen, bedenken* ‖ **-conizar** [z/c] vt *lobpreisen, öffentlich rühmen* ‖ *befürworten, empfehlen* ‖ *präkonisieren, feierlich zum Bischof ernennen (Papst)* ‖ el remedio más -conizado *das anerkannteste Mittel* ‖ **-contrato** m 〈Jur〉 *Vorvertrag* m ‖ **-conyugal** adj *vorehelich* ‖ relaciones ~es *voreheliche Beziehungen* fpl ‖ **-cordial** adj 〈An Med〉 *präkordial* ‖ angustia ~ 〈Med〉 *Präkordialangst, Beklemmung* f *in der Herzgegend*

precoz [pl **-ces**] adj *frühreif, Früh-* ‖ *altklug (Kind)* ‖ 〈Med〉 *vorzeitig (auftretend)* ‖ fig *früh mannbar* ‖ demencia ~ 〈Med〉 *Jugendirresein* n ‖ madurez ~ *Frühreife* f (& fig) ‖ ~ en su desarrollo físico *körperlich frühentwickelt* ‖ sus canas ~ces *sein vorzeitig ergrautes Haar* n

pre|cristiano adj *vorchristlich* ‖ **-cursor** m *Vor|läufer, -bote* m ‖ *Wegbereiter, Bahnbrecher* m ‖ fig *Pionier* m ‖ ≁ *Johannes* m *der Täufer* ‖ ~ adj *vorlaufend, vorangehend* ‖ *bahnbrechend, wegbereitend* ‖ *Pionier-* ‖ signos ~es, señales ~as *Vorzeichen* npl ‖ *warnende Zeichen* npl

preda|dor, -torio adj *Plünder(ungs)-* ‖ *Raub-* ‖ aves ~as ⟨V⟩ *Raub-, Greif|vögel* mpl
pre|decesor m *Vorgänger* m ‖ *Vorfahr* m ‖ = **precursor** ‖ **–decir** [irr → decir, fut regelm.] vt *vorhersagen* ‖ ~ (el porvenir) *weissagen* ‖ **–definir** vt ⟨Theol⟩ *vorbestimmen*
predesti|nación f *Vorherbestimmung* f ‖ ⟨Theol⟩ *Prädestination, Gnadenwahl* f ‖ **–nar** vt *vorherbestimmen* ‖ ⟨Theol⟩ *prädestinieren* (& fig)
predeterminación f *Vorher-, Voraus|bestimmung* f ‖ ⟨Biol⟩ *Prädetermination* f ‖ ⟨Theol⟩ *Prädeterminismus* m
prédica f *Predigt* f ‖ p.ex *Rede* f ‖ ⟨Pol⟩ pej *Propagandareden* fpl ‖ *Schulung* f ‖ las ~s subversivas *die subversiven Parolen*
predicables mpl ⟨Philos⟩ *Prädikabilien* npl
predica|ción f *Predigen* n, *Predigt* f ‖ *Ermahnung* f ‖ ⟨Pol⟩ *Schulung* f ‖ ⟨Philos⟩ *Prädikation* f ‖ **–dera** f Ar *Kanzel* f ‖ ~s fpl Ar *Prediger-, Redner|gabe* f ‖ *Redefluß* m ‖ **–do** m *Aussage* f ‖ ⟨Gr Philos⟩ *Prädikat* n ‖ **–dor** m *Prediger* m ‖ *Kanzelredner* m ‖ *Orden de los* ~es *Prediger-, Dominikaner|orden* m ‖ **–mento** m ⟨Log⟩ *Prädikament* n, *Kategorie* f ‖ *Ruf* m, *den jd genießt* ‖ *Achtung. Anerkennung* f ‖ muy en ~, en gran ~ *allgemein bekannt, verbreitet (z.B. Heilmittel)* ‖ ◊ estar en buen ~ *Anerkennung finden*
predi|car [c/qu] vi *verkündigen* ‖ *predigen* ‖ fam *ausposaunen, übermäßig loben* ‖ fam *jdm die Leviten lesen* ‖ ◊ no es lo mismo ~ que dar trigo fig *Reden und Handeln ist zweierlei* ‖ **–cativo** adj ⟨Gr⟩ *aussagend, prädikativ, Aussage-* ‖ **pre|dicción** f *Vorher|sagung, -sage, -verkündigung* f ‖ *Prädiktion* f ‖ ⟨Mil⟩ *Vorhalt* m *(Ballistik)* ‖ *Errechnen* n *des Vorhalts* ‖ ~ de tiempo *Wettervorhersage* f ‖ **–dicho** pp/irr v. **–decir** ‖ ~ m der *Vor(her)erwähnte*
predi|lección f *Vorliebe, (Zu)Neigung* f, *Hang* m ‖ ~ por el canto *Vorliebe* f *für den Gesang* ‖ ◊ tiene ~ por ella *er hält große Stücke auf sie, sie ist sein Lieblingskind* ‖ **–lecto** adj *bevorzugt* ‖ *Lieblings-* ‖ su ocupación ~a *seine Lieblingsbeschäftigung* ‖ alumno ~ *Lieblingsschüler* m ‖ ◊ nombrar hijo ~ *jdn zum Ehrenbürger einer Stadt ernennen*
predio m ⟨Jur⟩ *Grundstück* n ‖ *(Erb)Gut* n ‖ ~ dominante (sirviente) ⟨Jur⟩ *herrschendes (dienendes) Grundstück* n
predis|poner [irr → poner] vt *vorbereiten* ‖ *empfänglich machen (z.B. für Krankheiten)* ‖ *prädisponieren* (para *für* acc) ‖ ~se *sich im voraus gefaßt machen* (para *auf* acc) ‖ **–posición** f *Anlage, Geneigtheit, Empfänglichkeit* f *(bes für eine Krankheit)* ‖ ~ hereditaria ⟨Gen⟩ *Erbanlage* f ‖ **–puesto** pp/adj *geneigt* ‖ *empfänglich* (a *gegen*) ‖ ◊ estar ~ *eingenommen sein* ‖ ser ~ (besser: tener predisposición) ⟨Med Gen⟩ *neigen* (a *zu* dat)
predomi|nación, -nancia f *Vorherrschen, Übergewicht* n ‖ *Vorherrschaft* f ‖ **–nante** adj *vorherrschend, vorwaltend, vorzüglich* ‖ *überwiegend* ‖ *dominierend* ‖ opinión ~ *vorherrschende Meinung* f ‖ **–nar** vt/i *beherrschen* ‖ ◊ mi casa predomina sobre la tuya *mein Haus ist höher als das deinige* ‖ ~ vi *vorherrschen, die Oberhand haben, dominieren, überwiegen* ‖ **–nio** m *Vorherrschen, Hervorragen* n ‖ *Oberherrschaft* f ‖ *Übergewicht* n ‖ *Überlegenheit* f
pre|dorso m ⟨An⟩ *Vorderzunge* f ‖ **–elección** f *Vor(aus)wahl* f
preeminen|cia f *Vor|zug, -rang* m, *-recht* n ‖ *Überlegenheit* f ‖ *höhere Würde* f ‖ fig *Hervorragen* n ‖ **–te** adj *vorzüglich, erhaben* ‖ fig *hervorragend*
preescolar adj *Vorschul-, vorschulisch*
pre|establecer vt *vorher festsetzen, vorherbestimmen* ‖ *vorher bestimmen* ‖ **–establecido** adj *vorher festgesetzt* ‖ ⟨Philos⟩ *prästabiliert (Harmonie)* ‖ **–excelso** adj *ganz vorzüglich, unübertrefflich*
preexis|tencia f *Vorherdasein, früheres Dasein* n, *Präexistenz* f ‖ **–tente** adj *vorher bestehend, präexistent* ‖ *überstanden (Krankheit)* ‖ **–tir** vi *vorherbestehen, früher dasein* ‖ *vorher dasein*
prefabrica|ción f *Vorfertigung* f ‖ *Herstellung* f *von Fertigteilen* ‖ **–do** adj *vorgefertigt* ‖ *Fertig-, präfabriziert* ‖ artículos ~s *Fertigwaren* fpl ‖ casa ~a *Fertighaus* n ‖ **–r** vt *vor|fertigen, -fabrizieren, präfabrizieren*
prefacio m *Vorrede* f, *Vorwort* n ‖ ⟨Rel⟩ *Präfation* f
prefación f → **prefacio**
prefec|to m *(altrömischer) Präfekt* m ‖ *Vorsteher* m *(eines Gerichtshofes, Klosters, einer Schulanstalt)* ‖ *(in Frankreich) Präfekt*, öst *Bezirkshauptmann* m ‖ **–tura** f *Präfektur, Präfektenstelle* f ‖ *Amtssitz* m *des Präfekten* ‖ *(Hafen)Behörde* f
preferen|cia f *Vorzug* m ‖ *Vorliebe* f ‖ ⟨Jur⟩ *Vor(zugs)recht* n, *Vorrang* m ‖ ⟨Th⟩ *erster Rang, Vorzugsplatz, Sperrsitz* m ‖ ⟨Th⟩ *Sitzplatz* m ‖ derecho de ~ *Vorkaufsrecht* n ‖ entrada de ~ ⟨Th⟩ *Rangkarte* f ‖ margen de ~ *Präferenzspanne* f ‖ precio de ~ *Vorzugspreis* m ‖ de (od con) ~ *vorzugsweise, vorzüglich, vornehmlich* ‖ am besten ‖ ◊ dar ~ den *Vorzug geben* (dat), *vorziehen, den Vorrang, Vortritt lassen* (dat) ‖ **–cial** adj ⟨Com⟩ *bevorrechtigt* ‖ *Vorzugs-, Präferenz-* ‖ acreedor ~ *bevorrechtigter Gläubiger* m ‖ **–te** adj *bevorrechtet* ‖ *Vorzugs-* ‖ acción ~ *Vorzugsaktie* f ‖ derecho de ~ *Vorkaufsrecht* n ‖ **–temente** adv *hauptsächlich, insbesondere, vor allen Dingen*
preferi|ble adj *vorzuziehen(d), was vorzuziehen ist* ‖ ◊ es ~ callar *es ist besser zu schweigen* ‖ es ~ a la fruta *es ist dem Obst vorzuziehen* ‖ me es ~ *ich ziehe es vor* ‖ **–jo** pp/adj *Lieblings-* ‖ ocupación ~a *Lieblingsbeschäftigung* f
prefe|rir [-ie/i-] vt *vorziehen, bevorzugen, den Vorzug geben* (dat), *liebhaben* (a *als* acc) ‖ *über|treffen, -ragen* ‖ ◊ yo te prefiero a él *du bist mir lieber als er* ‖ prefiero que te quedes *ich möchte lieber, daß du (da)bleibst* ‖ **–rido** entre todos *allgemein vorgezogen*
prefigu|ración f *Vorausdarstellung* f ‖ *Vorhergestaltung* f ‖ *Urbild* n ‖ *Präfiguration* f ‖ **–rar** vt *vorausdeutend darstellen* ‖ *ahnen lassen, andeuten* ‖ *präfigurieren*
prefi|jar vt *vorherbestimmen* ‖ *im voraus, vorher festlegen* ‖ *anberaumen* ‖ **–jo** pp/irr v. **–jar** ‖ ~ adj *anberaumt, festgesetzt* ‖ ~ m ⟨Gr⟩ *Präfix* n, *Vorsilbe* f ‖ ⟨Tel⟩ *Vorwahlnummer* f
pre|financiación f *Vorfinanzierung* f ‖ **–financiar** vt *vorfinanzieren*
prefoliación f ⟨Bot⟩ *Knospenlage, Vernation* f
preformación f ⟨Gen⟩ *Vorherbildung, Präformation* f ‖ ⟨Tech⟩ *Vor(ver)formung* f
prefs. Abk = **preferentes**
preglacial adj *präglazial, voreiszeitlich*
pregón m *öffentliches Ausrufen* n *(bes eines Straßenhändlers)* ‖ Ast Sant *Heiratsaufgebot* n ‖ fig *Prahlerei* f ‖ *Ausposaunen* n *des Lobes* ‖ pop *Quatsch* m ‖ ~ literario Span *(dichterische) Rede* f *zur Eröffnung von Festlichkeiten* ‖ sin ~ fig *ohne Aufsehen, still* ‖ ~ de viva voz *öffentlicher Warenausruf* m ‖ ◊ llevar con ~ *zur Schau stellen* ‖ **–es** pl *Straßenrufe* mpl
prego|nar vt *öffentlich ausrufen* ‖ *(Stunden) abrufen (Nachtwächter)* ‖ fig *ausplaudern, verbreiten, ausposaunen* ‖ ◊ lo va –nando a los cuatro vientos *fam er posaunt es überall aus* ‖ estar –nado *in Verruf, verrufen sein* ‖ **–neo** m fam *öffentlicher Ausruf* m ‖ **–nero** m *öffentlicher Ausrufer* m ‖ *Marktschreier* m ‖ fig *Klatschmaul, Neuigkeitskrämer* m

preguerra f *Vorkriegszeit* f ‖ la época de la ~ *die Vorkriegszeit*
pregun|ta f *Frage* f ‖ *Ausfragung* f, *Verhör* n ‖ ~ capciosa *Fangfrage* f ‖ ~ insidiosa, ~ sugeridora *Suggestivfrage* f ‖ ◊ andar *(od* quedar, estar) a la cuarta ~ figf *wenig oder kein Geld haben, fam pleite, blank sein* ‖ cual la ~ tal la respuesta *wie die Frage, so die Antwort* ‖ hacer una ~ *e–e Frage stellen* ‖ → **acosar** ‖ **–tador** m *(lästiger) Frager* m (→ **preguntón**) ‖ **–tar** vt/i *fragen* ‖ ⟨Jur⟩ *ausfragen, verhören* ‖ ◊ ~ a alg. *jdn (aus)fragen* ‖ ~ la lección *abfragen (Schüler)* ‖ eso no se –ta *danach fragt man nicht, das ist ein Geheimnis* ‖ *das ist sonnenklar* ‖ quien ~, no yerra *mit Fragen kommt man durch die Welt* ‖ le –tó por su nombre *er fragte ihn nach seinem Namen* ‖ sin ser –tado *ungefragt* ‖ ¿ha –tado alg. por mi? *hat jd (etwa) nach mir gefragt?* ‖ **–tón** m fam *lästiger Frager* m ‖ ~ adj *stetig fragend*
pregustar vt/i *vorkosten*
prehis|toria f *Vorgeschichte, Prähistorie* f ‖ **–toriador** m *Vorgeschichtler, Prähistoriker* m ‖ **–tórico** adj *vorgeschichtlich, prähistorisch*
preincaico adj *dem Zeitalter der Inkas vorausgehend, vorinkaisch*
preislámico adj *vorislamisch*
△**prejenar** vt/i *leiden* ‖ *erhalten*
△**prejete** m *Eppich* m
pre|judicial adj ⟨Jur⟩ *vorläufig, präjudiziell* ‖ cuestión ~ ⟨Jur Pol⟩ *Vorfrage* f ‖ **–ju(d)icio** m *vorgefaßte Meinung* f ‖ *Vorurteil* n ‖ ⟨Jur⟩ *Vorfrage* f, *Präjudiz* n ‖ ~ de casta *Standes|vorurteil* n, *-dünkel* m ‖ sin ~s *vorurteilslos* ‖ **–juzgar** [g/gu] vt/i *im voraus aburteilen* ‖ fig *(voreilig) urteilen* ‖ ⟨Jur⟩ *präjudizieren*
prela|cía f *Prälatenwürde* f ‖ **–ción** f *Vorzug* m ‖ *Vorrang* m ‖ *Vorrecht* n ‖ ◊ tener el derecho de ~ sobre *das Vorzugsrecht haben vor* (dat) ‖ según la ~ *nach Rangfolge (z.B. Gläubiger)* ‖ **–da** f ⟨Kath⟩ *Oberin* f ‖ *Äbtissin* f ‖ **–do** m *Prälat* m ‖ *Abt* m ‖ *(Erz)Bischof, Kardinal* m ‖ ~ doméstico *Hausprälat* m *(des Papstes)* ‖ **–ticio** adj *Prälaten–* ‖ **–tivo** adj *ein Vorrecht gebend* ‖ **–tura** f = **–cía**
preliminar adj *vorläufig, einleitend* ‖ *Präliminar–* ‖ *Vor–* ‖ advertencia ~ *Vorbemerkung* f ‖ encuentro ~ ⟨Sp⟩ *Vorkampf* m ‖ nota ~ *Vorbemerkung* f ‖ conocimientos ~es *Vorkenntnisse* fpl ‖ los gastos ~es *die vorläufigen Kosten* pl ‖ gestiones ~es *Vorverhandlungen* fpl ‖ ~ m *Vorbemerkung* f ‖ **–es** pl *Vorverhandlungen* fpl ‖ ⟨Jur⟩ *Vorverhör* n ‖ los ~ de la paz ⟨Mil⟩ *die Friedenspräliminarien* npl, *die Friedensvorverhandlungen* fpl
prelu|diar vt/i ⟨Mus⟩ *vorspielen, präludieren* ‖ *phantasieren* ‖ fig *einleiten, in Angriff nehmen* ‖ **–dio** m ⟨Mus⟩ *Vorspiel, Präludium* n ‖ ⟨Med⟩ *Vorzeichen* n ‖ fig *Einleitung* f, *Vorspiel* n
△**prelumina** f *Woche* f
premamá adj: vestido ~ *Umstandskleid(ung* f) n
prema|rital, –trimonial adj = **preconyugal**
prematu|ramente adv *vor der Zeit* ‖ ~ envejecido *vorzeitig alt geworden* ‖ **–ro** adj *früh|reif* ‖ *verfrüht, vorzeitig* ‖ fig *verfrüht, übereilt* ‖ *Früh–*
premedi|tación f *Vorbedacht* m ‖ *Vorsatz* m ‖ *Überlegung* f ‖ con ~ *vorsätzlich* ‖ ◊ matar con ~ *e–n vorsätzlichen Mord begehen* ‖ **–tadamente** adv *vorsätzlich* ‖ **–tar** vt *vorher bedenken* ‖ *überlegen* ‖ ⟨Jur⟩ *vorsätzlich planen* ‖ asesinato –tado *vorsätzlicher Mord*
premezclar vt *vormischen*
premia|dor m *Belohner* m ‖ **–do** m *Preisträger* m
pre|miar vt *belohnen* ‖ *(Preise) austeilen* ‖ mit e–m Preis *auszeichnen* ‖ obra –miada por ... *preisgekrönt durch ... (Buch)* ‖ **–mier** m engl *Premier(minister)* m ‖ **–mio** m *Belohnung* f ‖ *Preis* m ‖ *Prämie* f ⟨Com⟩ *Auf-, Drein|gabe* f ‖ ⟨Com⟩ *Prämie* f (→ **prima**) ‖ ⟨Com⟩ *Agio, Aufgeld* n ‖ ⟨Mar⟩ *Prisengeld* n ‖ *Treffer, Gewinn* m *(Lotterie)* ‖ ~ de consolación *Trostpreis* m ‖ ~ de Estado, ~ nacional *Staatspreis* m ‖ ~ gordo *Hauptgewinn* m *(Lotterie)* ‖ ~ en hallazgo ⟨Jur⟩ *Finderlohn* m ‖ ~ de honor *Ehrenpreis* m ‖ ~ de *(od* a la) natalidad Span *Geburten|prämie, -zulage* f ‖ ~ Nobel, ~ Nóbel *(de la paz) (Friedens-) Nobelpreis* m ‖ ~ periódico *(od* ambulante) ⟨Sp⟩ *Wanderpreis* m ‖ ~ de seguro ⟨Mar⟩ *Versicherungsprämie* f ‖ gran ~ *Haupt|preis, -treffer* m ‖ primer ~ *Hauptgewinn* m *(Lotterie)* ‖ a ~ *auf Zins* ‖ repartición de ~s *Preisverteilung* f ‖ ◊ adjudicar, conceder un ~ *e–n Preis zuerkennen, verleihen* ‖ ~ **negocio**
premio|sidad f *Knappheit, Beengtheit* f ‖ *Plumpheit, Schwerfälligkeit* f *(der Rede, des Stils)* ‖ *Strenge* f ‖ **–so** adj *eng, knapp, beengt* ‖ *plump, schwerfällig* ‖ fig *drängend, Zwangs-* ‖ fig *steif, starr* ‖ fig *streng*
premisa f ⟨Log⟩ *Prämisse* f, *Vordersatz* m *(e–s Schlusses)* ‖ *Vor|bedingung, -aussetzung* f ‖ fig *Merkmal, Kennzeichen* n, *Vorbote* m ‖ ◊ establecer como ~ fig *vorausschicken* ‖ *voraussetzen*
premo|ción f *Vorantrag* m ‖ **–lar** m/adj *Prämolarzahn* m
premoni|ción f *Vor|ahnung* f, *-gefühl* n ‖ *Vorwarnung* f ‖ **–torio** adj *(vor)warnend* ‖ ⟨Med⟩ *prämonitorisch, prodromal* ‖ *Warn(ungs)-*
premo(n)stratense m/adj *Prämonstratenser* m *(Ordensmönch)*
premo|riencia f ⟨Jur⟩ *Vorversterben* n ‖ **–riente** adj/s *zuerst sterbend* ‖ **–rir** vi *vorversterben*
premuerto adj/s ⟨Jur⟩ *vorverstorben* ‖ ~ m *Vorverstorbene(r), zuerst Sterbende(r)* m
premu|ra f *Dringlichkeit* f ‖ *Drang, Zwang* m, *Anliegen* n ‖ *Eile, Hast* f ‖ *Bedrängnis* f ‖ con ~ *hastig, eilig* ‖ **–roso** adj *hastig, eilig*
prenatal adj *vorgeburtlich* ‖ *für werdende Mütter, Schwangerschafts-, Umstands-* (z.B. *Kleidung)*
principal adj/s pop = **principal**
prenda f *Pfand* n ‖ fig *Unterpfand* n ‖ fig *Liebespfand* n ‖ fig *Schätzchen, Liebchen* n *(Koseausdruck)* ‖ *Kleidungsstück* n ‖ fig *Pfand* m, *Sicherheit* f ‖ fig *Geistesgabe* f ‖ fig *Vorzug* m, *gute Eigenschaft* f ‖ ~ de abrigo *Überkleidung(-sstück* n) f ‖ en ~ (de) *als Pfand, als Beweis* (gen) ‖ en ~ de amistad *als Zeichen der Freundschaft* ‖ ◊ desempeñar una ~ *ein Pfand einlösen* ‖ hacer ~ fig *sich auf jds Aussage od Tat stützen* ‖ soltar ~ figf *sich voreilig verpflichten* ‖ figf *sich verraten*, fam *sich verplappern* ‖ no soltar ~ figf *sich mit k–m Wort verraten, immer auf der Hut sein* ‖ figf *sehr wortkarg* (fam *zugeknöpft*) *sein* ‖ tomar dinero sobre una ~ *auf Pfand borgen* ‖ **–s** pl *Naturgaben* fpl ‖ *gute Eigenschaften* fpl ‖ *Kleidungsstücke* npl ‖ ~ de abrigo *warme Kleidung* f ‖ *Überkleidung* f ‖ ~ personales *persönliche Eigenschaften* fpl ‖ juego de ~ *Pfänderspiel* n ‖ hombre de ~ *begabter Mann* m ‖ ◊ jugar a ~ *Pfänder spielen* ‖ no me han de doler ~ para ... *ich will alles aufbieten, um ...*
pren|dado adj *verliebt* ‖ ~ de *eingenommen für* ‖ ~ de una mujer *in eine Frau verliebt* ‖ **–dar** vt *pfänden* ‖ *jdn für sich gewinnen* ‖ ~se *sich verlieben* (de *in* acc)
prendario adj ⟨Jur⟩ *Pfändungs-* ‖ *Pfandderecho* ~ *Pfandrecht* n
prende|dero m *Heftel* n, *Spange* f ‖ *Häkchen* n ‖ *Haarband* n ‖ **–dor** m *Brosche* f ‖ *Rocknadel* f ‖ *Verhaftende(r)* m ‖ *Ergreifer* m
pren|der vt *nehmen, ergreifen* ‖ *erfassen, anpacken* ‖ *verhaften, festnehmen* ‖ *befestigen, anstecken* ‖ *an-, fest|binden* ‖ *anheften, ankleten* ‖ *(Muttertier) decken* ‖ *anzünden (Feuer, Licht,*

prendería — prepósito

Zigarre) || be-, er|leuchten, hell machen || Am = **emprender** || ◊ ~ con alfileres *mit Stecknadeln befestigen, anheften* ⟨Sch⟩ *unzuverlässig, ungenügend, nur vorübergehend lernen* || ~ con redes de oro *fig verlocken* || ~ en un gancho *aufhängen* || ~ un cigarillo *eine Zigarette anstecken* || vi ⟨Agr⟩ *Wurzel fassen* || ⟨Med⟩ *angehen (Impfung)* || *Feuer fangen, (an)brennen* || ~**se** *sich putzen, sich schmücken (Frauen)* || *haftenbleiben* || ◊ ~ una rosa en el *(od* al*) cabello sich eine Rose ins Haar stecken* || ~ a alg. *Arm in Arm mit jdm gehen* || *jdn umarmen* || ~ contra *sich drücken an* (acc) || cirios –didos Am *brennende Kerzen fpl* || **–dería** *f Trödlerbude f* || **–dero** *m Trödler m* || **–dido** *m Kopfputz m* || *Frauenputz m* || *abgefaßtes Stickmuster n* || **–dimiento** *m Verhaftung, Festnahme f* || *Ergreifen n*
pre|noción *f Vorerkenntnisse fpl* || **–nombre** *m (bei den Römern) Vorname m* || **–notar** *vt vorher anmerken* || *vormerken*
pren|sa *f (Druck-, Buchdruck)Presse f* || ⟨Wein⟩*Kelter f* || ⟨Phot⟩ *Kopierrahmen m* || *Druckerei f* || *Drucksachen fpl* || *fig Druck m* || *fig Presse f* || *fig Zeitungswesen n* || ~ barata *fig Boulevardpresse f* || ~ de *(od* para*) copiar Kopierpresse f* || ~ diaria *Tagespresse f* || ~ difamatoria *Revolverpresse f, Radaublättchen npl* || ~ de imprenta, ~ para imprimir *Druckpresse f* || ~ para limones *Zitronenpresse f* || ~ de manivela *Kurbelpresse f* || ~ fotográfica ⟨Phot⟩ *Kopierrahmen m* || ~ hidráulica ⟨Tech⟩ *hydraulische Presse f* || ~ manual, ~ de mano *Handpresse f* || ~ rápida *Schnellpresse f* || ~ rotativa *Rotationspresse f* || ~ sensacionalista *Boulevardpresse f* || *Regenbogenpresse f* || ~ tipográfica *Buchdruckpresse f* || agencia de ~ *Presseagentur f* || campaña de ~ *Pressekampagne f* || conferencia de ~, fam rueda de ~ *Pressekonferenz f* || delito de ~ ⟨Jur⟩ *Pressevergehen n* || libertad de la ~ *Pressefreiheit f* || revista de ~ *Presseschau f* || tribuna de la ~ *Pressetribüne f* || La ~ bedeutende arg. Tageszeitung (B. Aires) || ◊ dar a la ~ *in Druck geben, drucken lassen* || estar en ~ *im Druck sein (Buch)* || meter en ~ a alg. *figf jdn in die Enge treiben* || tener buena (mala) ~ e–e gute (schlechte) Presse haben (& fig) || **–sado** *m Pressen n* || *Glätten n* || *Preßglanz m* || ***Preßwurst** *f* || *Kelterung f, Keltern n (des Weines)* || *Obstpressen n* || ~ part *gepreßt* || **–sadora** *f* ⟨Tech⟩ *Preßmaschine f* || **–saestopa(s)** *m* ⟨Tech⟩ *Stopfbüchse f* || **–sapapeles** *m Briefbeschwerer m* || **–sar** *vt pressen* || *keltern (Wein)* || *glätten (Tuch)* || *auspressen* || ◊ ~se la cabeza *sich den Kopf mit den Händen halten (vor Aufregung usw)* || **–sil** *adj Greif-, Wickel-* || cola ~ ⟨Zool⟩ *Greif-, Wickel|schwanz m* || **–sión** *f Greifen, Fassen n* || **–sista** *m Druckereigehilfe m*
prenun|ciar(se) *vt/r (sich vorher) anmelden* || **–cio** *m Vorbedeutung f, Vorzeichen n*
prenupcial *adj vorehelich* || certificado ~ *Ehetauglichkeitsbescheinigung f* || → **preconyugal**
pre|ñado *adj trächtig (Tier)* || *vulg schwanger (Frau)* || *fig voll (de von dat)* || ~ de dificultades *fig voller Schwierigkeiten* || mirada ~a de amenazas *drohender Blick m* || nube ~a de agua *regenschware Wolke f* || los ojos ~s de lágrimas *mit tränenden Augen* || palabra ~a de significados *fig tiefsinniges Wort n* || **–ñar** *vt (weibliche Tiere) befruchten* (→ **cubrir**) || *vulg schwängern* || *(ugs. de mit dat)* || **–ñez** [*pl* –**ces**] *f* ⟨Zool⟩ *Trächtigkeit f* || *Tragezeit f* || *Schwangerschaft f* || *fig Ungewißheit f* || *fig Schwierigkeit f*
preocu|pación *f vorgefaßte Meinung f, Vorurteil n* || *Befangenheit, Voreingenommenheit f, fixe Idee f* || *Sorge, Besorgnis f, Kummer m* || *Unruhe f* || *Zerstreutheit f* || Am *(tiefer) Eindruck m* ||

~ de casta *Standesvorurteil n* || exento de toda ~, sin ~(es) *sorglos* || *unbefangen* || → **despreocupado** || lleno de ~es *vorurteilsvoll* || ◊ V. tiene una ~ contra mí *Sie haben ein Vorurteil gegen mich* || **–pado** *adj sinnend (de auf acc)* || *besorgt (por, con um acc, wegen gen)* || *in Gedanken versunken* || *voreingenommen* || *sehr beschäftigt (con, por mit dat)* || ◊ estoy ~ por *(od* con*) ella ich bin besorgt um sie* || **–par** *vt stark beschäftigen, beunruhigen, k–e Ruhe lassen (dat)* || *mit Besorgnis erfüllen (a causa de wegen gen)* || *einnehmen (por für, contra gegen acc)* || *befangen machen* || ◊ me –pa tu porvenir *deine Zukunft macht mir Sorgen* || ~**se** *vr sich sorgen (por um acc), sich kümmern (de um acc)* || *voreingenommen sein (con, contra für, gegen acc)* || ¡no se –pe V.! *seien Sie unbesorgt!* || ◊ no ~ de nada *sich keine Sorgen machen* || ~ con *ein Vorurteil fassen (gegen acc)*
preoperatorio *adj* ⟨Med Chir⟩ *voroperatorisch, präoperativ*
preopinante *m* ⟨Pol⟩ *Vorredner m*
prepalatal *adj* ⟨Gr⟩ *präpalatal (span. Laute ch, ll, ñ, y)*
prepara|ción *f Vorbereitung f* || *Vorbehandlung, Zubereitung f* || ⟨Chem Tech⟩ *Vor-, Zu|bereitung f* || ⟨Chem⟩ *Ansatz m, Darstellung f* ⟨Med Pharm Chem⟩ *Präparat n* || *Zurichten n (Pelz)* || *Präparierung f* || ~ microscópica ⟨Med Chem⟩ *mikroskopisches Präparat n* || ~ para el viaje *Reisevorbereitung f* || en ~ *in Vorbereitung* || *im Druck (Buch)* || sin ~ *unvorbereitet* || *aus dem Stegreif* || **–do** *m* ⟨Chem Pharm Med⟩ *Präparat n* || *Mittel n* || ~ hormonal ⟨Pharm Med⟩ *Hormonpräparat n* || ~ (a base) de mercurio *Quecksilberpräparat n* || *adj bereitet* || *fertig, bereit* || *präpariert* || *fig vorbereitet, gefragt (para auf acc)* || **–dor** *m Präparator m*
prepa|rar *vt vorbereiten* || *(zu)bereiten (Speise, Getränk)* || *ein-, zu|richten* || *errichten* || *in die Wege leiten, ansetzen (Versuch)* || *herstellen (Mittel)* || ⟨An Chem Pharm⟩ *präparieren* || ◊ ~ el camino *fig den Weg bahnen* || ~ la tierra *den Boden bearbeiten* || ~**se** *sich rüsten, sich einrichten, sich vorbereiten, sich gefaßt machen (a. para auf acc)* || *fig im Anzug sein* || ◊ ~ a los exámenes *sich auf Prüfungen vorbereiten* || ~ contra *gegen et Vorsichtsmaßregeln treffen* || ~ para *(od* a*) sich vorbereiten, einrichten* || *sich gefaßt machen auf (acc)* || estar –rado para *gefaßt sein auf* (acc) || estar –rado para lo peor *auf das Schlimmste gefaßt sein* || estoy –rado para el viaje *ich bin reisefertig* || tener ~ *in Bereitschaft halten* || **–rativo** *adj =* **–ratorio** || ~ *m Vorbereitung f* || ◊ hacer ~s (para) *Vorbereitungen, Anstalten treffen, sich vorbereiten (zu)* || **–ratorio** *adj vorbereitend* || *Vorbereitungs-, Vor-* || curso ~ *Vorbereitungskurs, Vorkursus m* || escuela ~a *Vor(bereitungs)schule f* || estudios ~s *Vorstudien npl* || trabajos ~s *Vorarbeiten fpl* || → a **preventivo**
preponde|rancia *f Über|gewicht n, -macht f* || *Überwiegen n* || *Überlegenheit f* || *Vor|machtstellung, -herrschaft f* || *Vorherrschen n* || **–rante** *adj überwiegend* || *vorwiegend* || *gewichtiger, stärker (& fig)* || *vorherrschend* || *ausschlaggebend, entscheidend* || ~**mente** *adv vorwiegend, hauptsächlich* || **–rar** *vi überwiegen* || *vor|herrschen, -wiegen* || ~ sobre *das Übergewicht haben über*
prepo|ner [*irr* → **poner**] *vt vorsetzen* || *vorziehen* || **–sición** *f* ⟨Gr⟩ *Präposition f, Verhältniswort n, öst Vorwort n* || ~ inseparable ⟨Gr⟩ *Präfix n* || **–sicional** *adj die Präposition betreffend, präpositional* || **–sitivo** *adj als Präposition gebraucht* || ~ *m* ⟨Gr⟩ *Präpositiv m*
pre|pósito *m (Ordens)Probst, Vorsteher, Prä-*

positus, Prior m || **-posteración** *f gänzliche Verwirrung* f || *Umsturz* m
prepoten|cia *f Übermacht* f, *Vorherrschen* n || **-te** adj/s *übermächtig, vorherrschend*
prepucio *m* ⟨An⟩ *Vorhaut* f, *Präputium* n
prepuesto pp/irr *v.* **preponer**
prerrafae|lismo *m* ⟨Mal⟩ *Präraffaelismus* m || **-lista** *m*/adj *Präraffaelit* m
prerrevolucionario adj *vorrevolutionär*
prerrogativa *f Vorrecht* n, *Prärogative* f || ~s de la edad *Vorrechte* npl *des Alters*
prerromano adj *vorrömisch*
prerro|manticismo *m Vorromantik* f || **-romántico** adj/s *vorromantisch* || ~ m *Vorromantiker* m
¹**presa** *f Fang* m, *Festnahme* f || *Fangen* n || *Wegnahme* f || *Beute* f || *Jagdbeute* f, *Fang* m || ⟨Sp⟩ *Griff* m (→ **llave**) || ⟨Mar⟩ *Prise* f, *erbeutetes Schiff* n || ⟨Hydr⟩ *Talsperre* f || ⟨Hydr⟩ *Stau|anlage* f, *-werk*, *Wehr* n || → **embalse**, **pantano** || ~ de gravedad *Schwergewichtsmauer* f || ~ de un molino *Mühlwehr* n || ~ móvil *Wehr* n *mit beweglichem Verschluß* || animal de ~ *Raubtier* n || ave de ~ *Greif-*, *Raub|vogel* m || derecho de ~s *Prisen-*, *Beute|recht* n || perro de ~ *Fanghund* m || ~ antirreglamentaria ⟨Sp⟩ *verbotener Griff* m || ◊ hacer ~ *fangen*, *packen*, *greifen* || fig *ausbeuten* || *für sich ausnützen* || hacer ~ en alg. fig *sich jds bemächtigen*, *jdn befallen*, *ergreifen (Leidenschaft)* || ser ~ de las llamas *ein Raub der Flammen werden* || ser ~ de rabia *wuterfüllt sein* || soltar ~ *loslassen*, *aufgeben* || ~s pl *Fang-*, *Reiß|zähne* mpl *(der Hunde)* || *Fänge* mpl, *Krallen* fpl *(der Greifvögel)*
²**presa** *f weiblicher Sträfling* m
presa|giar vt *vorhersagen*, *prophezeien* || *voraussehen* || **-gio** *m Vorbedeutung* f || *An-*, *Vor|zeichen* n || *Mutmaßung*, *Vermutung*, *Ahnung* f
présago adj/s *(Unheil) verkündend*, pop *abergläubisch*
△**presas** conj *weil*, *da*
presb. Abk = **presbítero**
presbicía *f Weitsichtigkeit* f || ~ senil ⟨Med⟩ *Altersweitsichtigkeit* f
présbi|ta, **-te** adj/s ⟨Med⟩ *weit|sichtig* || ojos de ~, ojos ~s *weitsichtige Augen* npl || ~ m ⟨Med⟩ *Weitsichtige(r)* m
presbiterado *m* ⟨Kath⟩ *dritter Grad* m *der höheren Weihen*
presbiteria|nismo *m* ⟨Rel⟩ *Presbyterialverfassung* f || **-no** adj/s *presbyterianisch* || ~ m *Presbyterianer* m
pres|biterio *m Presbyterium* n *(im Staffelchor)* || **-bítero** *m Priester* m
pres|ciencia *f Vorherwissen* n || **-ciente** adj *vorherwissend*
prescin|dencia *f* Am *Verzichtleistung*, *Nichtbeachtung* f (→ **abstracción**) || **-dente** adj Am *unabhängig* (→ **independiente**) || **-dible** adj *entbehrlich* || *erläßlich* || **-dir** vt *trennen*, *absondern* || ~ vi: ◊ ~ de a. *über et hinweggehen*, *absehen von (dat)* || *et unterlassen* || no poder ~ de alg. *jdn nicht entbehren können* || *-diendo de ... abgesehen von* ... || *abgesehen davon*, *daß ...*
pres|cribir [pp prescrito] vt *vorschreiben*, *verordnen* || *ärztlich verschreiben (Arznei)* || ⟨Jur⟩ *durch Verjährung erwerben*, *ersitzen* || ⟨Jur⟩ *verjähren* || **-cripción** *f Vorschrift*, *Bestimmung* f || ⟨Med⟩ *Verschreibung* f || *Verordnung* f || ⟨Jur⟩ *Verjährung* f || ⟨Jur⟩ *Verjährungsfrist* f || ~ adquisitiva ⟨Jur⟩ *Ersitzung* f || ~ extintiva ⟨Jur⟩ *(rechtsvernichtende) Verjährung* f || de conformidad con las ~es *den Vorschriften gemäß* || salvo ~ facultativa ⟨Med Pharm⟩ *wenn vom Arzt nicht anders verordnet* || según ~ facultativa *laut*, *nach ärztlicher Verordnung* || plazo de ~ *Verjährungsfrist* f || **-criptible** adj ⟨Jur⟩ *verjährbar* || *vorschreibbar* || **-crito** pp/irr *v.* **prescribir** || débito ~ ⟨Jur⟩ *verjährte Schuld* f

presea *f Kleinod*, *Juwel* n
preselec|ción *f Vorwahl* f || ⟨Sp⟩ *vorläufige Auswahl* f (& allg) || **-tor** *m Vorwähler* m
presen|cia *f Gegenwart*, *Anwesenheit* f || *Vorhandensein* n || *(Da)Beisein* n || *Vor|finden*, *-kommen* n || *Aussehen*, *Äußere(s)* n *(eines Menschen)* || fig *Rücksichtnahme* f || ~ de ánimo *Geistesgegenwart* f || ~ de veneno en un alimento *Vorkommen* n *von Gift in einer Speise* || en *(od* a) ~ de alg. *in jds Beisein*, *in jds Gegenwart* || en ~ de *angesichts* (gen) || ◊ hacer acto de ~ *persönlich erscheinen*, *anwesend sein* || tiene buena ~ *er macht eine gute Figur*, *er sieht gut aus* || vino a su ~ *er erschien vor ihm* || ¡quítate de mi ~! *laß dich vor meinen Augen nicht mehr blicken!* || **-cial** adj: testigo ~ *Augenzeuge* m || **-ciar** vt *beiwohnen*, *dabeisein bei* (dat), *Augenzeuge sein von* (dat) || *erleben* || ◊ he -ciado la desgracia *ich bin Zeuge des Unglücks gewesen* || he -ciado los horrores de la guerra *ich habe die Kriegsgreuel persönlich miterlebt*
presen|table adj *anständig* || *gesellschaftfähig* || *gut aussehend* || *vorstellbar* || *annehmbar* || en forma ~ *in anständiger Form* || ◊ estar ~ *gesellschaftsfähig sein* || *sich sehen lassen können* || **-tación** *f Vor-*, *Dar|stellung* f || *Vor|zeigung*, *-legung* f || *Präsentierung* f || *Anmeldung* f || *Empfehlungsschreiben* n || *Eingabe* f, *Einreichen* n *(e-s Gesuchs)* || Am *Gesuch* n, *Eingabe* f || *Erscheinung* f, *persönliches Einfinden* n || *Äußere(s)* n, fam *Aufmachung* f || *Ausstattung*, *Aufmachung* f *(e-s Buches*, *e-r Ware)* || ⟨Th⟩ *Inszenierung*, *Aufführung* f || ⟨Filmw⟩ *Filmvorstellung* f || ⟨Filmw⟩ *Uraufführung* f || ~ de la compañía ⟨Th⟩ *erste Vorstellung* f *(e-r Schauspielertruppe)* || ~ (de Nuestra Señora) ⟨Kath⟩ *Mariä Opferung* f *(Fest am 21. XI., Frauenname)* || carta de ~ *Empfehlungsschreiben* n || a la ~ ⟨Com⟩ *bei Vorzeigung* || de ~ ⟨Mil⟩ *in Galauniform* || ◊ abonar un cheque a su ~ ⟨Com⟩ *e-n Scheck bei Vorzeigung einlösen* || **-tador** *m Vorzeiger* m || *Vorschlagende(r)* m || ⟨TV⟩ *Ansager* m || *Conférencier* m (& *Kabarett usw*)
presen|tar vt *dar-*, *vor|stellen* || *vorstellen*, *einführen*, *empfehlen (Person)* || *(vor) zeigen*, *zum Vorschein bringen* || *vorstellig werden (protestierend)* || *einreichen (Gesuch)* || *(als Geschenk) anbieten*, *überreichen* || *liefern*, *beibringen (Beweise)* || *aufweisen* || *bieten*, *machen (Schwierigkeiten)* || *vorschlagen (zu einem Amt)* || ◊ ~ armas ⟨Mil⟩ *(das Gewehr) präsentieren* || ~ por el lado favorable *et von der günstigen Seite aus darstellen* || ~ la batalla *die Schlacht anbieten* bzw *liefern* || ~ los billetes ⟨EB⟩ *die Fahrkarten vorzeigen* || ~ un balance de ... ⟨Com⟩ *e-n Saldo von ... aufweisen* || ~ una colección *e-e Kollektion vorführen* || ~ demanda, (su) querella *die Klage einreichen* || ~ dificultades *Schwierigkeiten bieten* || ~ documentos *Dokumente vorzeigen* || ~ excusas *sich entschuldigen*, *Entschuldigungen vorbringen* || ~ ganancia ⟨Com⟩ *e-n Gewinn aufweisen* || ~ una herida en el brazo *e-e Wunde am Arm haben* || la herida -taba la impresión de los dientes *auf der Wunde war der Eindruck der Zähne zu sehen* || ~ perspectivas *Aussichten bieten* || ~ una protesta *Einspruch erheben* || ~ pruebas *Beweise beibringen*, *liefern* || ~ como (un) regalo *zum Geschenk anbieten*, *schenken* || ~ su renuncia *sein Amt niederlegen* || ~ un saldo ⟨Com⟩ *e-n Saldo aufweisen* || ~ una solicitud *ein Gesuch einreichen* || ~ testigos *Zeugen aufführen* || ~ ventajas *Vorteile bringen* || ~ a la aceptación (a la firma, al pago) ⟨Com⟩ *zur Annahme (zur Unterschrift, zur Zahlung) vorlegen*, *vorzeigen (Wechsel)* || ~ al cobro *zum Inkasso vorlegen* || ~ ein|kassieren, *-lösen* || ~ al protesto ⟨Com⟩ *protestieren (Wechsel)* || lo -to a su consideración *ich stelle es Ihnen anheim* || las cosas -tan

presente — préstamo

(od se –tan bajo) un mal aspecto *die Verhältnisse liegen ungünstig* || ¡presenten ... ar! ⟨Mil⟩ *präsentiert das ... Gewehr!* || letras –tadas para su aceptación ⟨Com⟩ *zum Akzept vorgelegte Wechsel* mpl || ~se sich vor-, dar|stellen || *sich zeigen, erscheinen* || *sich ereignen, vorkommen* || *auftreten, sich anbieten* || *erscheinen* || ◊ ~ al mundo fig *zum erstenmal in der Gesellschaft erscheinen (z. B. junges Mädchen)* || ~ al juez vor Gericht erscheinen || ~ por candidato para las elecciones *sich als Wahlkandidat aufstellen lassen, kandidieren* || tengo el gusto de –tarme *ich erlaube mir, mich vorzustellen* || rara vez se –ta un caso semejante *ein solcher Fall kommt selten vor*

¹**presente** adj/s *gegenwärtig, anwesend, zugegen* || *jetzig, dermalig, zeitgenössisch* || al ~, de ~ *gegenwärtig* || desde el 1º del ~ (mes) *seit 1. dieses Monats* || en el caso ~ *im vorliegenden Fall* || por el (od la, lo) ~ *fürs erste (einstweilen)* || tiempo ~ *Gegenwart f* ⟨bes Gr⟩ || ◊ estar ~ *anwesend sein* || estar de cuerpo ~ *(feierlich) aufgebahrt sein (Leiche)* || p. ex *tot sein* || hacer ~ *erinnern, vergegenwärtigen*, fam *zu Gemüte führen* || tener ~ *im Auge haben, vor Augen halten* || *eingedenk sein* (gen) || lo tendré ~ *ich werde es beachten, ich werde daran denken* || sus parientes ruegan tengan ~ al finado en sus oraciones *seine Angehörigen bitten, den Verstorbenen in ihre Gebete einzuschließen (Traueranzeige)* || ¡~! *hier!* (bei Meldungen, auch in der Falange als Namensausruf zum Gedenken der Gefallenen) || ≿ *Hier (auf Briefanschriften)* || → **mejorar**

²**presente** m *Gegenwart f* ⟨Gr⟩ *Gegenwart f, Präsens n* || *Geschenk n, Gabe f* || hasta el ~ *bis jetzt, bis heute* || ◊ hacer ~ de *ein Geschenk machen mit* (dat), *schenken* (acc)

³**presen|te** f: por la ~ pop *vorläufig, einstweilen, jetzt* || ◊ la ~ tiene por objeto ... ⟨Com⟩ *der Zweck dieses Schreibens ist* (es) ... || por la ~ informo a V. '... *hierdurch* (od *hiermit*) *benachrichtige ich Sie ... (Briefstil)* || **–temente** adv *jetzt, gegenwärtig*

presen|timiento m *Vorgefühl n, (Vor)Ahnung f* || ~ de la muerte *Todesahnung f* || ◊ tener un mal ~ *e-e böse Ahnung haben* || **–tir** [–ie/i–] vt *(voraus)ahnen* || *vorauswissen*

presera f ⟨Bot⟩ → **amor** de hortelano

presero m *Wärter e–r Stauanlage, Schleusen-, Wehr|wärter m*

preser|vación f *Be-, Ver|wahrung f* || *Schutz m* || *Vorbeugung f* || **–vador** m/adj *Beschützer m* || virtud (od fuerza) ~a *schützende Macht f* || **–var** vt *bewahren, hüten, schützen* (de vor dat, contra gegen acc) || ~ del frío *vor Kälte schützen* || ~ de daño *vor Schaden bewahren* || ~se (de) *sich hüten* (vor dat) || ¡Presérvese de la humedad! *Vor Feuchtigkeit zu schützen!* || **–vativo** adj *schützend* || ~ m *Schutz(mittel n) m* || *Vorbeugungsmittel n* || *Schutzmittel, Präservativ n, Kondom n/m*

presiden|cia f *Präsidentschaft f* || *Präsidentenpalais n* || *Präsidentenwürde f* || *Vorsitz m, Präsidium n* || ⟨Taur⟩ *(Ehren)Vorsitz m eines Stiergefechtes* || bajo la ~ *unter dem Vorsitz (de von* dat) || ~ por rotación *turnusmäßig wechselnde(r) Vorsitz m* || ~ del Consejo de Ministros *Vorsitz m des Ministerrates* || ~ de honor *Ehrenvorsitz m* || ◊ ocupar la ~ *den Vorsitz führen* || **–cial** adj *präsidial, Präsidial-, Präsidenten-, Vorsitz* || banda ~ *Am Präsidentenschärpe f (Amtsabzeichen eines Staatspräsidenten)* || bandera ~ *Präsidentenflagge f* || mesa ~ *Vorstandstisch m* ⟨Pol⟩ *Präsidialsystem n* || **–cialista** adj/s *Präsidial- sistema ~ Präsidial|system n, -demokratie f* || **–ta** f *Vorsitzende, Präsidentin f* || fam *Frau f des Präsidenten usw* || **–te** m *Vorsitzende(r), Präsident m* || *Obmann m* || *Präsident m e–r Republik* || ~ electo *gewählter, noch nicht ausübender Präsident m* || ~ federal *Bundespräsident m* || primer ~ *Oberpräsident m* || elección del ~ *Präsidentenwahl f*

presi|diario m *(Zuchthaus)Sträfling, fam Zuchthäusler m* || **–dio** m ⟨Mil⟩ *(Festungs)Besatzung f* || *Kerker m, Strafanstalt f* || *Zwangs-, Festungs|arbeit f* || *Zuchthaus n (Strafe)* || fig *Hilfe f, Beistand m* || jerga de ~ *Geheimsprache der Sträflinge* || pena de ~ *Zuchthausstrafe f* || ◊ sentenciar a ~ *zu (schwerem) Kerker, zu Zwangsarbeit, zu Zuchthausstrafe verurteilen* || **–dir** vt/i *den Vorsitz führen, präsidieren, vorstehen* || ◊ ~ una corrida ⟨Taur⟩ *bei e–m Stiergefecht den (Ehren)Vorsitz führen* || ~ el duelo *Hauptleidtragender sein* || ~ una fiesta *ein Fest, e–e Festlichkeit leiten* || ... presidía el acto ... *führte den Vorsitz* || la más escrupulosa limpieza que preside las elaboraciones ⟨Pharm⟩ *die peinlichste Sauberkeit, mit der die Verarbeitung vorgenommen wird* || el retrato que preside el libro *das Bildnis auf der Titelseite des Buches* || el libro está –dido por una idea fundamental *das Buch ist auf einer Grundidee aufgebaut* || ~ vi *vorstehen, Obmann sein* || fig *leiten* || fig *das Wort führen* || en un tribunal *bei einem Gericht präsidieren* || allí preside la caridad *dort herrscht die Wohltätigkeit (die Milde) vor*

presidium m: ≿ del Soviet supremo ⟨Pol⟩ *Präsidium n des Obersten Sowjets*

presilla f *Paspelschnur f* || *Spange f* || *Schnalle f* || Col *Achselband n*

△**presillo** m *Haft f*

△**presimelar** vt/i *anfangen*

presión f *Druck m, -kraft f* || fig *Zwang, Druck m* || ~ arterial ⟨Med⟩ *Blutdruck m* || ~ atmosférica f *Atmosphären-, Luft|druck m* || ~ por contacto *Kontaktdruck m* || ~ tributaria, ~ fiscal *Steuer|belastung f, -druck m* || botón a (od de) ~ *Druckknopf m* || chasis de ~ ⟨Phot⟩ *Anlegekassette f* || fuerza (od potencia) de ~ *Druckkraft f* || ◊ hacer, ejercer ~ sobre *e–n Druck ausüben auf* (acc) || hacer ~ en las elecciones *die Wahlen beeinflussen*

presionar vt Am *Druck ausüben (&* fig)

preso pp/irr v. **prender** || ~ m *Gefange(ne)r, Verhaftete(r) m* || *Sträfling m* || ◊ meter ~ pop *verhaften* || *einkerkern* || ¡date ~! *ergib dich!*

presona f And pop = **persona**

presóstato m ⟨Tech⟩ *Druckregler m*

presta|ción f *Leistung f* || ~ económica *Geldleistung f* || ~ en caso de enfermedad *Krankengeld n* || ~ de juramento (laboral) *Eides-(Arbeits)leistung f* || ~ personal *Frondienst m* || ~ real *Sachleistung f* || objeto de la ~ *Leistungsgegenstand m* || **–do** adj/s *geliehen* || de ~ *leihweise* || ◊ dar ~ *leihen (sobre auf* acc) || *verleihen, borgen* || pedir ~ *entleihen, (aus)borgen* || pedir ~ *causa enfado Borgen macht Sorgen* || tomar ~ *entlehnen* || **–dor** adj/s *(ver)leihend* || ~ m *Aus-, Ver|leiher m* || **–mista** f *Geld|verleiher, -borger m* || *Darlehensgeber m* || *Pfandleiher m*

préstamo m *Darleh(e)n* || *Ausleihen n* || ⟨Li⟩ *Lehnwort n* bzw *Entlehnung f* || ~ a la gruesa ⟨Mar⟩ *Bodmerei f* || ~ amortizable *Tilgungsdarlehen n* || ~ hipotecario *Darleh(e)n auf Hypothek* || ~ de nupcialidad *Ehestandsdarlehen n* || ~ pignoraticio *Pfanddarlehen n* || ~ usurario *Wucherdarlehen n* || ~ a interés *Darleh(e)n auf Zinsen* || ~ a largo plazo *langfristiges Darleh(e)n n* || ~ a título de ~ *leihweise* || → **banco** de ~s || caja de ~s *Darleh(e)nskasse f* || negocio de ~s *Leihgeschäft n* || ◊ dar a ~ *auf Pfand leihen* || recibir en ~ *als Darleh(e)n erhalten* || tomar a ~ *entlehnen, entleihen, borgen* || contraer ~s

Anleihen machen || →a **comodato, empréstito**
prestan|cia f *Vortrefflichkeit, Vorzüglichkeit* f || *prächtige Erscheinung* f || *Stattlichkeit* f || **-cioso** adj *herrlich, vornehm,* ⟨poet⟩ *hehr*
prestar vt/i *(dar)leihen | ausleihen | gewähren, verleihen | leisten (Hilfe, Eid) | schenken (Glauben)* || ◊ ~ atención (a) *Aufmerksamkeit schenken* (dat), *et beachten* || ~ el aval para una letra de cambio *Wechselbürgschaft leisten* || ~ ayuda (a) *Hilfe leisten* || ~ buena acogida (a) *honorieren (Wechsel)* || ~ buenos oficios *(od* servicios) *gute Dienste leisten* || ~ dinero *Geld ausleihen* || ~ fe, ~ crédito *Glauben schenken* || ~ a interés *auf Zinsen (aus)leihen* || ~ juramento *e-n Eid leisten* || (el) oído *sein Ohr leihen | aufmerksam zuhören, aufhorchen* || ~ oídos *Gehör schenken* || ~ salud *pop* fig *vor Gesundheit strotzen* || ~ servicio *e-n Dienst leisten | angestellt sein* (en *bei)* || ~ sobre prenda *gegen Pfand leihen* || ~ una suma *ein Darleh(e)n nehmen* || ~ trabajo personal *fronen* || ~ vi *dienen (zu* dat), *nützlich sein | sich eignen | nachgeben, sich dehnen (z.B. Stoffe)* || prov *schmecken (Speise)* || Ast *gut gefallen bzw schmecken* || ◊ me presta esa rapaza Ast *dieses Mädchen gefällt mir* || ~**se** *sich anbieten | nachgeben | sich fügen, sich bequemen | sich eignen, geeignet sein* (a *für* acc) || *sich dehnen (Stoffe)* || ◊ ~ a *controversias Widerspruch herausfordern* || no me presto a ello *dazu gebe ich mich nicht her*
prestatario m *Darleh(e)nsnehmer* m || *Kreditnehmer* m || *Entleiher* m || inc *Geldleiher* m
*****preste** m *Priester* m || *zelebrierender Priester* m *(Liturgie)*
presteza f *Geschwindigkeit, Hurtigkeit, Schnelligkeit* f || con ~ *schnell, geschwind*
prestidigita|ción f *Taschenspielerei* f || **-dor** m *Taschenspieler, Gaukler, Tausendkünstler* m
presti|gio m ⟨Lit⟩ *Zauber* m, *-werk* n || *Blendwerk* n || fig *Ansehen* n, *Ruhm* m || *Ruf, Nimbus* m, *Prestige* n || de mucho ~ *sehr berühmt, angesehen (Person)* || gozar de un gran(de) ~ *großes Ansehen genießen, sehr berühmt sein* || **-gioso** adj *ruhmreich | angesehen | gewichtig* || ⟨Lit⟩ *zauberhaft, wunderbar*
△**prestisarar** vt *mieten | leihen*
pres|tito adv fam *flink, hurtig* || **-to** adj *flink, schnell, rasch, hurtig | fertig, bereit* || ~ a *(od* para) *bereit (zu)* || ~ en hablar *schnell, rasch redend* || ~ adv *bald, schnell, hurtig* || ◊ quien ~ da, dos veces da *wer schnell gibt, gibt doppelt* || ~ m/adv ⟨Mus⟩ *Presto* n || *presto*
presu|mible adj *mutmaßlich, vermutlich* || ◊ no es ~ que (subj) *es ist nicht anzunehmen, daß* || **-mido** adj/s *eingebildet, anmaßend* || ~ m *eingebildeter bzw hochmütiger Mensch* m || *Angeber* m || fam *Fatzke* m || desp: ~**te** || **-mir** vt/i *vermuten, mutmaßen* || Arg *e-r Frau den Hof machen* || ~ vi *sich et einbilden* (de *auf* acc) || *eitel bzw hochmütig sein | sich wie ein Geck benehmen | sich anmaßen, sich heraushnehmen | sich rühmen, prahlen | protzen* || ◊ ~ de *de rico sein et auf seinen Reichtum einbilden | pop auf sein Geld pochen* || ~ de sí *sehr von sich selbst eingenommen sein | protzen* || es de ~ que *es ist anzunehmen, daß* || no presumas tanto *sei nicht so eingebildet* || presumí demasiado de mis fuerzas *ich habe meine Kräfte überschätzt*
presun|ción f *Vermutung, Mutmaßung* f || *Annahme* f || *Anmaßung* f || *Einbildung* f, *Dünkel* m || ⟨Jur⟩ *Vermutung, Präsumtion* f || ~ de derecho y por derecho, ~ juris et de jure *unwiderlegliche Vermutung* f || ~ rebatible, ~ juris tantum (lat) *widerlegliche Vermutung* f || ~ de paternidad *Vaterschaftsvermutung* f || ~ de padre fam *Vaterstolz* m || **-tivo** adj ~ **-to** adj *vermutlich, angeblich, vermeintlich, mutmaßlich (Verbrecher, Erbe)* || adv: ~**amente** || **-tuosidad** f *Dünkel* m ||

Einbildung f || **-tuoso** adj/s *dünkelhaft | eingebildet | eitel | angeberisch*
presupo|ner [irr → poner] vt/i *voraussetzen | halten für* (acc) || *veranschlagen* || ◊ ~ los gastos *einen Kostenvoranschlag machen* || **-sición** f *Voraussetzung* f || *Vorwand* m
presu|puestar vi *e-n Kostenvoranschlag machen | im Haushalt ansetzen | etatisieren* || **-puestario** adj *Haushalts-, Budget-* || **-puesto** pp/irr v. **-poner** || los gastos ~**s** *die veranschlagten Kosten* pl || ~ que *unter der Voraussetzung, daß* || ~ m *Voraussetzung* f || *Vordersatz* m *(Logik)* || *Grund* m, *Ursache* f || *Vorwand, Scheingrund* m, *Ausflucht* f || ⟨Wir Pol⟩ *Vor-, Kosten|anschlag* m || *Haushalt, Sachetat* m, *Budget* n || ~ de Estado *Staatshaushalt* m || ~ extraordinario *Sonderhaushalt(splan)* m || ~ federal *Bundeshaushalt* m || ~ de guerra *Kriegsbudget* n || ◊ hacer un ~ *e-n Überschlag machen* || hacer un ~ (de gastos) *einen Kostenvoranschlag machen*
presu|ra f *Eile* f || *Bedrängnis, bedrängte Lage* f || *dringende Not* f || *Bedrückung, Angst* f || *Heftigkeit, Schnelligkeit* f || *Eifer, Drang* m || **-rizado** adj ⟨Tech⟩ *druckdicht, mit Druckausgleich | unter Druck gesetzt, Druck-* || ⟨Luftw⟩ *cabina* ~**a** *Druckkabine* f || **-roso** adj *schnell, hastig* || ◊ salir ~ *eilig fortgehen, ausgehen*
pretal m *Brustriemen* m *(Pferd)* || ⟨Zim⟩ → **cargadero**
preten|cioso adj gall *angeberisch, anmaßend | eitel, eingebildet | prunkhaft (Sache) | gesucht, geschraubt (Stil)* || **-der** vt/i *beanspruchen, Anspruch erheben auf* (acc) || *fordern, verlangen | versuchen | streben, trachten (nach) | begehren | werben, sich bewerben* (um acc) || gall *behaupten* || ◊ ~ gustar *zu gefallen suchen* || ~ un empleo *sich um e-e Stelle bewerben* || ~ poco *bescheidene Ansprüche stellen* || no ~**do** *ich habe Anspruch darauf* || no lo ~**do** *das ist nicht meine Absicht, das habe ich nicht vor* || no ~**do** nada *ich habe keinen Anspruch darauf, ich mag mir kein Recht an* || no ~**do** *persuadirte ich will dich nicht überreden* || ~ de su mano *er hält um sie an* || dejarse ~ *Liebesanträge entgegennehmen* || ~ de que lo ha visto *er behauptet, es gesehen zu haben* || ~diendo que... *indem er angab, daß...* || **-dido** adj *vermeintlich, vermutlich* || **-diente** m ⟨Jur⟩ *Bewerber, Bittsteller* m || *Brautwerber, Freier* m || *Thronbewerber, Prätendent* m || **-sado** adj *(vor)gespannt, Spann-* || ~ m *Vorspann(ung* f) m *(vor dem Erhärten des Betons)* || **-sión** f *Anspruch* m, *Beanspruchung, Forderung* f || *Bewerbung* f || *Bitte* f, *Gesuch* n || *Bestrebung* f || *Streben* n || ~ legal, ~ jurídica *Rechtsanspruch* m || una ~ fundada *eine begründete Forderung* || ◊ desistir de *(od* renunciar a) una ~ *von einer Forderung zurücktreten* || formular *(od* exponer) una ~ *eine Forderung stellen | einen Anspruch erheben* || **-es** pl: hombre sin ~ *anspruchsloser Mensch* m || un edificio con ~ góticas *ein Gebäude* n *in gotisch anmutenden Formen* || ◊ formular ~ *Ansprüche erheben | Forderungen stellen* || hacer valer sus ~ *seine Ansprüche geltend machen* || tener ~ *anspruchsvoll sein* || no tener ~ *anspruchslos sein* || tener ~ de culto *sich (selbst) für kultiviert halten* || **-so** pp/irr v. **-der:** *vermeintlich, vermutlich | angeblich*
pre|terición f *Nichtbeachtung* f, *Übersehen* n || *Übergehung* f *(e-s gesetzlichen Erben, e-r Vorschrift, der nach der Prädestinationslehre nicht Erwählten)* || *Übergehen* n *(in der Beförderung)* || *Auslassung* f || ⟨Rhet⟩ *Präteritio(n)* f || **-terir** vt *übergehen | übersehen, nicht beachten | haber sido* ~**terido** *übergangen worden sein (z.B. im Testament)* || **-térito** adj/s *vergangen* || *(tiempo)* ~ *vergangene Zeit* f || ⟨Gr⟩ *Vergangenheit* f, *Präteritum* n || fig *Vergangenheit* f || ~ imperfecto ⟨Gr⟩ *Imperfekt* n,

Mitvergangenheit f ‖ ~ *perfecto* ⟨Gr⟩ *Perfekt* n ‖ ~ *pluscuamperfecto* ⟨Gr⟩ *Plusquamperfekt* n, *Vorvergangenheit* f
preternatural adj *abseits der Naturgesetze* ‖ *übernatürlich* ‖ *praeternaturalis* (lat) ‖ *ano* ~ ⟨Med⟩ *künstlicher After* m ‖ vgl **sobrenatural**
pretex|tar vt *vorgeben, als Vorwand gebrauchen, vorschützen* ‖ *vortäuschen* ‖ ◊ –*tando una ocupación urgente unter dem Vorwand einer dringenden Beschäftigung* ‖ **-to** *m Vorwand, Scheingrund* m ‖ *Vorspiegelung* f ‖ *Ausrede* f ‖ *Ausflucht* f *so* (*od* bajo) ~ *de unter dem Vorwand zu* (inf) ‖ ◊ *dando por* ~ *su pobreza seine Armut vorschützend* ‖ tomar (por) ~ *zum Vorwand nehmen* ‖ *servir de* ~ *als Vorwand dienen* ‖ *buscar* ~s *Ausflüchte suchen*
pre|til *m Geländer* n, *Brüstung, Brustlehne* f ‖ *Brückenbahn* f, -*weg* m ‖ *Steindamm* m ‖ Ven = **poyo** ‖ Am *Vorhalle* f ‖ →a **antepecho** ‖ **–tina** *f Gurt(riemen)* m ‖ *(Hosen)Gürtel* m ‖ *Hosenbund* m ‖ *Hosen|latz, -schlitz* m ‖ ~ *del pantalón Hosenbund* m ‖ *a la* ~ *de Arg pop neben, in der Nähe* (gen) ‖ Chi *schmarotzend* ‖ ◊ *meter en* ~ *figf zur Vernunft bringen*
pre|tor *m Prätor* m ‖ **–torial** adj *Prätor-* –**toriano** adj/s *Prätorianer-* ‖ ~ *m Prätorianer* m (& fig) ‖ **–torio** adj/s *prätorisch* ‖ ~ *m prätorisches Gericht* n ‖ *Prätorium* n ‖ **–tura** *f Prätur* f
preu fam Abk v. **preuniversitario** *m*/adj Span *auf das Universitätsstudium vorbereitender Kurs* m
prevalecer [-zc-] vi *über-, vor|wiegen, obsiegen* ‖ *sich durchsetzen* ‖ *die Oberhand behalten, sich behaupten* ‖ *den Ausschlag geben* ‖ *vorherrschen* ‖ fig *gedeihen, fortkommen* ‖ ⟨Agr⟩ *Wurzel schlagen, (an)wachsen* (& fig) ‖ ◊ ~ *entre sus rivales unter seinen Widersachern die Oberhand behalten* ‖ *hacer* ~ *su opinión mit seiner Meinung durchdringen* ‖ *la verdad prevalece sobre (od contra) la mentira die Wahrheit überwindet die Lüge*
preva|ler [irr → valer] vi *sich zunutze, zu eigen machen* ‖ ~se (de) *et benützen, ausnützen, sich e-r Sache bedienen* ‖ *et für sich geltend machen* ‖ -*lido de ... gestützt auf ...* (acc)
△**prevaranque** *m Hölle* f
prevari|cación *f Rechtsbeugung* f (z. B. *seitens e-s Richters*) ‖ *Pflichtverletzung* f ‖ *Untreue* f *(im Amt)* ‖ ~ *de un abogado Parteiverrat* m, *Prävarikation* f ‖ **–cador** *m Pflichtvergessene(r)* m ‖ *Übertreter m einer Amtspflicht* ‖ *Rechtsbeuger* m ‖ *Verderber* m, *der jdn von s–n Verpflichtungen abhält* ‖ **–car** [c/qu] vt *verletzen (e–e Pflicht)* ‖ ~ vi *das Recht beugen* ‖ *pflichtwidrig handeln* ‖ *eine Veruntreuung begehen (im Amt)* ‖ *Parteiverrat begehen (Rechtsanwalt)* ‖ *abfallen, untreu werden* ‖ fig *faseln, phantasieren* ‖ *irrereden* ‖ **–cato** *m* ⟨Jur⟩ = **prevaricación**
prevé (unr **-vee**) → **prever**
△**prevén** f = **prevención**
prevención *f Vor|kehrung, -beugung, Verhütung* f ‖ *Vorsicht(smaßregel)* f ‖ *Vorbereitung* f ‖ *(Mund)Vorrat* m ‖ *Polizeigewahrsam* m ‖ *Polizeiwache* f ‖ *Schutzhaft* f ‖ *Arrestlokal* n ‖ ⟨Mil⟩ *Kasernenwache* f ‖ *vorgefaßte Meinung* f, *Vorurteil* n ‖ *Voreingenommenheit, Befangenheit* f ‖ *Warnung, Benachrichtigung* f ‖ ~ *de accidentes Unfallverhütung* f ‖ ~ *de progenitura con taras hereditarias* ⟨Gen Pol⟩ *Verhütung* f *erbkranken Nachwuchses (bes im Nationalsozialismus)* ‖ *piquete de* ~ *Bereitschaftswache* f ‖ *como medida de* ~ *vorsichtshalber* ‖ *de* ~ *für den Notfall* ‖ *exento de* ~ *unbefangen* ‖ *unvoreingenommen* ‖ ◊ *ser llevado a la* ~ *auf die Polizei (bzw zu dem Arrestlokal der Kaserne) gebracht werden*
prevenido adj *vorbereitet, bereit* ‖ *gewarnt* ‖ *vorsichtig, bedächtig* ‖ *vorgesehen* ‖ *befangen, voreingenommen* ‖ *con un saco de provisiones bien* ~ *mit vollem Rucksack* ‖ → **hombre**
prevenir [irr → venir] vt *vorbeugen, zuvorkommen* (dat) ‖ *verhüten, vermeiden* ‖ *vereiteln, (rechtzeitig) unterbinden* ‖ *zuvorkommen, vorgreifen* (dat) ‖ *in Kenntnis setzen, vorher benachrichtigen* ‖ *warnen, aufmerksam machen* ‖ *vorbeugend* (od *im voraus*) *anordnen* ‖ *vorbereiten, bereit machen* ‖ *versehen, ausrüsten* ‖ *vermuten, voraussehen* ‖ *bewahren, schützen* ‖ *vorschreiben, bestimmen* ‖ *jdn beeinflussen, einnehmen* (contra *gegen* acc) ‖ *bemerken* ‖ *plötzlich befallen* ‖ ◊ ~ *los deseos de alg. jds Wünschen entgegenkommen* ‖ ~ (*un peligro*) *einer Gefahr zuvorkommen* ‖ *para* ~ *abusos um Mißbrauch zu verhüten* ‖ *para* ~ *equivocaciones um Mißverständnissen (od Irrtümern) vorzubeugen* ‖ *lo que me previene mucho en favor de V. was mich sehr zu Ihren Gunsten einnimmt* ‖ *más vale* ~ *que curar* Spr *vorbeugen ist besser als heilen, Vorsicht ist besser als Nachsicht* ‖ ~se *sich vorbereiten* ‖ *sich anschicken, sich (vor)bereiten* ‖ *sich vorsehen* ‖ *sich schützen* (de, contra *gegen* acc) ‖ ◊ ~ *contra el (od al) peligro sich gegen die Gefahr schützen* ‖ ~ *de (od con) provisiones sich mit Mundvorrat ausrüsten* ‖ ~ *de alg. in la oración sich jds beim Gebet erinnern*
preven|tivo adj *vorbeugend* ‖ *vorgreifend* ‖ *verhütend* ‖ *Vorbeugungs-, Verhütungs-* ‖ *guerra* ~a *Präventivkrieg* m ‖ *medida* ~a *Vorsichtsmaßregel, Vorbeugungsmaßnahme* f ‖ *prisión* ~a *Schutz-, Untersuchungs|haft* f ‖ ~ **voz** ‖ **–torio** *m Erholungsheim* n ‖ *Heilstätte* f *für vorbeugende Behandlung* ‖ *Vorbeugungsmittel* n ‖ ~ *antituberculoso Beratungsstelle* f *für Lungenkranke*
pre|ver [irr → **ver**; pres **-veo, –vés, –vé**, imp **–vé**, pret **–ví**, ger **–viendo**, unr **–veyendo**] vt *vorher-, voraus|sehen* ‖ fig *(voraus)ahnen* ‖ ◊ *es imposible* ~ *las consecuencias die Folgen sind nicht abzusehen* ‖ *como era de* ~ *wie vorauszusehen war*
previamente adv *zuerst, vorher, im voraus* ‖ *mencionado* ~ *vorerwähnt* ‖ ◊ *fijar (od determinar)* ~ *vorherbestimmen*
previene → **prevenir**
previo adj *vorherig, vorläufig, vorhergehend, Vor-* ‖ ~a *aceptación nach Annahme (der Tratte)* ‖ ~ *aviso (unter) Voranzeige* ‖ ~a *deducción de los gastos unter Abzug der Spesen* ‖ ~ *examen nach vorheriger Prüfung* ‖ ~a *provisión* ⟨Com⟩ *vorherige Deckung* f ‖ ~a *remesa die vorherige Einsendung* ‖ *establecer la* ~a *censura die (Presse)Zensur einführen*
previsi|bilidad *f Voraussehbarkeit* f ‖ **–ble** adj *voraussehbar* ‖ *voraussichtlich*
previ|sión *f Voraussicht* f ‖ *Voraussehung, Vorsicht* f ‖ *Fürsorge* f ‖ *Vorhersage* f ‖ ~ *meteorológica,* ~ *del tiempo Wettervorhersage* f ‖ ~ *social soziale Fürsorge* f ‖ *Sozialversicherung* f ‖ ~ *de ventas Verkaufsschätzung* f, *Absatzplan* m ‖ ~ *de vida Lebenserwartung* f ‖ *caja de* ~ *y socorro Wohlfahrts- und Hilfs|kasse* f ‖ *Instituto Nacional de* ⚵ *Span Sozialversicherungsanstalt* f *(gesetzliche Krankenversicherung)* ‖ ~ *contra toda* ~ *wider alles Erwarten* ‖ ◊ *obrar con* ~ *mit Vorsicht vorgehen* ‖ *superar toda* ~ *jede Erwartung übertreffen* ‖ **–sor** adj/s *vorausehend* ‖ *vorausschauend* ‖ *vorsichtig*
previsto pp/*irr v.* **prever**: *vorausgesehen* ‖ *vorgesehen* ‖ ◊ *estar* ~ *en el contrato im Vertrag vorgesehen sein* ‖ *reponder a lo* ~ *der Voraussicht entsprechen*
prez [*pl* **–ces**] *m*/f *Ruhm* m, *Ehre* f
pri|ápico adj ⟨Hist Lit⟩ *priap(e)isch* ‖ **–apismo** m ⟨Med⟩ *Priapismus* m
prieto adj *schwärzlich* ‖ *eng, knapp* ‖ fam *geizig, karg*
¹**prima** *f*/adj *Base, Kusine,* *Cousine f ‖ ~ *hermana,* ~ *carnal Kusine* f, *Geschwisterkind* n ‖

~ segunda *Kusine* f *zweiten Grades* ‖ ◊ *es su ~ hermana* figf *es ist bildähnlich (von Dingen)*
²**prima** f ⟨Mus⟩ *erste, dünnste Saite* f *eines Saiteninstruments* ‖ ⟨Kath⟩ *Prim* f *(Morgen-, Früh\gebet)* ‖ *erste Tonsur* f *e–s Priesters* ‖ ⟨Com⟩ *Prämie* f, *Aufschlag, Überschuß* m *des Preises (über Pari)* ‖ *Versicherungs-, Börsen\prämie* f ‖ *Reukauf* m ‖ ⟨Th⟩ *Aufschlag* m *(im Vorverkauf)* ‖ △*Hemd* n ‖ ~ *de ahorro Sparprämie* f ‖ ~ *de aplazamiento Deport* m *(Börse)* ‖ ~ *de devolución Rückprämie* f ‖ ~ *de opción Prämie* f ‖ ~ *a dar Lieferungs-, Dont\prämie* f ‖ ~ *de exportación Ausfuhrprämie* f ‖ ~ *por (od* a) *recibir Empfangs-, Rück\prämie* f ‖ ~ *de seguro Versicherungsprämie* f ‖ *empréstito a ~ Prämienanleihe* f ‖ *seguro a la ~ de ... Versicherung zum Prämiensatz von ...* ‖ *ventas a ~ Differenzgeschäfte* npl ‖ ◊ *comprar, vender a ~ auf Prämie kaufen, verkaufen* ‖ *hacer transacciones (od negocios) a ~ Prämiengeschäfte machen* ‖ *tener ~ Agio genießen*
prima\cia f *Vor\rang, -tritt* m ‖ *Vorzug* m ‖ *Überlegenheit* f ‖ *Primat* m/n ‖ ◊ *tener ~ den Vorrang haben* ‖ **-da** f fam *Hereinfall* m ‖ *unbesonnene, leichtfertige Handlungsweise* ‖ fam *Dummheit, Naivität, tolle Idee* f ‖ fam *Prellerei* f ‖ **-do** m/adj *Vor\rang, -tritt, -zug* m ‖ *Primas* m *(Ehrentitel einiger Erzbischöfe)* ‖ *el ~ de España der Erzbischof von Toledo* ‖ ~ adj *Primats-, Primas-*
primar vt Am *übertreffen* ‖ *vorrangig sein* ‖ ~ vt/i Am *(vor)herrschen (sobre über)*
prima\riamente adv *erstens, hauptsächlich* ‖ **-rio** adj *erste(r), vorzüglichste(r)* ‖ *ursprünglich* ‖ *primär* ‖ *Ur-, Erst-, Anfangs-, Früh-, Elementar-, Volks-, Grundschul-* ‖ ⟨Med El⟩ *Primär-* ‖ *enseñanza ~a, instrucción ~a Elementarunterricht* m ‖ *escuela ~a Volksschule* f ‖ ~ m ⟨Mus⟩ *erster Geiger, Primgeiger* m ‖ **-te** m *Primat, Magnat* m ‖ *los ~s de la tierra die Großen der Erde* ‖ *~s* mpl ⟨Zool⟩ *Primaten* mpl, *Herrentiere* npl
primave\ra f *Früh\ling* m, *-jahr* n, ⟨poet⟩ *Lenz* m ‖ *Frühlingszeit* f ‖ ⟨Bot⟩ *Primel, Schlüsselblume* f (Primula veris) (→ **prímula**) ‖ ⟨Web⟩ *geblümter Seidenstoff* m ‖ figf *Einfaltspinsel, Simpel* m ‖ △*Kusine* f ‖ *alegre como una ~* ⟨poet⟩ *lachend wie der Lenz* ‖ *el despertar de la ~ das Frühlingserwachen* n ‖ **-ral** adj *Frühlings-* ‖ *flor ~ Frühlingsblume* f
pri\mer adj *(für* primero, *nur vor einem männlichen Hauptwort od weiblichen Hauptwort mit* el: ⟨poet⟩ *und im älteren höheren Stil auch im* f) *erste(r)* ‖ *el ~ hombre der Urmensch* ‖ *el ~ violín der erste Geiger* ‖ *de ~ orden ersten Ranges, erstklassig* ‖ ~ *premio erster Preis* m ‖ *Haupttreffer* m ‖ ~ *puesto Vorrang* m ‖ ~ *tiempo* ⟨Sp⟩ *erste Spielhälfte, Halbzeit* f ‖ *en ~ lugar erstens, an erster Stelle* ‖ *el ~ venido, ~ servido wer zuerst kommt, mahlt zuerst*
prime\ra f ⟨Kart⟩ *Primspiel* n ‖ *la ~* ⟨Aut⟩ fam *der erste Gang* ‖ ~ *(de cambio) Primawechsel* m ‖ *a las ~s de cambio* fam *plötzlich und unerwartet* ‖ *un coche de ~ (clase) (*pop un*~)* ⟨EB⟩ *ein Wagen* m *erster Klasse* ‖ *de ~ erster Klasse* ‖ *erstklassig*, fam prima, *toll* ‖ ◊ *no habiéndolo hecho por la ~ (falls) die Prima nicht bezahlt (auf span. Wechseln)* ‖ **-ramente** adv *erstens, zuerst* ‖ **-riza** f/adj *Erstgebärende, Mutter* f *eines ersten Kindes* ‖ ⟨Zool⟩ *zum erstenmal werfendes Muttertier* n, *Erstwerfende* f ‖ *Anfängerin* f, *Neuling* m ‖ pop *Frau* f, *die den ersten Beischlaf ausübt* ‖ **-rizo** adj *anfängerisch* ‖ *frühreif* ‖ *patatas ~as Frühkartoffeln* fpl ‖ ~ m *Anfänger* m ‖ *Erstling* m
¹**primero** adj/s *erste(r)* ‖ *frühere(r), ehemalige(r), vorige(r)* ‖ *de ~a calidad erster Qualität, erstklassig* ‖ *la ~a casa das erste Haus* ‖ *~a clase* ⟨Sch⟩ *erste Klasse* f ‖ *~a cura* ⟨Med⟩ *Erste Hilfe* f ‖ *~a enseñanza Volksschulwesen* n ‖ *~a salida* ⟨Th⟩ *erstes Auftreten* n ‖ *el ~ Ministro der Ministerpräsident* ‖ *el estado ~ der ursprüngliche Zustand* ‖ *~a(s) prueba(s)* ⟨Typ⟩ *erster Abzug* m ‖ *a ~a hora früh* ‖ *de ~ zuerst* ‖ *vorher* ‖ *de ~a* fam *vorzüglich, glänzend* (→ **primera**) ‖ *de ~ ísima calidad von allerbester Qualität* → **bueno** ‖ *de ~as* pop *zuerst* ‖ *lo ~ der wichtigste Punkt, die Hauptsache* ‖ *das Erstbeste* n ‖ *das Nächste* n ‖ *a ~s de mayo in den ersten Tagen des Mai* ‖ *hasta ~s del (mes) próximo bis zum Anfang des nächsten Monats* ‖ ◊ *fui el ~ en hacerlo ich tat es als erster* ‖ *tu lo harías si ~ de ti fueras der erste, der es tun würde* ‖ *lo ~ es que die Hauptsache ist, daß* ‖ *al ~ que se presente (od que llegue) dem ersten besten* ‖ *los últimos serán los ~s die Letzten werden die Ersten sein (Evangelium)* ‖ → **acción, materia**
²**primero** adv *zuerst, vorerst* ‖ *vorher* ‖ *eher, lieber* ‖ *erstens*
³**primero** m *(Banden)Führer* m ‖ ⟨Sch⟩ *Primus* m
primicia f *Erstlingsfrucht* f, *Erstling* m ‖ ⟨Rel⟩ *Erstlingsopfer* n ‖ *Erstlingsabgabe* f ‖ *~s* pl fig *Erstlingsversuche, Anfänge* mpl ‖ *Erstlinge* mpl *(e–r Ernte)* ‖ ⟨Hist⟩ *Primizien* pl ‖ fig *Vorgeschmack* m
△**primi\cha** f *(Frauen)Hemd* n ‖ **-genio** adj *ursprünglich, Ur-*
primi\para f *Erstgebärende* f ‖ ⟨Zool⟩ *Erstwerfende* f, *zum erstenmal werfendes Muttertier* n ‖ **-simo** adj sup v. primo ‖ *de ~a calidad von allerbester Qualität*
primito m dim v. **primo**
primiti\vismo m *Primitivismus* m *(Kunstrichtung)* ‖ *Neigung* f *zum Primitiven* ‖ *Primitivität* f ‖ **-vo** adj *ursprünglich, Ur-, Grund-* ‖ *urwüchsig* ‖ *urtümlich* ‖ fig *einfach* ‖ fig *nicht entwickelt, primitiv* ‖ *causa (lengua) ~a Ur\grund* m *(-sprache* f*)* ‖ *color ~ Grundfarbe* f ‖ *la ~a falta die Erbsünde* ‖ *la inocencia ~a Seelenunschuld* f *vor dem Sündenfall* ‖ *palabra, voz ~a* ⟨Gr⟩ *Stamm-, Wurzel\wort* n ‖ → **acción, tiempo** *etc* ‖ ~ m np. *Taufname* m ‖ ~ m ⟨Mal⟩ *Primitive(r)* m *(Maler der Vorrenaissance bzw Verfechter des Primitivismus* ‖ *los ~s die Primitiven (Menschenkunde)*
¹**primo** adj *erste(r)* ‖ *vortrefflich, schön* ‖ *kunstvoll* ‖ pop *dumm, einfältig* ‖ *leichtfertig, kopflos* ‖ *danza ~a Ast Ehrentanz* m *(Volkstanz)* ‖ *a ~a noche beim Anbruch der Nacht*
²**primo** m/adj *Vetter, Cousin* m ‖ **Titel* m *der* span. *Granden (als Vettern des Königs)* ‖ fam *Gimpel, Simpel, Einfaltspinsel* m ‖ △*Wams* n ‖ ~ *hermano, ~ carnal leiblicher Vetter* m, *Geschwisterkind* n ‖ ~ *segundo Cousin, Vetter* m *zweiten Grades* ‖ ~ *tercero Drittgeschwisterkind* n ‖ ◊ *es su ~ hermano* figf *es ist bildähnlich (v. Dingen)* ‖ *me cogió de ~* figf *er hat mich hintergangen* ‖ *hacer el ~* pop *sich anführen lassen* ‖ fam *hereinfallen* ‖ *auf den Leim gehen*
³**primo** adv *erstens, an erster Stelle, vor allen Dingen*
Primo m np. *Primus* (Tfn) ‖ **pop = General Primo de Rivera,* span. *Diktator (1923–29)*
primo\génito adj/s *erstgeboren* ‖ **-genitura** f *Erstgeburtsrecht* n ‖ *Erstgeburt* f
primor m *Geschicklichkeit, Meisterschaft* f ‖ *Schönheit, Vollkommenheit* f ‖ ◊ *es un ~ es ist reizend, es ist ein wahres Meisterstück* ‖ *es un ~ para hacerlo darin ist ihm keiner überlegen* ‖ *cantar con ~ entzückend singen* ‖ *trabaja que es un ~ sie arbeitet wunderbar* ‖ *muchos ~es de libros viele wertvolle (bzw prachtvoll ausgestattete) Bücher* npl

primordial adj *ursprünglich* ‖ *urtümlich* ‖ *uranfänglich* ‖ *wesentlich, grundlegend* ‖ *uranfäng-*

lich, Ur-, Haupt- || fig *elementar* || estado ~ *Urzustand* m

primoroso adj *vorzüglich, vortrefflich* || *schön, zierlich* || *geschickt, sinnreich* || Am barb *freundlich, liebreich*

primorriverista m/adj *Anhänger des Generals Primo de Rivera* || = **joseantoniano**

prímula f ⟨Bot⟩ *Primel, Schlüsselblume* f (Primula spp) || ~ de China *Chinesenprimel* f (P. praenitens)

primuláceas fpl *Primelgewächse* npl (Primulaceae)

princesa f *Prinzessin* f || *Fürstin* f || vestido (od traje) ~ *Prinzeßkleid* n *(Frauenmode)*

principada f fam = **alcaldada**

princi|pado m *Fürstentum* n || *Fürsten|stand* m, *-würde* f || *Prinzipat* n/m || fig *Vorrang* m || ~**s** pl ⟨Rel⟩ *Fürstentümer* npl *(siebente Engelsordnung)* || **-pal** adj/s *hauptsächlich, wesentlich, grundsätzlich* || *Grund-, Haupt-* || *vornehm, angesehen* || acreedor ~ *Hauptgläubiger* m || artículo ~ *Hauptartikel* m || caja ~ *Hauptkasse* f || casa ~ *Hauptgeschäft* n, *Zentrale* f || causa, motivo ~ *Hauptgrund* m || condición ~ *Grundbedingung* f || depósito ~ *Hauptniederlage* f || edición ~ = ²**príncipe** || estación ~ *Hauptbahnhof* m || heredero ~ *Haupterbe* m || objeto, ocupación, parte ~ *Haupt|zweck* m, *-beschäftigung* f, *-teil* m, *-anliegen* n || piso ~ *Hauptstockwerk* n, *erster Stock* m *(in den span. Häusern)* || proposición ~ ⟨Gr⟩ *Hauptsatz* m || punto ~ *Hauptsache* f || tiempos ~es ⟨Gr⟩ *Haupt|zeiten* fpl, *-tempora* npl || lo ~ *(del asunto) die Hauptsache, der Hauptpunkt* || ◊ ir a lo ~ *zur Sache kommen* || ~ m *Oberhaupt* n, *Vorgesetzte(r), Chef, Prinzipal* m || *Geschäftsinhaber* m || *Hauptsumme* f, *Grundkapital* n *(ohne Zinsen)* || *(Gesamt)Summe* f || *Wechselsumme* f || *erster Stock, Hauptstock* m *(in span. Häusern)* || ~ e intereses *Kapital und Zinsen* || ~ f ⟨Mil⟩ *Hauptwache* f || **-palmente** adv *hauptsächlich, vornehmlich* || *besonders, insbesondere* || *im wesentlichen* || *vor allen Dingen*

¹**príncipe** m *(Erb)Prinz* m || *(Kron)Prinz, Thronfolger* m || *Fürst* m || de los apóstoles fig *Apostelfürst* m, *Petrus* m *(& Paulus)* || el ~ de Asturias *der (ehem.) Prinz von Asturien, Kronprinz* m *von Spanien* || electivo *Wahlfürst* m || ~ elector *Kurfürst* m || ~ encantador *Märchenprinz* m || ~ de España *Prinz* m *von Spanien (heutiger Titel des span. Thronfolgers)* || el ~ de Gales *der Prinz von Wales (in Großbritannien)* || ~ heredero *Erbprinz* m || ~ de la Iglesia *Kirchenfürst* m || ~ de los ingenios *Beiname* m *des Cervantes* || ~ de leyenda *Märchenprinz* m || ~ de los poetas fig *Dichterfürst* m || el ~ de los poetas castellanos fig *Garcilaso de la Vega (span. Dichter, † 1536)* || ~ real *Kronprinz* m || ~ regente *Prinzregent* m || ~ de (la) sangre ⟨Hist⟩ *Prinz* m *von Geblüt (bes in Frankreich)* || vida de ~ *Fürstenleben* n *(& fig)* || ◊ vivir como un *(od* a lo) ~ *ein fürstliches Leben führen* || los ~**s** *die Großen des Reiches* || *das Fürstenpaar* || dim: **princi|pillo,** desp: **-pote**

²**príncipe** adj: edición ~ *die erste Ausgabe eines alten Schriftstellers, Erstausgabe* f, „editio princeps"

princi|pesco adj *fürstlich* (& fig) || *Prinz-, Fürsten-* || residencia ~a *Fürstensitz* m || **-piador** m *Anfänger* m || *Urheber* m || **-pianta** f fam *Anfängerin* f || **-piante** m *Anfänger, Neuling* m || **-piar** vt *anfangen, beginnen* (con, por, en dat, a inf, zu inf) || ◊ ~ en (con, por) las mismas palabras *mit denselben Worten anfangen* || ~ a anfangen zu *(→* a **empezar)** || ~**pio** m *Anfang, Ursprung* m *(→* a **empezar)** || *Quelle* f || *Quell, Born* m || *Ausgangspunkt* m, *Basis* f || *Grundsatz, Prinzip* n, *Norm* f || *Grundstoff* m || *Bestandteil* m, *Element* n || *Urwesen, Prinzip* n || *(Natur)Gesetz* n || erster *Gang* m, *Hauptspeise* f *(nach der Suppe)* || *Beigericht* n || ~ colorante *färbende Substanz* f || al ~ *anfangs* || al ~ *del año zu (od am) Anfang des Jahres* || muy al ~ *gleich anfangs* || del ~ al fin *von Anfang bis zu Ende* || *von Kopf bis zu Füßen* || en (su) ~ *im Grund, im Grunde genommen* || *grundsätzlich, prinzipiell, im Prinzip* || por ~ *grundsätzlich, aus Grundsatz* || ◊ lo tengo por ~ *das ist mein Grundsatz* || desde el ~ *von Anfang an, gleich zu Anfang* || comenzar desde el ~ *von vorn anfangen* || dar ~ (a) *anfangen (mit)* || dar ~ a su relato *seine Erzählung beginnen* || obrar conforme a un ~ *nach e-m (bestimmten) Grundsatz handeln* || sentar como ~ e-n *Grundsatz aufstellen* || tomar *(od* tener, traer) ~ *entspringen, seinen Ursprung nehmen* || ~**s** pl *Anfänge* mpl *Anfangsgründe* mpl || *Grundkenntnisse* fpl || *sittliche Grundsätze* mpl, *Lebensregeln* fpl, *Prinzipien* npl || hombre de ~ *konsequenter Mensch* m || en ~**s** *im Anfangsstadium* n, al mes, del año *in den ersten Tagen des Monats, des Jahres* || en los ~ *am Anfang* || ◊ todos los ~ son penosos *(todo principio es malo) aller Anfang ist schwer* || es cuestión de ~ *das ist e-e Prinzipienfrage*

△**pringado** adj: ◊ estar ~ pop *geschlechtskrank sein* || haberla ~ pop *die Sache vermasselt haben* || *in der Patsche sitzen* || salir ~ *stehlen, mausen* || ~ m *Opfer* n *e-r Missetat*

prin|gar [g/gu] vt/i *schmieren, einfetten* || *mit flüssigem Fett beträufeln* || *mit Fett besudeln, beschmieren* || fig *besudeln* || fam *blutig schlagen, stoßen* || fig *teilhaben (an dat)* || ◊ ~ en todo figf *in alles die Finger stecken* || vi pop *sich abrackern, schuften* ⟨& Sch⟩ || ~**se** *sich mit Fett beschmutzen* || △*Unterschleife begehen* || △gut *abschneiden* || **-gón, ona** adj fam *schmierig, schmutzig, fettig* || ~ m fam *Fettfleck* m || fam *Schmiere* f || **-goso** adj *fett(ig), schmierig (z. B. Lippen), klebrig (z. B. Finger)* || **-gue** m/f *Braten-, Schweinefett* n || fam *Schmiere* f || fam *Schmutz* m || lleno de ~ *fettig, schmierig*

prior m *Prior, Abt* m || gran ~ *Großprior* m *(Johanniterorden)*

prio|ra f *Priorin, Oberin, Äbtissin* f || **-rato** m *Priorat* n || fig *fette Pfründe* f || el ~ *das Priorat, (weinreiches Gebiet in Katalonien)* (PTarr) || fig *Rotwein* m *aus dem Priorat*

prioridad f *Frühersein, Vorgehen* n, *Priorität* f || *Vorrang, Vorzug* m, *Priorität* || *Vorrecht* n || *Dringlichkeit* f || ⟨StV⟩ *Vorfahrt(srecht* n) f || ~ derecho de ~ *Vor(zugs)recht* n || ~ de paso ⟨StV⟩ *Vorfahrt(srecht* n) f || ~ de utilización *Verwendungspriorität* f || ◊ el vehículo que venga por la derecha tiene ~ ⟨StV⟩ *das von rechts kommende Fahrzeug hat Vorfahrt* || → **acción**

prisa f *Eile, Hast* f || *Eilfertigkeit* f || *Andrang* m, *Gedränge* n || a ~, de ~ *eilig* || a toda ~, muy de ~ *eiligst* || de ~ y corriendo *in aller Eile, kopfüber, schleunigst* || muy de ~ *in aller Eile* || *eiligst* || mucho más de ~ *viel schneller* || el que más de ~ trabaja *derjenige, der am schnellsten arbeitet* || ◊ andar de ~ *eilen, Eile haben* || corre ~, da ~ *es ist sehr eilig, dringend* || no corre ~ *es eilt nicht, es hat Zeit* || no me corre ~ *ich habe es nicht eilig* || dar ~ (a) *in jdn dringen* || jdm *arg zusetzen* || dar ~ a un pedido *e-e Bestellung beschleunigt ausführen* || darse ~ fam *sich sputen, eilen, sich beeilen* || no me dé V. ~ *drängen Sie mich nicht!* || estar de ~ *es eilig haben* || hecho de ~ *oberflächlich ausgeführt* || pop *unbesonnen, halb verrückt* || meter ~ a alg. jdn *drängen* || meter ~ a un asunto *et beschleunigen* || tener ~ *Eile haben* || *eilig sein* || tener *(od* llevar) mucha ~ *(para) es sehr eilig haben (mit* dat bzw zu inf) || tengo ~ por saberlo *ich bin sehr neugierig darauf* || vivir de

~ *das Leben zu sehr genießen, schnellebig sein* ‖ *a gran (od más)* ~, *gran (od más) vagar (od vísteme despacio, que estoy de* ~ *od más de* ~, *más despacio)* fig *Eile mit Weile* ‖ *con las* ~s *in der Eile* ‖ *no me vengas con* ~s *dränge mich nicht*

Priscila f np *Priscilla, Prisca (römische Märtyrerin)*

priscilia|nismo *m* ⟨Rel⟩ *Priscillianertum n (span. Sekte des 4. Jahrhunderts)* ‖ *Priscillianismus* m ‖ **–nista** m/adj *Priszillianist* m ‖ **=no** *m Pris|cillianus, -zilianus, Begründer des Priscillianertums* († 385)

prisco *m* prov *Herzpfirsich* m (→ **albérchigo**)

prisión *f Verhaftung, Gefangennahme* f ‖ *Gefangenschaft, Haft* f, *Arrest* m ‖ *Gefängnis* n, *Kerker* m ‖ *Strafanstalt* f ‖ fig *Bande* npl, *Hemmnis* n ‖ ~ celular *Zellengefängnis* n ‖ ~ central *Strafanstalt* f ‖ ~ por deudas *Schuldhaft* f ‖ ~ doméstica *Hausarrest* m ‖ ~ estatal *Staatsgefängnis* n ‖ ~ mayor Span *Zuchthaus(strafe* f*)* n *von 6 bis zu 12 Jahren* ‖ ~ menor Span *Haft* f *von 6 Monaten bis zu 6 Jahren* ‖ ~ preventiva ⟨Jur⟩ *Untersuchungshaft* f ‖ ~ provisional *provisorische Haft* f ‖ auto de ~, mandamiento de ~, orden de ~ *Haftbefehl, Steckbrief* m ‖ ~ a pan y agua *Haft* f *bei Wasser und Brot* ‖ ~ provincial *Provinzgefängnis* n ‖ ◊ meter en ~ pop *jdn einkerkern, ins Gefängnis setzen* ‖ ~es pl *Fesseln* fpl (& fig) ‖ cuerpo de ~ *Beamtenschaft* f *der Gefängnisverwaltung* ‖ dirección general de ~ *oberste Gefängnisbehörde* f ‖ → **arresto, cadena, detención, reclusión**

prisionero *m Gefangene(r)* m ‖ ~ de guerra *Kriegsgefangene(r)* m ‖ canje de ~s ⟨Mil⟩ *Gefangenenaustausch* m ‖ ◊ caer ~ *in Gefangenschaft geraten* ‖ darse ~, entregarse (como) ~) *sich gefangen geben* ‖ ⟨Mil⟩ *sich ergeben* ‖ hacer ~ (a) *gefangennehmen* ‖ quedar ~ *gefangen werden (im Kriege)* ‖ repatriación de los ~ de guerra *Rückführung* f *der Kriegsgefangenen*

prisita f dim v. **prisa**

pris|ma *m Prisma* n ‖ a través del ~ de... fig *durch die Brille* (gen), *mit den Augen* (gen) ‖ **–mático** adj/s ⟨Phys⟩ *prismatisch, Prismen-* ‖ gemelos (~s) *(Prismen)Feldstecher* m ‖ ~ de teatro *Opernglas* n

priste *m* ⟨Fi⟩ *Sägerochen* m

prístino adj *ursprünglich* ‖ *ur(wüchs)ig* ‖ *herkömmlich* ‖ *uralt* ‖ *ehemalig, vormalig, vorig* ‖ *alt(ertümlich)*

priv. Abk = **privilegio**

priva|ción *Vorenthaltung* f ‖ *Beraubung* f ‖ *Amtsentsetzung* f ‖ fig *Entbehrung* f ‖ ⟨Jur⟩ *Entziehung* f ‖ ⟨Jur⟩ *Aberkennung* f ‖ *Aufhebung* f, *Verlust* m ‖ ~ de alimento *Entziehung* f *der Nahrung, Nahrungsentzug* m ‖ ~ del carnet de conducir ⟨StV⟩ *Entziehung* f *des Führerscheins, Führerscheinentzug* m ‖ ~ de los derechos civiles *Aberkennung* f *der bürgerlichen Ehrenrechte* ‖ ~ de la legítima ⟨Jur⟩ *Pflichtteilsentziehung* f ‖ ~ de libertad *Freiheitsentzug* m ‖ *Freiheitsberaubung* f ‖ ~ de sepultura eclesiástica *Entziehung* f *des kirchlichen Begräbnisses* ‖ ~es pl *Mangel* m, *Dürftigkeit* f ‖ *Entbehrungen* fpl ‖ vida de ~ *dürftiges Leben* n ‖ ◊ pasar ~ *dürftig leben* ‖ *–da **f** *Abtritt, Abort* m ‖ **–damente** adv *vertraulich, unter vier Augen* ‖ [1]**–do** adj *vertraulich, persönlich, privat* ‖ *intim* ‖ *außeramtlich* ‖ *außerdienstlich* ‖ *zurückgezogen, von der Welt abgesondert* ‖ prov & Am *betäubt, ohnmächtig* ‖ Am *schwachsinnig, verrückt* ‖ ~ de los sentidos *sinnlos, betäubt* ‖ en ~ *privatim, vertraulich* ‖ *im engeren Kreise*(e) ‖ asunto ~ *Privatangelegenheit* f ‖ de derecho ~ *privatrechtlich* ‖ empresa ~a *Privatunternehmen* n ‖ fig *eigenes Anliegen* n, *eigene Sache* f ‖ vida, persona ~a *Privat|leben* n, *-person* f ‖ ◊ estar ~ de noticias *ohne Nachrichten*

sein ‖ ~ m *Günstling* m ‖ *Vertraute(r)* m ‖ *persönlicher Berater* m ‖ →**consejero** ‖ [2]**–do** *m Günstling, Vertraute(r)* m

privanza *f Gunst* f ‖ *vertraulicher Umgang* m ‖ ◊ estar en ~ con una mujer fam *bei einer Frau in besonderer Gunst stehen* ‖ pretender la ~ de alg. *jds Gunst erschleichen wollen*

privar vt/i *entziehen* ‖ *berauben, aberkennen* ‖ *(des Amtes) entsetzen* ‖ *verbieten, untersagen* ‖ *absetzen (Säugling)* ‖ *betäuben* ‖ △*trinken* ‖ △*schlingen* ‖ ◊ ~ a alg. de a. *jdm et entziehen* ‖ *jdn et berauben* ‖ *jdm et nehmen* ‖ *jdn um et bringen* ‖ *jdm et aberkennen* ‖ *jdn seines Amtes entheben* ‖ ~ del gusto *eines Vergnügens berauben* ‖ ~ de la libertad *der Freiheit berauben* ‖ ~ de los sentidos *der Sinne berauben, betäuben* ‖ ~ vi *in Gunst stehen* ‖ *sehr beliebt (bzw in Mode) sein* ‖ *sehr gefallen* ‖ *Einfluß, Ansehen besitzen* (con *bei* dat) ‖ *eine wichtige Rolle spielen* (en *bei* dat) ‖ la caballerosidad que priva en los españoles *die Ritterlichkeit, die die Spanier auszeichnet* ‖ la amabilidad que priva en él *die ihm eigene Freundlichkeit* ‖ la moda que actualmente priva *die heute herrschende Mode* ‖ ~**se** *sich et versagen* ‖ *sich e-r Sache enthalten* ‖ *auf et* (acc) *verzichten* ‖ *betäubt, ohnmächtig werden* ‖ ~ de un placer *einem Genuß entsagen* ‖ no ~ de nada *sich alles gönnen, sich nichts versagen* ‖ *wie Gott in Frankreich leben*

privativo adj *zustehend, benehmend* ‖ *ausschließend* ⟨& Jur⟩ ‖ *eigentümlich* ‖ *eigen, besonder* ‖ ⟨Gr⟩ *verneinend* ‖ ◊ es ~ de aquella región *es ist typisch für jene Gegend*

△**privelo** *m schmales Trinkglas* n

privile|giado adj *bevor|rechtigt, -rechtet, privilegiert* ‖ *deuda* ~a *bevorrechtete Schuld* f ‖ *posición* ~a *Sonder-, Ausnahme|stellung* f ‖ ~ m *Bevorrechtigte(r)* m ‖ *Privilegierte(r)* m ‖ títulos ~s *Prioritätspapiere* npl ‖ **–giar** vt *bevorrechten, privilegieren* ‖ *bevorzugen* ‖ **–gio** *m Privileg, Vor(zugs)recht* n ‖ *Sonderrecht* n ‖ *Freiheit* f ⟨Hist⟩ *Frei-, Gnaden|brief* m *(des Königs usw)* ‖ fig *Vorrecht* n, *Vorzug* m ‖ ~ de impresión, ~ de (la) publicación *ausschließliches Verlagsrecht* n ‖ ~ de invención *Erfinderpatent* n ‖ ~ privilegiert ‖ *besonders bevorzugt* ‖ oficina de ~s *(od patentes) Patentamt* n ‖ ~s fiscales *Steuererleichterungen* fpl ‖ ◊ conceder un ~ *ein Vorrecht erteilen* ‖ gozar de un ~ *ein Vorrecht genießen*

pr.[mo], **pro.** Abk = **próximo**

[1]**pro** prep (lat) = **para**

[2]**pro** m/f (adv) *Nutzen, Gewinn, Vorteil* m ‖ y contra *Für und Wider, Pro und Contra* n ‖ en ~ (de) *zu Gunsten, aufs Wohl* ‖ hombre de ~ fig *ein ganzer Mann* m ‖ ¡buena ~! pop *wohl bekomm's!*

proa f ⟨Mar⟩ *Bug* m, *Vor(der)schiff* n ‖ ⟨Flugw⟩ *Bug* m ‖ de ~ a popa ⟨Mar⟩ *von vorn nach achtern* ‖ ◊ poner la ~ (a) pop *es auf jdn abgesehen haben, jdn schaden wollen*

proba|bilidad *f Wahrscheinlichkeit* f ‖ con mucha ~ *sehr wahrscheinlich* ‖ con toda ~ *aller Wahrscheinlichkeit nach* ‖ ~es pl: las ~ de éxito *die Aussichten auf (guten) Erfolg* ‖ cálculo de ~ *Wahrscheinlichkeitsrechnung* f ‖ con ~ de pronto aumento *mit Aussicht auf baldige (Gehalts)Zulage* ‖ ~ vida ‖ **–bilismo** *m* ⟨Philos⟩ *Probabilismus* m ‖ **–bilista** adj/s *probabilistisch* ‖ ~ m *Probabilist* m ‖ **–ble** adj *wahrscheinlich, mutmaßlich* ‖ *voraussichtlich, vermutlich* ‖ *glaubwürdig* ‖ *probabel* ‖ la pérdida ~ *der voraussichtliche Verlust* ‖ ◊ es ~ que... *es steht in Aussicht, daß..., voraussichtlich...* ‖ ¡no es ~! *das wird kaum geschehen! das ist unwahrscheinlich!* ‖ es ~ *es mag sein* ‖ *vielleicht* ‖ *es ist anzunehmen* ‖ ~**mente** adv *wahrscheinlich* ‖ *voraussichtlich, vielleicht* ‖ **–dero** *m Schießkanal* m

probado — proclama 872

(Ballistik) || **-do** adj *erprobt* || *bewährt (Mittel)* || **-dor** *m Vorkoster* m || *(An)Probierkabine* f *(beim Schneider usw)* || ⟨Tech⟩ *Prüfgerät* n, *Prüfer* m || ~ *de frenos* ⟨Aut⟩ *Bremsenprüfstand* m *(Gerät)* || **-uza** f ⟨Jur⟩ *Beweismaterial* n || *Beweisführung* f

probar [-ue-] vt *versuchen* || *(an)probieren (Kleid)* || *prüfen, untersuchen* || fig *auf die Probe stellen, erproben* || *kosten, versuchen* || fig *(an sich) erfahren* || fig *be-, er|weisen* || *dar|tun, -legen* || ⟨Tech⟩ *testen* || *einschießen (Gewehr)* || *beweisen* || *erweisen* || *dartun* || ◊ ~ *la coartada* ⟨Jur⟩ *sein Alibi nachweisen* || ~ *las fuerzas die Kräfte erproben* || ~ *la paciencia die Geduld auf die Probe stellen* || ~ vi *passen, sich schicken* || *bekommen, zusagen* || *versuchen* (= *intentar, tratar de)* || ◊ ~ *bien,* ~ *mal gut, schlecht bekommen*

probática adj: *piscina* ~ → **piscina**

probatoria f ⟨Jur⟩ *Termin* m *für die Beweisaufnahme*

probatorio adj *beweiskräftig, überzeugend* || *Probe-, Beweis-* || *ensayo* ~ *Probeversuch* m || *fuerza* ~a *Beweiskraft* f

probe adj And pop = **pobre**

probeta f ⟨Chem⟩ *Meß|zylinder* m, *-glas* n || *Probier-, Reagenz|glas* n || ⟨Phot⟩ *Entwicklungsschale* f || ⟨Tech⟩ *Prüf-, Probe|stab* m, *-stange* f *(für die Materialprüfung)* || ⟨Bgb⟩ *Probe* f || ~ *graduada* ⟨Chem⟩ *Meß|glas* n, *-zylinder* m

probidad f *Redlichkeit, Rechtschaffenheit, Ehrlichkeit, Biederkeit* f || *Gewissenhaftigkeit* f || *de* ~ *reconocida von anerkannter Ehrlichkeit* || *con* ~ *auf redliche Art* || *falta de* ~ *Unredlichkeit* f

△**probisarar** vt = **probar**

proble|ma m *Problem* n || *Frage* f || ⟨Math⟩ *Aufgabe* f || ~ *colonial* (del desarme, de las minorías, racial) *Kolonial- (Abrüstungs-, Minderheiten-, Rassen)frage* f || ~ *de los tres cuerpos* ⟨Astr⟩ *Dreikörperproblem* n || ◊ *plantear* (resolver) un ~ *e-e Aufgabe, ein Problem stellen (lösen)* || *ahí está el* ~ *das ist (gerade) die Frage* || *lo* ~s *die Problematik* f || **-mática** f *Problematik* f || *Fragenkomplex* m || **-mático** adj *zweifelhaft* || *problematisch, fraglich* || *rätselhaft* || *fragwürdig, bestreitbar* || *verdächtig*

probóscide f ⟨Zool⟩ *Rüssel* m *(des Elefanten)* || ⟨Entom⟩ *Rüssel* m *(der Zweiflügler)*

probos|cídeo, -cídea m ⟨Zool⟩ = **elefante** || **-cídeos, -cidios** mpl ⟨Zool⟩ *Rüsseltiere* npl (Proboscidea)

proc. Abk = **procesión** || **procurador**

procacidad f *Frechheit, Dreistigkeit* f || *Unverschämtheit* f || = **obscenidad** || ◊ *decir* ~es *dreist reden*

procaína f ⟨Pharm⟩ *Prokain* n

procaz [pl **-ces**] adj *frech, dreist, unverschämt* || = **obsceno**

proceden|cia f *Herkunft* f || *Ursprung* m || *Bezugsquelle* f || ~ *de la mercancía Herkunft* f *der Ware* || *géneros de* ~ *alemana Waren* fpl *deutscher Herkunft* || *indicación de* ~ *Ursprungs|angabe* bzw *-bezeichnung* f || *de* ~ *desconocida unbekannter Herkunft* || **-te** adj *herkommend, abstammend|kommend* (de von) *| Schiff)* || *passend, schicklich* || *angebracht* || ⟨Jur⟩ *berechtigt* || *begründet* || *demanda* ~ ⟨Jur⟩ *rechtskräftige, berechtigte Klage* f || ◊ *creer* ~ *für ratsam, angebracht halten* || *llegó a ... ~ de ... kam nach ... aus ...* || *no es* ~ *es ist unstatthaft (od unanbebracht)*

proceder vi *fort|schreiten, -fahren* || *her|kommen, -rühren, abstammen* || *ent|stehen, -springen* || *sich benehmen, sich aufführen* || *tun, handeln, verfahren, vorgehen* || *schreiten, übergehen* (a zu dat), *voll|ziehen, vornehmen* || ⟨Jur⟩ *berechtigt, rechtskräftig sein* || ◊ ~ *a schreiten zu* || ~ *contra alg.* ⟨Jur⟩ *gegen jdn gerichtlich vorgehen* || ~ *a la ejecución* ⟨Jur⟩ *zur Vollstreckung schreiten* || *hinrichten* || ~ *a la elección zur Wahl schreiten* || ~ *a la reclamación judicial den Rechtsweg beschreiten* || *procedió luego a leer el acta anschließend verlas er das Protokoll* || ~ *con tino vorsichtig zu Werke gehen* || ~ *en justicia* (od *judicialmente),* ~ *ante los tribunales gerichtlich vorgehen, einen Prozeß anhängig machen* (contra gegen acc) || *modo (od manera) de* ~ *Handlungsweise* f || v. impers *angebracht scheinen, geboten erscheinen* || *sich gehören* || ◊ *procede hacer tal cosa es gehört sich (od es ist angebracht), so etwas zu tun* || || ~ m *Betragen, Benehmen* n || *Ver|fahren, -halten* n, *Handlungsweise* f || ~ *desconsiderado rücksichtsloses Vorgehen* n

procedimiento m *Verfahren* n, *Handlungsweise, Methode* f || *Vorgehen* n || *Vorgang* m || ⟨Jur⟩ *Rechtsgang* m, *(Gerichts)Verfahren* n || *Rechtsweg* m || → **enjuiciamiento** || ~ *administrativo Verwaltungsverfahren* n || ~ *arbitral Schiedsgerichts)verfahren* n || ~ *al carbón* ⟨Phot⟩ *Kohledruck* m *(Pigmentdruck)* || ~ *civil* ⟨Jur⟩ *Zivilprozeßordnung* f || ~ *de conciliación Vergleichsverfahren* n || ~ *criminal Strafverfahren* n || ~ *edictal Aufgebotsverfahren* n || ~ *de entierro* → **entierro** || ~ *húmedo nasses Verfahren* n || ~ *judicial Gerichtsverfahren* n || ~ *de remate Versteigerungsverfahren* n || *vicio de* ~ ⟨Jur⟩ *Formmangel, Verfahrensfehler* m || ◊ *engañar (od estafar od* timar) a alg. *por el* ~ *de las limosnas jdm Almosen abschwindeln* || ~s *judiciales gerichtliche Maßnahmen* fpl

proce|la f ⟨poet⟩ *Sturm* m || **-laria** m ⟨V⟩ *Sturmschwalbe* f (→ **paíño** común) || = **petrel** || **-loso** adj *stürmisch*

prócer m *hoher, vornehmer Herr* m || *hochgestellte Persönlichkeit* f || *Magnat* m || *Vorkämpfer, Führer* m *(bes der südam. Befreiung)*

proceridad f *vornehmes Wesen* n || *Höhe* f || *Üppigkeit* f

prócero, procero(so) adj/s = **prócer** || *de estatura* ~ *von hohem Wuchs*

proce|sado m *Angeklagte(r)* m || **-sal** adj *Prozeß-* || *derecho* ~ ⟨Jur⟩ *Prozeßrecht* n || *costas* ~es *Gerichts-, Prozeß|kosten* pl || **-samiento** m *Prozeßführung* f || *gerichtliche Verfolgung* f || *revocación del auto de* ~ ⟨Jur⟩ *Zurücknahme* f *der Klage* || ◊ *decretar el* ~ *einen Prozeß anhängig machen* (contra gegen acc) || **-sar** vt *jdn gerichtlich verfolgen, gegen jdn einen Prozeß anstrengen, führen, prozessieren* || ◊ ~ *por falsario* ⟨Jur⟩ *wegen Fälschung gerichtlich gegen jdn einschreiten* || **-sión** f ⟨Auf-, Um-, Fest|zug m || *Prozession* f, *Kirchumgang, Bittgang* m || *Kirch-, Bet|fahrt* f || figf *Reihe* f, *Zug* m || figf *Prozession, Menge* f *Leute* || *Abstammung, Entstehen* n || ◊ *la* ~ *le va por dentro* figf *ein geheimer Kummer verzehrt ihn* || figf *er zeigt s-e Gefühle* (bzw *verrät s-e Gedanken) nicht* || *no se puede repicar y andar en la* ~ Spr *man kann nicht auf zwei Hochzeiten tanzen* || **-sional** adj *prozessionsartig* || **-sionaria** f/adj ⟨Entom⟩ *Raupe* f *des Prozessionsspinners* || *Prozessionsspinner* m || ~s fpl ⟨Entom⟩ *Prozessionsspinner* mpl (Thaumetopoeidae) || **-so** m *Prozeß, Rechtsstreit* m || *Prozeßordnung* f || *Fortschritt* m || *Prozession,* ⟨Chem Med⟩ *Prozeß, Vorgang* m || *Verlauf* m || *Entwicklung* f || ⟨Med⟩ *Krankheitsverlauf* m || →a **procedimiento** || ~ *asimilatorio* ⟨Biol⟩ *Stoffwechsel* m || *Assimilationsprozeß* m || *Sensations-, Schau|prozeß* m ⟨bes Pol⟩ || ~ *de transformación* ⟨Tech⟩ *Verarbeitungsprozeß* m || ~ *verbal Bericht* m, *Protokoll* n, *Akten* pl || ◊ *seguir un* ~ *einen Prozeß anhängig machen* (contra gegen acc)

procla|ma f *öffentliche Bekanntmachung* f ||

Aufruf m || *Heiratsaufgebot* n || **-mación** *f öffentliche Bekanntgabe* f || *feierliche Ausrufung, Proklamation* f || *Verkünd(ig)ung* f || ~ de la república *Ausrufung* f *der Republik* || **-mar** vt *ausrufen, feierlich bekanntmachen* || *feierlich ausrufen (zum König usw)* || *proklamieren* || *(Brautleute) aufbieten* || *(Wahlen) ausschreiben* || fam *verkünd(ig)en, ausposaunen* || → **aclamar** || **~se** *sich aufwerfen (zu* dat*) || aufgeboten werden (Brautpaar)*
proclítico adj ⟨Gr⟩ *proklitisch*
proclividad *f Neigung* f (& fig) || ~ a *Neigung* zu (dat)
procomún *m Gemeinwohl* n || *öffentliches Interesse* n
procomunista adj/s *prokommunistisch, kommunistenfreundlich*
procónsul *m Prokonsul* m
Procopio *m* np Tfn *Prokop(ius)* m
pro|creación *f Zeugung, Fortpflanzung* f || ~ entre consanguíneos *Inzucht* f (→ **incesto**) || *aptitud (od* capacidad*)* para la ~ *Fortpflanzungsfähigkeit* f || **-creador** *m Erzeuger* m || **-crear** vt *(er)zeugen, fortpflanzen* || **-creativo** adj *Fortpflanzungs-, Zeugungs-* | *capacidad* ~a *Fortpflanzungsfähigkeit, Zeugungskraft* f
procu|ra *f Vollmacht, Prokura* f || **-ración** *f Verwaltung, Geschäftsführung* f || *Vollmacht, Bevollmächtigung* f || ~ colectiva ⟨Com⟩ *Gesamtprokura* f || → **gestión, poder** || **-rador** *m Geschäftsträger, Verwalter* m || *Bevollmächtigte(r)* m || *Prozeßvertreter, nicht plädierender Anwalt* m || *Sachwalter* m || ~ en Cortes Span *Abgeordnete(r)* m *der Cortes (des span. /Stände/Parlaments)* || ~ de los tribunales *Prozeßvertreter, nicht plädierender Anwalt* m || **-raduría** *f* ⟨Kath⟩ *Verwaltung* f *e-s Klosters* || ⟨Jur⟩ *Amt* bzw *Büro* n *e-s procurador* || **-rar** vt *besorgen, führen (Geschäft)* || *verschaffen* || *fördern* || *trachten* || *verursachen, bereiten* || prov *suchen* || ◊ ~ la venta *den Verkauf betreiben* || -ra conseguirlo *sei bestrebt, es zu erreichen* || ~ vi *et tu tun suchen, sich bemühen* || ◊ ~ sólo para sí *nur auf seinen Nutzen bedacht sein* || ~ por alg. *sich jds annehmen* || no sé dónde ~me la cantidad *ich weiß nicht, wo ich die Summe hernehmen soll*
procustes *m* ⟨Entom⟩ → **procusto**
Procus|to, -tes *m Prokrustes* m *(Räuber der altgriechischen Sage)* || el lecho de ~ fig *das Prokustesbett* n || ⁓ *m* ⟨Entom⟩ *Lederlaufkäfer* m (Carabus = Procustes coriaceus)
prodetonante *m Mittel* n *zur Herabsetzung der Klopffestigkeit e-s Kraftstoffs*
prodigalidad *f Verschwendung* f || *Verschwendungssucht* f || *übermäßige Ausgaben* fpl || *Überfluß* m || con ~ *reichlich, verschwenderisch*
pródigamente adv *reichlich*
prodi|gar [g/gu] vt *ver|schwenden, -geuden* | *ver|tun, -prassen* | *verausgaben* || *nicht sparen, nicht schonen* || *über|häufen, -schütten* (a. a alg. jdn mit et) || ◊ ~ cuidados a alg. *jdn sehr sorgsam pflegen* || ~ elogios *überschwenglich Lob spenden, sehr rühmen* || ~ honores a alg. *jdn mit Ehrenbezeugungen überhäufen* || ~ los sombrerazos (a) joc *jdn auffällig oft grüßen* || **~se** vr *allzusehr ins Rampenlicht treten* || *sich producieren* || *zu oft die erste Geige spielen (wollen)* || **-gio** *m Wunder|werk, -ding* n || fig *Ausbund* m, fam *Kanone* f || niño ~ fig *Wunderkind* n || ◊ es un ~ de destreza pop *er ist fabelhaft geschickt* || **-giosidad** *Wunderbare(s)* n || *Erstaunlichkeit* f || **-gioso** adj *wunderbar, außerordentlich* || *erstaunlich, überraschend* || fig *großartig, grandios* || pop *kolossal*
pródigo adj *verschwenderisch* || ◊ *declarar* ~ ⟨Jur⟩ *wegen Verschwendungssucht entmündigen* || el hijo ~ *der verlorene Sohn (der Bibel)* || año ~ en *(od* de*) acontecimientos an wichtigen Begebenheiten reiches Jahr* || ~ *m Verschwender* m
pro domo sua lat „*für das eigene Haus*", *zum eigenen Nutzen, für sich selbst, pro domo*
prodrómico adj ⟨Med⟩ *Prodromal-* || *síntoma* ~ *Prodromalsymptom* n || → a **pródromo**
pródromo *m Einleitung, Vorrede* f || ⟨Med⟩ *Prodrom(alsymptom)* n, *Vorbote* m *(erstes Anzeichen e-r Krankheit)*
producción *f Erzeugung, Produktion, Bildung* f, *Zustandekommen* n || *Erzeugnis, Produkt* n || *Bodenschätze* mpl || *Filmwerk* n, *Produktion* f || ⟨Tech⟩ *Leistung* f *einer Maschine* || *Herstellung, Fertigung* f || *Gewinnung* f || *Erzeugnis* n || ⟨Jur Verw⟩ *Vor|legung, -lage, Beibringung* f *(von Urkunden usw)* || ~ en cadena *Fließbandproduktion* f || ~ de energía *Energieerzeugung* f || ~ en serie *Serienproduktion* f || *capacidad* de ~ *Leistungsfähigkeit* f || *centro de* ~ *(Haupt)Erzeugungsort* m || *exceso de* ~, *excesiva Überproduktion* f || *restricción de la* ~ *Produktions|kürzung, -einschränkung* f || *situación geográfica de la* ~, *localización* (Am *ubicación*) *de la* ~ *Standort* m *der Produktion* || ~es literarias *literarische Werke* npl
produ|cido *m* Am *Ertrag* m (→ **producto**) || **-cir** [-zc-, pret -je] vt *ein|bringen, -tragen* || *zum Vorschein bringen* || *erzeugen*, fig *verschaffen, bewirken* || fig *hervorbringen, erzeugen* || *herstellen, fertigen* || *gewinnen (Gewinn) abwerfen, bringen* || *hervorrufen* || *schaffen* || || *(herbei-)schaffen* || ⟨Jur⟩ *vor|legen, -zeigen, beibringen (Beweise, Urkunden usw)* || ◊ ~ *beneficio Nutzen bringen* || *un beneficio neto de ... e-n Reinertrag von ... abwerfen* || ~ *efecto Erfolg haben, wirken* || ~ *fiebre* ⟨Med⟩ *Fieber verursachen* || ~ *mala impresión,* || *mal efecto e-n schlechten, e-n ungünstigen Eindruck machen* || ~ *mejoría Erleichterung bringen* || ~ *poco wenig einbringen, nicht lohnend sein* || ~ *una reacción* ⟨Med⟩ *e-n Rückschlag (e-e Reaktion) hervorrufen* || ~ *rica cosecha reiche Früchte tragen* || ~ *sorpresa e-e Überraschung hervorrufen* || vi *Früchte bringen, Früchte tragen* || *Junge werfen (Tier)* || *einträglich sein (Geschäft, Boden)* || ◊ *es un negocio que no produce es ist ein Geschäft, das nichts einbringt* || **~se** *erscheinen, auftreten* || *vorkommen, sich ereignen* || *sich äußern* || *sich verhalten, sich benehmen* || ◊ *se produjo (un) silencio Stille trat ein*
productividad *f Produktivität* f || *Leistungsfähigkeit* f || *Ertragsfähigkeit, Ergiebigkeit* f || *Fruchtbarkeit* f || *schöpferische Kraft* f || **-tivo** adj *leistungsfähig* || *ergiebig* || *lohnend* || *ertragreich, einträglich, gewinnbringend* || *fruchtbar, produktiv* || *asociación* ~a *Produktions-, Erwerbs|genossenschaft* f || *un negocio poco* ~ *ein wenig einträgliches Geschäft* || ◊ *ser* ~ fig *Zinsen tragen* || **-to** *m Erzeugnis, Produkt* n || *Ertrag, Erlös* m || *Wirkung* f || *Ergebnis* n || *Mittel* n || ⟨Math⟩ *Produkt, Multiplikationsergebnis* n || ~ *acabado,* ~ *elaborado Fertig|fabrikat, -produkt* n, *-ware* f || ~ *para adelgazar Abmagerungsmittel* n || ~ *bruto Roherzeugnis* n || *Roh-, Brutto|ertrag* m || ~ *de calidad Qualitätserzeugnis* n || ~ *de máxima calidad Spitzenerzeugnis* n || ~ *de desintegración Zersetzungs-, Abbau|produkt* n || ⟨Nucl⟩ *Spaltprodukt* n || ~ *final Fertig-, End|produkt* n || ~ *de fisión* ⟨Nucl⟩ *Spaltprodukt* n || ~ *de los impuestos,* ~ *fiscal Steueraufkommen* n || ~ *de marca Markenerzeugnis* n || ~ *nacional bruto Bruttosozialprodukt* n || ~ *neto Rein|erlös, -ertrag, -gewinn* m || ~ *indígena,* ~ *nacional,* ~ *del país Landesprodukt* n || ~ *protector Schutzmittel* || ~ *protector contra los rayos solares (od* contra las quemaduras del sol*) Sonnenschutzmittel* n || ~ *social Sozialprodukt* n || ~ *tintóreo Farbstoff* m || ◊ *dar un* ~ *einträglich sein* || sacar

productor — profundo 874

más ~ a la situación *die Lage besser ausnützen* || **-s** *pl:* ~ agrícolas *Agrarprodukte, landwirtschaftliche Erzeugnisse* npl || ~ de belleza *Schönheitsmittel* npl, *Kosmetikartikel* mpl, *Kosmetika* pl || ~ cárnicos *Fleischprodukte* npl || ~ coloniales *Kolonialwaren* fpl || ~ para conservar *Konservierungsmittel* npl || ~ de consumo *Verbrauchsgüter* npl || ~ derivados *Derivate, Nebenprodukte* npl, *Abkömmlinge* mpl || ~ farmacéuticos *pharmazeutische Produkte* npl || ~ forrajeros *Futtermittel* npl || ~ lácteos *Molkereierzeugnisse, Milchprodukte* npl || ~ manufacturados *Fabrikate* npl || ~ químicos *Chemikalien* fpl || fábrica de ~ químicos *chemische Fabrik* f || ~ textiles *Textilwaren* fpl || **-tor** m/adj *Erzeuger* m || *Hersteller* m || ⟨Filmw⟩ *Filmhersteller, Produzent* m || Span ⟨Pol⟩ *Arbeiter* m || cooperativa de ~es *Produktionsgenossenschaft* f || país ~ *Erzeugungsland* n || potencia ~a *Leistungsfähigkeit* f || ~a (cinematográfica) *(Film-)Herstellerfirma* f || ~ adj *erzeugend, herstellend* || *arbeitstätig*
produje, produzco → **producir**
proej(e)ar vi *gegen den Wind (die Strömung) rudern*
proemio m *Vorrede, Einleitung* f || *Proömium* n
proeza f *Helden-, Groß|tat* f || *großartige Leistung* f || Am iron *Prahlerei, Aufschneiderei* f || ~ del aire *Leistung* f *e-s Fliegers* || ¡vaya ~! iron *das ist (ja) e-e schöne Leistung!*
prof. Abk = **profesor** || **profeta**
profa|nación f *Entweihung, Schändung* f (& fig) || fig *Entwürdigung, Herabsetzung* f || ◊ ¡esto es una ~! fig *das ist e-e Schande!* || **-nador** m *Ent|weiher, -heiliger, Schänder* m || ~ adj *entweihend* || *ruchlos* || **-nar** vt *ent|weihen, -heiligen, schänden* || fig *entehren, herabwürdigen* || fig *beschmutzen* || fig *zerstören (z.B. e-e Landschaft mit bestimmten Bauwerken)* || **-nidad** f *Weltlichkeit, weltliche Gesinnung* f || fig *Mangel* m *an Ehrfurcht* || **-no** adj *profan, weltlich* || *unheilig* || *uneingeweiht* || fig *laienhaft* || *entweihend, ruchlos* || historia ~a *Weltgeschichte* f *(im Gegensatz zur Kirchengeschichte)* || ~ m *Uneingeweihte(r), Profane(r), Laie* m || *Weltkind* n
profazar vt *heftig tadeln* || *verwünschen, verfluchen*
profe m fam bzw desp Abk *Pauker* m *(Professor)*
profecía f *Prophezeiung, Weissagung* f || fig *Vorbedeutung* f
proferir [ie/i] vt/i *vorbringen* || *hervorbringen (Worte)* || *aussprechen, sagen* || ◊ ~ insultos *Flüche ausstoßen*
profe|sa f *Nonne* f, *die das Ordensgelübde abgelegt hat* || **-sar** vt *(e-e Kunst, e-n Beruf) ausüben* || *(ein Handwerk) betreiben* || *lehren* || *innehaben (Lehrstuhl)* || *(sich) offen bekennen* || fig *an den Tag legen* || ◊ ~ admiración a *jdn bewundern* || ~ amistad a *jdm zugetan sein* || ~ cariño a *Zuneigung hegen zu* || ~ una doctrina *sich zu e-r Lehre bekennen* || ~ vi ⟨Rel⟩ *die Ordensgelübde ablegen* || ◊ ~ (de) monja *Nonne werden* || ~ en una orden religiosa *in e-n Klosterorden eintreten*
profesio|grafía, -logía f *Berufskunde* f
profesión f *Beruf* m || *Gewerbe, Handwerk* n || *Ordensgelübde* n || *Ablegen* n *des Ordensgelübdes* || *Bekenntnis, Bekundung* f || *Religionsbekenntnis* n || ~ de fe *Glaubensbekenntnis* n *(religiöser, weltanschaulicher, politischer Art)* || ~ liberal *freier Beruf* m || ~ mercantil *kaufmännischer Beruf* m || ~ religiosa *Gelübde* n || *certificado de* ~ *Berufsnachweis* m || envidia de ~ *Brotneid* m || jugador de ~ *Berufsspieler* m || ejercicio indebido de (una) ~ *unberechtigte Berufsausübung* f || libertad de elección de ~ *Freiheit* f *der Berufswahl* || ◊ ejercer una ~ *ein Gewerbe treiben* || *e-n Beruf ausüben* || hacer ~ *das Gelübde ablegen*
profe|sional m adj/m *berufsmäßig, beruflich, Berufs-* || *fachmännisch, Fach-* || asociación ~ *Berufsvereinigung* f || biblioteca ~ *Fachbibliothek* f || educación, escuela ~ *Fach|bildung, -schule* f || enseñanza ~ *Fachunterricht* m, *Berufsschulwesen* n || envidia ~ *Brotneid* m || vida ~ *Berufsleben* n || organización ~ *berufliche Organisation* f || orientación ~ *Berufsberatung* f || secreto ~, sigilo ~ *Amtsgeheimnis* n || ~ m *Fach|mann, -kenner* m || ⟨Sp⟩ *Berufsspieler* m || *Berufs|fahrer, -flieger* m usw || pop *Profi* m || **-sionalismo** m *Berufsmäßigkeit* f || *beruflicher Charakter* m || ⟨Sp⟩ *Berufsspielertum, Profitum* n (& fig) || **-so** adj: casa ~a *Ordenshaus* n || ~ m *Mönch, der das Ordensgelübde abgelegt hat, Profeß* m || **-sor** *Lehrer* m || *Hochschullehrer* m || *Professor* m || p.ex *Gelehrte(r)* m || *Künstler* m || *Fachmann, Könner* m || *Berufsmusiker* m || *Bekenner* m *e-r Religion* || ~ auxiliar, ~ adjunto (od suplente) *Hilfslehrer* m || ~ de autoescuela (de baile) *Fahr- (Tanz)lehrer* m || ~ especial *Fachlehrer* m || ~ de Facultad (od de Universidad) *Universitätsprofessor* m (→ **catedrático**) || ~ de idiomas *Sprachlehrer* m || ~ de Instituto span. *Mittelschullehrer* m (→ **catedrático**) || ~ libre *freier Hochschullehrer, Dozent* m || ~ mercantil *Handelslehrer* m || ~ de música *Musiklehrer* m || ~ de segunda enseñanza *Gymnasiallehrer, Studienrat* m || colegio de ~es *Lehrerkollegium* n || → **maestro** || **-sorado** m *Professur, Professorenstelle* f || *Lehramt* n || *Lehrkörper* m || *Lehrerschaft* f, *(die) Lehrer* mpl || *Professorenkollegium* n || **-soral** adj *lehrhaft, professoral* || *Professoren-, Lehr-* || iron od desp *schulmeisterlich, pedantisch, haarspalterisch* || tono ~ pej *schulmeisterlicher Ton* m
profe|ta m *Prophet, Seher* m || falso ~ *falscher Prophet* m (& fig) || ◊ nadie es ~ en su tierra *der Prophet gilt nichts in seinem Vaterland* || **-tastro** m desp *Lügenprophet* m
profético adj *prophetisch* || p.ex *voraus|schauend bzw -sehend bzw -sagend*
profe|tisa f *Prophetin, Seherin* f || **-tismo** m *Prophetismus* m || *Seher-, Prophet|tum* n || **-tizar** [z/c] vt *prophezeien, vorher-, weis|sagen*
proficiente adj *Fortschritte machend*
profi|láctico adj ⟨Med⟩ *vorbeugend, prophylaktisch* || remedio ~ *Vorbeugungsmittel* n || **-laxia, -laxis** f *Prophylaxe, Vorbeugung* (& fig), *Krankheitsverhütung* f
proforma lat *der Form wegen, pro forma, zum Schein* || cuenta (od factura) ~ ⟨Com⟩ *Proforma-Rechnung* f
prófugo m *Flüchtling* m || ⟨Mil⟩ *Fahnenflüchtige(r)* m || vgl **desertor** || ~ adj *flüchtig*
△**prófulo** m *Streichhölzchen* n
profun|didad f *Tiefe* f || *Vertiefung* f || *Abgrund* m || fig *Tiefe, Gründlichkeit* f || fig *Innerlichkeit* f || fig *Innere(s)* n || fig *Weite, Tiefe* f *(z.B. e-s Fluges)* || ⟨Bgb⟩ *Teufe* f || ~ de reconocimiento ⟨Flugw⟩ *Aufklärungstiefe* f || fauna de las ~es ⟨Flugw⟩ *Tiefenfauna* f (→ **abisal**) || **-dizar** [z/c] vt *vertiefen* || *austiefen* || *eindringen* (en *in* acc) || fig *gründlich untersuchen* || *ergründen* (acc), *auf den Grund gehen* (en dat) || ⟨Bgb⟩ *abteufen (Schacht)* || ◊ ~ un asunto *e-r S. auf den Grund gehen* || sin ~ en detalles *ohne auf Einzelheiten einzugehen* || ~ vi *über et nachdenken, grübeln* || *tief eindringen (Schuß)* || **-do** adj *tief(liegend)* || fig *tief, heftig* || fig *tief, geistreich (Gedanke)* || *unergründlich* || *tiefgreifend* || *profund* || fig *vollständig* || *eingehend* || *absolut* || fauna ~a ⟨Zool⟩ *Tiefenfauna* f || herida ~a *tiefe Wunde* f || poco ~ *seicht* (& fig) || sueño ~ *tiefer Schlaf* m || ~ silencio *tiefes (Still)Schweigen* n || ~a reverencia *tiefe Ehrfurcht* f || ~ m *Tiefe* f || *Innerste(r)* n

profu|samente adv *reichlich, verschwenderisch* ‖ ~ *ilustrado reich illustriert, bilderreich, reich bebildert (Buch)* ‖ **–sión** *f Verschwendung* f, *Überfluß* m ‖ *Überfülle* f ‖ con una ~ de grabados *reich illustriert (Buch)* ‖ **–so** adj *verschwenderisch* ‖ *überreichlich* ‖ *übermäßig*

proge|nie *f Geschlecht* n, *Stamm* m ‖ *Sippe* f ‖ *Nachkommenschaft* f ‖ **–nitor** *m Vater, Erzeuger* m ‖ *Vorfahr, Ahn(e), Ahnherr* m ‖ ~**es** *Eltern* pl ‖ *Ahnen* pl ‖ **–nitura** *f Erstgeburt* f ‖ *Erstgeburtsrecht, Recht* n *des Erstgeborenen* ‖ (→ **primogenitura**) ‖ *Nachkommenschaft* f

progna|tismo *m Prognathie* f, *Vorstehen* n *des Oberkiefers* ‖ **–to** adj/s *prognathisch*

prognosis *f* ⟨Med⟩ *Prognose* f (= **pronóstico**) ‖ ⟨Meteor⟩ *Wettervorhersage* f ‖ allg *Vorhersage, Prognose* f

programa *m Programm* n ‖ *Aufruf* m, *Kundmachung* f ‖ *Plan, Entwurf* m ‖ *Schul-, Unterrichtsplan* m ‖ *Vorlesungsverzeichnis* n *e–r Hochschule* ‖ *Theaterprogramm* n ‖ *Rundfunk-* bzw *Fernseh|programm* n ‖ *Sendeplan* m ‖ *Filmprogramm* n ‖ ~ de baile *Tanzkarte* f ‖ ~ de los cursos *Vorlesungsverzeichnis* n ‖ ~ económico *Wirtschaftsprogramm* n ‖ ~ de enseñanza *Lehrplan* m ‖ ~ de fomento *Förderungsprogramm* n ‖ ~ inmediato, ~ de ejecución inmediata *Sofortprogramm* n ‖ ~ político *politisches Programm* n ‖ ~ de teatro *Theaterzettel* m ‖ *Spielplan* m ‖ ~ de trabajo *Arbeitsprogramm* n ‖ ◊ estar en el ~ *auf dem Programm stehen* ‖ fuera de ~ *außer Programm* ‖ *unprogrammgemäß* ‖ ⟨Mus⟩ *Zugabe* f *(in e–m Konzert)* ‖ **–ción** *f Programmierung* f ‖ ⟨Radio TV⟩ *Programmgestaltung* f ‖ ~ genética ⟨Gen⟩ *genetische Programmierung* f ‖ **–dor** m/adj ⟨Elc⟩ *Programmierer* m ‖ ⟨Radio TV⟩ *Programmgestalter* m ‖ *Programmgerät* n ‖ **–r** vt *programmieren* ‖ *das Programm gestalten* ‖ enseñanza –da *programmierter Unterricht* m

progre|sar vi *fortschreiten, Fortschritte machen, vorwärts-, fort|kommen* ‖ *sich entwickeln* ‖ ⟨Mil⟩ *fortschreiten, vorrücken* ‖ ◊ ~ a (od por) saltos ⟨Mil⟩ *sprungweise vorgehen (Taktik)* ‖ **–sión** *f (stetiges) Fortschreiten* n ‖ *(allmähliche) Zunahme* f ‖ *Folge* f ‖ ⟨Mil⟩ *Vormarsch* m, *Vorrücken* n ‖ *Vorstoß* m ‖ ⟨Mus⟩ *Progression, Rückung* f ‖ ⟨Math Med Mus⟩ *Progression* f ‖ ⟨Math⟩ *Folge* f ‖ ~ aritmética, ~ geométrica *arithmetische, geometrische Reihe* f *(Folge)* ‖ ◊ encontrarse *(od* estar*)* en ~ *wachsen, zunehmen* ‖ **–sero** adj/s desp *od* iron *v.* **–sista**: *fortschrittlich* ‖ **–sismo** *m fortschrittliche Denkart* f ‖ ⟨Pol⟩ *Progressismus* m *(& bes bei e–m Teil der Geistlichen)* ‖ **–sista** adj/s *progressistisch, (übertrieben) fortschrittlich* ‖ ~ m ⟨Pol⟩ *Fortschrittler* m ‖ partido ~ *Fortschrittspartei* f ‖ **–sivamente** adv *allmählich, stufenweise* ‖ **–sivo** adj *progressiv* ‖ *vor|rückend, -schreitend* ‖ *(allmählich) fortschreitend* ‖ palidez ~a *langsam sich entwickelnde Blässe* f ‖ parálisis general ~ ⟨Med⟩ *Gehirnerweichung* f ‖ método ~ *progressive, fortschreitende Methode* f ‖ **–so** *m Fortschritt* m ‖ fig *Fortschreiten* n ‖ *Steigen* n ‖ *Zunahme* f ‖ los ~ de una dolencia *das Fortschreiten e–r Krankheit* ‖ ◊ hacer (buenos) ~s *fortkommen, Fortschritte machen*

Progreso *m* np = **Procopio**

prohi|bición *f Verbot* n ‖ *gesetzliche Bekämpfung* f *der Erzeugung und des Genusses alkoholischer Getränke, Trockenlegung, Prohibition* f ‖ *Sperre* f ‖ *Sperrmaßnahmen* fpl ‖ ⟨Mar⟩ *Sperre* f ‖ ~ de adelantar ⟨StV⟩ *Überholverbot* n ‖ ~ de aparcar, ~ de estacionar ⟨StV⟩ *Parkverbot* n ‖ ~ comercial *Handelssperre* f ‖ ~ del empleo de la fuerza *Gewaltverbot* n ‖ ~ de exportación *Ausfuhrverbot* n ‖ **–bicionismo** *m* allg *Prohibitivsystem* n ‖ ~ aduanero *Schutzzollsystem* n ‖ ~ comercial *Handelssperre* f ‖ **–bicionista** m/adj *Prohibitionist* m

prohi|bido adj/s *verboten* ‖ ¡ ~a la entrada! *Eingang verboten!* ‖ ~ fumar *Rauchen verboten* ‖ ~ pisar el césped *(od* la hierba*) Rasen betreten verboten* ‖ ¡ ~ el paso! *Durchgang (⟨Aut⟩ Durchfahrt) verboten!* ‖ terminantemente ~ *streng (bzw polizeilich) verboten* ‖ la fruta ~a *die verbotene Frucht* ‖ mercancías ~as *Schmugglerwaren* fpl ‖ ◊ jugar a los ~s ⟨Kart⟩ *verbotene Spiele spielen* ‖ **–bir** vt *verbieten, untersagen* ‖ ~ la exportación *die Ausfuhr verbieten* ‖ ¡se –be el paso! *Durchgang (Durchfahrt) gesperrt!* ‖ **–bitivo** adj *verbietend* ‖ *ausschließend* ‖ *Hinderungs-, Sperr-, Verbots-, Prohibitiv-, prohibitiv* ‖ derecho ~ *Prohibitiv-, Sperr|zoll* m ‖ ley ~a *Sperrgesetz* n ‖ precios ~s *unerschwingliche Preise,* fam *Phantasie-, Wucher|preise* mpl ‖ sistema ~ *Absperrungssystem* n ‖ **–bitorio** adj = **prohibitivo**

prohi|jada *f angenommene Tochter, Adoptivtochter* f ‖ **–jado** *m angenommener Sohn, Adoptivsohn* m ‖ **–jador** *m Adoptivvater* m ‖ **–jadora** *f Adoptivmutter* f ‖ **–jamiento** *m Adoption, Annahme* f *an Kindes Statt* ‖ **–jar** vt *an Kindes Statt annehmen, adoptieren* ‖ fig *sich (andere Meinungen) zu eigen machen* ‖ *(Gedanken anderer) übernehmen*

prohom|bre *m angesehener, herausragender Mann, Parteiführer* m ‖ *Obmann* m ‖ *Zunft-, Innungs|meister* m ‖ **–bría** *f Ansehen* n

pro|ís, –iz *m* ⟨Mar⟩ *Befestigungspfosten* m ‖ ~, ~**a** *f Tau* n

pro indiviso, proindiviso lat *ungeteilt* ‖ → **condominio, propiedad**

prójı|ma *f* fam *schlampiges Weibsstück* n, *Schlampe* f ‖ *Nutte* f ‖ **–mo** *m Nächste(r)* m ‖ fam *Herr Dingsda, Herr Soundso* ‖ pop *Individuum, Subjekt* n, *Kerl* m ‖ amor al ~ *Nächstenliebe* f

projundo Am pop = **profundo**

pról. Abk = **prólogo**

prolapso *m* ⟨Med⟩ *Vorfall, Prolaps* m ‖ ~ uterino ⟨Med⟩ *Gebärmuttervorfall, Prolapsus* m *uteri* (lat)

prole *f Nachkommenschaft* f, *Kinder* npl (& joc) ‖ ◊ ¡vaya una ~! iron *das ist (ja) e–e Sippe!*

prolegómeno *m erklärendes Vorwort* n ‖ ~s mpl *Prolegomena* npl

prolepsis *f* ⟨Rhet⟩ *Prolepse* f

prole|tariado *m Proletariat* n ‖ **–tario** adj *proletarisch* ‖ *mittellos* ‖ fig *gemein, ordinär, pöbelhaft* ‖ la clase ~a *das Proletariat* n ‖ ~ *m Proletarier* m ‖ *Unbemittelte(r)* m ‖ desp *Prolet* m ‖ **–tarización** *f Proletarisierung* f ‖ **–tarizar** vt *proletarisieren*

proli|feración *f* ⟨Biol Gen⟩ *Vermehrung* f *(durch Zellteilung)* ‖ ⟨Med⟩ *Wucherung* f (& fig) ‖ fig *Wuchern* n, *schnelle Zunahme* f ‖ no ~ de armas atómicas ⟨Pol⟩ *Nichtweiterverbreitung f von Atomwaffen* ‖ **–ferar** vt *sich vermehren* (& fig) ‖ ⟨Med⟩ *wuchern* (& fig)

prolífico adj *fruchtbar* (& fig) ‖ *kinderreich* ‖ fig *vielschreibend*

proli|jamente adv *reichlich* ‖ **–jidad** *f Weit|schweifigkeit, -läufigkeit* f ‖ *Umständlichkeit* f ‖ *Reichlichkeit* f ‖ **–jo** adj *weit|schweifig, -läufig* ‖ *ausführlich* ‖ *ausgedehnt* ‖ *reichlich* ‖ *peinlich genau* ‖ *langweilig, lästig* ‖ tras ~a discusión *nach längerer Beratung*

prologar [g/gu] vt *(ein Werk) mit e–r Vorrede, e–m Prolog versehen*

prólogo *m Vorrede, Einleitung* f, *Vorwort* n, *Prolog* m ‖ ⟨Mus Th⟩ *Vorspiel* n ‖ fig *Einleitung* f, *Anfang* m

prologuista *m Vorwortverfasser* m ‖ *Verfasser* m *e–s Prologs*

prolon|ga *f* ⟨Mil⟩ *Langtau, Lafettenseil* n *(Artillerie)* ‖ **–gable** adj *verlängerungsfähig* ‖ *dehnbar* ‖ *prolongierbar (Wechsel)*

prolon|gación f Verlängerung f ‖ *(Aus)Dehnung* f ‖ Ansatz m ‖ Aufschub m ‖ ⟨Com⟩ Stundung f ‖ *Prolongation* f *(Wechsel)* ‖ ~ del plazo *Fristverlängerung* ‖ ~ de las vacaciones *Ferienverlängerung* f ‖ **-gado** adj *lang, lange dauernd* ‖ ausgedehnt, weitläufig ‖ länglich ‖ verlängert ‖ prolongiert *(Wechsel)* ‖ **-gar** [g/gu] vt *verlängern* ‖ in die Länge ziehen ‖ ausdehnen ‖ aufschieben ‖ hinausschieben ‖ ⟨Com⟩ *(e–n Wechsel)* prolongieren ‖ ⟨Com⟩ stunden ‖ ◊ ~ la exposición ⟨Phot⟩ *länger belichten* ‖ ~**se** *sich in die Länge ziehen* ‖ lange dauern ‖ weitergehen ‖ ◊ ~ en sus hijos *in s–n Kindern fortleben*
prome|diar vt *halbieren* ‖ ~ vi *sich ins Mittel legen* ‖ zur Mitte gelangen ‖ bis zur Hälfte ablaufen *(Frist)* ‖ ◊ ~-diaba una tarde de marzo *es war um die Mitte e–s Märznachmittags* ‖ ser –diado *bis zur Hälfte abgelaufen sein* ‖ **-dio** m *Durchschnitt* m, *Durchschnittsmenge* f ‖ ⟨Math⟩ *Mittelwert* m ‖ *Durchschnittszahl* f ‖ *Hälfte, Mitte* f ‖ ~ de peso *Durchschnittsgewicht* n ‖ ~ del tiempo *Durchschnittszeit* f ‖ ~ de velocidad (= **velocidad** media) *Geschwindigkeitsdurchschnitt* m, *Durchschnittsgeschwindigkeit* f ‖ en ~, de ~ *durchschnittlich, im Durchschnitt*
prome|sa f *Versprechen* n ‖ *Zusage* f ‖ ⟨Rel⟩ *Gelübde* n ‖ ~ de casamiento *(od* matrimonio*) Heirats-, Ehe|versprechen* n ‖ ~ de pago *Zahlungsversprechen* n ‖ ◊ cumplir una ~ *ein Versprechen einlösen* ‖ dar una ~ *positiva fest zusagen* ‖ faltar a una ~ *ein Versprechen nicht halten* ‖ según mi ~ *meinem Versprechen gemäß* ‖ ~**s** fpl *Versprechungen* fpl ‖ fig *Verheißungen* fpl ‖ ◊ entretener con vanas ~ fig *jdn zum besten halten* ‖ **-tedor** adj/s: muy ~ *vielversprechend*
Prometeo m ⟨Myth⟩ *Prometheus* m
prome|ter vt *versprechen* ‖ *zusagen* ‖ fig *ankündigen, verheißen* ‖ ⟨Rel⟩ *(an)geloben* ‖ *versichern, beteuern, behaupten* ‖ ◊ ~ por escrito *schriftlich zusagen* ‖ me –to mucho de ello *ich verspreche mir viel davon* ‖ yo le –to *que ich versichere Ihnen, daß* ‖ ~ vi *Hoffnungen erwecken (z.B.* begabtes Kind*)* ‖ *sich gut anlassen* (& iron) ‖ es un muchacho que –te *aus dem Jungen wird einmal etwas* ‖ el tiempo –te *das Wetter verspricht gut zu werden* ‖ va mucho de ~ a cumplir *Versprechen und Halten ist zweierlei* ‖ ~**se** *sich verloben* ‖ *(er)hoffen, erwarten* ‖ rechnen *(mit et* dat*)* ‖ *sich fest vornehmen, sich schwören* ‖ *sich Hoffnungen machen* ‖ ◊ me –to no volver a saludarlo *ich habe mir (fest) vorgenommen, ihn nie wieder zu grüßen* ‖ **-tida** f/adj *Verlobte, Braut* f ‖ ◊ está ya ~ *ihre Hand ist schon vergeben (*Mädchen*)* ‖ **-tido** m/adj *Versprechen* n ‖ *Verlobte(r), Bräutigam* m ‖ ~ esposo *Verlobte(r)* m
promin|encia f *Hervorragen* n ‖ *hervorragender Teil* m ‖ *Hügel* m ‖ *Bodenerhebung* f ‖ ⟨An⟩ *Auswuchs* m ‖ ~ laríngea ⟨An⟩ *Adamsapfel* m ‖ vgl **eminencia** ‖ **-te** adj *hervorragend* ‖ *hervorstehend* ‖ *aufgetrieben (Leib)* ‖ ◊ ocupar un cargo ~ *ein hohes Amt bekleiden*
promis|cuamente adv *durcheinander* ‖ fig *(unzüchtig) vermischt (*beide Geschlechter*)* ‖ **-cuar** vi ⟨Kath⟩ *(an Fastentagen) Fleisch und Fisch essen* ‖ desp *durcheinandermengen* ‖ **-cuidad** f *Durcheinander* n, *Vermirrung* f *(unzüchtige) Vermischung* f *der Geschlechter, Promiskuität* f ‖ **-cuo** adj *durch-, unter|einander gemischt* ‖ *unanständig vermischt* ‖ *zweideutig*
pro|misión f ⟨Rel⟩ *Verheißung* f ‖ = **promesa** ‖ la Tierra de ≃ *das Gelobte Land* (& figl) ‖ **-moción** f *Beförderung* f, *Aufrücken* n, *Rangerhöhung* f ‖ *Versetzung* f ‖ *Beförderung(sklasse)* f *(im Amt)* ‖ ⟨Com⟩ *Förderung* f ‖ ⟨Soz⟩ *Besserstellung* f *(der Arbeiter, der unteren Schichten)* ‖ *Jahrgang* m *(der gleichzeitig s–e Abschluß-*

prüfung bestanden od *s–n Dienstgrad in der Armee erworben* od *sein Amt angetreten hat)* ‖ → a **doctorado, quinta, reemplazo** ‖ ~ de ventas *Verkaufsförderung* f ‖ **-mocionar** vt *fördern* ‖ *besserstellen* ‖ → **fomentar** ‖ **-montorio** m *Vorgebirge* n ‖ *Kap* n ‖ **-motor** m *(Be)Förderer* m ‖ *Anstifter* m ‖ *Vorkämpfer* m ‖ *Urheber* m ‖ *treibende Kraft* f ‖ ⟨Chem⟩ *Beschleuniger* m ‖ ⟨Arch⟩ *Bauherr* m ‖ ⟨Kath⟩ *Promotor* m ‖ **-movedor** m = **-motor**
promover [-ue-] vt *(be)fördern* ‖ *im Amt befördern* ‖ *veranlassen* ‖ *herbeiführen, verursachen* ‖ ◊ ~ dificultades *Schwierigkeiten bereiten* ‖ ~ una disputa *e–n Streit anfangen* ‖ ~ un escándalo *e–n Skandal verursachen,* fam *Krach schlagen* ‖ ~ los intereses (de) *jds Interessen wahren* ‖ se promovió un altercado *es kam zu e–r Schlägerei*
promul|gación f *Verkünd(ig)ung* f ‖ **-gar** [g/gu] vt *(feierlich) veröffentlichen, verkünd(ig)en (Gesetz)* ‖ fig *veröffentlichen, verbreiten*
pro|nación f *Pronation, Einwärtsdrehung* f ‖ **-nador** adj: músculo ~ ⟨An⟩ *Vorbeuger* m *(Muskel)* ‖ **-no** adj *allzusehr geneigt (zu* dat*)* ‖ decúbito ~ *Bauchlage* f ‖ **-nombre** m ⟨Gr⟩ *Pronomen, Fürwort* n ‖ ~ demostrativo *hinweisendes (Demonstrativ-)*, indeterminado *unbestimmtes (Indefinit-)*, interrogativo *fragendes (Interrogativ-)*, personal *persönliches (Personal-)*, posesivo *besitzanzeigendes (Possessiv-)*, reflexivo *rückbezügliches (Reflexiv-)*, relativo *bezügliches, (Relativ-) Fürwort (-pronomen)* n ‖ **-nominal** adj ⟨Gr⟩ *fürwörtlich, Pronominal-* ‖ forma ~ *reflexive Form* f *(des Verbs)*
pronosti|cador adj, der *Voraussagen macht* ‖ **-car** [c/qu] vt/i *vorhersagen, prophezeien* ‖ ⟨Med⟩ *die Prognose stellen*
pronóstico m *Vorhersage* f ‖ *Voraussage* f ‖ *Wetterprophet* m *(Kalender)* ‖ ⟨Med⟩ *Prognose* f ‖ ⟨Astr⟩ *Horoskop* n ‖ allg *An-, Vor|zeichen* n ‖ ~ del tiempo, ~ meteorológico *Wettervorhersage* f ‖ una lesión de ~ reservado *e–e gefährliche Wunde, deren Prognose unsicher ist* ‖ ◊ hacer ~s *den Kalendermacher spielen*
pron|tamente adv *eilig, schnell* ‖ **-titud** f *Geschwindigkeit, Schnelligkeit* f ‖ *Lebhaftigkeit* f ‖ *Behendigkeit,* fam *Fixigkeit* f ‖ *Dienstfertigkeit* f ‖ *Scharfsinn* m ‖ *rasche Auffassungsgabe* f ‖ *Schlagfertigkeit* f ‖ con ~ *geschwind, schleunig* ‖ con la mayor ~ *schleunigst*
¹**pronto** adj *schnell, geschwind, rasch, behend, flink, hurtig* ‖ *eilig, schleunig* ‖ *bereit, fertig, willig* ‖ ~ despacho *schneller Ab-, Um|satz* m ‖ ~ a entrega *prompte Lieferung* f ‖ ~ a zarpar ⟨Mar⟩ *segelfertig, bereit zur Ausfahrt (Schiff)* ‖ ~ para pelear *kampfbereit* ‖ ~ para el *(od* su*)* envío *versandbereit (Ware)* ‖ ◊ estar ~ *in Bereitschaft sein*
²**pronto** adv *schnell, rasch, behend(e)* ‖ *bald, gleich* ‖ lo más ~ posible *so schnell wie möglich* ‖ más ~ que la vista *schleunigst, im Nu* ‖ al ~ *auf den ersten Blick, im ersten Augenblick* ‖ zunächst, zuerst ‖ de ~ *auf einmal, plötzlich* ‖ vuelvo ~ *ich komme gleich zurück* ‖ tan ~ como venga *sobald er kommt* ‖ ¡despacha ~! *beeile dich!*
³**pron|to** m fam *plötzliche Anwandlung* f ‖ *Übereilung* f ‖ *Aufwallung* f *(Wut* usw*)* ‖ *plötzlicher Anfall* m ‖ de un ~ prov *schnell, im Nu* ‖ para un ~ *por auf alle Fälle, einstweilen* ‖ por de *(od* lo, el*)* ~ *fürs erste, inzwischen* ‖ *einstweilen* ‖ ◊ le dio un ~ fam *er faßte e–n plötzlichen Entschluß* ‖ *er bekam e–n Wutanfall* ‖ tener (sus) ~s *grillenhafte Einfälle haben, launisch sein* ‖ **-tuario** m *Handbuch, Nachschlagebuch* n ‖ *Führer, Ratgeber* m *(Buch)* ‖ *Merk-, Notiz|buch* n, *Agenda* f
prónuba f ⟨poet⟩ *Brautführerin* f
pronúcleo m ⟨Gen⟩ *Pronukleus, Pronukleus* m
pronun|ciable adj *aussprechbar* ‖ **-ciación** f *Aussprache* f ‖ ⟨Jur⟩ *Verlesung* f *e–s Urteils* ‖

Urteilseröffnung f ‖ *con ~ figurada mit Aussprachebezeichnung* ‖ **–ciado** *adj ausgesprochen* ‖ *ausgeprägt* (*scharf* (*Züge*) *aufdringlich* (*Geschmack*) *auffällig, sichtbar* ‖ *~ m*/*adj* ⟨Hist⟩ *Aufständische(r) m* ‖ **–ciamiento** *m Aufstand, Putsch m, Pronunziamiento n* ‖ *~ de sentencia* ⟨Jur⟩ *Urteilsfällung f* ‖ **–ciar** *vt aussprechen* ‖ ⟨Jur⟩ *fällen (Urteil)* ‖ ◊ *~ un brindis e–n Trinkspruch ausbringen* ‖ *~ un discurso e–e Rede halten* ‖ *la sentencia das Urteil fällen* ‖ *~se sich in Aufstand erklären, e–n Putsch anzetteln* ‖ ◊ *~ (en contra) sich auflehnen (gegen acc)*

prop. *Abk* = **propiedad**

propa|gación *f Aus-, Ver|breitung f* ‖ *Umsichgreifen n* ‖ *Vermehrung f* ‖ *Fortpflanzung f (des Geschlechts)* ‖ *Weitergabe f* ‖ ⟨Rel⟩ *Verkündigung f (des Glaubens)* ‖ *~ de una epidemia Ausbreitung e–r Seuche, Ver-, Durch|seuchung f* ‖ *~ de las ondas Wellenausbreitung, Fortpflanzung f der Wellen* ‖ **–gador** *m Fortpflanzer m, Verbreiter, Werber m* ‖ **–ganda** *f Propaganda f* ‖ *Aufklärung f* ‖ *Verbreitung f (von Lehren)* ‖ ⟨Com⟩ *Reklame, Werbung f* ‖ *~ comercial Geschäftsreklame f* ‖ *~ clandestina Flüsterpropaganda f* ‖ *~ eficaz erfolgreiche Werbung f* ‖ *~ enemiga Feindpropaganda f* ‖ *~ turistica (Fremden)Verkehrswerbung f* ‖ *película de ~ Werbefilm m* ‖ ⟨Pol⟩ *Propagandafilm m* ‖ *artículos de (od para) ~ Reklame|waren fpl, -artikel mpl* ‖ ◊ *hacer mucha ~ viel Reklame machen* ‖ → a **difusión, publicidad** ‖ **–gandista** *m Propagandist m, Volksaufklärer m* ‖ *Reklamemacher, Werber m* ‖ **–gandístico** *adj propagandistisch, Propaganda-* bzw *Werbe-* ‖ *actividades ~as Propaganda-* bzw *Werbe|tätigkeit f* ‖ **–gar** [g/gu] *vt* ⟨Biol & fig⟩ *fortpflanzen* ‖ *vermehren* ‖ *aus-, ver|breiten* ‖ *verbreiten (Krankheiten)* ‖ *verschleppen (Krankheitserreger)* ‖ *fig bekanntmachen* ‖ ◊ *~ rumores alarmantes beunruhigende Gerüchte verbreiten* ‖ *~se* ⟨Phys⟩ *sich fortpflanzen* ‖ *fig bekanntwerden* ‖ *fig sich verbreiten* ‖ *mitlaufen (Fehler)* ‖ *fig um sich greifen*

propalar *vt ausposaunen* ‖ *bekanntgeben* ‖ *~se ruchbar werden*

propano *m* ⟨Chem⟩ *Propan n*

proparoxítono *m* ⟨Li Gr⟩ *Proparoxytonon n*

propasarse *vr sich vergessen, zu weit gehen, sich erdreisten*

propedéuti|ca *f Propädeutik f* ‖ **–co** *adj einführend, vorbereitend, propädeutisch* ‖ *Einführungs-, Vorbereitungs-, Anfangs-*

propen|der *vi geneigt sein (zu dat)* ‖ ◊ *~ a (sentir) a/c hinneigen (zu dat)* ‖ *~ al juego ein leidenschaftlicher Spieler sein* ‖ **–sión** *f (Hin) Neigung f* ‖ *Zuneigung f* ‖ *Hang m* ‖ *Anhänglichkeit f* ‖ ⟨Gen Physiol Med⟩ *Veranlagung f (a zu dat)* ‖ **–so** *adj eingenommen (a für acc)* ‖ *(hin-, zu)neigend* ‖ *zugetan* ‖ *geneigt (a zu dat od zu inf)* ‖ ⟨Med⟩ *anfällig* ‖ *~ a catarros anfällig für Erkältungen* ‖ *~ a perdonar bereit zu vergeben* ‖ *~ al robo fig langfingerig*

propergol *m Propergol n (Raketentreibstoff)*

propi *f pop* = **propina**

propiamente *adv eigentlich* ‖ *~ dicho im eigentlichen Sinne des Wortes* ‖ *eigentlich, sozusagen*

propi|ciación *f* ⟨Rel⟩ *Versöhnung f* ‖ *sacrificio de ~ Sühnopfer n* ‖ **–ciamente** *adv günstig* ‖ *wohlwollend* ‖ **–ciar** *vt versöhnen* ‖ *besänftigen* ‖ *geneigt machen* ‖ *Am ermöglichen, begünstigen* ‖ **–ciatorio** *adj versöhnend, sühnend, Sühn-* ‖ *victima ~a Sühnopfer n (Mensch od Tier)* ‖ **–cio** *adj gnädig* ‖ *günstig, geneigt* ‖ *vorteilhaft* ‖ *~ al perdón bereit zu vergeben* ‖ *tiempo ~ günstiges Wetter n* ‖ *ocasión ~a günstige Gelegenheit f* ‖ *poco ~ (a) wenig geneigt (zu inf)* ‖ *ein Feind (von)* ‖ ◊ *mostrarse ~ sich geneigt zeigen* ‖ *bereitwillig sein*

propiedad *f Eigentum n, (Land-, Grund) Besitz m* ‖ *p.ex inc Besitz m* ‖ *Grundstück n* ‖ *Eigenschaft f* ‖ *Beschaffenheit f* ‖ *Eigentümlichkeit f* ‖ *Besonderheit, Eigenart f* ‖ *Qualität f* ‖ *Schicklichkeit, Angemessenheit f* ‖ *Richtigkeit, Triftigkeit f* ‖ *~ colectiva Kollektiveigentum n* ‖ *~ común* ‖ *~ mancomunada Gesamteigentum n* ‖ *~ horizontal Wohnungs-, Stockwerks|eigentum n* ‖ *~ inmobiliaria Grundeigentum n* ‖ *~ literaria Autoren-, Urheber|recht, geistiges Eigentum n* ‖ *ley de ~ intelectual (industrial) Urheberschutzgesetz n* ‖ *~ raíz Grundeigentum n* ‖ *~ rural Landbesitz m* ‖ *~ territorial Landbesitz m* ‖ *delito contra la ~ Eigentumsvergehen n* ‖ *derecho de ~ Eigentumsrecht n* ‖ *derecho de ~ intelectual Urheberrecht n* ‖ *geistiges Eigentum n* ‖ ◊ *hablar con ~ (e–e Sprache) richtig sprechen* ‖ *das treffende Wort gebrauchen* ‖ *e–e gepflegte Sprache haben* ‖ *hablando con ~ offen gestanden eigentlich* ‖ *pasar a ~ de alg. in jds Eigentum übergehen* ‖ *es de mi ~ es ist mein Eigentum, es gehört mir* ‖ *Es ~ Alle Rechte vorbehalten (Urheberrecht)*

propie|taria *f Eigentümerin, (Haus)Besitzerin f* ‖ **–tario** *m*/*adj Eigentümer m* ‖ *(Haus)Besitzer m* ‖ ◊ *cambiar de ~ den Eigentümer wechseln*

propileo *m* ⟨Arch⟩ *Vorhalle f (e–s Tempels)* ‖ *Propiläen pl*

propi|na *f Trinkgeld n* ‖ *Vergütung, Gratifikation f* ‖ ◊ *de ~ pop obendrein, noch dazu* ‖ **–nar** *vt zu trinken geben* ‖ *verordnen, verabreichen (Arznei)* ‖ *pop versetzen (Schlag)* ‖ ◊ *~ una paliza (a) fam jdn durchbläuen, jdm e–e Tracht Prügel geben*

propin|cuidad *f Nähe f* ‖ *nahe Verwandtschaft f* ‖ **–cuo** *adj nahe* ‖ *nahe verwandt*

propi|nita, –neja *f dim* ‖ **–na**

¹**propio** *adj eigen* ‖ *zugehörig, zuständig* ‖ *eigentlich, wahr, wirklich* ‖ *echt, natürlich* ‖ *selbst (= mismo)* ‖ *angemessen, schicklich, passend* ‖ *persönlich* ‖ *amor ~ Eigenliebe f* ‖ *casa ~a eigenes Haus, Eigenheim n* ‖ *por cuenta ~a auf eigene Rechnung* ‖ *defensa ~a Selbstverteidigung f* ‖ *nombre ~ Eigenname m* ‖ *en el sentido ~ de la palabra im eigentlichen Sinne des Wortes* ‖ *al ~ richtig, genau* ‖ *de ~ puño (y letra), con ~a mano eigenhändig* ‖ *de mi ~ ver selbst* ‖ *al ~ tiempo que zur selben Zeit wie* ‖ *el ~ derselbe* ‖ ◊ *lo ~ puedo decir yo dasselbe kann ich sagen* ‖ *no ser ~ para el mercado für den Markt ungeeignet sein (Ware)* ‖ *ser ~ de alg. jdn zukommen, jdm eigen sein* ‖ *es tu ~a culpa du bist selbst daran schuld* ‖ *a expensas ~as auf eigene Kosten* ‖ *en ~s términos mit den nämlichen Worten* ‖ *lo vi con mis ~s ojos ich habe es mit eigenen Augen gesehen*

²**propio** *m (Expreß) Bote m* ‖ *~s pl Stammvermögen n* ‖ *Gemeindebesitz m* ‖ *Allmende f*

△**propis** *m(pl) Geld n*

propóleos *m* ⟨Entom Agr⟩ *Bienenharz n*

propo|nedor, –nente *m Vorschlagende(r) m* ‖ *Antragsteller m* (→ **ponente**) ‖ **–ner** [irr → **poner**] *vt vorschlagen, in Vorschlag bringen* ‖ *aufwerfen (Frage)* ‖ *stellen, aufgeben (Aufgabe)* ‖ *formulieren (Vorschlag)* ‖ *anbieten, antragen* ‖ *vorbringen, äußern* ‖ *zur Erörterung vorlegen* ‖ ⟨Jur⟩ *anbieten (Beweis)* ‖ *erheben (Klage)* ‖ *stellen (Antrag)* ‖ *~ un brindis ein Hoch (e–n Trinkspruch) ausbringen* ‖ *~ de candidato als Kandidat aufstellen* ‖ *~ para un cargo für ein Amt vorschlagen* ‖ *~ un problema e–e Aufgabe stellen, ein Problem aufstellen* ‖ *~se vr: ~ (inf) sich vornehmen (zu inf)* ‖ *sich entschließen (zu inf)* ‖ ◊ *ahora sich zum Handeln entschließen* ‖ *yo me lo propongo ich nehme es mir vor*

propor|ción *f Verhältnis n* ‖ *Gleichmaß n, Übereinstimmung f* ‖ *gleichmäßige Einteilung, Aufstellung f* ‖ *passende, günstige Gelegenheit f*

proporcionado — prosperidad 878

‖ *Schicklichkeit* f ‖ ⟨Math⟩ *Proportion* f ‖ ⟨Math⟩ *Verhältnis* n ‖ *regla de* ~ ⟨Math⟩ *Kettenrechnung* f ‖ *en* ~ *im, nach Verhältnis* ‖ ◊ *es una gran* ~ *pop sie ist e–e glänzende Partie (Heirat)* ‖ ◊ *sus gastos no están en (od no guardan)* ~ *con sus medios seine Ausgaben stehen in keinem Verhältnis zu seinen Mitteln* ‖ *tomar* ~*es euph zunehmen* ‖ *tomar* ~*es alarmantes beunruhigende Formen* (od *Ausmaße) annehmen* ‖ **–cionado** *adj verhältnismäßig* ‖ *sachgemäß* ‖ *gleichmäßig* ‖ *schicklich, angezeigt* ‖ *proportioniert* ‖ *bien* ~ *gut gebaut (menschlicher Körper)* ‖ *ausgeglichen, ebenmäßig* ‖ *precio* ~ *angemessene(r) Preis* m ‖ **–cional** *adj verhältnismäßig* ‖ *anteil(mäß)ig* ‖ ⟨Math⟩ *proportional* ‖ *nombre* ~ *Vervielfältigungszahlwort* n (doble, triple) ‖ *representación* ~ ⟨Pol⟩ *Verhältniswahlsystem*, öst *Proporzwahlsystem* n ‖ **–cionalidad** *f Proportionalität* f ‖ *Verhältnisgleichheit* f ‖ ⟨Pol⟩ *Proporz* m ‖ **–cionar** vi *anpassen* ‖ *angleichen* ‖ *nach Verhältnis einrichten (*bzw *setzen, bringen, aufteilen* usw*)* ‖ *befähigen* ‖ *verschaffen, gewähren* ‖ *verursachen* ‖ ◊ ~ *trabajo Arbeit verschaffen* ‖ ~ *medios Mittel schaffen* ‖ ~**se** *sich eignen* ‖ *sich darbieten*

proposición *f Vorschlag* m ‖ *Antrag* m ‖ *Vorhaben* n, *Absicht* f, *Vorsatz* m ‖ ⟨Log Gr⟩ *Satz* m, *Behauptung, Aussage, Propositio* f (lat) ‖ ⟨Mus⟩ *Thema* n *e–r Fuge* ‖ ⟨Rhet⟩ *Darlegung* f ‖ ~ *accesoria, condicional* ⟨Gr⟩ *Neben-, Bedingungs|satz* m ‖ ~ *afirmativa, complementaria, hipotética, negativa, principal* ⟨Gr⟩ *bejahender, erweiterter, hypothetischer, negativer Satz, Hauptsatz* m ‖ ~ *de casamiento Heiratsantrag* m ‖ ~ *de pago Ausgleichsantrag* m *(im Konkursverfahren)* ‖ ~ *de paz Friedensvorschlag* m ‖ ◊ *absolver* ~*es (de un interrogatorio)* ⟨Jur⟩ *Fragen (in e–m Verhör) beantworten* ‖ *acceder a una* ~ *e–n Vorschlag annehmen* ‖ *hacer (od formular) una* ~ *e–n Antrag stellen* ‖ *et beantragen* ‖ → **propuesta**

propósito *m Absicht* f, *Plan* m ‖ *Vorhaben* n ‖ *Entschluß, Vorsatz* m ‖ *Zweck* m, *Ziel* n ‖ *Angelegenheit* f ‖ *a* ~ *gelegen, passend, angemessen, à propos* ‖ *tauglich, tüchtig* ‖ *a* ~ *(de* esto*) ... weil wir gerade davon sprechen, ...* ‖ *beiläufig gesagt ...* ‖ *übrigens ...* ‖ *in dieser Beziehung ...* ‖ ¿a ~ *de qué? aus welchem Grunde?* ‖ *con el* ~ *de mit dem Vorsatz zu* ‖ *de* ~ *vorsätzlich, absichtlich, mit Absicht* ‖ *fuera de* ~ *ungelegen, zur Unzeit* ‖ *sin* ~ *ziel-, plan|los* ‖ *zur Unzeit, ungelegen* ‖ ◊ *conducir al* ~ *zum Zweck führen* ‖ *hizo* ~ *de er nahm sich vor, zu* (inf) ‖ *no soy a* ~ *para ello ich tauge nicht dazu* ‖ *tener el* ~ *de die Absicht haben zu* (inf) ‖ *viene muy a* ~ *das kommt sehr gelegen*

propues|ta *f Vorschlag, Antrag* m *(bes im Parlament)* ‖ *Angebot* n ‖ *schriftliche Eingabe* f ‖ ~ *de enmienda Abänderungsantrag* m ‖ ~ *de votación Wahlvorschlag* m ‖ *a* ~ *de laut Vorschlag* (gen), *auf Antrag von* (dat), *auf Antrag* (gen) ‖ **–to** pp/irr v. **proponer**

propug|nación *f Verfechten, Verteidigen, Eintreten* n ‖ **–náculo** *m* ⟨Mil⟩ *Bollwerk* n (→ **baluarte, bastión**)

propug|nador *m Verteidiger* m ‖ *Verfechter, Vorkämpfer* m *(e–r Idee)* ‖ **–nar** vt *verfechten, verteidigen* ‖ *eintreten* (für acc)

propul|sión *f* ⟨Tech⟩ *Antrieb* m ‖ ⟨Med⟩ *Propulsion* f ‖ ~ *por cohetes Raketenantrieb* m ‖ ~ *a chorro Düsenantrieb* m ‖ ~ *delantera* (trasera) ⟨Aut⟩ *Vorder- (Hinter)radantrieb* m ‖ ~ *por hélice* ⟨Mar⟩ *Schrauben-,* ⟨Flugw⟩ *Propeller|antrieb* m ‖ ~ *por motor Motorantrieb* m ‖ ~ *por reacción Düsenantrieb* m ‖ **–sor** *m* ⟨Tech⟩ *Triebwerk* n ‖ *Vortriebsorgan* n ‖ *Schiffsschraube* f ‖ fig *Förderer* m ‖ ~ *aéreo Luftschraube* f, *Propeller* m

propuse → **proponer**
pror. Abk = **procurador**
prorra|ta *f Anteil* m ‖ *a* ~ *anteilmäßig, im Verhältnis* ‖ **–tear** *m* vt *im Verhältnis aufteilen* ‖ **–teo** *m anteilmäßige Aufteilung* f ‖ *anteilige Verrechnung* f ‖ *al* ~ *verhältnismäßig*

prórroga *f Frist, Stundung* f, *(Zahlungs)Aufschub* m ‖ ⟨Pol⟩ *Vertagung* f ‖ *Verlängerung* f *(e–s Abkommens)* ‖ ⟨Jur⟩ *Prorogation* f ‖ ◊ *pedir* ~ *para un pago um Aufschub für e–e Zahlung bitten*

prorrogación *f* = **prórroga**
prorrogar [g/gu] vt *hinaus-, auf|schieben* ‖ *fristen, stunden* ‖ *verlängern (Frist, Vertrag)* ‖ ⟨Pol⟩ *vertagen* ‖ ⟨Jur⟩ *prorogieren* ‖ ◊ ~ *el vencimiento* ⟨Com⟩ *die Zahlungsfrist verlängern* ‖ ~ *una letra de cambio e–n Wechsel prolongieren*

prorrum|pir vi *ausbrechen* (en *in* acc) ‖ *hervorbrechen* ‖ ◊ ~ *en llanto in Tränen ausbrechen* ‖ *–pió en una ruidosa carcajada er brach in (ein) schallendes Gelächter aus*

pro|sa *f Prosa* f ‖ *ungebundene Rede* f ‖ fig *gehaltloses Geschwätz* n ‖ ⟨Rel⟩ *Hymne* f *(Sequenz)* ‖ **–sador** *m Prosaist, Prosaschriftsteller* m ‖ **–saico** *adj in Prosa* ‖ fig *prosaisch, nüchtern, alltäglich* ‖ *la vida* ~*a das Alltagsleben* ‖ **–saísmo** *m Prosaismus* m ‖ fig *Alltäglichkeit* f ‖ fig *Phantasielosigkeit* f ‖ *mangelnder Schwung* m

prosapia *f Stamm* m, *Geschlecht* n ‖ *Herkunft, Abstammung* f ‖ △ *Ähre* f

proscenio *m* ⟨Th⟩ *Proszenium* n, *Vorbühne* f

pros|cribir vt *(des Landes) ver|weisen, -bannen* (& fig) ‖ *achten* (& fig) ‖ **–cripción** *f Achtserklärung* f ‖ *Ächtung* f ‖ *(Landes)Ver|weisung, -bannung* f ‖ fig *Abschaffung* f ‖ **–crito** pp/irr *v. proscribir* ‖ ~ *m Geächtete(r)* m ‖ *Verbannte(r)* m ‖ **–criptor** *adj/s ächtend* ‖ *verbannend* ‖ *Achtungs-*

prose|cución *f Fortsetzung, Folge* f ‖ *Verfolgung* f ‖ *Beibehaltung* f ‖ *legal Rechtsverfolgung* f ‖ **–guir** [–i–, g/gu] vt *fortsetzen* ‖ *(ver-)folgen* ‖ ◊ ~ *el viaje die Reise fortsetzen* ‖ *prosiga V. (la lectura) lesen Sie weiter!* ‖ ~ *fortfahren* ‖ *weitermachen* ‖ ◊ ~ *en la marcha weiter|gehen* bzw *-fahren*

proselitis|mo *m Bekehrungseifer* m ‖ pej *Proselytenmacherei* f ‖ **–ta** *adj proselytenmacherisch*

prosélito *m Neu|bekehrte(r), -gläubige(r)* m ‖ fig *Anhänger* m ‖ *Proselyt* m *(oft pej)*

prosificar [c/qu] vt *in Prosa umsetzen (ein Gedicht)*

prosigo → **proseguir**
prosimio *m* ⟨Zool⟩ *Halbaffe* m ‖ ~**s** mpl *Halbaffen* mpl *(Prosimiae)*

prosista *m Prosaschriftsteller, Prosaist* m
¡prósit! *wohl bekomm's! prost!*
prosobranquios mpl ⟨Zool⟩ *Vorderkiemer* mpl *(Prosobranchia)*

pro|sodia *f Prosodie* f ‖ **–sódico** *adj prosodisch*
prosopopeya *f* pop *leerer Pomp, Aufwand* m ‖ *übertriebenes* bzw *leeres Pathos* n ‖ ⟨Rhet⟩ *Prosopopöie* f

prospec|ción *f* ⟨Bgb⟩ *Schürfung* f ‖ *Prospektion* f ‖ *Prospektieren* n ‖ ⟨Com Wir⟩ *Markt|sondierung, -erkundung* f ‖ ~ *del tráfico Verkehrswerbung* f ‖ **–tar** vt *schürfen* ‖ *(Markt) erkunden, erforschen*

prospecto *m Prospekt* m, *vorläufige Anzeige* f ‖ ~ *anunciador Reklamezettel* m ‖ ~ *propagandístico Werbeprospekt* m ‖ ◊ *repartir* ~*s Prospekte verteilen*

prósperamente adv *blühend* ‖ *glücklich* ‖ ◊ *todo le sale* ~ *alles geht ihm nach Wunsch*

prospe|rar vi *gedeihen, blühen* ‖ *(guten) Erfolg haben* ‖ ◊ *hacer* ~ *emporbringen (Geschäft)* ‖ *un negocio que –ra ein blühendes Geschäft* n ‖ **–ridad** *f Gedeihen, Blühen* n ‖ *Glück* n ‖ *Wohl-*

fahrt f, *-stand* m || *Wohlergehen* n || *período de* ~ *Blütezeit, Zeit* f *des Aufschwungs*
próspero adj *glücklich, beglückt* || *blühend, gedeihlich* || *günstig, erwünscht* || *fortuna* ~a *Glück* n || ¡~ Año Nuevo! *prosit Neujahr!*
próstata f ⟨An⟩ *Prostata, Vorsteherdrüse* f || *cáncer de* ~ ⟨Med⟩ *Prostatakrebs* m
pros|tático adj ⟨An Med⟩ *Prostata-* || ~ *m Prostatiker* m || **–tatismo** *m* ⟨Med⟩ *Prostatismus* m || **–tatitis** f ⟨Med⟩ *Prostatitis, Entzündung* f *der Prostata*
prosternarse vr = **postrarse**
prosternón m ⟨Entom⟩ *Prosternum* n
prostíbulo m *öffentliches Haus, Freudenhaus, Bordell* n
prosti|tución f *Prostitution, gewerbsmäßige Unzucht* f || fig *Schändung, Entehrung* f || **–tuir** [-uy-] vt *der Unzucht preisgeben (Körper)* || *zur Unzucht bringen* || *prostituieren* || fig *schänden, entehren* || ◊ ~ *su honor* al *dinero seine Ehre dem Geld preisgeben* || ~**se** vr *gewerbsmäßige Unzucht treiben* ||. fig *sich wegwerfen, sich (in entwürdigender Weise) hergeben* || **–tuta** f *Straßendirne, Prostituierte* f
prostrar vt = **postrar**
prosudo adj Chi Ec *ernst, steif*
protactinio m ⟨Chem⟩ *Protaktinium* n
protago|nista m *Held* m || *Vorkämpfer* m || ⟨Th⟩ *erster Schauspieler* m, *Hauptperson* f, *Held* m (& fig) || *papel de* ~ *Hauptrolle* f || ~ *de una película Filmheld* m || *Hauptdarsteller* m || **–nizar** vi *die Hauptrolle spielen* (& fig)
Protágoras m np *Protagoras* m
prótalo, prótalo m ⟨Bot⟩ *Prothallium* n *(Vorkeim der Farnpflanzen usw)*
prótasis f ⟨Gr⟩ *Protasis* f, *Vordersatz* m *(e–r Periode)* || ⟨Th⟩ *Exposition* f *(beim Drama)*
protec|ción f *Schutz, Schirm* m || ⟨Mil⟩ *Deckung* f || ⟨Mil⟩ *Panzerung* f || ⟨Mil⟩ *Sicherung* f *(Taktik)* || *Gönnerschaft, Protektion* f || ~ *contra carros* ⟨Mil⟩ *Panzerdeckung* f || ~ *contra incendios Feuerschutz* m || ~ *judicial Rechtsschutz* m || ~ *de menores Jugendschutz* m || ~ *de monumentos Denkmal(s)schutz* m || ~ *obrera Arbeiterschutz* m || ~ *contra las radiaciones Strahlungsschutz* m || *con* ~ *legal contra gesetzlich geschützt gegen* || *dispositivo de* ~ *Schutz- bzw Sicherheits|vorrichtung* f || *falta de* ~ *Schutzlosigkeit* f || ◊ *dispensar* ~ (a) *Schutz angedeihen lassen* ||. *recomendar a la* ~ (de) *jds Schutz (an)empfehlen* || **–cionismo** *m Schutzzollsystem* n, *Protektionismus* m || **–cionista** adj/m *protektionistisch* || *arancel* ~ *Schutzzoll* m || ~ *m Protektionist, Verfechter* m *des Schutzzollsystems* || **–tor** adj *(be)schützend, Schutz-* || *capa* ~a *Deck-, Schutz|schicht* f || *máscara (od careta)* ~a *Schutzmaske* f || *oración* ~a *Schutzgebet* n || *tarifa* ~a *Schutzzolltarif* m || ~ *m/adj (Be)Schützer* m || *Gönner* m || *Schutz-, Schirm|herr* m || *Protektor* m *(z.B. e–s Festes)* || ⟨Pol⟩ *Protektor* m || ~ *de Bohemia y Moravia* ⟨Hist⟩ *(1939–1945) Protektor* m *für Böhmen und Mähren* || **–tora** f/adj *(Be-)Schützerin* f || *Gönnerin* f *(Sociedad)* ≃ *de Animales Tierschutzverein* m || **–torado** *m Schirmherrschaft* f || ⟨Pol⟩ *Protektorat* n || **–triz** f *(Be)Schützerin* f || *Gönnerin* f
prote|ger [g/j] vt *(be)schützen, in Schutz nehmen* || *begünstigen* || *sich annehmen* (gen) || ◊ ~ el *comercio den Handel schützen* || ~ *contra* el *peligro vor Gefahr schützen* || *que Dios* le ~*ja Gott helfe ihm* || **–gido** *m Schützling* m || *Günstling, Protegé* m (→a **favorito, valido**)
pro|teico adj *proteisch, Proteus-* || fig *wankelmütig, unstet* || **–teidos** mpl ⟨Zool⟩ *Olme* mpl (Proteidae) || **–teína** f ⟨Chem⟩ *Protein, Eiweiß (-körper* m*)* n || **⸗teo** m np ⟨Myth⟩ *Proteus* m || ≃ ⟨Zool⟩ *Grottenolm* m (Proteus anguinus)

(Schwanzlurch)
protervo adj ⟨Lit⟩ *ruchlos* || *trotzig*
prótesis f ⟨Gr Chir⟩ *Prothese* f || ~ *acústica,* ~ *auditiva Hörgerät* n || ~ *dental Zahnprothese* f
protes|ta f *Protest* m || *Ein|spruch* m, *-rede* f || *Verwahrung* f || *Beteuerung, Zusicherung* f || ◊ *formular una* ~ *Protest erheben* || *hacer* ~s *de amistad Freundschaftsbeteuerungen machen* || **–tación** *f* = **–ta** || ~ *de fe Glaubensbekenntnis* n || **–tante** *m* **Protestler, Gegner* m || *Protestant* m || *fam Widerspruchsgeist* m || ~ adj *protestierend || *protestantisch* || **–tantismo** m *Protestantismus* m, *protestantische Lehre* f || **–tar** vt/i *sich feierlich verwahren, Verwahrung einlegen* || *protestieren* (contra *gegen* acc, de *wegen* gen) || *Ein|rede, -spruch erheben* || *anfechten, streitig machen* || *öffentlich bekennen (e–e Religion)* || *Am anbieten, antragen* || ◊ ~ *contra la opresión gegen die Bedrückung Einspruch erheben* || ~ *de a. et feierlich versichern, beteuern* || *hacer (od mandar)* ~ *Protest erheben (lassen)* || ~ *una letra de cambio e–n Wechsel protestieren* || **–tatario** *m gall Teilnehmer* m *an e–r Protestkundgebung, oft desp Protestler* m || **–(ta)tivo** adj *protestierend, Protest-* || **–to** *m* = **–ta** || *(Wechsel)Protest* m || *Protestaufnahme* f || ~ *por falta de aceptación* (pago) *Protest* m *mangels Annahme (Zahlung)* || ~ *notarial Notariatsprotest* m *(Wechsel)* || *acta de* ~ *Protesturkunde* f || *gastos de* ~ *Protestspesen* pl || ◊ *levantar (od formular)* ~ *contra Verwahrung einlegen gegen* || *hacer levantar un* ~ *(od acta de* ~*) Protest aufnehmen lassen* || *ir al* ~ *zu Protest gehen* || *mandar al* ~ *(den Wechsel) protestieren lassen* || *devolver con* ~ *unter Protest zurückgehen lassen*
protético adj *prothetisch*
△**proto** *m* = **profesor**
△**protobolo** *m Pfaffe* m
proto|católico *m* ⟨Rel⟩ *Altkatholik* m || **–cloruro** m: ~ *de mercurio Quecksilber (1)-chlorid* n *(Kalomel)* || **–colario** adj *protokollarisch, Protokoll-* || fig *zeremoniell* || fig *salonmäßig* || **–colizar** [z/c], **–colar** vt *protokollieren, zu Protokoll nehmen* || **–colo** *m Protokoll* n || *Verhandlungs-, Sitzungs|bericht* m || fig *guter Ton* m || *Etikette* f || **–historia** f *Früh-, Ur|geschichte* f *der Menschheit*
protón m ⟨Phys⟩ *Proton* n
protóni|ca f ⟨Li⟩ *vortonige Silbe* f || **–co** adj *vortonig (Silbe)*
protonotario m ⟨Rel Hist⟩ *Protonotar* m
proto|plasma m ⟨Biol⟩ *Protoplasma* n || **–tipo** *m Prototyp* m, *Ur-, Vor|bild* n || fig *Ausbund* m, *Muster* n
protozo|(ari)os mpl ⟨Zool⟩ *Protozoen* npl || **–ico** adj *Protozoen-* || **–ología** *f Protozoologie* f
protráctil adj ⟨Zool⟩ *vorschnellbar (Zunge)* || vgl **retráctil**
protuberan|cia f *Vorsprung* m || *Ausbeulung* f || *Auswuchs, Wulst, Höcker* m || ⟨Astr⟩ *Protuberanz* f || **–te** adj *hervorragend* || *vorspringend* || *vorgewölbt*
proustita f ⟨Min⟩ *Proustit* m, *lichtes Rotgültig(erz)* n
prov., prov.[a] *Abk* = **provincia**
provecto adj *vorgerückt (im Alter)* || *de edad* ~a *reiferen Alters, ältlich*
prove|cho *m Nutzen, Vorteil* m || *Profit* m || *Ertrag* m || *Fortschritt* m || *hombre de* ~ *brauchbarer Mensch* m || *ordentliche Person* f || ◊ *hacer* ~ *gesund sein* || *no hacer nada de* ~ *nichts Brauchbares zustande bringen* || *sacar* ~ *Nutzen ziehen* || ¡buen ~! *pop guten Appetit!* || ¡buen ~ *le haga! pop wohl bekomm's!* || *fam er soll damit selig werden! meinetwegen!* || **–choso** adj *nützlich, vorteilhaft* || *einträglich* || ~ *para (od* a) *la salud der Gesundheit zuträglich, gesund*
provee|dor *m Lieferant* m || ~ *de la Real*

Casa *königlicher Hoflieferant* m || ~ *del ejército* ⟨Mil⟩ *Armeelieferant* m || **-duría** f *Proviant|-magazin, -amt* n
pro|veer [3 pret proveyó, pp & provisto] vt/i *ver|sehen, -sorgen* (de *mit* dat) || *erledigen (Geschäft)* || *verschaffen* || *besetzen, vergeben (Amt, Stelle)* || *ver|fügen, -ordnen, beschließen* || *sorgen* || ⟨Jur⟩ *vorläufig entscheiden od anordnen* || ◊ ~ a las necesidades (de) *jdn versorgen* || ~ de los poderes *mit Vollmacht ausstatten* || ¡Dios ~á! *es liegt in Gottes Hand!* || **~se** *sich vorsehen* || *sich versorgen, sich versehen* (de *mit* dat) || *einkaufen* (en *in, bei* dat) || ◊ ~ **de fondos** *sich mit Geld versorgen* || **-veido** m ⟨Jur⟩ *vorläufiger richterlicher Bescheid* m, *Beiurteil, Zwischenerkenntnis* n || *Vorkehrung, Maßnahme* f || **-veimiento** m *Versorgung* f || ⟨Jur⟩ *einstweilige Verfügung* f
provenir [irr → **venir**] vi *her|kommen, -rühren* || ~ **del extranjero** *ausländischen Ursprungs sein* || ~ **de noble linaje** *vornehmer Herkunft sein*
Proven|za f: **la** ~ ⟨Geogr⟩ *die Provence* || **~zal** adj *provenzalisch* || ~ m *Provenzale* m || *provenzalische Sprache* f, *das Provenzalische* || **~zalista** m *Provenzalist* m
prover|bial adj *sprichwörtlich* || **-bio** m *Sprichwort* n, *Denkspruch* m || ⟨Th⟩ *Proverb* m (Carmontelle, Leclerq) || (el Libro de) los ~s de Salomón *die Sprüche* mpl *Salomos*
△**proverenque** m *Hölle* f
provi|dencia f *göttliche Vorsehung* f || p.ex *Vorsehung* f (= *Gott*) || *Vor|sicht, -sehung* f || *Vorkehrung, Maßnahme* f || *Vorsorge* f || ⟨Jur⟩ *vorläufiger Bescheid* m || ⟨Jur⟩ *Entschluß* m || ◊ tomar (una) ~ e–n *Entschluß fassen* || **-dencial** adj *von der göttlichen Vorsehung bestimmt, providentiell* || *von Gott gesandt* || *vorläufig* || **-dencialismo** m *Vorsehungsgläubigkeit* f || **-dencialista** adj/s *vorsehungsgläubig* || ~ m an die *Vorsehung Glaubende(r)* m || **-dente** adj *vorsichtig, behutsam, sorgsam*
próvido adj *vorsichtig, sorgsam* || *vorsorglich* || *üppig (Boden)* || *gnädig, hilfreich*
provin|cia f *Provinz, Landschaft* f (bes *e–e der span. Provinzen)* || *Provinz* f, *Land* n *(im Gegensatz zur Hauptstadt)* || ⟨Kath⟩ *Kirchenprovinz* f || *Tribunal (od Juzgado) de la ~ Landesgericht* n || ≃ Col = **Antioquia** || las ~s Renanas *die Rheinlande* npl || las ~s Vascongadas Span *die baskischen Provinzen* || **-cial** adj *provinziell* || *Provinzial-, Provinz-* || *Landes-* || fam *kleinstädtisch* || *tribunal* ~, *audiencia* ~ *Landesgericht* n || ~ m *(Ordens)Provinzial* m || ~ m ⟨Kath⟩ *Provinzial* m || **-cialismo** m *Provinzialismus, mundartlicher Ausdruck* m || fam *Kleinstädterei* f, *Provinzlertum* n || **-ciano** adj/s *Provinz-* || fam *kleinstädtisch* || *chismes* ~s pop *Dorfklatsch* m || ~ m *Provinzbewohner, Provinzler* m || *Baske* m (bes *Eingeborener von Guipúzcoa)* || fig *Provinzler, Kleinstädter* m (oft desp)
provi|sión f *Mundvorrat* m, *Lebensmittel* npl || *Anschaffung* f *(von Lebensmitteln)* || *Vorschrift* f || *Verfügung* f || *Maßnahme* f || *Vergebung, Besetzung* f *e–s Amtes* || ⟨*Com⟩ *Provision* f || *Deckung* f || *concurso para la* ~ *de una vacante Ausschreibung zur Besetzung einer freien (Amts)Stelle* || ◊ hacer ~ **de fondos** *para el pago de una letra Deckung für e–n Wechsel anschaffen* || *pedir* ~ ⟨Com⟩ *Deckung verlangen* || **~es pl** *Proviant* n || **-sional** adj *vorläufig, einstweilig, provisorisch, Interims-* || *dividendo, gobierno* ~ *Interims|dividende, -regierung* f || *talón* ~ *Zwischenschein* m *(nach Gründung der Aktiengesellschaft)* || **-so** m: al ~ *augenblicklich* || *auf einmal* || **-sor** m = **proveedor** || *bischöflicher Vikariatsrichter* m || *Besorger, Schaffner* m *(e–s Klosters)* || **-sorio** adj Am

= **-sional**
provisto pp/irr v. **proveer** || ◊ estar ~ de *versehen, ausgestattet sein mit* (dat) || ⟨Com⟩ *assortiert sein mit* (dat)
provo|cación f *Herausforderung, Provokation* f || *Aufreizung* f || *Anstiftung* f || *Aufwiegelung* f || ⟨Med⟩ *Reizung* f || **-cador** adj *herausfordernd, provozierend, provokativ, provokatorisch* || ⟨Med⟩ *auslösend* || *agente* ~ ⟨Med⟩ *Erreger* m || ⟨Pol⟩ *Lockspitzel* m *(der Polizei)* || ⟨Pol⟩ *Provokateur, Agent* m *provocateur* (frz) || ~ m *Hetzer, Störenfried* m || ⟨Pol⟩ *Provokateur* m || **-car** [c/qu] vt/i *herausfordern* || *(auf)reizen, hetzen* || *anstiften* || *provozieren* || *anziehen (Blicke)* || *künstlich einleiten (Geburt)* || *hervorrufen, bewirken, veranlassen, auslösen* || *(be)fördern* || ◊ ~ una escena *e–n Auftritt herbeiführen* || ~ a risa, ~ a compasión *zum Lachen, zum Mitleid bewegen* || ~ vómito *Brechreiz hervorrufen* || ~ la oposición *die Opposition hervorrufen* || ¿tiene V. ganas de ~? ist *Ihnen übel?* || vi pop *(sich) erbrechen* (→ **vomitar**) || **-cativo** adj *herausfordernd, provozierend, provokativ, provokatorisch* || *aufreizend* || *scharf (Geruch)*
prov.^{or} Abk = **provisor**
próx., próx.° Abk = **próximo**
proxene|ta m/f *Kuppler(in)* m(f) || **-tismo** m *Kuppelei* f
próxima f: en mi ~ ⟨Com⟩ *in meinem nächsten Brief*
proximal adj ⟨An⟩ *proximal, rumpfwärts, der Körpermitte zu gelegen* || vgl **distal**
próximamente adv *nächstens, bald* || *ungefähr, etwa, beiläufig*
proximidad f *Nähe* f || en la ~ de *in der Nähe von, nahe bei* (dat) || ~ de parentesco *naher Verwandtschaft(sgrad* m*)* f
próximo adj *nahe(liegend)* || *der, die, das nächste* || *nahe bevorstehend* || *el mes* ~ *im nächsten Monat* || el 5 ~ *pasado* (Abk ppdo.) *am 5. vorigen Monats* || la semana ~a *pasada* (pasada la ~ semana) *(letzt)vergangene Woche* f *(übernächste Woche* f*)* || ~ *pariente nächste(r) Verwandte(r)* m || ~ a la casa *in der (nächsten) Nähe des Hauses* || ~ a hundirse (od desfondarse) *baufällig* || ~ a morir *dem Sterben nahe* || una luz ~a a extinguirse *ein halberloschenes Licht* || de ~ *nächstens, demnächst* || ◊ está ~ un *aumento de precio e–e Preiserhöhung steht in Aussicht* || está ~ a desaparecer *es ist im Schwinden begriffen* || la casa está ~a *das Haus liegt in der Nähe*
proyec|ción f *Wurf* m || ⟨Phys Tech⟩ *Werfen, Schleudern* n || ⟨Geol⟩ *Auswurf* m || ⟨Phys Filmw Math⟩ *Projektion* f || ⟨Mil⟩ *Sprengstück* n || ⟨Top⟩ *Abbildung, Projektion* f || ⟨Filmw⟩ *Vorführung* f || *Umrisse* mpl || fig *Einfluß* m || ~ cinematográfica, ~ de películas *Filmvorführung* f || ~ cónica ⟨Math⟩ *Kegelprojektion* f || ~ horizontal *Grundriß* m || ~ longitudinal *Seitenriß* m || ~ (en) tricolor *dreifarbige (Film)Projektion* f || ~ vertical *Aufriß* m || *aparato de* ~ *(od para ~es) Projektor, Projektionsapparat, Bildwerfer* m || *cabina de* ~ ⟨Filmw⟩ *Vorführraum* m || *línea de* ~ *Wurflinie* f || *plano de* ~ *Projektionsfläche* f || *sala de ~es Lichtspielvorführungsraum* m || *conferencia con ~es* (luminosas) *Vortrag* m *mit Lichtbildern, Lichtbildervortrag* m || **-tante** adj *projizierend* || *projektierend* || (linea) ~ f ⟨Math⟩ *Projektions|linie, -gerade* f || **-tar** vt *planen, beabsichtigen* || *sich et vor|nehmen, -haben* || ⟨Math Opt⟩ *auftragen, projizieren* || *vorführen, projizieren (Film)* || *werfen, schleudern* || ◊ los árboles ~taban largas sombras (sobre, en) *die Bäume warfen lange Schatten (auf* acc*)* || **~se** *auf et fallen (Schatten)* || **-til** m ⟨Mil⟩ *(Wurf)Geschoß, Projektil* n || ~ antitanque, ~ perforante, ~ de ruptura *Panzerge-*

schoß n ‖ ~**-cohete** *Raketengeschoß* n ‖ ~ explosivo *Sprenggeschoß* n ‖ ~ fumígeno *Nebelgeschoß* n ‖ ~ de guerra *scharfes Geschoß* n ‖ ~ incendiario *Brandgeschoß* n ‖ ~ intercontinental *interkontinentales Geschoß* n ‖ ~ oblicuo *Querschläger* m ‖ ~ teledirigido *ferngelenktes (od gesteuertes) Geschoß* n ‖ ~ trazador *Leucht-, Rauch|spurgeschoß* n ‖ →a **bala, bomba, granada**
‖ **-tista** *m (Er)Bauer* m ‖ *Projektingenieur, (Entwurfs)Konstrukteur* m ‖ *Plänemacher (Projektemacher)* m ‖ ⟨Typ⟩ *Gestalter, Layouter* m (engl) ‖ **-to** *m Entwurf, Anschlag, Plan* m ‖ *Vorhaben* n, *Absicht* f ‖ ⟨Arch⟩ *Projekt* n, *Entwurf* m ‖ ~ de inversión *Investitionsvorhaben* n ‖ ~ de ley *Gesetzentwurf* m ‖ el camino en ~ *der geplante Weg* ‖ mi mujer en ~ joc *meine Zukünftige* f ‖ **-tor** *m* ⟨El⟩ *Scheinwerfer* m *(nicht bei Kraftfahrzeugen)* ‖ ⟨Tech⟩ *Werfer* m, *Spritzgerät* n ‖ ⟨Filmw⟩ *Bildwerfer, Projektor, Projektionsapparat* m ‖ ~ de agua *Wasserwerfer* m *(der Feuerwehr, der Polizei)* ‖ ~ cinematográfico *Vorführgerät* n, *Film-, Kino|projektor* m ‖ ~ de pista de aterrizaje ⟨Flugw⟩ *Lande|bahnleuchte* f, *-scheinwerfer* m
  pr. pr. Abk = por poder
  ¡prrr! onom *Am frr! (Flug e–s Vogels)*
  prste., prt.ᵉ Abk = **presente**
  prt.º Abk = **producto**
  △**prucatiñi** *m Gewehr* n
  △**pru|char** vt *rufen* ‖ △**-chelar** vt *fragen*
  pruden|cia *f Klugheit* f ‖ *Ein-, Um|sicht* f ‖ *Vorsicht* f ‖ fig *Artigkeit* f, *gutes Betragen* n ‖ con ~ *vernünftig, mit Vorbedacht* ‖ **-cial** adj *klug, vernünftig* ‖ *angebracht* ‖ *nach Ermessen* ‖ *Sicherheits-* ‖ ◊ conceder un plazo ~ *e–e angemessene, genügende Frist einräumen* ‖ **-ciar** vi *Am klug bzw vorsichtig sein* ‖ *gelassen bleiben* ‖ **-ciarse** vr Cu Col PR *sich gedulden* ‖ **⁼cio** *m* np Tfn *Prudenz* m ‖ **-te** adj *klug, ver|nünftig, -ständig* ‖ *umsichtig* ‖ *vorsichtig* ‖ *angebracht* ‖ fig *artig, wohlerzogen* ‖ niño ~ *wohlerzogenes Kind* n ‖ ◊ creer ~ *für angebracht, angezeigt halten* ‖ ¡será lo más ~! *das wird das klügste sein!*
  prue|ba *f Beweis* m ‖ *Nachweis* m ‖ *Beweis (-grund)* m ‖ allg ⟨Math Med Phys Tech⟩ *Probe* f ‖ *Versuch* m ‖ *Muster* n, *Probe* f ‖ *Prüfung, Untersuchung* f ‖ *Erprobung* f ‖ ⟨Psychol Med Tech⟩ *Test* m ‖ *(Kost)Probe* f ‖ ⟨Typ⟩ *Fahne* f, *Korrekturbogen, Abzug, Probedruck* m ‖ ⟨Tech⟩ *Probelauf* m ‖ ⟨Phot⟩ *Kopie* f, *Abzug* m ‖ ⟨Th⟩ *Probe* f ‖ *Anprobieren* n, *Anprobe* f *(e–s Kleidungsstückes)* ‖ ⟨Rel⟩ *Erprobung* f ‖ ⟨Rel⟩ *Versuchung* f ‖ *Versuch* m ‖ ~ absoluta, ~ indiscutible, ~ irrefutable *unwiderleglicher Beweis* m ‖ ~ al azar *Stichprobe* f ‖ ~ de carga ⟨Med Tech⟩ *Belastungsprobe* f ‖ ~ de cargo ⟨Jur⟩ *Belastungsbeweis* m ‖ ~ circunstancial *Indizienbeweis* m ‖ ~ de confianza *Beweis m von Vertrauen, Vertrauensbeweis* m ‖ ~ en contra *Gegenbeweis* m ‖ ~ decisiva ⟨Jur⟩ *schlüssiger Beweis* m ‖ ~ documental *Urkundenbeweis* m ‖ ~ de duración *f* ⟨Tech⟩ *Dauer|probe* bzw *-erprobung* f ‖ ~ testifical *(od testimonial) Zeugenbeweis* m ‖ ~ del espejo ⟨Med⟩ *Spiegelprobe* f *(z. B. bei Scheintoten)* ‖ ~ final *Endprobe* f ‖ ⟨Sp⟩ *Finale* f ‖ ~ de fuerza *Kraftprobe* f ‖ ensayo de ~ *Versuchsprobe* f ‖ ~ del fuego *Feuerprobe* f *(im Mittelalter)* ‖ ~ hematológica, ~ de sangre *Blutprobe* f ‖ ~ de impresión ⟨Typ⟩ *Druckprobe* f ‖ ~ indiciaria *Indizienbeweis* m ‖ ~ de paciencia *Geduldsprobe* f ‖ (~) positiva ⟨Phot⟩ *Positivabzug* m ‖ ~ en pliego ⟨Typ⟩ *Umbruch-, Bogen|korrektur* f ‖ ~ en vuelo *Flugprobe, -prüfung* f ‖ ~ a *stichhaltig* ‖ ⟨Com⟩ *auf Probe* ‖ su fe a ~ de desengaños *sein felsenfestes Vertrauen* ‖ a ~ de agua *wasserdicht* ‖ a ~ de aire *luftdicht* ‖ a ~ de bala(s) *kugel|sicher, -fest* ‖ a ~ de bomba(s) *bomben|fest, -sicher* ‖ a ~ de fuego *feuer|fest, -beständig* ‖ a toda ~ *bewährt, (wohl)erprobt* ‖ a título de ~ *zur Probe* ‖ *versuchsweise* ‖ amigo a toda ~ *erprobter Freund* m ‖ cámara a ~ de ruidos *schalldichte Kammer* f *(Film)* ‖ período de ~(s) *Probezeit* f ‖ práctica de la ~ ⟨Jur⟩ *Beweisaufnahme* f ‖ como ~ *auf Probe* ‖ como *(od en)* ~ de nuestro reconocimiento *als Zeichen unserer Anerkennung* ‖ de ~ *sicher, zuverlässig* ‖ ◊ estar a ~ *de geschützt sein gegen* (acc) ‖ *widerstandsfähig sein gegen* (acc) ‖ fam *sich nichts machen aus* ‖ poner a ~ *auf die Probe stellen, erproben* ‖ sacar *(od tirar)* una ~ *e–n Abzug machen* ⟨Typ Phot *usw*⟩ ‖ **~s** *pl Adelsurkunden* fpl ‖ ⟨Sp⟩ *Wettkämpfe* mpl ‖ ~ atómicas *Atomversuche* mpl ‖ →a **pruebas** nucleares ‖ ~ automovilísticas *Automobilrennen* pl ‖ ~ nucleares *Kernversuche* mpl ‖ ~ de primeras (segundas) ⟨Typ⟩ *erste (zweite) Korrekturen* fpl ‖ ◊ corregir ~ ⟨Typ⟩ *Fahnen korrigieren, Korrekturen lesen* ‖ dar ~ (de) *Proben geben* ‖ *Beweise liefern* ‖ soportar *(od sufrir)* duras ~ *schwere Prüfungen durchmachen* ‖ **-bista** *m Am Seil-, Zirkus|künstler* m
  pruebo → **probar**
  pruna *f* prov *Pflaume* f
  pruri|ginoso adj ⟨Med⟩ *juckend, pruriginös* ‖ **-go** *m* ⟨Med⟩ *Juckflechte* f, *Prurigo* m/f ‖ **-to** *m* ⟨Med⟩ *(Haut)Jucken* n, *Pruritus* m ‖ fig *Begierde. Lust* f ‖ ~ de comprar *Kauf|begierde, -lust* f ‖ ◊ tengo ~ de hacer tal cosa *mich juckt es (od mir juckt es in den Fingern), dieses oder jenes zu tun* ‖ tiene ~ de elegancia *er ist sehr darauf erpicht, elegant zu sein* ‖ *er bildet sich ein, elegant zu wirken (od zu sein)*
  △**pruscatiñé** *m Pistole* f
  Pru|sia *f Preußen* n ‖ ~ Oriental, Occidental *Ost-, West|preußen* n ‖ azul (de) ~ *Berliner Blau, Preußisch Blau* n ‖ **⁼siano** adj *preußisch* ‖ fig *soldatisch* ‖ *diszipliniert* ‖ *ordentlich, genau, eingehend* ‖ *unbeugsam* ‖ pej *roh, brutal* ‖ ~ *m Preuße* m
  prusiato *m* ⟨Chem⟩ *Zyanid* n
  prúsico adj: ácido ~ ⟨Chem⟩ *Blausäure* f
  prx.º Abk = **próximo**
  P.S. Abk = **post scriptum (posdata)** ‖ por substitución
  P.ˢ Abk = **Pesos** ‖ **dólares** ‖ **pesetas**
  ¡ps, ps! int *pst! (Schweigen)*
  ¡psé! (¡**psché!** ¡**pschs!**) int *bah! (Ausdruck der Verachtung, Gleichgültigkeit)*
  pseudo = *pseud(o)-, Pseud(o)-, falsch-, Falsch-* ‖ →a **seudo-**
  P.ˢF.ˢ (= $ F.) Am Abk = **pesos fuertes**
  psi *f griech* Ψ, *Psi* n
  psico-, psic- *(auch* **sico-, sic-***)* präf *psycho-, psycho-, psych-, Psych-, Seelen-*
  psicastenia *f* ⟨Psychol Med⟩ *Psychasthenie, seelische Schwäche* f
  psico|análisis *m Psych(o)analyse* f ‖ **-analítico** adj/s *psych(o)analytisch* ‖ ~ *m Psych(o)analytiker* m ‖ **-délico** adj *psychedelisch* ‖ **-fármacos** mpl ⟨Pharm Med⟩ *Psychopharmaka* npl ‖ **-física** *f Psychophysik* f ‖ **-génesis** *f Psychogene|se, -sis, Entstehung bzw Entwicklung f der Seele* ‖ **-genia** *f* ⟨Med⟩ *Psychogenie, Hysterie* f ‖ **psicógeno** adj *psychogen, seelisch bedingt, Gemüts-* ‖ **-glosia** *f* ⟨Med⟩ *Stottern* n, *Psychoglossie* f ‖ **-gno|sia, -sis** *f Psychognostik* f ‖ **-ide** adj/m *seelen|artig, -ähnlich, psychoid (C.G. Jung)* ‖ **-logía** *f Psychologie, Seelenlehre* f ‖ ~ animal *Tierpsychologie* f ‖ ~ aplicada *angewandte Psychologie* f ‖ ~ comparada (de empresa[s], individual, de la infancia, de las masas, profunda *od* de las profundidades, de los pueblos, sexual, social) *vergleichende (Betriebs-, Individual-, Kinder-, Massen-, Tiefen-, Völker-, Sexual-, Sozial-) Psychologie* f ‖ ~ fisiológica *Psychophysiologie* f ‖ **-lógico** adj

psychologisch || **-logismo** *m* ⟨Philos⟩ *Psychologismus m*
psicólogo *m Psychologe* m
psico|monismo *m* ⟨Philos⟩ *Psychomonismus* m || **-motilidad** *f Psychomo|tilität, -motorik* f || **-motor** adj *psychomotorisch* || **-neurosis** *f* ⟨Med⟩ *Psychoneurose* f
psicópata *m Psychopath* m
psico|patía *f Psychopathie* f || **-pático** adj *psychopathisch* || **-patología** *f* ⟨Med⟩ *Psychopathologie, Lehre* f *von den krankhaften Seelenzuständen* || **-patólogo** *m Psychopathologe, Psychiater* m
psicosis *f* ⟨Med⟩ *Psychose, Geistesstörung* f || ~ *colectiva Massenpsychose* f || ~ *de exámenes Examenspsychose* f|| ~ *de guerra Kriegspsychose* f
psicosomático adj *psychosomatisch* || *medicina* ~*a psychosomatische Medizin, Psychosomatik* f
psicotecnia *f Psychotechnik* f
psicoterapia *f* ⟨Med⟩ *Psychotherapie, Seelenheilkunde* f
psicótico adj ⟨Med⟩ *psychotisch, geisteskrank*
psicotopo *m* ⟨Ökol⟩ *Psychotop* n
psicotropo adj ⟨Med⟩ *psychotrop, auf die Psyche einwirkend*
psicovitalismo *m* ⟨Psychol Ethol⟩ *Psychovitalismus* m
psicrómetro *m* ⟨Phys⟩ *Psychrometer* n, *Feuchtigkeitsmesser* m
psique *f* ⟨Psychol Med⟩ *Psyche* f || *Seele* f || *Seelenleben* n || *Eigenart* f || *Wesen* n || → a **Psiquis**
psiquia|tra *m Psychiater* m || **-tría** *f* ⟨Med⟩ *Psychiatrie* f
psiquiátrico adj *psychiatrisch*
psíquico adj *psychisch, seelisch, geistig*
Psiquis *f* ⟨Myth⟩ *Psyche* f *(& Kunst)* || ⁓ *f* = **psique** || ⁓**mo** *m Psychismus* m
psi|tácidos *mpl* ⟨V⟩ *Edelpapageien* mpl (Psittacidae) || **-tacosis** *f* ⟨Med⟩ *Papageienkrankheit, Psittakose* f (→ **ornitosis**)
P.S.M. Abk = **Por su mandato**
Ps. (*od* $) **m/n.** Abk Am **Pesos moneda nacional**
PSOE Abk = **Partido Socialista Obrero Español**
psoriasis *f* ⟨Med⟩ *Schuppenflechte, Psoriasis* f
¡pst! int *bst! pst!*
pta. Abk = **pasta** || **peseta**
ptas., Ptas. Abk = **pesetas**
¡ptchs! = ¡ps! || ¡psé!
p^te Abk = **parte**
Pte. Abk = **Presente** || **Presidente**
pteranodon(te) *m* ⟨Paläont⟩ *Pteranodon* n *(Flugsaurier der Kreidezeit)*
pteridofitas *fpl* ⟨Bot⟩ *farnartige Pflanzen* fpl (Pteridophyta)
pterodáctilo *m* ⟨Paläont⟩ *Pterodaktylus* m *(Flugsaurier des Juras)*
pterópodos *mpl* ⟨Zool⟩ *Flügel-, Ruder|schnekken* fpl (Pteropoda)
ptia|lina *f* ⟨Chem⟩ *Ptyalin* n *(Enzym des Speichels)* || **-lismo** *m* ⟨Med⟩ *Speichelfluß, Ptyalismus* m
Pto. Abk = **Puerto**
ptolomaico adj *ptolemäisch, auf Ptolemäus bezüglich* || *astronomía* ~*a ptolemäische Astronomie* f
ptomaína *f* ⟨Med Chem⟩ *Ptomain, Leichengift* n
Pts. Abk = **pesetas**
¹**¡pu! ¡puah!** pop *pfui (Teufel)!*
²**pu** *f* fam *Kinder|Kot* m
³△**pu** *f Vogel* m || *Land* n || *Welt* f
púa *f Stachel* m || *Dorn* m || *Horn* n || *Zahn* m, *Zinke* f *(am Kamm)* || *Gabelzinke* f || ⟨Agr⟩ *Pfropfreis* n || ⟨Mus⟩ *Schlagfeder* f, *Plektron* n || *Fußschwinge, Spitze* f *(des Kreisels)* || ⟨Tech⟩ *Dorn* m || *Spitze* f || *fig innerer Kummer, Stich* m || *lästiger Mensch* m, *fam Klette, Wanze* f || *Arg Chi PR (Hahnen)Sporn* m || *alambre de* ~s

Stacheldraht m || *neumáticos con* ~s *Spikesreifen* mpl || ◊ *ser una buena* ~ pop *ein sauberer Vogel sein*
púber, púbero adj/s *geschlechtsreif, mannbar*
pubertad *f Geschlechtsreife, Pubertät* f || *fenómenos de la* ~ *Pubertätserscheinungen* fpl || *período (od época) de (la)* ~ *Entwicklungsperiode* f || ◊ llegar a la ~ *in das Pubertätsalter treten*
pubes|cencia *f* = **pubertad** || ⟨Bot Zool⟩ *Flaumhaarigkeit* f || **-cente** adj *mannbar* || *flaumhaarig* || **-cer** [-zc-] vi *geschlechtsreif werden* || *Flaumhaare bekommen*
pubiano adj ⟨An⟩ *Schambein-* || *región* ~*a Schamgegend* f || *vello* ~, *vellosidad* ~*a Schamhaare* npl
pubis *m* ⟨An⟩ *Schamhügel* m || *Schamgegend* f || *Schambein* n
publicación *f Bekannt-, Kund|machung, Verkündigung* f || *Veröffentlichung, Herausgabe* f || *Publikation* f, *gedrucktes Werk* n || *Heiratsangebot* n || ~ *periódica Zeitung* f || *Periodikum* n, *Zeitschrift, Revue* f || *Lieferungswerk* n || *gastos de* ~ ⟨Typ⟩ *Herstellungskosten* pl || ◊ *estar en* ~ *im Erscheinen begriffen sein (Buch)*
públicamente adv *öffentlich*
publi|cano *m Zöllner* m *(Bibel & fig)* || **-car** [c/qu] vt *kund|machen, -geben, verkündigen* || *ausrufen* || *offenbaren (Geheimnis)* || *eröffnen (Urteilsspruch)* || *herausgeben, veröffentlichen (Buch)* || *aufbieten (e-e Heirat)* || ⁓se *erscheinen, herauskommen (Buch)* || ◊ *acaba de* ~ *soeben erschienen* || **-cidad** *f Öffentlichkeit* f || *Offenkundigkeit, Ruchbarkeit* f || *Anzeigenwesen* n || *Werbung* f || *Publicity* f || *Reklame* f || ~ *cinematográfica*, ~ *en el cine Kinowerbung, Filmreklame* f || ~ *radiofónica Werbefunk* m || *Funkwerbung* f || *en* ~ *öffentlich* || *campaña de* ~ *Werbefeldzug* m || *departamento de* ~ *Werbeabteilung* f || → a **anuncio, propaganda** || ◊ *dar* ~ (a) *öffentlich bekanntmachen* || *dar a la* ~ *veröffentlichen, vor die Öffentlichkeit bringen* || *hacer* ~ *werben, Reklame machen* || **-cista** *m Zeitungsschreiber, Schriftsteller, Publizist* m || *Staatsrechtler* m || **-citario** adj *Werbe-, Werbungs-, Reklame-* || *película* ~*a Werbefilm* m || ~ *m Werbefachmann* m
público adj *öffentlich* || *allgemein* || *allgemein bekannt, offenkundig* || *Staats-* || *Gemein-* || *Gemeinde-* || *balanza* ~*a Stadtwaage* f || *caja* ~*a Staats- bzw Gemeinde|kasse* f, *Kasse der öffentlichen Hand* || *caridad* ~*a Armenpflege* f || *carrera* ~*a Staatsdienst* m || *derecho* ~ *Staatsrecht, öffentliches Recht* n || *hombre* ~ *politische Persönlichkeit* f || *moral* ~ *a öffentliche Moral* f || *mujer* ~*a (Straßen)Dirne* f || *de utilidad* ~*a gemeinnützig* || *vía* ~*a Straße, Gasse* f || *de* ~ *öffentlich* || *en* ~ *öffentlich* || *vor aller Augen* || ◊ *hacer* ~ *veröffentlichen, an die Öffentlichkeit bringen* || *se ha hecho* ~ *es ist ruchbar geworden* || *salir en* ~ *unter die Leute gehen* || → a ¹**bien, casa, empréstito, instrucción, ministerio** usw || ~ *m Publikum* n || *Allgemeinheit, Öffentlichkeit* f, *Leute* pl || *Zuschauer* mpl || *Zuhörer* mpl || *respetable* ~! *geehrtes Publikum! (sehr) verehrte Zuhörer!* || ◊ *dar al* ~ *herausgeben (ein Buch)*
△**puca|nar** vt *anzeigen* || **-nó** *m Leute* pl
pucciniano adj *auf den it. Komponisten G. Puccini (1858–1924) bezüglich*
pucelana *f* → **puzolana**
pucucho adj Ec *hohl, leer*
pucha *f* Chi *bunter Blumenstrauß* m || Mex *(Art) Brezelbrot* n || Col *ein bißchen* || Am = **puta**
¡pucha! Am *He! Donnerwetter! (Schrecken, Staunen)*
△**pucha|(ba)r** vt *nennen* || *ausfragen* || △**-né** *f Frage* f
△**puchén** *f Leben* n
puchera *f* ⟨Kochk⟩ *Kochtopf* m || → **cocido**

puche|razo m Schlag m mit e–m Kochtopf || fam Wahl|betrug, -schwindel m (bei der Stimmenauszählung) || **-rete** m dim v. **-ro** || **-rito** m dim v. **-ro** | **-ro** m (irdener od eiserner) Koch-, Fleisch-, Suppen|topf m || span. Volksgericht n (aus Kichererbsen, Rindfleisch, Speck, Kartoffeln, Suppengrün, gewürzter Wurst usw) (z.B. cocido, olla podrida, pote gallego) || Suppenfleisch n mit Beilagen || figf Alltagskost f || figf tägliches Brot n || pop Wahlurne f || ~ de enfermo Kranken|suppe, -kost f ◊ empinar el ~ figf sein Auskommen haben || volcar el ~ pop die ungültigen Stimmen zählen (bei Wahlen) || esto me huele a ~ de enfermo figf hier ist et faul, pop hier stinkt es! || hacer ~s (od –ritos) fam weinerliche Gebärden machen, das Gesicht verziehen (Kinder), fam e–e Schippe (od ein Schippchen) ziehen || ¡~! vulg Donnerwetter! || **–ruelo** m dim v. **-ro**

puches m/fpl (Mehl-, Kartoffel)Brei m || pop (Menschen)Kot m

pu|chito m Am ein bißchen || a ~s Am nach und nach || **–cho** m Am Zigarrenstummel m || Am Rest, Abfall m || Chi vulg männliches Glied m

△**puchori** m Raubvogel m

pud m ⟨Hist⟩ Pud m (russ. Gewicht)

pude → **poder**

pudela|do, –je m ⟨Metal⟩ Puddeln, Rührfrischen n (des Eisens) || **–r** vt puddeln, rührfrischen

pudendo adj schamerregend || zur Schamgegend gehörend, pudendal || partes ~as Schamteile npl || región ~a Schamgegend f

pudente adj ⟨Lit⟩ übelriechend

pudi|bundez [pl **–ces**] f falsche Scham, Prüderie f || **–bundo** adj (übertrieben) schamhaft || verschämt || prüde || **–cicia** f Schamhaftigkeit, Züchtigkeit f || Keuschheit f || Reinheit f

púdico adj schamhaft || sittsam

pudiente adj/s wohlhabend, bemittelt || einflußreich

pudín m Pudding m || ~ de pasas Rosinenpudding m

pudinga f ⟨Geol⟩ Puddingstein m

pu|dor m Scham, -haftigkeit f || Züchtigkeit f || Sittsamkeit, Ehrbarkeit f || atentado contra el ~ ⟨Jur⟩ unzüchtige Handlung f || **–doroso** adj schamhaft, sittsam

pudri|dero m Faulkammer f || Mistgrube f || el ⚜ die Faulkammer der Königsgräber im Eskorial || **–miento** m Verfaulen n

pudrir vt in Fäulnis bringen || verderben || fig abhärmen, verzehren || ~ vi (ver)faulen || fig im Grabe liegen || **~se** (ver)faulen || pop sich grämen, sich abhärmen || längst ist tot sein || ◊ ¿qué se te pudre? pop was ist mit dir los?

pué pop = **puede**

*****pue|bla** f *Dorf n, Ort m (häufiger span. Ortsname) || **–blada** f Am plötzliche Volksbewegung f

pueble|cillo, –cito m dim v. **pueblo** || kleiner Ort m, Dorf n || **–rino** adj pop dorfmäßig, bäurisch || kleinstädtisch || ~ m Dorfbewohner, Dörfler m (& fig) || p.ex Provinzler m || **–ro** adj Dorf-|| gusto ~ Bauerngeschmack m || ~ m fam Dorf-, Land|bewohner, Provinzler || Am Städter m

pueb|lo m Volk n || Nation f || gemeines Volk || Ortschaft f, Ort, Flecken m, Dorf n, Weiler m || fig die kleinen Leute pl || ~ calle Straßendorf n || ~ en círculo Rundling m || ~ en desorden Haufendorf n || ~ primitivo Stammvolk n || voz del ~ Volksstimme f || el enemigo del ~ der Volksfeind || representante (vida) del ~ Volks|vertreter m, -leben n || de ~ en ~ desp bäurisch, ungeschliffen || de ~ en ~ von Dorf zu Dorf || el ~ de Dios das auserwählte Volk (Bibel) || die Gläubigen, die Christen mpl || **–blón, –blazo** m augm v. **-blo**

puedo → **poder**

puente m (*f) Brücke f || ⟨Arch⟩ Riegel, Querbalken m || ⟨Mus⟩ Steg m e–s Saiteninstruments || (Brillen)Steg m || ⟨El⟩ Brücke f || ⟨Aut⟩ ⟨Achs⟩Brücke, Achse f || ⟨Med⟩ Brücke f (zwischen zwei Zahnkronen) || ⟨Mar⟩ Deck n, Kommandobrücke f || ⟨Tech⟩ Leitstand m || ~ aéreo ⟨Pol Hist⟩ Luftbrücke f || ~ de arco Bogenbrücke f || ~ de los asnos fig Eselsbrücke f || ~ de balsas Floßbrücke f || ~ de barcas Schiffs-, Ponton|brücke f || ~ de cadenas Kettenbrücke f || ~ de carretera Straßenbrücke f || ~ colgante Hängebrücke f || Hängedeck n || ~ elevador Hubbrücke f || ~ de ferrocarril, ~ ferroviario Eisenbahnbrücke f || Gleisbrücke f || ~ flotante schwimmende Brücke f || ~ de fuego Brandbrücke f || ~ levadizo Hubbrücke f || ⟨Hist⟩ Zugbrücke f || ~ de mando ⟨Mar⟩ Kommandobrücke f || ~ de paseo ⟨Mar⟩ Promenadendeck n || ~ de piedra Steinbrücke f || ~ de pontones Pontonbrücke f || ~ provisional Notbrücke f || ~ suspendido Hängebrücke f || ~ tubular Röhrenbrücke f || cabeza de ~ ⟨Mil⟩ Brückenkopf m || medio ~ ⟨Mar⟩ Halbverdeck n || construcción de ~ Brückenbau m || navío de dos ~s ⟨Mar⟩ Zweidecker m || ◊ echar (volar) un ~ e–e Brücke schlagen (sprengen) || hacer ~ fig e–n zwischen zwei Feiertage fallenden Werktag als Feiertag gelten lassen || hacer un ~ pop &△ e–n Wagen kurzschließen (um ohne Zündschlüssel fahren zu können) || tender un ~ e–e Brücke schlagen (& fig) || a enemigo que huye, ~ de plata Spr dem fliehenden Feinde soll man goldene Brücken bauen || dim: **–zuela, –zuelo, –cito** m

puente-grúa m Brücken-, Lauf|kran m

puer|ca f Sau f, Mutterschwein n || figf schmutziges, grobes Weib n, fam Schlampe, vulg Sau f || figf (Straßen)Dirne f || ⟨Zool⟩ Kellerassel f (→ **cochinilla** de la humedad) || **–co** m/adj Schwein n (& fig) || pop Schweinehund m || ~ asado, carne de ~ Schweine|braten m, -fleisch n || pata de ~ cocida ⟨Kochk⟩ Eisbein n || ~ espín Stachelschwein n || ~ **puercoespín**) || ~ marino ⟨Zool⟩ = **marsopa** || = **delfín** || ~ montés, ~ salvaje = **jabalí** || ~ de simiente Zuchtschwein n || ◊ a cada ~ le llega su San Martín es kommt an jeden die Reihe || ~ fiado gruñe todo el año fig Borgen macht Sorgen || ~ adj schweinisch || schmutzig (& fig) = **cerdo, marrano**

puercoespín m ⟨Zool⟩ Stachelschwein n (Hystrix cristata) (und andere)

pue|ricia f Knabenalter n || **–ricultora** f Säuglingsschwester f || Kindergärtnerin f || **–ricultura** f Säuglings- bzw Kinder|pflege, -fürsorge || Kindererziehung f || **–ril** adj Kindes-, Knaben- || kindisch, knabenhaft || fig kindlich, einfältig, naiv || adv: **–mente** || **–rilidad** f Kinderei f || kindisches Betragen, Gerede n || fig Lappalie f

puérpera f Wöchnerin f

puerpe|ral adj Kindbett- || fiebre ~ ⟨Med⟩ Kindbettfieber n || **–rio** m ⟨Med⟩ Kind-, Wochen|bett n || dolores del ~ Geburtswehen n

puerquezuelo m dim v. **puerco**

puerro m ⟨Bot⟩ Lauch, Porree m (Allium porrum)

puerta f Tür, Pforte f || Tor n || fig Zutritt, Zugang m || ~ accesoria Neben-, Seiten|tür f || ~ de acordeón Harmonika-, Falt|tür f || ~ caediza Falltür f || ~ cochera Tor|weg m, -einfahrt f || ~ de comunicación Verbindungstür f || ~ corrediza Schiebetür f || ~ de cuarterones Füllungstür f || ~ de entrada Eingangstür f || Einfahrt(stor n) f || ~ de escape Hintertür f (& fig) || ~ excusada geheime Tür, Tapetentür f || ~ falsa blinde Tür f || ~ franca freier Eintritt m || ⟨Com⟩ Zollfreiheit f || la ⚜ Otomana, la Sublime ⚜ die Hohe Pforte (türk. Regierung bis 1918) || la ⚜ del Perdón Sev das maurische Tor in der ehem. Hauptmoschee || ~ secreta geheime Tür f || blinde Tür f || ~ de servicio Hintereingang m || ~ de socorro

Notausgang m ‖ la ⁓ *del Sol Hauptplatz* m *von Madrid* ‖ ⁓ de tambor *Drehtür* f ‖ ⁓ trasera *Hintertür* f (& fig) ‖ ⁓ ventana *Balkontür* f ‖ *Fenstertür* f ‖ ⁓ vidriera *Glastür* f ‖ a ⁓ abierta ⟨Jur⟩ *öffentlich (Gerichtsverhandlung)* ‖ a ⁓ cerrada fig *(ins)geheim, hinter verschlossenen Türen* ‖ juicio a ⁓ cerrada ⟨Jur⟩ *nichtöffentliche Gerichtsverhandlung* f ‖ a la ⁓ (de la casa) *vor der Haustür* ‖ de ⁓ en ⁓ *von Haus zu Haus* ‖ en ⁓ pop *sehr bald* ‖ *bevorstehend* ‖ *drohend (Gefahr)* ‖ en el dintel de la ⁓ *auf der Türschwelle* ‖ por la ⁓ de los carros figf *rücksichtslos, grob* ‖ ◊ andar de ⁓ en ⁓ *(von Tür zu Tür) betteln* ‖ *von Tür zu Tür gehen* ‖ cerrar la ⁓ fig *jdm den Weg sperren* ‖ coger, tomar la ⁓ *fortgehen* ‖ dar a uno con la ⁓ en la cara *(od* en las narices, pop en los hocicos) figf *jdm die Tür vor der Nase zuschlagen* ‖ enseñarle a uno la ⁓ de la calle figf *jdm die Tür weisen* ‖ el invierno está a la ⁓ figf *der Winter steht vor der Tür* ‖ hacer ⁓ vulg *vor der Tür e-s öffentlichen Hauses stehen (Dirne)* ‖ llamar a la ⁓ *an die Tür klopfen* ‖ fig bei *jdm anklopfen, anfragen* ‖ pasar por la ⁓ *zur Tür hinausgehen* ‖ poner a uno en la ⁓ (de la calle) figf *jdn hinaus|werfen, -schmeißen* ‖ *jdn auf die Straße werfen* ‖ ⁓s pl *Tor|zoll* m, *-geld* n ‖ a ⁓ abiertas *öffentlich* ‖ las ⁓ de Hierro ⟨Geogr⟩ *das Eiserne Tor* ‖ las ⁓ de la muerte *an der Schwelle des Todes* ‖ ◊ coger entre ⁓ a uno figf *jdn in die Enge treiben* ‖ dejar por ⁓ *jdn vor die Tür setzen* ‖ *jdn brotlos machen* ‖ echar las ⁓ abajo figf *sehr stark klopfen* ‖ entrarse por las ⁓ (de) figf *sich bei jdm einschleichen* ‖ llamar a las ⁓ (de) fig *jdn um Beistand bitten* ‖ esto es poner ⁓ al campo figf *das heißt Unmögliches erreichen wollen* ‖ quedar(se) por ⁓ fig *an den Bettelstab kommen* ‖ tener todas las ⁓ abiertas figf *überall mit offenen Armen aufgenommen werden* ‖ ver ya la muerte en ⁓ figf *mit dem Tode ringen*

puertaventa|na f → **contraventana** ‖ **-nero** m *Tür- und Fenstertischler* m

puerte|zuela, –cilla, –cita f dim v. **puerta**

puertezuelo m dim v. **puerto**

puerto m *Hafen* m ‖ *Hafenstadt* f ‖ *Berg-, Engl-paß* m ‖ fig *Hafen, Zufluchtsort* m ‖ △ *Wirts-, Gast|haus* n ‖ ⁓ aéreo (= **aeropuerto**) *Flughafen* m ‖ ⁓ de arrebatacapas fig *Windloch* n, *Ort* m, *der den Winden ausgesetzt ist* ‖ pop *(Diebs)Loch* n ‖ ⁓ de arribada *End-, Ankunfts|hafen* m ‖ ⁓ de arribada forzosa *Nothafen* m ‖ ⁓ Arturo *Port Arthur (Lüta)* ‖ ⁓ de desembarque, de descarga *Ausschiffungs-, Lösch(ungs)|hafen* m ‖ ⁓ de embarque, de carga *Ein-, Ver|schiffungshafen, Ladehafen* m ‖ ⁓ fluvial *Flußhafen* m ‖ ⁓ franco *Freihafen* m ‖ ⁓ habilitado *Stapelhafen* m ‖ ⁓ interior *Binnenhafen* m ‖ ⁓ de marea *offener Hafen, Tidehafen* m ‖ ⁓ marítimo, de mar *Seehafen* m ‖ ⁓ mercantil *Handelshafen* m ‖ ⁓ militar, ⁓ de guerra *Kriegshafen* m ‖ ⁓ pesquero *Fischereihafen* m ‖ ⁓ Principe ⟨Geogr⟩ *Port au Prince* ‖ ⁓ de refugio *Nothafen* m ‖ fig *Rettungshafen* m ‖ ⁓ de transbordo *Umschlaghafen* m ‖ ◊ tocar (a) un ⁓, tomar ⁓, entrar en un ⁓ *e–n Hafen anlaufen* ‖ dim: ~**ezuelo**

puertona f prov *Haupttor* n

puertorriqueño adj/s *aus Puerto Rico* ‖ ⁓ m *Puertoricaner* m

pues adv/conj *folglich, demnach, daher, also* ‖ *nun, nunmehr* ‖ *zwar* ‖ *ferner* ‖ *nämlich* ‖ *fürwahr, wahrlich* ‖ *denn* ‖ *da (nun)* ‖ *weil* ‖ *aber* ‖ *doch*
1. Anknüpfung od. Fortsetzung des Gesprächs: digo, ⁓, que es imposible *ich behaupte daher, daß es unmöglich ist* ‖ ⁓ bien, el caso es difícil *der Fall ist also schwierig.*
2. Bejahung: ¿conque lo dijo? ¡⁓! *hat er es denn gesagt? natürlich!*
3. Zustimmung, Aufmunterung: ¡que venga ⁓! *er kann meinetwegen herkommen!* ‖ ¡⁓ qué! pop *das macht nichts!* ‖ ¡ea ⁓! *wohlan! auf!* ‖ ¡venga ⁓! *nur zu! meinetwegen!*
4. Einleitung e–s Rufsatzes (Verstärkung, Nachdruck): ¡⁓ no faltaba más! pop *das fehlte noch!* ‖ ¡⁓ tiene gracia! *das ist doch köstlich!* ‖ ¡⁓ no! *auf keinen Fall!* ‖ ¡⁓ sí! *natürlich, freilich!* ‖ *das tue ich wohl!* ‖ iron *ja freilich!* ‖ ¡⁓ eso era de esperar! *es war nicht anders zu erwarten!* ‖ ¡⁓ bien! *wohlan!* ‖ *nun denn!*
5. Einleitung od. Verstärkung e–r Frage: ¿⁓ qué? *was denn!* ‖ ¿⁓ no lo haces? *tust du es denn nicht?* ‖ ¿⁓ no? *nicht wahr?* ‖ ¿⁓ cómo? ¿⁓ qué? *wieso? wieso denn?* ‖ ¿y ⁓? *was gibts denn da?* ‖ *und nun?*
6. Zweifel, Verwunderung, Ungeduld: esta noche partiré. −¿(Y) ⁓? *Heute abend reise ich ab. Wieso?* ‖ ¿⁓ no lo encuentras? *findest du es denn nicht?*
7. Folgerung: ¿no me haces caso? ⁓ un día te arrepentirás *Du hörst nicht auf mich? das wirst du eines Tages bereuen.*
8. Ursache, Folge: sufre el castigo, ⁓ *(od* ⁓ que = puesto que) obraste mal *ertrage die Strafe, da du dich vergangen hast*
9. Voraussetzung, Bedingung: ⁓ el mal es ya irremediable, ármate de paciencia *da das Übel nicht gutzumachen ist, wappne dich mit Geduld*
10. Ausdruck der Verlegenheit: ⁓ . . . *como iba a decirle* . . . *Nun also* . . . *was ich Ihnen sagen wollte* . . . ‖ V. debe − ⁓ − *hacerlo Sie sollten es doch vielleicht tun*
11. * = *después*

pues|ta f *Einsatz* m *(beim Spiel)* ‖ allg *Setzen* n ‖ *Setzung* f ‖ ⟨Astr⟩ *Untergang* m ‖ ⟨V⟩ *Gelege* n ‖ *Ei(er)ablage* f, *Legen* n ‖ ⁓ en actividad *Inbetriebnahme* f ‖ ⁓ en cero *Null(punkt)einstellung* f ‖ ⁓ en circulación *Inkurssetzung* f, *Inumlaufsetzen* n *(Geld)* ‖ *Vertrieb* m *(Ware)* ‖ ⁓ en cortocircuito ⟨El⟩ *Kurzschließen* n ‖ ⁓ en cultivo ⟨Agr⟩ *Anbau* m, *Urbarmachung* f ‖ ⁓ en explotación *Inbetriebnahme* f ‖ *Erschließung* f *(Land)* ‖ ⁓ en fabricación *Produktionsaufnahme* f ‖ ⁓ en libertad *Freilassung* f ‖ ⁓ en marcha *Inbetriebnahme* f ‖ *Ingangsetzung* f ‖ ⟨Aut⟩ *Anlassen* n ‖ ⁓ en seguridad *Sicherstellung* f ‖ ⁓ en servicio *Inbetriebnahme* f ‖ ⁓ fuera de servicio *Außerbetriebsetzung* f ‖ ⁓ del sol *Sonnenuntergang* m ‖ ⁓ bajo tutela *Stellung* f *unter Vormundschaft* ‖ *Bevormundung* f ‖ ⁓ en vigor ⟨Jur⟩ *Inkraft|setzen, -treten* n ‖ **–tear** vt/i Col *(auf)lauern* ‖ Mex *e–n Verkaufsstand betreiben*

pueste|cillo, –cito m dim v. **puesto** ‖ **–ra** f Am *Marktweib* n ‖ **–ro** m Am *Viehpfleger* m *in e–r Meierei* ‖ Mex *Händler* m *(an e–m Verkaufsstand)* ‖ Arg *Oberhirt* m

¹**puesto** pp/irr (& adj) v. **poner**
1. adj: a) mit adv: bien ⁓ *gut angezogen* ‖ bien ⁓ a pop *gut gebaut, wohlgeformt (Frau)* ‖ casa bien ⁓ a *sauber eingerichtete Wohnung* f ‖ mal ⁓ *übel zugerichtet* ‖ b) in Verbindung mit en, de, en, sobre ‖ ⁓ a bordo ⟨Com⟩ *frei an Bord* (Abk **fob**) ‖ ⁓ a dieta *auf Diät gesetzt (Kranker)* ‖ ⁓ a domicilio ⟨Com⟩ *frei (ins) Haus* ‖ ⁓ en (la) estación ⟨Com⟩ *frei Station* ‖ ⁓ de codos en la barandilla *mit den Ellbogen auf das Geländer gestützt* ‖ ⁓ de gala *im Galakleid, in Gala* ‖ ⁓ de sombrero *(od* con el sombrero ⁓*) mit dem Hut auf dem Kopf* ‖ ⁓ en prov *fest überzeugt von* ‖ ⁓ en cuenta *in Rechnung gebracht* ‖ ⁓ en fábrica ⟨Com⟩ *ab Werk, ab Fabrik* ‖ ⁓ en muelle *ab Kai* ‖ ⁓ en razón *vernünftig, wohlbegründet* ‖ ⁓ a tierra ⟨El⟩ *geerdet* ‖ ⁓ sobre vagón en ésta ⟨Com⟩ *frei ab hier* ‖ *frei Waggon* ‖
2. ⁓ que conj *da, weil* ‖ *denn, ja* ‖ *wenn auch, obwohl* ‖ falls ‖ ⁓ que no hay otra solución *da es keine andere Lösung gibt*

²**puesto** m *Platz, Raum* f ‖ *Lage* f, *Ort* m, *Stelle* f ‖ *Ehrenstelle* f, *Amt* n ‖ *Stelle, Stellung* f ‖ *Arbeits-*

platz m ‖ *(Arbeits)Posten* m ‖ *Sitz, Platz* m ‖ *Verkaufsposten, Kramladen* m, *Bude* f ‖ ⟨Mil⟩ *Befehls-, Gefechts-, Leit|stand* m ‖ ⟨Mil⟩ *Posten* m ‖ ⟨Jgd⟩ *Anstand* m ‖ ⟨Tel⟩ *Sprechstelle* f ‖ ~ de asiento *Sitzplatz* m ‖ ~ de la feria *Stand* m *(Markt, Mustermesse)* ‖ ~ de flores *Blumenladen* m ‖ ~ de libros *Bücherstand* m ‖ ~ de libros viejos *Antiquariat* n ‖ ~ de policía *Polizei|wache* f, *-amt* n ‖ ~ de refrescos *Erfrischungs-, Trink|bude* f ‖ ~ de socorro *Rettungswache, Unfallstation* f ‖ ~ volante *fliegender (Verkaufs)Stand* m ‖ ◊ no estar en su ~ fig *nicht angebracht, nicht schicklich sein* ‖ *fehl am Platz(e) sein* ‖ solicitar (*od* aspirar a) un ~ sich um e–e Stelle bewerben, kandidieren
¡**puf**! *pfui!*
¡**puffa**! Arg *da haben wir's!*
pufo m fam *Schuld* f ‖ = **petardo** (fig) ‖ ◊ dejar un ~ *die Zeche prellen* ‖ *s–e Schulden nicht bezahlen*
púgil m *Faustkämpfer* m ‖ *Boxer* m
pugi|lato m *Faustkampf* m ‖ *Boxen* n, *Boxkampf* m ‖ fig *heftiger Streit* m ‖ fig *(harter) Wettbewerb* m ‖ **-lista** m *Faustkämpfer* m ‖ *Boxer* m ‖ **-lístico** adj: *deporte* ~ *Boxsport* m
pug|na f *Streit, Kampf* m ‖ ◊ estar en ~ *in Widerspruch stehen* (con *mit* dat) ‖ **-nacidad** f ⟨Lit⟩ *Kampf(es)lust* f ‖ **-nar** vi *kämpfen, streiten* ‖ ◊ ~ con *widerstreben* (dat) ‖ ~ por salvarse *auf seine Rettung bedacht sein* ‖ ~ por conseguir su objeto *sich für die Erreichung seines Zieles einsetzen*
puh! int Am *(Ausdruck der Bejahung od des Staunens)*
¹**puja** f *höheres Gebot, Übergebot* n ‖ *Gewaltanstrengung* f
²**puja** f *Vorwärtskommen* n
△**pujamá** f *Floh* m
pujame(n) m ⟨Mar⟩ *untere Segelkante* f
pujan|te adj *gewaltig, mächtig* ‖ *kräftig, üppig* ‖ de ~ salud *von Gesundheit strotzend* ‖ **-za** f *Wucht* f ‖ *Schwung* m (& fig) ‖ *Kraft, Stärke* f ‖ *Macht, Gewalt* f ‖ *Stoßkraft* f ‖ ~ artística *künstlerischer Schwung* m
¹**pujar** vt/i *überbieten (bei e–r Versteigerung)* ‖ *steigern (Preis)*
²**pujar** vt/i *(im Reden od Handeln) stocken, innehalten, zaudern* ‖ *(fort) stoßen* ‖ *gewaltsame Anstrengungen machen* ‖ fam *drücken (bei der Stuhlentleerung)* ‖ Pe *abweisen, ausweifen* ‖ fam *den Mund, das Gesicht verzerren (vor od nach dem Weinen)* ‖ ◊ ~ con (*od* contra) la adversidad *gegen das Mißgeschick kämpfen* ‖ ~ por conseguir su propósito *alles daransetzen, um seinen Zweck zu erreichen*
puje m Pe *derber Verweis* m
△**puji** f *Haselnuß* f
pujo m ⟨Med⟩ *(Stuhl)Zwang* m ‖ *Harnzwang* m ‖ fig *heftiger Drang* m *(zu weinen, zu lachen, zur Stuhlentleerung usw)* ‖ fig *brennendes Verlangen* n (de *nach* dat) ‖ figf *Hang* m, *Neigung* f ‖ a ~s figf *nach und nach* ‖ *mit Mühe* ‖ *nur langsam und allmählich* ‖ ◊ sintió ~ de llorar *er brach fast in Weinen aus*
¡**pula(s)**! prov *putt, putt! (Ruf für Hühner)*
pul|critud f *Sauberkeit* f ‖ *Nettigkeit, Reinlichkeit* f ‖ *Stilreinheit* f ‖ *Feinheit* f *(des Benehmens)* ‖ *Sorgfalt* f ‖ fig *Schärfe* f *(der Lichtbilder usw)* ‖ **-cro** adj *schön, hübsch, zierlich, nett* ‖ *tadellos gekleidet* ‖ *peinlich sauber* ‖ *sich fein benehmend* ‖ *genau* ‖ *scharf (im Umriß)*
pulchinela m = **polichinela**
△**puleo** m: tocar ~ *verkaufen*
pulg. Abk = **pulgada**
pulga f ⟨Entom⟩ *Floh* m *(Pulex irritans)* ‖ ~ acuática, ~ de agua (dulce) ⟨Zool⟩ *Wasserfloh* m *(Daphnia pulex)* ‖ ~ de las playas, ~ de la arena, ~ de mar ⟨Zool⟩ *Strandfloh* m *(Talitrus saltator)* ‖ *Sandhüpfer* m *(Orchestia gammarellus)* ‖ *Flohkrebs* m *(Gammarus locusta)* ‖ ~ nigua ⟨Entom⟩ *Sandfloh* m (→ **nigua**) ‖ ◊ hacer de una ~ un camello *(od* un elefante) figf *aus e–r Mücke e–n Elefanten machen* ‖ no aguantar *(od* sufrir) ~s figf *unleidlich, empfindlich sein* ‖ tener ~s figf *hitzig, unruhig, unverträglich sein* ‖ tener malas ~s figf *keinen Spaß verstehen, unleidlich sein, leicht aufgebracht sein* ‖ de malísimas ~s *sehr unleidlich* ‖ cada uno tiene su manera de matar ~s pop *etwa: jeder nach seiner Weise, jeder soll nach s–r Fasson selig werden*
pul|gada f *Zoll* m *(Maß)* ‖ *Daumenbreite* f ‖ ◊ (tiene) tres ~s de grueso *(es ist) drei Zoll dick* ‖ **-gar** m *Daumen* m ‖ *Setzling* m ‖ (dedo) ~ *Daumen* m ‖ **-garada** f *Zoll* m *(Maß)* ‖ ~ de rape *e–e Prise Schnupftabak* ‖ =**garcito** m *Däumling* m *(Märchenfigur)* ‖ **-gón** m/adj ⟨Entom⟩ *Blatt-, Baum|laus* f (Aphis spp) ‖ → **filoxera** ‖ **-goso** adj *voller Flöhe* ‖ **-guera** f *Flohnest* n ‖ *Flohkraut* n ‖ **-guero** adj/s *voller Flöhe (Raum)* ‖ CR Ven *Gefängnis* n ‖ **-guilla** f dim v. **pulga** ‖ ~s m figf *unruhige, reizbare Person* f
△**pulia** f *Vogel* m
puli|damente adv *zierlich, nett* ‖ **-dez** [pl **-ces**] f *Glanz* m, *Glätte* f ‖ *Zierlichkeit* f ‖ *Reinlichkeit* f ‖ *Bildung, Verfeinerung* f ‖ **-do** adj *zierlich, nett* ‖ *sittsam* ‖ *gefeilt (Stil)* ‖ ~ por el uso *abgegriffen* ‖ ~ m *Polieren, Schleifen* n ‖ = **pulimento** ‖ **-dor** m *Glätteisen* n ‖ *Polier-, Schleif|maschine* f
pulimen|tar vt *glätten, polieren* ‖ **-to** m *Politur, Glättung* f ‖ *Glätte* f ‖ *Polierung* f ‖ barniz de ~ *Polier-, Politur|lack* m, *Politur* f
△**puliné** f *Sichel* f ‖ *Axt* f
pulir vt *glätten, polieren, glänzen* ‖ *blank reiben* ‖ *schleifen (Edelsteine)* ‖ fig *jdn abschleifen, verfeinern, jdm Schliff beibringen* ‖ *(aus)feilen (Stil)* ‖ △ *verkaufen* ‖ △ *versetzen* ‖ △ *stehlen, mausen* (& pop) ‖ sin ~ *ungehobelt, roh* ‖ ◊ me pulieron un reloj pop *man hat mir e–e Uhr geklaut* ‖ **-se** *sich putzen (Frauen)* ‖ fig *sich verfeinern, Schliff bekommen*
pulmón m ⟨An⟩ *Lunge* f ‖ ~ acuático *Unterwasseratemgerät* n ‖ ~ de acero *eiserne Lunge* f ‖ lóbulo del ~ *Lungenlappen* m ‖ ◊ gritar a todo ~ *(od* a plenos ~es) *aus vollem Halse schreien* ‖ tener buenos ~es *e–e gute Lunge, kräftige Stimme haben* ‖ respirar a plenos ~es *el aire fresco die frische Luft in vollen Zügen einatmen*
pulmonado adj/s ⟨Zool⟩ *Lungen- (von Gliedertieren)* ‖ ~s mpl *Lungenschnecken* fpl (Pulmonata)
pulmo|nar adj *Lungen-* ‖ catarro ~ *Lungenkatarrh* m ‖ afección ~ *Lungenleiden* n ‖ tisis ~ *Lungenschwindsucht* f ‖ **-naria** f ⟨Bot⟩ *Lungenkraut* n (Pulmonaria officinalis) ‖ **-nía** f *Lungenentzündung* f ‖ **-tor** m *Lungenautomat* m
pul|pa f *(Fleisch-, Frucht)Mark* n ‖ *Fruchtfleisch* n ‖ *Pulpe* f ⟨Pap⟩ *Zell-, Holz-, Papier|stoff, Holzschliff, Papierbrei* m ‖ ~ cerebral ⟨An⟩ *Gehirnmark* n ‖ ~ dental *Zahn|pulpa* f, *-mark* n ‖ ~ de remolacha *Zuckerrübenschnitzel* npl ‖ **-par** vt *zerdrücken* ‖ **-pejo** m *fleischige Spitze der Finger, Fingerkuppe* f ‖ ~ de la mano *Handballen* m ‖ ~ de la oreja *weicher Teil* m *des Ohrläppchens* ‖ **-pera** f ⟨Pharm⟩ *Spatel* f
pulpe|ría f Am *Kramladen* m *(verbunden mit Alkoholausschank)* ‖ **-ro** m Am *Inhaber e–r pulpería*
púlpito m *Kanzel* f, *Predigtstuhl* m ‖ fig *Kanzelberedsamkeit* f ‖ ministerio del ~ *Predigeramt* n ‖ desde el ~ *von der Kanzel*
pul|po m ⟨Zool⟩ *Krake* m (Octopus vulgaris) ‖ ◊ poner a uno como un ~ figf *jdn gehörig durchbleuen* ‖ → a **despistado** ‖ **-poso** adj *fleischig, markig*
pulque m Am *Pulque, Agavenschnaps* m *(Getränk aus gegorenem Agavensaft)*
pulquérrimo adj sup v. **pulcro**
pul|sación f *Puls-, Herz|schlag* m ‖ *(Tasten-) Anschlag* m *(Klavier, Schreibmaschine)* ‖ Am *Fingersatz* m ‖ ⟨Mus⟩ *Tonanschlag* m ‖ ⟨Phys⟩

pulsador — puntear

Kreisfrequenz f ‖ *Schwebung f* ‖ **–sador** *adj/s pulsⱼ(ier)end* ‖ ~ *m (Druck-, Bedienungs)Knopf m* ‖ **–sar** vt *(Taster, Knopf) drücken* ‖ *anschlagen (e–e Glocke)* ‖ *berühren (e–e Saite)* ‖ *jdm den Puls fühlen* (& fig) ◊ ~ *el arpa Harfe spielen* ‖ ~ vi *schlagen, klopfen (Herz, Puls, Ader)* ‖ *pulsen (Blut)* ‖ ⟨Phys⟩ *schweben (Schwingung)* ‖ **–sátil, –sativo** *adj klopfend* ‖ *pulsierend* ‖ *dolor* ~ ⟨Med⟩ *pulsierender Schmerz m* ‖ **–satila** *f Kuh-, Küchen|schelle* f (Pulsatilla sp) ‖ **–satorio** *adj: corriente* ~ *a* ⟨Radio⟩ *pulsierender (Gleich)Strom m*
pul|sera *f Armband n* ‖ ~ *de eslabones,* ~ *articulada Gliederarmband n* ‖ ~ *extensible Ziehaⁿmband n* ‖ ~ *de pedida Verlobungsarmband n (als Geschenk des Bräutigams an die Braut)* ‖ *reloj de* ~ *Armbanduhr f* ‖ **–so** *m Puls(schlag) m* ‖ *Handgelenk n* ‖ fig *Kraft f in der Faust* ‖ fig ⟨Hand⟩ *Schrift f* ‖ fig *Behutsamkeit, Umsicht f* ‖ ~ *débil schwacher, weicher Puls m* ‖ *febril Fieberpuls m* ‖ ~ *firme ruhige Hand f* ‖ ~ *(z. B. beim Schießen)* ‖ ~ *frecuente,* ~ *rápido schneller Puls m* ‖ ~ *intermitente aussetzender Puls m* ‖ ~ *precipitado erhöhte Pulsfrequenz f* ‖ *vino de* ~ *kräftiger Wein m* ‖ a ~ *aus freier Hand (schießen, zeichnen)* ‖ *dibujo a* ~ *Handzeichnung f* ‖ *con mucho* ~ fig *sehr gewissenhaft* ‖ *de* ~ fig *klug, vernünftig* ‖ ◊ *sacar a* ~ figf *durch Anstrengung und Ausdauer erringen* ‖ *le tiembla el* ~ *die Hand zittert ihm (beim Schreiben usw)* ‖ *tomar el* ~ (a) *jdm den Puls fühlen* (& fig) ‖ *echar* ~s *And pop handgemein werden, raufen* ‖ *quedarse sin* ~(s) figf *vor Schrecken sprachlos sein*
pulsómetro *m* ⟨Med⟩ *Pulsmesser m* ‖ ⟨Tech⟩ *Pulsometer n, kolbenlose Dampfpumpe f*
pulsorreactor *m* ⟨Flugw⟩ *Pulsostrahltriebwerk, Verpuffungs-Strahltriebwerk n (z. B. Argus-Schmidt-Rohr)*
pulular vi *keimen, knospen, sprießen* ‖ *sich schnell vermehren (Insekten)* ‖ fig *wimmeln, wuchern* ‖ ◊ *la gente que pulula die wimmelnde Menschenmenge*
△**puluno** *m (Hühner)Hof m*
pulv. Abk = **pulverizado**
pulveri|zación *f Pulverisieren, Versprühen, Zerstäuben n* ‖ *Zermahlen n* ‖ ⟨Typ⟩ *Bestäubung f* ‖ *Absprühen n (Motor)* ‖ **–zador** *m Zerstäuberapparat, Vernebler m, Spritzgerät n* ‖ **–zadora** *f* ⟨Agr⟩ *(Stampf) Walze f* ‖ **–zar** [z/c] vt *pulvern, pulverisieren* ‖ *zerstäuben (e–e Flüssigkeit)* ‖ *zerreiben* ‖ ⟨Typ⟩ *bestäuben* ‖ *absprühen (Motor)* ‖ fig *pulverisieren* ‖ fig *vernichten* ‖ *völlig aufreiben (Feind)* ‖ ~**se** *zu Pulver werden*
pulverulento *adj staub(art)ig* ‖ *voller Staub*
pulvígeno *adj stauberzeugend* ‖ *staubig*
pulla *f Zote f, unflätiges Wort m* ‖ *Stichelrede f, Witzwort f* ‖ *Stichelei f* ‖ Am *Hieb m* ‖ ◊ *lanzar (od echar)* ~s *stichein*
pullés, esa *adj aus Apulien* (La Pulla), *apulisch*
pullista *m Zotenreißer, Spötter m*
pullman engl: (coche) ~ *Pullmanwagen m*
△**pullosa** *f (Bett)Decke f*
¡pum! (pun) **¡puf!** *plumps! (Fall, Schlag, Knall)*
puma *m* ⟨Zool⟩ *Puma, Silberlöwe m* (Panthera concolor)
△**pumaijaré** *m Ave Maria n (Gebet)*
pumar *m Ast Apfelbaum m* (→ **manzano**) ‖ ~**ada** *f Ast* = **manzanal**
*****punir** vt *plumps!*
△**pumé(n)** *m Schulter f*
△**pumetelí** *f Trompete f*
pumita *f* ⟨Min⟩ *Bimsstein m*
¡pun! ¡pun! *bum, bum! (Schläge)*
puna *f Am Hochebene f (in den Anden)* ‖ Am *wüste, unbewohnte Gegend f* ‖ Am = **soroche**
pun|ción *f (Ein)Stich m* ‖ ⟨Med⟩ *Punktion f* ‖ *Lumbalpunktion f, Rückenmarkstich m* ‖ **–cionar** vt/i ⟨Chir⟩ *(durch)stechen* ‖ *punktieren*

pun|char vt, **–cho** *m* Ar = **pin|char, –cho**
pundo|nor *m Ehrensache f* ‖ *Ehrgefühl n* ‖ **–noroso** *adj/s voll Ehrgefühl, ehrliebend* ‖ *ehrsüchtig* ‖ *hombre* ~ *Ehrenmann m*
pun|gente *adj stechend* ‖ **–gir** [g/j] vt *stechen* ‖ fig *(an)reizend* ‖ **–gitivo** *adj stechend* ‖ fig *rührend*
puni|bilidad *f Strafbarkeit f* ‖ **–ble** *adj strafbar, sträflich* ‖ *acto* ~ *Straftat f* ‖ ◊ *ser* ~ *de muerte den Tod verdienen* ‖ **–ción** *f Bestrafung f* ‖ *Strafe f*
púnico *adj punisch*‖ *iron fe* ~*a punische Treue f* ‖ *guerras* ~*as die Punischen Kriege* pl
*****punir** vt *(be)strafen*
puni|tivo *adj* ⟨Jur⟩ *strafend, Straf-* ‖ *incursión* ~*a Strafexpedition f* ‖ *justicia* ~*a die strafende Gerechtigkeit* ‖ **–torio** *adj: intereses* ~*s Verzugszinsen* mpl
punoso *adj Am wüst, öde (Gelände)*
△**punsaberó** *m* = **picador**
punta *f Spitze f (auch der Drehmaschine)* ‖ *Zacken m* ‖ *(Baum)Wipfel m* ‖ *Stift m* ‖ *Radiernadel f* ‖ *Zigarrenstummel m* ‖ *Nagel m (ohne Kopf)* ‖ *Vorgebirge n* ‖ *Land|spitze, –zunge f* ‖ *säuerlicher Nachgeschmack m (z. B. des Weines)* ‖ fig *ein bißchen* ‖ fig *Pointe f* ‖ Arg *Quelle f* ‖ Am *Menge, Anzahl f* ‖ *una* ~ *de cuchillo e–e Messerspitze voll* ‖ ~ *de diamante Diamantspitze f* ‖ *Diamant m der Glasschneider* ‖ ⟨Arch⟩ *Diamantenfries m* ‖ ~ *de la lengua Zungenspitze f* ‖ ~ *de la nariz Nasenspitze f* ‖ ~ *de París Drahtnagel m* ‖ ~ *seca* ⟨Typ⟩ *Kaltnadel f* ‖ ~ *de día bei Tagesanbruch* ‖ *con una* ~ *de burla fam mit gewissem Hohn* ‖ *de* ~ *a cabo, de* ~ *a* ~ *von e–m Ende zum anderen* ‖ *hindurch* ‖ *alles zusammen* ‖ *en* ~ *spitz* ‖ ◊ *acabar (od terminar) en* ~ *spitz zulaufen* ‖ *acabarse en* ~ *fam sterben* ‖ *armado de* ~ *en blanco bis an die Zähne bewaffnet* ‖ *de* ~ *en blanco* figf *geschniegelt und gebügelt* ‖ *estar de* ~ (con) figf *mit jdm auf gespanntem Fuß stehen* ‖ *hacer* ~ *jdm widersprechen* ‖ *le llevarán en la* ~ *de la lengua* figf *man wird ihn ins Gerede bringen* ‖ *pisar de* ~ *auf den Zehen auftreten* ‖ *los pelos se ponen de* ~ *fam die Haare stehen ihm zu Berge* ‖ *eso hace poner los pelos de* ~ *pop das ist haarsträubend* ‖ *poner de* ~ *auf die Spitze stellen* ‖ *ponerse de* ~ (con) *sich verfeinden (mit dat)* ‖ *no lo he sacado de la* ~ *de los dedos* ... figf *ich habe mir das nicht aus den Fingern gesogen* ‖ *sacar* ~ *al lápiz den Bleistift anspitzen* ‖ *ser de* ~ figf *hervorragend sein* ‖ *tengo en la* ~ *de la lengua es liegt mir auf der Zunge* ‖ ~*s* pl *(genähte, ausgezackte) Spitzen* fpl ‖ *Hörner* npl *des Stieres* fpl *am Hirschgeweih* ‖ ~ *de Bruselas Brüsseler Spitzen* fpl ‖ *andar en* ~ figf *zanken, streiten* ‖ *lo conoce por las* ~ *de las uñas pop er hat es im kleinen Finger* ‖ *tener* ~ *de loco pop tolle Ideen haben*
punta|ción *f Punktieren n* ‖ **–da** *f Nahtstich m* ‖ *Naht f* ‖ Am = **punzada** ‖ ◊ *no doy* ~ *en eso* figf *davon habe ich keine blasse Ahnung* ‖ *echar (od tirar) una* ~ figf *ein Wort fallenlassen*
puntal *m* ⟨Arch⟩ *Stützbalken m, Strebe f* ‖ *Landspitze f* ‖ *Sandzunge f (im Meer)* ‖ *Schiffshöhe f* ‖ fig *Stütze f* ‖ fig *Hindernis n* ‖ ~ *de arqueo* ⟨Mar⟩ *Vermessungshöhe f*
puntano *adj/s Arg aus der Stadt San Luis*
pun|tapié *m Fußtritt m* ‖ ◊ *echar a* ~*s mit Fußtritten hinausjagen, vulg jdm e–n Tritt in den Hintern geben* ‖ **–tar** vt *punktieren* ‖ **–tazo** *m Hornstoß m* ‖ **–teado** *adj punktiert, getüpfelt* ‖ *besetzt (mit dat)* ‖ fig *besät (de mit dat)* ‖ *bestreut (de, con mit dat)* ‖ Am *beschwipst, angeheitert* ‖ *cielo* ~ *de estrellas* (poet) *sternbesäter Himmel m* ‖ ~ *con pasas* ⟨Kochk⟩ *mit Rosinen bestreut* ‖ ~ *m Punktieren n* ‖ ⟨Mus⟩ *Pizzikato n* ‖ **–tear** vt *punktieren, tüpfeln* ‖ ⟨Mal⟩ *punktieren, pointillieren* ‖ ⟨Tech⟩ *auf der Koordinatenbohrmaschine bearbeiten* ‖ *verloren heften (die zugeschnittenen Teile e–s Kleidungsstücks)* ‖ *kneifen (mit den Fingern)* ‖ ⟨Mus⟩ *punktieren* ‖ *zupfen, punktieren*

(Gitarre usw) ‖ ~ los artículos ⟨Com⟩ *die Posten abstreichen* ‖ **-tel** m *Fangeisen* n *(Glasherstellung)* ‖ **-teo** m *Tonfall* m ‖ ⟨Mus⟩ *Anschlagen* n *(der Saiten)* ‖ **-tera** f *Vorschuh* m ‖ *Schuhkappe* f ‖ ~ de charol *Schuhspitzen* fpl *aus Lackleder* ‖ **-tería** f *Richten* n *(e-r Schußwaffe)* ‖ *Zielen* n ‖ *Visieren* n ‖ *Zielverfahren* n ‖ *Visier* n ‖ ~ con el arma apoyada *Anschlag aufgelegt* ‖ ~ sin apoyo *freihändiger Anschlag* m ‖ ~ por elevación *Höhenrichtung* f ‖ error de ~ *Zielfehler* m ‖ ◊ *afinar la* ~ *genau aufs Ziel richten (Gewehr)*; *fig et genau überlegen* ‖ *elevar la* ~ *pop hohe Protektion suchen* ‖ *errar la* ~ *das Ziel verfehlen* ‖ *hacer la* ~ *mit e-m Gewehr zielen* ‖ *ein Gewehr anlegen* ‖ *poner (dirigir) la* ~ *en zielen auf* (acc) ‖ *tener buena* ~ *ein gutes Auge haben, ein guter, geübter Schütze sein* ‖ *tomar la* ~ *zielen* ‖ **-tero** m *Körner* m ‖ *Stichel* m ‖ *Griffel, Stift* m ‖ *Zeigestock* m ‖ *Stäbchen* n *(beim Schulunterricht)* ‖ *Punzen* m ‖ *Locher* m ‖ *Pfriem* m ‖ Am *Führer* m ‖ Am *(Uhr-)Zeiger* m ‖ ◊ **-terol** m *Sacknadel* f ‖ **-terola** f Am *Spitzhacke* f
   puntiagudo adj *(scharf)spitzig, zugespitzt* ‖ *spitz (Gesicht, Nase)*
   punti|lla f *Spitzenkante* f ‖ ⟨Taur⟩ *Genickstoß* m ‖ *Genickfänger* m ‖ ⟨Tech⟩ *Spitzbohrer* m ‖ Am *(Wäsche)Spitze* f ‖ *Teigrädchen* n ‖ de ~s *auf den Zehen, auf den Fußspitzen* ‖ *fig ganz leise* ‖ ◊ *dar la* ~ ⟨Taur⟩ *den Genickstoß versetzen* ‖ fig *jdm den Todesstoß geben* ‖ *ponerse de* ~s *sich auf die Zehenspitzen stellen* ‖ *fig auf seiner Meinung hartnäckig bestehen* ‖ **-llar** vt ⟨Typ⟩ *punktieren* ‖ **-llazo** m fam *Fußtritt* m ‖ **-llero** m ⟨Taur⟩ *Stierfechter* m, *der dem Stier den Genickstoß versetzt* ‖ **-llismo** m ⟨Mal⟩ *Pointillismus* m ‖ **-llista** adj/s *pointillistisch* ‖ ~ m *Pointillist* m ‖ **-llo** m *Spitzfindigkeit, Empfindlichkeit* f ‖ *Ehrgefühl* n ‖ *Ehrenpunkt* m ‖ ~ *doble* ⟨Mus⟩ *Doppelpunkt* m (¨) ‖ ◊ *hacer a. por* ~ fam *et jdm zum Trotz machen* ‖ **-lloso** adj *empfindlich* ‖ *heikel* ‖ *kritt(e)lig* ‖ **-ta** f, **-to** m dim v. **punta, punto**
   punto m *Punkt* m ‖ *Zeitpunkt, Augenblick* m ‖ *Ort, Punkt* m ‖ *Droschkenhalte-, Stand|platz* m ‖ *Ehre* f, *Ehrgefühl* n ‖ *Ehrenpunkt* m ‖ *Grad* m, *Höhe* f ‖ *Gegenstand* m ‖ *Stelle* f ‖ *Thema* n, *Punkt* m ‖ *(Näh)Stich* m ‖ *Naht* f ‖ *Spitze, Stickerei* f ‖ *Trikotware* f ‖ *Masche* f *(Trikot, Strumpf)* ‖ *kleine Pause* f, *kurzes Ausruhen* n ‖ *(Gerichts-)Ferien* fpl ‖ ⟨Mus⟩ *Kammerton* m ‖ ⟨Kart⟩ *Stich* m ‖ *Punkt* m *(bei e-r Prüfung* & ⟨Sp⟩*)* ‖ *(typographischer) Punkt* m ‖ fig *ein bißchen* n, *e-e Kleinigkeit* f ‖ fig *(Ab)Schluß* m ‖ fig desp *Individuum* n ‖ desp *Subjekt* n ‖ △ *Real* m *(Münze)* ‖ ~ de *admiración* ⟨Gr⟩ *Ausrufungszeichen* n ‖ ~ de *aguja*, ~ de *media Stricken* n ‖ *álgido* fig *Angel-, Gipfel|punkt* m ‖ ~ de *apoyo Stütze* f ‖ *Stützpunkt* m (& ⟨Mil⟩) ‖ ⟨Tech⟩ *Auflage-* bzw *Halte|punkt* m ‖ fig *Anhaltspunkt* m ‖ ~ de *base Stütz-, Anhalts|punkt* m ‖ ¡~! ¡~ *en boca! fig still sein!* ‖ ~ de *cadeneta Kettenstich* m ‖ ~ *capital (od esencial) Haupt-, Kern|punkt* m ‖ ~ *cardinal* = = *capital* ‖ ~ *céntrico Mittelpunkt* m ‖ fig *Hauptzweck* m ‖ ~ de *cita Treffpunkt* m ‖ ~ y *coma Strichpunkt* m, *Semikolon* n ‖ ~ de *condensación Kondensationspunkt* m ‖ ⟨Meteor⟩ *Taupunkt* m ‖ ~ de *congelación Gefrierpunkt* m ‖ ~ de *contacto Berührungspunkt* m ‖ ~ *controvertido*, ~ de *controversia*, ~ de *(od en) litigio Streitpunkt* m ‖ ~ *crítico kritischer Punkt* m ‖ ~ *springender Punkt* m ‖ *crucial* fig *Angelpunkt* m ‖ ~ *culminante Kulminationspunkt* m ‖ ~ de *destino* ⟨Com⟩ *Bestimmungsort* m ‖ ⟨Mil⟩ *Marschziel* n ‖ ~ de *detención Haltepunkt* m ‖ ~ de *disputa strittiger Punkt* m ‖ ~ de *ebullición Siedepunkt* m ‖ ~ *(filipino)* pop *gescheiter, geriebener Mensch* m ‖ ~ *final*, ~ *redondo* ⟨Gr Typ⟩ *(Schluß)Punkt* m ‖ ~ *fuerte* pop *leidenschaftlicher Spieler* m ‖ ~ de *fusión Schmelzpunkt* m ‖ ~ de *honor Ehren(stand)punkt* m ‖ *Ehrensache* f ‖ ~ de *interrogación*, ~ *interrogante* ⟨Gr⟩ *Fragezeichen* n ‖ ~ de *intersección* ⟨Math⟩ *Schnittpunkt* m ‖ ~ *llano Plattstich* m *(Frauenhandarbeit)* ‖ ~ de *mira* ⟨Mil⟩ *Korn* n *(an Feuerwaffen)* ‖ *Halte-, Richt|punkt* m, *Ziel(punkt)* m ‖ ~ *muerto toter Punkt*, *Totpunkt* m ‖ ⟨Aut⟩ *Leerlauf(stellung* f*)* m ‖ ~ *musical Musiknote* f ‖ ~ *negro schwarzer Punkt* m ‖ ⟨Med⟩ fam *Mitesser* m (→ **comedón**) ‖ ~ de *observación Beobachtungspunkt* m ‖ ~ de *parada Standplatz* m *(für Taxen)* ‖ ~ de *partida*, ~ de *salida Ausgangs-, Ansatz|punkt* m ‖ ⟨Com⟩ ~ de *posición* ⟨Mar⟩ *Schiffsposition* f *(nach dem Besteck)* ‖ ~ de *puntería* ⟨Mil⟩ *Haltepunkt* m ‖ ~ de *recreo Erholungs-, Vergnügungsort* m ‖ ~ de *referencia Anhaltspunkt* m ‖ ⟨Top⟩ *Höhen|marke, -kote* f ‖ ⟨Phys⟩ *Bezugspunkt* m ‖ *(lo dijo Blas)* ¡~ *redondo! still davon! und damit basta! Schluß (damit)!* ‖ ~ de *salida* = ~ de *partida* ‖ ~ de *saturación* ⟨Phys⟩ *Sättigungspunkt* m ‖ ~ de *vista Aussichtspunkt* m ‖ fig *Gesichtspunkt* m ‖ *colcha de* ~ *gestrickte Bettdecke* f ‖ *géneros, artículos de* ~ *Trikot-, Wirkwaren* fpl ‖ *hombre de* ~ *(de honor) Ehrenmann* m ‖ *ventana de medio* ~ *Bogenfenster* n ‖ *traje de* ~ *Trikotkleid* n ‖ *más o menos ungefähr, beiläufig* ‖ ~ *menos ungefähr, beiläufig* ‖ ~ *menos (que) fast, beinahe* ‖ *escritor y* ~ *menos que compositor Schriftsteller und beinahe auch Komponist*
   a ~ *bereit* ‖ *gar (Speise)* ‖ a (buen) ~ *zur Zeit, gelegen, gerade recht* ‖ *a* ~ *fijo genau, bestimmt* ‖ *a* ~ de *guerra kriegsbereit* ‖ *a* ~ de *ponerse el sol bei Sonnenuntergang* ‖ *a* ~ de *salir (od partir) reisefertig* ‖ *exclamó a* ~ de *llorar rief er halb weinend aus* ‖ *a tal* ~ *que ... dermaßen (od so viel, so stark), daß ...* ‖ *al* ~ *sogleich* ‖ *plötzlich* ‖ *de* ~ *gestrickt* ‖ *de* ~ *en* ~ *immer mehr* ‖ *zusehends (wachsen)* ‖ *de todo* ~ *völlig, vollends, durchaus, in jeder Beziehung* ‖ *gründlich* ‖ *de todo* ~ *imposible ganz unmöglich* ‖ *desde el* ~ de *vista económico vom wirtschaftlichen Gesichtspunkt aus* ‖ *desde el* ~ de *vista de una política de mercado* ⟨Wir⟩ *marktpolitisch (gesehen)* ‖ *en* ~ *ganz genau* ‖ *a las cinco en* ~ *Schlag fünf Uhr* ‖ *en* ~ *a (od de) betreffend* ‖ *en* ~ de *alimentación hinsichtlich der Nahrung* ‖ *en mal* ~ *zur Unzeit* ‖ *en este* ~ *las cosas ... da, in dieser Zeit ...* ‖ *en el* ~ *en que estamos, en el* ~ *a que hemos llegado wie die Dinge nun einmal liegen* ‖ *hasta el* ~ de (que) *dermaßen, solchergestalt, daß* ‖ *hasta cierto* ~ *bis zu e-m gewissen Grad(e)* ‖ *gewissermaßen, sozusagen* ‖ *hasta qué* ~ *inwie|fern, -weit* ‖ *lloraban hasta el* ~ de *que ... sie weinten so bitterlich, daß ...* ‖ *por* ~ *general in allgemeinen* ‖ *durchaus* ‖ *un* ~ *etwas* ‖ *un bißchen* ‖ desp *ein Individuum* n, *ein Typ* ‖ *un* ~ *mejor et besser*
   ◊ *bajar de* ~ fig *in Verfall geraten, verfallen* ‖ *bajar el* ~ *(a)* fig *et mildern, abschwächen* ‖ *coger el* ~ ⟨Radio⟩ *den empfindlichen Punkt treffen (Kristallgerät)* ‖ *dar* ~ *die Vorlesungen aussetzen* ‖ *dar en el* ~ fig *auf den schwierigen Punkt stoßen* ‖ *das Ziel treffen* ‖ *gewinnen* ‖ *dar (od hacer)* ~ (a) *et abschließen, zu Ende führen* ‖ *darse un* ~ *en la boca fig den Mund halten* ‖ *no darse* ~ de *reposo sich gar keine Ruhe gönnen* ‖ *unermüdlich sein* ‖ *dejar las cosas en su* ~ *die Sache aufs beste besorgen* ‖ *rechtschaffen handeln* ‖ *et in Ordnung bringen, ordnen, regeln* ‖ *es un* ~ *a favor suyo* fig *das ist ein Plus für ihn* ‖ *es un* ~ *terrible* pop *mit dem ist nicht zu spaßen, das ist e-e gefährliche Nummer* ‖ *estar a* ~ *fertig sein* ‖ pop *drauf und dran sein* ‖ ⟨Kochk⟩ *gar sein* ‖ *reif sein (Obst)* ‖ *estar a* ~ de *im Begriff sein zu* (inf) ‖ *estar en* ~ *muerto auf dem toten Punkt (angekommen) sein* ‖ *estar en el* ~ de *solfa* fig *kunstgerecht gemacht sein* ‖ *ahí está el* ~ *fig da liegt der Hase im Pfeffer* ‖ *no falta, ni* ~ *ni coma da fehlt nicht das Pünkt-*

puntoso — pupilo 888

chen auf dem i || llegar a ~ zur rechten Zeit kommen || marcar un ~ e-n Punkt markieren || no perder ~ fig sehr aufmerksam vorgehen || poner ~ final a a. et beenden || fig e-n Schlußstrich unter et (acc) ziehen || poner ~ final a la conversación das Gespräch beend(ig)en || poner a ~ in Bereitschaft setzen || in Ordnung bringen (Sache) || einstellen (Gerät) || allg klarstellen, regeln, in Ordnung bringen || poner en su ~ a/c figf et am richtigen Ende anfassen || figf et richtig einschätzen || et berichtigen || sin faltar (od quitar) ~ (ni coma) figf haarklein, ausführlich || ganz genau so || quedar en su ~ der Wahrheit entsprechen || saber a ~ bestimmt wissen || subir de ~ höher steigen || zunehmen || verstärken || erhöhen || sich vervollkommnen || tener a ~ bereithalten || tocar el ~ sensible (a) jds wunden Punkt berühren || fig e-e empfindliche Stelle berühren || ¡cada cosa en su ~! fam alles was recht und billig ist! || tomar el ~ visieren, zielen || vigilar el ~ (del arroz) das Kochen (des Reises) überwachen || y ¡ ~ concluido! fam und Schluß damit! basta! kein Wort mehr! Punktum!

~s pl (Strick) Maschen fpl || dos ~ Kolon n, Doppelpunkt m || ~ de fuego ⟨Chir⟩ Brennkugeln fpl || ~ suspensivos ⟨Gr⟩ Gedankenpunkte, Auslassungspunkte mpl || los catorce ~ Wilsons 14 Punkte (8.1.1918) || linea de ~ punktierte Linie f || por ~ jeden Augenblick || zusehends || victoria por ~ ⟨Sp⟩ Punktsieg m (& fig) || ◊ andar en ~ fam zanken, streiten || calzar muchos ~ figf sehr anspruchsvoll (bzw eitel bzw hochmütig) sein || poner los ~ muy altos figf übermäßige Ansprüche stellen || poner los ~ sobre las íes figf die Sachen klarstellen || fig et endgültig klären bzw ordnen || fig das Tüpfelchen auf das i setzen || (sehr) pedantisch sein || puesto en sus ~ wohlgestaltet || in Ordnung || tomar los ~ die Maschen aufnehmen || vencer, ganar (batir od derrotar) por ~ nach Punkten gewinnen (schlagen) || ¡vamos por ~! reden wir vernünftig, ohne Übereilung! || → a **extremo**

pun|toso adj reizbar, empfindlich || **-puntilloso** || mit vielen Spitzen || **-tuación** f ⟨Gr⟩ Interpunktion, Zeichensetzung f || Benotung f (e-r Schularbeit, e-r Prüfung) || Noten fpl (e-s Studenten, e-r Prüfungsleistung) || ⟨Sp⟩ Punktzahl f || Punktwertung f || **-tual** adj pünktlich, sehr genau || ◊ llegar ~ pünktlich ankommen || **-tualidad** f Pünktlichkeit f || Genauigkeit f || falta de ~ Unpünktlichkeit f || mangelnde Genauigkeit f || ◊ llegar con ~ pünktlich ankommen || **-tualización** f Klar-, Richtigstellung f || **-tualizar** [z/c] vt mit allen Einzelheiten genau erzählen, durchsprechen || vervollkommnen, ausarbeiten || klar-, richtigstellen || **-tualmente** adv pünktlich, genau || **-tuar** [pres -úo] vt ⟨Gr⟩ interpunktieren, interpungieren || benoten (Prüfungsleistung usw) || **-tuoso** adj reizbar, empfindlich || = **pundonoroso, puntilloso**

pun|tura f Stich m (Wunde) || ⟨Chir⟩ Stich m, Punktur f || **-za** f Ar = **pinchazo** bzw **pincho** || **-zada** f Stich m || stechender Schmerz m || Stichwunde f || fig nagender Kummer m || Stechen n, Schmerz m || ◊ matar a ~ figf zu Tode ärgern || **-zante** adj stechend (& fig) || Stich- (& fig) || spitz(ig) || **-zaorejas** m Ohrwurm m || **-zar** [z/c] vt/i (auf)stechen || fig betrüben || ◊ le ~zan remordimientos er fühlt Gewissensbisse || ~se con una espina sich e-n Dorn einjagen

punzó adj/m hoch-, granat|rot (frz ponceau) || **punzón** m Pfriem m || Stichel m || Grabstichel m || Punze f || (Stahl- bzw Stanz- bzw Präge) Stempel m || Schnürnadel f || Durchschlag, Körner m

punzonar vt lochen || stanzen

puña|da f Faustschlag m || **-do** m e-e Handvoll f || un ~ de gente e-e Handvoll f Leute || a ~s fig häufchenweise || reichlich (od auch) kärglich

puñal m Dolch m || fig nagender Kummer m || ¡~es! euph (mildernd für puñetas) Donnerwetter! || ◊ poner un ~ al pecho (od a la garganta) de uno fig jdn in die Enge treiben

puña|lada f Dolch|stich, -stoß m || fig Stich m ins Herz || leyenda de la ~ ⟨Hist⟩ Dolchstoßlegende f || ◊ coser a ~s figf jdm viele Dolchstiche beibringen || matar a ~s erdolchen || no ser ~ de picaro figf nicht so eilig (bzw nicht so dringend bzw nicht so schlimm) sein || es un hombre que le pega una ~ al lucero del alba pop es geht nichts über ihn, er nimmt es mit jedem auf || ¡mala ~ (pop -lá) le den! pop bes And verrecken soll er! || **-lejo** m dim v. **puñal** || **-lero** adj euph = **puñetero** || ~ m Dolch|macher bzw -verkäufer m

puñe|ta f vulg Onanie f, vulg Wichsen n || ◊ es una ~ es ist ein verfluchtes Ding || esto es la (od una) ~ fig vulg das ist allerhand! das ist doch das letzte! || hacer la ~ vulg onanieren || ¡vete a hacer la ~! vulg scher dich zum Teufel! || vivir en la quinta ~ fig vulg j. w. d. (janz weit draußen) wohnen || vulg am Arsch der Welt wohnen || ¡no me hagas la ~! vulg laß mich in Ruhe! || ¡me importa una ~! vulg das ist mir schnuppe! || ¡~! vulg Donnerwetter! || **-tazo** m Faustschlag m || los ases del ~ fig die Meister mpl des (Box) Rings || a ~s mit Fausthieben || **-tero** adj vulg saumäßig, dreckig, verflucht || Mords- || una situación ~a vulg e-e beschissene Lage! || ~a mierda sehr vulg verfluchte Scheiße! || ~ m vulg Dreckskerl, Gauner, geriebener Kerl m

△**puñí** m Leid n || Strafe f

puño m Faust f || Handvoll f || Handkrause f || Handstulpe, Manschette f || Ärmelaufschlag m || Handgriff m || Degen-, Dolch|griff m || Stock|knopf, -griff m || ~ de tanques, ~ antitanque ⟨Mil⟩ Panzerfaust f || una casa como un ~ figf ein Puppenhäuschen n || del ~ prieto pop geizig, knauserig || huevo como un ~ fam sehr großes Ei n || mentira como un ~ fam faustdicke, unverschämte Lüge f || ◊ meter en un ~ a uno figf jdn ins Bockshorn jagen || ser como un ~ faust|groß, -dick sein || figf knauserig sein || creer a ~ cerrado figf fest, blind glauben || de mi (bzw tu, su) ~ y letra eigenhändig, mit eigener Hand || me tienes con el alma en un ~! fam du läßt mich vor Angst umkommen || fam ich vergehe vor Angst um dich! || su mujer lo tiene en un ~ fam er ist ein Pantoffelheld || ¡~! pop = **¡caramba!**

~s pl figf Stärke, Kraft f || ~ postizos Manschetten fpl || ~ de goma Gummimanschetten fpl || camisa de ~ Oberhemd n (mit Manschetten) || por sus ~ figf aus seinen eigenen Kräften || ◊ apretar los ~ fig sich alle (mögliche) Mühe geben || puso los ~ en su cara er schlug ihm mit der Faust ins Gesicht || tener ~ fam stark, handfest sein

¹**pupa** f Hitzausschlag m auf den Lippen || Pustel f || ⟨Kinds⟩ Wehweh n || ◊ hacer ~ a uno figf jdn kränken, jdm et antun

²**pupa** ⟨Entom⟩ Puppe f (vgl **crisálida, ninfa, pupíparo**) || **~rio** m ⟨Entom⟩ Puparium n

△**pupelar** vi erscheinen

pupi|la f ⟨An Med⟩ Augapfel m, Pupille f || Sehloch n || Mündel m/f, Pflegekind n, unmündige Waise f || Kostgängerin f || Dirne f e-s öffentlichen Hauses || gente de ~ gescheite Leute pl || con ~ furiosa fig mit rasendem Blick || ¡(mucha) ~! pop Obacht! || ◊ tener ~ pop sehr gescheit, vorsichtig sein || e-n scharfen Blick haben || **-laje** m Unmündigkeit, Minderjährigkeit f, (Rechts-) Status m en ~ Mündels || Pension f || Kostgeld n || ~ de coches Wagengarage f || ◊ estar a ~ in (der) Kost sein || **-lar** adj ⟨An⟩ Pupillen- || Mündel-edad ~ minderjähriges Alter n || **-lero** m Kost-, Pension|geber m || **-lo** m Mündel m || Zögling m || Kostgänger m || medio ~ ⟨Sch⟩ Halbauswärtige(r) m || ◊ estar de ~ in Pension sein

pupíparo adj/s ⟨Entom⟩ *pupipar (z.B. die Fliegen)*
pupitre *m (Schreib-, Lese-, Noten)Pult* n ‖ ~ de distribución ⟨El⟩ *Schaltpult* n ‖ ~ de mando *Steuer-, Bedienungs|pult* n ‖ ~ plegable *Klapppult* n
pupo *m* Chi Ec *Nabel* m
puposo adj *schorfig, grindig* ‖ *voller Pusteln*
puquial, puquio *m* Am *Quelle* f
pur. Abk ⟨Pharm⟩ = **pureza**
¹**pur** conj *als, wenn*
²△**pur** adj/s *alt* ‖ *gewöhnt*
Pu|ra, –rita *f* pop = **Concepción** (Tfn)
puramente adv *bloß, nur, lediglich*
△ **purañí** *m Alter* n
¹**puré** *m durchgeschlagene Suppe, Einbrennsuppe* f ‖ *Püree* n, *Brei* m ‖ ~ de patatas *Kartoffelpüree* n ‖ *Quetschkartoffeln* fpl ‖ ~ de guisantes *Erbsen|püree* n, *-brei* m ‖ *Erbsensuppe* f
²△**puré** (*f* **purí**) adj *alt*
purear vi fam *Zigarren rauchen*
△ **purelar** vi *geboren werden*
purera *f Zigarrenarbeiterin* f ‖ *Zigarrendose* f
pureza *f Reinheit, Lauterkeit* f ‖ fig *Jungfräulichkeit, Unbeflecktheit* f ‖ *Redlichkeit* f ‖ *(Stil-) Reinheit* f ‖ ~ de costumbres *Sittenreinheit* f ‖ ~ racial, ~ de sangre *Rassenreinheit* f ‖ ~ virginal *Jungfräulichkeit* f
pur|ga *f Abführ|trank* m, *-mittel, Purgativ* n ‖ *Abführen* n ‖ ⟨Pol⟩ *Säuberung* f ‖ ◊ tomar una ~ *et zum Abführen einnehmen* ‖ obra la ~ *das Abführmittel wirkt* ‖ **–gación** *f* ⟨Med⟩ *Abführung* f, *Purgieren* n ‖ ⟨Med⟩ *weißer Fluß* m ‖ *menstrual* ⟨Med⟩ *Menstruation, Regel* f ‖ **~es** *pl* ⟨Med⟩ pop *Tripper* m (→ **blenorragia**) ‖ **–gado** *m* ⟨Tech⟩ *Ablassen* n *(von Dampf, Abgasen, Abwässern)* ‖ **–gante** *m* ⟨Med⟩ *Abführmittel* n ‖ ⟨Tech⟩ *Reinigungsmittel* n ‖ **–gar** [g/gu] vt *läutern, reinigen, klären* ‖ *abbüßen, sühnen (e–e Schuld)* ‖ *(seine Sünden) im Fegefeuer büßen* ‖ ⟨Med⟩ *abführen, purgieren* ‖ ⟨Tech⟩ *reinigen* ‖ *ablassen, leeren* ‖ ⟨Pol⟩ *säubern* ‖ fig *beherrschen, klären (Leidenschaften)* ‖ ◊ ~ de una culpa *von e–r Schuld reinigen* ‖ ~ los pecados *für seine Sünden büßen* ‖ ~ vi *büßen* ‖ ⟨Rel⟩ *im Fegefeuer büßen* ‖ ⟨Med⟩ *abstoßen (Eiter, Wundsekret usw)* ‖ **~se** ⟨Med⟩ *zum Abführen einnehmen* ‖ *abführen* ‖ fig *sich rechtfertigen*
purga|tivo adj *Purgier-, abführend* ‖ **–torio** *m Fegefeuer, Purgatorium* n (& fig) ‖ fig *Qual* f, *Kummer* m ‖ ◊ pasar las penas del ~ figf *auf Erden viel zu leiden haben* ‖ es un ~ *del bolsillo* pop *es geht über den Geldbeutel her*
puri|dad *f Reinheit, Lauterkeit* f ‖ *Geheimnis n ‖ * en ~ *eigentlich* ‖ *unverhüllt, klar und deutlich, ohne Umschweife* ‖ **–ficación** *f* **–ficado** *f Reinigung, Läuterung* f ‖ ~ de Nuestra Señora ⟨Kath⟩ *Mariä Reinigung, Lichtmeß* f ‖ ~ *f span. Frauenname* ‖ **–ficador** *m* ⟨Kath⟩ *Kelchtuch* n, *mit dem der Priester nach dem Meßopfer den Kelch abwischt* ‖ ⟨Tech⟩ (= **estación** depuradora) *Kläranlage* f ‖ *Vorlage* f *(zum Reinigen)* ‖ *Klärvorrichtung* f ‖ ~ adj *reinigend, Klär-* ‖ **–ficar** [c/qu] vt *reinigen, läutern, klären* (& fig) ‖ ~se de una sospecha *sich von e–m Verdacht reinigen* ‖ **–ficativo, –ficatorio** adj *reinigend, Reinigungs-* ‖ **–ficatorio** *m* ⟨Kath⟩ *Purifikatorium* n
△ **purijé** *m Alter(tum)* n
△ **purimí** *f Zwiebel* f
Purísima *f:* la ~ *die Unbefleckte, die Jungfrau Maria* (= la Inmaculada)
puris|mo *m Purismus, (übertriebener) Sprachreinigungseifer* m ‖ **–ta** m/adj *Purist, Sprachreiniger* m ‖ ~ adj *puristisch*
purita|nismo *m Puritanertum* n (& fig) ‖ fig *Sittenstrenge* f ‖ **–no** *m Puritaner* m ‖ ~ adj *puritanisch*

purito *m* dim *v.* **puro:** *Zigarillo* m/n
¹**puro** adj/s *rein, lauter, unvermischt* ‖ *hell, klar, ungetrübt* ‖ *sauber, rein, makellos* ‖ *keusch, unschuldig* ‖ *bloß* ‖ *pur* ‖ *allein, ausschließlich* ‖ *(weiter) nichts als* ‖ *gerecht* ‖ ⟨Gr⟩ *sprachrein, korrekt* ‖ ⟨Radio⟩ *klangrein* ‖ ⟨Min⟩ *gediegen (Metall)* ‖ (cigarro) ~ *Zigarre* f ‖ de ~ gozo *aus, vor lauter Freude* ‖ de ~ hambriento *vor lauter Hunger* ‖ con caras morenas de ~ sucias *mit ganz schmutzigen Gesichtern* ‖ de ~a cortesía *aus purer Höflichkeit* ‖ por ~a costumbre *aus bloßer Gewohnheit* ‖ por ~ aburrimiento *(od hastío) aus purer Langeweile* ‖ a ~ de empujones pop *durch Stoßen, durch Drängen* ‖ ◊ se cae de ~ viejo *er ist ganz hinfällig (Greis)* ‖ es interminable de ~ largo *es ist unendlich lang* ‖ lo olvidó de ~ sabido *es war so selbstverständlich, daß er es (z.B. gutes Benehmen usw) nicht einmal mehr beachtete* ‖ ¡es ~ engaño! pop *das ist der reinste Schwindel!*
²**puro** *m Zigarre* f ‖ ~ habano *Havannazigarre* f ‖ fumador de ~s *Zigarrenraucher* m ‖ caja de ~s *Zigarrenkiste* f
púrpura *f* ⟨Zool⟩ *Purpurschnecke* f (Purpura lapillus) ‖ *Purpur|rot* n, *-röte* f ‖ *Purpur* m, *Purpurgewand* n ‖ fig *Kaiser-, Königs-, Kardinals|würde* f ‖ ⟨Med⟩ *Purpurausschlag* m ‖ la ~ cardenalicia fig *die Kardinalswürde* f ‖ ~ de Casio *Kassiusscher Goldpurpur* m *(Goldlösung)*
purpu|rado adj *purpurrot* ‖ *purpurn überlaufen* ‖ ~ *m* fig *Purpurträger, Kardinal* m ‖ **–rar** vt *purpurrot färben* ‖ *mit den Purpur bekleiden* (& fig) ‖ **–rear** vi *purpurfarben hervorschimmern, schillern* ‖ **–rina** *f* ⟨Chem⟩ *Purpurin* n ‖ *Purpurbronze, Bronzefarbe* f *(zum Vergolden, Versilbern)* ‖ ~ de aluminio (fam de plata) *Aluminiumpulver* n ‖ ~ de oro *Goldbronze* f ‖ **–rino,** *purpúreo* adj *purpurrot*
purrela *f* fam *Tresterwein* m ‖ *gepanschter Wein* m ‖ p.ex. *Gesöff* n
△ **purriá** *m Lunge* f
purriela *f* fam *Schund, Ausschuß* m, fam *Dreck, Mist* m
△ **purrubar** vt *tauschen*
△ **purtincha** *f Tor* n ‖ *Tür* f
purulen|cia *f Eiterung* f ‖ *Eitern* n ‖ **–to** adj ⟨Med⟩ *eitrig, eiternd* ‖ foco ~ *Eiterherd* m
¹**pus** *m* ⟨Med⟩ *Eiter* m
²**pus** *m* pop = **pues**
³△**pus** *m Stroh* n
p.us. Abk = *poco usado*
△**pusca, pusla** *f Pistole* f ‖ *Angeber* m
△**puscalí** *m Feder* f
puse → **poner**
pushkiniano adj *auf den russischen Dichter Puschkin bezüglich*
pusi|lánime adj/s *kleinmütig, zaghaft, verzagt* ‖ fig *feige* ‖ ~ *m Verzagte(r)* m ‖ *Feigling* m ‖ **–lanimidad** *f Verzagtheit* f, *Kleinmut* m ‖ *Ängstlichkeit* f ‖ *Feigheit* f
puso → **poner**
△**pusonó** *m Kneipe* f ‖ *Landgut* n
△**pustán** *m Leinwand* f
pústula *f Pustel, kleine Eiterblatter* f ‖ ~ maligna *Milzbrand(karbunkel)* m ‖ ~ de vacuna(ción) *Impfpustel* f ‖ ~ variólica *Pocke* f
pustuloso adj *mit Pusteln behaftet, pustulös* ‖ *pustelartig* ‖ erupción ~a ⟨Med⟩ *Pustelausschlag* m

puta *f*/adj vulg *Hure* f ‖ pop vulg *Nachbarin, Gevatterin* f ‖ *callejera* vulg *Straßendirne* f ‖ hijo de ~ *Hurensohn* m (& *sehr grobes Schimpfwort)* ‖ pop *geriebener Kerl, Gauner* m ‖ la vida ~, la ~ vida vulg *das Hundeleben* ‖ ◊ ir de ~s vulg *(herum)huren* ‖ ser muy ~ fam vulg *e–e Erzdirne sein* ‖ vulg fig *sehr gerieben sein* ‖ **~da** *f Dirnenstreich* m ‖ *Niederträchtigkeit* f, pop *(Hunds)Gemeinheit* f

putaísmo, puta|nismo m vulg *Hurenleben* n ‖ *Hurenvolk* n ‖ *Hurenwirtschaft* f ‖ *Bordell n ‖ **-ñear** vi vulg *den Huren nachlaufen* ‖ **-ñero** m/adj vulg *Huren|jäger, -kerl, -bock* m

putativo adj *vermeintlich (z.B. Vater)* ‖ *vermutlich* ‖ *putativ*

pute|ada f vulg *gemeiner Ausdruck* m, *Zote* f ‖ **-ar** vi vulg *huren* ‖ *den Huren nachlaufen* ‖ RPl *gemeine Ausdrücke gebrauchen, fluchen* ‖ **-ría** f = **putaísmo** ‖ figf *Nasenrümpfen* n ‖ **-río** m *Hurenleben* n ‖ *Hurenvolk* n ‖ **-ro** adj vulg = **putañero** ‖ figf *gerieben, schlau*

putesco adj *hurenmäßig* ‖ *Huren-*

putey m Pe pop *Tabakspflanze* f

△**putíricha** f *Butter* f

puto m vulg *Schandknabe* m ‖ p.ex *(gewerbsmäßiger) Homosexuelle(r)* m ‖ ¡oxte, ~! fam *fort von hier!* ‖ *pack dich!*

putre|facción f *Fäulnis* f ‖ *Verwesung* f ‖ *Verrottung* f ‖ *paja en ~ faulendes Stroh* n ‖ **-factivo** adj *Fäulnis verursachend* ‖ **-facto** adj *verfault* ‖ *vermodert* ‖ *verwest* ‖ *verottet* ‖ *verdorben* (& fig)

putrescible adj ⟨Wiss Lit⟩ *leicht verfaulend, vermodernd* ‖ *verweslich*

putridez [pl -ces] f *Fäulnis* f ‖ *Modergeruch* m

pútrido adj *faul(ig)* ‖ *fiebre ~a* ⟨Med⟩ *Faulfieber* n *(putride Gangrän* f)

putsch m deut *Putsch* m

putuela f dim v. **puta:** *Flittchen* n

puya f *Spitze* f *des Ochsenstachels* ‖ *Stachel* m *(an der Lanze des Pikadors, am Stecken des Viehtreibers)* ‖ *Stich* m *damit* ‖ fig *Stichel|-wort* n, *-rede* f ‖ Pan = **machete** ‖ ◊ *echar ~s* pop *sticheln, gehässige Bemerkungen machen*

puya|da f Hond *Stierkampf* m ‖ **-dor** m Guat Hond ⟨Taur⟩ *Pikador* m

puyar vt Am *den Stier mit der Lanze stechen (Pikador)* ‖ *(Ochsen) anstacheln* ‖ vi Chi *kämpfen* (& fig)

puyazo m ⟨Taur⟩ *Lanzenstich* m, *den der Pikador dem Stier versetzt* ‖ fig *Stichelwort* n ‖ *~s* pl *Stichelrede* f

puyero m Cu *Witzbold* m ‖ *Zottenreißer* m

puyo m Arg *kurzer Poncho* m *aus grobem Tuch*

puzolana f, **puzol** m *Pozzuolan-, Puzzolanerde* f ‖ *Kratersand* m

puzzle m engl *Geduldspiel, Puzzle(spiel)* n ‖ fig *Rätsel* n, *Verwirrung* f

p.v., P.v. Abk = **próximo venidero** ‖ **pequeña velocidad**

P.X. → **pedrojiménez**

pxmo. Abk = **próximo**

pza(s). Abk = **pieza(s)**

Q
(→ a **K**)

q (qu *ausgespr.* ku) *f Q* n
q., Q. Abk = **que**
Q. B. S. M. (**q. b. s. m.**) Abk = **que besa su mano**
Q. B. S. P. (**q. b. s. p.**) Abk = **que besa sus piés**
q.^da Abk = **queda**
Q. D. G. (**q. d. g.**) Abk = **que Dios guarde**
q.^e Abk = **que**
q. e. g. e. Abk = **que en gloria esté**
q. e. p. d. Abk = **que en paz descanse**
Q. E. S. M. (**q. e. s. m.**) Abk = **que estrecha su(s) mano(s)**
q. g. g. Abk = **que gloria goce**
q. l. b. (*od* e) **l. m.** Abk = **que le besa** (*od* **estrecha**) **la mano**
q.^l Abk = **quintal**
qm. (*pl* **qqm**) Abk = **quintal métrico**
q.^n Abk = **quien**
q. p. Abk = **químicamente puro**
Q. P. D. Abk = **que en paz descanse**
qq., qq.^s Abk = **quintales**
q. s. g. h. Abk = **que santa gloria haya** ∥ **que su gloria halle**
Q. S. M. B. (**q. s. m. b.**) Abk = **que su(s) mano(s) besa**
Q. S. M. E. (**q. s. m. e.**) Abk = **que su mano estrecha**
quántico adj ⟨Phys⟩ *Quanten-*
quantificación *f Quantelung, Quantifizierung* f
quantum *m* ⟨Phys⟩ *Quantum* n ∥ → **cuanto**
¹**que** pron *welcher, welche, welches* ∥ *der, die das* ∥ *derjenige welcher usw* ∥ *was* ∥ *etwas*
1. relativ: el año ~ viene *das nächste Jahr* ∥ razón ~ te sobra pop *darin hast du wirklich recht*
2. relativ nach Demonstrativen: a) el ~, la ~, lo ~ *der- (die-, das)jenige, welcher (welche, welches), der (die, das)* ∥ el ~ viene *der Ankommende* ∥ el ~ lo sepa, ~ me lo diga *wer es weiß, soll es mir sagen* ∥ lo ~ quieras *was du willst, was dir beliebt* ∥ lo ~ dirán *das Gerede der Leute* ∥ ¡lo ~ tú dices! *du sagst es! du hast wohl recht* ∥ → **a lo 4**
3. disjunktiv *(Gegenüberstellung od wechselseitige Beziehung)*: el ~ más, el ~ menos *einer mehr, einer weniger* ∥ libro ~ compro, alegría ~ tengo *ein Buch zu kaufen, ist immer e-e Freude für mich*
4. unbestimmtes Fürwort *(Sinn des Neutrums, bes in Verb. mit Inf. in der Funktion des deutschen zu)*: hay a. ~ *es gibt et zu sehen* ∥ ya no tengo dinero ~ perder *ich habe kein Geld mehr zu verlieren* ∥ no tengo nada ~ ofrecerle *ich kann Ihnen nichts anbieten* ∥ hay ~ hacerlo *man muß es tun* ∥ nada ~ comer *nichts zu essen* ∥ tener ~ hacer *zu tun haben* ∥ por mucho ~ sepa *so viel er auch wissen mag*
5. mit prep: a ~ *woran, wozu, wonach* ∥ del ~, de la ~, de lo ~ *wovon* ∥ *davon* ∥ con ~ *womit* ∥ en el ~, en la (lo, los, las) ~ *worin, darin* ∥ por lo ~ *weshalb, weswegen, darum* ∥ de lo ~ tengo gana, es de ir al cine *wozu ich Lust habe, ist ins Kino zu gehen*
²**que** conj *daß* ∥ *damit, auf daß* ∥ *weil* ∥ *denn* ∥ *als wenn, als ob* ∥ *zu* ∥ *oder* ∥ *als, wie*
1. a) in Objekt- od Subjekt|sätzen: dice ~ no lo sabe *er sagt, daß er es nicht weiß* ∥ quiero ~ lo confieses *ich will, daß du es bekennst* ∥ es natural ~ no lo sepas *es ist wohl begreiflich, daß du es nicht weißt* ∥ estoy seguro (de) ~ viene (*od* vendrá) *ich bin sicher, daß er kommt*

b) in Temporalsätzen: salido ~ hubo mi padre *sobald mein Vater fort(gegangen) war* ∥ llegados ~ fueron allá *als sie dort ankamen*
2. in konjunktivischen Verbindungen: a) antes de ~ llegue *bevor er kommt* ∥ ya ~, puesto ~ *da (doch), weil* ∥ como ~ → *como* ∥ luego ~ venga *sobald er kommt* ∥ ¡ojalá ~ lo sepa! *hoffentlich weiß er das!* ∥ ojalá ~ viniera! *wenn er nur käme!* ∥ con tal ~ le diga *wenn er es nur sagt* ∥ *con todo ~, sin embargo ~, no obstante ~ obgleich, wenn auch* ∥ a menos ~ quiera perjudicarse *außer daß (es sei denn, daß, wofern) er sich schaden will* ∥ a pesar de ~ *ind obgleich* ∥ siempre ~ subj *wofern* ∥ supuesto (*od* dado) ~ *gesetzt daß* ∥ sino ~ → **sino**

b) einschränkend: ~ sea *auch nur* ∥ ~ no sea *es sei denn* ∥ ~ yo sepa *soweit ich weiß, soviel ich weiß, meines Wissens*
3. komparativ: als, wie ∥ ⟨Lit⟩ *denn* ∥ más quiero morir ~ mendigar *ich will lieber sterben, als betteln* ∥ lo mismo ~ antes *dasselbe wie früher* ∥ no gasto más ~ 5 pesetas *ich gebe nur 5 Pesetas aus (dagegen:* más de ... *= nicht über)* ∥ más ~ nunca *mehr als je* ∥ soy mayor ~ tú *ich bin älter als du* ∥ *ich bin größer als du* ∥ mejor ~ nunca *besser denn je*
4. Gleichstellung, Vergleich: yo ~ tú, lo haría *ich an deiner Stelle würde es tun*
5. in Umstandsätzen der Art und Weise: lo haré lo mejor ~ pueda *ich werde es tun, so gut ich es kann* ∥ se despidió sin ~ me saludara *er verabschiedete sich, ohne mich zu grüßen*
6. kopulativ: uno ~ otro *dieser und jener, einige* ∥ mal ~ bien pop *soso, mittelmäßig* ∥ ¡otro ~ tal! *da ist noch einer!*
7. adversativ, kausal, Gegenüberstellung: él es el culpable, ~ no yo *er ist der Schuldige und nicht ich* ∥ volaba ~ no corría *er ging nicht, er flog*
8. bedingend *(in Subjektsätzen)*: seria lástima ~ no lo hiciera *es wäre schade, wenn er es nicht tun würde*
9. disjunktiv: ~ quiera, ~ no quiera *er mag wollen od nicht* ∥ tarde ~ temprano *früher od später* ∥ ~ venga o no *gleich(gültig), ob er kommt*
10. Folge, Erfolg: tanto rogó, ~ al fin tuve ~ perdonarlo *er bat so inständig, daß ich ihm zuletzt vergeben mußte* ∥ habla de modo ~ nadie lo entiende *er spricht so (od in e-r Art und Weise), daß ihn niemand versteht* ∥ corre ~ vuela *er läuft rasend schnell*
11. Absicht, Zweck: para ~: te lo repito para ~ lo sepas *ich wiederhole es dir, damit du es weißt*
12. in Wunschsätzen: ¡~ entre! *er soll eintreten! herein!* ∥ ¡~ te alivies! *gute Besserung!* ∥ ¡~ revientes! vulg *krepieren sollst du!*
13. Verstärkung, Nachdruck, Bekräftigung *(bes volkstümlich)*: ¡~ no lo haré! *das werde ich nicht tun!* ∥ ¡~ si lo hará! *ob er es tut? der wird es bestimmt tun!* ∥ ¡~ vengas pronto! *komm nur gleich!* ∥ ¡vive Dios ~ lo haré! *das werde ich bei Gott tun!* ∥ ¡~ me gusta! *es gefällt mir wohl!* ∥ ¡a ~ no! *ich wette, daß es nicht so ist!*
14. Parenthese: ¿podéis decirme, amigo ~ Dios os dé buena ventura, dónde me hallo? *können Sie mir sagen, guter Freund – Gott gebe Ihnen viel Glück – wo ich mich befinde?* ∥ ¿puede V. decirme (siempre ~ no le moleste) dónde está la calle de Guevara? *können Sie mir bitte sagen, wo die Guevarastraße ist?* ∥ ¿puede V. (si es ~ no

le molesta) llevarme el paquete? *würde es Ihnen et ausmachen, mir das Paket zu tragen?* || **15.** einschränkend: ~ no *ohne daß* || no hay día ~ no venga él *es vergeht kein Tag ohne daß er kommt* || **16.** pleonastisch: ~ ¿qué se puede conseguir así? *was kann man denn auf diese Weise erreichen? (das fragen Sie?)* || ¿~ no he sido bastante explícito? *habe ich mich (etwa) nicht deutlich genug ausgedrückt?* || **17.** in volkstümlichen Redensarten (bes *Bezeichnung der Fortdauer*): ¡dale ~ dale! *immer dasselbe! immerfort!* || corre ~ corre in *e-m fort, ohne Unterbrechung* || y todas charla ~ te charlarás *und ihr Plaudern nahm kein Ende* || estuvo rumia ~ rumia *er versank in nutzloses Brüten* || . . . y en poniendo ~ puso el pie en ello . . . *und als er den Fuß darauf setzte (in Märchen)* || estuvo toca ~ toca *fam er spielte immerfort* → **caso, estar, tener**

³**qué** *pron* **1.** fragend a) direkt: ¿~ dices? *was sagst du?* || ¿y ~? *und? (Mißtrauen, Herausforderung)* || bueno, ¿y ~?! *na . . . und?* || na schön, was ist denn schon dabei! || ¿por ~? *warum?* || ¿~ tal? *wie ist es? wie stehts?* || *wie geht es Ihnen?* || *wie geht es dir*, *fam wie geht's?* || ¿~ tal su marido? *wie geht es Ihrem Gatten?* b) indirekt *(bes in Objektsätzen)*: dime ~ quieres *sage mir*, *was du willst* || no sé ~ decir *ich weiß nicht, was ich sagen soll* || tengo de ~ vivir *ich habe genug zum Leben* || ¡si supieras ~ a destiempo vienes! *wenn du wüßtest, wie ungelegen du kommst!* || no sabe de ~ va *pop er hat keinen blauen Dunst davon*, *er weiß nicht, worum es sich handelt* || **2.** in volkstümlichen Redensarten: sin ~ ni para *(od por)* ~ *ohne allen Grund* || *mir nichts dir nichts* || ¡~ amor ni ~ narices! *pop gehen Sie mir zum Kuckuck mit der Liebe!* || **3.** hauptwörtlich: el ~ dirán *das Gerede der Leute* || **4.** bei Ausrufungen: ¡~ vista! *welch schöner Anblick!* || ¡~ ruido! *was für ein Lärm!* || ¡~ hombre más noble! *welch ein edler Mann!* || ¡~ demonio(s) me importa a mí! *der Kuckuck soll es holen! das ist mir schnuppe!* || ¡~ bonita es! *wie hübsch sie ist!* || ¡V. ~ ha de saber! *desp was wissen denn Sie davon* || ¡a mí ~! (a mí . . . ¿~? *pop was geht mich das an? das ist mir wurst!* || ¡~ va! *das glaube ich nicht!* || *kein Vergleich!* || *ach was!* || *i wo (denn)* || *stimmt nicht!* || *Quatsch!* || *das glaube ich gern!* || ¡de ~! *fam woher!* || *denkste!* || no lo hago . . . ¡~ caramba! *Das tue ich beim Teufel nicht!* || ¡~ cosa! *Am unglaublich!* || *nanu!* || ¡~ de voces! *welch ein Geschrei!* || ¡~ de dinero has gastado! *wieviel Geld du ausgegeben hast!* || ¡pues y ~! *warum denn nicht?* || *bei weitem nicht!*

⁴△**que** *m Haus* n

quebra|ch(al)ero *adj Quebracho-* || **-cho** (blanco) *Quebracho(baum)* m || **Quebrachorinde** f || ~ colorado *Quebrachoholzbaum* m *(Schinopsis quebracho-colorado)*

quebra|da *f (Berg)Schlucht* f || *Hohlweg* m || *Klamm* f, *Tobel* m || Am *ausgetrocknetes Flußbett* n || *holp(e)riges Erdreich* n || RPl *Körperbiegung* f *(bes beim Tango)* || **-dero** ~(s) de cabeza *figf kopfzerbrechende Arbeit* f || *figf Sorge* f, *Kummer* m, *Kopfzerbrechen* n || **-dillo** m *Körperbiegung* f *(im Tanz)* || **-dizo** *adj zerbrechlich* || *spröde* || *fig schwächlich, kränklich* || *voz* ~a *biegsame, geübte Stimme* f || **-do** *adj/s zerbrochen, entzwei* || *holp(e)rig, uneben (Erdreich)* || *zerklüftet* || *bergig* || ⟨Med⟩ *mit* ~ *Bruch behaftet* || *verschossen (Farbe)* || *bankrott, bankbrüchig*, *fam verkracht* || *fig verfallen* || color ~ *matte Farbe* f || *blasse, ungesunde Gesichtsfarbe* f || *número* ~ *Bruchzahl* f || voz ~a *fig gebrochene Stimme* f || su ~a salud *seine erschütterte Gesundheit* || (verso) ~ *Halbvers* m || ~ m ⟨Math⟩ *Bruch* m, -zahl f || ⟨Tech⟩ *Bruch* m || *Knick* m || ⟨Jur⟩ *Gemein-, Konkurs|schuldner, Bankrotteur* m || ~ compuesto, ~ de ~ *Kettenbruch* m || ~ decimal *Dezimalbruch* m || ~ (im)propio *(un)echter Bruch* m || **-dor** *adj/s brechend* || ~ m *Gesetzesbrecher* m || **-dura** f *Riß, Bruch, Spalt* m || ⟨Med⟩ *Bruch* m (→ **hernia**) || **-ja** f *Ritze, Spalte* f || *Riß*, *Sprung* m || **-joso** *adj rissig* || *spröde, zerbrechlich*

quebranta f ⟨Mar⟩ *Steinschutzwall* m || ~s *fpl natürlicher Wellenbrecher* m *(Riff, Felsenküste usw),* p. ex. *Brandung* f

quebranta|do *adj kraftlos, gebrochen* || *zerrüttet (Gesundheit)* || **-huesos** m ⟨V⟩ *Bartgeier* m *(Gypaetus barbatus)* || ⟨V⟩ = **pigargo** || *Faßwälzen* n *(ein Kinderspiel)* || figf *lästiger, zudringlicher Mensch* m || **-miento** m *(Zer)Brechen* m || *Übertretung* f *e-s Gesetzes* || *Eidbruch* m || *fig allg Bruch* m || *Ermattung, Kraftlosigkeit* f || *Niedergeschlagenheit* f, *Kräfteverfall* m || ~ de la paz *Friedensbruch* m || ~ del secreto *(od del sigilo) profesional Bruch* m *des Berufsgeheimnisses* || **-nueces** m *Nußknacker* m (→ **cascanueces**) || **-olas** m ⟨Mar⟩ *als Wellenbrecher m dienendes altes Schiff, mit Steinen gefüllt und versenkt* || **-piedras** f ⟨Bot⟩ *Bruchkraut* n *(Herniaria spp)*

quebran|tar vt *(zer)brechen* || *zermalmen, aufreiben, zer|drücken, -stampfen, -schmettern* || *zerrütten* || *zer|klopfen, -stückeln* || *durch-, aus-|brechen* || *fig ermatten, schwächen* || *fig ermüden, abmatten* || *fig belästigen, plagen* || *fig rühren* || *fig abschlagen (Wasser)* || *fig mäßigen (Hitze)* || *fig entweihen* || *fig brechen (Wort, Eid)* || *fig zermürben (Kraft, Widerstandsfähigkeit, Gemüt)* || *fig übertreten (Gesetz)* || ⟨Jur⟩ *umstoßen (Testament)* || **-se** *fig scheitern* || *hinfällig, arbeitsmüde werden* || **-to** m *(Zer)Brechen* n || *fig Zerrüttung* f || *fig Erschöpfung, Mattigkeit* f || *fig Kummer, Gram* m || *fig Niedergeschlagenheit* f || *fig Zusammenbruch* m || *fig großer Schaden, Verlust* m

quebrar [-ie-] vt *(zer)brechen* || *anbrechen* || *zer|malmen, -drücken, -stampfen* || *fig entweihen* || *fig abschrecken* || *fig abschlagen (Wasser)* || *fig mildern (Strenge)* || *fig krümmen, biegen (Leib, Gerte)* || *fig stören (Schlaf)* || *fig übertreten, verletzen (Gesetz)* || *fig entfärben (Gesichtsfarbe)* || *fig überwinden, besiegen* || ◊ ~ el cuerpo den *Körper verrenken* || ~ un monte *e-n Wald ausroden* || ~ los ojos *die Augen blenden, stechen (scharfes Licht)* || *está el agua que quiebra los dientes das Wasser ist eiskalt* || vi *(entzwei-)brechen* || *fig nachgeben* || *in Konkurs gehen, Konkurs machen, bankrottieren, bankrott werden*, *fam verkrachen* || *fig brechen (Auge des Sterbenden)* || ◊ ~ con uno *fig mit jdm brechen* || eso quebró por tí *du bist an dem Mißerfolg schuld* || antes ~ que doblar *figf eher brechen als biegen* || **-se** *zerbrechen, entzweigehen* || *sich brechen (Lichtstrahlen)* || *fig brechen (Auge des Sterbenden)* || ⟨Med⟩ *e-n Bruch bekommen* (= **herniarse**) || ◊ ~ la cabeza *fig sich den Kopf zerbrechen* || ~ los ojos *fig sich die Augen verderben* || quebrándose a cortesías figf *mit übertriebenen Höflichkeitsbezeigungen*

queco m Arg *Bordell* n

quechemarín m ⟨Mar⟩ *(Art) kleines zweimastiges Küstenschiff* n, *Ketch* f (engl) || fam *Loch* n, *Spelunke* f

quechua *adj/s Ketschua-* || p. ex. *inkaisch* || ~ m *Ketschua(indianer)* m *(Bewohner der Kordilleren)* || *Ketschua(sprache)* f *(2. Staatssprache in Pe)*

queda f *Abendstille* f || *Feierabend* m || *Abendläuten* n || Am *Ver|bleiben, -weilen* n || △*Spott* m || toque de ~ *Sperrstunde* f || ⟨Mil⟩ *Zapfenstreich* m

queda|da f *Verweilen, Ver-, Da|bleiben* n ||

Am *ledig Gebliebene* f || **-do** adj *ruhig, still* || *leise* || ⟨Taur⟩ *ruhig (Stier)* || **-mente** adv *leise* || *ruhig, gelassen* || *behäbig* || →a **quedo**
△**quedañí** f *Tanz* m
quedar vi A) *(ver)bleiben* || *übrig-, zurück|-bleiben* || *bestehen, fortdauern* || *noch vorhanden sein* || *noch zu tun sein* || *sich irgendwo befinden* || *sein, sich befinden* (= encontrarse, estar, hallarse) || *werden, geworden sein*
1. ~ atrás *zurückbleiben* (& fig) || ~ bien (mal) *gut (schlecht) wegkommen (bei e-m Geschäft)* || *gut (schlecht) stehen, passen (Kleid)* || ~ huérfano *verwaisen* || ~ muerto *tot auf dem Platze bleiben* || ~ viudo *verwitwen* || no me queda más tiempo *ich habe nicht mehr Zeit* || todo queda como antes *alles bleibt beim alten* || otra le queda dentro pop *er hat dabei e-n Hintergedanken* || quedamos iguales *wir sind quitt* || V. me hace ~ malísimamente *Sie lassen mich in sehr ungünstigem Lichte erscheinen* || no te quede duda de que *sei überzeugt, daß* || allí quedó la conversación *damit endete das Gespräch* || no le ha quedado nada *er hat nichts übrigbehalten* || *er ist mittellos geworden* || no queda paso *man kann nicht hindurch* || ¿dónde habíamos quedado? *wo sind wir stehengeblieben?* || ¡queda! ⟨Typ⟩ *bleibt! gilt!* (in Korrekturen)
2. in Verb. mit Gerundium *(Bezeichnung der Fortdauer, des Endzustandes; meist ersetzbar durch* estar, resultar*)*: ~ debiendo *schuldig bleiben* || queda entendido que *es versteht sich von selbst, es ist selbstverständlich, daß* || le quedaría muy reconocido... *ich wäre Ihnen sehr verbunden*
3. in Verb. mit dem Part. Perf. Pass., völliger Abschluß e–s passivischen Vorgangs (→**estar** 7.): quedó condenado a *er wurde zu... verurteilt* || según queda dicho *wie gesagt* || ~ impuesto de *auf dem laufenden sein über...* || quedé absorto fig *ich war sprachlos*
4. in Verb. mit Präpositionen und präpositionalen Adverbialverbindungen:
a) mit **a**: no ~ a deber nada *die Schulden (bzw die Rechnung) restlos bezahlen* || fig *Gleiches mit Gleichem vergelten*
b) mit **con**: ¡quede V. con Dios! *Leben Sie wohl! (Gruß)* || ~ con alg. en a. *mit jdm et verabreden*
c) mit **de**: ~ de aprendiz (en) *in die Lehre kommen (zu, bei dat)* || ~ de más *übrigbleiben* || ~ de pie *stehen bleiben* || quedamos de V. afmos. y ss. ss. *wir verbleiben hochachtungsvoll... (Briefschluß)*
d) mit **en**: ~ en a/c *übereinkommen, einig werden über* (acc) || *et verabreden* || quedamos en ello *wir bleiben dabei* || *abgemacht!* || ¿en qué quedamos? fam *wie steht also die Sache?* || *was wollen wir nun tun bzw ausmachen?* || ~ en almacén ⟨Com⟩ *liegen bleiben (Ware)* || *(noch) vorrätig sein* || ~ en vigor *in Kraft sein (bleiben)* || la duda queda en pie *der Zweifel bleibt bestehen* || *das ist noch die Frage* || quedaron en reunirse al otro día *sie beschlossen e–e Zusammenkunft für den nächsten Tag* || ~ en el sitio *auf der Stelle sterben* || ~ en el campo del honor *auf dem Felde der Ehre fallen* || quedé en volver enseguida *ich versprach (zum Schluß) gleich zurückzukehren*
e) mit **por**: gehalten werden (für acc) || ~ por alg. *gutstehen, sich verbürgen (für acc)* || ~ por hacer *noch zu tun sein, zu tun übrigbleiben* || *bevorstehen* || ~ por pagar *unbezahlt bleiben* || *noch zu zahlen sein* || eso queda por resolver (od decidir) *das bleibt dahingestellt* || la carta queda por contestar *der Brief ist noch zu beantworten* || ~ por inútil *als unbrauchbar ausgeschieden werden* || ~ por albacea *zum Testamentsvollstrecker ernannt werden* || eso queda por mí *das habe ich noch zu erledigen* || no quedará por eso *darum*

soll es nicht unterbleiben, *das ist kein Hindernis* || *daran soll es nicht fehlen* || por mí no quedará *ich werde schon das Meinige tun* || la partida quedó por él *die Partie wurde ihm zugeschlagen (bei e–r Versteigerung)* || ¡por mí que no quede! *meinetwegen können Sie unbesorgt sein!* || *an mir soll es nicht liegen!*
B) ~**se** 1. *bleiben* || *zurück-, da-, stehen|bleiben* || *steckenbleiben (in der Rede)* || *sich befinden, zumute sein* || *nachlassen (Wind)* || ~ cortado *ganz aus der Fassung kommen* || ~ corto fig *nicht übertreiben*, *den kürzeren ziehen* || ~ fresco, ~ lucido fig *der Dumme sein, sich blamieren* || ~ tan fresco fig *sich aus e–r S. nichts machen* || ... y se queda tan fresco *mit der größten Ruhe, mir nichts, dir nichts* || ~ hasta el fin *bis zum Ende aushalten* || ~ muerto fig *(vor Schrecken) halbtot sein* || ~ tieso fig *vor Kälte erstarren* || fig pop *sterben*, pop *krepieren* || ¡no se –á riendo! fig! *der wird nicht lange lachen!* || ¡quédese aquí! *lassen wirs gut sein! lassen wirs dabei bewenden!* || *bleiben Sie hier!*
2. in Verb. mit Präpositionen: ~ a oscuras *ohne Licht bleiben* || fig *alles verlieren* || ~ con a/c *et (bei)behalten, zurückbehalten* || *et merken* || me quedo con ello *ich behalte es* || me quedo con la habitación *ich nehme das Zimmer (Hotel)* || ~ con las manos cruzadas fig *müßig dastehen* || ~ con el sombrero puesto *den Hut aufbehalten* || ¡quédese! (od quede) V. con Dios! *leben Sie wohl!* || ~ de piedra fig *wie versteinert bleiben, erstarren* || se quedó de una pieza fig *er war sprachlos vor Entsetzen* || ~ en blanco, ~ a la luna de Valencia fig! *in seinen Erwartungen getäuscht werden* || ~ en el sitio fig *sterben* || se quedó en el ataque (de apoplejía) *er erlag einem Gehirnschlag* || ¡eso se queda para mí! *das ist auf mich gemünzt!* || ~ por *als Ersatz bleiben für* || me quedo por sustituto *ich bleibe als Ersatzmann* || quedóse por amo de toda la hacienda *das ganze Vermögen fiel ihm zu* || me quedo sin ganancias *ich gewinne nichts (dabei)* || hoy te quedas sin comer *heute bekommst du nichts zu essen*
△**quedisar** vi = **quedar**
que|dito adj/adv dim v. **quedo** || *ganz leise* || *nach und nach* || ◊ andar muy ~ *vorsichtig zu Werke gehen* || **-do** adj *ruhig, still* || a pie ~ *festen Fußes* || *in aller Ruhe* || con voz ~a *mit leiser Stimme* || ~ a ~, de ~ *nach und nach, langsam* || ¡~! *still! Ruhe!* || ¡~ con las manos (od las manos ~as)! *nicht zucken! die Hände still(halten)!*
quedré pop = **querré**
quefir m → **kéfir**
quehacer m *Geschäft* n, *Verrichtung* f || los ~es domésticos *die häusliche Beschäftigung, die Hausarbeit* || *der Haushalt* || ◊ le dio mucho ~ (= que hacer) *es gab ihm viel zu schaffen*
queiranto m ⟨Bot⟩ *Goldlack* m (Cheiranthus cheiri)
queja f *Klage, Beschwerde* f || *Ächzen* || *Unzufriedenheit* f, *Groll* m || *körperliches Leiden, Siechtum* n || ⟨Jur⟩ *Beanstandung, (Rechts-)Beschwerde* f || *gerichtliche Klage* f || motivo de ~ *Grund* m *zur Klage* || sin ~ *ohne Beschwerde* || dar lugar a ~ *Grund zur Klage geben* || ◊ formular una ~ *sich beschweren* || ⟨Verw⟩ e–e Dienstaufsichtsbeschwerde einlegen || tener ~(s) de *unzufrieden sein mit* (dat)
quejar vt = **aquejar** || ~**se** *sich beklagen, sich beschweren (a bei* dat*)* || *wehklagen, jammern (de über* acc*)* || ◊ ~ ⟨Jur⟩ *seine Klage einreichen* || se me quejó de V. *er hat sich bei mir über Sie beklagt (beschwert)*
△**quejeña** f *Bankhaus* n
△**quejesa** f *Seide* f
queji|ca adj/s fam = **-coso** **-coso** adj *wehleidig* || *mißvergnügt* || *jammernd, klagend* || *nie*

zufrieden, ewig unzufrieden || **-do** *m Jammern, Wehklagen* n || ◊ *dar* ~s *jammern, stöhnen* || → a **gemido**
queji|gal, -go *m* ⟨Bot⟩ = **caji|gal, -ga**
queji|quear *vi fam jammern* || *winseln* || **-tas** *m figf Heulpeter, Heul-, Weh|meier* m
que|joso *adj klagend* || *unzufrieden, mißvergnügt* || *reizbar* || *zimperlich* || **-jumbre** *f Am Klage* f || *sin* ~ *ohne Murren* || **-jumbrón** *m/adj fam Heulpeter, Heul-, Weh|meier* m || **-jumbroso** *adj wehleidig* || *jämmerlich* || *ewig klagend* || *zimperlich, kläglich* || *verdrießlich* || ⟨poet⟩ *traurig, düster*
△**quel** *m Zimmer* n
△**quelalla** *f* = **berenjena**
△**que|lañí** *f Tanz* m || **-lar** *vi tanzen* || **-larari** *f Tänzerin* f
que|licerados *mpl* ⟨Zool⟩ *Fühlerlose mpl (Chelicerata)* || **-liceros** *mpl* ⟨Zool⟩ *Cheli|ceren, -zeren fpl (Mundwerkzeuge der Spinnentiere)*
quelite *m Mex fam Gemüse* n || *Liebhaber* m || ◊ *poner a alg. como* ~ *figf jdn mies machen*
quelitera *f Mex Gemüsehändlerin* f
quelonios *mpl* ⟨Zool⟩ *Meeresschildkröten* fpl (Cheloniidae)
quema *f Verbrennung* f || *Brand* m, *Feuersbrunst* f || *Brandwunde* f || *Brandstiftung* f || *Abbrennen* n *(Feuerwerk)* || *Feuertod* m || *Dom Rausch* m, *Trunkenheit* f || ~ *de conventos Inbrandstecken, Ausbrennen* n *von Klöstern (bes i. J. 1909 u. 1931 in Span.)* || *hedor de* ~ *Geruch* m *nach Verbranntem* || ◊ *huir de la* ~ *fig e-r Gefahr aus dem Wege gehen* || *hacer* ~ *Arg Bol das Ziel treffen (beim Schießen)*
quema|dero *adj Brenn-* || *m* ⟨Hist⟩ *Scheiter-, Verbrennungs|platz* m *der zum Feuertode Verurteilten* || *Scheiterhaufen* m || **-do** *adj/s ge-, ver|brannt* || ~ *del sol sonnverbrannt* || ◊ *estar* ~ *figf gewitzigt sein, huele, sabe a* ~ *es riecht, schmeckt brenzlig, angebrannt* || ~ *m ausgebrannter Waldplatz* m || *Brandlichtung* f *(im Walde)* || *fam Verbrannte(s)* n || *Ec Punsch* m || △*Neger* m || **-dor** *m* ⟨Tech⟩ *Brenner* m || ~ *de gas Gasbrenner* m || **-dura** *f (Ver) Brennen* n || *Brandwunde* f || **-joso** *adj brennend, sengend (Schmerz)* || **-nte** *adj brennend* || *figf ärgerlich*
△**quemante** *m Auge* n
quemar *vt/i (ver)brennen* || *niederbrennen* || *ausdörren, versengen (Sonne, Frost)* || *figf vergeuden, durchbringen* || *figf quälen, plagen, ärgern* || *figf verschwenden, verschleudern* || *durchbringen* || ~ *vivo lebendig verbrennen* || *quälen, plagen fam totärgern* || ~ *su patrimonio fig sein Vermögen verprassen (od durchbringen)* || ~ *por hereje wegen Ketzerei verbrennen* || *eso me quema la sangre das bringt mir das Blut in Wallung, das macht mir den Kopf heiß* || ~ *vi brennen* || *brennend heiß sein* || *stechen (Sonne)* || *brennen, prickeln (Speisen)* || ◊ *alcohol para* ~ *Brennspiritus* m || *a medio* ~ *halber-, ange|brannt* || *un frío que quema schneidender Frost* m || *tomar a. por donde quema figf et auf die schlimmste Art auslegen* || ~**se** *sich verbrennen* || *abbrennen* || *fig entbrennen (in e-r Leidenschaft)* || *fig ungeduldig werden* || *figf gewitzigt werden* || ◊ ~ *las cejas (od pestañas) figf eifrig (bei Licht) studieren* || *sich blind studieren* || ~ *las cejas escribiendo fig sich die Finger lahmschreiben* || ~ *los dedos sich die Finger verbrennen* || ~ *la sangre sich abhärmen* || *¡que te quemas! ¡quema! es brennt! (z.B. bei Rätseln)*
quema|rropa: *a* ~ *aus nächster Nähe (Schuß)* || *pop plötzlich* || *fig ins Gesicht (et sagen)* || **-zón** *f Brennen* n || *übermäßige Hitze* f || *figf (Haut-) Jucken* n || *figf Verdruß* m || *figf Beschämung* f || *figf Stichelei, Anzüglichkeit* f || ⟨Com⟩ *Verramschen* n || *Am Brand* m, *Feuer* n || *Am Luftspiegelung* f *in der Pampa*

quemón *m Mex pop (He) Reinfall* m, *Enttäuschung* f || *Schußwunde* f
△**quendebre** *m Dezember* m
quenopo|diáceas *fpl* ⟨Bot⟩ *Gänsefußgewächse* npl (Chenopodiaceae) || **-dio** *m* ⟨Bot⟩ *Gänsefuß* m (Chenopodium spp)
quenua *f* ⟨Bot⟩ *Reis|melde* f, *-spinat* m (Chenopodium quinoa)
quepis *m* ⟨Mil⟩ *Käppi* n
quepo, quepa → **caber**
queque *m Am Kuchen*, engl *Cake* m || *Teekuchen* m || *Am prov* = **bollo**
quera *f Ar Sor Holzmehl* n (→ **carcoma**) || *fig lästige Person* f
△**querabar** *vt rösten, braten*
△**querar** *vt tun, machen*
querati|na *f* ⟨An Zool Chem⟩ *Hornstoff* m, *Keratin* n || **-tis** *f* ⟨Med⟩ *Hornhautentzündung des Auges, Keratitis* f
quercíneo *adj eichenartig*
△**querdí** *m Tat* f
△**queré** *m Wohnung* f
querehue *m* ⟨V⟩ = **quereo**
△**querelar** *vt tun* || *ausüben* || *unterrichten*
quere|lla *f (An) Klage* f || *Beschwerde* f || *Klage* f *vor Gericht* || *Strafantrag* m || *Zänkerei* f, *Streit* m || ~ *calumniosa falsche Anschuldigung* f || ~ *criminal, penal Anklage* f || *Strafantrag* m || ~ *posesoria Besitzklage* f || ~ *suplementaria Nachtragsanklage* f || ◊ *formular (od presentar)* ~ *e-n Strafantrag stellen* || *formular una* ~ *(criminal) por robo Anklage wegen Diebstahls erheben (contra gegen* acc) || *están siempre en* ~ *sie sind in ewigem Zank begriffen* || **-llador** *m zänkischer, streitsüchtiger Mensch, Querulant, fam Stänker* m || **-llante, -lloso** *m/adj* ⟨Jur⟩ *Kläger* m || *(Straf-) Antragsteller* m || *Beschwerdeführer* m || ~ *adj klagend* || **-llarse** *vr sich zanken* || *sich beklagen* || ⟨Jur⟩ *Klage führen (contra gegen* acc) || *im (Privat) Klageverfahren streiten* || *e-e Klage einreichen, klagen* || ~ *e-n Strafantrag stellen* || ~ *de (od contra) su rival sich über seinen Gegner beklagen* || **-lloso** *adj zänkisch* || *Querulanten-* || ~ *m Querulant, fam Stänker* m
queren|cia *f Liebe* f, *Wohlwollen* n || *Zuneigung* f || *Lieblings|aufenthalt, -platz, -ort* m || *Angewohnheit* f || *Sehnsucht* f, *Verlangen* n || *Heimweh* n || *gewohnter Weideplatz m des Viehes* || *Anhänglichkeit* f *(z. B. e-s Haustieres an das Haus)* || ⟨Taur⟩ *Betragen, Verhalten* n *(des Stieres)* || *Am Zucht|ort* m, *-stelle* f *(e-s Tieres)* || ◊ *tomar* ~ *a un lugar e-n Ort liebgewinnen* || **-cioso** *adj e-n bestimmten Weideplatz bevorzugend (Vieh)* || *sich nach dem Stall sehnend (Vieh)* || *anhänglich* || *gesucht, bevorzugt* || **-dón** *m* ⟨**-dona** *f*⟩ *fam Geliebte(r)* m *(Geliebte* f*)* || *Am innig Liebende(r)* m *(zärtlich Liebende* f*)* || ~ *adj Am innig liebend, sehr zärtlich*
△**querentó** *m Tonfall* m
quereo *m* ⟨V⟩ *Chi Hordenvogel* m (Agelaius spp)
¹**querer** [-ie- *Am auch regelm.*, fut **querré**, pret **quise**] *vt/i a) wünschen, verlangen* || *wollen* || *versuchen, trachten zu* || *et anstreben b) lieben, gernhaben* || *beliebem* ||
~ *bien a alg. jdm wohlwollen, jdm gut sein* || *jdn liebgewinnen* || *jdn lieben* || ~ *mal a alg. jdm übelwollen, jdm abgeneigt, feindlich gesinnt sein* || *jdn hassen* || *a todo* ~ *durchaus, schlechterdings* || *jedenfalls* || *sin* ~ *ohne es zu wollen, unabsichtlich, unwillkürlich, unvorsätzlich* || *hacerse* ~ *Liebe einflößen* || *sich beliebt machen (de, por bei dat)* || *tosía hasta* ~ *reventar pop er hustete fürchterlich* || ~ *es poder Spr der Wille siegt* || *man muß nur wollen (, dann geht es auch)* || *wer will, der kann* || *quiero que calles ich will, daß du schweigst* || *¡me quiero morir! ich möchte sterben!* || *ich bin todmüde!* || *¿qué más quieres?*

was willst du noch mehr? || ¡que si quieres! fam *(das ist) leicht gesagt! das ist nicht so einfach!* || ¡qué quieres (que le haga *bzw* hagamos)! *was soll man (da) tun? da ist nichts mehr zu machen! das ist einmal so!* || ¿me quieres por marido? *willst du mich zum Gatten?* || tu hermano que te quiere mucho ... *dein dich liebender Bruder (in Briefschlüssen)* || si se quiere *wenn man will* || *im Grunde genommen* || *sozusagen* || *eventuell* || *etwa* || quien bien quiere, tarde olvida fig *wahre Liebe rostet nicht* || quien bien te quiere *(od* quiera), te hará llorar *etwa: wer seine Kinder liebt, der züchtigt sie* || *was sich liebt, das neckt sich* || pinta como quiere pop *er malt vortrefflich* || ~ decir *sagen wollen* || *meinen* || *heißen, bedeuten, zu sagen haben* || quiere decir *das heißt, es bedeutet* || ¿qué quiere decir *das heißen?* || ¿quiere decir? *ist es wahr? wahrhaftig?* || *wirklich?* || ¿quiere decir que V. no viene? *Sie kommen also nicht mit?* || ¿qué quieres decir con eso? *was meinst du damit?* || ¿adónde quiere V. que lo lleve? *wohin soll ich Sie fahren?* || ¿quieres callarte? *wirst du endlich schweigen?* || ... y pies para qué os quiero pop *und nichts wie auf und davon!* || (impers.) quiere llover *es wird bald regnen* || venga lo que quiera *(od* ~e) *komme, was da wolle* || ¿qué quiere de mi? *was will er von mir?* || eso me quiere parecer a mí pop *das ist (auch) meine Meinung* || como V. quiera *ganz nach (Ihrem) Belieben, ganz wie Sie wünschen* || *meinetwegen* || como quiera *nach Belieben* || *durchschnittlich, unbedeutend* || como quiera que (ind) *da, vorausgesetzt, daß* || *dieweil* || como quiera que nadie lo sabe *da es niemand weiß* || como quiera que sea *wie es auch sein mag* || como quien no quiere la cosa figf *so (ganz) nebenher* || *mir nichts, dir nichts* || cuando quiera *wann immer* || cuando V. quiera *wann es Ihnen beliebt* || *bitte!* || cuanto quiera que = como quiera que || donde quiera (*do quieras) *wo immer* || por donde quiera *wo Sie möchten* || *wodurch Sie wollen* || por donde quiera, ⟨Lit⟩ por doquier *überall* || quien quiera *wer immer* || que quiera, que no quiera *(od* quiera o no quiera), quieras que no *er mag (du magst) wollen oder nicht* || fig *unter allen Umständen* || *so oder so* || sea como quiera *wie dem auch sei* || dem sei nun, wie ihm wolle || *auf alle Fälle* || *kurz und gut* || no quiera V. creer que *glauben Sie ja nicht, daß* ... || ¿querrá V. creer que ...? *Sie werden kaum glauben, daß* ... || lo que quiera que fuese *mag sein, was will* || donde quiera que fueres, haz como vieres *man muß sich den Verhältnissen anzupassen wissen (vgl.* Spr *mit den Wölfen muß man heulen)* || quisiera ... *ich möchte (gerne)* ... haben || quisiera fuese mio *ich möchte es für mich haben* || Dios queriendo *wenn es Gott gefällt* || *mit Gottes Hilfe* || si Dios quiere *so Gott will* || *hoffentlich* || ¿qué más quisiera él? *das wäre et für ihn! das ist sein sehnlichster Wunsch!* || ¡no lo quiera Dios! *Gott bewahre!*

²**querer** m *Wollen* n, *Wille* m || *Liebe, Zuneigung* f || por nuestro ~ fam *um unserer Liebe willen* || ◇ pedir ~ de amor (a) prov *jdm Liebesanträge machen* || ~ y no ser querido, trabajo perdido Spr *Liebe ohne Gegenliebe ist verlorene Müh(e)*

queresa f = **cresa**
△**queresqueró** m *Verwalter* m
queri|da f *Geliebte* f (oft pej) || **-do** adj *lieb, wert, geliebt* || ~ m *Geliebte(r)* m || *Liebling* m || ¡~! *mein Lieber!* || fam *mein Freund!* (& iron)
queridura f Chi *Liebe* f || *Verliebtsein* n
querindanga f desp *Geliebte* f
△**querló** m *Hals* m
quermes m ⟨Entom⟩ *Kermesschildlaus* f (Kermes vermilion, K. ilicis) (→ a **cochinilla**) || ⟨Pharm⟩ *Kartäuserpulver* n *(Hustenmittel)*
querocha f = **cresa**

queroseno m → **keroseno**
△**querosto** m August m *(Monat)*
querría, querré → **querer**
Quersoneso m: el ~ *der Chersones (Halbinsel)* || ≃ m p.ex *Halbinsel* f
que|rub(e) m ⟨Rel & poet⟩ *Cherub, Kerub* m || **-rúbico, -rubínico** adj ⟨poet⟩ *cherubinisch, himmlisch* || p.ex *engelgleich* || **-rubín** m *Cherub, Kerub* m || fig *Engel* m
querusco adj/s *cheruskisch* || ~ m *Cherusker* m
△**querveto** m = **querosto**
△**quesar** v. aux *sein*
quese|ar vt/i *käsen, Käse machen* || **-ra** f *Käsefrau* f || *Käsekammer* f || *Käseglocke* f || *Käserei* f || **-ría** f *Käsehandlung* f || *Käsefabrik, Käserei* f || **-ro** adj *käseartig, Käse-* || ~ m *Käsemacher* m || *Käsehändler* m
quesi|llo, -to (dim v. **queso**) m *kleiner Käse* m, *Käschen* n
queso m *Käse* m || *Zuckerkäse* m *(Zuckerwerk)* || ~ de bola *Kugelkäse, Edamer Käse* m || ~ de Burgos *weicher Schafkäse* m *aus Burgos* || ~ (de leche) de cabra *Ziegenkäse* m || ~ de cerdo *Preßkopf, Fleischkäse* m *(aus Schweinefleisch)* || ~ para extender *Streichkäse* m || ~ (de) Gruyère *Schweizer Käse* m || ~ de hierba *Kräuterkäse* m || ~ de Holanda *Holländer Käse* || ~ de Mahón span. *Käse* m *aus Mahon (Menorca)* || ~ manchego span. *Mancha-Käse* m || ~ de nata *Rahmkäse* m || ~ suizo, de Suiza *Schweizer Käse* m || ~ de oveja *Schafkäse* m || ~ parmesano *Parmesankäse* m || ~ pasado, ~ muy hecho, ~ fermentado, ~ blando *Weichkäse* m || ~ picante *scharfer od pikanter Käse* m || *Bierkäse* m, fam *Bierhund* m || ~ de vaca (ahumado) *(geräucherter) Kuhkäse* m || ~ verde (de los Alpes) *Kräuterkäse* m || ~ de Villalón *Villalón-Käse* m *(weicher Schafkäse aus Villalón* [PVall]*)* || corteza de ~ *Käserinde* f || fábrica de ~ *Käserei, Käsefabrik* f || ◇ armarla con ~ *jdn beschwatzen* || dar el ~ (a) pop *jdn prellen* || se la dio con ~ pop *er hat ihn tüchtig angeführt* || ~s mpl pop *(Schweiß) Füße* mpl, pop *(Schweiß) Quanten* pl
quetupi m Bol ⟨V⟩ = **bienteveo**
quetzal m ⟨V⟩ *Quesal, Quetzal, Pfauentrogon* m (Pharomachrus mocinno = Calurus resplendens) || ⟨Her⟩ *Wappenvogel* m *Guatemalas* || Guat *Währungseinheit* f *(seit 1924)* || ~e m → **quetzal**
queve|desco adj *dem spanischen Schriftsteller Francisco de Quevedo eigen* || **-dos** mpl *(schwarze) Hornbrille* f *(wie sie Quevedo trug)* || *Kneifer, Zwicker* m *(mit dicker, schwarzer Hornfassung)* || Am *Juristenbrille* f || ◇ calarse *(od* ponerse) los ~s *sich die Brille aufsetzen*
qui pro quo → **quid pro quo**
¡quiá! fam *oh! keine Rede! i wo (denn)! keineswegs! (Mißtrauen, Verneinung)* || *pfui! (Verachtung, Ekel)*
quianti m *Chianti* m *(ital. Rotwein)*
△**quibileró** m *Kamerad* m
△**quicia** f *Korb* m
quicio m *Haspe, (Tür- bzw Fenster) Angel* f || fuera de ~ *außer sich,* fam *aus dem Häuschen* || ◇ sacar de ~ fig *aus der natürlichen Lage bzw aus dem Leim gehen* || fig *aus dem Gleichgewicht bringen,* fam *aus dem Häuschen bringen* || sacar de ~ las cosas fig *übertreiben* || *jdn den Kopf heißmachen* || salir de ~ fig *aus seinem gewohnten Gang kommen,* fam *aus dem Häuschen geraten*
Quico m Tfn pop = **Francisco**
△**quichardila** f *Fleck* m
△**quichi** adv *wie(viel)*
quichua, quichúa m/adj Pe = **quechua**
quid m *Wesentliche(s)* n || *Pointe* f || el ~ de la dificultad *die Hauptschwierigkeit* || ◇ ¡ahí está el ~! fam *das ist es!* || fam *da liegt der Hase im Pfeffer!* || *das ist des Pudels Kern!* || → a **cordero**

quídam [...n] *m fam ein gewisser, jemand* ‖ un ~ fam *unbedeutender, verächtlicher Mensch, ein gewisser Jemand* m, *ein Individuum* n, *ein gewisser Quidam* m
quididad *f* ⟨Philos⟩ *Quiddität, Washeit* f *(der Scholastik)*
quid pro quo *m lat Verwechslung* f ‖ *Versehen* n ‖ *Quidproquo* n
quie|bra *f Riß, Spalt* m ‖ *Ritze, Spalte* f ‖ *(Berg) Schlucht* f ‖ *Schaden, Verlust* m ‖ *Bankrott, Bankbruch, Konkurs* m, fam *Krach* m ‖ ~ *fraudulenta betrügerischer Bankrott* m ‖ (el) activo de la ~ *Konkursmasse* f ‖ *der Zwangsvollstreckung unterliegendes Konkursvermögen* n ‖ *masa de la* ~ *Konkursmasse* f ‖ procedimiento de ~ *Konkursverfahren* m ‖ síndico de la masa de la ~ *Konkursverwalter* m ‖ la ley sobre la ~ *die Konkursordnung* ‖ ◊ declararse *(od* constituirse) en ~, hacer ~ *sich für bankrott erklären, bankrott machen* (→ **quebrar**) ‖ estar en ~ *bankrott sein*
-bro *m Biegung, Krümmung* f *(des Körpers)* ‖ *Ausbiegen* n ‖ *Ausweichen* n *(& fig)* ‖ ⟨Mus⟩ *Verzierung* f, *Triller* m ‖ ⟨Taur⟩ *gewisse Körperbewegung* f *des Stierfechters beim Reizen des Stieres* ‖ ◊ dar el ~ pop *jdn im Stich lassen, verlassen* ‖ sich jds (bzw e-r Sache) *entledigen*, fam *jdn abwimmeln* ‖ poner las banderillas al ~ ⟨Taur⟩ *die Banderillas mit Kreisschwenkung setzen*
¹**quien** *pron rel (nur auf Personen bezüglich) welcher, welche, welches* ‖ *wer, was* ‖ *der, die, das*
1. *relativ:* mi padre a ~ quiero *mein Vater, den ich liebe* ‖ es un torero a ~ conozco *es ist ein mir bekannter Stierfechter* ‖ el caballero con ~ hablaste *der Herr, mit dem du sprachst* ‖ propio de ~es... *wie er denen eigen ist, die*... ‖ las personas de ~ (od ~es) se habla *die Personen, von denen die Rede ist* ‖ soy yo ~ habla *ich spreche (jetzt)* ‖ tú eres ~ debe(s) hacerlo *du mußt es (selbst) tun* ‖ es ella ~ tiene la culpa *sie ist die Schuldige* ‖ hay ~ se alegraría mucho de eso *mancher würde sich sehr darüber freuen* ‖ a ~ corresponda *für wen es angeht* (übliche Floskel in Beschwerdebriefen)
2. haber + ~: había ~ bostezaba *einige gähnten (dabei)* ‖ hubo ~ lo negara *einige bestritten es* ‖ *nicht jeder billigte es*
3. = el que *(bes. in Subjektsätzen):* ~ lo crea, va equivocado *wer es glaubt, irrt sich* ‖ como ~ no quiere la cosa fam *sich zierend, viel Umstände machend* ‖ como ~ toma una pronta determinación *wie einer, der einen plötzlichen Entschluß faßt*
4. *hauptwörtlich:* tú no eres ~ para hacerlo pop *du hast keine Berechtigung (Befähigung) dazu* ‖ *du bist nicht befugt, dies(es) zu tun* ‖ pop *du bist e-e Null dabei*
5. ~ + quiera (= quienquiera) *usw:* dáselo a ~ quieras *gib es, wem (immer) du willst* ‖ que lo tome ~ quiera *es mag nehmen, wer will*
²**quién** [*pl* **quiénes**] *pron int* 1. *direkt od indirekt fragend:* ¿~ viene? *wer kommt?* ‖ ¡alto! ¿~ vive? ⟨Mil⟩ *halt, wer da?* ‖ ¿para ~? *für wen?* ‖ ¿~ es? *wer ist es?* ‖ *wer da?* ‖ no sé ~ vendrá *ich weiß nicht, wer kommen wird* ‖ es difícil saber ~ fue *(od* quiénes fueron) *es ist schwer zu wissen, wer es gewesen ist*
2. *disjunktiv:* ~ ... ~ ... *der eine..., der and(e)re* ‖ ~ gritó, ~ lloró *der eine schrie, der and(e)re weinte*
3. *in Rufsätzen:* ¡~ fuera *(od* fuese) V.! *an Ihrer Stelle möchte jeder sein! Sie Glücklicher!* ‖ ¡~ supiera cantar! *ach, könnte ich doch singen!* ‖ ¡~ fuese rico! *wie gerne möchte ich (od man) reich sein!*
quienquiera [*pl* **quienesquiera**] *pron irgendein(e)* ‖ → a **quien**⁵
quiera, quiero → **querer**
quiés pop = **quieres**

quie|tar *vt beruhigen* ‖ **-te** *f (Mittags) Ruhe* f ‖ *Abendglocke* f *(in Klöstern)* ‖ **-tecito** *adj/adv dim v.* **quieto** ‖ fam *hübsch ruhig* ‖ **-tismo** *m* ⟨Rel⟩ *Quietismus* m *(der christlichen Mystik und des Buddhismus)* ‖ **-tista** *m/adj Quietist* m ‖ ~ adj *quietístisch* ‖ **-to** adj/adv *ruhig, still* ‖ *friedlich* ‖ *sittsam* ‖ ¡~! *Ruhe!* ‖ ◊ estarse ~ fam *ruhig sein, ruhig bleiben* ‖ **-tud** *f Ruhe* f, *Frieden* m
△**quiglé** *m* April m
quija|da *f Kiefer, Kinn|backen* m, *-lade* f ‖ *Kluppe* f *(am Schraubstock)* ‖ ⟨Tech⟩ *Brechbacke* f ‖ **-rudo** adj *mit starken Kinnbacken (Gesicht)*
quijera *f Backenstück* n *(des Halfters)*
quijo *m* Am ⟨Bgb⟩ *Quarz, quarziger Gang* m *(mit Einsprengungen von Berggold und Silber)*
quijo|tada *f unbesonnene Handlungsweise od Unternehmung, idealistische, weltfremde Torheit, Donquichotterie* f ‖ **-te** *m Bein-, Schenkel|schiene* f *(am Harnisch)* ‖ fig *Träumer, Schwärmer, (weltfremder) Idealist* m ‖ *übertrieben ernsthafter Mensch* m ‖ Don ~ *Don Quichotte, der Held des weltberühmten Romans des Cervantes* ‖ **-tería** *f figf Abenteuerlichkeit* f ‖ *übertrieben ritterliches Gefühl* n ‖ = **quijotada** ‖ *Donquichottiade, Erzählung* f *im Stile des „Don Quichotte"* ‖ **-tesco, -til** adj *auf Don Quichotte bezüglich* ‖ fig *abenteuerlich* ‖ *ungereimt, lächerlich* ‖ **-tismo** *m (weltfremder bzw übertriebener bzw selbstloser) Idealismus* m ‖ = **quijotada** ‖ *übertrieben sittliches Gefühl* n ‖ *(lächerlich) übertriebener Stolz* m
quila *f* SAm *(Quila) Bambus* m *(Chusquea quila)*
quila|te *m Gewichtseinheit* f *(Feinheitsgrad) für Perlen und Edelsteine* = $^1/_{140}$ Unze = 205 Milligramm ‖ *Karat* n = $^1/_{24}$ Unze Goldes = 4 granos ‖ *Karatgewicht* n ‖ fig *Feingehalt* m ‖ por ~s figf *sehr spärlich* ‖ oro de 22 ~s *22karätiges Gold* ‖ **-tera** *f* ⟨Instr⟩ *Perlenprüfer* m
△**quilé** *m männliches Glied* n
quiliasta *m* ⟨Rel⟩ *Chiliast* m
△**quilibén** *m Erklärung* f
Quilico *m* Tfn pop = **Casimiro**
quilificación *f* ⟨Physiol⟩ *Chylusbildung* f
quilillo *m (Finger) Ring* m
quilma *f* prov *(Getreide) Sack* m
¹**quilo** *m* ⟨Physiol Med⟩ *Chylus* m ‖ ◊ sudar *(od* echar) el ~ figf *sich das Herz aus dem Leibe schwitzen* ‖ *sich abrackern*
²**quilo** *m* Kilo*(gramm)* n (= kilo)
³**quilo** *m* pop → **centavo**
⁴**quilo-** *präf* kilo-
quilombo *m* RPl *öffentliches Haus, Bordell* n
quilómetro *m* = **kilómetro**
quiltro *m* fam *kleiner Hund* m ‖ → a **quidam**
quilla *f* ⟨Mar⟩ *(Schiffs) Kiel* m ‖ ⟨V⟩ *Brustbein* n *(der Vögel)*
△**quillaba** *f Pflaume* f
quillay *m e-e Art Seifenbaum* (Quillaja saponaria), *der Panamarinde liefert*
Quillita *f* Tfn pop = **María**
quillotra *f desp Geliebte* f
quillo|trar *vt* fam *reizen* ‖ fam *jdn verliebt machen* ‖ fam *ver|führen, -locken* ‖ *überdenken* ‖ **-se** fam *sich herausputzen* ‖ *sich verlieben*, fam *vernarren* ‖ *sich beklagen, jammern* ‖ **-tro** *m* fam *Reiz* m, *Reizung* f ‖ fam *Liebelei* f ‖ fam *Verliebtheit* f ‖ fam *Freund, Liebhaber* m ‖ fam *Kummer, Gram* m ‖ fam *Schmuck, Putz* m
quima *f* Sant Ast *Ast* m *e-s Baumes* (→ **rama**)
Quima *f* pop = **Joaquina** (Tfn)
quimachi *m* Bol *Haarlocke* f (→ **rizo**)
quimba *f* Arg *Rüstigkeit* f ‖ Arg = **garbo** ‖ Am *Sandale* f (→ **sandalia**) ‖ Col *Holzschuh* m (→ **abarca**) ‖ Col *Schuld* f ‖ Ec = **mueca**
△**quimbila** *f Gesellschaft* f
quime *m* Chi = **afta**
Qui|mera *f* ⟨Myth⟩ *Chimära* f ‖ ~ *f* ⟨Fi⟩

Spöke, Seekatze f, *Königsfisch* m (Chimaera monstrosa) ‖ fig *Schimäre, Chimäre* f, *Hirngespinst* n ‖ ◊ *buscar* ⁓ *(a) pop mit jdm Händel anfangen* ‖ ⸗**mérico** adj *schimärisch, absonderlich, phantastisch, utopisch, trügerisch, illusorisch* ‖ ⸗**merista** m/adj *Grillenfänger, Träumer* m
quimica f *Chemie* f ‖ ⁓ *de la alimentación Lebensmittelchemie* f ‖ ⁓ *analítica,* ⁓ *biológica analytische, biologische Chemie, Biochemie* f (→ **bioquímica**) ‖ ⁓ *(in)orgánica (an)organische Chemie* f ‖ ⁓ *mineral anorganische Chemie* f ‖ **quími|camente** adv: ⁓ *puro chemisch rein* ‖ **–co** adj *chemisch* ‖ ⁓**-técnico** *chemisch-technisch* ‖ ‖ *producto* ⁓ *chemisches Produkt* n ‖ *productos* ⁓**s** *Chemikalien* fpl ‖ ⁓ *m Chemiker* m ‖ △**quimié** f *Schmiede* f
quimioterapia f *Chemotherapie* f (→ **terapia**)
Quimito m pop = **Joaquín** (Tfn)
quimo m ⟨Physiol⟩ *Chymus* m
quimono m *Kimono* m *(japanischer Überwurf)*
△**quin** m *Honig* m
quina f ⟨Bot⟩ *China(rinden)baum* m (→ **quino**) ‖ *Fieber-, China|rinde* f ‖ ◊ *tragar* ⁓ figf *die bittere Pille (od s–n Ärger) schlucken* ‖ ⁓**s** *das Kreuz (aus 5 Schilden) im port. Staatswappen*
Quina f pop = **Joaquina** (Tfn)
quinaquina f *Chinarinde* f
△**quinar** vt *kaufen*
quinario adj *fünfteilig* ‖ ⁓ m *Fünfergruppe* f ‖ ⟨Hist⟩ *Quinar* m *(altrömische Münze)*
quincajú m ⟨Zool⟩ *Wickelbär* m (Potos flavus)
quinca|lla f *Blechwaren* fpl ‖ *Klempnerware* f ‖ *billige Metall- und Blech|ware* f ‖ **–llería** f *Blech-, Klempner|warenhandel* m, *Klempnerei, Spenglerei* f ‖ *Hausierwaren(handel* m*) fpl* ‖ **–llero** m *Klempner, Spengler* m ‖ *Hausierer* m
quin|ce adj/s *fünfzehn* ‖ *el* ⁓ *de enero der fünfzehnte Januar* ‖ *dentro de* ⁓ *días in 14 Tagen* ‖ *dar* ⁓ *y raya (a) pop jdm überlegen sein, es mit jdm aufnehmen können* ‖ ⁓ *m die Zahl 15* ‖ *Fünfzehner* m ‖ **–ceabrileño** adj ⟨Lit⟩ *fünfzehn Lenze zählend* ‖ *una muchacha* ⁓**a** fig *ein Mädchen von 15 Lenzen* ‖ **–cena** f *fünfzehn Einheiten* fpl, *(kleine) Mandel* f ‖ *sueldo* ⁓ f *(alle vierzehn Tage ausgezahlter) Arbeitslohn* m ‖ **–cenal** adj *zweiwöchentlich, halbmonatlich* ‖ *vierzehntägig* ‖ *publicación* ⁓ *Halbmonatsschrift* f ‖ ‖ ⁓**-cenalmente** adv *alle vierzehn Tage* ‖ **–cenario** m *Halbmonatsschrift* f ‖ **–ceno** adj *der fünfzehnte* ‖ **quincuagenario** adj/s *fünfzigteilig* ‖ *fünfzigjährig* ‖ ⁓ m *Fünfzigjährige(r)* m
Quincua|gésima f ⟨Rel⟩ *Sonntag* m *vor Fastnacht (Aschermittwoch), Quinquagesima* f ‖ ⸗**gésimo** m/adj *Fünfzigstel* n
quin|cha, –cho m Am *Lehmwand* f *(Flechtwerk mit Lehmbewurf)*
△**quindale** m *Mai* m *(Monat)*
quindécimo m/adj *Fünfzehntel* n
△**quindía** f *Bohne* f ‖ *Jüdin* f
quingentésimo adj *fünfhundertste(r)* ‖ ⁓ m *Fünfhundertstel* n
△**quinglé** m *April* m (= **quiglé**)
quingos m Am *Zickzack(linie* f*)* m
quinguear vi Am *sich schlängeln (Fluß, Weg)*
quinie|la f *⟨Art⟩ bask. Ballspiel* n ‖ *(Fußball-) Totoschein* m ‖ ⁓**s** fpl *Fußball|Toto* n ‖ **–lista** m *Totospieler* m
quinien|tista adj *auf die Kunst, Literatur usw des XVI. Jh. bezüglich* ‖ **–tos** adj/s *fünfhundert* ‖ *der fünfhundertste*
△**quinimar** vt *beruhigen*
qui|nina f ⟨Chem Pharm⟩ *Chinin* n ‖ **–nismo** m ⟨Med⟩ *Chininvergiftung* f
Quinito m pop = **Joaquín** (Tfn)
quino m ⟨Bot⟩ *China(rinden)baum* m (Cinchona spp) ‖ *Chinarinde* f (→ **quina**)
quinola f fam *Seltenheit, Extravaganz* f ‖ ⁓**s** fpl ⟨Kart⟩ *Quinolaspiel* n
quinona f ⟨Chem⟩ *Chinon* n
quinqué m *Öl-, Petroleum|lampe* f ‖ ⁓ *de carburo Azetylen-, Karbid|lampe* f ‖ ◊ *tener mucho* ⁓ pop *sehr gerieben sein*
quinque|nal adj *fünfjährig* ‖ *alle fünf Jahre stattfindend, fünfjährlich* ‖ *plan* ⁓ *Fünfjahresplan* m ‖ **–nio** m *Zeitraum* m *von fünf Jahren*
quinqui m Abk. v. **quinquillero** (= **quincallero**) ‖ p. ex pop *Strolch, Landstreicher* m ‖ pop *krimineller Penner* m
△**quinqui|na** f *Küche* f ‖ △**–nibó** m *Koch* m ‖ △**–ria, –bia** f *Wanze* f
quinta f **Pachtgut* n, *dessen Pachtzins in Naturalien ($^{1}/_{5}$ des Ernteertrags) entrichtet wurde* ‖ *Meierei* f, *Landgut* n ‖ *Landhaus* n, *Villa* f *(mit Garten)* ‖ ⟨Mil⟩ *(Rekruten)Aushebung, (heute) Wehrerfassung* f ‖ ⟨Mil⟩ *Jahrgang* m ‖ *Quinte* f *im Pikett* ‖ ⟨Mus⟩ *Quinte* f ‖ ⁓ *remisa* ⟨Mus⟩ *verminderte Quinte* f ‖ ◊ *soy de la* ⁓ *del 57* (= *de 1957*) ⟨Mil⟩ *ich bin Jahrgang 1957* ‖ *entrar en* ⁓**s** ⟨Mil⟩ *einrücken, einberufen werden* ‖ ⟨Mil⟩ *dienstpflichtig werden*
quintacolumnista adj/s ⟨Pol Mil⟩ *zur fünften Kolonne gehörig* ‖ ⁓ m *Angehörige(r)* m *der fünften Kolonne* ‖ → **quinta columna**
quintaesencia f *Quintessenz* f *(& fig)* ‖ fig *(das) Beste, (das) Höchste* ‖ fig *(das) Wesentliche* ‖ **–r** vt *die Quintessenz ziehen (aus* dat*)* ‖ *aus|klügeln, -tüfteln*
quintal m *Zentner* m ‖ *100 Pfund* = *4 Arroben* (Cast = 46 *Kilogramm*) ‖ ⁓ *métrico Meterzentner* m ‖ ◊ *echar por* ⁓**es** pop *stark übertreiben*
quintana f *Landhaus* n, *Villa* f
quinta|ñón m/adj fam *Greis* m ‖ ⸗**ñona** (la Dueña ⁓) np *bekannte Figur der Artussage* ‖ fig *alte Klatschbase* f
quintar vt *von fünf einen wegnehmen, durchs Los bestimmen* ‖ ⟨Mil⟩ *zum Kriegsdienst ausheben*
quintería f *Meierhof* m, *Meierei* f
quinteriano adj *auf die Bühnenautoren Joaquín (1873–1944) und Serafín (1871–1938) Alvarez Quintero bezüglich*
quinte|ro m *Pächter* m *e–s Meierhofes* ‖ *Bauernknecht* m ‖ *Bauer* m ‖ **–rón** m/adj Am *Quinteron* m *(Mischling zwischen Weißen und Quarteronen)* ‖ **–to** m *Strophe* f *von fünf Versen* ‖ ⟨Mus⟩ *Quintett* n
quintilla f *Strophe* f *von fünf Versen (meist Achtsilber)* ‖ *Quintille* f *(Versform)*
Quintín np: *San* ⁓ *St. Quentin in Frankreich* ‖ ◊ *allí se armó (od allí se hubo) la de San* ⁓ fig *dort kam es zu einem großen Streit, Gemetzel, fam es gab e–n Riesenstunk*
quinto adj *der fünfte* ‖ ⁓**-a parte** *Fünftel* n ‖ ◊ *mandar al* ⁓ *infierno* pop *zum Teufel schicken* ‖ ⁓ m *Fünftel* n ‖ ⟨Mil⟩ *Rekrut, ausgehobener Soldat, (heute) erfaßter Wehrpflichtige(r)* m ‖ *Abgabe, Steuer* f *von 20* % ‖ pop *Tölpel, Einfaltspinsel* m ‖ Mex *Geldstück* = *5 Centavos* ‖ *el* ⁓ *das fünfte Gebot* n ‖ ◊ *enamorarse como un* ⁓ pop *sich bis über die Ohren verlieben* ‖ *no hay* ⁓ *malo* pop *was spät kommt, ist immer gut (bes Ansp. auf die Hetze des fünften Stieres bei e–m Stiergefecht)* ‖ *vivir [bzw estar] en el* ⁓ *infierno (od pino od* vulg *carajo od* vulg *coño od* vulg *puñeta usw) j.w.d. (berlinerisch: janz weit draußen) wohnen (bzw liegen),* vulg *am Arsch der Welt wohnen (bzw liegen)*
quint.° Abk = **quintuplicado**
quintral m Chi ⟨Bot⟩ *Färbemistel* f (Loranthus spp) ‖ Chi *Rotschimmel* m *(der Melonen und Bohnen)*
quintuplicar [c/qu] vt *verfünffachen*
quintuplo adj/s *fünffach* ‖ *el* ⁓ *das Fünffache*
△**quinugadoy** m *Schaltjahr* n
quinzavo m/adj *Fünfzehntel* n

qui|ñado adj Pe *blätternarbig* ‖ **-ñazo** m fam Am *derber Stoß* m ‖ *Zusammenprall* m ‖ *Schlag* m *auf den Kreisel* ‖ **-ñela** f Arg *verbotenes Lotteriespiel* n *(unter Benutzung der öffentlichen Lose)* ‖ **-ñón** m *Gewinnanteil* m ‖ prov *Wertpapier* n ‖ *Stück* n *(Ackerland)* ‖ Fil *Flächenmaß von etwa 2,79 ha*
Quío m Chios (Insel)
quios|co m *(Zeitungs-, Musik)Kiosk* m ‖ *Kioskbau, Pavillon* m ‖ *Musikpavillon* m ‖ ~ *de necesidad Bedürfnisanstalt* f ‖ ~ *de periódicos Zeitungskiosk* m ‖ **-quero** m pop *Kiosk|verkäufer* bzw *-besitzer* m
quipo(s) m(pl) *Quipu* m *(Knotenschrift der Inkas)*
quiquiriquí m *Kikeriki* n *(Krähen des Hahns)* ‖ ◊ *hacer* ~ pop *krähen (Hahn)* ‖ pop *Radau machen*
△**quir** m *Butter* f
△**quirá** m *Käse* m
quiragra f ⟨Med⟩ *Chiragra, Handgicht* f
△**quirdaré** m *März* m
△**quiria** f *Ameise* f
△**quiribé** m *Zaun* m
△**quiribó** m *Gevatter* m
Quírico m np span. Taufname ‖ ⁓ m Ven *Bote* m ‖ fig *Taugenichts* m ‖ *Dieb* m
quirie m = **kirie**
quiriquiquí = **quiquiriquí**
△**quirisindia** adj = **santísimo**
quirite m ⟨Hist⟩ *Quirite* m *(römischer Vollbürger)*
△**quirmó** m *Wurm* m
quiro(e)spasmo m ⟨Med⟩ *Chirospasmus, Schreibkrampf* m
quirófano m ⟨Chir⟩ *Operationssaal* m
quiro|grafario adj ⟨Jur⟩: *acreedor* ~ *Buchgläubige(r)* m ‖ *deudor* ~ ⟨Com⟩ *Buchschuldner* m ‖ **quirógrafo** adj ⟨Jur⟩ *eigenhändig unterfertigt (ohne Beglaubigung des Notars)* ‖ **-mancia** f *Wahrsagerei aus den Linien der Hand, Chiromantie* f ‖ **-mántica** f *Handleserin, Wahrsagerin* f *(aus der Hand)* ‖ **-mántico** m *Wahrsager* m *(aus der Hand), Handleser, Chiromantiker* m ‖ ~ adj *Handlese-*
quiropráctí|ca f ⟨Med⟩ *Chiropraktik* f ‖ **-co** m/adj *Chiropraktiker* m
qui|róptero m ⟨Zool⟩ *Fledermaus* f ‖ **-ropterofilia** f ⟨Biol⟩ *Bestäubung* f *durch Fledermäuse, Chiroptero|gamie, -philie* f ‖ **-rópteros** mpl ⟨Zool⟩ *Fledermäuse* fpl (Chiroptera)
quiroteca f ⟨Chir⟩ *Verband* m *der Hand* ‖ p. ex *Handschuh* m
quir|que m Chi ⟨Zool⟩ allg *kleine Eidechse* f ‖ **-quincho** m SAm ⟨Zool⟩ *Gürteltier* n (Dasypus spp)
△**quirsijimí** f *Kirsche* f
qui|rúrgico adj ⟨Chir⟩ *chirurgisch* ‖ *intervención* ~ *a chirurgischer Eingriff* m ‖ *Operation* f ‖ **-rurgo** m = **cirujano**
quis|ca f Chi *großer Pflanzenstachel* m ‖ **-cudo** adj Chi *stach(e)lig* ‖ fig *borstig*
quise, quiso → **querer**
△**quisia** f *(Rock)Tasche* f ‖ *(Geld)Beutel* m
quisicosa f fam *Rätsel* n
quisling m ⟨Pol⟩ pej *Quisling, Kollaborateur* m
△**quisobi** f *Geldtasche* f
quisque m lat fam: *cada* ~ *jeder (jede, jedes)*
quisqui|lla f fam *Lappalie* f ‖ *Spitzfindigkeit* f ‖ ⟨Zool⟩ *Sägegarnele* f (Palaemon serratus) → **camarón** ‖ **-s** pop *Stichelreden, Neckereien* fpl ‖ **-lloso** adj *kleinlich, zimperlich* ‖ *kitzlig, empfindlich* ‖ *spitzfindig* ‖ *krittelig*
quistarse vr *sich einschmeicheln (bei)*
quiste m ⟨Med⟩ *Zyste* f ‖ ⟨Bot Zool⟩ *Zyste* f, *kapselartiges Dauerstadium* n *(meist bei ungünstigen Lebensbedingungen)*
quisto pp/irr v. **querer** ‖ *bien (mal)* ~ *gern (ungern) gesehen, (un)beliebt*

quita f ⟨Jur⟩ *Schuld(en)erlaß, Erlaß* m *der Schuld(en)* ‖ ~ y *espera Teilnachlaß* m *und Stundung* f *(Vergleich)*
¡quita! → **quitar**
quitacamisa f Cu *(Art) Kartenspiel* n
quitación f ⟨Jur⟩ *Erlaß, Nachlaß* m *(e-r Schuld)* ‖ *Bezahlung, Besoldung* f
*****quitaguas** m *Regenschirm* m
quitaipón m *was nach Belieben an- oder ab|gelegt werden kann* ‖ *de* ~ *zum An- oder Ab|legen* ‖ ⟨Tech⟩ *Auf|satz-, -setz-* ‖ fig *improvisiert* ‖ *diente de* ~ *abnehmbarer künstlicher Zahn* m ‖ *en casa del* ~ pop *im Versatzamt*, fam *bei der Tante* ‖ ◊ *llevar al* ~ pop *versetzen*
quita|manchas m *Flecken|reiniger, -entferner* m, fam *Fleckweg* m ‖ *Fleckenwasser* n ‖ **-meriendas** fpl ⟨Bot⟩ *Zeitlose* f (Colchichum spp) ‖ **-miedos** m pop *Sicherheitsvorrichtung* f *(z. B. Halteseil, Geländer usw)* ‖ **-motas, -pelillos** m figf *liebedienerische Person* f, *Fuchsschwänzer* m ‖ **-nieves** m *Schneepflug* m ‖ *Schneeräumer* m
quitanza f prov *Quittung* f
quita|pelillos m = **quitamotas** ‖ **-pesares** m fam *Trost*, fam *Sorgenbrecher* m ‖ fam *Zeitvertreib* m ‖ **-pesos** m Am fam *Geldauspresser* m ‖ **-piedras** m ⟨EB⟩ *Bahnräumer* m ‖ **-pón** m = **quitaipón**
quitar vt/i *nehmen, weg-, fort|nehmen* ‖ *entfernen* ‖ *weg-, hinaus|schaffen* ‖ *stehlen, entwenden* ‖ *rauben, entreißen (de gen)* ‖ *entziehen, (be)nehmen* ‖ *s. entledigen (e-r Pflicht)* ‖ *abziehen (Nummer)* ‖ *abnehmen* ‖ *(ver)hindern* ‖ *aufheben, abschaffen (Gesetze, Ämter)* ‖ *vertreiben (Fieber)* ‖ *ausschließen, verbieten* ‖ *ablenken, parieren (im Fechten)* ‖ ◊ ~ *la cabeza (a) jdn köpfen* ‖ pop *jdn verrückt machen* ‖ ~ *a uno la capa* figf *jdn bestehlen* ‖ ~ *la cáscara (la piel, el pellejo) (a) et (ab)schälen* ‖ ~ *la clientela* ⟨Com⟩ *die Kundschaft entziehen* ‖ ~ *la comunicación* ⟨Tel⟩ *das Gespräch unterbrechen* ‖ ~ *con el ácido wegätzen* ‖ ~ *con el cepillo abbürsten* ‖ ~ *con la lima abfeilen* ‖ ~ *de delante aus dem Weg räumen* ‖ ~ *de encima a/c (a) jdn befreien von* ‖ pop *vom Halse schaffen* ‖ ~ *de en medio aus dem Weg(e) schaffen* od *räumen (bes fig)* ‖ fig *beseitigen*, fam *umbringen* ‖ ~ *la mesa den Tisch abdecken* ‖ ~ *el pellejo (a)* pop *jdm die Haut abziehen* ‖ *jdn verprügeln* ‖ ~ *las telarañas de las paredes Spinnweben von den Wänden beseitigen* ‖ ~ *la vida (a) jdn töten, umbringen* ‖ *sin* ~ *ni poner genau, gerecht* ‖ *unparteiisch* ‖ *sin* ~ *ojo de ella ohne die Augen von ihr zu wenden*, fam *kein Auge von ihr wenden* ‖ *eso me quita la respiración das verschlägt mir den Atem* ‖ *eso me quita el sueño das läßt mich nicht schlafen* ‖ *me lo has quitado de los labios (od de la boca) du hast mir das Wort aus dem Munde genommen* ‖ *eso no quita para que (subj) damit ist nicht gesagt, daß bei alledem, trotzdem* ‖ *¿quién lo quita? wer bezweifelt es?* ‖ *lo cortés no quita (a) lo valiente Tapferkeit schließt Höflichkeit nicht aus* ‖ *nadie le quita su mérito niemand wird ihm sein Verdienst absprechen* ‖ *ni quita ni pone* pop *er ist e-e Null, er hat nichts zu sagen* ‖ *eso me quita las ganas das verdirbt mir den Appetit* ‖ *das benimmt mir die (Arbeits)Lust* ‖ *una moza que quita el sentido (od la cabeza)* pop *ein entzückendes, reizendes Mädchen* n ‖ *de quita y pon = de quitaipón* ‖ *¡quita! Unsinn!* ‖ *i wo! i bewahre!* ‖ *Pfui!* ‖ *quita allá! fort von hier! keine Rede! woher! i wo (denn)!* ‖ *me quitas la luz du stehst mir im Licht* ‖ *¡quite V. este alfiler! machen Sie diese Stecknadel los!* ‖ *eso no hay quien lo quite das kann keiner verwehren* ‖ *¡no quite V. la cara! wenden Sie das Gesicht nicht ab!* ‖ *quitando eso od quitando que davon abgesehen* ‖ *übrigens* ‖ *außer (-dem)* ‖ *él me quitó de ir a paseo seinetwegen konnte ich nicht spazieren gehen* ‖ *reñir por un*

quítame allá esas pajas pop *um des Kaisers Bart (od wegen nichts und wieder nichts) streiten* || en un quítame allá esas pajas pop *im Nu, im Handumdrehen* || **~se** *sich entfernen, sich zurückziehen* || *aus dem Wege gehen, weggehen* || *sich befreien, sich entledigen, sich losmachen* (de *von* dat) || *ablegen (Mantel)* || *ausziehen (Kleidungsstücke)* || *abnehmen (Brille, Hut)* || ◇ ~ *la careta sich demaskieren* || ~ una costumbre *sich et abgewöhnen* || ~ el sombrero *den Hut abnehmen od ziehen (vor jdm* dat*)* || ~ los vestidos *sich ausziehen, sich entkleiden* || ~ de *sich zurückziehen von* || *aufgeben (Beruf)* || ~ de delante *aus dem Wege gehen* || ~ de encima a alg. fig *sich jdn vom Halse schaffen* || ~ de fumar pop *sich das Rauchen abgewöhnen* || no puedo quitarme eso de la cabeza *ich werde den Gedanken nicht los* || quitarle a. a alg. de la cabeza *jdn von e–r Sache abbringen* || no se le quitaba del lado *er wich ihm nicht von der Seite* || ¡quítate de ahí! *fort von hier!* || ¡quítate de la luz! *gehe mir aus dem Lichte!* || ¡quítese V. de ahí! *treten Sie beiseite!* || pop *Unsinn! keine Rede!* || pop *das machen Sie e–m anderen weis!*

quita|sol *m Sonnenschirm* m || **–sueños** *m* fig *nagender Kummer* m *(der schlaflose Nächte verursacht)*

 quita y pon = **quitaipón**
 quite *m Abwendung* f || *Parade* f *beim Fechten (& allg)* || *Absprung* m || ⟨Taur⟩ *Parade* f *(Ablenkung) im Stierkampf* || ◇ estar al ~ *(od* a los ~s) *hilfsbereit sein* || *aufpassen, um die Gelegenheit beim Schopfe zu packen* || eso no tiene ~ fig *dem ist nicht abzuhelfen* || acudir al ~ fig *herbeieilen* || el matador estuvo bien en los ~s ⟨Taur⟩ *der Matador führte glänzende Paraden mit dem Mantel aus*

quiteño adj/s *aus Quito* (Ec)
quiti|na *f* ⟨Biol Chem⟩ *Chitin* n || **–noso** adj *chitinös, chitinhaltig* bzw *aus Chitin bestehend* || *chitinähnlich, chitinig*
quitón *m Chiton* m *(Käferschnecke)*
quitrín *m* ⟨Hist⟩ Am *(Art) Kalesche* f *(Wagen)*
quiúlla *f* Chi *Lagune* f || *morastiges Erdreich* n
quiyá *f* Am *(Art) Ferkelkaninchen* n
quizá(s) adv *vielleicht* || ~ llueva mañana *vielleicht wird es morgen regnen* || ~ lo robara *(od* haya robado) *er wird es vielleicht gestohlen haben* || ¡~ sí, ~ no! pop *je nachdem!* || (~ y) sin ~ *bestimmt, unter allen Umständen, auf alle Fälle*
quizás *m* = **quizá**
quodlivet *m* ⟨Mus⟩ *Quodlibet* n || →a **cuodlibeto**
quórum [...un] *m Quorum* n, *Mindeststimmenzahl, Beschlußfähigkeit* f, *die für die Beschlußfähigkeit e–r Versammlung gesetzlich festgelegte Anzahl Mitglieder* || ◇ alcanzar el ~ *Beschlußfähigkeit erreichen (Versammlung)*
quota litis *f* lat ⟨Jur⟩ *Erfolgshonorar* n

R

r (= **ere**) *f R* n ‖ r doble, r duplicada *das span. Doppel-r*
R. Abk = **Real** ‖ **Reverendo** ‖ **Reverencia** ‖ **Respuesta** ‖ **Recibido** (**Recibimos, Recibí**) ‖ **Reducción** ‖ **Reprobado** *(Prüfungsnote)* ‖ **Río** ‖ ⟨EB⟩ = **Restaurante** ‖ **Revisado** ‖ **Reaseguro** ‖ **Radiograma**
r., r/ = **remesa** ‖ **reflexivo** ‖ **reacción** ‖ **respuesta**
R. A. Abk = **Real Academia** ‖ **República Argentina**
raba *f* ⟨Fi⟩ *Köder m aus Kabeljaurogen* ‖ *Fangarm m (der Weichtiere)* ‖ ~**s** *fpl* Sant ⟨Kochk⟩ *in Öl gebackene Fangarme des Kalmars, des Tintenfisches und der kleinen Kraken*
rabadán *m (Ober)Schäfer m*
rabadilla *f Bürzel, Sterz m der Vögel* ‖ ⟨An⟩ *Steiß-, Heiligen|bein n*
rabalero *m/adj Bewohner m des Stadtteils Rabal* (Zar) ‖ = **arrabalero**
rabanal *m Rettichfeld* n
raba|nera *f Rettichverkäuferin f* ‖ figf *unverschämtes, grobes Weib(sstück) n* ‖ –**nero** *adj* figf *unverschämt, grob* ‖ *sehr kurz (Kleid)* ‖ ~ *m Rettichverkäufer m* ‖ –**nete** *m* dim v. **rábano** ‖ –**nillo** *m* dim v. **rábano** ‖ figf *(Wein)Stich m* ‖ ⟨Bot Agr⟩ *Hederich m* (Raphanus raphanistrum) *(Unkraut)* ‖ ~ (picante) *Radieschen* n (Raphanus sativus radicula) ‖ –**niza** *f Rettichsamen m*
rábano *m* ⟨Bot Agr⟩ *Rettich m* (Raphanus sativus) ‖ *Rettichwurzel f* ‖ figf *(Wein)Stich m* ‖ ~ picante *Meerrettich, Kren m* (Armoracia rusticana) ‖ ◊ tomar el ~ *por las hojas* figf *das Pferd beim Schwanz aufzäumen* ‖ *eso me importa un* ~ fam *das ist mir schnuppe* ‖ ¡un ~ ! *denkste!* ‖ *i wo (denn)! k–e Rede!*
rabárbaro *m* ⟨Bot⟩ = **ruibarbo**
rabassa *f:* ~ morta Cat ⟨Jur⟩ *Vertrag, bei dem der Eigentümer den Grund gegen Zins zur Bepflanzung mit Weinstöcken hingibt, Vertragsdauer: bis zum Absterben der Weinstöcke* ‖ ~**ire** *m* Cat *Landpächter m nach* rabassa morta
△**rabasunche** *m Fuchs m*
rabazuz *m Lakritze f* (→ **regaliz, orozuz**)
rabe|ar vi *(mit dem Schwanz) wedeln* ‖ fig *schwänzeln* ‖ figf *(noch) am Leben sein* ‖ ◊ *todavía –a* figf *das hat noch gute Weile, das dauert noch* ‖ –**bel** *m dreisaitige lautenförmige (Hirten-) Geige f* ‖ *Sack-, Stock|geige f* ‖ fam *Gesäß n, Po(po) m*
△**rabelar** vt *loben*
rabelejo dim v. **rabel**
rabelesiano adj *auf den frz. Schriftsteller Rabelais bezüglich*
rabeo *m Wedeln, Schwänzeln n*
rabe|ra *f hinterer Teil m* ‖ *Stiel, Griff m* ‖ ⟨Mil⟩ *Kreuzteil m (des Mausergewehres)* ‖ –**rón** *m* ⟨Zim⟩ *(Baum)Gipfel m*
rabí [pl –**íes**] *m Rabbi m* ‖ →a **rabino**
rabia *f* ⟨Vet Med⟩ *(Toll)Wut f* ‖ fig *Wut, Raserei f, Zorn m* ‖ ~ furiosa *Tollwut f* ‖ ◊ *me tiene* ~ *er ist wütend auf mich* ‖ *er kann mich nicht ausstehen* ‖ tener ~ contra alg. *auf jdn wütend sein* ‖ *jdn nicht ausstehen (fam riechen) können*
rabiar vi *toll, wütend sein* ‖ fig *wüten, toben, vor Zorn rasen* ‖ ◊ ~ *de impaciencia vor Ungeduld brennen* ‖ *rabio de impaciencia por terminar* ‖ *ich brenne darauf, fertig zu werden* ‖ ~ *por eine rasende Begierde haben nach* (dat) *auf et* (acc)

sehr erpicht sein ‖ *pica que rabia es brennt wahnsinnig (e–e scharfe Speise)* ‖ *es juckt ungemein (z. B. Mückenstich)* ‖ *ser del tiempo del rey que rabió zu Olims Zeiten sich zugetragen haben* ‖ a ~ pop *riesig viel*
rabiatar vt *am Schwanz an-, fest|binden (Tiere)*
rabiazorras *m* ⟨Meteor⟩ = **solano**
rabi|caliente adj vulg *wollüstig, geil* ‖ –**cano, –cán** adj/s *stichelhaarig (Pferd)*
rábico adj ⟨Met Vet⟩ *Tollwut-* ‖ virus ~ *Tollwutvirus m* (Formido inexorabilis)
rabicorto adj *kurzschwänzig*
rábida *f* Marr *Einsiedelei f, Kloster n (auch:* **rápita**
rabieta *f* dim v. **rabia:** *(lächerlich wirkender) Wutanfall m* ‖ fam *Kinderzorn m*
rabi|horcado *m* ⟨V⟩ *Fregatt(en)vogel m* (Fregata magnificens) ‖ –**largo** adj *langschwänzig* ‖ ~ *m* ⟨V⟩ *Blauelster f* (Cyanopica cyanus) ‖ –**llo** *m* dim v. **rabo** ‖ ⟨Bot⟩ *Stiel, Stengel m* ‖ ⟨Bot⟩ *Taumellolch m* (→ **cizaña**) ‖ *Westen-* bzw *Hosen|schnalle f* ‖ ~ *del ojo* fig *Augenwinkel m* ‖ ◊ *mirar por el* ~ *del ojo aus den Augenwinkeln (od heimlich) beobachten*
rabínico adj *rabbinisch, Rabbiner-* ‖ casuística ~a *rabbinische Kasuistik f* ‖ sagacidad ~a *Rabbinerweisheit f*
rabino *m Rabbiner m* ‖ gran ~ *Oberrabbiner m*
rabión *m Stromschnelle f*
rabioso adj/s *rasend, wütend, toll* ‖ *zornwütig, rabiat* ‖ ⟨Med Vet⟩ *tollwütig* ‖ colorín ~ pop *schreiende, grelle,* fam *knallige Farbe f* ‖ perro ~ *toller Hund m* ‖ rojo ~ *hoch-, grell|rot,* fam *knallrot* ‖ al contado ~ fam *nur gegen Barzahlung* ‖ ◊ volverse ~ fig *zornig werden* ‖ *aufbrausen* ‖ ¡eso me pone ~ ! fam *das macht mich wütend!*
rabisalsera *f/adj keß und frech (Frau)* ‖ *vorwitzig, naseweis (Frau)*
rabitojo *m* ⟨V⟩: ~ mongol *Stachelschwanzsegler m* (Hirundapus caudacutus)
rabiza *f* ⟨Fi⟩ *Spitze f der Angelrute* ‖ ⟨Mar⟩ *Schwieping f* ‖ △ desp *Hure f*
rabo *m Schwanz, Schweif m* ‖ ⟨Bot⟩ *Stiel, Stengel m* ‖ fig *Kometenschweif m* ‖ fig *alles Schwanzartige n* ‖ fig vulg *männliches Glied n,* vulg *Schwanz m* ‖ ⟨Taur⟩ *Schwanz m des getöteten Stieres (als Ehrenpreis für den Matador)* ‖ ~s de gallo ⟨Meteor⟩ *Feder-, Zirrus|wolke f* ‖ ~ del ojo fig *Augenwinkel m* (→ **rabillo**) ‖ ~ de zorra ⟨Bot⟩ *Fuchsschwanz m* (Amarantus spp) ‖ ◊ asir por el ~ figf *ungeschickt anpacken* ‖ *ein Geschäft ungeschickt beginnen* ‖ ir *(od* salir) ~ entre piernas fam *den Schwanz zwischen die Beine nehmen* ‖ ir al ~ de alg. figf *jdm fuchsschwänzeln* ‖ mirar a uno de *(od* con el) ~ *(od* rabillo) del ojo figf *jdn zornig, verächtlich, von der Seite ansehen* ‖ *aún le ha de sudar el* ~ figf *der wird noch viel schwitzen* ‖ *todavía está (od* falta, queda) el ~ por desollar figf *das Schwierigste steht noch bevor* ‖ fam *das dicke Ende kommt noch*
rabón, ona adj *kurzschwänzig* ‖ *schwanzlos* ‖ Mex *kurz (Frauenrock)* ‖ Mex *elend, miserabel unbedeutend* ‖ Chi *nackt* ‖ un pueblo ~ Mex fig *ein elendes Dorf,* fam *ein Nest, ein Kaff n*
rabona *f:* ◊ hacer (la) ~ fam *die Schule schwänzen*
rabo|near vi *mit dem Schwanze kräftig wedeln* ‖ pop *die Schule schwänzen* ‖ ~ vt/i Am *ein Vieh am Schwanze packen, um es zu zähmen* ‖ –**nero** *m*

pop *Schüler, der die Schule schwänzt, Schwänzer* m
rabo|pelado m ⟨Zool⟩ = **zarigüeya** ‖ **–so** adj *ausgefranst*
rabo|tada f *Schlag, Ruck* m *mit dem Schwanz* ‖ figf *freche Antwort* od *Bewegung* f ‖ ◊ dar ~s figf *sich frech benehmen* ‖ **–tear** vt *den Schwanz stutzen (den Lämmern)* ‖ **–teo** m *Schwanzstutzen* n
rabudo adj *langschwänzig*
rábula m *Rechtsverdreher, Rabulist* m ‖ pop *Krakeeler* m
¹**rac** m = **arac**
²**rac, rac** onom *quak! quak! (der Frösche)*
racconto m it ⟨Th⟩ *erzählende Partie* f *(in e–r Oper)*
racemoso adj ⟨Bot⟩ *raze|mos, -mös, traubenförmig* ‖ inflorescencia ~a ⟨Bot⟩ *traubenförmiger Blütenstand* m, *razemose Infloreszenz* f
racial adj *rassisch, Rassen-* ‖ conciencia ~ *Rassenbewußtsein* n ‖ barreras ~es *Rassenschranken* fpl ‖ discriminación ~ *Rassendiskriminierung* f ‖ doctrina ~ *Rassenlehre* f ‖ espíritu (od idiosincrasia) ~ *Rassenseele* f ‖ higiene ~ *Rassen|pflege, -hygiene* f ‖ idea ~ *Rassengedanke* m ‖ investigaciones ~es *Rassenforschung* f ‖ odio (od antagonismo) ~ *Rassenhaß* m ‖ → **racismo, raza**
raci|mo m *(Wein)Traube* f ‖ ⟨Bot⟩ *Blütentraube* f ‖ *Büschel* n *(Kirschen, Pflaumen)* ‖ fig *Schwarm* m, *Schar* f ‖ **–moso** adj = **racemoso** ‖ **–mudo** adj *großtraubig* ‖ *mit vielen Trauben*
racioci|nar vi *schließen, urteilen* ‖ *(nach)denken* ‖ *klügeln, vernünfteln* ‖ →a **razonar** ‖ **–nio** m *Vernunftsschluß* m ‖ *Nachdenken* n ‖ *Gedankengang* m ‖ *Urteilsfähigkeit* f ‖ *Urteilskraft* f ‖ →a **razonamiento**
ración f *Ration* f ‖ *Zuteilung* f ‖ ⟨Rel⟩ *Pfründe* f ‖ *Kostgeld* n ‖ *Dienerlohn* m ‖ *Portion* f *(im Wirtshaus)* ‖ *(tägliche) Nahrungsmenge* f *(täglicher) Nahrungsbedarf* m ‖ *Flüssigkeitsmaß* n = ¹/₄ *cuartillo* ‖ ~ de hambre *Hungerration* f ‖ a ~ *genau, knapp abgemessen*
¹**racional** adj *rational, vernünftig, Vernunfts-* ‖ ⟨Math⟩ *rational* ‖ fig *rationell, zweckmäßig* bzw *ordnungsmäßig* ‖ fig *sparsam* ‖ (ser) ~ *vernunftbegabtes Wesen* n
²**racional** m ⟨Rel⟩ *Rationale* n
racionalidad f *Vernünftigkeit* f ‖ *Zweck- bzw Ordnungs|mäßigkeit* f
racionalis|mo m *Rationalismus, Vernunftglaube* m ‖ **–ta** m *Rationalist* m ‖ ~ adj *rationalistisch* ‖ *Vernunft-*
racionaliza|ción f *Rationalisierung* f *(& Wir Com)* ‖ **–dor** m *Rationalisator* m ‖ **–r** vt *rationalisieren* ‖ *vereinheitlichen, normen*
raciona|miento m *Bewirtschaftung, Rationierung* f ‖ *Zuteilung, Ausgabe f der Rationen* ‖ **–r** vt *rationieren* ‖ ⟨Mil⟩ *die Rationen ausgeben* ‖ *abfüttern (Pferde usw)*
racionero m *(Kost)Pfründer* m ‖ *Kostverteiler* m *im Kloster*
racis|mo m ⟨Pol⟩ *Rassismus* m ‖ *(übersteigertes) Rassenbewußtsein* n ‖ *Rassen|gedanke* m, *-denken* n ‖ *Rassen|wahn* m, *-hetze* f ‖ →a **racial, raza** ‖ **–ta** adj/s *rassistisch* ‖ *rassisch* ‖ *rassenpolitisch* ‖ p.ex *völkisch, Volks-* ‖ *Estado ~ völkischer Staat* m ‖ ~ *m Rassist* m ‖ *Verfechter* m *des Rassengedankens* ‖ *Rassenpolitiker* m ‖ *Rassenfanatiker* m
racor m gall ⟨Tech⟩ *Anschlußstutzen* m *mit Gewinde* ‖ *Verbindungsstück* n
racha f *Windstoß* m ‖ ⟨Mar⟩ *Bö* f ‖ fig *Strudel* m ‖ fig *Serie, Reihe* f ‖ *después de una ~ de dificultades nach e–r Reihe Schwierigkeiten* ‖ *mala (buena)* ~ fam *Pech- (Glücks)strähne* f
rachar vt Ast Gal León Sal = **rajar**
△**rachelar** vt *antreffen*

△**rachí** f *Nacht* f
rada f ⟨Mar⟩ *Reede* f ‖ →a **bahía**
radar *(auch:* **rádar***)* m ⟨Phys Mil⟩ *Radar* m/n ‖ *Radar-, Funkmeß|gerät* n ‖ ~ de acercamiento de gran precisión ⟨Flugw⟩ *Präzisionsanflugsradargerät* n ‖ ~ de grandes distancias *Großraumübersichtsradargerät* n ‖ ~ meteorológico y anticolisión ⟨Flugw⟩ *Nebel- und Antikollisions|radar* m/n ‖ instalación (de) ~ *Radaranlage* f
¹**radiación** f *(Aus)Strahlung* f ‖ ~ atómica, ~ radi(o)activa *radioaktive Strahlung* f ‖ ~ cósmica *kosmische Strahlung* f ‖ ~ con lámpara de cuarzo ⟨Med⟩ *Quarzlampenbestrahlung* f ‖ ~ solar (terrestre) *Sonnen-, (Erd)strahlung* f ‖ ~ de la antena ⟨Radio⟩ *Antennenstrahlung* f ‖ ~es fpl *Strahlen* mpl ‖ →a **rayo**
²**radiación** f gall Am *Aus-, Durch|streichen* n ‖ *Streichung* f ‖ ⟨Jur⟩ *Löschung* f
radiacti|vidad f ⟨Phys⟩ *Radioaktivität* f ‖ **–vo** adj ⟨Phys⟩ *radioaktiv*
radia|do adj *strahl(enförm)ig, Strahlen-Funk-* ‖ Am gall *ausgestrichen* ‖ discurso ~ *Rundfunk|rede, -ansprache* f ‖ publicidad ~a *Funkwerbung* f ‖ **–s** mpl ⟨Zool⟩ *Strahlentiere* npl *(Radiata)* ‖ **–dor** m *Heizkörper, Radiator* m ‖ ⟨Aut⟩ *Kühler* m ‖ ⟨Phys⟩ *Strahler* m ‖ ~ alveolar, ~ de panal *Waben-, Zellen|kühler* m ‖ ~ de calefacción *Heizkörper* m ‖ ~ integral ⟨Phys⟩ *schwarzer Körper, Planckscher Strahler* m ‖ ~ tubular *Röhrenkühler* m ‖ *tapa del ~ Kühlerdeckel* m
radial adj *strahlig, speichenförmig* ‖ ⟨An Biol Math Tech⟩ *radial* ‖ *(músculo)* ~ m ⟨An⟩ *Speichenbeuger* m *(Muskel)*
radiancia f ⟨Phys⟩ *Strahldichte* f
radiante adj/m *strahlend, glänzend* ‖ fig *glückstrahlend* ‖ *Strahlungs-* ‖ ~ de alegria *freudestrahlend* ‖ calor ~ *Strahlungswärme* f ‖ ~ m ⟨Math⟩ *Radiant* m
¹**radiar** vt *(ab-, aus)strahlen* ‖ ⟨Radio⟩ *funken, senden, ausstrahlen* ‖ vi *glänzen, leuchten, strahlen*
²**radiar** vt gall Am *(aus-, durch)streichen (in e–r Liste usw)* ‖ ⟨Jur⟩ *löschen*
radicación f *Wurzel|treiben* n, *-bildung* f ‖ *Ein-, Ver|wurzelung* f *(& fig)* ‖ ⟨Math⟩ *Wurzelziehung* f
¹**radical** adj ⟨Bot⟩ *wurzelständig, Wurzel-* ‖ fig *radikal* ‖ fig *gründlich* ‖ *Grund-, Stamm-* ‖ voz ~ ⟨Gr⟩ *Stammwort* n
²**radi|cal** m ⟨Pol⟩ *Radikale(r)* m ‖ ⟨Pol⟩ desp *Radikalinski* m *(meist marxistischer od trotzkistischer etc. Radikaler), Linksradikaler, Chaot* m ‖ ⟨Gr⟩ *Wortwurzel* f ‖ ⟨Gr⟩ *Radikal* m ‖ *Stamm* m ‖ ⟨Math Chem⟩ *Radikal* n ‖ ⟨Math⟩ *Wurzelzeichen* n ‖ ~ socialista ⟨Pol⟩ *Radikalsozialist* m ‖ **–calismo** m *Radikalismus* m ‖ ~ de derechas (izquierdas) *Rechts- (Links)radikalismus* m ‖ **–calización** f *Radikalisierung* f ‖ **–calizar** vt *radikalisieren* ‖ *zuspitzen* ‖ **–calmente** adv *gründlich, von Grund aus* ‖ **–cando** m ⟨Math⟩ *Radikand* m ‖ **–car** [c/qu] vi *wurzeln* ‖ *s–n Stammsitz haben* ‖ fig *beruhen* (en *auf* dat) ‖ *bestehen* (en *in* dat) ‖ ◊ la ventaja principal radica en que *der Hauptvorteil besteht darin, daß* ‖ **–se** *Wurzel fassen* ‖ Am *sich ansässig machen* ‖ **–cela** f ⟨Bot⟩ *Wurzelfaser* f ‖ **–coso** adj *wurzelartig*
radicula f ⟨Bot⟩ *Radikula, Keimwurzel* f *(der Samenpflanzen)* ‖ ⟨An⟩ *Nervenwurzel* f
radieste|sia f ⟨Psychol⟩ *Strahlenfühligkeit, Radiästhesie* f ‖ **–sista** m *Wünschelrutengänger, Pendler* m
radiestético adj *radiästhetisch, auf die Radiästhesie bezüglich*
radífero adj *radiumhaltig*
¹**radio** m *Radius, Halbmesser* m *des Kreises* ‖ fig *Radius* m ‖ fig *Umgebung* f, *Umkreis* m ‖ ⟨An Tech⟩ *Speiche* f ‖ ~ de rueda, ~ tangente *Radspeiche* f

²**radio** m ⟨Chem⟩ *Radium* n
³**radio** f Span Arg, m Am *Rundfunk* m, *Radio* n ‖ *Rundfunkgerät, Radio* n ‖ ~ de a bordo ⟨Flugw⟩ *Bordfunk|er* m bzw *-anlage* f ‖ ~ para automóvil, ~ para auto, ~ del coche *Autoradio* n ‖ ~ de galena *Kristallgerät* n, *(alter) Detektorempfänger* m ‖ ~ portátil *Kofferradio* n ‖ accesorios para (la) ~ *Radioeinzelteile* npl ‖ aparato de ~ *Radio|apparat* m, *Rundfunk|gerät* n ‖ curso de ~ → **radiofónico** ‖ derechos (*od* cuota) de ~ *Rundfunkgebühren* fpl ‖ ⇌ *Club Radioklub* m ‖ dirigido por ~ *funkgesteuert* ‖ operador de ~ *Funker* m
⁴**radio** m Abk = **radiograma**
⁵**radio** m Abk = **radiotelegrafista**
radio adj = **errante**
radio|activo adj = **radiactivo** ‖ **-aficionado** *m Funkamateur* m ‖ **-astronomía** *f Radioastronomie* f ‖ **-audición** *f Rundfunkhören* n ‖ *Rundfunk|darbietung* f bzw *-konzert* n ‖ **-baliza** *f* ⟨Flugw Mar⟩ *Funk|feuer* n, *-bake* f ‖ **-biología** *f Radiobiologie* f ‖ **-club** *m Radioklub* m ‖ **-compás** *m* ⟨Flugw⟩ *Radiokompaß* m ‖ **-comunicación** *f Funkbericht* m ‖ *Funkverkehr* m ‖ *Funkgespräch* n ‖ **-conductor** *m* ⟨El⟩ *Fritter, Kohärer* m ‖ ⟨Tel⟩ *Empfänger* m *(für drahtlose Telegrafie)* ‖ **-dermitis** *f* ⟨Med⟩ *Röntgen-, Strahlen|dermatitis* f ‖ **-diagnóstico** *m Röntgen|diagnose* bzw *-diagnostik* f ‖ **-difundir** vt *senden, übertragen* ‖ **-difusión** *f Rundfunk* m ‖ *Rundfunkübertragung* f ‖ ~ *sonora Hör-, Ton|funk* m ‖ **-difusor** adj: estación ~a *Rundfunksender* m ‖ **-electricidad** *f Hochfrequenztechnik* f ‖ *(Rund)Funktechnik* f ‖ *Radioelektrizität* f ‖ **-eléctrico** adj *drahtlos, radioelektrisch* ‖ **-elemento** *m* ⟨Nucl⟩ *radioaktives Element, Radioelement* n ‖ **-emisora** *f Rundfunksender* m ‖ ~ *clandestina Schwarzsender* m ‖ **-enlace** *m Funkverbindung* f ‖ ~ *dirigido Richtfunkverbindung* f
radi(o)escucha *m Rundfunk|hörer, -teilnehmer* m
radio|emisión *f Funksendung* f ‖ **-emisor** *m Funksender* m ‖ **-experimentador** *m Radiobastler* m ‖ *Funkamateur* m ‖ **-fonía** *f Rundfunk* m ‖ = **radiotelefonía** ‖ **-fónico** adj *Rundfunk-* ‖ *Sprechfunk-* ‖ curso ~ *Funkkolleg* n ‖ pieza ~a *Hörspiel* n ‖ **-fotografía** *f Schirmbildaufnahme* f ‖ *Funkbildübertragung* f ‖ *Radiophotographie* f ‖ **-frecuencia** *f Radiofrequenz* f ‖ **-goniometría** *f Funkpeilung* f ‖ **-goniómetro** *m Funkpeilgerät* n ‖ **-grafía** *f Röntgenaufnahme* f ‖ *Röntgenbild* n ‖ *Radiophotographie* f ‖ **-grafiar** [pres –io] vt ⟨Med⟩ *röntgen, durchleuchten* ‖ *funken (Fernmeldewesen)* ‖ **-gráfico** adj *röntgenographisch, Röntgen-* ‖ *Funk-* ‖ despacho ~ *Funkbericht* m ‖ examen ~ ⟨Med⟩ *Röntgenuntersuchung* f ‖ **-grama** *m Funk|spruch* m, *-telegramm* n ‖ ⟨Med⟩ *Radiogramm* n ‖ **-isótopo** *m* ⟨Chem Nucl⟩ *Radioisotop, radioaktives Isotop* n ‖ **-larios** mpl ⟨Zool⟩ *Strahlentierchen* npl *(Radiolaria)* ‖ **-localización** *f Funkortung* f ‖ *Radar* m/n ‖ **-logía** *f* ⟨Med⟩ *Röntgenologie* f ‖ *Radiologie, Strahlenforschung* f ‖ **-lógico** adj *röntgenologisch, Röntgen-* ‖ *radiologisch*
radiólogo *m Röntgenologe* m ‖ *Radiologe* m
radio|mensaje *m Funkspruch* m ‖ *Rundfunkbotschaft* f *(z. B. des Staatsoberhaupt[e]s, des Papstes)* ‖ **-metría** *f Radiometrie, Strahlungsmessung* f ‖ *Funkmeßtechnik* f
radiómetro *m Radiometer* n ‖ = **radiotelémetro**
radio|navegación *f* ⟨Flugw Mar⟩ *Funk|ortung, -navigation* f ‖ **-operador** *m Funker* m ‖ **-patrulla** *f Funkstreife* f ‖ **-química** *f Radiochemie* f ‖ **-relé, -relais** *m Relaisstation* f ‖ **-recepción** *f Funkempfang* m ‖ **-rreceptor** *m (Rund)Funkempfänger* m ‖ **-scopia** *f Durchleuchtung, Radioskopie, Untersuchung* f *durch Röntgenstrahlen* ‖ **-scópico** adj *Durchleuchtungs-, Röntgen-* ‖ **-sensibilidad** *f*

⟨Med⟩ *Strahlungs-, Strahlen|empfindlichkeit* f ‖ **-sensible** adj *strahlungs-, strahlen|empfindlich*
radio|so adj *strahlend, leuchtend* ‖ **-sonda** *f* ⟨Meteor⟩ *Radiosonde* f ‖ **-taxi** *m Funk|taxe* f, *-taxi* n ‖ **-teatro** *m Hörspiel* n ‖ *Rundfunk|theater* n bzw *-bühne* f ‖ **-técnica** *f Funktechnik* f ‖ **-técnico** adj/s *funk-, radio|technisch* ‖ ~ *m Funk-, Radio|techniker* m ‖ **-telecomunicación** *f Funk-(melde)wesen* n ‖ **-telefonía** *f drahtlose Telefonie* f, *Sprechfunk* m ‖ **-telefónico** adj *Funksprech-, radiotelefonisch* ‖ **-teléfono** *m Funksprechgerät, Sprechfunkgerät, Radiotelefon* n ‖ **-telegrafía** *f Funktelegrafie* f ‖ *drahtlose Telegrafie* f ‖ *Funken* n ‖ **-telegrafiar** [pres –io] vt/i *funken* ‖ **-telegráfico** adj *funktelegrafisch, auf drahtlose Telegrafie bezüglich* ‖ **-telegrafista** *m Funker* m ‖ **-telegrama** *m Funk|telegramm* n, *-spruch* m ‖ **-telémetro** *m Funkmeßgerät* n ‖ **-telescopio** *m Radioteleskop* n ‖ **-televisado** adj *über Funk und Fernsehen (übertragen)* ‖ **-televisión** *f Fernsehfunk* m ‖ **-terapia, -terapéutica** *f Röntgen-, Strahlen|behandlung* f ‖ **-transmisión** *f Funkübertragung* f ‖ **-transmisiones** fpl *Funkwesen* n ‖ **-transmisor** *m Funksender* m
radiovector *m* ⟨Math⟩ *Leitstrahl, Radiusvektor* m
radiovisión *f* → **televisión**
radioyente *m (Rund)Funkhörer* m ‖ ~ *clandestino Schwarzhörer* m
radium [...un] *m* ⟨Chem⟩ *Radium* n (→ **radio**)
radomo *m* ⟨El⟩ *Antennenkuppel* f, *Radom* n
radón *m* ⟨Chem⟩ *Radon* n
rádula *f* ⟨Zool⟩ *Radula* f (lat) *der Weichtiere*
R. A. E. Abk = **Real Academia Española**
rae|dera *f Schabeisen* n ‖ *Schabemesser* n ‖ **-dura** *f Abschabsel* n ‖ *Schaben* n ‖ **-s de cuero** *Leimleder* n ‖ ~ *de hierro Eisenfeilspäne* mpl ‖ carne en ~s *geschabtes Fleisch* n
raer [pres **raigo**, *rayo**, pret **rayó**] vt *(ab)schaben, abkratzen* ‖ fig *ausrotten, (aus)tilgen, vernichten* ‖ *abstreichen* (→ **rasar**) ‖ ◊ ~ de la memoria fig *aus dem Gedächtnis verwischen* ‖ ~se *sich abtragen (Kleider)*
Rafael *m* np Tfn *Raphael* m ‖ *Raffael (it. Maler)* ‖ ⇌**esco** adj ⟨Mal⟩ *in Raffaels Stil*
ráfaga *f Windstoß, Stoßwind* m ‖ ⟨Mar⟩ *Bö* f ‖ *plötzlicher Lichtstrahl* m ‖ ~s de ametralladora *Maschinengewehrgarben* fpl ‖ *Feuerstoß* m ‖ ~ de luz *Lichtstreif* m, *Aufblitzen* n ‖ a ~s fig *stoßweise, in Stößen* ‖ *böig*
rafal *m* Ar *Meierhof* m
rafia *f Raphiabast* m *(aus der Palme Raphia farinifera)*
***rafinería** *f (Zucker)Raffinerie* f
Raf.¹ Abk = **Rafael**
raga *f* Arg *Posse* f, *Spaß* m
raglán, raglan *m* engl *Raglan, (Art) Mantel* m
ragú *m* ⟨Kochk⟩ *Ragout* n
rahez [pl –ces] adj *gemein, verächtlich*
rai *m* Marr *Schäfer* m
raiba Am pop = **reía** (→ **reir**)
raíces pl v. **raíz** ‖ bienes ~ *Grundbesitz* m, *Liegenschaften* fpl, *Grundstücke* npl ‖ propietario de bienes ~ *Grundbesitzer* m
rai|cilla, -ceja, -cita *f* dim v. **raíz**
raid *m* engl ⟨Sp⟩ *Raid, Flug* m ‖ ~ *aéreo Flug* m ‖ ~ *de bombardeo Bomben|flug, -angriff* m ‖ ~ *nocturno de bombardeo* ⟨Flugw⟩ *Nachtbombenangriff* m
raído adj *abgeschabt, abgetragen, fadenscheinig (altes Kleid)* ‖ fig *dreist, unverschämt*
rai|gal adj ⟨Bot⟩ *wurzelständig* ‖ **-gambre** *f Wurzelgestrüpp* n ‖ fig *Verwurzelung* f ‖ sin ~ *wurzellos* (& fig) ‖ ⇌ ~, tener ~ fig *verwurzelt sein* ‖ **-gón** m augm v. **raíz** ‖ *Wurzel* f *e–s Stockzahnes* ‖ *Zahnwurzel* f
raigo → **raer**

raijo m Murc ⟨Bot⟩ *Schößling* m ‖ *neuer Trieb* m ‖ → **brote, renuevo**
rail, raíl m ⟨EB⟩ *Schiene* f *(auch: riel)*
Raimundo m np Tfn *Raimund* m
raíz f [pl **raíces**] ⟨Bot⟩ *Wurzel* f ⟨& Gr⟩ ‖ fig *Wurzel, Grundlage* f ‖ fig *Ursprung* m ‖ ⟨Li Math⟩ *Wurzel* f ‖ *Zahn-* bzw *Haar-* bzw *Nagel\wurzel* f ‖ ~ **cuadrada, cúbica** *Quadrat-, Kubik\wurzel* f ‖ a ~ fig *ganz nahe, streifend (an* acc) ‖ a ~ **de** *auf Grund von, zufolge* ‖ *unmittelbar (bzw kurz) (da)nach* ‖ **de** ~ *von der Wurzel weg* ‖ *mit der Wurzel* ‖ fig *ganz und gar, von Grund aus* ‖ a ~ **de mi regreso** *unmittelbar nach m–r Rückkehr* ‖ ◊ **arrancar de** ~ *mit der Wurzel (od mit Stumpf und Stiel) ausrotten* ‖ **echar** ~**es** fig *Wurzel fassen (Laster)* ‖ fig *sich niederlassen* ‖ **parecía haber echado** ~**es (en el suelo)** figf *er stand wie angewurzelt da* ‖ **tener** ~**es** fig *tief eingewurzelt sein*
raja f *Splitter, Span* m ‖ *Riß, Spalt* m, *Ritze, Spalte* f ‖ *Sprung* m ‖ *Schnitte* f, *Schnittchen* n *(Melone, Käse usw)* ‖ *Scheibe* f *(Wurst)* ‖ vulg *Möse* f, vulg *Schlitz* m ‖ ◊ **hacerse** ~**s** figf *in Stücke gehen* ‖ fig *zerstört werden* ‖ **sacar** ~ figf *Nutzen ziehen*
rajá [pl **–aes**], **rajah** m *Radscha* m *(indischer Fürst)*
rajada f Am *Rückzieher* m ‖ vulg = **raja** vulg
raja\do adj *zersprungen, geborsten* ‖ *feige* ‖ *wortbrüchig* ‖ ~ m fig *Feigling* m ‖ *Wortbrüchige(r)* m ‖ **–dor** m *Holzspalter* m ‖ **–dura** f *Sprung, Riß, Spalt* m ‖ *Spaltbildung* f ‖ figf *Feigheit* f ‖ *Rückzieher* m
rajah m → **rajá**
rajar vt *(zer)spalten* ‖ *auseinanderbrechen* ‖ *(ein)ritzen* ‖ *schlitzen* ‖ ◊ ~ **leña** *Holz spalten* ‖ → **tabla** ‖ ~ vi figf *großtun* ‖ pop *plaudern* ‖ *schwätzen, quasseln* ‖ *verleumden* ‖ ~**se** *rissig werden* ‖ *bersten, reißen, springen (Holz, Marmor)* ‖ figf *e–n Rückzieher machen*, fam *kneifen* ‖ *sich einschüchtern lassen* ‖ *den Mut verlieren* ‖ ◊ ~ **por a/c** pop *et heiß begehren*
rajatabla: a ~ adv *unausweichlich, unbedingt, um jeden Preis* ‖ ~**s** mpl Col *derber Verweis*, fam *Wischer* m ‖ a ~ **Pe** *rücksichtslos* ‖ **Am** *kopfüber*
ra\jón m/adj CR Salv *Eisenfresser, Bramarbas* m ‖ prov & Mex *Feigling* m ‖ ~ adj CR Salv *prunkhaft* ‖ **–jonada** f fam CR Salv *Angeberei, Prahlerei* f ‖ Mex *Rückzieher* m
rajuela f dim v. **raja**
rajuño m Am = **rasguño**
△**ralachar** vi *stolpern*
ralea f *Art, Gattung, Sorte* f ‖ *Natur, Beschaffenheit* f ‖ desp *Brut, Sippschaft* f, *Gezücht* n ‖ **mala** ~ *Gesindel* n
rale\ar vi *dünn werden* ‖ *dünn stehen (Saaten)* ‖ *sich lichten (Haare, Wald)* ‖ *ausfallen, weniger werden (Zähne)* ‖ ◊ **ir** ~**ando** *sich allmählich lichten (Wald)* ‖ **–za** f *Dünnheit* f
rálidas fpl ⟨V⟩ *Rallen* fpl (Rallidae)
ralo adj *dünn, licht* ‖ *spärlich* ‖ *dünn stehend (Saat)* ‖ **barba** ~**a** *dünn wachsender Bart* m ‖ **dientes** ~**s** *auseinanderstehende Zähne* mpl
ralla\dor m *Reibe* f, *Reibeisen* n *(Küchengerät)* ‖ *Raspel* f ‖ ⟨Tech⟩ *Reibstuhl* m ‖ **–dora, –dera** f *Reibeisen* n ‖ **–dura** f *Raspelspäne* mpl ‖ *Reibsel* n
rallar vt *(ab)raspeln, reiben* ‖ *zerreiben* ‖ *aufrauhen* ‖ fig *ärgern, belästigen* ‖ ⟨Kochk⟩ *auf dem Reibeisen reiben*
rallo m *Reibeisen* n ‖ *Raspel* f ‖ *Kühlgefäß* n ‖ ◊ **cara de** ~ pop *blatternarbiges Gesicht* n
rally(e) m engl/frz ⟨Sp⟩ *Rallye, Sternfahrt* f
¹**rama** f *Ast, Zweig* m ‖ *Propfzweig* m ‖ fig *Abzweigung* f ‖ *Fach* n, *Zweig* m *(e–r Wissenschaft, e–s Gewerbes)* ‖ *Linie* f *(Stammbaum)* ‖ → **a ramo** ‖ **algodón en** ~ *rohe Baumwolle* f ‖ *Watte* f ‖ **en** ~ *roh, unbearbeitet (Flachs, Hanf, Seide, Eisen usw)* ‖ *in losen Bogen, nicht eingebunden (Buch)* ‖ **en (la)** ~ *paterna väterlicherseits (Verwandtschaft)* ‖ ~**s desgajadas** *Windbruch* m
²**rama** f ⟨Typ⟩ *Rahmen* m ‖ ⟨Web⟩ *Spannrahmen* m
rama\da f *Gezweig* n ‖ **–dán** m *Ramadan* m *(islamischer Fastenmonat)* ‖ **–do** adj *voller Äste* ‖ **–je** m *Astwerk, Geäst* n ‖ *Gezweig* n ‖ *Reisig* n ‖ *Laubwerk* n
ramal m *Draht, Strang* m, *Litze* f *(e–s Seiles)* ‖ ⟨Bot⟩ *Ranke, Gabel* f ‖ *Abzweigung* f ‖ *Seitenweg* m ‖ *Zuleitung* f *von Wasser* ‖ *Seitenarm* m *e–s Flusses* ‖ *Seitenkanal* m ‖ ⟨EB⟩ *Zweigbahn, Seitenlinie* f ‖ ⟨Arch⟩ *Treppenlauf* m ‖ ⟨Bgb⟩ *Ader* f, *Gang* m ‖ ⟨Tech⟩ *Abzweigstutzen* m ‖ *Zweigleitung* f
rama\lazo m *Hieb, Schlag* m *mit e–m Strang* ‖ fig *heftiger Schmerz, Stich* m ‖ *Anfall* m ‖ *Striemen* m ‖ fig *Aufwallung* f ‖ **–zón** f *abgehauene Zweige, Äste* mpl *(e–s Baum[e]s)* ‖ *Reisig* n ‖ fig *Hirschgeweih* n
rambla f *sandiger Taleinschnitt* m ‖ *breite Straße, Rambla* f *(z. B. in Barcelona)* ‖ ⟨Geol⟩ *Runse, Spülrinne, Regen\rille, -rinne, -furche* f
rameado adj *gezweigt, geblümt (Zeug)*
rame\ra f *(Straßen)Dirne* f ‖ **–ría** f *Hurenhaus* n ‖ *Hurerei* f
ramifi\cación f *Verästelung, Verzweigung* f ‖ fig *Verzweigung, Verwicklung* f ‖ **–carse** [c/qu] vr *sich ver\zweigen, sich -ästeln*
rámila f Ast Sant = **garduña**
rami\lla f dim v. **rama** ‖ **–llete** m *(Blumen-)Strauß* m ‖ fig *Tafelaufsatz* m ‖ fig *Blumenlese, Auswahl* f *von Gedichten* ‖ **–lletera** f *Blumen\mädchen* n, *-binderin* f ‖ **–lletero** m *Blumenbinder* m
ramio m ⟨Bot⟩ *Ramiepflanze* f (Boehmeria nivea)
Ram\iro [dim **–rín**] m np Tfn *Ramiro* m
ramita f dim v. **rama** ‖ ~**-injerto** *Pfropf-, Edel\-reis* n
ramiza f *Reisig* n ‖ *Gezweig* n ‖ *Geflochtene(s)* n *(aus Zweigen)*
ram\náceas fpl ⟨Bot⟩ *Kreuzdorngewächse* npl (Rhamnaceae) ‖ **–no** m *Kreuzdorn* m (Rhamnus spp)
ramo m *Zweig, Ast* m ‖ *Palmenzweig* m ‖ *(Blumen)Strauß* m ‖ *Bund* n, *Zopf* m *(Zwiebeln)* ‖ fig *Gebiet, Fach* n *(e–r Wissenschaft)* ‖ fig *Geschäftszweig* m ‖ ⟨Com⟩ *Branche* f ‖ *Warenartikel* m ‖ ~ **de negocios** *Erwerbszweig* m ‖ **Domingo de** ~**s** *Palmsonntag* m ‖ ◊ **es propio de su** ~ *das schlägt in sein Fach* ‖ **vender al** ~ figf *Wein auszapfen* ‖ **¡esta flor le faltaba al** ~**!** pop *das hatte noch gerade gefehlt!*
ramojo m *Reisig* n
Ra\món m np Tfn *Raimund* m ‖ fam = *Ramón Gómez de la Serna (span. Schriftsteller 1891 bis 1963)* ‖ **–mona** f np Tfn *Ramona, Raimunde* f
ramone\ar vi *(Zweige) abäsen, verbeißen (Vieh, Wild)* ‖ *(Bäume) ausputzen* ‖ **–o** m *Abäsen* n, *Verbiß* m *(Vieh, Wild)*
ramoniano adj *auf Ramón Gómez de la Serna bezüglich* ‖ → **greguerías**
ramoso adj *astreich, mit vielen Zweigen, verzweigt*
rampa f *Rampe* f ‖ *Auffahrt* f, *An-, Ab\stieg* m ‖ ⟨EB⟩ *Rampe* f ‖ ~ **de lanzamiento** ⟨Mil⟩ *Abschußrampe* f *(für Raketen)*
rampante adj ⟨Her⟩ *springend, aufgerichtet (Löwe* bzw *Wappentier)*
ram\plón, ona adj *grob gearbeitet, mit breiter, dicker Sohle (Schuhzeug)* ‖ fig *alltäglich, grob, ungeschliffen* ‖ *pfuscherhaft* ‖ ~ m *Pfuscher* m ‖ **–s** *m* *Hufeisens)* ‖ **–plonería** f *pfuscherhafte, grobe Arbeit* f ‖ fig *Grobheit, Ungeschliffenheit, Ungehobeltheit* f

rampo|jo *m* = **raspajo** || **-llo** *m Schößling, Fechser* m
Ramsés *m* np ⟨Hist⟩ *Ramses* m
ramu|jos *mpl,* **-lla** *f Reisig(holz)* n
△**ran** *m Elle* f *(Maß)*
rana *f Frosch* m || *Froschspiel* n *(Kinderspiel* || *Würfelspiel)* || ⟨Vet⟩ = **ránula** || ⟨Tech⟩ *Froschklemme* f || ~ *campestre Feld-, Moor\frosch* m (Rana arvalis) || ~ *común,* ~ *verde,* ~ *esculenta Wasser-, Teich\frosch* m (R. esculenta) || ~ *cornuda Hornfrosch* m (Ceratophrys cornuta) || ~ *mugidora Amerikanischer Ochsenfrosch* m (R. catesbeiana) || ~ *parda,* ~ *temporaria Gras-, Land-, Tau\frosch* m (R. temporaria) || ~ *pescadora,* ~ *marina* ⟨Fi⟩ = **rape** || ~ *saltona,* ~ *saltadora Springfrosch* m (R. dalmatina) || ~ *de San Antonio,* ~ *de zarzal Laubfrosch* m (Hyla arborea) || *anca de* ~ *Froschschenkel* m || ◊ *cuando la*(s) ~(s) crie(n) *pelo figf am Sankt Nimmerleinstag, nie* || *salir (od resultar)* ~ *arg enttäuschen* || *sich als Null erweisen (Person), sich als Niete herausstellen (Person, Unternehmen)* || *no ser* ~ *figf sehr aufgeweckt od gescheit sein* || *la* ~ *croa der Frosch quakt*
*****ranacuajo** *m* = **renacuajo**
ranal *m* Murc = **ranero**
rancajo *m Splitter* m
ran|ciar, -cear vi, ~**se** vr *ranzig werden* || **-cidez, -ciedad** *f Ranzigkeit* f || *fig Altüberkommene(s)* n || *Alt\gewordene(s), -modische(s)* n || **-cio** adj *ranzig* || *überständig (Wein, Öl)* || *fig alt(modisch)* || *fig überholt, veraltet* || *fig altad(e)lig* || ~ *linaje,* ~ *abolengo altes Adelsgeschlecht* n, *Uradel* m || *tocino* ~ *abgelegener Speck* m || *vino* ~ *Krätzer, Firnewein* m || ◊ *oler a* ~ *ranzig riechen*
rancha *f* Ec fam *Flucht* f
ranche|adero *m Lager-, Rast\platz* m || **-ar** vt Am *feindliche Niederlassungen plündern* || ~ vi *e–n gemeinschaftlichen Mittagstisch bilden* || ⟨Mil⟩ *e–e Korporalschaft* (⟨Mar⟩ *e–e Backschaft) bilden* || *lagern* || **-ra** *f* Am *Name verschiedener Volks\tänze bzw -weisen* || *Bewohnerin* f *e–s Rancho* || **-ría** *f Feld-, Zelt\lager* n || *Hüttensiedlung* f || *Gruppe* f *von Landhäusern, Ranchos* || *Soldaten-* bzw *Gefängnis\küche* f || **-ro** *m (Militär) Koch* m || ⟨Mar⟩ *Backmeister* m || Am *Bewohner, Pächter, Besitzer* m *e–s Rancho* || p.ex *Landbewohner* m *(oft pej)*
ran|cho *m gemeinschaftliche Mahlzeit* f, *Kasernentisch* m || ⟨Mil Mar⟩ *Mundvorrat* m *für die Mannschaft, Mannschaftskost, Verpflegung* f || p.ex ⟨Mil⟩ *Korporal-,* ⟨Mar⟩ *Back\schaft* f || *Feld-, Hirten-, Zigeuner\lager* n || fam *Zusammenkunft* f || Am *Rancho* m, *einzeln liegende (Lehm-)Hütte* f *(bes für Viehzucht)* || Am *Viehfarm, Ranch* f (engl) || Pe *Landhaus* n || fam desp *(Schlangen)Fraß* m || ◊ *alborotar el* ~ *figf die Nachbarschaft in Aufruhr bringen* || *asentar el* ~ *figf s–e Zelte aufschlagen, s–e Hütte bauen, Wurzel fassen, sich ansiedeln* || *comer el* ~ ⟨Mil⟩ *zu Mittag essen* || *hacer el* ~ ⟨Mil⟩ *abkochen* || *hacer* ~ *aparte sich absondern,* fam *e–e Extrawurst gebraten haben wollen* || ~s *de la marinería (od de la tripulación)* ⟨Mar⟩ *Mannschaftsräume* mpl || augm: **-chón** *m*
[1]**randa** *f (gehäkelte) Spitze* f || *(Spitzen)Besatz* m
[2]**ran|da** *m* fam *Gauner, Halunke* m || △**Taschendieb** m (→ **rata, ratero**) || △**-dar** vt *stehlen* || *schreiben* || △**-diñar** vi *arbeiten*
ranero *m Gelände* n, *wo viele Frösche leben* || fam *Froschliebhaber* m
raneta *f* → **reineta** || △*Stäbchen* n
ranfla *f* Am *Abhang* m, *Rampe* f
ranfoteca *f* ⟨VAn⟩ *Rhamphothek* f *(am Schnabel)*
ranglán *m* pop = **raglán**
ran|go *m Rang, Stand* m || *Rangstufe* f || *Ord-*
nung, Klasse f || Col Ec *Schindmähre* f, *Klepper* m || *de alto* ~ *hohen Ranges* || *hochgestellt, angesehen* || Am = **rumbo** || **-goso** adj Am *prächtig* || **-gua** *f* → **tejuelo**
rani|forme adj *froschartig* || **-lla** *f* ⟨An⟩ *Frosch* m *am Huf der Pferde* || ⟨Vet⟩ *Klauenseuche* f || *(parasitäre) Darmkrankheit* f *der Rinder* || *Räude* f *(an der Ferse der Maultiere)* || **-no** adj *Frosch-*
rano *m* Ar *Kaulquappe* f || prov bzw joc *männlicher Frosch* m
ránula *f* ⟨Med⟩ *Froschgeschwulst, Ranula* f
ra|nunculáceas *fpl* ⟨Bot⟩ *Hahnenfußgewächse* npl (Ranunculaceae) || **-núnculo** *m* ⟨Bot⟩ *Hahnenfuß* m, *Ranunkel* f (Ranunculus spp)
ranura *f Falz* m, *Nute, Fuge, Rille* f || *Schlitz* m || *Kerbe* f *im Holz* || *Einwurfschlitz* m *(der Parkuhren usw)* || ~ *del alza Visierkimme* f *(e–r Waffe)* || ~-**guía** *f Führungs\nute* f, *-einschnitt* m || ~ *del cerrojo Kammerbahn* f *(des Gewehrs)* || ~**r** vt *schlitzen,* mit *e–m Schlitz versehen* || *nuten*
raña *f* ⟨Bot Ökol Jgd⟩ *Buschwald* m || *Macchia* f
Ráp. Abk ⟨EB⟩ = **Rápido**
rapa *f Olivenblüte* f || △ = **trampa**
rapabarbas *m* fam *Bart\kratzer, -scherer, Barbier* m
rapa|cejo *m* dim v. **rapaz** || **-cería** *f Bubenstreich* m || ~ **-cidad** || **-ces** *mpl* ⟨V⟩ *Greif-, Raub\vögel* mpl (Accipitres & Strigidae) || **-cidad** *f Raubgier* f || *Raub* m || **-cín** *m* dim v. **rapaz**
rapa|do adj *kurz geschnitten (Haar, Gras)* || *schäbig (Kleidung)* || *ab\genutzt, -getragen (Mantel)* || **-dor** *m* fam *Bartkratzer, Barbier* m || **-gón** *m* fam *Milchbart* m || **-miento** *m Scheren* n *der Haare* || **-piés** *m Schwärmer* m *(Feuerwerk)* || **-polvo(s)** *m* fam *derber Verweis,* fam *Rüffel, Wischer, Anschnauzer* m || ◊ *echar a* alg. un ~ fam *jdn abkanzeln, jdm dem Kopf waschen*
rapar vt *rasieren, barbieren* || *das Kopfhaar ganz kurz abschneiden* || figf pop *rauben, mausen, klauen, stibitzen*
rapaterrones *m* pop desp *Bauernlümmel* m || **-velas** *m* pop desp *od* joc *Küster, Kirchendiener* m
rapaz [*pl* **-ces**] adj *raubgierig* || *räuberisch* || *fig gewinn-, hab\süchtig (ave)* ~ *Raubvogel* m || ~ *m kleiner Knabe, Junge, Bube* m
rapa|za *f (kleines) Mädchen* n *(bes Ast)* || **-zada** *f Bubenstreich* m || **-zuelo** *m* dim v. **rapaz**
[1]**rape** *m* ⟨Fi⟩ *Seeteufel* m (Lophius piscatorius)
[2]**rape** *m* fam *Bartkratzen* n, *schnelle Rasur* f || *al* ~ *ganz kurz(geschnitten, -geschoren (Haar)* || ◊ *cortar el pelo, pelar al* ~ *das Haar ganz kurz schneiden*
rapé *m Schnupftabak* m || *una toma de* ~ *e–e Prise* f *Schnupftabak* || ◊ *tomar* ~ *schnupfen*
rapel *m* gall ⟨Sp⟩: *descenso en* ~ *Abseilen* n
△**rapela** *f Strick* m
rápidamente adv *schnell, eilig* || *vorübergehend, flüchtig* || ◊ *pasar* ~ *vorbeisausen*
rapidez [*pl* **-ces**] *f (reißende) Schnelligkeit* f || *con* ~ *schnell, eilig* || *con una* ~ *vertiginosa mit rasender Schnelligkeit*
rapidillo adj/s dim v. **rápido** || ~ *m* ⟨EB⟩ *Nahverkehrsschnellzug* m
rápido adj *reißend, schnell* || *rasch, flüchtig* || *schnell verfließend od vergehend* || *schnell vorübergehend* || *reißend (Strömung)* || *Schnell-* || *cañón de tiro* ~ *Schnellfeuergeschütz* n || *fuego* ~ ⟨Mil⟩ *Schnellfeuer* n || *río de curso* ~ *reißender Fluß* m || *(tren)* ~ → ~ *m* || ◊ *tener* ~*a venta leicht verkäuflich sein (Ware)* || ~ *m Stromschnelle* f || ~ *m* ⟨EB⟩ *Schnellzug, D-Zug* m || *Eilzug* m
ra|piego adj ⟨V⟩ *Raub-, Greif-* || **-pingacho** *m* Ec Pe *Käseomelett(e* f*)* n
rapi|ña *f Raub* m || *ave de* ~ *Raubvogel* m || **-ñar** vt fam *rauben, mausen, klauen*
△**rapipoche** *m Fuchs* m (→ **zorro**)

rapista m iron *Barbier* m
rápita f = **rábida**
rapo m *Rübe* f *(nur die Wurzel)* → **remolacha** ‖ △*Falle* f
rapónchigo m ⟨Bot⟩ *Teufelskralle, Rapunzel* f *(Phyteuma spp)*
rapo|sa f *Füchsin* f, *Fuchs* m (& fig) ‖ **–sera** f *Fuchsbau* m ‖ **–sero** adj: *perro* ~ *Dachshund* m ‖ **–so** m *Fuchs* m (& fig) ‖ (→ **zorra, zorro**)
rapso|da m *griechischer Rhapsode* m ‖ fig *Dichter* m ‖ **–dia** f *Rhapsodie* f
rap|tar vt *entführen* ‖ *rauben* ‖ **–to** m *Entführung* f, *(Frauen)Raub* m ‖ ⟨Med Psychol⟩ *Anfall, Raptus* m ‖ ⟨Myst⟩ *Verzückung* f ‖ ~ de *celos Anfall* m *von Eifersucht* ‖ ~ *de un niño Kindes|raub* m, *-entführung* f ‖ ~ *místico Verzückung* f ‖ *impedimento de* ~ ⟨Jur⟩ *Ehehindernis* n *der Entführung* ‖ *en un* ~ *de hingerissen von* ‖ **–tor** m *Entführer* m ‖ *Menschen-, Frauen-, Kinder|räuber* m
raque m (Jur Mar) *Strandraub* m ‖ ◊ *ir al* ~ = ~**ar** ‖ ~**ar** vi *Strandraub treiben (Mensch. Schiff)* ‖ ~**ro** m *Strandräuber* m ‖ *Sant (am Hafen herumtreibender) Junge* m ‖ p.ex Sant *Straßen-, Gassen|junge* m ‖ Sant *Gauner* m
raque|ta f ⟨Sp⟩ *Rakett, Racket* n, *(Tennis)Schläger* m ‖ ⟨Bot⟩ = **jaramago** ‖ ~ de *croupier Rechen* m ‖ ~ de *(od para la) nieve Schnee|reifen, -teller* m ‖ ◊ *es una magnífica* ~ ⟨Sp⟩ *er ist ein hervorragender Tennisspieler* ‖ **–tazo** m *Rakettschlag* m
raquídeo adj ⟨An⟩ *Rückgrats-, Spinal-* ‖ *bulbo* ~ ⟨An⟩ *verlängertes Mark, Nachhirn* n
raquis m *Rückgrat* n, *Wirbelsäule* f ‖ ⟨Bot⟩ *Spindel* f ‖ *Mittelrippe* f *e–s Blattes* ‖ ~ *genital* ⟨Zool⟩ *genitales Rachis* n *(der Stachelhäuter)*
raquítico adj/s ⟨Med⟩ *rachitisch* ‖ *verkümmert, verkrüppelt* ‖ fig *karg, knauserig*
raquitismo m, **raquitis** f ⟨Med⟩ *Rachitis, englische Krankheit* f ‖ fig *Verkümmerung* f
rara avis f lat fig *ein seltener Vogel, ein weißer Rabe* ‖ *e–e Seltenheit, et Seltenes*
raramente adv *selten* ‖ *sonderbar*
rare|facción f *Verdünnung* f ‖ ⟨Med⟩ *Rarefikation* f, *(Gewebs)Schwund* m ‖ **–facer** [def] vt *verdünnen* ‖ **–faciente** adj *verdünnend* ‖ **–facto** pp/irr v. **–facer** ‖ **–za** f *Seltenheit* f ‖ *Rarität* f ‖ *Seltsamkeit, sonderbare Angewohntheit, Überspanntheit* f ‖ *Laune* f
raridad f *Seltenheit* f
rarifi|car [c/qu] vt ⟨Phys⟩ *verdünnen* ‖ **–cativo** adj ⟨Phys⟩ *verdünnend*
raro adj *selten, rar* ‖ *knapp, spärlich* ‖ *selten vorkommend* ‖ *einzigartig* ‖ *außergewöhnlich, ausgezeichnet* ‖ *dünn, locker* ‖ *caso* ~ *ein sonderbarer Fall* ‖ *especie* ~**a** *seltene (od selten vorkommende) Art* f ‖ *hombre* ~ *Sonderling* m ‖ *de* ~ *en* ~ *ab und zu* ‖ *que no es* ~ *tengan relación con ... die nicht selten mit ... in Verbindung stehen* ‖ ¡*qué* ~ ! ¡(qué) *cosa más* ~**a**! *wie seltsam! sonderbar! merkwürdig!* fam *ulkig!* ‖ ~**as veces** *selten* ‖ ~**s** *mpl wenige, nur einige* ‖ ~ *son los que lo han notado nur wenige haben es bemerkt*
¹**ras** m *ebene Fläche* f ‖ Marr *Bergspitze* f ‖ Marr *Flußquelle* f ‖ *al* ~ *gestrichen voll* ‖ ~ *con* ~, ~ *en* ~ *waagerecht nebeneinander* ‖ *in gleicher Höhe* ‖ *bündig* ⟨& Zim⟩ ‖ *a* ~ *de tierra dicht an der Erde, am Boden* ‖ ◊ *volar a* ~ *de tierra dicht am Boden fliegen* ⟨Vögel⟩
²**ras** m ⟨Hist⟩ *Ras* m *(äthiopischer Titel)*
rasa f *Lichtung* f *im Walde* ‖ *kahle Hochfläche* f ‖ **–dura** f *Abstreichen* n *(z. B. e–s Kornmaßes)* ‖ fig *Ausradieren, Zerstören* f
rasan|cia f *Rasanz* f *(e–r Geschoßbahn usw)* ‖ **–te** adj *rasant, flach (Geschoßbahn)* ‖ *flach, streifend (Blick, Strahlen)* ‖ *línea* ~ ⟨Mil⟩ *Streichlinie* f ‖ *tiro* ~ ⟨Mil⟩ *rasantes Feuer* n ‖ ~ f *Neigung* f *(Wegebau)*

rasar vt *abstreichen (Kornmaß)* ‖ *streifen, leicht berühren (z. B. Kugel)* ‖ fig *ausradieren, zerstören* ‖ ◊ ~ *la tierra den Boden berühren* ‖ *medida rasada gestrichenes Maß* ‖ ~**se** vr *sich aufhellen (Himmel)*
rasca|cielos m *Wolkenkratzer* m, *Hoch-, Turm|-haus* n ‖ **–dera** f, **–dor** m *Schab-, Kratz|eisen* n ‖ fam *Striegel* m, **–dor** m *Schabeisen* n ‖ *Kopf-, Schmuck|nadel* f ‖ ⟨Zim⟩ *Ziehklinge* f ‖ ⟨Typ⟩ *Rakel(messer* n) f ‖ ⟨Agr⟩ *Rebler, Entkörner* m *(für Mais)* ‖ →**a raspador** ‖ **–dura** f *Reiben, Kratzen, Schaben* n ‖ *Kratzwunde* f, *Kratzer* m ‖ *Abschabsel* n ‖ **–moño** m pop *Schmucknadel* f ‖ **–nubes** m ⟨Mar⟩ *Wolkenkratzer* m *(Segel)*
rascar [c/qu] vt *kratzen* ‖ *reiben,* (zer)*kratzen* ‖ *abschaben* ‖ ⟨Tech⟩ *ab-, auf|kratzen* ‖ *aufrauhen* ‖ ◊ ~ *patatas Kartoffeln reiben* ‖ ~ *el violín* figf *auf der Geige kratzen* ‖ ~ vi pop *kratzen, elend spielen* ‖ ~**se** *sich kratzen* ‖ *Am sich beschwipsen* ‖ ◊ ~ *el bolsillo* figf *ein Geizhals sein* ‖ ¡*zahen, den Beutel locker machen* ‖ ~ *la oreja (od el cogote) sich hinter dem Ohr kratzen* ‖ *cada uno se rasca donde le pica jeder kratzt sich, wo es juckt*
△**rascó** m *Krebs* m
rascolnista m/adj *Raskolnik* m *(Ang. e–r russischen Sekte)*
rascón, ona adj *herb, von rauhem, scharfen Geschmack* ‖ *vino* ~ fam *Krätzer* m ‖ ~ m ⟨V⟩ *Wasserralle* f (Rallus aquaticus)
rascuño m = **rasguño**
rase|ro m *(Ab)Streichholz* n *(z. B. zum Kornmessen)* ‖ ◊ *medir (od llevar) por el mismo (od por un)* ~ fam *über e–n Kamm scheren* ‖ **–te** m *Halbatlas* m
rasga|do adj *geschlitzt* ‖ *weit offen (Fenster, Balkon)* ‖ *bis zum Fußboden reichend (z. B. Glastür)* ‖ figf *gerieben, schlau* ‖ *ojos* ~**s** *Schlitzaugen* npl ‖ **–dura** f *Riß* m *(im Zeug)*
ras|gar [g/gu] vt *zer-, durch|reißen* ‖ *auftun, schlitzen* ‖ = **rasguear** ‖ ◊ *un trueno rasgó el aire ein Donner erdröhnte* ‖ ~**se** Am pop *krepieren, sterben* ‖ *oft* unr *für rascar(se)* ‖ **–go** m *Federzug* m ‖ *Strich* m ‖ *Duktus* m, *Linienführung* f ‖ *Charakterzug* m, *Merkmal* n ‖ figf *edle-, groß|mütige Handlung* f ‖ fig *sinnreicher Einfall, witziger Gedanke* m ‖ ~ *esencial Grundzug* m ‖ ~ *de habilidad Kunststück* n ‖ ~ *de magnanimidad großmütige Tat* f ‖ ~ *transversal* ⟨Typ⟩ *Querstrich* m ‖ ~**s** pl *Gesichtszüge* mpl ‖ *a grandes* ~ *in flüchtigen Umrissen* ‖ *in einigen Hauptzügen, in großen Zügen* ‖ **–gón** m *Riß* m *(in der Kleidung usw)*
ras|guear vt ⟨Mus⟩ *(die Gitarrensaiten) leicht anreißen, arpeggieren* ‖ *(die Gitarre usw) schlagen* ‖ ~ vi *Federstrich machen* ‖ **–gueo** m *Arpeggieren* n *beim Gitarrenspiel*
rasgu|ñar vt (zer)*kratzen* ‖ *(auf)ritzen* ‖ ⟨Mal⟩ *flüchtig entwerfen, skizzieren* ‖ ~ vi *kratzen (Katze)* ‖ **–ño** m *Kratzwunde, Schramme* f ‖ ⟨Mal⟩ *Skizze* f, *flüchtiger Entwurf* m ‖ *Streifschuß* m *(leichte Schußwunde)* ‖ **–ñuelo** m dim v. **–ño**
rasilla f *Fliese* f ‖ *dünner Ziegelstein* m ‖ ⟨Web⟩ *dünner Wollstoff* m
raskolnista m = **rascolnista**
raso adj *flach, eben, glatt* ‖ *gestrichen voll* ‖ *klar, hell, wolkenlos (Himmel, Luft)* ‖ *schlicht* ‖ *flach, niedrig (Schiff)* ‖ *ohne Rücken (Stuhl)* ‖ ⟨Sp⟩ *nieder (Spiel)* ‖ *cielo* ~ ⟨Arch⟩ *flaches Dach* n ‖ *(Zimmer) Decke* f *(bes Am)* ‖ *soldado* ~ ⟨Mil⟩ *Gemeine(r)* m ‖ *tabla* ~**a** → **tabla** ‖ *a la helada* ~**a** *im Frost* ‖ ◊ *quedar* ~ ⟨Meteor⟩ *aufklaren* ‖ *quedarse a la* ~**a** pop *auf dem trocknen sitzen* ‖ *los ojos* ~**s** *de lágrimas* ⟨Lit⟩ *die tränenden Augen* npl ‖ ~ m *freier Platz* m ‖ *freies Feld* n ‖ *Durchsicht, Schneise* f ‖ ⟨Web⟩ *Atlas(stoff)* m ‖ ⟨Mil⟩ *Gemeine(r)* m ‖ △*Priester* m ‖ *al* ~ *unter freiem Himmel* ‖ ~ *aterciopelado Samtatlas* m ‖ ◊ *salir a lo* ~ *sich ins Freie begeben*

raspa f *Granne* f, *Bart* m *(e–r Ähre)* ‖ *Obsthülle* f ‖ ⟨Bot⟩ *Spindel* f *der Gräser* ‖ ⟨Bot⟩ *Kelchspelze* f ‖ *Traubenkamm* m ‖ *Trauben-, Rosinen\stengel* m ‖ *Mittelgräte* f ‖ *Leimleder* n ‖ ⟨Mus⟩ *Raspa* f *(Tanz)* ‖ △*(Straßen)Dirne* f *Am fam derber Verweis, Wischer* m ‖ Mex *Unfug* m ‖ *Radau* m ‖ *Gesindel* n ‖ Arg *Taschendieb* m ‖ ◊ ir a la ~ fam *auf Raub ausgehen*
raspa\dera f *Schabeisen* n ‖ △**-dillo** m *ein Trick* m *der Falschspieler* ‖ **-do** m *ausradierte Stelle (in e–r Handschrift), Rasur* f ‖ *Raspeln, Schleifen* n *(Holz)* ‖ *(Ab)Schaben* n ‖ ⟨Chir⟩ *Aus\kratzung, -schabung* f ‖ **-dor** m *Raspel* f ‖ *Schab-, Kratz\eisen* n ‖ *Radiermesser* n ‖ →a **rascador** ‖ **-dura** f *Abkratzen* n ‖ *(Aus)Radierung* f ‖ *Abschabsel* n ‖ **-s** pl *Feilicht* n ‖ ~ de oro *Goldkrätze* f ‖ ~ de limón ⟨Kochk⟩ *geriebene Zitronenschale* f ‖ **-jo** m *(Trauben)Kamm* m
ráspano m Sant *Heidelbeere* f (→ **arándano**)
ras\par vt *ab\schaben, -kratzen* ‖ *raspeln* ‖ *aufrauhen* ‖ *auskratzen, radieren (Schrift)* ‖ *ribbeln (Flachs)* ‖ pop *stehlen, mausen* ‖ *leicht berühren, streifen* ‖ ⟨Chir⟩ *aus\kratzen, -schaben* ‖ Am jdm *e–n derben Verweis erteilen* ‖ ~ vi *kratzen* ‖ *prickeln (Wein)* ‖ ~**pear** vi *spritzen, kratzen (Schreibfeder)* ‖ **-petón:** de ~ Am fam *schräg* ‖ **-pilla** f ⟨Bot⟩ *Vergißmeinnicht* n (→ **miosotis**) ‖ **-pón** m Col *Strohhut* m *der Landarbeiter* ‖ Chi *derber Verweis*, fam *Wischer* m ‖ **-ponazo** m fam *Kratzer* m, *Schramme* f *(auf der Haut, am Wagen)* ‖ *Kratzwunde* f ‖ pop *Streifschuß* m (→ **rasguño**) ‖ **-ponera** f Sant ⟨Bot⟩ *Heidelbeere* f (→ **arándano**)
rasqueta f *Schaber* m ‖ Am *Striegel* m ‖ ~ del limpiaparabrisas ⟨Aut⟩ *Scheibenwischerblatt* n
rasquiña f Col *Jucken, Brennen* n
rastacuero m Am = **rastracueros**
rastel m prov *Gitter* n
△**rasti\llado** adj *bestohlen* ‖ △**-llo** m *Hand* f
rastra f *Rechen* m, *Harke* f ‖ ⟨Agr⟩ *Egge* f ‖ *Schleppkarre* f ‖ *Lastenschleife* f ‖ *geschleppte Last* f ‖ *Spur* f (→ **rastro**) ‖ *eingefädeltes Trockenobst* n (→ **ristra**) ‖ ⟨Mar⟩ *Dreggtau* n ‖ a (la) ~, a ~s *schleppend* ‖ fig *ungern, aus Zwang* ‖ con el vientre a ~ *auf dem Bauch kriechend* ‖ ◊ llevar a ~ *schleppen* ‖ salir a ~ *herauskriechen*
rastracueros m Arg pop *Hochstapler* m ‖ *nobel auftretender Ausländer* m
rastrallar vi pop = **restallar**
rastreador adj/s: perro ~ *Spürhund* m ‖ ~ m *Fährtensucher* m
rastrear vt/i *eggen* ‖ *rechen, harken* ‖ fig *durchkämmen (Polizei)* ‖ *nachspüren, der Spur folgen, nach et forschen* (dat) ‖ fig *jdm nachschleichen, jdn beschleichen* ‖ fig *ausfindig machen* ‖ *schleppen (Netz)* ‖ *dicht über der Erde fliegen, längs dem Boden flattern (Vögel)* ‖ ⟨Mar⟩ *dreggen* ‖ ⟨Mar⟩ *Minen suchen bzw räumen*
rastrel m → **ristrel**
rastreo m *Nach\spüren* bzw *-schleichen* n ‖ *Nach\forschen* n, *-forschung* f ‖ ⟨Fi⟩ *Fischerei mit dem Grundnetz*
rastrera f ⟨Mar⟩ *Unterleesegel* n
rastrero adj/s *(nach)schleppend* ‖ *kriechend* ‖ *dicht an der Erde fliegend (Vögel)* ‖ fig *nieder (-trächtig), verächtlich* ‖ *liebedienerisch* ‖ *kriecherisch* ‖ (perro) ~ ⟨Jgd⟩ = **rastreador** ‖ planta ~a ⟨Bot⟩ *Kriechpflanze* f
△**rastrí** f *Hemd* n ‖ *Stute* f
rastri\llada f ⟨Agr⟩ *ein Rechenvoll* m ‖ **-lladora** f ⟨Web⟩ *Hechelmaschine* f ‖ Am *Spur, Fährte* f ‖ **-lladura** f, **-llaje** m *Eggen* n ‖ *Harken* n ‖ *Hecheln* n ‖ **-llar** vt *hecheln (Flachs, Hanf)* ‖ *eggen* ‖ *rechen, harken* ‖ *von Gras säubern (Gartenwege)* ‖ fig *(Gelände, Ort) durchkämmen (mit der Polizei, mit Truppen)* ‖ Col *abfeuern (e–n Schuß)* ‖ **-llo** m *(Hanf)Hechel* f ‖ *Rechen* m,

Harke f ‖ *Fallgatter* n *(e–r Burg usw)* ‖ p.ex *Gattertor* n ‖ ⟨Tech⟩ *Rechen* m *(am Einlauf e–s Wasserkraftwerks)* ‖ ⟨Tech⟩ *Schlüsselbart* m ‖ ~(s) *Egge* f
rastro m *Rechen* m, *Harke* f ‖ ⟨Jgd⟩ & fig *Spur, Fährte* f ‖ fig *Folge, Spur* f ‖ *Fleischmarkt* m ‖ *Schlachthaus* n ‖ el ⚹ *Trödel-, Floh\markt* m *(z. B. in Madrid)* ‖ ~ de sangre *Blutspur* f ‖ ⟨Jgd⟩ *Schweißspur* f ‖ ◊ sentir el ~ *wittern, spüren (Hund)* ‖ desaparecido sin dejar ~ *spurlos verschwunden*
rastro\jal m *Stoppelfeld* n ‖ **-jar** vt ⟨Agr⟩ *stoppeln* ‖ **-jear** vt And *stoppeln* ‖ **-jera** f *Stoppelfeld* n ‖ **-jo** m *Stoppeln* fpl ‖ *Stoppelfeld* n
rasu\ra f *Rasieren* n ‖ *Abschabsel* n ‖ *Radieren* n ‖ *Weinsteinkruste* f *(in den Weinfässern)* ‖ **-ración** f *Rasieren, Abscheren* n ‖ *Abschabsel* n ‖ **-rador** m *(Elektro)Rasierer* m ‖ **-rar** vt *rasieren, barbieren* ‖ *(ab)schaben* ‖ *radieren* ‖ sin ~ *unrasiert*
¹**rata** f ⟨Zool⟩ *Ratte* f ‖ ⟨Mar⟩ *verborgene Klippe* f ‖ △*(Rock)Tasche* f ‖ ~ de agua „*Wasserratte*", *Scher-, Moll\maus* f (Arvicola terrestris) ‖ ~ almizcleña *Bisamratte* f (Ondatra zibethica) ‖ ~ negra, ~ de campo, ~ doméstica *Hausratte* f (Rattus rattus) ‖ ~ parda, ~ de alcantarilla, ~ de cloaca *Wanderratte* f (Rattus norvegicus) ‖ ~ de biblioteca fig *Bücherwurm* m ‖ ~ de iglesia *Kirchenmaus* f ‖ cola de ~ ⟨Tech⟩ *Rattenschwanz* m ‖ más pobre que una ~ fig *bettelarm, arm wie e–e Kirchenmaus* ‖ ~ de sacristía fam *Frömmlerin* f ‖ de piel de ~ *stichhaarig, grauhaarig (Pferd)* ‖ ◊ escabullirse como una ~ fig *heimlich entwischen*
²**rata** m fam *Dieb* m
³**rata** f/adj: ~ por cantidad *nach Verhältnis, verhältnismäßig* ‖ ~ parte = prorrata
⁴**rata** m ⟨Flugw⟩ fam *russischer Kampfeinsitzer* m *(U 16) (im span. Bürgerkrieg 1936–1939)* ‖ vgl **pava**
ratafia f *Ratafia* m *(Fruchtlikör)*
rataplán onom *bum, bum! (Trommelschlag)*
¹**ratear** vt *nach Verhältnis ver-, auf\teilen*
²**ratear** vt *mausen, (weg)stibitzen*
³**ratear** vi *auf dem Bauch kriechen*
⁴**ratear** vi ⟨Aut⟩ *Fehlzündung haben, aussetzen*
¹**ratería** f *Mausen* n ‖ *kleiner Diebstahl* m
²**rate\ría** f *gemeine Gesinnung* f ‖ **-ro** adj *kriechend* ‖ fig *niederträchtig* ‖ ~ m *Gauner, Taschendieb* m ‖ ¡cuidado con los ~s! *vor Taschendieben wird gewarnt!*
rate\ruelo, -rillo m dim v. **ratero**
△**ratí** m *Familie* f ‖ *Volk* n
raticida m *Rattengift, Rattenbekämpfungsmittel* n
ratifi\cación f *Bestätigung, Bekräftigung* f ‖ *Genehmigung* f ‖ ⟨Pol⟩ *Ratifizierung* f ‖ **-cador** m/adj *Ratifizierende(r)* m ‖ **-car** [c/qu] vt *bestätigen, bekräftigen, gutheißen* ‖ *genehmigen (Vertrag)* ‖ p.ex *vollziehen* ‖ ⟨Pol⟩ *ratifizieren* ‖ ~se *rechtskräftig werden* ‖ ~ (en) fig *beharren auf* (dat) ‖ **-catorio** adj *Bestätigungs-* ‖ *Genehmigungs-* ‖ *Ratifizierungs-, Ratifikations-* ‖ *instrumento ~ Ratifikationsurkunde* f
ratihabición f ⟨Jur⟩ *Genehmigung* bzw *Bestätigung* f *des Handelns e–s Beauftragten*
ratimago m fam *Kniff* m, *Arglist* f
ratinado adj ⟨Web⟩ *ratiniert*
ratino adj Sant *rattengrau, grauhaarig (Rindvieh)*
Ratisbo\na f *Regensburg (Stadt)* ‖ ⚹**-nense** adj/s *aus Regensburg, Regensburger*
ratito m dim fam v. **rato**: *kurze Weile* f, *Weilchen* n
rativoro adj *rattenfressend*
¹**rato** m *Augenblick, kurzer Zeitraum* m ‖ *Weile* f ‖ buen ~ *längere Zeit* f ‖ *Behagen, Vergnügen* n ‖ mal ~ *Verdruß* m, *Unannehmlichkeit* f

‖ al cabo de un ~ *nach e-r Weile, kurz darauf*
‖ al poco ~ *nach kurzer Zeit* ‖ *kurz darauf* ‖ a
cada ~ *in jedem Augenblick, fortwährend* ‖ de
~ en ~ *von Zeit zu Zeit, mit Unterbrechungen* ‖
dentro de un breve ~ *bald, in kurzer Frist* ‖ en
poco ~ *binnen kurzem·* ‖ ¡hasta otro ~! *auf
Wiedersehen!* ‖ por un ~ *auf e-n Augenblick* ‖
hace (*ha) un ~ (que) *vor kurzem* ‖ *vor e-r Weile*
‖ hace (*od* hacía) largo ~ *seit langem* ‖ un ~ *einmal* ‖ hay para ~ fam *das wird noch lange dauern*
‖ iron *das wird noch zu schaffen machen* ‖ ◊ pasar
el ~ fam *die Zeit vertreiben, sich zerstreuen* ‖ *k-e
ernsthaften Absichten haben (Liebhaber)* ‖ pasar
un buen ~ *e-n glücklichen Augenblick erleben* ‖
pasar un mal ~ *e-e Unannehmlichkeit erfahren,
erleben* ‖ para pasar el ~ fam *zum Zeitvertreib,
zum Vergnügen* ‖ a ~s *mit Unterbrechungen* ‖ *von
Zeit zu Zeit* ‖ a ~s *perdidos in den Mußestunden*
‖ *ab und zu*
²**rato** prov *Maus* f ‖ prov fam *männliche Ratte*
f ‖ △*Polizist* m
³**rato:** matrimonio ~ (y no consumado) ⟨Jur⟩
gültig geschlossene (aber nicht vollzogene) Ehe f
ratón m ⟨Zool⟩ *Maus* f ‖ ⟨Mar⟩ *verborgene
(od blinde) Klippe* f ‖ △*feiger Dieb* m ‖ ~ de biblioteca(s) fam *Bücherwurm* m ‖ ~ blanco *weiße
Maus* f ‖ ~ campestre *Waldmaus* f (Apodemus
sylvaticus) ‖ ~ doméstico *Hausmaus* f (Mus
musculus) ‖ ~ enano *Zwergmaus* f (Micromys
minutus) ‖ ◊ el hijo de la gata, ~es mata fig *der
Apfel fällt nicht weit vom Stamm*
ratona f fam *weibliche Maus* f ‖ fam *große
Ratte* f
ratonar vt *benagen*
ratoncito m dim v. **ratón** ‖ *Mäuschen* n ‖ Bol
Blindekuhspiel n
ratonera f *Mause-, Ratten|falle* f ‖ *Mauseloch*
n ‖ fig *Falle* f, *Hinterhalt* m ‖ ⟨Phot⟩ pop *billiger
Kastenapparat* m ‖ ◊ caer en la ~ figf *auf den
Leim gehen*
¹**ratonero** m ⟨V⟩ *Bussard* m ‖ ~ calzado *Rauhfußbussard* m (Buteo lagopus) ‖ ~ común *Mäusebussard* m (B. buteo) ‖ ~ moro *Adlerbussard* m
(B. rufinus)
²**ratonero** adj *Mäuse-* ‖ música ~a fig *Katzenmusik* f ‖ (perro) ~ m *Rattenfänger* m (*Hund*)
‖ **-nil** adj *Mäuse-* ‖ agudeza ~ figf *Gewandtheit* bzw
Schlauheit f (*ohne eigentliche Intelligenz*)
rauco adj ⟨poet⟩ ~ **ronco**
rau|dal m *Strom* m (& fig) ‖ (*Wasser*) *Flut* f ‖
Gieß-, Sturz|bach m ‖ *Hochwasser* n ‖ fig *Menge*
f, *Strom, Schwall* m ‖ Guat *Stromschnelle* f ‖
~ de palabras *Wort|fülle* f, *-schwall, Redefluß* m
‖ a ~es *in Hülle und Fülle* ‖ **-do** adj *schnell,
reißend, ungestüm*
Raúl m np Tfn *Raoul* m
rauta f fam *Weg* m
Ravena f *Ravenna (Stadt in Italien)*
ravenés adj *aus Ravenna*
ravioles mpl ⟨Kochk⟩ *Ravioli* mpl (it)
ravituallamiento m *Verproviantierung* f ‖ *Proviant* m
¹**raya** f *Strich* m, *Linie* f, *Streifen* m ‖ *Streifen*
m (*im Zeug*) ‖ *Grenze* f ‖ *Scheitel* m (*im Haar*) ‖
Brand-, Feuer|schneise f (*im Wald*) ‖ *Punkt* m
im Spiel ‖ ⟨Gr⟩ *Binde-, Gedanken|strich* m (*bei
direkter Rede*) ‖ ⟨Mil⟩ *Zug* m *im Gewehrlauf* ‖
ein Jerezwein m ‖ ~ de división ⟨Typ⟩ *Trennungslinie* f ‖ ~ puntillada *Punktlinie* f ‖ ~ transversal
Querstrich m ‖ →a **quince** ‖ ◊ echar (*od* hacer)
~ fig *wetteifern* ‖ fig *sich hervortun* ‖ eso hace ~
en la historia pop *das ist epochemachend* ‖ hacerse
(*od* abrirse, sacarse, peinarse) la ~ *das Haar
scheiteln* ‖ ¡eso pasa de la ~! pop *da hört schon
alles auf!* ‖ pop *das geht über die Hutschnur* ‖
tener a ~ fig *in den Schranken halten*
²**raya** f ⟨Fi⟩ *Rochen* m (allg) ‖ *Dorn-, Nagel|rochen* m (Raja clavata)

raya|dillo m *gestreiftes Baumwollzeug* n ‖ **-do**
adj *gestreift* ‖ *gestrichelt* ‖ *schraffiert* ‖ *gezogen
(Gewehrlauf)* ‖ ~ en diagonal *schräggestreift*
‖ papel ~ *lin(i)iertes Papier* n ‖ ~ m *Gestreifte(s)*
n *im Zeug* ‖ ⟨Web⟩ *Rayé* m ‖ *Lin(i)ierung* f *(des
Schreibpapiers)* ‖ *Streifen* mpl ‖ *Ritzen* n ‖ *Züge*
mpl, *Drall* m *im Gewehrlauf* ‖ **-dor** m *Teigrädchen*
n (*Küchengerät*) ‖ **-no** adj *angrenzend* ‖ ~ en la
imposibilidad (*od* en lo imposible) *an Unmöglichkeit grenzend* ‖ ~ en la locura *halbverrückt*
rayar vt *lin(i)ieren* ‖ *unterstreichen* ‖ *schraffieren* ‖ *aus-, durch|streichen* ‖ *(ein)ritzen* ‖ *riffeln*
‖ *mit Drall versehen (Gewehrlauf)* ‖ Am *spornen
(Pferd)* ‖ Am *abrichten (wilde Pferde)* ‖ Mex
bezahlen, entlohnen ‖ ~ vi *Linien ziehen* ‖ *anbrechen (Tag)* ‖ fig *sich hervortun* ‖ ◊ ~ muy alto
sich sehr hervortun ‖ al ~ el alba (*od* el día) *bei
Tagesanbruch* ‖ ~ en los cincuenta (años) *nahe
an den Fünfzige(r)n sein* ‖ esto raya en la imposibilidad *das grenzt an Unmöglichkeit* ‖ ~**se** *Streifen bekommen (Spiegel)* ‖ ⟨Tech⟩ *(sich festfressen (Lager)*
raygrás, ray-gras m engl ⟨Bot⟩ *Rai-, Ray|gras*
n (→ **ballico**)
ráyidos mpl ⟨Fi⟩ *Echte Rochen* mpl (Rajidae)
rayita f dim v. **raya**
rayo m *Strahl* m ‖ *Blitz* m ‖ *Blitzstrahl* m ‖ *Donnerschlag* m ‖ ⟨Phys⟩ *Strahl* m ‖ *Radspeiche* f ‖
fig *feuriger Mensch* m ‖ fig *unvermutetes Unglück*
n ‖ fig *plötzlicher Schmerz* m ‖ * = **radio** ‖ △*Häscher* m ‖ △*Auge* n ‖ ~ de calor *Wärmestrahl* m
‖ ~ de leche *Milchstrahl* m *(beim Säugen)* ‖
~ de luna *Mondschein* m ‖ *Mond(en)strahl* m ‖
~ de luz *Lichtstrahl* m ‖ fig *(augenblickliche bzw
unerwartete) Hoffnung* f ‖ fig *plötzliche Aufklärung* f ‖ ~ reflejo *Reflexstrahl* m ‖ ~ de sol
Sonnenstrahl m ‖ *Sonnenschein* m (& fig) ‖ ◊ cayó
un (*od* el) ~ (en una casa) *es hat eingeschlagen,
der Blitz hat eingeschlagen* ‖ mal ~ me parta,
si no ... *mich soll der Schlag treffen, wenn ...
nicht ...* ‖ ¡un ~ no lo parte! pop *der ist unverwüstlich!* ‖ pasó como un ~ *es ist blitzschnell
vergangen* ‖ con la rapidez de un ~ *blitzschnell*
‖ como si le tocara un rayo fig *wie vom Blitz getroffen* ‖ ~**s** pl: ~ anódicos *Anodenstrahlen* mpl
‖ ~ catódicos *Kathodenstrahlen* mpl ‖ ~ x, ~
(de) Roentgen *Röntgenstrahlen* mpl ‖ los ~
solares *die Sonnenstrahlen* mpl ‖ ~ tangentes
Speichen fpl (*z.B. am Fahrrad*) ‖ ~ ultravioletas
ultraviolette Strahlen mpl ‖ ¡mil ~! *Donnerwetter! Potz Blitz!* ‖ ◊ echar ~ (y centellas) fig
Funken sprühen, fig *Gift und Galle speien*
rayo-guía f ⟨Radio TV⟩ *Leitstrahl* m
rayó, rayo → **raer**
rayón m ⟨Web⟩ *Reyon, Rayon* m/n
ra|yoso adj *gestreift, streifig* ‖ **-yuela** f dim v.
-ya ‖ *Münzenwurfspiel* n *(Kinderspiel)* ‖ *(Art)
Hinkespiel* n *(Kinderspiel)*
rayuelo m ⟨V⟩ *Bekassine* f (→ **agachadiza**)
¹**raza** f ⟨Biol⟩ *Rasse* f ‖ *Zuchtart* f *(bei Zuchttieren)* ‖ *Stamm* m, *Geschlecht* n ‖ *Abstammung,
Abkunft* f ‖ p.ex ⟨Lit⟩ *Volk* n ‖ fig *Rassigkeit* f
‖ ~ amarilla, blanca, negra *weiße, gelbe, schwarze
Rasse* f ‖ ~ alemana (española) inc *deutsche
(spanische) Rasse* f ‖ fig *die Deutschen (die
Spanier)* mpl ‖ ~ caucásica, ~ indoeuropea inc
kaukasische Rasse f ‖ ~ humana fig *Menschengeschlecht* n ‖ ~ semítica inc *semitische Rasse* f
‖ ~ de color *farbige Rasse* f ‖ ~ mongólica
mongolische Rasse f ‖ ~ de víboras *Otterngezücht*
n *(Evangelium)* ‖ Bandera de la ⋋ Am *Fahne der
Rasse (A. Camblor)* ‖ Día de la ⋋ *Tag* m *der Hispanität (12. Oktober, Tag der Entdeckung
Amerikas)* ‖ ~ primitiva *Urstamm* m ‖ ~s humanas *Menschenrassen* fpl ‖ ~s europeas *europäische Rassen* fpl (→ **r. alpina, báltica** oriental
dálica, dinárica, europea occidental, **nórdica**) ‖
de ~ fig *rassig* ‖ de pura ~ *reinrassig* ‖ leyes de

protección de la raza *Rassenschutzgesetzgebung* (bes ⟨NS⟩) ‖ lucha (odio) de ~s *Rassen|kampf (-haß)* m ‖ →a **casta, especie, género, linaje, racial, racismo**

²**raza** f *Riß* m, *Spalte* f ‖ *(Licht)Strahl* m *(der durch e–n Spalt fällt)* ‖ fig *Fehler, Mangel* m

razada f Am *Menschenschlag* m

razar [z/c] vt *schaben, kratzen*

razón f *Ver|nunft* f, *-stand* m ‖ *Recht* n, *Berechtigung* f ‖ *Rechtschaffenheit, Billigkeit* f ‖ *Verhältnis* n ‖ ⟨Math⟩ *Proportion* f, *Verhältnis* n ‖ *Rechenschaft* f ‖ *Auskunft, Nachricht* f ‖ *Ordnung, Methode* f ‖ *Ausdruck* m, *Äußerung* f ‖ *Grund* m, *Ursache* f ‖ *Beweg-* bzw *Beweis-* bzw *Zweck|grund* m ‖ *Anlaß* m ‖ *(Handels)Firma* f ‖ ~ de cartapacio figf *ausgeklügelter Grund* m ‖ ~ contraria *Gegengrund* m ‖ ~ de Estado *Staatsräson* f ‖ →a **razones** ‖ la ~ del más fuerte *das Recht des Stärkeren* ‖ ~ geométrica *geometrisches Verhältnis* n ‖ ~ natural *Mutterwitz* m ‖ *gesunder Menschenverstand* m ‖ ~ de ser *Daseinsberechtigung* f ‖ ~ social *Firmenname* m ‖ *(Handels)Firma* f ‖ ~ valedera *triftiger Grund* m ‖ cambio de ~ social *Firmenänderung* f ‖ ¡~ de más! *um so mehr!* ‖ la Crítica de la ~ pura" *Kants "Kritik der reinen Vernunft"* ‖ ~ en la portería *Näheres zu erfragen beim Hausmeister* ‖ a ~ del cinco por ciento *zu 5 %* ‖ con ~ mit *Recht* ‖ con ~ le sucede *es geschieht ihm ganz recht* ‖ con mucha ~ *mit vollem Recht* ‖ *sehr richtig* ‖ de buena ~ *mit vollem Recht* ‖ en ~ nach *Recht und Billigkeit* ‖ en ~ a *(od* de) *in betreff, hinsichtlich* ‖ *dank dem Umstand, daß* ‖ entre ~ y ~ *zwischen jedem Worte* ‖ por ~ wegen ‖ nach *Verhältnis* ‖ por una u otra ~ *aus irgendeinem Grund* ‖ la ~ *por la que ...der Grund warum ...* ‖ sin ~ *mit Unrecht, unrechtmäßigerweise* ‖ ◊ asegurar un buque a ~ de ... *ein Schiff mit ... versichern* ‖ le asiste la ~ *er hat recht* ‖ cargarse de ~, llenarse de ~ fig *alles gründlich durchdenken* ‖ el vehículo corre a ~ de ... *das Fahrzeug entwickelt e–e Geschwindigkeit von ...* ‖ dar (la) ~ a uno *jdm recht geben* ‖ dar ~ *recht geben* ‖ *Auskunft geben* ‖ dar ~ de sí *(od* de su persona) *e–n gegebenen Auftrag pünktlich ausrichten* ‖ von *sich hören lassen* ‖ entrar en ~ *zur Einsicht kommen* ‖ hacer *(od* meter) en ~ (a) *jdn zur Vernunft bringen* ‖ enviar *(od* pasar, dar) una ~ *jdm et ausrichten lassen* ‖ es ~ *es ist recht, es gebührt sich* ‖ estar a ~ *(od* ~es) *et besprechen* ‖ hacer la ~ a uno *jdm Bescheid tun (beim Trinken)* ‖ → **girar** ‖ llevar la ~ de su parte *das Recht auf seiner Seite haben* ‖ pedir (una, la) ~ *sich erkundigen, jdn et fragen* ‖ perder la ~ *wahnsinnig werden* ‖ poner en ~ besänftigen ‖ *zur Vernunft bringen* ‖ ponerse en (la) ~ *auf es eingehen, sich überzeugen lassen* ‖ puesto en ~ *vernünftig (geworden)* ‖ *berechtigt, wohl begründet* ‖ *recht und billig, angebracht* ‖ privar de (la) ~ fig *der Sinne berauben* ‖ la ~ no quiere fuerza *Recht geht vor Macht* ‖ reducirse a la ~ *zur Einsicht kommen* ‖ tener ~ *recht haben* ‖ *Grund haben* ‖ no tener ~ *unrecht haben* ‖ tomar la ~ *Nachricht einziehen (de über* acc) ‖ ~es pl *Gründe, Einwände* mpl ‖ *Auseinandersetzungen fpl* ‖ *Erklärungen* fpl ‖ ~ de Estado *Staatsräson* f, *(innere) Staatsrücksichten* fpl ‖ ~ en pro y en contra *Gründe* mpl *für und wider* ‖ en buenas ~ *in kurzen Worten* ‖ *kurz und gut* ‖ ahorrar(se) ~ *Worte sparen* ‖ por ~ de facilidad *der Einfachheit halber* ‖ por ~ fundadas *aus guten Gründen* ‖ ◊ adquirir ~ *Auskünfte einziehen* ‖ alcanzar de ~ a uno fam *jdn durch triftige Gründe zum Schweigen bringen* ‖ atravesar ~ *sich in e–n Wortwechsel einlassen* ‖ la carta contenía estas ~ *der Brief besagte folgendes* ‖ envolver a uno en ~ fig *jdn (mit s–r Argumentation) einwickeln od*

verwirren, stutzig machen ‖ sin exponer razones *ohne Angabe von Gründen* ‖ ponerse a ~ con uno *sich in e–n Wortwechsel einlassen (mit* dat) ‖ venirse a ~ *jdm beipflichten* ‖ →a **derecho, causa, motivo**

razona|ble adj *vernünftig* ‖ *angemessen, angebracht* ‖ *verständig* ‖ *gerecht* ‖ fig *anständig, gehörig, geziemend* ‖ fig *annehmbar, erschwinglich (Preis)* ‖ ◊ poner condiciones ~s *vernünftige Bedingungen stellen* ‖ adv: **~mente** ‖ **–do** adj *vernünftig* ‖ *(wohl)begründet* ‖ *wohldurchdacht* ‖ *systematisch, methodisch* ‖ *wissenschaftlich begründet* ‖ **–miento** m *Urteilen* n ‖ *Nachdenken* n ‖ *Gedankengang* m ‖ *Überlegung* f ‖ *Ausführung, Argumentation* f ‖ *Erörterungen* fpl ‖ *Beweisführung* f ‖ →a **raciocinio**

razonar vt *belegen, beweisen, begründen* ‖ *mit Vernunftgründen erklären, vernünftig erörtern* ‖ ~ vi *(nach)denken* ‖ *vernünftig denken, urteilen* ‖ *sich auseinandersetzen* (con alg. *mit* jdm dat) ‖ *reden* ‖ ◊ ~ sobre un asunto *e–e Angelegenheit besprechen* ‖ →a **raciocinar**

R.ᵇⁱ Abk = **Recibí**

Rbmos., Rbs. Abk = **Recibimos**

R. C. Abk ⟨EB⟩ = **Restaurante, Cantina**

R. D. Abk = **Real Decreto**

R. D. A. Abk = **República Democrática Alemana**

Rda. M. Abk = **Reverenda Madre**

Rdo. P. Abk = **Reverendo Padre**

R.ᵉ Abk = **Récipe**

re m ⟨Mus⟩ *D* n ‖ ~ bemol ⟨Mus⟩ *Des* n ‖ ~ sostenido ⟨Mus⟩ *Dis* n

re- *Vorsilbe zur Bezeichnung der Wiederholung od Vergrößerung: zurück-, wieder-, neu-, Zurück-, Wieder-, Neu-, re-, Re-*

rea f ⟨Jur⟩ *Angeklagte, Beschuldigte* f ‖ →a **reo**

reabrir [pp reabierto] vt *wiedereröffnen*

reabsor|ber vt *wieder aufsaugen* ‖ ⟨Med⟩ *resorbieren* ‖ **–ción** f ⟨Med⟩ *Wiederaufsaugung, Resorption* f

reac|ción f *Gegen-, Rück|wirkung, Reaktion* f ⟨& Med Phys Chem⟩ ‖ ⟨Med⟩ *Probe* f, *Test* m ‖ ⟨Pol⟩ *Reaktion* f ‖ ⟨Ethol Chem⟩ *Verhalten* n ‖ ⟨Ethol⟩ *Verhaltensweise* f ‖ ~ ácida, alcalina ⟨Chem⟩ *saure, alkalische Reaktion* f ‖ ~ en cadena *Kettenreaktion* f ‖ ~ del cohesor ⟨Radio⟩ *Ansprechen* n *des Fritters* ‖ ~ cutánea ⟨Med⟩ *Hautreaktion* f ‖ ~ de defensa *Abwehrreaktion* f ‖ ~ focal ⟨Med⟩ *Fokalreaktion* f ‖ ~-testigo *Kontroll|probe* f, *-test* m ‖ ~ de la tuberculina ⟨Med⟩ *Tuberkulinreaktion* f ‖ ~ de Wassermann ⟨Med⟩ *Wassermannsche Reaktion* f ‖ ~ (acoplamiento de) ~ ⟨Radio⟩ *Rück|kopp(e)lung, -schaltung* f ‖ ◊ entrar en ~ *sich erwärmen (durch Händereiben, heiße Getränke usw)* ‖ experimentar (producir) una ~ *e–e Rückwirkung erfahren (hervorrufen)* ‖ **–cionar** vi *reagieren* (a) *auf* jdn einwirken ‖ fig *ansprechen, antworten* ‖ **–cionario** adj *rückwärtsstrebend* ‖ ⟨Pol⟩ *reaktionär* ‖ ~ m ⟨Pol⟩ *Reaktionär* m

reacio adj *abhold, abgeneigt* (a dat) ‖ *widerspenstig, halsstarrig* ‖ *unbeugsam*

reac|tancia f ⟨Radio⟩ *Reaktanz* f, *Blindwiderstand* m ‖ *Drosselung* f ‖ *bobina de ~ Drossel (-spule)* f ‖ **–tivar** vt gall = **reanimar** ‖ **–tividad** f ⟨Chem⟩ ‖ *Reaktionsfähigkeit, -freudigkeit, Reaktivität* f ‖ **–tivo** adj ⟨Chem⟩ *reaktionsfähig, reagierend* ‖ ~ m ⟨Chem⟩ *Reagens* n ‖ fig *Gegenwirkung* f ‖ **–tor** m ⟨Phys Nucl⟩ *Reaktor* m ‖ ⟨Flugw⟩ *Düsenflugzeug* n ‖ ⟨Flugw⟩ *Düsenantrieb* m ‖ *Strahl-, Schub-, Rückstoß|triebwerk* n ‖ ~ experimental *Versuchsreaktor* m ‖ ~ superregenerador *Brutreaktor, Brüter* m

readmisión f *Wiederaufnahme* f

reagrupación f *Umgruppierung* f ‖ *Neu|einteilung, -ordnung* f

reagudo adj *sehr schrill (Ton)*
reajus|tar vt *wieder angleichen, wieder anpassen* ‖ *neu einstellen* ‖ *nachjustieren* ‖ **-te** m *Wiederanpassung* f ‖ *Neuanpassung* f ‖ *Nach|justieren, -stellen, -spannen, -ziehen* n
¹**real** adj *wirklich, tatsächlich* ‖ ⟨Philos⟩ *real* ‖ ⟨Math⟩ *reell (& fig)* ‖ ⟨Jur⟩ *dinglich, Sach-, Sachen-* ‖ *derechos* ~es *Sachenrecht* n ‖ *tara* ~ ⟨Com⟩ *Nettotara* f ‖ *el valor* ~ *der Münzwert*
²**real** adj/s *königlich, Königs-* ‖ fig *herrlich, prächtig* ‖ *águila* ~ *Königsadler* m (→ **águila**) ‖ *alteza* ~ *königliche Hoheit* f ‖ → **pavo** ~ *Pfau* m (→ **pavo**) ‖ *los* ~es *die Königlichen, die Royalisten (Partei)* ‖ *cámara* ~ *Audienzzimmer* n *(im königlichen Palast)* ‖ *un* ~ *mozo** ⟨& Lit⟩ *ein strammer Bursche* m ‖ *una* ~ *moza ein prächtiges, dralles Mädchen* n
³**real** m *(& pl)* ⟨Mil⟩ *(Feld)Lager* n ‖ ⟨Mil⟩ *Hauptquartier* n ‖ *(de la feria) der Marktplatz* ‖ *un* ~ *sobre* ~ figf *bis auf den letzten Pfennig* ‖ ◊ *alzar (od levantar) el* ~ *(od los* ~es) ⟨Mil⟩ *das Lager aufheben, abbrechen* ‖ *asentar* ~ ⟨Mil⟩ *das Lager aufschlagen* ‖ *sentar el* ~ *(los* ~es) fig *sich irgendwo häuslich niederlassen*
⁴**real** m *Real* m, span. *Münze* f *(* = 34 Maravedís) = 25 céntimos*
realce m *erhabene Arbeit* f ‖ fig *Ansehen* n, *hohe Achtung* f ‖ fig *Ruhm, Glanz* m ‖ ⟨Mal⟩ *aufgesetztes Licht* n ‖ ⟨Mal⟩ *Drucker* m ‖ ◊ *bordar de* ~ *erhaben sticken* ‖ fig *dar* ~ (a) *fig erhöhen* ‖ *et betonen* ‖ *et verschönern* ‖ *eso le da* ~ fig *das gibt ihm Ansehen*
***realdad** f *königliche Würde* f
rea|lejo m dim v. **real** ‖ **-lengo** adj ⟨Hist⟩ *frei (nur dem König unterstellt) ‖ staatseigen, dem Staate gehörend, Staats-* ‖ Mex PR *herrenlos (Tier)* ‖ *bienes de* ~ *Krongüter* npl ‖ **-leza** f *königliche Würde* f ‖ fig *Pracht, Herrlichkeit* f
realidad f *Wirklichkeit, Realität* f ‖ *Wahrheit* f ‖ *Tatsache* f ‖ *Red-, Ehr|lichkeit* f ‖ *en* ~ *wahrhaftig, tatsächlich* ‖ *eigentlich, im Grunde* ‖ ◊ *adquirir* ~ *sich verwirklichen* ‖ *verwirklicht werden* ‖ *sich verkörpern*
realillo m dim v. **real**
¹**realis|mo** m *Königspartei* f, *Royalismus* m ‖ **-ta** adj/s *königstreu, königlich gesinnt, royalistisch* ‖ *partido* ~ *die royalistische Partei* ‖ *die Monarchisten* mpl
²**realis|mo** m ⟨Lit Philos Mal Filmw⟩ *Realismus* m ‖ ~ *socialista sozialistischer Realismus* m ⟨bes Mal⟩ ‖ **-ta** m *Anhänger* m *der realistischen Schule* ‖ ~ adj *realistisch* ‖ *escuela* ~ *realistische Schule* f
realito m = **realillo**
realiza|ble adj *erreichbar, möglich* ‖ *tunlich, durch-, aus|führbar, realisierbar* ‖ ⟨Wir Com⟩ *verkäuflich* ‖ *verwertbar* ‖ **-ción** f *Verwirklichung, Realisierung* f ‖ *Aus-, Durch|führung* f ‖ *Bewerkstelligung* f ‖ *Verwertung, Begebung* f ‖ *Errungenschaft* f ‖ ⟨Com⟩ *Ausverkauf* m ‖ ~ *de una esperanza Erfüllung* f *e-r Hoffnung* ‖ ~ *cinematográfica Verfilmung* f ‖ *Film* m ‖ ◊ *ser de fácil (difícil)* ~ *leicht (schwer) absetzbar sein (Ware)* ‖ **-dor** m ⟨Filmw TV⟩ *Regisseur, Spielleiter* m
realizar [z/c] vt *verwirklichen, realisieren* ‖ *aus-, durch|führen* ‖ *bewerkstelligen* ‖ ⟨Com⟩ *verwerten, begeben, flüssig machen* ‖ ◊ *hemos realizado los mayores esfuerzos (para)...* ⟨Com⟩ *wir haben unser Bestes getan, um ...* ‖ ~ *un deseo, un proyecto e-n Wunsch, e-n Plan verwirklichen* ‖ ~ *en dinero verwerten* ‖ ~ *una ganancia e-n Gewinn erzielen* ‖ ~ *un viaje e-e Reise unternehmen* ‖ **-se** *stattfinden* ‖ *abgehalten werden* ‖ *sich verwirklichen* ‖ *Wirklichkeit sein* ‖ *sich erfüllen, in Erfüllung gehen* ‖ *abgewickelt werden (Aufgabe, Arbeit)* ‖ ◊ *nuestras esperanzas se han realizado unsere Hoffnungen sind in Erfüllung gegangen*
realmente adv *wirklich* ‖ *in der Tat, tatsächlich* ‖ *aufrichtig, offen gestanden*
realquila|do m/adj *Untermieter* m ‖ **-r** vt *untervermieten*
realzar [z/c] vt *erhöhen, erheben* ‖ fig *erheben, rühmen* ‖ fig *verschönern, verherrlichen* ‖ ⟨Mal⟩ *Lichter aufsetzen (auf* acc) ‖ **-se** *sich erheben* ‖ fig *zu Ruhm gelangen*
reani|mación f *Neu-, Wieder|belebung* f ‖ *Schwung* m ‖ **-mar** vt *wieder zu Kräften bringen, wiederbeleben* ‖ *neuen Mut einflößen* (dat) ‖ *wieder in Schwung bringen (Geschäft)* ‖ fig *neu anfachen* ‖ fig *auffrischen* ‖ **-se** *neu aufleben* ‖ fig *neuen Mut fassen*
reanu|dación f *Wiederanknüpfung* f ‖ *Wiederaufnahme* f ‖ ~ *de los negocios Wiederbelebung* f *der Geschäfte* ‖ ~ *de las relaciones* (comerciales) *Wiederaufnahme* f *der Geschäftsverbindungen* ‖ ~ *de las relaciones diplomáticas Wiederaufnahme* f *der diplomatischen Beziehungen* ‖ **-dar** vt *wieder anknüpfen* ‖ *wiederaufnehmen* ‖ ◊ ~ *la correspondencia, las relaciones diplomáticas den Briefwechsel, die diplomatischen Beziehungen wiederaufnehmen*
reapa|recer [-zc-] vi *wieder erscheinen, wieder zum Vorschein kommen* ‖ *erneut auftreten* ‖ **-rición** f *Wiedererscheinung* f ‖ ⟨Th⟩ *Wiederauftreten, Comeback* n ‖ ◊ *hacer su* ~ *wieder erscheinen* ‖ fam *wieder auftauchen*
reapertura f *Wiedereröffnung* f ‖ *Wiederbeginn* m ‖ ⟨Jur⟩ *Wiederaufnahme* f *(e-s Verfahrens)* ‖ ~ *de los cursos Schulbeginn* m
rearg̃üir [-uy-, gu/gü] vi *wieder antworten (im Gespräch)*
rear|mar vt *(Waffe) durchladen* ‖ *wiederbewaffnen* ‖ vi *aufrüsten* ‖ **-me** m *(Wieder)Aufrüstung* f ‖ *Wiederbewaffnung* f ‖ *Durchladen* n *e-r Waffe*
rease|gurar vt *wieder versichern* ‖ *rückversichern* ‖ **-guro** m *Rückversicherung, Reassekuranz* f
rea|sumir vt *wieder (auf)nehmen (od aufgreifen)* ‖ *wieder auf sich nehmen, übernehmen* ‖ *kurz zusammenfassen, in den Hauptpunkten wiederholen* ‖ **-sunción** f *Wiederaufnahme* f
rea|ta f *Koppelriemen* m ‖ *Koppel* f *(Saumtiere)* ‖ ⟨Mar⟩ *Vorspannpferd* n ‖ ⟨Mar⟩ *Bezug* m ‖ *de* ~ *koppelweise (angespannt)* ‖ figf *blindlings gehorchend* ‖ figf *gleich darauf* ‖ **-tar** vt *wieder (an-) binden* ‖ *aneinander koppeln (Saumtiere)*
reatino adj/m *reatinisch, aus Rieti (Italien)* ‖ ~ m *Reatiner* m
reato m ⟨Theol Jur⟩ *Schuld* f ‖ *Anklagezustand* m
reavivar vt = **reanimar** ‖ **-se** *wieder zu sich kommen*
reba|ba f *Grat* m ‖ *Guß|naht* f, *-bart* m ‖ *Krätze* f ‖ ⟨Typ⟩ *Achsel* f ‖ **-barse** vr ⟨Arch⟩ *vorspringen*
reba|ja f *Preisnachlaß, Rabatt* m ‖ *Abzug* m ‖ *Ermäßigung* f ‖ *Preissenkung* f ‖ ~ *de los precios Rückgang* m *der Preise* ‖ ~s *de verano Sommerschlußverkauf* ‖ ◊ *conceder (od hacer) una* ~ *Rabatt gewähren* ‖ *pedir una* ~ *vom Preise abhandeln* ‖ **-jamiento** m s v. **-jar(se)** ‖ **-jar** vt *herab-, platt|drücken* ‖ ⟨Tech⟩ *ab|nehmen, -feilen, -hobeln, -schleifen* ‖ *abziehen (von e-r Summe)* ‖ fig *demütigen, beschämen* ‖ fig ⟨Mal Phot⟩ *abschwächen* ‖ ⟨Mil⟩ *von e-m Dienst freistellen* ‖ ◊ ~ *el precio (de) den Preis herabsetzen* bzw *ermäßigen, verbilligen, billiger gestalten* ‖ **-se** *erkranken* ‖ fig *sich herabwürdigen* ‖ *sich demütigen* ‖ ◊ ~ *los callos sich die Hühneraugen schneiden* ‖ ~ *por enfermo* ⟨Mil⟩ *von e-m Dienst wegen Krankheit freistellen*
rebaje m ⟨Mil⟩ *Freistellung* f *von e-m Dienst*

¹rebajo m *Einschnitt, Falz* m || *Abschrägung* f || *Hohlkehle* f
²rebajo adj pop *sehr klein, sehr niedrig* || *winzig*
rebalaje m prov *Stromschnelle* f
rebal|sa f *Lache, Pfütze* f || *Stauwasser* n || *Stockung, Stauung* f || ⟨Med⟩ *Flüssigkeitsstauung* f (*in den Geweben*) || **-sar** vt *stauen (Wasser)* || fig *hemmen, aufhalten* || **~se** *stocken, sich stauen (& fig)* || **-se** m *Stauung* f || *gestautes Wasser* n || p. ex *Staubecken* n
rebana|da (dim **-dita**) f (*dünne*) *Schnitte* f || *Schnitt* m || *Scheibe* f || ~ **de pan** (con manteca) *Brotschnitte* f (*Butterbrot*) || ◊ *partir el pan* en ~s *das Brot schneiden*
rebanar vt *in dünne Schnitten schneiden* || *ab-, durch-, zer|schneiden* || ◊ ~ **el pan** *das Brot schneiden* || ~ **la cabeza** (od el pescuezo) *den Kopf abschneiden*
reba|ñadera f *Brunnenhaken* m || **-ñadura** f pop *Menge* f *Buben* || **~s** fpl (*Speise*) *Reste* mpl || **-ñar** vt = **arrebañar** || pop *auskratzen* (z. B. *e-e Kasserolle*)
reba|ño m (*Vieh*) *Herde* f (& fig) || fig *Schar* f, *Haufen* m || ~ **de carneros** (od ovejas) *Schafherde* f || **-ñuelo** m dim v. **-ño**
rebarba f → **rebaba**
rebasar vt/i (*e-e bestimmte Grenze*) *überschreiten* || (*Glas*) *überlaufen (Flüssigkeit)* || *über die Ufer treten (Fluß)* || ⟨Mar⟩ (*Klippe*) *klaren, überwinden* || ⟨Mil⟩ *stürmen, nehmen* (acc) || ⟨Wir Com⟩ *überziehen (Konto usw)* || ◊ ~ **el limite** ⟨Com⟩ *das Limit überschreiten* || ~ **la treintena** *die 30. Jahr überschreiten* || ~ **las murallas** ⟨Mil⟩ *die Grenzwälle stürmen* || **el enfermo no ~á este otoño** pop *der Kranke wird diesen Herbst nicht überleben*
rebatible adj *bestreitbar, strittig* || ⟨Tech⟩ *klappbar* || *kippbar* || *Klapp-*
reba|tiña f = **arrebatiña** || ◊ *andar a la* ~ fam *sich um et reißen* || *hablar a la* ~ pop *sich im Reden überstürzen* || **-tir** vt *zurückschlagen* || *von neuem schlagen* || *heftig schlagen, klopfen* || *widerlegen (Argumentation)* || *zurückweisen, bestreiten* || fig *Einhalt tun* (dat) || fig *von sich weisen* || ◊ ~ **las costuras** *die Nähte glätten* || ~ **una razón e-e Behauptung widerlegen** (con durch acc) || ~ **una sospecha** *e-n Verdacht abweisen*
¹rebato m *Sturmläuten, Lärmschlagen* n || *Alarm(glocke* f) m || ⟨Mil⟩ *plötzlicher Angriff, Überraschungsangriff* m || (*Blut*) *Andrang* m || **de** ~ figf *unvermutet* || *plötzlich* || **toque a** ~ *Sturmläuten* n || ◊ *dar un* ~ ⟨Mil⟩ *plötzlich angreifen* || *tocar a* ~ *Sturm läuten* || fig *Alarm schlagen*
²rebato = **arrebato**
rebautizo m *Wiedertaufe* f || *Umtaufen* n
rebaza f prov *Kleie* f
rebe|ber vt *ein-, auf|saugen* || **-bido** adj *verblaßt (Gemälde)*
Rebeca f np *Rebekka* f (& als Tfn) || ~ f *Strick|jacke, -weste* f (*nach dem Kleidungsstück, das die Hauptdarstellerin des gleichnamigen Films, Joan Fontaine, trug*)
¹rebeco m ⟨Zool⟩ *Gemse* f (Rupicapra rupicapra) (→ **gamuza**)
²rebeco adj *störrisch, widerspenstig* || Sant *spitzbübisch* || *keck* || *unartig (Kind)*
rebelarse vr *sich empören* || *sich auflehnen* (contra gegen acc) || **eso se me ~la** *das ekelt mich an* || *das macht mich wütend*
rebel|de adj *aufrührerisch* || fig *ungehorsam, störrisch, widerspenstig* || *hartnäckig (Krankheiten)* || *trotzig, hartnäckig (Person)* || ⟨Jur⟩ *säumig,* (vor Gericht) *nicht erscheinend* || ~ **a las arrugas** ⟨Web⟩ *knitterfest* || **un niño** ~ **ein ungezogenes Kind** || ~ m *Aufständische(r), Rebell* m || *Meuterer* m || ⟨Jur⟩ *säumige Partei* f || **-dia** f *Widerspenstigkeit, Aufsässigkeit* f || *Rebellion* f || *Unbotmäßigkeit* f || ⟨Jur⟩ *Säumnis* f, *Nichterscheinen* n (*vor Gericht*) || ⟨Jur⟩ *Strafe f wegen Nichterscheinens* || **condena en** ~ ⟨Jur⟩ *Versäumnisurteil* n || **sentencia en** ~ *Versäumnisurteil* n || *Abwesenheitsurteil* n (*Strafrecht*) || ◊ **condenar en** ~ *in Abwesenheit verurteilen* || **declarar en** ~ ⟨Jur⟩ *für säumig erklären*
rebe|lión f *Auf\ruhr, -stand* m, *Empörung* f || *Rebellion* f || → **revuelta** || **las tropas en** ~ *die aufständischen Truppen* fpl || **-lón** adj *störrisch, stutzig (Pferd)*
reben|cazo m *Hieb* m *mit der Reitpeitsche* || **-que** m *Ochsenziemer* m, (*Zucht*) *Peitsche* f || ⟨Mar⟩ *Tauende* n || Am *Handpeitsche* f || Cu fig *schlechte Laune* f || ◊ *tener* ~ Am fam *widerspenstig, halsstarrig sein* || **-quear** vt Am pop (*durch*)*peitschen*
rebién adv fam *ausnehmend gut*
rebisabuelo m = **tatarabuelo**
△**reblandañí** f *Stein* m
reblan|decer [-zc-] vt *erweichen* || *auflockern* || *weich machen* ⟨& Chem⟩ || **~se** *weich werden* || fig *mürbe werden* || pop *herunterkommen* || **-decimiento** m *Auf-, Er|weichen* n || *Auflockerung* f || ⟨Med⟩ *Erweichung* f || *Einschmelzung* f || ~ **cerebral** ⟨Med⟩ *Gehirnerweichung* f || ~ **de los huesos** ⟨Med⟩ *Knochenerweichung* f
△**reble** m *Gesäß* n
△**reblinar** vt (*hoch*)*achten*
rebobina|do m *Rück-, Um|spulen* n || ⟨El⟩ *Neuwickeln* n || **-r** vt *rück-, um|spulen* || *umwickeln*
rebocillo m dim v. **rebozo**
rebolear vt Am *schwingen* (z. B. *Peitsche*)
rebo|lledo m *Zerreichenwald* m || **-llo** m *Zerreiche* (Quercus cerris) || *Ast* *Baumstamm* m || **-lludo** adj *untersetzt, stämmig*
rebombe m *Widerhall* m
rebor|de vt/i *überstricken* || **-de** m *Übersaum*, *hervortretender Saum* m || *Wulst* m || ⟨Tech⟩ *Randleiste* f || *Krempe* f || ~ **del tejado** *Dachrand* m || **-dear** vt *besetzen, säumen* || (*um*)*bördeln* || *rollen (stanzen)*
rebo|sadero m *Überlauf* m (*Wasser*) || *Überlauf* m *e-s Staubeckens* || ⟨Metal⟩ *Steiger, Steigetrichter* m || **-sadura** f, **-samiento** m *Überllaufen, -strömen* n || **-sante** adj: ~ **de salud** *vor Gesundheit strotzend* || **tres vasos ~s** *drei bis an den Rand gefüllte Gläser* npl || **-sar** vt/i *fließen, -laufen* || *über die Ufer treten* || fig *übervoll bzw überfüllt sein, strotzen* (de von dat) || fig *im Überfluß* (*vorhanden*) *sein* || ◊ ~ **hiel** figf *sehr böswillig, neidisch sein* || **le ~sa el dinero** pop *er ist steinreich* || **está ~sando de salud** *er strotzt vor Gesundheit*
rebo|tar vt *zurückschlagen (Ball)* || *aufrauhen (Tuche)* || *um-, krumm|schlagen (Nägel)* || fig *verärgern* || Col Mex *trüben (Wasser)* || ~ vi *zurückspringen, abprallen* (z. B. *Gummiball*) || *böcksern (Wein)* || ⟨Mil⟩ *abprallen (Schuß)* || **~se** fig *außer sich geraten* || *umschlagen (Wein)* || *kollern (gärender Wein)* || *sich färben- bzw qualitäts|mäßig ändern* || *sich sehr aufregen* || **-tazo** m *Rückprall* m || **-te** m *Rückprall* m || *Zurückschnellen* n || *Rückstoß* m || ⟨Mil⟩ *Querschläger* m || *Abprall(er)* m || **de** ~ *im Zurückspringen (Ball)* || *durch Rückprall* || fig *als Folge, folglich* || **tiro de** ~ *Prellschuß* m || **-tica** f *rückwärtiger Laden, Hinterladen* m, *Ladenstube* f
rebo|zadamente adv *heimlich, versteckt* || *verschämt* || *mit Angst* || **-zado** adj *vermummt (Gesicht)* || fig *verschleiert, verhüllt* || *undurchsichtig* || fig *arglistig* || ⟨Kochk⟩ *überbacken* || *paniert* || ~ **con chocolate** ⟨Kochk⟩ *mit Schokolade übergossen* || **-zar** [z/c] vt (*Gesicht*) *vermummen* || *ver|schleiern, -hüllen* || ⟨Kochk⟩ *panieren, garnieren* || *überbacken* || (*mit Schokolade usw*) *über-*

rebozo — recapacitar

gießen || fig *gleisnerisch verhüllen* || **~se** *sich das Gesicht bis unter die Augen verhüllen* || *sich vermummen* || **-zo** *m Verhüllung f des Gesichts* || *Umschlagtuch* n || fig *Heuchelei, Maske f* || fig *Bemäntelung f* || *de* ~ fig *heimlich, verstohlen* || *sin* ~ fig *offen, aufrichtig,* fam *frei von der Leber weg*
△**rebridaque** *m Kompliment* n
 rebrillar vi *stark (er)glänzen*
 rebrote *m* = **retoño**
△**rebucharar** vt *trennen*
 rebueno adj fam *trefflich*
 rebu|far vi *vor Zorn schnaufen (od schnauben)* || **-fe** *m Schnaufen, Schnauben* n *(des Stiers)* || **-fo** *m Mündungswirbel,* m *beim Schießen (der Feuerwaffen)*
 rebujar vt = **arrebujar**
 rebujo *m Ver|hüllung, -schleierung f der Frauen* || *unordentliches Bündel* n || *Knäuel* m/n || ⟨Tech⟩ *Bolzentreiber* m || fig *Unordnung, Verwirrung* f || *de* ~ fig *heimlich*
 rebu|llicio *m großer Lärm* m, *Getöse* n || *Radau, Tumult* m || **-llir** [pret –lló] vi *sich rühren, sich bewegen* || *aufwallen* || *(auf)sprudeln* || *hin und her laufen* || *sich aufregen* || **-llón** *m* pop *Aufregung* f
 rebumbar vt = **rimbombar**
 rebus|ca *f Ährenlese f* || *Nachlese* f || fig *Abfall, Ausschuß* m || fig *Nachforschung f* || **-cado** adj *gekünstelt, gesucht (Wort, Ausdruck)* || **-cadora** *f Ährenleserin* f || **-camiento** *m Nachlese* f || *Gesuchtheit, gekünstelte Art und Weise, Mache* f *(im Stil, im Verhalten)* || **-car** [c/qu] vt/i *(Ähren) lesen* || *Nachlese halten* || fig *sorgfältig durchsuchen, (aus)stöbern* || p. ex *sammeln* || **-co** *m* = **-ca** || **-cón** *m* fam *Herumstöberer* m
 rebuz|nar vt *iahen, (iah) schreien (Esel)* || figf *grob, ungeschliffen sein* || fig *ein Esel sein* || ◊ *ya rebuznó (otra vez)* fig pop *er hat (wieder) e-e Dummheit von sich gegeben (od Unsinn geredet)* || **-no** *m Eselsgeschrei* n, *Iah* n
 recabar vt *erreichen (nach Bitten, Gesuchen)* || *erflehen, erbitten* || *ansuchen (um* acc*)* || *zustande bringen* || *für sich gewinnen (Parteigänger)* || ◊ ~ *el permiso de (od* con*) la autoridad die Erlaubnis von der Behörde erreichen, erhalten* || ~ *algo de alg. seinen Zweck bei jdm erreichen (od erlangen)*
△**recabelar** vt *vorenthalten*
 reca|dera *f Botenfrau f* || **-dero** *m Bote(ngänger), Dienstmann* m || *Postbote* m *(bes für Paketdienst)* || ⟨Com⟩ *Kostnehmer* m *(Börse)* || **-do** *m Besorgung* f || *Botschaft, Bestellung* f, *Auftrag* m || *Nachricht* f, *Bescheid* m || *Vorsicht* f || *Sicherstellung* f || *Einholbedarf, (Tages)Vorrat* m || ⟨Jur⟩ *(Beweis)Urkunde* f || ⟨Typ⟩ *Satzmaterial* n || fig & * *Aus|stattung, -rüstung f* || *Am Reitzeug* n, *Sattel* m || *Am Ausrüstung f (Kleidung f* usw*) e-s Landarbeiters* || Cu *Beispeise* f || ⟨*& Lit⟩ ~ *de cama Bettzeug* n || ⟨*& Lit⟩ ~ *de cocina Küchengerät* n || ◊ *se escribir Schreibzeug* n || ¡*buen* ~! pop *schöne Bescherung!* a (buen) ~ *wohlverwahrt* || *mal* ~ *Schelmenstreich* m || *Fehler* m || ◊ *le llevaré (od pasaré) el* ~ *werde ihm (bzw ihr) Bescheid sagen* || *ich werde Sie (bzw ihn, sie) anmelden (beim Besuch)* || *pasar* ~ *ausrichten (lassen), bestellen* || *sin pasar* ~ *ohne Anmeldung* || *haga* V. *el favor de pasar* ~ *bitte mich anzumelden* || *ir con un* ~ *e-e Botschaft ausrichten* || *poner a mal un* ~ *schlecht verwahren* (→ **recaudo**) || ~**s** *pl Grüße* mpl, *Empfehlungen* fpl || fam *Besorgungen* fpl || *Einkäufe* mpl || ◊ *tengo que hacer unos* ~ fam *ich muß einige Besorgungen machen* || *enviar (od dar)* ~ *Grüße senden* || *Empfehlungen bestellen*
 recaer [irr → caer] vi *(wieder) fallen* || *zurück-, ver|fallen (en in* acc*)* || ⟨Med⟩ *e-n Rückfall bekommen* || ⟨Jur⟩ *rückfällig werden* || ◊ ~ *en entfallen (auf* acc*) (z. B. Erbschaft)* || *anheimfallen*

(dat) || *(zurück)fallen an* (acc) || *entsprechen* (dat) || ~ en alg. *zu-, heim|fallen (Erbschaft, Würde)* || ~ *sobre (od* en) alg. *auf jdn fallen (Gespräch, Verantwortung, Verdacht, Wahl)* || ⟨Jur⟩ *ergehen (gegen* acc*) (Urteil)* || ~ *en hembra an die weibliche Linie fallen (Thronfolge* usw*)* || *la conversación vino a* ~ *sobre* . . . *das Gespräch fiel (gerade) auf* . . . ||
 recaída *f Rückfall* m, *Rezidiv* n (& fig) || ◊ *tener una* ~ ⟨Med⟩ *e-n Rückfall bekommen*
 recaigo → **recaer**
 reca|lada *f* ⟨Mar⟩ *Ansteuerung* f *(der Küste, des Landes)* || ⟨Mar⟩ *(Aufenthalt* m *in e-m) Zwischenhafen* m || **-lar** vi ⟨Mar⟩ *ansteuern, anlaufen* || ⟨Mar⟩ *e-e Zwischenlandung machen* || fig *(endlich) landen, aufkreuzen, erscheinen (en bei,* in dat*)* || ~ vt *durch|tränken, -sickern durch* (acc)
 recal|cada *f* ⟨Mar⟩ *Krängen* n || **-cadura** *f Am Verstauchung* f *(e-s Gliedes)* || **-car** [c/qu] vt *zusammen|treten, -pressen* || *vollstopfen* || fig *betonen, stark unterstreichen* || ⟨Tech⟩ *stauchen* || ⟨Mar⟩ *(stark) krängen* || ◊ ~ *las palabras e-n besonderen Nachdruck auf die Worte legen* || **~se** figf *sich bequem zurechtsetzen* (→ **arrellanarse, repantigarse**) || figf *sich immer wieder (genüßlich) wiederholen*
 recalci|trante adj *hartnäckig, widerspenstig, störrisch* || *hereje* ~ *verstockter Ketzer* m || **-trar** vi *zurück|treten, -weichen* || fig *beharren, sich widersetzen* || *trotzig, starrköpfig sein* || ◊ ~ en a/c fig *sich sträuben*
 recalen|tado adj *erhitzt* || *vorgewärmt* || *aufgewärmt (Speise)* || **-tador** *m Vorwärmer* m *(am Dampfkessel)* || *Überhitzer* m || **-tamiento** *m Überhitzung f* || *Erhitzung* f || *Vorwärmung* f *(am Dampfkessel)*
 recalentar [–ie–] vt *wieder erhitzen* || *überhitzen* || *vorwärmen (Kesselspeisewasser)* || *aufwärmen (Speise)* || fig *(Tiere) brünstig machen* || fig *sinnlich reizen* || **~se** *sich überhitzen* || *durch Wärmeeinwirkung verderben (Obst, Lebensmittel)* || *brünstig werden (Tiere)* || *geil werden (Mensch)* || ◊ ~ *los hígados* fig *sich hitzig werden*
 recalescencia *f* ⟨Phys Chem⟩ *Wieder|erwärmung, -erhitzung (im kritischen Bereich), Rekaleszenz* f
 recalmón *m* ⟨Mar⟩ *plötzliche Flaute* f
 recalvastro adj desp *völlig glatzköpfig*
 recal|z(amient)o *m* ⟨Arch⟩ *Untermauerung* f || **-zar** [z/c] vt ⟨Agr⟩ *häufeln* || ⟨Arch⟩ *untermauern* || ⟨Arch⟩ *stützen*
 reca|mado *m erhabene Stickerei, Reliefstickerei* f || **-mar** vt *erhaben sticken*
 recámara *f Kleiderkammer* f || *Ankleide|zimmer* n, *-raum* m || ⟨Mil⟩ *Ladungs-, Kartusch|raum* m, *Patronenlager* n *(e-r Waffe)* || ⟨Bgb⟩ *Minenkammer* f || △*Gesäß* n, *Hintern* m || Mex & MAm prov *Schlafzimmer* n || ¡~! fam *Donnerwetter!*
 recamarera *f* Mex *Kammerzofe* f
 recam|biable adj *austauschbar, auswechselbar* || **-biar** vt *wieder umtauschen* || *austauschen* || *auswechseln (Maschinenteile)* || **-bio** *m Wiederver-tauschung* f || *Umtausch* m || ⟨Tech⟩ *Aus|tausch* m, *-wechs(e)lung* f *(e-s Maschinenteiles)* || *Ersatz* m || ⟨Com⟩ *Rückwechsel* m || ⟨Com⟩ *Delkredere* n || *pieza de* ~ ⟨Tech⟩ *Ersatzteil* n || *pila de* ~ ⟨El⟩ *Ersatzbatterie* f
 recamo *m* → **recamado**
 recancanilla *f* fam *Hinken* n *(der Kinder als Verstellung)* || figf *Nachdruck* m, *nachdrückliche Betonung* f *(beim Sprechen)*
 recanto *m* prov *Spitze, Kante* f
 recantón *m Eck-, Prell|stein* m (→ **guardacantón**)
 ¡**recaña**! fam *Donnerwetter!* (euph *für* **recoño**)
△**recañí** *f Fenster(gitter)* n
 recapacitar vt *ins Gedächtnis zurückrufen* || ~ vi

an et zurückdenken || ◊ ~ *sobre nachdenken über (acc)*

recapitu|lación f *kurze Wiederholung* f *(des Hauptinhalts)* || *Zusammenfassung, Rekapitulation* f || **-lar** vt *(nochmals) zusammenfassen, kurz wiederholen, rekapitulieren*

△**recardar** vt *schleppen*

recar|ga f *(Bei)Last* f || *Nachfüllung* f || ⟨El⟩ *Wieder|aufladen* n, *-ladung* f || **-gado** adj fig *überladen* || *übertrieben* || ~ *m* ⟨Tech⟩ *Auftragung* f *(von Material)* || **-gar** [g/gu] vt *neu (be-) laden* || *überladen* || *überlasten* || *neu laden* bzw *nachladen (Gewehr)* || ⟨Com⟩ *auf den Preis aufschlagen* || *heraufsetzen (z. B. Steuern)* || *auftragen (Material)* || fig *überladen, geschmacklos ausschmücken* || fig *dick auftragen* || ◊ ~ *los impuestos zu hoch besteuern* || ~ *las tintas* ⟨Mal⟩ *die Farben überladen* || ~ vi *zunehmen, stärker werden (Fieber)* || **-go** *m neue Belastung* f || *Wiederbelastung* f || *Überladung* f || *Auf-, Zu|schlag* m || ⟨Med⟩ *stärkerer Fieberanfall* m, *Fieberzunahme* f || ⟨Mil⟩ *zusätzliche Dienstzeit* f || ◊ *se despacha sin* ~ ⟨Th⟩ *Vorverkauf* m *ohne Preiszuschlag* || **-gue** *m* ⟨Tech⟩ = **-gado**

recata f *nochmaliges Kosten od Versuchen*

recatado adj *vorsichtig, behutsam* || *zurückhaltend* || *ehrbar, züchtig, sittsam* || *bescheiden (bes von Frauen)*

¹**recatar** vt *wiederholt versuchen, nochmals kosten*

²**recatar** vt *sorgfältig verbergen, verhehlen* || ~**se** vr *vorsichtig, behutsam sein* || *sich hüten, sich versehen (de vor dat)* || fig *sich schämen, sich scheuen* || ◊ *hablar sin* ~ *sus pensamientos unverhohlen reden*

recatear vt/i prov = **regatear**

△**recateré** *m Augenlid* n

recato *m Vorsicht, Behutsamkeit* f || *Zurück|gezogenheit, -haltung* f || *Scheu* f || *Ehrbarkeit, Züchtigkeit, Sittsamkeit* f || *sin* ~ *(alguno) rücksichtslos, unverhohlen, frei heraus*

recatolizar vt *für den kath. Glauben zurückgewinnen, rekatholisieren*

recauchu|tado m/adj ⟨Aut Tech⟩ *Aufvulkanisieren* n || *Runderneuerung* f *(von Reifen)* || **-tar** vt *runderneuern* || *aufvulkanisieren*

recau|dación f *Eintreibung der Steuern, Steuereinziehung* f || *Einziehung, Erhebung* f || ⟨Com⟩ *Eingang* m *(der Außenstände)* || ~ *de impuestos Steuereinnahme* f || *Steueramt* n || *Steuerbetrag* m || **-dador** *m Steuer-, Gebühren|einnehmer* m || *Schatzmeister* m || **-dar** vt *ein|nehmen, -treiben, -ziehen, erheben (Steuern, Gebühren)* || *in Sicherheit bringen, verwahren* || ◊ ~ *para la Cruz Roja für das Rote Kreuz sammeln* || **-datorio** adj: *oficina* ~*a Sammel-, Hebe-, Einnahme|stelle* f || **-dería** f Mex *Spezereiladen* m || **-do** *m Steuer|erhebung, -eintreibung* f || *Vorsicht, Behutsamkeit* f || ⟨Jur⟩ *Sicherheit, Bürgschaft* f || *a (buen)* ~ *wohlverwahrt* || *poner a buen* ~ *in Sicherheit bringen* || *in Verwahr(ung) nehmen* || p. ex *verstecken* || Mex *Gewürze* npl || Chi Guat *Suppengrün* n

recayó → **recaer**

recazo *m Degenblatt* n || *Messerrücken* m

recebo *m feiner Schotter, feiner Steinkies* m

rececho *m* prov = **acecho** || ⟨Jgd⟩ *Pirsch* f

recelador *m Probierhengst* m

rece|lar vt/i *(be)fürchten* || *argwöhnen, mißtrauen* || *vermuten* || *die Stute probieren* bzw *den Probierhengst zur Stute bringen* || ◊ ~ *de jdm nicht trauen* || ~*se (de) et argwöhnen* || *sich fürchten vor (dat)* || **-lo** *m Argwohn, Verdacht* m, *Mißtrauen* n || *Besorgnis, Befürchtung* f || ◊ *¿tiene V.* ~ *de mí? trauen Sie mir etwa nicht?* || **-loso** adj *argwöhnisch, mißtrauisch* || *besorgt* || *schüchtern, scheu* || *ängstlich* || ◊ *hacer* ~ *(od traer)* ~ *(a) jdn mißtrauisch machen*

recen|tal adj/s *saugend (Lamm)* || **-tín** adj = **-tal** || **-tísimo** adj sup v. **reciente**: *allerneuester*

receñir [–i–, 3 pret –ñó] *nochmals umgürten, einschließen*

recep|ción f *Empfang* m ⟨& Radio TV⟩ || *Aufnahme, Einführung* f *in e–e Gesellschaft* || *diplomatischer Empfang* m, *Audienz* f || ⟨Jur⟩ *Zeugenverhör* n || ⟨Com⟩ *Empfang, Erhalt* m || *Rezeption* f, *Empfang* m *(im Hotel)* || ~ *dirigida* ⟨Radio TV⟩ *Richtempfang* m || ~ *heterodina (homodina)* ⟨Radio⟩ *Heterodyn-, Fremdüberlagerungs- (Homodyn-, Schwingaudion)empfang* m || ~ *de mercancías Empfang* m *von Waren* || *aparato, medio de* ~ ⟨Radio⟩ *Empfangs|gerät, -mittel* n || *día de* ~ *Empfangstag* m || *sala de* ~ *Empfangszimmer* n || **-cionista** s/adj: ~ *m Empfangschef* m || ~ *f Empfangsdame* f || ⟨Flugw⟩ *Groundhostess* f (engl)

recep|tación f ⟨Jur⟩ *Hehlerei* f || **-táculo** *m Sammelplatz* m || *Behältnis* n, *Behälter* m || *Gefäß* n || ⟨Bot⟩ *Blüten-, Befruchtungs|boden* m || fig *Zufluchtsort* m || ~ *seminal* ⟨Zool⟩ *Receptakulum* n, *lat receptaculum seminis (bei weiblichen Glieder-, Weich|tieren & Würmern)* || **-tar** vt ⟨Jur⟩ *(ver)hehlen, verbergen* || = **recibir** || **-tividad** f *Ansprechbarkeit* f || *Aufnahmefähigkeit* f || ⟨Med⟩ *Empfänglichkeit, Anfälligkeit* f || **-tivo** adj *ansprechbar, aufnahmefähig, anfällig, empfänglich* || **-to** m/adj *zu Zufluchts|ort* m, *-stätte* f || **-tor** m/adj *Einnehmer, Kassierer* m || *Asservatenbzw Gebühren|beamte(r)* m || *Schatzbeamte(r)* m || ⟨El⟩ *Empfänger* m, *Empfangs-, Rundfunk|gerät, Radio* n || ⟨Tel⟩ *Hörer* m, *Hörmuschel* f || ⟨Com⟩ *Empfänger* m *(e–r Ware)* || ~ *de galena* ⟨Radio⟩ *Kristallempfänger* m || ~ *heterodino Überlagerungsempfänger* m || ~ *selectivo trennscharfer Empfänger* m || ~ *local* ⟨Radio⟩ *Ortsempfänger* m || ~ *de señales* ⟨El⟩ *Zeichenempfänger* m || *aparato* ~ *Empfangsgerät* n || *estación* ~*a* ⟨Radio⟩ *Empfangsstation* f || *centro* ~ *Am Empfangsstation* f || *establecimiento* ~ *(Toto) Annahmestelle* f || **-toría** f *Schatz|amt* n bzw *-stelle* f

recesi|ón f ⟨Wir⟩ *Konjunkturrückgang* m, *Rezession* f || **-vidad** f ⟨Gen⟩ *Rezessivität* f || **-vo** adj ⟨Gen⟩ *nicht in Erscheinung tretend, zurücktretend, rezessiv (Erbfaktor)*

receso *m Entfernung* f, *Zurückweichen* n || = **recesión**

rece|ta f *Rezept* n, *Verschreibung, Arzneiverordnung* f || ⟨Kochk⟩ *Rezept* n || fig *Heilmittel, Rezept* n, *Lösung* f || = **lista** || ~ *médica Arzneiverordnung* f || ~ *culinaria Küchenrezept* n || *venta con* ~ ⟨Pharm⟩ *verschreibungs-, rezept|pflichtig* || ◊ *no tengo la* ~ *para resolver ese problema* figf *ich habe kein Rezept zur Lösung dieser Frage* || **-tador** *m Rezeptaussteller* m || **-tar** vt/i *verordnen, ärztlich verschreiben* || fig *pflegen (Arzt)* || ~ vi *Rezepte verschreiben* || **-tario** *m Arzneibuch* n || ~ *culinario Kochbuch* n

reciamente adv *stark, heftig*

reciario *m* ⟨Hist⟩ *Retiarius, Netzfechter* m *(Gladiatorengattung)*

reci|bí [pl **-íes**] *m Quittung* f, *Empfangsschein* m, öst *Rezepisse* n/f || "~" "*dankend erhalten*" || *cuenta* (od *factura*) *con el* ~ *quittierte Rechnung* f || **-bido** pp/adj: "~" *Erhalten (auf Bestätigungen)* || **-bidor** *m Empfänger* m || *Vorzimmer* n || *Sprechzimmer* n *(e–s Internats)* || *Empfangszimmer* n || **Salon** m || **-bimiento** *m Empfang* m || *Vorzimmer* n || *Empfangszimmer* n

reci|bir vt/i *empfangen, erhalten, bekommen* || *(an)nehmen* || *einnehmen (Geld)* || *billigen (als Mitglied)* || *aufnehmen* || *empfangen (en Gast)* || *annehmen (Gestalt, Form)* || *(er)leiden (Schaden, Verlust)* || *Sprechstunde halten* od *haben (Rechtsanwalt, Arzt)* || ⟨Taur⟩ *den Stier zum Kampf herausfordern (um ihm den Todesstoß*

zu geben) || ◊ ~ además *hinzubekommen* || ~ de criado *als Diener (auf)nehmen* || ~ una carta e-n Brief *empfangen* || ~ daño *Schaden erleiden* || ~ dinero *Geld einnehmen* || ~ a Dios, ~ al Señor, ~ la Eucaristía, ~ la Comunión *das heil. Abendmahl einnehmen* || ~ por esposa *heimführen (als Gattin)* || ~ en retorno *zurückempfangen* || ~ los sacramentos *mit den Sterbesakramenten versehen werden* || "habiendo recibido los Santos Sacramentos" (esquela) *„mit den Sterbesakramenten versehen" (Todesanzeige)* || después de ~ nach *Empfang* || horas de ~ *Empfangsstunden* fpl || sala de ~ *Empfangssalon* m || dar una estocada –biendo ⟨Taur⟩ *(dem Stiere) e-n direkten (ungedeckten) Degenstich versetzen* || sirvase ~ la seguridad de mi mayor estima ⟨Com⟩ *ich versichere Sie meiner ausgezeichneten Hochachtung, mit vorzüglicher Hochachtung* || hoy me toca ~ pop *heute komme ich nicht mit heiler Haut davon* || ¿recibe hoy la señora? *nimmt die gnädige Frau heute Besuch an?* || –bida su apreciable del ... *im Besitz Ihres w. Briefes v.* ... || ~se *Anstellungstitel od Approbation erwerben* || ◊ ~ de licenciado *die Lizentiatprüfung (das Staatsexamen) ablegen (od die Approbation erhalten)* || ser –bido de francmasón *unter die Freimaurer aufgenommen werden*
recibo m *Empfang* m || *Empfangs|schein* m, *-anzeige* f, *Bescheinigung* f || *Quittung* f || *Empfangszimmer* n || *Vorzimmer* n || ~ de abono ⟨Ztg⟩ *Abonnementsquittung* f || *Bezugsschein* m *(e-r Zeitung)* || ~ firmado por duplicado *doppelt für einfach quittiert* || ~ general *Generalquittung* f || ~ interino *Zwischenquittung* f || ~ por saldo *Generalquittung* f || al ~ de la presente *bei Empfang dieses Schreibens* || mediante ~ *gegen Quittung* || acuse de ~ *Empfangsbestätigung* f || horas de ~ *Sprechstunden* fpl *(des Arztes, des Anwalts)* || sello de ~ *Quittungsstempel* m || ◊ acusar ~ den Eingang *bestätigen* || dar ~ de una suma *den Empfang e-r Summe bescheinigen* || dar *(od extender)* un ~ por duplicado *doppelte Quittung ausstellen* || estar de ~ fig *salonfähig sein* || hacer un ~ (a) *quittieren* || ser *(od estar)* de ~ *annehmbar, gut und billig sein*
recidiva f ⟨Med⟩ *Rückfall* m, *Rezidiv* n (& fig) || **-r** vi *rezidivieren*
reciedumbre f *Heftigkeit, Wucht* f || *Kraft* f || *Stärke* f || fig *Derbheit* f || fig *Rauheit* f
recién adv *neu, kürzlich, jüngst* || *frisch* || *soeben* || *neu-, Neu-, frisch-, Frisch-* || Am *plötzlich, unerwartet* || Am *erst* || los ~ casados *die Neuvermählten* || nieve ~ caída *frischer Schnee* m || pan ~ hecho *(od cocido) frisch gebackenes Brot* n || el ~ nacido *das neugeborene Kind, das Neugeborene* || fam *der Neugebackene* || ~ ordeñada *frisch von der Kuh (Milch)* || la ~ parida pop *die Wöchnerin* || el ~ venido *der Neuankömmling* || ¡~ pintado! *frisch gestrichen!* || ~ empezaba Am *er fing erst an* || ~ cuando Am *gerade als* || ¿~ ahora vienes? Am *erst jetzt kommst du?* || ¡~ puede mirar V.! Am *sehen Sie nur zu!*
recien|te adj *neu(erlich), frisch* || *jüngst (geschehen)* || *neuartig, modern* || ⟨Wiss⟩ *rezent* || de fecha ~ *unlängst geschehen, frisch* || de ~ publicación *unlängst herausgegeben, soeben erschienen (Buch)* || el ~ pasado *die jüngste Vergangenheit* || seres vivos ~s, formas de vida ~s ⟨Biol⟩ *rezente Lebensformen* fpl || las ~s formas de cultura, las culturas ~s *die rezenten Kulturen* fpl *(Völkerkunde)* || **-temente** adv *vor kurzem, kürzlich, unlängst* || *neuerdings, neulich*
recinto m *Um|fang, -kreis* m || *umgrenzter Platz* m || *Umfassung* f || *Einfriedung* f, *Raum* m || *Grenze* f || *Ausstellungsplatz* m || *Gehege* n *(im Zoo)* || ~ de la feria *Messegelände* m || *fortificado Wall* m || *Umwallung* f || → **bastión** || el sagrado ~ ⟨poet⟩ *Kirche* f || *Tempel* m

recio adj/adv *stark, kräftig* || *steif, starr* || *laut* || *zähe, dick, fest* || *ausdauernd* || *heftig, nachdrücklich* || *hart, schwer, streng* || *mürrisch, rauh* || *rauh, derb* || *herb* || *urwüchsig* || *ungestüm, reißend (Strömung)* || ◊ helaba ~ *es fror heftig* || hablar ~ *laut sprechen* || de ~ *derb, tüchtig* || viento ~ *heftiger Wind* m || el ~ linaje, la ~a casta *das harte Geschlecht*
récipe m fam *Rezept* n
recipien|dario m *(in e-e Akademie usw) aufgenommenes (bzw zur Aufnahme anstehendes) Mitglied* n || p.ex *neues Mitglied, Neumitglied* n || **-te** m *Behälter, Rezipient* m, *Gefäß* n || ~ de agua *Wasserbehälter* m || ~ florentino *Florentiner Flasche* f || ~ de gas *Gasbehälter* m
recipro|ca f = **reciprocidad** || a la ~ *wechselseitig* || *gegenseitig* || ◊ siempre nos tendrá V. a la ~ ⟨Com⟩ *wir werden zu Gegendiensten stets bereit sein* || siempre muy gustosos a la ~ *zu Gegendiensten stets gern bereit* || **-camente** adv *gegen-, wechsel|seitig, beiderseitig* || ~ ventajoso *beiderseitig vorteilhaft*
reciprocidad f *Gegen-* bzw *Wechsel|seitigkeit* f || *Gegendienst* m || *Wechselbeziehung* f || *Reziprozität* f
recíproco adj *gegen-* bzw *wechsel|seitig* || *Gegen-, Wechsel-* || ⟨Gr Math⟩ *reziprok, umgekehrt* || *Kehr-, débito, seguro, servicio* ~ *Gegen|-schuld, -versicherung* f, *-dienst* m || condición, declaración, obligación ~a *Gegen|bedingung, -erklärung, -verpflichtung (gegenseitige Verpflichtung)* f || efecto ~ *Wechselwirkung* f || valor ~ ⟨Math⟩ *Kehrwert* m || verbo ~ ⟨Gr⟩ *reziprokes Verb* n
reci|tación f *Hersagung, Deklamation, Rezitation* f || *Vortrag* m || *Erzählung* f || **-tado** m ⟨Mus⟩ *Rezitativ* n, *Sprechgesang* m || **-tador** m *Erzähler, Deklamierende(r)* m || *Vortragskünstler, Rezitator* m || **-tal** m ⟨Mus⟩ *Solokonzert* n || p.ex *Konzertabend* m || *Dichterlesung* f, *Vortragsabend* m || ~ de piano *Klavierkonzert* n || **-tar** vt/i *hersagen, deklamieren, rezitieren* || *erzählen* || *vortragen* || ◊ ~ su lección ⟨Sch⟩ *seine Lektion hersagen* || **-tativo** m/adj = **-tado** || ~ adj *Rezitativ-*
reciura f *Stärke, Kräftigkeit* f || *Derbheit* f || *Heftigkeit* f || *Rauheit* f
recla|mación f ⟨Jur⟩ *Einspruch* m, *Einrede* f || *Beanstandung, Beschwerde* f || *Anspruch* m || *Reklamation* f || *Zurückforderung* f || ~ por daños y perjuicios *Schadenersatzforderung* f || ◊ entablar una ~ *e-e Forderung stellen* || *hacer (od presentar)* una ~ *sich beschweren (por wegen gen)* || *e-e Beschwerde anbringen* || *e-n Anspruch erheben* bzw *geltend machen* || *vorstellig werden* || satisfacer una ~ *e-r Reklamation gerecht werden* || ~es pl: libro de ~ *Beschwerdebuch* n *(Hotel, Restaurant usw)* || las ~ *hay que dirigirlas a Beschwerden sind zu richten an* (acc) || no se admiten ~ *(nachträgliche) Beanstandungen werden nicht angenommen* || **-mante** m *Zurückforderer* m || *Beschwerdeführer* m
¹**reclamar** vt/i *(zurück)fordern, reklamieren* || *verlangen, fordern* || *(an)mahnen* || *begehren* || ⟨Jgd⟩ *locken (Vögel)* || ⟨Jur⟩ *gerichtlich beanspruchen, in Anspruch nehmen* || *um (Hilfe) ersuchen* || ◊ ~ la atención *Aufmerksamkeit fordern, erheischen* || ~ indemnización *Entschädigung verlangen* || ~ en juicio *gerichtlich fordern* || ~ contra *Einspruch erheben gegen* (acc)
²**recla|mar** vi ⟨Mar⟩ *die Segel pressen* || **-me** m ⟨Mar⟩ *Scheibengatt* n || → **reclamo**
reclamo m ⟨Jgd⟩ *Lockvogel* m (& fig) || *Lockpfeife* f || *Lockruf* m || *Stichwort* n || ⟨Typ⟩ *Kustos* m || ⟨Typ⟩ *Verweisungszeichen* n || ⟨Com⟩ *Reklame, Werbung* f || *Einspruch* m, *Reklamation* f || fig *Lockung, Lockspeise* f || fig *Reiz* m || △*Hurenknecht* m || artículos de ~ *(od para ~s) Re-*

klameartikel mpl ‖ ~ *excesivo Marktschreierei* f ‖ ◊ *hacer* ~ *Reklame machen* ‖ *acudir al* ~ *figf auf den Leim gehen* ‖ →a **propaganda, publicidad** △**recle** *m Hohlweg* m

recli|nar vt *an-, zurück|lehnen* ‖ *(nieder)legen* ‖ *neigen, bücken* ‖ ◊ *–nado de codos en la ventana aus dem Fenster lehnend* ‖ ~**se** *sich anlehnen* ‖ *sich stützen* ‖ *sich bücken, sich neigen* ‖ ◊ ~ *cómodamente en la butaca sich bequem im Lehnsessel ausstrecken* ‖ **–natorio** *m Armlehne* f ‖ *Bet|stuhl, -schemel* m

recluir [–uy–] vt *ein|schließen, -sperren* ‖ ~**se** *fig sich vor der Welt zurückziehen*

reclu|sión *f Ein|schließung, -sperrung* f ‖ ⟨Jur⟩ *Haft* f ‖ *fig Zurückgezogenheit, Einsamkeit* f ‖ ~ *escolástica Karzer* m ‖ ~ *mayor Span 20–30 Jahre Zuchthaus* ‖ ~ *menor Span 12–20 Jahre Zuchthaus* ‖ ~ *militar Festungshaft* f ‖ ~ *perpetua lebenslängliches Zuchthaus* n ‖ *casa de* ~ *Zuchthaus* n ‖ *pena de* ~ *Zuchthausstrafe* f ‖ **–so** pp/irr v. **recluir** ‖ ~ *Sträfling* m ‖ ⟨Hist Rel⟩ *Rekluse, Inkluse* m

¹**recluta** *f* ⟨Mil⟩ *Aushebung, Werbung, Rekrutierung* f ‖ *caja de* ~ → **reclutamiento**

²**reclu|ta** *m* ⟨Mil⟩ *Rekrut, Ausgehobene(r), Neuangeworbene(r)* m ‖ p.ex *neuer, unerfahrener Soldat* m ‖ ~ *disponible Ersatzreservist* m ‖ **–tador** *m* ⟨Mil⟩ *Werber, Ausheber* m ‖ ⟨Mar⟩ *Heuerbaas* m ‖ p.ex *Anwerber* m *von Arbeitskräften* ‖ **–tamiento** *m* ⟨Mil⟩ *Rekrutierung, Rekruteneinstellung, Aushebung, Musterung* f ‖ *Rekrutenjahrgang* m ‖ p. ex *Anwerbung* f *von Arbeitskräften* ‖ *caja de* ~ *Ersatzbezirk* m ‖ ⟨Wehr⟩*Bezirkskommando* n ‖ *sujeto a* ~ ⟨Mil⟩ *(ge)stellungspflichtig* ‖ **–tar** vt ⟨Mil⟩ *rekrutieren, ausheben, mustern* ‖ ⟨Mar⟩ *anheuern* ‖ *anwerben (Arbeitskräfte)* ‖ Arg *(Vieh) zusammentreiben*

recluyo → **recluir**

recobrar vt *wiedererlangen* ‖ *nachholen (Versäumtes)* ‖ *wieder einbringen (Verlust)* ‖ ◊ ~ *el conocimiento,* ~ *el sentido wieder zu sich kommen (aus e-r Ohnmacht)* ‖ ~ *su dinero sein Geld zurückbekommen* ‖ ~ *las fuerzas,* ~ *la acción (wieder) zu sich kommen* ‖ ~ *wieder zu Kräften kommen* ‖ ~ *lo perdido das Versäumte einbringen* ‖ ~ *su sangre fría seine Kaltblütigkeit wiedererlangen* ‖ ~ *la vista das Sehvermögen wiedererlangen* ‖ ~**se** *sich erholen (von e-m Verlust, e-r Krankheit)* ‖ *sich schadlos halten (de für acc)* ‖ *wieder zu sich kommen (aus e-r Ohnmacht)* ‖ ~ *de un daño sich für erlittenen Schaden schadlos halten* ‖ ~ *de una enfermedad sich von e-r Krankheit erholen* ‖ →a **recuperar**

reco|cer [–ue–, c/z] vt *nochmals kochen (verkochen)* ‖ *auskochen* ‖ *durchbacken* ‖ *(aus)glühen (Metall)* ‖ *verarbeiten (Säfte)* ‖ *kühlen (Glas)* ‖ ~**se** *übergar werden (Speise)* ‖ *fig sich abquälen, grämen* ‖ **–cido** adj/s *nochmals gekocht* ‖ *aus-, ver|kocht* ‖ ⟨Tech⟩ *(aus)geglüht* ‖ *fig bewandert, erfahren* (en *in* dat) ‖ *color de* ~ *Anlauffarbe* f ‖ **–cina** *f Nebenraum* m *der Küche, Kammer* f *neben der Küche*

recochi|nearse vr pop *sich lustig machen (de über* acc) ‖ **–neo** *m* pop *Spott* m ‖ *Spötterei* f ‖ *Spotten* n ‖ *Ulk* m ‖ vgl **coña**

recocho adj *verkocht*

reco|dadero *m Armlehne* f ‖ *Lehnstuhl* m ‖ *Federkissen* n ‖ **–dar(se)** vi/r *sich auf die Ellbogen stützen* ‖ *e-e Biegung machen (Weg, Fluß)* ‖ **–do** *m Biegung, (Ein)Bucht(ung), Krümmung* f *(e-s Weges, e-s Flusses)* ‖ *Wegbiegung* f, *Winkel* m, *Knie* n ‖ *Krümmung* f ‖ ⟨StV⟩ *Kehre* f ‖ *doblar el* ~ *(de) einbiegen (im Wege)*

recogedor adj/s *Auffang-, Sammel-, Fang-* ‖ ~ *m Fänger* m ‖ *Sammler* m *(Person & Gerät)* ‖ *Kehrichtschaufel* f ‖ ~ *de (la) basura Müllwerker* m *(Mann)* ‖ *Kehr(icht)-, Abfall|schaufel* f ‖ →a **cogedora**

recogegotas *m Tropfen|fänger, -schützer* m *(am Stöpsel)*

recoge|migas *m Tischbesen* m ‖ **–pelotas** *m Balljunge* m *(z. B. beim Tennisspiel)*

recoger [g/j] vt *wiedernehmen* ‖ *in Empfang nehmen* ‖ *aufnehmen* ‖ *abholen* ‖ *auffangen* ‖ *mitnehmen* ‖ *ergreifen* ‖ *aufgreifen, einfangen* ‖ *sammeln, zusammen|bringen, -nehmen, -fassen* ‖ *(zusammen)raffen (Vorhang)* ‖ *sammeln (Almosen)* ‖ *zusammenfassen* ‖ *zusammenziehen, verengen, einziehen* ‖ *anziehen (Segel)* ‖ *einholen (Netz), einziehen (Bauch)* ‖ *ein|ziehen, -holen (Nachrichten, Auskünfte, Notizen)* ‖ *ernten, einsammeln* ‖ *auflesen, (vom Boden) aufheben* ‖ *pflücken (Obst)* ‖ *jdn (bei sich) aufnehmen, jdm Zuflucht bieten* ‖ *aufheben, verwahren* ‖ *aufnehmen (Gerät)* ‖ *abheben (Geld)* ‖ *abfahren (Müll)* ‖ *einsperren (z. B. e–n Geisteskranken)* ‖ *beschlagnahmen (Buch, Zeitschrift)* ‖ *aus dem Dienst ziehen* ‖ *aufschürzen* ‖ *hochziehen (Hose)* ‖ *raffen (Kleid)* ‖ ⟨Mil⟩ *zusammenziehen (Truppen)* ‖ *einsammeln, auflesen (Tote, Verwundete, Material)* ‖ *machen (Gefangene)* ‖ ◊ ~ *el aliento den Atem anhalten* ‖ ~ *cartas den Briefkasten leeren* ‖ ~ *la costura zu nähen aufhören (Frau)* ‖ ~ *los frutos die Feldfrüchte sammeln, ernten* ‖ ~ *informes (sobre) Nachfrage halten (nach), Auskunft einziehen (über* acc) ‖ ~ *una letra e–n Wechsel einlösen (od annehmen)* ‖ ~ *mercancías a domicilio Güter vom Hause abholen* ‖ *mandar* ~ *las mercancías die Waren abholen lassen* ‖ *los trabajos* ⟨Sch⟩ *die Schularbeiten einsammeln* ‖ ~ *velas figf sich davonmachen* ‖ *ir a* ~ *a alg. a la estación jdn am (od von) Bahnhof abholen* ‖ *acude pronto, si quieres* ~ *su postrer suspiro komme bald, wenn du ihn noch am Leben antreffen willst* ‖ *de ello recojo que daraus schließe ich, daß* ‖ *¡que Dios le recoja en su seno! Gott sei ihm gnädig!* ‖ ~**se** *sich zurückziehen* ‖ *sich zusammenziehen* ‖ *zusammenschrumpfen* ‖ *sich einschränken (in seinen Ausgaben)* ‖ *sich flüchten (a zu)* ‖ *sich zur Ruhe, zu Bett begeben* ‖ *(abends endgültig) nach Hause gehen* ‖ *sich in die Einsamkeit begeben* ‖ ⟨Rel⟩ *sich sammeln (in Andacht, zum Beten)* ‖ ◊ *Am sich (vor)bereiten* ‖ *temprano früh zu Bett gehen* ‖ *¿a qué hora se recoge V.? wann gehen Sie schlafen?*

recogi|da *f Einsammeln* n, *Sammlung* f ‖ *Sammeln* n ‖ *Abholen* n ‖ fam *Schlafengehen* n ‖ ⟨Com⟩ *Abnahme* f *(von Waren)* ‖ *Entgegennahme* f *(e-r Sendung)* ‖ ⟨Postw⟩ *Leerung* f *(des Briefkastens)* ‖ ~ *de la basura Müllabfuhr* f ‖ ~ *del correo Briefabholung* f ‖ **–do** adj *ein-, zurück|gezogen* ‖ *nachdenklich, in sich gekehrt* ‖ *andächtig, gesammelt* ‖ ~ *en la estación* ⟨Com⟩ *ab Bahnhof* ‖ **–miento** *m (Ein)Sammlung* f ‖ *Eingezogenheit, einsame Lebensweise* f ‖ *Andacht, (innere) Sammlung, Rekollektion* f ‖ *Schlafenlegen, Zubettgehen* n ‖ *Bußkloster* n ‖ *Am Gemütlichkeit* f, *Behagen* n

recojer inc pro **recoger**

reco|lección *f Sammlung* f ‖ *Sammeln* n ‖ *Sammelwerk* n ‖ *Ernte, Lese* f ‖ *Erntezeit* f ‖ *Bei-, Ein|treibung* f ‖ ⟨Rel⟩ *Sammlung, Andacht, Einkehr, Rekollektion* f ‖ *fig Folge* f, *Ergebnis* n ‖ *época de la* ~ *Erntezeit* f ‖ → **cosecha** ‖ **–lectar** vt *ernten, lesen, (die Feldfrüchte) einheimsen* ‖ →a **cosechar, recoger** ‖ **–lector** *m Sammler, Eintreiber* m ‖ ⟨Agr⟩ *Pflücker* m ‖ **–legir** [–i–, g/j] vt *(ein)sammeln* ‖ **–le(c)to** adj *fig zurückgezogen* ‖ ⟨Rel⟩ *beschaulich* ‖ *fig schüchtern* ‖ *fig still, einsam, ruhig* ‖ *abseits gelegen* ‖ ~ *m Mönch* m *von strenger Regelbeobachtung (heute noch als Reformzweig der Augustinner)*

recolta *f* gall Cu *Ernte* f

recomen|dable adj *empfehlenswert* ‖ *ratsam* ‖ *löblich, schätzbar* ‖ *vertrauenswürdig* ‖ *zweckmäßig* ‖ adv: ~**mente** ‖ **–dación** *f (An)Empfeh-*

lung f || *Befürwortung* f || *Rat(schlag)* m, *Empfehlung* f || *Auftrag* m || *Achtungswürdigkeit* f || ~ del alma *Gebet* n *für Verstorbene* || carta de ~ *Empfehlungsschreiben* n || palabras de ~ *empfehlende Worte* npl || por ~ *auf Empfehlung* || **-dado** adj/s *empfohlen* || ~ *m:* el ~ *der Empfohlene* || **-dante** *m der Empfehlende* || **-dar** [-ie-] vt *(an-) empfehlen* || *auftragen, einschärfen* || *loben, rühmen* || ◊ ~ a la atención *der Beachtung (Aufmerksamkeit) empfehlen* || ~ encarecidamente *warm empfehlen* || lo recomiendo a su consideración *ich stelle es Ihnen anheim* || **~se** *sich empfehlen* || →a **encomendar** || **-datorio** adj *Empfehlungs-* || carta ~a *Empfehlungsschreiben* n
  recomenzar [-ie-, z/c] vt/i *wiederaufnehmen* || *nochmals beginnen* (a *zu*) || *erneut anfangen*
  recomer vt fig *innerlich verzehren, nagen* || ◊ ~ su pena fig *sein Leid verbeißen, verbergen* || **~se** los hígados (*od* la sangre) figf *e-n tiefen Groll od Zorn empfinden*
  recompen|sa f *Belohnung, Vergeltung* f || *Entschädigung* f, *Ersatz* m || en ~ *zum Ersatz, als Lohn* || *dagegen* || ¿es èsà la ~ de mi trabajo? *ist das der Dank für meine Arbeit?* || jurado de ~s *Prämienjury* f *(z. B. bei e-r Ausstellung)* || promesa (pública) de ~ *Auslobung* f || **-sación** f = **-sa** || **-sar** vt *(be)lohnen, vergelten* || *vergüten, ersetzen* || *wiedergutmachen, entschädigen* || *ausgleichen* || ◊ ~ un beneficio con otro *Wohltat mit Wohltat vergelten* || ~ de un daño *entschädigen*
  recom|poner vt [irr → **poner**] *wieder zusammensetzen* || *wieder in Ordnung bringen* || *wiederherstellen, reparieren* || *(wieder) instand setzen* || *umarbeiten* (*<Typ> umsetzen*) || ◊ ~ su aspecto fig *sich zusammennehmen* || **-posición** f *Wiederherstellung* f || *Wiederzusammensetzung* f || *Um-, Neu|bildung* f || *<Typ> neuer Satz, Neusatz* m || **-postura** f *Wiederherstellung, Reparatur* f || **-puesto** pp/irr *v.* **-poner**
  recóncavo m *(Augen)Höhle* f
  reconcen|tración f *höchste Konzentration* f || *Sammlung* f (*<& Kath> & fig*) || *<Wir> Rückverflechtung* f *(Trust)* || ~ de espíritu *Geistes|stärke, -gegenwart, Selbstbeherrschung* f || **-trar** vt *auf e-n Punkt zusammendrängen* || *konzentrieren* || *<Wir> wiederverflechten (Trust)* || **~se** *sich sammeln* || fig *wieder zu sich kommen* || *sich festsetzen (im Innern des Gemütes)* || fig *in sich gehen, sich in Gedanken vertiefen*
  reconci|liación f *Ver-, Aus|söhnung* f || *<Rel> Neuweihe* f || *(erneutes) Beichten* n || tentativa de ~ *Wiederannäherungsversuch* m || *<Jur> Sühneversuch* m || ~ de los pueblos *Völkerversöhnung* f || **-liar** vt *ver-, aus|söhnen* || *neu einweihen (Kirche)* || **~se** *sich aus-, ver|söhnen* (con *mit dat*) || *<Kath> beichten gehen*
  recon|comerse vr fam *sich innerlich verzehren* || = **recomerse** || **-comio** m fam *Kitzel* m, *Gelüste* n || *innerer Trieb* m, *innere Regung* f || fig *Groll* m || *Argwohn, Verdacht* m || figf *innerer Gram, Kummer* m
  ¡**reconcho!** pop *Donnerwetter!*
  reconditez [*pl* **-ces**] f fam *et Verborgenes* || *Geheimnis* n
  recóndito adj *geheim, verborgen*
  recon|ducción f *<Jur> Verlängerung* f *e-s Pachtvertrags* || **-ducir** vt *(Pacht)Vertrag verlängern*
  reconfortar vt *(neu) stärken, trösten, beleben*
  reconocer [-zc-] vt/i *sorgfältig untersuchen, besichtigen* || *durchsehen* || *durchsuchen* || *erforschen* || *<Mil> spähen, (aus)kundschaften* || *aufklären* || *<Mar> sichten* || *<Med> untersuchen* || *überprüfen (Zoll)* || *rekognoszieren, erkunden* || *wiedererkennen* || *anerkennen (als)* || *(mit Dank) anerkennen* || *erkenntlich sein* || *einsehen, erkennen, bemerken* || *bekennen, zugeben, (ein)gestehen* || *vermuten* ||

urteilen || *bescheinigen* || ◊ ~ la exactitud de una cuenta *die Richtigkeit e-r Rechnung bescheinigen* || ~ la legitimidad de una pretensión *die Berechtigung e-r Forderung anerkennen* || ~ por causa *als od zur Ursache haben* || ~ por dueño *als seinen Herrn anerkennen* || ~ por hijo *an Kindes Statt anerkennen* || ~ por verdadero *als Wahrheit anerkennen* || reconózcame V. como su servidor *Ihr ergebenster Diener (Höflichkeitsfloskel)* || **~se** *zu erkennen sein (aus gewissen Anzeichen)* || *sich bekennen (als* adj*)* || *seines Wertes bewußt sein* || ◊ ~ culpable *sich schuldig bekennen* || ~ incompetente *sich als unzuständig bezeichnen, seine Inkompetenz anerkennen* || no ~ (a sí mismo) fig *sich (selbst) nicht mehr kennen*
  recono|cible adj *(er)kenntlich* || *(er)kennbar* || **-cidamente** adv *anerkanntermaßen* || **-cido** pp/adj *dankbar, erkenntlich* (por *für* acc) || *<Jur Pol> anerkannt* || fig *untersucht* (*<& Med>*) || *geprüft* || ~ hábil, útil (para el servicio militar) *<Mil> für tauglich befunden* || ◊ estar ~ *erkenntlich sein* || **-cimiento** m *(Wieder)erkennung* f || *Erkennen* n || *Anerkennung, Erkenntlichkeit, Dankbarkeit* f || *<Jur Pol> Anerkennung* f || *Besichtigung* f || *Untersuchung, Besichtigung* f || *<Mil> Erkundung, Aufklärung* f || ~ aéreo *Luft|aufklärung, -erkundung* f || ~ cercano (de larga distancia) *Nah-(Fern)aufklärung* f || ~ de deuda *Schuldanerkenntnis* n || *Schuldschein* m || ~ de facto (de jure) *<Pol> De-facto- (De-jure-)Anerkennung* f || ~ de firma *Anerkennung* f *der Unterschrift* || *Unterschriftsbeglaubigung* f || ~ local, ~ del lugar (del hecho) *<Jur> Lokal-, Ort|besichtigung* f || *Lokaltermin* m || *Augenschein* m || ~ médico *ärztliche Untersuchung* f || ~ de la paternidad *Vaterschaftsanerkennung* f || ~ de los toros *<Taur> Sortierung* f *der Kampfstiere* || patrulla de ~ *Spähtrupp* m || señal de ~ *Erkennungszeichen* n || *<Mar> Erkennungssignal* n || vuelo de ~ *Erkundungs-, Aufklärungs|flug* m || el no ~ *die Nichtanerkennung* || en ~ de *zum Dank für* || ◊ practicar un ~ *gerichtlich durchsuchen*
  reconquis|ta f *Wiedereroberung* f || *Rückgewinnung* f || la ~ *<Hist> die Wiedereroberung Spaniens aus der Maurenherrschaft (718-1492)* || **-tar** vt *wieder-, rück|erobern* || fig *wiedergewinnen (Ruf, Liebe)*
  reconsti|tución f *Wiederherstellung* f || *<Med> Wiederaufbau* m (→ **-tuyente**) || **-tuir** [-uy-] vt *wiederherstellen* || *wieder in Gang bringen* || *<Med> kräftigen, stärken* || ◊ ~ los hechos *<Jur> den Tatbestand wiederherstellen* || **-tuyente** m/adj *<Med> Kräftigungs-, Stärkungs|mittel* n
  recons|trucción f *Wiederaufbau* m || *Um-, Neu|bau* m || fig *Wiederherstellung* f || *Nachbildung* f || allg *Rekonstruktion* f || ~ económica *wirtschaftlicher Wiederaufbau* m || **-truir** [-uy-] vt *wiederaufbauen* || *um|bauen, -arbeiten* || fig *wiederherstellen* || *nachbilden* || allg *rekonstruieren* (*<& Jur>*) || ◊ ~ en su mente *im Geiste wieder auflesen lassen*
  recontar [-ue-] vt *nachzählen* || *nacherzählen* || *<Pol> Stimmen zählen*
  recontento adj fam *äußerst zufrieden*
  ¡**recontra!** pop *Donnerwetter!* (& *als* s)
  *****reconvale|cencia** f = **convalecencia** || ***-cer** [-zc-] vi *genesen, wieder gesund werden* || **-ciente** m *Genesende(r)* m
  recon|vención f *Vorwurf* m || *Verweis* m, *Rüge* f || *demanda de* ~ *<Jur> Wider-, Gegen|klage* f || ~ áspera *derber Verweis* m || en tono de ~ *in vorwurfsvollem Ton* || ◊ formular (*od* elevar) ~ *Gegenklage anstrengen (od erheben)* || **-vencional** adj *<Jur> Wider(klage)-* || actor ~ *Widerkläger* m || **-venido** adj *<Jur>:* parte ~ *Widerbeklagte(r)* m || **-venir** [irr → **venir**] vt *überführen* || *jdn zur Rede stellen* || *jdm et vorhalten* || *tadeln* (por, a causa de *wegen* gen) || *<Jur> Widerklage*

erheben || ◊ ~ a alg. (con, de, por, sobre) *jdm Vorwürfe machen (wegen* gen)
reconversión *f Wiederumwandlung* f (en *in* acc) || *Umstellung* f || ⟨Wir⟩ *Anpassung* f || ~ de la economía *Wirtschaftsumstellung* f
¡recoño! int vulg *verdammt!* || vulg *Scheiße!*
recopi|lación *f Zusammentragung* f || *Zusammenstellung* f || *gedrängter Auszug* m || *Sammlung* f *von Gesetzen* || *Sammlung* f *von span. Gesetzen v. J. 1567* || fig *zusammengestoppeltes Buch, Werk* n || Nueva ~ *neunte Ausgabe der span. Gesetzessammlung v. J. 1775* || Novisima ~ *Revision ders. v. J. 1805* || **-lador** *m Reko(m)pilator, Zusammenstoppler* m || **-lar** vt *zusammenstellen* || *zusammenschreiben* || fam *zusammenstoppeln (lit. Werke)* || *sammeln, in e-m Sammelwerk veröffentlichen* || **-lativo** adj *abkürzend*
recoquín *m* fam *dicker Knirps* m
récord *m* ⟨Sp⟩ *Rekord* m, *Höchstleistung* f || fig *Spitzenleistung* f || ~ de altura *Höhenrekord* m || ~ de velocidad *Geschwindigkeitsrekord* m || ~ mundial *Weltrekord* m || ◊ *batir el* ~ *den Rekord schlagen* || *establecer (od marcar) un* ~ ⟨Sp⟩ *e-e Bestleistung, e-n Rekord aufstellen*
recor|dable adj *denkwürdig* || **-dación** *f* ⟨Lit⟩ *Erinnerung* f || *Gedenken* n || de feliz *(oft altspanisch: de felice)* ~ *seligen Angedenkens (von Verstorbenen)* || **-dar** [-ue-] vt *jdm in Erinnerung, ins Gedächtnis bringen* || *zurückrufen (ins Gedächtnis)* || ◊ ~ el pago (a) *jdn an die Zahlung erinnern* || ~ a/c a *jdn an et erinnern* || se lo -daré a V. *ich werde Sie (wieder) daran erinnern* || ~ vi fig *aufwachen* || fig *zum Vorschein kommen* || ~ hacer ~ de *erinnern an* (acc) || **-se** *sich erinnern* || fig *aufwachen, erwachen* (bes Am)
recorda|tivo adj *erinnernd, Erinnerungs-* || ~ *m Erinnerungsmittel* n || **-torio** *m Erinnerung* f || *Mahnung* f || *Lesezeichen* n || *Gedächtnishilfe* f, *Aide-mémoire* n || ⟨Kath⟩ *Totenzettel* m || ~ de primera comunión *(Erst)Kommunionzettel* m *(mit Bild)*
reco|rrer vt *durch|laufen, -gehen* || *durch-, be|reisen* || *durchblättern, schnell durchlesen* || *schnell durchsehen, überprüfen* || ◊ ~ el periódico *die Zeitung schnell durchsehen* || ~ un trayecto *e-e Strecke zurücklegen* || **-rrido** adj *durchlaufen, zurückgelegt (Strecke)* || ~ *m zurückgelegte Strecke, Tour* f || *zurückzulegende Strecke* f || *Weg-* bzw *Fahr-* bzw *Bahn|strecke* f || *Fahrt* f || *Ausflug* m || *Ausbesserung* f || ⟨Typ⟩ *Umbruch (-korrektur* f) *m* || fam *derber Verweis, Wischer, Putzer* m || ◊ *dar un* ~ (a) pop *jdm den Kopf waschen* || *hacer un* ~ (de) *e-e Strecke zurücklegen*
recor|tado adj *ausgeschnitten* || ⟨Bot⟩ *ausgezackt, zackig* || fig *zimperlich* || ~ *m ausgeschnittene Figur* f || **-tar** vt *beschneiden* || *zuschneiden (z. B. Haar, Bart)* || *ausschneiden (Figuren aus Papier usw)* || *auszacken* || *ab- zu|schneiden (Haare, Wolle)* || ◊ ~ las uñas *die Nägel schneiden* || *que se* ~ *tan sobre el fondo del cielo deren Umrisse sich vom Himmel scharf abheben* || **-te** *m Abschneiden* n || *Beschneiden* n || *ausgeschnittene Figur* f || *(Zeitungs)Ausschnitt* m || *Abschnitt* m || fig *rasche Ausweichbewegung* f || ⟨Taur⟩ *(Art) (ausweichende), rasche Kreisdrehung f des Stierfechters* || ◊ *dar un* ~ (a) pop *et loswerden* || **-s** de papel *Papierschnitzel* npl
recorvar vt *krümmen, biegen*
reco|ser vt *flicken, ausbessern (Wäsche)* || **-sido** *m Flicken* m || *Flicken* n
recos|tadero *m Ruheplatz* m || *Wegbiegung* f || **-tado** adj *angelehnt, aufgestützt* || *halb liegend* || **-tar** [-ue-] vt *anlehnen, aufstützen* || *zurücklehnen* || ~ *stützen, lehnen (Körper)* || **-se** *sich (nieder)legen* || ◊ ~ en *sich zurücklehnen, stützen auf* (acc)
recova *f* ⟨Jgd⟩ *Koppel* f *Jagdhunde* || *Aufkauf* m *bei den Bauern (von Geflügel usw)* || And *Schirm-,*

Wetter|dach n
recoveco(s) *m(pl) Krümmungen, Biegungen* fpl *e-s Weges* || fig *geheimer Kniff* m, *Tücke* f
recre|ación *f Erholung, Ergötzung, Belustigung, Zerstreuung* || *Erquickung* f || *Zeitvertreib* m || *Entspannung* f || *Unterhaltung* f || ⟨Sch⟩ *Pause* f (bes Am) || **-ar** vt *ergötzen, belustigen* || *erquicken* || *entspannen, unterhalten, zerstreuen* || *wieder (er)schaffen* || **-se** *sich die Zeit vertreiben, sich zerstreuen* || ◊ ~ con los deportes *die freie Zeit dem Sport widmen* || ~ con la vista (de) *sich an dem Anblick e-r Sache erfreuen* || ~ leyendo *(od* en leer) *sich durch Lesen zerstreuen* || **-ativo** adj *ergötzend, belustigend* || sociedad ~a *Vergnügungsverein* m
recrecer [-zc-] vi *zunehmen* || *größer werden*
recreo *m Erholung, Zerstreuung* f || *Entspannung* f || *Unterhaltung* f || *Erquickung* f || ⟨Sch⟩ *Pause* f || *punto (od sitio) de* ~ *Erholungs-, Vergnügungs|ort* m || *tren, viaje de* ~ *Vergnügungs|-zug* m, *-reise* f
re|cría *f* ⟨Agr⟩ *(Auf)Zucht* f || **-criar** vt *aufziehen*
recrimi|nación *f Beschuldigung, Verdächtigung* f || *Gegen|beschuldigung, -klage* f || **-nar** vt *beschuldigen* || *Gegenbeschuldigungen erheben* || p. ex *Vorwürfe machen*
recrude|cer(se) [-zc-] vi/r *sich wieder verschlimmern (Krankheit)* || *sich verschärfen (Winterwetter)* || *wiederaufleben (Gefechte)* || **-cimiento** *m,* **-scencia** *f Wiederausbruch* m, *Verschlimmerung f (e-r Krankheit)*
recrujir vi *stark krachen, knirschen, knarren*
recta *f gerade Linie, Gerade* f || ~ final ⟨Sp⟩ *Zielgerade* f
rectal adj ⟨An⟩ *Mastdarm-, rektal*
rectamente adv *rechtschaffen, mit Redlichkeit* || ◊ *mirarse* ~ en los ojos *sich gerade in die Augen schauen*
rectangular adj *recht|eckig, -winklig*
rectángulo adj: triángulo ~ *rechtwinkliges Dreieck* n || ~ *m Rechteck* n
rectifi|cación *f Berichtigung, Verbesserung* f || *Begradigung f (Kurve, Fluß)* || ⟨Math⟩ *Rektifikation, Rektifizierung* f || ⟨Chem⟩ *Rektifikation* f || ⟨Radio TV⟩ *Demodulation, Gleichrichtung* f || ⟨Tech⟩ *Schliff* m || *Schleifen* n || ~ de una cuenta *Berichtigung f e-r Rechnung* || ◊ *hacer un asiento de* ~ *e-n Posten stornieren, tilgen* || **-cado** adj ⟨Tech⟩ *geschliffen* || ~ *m* ⟨Tech⟩ = ⟨Ab⟩ *Schleifen* n || **-cador** *m* ⟨Chem⟩ *Rektifikator* m *(Destillierapparat)* || ⟨Radio⟩ *Gleichrichter* m || **-car** [c|qu] vt *berichtigen, richtigstellen, verbessern* || *läutern, rektifizieren (Flüssigkeit)* || *begradigen* || ⟨Radio TV⟩ *entzerren* || ⟨El⟩ *gleichrichten* || ⟨Tech⟩ *schleifen* || ◊ ~ una cuenta *e-e Rechnung berichtigen* || ~ una declaración *e-e Aussage berichtigen* || ~ un error *ein Versehen (wieder)gutmachen* || ~ la factura *die Rechnung berichtigen* || alcohol -cado *rektifizierter Alkohol* m || estado de cuenta -cado ⟨Com⟩ *berichtigte Aufstellung* f
recti|linear adj *geradlinig* || **-lineo** adj *geradlinig* || fig *aufrichtig, rechtschaffen* || **-tud** *f gerade Richtung* f || *Geradlinigkeit* f || fig *Rechtschaffenheit, Aufrichtigkeit, Biederkeit* f || fig *Gerechtigkeit, Billigkeit* f
rec|to adj *gerade* || *senkrecht* || fig *rechtschaffen, redlich* || fig *gerecht, billig* || fig *richtig* || ángulo ~ *rechter Winkel* m || caso ~ ⟨Gr⟩ *Nennfall, Casus* m *rectus* || un hombre ~ *ein rechtschaffener Mann* m || ⟨An⟩ *Mastdarm* m || (linea) ~a → *recta* || plana ~a *rechte, ungerade Seite f (e-s aufgeschlagenen Buches)* || ~a acentuación *richtige Betonung* f || **-tor** *m Rektor, Schulvorsteher* m || *Obmann, Leiter* m || *Rektor e-r Hochschule* || prov *Pfarrer* m || ~ magnífico *Magnifizenz* f || **-tora** *f Oberin, Leiterin* f || **-to-**

rado *m Rektorat* n ‖ **-toral** *adj: salón* ~ *Rektorsaal* m ‖ **-toría** *f Rektorwürde* f ‖ *Rektorat* n ‖ prov *Pfarramt* n ‖ **-toscopia** *f* ⟨Med⟩ *Rektoskopie* f

recua *f Zug* m, *Koppel* f *Lasttiere* ‖ figf *Menge* f

recuadro *m* ⟨Math⟩ *Quadratur* f ‖ ⟨Typ⟩ *Linienumrandung* f ‖ *Schriftfeld* n ‖ Am *Quadrat* n

recu|bierto pp/irr *v.* **-brir** ‖ *umsponnen (Draht)* ‖ ~ de caucho *mit Gummiüberzug* ‖ ~ de pecas *voll(er) Sommersprossen* ‖ ~ de una capa de hielo *zugefroren* ‖ ‖ **-brir** vt *(nochmals) bedecken* ‖ *überziehen* ‖ *verkleiden* (de, con *mit* dat) ‖ *überdecken* ‖ *umspinnen*

recuelo *m geschlämmte Lauge* f ‖ *zweiter Aufguß* m ‖ *Nachguß* m ‖ fig *elendes Getränk,* vulg *Gesöff* n *(Tropf|wein, -bier, elender Kaffee usw)*

recuento *m (Nach)Zählung, Nachrechnung* f ‖ ~ de votos *Stimmenzählung* f ‖ ◊ hacer el ~ (de) *nach|zählen, -rechnen* ‖ *nachprüfen*

¹**recuerdo** *m Erinnerung* f, *Andenken, Gedächtnis* n ‖ *Erwähnung* f ‖ ~ del viaje *Reiseandenken, Souvenir* n ‖ artículos de ~ *Andenkenartikel* mpl ‖ en ~, como ~ *zum Andenken* ‖ ◊ me permito recomendarme a su buen ~ *ich erlaube mir, mich Ihnen in Erinnerung zu bringen* ‖ traer al ~ *in Erinnerung bringen* ‖ ~**s** mpl *Grüße* mpl, *Empfehlungen* fpl ‖ dar muchos ~ (a) *jdn grüßen lassen*

²**recuerdo** → **recordar**
³**recuerdo** *adj* Col *wach, aufgewacht*

recues|tado *adj* prov *selbstbewußt, stolz* ‖ **-tar** vt *verlangen, beanspruchen* ‖ ◊ ~ mujeres pop *Frauen nachlaufen* ‖ **-to** *m Abhang* m ‖ *abschüssiges Gelände* n

recu|lada *f Zurückweichen* n ‖ ⟨Mil⟩ *Rückprall* m *(Geschütz)* ‖ *Rückstoß* m *(Gewehr)* (→ **culatazo**) ‖ **-lar** vi *zurückweichen* ‖ ⟨Mil⟩ *zurückprallen (Geschütz)* ‖ *e-n Rückstoß verursachen (Waffe)* ‖ fig *nachgeben* ‖ fig *sich einschüchtern lassen* ‖ ◊ hacer ~ *zurückdrängen* ‖ ~**se** *zurücktreten* ‖ **-lo** *m* ⟨Mil⟩ *Rückprall* m ‖ *adj* = **rabón** ‖ *schwanzlos (Hühnerrasse)* ‖ **-lón** *m:* a ~es fam *zurückweichend* ‖ fig *im Krebsgang*

recupe|rable *adj zurückgewinnbar, wiedererlangbar* ‖ *erfaßbar* ‖ *einziehbar (Schuld)* ‖ *fiesta* (no) ~ *Feiertag* m, *für den die Arbeit (nicht) nachzuholen ist* ‖ **-ración** *f Wieder|erlangung, -eroberung* f ‖ *Wieder|gewinnung, -beschaffung* f ‖ ⟨Mar⟩ *Bergung* f ‖ ⟨Tech⟩ *Rückgewinnung* f *(zur Verwendung)* ‖ ⟨Com⟩ *Wiederanziehen* n *(der Preise)* ‖ *Wieder|aufstieg* m *-aufbau* m ‖ *Erholung* f ‖ **-rador** *m Rekuperator* m ‖ *Vorholer* m *(Geschütze)* ‖ **-rar** vt *wieder|erlangen, -bekommen, -gewinnen* ‖ *beitreiben* ‖ ⟨Com⟩ *wieder hereinholen (Kosten)* ‖ ⟨Tech⟩ *(zu)rückgewinnen* ‖ *(wieder)verwerten* ‖ *aufarbeiten* ‖ *(wieder) ein-* bzw *nach|holen (Zeit)* ‖ ⟨Mil⟩ *wiederbesetzen, zurückerobern* ‖ ⟨Mar⟩ *bergen* ‖ ◊ ~ su dinero wieder zu seinem Geld kommen ‖ ~ una posición ⟨Mil⟩ *e-e Stellung wiederbesetzen* ‖ ~ el tiempo (perdido) *die (verlorene) Zeit wieder einbringen* ‖ ~**se** *sich (von e-m Schaden) erholen*

recu|rrente *adj rückläufig* ‖ *rückfällig* ‖ ⟨Wiss⟩ *rekursiv* ‖ *fiebre* ~ ⟨Med⟩ *Rückfallfieber* n ‖ *m Rekursnehmer* m ‖ *Regreßnehmer* m *(Wechsel)* ‖ **-rrir** vi *Rekurs, Rechtsmittel, Berufung einlegen* ‖ ⟨Jur⟩ *seinen Regreß nehmen* ‖ ◊ ~ a alg. *zu jdm seine Zuflucht nehmen, sich an jdn wenden* ‖ *sich halten an* (acc) ‖ ~ a la amabilidad (de) *jds Liebenswürdigkeit in Anspruch nehmen* ‖ ~ a la apelación *Berufung einlegen* ‖ ~ a la justicia *den Amtsweg beschreiten* ‖ ~ a un medio *zu e-m Mittel greifen* ‖ ~ a todos los medios *alle Hebel in Bewegung setzen* ‖ **-rsivo** *adj rekursiv*

recurso *m Zuflucht* f ‖ *Hilfe* f ‖ *Beschwerde* f ‖ *Klage* f ‖ *Gesuch* n, *Eingabe* f ‖ ⟨Jur⟩ *Rekurs* m, *Berufung* f ‖ ⟨Jur⟩ *Berufungsrecht* n ‖ ⟨Jur⟩ *Rückanspruch, Regreß, Rückgriff* m ‖ ⟨Verw⟩ *Eingabe* f ‖ fam *Mittel-, Aus|weg* m ‖ ~ de apelación ⟨Jur⟩ *Berufung* f ‖ ~ de casación ⟨Jur⟩ *Kassations-, Nichtigkeits-, Revisions|klage* f ‖ ~ contencioso administrativo *verwaltungsgerichtliche Klage* f ‖ ~ de contrafuero Span *etwa: Verfassungsbeschwerde* f ‖ *Verwaltungsstreitverfahren* n ‖ ~ de gracia *Gnadengesuch* n ‖ ~ de nulidad *Nichtigkeits|beschwerde, -klage* f ‖ ~ de queja *Beschwerde* f *(Antrag* m *auf) Wiederaufnahmeverfahren* n ‖ ~ supremo fig *Rettungsanker* m ‖ derecho de ~ *Regreßrecht* n ‖ sin ~ *unwiederbringlich* ‖ *ohne Obligo (auf Wechseln)* ‖ ◊ entablar un ~ contra *el endosante inmediato dirigirse an seinen Vormann halten (Wechsel)* ‖ *interponer* ~ de apelación ⟨Jur⟩ *Berufung einlegen* ‖ perder el derecho de ~ *des Regresses verlustig gehen (Wechsel)* ‖ promover un ~ *e-n Rekurs einlegen* ‖ no me queda otro ~ que *es bleibt mir nichts anderes übrig als* ‖ ¿qué ~ queda? *was bleibt übrig?* ‖ ~**s** mpl *Hilfs|mittel* npl, *-quellen* fpl ‖ *(Geld)Mittel* npl ‖ ~ acuáticos *Wasservorräte* mpl ‖ ~ económicos *(od* pecuniarios, financieros) *Geldmittel* npl ‖ *Vermögensverhältnisse* npl ‖ ~ fiscales *Steuer|mittel* npl bzw *-quellen* fpl ‖ ~ limitados *beschränkte (Geld)Mittel* npl ‖ ~ públicos, ~ del erario público *Staatsgelder* npl ‖ hombre de ~ *erfindungsreicher Kopf, gescheiter Mensch* m ‖ *wohlhabender Mann* m ‖ sin ~ *mittellos* ‖ ◊ agotar los ~ *die Mittel erschöpfen* ‖ contar con muchos ~ *sehr vermögend sein* ‖ disponer de ~ *über Mittel verfügen*

recu|sable *adj ablehnbar* ‖ *verweigerungswürdig* ‖ *verwerflich* ‖ **-sación** *f Verweigerung* f ‖ *Ab|lehnung, -weisung, Zurückweisung* f ‖ ~ por (sospecha de) parcialidad *Ablehnung* f *wegen (Verdachts der) Befangenheit* ‖ **-sar** vt *abweisen, verweigern, zurückweisen* ‖ ⟨Jur⟩ *(wegen Befangenheit) ablehnen*

△**rechalar** vi/t *vorwärtskommen* ‖ *entfernen*

rechasquido *m Knallen, Krachen* n

recha|zar [z/c] vt *ab-, zurück|weisen* ‖ *ablehnen* ‖ fig *zurück|stoßen, -treiben* ‖ fig *ver|scheuchen, -jagen (Hunde usw)* ‖ ⟨Mil⟩ *(den Feind) abwehren, zurückstoßen* ‖ fig *widerlegen* ‖ fig *parieren (Hieb)* ‖ ⟨Sp⟩ *(den Ball) zurück|schlagen, -werfen* ‖ ◊ ~ el agua los *Wasser abstoßen, wasserdicht sein (z. B. Schuhe)* ‖ ~ billetes de banco *Banknoten zurückweisen* ‖ ~ un golpe *e-n Schlag abwehren* ‖ ~ un ofrecimiento *e-n Auftrag ablehnen* ‖ ~ una proposición *e-n Vorschlag abweisen* ‖ ~ de plano *entschieden ablehnen* ‖ ¡-zad las imitaciones! *vor Nachahmungen wird gewarnt!* ‖ **-zo** *m Zurück-, Ab|prallen* n ‖ *Rückprall* m ‖ *Rückstoß* m ‖ *Rückschlag* m *(der Flamme)* ‖ fig *Abwehr* f ‖ fig *Zurückweisung* f ‖ pop *Korb* m ‖ de ~ *zurückprallend* ‖ fig *durch Rückprall* ‖ fig *indirekt* ‖ fig *noch dazu, darüber hinaus, zusätzlich* ‖ *gelegentlich, eventuell* ‖ con ademán de ~ *mit abweisender Gebärde*

△**reché** *f,* **rechí** *m Rohr* n
△**rechibí** *f Netz* n

rechifla *f* fam *Auspfeifen* n ‖ *Hohn, Spott* m

rechi|namiento *m Knarren* n *(e-s Rades)* ‖ *Quietschen* n ‖ *Knirschen* n ‖ ~ de dientes *Zähneknirschen* n ‖ ~**s** pl ⟨Radio⟩ *Knirschen* n ‖ **-nar** vi/t *knarren (Rad, Tür)* ‖ *knirschen (Zähne)* ‖ *quietschen (Bremsen, Tür)* ‖ ◊ ~ los dientes *mit den Zähnen knirschen* ‖ el ~ de dientes *das Zähneklappern (Evangelium)* ‖ está que ~na fam *er ist sehr wütend* ‖ ~**se** Col Hond *anbrennen (Speise)* ‖ **-noso** *adj knirschend*

△**rechipote** [*f* -**i**] *adj nackt*

△**rechirdar** vt *ausschneiden*
rechistar vi = **chistar**
rechocho adj Am *altersschwach*
rechoncho adj fam *rundlich, dickstämmig, klein und untersetzt* fam *pummelig*
rechupe m ⟨Metal⟩ *Lunker* m
rechupete m: de ~ fam *ausgezeichnet, famos* ‖ ◊ estar (bzw ser) de ~ *prima, Klasse sein* ‖ *köstlich sein (Süß Speise)*
red f allg *Netz* n ‖ *Netz, Garn* n ‖ *Fisch-, Vogel|netz* n ‖ *Netzgewebe* n ‖ ⟨Sp⟩ *Tor-, Tennis|netz* n ‖ *Haarnetz* n ‖ ⟨An⟩ *Netz, Geflecht* n ‖ ⟨EB⟩ *Gepäcknetz* n ‖ fig *Fallstrick* m ‖ △*Mantel* m ‖ ~ de alambre *Drahtgeflecht* n ‖ ~ del alumbrado *Beleuchtungs-, Licht|netz* n ‖ aparato conectable con la ~ del alumbrado eléctrico ⟨Radio⟩ *Netzanschlußgerät* n ‖ ~ de araña *Spinngewebe, Spinnennetz* n ‖ ~ de arrastre, ~ barredera *Schleppnetz* n ‖ ~ de carreteras *Straßennetz* n ‖ ~ (od redecilla) para cazar mariposas *Schmetterlingsnetz* n ‖ ~ de comunicaciones *Verkehrsnetz* n ‖ ⟨Postw⟩ *Post- und Fernmelde|netz* n ‖ ~ de coordenadas ⟨Geogr Top⟩ *Gitternetz* n *(e-s Plans, e-r Karte)* ‖ ~ de corriente ⟨El⟩ *Stromnetz* n ‖ ~ de enmascaramiento ⟨Mil⟩ *Tarnnetz* n ‖ ~ de espionaje *Spionagenetz* n ‖ ~ de ferrocarriles *Eisenbahnnetz* n ‖ ~ de jorrar *Schleppnetz* n ‖ ~ de líneas aéreas *Fluglininenetz* n ‖ ~ nerviosa ⟨An⟩ *Nervengeflecht* n ‖ ~ de pescar *Fischernetz* n ‖ ~ protectora contra torpedos *Torpedoschutznetz* n ‖ ~ telefónica *Telefonnetz* n ‖ ~ automática ⟨Tel⟩ *(Selbst-)Wählnetz* n ‖ ~ de televisión ⟨TV⟩ *Fernsehnetz* n ‖ ~ de tierra ⟨El⟩ *Erd(ungs)netz* n ‖ ~ de tiro *Zugnetz* n ‖ ~ submarina ⟨Mar⟩ *U-Boot-Netz* n ‖ ~ viaria, ~ vial *Straßen- und Wege|netz* n ‖ artículos interiores de ~ *Netzwaren* fpl *für Unterkleidung* ‖ ◊ caer en la ~ fig *ins Garn, in die Falle gehen* ‖ cazar con ~es *Netze stellen, mit Netzen jagen* ‖ echar (od tender) las ~es *Netze stellen, Netze aus|werfen, -spannen* (& fig) ‖ cercar de ~es *umgarnen*

redac|ción f *(Ab)Fassung, Ausarbeitung* f ‖ *Aufsetzen* n, *Aufsatzübung* f ‖ *Stilisierung* f, *Stil* m ‖ *Ausfertigung* f ‖ *Redaktion, Schriftleitung* f ‖ ~ de un contrato *Abfassung* f *e-s Vertrages* ‖ bajo la ~ de *herausgegeben von (Zeitschrift)* ‖ tareas de ~ *redaktionelle Arbeiten* fpl ‖ *Aufgaben* fpl *der Schriftleitung* ‖ **-tar** vt *abfassen, aufsetzen (Artikel)* ‖ *stilisieren* ‖ *redigieren, druckfertig machen* ‖ ◊ ~ un contrato *e-n Vertrag abfassen* ‖ ~ un documento *e-e Urkunde ausstellen* ‖ **-tor** m *Verfasser* m ‖ *Redakteur* m ‖ *Schriftleiter* m ‖ *Herausgeber* m ‖ jefe, ~ principal *Chefredakteur* m ‖ *Hauptschriftleiter* m ‖ ~ deportivo *Sportberichterstatter* m ‖ *Sportschriftleiter* m ‖ ~ gráfico *Bildberichterstatter* m ‖ *Redakteur* m *für den Bildteil* ‖ ~ responsable *verantwortlicher Redakteur* m ‖ *Schriftleiter* m

redada f *Fischzug* (& fig), *Zug* m *mit dem Netz* ‖ fig *Fang* m, *Beute* f ‖ ~ (policíaca, de la policía) *Razzia* f ‖ ◊ caer en la ~ pop *auf den Leim gehen* ‖ coger una buena ~ *e-n guten Fang machen* (& fig) ‖ fig *gut abschneiden* ‖ preparar una ~ fig *e-e Falle stellen*

redán m gall → **rediente**
redaño m ⟨An⟩ *Gekrös(e)* n ‖ fig *Mut* m, *Tapferkeit* f ‖ *Entschlossenheit* f ‖ ◊ tener ~s figf *Mut haben, entschlossen sein*
redargüir [-uy-, gu/gü] vt *widerlegen* ‖ ⟨Jur⟩ *abweisen* ‖ fig *den Spieß umdrehen* ‖ ◊ ~ a alg. fig *jdn mit s-n eigenen Waffen schlagen*
redecilla f dim v. **red** ‖ *Haarnetz* n, *Netzhaube* f ‖ *Netzgewebe* n ‖ *Netzarbeit* f ‖ *Haube* f, *Netzmagen* m *der Wiederkäuer* ‖ *Schmetterlingsnetz* n ‖ ~ para el equipaje ⟨EB⟩ *Gepäcknetz* n
redecir [irr → **decir**] vt *(mit Nachdruck) wiederholen*

rededor m *Umkreis* m ‖ al ~ (= alrededor), en ~ *(rings)herum*
reden|ción f *Befreiung, Freisprechung* f ‖ ⟨Com⟩ *Loskauf* m ‖ *Ablösung* f *e-s Kapitals* ‖ fig *Mittel* n, *Ausweg* m ‖ ⟨Rel⟩ *Erlösung* f *des Menschengeschlechts* ‖ fig *Hilfe* f, *Beistand* m ‖ ~ de una deuda *Ablösung* f *e-r Schuld* ‖ plazo de ~ ⟨Com⟩ *Einlösungstermin* m ‖ **-tor** m *Erlöser* m *(divino)* ‖ el ~ (& fig) *Retter* m ‖ ~ *der Erlöser, Heiland* ‖ **-torista** m *Redemptorist, Liguorianer* m *(Orden des heiligen Alfons Maria von Liguori, CSSR)*
redero m *Vogelsteller* m ‖ *Netzknüpfer* m
redes|contar v ⟨Com Wir⟩ *rediskontieren* ‖ **-cubrimiento** m *Wiederentdeckung* f ‖ **-cubrir** vt *wiederentdecken* ‖ **-cuento** m ⟨Com⟩ *nachträglicher Preisnachlaß* m ‖ *Rediskont* m *(e-s Wechsels)*
redhibi|ción f ⟨Jur⟩ *Wandlung, Rückgängigmachung* f ‖ **-torio** adj *zur Wandlung berechtigend, redhibitorisch* ‖ vicio ~ ⟨Jur⟩ *Gewährsmangel* m ‖ ◊ no ser ~ *kein Hindernis sein*
redicho adj fam *gekünstelt, affektiert (in der Aussprache, beim Reden)* ‖ *sich zierend*
rediente m *Stufe* f *(des Wasserflugzeugs)*
¡rediez! (Cat Val **¡redeu!**) pop *zum Teufel! verflixt (od verdammt) noch mal*
redil m *Pferch* m, *Schafhürde* f ‖ ◊ volver al ~ fig *wieder auf den rechten Weg kommen* ‖ *heim|finden, -kehren*
redi|mible adj *ablöslich, tilgbar, einlösbar* ‖ ⟨Rel⟩ *erlösbar* (& fig) ‖ **-mir** vt *loskaufen* ‖ *ablösen (Zins, Kapital)* ‖ *wieder einlösen* ‖ *(von e-r Verpflichtung) frei machen, befreien* ‖ ⟨Rel⟩ *erlösen* (& fig) ‖ ◊ ~ una deuda *e-e Schuld ablösen, zurückzahlen* ‖ **~se** fig *sich befreien, retten* ‖ ◊ ~ (del servicio) ⟨Mil Hist⟩ *sich loskaufen (vom Waffendienst)*
△**redine** m *Rübe* f
redingote m *(langer) Über|rock, -zieher* m, *Redingote* f
¡rediós! vulg (→ **¡rediez!**)
rédito m *Zins(ertrag), Kapitalertrag* m ‖ *Rendite* f ‖ ◊ dar ~ *Zinsen bringen* ‖ poner a ~ *auf Zinsen legen (Geld)* ‖ tomar dinero a ~ *Geld auf Zinsen entleihen* ‖ **~s** mpl *Einkünfte* pl
reditua|ble adj *zins-, ertrag|bringend* ‖ *einträglich* ‖ *nutzbringend* ‖ **-ción** f *Verzinsung* f ‖ *Zins, Ertrag* m
redi|tuar [pres -úo] vt *Zinsen, Ertrag bringen* ‖ *einbringen (Nutzen)* ‖ **-vivo** adj *redivivus, (wieder auf)erstanden*
redo|blado adj *(ver)doppelt* ‖ fig *kräftig und untersetzt* ‖ paso ~ *Geschwindschritt* m ‖ **-blamiento** m *Verdopp(e)lung* f ‖ **-blante** m *(Marsch-)Trommel* f ‖ *Trommler, Trommelschläger* m ‖ **-blar** vt *verdoppeln* ‖ *wiederholen* ‖ ◊ ~ los esfuerzos *die Anstrengungen verdoppeln* ‖ *blaremos nuestro esmero wir werden unsere Sorgfalt verdoppeln* ‖ ~ vi *(e-n) Trommelwirbel schlagen* ‖ *heftiger werden, zunehmen (Wind, Sturm)* ‖ **-ble** m *Verdopp(e)lung* f ‖ *Wiederholung* f ‖ ⟨Mil⟩ *Trommelwirbel* m
redolino, redolín m Ar *Loskugel, Kugel* f *zum Losen* ‖ Ar *Reihe(nfolge)* f
redolor m *Nachschmerz* m
redo|ma f *Phiole* f ‖ *Enghalskolben* m ‖ *azúcar* de ~ *Brustzucker* m ‖ **-mado** adj *äußerst schlau, verschmitzt, gerissen* ‖ un granuja ~ *ein Erzgauner* m ‖ △**-manó** [f -mañí] adj *schlau, gerieben*
redomón m/adj Am *halbwildes, neu zugerittenes Pferd* n ‖ ~ adj ⟨Mex⟩ *bäurisch, ungeschliffen* ‖ Mex Chi *unerfahren*
redon|da f *Umkreis* m, *Umgegend* f ‖ p. ex *Weide* f ‖ ⟨Mus⟩ *ganze Note* f ‖ ⟨Typ⟩ *runde Schrift* t ‖ a la ~ *in der Runde, ringsherum* ‖ ◊ no se le encontraría igual (en) diez leguas a la ~ pop

niemand kann ihm gleichgestellt werden || **–deado** adj *abgerundet, rund(lich)* || ⟨Gr⟩ *rillenförmig (Laut)* || ~ *m* ⟨Tech⟩ *(Ab) Rundung* f || **–dear** vt *(ab)runden* || **–se** fig *seine wirtschaftlichen Verhältnisse regeln,* fam *s–e Finanzen sanieren* || figf *sein Schäfchen ins trockne bringen* || **–del** *m* fam *Kreis* m (→ **círculo**) *runde Scheibe* f || *runde Aushöhlung* f || fam *Umkreis, Umfang* m || fam *runder Mantel* m, *runde Capa* (→ d) f, *rundes Cape* n || *Arena* f *für Stiergefechte* || **~es** *pl runde Flecke* mpl *(z. B. auf dem Tigerfell)* || **–dez** [*pl* **–ces**] *f Rundung, Runde* f || *Umfang, Umkreis* m || *en toda la* ~ *de la tierra auf dem ganzen Erdenrund* || *las* ~*ces de sus caderas die Kurven ihrer Hüften* ≈ *sus* ~*ces ihre Kurven* || **–dilla** *f/adj vierzeilige Strophe* f *(mit Doppelreim)* || *(letra)* ~ *runde Schrift* f || **–dillo** adj ⟨Agr⟩ *rundkörnig (Weizenart)* ||
redondo adj/s *rund, abgerundet* || *kugelförmig* || fig *ausgewacht, vollkommen* || fig *klar* || fig *völlig reinblütig* || ⁸*Adliger*) || *von rein adliger Herkunft* || fig *glänzend, erträglich, glatt (Geschäft)* || *en* ~ *im Umkreis* fig *rund, klar und genau* || *en suma* ~*a, en cifras* ~*as in runder Summe* || *ungefähr* || *1000 pesetas en cifras* ~*as abgerundet auf 1000 Peseten* || *en* ~, *no ganz und gar nicht! klipp und klar: nein!* || *con los ojos muy* ~ s fig *große Augen machend* || ◊ **caer(se)** ~ *der Länge nach hinfallen* || figf *sprachlos sein* || *dar vueltas en* ~ *kreisen* || → **mesa** || *hacer un negocio* ~ fig *ein glattes Geschäft machen,* fam *gut abschneiden* || *negarse en* ~ *sich rundheraus weigern, et rundweg abschlagen* || ~ *m Rundung* f || ~s *de acero Rundstahl* m
redopelo *m Gegenstrich* m || figf *Zank, Streit* m *(bes unter Jungen od Kindern)* || *a(l)* ~ *gegen den Strich, aufwärts* || figf *verkehrt* || *gegen den Strich, mit Gewalt* || ◊ *traer al* ~ fam *jdn drangsalieren*
redor *m* ⟨poet⟩ = **rededor**
redro adv fam *zurück, rückwärts*
redrojo *m Spät|frucht* f, *–ling* m || figf *Nest|–häkchen, –küken* n, *Kümmerling* m *(Kind)* || p. ex fam *Schwachmatikus* m
redropelo *m* = **redopelo**
redruejo *m* = **redrojo**
reducción *f (alle Bedeutungen:) Reduktion* f || *Zurückversetzung* f *in den vorigen Stand* || *Ver|minderung, –ringerung, Herabsetzung* f || *Abbau* m, *Minderung* f || *Ver|kleinerung, –jüngung* f *(des Maßstabes, des Bilds)* || *Rentenumwandlung* f || *Umwandlung, Umrechnung* f || *Ermäßigung* f || *Rabatt, Nachlaß* m || *Zinsherabsetzung* f || *Einschränkung, Kürzung* f || *Vereinfachung, Reduzierung* f || ⟨Chem⟩ *Reduktion* f || *Einrichtung, Einrenkung* f *(e–s verrenkten Gliedes, e–s Bruches)* || ⟨Math⟩ *Reduktion, Vereinfachung* f || ~ *del capital en acciones Herabsetzung* f *des Aktienkapitals* || ~ *del descuento Herabsetzung* f *des Diskonts* || ~ *de la edad electoral pasiva Herabsetzung* f *des Wählbarkeitsalters* || ~ *de la edad requerida para votar Herabsetzung* f *des Wahlalters* || ~ *de personal Personalabbau* m || ~ *del tipo de descuento Diskont(satz)senkung* f || ~ *en el precio Preisnachlaß* m || *aparato de* ~ ⟨Phot⟩ *Verkleinerungsapparat* m || *tabla de* ~ *Umrechnungstabelle* f || ◊ *conceder od hacer una* ~ *e–n Nachlaß gewähren, nachlassen*
redu|cible adj *reduzierbar* || *zerlegbar* || *reduzierbar, reduzibel* || ⟨Math⟩ *aufhebbar, kürzbar (Bruch)* || **–cido** adj *klein, eng, gedrängt* || *beschränkt* || *gering(fügig)* || *herabgesetzt bzw niedrig (Preis)* || *ver|kleinert, –mindert* || ~ *a ceniza zu Asche verbrannt, eingeäschert* || ~ *al mínimum auf das Mindestmaß herabgesetzt* || *lo* ~ *de los precios die niedrigen Preise* mpl || *de peso* ~ *von geringem Gewicht* || *a precio* ~ *zu ermäßigtem Preise* || *en escala* ~*a in verkleinertem Maßstab* || **–cir** [–zc–, pret –uje] *(alle Bedeutungen:) reducir* || *zurückversetzen (in den vorigen Zustand* || *zurückführen* (a *auf* acc) || *verwandeln* (a *in* acc) || *abbauen, verringern, ver|mindern, –kleinern, herabsetzen* || *ein–, be|schränken (die Farbe) verdünnen, abschwächen* || *senken, ermäßigen, herabsetzen (Preise, Gebühren)* || *umrechnen* || *kürzen (Gehalt)* || ⟨Phot⟩ *verkleinern, –jüngen (Maßstab)* || *brechen (Widerstand)* || *bekehren (Ungläubige)* || ⟨Chir⟩ *ein|richten, –renken* || ⟨Math⟩ *umrechnen* || ⟨Math⟩ *reduzieren, vereinfachen* || ⟨Math⟩ *zurückführen (z. B. auf e–n gemeinsamen Nenner)* || ⟨Math⟩ *kürzen (Brüche)* || ⟨Mus⟩ *bearbeiten* || *abkürzen* || *kurz wiedergeben (Erzählung)* || *überreden, auf seine Seite bringen* || ◊ ~ *el descuento, el precio den Diskont, den Preis herabsetzen* || ~ *la hernia* ⟨Chir⟩ *den Bruch eindrücken* || ~ *el tipo de interés den Zinsfuß herabsetzen* || ~ *a ceniza(s) zu Asche verbrennen, einäschern* || ~ *a (un) común denominador* ⟨Math⟩ *auf einen (gemeinsamen) Nenner bringen* (& fig) || ~ *a la desesperación zur Verzweiflung treiben* || ~ *a dinero in Geld verwandeln* || ~ *a la miseria an den Bettelstab bringen* || ~ *a la mitad auf die Hälfte zurückschrauben* || ~ *a la obediencia zum Gehorsam bringen* || ~ *a polvo zu Pulver machen, zerpulvern, pulverisieren* || ~ *verpulvern* || *völlig zerstören, vernichten* || ~ *al silencio zum Schweigen bringen* || **–se** *sich zusammenziehen* || *sich kurz fassen* || *sich beschränken* (a *auf* acc) || *sich einschränken (in den Ausgaben)* || *sich fügen* || *nur (noch) bestehen* (a *in* dat) || ◊ ~ *en los gastos seine Ausgaben beschränken* || ~ *a lo más preciso sich auf das Notwendigste beschränken* || *sich ganz kurz fassen* || ~ *a ceniza(s) zu Asche verbrennen* || *me he –cido a estar en casa ich habe mich entschlossen, zu Hause zu bleiben*
reduc|tible adj ⟨Lit Wiss⟩ = **reducible** || **–to** *m* ⟨Mil⟩ *Feldschanze* f || *Kernwerk* n || ⟨Mil⟩ *Blockhaus* n || ~ *natural* ⟨Mil⟩ *Naturfestung* f *(im Bergland)* || → **bastión, fortaleza** || **–tor** *m* ⟨Phot⟩ *Abschwächer, Verzögerer* m || ⟨Chir⟩ *Bruchband* n || ⟨Chem Pharm⟩ *Reduktionsmittel* n || ⟨Tech⟩ *Untersetzungsgetriebe* n || ~ adj *allg reduzierend*
reduje → **reducir**
redun|dancia *f Überfluß* m || *Wortschwall* m || *Redundanz* f || *Weitschweifig–, Langatmig|keit* f || **–dante** adj *überflüssig* || *redundant* || *übermäßig weitschweifig* || *langatmig* || *bombastisch, überschwenglich* || **–dar** vi *über|laufen, –fließen* || ◊ ~ *en ganancia als Gewinn ausfallen, schließlich ein Gewinn sein* || ~ *en pérdida zum Verderben gereichen* || → **perjuicio** || ~ *en provecho zum Nutzen gereichen*
redupli|cación *f Verdopp(e)lung* f || ⟨Gr Li⟩ *Reduplikation* f || **–car** [c/qu] vt *verdoppeln* || ⟨Gr Li⟩ *...lizieren* || **–cativo** adj ⟨Gr Li⟩ *reduplikativ*
reduvio *m* ⟨Entom⟩ *Kotwanze* f *(Reduvius personatus)* || p. ex *Raubwanze* f
reedición *f Neu|auflage, –ausgabe* f, *–druck* m *(e–s Buches)*
reedifi|cación *f Wiederaufbau* m || *Neubau* m || **–car** [c/qu] vt *wiederaufbauen*
reeditar vt *neu herausgeben, neu auflegen (Buch)*
reeducación *f Umschulung* f || *Anlernung* f *(der Kriegsbeschädigten) zu neuen Berufen* || ⟨Med⟩ *Heilgymnastik* f || ⟨Pol⟩ *Umerziehung* f
reelaboración *f Wiederverarbeitung* f
reelección *f* ⟨Pol⟩ *Wiederwahl* f
reelegibilidad *f Wiederwählbarkeit* f
reele|gible adj *wiederwählbar* || **–gir** [–i–, g/j] vt ⟨Pol⟩ *wiederwählen*
reemba|laje *m Wiederverpackung* f || **–lar** vt *wiederverpacken*
reem|barco, –barque *m* ⟨Mar⟩ *Wiederverschiffung* f

reembol|sable adj *aus-, ein|lösbar* ‖ **-sar** vt *(zu-) rückzahlen, heimzahlen* ‖ *wiederbezahlen* ‖ ◊ ~ a alg. de sus desembolsos *jdm seine Auslagen (zu)rückerstatten* ‖ ~ acciones *Aktien einlösen* ‖ **~se** *sich erholen, sich bezahlt machen* ‖ ◊ ~ (de una cantidad) sobre los géneros *e-n Vorschuß auf die Ware entnehmen* ‖ ~ de sus gastos *seine Auslagen entnehmen* ‖ no nos hemos –sado aún ⟨Com⟩ *wir sind noch immer ohne Deckung* ‖ de que nos –saremos por giro contra V. ⟨Com⟩ *wofür wir uns durch unsere Tratte auf Sie erholen werden* ‖ títulos –sados *gezogene (ausgeloste) Papiere* npl ‖ **–so** *m Rückzahlung, Zurückerstattung* f, *Rembours* m ‖ *Nachnahme, Deckung* f ‖ ~ de un empréstito *Tilgung* f *e-r Anleihe* ‖ ~ de los gastos *Spesennachnahme* f ‖ gastos de ~ *Nachnahmespesen* pl ‖ acción de ~ ⟨Jur⟩ *Rückgriffs-, Regreß|klage* f ‖ contra ~ *gegen Nachnahme* ‖ Kasse f *bei Ablieferung* ‖ envío contra ~ *Nachnahmesendung* f ‖ derecho a ~ *Rückzahlungsrecht* n ‖ ◊ efectuar el ~ *die Rückzahlung leisten* ‖ pedir ~ (de) *kündigen (Kapital)*

reemisor m ⟨El⟩ *Umsetzer* m

reemplazante m/adj *Ersatz|mann* m bzw *-person* f

reempla|zar [z/c] vt *ersetzen, ablösen* ‖ *jdn vertreten* ‖ **–zo** *m Ersetzung, Ablösung* f ‖ ⟨Mil⟩ *Ersatz* m ‖ elección de ~ *Nachwahl* f ‖ reserva de ~ ⟨Mil⟩ *Ersatzreserve* f ‖ situación de ~ ⟨Mil⟩ *Anwärterschaft* f ‖ (soldado de) ~ ⟨Mil⟩ *Ersatzmann, Reservist* m ‖ recluta del ~ de 1957 ⟨Mil⟩ *Rekrut* m *des Jahrgangs 1957* ‖ de ~ zur *Verfügung* ‖ el último ~ ⟨Mil⟩ *die letzte Ersatzreserve, das letzte Aufgebot*

reencar|nación f *Reinkarnation, Wiederverleiblichung* f *(buddhistische Lehre,* → **transmigración)** ‖ **–nar(se)** vi (vr) *e–n neuen Leib annehmen*

reen|cuadernar vt *neu einbinden (Buch)* ‖ **–cuentro** m *Begegnung* f, *Zusammentreffen* n ‖ *Zusammenstoß* m ‖ ⟨Mil⟩ *Treffen, Gefecht* n ‖ **–ganchar** vt ⟨Mil⟩ *wieder anwerben* ‖ **~se** vr ⟨Mil⟩ *sich (freiwillig) weiterverpflichten* ‖ ⟨Mil⟩ fam *nachfassen (bei der Essensausgabe)* ‖ allg fig *sein Arbeitsverhältnis (bzw s–n Arbeitsvertrag) verlängern* ‖ **–ganche** m ⟨Mil⟩ *Wiederanwerbung* f ‖ ⟨Mil⟩ fam *Nachschlag* m, *zusätzliche Essensportion*f ‖ *Nachfassen* n *(bei der Essensausgabe)* ‖ **–vase** m ⟨Com⟩ *Umpackung* f ‖ **–viar** [–io] vt ⟨Com⟩ *weiterbefördern* ‖ **–vío** m *Weiterversand* m ‖ *Rücksendung* f ‖ *Zurückschicken* n ‖ **–vite** m ⟨Kart⟩ *Überbieten* n

reestre|nar vt ⟨Th⟩ *wieder aufführen* ‖ **–no** m ⟨Th⟩ *Wiederaufführung* f ‖ *Neueinstudierung* f

reexaminar vt *noch einmal prüfen, überprüfen*

reexpe|dición f ⟨Com⟩ *Rücksendung* f ‖ *Weiterbeförderung* f ‖ ◊ *cuidar de la ~ de la Weiterbeförderung besorgen* ‖ **–dir** vt *weiterbefördern* ‖ *nach|senden, -schicken* ‖ *zurück|schicken, -senden* ‖ ◊ reexpídase (a manos del interesado) bitte nachsenden (auf Briefen) ‖ para ser –dido (a) ⟨Com⟩ *zur Weiterbeförderung (an, nach)*

reexpor|tación f *Wiederausfuhr* f ‖ aduana de ~ *Rückzoll* m ‖ **–tar** vt *wiederausführen (eingeführte Waren)*

ref. Abk = **referencia** ‖ **referente**

refac|ción f *Imbiß* m, *kleine Zwischenmahlzeit* f ‖ *Zahlungsabzug, Nachlaß* m *(am Preis schadhafter Waren)* ‖ fam *Zugabe beim Kauf,* *Refaktie* f ‖ Ant Mex *Betriebskosten* pl *(z. B. für e-e Zuckerfabrik)* ‖ ◊ tomar una ~ *e–n Bissen zu sich nehmen* ‖ **–cionario** adj ⟨Jur⟩ *Aufbau-* ‖ *Förderungs-* ‖ *Reparatur-* ‖ *Finanz-* ‖ crédito ~ *Betriebs(mittel)kredit* m

refa|jo m *kurzer, hinten aufgeschürzter Rock* m *(der span. Bäuerinnen)* ‖ *Flanellrock* m ‖ *Unterrock* m (→ **combinación**) ‖ ***-jona** adj *mit kurzem Rock (Frau)*

refa|lar vt Arg *jdm et wegnehmen* ‖ **~se** fig *ausgleiten* ‖ ◊ ~ a Am *sich schlagen zu (dat)* ‖ ~ el abrigo Am *den Mantel ablegen* ‖ **–loso** adj Arg *schlüpfrig*

refec|ción f *Imbiß* m ‖ *Reparatur, Ausbesserung* f ‖ **–torio** m *Refektorium* n, *Speisesaal* m *(in Klöstern)* ‖ ~ mecánico Am *Automatenrestaurant* n

referen|cia f *Erzählung* f, *Bericht* m ‖ *Bezug* m, *-nahme, Beziehung* f ‖ *Hinweis* m ‖ *Referenz, Erkundigung, Auskunft* f, *Gutachten* n ‖ *Referenz, Empfehlung* f ‖ con ~ a *mit Bezug auf* (acc) ‖ el caso de ~ *der fragliche Fall* ‖ punto de ~ *Anhaltspunkt* m ‖ ⟨Top⟩ *Höhen|marke, -kote* f ‖ ⟨Phys⟩ *Bezugspunkt* m ‖ el artículo de ~ *der genannte Artikel* ‖ ◊ hacer ~ a *sich beziehen auf* (acc) ‖ servir de ~ *als Referenz dienen* ‖ **~s** pl *(gute) Referenzen* fpl ‖ *Gutachten* n, *Empfehlung* f ‖ ~ de primer orden *Primareferenzen* fpl ‖ agencia de ~ *Auskunftei* f ‖ ◊ dar ~ *Referenzen (an-) geben, beibringen* ‖ indicar como ~ *als Referenzen angeben* ‖ pedir las ~ de costumbre *die üblichen Referenzen verlangen* ‖ saber (de) a. por ~ *et nur vom Hörensagen kennen* ‖ tener buenas ~ *gute Referenzen haben* ‖ **–cial** m ⟨Phys⟩ *Bezugssystem* n ‖ **–dario** m = **refrendario**

referéndum m ⟨Pol⟩ *Referendum* n ‖ *Volks|befragung* bzw *-abstimmung* f bzw *-entscheid* m ‖ *Ersuchen* n *um eine neue Weisung (des Diplomaten)* ‖ *Urabstimmung* f *(Gewerkschaft)*

refe|rente adj *bezüglich (a auf* acc*)* ‖ ~ a *mit Bezug auf* (acc), *bezüglich* (gen) ‖ **–rimiento** m *Erzählung* f, *Bericht* m ‖ **–rir** [ie/i] vt *erzählen, berichten* ‖ *referieren* ‖ *sagen, erwähnen* ‖ **~se** vr *historias Geschichten erzählen* ‖ **~se** (a) *sich beziehen, Bezug haben (auf* acc*)* ‖ ◊ ~ a alg. *sich auf jdn beziehen, berufen* ‖ *auf jdn anspielen* ‖ no me refiero a V. *Sie sind nicht gemeint* ‖ refiriéndome a su anuncio insertado en ... *bezugnehmend (od unter Bezugnahme) auf Ihre Anzeige in ...* ‖ por lo que se refiere a *in Bezug auf* (acc)

refiado adj Mex *zu sehr vertrauend* ‖ *leichtgläubig*

refilón adv *schräg* ‖ *im Abprallen* ‖ fig *schnell, im Vorbeigehen, leichthin* ‖ de ~ *beiläufig, nur nebenbei* ‖ *flüchtig* ‖ ◊ mirar de ~ *scheel ansehen* (→ **rabillo**)

refi|nación f *Verfeinerung* f ‖ *Veredelung* f ‖ ⟨Metal⟩ → **afino** ‖ ⟨Chem⟩ *Raffination* f ‖ **–nado** adj/s *hochfein* ‖ fig *hervorragend* ‖ *raffiniert (Zucker usw)* ‖ fig *verschmitzt, schlau* ‖ fig *raffiniert* ‖ azúcar ~ *Raffinade* f ‖ **–nadura** f *Läuterung, Reinigung, Raffination* f ‖ **–namiento** m *Feinheit* f, *Raffinement* n ‖ fam *Raffinesse* f ‖ *Raffiniertheit, Durchtriebenheit* f ‖ *Veredelungsverfahren* n ‖ con todos los **~s** de la elegancia *mit tadelloser Eleganz* ‖ ~ femenino *mit weiblicher Raffinesse* ‖ **–nanciación** f ⟨Wir⟩ *Refinanzierung* f ‖ **–nar** vt *verfeinern* ‖ ⟨Chem⟩ *raffinieren, reinigen, verfeinern, veredeln* ‖ fig *Manieren beibringen* (dat) ‖ **–nería** f *Raffinerie* f ‖ ~ de azúcar (petróleo) *Zucker- (Öl)raffinerie* f ‖ **–no** adj *hochfein* ‖ *raffiniert* ‖ ~ m *Raffinade* f ‖ *Raffination* f ‖ *Schokoladen-, Kakao-, Zucker|börse* f ‖ Mex *Branntwein* m

refirió → **referir**

refistole|ría f Cu Mex PR *Dünkel* m ‖ *Einbildung* f ‖ Ven *Geschwätzigkeit* f ‖ **–ro** m/adj Cu Mex PR *Geck, Fatzke* m ‖ MAm Ven *Schwätzer* m ‖ *Intrigant* m

refitolero m *Speisemeister* m *(in e–m Kloster)* ‖ fig f *Topfgucker* m ‖ fig f *Hansdampf* m *(in allen Gassen)* ‖ fig f *Fatzke, Geck* m

reflector m/adj *Reflektor, Scheinwerfer* m *(& fig)* ‖ *Lichtspiegel* m ‖ *Rückstrahler* m ‖ ~ frontal ⟨Med⟩ *Stirnreflektor* m *(der Ärzte)* ‖ ~ adj *reflektierend, (zu)rückstrahlend, zurückwerfend*

refle|jar vt *zurückwerfen (Strahlen)* || fig *kundgeben, verraten* || ~ vi *(zu)rückstrahlen* || *spiegeln* || **~se** *sich ab-, wider|spiegeln* (& fig) || fig *zum Ausdruck kommen* || **-jo** adj *m zurückstrahlend* || fig *überlegt* || ⟨Physiol⟩ *unwillkürlich, reflektorisch, Reflex- (Muskelbewegung)* || ⟨Gr⟩ → **reflexivo** || *luz* ~a *Reflexlicht* n || *reflektiertes (mittelbares) Licht* n || *movimiento* ~ *Reflexbewegung* f || ~ *m Abglanz, Widerschein, Reflex* m || *(Ab)Bild* n || ⟨Mal Physiol Med⟩ *Reflex* m || ~s *condicionados de Pavlov Pawlowsche bedingte Reflexe* mpl || ~ *grasiento fetter Glanz* m *(am Kleid)* || ◊ *relucir al* ~ *de los rayos del sol im Widerschein der Sonnenstrahlen erglänzen* || **-joterapia, -xoterapia** f ⟨Med⟩ *Reflextherapie* f || **reflex**: *aparato* ~ ⟨Phot⟩ *Spiegelreflexkamera* f || *montaje* ~ ⟨Radio⟩ *Reflexschaltung* f

refle|xión f *Zurück|strahlung, -werfung des Lichtes, Spiegelung, Reflexion* f || *Widerschein* m || *Rückwirkung* f || fig *Überlegung* f || *Nachdenken* n || *Erwägung* f || ⟨Mal Med⟩ *Reflex* m || ~ *de la luz Lichtreflexion* f || ~ *de ondas* ⟨Radio⟩ *Reflexion* f *der Wellen* || *imagen de* ~ ⟨Phot⟩ *Reflex-, Spiegel|bild* n || *tras madura* ~ *nach reiflicher Überlegung* || ◊ *esto es digno de* ~ *das ist od wäre zu überlegen* || *hacer* ~es *a jdm zureden* || **-xionar** vt/i *überlegen, bedenken, erwägen* || ◊ *tiempo para* ~ *Bedenkzeit* f || ~ *sobre (od en) nachdenken über* (acc) || **-xionaba** *entre si e dachte bei sich* || **-xivo** adj *nachdenkend, überlegend* || *nachdenklich* || *bewußt* || *überlegt* || ⟨Gr⟩ *rückbezüglich, reflexiv* || *verbo* ~ *rückbezügliches od reflexives Verb* n

reflore|cer [-zc-] vi *wiederaufblühen* || **-cimiento** *m Wiederaufblühen* n || fig *neue Blütezeit* f

refluir [-uy-] vi *zurückfließen, -strömen* (& fig)

reflujo *m Rück|fluß, -strom* m || ⟨Mar⟩ *Ebbe* f || ~ *del dinero Rückfluß m des Geldes* || *flujo y* ~ *Ebbe und Flut* f, *Gezeiten* pl

refocilar vt *erquicken* || *ergötzen* || *belustigen* || **~se** *sich gütlich tun, Kurzweil treiben, sich belustigen (en an dat)* || *sich wenden (en, con an dat)*

refores|tación f *(Wieder)Aufforstung* f (→ **repoblación**) || **-tar** vt *(wieder) aufforsten*

refor|ma f *Umgestaltung, Verbesserung, Reform* f || *Umarbeitung* f || ⟨Arch⟩ *Umbau* m || ⟨Rel⟩ *Reformation* f || *die reformierte Kirche, Konfession* f || ~ *agraria Agrar-, Boden|reform* f || ~ *electoral Wahlreform* f || *la* ~ *de Lutero die Reformation* || *la época de la* ~ ⟨Hist⟩ *die Reformationszeit* || ◊ *necesitar (od precisar de)* ~ *reformbedürftig sein* || **-mable** adj *abzuändern(d)/erneuerungs-* bzw *verbesserungs|fähig* || **-mación** f *Verbesserung, Umgestaltung* f || *Umbau* m || **-mado** adj *reformiert (Kirche)* || **-mador** *m Verbesserer* m || *Reformator, Kirchenverbesserer* m || *Reformer, Erneuerer* m || iron *Weltverbesserer* m || **-mar** vt *umformen, umbilden, umgestalten* || *(ver-)bessern* || *ausbessern, wiederherstellen* || *ab-, um|ändern* || ⟨Arch⟩ *umbauen* || ⟨Rel⟩ *reformieren* || *auflösen (e-n Orden)* || *schmälern, vermindern* || **entlassen (Diener)* || **~se** *sich bessern, sein Leben ändern* || ◊ ~ *en el vestir sich besser kleiden* || **-mativo** = **-matorio** adj *verbessernd* || *umgestaltend* || *neugestaltend* || *reformatorisch* || ~ *m Besserungsanstalt* f || **-mista** m/adj *Neuerer* m || *Reformer, Erneuerer* m || *partido* ~ *Reformpartei* f || *tendencias* ~s *Reformbestrebungen* fpl

refor|zado adj *verstärkt (Maschinenteil, Geschütz)* || *cajas* ~as *interiormente con hojalata mit Blech ausgelegte Kisten* || **-zador** m ⟨Phot⟩ *Verstärker* m || **-zamiento** *m Verstärkung* f || *Versteifung* f || *Verstrebung* f || *Befestigung* f || **-zar** [-ue-, z/c] vt ⟨Phot⟩ *verstärken* || fig *ermutigen, bestärken* || fig *betonen* || **~se** *sich erholen* || *Mut fassen*

refrac|ción f ⟨Phys⟩ *Refraktion, (Strahlen-)Brechung* f || ~ *de la luz* ⟨Phys⟩ *Lichtbrechung* f || ~ *del sonido* ⟨Ak⟩ *Brechung des Schalls, Schallbrechung* f || *ángulo de* ~ ⟨Phys⟩ *Brechungswinkel* m || *punto de* ~ *Brechpunkt* m || **-tar** vt ⟨Phys⟩ *brechen* || **-tario** adj *widerspenstig, eigensinnig* || *abweisend, spröde* || ⟨Med⟩ *refraktär* || ⟨Tech⟩ *feuer|fest, -beständig* || *arcilla (od tierra)* ~a *feuerfester Ton* m, *Schamotte* f || ~ *al fuego feuerfest* || **-tivo** adj ⟨Opt Phys⟩ *strahlenbrechend* || **-tor** m ⟨Phys⟩ *Refraktor* m, *Linsenfernrohr* n || *(Flammen)Abweiser* m

refrán *m Sprichwort* n, *Spruch* m || *colección de* ~es = **refranero**

refra|nero *m Sprichwörter|sammlung* f, *-buch* n || *fam* = **-nista**

refrangible adj ⟨Phys Opt⟩ *brechbar, brechfähig*

refranista *m Zitierer* bzw *Erfinder* m *von Sprichwörtern*

refre|gar [-ie-, g/gu] vt *(ab)reiben* || figf *vor|werfen, -halten* || ◊ ~ *por los hocicos* fig pop *unter die Nase reiben* || **~se** *los ojos sich die Augen reiben* || **-gón** *m* fam *(Ab)Reiben* n, *Reibung* f || *(leichte) Berührung* f || pop *Stoß, Schlag* m || pop *Wischer, derber Verweis* m || ⟨Mar⟩ *Bö* f

refreir [irr → **freir**] vt *nochmals braten* || *durchbraten* || fig *jdn bis aufs Blut quälen*

refre|namiento *m Zügeln* n, *Bändigung, Bezähmung* f || fig *Selbstbeherrschung* f || **-nar** vt *zügeln, im Zaum halten* (& fig) || **~se** vr *sich im Zaum halten, sich zügeln*

refren|dar vt *gegenzeichnen, vidieren* bzw *beglaubigen (Pässe)* || **-dario** *m Gegenzeichner* m || **-do** *m Gegenzeichnung, Kontrasignatur* f || *el* ~ *popular die Zustimmung des Volkes* (→ **referéndum**)

refres|cante adj *erfrischend* || *auffrischend* || **-car** [c/qu] vt *erfrischen, (ab)kühlen* || *auffrischen* (& fig) || fig *erneuern* || ◊ ~ *la memoria das Gedächtnis auffrischen* || ~ *con hielo in Eis abkühlen* || ~ vi *kühl werden, abkühlen (Luft)* || *sich erfrischen* || fig *wieder zu sich kommen* || ◊ *ha refrescado el tiempo es ist kühler geworden* || **~se** *sich erfrischen, sich abkühlen* || *Col das Vesperbrot nehmen* || **-cavinos** *m Weinkühler* m || **-co** *m Erfrischung* f, *kühlendes Getränk* n *(Limonade, Mandelmilch usw)* || *Imbiß* m || *de* ~ pop *als Ergänzung, als Zugabe* || *neu hinzutretend* || *Verstärkungs-, Ablösungs-* || *tropas de* ~ *Ersatztruppen* fpl || ~s *gaseosos Erfrischungsgetränke* npl *mit Kohlendioxid* || *quiosco de* ~s *(Erfrischungs)Kiosk* m

refriega f ⟨Mil⟩ *Treffen* n, *Kampf* m, *Plänkelei* f || fam *Zank, Streit, Hader* m

refrige|ración f *(Ab)Kühlung* f || *Imbiß* m || ~ *por circulación de agua Wasserumlaufkühlung* f || **-rado** adj ⟨Tech⟩ *gekühlt* || ~ *por aire luftgekühlt* || **-rador** *m Kühlvorrichtung* f || *Kühler* m || *Kühlschrank* m || *Kälte-, Kühl|anlage* f || **-radora** f: ~ *eléctrica elektrischer Kühlschrank* m || **-rante** m/adj *kühlendes (Arznei)mittel* n || ~ adj *kühlend, Kühl-* || *agua* ~ *Kühlwasser* n || *jarro* ~ *Kühlkrug* m || *mueble* ~ *Kühltruhe* f || **-rar** vt *(ab)kühlen, erfrischen* || fig *erquicken* || **~se** *(sich) abkühlen (Luft)* || **-rio** *m Abkühlung, Erfrischung* f || fig *Linderung* f || fig *Imbiß* m || fig *Gabelfrühstück* n

refrin|gencia f ⟨Opt⟩ *Lichtbrechung* f || *Lichtbrechen* n || *(Licht)Brechungsvermögen* n || **-gente** adj *(Licht-) strahlen|brechend* || **-girse** [g/j] vr *sich brechen (Lichtstrahlen)* || = **refractar**

¹**refrito** pp/irr v. **refreir** || ◊ *eso me tiene* ~ pop *das plagt mich sehr* || *das macht mich wütend*

²**refrito** *m neubearbeitetes Werk* n *(Dichtkunst od Theater)* || *modernisiertes Theaterstück* n || ◊ *eso son* ~s fam *das ist schon sehr alt, fam das sind olle Kamellen*

refucilar vi Am *wetterleuchten* || *blitzen* || Am = **refocilar**

refuerzo *m Verstärkung* f || *Versteifung* f || *Verstrebung* f || *Ausbesserung* f || *Unterstützung* f || ⟨Phot⟩ *Verstärkung* f || ⟨Mil⟩ *Nachschub* m (& fig) || ⟨Mil⟩ *Verstärkung* f || *cajas con* ~s *de cinc Kisten* fpl *mit Zinkeinsatz* || *con* ~s *de hierro bereift (Kiste)*
refu|giado m/adj *Flüchtling* m || ⟨Pol⟩ *(auch:) Emigrant* m || **-giar** vt *aufnehmen, Zuflucht gewähren*
refu|giarse vr *Zuflucht suchen, sich flüchten (en nach dat)* || *sich in Sicherheit bringen* || *Zuflucht nehmen (zu dat)* || *sich unterstellen* || **-gio** m *Zuflucht* f, *Zufluchtsort* m || *Schirm, Schutz* m || *Zufluchtsstätte* f || *Asyl* n, *Freistatt* f || ⟨StV⟩ *Verkehrsinsel* f (→ **burladero, isla**) || ⟨Sp⟩ *(Touristen)Hütte* f || ~ *antiaéreo Luftschutzraum* m || *puerto de* ~ *Nothafen* m || fig *Rettungsanker* m
reful|gente adj *glänzend, schimmernd* || **-gir** [g/j] vi *glänzen, strahlen, schimmern*
refun|dición f ⟨Metal⟩ *Um-, Nach|guß* m || *Um-, Ein|schmelzen* n || *Umgießen* n || ⟨Lit Th⟩ *Neu-, Um-, Be|arbeitung* f *(eines Buches)* || *Umarbeitung* f *(Vortrag, Aufsatz)* || **-didor** m fig *Bearbeiter* m || **-dir** vt *umschmelzen, um-, nach|gießen* || fig *neubearbeiten* || fig *umarbeiten* || *edición -dida überarbeitete Ausgabe* f || ~**se** *Guat sich verirren* || *Am abhanden kommen*
refunfuñar vi pop *(in den Bart) brummen, murren*
refu|table adj *widerlegbar* || **-tación** f *Widerlegung* f || **-tar** vt *widerlegen, bestreiten*
rega|dera f *Gießkanne* f || *Brause* f, *Sprengkopf* m || *Sprengwagen* m || ⟨Med⟩ *Zerstäuber* m || ⟨Agr⟩ *Gerinne* n || *Bewässerungs-, Berieselungs|graben* m || ◊ *estar (como una)* ~ figf *total verrückt sein* || *ser una* ~ pop *sehr vergeßlich sein* || **-dío** adj/s *bewässerbar (Erdreich)* || *bewässert (Boden)* || ~ m *Bewässerung(sgelände* n*)* f || *Bewässerungsgebiet* n || →a **secano** || **-dizo** adj *bewässerbar* || **-jal, -jo** m *Pfütze* f || *(angeschwollener) Bach* m
regala f ⟨Mar⟩ *Schandeckel* m || *Dollbord* m || ~**da** f *königlicher Marstall* m || *Pferde* npl *aus dem königlichen Marstall*
rega|lado adj *geschenkt* || *herrlich, köstlich* || *lieblich, anmutig* || *verwöhnt, verzärtelt* || *vida* ~a *sorgloses, flottes Leben* n || *precio* ~ *Spott-, Schleuder|preis* m || **-lar** vt *schenken, geben* || *beschenken, bewirten* || *jdn pflegen* || *liebkosen* || *ergötzen, belustigen* || ◊ ~ *los oídos,* ~ *el oído (a) jdm schmeicheln, jdm nach dem Munde reden* || ~**se** *sich gütlich tun, genießen, sich's wohl sein lassen* || ◊ ~ *en dulces recuerdos sich süßen Erinnerungen hingeben* || **-lejo** m dim *v.* **-lo**
regalía f *Regal, königliches Vorrecht* n || *Privileg* n || fig *Gehaltszulage* f *(einiger Beamter)* || fig *Nebeneinnahmen* fpl || *Arg (Arm)Muff* m
rega|lillo m dim *v.* **-lo** || *(Arm)Muff* m || **-lito** m dim *v.* **-lo** || *¡valiente* ~*! iron eine schöne Bescherung!* || **-lo** m *Geschenk* n || *Leckerbissen* m || *Schmaus* m || *Üppigkeit* f, *Wohlleben* n || *Belustigung* f, *Vergnügen* n || *Behaglichkeit* f || *Wartung, Pflege* f || ⟨Typ⟩ *Freiexemplar* n *(Buch)* || ~ *de boda,* ~ *nupcial Brautgeschenk* n || ~ *para bautismo Taufgeschenk* n || ~ *de Navidad Weihnachtsgeschenk* n || *caballo de* ~ *Paradepferd* n || ◊ *enviar de* ~ *zum Geschenk schicken* || *vivir con* ~ *ein flottes Leben führen* || *duerme que es un* ~ *er schläft, daß es eine Freude ist* || *el género está a precio de* ~ *die Ware ist halb geschenkt* || *le hago* ~ *de ello ich schenke es Ihnen*
regaliz [pl **-ces**] m ⟨Bot⟩ *Süßholz* n, *Lakritze* f (Glycyrrhyza glabra) (→ **orozuz**) || *pastillas de* ~ *Lakritzenbonbons* pl
regaliza f → **regaliz** || *Cu* = **peonía**
regalón, ona adj/s fam *verzärtelt, weichlich* || *verwöhnt*
regante m Span *Wässerungsberechtigte(r)* m

|| *comunidad de* ~s Span *Bewässerungsgenossenschaft* f
regaña|dientes: a ~ *zähneknirschend, widerwillig, gezwungen* || **-do** adj *aufgesprungen (Obst, Brot)* || fam *verzogen, krumm, knurrend (Mund)* || fam *nicht ganz schließend (Auge)*
regañar vt/i fam *aus|schelten, -zanken* || *knurren, fletschen (Zähne)* || *a regaña dientes* → **regañadientes** || ~ vi *die Zähne fletschen* || figf *murren, brummen* || fam *zanken, schelten* || *aufspringen (Pflaumen, Kastanien)* || *sich zerstreiten*
regañir [3. pret ~ñó] vi *stark heulen, bellen*
rega|ño m *mürrische Miene* f || fam *Verweis, Wischer* m || ~s mpl fam *Geschimpfe* n || **-ñón** m/adj fam *Griesgram, Brummbär* m
regar [-ie-, g/gu] vt *(be)netzen* || *an-, be|feuchten* || *(be)wässern, berieseln (Felder)* || *besprengen, begießen (Straßen)* || *(Wäsche) einsprengen* || *durchfließen (Fluß ein Land)* || fig *bestreuen* || fig *begießen, zum Essen trinken* || pop *bitter beweinen* || △*waschen*
¹**regata** f *Ruder-, Boots|wettfahrt, Regatta* f || *Wettrudern* n || ~s *de remos Ruderwettfahrt* f
²**regata** f *(kleiner) Bewässerungsgraben* m
regate m *rasche Seitenbewegung* f, um *e-m Schlag auszuweichen* || ⟨Jgd⟩ *Haken* m || fig *Ausflucht* f || ◊ *dar un* ~ *(a) ausweichen*
regate|ador m *Feilscher* m || **-ar** vt/i *(ab)feilschen, (ab)handeln* || *Ausweichbewegungen machen, den Körper seitlich bewegen* || *an e-r Regatta teilnehmen* || ⟨Sp⟩ *dribbeln* || ◊ ~ *(sobre) el precio um den Preis handeln, feilschen* || *sin palabras* fig *einsilbig, wortkarg sein* || *lograr (od conseguir) -ando abhandeln* || **-o** m *Feilschen* n || *Ausweichbewegung* f || ⟨Sp⟩ *Dribbeln* n
regato m *Rinnsal* n || *tiefe Stelle* f *in e-m Bach* || *(angeschwollener) Bach* m || *Sturzbach* f || dim: ~**uelo** m
regatón m/adj *Kleinhändler, Krämer* m || *(Stock-, Lanzen) Zwinge* f || *Ortband* n *(des Seitengewehrs)*
rega|zar [z/c] vt *aufschürzen, aufnehmen (Kleid)* || **-zo** m *Schoß* m || fig *Schutz* m || *en el* ~ *de la Iglesia im Schoß der Kirche* || ◊ *tener un niño en el* ~ *ein Kind auf dem Schoß haben*
regencia f *Regentschaft* f || *Verwaltung, Leitung* f
regene|ración f *Wiedergeburt* f || *Erneuerung* f || *Auffrischung* f || *Wiederherstellung* f || *Erholung* f *(des Akkumulators)* || ⟨Biol⟩ *Regeneration* f, *Ersatz* m *verlorengegangener Organe* || ⟨Phys⟩ *Regeneration* f || ⟨Tech⟩ *Regenerierung* f || **-rador** m *regenerierender Faktor* m, *regenerierendes Mittel* n || ⟨Tech⟩ *Regenerator* m || ~ *del cabello Haarwuchsmittel* n || **-rar** vt *wieder|erzeugen, -herstellen* || fig *umformen* || *erneuern, verjüngen* || *regenerieren* || ~**se** ⟨Chir⟩ *nachwachsen* || *sich erneuern* || *regeneriert werden* || **-rativo** adj *wiederherstellend* || *verjüngend* || *regenerierend*
regenta f *Frau Regentin* f || *Regentin* f *(e-r Klosterschule)*
regen|tar vt *verwalten, leiten* || *vorstehen (e-r Anstalt)* || ~ vi fam *herumkommandieren, das Wort führen* || **-te** m *Regent, Reichsverweser* m || *Studienrektor* m *(in e-m Kloster)* || *Regens* m *(e-s Priesterseminars)* || ⟨Pharm⟩ *Provisor* m || ~ *(de imprenta)* ⟨Typ⟩ *Faktor, Abteilungsleiter* m
regiamente adv *königlich* || fig *fürstlich, großartig*
regi|cida m *Königsmörder* m || **-cidio** m *Königsmord* m
regi|do adj: *bien* ~ *ordnungsliebend* || **-dor** m ⟨Hist⟩ Span *Regidor, Stadtrat, Ratsherr* m || *Vogt* m || *Verwalter* m || ⟨Th⟩ *Inspizient* m || *tribunal de* -es *Schöffengericht* n || **-doría** f → **regiduría** || **-duría** f *Stadtverordnetenamt* n
régimen m [pl **regímenes**] *Regime* n || *Staats-*

bzw *Regierungs-* bzw *Verwaltungsform* f || *Ordnung, Regelung* f || desp *Herrschaft* f, *System* n || *Verhältnisse* npl || *Stand* m || *Zustand* m || ⟨Li Gr⟩ *Rektion* f || *verlangte Präposition* f || *verlangter Kasus* m || ⟨Tech⟩ *Funktions-, Betriebs|-weise* f || *Betriebsdaten* npl || *Drehzahl* f || *Lebensweise* f || ⟨Med⟩ *Diät* f || ~ *alimenticio Diät* f || ~ desclorurado *salzlose Diät* f || ~ eclesiástico *Kirchenregiment* n || ~ fiscal *Staatsverwaltung* f || ~ lácteo *Milchdiät* f || ~ policíaco *Polizei|regime* n bzw *-staat* m || ~ seco *trockene Diät* f || ~ vegetariano *vegetarische Kost* f || *vegetarische Lebensweise* f || *alimento de* ~ *Diätspeise* f || falta de ~ ⟨Med⟩ *Diätfehler* m || ◊ el ~ del verbo „aspirar" es la preposición a *das Zeitwort* aspirar *verbindet sich mit der Präposition* a || guardar ~ *Diät halten* || poner a ~ ⟨Med⟩ *jdm Diät vorschreiben*
regi|mentar vt *beherrschen, regieren* || *in ein Regiment eingliedern* || **-miento** m *Ober|befehl* m, *-leitung* f || ⟨Mil⟩ *Regiment* n || *Stadtverordnete* mpl || ~ de infantería *Infanterieregiment* n
Regina f Tfn *Regina* f
Reginaldo m Tfn *Reinhold* m
regio adj *königlich* || fig *prächtig, großartig* || agua ~a ⟨Chem⟩ *Königswasser* n *(ein Gemisch aus 3 Teilen konz. Salzsäure und 1 Teil konz. Salpetersäure)*
Regio m *Reggio (in Italien)*
región f *Land* n, *Landschaft* f || *Gegend* f, *Gelände* n || *Himmels-, Welt|gegend* f || *Erd-, Land|strich* m || ⟨An⟩ *Gegend* f *des Körpers* || ⟨Astr⟩ *Gegend, Region* f || Span ⟨Geogr⟩ *Region* f || ~ cardiaca *Herzgegend* f || ~ frontal *Stirngegend* f || ~ militar Span ⟨Verw Mil⟩ *Wehr|kreis, -bereich* m || capitán general de la ~ Span *kommandierender General, Befehlshaber* m *e-s Wehrkreises*
regio|nal adj *regional* || *landschaftlich, Landes-* || ⟨Med⟩ *regionär* || *campeón* ~ ⟨Sp⟩ *Regionalmeister* m || traje ~ *Volkstracht* f || bailes ~ *Volkstänze* mpl || **-nalismo** m *Regionalismus* m, *Sonderbestrebungen* fpl || ⟨Lit⟩ *Beschreibung* f *des Provinzlebens* || *Heimat|dichtung, -kunst* f || **-nalista** m *Regionalist* m || ⟨Pol⟩ *Autonomist, Sonderbündler* m || ⟨Lit⟩ *Heimatschriftsteller* m (→ a **literatura, novela**)
regir [-i-, g/j] vt *regieren, beherrschen* || *befehligen* || *leiten, führen* || *regeln* || *verwalten* || ⟨Gr⟩ *sich verbinden (mit* dat*), regieren* || ◊ ... rige el dativo ⟨Gr⟩... *regiert den Dativ* || ~ un complemento directo *den Akkusativ regieren (Verb)* || ~ vi *gelten, herrschen, in Geltung sein* || ◊ en el año que rige *im laufenden Jahr* || ~**se** por *sich richten nach* (dat)
regiro m ⟨Com⟩ *Rückwechsel* m || giro(s) y ~(s) *Wechselreiterei* f
registrado pp → **registrar**
regis|trador m/adj *Registrator, Registerbeamte(r)* m || *Zollaufseher* m || *Schreiber* m, *Registriergerät* n || ~ de cartas *(od* correspondencia*) Briefordner* m || caja ~a *Registrierkasse* f || cartera ~a *Fachaktentasche* f || **-trar** vt *untersuchen, registrieren* || *in ein Register eintragen, registrieren* || *auf-, ver|zeichnen* || *aufnehmen, e-e Aufnahme machen (von)* || *genau besichtigen, durchsuchen* || *jdm die Taschen durchsuchen* || *bezeichnen, vermerken* || ◊ ~ el equipaje *das Gepäck untersuchen* || ~ una marca de fábrica *ein Fabrikzeichen anmelden* || ~ mercancías *Güter einschreiben* || hacer ~ una razón social *e-e Firma eintragen lassen* || ~ registrado ⟨Jur⟩ *eingetragen* || marca ~a ⟨Jur⟩ *eingetragenes Warenzeichen* || ~**se** *sich in ein Verzeichnis einschreiben lassen* || fig *zu verzeichnen sein, dasein, existieren bzw geschehen* || ◊ un caso semejante no se ha registrado nunca (& fig) *ein solcher Fall ist noch nie dagewesen*
registro m *Register* n, *-urkunde* f || *amtliche*

Matrikel (öst Matrik) f || *Protokoll* n || *Registratur* f || *Eintragung* f || ⟨Radio TV⟩ *Aufnahme, Aufzeichnung* f || *Aufnahmegerät* n || ⟨EB⟩ *Einschreiben* n *des Gepäcks* || ⟨Mar⟩ *Manifest* n || ⟨Mar⟩ *Schiffsregister* n || *Zollregister* n || *(Inhalts)Verzeichnis* n, *Index* m || *Lesezeichen* n || ⟨Mus⟩ *Stimmlage* f || *(Orgel)Register* n || ⟨Typ⟩ *Register* n *(der deckungsgleiche Abdruck der Satzspiegel* bzw *die Passergenauigkeit* f *bei Mehrfarbendruck)* || ⟨Tech⟩ *Schieber* m, *Klappe* f || ⟨Tech⟩ *Schauloch* n || ⟨Tech⟩ *Stellhebel* m || ⟨Sch⟩ *Versäumnisliste* f || Arg *Tuch-, Stoff|lager* n || △*Kneipe* f || ~ bautismal *Taufregister* n || ~ en cinta magnetofónica *Magnetbandaufnahme* f || civil *Personenstandsregister* n, *Matrik(el)* f || *Standesamt* n || ~ de entradas y salidas *Warenein- und -aus|gangsbuch* n || ~ mercantil, ~ de comercio *Handelsregister* n || inscrito en el ~ mercantil *(im Handelsregister) eingetragen (Firma)* || ~ de nacimientos *Geburtenregister* n || ~ parroquial *Kirchenbuch* n || ~ de pecados *Sündenregister* n || ~ (practicado) en el domicilio, ~ domiciliario *Haussuchung* f || ~ de la propiedad *Grundbuch* n || ~ de la propiedad industrial *Patentregister* n || ~ de viajeros ⟨EB⟩ *Zollrevision* f || *Fremdenbuch* n *(Hotel)* || libro de ~ *Register(-buch)* n || 20000 toneladas de ~ bruto ⟨Mar⟩ *20000 Registertonnen* || ◊ echar *(od* tocar*)* todos los ~s fig *alle Hebel in Bewegung setzen* || sufrir el ~ de los equipajes *sich der Gepäckkontrolle unterziehen* || ¿dónde se hace el ~? ⟨EB⟩ *wo findet die Gepäckkontrolle statt?* || de ~ *zollpflichtig*
régium exequátur → **exequátur**
regla f *Regel* f || *natürliche Ordnung* f || *Grundsatz* m || *Norm* f || *Prinzip* n || *Richtschnur* f || *Lebensregel* f || *Ordensregel* f || *Mäßigung, Beherrschung* f || *Lineal* n || *Linienblatt* n || ⟨Typ⟩ *Leiste* f || ⟨Arch⟩ → **reglón** || *Vorbild, Muster* n || *Periode, Regel, Menstruation* f || △⟨Th⟩ *Souffleur* m || ~ de cálculo *Rechen|stab, -schieber* m || ~ de compañía ⟨Math⟩ *Gesellschaftsregel* f || ~ conjunta *Kettenregel* f || ~ curva *Kurvenlineal* n || ~ para dibujar *Reißschiene* f || ~ empírica, ~ práctica *Faustregel* f || ~ de falsa posición *Regula* f *falsi* || ~ graduada *Maßstab(lineal* n*)* m || *Meßschiene* f || *Anlegemaßstab* m || ~ de tres, ~ de oro, ~ de proporción, ⟨Math⟩ *Regeldetri, Dreisatzrechnung* f || ~ de tres dedos ⟨El⟩ *Dreifingerregel* f || a ~ fig *vernunftgemäß* || de ~ *richtig, im richtigen Maße* || en (toda) ~ *regelrecht* || por ~ als *Regel* || según la ~, conforme a la ~, de conformidad con la ~ *regelrecht* || por ~ general *gewöhnlich, im allgemeinen* || *vorwiegend* || una petición en ~ *ein regelrechtes Gesuch* n || sin ~ *regellos* || contrario a las ~(s) *regelwidrig* || ◊ contravenir una ~ *gegen e-e Regel verstoßen* || es una excepción de la ~ *es ist e-e Ausnahme von der Regel* || estar en ~ (con) *(mit jdm) einverstanden sein* || seguir con una ~ *e-e Regel befolgen* || tomar por ~ *zum Maßstab nehmen* || no hay ~ sin excepción *keine Regel ohne Ausnahme* || la excepción confirma la ~ *die Ausnahmen bestätigen die Regel* || ~**s** pl *Periode, Regel, Menstruation* f || las cuatro ~ ⟨Math⟩ *die vier Grundrechnungsarten* fpl || contra todas las ~ *(del arte) gegen alle Regeln (der Kunst)*
reglaje m *Regelung* f || *Einstellung* f || ~ automático *Selbstregelung* f || ~ del tiro ⟨Mil⟩ *Einschießen* n
reglamen|tación f *Regelung* f || *Ordnung* f || **-tar** vt *(gesetzlich) regeln* || *in Ordnung bringen* || *durch Verordnungen (bzw Vorschriften) bestimmen* || *manía de* ~ fam *Reglementiersucht* f || **-tario** adj *vorschriftsmäßig* || *ordnungsgemäß* || *vorgeschrieben* || plazo ~ *gesetzlich festgelegte Frist* f || **-to** m *Statut* n, *Ver|fügung, -ordnung* f || *Dienstanweisung* f || ⟨Mil⟩ *Dienstreglement* n || ~ de aduanas *Zollordnung* f || ~ de la bolsa

reglar — rehice 924

Börsenordnung f ‖ ~ procesal *Prozeßordnung* f ‖ ~ de régimen interior *Geschäftsordnung* f ‖ ~ de servicio *Dienstvorschriften* fpl ‖ ~ suplementario *Zusatzbestimmung* f ‖ ~ de trabajo *Arbeitsordnung* f ‖ según el ~ *satzungsgemäß* ‖ ◊ estar sujeto a un ~ *e–r Verordnung unterliegen*
¹**reglar** adj ⟨Rel⟩ *Ordens-*
²**reglar** vt *lini(i)eren* ‖ *regeln, ordnen* ‖ *bestimmen, festsetzen* ‖ **~se** *sich richten* (por *nach* dat)
regle|ta f ⟨Typ⟩ *Reglette* f *(Blindmaterial)* ‖ ⟨El TV Tel⟩ *Schiene, Leiste* f ‖ *Zunge* f *(des Rechenschiebers)* ‖ **~s** pl ⟨Typ⟩ *Durchschuß* m ‖ ◊ poner ~ ⟨Typ⟩ *Zeilen ausbringen* ‖ **–tear** vt ⟨Typ⟩ *durchschießen* ‖ articulos –teados ⟨Web⟩ *Durchschußartikel* mpl
reglón m augm v. **regla** ‖ *großes Lineal* n ‖ ⟨Arch⟩ *Richtscheit* n, *Abgleich-, Zieh|latte* f ‖ ⟨Tech⟩ *Wange* f
regnícola adj/s *aus e–m Königreich stammend* ‖ ~ m *landeskundlicher Schriftsteller* m
regoci|jado adj *erfreut* ‖ *fröhlich, vergnügt, heiter* ‖ adv: **~amente** ‖ **–jar** vt *erfreuen* ‖ *belustigen, ergötzen* ‖ *Freude* bzw *Spaß machen* ‖ **~se** *sich ergötzen* ‖ *Freude* bzw *Spaß haben* (con an dat) ‖ **–jo** m *Freude, Lust* f, *Vergnügen* n ‖ *Jubel* m ‖ *Lustbarkeit* f ‖ dia de ~ *Freuden-, Jubel|tag* m ‖ lleno de ~ *von Freude erfüllt* ‖ ◊ esperar con ~ *sich freuen auf* (acc)
rego|dearse vr fam *Vergnügen finden, sich ergötzen* (con *an* dat), *sich's wohl sein lassen* ‖ *sich gütlich tun* (con *an* dat) ‖ **–deo** m *Frohsinn* m, *Vergnügen, inneres Behagen* n ‖ *Lustbarkeit* f ‖ *Schäkerei* f ‖ con ~ *(auch:) mit Schadenfreude*
regoldar [–üe] vi pop *rülpsen*
regoldo m ⟨Bot⟩ *Roßkastanie* f (Aesculus hippocastanum) *(Baum)* → **castaño**
regol|far vi *zurückfließen (Strom)* ‖ *abgelenkt werden (Wind durch Hindernis)* ‖ **~se** vr *sich stauen (Strom, Gewässer)* ‖ **–fo** m ⟨Mar⟩ *(kleine) Meeresbucht* f ‖ allg *Stauung* f *(der Gewässer)*
regomeyo m And Murc *Unbehagen* n ‖ *Mißstimmung* f ‖ *Kummer* m
regonzar [–üe–, z/c] vt/i prov *brummen, murren*
regordete, –ta adj/s fam *rundlich, klein und untersetzt*
regosto m *Begierde* f ‖ *Genuß* m
regre|sar vi *zurückkehren* ‖ ⟨Jur⟩ *(Recht, Pfründe usw) wiedererlangen (kanonisches Recht)* ‖ **–sión** f *Rück|gang* m, *-kehr* f ‖ ⟨Biol Med Wiss Geol⟩ *Regression* f ‖ *Rückbildung* f *(& ⟨Li⟩)* ‖ ley de ~ *Regressionsgesetz* n ‖ **–sivo** adj *regressiv* ‖ *rückläufig* ‖ *zurückbildend* ‖ *Rück-, Rückbildungs-* ‖ movimiento ~ *Rückbewegung* f ‖ proceso ~ ⟨Biol Med⟩ *Regressionsprozeß* m ‖ transformación **–a** *Rückbildung* f ‖ **–so** m *Rück|-kehr, -reise* f ‖ ⟨Jur⟩ *Rückanspruch, Regreß* m ‖ = **–sión** ‖ viaje de ~ *Rückreise* f ‖ ~ a su *(od* la*)* casa *Heimkehr* f ‖ ◊ avisar el ~ *sich zurückmelden* ‖ estar de ~ *zurück(gekommen) sein*
regruñón m/adj pop *Brummbär* m
regüeldo m *Rülps* m, *Aufstoßen* n ‖ figf *Großtuerei* f
regüelto adj pop = **revuelto**
regue|ra f *Bewässerungsgraben* m ‖ ~ de chimenea ⟨Arch⟩ *Zementmörtelrand* m ‖ **–ro** m *Rinne* f ‖ *Rinnsal* n ‖ *Spur* f *(von vergossenen Flüssigkeiten & ä)* ‖ = **reguera** ‖ los **~s** de la sangre fig *das vergossene Blut* ‖ ◊ extenderse como un ~ de pólvora fig *wie ein Lauffeuer um sich greifen*
regu|lable adj *regulierbar* ‖ *regelbar* ‖ *(ein-)stellbar* ‖ **–lación** f *Regelung, Regulierung* f ‖ *Einstellung* f ‖ *Ordnung* f ‖ ~ del cambio *Kursregulierung* f ‖ ~ de la natalidad *Geburtenregelung* f ‖ ~ de los salarios, ~ salarial *Lohnregelung* f ‖ ~ del tráfico *Verkehrsregelung* f ‖ con *(od* de*)* ~ automática *selbstregulierend* ‖ **–lado** adj *geregelt, vorschriftsmäßig* ‖ *gesteuert* ‖ *richtig* ‖ no ~ *ungeordnet* ‖ **–lador** adj *regelnd, regulierend* ‖ ~ m *Ordner* m ‖ ⟨Tech⟩ *Regler, Regulator* m ‖ *Richt-, Regler|uhr* f ‖ ⟨Mus⟩ *dynamisches Zeichen* n ‖ ⟨Web⟩ *Warenablage* m ‖ ~ de aire *Luftklappe* f *(Motor)* ‖ ~ de amplificación *Verstärkungsregler* m ‖ ~ de bolas *Fliehkraftregler* m ‖ ~ de los espacios *Zeilensteller* m *(Schreibmaschine)* ‖ ~ de (la) velocidad *Geschwindigkeitsregler* m ‖ *Drehzahlregler* m
¹**regular** adj *regelmäßig* ‖ *regelrecht* ‖ *ordnungsgemäß* ‖ *gewöhnlich, normal* ‖ *fair* ‖ *geordnet* ‖ fig *(mittel)mäßig* ‖ de estatura ~ *(von) mittlerer Gestalt, Figur (Mensch)* ‖ polígono ~ ⟨Math⟩ *regelmäßiges Vieleck* n ‖ de ~ tamaño *(von) mittlerer Größe* ‖ verbo ~ ⟨Gr⟩ *regelmäßiges Zeitwort* n ‖ por lo ~ *gewohntermaßen, üblicherweise, normal* ‖ *gewöhnlich* ‖ ◊ salir(se) de lo ~ fig *sich über den Durchschnitt erheben* ‖ fuerzas **~es** ⟨Mil⟩ *Linientruppen, reguläre Streitkräfte* fpl ‖ los **~es** ⟨Mil⟩ *die Soldaten* mpl *der Linientruppen* ‖ ~ m *Ordensgeistliche(r)* m ‖ *Mönch* m
²**regular** adv *regelmäßig* ‖ *mittelmäßig, leidlich* ‖ fam *soso, mäßig, nicht besonders (z.B. Befinden)* ‖ *befriedigend (Prüfungsnote)* ‖ Ar *wahrscheinlich, vermutlich* ‖ ◊ es ~ que venga hoy Ar *wahrscheinlich kommt er heute*
³**regular** vt *regeln, ordnen* ‖ *abmessen, berichtigen* ‖ *anpassen* ‖ *einstellen, regeln, regulieren* ‖ *ins Gleichgewicht bringen* ‖ ◊ ~ los gastos *die Ausgaben den Einnahmen anpassen*
regulari|dad f *Regelmäßigkeit* f ‖ *Gleichmäßigkeit* f ‖ *Ebenmaß* n ‖ *Richtigkeit* f ‖ *Ordnungsmäßigkeit* f ‖ *Pünktlichkeit* f ‖ *genaue Befolgung* f *(z.B. der Ordensregel, der Pflichten)* ‖ con (toda) ~ *(ganz) regelmäßig* ‖ **–zación** f *Regulierung, Reg(e)lung* f ‖ **–zar** [z/c] vt *regeln* ‖ *ordnen* ‖ *in Ordnung bringen* ‖ ⟨Com⟩ *regulieren* ‖ ◊ ~ su situación *s–e Verhältnisse ordnen*
regu|larmente adv *regelmäßig, gewöhnlich* ‖ *im allgemeinen* ‖ *mittelmäßig* ‖ **–lativo** adj *regelnd* ‖ ~ m *Prinzip* n, *Norm* f, *Regulativ* n
régulo m *Duodezfürst* m ‖ ⟨V⟩ = **reyezuelo** ‖ *Basilisk* m *(Fabeltier)* →a **basilisco** ‖ ⟨Bgb⟩ *König, Regulus* m ‖ *Antifriktions-, Lager|metall* n ‖ **Régulo** m np ⟨Astr⟩ *Regulus* m
regurgita|ción f *(Wieder)Auswürgen* n ‖ *Würgbewegung* f ‖ **–r** vt *wieder auswürgen*
¹**regus|to** m (dim: **-tillo**) m *Nachgeschmack* m *(z.B. des Weins)* ‖ *Beigeschmack* m *(& fig)*
²**regusto** m: muy a ~ pop *herzlich gerne*
rehabili|tación f *Wiedereinsetzung* f ‖ fig *Ehrenrettung* f ‖ ⟨Sp Med Jur⟩ *Rehabilitierung* f ‖ **–tar** vt *wieder in den vorigen Stand, in frühere Rechte einsetzen* ‖ *wieder befähigen* ‖ fig *wieder zu Ehren bringen* ‖ ⟨Com Jur Med Sp⟩ *rehabilitieren* ‖ **~se** *wieder zu Ehren kommen* ‖ *sich rehabilitieren*
rehacer [irr→**hacer**] vt *umarbeiten* ‖ *wiederherstellen* ‖ *noch einmal machen* ‖ *stärker, fester machen* ‖ *umschütteln (Matratze, Bett)* ‖ *umstecken (Frisur)* ‖ **~se** *sich erholen* (& ⟨Com⟩) ‖ ◊ ~ de un susto *sich von e–m Schrecken erholen*
rehago → **rehacer**
rehala f *Sammelherde* f ‖ *Meute* f *(Hunde)*
rehar|tar vt *übersättigen* ‖ **–to** pp/irr v. **–tar**
rehe|cho pp/irr v. **rehacer** ‖ ~ adj *gedrungen, stämmig* ‖ ~ m ⟨Typ⟩ *Neusatz* m ‖ **–chura** f *Aufarbeitung* f ‖ allg *Reparatur* f
rehén m *Geisel* f ‖ *Leibbürge* m ‖ en **~es** *als Unterpfand* ‖ ◊ dar en ~ *als Geisel geben*
rehenchir [irr →**henchir**] vt *auspolstern, nachstopfen (Stühle, Sättel)* (con *mit* dat)
rehervir [ie/i] vt *nochmals kochen, nochmals sieden*
rehice → **rehacer**

rehielo m ⟨Phys⟩ *Regelation* f
rehilandera f *Windrädchen* n *(Kinderspiel)* ‖ → a **molinete**
rehilete m *Papierpfeil* m *(für Zielwurfspiele)* ‖ *Federball* m ‖ ⟨Taur⟩ *kleine Banderilla* f ‖ fig *Stichelei* f
rehílo m *(Opal)Glanz* m ‖ *Flattern, Zittern* n
rehogar [g/gu] vt *schmoren, dämpfen, dünsten (Fleisch)*
rehuida f *Zurückscheuen* n ‖ *Abschlagen* n ‖ *Ekel* m ‖ *Widerwille* m
rehuir [-uy-] vt *fliehen, (ver)meiden* ‖ *verschmähen* ‖ *abschlagen, verweigern* ‖ *ablehnen* ‖ *umgehen* ‖ *zurückscheuen (vor* dat*)* ‖ ◊ ~ la conversación *das Gespräch meiden (*con *mit* dat*)* ‖ ~ la responsabilidad *sich der Verantwortung entziehen* ‖ **-se** *sich weigern*
rehundir vt *ein-, ver|senken* ‖ fig *verschwenden*
rehu|samiento m *Verweigerung* f ‖ *Ablehnung* f ‖ **-sar** vt/i *abschlagen, verweigern* ‖ *ablehnen* ‖ *verschmähen* ‖ ◊ ~ la aceptación *die Annahme verweigern (Wechsel)* ‖ ~ reclamaciones *Ansprüche zurückweisen* ‖ **-sa** verme *er weigert sich, mich zu sehen* ‖ **-so** m = **rehusamiento**
reible adj = **risible**
Reich m *Deutsches Reich* n ‖ Gran ~ *Alemán Großdeutsches Reich* n ‖ Tercer *(od* III*)* → **tercer**
reide|ras fpl pop *Veranlagung od Neigung* f *zum Lachen* ‖ **-ro** adj fam *(immer wieder) zum Lachen reizend* ‖ *lächelnd, lachend (z. B. Lippen)*
reído adj Am *lachend* ‖ *lächelnd*
reidor adj *gern lachend* ‖ *lächelnd (Mund)* ‖ ~ m *Lacher* m
reim|portación f *Wiedereinfuhr* f ‖ **-portar** vt/i *wieder einführen* ‖ **-presión** f ⟨Typ⟩ *neue, unveränderte Auflage* f, *Wiederabdruck, Neudruck* m ‖ *Nachdruck* m ‖ ~ clandestina, ~ pirata *geheimer Nachdruck, Raubdruck* m (→ **edición**) ‖ **-primir** vt [pp/irr -preso] *wieder ab-, neu|drucken* ‖ *nachdrucken*
rei|na f *Königin* f *(& als Kosewort)* ‖ *Dame* f *(Schach-, Karten|spiel)* ‖ ⟨Entom⟩ *Ameisen-* bzw *Bienen-* bzw *Termiten|königin* f (→ **hormiga, abeja, termes**) ‖ ⁓ de los ángeles, ⁓ del Cielo *(od* de los cielos*) Himmelskönigin, Heilige Jungfrau* f ‖ ~ del baile *Ballkönigin* f ‖ ~ de belleza *Schönheitskönigin* f ‖ ~ claudia *Reineclaude, Reneklode*, öst *Ringlotte* f *(Varietät der Haferpflaume)* ‖ ~ luisa → **hierba** luisa ‖ ~ madre *Königinmutter* f ‖ ~ de la noche ⟨Bot⟩ *Königin* f *der Nacht (verschiedene Kakteen)* ‖ ~ viuda *Königinwitwe* f ‖ abeja ~ *Bienenkönigin* f ‖ **-nado** m *Regierung(szeit)* f ‖ fig *Ansehen* n ‖ fig *Macht, Herrschaft* f ‖ **-nante** adj *regierend* ‖ *herrschend* ‖ casa ~ *Herrscherhaus* n ‖ **-nar** vi *regieren* ‖ *herrschen* (& fig) ‖ PMá *nachdenken, grübeln* ‖ ◊ **-na** una costumbre *es herrscht e-e Gewohnheit* ‖ **-na** un fuerte viento *es ist sehr windig* ‖ el terror **-na** entre los habitantes *der Schrecken herrscht unter den Bewohnern* ‖ ~ muchos pueblos *viele Völker unter seiner Herrschaft haben*
reinci|dencia f *Rückfall* m *(in e-n Irrtum, in ein Delikt)* ‖ en caso de ~ ⟨Jur⟩ *im Rückfall, im Wiederholungsfalle* ‖ **-dente** adj/s *rückfällig* ‖ ~ m *Rückfällige(r)* m ‖ *Rückfalltäter* m ‖ **-dir** vi *rückfällig werden* ‖ ⟨Med⟩ *e-n Rückfall erleiden* ‖ allg *zurückfallen (*in acc*)* ‖ ◊ ~ en un crimen ⟨Jur⟩ *in ein Verbrechen zurückfallen*
reincorpo|ración f *Wiedereinverleibung* f ‖ **-rar** vt *wiedereinverleiben* ‖ *wiedereingliedern* ‖ **-se** *sich wieder eintragen lassen, wiedereintreten (en in* acc*)*
reineta f *Renette* f, *Reinettenapfel* m
reingre|sar vi *wiedereintreten* ‖ *wieder aufgenommen werden (z. B. in e-n Verein)* ‖ **-so** m *Wiedereintritt* m ‖ *Wiederaufnahme* f ‖ ~ a la atmósfera de la Tierra ⟨Flugw⟩ *Wiedereintritt*

in die Erdatmosphäre
reino m *(König)Reich* n ‖ *Reichsstände* mpl ‖ fig *Bereich* m/n ‖ ~ animal, mineral, vegetal *Tier-, Mineral-, Pflanzen|reich* n ‖ ~ de los cielos *Himmelreich* n ‖ el ~ de Dios *das Reich Gottes* ‖ ~ electoral *Wahlreich* n ‖ el ⁓ Unido *das Vereinigte Königreich, Großbritannien* n ‖ *vinos del ⁓ Span inländische Weine* mpl
reinoculación f *Nachimpfung* f
reinscripción f *Wiedereintragung* f ‖ ⟨Aut⟩ *Wiederinbetriebnahme* f
reinte|gración f *Wiedereinsetzung* f *(in e-n Besitz)* ‖ *(Schaden)Ersatz* m (= **indemnización**) ‖ **-grar** vt *wiedereinsetzen (in e-n Besitz)* ‖ *ergänzen* ‖ *rückvergüten* ‖ *zurückerstatten* ‖ *ersetzen, entschädigen* ‖ ◊ ~ a uno en sus bienes *jdn in den Besitz seiner Güter wiedereinsetzen* ‖ **-se**: ◊ ~ de sus desembolsos *Auslagen zurückerhalten, wiedererlangen* ‖ ~ de lo suyo *wieder zu dem Seinigen kommen* ‖ ~ (a) (*wieder*) *zurückkehren (an, in* acc, *nach* dat*)* ‖ ~ a su país *in seine Heimat zurückkehren* ‖ **-gro** m = **-gración** ‖ *Ersatz* m *der Kosten, Spesen* ‖ *Rückerstattung, Rückzahlung* f *des Loswertes (bei der span. Lotterie)*
reintro|ducción f *Wiedereinführung* f ‖ **-ducir** vt *wiedereinführen*
reír [-i-, pres río, pret reí, reíste, rio, ger riendo, pp reído] vt *auslachen* ‖ *belachen* ‖ *mit Lachen aufnehmen, empfangen* ‖ ◊ todos reían (con) sus chistes *alle lachten über seine Witze* ‖ ~ vi *lachen* ‖ *scherzen* ‖ ◊ ~ a boca llena *von Herzen lachen* ‖ ~ a carcajadas *aus vollem Halse lachen* ‖ ~ a mandíbula batiente fam *sich kugeln vor Lachen* ‖ ganas de ~ *Lust* f *zum Lachen* ‖ no tengo ganas de ~ *mir ist nicht zum Lachen* ‖ dar que ~ (a) *zum Lachen bringen, erheitern* ‖ no me haga V. ~ *machen Sie sich nicht lächerlich* ‖ no es cosa de ~ *es ist nicht (gerade) zum Lachen* ‖ echarse a ~ *(laut) auflachen* ‖ **-se** *lachen* ‖ *sich über jdn* bzw *et lustig machen* ‖ ◊ ~ de alg. *über jdn spotten, jdn ver|spotten, -lachen* ‖ ~ de todo el mundo, fam ~ de todo cristiano *auf die ganze Welt pfeifen* ‖ no hay que ~ *es ist nicht zum Lachen* ‖ al freír será el ~ *etwa: er ist nicht alle Tage Sonntag* ‖ ríe bien quien ríe el último *wer zuletzt lacht, lacht am besten* ‖ ¡ríete tú! pop *das kannst du dir wohl denken!* ‖ *das steht einmal fest!* ‖ me río yo de sus amenazas *seine Drohungen jagen mir keine Furcht ein* ‖ ¡me río de ello! pop *ich pfeife darauf!* ‖ tiene unos ojos que *(*riete del sol*!* fam etwa: *sie hat Augen, die mit der Sonne wetteifern können* ‖ un cuarto que me río yo del palacio pop *ein Zimmer, das prächtiger als ein Palastzimmer ist* ‖ ¡ríase V. de la juventud! pop iron *das nennen Sie jung?*
reis mpl *Reis* pl *(fiktive portugiesische Rechnungsmünze)*
reite|rar vt *wiederholen* ‖ *erneuern* ‖ ◊ ~ su demanda *(od* ruego*) seine Bitte erneuern* ‖ me -ro de V. affmo. y S.S. *ich verbleibe mit vorzüglicher Hochachtung (Schlußformel in Geschäftsbriefen)* ‖ para ~ el testimonio de mi gratitud *um meinen Dank zu wiederholen (Brief)* ‖ -rándole la expresión de nuestra mayor consideración *indem wir Sie unserer vorzüglichen Hochachtung versichern (Brief)* ‖ pedido -rado ⟨Com⟩ *nochmalige Bestellung, Nachbestellung* f ‖ **-rativo** adj *wiederholend, Wiederholungs-*
*reitre m *Reisige(r)* m ‖ *Reiter* m
reivindi|cación f *Zurückforderung* f *(z. B. der politischen Rechte seitens e-r Nation)* ‖ *Anspruch* m, *Forderung* f ‖ ⟨Jur⟩ *Rechtsanspruch* m ‖ *Rückforderung* f ‖ ⟨Com⟩ *Patentanspruch* m ‖ ~ territorial ⟨Pol⟩ *Gebietsanspruch* m, *territoriale (Zurück)Forderung* f ‖ **-car** [c/qu] vt *zurückfordern (z. B. politische Rechte)* ‖ *fordern, beanspruchen, Anspruch erheben (*a. *auf* acc*)* ‖

-catorio adj *beanspruchend* ‖ *(Rück)Forderungs-* ‖ acción ~a ⟨Jur⟩ *Klage* f *auf Heraus-* bzw *Rück|gabe*
¹**reja** f (de arado) *Pflugschar* f
²**reja** f *Gitter* n ‖ *Fenstergitter* n ‖ ~**s** fpl figf *Gefängnis* n, fam *schwedische Gardinen* fpl ‖ ◊ estar entre ~ figf *hinter Gittern (od schwedischen Gardinen) sitzen*
rejalgar m ⟨Min⟩ *Realgar* m, *Rauschrot* n ‖ ◊ saber a ~ fam *sehr schlecht schmecken*
△**rejelendre** m *Sprichwort* n
△**reji** f *Flaum* m
rejilla f *Gitter* n *(alle Bedeutungen)* ‖ *kleine Öffnung* f *mit Schieber (in der Tür)* ‖ ⟨EB⟩ *Gepäcknetz* n (→**red**) ‖ *Strohgeflecht* n ‖ *Rechen* m *(Stauwerk)* ‖ ~-pantalla *Schirmgitter* n ‖ asiento de ~ *geflochtener Stuhlsitz* m ‖ circuito de ~ ⟨Radio⟩ *Gitterkreis* m ‖ corriente de ~ ⟨Radio⟩ *Gitterstrom* m ‖ válvula de dos ~s ⟨Radio⟩ *Doppelgitterröhre* f ‖ ◊ hacer *(od poner)* ~ a una silla *e-n Stuhl ausflechten lassen*
rejo m *(Bienen)Stachel* m ‖ *Eisenstachel* m ‖ ⟨Bot⟩ *Wurzelkeim* m ‖ fig *Kraft, Stärke* f ‖ fig *Schneid* m ‖ Col *Peitsche* f ‖ ◊ dar ~(a) Col *auspeitschen* ‖ echar ~ Ven fig *e-e Schlinge legen* ‖ tener mucho ~ pop *ein zähes Leben haben* ‖ *schneidig sein*
△**rejochiqué** m *Zwischenstock* m
rejón m *Spitze* f *(e-s Kreisels)* ‖ ⟨Taur⟩ *Stachel-, Wurf|spieß* m *der berittenen Stierfechter* ‖ fig *Stachel* m
rejo|nazo m ⟨Taur⟩ *Stoß* m *mit dem Wurfspieß* ‖ **-neador** m ⟨Taur⟩ *berittener Stierfechter* m, *der mit dem Wurfspieß kämpft* ‖ **-near** vi ⟨Taur⟩ *zu Pferde kämpfen* ‖ **-neo** m ⟨Taur⟩ *Stier|gefecht* n, *-kampf* m *zu Pferd*
rejudo adj Col *zäh, dickflüssig*
rejuela f dim v. **reja**
△**rejunar** vt *aufschürzen*
rejundí f *Kichererbse* f
rejuntar vt ⟨Arch⟩ *aus-, verfugen (fugen), vergießen (verschließen)*
rejuvene|cer [-zc-] vt *verjüngen* ‖ ~ vi *(wieder) jung werden* ‖ **-cimiento** m *Verjüngung* f ‖ cura de ~ *Verjüngungskur* f
relación f *Beziehung, Relation* f ‖ *Bezug* m ‖ *Entsprechung* f, *Verhältnis* n ‖ *Verwandtschaftsbeziehung* f ‖ *Zusammenhang* m ‖ *Verkehr* m, *Bekanntschaft* f ‖ *Aufzählung* f, *Bericht* m ‖ *Bankausweis* m ‖ *(amtlicher) Bericht* m, *-erstattung, Erzählung* f ‖ *Liste, Aufzählung* f, *Verzeichnis* n ‖ ~ de causa y efecto, ~ de causalidad *Kausalzusammenhang* m ‖ ~ de ciego fam *Altweibergeschichte* f ‖ *Moritat* f ‖ ~ comercial *Handelsbericht* m ‖ ~ consanguínea *Blutsverwandtschaft* f ‖ ~ de dependencia *Abhängigkeitsverhältnis* n ‖ ~ laboral *Arbeitsverhältnis* n ‖ ~ recíproca *Wechselbeziehung* f ‖ ~ de transformación ⟨Radio⟩ *Übersetzungsverhältnis* n ‖ estar en buena ~ con *auf gutem Fuß stehen mit (dat)* ‖ ~ *unter* relaciones ‖ estar en ~ (relaciones) con *in Verbindung stehen mit (dat)* ‖ →*unter* relaciones ‖ estar en la ~ de *verhalten sich (wie)* ‖ guardar ~ con *in Verbindung stehen* ‖ no guardar ~ con *in keinem Verhältnis stehen zu* ‖ hacer una ~ *e-n Bericht erstatten* ‖ *berichten* ‖ hacer una ~ *(detallada) (ausführlich) berichten* ‖ poner en ~ *in Verbindung bringen* ‖ nuestros gastos según ~ *al pie unsere unten vermerkten Spesen* ‖ ~**es** pl *Beziehungen* fpl ‖ *Verbindungen* fpl ‖ *festes Verhältnis* n bzw *Verlobung* f ‖ ~ amistosas *(od de amistad) freundschaftliche Beziehungen* fpl ‖ ~ amorosas *Liebesverhältnis* n ‖ ~ comerciales *Handelsbeziehungen* fpl ‖ ~ continuas *(Com) fortgesetzte Verbindungen* fpl ‖ ~ de muchos años *langjährige Verbindungen* fpl ‖ ~ de parentesco *Verwandtschaftsverhältnis* n ‖ ~ recíprocas *Wechselbeziehungen* fpl ‖ *gegenseitige Verbindungen* fpl ‖ ~ de ultramar *überseeische Verbindungen* fpl ‖ entre sus ~ *in seinem Verwandtschaftskreise* ‖ ◊ cortar las ~ *die Beziehungen abbrechen* ‖ entablar ~ comerciales *in Handelsbeziehungen treten* ‖ entrar en ~ *in Verbindung treten* ‖ estar en ~, tener ~ *ein ernsthaftes Liebesverhältnis haben* ‖ *verlobt sein* ‖ estrechar *(od consolidar)* las ~ mutuas *die gegenseitigen Beziehungen befestigen* ‖ fomentar las ~ *den Geschäftsverkehr pflegen, fördern* ‖ interrumpir, restablecer las ~ *die Verbindung unterbrechen, wiederherstellen* ‖ pedir ~ *sich ernsthaft um e-e Frau bewerben* ‖ ponerse en ~(es) con *in Verbindung treten mit* ‖ romper las ~ *die Beziehungen abbrechen* ‖ tener muchas ~ *(gute) Beziehungen haben* ‖ *e-n großen Bekanntenkreis haben*
relacio|nado adj: estar bien ~ *gute Beziehungen haben* ‖ un viajante bien ~ *ein gut eingeführter Geschäftsreisender (Vertreter)* ‖ **-nar** vt *in Verbindung bringen (con mit dat)* ‖ *in Zusammenhang setzen (con zu dat)* ‖ *berichten* ‖ ~**se** *in Verbindung treten (con mit dat)* ‖ *in Beziehung (zueinander) stehen* ‖ fam *viele* bzw *gute Beziehungen haben* ‖ **-nero** m *Bänkelsänger* m
△**relacrar** vt *verjüngen*
△**relaja** m *Kohl* m
rela|jación f, **-jamiento** m *Lockerung* f ‖ *Erschlaffung* f ‖ *Entspannung* f ‖ *Relaxation* f ‖ *Zügellosigkeit* f ‖ *Sitten-, Zucht|losigkeit* f ‖ ⟨Rel⟩ *Erlassung* f *(des Eides)* ‖ *Entlassung* f *(der Pflicht)* ‖ →**distensión, hernia** ‖ **-jado** adj *entspannt (& fig)* ‖ *schlaff, erschlafft* ‖ fig *ausschweifend, liederlich* ‖ ⟨Phon⟩ *schwachtonig, reduziert (Vokal)* ‖ vida ~a *zügelloses, ausschweifendes Leben* n ‖ **-jar** vt *erschlaffen, abspannen* ‖ *entspannen* ‖ fig *zerstreuen, erholen* ‖ ⟨Jur⟩ *mildern (Strafe)* ‖ *(den Schuldiggesprochenen) dem weltlichen Arm über|geben* bzw *-lassen (Inquisition)* ‖ ~**se** *erschlaffen, schlaff werden* ‖ *sich entspannen* ‖ *bröckeln (Mauer)* ‖ *locker werden (& fig)* ‖ *sich lockern (& Sitten usw)* ‖ fig *nachlassen (Zucht, Ordnung)* ‖ fig *zügellos, ausschweifend werden* ‖ **-jo** m Cu Mex PR *Wirrwarr* m, *Durcheinander* n, pop *Saustall* m ‖ Cu PR *Unsittlichkeit* f
△**relalá** m *Kohl* m
rela|mer vt *(nochmals) lecken, ablecken* ‖ ~**se** *sich (die Lippen) ablecken* ‖ fig *prahlen, großtun* ‖ **-mido** (prov **relambido**) adj *geleckt, geputzt* ‖ *affektiert, geziert* ‖ Cu *frech*
relámpago m *Blitz* m, *Wetterleuchten* n ‖ ⟨poet⟩ *Wetterstrahl* m ‖ △*Schlag, Stoß* m, *Prügel* pl ‖ cápsula ~ *Blitzlichtpatrone* f ‖ → **guerra** ‖ luz ~ *Blitzlicht* n ‖ viaje ~ *Blitzreise* f
relampague|ar vi *(auf)blitzen* ‖ *wetterleuchten* ‖ fig *glänzen, funkeln* ‖ **-o** m *(Auf)Blitzen* n ‖ ~ *(de calor) Wetterleuchten* n
relan|ce m *zweiter Fischzug* m ‖ *Zurückwerfen* n ‖ *erneuter Wurf* m ‖ de ~ *unerwartet* ‖ Am *bar (zahlen)* ‖ **-zar** [z/c] vt *zurückstoßen* ‖ *zurückwerfen*
relapso adj s *rückfällig (Verbrecher, Ketzer)* ‖ *Rückfällige(r)* m
relatar vt/i *erzählen* ‖ *berichten, Bericht erstatten*
relati|vamente adv *mit Bezug (a auf)* ‖ *beziehungsweise* ‖ ~ poco *verhältnismäßig wenig* ‖ **-vidad** f *Relativität* f ‖ *Bedingtheit* f ‖ teoría de la ~ *(Einsteins) Relativitätstheorie* f ‖ **-vismo** m ⟨Philos⟩ *Relativismus* m ‖ **-vista** adj/m *relativistisch* ‖ m *Relativist* m ‖ **-vo** adj *bezüglich (a auf acc)* ‖ *bezogen (a auf acc)* ‖ *abhängig (de von dat)* ‖ *einschlägig, relativ* ‖ (pronombre) ~ ⟨Gr⟩ *bezügliches Fürwort, Relativpronomen* n ‖ ◊ reducir a la categoría de ~, considerar a. desde el punto de vista de lo ~ *relativieren*
rela|to m *Erzählung* f ‖ *Bericht* m ‖ *Schilderung*

f ‖ autor de ~s *Erzähler* m ‖ →**narración** ‖ **-tor** m *Erzähler* m ‖ ⟨Jur Pol⟩ *Berichterstatter, Referent* m ‖ →**narrador** ‖ **-toría** f *Amt, Referat* n *e–s* relator
  relé m ⟨El⟩ *Relais* n
  releer [-ey-] vt *wieder lesen*
  rele|gación f *Verbannung f (an e–n bestimmten Aufenthaltsort)* ‖ *Landesverweisung* f ‖ fig *Übergehung* f ‖ *Beseitigung* f ‖ *Kaltstellung* f ‖ **-gar** [g/gu] vt *verbannen* ‖ *des Landes verweisen* ‖ *übergeben* ‖ *beseitigen* ‖ fig *kaltstellen* ‖ ◊ ~ a *un rincón* fig *in e–n Winkel stellen, entfernen* ‖ ~ *al olvido* fam *der Vergessenheit anheimgeben*
  relej(e) m *Geleise* n, *Wagenspur* f ‖ *Fahrspur* f ‖ *Belag* m *(auf Zähnen, auf Lippen)* ‖ ⟨Arch⟩ *Verjüngung* f *e–r Mauer*
  relente m *feuchte, kühle Abend- bzw Nacht|luft* f ‖ *Abendkälte* f ‖ figf *Tücke* f ‖ fig *Frechheit* f ‖ ~ *de bodega dumpfe Kellerluft* f
  rele|vación f *Erleichterung* f ‖ *Entlassung, Freisprechung* f ‖ *Ablösung* f ‖ *Entledigung* f ‖ ⟨Jur⟩ *Befreiung, Enthebung* f ‖ *Relevanz* f ‖ **-vado** adj *aufgestülpt (Lippen)* ‖ **-vador** m ⟨El⟩ *Relais* n ‖ ~ *cortacircuito* ⟨Radio⟩ *Trenn-, Abschalt|relais* n ‖ **-vamiento** m Cu *Entlassung* f *(aus dem öffentlichen Dienst) Amtsenthebung* f ‖ **-vancia** f ⟨Wiss Lit⟩ *Relevanz* f ‖ **-vante** adj *vorzüglich, ausgezeichnet, hervorragend* ‖ **-var** vt *ent|lasten, -binden (de von dat)* ‖ *(e–r Mühe) entheben* ‖ *abhelfen* (dat) ‖ *erlassen (Schuld, Abgabe)* ‖ ⟨Mil⟩ *ablösen* ‖ ◊ ~ *de una obligación e–r Verpflichtung entheben* ‖ *le –vo a V. de su palabra ich gebe Ihnen Ihr Wort zurück* ‖ **-vo** m *Ablösung* f *(Vorgang &* ⟨Mil⟩*) Vorspann* m ‖ ⟨Radio⟩ *Relaisstation* f ‖ ⟨Mil Sp⟩ *Ersatz* m ‖ ⟨Sp⟩ *Staffel* f ‖ *caballo de* ~ *Vorspannpferd* n ‖ *carrera de* ~ ⟨Sp⟩ *Staffellauf* m ‖ *unidades de* ~ ⟨Mil⟩ *Ersatzverbände* mpl
  relicario m *Reliquienschrein* m ‖ *Reliquienkammer* f ‖ prov *Medaillon* n
  relicto adj *hinterlassen, Nachlaß-* ‖ *bienes* ~s ⟨Jur⟩ *Hinterlassenschaft* f ‖ ~s mpl ⟨Biol Ökol⟩ *Relikte* pl *(der Fauna, der Flora)*
  △**relichi** m *Netz* n
  relieve m ⟨Arch⟩ *Relief* n ‖ *alto, bajo* ~ *Hoch-, Flach|relief* n ‖ *medio* ~ *Mittelrelief* n ‖ *un ser sin* ~ *ein Dutzendmensch* m ‖ *de* ~ *erhaben, Relief-* ‖ *bedeutend, angesehen* ‖ *wichtig* ‖ ◊ *poner de* ~ fig *an den Tag legen* ‖ *augenscheinlich dartun* ‖ *betonen* ‖ *hervor|heben, -treten lassen* ‖ ~s mpl *(Essen) Reste* mpl
  reli|gión f *Religion* f ‖ *Gottesglaube* m ‖ *Frömmigkeit* f, *Konfession* f ‖ *Orden(sgemeinschaft)* m ‖ fig *Glaube* m ‖ fig *Gegenstand* m *der (größten) Verehrung* ‖ ~ *católica katholische Religion* f ‖ ~ *del Estado Staatsreligion* f ‖ ~ *natural Natur-, Vernunft|religion* f ‖ ~ *reformada reformierte Kirche* ‖ ~ *revelada Offenbarungsreligion* f ‖ *ejercicio libre de la* ~es *Religionsfreiheit* f ‖ *guerras de* ~ *Religionskriege* mpl ‖ *sin* ~ *glaubens-, religions|los* ‖ *konfessionslos* ‖ ◊ *hacerse una* ~ *de la honradez die Ehrlichkeit als höchsten Wert betrachten* ‖ *entrar en* ~ fig *ins Kloster gehen* ‖ *Mönch bzw Nonne werden* ‖ **-giosa** f *Nonne* f ‖ **-giosidad** f *Gottseligkeit, Frömmigkeit, Pünktlichkeit* f ‖ **-gioso** adj *fromm, andächtig, gottesfürchtig* ‖ *Ordens-* ‖ *gewissenhaft, pünktlich, genau* ‖ *spärlich* ‖ *casa* ~a *Kloster* n ‖ *cisma* ~ *Glaubenszwist* n ‖ *comunidad* ~a *Ordensbrüderschaft* f ‖ *controversia (od discusión)* ~a *Glaubensstreit* m ‖ *culto* ~ *Gottesdienst* m ‖ *orden* ~a *geistlicher Orden* m ‖ *precepto* ~ *Kirchenvorschrift* f ‖ *vida* ~a *Klosterleben* n ‖ ~ *Mönch, Ordensgeistliche(r)* m ‖ *Klosterbruder* m
  relimpio adj fam *blitzsauber* ‖ *blitzblank*
  relin|char vi *wiehern* ‖ **-cho** m *Wiehern, Gewieher* n
  relinga f ⟨Mar⟩ *Liek, Leik, Saumtau* n

reliquia f ⟨Rel⟩ *Reliquie* f *(& fig)* ‖ fig *Heiligtum* n ‖ fig *Spur* f ‖ ◊ *guardar como una* ~ *wie s–n Augapfel hüten* ‖ ~s fpl ⟨poet⟩ *(Über)Reste* mpl
  relocho m/adj Sant *Einfaltspinsel, Simpel* m
  reloj m (fam **reló**) *Uhr* f ‖ *Uhrwerk* n ‖ ~ *de agua Wasseruhr* f ‖ ~ *de áncora (od ancla) Ankeruhr* f ‖ ~ *de andén Bahnsteiguhr* f ‖ ~ *antichoque stoßsichere Uhr* f ‖ ~ *de aparcamiento Park(zeit)uhr* f (= **parcómetro**) ‖ ~ *de arena Sanduhr* f ‖ ~ *de bolsillo Taschenuhr* f ‖ ~ *broche Broschenuhr* f ‖ ~ *de caballero Herrenuhr* f ‖ ~ *de caja Kastenuhr* f ‖ ~ *de campana Schlaguhr* f ‖ ~ *de campanario Turmuhr* f ‖ ~ *de cilindro Zylinderuhr* f ‖ ~ *de cocina Küchenuhr* f ‖ ~ *de comprobación Kontrolluhr* f ‖ ~ *de cuarzo Quarzuhr* f ‖ ~ *de cuclillo (od con sonería de cuco) Kuckucksuhr* f ‖ ~ *despertador Wecker* m ‖ ~ *de estación Bahnhofsuhr* f ‖ ~ *floral Blumenuhr* f ‖ ~ *luminoso Leuchtuhr* f ‖ ~ *de la muerte* ⟨Entom⟩ *Totenuhr* f *(Anobium punctatum)* ‖ ~ *de pared Wand-, Pendel|uhr* f ‖ ~ *de péndulo (od péndola) Penduluhr* f ‖ ~ *de pesas Wanduhr* f *mit Gewichten* ‖ ~ *de precisión Präzisionsuhr* f ‖ ~ *de pulsera,* ~ *brazalete Armbanduhr* f ‖ ~ *registrador Registrieruhr* f ‖ ~ *de repetición Repetieruhr* f ‖ ~ *de señora Damenuhr* f ‖ ~ *de la Selva Negra Schwarzwälderuhr* f ‖ ~ *de (sobre) mesa Stock-, Stand-, Stutz|uhr* f ‖ ~ *de sol,* ~ *solar Sonnenuhr* f ‖ ~ *taxi Taxameter* m ‖ ~ *timbre Stempeluhr* f ‖ ~ *de (la) torre Turmuhr* f ‖ ~ *de trinquete Stoppuhr* f ‖ ~ *vertical Standuhr* f ‖ *agujas (od manecillas) del* ~ *Uhrzeiger* mpl ‖ *caja de* ~ *Uhrgehäuse* n ‖ *contra* ~ figf *gegen die Uhr, gegen die Zeit* ‖ *cristal de* ~ *Uhrglas* n ‖ ◊ *adelantar (atrasar) el* ~ *die Uhr vorstellen (zurückstellen)* ‖ *el* ~ *(se) adelanta die Uhr geht vor* ‖ *el* ~ *(se) atrasa die Uhr geht nach* ‖ *(hacer) arreglar el* ~ *die Uhr reparieren (lassen)* ‖ *dar cuerda al* ~ *die Uhr aufziehen* ‖ *el* ~ *da las dos die Uhr schlägt 2 (Uhr)* ‖ *marchar en el sentido de (en sentido contrario a) las agujas del* ~ *sich im (entgegen dem) Uhrzeigersinn drehen* ‖ *poner (en hora) el* ~ *die Uhr stellen (con nach)* ‖ *el* ~ *no tiene cuerda die Uhr ist nicht aufgezogen* ‖ *el* ~ *marca (od señala) las tres die Uhr zeigt 3* ‖ *en mi* ~ *son las cinco en punto nach meiner Uhr ist es Punkt 5* ‖ ~**es** mpl ⟨Bot⟩ fam *Reiherschnabel* m *(Erodium sp)*
  reloje|ra f *Uhrgehäuse* n ‖ *Uhrgestell* n ‖ *Uhrkissen* n ‖ **-ría** f *Uhrmacherhandwerk* n ‖ *Uhrmacher|ei, -werkstatt* f ‖ *Uhrengeschäft* n, *Uhrmacherladen* m ‖ *mecanismo de* ~ *Uhrwerk* n ‖ *Zeitzünder* m *(Sprengladung)* ‖ **-ro** m *Uhrmacher* m ‖ *Uhrenhändler* m
  relu|ciente adj *glänzend, strahlend* ‖ ~ *de limpio* figf *blendend rein* ‖ **-cir** [-zc-] vi *glänzen, leuchten* ‖ *schimmern, strahlen* ‖ ◊ ~ *(a través de) durchschimmern (durch)* ‖ *sacar a* ~ *salir a* ~ *(con)* figf *herausrücken (mit) dat)* ‖ *(alte Geschichten) wieder aufwärmen*
  reluctancia f *Widerwille* m, *Widerstreben* n ‖ ⟨Radio⟩ *Reluktanz* f *(magnetischer Widerstand)*
  relum|brar vi *stark glänzen* ‖ *hell leuchten, strahlen* ‖ **-bre** m *Glanz, Schimmer* m ‖ ~ *de espejuelo Flitterwerk* n *(& fig)* ‖ **-brón, -bro** m *Aufleuchten* n ‖ *heftiger Glanz, Schimmer* m ‖ *Flittergold* n ‖ *de* ~ fig *blendend, aber gehaltlos* ‖ *vestida de* ~ *in Flitter gekleidet* ‖ **-broso** adj *leuchtend* ‖ *blendend*
  rellano m *Treppenabsatz* m ‖ →a **descanso** ‖ *Bergterrasse, Zwischenebene* f *e–s Berghangs*
  relle|na f Col Mex *(Schweine)Wurst* f ‖ **-nado** m ⟨Flugw⟩ *(Kraftstoff)Betankung* f ‖ **-nar** vt *nachfüllen* ‖ *ausfüllen (Formular)* ‖ *aus-, voll|stopfen* ‖ *auffüllen* ‖ *polstern (Stühle)* ‖ *zuwerfen (Graben)* ‖ *ausbessern (Straßendecke)* ‖ ~**se** figf *sich mit Essen vollstopfen* ‖ **-ne, -no** m

relleno — remisión 928

Umfüllung f (bes *des Weines*) ‖ *Aus-, Auf\füllung* f ‖ *Erdauffüllung(sarbeit)* f ‖ *Füllstoff* m ‖ *Polster* n ‖ **–no** adj *voll, angefüllt* ‖ *aceitunas ~as de anchoas mit Anchovis gefüllte Oliven* fpl ‖ ~ m ⟨Kochk⟩ *Füllsel* n (& fig) ‖ *Einlage* f *(in e-r Zigarre)* ‖ *Wickelblatt* n ‖ *Aus-, Auf\füllung* f ‖ ⟨Bgb⟩ *Versatz* m ‖ *palabras de ~* figf *Füll-, Flick\worte* npl ‖ *vino de ~ Füllwein* m
remacha|do adj *platt* ‖ *vernietet* ‖ *~ m* ⟨Tech⟩ *(Ver)Nietung* f ‖ **–dora** f *Nietmaschine* f
rema|char vt/i *(ver)nieten* ‖ *plattschlagen* ‖ fig *et mit Nachdruck, mit Hartnäckigkeit wiederholen* ‖ △*Kuppelei treiben* ‖ ◊ *~ el clavo* fig *et zum Schluß bringen* ‖ fig *auf e-r Behauptung hartnäckig bestehen* ‖ *~ las narices* (a) figf *jdm die Nase plattschlagen* ‖ **–che** m *Nieten* n ‖ *Niet* m ‖ *Am Hartnäckigkeit* f ‖ *Starrsinn* m ‖ *de ~ →* de **remate**
rema|da f *Ruderschlag* m ‖ **–dor** m *Ruderer* m ‖ →**remero**
remake m engl ⟨Filmw⟩ *Neuverfilmung* f ‖ *Remake* n (engl)
remanen|cia f ⟨Physiol Radio⟩ *Remanenz* f ‖ **–te** m/adj *(Über)Rest* m ‖ *Restbetrag* m *e-r Rechnung*
remanga f ⟨Fi⟩ *Krabbennetz* n
remangar [g/gu] vt = **arremangar**
reman|sarse vr *sich (an)stauen (Fluß* & fig*)* ‖ **–so** m *stilles Wasser, Stauwasser* n ‖ *ruhige Stelle* f *(in e-m Fluß)*
remante m *Ruderer* m (→**remero**)
remar vi *rudern* ‖ fig *arbeiten, kämpfen*, fam *schuften*
△**remarar** vt *abschließen*
remar|cable adj gall = **notable** ‖ **–car** [c/qu] vt *nochmals (be)zeichnen* ‖ gall *hervorheben, betonen*
remata|damente adv *vollständig, gänzlich* ‖ **–do** adj pop *rettungslos verloren* ‖ ⟨Jur⟩ *unanfechtbar, rechtskräftig verurteilt* ‖ figf *vollendet* ‖ *fest* ‖ ◊ *es un loco ~* fam *er ist vollkommen verrückt* ‖ *¡es ~!* pop *das steht einmal fest!* ‖ **–dor** m *Versteigerer, Auktionator* m
rema|tar vt *(voll)enden, beendigen, abschließen* ‖ *ausverkaufen, loswerden (Waren)* ‖ *zuschlagen (bei Versteigerungen)* ‖ ⟨Sp⟩ *parieren* ‖ ◊ *~ a los heridos* ⟨Mil⟩ *die Verwundeten (durch Gnadenschuß) töten* ‖ *~ al toro* ⟨Taur⟩ *dem Stier den Gnadenstoß versetzen* ‖ *con un discurso e-r Rede abschließen (z. B. Fest)* ‖ *~ en pública subasta versteigern* ‖ *¡sólo eso faltaba para ~ la fiesta!* fam *das hat gerade noch gefehlt!* ‖ *¡das ist (wirklich) das letzte!* ‖ *~* vi *enden, ablaufen* ‖ ◊ *~ en punta spitz auslaufen* ‖ **–se** *zerstört bzw vernichtet werden* ‖ *zugrunde gehen* ‖ **–te** m *Ende* n*, Ausgang, (Ab)Schluß* m, *Vollendung* f ‖ *Ende* n*, Rand* m ‖ *Spitze* f, *Gipfel* m ‖ ⟨Arch⟩ *(Zier)Giebel* m ‖ *Zuschlag* m *(bei e-r Versteigerung)* ‖ *Am Versteigerung* f ‖ *~ de cabeza* ⟨Sp⟩ *Kopfstoß* m ‖ *~ de cuentas Schlußverrechnung* f ‖ *de ~ vollständig* ‖ *hoffnungslos, unheilbar* ‖ *loco de ~ vollkommen verrückt* ‖ *por (fin y) ~ schließlich, zum Schluß* ‖ *por ~ de desgracia um das Unglück vollzumachen*
rembol|sar, –so = **reembol|sar, –so**
rembranesco adj ⟨Mal⟩ *auf Rembrandt bezüglich*
remecer [c/z] vt *rühren, schütteln* ‖ *Am schwenken*
remedar vt *nachahmen* ‖ fam *nachäffen* ‖ *~* vi *ähneln*
reme|diable adj *rettbar* ‖ *heilbar* ‖ *abzuhelfen(d)* ‖ ◊ *no es ~ dem ist nicht abzuhelfen* ‖ ⁼**diadores,** ⁼**dios** mpl ⟨Kath⟩ *Nothelfer* mpl *(14 Heilige)* ‖ **–diar** vt *abhelfen* (dat) ‖ *(ver)hindern* ‖ *abstellen* ‖ *et wiedergutmachen* ‖ *jdm beistehen* ‖ *(ver)bessern* ‖ *vermeiden* ‖ ◊ *~ una injusticia e-e Unbill gutmachen* ‖ *~ una necesidad e-e*

Not abhelfen ‖ *es fácil de ~ dem ist leicht abzuhelfen* ‖ *no se puede ~ dem ist nicht abzuhelfen, da ist nichts zu machen* ‖ **–diavagos** m fam *Eselsbrücke* f *(Repetitorium), Nürnberger Trichter* m ‖ **–dio** m *(Ab)Hilfe* f ‖ *Behebung* f *e-s Fehlers* ‖ *Hilfsmittel* n ‖ *Verbesserung* f ‖ *Heilmittel* n ‖ *Rechtsmittel* n (→ **recurso**) ‖ △*Verteidiger* m ‖ *~ casero Hausmittel* n ‖ *~ heroico* ⟨Med⟩ *sehr stark wirkendes, energisches, durchschlagendes Mittel* (& fig) ‖ *~ secreto Geheimmittel* n ‖ *~ universal Universalmittel, Allheilmittel* n (→**panacea**) ‖ *sin ~ unheilbar, schonungslos verloren, aufgegeben (Kranker)* ‖ *rettungslos* ‖ *hoffnungslos* ‖ *perdido sin ~ rettungslos verloren* ‖ *no hay* (más) *~ daran ist nichts mehr zu ändern, es gibt kein Mittel dagegen* ‖ *no hay más ~ que es gibt keinen Ausweg als* ‖ *¡qué ~ (queda)! pop was ist da zu tun!* ‖ ◊ *poner ~ a abhelfen* (dat) ‖ *no tengo más ~, no me queda otro ~ (que) ich kann nicht umhin (zu)* ‖ *no queda (od* no se encuentra*) para un ~* figf *esist (fast) unmöglich, es aufzutreiben* ‖ *no tener (od* haber*) para un ~* fig *ganz mittellos, ganz arm sein* ‖ *no tiene ~ es ist unumgänglich, unvermeidlich, durchaus notwendig* ‖ *lo hecho no tiene ~ geschehene Dinge sind nicht zu ändern* ‖ *dem ist nicht abzuhelfen, da ist nichts zu machen* ‖ *poner ~ a a/c e-r S. abhelfen*
Remedios f np span. *Frauenname* ‖ *Nuestra Señora de los ~ (od* del Remedio*)* ⟨Kath⟩ *Mutter von der immerwährenden Hilfe*
remedir vt *nachmessen, neu messen*
remedo m *Nachahmung* f ‖ fam *Nachäffung* f
remejer vt prov *rühren, bewegen*
remembranza f *(Rück)Erinnerung* f
rememoración f = **remembranza**
rememorar vt *ins Gedächtnis zurückrufen* ‖ *e-r Sache gedenken* ‖ →**conmemorar**
remen|dar [–ie–] vt *flicken, ausbessern* ‖ *(ver)bessern* ‖ **–dería** f ⟨Typ⟩ : *(trabajo de) ~ Akzidenzdruck* m ‖ **–dista** m ⟨Typ⟩ *Akzidenzsetzer* bzw *-drucker* m ‖ **–dón** m *Flicker, Ausbesserer* m ‖ *zapatero ~ Flickschuster* m
remense adj *aus Reims* (Fr)
reme|ra f ⟨V⟩ *Schwungfeder* f ‖ **–ro** m ⟨Mar⟩ *Ruderer* m
remesa f *(Waren)Sendung* f ‖ *Rimesse, Geldsendung* f ‖ *~ por cuenta de tercero Kommissionsrimesen* fpl ‖ ◊ *hacer una ~ e-e Rimesse machen* ‖ *Deckung anschaffen* ‖ *pedir ~ de fondos Deckung verlangen*
remesar vt *(die Haare) ausraufen* ‖ ⟨Com⟩ *ver\senden, -schicken* ‖ *remittieren*
remezón m *Ast Knirschen* n *(der Tür)* ‖ *Am leichtes Erdbeben* n ‖ *heftiges Schütteln* n ‖ *a ~es Bol von Zeit zu Zeit*
remiendo m *Flicken, Ausbessern* n ‖ *oberflächliche Ausbesserung* f ‖ *Flicklappen, Fleck* m ‖ fig *Zusatz* m ‖ *a ~s* figf *stückweise* ‖ *~s* ⟨Typ⟩ *Akzidenzen* fpl
remil|gado adj *geziert; affektiert*, fam *zimperlich* ‖ ◊ *hacerse la ~a sich zieren*, fam *die Zimperliese spielen (Frau)* ‖ **–go** m *Ziererei* f ‖ *Zimperlichkeit* f ‖ *Getue* n ‖ *Umstände* mpl ‖ ◊ *hacer ~s sich zieren* ‖ *¡déjate de ~s!* fam *zier dich (doch) nicht so!*
remilitari|zación f *Remilitarisierung* f ‖ **–zar** vt *remilitarisieren*
reminiscencia f *(Wieder)Erinnerung* f ‖ ⟨Lit Mus⟩ *Reminiszenz* f, *Nachklang* m
remi|rado adj *bedächtig, umsichtig* ‖ *sehr aufmerksam* ‖ *äußerst vorsichtig* ‖ **–rarse** vr *behutsam vorgehen* ‖ *sich vorsehen*
remi|samente adv *schwunglos* ‖ *nachlässig* ‖ *mit Gleichgültigkeit* ‖ **–sible** adj *erlaßlich, verzeihlich* ‖ **–sión** f *Vergebung, Verzeihung, Erlassung* f, *Erlaß* m *(e-r Strafe)* ‖ *Über-, Ver\sendung* f ‖ *Zurücksendung* f ‖ *Verweisung* f, *Hinweis*

m ‖ *Nachschlagewort* n ‖ ~ *de los pecados Vergebung* f *der Sünden* ‖ ~ *de una suma Erlaß* m *e–r Summe* ‖ sin ~ *unbarmherzig* ‖ *rettungslos* ‖ *hoffnungslos* ‖ *unausweichlich* ‖ *unvermeidlich* ‖ *perdido sin* ~ *unwiederbringlich verloren* ‖ **–so** adj/s *unentschlossen, zögernd* ‖ *schlaff, nachlässig* ‖ ⟨Mus⟩ *vermindert* ‖ **–sor** m Am *Absender* m (→ **remitente**)

remi|tente m *Absender* m *(e–s Briefes)* ‖ *Wechselinhaber* m ‖ firma del ~ *Unterschrift* f *des Absenders* ‖ **–tido** m *Zuschrift* f *(in der Zeitung)* ‖ *Eingesandt* n *(in der Zeitung)* ‖ **–tir** vt *(zu)schicken, über-, ab-, ver|senden* ‖ *überlassen, anheimstellen* ‖ *erlassen, verzeihen* ‖ ◊ ~ el importe *den Betrag einsenden* ‖ ~ a *verweisen auf* (acc) ‖ para otros detalles –timos a V. a ... *betreffs weiterer Einzelheiten verweisen wir Sie an* (acc) ‖ ~ vi *nachlassen* ‖ *aufhören (Blutung)* ‖ **~se** *sich fügen, sich bequemen* ‖ *sich berufen* (a auf acc) ‖ *nachlassen* ‖ ◊ ~ a alg. *sich jdm anvertrauen* ‖ ~ a un juicio *sich auf ein Urteil beziehen, verlassen*

rémiz f ⟨V⟩ *Beutelmeise* f (→ **pájaro moscón**)

remo m *Ruder* n, *Riemen* m ‖ *Rudersport* m ‖ *Rudern* n ‖ fig *Galeerenstrafe* f ‖ caña del ~ *Ruderschaft* m ‖ deporte del ~ *Rudersport* m ‖ puño del ~ *Ruderschaft* m ‖ a(l) ~ *rudernd* ‖ ◊ meter el ~ (od los ~s) pop fam *reinfallen, sich blamieren* ‖ pasar un río a (l) ~ übere–n *Fluß rudern* ‖ tomar el ~ fig *die Führung übernehmen* ‖ **–s** pl *Arme und Beine* pl ‖ *Schwungfedern* fpl *der Vögel* ‖ *Flügel* mpl ‖ ◊ hacer fuerza de ~ *aus allen Kräften rudern*

remoción f *Absetzung, Entfernung* f ‖ *Abschaffung* f ‖ *Beseitigung* f ‖ ⟨Verw⟩ *Entfernung* f *aus dem Amt*

remo|jar vt *anfeuchten, netzen, naß machen* ‖ *einweichen* ‖ *rösten (Hanf, Flachs)* ‖ *(aus-)wässern (Stockfische)* ‖ ◊ ¡vamos a –lo! fig *das müssen wir feiern* (fam *begießen*)! ‖ **~(se)** el garguero (el gaznate, las fauces) fam *zechen, trinken* ‖ **–jo** m *Einweichen, Wässern* n ‖ Pe *Trinkgeld* n ‖ en ~ *eingeweicht* ‖ ◊ poner (od echar) a ~ *wässern lassen (Kichererbsen, Bohnen* usw*)* ‖ ponerse en ~ *aufquellen*

remola|cha f ⟨Bot Agr⟩ *Rübe* f (Beta spp) ‖ ~ azucarera *Zuckerrübe* f (B. vulgaris saccharifera) ‖ ~ colorada, ~ roja, ~ de mesa *Rote Rübe* fam *rote Bete* f (B. v. rubra) ‖ ~ forrajera *Futterrübe* f (B. v. alba) ‖ azúcar de ~ *Rübenzucker* m ‖ **–chero** adj/s: industria ~a *Rübenindustrie* f

remol|cador m *Schlepper, Schleppdampfer* m, *Schleppschiff* n ‖ **–caje** m ⟨Aut⟩ *Abschleppen* f (→ **remolque**) ‖ **–car** [c/qu] vt ⟨Mar⟩ *schleppen, bugsieren* (& fig) ‖ ⟨Aut⟩ *abschleppen* ‖ → **remolque**

remo|ler [–ue–] vt *fein(er) mahlen* ‖ Pe *belästigen, plagen* ‖ ~ vi pop *plaudern* ‖ fam *bummeln gehen* ‖ **–lienda** f pop *Plauderzirkel* m ‖ Chi *ausgelassenes Vergnügen* n, *lustiger Rummel* m

remoli|nar vi *sich wirbelförmig (herum)drehen* ‖ *e–n Wirbel bilden (Wasser)* ‖ **–near** vt *wirbeln* ‖ *quirlen* ‖ **–no** m *Wirbel* m, *wirbelförmige Bewegung* f ‖ *Wirbelwind* m ‖ *(Wasser)Strudel* m ‖ *Haarwirbel* m ‖ fig *Zusammenlaufen* n *der Leute* ‖ fig *Unruhe, Verwirrung* f, figf *Wirbel* m ‖ **–s** de hojas *aufgewirbeltes Laub* n ‖ ~ de viento *Wirbelwind* m

¹**remolón** m *Hauer* m *(des Keilers)* ‖ *Höcker* m *(des Pferdezahns)*

²**remolón** m/adj *Faulenzer* m ‖ *Drückeberger* m ‖ ◊ hacerse el ~ fam *sich gütlich tun* ‖ fig *sich ducken*

remolque m ⟨Mar⟩ *Bugsieren, Schleppen* n ‖ ⟨Mar⟩ *Schlepptau* n ‖ ⟨Aut⟩ *Abschleppen* n ‖ (coche) ~ *Anhänger, Anhängewagen* m ‖ articulado *Sattelschlepper* m ‖ ~ de camping

Wohn-, Camping|anhänger m ‖ servicio de ~ *Abschleppdienst* m ‖ a ~ ⟨Mar⟩ *ins Schlepptau genommen* ‖ fig *wider Willen, ungern, gezwungen* ‖ a ~ de voluntad ajena fig *fremdem Willen blind gehorchend* ‖ ◊ llevar a ~ *schleppen* ‖ fig *mitschleppen* ‖ llevar a alg. a ~ *jdn zu s–n Ideen bekehren*, fam *jdn ins Schlepptau nehmen* ‖ **~-vivienda** *Wohnwagen* m

△**remollar** vt *füttern* ‖ *besetzen*

△**remollerón** m *Helm* m

remonísimo adj pop *wunderhübsch*

remon|ta f ⟨Mil⟩ *Remonte* f ‖ *Remontierung* f ‖ *Pferdezucht* f ‖ ⟨Mil⟩ *Einkauf* m *von Hengsten* ‖ ⟨Mil⟩ *Ersatzpferde* npl ‖ *Besohlen* n ‖ *Vorschuhen* n *der Stiefel* ‖ *Aufmachen* n *(Kleider)* ‖ *Aufpolster* n *(von Sätteln)* ‖ **–tado** adj *erhaben, schwülstig (Ausdruck)* ‖ **–tar** vt/i *ersteigen (e–e Höhe)* ‖ ⟨Mil⟩ *mit frischen Dienstpferden versehen* ‖ *vorschuhen (Stiefel)* ‖ fig *erheben* ‖ ◊ ~ a *(zeitlich) zurückgehen auf* (acc) ‖ **~se** *sich emporschwingen* ‖ *emporfliegen (Flugzeug)* ‖ fig *aufbrausen, unruhig werden* ‖ fig *sehr weit zurückgreifen* ‖ ◊ ~ en alas de la fantasía *seiner Einbildungskraft freien Lauf lassen* ‖ ~ hasta *(od al) cielo sich bis zum Himmel emporschwingen* ‖ ~ por los aires *emporfliegen, sich erheben* ‖ este autor se remonta hasta los tiempos prehistóricos *dieser Schriftsteller greift bis in die vorgeschichtliche Zeit zurück* ‖ **–te** m ⟨Mil⟩ *Remonte* f ‖ *Vorschuhen* n *der Stiefel* ‖ *Emporfliegen* n ‖ *Remontespiel* n *(im bask. Ballspiel)*

¡**remoño**! euph *Donnerwetter*!

remoquete m *Faustschlag* m *ins Gesicht* ‖ fig *Stichelrede* f ‖ ◊ dar ~ (a) fig *sticheln (gegen)*

rémora f ⟨Fi⟩ *Schiffshalter* m (Echeneis remora) ‖ fig *Hindernis* n ‖ fig *Last* f ‖ fig *Zeitverlust* m

remor|der [–ue–] vt *wiederholt beißen* ‖ *nachätzen (Stich)* ‖ fig *quälen, beunruhigen, ängstigen* ‖ ◊ su acción le remuerde la conciencia *er fühlt Gewissensbisse über seine Tat* ‖ **~se** los labios de cólera *sich vor Zorn in die Lippen beißen* ‖ **–dimiento** m *Reue* f ‖ **–s** de conciencia *Gewissensbisse* mpl ‖ sin ~ *ohne Reue, reuelos*

remo|tamente adv *enfernt* ‖ fig *dunkel, vage, trüb, verwirrt* ‖ ni ~ *bei weitem nicht* ‖ *nicht im Traum* ‖ ◊ acordarse ~ *sich schwach erinnern* ‖ no lo piense V. ni ~ *daran denken Sie gar nicht* ‖ no lo sé ni ~ *ich habe keine Ahnung davon* ‖ no tengo ni ~ la idea de hacerlo *ich denke nicht im entferntesten daran, es zu tun* ‖ **–to** adj *entfernt, abgelegen* ‖ fig *unwahrscheinlich* ‖ fig *vage, dunkel, verschwommen* ‖ desde épocas ~as *seit langem* ‖ ~a sospecha *vage Vermutung* f ‖ ni la más ~a idea *nicht einmal die leiseste Ahnung*

remover [–ue–] vt *umrühren* ‖ *umgraben* ‖ *quirlen* ‖ *einrücken, entfernen, wegschaffen* ‖ *wegräumen (Hindernis)* ‖ *absetzen (Beamte)* ‖ fig *aufregen, in Wallung bringen* ‖ ◊ ~ los humores (a) fig *aus der Ruhe bringen* ‖ ~ de *verdrängen aus* (dat) ‖ ~ obstáculos *Hindernisse beseitigen* ‖ **~se** *el sello de er amtlich entsiegeln*

remozar [z/c] vt *verjüngen* ‖ *erfrischen, erneuern*

rempujar vt pop (= **arrempujar**) → **empujar**

rempu|jo m fam *Stoß* m ‖ ⟨Mar⟩ *Segelhandschuh* m ‖ **–jón** m pop = **empujón**

remu|cho, –chísimo adv fam *sehr viel, riesig viel*

remuda f *Abwechslung* f ‖ *Ablösung* f *(Truppen)* ‖ *(Wäsche) Garnitur* f

remudar vt *abwechseln* ‖ *ablösen (Truppen)* ‖ *umkleiden*

remullir [3. pret –lló] vt *(sehr) auflockern*

remune|rable adj *belohnenswert* ‖ **–ración** f *Vergütung* f ‖ *Entgelt* n ‖ *Belohnung* f ‖ *Lohn* m ‖ *Zugabe* f ‖ **–rador** adj/s: ◊ ser ~ *gewinnbringend, lohnend sein* ‖ *einträglich sein* ‖ **–rar** vt *belohnen, vergelten* ‖ *entlohnen* ‖ *entschädigen, vergüten* ‖

-rativo adj *lohnend, einträglich* || *mündelsicher (Papiere)*
remurmujo m PMá → **murmullo, murmuración**
remus|gar vi *et wittern, et ahnen, e-n Argwohn bzw e-e Vermutung haben* || **-go** m *Argwohn* m || p.ex *Ahnung, Vermutung* f || *heftiger, kalter Wind(hauch)* m
rena|centista adj/s *auf die Renaissance bezüglich, Renaissance-* || **-cer** [-zc-] vi *neu aufleben* || *wiedergeboren werden* || *wiedererstehen, zu neuem Leben erwachen* || *neu aufblühen* || *nachwachsen* || ◊ ~ *a la vida neues Leben bekommen* || ~ *de sus cenizas* fig *aus der Asche entstehen* || **-cimiento** m *Wiedergeburt* f || *Renaissance* f (estilo) ~ *Renaissancestil* m
renacuajo m ⟨Zool⟩ *(Kaul)Quappe* f, *Kaulfrosch* m || fig *Knirps* m || figf *kleines (freches) Kind* n
renal adj ⟨An⟩ *Nieren-* || *afección* ~ *Nierenleiden* n
Renaldo m np *Ronald* m
Rena|nia f *Rheingebiet* n || ~**-Palatinado** *Rheinland-Pfalz (Bundesland)* || **-no** adj *rheinisch, rheinländisch, Rhein-* || *Confederación* ~**a** ⟨Hist⟩ *Rheinbund* m || las *Provincias* ~s *die Rheinlande* pl || ~ m *Rheinländer* m
△**renaquelar** vt *wiederholen*
renci|lla f *Zwist* m || *Hader* m || *Groll* m || **-lloso** adj *grollend* || *streitsüchtig*
renco adj/s *kreuzlahm* (→ **rengo**)
ren|cor m *Groll* m || *Rachsucht* f || ◊ *guardar* ~ a alg. *jdm et nachtragen, jdm grollen (por wegen gen)* || **-coroso** adj *grollend* || *rachsüchtig* || *unverträglich* || *nachtragend* || *ressentimentbeladen*
renda, ~r ⟨Agr⟩ = **bina,** ~**r**
△**rendepe** adj *rund*
rendi|ción f *Übergabe* f (*e-r Festung*) || *Ergebung, Kapitulation* f || *Hingabe* f || *Erschöpfung* f || ~ *de cuentas Rechnungslegung* f || *Abrechnung* f || → **rendimiento** || **-damente** adv *mit Hingabe, ergeben* || **-do** adj *unter|tänig, -würfig, ehrerbietig* || fig *ergeben, zugetan* || *erschöpft, ermüdet* || ◊ *todos bailaban hasta caer* ~s *alle tanzten bis zur Erschöpfung* || *estar* ~ *erschöpft sein*
rendija f *Riß, Spalt* m || *Ritze* f
rendimiento m *Ertrag* m || *Leistung* f || *Leistungsfähigkeit* f || *Ausbeute* f || *Ergebnis* n || *Brauchbarkeit* f || *(innerer) Wirkungsgrad* m || *Unterwürfigkeit* f || *Ehrfurcht* f || *Ergebung* f || *Hingabe, Neigung* f, *Hang* m || fig *Erschöpfung* f || ⟨Radio⟩ *Reichweite, Leistung* f || ~ *bruto* ⟨Com⟩ *Bruttoertrag* m || ~ *de la cuenta Rechnungslegung* f || *capacidad de* ~ *Leistungsfähigkeit* f || *máximo de* ~ *Höchstleistung* f || *valor, evaluación de(l)* ~ *Nutzungs|wert, -anschlag* m || *de gran* ~ *hochwertig* || ◊ *obtener un* ~ *e-n Ertrag erzielen*
△**rendiqué** m *Wache* f
rendir [-i-] vt/i *besiegen, überwinden* || *bezwingen* || *niederwerfen, zu Boden stürzen* || *unterwürfig machen* || *beugen (Gemüt)* || *ermüden* || *entkräften, erschöpfen* || *zu Tode reiten (Pferd)* || *(über)geben* || *zurück|geben, -erstatten* || *sich rentieren, sich bezahlt machen* || *erbringen (Beweis)* || *einbringen, ertragen* || *leisten (Organismus, Körper, Arbeit)* || *leistungsfähig sein* || *erbrechen (Essen)* || *abstatten, bezeigen (Dank, Huldigung)* || ⟨Mil⟩ *übergeben (& Wache)* || ~ *el espíritu den Geist aufgeben* || ~ *las armas* ⟨Mil⟩ *die Waffen strecken* || ~ *beneficio Gewinn, Nutzen bringen* || ~ *cuenta Rechnung ablegen* || *Rechenschaft ablegen* || ~ *fruto Früchte geben (& fig)* || ~ *homenaje a alg. jdm huldigen* || ~ *su juicio (ante) sich überzeugen lassen, nachgeben* || *una raqueta que rinde bien ein schlagfester Tennisschläger* m || **-se** *sich ergeben* || *sich unter|werfen, nachgeben* || *ermatten* || ◊ ~ *de fatiga vor Müdigkeit umfallen* || ~ *a las lágrimas*

de alg. sich durch jds Tränen (od Bitten) erweichen lassen || ~ *a la razón sich überzeugen lassen* || ~ *de trabajar demasiado sich überarbeiten* || → a **dar, devolver, prestar, producir**
rene|gado adj/s *abtrünnig* || *schlecht, verderbt* || fig *schroff* || fig *ketzerisch* || ~ m *Abtrünnige(r)*, *Renegat* m (→ **apóstata**) || fig *Verräter* m ⟨Kart⟩ = **tresillo** || **-gar** [-ie-] vt *wiederholt ableugnen* || *abschwören* || *verabscheuen* || ~ vi *vom (christlichen) Glauben abfallen, abtrünnig werden* || ⟨Pol⟩ & fig *abtrünnig werden* || figf *schimpfen, fluchen* || ◊ ~ *de et verleugnen* || *et ver|fluchen, -wünschen* || ~ *de alg. sich von jdm lossagen, jdm untreu werden* || ~ *de la fe abtrünnig werden*
renegrido adj *schwärzlich*
RENFE f Abk = Red Nacional de Ferrocariles Españoles (span. Staatseisenbahn)
ren|gadera f *Sal* = **cadera** || **-gar** vt *Sal* = **derrengar**
rengifero m ⟨Zool⟩ = **reno**
renglón m *Zeile* f || *Reihe* f || fig *Bestandteil* m || *Posten* m *(Buchführung)* || fig *Handelsartikel* m *(bes Am)* || a ~ *seguido* fig *unverzüglich, gleich darauf* || **-es** pl: ◊ *dejar entre los* ~ fig *et vergessen* || *sich an et nicht erinnern* || *ungesagt lassen* || *escribir unos (od cuatro)* ~ *ein paar Zeilen schreiben* || *leer entre los* ~ fig *zwischen den Zeilen lesen* || *quedarse entre* ~ fig *vergessen werden*
renglona|dura f *Lin(i)ierung* f || **-r** vt *lin(i)ieren*
ren|go adj = **renco** || ◊ *dar a alg. con la de* ~ *jdm (in s-n Hoffnungen) enttäuschen* || *hacer el de* ~ *den Lahmen (p.ex den Kranken) spielen, fam sich ducken* || **-guear** vi *Arg* = **renquear**
△**renicar** [c/qu] vt/i = **renegar**
△**renicle** m *Rübe* f
reniego m *Gotteslästerung* f || *Verleugnung* f || fig *Fluchwort* m, *Fluch* m
renil adj *unfruchtbar (Schaf)*
renio m ⟨Chem⟩ *Rhenium* n
reniten|cia f *Widersetzlichkeit, Renitenz* f || **-te** adj *wider|setzlich, -spenstig, renitent* || *eigensinnig*
reno m ⟨Zool⟩ *Ren*, (inc aber üblich:) *Rentier* n (Rangifer tarandus) (→ **caribú**)
renom|brado adj *berühmt* || **-bre** m *Ruf, Ruhm* m || *Berühmtheit* f, *Renommee* n || *Zu-, Bei|name* m || *una casa de* ~ *e-e Firma von Ruf* || *de* ~ *mundial weltberühmt, von Weltruf* || ◊ *adquirir* ~ *berühmt werden* || *gozar de merecido* ~ *sich e-s wohlverdienten Ruhmes erfreuen*
reno|vación f *Erneuerung* f || *Umschwung* m || *Auffrischung* f || *Wiederbelebung* f || *Renovierung* f || ~ *de votos Erneuerung* f *der Gelübde (in Klöstern)* || ~ *de abono* ⟨Th⟩ *neues Abonnement* n || ~ *de una letra de cambio Prolongation* f *e-s Wechsels* || *prima de* ~ *Report* m *(Börse)* || **-vador** adj *erneuernd* || *auffrischend* || ~ m *Erneuerer* m || **-val** m ⟨Bot⟩ *Schonung* f *(Forstwirtschaft)* || **-var** [-ue-] vt *erneuern* || *wieder|herstellen, -beleben* || *durch Neues ersetzen* || *auffrischen* || *renovieren* || *modernisieren* || *prolongieren (Wechsel)* || *historias* -vadas fig *aufgewärmte (alte) Geschichten* fpl || ◊ ~ *la amistad die Freundschaft erneuern* || ~ *la llaga* fig *die (alte) Wunde wieder aufreißen* || **-se** *sich erneuern*
renque|ar vi *hinken* || **-ra** f *Am Kreuzlähmung* f || *Hinken* n
renta f *Rente* f *(Kapitalertrag)* || *(Kapital-) Zins* m || *Mietzins* m || *Pachtzins* m || *Ertrag* m || p.ex *Einkommen* n || *Staatsrente* f || ~ *anual Jahresrente, Annuität* f || ~ *al 5 por 100 5 %ige Rente* || ~ *consolidada konsolidierte (Staats-) Rente* || ~ *del Estado Staatsrente* f || ~ *fija festes Einkommen* || ~ *nacional Volkseinkommen* n || ~ *perpetua unkündbare Rentenschuld* f || ~ *pública Staatsrente* f || ~ *vitalicia Leibrente* f ||

impuesto sobre la ~ *Einkommensteuer* f ‖ título de ~ *Rentenschein* m ‖ a ~ *auf Pacht, gepachtet bzw gemietet* ‖ *ver|pachtet bzw ver|mietet* ‖ ◊ *amortizar la* ~ *die Rente amortisieren, tilgen* ‖ *invertir en* ~ *die Renten anlegen (Kapital)* ‖ *poner a* ~ *verpachten bzw vermieten* ‖ *tomar a* ~ *pachten* ‖ *¿cuál es la* ~ *de este piso? wie hoch ist die Miete für diese Wohnung?* ‖ *vivir de sus* ~s *(od de* ~*) von seinen Zinsen leben, privatisieren* ‖ dim: **~illa** *f*
ren|tabilidad *f Rentabilität* f (& fig) ‖ *Einträglichkeit* f ‖ *Wirtschaftlichkeit* f ‖ **–table** adj *rentabel* (& fig) ‖ *wirtschaftlich* ‖ *einträglich, lohnend* ‖ ◊ *ser muy* ~ *sich gut rentieren* ‖ *fig sich lohnen, der Mühe wert sein* ‖ **–tado** adj: *bien* ~ *gut bezahlt* ‖ *einträglich* ‖ **–tar** vt *(Zins, Pacht usw) ein|tragen, -bringen* ‖ vi *sich rentieren, Ertrag bringen* ‖ *fig sich lohnen* ‖ *¿cuánto (od qué) renta este piso? wie hoch ist die Miete für diese Wohnung?* ‖ **–tero** m *Pächter* m ‖ *Pachtbauer* m ‖ → **tributario** ‖ **–tista** m *Rentenempfänger, Rentner* m ‖ *Rentier, Privatier* m, *von eigenem Vermögen lebende Person* f ‖ *Finanzexperte m ‖ **–tístico** adj: *Renten-* ‖ *reforma* ~a *Rentenreform* f
renuen|cia *f* fig *Weigerung, Widerspenstigkeit* f ‖ *Widerwilligkeit* f ‖ **–te** adj *widerspenstig* ‖ *widerwillig* ‖ → a **renitente**
renuevo m *Schößling, Trieb, Setzling* m ‖ *Erneuerung* f (→ **renovación**)
renun|cia *f Entsagung, Verzichtleistung* f, *Verzicht* m ‖ *Abdankung* f ‖ ~ *tácita stillschweigender Verzicht* m ‖ ~ *al uso de la fuerza* ⟨Pol⟩ *Gewaltverzicht* m ‖ ~ *de sí mismo Selbstverleugnung* f ‖ *bajo* ~ a *unter Verzichtleistung auf* (acc) ‖ ◊ *hacer* ~ a *verzichten auf* (acc) ‖ *presentar su* ~ *abdanken* ‖ **–ciación** *f,* **–ciamiento** *m =* **–cia** ‖ **–ciar** vt/i *verzichten, Verzicht leisten* (a *auf* acc) ‖ *entsagen* (dat) ‖ *auf et aufgeben, verlassen* ‖ *verschmähen, abweisen* ‖ *ausschlagen (Angebot)* ‖ ⟨Kart⟩ *nicht bedienen, passen* (→ **pasar**) ‖ Am *niederlegen* ‖ ◊ ~ *su cargo sein Amt niederlegen* ‖ ~ *a un derecho sich e-s Rechtes begeben* ‖ ~ *a la pretensión e-m Anspruch entsagen* ‖ *auf die Klage verzichten, Klageverzicht üben* ‖ ~ *en favor de zugunsten jds Verzicht leisten* ‖ **–ciatorio** m ⟨Jur⟩ *der, zu dessen Gunsten die Verzichtleistung erfolgt* ‖ **–cio** m ⟨Kart⟩ *Fehlfarbe, Renonce* f ‖ *Passen* n ‖ *Lüge* f, *Schwindel* m ‖ ◊ *coger a uno en un* ~ *fig jdn Lügen strafen*
reñi|damente adv *hitzig, mit Ungestüm* ‖ **–dero** m *Kampfplatz* m ‖ ~ *(de gallos) Hahnenkampfplatz* m ‖ **–do** adj *entzweit, uneins* ‖ *widersprechend* ‖ *hitzig, heftig, erbittert (Krieg, Gefecht)* ‖ *una* ~a *lucha, un* ~ *combate ein heftiger, hitziger, harter Kampf* ‖ ◊ *estar* ~ *con la vida lebensüberdrüssig sein* ‖ *lo uno no está* ~ *con lo otro das eine schließt das andere nicht aus* ‖ ~s *mpl miteinander verfeindet*
reñir [–i–, 3 pret –ñó] vt *aus|zanken, -schelten* ‖ *führen, austragen (Kampf)* ‖ ~ vi *sich zanken* ‖ *streiten* (con, contra *mit* dat) ‖ *sich entzweien, sich verfeinden (mit* dat) ‖ ◊ ~ *al sable sich schlagen* ‖ *no tengo ganas de* ~ *ich bin nicht zum Zanken aufgelegt* ‖ → **batir(se), luchar**
△**reño** m *Zeichen* n
¹**reo** m/adj *Schuldige(r), Missetäter* m ‖ ⟨Jur⟩ *Angeklagte(r), Beschuldigte(r)* m ‖ ~ *de muerte wegen e-s Mordes angeklagt* ‖ a ~ ⟨Jur⟩ *die Angeklagte, die Beschuldigte* ‖ *in dubio pro* ~ lat ⟨Jur⟩ & fig *im Zweifel (= im Zweifelsfalle) für den Angeklagten*
²**reo** m ⟨Fi⟩ *Meer-, Lachs|forelle* f (Salmo trutta)
reoca *f* fam: *¡eso es la* ~*! das ist das letzte! das ist allerhand!*
reofilia *f* ⟨Ökol⟩ *Rheophilie, Bevorzugung* f *des strömenden Wassers (der Fließgewässer)*

reóforo m ⟨Phys⟩ *Stromleiter* m ‖ *Sockelstift* m *(der Röhre)* ‖ *Anschlußklemme* f
reojo m: *mirada de* ~ *(scheuer) Seitenblick* m ‖ ◊ *mirar de* ~ *verstohlen ansehen* ‖ fig *mit Verachtung, von oben herab ansehen*
reología *f Rheologie* f
reorgani|zación *f Neuordnung* f ‖ *Um-, Neu|gestaltung* f ‖ *Wiedereinrichtung* f ‖ *Reorganisation* f ‖ ~ *de los barrios viejos Altstadtsanierung* f ‖ **–zar** [z/c] vt *umgestalten* ‖ *neugestalten* ‖ *neuordnen* ‖ *wiedereinrichten* ‖ *reorganisieren*
reóstato m ⟨El⟩ *Rheostat, Regelwiderstand* m ‖ ~ *de arranque* ⟨Radio⟩ *Anlaßwiderstand* m
repanocha *f:* *¡esto es la* ~*! fam pop das ist allerhand!* ‖ *das ist toll!*
repanti|garse, repanchigarse [g/gu] vr *sich nachlässig auf den Lehnsessel hinstrecken* ‖ *sich rekeln* ‖ ◊ **–gado** *en su poltrona in seinen Armsessel gelehnt*
△**repapi** m *starker Branntwein* m
△**repañó** m *Wasserrübe* f
repapilarse vr *sich gemütlich satt essen*
repapo m: *de* ~ *Ar behäbig*
repa|ración *f Ausbesserung* f ‖ *Reparatur* f ‖ *Ehrenerklärung, Genugtuung* f *(Ehrensache)* ‖ *Ersatz* m *der Kriegsschäden* ‖ *Wiedergutmachung* f ‖ ~ *de una pérdida Ersatz m e-s Verlustes* ‖ *taller de* ~ *de automóviles Kraftwagenreparaturwerkstatt* f ‖ ◊ *estar en* ~ *in Reparatur sein* ‖ *hacer una* ~ *et ausbessern* ‖ **~es** pl *Reparationen* fpl ‖ *comisión de* ~ *Reparationskommission* f ‖ *deuda de* ~ *Reparationsschuld* f ‖ *pago (a titulo) de* ~ *Reparationszahlung* f ‖ **–rado** adj: *versorgt* ‖ *verstärkt* ‖ *beschädigt* ‖ ~ *de un ojo einäugig* ‖ *schielend* ‖ **repa|rador** adj *verbessernd* ‖ *kräftigend, stärkend* ‖ *aufbauend* (& *Nahrung)* ‖ *ersetzend* ‖ *wiedergutmachend* ‖ *sueño* ~ *stärkender Schlaf* m ‖ **–rar** vt *ausbessern, reparieren* ‖ *wiederherstellen* ‖ *(wieder)gutmachen* ‖ *verbessern* ‖ *jdn entschädigen* ‖ *abhelfen* (dat) ‖ *parieren (Schlag, Messerstich* usw*)* ‖ ◊ ~ *un daño e–n Schaden ersetzen* ‖ ~ *una pérdida e–n Verlust gutmachen* ‖ ~ vi *Anstand nehmen, Bedenken tragen* ‖ ◊ ~ *en a/c et aufmerksam betrachten* ‖ *et bemerken, wahrnehmen* ‖ *auf et* (acc) *achten* ‖ *Rücksicht nehmen auf* (acc) ‖ ~ *en pelillos fig sich an Kleinigkeiten stoßen* ‖ ~ *en un riesgo e-r Gefahr begegnen* ‖ *no* ~ *en keinen Anstand nehmen zu* ‖ *no* ~ *en sacrificios keine Opfer scheuen* ‖ **~se** *sich besinnen* ‖ *sich beherrschen* ‖ *sich versehen (mit)* ‖ *Am sich bäumen (Pferd)* ‖ *auf ein Hindernis stoßen*
repa|ro m *Ausbesserung, Wiederherstellung, Reparatur* f ‖ *Umbau* m ‖ *(Ab)Hilfe* f ‖ *Bemerkung, Wahrnehmung* f ‖ *Bedenklichkeit* f ‖ *Bedenken* n, *Zweifel* m ‖ *Tadel* m, *Rüge* f ‖ *Parieren* n *(beim Fechten)* ‖ *sin* ~ *alguno ohne weiteres* ‖ *ohne Bedenken, anstandslos* ‖ ◊ *poner* ~ *en* fig *sich stoßen an* (dat) ‖ *einwenden haben, sein Bedenken aussprechen (gegen* acc*)* ‖ *tengo* ~ *en* (od *me da* ~*) entrar ich wage nicht einzutreten* ‖ *no tengo* ~ *en decirlo ich mache kein Hehl daraus* ‖ **–rón** m fam *Splitterrichter, Meckerer, Krittler* m
repar|tición *f Verteilung* f ‖ *Austeilung* f ‖ *Zuteilung* f ‖ *Umlage* f ‖ **–tida** *f* fam = **reparte** ‖ **–tidor** m *Verteiler* m ‖ *Zeitungsträger* m ‖ *Zuteiler* m ‖ ⟨Tech⟩ *Verteiler* m ‖ *Sachhammer* m *(Schmiede)* ‖ **–tidora** *f* ⟨Agr⟩ *Streuer* m ‖ *Verteiler* m ‖ **–timiento** m *Aus-, Ein-, Ver|teilung* f ‖ *Einteilung* f ‖ **–tir** vt *ver-, aus-, zu|teilen* ‖ *ein|teilen* ‖ ⟨Postw⟩ *austragen* *(ins Haus) zustellen (Zeitung, Ware)* ‖ *verstauen (Ladung)* ‖ *ausschütten (Dividende & ä.)* ‖ ⟨Th Filmw⟩ *besetzen (die Rollen)* ‖ ~ *acciones Aktien zuteilen* ‖ ~ *la correspondencia die Briefe zustellen* ‖ *la ganancia, la pérdida den Gewinn, den Verlust teilen* ‖ ~

reparto — repiquetear

los gastos *die Kosten verteilen* ‖ ~ golpes *fam Schläge austeilen* ‖ ~ limosnas *Almosen austeilen* ‖ ~ en porciones iguales *gleichmäßig verteilen* ‖ ~ los premios *die (Ehren)Preise verteilen (z.B. in den Schulen)* ‖ ~ proporcionalmente *nach Verhältnis verteilen* ‖ ~s proporcionales *quotenmäßige Auf-, Ver|teilung* ‖ ~ a *(od entre) muchos unter viele austeilen* ‖ **-to** *m Verteilung* f ‖ *Ausgabe* f ‖ *Lieferung* f ‖ *Zustellung* f *ins Haus (von Post & Waren)* ‖ *Austeilung* f *der Briefpost* ‖ *Bestellung* f *der Briefe* ‖ *Ausschüttung* f *(der Dividende & ä.)* ‖ *Um|legung, -lage* f ‖ ⟨Th⟩ *(Rollen)Besetzung* f ‖ ~ del dividendo *Verteilung* f *der Dividende* ‖ ~ de premios *Preisverteilung* f ‖ en ~ *proporcional nach Verhältnis (od quotenmäßig) verteilt* ‖ camioneta *(od* camión*) de* ~(s) *Lieferwagen* m

repa|sadora f *Flickschneiderin* f ‖ **-sar** vt/i *nochmals durch|gehen, -sehen, -lesen* ‖ *flüchtig durch|sehen, -lesen* ‖ *ausbessern* ‖ *überprüfen* ‖ *wiederholen, überprüfen (Gelerntes)* ‖ *(Wäsche) flicken, ausbessern* ‖ ⟨Mus⟩ *durchspielen* ‖ ⟨Tech⟩ *nacharbeiten* ‖ *veredeln* ‖ ◊ ~ una cuenta *e-e Rechnung nachprüfen, durchsehen* ‖ ~ la lección *für sich e-e Aufgabe wiederholen* ‖ *e-e Aufgabe nochmals erklären* ‖ ~ la ropa blanca *die Wäsche ausbessern od flicken* ‖ al ~ mis libros ⟨Com⟩ *bei Durchsicht meiner Bücher* ‖ –só la carta *er überflog den Brief* ‖ segunda edición –sada y corregida *2. durchgesehene und verbesserte Auflage* ‖ **-sata, -sada** f *fam Rüffel, Anranzer, Wischer* m ‖ **-so** *m nochmalige Untersuchung bzw Überprüfung* f ‖ *Durchsicht* f ‖ *Durchlesen* n ‖ *Wiederholung, Durchgehung* f

repa|triación f *Rückkehr bzw Zurücksendung ins Vaterland, Rückführung, Repatriierung* f ‖ **-triados** mpl *Repatrianten* mpl ‖ *in die Heimat zurückgeführte Kriegs- bzw Zivil|gefangene* mpl ‖ *Heimkehrer* mpl ‖ ⟨Mil⟩ *in die Heimat beförderte Truppen* fpl ‖ **-triar** vt *heimschaffen* ‖ *in die Heimat entlassen (Kriegs- bzw Zivil|gefangene)* ‖ *repatriieren* ‖ **~se** vr *heimkehren*

repecho m *kurzer, steiler (Berg)Abhang* m ‖ *Böschung* f ‖ a ~ *bergauf*

repegoso adj *fam zudringlich*

repeinado adj *sehr sorgfältig gekämmt* ‖ *fig pop geschniegelt und gebügelt*

repelar vt *(zer)zausen, an den Haaren ziehen* ‖ *fig vermindern, beschneiden (z. B. Ausgaben)* ‖ *Chi* & *bereuen* ‖ *ärgern* ‖ *Mex auszanken*

repe|ler vt *zurückstoßen* ‖ *zurücktreiben* ‖ *zurückweisen* ‖ ⟨Med Tech⟩ *abstoßen (& fig)* ‖ *figf zuwider sein, widerstreben* ‖ ◊ esa persona me –le *dieser Mensch ist mir zuwider* ‖ me –le *(tener que)* pedirle un favor *es widerstrebt mir, ihn um e–n Gefallen bitten zu müssen* ‖ **-lo** *m Gegenstrich* m *des Haares* ‖ *fig Widerwille* m ‖ *fig Unlust* f ‖ a ~ *gegen den Strich* ‖ *fam mit Widerwillen, ungern* ‖ ~ de la uña *Neider, Neidnagel* m ‖ **contrapelo** ‖ **-lón** m *Haarzupfer* m ‖ *plötzliches Vorpreschen* n *(des Pferdes)* ‖ *fig abgezupftes Fetzchen* ‖ *Mex Verweis, fam Wischer* m ‖ de ~ *flüchtig, obenhin* ‖ ◊ dar un ~ (a) *jdn stoßen, jdm e–n Stoß geben* ‖ ser más viejo que el ~ *fig abgedroschen, längst bekannt sein* ‖ a ~es *figf mit Widerwillen* ‖ *figf mit großer Mühe, fam mit Hängen und Würgen*

repe|luco m, fam **-lunco** m, fam **-lús** m, fam **-luzno** m *Schüttelfrost* m ‖ *Schauder* m ‖ → **escalofrío**

repensar [-ie-] vt *nochmals überlegen* ‖ ◊ pensar y ~ *hin und her überlegen* ‖ **~se** *sich anders besinnen*

repen|te m *fam plötzliche, rasche Bewegung, Aufwallung* f ‖ de ~ *plötzlich, unvermutet* ‖ *aus dem Stegreif* ‖ ◊ hablar de ~ *aus dem Stegreif reden* ‖ morir de ~ *plötzlich sterben, wegsterben* ‖ **-tinamente** adv *plötzlich, unvermutet, unverhofft*

‖ **-tino** adj *plötzlich, unerwartet, unverhofft* ‖ *improvisiert* ‖ ◊ experimentar un cambio ~ *e–n Umschlag erfahren (z. B. Markt)* ‖ **-tista** m *Improvisator* m ‖ **-tizar** (z/c) vi ⟨Mus⟩ *vom Blatt spielen bzw singen* ‖ *improvisieren*

repeor adj/adv *fam noch viel schlimmer*

repercu|sión f ⟨Phys⟩ *Zurückwerfen* n ‖ *allg Rück|prall, -stoß* m ‖ *fig Rückwirkung* f ‖ *fig Nebenwirkung* f ‖ ~ del sonido *Widerhall* m ‖ ◊ tener ~ *fig Widerhall (od Nachklang) finden* ‖ **-tir** vi ⟨Med⟩ *zurücktreiben (Geschwulst)* ‖ vi *zurückprallen* ‖ *fig widerhallen, Nachklang finden* ‖ *zurückwirken* ‖ *fig sich auswirken (en auf* acc)

repertorio m *Sammelwerk* n ‖ *Verzeichnis, Inventar* n ‖ *Zusammenstellung* f *(v. Texten)* ‖ *Repertorium* n ‖ ⟨Th⟩ *Spielplan* m, *Repertoire* n

repes (= **repetidos**) mpl *pop Span Blindenlotterie* f *(Blindenfürsorge)*

repe|sar vt *nachwiegen* ‖ **-so** m *Nachwiegen* n ‖ *Waagegeist* m ‖ ⟨Com⟩ *Gewichtsvergütung, Refaktie* f ‖ *Gewichtskontrolle* f

repetición f *Wiederholung* f ‖ ⟨Jur⟩ *Rückforderung* f ‖ ⟨Mus⟩ *Wiederholungszeichen* n, *Repetition* f ‖ *Schlagwerk* n *e–r Uhr* ‖ reloj de ~ *Repetieruhr* f ‖ en caso de ~ *im Wiederholungsfall* ‖ fusil de ~ *Mehrlader* m

repe|tidamente adv *häufig, oft* ‖ **-tido** adj *wiederholt* ‖ *häufig, mehrmalig* ‖ pedido ~ *Wiederbestellung* f ‖ ~as veces *zu wiederholten Malen, mehrmals, des öfteren* ‖ **-tidor** m *Wiederholer* m ‖ *Sitzengebliebene(r) (Schüler, in Span auch Student)* ‖ *Repetitor, Hauslehrer* m ‖ ⟨Mar Flugw⟩ *(Tochter)Kompaß* m *bzw Kreiseltochter* f ‖ ⟨TV⟩ *Relaisstation* f ‖ ⟨Tel⟩ *Verstärker* m ‖ ⟨El⟩ *Rückmelder* m ‖ **-tir** [–i–] vt/i *wiederholen* ‖ *nochmals nehmen (Essen, Speisen)* ‖ *repetieren (& Uhr)* ‖ ⟨Mil⟩ = **reengancharse** ‖ ◊ repito rich wiederhole ‖ *sage ich (als Wiederholung der Eingangsworte nach langem Zwischensatz)* ‖ es, repito, un caso grave *es ist, wiederhole ich, ein schwerer Fall* ‖ ~ los pedidos *Nachbestellungen machen* ‖ ~ la demanda *neu(erlich) ersuchen (de um* acc) ‖ ~ vi *aufstoßen (vom Magen)* (→ **eructar**) ‖ ◊ ~ contra alg. ⟨Jur⟩ *Rückgriff (od Regreß) nehmen gegen jdn* ‖ **~se** *sich wiederholen* ‖ *wiederkehren* ‖ *nochmals vorkommen* ‖ ◊ me repito de V. affmo. . . . *ich verbleibe Ihr ergebener . . . (Schlußformel in Geschäftsbriefen)* ‖ ¡que se repita! *noch einmal!* ‖ ⟨Mus⟩ *da capo!*

repi|car [c/qu] vt *kleinhacken* ‖ *zerstückeln (die Glocken)* anschlagen, *heftig läuten* ‖ *aneinanderschlagen* (¹Kastagnetten) ‖ *(Hüte) aufkratzen* ‖ *Hond züchtigen* ‖ ◊ no se puede ~ y andar en la procesión *fig man kann nicht (gleichzeitig) auf zwei Hochzeiten tanzen* ‖ ~ vi *läuten, anschlagen (Glocken)* ‖ *klappern (Kastagnetten)* ‖ **~se** *pop sich beleidigt, getroffen fühlen* ‖ *sich einbilden, großtun, prahlen* ‖ **-coteo** m *pop Stichelei, Stichelrede* f ‖ → **repiqueteo**

repinarse vr *sich emporschwingen*

repintar vt ⟨Mal⟩ *übermalen, erneuern* ‖ ⟨Typ⟩ *abschmieren* ‖ **~se** vr *figf sich stark schminken, fam sich anmalen*

repipi adj *gekünstelt, affektiert* ‖ *fam schnippisch* ‖ *dreist* ‖ niña ~ *fam dumme, schnippische Gans* f, → **resabidillo** ‖ → **topolino** ‖ → **yeyé**

△**repipoche** m *Gefängniszelle* f

repi|que m *Glockenläuten* n ‖ *Glockenspiel* n ‖ *figf kleine Zänkerei* f ‖ **-quete** m *Läuten, Glockengebimmel* n ‖ *Klappern* n *(Kastagnetten)* ‖ *Gefecht, Scharmützel* n ‖ ⟨Mar⟩ *kurzes Lavieren* n ‖ Col *Groll, Zorn* m ‖ ~s pl *Chi Trällern, Zwitschern* n *(der Vögel)* ‖ ◊ dar ~ *figf sich herumzänken* ‖ **-quetear** vt/i *mit den Glocken läuten (mit Kastagnetten) klappern* ‖ *fig trippeln (bes Kinder)* ‖ **~se** *figf sich gegenseitig be-*

schimpfen, sich zanken ‖ **–queteo** m *(Glocken-) Geläute, Gebimmel* n ‖ *Klappern* n *(der Kastagnetten)* ‖ fig *Streit* m, fam *Gezänk* n ‖ → a **repiquete**
  repi|sa f ⟨Arch⟩ *Krag-, Trag|stein* m ‖ *erhöhter (Tisch) Rand* m ‖ *Konsole* f, *Spiegel-, Pfeiler|tischchen* n ‖ *Fensterbank* f ‖ *Abstellbord* n ‖ **–sar** vt *feststampfen* ‖ *wiederholt treten* ‖ **–so** m *Nach-, Trester|wein* m
  repito → **repetir**
  repizcar [c/qu] vt *kneifen*
  replana f Pe *peruanische Gaunersprache* f
  replanificación f *Umplanung* f (vgl **planificación**)
  replan|tación f *Neu-, Wieder|bepflanzung* f ‖ *Umpflanzung* f ‖ ⟨Med⟩ *Reimplantation* f ‖ **–tar** vt *wieder bepflanzen* ‖ *umpflanzen* ‖ **–tear** vt *nochmals entwerfen* ‖ ⟨Arch⟩ *trassieren* ‖ fig *wieder stellen (Frage usw)* ‖ **–teo** m ⟨Arch⟩ *Trassierung* f
  replantigarse [g/gu] vr Am = **repantigarse**
  repleción f *Überladung, Füllung* f (bes *des Magens*) ‖ ⟨Med⟩ *Vollblütigkeit* f
  replegar [–ie–, g/gu] vt *(nochmals) zusammenfalten, umschlagen* ‖ **–se** ⟨Mil⟩ *sich (in guter Ordnung) zurückziehen*
  reple|tar vt *(aus)füllen* ‖ *vollstopfen* ‖ **–to** adj *voll, angefüllt* ‖ fam *gesteckt voll* ‖ *überladen (mit Speisen)* ‖ *dick, beleibt* ‖ ~ *de interés pop höchst interessant* ‖ *una bolsa bien* ~a *e–e espickte Börse* ‖ ◊ *estar* ~ *pop sich vollgegessen haben* ‖ *überfüllt sein*
  réplica f ⟨Tech Jur⟩ *Replik* f ‖ ⟨Jur⟩ *Gegenrede* f ‖ ⟨Jur⟩ *Einrede* f ‖ ⟨Mus⟩ *Wiederholung* f ‖ *Stichwort* n ‖ allg *Erwiderung* f ‖ *(Gegen)Antwort* f ‖ *Entgegnung* f ‖ *Einwendung, Widerrede* f ‖ ◊ *tener siempre la* ~ *dispuesta schlagfertig sein*
  repli|car [c/qu] vi *(schlagfertig) widersprechen* ‖ *erwidern* ‖ *entgegnen* ‖ **–cón** m/adj pop *Rechthaber, Widerspruchsgeist* m ‖ ~ adj *stetig widersprechend* ‖ *rechthaberisch*
  repliegue m *Krümmung, Biegung* f ‖ ⟨An⟩ *Falte* f ‖ *Knick* m ‖ ⟨Mil⟩ *Rückzug* m
  repo|blación f *Wiederbevölkerung* f ‖ ~ *(forestal) Neuaufforstung, neue Bewaldung, Wiederaufforstung* f ‖ ⟨Hist⟩ *Wiederbesiedlung* f *(im Laufe der Reconquista)* ‖ *–*bla*[*–ue–*]*vt *wiederbevölkern (Land)* ‖ *wieder-, neu|aufforsten, neu bewalden (Glatze)* ‖ ◊ *~se de pelo wieder Haare bekommen (Glatze)*
  repodrir vt = **repudrir** → **podrir**
  repo|llar vi *Köpfe ansetzen (Kohl usw)* ‖ **–llo** m *Kopfkohl* m ‖ *Weißkohl* m ‖ *Kopfkraut* n ‖ *Kohl-, Salat|kopf* m ‖ **–lludo** adj *Kopf-* ‖ figf *kurz und dick, stämmig*
  reponer [irr → **poner**] vt *wieder hin|stellen, –legen, –setzen* ‖ *ersetzen* ‖ *wiedereinsetzen (in ein Amt)* ‖ *antworten, erwidern, versetzen* ‖ ◊ ~ *las existencias* ⟨Com⟩ *sein Lager ergänzen* ‖ **~se** *sich erholen, wieder gesunden* ‖ *neuen Mut schöpfen* ‖ *sich (wieder) versehen* ‖ *sich (wieder) beleben (Börse)* ‖ ◊ ~ *de una desgracia sich von e–m Unglück erholen* ‖ *el mercado se va reponiendo* ⟨Com⟩ *der Markt erholt sich allmählich*
  repor|tación f *Zurückhaltung, Mäßigung* f ‖ **–tador** m *Reportnehmer* m *(Börse)* ‖ **–taje** m *Reportage, Berichterstattung* f ‖ ⟨Typ⟩ *Über-, Um|druck* m ‖ ~ *cinematográfico Filmbericht* m ‖ ~ *gráfico Bild|bericht* m, *-reportage* f ‖ *microfónico Rundfunkbericht* m ‖ **–tamiento** m *Zurückhaltung* f ‖ **–tar** vt *zurückhalten, mäßigen* ‖ *zügeln* ‖ *erlangen, gewinnen* ‖ *eintragen, bringen (Nutzen)* ‖ *belohnen* ‖ *in Kost nehmen* ‖ *reportieren (Börse)* ‖ *überdrucken (Lithographie)* ‖ **–se** *sich mäßigen* ‖ *sich beherrschen* ‖ **–te** m *Bericht* m, *Nachricht* f ‖ *Nach-, After|rede* f, *Klatsch* m ‖ ◊ ⟨Typ⟩ *(lithographischer) Überdruck* m ‖ *Report, Kurszuschlag* m *(Börse)* ‖ ‖ ~ *obligatorio Meldepflicht*

f ‖ *operación de* ~ *Reportgeschäft* n *(Börse)* ‖ ◊ *llevar al* ~ *reportieren (Börse)*
  repórter m engl = **reportero**
  repor|terismo m *Reporter|tätigkeit* f bzw *-beruf* m ‖ *Berichterstattung* f ‖ **–tero** m *Berichterstatter* m ‖ *Reporter* m ‖ **–tista** m ⟨Typ⟩ *Lithofachmann* m *(Überdruck)*
  reposa|damente adv *ruhig, gemächlich* ‖ *gelassen* ‖ *beherrscht* ‖ **–do** adj *ruhig, gelassen* ‖ *gesetzt* ‖ *abgelagert (Wein)* ‖ *cerveza* ~a *Lagerbier* n
  repo|sar vt *zur Ruhe bringen* ‖ ◊ ~ *la comida die Nachmittagsruhe halten* ‖ ~ vi *(aus)ruhen, rasten* ‖ fig *schlafen* ‖ *ruhen, im Grabe liegen* ‖ *sich ablagern (Wein)* ‖ **–se** *sich setzen (Flüssigkeit)* ‖ **–sera** f Arg *Liegestuhl* m ‖ **–sición** f *Rückstellung* f ‖ *Wieder|setzen, -legen* n ‖ ⟨Physiol⟩ *Erholung* f ‖ ⟨Jur⟩ *(Wieder)Einsetzung* f *(in die Rechte)* ‖ ⟨Med⟩ *Reposition* f ‖ *Ersetzung, Rückerstattung* f ‖ ⟨Th⟩ *Neuinszenierung* f ‖ ⟨Filmw⟩ *Wiederaufführung* f ‖ *Wiederbelebung* f *(Börse)* ‖ ⟨Com⟩ *Beruhigung, Erholung* f ‖ **–sitorio** m *Aufbewahrungsplatz* m ‖ **–so** m *Ruhe, Rast* f ‖ *Ausruhen* n, *Erholung* f ‖ *Ablagern* n *(des Weines)* ‖ *Ruhe, Gelassenheit* f ‖ fig *Beherrschung, Ausgeglichenheit* f ‖ *Schlaf* m ‖ *Stehenlassen* n *(e–r Flüssigkeit)* ‖ ~ *en cama* ⟨Med⟩ *Bettruhe* f ‖ *cura de* ~ ⟨Med⟩ *Ruhe-, Liege|kur* f ‖ ◊ *no conocer (el)* ~ fig *k–e Ruhe kennen* ‖ ◊ **~ descanso**
  repos|tada f Col Guat Hond *grobe Antwort* f ‖ **–tar** vt *(neue) Vorräte aufnehmen* ‖ *(nach)tanken* ‖ **–te** m Ar *Speisekammer* f ‖ **–tería** f *Konditorei* f *(Beruf, Laden)* ‖ *Konditor(ei)waren* fpl ‖ *Konfekt* n ‖ *Zuckerwerk* n ‖ *Anrichteraum* m, *Office* n ‖ *Silberkammer* f *(in vornehmen Häusern, in Palästen)* ‖ ⟨Mar⟩ *Pantry* f (engl) ‖ *adornos de* ~ figf *kitschige Verzierungen* fpl ‖ → **confitería, pastelería** ‖ **–tero** m/adj *Konditor, Zuckerbäcker* m ‖ *Küchenmeister* m ‖ *Balkonbehang* m ‖ *Pferdedecke* f *(mit Wappen)* ‖ prov *Delikatessenhändler* m
  reprehender vt = **reprender**
  repren|der vt *tadeln, rügen* ‖ *e–n Verweis erteilen* ‖ *mißbilligen* ‖ *auszanken* ‖ *vorwerfen* ‖ ◊ *le –dió su conducta er hielt ihm sein Behehmen vor* ‖ **–sible** adj *tadelnswert* ‖ *verwerflich* ‖ **–sión** f *Tadel* m, *Rüge* f ‖ *Verweis* m ‖ *Vorwurf* m ‖ **–sivo** adj *tadelnd*
  represa f *Stauung* f ‖ *Stauwasser* n ‖ fig *Groll* m ‖ fig *Unterdrückung* f *(e–r Leidenschaft)* ‖ ◊ *moler de* ~ figf *sehr eifrig arbeiten*, fam *sich abrackern* ‖ figf *schwungvoll an et herangehen*
  repre|salia(s) f(pl) *Repressalien, Gegen-, Vergeltungs|maßnahmen* fpl ‖ ◊ *tomar (od adoptar)* ~(s) *usar de* ~s *Repressalien ausüben (contra gegen* acc) ‖ **–sar** vt *stauen (Wasser* ‖ *hemmen, aufhalten* ‖ fig *Einhalt tun (dat)* ‖ ⟨Mar⟩ *e–e Prise befreien, sich e–s gekaperten Schiffes wieder bemächtigen* ‖ ◊ *el aliento den Atem zurückhalten* ‖ **–se** fig *sich beherrschen*
  represen|table adj *aufführbar, zur Aufführung geeignet (Theaterstück)* ‖ **–tación** f *Vor-, Dar|stellung* f ‖ *Bitte, Eingabe* f ‖ *Vorzeigung* f ‖ *Abbildung, Darstellung, Schilderung* f ‖ *Begriff* m, *Idee, Vorstellung* f, *Bild* n ‖ fig *Sinnbild* n ‖ fig *Verkörperung* f ‖ *(Stell)Vertretung* f ‖ ⟨Com⟩ *Vertretung* f ‖ *Repräsentation* f, *würdige Vertretung* f ‖ *Achtung* f, *Ansehen* n ‖ ⟨Th⟩ *Vorstellung, Aufführung* f ‖ ~ *comercial Handelsvertretung* f ‖ ~ *consular konsularische Vertretung* f (en *bei* dat) ‖ ~ *corporativa Standesvertretung* f ‖ ~ *exclusiva* ⟨Com Pol⟩ *Alleinvertretung* f ‖ ~ *general Generalvertretung* f ‖ ~ *nacional Volksvertretung* f ‖ ~ *orgánica* ⟨Pol⟩ *Körperschafts-, Standes|vertretung* f ‖ ~ *profesional Berufsvertretung* f ‖ ~ *proporcional Verhältniswahl(system* n)f ‖ ~ *sindical Gewerkschaftsvertretung* f ‖ Span *Syndikatenvertretung* f ‖ ~ *topo-*

representada — repugnante 934

gráfica *Geländedarstellung* f ‖ ◊ encargarse de la ~ ⟨Com⟩ *die Vertretung übernehmen* ‖ → **comisión, democracia** ‖ **-tada** *f* ⟨Com⟩ *vertretene Firma* f ‖ **-tado** pp/aq: ◊ estar ~ ⟨Com⟩ *vertreten sein* ‖ **-tante** *m (Stell) Vertreter* m ‖ *Handelsvertreter* m ‖ ⟨Th⟩ *Darsteller, Schauspieler* m ‖ ~ de comercio *Handelsvertreter* m ‖ ~ diplomático *diplomatischer Vertreter* m (en, cerca de *bei* dat) ‖ ~ exclusivo *Alleinvertreter* m ‖ ~ general ⟨Com⟩ *Generalvertreter* m ‖ ◊ ser ~ (de) ⟨Com⟩ *die Vertretung haben (von)* ‖ **-tar** vt/i *vor-, dar|stellen* ‖ jdn *vertreten* ‖ *(e–e Firma) vertreten* ‖ *bedeuten* ‖ fig *ver|körpern, -sinnbildlichen* ‖ *abbilden, bildlich darstellen* ‖ *schildern, darstellen, berichten* ‖ ⟨Th⟩ *aufführen, spielen, geben (ein Stück)* ‖ jdm *Vorstellungen machen über* (acc) ‖ *kundgeben, zeigen, an den Tag legen* ‖ *vergegenwärtigen* ‖ ◊ diez cifras –tan una palabra *10 Ziffern gelten als ein Wort* ‖ ~ bien su papel ⟨Th⟩ *seine Rolle gut spielen* ‖ ~ al pueblo *das Volk vertreten* ‖ manera de ~ *Darstellungsweise* f ‖ tiene menos años de lo que –ta *er ist nicht so alt, wie er aussieht* ‖ –ta V. menos edad que yo *Sie sehen jünger aus als ich* ‖ aquel hombre –tó para muchos un ideal *jener Mann war für viele die Verkörperung e–s Ideals* ‖ **~se** *sich darstellen, sich zeigen* ‖ *sich et vorstellen* ‖ *würdevoll auftreten* ‖ *aufgeführt werden (Theaterstück, Oper)* ‖ ◊ se me –ta *es fällt mir ein* ‖ **-tatividad** *f representativer Charakter* m ‖ *Vertretungsbefugnis* f ‖ **-tativo** adj *vertretend* ‖ *darstellend* ‖ *typisch, charakteristisch* ‖ *sinnbildlich, symbolisch* ‖ *würdevoll* ‖ *repräsentativ* (bes ⟨Pol⟩) ‖ gobierno ~ *parlamentarische Regierung* f ‖ *repräsentative Regierungsform* f

repre|sión *f Unterdrückung, Niederhaltung* f ‖ *Hemmung* f ‖ *Beschränkung* f ‖ *Repression* f (bes ⟨Pol⟩) ‖ *Bekämpfung* f ‖ *Abwehr* f ‖ ~ de la criminalidad *Bekämpfung* f *des Verbrechertums (od der Kriminalität)* ‖ **-sivo** adj *beschränkend, eindämmend* ‖ *niederhaltend* ‖ *repressiv* ‖ *Abwehr-* ‖ *Straf-* ‖ *Unterdrückungs-* ‖ *Eindämmungs-, Restriktions-, hemmend* ‖ *blutstillend* ‖ medidas ~as *Gegenmaßregeln* fpl ‖ **-sor** adj/s *unterdrückend* ‖ *niederhaltend* ‖ *einschränkend* ‖ ~ m ⟨Pol⟩ *Unterdrücker* m

repri|menda *f* fam *derber Verweis* m ‖ fam *Wischer* m ‖ ◊ dar una ~ (a) fam *jdm den Kopf waschen* ‖ **-mir** vt *nieder-, unter|drücken, dämpfen* ‖ *mäßigen* ‖ *eindämmen, verdrängen* ‖ *bekämpfen* ‖ *niederkämpfen* ‖ *unter Strafe stellen* ‖ *bestrafen* ‖ ◊ no pudo ~ una carcajada *er konnte ein lautes Auflachen nicht unterdrücken* ‖ **~se** *sich zurückhalten, sich beherrschen*

reprise *f* frz ⟨Filmw Th⟩ *Wiederaufführung, Reprise* f (→ **reestreno**) ‖ ⟨Aut⟩ *Beschleunigung* f

repro|bable adj *verwerflich, tadelnswert* ‖ **-bación** *f Mißbilligung* f ‖ *Verwerfung* f ‖ *Zurückweisung* f ‖ *strenger Tadel, Verweis* m ‖ gesto de ~ *mißbilligende Gebärde* f ‖ **-bado** adj *verworfen* ‖ *unzulässig* ‖ *verdammt* ‖ *verdammenswert* ‖ *(im Examen) durchgefallen (häufiger:* suspendido*)* ‖ **-bador** adj *verwerfend* ‖ *mißbilligend* ‖ *tadelnd* ‖ **-bar** [-ue-] vt *tadeln, rügen* ‖ *mißbilligen* ‖ *verwerfen, verdammen* (& Theol) ‖ *durchfallen lasse bei e–r Prüfung* (*häufiger:* suspender*)* ‖ ◊ ser *(od* quedar) –bado ⟨Sch⟩ *durchfallen* ‖ le han –bado en el examen ⟨Sch⟩ *er ist im Examen durchgefallen*

réprobo adj/s *ruchlos* ‖ *verdammt* ‖ ~ m ⟨Theol⟩ *Verdammte(r)* m ‖ fig *Ausgestoßene(r),* fig *Paria* m

repro|chable adj *tadelnswert, verwerflich* ‖ **-char** vt *tadeln* ‖ *vor|werfen, -halten* ‖ *zurückweisen* ‖ **-che** *m Vorwurf, Tadel* m ‖ en tono de ~ in *vorwurfsvollem Ton* ‖ sin ~ gall = sin **tacha**

¹**reproducción** *f* ⟨Biol⟩ *Fortpflanzung* f ‖ *Zeugung* f ‖ ⟨Agr⟩ *(Vermehrungs)Zucht* f ‖ *Nachwuchs* m ‖ ⟨Zool⟩ *Neubildung* f *(von verlorengegangenen Organen* → **regeneración**) ‖ ~ (a)sexual ⟨Biol⟩ *(un)geschlechtliche Fortpflanzung* f ‖ órganos de la ~ *Fortpflanzungsorgane* npl ‖ → **reproductor**

²**repro|ducción** *f Wiedererzeugung* f ‖ *Nachwuchs* m ‖ *Wiedergabe* f ‖ *(photographische) Reproduktion* f ‖ *Nachbildung* f ‖ *Nachdruck* m (→ **reimpresión**) ‖ *Vervielfältigung* f ‖ *Inhaltsangabe* f ‖ *Nacherzählung* f ‖ ~ estereofónica *Stereo(ton-)wiedergabe* f ‖ ~ fraudulenta *Raubdruck, unberechtigter Nachdruck* m ‖ ~ radiotelefónica *Rundfunkübertragung* f ‖ derecho de ~ ⟨Jur⟩ *Nachdruck-* bzw *Wiedergabe-* bzw *Vervielfältigungs-* bzw *Reproduktions|recht* n ‖ **-ducir** [-zc-] vt *wieder hervorbringen* ‖ *wieder erzeugen* ‖ fig *wiedergeben, nacherzählen* ‖ ⟨Typ⟩ *nachdrucken* ‖ ⟨Biol⟩ *fortpflanzen* ‖ *erzeugen* ‖ ⟨Zool⟩ *neu bilden (Organe,* → **regenerar**) ‖ **~se** *sich fortpflanzen, sich vermehren* ‖ *sich wiederholen* ‖ ◊ ~ en *sich übertragen auf* (acc)

reproduc|tivo adj *wiedererzeugend* ‖ *reproduktiv* ‖ *gewinn-, ertrag|bringend* ‖ **-tor** adj *fortpflanzend* ‖ *Fortpflanzungs-* ‖ *Zucht-* ‖ *capacidad* ~a *Fortpflanzungsfähigkeit* f ‖ *(animal)* ~ *Zuchttier* n ‖ aparato ~ ⟨An⟩ *Geschlechtsapparat* m ‖ ⟨Tech⟩ *Wiedergabegerät* n ‖ ~ m ⟨Biol Agr⟩ *männliches Zuchttier* n ‖ **-tora** *f weibliches Zuchttier* n ‖ ⟨Typ⟩ *Vervielfältigungsgerät* n

repropio adj *störrisch (Pferd)*

reps *m Rips* m *(Zeug)*

rep|tación *f* bes ⟨Wiss⟩ *Kriechen* n ‖ **-tante** adj *kriechend* ‖ fig *robbend* ‖ **-tar** vi *kriechen* (& fig) ‖ fig *robben* (& ⟨Mil⟩) ‖ **-til** *m Kriechtier, Reptil* n ‖ fig pej *Kriecher, Gesinnungslump* m ‖ **~es** mpl ⟨Zool⟩ *Kriechtiere* npl (Reptilia).

república *f* ⟨Philos Lit⟩ *Gemeinwesen* n, *Staat* m ‖ ⟨Pol⟩ *Republik* f (& fig) ‖ p. ex *Freistaat* m ‖ la ~ Argentina *die Republik Argentinien* ‖ la ~ Dominicana *die Dominikanische Republik* ‖ ~ Democrática Alemana *Deutsche Demokratische Republik* f ‖ ~ federal *föderative Republik* f, *Föderativ-, Bundes|staat* m ‖ ~ Federal de Alemania *Bundesrepublik* f *Deutschland* ‖ la ~ literaria *die Gelehrtenwelt* ‖ *die Welt der Literatur* ‖ ~ popular ⟨Pol⟩ *Volksrepublik* f ‖ ~ Popular de China *Volksrepublik* f *China* ‖ ~ presidencialista *Präsidialrepublik* f ‖ ~ de Weimar ⟨Hist⟩ *Weimarer Republik* f *(1919–1933)* ‖ ley en defensa de la ~ *Gesetz* n *zum Schutz der Republik (zur Verhängung des Ausnahmezustands,* Span *1931)*

republi|canismo *m republikanische Gesinnung* f ‖ **-cano** adj *republikanisch* ‖ ~ m *Republikaner* m ‖ *Frei(staats)bürger* m

***republico** *m Staatsmann, Politiker* m ‖ *Patriot* m

repu|diación *f Verstoßung* f *(der Ehefrau)* ‖ *Ausschlagung* f, *Verzicht* m ‖ ~ de herencia *Erbschaftsausschlagung,* *Ausschlagung* f *der Erbschaft* ‖ **-diar** vt *verstoßen (Ehefrau)* ‖ *ausschlagen, verzichten* ‖ *verschmähen, ablehnen* ‖ **-dio** *m Verstoßung* f *(der Ehefrau)* ‖ *Ausschlagung* f *(der Erbschaft)* ‖ allg *Ablehnung* f

repudrir vt *die Fäulnis befördern, zum Faulen bringen* ‖ **~se** figf *sich grämen*

repuesto pp/irr v. **reponer**: *wieder hingestellt* ‖ *ersetzt* ‖ adj *zurückgezogen* ‖ *entfernt, versteckt* ‖ ~ m *Vorrat* m (bes *von Nahrungsmitteln*) ‖ *Vorratskammer* f ‖ *Anrichtetisch* m ‖ *Ersatz* m ‖ neumático de ~ *Ersatzreifen* m ‖ pieza de ~ *Ersatzteil* n ‖ ropa de ~ *Wäsche* f *zum Wechseln* ‖ vidrio de ~ *Ersatzglasscheibe* f ‖ de ~ *zum Wechseln (Kleider)*

repug|nancia *f Widerwille* m, *Abneigung* f ‖ *Ekel* m ‖ *Mißbilligung* f ‖ ⟨Philos⟩ *Widerstreit, Gegensatz,* m, *Repugnanz* ‖ con ~ *mit Unlust* ‖ ◊ causar ~ *Ekel erregen* ‖ tener ~ *a sich an et ekeln* ‖ *Abscheu haben vor* (dat) ‖ **-nante** adj *abstoßend,* *ekelhaft, ekelerregend* || *wider|wärtig, -lich* || **-nar** vt/i *widerlich, zuwider sein* || *abstoßen* || *wider- be|streiten* || *zuwiderlaufen* (a dat) || ◊ **-na es ist ekelhaft** || me *-na su conducta sein Benehmen stößt mich ab* || **~se** vr *im Widerstreit liegen* || *in Gegensatz stehen*

repu|jado m/adj *Drücken* n, *getriebene Arbeit, Ziselierung* f || ~ *al torno Drücken* n || *cuero ~ Narbenleder* n || *plata* **~a** *getriebenes Silber* n || **-jar** vt *punzen (Leder)* || ⟨Metal⟩ *drücken, treiben, ziselieren*

repul|gado adj fam *geziert, gekünstelt* || pop *aufgedonnert* || *überängstlich* || **-go** m *Saum* m || *überwendliche Naht* f || *(Pasteten-, Küchen-) Rand* m || **~s** (de empanada) figf *Lappalien* fpl || ◊ *no andar con* **~s** pop *keine Umstände machen* || *k-e (übertriebenen) Bedenken haben*

repu|lido adj/s *geziert,* fam *geleckt,* fam *geschniegelt und gebügelt* || **~se** fam *sich herausputzen*

repul|sa f *Zurückweisung, Weigerung, Abweisung* f || fam *Abfuhr* f, *Wischer, derber Verweis* m || figf *Korb* m || ⟨Th⟩ *Durchfallen* n *(e-s Stückes)* || **-sar** vt *zurückweisen, abschlagen* || *verweigern* || pop *jdm e-n Korb geben* || **-sión** f ⟨Phys⟩ *Rückstoß* m || *Abstoßung* f || fig *Abneigung* f, *Widerwille* m || *Ekel* m || **-sivo** adj *zurück-, ab|-stoßend* || fig *abstoßend, widerlich, ekelhaft* || *fuerza* **~a** *Abstoßungskraft* f || **-so** pp/irr *v.* **repeler**

repullo m *Wurfpfeil* m || pop *Zuckung* f (→ **repeluzno**)

repun|ta f *Landspitze* f, *Kap, Vorgebirge* n || fig *erstes Anzeichen* n || fig *Groll* m, *Zwistigkeit* f || **-tar** vi ⟨Mar⟩ *anfangen zu steigen* bzw *zu sinken (Wasser bei Ebbe* bzw *Flut)* || *sauer werden (Wein)* || figf *pikiert sein* || Col *zum Vorschein kommen* || **~se** *umschlagen, e-n Stich bekommen (Wein)* || figf *sich getroffen fühlen* || **-te** m ⟨Mar⟩ *Einsetzen* n *v. Ebbe* bzw *Flut* △**repurelarí** f *Auferstehung* f

repuse → **reponer**

repu|tación f *(guter) Ruf, Name, Leumund* m || *Ansehen* n || ~ *mundial (od universal) Weltruf* m || *de buena* ~ *in gutem Rufe (stehend)* || *angesehen* || ◊ *adquirir, acrecentar, conservar la* ~ *(en guten) Ruf erwerben, erhöhen, aufrechterhalten* || *gozar de buena* ~ *sich e-s guten Rufes erfreuen* || *perjudicar la* ~ *dem Ruf schaden* || *tener la mejor* ~ *im besten Rufe stehen* || **-tado** adj: *bien (mal)* ~ *gut (übel) beleumundet* || **-tar** vt *(hoch-)schätzen, (hoch)achten* || *schätzen, würdigen* || *schätzen, erachten* || ◊ ~ *posible für möglich halten* || ~ *en mucho hochschätzen* || *(por) honrado für ehrlich halten* ,

reque|brador m *Hofmacher* m || *Schmeichler* m || fig *Gunsterschleicher* n || **-brar** [-ie-] vt/i *zerdrücken* || fig *(e-r Frau) schmeichelhafte Worte, Artigkeiten sagen, den Hof machen* || *Süßholz raspeln* || fig *jdm schmeicheln, fuchsschwänzeln* || fam *Komplimente schneiden*

reque|mado adj *angebrannt* || *schwärzlich* || *sonnenverbrannt* || **-mar** vt/i *ausbraten, übermäßig braten, rösten, anbrennen lassen* || *versengen* || *ausdörren (Pflanzen)* || *brennen, prickeln (Pfeffer)* || ◊ ~ *la sangre* fig *(das Blut) erhitzen, in Zorn bringen* || = **resquemar** || ~ vi *verdorren (Pflanzen)* || **~se:** ◊ ~ *de impaciencia* fig *vor Ungeduld brennen* || ~ (por dentro) *sich innerlich abzehren, sich grämen* || **-mazón** f = **resquemo** || **-mo** m And *innere(r) Gram* m

reque|rer → **-rir** || **-rido** adj *erforderlich* || *sehr gesucht (Ware)* || **-rimiento** m *Ersuchen* n, *Bitte* f || ⟨Jur⟩ *Ansuchen, Begehren* n || *Aufforderung, Mahnung* f || *Antrag* m || ~ *de pago Zahlungsaufforderung* f || a ~ *de* pe*r auf Verlangen* (gen) || **-rir** [-ie/i-] vt *öffentlich kundgeben* || *besichtigen, untersuchen* || *(nach)prüfen* || *überreden, veranlassen, benötigen, erfordern,*

verlangen, notwendig machen || ⟨Jur⟩ *anfordern, mahnen* || *steckbrieflich verfolgen* || ◊ ~ *de amores* (a) *e-r Frau Liebesanträge machen* || ~ *toda la atención die größte Aufmerksamkeit erfordern* || *no* ~ *contestación keiner Erwiderung bedürfen* || ~ *la opinión de alg. jdn um Rat fragen* || *le requirió la cena er ersuchte ihn um das Abendessen* || *para (od en) eso se requiere mucha experiencia dazu ist e-e große Erfahrung erforderlich* || *requirió la capa y salió er nahm den Mantel und ging fort* || *en caso de que requiera erforderlichenfalls* || *que requiere (od supone) mucho tiempo zeitraubend*

requesón m *Quark,* südd öst *Topfen* m

requeté m *Verein, Bund* m *der span. Karlisten (Traditionalisten)* || *tercios de* **~s** *Requetéeinheiten* fpl, *die im span. Bürgerkrieg 1936-1939 auf der Seite Francos kämpften* || → **Falange**

requete- *als Verstärkungssilbe* fam: **~bién** adv fam *ausgezeichnet* || **~feo** adj fam *erzhäßlich*

requiebro m *zärtliche Redensart* f || *Liebkosung, Schmeichelei* f, *Kompliment* n || *Liebesantrag* m || ⟨Tech⟩ *(wiederholte) Feinzerkleinerung* f || ◊ *hacer* **~s** fam *Komplimente schneiden, Artigkeiten sagen* || → **piropo**

réquiem [-en] m *Requiem* n || *Trauergottesdienst* m || *misa de* ~ *Seelenmesse* f

requiere → **requerir**

requiéscat in pace lat *ruhe in Frieden* || fam *hin ist hin*

requilorio m *Flitter(staat)* m || **~s** pl *Um|-schweife, -stände* mpl || pop *Zeremonien* fpl

requin|tar vt fig *(sehr) überlegen sein* || ⟨Mus⟩ *die Saiten um e-e Quinte höher* bzw *tiefer stimmen* || Am *reizen* || Am *heben (Hutrand)* || Col Mex *e-e Sache straff spannen* || *sich durchsetzen (bei dat)* || **-to** m ⟨Mus⟩ *Es-Klarinette* f || *e-e kleine Gitarrenart*

requir(i)ente pp/irr *v.* **requerir** || *el* ~ *der Fordernde, Antragsteller* m

requi|sa f ⟨Mil⟩ *Requisition* f || ⟨Verw⟩ *Inspektion* f || *Untersuchung* f, *Rundgang* m || **-sar** vt *sorgfältig untersuchen* || ⟨Mil⟩ *beitreiben, requirieren, anfordern* || **-sición** f ⟨Mil⟩ *Requisition, Anforderung* f || *Erfordernis* n, *Forderung* f || **-sito** m *Erfordernis* n, *Forderung* f || *Bedingung* f || *Voraussetzung* f || ⟨Jur Verw⟩ *Formalität* f || *los* **~s** *die Formalitäten* pl || ◊ *llenar un* ~ *e-e Formalität erfüllen* || *satisfacer* **~s** *den Erfordernissen entsprechen* || *cumplir los* **~s** *de la ley (od* **~s** *legales) die gesetzlichen Erfordernisse erfüllen* || **-sitoria** f *Ersuchen* n || *Steckbrief* m || **-sitorio** adj ⟨Jur⟩ *ansuchend* || *carta* **~a** *Steckbrief* m || *Fahndungsblatt* n

¹**res** f *(Stück) Vieh* n || p. ex *Stück* n *Schalenwild* || *Schlachtvieh* n || ⟨Taur⟩ *Kampfstier* m || Am *Rind* n || ~ *de vientre trächtiges Tier* n *(Vieh)* || → **reproductora** || **~es** *vacunas Rind-Horn|vieh* n || ◊ *criar* **~es** *Vieh des Kampftiere) züchten*

²**res** f lat ⟨Jur⟩ *Sache* f, *Gegenstand* m, *Ding* n || ~ *judicata* lat ⟨Jur⟩ *rechtskräftig entschiedene Sache* f || ~ *nullius* lat ⟨Jur⟩ *herrenlose Sache* f || ~ *publica* lat *Gemeinwesen* n, *Staat* m (→ **república**)

resa|ber vt *sehr gut wissen* od *verstehen* || **-biarse** vr *schlechte Angewohnheiten entwickeln* || *innerlich grollen* || *sich laben an* (de dat) || **-bidillo** adj dim v. **-bido**: *(niña)* **~a** fam *schnippische Göre* f (→ **redicho, repipí**) || **-bido** adj *überklug,* fam *neunmalklug* || Am *lasterhaft* || **-bio** m *widriger Nachgeschmack* m || *üble Angewohnheit* f, *Gewohnheitsfehler* m, *Laster* n || fig *Anstrich* m, *Spur* f, *Zeichen* n || fig *Anflug, Hang* m || fig *Verdruß* m, *Ärgernis* n, *Groll* m

resaca f *Dünung* f (bes *am Meeresufer*) || p. ex *Brandung* f || figf *Kater, Katzenjammer* m || ⟨Com⟩ *Rückwechsel* m, *Ritratte* f || sin ⟨Com⟩

Rück-, Retour\rechnung f
resa\|lado (pop **–lao**) adj/s figf *anziehend, witzig, klug (von jungen Leuten)* || ¡~! *Hübscher! mein Lieber!* || ◊ *¿te la digo, ~? soll ich dir die Zukunft sagen, mein Lieber? (übliche Ansprache der and. Zigeunerinnen und Handleserinnen)*
resalga f *Salzlake* f
resalir [irr → **salir**] vi *hervor\|springen, -ragen*
resal\|tado adj ⟨Arch⟩ *vorspringend* || **–tar** vi *vor\|springen, -stehen* || *ab-, zurück\|springen, -prallen* || *abspringen (Lack, Farbe)* || ⟨Arch⟩ *vorspringen, auskragen* || fig *sich abheben, in die Augen springen* || *einleuchten* || ◊ *hacer ~ (ausdrücklich) betonen, hervorheben* || ¹**–to, –te** m ⟨Arch⟩ *Risalit* m || *Aus\|ladung, -kragung* f || *Vorsprung* m || *de ~* pop *auffällig* || ²**–to** m *Rückprall* m
resalu\|do m, **–tación** f *Gegengruß* m
resar\|cimiento m *Ersatz* m, *Entschädigung* f || *~ (del daño) Schadenersatz* m (→ **compensación**) || **–cir** [c/z] vt *ersetzen, erstatten* || *ausbessern* || *jdn entschädigen (de für acc)* || ◊ *~se de un daño sich schadlos halten* || *~se de las fatigas sich nach der Anstrengung erholen*
△**resaromó** adj *billig*
resba\|ladero m *schlüpfriger, glatter Ort* m || *Schleif-, Rutsch\|bahn, Glitsche, Schlitterbahn* f || *Rutsche, (Weg)Riese* f *(für geschlagene Baumstämme)* || *Am Abhang* m || *~ adj = –ladizo* || **–ladizo** adj *rutschig, schlüpfrig, glitsch(er)ig* (& fig) || **–ladura** f *Gleitspur* f || **–lamiento** m = **–lón** || **–lar** vi *gleiten* || *ausgleiten, ausrutschen, ausglitschen* || ⟨Aut⟩ *schleudern* || fig *e–n Fehltritt tun* || ⟨Tech⟩ *Schlupf haben, schlüpfen* || ⟨Flugw⟩ *abschmieren* || ◊ *~ de (entre) las manos (aus) den Händen (aus)gleiten* || *~ con (od en, sobre) el hielo auf dem Eis rutschen* || *~ por la pendiente den Abhang hinuntergleiten* || *la escalera –ló y él cayó die Leiter rutschte, und er fiel* || *~se ausgleiten* || *glitschen* || fig *sich vergehen* || **–lón** m *(Aus)Gleiten* n || fig *Fehltritt* m, figf *Entgleisung* f || ⟨Aut⟩ *Rutschen* n || ⟨Aut⟩ *Schleudern* n || ⟨Tech⟩ *Drückerfalle* f *(im Schloß)* || ⟨Tech⟩ *Schlupf* m || ◊ *dar un ~ e–n Fehltritt tun* || **–loso** = **–ladizo**
△**resblañarar** vt *steinigen*
resca\|tante m Col *(Tausch)Händler* m || **–tar** vt *aufheben, umstoßen, ungültig machen, lösen (Ware) eintauschen (Verlorenes) wiederfinden* || fig *(er)retten (de aus dat)* || fig *(Zeit) wiedergewinnen, einbringen (wollen)* || SAm Ant *handeln (fahrender Händler)* || ◊ *~ las culpas viejas alte Sünden gutmachen* || *~ una deuda e–e Schuld zurückbezahlen* || **–te** m *Loskauf* m, *Loskaufung, Auslösung* f || *Lösegeld* n || ⟨Jur⟩ *Wieder-, Rück\|kauf* m || ⟨Jur⟩ *Ablösung* f || *Einlösung* f || ⟨Rel⟩ *Erlösung, Rettung* f (& fig) || fig *Befreiung* f || *Arg = **marro*** || *~ de la prenda Pfandeinlösung* f || *tipo de ~ Rückkaufswert* m || *con facultad de ~* ⟨Com⟩ *mit Rückkaufsrecht* || **res\|cindible** adj *kündbar (Vertrag)* || **–cindir** vt *aufheben, umstoßen, ungültig machen, lösen (Vertrag)* || *rückgängig machen* || **–cisión** f ⟨Jur⟩ *Umstoßung, Aufhebung* f *(e–s Vertrags)* || *Kündigung* f *(e–s Vertrags)* || *Rücktritt* m || ⟨Jur⟩ *Ungültigkeitserklärung* f || *~ de un contrato Vertrags\|kündigung, -auflösung* f || *plazo de ~ Kündigungsfrist* f || ◊ *pagar la ~ Reuegeld zahlen* || **–cisorio** adj ⟨Jur⟩ *aufhebend, Aufhebungs-* || *cláusula ~a Aufhebungsklausel* f
rescoldera f fam *Sodbrennen* n (→ **pirosis**)
rescoldo m *Loderasche* f || fig *Bedenken* n, *Besorgnis* f || figf *Reue* f, *Gewissensbisse* mpl
rescontrar [–ue–] vt ⟨Com⟩ *stornieren, rückgängig machen*
rescripto m *Erlaß* m, *Verfügung* f || *(päpstliches) Reskript, Breve* n || *~ de gracia Gnadenerlaß* m
rescuentro m ⟨Com⟩ *Storno, Rechnungsausgleich* m || *Abrechnung* f

rese\|cado adj *ausgetrocknet, dürr* || fam *spindeldürr* || ⟨Chir⟩ → **resección** || **–car** [c/qu] vt *stark austrocknen* || ⟨Chir⟩ *operativ entfernen* || *~se* fam *stark abmagern*
resección f ⟨Chir⟩ *Ablösung, operative Entfernung, Resektion* f
resecita f dim v. **res**
reseco adj *sehr trocken, dürr, ausgedörrt* || *abgemagert,* pop *spindeldürr* || *~ m dürres Gehölz* n || fig pop *Lust* f *zum (Wein)Trinken* || ◊ *tengo ~* fig pop *ich habe e–e trockene Kehle*
rese\|da (Am & **–dá**) f ⟨Bot⟩ *Rese\|da, -de* f, *Wau* m (Reseda spp) || **–dal** m *mit Reseda bepflanztes od bewachsenes Gebiet*
*****reseguro** m *Rückversicherung* f (→ **reaseguro**)
resellar vt *nachprägen (Münzen)* || *umstempeln* || *wieder versiegeln*
resembrar [–ie–] vt ⟨Agr⟩ *neu besäen* || *neu bebauen*
resen\|tido adj *nachtragend, ressentimentbeladen* || *empfindlich* || *getroffen, beleidigt* || *erzürnt* || **–timiento** m *Unwille, Verdruß* m || *Groll* m, *Ressentiment* n || fig *Empfindlichkeit* f || **–tirse** [ie/i] vr (& vt) *allmählich nachlassen* || *Spalten, Risse bekommen, bersten (Mauer)* || ◊ *~ con (od contra)* alg. *jdm böse sein* || *~se de (od por)* a/c *et nachfühlen, nachempfinden* || *unwillig sein (über* acc) || *empfindlich sein (in dat)* || *~ del (od en el) costado Seitenstechen haben* || *se –tirá de ello* fig *das wird er schon empfinden*
rese\|ña f ⟨Mil⟩ *Heerschau, Musterung* f || *Personalbeschreibung* f *(im Paß usw)* || *Zusammenfassung* f || *Referat* n, *kritische Besprechung* f, *Bericht* m, *Rezension* f *Zeitungskritik* f || *Am Anzeige* f || *Chi Prozession* f *(des Passionssonntags)* || ◊ *hacer una ~ de et kritisch besprechen* || *über et berichten* || **–ñar** vt *(die Person) beschreiben* || *kritisch beurteilen, besprechen* || *kurz berichten*
resequido adj *eingetrocknet*
resero m Arg *Vieh\|treiber* m bzw *-aufkäufer* m
resertor m Am pop = **desertor**
reserva f *Ersatz* m, *Reserve* f (& *Mil*) || ⟨Com⟩ *Reserve, Rücklage* f || *Bestand* m || *Ersatz\|mann,* ⟨Sp⟩ *-spieler* m || *Vorbehalt* m, *Reserve, Aus\|nahme, -bedingung* f || ⟨Com⟩ *Zurückhaltung* f *(der Käufer)* || *Behutsamkeit, Vorsicht* f || *Aufsparung* f || *Verschwiegenheit* f || *Ver\|schweigung, -heimlichung* f || *Reservierung* f *(Tisch, Platz)* || *(Tisch)Bestellung* f || *Buchung* f || ⟨Bgb⟩ *Erzvorrat* m || ⟨Kath⟩ *Zudeckung* f *des Allerheiligsten* || ⟨Jur⟩ *Altenteil, Ausgedinge* n || ⟨Jur⟩ *Reserve* f, *Vorbehalt* m || fig *Reserve, Zurückhaltung* f, *Takt* m || ⟨Sp⟩ *Reserve* f || ⟨Aut⟩ *Reservetank* m || *Schutzgebiet, Reservat(ion)* f || *~ de asiento Platzreservierung* f || *~ biológica Naturschutzgebiet* n || *~ de divisas Devisen\|reserve* f, *-polster* n || *~ de dominio* ⟨Jur⟩ *Eigentumsvorbehalt* m || *~ en efectivo Barbestand* m || *~ facultativa freiwillige Rückgabe* f || *~ de flotabilidad* ⟨Mar⟩ *Reserveschwimmfähigkeit, Auftriebsreserve* f, *Restauftrieb* m || *~ de habitación Zimmer(vor)bestellung* f || *~ hereditaria* ⟨Jur⟩ *Sondererbfolge* f || *~ de indios Indianerreservat(ion* f) n *(Nordamerika)* || *~ mental* ⟨Jur⟩ *geheimer (stillschweigender) Vorbehalt* m, *Mentalreservation* f || *~ metálica Goldbestand* m *(e–r Bank)* || *~ territorial* ⟨Mil⟩ *Truppe f der territorialen Verteidigung* || *Landsturm* m || *fondo de ~ Reservefonds* m || *locomotora de ~* ⟨EB⟩ *Reservelokomotive* f || *~ geheim, verschwiegen* || *a ~ de mit der Absicht zu* || *bajo (od con) la ~ de costumbre (od usual, acostumbrada)* ⟨Com⟩ *unter üblichem Vorbehalt* || *con la ~ del cobro* ⟨Com⟩ *vorbehaltlich des (Geld)Eingangs* || *en ~ vorrätig* || sin *~(s) ohne Rückhalt* || *unverhohlen* || *unumwunden, frei* || *aceptación sin la menor ~* ⟨Com⟩ *unbedingte*

Annahme f ‖ ◊ *guardar la* ~ *verschwiegen sein, diskret sein*‖ *(jdn) ehrerbietig behandeln*‖ hacer uso de un informe (comercial) con la mayor ~ *von e-r Auskunft mit größter Vorsicht Gebrauch machen* ‖ pasar a la ~ ⟨Mil⟩ *in die Reserve übertreten*‖ proceder con ~ *vorsichtig zu Werke gehen* ‖ ~s *fpl Vorrat m* ‖ ⟨Mil⟩ *Reserven, Ergänzungsmannschaften* fpl ‖ ~ de(l) banco, ~ bancarias *Bankreserve* f

reser|vación f *Vorbehalt m* ‖ *Reservierung* f ‖ ⟨Flugw⟩ *Buchung* f (& *Hotel*) ‖ ~ de pecados ⟨Rel⟩ *Vorbehalt* m *der Lossprechung von Sünden* ‖ →**reserva** ‖ **-vada** f/adj *vertraulich (bei Briefanfängen)* ‖ **-vadamente** adv *im Vertrauen* ‖ *unter dem Siegel der Verschwiegenheit* ‖ **-vado** adj *zurückhaltend, verschwiegen* ‖ *vertraulich (Brief)* ‖ *vorsichtig, behutsam* ‖ *geheim*, *verborgen* ‖ *taktvoll* ‖ pp reserviert ‖ ⟨Jur⟩ *vorbehalten* ‖ (quedan) -vados todos los derechos, *(häufiger:)* derechos -vados *alle Rechte vorbehalten* ‖ un gabinete ~ *ein besonderes Zimmer* ‖ sitio ~ *reservierter Platz* m ‖ ◊ *mostrarse muy* ~ *(od* -vadísimo) *sich sehr zurückhaltend zeigen* ‖ ser ~ *verschwiegen, diskret sein* ‖ ~ *m abgeschlossenes, reserviertes Zimmer* n ‖ *Nebenraum* m, *Séparée* n *(z. B. in e-r Bar)* ‖ ⟨EB⟩ *Sonderabteil* n ‖ *Indianerreservat(ion* f*)* n (NAm) ‖ *Wildschonung* f ‖ **-var** vt *auf|bewahren, -heben* ‖ *(für später) zurückstellen* ‖ *vorausbestellen* ‖ *vorbestellen (Zimmer)* ‖ *bestellen (Tisch)* ‖ *belegen (Platz)* ‖ *für jdn ausschließlich bestimmen* ‖ *vorbehalten* ‖ *behalten (beim Rechnen)* ‖ *vorenthalten* ‖ *ausbedingen, reservieren* ‖ *auf-, ver|schieben* ‖ *verheimlichen, für sich behalten, verschweigen* ‖ *(das Allerheiligste) zudecken* ‖ ◊ ~ de alg. *для jdm geheimhalten* ‖ ~se *sich zurückhalten* ‖ *sich et vorbehalten* ‖ *sich schonen, s-e Kräfte schonen (für e-n späteren Augenblick)* ‖ ◊ *el derecho de sich das Recht vorbehalten zu* (dat bzw inf) ‖ ~ de *sich vorsehen, hüten vor* (dat) ‖ **-vativo** adj *vorbehaltlich* ‖ *Reservats-* ‖ **-vatorio** m *Aufbewahrungs|ort, -raum* m ‖ **Wasserbehälter* m ‖ **-vista** m ⟨Mil⟩ *Reservist, Reservemann* m ‖ **-vón** adj/s fam *sehr schweigsam* bzw *sehr verschwiegen*, fam *zugeknöpft* (⟨Lit⟩ *od gehoben:* →**reticente**)

reservorio m *Reservoir* frz, *Sammelbecken* n, *Wasserspeicher* m ‖ *Behälter* m *(für Vorräte &* ⟨Zool⟩*)*

res|friado adj *verschnupft* ‖ ◊ *estar* ~ *Schnupfen haben, erkältet sein* ‖ ~ *m Schnupfen* m, *Erkältung* f ‖ ◊ *coger* (fam pillar) un (fuerte) ~ *sich (stark) erkälten, (starken) Schnupfen kriegen, sich e-n (starken) Schnupfen holen* ‖ **-friadura** f ⟨Vet⟩ *Schnupfen* m ‖ **-friar** [pres -ío] vt *Abkühlen* ‖ ~ vi *kühl werden (Wetter)* ‖ ~**se** *den Schnupfen bekommen, sich erkälten* ‖ ◊ ~ *en la amistad* fig *in seiner Freundschaft kühler werden* ‖ **-frío** m (bes Am) = **-friado**

resguar|dar vt *schützen, be-, ver|wahren* ‖ *sicherstellen* ‖ *schützen (de vor* dat) ‖ ~se *sich hüten (de vor* dat) ‖ *sich schützen* ‖ *sich unterstellen* ‖ ◊ ~ *del frío sich vor der Kälte schützen* ‖ ~ *con un muro hinter e-r Mauer Schutz suchen* ‖ ~ *los ojos con la mano die Augen mit der Hand beschatten* ‖ **-do** m *Sicher|heit, -stellung* f ‖ *Obdach* n ‖ *Schutz* m ‖ *sichere Aufbewahrung* f ‖ *Zollaufsicht* f *(Posten)* ‖ *Quittung, Empfangsbestätigung* f ‖ *Schein* m *(Beleg)* ‖ ~ *provisional* ⟨Com⟩ *Interimsschein* m ‖ ◊ *entregar un* ~ *e-n Revers ausstellen (bzw aushändigen)*

△**resí** f *Wald* m ‖ *Weinstock* m

residencia f *Wohnsitz* m ‖ *Aufenthaltsort* m ‖ *Aufenthalt* m ‖ *Hoflager* n ‖ *Amts-, Wohn|sitz* m, *Stammhaus* n *(e-r Behörde)* ‖ *Residenz* f, *Gästehaus* n *(& für Priester)* ‖ ~ *de estudiantes Studenten|heim, -haus* n ‖ ~ *regia Königspalast* m ‖ *königliche Residenz* f ‖ lugar de ~ *Aufenthalts-, Wohn|ort* m ‖ ~ *señorial Herrenhaus* n ‖ ◊ hacer

~ (en) *wohnen, sich aufhalten (in* dat*)*

resi|dente adj *wohnhaft* (en *in* dat) ‖ *ansässig* ‖ (ministro) ~ *(Minister) Resident* m ‖ ~ *m Ansässige(r)* m ‖ *(Devisen) Inländer* m ‖ ⟨Pol Verw⟩ *Resident* m ‖ **-dir** vi *wohnen, ansässig sein* ‖ *residieren* ‖ *sich befinden, vorkommen* ‖ *auf et fußen, gegründet sein* ‖ ◊ *las facultades que en el* -den *die Fähigkeiten, die ihm innewohnen* ‖ ~ *en la capital in der Hauptstadt wohnen* ‖ **-dual** adj *Abfall-* ‖ *übrigbleibend* ‖ *Rest-* ‖ aguas ~es *Abwässer* npl ‖ **-duo** m *Rest, Rückstand* m ‖ *Abfall* m ‖ *Ablagerung* f ‖ *Bodensatz* m ‖ *Warenrest* m ‖ ⟨Com⟩ *Restbetrag* m ‖ fig *Rest* m ‖ ~**s** *mpl Ausschuß* m *(Ware)* ‖ ~ radi(o)activos *radioaktive Abfälle* mpl, *Atommüll* m

resiega f ⟨Agr⟩ *Nachmahd* f

resiembra f ⟨Agr⟩ *zweite Saat, Nachsaat* f

resig|na f *Rücktritt* m, *Niederlegen* n *e-s Amtes, Resignation, Demission* f ‖ **-nación** f *Abtretung, Verzichtleistung* f ‖ *Amtsniederlegung, Demission* f ‖ *Verzicht* m ‖ fig *Ergebung, Resignation* f ‖ *Selbstverleugnung* f ‖ **-nado** adj *ergeben, resigniert* ‖ ~ con su sino *in sein Schicksal ergeben* ‖ ~ a todo *auf alles gefaßt* ‖ **-nante** m/adj ⟨Jur⟩ *Verzichtende(r)* m ‖ **-nar** vt/i *et abtreten, auf et verzichten* ‖ *(ein Amt) niederlegen* ‖ ~**se** *sich ergeben, sich fügen (in jds Willen)* ‖ *resignieren* ‖ ◊ ~ a la voluntad de la Providencia *sich unter den Willen der Vorsehung beugen* ‖ ~ con su suerte *sich in sein Los fügen, sich mit s-m Schicksal abfinden* ‖ ~ en la adversidad *im Unglück nicht verzagen* ‖ **-natario** m ⟨Jur⟩ *der, zu dessen Gunsten Verzicht geleistet wird*

resiliencia f *Rückfederung, Elastizität* f ‖ *Zähigkeit* f *(des Werkstoffs)*

△**resimí** f *Seide* f

resina f *Harz* n ‖ *Geigenharz* n ‖ jabón de ~ *Harzseife* f ‖ **-ción** f *Harzgewinnung* f

resi|nar vt = **resignar** ‖ *harzen, Harz abzapfen (von* dat) ‖ **-nato** m ⟨Chem⟩ *Resinat* n

resi|nero adj: industria ~a *Harzindustrie* f ‖ ~ *m Harz-, Pech|brenner* m ‖ **-nífero** adj *harzig, harzhaltig* ‖ **-nigoma** f →**gomorresina** ‖ **-noso** adj *harzig* ‖ antorcha ~a *Pechfackel* f

resintió →**resentir**

resisten|cia f *Widerstand* m ‖ *Widerstands|fähigkeit*, *-kraft* f ‖ *Widerspenstigkeit* f ‖ *Auflehnung* f (contra gegen) ‖ *Festigkeit, Haltbarkeit* f *(e-s Stoffes)* ‖ *Standhaftigkeit* f ‖ *Ausdauer* f ‖ ⟨Pharm⟩ *Resistenz* f *(Mikroorganismen)* ‖ ⟨El⟩ *Widerstand* m ‖ fig *Sträuben* n ‖ ⟨Pol⟩ *Widerstand(sbewegung* f*)* m ‖ ~ a los ácidos *Säurefestigkeit* f ‖ ~ de antena *Antennenwiderstand* m ‖ ~ de carga *Belastungswiderstand* m ‖ ~ a la intemperie *Wetterbeständigkeit* f ‖ ~ pasiva *Dienstverschleppung* f (& fig) ‖ ⟨Pol⟩ *passiver Widerstand* m ‖ ~ (de) rejilla ⟨Radio⟩ *Gitterwiderstand* m ‖ capacidad de ~ *Widerstandsfähigkeit* f ‖ carrera de ~ ⟨Sp⟩ *Dauerlauf* m ‖ *Zuverlässigkeitsfahrt* f ‖ la linea de menor ~ fig *der Weg des geringsten Widerstandes* ‖ nido de ~ *Widerstandsnest* n ‖ sin ~ *widerstandslos* ‖ *unweigerlich* ‖ ◊ encontrar ~ *auf Widerstand stoßen* ‖ oponer ~ *Widerstand bieten* ‖ *sich sträuben* ‖ tropezar con (od encontrar) ~ *auf Widerstand stoßen, Widerstand finden* ‖ **-te** adj *widerstehend* ‖ *widerstandsfähig* ‖ *stark, kräftig* ‖ *dauerhaft* ‖ *standfest* ‖ *beständig* ‖ ⟨Med Biol⟩ *resistent (Krankheitserreger)* ‖ ~ a la intemperie *wetterfest (z. B. Farbe)* ‖ ~ a los ácidos *säurefest* ‖ ~ al fuego *feuerfest* ‖ ~ m ⟨Pol⟩ *Mitglied* n *e-r Widerstandsbewegung*

resistero m *Mittagshitze* f *(im Sommer)* ‖ fam *Bullenhitze* f ‖ fig *der Sonnenglut ausgesetzter Platz* m

resis|tible adj *erträglich* ‖ ◊ no es ~ *es ist nicht auszuhalten* ‖ **-tir** vt/i *wider|stehen, -streben* ‖

resistividad — respeto

widersprechen ‖ standhalten ‖ bestreiten, hemmen, Einhalt tun ‖ aushalten, ertragen, (er)dulden, leiden ‖ ◊ ~ la comparación den Vergleich aushalten ‖ ~ mucho viel aushalten, widerstandsfähig sein ‖ no puedo –lo ich kann ihn nicht ausstehen ‖ ich kann es nicht (mehr) aushalten ‖ nadie puede ~lo niemand kann ihm widerstehen ‖ niemand kann so et ertragen ‖ ~ vi Widerstand leisten ‖ sich sträuben ‖ ~se sich widersetzen ‖ sich weigern ‖ sich sträuben ‖ Col störrisch werden (Pferd) ‖ ◊ yo me –to a ... ich nehme Anstand an ... ‖ **–tividad** f ⟨El⟩ Widerstand m ‖ ⟨Med⟩ Widerstandsfähigkeit, Resistivität f ‖ **–tivo** adj widerstandsfähig ‖ widerstehend, hartnäckig
    resistor m ⟨El⟩ Widerstand m (als Bauelement) ‖ **resistrón** m ⟨TV⟩ Bildwandlerröhre f
    res|ma f Ries n (Papier) ‖ **–milla** f kleines Ries n (Papier)
    resobado adj abgegriffen ‖ abgedroschen
    resobrin|a f Großnichte f ‖ **–o** m Großneffe m
    resocialización f ⟨Soz⟩ Resozialisierung f, Wiedereingliederung f (von Straffälligen od Asozialen)
    resol m Abglanz, Widerschein m ‖ Abstrahlung f der Sonnenhitze
    resola|na f große Hitze f ‖ Abstrahlung f der Sonnenhitze ‖ **–no** m/adj sonniger (, windgeschützter) Platz m ‖ Gluthitze f ‖ = ~**na**
    resolu|ción f Ent-, Be|schluß m ‖ Entscheidung f ‖ Entschlossenheit, Unerschrockenheit f ‖ Zuversicht f ‖ Entschlußkraft f ‖ Tatkraft, Energie f ‖ Lösung f (e–r Frage, e–r Rechenaufgabe) ‖ Auflösung f (& Opt Med) ‖ ⟨Jur⟩ Entscheidung f ‖ Beschluß m ‖ ⟨Pol⟩ Resolution f ‖ allg Entschluß m, Entschließung f ‖ ~ cautelar (od provisional) ⟨Jur⟩ einstweilige Verfügung f ‖ período de ~ ⟨Med⟩ Auflösungsstadium n (e–r Krankheit) ‖ de ~ difícil schwer zu entscheiden ‖ en ~ schließlich, kurz, überhaupt ‖ kurz und gut ‖ ◊ llegar a una ~ zu e–m Entschluß kommen ‖ tomar una ~ e–n Entschluß fassen, sich entschließen ‖ **–tivo** adj/s ⟨Chir Med⟩ auflösend (Mittel) ‖ ⟨Math⟩ (Auf)Lösungs- ‖ **–to** pp/irr v. resolver ‖ adj entschlossen, beherzt ‖ tatkräftig ‖ tüchtig ‖ **–torio** adj entscheidend ‖ ⟨Jur⟩ auf|hebend, -lösend ‖ condición ~a ⟨Jur⟩ auflösende Bedingung f
    resol|vente m/adj ⟨Chir Med⟩ zerteilendes bzw auflösendes Mittel n ‖ **–ver** [-ue-, pp resuelto] vt entscheiden ‖ (auf)lösen (Zweifel) ‖ kurz zusammenfassen ‖ beschließen, bestimmen (zu) ‖ auflösen, zerstören ‖ ⟨Med Opt⟩ auflösen ‖ ⟨Chir⟩ zerteilen ‖ ◊ ~ una cuestión e–e Frage lösen ‖ ~ una duda e–n Zweifel beseitigen, klären ‖ ~ dificultades Schwierigkeiten beheben ‖ ~se sich entschließen (a zu dat bzw inf) ‖ sich entscheiden (por für acc) ‖ sich auflösen, zergehen ‖ ⟨Med⟩ zu e–r Lösung kommen (Krankheit) ‖ ⟨Med⟩ schwinden (Entzündung, Krankheit) ‖ ◊ ~ a un sacrificio sich zu e–m Opfer entschließen ‖ ~ en vapor in Dampf aufgehen, verdampfen ‖ ~ por un partido sich für e–e Partei erklären ‖ ¿cómo se resuelve esto? wo führt das hin?
    resollar [-ue-] vi schnaufen, atmen ‖ Atem holen, Luft schöpfen ‖ verschnaufen, wieder zu Atem kommen ‖ keuchen ‖ fig ein Lebenszeichen (von sich) geben ‖ sin ~ fam ohne zu mucksen ‖ ◊ se lo bebió sin ~ er trank es in e–m Zuge aus ‖ lleva seis meses sin ~ figf er hat sechs Monate lang nichts von sich hören lassen ‖ → **herida**
    reso|nador m ⟨Ak⟩ Nach-, Wider|hall m ‖ Resonator m ‖ **–nancia** f Resonanz f ‖ fig Nachklang, Widerhall m, Echo n ‖ caja de ~ Schalldose f (Sprechmaschine) ‖ **–nante** adj nachhallend ‖ schallverstärkend ‖ mitschwingend ‖ fig andauernd, nachhaltig ‖ bedeutend (Geschenk) ‖ con ~ éxito mit glänzendem Erfolg ‖ **–nar** [-ue-] vi/t widerhallen ‖ (er)tönen, erklingen, erschallen ‖ nachhallen ‖ ◊ (en) las calles resuenan voces de júbilo in den Straßen hallt Jubelgeschrei wider ‖ la ciudad resuena en (od con) cánticos de gozo in der Stadt erklingen überall Jubelgesänge
    reso|plar vi schnaufen ‖ ◊ ~ de rabia vor Wut schnauben ‖ **–plido, –plo** m Schnauben n
    resorber vt wieder ein-, auf|saugen ‖ ⟨Med⟩ resorbieren
    resorcina f ⟨Chem⟩ Resorzin n
    resorción f ⟨Med⟩ Resorption f
    resor|tado adj gefedert, elastisch (& fig) ‖ **–te** m (Spring)Feder, Spann-, Sprung-, Trieb|feder f ‖ fig Feder-, Schnell-, Spann|kraft f ‖ fig Triebfeder f ‖ ~ de contacto ⟨Radio⟩ Kontaktfeder f ‖ ~ de flexión Biegefeder f ‖ ~ de tracción Zugfeder f ‖ ◊ armar el ~ die Feder spannen ‖ armar el ~ del obturador ⟨Phot⟩ den Verschluß aufziehen ‖ aflojáronse los ~s de su voluntad fig sein Wille erschlaffte ‖ conocer los ~s del organismo humano fig sich in den Menschen gut auskennen ‖ tocar todos los ~s figf alle Hebel in Bewegung setzen
    respal|dadamente adv zurück-, an|gelehnt ‖ fig bequem, gemächlich ‖ **–dado** adj auf der Rückseite beschrieben (bes Visitenkarten) ‖ bequem ausgestreckt (in e–m Lehnstuhl) ‖ **–dar** m Rückenlehne f ‖ ~ vt auf die Rückseite (bes e–r Visitenkarte) schreiben ‖ fig jdm den Rücken decken (& fig) ‖ **–darse** vr: ◊ ~ con (od contra) la pared sich an die Wand lehnen ‖ ~ en la silla sich im Sessel zurücklehnen ‖ **–do** m Rückseite f (e–s Schriftstückes) ‖ Rückenlehne f (e–s Sessels) ‖ fig Rückendeckung f ‖ Stützung f ‖ ~ de oro Goldreserve f ‖ banco con ~ Bank f mit Lehne ‖ al ~ auf der Rückseite ‖ **–dón** m augm v. **–do**
    resp.ble Abk = **respetable**
    respe m, Sant **résped** m ⟨Zool⟩ Schlangenzunge f ‖ (Gift)Stachel m (der Biene, der Wespe usw) ‖ fig giftige Zunge f
    respec|tar vi betreffen, angehen, sich beziehen (auf acc) ‖ ◊ por lo que –ta a eso was das betrifft, in dieser Hinsicht ‖ **–tiv(ament)e** adv beziehungsweise ‖ jeweils ‖ **–tivo** adj betreffend, bezüglich ‖ verhältnismäßig ‖ verschieden, einzeln ‖ jeweilig ‖ el importe ~ der betreffende Betrag ‖ sentados en sus ~s sitios jeder auf seinem Platz sitzend
    respecto m/ adv Beziehung, Hinsicht f, Verhältnis n ‖ al ~ de im Verhältnis zu ‖ a ese ~, (considerado) desde tal ~ von diesem Gesichtspunkt aus betrachtet ‖ in dieser Hinsicht ‖ (con) ~ a eso, a ese ~ in dieser Hinsicht, diesbezüglich ‖ (con) ~ a (od de) hinsichtlich, betreffend, mit Rücksicht auf (acc) ‖ en cierto ~ in gewisser Beziehung ‖ sozusagen ‖ en muchos ~s in vieler Hinsicht ‖ en todos ~s in jeder Hinsicht ‖ entschieden
    respe|tabilidad f Achtbarkeit f ‖ Ansehen n ‖ **–table** adj achtbar, ehrwürdig ‖ angesehen, ansehnlich ‖ una casa ~ ⟨Com⟩ e–e reelle Firma ‖ una suma ~ e–e erhebliche Summe ‖ ~ m: el ~ m pop das Publikum (bes ⟨Taur⟩) ‖ **–tar** vt achten, respektieren ‖ (ver)ehren ‖ schonen, Rücksicht nehmen auf (acc) ‖ ◊ ~ las leyes die Gesetze (be)achten ‖ no ~ a nadie rücksichtslos zu Werke gehen ‖ niemanden schonen ‖ ~ a los superiores vor den Vorgesetzten Achtung haben ‖ hacerse ~ sich Respekt (od Achtung) verschaffen ‖ würdevoll auftreten ‖ **–tive** adj/s pop = **respective** ‖ a betreffs ‖ al ~ in dieser Hinsicht ‖ diesbezüglich ‖ **–to** m Achtung f, Respekt m ‖ Ehrfurcht f ‖ Ehrerbietung, Hochachtung f ‖ Rücksichtnahme f (→ **consideración**) ‖ △ Degen m ‖ △ Hausfreund, Liebhaber m ‖ Ersatz-, Not- ‖ Respekts- ‖ Gala-, Fest-, Ehren- ‖ ancla de ~ ⟨Mar⟩ Notanker m ‖ coche de ~ Reservewagen m ‖ Galawagen m ‖ cuarto de ~ Ehrengemach n ‖ falta de ~ Respektlosigkeit f ‖ Rücksichtslosigkeit f ‖ persona de ~ angesehene Person f ‖ pieza de ~ gute Stube f

|| ◊ campar por su (od por sus ~s) ~ anmaßend, rücksichtslos, willkürlich handeln, vorgehen || nur auf seinen eigenen Nutzen bedacht sein || estar de ~ zur Schau dienen || faltar al ~ die Achtung vor jdm verletzen || unanständig werden || imponer ~ Respekt, Achtung erwecken || perder el ~ die Achtung verlieren || sin ~ respektlos || rücksichtslos || ~ s humanos Menschenfurcht f ⟨& Rel⟩ || Anstandsregeln fpl || sin ~s humanos ⟨Rel⟩ & fig ohne Menschenfurcht, ohne Furcht vor der Meinung der ander(e)n || ¡mis ~s a su señora! meine Empfehlungen an Ihre Frau Gemahlin! || ◊ ¡preséntele V. mis ~s! empfehlen Sie mich ihm! (Höflichkeitsphrase) || ofrecer sus ~s (a) jdm seine Aufwartung machen
  respetuo|samente adv ehrerbietig, höflich || **-sidad** f Ehrwürdigkeit, Würde f || **-so** adj ehr|erbietig, -furchtsvoll, respektvoll || höflich, anstandsvoll || rücksichtsvoll
  réspice m fam trockene, schroffe Antwort f || Anranzer, Verweis, Rüffel m, Rüge f
  respigo m Sant Wirsingsamen m
  respig|ón m Nied-, Neid|nagel m || ⟨Vet⟩ Steingalle f || **-ones** mpl ⟨Bot⟩ Kletten fpl
  respin|gado adj: nariz ~a Stülpnase f || **-gar** [g/gu] vi fam abstehen, nicht anliegen (Kleidungsstück) || figf schmollen, sich sträuben || **-go** m heftige Körperbewegung f, Ruck m, Auffahren n || Aufbäumen, Bocken n || abwehrende Geste f || fam Widerspenstigkeit f || ◊ dar un ~ aufspringen || fig auffahren || **-gón, ona** adj bockig, störrisch (Tier) || nariz ~a fam Stülp-, Stups|nase f
  respi|rable adj atembar || **-ración** f Atemholen, Atmen n, Atmung f ⟨& Tech⟩ || Einatmen n || Luftloch n || ⟨Mus⟩ (Luft)Pause f || ~ abdominal ⟨Med⟩ Zwerchfell-, Bauch|atmen n || ~ artificial künstliche Atmung, (künstliche) Beatmung f || ~ branquial ⟨Zool⟩ Kiemenatmung f || ~ cutánea Hautatmung f || ~ diafragmática Bauchfellatmen n || ~ difícil, dificultad de ~ Atemnot f || ~ traqueal ⟨Entom Zool⟩ tracheale Atmung f (der Insekten und anderer Gliedertiere) || **-radero** m Luft-, Lüftungs|loch n || Dachluke f || Kellerfenster n || Zugloch n (an e-m Kamin) || fig Atempause f, Ausruhen n || fam Atmungsorgane npl, Luftröhre f || ⟨Sp⟩ Schnorchel m || ⟨Metal⟩ (Entlüftungs)Steiger m || **-rar** vi atmen || einatmen || duften || fig sich erholen, verschnaufen || fig aufatmen || fig ausruhen || sin ~ fig unablässig, ohne Atem zu holen, ohne auszuruhen || figf ohne ein Sterbenswörtchen zu sagen || ◊ no tener por dónde ~ fig auf e-e Beschuldigung nichts zu antworten wissen || todo -ra alegría alles atmet Freude || ahora sé por dónde -ra fig jetzt kenne ich mich in ihm aus || ~vt einatmen || **-ratorio** adj ⟨An⟩ respiratorisch, Atmungs-Atem- || aparato ~ Atmungsapparat m || dificultad ~a Atemnot f || órganos ~ ⟨An⟩ Atmungsorgane npl || tubo ~ Atemschlauch m || ⟨Sp⟩ Schnorchel m || vias ~as ⟨An⟩ Luftwege mpl || **-ro** m Atemholen n || Atmen n || fig Aufatmen n || fig Pause f || Schulpause f || fig Ruhe f || fig Zahlungsfrist f || ⟨Jur⟩ Moratorium n
  resplan|decer [-zc-] vi (er)glänzen || funkeln, leuchten, schimmern, scheinen || fig prangen || **-deciente** adj glänzend, leuchtend || **-dor** m Glanz, Schimmer m || fig Ruhm m
  respon|der vt/i (be)antworten || erwidern, entgegnen || sich melden, antworten || beim Klopfen, beim Anruf) || entsprechen, entgegenkommen (e-m Wunsche) || widersprechen || ~ vi antworten || sich jdm dankbar zeigen || fig rechthaberisch sein || (e-r Bitte) Gehör schenken || ergiebig, fruchtbar sein (Erdreich) || entsprechen (dat), im Verhältnis stehen (zu) || ◊ ~ a beantworten (acc), antworten auf (acc) || sich beziehen auf (acc) || ~ a las esperanzas die Erwartungen erfüllen || ~ a la necesidad dem Bedarf entsprechen || al

objeto (de) bezwecken || ~ a la pregunta auf die Frage antworten, die Frage beantworten || ~ a tiros mit Schüssen beantworten || ~ con et verbürgen || ~ con toda su fortuna mit seinem ganzen Vermögen haften || ~ de et verantworten, Rede stehen (über acc) || haften, gutstehen (für) || ~ de las consecuencias die Folgen tragen || -do de mis empleados ich hafte für meine Angestellten || ~ por el nombre de ... auf den Namen (od Ruf) ... hören (z.B. Hund) || ~ por gutstehen, Bürge sein für || -do por él ich hafte für jdn || -do de ello darauf können Sie sich (bzw kannst du dich) verlassen || no -do de nada ich stehe für nichts || no -de nadie es meldet sich niemand || niemand antwortet || ~ solidariamente ⟨Com⟩ gesamtschuldnerisch od gemeinschaftlich haften || ~ que sí et bejahen || **-dón, ona** adj/s rechthaberisch || widerspruchslustig || fam schnippisch, mit e-m losen Mundwerk
  respon|sabilidad f Verantwortlichkeit f || Verantwortung f || Haftfähigkeit f || Haftbarkeit f || Haftung f || Regreßpflicht f || civil Haftpflicht f || ~ común Gesamtverpflichtung f || ~ solidaria gesamtschuldnerische Haftung f || ~ subsidiaria subsidiäre Haftung f || compañía (od sociedad) de ~ limitada Gesellschaft mit beschränkter Haftung (GmbH) || bajo mi ~ auf meine Verantwortung (hin) || conciencia de la ~ Verantwortungsbewußtsein n || ◊ declinar la ~ die Verantwortung ablehnen || eximir de la ~ der Verantwortung entheben || sentido de la ~ Verantwortungsgefühl n || sustraerse a la ~ sich der Verantwortung entziehen || no acepto ~ ich komme nicht dafür auf || tomar (od asumir) toda ~ die ganze Verantwortung auf sich nehmen || ~ **depurar** || **-sabilizarse** [z/c] vr bes Am für et einstehen, die Haftung übernehmen (de für acc) || **-sable** adj/s verantwortlich (de für acc) || haftbar || editor, redactor ~ verantwortlicher Herausgeber, Redakteur m || editor ~ fig iron vermeintlicher Vater m || ◊ hacer ~ (de) verantwortlich machen (für) || me hago ~ (de ello ich übernehme die Verantwortung (dafür) || ich verantworte (es) || ser (od salir) ~ (de) aufkommen (für) || V. es (el) ~ Sie haben die Verantwortung || ~ m Verantwortliche(r) m || Haftende(r) m || **-sar** vi ⟨Kath⟩ Respons beten bzw singen || **-siva** f Mex Bürgschaft f || **-so** m ⟨Kath⟩ Responsorium n für die Verstorbenen || ◊ echar un ~(a) figf jdn anschnauzen || rezar un ~ Respons beten || **-sorio** m ⟨Rel⟩ Responsorium n
  resp.[ta] Abk = respuesta
  respuesta f Antwort, Erwiderung f || Beantwortung f || fig Widerhall m || ~ negativa, evasiva abschlägige, ausweichende Antwort f || "~ pagada" ⟨Postw⟩ „Rückantwort bezahlt" || en ~ (de) als Antwort || in Beantwortung (gen) || sin ~ unbeantwortet || ◊ dar una ~ negativa abschlägig antworten || no exigir ~ keine Antwort erfordern bzw verlangen
  resquebra|(ja)dura f, **-jo** m Ritze f, Spalt, Riß, Sprung m || Spalte f || Rißbildung f || **-jadizo** adj spröde (Holz usw) || **-jado** adj zerklüftet || aufgesprungen (Früchte, Lippen, Hände) || rissig (Leder) || **-jar** vt leicht spalten || vi aufspringen || Risse bekommen || **-se** sich spalten, (auf)springen, Risse bekommen || aufspringen (Haut) || **-jo-so** adj rissig || brüchig
  resque|mar vt/i prickeln, brennen (Pfeffer usw) || **-se** fig sich abhärmen || sich sehr ärgern || **-mazón** f, **-mo** m prickelnder Geschmack m, Prickeln n || Brennen n || Jucken n || fig Kummer m || **-mor** m Kummer m || fig bitterer Nachgeschmack m
  resquicio m Spalte, Ritze f || fig Spur f || fig Hoffnung f || fig gute Gelegenheit f
  resta f ⟨Math⟩ Abziehen, Subtrahieren n || (Über)Rest m
  restable|cer [-zc-] vt wiederherstellen, in Gang bringen || wieder einsetzen || ◊ ~ la comunicación

⟨Tel⟩, la orden, las relaciones *die Verbindung* ⟨Tel⟩, *die Ordnung, die Beziehungen wiederherstellen* ‖ –cido el silencio *nach Wiederherstellung der Ruhe* ‖ **~se** *sich wieder erholen* ‖ *(wieder) genesen* ‖ **–cimiento** *m Wiederherstellung* f ‖ *Genesung, Erholung* f ‖ *Gesundung* f (& fig) ‖ ⟨Jur⟩ *Wieder|einsetzung, -inkraftsetzung* f ‖ *~ económico Gesundung* f *der Wirtschaft* ‖ *Sanierung* f
restado adj *kühn, verwegen* ‖ pp v. **restar**
resta|llar vi *knallen (Peitsche)* ‖ *klatschen (Geräusch)* ‖ *krachen, knacken* ‖ ◊ *hizo ~ el látigo er ließ die Peitsche knallen* ‖ **–llido** *m Peitschenknall* m
restante *m*/adj *Rest* m ‖ *~* adj *restlich, übrigbleibend* ‖ *übriggeblieben* ‖ ⟨Com⟩ *rückständig* ‖ *Rest-* ‖ la suma *~ der Restbetrag* ‖ lo *~ der Rest, das Übrige*
restaña|dero *m* = **estuario** ‖ **–dor** *m blutstillender Stift* m ‖ *~* adj *blutstillend*
¹**restañar** vt *neu verzinnen*
²**resta|ñar** vt/i *das Blut stillen* ‖ allg *anstauen (Wasser, Flüssigkeit)* ‖ fig *unterbinden, aufhalten* ‖ **–ñasangre** *f* ⟨Min⟩ → **cornalina** ‖ **–ño** *m* ‖ *Anstauung* f
res|tar vt/i *ab|rechnen, -ziehen* ‖ *wegnehmen* ‖ *(den Ball) zurückschlagen (Pelotaspiel)* ‖ ⟨Math⟩ *subtrahieren, abziehen (de von* dat) ‖ *~ autoridad das Ansehen schmälern* ‖ *~ méritos* (a) *das Verdienst absprechen wollen* (dat) ‖ *~ de una cantidad* ⟨Math⟩ *von e-r Größe abziehen* ‖ la raqueta *~ta bien der Schläger schlägt gut zurück (Tennis)* ‖ *~* vi *übrig sein, übrigbleiben* ‖ ◊ *~ por pagar noch zu (be)zahlen sein* ‖ lo que *–ta das Restliche, der Rest* ‖ *en todo lo que ~ta del año bis zu Ende des laufenden Jahres* ‖ *~se años sich für jünger ausgeben* ‖ *für jünger gelten wollen*
restau|ración *f Wiederherstellung* f ‖ *Wiedereinführung f (von Gesetzen)* ‖ *Wiedereinsetzung* f *(auf den Thron)* ‖ *Restaurierung* f *(Kunst)* ‖ ⟨Pol⟩ *Restauration* f ‖ *Wiederschreiben* n *(Speicher)* ‖ *~ de montes Neuaufforstung* f ‖ *Bewaldung* f (→ **repoblación** *forestal)* ‖ **–rador** *m Wiederhersteller* m ‖ ⟨Mal⟩ *Restaurator* m ‖ **–rante** [pl **~s** m *Restaurant, Gast|haus* n, *-stätte* f ‖ *~ automático Automatenrestaurant* n, *Schnellgaststätte* f ‖ *~ de autopista Raststätte* f ‖ *dueño de un ~ Gastwirt* m ‖ **–rar** vt *wiederherstellen* ⟨& Pol⟩ ‖ *wieder einführen* ‖ *wiedereinsetzen* ‖ *wieder auf den Thron setzen (e-e Dynastie)* ‖ *stärken, erquicken* ‖ ⟨Mal⟩ *restaurieren (Gemälde, Skulpturen)* ‖ ◊ *sus fuerzas wieder zu Kräften kommen* ‖ **~se** *sich erholen, neue Kräfte sammeln* ‖ *gall essen* ‖ **–rativo** *m*/adj *Stärkungsmittel* n ‖ *~* adj *wiederherstellend* ‖ ⟨Pol⟩ *restaurativ*
restinga *f* ⟨Mar⟩ *Untiefe, Sandbank* f ‖ **–r** *m* ⟨Mar⟩ *Gebiet* n *voller Untiefen*
resti|tución *f Wiedererstattung, Rückgabe* f ‖ *Rückerstattung* f ‖ *Herausgabe* f ‖ *Wiedereinsetzung* f ‖ *Ersatz* m ‖ *Wiederherstellung, Ergänzung* f *(e-s Textes)* ‖ *Umbildung, Entzerrung* f *(e-r Luftbildaufnahme)* ‖ ◊ *pedir* la *~* (de) *et zurückverlangen* ‖ **–tuible** adj *wiederherstellbar* ‖ *zu ersetzen(d), zurückerstatten(d)* ‖ *ersetzbar (Verlust)* ‖ **–tuir** [-uy-] vt *wiederherstellen* ‖ *ersetzen, zurückgeben* ‖ *wiedereinsetzen* ‖ *wiedereinführen* ‖ *umbilden, entzerren (e-e Luftbildaufnahme)* ‖ ◊ *~ a la realidad* fig *die Augen öffnen* (dat) ‖ *~ los derechos den Zoll rückerstatten* ‖ **~se** *sich (wieder) zurückbegeben* ‖ *sich erholen* ‖ *a su patria in sein Vaterland zurückkehren* ‖ ≑**tuta** *f* np *Restituta* f (Tfn) ‖ **–tutorio** adj *auf Erstattung bezüglich* ‖ *Rückerstattungs-, restitutorisch*
resto m *(Über)Rest* m ‖ ⟨Sp⟩ *Rückschlagen* n *(des Balles beim Pelotaspiel)* ‖ ⟨Kart⟩ *(festgelegter) Gesamteinsatz* m ‖ *a ~ abierto unbegrenzter Einsatz (Spiel)* ‖ *a ~ abierto* fig *unbeschränkt, ungehindert* ‖ los *~s* de un buque *die Wracktrümmer* pl, *das Wrack* e *–s Schiffes* ‖ *los ~s mortales*

die sterbliche Hülle ‖ ◊ *echar (od enviar) el ~* figf *alles daransetzen, das letzte aufbieten*
restre|gar [–ie–, g/gu] vt *heftig reiben, abreiben* ‖ ◊ *le –gó la cara* (con) *er beschmutzte ihm das Gesicht (mit)* ‖ **~se:** ◊ *~ los ojos* (con el dorso de la mano) *sich die Augen reiben (mit dem Handrücken)* ‖ *el gato comenzó a ~ contra sus faldas die Katze schmiegte sich an* ‖ *–gándose las manos con satisfacción sich vergnügt die Hände reibend* ‖ **–gón** *m heftiges Reiben* n ‖ ◊ *dar un ~, dar ~es* (a) *heftig (ab)reiben*
restric|ción *f Ein-, Be|schränkung* f ‖ *Restriktion* f ‖ fig *Einschränkung* f, *Vorbehalt* m ‖ *~ mental* ⟨Jur⟩ *geheimer (stillschweigender) Vorbehalt* m, *Mentalreservation* f ‖ *~ de exportaciones Ausfuhr-, Export|beschränkungen* fpl ‖ *sin ~ uneingeschränkt* ‖ *ohne Rückhalt* ‖ *unbedingt* ‖ *con* la *~ de que mit der Einschränkung, daß* ‖ *vorbehaltlich* (gen) ‖ ◊ *imponer (sufrir) ~es Beschränkungen auferlegen (erleiden)* ‖ *estar sujeto (od sometido)* a *~es Beschränkungen unterliegen* ‖ **–tivo** adj *ein-, be|schränkend* ‖ *hemmend* ‖ ⟨Wir Com⟩ *restriktiv* ‖ **–to** adj *beschränkt* ‖ *begrenzt*
restrin|gir [g/j] vt *ein-, be|schränken* ‖ *kontrollieren, überwachen* ‖ *~ a beschränken auf* (acc) ‖ ◊ *en escala –gida in beschränktem Maße*
restriñir [3 pret –ñó] vt *zusammenziehen* ‖ = **astringir**
resuci|tación *f* bes Am *Wieder|erweckung, -belebung* f ‖ ⟨Med⟩ *Wiederbelebung* f ‖ = **resurrección** ‖ **–tado** adj *von den Toten erweckt* ‖ fig *zu neuem Leben erwacht* ‖ *~ Auferstandene(r) (Evangelium* usw) ‖ **–tador** adj/s *auferweckend* ‖ fig *nenbelebend* ‖ *~ m Totenerwecker* m ‖ fig *Neubeleber* m ‖ **–tar** vt *wiedererwecken, vom Tode erwecken* ‖ fig *neu beleben* ‖ fig *wieder ins Leben rufen,* fam *wieder auf die Beine bringen* ‖ *~* vi *auferstehen, von den Toten auferstehen* ‖ fig *genesen* ‖ fig *wiedererwachen* ‖ *el* ≑*tado der Auferstandene (Christus)*
resudar vi *(leicht) schwitzen* ‖ *ausschwitzen*
resuelto adj *entschlossen, beherzt, mutig* ‖ *behend, hurtig* ‖ *resolut* ‖ *energisch, tatkräftig* ‖ *firmemente ~* (a) *fest entschlossen (zu* inf bzw dat*)* ‖ *~ en (od para,* a*) defenderse entschlossen, sich zu verteidigen* ‖ adv: **~amente**
resuello *m (lautes) Atmen, Atemholen* n ‖ *Keuchen, Schnauben* n ‖ △ *Geld* n ‖ ◊ *echar el ~ keuchen* ‖ *le metió el ~ en el cuerpo* figf *er schüchterte ihn ein,* fam *er setzte ihm e–n Dämpfer auf* ‖ *el conteniendo el ~ mit verhaltenem Atem*
resul|ta *f Ergebnis* n, *Folge* f, *Erfolg* m ‖ ⟨Verw⟩ *frei werdende Planstelle* f ‖ ◊ *~s* (de) *als Folge, infolge* (gen) ‖ **–tado** *m Ergebnis, Resultat* n ‖ *Ausgang, Erfolg* m ‖ *Folge* f ‖ ⟨Math⟩ *Ergebnis* n ‖ *~ del ejercicio* ⟨Wir⟩ *Jahresergebnis* n *(Buchführung)* ‖ *~ del examen médico Befund* m, *Untersuchungsergebnis* n ‖ *~ final Endergebnis* n ‖ *~ parcial (total) Teil-, (Gesamt)ergebnis* n ‖ *sin ~ erfolglos, zwecklos, unnütz* ‖ ◊ *dar (buen) ~ gelingen* ‖ *einschlagen* ‖ *sich bewähren* ‖ *dar mal ~ mißlingen* ‖ *fehlschlagen* ‖ *enttäuschen* ‖ *dar ~ contrario (od contraproducente) das Gegenteil bewirken* ‖ *no me da ~ es lohnt sich für mich nicht* ‖ *llevar a buen ~ glücklich beenden* ‖ *prometer (obtener) un ~ ventajoso ein vorteilhaftes Resultat versprechen (erzielen)* ‖ *su partida tuvo por ~ que... die Folge seiner Abfahrt war, daß...* ‖ **–tando** *m* ⟨Jur⟩ *feststehende Tatsache* f *(im Urteil)* ‖ *~s* mpl ⟨Jur⟩ *Tatbestand* m *(des Urteils)* ‖ *Entscheidungsgründe* mpl *(für das Urteil)* ‖ **–tante** *f* ⟨Math⟩ *Resultante* f ‖ ⟨Phys⟩ *Resultierende* f ‖ **–tar** vi *sich ergeben, (er)folgen* ‖ *sich gestalten* ‖ *sich herausstellen (als)* ‖ *sich erweisen (als)* ‖ *sich bewähren* ‖ *einschlagen, gelingen* ‖ *taugen* ‖ *erscheinen als (oft als Ersatz von* ser, estar, quedar *usw)* ‖ ◊ *~*

útil *sich als nützlich herausstellen* ‖ *sich bewähren* ‖ ~ *ventajoso vorteilhaft ausfallen, vorteilhaft sein* ‖ –ta que (pues) ... *folglich* ... ‖ **nun ist es so, daß** ... ‖ *es ergibt sich, daß* ... ‖ *daraus folgt, daß* ... ‖ *daraus ist zu schließen (od geht hervor), daß* ... ‖ de ello –ta un balance de ⟨Com⟩ *daraus ergibt sich ein Saldo von* ‖ no me –ta *es ist kein Vorteil für mich, das paßt mir nicht* ‖ el piso nos –ta pequeño *die Wohnung ist uns zu eng* ‖ me ~ta caro *das ist mir zu teuer* ‖ me va a ~ caro fig *das kommt mich (mir) teuer zu stehen* ‖ si –ta *wenn es gelingt* ‖ *wenn es einschlägt* ‖ *günstigenfalls* ‖ de ello –tan muchos gastos *das zieht große Unkosten nach sich* ‖ la obra no –tó ⟨Th⟩ *das Stück ist durchgefallen* ‖ por fin, la señora ~tó ser su hermana *es ergab sich schließlich, daß die Frau seine Schwester war* ‖ los.esfuerzos –taron inútiles *die Bestrebungen haben sich als zwecklos erwiesen*
resu|men *m kurze Zusammenfassung* f ‖ *gedrängter Auszug* m ‖ *Abriß* m ‖ *Übersicht* f ‖ *Resümee* n ‖ →a **compendio** ‖ en ~ *kurzgefaßt* ‖ fam *kurz und gut, kurzum* ‖ *zusammenfassend, zusammengefaßt* ‖ *alles in allem* ‖ ~ de la cuenta ⟨Com⟩ *summarischer (Rechnungs)Auszug* m ‖ el ~ de las perfecciones fig *der Inbegriff der Vollendung* ‖ **–midamente** adv *kurz, in einem Wort* ‖ **–midero** m Am = **sumidero** ‖ **–mido** pp/adj *zusammengefaßt* ‖ *gekürzt (Ausgabe)* ‖ edición (no) ~a *(un)gekürzte Ausgabe* f ‖ en ~as cuentas figf *letzten Endes* ‖ *kurz und gut* ‖ **–mir** vt *(kurz) zusammenfassen* ‖ *resümieren* ‖ *knapp wiederholen* ‖ ~se en *hinauslaufen auf* (acc) ‖ **–miendo** *zusammenfassend, kurz und gut*
△**resuñar** vi *keuchen* ‖ *atmen*
resur|gimiento *m Wiederbeleben* n ‖ ~ *económico wirtschaftlicher Wiederaufschwung* m ‖ ~ *nacional nationale Wiedergeburt* f ‖ →**resurrección, risorgimiento** ‖ **–gir** vi [g/j] *auferstehen* (bes fig) ‖ *wiedererscheinen*
resurrec|ción f ⟨Rel⟩ *Auferstehung* f (& fig) ‖ *Auferstehung* f *Christi* ‖ fig *Wiederaufleben* n ‖ fig *Wiederaufblühen* n ‖ Pascua de ~ *Ostern* pl ‖ **–to** adj ⟨Lit Rel⟩ = **resucitado** ‖ **–tor** adj ⟨Lit Rel⟩ = **resucitador** ‖ agua –tora *Wasser* n *des Lebens (im Märchen)*
retablo m *Retabel* n, *Altaraufsatz* m ‖ *Altar|gemälde, -werk, -blatt* n
reta|car vt *nachstoßen (Billardspiel)* ‖ **–cito** m dim v. **–jo** ‖ **–co** m *Stutzen* m *(Gewehr)* ‖ *kurzer Billardstock* m ‖ p.ex figf *kleine, dicklike, untersetzte Person* f, fam *Stopfen* m
retador m/adj *Herausforderer* m ‖ ~ adj *herausfordernd*
retaguar|dia, –da f ⟨Mil⟩ *Nach|hut* f, *-trupp* m ‖ *Etappe* f ‖ fam joc *der Hintere* ‖ a ~ ⟨Mil⟩ *rückwärts* ‖ fig *verspätet* ‖ enlace con la *(od* a inc) ~ *Verbindung* f *nach rückwärts* ‖ ◇ *sorprender por la* ~ *von hinten überfallen*
retahíla f *(lange) Reihe* f ‖ una ~ de coches *e-e Reihe Wagen, e-e Wagenkolonne*
retajo m *(Ab)Schnitzel* m
retal m *Abfall* m *(beim Zuschneiden des Tuches)* ‖ un ~ de tierra *ein Stück Land* ‖ ~es pl ⟨Com⟩ *Stoff-, Tuch|reste* mpl *(bes im Ausverkauf)* ‖ ~ de guantería *Leimleder* n
reta|llecer [–zc–], **–llar** vi *neue Triebe bekommen* ‖ **–llo** m *Schößling, (neuer) Trieb* m ‖ ⟨Arch⟩ *(Mauer)Vorsprung* m
reta|ma f (Arg **–mo** m) ⟨Bot⟩ *Ginster* m (Genista) ‖ ~ de escobas, ~ negra *Besenginster* m (Cytisus scoparius) ‖ ~ de olor *Binsenginster*, *Wohlriechender Edelginster* m ‖ ~ de los tintoreros *Färberginster* m (Genista tinctoria) ‖ **–mal, –mar** m *Ginsterfeld* n
retar vt *(heraus)fordern* ‖ pop (bes Am) *aus|schelten, -zanken* ‖ Chi *beschimpfen* ‖ ◇ ~ a muerte *zum Todeskampf herausfordern*

retar|dación f *Aufschub* m ‖ *Verzögerung* f ‖ ⟨Phys⟩ *Retardation* f ‖ **–dador** m *Verzögerungsvorrichtung, Zeitlupe* f *(beim Film)* ‖ ⟨Tech⟩ *Verzögerer* m ‖ ⟨Mar⟩ *Retarder* m engl ‖ **–dante** adj *aufhaltend* ‖ **–dar** vt *aufschieben, verzögern, verlangsamen* ‖ *aufhalten* ‖ ~ el pago *mit der Zahlung säumen* ‖ ~ el reloj *die Uhr nach-, zurück|stellen* ‖ ~se *sich verspäten (Uhr)* (& vi) ‖ **–datriz** adj/f: (fuerza) ~ *Verzögerungskraft* f ‖ **–do** m *Verzögerung* f ‖ *Verlangsamung* f ‖ *Hemmung* f ‖ *Aufschub* m ‖ ~ procesal ⟨Jur⟩ *Prozeßverschleppung* f ‖ ◇ estar en ~ *im Rückstand sein* ‖ sufrir un ~ *e-e Verzögerung erfahren*
retasar vt *neu abschätzen*
retatarabuelo m *Urgroßvater* m
reta|zar [z/c] vt *in Stücke schneiden* ‖ **–zo** m *Abfall* m *vom Tuch usw (beim Zuschneiden)* ‖ *Stoffrest* m ‖ *(Baum)Stumpf* m ‖ fig *Fragment* n *(e-s Gedichtes usw)* ‖ Chi *Stück* n ‖ Mex *Stück* n *Fleisch* ‖ ~s de cuero *Lederabfälle* mpl ‖ a ~s fig *stückweise*
rete-: –bién adv fam *sehr gut, ausgezeichnet* ‖ →a **requete**
retecho m *Dachvorsprung* m
retejar vt *das Dach neu decken* bzw *ausbessern, neu überdachen* ‖ fig *neu einkleiden* bzw *mit neuen Schuhen versorgen*
retejer vt *dicht zusammenweben*
retem|blar [–ie–] vi *erheben, erzittern* ‖ ◇ hacer ~ el piso *den Boden erdröhnen machen (durch Stampfen usw)* ‖ **–blido** fam **–blor** m *Zittern, Beben* n
retemejor adv fam *viel besser* ‖ →**rete-**
retén m allg *Rücklage* f, *Ersatz* m ‖ ⟨Mil⟩ *Ersatztruppe, Feldwache* f ‖ *Brandwache* f ‖ ⟨Tech⟩ *(Sperr)Klinke* f ‖ *Verriegelungseinrichtung* f ‖ *Dichtungsring* m ‖ prov *Schularrest* m ‖ ~ de la torre ⟨Mil⟩ *Turmzurrung* f
retención f *(Zurück)Behalten* n ‖ *Einbehaltung* f *(des Gehaltes, Lohnes)* ‖ *Beibehaltung* f *(e-s Amtes)* ‖ *Haft* f, *Aufenthaltsbeschränkung* f ‖ *Zurückhaltung, Mäßigung* f ‖ ⟨Med⟩ *Verhaltung, Retention* f ‖ ⟨Tech⟩ *Festhalten* n ‖ *Hemmung* f ‖ ~ de orina ⟨Med⟩ *Harnverhaltung* f ‖ derecho de ~ *Rückhaltungsrecht* n
rete|ner [irr →**tener**] vt/i *zurück-, inne-, bei|behalten* ‖ *(auf)bewahren, aufheben* ‖ *verhaften, in Haft nehmen* ‖ ⟨Jur⟩ *sich die Zuständigkeit vorbehalten* ‖ ◇ ~ el aliento *den Atem anhalten* ‖ ~ sus lágrimas *seine Tränen zurückhalten* ‖ ~ en la memoria *im Gedächtnis behalten, sich et merken* ‖ ~ en su poder *bei sich behalten* ‖ ha sido –nido en la escuela ⟨Sch⟩ *er hat nachsitzen müssen* ‖ **–nida** f ⟨Mar⟩ *Halteleine* f, *Stopper* m ‖ ⟨Tech⟩ *Sperr|ung, -kette* f ‖ *Bremsbalken* m ‖ del cargador *Rahmen-, Magazin|halter* m ‖ **–nimiento** m = **retención**
retentar vt ⟨Med⟩ *drohen wiederzukehren, drohen zu rezidivieren (Krankheit, Schmerz)*
retentiva f *Gedächtnis(vermögen)* n
retentivo m/adj ⟨Med⟩ *Verhaltungsmittel* n ‖ ~ adj *behaltend* ‖ *zurückhaltend* ‖ *hemmend*
¹**reteñir** [irr →**teñir**] vt *auf-, um|färben* ‖ *nachfärben (Haar)*
²**reteñir** vi = **retiñir**
retesar vt *steifen, steif machen*
Retia f ⟨Hist Geogr⟩ *Rätien* n
reticen|cia f *Verschweigung, absichtliche Übergehung* f ‖ *Verschwiegenheit* f ‖ *plötzliches Schweigen* n ‖ fig *Geheim(nis)tuerei* f ‖ **–te** adj *verschwiegen* (fam →**reservón**) ‖ *dunkel anspielend*
rético adj *rätisch* ‖ el ~ *das Rätoromanische, das Rätische* ‖ →**retorromano**
retícula f dim v. **red** ‖ ⟨Typ⟩ *Raster* m ‖ = **retículo**
reticu|lación f ⟨Biol⟩ *Netzwerk(bildung)* n ‖ ⟨Opt Phot Typ⟩ *Rasterung* f ‖ **–lado** adj *netz|artig, -förmig, Netz-* ‖ ⟨Opt Phot Typ⟩ *gerastert* ‖

reticular — retornar

Raster- || papel ~ *Rasterpapier* n || ~ m = **reticulación** || = **retículo** || **-lar** adj *retiku|lar, -lär, netz|artig, -förmig, Netz-* || membrana ~ ⟨An⟩ *Netzhaut* f || tejido ~ ⟨An⟩ *retikulares Gewebe, Netzgewebe* n

retículo m ⟨Biol An⟩ *Netz|werk, -gewebe, Retikulum* n || ⟨Gen⟩ *Retikulum, Netzwerk* n *der teilungsbereiten Zelle* || *Netzmagen* m *(der Wiederkäuer)* || ⟨Opt Mil⟩ *Faden|kreuz* bzw *-gitter* n || ⟨Opt Typ⟩ *Raster* m || placa de ~ ⟨Phot⟩ *Rasterplatte* f

retiforme adj *netzartig*

retín = **retintín**

retina f *Netzhaut* f *(des Auges)*

retinencia f *gutes Gedächtnis, Erinnerungsvermögen* n

retin|glar vi *knallen* || **-gle** m *Knall* m (→ **estampido**)

retini|ano adj *Netzhaut-* || **-tis** f ⟨Med⟩ *Entzündung der Netzhaut, Netzhautentzündung, Retinitis* f

retintín m *Geklirr* n || *Klirren* n *(von Gläsern)* || *Glockenschall* m || *Klingklang* m || figf *stichelnder Ton* m *(der Stimme)* || figf *besonderer Nachdruck* m *(auf Gesagtes)* || el ~ de las espuelas *das Sporengeklirr* || por vía de ~ fig *um (ihn) zu reizen*

retinto pp/irr *v*. **reteñir** || ~ adj/s *schwarzbraun (Stier, Pferd)*

¡retiña! pop *Donnerwetter!*

retiñir [3. pret **–ñó**] vi *klingen, klirren (Glocke, Metall usw)*

retira|ción f *Zurücknahme* f || ⟨Typ⟩ *Umschlagen* n || *Widerdruck* m || **-da** f *Zurückziehung* f *Entzug* m || *Rückzug* m (& fig) || ⟨Mil⟩ *Zapfenstreich* m (→ **retreta**) || ⟨Mil⟩ *Rück|zug, -marsch* m || *Absetzen* n || de ~ *auf dem Rückweg* || ~ de un socio ⟨Com⟩ *Austritt* m *e-s Teilhabers* || ◊ cortar la ~ a alg. *jdm den Rückzug abschneiden* || disponer la ~ de los géneros ⟨Com⟩ *die Waren zurücknehmen* || tocar la ~ ⟨Mil⟩ *zum Rückzug blasen* || tocar ~ ⟨Mil⟩ *den Zapfenstreich blasen* || **-damente** adv *insgeheim* || **-do** adj *zurückgezogen, einsam* || *abseits gelegen* || *abgelegen, entfernt* || *pensioniert* || *außer Dienst* (Abk = a. D.) || *emeritiert (Professor)* || *in den Ruhestand versetzt, abgedankt (Beamter)* (& s) || *coronel* ~ *Oberst* m *a.D.* || ~ del mundo *zurückgezogen* || la suma **–a** ⟨Com⟩ *der entnommene Betrag* || **–miento** m *Zurückgezogenheit* f

reti|rar vt *zurück|ziehen, -nehmen* || *herausziehen* || *wegnehmen* || *entziehen (Gunst, Führerschein, Vollmacht, Kredit)* || *wegbringen, entfernen (von der Schule)* || *wegnehmen, verbergen, aufheben* || *verweigern* || *ver|jagen, -treiben* || *einziehen (Kopf), zurückziehen (Körperteil)* || *zurückziehen (Meldung, Angebot)* || *abziehen (Kapital)* || ⟨Com⟩ *zurückziehen (Vollmacht, Waren, Auftrag)* || ⟨Mil⟩ *abziehen, herausnehmen (Truppen)* || ⟨Mil⟩ *aufheben (Posten)* || ⟨Postw⟩ *abholen (Sendung)*. || ◊ ~ su asistencia *seine Teilnahme absagen* || ~ billetes de banco *Banknoten einziehen* || ~ la confianza (a) *jdm das Vertrauen entziehen* || ~ el correo, ~ la correspondencia de correos *die Post abholen* || ~ el crédito (a) *den Kredit entziehen* || ~ los intereses ⟨Com⟩ *die Zinsen abheben* || ~ una letra *e-n Wechsel einlösen* || ~ las mercancías *die Waren in Empfang nehmen* || ~ una orden, ~ un pedido ⟨Com⟩ *e-n Auftrag widerrufen* || ~ la palabra ⟨Pol⟩ *das Wort entziehen* || ~ los poderes *die Vollmacht entziehen* || ~ su promesa *sein Versprechen zurücknehmen* || ~ de la circulación *außer Kurs setzen (z.B. Geld), aus dem Verkehr ziehen* || ~ del fuego ⟨Kochk⟩ *vom Feuer wegziehen (Topf)* || ~ vi **ähneln* || **–se** *sich zurückziehen (vom Verkehr, vom geselligen Umgang)* || *sich wegbegeben, sich nach Hause begeben* || *zu Bett gehen* || *sich in Sicherheit bringen, flüchten* || *von e-m Unternehmen abstehen* || *außer Dienst treten (Beamter)* || *s-n Abschied nehmen* ⟨& Mil⟩ || ⟨Com⟩ *(aus e-r Firma) austreten* || ⟨Mil⟩ *sich zurückziehen, sich absetzen* || ~ de räumen || ⟨Mar⟩ *zurücktreten (Flut)* || ◊ ~ del mundo *sich von der Welt zurückziehen* || ~ a hurtadillas *sich fortschleichen* || ~ de los negocios *(od a la vida privada) sich von den Geschäften zurückziehen, sich zur Ruhe setzen* || ~ de una sociedad ⟨Com⟩ *von e-r Teilhaberschaft zurücktreten* || ¡retírate! *fort!* || ¡~! ⟨Mil⟩ *weggetreten!* || **–ro** m *Zurückgezogenheit, Einsamkeit* f || *einsamer, abgelegener Ort* m || *Zufluchtsort* m || *Schlupfwinkel, Unterschlupf* m ⟨& Zool⟩ || *Einzelklausur* f *(in Nonnenklöstern)* || *Pensionierung* f, *Abschied, Ruhestand* m *e-s Beamten* || ⟨Mil⟩ *Abschied* m *(Alters)Pension* f *(bes* ⟨Mil⟩*)* || *Sichzurückziehen* n || *Entfernung* f || el (Buen) Retiro *Park* m *bei Madrid* || en ~ *im Ruhestand (Beamter)* || *außer Dienst* (→ **retirado**) || ⟨Rel⟩ *Exerzitien* npl (= **ejercicios** espirituales) || ◊ cobrar ~ *Pension beziehen* || → **jubilación** || **-rona** f fam *eiliger Rückzug* m

reto m *(Heraus)Forderung* f *(zum Zweikampf* & fig*)* || *Drohung* f, *prahlendes Herausfordern* n || Am *Beschimpfung* f || Arg Bol *(derber) Verweis* Arg *Anranzer* m || ◊ echar ~s *drohen*

reto|bado adj = **retorcido** *(Person)* || Pe *tückisch* || Ec Mex MAm *rechthaberisch* || *schnippisch* || ~ m Col *Gauner, Preller* m || **-bar** vt Arg Pe Chi *(mit Leder) verpacken* || Am *Leder in Streifen schneiden* || **-bo** m → **arpillera**

reto|cado m ⟨Mal⟩ *Ausbesserung, Retusche* f || *Überarbeitung* f || **–cador** m ⟨Mal Phot⟩ *Retuschierer* m || *soporte de* ~ *Retuschierpult* n || **–car** [c/qu] vt *über-, nach|arbeiten* || *auffrischen, restaurieren (Gemälde)* || *vollenden, die letzte Hand anlegen an* (acc) || ⟨Phot⟩ *retuschieren* || ◊ ~ el estilo *e-e Stilkorrektur vornehmen*

retomar vt Am *wiederaufnehmen*

reto|ñar vi *wieder ausschlagen, wieder treiben, nachwachsen* || fig *erneut auftreten, erneut zum Vorschein kommen* || ◊ *los primeros amores suelen* ~ fig *alte Liebe rostet nicht* || **–ño** m ⟨Bot⟩ *Schößling, Trieb* m || fig ⟨poet⟩ *Sproß* m || fig *Neuauftreten* n

retoque m ⟨Mal Phot⟩ *Ausbesserung, Retusche* f || *letzte Durchsicht* f || *Berichtigung* f || *Überarbeitung* f || ⟨Med⟩ *leichter Anfall* m *(e-r Krankheit)* || *Änderung* f *(Anzug, Konfektion)* || ~ de negativas *Negativretusche* f

retor m *dickes Zwirnzeug* n, *Zwil(li)ch* m || **rétor** m *Rhetor* m || = **orador**

retor|cedora f *Zwirnmaschine* f || **–cedura** f = **–cimiento** || **–cer** [-ue-, c/z] vt *winden, (zusammen-)drehen* || *verbiegen* || *krümmen* || *zwirnen (Garn)* || ⟨Tech⟩ *(ver)winden* || fig *verdrehen (& Worte)* || ◊ ~ el argumento pop *Ausflüchte suchen* || ~ el hocico *die Nase rümpfen* || ~ las manos *die Hände ringen* || ~ el pescuezo *den Hals abdrehen (z.B. dem Geflügel,* & fig*, als Drohung)* || **–se** *sich krümmen, sich winden* || ~ el bigote *sich den Schnurrbart drehen (od zwirbeln)* || ◊ ~ de dolor *sich vor Schmerz krümmen* || ~ de risa pop *sich kranklachen* || **–cido** adj *verdreht gekrümmt* || ⟨Web⟩ *gezwirnt* || fig *falsch, hinterlistig (Person)* || fig *kompliziert (Mensch)* || ⟨Web⟩ *Zwirnen* n || **–cimiento** m *Verdre|hen* n bzw *-hung* f || *Verwinden* n || ⟨Tech⟩ *Verwindung* f

retóri|ca f *Rhetorik, Redekunst* f || *Beredsamkeit* f || fam *Redseligkeit, Geschwätzigkeit* f || **–s** fpl fam *Wortgeklingel* n || *Wortklauberei* f || → **literatura** || **–co** adj *rhetorisch, rednerisch* || *beredt*

retor|nar vt *zurück|geben, -stellen, -erstatten* || *zurücksenden* || *erwidern* || *drehen, biegen* || ~ vi

zurückkehren (& vr) || **–nelo** m ⟨Mus Lit⟩ *Ritornell* n || **–no** m *Rück|kehr, -reise, -fahrt* f || *Rück|sendung, -führung, -leitung* f || *Windung, Krümmung* f || *Erwiderung, Vergeltung* f || *Gegendienst* m || *Tausch, Wechsel* m || Span *Einfuhrsteuer* f || ⟨Tech⟩ *Rückstellung* f || ⟨Mar⟩ *Rückströmung* f || ~ de llama *Flammenrückschlag* m || cuenta de ~ *Rück-, Retour|rechnung* f || flete de ~ *Rückfracht* f || viaje de ~ *Rückreise* f || de ~ *auf der Rückreise*
 retorro|mano, –mánico adj/s *rätoromanisch* || ~ m *Rätoromane* m || ⟨Gr Li⟩ el ~ *das Rätoromanische*
 retorsi|ón f *Verdrehung* f || *Krümmung* f || *Erwiderung* f *(& Strafrecht)* || *Retorsion* f *(im diplomat. Verkehr)* || fig *Vergeltung(smaßnahme)* f || **–vo** adj *verdrehend* || *Erwiderungs-* || *Vergeltungs-*
 retor|ta f ⟨Chem⟩ *Retorte* f || **–tero** m *(Her-)Umdrehen* n || al ~ (de) *rings um* (dat *bzw* acc) || ◊ andar *(od* ir) al ~ *ruhelos hin und her laufen* || traer al ~ (a) fam *jdn mit falschen Versprechungen hinhalten*, fam *jdn an der Nase herumführen* || **–tijón** m *Hinundherwinden* n || ⟨Med⟩ *spastischer Schmerz* m *in der Darmgegend, Grimmen* n || ~ de vientre, pop ~ de tripas ⟨Med⟩ *(Darm-)Grimmen, Leibschneiden* n
 retostado adj *stark geröstet* || *angebrannt* || *stark gebräunt (von der Sonne)* || *dunkelbraun*
 reto|zador adj *ausgelassen, schäkernd* || *mutwillig* || **–zar** [z/c] vt *kitzeln, necken* || ~ vi *schäkern, Mutwillen treiben* || *hüpfen* || *tollen* || *ausgelassen sein (Kinder)* || ◊ *la risa se –za en los labios* fig *das Lächeln spielt ihr um die Lippen* || **–zo** m *Schäkern* n, *Mutwille* m || *Hüpfen, munteres Springen* n || *Tollen* n || *Unfug* m, *Allotria* pl/n || **–zón, ona** adj *mutwillig, schäkernd, ausgelassen* || risa ~a *schelmisches Lachen* n
 retrac|ción f *Zurückziehen* n || *Zusammenziehung, Verkürzung, Schrumpfung* ⟨bes Med⟩, ⟨Med⟩ *Retraktion* f || **–tación** f *Widerruf* m, *Zurücknahme* f || **–tar** vt *widerrufen* || *zurücknehmen* || **~se** *seine Aussage widerrufen* || *das Gesagte (od sein Wort) zurücknehmen* || ◊ ~ de a. et widerrufen || ~ de la acusación ⟨Jur⟩ *die Anklage von sich weisen* || ¡me –to! *ich nehme das Wort zurück!*
 retráctil adj *einziehbar* || →a **protráctil**
 retracto m ⟨Jur⟩ *Rück-, Wieder|kauf* m || *Vorkauf* m || *Vorkaufsrecht* n || *Rück-, Wieder|kaufsrecht* n || *Rücktrittsrecht* n *(des Mieters bzw des Pächters)* || ~ de abolengo Ar *Vorkaufsrecht* n *der Blutsverwandten am Hof* || ~ de sangre *Erblosung* f || pacto de ~ *Rückver-, Wieder|kaufsvertrag* m || *Wiederkaufsvorbehalt* m || → **retroventa**
 retraer [irr → **traer**] vt *zurück-, wieder|bringen* || *wieder kaufen, einlösen* || *ab|bringen, -ziehen (von* dat*)* || *zurückziehen* || *vor|werfen, -halten* || *tadeln, rügen* || ⟨Jur⟩ *zurücknehmen* || *wiederkaufen* || ◊ *me retrae el recuerdo de ... das erinnert mich an...* (acc) || ~ vi *schwinden, schrumpfen* || **~se** *sich zurückziehen, zurücktreten* || ◊ ~ a un lugar solitario *sich in die Einsamkeit flüchten*
 retraído adj *die Einsamkeit liebend, zurückgezogen* || *schüchtern, scheu* || ⟨Med⟩ *verkürzt, geschrumpft* || actitud ~a *Zurückhaltung, Reserve* f || ◊ estar ~ *zurückhaltend sein*
 retraimiento m *Zurückgezogenheit* f || fig *Zurückhaltung* f || fig *Schüchternheit* f || ~ de los negocios ⟨Com⟩ *Stockung* f *der Geschäfte*
 retraje → **retraer**
 retranca f *Schweifriemen* m *(der Pferde)* || And Am prov *(Wagen)Bremse* f || And *Hemmschuh* m *(am Wagen)*
 retransmi|sión f ⟨Radio TV⟩ *Rück|sendung, -übertragung* f || ~ en directo *Direktübertragung* f || **–tir** vt *rücksenden* || *weitersenden* || *übertragen*
 retra|sado adj/s *zurückgeblieben* (& fig) || *geistig zurückgeblieben* || *verspätet* (z.B. *Zug*) || *im Rückstand* || **–sar** vt *aufhalten* || *verzögern* || *auf|hinaus|schieben* || ~ vi *zurückbleiben* || *zurückgehen* || *nachgehen (Uhr)* || *zögern, zaudern* || **~se** *sich verzögern* || *sich verspäten (Mensch)* || ⟨EB⟩ *sich verspäten, Verspätung haben (Zug)* || ⟨Com⟩ *im Rückstand bleiben* || ◊ estar –sado *im Rückstand sein* || *Verspätung haben (Zug)* || llegar ~sado *(zu) spät ankommen* || **–so** m *Verspätung* f || ⟨EB⟩ *Zugverspätung* f || *Verzögerung* f || *Verzug* m (en *bei* dat) || *Rückgang* m || *Rückstand* m || *Rückständigkeit* f || ◊ causar ~ *Verzögerung verursachen* || saldar sus ~s ⟨Com⟩ *seine Rückstände begleichen* || sufrir *(od* experimentar) un ~ *e–e Verzögerung erleiden* || tener ~ *sich verspäten* || llegar con ~ *mit Verspätung ankommen (Zug)* || verspätet *(an)kommen (Person)* || el tren tiene *(od* lleva) un ~ de ... *der Zug hat e–e Verspätung von...*
 retra|tar vt *abbilden, zeichnen, malen, porträtieren* || ⟨Phot⟩ *aufnehmen (Personen* || *sonst:* fotografiar) || *nach|ahmen, -machen, schildern* ⟨& Lit⟩ || *máquina de* ~ fam *Fotoapparat* m || ◊ hacerse ~ *sich photographieren lassen* || ¡hazte ~ (con eso)! pop *laß dich damit ausstopfen!* || **–tista** m *Porträtmaler* m || *Fotograf, Photograph* m || **–to** m *Bildnis, Bild* n || *Gemälde* n, *Abbildung* f || *Lichtbild* n || fig *Ebenbild* n || fig ⟨Lit⟩ *Schilderung* f || ~ de busto *Brustbild* n || ~ de cuerpo entero ⟨Mal⟩ *Bildnis in ganzer Figur, Vollbild* n || ⟨Phot⟩ *Ganzaufnahme* f || ~ de medio cuerpo ⟨Mal⟩ *Bildnis in halber Figur, Kniestück* n || ~ con exposición *Zeitaufnahme* f || ~ de miniatura *Miniaturbild* n || ~ al óleo *Ölporträt* n || ~ de perfil *Profilbild* n || ⟨Phot⟩ *Profilaufnahme* f || ~ de tamaño natural *lebensgroßes Bild* n || ◊ es su vivo ~ fig *er sieht ihm bildähnlich* || ~s pl: álbum para ~ *Bilderalbum* n || *Photoalbum* n || ~ en habitaciones *(od* interiores) ⟨Phot⟩ *Zimmeraufnahmen* fpl || ◊ sacar ~ pop *photographieren, knipsen* || →a **fotografía**
 △**retré** adv *ringsherum*
 retreche|ría f fam *Drückebergerei* f || *Durchtriebenheit* f || *hinterlistige Schmeichelei* f || Ven *Geiz* m || **–ro** adj/s fam *gerissen, verschmitzt* || *tückisch, gerieben* || fam *lockend, verführerisch (Blick, Frau)* || Ven *geizig, knauserig*
 retrepa|do pp/adj *zurückgelehnt* || fig *steif, stolz* || **–rse** → **repantigarse**
 △**retreque** m *Ansteckung* f
 retre|ta f ⟨Mil⟩ *Zapfenstreich* m || *lärmendes Nachtfest* n || Am ⟨Mil⟩ *Abendmusik* f || Am *Reihe, Folge* f || **–te** m *Abort* m, *Toilette* f, *Klosett* n || ~ higiénico *Wasserklosett* n
 △**retrí** adv = **retré**
 retri|bución f allg *Vergütung* f, *Entgelt* n || auch: *Belohnung* f, *Lohn* m || *Honorar* n || *Gratifikation* f || sin ~ *unentgeltlich, gratis* || **–buir** [–uy–] vt *vergüten* || *bezahlen* || *belohnen* || ◊ un puesto mal –buido *e–e schlecht bezahlte Stelle* || **–butivo** adj *lohnend* || *einträglich*
 retro: pacto de ~ ⟨Jur⟩ *Rückkaufvertrag* m (→ **retracto, retroventa**) || ~ de pop *hinter*
 retroacción f ⟨Jur Tech⟩ *Rückwirkung* f || *Anfechtungsklage* f ⟨Konkurs⟩ || ~ **acción** *pauliana*)
 retroacoplamiento m *Rückkopplung* f
 retroac|tividad f ⟨Jur⟩ *Rückwirkung* f || *rückwirkende Kraft* f || **–tivo** adj *rückwirkend* || efecto ~ *Rückwirkung* f || con efecto ~ *rückwirkend*
 retro|carga f ⟨Mil⟩ *Rückladung* f || →**fusil** || **–ceder** vi *zurückweichen* || *zurücktreten* || *rückwärts gehen*, fig *rückwärts gehen* || *wieder abtreten (Ware)* || ◊ no poder ~ *nicht zurückkönnen* || **–cesión** f *Zurück|weichen, -gehen* n || ⟨Jur⟩ *Wieder-, Rück|abtretung* f || **–ceso** m *Rückschritt* m || *Zurückweichen* n || *Rück|schlag, -stoß* m *(e–r Waffe beim Schießen)* || ⟨Med⟩ *Rückschlag* m *(e–r Krankheit)* || ⟨Mil⟩ *Rücklauf* m || *Zurückläufer* m *(Billard-*

stoß) ‖ ⟨Phys Tech⟩ *Zurücklaufen* n *(e-r Bewegung)* ‖ ⟨Tech⟩ *Rückschlag* m ‖ *fuerza de ~ rückwirkende Kraft* f ‖ *movimiento de ~ rückgängige Bewegung* f ‖ *tecla de ~ Rückschalttaste* f *(Schreibmaschine)* ‖ ◊ *acusar ~ e-n Rückgang zeigen* ‖ **–cohete** m *Rückkehrrakete* f ‖ *Bremsrakete* f
retrogradar vi *zurücklaufen, sich rückwärts bewegen* ‖ ⟨Astr⟩ *sich scheinbar rückläufig bewegen* ‖ **zurückweichen* (= **retroceder**)
retrógrado adj *rückgängig* ‖ *rückläufig* (& ⟨Li⟩) ‖ *rückschreitend* ‖ fig *rückschrittlich* ‖ ⟨Wiss Med⟩ *retrograd* ‖ *movimiento ~ Rückbewegung* f ‖ *~ m Rückschrittsmann, Rückschrittler* m
retrogresión *f* = **retroceso** ‖ vgl **progresión, avance**
retronar vi [-ue-] *widerhallen (Donner)*
retropropulsión *f Rückstoßantrieb* m ‖ *Bremsraketenwirkung* f
retrospectivo adj *(zu)rück\blickend, -schauend, retrospektiv* ‖ *historisch*
retro|traer [irr → traer] vt *rückwärts ziehen* ‖ *rückbeziehen* ‖ *rückdatieren* ‖ **–vender** vt ⟨Jur⟩ *wieder-, rück\verkaufen* ‖ **–venta** *f* ⟨Jur⟩ *Wieder-, Rück\verkauf* m ‖ *cláusula (od pacto) de ~* ⟨Jur⟩ *Rückkaufs(recht)klausel, Wiederkaufs(recht-) klausel* f (→ **retro, retroacción, retracto**) ‖ **–visor** *m Rück(schau)spiegel* m
retrucar [c/qu] vt/i *(den Ball) rückstoßen* ‖ ⟨Kart⟩ *überbieten* ‖ prov *erwidern*
retruécano m *Wortspiel* n ‖ *Kalauer* m
retruque m *Rückstoß* m *(z.B. beim Billard)* ‖ ⟨Kart⟩ *Überbieten* n ‖ prov *Erwiderung* f
retuer|to pp/irr v. **retorcer** ‖ **–zo** *m* → **retorcer**
rétulo *m* pop = **rótulo**
retum|bante adj *hochtönend* ‖ *dröhnend* ‖ figf *bombastisch* ‖ **–bar** vi *widerhallen* ‖ *dröhnen* ‖ *ertönen* ‖ ◊ *sus pasos retumbaban sobre el pavimento seine Schritte erdröhnten auf dem Pflaster* ‖ **–bo** *m Widerhall* m ‖ *Dröhnen* n
△**retuñé** *m Loch* n
reucliniano adj *reuchlinisch, nach J. Reuchlin*
reú|ma, reu|ma m/f ⟨Med⟩ *Rheuma, Gliederreißen* n (= **reumatismo**) ‖ **–mático** adj *rheumatisch* ‖ *~ m Rheumatiker* m ‖ **–matismo** *m Rheumatismus* m, *Gliederreißen* n ‖ *articular, muscular Gelenk-, Muskel\rheumatismus* m ‖ **–matólogo** *m* ⟨Med⟩ *Rheumatologe* m
reunidora *f* ⟨Web⟩ *Doubliermaschine* f ‖ ⟨Web⟩ *Wickelmaschine* f ‖ ⟨El⟩ *Kabelverseilmaschine* f
reunifi|cación *f Wiedervereinigung* f ‖ ⟨bes Pol⟩ ⟨Soz⟩ *Zusammenfügung* f ‖ **–car** vt *wiedervereinigen* ‖ *zusammenführen*
reu|nión *f Vereinigung, Zusammenkunft* f ‖ *An|sammlung, -häufung* f ‖ *Versammlung* f ‖ *Gesellschaft* f ‖ *Tagung* f ‖ *Sitzung* f ‖ *Gesellschaftsabend* m ‖ ⟨Mil⟩ *Sammeln* n (→ **asamblea**) ‖ *~ de los accionistas (acreedores) Versammlung der Aktionäre (Gläubigerversammlung)* ‖ *~ del consejo de ministros Kabinettssitzung* f ‖ *ilegal Auflauf* m ‖ *~ musical Musikabend* m ‖ *~ no pacifica Zusammenrottung* f ‖ *derecho de ~* ⟨Jur⟩ *Vereinigungsrecht* n ‖ *libertad de ~ Versammlungsfreiheit* f ‖ *lugar (od punto) de ~ Versammlungsort* m ‖ ◊ *celebrar, convocar, aplazar una ~ e-e Versammlung abhalten, einberufen, vertagen* ‖ *la ~ se celebró ayer die Versammlung fand gestern statt* ‖ **–nir** [pres reúno] vt *sammeln* ‖ *ver|einigen, -sammeln* ‖ *an|sammeln, -häufen* ‖ *zusammenbringen, auftreiben (Kapital)* ‖ ⟨Mil⟩ *sammeln (Truppen)* ‖ ⟨Web⟩ *(auf)wickeln* ‖ ⟨Web⟩ *doublieren* ‖ ◊ *~ todas las condiciones passend sein* ‖ *alle Bedingungen erfüllen* ‖ *la fábrica reúne todos los adelantos modernos die Fabrik ist den Anforderungen der Neuzeit entsprechend eingerichtet* ‖ **–se** *zusammenkommen* ‖ *zusammentreten* ‖ *sich treffen* ‖ *sich versammeln, tagen* ‖ ◊ *~ a sich jdm anschließen* ‖ *auf jdn zugehen* ‖ *nos -nimos a ella wir erreichten*

sie ‖ *ya es tiempo de que me reúna con mi madre es ist Zeit, daß ich zu meiner Mutter gehe* ‖ *¡~se!* ⟨Mil⟩ *Sammeln!*
reusense adj/s *aus Reus* (PTarr)
revacunación *f* ⟨Med⟩ *nochmalige Impfung, Nachimpfung* f
reválida *f* ⟨Jur⟩ *Berechtigung, Zulassung* f ‖ Span *(frühere) Abiturabschlußprüfung* f ‖ allg *Schlußexamen* n ‖ *(examen de) ~ Zulassungsprüfung* f *(z.B. für im Ausland approbierte Ärzte)* ‖ → **revalidación**
revali|dación *f* ⟨Jur⟩ *Wiedergültigmachen* n ‖ *Bestätigung, Anerkennung* f ‖ *Nostrifikation, Anerkennung* f *(ausländischer Titel, akademischer Grade usw)* ‖ **–dar** vt ⟨Jur⟩ *wieder gültig machen* ‖ ⟨Jur⟩ *bestätigen, anerkennen* ‖ *nostrifizieren*
revaloriza|ción *f* ⟨Com⟩ *(Wieder)Aufwertung* f ‖ *~ monetaria Geld-, Währungs\aufwertung* f ‖ **–r** vt *aufwerten*
revaluación *f* = **revalorización**
revan|cha *f* gall = **desquite** ‖ **–chismo** *m* gall *Revanchismus* m
revejé|cer [-zc-] vi *vorzeitig altern* ‖ **–cido** adj *früh\gealtert*
revela|ción *f Ent\hüllung, -deckung* f ‖ *(göttliche) Offenbarung* f ‖ ◊ *es una ~ pop es ist ein wahres Phänomen* ‖ **–do** *m* ⟨Phot⟩ *Entwicklung* f ‖ *~ cromático (cromógeno) chromogene Entwicklung* f ‖ *papel de ~ Entwicklungspapier* n ‖ **–dor** m ⟨Phot⟩ *Entwickler* m ‖ *~ rápido Schnell-, Rapid\entwickler* m ‖ *~* adj *aufschlußreich* ‖ *enthüllend* ‖ *auf die Spur führend* ‖ *aparato ~ Entwicklungsapparat* m
revelar vt *ent\hüllen, -decken (Geheimnis usw)* ‖ *verkünden, kundtun* ‖ ⟨Rel⟩ *offenbaren* ‖ ⟨Phot⟩ *entwickeln* ‖ *equipo para ~* ⟨Phot⟩ *Entwicklungsgerät* n ‖ *papel de ~ Entwicklungspapier* n ‖ ◊ *hacer ~ entwickeln lassen* ‖ **~se** vr *sich erweisen* ‖ *sich enthüllen, sich offenbaren (als)* ‖ *an den Tag kommen*
revellín *m* ⟨Mil⟩ *Außen\werk* n, *-schanze* f *(e-r Festung)* ‖ *Kaminsims* m
reven|dedor m *Wiederverkäufer* m ‖ *Höker, Trödler* m ‖ *Vorverkäufer* m *von Theaterkarten* ‖ *~ de periódicos Zeitungshändler* m ‖ **–der** vt/i *wiederverkaufen* ‖ *weiterverkaufen* ‖ *im kleinen verkaufen*
revenido *m* ⟨Metal⟩ *Anlassen* n
revenir [irr → venir] vi: ◊ *revengamos sobre el asunto kommen wir zur Sache zurück* ‖ **~se** *ein\schrumpfen, -gehen, verkümmern* ‖ *sauer werden (Getränke, Konserven)* ‖ *Feuchtigkeit abgeben (Mauerwerk u.ä.)* (vgl **rezumar**) ‖ fig *sich e-s Besser(e)n besinnen* ‖ fig *nachgeben*
reventa *f Wieder-, Weiter\verkauf* m ‖ *Vorverkauf* m *von Theaterkarten*
reven|tadero *m* fam *unwegsames* bzw *steiles Gelände* n ‖ pop *Hundearbeit* f ‖ Chi ⟨Mar⟩ = **quebranta** ‖ Col *sprudelnde Quelle* f ‖ **–tado** adj *geborsten, geplatzt* ‖ pop *entzwei, kaputt, völlig erledigt* ‖ ◊ *estoy ~* pop *ich bin todmüde* ‖ *ich bin ruiniert* ‖ **–tador** adj pop *erschöpfend* ‖ **–tar** [-ie-] vt *zer\reißen, -stören,* fam *kaputtmachen* ‖ *abtreiben, zu Tode jagen (ein Pferd)* ‖ fig *ermüden, erschöpfen* ‖ pop *belästigen, langweilen* ‖ ◊ *¡me has –tado!* pop *du hast mich schön zugerichtet!* ‖ *~* vi *(zer)platzen, bersten, zerspringen* ‖ *sich brechen (die Wellen am Fels* od *Riff)* ‖ *aufplatzen (z.B. Kastanien beim Rösten)* ‖ *springen, losgehen (Mine)* ‖ figf *vor Ungeduld vergehen* ‖ *vulg krepieren* ‖ ◊ *ladraba hasta ~ er bellte wie toll* ‖ *lleno hasta ~* pop *gesteckt voll, gerammelt voll* ‖ *tosia hasta querer ~ er hustete fürchterlich* ‖ *~* pop *hablar* pop *es kaum abwarten können, bis man zum Sprechen kommt* ‖ *~ de risa* pop *vor Lachen platzen* ‖ *las simientes están a punto de ~ die Samen werden bald aufgehen* ‖

¡que reviente! fam *er soll platzen (vor Zorn)* ‖ ha –tado un neumático *ein (Luft) Reifen hat ein Loch, ist geplatzt, ist platt* ‖ **~se** *zer|bersten, -platzen* ‖ *auf|springen, -platzen, bersten* ‖ *sich ganz erschöpfen (gehetztes Pferd)* ‖ fig *vor Mattigkeit hinfallen* ‖ pop *kaputtgehen* ‖ **–tón, ona** adj/s *aufgeplatzt* ‖ *bald aufplatzend (Knospe, Trieb)* ‖ *hervorquellend (Augen,* → **saltón***)* ‖ *boca ~a* pop *breiter Mund* m ‖ *ojos ~es Glotzaugen* npl ‖ **~ m** *Aufplatzen* n ‖ pop *harte, anstrengende Arbeit* f ‖ fig *Not, Bedrängnis* f ‖ ◊ *al caballo le di un ~ para llegar a tiempo ich spornte das Pferd zu e-m rasenden Galopp an, um rechtzeitig anzukommen* ‖ ⟨Aut⟩ fam *Platzen* n *e-s Reifens* ‖ *prematuro* ⟨Mil⟩ *Rohr|krepierer, -zerscheller, -zerspringer* m ‖ ◊ *he tenido un ~* ⟨Aut⟩ fam *ich habe e-e Reifenpanne (fam e-n Platten) gehabt*
rever [irr →**ver**] vt *wiedersehen* ‖ *(genau) untersuchen, durchsehen* ‖ ⟨Jur⟩ *revidieren*
reverbe|ración f *Rückstrahlung* f, *Widerschein* m *des Lichtes* ‖ ⟨Chem⟩ *Kalzination* f *(im Flammofen)* ‖ ⟨Ak⟩ *Nachhall* m ‖ **–rante** adj *zurückstrahlend* ‖ *nachhallend* ‖ *spiegelnd* ‖ **–rar** vi *zurückwerfen (Strahlen), zurückstrahlen* ‖ vi *zurückprallen, spiegeln (Strahlen, Licht)* ‖ ◊ *las paredes –ran de blancas* pop *die Wände sind blitzblank* ‖ **–ro** m *Hohl-, Licht|spiegel* m ‖ *Reflexlicht* n ‖ *Licht-, Schein|werfer* m ‖ *Straßenlaterne* f ‖ Am *(Spiritus)Kocher* m ‖ *horno de ~ Flammofen* m
reverde|cer [–zc–] vi *wieder (er)grünen (Bäume, Felder)* ‖ fig *verjüngen* ‖ **–cimiento** m *neues Ergrünen* n ‖ fig *Verjün|gung* f, *-gen* n
reveren|cia f *Ehr|furcht, -erbietung* f ‖ *Verbeugung* f, desp iron *Bückling* m ‖ *Vuestra ~ Euer Hochwürden (geistlicher Titel)* ‖ ◊ *hacer su ~ (ver)ehren* ‖ **–cial** adj *ehrerbietig* ‖ →**ciable** adj ‖ **–do** ‖ *ehrerbietig aufwarten* (dat) ‖ →**inclinación** ‖ **–ciar** (*ver*)*ehren* ‖ **–dísimo** adj sup *v.* **–do** ‖ *Hochehrwürden (Titel hochgestellter Geistlicher)* ‖ **–do** adj *ehr|würdig, -erbietig* ‖ *verehrungswürdig* ‖ **~ (Padre)** *Ehrwürden (geistlicher Titel)* ‖ **–te** adj *ehrerbietig* ‖ *ehrfurchts-, respekt|voll* ‖ pej *unterwürfig*
rever|sibilidad f *Umkehrbarkeit, Reversibilität* f ‖ *derecho de ~ Umwandlungsrecht* n ‖ **–sible** adj *umkehr-, umdreh|bar* ‖ *umstellbar* ‖ *zurückzuerstatten(d)* ‖ *reversibel (bes Biol & Med)* ‖ *abrigo ~ Wendemantel* m ‖ *transmisión ~* ⟨Tech⟩ *Umsteuervorgelege* n ‖ *visor ~* ⟨Phot⟩ *Klappsucher* m ‖ **~ m** ⟨Web⟩ *Reversible, Abseitenstoff* m ‖ **–sión** f *Rückstellung* f ‖ *Umkehrung* f ‖ ⟨Med⟩ *Rückfall* m ‖ ⟨Jur⟩ *Rückgabe* f *Heimfall* m ‖ **~** *al Estado Heimfall* m *an den Staat* ‖ **–so** m *Rückseite* f ‖ *Revers* m, *Kehr-, Schrift|seite* f *(Münze)* ‖ figf *Rück-, Kehr-, Schatten|seite* f ‖ *el ~ de la medalla* fig *die Kehrseite der Medaille* (& fig) ‖ ◊ *es el ~ de la medalla de su padre ist das ganze Gegenteil s–s Vaters* ‖ **–ter** [–ie/i–] vi *über|fließen, -laufen* ‖ ⟨Jur⟩ *heimfallen* ‖ *zurückfallen* ‖ **–ter**
rev|és m *Rück-, Kehr-, Hinter|seite* f ‖ *Schlag* m *mit der umgekehrten Hand* ‖ p. ex fam *Ohrfeige* f ‖ *Terz* f *(im Fechten)* ‖ fig *Unfall* m, *Unannehmlichkeit, Widerwärtigkeit* f ‖ fig *Mißgeschick* n ‖ ⟨Mil⟩ *Rückschlag* m ‖ ⟨Sp⟩ *Rückhandschlag* m, *Backhand* f/m ‖ → **reverso** ‖ *tiro de ~* ⟨Mil⟩ *Rückenschuß* m ‖ *al ~ ver-, umge|kehrt* ‖ *auf der Rückseite* ‖ *de ~ = al ~* ‖ *von links nach rechts* ‖ *el mundo al ~ verkehrte Welt* f ‖ ◊ *calzárselas al ~* figf *et verkehrt machen* ‖ *contar al ~ zurückzählen* ‖ *dar de ~* ⟨Mar⟩ *umspringen (Wind)* ‖ *ponerlo todo al ~ alles verkehrt stellen* ‖ *puesto del ~ verkehrt angestellt, gelegt* ‖ **–eses** mpl fig *Schicksalsschläge* mpl
¹**revesa** f Mex *Rückströmung* f
²△**revesa** f *Betrug* m

reve|sado adj *verwickelt* ‖ fig *ungezogen, störrisch (Kind)* ‖ →**enrevesado** ‖ **–sino** m ⟨Kart⟩ *Reversi* n ‖ ◊ *cortar el ~* figf *den Weg abschneiden* (a. alg. *jdm* dat), fig *die Pläne vereiteln* (jds gen)
reves|timiento m *Bekleidung* f ‖ *Verkleidung, Ausmauerung* f ‖ *Überzug* m ‖ *Beschichtung* f ‖ *~ interior* ⟨Tech⟩ *Innenwandung* f ‖ *Innenverkleidung* f ‖ **–tir** [–i–] vt *an|kleiden, -ziehen* ‖ *ein Kleid über ein anderes an-, über|ziehen* ‖ *versehen (mit* dat*)* ‖ ⟨Tech⟩ *aus-, be-, ver|kleiden (mit Brettern) be|kleiden, -dielen, verschalen* ‖ *auslegen, beschlagen, verblenden (Mauer)* ‖ ⟨Arch⟩ *aus|füttern, -mauern, ver-, be-, aus|kleiden* ‖ fig *ausschmücken* ‖ fig *bemänteln* ‖ ◊ *~ cuerpo humano* fig *Menschengestalt annehmen* ‖ *~ importancia von Wichtigkeit sein* ‖ *~ interés interessant sein* ‖ *~ de palabras in Worten ausdrücken* ‖ *~ de poder(es)* ⟨Com⟩ *mit Vollmacht ausstatten* ‖ *~ de prestigio zu Ehren bringen* ‖ *~ de tablones verbohlen* ‖ *sin ~ ohne Bewurf (Mauer)* ‖ **~se** *die Amtstracht anlegen* ‖ ◊ *~ con (od de) una dignidad e-e Würde, ein Amt annehmen* ‖ *~ de paciencia sich mit Geduld wappnen*
revezar [z/c] vt *jdn ablösen*
reviejo adj pop *uralt, sehr alt, abgelebt*
revindicar vt Am = **reivindicar**
revi|rada f ⟨Mar⟩ *Wendung* f *des Schiffes* ‖ **–rar** vt ⟨Mar⟩ *wenden*
revi|sar vt *nach-, durch|sehen* ‖ *nachprüfen, (über)prüfen* ‖ *revidieren* ‖ ⟨Tech⟩ *überholen* ‖ ◊ *~ una cuenta e-e Rechnung prüfen* ‖ *al ~ nuestra contabilidad* ⟨Com⟩ *bei Durchsicht unserer Bücher* ‖ *edición –sada revidierte, durchgesehene Ausgabe* f *(Buch)* ‖ **–sión** f *Durchsicht, Revision* f ‖ *Zollrevision* f ‖ *Prüfung* f *(e-r Rechnung)* ‖ ⟨Typ⟩ *Revision* f ‖ ⟨Tech⟩ *Überholung* f ‖ ⟨Jur⟩ *Wiederaufnahme (verfahren* n*)* f ‖ *~ de las pruebas* ⟨Typ⟩ *Lesen* n *der Korrektur* ‖ *recurso de ~* ⟨Jur⟩ *Antrag* m *auf Wiederaufnahme e-s Verfahrens* ‖ **–sionismo** m ⟨Pol⟩ *Revisionismus* m ‖ **–sionista** adj/s *revisionistisch* ‖ **~ m** *Revisionist* m ‖ **–sor** m *Revisor, Prüfer* m ‖ *Kontrolleur* m ‖ ⟨EB⟩ *Schaffner* m ‖ *~ de billetes (Fahrkarten)Kontrolleur* m ‖ *~ de contabilidad Rechnungs-, Buch|prüfer* m ‖ **–soría** f *Beruf* m *bzw Amt* n *e-s Revisors*
revis|ta f *nochmalige, genaue Durchsicht* f ‖ *(behördliche) Revision, Inspektion* f ‖ *(Zeitungs-)Kritik* f ‖ *Zeitschrift, Revue* f ‖ ⟨Mil⟩ *Truppenbesichtigung* f ‖ *Musterung* f ‖ *Parade* f ‖ *Vorbeimarsch* m ‖ ⟨Th⟩ *Revue* f ‖ ⟨Jur⟩ *nochmalige Verhandlung* f *(e-s Prozesses)* ‖ *~ anual, mensual, semanal Jahres-, Monats-, Wochen|schrift* f ‖ *~ deportiva Sportzeitschrift* f ‖ *~ humorística Witzblatt* n ‖ *~ quincenal (od bisemanal), trimestral Halbmonats-, Vierteljahres|schrift* f ‖ *~ de radio Radiorevue, Funkzeitschrift* f ‖ ◊ *pasar ~* (a) ⟨Mil⟩ *(die Truppe) besichtigen (die Ehrenkompanie) abschreiten* ‖ *et genau untersuchen* ‖ *et in e-m Überblick zusammenfassen* ‖ *~ vt* ⟨Mil⟩ *(die Truppe) besichtigen (die Ehrenkompanie) abschreiten* ‖ *mustern* ‖ *et genau untersuchen* ‖ *et in e-m Überblick zusammenfassen* ‖ **–teril** adj ⟨Th⟩ *Revue-* ‖ **–tero** m *Revue-, Zeitungs|schreiber* m ‖ *Zeitungsständer* m
¹**revisto** pp/irr *v.* **rever** ‖ **~** adj pop *abgedroschen, trivial*
²**revisto** →**revestir**
revitalizar vt *neues Leben (bzw neue Kräfte) geben*
revi|vificar [c/qu] vt *wiederbeleben* (→**reanimar**) ‖ **–vir** vi *wieder aufleben* ‖ *ins Leben zurückkehren* ‖ *auferstehen* ‖ fig *zu sich kommen (aus Ohnmacht, Scheintod)* ‖ fig *neu aufleben* ‖ ◊ *–vió la discordia der Streit brach von neuem aus* ‖ vt *wiederbeleben* ‖ *zu neuem Leben erwecken*
reviviscencia f ⟨Biol Psychol⟩ *Wiederaufleben* n

revo|cabilidad f *Widerruflichkeit* f ‖ **-cable** adj *widerruflich* ‖ **-cación** f *Widerruf* m ‖ *Zurücknahme, Aufhebung* f ‖ *Zurückziehung* f *(der Vollmacht)* ‖ *Ab-, Zurück|berufung* f ‖ ~ *de una orden* ⟨Com⟩ *Zurücknahme* f *e–s Auftrages* ‖ *Zurückziehung* f *e–r Lieferung*
revo|cador m *Anstreicher, Tüncher* m ‖ **-car** [c/qu] vt a) *wider-, zurück|rufen* ‖ *zurücknehmen, aufheben* ‖ *abberufen* ‖ *absagen* ‖ *ver-, aus|treiben (Rauch, Dunst)* ‖ ◊ ~ *una asamblea e–e Versammlung absagen* ‖ ~ *un pedido,* ~ *una orden e–e Bestellung, e–n Auftrag widerrufen* ‖ *stornieren* ‖ b) *weiß|tünchen, kalken* ‖ *neu (ver-) putzen* ‖ *neu bewerfen* ‖ fig *ver|hehlen* ‖ vi *abziehen (Rauch, Dunst)* ‖ **-catorio** adj *Widerrufs-* ‖ *Abberufungs-* ‖ *Aufhebungs-* ‖ **-co** m *neuer Bewurf* m ‖ → a **revoque**
revolar [-ue-] vi *herum|flattern, -fliegen (Haar)*
revol|cadero m ⟨Agr Zool Jgd⟩ *Saulache, Suhle* f ‖ **-car** [-ue-, c/qu] vt *zu Fall bringen* ‖ ⟨Taur⟩ *(den Stierkämpfer) zu Boden werfen (Stier)* ‖ figf *besiegen* ‖ figf *bewältigen* ‖ **~se** *sich (herum)wälzen* ‖ ⟨Zool⟩ *sich wälzen* ‖ *sich suhlen* ‖ ◊ ~ *de risa* figf *sich vor Lachen wälzen* ‖ ~ en fig *hartnäckig bestehen auf (daß)* ‖ ~ *en el fango de las pasiones* fig *niederen Leidenschaften frönen* ‖ ~ *por el suelo sich auf dem Boden herumwälzen* ‖ **-cón** m fam *Herumwälzen* n ‖ *derber Stoß, Schlag* m ‖ ⟨Sch⟩ *Durchfall(en)* n ‖ m *(bei e–r Prüfung)*
revo|lear vi *herum|flattern, -fliegen* ‖ Arg *schwingen (Peitsche, Lasso)* ‖ **-leo** m And *Wirrwarr* m
revolo|tear vi *herum-, umher|flattern* ‖ *im Kreis fliegen* ‖ ~ vt: ◊ ~ *el látigo* Am *die Peitsche schwingen* ‖ **-teo** m *(Herum)Flattern* n
revol|tijo, –tillo m *wirrer Haufen* m ‖ *Durcheinander* n ‖ *Eingeweide* n *(der Schweine, der Rinder usw)* ‖ **–tillo** m ⟨Kochk⟩ *in der Pfanne gebackenes Mischgericht* n ‖ **-toso** adj/s *auf|rührerisch, -wieglerisch* ‖ *störrisch, widerspenstig* ‖ *lärmsüchtig, ausgelassen* ‖ *ränkevoll* ‖ *ungezogen (Kind)* ‖ ~ m fig *Unruhestifter, Lärmmacher* m
revolu|ción f *Drehung, Wendung* f ‖ *Umwälzung, wesentliche Umgestaltung* f ‖ fig ⟨& Pol⟩ *Revolution* f ‖ *Volksunruhe* f, *Aufstand* m ‖ *Staats|umwälzung* f, *-streich* m ‖ fig *Umschwung* m ‖ ⟨Astr⟩ *Umlauf* m ‖ *Umlaufszeit* f ‖ ⟨Tech⟩ *Um|drehung* f, *-lauf* m, *Tour* f ‖ ~ *alrededor del sol Umlauf* m *um die Sonne* ‖ ~ *cultural* ⟨Pol⟩ *Kulturrevolution* f *(bes der chinesischen Kommunisten)* ‖ ~ *francesa* Frz. *Revolution* f *(1789)* ‖ ~ *mundial Weltrevolution* f ‖ *de octubre Oktoberrevolution* f *(1917)* ‖ *número de* ~es *Dreh-, Touren|zahl* f *(e–s Motors)* ‖ **–cionar** vt *aufwiegeln* ‖ *zum Aufstand bringen* ‖ *(die bestehende Ordnung) umstürzen* ‖ *revolutionieren* ‖ *gänzlich umgestalten* ‖ *aufregen, in Empörung bringen* ‖ **–cionario** adj ⟨Pol⟩ *revolutionär (& fig)* ‖ *movimiento* ~ *Revolutionsbewegung* f ‖ ~ m *Revolutionär* m ‖ *Umstürzler, Aufrührer* m
revolvedero m → **revolcadero**
revólver m *Revolver* m ‖ ~ *de barrilete Trommelrevolver* m
revol|ver [-ue-, pp revuelto] vt *wieder umkehren* ‖ *(her)umdrehen* ‖ *umwenden* ‖ *hin und her bewegen* ‖ *auf|lockern, -rütteln (z. B. Erde)* ‖ *umpflügen* ‖ *umgraben (Erdreich)* ‖ *trüben (Wasser)* ‖ *in Unordnung bringen* ‖ *auf-, er|regen* ‖ *durch|wühlen, -stöbern, kramen (in dat)* ‖ *durchblättern, nachschlagen (Bücher, Akten)* ‖ *entzweien, verfeinden (con mit)* ‖ *verwickeln* ‖ *ein|wickeln, -schlagen* ‖ *worfeln (Getreide)* ‖ *über|legen, -denken* ‖ *umwälzen, (um)rühren* ‖ ◊ ~ *bien durchrühren* ‖ ~ *cielo y tierra* fig *Himmel und Erde in Bewegung setzen, alle Kräfte aufbieten* ‖ ~ *los papeles in den Papieren herumstöbern* ‖ ~ *la pasta den Teig kneten* ‖ ~ *con el molinillo quirlen* ‖ ~ *en la mente (od entre si) nachdenken, grübeln (über acc)* ‖ *eso revuelve el estómago das ekelt e–n an* ‖ **~se** *sich hin und her bewegen* ‖ *sich drehen* ‖ *sich rühren* ‖ *sich hin und her (im Bett) wälzen* ‖ ~ *contra el enemigo* ⟨Mil⟩ *wieder auf den Feind losgehen* ‖ *no puede uno* ~ *aqui hier kann man sich nicht rühren* ‖ *el tiempo se revuelve das Wetter schlägt um* ‖ **–vimiento** m *Umkehren* n
revoque m *Weißen, Übertünchen* n ‖ *Kalkbewurf* m ‖ ~ *con mortero de cal Verputz* m *aus (mit) Kalkmörtel* ‖ *bajo* ~ ⟨El⟩ *unter Putz*
revotarse vr *seine Wahlstimme ändern*
revuelco m *Herumwälzen* n ‖ *Umherwälzen* n ‖ *Suhlen* n ‖ *([Wild]Schweine usw)* ‖ → **revolcar**
revuelo m *Hinundher-, Zurück|fliegen* n ‖ fig *Wirrwarr* m ‖ fig *Aufruhr* m ‖ fig *Empörung* f ‖ fig *Skandal* m ‖ *Am Sporenhieb* m *e–s Hahnes* ‖ *de (od al)* ~ *in Eile, rasch* ‖ *obenhin* ‖ *en un* ~ *in e–m Zug*
revuel|ta f *Revolte* f, *Aufruhr* m ‖ *Auf|regung, -geregtheit* f ‖ fig *Streit* m ‖ *jähe Biegung, Richtungsänderung* f ‖ *Abweg* m ‖ *Umweg* m ‖ *Krümmung* f *(e–s Flusses, e–s Pferd(e)s)* ‖ *Windung* f ‖ *Heimkehr* f ‖ **~s** *pl Umschweife* mpl ‖ **-tamente** adv *durcheinander, kunterbunt* ‖ **-to** pp/irr *v.* **revolver** ‖ ~ adj *unruhig, aufgeregt* ‖ *stürmisch* ‖ *lärmend, hitzig* ‖ *trübe* ‖ *durcheinander* ‖ *verwickelt* ‖ ⟨Bot⟩ *umgeschlagen* ‖ *huevos* ~s *Rühreier* npl ‖ ◊ *pescar en rio* ~ fig *im trüben fischen*
revul|sar vi Pe *erbrechen* ‖ **–sión** f ⟨Med⟩ *Ableitung, Revulsion* f ‖ **-sivo** adj/s *(heftig) ableitend*
rey m *König* m *(& Schachspiel & fig)* ‖ fam *Löwe* m ‖ △*Hahn* m ‖ ~ *de armas Wappenkönig* m ‖ ~ *de baraja Kartenkönig* m *(& fig)* ‖ ~ *de codornices* ⟨V⟩ = **guión** *de codornices* ‖ ~ *constitucional konstitutioneller König* m ‖ ~ *de Romanos Römischer König* m *(ehem. in Deutschland)* ‖ ⁂ *Sabio* fig *Salomo(n)* m ‖ = *Alfonso el Sabio* ‖ *el* ⁂ *Sargento der Soldatenkönig* m *(Friedrich Wilhelm I.)* ‖ *en el tiempo del* ~ *que rabió, en tiempo del* ~ *Perico* fam *ehemals, zu Olims Zeiten* ‖ ◊ *alzar (por)* ~ *zum König ausrufen* ‖ *ni quitar, ni poner* ~ *sich in et nicht hineinmischen, unparteiisch (od neutral) bleiben* ‖ *servir al* ~ fig *Soldat sein, dienen* ‖ *vivir a cuerpo de* ~ figf *wie ein Fürst leben* ‖ *no temer* ~ *ni roque* figf *weder Tod noch Teufel fürchten* ‖ *tratar a cuerpo de* ~ fig *wie e–n König bewirten* ‖ *cual el* ~, *tal la grey wie der Herr, so der Knecht* ‖ *los* ~es *das Königspaar* ‖ *nuevos* ~, *nuevas leyes neue Könige, neue Gesetze* ‖ → **católico** ‖ *los* ⁂es *Magos die Heiligen Drei Könige, die Drei Weisen aus dem Morgenlande* ‖ *(fiesta de)* ~ *Dreikönigsfest* n ‖ *Pascua de* ~ *Dreikönigstag* m
reyerta f *Streit, Zank* m
reyezuelo m dim desp *v.* **rey** ‖ *Stammeshäuptling* m ‖ ⟨V⟩ *Goldhähnchen* n *(Regulus* spp*)* ‖ ~ *listado Sommergoldhähnchen* n *(R. ignicapillus)* ‖ ~ *sencillo Wintergoldhähnchen* n *(R. regulus)*
rezado adj: *misa* ~a *stille Messe* f ‖ ~ m *Brevier|beten* bzw *-gebet* n ‖ **-r** adj/s *viel betend* ‖ *fromm* ‖ desp *frömmlerisch* ‖ ~ m *viel betender Mensch* m ‖ desp *Betbruder, Frömmler* m ‖ **rezandera**
reza|gado m/adj *Nachzügler* m ‖ ◊ *quedarse muy* ~ *ganz hinten bleiben* ‖ **-gar** [g/gu] vt *zurücklassen, hinter sich lassen* ‖ *verzögern* ‖ *auf|schieben* ‖ **~se** *zurückbleiben* ‖ **–go** m *Rückstand* m
rezander|a f ⟨Entom⟩ *Gottesanbeterin* f *(→ mantis)* ‖ **-o** adj = **rezador**
rezar [z/c] vt/i *beten* ‖ *(die Messe) lesen* ‖ *hersagen* ‖ *(be)sagen, enthalten, verkündigen*

(Text, Verordnung) || *lauten (Text, Wortlaut e–r Verordnung usw)* || *besprechen, beschwören (z. B. Krankheiten)* || figf *murren* || ◊ ~ a alg. *zu jdm beten* || ~ por alg. *für jdn beten* || ~ a los santos *zu den Heiligen beten* || ~ por los difuntos *für die Verstorbenen beten* ||' ~ el rosario *den Rosenkranz (ab)beten* || según reza el texto *wie der Text besagt* || eso no reza conmigo fam *das geht mich nichts an*
rezmila *f* Ast Sant = **rámila**
rezno *m* ⟨Entom Vet⟩ *Larve* f *der Pferdemagenbremse* (Gastrophilus intestinalis) || ⟨Bot⟩ = **ricino**
rezo *m (Tages)Gebet* n || *Beten* n || *Tagesoffizium* n || hora del ~ *Betstunde* f
rezón *m* ⟨Mar⟩ *Draggen* m
rezon|gador, -gón *m*/adj fam *Murrkopf, Brummbär* m || **-gar** [g/gu] vi fam *brummen, murren* || *knurren (Katze)* || *summen (Hummel)* || ◊ ~ entre dientes pop *in den Bart brummen* || **-gueo** *m* Am *Gebrummel* n || **-guero** adj *brummig* || *mißvergnügt*
rezu|madero *m Leck* n, *lecke Stelle* f || **-mar** vi *aus-, durch|sickern* || fig *strotzen* (de *vor* dat) || vt *ausschwitzen (Mauer, Gefäß)* (vgl **revenirse**)
rgdo. Abk = **registrado**
Rhesus: factor ~ ⟨Med Gen⟩ *Rhesusfaktor* m (→ **macaco**)
Rhin → **Rin**
rho *f* griech. ϱ, *Rho* n
Rhodesia *f* ⟨Geogr⟩ *Rhodesien*
ri- pop = **re-**
¹**ría** *f* ⟨Mar⟩ *buchtförmige Einfahrt* f || *Unterlauf* m || *(fjordähnliche) Flußmündung* f || *(tief eindringender) Meeresarm* m || las ~s gallegas *die Rias (die galicischen fjordähnlichen (Trichter) Mündungen der Flüsse an der Atlantikküste, stark gegliedert, durch „ertrunkene" Kerbtäler gekennzeichnet)*
²△ **ría** *f Mädchen* n
ria|chuelo, -cho, -tillo *m* dim v. **río** || *Bach* m || *Flüßchen* n
riada *f Überschwemmung* f || *Hochwasser* n || *Übertreten* n *(des Flusses)* || *Austreten* n *der Gewässer* || fig *Schwall* m
¹**rial** *m* pop = **real**
²**rial** adj Am *schiffbar (Fluß)*
ríase adj Am *schiffbar (Fluß)*
ríase → **reír**
riba *f* = **ribera** || = **ribazo**
ribal|dería *f Schurkenstreich* m || **-do** *m*/adj *Schelm, Schurke* m
ribardense adj *aus Ribardeo* (PLugo)
ribazo *m kleiner Abhang* m || *Böschung* f || *Anhöhe* f
ribe|ra *f (Fluß)Ufer* n || *Gestade* n, *Strand* m || *Ufer-, Tal|landschaft* f || ◊ *ser de monte* y ~ figf *in allen Sätteln gerecht sein* || **-reño** adj *Ufer-, Strand-* || ~ *m Ufer-, Strand|bewohner* m
ribe|resco, -rino adj *auf den span. Maler José Ribera (1590–1662, lo Spagnoletto) bezüglich*
ribe|te *m Saum, Besatz* n || *Einfassung, Verbrämung* f *(an e–m Kleid)* || *Stulpe* f || *Paspel* m/f || fig *Ausschmückung, Verzierung* f || con ~ de . . . fam *mit Anzeichen von ...* (dat) || ◊ tener sus ~s de poeta fam *e–e dichterische Ader haben* || **-teado** adj *abgepaßt (Kleid)* || fig *eingefaßt* || fig *mit geröteten, entzündeten Augenlidern (Augen)* || ~ de encarnado *rot gefaßt, paspeliert* || **-tear** vt *ein|fassen, -säumen* || *umranden* || *paspelieren* || *verbrämen (Kleid)* || s: **~teo** *m*
ribonucleico adj: ácido ~ *Ribonukleinsäure* f
rica *f reiche Frau* f || fam *Schätzchen* n, *Schatz* m *(Kosewort)*
rica|cho, -chón *m* augm desp v. **rico:** *reicher Protz* m || **-dueña, -hembra** *f* ⟨Hist⟩ *vornehme Dame* f || **-hombría** *f* ⟨Hist⟩ *Uradel* m || **-mente** adv *reich, im Überfluß* || *kostbar, ausgezeichnet*

gemütlich
Ricardo *m* np Tfn *Richard* m
ricazo adj augm v. **rico**
ricién adv pop Am & prov = **recién**
ricino *m* ⟨Bot Pharm⟩ *Wunderbaum, Rizinus* m (Ricinus sp) || aceite de ~ *Rizinusöl* n
ricito *m* dim v. **rizo**
△**riclar** vt *verschaffen*
rico adj/s *reich* || *vermögend* || *begütert* || *reichlich, ergiebig* || *einträglich* || *ausgezeichnet, vortrefflich* || *fruchtbar* || *prächtig, herrlich* || *köstlich* || *wohlschmeckend, schmackhaft,* fam *lecker* || fam *niedlich, nett (Kosewort für Kinder)* || ~ de dotes *hochbegabt* || ~ en frutas *obstreich (Bäume)* || ~ en hacienda *hochbegütert* || una ~a moza *ein prächtiges Mädchen* || ~ surtido ⟨Com⟩ *reichhaltiges Sortiment* n || muy ~ fig *steinreich* || ~ m *Reiche(r)* m || fam *Schätzchen* n, *Schatz, Liebling* m *(Kosewort)* || nuevo ~ *Neureiche(r), Emporkömmling* m
rico|hombre [pl **ricoshombres**] *m* ⟨Hist⟩ *Angehörige(r)* m *des span. Uradels* || **-home** *m* altspan = **-hombre** || **-te** adj augm v. **rico** || ~ *m* pop *reicher Kauz* m
rictus *m Zwangslachen* n || ◊ su rostro se contrajo en un ~ doloroso *sein Gesicht verzog sich zu e–m schmerzlichen Lächeln*
ricura *f* Am pop *Schätzchen* n, *Schatz* m *(Kosewort)*
△**richanjé** *m Korkeiche* f
ridi adj pop = **ridículo**
ridicu|lez [pl **-ces**] *f Lächerlichkeit* f || fam *Kleinigkeit* f || fam *Spottpreis* m || **-lizar** [z/c] vt *lächerlich machen*
¹**ridículo** adj/s *lächerlich* || *verächtlich, gering, unbedeutend* || *erbärmlich* || *läppisch, albern* || *spottbillig, lächerlich (Preis)* || ◊ hacerse ~ fam *sich blamieren* || poner en ~ *lächerlich machen, bloßstellen* || *blamieren* || quedar en ~ fam *sich blamieren, e–n Bock schießen*
*²**ridículo** m *Arbeitstäschchen, Ridikül* n || *Handtäschchen* n
riecito *m* Am dim v. **río**
riego *m Besprengung, Berieselung* f || *Bewässerung, Beregnung* f || ~ asfáltico *Asphaltierung* f || camión (od camioneta) (municipal) de ~ *(Straßen)Sprengwagen* m || ~ sanguíneo ⟨Physiol⟩ *Durchblutung* f || instalación de ~ *Berieselungsanlage* f || *Bewässerungsanlage* f || ~ → **himno**
riel *m (Metall)Barren* m || ⟨EB⟩ *Bahnschiene* f || ~es para cortinas *Gardinenstangen* fpl || ~es para ferrocarriles *Eisenbahnschienen* fpl
rielar vi ⟨poet⟩ *glänzen, schimmern, flimmern* (bes v. *Mond auf den Gewässern, Regenbogen usw)* || *glitzern* || fig *durchschimmern*
rienda *f Zügel* m || fig *Zügel, Zaum* m || a media ~ *mit verkürztem Zügel* || a ~ suelta *mit verhängtem oder hingegebenem Zügel* || *im gestreckten Galopp* || fig *spornstreichs* || fig *zügellos* || a toda ~ *im Galopp* || ◊ llevar de ~ *am Zügel führen* || ~s pl: las ~ *del gobierno* fig *die Zügel der Regierung* || ◊ aflojar las ~ *die Zügel lockern* (& fig) || ganar las ~ *(jdm) in die Zügel fallen* || soltar las ~ *die Zügel schießen lassen* (& fig) || tener las ~ en la mano *die Zügel in der Hand haben* (& fig) || volver las ~ *umkehren*
riente, riendo → **reír**
riesgo *m Gefahr* f || *Wagnis* n || fig *Unsicherheit* f || fig ⟨Com⟩ *Risiko* n (& fig & *Versicherung*) || a ~ in *Gefahr* || ~ de guerra *Kriegsgefahr* f || a ~ de parecer presumido *auf die Gefahr hin, eingebildet zu erscheinen* || por su cuenta y ~ *auf eigene Rechnung und Gefahr* (& fig) || a todo ~ *aufs Geratewohl* || contra todo ~ *gegen alle Gefahr* || de (od por) cuenta y ~ del destinatario *für Rechnung und Gefahr des Bestellers (Empfängers)* || ◊ asumir el ~ *das Risiko übernehmen* || correr ~ *Gefahr laufen* || poner a ~ su vida *sich e–r Lebensgefahr*

aussetzen ‖ exponerse al ~ *sich der Gefahr aussetzen*
riestra *f* Ast = **ristra**
rifa *f Verlosung* f ‖ *(Wohltätigkeits)Tombola* f (→ **tómbola**) ‖ fig *Zank, Streit* m ‖ ~r vt *aus-, ver|lassen* ‖ vi *sich zanken* ‖ *sich verfeinden*, fam *sich verkrachen* (con alg. *mit jdm* dat) ‖ ~se ⟨Mar⟩ *zerreißen (Segel)*
rifeño adj/s *aus dem Rif* ‖ ~ *m Rifbewohner* m △**rifián** *m Gefahr* f
rifirafe *m* fam *Streit* m, *Rauferei* f
rifle *m Gewehr* n, *Büchse* f *(Feuerwaffe)* ‖ ~ de repetición *Repetiergewehr* n
rige → **regir**
rigidez [*pl* –**ces**] *f Starre, Starrheit* f ‖ *Straffheit, Steifheit* f ‖ fig *Strenge, Härte* f ‖ ~ cadavérica *Leichenstarre* f ‖ ~ del resorte ⟨Tech⟩ *Feder|härte, -steife* f
rígido adj *straff, steif, starr* ‖ *drall* ‖ fig *streng, hart, unbeugsam* ‖ ~ de carácter *von schroffer Gemütsart* ‖ adv: ~**amente**
rigodón *m Rigaudon* m *(Tanz)*
rigola *f* Dom = **acequia**
rigor *m Strenge* f ‖ *Härte* f ‖ *Strenge, Heftigkeit* f *(der Kälte, Hitze)* ‖ *Genauigkeit* f ‖ ⟨Med⟩ *Steifheit, Starre* f ‖ ~ genaugenommen ‖ es de ~ *es ist unerläßlich* ‖ *es ist allgemein üblich* ‖ los trámites de ~ *das vorschriftsmäßige Verfahren* ‖ los ~es del invierno *die Strenge des Winters* ‖ ◊ ser el ~ de las desdichas fig *ein Pechvogel sein*
rigoris|mo *m übertriebene Sitten- od Glaubens|strenge* f ‖ *Unduldsamkeit* f ‖ *Rigorismus* m ‖ –**ta** adj/s *übermäßig (sitten)streng* ‖ *rigoristisch* ‖ *unduldsam* ‖ ~ *m (sitten)strenger Mensch, Rigorist* m
rigoroso adj *(z.B. v. Ortega y Gasset gebraucht)* = **riguroso**
riguro|samente adv *streng, hart* ‖ *streng genommen (Wortsinn)* ‖ –**sidad** *f (übermäßige) Strenge* f ‖ *Rigorismus* m ‖ –**so** adj *streng* ‖ *rauh, hart, heftig* ‖ *unduldsam* ‖ *unerbittlich* ‖ *heftig (Sturm)* ‖ *rigoros* ‖ examen ~ *Rigorosum* n ‖ tiempo ~ *rauhe Witterung* f ‖ por ~ turno *streng der Reihe nach* ‖ puesto a dieta ~a ⟨Med⟩ *auf strenge Diät gesetzt*
¹**rija** *f* ⟨Med⟩ *Tränenfistel* f
²**rija** *f Streit, Zank, Zwist* m ‖ pop *Radau* m △**rijar** vt *trennen*
△**rijé** *f Angel* f
¹**rijo** *m Geilheit, Brunst* f ‖ ~**sidad** *f Geilheit* f ‖ *Sinnlichkeit* f ‖ ~**so** adj *geil, sinnlich* ‖ *brünstig (Tier)* ‖ *streit-, zank-, handel|süchtig*
²**rijo** → **regir**
¹**rilar** vi *zittern* ‖ *frösteln* ‖ ~**se** vr *zittern, beben*
²△**rilar** vi *e–n Wind streichen lassen*
¹**rima** *f (End)Reim* m ‖ *Assonanz* f ‖ *(lyrisches) Gedicht* n ‖ ~ aguda *einsilbiger (stumpfer, männlicher) Reim* m ‖ ~ alterna *abwechselnder Reim* m ‖ ~ consonante, ~ perfecta *geschlossener Reim, Vollreim* m ‖ ~ esdrújula *dreisilbiger (gleitender) Reim* m ‖ ~ grave *zweisilbiger (klingender, weiblicher) Reim* m ‖ ~ imperfecta, ~ asonante, media ~ *Assonanz* f ‖ ~ pareada *Paarreim, gepaarter Reim* m ‖ ~ tronca (plana) *männlicher (weiblicher) Reim* m ‖ ~ diccionario de la ~ *Reimwörterbuch* n ‖ ~s pl *Verse* mpl ‖ *Dichterwerke* npl ‖ ~ cruzadas *Wechselreime* mpl
²**rima** *f* = **rimero**
³**rima** *m Brotbaum* m
rima|do adj *gereimt* ‖ → **rimar** ‖ ~ m *(od* crónica ~a) *Reimchronik* f ‖ –**dor** *m Reimschmied* m
rimar vt/i *reimen* ‖ *Verse machen* ‖ *in Reime bringen* ‖ *sich reimen* (con *auf* acc) ‖ poesía rimada *Reimgedicht* n
rimbom|bancia *f Widerhall* m ‖ *Bombast* m ‖

Prunk m ‖ –**bante** adj *widerhallend, schallend* ‖ fig *hochtönend* ‖ *prunkvoll, prächtig* ‖ –**bar** vi *widerhallen* ‖ –**be, –bo** *m Widerhall* m
rimero *m Lage, Schicht* f ‖ *Rolle* f *(Geld)*
rim(m)el *m Wimperntusche* f
rimpuesta *f* pop = **respuesta**
Rin, Rhin *m*: el ~ *der Rhein, -strom* ‖ el Alto ~ *der Oberrhein* ‖ el Bajo ~ *der Niederrhein* ‖ Confederación del ~ ⟨Hist⟩ *Rheinbund* m ‖ la cuenca del ~ *das Rheingebiet* ‖ el Oro del ~ *das Rheingold (Wagners Oper)* ‖ vino del ~ *Rheinwein* m △**rin** *m Göpelwerk* n
rincocéfalos mpl ⟨Zool⟩ *Brückenechsen* fpl (Rhynchocephalia)
rin|cón *m Winkel* m, *Ecke* f ‖ *Schlupfwinkel* m ‖ fig *Rest* m ‖ figf *gemütliches Eckchen, stilles Plätzchen* n, *Heimstätte* f ‖ ◊ metido en un ~ fig *zurückgezogen* ‖ –**conada** *f Straßen-, Haus|winkel* m, *Ecke* f ‖ –**concito** *m* dim v. –**cón** ‖ *Winkelchen* n ‖ –**conera** *f Ecktisch* m ‖ *Eckschrank* m ‖ *Eckbank* f
rindo → **rendir**
ring *m* engl ⟨Sp⟩ *Ring* m (bes *Boxring*)
rin|glera, ringla *f Reihe(nfolge)* f ‖ en ~ *hintereinander* ‖ ~ de libros *Bücherreihe* f ‖ –**glero** *m Schreiblinie* f ‖ –**glete** *m* Arg *Windmühlchen* n *(Spielzeug)*
ringorrango *m* fam *großer Schnörkel* m *(beim Schreiben)* ‖ ~**s** mpl ‖ fig *Flitterkram, Firlefanz* m
ringrave *m Rheingraf* m
rinitis *f* ⟨Med⟩ *Nasenkatarrh, Schnupfen* m, *Rhinitis* f
rinoceronte *m* ⟨Zool⟩ *Nashorn* n ‖ ~ africano *Spitzmaulnashorn* n (Diceros bicornis) ‖ ~ indio *Indisches (Panzer)Nashorn* n (Rhinoceros unicornis)
ri|nología *f* ⟨Med⟩ *Nasenheilkunde, Rhinologie* f ‖ –**nólogo** *m Nasenarzt, Rhinologe* m
rinoplastia *f* ⟨Chir⟩ *künstliche Nasenbildung, Rhinoplastik* f
rinoscopia *f Nasenuntersuchung, Rhinoskopie* f
ri|ña *f Zank, Streit* m ‖ *Zwist* m, *Zwistigkeit* f ‖ –**ñadero** *m Kampfplatz* f ‖ ~ de gallos *Hahnenkampf* m ‖ –**ño** → **reñir**
riñón *m* ⟨An⟩ *Niere* f ‖ *Nierenstück* n ‖ fig *Kern(punkt)* m ‖ fig *Innere(s)* n ‖ e–s *Landes* ‖ ~ contraído ⟨Med⟩ *Schrumpfniere* f ‖ ~ flotante, ~ migratorio ⟨Med⟩ *Wanderniere* f ‖ ◊ costar un ~ figf *ein Heidengeld kosten* ‖ tener el ~ bien cubierto figf *gut versorgt sein* ‖ venía del ~ de la provincia *er kam aus dem Inner(e)n des Landes* ‖ ~**es** pl *Nierengegend* f ‖ ⟨poet⟩ *Lenden* fpl ‖ *Kreuz, Rückgrat* n ‖ *Nierengericht* n ‖ figf *Mut* m, *Tapferkeit* f ‖ euph = **cojones** ‖ dolor de ~ *Kreuzschmerz* m ‖ un hombre con ~ pop *ein ganzer Mann* ‖ ◊ me duelen los ~ *ich habe Nierenschmerzen* ‖ machacar los ~ (a) pop *(jdm)* hart zusetzen ‖ *jdn tüchtig durchprügeln* ‖ quebrarse los ~ *lendenlahm werden* ‖ figf *unermüdlich arbeiten* ‖ tener ~es figf *stark, kräftig sein*
riñonada *f* ⟨Kochk⟩ *Nierengericht* n ‖ fam *Nierengegend* f ‖ → **riñón**
¹**río** *m Fluß, Strom* m ‖ ~ abajo *stromabwärts* ‖ ~ arriba *stromaufwärts* ‖ ‖ ≏ *(de Janeiro)* ehemalige Hauptstadt Brasiliens ‖ ≏ de la Plata *La-Plata-Strom* m ‖ ~ Negro, ~ Colorado *Flüsse* mpl *in Südamerika* ‖ ~ perenne *Dauerfluß, permanenter Fluß* m ‖ ◊ allí va todo a ~ revuelto figf *dort herrscht die größte Verwirrung* ‖ △irse al ~ *das Gestohlene verstecken* ‖ ¡al ~! pop *weg damit!* ‖ a ~ revuelto, ganancia de pescadores fig *im trüben ist gut fischen* ‖ cuando el ~ suena, agua lleva *an jedem Gerücht ist etwas Wahres* ‖ no llegará la sangre al ~ figf *es wird halb so schlimm werden*
²**río** → **reir**
rioja *m Rioja(wein)* m
rio|platense adj/s *vom Rio de la Plata* ‖ ~ m

Einwohner m *des La-Plata-Gebietes* || **-sellano** adj/s *aus Ribadesella* (PAst)
riostra f ⟨Arch⟩ *Strebe, Spreize* f || *Versteifung* f
R. I. P. Abk = **Requiéscat in pace**
ripa f Ar *Abhang* m || *(höhere) Böschung* f
ri|pia f *(Futter)Brett* n || *(Dach)Latte, (Dach-)Schindel* f || *tablilla de* ~ *Schindel* f || **-piar** vt *latten* || *schindeln* || Cu PR *zerstückeln* || **~se** vr Ant *verlieren* || **-piento** adj Chi *kiesig* || **-piera** adj Cu *pöbelhaft* || **-pio** m *Bruchstück, Überbleibsel* n || *Schotter* m, *Füllsteine* mpl || *Steingrieß* m || *Ziegelschutt* m || *(Bau)Schutt* m || fig *Lückenbüßer* m, *Flickwort* n || *Trödelkram* m || ◊ *meter* ~ fig *unnütze Zutaten einstreuen* || *no perder* ~ *(en)* fig *sich nichts entgehen lassen* || *sin perder* ~ *äußerst aufmerksam, ohne ein Wort zu verlieren* || **-pioso** adj figf *voller Flickwörter*
riqueza f Ar *Reichtum* m (& fig) || *Überfluß* m, *Hülle und Fülle* f || *Ergiebigkeit* f || *Reichhaltigkeit* f || *Kostbarkeit, Pracht* f || ~ *alcohólica Alkoholgehalt* m || ~ *de palabra*, ~ *de expresión Wortreichtum* m || *fuente de* ~ *la Quelle* f *des Reichtums* || ~ *forestal Waldreichtum* m || **~s** pl *Schätze* mpl || *Güter* npl || ~ *del subsuelo Bodenschätze* mpl
riquísimo adj sup *v.* **rico** || *über-, stein|reich*
riquito, riquín, ina adj dim *v.* **rico**
risa f *Lachen* n || *Gelächter* n || ~ *de conejo*, ~ *falsa* figf *gezwungenes, verstelltes Lachen* n || ~ *convulsiva Lachkrampf* m || ~ *homérica* fig *homerisches Gelächter* n || *digno de* ~ *lächerlich* || *explosión de* ~ *lautes Gelächter* n || *película de* ~ fam *komischer Film* n || *nicht gelungener*, fam *lächerlicher od unmöglicher Film* m || ◊ **caerse** *(od desternillarse) de* ~ figf *sich kranklachen* || *llorar de* ~ *Tränen lachen* || *mover a* ~ *zum Lachen reizen* || *morirse (pop reventar, vulg mearse) de* ~ *pop sich krank-, tot-, kaputt|lachen* || *¡qué* ~*! wie köstlich! das ist gelungen!* || *ser objeto de* ~ *zum Gespött dienen* || *no es cosa de* ~ *das ist nicht zum Lachen* || *soltar la* ~ *in ein Gelächter ausbrechen* || *tomar a* ~ *nicht ernst nehmen* || *über et lachen*
riscal m *felsiges Gelände* n
risco m *Fels(en)* m || *Klippe* f || **~so** adj *felsig* || *klippig*
risi|ble adj *lächerlich* || **-ca** f dim *v.* **risa:** *falsches, verstelltes Lachen* n || **-ta** f *(-lla* dim *v.* risa) *Lächeln, Kichern* n
risorgimento m it ⟨Pol⟩ *Risorgimento* n
risotada f *(schallendes) Gelächter* n || ◊ *soltar una* ~ *in ein Gelächter ausbrechen*
ríspido adj *rauh, barsch* || Am *struppig*
rispión m Sant *Stoppeln* n || *Stoppelfeld* n || *Brache* f
risquería f Chi = **riscal**
ristolero adj Ar Sal *fröhlich*
ristra f *Zopf* m, *Bund* n *(Zwiebel)* || *Bündel* n || *eingefädeltes Trockenobst* n || figf *Reihe(nfolge)* f || *en* ~ *aufgereiht*
ris|tre m *Lanzenschuh* m || ⟨Arch⟩ *Knagge* f || *con la lanza en* ~ *mit eingelegter Lanze* || **-trel** m ⟨Arch⟩ *(dicke) Holzleiste* f
risueño adj *fröhlich, froh* || *lächelnd* || *heiter* || *strahlend (Augen, Gesicht)* || *freundlich* || fig *lieblich, anmutig* || fig *verheißungsvoll* || *campiña* ~*a liebliche Flur* f || *porvenir* ~ *verheißungsvolle Zukunft* f || *semblante* ~ *heitere Miene* f || *strahlendes Gesicht* n
Rita f = **Margarita** (Tfn) || *¡cuéntaselo a* ~*!* fam *mach(e) das d-r Großmutter weis!* || *¡que lo haga* ~*! ich nicht!*
ritmar vt *rhythmisch gestalten* || *skandieren* || *rhythmisieren*
rítmi|ca f *Rhythmik* f || **-co** adj *rhythmisch, taktmäßig* || *acento* ~ ⟨Gr⟩ *Tonakzent* m || *danza* ~*a rhythmischer Tanz* m
ritmo m *Rhythmus* m || *Redemaß* n || *Tempo* n || *Tonfall* m || *Gleich-, Eben-, Zeit|maß* n
rito m ⟨Rel⟩ *Ritus* m
ritornelo m *Ritornell* n
ri|tual adj *rituell, zum Ritus gehörend bzw durch den Ritus geboten* || *ritual, den Ritus betreffend* || *asesinato* ~ *Ritualmord* m || ~ m *Kirchenordnung* f, *Ritual* n || *Rituale, Ritualbuch* n || **-tualidad** f *Förmlichkeit* f || **-tualismo** m ⟨Rel⟩ *Ritualismus* m || **-tualista** m/adj *Ritualist* m || pej *Formalist* m || **-tualización** f ⟨bes Ethol⟩ *Ritualisierung, Übersprungshandlung(en* fpl) f || ⟨Ethol⟩ *Übersprungsverhalten* n (→ **comportamiento**)
rival m/adj *Rivale* m || *Nebenbuhler* m || *Gegner, Widersacher* m || *Wettbewerber* m || *casa* ~ ⟨Com⟩ *Konkurrenzfirma* f || ◊ *no tener* ~ fig *nicht seinesgleichen haben*
rivali|dad f *Rivalität* f || *Nebenbuhlerschaft* f || *Wettstreit* m || *Wetteifer* m || **-zar** [z/c] vi *rivalisieren, wetteifern (con* mit *dat)*
rive|ra f Bach m, *Flüßchen* n || vgl **ribera** || **-reño** adj/s *aus Roa* (PBurg)
*****rixdal** m *Reichstaler* m
[1]**riza** f *Stoppeln* fpl
[2]**riza** f *Ver|heerung, -wüstung* f || ◊ *hacer* ~ *verwüsten* || *massakrieren*
riza|do m *Fälteln* n || *Kräuseln* n || *Kräuselung* f || *gekräuseltes, gelocktes Haar* n || ~ adj *lockig* || *gekräuselt* || *kraus* (→ **ensortijado, acaracolado**) || *gefältelt* || →a **rizar** || **-dor** m *Kräusel-, Brenn|schere* f
ri|zar [z/c] vt *kräuseln* || *(das Haar) brennen* || *fälteln (Wäsche, Papier)* || ~ *el rizo* ⟨Flugw⟩ *sich mehrere Male überschlagen, mehrere Schleifen od Loopings hintereinander fliegen* || ~ *agua -zada (por el viento) gekräuselte Wasseroberfläche* f || **~se** *sich locken, sich kräuseln* || **-zo** adj *kraus* || ~ m *(Haar)Locke* f || *Falte, Krause* f ⟨Mar⟩ *Reff* n || ⟨Flugw⟩ *Schleife* f, *Schleifenflug, Überschlag, Looping* m || ~ *invertido* ⟨Flugw⟩ *Rückenüberschlag, umgekehrter Schleifenflug* m || →**rizar** || **~s** *lockiges Haar* n || ⟨Mar⟩ *Reff* n || ◊ *hacer* ~ *kräuseln, locken* || *tomar* ~ ⟨Mar⟩ *die Segel reffen*
ri|zófago adj ⟨Biol⟩ *wurzel(fr)essend* || **-zoforáceas** fpl ⟨Bot⟩ *Mangrovenbaumgewächse* npl (Rhizophoraceae) || **-zoide** adj/s ⟨Bot⟩ *wurzelähnlich* || *(apéndice)* ~ m ⟨Bot⟩ *Rhizoid* n *(bei Algen und Moosen)* || **-zoma** m ⟨Bot⟩ *Wurzelstock* m, *Rhizom* n || **-zopodo** m/adj ⟨Biol⟩ *Wurzelfüß(l)er*, *Rhizopode* m || **-zosfera** f ⟨BK⟩ *Rhizosphäre* f
rizoso adj *lockig, gelockt* || *kraus*
r.[1], ris. Abk = **real, reales** *(Münze)*
R.[1] Abk = **Real** *(königlich)*
R. M. Abk = **Reverenda Madre**
rmb.[so] ⟨Com⟩ Abk = **reembolso**
R.[mos] ⟨Com⟩ Abk = **Recibimos**
Rmrz. Abk = **Ramírez**
R. O. Abk = **Real Orden** || Am = **República Oriental**
[1]**¡ro, ro!** *bischbisch! (zum Einschläfern der Kleinen)*
[2]△**ro** m *Gatte* m
roanés, roanesa adj/s *aus Rouen* (Ruán)
roano adj *(hell)rot, -grau und weiß (Pferd)* || *(caballo)* ~ *Rotschimmel* m
robacoches m fam *Autodieb* m
roba|do adj *ge-, be|stohlen* || fam *schlecht ausgestattet (Wohnung)* || **-dor** m *Dieb, Räuber* m || *Entführer* m || **-jornales** m pop *schlechter Arbeiter* m
róbalo m ⟨Fi⟩ *Wolf-, See|barsch* m (→ **lubina**)
robapercas m bes Nav *Gauner* m || fam *Strolch* m || fam *armer Schlucker* m || → **mangante**
robar vt *(be)rauben* || *(weg)stehlen, entwenden* || *bestehlen* || *entführen (e-e Frau)* || fam *prellen*

robeco — rodar 950

‖ ⟨Kart⟩ *(Karten) kaufen, ziehen* ‖ *fig an sich reißen (Herz, Zuneigung)* ‖ ◊ ~ el color ⟨Mal⟩ *die Farbe abschwächen* ‖ ~ la tranquilidad (a) *fig jdn um die Ruhe bringen* ‖ eso me roba mucho tiempo *das ist sehr zeitraubend für mich*
robeco *m* Ast ⟨Zool⟩ = **rebeco**
robellón *m* ⟨Bot⟩ *Reizker, Milchling m* (Lactarius deliciosus)
Roberto *m* np Tfn *Robert m*
robezo *m* ⟨Zool⟩ = **rebeco**
robín *m* *(Metall) Rost m*
robinetería *f* gall *(Kessel-, Wasser-, Dampf-) Armaturen fpl* ‖ *Armaturenfabrik(ation) f*
robinia *f* ⟨Bot⟩ *Scheinakazie, Robinie f* (Robinia pseudoacacia)
Robinson *m* np *Robinson m*
robiñano *m* = **fulano**
roblar *vt (ver)nieten*
ro|ble *m (Wald)Eiche f* ‖ *Eichbaum m* ‖ *Eichenholz n* ‖ ~ albar *Stieleiche f* (Quercus robur) ‖ ~ carrasqueño *Steineiche f* (Q. ilex) (→ a **carrasco, chaparro**) ‖ ~ rojo, ~ americano *Amerikanische Roteiche f* (Q. rubra) ‖ ~ villano, ~ borne *Flaumeiche f* (Q. pubescens lanuginosa) ‖ *fuerte como un* ~ *fig (stein)fest, eisenhart* ‖ **-bledal** *m Eichenwald m* ‖ **-bledo** *m Eichenhain m* ‖ **-blizo** *adj kräftig, fest*
ro|blón *m* ⟨Tech⟩ *(stärkerer) Niet m* ‖ *Verbindungsbolzen m* ‖ **-blonar** *vt (ver)nieten* ‖ → a **remachar**
robo *m Raub m* ‖ *Räuberei f* ‖ *Diebstahl m* ‖ *Gestohlene(s) n* ‖ *Entführung f* ‖ ⟨Jur⟩ *etwa: schwerer Diebstahl m* (vgl **hurto**) ‖ ~ con escalo *(od* escalamiento*) Einsteigediebstahl* ‖ ~ con fractura *Einbruch(sdiebstahl) m* ‖ ~ con fuerza en las cosas ⟨Jur⟩ *etwa: schwerer Diebstahl m* ‖ *Diebstahl m mit Einbruch* ‖ ~ con homicidio *Raubmord m* ‖ ~ a mano armada *bewaffneter Raubüberfall m* ‖ ~ sacrílego *Kirchenraub m* ‖ ~ con violencia o intimidación en las personas ⟨Jur⟩ *etwa: schwerer bzw einfacher Raub m*, *conato de* ~ *versuchter Diebstahl m* ‖ ◊ ir al ~ ⟨Kart⟩ *Karten kaufen* ‖ meter a ~ *(aus)plündern* ‖ ¡es un ~! *es ist unverschämt teuer! das ist glatter Diebstahl!*
robo|rante *adj/s* ⟨Med⟩ *stärkend* ‖ **-rar** *vt* ⟨Lit Med⟩ *verstärken* ‖ = **corroborar**
robre *m* prov = **roble** ‖ ~**dal**, ~**do** *m* = **roble|dal, -do**
robot *m [pl* ~**s**] *Roboter m* ‖ *Automat m* ‖ avión ~ *ferngesteuertes Flugzeug n*
robus|tecer [-zc-] *vt stärken* ‖ *kräftigen* ‖ me -tece en mi opinión *das (bzw er, sie) bestärkt mich in m-r Meinung* ‖ *das bestätigt m-e Ansicht* ‖ ~**se** *erstarken* ‖ **-tecimiento** *m Kräftigung, Erstarkung f* ‖ = **corroboración** ‖ **-tez** [*pl* -**ces**], **-teza** *f Kraft, Stärke f* ‖ *Rüstigkeit f* ‖ ≠**tiano** *m* np span Tfn (bes joc) ‖ **-to** *adj stark, kräftig* ‖ *robust* ‖ *hand-, kern|fest, rüstig* ‖ *fig stämmig* ‖ *stramm, vierschrötig* ‖ *fig schwerfällig*
roca *f Fels(en) m* ‖ *Klippe f* ‖ *Stein(block) m* ‖ *Felsen-, Berg|wand f* ‖ ⟨Geol⟩ *Gestein n* ‖ ~-**almacén** *f* ⟨Geol⟩ *Speichergestein n* ‖ ~ sedimentaria *Sedimentgestein n* ‖ de ~ *steinern, Stein-* ‖ *fig steinhart* ‖ *cristal de* ~ *Bergkristall m* ‖ *firme como una* ~ *fig felsenfest, firmeza de* ~ *fig Beharrlichkeit f* ‖ *felsenfeste Überzeugung f*
rocador *m* Sal *Kopfhaube f der Bäuerinnen*
rocalla *f (Stein)Geröll n* ‖ *Steinsplitter mpl* ‖ *Gestein n* ‖ ⟨Arch⟩ *Muschelstil m* ‖ *Muschelwerk n*, *Rocaille n/f*
△**rocambló** *m Freund m*
rocanrolero *m* Col *Halbstarke(r) m*
roce *m Streifen n*, *Reibung f* ‖ *Geknister n* (z. B. der Seide) ‖ *fig (häufiger) Verkehr m, Umgang m* ‖ *fig Reibfläche f* ‖ al ~ de ... *fig unter dem Einfluß von ...*
rocero *adj* Ar Nav *mit dem Pöbel verkehrend* ‖ *p.ex pöbelhaft, ordinär*

rocia|da *f Be|sprengen, -netzen n* ‖ *Übergießen n* ‖ *Tau m* ‖ *betautes Gras n* ‖ fig *Platzregen m* ‖ fig *Steinhagel m* ‖ fig *Menge f, Haufen m* ‖ fig *Flut f (von Nachreden)* ‖ fig *Verlästerung f* ‖ ◊ soltar *(od* echar*) una* ~ (a) pop *jdm e–n Wischer geben* ‖ **-dera** *f Gießkanne f* ‖ **-do** *adj be|taut, -netzt* ‖ **-dor** *m Regner m* ‖ *Brausekopf m* ‖ *Sprengwedel m (bes für die Wäsche)* ‖ **-dura** *f*, **-miento** *m (Be)Sprengen f* ‖ *Berieselung f*
rociar [*pres* –io] *vt (be)sprengen, benetzen* ‖ *besprengen* ‖ *begießen* ‖ *bewässern* ‖ *(Wäsche) besprengen* ‖ *Be)streuen* ‖ fig *verlästern* ‖ ~ vi *nieseln* ‖ *sprühen* ‖ *tauen* ‖ ◊ está rociando *es taut* ‖ *es nieselt* ‖ ~**se** fam *sich beschwipsen*
rocín *m alter Gaul m, Schindmähre f* ‖ *Arbeitspferd n* ‖ fig *Lümmel, Tölpel m* ‖ ~ **matalón** *Schindmähre f, elender Klepper m* ‖ ◊ venir de ~ a ruin figf *vom Pferd auf den Esel kommen*
roci|nal *adj mährenartig* ‖ ≠**nante** *m Rosinante f (Pferd d. Don Quijote)* ‖ fig *Schindmähre f*
rocío *m Tau m* ‖ *Wasserstaub, Gischt m* ‖ *Sprühregen m* ‖ fig *feine Besprengung f, Spray m/n* ‖ ~ matinal *Morgentau m* ‖ *caída de* ~ *Tauen n* ‖ *gota de* ~ *Tautropfen m* ‖ *lleno (od cubierto) de* ~ *taubedeckt* ‖ ◊ cae (el) ~ *es taut*
roción *m Spritzwasser n (v sich brechenden Meereswellen)*
rococó *m/adj Rokoko n (Stil)* ‖ *estilo* ~ *Rokokostil m* ‖ *período (del)* ~ *Rokoko(zeit f)n*
rocón *m* augm *v.* **roca**
rocha *f Rodung f* ‖ Bol Chi *Aufpassen n* ‖ ◊ hacer ~ Bol *die Schule schwänzen* (→ **novillos**)
rochela *f* Am *(großer) Lärm, Radau m*
Rochela *f:* La ~ *La Rochelle (frz. Hafenstadt)*
rocho *m der Vogel Rock (Märchentier)*
roda *f* ⟨Mar⟩ *Vor(der)steven m* ‖ Ast ⟨Fi⟩ *Königsfisch m* (→ **pez luna**) ‖ ~ de popa ⟨Mar⟩ *Achter-, Hinter|steven m*
rodaballo *m* ⟨Fi⟩ *Steinbutt m* (Psetta maxima = Rhombus maximus) ‖ *Glattbutt m* (Scophthalmus rhombus) ‖ figf *gerissener Mensch*, fam *Schlaumeier m*
roda|china *f* Col *Rädchen n* ‖ **-da** *f Rad-, Wagen|spur f* ‖ *(Fahr)Geleise n* ‖ ⟨Tech⟩ *Spur f* ‖ Arg Ec Mex *Sturz m* ‖ **-dero**, **-dizo** *adj leicht fortrollend, fahrend*
¹**rodado** *adj Apfel- (Pferd)*
²**roda|do** *adj angeschwemmt (Gestein)* ‖ *(von) sich (selbst) ergeben(d)* ‖ *glatt (Stil, Rede usw)* ‖ ◊ eso me viene ~ pop *das kommt wie gerufen* ‖ la cosa vino ~a figf *die Sache ergab sich (ganz) von selbst* ‖ **-dura** *f Rollen, Wälzen n* ‖ **-ja** *f Scheibe, runde Platte f* ‖ *Schnitte f* ‖ *Spornrädchen n* ‖ ⟨Tech⟩ *(Dreh)Rolle f* ‖ *Butzen m* ‖ **-je** *m Räderwerk n (Uhr)* ‖ *Radsatz m* ‖ *Wagenrollen n* ‖ *Wagengestell n* ‖ ⟨StV⟩ *Einfahren n* ‖ ⟨Filmw⟩ *Dreharbeiten fpl* ‖ ⟨Filmw⟩ *Rollen n* ‖ ~ de exteriores (interiores) *Außen-(Innen)aufnahmen fpl* ‖ en ~ ⟨Aut⟩ *wird eingefahren* ‖ ⟨Filmw⟩ *bei den Dreharbeiten* dim: ≠**juela**
rodal *m Lichtung f im Walde* ‖ allg *Fläche f, die sich von der Umgebung abhebt*
rodamiento *m* ⟨Tech⟩ *(Wälz)Lager n* ‖ ~ de (inc a) bolas *Kugellager n* ‖ ~ de rodillos *Rollenlager n*
rodancha *f* prov *Scheibe f* ‖ *(runde) Schnitte f*
Ródano: el ~ *die Rhone f (Fluß)*
rodante *adj rollend* ‖ *p.ex laufend* ‖ cocina ~ ⟨Mil⟩ *Feldküche f* ‖ *material (od tren)* ~ ⟨EB⟩ *rollendes Material n* ‖ personal ~ *sich ablösendes Personal n*
rodapié *m* ⟨Arch⟩ *Fußgestell n (e–r Säule)* ‖ *Fuß|kranz m, -brett, -teil n* ‖ *farbige Abschlußborte f (anstelle e–r Scheuerleiste)*
rodar [-ue-] *vt (fort)rollen* ‖ *(um)wälzen* ‖ ◊ ~ un auto *e–n Wagen einfahren* ‖ ~ una película e–n *Film drehen* ‖ ~ vi *rollen, sich herumdrehen* ‖

sich wälzen || *herunter\rollen, -fallen* || fam *herunterpurzeln* || *fahren, auf Rädern rollen* || *rollen (Donner)* || fig *reich fließen (Tränen)* || fig *erfolgen, vorkommen* || fig *verstreichen (Zeit)* || | fig *hin und her schwanken* || *umherirren, sich herumtreiben* || ◊ ~ *por la cabeza im Kopfe herumgehen* || ~ *por el mundo die Welt bereisen* || echarlo todo a ~ pop *alles zum Teufel schicken, alles über Bord werfen* || *alles zum Scheitern bringen*, fam *die Sache vermasseln* || ~ *por tierra zu Boden fallen* || *bajar rodando herunterrollen* || ~ en torno de *sich herumdrehen um* (acc) || *sich drehen um* (acc) || la conversación rodaba sobre ... *das Gespräch drehte sich um* ... (acc) || hacer ~ *in Gang bringen* || la empresa fue a ~ *das Unternehmen ging zugrunde* || echar a ~ la vergüenza figf *alle Scham beiseite lassen* || alli rueda el dinero fam *dort rollt das Geld* || ¡ruede la bola! *laß gehen, wie's geht!*
Rodas *Rhodos (Insel)*
rode\|ar vt *um\|gehen, -kreisen* || *um\|geben, -ringen, -zingeln* (con, de *mit* dat) || *umwickeln* (con, de *mit* dat) || *schwenken, drillen, tummeln (Pferde)* || Am *(das Vieh) zusammentreiben* || ◊ ~ con (od *mit*) murallas *mit Mauern umgeben* || la cabeza –ada con un pañuelo rojo *mit rotem Kopftuch (Frau)* || la trenza –ada a la cabeza *der um den Kopf geschlungene Zopf* || la reputación que le –a *der Ruf, der ihn umgibt* || vi e–n *Umweg nehmen* bzw *machen* || *Umschweife machen* || fig *Umstände machen* || ~se vr *sich rühren* || *sich tummeln* || *sich und sich her bewegen*
rodela f *Rundschild* m || *rund geschliffenes Glas* n *(z. B. e–r Brille)* || Chi *Schnitte* f || dim: ~**eja**
rodeno adj *rot, rötlich (Erde, Fels usw)* || pino ~ *Rotfichte* f || ~ m *rötlicher Boden* m
△**rodeño** m *Schutzmann* m
rodeo m *(Her) Umgehen* n || *Um-, Ab-, Nebenweg* m || *Sammelplatz* m *des Weideviehs* || *Standplatz* m *der Tiere auf Viehmärkten* || fig *Umschreibung* f || fig *Ausflucht* f, *Umschweif* m || *Diebesbande* f || Am *Rodeo* m, *Zusammentreiben* n *des (gesamten) Großviehes e–r hacienda* || por ~ figf *durch die Blume* || ◊ dar un ~ *(para ir a ...) umgehen, e–n Nebenweg einschlagen (nach ...)* || e–n *Umweg machen* || ~s pl: por ~ auf *Nebenwegen* || ◊ andar con ~ *ohne große Umstände machen* || sin andar con ~ *ohne weitere Umschweife, ohne viel Aufhebens* || buscar ~ figf *leere Ausflüchte machen* || declarar sin ~ *unumwunden erklären* || *hablar sin* ~ *geradeheraus reden*
rode\|ón m *Kreiswendung* f || **–ra** f *Radspur* f || **–ricense** adj *aus Ciudad Rodrigo* (PSal) || **–ro** adj *Rad-* || **–te** m *(runder) Haarkranz* m *(der Frauen)* || *Trag\|polster* n, *-wulst* f, *Kopfring* m *(der Träger)* || ⟨Tech⟩ *(Riemen)Rolle* f || *Lenkscheit* n, *Kranz* m *(am Wagen)* || *Kreiselrad* n || *Schaufelrad* n *(z. B. e–s Ventilators)* || *Laufrad* n *(e–r Turbine)* || *Reif* m *(im Schloß)*
rodezno m *Mühl-, Schaufel\|rad* n || *Laufrad* n *(e–r Turbine)*
rodezuela f dim v. **rueda**
rodiar vt *rhodinieren*
rodi\|lla f *Knie* n || *(Ab) Wischtuch* n, *Scheuerlappen, Wisch(er)* m || *Trag\|polster* n, *-wulst* f, *Kopfring* m *(der Träger)* || a media ~ *halb kniend* || de ~ *kniend* || *kniefällig* (& fig) || fig *inständig (bitten)* || ◊ caer de ~s *auf die Knie fallen* || doblar (od hincar) la ~ *das Knie beugen* || fig *sich erniedrigen, sich demütigen* || estar de ~s *auf den Knien liegen* (& fig) || hincar la ~ (od las ~s), hincarse (od ponerse) de ~s *niederknien* || subirse a las ~s (de) *zu jdm auf den Schoß kriechen (Kind)* || **–llada** f *Kniefall* m, *Niederknien* n || = **–llazo** || **–llazo** m *Stoß* m *gegen das Knie* || *Stoß* m *mit dem Knie* || ⟨Taur⟩ *Knieparade* f *(des Stier-*

fechters) || **–llera** f *Knie-, Bein\|leder* n || *Stiefelstulpe* f || *Kniewärmer* m || *Kniestück* n *(an der Hose)* || *Kniebeule* f *(e–r abgetragenen Hose)* || *Knie\|kachel* f, *-buckel* m *(Rüstung)* || ⟨Vet⟩ *Knie\|verletzung, -wunde* f *(beim Sturz)* || **–llo** m *Rolle, Walze* f || *Acker-, Erd\|walze* f || *Straßenwalze* f || *Schreibwalze* f *(e–r Schreibmaschine)* || ⟨Tech Agr⟩ *Rolle* f || *Rollholz* n || *Nudel\|holz* n, *-walze* f || ⟨Com⟩ *Packrolle* f || *Mangelholz* n *(der Wäscherinnen)* || ⟨Tech⟩ *Wellbaum* m || ~ para pegar pruebas ⟨Phot⟩ *Rollenquetscher* m || ~ de (en)tintaje ⟨Typ⟩ *Farbwalze* f || ~ de transporte ⟨Tech⟩ *Transportwalze* f || ~ de alisar *Glättrolle* f || **–lludo** adj *mit starken Knien*
¹**rodio** adj *rhodisch* || ~, **rodiota** m *Rhodier* m
²**rodio** m ⟨Chem⟩ *Rhodium* n
rodo m ⟨Metal⟩ *Schür\|eisen* n, *-stange* f || = **rodillo** || a ~ *in Hülle und Fülle* || *reichlich* || pop *spornstreichs*
rodocrosita f ⟨Min⟩ *Rhodochrosit* m
rodo\|dafne f ⟨Bot⟩ = **adelfa** || **–dendro** m *Alpenrose* f, *Rhododendron* n/m (Rhododendron spp)
rodol\|fino adj ⟨Hist⟩ *rudolfinisch* || **≃fo** m np *Rudolf* m
rodomiel m *Rosenhonig* m
rodri\|ga f *Rebenpfahl* m || **–gar** [g/gu] vt *(Weinstöcke, Bäume) be-, an\|pfählen, -stocken* || *abstecken) (Hopfen) anstengeln*
Ro\|drigo m np Tfn *Rodrigo, Roderich* m || ~ Díaz de Vivar *der eigentliche Name des Cid*
rodrigón m *Reben-, Schutz\|pfahl* m || *Hopfenstange* f (& fig) || fam *Anstands\|dame, -mutter* f, fam *Anstandswauwau* m || ◊ poner ~es (a) *anpfählen (Weinstöcke)*
Rodríguez *(span. Familienname):* fam ≃ *Strohwitwer* m || ◊ estar de ≃ *Strohwitwer sein, meist: die Freiheit e–s Strohwitwers genießen*
roe\|dor adj *nagend* (& fig) || ~ m *Nagetier* n || ~**es** mpl ⟨Zool⟩ *Nagetiere* npl (Rodentia = Simplicidentata) || **–dura** f *(Be) Nagen* n
roentgen(o)terapia m/f = **röntgenoterapia**
roer [pres roo od royo, roigo] vt/i *(be)nagen* || *zernagen, anfressen* || *ab-, be\|knabbern, abnagen, abklauben (Knochen)* || *aus-, zer\|fressen (Rost)* || fig *nagen* (an dat) || fig *untergraben, zerstören* || fig *grämen* || fig *(be)reuen* || ◊ ~ huesos *Knochen abnagen* || libros fig *ein Bücherwurm sein* || ~ la orilla *das Ufer abwaschen (Wasser)* || me roe *es wurmt mich* || eso le roe las entrañas *(od* el corazón) figf *das grämt ihn bitter* || ha roído el anzuelo fig *er entging der Gefahr* || ~se los codos de hambre figf *am Hungertuch nagen* || ~se las uñas *sich die Nägel abbeißen*
roga\|ción f *Bitten* n || ⟨Rel⟩ *Bittgang* m || ⟨Jur⟩ *Antrag* m || ~**es** pl *Bettage* mpl || **–do** pp v. **rogar** || ~ adj: ◊ ser muy ~ fam *sich stets sehr bitten lassen* (→ **rogar**) || **–dor** adj *flehend, (demütig) bittend* || con ojos ~es *mit flehendem Blick*
rogar [–ue–, g/gu] vt *bitten* || *anflehen* || ◊ se lo ruego *ich bitte Sie darum* || rogándole se sirva contestarme a vuelta de correo ⟨Com⟩ *mit der Bitte um postwendende Antwort* || ~ vi *bitten, beten (por für* acc) || ◊ hacerse de ~ fam *sich bitten lassen* || no se haga V. ~ *lassen Sie sich nicht nötigen* || rogad por nos(otros) *bitte für uns (im Gebet)*
roga\|tiva f ⟨Rel⟩ *Bittgebet* n || ~**s** fpl *Bittprozession* f || *Kreuz-, Bitt-, Gang\|woche* f || **–torio** adj *Bitt-, Ersuchungs-* || comisión ~a *Rechtshilfeersuchen* n
Rogelio m np Tfn *Roger* m
¹**rogo** m ⟨poet⟩ *Scheiterhaufen* m
²△**rogo** m *Horn* n
△**roi** f *Mehl* n
roído pp v. **roer** || ~ adj figf *knauserig*
roigo → **roer**
△**roin** m *Löffel* m

roíya f pop = **rodilla**
ro|jal adj/s *rötlich (Boden)* || **-jear** vt *ins Rote spielen* || *rot (durch)schimmern* || *rot anlaufen (reifendes Obst)* || ⟨Pol⟩ fam *zum Marxismus neigen*, fam *rot angehaucht sein* || ése -jea ⟨Pol⟩ fam *der ist rosarot* || **-jete** m *Rot* n *(Schminke)* || **-jez** [*pl* **-ces**] f *Röte* f
roji|negro adj *rot und schwarz* || la bandera ~a *die schwarzrote Fahne* f *(der Falange bzw der Anarchisten)* || **-llo** adj *rötlich* | *rot(gelb)* || Span ⟨Pol⟩ fam *rot angehaucht, rosarot* || los ~s Span fam *die Roten* pl (bes *im Bürgerkrieg 1936–1939)* || **-zo** adj *rötlich*
rojo adj *(hoch)rot* || *rotgelb, fuchsrot* || *rothaarig* || *glühend* || ⟨Pol⟩ *rot* || ~ claro *hellrot* || ~ de vergüenza *schamrot* || ~ vivo *grellrot* || de barba ~a *rotbärtig* || cabellos ~s, pelo ~ *Fuchshaar* n || ◊ ponerse ~ *erröten* || ~ m *rote Farbe* f || *Rot* n *(Schminke, Lippenstift)* || ⟨Pol⟩ *Rote(r)*, marxistisch bzw *kommunistisch Gesinnte(r)* m || ~ de cromo *Chromrot* n || ~ de escarlata *Scharlachrot* n || ~ para (od de) labios *Lippenstift* m || ~ nuevo *Biebricher Scharlach* m, *Neurot* n || ~ o(b)scuro *Dunkelrot* n || ~ pálido *Blaßrot* n || ~ sanguíneo *Blutrot* n || ~ violeta *Dunkelviolett* n || al ~ *glühendrot (z. B. Eisen)* || *außer sich vor Wut* || fig *heikel, siedend, kritisch (Frage, Lage)* || tenazas (puestas) al ~ blanco *weißglühende Zange* f || ◊ teñir de ~ *rot färben*
rojo|amarillo adj *rotgelb* || **-gualdo** adj *rot-gelb (span. Nationalfarben)*
rojura f *Röte* f
rol m *Liste* f, *Verzeichnis* n || ⟨Mar⟩ *Musterrolle, Mannschaftsliste* f || gall *Rolle* f (→ **papel, rollo**)
Rolando m np *Roland* m
Roldán m np: canción de ~ ⟨Lit⟩ *Rolandslied* n
rol|dana f *(Seil) Rolle* f *(am Ziehbrunnen)* || p. ex *Flaschenzug* m || **-de** m *Kreis* m *(von Leuten)*
rolo m Am gall = **rodillo**
¹**rolla** f *Unterlage, Polsterung* f
²**rolla** f León Pal Vall Zam Col *Kindermädchen* n || Zam ⟨V⟩ = **tórtola**
rollar vt *auf|rollen, -wickeln*
rollete m dim v. **rollo**
rolli|to m dim v. **rollo** || *Röllchen* n || ◊ es un ~ de manteca pop *es ist ein bildhübsches (pausbäckiges) Kind* || **-zo** adj *rundlich* || fam *drall, stramm* || ~ m *Rundholz* n
ro|llo m *Rolle, Walze* f *Rolle* f *(Papier, Tuch)* || *Rundholz* n || *(runder) Pfeiler* m, *Säule* f || *Rolle* f *(e–s Pianoautomaten)* || *Rollfilm* m || figf *ermüdendes Gerede* n, fam *alte Platte* f || *langweiliger Vortrag* m || fam *Schmarren, Schinken* m *(Film, Buch usw)* || ~ de cinta engomada *Kleberolle* f || ~ de música *Musikrolle* f || ~ de papel *Rolle f Papier* || ~ de película *Filmrolle* f || ~ de tabaco *Tabakrolle* f || tabaco en ~ *Rolltabak* m || ◊ colocar un ~ a alg. figf *jdn e–n Sermon halten* || estar hecho un ~ de manteca figf *vor Gesundheit strotzen (dickes Kind)* || hacer un ~ (de) et *zusammenrollen* || poner en el ~ figf *bekanntmachen* || *verbreiten (Nachricht)* || ¡cambia de una vez de ~! figf *leg endlich mal e–e neue Platte auf! (sprich endlich von et anderem!)*
-llón m *Kleinmehl* n || **-llona** f fam *Kindermädchen* n
¹△**rom** m *Mensch* m || *Ehemann* m
²**rom** [.. on] m = **ron**
Roma f *Rom* m || fig *die Kirche* f || fig *die päpstliche Autorität* f || la ~ antigua *das alte Rom* || por todo! pop *vorwärts! feste drauf!* || ◊ por todas partes se va a ~ *alle Wege führen nach Rom* (& fig) || (en) hablando del rey (od ruin) de ~, luego asoma *man soll den Teufel nicht an die Wand malen*
romadi|zado adj *verschnupft* || **-zo** m ⟨Med⟩ fam *(Stock)Schnupfen* m
romaico m/adj *Neugriechisch* n
Román m np Tfn *Romanus* m || *Roman* m
romana f || *Schnell-, Laufgewichts|waage* f || → a **romano**
roman|ce adj *romanisch* || ⟨Lit⟩ fig *spanisch* || ~ s *romanische Sprachen* (bes *Spanisch, Italienisch und Französisch)* || ~ m ⟨Hist & Lit⟩ *(das) Spanische, (die) span. Sprache* || *spanische (kastilische) Sprache* f, *(das) Spanische* || *Romanze* f *(Gedicht* & fig) || ~ de ciego *Bänkelsängerlied* n, *Moritat* f || ~ de gesta *Heldenlied* n *(im Mittelalter)* || en ~ *in Versform* || en buen ~, en ~ paladino fig *auf gut spanisch, deutlich, verständlich* || lingüística ~ *romanische Sprachwissenschaft* f || ◊ hablar en ~ *spanisch reden (& fig)* || poner en buen ~ figf *richtig stilisieren* || ~s pl fig *leeres Geschwätz* n || ◊ no me vengas con ~ fam *mache mir keine Dummheiten weis* || ¡son puros ~! pop *leere Ausflüchte!* (vgl **literatura**) || **-cero** m/adj *Romanzen|dichter* bzw *-sänger* m || *Romanzensammlung* f, *Romanzero* m || ◊ no sea V. ~ pop *machen Sie keine Umstände* || **-cesco** adj *romanhaft* || *romantisch* || **-cillo** m dim v ~ || **-cista** m *Romanzendichter* m || ~ adj ⟨Hist⟩ *in e–r romanischen* bzw *in spanischer (d.h. nicht in lateinischer) Sprache schreibend* || **-che** m/adj *Rätoromane* m *(aus der Ostschweiz)* || *die rätoromanische Sprache* (→ **rético**)
△**romandi|ñado** adj/s *verheiratet* || △**-ño** m *Heirat* f
roma|near vt *mit der Schnellwaage wiegen* || s: **-neo** m
románico adj *romanisch (Kunst, Sprache)* || filología ~a *Romanistik* f
romani|lla f, **-llo** m ⟨Typ⟩ *runde Schrift* f || → a **romano**
roma|nista m/adj *Romanist, Kenner* m *des römischen Rechtes* || *Romanist, Wissenschaftler* bzw *Forscher* m *auf dem Gebiet der Romanistik* || **-nización** f *Romanisierung* f || **-nizar** [z/c] vt *romanisieren* || **-no** adj/s *römisch* || *welsch* || *católico* ~ *römisch-katholisch* || letra ~a ⟨Typ⟩ *Antiqua* f || a la ~ *nach römischer Art* || ~ m *Römer* m || ~ rústico *Vulgärlatein* m
romanticismo m *Romantik* f
romántico adj *romantisch* || *romanhaft* || *abenteuerlich* || *romantisch, sentimental* || *phantastisch, übertrieben* || ~ m *Romantiker* m || *Träumer, Phantast* m
romanza f ⟨Mus⟩ *Romanze, Arie* f
Romaña f it *(die) Romagna*
romaza f ⟨Bot⟩ *Ampfer* m (Rumex spp)
rom|bal adj *rautenförmig* || **-bo** m ⟨Math⟩ *Rhombus* m, *Raute* f || ⟨Fi⟩ *Steinbutt* m (→ **rodaballo**) || a ~s *querkariert (Muster)* || **-boedro** m ⟨Math⟩ *Rhomboeder* n || **-boidal** adj *rautenförmig, rhomboid* || **-boide** m *Rhomboid* n || **-boideo** adj → **romboidal**
Romeo y Julieta *Romeo und Julia (Shakespeare)* || *(Art) feine span.-kubanische Zigarre* f
rome|ral m *Rosmarinfeld* n || **-ría** f *Wall-, Pilger|fahrt* f || *Kirmes, Kirchweih* f || p. ex *Volksfest* n *(zu Ehren e–s Schutzheiligen* bzw *der Heiligen Jungfrau)* || ◊ ir en ~ *pilgern* || **-ro** adj *pilgernd, Pilger-* || ~ m *Pilger, Wallfahrer* m || ⟨Bot⟩ *Rosmarin* m *(Rosmarinus officinalis)*
¹**romí** adj Marr *christlich* || *azafrán* ~ ⟨Bot⟩ *Saflor* m, *Färberdistel* f (Carthamus tinctorius)
²△**romí** f *Gattin* f || *Weib* n
romo adj *stumpf* || *nariz* ~a *Stumpfnase* f || ~ de espíritu fig *geistig abgestumpft*
rompe|balas m → **abridora** de balas || **-cabezas** m *Totenschläger* m *(Hiebwaffe)* || figf *(schwieriges) Rätsel* n || *Geduldspiel* n || **-dero** adj *(leicht) zerbrechlich* || ~ m: ~ (de cabeza) Sant & prov fam *Besorgnis* f || *Kummer* m || *Problem* n || = **rompecabezas** || **-dor** adj *brisant, Brisanz-* ||

Spreng- || granada ~a ⟨Mil⟩ *Splitter-, Spreng|-granate* f || **–dura** f *Riß* m || **–(e)squinas** m figf *Eisenfresser* m || **–hielos** m ⟨Mar⟩ *Eisbrecher* m || *Eissporn* m || **–huelgas** m *Streikbrecher* m || **–jetas** m vulg *Raufbold* m || **–nueces** m *Nußknacker* m (→ **cascanueces**) || **–olas** m ⟨Mar⟩ *Wellenbrecher* m || *Mole* f || **–puchero, –ollas** m *Topfschlagen* n *(Spiel)*
romper [pp roto] vt *(zer)brechen* || *abbrechen* || *zer|reißen, -stören* || *zer|sprengen, -schlagen* || *zerreißen (Kleid, Kette)* || *auseinanderreißen* || ⟨Mil Mar⟩ *durchbrechen (Blockade)* || ⟨Mil⟩ *eröffnen (Feindseligkeiten, Feuer)* || ⟨Agr⟩ *umreißen, urbar machen* || ⟨Agr⟩ *roden* || *ausreuten* || *nieder-, ein|reißen* || *aufreißen* || *spalten* || *anbeißen (Brot)* || *bahnen (Weg)* || fig *durchbrechen* || *erbrechen (Tür)* || *durchdringen (Licht)* || fig *brechen (Vertrag, Wort, Schweigen, Fasten)* || *abbrechen (Beziehungen)* || ◊ ~ *el aire die Luft durchsausen* || ~ *los cristales die Fenster einschlagen* || ~ *el encanto den Zauber lösen* || ~ filas ⟨Mil⟩ *wegtreten* || ¡rompan filas! ⟨Mil⟩ *weggetreten!* || ~ *el fuego* (sobre)⟨Mil⟩ *das Feuer eröffnen (auf* acc) || ~ *el hilo del discurso* fig *den Faden des Gesprächs abschneiden* || ~ *las hostilidades* ⟨Mil⟩ *die Feindseligkeiten eröffnen* || ~ *la marcha* ⟨Mil⟩ *den Marsch eröffnen* || ~ *las relaciones* ⟨Com⟩ *die Beziehungen abbrechen, die Verbindungen abbrechen* || ~ *el silencio das Stillschweigen brechen* || ~ *el vuelo sich aufschwingen, auffliegen (Vogel)* || te ~é *el bastón en las costillas ich werde dir den Stock auf dem Rücken zerschlagen (Drohung)* || *el que rompa, paga wer bricht, der zahlt* || ~ vi *zer|brechen, -reißen* || *auseinandergehen* || *(zer)platzen* || fig *hervorbrechen* || fig *anbrechen (Morgenröte)* || *plötzlich anfangen* (a *zu* inf) || fig *sich plötzlich entschließen* || fig *aufbrechen, sich öffnen (Knospe)* || ◊ ~ a... *anfangen zu, ausbrechen in* (acc) || ~ a hablar *zu reden anfangen* || ~ a llorar *in Tränen ausbrechen* || ~ con alg. *mit jdm. brechen* || ~ en los~, aus|brechen in (acc) || ~ por todo *sich über alle Hindernisse hinwegsetzen* || al ~ el dia *bei Tagesanbruch* || ¡rompe de una vez! pop *sprich dich doch einmal aus!* || **~se** *(entzwei)brechen* || *zerbrechen* || *zerspringen, platzen* || *zerreißen* || ◊ ~ la cabeza *sich den Kopf aufschlagen* || fig *sich den Kopf zerbrechen* (con, sobre, acerca de *über* acc) || ~ *un diente sich e-n Zahn ausbeißen* || ~ la mano (contra) *sich die Hand brechen* (an dat)
rompible adj *brechbar* || *zerbrechlich*
rompiente m ⟨Mar⟩ *Strandklippe* f || *natürlicher Wellenbrecher* m || *Brandung* f || *Brecher* m *(Welle)*
rompilona f/adj pop *Mädchen* n, *das viel Geschirr zerbricht*
rompimiento m *(Zer)Brechen* n || *Riß, Bruch* m || *Aufbrechen* n *(des Bodens)* || *Aufgang* m *(des Eises)* || fig *Bruch* m || ⟨Mal⟩ *Durchblick* m || ⟨Th⟩ *Vorhang* m (, *der e-n Durchblick ermöglicht)* || ~ de las relaciones *Abbruch* m *der Beziehungen*
Romualdo m np Tfn *Romuald* m
Rómulo m np Tfn *Romulus* m
ron m *Rum* m
ronca f *(Art) Partisane* f, *Spieß* m || ⟨Zool Jgd⟩ *Röhren* n *e-s Damhirsches* (vgl **bramido**) || ◊ echar ~s figf *prahlerische Drohungen ausstoßen*
roncador m *Schnarcher* m
roncal m ⟨V⟩ = **ruiseñor** ⁓ m: *Valle del* ⁓ *Roncaltal* n (PHues) || ~és adj/s *aus dem Roncaltal*
roncar [c/qu] vi *schnarchen* || *brummen, schnarren (Blasinstrument, Baßgeige, Kreisel)* || *schnurren (Räder)* || *knarren (Dielen)* || *klappern (Mühle)* || *knistern (Feuer)* || *brausen (Wellen)* || *sausen (Wind)* || *heulen (Sturm)* || ⟨Jgd⟩ *rö(h)ren*, *schreien (Hirsch)* || figf *brummen, murmeln, murren* || figf *protzen*
ronce|ar vi/t *(ver)trödeln* || *widerwillig an et herangehen*, fam *lustlos anpacken* || fam *jdn beschwatzen* || ⟨Mar⟩ *nur langsame Fahrt machen* || Am *leise schaukeln* || **–ría** f *Trödelei* f || *Unlust* f || *widerspenstiges Zögern* n || fam *listige Schmeichelei* f || ⟨Mar⟩ *langsame Fahrt* f || **–ro** adj *trödelhaft* || *widerspenstig* || *tückisch schmeichelnd* || *langsam (Schiff)*
Roncesvalles *Roncesvalles (Tal in den Pyrenäen)*
ron|co adj *heiser* || *brummend (Baßgeige usw)* || *dumpf, dröhnend* || *estertor* ~ **–cón** m *Schnurrpfeife, Schalmeiröhre* f *(des Dudelsacks)*
△**roncú** m *Geldschrank* m
¹**roncha** f *Schwellung* f || *Quaddel* f || *Beule, Quetschung, Strieme* f || ◊ levantar ~s *Quaddeln erzeugen (Insektenstich)* || figf *verletzen (treffendes Wort)* || augm: **ronchón** m
²**roncha** f *runde, dünne Schnitte* f
ronchar vt/i *(be)knabbern* || vi *knabbern, knacken*
ronda f *(Nacht)Runde* f || *Streif-, Nacht|wache, Streife* f || *Rundgang* m || *Rundgesang* m || *(nächtliches) Ständchen* n || *(Gruppe* f *von) Rondasänger(n)* mpl || ⟨Kart⟩ *Ronde* f || *Ringstraße* f || pop *freundschaftliche Bewirtung* f || △*Gürtelschärpe* f || ~ Kennedy ⟨Pol Wir⟩ *Kennedy-Runde* f || ~s de guitarras *Gitarrenmusik* f *(zum Abendständchen)* || ◊ andar de ~ *in der Runde singen* || *auf Liebesabenteuer ausgehen* || hacer la ~ (a) fig *jdn begleiten* || *(e-r Frau) der Hof machen* || ⟨Mil⟩ *die Posten abgeben* || pagar la ~ *die Runde, die (freundschaftliche) Bewirtung bezahlen*
ronda|calles m *Nachtschwärmer, Bummler* m || **–dor** m *Nachtschwärmer* m || pop *Anbeter, Freier* m || **–lla** f *Märchen* n, *Lüge* f || *Straßenmusik* f *(bes Gitarren-, Mandolinen- & Tamburin|musik)* || *Musikanten und Sänger* mpl *der rondalla*
ron|dana f Am barb = **roldana** || **–dar** vt/i *die Runde machen* || *in der Runde singen* || *in der Nacht schwärmen, bummeln* || *e-r Frau* (bes *in der Nacht*) *nachgehen (Liebhaber)* || *um et herum|gehen, -fliegen* || ◊ la mariposa –da la luz *der Schmetterling flattert um das Licht herum* || ¿qué te está –dando por el magín? *pop was hast du schon wieder im Kopfe?* || **–del** m *Rondo, Rondeau, Rondell* n || fig *Haufe(n)* m || *Schwarm* m *(Vögel)* || **–deña** f and. *Tanz* m *(aus Ronda)* || **–deño** adj *aus Ronda* (P Má) || **–dín** m *Wächter* m || ⟨Mil⟩ *Kontrollgang* m || **–dis** m *Tafel* f *(e–s Brillanten)* || **–dó** m ⟨Mus⟩ *Rondo* n || **–dón** m: ◊ entrar (*od* colarse) de ~ pop *dreist, unvermutet eintreten*
ronque|ar vi *heiser sein (od reden)* || **–cino** adj Am *heiser* || **–dad** f *Heiserkeit* f || **–ra** f *Heiserkeit* f || ◊ tener ~ *heiser sein*
ronquido m *Schnarchen* n || *Brausen* n *(des Meeres)* || *Klappern* n *(der Mühle)* || *Knistern* n *(des Feuers)* || *Heulen* n *(des Sturmes)*, *Sausen* n *(des Windes)* || *Brüllen, Toben* n *(Elemente)* || *Knarren* n *(der Dielen)* || *Brummen* n *(der Baßgeige)* || *Rö(h)ren* n *(des Hirsches)*
ron|rón m Am *Kinderschnarre* f || **–ronear** vi *schnurren (Katze)* || **–roneo** m *Schnurren* n *(Katze)*
röntge|nografía f *Röntgenographie* f || *Röntgenbild* n || **–radiografía** f || **–nólogo** m *Röntgenologe* m (→ **radiólogo**) || **–noscopia** f *Röntgenuntersuchung, Durchleuchtung* f || **–noterapia** f *Röntgentherapie* f
ronzal m *Halfterstrick* m || ⟨Mar⟩ *Spiere* f
¹**ronzar** [z/c] vt *(mit den Zähnen) zermalmen, knabbern* || *geräuschvoll kauen*
²**ronzar** [z/c] vt ⟨Mar⟩ *hebeln*
ronzuella f Sant ⟨V⟩ *Eichelhäher* m (→ **arrendajo**)

ro|ña f (Schaf)Räude f ‖ ⟨Agr⟩ Blasenrost m (Pflanzenkrankheit) ‖ Schmutzkruste f ‖ fig Unsauberkeit f ‖ fig Geiz m ‖ Kiefernrinde f ‖ **-ñear** vi knausern ‖ **-ñosería** f fam Knauserei, Filzigkeit f ‖ **-ñoso** adj/s räudig ‖ unflätig ‖ schmutzig ‖ figf karg, geizig ‖ ¡~! Rotznase! (Schimpfwort)

ropa f Zeug n, Stoff m ‖ Kleidung f ‖ Leibwäsche f ‖ (Abwisch)Tuch n ‖ ~ de abrigo warme Unter-, Winter|wäsche f ‖ ~ blanca (Leib)Wäsche f, Weißzeug n ‖ ~ para caballeros Herrenwäsche f ‖ ~ de cama Bett|wäsche f, -zeug n ‖ ~ hecha Konfektionskleidung f ‖ ~ interior Unter-, Leib|wäsche f ‖ ~ ligera, ~ de verano leichte (Sommer)Wäsche f ‖ ligero de ~ leicht angekleidet ‖ pop halbnackt (Tänzerin usw) ‖ ~ de mesa Tischzeug n ‖ ~ de noche Nachtzeug n ‖ ~ sucia (limpia) schmutzige (reine) Wäsche f ‖ ~ vieja altes Zeug n ‖ figf ausgekochtes Suppenfleisch n ‖ cesto para ~ Waschkorb m ‖ ◊ cambiar la ~ de cama das Bett frisch beziehen ‖ colar (tender) la ~ die Wäsche laugen, einweichen (zum Trocknen aufhängen) ‖ hacer a toda ~ pop alles ausplündern ‖ mudar (od cambiar) la ~ sich umkleiden ‖ planchar (calandrar) la ~ plätten, bügeln (mange|l|n) ‖ poner como ~ de pascua (a) figf jdn arg verleumden, heruntereißen ‖ ponerse ~ limpia frische Wäsche anziehen ‖ a quema ~ aus unmittelbarer Nähe (abgefeuert) ‖ fig plötzlich, unvermutet ‖ quitarse la ~ sich auskleiden ‖ tender la ~ die Wäsche aufhängen ‖ ¡hay ~ tendida! figf Vorsicht, Feind hört mit! ‖ torcer (sacudir) la ~ ~ die Wäsche (aus)wringen, winden, schlenkern ‖ no tocar la ~ (a) jdm nicht im geringsten nahetreten ‖ a toca ~ aus nächster Nähe ‖ **-s** pl Gewänder npl ‖ ~ hechas Fertigkleidung, Konfektion f ‖ en ~ menores im Negligé

ropa|je m Kleidung f ‖ Amtstracht f, Staatskleid m ‖ Robe f ‖ Behang m, Draperie f ‖ fig Äußere(s) n ‖ **-vejería** f Trödelladen m ‖ Trödelkram m ‖ alte Kleider npl ‖ **-vejero** m Trödler m

rope|ría f Kleiderhandel m ‖ Kleiderkammer f ‖ ~ de viejo = **ropavejería** ‖ **-ro** m Kleiderhändler m ‖ Kleideraufseher m ‖ Kleiderkammer f ‖ Kleiderschrank m ‖ Altkleider-Sammelstelle f ‖ △**-rucha** f Wandschrank m ‖ **-ta** f = **ropilla**

ropilla f dim v. **ropa** ‖ Jacke f (mit hängenden Doppelärmeln)

ropón f augm v. **ropa** ‖ langes (Über)Kleid n (der Frauen) ‖ Chi Reitrock m

Roque m np Tfn Rochus m ‖ casa de tócame ~ pop lärmende Versammlung f ‖ ◊ no temer rey ni ≈ figf weder Tod noch Teufel fürchten

roque m Turm m (im Schachspiel) ‖ ⟨Her⟩ Turm m ‖ ◊ quedarse ~ fam einschlafen ‖ lo mismo me da rey que ~ pop mir ist alles schnuppe

roque|da f, **-dal** m felsiges Gelände n, felsiger Ort m ‖ **-do** m Felsen m ‖ Klippe f ‖ **-fort** m Roquefort (Käse) ‖ **-ño** adj felsig, felsenhart ‖ **-ro** adj Felsen- ‖ ave ~a Felsenvogel m ‖ castillo ~ Ritterburg f ‖ ~ ⟨V⟩ : ~ rojo Steinrötel m (Monticola saxatilis) ‖ ~ solitario Blaumerle f (M. solitarius) ‖ **-te** m Rochett n (ein engärmeliger Chorrock)

rorar vt ⟨poet⟩ betauen

rorcual m ⟨Zool⟩ Finnwal m (Balaenoptera physalus) ‖ ~ boreal Seiwal m (B. borealis)

rorro m pop Baby, Wiegen-, Wickel|kind n

ros m ⟨Mil⟩ Käppi m der span. Soldaten (nach General Ros de Olano, †1886, benannt)

¹**rosa** f Rose f ‖ Rose, Röte f (auf der Haut) ‖ ⟨Arch⟩ (Decken)Rosette, Sternscheibe f ‖ Rosette f (Diamant) ‖ fig Feuer n (des Edelsteins) ‖ fig Schönheit f ‖ Safranblüte f (→ **azafrán**) ‖ ~ de cien hojas, ~ centifolia Zentifolie f ‖ ~ enredadera Kletterrose f ‖ ~ de Jericó Jerichorose f ‖ ~ musgosa Moosrose f ‖ Zentifolie f ‖ ~ náutica ⟨Mar⟩ Wind-, Kompaß|rose f ‖ ~ de otoño Herbstrose f ‖ ~ de pitiminí (Art) Pitiminí-, Kletter|rose f ‖ ~ silvestre Heiderose f ‖ ~ de te, ~ amarilla Teerose f ‖ ~ de los vientos = ~ náutica ‖ color de ~ Rosenfarbe f ‖ → a **color** ‖ esencia de ~s, aceite de ~ Rosenöl n ‖ olor de ~s Rosenduft m ‖ en todas las direcciones de la ~ fig in allen Himmelsrichtungen ‖ ◊ no hay ~ sin espinas keine Rose ohne Dornen

²**rosa** adj/s: ~ pálido blaßrosa ‖ color ~ Rosafarbe f ‖ de color ~ rosa(farben) ‖ sueño color ~ figf rosiger Traum m ‖ diamante ~ Rosette f (Diamant)

Rosa f Tfn Rosa f

rosáceo adj rosenartig ‖ rosa(farben), rötlich ‖ acné ~a ⟨Med⟩ Rosa|zea, -cea f ‖ **~as** fpl ⟨Bot⟩ Rosengewächse npl (Rosaceae)

rosada f (Rauh)Reif m

rosado adj rosenrot, Rosa- ‖ rosenfarbig, rosa ‖ Am rot, marxistisch (→ **rojo**) ‖ azúcar ~ Rosenzucker m ‖ miel ~a Rosenhonig m ‖ vino ~ Rosé(wein) m ‖ →a **casa**

rosal m Rosen|strauch, -stock m, -hecke f ‖ ~ silvestre wilder Rosenstrauch m

rosale|da, **-ra** f Rosen|pflanzung f, -garten m, Rosarium n ‖ Rosenallee f

Rosalía f np Tfn Rosalie f

rosanilina f ⟨Chem⟩ Rosanilin n

rosarino adj/s aus Rosario (Prov. Santa Fé in Argentinien)

rosario m Rosen|kranz m, -gebet n ‖ p.ex Rosenkranzbeter mpl ‖ ⟨Hydr⟩ Bagger-, Becher-, Schöpf|werk n ‖ figf Rückgrat n ‖ figf Reihe f, Aufzug m ‖ pop Sicherheitskette f (an e-r Tür) ‖ ~ de cuentas Rosenkranz m mit Kügelchen ‖ arg. Stadt f (Prov. Santa Fé) ‖ augm: **~ón** m ‖ ≈ f np Tfn Rosalie f

rosbif m ⟨Kochk⟩ Roastbeef m

ros|ca f Schraube f ‖ Schraubengang m ‖ Gewinde n ‖ Windung f der Schlange ‖ Kranzkuchen m, Schnecke (Gebäck), Brezel f ‖ ~ de Arquímedes Archimedische Schraube f ‖ ~ con mariposa Flügelschraube f ‖ movimiento de ~ Schraubenbewegung f ‖ ◊ hacer la ~ (a) fig auf et abgezielt haben ‖ fig e-r Frau den Hof machen ‖ jdm schmeicheln, fam jdm Honig um den Bart streichen ‖ hacerse ~ (hacer la ~) sich kreisförmig zusammenlegen (Hund, Schlange, Katze) ‖ kreisen (Vogel) ‖ pop schlafen ‖ pasarse de ~ sich ausleiern (Schraube) ‖ figf zu weit gehen ‖ pasado de ~ pop verschroben, verrückt, pop übergeschnappt ‖ tirarse una ~ ⟨Sch⟩ durchfallen ‖ augm: **~cón** m ‖ **-cado** adj mit Gewinde versehen ‖ tapón ~ Schraubenstöpsel m ‖ **-co**, **-cón** m (Art) große, gewundene Brezel bzw Schnecke f (Gebäck) ‖ ~ de Reyes (Art) Kranzkuchen m zum Dreikönigsfest

△**roscorré** m Lamm f

rose|ar vi ins Rosenfarbige spielen, rötlich (durch)schimmern ‖ **-dal** m = **rosaleda**

rosegar [g/gu] vt Ar schleppen

rosellonés, **esa** adj/s aus Roussillon (Rosellón) in Frankreich

Rosendo m np Tfn Rosendo m

róseo adj rosafarbig, rosig ‖ color ~ Rosafarbe f, Rosa n

roséola f ⟨Med⟩ Roseo|la, -le f

rose|ro m Safranpflücker m ‖ **-ta** f (dim v. **rosa**). Röschen n ‖ Rosette f, Bandknoten m ‖ ⟨Arch⟩ Rosette f ‖ ⟨Mil⟩ Sternchen n (an der Uniform) ‖ Spornrädchen n ‖ Gießkannenbrause f ‖ **-tado** adj rosettenförmig ‖ **-tón** m augm v. **-ta** ‖ ⟨Arch⟩ Ros(ett)enfenster n ‖ Fensterrose f ‖ Rosette f

rosicler m Morgenröte f ‖ Wangenröte f ‖ ⟨Min⟩ Arsensilberblende f, Lichtes Rotgüldigerz ‖ ~ de los Alpes Alpenglühen n

rosicul|tor m Rosenzüchter m ‖ **-tura** f Rosenzucht f

rosi|gar [g/gu] vt Ar *(ab)nagen* ‖ **–go** m Ar *Reisig* n
rosi|llo adj/s (dim v. **roso**) *hellrot* ‖ *hellkupferrot (Pferd)* ‖ **–ta** f (dim v. **rosa**) *Röschen* n ‖ **~s** pl ⟨Kochk⟩ *Puffmais* m, *beim Rösten aufgeplatzte Maiskörner* npl ‖ de ~ *pop gratis* ‖ *mühelos*
Rosi|ta, –na f dim v. **Rosa** (Tfn)
rosma|rino m ⟨Bot⟩ *Rosmarin* n (→ **romero**) ‖ ~ adj *hellrot* ‖ **–ro** m = **manatí**
[1]**roso** adj *haarlos* ‖ a ~ y velloso pop *völlig, gänzlich* ‖ pop *wie Kraut und Rüben*
*[2]**roso** adj *rot*
roso|li, –lí [pl **–íes**] m *Rosolio* m *(Likör)*
rosque|ado adj *schraubenförmig* ‖ **–te, –ta** f *(Art) dicke Brezel* f
rosqui|lla f dim v. **rosca** ‖ *Brezel* f ‖ *Kringel* m ‖ *Kranzkuchen* m ‖ ◊ *saber a* **~s** pop *sehr erfreulich sein (Nachricht)* ‖ **–llero** m *Brezel|macher, -verkäufer* m
ros|trado, –tral, –triforme adj *schnabelförmig*
rostri|llo m dim v. **rostro** ‖ *Samenperlen* fpl ‖ **–tuerto** adj pop *mürrisch, griesgrämig*
rostro m ⟨V Wiss⟩ *(Vogel-, Schiffs)Schnabel* m ‖ *(An)Gesicht, Antlitz* n ‖ fig *Stirn* f ‖ figf *Unverschämtheit, Dreistigkeit* f ‖ ◊ *dar en* ~ (a) fig *jdm et vorwerfen* ‖ *jdm die Stirn bieten* ‖ *tener (mucho)* ~ figf *(sehr) dreist bzw unverschämt sein, die Stirn haben* (→ **caradura**) ‖ *torcer el* ~ *den Mund verziehen*
[1]**rota** f ⟨Mil Lit⟩ *Niederlage* f
[2]**Rota** f: ~ de la nunciatura apostólica Span *Rota* f *(höchstes kirchliches Appellationsgericht)*
[3]**rota** f ⟨Bot⟩ *Rotangpalme* f, *Stuhlrohr, spanisches Rohr* n (Calamus spp)
rota|ble adj *drehbar* ‖ **–ción** f *Kreisbewegung* f ‖ ⟨Tech⟩ *Achsendrehung* f ‖ *(Um)Drehung* f ‖ ⟨Phys⟩ *Rotation* f (& fig) ‖ ~ de cultivos ⟨Agr⟩ *Wechselwirtschaft* f, *Fruchtwechsel* m ‖ ~ de la tierra ⟨Astr⟩ *Erddrehung* f
rotacismo m ⟨Li⟩ *Rhotazismus* m, *fehlerhafte Aussprache des Buchstabens R* ‖ *Aussprache* f *des intervokalischen S wie R (z. B. las dos = lardos)*
rotar vi = **rodar** ‖ *rotieren (sich um e–e Achse drehen)* ‖ Ar Ast = **eructar**
rotario m/adj *Rotarier* m, *Mitglied* n *des Rotary Club*
rotati|va f ⟨Typ⟩ *Rotation(smaschine)* f ‖ **–vo** adj *Dreh-* ‖ *(máquina)* ~a → **rotativa** ‖ ~ m *Rotations(druck)maschine* f ‖ fig *Zeitung* f
roten m → [3]**rota**
rotería f Chi *Pöbel* m
roterodamense adj/s *Rotterdamer*
rotíferos mpl ⟨Zool⟩ *Rädertiere* npl (Rotatoria)
rotiforme adj *radförmig*
rotisería f gall Am *Garküche* f ‖ *Fleischgrill* m
[1]**roto** adj/s pp/irr v. **romper** ‖ *zerbrochen* ‖ *zersprungen* ‖ *entzwei*, pop *kaputt* ‖ *zerlumpt, zerrissen* ‖ *ausschweifend, liederlich* ‖ *ausgelassen* ‖ ~ m *Riß* m *(bes in der Kleidung)* ‖ fig *liederlicher bzw abgerissener Kerl* m ‖ *Lump* m ‖ ◊ *no falta un* ~ *para un descosido* ⟨Spr⟩ *gleich und gleich gesellt sich gern* ‖ *no lo echó en saco* ~ *er nahm es sich zu Herzen (Mahnung usw)* ‖ *seine Mühe war nicht umsonst*
[2]**roto** m Chi *Proletarier* m (bes *als Nachkomme der Araukaner)* ‖ Chi *Lümmel, Landstreicher* m ‖ Arg fam desp *Spottname* m *für Chilenen* ‖ Ec *Mischling* m *von Spanier und Eingeborenen* ‖ Mex *feiner Lump* m
rotograbado m ⟨Typ⟩ *Rotationstiefdruck* m
rotoide m ⟨Math⟩ *Dreh-, Rotations|körper* m
rotonda f ⟨Arch⟩ *Rotunde* f, *Rund|bau* m, *-halle* f ‖ *runder Tempel* m
rotor m ⟨El⟩ *Rotor, Läufer* m ‖ ⟨Flugw⟩ *Drehflügel, Rotor* m ‖ *Laufrad* n *(e–r Turbine)* ‖ *buque* ~ *Rotorschiff* n

rotoso adj Am *lumpig, zerlumpt*
rótula f ⟨An⟩ *Kniescheibe* f ‖ ⟨Pharm⟩ *Plätzchen* n ‖ *(Knie)Gelenk* n (& ⟨Tech⟩) ‖ ⟨Tech⟩ *Kugel|gelenk* n, *-schale* f
rotu|lación f *Etikettenschreiben* n, *Etikettierung* f ‖ *Beschriftung* f ‖ ⟨Com⟩ *Etikettieren* n *(der Ware)* ‖ ⟨Filmw⟩ *Einkopieren* n *von Untertiteln* ‖ **–lado** adj pp v. **–lar** ‖ ~ m = **rotulación** = **rótulo** ‖ **–lador** m *Beschrifter* m ‖ **–lar** vt *mit e–r Aufschrift versehen, beschriften* ‖ *betiteln* ‖ *etikettieren* ‖ ⟨Com⟩ *mit Aufschriftzetteln versehen, etikettieren* ‖ ⟨Filmw⟩ *mit Untertiteln versehen* ‖ **–lista** m *Schildermaler* m
rótulo m *Auf-, Über|schrift, Etikette* f ‖ *Firmenschild* n ‖ *Anschlag* m ‖ *Etikett* n ‖ ⟨Filmw⟩ *Untertitel* m ‖ ~ *esmaltado Emailschild* n ‖ ~ *luminoso Leucht|schild* n bzw *-reklame* f (→ **anuncio**) ‖ ~ *de metal Metallschild* n ‖ ◊ *poner un* ~ (a) *bezetteln, etikettieren* ‖ *ein Firmenschild anbringen (an)*
rotun|da f = **rotonda** ‖ **–damente** adv *rund(weg) geradeheraus* ‖ *ohne Umschweife* ‖ ◊ *negar* ~ *rundweg abschlagen* ‖ **–didad** f *Rundung* f ‖ fam *Rundheit, Beleibtheit* f ‖ fig *Bestimmtheit, Glattheit* f *(e–r Äußerung & L)* ‖ **–do** adj *rund* ‖ fig *abgerundet (Stil)* ‖ fig *rund, entschieden, kategorisch* ‖ *una victoria* ~a *ein glatter Sieg*
△**rotuñi** m *Loch* n ‖ *Mund* m
rotu|ra f *(Zer)Brechen* n ‖ *Bruch, Riß, Spalt* m ‖ *Abbruch* m ‖ *(Ab)Bruchstelle* f ‖ *Durchbruch* m ‖ *Umbrechung* f ‖ *Dammbruch* m ‖ fig *Bruch* m, *Entzweiung* f ‖ Sant *urbar gemachter, gerodeter Boden, Rod(ungs)acker* m ‖ ~ del folículo ⟨Med Physiol⟩ *Follikel-, Ei|sprung* m ‖ *libre de* ~, sin ~ *frei von Bruch, bruchfrei* ‖ **–ración** f *Rodung, Urbarmachung* f ‖ **–rar** vt *umbrechen* ‖ *urbar machen, roden*
round m engl ⟨Sp⟩ *Runde* f
rousseauniano adj *auf den frz. Schriftsteller J. J. Rousseau (1712–1778) bezüglich*
rovellón m = **robellón**
roya f *Rotfäule* f *(des Holzes)* ‖ *(Getreide-)Rost* m (Puccinia spp) ‖ ~ *amarilla Gelbrost* m (Puccinia glumarum) ‖ ~ *del peral Gitterrost* m (Gymnosporangium sabinae)
royalty m engl ⟨Com Tech⟩ *Royalty, Lizenzgebühr* f
[1]**royo** adj/s Ar *rot(blond)* ‖ León *grün, noch nicht reif (Obst)*
[2]**royo** → **roer**
royuno adj/s Am *einohrig (Tier)*
roza f ⟨Agr⟩ *Rodung* f ‖ *Rod(ungs)acker* m ‖ *Durchhau* m *(im Walde)* ‖ Ast Vizc Chi *Unterholz, Reisig* n bes *Ginster* m *(als Lager für Vieh)* ‖ Ast *mit Gestrüpp bewachsenes Gelände* n ‖ Má *kleiner Sturzbach* m ‖ ⟨Bgb⟩ *Schram* m ‖ *Schrämen* n
roza|do adj *abgetragen, fadenscheinig (Kleid)* ‖ **–dora** f ⟨Bgb⟩ *Schrämmaschine* f ‖ **–dura** f a) ⟨Chir⟩ *Schramme, Scheuer-, Streif|wunde* f ‖ fam *Kratzer* m ‖ b) ⟨Agr⟩ *(Aus)Roden* n
rozagante adj *prächtig (Kleidung)* ‖ *sehr lang bzw mit e–r Schleppe versehen (Kleid)* ‖ fig *prächtig, majestätisch*
rozamiento m *Streifung, Reibung* f (& ⟨Tech⟩ & fig) ‖ *Aneinanderreiben* n ‖ *leichte Berührung* f ‖ *Rascheln* n ‖ fig *leichtes Mißverständnis* n ‖ *superficie de* ~ ⟨Tech⟩ *Reibfläche* f ‖ *resistencia de* ~ ⟨Tech⟩ *Reibungswiderstand* m
rozar [z/c] vt a) *leicht berühren, streifen* ‖ *abkratzen* ‖ *abnützen, durchwetzen (Tuch)* ‖ ⟨Bgb⟩ *schrämen* ‖ ~ *vi (an)streifen* ‖ ◊ ~ *los cincuenta nahe an den Fünfzigern sein, fam so um die Fünfzig sein* (→ **frisar**) ‖ **~se** *straucheln* ‖ *sich durchwetzen (Kleid)* ‖ *sich streichen, sich treten (Pferde)* ‖ fig *stammeln, stottern* ‖ fig *vertraut werden* ‖ *Umgang haben* (con *mit* dat) ‖ ◊ ~ *los codos sich die Ellenbogen (des Rockes) durchwetzen* ‖ ~

rozavillón — rueda 956

(con) *sich reiben, anstoßen (gegen* acc*)* ‖ fig *Ähnlichkeit haben (mit* dat*)* ‖ fig *Bezug haben (auf* acc*)* ‖ ~ en las palabras fig *in Wortwechsel geraten*
  b) vt ⟨Agr⟩ *roden*, südd öst *reuten* ‖ *ausjäten* ‖ *(Bäume) putzen* ‖ *abgrasen, abrupfen (Tiere)*
△**rozavillón** *m Faulenzer* m
¹**roznar** vt/i *geräuschvoll kauen*
²**roz|nar** vi = **rebuznar** ‖ **–no** *m Eselchen, Eselein* n
rozo *m Ausroden* n ‖ *Unterholz, Reisig* n bes *Ginster* m *(als Lager für Vieh)* ‖ △ *Speise* f ‖ △ *Gerste* f
rozón *m (Reut) Sichel* f
R.P. Abk = **Reverendo Padre** ‖ **Respuesta pagada**
Rp. Abk = **Receta**
r.p.m. Abk ⟨Tech⟩ = **revoluciones por minuto**
RR.PP. Abk = **Reverendos Padres**
R.S. Abk = **Real Servicio**
rs., r.ˢ Abk = **reales** *(Münzen)*
R.ˢ Abk = **Reales** *(Königs-, Königliche)*
rúa *f Straße, Gasse* f ‖ *Fahrweg* m ‖ *Karnevalsfest* n, *Umzug* m *an Faschingstagen* ‖ △ *Mädchen* n
ruán *m feine Leinwand* f *aus Rouen (Ruán)*
ruana *f* Col *(Art) Mantel* m
¹**ruano** adj *rotgrau (Pferd)* ‖ ~ *m Rotschimmel* m
²**ruano** adj *rund(förmig)*
ruar [pres rúo] vi *ein Rad schlagen (Pfau)* ‖ fam *Fensterparade machen*
rubefaciente *m*/adj ⟨Med⟩ *Hautreizmittel* n
rubelita *f* ⟨Min⟩ *Rubellit* m *(Turmalin)*
Rubén *m* np Tfn *Ruben* m
rubeño adj *aus El Rubio* (PSev)
rúbeo adj *rötlich*
rubéola *f* ⟨Med⟩ *Röteln* pl, *Rubeola* f
rubescen|cia *f rote (rötliche) Färbung* f ‖ **-te** adj *rötlich*
rubeta *f* ⟨Zool⟩ *Laubfrosch* m (→ **rana** de San Antonio)
rubí [*pl* **–ies**] *m*/adj *Rubin* m *(Edelstein)* ‖ *Lagerstein* m *(Uhren usw)* ‖ ~ *oriental roter Korund* m ‖ de color de ~ *rubinrot* ‖ *cristal* ~ *Rubinglas* m
¹**rubia** *f* ⟨Bot⟩ *(Färber)Krapp* m, *Färberröte* f (*Rubia tinctorum*) (→ **alizarina, granza**)
²**rubia** *f ein kleiner Flußfisch* m
³**rubia** *f Blondine* f ‖ ~ de frasco, ~ de agua oxigenada fam *Wasserstoffblonde* f
⁴**rubia** *f* figf *heutige Pesetemünze* f *(wegen der Farbe)* ‖ ⟨Aut⟩ figf *Kombiwagen* m *(oft mit Holzkarosserie)*
rubial *m Krappland* n
rubiales *m*/*f* fam pop *blonde (, junge) Person* f ‖ ◊ está loco por esa ~ fam *er ist in diese Blondine vernarrt*
rubicán, ana adj *rot, stichelhaarig (Pferd)* ‖ caballo ~ *Rotschimmel* m
rubicela *f heller Rubin* m
Rubicón *m Rubikon* m *(Fluß)* ‖ ◊ pasar el ~ ⟨Hist⟩ & fig *den Rubikon überschreiten*
rubicun|dez [*pl* **–ces**] *f Röte, Rötlichkeit* f ‖ **–do** adj *rötlich* ‖ *rotwangig, gerötet (Gesicht)* ‖ *rotblond (Haar)*
rubidio *m* ⟨Chem⟩ *Rubidium* n
rubiel *m* Ast ⟨Fi⟩ *Rotbrasse(n* m*)* f (→ **pajel**)
rubificar [c/qu] vt *röten, rot färben*
rubiginoso adj *rostig*
rubilla *f* ⟨Bot⟩ *Waldmeister* m
rubín *m* = **rubí** dim: ~**ejo**
rubio adj/s *goldgelb, blond* ‖ *blondhaarig* ‖ *flachsfarbig* ‖ *goldgelb (Weizen)* ‖ *hell (Bier, Tabak)* ‖ de pelo ~ *blondhaarig* ‖ ~ *m* ⟨Aut⟩ figf *Kombiwagen* m *(oft mit Holzkarosserie)* ‖ ~**s** *mpl* ⟨Taur⟩ *Mitte* f *des Stierrückens*
rubión *m* Mancha ⟨Bot⟩ = **alforfón**

rubita *f* dim *v.* **rubia**
rublo *m Rubel* m
rubor *m tiefe Röte, Schamröte* f ‖ fig *Scham|haftigkeit* f, *-gefühl* n ‖ con ~ *beschämt* ‖ ◊ cubrirse de ~ *schamrot werden*
rubo|rizar [z/c] vt *zum Erröten bringen* ‖ ~**se** *erröten* ‖ *schamrot werden* ‖ **–roso** adj *scham|rot, -haft* ‖ *leicht errötend*
rúbrica *f (Unterschrifts)Schnörkel, Zug* m ‖ *Namenszeichen* n ‖ *Rubrik, Abteilung* f ‖ *Auf-, Über|schrift* f ‖ *Klebezettel* m, *Etikett* n ‖ *Rotgedruckte(s)* n ‖ ⟨Kath⟩ *Rubrik* f ‖ ~ de preguntas *Frage-, Brief|kasten* m *(Zeitung)* ‖ firma y ~ (od firmado y rubricado) *Unterschrift mit Schnörkel* ‖ las formalidades de ~ *die üblichen Förmlichkeiten* ‖ ◊ ser de ~ figf *üblich sein* ‖ *offiziell vorgeschrieben sein*
rubri|cación *f Paraphierung* f *(Diplomatie)* ‖ **–car** [c/qu] vt *mit dem (Namens)Schnörkel versehen* ‖ *unter|schreiben, -zeichnen, -fertigen* ‖ fig *bekräftigen* ‖ *paraphieren (Diplomatie)* ‖ ⟨Com⟩ *abzeichnen* ‖ ◊ ~ con su sangre fig *mit seinem Blut besiegeln*
rubro adj ⟨Wiss⟩ *rot* ‖ ~ *m* Am *Überschrift* f, *Titel* m ‖ Am *Posten* m *(Buchführung)* (→ **a asiento**)
ruca *f* Arg Chi *Hütte* f *(der Araukaner)* ‖ ◊ ir a la ~ fam Chi *zu Bett gehen* ‖ **-r** vt Ast León *knabbern* (→ **ronzar**).
rucio adj *grau(schimmelig), eselgrau (Tiere)* ‖ *hellbraun (Tiere)* ‖ fam *grau|gemischt, -meliert (Haar)* ‖ ~ *m Grauschimmel* m ‖ prov *Esel* m, fam *Grautier* n ‖ ~ *rodado Apfelschimmel* m
ruco adj Hond *schartig (Messer)* ‖ ~ *m* Am *Schindmähre* f
ruche, rucho *m* prov *Esel* m ‖ Ar fam *Geld* n, fam *Moneten* pl ‖ ◊ estar ~ fam Extr Gran Murc Rioja Vall *blank (od pleite) sein*
ruda *f* ⟨Bot⟩ *(Garten)Raute* f *(Ruta graveolens)* ‖ *mariposa de la* ~ ⟨Entom⟩ *Schwalbenschwanz* m *(Papilio machaon)* ‖ ◊ ser más conocido que la ~ fam *überall bekannt sein*
rudamente adv *roh, grob*
△**rudelar** vt/i *antworten*
rudeza *f Roh-, Grob|heit* f ‖ *Rauheit* f ‖ *Derbheit* f ‖ *Ungeschicklichkeit, Plumpheit* f ‖ *Stumpfsinn* m ‖ con ~ *grob, rüde* ‖ fam *plump ungeschlacht*
rudimen|tario, –tal adj *rudimentär* ‖ *unentwickelt* ‖ *Elementar-, Grund-* ‖ fig *verkümmert* ⟨& Biol⟩ ‖ **–to** *m Rudiment* n ‖ *erster Anfang* m ‖ *Ansatz, erster Umriß* m ‖ *Andeutung* f ‖ ~**s** *pl Anfangsgründe, Grundbegriffe* mpl
rudo adj *roh, unbearbeitet* ‖ fig *roh, grob, rüde* ‖ *klotzig, derb* ‖ *ungeschlacht* ‖ *ungebildet* ‖ fig *stumpfsinnig*
rueca *f Spinnrocken* m, *Kunkel* f
rueda *f Rad* n ‖ *Wagenrad* n ‖ *Pfauenrad* n ‖ *Kreis* m ‖ *Töpferscheibe* f ‖ *Runde* f ‖ *runde Schnitte, Scheibe* f *(Braten, Fisch)* ‖ *Reihe(nfolge)* f ‖ *Punktierrädchen* n ‖ *Runde* f *(im Billardspiel)* ‖ ⟨Typ⟩ *Rolle* f ‖ *Reigen* m *(Tanz)* ‖ ⟨Fi⟩ *Mond-, Sonnen-, Klump|fisch* m *(Mola mola = Orthagoriscus mola)* ‖ ⟨Sp⟩ *Radlänge* f *(Rennen)* ‖ Ar *Schöpfrad* n ‖ ~ de afilar *Schleifstein* m ‖ ~de automóvil *Wagenrad* m ‖ ~ de carro *Wagenrad* n ‖ → **catalina** ‖ ~ cónica *Kegelrad* n ‖ ~ delantera (trasera) *Vorder- (Hinter)rad* n ‖ ~ dentada *Zahnrad* n ‖ ~ elevadora *Schöpfrad* n ‖ ~ eólica *Windrad* n ‖ ~ de escape *Sperrad* n *(der Uhr)* ‖ ~ excéntrica *Exzentrikrad* n ‖ ~ con fiador *Sperrad* n ‖ ~ de la fortuna *Glücksrad* n ‖ ~ helicoidal *Schraubenrad* n ‖ ~ hidráulica *Wasserrad* n ‖ ~ de levas *Daumenrad* n ‖ ~ libre *Freilauf* m *(Fahrrad)* ‖ ~ de molino *Mühlrad* n ‖ ~ motriz *Antriebs-, Treib|rad* n ‖ ~ de prensa *Pressekonferenz* f ‖ ~ de presos *Identifizierungsparade* f ‖ ~ de pal(et)as *Schaufelrad* n ‖ ~ de recambio, ~ de repuesto *Reserve-, Ersatz|rad* n ‖ ~ recta *Stirnrad* n ‖ ~ de Santa Catalina *Steigrad*

n (*der Uhr*) || ~ de trinquete *Sperrad* n || cubo de ~ *Radnabe* f || diente de ~ *Radzahn* m || en forma de ~ *radförmig* || llanta (rayo, radio) de ~ *Rad|felge (-speiche)* f || ◊ dar en ~ *herumreichen | austeilen* || eso no anda (*od* va) ni con ~s figf *das ist e–e offensichtliche Lüge* || hacer (la) ~ *Rad schlagen (Pfau)* || figf *sich aufplustern, sich brüsten* || hacer la ~ (a) fig *jdm nachgehen* || (*e–r Frau*) *den Hof machen* || traer en ~ *mit sich führen, im Gefolge haben* || ~s *pl*: ~ acopladas *Kuppelräder* npl || camino de ~ *Fahrweg* m || máquina de dentar ~ *Zahnradbearbeitungs-, Verzahn|maschine* f || relación de ~ ⟨Tech⟩ *Übersetzung (-sverhältnis* n*)* f || vapor con ~ *Raddampfer* m || ◊ las ~ rechinan *die Räder knarren*
Rueda: vino (blanco) de ~ *nordspanischer Rueda-Wein (Weißwein)*
ruedamundos *m* pop *Welt(en)bummler* m
ruedeci|lla, -ta *f* dim *v.* **rueda**
ruedo *m Umdrehen, Umwälzen* || *Um|kreis, -fang* m || *Umgebung* f || *Saum, (Rund)Besatz* m || *runde Matte* f || ⟨Taur⟩ *Kampfplatz* m (*e–r Arena*) || a todo ~ *auf alle Fälle, auf jede Gefahr hin* || ◊ coger seis varas de ~ *sechs Klafter im Umkreis messen*
¹**ruego** *m Bitte* f || *Gesuch* n || *Ersuchen* n || *Fürbitte* f || *Gebet* n || a ~ *auf Ersuchen* || a sus ~s *auf seine Bitte (hin)* || ◊ acceder a un ~ *e–r Bitte entsprechen* || conseguir a ~s *durch Bitten erreichen* || *sich et erbitten* || hacer (*od* formular, elevar) un ~ *e–e Bitte stellen* || ¡oye mis ~s! *erhöre meine Bitten!*
²**ruego** → **rogar**
ruejo *m* Ar *Mühlrad* n
ruello *m* Ar *Tennenwalze* f
rueño *m* Ast Sant *Trag|ring, -kranz* m
rufa *f* Pe *Straßenwalze* f
△**rufar** vt (*er*)*wärmen*
rufeta *f* Sal *e–e edle Blautraubenart* f
△**rufezno** *m* dim *v.* **rufián**
rufián *m* ⟨Jur⟩ *Zuhälter* m || p.ex *Kuppler* m || vulg *Bordellwirt* m || fig *Gauner, Lump* m || Cu *Spaßmacher* m
rufia|nada *f* fig *Schurkenstreich* m || **-nazo** *m* fig *Erzschurke* m || **-n(e)ar** vi *Kuppelei treiben* || **-nejo** *m* dim *v.* **rufián** || **-nería** *f Zuhälterei* f || p.ex *Kuppelei* f || vulg *Hurenwirtschaft* f || *Gaunerei* f || **-nesca** *f Zuhälterleben* n || p.ex *Gaunerleben* n || **-nesco** adj *Zuhälter- | Gauner-* || **-nismo** *m* ⟨Jur⟩ *Zuhälterei* f
Rufino *m* np Tfn *Rufinus* m
¹**rufo** adj *rot(haarig)* || *krausköpfig* || Ar *stattlich, prächtig* || *munter*
²△**rufo** *m Kuppler* m || *Gauner* m
△**rufón** *m Feuerstuhl* m
ruga *f* prov = **arruga**
rugby *m* engl ⟨Sp⟩ *Rugby* n
Rugen ⟨Geogr⟩ *Rügen*
Rugero *m* np Tfn *Rüdiger* m
rugido *m Brüllen, Gebrüll* n (*von wilden Tieren*) || fig *Brausen, Toben* n || fig *Kollern, Knurren* n (*im Leibe*)
rugiente adj *brüllend* || fig *tobend* || fig *brausend*
rugimiento = **rugido**
ruginoso adj *rostig* || *trüb (Wasser)*
rugir [g/j] vi *brüllen (Löwe)* || *krachen* || *brausen (Meer)* || *sausen (Wind)* || fig *toben, (vor Wut) schnaufen* || fig *kollern, knurren (im Leibe)* || ~s *está que ruge er wütet* || ~ *m*: ~ de tripas pop *Kollern* m
rugo|sidad *f Runzeligkeit* f || *Runzel* f || ⟨Tech⟩ *Rauheit* f || las ~es del camino *die Unebenheiten* fpl *des Weges* || **-so** adj *runzelig* || *holp(e)rig* || *uneben* || *rauh*
ruibarbo *m* ⟨Bot⟩ *Rhabarber* m (*Rheum officinale*)
rui|do *m Lärm* m || *Geräusch* n || *Getöse* n || *Gepolter* n || *Krach* m, *Krachen* n || *Schall, Ton* m || ⟨Elc TV⟩ *Rauschen* n || fig *Streit, Zwist* m || *Getümmel* n || fig *Gerücht* n || fig *Aufsehen* n || fig *leerer Prunk* m || ⟨Mus⟩ pop *Schlagwerk* n || △*Kuppler, Gauner* m || ~ ambiente *Geräusch-, Lärm|kulisse* f || *Geräuschatmosphäre* f || ~ ensordecedor fig *ohrenbetäubender Lärm, Heidenlärm* m || ~s de fondo *Geräuschkulisse* f || *Untergrundrauschen* n || *Eigengeräusch* n || ~s parásitos ⟨Radio⟩ *Nebengeräusche* npl || ~ de roce *Reibegeräusch* n || ~ sordo *dumpfes Geräusch, Rollen* n || ausencia de ~ *Geräuschlosigkeit* f || sin ~ *geräuschlos* || lucha (*od* campaña) contra el ~ *Lärmbekämpfung* f || ◊ hacer (*od* meter) ~ *lärmen, poltern* || fig *Aufsehen erregen, Staub aufwirbeln*, fam *Furore machen* || mucho ~, pocas nueces ⟨Spr⟩ *viel Lärm um nichts* || **-doso** adj *lärmend, geräuschvoll* || *aufsehenerregend* || éxito ~ *durchschlagender Erfolg* m || adv: **~amente**
ruin adj/s *schlecht, verächtlich* || *niedrig, gemein* || *niederträchtig* || *verderbt (Sitten)* || *gering, klein, unbedeutend* || *geizig, schäbig, knauserig* || *tückisch, böse (Tiere)* || un tiempo ~ *ein elendes Wetter* || ~ *m Schuft, Schurke, Lump* m || *Geizhals* m || fam *Schnapphahn* m || *Schwachmatikus* m || Al ⟨V⟩ = **reyezuelo** || a ~, ~ y medio Spr *auf e–n Schelmen anderthalbe* || ◊ rogar a ~es figf *nutzlos bitten* || adv: **~mente**
ruina *f Einsturz, Zerfall* m || *Trümmerstück* n || *Ruine* f || fig *Zerstörung, Vernichtung* f || fig *Ver-, Zusammen|fall* m || fig *Zusammenbruch, Ruin* m, *Verderben* n || *Nieder-, Unter|gang* m || fig *Unglück* n || fig *vernichtete Existenz* f || fig *Wrack* n || ◊ amenazar ~ ⟨Arch⟩ *baufällig sein* || batir en ~ ⟨Mil⟩ *in den Grund schießen* || caer en ~ *in Trümmer gehen, zerfallen* || ¡es mi ~! *es ist mein Ruin!* || causar la ~ (de) (*jdn*) *ruinieren* || estar en ~s *in Trümmern liegen* || ir a la ~ *dem Verfall entgegengehen* || *zugrunde gehen* || este hombre está hecho una ~ figf *dieser Mann ist nur noch ein Wrack*
ruindad *f Schlechtigkeit, Gemeinheit, Niederträchtigkeit* f || *Knausrigkeit, Schäbigkeit* f
ruinera *f* Av Sant Murc *Einsturz, Zerfall* m || *Niedergeschlagenheit, Mutlosigkeit* f
ruinoso adj *baufällig* || *trümmerhaft* || fig *verderblich, schädlich* || ⟨Com⟩ *ruinös, Verlust-* || a precios ~s *zu Schleuderpreisen, spottbillig*
rui|ponce *m* ⟨Bot⟩ *Teufelskralle* f (*Phyteuma* spp) || **-póntico** *m* ⟨Bot⟩ *Rhapontik, Rhabarber* m (*Rheum rhaponticum*) (→ **ruibardo**)
ruiseñor *m Nachtigall* f || △*Dietrich* m || ~ común ⟨V⟩ *Nachtigall* f (*Luscinia megarhynchos*) || ~ ruso ⟨V⟩ *Sprosser* m (L. *luscinia*) || canto del ~ *Nachtigallenschlag* m || → **besugo**
△**rujemar** vt *ausnützen* || *nähern*
△**ruji** *f Lilie* f || *Rose* f
ruji|ada *f* Ar *Regenguß* m || **-ar** vt Ar Murc ⟨Nav⟩ = **rociar** || **-ar** = **regar**
rula *f* Ast Má *Fischbörse* f || *Fischergenossenschaft* f
rular vt = **rodar**
△**rulé** *m* (*der*) *Hintere*
ruleta *f Roulett(e), Roulett(e)spiel* n || *Glücksrad* n || *Räderstempel* m
¹**rulo** *m* (*große*) *Kugel* f || (*Straßen*)*Walze* f || *Nudel|holz* n, *-walker* m || *Haarrolle* f (*an den Schläfen*), *Lockenwickler* m || ◊ extender con el ~ (*aus*)*walken (Teig*)
²**rulo** *m* Chi *dürres Gelände* n
rulot *f* gall *Wohnwagenanhänger* m
△**rullipate** *m* Rad n
ruma *f* prov *Lage, Schicht* f
Rùma|nia *f Rumänien* n || **≃no** adj *rumänisch* || ~ *m Rumäne* m || el ~ *die rumänische Sprache* f || △*Rotwelsch* n
rumantela *f* Sant *Schlemmerei* f || *Bummel* m
rumazón *f* ⟨Mar⟩ = **arrumazón**

rumba f *Rumba* f *([kubanischer] Tanz)* ∥ *moderner Rumbatanz* m ∥ MAm Ant = **rumantela** ∥ ◊ ir de ~ *auf den Bummel gehen*
rumbar vi Murc *protzen*
rumbe|ador, -ro m Arg *Führer, Pfadfinder m (in den Pampas)* ∥ **-ar** vi a) Arg *(e-n Weg) einschlagen* ∥ *sich im Freien orientieren* ∥ b) *Rumba tanzen* ∥ Ant MAm *auf den Bummel gehen* (→ **juerguear**)
rum|bo m ⟨Mar⟩ *Windstrich* m ∥ ⟨Mar⟩ *Fahrtstrich, Kurs* m, *Segellinie* f ∥ *Weg* m, *Wegrichtung* f ∥ *Fahrtrichtung* f ∥ figf *Pracht*, f, *Prunk* m ∥ fig *freigebige Großmut* f ∥ *verschwenderische Großzügigkeit* f *(in Geldangelegenheiten)* ∥ fig *Verlauf* m ∥ *al mar seewärts* ∥ *moza de ~* pop *dralles Mädchen* n ∥ *sin ~* fig *auf Abwegen* ∥ ◊ *cambiar el ~ vom Weg abweichen* ∥ *e-n anderen Weg einschlagen* ∥ *corregir el ~* ⟨Mar⟩ *den Kurs berichtigen* ∥ *hacer ~* ⟨Mar Flugw⟩ *e-n Kurs nehmen* ∥ *dar otro ~ a la conversación dem Gespräch e-e andere Wendung geben, auf et anderes übergehen* ∥ *perder el ~* ⟨Mar Flugw⟩ *vom Kurs abkommen (& fig)* ∥ ⟨Flugw⟩ *sich verfliegen*, fam *sich verfranzen* ∥ *tomar el ~ de in e-r bestimmten Richtung gehen* ∥ *tomar un ~ favorable* fig *e-e günstige Wendung nehmen (z. B. Geschäft)* ∥ *tomar otro ~* fig *e-n neuen Kurs einschlagen (& Pol)* ∥ **-bón, ona** adj *großzügig, freigebig* ∥ *großsprecherisch, protzig*
rumboso adj *prächtig, pracht-, prunk|voll* ∥ *großzügig, freigebig* ∥ adv: **~amente**
△**rumejar** vt *ausnützen*
rumeliota adj/s ⟨Hist⟩ *rumelisch, aus Rumelien*
rumen m *Pansen* m *(der Wiederkäuer)*
△**rumendiar** vt *schmeicheln*
¹△**rumí** f *Weib* n
²**ru|mí** m *Christ* m *(bei den Mauren)* ∥ **-mía** f *Christin* f
rumia|(dura) f *Wiederkäuen* n ∥ fig *Nachdenken* n ∥ **-dor, -nte** m/adj *Wiederkäuer* m ∥ **-ntes** mpl ⟨Zool⟩ *Wiederkäuer* m (Ruminantia = Pecora)
rumiar [pres -io] vt/i *wiederkäuen* ∥ fig *überlegen* ∥ fig *nachdenken* ∥ figf *brummeln, murren*
△**ruminé** adj *weibisch*
rumor m *Gerücht* n ∥ *Gerede* n ∥ *Gemurmel, Gemunkel* n ∥ *Brausen* n ∥ *el ~ del viento das Säuseln bzw Sausen des Windes* ∥ *~ de voces Stimmengewirr* n ∥ *Gerede* n ∥ *sin ~ geräuschlos* ∥ ◊ *corre (od circula) el ~, corren ~es que es geht das Gerücht, daß*
rumo|r(e)ar vi ⟨poet⟩ *rauschen (Bäume)* ∥ ~ vt *munkeln* ∥ **~se** vr *ruchbar werden* ∥ *gerüchteweise verlauten* ∥ **-reo** m *(Waldes)Flüstern* n ∥ **-roso** adj *geräuschvoll* ∥ *lärmend, flüsternd, rauschend (Wald)* ∥ *sausend bzw säuselnd (Wind)*
¹**runa** adj Ec *gemein*
²**runa** f *Rune* f
△**runcali** m *Wagen* m
△**rundí** f = **duro** *(Münze)*
rundún m Arg *Kolibri* m
runfla(da) f fam *(lange) Reihe* f
run|flante adj Sant *stolz* ∥ *eingebildet* ∥ *hochmütig* ∥ *anmaßend* ∥ **-flar** vi Sant = **resoplar** ∥ ◊ *el viento -fla der Wind saust*
rúnico adj *runisch*, *Runen-* ∥ *letras ~as, caracteres ~s Runen* fpl ∥ *escritura ~a Runenschrift* f
run|rún m fam *Gemurmel* n ∥ *Geräusch* n ∥ *Gerücht, Gerede* n ∥ **-runear** vi *murmeln, säuseln, rauschen (Wind, Bäume, Bach)* ∥ *summen (Bienen)*
Ruperto m np Tfn *Rupert, Ruprecht* m
rupestre adj: *Fels(en)-* ∥ *arte (od pintura) ~ (prähistorische) Fels-, Höhlen|malerei* f *(z. B. in der Höhle von Altamira* PSant) ∥ → a **rupícola**
rupia f *Rupiah* f *(indones. Währungseinheit)* ∥ *Rupie* f *(Währungseinheit in SriLanka, Pakistan u. Indien)* ∥ ⟨Med⟩ *(syphilitische) Hautpustel, Rupia* f

rupi|capra, -cabra f *Gemse* f (→ **gamuza, rebeco**)
rupícola adj *Felsen-* ∥ *auf Felsen lebend, felsenbewohnend*
ruptor m ⟨Aut⟩ *Unterbrecher(einrichtung* f*)* m
ruptura f *Riß, Bruch* m ∥ *Abbruch* m ∥ ⟨Mil Med⟩ *Durchbruch* m ∥ ⟨Med Chir Geol⟩ *Ruptur* f ∥ *~ de las relaciones* ⟨Pol⟩ *Abbruch* m *der Beziehungen* ∥ *Trennung* f, fam *Schlußmachen* n *(bei Liebenden, Verlobten usw)*
rural adj *ländlich, Land-* ∥ *Acker-, Feld-* ∥ *carteria ~* ⟨Postw⟩ *Posthalterei* f ∥ *vida ~ Landleben* n ∥ *economía ~ Landwirtschaft* f, *Feldbau* m ∥ **~es** mpl Mex *Landpolizei* f
rurícola adj ⟨poet⟩ *Landbewohner* m
rurrú m → **runrún**
rus m = **zumaque**
rusa f *Russin* f
rusalca f *(slawische) Wasserfee, Undine* f
rusco m → ³**brusco**
Rusia f *Rußland* n ∥ *~ Asiática, Europea Asiatisches, Europäisches Rußland* n ∥ *~ Soviética, ~ de los Soviets Sowjetrußland* n (→ **Unión Soviética**) ∥ *piel de ~* → **piel**
rusiente adj *glutrot*
rusificar vt *russifizieren*
ruso m/adj *Russe* m ∥ *(die) russische Sprache* ∥ *~ blanco Weißrusse* m ∥ *~ soviético Sowjetrusse* m ∥ *montañas ~as Rutschbahn* f ∥ *toalla ~a Frottiertuch* n ∥ ◊ *hablar (el) ~ Russisch sprechen* ∥ *es una cafetera ~a* pop *es ist für die Katz*
ru|sofilia f *Rußland- bzw Russen|freundlichkeit* f ∥ **-sófilo** adj/s *russen-, rußland|freundlich* ∥ *~ m Russen-, Rußland|freund* m ∥ **-sofobia** f *Rußland- bzw Russen|feindschaft* f ∥ **-sófobo** adj/s *russen-, rußland|feindlich* ∥ *~ m Russen-, Rußland|feind* m
△**ruspé** m *Wahrsager* m
rústica (Abk = **rúst.**) f: *en ~ broschiert* ∥ *libro encuadernado en ~ Broschüre* f ∥ ◊ *poner (od encuadernar) en ~ broschieren, heften (Buch)*
rusti|cal adj ⟨Lit⟩ = **rural** ∥ **-car** [c/qu] vi *auf dem Lande leben* ∥ **-cidad** f *(ländliche) Einfachheit* f ∥ *bäuerisches Wesen* n ∥ *Derbheit* f ∥ *Roheit* f ∥ *Grobheit* f
rústico adj *ländlich, Land-, Feld-* ∥ fig *bäuerisch* ∥ *grob* ∥ fig *ungebildet* ∥ *einfach, schmucklos* ∥ *derb* ∥ *boda ~a Bauernhochzeit* f ∥ *costumbres ~as Bräuche* mpl *auf dem Lande* ∥ *estilo ~ Bauernstil* m ∥ *rustikaler Stil* m ∥ *finca ~a Landgut* n ∥ *fiesta ~a Dorffest* n ∥ *gente ~a Land-, Bauern|volk* n ∥ *hombre ~ Bauer, Landmann* m ∥ *orgullo ~ Bauernstolz* m ∥ *vida ~a Dorfleben* n ∥ *~ m Landmann, Bauer* m ∥ adv: **~amente**
rustiquez [pl **-ces**] f = **rusticidad**
rustrir vt Ast *(das Brot) rösten* ∥ Ast *schneiden (Brot)*
Rut f np *Ruth* f ∥ → a **Ruth**
ruta f *Weg* m, *Wegrichtung*, bes ⟨Mar Flugw⟩ *Route* f ∥ *Reiseplan* m ∥ ⟨Mil⟩ *Marsch(route* f*)* m ∥ fig *Richtschnur* f ∥ *~ aérea (marítima) Luft-(See)weg* m ∥ ◊ *seguir (tomar) una ~ e-n Weg verfolgen (einschlagen)*
rutáceas fpl ⟨Bot⟩ *Rautengewächse* npl (Rutaceae) (→ **ruda**)
rutar vi Sant *brummen, murren* ∥ *brummeln*
rutenio m ⟨Chem⟩ *Ruthenium* n
ruteno, na adj ⟨Hist⟩ *ruthenisch* ∥ *~ m Ruthene* m ∥ *la ~ die ukrainische Sprache*
rutero m ⟨Sp⟩ *Straßenrennfahrer* m
Ruth f np *Ruth* f (& als Tfn)
ruti|lante adj ⟨poet⟩ *gold|schimmernd, -leuchtend, glänzend* ∥ *~ de estrellas* ⟨poet⟩ *Sternen-, gestirnt (Himmel)* ∥ **-lar** vi *(wie Gold) schimmern, glänzen*
rutilo m ⟨Min⟩ *Rutil* m
rútilo adj *golden, goldig*
ruti|na f *Routine* f ∥ *Geübtheit* f ∥ *Geläufigkeit*,

Fertigkeit f ‖ *Schlendrian* m ‖ ⟨Chem⟩ *Rutin* n ‖ falto de ∼ *ohne Routine, ohne Praxis* ‖ ◊ tener ∼ *routiniert sein* ‖ **-nario** adj *routinemäßig, gewohnheitsgemäß* ‖ **-nero, -nario** m *Gewohnheitsmensch* m ‖ *Routinier* m

ru|tios *mpl* Sant *Gebrumme* n ‖ *Brummen* n ‖ **-tón** adj/s *brummend* ‖ *brummig* ‖ ∼ m *brummige Person* f, fam *Brummbär* m
ruzafa f And *(Lust)Garten* m
rwandés adj *ruandisch, Ruander, aus Ruanda*

S

(And u. Am →a bei Z, C)

s (= ese) *f S* n || → ²**ese**
S. Abk = **Sociedad** || **Su** || **Seguro** || **Servidor** || **Segundo** || **San(to)** || **Sur** || **Sobresaliente** *(Prüfungsnote)* || **Saluda**
s. Abk = **su** || **seguro** || **servidor** || **siempre** || **sobre** || **según** || **solo** || **sin** || **suizo(s)** || **supra**
s/ Abk = **sobre** || **según** || **su(s)** || **sin**
s': s'ha pop = se ha
s.a. Abk **sin año**
S.ª Abk = **Señora**
S.A. Abk = **Sociedad Anónima**
S.A.(I.) Abk = **Su Alteza (Imperial)**
△**sá** *m Eisen* n
sáb. Abk = **sábado**
Saba, Sabá, Saaba *f:* la Reina de ~ *die Königin von Saba*
saba|deño (Ast, León **–diego**) *m billige Preßwurst* f
sábado *m Sonnabend, Samstag* m || *(jüdischer) Sabbat, Schabbes* m || ~ de Gloria, ~ *Santo Karsamstag* m || ~ inglés *englischer Samstag* m, *Wochenend(e)* n || noche del ~ *Hexensabbat* m || los ~s *jeden Samstag, samstags*
sábalo *m* ⟨Fi⟩ *Alse* f (Alosa alosa) || *Finte* f (A. finta)
sábana *f Bettuch, (Bett)Laken, Leintuch* n || una ~ de nieve fig *e–e Schneedecke* f || ~ santa *Schweißtuch* n *(Christi)* || ~s limpias *reine Bettwäsche* f || ◊ meterse entre ~s *sich ins Bett legen* || pegársele a alg. las ~s figf *nicht aus dem Bett (fam aus den Federn) kommen (können)* || *verschlafen* || se le han pegado las ~s fig *er hat (sich) verschlafen*
sabana *f* bes Am *Savanne, Gras|ebene, -steppe* f
sabandija *f Gewürm, Ungeziefer* n || fig *häßlicher Mensch* m || fig *Geschmeiß* n
sabane|ar vi Am *die Savannen durchstreifen* || **–ro** *m/adj Savannenbewohner* m || ⟨V⟩ *Lerchenstärling* m (Sturnela magna)
sabanilla *f* dim v. **sábana** || prov *Handtuch* n || Ar *weißes Kopftuch* n *(der Frauen)*
sabañón *m Frostbeule* f || ◊ comer como un ~ figf *gierig essen, schlingen, ein Vielfraß sein*
sabático *adj Sabbat-* || descanso ~ *Sabbatruhe* f
saba|tina *f* ⟨Kath⟩ *Samstagsgottesdienst* m bzw *Samstagsgebete* npl || **–tino** *adj Samstag(s)- || Sabbat-* || **–tizar** vi *die Sabbatsruhe halten*
sabaya *f* Ar *Dachboden* m
sabbat *m Sabbat, Schabbes* m *(der Juden)* || *Sabbat* m *(verschiedener christlicher Sekten)* || ~ de las brujas *Hexensabbat* m
sabedor adj *wissend* || ~ del resultado *vom Ergebnis unterrichtet* || ◊ hacer ~ (de) *benachrichtigen (von* dat*)*
sabela *f* ⟨Zool⟩ *Pfauenfederwurm* m (Sabella pavonina) || ~ *f* (bes Gal) *Isabel* || **–ria** *f* ⟨Zool⟩ *Sandkoralle* f (Sabellaria spp)
sabelia|nismo *m* ⟨Rel⟩ *Sabellianismus* m, *(ketzerische) Lehre* f v. *Sabellius* (3. Jh.) || **–no** *m/adj Sabellianist* m
sabelotodo *m/adj* fam *Besserwisser, Naseweis* m (→ **sabihondo**)
sabeo adj/s *aus Saba*
¹**saber** [pres **sé**, subj pres **sepa**, fut **sabré**, pret **supe**] vt/i *wissen* || *verstehen, kennen* || *(tun) können* || *können, verstehen (gelernt haben)* || *fähig sein, imstande sein (et zu tun)* || *sich verstehen (auf* acc*)* || *treffen, erreichen* || *kennen, unterrichtet sein (von* dat*)* || *erfahren, in Erfahrung bringen* || *kennenlernen* || ◊ ~ de memoria *auswendig wissen* || ~lo todo *alles wissen* || *sehr gelehrt sein* || fam *rechthaberisch bzw ein Besserwisser sein* || ~las todas, ~las muy largas fam *sehr verschmitzt sein* || ~ por la prensa *aus der Zeitung erfahren* || y qué sé yo pop *und noch viel mehr*, fam *und so (weiter und so fort) (bei Aufzählungen)* || que yo sepa *soweit od soviel ich weiß* || según yo sé *(besser:* según creo ~*) meines Wissens* || como yo sé (muy bien) *wie ich sehr gut (od ganz sicher) weiß* || le sabía en casa *ich wußte, daß er zu Hause war* || sin ~lo *ohne es zu wissen* || sin ~lo yo *ohne mein Vorwissen* || ~ vi *gelehrt, geschickt, klug sein* || *erfahren sein* || *Kenntnisse besitzen* || Arg barb *pflegen zu (statt* soler*)* || ◊ ~ a *schmecken nach* (dat) || ~ bien (mal) *gut (schlecht) schmecken* || no me sabe bien (*od* me sabe mal fam prov, bes Ar Cat) *es gefällt mir gar nicht* || *das ärgert mich (sehr)* || *es tut mir (wirklich) leid* || ~ a café *Kaffeegeschmack haben* || ~ a más fam *ausgezeichnet* (fam *nach mehr) schmecken* || ~ a quemado *angebrannt, brenzlig schmecken* || no ~ de u/c *nicht wissen, wo sich et befindet* || *keine Nachrichten haben von et* dat || no ~ *nicht wissen, verkennen* || el señor no sé cuántos pop *(der) Herr Soundso* || hacer ~ *zu wissen tun, jdn et wissen lassen* || *jdm et mitteilen* || *jdn benachrichtigen, jdn über et unterrichten* || a ~ (*es a ~*) *und zwar, nämlich, das heißt, d. h.*, *(bei Aufzählungen)* || ¡a ~! *pop wer weiß* (= ¡quién sabe!) || no ~ cuántas son cinco figf *erzdumm, blöd sein* || no sabe uno lo que se pesca pop *da kann man leicht hereinfallen* || ya se sabe *das versteht sich von selbst, das ist selbstverständlich* || nunca se sabe, no se sabe nunca *man weiß nie, man kann nie wissen* || a ~ cuándo vendrá *wer weiß, wann er kommt* || vete (*od* vaya V.) a ~ *wer weiß!* || *das ist schwer zu sagen!* || un no sé qué *das gewisse Etwas* || tiene un no sé qué de fascinador *er hat et Anziehendes an sich* || eso sabe a traición *das riecht nach Verrat* || y es de ~ que ... *nun muß man wissen, daß* ... || *es ist zu bedenken, daß* ... || no ~ dónde meterse figf *äußerst verschämt, verlegen sein* || no sé que le diga fam *wie soll ich Ihnen sagen (Ausdruck des Zweifels usw)* || está por (*od* queda por *od* falta) ~ si ... *es fragt sich nun, ob* ... || *todavía hay que* ~ si ... *es fragt sich noch, ob* ... || sabe Dios *weiß Gott* || ¡Dios sabe! *Gott weiß!* || me sabe mal *es tut mir leid* (→ ~ bien) || ya sabe V. que ... *Sie wissen ja, daß* ... || ya sabe (que) es siempre su affmo ... *ich verbleibe Ihr stets ergebener* ... *(Briefschluß)* || no querer ~ nada *nichts (davon) wissen wollen* || fig *die kalte Schulter zeigen* || ¡quién sabe! *wer weiß! vielleicht!* || ¡qué sé yo! *(ich habe) k–e Ahnung! was weiß ich!* || ¡si lo sabré yo! *wem sagst du (od sagen Sie) das! und ob ich es weiß!* || *ich kann ein Lied davon singen!* || las gentes que saben *gebildete Leute* pl || no lo tiene que yo sepa *meines Wissens hat er es nicht* || no, que yo sepa *nicht, daß ich wüßte* || ¡sepamos! pop *heraus damit!* || ¡para que lo sepas! *daß du es ein für allemal weißt!* || ~**se:** ¿puede ~? pop *darf ich fragen? kann ich es erfahren?* || venido no se sabe de dónde *unbekannter Herkunft* || fam *Gott weiß woher* || todo se sabe (al final), todo acaba por ~ *es bleibt nichts verborgen* || *Lügen haben kurze Beine* || sabérselas todas fam *alles wissen*, fam *mit allen Wassern gewaschen sein, alle Kniffe kennen* || *es faustdick hinter den Ohren haben*,

durchtrieben sein ‖ sabérselo de carrerilla ⟨bes Sch⟩ *in- und aus|wendig kennen,* fam *et an den Fingern hersagen können, et im Schlaf können* ‖ ¡ya se sabe! *wie jeder weiß* ‖ *bekanntlich* ‖ *selbstverständlich!*
²**saber** *m Wissen* n ‖ *Weisheit, Wissenschaft* f ‖ *Können* n*, Kenntnis* f ‖ anhelo (deseo) de ~ *Wissensdrang* m*, Wißbegier(de)* f ‖ ◊ más vale ~ que haber *Wissen ist Macht* ‖ el ~ no ocupa lugar *Wissen braucht keinen Raum* ‖ según (el bzw su bzw mi *usw*) leal ~ y entender ⟨bes Jur⟩ *nach bestem Wissen und Gewissen*
sabiamente adv *weislich* ‖ *verständnisvoll*
sabicu *m* ⟨Bot⟩ *Sabicu* m (Lysiloma sabicu)
sabi|choso adj Cu *klug* ‖ **-dilla** *f* fam *Blaustrumpf* m (= **marisabidilla**) ‖ **-dillo** adj/s *desp sich gelehrt dünkend* ‖ **-do** adj *(viel)wissend* ‖ *gelehrt* ‖ *bekannt* ‖ *offen|bar, -sichtlich* ‖ es ~ (od ~ es) que *es ist bekannt, daß* ‖ es cosa ~a *das ist e-e alte Geschichte* ‖ *das ist e-e Selbstverständlichkeit, das ist selbstverständlich* ‖ lo tiene muy ~ *er weiß es sehr gut* ‖ se lo tiene muy ~ figf *sie (bzw er) ist sehr stolz darauf* ‖ *sie (bzw er) ist sehr eitel (d. h., sie (bzw er) weiß ganz gut, wie schön, intelligent usw sie (bzw er) ist)* ‖ ¡para ~! ¡pop *ja so!* ‖ **-duria** *f Weisheit, Klugheit* f ‖ *Gelehrsamkeit* f ‖ *Belesenheit* f ‖ *Wissen* n ‖ *Wissenschaft* f ‖ libro de la ~ *Weisheit* f *Salomonis*
sabiendas: a ~ *wissentlich, absichtlich* ‖ *mit Wissen und Willen, bewußt*
sabihon|da *f* fam *Blaustrumpf* m ‖ **-dez** [*pl* **-ces**] *f* fam *Afterweisheit* f ‖ **-do** m/adj fam *dünkelhafter Halbwisser* m*, Besserwisser, Naseweis* m (→ **sabelotodo**)
sábila *f* Ant ⟨Bot⟩ *Aloe* f (→ **áloe**)
¹**sabina** *f* ⟨Bot⟩ *Sadebaum* m (Juniperus sabina) ‖ ~ albar, ~ roma *Phönizische Zeder* f (J. phoenicea)
²**sabi|na** *f Sabinerin* f ‖ rapto de las ~s *Raub* m *der Sabinerinnen* ‖ **-no** adj/s *sabinisch*
△**sabindar** vt *überraschen*
sabio adj *weise, gelehrt* ‖ *klug* ‖ *lehrreich* ‖ ~ en una ciencia *in e-r Wissenschaft sehr bewandert* ‖ perro ~ *abgerichteter Hund* m ‖ Alfonso el ⁂, Rey ⁂ *Alfons der Weise (kastilischer König, 1252 bis 1284)* ‖ ~ *Weise(r)* m ‖ *Gelehrte(r)* m ‖ iron = **sabihondo** ‖ el ⁂ *Salomo* m ‖ los siete ~s de Grecia *die Sieben Weisen Griechenlands*
sabiondo adj = **sabihondo**
sablazo *m* *Säbelhieb* m ‖ fam *Anpumpen* n*, Pump* m ‖ fam *Pumpversuch* m ‖ ◊ dar un ~ (a) pop *jdn um Geld angehen, anpumpen* ‖ vivir de ~s pop *auf Pump leben*
¹**sable** *m Säbel* m ‖ hoja de ~ *Säbelklinge* f ‖ fam *Geschicklichkeit* f *(beim Anpumpen)* ‖ dim: ~**cito** m
²**sable** m/adj ⟨Her⟩ *Schwarz* n
³**sable** *m* *Sand m ‖ Ast León Sant *sandiger (Meeres)Strand* m ‖ *sandiges Flußufer* n
sablear vi fam *(an)pumpen*
sablera *f* Ast *sandiger Strand* m
sablista *m* pop *Geldpumper* m
sablón *m grober Sand* m
sablote m augm desp v. **sable**
sabo|ga *f* ⟨Fi⟩ = **sábalo** ‖ **-gal** *m Alsennetz* n
sabone|ra *f* ⟨Bot⟩ → ²**sayón** ‖ **-ta** *f Taschenuhr* f *mit Sprungdeckel*
sabor *m Geschmack* m ‖ *Schmackhaftigkeit* f ‖ fig *Stich, Anhauch* m ‖ fig *Würze* f ‖ ~ a *Geschmack nach* (dat) ‖ ~ agradable *Wohlgeruch* m ‖ ~ a quemado *angebrannter Geruch* m ‖ a ~ *nach Wunsch, nach Belieben* ‖ de ~ romántico *von romantischem Anhauch*
saborci|llo, -to *m* dim *v.* **sabor** ‖ *leichter (Nach)Geschmack* m
sabore|ar vt *schmecken* ‖ *genießen* ‖ *schmackhaft machen* ‖ *Genuß finden (an* dat*)* ‖ ~**se** (con) *Vergnügen finden (an* dat*)* ‖ *sich laben an* (dat) ‖ **-o** *m Genießen, Schmecken* n ‖ **-te** *m* dim *v.* **sabor** ‖ *leichter (Nach)Geschmack* m
sabo|taje *m Sabotage* f ‖ **-teador** adj/s *Sabotage-* ‖ ~ *m Saboteur* m ‖ **-tear** vt *sabotieren* (& fig) ‖ fig *vereiteln, hintertreiben*
Sabo|ya *f Savoyen* n ‖ ⁂**yano** adj *savoyisch* ‖ ~ *m Savoyarde* m
sabroso adj *schmackhaft, wohlschmeckend* ‖ *köstlich, lecker* ‖ *saftig (Obst)* ‖ fig *lieblich* ‖ adv: ~**amente**
sabu|cal, -gal *m Holunderbusch* m ‖ **-co, -go** *m* ⟨Bot⟩ *Holunder* m (→ **saúco**)
sabueso m/adj *Spür-, Leit-, Blut-, Schweiß|- hund* m ‖ fam *Schnüffler* m
sábulo *m* → **sablón** ‖ ⟨Med⟩ *Grieß* m
sabuloso adj *sandig, Sand-* ‖ ⟨Med⟩ *grießartig*
sabu|rra *f* ⟨Med⟩ *Magenverschleimung, Unreinigkeit* f *(im Magen)* ‖ *Belag* m *(der Zunge)* ‖ **-rroso, (-rral)** adj: *estómago* ~ *verschleimter Magen* m ‖ lengua ~a ⟨Med⟩ *belegte Zunge* f
¹**saca** *f Heraus-, Ent|nahme* f ‖ *(Waren)Ausfuhr* f ‖ *Abschrift* f ‖ Arg *Loskauf* m ‖ de ~ Arg *mit Blitzesschnelle*
²**saca** *f großer Sack* m ‖ *Postsack* m *(für Briefpost)*
saca|balas *m* ⟨Mil⟩ *Kugelzieher, Krätzer* m ‖ **-bocado(s)** *m Lochzange* f ‖ *Locheisen* m ‖ **-bolsas** *m* pop *Geldablocker* m ‖ **-botas** *m Stiefelknecht* m ‖ **-buche** m pop *(Zug)Posaune* f ‖ pop *Knirps* m ‖ Mex *spitzes Messer* n ‖ **-clavos** *m Nagelzieher, Kistenöffner* m ‖ **-copias** *m Vervielfältiger* m ‖ **-corchazo** *m Ruck* m *mit dem Kork(en)zieher* m ‖ **-corcho(s)** *m Kork(en)-, Pfropfenzieher* m ‖ ~ automático *Patentkork(en)zieher* m ‖ a ~ figf *mit großer Mühe* ‖ **-da** *f* Arg *Herausnahme* f ‖ **-dinero(s), -cuartos** *m* fam *Geldablocker, Bauernfänger* m
△**sacafo|rano** *m Bewohner* m *von Sevilla* ‖ △⁂**ro** *Sevilla (Stadt)*
△**sacai** *m Auge* n
sacaliña *f* = **socaliña**
saca|manchas *m* → **quitamanchas** ‖ jabón ~ *Fleckenseife* f ‖ **-mantas** m pop *Steuereintreiber* m ‖ **-mantecas** *m* fam *Bauchaufschlitzer* m ‖ **-muelas** *m* fam *Zahnklempner, Quacksalber* m ‖ figf *Scharlatan* m ‖ **-muestras** *m* ⟨Com⟩ *Probenehmer* m ‖ ~ de núcleo ⟨MK⟩ *Bodenprobenauszieher* m ‖ **-pepitas** *m Obstkerner* m ‖ **-pliegos** *m* ⟨Typ⟩ *Bogenausleger* m ‖ **-potras** *m* pop *Kurpfuscher* m ‖ **-prendas** *m* figf *Prellerei* f ‖ **-pruebas** *m* ⟨Typ⟩ *Abziehpresse* f ‖ **-puntas** *m Bleistiftspitzer* m
sacar [c/qu] vt/i A) *(her)ausnehmen* ‖ *(her-)aus-, ab|ziehen* ‖ *aus|ziehen, -pressen (Zahn)* ‖ *aus|ziehen, -pressen (Öl)* ‖ *gewinnen (Erze)* ‖ *abziehen (Wein)* ‖ *ausgraben* ‖ *ausstoßen (ein Auge)* ‖ *herausgeben (ein Buch)* ‖ *herauslocken* ‖ *ablocken (Geld)* ‖ *zeigen* ‖ *offenbaren, ans Licht bringen* ‖ *aussinnen, erdenken (z. B. e-n Spottnamen)* ‖ *entdecken, ausfindig machen, herausfinden* ‖ *herausstrecken (Kopf, Zunge, Brust)* ‖ *weg-, ab-, her|nehmen* ‖ *entfernen (de von* dat*)* ‖ *entfernen, reinigen (von Flecken)* ‖ *(Schlüsse) ziehen, schließen* ‖ *erretten (de aus* dat*)* ‖ *(aus dem Kerker) holen* ‖ *ziehen (Los)* ‖ ⟨Mal⟩ *treffen (Bild)* ‖ *(Gedrucktes) abziehen* ‖ *(Wäsche) spülen, klären* ‖ ⟨Jgd⟩ *(Wild) anjagen* ‖ ⟨Com⟩ *ausführen (Geld, Waren)* ‖ ⟨Sp⟩ *(den Ball) herausspielen* ‖ Am fam *jdm schmeicheln*
a) ~ absuelto pop *freisprechen (bei Gericht)* ‖ ~ adelante *vorwärtsbringen* ‖ *jdm emporhelfen* ‖ ~ agua *Wasser schöpfen, holen* ‖ ~ buenos alumnos pop *gut unterrichten (Lehrer)* ‖ ~ **color** ‖ ~ consecuencias *Schlußfolgerungen ziehen* ‖ ~ copia (de) *et abschreiben* ‖ ~ una copla, un cuento *ein (Spott)Lied, ein Märchen erfinden,*

ersinnen ‖ ~ la cuenta *aus-, be|rechnen* ‖ *sich et überlegen* ‖ ~ chispas *Funken schlagen (galoppierendes Pferd)* ‖ ~ dinero (a) *Geld ablocken* ‖ ~ la espada *den Degen ziehen* ‖ ~ fuego *Feuer schlagen* ‖ ~ fuera de si *jdn ganz aus der Fassung bringen* ‖ ~ los gastos *die Kosten wieder herausbringen* ‖ ~ el gordo *den Hauptgewinn ziehen* ‖ me saca de juicio (*od* de quicio) figf *er macht mich verrückt, er bringt mich aus dem Häuschen (od auf die Palme)* ‖ ~ lágrimas (a) *zu Tränen rühren* ‖ ~ la lengua (a) *jdm die Zunge herausstrecken* ‖ *jdm die Zunge ausreißen (bes als Drohung)* ‖ → **limpio** ‖ ~ manchas *Flecke entfernen* ‖ ~ una moda *e–e Mode einführen, herausbringen* ‖ ~ un mote (a) *jdm e–n Spottnamen beilegen* ‖ ~ muelas (sin dolor) *Zähne (schmerzlos) ziehen* ‖ ~ muestras 〈Com〉 *Proben (ent)nehmen* ‖ no ~ la nariz fig *die Nase nicht vor die Tür stecken (wegen schlechten Wetters)* ‖ ~ un ojo (a) *ein Auge ausschlagen* ‖ ~ notas *Be-, An|merkungen machen* ‖ ~ novio pop *sich e–n Bräutigam (od e–n Freund) zulegen, ein Liebesverhältnis anknüpfen (Mädchen)* ‖ ~ el pecho fig *sich in die Brust werfen, sich aufplustern* ‖ ~ pollos *Hühner ziehen* ‖ ~ premio 〈Sch〉 *e–e Auszeichnung bekommen* ‖ ~ un premio de la lotería *e–n Treffer machen (Lotterie)* ‖ ~ una prenda *ein Pfand (wieder) einlösen* ‖ ~ provecho (*od* fruto) *Nutzen ziehen (de aus)* ‖ ~ una prueba 〈Typ Phot〉 *e–n Abzug machen* ‖ ~ punta *(zu)spitzen (Bleistift)* ‖ ~ la raya *das Haar scheiteln, teilen* ‖ yo no lo saco *ich bekomme es nicht heraus* ‖ ¿qué has sacado? fam *was hast du heraus (od davon)?* ‖ ¿de dónde lo has sacado? *wo hast du es her(genommen)?*
b) in Verb. mit Ger: ~ cavando *herausgraben* ‖ ~ meditando *aussinnen* ‖ ~ mendigando *erbetteln* ‖ ~ rascando *auskratzen*
B) in Verbindung mit Präpositionen und präpos. Adverbialverbindungen:
1. in Verb. mit **a:** ~ a bailar, ~ al baile *zum Tanz auffordern* ‖ ~ a flote 〈Mar〉 *flottmachen* ‖ ~ a luz *ans Licht bringen, erscheinen lassen* ‖ ~ a. a pulso *et aus eigener Kraft erreichen, et ohne fremde Hilfe schaffen* ‖ ~ a pulso (un dibujo) *freihändig zeichnen* ‖ ~ al sol *der Sonne aussetzen* ‖ ~ a la superficie *an die Oberfläche bringen*
2. in Verb. mit **con:** ~ con agua fuerte *wegätzen* ‖ ~ con bien *glücklich beenden* ‖ ~ con el pico *aushacken*
3. in Verb. mit **de:** ~ de un apuro *jdm aus der Not helfen* ‖ *jdn aus der Klemme ziehen* ‖ ~ de la cama *aus dem Bett jagen* ‖ ~ a alg. de sus casillas figf *jdn aus dem Häuschen bringen* ‖ ~ de madre (a) figf *jdn aus dem Häuschen bringen* ‖ ~ de paseo *spazierenführen* ‖ *mit jdm ausgehen* ‖ ~ de pila (a) *aus der Taufe heben, jds Taufpate sein* ‖ ~ de su sitio *hervorholen* ‖ ~ de la tierra *ausscharren* ‖ ~ de tino fam *um den Verstand bringen* ‖ la pasión te saca de ti *die Leidenschaft reißt dich hin*
4. in Verb. mit **en:** ~ en hombros *auf die Schulter nehmen* ‖ ~ en claro (*od* limpio) *ins reine bringen, klarstellen*
5. in Verb. mit **para, por:** ~ para la comida pop *seinen Lebensunterhalt (notdürftig) verdienen* ‖ ~ por el color *an der Farbe erkennen*
C) **~se:** ~ la espina *den Dorn herausziehen*
sacárico adj: ácido ~ 〈Chem〉 *Zuckersäure* f
saca|rífero adj *zuckerhaltig* ‖ **–rificar** [c|qu] vi *sich in Zucker verwandeln, verzuckern* ‖ **–rimetría** f *Saccharimetrie* f ‖ **–rímetro** m *Saccharimeter* n, *Zucker(gehalt)messer* m ‖ **–rina** f 〈Chem〉 *Saccharin* n, *Süßstoff* m ‖ **–rino** adj: diabetes ~a *Zuckerkrankheit* f ‖ **–romicetos** mpl 〈Bot〉 *Hefepilze* mpl (Saccharomycetes) ‖ **–rosa** f *Saccharose* f, *Rohrzucker* m ‖ **–roso** adj 〈Chem〉 *zuck(e)rig,*
zuckerhaltig
saca|rremaches m 〈Tech〉 *Nietenzieher* m ‖ **–rruedas** m 〈Aut〉 *Radabzieher* m
saca|sillas m: ~ y metemuertos pop *Bühnenarbeiter* m ‖ **–tapón** m → **sacacorchos** ‖ **–tornillos** m 〈Tech〉 *Schrauben|dreher, -zieher* m (→ **destornillador**) ‖ **–trapos** m 〈Mil〉 *Krätzer, Kugelzieher* m ‖ Arg *Schwindler* m
sacerdo|cio m *Priester|amt* n, *-stand* m ‖ *Priesterweihe* f ‖ fig *Hingabe* f ‖ **–tal** adj *priesterlich, Priester-* ‖ hábito ~ *Priestergewand* n ‖ **–te** m *Priester* m ‖ ~ obrero *Arbeiterpriester* m ‖ sumo ~ *Hohepriester* m ‖ → **clero** ‖ **–tisa** f *Priesterin* f
sácere m 〈Bot〉 = **arce**
△**saces** mpl *Handfesseln* fpl
saciar vt *sättigen,* ‖ fig *befriedigen* ‖ ◊ ~ su rabia *sich auswirken* ‖ no saciado *ungesättigt* ‖ **~se** vr *satt bzw befriedigt werden* ‖ ~ con poco *mit wenig vorliebnehmen*
saciedad f *Sattheit* f ‖ *Sättigung* f ‖ fig *Übersättigung* f ‖ hasta la ~ fig *vollauf, bis zum Überdruß* ‖ *unaufhörlich* ‖ ◊ repetir a. hasta la ~ *et bis zum Überdruß wiederholen*
saco m *Sack* m ‖ *Schnappsack, Ranzen* m ‖ *Büßerkleid* n ‖ *loser Mantel* m ‖ *Sakko* m/n, *weite Jacke* f ‖ *(Bett)Zieche* f, *Bezug* m ‖ 〈Med〉 *Eitersack* m ‖ 〈Mar〉 *Einbuchtung* f ‖ *Plünderung* f (= **saqueo**) ‖ pop *(der) Hintere* ‖ 〈Sp〉 = **saque** ‖ △ *Banknote* f *von 1000 Peseten* ‖ △ *Gefängnis* n ‖ ~ lagrimal 〈An〉 *Tränensack* m ‖ ~ de noche, ~ de dormir *Schlafsack* m ‖ ~ de mentiras fam *Menge* f *Lügen* ‖ figf *Erzlügner* m ‖ ~ de pan *Brotbeutel* m ‖ ~ terrero (bes Mil) *Erd-, Sand|sack* m ‖ ~ testicular 〈An〉 *Hodensack* m ‖ ~ de trigo *Sack* m *Weizen* ‖ carrera de ~s *Sackhüpfen* n ‖ ◊ no caer en ~ roto figf *seine Wirkung haben, nicht fehlschlagen* ‖ no echar a. en ~ roto figf *et gut beachten, et nicht außer acht lassen* ‖ es un ~ roto figf *es ist ein Faß ohne Boden* ‖ entrar a ~ (en) *plündernd und mordend einfallen (in* acc*)* ‖ meter (*od* poner) a ~ 〈Mil〉 *(aus)plündern* ‖ meter en (otro) ~ *(um)sacken*
△**sacocha** f *(Rock)Tasche* f
△**sacoíme** m *Hausverwalter* m ‖ *Butler* m
sacón m/adj Guat Hond *Schmeichler* m ‖ MAm *Denunziant, Spitzel* m ‖ *Petzer* m
saconería f Am *arglistige Schmeichelei* f
sacramen|tado adj *geweiht (Hostie)* ‖ *mit der Letzten Ölung versehen (Kranker)* ‖ Dios ~, el Señor ~ *die geweihte Hostie* ‖ **–tal** adj *sakramental, Sakraments-* ‖ fig *herkömmlich, üblich* ‖ fig *typisch* ‖ confesión ~ *Ohrenbeichte* f ‖ fiesta ~ *Kirchweih* f ‖ secreto ~ *Beichtgeheimnis* n ‖ palabras ~es fig *übliche (Schluß)Formel* f ‖ ~ f Span *Brüderschaft* f *(zur Beerdigung von Ordensbrüdern)* ‖ *e–r der vier Kirchhöfe in Madrid (San Isidro, San Justo, Sta. María, San Lorenzo)* ‖ **–tar** vt *(mit den Sterbesakramenten) versehen* ‖ *die Sakramente spenden (dat)* ‖ *die Hostie (bzw den Wein) konsekrieren* ‖ fig *verheimlichen* ‖ **–to** m *Sakrament* n ‖ *Monstranz* f ‖ con todos los ~s fig *in aller Form (Vertrag)* ‖ el Santísimo ~ *das Heil. Sakrament, das Allerheiligste* ‖ ~ f span. *Frauenname* ‖ ◊ administrar los ~s (a) *jdm die (Sterbe)Sakramente reichen* ‖ recibir el ~ de la Eucaristía *das heil. Abendmahl empfangen*
sacratísimo adj (sup *v.* **sagrado**) *hochheilig*
sacre m 〈V〉 *Würgfalke* m (Falco cherrug)
sacrifica|dero m *Schlachtplatz* m ‖ 〈Hist〉 *Opferstätte* f ‖ **–do** adj *aufopfernd, opferwillig* ‖ p. ex. *selbstlos*
sacri|ficar [c|qu] vt/i *opfern, darbringen* ‖ *weihen, widmen* ‖ *daran-, hin|geben* ‖ *schlachten (Vieh)* ‖ ◊ ~ su tiempo *seine Zeit opfern* ‖ ~ vida y hacienda *Gut und Blut opfern* ‖ **~se** fig

sich opfern ‖ ~ (por) *sich (für jdn) aufopfern* ‖ **-ficio** *m Opfer n* ‖ *Hingebung f* ‖ *Schlachtung f* ‖ ~ *clandestino Schwarzschlachtung f* ‖ el ~ del altar, el Santo ⁓ *die heilige Messe, das Meßopfer* ‖ ◊ hacer un ~ fig *sich opfern* ‖ hacer (imponer) ⁓s *Opfer bringen (auferlegen)* ‖ no omitir ⁓s *keine Opfer scheuen* ‖ **-legio** *m (Kirchen-, Tempel-) Schändung f* ‖ *Kirchenraub m* ‖ *Ent|weihung, -heiligung f* ‖ *Sakrileg n* (& fig) ‖ fig *Gotteslästerung f* ‖ fig *Beleidigung, Frevel tat f* ‖ ◊ cometer un ~ *e-n Kirchenraub begehen*
 sacrílego *adj/s kirchenschänderisch* ‖ *gotteslästerlich* ‖ *ruchlos, schändlich* ‖ *frevelhaft, Frevel-* ‖ acción ⁓a *Freveltat f* ‖ ~ *m Tempelschänder, Kirchenräuber m* ‖ *Ruchlose(r) m* ‖ *Frevler m*
 △**sacris(moche)** *m* = **sacristán** ‖ fam *Schmierküster m*
 sacris|tán *m Kirchen-, Altar|diener, Küster, Mesner, Sakristan m* ‖ ⁓de amén figf *Jasager m* ‖ ◊ ser un ~ de amén *zu allen ja und amen sagen* ‖ los dineros del ~, cantando se vienen y cantando se van pop *wie gewonnen, so zerronnen* ‖ **-tana** *f Küstersfrau f* ‖ *Kirchendienerin f* ‖ **-tanía** *f Küsteramt n* ‖ **-tía** *f Sakristei f* ‖ = -tanía
 sacro *adj/s heilig, geheiligt* ‖ *geistlich* ‖ *religiös (Kunst)* ‖ (hueso) ~ ⟨An⟩ *(Heiligen)Kreuzbein n* ‖ dolores en el ~ *Kreuzschmerzen mpl* ‖ **-santo** *adj hochheilig* ‖ *unantastbar, unverletzlich* ‖ *sakrosankt* (& fig)
 sacudi|da *f Erschütterung f* ‖ *Stoß, Ruck m* ‖ *Rütteln, Schütteln n* ‖ fam *Rüffel, Verweis m* ‖ ~ *eléctrica elektrischer Schlag m* ‖ ~ *sísmica Erd|erschütterung f, -stoß m* ‖ ◊ dar ⁓s *stoßen* ‖ *wackeln (Wagen)* ‖ **-do** *adj* pop *dreist, keck, kühn* ‖ *störrisch, unlenksam* ‖ **-dor** *m* ⟨Tech⟩ *Schüttelvorrichtung f* ‖ *(Aus)Klopfer m (Werkzeug)* ‖ *Teppich-* bzw *Kleider|klopfer, Rohrstab m* ‖ **-dora** *f* ⟨Agr⟩ *Heuwender m* ‖ **-miento** *m (Aus)Klopfen n* ‖ = **-da**
 sacu|dir *vt/i (aus-, ab-, durch-)schütteln* ‖ *rütteln, zausen* ‖ *(aus)klopfen* ‖ *erschüttern* ‖ *stoßen (Wagen)* ‖ fig *von sich stoßen* ‖ *von sich weisen (Verdacht usw)* ‖ ◊ ~ el agua *sich abschütteln (Hund)* ‖ ~ las alfombras (la ropa) *die Teppiche (Kleider) klopfen* ‖ ~ a alg. por los hombros *jdn an den Armen rütteln* ‖ ~ el miedo *die Furcht abschütteln* ‖ ~ el polvo (de) *aus-, ab|stauben* ‖ ~ (el polvo, el pellejo) a uno figf *jdn durch-, ver|prügeln* ‖ ~ el rabo *mit dem Schwanze wedeln (Hund)* ‖ ~ el yugo fig *das Joch abschütteln* ‖ un estremecimiento le -día el cuerpo *ein Schauern fuhr ihm durch den Körper* ‖ **⁓se** *sich abschütteln (Hund, Vögel usw)* ‖ ◊ ~ de *(od* a) alg. fig *jdn von sich weisen* ‖ **-dón** *m* fam *plötzliche, heftige Erschütterung f* ‖ *heftiger Stoß m*
 sa|char *vt/i (aus)jäten* ‖ **-cho** *m Jäteisen n*
 sádico *adj sadistisch*
 sadismo *m Sadismus m*
 saduceos *mpl* ⟨Hist⟩ *Sadduzäer mpl (jüdische Partei)*
 sae|ta *f Pfeil m* ‖ *(Uhr)Zeiger m* ‖ *Magnetnadel f* ‖ And *Saeta f, kurzes Lied n (in Form e-s Stoßgebets), das bei kirchlichen Umgängen gesungen wird* ‖ ◊ echar ⁓s figf *sticheln* (→ **venablo**) ‖ ⁓s de hielo fig *schneidender, prickelnder Frost m* ‖ **-ear** *f* = **saetazo** ‖ **-tazo** *m Pfeilschuß m* ‖ fig *Stichelei f* ‖ ◊ matar a ⁓s *durch Pfeilschüsse töten* ‖ **-tear** *vt* = **asaetear** ‖ **-tera** *f Schießscharte f* ‖ fig *Lichtscharte f* ‖ **-tero** m/adj *Pfeil-, Bogen|schütze m* (→ **sagitario**) ‖ **-tilla** *f* dim *v.* **-ta** ‖ ⟨Bot⟩ *Pfeilkraut n* (→ **sagitaria**) ‖ **-tín** *m* dim *v.* **-ta** ‖ *(Schuh)Zwecke f* ‖ *Wassergang m e-r Mühle, (Sack)Gerinne n* ‖ *(Wasser)Zuführungs|rinne f, -kanal m* ‖ **-tón** *m* augm *v.* **-ta**
 △**Safacoro** *m* = **Sacaforo**

 safari *m Safari f* ‖ p.ex *Safarianzug m*
 safena *adj*: vena ~ ⟨An⟩ *Vena saphena f*
 sáfico *adj sapphisch, auf Sappho* (Safo) *bezüglich (verso)* ~ *sapphischer Vers m* ‖ amor ~ *sapphische (od lesbische) Liebe f*
 safismo *m Sapphismus m, lesbische Liebe f* ⟨& Med⟩ (→ **lesbianismo, tribadismo**)
 △**safo** *m Taschentuch n*
 safre *m Zaffer, Saf(f)lor m (ein Röstprodukt)*
 ¹**saga** *f Zauberin, Hexe f*
 ²**saga** *f altnordische Sage, Saga f* ‖ → **Edda** ‖ fig *Saga, literarisch gestaltete Familiengeschichte f*
 sa|gacidad *f Scharf|sinn, -blick m, Sagazität f* ‖ *Spürsinn m* ‖ *Klugheit f (der Tiere)* ‖ **-gardúa** *f* bask Vizc Guip = **sidra** ‖ **-garmín** *f* bask Al *wilder Apfel m* ‖ **-garrera** *f* Col *Zank, Streit m* ‖ **-gaz** [pl **-ces**] *adj scharf|sinnig, -blickend* ‖ *klug (auch v. Tieren)* ‖ *geistreich* ‖ *schlau, listig* ‖ adv: **⁓mente**
 sagi|ta *f* ⟨Math⟩ → **flecha** ‖ **-tado** *adj* ⟨Bot⟩ *pfeilförmig* ‖ **-tal** *adj* ⟨Biol⟩ *parallel zur Mittelachse liegend, sagittal* ‖ **-taria** *f* ⟨Bot⟩ *Pfeilkraut n (Sagittaria spp)* ‖ **-tario** *m Bogenschütze m* ‖ ⁓ *m Schütze m (im Tierkreis)* ‖ **-tifoliado** *adj* ⟨Bot⟩ *mit pfeilförmigen Blättern*
 sagra|do *adj heilig, ehrwürdig* (& fig) ‖ *geheiligt* ‖ *unantastbar* ‖ la ⁼a *Escritura die Heilige Schrift* ‖ historia ⁓a *biblische Geschichte f* ‖ orador ~ *Kanzelredner m* ‖ ~ *m Weihestätte f* ‖ *geweihte Stätte f* ‖ *Freistätte f, Zufluchtsort m* ‖ ◊ dar sepultura en ~ (a) *christlich beerdigen* ‖ **-rio** *m* ⟨Kath⟩ *Sakramentshäuschen n* ‖ *Tabernakel n* (→ **tabernáculo**) ‖ *Sanktuar(ium) n*
 sagú [pl **-úes**] *m Sago|palme f, -baum m (Metroxylon rumphii & andere)* ‖ *Pfeilwurz f (Maranta arundinacea)* ‖ *Sago m, Palmenstärke f* ‖ p.ex *Sago m aus Kartoffelstärke* ‖ ~ *perlado Perlsago m*
 saguntino *adj/s saguntisch, aus Sagunt*
 Sáhara, Sahara: el ~ *die Sahara (Wüste)* ‖ ~ *español Spanische Sahara (Überseeprovinz)*
 saharau|i, -í *adj/s auf die Spanische Sahara bezüglich* ‖ ~ *m Einwohner m der Spanischen Sahara*
 sahariana *f* ⟨Mil⟩ *(Art) Waffenrock m des span. Heeres (seit dem span. Bürgerkrieg)* ‖ *(Art) leichte Tropenjacke f (mit Gürtel)*
 sahárico *adj auf die Sahara bezüglich*
 sahornarse *vr sich wundliegen, sich wund reiben (Körperteil)*
 sahu|mado *adj geräuchert* ‖ *parfümiert* ‖ fig *verbessert, auserlesen* ‖ figf *mit Zinsen* ‖ **-mador** *m Räucherer m* ‖ *Riechstoffhändler m* ‖ *Räucherfaß n* ‖ **-madura** *f* → **sahumerio** ‖ **-mar** *vt/i (aus-, durch-)|räuchern* ‖ *bedüften* ‖ **⁓merio, -mo** *m (Durch)Räuchern n* ‖ *Beräucherung f* ‖ *Weihrauch m* ‖ *Räucherwerk n* ‖ ⟨Med⟩ *Räucherkur f* ‖ ◊ echar un ~ *ausräuchern*
 S.A.I. Abk = **Su Alteza Imperial**
 saiga *f* ⟨Zool⟩ *Saiga f (Saiga tatarica)*
 saín *m Tierfett n* ‖ p.ex *tierisches Fett n (Schweine)Schmalz n* ‖ *Fettigkeit f, Fettrand m (am abgetragenen Rockärmel od Hut od Kragen)*
 △**saina** *f* Barc *Brieftasche f*
 ¹**sainar** vi Pal Sal *bluten* (→ **sangrar**)
 ²**sainar** *vt/i (Tiere) mästen* ‖ ◊ ~ una oca *e-e Gans stopfen*
 saine|te *m* (dim *v.* **saín**) *ein bißchen Fett* ‖ fig *Brühe, Würze f* ‖ fig *Leckerbissen m* ‖ fig *Wohlgeschmack m* ‖ fig *(Lieb)Reiz m, Anziehung f (im span. Theater) Sainete, Schwank m, leichtes Lustspiel n* ‖ *(Nach)Spiel n mit Gesang* ‖ de ~ fam *falsch, hohl* ‖ marido de ~ joc *Operettenehemann m* ‖ **-tero, -tista** *m Schwankdichter, Verfasser m von leichten Lustspielen* ‖ **-tesco** *adj Schwank-* ‖ fig *skurril*
 saíno *m* Am ⟨Zool⟩ *Pekari m (Tayassu spp)* (→ **pécari**)

Sajalín — saldré 964

Sajalín m ⟨Geogr⟩ Sachalin
sajar vt/i ⟨Chir⟩ schröpfen ‖ einschneiden
△**sajo** m Taschentuch n
sajón, ona adj sächsisch ‖ a la ~a auf sächsische Art ‖ ~ m Sachse m ‖ el ~ die sächsische Mundart, das Sächsische ‖ →a **saxoniense**
sajónico adj → **sajón, saxoniense**
Sajonia f Sachsen ‖ ~-Altenburgo Sachsen-Altenburg ‖ ~-Coburgo-Gotha Sachsen-Coburg-Gotha ‖ ~-Weimar Sachsen-Weimar ‖ Alta, Baja ~ Ober-, Nieder|sachsen ‖ electorado de ~ Kursachsen ‖ porcelana de ~ Meißner Porzellan n
sake, saki m Sake m (japanischer Reiswein)
Sal. Abk ⟨EB⟩ = **Salida**
¹**sal** f Salz n ‖ fig Würze f ‖ (feiner) Witz m ‖ fig Witzigkeit f ‖ fig Mutterwitz m ‖ fig Anmut, Grazie f (→ **ángel, encanto, gracia**) ‖ ~ de acederas Kleesalz n (Kaliumtetraoxalat) ‖ ~ ácida ⟨Chem⟩ Hydrogensalz, saures Salz n ‖ ~ amarga, ~ de Inglaterra Bittersalz n ‖ ~ amoniaca(l) Ammoniaksalz n ‖ ~ ática attisches Salz n (geistreicher Witz) ‖ ~ de Carlsbad Karlsbader Salz n ‖ ~ común, ~ blanca Koch-, Speise|salz n ‖ ~ efervescente Brausesalz n ‖ ~ fijadora (rápida) ⟨Phot⟩ (Schnell) Fixiersalz n ‖ ~ gema Steinsalz n ‖ ~ (amarga) de Glauber Glaubersalz n ‖ ~ de la Higuera Span Bittersalz aus Fuente de la Higuera (Magnesiumsulfat) ‖ ~ marina Meersalz n ‖ ~ neutra ⟨Chem⟩ normales Salz n ‖ ~ y pimienta pop Mutterwitz m ‖ ~ de plomo, ~ (de) Saturno Bleizucker m (Bleidiazetat) ‖ ~ vegetal Pottasche f ‖ ~ virofijadora ⟨Phot⟩ Tonfixiersalz n ‖ ~ volátil Riechsalz n ‖ impuesto sobre la ~ Salzsteuer f ‖ mina de ~ Salz|bergwerk n, -grube f ‖ pan, terrón de ~ Klumpen m Salz ‖ sin ~ ungesalzen ‖ fig witzlos, fade ‖ ◊ hacerse ~ y agua fig zunichte werden ‖ poner (demasiada) ~ (a) versalzen ‖ tener poca ~ (en la mollera) pop wenig Grütze im Kopfe haben ‖ ¡~ quiere el huevo! figf er (sie, es) fischt nach Komplimenten (bzw nach Anerkennung) ‖ ~es pl Riechsalz n ‖ ~ de baño Badesalz n
²**sal** → **salir**
¹**sala** f Saal, Raum m ‖ Sitzungssaal m ‖ Empfangssaal m ‖ (Gast)Zimmer n ‖ ⟨Jur⟩ Kammer f, Senat m (e-s Gerichts) ‖ ~ de baile Tanzsaal m ‖ ~ de casino Kurhaussaal m ‖ ~ de lo civil (penal) Zivil- (Straf)kammer f, -senat m ‖ ~ de conferencias Beratungszimmer n ‖ Konferenz-, Vorlesungs|saal m ‖ ~ de dibujo Zeichensaal m ‖ ~ de equipajes ⟨EB⟩ Gepäckraum m ‖ ~ de esgrima Fechtraum m ‖ ~ de espera ⟨EB⟩ Wartesaal m ‖ ~ de estar Wohnzimmer n ‖ ~ de fiestas Vergnügungslokal m ‖ Kabarett n ‖ Festsaal m mit Bühne ‖ ~ de fumar Rauchzimmer n ‖ ~ de justicia Turnhalle f ‖ ~ de justicia Gerichtssaal, Senat m, Kammer f ‖ ~ de máquinas Maschinenraum m ‖ ~ de proyecciones ⟨Filmw⟩ Vorführungssaal m ‖ ~ de recepciones, ~ de visitas Empfangssaal m ‖ ~ de recibir Empfangszimmer n ‖ ~ de togas ⟨Jur⟩ Anwaltszimmer n (bei Gericht) ‖ gran ~ Festhalle f ‖ ◊ hacer ~ Sitzung halten
²¡**sala!** int Am fam Zuruf, um Hunde zu verscheuchen
salacenco adj aus dem Salazar-Tal (PNav)
salacidad f Geilheit, Salazität f
sala|damente adv fig mit Grazie, mit Anmut ‖ –**dar** m Salzsee m ‖ Salzwüste f ‖ Salzwerk n ‖ –**dería** f Pökelfleischfabrik f ‖ Pökelfleischindustrie f ‖ –**dero** adj: industria ~a Pökelindustrie f ‖ ~ m Pökelhaus n ‖ Pökel|platz, -raum m (bes Am) ‖ Pökelfaß n ‖ Am Salzfleischfabrik, Dörrfleischanstalt f ‖ –**dilla** f angesalzene Mandel, Salzmandel f ‖ ⟨Bot⟩ Obione, Salzmelde f (Obione spp) ‖ –**dillo** adj dim v. **-to** - et gesalzen ‖ ~ m Pökelfleisch n ‖ –**do** adj gesalzen ‖ versalzen ‖

salzig ‖ eingepökelt, Pökel- ‖ fig geistreich, witzig ‖ CR unglücklich ‖ Arg teuer, pop gepfeffert ‖ carne ~a Salzfleisch n ‖ gusto ~ Salzgeschmack m ‖ Lago ~ ⟨Geogr⟩ Salzsee m ‖ pepino ~ Salzgurke f ‖ –**dura** f (Ein)Salzen n ‖ Pökelfleisch n
Salamanca f Salamanca (Stadt) ‖ ~ f Arg Taschenspielerei f
salaman|dra f ⟨Zool⟩ Salamander m ‖ Dauerbrandofen m ‖ ~ acuática Molch m (→ **tritón**) ‖ –**dria** f ⟨Zool⟩ = **salamanquesa** ‖ ~ común Feuersalamander m (Salamandra salamandra = S. maculosa) ‖ ~ ibérica Goldstreifsalamander m (Chioglossa lustitania) ‖ ~ negra, ~ alpina Alpensalamander m (S. atra)
salaman|qués, esa, –**quino** adj/s aus Salamanca (→ **salmanti|cense, -no**) ‖ –**quesa** f ⟨Zool⟩ allg Gecko m ‖ ~ de pared Mauergecko m (Tarentola mauritanica) ‖ ~ de agua ⟨Zool⟩ inc = **tritón**
salambinense adj/s aus Talobreña (PGran)
salame m prov Salamiwurst f
△**salamito** m Arzt m
salangana f ⟨V⟩ Salangane f (Collocalia)
¹**salar** vt (ver)salzen ‖ (ein)salzen ‖ einpökeln ‖ einlegen (Gurken usw) ‖ ◊ ~ demasiado versalzen
²**salar** vi lachen
³**salar** m ⟨Geol⟩ Salar n ‖ Arg Salzlagune f ‖ Salzwüste f ‖ → **salina**
sala|rial adj Lohn- ‖ política ~ Lohnpolitik f ‖ –**rio** m (Arbeits)Lohn m ‖ ⟨Mil⟩ Sold m ‖ p. ex Besoldung f ‖ ~ base Grund-, Eck|lohn m ‖ ~ a destajo Akkordlohn m ‖ ~ en especie Naturallohn m ‖ ~ de hambre Hungerlohn m ‖ ~ semanal, mensual Wochen-, Monats|lohn m ‖ aumento del ~ Lohn|erhöhung, -aufbesserung f ‖ ◊ cobrar ~ Lohn beziehen ‖ für Lohn arbeiten ‖ tener ~ fijo in festem Gehalt stehen
salaz [pl –**ces**] adj geil, lüstern
salaz|ón f Einsalzen n ‖ Pökeln n ‖ agua de ~ Lake f ‖ –**ones** fpl Salz-, Pökel|fleisch n ‖ gesalzene Fische, Salzfische mpl ‖ Pökelindustrie f
salbadera f Sand(streu)büchse f
salbanda f ⟨Geol⟩ Salband n
sal|ce m ⟨Bot⟩ Weidenbaum m (= **sauce**) ‖ –**cedo** m Weidengebüsch m
salcochar vt (nur) in Salzwasser kochen
salchi|cha f (Brüh)Wurst f ‖ Würstchen n ‖ ⟨Arch⟩ Faschinenwurst f ‖ ~ asada Bratwurst f ‖ ~ de hígado Leberwurst f ‖ ~s de Dresde, de Francfort, de Praga Dresdener, Frankfurter, Prager Würstchen npl ‖ ◊ hacer ~s Wurst machen ‖ –**chería** f Wurstfabrik f ‖ Wurstgeschäft n ‖ Wurstware f ‖ –**chero** m Wurst|macher, -verkäufer m ‖ –**chón** m Salami-, Dauer|wurst f ‖ ~ ahumado Mett-, Zervelat|wurst f ‖ ~ de Vich Hartwurst f aus Vich (PBarc)
△**salchuyo** m Rohr n ‖ Amboß m
sal|dar vt/i ⟨Com⟩ saldieren, abschließen ‖ begleichen ‖ verrechnen ‖ ausverkaufen, abstoßen (Ware) ‖ fig beilegen (z. B. Streit) ‖ ◊ ~ una cuenta ein Konto ausgleichen ‖ para ~ mi cuenta zur Deckung (Begleichung) meiner Rechnung ‖ ~ una deuda e-e Schuld bezahlen ‖ –**dista** m Partiewarenhändler m
saldo m Rechnungsabschluß m ‖ Saldo, Rechnungs-, Kassen|überschuß m ‖ Restbetrag m ‖ Ausgleich m ‖ Partie-, Konkurs|ware f ‖ Räumungsausverkauf m ‖ ~ acreedor (deudor) Haben- (Soll-, Debet-, Schuld)saldo m ‖ por ~ de la factura (de la partida) zur Ausgleichung der Rechnung (des Postens) ‖ precio de ~ Ausverkaufs-, Gelegenheits|preis m ‖ ◊ la cuenta cierra con un ~ de ... a nuestro favor das Konto schließt mit e-m Saldo von ... zu unseren Gunsten ab ‖ transportar el ~ den Saldo vortragen ‖ ~s mpl (Räumungs) Ausverkauf m ‖ fig Ladenhüter mpl
saldré → **salir**

saldubense adj/s ⟨Hist Lit⟩ *aus Sálduba (heute Zaragoza)*
saledizo adj/s ⟨Arch⟩ *vorspringend, vorragend* ‖ ~ *m Stirn-, Trauf\brett* n ‖ *Vorbau* m
salegar vi *Salz lecken (Vieh)* ‖ ~ *m Salzlecke* f *(fürs Vieh)*
sale\ro m/adj *Salz\faß* n, *-büchse* f, *-streuer* m ‖ *Salzlager* n ‖ *Salzlecke* f (→ **salegar**) ‖ figf *Anmut, Grazie* f, *reizendes, anziehendes Wesen* n *(e-r Frau) (& als Kosewort)* ‖ pop *Mutterwitz* m ‖ figf *witzige Person* f ‖ Am *Salzhändler* m ‖ *industria* ~a *Salzindustrie* f ‖ ◊ tener ~ pop *witzig sein* ‖ *Mutterwitz haben* ‖ **-roso** adj fam *anmutig* ‖ *geistreich, witzig* ‖ *reizend, charmant (Frau)*
sale\sa f *Salesianernonne* f ‖ **-siano** adj/s *Salesianer-* ‖ ~ *m Salesianer* m
saleta f dim v. **sala** ‖ *Vorzimmer* n ‖ ⟨Jur⟩ *Berufungsgericht* n
salga → **salir**
salguera f, **salguero** m = **sauce**
salicáceas fpl ⟨Bot⟩ *Weidengewächse* npl (Salicaceae)
salicaria f ⟨Bot⟩ *Blutweiderich* m (Lythrum salicaria)
sali\cilato m *Salizylat* n ‖ **-cílico** adj: *ácido* ~ ⟨Chem⟩ *Salizylsäure* f
sálico adj *salisch* ‖ *ley* ~a *das Salische Gesetz*
sali\da f *Aus\gehen* n, *-gang* m ‖ *Aus\gang* m, *-fahrt* f, *Tor* n ‖ *Aus\tritt* m, *-fahrt* f ‖ *Ausgang* m, *Tür* f ‖ p. ex. *Ausgang* m, *Vorfeld* n *(e-r Ortschaft)* ‖ *Abfahrt, Abreise* f ‖ *Aufbruch* m ‖ ⟨EB⟩ *Abfahrt(shalle)* f ‖ ⟨Mar⟩ *Absegeln* n ‖ *Austreten* n *(e-s Flusses)* ‖ *Aufgang* m *(Gestirne, Sonne)* ‖ *Durchbruch* m *(von Zähnen)* ‖ ⟨Com⟩ *Absatz, Verkauf* m *(der Ware)* ‖ *Absatzgebiet* n ‖ *Ausfuhr* f *(der Ware)* ‖ *Ausgabe* f *(Buchführung)* ‖ ⟨Arch⟩ *Vorsprung* m ‖ ⟨Typ⟩ *Aus\lage* f, *-leger* m ‖ *Anzug* m *(Schach)* ‖ ⟨Sp⟩ *Start* m ‖ ⟨Mil⟩ *Ausfall* m ‖ ⟨Mil⟩ *Abmarsch* m, *Abrücken* n ‖ ⟨Flugw⟩ *Abflug, Start* m ‖ fig *Aus\rede, -flucht* f ‖ fig *Erfolg, Ausgang* m ‖ fig *Abschluß* m ‖ *(Auf)Lösung* f ‖ figf *witziger Einfall* m ‖ ~ *de dinero*, ~ *de capitales Kapitalflucht* f ‖ ~ *en hombros* ⟨Taur⟩ *Emporheben* n *auf die Schultern (e-s erfolgreichen Stierfechters)* ‖ ~ *del puente Brückenausgang* m ‖ ~ *de seguridad (od socorro) Notausgang* m ‖ ~ *de un socio* ⟨Com⟩ *Austritt* m *e-s Teilhabers* ‖ ~ *del sol Sonnenaufgang* m ‖ ~ *de teatro Theatermantel* m ‖ ⟨Th⟩ *Auftreten* n ‖ ~ *a la* ~ *de los teatros nach Schluß der Theatervorstellung* ‖ ~ *de tono* figf *deplacierte od unangebrachte Bemerkung* f ‖ *barsche Antwort* f ‖ ~ *de las tropas* ⟨Mil⟩ *Abmarsch* m *der Truppen* ‖ *artículos de lenta* ~ *schwerverkäufliche Artikel* mpl ‖ ¡*buena* ~! pop *ist das e-e Idee!* ‖ *callejón sin* ~ *Sackgasse* f ‖ fig *mißliche Lage* f ‖ *derechos de* ~ *Ausfuhrzoll* m ‖ *géneros de buena (od pronta)* ~ ⟨Com⟩ *gangbare Waren* fpl ‖ *hora de la* ~ ⟨EB⟩ *Abfahrtszeit* f ‖ *permiso de* ~ *Ausfuhrerlaubnis* f ‖ *Ausreisegenehmigung* f ‖ *primera* ~ ⟨Th⟩ *erstes Auftreten* n ‖ *puerto de* ~ *Abgangshafen* m ‖ *punto de* ~ *Ausgangspunkt* m ‖ ⟨EB⟩ *Knotenpunkt* m ‖ (seña de) ~ ‖ ⟨Th⟩ *Kontrollmarke* f *(zum Wiedereintritt)* ‖ *válvula de* ~ *Ablaßventil* m ‖ ◊ dar ~ a *su dolor* fig *seinem Schmerz Luft machen* ‖ dar la ~ ⟨EB⟩ *das Signal (zur Abfahrt) geben* ‖ ⟨Th⟩ *das Stichwort geben (Souffleur)* ‖ ⟨Sp⟩ *das Startzeichen geben* ‖ *estar de* ~ *reisefertig sein* ‖ *im Begriff sein abzureisen* ‖ *hizo su primera* ~ *en*... ⟨Th⟩ *er trat zuerst in der Rolle* (gen)...*auf* ‖ *tener buena (od pronta)* ~ *absatzfähig sein (Ware)* ‖ *no tener* ~ *unverkäuflich sein (Ware)* ‖ ~ *anziehen (Schach)* ‖ ~**s** pl *Absatzquellen* fpl ‖ *las* ~ *y las entradas* ⟨Com⟩ *Ausgaben und Einnahmen* ‖ *tener buenas* ~ *witzige Einfälle haben*

sali\dizo adj ⟨Arch⟩ *vorspringend* ‖ ~ *m Vorsprung, Erker* m ‖ **-do** adj *vorspringend* ‖ *hervorstehend* ‖ *läufig (Hündin)* ‖ *brünstig (Tier)* ‖ *vorquellend (Augen)* ‖ perra ~a fig pop/vulg *geile, mannstolle Frau* f ‖ *ojos* ~s *Glotzaugen* npl
saliente adj *hervorstehend* ‖ *vorspringend* (& ⟨Math⟩: *Winkel*) ‖ ⟨Pol⟩ *ausscheidend* ‖ ⟨Arch⟩ *aus\ladend, -kragend* ‖ fig *hervorragend, bemerkenswert* ‖ *es* la *nota* ~ *del día es ist das hervorragendste Ereignis der Gegenwart* ‖ *orejas* ~s *abstehende Ohren* npl ‖ ~ *m Osten* m ‖ *Vorsprung* m ‖ *Ausleger* m *(am Kran)* ‖ *Nase* f ‖ ◊ formar ~ *vorspringen*
salífero adj = **salino**
salificación f *Salzbildung* f
salín m *Salz\kammer* f, *-lager* m
sali\na f *Saline* f ‖ *Salz(berg)werk* n ‖ *Salzsiederei* f ‖ **-nero** adj *salzhaltig* ‖ *Salinen-* ‖ *Salz-* ‖ ⟨Agr⟩ *gesprenkelt (Vieh)* ‖ *industria* ~, *gewinnung* f ‖ ~ *m Salz\sieder, -händler* m ‖ *Salinenarbeiter* m ‖ Am = **salina** ‖ **-nidad** f *Salzgehalt* m ‖ ⟨Geol⟩ *Salinität* f ‖ **-no** adj *salin* ‖ *salzig* ‖ *salzhaltig* ‖ Sal *gesprenkelt (Vieh)*
△**salipén** m *Gestank* m
salir [pres **salgo, sales** usw, imp **sal**, fut **saldré**] vi:

A) *aus-, weg-, hinaus-, heraus\gehen, -kommen* ‖ *ab-, fort\gehen* ‖ *aus-, spazieren\gehen* ‖ *ab\reisen, -fahren, -dampfen* ‖ ⟨EB⟩ *abgehen* ‖ *sich entfernen* ‖ *ausrücken, fortziehen (Truppen)* ‖ ⟨Mil⟩ *ab\marschieren, -rücken* ‖ ⟨Mar⟩ *auslaufen* ‖ ⟨Flugw⟩ *abfliegen, starten* ‖ *aufbrechen, die Reise antreten* ‖ *losgehen (Schuß)* ‖ *herauskommen (Rechenaufgabe)* ‖ *austreten (aus e-r Gesellschaft)* ‖ *keimen, hervorsprießen, ausbrechen (Knospen)* ‖ *auslaufen (Flüssigkeiten)* ‖ *sich auszeichnen* ‖ *hervorragen* ‖ *herausheben* ‖ *heraushelfen (aus dat)* ‖ *sich befreien (von dat)* ‖ *herauskommen, erscheinen (Bücher, Zeitungen)* ‖ ⟨Th⟩ *auftreten* ‖ *ausgehen, einstammen* ‖ *herrühren* ‖ *hervorgehen* ‖ *ent\springen, -quellen, sprudeln (Fluß, Quelle)* ‖ *zu stehen kommen, kosten* ‖ *aufgehen (Sonne, Gestirne)* ‖ *Absatz finden (Waren)* ‖ ⟨Kart⟩ *ausspielen* ‖ fig *gelingen, geraten* ‖ ⟨Sp⟩ *starten* ‖ ◊ ~ *bien gut ablaufen, geraten* ‖ *gelingen, glücken* ‖ *gut wegkommen (bei dat)* ‖ ~ *bien (de un negocio) pop gut abschneiden* ‖ *salió bien es ist gelungen* ‖ ~ *fuera de tono* fig *grob werden* ‖ ~ *ganancioso Nutzen davontragen* ‖ ~ *garante*, ~ *fiador sich verbürgen, einstehen (für* acc*)* ‖ ~ *indemne*, ~ *ileso unversehrt bleiben* ‖ *keinen Schaden erleiden* ‖ pop *mit heiler Haut davonkommen* ‖ ~ *responsable* (de) *sich verbürgen (für* acc*)* ‖ ~ *vencedor den Sieg davontragen, als Sieger hervorgehen, Sieger werden, siegen* ‖ *dejar* ~ *he(rauslassen* ‖ *hacer* ~ *wegbringen* ‖ *herausschaffen* ‖ *hinausdrängen, ausweisen* ‖ *aus\drücken, -pressen* ‖ *no poder* ~ *nicht herauskönnen* ‖ *estar pronto para* ~ *reisefertig sein* ‖ *versandbereit sein (Waren)* ‖ *querer* ~ *hinauswollen* ‖ *traje de* ~ *Ausgeh-, Straßen\anzug* m ‖ *al* ~ *beim Weggehen* ‖ ¡*acaba de* ~! *soeben erschienen!* ‖ *sale una buena ocasión es bietet sich e-e gute Gelegenheit* ‖ *me sale muy caro es kostet mir zuviel* ‖ *es ist mir zu teuer* ‖ *no me sale* fig *damit werde ich nicht fertig* ‖ *¿quién sale? wer fängt an? (Spiel)* ‖ ¡*eso te saldrá caro! das wird dir teuer zu stehen kommen! (als Drohung)* ‖ *salió alcalde er ist zum Bürgermeister gewählt worden* ‖ *er ist Bürgermeister geworden* ‖ *salió buen artista aus ihm ist ein guter Künstler geworden* ‖ ¡*ya salió!* pop *da haben wir's* ‖ *el número ha salido die (Lotterie)Nummer ist gezogen worden (od herausgekommen)*

B) *in Verb. mit* Gerundium: ~ *corriendo (hin)auslaufen* ‖ ~ *pitando* figf *wie rasend davonlaufen* ‖ ~ *rodando herausrollen* ‖ ~ *volando*

salita — Salónica

herausfliegen ‖ *fort\flattern, -fliegen* ‖ fig *eiligst hinauslaufen*
C) in Verb. mit pp (= **resultar,** →d): ~ mal parado pop *übel wegkommen* ‖ ~ enganchado *(od cogido) aufgespießt werden (Stierfechter)* ‖ ~ suspendido *durchfallen (Schüler)*
D) in Verb. mit Präpositionen und präpositionalen Adverbialverbindungen:
1. in Verb. mit **a**: *hinauslaufen auf* (acc) ‖ *hinausgehen auf* acc *(Zimmer)* ‖ *ähneln, ähnlich sein od werden* (dat) ‖ salió a su padre *er ähnelt seinem Vater* ‖ me sale a 55 pesetas la libra *es kostet mich 55 Pesetas das Pfund* ‖ la calle sale a la plaza *die Straße mündet in den Platz ein* ‖ ~ a la calle *auf die Straße treten* ‖ ~ al campo *aufs Land gehen* ‖ ~ a dar una vuelta *ausgehen, spazierengehen* ‖ → **encuentro** ‖ ~ a (la) luz *zur Welt kommen* ‖ *offenbar werden, ans Licht treten* ‖ *erscheinen, herauskommen (Buch)* ‖ ~ a lo mismo *auf eins hinauskommen* ‖ ~ al paso *jdm entgegengehen* ‖ ~ a rastras *hinauskriechen* ‖ ~ a la superficie *auftauchen (Tauchvogel, U-Boot)* ‖ fig *aus dem Gröbsten heraus sein* ‖ ~ a las tablas, ~ al público ⟨Th⟩ *zur Bühne gehen*
2. in Verb. mit **con**: *et zuwege, zustande bringen, erreichen* ‖ pop *herausplatzen (mit* dat) ‖ ~ con alg. fam *mit jdm gehen* ‖ ~ con una pretensión *mit e-m Anspruch hervortreten* ‖ ~ con un suspenso ⟨Sch⟩ *durchfallen* ‖ ¿ahora sale V. con eso? *das fällt Ihnen erst jetzt ein?* ‖ ¡siempre sales con lo mismo! *immer dieselbe Antwort!*
3. in Verb. mit **de**: ~ de apuros *aus e-r Schwierigkeit herauskommen* ‖ ~ de caja *ausgegeben werden (Geld)* ‖ ~ de la cama *aus dem Bett steigen* ‖ *del capullo sich entpuppen* ‖ ~ de la carlinga ⟨Flugw⟩ *aus der Kanzel herausklettern* ‖ ~ de casa *aus dem Hause kommen* ‖ *ausgehen* ‖ ~ de casa de von *jdm kommen* ‖ ~ de caza *auf die Jagd gehen* ‖ ~ del desmayo *zu sich kommen (Ohnmächtiger)* ‖ ~ de la duda *sich Sicherheit verschaffen* ‖ ~ de una enfermedad *e-e Krankheit überstehen* ‖ ~ del huevo *aus dem Ei kriechen* ‖ ~ de juicio, ~ de tino *den Verstand verlieren* ‖ ~ de madre *austreten (Fluß)* ‖ *überfließen* ‖ ~ del paso *sich über et hinweghelfen* ‖ ~ de prisa, ~ con precipitación *hinauseilen* ‖ ~ de la regla *e-e Ausnahme bilden* ‖ ~ de viaje *abreisen* ‖ eso no sale de ahí fig *das hat er nicht aus sich selbst* ‖ los plátanos salen de Tenerife *die Bananen kommen aus Teneriffa* ‖ ¿de dónde sale V.? fam *wo in aller Welt kommen Sie her?* ‖ ¡salga de ahí! pop *ist das e-e Idee!* ‖ ¡que no salga de nosotros! *das muß unter uns bleiben!*
4. in Verb. mit **en**: ~ en coche *(hinaus-)fahren* ‖ ~ en público fig *sich auf der Straße zeigen* ‖ ~ en trineo *e-e Schlittenfahrt unternehmen*
5. in Verb. mit **por, para, tras**: ~ por alg. *für jdn gutstehen* ‖ ~ por fiador, ~ por uno *für jdn Bürgschaft leisten* ‖ salió de Madrid para Barcelona *er ist von Madrid nach Barcelona abgereist* ‖ ~ tras alg. *jdm nachlaufen, jdn verfolgen*
E) ~se *hinaus-, heraus\gehen* ‖ *ausspringen (z. B. Taste)* ‖ *hervortreten, auslaufen (Flüssigkeiten)* ‖ *sich losmachen (von* dat) ‖ ~ con a. et zustande bringen ‖ ~ con la suya fig *seine Meinung durchsetzen, schließlich recht behalten* ‖ se ha salido la leche *die Milch ist übergelaufen* ‖ ~ del compás *aus dem Takt kommen* ‖ ~ de los rieles ⟨EB⟩ *aus den Schienen springen, entgleisen (Zug)* ‖ se le sale a los ojos fig *man sieht es ihm gleich an* ‖ ~ del tema, ~ de la materia *vom Thema abschweifen*
salita *f* dim *v.* **sala**
Salitas *m* np pop = **Francisco**
sali|trado adj *mit Salpeter versetzt od gemischt* ‖ = **–troso** ‖ **–tral** *m*, **–trera** *f Salpetergrube f* ‖

–tre *m Salpeter* m *(althergebrachte Bezeichnung für technisch wichtige Nitrate)* ‖ **–trería** *f Salpeterwerk* n ‖ **–trero** adj *Salpeter-* ‖ **–troso** adj *salpeterhaltig, salpetrig*
sali|va *f Speichel* m ‖ ◊ gastar ~ (en balde) figf *ins Blaue hinein reden, sich den Mund fusselig reden* ‖ *sich umsonst bemühen* ‖ tragar ~ figf *seinen Unwillen verbeißen* ‖ **–vación** *f Speichelfluß* m ‖ *Speichelbildung* f ‖ **–vadera** *f* Arg *Spucknapf* m ‖ **–val, –var** adj *Speichel-* ‖ glándula ~ ⟨An⟩ *Speicheldrüse* f ‖ **–var** vi/adj *Speichel bilden* ‖ *viel Speichel absondern* ‖ → **escupir** ‖ ~ adj *Speichel-* ‖ **–vazo** *m Speichel* m, *Spucke* f ‖ *Ausspucken* n ‖ ◊ manchar *(od* salpicar) a ~s *bespucken* n ‖ **–voso** *m speichel\artig bzw -reich* ‖ *Speichel-*
sálix *m* ⟨Bot⟩ = **sauce**
salmanti|cense adj/s *(Lit Hist) (bes in der Sprache der Kirche),* **–no** adj/s *aus Salamanca, salmantinisch* ‖ ~ *m Salmantiner* m
salmear vi *Psalmen singen bzw beten*
salmer *m* ⟨Arch⟩ *Kämpfer-, Widerlager\-stein* m ‖ *Kämpfer* m *(e-s Bogens)*
salmero adj → **aguja**
salmerón, ona adj: trigo ~ *großkörniger Berberweizen* m
sal|mista *m Psalmist* m ‖ *Psalmen\dichter, -sänger* m ‖ el ⚹ *der Psalmist, (der) König David (Bibel)* ‖ **–mo** *m Psalm* m ‖ ~s penitenciales *Bußpsalmen* mpl ‖ **–modia** *f Psalmengesang* m ‖ fig *eintöniges Geplärr* n ‖ figf *Litanei* f
salmón *m* ⟨Fi⟩ *Lachs, Salm* m *(Salmo salar)* ‖ pesca del ~ *Lachsfang* m ‖ ~ adj *lachs\farben, -rosa* ‖ dim: ~**cillo** *m*
salmo|nado adj *lachsartig* ‖ trucha ~a *Lachsforelle* f ‖ **–nelas** *fpl* ⟨Med⟩ *Salmonellen* pl *(Bakterien)* ‖ **–nelosis** *f* ⟨Med⟩ *Salmonellose* f ‖ **–nera** *f Lachsnetz* n ‖ **–nete** *m* ⟨Fi⟩ *Gewöhnliche Meerbarbe* f *(Mullus barbatus)* ‖ ~ de roca *Streifenbarbe* f (M. surmuletus) ‖ **–nicultura** *f Lachszucht* f
salmónidos mpl ⟨Fi⟩ *Lachsfische* mpl *(Salmonidae)*
△**salmoñi** *f Eile* f
sal|morejo *m* ⟨Art⟩ *Gewürztunke, Beize* f ‖ figf *Wischer, Rüffel* m ‖ And *(Art)* **gazpacho** (→ d) ‖ **–muera** *f Sole, Salzbrühe, Lake* f ‖ *Pökel* m ‖ carne en ~ *Salz-, Pökel\fleisch* n ‖ huevos en ~ *Soleier* npl ‖ pepinos en ~ *Salzgurken* fpl
Salo *m* np = **Simeón** (Tfn)
salo|bral adj *salzhaltig* ‖ *brackig* ‖ **–bre** adj *salzig, brackig* ‖ agua ~ *Brackwasser* n ‖ *Sole* f ‖ **–breño** adj *salzhaltig* ‖ *brackig*
saloma *f* ⟨Mar⟩ *Singsang* m *(Arbeitslied der Seeleute)* ‖ **–r** vi ⟨Mar⟩ *im Arbeitstempo singen*
Salo|món *m* np *Salomo* m (& fig) ‖ Tfn *Salomon* m ‖ ⚹**mónico** adj *salomonisch* ‖ columna ~a ⟨Arch⟩ *gewundene Säule* f ‖ juicio ~ *salomonisches Urteil* n (& fig)
¹**salón** *m* (augm *v.* **sala**) *(großer) Saal, Empfangssaal* m *(& Möbel* npl) ‖ *Salon* m ‖ *Besuchszimmer* n ‖ *gute Stube* f ‖ pop *Wohnzimmer* n ‖ pop *Wohnzimmermöbel* npl ‖ ~ de actos *Sitzungssaal* m ‖ *Festsaal* m ‖ *Auditorium* n maximum, *Aula* f ‖ ~ del automóvil *Automobil\ausstellung, -salon* m ‖ ~ de baile *Tanzsaal* m ‖ ~ de belleza *Schönheitsinstitut* n ‖ *Frisiersalon* m ‖ ~ de clase ⟨Sch⟩ *Klassenzimmer* n ‖ ~ de contrataciones *Börsensaal* m ‖ ~ de descanso *Unterhaltungsraum* m ‖ ~ de estudio *Studierzimmer* n ‖ ~ de música *Musikzimmer* n ‖ *música de* ~ = *Salon-musik* f ‖ **música** de cámara ‖ ~ de té *Teezimmer* n ‖ *Tea-room* m engl, *Teestube* f *(Café)*
²**salón** *m Salz\fleisch* n bzw *-fisch* m
salonci|llo, **–to** *m* dim *v.* **salón**: *Gesellschaftszimmer* n *(& Th)* ‖ *Wohnzimmer* n
Salónica *f* ⟨Geogr⟩ *Saloniki*

salpa *f* ⟨Fi⟩ *Goldstriemen, Ulvenfresser* m (Boops [= Box] salpa)
salpi|cadero *m* ⟨Aut⟩ *Armaturenbrett* n ‖ **-cado** *m* ⟨Typ⟩ *(Blei)Spritzer* m *(Maschinensatz)* ‖ ~ adj *gesprenkelt* ‖ *meliert* ‖ **-cadura** *f Bespritzen* n ‖ *Spritzfleck* m ‖ ~ de barro *Kotspritzer* m ‖ ~ de tinta *Tintenklecks* m ‖ **-car** [c/qu] vt *bespritzen (mit* con, de dat) ‖ *beschmutzen* (con, de *mit* dat) ‖ *anklecksen* ‖ *verspritzen* ‖ fig *bestreuen* ‖ fig *beflecken* ‖ fig *würzen (Rede)* ‖ ◊ ~ con sangre *mit Blut beflecken* ‖ ~ de chistes fig *mit Witzen würzen* ‖ ~ de tinta *beklecksen* ‖ -cado de barro *mit Kot bespritzt* ‖ *kotig* ‖ un valle -cado de caseríos *ein Tal mit hie und da verstreuten Häusern* ‖ **-cón** *m Spritzfleck* m ‖ *gehacktes Fleisch* n *(mit Salat)* ‖ *Fleischsalat* m ‖ *Sauerbraten* m ‖ *(Art) Nußgebäck* n ‖ Ec *Fruchtsaftkaltgetränk* n
salpi|mentar [*-ie-] vt *mit Salz und Pfeffer bestreuen* ‖ fig *würzen* (con, de *mit* dat) *(Gespräch)* ‖ **-mienta** *f Pfeffer* m *und Salz* n *(Mischung)*
salpingitis *f* ⟨Med⟩ *Eileiterentzündung, Salpingitis* f
salpre|sar vt *ein|salzen, -pökeln* ‖ **-so** adj *einge|salzen, -pökelt*
salpullido *m Hautausschlag* m, *Hitzblattern* fpl ‖ *Flohstiche* mpl
△**salquero** *m (Trink)Glas* n
sal|sa *f Brühe* f ‖ *Tunke, Soße* f, *Beiguß* m ‖ *Mehlschwitze* f ‖ fig *Würze* f ‖ fig *Reiz* m, *Anmut* f ‖ fig *Mutterwitz* m ‖ ~ de alcaparras *Kapernsoße* f ‖ ~ alemana *weißer Beiguß* m ‖ ~ besamel, ~ bechamel *Béchamelsoße* f ‖ ~ blanca *weiße Tunke* f ‖ ~ de cebolla *Zwiebelsoße* f ‖ ~ clara (espesa) *dünne (dicke) Soße* f ‖ ~ española, ~ cazador(a) span. *Jägersuppe* f ‖ ~ espumosa *Schaumsoße* f ‖ ~ mayonesa, ~ mahonesa *Mayonnaise* f ‖ ~ de pepinos *Gurkensoße* f ‖ ~ picante *pikante Soße* f ‖ *Meerrettichsoße* f ‖ ~ de sardinas saladas *Sardellensoße* f ‖ ~ tártara *Soße* f *à la tartare* ‖ ~ verde *Petersilien- bzw Kräuter|soße* f ‖ ~ de tomate *Tomatensoße* f ‖ ~ a la vinagreta *Vinaigrette* f ‖ *Essigsoße* f ‖ ◊ lo pusieron hecho una ~ pop *man hat ihn tüchtig verprügelt* bzw *ihm tüchtig den Kopf gewaschen* ‖ estar en su propia ~ fig *im s-n Element, im eigenen Milieu sein* ‖ ser la sal de todas las ~s fig *zu allem zu gebrauchen sein* ‖ fam *ein Schnüffler sein* ‖ tener ~ pop *witzig, aufgeweckt, schlau sein* ‖ **-se** *m* ⟨Geol⟩ *Schlamm|vulkan, -sprudel* m ‖ **-sedumbre** *f Salzigkeit* f ‖ **-sera** *f Soßenschale* f, *Brühenäpfchen* n ‖ **-sero** *m*/adj fam *Soßenliebhaber* m ‖ Nav Murc fam *Schnüffler* m ‖ Chi *Salzverkäufer* m
salsifí *m* ⟨Bot⟩ *Wiesenbocksbart* m (Tragopogon pratensis) ‖ ~ negro ⟨Bot Agr⟩ *Schwarzwurzel* f (Scorzonera hispanica)
salsilla *f* dim *v.* **salsa**
salsoláceo adj ⟨Bot⟩ *salzkrautartig*
salsucho *m* fam *Sudelbrühe* f
salta|balcones *m* Am *Einbrecher, Fassadenkletterer* m ‖ **-banco(s)** *m Gaukler, Seiltänzer* m ‖ *Marktschreier* m ‖ figf *Springinsfeld* m ‖ **-bardales, -paredes** *m* figf *Wagehals, Draufgänger* m ‖ = **-bancos** ‖ **-barrancos** *m* figf *Sausewind, Springinsfeld* m ‖ **-dero** *m Absprungstelle* f ‖ *Sprungbrett* n ‖ *Tummelplatz* m *(für Kinder)* ‖ **-dizo** adj *abspringend* ‖ *elastisch* ‖ **-do** adj: ojos ~s *Glotzaugen, hervorstehende Augen* npl ‖ **-dor** *m Springer* m ‖ *Seiltänzer* m, *Gaukler* m ‖ *Springbrunnen* m ‖ *Spring|seil* n, *Hüpfseil* n ‖ ~ de margen *Randauslösetaste* f *(Schreibmaschine)* ‖ **-montes** *m* ⟨Entom⟩ *Gras|hüpfer* m, *-pferd* n, *Heuschrecke* f ‖ ⟨Tech⟩ *fahrbares Förderband* n ‖ **-ojos** *m* ⟨Bot⟩ = **peonía** ‖ **-pajas** *m* ⟨Entom⟩ Pal Rioja = **-montes** ‖ **-prados** *m* ⟨Entom⟩ Sant Ast = **-montes**

sal|tar vt *(hin)überspringen* ‖ *über|springen, -hüpfen* ‖ *(über)springen (beim Damespiel)* ‖ *beschälen, bespringen (Tiere)* ‖ *decken (Hündin)* ‖ fig *über|springen, -geben* ‖ fig *(bei e-r Beförderung) übergehen (Zwischenstufen überspringend)* ‖ *aus e-m Amt verdrängen* ‖ ◊ ~ las muelas a alg. *jdm die Zähne einschlagen* ‖ ~ a uno un ojo *jdm ein Auge ausschlagen* ‖ ~ una zanja *über e-n Graben springen* ‖ ~ vi *springen* ‖ *(auf)hüpfen, hopsen* ‖ *(her)abspringen* ‖ *abspringen (Ball, Funken, Lack)* ‖ *(zer)springen (Saite, Glas)* ‖ *platzen* ‖ *in die Luft springen, auffliegen (Mine)* ‖ *in die Luft fliegen, bersten* ‖ *spritzen (Kot)* ‖ *e-n Strich machen, springen (im Musikstück usw)* ‖ ⟨Jgd⟩ *aufspringen (Hase)* ‖ *sprühen (Funken)* ‖ *reißen (Band)* ‖ *laufen (Masche)* ‖ *hervorbrechen* ‖ *hervor|sprudeln, -quellen* ‖ fig *ein Amt verlieren* ‖ fig *auffallen, in die Augen fallen* ‖ fig *auffahren, bös werden* ‖ fig *auf jdn losstürzen* ‖ ◊ ~ al agua (de cabeza) *(kopfüber) ins Wasser springen* ‖ ~ a la cuerda *über das Seil springen (Turnen)* ‖ eso -ta a la vista *(od* a los ojos*) das springt in die Augen, das ist augenscheinlich, klar* ‖ ~ con un despropósito fam *mit e-m Unsinn herausplatzen* ‖ ~ de *abspringen (von* dat*)* ‖ ~ de alegría *vor Freude hüpfen, springen* ‖ ~ en pedazos *in Stücke zerspringen* ‖ ~ en tierra *ans Land steigen* ‖ ~ por aros *durch Reifen springen* ‖ ~ por encima de a/c. *et überspringen* ‖ ~ por la ventana *zum Fenster hinausspringen* ‖ hacer ~ *in die Luft sprengen* (hacer) ~ la banca *die Bank sprengen (beim Spiel)* ‖ haciendo ~ su mirada de un objeto a otro *hin- und her|blickend* ‖ apartarse -tando *fortspringen* ‖ irse -tando *weghüpfen* ‖ pasar -tando *über-, durch|springen* ‖ con unos guantes -tando de blanco pop *mit blendend weißen Handschuhen* ‖ que están -tando por ... pop *die nichts sehnlicher wünschen als ...* ‖ andar a la que -ta figf *auf gut Glück hin(aus)gehen* ‖ k-e *Gelegenheit verpassen* ‖ *auf jede günstige Gelegenheit lauern* ‖ estar al que -ta *(od* -te*) pop sich mit dem ersten besten abfinden (Mädchen)* ‖ -tó tras él, le siguió -tando *er sprang ihm nach* ‖ ... -tó diciendo Juan ... *fiel Juan plötzlich ein (im Gespräch)* ‖ ¡te van a ~ los sesos! pop *der Kopf wird dir zerspringen! (vom Nachdenken usw)* ‖ ¡ya -tó la punta! *die (Bleistift)Spitze ist abgebrochen!* ‖ **-se** *überspringen (z. B. Fragen, Seiten, Text)* ‖ *auslassen* ‖ ◊ ~ la tapa de los sesos (de un pistoletazo) figf *sich e-e Kugel durch den Kopf jagen* ‖ los ojos se le -taban de las órbitas fig *ihm quollen (vor Entsetzen, vor Überraschung) fast die Augen aus dem Kopf* ‖ *er war sprachlos vor Staunen* ‖ las lágrimas se le -taban de los ojos fig *die Tränen kamen ihm in die Augen* ‖ ~(se) un renglón *e-e Zeile überspringen*
salta|rel(o) *m Saltarello* m *(aller span. Tanz)* ‖ **-rín** *m*/adj *Tänzer* m ‖ figf *Springinsfeld, Sausewind*, fam *Luftikus* m ‖ **-triz** [pl **-ces**] *f Seiltänzerin, Akrobatin* f ‖ **-tumbas** *m* desp *Friedhofgänger, armer Geistliche(r)* m
saltea|do adj/s *in der Pfanne gebacken (Nieren usw)* ‖ riñones ~s ⟨Kochk⟩ *Bratnieren* fpl ‖ **-dor (de caminos)** *m Straßenräuber, Wegelagerer* m ‖ **-r** vt *überfallen* ‖ ⟨Kochk⟩ *in der Pfanne anbraten* ‖ vt/i *et mit Unterbrechungen tun*
[1]**salterio** *m Psalter(ium* n*)* m ‖ *Choral-, Psalm|buch* n ‖ *Psalter(ium* n*)* m *(Musikinstrument)*
[2]△**salterio** *m* = **salteador**
sal|tigallo *m* ⟨Entom⟩ Sal Zam = **saltamontes** ‖ **-tigrado** adj ⟨Zool⟩ *Spring-*
saltimban|qui, -co *m Gaukler, Seiltänzer, Komödiant* m ‖ *Marktschreier* m ‖ pop *Springinsfeld, Sausewind*, fam *Luftikus* m
salti|to, -llo *m* dim *v.* **salto** ‖ ◊ andar a ~s *hüpfen (Kinder)*
sal|to *m Sprung, Satz* m ‖ fig *Überspringen* n

saltómetro — salvamento 968

(im Lesen) ∥ fig *Strich* m *(im Theaterstück)* ∥ *An-, Über|fall* m ∥ ⟨Mil⟩ *Ausfall* m ∥ *abschüssige Stelle* f, *tiefer Absturz* m ∥ *Wasserfall* m ∥ *Sprung* m *(Schachspiel)* ∥ fig *Beförderung* f *(unter Überspringen der Zwischenstufen)* ∥ ~ de agua *Wasserfall* m ∥ ⟨Ing⟩ *Talsperre* f ∥ ~ de altura ⟨Sp⟩ *Hochsprung* m ∥ ~ hacia atrás *Rücksprung* m ∥ ~ de caballo *Rösselsprung* m *(beim Schachspiel)* ∥ ⟨Sp⟩ *Pferdspringen* n ∥ ~ de cama *Morgenkleid* n ∥ ~ de campana *Purzelbaum* m *(ins Wasser)* ∥ *Kopfsprung* m ∥ dando un ~ de campana *kopfüber* ∥ ~ a la garrocha ⟨Sp⟩ Am *Stabhochsprung* m ∥ ~ japonés ⟨Sp⟩ *Japanersprung* m ∥ ~ largo, ~ a distancia, ~ de longitud ⟨Sp⟩ *Weitsprung* m ∥ ~ de lobo *Wolfsgrube* f ∥ ~ mortal fig *Salto (mortale), Todessprung* m ∥ ~ en paracaidas *Fallschirmabsprung* m ∥ ~ de *(od* a) *pértiga* ⟨Sp⟩ *Stab(hoch)sprung* m ∥ ~ de trampolín ⟨Sp⟩ *Kunstsprung* m ∥ triple ~ ⟨Sp⟩ *Dreisprung* m ∥ ~ en el vacío fig *Sprung* m *ins Ungewisse* ∥ ~ de valla ⟨Sp⟩ *Aufsatzsprung* m ∥ pista de ~s ⟨Sp⟩ *Sprungbahn* f ∥ a ~ de mata fig *behutsam, vorsichtig* ∥ a ~s *sprungweise, hüpfend, in Sprüngen* ∥ mit Unterbrechungen, sprungweise ∥ ◊ andar a ~ *springen, sich sprungweise bewegen* ∥ de (un) ~ *plötzlich* ∥ en un ~ in e-m *Sprunge, blitzschnell* ∥ en dos ~s *estoy de vuelta pop ich komme gleich zurück* ∥ apartarse de un ~ *weg-, beiseite|springen* ∥ dar (pop pegar) un ~ *aufspringen, e-n Sprung tun, fam e-n Satz machen* ∥ fig *rasch vorwärtskommen* ∥ dar un ~ atrás *zurückspringen* ∥ voy a darme un ~ hasta tu casa fam *ich komme auf e-n Sprung bei dir vorbei* ∥ ¡qué ~ me dio el corazón! *welch e-e Freude erfüllte plötzlich mein Herz!* ∥ dar ~s *(umher)springen* ∥ dar ~ de alegría *(od* de contento) figf *vor Freude hochspringen* ∥ ganar de un ~ *in e-m Sprung erreichen* ∥ *herbeispringen* ∥ pasar a ~(s) *überspringen* ∥ a gran ~, gran quebranto fig *Hochmut kommt vor dem Fall* ∥ **-tómetro** m ⟨Sp⟩ *Sprungständer* m ∥ **-tón, ona** adj *springend, hüpfend* ∥ *herausspringend* ∥ *hervorstehend* ∥ Col *halbroh (Braten)* ∥ *dientes* ~es *hervorstehende Zähne* mpl ∥ *ojos* ~es *Glotzaugen, hervorstehende Augen* mpl ∥ ~ m ⟨Entom⟩ *Larve* f *der Heuschrecke, junge Heuschrecke* f ∥ **-to-viraje** m *Quersprung* m *(Ski)*
salu|bre [sup -bérrimo] adj *gesund* ∥ *heilsam, zuträglich* ∥ **-bridad** f *Heilsamkeit* f ∥ *Zuträglichkeit* f ∥ *Departamento de* ~ *Pública* Am *Gesundheitsbehörde* f ∥ → a **higiene**
salucita f Am dim *v.* **salud**
salud f *Gesundheit* f ∥ *Gesundheitszustand* m, *(Wohl)Befinden* n ∥ *Gesundheitsverhältnisse* npl ∥ *Wohl* n, *-fahrt* f ∥ ~ pública *(öffentliches) Gesundheitswesen* n ∥ *Volksgesundheit(szustand* m) f ∥ ~ del alma ⟨Rel⟩ *Seelenheil* n (→ **salvación**) ∥ año de nuestra ~ *Jahr* n *des Heils* ∥ casa de ~ *(Irren)Heilanstalt* f, *Irrenhaus* n ∥ *certificado de buena* ~ *ärztliches Gesundheitszeugnis* n ∥ *nocivo (od* perjudicial) *para la* ~ *gesundheitsschädlich* ∥ *rebosante de* ~, *en plena (od* sana) ~ *kerngesund* ∥ ¡~! *Heil!* ∥ *Gesundheit! (Heilwunsch beim Niesen, worauf* ¡gracias! *erwidert wird)* ∥ ¡a su ~! *auf Ihr Wohl!* ∥ ◊ *beber* a la ~ (de) *auf jds Wohl trinken* ∥ *estar con* ~, *estar bien de* ~, *tener* (buena) ~ *gesund sein, sich wohl befinden* ∥ *estar con mediana* ~ *sich nicht besonders wohl befinden* ∥ *gastar* ~ pop *sich wohl befinden* ∥ *tener* ~ *gesund sein* ∥ *tener poca* ~ *kränklich sein* ∥ *hinsiechen* ∥ *vender* ~ figf *vor Gesundheit strotzen* ∥ ¿*cómo está de* ~ *(od* cómo le va) *de* ~? *wie befinden Sie sich?* ∥ ¿*cómo va su (od* esa) ~? *wie geht's mit Ihrer Gesundheit?* ∥ ¡*tenga V. mucha* ~! *bleiben Sie recht gesund!* ∥ f span. *Frauenname* ∥ *~es pl:* ¡muchas ~! *viele Grüße!* ∥ → **sanidad, higiene** ∥ → **salvación**
salu|dable adj *gesund, heilsam* ∥ fig *zuträglich,*

ersprießlich ∥ **-dador** m *Grüßende(r)* m ∥ *Gesundbeter* m ∥ *Quacksalber* m ∥ **-dar** vt/i *(be)grüßen* ∥ s-n *Gruß entbieten* (dat) ∥ ⟨Mil⟩ *grüßen, salutieren* ∥ ⟨Mil⟩ e-e *Ehrenbezeigung machen* ∥ *bewillkommnen* ∥ ⟨Mar Mil⟩ e-e *Salve abgeben, mit Salutschüssen begrüßen* ∥ ◊ ~ a uno *jdn begrüßen* ∥ *jdn grüßen lassen* ∥ *jdm e-n kurzen Besuch abstatten* ∥ *gesundbeten* ∥ ~ con la bandera ⟨Mar⟩ *die Flagge dippen* ∥ ~ con. salvas, ~ con las salvas de ordenanza ⟨Mil⟩ *Salut schießen* ∥ le -da afectuosamente su ... *es grüßt Sie herzlich Ihr* ... *(Briefschluß)* ∥ ¡salúdelo V. de mi parte! *grüßen Sie ihn von mir!* ∥ **-do** m *Gruß* m, *Grüßen* n, *Begrüßung* f ∥ ⟨Mil⟩ *Ehrenschuß, Salvengruß* m ∥ *Abschiedsformel* f *(in Briefen)* ∥ ◊ *hacer el* ~ *militar militärisch grüßen* ∥ con un cordial ~ *quedo de V.* ... *mit herzlichen Grüßen verbleibe ich Ihr* ... ∥ enviar *(od* dar) ~s *Grüße senden* ∥ *Grüße ausrichten* ∥ *jdn grüßen lassen* ∥ ¡muchos ~s a su hermano! *viele Grüße an Ihren Bruder!*
salumbre f ⟨Min⟩ *Salzblüte* f
salusita f prov pop = **salucita**
Sal stio m np *Sallust(ius)* m
salu|tación f *Begrüßung* f, *Gruß* m ∥ ~ angélica, ~ del Angel a la Virgen *Englischer Gruß* m ∥ *Angelusgebet* n (→ **ángelus**) ∥ *fórmula de* ~ *Begrüßungsformel* f ∥ **-tífero** adj *heil|sam, -bringend* ∥ *wohltuend* ∥ agua -a *Heil|wasser, -quelle* f ∥ **-tista** adj/s *Heilsarmist(in* f) m, *Angehörige* (-r m) f *der Heilsarmee*
salva f *(Geschütz)Salve* f ∥ *Gruß* m ∥ *Bewillkommnung* f ∥ ~ de aplausos *Beifallssturm* m ∥ ~s de ordenanza ⟨Mil⟩ *Salutschüsse* mpl
salva|barros m *Spritzleder* n ∥ prov *Kot|flügel, -schützer* m *(am Wagen, am Fahrrad)* (→ **guardabarros**) ∥ **-ble** adj *errettbar* ∥ **-ción** f *(Er)Rettung* f ∥ *Erlösung* f ∥ *Seligkeit* f ∥ *Seelenheil* n ∥ ◊ la ~ eterna *die ewige Seligkeit* ∥ no hay ~ para él *er ist rettungslos verloren* ∥ se desespera de su ~ *man zweifelt an seinem Aufkommen* ∥ → **áncora, ejército**
salvada f Arg Cu PR = **salvación**
salva|dera f *Streu(sand)büchse* f ∥ **-do** m *Kleie* f ∥ *harina, pan de* ~ *Kleienmehl* n, *-brot* n
salva|dor m/adj *(Er)Retter* m ∥ *Erlöser, Heiland* m ∥ ⌅ del mundo *Heiland, Welterlöser* m ∥ ⌅ Tfn *Salvator* m ∥ *República de El* ⌅ Am *Republik El Salvador* ∥ **-doreño** adj/s *aus Salvador bzw El Salvador, salvadorianisch* ∥ ~ m *Salvadorianer* m
salvaguar|dar vt *(be)wahren* ∥ *hüten* ∥ *sicherstellen* ∥ ◊ ~ los intereses de uno *jds Interessen wahren, auf jds Wohl bedacht sein* ∥ ~ un derecho *ein Recht sicherstellen* ∥ **-dia** m ⟨Mil⟩ *Schutzwache* f ∥ *sicheres Geleit* n ∥ ~ f *Schutz-, Geleit(s)|brief* m ∥ fig *Schutz* m ∥ *cláusula de* ~ ⟨Jur⟩ *Sicherheits-, Schutz|klausel* f ∥ *bajo la* ~ *del Estado unter Staatsschutz* ∥ → **amparo, protección**
salva|jada f *Roheit* f ∥ *Greueltat* f ∥ ◊ *hacer* ~s *sich tölpisch benehmen* ∥ *Greueltaten begehen* ∥ **-je** adj *wild (Tiere, Pflanzen)* ∥ fig *roh, ungesittet* ∥ fig *ungesellig* ∥ *animal* ~ *Wildtier* n ∥ *estado* ~ *Wildheit* f ∥ ◊ *hacerse* ~, *volver al estado* ~ *verwildern* ∥ → a **cimarrón** ∥ ~ m *Wilde(r)* m ∥ fig *roher Mensch, Rohling* m ∥ *Barbar* m ∥ **-jería** f = **-jada** ∥ *f wildes Tier* n ∥ *Wild (-bret)* n ∥ **-jino** adj *Wild-* ∥ **-jismo** m *Wildheit* f ∥ *Roheit* f ∥ *Vandalismus* m, *Zerstörungswut* f ∥ **-juelo** adj dim v. **-je**
salva|mano: a ~ ~ **mansalva** ∥ **-mento** (**-miento**) m *Rettung* f ∥ ⟨Mar⟩ *Bergung* f ∥ fig *Zuflucht* f ∥ *buque (od* lancha) *de* ~ *Rettungsboot* n ∥ *cintura, medalla, medio de* ~ *Rettungs|gürtel* m, *-medaille* f, *-mittel* n ∥ *derechos de* ~ ⟨Mar⟩ *Bergelohn* m ∥ *equipo de* ~ *Rettungsgerät* n ∥ *Rettungsmannschaft* f ∥ *material de* ~ *Ret-*

tungsgerät n || paño de ~ *Sprungtuch* n || servicio de ~ *Rettungs-* bzw *Bergungs\dienst* m (→ **socorrismo**) || trabajos de ~ *Rettungsaktion* f
salvapuntas *m Bleistift\hülle, -hülse* f, *Schoner* m
salvar vt *(er)retten* || fig ⟨Rel⟩ *retten, erlösen, selig machen* || *meiden (Gefahr)* || *überschreiten* || *absehen (von* dat*), ersparen, vermeiden* || *ausweichen (e-m Hindernis)* || *überqueren, zurücklegen (Weg, Strecke)* || *be-, er\steigen (e-n Berg)* || *überspringen (e-n Graben)* || *überragen, (die Umgebung) beherrschen* || ⟨Jur⟩ *(Verbessertes) bestätigen, beglaubigen, e-n Berichtigungsvermerk machen (in e-r Urkunde)* || ⟨Mar⟩ *bergen* || △ *stehlen* || vi ⟨Hist⟩ *vorkosten* || ◊ ~ *un foso e-n Graben überspringen* || ~ *de un peligro aus e-r Gefahr retten* ||,~ *grandes distancias große Strecken zurücklegen, durchfliegen* || ~ *el umbral die Schwelle überschreiten* || ~ *de un salto überspringen* || *de dos brincos salvó la escalera in zwei Sprüngen war er die Treppe hinauf* || **~se** *sich retten* || ⟨Rel⟩ *sich retten, bes gerettet werden* || ◊ ~ *a nado sich durch Schwimmen retten* || ~ *del peligro der Gefahr entrinnen* || ~ *en una balsa sich auf e-m Floß retten* || ~ *huyendo* (pop pop pies) *sich durch die Flucht retten* || *sálvese quien pueda rette sich wer kann!*
salvarruedas *m Prellstein* m
salvataje *m* gall ⟨bes Mar⟩ = **salvamento**
△**salva\tierra** *m Falschspieler* m || **-vidas** *m* ⟨Mar⟩ *Rettungs\apparat, -gürtel* m || *Fang-, Sicherheits\-vorrichtung* f, *Fangkorb* m *(an Straßenbahnwagen)* || ~ adj: *bote, cinturón* ~ *Rettungs\boot* n, *-ring* m || *chaleco* ~ *Schwimmweste* f, *Rettungsgürtel* m || *tela* ~ *Sprungtuch* n
¡**salve**! lat *od* ⟨poet⟩ *sei gegrüßt!* || *Heil dir!* || ⁓ *f* ⟨Kath⟩ *Salve Regina* n *(Grußgebet an die heilige Jungfrau)*
salvedad *f Vorbehalt* m || ◊ *hacer una ~ e-e Ausnahme machen* || *la oferta se entiende con la ~ de que* ... ⟨Com⟩ *das Angebot versteht sich für den Fall, (bzw mit dem Vorbehalt), daß* ...
salvia *f* ⟨Bot⟩ *Salbei* m/f (Salvia spp)
salvilla *f Kredenz-, Präsentier\teller* m || *Gläsergestell* n
¹**salvo** pp/irr *v.* **salvar** || ~ adj *unbeschädigt, heil, unverletzt* || *sicher, außer Gefahr* || *sano y ~ wohlbehalten, frisch und gesund* || *en ~a sea la parte* (~ sea *el lugar*) fam euph *auf den Allerwertesten, auf den Hinter(e)n*
²**salvo** adv präp *außer, ausgenommen, vorbehaltlich, unbeschadet* || *todos* ~ *yo alle außer mir* || ~ *buen cobro* ⟨Com⟩ *Eingang vorbehalten* || ~ *buen fin* (s. b. f.) *u. ü. V. (unter dem üblichen Vorbehalt)* || ~ *error u omisión* (S. E. u. O.) *Irrtum (bzw Auslassung) vorbehalten* || *ohne Gewähr* || ~ *el parecer de V. unbeschadet Ihrer besseren Einsicht* || ~ *venta* ⟨Com⟩ *freibleibend* || *a ~ unbeschadet* || *a su ~ nach Belieben* || ◊ *dejar a ~ ausnehmen, vorbehalten* || *plantarse a ~ pop ausreißen* || *salir a ~* fig *glücklich verlaufen* || *ponerse en ~ sich in Sicherheit begeben*
salvoconducto *m Passierschein* m || *Schutz-, Geleit\brief* m || fig *freie Hand* f
salvohonor *m* fam euph *Allerwerteste(r), Hintere(r), Po(po)* m
Salzbur\go *m Salzburg* || ⁓**gués** m/adj *Salzburger* m
sa\llador *m* ⟨Agr⟩ Ast Sant *Jäter* m (→ **escardador**) || **-llar** vt ⟨Agr⟩ *jäten* (→ **sachar**) *(Holz auf Balken) lagern (Holzlager)*
△**sallé** *m Tisch* m
sallete *m Jäthacke* f
Sam *m*: *el Tío ~* figf *Onkel Sam* m *(= die USA)*
sama *m* ⟨Fi⟩ = **pajel**
sámago *m Splint* m || *frostbeschädigtes Holz* n
samanta *f* Nav *Reisigbündel* n

sámara *f* ⟨Bot⟩ *Flügelfrucht* f
Samarcanda *f* ⟨Geogr⟩ *Samarkand* n
samario adj/s Col *aus Santa Marta*
samario *m* ⟨Chem⟩ *Samarium* n
samari\ta *m Samariter* m || **-tano** *m Samarit(an)er* m *(Evangelium)* || *el santo ~ der barmherzige Samariter* || ~ adj *samaritisch, aus Samaria, samaritanisch*
samba *m Samba* m/f *(ein Tanz)*
¹**sambenito** *m* ⟨Hist⟩ *Büßer\kleid, -hemd* n, *Schandkutte* f || *Anschlag* m *mit Namen und Strafen des Verurteilten* || fig *Schandfleck* m || ◊ *colgarle a alg. el ~* fig *jdm et unterstellen*
△²**sambenito** *m* Chi = **sombrero**
sambra *f* pop = **zambra**
sambuca *f* ⟨Hist⟩ *Belagerungsmaschine* f
sambumbia *f* Am *(Art) Kühltrank* m || Col *Maisbrei* m || Mex Col desp *Mischmasch* m || Mex *Gesöff* n
samio adj/s *von (der Insel) Samos*
Samotracia *f Samothrake* f *(Insel)*
samovar *m Samowar* m *(russische Teemaschine)*
samoyedos *mpl Samojeden* mpl *(nordsibirischer Volksstamm)*
sampán *m Sampan* m *(chinesisches Hausboot)*
sampedrada *f* fam Ar Rioja *Sankt-Peter-Fest, Petrusfest* n
sampsuco *m* ⟨Bot⟩ = **mejorana**
△**sampuñí** *f Seife* f
samurai *m Samurai* m
samu\rera *f* Ven *Schar* f *von Geiern* || **-ro** *m* Col Ven ⟨V⟩ = **aura**
San adj *(nur vor den Namen von Heiligen, außer Tomás, Tomé, Toribio und Domingo, bei denen die Form Santo gebraucht wird) heilig* || **~es** *mpl:* ¡*por vida de ~!* ¡*voto a ~!* fam *bei allen Heiligen!*
Sana np Tfn pop = **Susana**
sanable adj *heilbar*
sanabrés, esa adj/s *aus Sanabria* (P Zam)
sanalotodo *m* pop *Allheilmittel* n (→ **panacea**)
sanamente adv *gesund·* || fig *aufrichtig, guten Glaubens*
sananica *f* León ⟨Entom⟩ *Marienkäfer* m (→ **mariquita**)
sanantona *f* Sal ⟨V⟩ *Bachstelze* f (→ **lavandera**)
sanar vt *heilen* || ⟨Rel⟩ *erlösen* || fig *ausbessern* || ◊ ~ *por ensalmo besprechen (Krankheit)* || ~ vi *genesen* || *zuheilen (Wunde)* || ⟨Rel⟩ *erlöst od gerettet werden* || ~ *de una enfermedad von e-r Krankheit genesen* || **~se** *genesen*
sanatorio *m Sanatorium* n, *Heilanstalt* f || ~ *para tuberculosos,* ~ *antituberculoso Lungenheilstätte* f
San Bernardo *der heilige Bernhard* || *(perro de) ~ m Bernhardiner(hund)* m
san\ción *f Bestätigung, Bekräftigung* f || *Genehmigung, Billigung, Gutheißung* f || *(Geld-)Strafe* f || *gesetzliche Bestimmung* f || *Gesetz* n || *Statut* n || *Sanktion* f || ~ *legislativa Gesetzeskraft* f || ◊ *aplicar una ~ (a) jdm e-e Geldstrafe auferlegen* || *prestar ~* (a) *et billigen, gutheißen* || **-cionar** vt *bestätigen, billigen, gutheißen* || *bestrafen, e-e Strafe verhängen* || *beschließen (Gesetz)* || *Gesetzeskraft geben* || *sanktionieren* || Am *erlassen (Gesetz)*
sancirole *m* fam = **sansirolé**
sanco\char vt *ankochen, halb kochen, halbgar kochen (Fleisch)* || Col fig *jdn ärgern* || **-cho** *m* Am *halbgekochtes Fleisch* n || *Mischfleisch* n || Am *Suppenfleischeintopf* m || Cu *Speisereste* mpl
sanc\ta adj lat: *gente non ~ elendes Volk* n, *Pöbel* m || **-tasantórum** *m* ⟨Rel⟩ *Allerheiligste(s)* n (& fig) || **-tus** *m* lat *Sanctus* n *(Teil der Messe)*
Sanchico, Sánchez *m* np pop = **Sancho**
sanchina *f* ⟨Zool⟩ Sal *Zecke* f (→ **garrapata**)
Sancho *m* np span. *Taufname* || ~ *Panza*

sanchopancesco — sanguijuela 970

Sancho Panza (auch: Sancho Pansa), der Schildknappe des Don Quijote de la Mancha ‖ fig *behäbiger, schlauer Materialist* m *(Gegenbild des naiven Idealismus von Don Quijote)* ‖ ◊ *al buen callar llaman ~ Spr Reden ist Silber, Schweigen ist Gold*
 sanchopancesco adj *auf Sancho Panza bezüglich* ‖ fig *materialistisch, ohne den leisesten Hauch von Idealismus*
 sandalia f *Sandale* f ‖ *Riemen-, Bänder|schuh* m
 sándalo m ⟨Bot⟩ *Sandel(holzbaum)* m (Santalum spp) ‖ = **hierbabuena** ‖ *Sandelholz* n
 sandar m ⟨Geol⟩ *Sandr* m
 sandáraca f *Sandarak* m, *Sandarakharz* n
 san|dez [pl **-ces**] f *Einfältigkeit, Dummheit* f ‖ *Abgeschmacktheit* f ‖ *Unsinn* m ‖ *alberne Rede* f ‖ ◊ *decir –ces Unsinn (*fam *Quatsch) reden*
 sandía f ⟨Bot⟩ *Wassermelone* f (Citrullus vulgaris = Citrullus lanatus) ‖ fam *Kopf* m, fam *Birne* f
 sandiego m ⟨Bot⟩ Cu *Kugelamarant* m (Gomphrena globosa)
 sandio adj *einfältig, dumm, simpel*
 ¡Sandio! prov = **¡Santo Dios!**
 sandun|ga f fam *(Lieb)Reiz* m, *Anmut* f ‖ fam *(Mutter)Witz* m ‖ Chi PR = **jarana** ‖ Mex Guat *ein Tanz* m, *e–e Volksweise* f ‖ **-guearse** vr fam Arg *mit den Hüften wackeln, sich in den Hüften wiegen* ‖ **-guería** f fam *aufreizendes Benehmen* n *(der Frau)* ‖ **-guero** adj *graziös* ‖ *witzig* ‖ *provozierend*
 sandwich m engl *belegtes Brötchen, Sandwich* n ‖ *hombre ~ Sandwichman* m engl *(Plakatträger)*
 sane|ado adj *rein, lauter* ‖ *hygienisch* ‖ *flüssig, lastenfrei (Vermögen)* ‖ *saniert (bes* Com*)* ‖ **-amiento** m *Gewähr(leistung)* f ‖ *Schadloshaltung* f ‖ *Meliorierung* f *(von Ländereien)* ‖ ⟨Com Med⟩ *Sanierung* f *(&* fig*)* ‖ *Entseuchung* f ‖ *Entgasung* f ‖ ~ *económico Gesundung der Wirtschaft, wirtschaftliche Sanierung* f ‖ **-ar** vt *gewährleisten, bürgen (für* acc*)* ‖ *herstellen* ‖ *bessern (Wein)* ‖ *meliorieren (Gelände)* ‖ *sanieren (e–e Bank)* ‖ ◊ *los barrios viejos (od* la parte vieja de la ciudad*) die Altstadt sanieren*
 sanedrín m *Sanhedrin* m, *Synedrium* n, *der Hohe Rat zu Jerusalem* (& fig)
 Sanes → **San**
 sanfori|zado adj ⟨Web⟩ *sanforisiert* ‖ **-zar** vt ⟨Web⟩ *sanforisieren*
 sanfrancia f fam *Streit* m
 sangaliano adj/s *aus St. Gallen (Schweiz)*
 sangarriana f Ar ⟨Zool⟩ *(Mauer)Eidechse* f (→ **lagartija**)
 sangonera f Ar = **sanguijuela**
 sangordilla f Nav ⟨Zool⟩ = **sangarriana**
 sangra|dera f ⟨Hist⟩ *Aderlaßeisen* n ‖ ⟨Med⟩ *Schnepper, Schnäpper* m ‖ *Gefäß* n *zur Blutaufnahme* ‖ fam *Aderlaß* m ‖ ⟨Tech⟩ *Ablaß, Abzugsgraben* m ‖ **-dor** m *Aderlasser, Bader* m ‖ *Schnäpper* m ‖ ⟨Typ⟩ *Zeilenausrichter* m *(bei Setzmaschinen)* ‖ **-dura** f *Aderlaß* m ‖ *Armbeuge* f ‖ *Abzapfung* f ‖ *Ablaß, Abstich* m *(z. B. e–s Hochofens)* (→ **sangría**)
 san|grar vt *(zur) Ader lassen, jdm Blut ablassen* ‖ fig *anzapfen, anbohren* ‖ *(Teiche) abzapfen, abziehen* ‖ *abstechen (Schwein, Hochofen)* ‖ ⟨Typ⟩ *(Druckzeilen) einrücken* ‖ *(Bäume) harzen* ‖ fig *ablocken, schröpfen (Geld)* ‖ ~ vi *bluten* (& fig) ‖ ◊ ~ *por las narices Nasenbluten haben* ‖ *estar –grando pop noch ganz frisch sein* ‖ **-graza** f *verdorbenes Blut* n
 sangre f *Blut* n ‖ fig *Geblüt* n, *Abstammung, Herkunft* f ‖ fig *Verwandtschaft* f ‖ fig *Blut, Gemüt* n ‖ fig *Rasse* f ‖ fig *Blutvergießen* n ‖ ~ *azul* fig *Adel* m, fig *blaues Blut* n ‖ *de* ~ *azul* fig *blaublütig, adlig* ‖ ~ *caliente Leidenschaft*

(-lichkeit) f ‖ figf *Temperament* n ‖ ~ *fría Selbstbeherrschung, Kaltblütigkeit* f ‖ *de* ~ *caliente (fría)* ⟨Zool⟩ *warm- (kalt)blütig* ‖ ~ *de chufa,* ~ *de horchata,* ~ *de pez* figf *Fischblut* n, *Temperamentlosigkeit, Apathie* f ‖ ~ *de drago* ⟨Bot⟩ *Drachenblutpalme* f (Daemonorops draco) ‖ ⟨Pharm⟩ *Drachenblut* n ‖ ~ *generosa* fig *Idealismus* m, *Opferbereitschaft* f ‖ ~ *negra,* ~ *venosa Venenblut* n ‖ ~ *roja Arterienblut* n ‖ *animales de* ~ *caliente (fría)* ⟨Zool⟩ *Warm- (Kalt)blüter* mpl ‖ *caballo de pura* ~ *Vollblutpferd* n ‖ *derrame de* ~ *Blutverlust* m ‖ *derramamiento de* ~ *Blutvergießen* n *(durch Krieg, Aufstand usw)* ‖ *sin derramamiento de* ~ *(od* sin verter*)* ~ *unblutig* ‖ *ferrocarril de* ~ *(*Am *tranvía a* ~*) Pferdebahn* f ‖ *flujo de* ~ *Blutsturz* m ‖ *la fuerza (od la voz) de la* ~ fig *die Stimme des Blutes* ‖ *hospital de* ~ ⟨Mil⟩ *Feldlazarett* n ‖ *mancha en la* ~ fig *Blut-, Schand|fleck* m ‖ *Rassenschande* f ‖ *de* ~ *manchada gemischten Blutes* ‖ *pérdida de* ~ *Blutverlust* m ‖ *príncipe de* ~ *Prinz* m *von Geblüt* ‖ *pureza de* ~ *Vollblütigkeit* f ‖ *Reinrassigkeit* f ‖ = **limpieza** ‖ *sed de* ~ *Blutdurst* m ‖ *transfusión de* ~ *Bluttransfusion* f ‖ *a* ~ ⟨Typ⟩ *angeschnitten, abfallend (Bilder)* ‖ *a* ~ *fría* fig *kaltblütig* ‖ *gelassen* ‖ *mit Überlegung* ‖ *a* ~ *y fuego mit Feuer und Schwert* ‖ ◊ *bullirle (od hervirle) a uno la* ~ fig *in blühender Jugend stehen* ‖ figf *vor Wut kochen* ‖ figf *in Leidenschaft entflammen* ‖ *conservar su* ~ *fría* figf *s–e Beherrschung nicht verlieren, s–e Kaltblütigkeit bewahren* ‖ *allí corrió (od hubo) mucha* ~ *dort wurde viel Blut vergossen* ‖ *chorreando* ~ *bluttriefend* ‖ *chupar la* ~ *(a) jdn schröpfen, ausnützen* ‖ *dar la* ~ *de sus venas* fig *zu jedem Opfer bereit sein* ‖ *encenderle (od* quemarle*) a alg. la* ~ figf *jdn (ständig) plagen,* fam *jdn auf die Palme bringen* ‖ *echar* ~ *bluten* ‖ *echar* ~ *por la nariz Nasenbluten haben* ‖ *hacer* ~ fam *verwunden* ‖ *Blut vergießen* ‖ fig *kränken* ‖ *hacerse* ~ fam *sich verletzen* ‖ *hacerse mala* ~ figf *sich schwere Sorgen machen* ‖ *sich ärgern* ‖ *la* ~ *se me hiela en las venas* fig *das Blut erstarrt in meinen Adern* ‖ *lavar con* ~ fig *mit Blut abwaschen, rächen* ‖ → **limpieza** ‖ ~ *cristiano* ~ *manchado de* ~ *blutbefleckt* ‖ *se quedó sin* ~ *en las venas der Atem stockte ihm in der Kehle* ‖ *eso quema la* ~ fig *das macht böses Blut* ‖ *la* ~ *se le subió a la cabeza* fig *das Blut stieg ihm zu Kopfe* ‖ *sudar* ~ *Blut schwitzen* ‖ *tener la* ~ *gorda* figf *schwerblütig, apathisch, phlegmatisch sein* ‖ *tener* ~ *de horchata (od de chufa od de pez)* figf *kein Temperament haben,* figf *Fischblut in den Adern haben* ‖ *tener mala* ~ figf *jähzornig sein* ‖ pop *hundsgemein sein* ‖ *fremden (bzw gemischten) Blutes sein* ‖ *no tener* ~ *en las venas* figf = *tener* ~ *de horchata* ‖ *verter (od* derramar*)* ~ *Blut vergießen* ‖ → **río**
 sangredo m ⟨Bot⟩ Sant *Faulbaum* m (Rhamnus frangula) (= **arraclán**) ‖ *Ast* = **aladierna**
 san|gría f *Aderlaß* m ‖ fam *Schröpfen* n ‖ *Ableitung, Abzapfung, Trockenlegung* f *(e–s Teiches)* ‖ ⟨Metal⟩ *Abstechen* n, *Abstich* m ‖ ⟨Typ⟩ *Einrücken* n *der Zeilen* ‖ fig *Rotweinbowle, Sangria* f ‖ ◊ *hacer una* ~ (a) *jdn schröpfen, rupfen* (& fig) ‖ **-griclo** m ⟨Bot⟩ Sant = **aladierna** ‖ **-griento** adj *blutig* ‖ *blutgierig* ‖ fig *scharf, beißend, hart* ‖ *verletzend* ‖ *batalla* ~*a blutige Schlacht* f ‖ *burla* ~*a* fig *derber Spaß* m ‖ *beißender Spott* m ‖ **-griza** f *Monatsblutung* f (→ **menstruación**) ‖ **-grón** adj/s Cu *lästig (Person)*
 sanguaraña f *Pe ein Volkstanz* ‖ ~s fpl Ec Pe fig *Umschweife* pl
 △**sangue** pron = **vosotros**
 sangüesa f ⟨Bot⟩ = **frambuesa**
 sanguífero adj *Blut enthaltend*
 sangui|ficación f *Blutbildung* f ‖ **-juela** f *Blutegel* m ‖ fig *(Geld)Erpresser,* fam *Geldschneider*

m ‖ figf *Blutsauger* m ‖ ~ *medicinal* ⟨Zool⟩ *(medizinischer) Blutegel* m (Hirudo medicinalis) ‖ ~ *del ganado* ⟨Zool⟩ *Pferdeegel* m (Limnatis nilotica) ‖ **–na** f ⟨Mal⟩ *Rotstift* m ‖ *Rotstift-, Rötel|zeichnung* f ‖ **–naria** f ⟨Bot⟩ *Vogelknöterich* m (Polygonum aviculare) ‖ ⟨Min⟩ *Blutstein* m ‖ **–nario** adj *blut|gierig, -dürstig* ‖ *grausam*

san|guíneo adj *vollblütig* ‖ *blutrot* ‖ *sanguinisch (Temperament)* ‖ *rojo* ~ *blutrot* ‖ *vasos* ~s ⟨An⟩ *Blutgefäße* npl ‖ ~ m *Sanguiniker (Temperament)* ‖ **–guino** adj = **–guíneo** ‖ *León mit ausgeprägtem Familiensinn* ‖ **–guinolento** adj *blutig* ‖ *bluthaltig* ‖ *blutbefleckt* ‖ *blutrot* ‖ **–noso** adj *blutähnlich* ‖ = **–nario**

Sanguis m lat ⟨Rel⟩ *Christi Blut* n *(in der Eucharistie)*

sanguisorba f ⟨Bot⟩ *Wiesenknopf* m ‖ →a **pimpinela**

sanguja f → **sanguijuela**

sanícula f ⟨Bot⟩: ~ *mayor*, ~ *hembra Große Sterndolde* f (Astrantia major) ‖ ~ *menor Kleine Sterndolde* f (A. minor) ‖ ~ *macho Sanikel* m, *Heildolde* f (Sanicula europaea)

sani|dad f *Gesundheit* f ‖ *Gesundheitswesen* n ‖ ~ *militar* ⟨Mil⟩ *Sanitätswesen* n ‖ *dirección general de* ~ *Span Generaldirektion* f *für Gesundheitswesen (Abteilung des Innenministeriums)* ‖ *junta de* ~ *Gesundheitsrat* m ‖ *patente (od carta, certificado) de* ~ *Gesundheits|zeugnis, -attest* n ‖ **–tario** adj/m *gesundheitlich* ‖ *Gesundheitssanitär* ‖ *artículos* ~s *Sanitätswaren* fpl ‖ *certificado* ~ *Gesundheitszertifikat* m ‖ *medidas* ~as *higiénicas Maßnahmen* fpl ‖ *policía* ~a *Gesundheitspolizei* f ‖ *servicio* ~ *Gesundheitsdienst* m, *öffentliche Gesundheitspflege* f ‖ ~ m ⟨Mil⟩ *Sanitäter* m

△**sanisco** m *Straße* f

sanjaco m ⟨Hist⟩ *Sandschak* m

sanjua|nada f pop *Johannisfeier* f (vgl **sampedrada**) ‖ **–nero** adj *Johannis-* ‖ *abejorro* ~ ⟨Entom⟩ *Maikäfer* m (Melolontha melolontha)

san|juanista m *Johanniter, Ritter m des Johanniterordens* ‖ **–luqueño** adj/s *aus Sanlúcar (z. B. Sanlúcar de Barrameda* PCád)

△**sanlló** m *Füllen* n

sanmar|tín m, **–tinada** f *Schlachtzeit* f *des Schweines* (→ **puerco**) ‖ **–tiniano** adj/m *auf den General San Martín (den arg. Freiheitshelden) bezüglich* ‖ ~ m *Anhänger* m *San Martíns*

sano adj/s *gesund* ‖ *heilsam, zuträglich* ‖ *heil, gefahrlos.*‖ fig *unversehrt, unbeschädigt* ‖ fig *ehrlich* ‖ ~ *de cuerpo von gesundem Körper* ‖ ~ y *salvo frisch und gesund* ‖ *alimentación* ~a *gesunde Nahrung* f ‖ *clima* ~ *gesundes Klima* n ‖ ◊ *cortar por lo* ~ fig/ *zu kräftigen Mitteln greifen* ‖ *no estar* ~ *de la cabeza* pop *nicht ganz richtig im Oberstübchen sein* ‖ *salir* ~ y *salvo mit heiler Haut davonkommen*

sanote adj augm v. **sano** ‖ *kerngesund*

sanscritista m *Sanskritforscher* m

sánscrito adj (idioma) ~ *Sanskrit(sprache* f) n

sanse(a)cabó fam *Schluß! Punktum!*

sansimo|niano m/adj *Anhänger Saint Simons, Saint-Simonist* m ‖ ~ adj *saintsimonistisch* ‖ **–nismo** m ⟨Soz⟩ *Saint-Simonismus* m

sansirolé m/f fam *Einfaltspinsel, Simpel* m

Sansón m *Simson* m

santa f *Heilige* f ‖ ~**bárbara** f ⟨Mar⟩ *Pulverkammer* f ‖ ~**fecino** adj/s *aus Santa Fe* (Arg) ‖ ~**fereño** adj/s *aus Santa Fe de Bogotá* ‖ ~**feseño** adj/s *aus Santa Fe* (PGran)

santaláceas fpl ⟨Bot⟩ *Sandelholzgewächse* npl (Santalaceae)

santanderino adj/s *aus Santander* (Span, Col)

Santángel, ~o: *Castillo de* ~ *Engelsburg* f *(Rom)*

Santa Teresa: ~ *de Jesús (die heilige) Theresia de Avila*

santateresa f ⟨Entom⟩ *Gottesanbeterin* f (→ **mantis**)

Santelmo, San Telmo np: (fuego de) ~ ⟨Mar⟩ *St.-Elms-Feuer* n

sante|ra f *Heiligtumswächterin* f *(z. B. e–r Einsiedelei)* ‖ figf *Betschwester* f ‖ **–ría** f fam *Scheinheiligkeit* f ‖ **–ro** m *Heiligtumswächter* m ‖ *Mesner* m ‖ *Hersteller od Verkäufer* m *von Heiligenbildern od Devotionalien* ‖ fam *Betbruder, Frömmler, Scheinheilige(r)* m ‖ △ *Diebeshelfer* m

Santia|go m np *Santiago, Jakob(us)* m *(Patron v. Span.)* ‖ ~ *de Compostela (span. Stadt, berühmter Wallfahrtsort)* ‖ = ~ *de Chile (Hauptstadt von Chile)* ‖ *camino de* ~ *Pilgerweg der Jakobspilger nach* ~ *de Compostela, der französische Weg* ‖ ⟨Astr⟩ *Milchstraße* f (→ *vía* láctea) ‖ *orden (militar) de* ~ *Orden* m *der Sankt-Jakobs-Ritter* ‖ ~ **cerrar** ~ m *Angriff* m *(bei e–r Schlacht)* ‖ **~gueño** adj *kurz nach od vor Jakobi reifend (Früchte)* ‖ ~ adj/s *Arg aus Santiago del Estero od Santiago de la Espada* (PJaén) ‖ **~guero** adj/s *aus Santiago de Cuba* ‖ **~gués, esa** adj/s *aus Santiago de Compostela* ‖ **~guino** adj/s *aus Santiago de Chile* ‖ **~guista** m/adj *Sankt-Jakobs-Ritter* m ‖ *Jakobspilger* m

santiamén: *en un* ~ figf *im Nu, im Handumdrehen*

santi|dad f *Heiligkeit* f ‖ *Su* ~ *S–e Heiligkeit* f *(Titel des Papstes)* ‖ **–ficación** f *Heiligung* f ‖ *Heiligwerdung* f ‖ *Weihung* f ‖ *Heilighaltung* f ‖ *Heiligsprechung* f ‖ **–ficado** adj *geheiligt* ‖ **–ficador** adj/s *heiligmachend* ‖ **–ficar** [c/qu] vt *heiligen (Gott) weihen, widmen* ‖ *heiligsprechen* ‖ fig *heilighalten (Festtag, Andenken)* ‖ prov *entschuldigen, rechtfertigen* ‖ ◊ ~ *las fiestas die Festtage heilighalten* ‖ **~se** vr *heilig werden* ‖ figf *beichten* ‖ **–guada** f *Bekreuzigen* n ‖ *¡por mi* ~! *so wahr mir Gott helfe!* ‖ **–guador** m/adj *Besprecher (v. Krankheiten), Gesundbeter* m ‖ **–guamiento** m *Bekreu|zigen* n, *-zigung* f ‖ **–guar** [gu/gü] vt *bekreuzen, segnen* ‖ pop *ohrfeigen* ‖ **~se** *sich bekreuz(ig)en, das Kreuz schlagen* ‖ ◊ **~güémonos!** pop *unberufen!* ‖ *toi, toi, toi!* ‖ **–guo** m = **–guamiento** ‖ *León* = **santiamén**

santimonia f *Heiligkeit* f ‖ ⟨Bot⟩ *Wucherblume* f (Chrysanthemum coronarium)

santísimo adj/s (sup v. **santo**) *heiligster, hochheilig* ‖ ~ *Padre Allerheiligster Vater* m *(Titel des Papstes)* ‖ ◊ ~ *armar (od hacer)* la ~a *vulg Krawall schlagen* ‖ *wüten, toben* ‖ pop *jdn schikanieren* ‖ *el* ~ *die geweihte Hostie* f, *das Allerheiligste, das Sanktissimum* n ‖ p. ex. *Monstranz* f

¹**santo** adj/s *heilig* ‖ p. ex. *selig* ‖ *fromm* ‖ *heilsam* ‖ *heilkräftig* ‖ *unantastbar* ‖ figf *treuherzig, einfältig* ‖ ~a *Iglesia (Católica) katholische Kirche* f ‖ ~ *María e–s der Entdeckungsschiffe des Chr. Kolumbus* ‖ *hierba* ~a ⟨Bot⟩ *Melissenkraut* n ‖ *Jueves* ~, *Viernes* ~, *Sábado* ~ *Gründonnerstag, Karfreitag, Ostersamstag* m ‖ *Luis el* ~ *Ludwig der Fromme* ‖ *el Padre* ~ (el ~ *Padre) der Heilige Vater (der Papst)* ‖ *la* ~a *Sede der Heilige Stuhl* ‖ *la Semana* ~ *die Karwoche* ‖ *la Tierra* ~ *das Heilige Land (Palästina)* ‖ *un* ~ *varón ein frommer, gottesfürchtiger Mann* m ‖ *bes ein grundgütiger (od herzensguter) Mann* m ‖ fam *treuherziger, ein einfältiger Mann* m ‖ *a lo* ~ *wie ein Heiliger* ‖ *todo el* ~ *día* fam *den lieben langen Tag* ‖ *¡* ~ *Dios! mein Gott!* ‖ *¡* ~ *y bueno! recht so! meinetwegen* ‖ *¡* ~as *y buenas tardes! grüß Gott! guten (Nachmit-)Tag!* ‖ ◊ *vivir en* ~a *paz in Ruhe und Frieden leben* (con mit dat)

²**santo** m *Heilige(r)* m ‖ *Heiligen|bild* n, *-figur* f ‖ *Namenspatron* m *(e–r Person)* ‖ p. ex. *Namenstag* m *(e–r Person)* ‖ ~ *y seña* ⟨Mil⟩ *Losungswort* n ‖ ~ *titular Schutzheilige(r)* m ‖ *el día*

santolina — sardineta 972

de su ~ an seinem Namenstag || fiesta de todos los ~s, día de los ~s *Allerheiligen* n *(Fest)* || imagen de un ~ *Heiligen|bild* n, *-figur* f || libro de ~s fam *Heiligenlegendenbuch* n (→ **hagiografía, santoral**) || pop *Bilderbuch, illustriertes Buch* n || a ~ tapado Extr *insgeheim, heimlich* || ¡por todos los ~s (del cielo)! fam *um Gottes willen! (flehentliche Bitte)* || ¿a ~ de qué? ¿a qué ~? *unter welchem Vorwand? aus welchem Grunde?* || ◊ no me acuerdo de él ni del ~ de su nombre figf *nicht einmal im Traum denke ich an ihn!* || celebrar su ~ *seinen Namenstag feiern* || dar con el ~ en tierra figf *et fallen lassen* || se durmió como un ~ figf *er schlief fest ein* || írsele el ~ al cielo *plötzlich et (bzw alles) vergessen,* fam *den Faden verlieren* || rogar como a un ~ figf *himmelhoch bitten* || no saber a qué ~ encomendarse *nicht aus noch ein wissen* || tener al ~ de cara pop *Glück haben* || *ein Glückskind sein* || tener al ~ de espaldas pop *ein Pechvogel sein* || *Pech, Unglück haben* || entre santa y ~, pared de cal y canto *etwa: das Liebesspiel ist gefährlich* || ~s mpl pop *Bilder* npl, *Illustrationen* fpl
santolina f ⟨Bot⟩ *Heiligenkraut* n (Santolina chamaecyparissus)
san|tolio m pop (= santo óleo) ⟨Kath⟩ *Salböl* n || **-tón** m ⟨Rel⟩ *mohammedanischer Heiliger, mohammedanischer Mönch* m || figf *Heuchler* m (→ **-turrón**) || figf *einflußreiche Person* f, fam *Bonze* m || **-tónico** m ⟨Bot⟩ *Beifuß* m (Artemisia cina) || **-toral** m *Kirchenhandbuch* n || *Chorbuch* n || *Verzeichnis* n *von Heiligennamen (in Kalendern)* || *Heiligenlegenden(sammlung)* fpl || → **hagiografía, leyenda áurea** || ⁼**tos** bras. *Hafenstadt* f || ⁼ m Tfn || **-tuario** m *Heiligtum* n *(kleiner) Tempel* m, *Kapelle* f || fig *geweihte Stätte* f, *Sanktuar(ium)* n || *Altarraum* m || **-tucho** m *Betbruder* m || **-turrón, ona** adj *frömmelnd, bigott* || fig *scheinheilig* || ~ m *Frömmler, Scheinheilige(r)* m
sa|ña f *(blinde) Wut, Raserei* f || *Grausamkeit* f || *Erbitterung* f, *Groll* m || **-ñudo** adj *rasend, grimmig* || *wütend* || *erbittert* || *erbarmungslos* || enemigo ~ fig *Todfeind* m
sapayo m Arg = **zapallo**
sapidez f *Geschmack* m
sápido adj prov *schmackhaft* ⟨& Lit⟩
sapien|cia f = **sabiduría** || libro de la ⁼ *die Weisheit Salomonis (Buch)* || **-cial** adj *Weisheits-* || libros ~es *Bücher* npl *der Weisheit* || **-tísimo** adj sup v. **sapiente* || *hochgelehrt* || iron *allweise*
sapindáceas fpl ⟨Bot⟩ *Seifenbaumgewächse* npl (Sapindaceae)
sapino m prov *Tannenbaum* m (→ **abeto**)
△**sapla** f *Urteilsspruch* m
sapo m ⟨Zool⟩ *Kröte* f || ⟨Zool⟩ *Unke* f || fam *(häßliches) Tier, Gewürm* n || figf *langsame, schwerfällige Person* f || figf *verabscheuungswürdiger Mensch* m || Chi Mex fam *Giftzwerg* m || Am prov *Geschwulst* f || *Keil* m || Arg *ein Kinderspiel* || ~ calamita ⟨Zool⟩ *Kreuzkröte* f (Bufo calamita) || ~ común ⟨Zool⟩ *Erdkröte* f (Bufo bufo) || ~ marino ⟨Fi⟩ = **rape** || ~ partero *Geburtshelferkröte* f (Alytes obstetricans) || ~s y culebras fam *unnützes Zeug* n, *Krimskrams* m || ◊ echar ~s y culebras figf *Gift und Galle spucken, fluchen, wettern* || pisar el ~ figf *spät aufstehen*
sapo|naria f ⟨Bot⟩ *Seifenkraut* n (Saponaria spp) || **-nificación** f *Verseifung* f || *Seifen|bildung* bzw *-bereitung* f || **-nificar** vt *verseifen* || **-nina** f ⟨Chem⟩ *Saponin* n
sapote m ⟨Bot⟩ = **zapote** || augm v. **sapo**
sa|prófago adj/s *saprophag (Pflanze, Tier)* || **-profito** m/adj ⟨Bot⟩ *Saprophyt* m || **-prógeno** adj *saprogen, fäulnis|erregend, -bildend* || **-prozoo** m ⟨Zool⟩ *Saprozoon* n

¹**saque** m ⟨Sp⟩ *Abstoß* m, *Ausschlagen* n *des Balles* || *Anspielen* n, *Anstoß* m *(Fußball)* || *Aufschlag* m *(Tennis, Pelotaspiel usw)* || *Angeber, Spieler, der den Ball ausspielt* || figf *Gefräßigkeit & Trinkfreudigkeit* f || ~ de esquina ⟨Sp⟩ *Eckstoß* m || ~ libre ⟨Sp⟩ *Frei-, Straf|stoß* m || ◊ hacer la jugada de ~ ⟨Sp⟩ *ausspielen* || tener buen ~, ser de buen ~ figf *sehr viel essen und trinken (können),* fam *tüchtig reinhauen*
²**saque** → **sacar**
saque|ador m *Plünderer* m || **-ar** vt/i *(aus)plündern* || **-o** m *(Aus)Plünderung* f || **-ra** f/adj *Sacknäherin* f || **-ría** f, **-río** m *Sackzeug* n || **-ro** adj/s *Sack-* || *Sackmacher-* || ~ m *Sacknäher* m || *Sackhändler* m || **-te, saquito** m dim v. **saco:** *Säckchen* n
S.A.R. Abk = **Su Alteza Real**
△**sar** prep *mit*
Sara f np *Sarah* f (& als Tfn)
saragüete m prov *Hausfest* n || → a **sarao**
△**saralé, sará** = **sargento**
saram|pión m ⟨Med⟩ *Masern* pl || **-pionoso** adj *masernartig*
sarao m *Abendgesellschaft* f || *Musikabend* n || *Hausball* m, *Kränzchen* n
sarape m Mex Guat *Überwurf* m *(aus e-m Stück mit Öffnung für den Kopf)*
△**sarapé** m *Schlange* f
sarasa m pop *homosexueller Mensch,* pop *warmer Bruder, Schwule(r)* m
Sarasate m np: Pablo ~ *berühmter span. Geiger (1844–1908)* || ◊ ser un ~ figf *ein glänzender Geigenspieler sein*
△**sarbañi** f *Sardelle* f
sar|casmo m *Sarkasmus, bitterer Spott* m || *Stichel-, Hohn|rede* f || **-cástico** adj *sarkastisch* || *spöttisch, höhnisch, beißend (Wort)*
△**sarco** m *Rock, Kittel* m (→ **sayo**)
sarcocele m ⟨Med⟩ *Hodengeschwulst, Sarkozele* f
sarcófaga f ⟨Entom⟩ = **mosca**
sarcófago m *Sarkophag, Stein-, Pracht|sarg* m || *Grab* n, *Gruft* f
sarco|lema m ⟨An⟩ *Sarkolemma* n, *Hülle* f *der Muskelfasern* || **-ma** m ⟨Med⟩ *Sarkom* n, *bösartige Bindegewebsgeschwulst* f || **-matosis** f ⟨Med⟩ *Sarkomatose, Sarkombildung* f || **-matoso** adj ⟨Med⟩ *sarkomartig, sarkomatös*
sar|coptes m ⟨Zool Med⟩ *Krätzmilbe* f (→ **arador**) || **-cóptidos** mpl ⟨Zool Med⟩ *Lausmilben* fpl (Sarcoptidae) || **-corranfo** m ⟨V⟩ = **cóndor**
sardana f *Sardana* f *(katalanischer Reigentanz)*
sarda|napalesco adj *auf Sardanapal (Sardanápalo) bezüglich* || ⁼**nápalo** m np *Sardanapal* m (& fig) || ~ figf *Vielfraß* m
sardanés, esa adj *aus der Cerdagne* || → a **Cerdaña**
sardanista m/f *Sardanatänzer(in* f*)* m
△**sardenar** vt *verurteilen* || *rügen*
sardesco adj pop *mürrisch, verdrießlich* || *klein (Pferd, Esel)* || *sardonisch (Lachen)*
sardi|na f ⟨Fi⟩ *Sardine* f, *Pilchard* m engl (Sardina pilchardus = Clupea pilchardus) || ⟨Fi⟩ *Sprotte* f, *Brätling* m || ~s en aceite *Öl-sardinen* fpl || ~ arenque *Hering* m (→ **arenque**) || ~s en conserva *Büchsensardinen* fpl || ~s en escabeche *marinierte Sardinen* fpl || pesca de la ~ *Sardinen|fischerei* f, *-fang* m || como ~s en banasta *(od* en conserva*)* figf *gedrängt wie die Heringe (in der Tonne), sehr eng zusammengepfercht* || ◊ arrimar el ascua su ~ figf *auf seinen Vorteil bedacht sein* || → **entierro** || **-nero** adj/s *Sardinen(fang)-* || ~ m *Sardinenhändler* m || la Playa del ⁼ *Seestrand bei Santander* || **-neta** f (dim v. ~) || ⟨Mil⟩ *Doppeltresse* f *(der Unteroffiziere, Gefreiten usw auf dem Ärmel)* || ~ de la humedad ⟨Entom⟩ Ar = **lepisma** || ~s

pl ⟨Mil⟩ Doppel-, Zier|schnur f *(an den Ärmeln der Uniform)*, Doppeltresse f
△**sardioque** *m Salz* n
sardo adj *sardi(ni)sch, aus Sardinien* (Cerdeña) ‖ ~ *m Sarde* m ‖ *Sardinier* m ‖ ⟨Li⟩ *das Sardische*
△**sardó** *m* = **sargento**
sardonia *f* ⟨Bot Med⟩ *Gifthahnenfuß* m (Ranunculus sceleratus)
sardó|nice, -nica *f* ⟨Min⟩ *Sardonyx* m ‖ **-nico** adj *sardonisch* ⟨& Med⟩ ‖ fig *krampfhaft, verzerrt*
¹**sarga** *f* ⟨Web⟩ *Köperbindung* f ‖ *Serge* f *(Wollstoff)*
²**sarga** *f* ⟨Bot⟩ *Grauweide* f (Salix incana = S. elaeagnos) ‖ **-dilla** *f* ⟨Bot⟩ *Gänsefuß(art f)* m (Chenopodium splendens)
sargazo *m* ⟨Bot⟩ *Beerentang* m
sargen|ta *f* fam *Mannweib* n ‖ joc *Küchendragoner* m ‖ **-tear** vi *als Feldwebel führen* bzw *kommandieren* ‖ p. ex. fam *herumkommandieren* ‖ fam *das Regiment führen (Frau)* ‖ **-to** *m* ⟨Mil⟩ *Unteroffizier* m ‖ *Feldwebel* m ‖ ⟨Mil⟩ *Wachtmeister* m ‖ ⟨Mar⟩ *Maat* m ‖ ~ *primero*, ~ *mayor (Ober)Feldwebel* m ‖ *Oberwachtmeister* m ‖ ~ *segundo* ⟨Mil⟩ *Unterfeldwebel* m ‖ *Unterwachtmeister* m ‖ *el rey* ~ *der Soldatenkönig (Friedrich Wilhelm I.)* ‖ **-tona** *f*, **-tón** *m* fam *Mannweib* n ‖ fam *Küchendragoner* m
sargo *m* ⟨Fi⟩ *Weißbrasse, Große Geißbrasse* f (Diplodus sargus = Sargus rondeletii)
sármata (sarmático) adj *sarmatisch, aus Sarmatien* (Sarmacia) ‖ ~ *m Sarmate* m
sarmenda pron = **conmigo**
sarmen|tera *f Reben-, Rebholz|schnitt* m ‖ *Schuppen* m bzw *Ecke* f *od ähnl. für das Rebholz* ‖ △ *Halskrause* f ‖ **-tillo** *m* dim v. **sarmiento** ‖ **-toso** adj ⟨Bot⟩ *rankend* ‖ fig *sehnig (Arme)*
sarmiento *m Ranke, Rebe* f ‖ *Rebholz(reisig)* n
△**sarmuño** adj *schnell, flink*
sar|na *f Krätze (bei Menschen), Räude f (bei [Haus]Tieren)* (→ **arador**) ‖ ~ *de los barberos Bartflechte* f (→ **sicosis**) ‖ ~ *costrosa*, ~ *pustulosa*, ~ *de Noruega Krustenkrätze, norwegische Krätze* f ‖ ◊ *coger* ~ *räudig werden* ‖ *tener* ~ *räudig sein* ‖ *ser más viejo que la* ~ figf *stein-, ur|alt sein* ‖ **-noso** adj/s *krätzig, räudig*
△**saró** *(f ~í)* adj *ganz*
sarong *m Sarong, Rock* m *der Malaien*
△**sarplar** vt *verurteilen*
sarpullido *m* = **salpullido**
sarra|cénico adj *sarazenisch* ‖ **-ceno** adj *sarazenisch* ‖ *maurisch* ‖ *arabisch* ‖ *trigo* ~ *Buchweizen* m ‖ ~ *m Sarazene* m ‖ **-cín** adj = **-ceno** ‖ **-cina** *f Getümmel* n ‖ *Schlägerei* f, *Krach, Radau* m ‖ *Massaker* n ‖ ◊ *armar la* ~ *Krach schlagen, Radau machen* ‖ *sich toll amüsieren* ‖ **-cino** adj = **-ceno**
sarrianés, esa adj/s *aus Sarriá* (PBarc)
sarrillo *m (Todes)Röcheln* n
sarrio *m* Ar *Gemsbock* m (→ **rebeco**)
sa|rro *m Niederschlag* m, *Ablagerung* f ‖ *Zahnstein* m ‖ ⟨Med⟩ *Zungenbelag* m ‖ **-rroso** adj *belegt (Zunge, Zähne)* ‖ *brandig (Getreide)*
sarruján *m Sant Hirten|junge, -knecht* m (→ **zagal**)
△**sar|sa** prep *mit* ‖ △**-salar** vt *begleiten* ‖ △**-salé** *m Begleitung* f
sarta *f Schnur, Reihe* f ‖ *(Perlen)Kette* f ‖ *Serie* f ‖ ~ *de disparates (od desatinos)* pop *Haufen* m *Unsinn* ‖ ~ *de perlas Perlenschnur* f
sar|tén *f Stielpfanne* f ‖ *Tiegel* m ‖ *fruta de* ~ *Backwerk, Ausgebackene(s)* n ‖ ◊ *tener la* ~ *por el mango* figf *das Heft in (den) Händen haben, das Regiment führen* ‖ *saltar de la* ~ *y dar en la brasa* figf *vom Regen in die Traufe kommen* ‖ **-tenada** *f Pfannevoll* m
sartorio adj: *(músculo)* ~ ⟨An⟩ *Schneider-*

muskel m
△**sartucue** prov = **contigo**
S.A.S. Abk = **Su Alteza Serenísima** ‖ **Su Atento Servidor**
sasafrás *m* ⟨Bot⟩ *Sassafras, Nelkenzimtbaum* m (Sassafras sp)
△**sasí** *f Schwiegertochter* f
△**sasta** adv *wie, auf welche Art*
△**sastar** vt *retten* ‖ *heilen*
△**sasteja** *f Klage* f ‖ *Beschwerde* f
△**sasto** adj *hoch* ‖ *gesund*
sas|tra (Ar **-tresa**) *f Schneidersfrau* f ‖ *Schneiderin* f ‖ **-tre** *m Schneider(meister), Kleidermacher* m ‖ ~ *militar Militärschneider* m ‖ ~ *de señoras Damenschneider* m ‖ *corte (od traje)* ~ *(Schneider)Kostüm* n *(Damenmode)* ‖ *oficial, oficio, taller de* ~ *Schneider|geselle* m, *-handwerk* n, *-werkstatt* f ‖ *trabajo de* ~ *Schneider-, Maß|arbeit* f ‖ ◊ *me visto en este* ~ *ich lasse bei diesem Schneider arbeiten* ‖ *entre ~s no se pagan hechuras* fig ~ *e-e Krähe hackt der anderen kein Auge aus* ‖ *e-e Hand wäscht die andere*
sastre|cito, -cillo *m* dim v. **sastre** ‖ fam *Flickschneider* m ‖ **-ría** *f Schneiderei* f ‖ **-sa** *f* Ar = **sastra**
△**sasú** *m Schwiegersohn* m
△**sat** prep *mit*
△**sata** adv *wie* ‖ *als ob*
Satanás, Satán *m Satan* m ‖ ~ *en persona* fig *der leibhaftige Satan* (→ **diablo**) ‖ ◊ *darse a* ~ figf *des Teufels werden*
satandera *f* ⟨Zool⟩ Al = **comadreja**
sa|tánico adj *satanisch, teuflisch, höllisch* ‖ fig *greulich* ‖ **-tanismo** *m Satansanbetung* f, *Satanismus* m ⟨& Lit⟩ ‖ fig *äußerste Bosheit* f ‖ *Verderbtheit* f
△**satarré** *m (Huf)Schmied* m
satélite *m* ⟨Astr⟩ *Satellit, Trabant* m ‖ *Satellit* m (⟨Pol⟩ & fig) ‖ fig *Leibwächter* m ‖ fig *Gefolge* n ‖ fam *Anhänger, Helfer* m ‖ ~ *artificial* ⟨Astr⟩ *künstlicher Satellit* m ‖ ~ *de (tele)comunicaciones*, ~ *estafeta* ⟨Astr⟩ *Nachrichtensatellit* m ‖ ~ *estacionario stationärer Satellit* m ‖ *ciudad* ~ *Trabanten-, Satelliten|stadt* f ‖ *estado* ~ ⟨Pol⟩ *Satellitenstaat* m ‖ *(rueda)* ~ ⟨Tech⟩ *Planetenrad* n
satelizar vt *(e-n künstlichen Satelliten) auf e-e Erdumlaufbahn bringen*
satén *m Satin* m ‖ → a **raso**
satín *m* → **satén**
satina *f Atlas-, Satin|bindung* f
sati|nado adj *satiniert (z. B. Papier)* ‖ fig *wie Atlas glänzend* ‖ **-nado** *m*, **-nadura** *f Satinieren* n, *Satinage* f ‖ **-nadora** *f:* (máquina) ~ *Satiniermaschine* f ‖ *Glättwalze* f ‖ **-nar** vt *glätten* ‖ *kalandern, satinieren* ‖ *prensa para* ~ *Satinierpresse* f
sátira *f Satire, Spott|schrift* f, *-gedicht, -lied* n ‖ *Spötterei* f
satiriasis *f* ⟨Med⟩ *Satyriasis*, fam *Weibstollheit* f
satírico adj *satirisch* ‖ *spöttisch-tadelnd, beißend, bissig* ‖ *periódico* ~, *revista* ~ *Witzblatt* n ‖ *poema* ~ *satirisches Gedicht* n, *Satire* f ‖ *poeta* ~ *Satirendichter* m ‖ ~ *m Satiriker* m
satíridos *mpl* ⟨Entom⟩ *Augenfalter* mpl (Satyridae) f
satirio *m* ⟨Zool⟩ *(West)Schermaus* f (Arvicola sapidus)
satirión *m* ⟨Bot⟩ *Knabenkraut* n (Orchis spp)
satirizar [z/c] vt/i *(be)spötteln, mit beißendem Spott verfolgen* ‖ *satirisch angreifen*
sátiro *m Satyr* m *(Waldgott)* (→ **sileno**) ‖ *Orang-Utan* m (→ **orangután**) ‖ ⟨Entom⟩ *Augenfalter* m (Agapetes sp, Hipparchia sp, Dira sp usw, → **satíridos**) ‖ fig *Spötter* m ‖ fig *geiler Lüstling, Lustmolch* m
satisfacción *f Genugtuung, Abfindung* f ‖ *Ehrenerklärung, Satisfaktion* f *(auch durch Zwei-*

kampf ‖ *Befriedigung, Zufriedenstellung* f ‖ *Zufriedenheit* f, *Behagen* n ‖ *Vergnügen* n, *Freude* f ‖ *Ersatz* m, *Vergütung, Bezahlung* f ‖ *Selbstgenügsamkeit* f, *Dünkel* m ‖ ⟨Rel⟩ *Buße* f ‖ fam pop *weibliche Scham* f ‖ a ~ *zur Zufriedenheit* ‖ *nach Wunsch* propia ~, ~ *de sí mismo Selbstgefälligkeit* f ‖ *Eigendünkel* m ‖ la no ~ *die Nichtbefriedigung* ‖ referencias a ~ ⟨Com⟩ *Primareferenzen* fpl ‖ *befriedigende Auskünfte* fpl ‖ ◊ dar, pedir (*od* demandar) ~ *Genugtuung od Satisfaktion geben, fordern* (por *für* acc) ‖ hallar ~ *Befriedigung finden* ‖ dar cumplida ~ *volle Befriedigung* (bzw *Ehrenerklärung*) *bieten* ‖ dar pública ~ *öffentlich Abbitte tun* ‖ tener mucha ~ de sí mismo *sehr eingebildet sein* ‖ tengo una verdadera ~ en poder servirle *ich stehe Ihnen mit Vergnügen zu Diensten* ‖ tomar ~ *sich Genugtuung verschaffen* ‖ trabaja a mi entera ~ *er arbeitet zu meiner vollen Zufriedenheit*
satis|facer [irr → *hacer*, pres –fago etc., imp –faz *od* –face] vt *genugtun, genügen, Genugtuung leisten* ‖ *befriedigen, zufriedenstellen* ‖ jdm *gerecht werden,* jdm *Genugtuung verschaffen* ‖ *befriedigen (Verlangen, Wunsch, Bedürfnis), entsprechen* (dat) ‖ jdm *entgegenkommen* ‖ *abfinden* ‖ *nachkommen (Verbindlichkeiten, Obliegenheiten)* ‖ *ab-, be-, zurück|zahlen (Schuld)* ‖ *entrichten, begleichen (Betrag)* ‖ *vergelten, rächen (Beleidigung)* ‖ *sättigen, (den Hunger, den Durst) stillen* ‖ ◊ ~ a los acreedores *die Gläubiger befriedigen* ‖ para ~ su curiosidad *um Ihre Neugierde zu befriedigen* ‖ una demanda e-r *Anforderung entsprechen* ‖ ~ la demanda ⟨Com⟩ *den Bedarf decken, die Nachfrage befriedigen* ‖ ~ un deseo e-m *Wunsch(e) entsprechen* ‖ ~ una duda *e-n Zweifel lösen* ‖ ~ enteramente (*od* del todo) *vollkommen, völlig befriedigen* ‖ ~ las exigencias *den Ansprüchen genügen* ‖ *den Anforderungen entsprechen* ‖ ~ los gastos *die Kosten ersetzen* ‖ ~ el hambre *den Hunger stillen* ‖ ~ una necesidad e-n *Bedarf befriedigen* ‖ *e-m Bedürfnis entgegenkommen* ‖ ~ el pago de *et be-, aus|zahlen* ‖ para (*od* a fin de) ~ le *um Ihnen entgegenzukommen* ‖ vi *Genüge leisten* ‖ *befriedigen* ‖ *gerecht werden* (a e-r *Sache* dat) ‖ *sättigen (Speise)* ‖ ⟨Rel⟩ *Buße tun, büßen* ‖ ◊ ~ por las culpas, ~ por los pecados *für die Sünden büßen* ‖ ~**se** *sich Genugtuung verschaffen* ‖ *s-e Wünsche (*bzw *Bedürfnisse) befriedigen* ‖ *sich schadlos halten* ‖ *den Durst, den Hunger stillen* ‖ *–**faciente** adj *befriedigend* ‖ –**factoriamente** adv *auf befriedigende Art* ‖ –**factorio** adj *genugtuend* ‖ *zufriedenstellend* ‖ *befriedigend* ‖ *genügend, ausreichend (z. B. Leistung, Prüfungsnote)* ‖ *erfreulich* ‖ contestación ~a *befriedigende Antwort* f ‖ de manera ~ (de un modo ~) *in befriedigender Weise* ‖ noticias poco ~as *unerfreuliche Nachrichten* fpl ‖ ◊ resultar ~ *befriedigend ausfallen* ‖ (no) ser ~ *(un)befriedigend sein* ‖ –**fecho** pp/irr v. –**facer** ‖ sueldo ~ al personal *dem Personal ausgezahlter Lohn* m ‖ ~ adj *befriedigt (de über* acc) ‖ *zufrieden (de mit* dat) ‖ *dünkelhaft* ‖ *froh, erfreut* ‖ *satt* (vgl **saturado**) ‖ ~ consigo (mismo), ~ de sí (mismo) *mit sich (selbst) zufrieden* ‖ ◊ darse por ~ *sich zufriedengeben* ‖ estar ~ *befriedigt sein* ‖ satt sein ‖ *zufrieden sein (de mit* dat) ‖ no estar ~ *unzufrieden sein* ‖ poner (*od* dejar) ~ *zufriedenstellen* ‖ no ~ *unbefriedigt* ‖ –**fizo** → –**facer**
sativo adj ⟨Bot⟩ *ange|pflanzt, -baut* ‖ *gesät* ‖ plantas ~as *Kulturpflanzen* fpl
△**sato** adv *wie*
sátrapa m/adj ⟨Hist⟩ *Satrap* m *(persischer Statthalter)* ‖ fig *Tyrann* m ‖ figf *Schlau|berger, -meier* m
△**satucue** pron = **contigo**
satu|ración f ⟨Chem Phys Com⟩ *Sättigung* f ‖ ~ del aire ⟨Meteor⟩ *Luftsättigung* f ‖ ~ del mercado *Sättigung des Marktes, Marktsätti-*

gung f ‖ ~ publicitaria *Werbemüdigkeit* f ‖ grado de ~ *Sättigungsgrad* m ‖ –**rado** adj *gesättigt (Lösung, Markt* usw*)* ‖ no ~ *ungesättigt* ‖ –**rar** vt *sättigen* ‖ *durchtränken* ‖ fig *(über)sättigen*
satur|nales fpl *Saturnfeste* npl, *Saturnalien* pl *(im alten Rom)* ‖ fig *Orgien* fpl *(*→ *orgía)* ‖ –**nia** f ⟨Entom⟩ *(Nacht)Pfauenauge* n *(Saturnia* spp*)* → **pavón, satúrnidos** ‖ **satúrnidos** mpl ⟨Entom⟩ *Augenspinner* mpl *(Saturniidae)* ‖ –**nino** adj ⟨Chem⟩ *bleifarben* ‖ fig *finster, mürrisch* ‖ cólico ~ ⟨Med⟩ *Bleikolik* f ‖ ± m span. *Taufname* ‖ –**nismo** m *Bleivergiftung* f, *Saturnismus* m ‖ ±**no** m ⟨Astr Myth⟩ *Saturn* m *(& fig)* ‖ ~ m ⟨Chem⟩ *Blei* n
sauba f ⟨Entom⟩ *Blattschneiderameise* f *(Atta* spp*)*
saucano adj/m *aus Fuentesaúco (PZam)*
sau|ce m ⟨Bot⟩ *Weide* f, *Weidenbaum* m *(Salix* spp*)* ‖ ~ de Babilonia, ~ llorón *Trauerweide* f *(S. babylonica)* ‖ ~ blanco *Silberweide* f *(S. alba)* ‖ ~ cabruno *Palm-, Sal|weide* f *(S. caprea)* ‖ ~ mimbrero *Korbweide* f *(S. viminalis)* ‖ amento, flor de ~ *Weidenkätzchen* n ‖ –**ceda** f, –**cedal** m *Weidengebüsch* n
saucillo m ⟨Bot⟩ *Vogelknöterich* m *(Polygonum aviculare)*
saúco m ⟨Bot⟩ *Holunder* m *(Sambucus* spp*)* ‖ infusión de flor de ~ *Fliedertee* m
sau|dade f port *schmachtende Sehnsucht* f ‖ *Heimweh* n ‖ *romantische Träumerei* f ‖ –**dosismo** m ⟨Lit⟩ *port. Sehnsuchts|poesie* bzw *-dichtung* f ‖ –**doso** adj *sehnsüchtig, Sehnsuchts-*
Saúl, Saulo m np *Saul* m
△**saullo** m *Fohlen, Füllen* n
sauna f *Sauna* f *(Bad)*
sauquillo m *Zwergholunder* m
saurio m ⟨Zool⟩ *Saurier* m ‖ ~**s** mpl ⟨Zool⟩ *Echsen* fpl *(Sauria)*
sauriópsidos mpl ⟨Zool V⟩ *Sauropsiden* pl *(systematische Bezeichnung für Vögel & Reptilien)*
sauvástica f *linksweisendes Hakenkreuz* n
sauz [*pl* –**ces**] m = **sauce**
sauzgatillo m ⟨Bot⟩ *Mönchspfeffer* m *(Vitex agnus-castus)*
Sava: el ~ *Save, Sau* f *(Fluß)*
savia f *(Pflanzen-, Baum)Saft* m ‖ fig *Kraft* f, *Mark* n ‖ fig *Rüstigkeit* f ‖ fig *Kern, Gehalt* m
sáxeo adj *Stein-*
saxífraga f ⟨Bot⟩ *Steinbrech* m *(Saxifraga* spp*)* ‖ ~ musgosa *Moossteinbrech* m *(S. muscoides)*
saxifragáceas fpl ⟨Bot⟩ *Steinbrechgewächse* npl *(Saxifragaceae)*
saxifragia f → **saxífraga**
saxofonista m *Saxophonist* m
saxófono, saxofón m ⟨Mus⟩ *Saxophon, Saxhorn* n
saxoniense m/adj ⟨Geol⟩ *Saxonien* n ‖ ~ adj *saxonisch*
sa|ya f *Frauen(unter)rock* m ‖ *Frauenüberrock* m *(der Bäuerinnen)* ‖ *Reitrock* m ‖ dim: –**yuela** ‖ –**yal** m *grobes Wollentuch* n ‖ *Loden* m ‖ *Kittel* m, *Wams* n
sayo m *langer Leibrock* m ‖ *(Bauern)Kittel* m, *Wams* n ‖ fam *Kleid* n ‖ ~ de penitente *Büßergewand* n ‖ ◊ cortar a alg. un ~ figf *über jdn herziehen* ‖ decir a (*od* para) su ~ figf *für sich sagen, bei sich denken* ‖ augm: **sayonazo**
[1]**sayón** m *Häscher* m ‖ **Scharfrichter, Henker* m ‖ *Büßer* m *(in Prozessionen)* ‖ figf *roher Mensch*, fam *Raufbold* m
[2]**sayón** m ⟨Bot⟩ *Obione, Salzmelde* f *(Obione* sp*)*
sayona f *Ven Nachtgespenst* n
sazón f *Zeitpunkt* m ‖ *Reife* f ‖ *gelegene Zeit* f, *günstiger Augenblick* m ‖ *Würze, Schmackhaftigkeit* f ‖ a ~ *zu gelegener, zu rechter Zeit* ‖ a la ~

damals, in jener Zeit ‖ *zugleich, (damals) gerade* ‖ antes de ~ *vor der Zeit* ‖ con ~ *gelegen, rechtzeitig* ‖ en ~ *zur rechten Zeit* ‖ fuera de ~ *unzeitgemäß* ‖ ◊ llegar a la ~ *reifen* ‖ *die Reife erreichen* (& fig) ‖ (no) estar en ~ *(nicht) reif sein*
sazo|nadamente adv *schicklich, gelegen* ‖ **–nado** adj *zeitig, reif* ‖ *schmackhaft, würzig* ‖ fig *witzig* ‖ **–namiento** m *(Heran)Reifen* n ‖ *Würzen* n ‖ **–nar** vt *zur Reife bringen* ‖ *reifen lassen* ‖ *würzen, zurichten (Speise)* ‖ fig *würzen (Gespräch)* ‖ ~ vi *reifen* ‖ ~**se** *reifen*
s.b.f. Abk ⟨Com⟩ = **salvo buen fin** ‖ **supuesta buena fe**
Sb.ⁿ Abk = **Sebastián**
s.b.r. (*od* **c.**) Abk = **salvo buen recibo** (*od* **cobro**)
S.ᵇʳᵉ Abk = **Septiembre**
S.C. Abk = **Sociedad civil**
s/c, s.c., S.C. Abk = **su cuenta** ‖ **su carta** ‖ **su casa** ‖ **su cargo**
S. (en) C. Abk = **Sociedad en Comandita**
S.(C.), C.(R.)M. Abk = **Sacra (Cesárea), Católica (Real) Majestad**
science-fiction *f* engl = **ciencia ficción**
Scila = Escila ‖ de ~ a Caribdis (→ **Caribdis**)
scooter m engl *Motorroller* m
score m engl ⟨Sp⟩ *(Spiel)Stand* m
scout m engl *Pfadfinder* m ‖ ~**ismo** m *Pfadfinderbewegung* f ‖ ~**ista** adj/s *Pfadfinder(-)* ‖ →a **escutismo**
script-girl *f* engl ⟨Filmw⟩ *Ateliersekretärin* f, *Skriptgirl* n
s/cta Abk = **su cuenta**
s/ch Abk = **su cheque**
schilleriano adj *auf (Friedrich) Schiller bezüglich*
schnorkel m deut ⟨Mar⟩ *Schnorchel* m *(der U-Boote)* ‖ →a **esnórquel**
schopenhaueriano adj/s *auf Schopenhauer bezüglich*
¡schsss! onom *pst! Stille!*
schubertiano adj *auf Franz Schubert bezüglich*
schumaniano adj *auf Robert Schumann bezüglich*
s.d. Abk = **se despide**
S.ᵈᵃᵈ Ltda. Abk = **Sociedad Limitada**
S.D.M. Abk = **Su Divina Majestad**
S.D.N. Abk = **Sociedad de las Naciones**
sdo. Abk = **saldo**
SE., S.E. Abk = **Sudeste**
s/e Abk = **su entrega**
se pron 1. *sich* ‖ *man* ‖ él ~ *lava er wäscht sich* ‖ no ~ *comprende es ist unbegreiflich, man kann das nicht begreifen* ‖ ~ *dice, dícese man sagt* ‖ veráse (= ~ *verá*) *luego man wird gleich sehen* ‖ no ~ (oían) *cantos man hörte keinen Gesang* ‖ ~ agradece! *pop besten Dank!* ‖ ¡ya ~ sabe! *pop natürlich!* ‖ *wie immer*
2. *statt* le(s) *vor* pron acc: *ihm, ihr, ihnen, Ihnen* ‖ yo ~ lo [*statt* le(s) lo] dije (a él) *ich sagte es ihm (ihr, ihnen, Ihnen)* ‖ ¡díselo (a él)! *sage es ihm! (ihr usw)* ‖ no puedo decírselo (a él) *ich kann es ihm (ihr usw) nicht sagen* ‖ diciéndoselo *als er es ihm (ihr usw) sagte* ‖ *wenn du es ihm (ihr usw) sagst* ‖ puedes pedírselo *du kannst ihn (sie, es, sie* pl) *darum ersuchen*
3. *pleonastisch:* érase un rey *es war einmal ein König (in Märchen)* ‖ (bes pop *in* Vizc) ~ tiene mucho dinero *er hat viel Geld*
sé → **saber** (= *ich weiß*)
Seacabó: y San ~ pop *und Schluß damit!* (= **sanseacabó**)
SEAT *f* Abk = **Sociedad Española de Automóviles de Turismo**
SEATO *f* Abk = **SEATO** f **(South East Asia Treaty Organization)**
sebáceo adj *talgartig, Talg-* ‖ *glándula* ~a ⟨An⟩ *Talgdrüse* f ‖ *quiste* ~ ⟨Med⟩ *Talggeschwulst* f, *Grützbeutel* m
Sebastián *m* np *Sebastian* m ‖ San ~ *Stadt in Nordspanien* ‖ el pacto de San ~ *der span.-katalanische Verfassungsvertrag von 1930*
sebastianismo m ⟨Hist⟩ *Sebastianismus, Glaube m an die Wiederkehr des Königs Sebastian v. Portugal (1554–1578)*
se|bero adj *Talg-* ‖ **–bo** m *Talg* m, *Unschlitt* n ‖ *Schmiere* f ‖ ~ *para untar carros Wagenschmiere* f ‖ *vela de* ~ *Talglicht* n ‖ ◊ *untar con* ~ *schmalzen* ‖ *schmieren (Wagen)* ‖ **–borrea** *f* ⟨Med⟩ *Seborrhö(e)* f, *Schmerfluß* m ‖ **–boso** adj *talgig*
seca *f* pop *regenlose Zeit, Dürre* f (→ **sequía**) ‖ ⟨Mar⟩ *(über das Wasser ragende) Sandbank* f ‖ a gran ~, gran mojada *etwa: unverhofft kommt oft* ‖ →a **seco**
seca|dal m *Geestland* n ‖ *trockenes Gelände* n ‖ **–dero** m *Trocken|platz* m, *-gestell* n ‖ *Trockenraum* m ‖ *Trockenanlage* f ‖ **–dillo** m *(Art) Mandeltorte* f ‖ **–do** m *Trocknen* n ‖ *Trocknung* f ‖ ⟨Typ⟩ *Wegschlagen* n *(der Farbe)* ‖ **–dor** m *Trockner* m ‖ ⟨Phot⟩ *Trockenständer* m ‖ ~ de *casco Trockenhaube* f ‖ ~ de mano *Fön* m ‖ **–dora** *f Trockenmaschine* f ‖ ~ *centrífuga Wäscheschleuder* f ‖ **–firmas** m *Löschabdrücker, Tintenlöscher* m ‖ **–no** m ⟨Agr⟩ *unbewässertes Land* n ‖ *Geest(land)* n) f ‖ ⟨Mar⟩ *(über das Wasser ragende) Sandbank* f ‖ *abogado de* ~ joc.*Winkeladvokat* m ‖ *cultivo de* ~ *Trockenkultur* f, *Dryfarming* n (engl) (vgl **regadío**)
secansa *f* ⟨Kart⟩ *Sequenz* f
secante adj *trocknend* ‖ ⟨Math⟩ *schneidend* ‖ (aceite) ~ *Trockenöl* n ‖ (línea) ~ ⟨Math⟩ *Schnittlinie* f ‖ (papel) ~ *Lösch-, Fließ|papier* n ‖ ~ m *Trockenstoff* m, *Sikkativ* n ⟨& Mal⟩ ‖ ⟨Sp⟩ *Deckungsmann* m ‖ ⟨Math⟩ *Sekans* m ‖ ⟨Math⟩ *Sekante* f
secapelo m fam *Haartrockner, Fön* m (= **secador**)
secar [c/qu] vt *(aus)trocknen* ‖ *dörren* ‖ *abtrocknen (Wasser, Schweiß)* ‖ ◊ ~ al sol *an der Sonne trocknen* ‖ ~ con la esponja *mit dem Schwamm abwischen* ‖ ~ al horno (*od* a la estufa) *am Ofen trocknen* ‖ *darren (Obst)* ‖ *horno de* ~ *Trockenofen* m ‖ poner a ~, *dejar* ~ *trocknen lassen* ‖ ~**se** *aus-, ein-, ver|trocknen* ‖ *verdorren* ‖ *dörren (Obst)* ‖ *versiegen (Quelle, Brunnen)* ‖ *verwelken* ‖ *abmagern* ‖ *sich abtrocknen* ‖ fig *verschmachten* ‖ fig *abmagern* ‖ ◊ ~ la boca *sich den Mund wischen* ‖ ~ de sed *vor Durst vergehen* ‖ ~ con la toalla *sich mit dem Handtuch abtrocknen*
secarral m Ar = **secadal**
seca|tintas m *Tintenlöscher* m ‖ **–tivo** m *Sikkativ* n, *Trockenstoff* m ‖ **–tura** *f Quälerei, Belästigung*, öst *Sekkatur* f
sec|ción *f Schnitt* m *(Zeichnung)* ‖ *Einschnitt* m ‖ *Schnittfläche* f ‖ *Abschnitt* m, *Abteilung* f ‖ ⟨Math⟩ *Durchschnitt* m ‖ *Querschnitt* m ‖ ⟨Mil⟩ *Abteilung* f ‖ ⟨Mil⟩ *Zug* m ‖ *Streckenabschnitt* m ‖ *Teilstrecke* f ‖ ⟨Chir⟩ *Durchschneiden* n ‖ ⟨Chir⟩ *Schnitt* m ‖ ⟨EB⟩ *Stelle* f ‖ ⟨Sp⟩ *(Turner) Riege* f ‖ ~ *áurea* ⟨Math⟩ *Goldener Schnitt* m ‖ ~ *cónica* ⟨Math⟩ *Kegelschnitt* m ‖ ~ *cultural Kulturabteilung* f *(in e-m Verein, e-r Botschaft usw)* ‖ ~ *de Ciencias,* ~ *de Letras Studium der Naturwissenschaften, der Humaniora (im span. Mittel- od Hoch|schulwesen)* ‖ ~ *española span. Abteilung* f *(z. B. in e-m Sprachinstitut)* ‖ ~ *horizontal Grundriß* m ‖ ~ *de personal Personalabteilung* f ‖ ~ *transversal Querschnitt* m ‖ ~ *de ventas Verkaufsabteilung* f ‖ ~ *de vía Streckenabschnitt* m ‖ *jefe de* ~ *Sektionschef, Abteilungsleiter* m ‖ ⟨Mil⟩ *Zugführer* m ‖ *por* ~**es** *in Abschnitten* ‖ *der Reihe nach* ‖ ⟨Mil⟩ *zugweise* ‖ **–cionador** m ⟨El⟩ *Trennschalter*

secclonar — secundario 976

m || **-cionar** vt *(durch)schneiden* || *in Stücke schneiden* || *in Abschnitte einteilen* || *im Schnitt darstellen* || *unterteilen*

sece|sión f *Entfernung* f || *Rücktritt* m *(vom öffentlichen Leben)* || *Absonderung, Trennung* f || *Jugendstil* m, *Sezession* f *(Stil)* || ⟨Pol⟩ *Trennung, Sezession* f || ⟨Pol⟩ *Spaltung* f || *Guerra de* ~ *(USA) Sezessionskrieg* m *(1861)* || **-sionista** m/adj *Sezessionist* m || ~ adj *sezessionistisch, Sezessions-* || *estilo* ~ *Jugend-, Sezessions|stil* m

seco adj *trocken* || *getrocknet (Obst)* || *gedörrt, Dörr- (Fleisch, Obst)* || *ausge-, ver|trocknet* || *welk* || *dürr* || *rauh, hart (Stimme)* || *mager, hager* || *regenlos (Zeit, Wetter)* || fig *frostig, trocken, wortkarg, einsilbig (Person)* || fig *ohne Zutaten, bloß* || fig ⟨Mus⟩ *kurz, jäh abgebrochen* || fig *spröde* || fig *herb, nicht süß (Wein)* || *trocken (Sekt)* || ~ *de carnes mager, hager* || *fruta* ~a *Dörrobst* || *golpe* ~ *starker, schneller und dumpfer Schlag* m || *un paraje* ~ *e–e reizlose Gegend* f || *rama* ~a *dürrer Ast* m || *ramas* ~as *Reisig* n || *tiempo* ~ *Dürre* f || *tos* ~a *trockener Husten* m || *verdad* ~a *nackte Wahrheit* f || *voz* ~a *rauhe Stimme* f || a ~ *trockenen Fußes* || ~as *nur, lediglich* || *ohne Verbrämung* || *ohne Titel, schlechtweg* || *en* ~ *auf dem Trockenen* || fig *auf dem trockenen* || ⟨Mar⟩ *auf dem Lande, gestrandet* || fig *auf einmal, plötzlich* || fig *grundlos, unmotiviert* || *más* ~ *que (od* tan ~ *como) una pasa* figf *sehr mager,* fam *spindeldürr* || *puros* ~s *abgelagerte Zigarren* fpl || ◊ *dar (od varar) en* ~ ⟨Mar⟩ *auflaufen (Schiff)* || *dejar a uno* ~ pop *jdn mit e–m Schlag töten* || *jdn in Erstaunen versetzen, jdn verblüffen* || ¡~a está la obra! pop *bitte um Trinkgeld!* || *parar(se) en* ~ *plötzlich innehalten* || *poner en* ~ *trockenlegen* || *quedar* ~ pop *plötzlich sterben* || *(vor Erstaunen od Entsetzen) sprachlos sein*

secón m *Sal Bienenwabe* f *ohne Honig*

secoya f ⟨Bot⟩ *Sequoie* f, *Mammutbaum* m *(Sequoiadendron giganteum)*

secráfono m ⟨Tel⟩ *Verschlüsselungsgerät* n

secre|ción f *Absonderung, Sekretion* f || *Sekret* n || ⟨Med⟩ *Aus|scheidung* f, *-wurf* m || ~ *interna Inkretion, innere Sekretion* f (→ **endocrino[logía]**) || **-ta** f prov *Abort* m || pop *Geheimpolizei* f || ⟨Kath⟩ *Sekret* f, *Stillgebet* n || **-tamente** adv *insgeheim, heimlich* || **-tar** vt ⟨Med Physiol⟩ → **segregar** || **-taria** *(Abk secret.ᵃ)* f *Sekretärin* f || ~ *privada Privatsekretärin* f || **-taría** f *Sekretariat, Schriftführeramt* n || *Büro* n, *Geschäftsstelle* f || **-tariado** m *Sekretariat* n *(Tagungen usw)* || **-tario** m *Sekretär* m || *Schriftführer* m || *Geschäftsführer* m || *Geschäftsstellenleiter* m || *Am Minister* bzw *Staatssekretär* m || ⟨V⟩ *Sekretär, Kranichgeier, Schicksalsvogel* m *(Sagittarius serpentarius)* || ~ *de Estado (USA) Außenminister* m || ~ *general Generalsekretär* m || ~ *del juzgado Urkundsbeamte(r)* m *e–s Gerichts* || *de legación Gesandtschaftssekretär* m || ~ *particular Privatsekretär* m || ~ *parlamentario Geschäftsführer* m *e–r parlamentarischen Fraktion* || *parlamentarischer Staatssekretär* m || **-tear** vi fam *flüstern, tuscheln* || *geheimnisvoll, wichtig tun (mit dat)* || ◊ ~ *al oído ins Ohr raunen* || **-teo** m fam *Flüstern, Zischeln* n || *Getuschel* n || **-tería** f *Geheimniskrämerei* f || **-ter** m gall *Sekretär* m *(Möbel)* || **-tillo, -tito** m dim v. **-to** || fam *süßes Geheimnis* n || ◊ *andar de* ~s ~ **-tear** || **-tista** f *Geheimnis|krämer, -tuer* m || **-tivo** adj ⟨Med⟩ *absondernd, Sekretions-, sekretorisch*

secre|to adj/s *geheim, heimlich* || *verborgen* || *Geheim-* || *bolsillo* ~ fig *Taschengeld* n || *lenguaje* ~ *Geheimsprache* f || *policía* ~a *Geheimpolizei* f || *agente de la policía* ~a *Geheimpolizist* m || *puerta* ~a *Geheim|schloß* n, *-tür* f *(Hintertür)* || *sociedad* ~a *Geheimbund* m || *formación de sociedades* ~as *Geheimbündelei* f || *en* ~ *insgeheim, heimlich* || ~ m *Geheimnis* n || *Heimlichkeit* f || *Verschwiegenheit* f || *Geheimhaltung* f || *Geheimfach* n || *Geheimmittel* n || *Hosentasche* f || *Geheim-, Patent-, Vexier|schloß* n || ⟨Mil Pol⟩ *Geheimsache* f || ⟨Mus⟩ *Resonanzdecke* f *(Orgel, Klavier)* || △ *Gastwirt* m || △ *Dolch* m || ~ *comercial Geschäftsgeheimnis* n || ~ *de confesión,* ~ *sacramental Beichtgeheimnis* n (→ **sigilo**) || ~ *de Estado Staatsgeheimnis* n || ~ *médico ärztliche Schweigepflicht* f (→ **sigilo**) || ~ *postal Brief-, Post|geheimnis* n || ~ *profesional Amtsgeheimnis* n (→ **sigilo**) || ~ *a voces offenes Geheimnis* n || *con gran* ~ *sehr geheimnisvoll* || *mantenimiento del* ~ *Geheimhaltung* f || *bajo el sello del* ~ *unter dem Siegel der Verschwiegenheit* || ◊ *conocer el* ~, *estar en el* ~ figf *sich auskennen* || *dahintergekommen sein* || *guardar (revelar) un* ~ *ein Geheimnis bewahren (verraten)* || *sonsacar un* ~ *(a) jdm ein Geheimnis entlocken* || ~s pl *Geheimnisse* npl || fam *Geheimtuerei* f || ◊ *no tengo* ~ *para ti* fig *ich habe keine Geheimnisse vor dir* || **-tor** adj *absondernd, Sekretions-* || *órgano* ~ *Ausscheidungsorgan* n || **-torio** adj *absondernd, Sekretions-, sekretorisch*

sec|ta f ⟨Rel⟩ *Sekte* f *(& fig)* || fig *Spaltung* f || fig *Zunft* f || **-tario** m *Sektierer* m || fig *Abtrünnige(r)* m || fig *Fanatiker* m || fig *engstirniger Neuerer* m || ~ adj *sektiererisch, Sekten-* || fig *fanatisch* || *radikal* || *engstirnig* || **-tarismo** m *Sektierertum* n || *Sektenwesen* n || *(engstirniger) Radikalismus* m || **-tor** m *Kreis-, Kugel|ausschnitt* m || fig *Teil* m, *Abteilung* f || fig *(Sach)Bereich, Zweig* m || fig *Gebiet* n || ⟨Tech⟩ *Segment* n || ⟨El⟩ *(Leitungs)Netz* n || ⟨Mil⟩ *Frontabschnitt* m || ~ *esférico Kugelausschnitt* m || *avance por* ~es ⟨Mil⟩ *abschnittsweises Vorrücken* n

se|cuaz [*pl* -ces] adj *meist* pej *(leidenschaftlich) anhängend, zugetan* || ~ m *Parteigänger* m || *Anhänger* m || fig *Trabant* m || **-cuela** f *Nachspiel* n || *Folgerung, Folge* f || *Schluß* m, *Fortsetzung* f || ⟨Med⟩ *Folge(erscheinung)* f || ⟨Med⟩ *Nachwehen* pl || **-cuencia** f ⟨Rel Mus⟩ *Sequenz* f || ⟨Filmw⟩ *Sequenz, Bildfolge* f || *Szene* f || ~ *de fases* ⟨El⟩ *Phasenfolge* f || **-cuencial** adj *Serien-, sequentiell*

secues|tración f ⟨Jur⟩ *Beschlagnahme* f || **-tro, -trador** m *Beschlagnahmende(r)* m || *Entführer* m || **-trar** vt ⟨Jur⟩ *mit Beschlag belegen, beschlagnahmen, sequestrieren* || *widerrechtlich der Freiheit berauben* || *entführen* || *pfänden* || **-tro** m ⟨Jur⟩ *Beschlagnahme* f || *Freiheitsberaubung* f || *Entführung* f || *Menschenraub* m || ⟨Med⟩ *Sequester* m || ~ *aéreo Flugzeugentführung* f (→ **piratería**) || ◊ *disponer (od hacer) el* ~ *(de) et mit Beschlag belegen* || *levantar el* ~ *die Beschlagnahme aufheben* || *poner bajo* ~ ⟨Jur⟩ *unter Zwangsverwaltung stellen*

secu|lar adj *hundertjährig* || *mehrhundertjährig, jahrhundertealt* || fig *uralt* || *weltlich, Welt-* || ⟨Astr⟩ *sekulär* || *brazo* ~ *weltliche Macht* f || *clero* ~ *Weltgeistlichkeit* f || *(sacerdote)* ~ *Weltpriester* m || **-larización** f *Säkularisierung, Säkularisation* f || *Verweltlichung* f *(& fig)* || **-larizar** [z/c] vt *säkularisieren* || *verweltlichen* || *(kirchlichen Besitz) in weltlichen Besitz umwandeln* || *verstaatlichen (Kirchengüter, Unterricht)*

secun|dar vt *jdm behilflich sein, helfen, beistehen* || *jdn unterstützen* || *begünstigen* || *sekundieren* || ◊ ~ *los esfuerzos die Bemühungen unterstützen* || ~ *una opinión e–r Meinung beistimmen* || **-dario** adj *nebensächlich* || *zweiten Ranges, zweitrangig, nachgeordnet, sekundär* || *Neben-* || ⟨El⟩ *sekundär, Sekundär-, induktiv* || *cosa* ~ *Nebensache* f || *ferrocarril* ~ *Nebenbahn* f || *fin* ~ *Mit-, Neben|zweck* m || *significado* ~ *Nebenbedeutung* f || *tono* ~ *Nebenton* m || ◊ *es* ~ *das ist Nebensache*

|| **–dinas** *fpl* ⟨Med⟩ *Nachgeburt* f || **–dípara** *f*/adj *zum zweiten Male gebärende Frau*
secuoya *f* → **secoya**
secura *f* = **sequedad**
sed *f Durst* m || fig *brennendes Verlangen* n, *Drang* m (de *nach* dat) || pej *Sucht, Gier* f || ~ *ardiente brennender Durst* m || ~ de gloria *Ruhmbegier(de)* f || ~ de sangre *Blut|durst* m, *-rünstigkeit* f || ~ de venganza *Rachgier* f || ~ de verdad y el deleite de mentir *Drang nach Wahrheit und die Lust am Trug (aus Faust)* || ◊ apagar (*od* matar) la ~ *den Durst stillen* || arder de ~ *vor Durst vergehen* || eso excita (*od* da, hace) ~ *das erregt Durst* || morirse de ~ *verdursten* || fig *vor Durst umkommen* || tener ~ *durstig sein, dürsten*
seda *f Seide* f || ~ *Seiden|zeug* n, *-stoff* m || *(Schweins)Borste* f || ~ de acetato *Azetatfaserstoff* m || ~ artificial *Kunstseide* f || ~ de bordar *Stickseide* f || ~ brillante, ~ joyante *Glanzseide* f || ~ cruda, ~ en rama *Rohseide* f || ~ natural *Naturseide* f || ~ de vidrio *Glasseide* f || de ~ *seiden* || de toda ~, de ~ pura *Seiden-, reinseiden* || de media ~ *halbseiden* || bolsa de ~s *Seidenbörse* f || cinta de ~ *Seidenband* n || clase de ~ *Seidenart* f || comercio de ~ *Seidenhandel* m || desperdicios de ~ *Abfallseide* f || gusano de ~ *Seidenraupe, Raupe* f *des Seidenspinners* || hilo de ~ *Seiden|faden* m, *-garn* n || mercado de ~ *Seidenmarkt* m || papel de ~ *Seidenpapier* n || semillas de ~ fam *Eier* npl *des Seidenspinners* || como ~ *seidenweich* || como una ~ figf *schmiegsam, gefügig* || figf *federleicht* || ◊ andar (bzw ir) como una ~ fig *wie am Schnürchen laufen*
sedación *f Beruhigung, Linderung* ⟨bes Med⟩, *Sedation* f
sedal *m Angelschnur* f || ⟨Chir Vet⟩ *Haarschnur* f || ~ de zapatero *Pechdraht* m
sedalina *f halbseidenes Zeug* n
Sedán *m* ⟨Geogr⟩ *Sedan* || ≃ *m* ⟨Aut⟩ *Limousine* f
sedativo, sedante adj/s *schmerz|lindernd, -stillend, sedativ, beruhigend* || ~ *m Beruhigungsmittel, Sedativ(um)* n
sede *f Sitz* m || *Bischofssitz* m || la Santa ≃ *der Heilige Stuhl* || ~ vacante *Sedisvakanz* f
seden|tario adj *seßhaft* || *alteingesessen* || *ortsgebunden* || *sitzend* || *wenig ausgehend, häuslich* || ⟨V⟩ *Jahres-, Stand-* || ave ~a ⟨V⟩ *Jahresvogel* m (vgl **migrador**) || trabajo ~ *Arbeit* f *im Sitzen* || vida ~a *sitzende Lebensweise* f || **–te** adj *sitzend*
sede|ño adj *seiden(artig), Seiden-* || **–ría** *f Seidenware(n)* f(pl) || *Seidenfabrik* f || *Seidenhandel* m || **–ro** adj/s *Seiden-* || industria ~a *Seidenindustrie* f
sedicente adj *sogenannt* || *angeblich* || los ~s sacerdotes *die angeblichen Priester*
sedi|ción *f Auf|ruhr, -stand'* m, *Empörung, Meuterei* f || **–cioso** adj *auf|rührerisch, -ständisch* || → **rebelde** || ~ *m Auf|rührer, -ständische(r)* m
sediente adj: bienes ~s ⟨Jur⟩ *Liegenschaften* fpl, *unbewegliche Güter* npl, *Immobilien* pl
sediento adj *durstig* || fig *begierig* || *sich sehnend* (de *nach* dat) || ~ de amor *sich nach Liebe sehnend* || ~ de sangre fig *blut|dürstig, -rünstig, -gierig*
sedilla *f Halbseide* f
sedimen|tación *f Niederschlag* m || *Bodensatzbildung* f || ⟨Geol Chem⟩ *Sedimentation, Ablagerung* f || ~ de los glóbulos rojos ⟨Med⟩ *Blutsenkung* f || **–tario** adj *Ablagerungs-* || *Niederschlags-* || rocas ~as ⟨Geol⟩ *Sedimentgestein* n || **–to** *m Bodensatz, Niederschlag* m || *Ablagerung* f || *Kesselsteinbelag* m || *Sediment* n || **–tología** *f* ⟨Geol⟩ *Sedimentpetrographie, Sedimentologie* f || **–toso** adj *Niederschlag-* || *Bodensatz-*.
sedoso adj *seiden|artig, -weich, seidig*
seducción *f Ver|führung, -leitung* f || *Verführungskunst* f || *Verlockung* f || *Versuchung* f || fig *Reiz* m || fig *Entehrung* f || tentativa de ~ *Anlockungsversuch* m
sedu|cir [-zc-, pret -je] vt *ver|führen (auch Mädchen), -leiten* || *ver|locken, -suchen* || *bestechen* || fig *reizen* || *bezaubern* || fig *gefangennehmen, betören* || fig *entehren*
seduc|tivo adj *verführerisch, bezaubernd* || **–tor** adj *(ver)lockend* || *anziehend* || *reizend, reizvoll, bezaubernd, entzückend* || ~ *m Verführer* m
Sefar|ad *m Sepharad (jüdischer Name für die Iberische Halbinsel)* || **–dí** [*pl* **–íes**], **–dita** *m*/adj *Sephar|dit, -de, Jude* m *aus Spanien od Portugal* || **–díes, –ditas** *pl Sephardim* pl || ~ adj *sephardisch* || vgl **askenazi**
sega|ble adj *schnittreif (Getreide), mähbar* || **–dera** *f Sichel* f || **–dero** adj *mähbar* || **–dor** *m* ⟨Zool⟩ *Weberknecht* m (Phalangium spp) || **–dor(a)** *m(f) Schnitter(in)* m(f) || *(Gras)Mäher (-in)* m(f) || **–dora** *f Mähmaschine* f || **–doraagavilladora** *f Selbstbinder* m || **–dora-atadora** *f Mähbinder* m || **–dora-trilladora** *f Mähdrescher* m || **–dores** mpl ⟨Zool⟩ *Weberknechte* mpl (Opiliones)
segar [–ie–, g/gu] vt/i *(ab)mähen* || *(Futter) schneiden* || fig *ab|hauen, -schneiden* || fig *zerstören* || ◊ ~ en flor fig *im Keime ersticken* || máquina de ~ *Mähmaschine* f
Segis *m* pop = **Segismundo** *m* (Tfn)
Segismundo *m* np Tfn *Siegmund, Sigismund* m
seglar adj *weltlich (Geistlicher, Gerichtshof)* || *Laien-* || clero ~ *Weltgeistlichkeit* f || ~ *m Laie* m
segmen|tación *f* ⟨Gen⟩ *(Ei)Furchung, Teilung* f || ⟨Zool Entom⟩ *Segmentierung* f || **–tado** adj ⟨Zool⟩ *in Segmente od Abschnitte gegliedert, segmentiert, segmentär (z. B. Insekt)*
segmen|tar vt *in Segmente (od Abschnitte) gliedern* || **–to** *m* ⟨Math Zool Tech Li⟩ *Segment* n (& fig) || *Kolbenring* m || *Lamelle* f || ~ esférico *Kugelabschnitt* m, *Kalotte* f
seg.° Abk = **seguro**
segoviano adj/s *aus Segovia*
segoviense adj/s → **segoviano**
△**segre** *m Roggenbrot* n
segre|gación *f Ausscheidung* f || *Absonderung* f || *Trennung* f || ~ de los factores genéticos ⟨Gen⟩ *Aufspaltung* f *der Erbfaktoren* || ~ racial *Rassentrennung* f || **–gacionismo** *m Politik der Rassentrennung, Rassentrennungspolitik* f || **–gacionista** adj/s *Rassentrennungs-* || ~ *m Verfechter* m *der Rassentrennung* || **–gar** [g/gu] vt *ausscheiden* || *absondern* || *trennen* || *segregieren* || ◊ ~ pus *Eiter absondern* || **-se** *auseinandergehen*
△**segri|tón** [*f* **–toñi**] adj *der, die letzte*
segueta *f Laubsäge* f || *Laubsägeblatt* n
segui|da *f * Folge, Reihe* f || ⟨Mus Hist⟩ *Suite* f || de ~ *folglich* || *nacheinander* || *unverzüglich* || en ~ (de) *nachher, hernach* || *hierauf* || *unverzüglich, sofort* || ◊ vuelvo en ~ *ich bin gleich zurück* || **–dilla** *f Seguidilla* f *(span. Gedichtsform aus 4 oder 7 Versen)* || ~**s** *pl Seguidilla* f *(span. Tanz im* ³/₄*- oder* ³/₈*-Takt mit Kastagnetten- u. Gitarrenbegleitung)* || figf *Durchfall* m, *Diarrhö(e)* f || ~ manchegas *Seguidillas aus der Mancha* || **–dito** adv (dim *v.* **seguido**) || **–do** adj *fortlaufend, anhaltend, ununterbrochen* || *der Reihe nach* || pedidos ~s ⟨Com⟩ *lebhafte Nachfrage* f, *Folgeaufträge* mpl || punto ~ *Punkt und neuer Satz (beim Diktieren)* || fig *sofort, unverzüglich* || *immer geradeaus* || dos veces ~as *zweimal hintereinander* || tres días ~s *drei Tage nacheinander* || ◊ tocar ~ *ohne Zwischenpause spielen* || **–dor** *m*/adj *Verfolger* m || *Liebhaber, Bewerber* m || *Anhänger* m || polvos ~es *Liebes|mittel* n, *-trank* m || **–miento** *m Verfolgen* n || *Gefolge* n || *Gefolgschaft* f || *Verfolgung* f || ⟨Tech⟩ *Nachlauf* m || en ~ de *hinter jdm her* || ◊ ir en ~ (de) *jdm nachsetzen* || *jdn verfolgen*
seguir [–i–, g/gu] vt/i 1. *folgen* || *fortsetzen* ||

weiterführen || jdm nachgehen || jdn begleiten || ver-, nach\folgen, -setzen (e-m Häftling) || verfolgen (e-n Weg) || befolgen (Rat) || nachahmen || treiben (Handwerk, Kunst) || sich widmen (e-m Erwerbszweig) || führen (Prozeß) || angehören (e-r Partei) || ◊ ~ una carrera ein Studium einschlagen || ~ las instrucciones den (An)Weisungen folgen || ~ de lejos von weitem verfolgen || ~ la moda sich nach der Mode richten || ~ la pista die Fährte verfolgen || ¡seguidme! mir nach!

2. ~ vi a) fortfahren || fortdauern || (ver-)bleiben || erfolgen, geschehen || sich befinden || ◊ ~ a galope nachsprengen || ~ a gatas jdm nachkriechen || ~ con el negocio das Geschäft weiterführen || ~ en coche nachfahren || ~ con ímpetu jdm nachstürmen || ~ en un empleo e-e Stelle (weiter) behalten || ~ en su intento auf seinem Vorsatz beharren || sigue en París er bleibt (weiter) in Paris || ~ para Madrid nach Madrid weiterfahren || siga V. por esta calle gehen Sie diese Straße hinauf (hinunter) || siga V. siempre derecho, vaya V. seguido gehen (bzw fahren) Sie immer geradeaus || el enfermo sigue sin mejorar das Befinden des Kranken ist noch immer nicht befriedigend || hacer ~ nachsenden || (no) poder ~ (nicht) nachkönnen || punto y sigue (od punto y seguido) Punkt und neuer Satz (beim Diktieren) || en lo que sigue im folgenden || ¿cómo sigue V.? wie befinden Sie sich? || ¡(que V.) siga bien! alles Gute! (Abschiedsgruß)

b) in Verb. mit Gerundium [= continuar b)]: ~ escribiendo, ~ cantando, ~ hablando weiter (noch immer) schreiben, singen, sprechen (reden) || ~ ardiendo fortglimmen || ~ marchando weiter-, hinterher\marschieren || los precios siguen subiendo die Preise sind anhaltend im Steigen

c) in Verb. mit Adj.: sigo bueno ich befinde mich wohl, es geht mir gut || el tiempo sigue lluvioso es herrscht noch immer regnerisches Wetter || Pedro sigue soltero Peter ist noch (immer) unverheiratet

3. ~ (nach)folgen || hinter-, auf-, nach\einanderfolgen || die Folge sein (von dat) || herrühren (von dat), erfolgen || ◊ de ello se sigue (síguese de ello) daraus erhellt, daraus folgt || daraus läßt sich schließen || síguese a ello es folgt darauf

según a) prep nach, gemäß, laut, zufolge || nach Maßgabe || wegen || was ... betrifft || ~ aviso (factura) laut Bericht (Faktur) || ~ mi carta laut meinem Brief || ~ convenio laut Übereinkunft || ~ su deseo Ihrem Wunsche gemäß, wunschgemäß || ~ mi leal saber y entender nach bestem Wissen und Gewissen || soweit ich weiß || ~ él seiner Meinung nach || ~ eso demnach, daher || ~ la regla der Regel nach

b) in bindewörtlichen und adverbiellen Verbindungen: je nach(dem) || so viel, soweit || sowie, sobald || so (wie) || ~ esté el tiempo je nachdem wie das Wetter sein wird || se desee nach Wunsch, wunschgemäß || ~ creo (saber) soviel mir bekannt ist || ~ lo que dicen (od se dice) nach dem, was man sagt || wie man sagt || todo queda ~ estaba alles bleibt beim alten || parecía un ángel, ~ eran rubios sus cabellos mit seinen blonden Haaren sah er wie ein Engel aus || ~ iba andando, su rostro se iba encendiendo während er ging, wurde sein Gesicht immer röter || ~ y como, ~ y conforme durchaus so wie || je nachdem || ~ voy contigo o me quedo, ~ eventuell (vielleicht) gehe ich mit dir oder ich bleibe da || ¿vas conmigo? - ¡ ~ (y cómo)! gehst du mit? - wir werden sehen! je nachdem!

segun|da f zweites Umdrehen n (e-s Schlüssels) || ⟨Mus⟩ Sekund f || ⟨Sch⟩ Sekunda, zweite Klasse f || fig Hintergedanke m || ~ de cambio zweite Ausfertigung, Zweitausfertigung f e-s Wechsels, Sekundawechsel m || un ~ para Sevilla ⟨EB⟩ zweite Klasse nach Sevilla (am Schalter) || ◊ hablar con ~ doppelsinnig reden || ~s pl ⟨Typ⟩ zweite Korrektur f || –dar vt wiederholen || vi = secundar || –dero m Sekundenzeiger m (Uhr)

¹segundo adj der zweite || nach-, zweit|geboren || Felipe ≃ Philipp II. || cabo (de) ~a ⟨Mil⟩ Gefreite(r) m || ~a clase zweite Klasse, ⟨Sch⟩ Sekunda f || ~a dentición Zahnwechsel m || ~a elección Nachwahl f || ~a intención Hintergedanke m || ~a potencia ⟨Math⟩ Quadrat n || ~a prueba ⟨Typ⟩ zweite Korrektur f || ~ nupcias | → tia | → teniente || por ~a vez zum zweiten Male || en ~ lugar zweitens || ~as partes nunca fueron buenas etwa: die erste Wahl ist die beste

²segundo adv zweitens

³segundo m Zweite(r) m || Zeuge m (beim Zweikampf) || ⟨Mar⟩ Schiffsadjutant m || erster Angestellter m nach dem Chef || ⟨Sch⟩ zweites Studienjahr n || ~ derecha zweiter Stock rechts (Wohnungsangabe) || sin ~ fig ohnegleichen

⁴segundo m Sekunde f

segun|dogénito adj/s zweitgeboren || ~ m zweitgeborenes Kind n || –dón, ona adj/s = ~ || p. ex. nachgeborenes Kind n e-s Adelshauses

seguntino adj/s aus Sigüenza

segur f Beil n, Axt f || Sichel f || ⟨Hist⟩ Liktorenbeil n (→ haz)

segu|ramente adv wahrscheinlich || vermutlich || anzunehmen(d) || sicher(lich), mit Sicherheit, gewiß || jawohl || ~ vendrá (od viene ~) er kommt bestimmt || wahrscheinlich kommt er || –ridad f Sicherheit f || Gefahrlosigkeit f || Sorglosigkeit f || Gewißheit, Bestimmtheit f || Überzeugung f || Bürgschaft, Gewähr, Garantie f || Fassung, Gemütsruhe f || Sicherung f (der Waffen, der Maschinen) → seguro || agente de ~ Polizist m || ~ pública öffentliche Sicherheit f, Marktfriede m || con ~ de servicio (od funktionierend, marcha) ⟨Tech⟩ betriebssicher || cadena (cerradura, cierre) de ~ Sicherheits\kette f, -schloß n || caja (od cámara) de ~ Stahlkammer f (Bank) || cuerpo de ~ Sicherheitspolizei f || Dirección General de ≃ Oberste Polizeidirektion f || falta de ~ Unsicherheit f || Ungewißheit f || medidas de ~ Sicherheits|maßnahmen, -regeln fpl || la poca ~ die Unsicherheit, die Unzuverlässigkeit || válvula de ~ Sicherheitsklappe f || para mayor ~, por razones de ~ sicherheitshalber, der Sicherheit halber || para su ~ zu Ihrer Sicherheit || sin ninguna clase de ~ ganz unsicher || ohne jede Garantie || con ~ gewiß, sicher(lich), mit Sicherheit, zweifellos || ◊ dar (la) ~ die Zusicherung geben, zusichern || saber con ~ sicher, bestimmt wissen || (no) tener ~ (un)sicher sein || con toda ~ ganz bestimmt, mit absoluter Sicherheit || tenga V. la ~ de que ... seien Sie versichert, daß ... || tengo la ~ de que V. ... Sie werden sicherlich ...

¹seguro adj sicher, gefahrlos, geheuer || zuverlässig, gewiß || verläßlich || fest, bestimmt || haltbar || fest, unbeweglich || fig waschecht || poco ~ unsicher || ~ de insidias sicher vor Nachstellungen || ~ en su opinión sicher im Urteil || ~ de que ... davon überzeugt, daß ... || ~ de vencer siegesgewiß || papel ~ ⟨Com⟩ sicheres, erstklassiges Papier n || ◊ andar ~ sichergehen od sicher sein || estar ~ de [que] sicher sein, überzeugt sein (von dat, [daß]) || zuverlässig sein || zählen können (auf acc) || estar de sí, ir sobre ~ ~-r Sache sicher sein || estoy ~ de ello ich weiß es ganz bestimmt || estoy de él ich verlasse mich auf ihn, er ist sehr zuverlässig || hacer negocios ~s sichere Geschäfte machen || obrar ~ de a/c sich auf et verlassen || tener ~ despacho ⟨Com⟩ sicheren Absatz haben (Ware)

²**seguro** adv bestimmt, sicherlich ‖ ¡~! jawohl!
³**seguro** m Versicherung f‖ Sicherheit, Gewißheit f ‖ Geleitbrief, Freipaß m ‖ ⟨Tech⟩ Sicherheitsvorrichtung f‖ Sicherung f (am Gewehr, an Maschinen) ‖ ~ contra accidentes Unfallversicherung f ‖ ~ contra accidentes de trabajo Arbeitsunfallversicherung f (für Arbeiter) ‖ ~ de(l) casco ⟨Mar⟩ (See) Kaskoversicherung f (→ ~ contra todo riesgo) ‖ ~ de desempleo Arbeitslosenversicherung f ‖ ~ de enfermedad Krankenversicherung f ‖ ~ de equipaje(s) Gepäckversicherung f ‖ ~ contra el granizo Hagelversicherung f ‖ ~ contra incendios Feuerversicherung f ‖ ~ de guerra Kriegsversicherung f ‖ ~ marítimo Seeversicherung f ‖ ~ mutuo gegenseitige Versicherung, Versicherung f auf Gegenseitigkeit ‖ ~ obligatorio gesetzliche Versicherung, Pflicht-, Zwangs|versicherung f ‖ ~ obrero Arbeiterversicherung f ‖ ~ de pensiones (od retiro) Renten-, Pensions|versicherung f ‖ ~ de responsabilidad civil Haftpflichtversicherung f ‖ ~ a (od contra) todo riesgo ⟨Aut⟩ (Voll) Kaskoversicherung f ‖ ~ contra el robo Versicherung f gegen Diebstahl ‖ ~ contra la rotura de cristales Glasscheibenversicherung f ‖ ~ social Sozialversicherung f ‖ ~ subsidiario Rückversicherung f ‖ ~ terrestre Landversicherung f ‖ ~ de transporte Transportversicherung f ‖ ~ de vejez e invalidez Alters- und Invaliden|versicherung f ‖ ~ de viaje Reiseversicherung f ‖ ~ de vida Lebensversicherung f ‖ ~ de viudedad y orfandad Witwen- und Waisen|versicherung f ‖ ~ voluntario freiwillige Versicherung f ‖ a buen ~, al ~, de ~ sicher (-lich), gewiß ‖ en ~ in Sicherheit ‖ agencia, compañía, caja de ~s Versicherungs|agentur, -gesellschaft, -kasse f ‖ contrato de ~ Versicherungsvertrag m ‖ corredor de ~s Versicherungsagent m ‖ ◊ contar de ~ (con) bestimmt rechnen (mit dat, auf acc) ‖ contraer (concertar, contratar, hacer), efectuar, renovar, anular el ~ die Versicherung abschließen, besorgen, erneuern, auflösen ‖ estoy en lo ~ ich weiß es ganz bestimmt ‖ poner el ~ sichern (Waffe)
seibó m engl Sideboard n ‖ → a **aparador**
seibón m → **ceibón**
seiches fpl Seiches pl (Eigenschwingungen in Seen und abgeschlossenen Meeresteilen)
seis adj/s sechs ‖ Sechs f, Sechser m ‖ el ~ de abril am sechsten April ‖ ~ m: ~ por ocho ⟨Mus⟩ Sechsachteltakt m ‖ a las ~ de la mañana um sechs Uhr früh
seisavo m/adj Sechstel n
seis|centista m Schriftsteller m des 17. Jhs. ‖ –**cientos** adj/s sechshundert
seise m prov Chorknabe m (bes der Kathedrale von Sevilla)
seisillo m ⟨Mus⟩ Sextole f
seismología f = **sismología**
seje m Am Butterpalme f
△**sejonia** adv jetzt
selacio m ⟨Fi⟩ Hai m (→ **tiburón**) ‖ ~s mpl ⟨Fi⟩ Haie mpl (Selachii)
selec|ción f Auswahl f ‖ Auslese f ‖ Zuchtwahl f ‖ Ausscheidung f ‖ ⟨Com⟩ Sortieren n ‖ ⟨Sp⟩ Auswahl-, Länder|mannschaft f ‖ ⟨Radio⟩ Trennschärfe f ‖ ~ automática ⟨Tel⟩ Selbstwählferndienst m ‖ ~ nacional ⟨Sp⟩ National-, Länder|mannschaft f ‖ ~ natural ⟨Biol⟩ natürliche Auslese f (Zuchtwahl) ‖ ~ previa Vorwahl f ‖ ~ automática Vorwahlschaltung f ‖ ◊ hacer una ~ e-e Auswahl treffen ‖ –**cionado** m ⟨Sp⟩ Ländermannschaftsspieler m ‖ ~ adj: equipo ~ Auswahlmannschaft f ‖ –**cionar** vt aus|wählen, -lesen ‖ aussortieren ‖ selekti(oni)eren (Viehzucht) ‖ ⟨Radio TV⟩ trennen, aussieben ‖ –**tividad** f ⟨Radio TV⟩ Trennschärfe f ‖ Scharfeinstellung f ‖ Selektivität f ‖ –**tivo** adj selektiv, trenn-, abstimm|scharf ‖ curso ~ Auswahllehrgang m ‖

–**to** adj auserwählt ‖ auserlesen ‖ obras ~as ausgewählte Werke npl ‖ ~s pl e-e mittelfeine span. Zigarrensorte ‖ –**tor** m ⟨El⟩ Wähler, Wahlschalter, Auswähler m ‖ ~ de cambio de marcha ⟨Aut⟩ Gang|schalter, -wähler m (bei Automatik) ‖ ~ adj (aus) wählend ‖ disco ~ ⟨Tel⟩ Wählerscheibe f
Selene f ⟨Myth⟩ Selene f (Mondgöttin) ‖ ⟨Lit⟩ Selene f, Mond m (→ **luna**)
sele|nio m ⟨Chem⟩ Selen n ‖ –**nita** m Mondbewohner m ‖ ~ f ⟨Min⟩ Selenit m ‖ –**nología** f Mond|kunde bzw -forschung f
Seltz: (agua de) ~ m Selterswasser n ‖ p.ex Sodawasser n
sel|va f Wald, Forst m ‖ ~ (virgen) Urwald m ‖ la ∠ de Bohemia der Böhmerwald ‖ la ∠ Negra der Schwarzwald ‖ → **reloj** ‖ –**vático** adj waldig ‖ fig wild ‖ fig grob, ungeschlacht ‖ –**voso** adj waldig ‖ waldreich
sella|do adj plombiert (Waren) ‖ versiegelt ‖ gestempelt ‖ papel ~ Stempelpapier n ‖ –**dura** f (Ver) Siegelung f
sellar vt siegeln ‖ be-, ver-, zu|siegeln ‖ (ab) stempeln ‖ fig besiegeln (Schicksal) ‖ fig beendigen, beschließen ‖ fig bekräftigen ‖ ◊ ~ los labios (od el labio) fig schweigen, verstummen ‖ ~ una carta e–n Brief siegeln (bzw mit der Briefmarke versehen)
sello m Siegel, Petschaft n ‖ Stempel(abdruck) m ‖ Stempelmarke f ‖ Briefmarke f ‖ Beitragsmarke f ‖ ⟨Pharm⟩ Oblate, Kapsel f ‖ fig Gepräge m (→ **impronta**) ‖ ~ de alcance Strafporto n, Zuschlagsmarke f ‖ ~ de la casa Firmenstempel m ‖ ~ de lacre Lacksiegel n ‖ ~ de correo, ~ de franqueo Brief-, Post-, Frei|marke f ‖ ~ hermético luftdicht abgeschlossener, geschliffener Deckel m (e–s Glasgefäßes) ‖ ~ en seco Hochdruckstempel m ‖ colección (coleccionista) de ~s postales Briefmarken|sammlung f (-sammler m) (→ **filatelia, filatélico**) ‖ derechos de ~ Stempelsteuer f ‖ ruptura de ~s ⟨Jur⟩ Siegelbruch m ‖ sujeto al ~ stempelpflichtig ‖ bajo el ~ del secreto fig unter dem Siegel der Verschwiegenheit (→ **secreto, sigilo**) ‖ bajo siete ~s fig unter sieben Siegeln (verschlossen) ‖ ◊ arrancar el ~ das gerichtliche Siegel abnehmen ‖ cerrar con ~ versiegeln ‖ echar, poner el ~(a) siegeln ‖ stempeln ‖ die Briefmarke aufkleben ‖ den Stempel der Vollendung aufdrücken (dat) ‖ inutilizar el ~ den Stempel durchstreichen ‖ die Briefmarke abstempeln ‖ levantar (quitar) el ~ gerichtlich entsiegeln
Sem [sen] m np Sem m
sem., sems. Abk = semana(s)
semafórico adj: señales ~as Lichtzeichen npl ‖ → a **semáforo**
semáforo m Zeichen-, Licht|mast m (mit beweglichen Armen) ‖ Signal|stange, -scheibe f ‖ ⟨Mar⟩ optischer Küstentelegraf m ‖ ⟨StV⟩ (Verkehrs) Ampel f ‖ ~ intermitente Blinkampel f
sema|na f Woche f ‖ fig Wochenlohn m ‖ ~ blanca ⟨Com⟩ Weiße Woche f (Ausverkauf) ‖ ~ inglesa englische Woche f, Weekend, Wochenende n ‖ Fünftagewoche f ‖ la ~ próxima, pasada (od *transcurrida) die nächste, vorige Woche ‖ la ∠ Santa die Karwoche ‖ la ~ trágica → **trágico** ‖ los días de la ~ die Wochentage mpl ‖ la mala ~ pop die Menstruation f ‖ cuatro veces por ~ viermal wöchentlich ‖ cada cuatro ~s vierwöchentlich, alle vier Wochen ‖ durante cuatro ~s vierwöchig, vier Wochen lang ‖ durante ~s (enteras) wochenlang ‖ entre ~ in der Woche ‖ por ~s wochenweise ‖ ◊ cobrar la ~ den Wochenlohn empfangen ‖ la ~ que no tenga viernes fig am Nimmermehrstag, nie ‖ –**nal** adj wöchentlich ‖ una lección ~ e–e Stunde wöchentlich ‖ revista ~ Wochenschrift f ‖ adv:

semanario — semoviente 980

~**mente** ‖ **-nario** m Wochenschrift f
semantema m ⟨Li⟩ Sem(antem) n ‖ Lexem n als lexikalischer Inhaltsträger
semántic|a f Semantik f ‖ **-o** adj semantisch
semasiología f Semasiologie f (Terminus der älteren Sprachwissenschaft für Semantik)
semblan|te m Gesichtsausdruck m ‖ Gesicht n, Miene f ‖ fig Ansehen n, Anschein m ‖ con el ~ descompuesto mit verzerrten (verstörten) Gesichtszügen ‖ ◊ el asunto presenta un buen ~ die S. steht gut ‖ hacer ~ de sich stellen, tun als ob ‖ **-za** f Ähnlichkeit f ‖ Lebensbeschreibung f
sembra|dera f ⟨Agr⟩ Sämaschine f ‖ ~ de hileras ⟨Agr⟩ Drillmaschine f ‖ ~ de vuelo (ancho) ⟨Agr⟩ Breitsämaschine f ‖ **-dío** adj für e-e Bestellung geeignet ‖ Saat-, Acker- ‖ **-do** m Saat-, Acker|feld n ‖ **-dor** m Sämann m ‖ ~´adj säend ‖ **-dora** f Säerin f ‖ Sämaschine f ‖ **-dura** f Aussaat f ‖ Säen n ‖ Getreidebau m ‖ tierra de ~ Ackerfeld n
sembrar [-ie-] vt/i ⟨Agr⟩ (be)säen, aussäen (& fig) ‖ fig hin und her werfen, ausstreuen ‖ fig bestreuen (de mit dat) ‖ fig verbreiten (Lehre) ‖ fig einflechten (Sprüche) ‖ ◊ ~ de arena mit Sand bestreuen ‖ ~ en la arena fig auf Sand bauen ‖ ~ el camino de (od con) flores den Weg mit Blumen überstreuen ‖ ~ discordia Zwietracht stiften ‖ ~ el pánico Schrecken verbreiten ‖ quien bien siembra, bien recoge wie die Saat, so die Ernte
semejan|te adj ähnlich (a dat) ‖ solch, so ein ‖ gleich ‖ un caso ~ ein ähnlicher, ein solcher Fall ‖ nada ~ nichts dergleichen ‖ no valen ~s razones solche Gründe gelten nicht ‖ no se ha visto ~ desgracia solch ein Unglück ist noch nicht dagewesen ‖ ¡con una helada ~! bei so e-m Frost! ‖ ~ m Nächste(r), Mitmensch m ‖ Artgenosse m ‖ Vergleich m ‖ nuestros ~s unser(e)sgleichen ‖ sus ~s seinesgleichen ‖ deberes del hombre para (con) sus ~s Pflichten fpl des Menschen gegen den Nächsten ‖ **-za** f Ähnlichkeit f ‖ Gleichheit f ‖ Parabel f, Gleichnis n ‖ a ~ de familia Familienähnlichkeit f ‖ a ~ de gleich wie ‖ wie ‖ nach Art von (dat) ‖ ◊ tener ~ con ähnlich sein (dat)
seme|jar vi ähneln, ähnlich sein (dat) ‖ gleichen ‖ scheinen, aussehen wie (nom) ‖ ◊ España semeja una piel de toro extendida Spanien hat die Form e-r ausgebreiteten Stierhaut ‖ ~se en a. (a.) jdm in e-r S. ähnlich sein ‖ → **parecer** ‖ **-jos** mpl Col: ◊ darse ~ ähneln
semen m (menschlicher und tierischer) Same(n) m ‖ ⟨Bot⟩ & fig Saat f ‖ ~ **semilla** ‖ **-contra** m ⟨Pharm⟩ Wurmsame(n) m
semen|tal m/adj Zucht-, Vater|tier n ‖ (Deck-) Hengst m ‖ **-tar** [-ie-] vt (be)säen ‖ **-tera** f Saat (-zeit) f ‖ Saatfeld n ‖ fig Pflanzstätte f (des Lasters) ‖ **-tero** m Sätuch n
semes|tral adj halbjährlich ‖ halbjährig, Halbjahrs- ‖ cuenta ~ Halbjahrsrechnung f ‖ nota ~ Semesterzeugnis n ‖ adv ~**mente** ‖ **-tre** m Halbjahr, Semester n ‖ por ~s halbjährlich ‖ ~ de verano (invierno) Sommer(Winter)semester n
semi-, **semi** halb-, Halb-, *Semi- ‖ ~ a oscuras im Halbdunkel
semi|árido adj ⟨Geogr Ökol⟩ semiarid, halbtrocken ‖ **-automático** adj halbautomatisch ‖ **-bárbaro** adj halbbarbarisch ‖ **-breve** f ⟨Mus⟩ Semibrevis, ganze Note f ‖ **-cadáver** m Halbtote(r) m ‖ **-circular** adj halbkreisförmig ‖ **-círculo** m Halbkreis m ‖ en ~ halbkreisförmig ‖ **-circunferencia** f Halb-, Um|kreis m ‖ **-conductor** m ⟨Elc⟩ Halbleiter m ‖ **-consciencia** f Unterbewußtsein n ‖ **-consonante** f Halbvokal m ‖ **-coque** m Tieftemperatur-, Schwel|, Halb|koks m ‖ **-corchea** f ⟨Mus⟩ Sechzehntelnote f ‖ **-culto** adj halbgelehrt ‖ **-cupio** m ⟨Med⟩ Halb-Sitz|bad n ‖ **-desnudo** adj halbnackt ‖ **-destilación** f Schwelen n ‖ **-difunto** adj halbtot ‖ **-difuso** adj halb zerstreut (Licht) ‖ **-diós** m Halbgott m ‖ **-diosa** f Halbgöttin f ‖ **-dormido** adj im Halbschlaf ‖ **-eje** m Halbachse f ‖ ⟨Aut⟩ Achswelle f ‖ **-elaborado** adj halbbearbeitet (Werkstück) ‖ halbfertig (Ware) (→ **-manufacturado**) ‖ **-esfera** f Halbkugel f ‖ **-esférico** adj halbkugelförmig ‖ **-estatal** adj halbstaatlich ‖ **-final** f ⟨Sp⟩ Vorschlußrunde f, Halbfinale n ‖ **-fondo** m ⟨Sp⟩: carrera de ~ Mittelstreckenlauf m ‖ **-fusa** f ⟨Mus⟩ Vierundsechzigstelnote f ‖ **-graso** adj halbfett ‖ **-hombre** m Halbmensch m ‖ **-humano** adj halbmenschlich, wild ‖ **-húmedo** adj ⟨Geogr Ökol⟩ semihumid ‖ **-lateral** adj halbseitig ‖ **-líquido** adj halbflüssig ‖ **-loco** adj halbverrückt ‖ **-lunar** adj halbmondförmig ‖ **-lunio** m Halbmond m
semi|lla f Same(n) m, (Samen)Korn n ‖ Saat f (& fig) ‖ fig Keim m ‖ fig Grund m, Quelle f ‖ ~s pl Sämereien fpl ‖ Saatkorn n ‖ ~ de gusanos de seda Seidenraupeneier npl (Eier npl des Seidenspinners) ‖ **-llero** m Baum-, Pflanz|schule f ‖ Schonung f (im Walde) ‖ Kamp m ‖ fig Brutstätte f ‖ ~ del vicio fig Brutstätte f des Lasters ‖ → **sementera**
semi|manufacturado adj: artículos ~s Halbfabrikate npl ‖ **-mínima** f = **seminima** ‖ **-muerte** f Halb-, Schein|tod m
semi|nal adj Samen- ‖ **-nario** m Pflanz-, Baum|-schule f ‖ Erziehungs-, Bildungs|anstalt f ‖ (Priester-, Lehrer-, Universitäts)Seminar n ‖ ~ conciliar, ~ sacerdotal Priesterseminar n ‖ ~ de estudios sociales Span Seminar n für Arbeiterbildung ‖ **-narista** m Seminarist m
seminegr|a f/adj ⟨Typ⟩ halbfette Letter f ‖ **-o** adj halbschwarz, schwärzlich ‖ ⟨Typ⟩ halbfett
seminífero adj ⟨Biol⟩ samen|erzeugend bzw -tragend, Samen-
semínima f ⟨Mus⟩ Viertelnote f
semi|nublado adj halbbewölkt ‖ **-nuevo** adj fast neu (z. B. Kleid) ‖ **-oficial** adj halbamtlich ‖ **-ología** f Semiologie f ‖ ⟨Med⟩ = **sintomatología** ‖ **-oruga** f ⟨Aut⟩ Halbkettenfahrzeug n ‖ **-oscuridad** f Halbdunkel n ‖ **-penumbra** f Halb|dunkel n, -schatten m ‖ **-permeable** adj ⟨Phys Biol⟩ halbdurchlässig, semipermeabel ‖ **-pesado** ⟨Sp⟩ halbschwer ‖ **-pleno** adj halbvoll ‖ comerciante ~ ⟨Jur⟩ Halbkaufmann m ‖ **-poeta** m fam Dichterling m ‖ **-precioso** adj: piedras ~as Halbedel-, Schmuck|steine mpl ‖ **-producto** m Halbfabrikat n
Semíramis f np Semiramis f
semi|rrecto adj halbrecht (Winkel v. 45⁰) ‖ **-rremolque** m ⟨Aut⟩ Sattel(schlepp)-, Einachsen|anhänger m ‖ **-rrígido** adj halbstarr ‖ **-rrubio** adj halbblond ‖ **-sabio** m Halbgelehrte(r) m ‖ **-seda** f Halbseide f ‖ **-soberanía** f ⟨Jur⟩ Halbsouveränität f ‖ **-soberano** adj: estado ~ halbsouveräner Staat m ‖ **-sótano** m Halbsouterrain n ‖ Erdhaus n (e-r Gärtnerei & ähnl.) ‖ **-sueño** f Halbschlaf m
semita adj semitisch, p. ex jüdisch ‖ ~ m Semit m ‖ p. ex Jude m
semitela f Halbleinen n
se|mítico adj semitisch ‖ p. ex jüdisch ‖ rasgos ~s semitische Züge mpl ‖ **-mitismo** m semitisches Wesen n ‖ ⟨Li⟩ Semitismus m ‖ → **sionismo** ‖ **-mitista** m ⟨Li⟩ Semitist m
semi|tono m ⟨Mus⟩ halber Ton m ‖ ópera en ~s (od intertonal) Halbtonoper f ‖ **-transparente** adj halbdurchlässig (für das Licht) ‖ halbdurchsichtig ‖ **-vivo** adj halblebend ‖ **-vocal** f ⟨Gr⟩ Halb|vokal, -lauter m
sémola f Grieß m ‖ Grütze f ‖ ~ de avena mondada Hafergrütze f ‖ ~ de cebada Gerstengrieß m ‖ sopa de ~ Grütz-, Grieß|suppe f
semoviente adj selbstbewegend ‖ bienes ~s ⟨Jur⟩ bewegliche (im Sinne von: sich selbst

fortbewegende) Güter npl *(Tiere)* ‖ vgl **inmueble, mueble** ‖ guía de ~s de lujo Span *Begleitpapier* n *für Luxus- od Zier\tiere*
sempiterna f ⟨Bot⟩ = **siempreviva**
sempiterno adj *ewig* ‖ *immerwährend*
¹**sen** m, **sena** f ⟨Bot⟩ *Kassie* f (Cassia spp) ‖ ~ de Maryland *Maryland-Kassie* f (C. marilandica) ‖ hojas de ~ ⟨Pharm⟩ *Sennesblätter* npl
²***sen** m *Sinn, Verstand* m
³**sen** m *Sen* m *(japanische & indonesische Münzeinheit)*
⁴△**sen** m *Schall* m
sena f → ¹**sen** ‖ *Sechs* f *(Würfel)*
Sena: el ~ *die Seine (Fluß)*
sena\|do m *Senat* m *(Ratsversammlung)* ‖ *Senat* m *(e–s Gerichtshofs)* ‖ *Senatsgebäude* n ‖ **–dor** m *Senator* m ‖ *Ratsherr* m ‖ **–duría** f *Senatoren\|würde* f bzw *-amt* n
senario adj *sechssteilig* ‖ *sechszählig* ‖ *compás* ~ ⟨Mus⟩ *Sechsachtel-, Sechsviertel\|takt* m
senato\|rial, –rio adj *senatorisch* ‖ *Senats-* ‖ *Senatoren-*
S. en C. Abk = **Sociedad en Comandita**
senci\|llamente adv *einfach, schlecht\|hin, -weg* ‖ *kurz und gut* ‖ **–llez** [*pl* **–ces**] f *Einfachheit, Schlichtheit* f ‖ *Geradheit, Arglosigkeit, Redlichkeit* f ‖ *Einfalt* f ‖ *Ungezwungenheit* f *(des Stiles)* ‖ ~ de manejo ⟨Tech⟩ *einfache Handhabung* f ‖ → **simplicidad** ‖ **–llo** adj *einfach* ‖ *schlicht, schmucklos* ‖ *einzeln* ‖ *dünn, einfach (Zeug)* ‖ fig *schlicht, arglos, aufrichtig* ‖ fig *ehrlich, redlich* ‖ fig *einfältig* ‖ *schlicht (Stil)* ‖ *(billete)* ~ *einfache Fahrkarte* f ‖ *avería* ~a ⟨Mar⟩ *einfache Havarie* f ‖ *teneduría de libros por partida* ~a *einfache Buchführung* f ‖ ◊ no es tan ~ como parece *es ist nicht so einfach* ‖ es muy ~ *das ist ganz einfach* ‖ ¡no hay cosa más ~a! *nichts einfacher als das!* ‖ **–llote** adj augm v. **–llo:** es muy ~ fam *er ist ein treuherziger, etwas einfältiger Bursche*
sen\|da f *(Fuß)Pfad, Fuß\|weg, -steig, Steg* m ‖ *Reitweg* m ‖ ⟨StV⟩ *Spur* f ‖ la ~ de la virtud fig *der Pfad der Tugend* ‖ **–dero** m = **senda** ‖ dim: **–deruelo** m, **–derita** f
sendos, ~**as** adj\|pl *je(der) ein(zelne)* ‖ *jeder für od an sich* ‖ ◊ vaciamos ~ vasos de vino *wir tranken jeder sein Glas Wein (oft fälschlich in Sinne von „tüchtig, groß, mächtig" gebraucht)*
Séneca m np *Seneka, Seneca (Lucius Annaeus ~ d. J., 4 v. Chr.–65 n. Chr.)* ‖ ~ fig *weiser Mann* m ‖ → **senequismo**
senecio m ⟨Bot⟩ *Grau-, Kreuz\|kraut* n (Senecio spp) ‖ *Aschenpflanze* f (Cineraria senecio *usw) (Zierpflanze)*
senectud f *Greisenalter* n
senega\|lés, ~**esa** (**–lense**) adj\|s *senegalesisch, vom Senegal* ‖ ~ m *Senegalese* m
senequis\|mo m *(moralisch-philosophische) Lehre* f *Senecas* ‖ fig *stoische Haltung* f ‖ **–ta** m\|adj *Anhänger* m *des* senequismo ‖ ~ adj *von Senecas Wesensart*
senés, esa adj\|s *aus Siena* (It)
senescal m *Seneschall* m ‖ **Truchseß, Oberhofmarschall* m ‖ *Landvogt* m
senescen\|cia f ⟨Med⟩ *Altern, Altwerden* n ‖ *Altersschwäche, Seneszenz* f ‖ *Vergreisung* f ‖ **–te** adj *alternd*
se\|nil adj *greisenhaft, senil* ‖ *Alters-* ‖ *debilidad* ~ *Altersschwäche* f ‖ **–nilidad** f ⟨Med⟩ *Greisenhaftigkeit, Senilität* f ‖ ~ *precoz vorzeitiges Altern* n ‖ **–nior** m *Senior, Älteste(r)* m
S. en Liq. Abk = **sociedad en liquidación**
seno m *(Aus)Höhlung, Vertiefung* f ‖ ⟨An⟩ *Höhle* f ‖ *Busen* m, *Brust* f ‖ *Schoß* m ‖ *Mutterleib* m ‖ *Bucht* f, *Meerbusen* m ‖ *Sinus* m *(e–s Winkels od Bogens)* ‖ fig *Innere(s), Innerste(s)* n ‖ el ~ de Abrahán *Abrahams Schoß* m ‖ ~ de la Iglesia *der Schoß der Kirche* ‖ en el ~ de la familia *im Familienkreis* ‖ ~ primero *Sinus* m

(e–s Winkels). ‖ ~ segundo *Kosinus* m (→ **coseno**) ‖ ◊ llevar en el ~ *unter dem Herzen tragen* ‖ sacar del ~ *aus dem Busen ziehen (z. B. Geld)* ‖ ~**idal** adj ⟨Math Phys⟩ *sinusförmig* ‖ *Sinustono* ~ *Sinuston* m *(elektronische Musik)* ‖ ~**ide** f ⟨Math Phys⟩ *Sinus\|kurve, -linie* f
△**senque** m *Zweig, Ast* m
sensa\|ción f *Gefühl* n, *Empfindung* f ‖ *Sinneseindruck* m ‖ *Aufsehen* n, *Sensation* f ‖ ~ de aislamiento ⟨Astr⟩ *Isolationsphänomen* n, *Vereinsamungs\|koller, -komplex* m *(breakoff)* ‖ ~ olfativa (táctil) *Geruchs- (Tast)empfindung* f ‖ ◊ causar *(od producir)* ~ *Aufsehen erregen* ‖ afán de producir ~ *Sensationssucht* f ‖ **–cional** adj *sensationell, aufsehenerregend* ‖ fam *epochal, epochemachend* ‖ fam *prima, ganz toll* ‖ ◊ es una chica ~ fam *das ist ein tolles Mädchen* ‖ **–cionalismo** m *Neol Sensations\|gier, -lust* f ‖ **–cionalista** adj *sensationslüstern* ‖ prensa ~ *Sensationspresse* f ‖ periódico ~ *Sensationsblatt*, fam *Revolverblatt* n ‖ **–tamente** adv *mit Überlegung* ‖ **–tez** [*pl* **–ces**] f *Verständigkeit, Besonnenheit* f ‖ **–to** adj *verständig, besonnen, klug, vernünftig*
sensibili\|dad f allg *Empfindlichkeit* f ‖ *Empfindungs\|vermögen* n, *-fähigkeit* f ‖ *Empfindsamkeit* f, *Mitgefühl, Gemüt* n ‖ *Erregbarkeit* f ‖ *Empfindsamkeit* f ‖ *Sensibilität* f ‖ ~ alérgica *allergische Empfindlichkeit* f (→ **alergia**) ‖ ~ a los colores ⟨Phot⟩ *Farbempfindlichkeit* f ‖ ~ al frío (calor) *Kälte- (Wärme)empfindlichkeit* f ‖ ~ a la luz ⟨Phot Opt⟩ *Lichtempfindlichkeit* f ‖ ~ afectada *Zärtelei* f ‖ de gran *(od* alta) ~ ⟨Phot⟩ *hochempfindlich (Trockenplatten)* ‖ **–zación** f *Sensibilisierung* f ⟨& Med⟩ ‖ **–zar** [z/c] vt ⟨Phot Med⟩ *sensibilisieren* ‖ allg *sinnlich wahrnehmbar machen, empfindlich machen*
sensi\|ble adj *empfindlich* ‖ *empfindsam, zartbesaitet* ‖ *erregbar, reizbar, empfänglich* ‖ *fühlsam* ‖ *fühlbar* ‖ *gefühlvoll, mitleidig, weichherzig, zart* ‖ *schmerzlich, beklagenswert, bedauerlich* ‖ *verdrießlich* ‖ ⟨Med⟩ *allergisch (& fig)* (→ **alérgico**) ‖ ⟨Phot⟩ *lichtempfindlich* ‖ allg *sinnlich wahrnehmbar* ‖ me es muy ~ *es schmerzt mich wahrnehmbar* ‖ es muy ~ *es ist sehr zu bedauern* ‖ er *(sie, es) ist sehr empfindlich bzw empfindsam* ‖ me es muy ~ *es schmerzt mich sehr, es tut mir sehr leid* ‖ ~ a los colores, a la luz, al rojo *farben-, licht-, rot\|empfindlich* ‖ experimentar un cambio ~ *(una pérdida)* ~ *e fühlbare Veränderung (e–n fühlbaren Verlust) erfahren* ‖ por ~ que sea la pérdida *so schmerzlich der Verlust auch ist* ‖ soy muy ~ al frío *ich bin sehr empfindlich gegen Kälte* ‖ nota ~, tono ~ ⟨Mus⟩ *empfindlicher Ton* m *(Septime in der Tonleiter)* ‖ **–blemente** adv *schmerzlich, beklagenswert* ‖ *merklich, spürbar, augenscheinlich* ‖ ~ constante *annähernd gleichbleibend* ‖ **–blería** f fam *Empfindelei, übertriebene* bzw *falsche Empfindsamkeit, Sentimentalität* f ‖ **–blero** adj\|s *übertrieben empfindsam, falsch sentimental, gefühlsduselig* ‖ ~ m fam *sentimentaler Schriftsteller* m ‖ drama ~ iron *Rührstück* n ‖ **–tiva** f ⟨Bot⟩ *Mimose, Schamhafte Sinnpflanze* f (Mimosa pudica) ‖ **–tivar** vt ⟨Phot⟩ *sensibilisieren* ‖ **–tivo** adj *empfindungsfähig, sinnlich* ‖ *sensitiv* ‖ ⟨Physiol Med⟩ *sensibel (Nerv)* ‖ ⟨Med⟩ *feinnervig, empfindsam*
sensitómetro m ⟨Phot⟩ *Sensitometer* n
sen\|sorio, –sorial adj *senso\|risch, -riell* ‖ *Sinnes-Empfindungs-* ‖ ⟨An⟩ *zu den Sensorien (der Großhirnrinde) gehörend* ‖ *órganos* ~ *Sinnesorgane* npl ‖ **–sual** adj *sinnlich* ‖ *Sinnen-* ‖ adv: ~**mente** ‖ *apetito* ~ *Sinnlichkeit* f ‖ *goce* ~ *Sinnenlust* f ‖ *mundo* ~ *Sinnenwelt* f ‖ **–sualidad** f *Sinnlichkeit* f ‖ **–sualismo** m *Neigung* f *zur Sinnlichkeit* ‖ *Sinnlichkeit* f ‖ ⟨Philos⟩ *Sensualismus* m *(von J. Locke)* ‖ **–sualista** m\|adj ⟨Philos⟩ *Sensualist, Anhänger* m *des Sensualismus* ‖ ~ adj *sensualistisch*

senta|da f fam „*Sitz(ung)*" f) m ‖ ⟨Neol Pol Soz⟩ *Sit-in* n (engl) ‖ de una ~ pop *in e-m Ritt* ‖ *in e-m Zug(e)* ‖ ◊ he leido ese libro de una ~ fam *ich habe dieses Buch in e-m Zug gelesen* ‖ **–dero** m *Sitzmöglichkeit* f *(irgendwelcher Art)* ‖ **–do** adj (dim **–dito**) *sitzend* ‖ *gesetzt* ‖ ⟨Bot⟩ *ungestielt (Blatt)* ‖ fig *gesetzt, ruhig, bedächtig* ‖ fig *untersetzt* ‖ ~ (junto) a la chimenea *am Ofen sitzend* ‖ ◊ dar por ~ *als ausgemacht gelten lassen, als wahr annehmen od unterstellen* ‖ lo dejo ~ aquí *ich lasse Sie hier sitzen* ‖ estar ~ *sitzen* ‖ allí se quedó ~ *dort blieb er sitzen* ‖ ~a esta base ... *von dieser Voraussetzung aus* ... ‖ → a **esperar** ‖ → a **sentar**
△**sentallí** f *Stirn* f
sentamiento m ⟨Arch⟩ *Setzen* n, *Setzung, Senkung* f ‖ *Absacken, Sacken* n
sentar [–ie–] vt *(hin)setzen* ‖ *(nieder)setzen* ‖ *Platz nehmen lassen* (a alg. *jdn* acc) ‖ *fest|setzen, -stellen, aufstellen* ‖ *(ein Lager) aufschlagen* ‖ *buchen, eintragen (Posten)* ‖ *(e-e Naht) glatt-, nieder|bügeln* ‖ ◊ ~ el crédito ⟨Com⟩ *seinen Kredit sichern, befestigen* ‖ fig *sich zur Geltung bringen* ‖ ~ al débito ⟨Com⟩ *in das Debet stellen* ‖ ~ en el (libro) mayor *ins Hauptbuch eintragen* ‖ ~ un sistema, ~ un principio *ein System, e-n Grundsatz aufstellen* ‖ ~le la mano a uno fam *jdm zu Leibe gehen* ‖ la lluvia ha sentado el polvo *der Regen hat den Staub niedergeschlagen* ‖ ~ vi *aufsitzen, ruhen (auf* dat) ‖ fig *(gut) bekommen, behagen* ‖ fig *sitzen, passen* ‖ ~ bien (mal) *gut (schlecht) bekommen (Speise)* ‖ *gut stehen (Kleid)* ‖ fig *gefallen* ‖ *sich ziemen* ‖ le ha sentado mal la comida *das Essen ist ihm schlecht bekommen* ‖ te ha sentado mal el paseo *der Spaziergang hat dir geschadet* ‖ le sienta bien *es kommt ihm zugute* ‖ *er paßt ihm (Rock)* ‖ fam *es geschieht ihm recht* ‖ **~se** *sich (nieder)setzen* ‖ *sich hinsetzen* ‖ *sich senken, sich setzen* ‖ *absacken, sinken, absenken* ‖ *ablagern (Wein, Bier)* ‖ ◊ ~ a la mesa *sich an den Tisch setzen* ‖ ~ en la silla *sich auf den Stuhl setzen* ‖ ~ encima *sich daraufsetzen* ‖ ¡siéntate aquí! *setz(e) dich her!*
senten|cia f *Lehr-, Sinn-, Denk|spruch* m, *Sentenz* f ‖ *Urteils-, Richter|spruch* m ‖ *Urteil, Erkenntnis* n ‖ *Entscheidung* f, *Gutachten* n ‖ ~ absolutoria *Freispruch* m ‖ ~ arbitral *Urteils-, Schieds|spruch* m ‖ ~ arbitraria *willkürliches Urteil, Willkürurteil* n ‖ ~ condenatoria *Verurteilung* f, *Strafurteil* n ‖ ~ en contumacia *Versäumnisurteil* n ‖ ~ declarativa *Feststellungsurteil* n ‖ ~ definitiva, ~ firme ⟨Jur⟩ *Endurteil* n ‖ ~ de muerte *Todesurteil* n ‖ ~ en rebeldía *Versäumnisurteil* n ‖ conmutación de la ~ *Strafumwandlung* f ‖ la ejecución de la ~ *die Urteilsvollstreckung* f ‖ fundamentación de la ~ *Urteilsbegründung* f ‖ notificación de la ~ *Urteils|verkündung* bzw *-zustellung* f ‖ dictar, fallar, pronunciar (fulminar) la ~ *das Urteil, den Spruch fällen* ‖ ejecutar una ~ *ein Urteil vollstrecken* ‖ concluso (*od* listo) para ~ ⟨Jur⟩ *entscheidungsreif* ‖ dim: **-zuela** ‖ **-ciado** m/adj *Verurteilte(r)* m ‖ **–ciador** m/adj ⟨Jur⟩ *urteilender Richter* m ‖ → **–oso** ‖ **–ciar** vt/i *Urteil sprechen (über)* ‖ *verurteilen* ‖ *entscheiden* ‖ ◊ ~ un pleito *in e-m Rechtsstreit entscheiden* ‖ ~ a muerte *zum Tode verurteilen* ‖ ~ en justicia *gerichtlich verurteilen* ‖ ~ por estafa *wegen Betruges verurteilen* ‖ **–cioso** adj iron *schulmeisterlich, pedantisch, philisterhaft* ‖ *sentenzenreich, spruchartig, sentenziös*
senti|damente adv *gefühlvoll* ‖ *mit Bedauern* ‖ **–do** adj *innig, aufrichtig (Worte), tiefempfunden* ‖ *schmerz|lich, -haft* ‖ *wehmütig* ‖ *empfindlich, reizbar* ‖ ~ m *Sinn* m ‖ *(bildliche) Bedeutung, Deutung* f ‖ fig *Einsicht, Urteilskraft* f ‖ fig *Verstand* m ‖ fig *Gefühl, Bewußtsein* n ‖ *Vernunft* f ‖ fig *Seite, Richtung* f ‖ fig *Ziel* n ‖ fig *Zweck* m ‖ ~ artístico *Kunst|sinn* bzw *-verstand* m ‖ *musische Begabung* f ‖ ~ común *gesunder Menschenverstand, Mutterwitz* m ‖ ~ cromático, ~ de los colores *Farbensinn* m *(auch bei e-m Maler)* ‖ ~ de la marcha *Marsch-* bzw *Fahrt|richtung* f ‖ ~ de la orientación *Orientierungssinn* m ⟨& Zool V Entom⟩ ‖ ~ primitivo *Grundbedeutung* f ‖ el ~ del oído, olfato, tacto, gusto, de la vista *der Gehör-, Geruchs-, Tast-, Geschmacks-, Gesichts|sinn* ‖ contrario al ~ *vernunftswidrig* ‖ falta de ~ *Sinn-* bzw *Zweck|losigkeit* f ‖ falto de ~ *sinnlos, zwecklos* ‖ *ziellos* ‖ *durcheinander* ‖ con ~ *sinngemäß* ‖ *vernünftig* ‖ en este ~ *in diesem Sinne* ‖ *in dieser Richtung, dergestalt* ‖ *in dieser Hinsicht* ‖ *derart, dergestalt* ‖ en ~ amplio *im erweiterten (od weiteren) Sinn* ‖ en ~ recto *geradeaus* ‖ *im eigentlichen Sinn* ‖ en ~ figurado *im übertragenen (od bildlichen) Sinn* ‖ en ~ inverso *in verkehrter Reihenfolge* ‖ *in umgekehrter Richtung* ‖ en pleno ~ (en el ~ riguroso) de la palabra *im vollen (wahren) Sinne des Wortes* ‖ ◊ carecer de ~, no tener ~ *sinnlos sein, keinen Sinn haben* ‖ cuesta un ~ fig *es kostet ein Heidengeld* ‖ dar un ~ malo (a) *et übel auslegen, übelnehmen* ‖ dar otro ~ (a) *et anders auslegen* ‖ et umdeuten ‖ leer con ~ *mit Ausdruck lesen* ‖ perder el ~ *ohnmächtig werden* ‖ fig *den Kopf verlieren* ‖ s-e *Bedeutung (bzw s-n Sinn) verlieren* ‖ *bedeutungs-* bzw *zweck-, sinn|los werden* ‖ tomar en buen ~ *im guten Sinn aufnehmen* ‖ **~s** pl: *órganos de los* ~ ⟨An⟩ *Sinnesorgane* npl ‖ los cinco ~ *die fünf Sinne* ‖ fig *der gesunde Menschenverstand* ‖ en todos los ~ *in jeder Hinsicht* ‖ *überall* ‖ *nach allen Seiten* ‖ privado (*od* falto) de los ~ *ohnmächtig* ‖ este vocablo tiene (*od* admite) varios ~ *dieses Wort hat mehrere Bedeutungen*
senti|mental adj/s *gefühlvoll, empfindsam, sentimental* ‖ afectación ~ *Empfindelei* f ‖ ◊ echarla de ~ fam *den Empfindsamen spielen, empfindeln* ‖ ~ m *Gefühlsmensch* m ‖ ~ f: la ~ ⟨Th⟩ *die Sentimentale* f ‖ **–mentalismo** m *Empfindsamkeit, Sentimentalität* f ‖ *Empfindelei, falsche Sentimentalität* f ‖ **–miento** m *Gefühl* n, *Empfindung, Regung* f ‖ *Sinn* m, *Gesinnung* f ‖ *Groll* m ‖ *Bedauern, Leid* n ‖ *Beileid* n ‖ *Schmerz, Verdruß* m ‖ ~ del deber *Pflichtgefühl* n ‖ ~ delicioso *Wonnegefühl* n ‖ ~ de inferioridad ⟨Psychol⟩ *Minderwertigkeitsgefühl* n (→ **complejo**) ‖ con ~ *mit Gefühl* ‖ con hondo (profundo) ~ *mit tiefem Bedauern* ‖ ◊ le acompaño (a V.) en el ~ *ich spreche Ihnen mein Beileid aus* ‖ demostrar (*od* manifestar su) ~ *sein Bedauern aussprechen* ‖ el ~ es mío *das Bedauern ist ganz auf meiner Seite* ‖ tener un ~ (contra) *jdm grollen* ‖ tengo el ~ de participarle *ich bedauere, Ihnen mitteilen zu müssen* ‖ ~s pl *Gesinnung* f ‖ *Edelmut* m ‖ ~ de amistad *freundschaftliche Neigung* f *od Gefühle* npl ‖ delicadeza de ~ *Zartgefühl* n
sentina f ⟨Mar⟩ *Kielraum* m, *Bilge* f ‖ fig *Kloake* f, *Sumpf* m ‖ ~ de vicios fig *Sündenpfuhl* m
[1]**sentir** [ie/i] vt *fühlen, empfinden* ‖ *(be)merken, wahrnehmen* ‖ *verspüren* ‖ *bedauern* ‖ *leiden unter* (dat) ‖ *meinen, dafürhalten* ‖ *richtig auffassen, vortragen usw* ‖ prov *hören, vernehmen* (bes Am) ‖ ◊ ~ muchísimo fig *lebhaft bedauern* ‖ sin ~ *unbewußt, ohne es zu merken* ‖ *ganz allmählich* ‖ siento mucha alegría *ich bin sehr erfreut* ‖ siento mucho frío *mich friert sehr, mir ist es sehr kalt* ‖ siento miedo *ich habe Angst* ‖ siento mucha sed *ich habe großen Durst* ‖ lo siento mucho *ich bedauere es sehr, es tut mir sehr leid* ‖ *(wie) schade!* ‖ lo siento muy de veras (*od* en el alma) *ich bedauere es aufrichtig* ‖ su muerte fue muy sentida *sein Tod wurde aufrichtig bedauert* ‖ siento con él *ich habe Mitgefühl mit ihm, ich kann es ihm nachfühlen* ‖ digo lo que siento *ich sage, was ich meine, ich sage es geradeheraus* ‖ hacerse ~

sich fühlbar (od spürbar) machen || *fühlbar (od spürbar) werden* || *le hizo ~lo er hat es ihn fühlen lassen* || *~se sich fühlen, sich befinden (wohl, schlecht)* || *nach et schmecken* || *Risse bekommen (Mauer)* || ◊ *~ enfermo (od malo) sich krank, unwohl fühlen* || *~ malo en la cabeza Kopfschmerzen haben* || *~ poeta sich zum Dichter berufen fühlen* || *~ con fuerzas od capaz (de) sich stark (genug) fühlen (zu inf)* || *sich für befähigt halten (zu inf)* || *eso le dará que ~ das wird ihm teuer zu stehen kommen* || *das wird er bereuen* || *me siento impulsado a decirle ... es drängt mich, Ihnen zu sagen ...* || *me siento muy obligado a V. ich bin Ihnen sehr verbunden, dankbar* || *se sienten pasos prov man hört Schritte*

²**sentir** *m Fühlen, Gefühl* n || *Meinung, Ansicht* f || *en mi ~ nach meinem Dafürhalten*

¹**seña** *f (An) Zeichen* n || *Gebärde* f || *Wink* m || *Erkennungs-, Merk-, Kenn|zeichen, Merkmal* n || *Parole* f, *Losungswort* n || ⟨Mar⟩ *Signal* n || *pop Anzahlung* f *(als Garantie für die Verwirklichung des Kaufs)* || *~s pl Personenbeschreibung* f || *Anschrift, Briefaufschrift, Adresse* f || *~ mortales fig untrügliche (An)Zeichen* pl || *~ personales Personenbeschreibung* f || *„besondere Kennzeichen" npl (Paß, Personalausweis usw)* || *cambio de ~ Adressenveränderung* f || *a mis ~ an meine Adresse* || *por ~ durch Zeichen* || *durch Gebärden (sprechen)* || *por más ~ fig als nähere Angabe* || *fam noch dazu, außerdem* || *por las ~ allem Anschein nach* || ◊ *dar ~ (näher) angeben, beschreiben* || *¡enviar a las nuevas ~! Nachsenden! (auf Briefen)* || *hablar por ~ durch Zeichen sprechen* || *hacer ~ (a) jdm Zeichen, Gebärden machen* || *jdm zuwinken* || *poner las ~ die Adresse schreiben*

²**seña, señá** *f pop = señora*

señal *f (An) Zeichen* n || *Kennzeichen, Merkmal* n || *(Geburts) Mal* n || *Spur* f || *Narbe* f, *Wundmal* n || *Grenz-, Mark|stein* m || *Zeichen* n, *Weisung* f *(Gottes)* || *Hand-, An|geld* n, *Anzahlung* f *(als Garantie für die Verwirklichung des Kaufs)* || *Kreuz* n *der Schreibunkundigen (an Stelle der Unterschrift)* || *Lesezeichen* n || ⟨Radio⟩ *Sendezeichen* n || ⟨StV⟩ *(Verkehrs) Zeichen* n || △ *Häscher* m || *~ de alarma Alarmzeichen* n || *Warn-, Not|signal* n || *~ de alto* ⟨StV⟩ *Haltesignal, Stoppzeichen* n || *~ de aviso Vorsignal* n || *~ con (od de) banderas* ⟨Mil Mar⟩ *Flaggensignal* n || *~ de confianza Zeichen* n *des Vertrauens* || *~ de la cruz Zeichen* n *des Kreuzes (bei den Christen)* || *~ de disco* ⟨EB⟩ *Scheibensignal* n || *~ de división* ⟨Typ⟩ *Teilstrich* m || *~ de entrada Eingangssignal* n || *Eingabesignal* n || *~ infalible untrügliches Anzeichen* n || *~ (indicadora)* ⟨StV⟩ *Hinweiszeichen* n || *~ luminosa Lichtsignal* n || *Verkehrslicht* n || *~ de llamada* ⟨Tel⟩ *Rufzeichen* n || *Anrufsignal* n || *~ para marcar* ⟨Tel⟩ *Freizeichen* n || *~ de ocupado* ⟨Tel⟩ *Besetztzeichen* n || *~ de pausa* ⟨Radio TV⟩ *Pausenzeichen* n || *~ de peligro Notsignal* n || ⟨StV⟩ *Warnzeichen* n || *~ preceptiva, ~ de obligación* ⟨StV⟩ *Gebotszeichen* n || *~ de prohibición* ⟨StV⟩ *Verbotszeichen* n || *~ de repetición Wiederholungszeichen* n || *~ de salida (partida, marcha)* ⟨EB⟩ *Ausfahrzeichen, Abfahrtssignal* n || *~ de salida (partida)* ⟨Sp⟩ *Startzeichen* n || ⟨Mar⟩ *Abfahrtzeichen* n, *fam Blauer Peter* m *(mit den Flaggen)* || *Ausgangssignal* n || *Ausgabesignal* n || *~ de unión* ⟨Typ⟩ *Verbindungszeichen* n || *bandera de ~es Signalflagge* f || *disco de ~es* ⟨EB⟩ *Signalscheibe* f || *en ~ als Beweis, als Probe* || *en ~ de protesta als Ausdruck des Protestes* || *ni ~ fig keine Spur* || ◊ *dejar (paga) ~ Angeld geben, anzahlen* || *hacer una ~ (a) jdm ein Zeichen geben* | *jdm zuwinken* || *me ha hecho ~ de que sí er hat mir ein Ja zugewinkt* || *no dar ~es de vida kein Lebens-*

zeichen (von sich) geben || *con pelos y ~es eingehend, bis in alle Einzelheiten, haar|genau, -klein* || *hacer ~es* ⟨Mil Mar⟩ *Flaggenzeichen geben, winken* || *~es de camino Wegezeichen* npl || *~es de circulación, ~es de tráfico* ⟨StV⟩ *Verkehrszeichen* npl || *~es horarias* ⟨Radio⟩ *Zeitzeichen* npl || *Código (internacional) de ~es (Internationales) Signalbuch* n

señala *Chi, ~da f Arg Viehmarkierung* f

señala|damente *adv ausdrücklich, besonders* || *más ~ ganz besonders* || *-do adj ge-, be|zeichnet* || *anberaumt, bestimmt (Tag)* || *ausgezeichnet, hervorragend* || *wichtig, bedeutend* || *berühmt* || *fig ver|rucht, -rufen (por wegen gen)* || *~ con un asterisco* ⟨Typ⟩ *mit e-m Sternchen versehen* || *lo más ~ de la sociedad figf die Creme der Gesellschaft* || *un día tan ~ an e-m so denkwürdigen, wichtigen Tage* || *vistas ~as para hoy für heute anberaumte Gerichtsverhandlungen (Zeitung)* || ◊ *así me hará V. un ~ favor so werden Sie mir e-n besonderen Gefallen erweisen* || *dejar a alg. ~* △ *& pop jdn zeichnen, jdn verunstalten (z. B. mit e-r Stichwaffe)* || *-dor m (An) Zeiger* m || *Lesezeichen* n *(in Büchern)* || ⟨Mar⟩ *Winker* bzw *Blinker* m || ⟨Mar⟩ *Signalgast* m || *-miento* m *Bezeichnung* f || *Markierung* f || *Benennung* f || ⟨Flugw⟩ *Signalisierung* f || ⟨Jur⟩ *Anberaumung, Festsetzung, Bestimmung* f || ⟨Jur⟩ *Termins|-bestimmung, -festsetzung, Gerichtsverhandlung* f, *(Verhandlungs)Termin* m || *Anweisung e-r Besoldung, Zuweisung* f || *anulación (od suspensión) de un ~* ⟨Jur⟩ *Terminaufhebung* f || ◊ *para mañana se han efectuado los siguientes ~s für morgen sind folgende Gerichtsverhandlungen anberaumt worden (Amtsstil)*

seña|lar *vt kennzeichnen* || *markieren* || *(be-) zeichnen* || *vormerken, aufzeichnen* || *anzeigen, andeuten* || *melden* || *hin|deuten, -weisen (auf* acc*)* || *festsetzen, bestimmen* || ⟨Jur⟩ *anberaumen* || *anweisen, aussetzen (Besoldung)* || *auszeichnen* || *unter|zeichnen, -schreiben* || *signalisieren* || ⟨Tel⟩ *markieren, drehen (Nummern)* || ⟨EB⟩ *Signale geben* || *fig jdn brandmarken, zeichnen, verunstalten (durch e-n Hieb, Stoß)* || ⟨Com⟩ *auszeichnen (Ware)* || *anweisen (Besoldung)* || ◊ *~ audiencia para el juicio* ⟨Jur⟩ *Vorverhör anberaumen* || *~ el camino den Weg weisen* || *~ el término (el precio) die Zeit (den Preis) festsetzen, bestimmen* || *~ con el dedo (a) mit dem Finger auf jdn deuten, zeigen* || *~ con la marca de ¡frágil! als „zerbrechlich" bezeichnen (Inhalt e-r Kiste)* || *~se sich auszeichnen, sich hervortun* || *~ por prudente sich durch Vernunft auszeichnen* || **-leja** *f dim v. señal*

señali|zación *f* ⟨EB StV⟩ *Signalisierung* f || *Signalisieren* n || *Signalsystem* n || *Beschilderung* f *(Straße)* || *Verkehrsregelung* f *(mit Zeichen)* || *Streckenmeldedienst* m || *~ de (od sobre) la pista Fahrbahnmarkierung* f || ⟨Flugw⟩ *Start- und Landebahn-Befeuerung* f || **-zar** *vt mit (Verkehrs) Zeichen versehen*

señero *adj* ⟨Lit⟩ *einsam, abgelegen* || *einzigartig* || ⟨Hist⟩ *bannerführend (bei den Königsproklamationen)*

¹**señor** *m Herr, Besitzer* m || *Gebieter, Vorgesetzte(r)* m || *(wirklicher bzw vornehmer) Herr* m || *Herr* m *(als Anrede od Titel)* || *(Frei) Herr* m *(Adelstitel)* || *Lehnsherr* m || *prov fam Schwiegervater* m || *¡~! (mein) Herr!* || *¡~ Blanco! Herr Blanco! (Anrede)* || *el ~ Blanco Herr Blanco* || *(el) ~ Augusto pop Herr August (Anmerkung: in gehobener Sprache [Span & nicht Am] immer don bzw Don vor Vornamen:) Don Augusto, Don Augusto Blanco, (in Briefen) ~ Don Augusto Blanco Herrn August Blanco* || *Muy ~ mío Sehr geehrter Herr! (Briefanrede)* || *~ de la casa Hausherr* m || *~ de edad älterer Herr* m || *~ feudal Lehns-, Feudal|herr* m || *~ de*

señor — separar 984

horca y cuchillo ⟨Hist⟩ *Herr über Leben und Tod* || **Lehnsherr** m *mit der Hoch- (od Hals)gerichtsbarkeit* || fig *Despot, Tyrann* m || ~ de sí fig *der sich zu beherrschen weiß* || el ~ *Gott* m || un gran ~ *ein vornehmer Herr* m || Nuestro ⁓ (Jesucristo), el ⁓ *der Herr Jesus* || sí, ~, no, ~ ja (mein Herr), nein (mein Herr) *(höfliche Form der Bejahung od Verneinung)* || sí, ~ fam *jawohl!* || *(ja) doch!* || ~ y dueño *Herr und Gebieter* m (& joc) || era muy rico, sí ~ pop *er war bestimmt sehr reich* || no eran pobres, no ~ pop *sie waren keineswegs arm* || a tal ~, tal honor (o a todo ~, todo honor) *Ehre, dem Ehre gebührt* || ataviado a lo ~ *vornehm gekleidet* || su ~ padre *Ihr Herr Vater* || ◊ *descansar (od dormir) en el* ⁓ fig *im Herrn entschlafen sein* || echarla (od dárselas) de gran ~ pop *sich aufs hohe Roß setzen* || hacer el ~ *den großen Herrn spielen* || V. es ~ de hacer lo que le plazca *Sie können handeln, wie es Ihnen beliebt* || le llevaron el ⁓ fig *er wurde mit den Sterbesakramenten versehen* || quedar ~ del campo (de batalla) *Herr des Schlachtfeldes bleiben* || ¡(pues) ~! pop *nanu! unglaublich!* || pues ~, una vez había... *es war einmal... (Anfangsformel der [Kinder] Märchen)* || **~es** pl *Herrschaft* f *(Anrede seitens der Dienstmädchen)* || *Herrschaften* pl || ¡~as y ~! *meine Damen und Herren!* || los ~ de Castañeda *Herr und Frau Castañeda* || *die Familie Castañeda* || ◊ *ninguno puede servir a dos* ~ *niemand kann zwei Herren dienen*
²**señor** adj fam *herrenmäßig, vornehm* || fam *ordentlich, kapital* || fam *gehörig, mächtig* || un ~ disgusto *ein gehöriger Verdruß* || una ~a herida fam *e–e tüchtige Wunde* f || ◊ *le dieron una ~a paliza man verprügelte ihn tüchtig* || → **muy**
seño|ra f *Dame, vornehme Frau* f || *Herrin, Gebieterin* f || *Ehefrau, Gemahlin* f || *Frau, gnädige Frau* f *(als Anrede, Titel)* || fam & prov *Schwiegermutter* f || ¡~! *m–e Dame!* || *gnädige Frau!* || ~ de (Am *auch ohne* de) Blanco *Frau Blanco* || ~ Antonia pop *Frau Antonia* (*Anmerkung:* → bei **señor**) || Doña Antonia Castañeda de Blanco *Frau Antonia Blanco geb. Castañeda* || ~ Doña Antonia Castañeda de Blanco *(in Briefen)* || Muy distinguida ~ mía *Sehr geehrte (od verehrte) gnädige Frau (Briefanrede)* || su ~ (de V.) *Ihre Frau Gemahlin* || ~ nur pop: *sonst "mi mujer" und unter Freunden auch "tu mujer")* || ~ de compañía *Gesellschafts-, Begleit|dame* f || fam *Anstandswauwau* m (→ **carabina**) || ~ de edad *bejahrte, ältere Frau* f || una gran ~, e–e *vornehme Dame* f || una auténtica ~, una ~ en toda la extensión de la palabra *e–e wirkliche Dame* || *vestido de* ~ *Damenkleid* n || zapatos de ~ *Damenschuhe* mpl || Nuestra ⁓, la ⁓ *die Jungfrau Maria* || la Asunción de Nuestra ⁓ *Mariä Himmelfahrt* f || los Dolores Gloriosos de Nuestra ⁓ *die schmerzensreiche Mutter Gottes* || *die Schmerzensmutter* || Nuestra ⁓ de la Esperanza *die hoffnungsreiche Mutter Gottes* || Nuestra ⁓ de las Mercedes *die gnadenreiche Mutter Gottes* || → **señor** || **~s** *Damen(toilette* f*) (Aufschrift)* || **-razo** m fam *großer Herr* m, pop *hohes Tier* n
señoreaje m ⟨Hist⟩ *Münzregal* n
seño|rear vt/i *(be)herrschen* || *gebieten* || *unterjochen, überwältigen* || fig *überragen* || fam *den Herrn spielen* || *jdn mit señor (bes ungebührlicherweise) anreden* || ◊ ~se de a/c *sich e–r S. bemächtigen, (be)meistern* || *et meistern* || *et in Besitz nehmen* (→ **enseñorearse, dominio, dominical**) || **-rete** m fam *Herrchen* n || **-ría** f *Gewalt* f *(Standes) Herrschaft* f || Su ⁓ *Euer (Ew.)* || bzw Se. (Ihre) *Hochwohlgeboren* f || *Euer Gnaden* || ⟨Hist⟩ Span *bis 1936–1939 Anrede für (Cortes-) Abgeordnete (heute nicht üblich)* || *Anrede für Richter usw* || **-rial** adj *herrschaftlich, vornehm* ||

casa ~ *ad(e)liges Gut, Stammhaus* n || *derecho* ~ *Grundrecht* n || **–ril** adj *Herrschafts-* || *vornehm, souverän, Herren-* || **–río** m *Herrschaft, Gewalt* f || *Rittergut* n, *Domäne* f || *vornehme Haltung od Würde* f, *vornehmes Verhalten* n || fig *Ansehen* n || fig *vornehme Herrschaften* fpl || *persona con* ~ fig *souveräner Mensch* m || (de) **abadengo** → **abadengo** || **–rita** f *junge Dame* f, *Fräulein* n || fam *Frau, gnädige Frau* f *(als Anrede von seiten der Bediensteten)* || *(gnädiges) Fräulein!* || ~ de Solana *Fräulein Solana* || ~ Pilar Solana *Fräulein Pilar Solana (in Briefen)* || **~s** pl *kleine span. Zigarren* fpl *(Art) Zigarillos* npl || **–ritingo** m desp *Herrchen* n || *Stutzer, Geck* m || **~a** f pop *verzärteltes Frauenzimmer* n || **–ritismo** m pej *snobistisches Parasitentum* n *(bes gewisse Kreise begüterter Schichten)* || *Playboywesen* n || **–rito** m *junger Mann* m *von Stand* || fam *(junger) Herr* m *(Anrede seitens der Bediensteten)* || fam *Stutzer, Geck* m || **–rón** m/adj pop *hoher Herr* m, desp *hohes Tier* n || **–rona** f pop *vornehme Frau* f || **–rote** m augm desp *v. señor*
señuelo m ⟨Jgd⟩ *Lockvogel* m (& fig) || fig *Lockung* f, *Reizmittel* n || Arg Bol *Leit|ochse* m bzw *-tier* n (→ **cabestro**) || ◊ *caer en el* ~ figf *auf den Leim (od in die Falle) gehen*
seo f Ar *Dom-, Haupt|kirche* f
seó, seor m fam = **señor**
S.E.O.M. Abk = *salvo error u omisión mecanográficos*
sepa → **saber**
sépalo m ⟨Bot⟩ *Kelchblatt, Sepalum* n (vgl **pétalo**)
sepancuantos m fam *heftiger Hieb* m || fam *derber Verweis* m
sepa|rabilidad f *(Ab)Trennbarkeit* f || **–rable** adj *(ab)trennbar* || *ablösbar (Kupon)* || ⟨Chem⟩ *scheidbar* || → **disociable, fisible** || **–ración** f *(Ab-) Trennung* f || *Trennung, Scheidung* f || *(Ehe-) Trennung* f || *Spaltung* f || *Teilung, Absonderung* f || *Austritt* m *(aus dem Dienst)* || *Einsamkeit, Absonderung* f || ⟨Bgb⟩ *Scheidung, Wäsche* f || ~ de bienes ⟨Jur⟩ *Gütertrennung* f || ~ del cargo *Amtsenthebung* f || p.ex *Entlassung* f || ~ de cuerpos, ~ de mesa y lecho ⟨Jur⟩ *Trennung* f *von Tisch und Bett* || ~ de fuerzas ⟨Mil⟩ *Auseinanderrücken* n *der Streitkräfte, Truppenentflechtung* f || la ~ de la Iglesia y del Estado *Trennung* f *von Kirche und Staat* || ~ por lavado *Auswaschung* f *(z. B. Gold)* || ~ de los poderes (od de las potestades) *del Estado Gewaltenteilung, -trennung* f || ~ del servicio *Austritt* m *aus dem (Militär)Dienst* || ◊ *vivir en* ~ ⟨Jur⟩ *in Trennung (od getrennt) leben* || **–radamente** adv *getrennt* || ◊ *vender* ~ *einzeln verkaufen* || **–rado** adj/s *getrennt* || *auseinanderliegend* || *geschieden* || *einzeln, besonders* || por ~ *getrennt* || *mit getrennter Post* || *Extra-* || *cuarto por* ~ *Einzel-, Gast|zimmer* n || *pago por* ~ *Extrazahlung* f || *paz por* ~ *Sonder-, Separat|friede* m || ◊ *cargar por* ~ *extra berechnen* || *vivir* **~s** ⟨Jur⟩ *getrennt leben (Ehegatten)* || **–rador** m ⟨Tech⟩ *(Milch)Abscheider* m || *Separator* m *(z. B. im Butterungsverfahren)* || *Trenner* m || *Abstreifer* m || p.ex. *Trennanlage* f || *Zentrifugenanlage* f || ⟨Radio TV⟩ *Trennstufe* f || ~ centrífugo *Trennschleuder(maschine)* f || ~ de disco ⟨Agr Ing⟩ *Scheibenabscheider* m || ~ de poste ⟨El⟩ *Pfostenabscheider* m

sepa|rar vt *trennen, absondern* || *abteilen* || *aus|scheiden, -schalten* || *sichten* || *teilen* || *auseinandernehmen* || *loslösen (die Ehe) lösen* || *ablösen, (ab)schneiden* || *absprengen (Truppen)* || *auseinanderhalten (Begriffe)* || *ab|klappen, -stellen* || ◊ ~ *las manos de (gefalteten) Hände trennen* || ~ a alg. de su empleo *jdn seines Amtes entsetzen, jdn aus dem Amt entlassen* || ~ el trigo

de la cizaña *die Spreu vom Weizen sondern (Evangelium)* ‖ **~se** *sich absondern* ‖ *sich (ehelich) trennen* ‖ *auseinandergehen* ‖ ◊ ~ de alg. *sich von jdm lossagen* ‖ ~ de una casa ⟨Com⟩ *aus e-r Firma austreten* ‖ ~ del servicio ⟨Mil⟩ *den Dienst verlassen* ‖ **-rata** *f* ⟨Wiss⟩ *Sonderdruck* m, *Separatum* n ‖ **-ratismo** *m* ⟨Pol⟩ *Separatismus* m, *(Sonder)Bestrebung* f *nach Abspaltung e-s Gebietes aus dem Staatsganzen* ‖ **-ratista** *m*/adj *Verfechter* bzw *Anhänger des Separatismus, Separatist* m ‖ ~ adj *separatistisch* ‖ **-rativo** adj *trennend, Trennungs-* ‖ ~ *m* ⟨Gr Li⟩ *Separativ* m
sep.^{bre} Abk = septiembre
sepe|lio *m Begräbnis* n, *Bestattung, Beerdigung* f ‖ ◊ dar ~ (a) *begraben* ‖ **-lir* vt = sepultar
sepia f ⟨Zool⟩ *Sepi|a,-e* f, *Gemeiner Tintenfisch* m (Sepia officinalis) (→ **jibia**) ‖ ⟨Mal⟩ *Sepia* f ‖ △ *(Schoß)Rock* m ‖ ‖ *concha (pop hueso)* de ~ *Schulp* m, *Sepiaschale* f ‖ ~ **jibión**) ‖ *color* ~ ⟨Mal⟩ *Sepia(farbe)* f ‖ *papel* ~ ⟨Phot⟩ *Sepiapapier* n ‖ △ **~s** *pl Augen* npl
sepiolita *f* ⟨Min⟩ → **espuma** de mar
sep|sia, -sis *f* ⟨Med⟩ *Sepsis, Fäulnis* f (= **septicemia**)
sept^e. (7^e, 7.bre) Abk = septiembre
septem|brino *f* *September-* ‖ **-brista** *m*/adj ⟨Hist⟩ *Septembrist, Septemberverschwörer* m *(für die beabsichtigte Ermordung Bolívars am 25. September 1828)* ‖ ~ adj *Septembristen*-
septe|na *f sieben Stück* ‖ **-nario** *m Zeitraum* m *von sieben Tagen, siebentägige Andacht* f (vgl **novenario**) ‖ *Septenar* m *(Versmaß)* ‖ ~ adj *siebenfach* ‖ **-nio** *m Jahrsiebent*, *Septennat* n ‖ **-no** adj = **séptimo**
septen|trión *m* ⟨Astr Lit⟩ *Großer Wagen* m ‖ fig *Mitternacht* f, *Norden* m ‖ **-trional** adj *nördlich* ‖ lado ~ *Nordseite* f ‖ *m Nordländer* m ‖ → **nórdico, norteño** ‖ → **boreal, ártico**
septeto *m* ⟨Mus Poet⟩ *Septett* n
septi|cemia *f* ⟨Med⟩ *Blutvergiftung, Septikämie* f ‖ **-cémico** adj *Blutvergiftungs-* ‖ **-cidad** *f septischer Charakter* bzw *Zustand* m
séptico adj ⟨Med⟩ *septisch* ‖ fosa **~a**, foso ~ *Klärgrube* f
septiembre *m September* m
sépti|ma *f* ⟨Mus⟩ *Septime, Sept* f ‖ ~ *aumentada, diminuta* ⟨Mus⟩ *übermäßige, verminderte Septime* f ‖ ~ *mayor, menor* ⟨Mus⟩ *große, kleine Septime* f ‖ **-mo** adj *siebenter* ‖ *el* ~ *arte* fig *die Filmkunst* ‖ ~ *m Siebentel* n
sep|timino, -tuor *m* ⟨Mus⟩ *Septett* n ‖ **-tingentésimo** adj *der siebenhundertste* ‖ ~ *m Siebenhundertstel* n
septo *m* → **septum**
septua|genario *m*/adj *Siebzig|e(r), -jährige(r)* m ‖ ~ adj *siebzigjährig* ‖ **-gésimo** adj *siebzigste(r)* ‖ ~ *m Siebzigstel* n ‖ dominica (od domingo) de ~ *(Sonntag* m*) Septuagesima* f
séptuplo adj *siebenfach* ‖ el ~ *das Siebenfache*
septum *m* ⟨An⟩ *Scheide-, Trenn|wand* f, *Septum* n
sepul|cral adj *Grab(es)-, Toten-* ‖ inscripción ~ *Grab(in)schrift* f ‖ losa ~ *Grabstein* m ‖ silencio ~ *Toten-, Grabes|stille* f ‖ voz ~ *Grabesstimme* f ‖ **-cro** *m Grab* n, *-stätte* f ‖ *Gruft* f ‖ *Grablege* f ‖ *Grab(denk)mal* n ‖ el Santo ~ *das Heilige Grab (zu Jerusalem)* ‖ **~s** blanqueados fig *(Jesus zu den Pharisäern:) Scheinheilige, Pharisäer* mpl ‖ ◊ bajar al ~ *in die Gruft senken* ‖ ser un ~ fig *verschwiegen sein wie ein Grab* ‖ tener un pie en el ~ fig *mit e-m Fuß im Grabe stehen* ‖ **-tar** vt *begraben, beerdigen, beisetzen* ‖ fig *vergraben* ‖ fig *totschweigen* ‖ ◊ **-tado** en tristes pensamientos fig *in trübe Gedanken versunken* ‖ **-tado** en silencio *(od olvido) in Vergessenheit versunken* ‖ **-to** pp/irr v. **sepelir** od **-tar** ‖ *begraben* ‖ **-tura** *f Grab|stätte* f, *-gewölbe* n ‖ *Grab* n ‖ *Gruft* f *(in Kirchen)* ‖ *Beisetzung, Bestattung* f ‖ *Begräbnis* n, *Grablegung* f ‖ hasta la ~ *bis ans Grab* (& fig) ‖ violación de ~ *Grabschändung* f ‖ *Störung* f *der Totenruhe* ‖ ◊ dar (cristiana) ~ (a) *jdm ein christliches Begräbnis gewähren* ‖ **-turero** *m Totengräber* m (& fig) ‖ *Leichenträger* m
seque|dad *f Trockenheit* f ‖ *Dürre* f ‖ fig *Mangel* m ‖ fig *Kaltsinn* m, *Unfreundlichkeit* f ‖ con ~ fig *unwirsch, barsch* ‖ **-dal, -ral** *m trockener Boden* m, *trockenes Gelände* n ‖ → a **secano**
sequí|a *f Dürre, regenlose Zeit* f ‖ And Arg Col *Durst*, figf *Brand* m ‖ **-o** *m Geest* f ‖ = **secano** ‖ **-simo** adj sup v. **seco**
séquito *m Gefolge* n, *Begleitung* f ‖ *Gefolgschaft* f ‖ *Geleit* n ‖ *Zug* m
sequoia, sequoya *f* ⟨Bot⟩ = **secoya**
¹**ser** vi *sein* [ind pres soy, eres, es, somos, sois, son; subj sea; imp sé, sed; imperf era, pl éramos; pref fui, fuiste, fue, fuimos, fuisteis, fueron; perf he sido]
A) *selbständiges Zeitwort: dauernder Zustand od Tatsache*
a) *absolut:* soy yo *ich bin es* ‖ ¿eres tú? *bist du es?* ‖ eres tú quien debe saberlo *du sollst es (doch) wissen* ‖ es lo que yo quiero *das will ich eben* ‖ es según je nachdem, *es kommt darauf an* ‖ es a saber, es decir *nämlich* ‖ eso fue ayer *das ist gestern geschehen* ‖ ¡cómo es eso! *wie kommt das?* ‖ wie soll ich das verstehen? ‖ era en deberle (= le debía) *er schuldete ihm* ‖ ¡cómo ha de ser! wieso! ‖ es que ... die Sache ist die: ... ‖ sea como fuere *es sei, wie es wolle* ‖ bien podría ~ que *es wäre wohl möglich, daß* ‖ llegar a ~ *werden* (→ **llegar**) ‖ no puede ~ *es ist unmöglich*
b) *kopulativ (Gleichstellung od Gegensatz):* tiempo es dinero *Zeit ist Geld* ‖ la vida es sueño *das Leben ist ein Traum* ‖ enfermar no es morir *erkranken heißt nicht sterben* ‖ esto no es vivir *das ist (doch) kein Leben*
B) *Bezeichnung bleibender, innewohnender Eigenschaften od Wesen(heit) (dagegen* **estar** *für vorübergehende Zustände)*
a) *Dasein, Existenz, Vorhandensein, Werden:* ~ o no ~ *sein oder nicht sein* ‖ soy hombre *ich bin Mensch* ‖ soy mortal *ich bin sterblich* ‖ ¡sea la luz! *es werde Licht!* ‖ son hombres muy valientes *es sind sehr tapfere Leute* ‖ son muchos *es sind viele beisammen* ‖ ~ muy otro fam *ein ganz anderer Mensch sein, sich ganz geändert haben*
b) *Beruf, Stellung, Nationalität, Konfession, Zustand:* es sastre, pero está sin trabajo *er ist Schneider (von Beruf), jedoch (augenblicklich) ist er arbeitslos* ‖ catedrático que fue *gewesener Professor* ‖ será profesor *er wird Professor (werden)* ‖ er mag ein Professor sein ‖ es mag sein, *daß er Professor ist* ‖ quiere ~ empleado *er will Beamte(r) werden* ‖ es católico *er ist katholisch* ‖ es ruso, siendo sus padres españoles *er ist Russe, obwohl seine Eltern Spanier sind* ‖ ~ (od estar) casado *verheiratet sein* ‖ ~ obvio *einleuchten*
c) *Alter, Gemütsart, Veranlagung, äußere Lebensumstände (Glück, Vermögen usw):* es joven (viejo) *er ist jung (alt)* ‖ *dagegen:* está joven *er sieht jung aus* ‖ es triste *er ist traurig (von Natur aus)* ‖ es alegre, pero está triste *er ist von heiterer Gemütsart (er ist sonst heiter), doch jetzt (augenblicklich) ist er traurig* ‖ es bueno, pero está malo *er ist ein guter Mensch, aber jetzt ist er krank* ‖ está bueno y lo es también *er befindet sich wohl und ist dabei auch gut* ‖ es capaz de todo *er ist zu allem fähig* ‖ Ulrike es preciosa, pero Julia está preciosa fam *Ulrike ist bildschön (immer), Julia aber sieht (heute, im Augenblick) wunderbar aus (od hat sich sehr hübsch gemacht)* ‖ siendo rico, es infeliz *obwohl er reich ist, ist er unglücklich* ‖ somos pobres,

pero dichosos *wir sind arm, aber glücklich* || fue en Madrid, cuando allí vivía Antonio *es war (od geschah) in Madrid, als Antonio dort wohnte* || ayer fuimos demasiado ingenuos *gestern waren wir zu naiv* || *(merke:)* ayer fuimos (v. ir, → d) al concierto *gestern gingen wir ins Konzert*
d) *Ort, Lage, Entfernung, Zeitangabe, Herkunft, Ursprung:* es aquí *hier ist es* || es a dos horas de aquí *es ist zwei Stunden von hier (entfernt)* || ¿qué día es (hoy)? *(merke:) od* ¿a cuántos estamos (hoy)? *den wievielten haben wir heute? was ist heute für ein Tag?* || hoy es lunes *heute ist Montag* || son las tres *es ist drei Uhr* || ¿qué hora es? *wie spät ist es?* || es tarde *es ist (schon) spät* || es temprano (todavía) *es ist noch früh* || es berlinés *er ist Berliner* || ¿es aquí donde venden huevos? sí, aquí es *verkauft man hier Eier (od: werden hier Eier verkauft)? ja, hier ist es!*
e) *Stoff, Beschaffenheit, Eigenschaft:* → D 2)
f) *Wert, Preis:* es caro, es barato *es ist teuer, es ist billig* || son 3 pesetas *es macht 3 Pesetas* || ¿a cómo es la fruta hoy? *wie teuer ist das Obst heute?*
g) *Ausdruck der Bejahung:* ¡es así! *so ist es!* || ¡eso es! *jawohl, natürlich!* || ¡que si lo es! *das glaube ich wohl! und ob es so ist!* || *ob sie es ist! (z. B. schön), sie ist es!* (verstärkte Bejahung) || claro que lo es *natürlich ist er (sie) es*
h) *pleonastisch:* ¡buenos días sean! prov *guten Tag!*
C) Hilfszeitwort *(selten gebraucht) bei der Bildung von Passivformen (dauernder Zustand, das Geschehen selbst, dagegen* estar + pp = *Ergebnis des Passivs, Abschluß des Zustandes):* la lana es lavada *die Wolle wird gewaschen (dagegen:* está lavada *ist gewaschen, rein)* || la librería es cerrada *(üblicher:* la librería cierra*)* a las siete *die Buchhandlung wird (immer) um sieben geschlossen (aber:* la librería está cerrada *die Buchhandlung ist [heute, augenblicklich, ausnahmsweise, jetzt] geschlossen)* || es amado por *(od* de*)* sus alumnos *er wird von seinen Schülern geliebt (geläufiger:* sus alumnos lo aman *usw)* || ~ muy estimado *hoch angesehen sein (adjektivische Bedeutung)* || merece ~ visto *es ist sehenswert* || su muerte fue muy sentida *sein Tod wurde sehr schmerzlich empfunden*
D) in Verb. mit Präpositionen *od* adverbiellen Verbindungen:
1. in Verb. mit **con**: soy con V. (al instante) *ich stehe gleich zu Ihrer Verfügung (wenn man jdn zu warten bittet)*
2. in Verb. mit **de**: a) *Besitz, Eigentum, Zugehörigkeit, Beziehung, Herkunft, Ursprung:* es de mi padre *es gehört meinem Vater* || es de la Academia *er ist Mitglied der Akademie* || no es de él *es gehört nicht ihm* || no es de creer *es (bzw er, sie) ist unglaubwürdig* || *es steht nicht zu vermuten* || no es de mi incumbencia *das geht mich nichts an* || ¿qué será de sus hijos? *was wird aus seinen Söhnen werden?* || ~ de *stammen (od* sein*) aus (Stadt, Land* dat*)* || *gehören zu* (dat) || *bestehen aus* (dat) || ⟨Lit⟩ *sich ziemen (od* schicken*) für* (acc) || *betragen* (acc) *(Rechnung, Summe)* || ¿qué va a ~ de él? *was wird aus ihm werden?* || ~ del pueblo *den unteren Volksschichten angehören* || ¿de dónde es V.? *woher stammen (od kommen) Sie? aus welcher Stadt (bzw welchem Land) sind Sie?* || soy de Berlín *ich bin Berliner*
b) *Art und Weise, Beschaffenheit, Eigenschaft; partitive Bedeutung:* es de madera *es ist aus Holz (gemacht)* || es de desear *es ist zu wünschen, es ist wünschenswert* || es de pensar *es ist zu bedenken* || *man muß es reiflich überlegen* || es de saber que no ha venido *er ist nämlich nicht gekommen* || ¿es de creer? *ist es zu glauben?* || ¡era de oírle narrar! *wie er erzählte!* || el balance es de ... *der Saldo beträgt ...* || ¿qué es de tí? *was ist mit dir (los)?* || es de dos piezas *es besteht aus zwei Stücken* || no soy de los que mienten *ich bin kein Lügner* || soy de su partido *ich gehöre zu seiner Partei* || soy de la misma opinión *ich bin derselben Meinung*
3. in Verb. mit **para**: *Brauchbarkeit, Verwendung, Bestimmung, Zweck:* no soy yo para ello *ich tauge nicht dazu* || *dazu gebe ich mich nicht her* || no es para comer(lo) *es ist nicht genießbar* || ~ bueno (para) *nützen, dienen (zu* dat*)* || *brauchbar sein (für* acc*)* || ~ para poco *wenig taugen* || no era para menos *und es war auch so (Verstärkung e–r Bejahung, e–r Aussage)*
4. in Verb. mit **que**: si yo fuera tú *(üblicher:* yo que tú*), lo haría ich an deiner Stelle würde es tun*
E) in adverbiellen und bindewörtlichen Redensarten: a no ~ así *sonst, andernfalls* || a no ~ por ello *wenn das nicht gewesen wäre* || a no ~ que *wofern nicht* || *es sei denn, daß* || *wenn nicht* || es decir *das heißt* (Abk *d.h.*) || siendo así que *da doch, obschon, obgleich* || un (sí) es, no es *etwas, ein wenig* || *sozusagen, in gewissem Sinne* || sea lo que fuere *(od* sea*), sea como fuere es sei wie es wolle* || *unter allen Umständen, auf alle Fälle* || haga V. lo que sea *tun Sie, was Ihnen beliebt* || sea que le hubiese oído, sea que se asustase, se puso pálido *er wurde bleich, weil er ihn gehört hatte od weil er erschrak* || o sea *oder, mit anderen Worten, anders ausgedrückt* || *das heißt* || *nämlich* || mire V. por todas partes, no sea que hayamos olvidado a. *sehen Sie überall nach, ob wir nichts vergessen haben* || ... no sea que le eche de menos ... *sonst könnte er dich (zu sehr) vermissen* || ~se pop *sein, werden* || érase (que se era) un rey *es war einmal ein König (Anfangsformel in Märchen, in der Bibel)* || sea la luz y la luz se hizo *es werde Licht und es ward Licht (Bibel)*

²**ser** *m Sein* n || *Wesen, Geschöpf* n || *(wirklicher, innerer) Wert* m || ⟨Philos⟩ *Dasein* n (→ **existencia**) || filosofía del ~ *Seinsphilosophie* f || ◊ dar el ~ *das Leben schenken, zeugen bzw gebären* || fig *schöpfen* || fig *schaffen* || tener razón de ~ *Daseinsberechtigung haben* || ~es vivientes *(od* vivos*) Lebewesen* npl

sera f prov *(Trag)Korb* m || *Kiepe* f

seráfico adj *seraphisch, engelhaft* || figf *arm, bescheiden* || el padre ~ *der heilige Franz von Assisi* || orden ~a *Franziskanerorden* m

serafín m *Seraph* m || fig *Engel* m || ⚹ m Tfn *Seraphim* m

ser|ba f *Vogelbeere* f || **–bal, –bo** m ⟨Bot⟩ *Eberesche* f, *Vogelbeerbaum* m (Sorbus spp) || *Speierling, Spierapfel, Spierling* m (Sorbus domestica) || ~ de cazadores *Eberesche* f, *Vogelbeerbaum* m (Sorbus aucuparia)

Ser|bia f *Serbien* n || ~-Croacia-Eslavonia ⟨Hist⟩ *Serbien-Kroatien-Slowenien (Jugoslawien)* || ⚹**bio** adj *serbisch* || ~ m *Serbe* m || *serbische Sprache* f || ⚹**bocroata** adj *serbokroatisch* || ~ m *Serbokroate* m

△**serdañí** f *Messer* m

△**serear** vt ⟨Taur⟩ *mit dem Horn verwunden (Stier)*

sere|na f fam *Abend-, Nacht|tau* m || ◊ dormir a la ~ fam *unter freiem Himmel schlafen* (→ **sereno**) || **–namiento** m *Aufheiterung* f || **–nar** vt *er-, an-, auf|heitern* || fig *besänftigen, beruhigen* || *aufhellen* || ~ vi, ~**se** *sich aufhellen (Wetter)* || fig *sich beruhigen* || *sich legen (z. B. Zorn, Aufregung)* || ◊ tratar de ~ *sich zu fassen suchen* || **–nata** f *Serenade, Nachtmusik* f || *(Abend-)Ständchen* n || Pequeña ~ nocturna *Eine kleine Nachtmusik* f *(Mozart)* || ◊ dar (una) ~ *ein Ständchen bringen* || dar la ~ figf = dar la **lata**

–nidad f Heiterkeit f || Gelassenheit f || Gemütsruhe f || Geistesgegenwart f || ~ de conciencia Heiterkeit f des Gemütes || ⋌ Durchlaucht f (Ehrentitel) || **–nísimo** adj (sup v. **sereno**) durchlauchtigst || Alteza≃a, ⋌ Señor Hoheit f, Serenissimus m (ehem. Kronprinzentitel in Spanien) || **–no** adj heiter, wolkenlos (Himmel) || ruhig (Wetter) || vergnügt, fröhlich, froh || gefaßt || geistesgegenwärtig, gelassen || rostro ~ heitere Miene f || días ~s Tage mpl des Glückes || ◊ permanecer ~ die Fassung bewahren || ~ m Abend-, Nacht|tau m || Span Nachtwächter, ⟨Hist⟩ Stundenrufer m || △ unverschämter Mensch m || ¡las doce y ~! ⟨Hist⟩ Ruf m der span. Nachtwächter || al ~ in der Nachtkälte, (nachts) im Freien
serge m → **sarga**
seria|ble adj ⟨Tech⟩ serienreif || **–l** m Neol Fortsetzungsroman m ⟨bes Radio⟩ || ⟨Radio TV⟩ Sendereihe f
seriamente adv ernst(lich), im Ernst || ◊ advertir ~ ernstlich warnen, mahnen || perjudicar ~ ernstlich schaden (dat)
seriar vt Serien bilden bzw zusammenstellen || in Reihen anordnen
serici|cultor m Seidenbauer m || **–cultura** f Seidenzucht f || → **gusano** de seda, **bómbice**
sericígeno adj ⟨Zool Entom⟩: glándulas ~as fpl Spinndrüsen fpl (bes der Spinnen & Raupen)
sérico adj seiden, Seiden- || ⟨Med⟩ Serum**serie** f Reihe, Folge(reihe), Serie f || Reihenfolge f || Abteilung, Rubrik f || ⟨Geol⟩ Serie f (stratigraphischer Begriff) || ~ de números (od cifras) Zahlenfolge f || fabricación en ~ Serienfertigung f || ◊ Juan es un fuera de ~ figf Hans ist einsame Spitze (od Klasse), Hans ist Superklasse!
seriedad f Ernst m, Ernsthaftigkeit f || Strenge, Geradheit, Redlichkeit, Ehrlichkeit f || Zuverlässigkeit f || seriöse, reelle Geschäftsführung f || la ~ de la situación der Ernst der Lage || con ~ ernstlich
serigrafía f ⟨Typ⟩ Siebdruck m
seri|jo, –llo m prov kleiner Korb m
serio adj/s ernst, ernsthaft || streng || ernstlich, wirklich, wahrhaft || feierlich, steif || gesetzt || schwer (Krankheit) || böse || casa ~a seriöse, reelle Firma || informes ~s zuverlässige Auskunft f || ópera ~a ernste, klassische Oper f || peligro ~ ernste Gefahr f || en ~, por lo ~ im Ernst || ◊ hablar en ~ ernst sprechen || ponerse ~ ernst werden || el asunto se pone ~ die S. wird ernst || tomar en ~ ernst nehmen || fig wörtlich nehmen || lo ~ (od las cosas ~as) de la vida der Ernst des Lebens || no te pongas ~ conmigo bum sei mir bitte nicht böse
seriote adj fam sehr ernst || mürrisch, unfreundlich
serir m ⟨Geol⟩ S(s)erir m (Kieswüste)
Ser.^{mo} Abk = **Serenísimo**
ser|món m Predigt f || fig Moralpredigt f, Verweis m || fam Standpauke, Rede f, desp Sermon m || ⋌ de la Montaña Bergpredigt f (Evangelien) || ◊ echar un ~ pop e–e Predigt halten, predigen (& fig) (→ **sermonear**) || dim: ~**cillo,** ~**cito** m
sermo|near vt fam jdm die Epistel lesen, fam jdm e–e Standpauke halten || ~ vi predigen || **–neo** m fam Strafpredigt f, desp Sermon m
serna f Feld|strich, -streifen m
sero|ja f, **–jo** m dürres Laub, Reisig(holz) n
sero|logia f ⟨Med⟩ Serologie f || **–lógico** adj serologisch
serón m großer (Stroh)Korb m (zweiteilig zum Transport auf Pferden od Eseln)
serondo adj spätreifend
sero|so adj wässerig, serös || **–terapia** f ⟨Med⟩ Serumheilkunde, Serotherapie f
△**seroy** m Soldat m
serpear vi = **serpentear**

serpen|taria f ⟨Bot⟩ Drachenwurz f (Dracunculus) || **–tario** m ⟨V⟩ = **secretario** || ⟨Astr⟩ Ophiuchus m || **–teado** adj geschlängelt || **–tear** vi sich schlängeln, sich winden (& Fluß, Weg, Schlucht, Straße) || **–teo** m Schlängeln n || **–tin** m Rohrschlange f || ~ de calefacción Heizschlange f || ~ refrigerante Kühlschlange f || **–tina** f Schlangenlinie f || Serpentine f || ⟨Min⟩ Serpentin m || ⟨Chem⟩ Serpentin n || ~ de papel Papierschlange f || **–tón** m augm v. **serpiente** || ⟨Mus⟩ Serpent m, Schlangenhorn m
serpezuela f dim v. **serpiente**
serpiente f Schlange f || fig Lästerzunge f || fig böses Weib n, fig falsche Schlange f || fig Schlange f, Teufel m || ~ acuática, ~ de collar Ringelnatter f (Natrix natrix) || ~ de anteojos Brillenschlange f (→ **áspid, cobra, naja**) || ~ boa → **boa** || ~ de cascabel Klapperschlange f (Crotalus spp) || ~ de Esculapio Äskulapnatter f (Elaphe longissima) || ~ marina Seeschlange f || ~s marinas ⟨Zool⟩ Seeschlangen fpl (Hydrophidae) || ~ pitón → **pitón** || ~ venenosa Giftschlange f || ~ de vidrio, ~ quebradiza, ~ ciega Blindschleiche f (→ **lución**) || domador de ~s Schlangenbeschwörer m
ser|pol m ⟨Bot⟩ Quendel, Feldthymian m (Thymus serpyllum) → **tomillo** || **–pollo** m Trieb m (aus e–r Schnittstelle) || Schößling m
serpúlidos mpl ⟨Zool⟩ Serpuliden pl (Serpulidae)
serradero m = **aserradero**
serra|dizo adj sägbar, Säge- || Schnitt- || **–dor** m (Holz)Säger m || **–duras** fpl Säge|mehl n, -späne mpl
serrallo m Serail n, Harem m
serra|na f Gebirgsbewohnerin f || Serrana f (lyrisches Gedicht) || **–nía** f Gebirgsland n || Gebirgsrücken m || **serránidos** mpl ⟨Fi⟩ Säge-, Zacken|barsche mpl (Serranidae) || **–niego** adj = **–no** || **–nilla** f Serranilla f (a) lyrische Dichtungsform des 15. Jh. || b) Lied im Volkston) || **–no** adj Berg-, Gebirgs- || brisa ~a Brise f von den Bergen || ◊ jugar una partida ~a (a) pop jdm e–n bösen Streich spielen || ~ **jamón** || ~ m Bergbewohner, Gebirgler m || ⟨Fi⟩ Sägebarsch m (Serranus cabrilla) || Schriftbarsch m (S. scriba)
serrar [–ie–] vt/i (zer)sägen
serrería f Sägewerk n
se|rreta f dim v. **sierra** || **–rrijón** m kleine Bergkette f, kleiner Gebirgsrücken m || **–rrín** m Säge|mehl n, -späne mpl || ◊ tener la cabeza (llena) de ~ figf ein Hohlkopf sein || →a **aserrín** || **–rroján** m Sant Bergbewohner m || **–rrón** m Baumsäge f || **–rrote** m Mex Handsäge f || **–rrucho** m Handsäge f || Fuchsschwanz m
△**sersén** m (**sersení** f) Spanier(in) m(f)
△**serta** f Hemd n
△**Serva** = **Sevilla**
serval m ⟨Zool⟩ Serval m (Leptailurus serval)
serventesio m Sirventes, „Dienstlied" n (Strophenform der Troubadoure)
servi|ble adj brauchbar || **–centro** m Cu ⟨Aut⟩ Servicestation f || **–cial** adj dienst|bereit, -willig, -fertig || gefällig || entgegenkommend, verbindlich || poco ~ ungefällig || **–cio** m Dienst, -zweig m || Dienstzeit f || Dienstleistung f || Bedienung f || Aufwartung f || Handhabung f || Betrieb m || Militär-, Waffen|dienst m || Gesinde n, Dienerschaft f || Bedienungspersonal n || Tisch|gerät, -gedeck n || Geschirr n || Nacht|geschirr n, -topf m || ⟨Sp⟩ Aufschlag m || Gang m (v. Speisen) || Klistier n, Darmspritze f || ~ de abastecimiento Verpflegungswesen n || ~ activo aktiver Dienst m || ~ de aduanas Zollwesen n || ~ aéreo Flug|dienst m, -verbindung f || ~ automático ⟨Tel⟩ Selbstwähl|verkehr, -betrieb m || ~ de (od para) café, té Kaffee-, Tee|geschirr n || ~ corporal

servido — servir 988

Frondienst m ‖ ~ de correos, ~ postal *Post|dienst, -verkehr* m ‖ ~ de créditos *Kreditabteilung* f ‖ ~ de cuartel *Kasernendienst* m ‖ ~ de día, ~ diurno *Tagesdienst* m ‖ ~ divino *Gottesdienst* m ‖ ~ de escucha ⟨Mil⟩ *Horchdienst* m ‖ ⟨Radio⟩ *Abhördienst* m ‖ ~ esmerado ⟨Com⟩ *aufmerksame, reelle Bedienung* f ‖ ~ de expedición *Versandabteilung* f ‖ ⟨Postw⟩ *ausgehende Post* f ‖ ~ exprés *(od* rápido*) Schnelldienst* m ‖ ~ de fototelegrafía *Bildtelegrafendienst* m ‖ ~ en el frente *Frontdienst* m ‖ ~ general de explotación ⟨EB⟩ *(Bahn)Betrieb* m ‖ ~ de incendios *Feuer|löschdienst* m, *-wehr* f ‖ ~ de informaciones, ~ informativo *Nachrichtendienst* m ‖ *Auskunft* f ‖ ~ informativo aeronáutico, ~ de protección aérea ⟨Flugw⟩ *Flugmeldedienst* m ‖ ~ de manicura *Maniküre*kassette, Handpflegegarnitur f ‖ ~ meteorológico *Wetter|dienst* bzw *-bericht* m (→ **parte**) ‖ ~ de mesa *Tischgeschirr* n ‖ ~ militar *Waffen-, Militär|dienst* m ‖ obligación del ~ militar, ~ militar obligatorio *Wehrpflicht* f ‖ ~ móvil *Bereitschaftsdienst* m *(z. B. der Polizei)* ‖ ~ de noche, ~ nocturno *Nacht|dienst* bzw *-betrieb* m ‖ ~ de orden *Ordnungsdienst* m ‖ ~ de personal *Personal|abteilung* f, *-büro* n ‖ ~ de prensa *Presse|dienst* m, *-abteilung* f ‖ ~ pronto *schnelle, prompte Bedienung* f ‖ ~ radiotelefónico *Funksprechdienst, Sprechfunk* m ‖ ~ de rancho ⟨Mil⟩ *Backschaft* f ‖ ~ telefónico *Fernsprechbetrieb* m ‖ *Fernsprechdienst* m ‖ ~ de tranvías *Straßenbahnbetrieb* m ‖ ~ urbano ⟨Tel⟩ *Nahverkehr, Stadtfernsprechbetrieb* m ‖ apto para el ~ ⟨Mil⟩ *(dienst)tauglich* ‖ comienzo, interrupción del ~ *Betriebs-, Amts|stunden* fpl ‖ indicaciones *(od* instrucciones*)* de ~ *Dienst|anweisungen, -vorschriften* fpl ‖ mozo de ~ *Diener* m ‖ mujer de ~ *Aufwartefrau* f ‖ oficial en ~ ⟨Mil⟩ *Ordonnanzoffizier* m ‖ personal de ~ *Dienstpersonal* n ‖ prestaciones de ~ *Dienstleistungen* fpl ‖ sujeto al ~ militar *wehrpflichtig* ‖ tiempo de ~ *Dienstzeit* f ‖ de ~ *Dienstabend* ‖ por antigüedad de ~ *nach dem Dienstalter (Beförderung usw)* ‖ ◊ estar en el ~ ⟨Mil⟩ *(im Heere) dienen* ‖ estar en *(od* al*)* ~ de *(od* en*)* ⟨Com⟩ *angestellt sein (bei)* ‖ estoy al ~ de V. *ich stehe Ihnen zu Diensten (Höflichkeitsformel)* ‖ hacer el ~ *den Dienst versehen* ‖ ⟨Mil⟩ *dienen* ‖ poner fuera de ~, retirar del ~ *außer Dienst stellen* ‖ prestar ~ (en) *angestellt sein (bei)* ‖ prestar un ~ *e-n Dienst leisten, erweisen* ‖ prestar el ~ de las armas ⟨Mil⟩ *dienen* ‖ rendir un ~ *e-e Gefälligkeit erweisen, e-n Gefallen tun* ‖ retirarse del ~ *in den Ruhestand treten* ‖ tener ~ *Dienst haben* ‖ ~s pl euph *Toiletten* fpl ‖ ~ públicos (Abk: S.P.) *Öffentlicher Dienst* m ‖ ~ de sanidad *Sanitätsdienst* m ‖ ◊ hacerse ~ recíprocos *sich gegenseitig Dienste leisten* ‖ ofrecer sus ~ *seine Dienste anbieten* ‖ prestar ~ *Dienste leisten* ‖ recurrir a los ~ (de) *(jds) Dienste in Anspruch nehmen*

servi|do adj *abgetragen (Kleid)* ‖ ◊ ¡la comida está ~a! ¡los señores están ~s! *es ist angerichtet! es ist aufgetragen* ‖ su curiosidad estaba ~a *seine Neugierde war befriedigt* ‖ ¡sea V. ~! *bitte, bedienen Sie sich!* ‖ *zu dienen!* ‖ ¡voy bien ~! iron *da bin ich schön hereingefallen!* ‖ **dor** m *Diener* m (bes *als veralteter Höflichkeitsausdruck)* ‖ *Bedienstete(r)* m ‖ *Bedienende(r)* ‖ fig *Verehrer, Kavalier* m ‖ fam *Nachtstuhl* m ‖ *Baller, Werfer* m *(beim Kricket)* ‖ ⟨Mil⟩ = **sirviente** ‖ ... le desea un ~ ... *wünsche ich Ihnen (Höflichkeitsformel)* ‖ su seguro ~ (Abk = s.s.s.) *Ihr ergebener (Briefschluß)* ‖ ¡~ de V.! *Zu dienen!* ‖ *Ihr Diener!* ‖ un ~ pop *Ihr Diener* ‖ *m-e Wenigkeit* ‖ **-dora** f *Dienerin, Magd* f ‖ una ~ lo sabe pop *m-e Wenigkeit weiß es, ich weiß es (Höflichkeitsformel seitens e-r Frau)* ‖ **-dumbre** f *Dienst*m, *-kleidung* f ‖ ⟨Jur⟩ *Dienstbarkeit* f, *Servitut* n/f ‖ *Zwangsrecht* n *(Wasserrecht)* ‖ *Knechtschaft* f ‖ *Lehnsdienst m ‖ *Frondienst* m ‖ *Dienerschaft* f, *Dienstleute* pl ‖ *Gesinde* n ‖ *Zwang* m, *Pflicht* f ‖ ~ de camino, ~ de vía, ~ viaria *(öffentliches) Wegerecht* n, *Wegegerechtigkeit* f ‖ ~ corporal *Hörigkeit* f ‖ ~ forzosa ⟨Jur⟩ *öffentliche Dienstbarkeit* f, *Zwangsservitut* n/f ‖ ~ de la gleba ⟨Hist⟩ *Schollen-, Grund|hörigkeit* f ‖ ~ de paso *Wegerecht* n, *Wegegerechtigkeit* f ‖ ~ de pasto *Weide|recht* n, *-gerechtigkeit* f ‖ ~ personal *Frondienst* m ‖ ~ de tránsito = ~ de paso ‖ ~ de vigilancia litoral *Span Gemeingebrauch* m *am Meeresstrand (6 m breit) und an schmalen Küstenstreifen für Überwachungsdienst* ‖ ~ de vistas *Aussichtsrecht* n ‖ ◊ establecer ~s (en) *mit Dienstbarkeiten belasten*

ser|vil adj *bedientenhaft* ‖ *knechtisch, sklavisch* ‖ *kriechend, kriecherisch, servil, unterwürfig, liebedienerisch, ohne Rückgrat* ‖ *verächtlich, niedrig* ‖ *dienstbar* ‖ adulación ~ fig *Speichelleckerei* f ‖ espíritu ~ *Sklavensinn* m ‖ imitación ~ *sklavische Nachahmung* f ‖ **-vilismo** m *knechtische Unterwürfigkeit, Liebedienerei, Willfährigkeit, Kriecherei* f ‖ **-vilón** adj/s augm desp v. **servil**

serville|ta f *Mund-, Teller|tuch* n, *Serviette* f ‖ *Serviertuch* n ‖ ~ de papel *Papierserviette* f ‖ ◊ doblar la ~ *die Serviette zusammenlegen* ‖ figf sterben ‖ **-tero** m *Serviettenring* bzw *-ständer* m

servio adj/s *serbisch* ‖ → **serbio**

serviola f ⟨Mar⟩ *Davit, Boots-* bzw *Anker|kran* m ‖ *Wache* f *am Davit* ‖ ~ *m Wachmann* m *am Davit* ‖ ◊ estar de ~ *auf Wache am Davit stehen*

servir [-i-] vt/i a) *(be)dienen* ‖ *dienen, Dienste leisten* ‖ *auftragen, anrichten, servieren* ‖ in jds *Diensten stehen* ‖ *(e-e Zeit) abdienen* ‖ *(ein Amt) versehen, verwalten* ‖ *Waffen-, Kriegs|dienst leisten* ‖ *verehren (Gott)* ‖ *(e-r Frau) den Hof machen* ‖ *taugen* (para *zu* dat) ‖ jdm *nützlich, gefällig sein* ‖ *reichen, auskommen* (*Speisen, Getränke*) *auftragen, vorlegen, servieren* (*Getränke*) *einschenken, vorsetzen, darreichen* ‖ *(bei Tisch) aufwarten* ‖ ⟨Com⟩ *(Waren) liefern* ‖ *(Aufträge) erledigen* ‖ ⟨Com⟩ *bedienen* ‖ ⟨Sp⟩ *(den Ball) anspielen* bzw *zurückschlagen* ‖ ⟨Kart⟩ *Farbe bekennen, zugeben* ‖ ◊ ~ (bien) *taugen* ‖ *zustatten kommen* ‖ ~ la mesa *anrichten* ‖ ~ una pieza (una batería) ⟨Mil⟩ *ein Geschütz (e-e Batterie) bedienen* ‖ ~ los platos *(die Speisen) auftragen* ‖ ~ vino (cerveza) *Wein (Bier) auftragen (od ausschenken)* ‖ apto para ~ *dienstfähig, tauglich* ‖ ¡para ~ le *(od* para ~ a V.)! *zu dienen!* ‖ ¿en qué puedo ~le? *womit kann ich dienen?* ‖ papel que no sirve *unbrauchbares Papier* n ‖ eso no me sirve *das kann ich nicht brauchen* ‖ si quieres ser bien servido, sírvete a ti mismo *was man selbst macht, ist am besten getan* ‖ ¿le han servido a V. ya? *werden Sie (schon) bedient? (Geschäft, Laden, Apotheke)*

b) in Verb. mit **a:** ◊ ~ a *bedienen, aufwarten* ‖ ~ a la patria *Soldat sein, für das Vaterland dienen, dem Vaterland dienen* ‖ ¿a qué sirve todo eso? *wozu das (alles)?*

c) in Verb. mit **de, en:** ◊ ~ de estímulo, de gobierno *als Ansporn, zur Richtschnur dienen* ‖ ~ de modelo *Modell sitzen, stehen* ‖ fig *als Vorbild dienen* ‖ ~ de ornato *zum Schmuck dienen* ‖ ~ de pretexto *zum Vorwand dienen* ‖ ~ de testigo *als Zeuge beiwohnen* ‖ todo ello no sirvió de nada *all das war zwecklos* ‖ ~ en el ejército, ~ en filas ⟨Mil⟩ *im Heere dienen*

d) in Verb. mit **para:** ◊ ~ para *dienen* zu ‖ *taugen (für* acc*)* ‖ ~ para un objeto *e-m Zwecke entsprechen, zweckdienlich sein* ‖ no ~ para nada fam *(zu)* nichts taugen ‖ *ganz unbrauchbar sein*

e) in Verb. mit **por:** ◊ ~ por la comida *sich fürs Essen verdingen*

servirse a) *sich bedienen, zugreifen, zulangen (bei Tisch)* ‖ ◊ ¡sírvase V.! *belieben Sie! Bitte! (Höflichkeitsformel)* ‖ b) in Verb. mit **de** (gen): ~ de a/c *sich e-r S. bedienen* ‖ *et verwenden, benutzen* ‖ ~ de sus fuerzas *seine Kräfte anwenden* ‖ c) in Verb. mit inf: *belieben, die Güte haben, geruhen (zu)* ¡sírvase entrar! *herein, bitte!* ‖ ¡sírvase V. decírmelo! (le ruego se sirva ...) *sagen Sie es mir bitte!* ‖ → a **servido**
servita *m* ⟨Kath⟩ *Servit* m, ~ *f Servitin* f *(des Ordens der Diener Mariens,* Abk *OSM)*
serv.° Abk = **servicio**
servo- präf ⟨Tech⟩ *servo-, Servo-* ‖ ~**accionado** *servo|angetrieben, -betätigt* ‖ ~**accionamiento** *m Servoantrieb* m ‖ ~**dirección** *f* ⟨Tech Aut⟩ *Servolenkung* f ‖ ~**freno** *m Servobremse* f ‖ ~**mando** *m* ⟨Tech⟩ *Servo|steuerung, -lenkung* f ‖ ~**motor** *m Servo-, Stell|motor* m ‖ ~**regulación** *f* ⟨Tech⟩ *Servoregelung* f
serv.°ʳ Abk = **servidor**
ses *m* = **sieso**
sesada *f (Ge) Hirn* n *(Gericht)* ‖ *Hirn* n *(e-s Tiers)*
sésamo *m* ⟨Bot⟩ *Sesam* m (Sesamum indicum)
Sésamo: ¡~, ábrete! *Sesam, öffne dich! („Ali Baba und die vierzig Räuber")*
△**Sesé** *f Spanien*
sese|ar vi *lispeln, das z (od c vor e, i) wie s aussprechen (z. B.* corazón *wie* corasón *aussprechen, wie so oft in And & Am)* ‖ s: -o *m*
sesen|ta adj/s *sechzig* ‖ *sechzigste* ‖ el ~ *m die Zahl sechzig* ‖ ◊ tener los ~ *corridos fam ein guter Sechziger sein* (→ **-tón**) ‖ **-tavo** *m*/adj *Sechzigstel* n ‖ **-tena** *f sechzig Stück, Schock* ‖ a ~s *schockweise* ‖ **-tón** *m*/adj *Sechziger* m
seseo *m Aussprache* f *des z (od c vor e, i) wie s* (→ **sesear**)
sesera *f Hirnschale* f ‖ pop *Kopf* m
ses|gado adj *schräg* ‖ *schief* ‖ **-gadura** *f schräger Schnitt* m ‖ *Gehrung* f ‖ **-gar** [g/gu] vt/i *schräg herüberlegen* ‖ *schief stellen* ‖ ⟨Mar⟩ *lavieren* ‖ ⟨Tech⟩ *auf Gehrung schneiden* ‖ **-go** adj *schräg, schief* ‖ ~ *m Schräge* f ‖ *Schrägschnitt* m ‖ fig *Mittelweg, Kompromiß* m ‖ *Gang, Verlauf* m, *Entwicklung* f ‖ *Wende* f ‖ ⟨Tech⟩ *Gehrung* f ‖ al ~, de ~ *schräg, schief (über) (über) zwerch* ‖ *in der Quere, quer* ‖ fig *heimlich* ‖ ◊ los acontecimientos toman buen ~ *die Ereignisse nehmen e-n guten Verlauf* bzw *e-e günstige Wende*
sésil adj ⟨Biol⟩ *festsitzend, sessil (Benthos)* ‖ *festgewachsen* ‖ ⟨Bot⟩ *ungestielt, stiellos (Blatt)*
sesilidad *f* ⟨Biol⟩ *Sessilität, festsitzende Lebensweise* f *(bes im Wasser)* ‖ ⟨Bot⟩ *Stiellosigkeit, Sessilität* f
sesión *f Sitzung, Beratung, Tagung, Session* f ‖ ⟨Pol⟩ *Sitzung* f ‖ *Konferenz* f (→ **conferencia**) ‖ ⟨Mal⟩ *Modellsitzen* n ‖ ~ de cine *Kinovorstellung* f ‖ ~ continua *Dauervorstellung, Non-stop-Vorstellung* f engl *(Kino)* ‖ cine de ~ continua *Non-stop-Kino* n ‖ ~ plenaria *Plenarsitzung* f ‖ ~ a puerta cerrada *nichtöffentliche Sitzung* f ‖ *Geheimsitzung* f ‖ ◊ abrir (levantar) la ~ *die Sitzung eröffnen (aufheben)* ‖ celebrar, la ~ *die Sitzung abhalten, tagen* ‖ clausurar la ~, dar por terminada la ~ *die Sitzung schließen*
¹**seso** *m Gehirn* n ‖ fig *Verstand* m ‖ ~s *pl Bregen,* Hirn n ‖ ~ de ternera *Kalbshirn* n ‖ ◊ calentarse (*od* devanarse) los ~s figf *sich den Kopf zerbrechen, viel nachgrübeln* ‖ perder el ~ fig *den Kopf verlieren* ‖ perder el ~ por una mujer figf *sich in e-e Frau vernarren, sich in e-e Frau Hals über Kopf verlieben*
²**seso** *m Stein* m bzw *Eisen* n *zum Unterkeilen des Kochtopfs (bei offenem Feuer)*
sespiriano adj = **shakespeariano**
sesqui- präf *anderthalb(fach)* ‖ ⟨Chem⟩ *sesqui-, Sesqui-* ‖ ~**centenario** *m*/adj *150-Jahr-Feier*

f ‖ ~**pedal** adj *anderthalbfüßig* ‖ ~**plano** *m* ⟨Flugw⟩ *Anderthalbdecker* m ‖ ~**terpenos** *mpl* ⟨Chem⟩ *Sesquiterpene* npl
seste|adero *m Ruheplatz* m ‖ **-ar** vi *Mittagsruhe od Siesta halten* ‖ *im Schatten ruhen (Vieh auf der Weide)* ‖ fig *e-e Gelegenheit versäumen*
sestercio *m Sesterz* m *(römische Silbermünze)*
sesudo adj *vernünftig, gesetzt* ‖ → a **testarudo**
set *m* engl *Satz* m *(Tennisspiel)* ‖ ⟨Filmw⟩ *Aufnahmeraum* m *(bei Innenaufnahmen)*
seta *f* ⟨Bot⟩ *Pilz, Schwamm* m ‖ pop *weibliche Scham* f ‖ → a **hongo, seda**
setáceo adj *borstig* ‖ *borsten|ähnlich* bzw *-förmig*
setal *m Ort* m, *an dem Pilze wachsen* ‖ *Pilzgarten* m
set.ᵉ Abk = **setiembre**
sete|cientos adj/s *siebenhundert* ‖ el ~ *m die Zahl 700* ‖ **-na** *f Siebenzahl* f ‖ *Siebenfache(s)* n ‖ → **septena** ‖ **-nio** *m Jahrsiebent* n ‖ → **septenio**
seten|ta adj *siebzig* ‖ el ~ *m die Zahl 70* ‖ **-tavo** *m*/adj *Siebzigstel* n ‖ **-tón** *m*/adj *Siebziger* m
setiembre = **septiembre**
sétimo = **séptimo**
seto *m Hecke* f, *Zaun* m ‖ *Einzäunung* f ‖ *Einfriedigung* f ‖ ~ vivo *Hecke* f ‖ ◊ cercar con ~(s) *einhegen*
setter *m Setter* m *(Hund)* ‖ ~ irlandés *Irischer Setter* m
SEU Abk ⟨Hist⟩ = Sindicato Español Universitario
seudo- präf *pseud(o)-, Pseud(o)-, falsch-, Falsch-* ‖ → a **pseudo-** ‖ ~**chiste** *m* pop *schlechter Witz* m ‖ ~**escorpión** *m* ⟨Zool⟩ *Afterskorpion* m ‖ ~ de los libros *Bücherskorpion* m (Chelifer cancroides) ‖ ~ de los musgos (*od* del musgo) *Moos-, Rinden|skorpion* m (Obisium muscorum) ‖ ~**escorpiónideos** *mpl* ⟨Zool⟩ *Afterskorpione* mpl (Pseudoscorpionida) ‖ ~**logia** *f* ⟨Med⟩ *krankhaftes Lügen* n, *Pseudologie* f ‖ ~**morfo** adj ⟨Min Geol⟩ *pseudomorph*
seudó|nimo adj *pseudonym* ‖ ~ *m Pseudonym* n, *angenommener Name* m ‖ ◊ usar un ~ *unter e-m Pseudonym schreiben* ‖ ~**podo** *m* ⟨Biol⟩ *Pseudopodium, Scheinfüßchen* n *(mancher Einzeller,* → **protozoos**)
seudoprofeta *m Lügenprophet, falscher Prophet* m
S.E.u.O. (**s.e.u.o.**) Abk = **salvo error u omisión**
Severa *f* Tfn *Severa* f
seve|ramente adv *streng, mit Strenge* ‖ **-ridad** *f Strenge, Härte* f ‖ *Unnachsichtigkeit* f ‖ *Schärfe* f ‖ *Ernst* m, *Ernsthaftigkeit* f ‖ *Sittenstrenge* f ‖ fig *Einfach-, Schlicht|heit* f ‖ fig *Nüchtern-, Sachlich|keit* f ‖ **-ro** adj *streng, ernst* ‖ *hart, unnachsichtig* ‖ *ernsthaft* ‖ fig *einfach, schlicht (Stil, Lebensweise)* ‖ fig *nüchtern, sachlich* ‖ ~ de semblante *mit strenger Miene* ‖ ~ con (para, para con) alg. *streng zu jdm* ‖ ≃ *m* np *Severus* m
sevicia *f Grausamkeit* f ‖ *Mißhandlung* f
Sevi|lla *f Sevilla* n ‖ ◊ quien no ha visto ~, no ha visto maravilla Spr *wer Sevilla nicht gesehen hat, hat nichts gesehen* ‖ quien fue a ~, perdió su silla Spr *aus den Augen, aus dem Sinn* ‖ ~s *pl mittelfeine span. Zigarren* fpl ‖ ≃**llana** *f Sevillanerin* f *(Art) sevillanischer Tanz* m ‖ ≃**llano** adj *sevillanisch, aus Sevilla* ‖ (duro) ~ *ehem. in Sevilla geprägtes Fünfpesetenstück* ‖ fig *falsches Fünfpesetenstück* n ‖ ~ *m Sevillaner* m
sexa|genario adj *sechzigjährig* ‖ ~ *m Sechziger, Sechzigjährige(r)* m ‖ **-gésimo** adj *sechzigste(r)* ‖ ~ *m Sechzigstel* n ‖ dominica de ~ *(Sonntag)* Sexagesima f ‖ **-gonal** adj *sechseckig*
sexaje *m* barb ⟨Agr⟩ *Geschlechtsbestimmung* f *(bes bei Küken)*
sex-appeal *m* engl *Sex-Appeal* m

sexcentésimo adj/s *(der) sechshundertste*
sexenio *m Jahrsechst* n
sexmo *m Gemeindeverband* m *mehrerer Dörfer od Ortschaften* ‖ *Anteil* m *e–s einzelnen am Gemeindeland*
sexo *m Geschlecht* n ‖ *Geschlechtsteile* n/mpl ‖ *Sex(us)* m ‖ el ~ *débil, bello* ~ *(~ femenino) fig das schwache, das schöne Geschlecht, die Frauenwelt* ‖ el ~ *fuerte,* ~ *feo (~ masculino) fig das starke Geschlecht, die Männer* ‖ *determinación del* ~ *Geschlechtsbestimmung* f ‖ →a **erotismo** ‖ **–logía** f *Geschlechtslehre* f ‖ *Sexualwissenschaft, Sexologie* f
sex|ta f *sechste Klasse od Stunde* f ‖ ⟨Mus⟩ *Sexte* f ‖ ~ *aumentada, diminuta* ⟨Mus⟩ *übermäßige, verminderte Sexte* f ‖ ~ *mayor, menor* ⟨Mus⟩ *große, kleine Sexte* f ‖ ~ *rima Sestine* f *(Strophe u. Gedichtform)* ‖ **–tante** *m* ⟨Astr Flugw Mar⟩ *Sextant* m ‖ **–teto** *m* ⟨Mus Poet⟩ *Sextett* n ‖ **–tiense** adj/s *aus Aix-en-Provence*
sexti|lla, –na f *Sestine* f *(Strophe u. Gedichtform)* ‖ **–llo** *m* = **seisillo** ‖ **–na** f *Sextine* f *(Versmaß)* ‖ *Sestine* f
sexto adj *(der) sechste* ‖ ~ *m Sechstel* n
séxtuplo m/adj *(das) Sechsfache* ‖ ~ adj *sechsfach*
sexuado adj ⟨Gen⟩ *mit Geschlechtsorganen versehen* ‖ *geschlechtlich* ‖ *reproducción (od generación)* ~a *geschlechtliche Fortpflanzung* f (→ **asexuado**)
se|xual adj *geschlechtlich, Geschlechts-, sexuell, Sexual-* ‖ *instinto, problema* ~ *Geschlechts|trieb* m, *-problem* n ‖ *acto* ~ *Beischlaf* m ‖ *asesinato* ~, *asesinato por motivos* ~es *Sexualmord* m ‖ *caracteres* ~es *Geschlechtsmerkmale* npl (*primarios bzw secundarios*) *(primäre bzw sekundäre)* ‖ *comportamiento* ~ ⟨Ethol⟩ *Sexualverhalten* n ‖ *cromosoma* ~ ⟨Gen⟩ *Geschlechtschromosom* n ‖ *dimorfismo* ~ ⟨Zool⟩ *Sexualdimorphismus* m *(bes bei Vögeln & Insekten)* ‖ *educación* ~ *Sexualerziehung* f ‖ *iniciación* ~ *sexuelle Aufklärung* f ‖ *erstes Sexualerlebnis* n ‖ *moral (od ética)* ~ *Sexualethik* f ‖ *(p)sicología* ~ *Sexualpsychologie* f ‖ **–xualidad** f *Geschlechtstrieb* m ‖ *Geschlechtsverhältnis* n ‖ *Geschlechtlichkeit, Sexualität* f ‖ **–xualismo** *m übertriebene Wertung* f *des Geschlechtlichen, Sexualismus* m (→ **pansexualismo**)
sexy adj engl *sexy* ‖ *una mujer muy* ~ *e–e Sexbombe* f
seya Am pop = **sea** (→ **ser**)
△**seyorré, –rrí** m/f *Spanier(in)* m/f
s/f Abk = **sin fecha**
s/fra Abk = **su factura**
sg. Abk = **singular**
s/g Abk = **su giro**
s.g.d.G. Sbk = **sin garantía del Gobierno**
S.G.M. Abk Span = **Secretaría General del Movimiento**
sg[te] = Abk = **siguiente**
sha(h) *m Schah* m *(v. Iran)*
shakespeariano adj *auf William Shakespeare bezüglich (auch:* **sespiriano**)
shawiano adj *auf den irischen Schriftsteller G. B. Shaw (1856–1950) bezüglich*
shed *m* ⟨Arch⟩ *Shed-, Säge|dach* n
sherardización f ⟨Tech⟩ *Sherardisieren* n *(von Zink)*
sheriff *m* engl *Sheriff* m
shock *m* barb ⟨Med⟩ *Schock* m ‖ ~ *anafiláctico* ⟨Med⟩ *anaphylaktischer Schock* m ‖ *tratamiento por* ~ *Schockbehandlung* f ‖ → **choque**
shrapnel *m* ⟨Mil⟩ *Schrapnell* n
shunt *m* ⟨Radio⟩ *Shunt, Nebenschluß(widerstand), Parallelwiderstand* m
[1]**si** *m* ⟨Mus⟩ *H* n
[2]**si** conj: *wenn* ‖ *wenn auch* ‖ *ob* ‖ *wie (sehr)* ‖ *im Falle daß, falls* ‖ *sondern* ‖ *sonst, doch*

1. in Bedingungssätzen: a) reine Bedingung: ~ *tienes tiempo, lo harás wenn du Zeit hast, wirst du es tun* ‖ ~ *tuvieras (od tuvieses) tiempo, lo harías wenn du Zeit hättest, würdest du es tun* ‖ ~ *hubieses (od hubieras) tenido tiempo, hubieras (od habrias) venido wenn du Zeit gehabt hättest, wärest du gekommen* ‖ *dijo que vendría,* ~ *tenía (od en caso de que tuviera) tiempo er sagte er werde kommen, wenn er Zeit habe (od hätte)* ‖ *por* ~ *(no) viene für den Fall, daß er (nicht) kommt* ‖ ~ *acaso ... wenn etwa ...* ‖ *por* ~ *acaso für alle Fälle* ‖ ~ *es que wofern, wenn etwa* ‖ ~ *es que no puedes wenn du etwa nicht kannst (verstärkte Bedingung)* ‖ ~ *no wo nicht* ‖ *wenn nicht, falls nicht* ‖ *außerdem* ‖ →a **sino** ‖ ~ *a mano viene wenn vielleicht, zufälligerweise* ‖ *es valiente,* ~ *los hay er ist tapfer wie kein anderer, er ist e–r der tapfersten* ‖ b) Voraussetzung: ~ *ayer pudiste hacerlo ¿por qué tardas ahora? wenn du es gestern tun konntest, warum zögerst du jetzt?* ‖ c) Dilemma (elliptisch): ~ *no wo nicht* ‖ *wenn nicht, falls nicht* ‖ *sonst* ‖ *enmienda tu conducta,* ~ *no, no te ayudaré bessere dich, sonst helfe ich dir nicht* ‖ d) disjunktiv: *malo,* ~ *uno habla,* ~ *no habla, peor es si nicht ratsam zu sprechen, aber schweigen ist noch schlimmer* ‖ *que* ~ *esto, que* ~ *lo otro ... bald dies, bald jenes ...* ‖ *und so weiter, und so fort*

2. als indirekter Frage- od Objektsatz: a) (als Zweifel, Unsicherheit): *ignoro* ~ *viene ich weiß nicht, ob er kommt* ‖ *no sé* ~ *(va a ser) por la mañana o por la tarde ich weiß nicht, ob es vor- oder nachmittags sein wird* ‖ b) bes. als verstärkte Behauptung: *verás* ~ *lo consigo du wirst sehen, daß ich es erreiche* ‖ *und ob ich es erreiche!* ‖ *tú sabes* ~ *lo quiero du weißt, wie (sehr) ich ihn liebe*

3. im Vergleich (como ~, que ~): *hablaba como* ~ *estuviera loco er redete wie ein Verrückter* ‖ *se quedó más contento que* ~ *le hubieran dado un millón er freute sich mehr, als wenn er eine Million bekommen hätte*

4. in Konzessivsätzen: ~ *bien que ... ob| wohl, -schon, ob-, wenn|gleich ...* ‖ ¡*no lo haré ni (siquiera)* ~ *me matan!* (*statt aunque me maten*) pop *ich tue es nicht, und wenn es mich auch das Leben kostete*

5. in Wunschsätzen: ¡~ *Dios quisiera ayudarme! wenn mir nur Gott helfen möchte*

6. Verstärkte Bejahung, Verneinung oder Frage, pleonastisch: ¡~ *viene hoy! er kommt doch (bestimmt) heute!* ‖ *er will es ja heute kommt!* ‖ ¡~ *no lo quiere! er will es ja nicht!* ‖ ¡~ *es hermosa! und ob sie schön ist!* ‖ *wie schön sie ist!* ‖ ~ *ya dije que mentías ich sagte doch, daß du lügst* ‖ ~ *quiero preguntarte ich will dich ja eben fragen* ‖ ¿*que* ~ *es posible? du fragst, ob es möglich ist?* ‖ ¿~ *será cierto? wäre es möglich? ist es wahr? und ob es wahr ist?* ‖ *apenas* ~ *se conocían (besser: apenas se conocían) sie kannten einander kaum, fam sie waren kaum miteinander bekannt*

[1]**si** pron *sich (nach Vorwörtern, außer* **con**): a ~ *(zu) sich* ‖ *alabarse a* ~ *mismo sich selbst loben* ‖ *ante* ~ *vor sich* ‖ *de* ~ *von sich* ‖ *von sich aus* ‖ *an sich* ‖ *(von) selbst* ‖ *dar de* ~ *reichen, genügen* ‖ ⟨Web⟩ *sich ausdehnen, sich weiten (Stoff)* ‖ *decepción, dominio de* ~ *mismo Selbst|täuschung, -beherrschung* f ‖ *delante, detrás de* ~ *vor, hinter sich* ‖ *estar sobre* ~ *aufpassen, fam auf der Hut sein* ‖ *hablan entre* ~ *sie reden untereinander* ‖ *para* ~ *für sich* ‖ *zu (od bei) sich selbst* ‖ *an sich gerichtet* ‖ *für sich bestimmt* ‖ *dijo para* ~ *er dachte bei sich* ‖ *tener para* ~ *que* ⟨Lit⟩ *dafür halten, daß* ‖ *por* ~ *selbst, allein* ‖ *für sich allein* ‖ *um seinetwillen* ‖ *mirar por* ~ *an sich*

denken, auf seinen Vorteil bedacht sein ‖ *de por ~ für sich allein* ‖ *an (und für) sich* ‖ *allein (genommen)*
²**sí** *adv ja(wohl)* ‖ *fürwahr, gewiß* ‖ *natürlich, selbstverständlich, freilich* ‖ *wohl, aber* ‖ *vielmehr* ‖ *zwar* ‖ a) ~, señor *(verstärkt:* ~, señor, ~) *jawohl, natürlich* ‖ ~, en verdad *ach ja!* ‖ ~, por cierto *ja doch! jawohl! bestimmt!* ‖ ~ tal *ja doch, jawohl* ‖ él no viene, yo ~ *er kommt nicht, ich aber doch* ‖ ¡pues ~ ! iron *ja freilich!* ‖ *das fehlte gerade noch! das ist der Gipfel!* ‖ ¡pero ~ ! *aber gewiß!* ‖ decir que ~ *ja sagen* ‖ *einwilligen* ‖ ¡ ~ y no! *fam wie man's nimmt!* ‖ *je nachdem!* ‖ *zur Hälfte, teils, teils* ‖ *einerseits, and(e)rerseits* ‖ por ~ o por no *auf alle Fälle* ‖ *vorsichtshalber* ‖ b) Verstärkung der Bejahung od Verneinung: él ~ (que) lo hará pop *er wird es bestimmt tun* ‖ ¡eso ~ que no! *das auf keinen Fall! das bestimmt nicht!* ‖ lo haré, ~, pero me vengaré *ich werde es tun, aber ich werde mich rächen* ‖ es rico, ~, pero ... *er ist wohl reich, aber* ... ‖ es hermosa, eso ~ *sie ist wirklich schön* ‖ ¡esto ~ que es bueno! iron *das ist wirklich gelungen!* ‖ *das ist der Gipfel!* ‖ *das fehlte gerade noch!* ‖ iron *wir sind (wirklich gut) bedient!* ‖ ¡ ~, pero menos! ⟨Neol⟩ *i wo (denn)!* ‖ *wenn es mal stimmte!*
³**sí** *[pl síes] m Jawort* n, *das Ja* ‖ ◊ dar el ~, decir que ~ *das Jawort geben, einwilligen* ‖ no decir un ~ ni un no figf *kein Sterbenswort sagen* ‖ *ausweichend antworten* ‖ sin faltar un ~ ni un no fig *genau, pünktlich, umständlich* ‖ entre ellos no hay *(od* ellos no tienen) un ~ ni un no *unter ihnen herrscht vollkommene Einmütigkeit* ‖ ya tengo el ~ de mi padre *ich habe schon die Erlaubnis meines Vaters* ‖ ~ por ~, o no por no *wahrhaftig, aufrichtig* ‖ un ~ es, no es *ein bißchen, ein wenig, etwas* ‖ *sozusagen, in gewissem Sinne* ‖ un ~ es, no es turbado *et betreten, ein bißchen verlegen* ‖ un ~ es, no es nervioso *leicht nervös*
s/i *Abk = salvo imprevisto*
S.I. Abk = Su Ilustrísima
sial *m* ⟨Geol⟩ *Sial* n
siamés, esa adj *siamesisch* ‖ los hermanos ~es *die siamesischen Zwillinge* mpl (& fig) ‖ ~ *m Siamese* m ‖ →a **tailandés**
△**sibar** vt/i *nähen*
siba\|rita m/adj *Sybarit* m *(aus Sybaris* & bes fig*)* ‖ fig *weichlicher Schwelger* m ‖ *Schlemmer* m ‖ *Wollüstling* m ‖ *Feinschmecker* m ‖ ~ adj = **–rítico** ‖ **–rítico** adj *sybaritisch* (bes fig) ‖ fig *genußsüchtig, sinnlich, weichlich* ‖ *wollüstig* ‖ **–ritismo** *m Schwelgerei, Schlemmerei, Genußsucht* f, *Sinnengenuß, Sybaritismus* m
Sibe\|ria *f Sibirien* ‖ Nueva ~ *Neusibirien* ‖ ◊ mandar a (la) ~, deportar a (la) ~ *nach Sibirien schicken, verbannen (Strafe)* ‖ es una ~ figf *es ist frostig, kalt (Zimmer, Wetter usw)* ‖ **⁼riano** adj *sibirisch* ‖ frío ~ *sibirische Kälte* f ‖ ~ *m Sibirier* m
sibila *f Sibylle, Sibylla, Wahrsagerin* f (& fig) ‖ fam *Hexe* f
sibilante adj ⟨Gr Li⟩ *Zisch-* ‖ ⟨Med⟩ & allg *pfeifend* ‖ sonido ~ ⟨Gr Li⟩ *Zischlaut* m
sibilino adj *sibyllinisch* ‖ fig *geheimnisvoll, dunkel*
sic adv lat *so*
△**sicabar(ar)** vi *aus-, fort\|gehen*
sica\|lipsis *f* fam *Pikanterie* f ‖ = **pornografía, obscenidad** ‖ **–líptico** adj *pikant* ‖ *unanständig, obszön*
sicamor *m* → **ciclamor**
sicario *m (gedungener) Meuchelmörder* m (& fig)
sicativo *m* → **secante**
sicigia *f* ⟨Astr⟩ *Syzygie* f
Sici\|lia *f Sizilien* n ‖ **⁼liano** adj *sizilianisch* ‖ ~ *m Sizilianer* m
△**sicle** *m* = **siglo**
siclo *m Sekel* m *(altbabylonische u. hebräische Münz- u. Gewichtseinheit)*
sico- präf *Syko-* ‖ = **psico-**
△**sicobar** vt *herausnehmen*
sicofante *m Angeber, Verleumder, Denunziant, Sykophant* m
sicomoro, sicómoro *m Sykomore, Eselsfeige* f, *Maulbeerfeigenbaum* m (Ficus sycomorus)
sicón *m* ⟨Zool⟩ *Sykonschwamm* m (Sycon raphanus)
siconio, sícono *m* ⟨Bot⟩ *Sykonion* n *(Frucht, z. B. die Feige)*
sicosis *f* ⟨Med⟩ *Bartflechte, Syko\|se, -sis* f (→ **sarna**) ‖ = **psicosis**
sicrómetro *m* → **psicrómetro**
sículo adj/s *sizilisch* ‖ ~ *m Sizilianer* m
△**sicha\|quilló, –guillo** *m Ministrant* m
△**sichó** *m*, **sicha** *f Affe* m
sidecar *m* engl *Beiwagen* m ‖ moto con ~ *Motorrad* n *mit Beiwagen*
side\|ración *f* ⟨Med⟩ *(Hirn)Schlag* m ‖ **–ral** adj *Stern(en)-, siderisch, sideral* ‖ espacio ~ *Sternenraum* m, *Himmelsgegend* f
sidéreo adj ⟨poet⟩ *Sternen-, Himmels-* ‖ *siderisch, sideral*
siderita, siderosa *f* ⟨Min⟩ *Siderit* m
side\|rurgia *f Eisenhüttenkunde, Siderurgie* f ‖ **–rúrgico** adj *Eisenhütten-* ‖ industria ~a *Eisenhüttenindustrie, eisenschaffende Industrie* f ‖ productos ~s *Eisen- und Stahl\|erzeugnisse* npl
sidi *m* Marr *Sidi, Herr* m
Sidonio *m* np *Sidonius* m
Sidoro *m* pop = **Isidoro** *m*
si\|dra *f Zider, Apfelwein* m ‖ ~ (a)champanada span. *Apfelsekt* m ‖ vinagre de ~ *Obstessig* m ‖ **–drero** adj: industria ~a *Apfelweinindustrie* f
¹**siega** *f Mähen* n ‖ *Mahd* f ‖ *Ernte* f ‖ *Erntezeit* f ‖ la época *(od* el tiempo) de la ~ *die Erntezeit, die Mahdzeit* ‖ canción de ~ *Schnitterlied* n
²**siega** → **segar**
¹**siembra** *f Säen* n, *Besämung, (Aus)Saat* f ‖ *Saatzeit* f ‖ *Saatfeld* n
²**siembra** → **sembrar**
siempre adv *immer(fort), all-, jeder\|zeit, stets* ‖ *von jeher* ‖ *auf jeden Fall, jedenfalls* ‖ *doch immerhin* ‖ *wenigstens* ‖ (por) ~ *für immer, auf immer* ‖ *immer\|dar, -während* ‖ ~ cuando *stets wenn* ‖ *wofern, wenn* ‖ ~ que *wenn, wofern* (subj), *unter der Bedingung, daß* ‖ ~ y cuando, que *nur wenn, nur falls, wenn (nur), wofern* ‖ *wann immer* ‖ como ~ *wie üblich* ‖ *nach wie vor* ‖ para ~ *auf immer, auf ewig* ‖ *für immer* ‖ (de) una vez para ~ *ein für allemal (endgültig)* ‖ por ~ *immerdar* ‖ *auf immer, ewig* ‖ a la hora de ~ *zur gewohnten Stunde, zu derselben Zeit* ‖ es lo de ~ *so geschieht es immer,* fam *es ist die alte Geschichte* ‖ de ~ *von jeher* ‖ *wie einst* ‖ *alt, langjährig (Freund, Liebe, Krankheit)*
siempre\|tieso *m Stehauf(männ)chen* n *(Spielzeug)* (→ **tentetieso**) ‖ **–viva** *f* ⟨Bot⟩ = **perpetua** ‖ ⟨Bot⟩ *Hauswurz* f (Sempervivum spp)
sien *f Schläfe* f ‖ con plateadas ~es *mit grauen Schläfen* (→ **aladar**)
Sie\|na f it *Siena* ‖ ⁼ *Siena* n *(braune Farbe)* ‖ ⁼ adj *siena* ‖ **⁼nés** adj/s *aus Siena, Siena-, Sieneser*
sienita *f* ⟨Geol⟩ *Syenit* m
siente, sienta, → **sentir, sentar**
sierpe *f* ⟨Lit poet⟩ *Schlange* f ‖ fig *böses Weib* n ‖ p. ex *böse* bzw *gemeine* bzw *grausame Person* f ‖ ⁼ fig *die Schlange, der Teufel* ‖ ⁼ *Wurzelsproß* m ‖ △ *Dietrich* m ‖ Calle de las ~s *e-e der lebhaftesten Straßen in Sevilla* ‖ ◊ criar la ~ en el seno fig *die Schlange an seinem Busen nähren* ‖ → **culebra, ofidios, serpiente**
¹**sierra** *f Säge* f ‖ *Bergkette* f, *Kammgebirge* n ‖ *Gebirgsrücken* m ‖ *Gebirgs\|land* n, *-kette* f,

Berge mpl ‖ ~ de agua *Sägemühle* f ‖ ~ (vertical) alternativa *Gatter* n, *-säge* f ‖ ~ de arco, ~ bracera *Bogensäge* f ‖ ~ de bastidor *Spannsäge* f ‖ ~ de carpintero *Tischlersäge* f ‖ ~ de cinta, ~ continua *Bandsäge* f ‖ ~ circular *Kreissäge* f ‖ ~ de costilla *Rückensäge* f ‖ ~ curva *Bogensäge* f ‖ ~ sin fin *Bandsäge* f ‖ ~ de hoja tensa *Spannsäge* f ‖ ~ de leñador *Baumsäge* f ‖ ~ para madera *Holzsäge* f ‖ ~ de mano *Handsäge* f ‖ ~ de marquetería *Laubsäge* f ‖ *Furniersäge* f ‖ ~ mecánica *Motorsäge* f ‖ *Sägemaschine* f ‖ ⚞ Morena, ⚞ Nevada *span. Bergketten* fpl ‖ ~ de recortar *Ablängsäge* f ‖ arco de ~ *Sägebogen* m ‖ clima de ~ *Berg|klima* n, *-luft* f ‖ habitante de la ~ *Bergbewohner* m ‖ hoja de ~ *Sägeblatt* n ‖ (pez) ~ *Sägefisch* m (→ **pez**) ‖ virutas de ~ *Sägespäne* mpl ‖ ◊ dentar una ~ *Sägezähne hauen* ‖ triscar, alabear una ~ *e–e Säge schränken, aussetzen* ‖ → **serranía, serrano** ‖ **cordillera, montaña, monte**

²△ **sierra** *f* = **sien**

sier|va *f Dienerin, Magd* f ‖ *Sklavin* f ‖ **–vo** *m Diener* m ‖ *Leibeigene(r), Knecht* m ‖ *Sklave* m ‖ ~ de la gleba *Leibeigene(r)* m ‖ ~ de los siervos de Dios *Knecht* m *der Knechte Gottes, servus* m *servorum Dei* (lat) *(Titel des Papstes in päpstlichen Urkunden)*

sies *pl v.* **sí** *m*

sieso *m Ende* n *des Rektums*

siesta *f Mittags|stunde, -hitze* f ‖ *Siesta, Mittags|ruhe* f, *-schlaf* m ‖ ◊ dormir la ~ *Mittagsruhe halten* ‖ *ein Schläfchen (nach Tisch) tun*

siete adj/s *sieben* ‖ *sieb(en)te(r)* ‖ son las ~ (horas) *es ist sieben Uhr* ‖ ~ *m Sieben* f, *Siebener* m ‖ ⟨Kart⟩ *Sieben* f ‖ fam *Riß* m, *rechtwink(e)lig ausgerissenes Stück* n *(an der Kleidung)* ‖ △*Dirne* f ‖ △*Lump* m ‖ Arg *Hintere* m, *Gesäß* n ‖ el ~ de marzo *der 7. (am 7.) März* ‖ ~ y medio *(Art) Kartenspiel* n ‖ ◊ comer por ~ fam *gierig essen* ‖ hacerse un ~ en el pantalón pop *sich die Hose zerreißen*

siete|colores *m Burg Pal* ⟨V⟩ = **jilguero** ‖ Arg Chi ⟨V⟩ *Siebenfarbentangare* f *(Tangara chilensis)* ‖ **–cueros** *m* Col Chi Ec Hond *Fersenfurunkel* m ‖ CR Cu Pe *Panaritium* n

siete|mesino adj *siebenmonatig* ‖ *Siebenmonats-* ‖ p.ex. *schwächlich, unterentwickelt* ‖ ~ *m Siebenmonatskind* n ‖ fam *Schwachmatikus* m ‖ fam *Milchbart, junger Geck* m ‖ **–ñal** adj *siebenjährig*

sifílide *f* ⟨Med⟩ *syphilitischer Hautausschlag* m, *Syphiloderma* n

sifilis *f* ⟨Med⟩ *Syphilis, Lues* f ‖ → **avariosis, lúes, tabes**

sifilítico adj *syphilitisch* ‖ fig *geschlechtskrank, angesteckt* ‖ ~ *m Syphilitiker* m

sifilo|dermia *f* ⟨Med⟩ = **sifílide** ‖ **–ide** *m Syphiloid* n ‖ **–ma** *m* ⟨Med⟩ *Syphilom* n ‖ **–manía, –fobia** *f* ⟨Med Psychol⟩ *Syphilomanie* f ‖ **–sis** *f* ⟨Med⟩ *Syphilose, syphilitische Erkrankung* f

sifón *m* ⟨Saug⟩ *Heber* m ‖ *Sodawasser-, Siphon|flasche* f ‖ *Selbstschenker* m ‖ ⟨Arch⟩ *Dükker* m ‖ ⟨Mar⟩ *Wasserhose* f ‖ ⟨Zool⟩ *Sipho* m *(Atemröhre der Schnecken, Muscheln & Tintenfische)* ‖ ~ inodoro ⟨Hydr⟩ *Geruchverschluß* m

sifo|nápteros *mpl* ⟨Entom⟩ = **afanípteros** ‖ **–nóforos** *mpl* ⟨Zool⟩ *Staatsquallen* fpl (Siphonophora)

siga → **seguir**

△**sigala** *f* = **peseta**

Sigfredo, Sigfrido *m* np *Siegfried* m

sigi|lar vt *(ver)siegeln* ‖ fig *verheimlichen* ‖ **–lo** *m* ⟨Hist⟩ *Siegel* n ‖ fig *Verschwiegenheit* f, *unverbrüchliches Geheimnis* n ‖ ~ médico *ärztliche Schweigepflicht* f ‖ ~ profesional *Amts-, Berufs|geheimnis* n ‖ ~ sacramental *Beichtgeheimnis* n ‖ **–lografía** *f Siegelkunde, Sphragistik* f ‖ **–loso** adj *verschwiegen* ‖ *geheim(nisvoll)* adv:

~**amente**

sigla *f Sigel, Abkürzungszeichen* n *(bes in der Kurzschrift)*

siglo *m Jahrhundert* n ‖ p.ex *Zeitalter* n ‖ *Welt* f ‖ *weltliches Leben* n ‖ fam *lange Zeit, Ewigkeit* f ‖ fig *Seligkeit* f, *Jenseits* n ‖ ~ de oro, ~ dorado *(de plata, de cobre, de hierro) das Goldene (Silberne, Eherne, Eiserne) Zeitalter* n ‖ el ⚞ de Oro ⟨Lit⟩ *das Goldene Zeitalter (das 17. Jh. in der span. Lit.)* ‖ ~ de las luces *(Zeitalter* n *der) Aufklärung* f *(→* **ilustración***)* ‖ espíritu del ~ *Zeitgeist* m ‖ ⟨Rel⟩ *Weltgeist* m *(Gegensatz: Geist der Kirche)* ‖ hecho del ~ pop *(die) Leistung des Jahrhunderts, e–e großartige, epochemachende Leistung* ‖ hombre de su ~ *Mensch* m *s–r Zeit* ‖ *(normaler) Zeitgenosse* m ‖ el hombre del ~ *der Mann des Jahrhunderts* ‖ ◊ dejar el ~ *der Welt entsagen, sich aus der Welt zurückziehen* ‖ *ins Kloster gehen* ‖ hasta la consumación de los ~s *bis ans Ende der Zeiten* ‖ ir *(od* marchar*)* con el ~ *mit der Zeit gehen* ‖ por los ~s de los ~s *von Ewigkeit zu Ewigkeit, in alle Ewigkeit* ‖ eso dura *(od* tarda*)* un ~ figf *das dauert e–e Ewigkeit*

sigma *f griech. σ, Sigma* n

signar vt *zeichnen* ‖ *siegeln* ‖ *unter|zeichnen, -schreiben* ‖ ◊ ~ con olio *(od* óleo*)* ⟨Rel⟩ *mit Öl salben* ‖ **~se** *sich bekreuzigen* (= **persignarse**)

signa|tario *m Unterzeichner, Zeichnende(r)* m ‖ *Signatar* m ⟨bes Pol⟩ ‖ adj *Unterzeichner-, Signatar-* ‖ **–tura** *f Signatur* f *(Bezeichnung von Büchern)* ‖ ⟨Typ⟩ *Bogensignatur* f

signifi|cación *f (Wort)Bedeutung* f ‖ *Sinn* m ‖ *Andeutung* f ‖ fig *Wichtigkeit* f ‖ **–cado** adj *bedeutend* ‖ *angesehen* ‖ *wichtig* ‖ ~ *m (Wort-)Bedeutung* f ‖ *Sinn* m ‖ ⟨Li⟩ *Bezeichnete(s), Signifikat* n *(Vorstellung)* ‖ ~ primitivo *Grundbedeutung* f ‖ **–cante** adj *bedeutungsvoll* ‖ *bedeutend* ‖ *bezeichnend, charakteristisch* ‖ *signifikant* ‖ ~ *m* ⟨Li⟩ *Bezeichnende(s), Signifikant* m *(Lautbild)* ‖ **–car** [c/qu] vt/i *bezeichnen, angeben* ‖ *be-, an|deuten, anzeigen* ‖ *vor-, dar|stellen* ‖ *bedeuten, besagen* ‖ *kundgeben, zum Ausdruck bringen* ‖ ¿qué –ca eso? *was soll das heißen?* ‖ eso no –ca nada *das ist belanglos* ‖ *das ist unwichtig* ‖ **~se** *sich auszeichnen* ‖ Am *sich bloßstellen* ‖ **–cativo** adj *bedeutsam, viel|sagend, -bedeutend* ‖ *ausdrucksvoll* ‖ *bezeichnend, charakteristisch* ‖ fig *wichtig* ‖ ◊ es muy ~ para él *das hat für ihn e–e große Bedeutung* ‖ *das ist ihm sehr wichtig*

signo *m (Wahr)Zeichen* n ‖ *(An)Zeichen, Merkmal* n ‖ *Erkennungszeichen* ‖ *Sinnbild* n ‖ *Lautzeichen* n ‖ *Vorzeichen* n ‖ ⟨Typ⟩ *Sigel* n, *Sigle, Abkürzung* f ‖ *Schriftzeichen* n *(Schreibmaschine)* ‖ ~ de adición *Pluszeichen* n (+) ‖ ~ de admiración *Ausrufungszeichen* n (¡!) ‖ ~ diacrítico *diakritisches Zeichen* n ‖ ~ de ecuación *Gleichheitszeichen* n (=) ‖ ~ fonético ⟨Gr⟩ *Lautschriftzeichen* n ‖ ~ de interrogación *Fragezeichen* n (¿?) ‖ ~ de mando *Steuerzeichen* n ‖ ~ negativo, positivo *(od* ~ menos, ~ más*)* ⟨Math⟩ *Minus-, Plus|zeichen* n (−, +) ‖ ~ de puntuación ⟨Li Gr⟩ *Satzzeichen, Interpunktionszeichen* n ‖ ~ de suspensión *Auslassungszeichen* n ‖ ◊ hacer(se) el ~ de la cruz *sich bekreuzigen* ‖ fig *sich vor Verwunderung nicht fassen können* ‖ explicación de los ~s *Zeichenerklärung* f ‖ ~s convencionales *Signatur* f, *Zeichen, Symbole* pl *(auf Karten, Plänen usw)* ‖ ◊ hacer ~s (a) jdm *zuwinken* ‖ hacer ~s afirmativos *Zeichen der Zustimmung geben*

△**sigo** adv *schnell*

sig.te Abk = **siguiente**

siguiente adj *(nach)folgend* ‖ el ~ *der Folgende, der Hintermann* ‖ lo ~ *das Folgende* ‖ *folgendes* ‖ ¡el ~! *der nächste, bitte!* ‖ el *(od* al*)* día ~ *am folgenden Tage* ‖ en la forma ~, del modo ~ *folgendermaßen* ‖ las condiciones son las ~s

die Bedingungen sind wie folgt ‖ las palabras ~s *die nachstehenden Worte*
siguió, sigue → **seguir**
sigún Am pop = **según**
sil *m* ⟨Min⟩ *Ocker* m
Sila *m* np ⟨Hist⟩ *Sulla* m
sílaba *f Silbe* f ‖ ~ *acentuada, aguda* ⟨Gr⟩ *betonte Silbe* f ‖ ~ *átona* ⟨Gr⟩ *unbetonte Silbe* f ‖ ~ *breve, larga* ⟨Gr⟩ *kurze, lange Silbe* f ‖ ~ *cerrada, abierta geschlossene, offene Silbe* f ‖ ~ *tónica Tonsilbe* f ‖ *fin de* ~ *Silbenauslaut* m ‖ ¡ni una ~ más! figf *kein Wort mehr!* ‖ *por* ~s *silbenweise*
sila|bario *m Abc-Buch* n, *Fibel* f ‖ **-b(e)ar** vt/i *syllabieren, nach Silben (od Silbe für Silben) sprechen* ‖ fig *buchstabieren* ‖ **-beo** *m Syllabieren* n
silábico adj *silbisch, Silben-* ‖ *acento* ~ *Silbenakzent* m
silabo *m Syllabus, Katalog* m ‖ → **Syllabus**
silano *m* ⟨Chem⟩ *Silan* n
sil|ba *f Auszischen, Auspfeifen* n ‖ ◊ *recibir una* ~ *ausgepfiffen werden* ‖ **-bador** *m Pfeifer, Zischer* m ‖ ~ adj = **-bante** ‖ △**-bante** *m armer Schlucker* m ‖ ~ adj *pfeifend (& Wind, Vogel usw)* ‖ *sausend (Wind)* ‖ *zischend (Schlange)* ‖ = **sibilante** ‖ **-bar** vt/i *pfeifen (Melodie)* ‖ fig *aus|pfeifen, -zischen* ‖ ~ vi *pfeifen* ‖ *zischen* ‖ *sausen (Wind)* ‖ *heulen (Sirene)* ‖ fig *zischen (z. B. im Theater)* ‖ **-bato** *m Pfeife* f ‖ fig *feiner Riß* m bzw *kleines Loch* n *(aus dem Luft od Flüssigkeit entweicht)* ‖ Am = **silbido** ‖ ~ *de lengüeta Zungenpfeife* f ‖ ◊ *tocar el* ~ *pfeifen* ‖ **-bido** *m Pfiff* m ‖ *Pfeifen, Zischen* n *(Schlange)* ‖ *Sausen* n *(des Windes)* ‖ *Heulen* n *(Sirene)* ‖ ~ *de oídos Ohrensausen* n ‖ **-bo** *m Pfiff* m ‖ *Pfeife* f ‖ *Zischen n der Schlange* ‖ *Sausen* n *des Windes* ‖ Span ⟨Sp⟩ fam pop *Schiedsrichter* m ‖ **-bón** *m* ⟨V⟩ *Pfeifente* f (→ **ánade**) ‖ **-boso** adj = **-bante**
silen|ciado adj *totgeschwiegen* (→ **-ciar**) ‖ **-ciador** *m Schalldämpfer* m ‖ ~ (de escape) ⟨Aut⟩ *Auspufftopf* m ‖ **-ciar** vt *verschweigen* ‖ *geheimhalten* ‖ *dämpfen* ‖ *totschweigen (unbequemes Buch, unerwünschten Autor)* ‖ *zum Schweigen bringen* ‖ p. ex *umbringen, töten* ‖ **-cio** *m (Still-) Schweigen* n ‖ *Verschwiegenheit* f ‖ fig *Ruhe, Stille, Geräuschlosigkeit* f ‖ *Silentium* n ‖ fig *Totschweigen* n (→ **-ciar**) ‖ ⟨Mus⟩ *Pause* f ‖ ~ *de las armas Waffenruhe* f ‖ ~ *de corchea, de negra* ⟨Mus⟩ *Achtel-, Viertel|pause* f ‖ ~ *de muerte Totenstille* f ‖ ~ *sepulcral Grabesstille* f ‖ ¡~! *Ruhe! Stille!* ‖ en ~ *(od con* ~) *in der Stille* ‖ ◊ *guardar* ~ *Stillschweigen bewahren* ‖ *still sein, schweigen* ‖ *imponer* ~ *Schweigen gebieten* ‖ *observar* ~ *Stillschweigen bewahren* ‖ *pasar en* ~ *mit Stillschweigen übergehen* ‖ *lag unerwähnt lassen* ‖ fig *totschweigen* (→ **-ciar**) ‖ *romper el* ~ *das Schweigen brechen, zu reden anfangen* ‖ *sufrir en* ~ *stillschweigend leiden* ‖ **-ciosamente** adv *stillschweigend* ‖ *geheim* ‖ **-cioso** adj *schweigsam, stumm* ‖ *geräusch|arm, -los, still* ‖ la mayoría ~a ⟨Pol⟩ *die schweigende Mehrheit* f ‖ ~ *m Schalldämpfer* m ‖ ⟨Aut⟩ *Auspufftopf* m
Sileno *m* ⟨Myth⟩ *Silen* m
silente adj ⟨Lit poet⟩ = **silencioso**
si|lepsis *f* ⟨Gr Rhet⟩ *Syllepse* f *(Form der Ellipse)* ‖ **-léptico** adj *sylleptisch*
silería *f Siloanlage* f
Silesia *f Schlesien* n ‖ *Alta, Baja* ~ *Ober-, Nieder|schlesien* n
silesi(an)o adj *schlesisch* ‖ ~ *m Schlesier* m
sílex, sílice *m Feuerstein, Silex* m
silfa *f* ⟨Entom⟩ *Aaskäfer* m (Silpha spp) ‖ → **sílfidos**
silfi|de *f Sylphide* f, *weiblicher Luftgeist* m ‖ fig *leichtfüßiges Mädchen* m ‖ **-dos** mpl ⟨Entom⟩ *Aaskäfer* mpl (Silphidae) m

silfo *m Sylphe, Luftgeist* m ‖ *danza de los* ~s *Sylphenreigen* m
silgado adj Ec *hager* ‖ *sehr dünn*
silicato *m Silikat* n
sílice *m Kiesel* m ‖ *Siliziumdioxid* n, *(reine) Kieselerde* f ‖ * = **sílex**
silíceo adj *kieselerdehaltig* ‖ *kieselig*
silícico adj: *ácido* ~ ⟨Chem⟩ *Kieselsäure* f
silicio *m* ⟨Chem⟩ *Silizium* n
siliciuro *m* ⟨Chem⟩ *Silizid* n
silico|nas *fpl* ⟨Chem⟩ *Silikone* pl ‖ **-sis** *f* ⟨Med⟩ *(Stein)Staublunge, Silikose* f
silicua *f* ⟨Bot⟩ *Schote, Hülse* f *(Fruchtart)*
△**silisqué** *m Schloß* n, *Burg* f
silita *f Silit* n *(ein elektrischer Widerstandsstoff)*
silo *m Silo, Bunker, Getreide|keller, -speicher* ‖ *Kornkeller* m ‖ ~ *para cereales Kornsilo* m ‖ ~ *para forraje(s) Futtersilo* m
silo|gismo *m Syllogismus* m ‖ **-gistico** adj *syllogistisch*
silue|ta *f Silhouette* f, *Schatten|riß* m, *-bild* n ‖ ⟨Mal⟩ *Entwurf* m ‖ fig *Gestalt, Figur, Silhouette* f ‖ **-tar** vt *abschatten* ‖ *e-e Silhouette v. jd zeichnen* ‖ *silhouettieren* ‖ fig *(knapp) umreißen, in knappen Zügen darstellen (z. B. Biographie)*
silu|riano, silúrico adj ⟨Geol⟩ *silurisch, Silur-* (período) ‖ ~ *m* ⟨Geol⟩ *Silur* n ‖ **-ro** *m* ⟨Fi⟩ *Wels, Katzenfisch* m (Silurus spp) ‖ **-roideos** mpl ⟨Fi⟩ *Welse, Katzenfische* mpl (Siluroidea)
sil|va *f Blütenlese* f, *Sammelwerk* n ‖ *Sylve* f *(Versmaß, Dichtform)* ‖ **-vano** *m* ⟨Myth⟩ *Waldgott* m ‖ ⟨Zool⟩ *Magot, Berberaffe* m (Macaca = Simia sylvanus) ‖ ⁓ *m* np Tfn *Silvanus* m ‖ **-vestre** adj ⟨Bot⟩ *wildwachsend* ‖ ⟨Bot Zool⟩ *wild, Wild-* ‖ *rosal* ~ *wilder Rosenbusch* m ‖ ⁓ *m* np Tfn *Silvester* m ‖ *noche de San Silvestre Silvester(nacht)* n
silvi|cultor *m Waldbauer* m ‖ *Forstkundige(r)* m ‖ *Forstwissenschaftler* m ‖ **-cultura** *f Waldbau* m ‖ *Forstwirtschaft* f ‖ *Forstwissenschaft* f
silla *f Stuhl* m ‖ *(Bischofs)Sitz* m ‖ *Halbkutsche, Pritsche* f ‖ *(Reit)Sattel* m ‖ figf *Hintere* m ‖ ⟨Tech⟩ *Sattelplatte, Auflage* f ‖ ~ *acolchada Polsterstuhl* m ‖ ~ *de brazos Armstuhl* m ‖ ~ *de buque* ⟨Mar⟩ *Deckstuhl* m ‖ ~ *de caña Rohrstuhl* m ‖ ~ *curul* ⟨Hist⟩ *kurulischer Stuhl* m ‖ ~ *eléctrica elektrischer Stuhl* m ‖ ~ *extensible Klappstuhl* m ‖ ~ *(forrada) de cuero Lederstuhl* m ‖ ~ *giratoria Dreh|sessel, -stuhl* m ‖ ~ *de mano(s) Sänfte* f, *Tragstuhl* m ‖ ~ *metálica Metallstuhl* m ‖ ~ *de mimbre Korbstuhl* m ‖ ~ *de montar Reitsattel* m ‖ ~ *de paja Rohrstuhl* m ‖ ~ *poltrona Großvaterstuhl* m ‖ *Rollstuhl* m ‖ ~ *de posta(s) Post|wagen* m, *-kalesche* f ‖ ~ *de rejilla Stuhl mit geflochtenem Sitz, Rohrstuhl* m ‖ ~ *de señora Damensattel* m ‖ ~ *de tapicería Polsterstuhl* m ‖ ~ *de tijera Klapp|stuhl, -schemel, -sitz* m ‖ *Feldstuhl* m ‖ *caballo de* ~ *Sattelpferd* n ‖ *de* ~ *a* ~ figf *unter vier Augen* ‖ ◊ *pegársele a uno la* ~ figf *sich nicht vom Stuhl rühren (lästiger Besucher)* ‖ *ser hombre a todas (od ambas)* ~s figf *in allen Sätteln gerecht sein*
sillar *m/adj Quader(stein), Werkstein* m ‖ *Sattelrücken* m ‖ dim: ~**ejo** *m* ‖ augm: ~**ón** *m*
¹**sillería** *f Gestühl* n ‖ *Chorgestühl* n *(in der Kirche)* ‖ *Stühle* mpl, *Möbelstücke* npl ‖ *Sattlerei* f, *Sattlergeschäft* n ‖ *Sattlerarbeit, Stuhlmacherei* f
²**sillería** *f* ⟨Arch⟩ *Quadersteine* mpl ‖ *Quaderbau* m, *Quaderung* f
sille|ro *m Sattler* m ‖ *Stuhl|macher, -flechter* m ‖ (caney) ~ Mex *Geschirrkammer* f ‖ **-ta** *f* dim v. **silla**: *Stühlchen* n ‖ *Nachtstuhl* n, *Stechbecken* n *(für Kranke)* ‖ ⟨Tech⟩ *Bock* m *(für Lager)* ‖ Am *Sessel* m ‖ ¡~! pop *Donnerwetter!* ‖ **-tazo, sillazo** *m Hieb* m *mit e-m Stuhl* ‖ **-tero** *m* Am *Sänftenträger* m

sillico *m Nachtstuhl* m
sillín *m leichter Sattel* m ‖ *Kammkissen* n ‖ *kleiner Sitz* m ‖ *Fahrrad-* bzw *Motorrad\sattel* m ‖ ~ plegable → **sillita**
sillita *f* dim *v.* **silla:** *Stühlchen* n ‖ ~ plegable *Klapp-, Falt\hocker* m *(Camping)*
△**sillo\|fil** *m, -fi f Dorn* m
sillón *m* augm *v.* **silla** ‖ *Armsessel, Lehnstuhl* m ‖ ~ académico, ~ de la Academia *Sitz* m *als Mitglied e-r Real Academia* ‖ ~ de coro *Chorstuhl* m ‖ ~ de hamaca *Am Schaukelstuhl* m ‖ ‖ ~ de orquesta ⟨Th⟩ *Orchestersitz* m ‖ ~ de playa *Strandkorb* m ‖ ~ presidencial ⟨Pol⟩ *Präsidentenstuhl* m ‖ ~ de ruedas *Rollstuhl* m
sima *f Abgrund, Schlund* m ‖ *Erdloch* n ‖ ⟨Geol⟩ *Sima* f
△**simach\|é** *m, -i f Zeichen* n
Simancas ⟨Geogr⟩ *Simancas (Stadt in PVall)* ‖ *Archivo de ~ berühmte span. Urkundensammlung* f
simaruba *m* Arg ⟨Bot⟩ *Bitterholzbaum* m (Simaruba sp)
△**simbelar** *vi klingen*
simbi\|onto *m* ⟨Biol⟩ *Symbiont* m *(Pflanze od Tier)* ‖ **-óntico** adj = **-ótico** ‖ **-osis** *f* ⟨Biol⟩ *Symbiose* f ‖ ~ social ⟨Biol⟩ *soziale Symbiose* f ‖ **-ótico** adj *symbio(n)tisch, in Symbiose lebend*
simbléfaron *m* ⟨Med⟩ *Symblepharon* n, *Verwachsung* f *der Augenlider mit dem Augapfel*
simbólico adj *sinnbildlich, symbolisch*
simbo\|lismo *m Symbolismus* m ‖ *Symbolik* f ‖ *Sinnbildlichkeit* f ‖ **-lista** *m*/adj *Symbolist* m ‖ *Symboliker* m ‖ **-lización** *f Versinnbildlichung* f ‖ *Symbole* npl *auf Zeichnungen* ‖ **-lizar** [z/c] vt *symbolisieren, versinnbildlichen*
símbolo *m Sinnbild, Symbol* n ‖ p.ex *Zeichen* n ‖ *Wahrzeichen* n ‖ *Wahlspruch* m ‖ *Glaubensformel* f ‖ ⟨Chem⟩ *chemisches Zeichen, Symbol* n ‖ ~ de los Apóstoles ⟨Rel⟩ *Apostolisches Glaubensbekenntnis, Apostolikum* n
simbología *f Symbolkunde* f
simbrés *fpl Augenbrauen* pl
Simeón *m* np Tfn *Simeon* m
simetría *f Eben-, Gleich\|maß* n, *Symmetrie* f
simétrico adj *symmetrisch*
simia *f Äffin* f *(nicht* ⟨Wiss⟩)
simiente *f Same* m, *Gesäme* n ‖ *Saatgut* n ‖ *Samen-, Saat\|korn* n ‖ fig *Ursache* f ‖ p.ex *Eier* npl *des Seidenspinners* ‖ ~ de adormidera *Mohnkorn* n ‖ puerco de ~ *Zuchtschwein* n ‖ ◊ echar ~ *säen* ‖ nadie queda para ~ de rábanos figf *jeder muß sterben*
simiesco adj *affenartig* ‖ *affenähnlich* ‖ *äffisch* ‖ cara ~a *Affengesicht* n
simil adj *ähnlich, gleichartig* ‖ ~ *m Parabel* f, *Gleichnis* n ‖ *Vergleich* m
similar adj *gleichartig* ‖ *ähnlich* ‖ artículos ~es ⟨Com⟩ *ähnliche Artikel* mpl
similicuero *m Kunstleder* n
△**similirrate** *m feiger Dieb* m
simi\|litud *f Ähnlichkeit* f ‖ *Gleichartigkeit* f ‖ **-lor** *m Similor, Mannheimer Gold* n *(Golditamiation)* ‖ de ~ *falsch, unecht, Talmi-*
simio *m* ⟨Zool⟩ *Affe* m ‖ ~s mpl ⟨Zool⟩ *Affen* mpl (Simiae)
Simón *m* np Tfn *Simon* m ‖ ≃ *m*/adj *Madr Mietskutsche, Pferdedroschke* f, fam *Fiaker* m
simo\|nía *f* ⟨Rel⟩ *Simonie* f, *Ämterschacher* m ‖ **-níaco, -niaco, -niático** adj *simonisch*
simoun *m* → **simún**
△**simpalomé** *[f ~i]* adj *kahl*
simpatectomía *f* ⟨Chir⟩ *Sympathektomie* f
sim\|patía *f Mit\|gefühl, -empfinden* n ‖ *Geistes-, Seelen\|verwandtschaft* f ‖ *Übereinstimmung* f ‖ *wechselseitige Zuneigung* n ‖ *Sympathie* f ‖ ⟨Med⟩ *Mitleidenschaft* f *von Organen* ‖ ⟨Med⟩ *Synalgie* f (→ **sinalgia**) ‖ ◊ gozar de general ~ *allgemein beliebt sein* ‖ tener ~ *beliebt sein* ‖ *Sympathie*

fühlen (por für acc) ‖ **-pático** adj/s *sympathisch, seelenverwandt, mitfühlend* ‖ *lieb, nett, anziehend, reizend* ‖ cuerda ~a ⟨Mus⟩ *Resonanzsaite* f ‖ tinta ~a *Geheimtinte, sympathetische Tinte* f ‖ ~ *m:* gran ~ ⟨An⟩ *Sympathikus* m *(Nerv)*
simpa\|tiquísimo adj sup *v.* **simpático** ‖ **-tizante** adj/s *sympathisierend* ‖ *Gesinnungs-* ‖ ~ *m Gesinnungsgenosse* m ‖ *Sympathisant, Sympathisierende(r)* m ‖ **-tizar** [z/c] *sympathisieren (con mit* dat), *Teilnahme zeigen* ‖ *mit\|empfinden, -fühlen* ‖ *zueinander hinneigen (zwei Personen)* ‖ ◊ no tardamos en ~ *bald wurden wir gute Freunde*
sim\|ple adj *einfach, bloß* ‖ *schlicht, ohne Zutat* ‖ *unvermischt, lauter* ‖ *faßlich, klar* ‖ *natürlich, ungekünstelt, schmucklos, schlicht* ‖ fig *arglos, aufrichtig* ‖ fig *einfältig, dumm, simpel* ‖ *einflügelig (Tür)* ‖ número ~ ⟨Math⟩ *einfache Zahl* f ‖ palabra, voz ~ ⟨Li⟩ *einfaches Wort, Simplex* n ‖ por partida ~ *einfach (Buchführung)* ‖ a ~ vista *mit bloßem Auge* ‖ con suela ~ *einsohlig* ‖ ◊ desmejoraba a ~ vista *sein Gesundheitszustand verschlechterte sich sichtlich* ‖ ~ *m einfältiger, dummer Mensch,* fam *Einfaltspinsel, Simpel* m ‖ augm: ~azo *m* ‖ **-plemente** adv *bloß, schlechtweg* ‖ *kurz und gut*
simplex *m* lat ⟨Math⟩ *Simplex* n ‖ ⟨Tel⟩ *Zweiweg-, Simplex\|schaltung* f ‖ *Simplexbetrieb* m ‖ ⟨Li⟩ *Simplex, einfaches Wort* n
simpleza *f Ein\|falt, -fältigkeit* f ‖ *Dummheit* f ‖ *dummes Zeug* n ‖ *Plumpheit, Unverfänglichkeit* f ‖ *Seichtheit* f
simpli\|cidad *f Einfachheit* f ‖ *Schlichtheit* f ‖ *Arglosigkeit, Einfalt* f ‖ *Einfältigkeit, Dummheit* f ‖ ≃**cio** *m* np Tfn *Simplizius* m ‖ fam joc = **simple** ‖ ◊ no seas ~ fam joc *sei nicht so albern* ‖ **-císimo** adj sup *v.* **simple** ‖ *äußerst einfach, einfachst* ‖ **-ficación** *f Vereinfachung* f ‖ ⟨Math⟩ *Kürzen* bzw *Einrichten* n ‖ **-ficador** adj/s *vereinfachend* ‖ ~ *m Vereinfacher* m *(auch* pej) ‖ **-ficar** [c/qu] vt *vereinfachen* ‖ ⟨Math⟩ *(e-n Bruch) heben, kürzen* ‖ **-ficativo** adj *vereinfachend*
simplísimo adj sup *v.* **simple:** *äußerst dumm, erzdumm* ‖ fam = **simplicísimo**
simplista adj/s *(grob) vereinfachend* ‖ *einseitig*
Simplón *m* ⟨Geogr⟩ *Simplon* m *(Paß)*
sim\|plón (-plote) *m*/adj (augm *v.* **-ple**) *großer Einfaltspinsel,* fam *Gimpel* m
△**Simprofié** np = **José**
△**simuchí** *m Affe* m
simu\|lación *f Vorspiegelung* f ‖ *Verstellung* f ‖ ⟨Med⟩ *Vortäuschung* f, *Simulieren* n ‖ ⟨Tech⟩ *Nachbildung, Simulation* f ‖ **-lacro** *m Schein-, Trug\|bild* n ‖ *Götzenbild* n ‖ fig *Vorbild* n ‖ ~ de combate ⟨Mil⟩ *Scheingefecht* n ‖ *Gefechtsübung* f ‖ **-lado** adj *vorgetäuscht, erdichtet* ‖ *Schein-* ‖ cuenta ~a *fingierte Rechnung, Proforma-Rechnung* f ‖ enfermedad ~a *vorgespiegelte Krankheit* f ‖ **-lador** *m*/adj *Simulant, vorgeblicher Kranker* m ‖ *Betrüger* m ‖ *Simulator* m *(Gerät)* ‖ **-lar** vt *(er-)heucheln, vorspiegeln* ‖ *vortäuschen* ‖ ⟨Med Tech⟩ *simulieren* ‖ ◊ ~ pobreza *sich arm stellen* ‖ simulaba saberlo *er stellte sich, als ob er es wüßte* ‖ **-lativo** adj *heuchelnd, vorspiegelnd*
simul\|táneamente adv *zu gleicher Zeit* ‖ *zugleich* ‖ ◊ cantar ~ *mitsingen* ‖ **-tanear** vt *et gleichzeitig vornehmen* ‖ *gleichzeitig besuchen* od *mitmachen (zwei Lehrgänge)* ‖ *gleichzeitig betreiben* ‖ **-taneidad** *f Gleichzeitigkeit* f, *Simultaneität* f ‖ **-táneo** adj *gleichzeitig* ‖ *Simultan-* ‖ interpretación ~a *Simultandolmetschen* n ‖ (partidas) ~as *fpl Simultanpartien* fpl *(Schachspiel)* ‖ teatro ~ *Simultanbühne* f

simún *m Samum* m *(Wüstenwind)*
sin prep *ohne (zu)* ‖ *außer, ausgenommen* ‖ un- 1. in Verb. mit s, adj: ~ ayuda *hilflos* ‖ ~ color *farblos* ‖ ~ competencia *konkurrenzlos* ‖ ~ demora, ~ dilación *unverzüglich* ‖ ~ dolor

schmerzlos ‖ ~ falta *tadellos* ‖ *makellos* (& fig) ‖ *einwandfrei* ‖ *unfehlbar* ‖ *sicherlich* ‖ *unbedingt* ‖ ~ fiebre *fieberfrei* ‖ ~ gusto *geschmacklos* (& fig) ‖ *fade* ‖ ~ igual *sondergleichen* ‖ *unvergleichlich* ‖ ~ motivo *unbegründet* ‖ ~ reposo *ruhelos*, *unruhig* ‖ ~ salario *unbesoldet* ‖ los ~ trabajo *die Arbeitslosen* mpl ‖ cargar ~ bala *blind laden (Gewehr)*
2. in Verb. mit inf: ~ cocer *ungekocht, ohne zu kochen* ‖ ~ comer *ohne zu essen* ‖ ~ cortar ⟨Buchb⟩ *unbeschnitten (in der Fachsprache besser:* intonso*)* ‖ ~ decírnoslo *ohne es uns zu sagen* ‖ cama ~ hacer *nicht gemachtes Bett* ‖ película ~ impresionar ⟨Phot⟩ *unbelichteter Film* m ‖ noble ~ serlo *natürlichen Adel besitzen* ‖ ¡diez años ~ venir! *zehn Jahre ist er ausgeblieben!* ‖ ~ haber comido *ohne gegessen zu haben* ‖ ~ haberlo visto *ohne ihn gesehen zu haben* ‖ ~ querer *ungewollt* ‖ *unbeabsichtigt* ‖ *unabsichtlich* ‖ *absichtslos* ‖ *unwillkürlich* ‖ fig *(ganz) allmählich*
3. in Verb. mit que: ~ que (subj) *ohne daß (auch nur)* ‖ ~ que lo sepa *ohne daß er es wüßte* ‖ ~ que me hubiera dicho una sola palabra *ohne mir ein Sterbenswörtchen gesagt zu haben* ‖ ~ qué ni por qué *für nichts und wieder nichts* ‖ todo terminó ~ *accidentes* que lamentar *alles ging ohne Unfall (bzw Zwischenfälle) ab, alles ging glatt ab*
4. in adverbiellen od bindewörtlichen Verbindungen: ~ embargo *dessenungeachtet* ‖ *trotzdem* ‖ *nichtsdesto|weniger, -trotz* ‖ *aber, jedoch* ‖ *ander(e)nteils* ‖ ~ embargo de eso *trotzdem* ‖ **~* embargo que (subj) *obgleich* ‖ ~ embargo vencimos *und wir haben doch gesiegt* ‖ ~ más *ohne weiteres* ‖ ~ más ni más *ohne viele Umstände* ‖ *mir nichts, dir nichts* ‖ ~ más por hoy, ~ otra cosa *ohne mehr für heute*
△**sina|bar, -rar** vi/t *bleiben* ‖ *zurückhalten*
sinagoga *f* Synagoge f
sinaíta *m/adj Bewohner* m *des Sinai (Sinaí)*
sinalagmático adj ⟨Jur⟩ *synallagmatisch, zwei-, doppel-, gegen|seitig* ‖ contrato ~ *gegenseitiger Vertrag, synallagmatischer Vertrag* m, *Synallage* f ‖ negocio jurídico ~ *zweiseitiges (od synallagmatisches) Rechtsgeschäft* n ‖ vgl **unilateral u. bilateral**
sinalefa *f* ⟨Poet⟩ *Synalöphe* f
sinalgia *f* ⟨Med⟩ *Synalgie* f (→ **simpatía**)
△**sinandó** *m Ort* m, *Stelle* f
si|nándrico adj ⟨Bot⟩ *synandrisch* ‖ **-nandrio** *m* ⟨Bot⟩ *Synandrium* n
sinántropo, sinantropo *m* ⟨Paleont⟩ *Sinanthropus, Chinamensch* m
sinapismo *m* ⟨Med⟩ *Senf|pflaster* n, *-umschlag* m ‖ figf *lästiger Mensch* m, fam *Wanze* f
sinapsis *m* ⟨Med⟩ *Synapse* f
△**sinar** vi = **ser, estar**
sinartrosis *f* ⟨Med⟩ *feste Knochenverbindung, Synarthrose* f
△**sinas|trar** vt *festnehmen, packen* ‖ △**-tró** *m Sträfling* m
△**sincai** *m Geist* m
sin|carpia *f* ⟨Bot⟩ *Synkarpie* f ‖ **-carpo** adj ⟨Bot⟩ *synkarp (Gynözeum)*
since|rador adj *rechtfertigend* ‖ **-ramente** adv *aufrichtig* ‖ *offen* ‖ *ehrlich* ‖ ◊ hablando ~ *offen gestanden, offen gesagt* ‖ **-rar** vt *entschuldigen, rechtfertigen* ‖ *~se* (ante, con alg.) *sich bei (od vor) jdm entschuldigen (de wegen)* ‖ *sich mit jdm aussprechen* ‖ **-ridad** *f Aufrichtigkeit, Offenherzigkeit* ‖ *Ehrlichkeit, Rechtschaffenheit* ‖ falta de ~ *Unaufrichtigkeit* f ‖ **-ro** *adj aufrichtig, offen(herzig), gerade* ‖ *arglos* ‖ *ehrlich, rechtschaffen*
sinclinal *adj/s* ⟨Geol⟩ *synklinal* ‖ ~ *m Synklin(al)e, Mulde* f
síncopa *f* ⟨Gr Mus⟩ *Synkope* f
sinco|pado adj ⟨Mus⟩ *synkopiert* ‖ *synkopisch,*
Synkopen- ‖ ⟨Med⟩ *ohnmächtig, kollabiert* ‖ movimiento ~ *Synkopenrhythmus* m ‖ música ~ *Jazzmusik, syncopated music* f (engl) ‖ **-par** vt ⟨Gr Mus⟩ *synkopieren*
síncope *m* ⟨Med⟩ *Synkope* f, *Kollaps* m (→ **colapso**) ‖ ~ cardíaco *Herztod* m, *Synkope* f ‖ → a **síncopa**
sin|cotilia *f* ⟨Bot⟩ *Einkeimblättrigkeit, Synkotylie* f ‖ **-crético** adj ⟨Philos Rel⟩ *synkretistisch* ‖ **-cretismo** *m* ⟨Philos Rel Li⟩ *Synkretismus* m ‖ **-cretista** *m Synkretist* m ‖ **-cristalización** *f* ⟨Min⟩ *Mischkristallbildung* f
sincronía *f* ⟨Li⟩ *Synchronie* f ‖ = **sincronismo**
sincrónico, sincrono *adj gleichzeitig* ‖ *synchron*
sincro|nismo *m Gleichzeitigkeit* f, *Synchronismus* m ‖ ⟨Tech⟩ *Gleich|lauf, -takt, Synchronismus* m ‖ **-nización** *f Übereinstimmung* f *von Bild und Wort (Sprechfilm), Gleichschaltung, Synchroni|sation, -sierung* f ‖ → **doblaje** ‖ **-nizado** adj *gleichgeschaltet, synchronisiert* ‖ *aufeinander abgestimmt* ‖ totalmente ~ ⟨Aut⟩ *vollsynchronisiert (Getriebe)* ‖ señales luminosas *~as*, luces *~as* ⟨StV⟩ *grüne Welle* f ‖ **-nizar** [z/c] vt ⟨Filmw⟩ *synchronisieren* ‖ *aufeinander abstimmen* ‖ *gleichschalten* ‖ ~ vi *zeitlich zusammen|fallen, -laufen*
sincro|noscopio *m* ⟨El Radio TV⟩ *Synchronoskop* n ‖ **-trón** *m* ⟨Nucl⟩ *Synchrotron* n
△**sinchitar** vt *legen, setzen*
△**sinchullí** *f Zikade* f (→ **cigarra**)
sin|dactilia *f* ⟨Zool V Med⟩ *Syndaktylie* f ‖ **-dáctilo** *adj syndaktyl*
sindéresis *f Urteils|kraft* f, *-vermögen* n ‖ *Vernunft* f ‖ *gesunder Menschenverstand* m ‖ ⟨Rel⟩ *Synteresis* f
sin|détlco adj ⟨Gr⟩ *syndetisch* ‖ **-deticón** *m Syndetikon* n *(Warenzeichen), Fischleim* m ‖ p.ex fam *Klebstoff* m
△**sindicaba|lar** vt/i *schwören* ‖ **-netó** *m Eid, Schwur* m
sindi|cación *f Zusammenschluß* m *in Gewerkschaften bzw Syndikaten* ‖ *Beitritt* m *zu e-m Syndikat bzw zu e-r Gewerkschaft* ‖ ~ obligatoria *Zwangsmitgliedschaft* f *(in e-r Gewerkschaft, in e-m Syndikat)* ‖ **-cado** *m Anwaltschaft* f ‖ *anwaltschaftlich organisiert* ‖ ◊ estoy ~ *ich bin Syndikats- bzw Gewerkschafts|mitglied* ‖ **-cal** adj *Syndikats-, Fachschafts-* ‖ *Gewerkschafts-* ‖ *Syndikus-* ‖ **-calismo** *m Syndikalismus* m ‖ *Gewerkschafts|organisation bzw -bewegung* f ‖ ~ **nacionalsindicalismo** ‖ **-calista** m/adj *Anhänger* m *des Syndikalismus* ‖ *Syndikalist* m ‖ *Gewerkschaftler* m ‖ ~ adj *syndikalistisch* ‖ *gewerkschaftlich* ‖ **-car** [c/qu] vt *ver-, an|klagen* ‖ *verdächtigen* ‖ *zu e-r Gewerkschaft bzw in e-m Syndikat zusammenschließen* ‖ *~se ein Syndikat bilden* ‖ *e-m Syndikat bzw e-r Gewerkschaft beitreten* ‖ **-cato** *m Syndikat, (Verkaufs)Kartell, Konsortium* n ‖ *Berufsverband* m ‖ *Anwaltskammer* f ‖ *Syndikat* n, *Gewerkschaft* f *(Arbeitnehmervereinigung)* ‖ Span *Syndikat* n *(Arbeitgeber-Arbeitnehmer-Syndikat)* ‖ ~ clasista, ~ obrero, ~ horizontal *Gewerkschaft* f ‖ ~ del crimen Am *Verbrechersyndikat* n ‖ ~ de regantes *Bewässerungsgenossenschaft* f ‖ ~ único *Einheitsgewerkschaft* f ‖ ~ vertical *(vertikales) Syndikat* n, *vertikale Gewerkschaft* f
síndico *m Syndikus, Rechtsbeistand* m ‖ *Bevollmächtigte(r)* m ‖ *Sachverwalter* m ‖ ⟨Jur⟩ *Verwalter* m *der Konkursmasse* ‖ ~ de la quiebra *Konkursverwalter* m
sindiós adj → **ateo**
síndrome *m* ⟨Med⟩ *Krankheitsbild, Syndrom* n, *Symptomenkomplex* m ‖ → **sintomatología**
△**sinebo** adj/s *dreißig*
sinécdoque *f* ⟨Gr⟩ *Synekdoche* f
sine|cia *f* ⟨Ökol⟩ *Synö|zie, -kie* f *(„Zusammenhausen", bes bei Termiten & Ameisen)* ‖ **-cología** *f*

Synökologie, Biozönologie f ‖ *Synechologie* f *(Lehre v. Raum, Zeit & Materie v. Herbart)* ‖ **-ctria** *f* ⟨Entom⟩ *Synechtrie* f

sinecura *f Sinekure* f, *Amt* n „*ohne Sorge*", *Pfründe* f ‖ fam *Ruhe-, Druck|posten* m

sinedrio *m* = **sanhedrín**

sine ira et studio lat *unbedingt sachlich (und ohne Haß)*

△**sinelar** vi *sein* ‖ *bleiben*

sine qua non: condición ~ *unerläßliche Bedingung* f

sinéresis *f* ⟨Gr Chem⟩ *Synärese* f

si|nergia *f* ⟨Physiol⟩ *Synergie* f (& fig) ‖ **-nérgico** adj *synerg(et)isch* ‖ *synergistisch* ‖ **-nergismo** *m Synergismus* m, *Zusammenwirken* n ‖ ⟨Theol⟩ *Synergismus* m

sinesis *f* ⟨Gr⟩ *Synesis, sinngemäß richtige Wortführung* f

sinestesia *f* ⟨Psychol Poet⟩ *Synästhesie* f

sinfilia *f* ⟨Ökol⟩ *Symphilie* f

sinfín *m Unmenge, Masse* f ‖ un ~ de cosas fam *unendlich viel, e–e Riesenmenge* ‖ un ~ de obstáculos *unzählige, unendliche Hindernisse* ‖ un ~ de veces *unzählige Male*

sínfisis *f* ⟨An⟩ *Symphyse* f ‖ ~ pubiana *Schambeinfuge* f

sinfo|nía *f* ⟨Mus⟩ *Sinfonie, Symphonie, Tondichtung* ‖ ⟨Mus⟩ *Vorspiel* n *(zu Theaterstücken)* ‖ fig *(großartige) Harmonie* f ‖ ~ de colores fig *Farbensymphonie* f ‖ ~ en re mayor *D-Dur-Sinfonie* f ‖ la Novena (♪) *die Neunte Sinfonie (Beethovens)* ‖ ♪ del *Nuevo Mundo (Dvořáks) Sinfonie Aus der Neuen Welt* ‖ ♪ Pastoral *Pastoralsinfonie* f ‖ la ♪ Patética *die Pathetische*

sinfónico adj *sinfonisch, symphonisch* ‖ *Symphonie-, Sinfonie-* ‖ orquesta ~a *Sinfonieorchester* n

sinfonista *m Sinfoniker, Symphoniker* m *(Tondichter)* m ‖ *Sinfoniker, Symphoniker* m *(Orchestermitglied)*

sinfonola *f Musikbox* f

sinforismo *m* ⟨Zool⟩ *Symphorismus* m

△**singa** *f Musik* f ‖ *Lied* n

singenético adj ⟨Biol Geol⟩ *syngenetisch, gleichzeitig entstanden*

sin|gladura *f* ⟨Mar⟩ *(Schiffs)Tagereise* f, *Etmal* n ‖ fig *Kurs* m ‖ ~s *fpl* fig ⟨Lit⟩ *Wechselfälle* mpl *(des Schicksals)* ‖ *Erfahrungen* fpl, *Erlebnisse* npl ‖ **-glar** vi *segeln* ‖ *Kurs halten*

△**singó** *m Eile, Hast* f

singu|lar adj *einzig(artig)* ‖ *einzeln* ‖ *sonderbar, eigen(tümlich)* ‖ *vorzüglich, ausgezeichnet* ‖ *merkwürdig* ‖ *wunderlich, seltsam* ‖ *fremdartig* ‖ (número) ~ ⟨Gr⟩ *Einzahl* f ‖ ~ batalla *Zweikampf* m ‖ en ~ *besonders, insbesondere* ‖ ⟨Gr⟩ im *Singular* ‖ hombre ~ *Sonderling* m ‖ ~ m *Einzahl* f, *Singular* m ‖ **-laridad** *f Eigen\art, -heit, -tümlichkeit* f ‖ *Seltsamkeit, Sonderbarkeit* f ‖ *Wunderlichkeit* f ‖ *Singularität* f ‖ **-larizar** [z/c] vt *auszeichnen* ‖ *absondern* ‖ *herausheben* ‖ ⟨Gr⟩ in *der Einzahl gebrauchen* ‖ **-se** *sich auszeichnen* ‖ *sich absondern* ‖ *sich auffällig verhalten* ‖ *aufzufallen versuchen* ‖ **-larmente** adv *besonders, vor allem*

singulto *m Schlucken* m ‖ *Schluchzen* n

sinhueso *f*: la ~ pop *die Zunge, das Mundwerk* ‖ ◊ soltar la ~, sacar a pasear la ~ pop *schwatzen* ‖ pop *sein Lästermaul aufreißen, sich das Maul zerreißen*

sínico adj *chinesisch, China-* ‖ →a ⁴**sino**

siniestra *f Linke* f *(Hand)* ‖ a la ~ *links*

sinies|trado adj *von e–m Unfall betroffen* ‖ *abgebrannt* ‖ *ausgebombt* ‖ *verunglückt* ‖ *geschädigt* bzw *beschädigt (& Versicherungswesen)* ‖ **-tro** adj *link(s)* ‖ *verkehrt* ‖ fig *unheil\verkündend, -voll, greulich* ‖ *unheimlich* ‖ *verhängnisvoll* ‖ a diestro y ~ figf *wirr durcheinander* ‖ *aufs Geratewohl, blindlings* ‖ mano ~a *linke Hand* f ‖

~ *m Unglück* n, *Katastrophe* f ‖ *Brand* m ‖ *Unfall* m ‖ *Schaden, Verlust* m ‖ *Schadensfall* m *(Versicherung)* ‖ ~ marítimo *Seeunfall* m ‖ ◊ dar aviso del ~ *den Schadensfall melden*

sinificar pop = **significar**

△**sinisar** vt *erraten, lösen*

sinistró|giro adj *linksläufig (Schrift)* ‖ vgl **levógiro** ‖ **-rsum** adv lat *linksläufig, nach links drehend*

sinistrosis *f* ⟨Med Psychol⟩ *Sinistrose, Neurose* f *der Unfallgeschädigten*

Sinmiedo *m*: Juan ~ ⟨Hist⟩ *Johann Ohnefurcht*

sinnúmero *m Unzahl, (Un)Menge, Masse* f ‖ →a **sinfin**

¹**sino** *m Schicksal, Geschick, Verhängnis* n ‖ la fuerza del ~ *die Macht des Schicksals*

²**sino** *m* pop = **signo**

³**sino** conj advers *od* prep *sondern (auch)* ‖ *außer (als)* ‖ *nur* ‖ *sonst* ‖ *oder aber* ‖ *wenn nicht, wo nicht* ‖ no lo hiciste tú, ~ él *nicht du hast es getan, sondern er* ‖ no quiero que venga, ~ al contrario *(od* antes bien) *que se quede allí ich wünsche nicht, daß er zurückkommt, sondern vielmehr, daß er dort bleibt* ‖ nadie lo sabe ~ tú *niemand weiß es außer dir (od als du)* ‖ no son ~ excusas *es sind lauter (od nur) Ausreden* ‖ no te pido ~ u/c *ich bitte dich nur um eins* ‖ no he venido ~ por eso *ich bin nur deswegen gekommen* ‖ no llega ~ mañana *er kommt erst morgen an* ‖ eso no es ~ lo justo *das ist nicht mehr als billig* ‖ no sólo … ~ también *nicht nur, nicht allein* …, *sondern auch* ‖ no sólo erudito, ~ (también) virtuoso *nicht nur gebildet, sondern auch tugendhaft* ‖ no quiero ~ trabajar tranquilo *ich will ruhig arbeiten, sonst nichts* ‖ ~ que *sondern auch* ‖ *sondern (daß)* ‖ *es sei denn, daß* ‖ ~ que temo que… *nur fürchte ich, daß…* ‖ vgl **si** no

⁴**sino-** präf *chinesisch-, Chinesisch-, sino-, Sino-*

sinodal adj *synodal, Synodal-* ‖ ~ m *Synodale* m ‖ *Synodalbeschluß* m

sínodo *m Synode* f, *Kirchenrat* m ‖ *Konzil* n (→ **concilio**) ‖ el Santo ♪ *der Heilige Synod der russ.-orthodoxen Kirche*

sinoico adj ⟨Biol Ökol⟩ *synoik* (→ **sinecia**)

si|nología *f Sinologie* ‖ **-nológico** adj *sinologisch* ‖ **-nólogo** *m Sinologe* m

si|nonimia *f Synonymie* f ‖ *Synonymik* f ‖ **-nónimo** adj *synonym* ‖ ~ m *Synonym* n ‖ ⟨Wiss Biol⟩ *Trivialname* m

sinople *m/adj* ⟨Her⟩ *Grün* n

si|nopsis *f Über|sicht, -schau* f ‖ *Zusammen|schau, -fassung* f ‖ *Synop|se, -sis* f ‖ ⟨Theol⟩ *Synopsis* f ‖ **-nóptico** adj *kurzgefaßt, übersichtlich (zusammengestellt), synoptisch, Übersichts-* ‖ ⟨Theol⟩ *synoptisch* ‖ cuadro ~, tabla ~a *Übersichtstabelle* f ‖ *Diagramm* n ‖ los Evangelios ~s *die synoptischen Evangelien, die Evangelien der Synoptiker* ‖ ~s mpl *Synoptiker* pl *(die Evangelisten Matthäus, Markus & Lukas)*

sino|via *f* ⟨An⟩ *Gelenkschmiere, Synovia* f ‖ **-vial** adj *synovial, Gelenk-* ‖ membrana ~ ⟨An⟩ *Gelenkhaut* f ‖ **-vialoma** *m* ⟨Med⟩ *Synovialom* n, *bösartige Gelenkgeschwulst* f ‖ **-vitis** *f* ⟨Med⟩ *Synovitis, Gelenkentzündung* f

sin|razón *f Unrecht* n, *Ungerechtigkeit* f ‖ *Un-, Wider|sinn* m ‖ *Unvernunft* f ‖ **-sabor** *m Geschmacklosigkeit, Fadheit* f ‖ fig *Kummer, Verdruß, Ärger* m ‖ *Unannehmlichkeit* f ‖ **-sombrerista** adj/m joc *(grundsätzlich, aus Prinzip) barhäuptig, keinen Hut tragend*

sinsonte (Mex *auch*: **zenzontle, cenzontle**) *m* ⟨V⟩ *Spottdrossel* f (Mimus polyglottus) ‖ Cu → **tonto**

sin|sorgo adj/s Al Vizc Murc *unzuverlässig* ‖ *unbesonnen* ‖ **-sustancia** *m/adj* fam *alberne, dumme Person* f ‖ *haltloser Mensch* m ‖ fam *doofer Kerl* m

sin|táctico adj ⟨Gr⟩ *syntaktisch, Syntax-* ‖ **-tagma** *m* ⟨Li⟩ *Syntagma* n ‖ **-taxis** *f Syntax* f, *Satz|bau* m, *-lehre* f
sinteri|zación *f* ⟨Metal⟩ *Sinterung* f, *Sintern* n ‖ prensa de ~ *Sinterpresse* f ‖ **-zar** vt *sintern*
síntesis *f Synthese, Zusammenfassung* f ‖ *Aufbau* m ‖ fig *Inbegriff* m ‖ ⟨Philos⟩ *Synthese (z. B. bei Hegel), Synthesis* f *(bei Kant)* ‖ en ~ *kurzgefaßt* ‖ *insgesamt*
sin|tético adj *synthetisch* ‖ *zusammenfassend* ‖ *zusammensetzend* ‖ *künstlich, Kunst-* ‖ *materiales* ~s *Kunststoffe* mpl ‖ **-tetizable** adj *zusammenfaßbar* ‖ ⟨Tech Chem⟩ *(künstlich) aufbaubar, aufzubauen(d)* ‖ **-tetizar** [z/c] vt/i *zusammenfassend* ‖ *zusammenstellen* ‖ *umfassen, in sich begreifen* ‖ fig *verkörpern, Inbegriff sein* (gen) ‖ ⟨Chem⟩ *synthetisch aufbauen, (künstlich) herstellen* ‖ *synthetisieren*
sínteton *m* ⟨Li⟩ *Syntheton* n
sintiera, sintió → **sentir**
△**sintirí** *f Fichte* f
sintoís|mo *m* ⟨Rel⟩ *Schintoismus* m ‖ **-ta** adj/s *schintoistisch* ‖ ~ *m Schintoist* m
síntoma *m Symptom, Krankheits|zeichen* n, *-erscheinung* f ‖ fig *(An)Zeichen* n, *Vorbote* m ‖ ~ carencial ⟨Med⟩ *Mangelerscheinung* f ‖ ~ concomitante ⟨Med⟩ *Begleiterscheinung* f (& fig) ‖ ~ diacrítico *diakritisches Symptom* n ‖ ~ patológico *krankhafte Erscheinung* f ‖ ~ tardío (precoz) *Spät- (Früh)symptom* n ‖ → **síndrome**
sin|tomático adj ⟨Med⟩ *symptomatisch, bezeichnend* ‖ **-tomatología** *f* ⟨Med⟩ *Semio|logie, -otik* f ‖ *Symptomlehre* f ‖ *Krankheitsbild* n ‖ → **síndrome**
sintonía *f* ⟨Radio TV⟩ *Abstimmung* f *(als Zustand)* ‖ bobina de ~ *Abstimmspule* f
sin|tónico adj ⟨Radio⟩ *abgestimmt, syntonisch* ‖ **-tonización** *f* ⟨Radio⟩ *Abstimmung, Syntonisierung* f ‖ bobina de ~ *Abstimmspule* f ‖ **-tonizar** [z/c] vt ⟨Radio TV⟩ *abstimmen, syntonisieren* ‖ *einstellen (Programm)* ‖ ⟨Phys⟩ *(verschiedene Systeme) in einheitliche Schwingung setzen* ‖ están Vds. -tonizando Radio Nacional de España *(hier spricht) Radio Nacional de España!*
△**sintrabó** *m strammer Junge* m
sinuo|sidad *f Gewundenheit* f ‖ *Krümmung, (Schlangen)Windung* f ‖ *Kurve, (Ein)Biegung* f ‖ *Einbuchtung* f ‖ fig *Schlauheit, Verschmitztheit, Gerissenheit* f ‖ **-so** adj *gewunden, gekrümmt* ‖ *sich schlängelnd* ‖ *geschlängelt* ‖ fig *gewunden* ‖ fig *gerieben, schlau*
sinuria *f* ⟨Med⟩ *Synurie* f
sinusitis *f* ⟨Med⟩ *Nebenhöhlenentzündung, Sinusitis* f ‖ ~ frontal *Stirnhöhlenentzündung* f
sinusoi|dal adj ⟨Math Wiss⟩ *sinusförmig* ‖ *Sinuslinien-* ‖ **-de** *f Sinuslinie* f ‖ ~ adj *sinusartig, Sinus-*
sinventura *f*/adj *Unglück, Unheil* n ‖ el ~ Juan *der unglückliche Johann*
sinver|gonceria, -güencería, -güenzada (Am **-güenzura**) *f* fam *Unverschämtheit* f ‖ *Dreistigkeit* f ‖ **-gonzón** *m* augm v. **-güenza** ‖ **-güenza** adj/s *unverschämt, dreist* ‖ ~ *m unverschämte Person* f bzw *unverschämter Kerl* m bzw *unverschämtes Weib(stück)* f
siñora *f* pop = **señora**
Sión *f Zion* n
sionis|mo *m Zionismus* m ‖ **-ta** adj *zionistisch* ‖ ~ *m Zionist* m
sipote *m* = **cipote**
Siquén *m* ⟨Geogr Hist⟩ *Sichem (Judäa)*
siquiatría, síquico etc = **psiquiatría, psíquico** usw
¹**siquiera** adv *wenigstens* ‖ ni tú ~ *(od* ni ~ tú) has venido *nicht einmal du bist gekommen* ‖ ven tú ~ *komm(e) wenigstens du* ‖ ni ~ (pop ni tan ~) *nicht einmal* ‖ ni ~ la mitad *nicht einmal die Hälfte*
²**siquiera (*siquier)** conj *wenn auch* ‖ ayúdame, ~ sea la última vez *hilf mir, und wenn es auch das letzte Mal ist* ‖ ~ venga, ~ no venga *er mag kommen oder nicht*
sir *m* engl *(mein) Herr* m *(Anrede)*
siracusano adj/s *aus Syrakus, Syrakuser, syrakusisch*
△**siras** pron *fpl sie*
sir|ca *f* Chi *Erzader* f ‖ **-car** [c/qu] vt Chi *(Erz) läutern*
sire *m* frz: ↯! *Sire! (Eure) Majestät! (Anrede)*
sirena *f* ⟨Myth⟩ *Sirene* f (& fig) ‖ *Sirene, Signalpfeife* f *(e-r Dampfmaschine, e-r Fabrik)* ‖ ⟨Mar⟩ *Nebelhorn* n ‖ *(Auto)Hupe* f ‖ ⟨Zool⟩ *Seekuh* f ‖ canto de las ~ *Sirenengesang* m ‖ ◊ tocar la ~ *Signal pfeifen (Schiff, Fabrik)*
si|renio *m* ⟨Zool⟩ *Seekuh* f ‖ **~s, -rénidos** mpl ⟨Zool⟩ *Sirenen, Seejungfern, Seekühe* fpl (Sirenia)
sírfidos mpl ⟨Entom⟩ *Schwebfliegen* fpl (Syrphidae)
sir|ga *f* ⟨Mar⟩ *Schlepptau* n ‖ a la ~ ⟨Mar⟩ *im Schlepp* ‖ **-gador** *m Treidler* m ‖ **-gar** [g/gu] vt ⟨Mar⟩ *bugsieren, schleppen* ‖ *treideln*
sir|go, -guero *m* ⟨V⟩ = **jilguero**
△**sirí** *m Knoblauch* m
Siria *f Syrien* n
siriaco adj/s ⟨Hist⟩ *(sonst: sirio) syrisch* ‖ ~ *m Syr(i)er* m ‖ *syrische Sprache* f
sirícidos mpl ⟨Entom⟩ *Holzwespen* fpl (Siricidae)
sirimiri *m* prov bes Al Nav Vizc *Nieselregen* m (→ **llovizna, calabobos**)
sirin|ga *f* ⟨poet⟩ *Syrinx, Panflöte* f ‖ Am ⟨Bot⟩ *(Art) Kautschukbaum* m (Hevea spp) ‖ *Kautschuk* m ‖ **-gal** *m Wald m von Kautschukbäumen* ‖ **-ge** *m* ⟨V⟩ *Syrinx* f *(der Vögel)* ‖ **-guero** *m* Col *Kautschukgewinner* m
sirio adj *syrisch* ‖ ~ *m Syrer* m ‖ ↯ ~ *m* ⟨Astr⟩ *Sirius* m
siripita *f* Bol ⟨Entom⟩ *Grille* f ‖ fig *lästiger Knirps* m
sirle *m Schaf-, Ziegen|kot, -mist* m
△**siró** pron *f sie*
siroco *m Schirokko* m *(Südostwind)*
sirope *m Sirup, eingedickter Fruchtsaft* m
sirria *f* = **sirle**
sirte *f* ⟨Mar⟩ *Syrte, Sandbucht* f ‖ *Sandbank* f
siruposo adj *sirupartig*
sirve → **servir**
sirventés, sirvente *m* = **serventesio**
sirvien|ta *f (Dienst)Magd* f, *Dienstmädchen* n ‖ *Haus|gehilfin, -angestellte* f ‖ **-te** *m Diener, Aufwärter, Bursche* m ‖ *Schuldiener* m ‖ ⟨Mil⟩ *Bedienende(r) (an Waffe od Gerät) (auch: servidor)* ‖ ~ de ametralladora *Maschinengewehrschütze* m ‖ ~ de una pieza (de artillería) *Kanonier* m ‖ **~s** mpl ⟨Mil⟩ *(auch:* **servidores***) Bedienungsmannschaft* bzw *Geschützbedienung* f
△**sirvisalerar** vi = **servir**
¹**sisa** *f Stück* n *Stoff, das Schneider für sich behalten* ‖ *Ausschnitt* m *(e-r Weste usw)* ‖ **Verzehrsteuer** *f* ‖ pop *Schwänzelpfennig* m, *Körbelgeld* n *(der Dienstboten)* ‖ pop *Schmu(geld* n*)* m *(beim Einkaufen)* ‖ ◊ hacer ~s *Schwänzelpfennige machen*
²**sisa** *f Grundiermittel* n *(bei Hand- und Preß|vergoldung)*
Sisa *f* pop = **Luisa** *f* (Tfn)
sisal *m Sisal(hanf)* m
sisallo *m* = **caramillo**
sisar vt/i *ausschneiden (Ärmelloch usw beim Zuschnitt)* ‖ p. ex *ein Stück Stoff für sich behalten (Schneider od Schneiderin)* ‖ *(bei Einkäufen für andere) betrügen, unterschlagen* ‖ fam *Schwän-*

zelpfennige, Schmu(geld) machen ‖ fam *unbemerkt schmälern*
△**sisastrar** vt/i *lernen*
△**sisca**|**bañi** f *Unterricht* m ‖ △**-bar** vt *unterrichten* ‖ △**-bén** m *Wissen* n
△**sisconché** [f ~**i**] adj *böse, erbost*
△**siscundé** m *Mittwoch* m
sise|**ar** vt/i *(aus)zischen, (aus)pfeifen* ⟨bes Th⟩ ‖ **-o(s)** m(pl) *(Aus)Zischen* n ‖ *Gezisch* n
Sísifo m *Sisyphus, Sisyphos* m ‖ ⁎ m ⟨Entom⟩ *Kleiner Pillendreher* m (Sisyphus schaefferi) → **pelotero, escarabajo** ‖ *trabajo de* ~ *Sisyphusarbeit* f
sisimbrio m ⟨Bot⟩ = **jaramago**
△**sis**|**la, -li** f *Stärke* f
△**sislique** m *Festung* f
sísmico adj *seismisch, Erdbeben-* ‖ *movimiento* ~ *Erdbeben* n ‖ *observatorio* ~ *Erdbebenwarte* f ‖ *onda* ~**a** *Erdbebenwelle* f ‖ *sacudida* ~**a** *Erdstoß* m
sismógrafo m ⟨Phys⟩ *Seismograph, Erdbebenanzeiger* m
sismograma m *Seismogramm* n
sismología f *Erdbebenkunde, Seismik* f
sismómetro m *Erdbebenmesser* m
△**sisní** f *Straße* f ‖ *Sturzbach, Strom* m
¹**sisón, ona** adj/s fam *beim Einkauf betrügend,* fam *Schmu(geld) machend* (bes v. *Dienstmädchen)*
²**sisón** m ⟨V⟩ *Zwergtrappe* f (Otis tetrax)
△**sista** f *Bild* n
△**sistano** m *Ort* m
△**sistar** adj/s *vier*
siste|**ma** m *System* n ‖ *Zusammenstellung* f ‖ *Lehrgebäude* n ‖ *Lehrbegriff* m ‖ *Plan* m, *Methode* f ‖ *Planmäßigkeit* f ‖ *Verfahren* n, *Arbeitsmethode* f ‖ *systematische (An)Ordnung, Gliederung* f ‖ *Regierungsform* f ‖ ⟨Geol⟩ *Formation* f, *System* n *(stratigraphischer Begriff)* ‖ ⟨Mus⟩ *Notensystem* n ‖ ⟨Tech⟩ *Vorrichtung* f ‖ ~ *arancelario,* ~ *aduanero Zollsystem* n ‖ ~ *de alarma Alarm*|*vorrichtung, -anlage* f ‖ ~ *bancario Bank*|*wesen* bzw *-system* n ‖ ~ *bicameral(ista)* ⟨Pol⟩ *Zweikammersystem* n ‖ ~ *binario* ⟨Chem⟩ *Zweistoffsystem* n ‖ ⟨Math⟩ *Dual-, Binär-, Zweiersystem* n ‖ ~ *comunista kommunistisches System* n ‖ ~ *de cubicación* ⟨Arch⟩ *Ausmessungssystem* n ‖ ~ *decimal Dezimalsystem* n ‖ ~ *digestivo* ⟨An⟩ *Verdauungsapparat* m ‖ ~ *fiscal Steuerwesen* n ‖ ~ *fonético* ⟨Gr⟩ *Lautsystem* n ‖ ~ *gremial Innungs-, Zunft*|*wesen* n ‖ ~ *linfático* ⟨An⟩ *Lymphgefäßsystem* n ‖ ~ *mercantil Merkantilsystem* n ‖ ~ *métrico metrisches System* n ‖ ~ *monetario (Geld)Währung* f ‖ *Währungssystem* n ‖ *Münzwesen* n ‖ ~ *monetario internacional internationales Währungssystem* n ‖ ~ *multipartidista (de partido único) Mehrparteien- (Einheitspartei)system* n ‖ ~ *nervioso Nervensystem* n ‖ ~ *de ondas* ⟨Radio⟩ *Wellensystem* n ‖ ~ *orográfico* ⟨Geogr⟩ *Gebirgssystem, orographisches System* n ‖ ~ *solar,* ~ *planetario Sonnen-, Planeten*|*system* n ‖ ~ *preferencial* ⟨Com Wir Pol⟩ *Meistbegünstigungssystem* n ‖ ~ *de puntería* ⟨Mil⟩ *Richtverfahren* n ‖ ~ *de tributación,* ~ *tributario Steuersystem* n ‖ *con* ~ *sistemático, plangemäß, planmäßig* ‖ *falto de* ~, *sin* ~ *planlos* ‖ ◊ *adoptar (od seguir) un* ~ *ein System anwenden (verfolgen)* ‖ *carecer de* ~ *planlos sein* ‖ *introducir* ~ *et planmäßig anordnen, aufbauen* ‖ **-mático** adj *systematisch, folgerecht* ‖ *wissenschaftlich (geordnet)* ‖ *methodisch, planmäßig* ‖ *zielbewußt* ‖ *System-* ‖ **-matización** f *Systematisierung* f ‖ *Systematik* f ‖ **-matizar** [z/c] vt *in ein System bringen, nach bestimmten Grundsätzen ordnen* bzw *einteilen* bzw *behandeln* ‖ *systematisieren*
sister-ship m engl ⟨Mar⟩ *Schwesterschiff* n
sístole f ⟨Med⟩ *Zusammenziehung (des Herz-*

muskels), Systole f ‖ ⟨Gr⟩ *(Silben)Verkürzung, Systole* f
sistólico adj *systolisch*
sistro m *Sistrum* n, *Klapper* f *(der alten Ägypter)*
sitácidos mpl ⟨V⟩ = **psitácidos**
sitgetano adj/s *aus Sitges* (P Barc)
sitia|**do** m *Belagerte(r)* m ‖ **-dor** m *Belagerer* m
sitial m *Ehren-, Amts*|*stuhl* m ‖ *Thronsessel* m ‖ *Chorstuhl* m ‖ *Prachtsitz* m
sitiar vt ⟨Mil⟩ *belagern* (& fig) ‖ fig *um*|*zingeln, -ringen, einschließen* ‖ fig *jdn belästigen, sich jdm aufdrängen* ‖ ◊ ~ *por hambre aushungern (z. B. Festung)* ‖ fig *jdn durch Not zwingen*
sitibundo adj ⟨poet⟩ *dürstend* ‖ *lechzend (de nach* dat)
¹**sitio** m *Lage* f, *Ort* m, *Stätte, Gegend* f, *Platz* m ‖ *Platz, Raum* m ‖ *Sitz(platz)* m ‖ **Land*|*sitz* m, *-haus* n *(der Könige, des Adels)* ‖ ~ *preferente,* ~ *de preferencia Rangsitz* m ⟨Th⟩ *usw* ‖ *en ningún* ~ *nirgends* ‖ *en diferentes* ~**s** *an verschiedenen Stellen* ‖ *hier und da* ‖ *en todos los* ~**s** *überall* ‖ *el Real* ⁎ *de Aranjuez das königliche Schloß zu Aranjuez* ‖ ◊ *dejar a uno en el* ~ figf *jdn mit e-m Schlag töten* ‖ *dejar (od poner) las cosas en su* ~ figf *et berichtigen, et richtigstellen* ‖ *no moverse de su* ~ *auf seinem Platz bleiben* ‖ *ya no queda (od no hay)* ~ *es ist kein Platz mehr* ‖ *quedar(se) en el* ~ fig *plötzlich umkommen* ‖ *(in e-r Schlacht) fallen* ‖ *tener los sesos en su* ~ figf *das Herz auf dem rechten Fleck haben*
²**sitio** m ⟨Mil⟩ *Belagerung* f ‖ *artillería de* ~ *Belagerungsartillerie* f ‖ *guerra de* ~ *Festungskrieg* m ‖ ◊ *levantar el* ~ *die Belagerung aufheben* ‖ *poner* ~ = **sitiar, asediar** (& fig)
sito adj *gelegen, befindlich* ‖ ~ *en la costa an der Küste gelegen*
situa|**ción** f *(örtliche) Lage* f ‖ *(Sach)Lage* f, *Zustand* m ‖ *äußere Lage, gesellschaftliche Stellung* f ‖ *Lebensstellung* f ‖ *(Vermögens)Verhältnisse* npl ‖ *Umstände* mpl ‖ *Situation* f ‖ fig *Stimmung* f, *Gemütszustand* m ‖ ⟨Mar⟩ *Position* f ‖ ⟨Mar⟩ *Besteck* n ‖ ⟨Mil Flugw Mar⟩ *Standort* m ‖ ~ *activa,* ~ *en activo (aktive) Dienstzeit* f ‖ ~ *apurada,* ~ *de apuro Notlage* f ‖ ~ *(des)favorable (un)günstige Lage* f ‖ ~ *demográfica Bevölkerungslage* f ‖ ~ *de efectivos* ⟨Mil⟩ *Stärke(nachweis* m*)* f ‖ ~ *estratégica (táctica) Kriegs- (Kampf)lage* f ‖ ~ *financiera Finanzlage* f ‖ ~ *goniométrica Peilbesteck* n ‖ ~ *del mercado Marktlage* f ‖ *en* ~ *desahogada wohlhabend* ‖ *en* ~ *apurada in bedrängter Lage* ‖ *el hombre de la* ~ fig *der rechte Mann am Platz(e)* ‖ ◊ *no encontrarse en* ~ (de) *nicht in der Lage sein (zu)* ‖ *estar en* ~ *de Gelegenheit haben (zu* inf*, zum* bzw *zur* dat*)* ‖ *et können* ‖ *estoy en* ~ *de esperar ich kann warten* ‖ *fijar la* ~ ⟨Mar⟩ *die Position bestimmen* ‖ *das Besteck gissen* bzw *machen* ⟨Flugw⟩ *den Kurs absetzen* ‖ **-cionismo** m Arg ⟨Pol⟩ *Establishment* n engl ‖ **-do** adj/s *liegend, gelegen, befindlich* ‖ ⟨Soz Wir⟩ *situiert* ‖ ⟨Sp⟩ *plaziert* ‖ ~ *a (od hacia) la derecha rechts gelegen* ‖ *bien* ~ *wohlhabend, gutsituiert* ‖ ◊ *estar* ~ *sobre el río am Fluß liegen* ‖ ~ *m Rente* f
situar [pres ~**úo**] vt *legen, stellen* ‖ *versetzen* ‖ ⟨Mil⟩ *(Truppen) (ver)legen* (en *nach* dat) ‖ ⟨Wir⟩ *verlegen (Geld)* ‖ ◊ *eso me sitúa en la imposibilidad de ... das versetzt mich in die Unmöglichkeit zu ...* ‖ ~**se** *e-n Platz einnehmen* ‖ fig *sich versorgen* ‖ *e-e gute Stellung bekommen* ‖ fig *stattfinden* ‖ ⟨Mar⟩ *s-e Position ausmachen* ‖ ⟨Sp⟩ *sich plazieren* ‖ ◊ ~ *en primer plano* fig *sich in den Vordergrund spielen*
situla f *Situla* f *(aus der Eisenzeit)*
si|**útico** adj/s Chi *kitschig* ‖ **-utiquería** f Chi *Modenarrheit* f ‖ *Kitsch* m
Siva m np ⟨Rel⟩ *Schiwa* m

Sixto *m* np *Sixtus* m
sizigia *f* → **sicigia**
skating *m* engl *Rollschuhlaufen* n || **~-ring** engl *Rollschuhbahn* f
skeleton *m* ⟨Sp⟩ *Skeleton* m *(Schlitten)*
sketch *m* engl ⟨Filmw Th⟩ *Sket(s)ch* m
ski *m* ⟨Sp⟩ *Ski, Schi, Schneeschuh* m (= esquí)
s/l, s/L Abk = su letra
s.l. Abk = sin lugar
slálom *m* *(norwegisch)* ⟨Sp⟩ *Slalom, Torlauf* m
sleeping *m* engl → **coche** cama
sleigh *m* engl *(Rodel) Schlitten* m
slip *m* engl *Slip, beinloser Damen- bzw Herren|-schlüpfer* m || *beinlose Badehose* f
S.l.n.a. Abk = **Sin lugar ni año**
slogan *m* engl *Schlagwort* n, *Slogan* m, *Parole* f (→ **consigna**) || ~ *electoral Wahlparole* f || ~ *publicitario Werbeslogan* m
sloop *m* ⟨Mar⟩ *Sloop* f
slums *mpl* engl *Slums* mpl
S.M. Abk = **Su Majestad**
s/m Abk = sobre mí || según modelo || según muestra
S.M.A. (B., C., F., I.) Abk = **Su Majestad Apostólica (Británica, Católica, Fidelísima, Imperial)**
smash *m* engl ⟨Sp⟩ *Schmetterball* m
s/m/g Abk = sin mi garantía
Smo. Abk = **Santísimo**
smog *m* ⟨Ökol⟩ *Smog* m
smoking *m* engl → **esmoquin**
s/m/r Abk = sin mi responsabilidad
S.ⁿ Abk = **San**
S.N. Abk = **Servicio Nacional** || ⟨Hist⟩ **Sociedad de las Naciones**
s/n Abk = sobre nosotros || sin número
snack-bar *m* engl *Imbißstube, Snackbar* f
s.n.g.n.r. Abk = **sin ninguna garantía ni responsabilidad**
snob *m* engl *Snob* m || ~ adj *snobistisch*
snobismo *m* *Snobismus* m (= **esnobismo**)
snorkel *m* = **schnorkel**
SO. Abk = **sudoeste**
S.O. Abk = Pe sol(es) oro *(Münzeinheit)*
s/o Abk = según orden || su orden
s.º Abk = saldo || solo

¹**so** prep *unter* || ~ *capa,* ~ *pretexto (de) unter dem Vorwand* || ~ *color (de) unter dem Deckmantel* (Gen) || ~ *pena (de) bei Strafe* (Gen)
²**so** int *brr! hü! halt! (Ruf für Zugtiere)*
³**so,** (**so-**) pop *Verstärkungswort bei span. Schimpfwörtern* || ¡~ *bribón!* ¡~ *tunante! du Erzgauner!* ¡~ *bruja! du Teufelshexe!* || ¡~ *morral!* vulg *du Erzschwein!*
soasar vt *halb durch-, an|braten*
soba *f Befühlen* n || *(Durch) Kneten* n || ◊ *dar una ~ (od ~s) a uno fam jdn durchprügeln, fam jdm das Fell gerben* || *iron jdn herrichten*
sobaco *m Achsel(höhle)* f (⟨An & Lit⟩ = **axila**) || *debajo del ~ unter dem Arm* || ◊ *coger por los ~s unter den Armen fassen*
△**sobachatar** vt *biegen*
sobado adj *abgegriffen (Buch, Banknote)* || fig *abgedroschen (Wort, Redewendung, Formel)* || *gestriegelt, geleckt (Haar)* || fam *trivial, gewöhnlich* || ~ *m Kneten* n || *Walken* n *der Felle* || ~**r** *m Kneter, Walker* m || *Walke* f *(der Gerber)*
△**soba|ja** *f Kupplei* f || △**-jano** *m Kuppler* m || △**-jañi** *f Kupplerin* f
sobajar vt pop *plump betasten|| kräftig (durch-) kneten* || p. ex *zerknüllen*
soba|quera *f Schweiß-, Arm|blatt* n || *Achselunterlage* f || *Ärmel|ausschnitt* m, *-loch* n || *Pistolenhalfter* f || Mex = **-quina** || **-quina** *f Achselschweiß(geruch)* m
sobar vt/i *(durch) kneten* || *walken (Fell)* || fig pop *befummeln* || fig *befühlen* || fig *(ver)prügeln,* fam *jdm das Fell gerben* || fig *jdn belästigen* || Am *einrenken (Knochen)* || Mex Ec Pe fig *vor jdm den Kotau machen, vor jdm katzbuckeln* || ◊ ~ (las costillas) a fig *(durch) prügeln*
sobar|ba *f Kehlriemen* m || *Doppelkinn* n (= **sotabarba**) || **-bada** *f Ruck* m *am Zügel* || figf *Wischer, derber Verweis* m
sobarcar [c|qu] vt *unter dem Arm tragen* || *bis unter die Achseln aufheben (Kleid, Mantel)*
△**sob(el)ar** vi *schlafen*
sobeo *m* pop *Kneten* n || *Knautschen* n || pop fig *Befummeln* n
sobera|namente adv *äußerst* || *höchst* || *überaus* || fam *riesig, mächtig* || ◊ ~ *se aburrió* ~ fam *er hat sich riesig gelangweilt* || **-near** vi fam *den Herrn spielen* || **-nía** *f Oberhoheit, Ober-, Schutz|herrschaft, Landeshoheit* f || *Souveränität, unabhängige Staatsgewalt* f || *Hoheit (srecht* n*)* f || fig *Hochmut* m || fig *Erhabenheit* f || ~ *aérea Lufthoheit* f || ~ *feudal* ⟨Hist⟩ *Suzeränität* f || ~ *judicial Justizhoheit* f || ~ *jurídica Rechtsvorrang* m || ~ *militar Wehrhoheit* f || ~ *monetaria Währungs-, Geld|hoheit* f || ~ *territorial Gebiets-, Territorial|hoheit* f || *plaza de* ~ *Span überseeisches Staatsgebiet* n *(Ceuta, Melilla)* || *símbolo (od emblema) de* ~ *Hoheitszeichen* n || **-no** adj/s *oberherrlich* || *allerhöchst (im Kanzleistil)* || *hoch, erhaben* || *souverän, Hoheits-* || pop *kolossal, riesig* || *poder* ~ *Herrschergewalt* f || ~**a** *providencia göttliche Vorsehung* f || *una* ~**a** *paliza* fam *e-e ordentliche Tracht Prügel* || ~ *m Landesherr, Herrscher, Souverän* m || fig *König* m
soberao *m* Sant = **desván**
sober|bia *f Hochmut* m, *Hoffart* f || p. ex *Stolz* m (→ **orgullo**) || *Eigendünkel* m || *Herrlichkeit* f || *Pracht* f || *Empörung* f || **-bio, -bioso** adj *hochmütig* || *dünkelhaft, anmaßend* || *hochfahrend, trotzig* || p. ex *stolz* (→ **orgulloso**) || fig *prächtig, prachtvoll* || *vorzüglich, ausgezeichnet* || figf *groß, riesig* || *una paliza* ~**a,** *una* ~**a** *paliza* fam *e-e ordentliche Tracht Prügel* || *un* ~ *perro ein Prachthund* m, *ein Prachtexemplar* n *von Hund* || adv: ~**amente**
sobina *f Holznagel* m
△**sobindoy** *m Schlaf* m
sobo *m Betastung* f
sobón, ona adj/s fam *lästig (fallend)* || fam *arbeitsscheu, faul|flegelhaft* || ◊ *dar* ~**es (a)** *(derb) betasten, befühlen* || *ser un* ~ fam *ein (lästiger) Fummler sein*
sobordo *m Frachtliste* f
sobor|nable adj *bestechlich* || **-nar** vt *bestechen,* fam *schmieren* || *erkaufen (Zeugen)* || *verführen* || **-no** *m Bestechung* f || p. ex *Verführung* f
sobra *f Über|schuß, -rest* m || *Übermaß* n || *de* ~ *im Überfluß, übergenug* || ◊ *de* ~ *lo sé das weiß ich allzugut* || *aquí estoy de* ~ *hier erübrigt sich meine Anwesenheit,* fam *hier bin ich überflüssig (od fehl am Platz)* || ~**s** *Überbleibsel* npl || ~ *de la comida Speisereste* mpl || *de* ~ pop *inc = de sobra*
sobradamente adv *übergenug, zuviel* || *in Hülle und Fülle* || *nur allzugut*
sobra|dillo *m Schutz-, Wetter|dach* n || **-do** adj/adv *übrig (bleibend)* || *übermäßig* || *kühn, verwegen* || ◊ *de bienes (od recursos) sehr wohlhabend* || ◊ *hay tiempo* ~ *es ist noch Zeit genug* || ~ *m (Dach) Boden* m || ~**s** pl Arg *Speisereste* mpl
sobran|cero adj/s *überzählig* || ~ *m Gelegenheitsarbeiter* m || desp *Tagedieb* m || **-te** adj *übrig (-bleibend)* || *überzählig* || *überflüssig* || *la suma* ~ *der Restbetrag* || ~ *m Über|schuß, -rest* m || ⟨Com⟩ *Saldo, Restbetrag* m || fig *Übermaß* n
sobrar [Am pop & **-ue-**] vt/i *übrig sein, übrig-bleiben* || *überflüssig sein* || *unnötig bzw nicht mehr nötig sein* || ◊ *aquí sobra* V. *hier haben Sie nichts*

sobrasada — sobreparto 1000

zu suchen, hier sind Sie fehl am Platz(e) || le sobra tiempo para todo *er hat zu allem Zeit* || me sobra el abrigo *ich brauche den Mantel nicht (mehr)* || *ich brauche augenblicklich k-n Mantel* || tienes razón que te sobra *du hast mehr als recht* || aquí sobran palabras *hier ist jedes Wort überflüssig* || estar sobrando *überflüssig sein*
sobrasada *f gewürzte, feine Paprikastreichwurst f (aus Mallorca)*
△**sobrauncho** *m Überfülle f*
¹**sobre** *prep auf* || *über* || *mehr als* || *etwas mehr als, etwa* || *außer* || *in betreff* || *vor, bei, an* || *gegen, wider* || *unter* || *nach, gemäß*
1. *räumlich: auf (Bedeutung des Höherseins):* ~ la mesa *auf dem Tisch* || *auf den Tisch* || mano ~ mano *fig mit gekreuzten Händen, müßig* || poner una pierna ~ otra *die Beine übereinanderschlagen* || vgl **encima (de)**
2. *über (mit od ohne Berührung): extenderse* ~ a/c *sich über et verbreiten* || escribir ~ papel *auf Papier schreiben* || estar suspendido ~ a/c *über e-r S. schweben* || estar ~ sí *fig auf der Hut sein* || *das geistige Gleichgewicht bewahren* || vgl **encima (de), acerca de**
3. *außer:* ~ este importe *außer diesem Betrag* || ~ eso, ~ esto *außerdem* || ~ caro, es feo *es ist nicht nur teuer, sondern auch häßlich* || vgl **además**
4. *ungefähr, etwa, gegen:* ~ cien pesetas *ungefähr, etwa 100 Peseten* || ~ poco más o menos *ungefähr* || vino ~ las once *er kam ungefähr um, gegen 11 Uhr* || vgl **aproximadamente, hacia, poco más o menos**
5. *vor, bei, an (örtlich):* ~ las riberas del Tajo *am Tajo* || tener dinero ~ sí *Geld bei sich haben* || murió ~ Gibraltar *er starb (od fiel) vor Gibraltar* || vgl **con, ante, delante de, en**
6. *über, vor (Überlegenheit):* no tengo poder ~ él *ich habe keine Macht über ihn* || reinó ~ mares y tierras *er herrschte über Land und Meer* || ~ manera *ausnehmend, ungemein* || ~ todas las cosas *vor allen Dingen* || ~ todo *vor allem* || besonders || hermoso ~ el sol *schöner als die Sonne* || vgl **sobremanera**
7. *auf (Pfand):* préstame cien marcos ~ este anillo *borge mir hundert Mark auf diesen Ring*
8. *auf (Wechsel, Scheck):* giro ~ Berlin *Scheck, Wechsel auf Berlin* || cambio ~ plaza 〈Com〉 *Platzwechsel m*
9. *gegen, auf (Richtung):* el ejército avanza ~ Paris *das Heer rückt gegen (auf) Paris vor* || dieron ~ el enemigo *sie warfen sich auf den Feind* || te lo digo ~ mi conciencia *ich sage es dir auf mein Gewissen* || vgl **contra, hacia**
10. *auf, über (Beziehung):* impuesto ~ tabaco *Tabaksteuer f* || beneficio ~ cambio *Kursgewinn m* || vgl **sobre**
11. *nach (zeitlich):* ~ comida *nach dem Essen* || ~ esto *hierauf* || ~ lo cual *wonach, worauf* || vgl **después de, además**
12. *auf (Wiederholung, Anhäufung):* desgracia ~ desgracia *Unglück auf Unglück*
13. *in Verb. mit inf:* ~ haberme insultado no me pagó *abgesehen davon, daß (nachdem) er mich beschimpft hatte, bezahlte er mich nicht* || vgl **además (de), encima (de)**
14. *In Zusammensetzungen: über-, Über-* *z. B.* **-carga** *f Überladung, Überlast f* || → a **super-**
²**sobre** *m Brief*|*umschlag m, -hülle f, Kuvert n* || *Umschlag m* || *Aufschrift f* || *Adresse f* || △*Rock m* || ~ monedero *Geldbrief m* || carta ~ *Kartenbrief m* || en ~ *aparte unter besonderem Umschlag* || ◊ poner bajo ~ *ins Kuvert stecken*
sobre|**abundancia** *f Überfülle f* || *fig Überschwang m* || **-agudo** *adj/s* 〈Mus〉 *sehr hoch (geschätzt)* || **-alimentación** *f Überernährung f* || cura de ~ *Mastkur f* || **-alimentar** *vt überernähren, fam überfüttern* || 〈Aut Flugw〉 *laden* ||

-asada *f =* **sobrasada** || **-cama** *f (obere) Bettdecke f* || *Überbett n* || *Steppdecke f* || → **colcha**
sobre|**carga** *f Überladung, Mehrbelastung f* || *Überlast f* (& 〈El〉) || **-cargar** [g/gu] *vt überladen, übermäßig beladen* || *über*|*laden, -bürden, -lasten* || ◊ ~ el mercado con géneros *den Markt mit Waren überschwemmen* || ~ de trabajo *mit Arbeit überhäufen* || ~**se** *sich (den Magen) vollpfropfen* || ◊ está -cargado de deudas *er steckt tief in Schulden* || está -cargado de trabajo *er hat zuviel Arbeit, er ist überlastet* || **-cargo** *m* 〈Mar〉 *Ladungsoffizier m* || *Superkargo m* || *Proviant-, Zahl**meister m* || recibo del ~ *Steuermannsquittung f* || **-carta** *f prov Briefumschlag m* || **-cejo** *m Stirnrunzeln n* || ◊ mirar de ~ (a) *jdn finster anblicken* || → **entrecejo, fruncir** || **-cena** *f Nachtisch m*
sobre|**cincha** *f Übergurt m (am Sattel)* || **-cito** *m dim v.* **sobre:** *kleiner Umschlag m (Papier) Beutel m (mit Puddingpulver, mit Gewürzen usw)* || ~ con la paga *Lohntüte f* || **-cogedor** *adj erschreckend* || *höchst überraschend, erstaunlich* || **-coger** [g/j] *vt be-, über*|*fallen* || *erschrecken* || *überraschen* || ~**se** *erschrecken* || *aufschrecken* || staunen || **-comisión** *f* 〈Com〉 *Bürgschaftsvergütung f* || **-congelación** *f Schnell-, Tief**kühlung f* || **-coser** *vt aufnähen* || **-cubierta** *f Über-, Ober**decke f* || 〈Buchb〉 *Schutzumschlag m* || **-cuello** *m steifer Halskragen m (der Geistlichen)* || **-demanda** *f* 〈Com〉 *mehr Angebot als Nachfrage, Übernachfrage f* || **-dicho** *adj obenerwähnt, genannt* || **-dividendo** *m Superdividende f* || **-dosis** *f Überdosis f* || **-entender** *vt =* **sobrentender** || **-estar** *vi =* **sobrestar**
sobreex- ~ **sobrex-**
sobre|**excitación** *f Überreizung f* || *(große) Aufregung f* || 〈Radio TV〉 *Übersteuerung f* || **-excitar** *vt übermäßig erregen, über*|*regen, -reizen* || *aufregen* || 〈Radio TV〉 *übersteuern* || **-exponer** *vt* 〈Phot〉 *überbelichten* || **-exposición** *f* 〈Phot〉 *Überbelichtung f*
sobre|**expresado** *adj obenerwähnt* || → a **sobredicho** || **-expuesto** *adj obenerwähnt* || 〈Phot〉 *überbelichtet* || **-falda** *f Frauenüberrock m* || **-faz** [*pl* **-ces**] *f Oberfläche f* || **-fino** *adj* 〈Com〉 *extrafein* || *hyperfein (Struktur)* || **-fusible** *adj unterhalb des Schmelzpunktes schmelzbar* || **-fusión** *f* 〈Phys〉 *Unterkühlung f* || **-humano** *adj übermenschlich* (→ **superhombre**) || **-impresionar** *vt* 〈Phot〉 *doppelt (mehrfach) belichten (Aufnahme)* || **-imprimir** *vt/i* 〈Typ〉 *ein-, über*|*drucken* || **-llave** *f Doppel-, Sicherheits**schlüssel m* || **-llenar** *vt überfüllen* || **-lleno** *adj übervoll* || **-llevar** *vt (mit Geduld) ertragen, aushalten* || *erleichtern (Last)* || **-maduro** *adj überreif* || **-manera** *adv ausnehmend, übermäßig, überaus* || *außerordentlich* || **-mangas** *fpl Schutz-, Ansteck**ärmel, Ärmelschoner mpl* || **-mesa** *f Tischdecke f* || audición de ~ 〈Radio〉 *Mittagssendung f* || conversación de ~ *Tischgespräch n* || reloj de ~ *Stand-, Stutz**uhr f* || (de) ~ *nach Tisch* || **-mesana** *f* 〈Mar〉 *Kreuzmarssegel n*
sobre|**modo** *adv in hohem Maße* || *höchst äußerst* || **-moldear** *vt von e-m Abguß abformen* || **-nadante** *m* 〈Chem〉 *Überstehende(s) n* || **-nadar** *vi obenauf schwimmen* || **-natural** *adj übernaturlich* || *fig wunderlich* || **-nombre** *m Bei-, Zu-, Spitz**name m*
sobren|**tender** [-ie-] *vt zu verstehen geben, stillschweigend mit einbegreifen od voraussetzen, mit darunter verstehen* || ~**se:** eso se ~ tiende *das ist selbstverständlich, das versteht sich von selbst* || queda ~tendido, se -tiende (que) *es ist selbstverständlich (, daß)*
sobr(e)entrenado *adj übertrainiert* || **-estimación** *f zu hohe Schätzung, Überschätzung f*
sobre|**paga** *f Mehrzahlung f* || *(Gehalts)Zulage f* || **-paño** *m Einschlag m (auf e-m Stoff)* || **-parto** *m Wochen-, Kind**bett n* || ◊ morir de ~

sobrepasado — social

im Wochenbett sterben (→ **puerpe|ral, –rio**) ||
–pasado adj *überholt* || *veraltet* || **–pasar** vt/i *über|-treffen, -bieten* || *übersteigen* || *überziehen* || *überholen* || *hinausgehen* || *jdm über sein* || ◊ eso –pasa mis esperanzas *das übersteigt meine Erwartungen* || ~ a sí mismo *sich selbst übertreffen (besser:* superarse*)* || **–paso** m Am *leichter Trab* m || **–pelliz** [*pl* **–ces**] *f Superpelliceum* n *(ein weitärmeliger Chorrock)* || **–peso** m *Übergewicht* n || **–poner** [irr → poner] vt *über od auf et setzen, stellen, (auf)legen* || *hinzufügen* || **~se** (a) *sich hinwegsetzen* (a *über* acc) || fig *die Oberhand gewinnen (über* acc*), jdn übertreffen* || ◊ me –pongo a todo eso *ich setze mich über all das hinweg* || **–porte** m *Frachtzuschlag* m || **–precio** m *Mehr-, Über|preis* m || *Preisaufschlag* m || **–prima** *f Primäraufschlag* m || **–producción** *f Überproduktion* f (→ **superproducción**) || **–puerta** *f Tür|sturz, -sims* m || *Türvorhang* m || *Sopraporte* f || **–puesto** adj *auf-, ein|gesetzt* || ~ m *Überlage* f || fig *Anschein* m || bordado de ~ *Applikation* f *(Stickerei)* || **–pujar** vt/i *über|treffen, -bieten* (en in dat) || *über|steigen, -ragen* || fig *überstrahlen* || *jdm den Rang ablaufen*

sobrequilla *f* ⟨Mar⟩ *Kielschwein* n
¹**sobrero** m *Sal* ⟨Bot⟩ *Korkeiche* f (→ **alcornoque**)
²**sobrero** adj: toro ~ ⟨Taur⟩ *Ersatzstier* m
³**sobrero** adj *über|flüssig* bzw *-zählig* || *Ersatz-*
sobre|salado adj *mit hohem Salzgehalt (z. B. Salzsee)* || **–salario** m *Überlohn* m || *Lohnzulage* f || △**–salerar** vi *übrigbleiben* || **–saliente** adj/s *herausragend* || fig *hervorragend, ausgezeichnet* || *bedeutsam* || ⟨Bot⟩ *überragend* || ⟨Typ⟩ *überhängend (Buchstabe)* || *sehr gut (Prüfungsnote)* || ~ m *überzählige(r) Beamte(r)* m || *Stellvertreter* m || ⟨Taur⟩ *Stellvertreter* m *des Stierkämpfers* || ⟨Taur Th⟩ *Ersatzmann* m || *Note* f *sehr gut* || *vorzüglicher Schüler* m || ~ con tres eses fig joc *durchgefallener Schüler* m || **–salir** [irr → salir] vi *hervor-, hinaus|ragen* || *herausragen (Ladung)* || ◊ ~ por su elocuencia *sich durch Beredsamkeit auszeichnen* || ~ en talento *an Begabung herausragen*

sobresal|tado adj *erschrocken, ängstlich* || ◊ se despertó ~ *er fuhr aus dem Schlaf auf* || **–tarse** vr *bestürzt sein, erschrecken* || ~ con (od de, por) *erschrecken (über* acc*)* || **–to** m *(plötzlicher) Schrecken* m, *Erschrecken* n || *Bestürzung* f || con ~ *bestürzt, erschrocken* || de ~ *jählings, (ur)plötzlich* || ◊ me dio (tuve) ~ *ich erschrak (fuhr erschreckt zusammen)*
△**sobre|sarelar** vi *übrigbleiben* || **–saturación** *f* ⟨Chem Com⟩ *Übersättigung* f
sobres|cribir [pp –cri(p)to] vt *(über)schreiben auf* (acc) || *mit Aufschriften versehen (Briefumschläge)* || **–crito** m *Auf-, Über|schrift* f || *Adresse* f || **–drújulo** adj: (voz) ~a ⟨Gr⟩ *auf der viertletzten Silbe betontes Wort* n (z. B. dificilmente, entrégamelo)
sobre|seer [–ey-] vt/i *nicht betreiben, aussetzen* bzw *aufschieben od vertagen (Prozeß, Verfahren)* || *einstellen (Verfahren)* || ◊ ~ en el pago die Zahlungen einstellen || ~ el procedimiento das Verfahren einstellen || **~se** vr ⟨Jur⟩ *eingestellt werden* || *sich (z. B. durch Verjährung) erledigen* || **–seguro** adv *mit aller Sicherheit* || ~ m ⟨Com⟩ *Überversicherung* f || *Rückversicherung* f || *Sicherung* f *(am Gewehr)* || **–seído** adj *aufgeschoben, vertagt* || **–seimiento** m ⟨Jur⟩ *Einstellung* f *(e-s Verfahrens)* || *Aufschub* m, *Vertagung* f || *Stundung* f || *Erledigung* f *(z. B. durch Verjährung)* || ~ definitivo *endgültige Einstellung* f || **–sello** m *Doppelsiegel* n
sobres|tadía *f* ⟨Mar⟩ *Überliege|zeit* f, *-tage* mpl || **–tante** m *Aufseher* m || *Polier* m || ⟨EB⟩ *Leiter* m *e–r Bahnmeisterei* || ~ de turno *Schichtmeister* m || **–tar** vt/i [irr → estar] *in jdn dringen*

|| *hartnäckig bestehen auf* (dat) || *fortbestehen*
sobrestimar vt *überschätzen* || *überbewerten*
sobre|sueldo m *Lohn-* bzw *Gehalts|zulage* f || *Über-, Neben|besoldung* f || **–tara** *f* ⟨Com⟩ *Übertara* f || **–tarde** *f Abendzeit* f || **–tasa** *f Sondertaxe* f || *Straf|porto* n, *-gebühr* f || *Extrasteuer* f || ~ del transporte *Frachtzuschlag* m || **–tensión** *f Überspannung* f || **–todo** m *Über|rock, -zieher* m || ~ de verano *leichter Überzieher* m || ◊ ir en ~ *den Überzieher anhaben* || **–tono** m ⟨Ak⟩ *Oberton* m || **–trabajo** m *Überstunden(arbeit* f*) pl* || **–venir** [irr → venir] vi/t *dazu-, hinzu|kommen* || *(plötzlich) auftreten, vorkommen* || *unvermutet ankommen* || *niedergehen (Sturm)* || *befallen (Krankheit)* || **–veste** *f Überkleid* n || **–vidriera** *f Drahtgitter* n *(Glasschutz)* || **–vista** *f Helm|gitter, -visier* n || **–viviente** m *Überlebende(r)* m (→ **superviviente**) || **–vivir** vt *überleben* || ~ vi *am Leben bleiben, überleben* || *weiter-, fort|leben* (en in dat) || ◊ ~ en el recuerdo de los suyos *im Andenken der Angehörigen fortleben*
sobrevolar vt *überfliegen*
sobrevoltaje m → **sobretensión**
sobrex|ceder vt *übertreffen* || **~se** *ausschweifen* || **–citabilidad** *f (krankhafte) Übererregbarkeit* f || **–citación** *f Über|reizung, -reiztheit* f || *übermäßige Aufregung* f || **–citar** vt *übermäßig* bzw *übermäßig erregen* bzw *aufregen* || → a **sobreexcitar**
sobriedad *f Genügsamkeit* f || *Mäßigkeit* f || *Nüchternheit* f || *Besonnenheit, Zurückhaltung* f || *(Wort)Knappheit* f || *Schlichtheit, Schmucklosigkeit* f *(z. B. des Stils)*
sobri|na *f Nichte* f || **–no** m *Neffe* m || ~ carnal *Neffe* m *(Sohn des Bruders oder der Schwester)* || ~ nieto *Großneffe* m || ~ segundo *Neffe* m *im zweiten Verwandtschaftsgrad (Sohn des Vetters oder der Base)* || **~s** *pl Geschwisterkinder* npl, *Neffen* mpl *und Nichten* fpl
sobrio adj *nüchtern, mäßig* || *schlicht, schmucklos* || *besonnen, zurückhaltend* || fig *einfach, trocken* || ~ de palabras *wortkarg* || ~ en la bebida *mäßig im Trinken* || ~ en el vestir *(immer) schlicht gekleidet*
Soc. An.ª Abk = **Sociedad Anónima**
△**soca** m *Gauner* m
△**socabar** vi *sein, (ver)bleiben*
socai|re m ⟨Mar⟩ *Leeseite* f || al ~ fig *im Schutz* (de *gen* bzw *von* dat) || al ~ de una tapia *v. e–r Mauer geschützt* || **–rero** adj *arbeitsscheu (Matrose)*
socali|ña *f Schwindelei* f || *Gaunerei* f || *Prellerei* f || **–ñar** vt *prellen* || *jdm et abgaunern, ablisten* || **–ñero** m/adj *Schwindler, Gauner* m || ~ adj *betrügerisch* || *gaunerhaft*
socapa *f Vorwand* m || a ~ *heimlich, insgeheim* || ◊ reir a ~ *verstohlen, leise lachen* || → **capa**
soca|rrar vt *(ab)sengen, (an)brennen (z. B. Geflügel)* || *halb rösten, halb braten* || **~se** *anbrennen (Fleisch, Speise)* || **–rrina** *f fam Schlägerei* f || **–rrón, ona** adj/s *schlau, gerieben, verschmitzt* || *ironisch* || ~ m *Schelm, Schalk, Schlaukopf* m || *Duckmäuser* m || augm: **~azo** m || **–rronería** *f Verschlagenheit, Tücke, Geriebenheit* f || *Schelmerei* f
soca|va *f Untergraben* n || **–var** vt *unter|graben, -höhlen* || *unterschneiden* || *unterminieren* (& fig, → **zapa**)) || **–vón** m ⟨Bgb⟩ *Stollen* m, *Galerie* f || ⟨StV⟩ *tiefes Schlagloch* n (vgl **bache**)
socia *f Gefährtin* f || ⟨Com⟩ *Teilhaberin* f || desp *Frauenzimmer* n || desp *Flittchen* n
socia|bilidad *f Geselligkeit, Umgänglichkeit* f || *Leutseligkeit* f || *Ansprechbarkeit* f || *Kontaktfähigkeit* f || **–ble** adj *gesellig, umgänglich* || *ansprechbar* || *kontakt-* bzw *gemeinschafts|fähig* || *leutselig* || *verträglich* || poco ~ *ungesellig* || *unleutselig* || *menschenscheu*
social adj *gesellschaftlich, sozial* || *Gesellschafts-, sozial-, Sozial-* || *gesellig* ⟨& Zool⟩

|| asistente ~ *Werkfürsorgerin* f || ciencias ~es *Sozialwissenschaften* fpl || conciencia ~ *soziales Bewußtsein* bzw *Gewissen* n || conducta *od* comportamiento ~ *soziales Verhalten* n ⟨& Zool & Ethol⟩ || escritura ~ *Gesellschaftsvertrag* m *(Urkunde)* || hormona ~ ⟨Entom⟩ *Soziohormon* n *(bei staatenbildenden Insekten)* || insectos ~es ⟨Entom⟩ *soziale oder staatenbildende Insekten* npl *(Ameisen, Bienen, Termiten)* || Partido cristiano-social Deut *Christlich-Soziale Union* f *(CSU)* || posición ~ *gesellschaftliche Stellung* f || prestación ~ *Sozialleistung* f || razón ~ *(Handels)Firma* f || sala de lo ~ (del Tribunal Supremo) Span *Oberstes Sozialgericht* n, *Senat* m *für Arbeits- und Sozial\sachen (des Obersten Gerichtshofes)* || Deut *etwa: Bundessozialgericht* n || **democracia** *f Sozialdemokratie* f || **~demócrata** m/adj *Sozialdemokrat* m || ~ adj *sozialdemokratisch* || Partido ~ Deut *Sozialdemokratische Partei Deutschlands (SPD)*
socialero m/adj desp *Sozi* m
socia|lismo m *Sozialismus* m || ~ (inter)nacional *(inter)nationaler Sozialismus* m (vgl **nacionalsocialismo**) || ~ de estado *Staatssozialismus* m || ◇ contribuir a la construcción del ~ *am sozialistischen Aufbau mitwirken* || **–lista** m *Sozialist* m || ~ (inter)nacional *(inter)nationaler Sozialist* m (vgl **nacionalsocialista**) || jóvenes ~s Deut *Jungsozialisten* mpl *(Jusos)* || ~ adj *sozialistisch*, *Sozial-* || Partido ~ Unificado de Alemania *Sozialistische Einheitspartei Deutschlands* || **–lización** f *Sozialisierung* f || *Vergesellschaftung* f || *Verstaatlichung* f (→ **nacionalización**) || **–lizar** [z/c] vt *sozialisieren* || *vergesellschaften* || *verstaatlichen* (→ **nacionalizar**) || **~se** *sich zivilisieren, feinere (konforme) Sitten annehmen*
sociedad f *Gesellschaft* f || *Körperschaft* f, *Verein* m || *Handelsgesellschaft* f || fig *Umgang, Verkehr* m || allg *Gemeinschaft* f || ⟨Zool⟩ *Tiergesellschaft* f || ⟨Entom⟩ *Insektenstaat* m || ~ accidental, ~ de cuenta en participación ⟨Com⟩ *Partizipationsgesellschaft* f || ~ por acciones *Aktiengesellschaft* f || ~ anónima *Aktiengesellschaft* f (Abk *AG*) || ~ armadora *Reederei* f || ~ de beneficencia *Wohltätigkeitsverein* m || ~ bíblica *Bibelgesellschaft* f || ~ de bienestar *Wohlstandsgesellschaft* f || ~ de canto *Liedertafel* f || ~ capitalista ⟨Wir Com⟩ *Kapitalgesellschaft* f || ⟨Pol⟩ *kapitalistische Gesellschaft* f || ~ comanditaria, ~ en comandita *Kommanditgesellschaft* f (Abk *KG*) || ~ comanditaria por acciones *Kommanditgesellschaft auf Aktien* (Abk *KGaA*) || ~ cooperativa *Genossenschaft* f || *Konsumverein* m || ~ deportiva *Sport|klub, -verein* m || ~ docta *gelehrte Gesellschaft* f || ⁼ *Filarmónica Musikverein* m || *Philharmonie* f || ~ de financiación, (~) financiera f *Finanzierungsgesellschaft* f || *Jes de Jesús der Jesuitenorden* (→ **compañía**) || ~ **nación** || ~ de navegación *Schiffahrtsgesellschaft* f || ~ protectora de animales *Tierschutzverein* m || ~ (de responsabilidad) limitada *Gesellschaft* f *mit beschränkter Haftung* (Abk *GmbH*) || ~ literaria *literarische Gesellschaft* f || ~ de rendimiento *Leistungsgesellschaft* f || ~ secreta *geheime (politische) Vereinigung* f || ~ de socorros mutuos *Unterstützungsverein* m *auf Gegenseitigkeit* || ~ de utilidad pública *gemeinnütziger Verein* m, *gemeinnützige Gesellschaft* f || baile de ~ *Gesellschaftsball* m || → **isla** || en ~ *beisammen* || ◇ disolver (*od* liquidar) una ~ *e-e Handelsgesellschaft auflösen* || formar, establecer una ~ *e-e Gesellschaft gründen* || retirarse de una ~ *von e-r Gesellschaft zurücktreten*
societario adj *Gesellschafts- || Vereins-* || *Arbeitervereins-*
sociniano m *Sozinianer* m *(Mitglied der polnischen antitrinitarischen Sonderbewegung)*
socio m *Gesellschafter, Genosse* m || ⟨Com⟩ *Teilhaber* m || *Mitbesitzer, Teilnehmer* m || pop *Freund, Geselle* m *(meist desp)* || ~ activo *aktives, wirkendes Mitglied* n || ~ adherente *beitragendes Mitglied* n || ~ capitalista *Geldgeber, stiller Teilhaber* m *mit Kapitaleinlage* || ~ comanditario *stiller Gesellschafter, Kommanditär* m || ~ (extra)ordinario *(außer)ordentliches Mitglied* n || ~ fundador *Gründungsmitglied* n || ~ general *unbeschränkt haftender Gesellschafter, Komplementär* m || ~ de honor, ~ honorario *Ehrenmitglied* n || ~ industrial, ~ activo *geschäftsführender Gesellschafter* m || ~ de número (~ correspondiente) *ordentliches (korrespondierendes) Mitglied* n *(e-r Akademie usw)* || ~ transeúnte *vorübergehendes, zeitweiliges Mitglied* n || ~ vitalicio *Mitglied* n *auf Lebenszeit* || lista de ~s *Mitgliederliste* f || ◇ admitir un ~ *e-n Teilhaber aufnehmen* || entrar como ~ *als Teilhaber eintreten*
sociogra|fía f ⟨Soz⟩ *Soziographie* f || **–ma** m ⟨Soz⟩ *Soziogramm* n
socio|logía f *Soziologie* f || *Sozialwissenschaft* f || **–lógico** adj *soziologisch* || **–logismo** m *Soziologismus* m *(Überbewertung der Soziologie)*
sociólogo m *Soziologe* m
socio|metría f ⟨Soz⟩ *Soziometrie* f || **–político** adj *sozialpolitisch*
soco adj/s Chi = **manco** || ~ m MAm *Betrunkene(r)* m || SAm *(Baum-* bzw *Glied)Stumpf* m
socolor adv/s *unter dem Vorwand* || → **so**
socollada f ⟨Mar⟩ *Killen* n *(der Segel)* || *plötzliches Stampfen* n *(des Schiffs)*
△**soconó** m *Diebstahl* m
soconusco m *Schokolade* f *(in der Tasse)* *(meist joc* bzw *⟨Lit⟩)*
soco|rrer vt *jdm helfen, beistehen, jdn unterstützen* || *jdm zu Hilfe kommen* || ⟨Mil⟩ *(Festung) entsetzen* || ◇ ~ con *aushelfen mit* (dat) || ~ con *víveres mit Lebensmitteln versehen* || **–rrido** adj *hilfsbereit* || fig *abgedroschen, trivial* || fig *vielgepriesen (Mittel)* || **–rrismo** m *Rettungs- und Erste-Hilfe-Dienst* m *Rettungswesen* n *(z.B. am Strand)* || **–rrista** m *Angehörige(r)* m *des Rettungs- und Erste-Hilfe-Dienstes* || *Rettungsschwimmer* m || **–rro** m *Hilfe* f, *Beistand* m || *Rettung* f || *Unterstützung* f || *(Geld)Vorschuß* m || ⟨Mil⟩ *Entsatz* m || △*Diebstahl* m || *agua de* ~ *Nottaufe* f || *caja de* ~ *Krankenkasse* f || *Hilfskasse* f || *casa de* ~ *Unfallstation, Sanitätswache* f || ~ a los huelguistas *Streikunterstützung* f || ~ de indigentes *Armenfürsorge* f || ~ **sociedad** *tropa(s)* de *¡~! zu Hilfe!* || *gritos* de *¡~! Hilferufe* mpl || ⁼ f (= Nuestra Señora del ⁼) span. *Frauenname* || ◇ acudir en ~ (de) *zu Hilfe eilen* || pedir ~ *um Hilfe rufen* || *um Hilfe bitten*
socrático adj *sokratisch, auf Sokrates (Sócrates) bezüglich* || ~ m ⟨Philos⟩ *Sokratiker* m
△**socretería** f *Synagoge* f
socucho m Am *Schlupfwinkel* m || *elende Bude* f, fam *Loch* n
sochantre m *Vorsänger, Kantor* m *(in e-r Kirche)*
soche m (West)Mex ⟨V⟩ *Eule* f (→ **lechuza**)
soda f ⟨Chem⟩ *Soda* f || *Soda(wasser)* n || *Limonade* f || → a **sosa**
sódico adj ⟨Chem⟩ *Natrium-* || *cloruro* ~ *Natriumchlorid* n *(Kochsalz)*
△**sodimiar** vi *schwitzen*
sodio m ⟨Chem⟩ *Natrium* n
Sodo|ma f *Sodom* n || ⁼**mía** f *Homosexualität, Sodomie* f (vgl **bestialidad**) || **–mita** m *Sodomit, Homosexuelle(r)* m || ⁼**mítico** adj *sodomitisch*
soez [pl **–ces**] adj *vulgär* || *zotig* || *obszön* || *niederträchtig, schändlich* || *palabra* ~ *unanständiges Wort* n
sofá [pl regelm **~s**] m *Sofa* n, *Divan* m || **~-cama** *Schlafsofa* n, *Bettcouch* f
sofaldar vt *(Kleider) aufschürzen*

*sofer *m* = **chófer**
Sofia *f* Sophie f || *Sofia* n *(Stadt)*
sofión *m* *⟨Mil⟩ *Stutzbüchse* f || fig *derber Verweis, Wischer, Rüffel* m || ⟨Geol⟩ *Soffione* f
sofis|ma *m Spitzfindigkeit* f, *Sophismus* m || *Trugschluß* m || **–mo** *m* = **sufismo** || **–ta** *m Sophist* m || ~ adj *sophistisch, verfänglich* || **–tería** *f Spitzfindigkeit, Tüftelei, Sophisterei* f || **–ticación** *f Verfälschung* f || *Affektiertheit* f, *gekünsteltes Auftreten* n (bes *bei Frauen*) || ⟨Philos⟩ *Sophistikation* f || **–ticado** adj *verfälscht* || *gekünstelt, affektiert* || **–ticar** [c/qu] vt/i *(durch Trugschlüsse) verfälschen* || *verdrehen* || *(herum)tüfteln, klügeln*
sofístico adj *sophistisch, spitzfindig* || *trüglich, Trug-* || *Schein-*
sofito *m* ⟨Arch⟩ *Untersicht* f || *Deckengetäfel* n || *Windbrett* n *(am Giebel)* || → a **intradós**
sofla|ma *f dünne Flamme* f || *rückstrahlende Glut* f || *(fliegende) Röte* f *(im Gesicht)* || fig *Schmus* m || fig *Fopperei* f || fig *derber Verweis, Wischer* m || fig *Nasenrümpfen* n || **–mar** vt *aufziehen, foppen* || fig *beschämen, erröten machen* || *absengen (Geflügel)* → **socarrar** || **~se** = **socarrarse** || **–mería** *f* fam *Schmus* m || **–mero** *m*/adj fam *Schmusmacher* m
sofo|cación *f Erstickung* f || *Atemnot* f || fig *Beschämung* f || **–cante** adj *erstickend* || fig *beschämend, peinlich* || **–car** [c/qu] vt *ersticken* || *den Atem od die Luft nehmen* (a. alg. *od* a dat) || fig *dämpfen, ersticken, hemmen, unterdrücken (Feuer, Aufstand)* || fig *beschämen* || ◊ ~ la risa *das Lachen unterdrücken* || **~se** fig *den Atem verlieren* || fig *sich schämen* || fig *aufbrausen, in Zorn geraten*
sofocleo adj *sophokleisch, auf Sophokles* (Sófocles) *bezüglich*
sofo|co *m Erstickung* f || *Ersticken* n, *Erstickungsanfall* m || fig *Ärger, Verdruß* m || ◊ le dio un ~ *er bekam e–n Erstickungsanfall* || **–cón** *m* fam *großer Verdruß* m
sofómetro *m Psophometer* n, *Geräusch(spannungs)messer* m
sofoquina *f* → **sofocón**
sofreír [irr → **freir**] vt *leicht rösten, braten*
sofre|nada *f,* **–nazo, –nón** *m Zügelruck* m || fig *Wischer, Denkzettel* m || **–nar** vt *zügeln* (& fig) || fig *jdm e–n Verweis erteilen*
Sofrosina *f Sophrosyne* f *(antike Tugend der Selbstbeherrschung)*
¹**soga** *f (Esparto)Seil* n, *Strick* m || *(Art) Längenmaß* n || *Verblendseite* f *(des Ziegels)* || ~ de ahorcado *Galgenstrick* m || fig *unverkäufliche Ware* f, pop *Ladenhüter* m || ◊ dar ~ *ein Seil langsam loslassen* || dar ~ a uno fig *jdn lange reden lassen* || fig *jdn prellen* || echar ~ Am *das Lasso werfen* || echar la ~ *tras el caldero* fig *die Flinte ins Korn werfen* || donde va la ~ va el caldero *(dort sind) die Unzertrennlichen* || *diese zwei sind ein Herz und e–e Seele* || estar con la ~ al cuello fig *das Messer an der Kehle haben* || → **ahorcado**
²**soga** *m* pop *Schlaukopf,* fam *Strick* m
sogalinda *f* ⟨Zool⟩ *Eidechse* f (→ **lagartija**)
sogue|ría *f Seilerei* f || **–ro** *m Seiler* m
soguilla *f* dim *v.* **soga** || ~ *m Laufbursche, Paketträger* m
soirée *f* frz *Abendgesellschaft* f || *Abendvorstellung* f || *Soiree* f
sois → **ser**
soja *f* ⟨Bot Agr⟩ *Soja(bohne)* f (Glycine max) || *aceite de* ~ *Sojaöl* n
sojuz|gar [g/gu] vt *unter|jochen, –werfen* || *–gado de los poderosos unter dem Joche der Mächtigen*
so|kol, sókol (~) *m Sokol (slawische Turnvereinigung – jetzt im Exil)* || *Sokol, slawischer Turner* m || **–kolista** *m Sokolen-* || *fiesta* ~ *Soko-*

len-, Turner|fest n
¹**sol** *m Sonne* f (& fig) || *Sonnenschein* m || ⟨Taur⟩ *Sonnenseite* f *(in der Arena)* || figf *(mein) Schatz* m *(als Anrede)* || *Schönheit* f, *Pracht-, Gold|stück* n *(als Kompliment)* || Pe *Sol* m *(Währungseinheit)* || ~ *naciente aufgehende Sonne* f (& fig) (→ **bandera**) || *Sonnenaufgang* m || fig *Osten* m || día de ~ *sonniger Tag* m || entrada de ~ ⟨Taur⟩ *Eintrittskarte* f *für die Sonnenseite der Arena* || rayo, luz del ~ *Sonnen|strahl* m, *-licht* n || rayito de ~ figf *Sonnenschein, mein Schatz!* || reloj de ~ *Sonnenuhr* f || salida, puesta del ~ *Sonnen|aufgang, -untergang* m || tostado del ~ *sonnen|verbrannt, -gebräunt* || a pleno ~ *mitten in der Sonne* || con ~ *bei Tage* || de ~ a ~, de ~ a sombra *von morgens bis abends* || ◊ coger el ~ pop sich e–n *Sonnenbrand holen* || me ha cogido el ~ fam *ich habe e–n Sonnenbrand (bekommen)* || hace ~ *es ist sonnig, es gibt Sonne* || tomar el ~ *sich sonnen* || *sich von der Sonne bräunen lassen* || el ~ se deja caer fig *es ist sehr heiß* || al caer el (od a la caída del) ~ *bei Sonnenuntergang* || no dejar a ~ ni a sombra a uno figf *jdm keine Ruhe lassen, jdm auf den Fersen sein* || allí nunca entra el ~ *dort scheint die Sonne nie hinein* || exponer(se) al ~ *(sich) sonnen* || hace ~ *die Sonne scheint* || → **barda** || al ponerse el ~ *bei Sonnenuntergang* || *antes de salir el* ~ *vor Sonnenaufgang* || arrimarse al ~ que más calienta figf *ein Opportunist sein* (→ **chaqueta, chaquetero, oportunista**) || **~es** *pl:* dos ojos como dos ~ fig *ein Paar bildschöne Augen* || ~ a **dar** B) 5.
²**sol** *m* ⟨Mus⟩ *g, G* n *(Note)* || ~ *bemol Ges* n || ~ *bemol mayor Ges-Dur* || ~ *mayor G-Dur* || ~ *natural g* n *ohne Vorzeichen* || ~ *sostenido* ⟨Mus⟩ *Gis* n || *clave de* ~ *Violinschlüssel* m
³**sol** *m* ⟨Chem⟩ *Sol* n *(kolloide Lösung)*
sol. Abk = **soluble**
sola *f:* ~ *de cambio* ⟨Com⟩ *Solawechsel* m
solacear vt *ergötzen* || → a **solazar**
sola|da *f (Boden)Satz* m || **–do** *m,* **–dura** *f (Fliesen)Boden* m || *Belegen* n *(des Fußbodens)* || **–dor** *m Fliesen-, Platten|leger* m
solajar vi *fluchen*
solamente adv *nur, lediglich, bloß* || *wenigstens* || ~ que *wenn nur* || no ~ eso *nicht nur das*
sola|na *f sonniger Platz* m || *Südseite* f || *Glaserker* m *(an der Südseite)* || *Wintergarten* m || **–náceas** *pl* ⟨Bot⟩ *Nachtschattengewächse* npl (Solanaceae) || **–no** *m* ⟨Bot⟩ *Schwarzer Nachtschatten* m (Solanum nigrum) || *Sonnenseite* f *(des Berges)* || *Ostwind* m || Al Vizc Guip Burg *glühendheißer Wind* m
sola|pa *f Auf-, Um|schlag, Revers* m, *Klappe* f *(an e–m Kleid)* || *Aufschlag, Spiegel* m *(z. B. am Smoking)* || *Klappe* f || ⟨Buchb⟩ *(Buch-, Um|schlag)Klappe* f || ⟨Tech⟩ *Überlappung* f || fig *Vorwand* m || *de* ~ fig *heimlich* || ◊ sacudir a uno por las ~ pop *jdn am Kragen packen* || **–padamente** adv *hinterlistigerweise* || **–pado** adj fig *heimtückisch, verschlagen* || *arglistig* || *verräterisch* || **–par** vt *über(einander)schlagen (wie die Klappe e–s Kleides)* || *(be)decken* || *überlappen* || *übereinander-, aufeinander|legen (Dachziegel)* || fig *bemänteln* || ◊ este chaleco –pa bien *diese Weste schließt (od paßt) gut* || **–pe** *m* → **solapa**
¹**solar** adj *Sonnen-* || año ~ *Sonnenjahr* n || espectro ~ *Sonnenspektrum* n || plexo ~ ⟨An⟩ *Sonnengeflecht* n, *Solarplexus* m || rayos ~ es *Sonnenstrahlen* mpl || símbolo ~ *Sonnenrad* n || *Hakenkreuz* n || sistema ~ ⟨Astr⟩ *Sonnensystem* n
²**solar** adj *auf ein Grundstück bezüglich* || casa ~ *Stammhaus* n *(e–r Adelsfamilie)* || *alter Herrensitz* m || *Stammschloß* n || → **solariego** || ~ *m Bau|platz* m, *-stelle* f || *Heimat* f, *Heim* n || △*Behörde* f
³**solar** [–ue–] vt *mit Platten, Fliesen belegen*
⁴**solar** [–ue–] vt *(be)sohlen (Schuhe)*

solariego adj *altad(e)lig* ‖ *Stamm-* ‖ casa ~a *Stammhaus* n *(e–r Adelsfamilie)* ‖ *alter Herrensitz* m ‖ *Stammschloß* n ‖ ~ m *(Erb)Gutsbesitzer* m ‖ *Erb-, Stamm|gut* n
solario m *Sonnenterrasse* f ‖ *Solarium* n
solarización f ⟨Phot⟩ *Solarisation* f
solaz [pl **-ces**] m *Erholung, Erquickung* f ‖ *Labsal* n ‖ *Vergnüglichkeit* f ‖ *Ergötzung, Lust* f ‖ *Wonne* f ‖ un verdadero ~ *e–e wahre Wonne* f
solazar [z/c] vt *ergötzen* ‖ *erholen, erquicken* ‖ *laben* ‖ *zerstreuen* ‖ **~se** *sich ergötzen, sich belustigen* ‖ *sich erholen* ‖ ◊ ~ con música *sich an Musik ergötzen*
solazo m fam *brennende Sonne(nhitze), Sonnenglut* f ‖ ¡qué ~! *welche Hitze!* ‖ **~so** adj *erquicklich* ‖ *wonnig*
△**solche** m *Soldat* m
solda|da f *Lohn* m, *Gehalt* n ‖ *Sold, Lohn* m ‖ ⟨Mil⟩ *Wehrsold* m ‖ **–dera** f fam Mex *Soldatenfrau* f *(, die mit der Truppe zieht)* ‖ *Soldatendirne* f ‖ **–desca** f *Soldatenleben* n ‖ *(zügelloses) Kriegsvolk* n, *Soldateska* f ‖ **–desco** adj *Soldaten-* ‖ a la ~a *nach Soldatenart* ‖ **–dito** m dim v. **-do:** **~s** de plomo *Blei- od Zinn|soldaten* mpl ‖ **–do** m *Soldat* m ‖ fig *Kämpfer* m ‖ fig *Krieger* m ‖ →a ~ raso ‖ ~ bisoño, ~ nuevo *neuangeworbener Soldat* m ‖ ~ de cuota ⟨Hist⟩ *span. Soldat* m *mit erkaufter Dienstzeit* ‖ ~ cumplido *Reservist* m ‖ ~ de primera *Oberschütze* m (& ä) ‖ ~ profesional, ~ de carrera *Berufssoldat* m ‖ ~ raso *Schütze* m *(Infanterie)* ‖ ⟨Hist⟩ *Gemeine(r)* m ‖ ~ veterano *ausgedienter Soldat* m ‖ ◊ hacerse ~ *Soldat werden* ‖ ser ~ *dienen* ‖ los ~s *das Militär*
solda|dor m *Lötkolben* m *(Gerät)* ‖ *Schweißer* m *(Person)* ‖ **–dora** f *Schweißmaschine* f ‖ **–dura** f *(Zusammen)Lötung* f ‖ *Lötzeug* n ‖ *Lötstelle* f ‖ *Löttechnik* f ‖ *Schweißtechnik* f ‖ *Schweißung* f ‖ *Schweißstelle* f ‖ ~ autógena *Autogenschweißung* f ‖ ~ blanda (fuerte) *Weich- (Hart-)lot* n ‖ ~ por fusión *Schmelzschweißung* f ‖ ◊ eso no tiene ~ fig *damit ist es aus*
soldar [-ue-] vt *(zusammen)löten* ‖ *(ver-)schweißen* ‖ *verkleben* ‖ *verschmelzen* ‖ *(ver)kitten* ‖ fig *wiedergutmachen* ‖ *wieder in Ordnung bringen* ‖ ácido de ~ *Lötsäure* f ‖ polvos para ~ *Lötpulver* n ‖ **~se** *zuschmelzen* ‖ *verkleben* ‖ *zusammenheilen (Wunde)*
Soleá f And = **Soledad** ‖ ⋩ f → **soleares**
sole|ado m/adj *sonnig (Tag)* ‖ **–ar** vt *sonnen* ‖ *bleichen (Wäsche in der Sonne)* ‖ **~se** *sich sonnen*
soleares pl *(Art) and Tanz* m
△**solebá** m *Strumpf* m
solecismo m *Solözismus* m *(grober Verstoß gegen die Regeln des Sprachgebrauchs)*
soledad f *Einsamkeit* f ‖ *Vereinsamung* f ‖ *Zurückgezogenheit* f ‖ *Verlassenheit* f ‖ *Schwermut* f ‖ *Einöde, Wüste* f ‖ and. *Klagegesang* im ³/₈-*Takt (wie einige Gedichte von Góngora)* ‖ → a **soleares** ‖ ⋩ Tfn *span. Frauenname*
sole|doso adj (Am & **–dano**) = **solitario**
solejar m *sonniger Ort* m (→**solana**)
solem|ne adj *feierlich, festlich* ‖ *Feier-, Fest-* ‖ *stattlich, pomphaft* ‖ *ernst, gemessen* ‖ *förmlich* ‖ *formgebunden* ‖ fam *offiziell* ‖ *erhaben, majestätisch* ‖ fam *groß, ungeheuer* ‖ *declaración* ~ *feierliche Erklärung* f ‖ *discurso* ~ *Festrede* f ‖ marcha ~ *Festmarsch* m ‖ ocasión ~ *seltene, große Gelegenheit* f ‖ en este momento ~ *in diesem erhebenden Augenblick* ‖ es una ~ *mentira das ist e–e Erzlüge* ‖ llevarse un ~ chasco pop *gründlich hereinfallen* ‖ **–nemente** adv *feierlich* ‖ pop *tüchtig* ‖ ◊ prometer ~ *angeloben* ‖ **–nidad** f *Feierlichkeit* f ‖ *Festlichkeit* f ‖ *(Kirchen)Fest* n ‖ *Förmlichkeit* f ‖ pobre de ~ *Bettelarme(r)* m ‖ **–nizar** [z/c] vt *feiern, feierlich begehen* ‖ *(lob)preisen*
solenguana f Sant = **envidia**

solenoide m ⟨Radio⟩ *Solenoid* n, *Zylinderspule* f
sóleo m ⟨An⟩ *Schollenmuskel, Soleus* m
¹**soler** [def –ue–] vi *(mit inf) pflegen, gewohnt sein (zu)* ‖ ◊ como suele decirse *wie man zu sagen pflegt* ‖ wie man gewöhnlich sagt ‖ como se suele hacer *wie es üblich ist* ‖ wie man es zu tun pflegt ‖ suelo escribir *ich pflege zu schreiben* ‖ suele ocurrir que *es geschieht oft, daß*
²**soler** m ⟨Mar⟩ *Bodenbelag* m *(des Kielraums)*
solera f ⟨Arch⟩ *Träger* m, *-platte* f ‖ *Unterlage* f ‖ *(unterer) Mühlstein* m ‖ ⟨Arch Tech⟩ *Boden* m ‖ ⟨Bgb⟩ *Sohle* f ‖ *Faß* n, *in dem der Sherry altert (Solera-System – Jerez de la Frontera)* ‖ fig *Tradition* f, *Alter* n ‖ fig *Althergebrachte(s)* n
solero m And *(unterer) Mühlstein* m
solet|a f *(Strumpf)Sohle* f ‖ *Füßling* m ‖ ◊ apretar *(od picar)* de ~, tomar ~ fam *sich davonmachen, ausreißen*, pop *verduften* ‖ **–e** m dim v.
sol: fam *mein Schatz, Liebling* m
sol|fa f ⟨Mus⟩ *Solmisieren* n ‖ ⟨Mus⟩ *Solfeggien* npl, *Gesangübungen* fpl ‖ fig *Musik* f ‖ en ~ *in Noten gesetzt* ‖ ◊ dar (una) ~ (a) pop *jdn verprügeln* ‖ figf *ordentlich und kunstgerecht* ‖ poner en ~ *in Musik setzen* ‖ figf *ins Lächerliche ziehen* ‖ et bzw jdn *nach allen Regeln der Kunst erledigen* ‖ **–fatara** f ⟨Geol⟩ *Solfatar|a, -e* f ‖ **–fear** vt ‖ ⟨Mus⟩ *solmisieren* ‖ *nach Noten singen* ‖ *Tonleitern üben, solfeggieren* ‖ figf *(durch)prügeln* ‖ jdm e–n *Denkzettel verabreichen*, fam *jdm den Marsch blasen* ‖ ◊ quedar –feando Hond fam *an den Bettelstab kommen* ‖ **–feo** m ⟨Mus⟩ *Solmisieren, Solfeggieren* n ‖ *Singen* n *nach Noten* ‖ fam *Durchprügeln* n, *Schläge* mpl, *Tracht* f *Prügel* ‖ *Hader, Streit* m
△**solibar** m *Zaum* m
solici|tación f *Ansuchen* n ‖ *dringende Bitte* f ‖ *Bewerbung* f ‖ ⟨Jur⟩ *Betreibung* f ‖ ⟨Phys Tech⟩ *Beanspruchung* f ‖ **–tador** m *Bittsteller, Bewerber* m ‖ ***Sachverwalter* m ‖ **–tante** m *Bittsteller* m ‖ *Antragsteller* m ‖ **-tar** vt *begehren, verlangen* ‖ *erbitten, beantragen* ‖ *werben, sich bewerben (um)* ‖ *(um Liebe) werben* ‖ fig *sich et angelegen sein lassen, et betreiben* ‖ *(nach)trachten, suchen* ‖ ⟨Phys⟩ *anziehen* (& fig) ‖ ⟨Tech⟩ *statisch* bzw *auf Druck, Zug usw beanspruchen* ‖ ◊ ~ con insistencia *dringend bitten* ‖ ~ la mano (de) *(um ein Mädchen) werben* ‖ ~ el médico *nach dem Arzt verlangen* ‖ ~ el pago *um Zahlung ersuchen* ‖ ~ sus pasaportes *seine Pässe fordern* ‖ ~ pedidos *Aufträge erbitten* ‖ ~ permiso *um die Erlaubnis bitten (para für acc, zu inf)* ‖ ~ una plaza (un empleo, un puesto) *sich um e–e Stelle bewerben* ‖ –tó su ayuda *er bat ihn um Hilfe* ‖ articulos muy –tados ⟨Com⟩ *sehr gesuchte Artikel* mpl ‖ estar –tado *gesucht sein* ‖ *guten Absatz haben, Mode sein, gängig sein, verlangt werden (Ware)* ‖ ser poco –tado *schwer verkäuflich sein (Ware)* ‖ María está –tada para N. N. *bewirbt sich um Marias Hand* ‖ María está (siendo) muy ~a fig *Maria ist (jetzt) sehr begehrt*
solícito adj *sorgsam, betriebsam, (emsig) besorgt* ‖ *eifrig (bemüht)* ‖ *emsig, fleißig, gewissenhaft* ‖ *bereitwillig, zuvorkommend* ‖ *dienst|fertig, -bereit* ‖ adv: **–amente**
solicitud f *Sorgfalt* f, *Eifer* m ‖ *Gewissenhaftigkeit* f ‖ *Fürsorge* f ‖ *Fleiß* m, *Emsigkeit* f ‖ *(dringendes) Gesuch, Anliegen* n ‖ *Gesuch* n, *Bittschrift, Eingabe* f ‖ *Antrag* m ‖ *Beantragung* f ‖ *Angelegenheit* f ‖ ~ de empleo *Bewerbung(s-)schreiben* n ‖ ~ de gracia *Gnadengesuch* n ‖ ~ de moratoria ⟨Com⟩ *Bitte* f *um Zahlungsaufschub* ‖ *formulario* de ~ *Antragsformular* n ‖ plazo de ~ *Anmeldefrist* f ‖ ◊ acceder a una ~ *e–m Gesuch nachkommen* ‖ cursar, elevar, dirigir, (apoyar) una ~ *e–n Antrag stellen, ein Gesuch einreichen (unterstützen)* ‖ dar curso favorable a *(od despachar favorablemente)* una ~ *ein Gesuch*

günstig erledigen || desestimar una ~ *ein Gesuch abschlagen*
solidar vt *ver|dichten, -stärken* || fig *erhärten, bekräftigen*
solida|riamente adv *alle für e-n und e-r für alle* || ◊ responder ~ (de) *solidarisch bzw gesamtschuldnerisch haften (für* acc) || **-ridad** f *Solidarität* f || *Gesamthaftung* f || *Gemeinsamkeitsgefühl* n || *Gemeinschaftsgeist* m || *Mannschafts- bzw Korps|geist* m || **-rio** adj *solidarisch (haftend)* || *mitverantwortlich (de für* ace) || *gesamtschuldnerisch* || deudor, fiador ~ *Solidar|schuldner, -bürge* m || garantía, obligación, responsabilidad ~a *Solidarbürgschaft, -verpflichtung, -haftung* f || ◊ hacerse ~ *sich solidarisch verpflichten* || *sich schlagen* (con *zu* dat) || **-rismo** m ⟨Soz Pol⟩ *Solidarismus* m || **-rizarse** vr *sich solidarisch erklären* (con *mit* dat), *sich schlagen* (con *zu* dat)
solideo m ⟨Kath⟩ *Soli Deo* m *(die nur vor dem Allerheiligsten abgenommene Kalotte)* || *runde Priestermütze* f
soli Deo gloria (S.D.G.) lat „*Gott allein die Ehre*" *(Inschrift auf Kirchen)*
soli|dez [pl **-ces**] f *Festigkeit, Haltbarkeit* f || *Stichhaltigkeit* f || *Derbheit, Festigkeit* f || *Gründlichkeit* f || *Zuverlässigkeit, Solidität* f || ~ de los colores ⟨Web⟩ *Farb|echtheit, -beständigkeit* f || ~ de la moneda *Währungsfestigkeit* f || falto de ~ *unfest, baufällig* || **-dificación** f *Verdichtung, (Ver)Festigung, Erstarrung* f || punto de ~ *Gefrierpunkt* m || **-dificar** [c/qu] vt *verdichten, festigen* || *verfestigen* || **~se** *fest werden* || *zu Eis werden, vor Kälte erstarren, gefrieren* || *gerinnen*
sólido adj/s *fest, dicht (Stoffe)* || *fest, haltbar* || fig *solide, gründlich, zuverlässig* || *tüchtig, gediegen* || *stichhaltig* || *echt, beständig (Farbe)*, (cuerpo) ~ ⟨Phys⟩ *(fester) Körper* m || ⟨Math⟩ *Körper* m || verde ~ *Echtgrün* n || en ~ ⟨Jur⟩ *solidarisch*
solifacio m Pe fam = **sol** *(Währungseinheit)*
soli|fuga f ⟨Zool⟩ *Walzenspinne* f || **-fúgidos** mpl *Walzenspinnen* fpl (Solifuga)
solilo|quiar vi *Selbstgespräche führen* || **-quio** m *Selbstgespräch, Soliloquium* n
Solimán m np *Soliman* m
solimán m *Quecksilbersublimat* n
solimitano adj/s *aus Jerusalem* (= **jerosolimitano**)
solio m *Thron* m *(mit Himmel)*
solípedos mpl ⟨Zool⟩ *Einhufer* mpl
solista m/f ⟨Mus⟩ *Solist(in)* m(f) || *papel (de)* ~ ⟨Mus⟩ *Solostimme, Solistenrolle* f
Solita f pop = **Soledad** (Tfn)
solita|ria f ⟨Zool Med⟩ *Bandwurm* m || ~ del pescado *Fisch-, Grubenkopf|bandwurm* m (Diphyllobothrium latum) || ~ del puerco *Schweine (-finnen)bandwurm* m (Taenia solium) || ~ del ganado vacuno *Rinder(finnen)bandwurm* m (Taeniarhynchus saginatus) || **-rio** adj *einsam* || *zurückgezogen* || *einsam lebend, einsiedlerisch* || *allein (stehend)* || pájaro ~ fam *menschenscheuer Mensch* m || vida ~a *Einsiedlerleben* n || ~ m *Einsiedler, Klausner* m (& fig) || *großer (einzeln gefaßter) Diamant, Solitär* m || ⟨Kart⟩ *Patiencespiel* n || ⟨Zool⟩ *Einsiedlerkrebs* m (→ **ermitaño**) || ◊ hacer ~(s) ⟨Kart⟩ *Patiencen legen*
sólito adj *gewohnt* || *gewöhnlich* || *üblich* || como es ~ *wie es üblich ist* || vgl **insólito**
solito adj (dim v. **solo**) || *ganz allein*, pop *mutterseelenallein*
soli|viantar vt *auf|regen, -reizen* || *aufhetzen* || ~se *sich empören* || **-viar** vt *auf-, empor|heben* || ~se *sich halb aufrichten (von e-m Sitze)* || **-vio** m *Anheben* n
△**solija** f *Hase* m (→ **liebre**)
¹**solo** adj *allein(ig)* || *allein, einzeln, einzig* || *verlassen, einsam* || *alleinstehend* || café ~ *(od sin le*-
che) *schwarzer Kaffee* m || de a ~ *nur unter sich* || por sí ~ *aus eigenen Stücken* || *von selber* || la ~a idea (de) *der bloße Gedanke, schon der Gedanke* (an acc) || una ~a persona *Einzelperson* f || una ~a vez *nur einmal* || a mis (tus, sus) ~as *einsam, zurückgezogen, allein* || für *sich* || estar ~ *allein, ohne Begleitung sein* || *einsam, verlassen sein* || *sich einsam fühlen* || es hábil como él ~ pop *er ist riesig geschickt, tüchtig*, fam *er ist gewandt wie nur einer* || ayer tuvo una suerte como él ~ pop *gestern hatte er ein Glück, wie nur es haben kann* || tuve un disgusto, como para mí ~ pop *ich habe e-n ungeheueren Ärger gehabt* || bien vengas, mal, si vienes ~ ⟨Spr⟩ *ein Unglück kommt selten allein*
²**solo** m *Solo, Einzel|spiel* n, *-gesang* m, *-stück* n || *Solotanz* m || ⟨Kart⟩ *Solospiel* n
³**sólo** adv *nur, lediglich, bloß* || *außer, ausgenommen* || ~ ahora erst jetzt || ~ que *nur, bloß (daß)* || tan ~ *wenigstens, zumindest* || Am *kurz und bündig* || no ~, sino (también) *nicht nur, sondern auch* || ~ el pensarlo me irrita *schon der Gedanke (daran) empört mich*
solomillo m *Lendenstück, Filet* n || ~ de ternera *Kalbsfilet* n || ~ de vaca *Rindsfilet* n
solomo m → **solomillo**
Solón m np *Solon* m
solsticio m ⟨Astr⟩ *Sonnenwende* f || ~ vernal (od de verano), ~ hiemal *Sommer-, Winter|sonnenwende* f
sol|tar [-ue-, pp & suelto] vt *los|machen, -binden, -lassen* || *abschnallen* || *freilassen, in Freiheit setzen* || *loslassen, fallen lassen* || *abschießen (Pfeil)* || *ausgeben (Geld)* || *auslassen, ausgehen lassen* || *lockern, nachlassen (Wasser)* || *fahren-, gehen|lassen* || *erlassen (Schuld)* || *lösen (Rätsel, Bremse, Zweifel, Aufgabe)* || *verhängen (Zügel)* || fam *herausplatzen (mit* dat) || fam *von sich geben* || fam *ausstoßen (Flüche usw)* || ◊ ~ una carcajada *laut auflachen* || ~ una dificultad *e-e Schwierigkeit beheben* || → **especie** || ~ con fuerza *losreißen* || ~ juramentos *schimpfen, scholten, Flüche ausstoßen* || ~ (el) llanto *in Tränen ausbrechen* || ~ los perros ⟨Jgd⟩ *die Hunde anlassen* || ~ piropos fam *Komplimente schneiden* || ~ los prisioneros de guerra *die Kriegsgefangenen freilassen* || ~ la risa (laut) *auflachen* || ~ una sandez *fig mit e-m Unsinn herausplatzen* || ~ tacos *(derb) fluchen, Flüche ausstoßen* || ~ el trapo fig *sich ganz hingeben* (dat) || pop *laut auflachen* || ~ la voz *die Stimme erheben* || **~se** *sich losmachen* || *sich befreien* || *losgehen (Schnalle)* || fig *sich aufraffen* || *aufgehen (Strumpfmaschen)* || fig *Fertigkeit, Gewandtheit erlangen* (en in dat) || ◊ ~ a andar *die ersten selbständigen Schritte tun (Kind)* || ~ a hablar fig *allmählich zu reden, zu sprechen anfangen* || se le ha ~tado la sangre *er hat e-n Blutsturz, e-e starke Blutung* || se le ~tó esta palabra *dieses Wort ist ihm entfahren (od entschlüpft)*
solte|ra f *ledige, unverheiratete Frau* f || *apellido de* ~ *Mädchenname* m *(e-r Frau)* || **-ría** f *eheloser Stand* m, *Ehelosigkeit* f || *Junggesellenstand* m || *Jungfrauen-, Ledigen|stand* m || *impuesto de* ~ *Junggesellensteuer* f || **-ro** adj *ledig, unverheiratet, ehelos* || ◊ estar ~ *noch ledig sein* || quedó ~a *sie ist unverheiratet geblieben (pop sitzengeblieben)* (→ **santos**) || ~ m *Junggeselle* m || de ~ *als Lediger* || *in seiner Junggesellenzeit* || **-rón** m/adj *alter Junggeselle, Hagestolz* m || **-rona** f *ledige (ältere) Frau* f || fam *alte Jungfer* f
soltura f *Loslassung, Lösung* f || fig *Behendigkeit, Gewandtheit* f || fig *Fertigkeit* f || fig *Geschicklichkeit* f || fig *Zwanglosigkeit, Ungezwungenheit* f || ◊ bailar con ~ *leicht, gut tanzen* || escribir con ~ *e-n flüssigen Stil haben* || hablar con ~ *geläufig sprechen*
solu|bilidad f *Löslichkeit* f || **-bilizar** [z/c] vt *löslich machen, auflösen* || **-ble** adj *(auf)lös-*

lich || fig *lösbar* || ~ en agua, en alcohol *wasser-, alkohol\löslich* || **-ción** *f* ⟨Phys⟩ *Lösung* f || p.ex *Lösung f (des Knotens, e-r Aufgabe, e-s Rätsels, Zweifels)* || fig *Ausgang* m || *Solution, Lösung f (Arznei)* || ~ *amigable gütliches Abkommen* n || ~ *concentrada konzentrierte Lösung* f || ~ de una dificultad *Lösung f e-r Schwierigkeit* || ~ fisiológica ⟨Med⟩ *physiologische Kochsalzlösung* f || ~ de goma *Gummilösung* f || ~ de continuidad *Unterbrechung, Lücke* f || sin ~ de continuidad *ohne Unter\brechung* f, *-laß* m || ◊ *no hay más (od no hay otra)* ~ *es muß so sein, es gibt k-n anderen Ausweg, es bleibt nichts anderes übrig* || *conducir* (llegar) *a una* ~ *zu e-r Lösung führen (gelangen)* || *dejar sin* ~ *ungelöst lassen* || *(da)hingestellt sein lassen* || *encontrar* ~ (a) *abhelfen* (dat) || **-cionar** vt *lösen* (= **resolver**) || *erledigen* || vgl **disolver** || **-tivo** adj/s *(auf)lösend (Mittel)*
solvatación *f* ⟨Chem⟩ *Solvatation, Solvatisierung* f
solven|cia *f Solvenz, Zahlungsfähigkeit* f || *Kredit\fähigkeit, -würdigkeit* f || p.ex *Vertrauenswürdigkeit* f || **-tar** vt *lösen, entscheiden* || *begleichen (Schuld, Rechnung)* || ◊ *es preciso* ~ *esa cuestión diese Angelegenheit ist unbedingt in Ordnung zu bringen* || **-te** adj/s *solvent, zahlungsfähig* || *kredit\fähig, -würdig, vertrauenswürdig, zuverlässig* || *una casa* ~ *ein sicheres Haus, e-e solvente, reelle Firma* || ◊ *considerar* ~ *für solvent halten* || *ser* ~ *solvent sein* || ~ *m* → **disolvente**
solla *f* ⟨Fi⟩ *Scholle* f, *Goldbutt* m (Pleuronectes platessa)
sollamar vt *(ver)sengen* || *(ab)sengen (Geflügel)* (→ **socarrar**)
sollastre *m Küchenjunge* m || fig *Schelm* m
sollisparse vr And *mißtrauisch, gewitzigt werden*
sollo *m* ⟨Fi⟩ *Stör* m (→ **esturión**) || prov *Hecht* m (→ **lucio**) || ~ *perca* ⟨Fi⟩ *Zander* m (→ **lucioperca**)
sollo|zar [z/c] vi *schluchzen* || **-zo** *m Schluchzen* n || **-s** pl *Geschluchze* n || ◊ *deshacerse en* ~ *bitterlich weinen* || *estallar en* ~ *in Schluchzen ausbrechen, bitterlich zu weinen anfangen*
△¹**soma** *f Henne* f
²**soma** *f* ⟨Med Psychol⟩ *Soma* n, *Körper* m
somanta *f* fam *Tracht f Prügel*
soma|tén *m Sturm\glocke* f, *-läuten* n || Cat *ständige, bewaffnete Bürgerwehr* || Cat figf *Radau, Krawall* m || *cabo de* ~ Cat *Kommandant m der Bürgerwehr* || **-tenista** *m* Cat *Somatenist* m, *Mitglied* n *der Bürgerwehr*
so|mático adj *somatisch, körperlich* || **-matología** *f Somatologie* f (→ **antropología, psicología**)
sombra *f Schatten* m || *Überschattung* f || *Schattenbild, Gespenst* n || *Dunkelheit* f || fig *(An-)Schein* m *(von)* || ⟨Taur⟩ *Schattenseite* f *(in der Arena)* || ⟨Mal⟩ *Schattierung* f || fig *Obdach* n || fig *Makel* m || fam *Witzigkeit* f, *Witz* m || *Anmut, Grazie* f (→ **ángel**) || Arg *Schreibunterlage* f || △ *Richter* m, △ *Gericht* n || *entrada de* ~ ⟨Taur⟩ *Eintrittskarte* f *für die Schattenseite der Arena* || ◊ *no es ni* ~ *(de lo que era)* figf *er ist längst nicht das, was er früher war* || *desconfiado hasta de su* ~ *pop äußerst mißtrauisch* || *estar a la* ~ *im Schatten sein, stehen, liegen* || figf *im Kerker sitzen* || *hablar con* ~ fam *geistreich od witzig, interessant reden* || *hacer* ~ fam *Schatten werfen* || *hacer* ~ *a alg.* figf *jdn in den Schatten stellen* || *hacerse (od darse)* ~ *con la mano en (od a) los ojos sich die Augen mit der Hand schirmen, beschatten* || *poner a la* ~ fam *ein\kerkern, -sperren, jdn einlochen* || *tener (buena)* ~ figf *Geist, Anmut haben* || fam *Glück haben* || *tener mala* ~ *zuwider sein* || *geistlos sein* || *plump od lästig wirken* || figf *en Pechvogel sein* || *no tener (ni)* ~ *de vergüenza*

fig *höchst unverschämt sein* || *eso no tiene ni* ~ *de verosimilitud das ist höchst unwahrscheinlich* || ¡*ni por* ~! *nicht im Traum!* || **-s** fpl *Finsternis* f || → **chinesco** || *las* ~ *de la noche die finstere Nacht* || *reino de las* ~ fig *Schattenreich* n || **-je** *m Sonnenschutz* m *(aus Zweigen, im Schatten v. Bäumen usw)*
sombre|ado m/adj *Beschattung* f *(Schräg-)Bedampfung f (Elektronenmikroskopie)* || ⟨Mal⟩ *Schattierung* f || **-ar** vt *(be)schatten* || ⟨Mal⟩ *schattieren* bzw *schraffieren* || vi *Schatten werfen* || ◊ ~ *con tinta china* ⟨Mal⟩ *(an)tuschen* || ~(se) *los párpados sich die Augenlider scharf untermalen (schminken)* || **-rada** *f ein Hutvoll* || fam *flüchtiger Gruß* m || **-razo** *m großer Hut* m || *Schlag* m *mit dem Hut* || fam *flüchtiger Gruß durch Ziehen des Hutes* || ◊ *prodigar (los)* ~s *oft grüßen* || **-rera** *f Hutmacherin* f || *Hut\koffer* m, *-schachtel* f || ⟨Bot⟩ *(Gemeine) Pestwurz* f *(Petasites hybridus)* || **-rería** *f Hut\macherei* f, *-geschäft* n || **-rero** *m Hut\macher, -händler* m || **-rete** *m* dim v. **-ro** || ⟨Bot⟩ *Hut* m *der Pilze* || ⟨Arch⟩ *Wetterhaube* f *(auf Schornsteinen)* || ⟨Tech⟩ *Lagerdeckel* m || **-rillo** *m Hütchen* n || ⟨Bot⟩ → **-rete** || ⟨Fi⟩ *Venusnabel* m *(Pilz)*
sombre|ro *m Hut* m || fig *Deckel* m, *Dach* n || ~ *castoreño Biber-, Kastor\hut* m || ~ *clac Chapeau claque, Klapphut* m || ~ *cordobés* → **cordobés** || ~ *de copa (alta) Zylinderhut* m || ~ *chambergo, a la chamberga* → **chambergo** || ~ *de la chimenea Schornsteinaufsatz* m, *Wetterhaube* f || ~ *de fieltro Filzhut* m || ~ *flexible,* ~ *blando weicher (Filz)Hut* m || ~ *hongo steifer Filzhut* m, fam *Melone* f || ~ *mejicano Sombrero* m || ~ *de muelles Chapeau claque, Klapphut* m || ~ *de paja Strohhut* m || ~ *del púlpito Kanzeldach* n || ~ *de señora Damenhut* m || ~ *de teja Schaufelhut* m *(Priesterhut)* || ~ *de terciopelo Velourhut* m || ~ *tieso harter Hut* m || ~ *de tres picos Dreispitz* m || *pluma de* ~ *Hutfeder* f || ◊ *calar(se) el* ~ *den Hut ins Gesicht drücken* || *poner(se) el* ~ *den Hut aufsetzen* || *quitarse el* ~ *den Hut abnehmen, ziehen, sein Haupt entblößen* || *este* ~ *me es (od viene) demasiado ancho (estrecho) dieser Hut ist mir zu weit (eng)* || augm : **-rón, -razo** *m*
som|bría *f schattiger Platz* m → a **umbría** || **-brilla** *f* dim v. **sombra** || *Sonnenschirm* m || ~ *de jardín Gartenschirm* m || **-brillazo** *m Schlag* m *mit dem Sonnenschirm* || **-brío** adj *schattig* || *dunkel* || fig *düster, schwermütig* || *un porvenir* ~ *e-e düstere Zukunft* || **-broso** adj *schattig* || = **umbroso**
somero adj *oberflächlich, flüchtig* || fig *seicht* || adv : ~**amente**
some|ter vt *unterwerfen, bezwingen* || *vorlegen, unterbreiten (Angebot)* || *anheimstellen* || ◊ ~ *al arbitraje e-m Schiedsgericht unterbreiten* || ~ *a la aprobación zur Genehmigung unterbreiten (Vorschlag)* || *lo -to a su consideración ich stelle es Ihnen anheim* || *lo* ~ *a su decisión ich mache es von Ihrer Entscheidung abhängig* || ~ *a un detenido examen e-r gründlichen Untersuchung unterziehen* || ~ *una oferta e-e Offerte unterbreiten, machen* || *el asunto quedará -tido a los Tribunales die S. wird gerichtlich entschieden werden* || ~**se** *sich unterwerfen* || *sich fügen* (a dat) || *sich unterziehen* (a dat) || ~ *al dictamen de alg. sich der Weisung jds fügen* || ~ *al fallo de los peritos sich dem Urteil der Sachverständigen unterwerfen* || ~ *a las condiciones die Bedingungen annehmen* || *sich den Bedingungen fügen* || ~ *a (un) examen médico sich e-r ärztlichen Untersuchung unterziehen* || *sometido a prisión incondicional in unbedingte Haft genommen* || *sometido a régimen de incomunicación in Einzelhaft*
△**somia** prep *für*
so(m)mier *m* frz *Sprungfedermatratze* f
somnámbula *f Nachtwandlerin* f

somnam|búlico adj *nachtwandlerisch* ‖ **–bulismo** *m Nachtwandeln* n, *Mondsüchtigkeit* f
somnámbulo *m Nachtwandler* m ‖ *con seguridad de* ~ *mit nachtwandlerischer Sicherheit*
somni|fero *m Schlafmittel* n ‖ **–locuo** adj/s *im Schlafe redend*
som|nolencia *f Schläfrigkeit* f ‖ ⟨Med⟩ *Somnolenz, Schlafsucht* f ‖ **–noliento** adj = **soñoliento**
somonte: de ~ prov *roh, unbearbeitet*
somorgu|jar vt· *(unter)tauchen* ‖ vi, **~se** vr *tauchen* ‖ **–jo, –jón** = **somormujo** m ⟨V⟩ *Taucher* m (Podiceps spp) ‖ ~ *cuellirojo Rothalstaucher* m (P. griseigena) ‖ ~ *lavanco Haubentaucher* m (P. cristatus)
somos → ser
¹**son** (***són**) *m Klang, Schall, Laut, Ton* m ‖ fig *Gerücht* n ‖ fig *Vorwand* m ‖ *Am Tanzweise* f *(Volkstanz)* ‖ *Sound* m ‖ a ~ *de guitarra mit Gitarrenbegleitung* ‖ al ~ *de campana unter Glockengeläute* ‖ en ~ *de auf die Art wie* ‖ *als wenn* ‖ en ~ *amistoso auf freundschaftlichem Wege* ‖ en ~ *de elogio lobend* ‖ en ~ *de reproche vorwurfsvoll* ‖ sin ~ ni figf *ohne Grund* ‖ sin ton ni ~ figf *in die Kreuz und Quere* ‖ *sinnlos* ‖ pop *wie verrückt* ‖ ¿a ~ *de qué?* ¿a qué ~? figf *weshalb? warum?* ‖ ◊ *bailar al* ~ *que* (le) *tocan* figf *sich nach der Decke strecken*, figf *nach der Pfeife der anderen tanzen* ‖ *lo tomó en* ~ *de broma er nahm es als Scherz hin*
²**son → ser**
sona|dero *m* prov *Schnupf-, Taschen|tuch* n ‖ **–do** adj *berühmt* ‖ *ruchbar* ‖ *aufsehenerregend* ‖ *vernehmlich* ‖ la **~a** *ocasión pop die einzige Gelegenheit, die sich darbietet* ‖ *hacer una que sea* **~a** *fam viel von sich reden machen* ‖ *a los 50 años bien* **~s** *pop weit über die Fünfzig* ‖ **–dor** *m* prov *Schnupf-, Taschen|tuch* n ‖ ~ *adj tönend, klingend, hallend*
△**sonague** *m Geld* n
sona|ja *f Trommelschelle* f ‖ *Tamburinschelle* f ‖ ⟨Mus⟩ *Schellenrassel* f ‖ ◊ *ser una* ~ fig *ein lachendes Gemüt haben*, fam *e–e Lachtaube sein (Mädchen)* ‖ dim = **–juela** ‖ △**–jar** vt *entfernen* ‖ **–jero** *m Rassel* f ‖ *Kinderklapper* f
so|nambulismo, –námbulo *m* = **som|nambulismo, –námbulo** *m*
△**sonan|ta** *f Gitarre* f ‖ pop *Prügel* pl ‖ **–te** adj/s *klangreich* ‖ *dinero* ~ *klingende Münze* f, *Bargeld* n ‖ ~ *m* ⟨Phon⟩ *Sonant* m ‖ △ ~ *f Nuß* f
¹**sonar** *m Sonargerät* n ‖ *Sonarortungssystem* n
²**sonar** [–ue–] vt ⟨Mus⟩ *(ein Instrument) spielen* ‖ *mit dem Tamburin rasseln* ‖ *sich (die Nase) schneuzen* ‖ ~ vi *(er)tönen, (er)klingen* ‖ *(er-) schallen* ‖ *schellen, klingeln* ‖ *läuten* ‖ ⟨Mus⟩ *tönen (Instrument, Stimme)* ‖ *schmettern (Trompete)* ‖ ◊ ~ bien fig *gut klingen* ‖ ~ mal *mißtönen* ‖ ~ a *a/c wie etwas klingen* ‖ fig *auf et anspielen* ‖ ~ a *hueco hohl klingen* ‖ ~ a *metal metallenen Klang haben* ‖ *eso me suena a engaño hier scheint mir ein Betrug zu stecken* ‖ *sonó una descarga cerrada* ⟨Mil⟩ *e–e Salve krachte* ‖ ¡así como suena! pop *so wie ich es sage, buchstäblich!* *(bei Beteuerungen)* ‖ *hacer* ~ *ertönen lassen* ‖ *spielen (ein Instrument)* ‖ *hacer* ~ *el dinero das Geld klimpern lassen* ‖ *ha sonado el timbre es hat geläutet (od geklingelt)* ‖ *no me suena fam es kommt mir ganz unbekannt vor* ‖ **~se** *sich schneuzen, sich die Nase putzen* ‖ *se suena es verlautet*
△**sonaray** *m Gold* n
sona|ta *f* ⟨Mus⟩ *Sonate* f ‖ ~ *en Do menor c-Moll-Sonate* f ‖ la ~ *del Claro de Luna (Beethovens) Mondscheinsonate* f ‖ la ~ a *Kreutzer die Kreutzersonate* ‖ ~ *patética pathetische Sonate* f ‖ *forma de* ~ *Sonatenform* f ‖ **–tina** *f* ⟨Mus⟩ *Sonatine* f
son|da *f Sonde* f ‖ ⟨Chir⟩ *Sonde* f, *Katheter* m ‖ ⟨Mar⟩ *(Blei)Lot, Senkblei* n ‖ ~ *acanalada* ⟨Chir⟩ *Hohlsonde* f ‖ ~ *acústica* ⟨Mar⟩ *Echolot* n ‖ ~ *de botón* ⟨Chir⟩ *Knopfsonde* f ‖ ~ *lunar* ⟨Astr⟩ *Mondsonde* f
Sonda *f:* Las Islas de la ~ *die Sundainseln* fpl
son|dable adj *auslotbar* ‖ ⟨Chir⟩ *sondierbar* ‖ **–dador** *m* ⟨Mil Mar⟩: ~ *acústico Schallmeßgerät* n ‖ **–daleza** *f* ⟨Mar⟩ *Lot|schnur, -leine* f ‖ **–deador** *m Sondiergerät* n ‖ *Sonde* f ‖ ~ *del mercado Marktforscher* m ‖ **–d(e)ar** vt/i *sondieren, untersuchen* ‖ ⟨Chir⟩ *katheterisieren* ‖ ⟨Bgb⟩ *bohren* ‖ ⟨Mar⟩ *loten* ‖ fig *jdn (aus-) forschen*, fam *jdm auf den Zahn fühlen* ‖ **–deo** *m Sondieren* n (& fig) ‖ *Lotung* f ‖ ⟨Bgb⟩ *Aufschlußbohrung* f ‖ fig *Stichprobe* f ‖ fig *Befragung, Umfrage* f ‖ fig *Erhebungen* fpl ‖ ~ *del mercado* ⟨Com⟩ *Markt|erkundung, -forschung* f ‖ ~ *de la opinión* ⟨Soz Pol Wir⟩ *Meinungsforschung* f ‖ ~ *positivo fündige Bohrung* f ‖ *cohete de* ~ *cósmico Weltraumsonde* f ‖ *pozo de* ~ *Bohrloch* n *(nach Erdöl usw)*
sone|cillo *m* dim *v.* **son** ‖ **–ría** *f Läutewerk* n ‖ *Glockenspiel* n ‖ **–tista** *m Sonettdichter* m ‖ **–to** *m Sonett* n
sónico adj *die Schallgeschwindigkeit betreffend* ‖ *mit Schallgeschwindigkeit*
△**soniche** *m Stille* f
sonido *m Ton* m ‖ *Schall, Klang, Laut* m ‖ *Klingen, Getön* n ‖ *Klangfarbe* f ‖ *Lautwert* m ‖ ⟨Mar⟩ *Windstoß* m ‖ ~ *articulado* ⟨Gr Li⟩ *Sprech-, Sprach|laut, artikulierter Laut* m ‖ ~ *aspirado* ⟨Phon⟩ *Hauchlaut* m ‖ ~ *estereofónico* ⟨Ak Radio⟩ *Stereo-, Raum|ton* m ‖ ~ *silencioso Ultraschall* m ‖ *barrera del* ~ ⟨Ak⟩ *Schallmauer* f ‖ *imitación, refracción del* ~ *Schall|-nachahmung, -brechung* f ‖ *reproducción del* ~ *Schallwiedergabe* f ‖ ◊ *pasar (od rebasar, superar, vencer) la barrera del* ~ *die Schallmauer überschreiten (od durchbrechen)*
soniquete *m* desp *v.* **son** = **sonsonete**
sonochada *f Nachtwachen* n
sonometría *f* ⟨Ak⟩ *Schallstärkemessung* f
sonó|metro *m Schallmesser* m, *Sonometer* n ‖ **-rico** adj: *potencia* **~a** ⟨Radio⟩ *Schallstärke* f ‖ **sono|ridad** *f Wohlklang* m ‖ *Tonstärke* f ‖ *Klangfülle* f ‖ ⟨Phon⟩ *Stimmhaftigkeit* f ‖ **–rización** *f* ⟨Radio⟩ *Beschallung* f ‖ ⟨Filmw⟩ *Vertonung, Tonuntermalung* f ‖ ⟨Phon⟩ *Sonorisierung* f ‖ **–rizar** vt ⟨Radio⟩ *beschallen* ‖ ⟨Filmw⟩ *vertonen* ‖ ⟨Phon⟩ *sonorisieren* ‖ **~se** ⟨Phon⟩ *stimmhaft werden* ‖ **–ro** adj *(wohl)klingend, (wohl)tönend, klangreich* ‖ *volltönend, laut* ‖ *akustisch (Theater, Gewölbe)* ‖ *klingend (Laut)* ‖ ⟨Phon⟩ *stimmhaft* ‖ fig *wohlklingend (Verse)* ‖ *cine, film* ~ *(película* **~a***) Tonfilm* m ‖ *onda* **~a** *Schallwelle* f ‖ → **dibujo**
son|reír(se) [–i–, → reír] vi/r *lächeln, still lachen* ‖ *jdn belächeln* ‖ fig *lachen* ‖ ◊ ~ *forzadamente gezwungen lächeln* ‖ *le –rió sie lächelte ihn an* ‖ *–rió diciendo er sagte lächelnd* ‖ **–riente** adj *lächelnd* ‖ *heiter, fröhlich, strahlend* ‖ **–risa** *f Lächeln* n ‖ *Schmunzeln, Grinsen* n
sonro|jar (***–jear**) vt *erröten machen, beschämen* ‖ **~se** *erröten, schamrot werden* ‖ **–jo** *m Erröten* n ‖ *Schamröte* f ‖ *Beschämung* f, *Schimpf* m ‖ fig *Schande* f ‖ **–sado** adj *rosenfarbig, rötlich* ‖ **–s(e)ar** vt *röten* ‖ **~se** *rosenrot werden (Wolken, Wangen)*
sonsa|car [c|qu] vt *entlocken, heimlich entwenden, stehlen* ‖ *jdn aus|forschen, -fragen* ‖ fig *jdm et abschwatzen* ‖ fam *herüberziehen (z. B. Klubmitglieder)*
△**sonsí** *f Lippe* f ‖ *Mund* m ‖ *Schweigen* n
△**sonsi|belar** vi *schweigen* ‖ ⟨Chir⟩ *sondierbar* △**–rre** *m Schweigen* n
sonso adj Am = **zonzo**
sonso|nete *m taktmäßiges Getrommel* n ‖ *Singsang, Klingklang* m, *Geklingel* n ‖ *Geklapper* n ‖ fig *langweiliges Geräusch* n ‖ fig *spöttisches Lächeln* n ‖ △**–niche** *m Stille* f ‖ *Schweigen* n

soña|ción *f:* ni por ~ fam *nicht im Traum(e)* || **-do** adj: jamás ~ *nie erträumt, nie erhofft (Glück)* || **-dor** adj *träumend, träumerisch* || ~ *m* fig *Träumer, Phantast, Schwärmer* m
so|ñar [-ue-] vt/i *träumen* || ◊ -ñé con un palacio *mir träumte von e-m Palast* || ~ con *(od* en, de) alg. *von jdm träumen* || ~ contigo *von dir träumen* || *mit dir zusammen träumen* || ~ de *(od* con) muertos *von Toten träumen* || ~ en voz alta *im Schlafe reden, laut träumen* || ~ despierto fig *ein Träumer sein* || pasó la noche –ñando *er hat die ganze Nacht verträumt* || ¡ni ~lo (siquiera)! pop *nicht im Traum!*
so|ñarrera *f* fam *dumpfer Schlaf, Halbschlaf* m || fam *Schlaflust* f || **-ñera** *f* fam *Schlaf|lust* bzw *-sucht* f
soño|lencia *f* = **somnolencia** || **-liento** adj *schläfrig, schlaf|trunken, -süchtig* || *verschlafen* || fig *träge, schlaff, müßig*
¹**sopa** *f Stück n Brot (zum Einbrocken)* || *eingetunktes Stück n Brot*
²**sopa** *f Suppe, Fleisch-, Gemüse|suppe* f || *Brot|suppe, -tunke* f || *Brühe* f (→ **caldo, consomé**) || ~ de ajo *Knoblauchsuppe* f || ~ de albondiguillas *Suppe* f *mit Fleischklößchen* || ~ de almendras *Mandelsuppe* f *(span. Weihnachtssuppe)* || ~ de arroz *Reissuppe* f || ~ boba *Kloster-, Armen-, Wasser|suppe* f || ~ borracha *Weinsuppe* f *(mit Zucker, Zimt)* || ~ de caldo (de gallina) *(Hühner)Brühe* f || ~ de copos de avena *Haferflockensuppe* f || ~ espesa *legierte Suppe* f *(mit Mehl und Ei usw)* || ~ de fideos *Nudelsuppe* f || ~ de guisantes *(durchgeschlagene) Erbsensuppe* f || ~ de guisantes (secos) *Erbsensuppe* f || ~ de huevos *Eiersuppe* f || ~ de hierbas *Kräutersuppe* f || ~ juliana *Julienne(Suppe)* f || ~ de leche *Milchsuppe* f || ~ madrileña *Brotsuppe* f *mit Ei* || ~ de pan *Brotsuppe* f || ~ de patatas *Kartoffelsuppe* f || ~ de pescado *Fischsuppe* f || ~ de rabo de buey *Ochsenschwanzsuppe* f || ~ desémola *Grieß-, Grütz|suppe* f || ~ de setas *Pilzsuppe* f || ~ socarrada *eingebrannte Suppe* f || ~ de tapioca *Sagosuppe* f || ~ de tomate *Tomatensuppe* f || ~ de verdura(s) *Gemüsesuppe* f || ~ de vino *Weinsuppe* f || un plato de ~ *ein Teller Suppe* || borracho como una ~ pop *sternhagelvoll betrunken* || ◊ encontrar a alg. hasta en la ~ figf *jdn überall antreffen* || ¡te encuentro hasta en la ~! figf *du bist überall und nirgends!* || estar hecho una ~ figf *bis aufs Hemd durchnäßt sein,* fam *pudelnaß sein* || fam *beschwipst, betrunken sein*
sopalancar vt *e–n Hebel unterlegen (beim Anheben von Lasten)*
sopanda *f Stützbalken* m || Am *Sprungfedermatratze* f
sopa|pear vt fam *ohrfeigen* || **-pina** *f* fam *Ohrfeigensalve* f || **-po** *m (Faust)Schlag* m *unter das Kinn* || fam *Ohrfeige* f || ◊ atizar un ~ (a) *jdm e-e Ohrfeige herunterlangen*
sop(e)ar vt = **ensopar**
sopena adv = **so pena** (→ d)
sopeña *f Höhle* f bzw *Platz* m *unter e-m Fels*
sope|ra *f Suppenschüssel* f || augm: **-rón** *m* || **-ro** adj *Suppen-* || (plato) ~ *Suppenteller* m || cuchara ~a *Suppenlöffel* m || ~ *m* fam *Suppenliebhaber* m
sopesar vt *in der Hand abwiegen* || fig *abwägen* || ◊ ~ los pros y los contras *das Für und Wider abwägen*
sope|tear vt *jdn mißhandeln* || *(immer wieder) in die Suppe stippen* || **-teo** *m* fam *Eintunken* n
sopetón *m heftiger Schlag* m, *derbe Ohrfeige* f || *in Öl getunktes Röstbrot* n || de ~ fam *plötzlich, unversehens, mir nichts, dir nichts*
sopicaldo *m klare Brühe* f *mit Brotwürfeln*
sopié *m* ⟨Aut⟩ *Radneigung* f, *Sturz* m
so|pista *m Bettler* m || *Student* m, *der auf Kosten von Wohlfahrtsvereinen lebt* || **-pita** *f* dim *v.* **-pa**

sopla|da *f* ⟨Mar⟩ *Windstoß* m || **-dero** *m Lüftungsloch* n || **-do** adj fam *aufgeblasen* || figf *beschwipst* bzw *betrunken* || figf *eingebildet* || como ~ wie angehaucht *(Farben)* || vidrio ~ *Hohlglas* n || **-dor** *m* fig *Hetzer, Rädelsführer, Wühler* m || *Zuträger,* fam *Ohrenbläser* m || ⟨Tech⟩ *Gebläse* n || Ec ⟨Th⟩ *Souffleur* m || *(Glas)Bläser* m || ~ adj *Blas-* || **-dura** *f Blasen* n || ⟨Metal⟩ *Blase* f || *Lunker* m || **-mocos** *m* figf *Nasenstüber* m || *Ohrfeige* f
soplar vt/i *(ein-, an-, aus-, fort)blasen* || *(ein-)hauchen* || figf *(vor der Nase)* || *weg|schnappen, -stibitzen* || figf *(Braut, Freundin) ausspannen, wegkapern* || *(Stein im Damespiel) wegnehmen,* fig *wegschnappen* || fig *entfachen, schüren (Feuer, Zwist)* || *den Blasebalg treten* || fig *jdm et ein|geben, -reden* || fig *angeben, heimlich anzeigen* || fig *eingeben, inspirieren (z. B. die Musen)* || ⟨Sch⟩ *ein-, vor|sagen* || ◊ le ha soplado la suerte pop *das Glück ist über ihn gekommen* || ~ vi *blasen* || *keuchen, schwer atmen* || *aufwirbeln, verwehen, pfeifen, sausen, säuseln, wehen (Wind, Brise)* || ⟨Mus⟩ *blasen (Bläser)* || fig pop *schlingen* || ◊ ~ (de firme) *ein guter Trinker sein* || quitar soplando *wegblasen* || ¡sopla! *potztausend! nanu!* || **~se** figf *stark trinken od essen,* pop *(hinunter-)schlingen* || figf *sich aufblasen* || ◊ ~ las manos *sich in die Hände blasen (vor Kälte)* || fig *in seiner Absicht getäuscht werden* || *den kürzeren ziehen*
soplete *m Gebläse* n || *Lötrohr* n || *Schmelz-, Blase|röhrchen* n || *(Schweiß)Brenner* m || *Luftrohr* n *(des Dudelsacks)* || ~ oxhidrico *Knallgasgebläse* n || ~ de plasma *Plasmabrenner* m
sopli|do *m Blasen* n || *Hauch(en* n) m || *Wehen* n *(des Windes)* || ⟨Radio TV⟩ *Rauschen* n || **-llo** *m* dim *v.* **soplo** || *Feuerfächer, kleiner Blasebalg* m || *feines Schaumgebäck* n || ⟨Web⟩ *sehr leichter Stoff* m
soplo *m Hauch* m || *Blasen* n || *Wehen, Säuseln* n *(des Windes /* ⟨Radio⟩ *Rauschen* n || fig *Anzeige, Zuträgerei* f || figf *Hinweis, Wink* m || ◊ dar un ~ a *(od* apagar un ~) la vela *die Kerze aus|blasen, -löschen* || lo derriba un ~ de aire pop *der geringste Windhauch bläst ihn um,* fam *er ist ein Schwachmatikus*
so|plón *m* fam *Zu-, Zwischen|träger, Hinterbringer* m || fam *(Polizei)Spitzel, Denunziant* m || ⟨Sch⟩ *Petzer* m (→ **acusica, chivato**) || **-plonería** *f* fam *Zuträgerei, Spitzelei* f || *Denunziantentum* n || ⟨Sch⟩ *Petzerei* f
sopón *m* augm *v.* ¹**sopa** || fam *Bettler* m
soponcio *m* fam *(plötzlicher) Kummer, Gram* m || fam *Ohnmacht* f || *Ohnmachtsanfall* m
so|por *m tiefer Schlaf* m || *Schläfrigkeit* f || ⟨Med⟩ *starke Benommenheit* f, *Sopor* m || ◊ caer en ~ *tief einschlafen* || **-porífero** *m/*adj *starkes Schlafmittel* n || ~ adj *einschläfernd, Schlaf-* || figf *äußerst langweilig,* pop *stinklangweilig* || **-poroso** adj *schlafsüchtig, soporös*
sopor|table adj *erträglich* || → **tolerable** || **-tal** *m Vorhalle* f || *gedeckter Hauseingang* m || *(Haus)Tor* n || *Säulenvorbau* m || **~es** pl *Kolonnaden* fpl || *Laub-, Bogen|gang* m, *Bogenlaube* f *(e-r Häuserreihe)* || **-talibros** *m Bücherstütze* f || **-tar** vt *stützen, tragen, halten* || *ertragen, aushalten, dulden* || ◊ ~ la pérdida, los gastos *den Verlust, die Kosten tragen* || no lo puedo ~ *ich kann ihn nicht ausstehen* || *ich kann es nicht aushalten* || eso no lo –to *das lasse ich mir nicht gefallen, das verbitte ich mir* || **-te** *m Stütze* f || *Unterlage* f || *Unterstützung* f || *Ständer* m || ⟨Phot⟩ *Schichtträger* m || ⟨Tech⟩ *Auflager* n || *Träger* m || *Stütz|balken, -pfeiler* m || *Papierstütze* f *(Schreibmaschine)* || *eiserner Träger* m *(an span. Häusern)* || ~ de la antena *Antennenträger* m || ~ para bicicletas *Fahrradständer* m || ~ para negativas ⟨Phot⟩ *Ständer* m *für Negative* || ~ para tubos de ensayo ⟨Chem⟩ *Reagenz-*

glasgestell n ‖ ~ de selectores ⟨Tel⟩ *Wählerbrett* n ‖ ~ de válvula ⟨El⟩ *Röhren|fassung* f, *-sockel* m
soprano m/f ⟨Mus⟩ *Sopran* m, *-stimme* f ‖ *Sopransänger(in f)* m, *Sopranist(in f)* m ‖ ~ ligera *Soubrette* f ‖ ~ dramática *Opern-, Helden|-sopranistin* f, fam *Hochdramatische* f
sopuntar vt *Punkte setzen unter* (acc)
soquetear vt Col PR *mißhandeln* (→ **maltratar**)
sor f *(Kloster) Schwester, Nonne* f ‖ *Schwester* f *(als Anrede)* ‖ ~ Beatriz *Schwester Beatrix*
Sor., Sor.ᵉˢ Abk = **Señor(es)**
△**sora|bé** *(f -bí)* adj *schwächlich* ‖ *fein*
sorabos mpl → **sorbios**
△**sora|lé, -lli** adj *hart*
sorber vt *(ein)schlürfen* ‖ *ausschlürfen (Gefäß, Ei)* ‖ *einsaugen* ‖ figf *ver|schlingen, -schlucken* ‖ fig *begierig aufnehmen* ‖ *schnupfen (Tabak)* ‖ fig *trinken* ⟨& Lit⟩ ‖ ◊ *sorbiendo (golosamente)* su soconusco ⟨Lit⟩ *s-e Tasse Schokolade (genüßlich) trinkend* ‖ ~ *por la nariz durch die Nase einziehen (od schniefen)* ‖ **~se** fig *sich verringern* ‖ ~ los mocos *rotzeln, schnüffeln (von Kindern)* ‖ ~ los vientos (por) pop *sehr verliebt sein (in* acc*)* ‖ se lo sorbe fam *er ist ihm in allem überlegen* ‖ pop *er steckt ihn in die Tasche* ‖ se lo sorbió de un trago fam *er leerte es in e-m Zuge*
sorbe|te m *Scherbett, Sorbett, Kühltrank* m ‖ *Gefrorene(s), (Speise) Eis* n ‖ PR Ur *Trinkhalm* m ‖ Mex fam *Zylinderhut* m ‖ ~ de vainilla *Vanilleeis* n ‖ **-tera** f → **heladora** ‖ **-tón** m fam *tüchtiger Schluck* m ‖ a ~es *in großen Schlucken (trinken)*
sorbillo m dim v. **sorbo**
sorbio m/adj *Sorbe, Wende* m ‖ *die sorbische Sprache* ‖ ~ adj *sorbisch, wendisch*
sor|bito m dim v. **-bo** ‖ a ~s *in kleinen Schlucken, schluckweise* ‖ ◊ tomar el café a ~s *den Kaffee schlürfen* ‖ **-bo** m *(Ein)Schlürfen* n ‖ *Mundvoll, Schluck* m ‖ fig *bißchen* n ‖ ◊ beber *(od* tomar*)* a ~s *langsam (aus)schlürfen, schluckweise trinken*
Sorbona f *Sorbonne* f *(Pariser Universität)*
sor|che m fam *(neuangeworbener) Soldat, Rekrut* m ‖ △**-chí** adj *tapfer*
sor|da f *taube Frau* f ‖ ⟨V⟩ *Bekassine* f (→ **agachadiza**) ‖ **-damente** adv fig *heimlich* ‖ *leise* ‖ **-dera** f *Taubheit* f ‖ *Schwerhörigkeit* f
△**sordicar** [c/qu] vt = **absolver**
sordidez [pl **-ces**] f *Schmutz* m, *Unflätigkeit* f ‖ *schmutziger Geiz* m, *Schäbigkeit* f ‖ con ~ *schäbig* ‖ *knauserig*
sórdido adj *schmutzig, schäbig* ‖ *dreckig, schmierig* ‖ *gemein* ‖ *geizig, knauserig*
sordina f ⟨Mus⟩ *Sordine* f, *(Ton)Dämpfer* m ‖ ⟨Radio⟩ *Schalldämpfer* m ‖ ~ de ébano *Ebenholzdämpfer* m ‖ ~ metálica *Metalldämpfer* m ‖ a la ~ fig *heimlich, leise, sachte* ‖ con ~ ⟨Mus⟩ *gedämpft* ‖ violín a la ~ *Geige* f *mit Dämpfer* ‖ ◊ poner, quitar la ~ *den Dämpfer aufsetzen, abheben (Geiger)* ‖ poner a ~ acc: *et dämpfen, et mäßigen (in) et zurückstecken* ‖ poner ~ a su indignación s–n *Zorn dämpfen* ‖ reir a la ~ pop *sich ins Fäustchen lachen* ‖ tocar a la ~ ⟨Mus⟩ *leise spielen*
△**sordindoy** m *Schlaf* m
sordo adj/s *taub, gehörlos* ‖ *schwerhörig* ‖ *geräuschlos, still, leise* ‖ *dumpf, klanglos* ‖ *schalltot* ‖ fig *taub (a gegen* acc*)* ‖ fig *gefühllos, unempfindlich, kalt* ‖ *unbestimmt, vag(e)* ‖ ⟨Gr⟩ *stumm (Laut)* ‖ △*schmutzig* ‖ ~ a los consejos *auf keinen Rat hörend* ‖ ~ de un oido *auf e–m Ohre taub* ‖ *~ mudo = ~**mudo** ‖ a la ~a fig *heimlich* ‖ dolor ~ *stumpfer Schmerz* m ‖ golpe ~ *dumpfer Schlag* m ‖ linterna ~a *Diebeslaterne* f ‖ ruido ~ *dumpfer Lärm* m ‖ ◊ hacerse ~ (a) *sich taub verhalten (gegenüber* dat*)* ‖ hacer oidos ~s a fig *nicht hören (od nicht davon wissen) wollen* ‖ ~ como una tapia, más ~ que una campana

pop *stocktaub* ‖ ~ m *Taube(r)* f (m) ‖ ◊ predicar a los ~s figf *tauben Ohren predigen* ‖ no hay peor ~ que el que no quiere oir *Eigensinn ist taub*
sordomu|dez [pl **-ces**] f *Taubstummheit* f ‖ **-do** adj *taubstumm* ‖ ~ m *Taubstumme(r)* m ‖ instituto de ~s *Taubstummenanstalt* f
soredio m ⟨Bot⟩ *Soredium, Keimhäuschen* n *der Flechten*
sorel m ⟨Fi⟩ = **jurel**
sorgo m ⟨Bot⟩ *Mohrenhirse* f (Sorghum vulgare ‖ S. spp)
sorgui|na, -ña f bask. *Nymphe* f ‖ *Hexe* f
△**sori** f *Freude* f
soriano adj/s *aus Soria* (PCast)
△**sorimbo** adj *ernst* ‖ Mex *betrunken*
sorites m ⟨Log⟩ *Kettenschluß, Sor(e)ites* m
sorna f *(spöttisches) Phlegma* n ‖ *Ironie* f ‖ *Spott* m
△**sor|nar** vi *schlafen, ruhen* ‖ △**-nibar** vt *einschläfern* ‖ △**-nindoy** m *Ruhe* f
soro m ⟨Bot⟩ *Sorus, Sporenbehälter* m *der Farne* ‖ ~s mpl *Sori* mpl ‖ **-sis** f ⟨Bot⟩ *Sorose* f *(Fruchtart)*
△**soró** adj *bitter*
soro|charse vr Am *von der Berg- od Soroche|-krankheit befallen werden, bergkrank werden* ‖ **-che** m *Soroche* m, *Bergkrankheit* f *(beklemmendes Angstgefühl) infolge der dünnen Luft in den Anden* ‖ Am *Grubengas* n ‖ Am *Schamröte* f ‖ *Erröten* n ‖ **-cho** adj/s Am *unreif (Frucht, Obst)*
sorollesco adj *auf den span. Maler Sorolla y Bastido (1863–1923) bezüglich*
△**soronjé** m *Gefühl* n ‖ ~ adj *betrübt*
sóror f *(Kloster) Schwester* f ‖ → a **sor**
sororicidio m *Schwestermord* m
sorpren|dente adj *überraschend, auffällig* ‖ *erstaunlich* ‖ *seltsam* ‖ *verwunderlich* ‖ resultados ~s *überraschende Erfolge* mpl bzw *Resultate* npl ‖ de un parecido ~ *auffallend ähnlich* ‖ es ~ que (subj) *es ist auffällig, daß...* ‖ **-der** vt *überraschen* ‖ *über|fallen, -rumpeln* ‖ *ertappen* ‖ *in Erstaunen (ver)setzen* ‖ *befremden, verblüffen* ‖ *überlisten* ‖ ~ la buena fe (de) *jds Vertrauen mißbrauchen* ‖ jdn *anführen* ‖ ~ en el hecho *(od* in fraganti*) auf frischer Tat ertappen* ‖ me –de *es befremdet mich* ‖ **~se** *(er) staunen, stutzen* ‖ **-dido** adj *überrascht, erstaunt, verdutzt, bestürzt* ‖ ~ de *(od* con*) ello erstaunt darüber* ‖ ◊ quedo ~ *ich staune (darüber)*
sorpresa f *Überraschung* f ‖ *Verwunderung, Bestürzung* f, *Staunen* n ‖ *Überfall* m ‖ *Überrumpelung* f ‖ fig *(unerwartetes) Geschenk* n ‖ ◊ coger de ~ *über|fallen, -raschen* ‖ dar una ~ desagradable a *jdn unangenehm überraschen* ‖ experimentar viva ~ *sehr bestürzt sein* ‖ eso me toma *(od* coge*)* de ~ (bes Am) *das überrascht mich, das verdutzt mich* ‖ con gran *(od* la mayor*)* ~ veo que *zu meinem großen (größten) Erstaunen (od Befremden) sehe ich, daß*
sorpresivo adj Am = **sorprendente**
sorra f ⟨Mar⟩ *Kiessand, Sandballast* m
sorrostrada f fam *Dreistigkeit* f
sorte|able adj *aus-, ver|losbar* ‖ **-ar** vt *aus-, ver|losen* ‖ fig *aus dem Wege gehen, ausweichen (Gefahr, Schwierigkeit)* ‖ *umgehen* (acc) ‖ ◊ ~ toda clase de obstáculos fig *sich über allerhand Hindernisse geschickt hinwegsetzen* ‖ ~ vt/i *losen* ‖ *das Los entscheiden lassen (über* acc*)* ‖ ⟨Taur⟩ *mit dem Stier (zu Fuß) kämpfen* ‖ **~se** *gezogen werden (Lose)*
sorteo m *(Aus-, Ver)Losen* n ‖ *Aus-, Ver|losung* f ‖ *Ziehung* f *(Lotterie)* ‖ ~ de Navidad *span. Weihnachtslotterie* f ‖ por ~(s) *durchs Los* ‖ mañana hay ~ *morgen ist Ziehung (Lotterie)* ‖ día del ~ *Ziehungstag* m ‖ ◊ reembolsar por ~ *durch Auslosung zurückzahlen* ‖ lista de ~ *Ziehungsliste* f
sorti|ja f *(Finger)Ring* m ‖ *Locke, Haar-, Ringel|locke* f ‖ ~ de oro *Goldring* m ‖ dim:

sortijilla — soya 1010

–jilla, –juela *f* ‖ augm: **–jón** *m*
  sortilegio *m Wahrsagerei* f ‖ *Zauberei, Hexerei* f ‖ *Zaubermittel* n ‖ fig *Zauber* m ‖ ◊ hacer ~ *wahrsagen* ‖ *verzaubern* ‖ *verhexen*
  ***sortílego** adj *Zauber-* ‖ palabra ~a *Zauberwort* n ‖ ~ *m Wahrsager* m ‖ *Zauberer* m
  ¹**sos** Am pop = **sois** ‖ tú ~ Arg = tú eres
  ²△**sos** conj *wie (als)* ‖ *daß* ‖ *weil* ‖ *wieviel*
  SOS Abk engl *SOS* n *(internationales Seenotzeichen)*
  sosa *f Soda* f ‖ *Natron* n ‖ 〈Bot〉 *Salzkraut* n (Salsola soda) ‖ *Salzkrautasche* f ‖ ~ cáustica *kaustische Soda* f, *Sodastein* m ‖ *Ätznatron* n ‖ bicarbonato de ~ *Natriumhydrogenkarbonat* n ‖ → **soso** ‖ **–da** *f* fam = **sosería**
  sosaina *m/f* fam *langweilige, fade Person* f ‖ pop *Schlafmütze* f
  △**sosclayar** vt *erweichen*
  △**soschi** *f Lebhaftigkeit* f
  sose|gado adj *gelassen, ruhig, friedlich, still* ‖ *sanft, gelassen* ‖ **–gar** [–ie–, g/gu] vt *beruhigen, besänftigen, stillen* ‖ *beschwichtigen* ‖ ~ vi *(aus-) ruhen* ‖ *schlafen* ‖ **–se** *sich beruhigen* ‖ *artig sein (Kinder)*
  soser(i)a *f Albernheit, Fadheit, Langweiligkeit* f ‖ *abgeschmacktes Zeug* n ‖ *Abgeschmacktheit* f
  △**sosi** *f Landgut* n
  sosiego *m Gelassenheit* f ‖ *Ruhe, Stille* f ‖ *Gemütsruhe* f
  △**sosimbo** *m Herd* m
  △**sosimbre** *m Augenbraue* f
  △**sosinga** *f Gürtel* m
  sosla|yar vt/i *abschrägen* ‖ *schief, schräg machen, legen, ziehen* bzw *halten* ‖ fig *fallenlassen, hinwerfen (im Gespräch)* ‖ fig *sich ausweichend ausdrücken* ‖ ◊ ~ una dificultad *sich über e–e Schwierigkeit hinwegsetzen, e-r Schwierigkeit ausweichen, e-e Schwierigkeit umgehen* bzw *aus dem Weg(e) räumen* ‖ **–yo** adj/s *schräg, schief* ‖ al ~ *schräg* ‖ de ~ *schräg, schief, quer* ‖ *flüchtig* ‖ ◊ mirar de ~ (a) *schief ansehen* ‖ jdm *zublinzeln* ‖ el sol le hería el rostro de ~ *die Sonnenstrahlen fielen ihm schräg ins Gesicht*
  △**sosna** *f Ruhe* f
  soso adj *fad, schal* ‖ *ungesalzen* ‖ fig *abgeschmackt, albern* ‖ fig *langweilig, fad (Person)* ‖ ◊ la sopa está ~a *die Suppe ist nicht gesalzen*
  sosobre *m* 〈Mar〉 *Royal-, Sky|segel* n
  sosón, ona adj/s augm v. **soso**
  sospe|cha *f Verdacht, Argwohn* m ‖ *Mutmaßung, Vermutung, Ahnung* f ‖ *Mißtrauen* n ‖ △ *Schenke, Kneipe* f ‖ ~ de *Verdacht auf* (acc) ‖ ◊ caer *(od* incurrir*)* en ~ in *Verdacht kommen* ‖ concebir ~s *Verdacht schöpfen* ‖ levantar *(od* inspirar*)* ~ *Verdacht erregen* ‖ tener ~s haben, *verdächtigen* ‖ **–char** vt *Verdacht schöpfen gegen* (acc) ‖ jdn *verdächtigen* ‖ *Vermutungen hegen* ‖ ~ vi *argwöhnen, vermuten, mutmaßen, ahnen* ‖ *mißtrauen, mißtrauisch sein* ‖ ◊ se sospecha de él *er wird verdächtigt* ‖ nunca ~chado *nie geahnt* ‖ era de ~ *es war zu vermuten* ‖ **–choso** adj/s *verdächtig* (de gen) ‖ *verdachterregend, mißtrauenerweckend* ‖ *zweifelhaft* (→ **dudoso**) ‖ *argwöhnisch, mißtrauisch* ‖ ~ por su conducta *wegen seines Benehmens verdächtig* ‖ ~ de estafa *des Betrugs verdächtig* ‖ de herejía *der Ketzerei verdächtig* ‖ mercancías ~as *verdächtige Ware* f ‖ ◊ lo hago ~ *ich verdächtige ihn* ‖ *ich lehne ihn wegen Befangenheit ab* ‖ hacerse ~ (de) *sich dem Verdacht* (gen) *aussetzen* ‖ *Mißtrauen einflößen* ‖ ~ *m Verdächtige(r)* m
  sospesar vt = **sopesar**
  △**sosque** adv *wie* ‖ *wo* ‖ *weil*
  sosquín *m Schlag* m *aus dem Hinterhalt* ‖ de *(od* en*)* ~ *schräg, quer*
  sostén *m Stütze* f ‖ *Stützpunkt* m ‖ fig *Schutz* m ‖ ~(es *pl*) *Büstenhalter*, fam *BH* m ‖ ~ *m* 〈Tech〉

Träger m (→ **soporte**) ‖ ~ de la vejez *Stütze* f *des Alters* ‖ ~(es) sin tirantes *schulterfreier Büstenhalter*, fam *trägerloser BH* m
  soste|ner [irr → **tener**] vt/i *halten, tragen, stützen* ‖ *unterstützen* ‖ *erhalten* ‖ *aufrecht halten* ‖ jdn *aus-, unter\halten, beköstigen* ‖ *ver\teidigen, -fechten (Standpunkt, Meinung)* ‖ *behaupten* ‖ *durchführen, zur Geltung bringen* ‖ fam *beschützen, begünstigen* ‖ *helfen, beistehen* (a. jdm) ‖ ◊ ~ correspondencia (con) *im Briefwechsel stehen (mit)* ‖ ~ una lucha *e–n Kampf bestehen* ‖ ~ una tesis *e–e These verfechten* ‖ sostiene que *er behauptet, daß* ‖ no se puede ~ *es ist unhaltbar* (= **insostenible**) ‖ ~**se** *sich aufrecht halten* ‖ *sich erhalten, fortdauern* ‖ *sich halten (Kurs, Preise)* ‖ *Bestand haben* ‖ *sich gegenseitig unterstützen* ‖ ◊ ~ derecho *sich aufrecht halten* ‖ ~ sobre agua *sich über Wasser halten* (& fig) ‖ ~ en el aire *schweben* ‖ los precios se sostienen *die Preise halten sich* ‖ el mercado se sostuvo firme 〈Com〉 *die Haltung des Marktes war fest* ‖ **–nido** adj 〈Mus〉 *erhöht* ‖ 〈Com〉 *fest (Markt)* ‖ fa ~ 〈Mus〉 *Fis* n ‖ fa doble ~ 〈Mus〉 *Fisis* n ‖ ~ *m* 〈Mus〉 *Kreuz, Erhöhungszeichen* n ‖ doble ~ 〈Mus〉 *Doppelkreuz* n ‖ **–nimiento** *m Stützung* f ‖ *Unterstützung* f ‖ *Erhaltung* f ‖ *Unterhalt* m ‖ *Aufrechterhaltung* f ‖ *Behauptung* f ‖ 〈Tech〉 *Wartung, Unterhaltung* f ‖ muro de ~ *Stützmauer* f ‖ **–nuto** adj it 〈Mus〉 *getragen*
  sostiene → **sostener**
  ¹**sota** *f* 〈Kart〉 *Bube, Unter, Bauer* m ‖ fam *Dirne* f ‖ 〈Sch〉 *Suppe* f ‖ ~ de bastos *Kreuzbube* m ‖ ~ de oros *Karo-Unter* m
  ²**sota** *m* 〈Sch〉 *Hilfslehrer* m ‖ fig *untergeordnete Person* f ‖ Chi *Vorarbeiter, Werkmeister* m
  sota|banco *m* 〈Arch〉 *Giebelzinne* f ‖ *Giebelwohnung* f ‖ *Balkenträger* m ‖ **–barba** *f Doppelkinn* n ‖ **–cola** *f Schwanzriemen* m *(des Pferdes)*
  ¹**sota|na** *f Soutane* f, *enger Leibrock* m *(der Geistlichen)* ‖ fig *Priester\würde* bzw *-berufung* bzw *-pflicht* f ‖ dim: **–nilla** *f*
  ²**sotana** *f* fam = **somanta**
  sótano(s) *m(pl) Keller* m ‖ *Kellergeschoß* n ‖ *Kellerwohnung* f ‖ 〈Th〉 *Unterbühne* f
  sotavento *m* 〈Mar〉 *Lee(seite)* f ‖ a ~ 〈Mar〉 in *Lee, im Windschatten* ‖ Islas de ~ 〈Geogr〉 *Leeward-Inseln* fpl *(Inselgruppe der Kleinen Antillen)*
  sotechado *m überdeckter Raum, Schuppen* m
  sotera *f* Ar *(Art) Haue* f (→ **azada**)
  soterraño adj 〈*& Lit〉 = **subterráneo**
  sote|rrar [–ie–] vt *ver\graben, -scharren* ‖ *verschütten* ‖ *unter der Erde verlegen* 〈& Tech Arch〉 ‖ ◊ ojos ~rrados Am *eingefallene Augen* npl
  sotileza *f* = **sutileza** ‖ Sant *dünnster Teil* m *der Angelschnur* ‖ ~ *Mädchengestalt* f *des gleichnamigen Romans von José María de Pereda* ‖ Rampa de ~ *abschüssige Straße von Santander*
  sotillo *m* Hain m, *Wäldchen* n
  soto *m Gebüsch* n ‖ *Gestrüpp, Dickicht* n ‖ *Unterholz* n ‖ ◊ batir el ~ *den Wald durchstreifen*
  sotreta *f* Arg Bol *Schindmähre* f ‖ *miese Sache* f ‖ ¡~! Am *Donnerwetter!*
  sotto voce it 〈Mus〉 *leise, gedämpft* ‖ fig *heimlich*
  sotuer *m Schrägkreuz* n *(im Wappen)*
  sotuto *m* Bol 〈Entom〉 = **nigua**
  soutache *m* → **sutás**
  so|viet *m*: ~ supremo *Oberster Sowjet* m ‖ los ~s *die Sowjets* ‖ **–viético** adj/s *sowjetisch* ‖ *Sowjet-, Räte-* ‖ Rusia ~a *Sowjetrußland* n ‖ Unión ~ *Sowjetunion f (SU)* ‖ **–vietización** *f Sowjetisierung* f (→ **bolchevización**) ‖ **–vietizar** vt *sowjetisieren*
  sovoz: a ~ *mit leiser, gedämpfer Stimme*
  soy → **ser**
  soya *f* = **soja**

s/P Abk = su pagaré
S.P. Abk = Servicios Públicos
s.p. Abk = sin precio
spaccato *m* it ⟨Sp⟩ *Spagat* m
spaghetti *mpl* it *Spaghetti* pl || → western
spin *m* engl ⟨Nucl⟩ *Spin* m
Spitzberg ⟨Geogr⟩ *Spitzbergen* n
spleen *m* engl = esplín
spoiler *m* ⟨Flugw⟩ *Störklappe* f, *Spoiler* m
sport [*pl* sports] *m* → deporte || artículos de ~ *Sportartikel* mpl || chaqueta de ~ *Sportjacke* f
sport(s)man *m* engl *Sportsmann, Sportliebhaber* m (= deportista)
spot *m Licht\punkt* m, *-marke* f || ~ publicitario *(Werbe) Spot* m
S.P.Q.R. lat Abk = Senatus Populusque Romanus
spre. Abk = siempre
sprint *m* engl ⟨Sp⟩ *Kurzstreckenlauf, Sprint* m || con ~ fam *schwungvoll* || fam *mit Karacho*
sprinter *m* engl ⟨Sp⟩ *Sprinter* m
sputnik *m* (russ) ⟨Astr⟩ *Sputnik* m
\s/r Abk = su remesa
Sr., S.ʳ Abk = Señor || Sr. D. Abk = Señor Don *(Adresse od höfl. Anrede)*
Sra., Sras. Abk = Señora(s) || Sra. D.ª Abk = Señora Doña
s.ʳᵉ, sre. Abk = sobre
Sres., S.ʳᵉˢ Abk = Señores
S.R.I. Abk = Santa Romana Iglesia
Sría., s.ʳⁱᵃ Abk = Secretaría || Señoría
s.ʳⁱᵒ Abk = secretario
S.R.L. Abk = Sociedad de Responsabilidad Limitada
S.R.M. Abk = Su Real Majestad
Sr.ᵗᵃ, Srta. Abk = Señorita
S.S. Abk = Su Santidad || Su Señoría || Seguro Servidor || SS f *(Schutz-Staffel der NSDAP)* || las S.S. *(od* SS) armadas *die Waffen-SS*
s.ˢ Abk = sacos
s/s Abk engl steamship = vapor
S.S.ª Abk = Su Señoría
SS.AA. Abk = Sus Altezas
SSE. Abk = sudsudeste
SS.MM. Abk = Sus Majestades
SS.ᵐᵒ P. Abk = Santísimo Padre
SS.ⁿᵒ Abk = escribano
SSO. Abk = sudsudoeste
S.S.S., s.s.s. Abk = su seguro servidor
SS.SS.SS., Ss.Ss.Ss., ss.ss.ss. Abk = sus seguros servidores
SSW Abk = sudsudoeste
s/t, s/T Abk = su talón
Sta. Abk = Santa || Señorita
Stábat máter *m* lat ⟨Kath⟩ *Stabat mater* n *(Anfang und Bezeichnung e–r kath. Hymne bzw Sequenz)*
staccato *m* it ⟨Mus⟩ *Stakkato* n || adv *staccato*
stádium *m* ⟨Sp⟩ *Stadion* n
sta|janovismo *m Stachanow-System* n || –janovista *m/adj Stachanowist* m
sta|linismo *m* ⟨Pol⟩ *Stalinismus* m || –linista adj/s *auf J. Stalin bezüglich* || *stalinistisch* || ~ *m Stalinist* m
stand *m* engl *Zuschauertribüne* f *bei Pferderennen* || *Stand* m *e–s Ausstellers (auf Mustermessen usw)*
stan|dard *m/adj* engl *Muster* n || *Standard* m || ~ adj *Standard-* || –dardización *f Normung, Standardisierung, Typisierung* f || –dardizar [z/c] vt *normen, standardisieren, vereinheitlichen, typisieren*
star *m/f* engl *(Film)Star* m
starlet *f* ⟨Filmw⟩ *Starlet(t)* n
start *m* engl ⟨Sp⟩ *Start* m
statu quo *m* lat *bisheriger Zustand,* lat *status quo* m
steeple-chase *f* engl *Steeplechase* f

stg. Abk = sterling
Sto. Abk = Santo
stock *m* engl *Stock, Lagervorrat, Bestand* m || *Grundkapital* n || *Effekten* pl, *Wertpapiere* npl || en ~ *auf Lager, vorrätig*
stor(e) *m* engl *Store, Fenstervorhang* m
st.ʳᵉ Abk = septiembre
streak|er *m* engl *Flitzer, Blitzer* m || –ing *m* engl *Flitzen, Blitzen* n
stress *m* engl ⟨Med⟩ *Streß* m
¹su prep insep = sub
²su pron *sein, seine* || *ihr, ihre* || *Ihr, Ihre* || ~ hija (de V.) *Ihre Tochter* || por ~ causa *seinethalben* || ≃ Eminencia (Abk S. Ema.) *S. Eminenz (Titel)* || ~ *s pl seine* || *Ihre* || *ihre*
Sua|bia *f Schwaben* n || ≃bo adj *schwäbisch* || ~ *m Schwabe* m || *(das) Schwäbische*
suahelis *pl Suahelis* pl *(Volksstamm an der Ostküste von Afrika)*
suarda *f* ⟨Web⟩ → juarda
suar(ec)ismo *m* ⟨Philos⟩ *Lehre* f *des span. Jesuiten Francisco Suárez (1548–1617)*
suasorio adj *Überzeugungs-* || *Überredungs-* arte ~a *Überzeugungs-* bzw *Überredungskunst* f || poder ~ *Überzeugungsgabe* f
suave adj *fein, glatt* || *sanft (anzufühlen), weich* || *lieblich* || *geschmeidig* || fig *sanft, gelinde, lind* || *nachgiebig, lenksam* || fig *ruhig, gelassen* || espíritu ~ ⟨Gr⟩ *Spiritus lenis* m || dim: ~cito adv: ~mente
suavi|dad *f Geschmeidigkeit* f || *Weichheit, Lieblichkeit* f || *Sanftmut, Milde* f || con ~ *sanft, milde* || –ficar [c/qu] vt = –zar
suavio adj = suebo
suavi|zador *m Abzieh-, Streich\riemen* m, *-leder* n || –zar [z/c] vt *geschmeidig machen* || *mildern, lindern* || *besänftigen, abschwächen* || aparato de ~ *Abziehapparat* m || ◊ ~ una navaja *ein Rasiermesser abziehen* || ~se *geschmeidig werden* || *sich besänftigen* || *sich einlaufen (Maschine)* || *nachlassen (Kälte)* || *sich legen (Wind)* || *sich mäßigen (Ausdrucksweise)*
sub- (vor f, g, p, z *oft* su-) präf *sub-, Sub-* (oft *suf-, sug-, sur-, suk-), unter, unterhalb, von oben heran*
suba *f* Arg *Steigen* n *(des Gewichts, der Preise)* (= subida, alza)
sub|ácido adj *säuerlich* || –acuático adj *unter Wasser befindlich* || *subaquatisch* ⟨z. B. Geol⟩ || ⟨Biol Med⟩ *subaqual* || *Unterwasser-* || –ácueo adj = –acuático || –aéreo adj ⟨Biol⟩ *subaerisch* || –agencia *f Neben-, Unter\stelle, -agentur* f || –agudo adj ⟨Med⟩ *subakut* || –alcalde *m* = teniente de alcalde || –alimentación *f Unterernährung* f || –alpino adj *am Fuße der Alpen liegend* || ⟨Biol Geogr⟩ *subalpin* || zona ~a *subalpine Zone* f || –alterno adj/s *untergeordnet* || *subaltern* || (funcionario) ~ *Unterbeamte(r)* m || (oficial) ~ *Subalternoffizier* m || –andino adj *am Fuße der Anden liegend* || *subandinisch* || –apenino adj *am Fuße der Apenninen liegend* || ⟨Biol Geogr⟩ *subapenninisch*
subarren|dador *m Weiter-, Unter\vermieter* bzw *-verpächter* m || –dar [-ie-] vt *unter-, weiter\vermieten* bzw *-verpachten* || –datario *m Unter\pächter* bzw *-mieter* m
subarriendo *m Weiter-, Unter\vermietung* bzw *-pacht* f
subas|ta *f Versteigerung, Auktion* f || *Ausschreibung* f || *Zwangsveräußerung* f || en ~ judicial *gerichtlich versteigert* || gastos de ~ *Auktionskosten* pl || ◊ asistir a una ~ *e–r Auktion beiwohnen* || comprar en ~ *in der Auktion kaufen* || hacer una ~ *e–e Auktion abhalten* || sacar a ~ *ausschreiben* || *versteigern (lassen), zur Versteigerung bringen* || sacar a pública ~ *öffentlich versteigern, zur öffentlichen Versteigerung bringen* || figf *hinausposaunen, unter die Leute tragen* || vender en pública ~ *in öffentlicher Auktion ver-*

kaufen, öffentlich versteigern ‖ **-tador** *m Versteigerer, Auktionator* m ‖ **-tar** vt *(öffentlich) versteigern* ‖ *ausschreiben* ‖ ◊ ~ *al mayor postor meistbietend versteigern*

sub|campeón *m* ⟨Sp⟩ *Vizemeister* m ‖ **-central** *f Nebenzentrale* f ‖ **-cinericio** *adj in der Asche gebacken (Brot)* ‖ **-clase** *f* ⟨Wiss Biol⟩ *Unterklasse* f *(Subclassis)* ‖ ~ *marsupiales* ⟨Zool⟩ *Unterklasse Beuteltiere* ‖ **-comisión** *f Unterausschuß* m ‖ **-consciencia** *f Unterbewußtsein* n ‖ **-consciente** *adj unterbewußt* ‖ *estado* ~ *Unterbewußtsein* n ‖ *lo* ~ *das Unterbewußte* n ‖ **-consumo** *m Unterverbrauch* m ‖ **-cultura** *f* ⟨Soz⟩ *Subkultur* f ‖ **-cutáneo** *adj sub|kutan, -dermal* ‖ *inyección* ~a ⟨Med⟩ *subkutane Einspritzung* f ‖ **-delegación** *f Unterabordnung* ‖ *Unterbevollmächtigung* f ‖ ⟨Verw⟩ *Subdelegation* f ‖ **-delegado** *m Unter|abgeordnete(r), -bevollmächtigte(r)* m ‖ **-desarrollado** *adj unterentwickelt* ‖ **-diácono** *m Subdiakon* m ‖ **-director** *m Unterdirektor, zweiter Leiter* m

súbdito *m*/*adj Untertan* m ‖ *Staats|bürger, -angehörige(r)* m ‖ ~ *extranjero Ausländer* m

sub|dividir vt *unterteilen* ‖ ~ *en partes Unterabteilungen machen* ‖ **-división** *f Unter(ein)teilung* f ‖ *Unterabteilung* f ‖ *Aufspaltung* f ‖ *Zerlegung* f ‖ p.ex *Abteilung* f ‖ **-dominante** *f* ⟨Mus⟩ *Unterdominante* f

subentender vt = **sobreentender**

sube|rización *f* ⟨Bot Chem⟩ *Verkorkung* f ‖ **-roso** *adj korkig, korkartig*

sub|especie *f* ⟨Biol⟩ *Unterart* f *(Subspecies)* (→ a **raza, variedad**) ‖ **-estación** *f* ⟨El Tel⟩ *Unterwerk* n ‖ **-estandard** *adj:* película ~ *Schmalfilm* m

subestructura *f Unterbau* m ‖ ⟨Geol⟩ *Sockel* m

subex|posición *f Unterbelichtung* f ‖ **-puesto** *adj* ⟨Phot⟩ *unterbelichtet*

sub|familia *f* ⟨Biol⟩ *Unter|familie* f *(Subfamilia)* ‖ **-género** *m* ⟨Biol⟩ *Untergattung* f *(Subgenus)* ‖ **-gobernador** *m Vizegouverneur* m

subibaja *m (Kinder)Wippe* f ‖ Cu *Butterbrot* m

subi|da *f Steigen* n ‖ *Hinauf-, An-, Empor|steigen* n ‖ *Auf|fahrt* f, *-stieg* m ‖ *(Berg)Abhang* m ‖ *Anhöhe, Steigung* f ‖ *Preissteigerung* f, *Steigen* n *des Preises* ‖ fig *Erhöhung, Vermehrung* f ‖ ~ *del agua Schwellen* n *des Wassers* ‖ *Überschwemmung* f, *Hochwasser* n ‖ ~ *al cielo Himmelfahrt* f ‖ ~ *al monte Bergaufstieg* m ‖ ~ *al poder Antritt* m *(e-r Regierung)* ‖ *Machtübernahme* f ‖ ~ *al tranvía Einsteigen* n *in die Straßenbahn* ‖ ~ *al trono Thronbesteigung* f ‖ ~ *del precio Preis|aufschlag* m, *-erhöhung, -steigerung* f ‖ *cuanto mayor es la* ~, *tanto mayor es la descendida (od de gran* ~, *gran caída)* ⟨Spr⟩ *wer hoch steigt, kann tief fallen* ‖ *je höher der Berg, desto tiefer das Tal* ‖ *Hochmut kommt vor dem Fall* ‖ **-do** *adj hoch bzw gestiegen (Preis)* ‖ *teuer* ‖ *lebhaft, kräftig, intensiv (Farbe)* ‖ *stark (Geruch)* ‖ ~ *de punto* fam *von vorzüglicher Beschaffenheit* ‖ ~ *de tono,* ~ *de color farbfreudig, farbenfroh, in grellen Farben* ‖ *sehr laut, lauter* ‖ fig *pikant, schlüpfrig (Anekdoten, Witze)* ‖ *rojo* ~ *Hochrot* n ‖ *rubio* ~ *sehr blond* ‖ *rötlichblond* ‖ *a precios* ~ *zu erhöhtem Preise* ‖ *con el cuello* ~ *mit aufgeschlagenem Rockkragen*

sub|inquilino *m Untermieter* m ‖ **-inspector** *m Unteraufseher* m ‖ **-interventor** *m Unterrevisor* m

subir vt *hinauf|tragen, -bringen, -heben, -holen, -schicken* ‖ *auf-, empor|heben* ‖ *auf-, hoch|schlagen* ‖ *erklimmen, besteigen* ‖ ⟨Arch⟩ *erhöhen, höher machen* ‖ *steigern, erhöhen (Preis)* ‖ *aus-, hoch|fahren (Leiter, Antenne usw)* ‖ → **ascender, elevar, levantar** ‖ ◊ ~ *el alquiler die Miete steigern* ‖ ~ *el color die Farbe erhöhen* ‖ fig *übertreiben* ‖ ~ *una cuesta e-n Berg ersteigen* ‖ ~ *la escalera die Treppe, die Stiege hinaufgehen* ‖ ~ *a*

un niño en brazos ein Kind in die Arme nehmen ‖ ~ *una pared e-e Mauer erhöhen, höher machen* ‖ ~ *las pesas de un reloj e-e (Gewicht) Uhr aufziehen* ‖ ~ *el precio den Preis erhöhen*

~ vi *steigen* ‖ *an-, (hin)auf|steigen* ‖ *hinauf|gehen, -kommen* ‖ *hinauf|fahren, -reiten, -klimmen* ‖ *einsteigen* (a in acc) ‖ ⟨Mus⟩ *auf-, empor|steigen* ‖ *wachsen, steigen (Fluß, Meeresflut)* ‖ *im Preise steigen* ‖ *aufgehen (Teig)* ‖ *(in e-e höhere Klasse, Amtsstellung) versetzt werden* ‖ *aufrücken (im Dienstgrad)* ‖ *steigen (Fieber)* ‖ *zunehmen, sich weiter verbreiten, sich ausdehnen (Epidemie)*

a) *la marea sube* ⟨Mar⟩ *es ist Flut* ‖ *el pan ha subido das Brot ist im Preis gestiegen, aufgeschlagen* ‖ *el precio sube der Preis wird erhöht, man erhöht den Preis* ‖ *el río sube das Wasser (im Fluß) steigt* ‖ *hacer* ~ *hinauftreiben* ‖ *hinaufschicken* ‖ *erheben* ‖ *heraufholen* ‖ ~ *y bajar auf- und nieder|gehen* ‖ *el termómetro ha subido das Thermometer ist gestiegen* ‖ ¡*suba V.! bitte, kommen Sie herauf! (in e-e Wohnung)* ‖ *bitte, steigen Sie ein! bzw bitte, einsteigen! (in e-n Bus, in e-n Zug usw)* ‖ ~ *corriendo hinauflaufen* ‖ ~ *trepando hinauf|klimmen, -klettern*

b) in Verb. mit **a:** ~ *al caballo auf das Pferd steigen* ‖ ~ *a caballo hinaufreiten* ‖ ~ *al cielo gen Himmel fahren* ‖ ~ *al monte den Berg besteigen* ‖ ~ *al trono den Thron besteigen* ‖ *la cuenta sube a ... die Rechnung beträgt, beläuft sich auf* (acc) ‖ *los colores le suben a la cara* fig *er wird schamrot* ‖ *las lágrimas se le subían a los ojos die Tränen traten ihm in die Augen* ‖ *la sangre me sube a la cabeza das Blut steigt mir zu Kopfe,* fig *ich werde wütend*

c) in Verb. mit **de, en:** ~ *de precio e-e Preiserhöhung erfahren, teurer werden* ‖ *mehr bieten (Auktion)* ‖ ~ *de tono lauter werden* ‖ *zotig bzw unanständig bzw unverschämt (beim Reden) werden* ‖ *la fiebre sube de dos grados* ⟨Med⟩ *das Fieber steigt um zwei Grad* ‖ ~ *en sich erhöhen um* ‖ ~ *en latitud* ⟨Mar⟩ *Breite machen*

d) in Verb. mit **sobre:** ~ *sobre (od a) la silla auf den Sessel hinaufsteigen*

~**se** *(hinauf)steigen* ‖ fig *sich aufwerfen (zu)* ‖ ◊ *el niño se le subió a las rodillas das Kind kroch ihm auf die Knie*

súbitamente adv *plötzlich, auf einmal, unverhofft*

subitáneo adj *plötzlich, jäh*

súbito adj *plötzlich, unerwartet, unvermittelt, jäh* ‖ fig *heftig, ungestüm* ‖ (de) ~ *plötzlich, auf einmal*

subjefe *m Unter|chef, -leiter* m

subjeti|var vt *subjektivieren* ‖ **-vidad** *f Subjektivität* f ‖ *persönlicher Standpunkt* m, *persönliche Meinung* f ‖ pej *Unsachlichkeit, Parteilichkeit* f ‖ **-vismo** *m* ⟨Philos⟩ *Subjektivismus* m ‖ **-vista** adj/s *subjektivistisch* ‖ *m Subjektivist* m ‖ **-vo** adj *subjektiv, persönlich* ‖ pej *unsachlich, parteiisch*

subjuntivo adj/s: (modo) ~ ⟨Gr⟩ *Sub-, Kon|junktiv* m, *Möglichkeitsform* f ‖ ~ *presente,* ~ *pretérito perfecto (od imperfecto, pluscuamperfecto), futuro perfecto (od imperfecto)* ⟨Gr⟩ *Konjunktiv* m *der Gegenwart, der Vergangenheit, der Zukunft*

suble|vación *f Auf|stand, -ruhr* m, *Empörung* f ‖ *Erhebung* f (→ **alzamiento**) ‖ ~ *de los campesinos Bauernaufstand* m ‖ **-vado** adj/s *auf|rührerisch, -ständisch* ‖ ~ *m Aufständische(r)* m ‖ **-var** vt *aufwiegeln* ‖ *empören* ‖ ◊ ~ *las masas populares die Volksmassen zur Empörung bringen* ‖ *eso me -va* fig *das empört mich* ‖ ~**se** *sich erheben, rebellieren, sich auflehnen* (contra *gegen* acc)

subli|mación *f* ⟨Psychol Chem⟩ *Sublimierung* f ‖ *Sublimation* f ‖ fig *Erhebung* f ‖ fig *Ver-*

geistigung f ‖ *Überhöhung* f ‖ **-mado** *m* ⟨Chem⟩ *Sublimat* n ‖ ~ (corrosivo) *Ätzsublimat* n ‖ **-mar** vt ⟨Psychol Chem⟩ *sublimieren* ‖ fig *überhöhen, vergeistigen, erheben* ‖ △ *loslassen* ‖ **-me** adj *erhaben, hoch* ‖ *sublim* ‖ lo ~ *das Erhabene, das Sublime* n ‖ las matemáticas ~s *die höhere Mathematik* ‖ el momento ~ fig *der feierliche, erhebende Augenblick* ‖ el actor estuvo ~ *der Schauspieler spielte glänzend* ‖ **-midad** *f Erhabenheit, Hoheit* f
  subliminal adj ⟨Psychol Med⟩ *unterschwellig, subliminal*
  sublimizar [z/c] vt → **sublimar** (fig)
  sub|lingual adj ⟨An⟩ *sublingual, unter der Zunge befindlich* ‖ **-lunar** adj *sublunarisch, unter dem Mond befindlich, irdisch* ‖ el mundo ~ *die Erdenwelt* ‖ **-marinismo** *m Unterwassersport* m ‖ **-marinista** *m*/adj *Sporttaucher* m ‖ **-marino** adj *unterseeisch* ‖ *submarin* ⟨& Biol⟩ ‖ *Untersee-, Unterwasser-* ‖ buque, cable ~ *Untersee|boot* n, *-kabel* n ‖ caza *(auch* pesca) ~a *Unterwasserjagd* f ‖ guerra, mina ~a ⟨Mar⟩ *Untersee|(boot)krieg* m, *-mine* f ‖ tomavistas ~, cámara ~a *Unterwasserkamera* f ‖ ~ *m Unterseeboot, U-Boot* n ‖ ~ atómico *Atom-U-Boot* n ‖ ~ mercante *Handels-U-Boot* n ‖ guerra de ~s ⟨Mil⟩ *Unterseebootkrieg* m ‖ **-maxilar** adj ⟨An⟩ *Unterkiefer-* ‖ *submental, unter dem Kinn gelegen* ‖ **-normal** adj/s *unter der Norm liegend* ‖ ⟨Med⟩ *geistig zurückgeblieben od behindert* ‖ ~ *m geistig Behinderte(r)* m ‖ ~f ⟨Math⟩ *Subnormale* f ‖ **-nota** *f* ⟨Typ⟩ *Nebennote* f ‖ **-ocupación** *f Unterbeschäftigung* f ‖ **-oficial** *m* ⟨Mil⟩ *Unteroffizier* m
  subor|den *f* ⟨Wiss⟩ *Unterordnung* f *(Subordo)* ‖ **-dinación** *f Unter|ordnung, -stellung* f ‖ *Unterwürfigkeit* f ‖ *Disziplin, Zucht* f ‖ *Subordination, (Dienst)Gehorsam* m ‖ ⟨Gr⟩ *Abhängigkeitsverhältnis* n ‖ **-dinado** adj *untergeordnet (Beamter)* ‖ *nachgeordnet (Stelle)* ‖ *unterstellt* ‖ estar ~ a alg. *jdm unterstehen, jdm unterstellt sein* ‖ está ~ a él *er ist ihm unterstellt* ‖ frase *(od* proposición) ~a ⟨Gr⟩ *Nebensatz* m ‖ ~ *m Untergebene(r)* m ‖ *(untergeordneter, subalterner) Beamte(r)* m ‖ **-dinar** vt *unter|ordnen, -stellen* ‖ ~**se** *sich unterordnen, sich fügen*
  sub|panel *m* ⟨Radio⟩ *Seiten(schalt)platte* f ‖ **-partida** *f Unterposition* f *(Buchhaltung)* ‖ **-polar** adj *nahe (unter) dem Pol liegend* ‖ *subpolar* ‖ **-prefecto** *m Unterpräfekt* m ‖ **-producto** *m Neben|erzeugnis, -produkt* n ‖ **-rayar** vt/i *unterstreichen* ‖ fig *(ausdrücklich) betonen, besonders hinweisen auf* (acc) ‖ fig *erhöhen (Stille, Ruhe)* ‖ fig *hervorheben* ‖ **-reino** *m* ⟨Wiss⟩ *Unterreich* n *(Subregnum)*
  sub|repción *f* ⟨Jur⟩ *Erschleichung* f ‖ **-repticio** adj ⟨Jur⟩ *erschlichen* ‖ *heimlich, heimtückisch*
  subro|gación *f Einsetzung* f *in e-s anderen Rechte* ‖ **-gar** [g/gu] vt *in e-s anderen Rechte einsetzen*
  subs- präf → a **sus-**
  subsana|ble adj *wiedergutzumachen(d), behebbar* ‖ **-ción** *f Behebung, Wiedergutmachung* f ‖ vgl **reparación**
  subsanar vt *(e-n Schaden, Fehler) beheben, (wieder)gutmachen* ‖ *(e-n Mißbrauch) abstellen* ‖ ◊ ~ un vicio *(od* una falta) ⟨Jur⟩ *e-n Mangel heilen* ‖ para ~ el error cometido *um den begangenen Irrtum wiedergutzumachen*
  su(b)scri|bir vt *unter|schreiben, -zeichnen* ‖ *zeichnen (Beträge)* ‖ *bestellen, beziehen, abonnieren (Zeitungen, Zeitschriften usw)* ‖ *subskribieren* ‖ ~ acciones, un empréstito, un capital *Aktien, e-e Anleihe, ein Kapital zeichnen* ‖ eso no lo -bo figf *dafür komme ich nicht auf* ‖ el que su(b)scribe *der Unterzeichnete (Formel)* ‖ ~se *sich abonnieren* (a *auf* acc) ‖ *zeichnen (Beitrag, Anleihe)*

su(b)scrip|ción *f (Unter)Zeichnung* f ‖ *Bestellung* f, *Abonnement* n ‖ *Zeichnen* n bzw *Bezug* m *(von Wertpapieren)* ‖ *gezeichnete Summe* f ‖ *Abonnentenzahl* f *(e-s Druckwerkes)* ‖ *Subskription* f ‖ ~ de acciones *Aktienzeichnung* f ‖ boletín de ~ *Abonnementsschein* m ‖ precio de ~ *Subskriptionspreis* m *(z. B. von Büchern)* ‖ ◊ abrir *(od* hacer) una ~ (a favor de) *e-e Subskription eröffnen (für* acc*)* ‖ hacer una ~ *(sich) abonnieren*
  su(b)scri(p)to pp/irr *v.* **subscribir** ‖ el capital ~ *das gezeichnete Kapital*
  su(b)scriptor *m Unterzeichner* m ‖ *Abonnent* m ‖ *Zeichner* m *(v. Aktien)* ‖ *Bezieher* m *(e-r Zeitung)* ‖ *Subskribent* m *(z. B. e-r Büchersammlung)* ‖ lista de ~es *Abonnentenliste* f
  sub|secretaría *f Unterstaatssekretariat* n ‖ *Staatssekretärbüro* n ‖ ~ de la marina mercante Span *Abteilung f für Handelsmarine (unter e-m Staatssekretär)* ‖ **-secretario** *m Unterstaatssekretär* m ‖ Span *Staatssekretär* m ‖ **-secuente** adj = **-siguiente** ‖ **-seguir** [-i-, g/gu] vi *nachfolgen, daraus folgen* ‖ ~**se** *aufeinanderfolgen, nacheinander folgen* ‖ de ello ~sigue *daraus ergibt sich*
  subsidencia *f* ⟨Geol⟩ *Senkung* f
  subsidiariedad *f Subsidiarität* f (→ **subsidiario**) ‖ principio de ~ *Subsidiaritätsprinzip* n
  subsi|diario adj *subsidiarisch, subsidiär* ‖ *unterstellt, Hilfs-* ‖ *Zuschuß-, Hilfs-* ‖ *garantía (od* fianza) ~a *Rückbürgschaft* f ‖ **-dio** *m (Bei-, Aus)Hilfe* f ‖ *Unterstützung, Beisteuer* f, *Beitrag* m ‖ *Zuschuß* m ‖ *Zulage* f ‖ ~ de alquiler *Mietbeihilfe* f ‖ ~ de enfermedad *Krankengeld* n ‖ ~ de escolaridad Span *Schülerhilfe* f ‖ ~ de estudios *Studienbeihilfe* f ‖ ~ familiar *Familien|-beihilfe, -zulage* f ‖ ~ a los gastos de entierro *Zuschuß* m *zu den Begräbniskosten (Versicherung)* ‖ ~ por hijos *Kindergeld* n ‖ ~ de invalidez *Invaliditätsgeld* n ‖ ~ de vejez *Alters|rente, -beihilfe* f ‖ beneficiario *(od* perceptor) de un ~ *Beihilfeempfänger* m ‖ ~**s** mpl *Zuschüsse* mpl, *Hilfsgelder* npl ‖ ~ a los parados *Unterstützung* f *der Arbeitslosen, Arbeitslosenunterstützung* f
  subsiguiente adj *nach-, darauf|folgend, nächst* ‖ *subsequent* ‖ endosador ~ *Hintermann* m *(Wechsel)*
  subsis|tencia *f (Fort)Bestand* m, *(Fort)Dauer* f ‖ *Da-, Vorhanden|sein* n ‖ *Verpflegung* f ‖ *(Lebens)Unterhalt* m ‖ *Subsistenz* f ‖ economía de ~ *Subsistenzwirtschaft* f ‖ medios de ~ *Existenzmittel* npl ‖ ~**s** *Lebensmittel* npl ‖ las ~ van subiendo *das Leben wird immer teurer* ‖ **-tente** adj *(noch) bestehend* ‖ *anhaltend, dauernd* ‖ **-tir** vi *(fort-, weiter)bestehen* ‖ *fortdauern* ‖ *(noch) in Kraft bleiben (z. B. Gesetz)* ‖ *verbleiben* ‖ *leben, seinen Unterhalt haben* ‖ *sein Leben fristen* ‖ *lebensfähig sein* ‖ Ec *ausbleiben, fehlen (Soldat)* ‖ ◊ ~ con *(od* del) auxilio ajeno *von fremder Hilfe abhängen*
  subsónico adj ⟨Ak Flugw⟩ *Unterschall-, subsonisch*
  sub specie aeternitatis lat *unter dem Gesichtspunkt der Ewigkeit*
  su(b)stan|cia *f Substanz* f, *Stoff* m ⟨& Philos⟩ ‖ *Wesen* n, *Substanz* f ‖ *Inhalt, Gehalt* m ‖ fig *Mark* n, *Kraft* f, *Kern* m ‖ fig *Wesen|tliche(s), -hafte(s)* n ‖ ⟨Kochk⟩ *Lebens-, Nahrungs|mittel* n ‖ *(herzhafter) Geschmack* m ‖ ~ activa *Wirkstoff* m ‖ ~ excitante *Reizstoff* m ‖ *Aufputschmittel* n ‖ dicho sin ~ *einfältiges, leeres Wort* n ‖ hombre sin ~ fig *geistloser, hohler Mensch* ‖ de ~ *gehaltvoll inhaltsreich* ‖ *wesentlich* ‖ *wichtig* ‖ *grundlegend* ‖ en ~ *eigentlich* ‖ *im wesentlichen* ‖ *kurzgefaßt* ‖ sin ~ *gehalt-* bzw *inhalts|los* ‖ *geistlos* ‖ *unwesentlich* ‖ *leer* ‖ ◊ despojar de ~ *aushöhlen* ‖ ~**s** alimenticias *Nahrungsmittel* npl ‖ **-ciación** *f* ⟨Philos⟩ *Substantiierung* f ‖ ⟨Jur⟩ *Betreiben, Durchführen* n ‖ ⟨Jur⟩ *Spruchreifmachung* f ‖

⟨Jur⟩ *Erledigung* f ‖ *providencia de* ~ ⟨Jur⟩ *verfahrensleitende Verfügung* f ‖ **-cial** *adj substantiell* ‖ *wesentlich, gehaltvoll, inhaltsreich* ‖ *nahrhaft* ‖ *ausgiebig* ‖ fig *derb* ‖ *parte* ~ *Hauptteil* m ‖ **-cialidad** f *Substantialität* f ‖ *Wesentlichkeit* f ‖ *Substanzsein* n ‖ **-cialismo** m ⟨Philos Psychol⟩ *Substantialismus* m ‖ **-cialista** adj/s *substantialistisch* ‖ ~ m *Substantialist* m ‖ **-cialmente** adv *im wesentlichen* ‖ *hauptsächlich* ‖ **-ciar** vt ⟨Philos⟩ *substantiieren, als Substanz unterlegen* bzw *begründen* ‖ *begründen* ‖ ⟨Jur⟩ *betreiben* bzw *zur Entscheidungsreife führen (Verfahren, Rechtssache)* ‖ ~ *un proceso e-n Prozeß betreiben* ‖ *ein Verfahren erledigen* ‖ **-cioso** adj *nahrhaft, kräftig* ‖ *substanzreich* ‖ *wesentlich* ‖ *gehaltvoll, inhaltsreich* ‖ *wichtig, bedeutend* ‖ **-tivación** f ⟨Gr⟩ *Substantivierung* f ‖ **-tival** ⟨Gr⟩ adj *substantivisch, zum Hauptwort gehörig* ‖ **-tivamente** adv ⟨Gr⟩ *substantivisch, als Hauptwort* ‖ **-tivar** vt ⟨Gr⟩ *hauptwörtlich gebrauchen, substantivieren* ‖ **-tividad** f ⟨Gr⟩ *hauptwörtliche Bedeutung* f, *substantivischer Charakter* m ‖ **-tivo** adj/m *selbständig, für sich bestehend, Substanz-, Wesens-* ‖ ⟨Gr⟩ *hauptwörtlich, substantivisch* (*nombre*) ~ ⟨Gr⟩ *Substantiv, Hauptwort* n ‖ *empleo como (od en calidad de)* ~ *hauptwörtliche Anwendung* f ‖ *verbo* ~ *Zeitwort* n *des Seins (= ser)*
su(b)sti|tución f *Einsetzung* f *(an Stelle eines andern)* ‖ *Ersetzung* f, *Ersatz* m ‖ *Austausch* m ‖ *Amts-, Stell|vertretung* f ‖ ⟨Chem⟩ *Ersetzung* f ‖ ⟨Math⟩ *Aus-, Ver|tauschen* n ‖ *en* ~ *de als Ersatz für* ‖ *in Vertretung von* (dat) ‖ ~ *fideicomisaria* ⟨Jur⟩ *Nacherbschaft, Einsetzung als Nacherbe, fideikommisarische Substitution* f ‖ Ar *Vorerbeneinsetzung* f ‖ ~ *de niño(s),* ~ *de hijo(s) Kindesunterschiebung* f ‖ **-tuible** adj *er-, ein|setzbar* ‖ *austauschbar* ‖ **-tuir** [-uy-] vt *ersetzen* ‖ *einsetzen (por für* acc) ‖ *ablösen* ‖ *(im Amt) vertreten* ‖ *an die Stelle setzen* ‖ ⟨Jur⟩ *als Nacherben einsetzen* ‖ fig *unter-, ein|schieben* ‖ ◊ ~ *por (od en lugar de)* alg. *an jds Stelle einsetzen* ‖ ~ *por (od con) ersetzen durch* (acc) ‖ *lo* ‒*tuyó en su cargo er trat in seine Stelle ein* ‖ *er löste ihn im Amte ab* ‖ *er trat als Ersatzmann für ihn ein* ‖ **-tutivo** adj *Ersatz-* ‖ *Vertretungs-* ‖ ~ m *Ersatz* m ‖ ⟨Chem⟩ *Austauschmaterial* n, *Ersatzstoff* m, *Surrogat* n ‖ **-tuto** pp/irr v. **-tuir** ‖ ~ m *(Amts-) Vertreter* m ‖ *Stellvertreter* m ‖ *Ersatzmann* m ‖ ⟨Mil⟩ *Einsteher* m
su(b)s|tracción f *Entziehung* f ‖ *Unterschlagung, Entwendung* f ‖ ⟨Math⟩ *Abziehen* n, *Subtraktion* f ‖ ~ *de valores (od fondos) Geldunterschlagung* f ‖ **-traendo** m *die abzuziehende Zahl, Abziehzahl* f, *Subtrahend* m ‖ **-traer** [irr → traer] vt *entziehen* ‖ *hinterziehen, unterschlagen, entwenden* ‖ ⟨Math⟩ *subtrahieren, abziehen* ‖ ◊ ~ *fondos Geld unterschlagen* ‖ ~ a (*od* de) *la obediencia der Botmäßigkeit entziehen* ‖ **-se** *sich entziehen* (a. dat) ‖ *sich zurückziehen* ‖ ~ *a una obligación, al pago sich e-r Pflicht, der Zahlung entziehen*
su(b)strato m ⟨Philos Gr Li Bot⟩ *Substrat* n ‖ *Unter-, Grund|lage* f ‖ ⟨Phot⟩ *Haftschicht* f
sub|suelo m *Untergrund* m ‖ *Erdinnere(s)* n ‖ *riquezas del* ~ *Bodenschätze* mpl *(z. B. Erze usw)* ‖ **-te** m fam *(Abk v.* **subterráneo**) Arg *U-Bahn* f ‖ **-tender** vt ⟨Math⟩ *durch e-e Sehne verbinden* ‖ ***-teniente*** m ⟨Mil⟩ *Leutnant* m *(heute:* **alférez**) ‖ **-terfugio** m *Vorwand* m ‖ *Ausflucht, (listige) Ausrede* f ‖ **-terráneo** adj *unterirdisch* ‖ *agua* ~a *Grundwasser* n ‖ *ferrocarril* ~ *Untergrundbahn* f ‖ ~ m *unterirdischer (od unter dem Boden gelegener) Platz* m ‖ *Kellergeschoß* m ‖ Am *Untergrundbahn* f ‖ **-título** m *Unter-, Neben|titel* m ‖ ⟨Filmw⟩ *Fuß-, Unter|titel* m ‖ **-tribu** f ⟨Bot Zool⟩ *Untergattungsgruppe* f *(Subtribus)* ‖ **-tropical** adj *subtropisch*
súbula f ⟨Bot⟩ *Pfriemen* m

△**subumí** f *(Kaffee)Tasse* f
subur|bano adj *vorstädtisch, Vorstadt-* ‖ *línea* ~a *Vorort|bahn* f bzw *-bus* m ‖ ~ m *Vorstädter* m ‖ **-bio** m *Vor|stadt* f, *-ort* m
suburense adj/s *aus Subur (heute Sitges,* PBarc, → **sitgetano**)
subva|loración f *Unterbewertung* f ‖ *Unterschätzung* f ‖ **-lorar** vt *unter|bewerten, -schätzen*
subven|ción f *Subvention, Geldunterstützung* f ‖ *Staatszuschuß* m ‖ *Beihilfe* f ‖ ~ *para los gastos de viaje Reisekostenzuschuß* m ‖ ◊ *acordar* (*conceder*) *una* ~ *e-e (Geld)Unterstützung gewähren* ‖ **-cionado** adj: *(por el Estado) (staatlich) unterstützt* ‖ *mit Staatszuschüssen* ‖ *auf Staatskosten* ‖ ~ m *Zuschuß-, Beihilfe|empfänger* m ‖ **-cionar** vt *mit e-r (Geld)Beihilfe unterstützen* ‖ *subventionieren, bezuschussen*
subvenir [irr → venir] vt/i *jdm beistehen* ‖ *jdm aushelfen, jdn unterstützen* ‖ ◊ ~ *a los gastos die Kosten bestreiten*
subver|sión f *Umsturz* m, *Subversion* f ‖ *Zer|störung, -rüttung* f ‖ **-sivo** adj *subversiv, umstürzlerisch, Umsturz-* ‖ *zerrüttend* ‖ **-sor** m *Umstürzler* m ‖ **-tir** [-ie/i-] vt *um|stürzen, -stoßen* ‖ *zerrütten (bes sittlich)*
sub|yacente adj *liegend (unter), darunterliegend* ‖ ⟨Li⟩ *Tiefen- (Struktur)* ‖ **-yugación** f *Unterjochung* f ‖ **-yugar** [g/gu] vt *unter|jochen, -drücken, bezwingen*
△**sucar** vt *verwunden*
△**sucarro** m *Diener, Knecht* m
succe- → **suce-**
succino m *Bernstein* m *(=* **ámbar**)
suc|ción f *(An-, Ein-, Aus)Saugen* n ‖ *Saugwirkung* f ‖ *Sog* m ‖ ◊ *adherirse por* ~ *sich ansaugen (Blutegel)* ‖ *extraer por* ~ *aussaugen* ‖ **-cionar** vt *saugen* ‖ *an-, ein|saugen*
suce|dáneo adj *als Ersatz dienend, Ersatz-* ‖ ~ m *Ersatz(stoff)* m, *-mittel, -produkt, Surrogat* n ‖ ~ *de café Kaffee|surrogat* n, *-ersatz* m ‖ *economía de* ~s *Ersatzwirtschaft* f ‖ **-der** vi/t *folgen auf* (acc) ‖ *jds Nachfolger werden* ‖ *(nach-)folgen (auf* acc) ‖ *folgen im Amt, in der Regierung* ‖ *(be)erben, die Erbschaft antreten* ‖ ◊ ~ a *uno en el empleo in jds (Amts)Stelle einrücken* ‖ *le* ‒*dió en el trono er folgte ihm auf dem Thron* ‖ ~ vi/imp *begegnen, widerfahren, geschehen, verfallen, zustoßen, sich ereignen, passieren* ‖ *sich abspielen* ‖ *in Erfüllung gehen, vor sich gehen* ‖ ◊ ‒*dió que es traf sich, daß* ‖ *le* ‒*dió una desgracia es ist ihm ein Unglück widerfahren* ‖ *‒de lo de siempre es ist immer dieselbe Geschichte* ‖ *‒de con frecuencia es kommt oft vor* ‖ *‒da lo que ‒da es mag geschehen, was da wolle* ‖ *um jeden Preis* ‖ *¿qué ‒de? was ist (los)?* ‖ ~**se** *miteinander abwechseln* ‖ *nacheinander folgen*
suce|dido m/adj fam *Geschehnis, Ereignis, Vor|kommnis* n, *-fall* m ‖ *(wahre) Geschichte, Anekdote* f ‖ *después de lo* ~ *nach diesem Ereignis* ‖ *unter solchen Umständen* ‖ **-sible** adj *erblich* ‖ *vererbbar* ‖ **-sión** f *(Nach)Folge* f ‖ *Aufeinanderfolge* f ‖ *Reihenfolge* f ‖ *Amtsfolge* f ‖ *Erb-, Thron|folge* f ‖ *Nachlaß* m, *Hinterlassenschaft, Erbschaft* f, *Anfall* m ‖ *Nachkommenschaft* f ‖ ~ *en derechos Rechtsnachfolge* f ‖ ~ *hereditaria Erbfolge* f ‖ ~ *intestada nichttestamentarische (od testamentlose) Erbfolge, gesetzliche Erbfolge* f (→ **abintestato**) ‖ ~ *legítima gesetzliche Erbfolge* f ‖ ~ *gesetzliches Erbrecht* n ‖ ~ *testada,* ~ *testamentaria testamentarische (od gewillkürte) Erbfolge* f ‖ ~ *a título lucrativo von Gegenleistungen freie Erbschaft* f ‖ ~ *a título oneroso mit Gegenleistungen verbundene Erbschaft* f ‖ ~ *(a título) universal Gesamt-, Universal|nachfolge* f ‖ *apertura de la* ~ *Erbfall* m ‖ *guerra de* ~ *Erbfolgekrieg* m ‖ *liquidación de una* ~ *Erbauseinandersetzung* f ‖ ~ *al trono Thronfolge* f ‖ ~ *del tiempo,* ~ *cronológica Zeit-*

folge f || derecho de ~ *Erbrecht* n || derechos *(od* impuesto) de ~ *Erbschaftssteuer* f || guerra de la ~ *Erbfolgekrieg* m || matrimonio sin ~ *kinderlose Ehe* f || **-sivamente** adv *allmählich, nach und nach, nacheinander* || *y así* ~ *und so weiter (und so fort)* || **-sivo** adj *(nach)folgend* || *aufeinanderfolgend* || *künftig* || *ununterbrochen* || *allmählich* || cuatro horas ~as *vier Stunden nacheinander* || en lo ~ *für die Folge, von nun an, in Zukunft* || *künftig(hin)* || *hernach* || para lo ~ *für die Zukunft, künftig* || **-so** m *Geschehnis, Ereignis, Vorkommnis* n, *Vorfall* m, *Begebenheit* f || *Verlauf, Fortgang* m || *Erfolg, Ausfall* m || Buen ~ Madr *Kirche* f *der Gnadenmutter* || los ~s de Jaca *der vom Direktorium vereitelte Revolutionsversuch in Jaca,* PHues *(i. J. 1930)* || **-sor** m/adj *(Amts)Nachfolger* m || *Erbe* m || *Nachkomme* m || ⁀es de Hernando (& Hernando ⁀es [Abk Sucs.]) *Hernando Nachf. (Firma)* || los estados ~es die *Nachfolgestaaten* || **-sorio** adj *Nachfolge-, Erb-, Erbfolge-* || asuntos ~s *Erbschaftsangelegenheiten* fpl || derecho ~ *Erbrecht* n || indignidad ~a *Erbunwürdigkeit* f

suciamente adv *schmutzig, unreinlich* || fig *unflätig* || fig *ungenau* || fig *hinterlistig, gemein* || fig *unlauter* || ◊ jugar ~ ⟨Sp⟩ *unfair spielen*

suciedad f *Schmutz* m, *Unreinlichkeit* f || *Verschmutzung* f || *Unflat, Dreck* m || fig *Zote* f || fig *Gemeinheit* f, *übler Streich* m || → **contaminación, polución** || → **porquería**

sucinda f Sal ⟨V⟩ *Lerche* f (→ **alondra**)

sucin|tamente adv *kurzgefaßt* || **-to** adj *kurz (-gefaßt), bündig, gedrängt* || Am barb *umständlich*

¹**sucio** adj/s *schmutzig, schmierig, unreinlich* || *unflätig, garstig, unanständig (Wort, Tat)* || fig *ungenau, unrein (Ausführung, Zeichnung)* || ⟨Med⟩ *belegt (Zunge)* || en ~ *im Konzept* || *im Rohzustand (Wolle)* || fig *als Entwurf* || gris ~ *schmutziggrau* || juego ~ ⟨Sp⟩ *unfaires Spiel* n || ~ por *(od* de) las moscas *von (den) Fliegen beschmutzt* || ◊ tener las manos ~as *schmutzige Hände haben* (& fig)

²**sucio** adv (= **suciamente**): ◊ jugar ~ ⟨Sp⟩ *unfair,* fam *ruppig, unanständig spielen, holzen* || tocar ~ ⟨Mus⟩ *unrein, nachlässig spielen*

¹**suco** m *Saft* m
²△**suco** adj *hoch*
sucoso adj *saftig*

sucre m Ec *Sucre* m *(Münzeinheit, nach dem General Antonio José de Sucre [† 1829] benannt)*

suc.ˢ, Sucs. Abk = **sucesores**

sucu m Vizc *(Mais)Milchbrei* m

súcubo m ⟨Rel⟩ *Sukkubus, weiblicher Buhlteufel* m || vgl **incubo**

suculen|cia f *Saftigkeit* f || *Schmackhaftigkeit* f || ⟨Bot⟩ *Sukkulenz, Verdickung* f *durch Wasserspeicherung* || **-to** adj *saftig, fleischig* || fig *nahrhaft, kräftig* || *reichlich, schmackhaft, lecker (Tisch, Speise)* || plantas ~as ⟨Bot⟩ *Sukkulenten* fpl

sucumbir vi *unterliegen* || *sich ergeben* || *erliegen, sterben* || *verlieren, unterliegen (in e-m Rechtsstreit)* || ◊ ~ a la tentación fig *der Versuchung unterliegen (od nicht widerstehen [können])*

sucursal adj/f *Zweig-, Filial-, Neben-* || (casa) ~ *Zweig|geschäft* n, *-niederlassung, Filiale* f || ~ de banco *Zweig-, Filial|bank* f || ~es en el extranjero *Auslandsfilialen* || ◊ establecer una ~ *ein Zweiggeschäft gründen, eröffnen*

sucusumucu: a lo ~ Cu *heimlich, hinterlistig* || *mir nichts, dir nichts*

¹**suche** adj Ven *sauer, herb*
²**suche** m Arg *Finnen, Pusteln* fpl Chi *unbedeutender Mensch* m, fam *Null* f

sucho adj Ec *lahm, krüppelhaft*

sud m (bes Am) = **sur** || América del ⁀ Am

Südamerika n

sud- präf *süd-, Süd-*

suda|ción f ⟨Med⟩ *Schwitzen* n ⟨& Bot⟩ **-dera(s)** f(pl) *Schweiß-, Arm|blätter* npl || **-dero** m *Schweißtuch* n || *Schwitzraum* m *(in Bädern)* || *Schwitz-, Dampf|bad* n || *Abtraufstelle* f || *Schweißblatt* n *(unter den Achseln)* || **-do** adj *schweißtriefend* || fam *ärmlich*

Sud|áfrica *Südafrika* || ⁀**africano** s/adj *Südafrikaner* m || ⁀ adj *südafrikanisch* || Unión ⁀a *Südafrikanische Union* f *(bis Mai 1961)* || **-américa** f *Südamerika* n || Centro y ~ *Mittel- u. Süd|amerika* || ⁀**americano** adj *südamerikanisch* || ~ m *Südamerikaner* m

sudanés, esa adj/s *sudanesisch, aus dem Sudan* (Sudán) || ~ m *Sudanese* m

sudar vt/i *(aus)schwitzen* || *Schweiß treiben* || *durchnässen* || fig *schwitzen (Radieschen, feuchte Früchte, Wände, Fässer, Bäume)* || fig *schwitzen, sich sehr anstrengen* || fig *ungern hergeben, herausschwitzen (Geld)* || ◊ ~ la gota gorda, ~ el quirlo figf *wie ein Neger arbeiten* || ~ sangre *Blut schwitzen* || hacer ~ a uno figf *jdm derb zusetzen* || hacer ~ la prensa ⟨Typ⟩ fig *viel drucken lassen* || eso me hace ~ tinta figf *das ist e-e Hundearbeit* || *das hängt mir zum Halse raus* || sudando a mares fam *Ströme von Schweiß vergießend* || figf *Blut schwitzend* || estoy sudando como un pato pop *ich schwitze entsetzlich,* pop *wie ein Schwein* || → **hopo**

sudario m *Schweißtuch* n || *Grab-, Leichen|tuch* n || el Santo ⁀ *das Leichentuch Christi*

sudatinta m figf *Vielschreiber, Schmierer* m

Sudermania f *Södermanland* n *(Schweden)*

sudestada f Arg *Südostwind* m *mit Stromregen*

sudeste m *Südosten* m || *Südostwind* m || al ~ *südöstlich*

Sudetes: los (Montes) ~ ⟨Geogr⟩ *die Sudeten* pl || los ~ *das Sudentenland* n

sudex|prés, -preso m ⟨EB⟩ *Südexpreß(zug)* m

sudista m/adj *Südstaatler* m *(in den USA)* || ~ adj *aus den Südstaaten (in den USA)*

sudoeste m *Südwesten* m || *Südwestwind* m || al ~ *südwestlich*

sudor m *Schweiß* m || *Schwitzen* n || *Schweißausbruch* m || ⟨Med⟩ *auch: Sudor* m || ~ de sangre, ~ sanguíneo *blutiger Schweiß* m || cura de ~ ⟨Med⟩ *Schwitzkur* f || gotas de ~ *Schweißtropfen* mpl || bañado en ~, chorreando ~ *schweißtriefend, naß vom Schweiß* || en *(od* con) el ~ de su frente *(od* rostro) fig *im Schweiße seines Angesicht(e)s* || **-es** pl *Schwitzen* n || *starker Schweißausbruch* m || ⟨Med⟩ *Schweißkur* f || figf *Drangsal, Mühsal, Strapaze* f || ~ nocturnos ⟨Med⟩ *nächtliches Schwitzen* n, *Nachtschweiß* m || ◊ me ha costado muchos ~ fig *es hat mich viel Schweiß gekostet* || pasar muchos ~ figf *viel durchmachen (müssen)*

sudo|ración f *Schweißbildung* f || *Schweißausbruch* m, **-riento** adj *schweißtriefend* || *schweiß|naß* || *Schweiß-* || **-rífico, -rífero** m/adj *schweißtreibendes Mittel* n || polvo ~ *Schwitzpulver* n || **-ríparo** adj *schweißabsondernd* || glándulas ~as ⟨An⟩ *Schweißdrüsen* fpl || **-roso** adj *schwitzig, schwitzend* || *schweißbedeckt*

sud|sudeste m *Südsüdost(wind)* m || **-sudoeste** m *Südsüdwest(wind)* m

sudueste m = **sudoeste**

Suebia f = **Suabia**

sueca f *Schwedin* f || Span ⟨Neol⟩ fam *Sinnbild* n *der jungen, schlanken, blonden Ausländerin*

Sue|cia f *Schweden* || ⁀**co** adj *schwedisch* || ~ m *Schwede* m || *schwedische Sprache* f || ◊ hacerse el ~ pop *sich unwissend stellen, et nicht verstehen wollen,* fam *den Dummen spielen*

sue|gra f *Schwiegermutter* f || ◊ ~, ni aun de azúcar es buena Spr *e-e Schwiegermutter ist* *bitter, und wäre sie auch von Zucker* || cuénteselo a su ~ pop joc *das machen Sie e-m anderen weis!* || **-gro** *m Schwiegervater* m || **~s** *pl Schwiegereltern* pl

suela f *(Schuh) Sohle* f || *Sohlenleder* n || *Queuespitze* f *(Billard)* || ⟨Arch⟩ *(Saum) Schwelle* f || ⟨Fi⟩ *Seezunge* f (→ **lenguado**) || *de tres (od cuatro, siete)* ~s figf *stark, fest, haltbar* || un pícaro de siete ~s pop *ein Erz\|schelm, -gauner* m || ◊ poner media ~ *(a) besohlen (Schuhe)* || no llegarle a uno a la ~ del zapato fam *jdm nicht das Wasser reichen können*

sueldo *m altrömischer Goldsoldus* m || *Sold* m || *Gehalt* n || *Belohnung* f || ~ *irrisorio* fig *Spott-, Hunger\|lohn* m || ~ de príncipe, ~ de rey fig *fürstlicher, königlicher Lohn* m || a ~ *gegen Entlohnung* || a ~ fijo *zu festem Lohn* || *in festem Lohnverhältnis* || a medio ~ ⟨Mil⟩ *auf Halbsold* || *auf Wartegeld (Beamter)* || reducción de ~ *Lohnherabsetzung* f || subida, aumento de ~ *Lohnerhöhung* f || asesino a ~ *gedungener Mörder, Berufskiller* m || ◊ cobrar ~ *Lohn beziehen* || augm: **~azo** m fam: *königliches Gehalt* n

suelear vt Arg *werfen,* fam *schmeißen*

¹**suelo** *m (Erd-, Fuß) Boden* m || *Diele* f || *Boden* m, *Land, Gebiet* n || *Pflaster* n || fig *Boden, Grund* m || *Grund und Boden* m || ⟨Agr⟩ *Erde* f, *Land* n || fig ⟨Lit⟩ *Scholle* f || *(Boden) Satz* m || *(Pferde-) Huf* m || ~ alto *Dachgeschoß* n || ~ calcáreo, ~ calizo *Kalkboden* m || *(~) entarimado Parkettfußboden* m || ~ guijarroso *Kiesboden* m || ~ (de) mosaico *Mosaikfußboden* m || ~ nacional *Staatsgebiet* n || *Vaterland* n || ~ natal, ~ patrio *Heimat-, Vater\|land* n || ~ turboso, ~ pantanoso *Moor-, Sumpf\|boden* m || en ~ español *auf span. Boden* || en el ~ *auf dem Boden (liegend, sitzend)* || naturaleza (o estructura) del ~ *Bodenbeschaffenheit* f || propietario del ~ *Grundeigentümer* m || reorganización del ~ *Umlegungsverfahren* n || ◊ sin ~ fig *ohne Grund und Boden* || ◊ arrastrarse por el ~ *(od echarse por los ~s)* fig desp *sich wegwerfen* || fig desp *kriecherisch handeln, kriechen* || besar el ~ *aufs Gesicht fallen* || colocar en el ~ *auf den Boden setzen* || dar consigo en el ~ *auf den Boden fallen* || echar al ~ *auf den Boden werfen* || estar por los ~s fig *im Kot liegen* || faltarle a uno el ~ fig *straucheln, e-n Fehltritt tun* || irse por el ~ fig *zunichte werden, fehlschlagen* || medir el ~ fig *sich auf den Boden hinstrecken* || fig *der Länge nach hinfallen* || mirar al ~ *auf den Boden blicken* || poner por los ~s (a) figf *jdn arg verleumden* || pop *jdn durch den Dreck ziehen* || recoger del ~ *(wieder) aufheben* || venir(se) al ~ *zu Boden fallen, einstürzen (Gebäude)* || fig *mißlingen, fehlschlagen* || ¡del ~ no se cae *(od no pasa)!* joc *tiefer fällt's nicht mehr! alle neune! (wenn er fällt)*

²**suelo** → **soler**

Suelo f pop Tfn = **Consuelo**

suel\|ta f *Loslassung* f || *Loslassen* n *(& der Hunde)* || *Freilassung* f || *Spannstrick* m || *Auflassen* n *(v. Tauben)* || *Abbrennen* n *(e-r Rakete)* || *Abschuß* m *(e-s Böllers)* || ◊ dar ~ (a) *loslassen* || fig *befreien, entlassen* || fam *freien Lauf lassen* (dat) || fig *jdn zu Atem kommen lassen* || dar ~ a la lengua figf *kein Blatt vor den Mund nehmen* || **–tamente** adv *flink, behend(e)* || *freiwillig* || *ungezwungen*

¹**suelto** pp/irr *v.* **soltar** || ~ adj *losgelassen, lose, losgelöst, getrennt* || *offen, aufgeknöpft (Rock)* || *zwanglos, ungeniert, ungebunden* || *ungezogen, ausgelassen, zügellos (Kind)* || *flink, behende, hurtig* || *gewandt, geschickt* || *flüssig, leicht (Stil, Rede)* || *ungefaßt (Diamant)* || *dünn (-flüssig)* || *locker, auseinandergehend* || *einzeln* || *reimlos (Vers)* || ⟨Mal⟩ *leicht hingeworfen* || ~ de lengua figf *schmähsüchtig* || con el cabello ~ *(od pelo)* ~ *mit fliegenden Haaren* || dinero ~

Kleingeld n || mercancías ~as ⟨EB⟩ *Stückgüter* npl || noticias ~as *Vermischtes* n *(in e-r Zeitung)* || piezas ~as *Einzelstücke* npl, *Bestandteile* mpl || vender muebles ~s *Möbel stückweise verkaufen* || → **rienda** || una peseta ~a *e-e Pesete Kleingeld* || talle ~ *schlanker Wuchs* m || el diablo anda ~ figf *der Teufel ist los*

²**suelto** m *kurzer Artikel* m, *Tagesnachricht* f, *kleinerer Bericht* m *(in e-r Zeitung)* || *Kleingeld* n || ◊ no tengo ~ *ich kann nicht herausgeben, ich habe kein Kleingeld*

¹**sueño** *m Schlaf* m || *Schläfrigkeit* f || *Traum* m || fig *Träumerei* f || ~ crepuscular ⟨Med Psychol⟩ *Dämmerschlaf* m || ~ eterno *ewiger Schlaf*, fig *Tod* m || ~ *(invernal) Winterschlaf* m *(der Tiere)* || ~ ligero, ~ profundo, ~ pesado *leichter, tiefer, schwerer Schlaf* m || ~ en vigilia, ~ vigil ⟨Med Psychol⟩ *Wachtraum* m || enfermedad del ~ *Schlafkrankheit* f (→ **mosca** del ~) || una noche sin ~ *e-e schlaflose Nacht* || ~ de una noche de verano *ein Sommernachtstraum* || como un ~ *traumhaft, wie ein Traum* || ¡ni por ~! figf *nicht einmal im Traum(e)!* || ◊ caerse de ~ figf *vor Schläfrigkeit umfallen, sehr schläfrig sein* || coger *(od* conciliar*)* el ~ *einschlafen* || descabezar *(od* echar*)* un ~ figf *ein Schläfchen tun* || despertar del ~ *vom Schlaf aufwachen* || dormí en un ~ toda la noche *ich habe die ganze Nacht durchgeschlafen* || tener ~ *schläfrig sein* || ~s *Träumen* n || *Träumerei* f || en *(od* entre*)* ~ *im Schlaf* || entre ~ *im Halbschlaf* || estar en siete ~ figf *in tiefem Schlaf(e) liegen* || los ~, ~ son *(od* ~ son vientos*)* fig *Träume sind Schäume* || dim: **sueñecito**

²**sueño** → **soñar**

suero m ⟨Med⟩ *(Blut) Serum* n || *Heilserum* n || *Molke* f || ~ *(anti) alérgico (anti) allergisches Serum* n || ~ antituberculoso *Tuberkuloseserum* n || ~ de (la) leche *Molke(n)* f(pl) || ~ de manteca *Buttermilch* f || ~ sanguíneo, ~ de la sangre *Blutserum* n || ~ de la verdad *Wahrheitsserum* n || **~so** adj = **seroso**

sueroterapia f ⟨Med⟩ *Sero-, Serum\|therapie* f

suer\|te f *Zufall* m || *Glücksfall* m || *Schicksal, Los* n || *Glück* n || *Lotterielos* n || *Anteilschein* m *(e-s Lotterieloses)* || *Gattung, Art, Sorte* f || *Art und Weise* f || *Zustand* m, *Lage* f || *Span* ⟨Mil Hist⟩ *Auslosung* f *der Dienstpflichtigen* || ⟨Taur⟩ *Gang* m, *Phase* f *im Stiergefecht (zu Fuß oder zu Pferd)* || ~ de capa *Mantelparade* f *(erster Teil des Stiergefechtes)* || ~ de varas, ~ de caballos *Lanzengang* m *(zweiter Teil)* || ~ de banderillas ⟨Taur⟩ *Spießgang* m *(dritter Teil des Stiergefechtes)* || ~ de matar, ~ suprema *Degengang* m *(letzter Teil des Stiergefechtes)* || ~ humana *Menschenlos* n || ◊ caer en ~ *zuteil werden* || echar a ~(s) *aus-, ver\|losen* || la ~ *está echada die Würfel sind gefallen,* lat *alea jacta est* || entrar en ~ *verlost werden* || elegir por ~ *auslosen* || durchs Los bestimmen || ignoro cual será mi ~ *ich weiß nicht, was mir das Schicksal bringen wird* || mejorar su *(od* la*)* ~ *seine Lage verbessern* || sacar por ~ *das Los für ... ziehen* || *auslosen* || ser hombre de ~ *ein Glückskind sein* || tener mala ~ *kein Glück haben,* fam *Pech haben, ein Pechvogel sein* || tener (buena) ~ *Glück haben, ein Glückskind sein* || tener la ~ de ... *das Glück haben zu ...* || ¡~ que tiene uno! *pop Glück ist Glück!* || a la ~ *auf gut Glück* || de baja ~ *von niederem Stande od von gemeiner Herkunft* || de esta *(od* tal*)* ~ *auf diese Art, derart, so* || de ninguna ~ *durchaus nicht, unter keinen Umständen* || de otra ~ *sonst, außerdem* || de primera ~ *erstklassig (Ware usw)* || de ~ *que derart, daß* || por ~ *zufälligerweise* || *etwa, vielleicht* || *glücklicherweise* || ¡~!, ¡buena ~!, ¡que haya ~! *viel Glück!, Glück zu!* || ¡Dios te dé ~! *Gott stehe dir bei!* || ~s pl: de todas ~ *allen-, jeden\|falls* ||

echar ~ *losen* || dim: ~**cita** *f* || **-tudo** *m*/adj Am *Glückskind* n
suestada *f* Arg = **sudestada**
sueste *m* ⟨Mar⟩ *Südwester* m *(Seemannshut)* || Am *Schwips* m
suéter, sueter *m* engl *Pullover* m
△**sueti** *m Leute* pl || *Welt* f
suevo adj *suebisch, aus Suebien* (Suevia) || *schwäbisch* || ~**s** *pl Sueben* mpl *(germ. Volk)*
Suez: el Canal de ~ *der Suezkanal* m
suf. Abk = **suficiente** || **sufijo**
suficien|cia *f Hin-, Zu|länglichkeit* f, *Genügen* n || *Befähigung, Eignung* f || *Tüchtigkeit, Brauchbarkeit* f || *Selbst|genügsamkeit, -zufriedenheit* f || *Eigendünkel* m || aire de ~ fig *eingebildetes Gebaren* n || *anmaßendes Wesen* n || a ~ *zur Genüge* || con ~ *hinlänglich* || *befriedigend* || **-te** adj/adv *hin|länglich, -reichend* || *genügend, ausreichend* || *fähig, geeignet, tauglich* || lo ~ *hinlänglich, zur Genüge* || cantidad ~ para ⟨Pharm⟩ *zu ergänzen auf* (acc) || *de un modo ~ in hinreichender, befriedigender Weise* || ◊ *disponer de fondos* ~**s** *über hinreichende (Geld) Mittel verfügen* || ser ~ *hin-, aus|reichen* || *no es ~ es reicht nicht (hin), es ist nicht genug* || su preparación no es ~ *er ist nicht genügend vorbereitet od vorgebildet* || ¡hay espacio ~! *es ist Platz genug!* || poseer capital(es) ~(s) *genügend Kapital besitzen* || tener ~ *genug haben* || **-temente** adv *hinlänglich, genug* || ◊ conocer ~ *genügend kennen* || *gut beherrschen* || no es ~ aplicado *er ist nicht fleißig genug*
sufi|jación *f* ⟨Gr⟩ *Suffigierung, Versehung* f *mit e-r Nachsilbe* || **-jo** *m* ⟨Gr⟩ *Suffix* n, *Nachsilbe* f
sufis|mo *m Sufismus* m *(islamische Mystikrichtung)* || **-ta** *m*/adj *Sufi(st)* m
sufocar vt = **sofocar**
sufra|gáneo adj ⟨Rel⟩ *untergeordnet, Suffragan-* || (obispo) ~ *Weihbischof* m || **-gar** [g/gu] vt *jdm helfen, jdn unterstützen* || *jdm aushelfen, beistehen* || ◊ ~ los gastos *die Kosten bestreiten* || vi Am *wählen* (por acc) || **-gio** *m* *Beistand* m || ⟨Rel⟩ *Fürbitte* f *(für die Seelen der Verstorbenen)* || ⟨Pol⟩ *Wahlrecht* n || *(Wahl)Stimme* f || ~ femenino *Frauenwahlrecht* n || ~ universal (directo, secreto) *allgemeines (direktes, geheimes) Wahlrecht* n || derecho de ~ *Stimmrecht* n || misa de ~ de ... *Messe zum Andenken an ...* || ◊ tener ~ *wahlberechtigt sein* || **-gismo** *m* ⟨Pol⟩ *Frauenwahlrechts|system* n bzw *-bewegung* f || **-gista** *f Stimmrechtlerin* f || ⟨Hist⟩ *Sufragette* f (& desp)
sufrelotodo *m* figf *Prügelknabe, Sündenbock* m || fig *Aschen|brödel, -puttel* n
sufri|ble adj *erträglich* || **-da** *f Bett* n || **-dero** adj *erträglich* || **-do** adj *geduldig, ergeben* || *zäh* || ~ *m*/adj fam desp *nachsichtiger Ehemann, Hahnrei* m || **-miento** *m Geduld, Nachsicht* f || *Leiden, Erdulden* n, *Pein* f || *Leidensgeschichte* f
sufrir vt *leiden, dulden* || *erleiden (Strafe)* || *ertragen* || *erleben (Unglück)* || *erlauben, gestatten, zulassen* || *erfahren (Änderung)* || ◊ ~ un aumento e-e *Erhöhung erfahren (Preis)* || ~ avería ⟨Mar⟩ *Havarie erleiden* || *beschädigt werden (Ware)* || ~ un cambio brusco (inesperado) *e-e plötzliche (unverhoffte) Änderung erfahren* || ~ **cosquillas** || ~ daño *Schaden erleiden* || *beschädigt werden* || ~ una desgracia, pérdida *von e-m Unglück, Verlust betroffen werden* || ~ un examen *e-e Prüfung bestehen bzw machen, sich prüfen lassen* || ~ extravío *verlorengehen* || *tief zerrüttet bzw verwirrt sein* || *(sittlich) entarten* || ~ un golpe duro *von e-m harten Schlag betroffen werden* || ~ interrupción, retraso *e-e Unterbrechung, Verzögerung erleiden* || ~ una revisión *revidiert werden* || ~ con paciencia *mit Geduld ertragen* || no ~ oposición *keinen Widerstand dulden* || eso no

se lo sufro *das lasse ich ihm nicht durchgehen* || *ich dulde das von ihm nicht* || *ich bin entschieden dagegen* || no poder ~ a alg. *jdn nicht ausstehen können* || ~ vi: sufro al verlo *dieser Anblick ist mir peinlich* || sin ~ *schmerzlos* || ¡no sufras! fam *heitere dich auf!* || ¡no me hagas ~! *quäle mich nicht!*
sufusión *f* ⟨Med⟩ *(hochgradige) Blutunterlaufung, Suffusion* f || ~ ocular ⟨Med⟩ *(grauer) Star* m (→ **catarata**)
suge|rente adj *anregend* || fig *aufreizend* || **-rir** [-ie/i-] vt *ein|flößen, -geben, -flüstern* || *anraten* || *vorschlagen* || *nahelegen* || *in Erinnerung bringen, erinnern (an* acc*)* || ◊ ~ un plan (a) *jdm e-n Plan unterbreiten* || para ~le *otros pensamientos um ihn auf andere Gedanken zu bringen* || eso me sugiere ... *das bringt mich auf den Gedanken, daß ...* || este paisaje me sugiere el del Norte de España *diese Landschaft erinnert mich an die Nordspaniens* || me ha ~rido una buena idea *er hat mich auf e-e gute Idee gebracht* || ¿qué te ha ~rido? *was hat er dir in den Kopf gesetzt?*
suges|tibilidad *f* ⟨Med⟩ *Empfänglichkeit* f *für Suggestionen* || *Beeinflußbarkeit, Suggestibilität* f || **-tión** *f Eingebung, Beeinflussung, Anregung* f || *Einflüsterung* f || *Anstiftung* f || *Erinnerung* f || *Ein|wirkung* f, *-druck* m || *Empfehlung* f, *(leiser) Wink* m || ⟨Med⟩ *Suggestion* f || ~ colectiva, ~ de masas *Massensuggestion* f || ~ mental *Gedankenübertragung* f || bajo la ~ de *unter dem (unwiderstehlichen) Einfluß von* (dat) || las ~es del demonio *die Eingebungen des Bösen* || ◊ dar ~es *Winke geben* || **-tionable** adj *für Suggestionen empfänglich, suggestibel, beeinflußbar* || *leicht zu lenken, gefügig* || **-tionar** vt *(seelisch) beeinflussen, eingeben, suggerieren* || ◊ ~ a alg. *jdm e-n Gedanken aufdrängen* (dat) || **-tivo** adj *eingebend, anregend* || *suggestiv* || fig *lockend* || fig *fesselnd, spannend* || fig *aufreizend*
sugirió → **sugerir**
suici|da *m*/f *Selbstmörder(in)* m(f) || ~ adj *selbstmörderisch* (& fig) || **-darse** vr *Selbstmord begehen, sich umbringen, Hand an sich selbst legen* || **-dio** *m Selbstmord* m, *Suizid* m/n || ~ por hambre *Selbstmord* m *aus Hunger* || ~ frustrado *vereiteler Selbstmordversuch* m || ~ moral *Selbstaufgabe* f || conato de ~ *Selbstmordversuch* m || ◊ cometer (el) ~ *(den) Selbstmord begehen* || recurrir al ~ *den Freitod wählen*
suidos mpl ⟨Zool⟩ *Schweine* npl (Suidae)
sui géneris lat *durch sich selbst e-e Art bildend* || *einzig(artig), besonders*
suite *f* ⟨Mus⟩ *Suite* f || *Suite* f *(in e-m Hotel)*
Sui|za *f*: (la) ~ *die Schweiz* || la ~ (Alemana) Sajona *die Sächsische Schweiz* || la ~ Española fig *Galicien* n *(span. Region)* || la ~ Francesa *die französische Schweiz* || ~**zo** adj *schweizerisch, Schweizer* || queso ~ *Schweizerkäse* m || vaquería ~**a** *Sennerei, Molkerei* f *mit Kuhzucht* || ~ m *Schweizer* m || fig ⟨Hist⟩ *Schweizer(gardist)* m *(des Vatikans)* || ~ (bollo) ~ *ovales, lockeres Gebäck* n
△**sujalé** adj *vorder*
sujeción *f Bewältigung, Bezwingung* f || *Abhängigkeit(sverhältnis* n*)* f || *Untertänigkeit, Unterwürfigkeit* f || *Dienstbarkeit* f || *Unterwerfung* f || *Gehorsam* m || *Gebundensein* n, *Bindung* f || *Zwang* m, *Band* n || *Befestigung, Zusammenhaltung* f || *Halterung* f || ⟨Rhet⟩ *Subjektion* f || con ~ a *laut, gemäß, nach* || con ~ a la(s) ley(es) *laut Gesetz* || falto de ~ *ungebärdig* || *unbändig* || *ungebändigt*
△**suje(re)lar** vt *legen* || *können*
sujeta|corbata(s) *m Schlips-, Krawatten|halter* m || **-dor** *m Büstenhalter*, fam *BH* m (→ **sostén**) || *Clip, Klipp, Klips* m || *Halter* m || *Spanner* m || *Papier|halter, -bügel* m || ~ de corbatas *Schlips-, Krawatten|halter* m || ~ de manteles, **-mantel**

sujetamayúsculas — sumir 1018

m Tischtuchklammer m || **-mayúsculas** *m Feststeller* m, *Umschaltfeststelltaste* f *(Schreibmaschine)* || **-papel(es)** *m Brief\halter, -beschwerer* m
sujetar vt *unterwerfen* || fig *bezwingen, bändigen* || *anhalten (zu* dat) || *festhalten* || *befestigen, festbinden, anbringen* || *ergreifen, packen* || fig *fesseln (Aufmerksamkeit)* || ◊ ~ *por la mano jdn an der Hand fassen, festhalten* || ~ *con (od* por medio de) *tornillos verschrauben, mit Schrauben befestigen* || **~se** *sich unterwerfen, nachgeben, sich ergeben* || *sich fügen* || ~ *a las condiciones sich nach den Bedingungen richten*
¹**sujeto** pp/irr *v.* **sujetar** || ~ adj *unterworfen, untertänig* || *dienstbar* || ~ (a) *abhängig (von* dat*)* || *befestigt (a an)* || ~ *a arancel,* ~ *al pago de los derechos zollpflichtig* || ~ *a cambios Änderungen unterworfen* || *veränderlich* || ~ *a confirmación* ⟨Com⟩ *freibleibend* || ~ *a errores Irrtümern ausgesetzt* || ~ *al porte,* ~ *a franqueo portopflichtig* || ~ *a reglamentación Bestimmungen unterworfen* || ~ a(l) *servicio dienstpflichtig* || *estar* ~ *a aumento de precio, a continuas fluctuaciones e-r Preiserhöhung, ständigen Schwankungen unterworfen sein* || ~ *con alfileres angesteckt* || ~ *con clavos angenagelt*
²**sujeto** *m Mensch* m, *Person* f, *Individuum* n || *Subjekt, Ding* n || ⟨Gr⟩ *Subjekt* n || *Stoff* m || ⟨Mal⟩ *Entwurf* m, *Idee* f || *un* ~ *sospechoso* fam *ein verdächtiges Individuum* n || ~ *del delito* ⟨Jur⟩ *Täter* m || ~ *de derecho,* ~ *jurídico Rechtssubjekt* n || ~ *de derechos y obligaciones Träger* m *von Rechten und Pflichten* || ~ *de experimentación Versuchsperson* f ⟨& Med⟩
sula *f* ⟨V⟩ *Baßtölpel* m (→ **alcatraz**) || *Sant* ⟨Fi⟩ *Ährenfisch* m *(Atherina* sp*)*
Sulamita *f Sulamit* f *(Bibel)*
△**sulastraba** *f Kette* f
sulfamida *f* ⟨Chem Med⟩ *Sulfonamid* n
sulfa\tado adj ⟨Chem⟩ *sulfatisiert* || *schwefelsauer* || **-tar** vt/i *schwefeln (Rebe, Holz)* || *sulfatisieren* || *mit Schwefel düngen* || **-to** *m* ⟨Chem⟩ *Sulfat* n
sulf\hidrato *m* ⟨Chem⟩ = **sulfuro** || **-hídrico** adj: *ácido* ~ ⟨Chem⟩ *Schwefelwasserstoff* m
sulfito *m* ⟨Chem⟩ *Sulfit* n
sulfo\ácido *m Sulfonsäure* f || **-cianato** *m Thiozyanat* n || **-nación** *f Sulfonierung, Sulfurierung* f || **-namida** *f* = **sulfamida**
sulfu\ración *f Schwefelung, Sulfuration* f || **-rado** adj *schwefelhaltig* || *sulfuriert, geschwefelt* || fig *aufgebracht, zornig* || **-rar** vt ⟨Chem⟩ *mit Schwefel verbinden, sulfurieren* || fig *aufbringen, erzürnen,* fam *auf die Palme bringen* || ◊ ¡no me -res! fam *bring mich nicht auf die Palme!*
sulfú\reo adj *schwefel\haltig, -artig* || *tierra* ~a *Schwefelerde* f || **-rico** adj ⟨Chem⟩ *Schwefel-* || *ácido* ~ ⟨Chem⟩ *Schwefelsäure* f || *éter* ~ *Schwefeläther* m *(Diäthyläther)*
sulfu\ro *m* ⟨Chem⟩ *Sulfid* n || ~ *de arsénico Arsensulfid* n || ~ *de calcio Kalziumsulfid* n || ~ *de hierro Eisensulfid* n || ~ *de mercurio Quecksilbersulfid* n || **-roso** adj ⟨Chem⟩ *schwefelhaltig* || *schwef(e)lig (Säure)* || *jabón* ~ *Schwefelseife* f || *viraje* ~ ⟨Phot⟩ *Schwefeltonung* f
sulky *m* engl Am *Sulky* n *(zweirädriger leichter Wagen)*
△**sulopia** *f Vorzimmer* n
Sulpicio *m* np Tfn *Sulpitius* m
sul\tán *m Sultan* m || *el Gran* ⋌ *der Großsultan* || **-tana** *f Sultanin* f || pop *Geliebte* f *(& als Kosename)* || **-tanato** *m,* **-tanía** *f Sultanat* n
sulla *f* ⟨Bot Agr⟩ = **zulla**
suma *f (Geld)Summe* f || *Betrag* m || *Addition, Zusammenziehung* || *Menge* f, *Haufen* m || *Abriß, Hauptinhalt* m || *Lehrbuch* n, *Abriß* m || ⟨Philos Theol⟩ *Summa* f *(Scholastik)* || ~ *anterior* ⟨Com⟩ *Vortrag* m *(von der vorhergehenden Seite)* || *la* ~ *debida die geschuldete Summe* ||

~ *fuerte (insignificante) große (unbedeutende) Summe* f || ~ *global Globalsumme* f, *Pauschalbetrag* m || ~ *máxima,* ~ *mínima Höchst-, Mindest\betrag* m || ~ *media Durchschnittsbetrag* m || ~ *sobrante Restbetrag* m || "⋌ *teológica*" ⟨Theol⟩ *„Summa theologiae" des Thomas von Aquin* || ~ *total Gesamtsumme* f || ~ *y sigue* ⟨Com⟩ *Übertrag, Transport* m || en ~ *kurz, kurzum, mit e-m Wort(e)* || pop *kurz und gut* || *hasta la* ~ *de...bis zum Betrag von...* || ◊ *hacer la* ~ *addieren* || *hacer efectiva, redondear una* ~ *e-e Summe in barem Geld(e) auszahlen, abrunden*
suma\dora *f:* (máquina) ~ *Addier-, Additions-,* p.ex *Rechen\maschine* f || **-mente** adv *äußerst, überaus* || *in hohem Grade, höchst* || ~ *caro riesig teuer* || ~ *difícil ungeheuer schwer* || ~ *fácil spielend leicht* || ~ *ridículo äußerst lächerlich* || ◊ *le aprecio a V.* ~ *ich schätze Sie aufs höchste, ich schätze Sie äußerst*
sumando *m* ⟨Math⟩ *zu addierende Zahl* f, *Summand* m
sumar vt *zusammen\zählen, -rechnen, hinzurechnen, addieren, sumieren* || *zusammenfassen* || *sich belaufen auf* (acc), *betragen, ausmachen (Summe)* || *kürzer fassen* || ◊ *todo sumado alles in allem gerechnet* || *la cuenta suma cuatrocientas pesetas die Rechnung beläuft sich auf vierhundert Peseten* || **~se** *a sich schlagen zu* (dat) || *sich jdm anschließen* || *zusammenkommen, sich sumieren*
suma\ria *f* ⟨Jur⟩ *Voruntersuchung* f || *kurzes (Prozeß)Protokoll* n || **-rio** adj ⟨Jur⟩ *summarisch, kurzgefaßt, abgekürzt* || *exposición* ~a *Gesamtdarstellung* f || *juicio* ~ *summarisches Verfahren* n || ⟨Mil⟩ *Kriegsgericht(sverfahren)* n || *Schnell (-gerichts)verfahren* n || *vía* ~a ⟨Jur⟩ *summarisches Verfahren* n || ~ *m Zusammenstellung* f, *Abriß* m || ⟨Jur⟩ *Ermittlungsverfahren* n || *Kapitelinhalt* m, *Inhaltsverzeichnis* n || *Inhaltsangabe* f *(auf Akten)* || adv **~amente:** ◊ *anotar* ~ *summarisch buchen* || **-rísimo** adj sup *v.* **-rio**
△**sumbaló** *m Fingerhut* m
△**sumera** *f Frau* f
sumercé Am = **su merced**,
sumer\gible *m Unterseeboot* n (→ **submarino**) || ~ adj *tauchfähig, Tauch-* || **-gido** adj *getaucht* || *unter Wasser* || ⟨Mar⟩ *blind (Riff)* || **-gir** [g/j] vt *untertauchen* || *(hin)eintauchen* || *unter Wasser setzen* || *versenken* (en in acc) || *über\schwemmen, -fluten* || **~se** *unter-, ver\sinken* || *tauchen* || fig *sich stürzen* (en in acc) || *sich vertiefen* (en in acc) || **-sión** *f,* **-gimiento** *m Untertauchung* f, *Tauchen, Eintauchen* n || *Untersinken* n || *Untergang* m *(e-s Schiffes)* || → **hundimiento**
sumi\dad *f höchster Gipfel* m, *Spitze* f || **-dero** *m Abzugsgraben* m || *Abzugsloch* n || *Abfluß* m || *Schlammgang* m || *Gully* m/n || **-do** adj *versunken (in Elend)* || *ein-, zusammen\gefallen (Mund alter Leute)* || ~ *en reflexiones, pensamientos grübelnd, in Gedanken versunken*
sumiller *m:* ~ *de la cava Kellermeister* m *(Hofbeamte[r])* || ~ *de corps Oberkammerherr* m
suminis\trador *m Lieferant* m || **-gible** adj *Liefer-,* *empresa* ~a *Lieferfirma* f || **-trar** vt *an-, ver\schaffen, besorgen* || *liefern* || *dar-, verab\reichen, geben* || ◊ ~ *informes Informationen liefern, Erkundigungen, Hinweise geben* || ~ *medicamentos Arzneien verabreichen* || ~ *provisiones* (a) *verproviantieren* || **-tro** *m (An)Lieferung* f || *Anschaffung* f || *Versorgung* f || *Verproviantierung* f || ~ *de aguas Wasserversorgung* f || ~ *de energía eléctrica* ⟨El⟩ *Stromversorgung* f || ~ *preferente,* ~ *prioritario Prioritätslieferung* f || ~ *de madera(s) Holzlieferung* f || *contrato de* ~ *Lieferungsvertrag* m || ◊ *hacer el* ~ (de) *(Ware) liefern* || **~s** pl *Naturalverpflegung* f || ⟨Com⟩ *Gesamtlieferung* f || *plan de* ~ *Versorgungsplan* m
sumir vt *versenken* || *(ein-, unter\)tauchen* ||

fig *stürzen (in Laster)* || ⟨Kath⟩ *die Heilige Hostie zu sich nehmen (Zelebrant)* || ◊ ~ *el resuello* (a) Am *jdn abmurksen* || **~se** *versinken* || *einfallen (Augen, Mund)* || fig *sich stürzen (in Laster, in Verzweiflung)*
sumi|samente adv *auf demütige Art* || *ehrerbietig* || **–sión** f *Unterwerfung* f || *Unter|würfigkeit, -tänigkeit* f || *Ehrerbietung* f || *Demut* f || *Folgsamkeit, Ergebenheit* f, *Gehorsam* m || ~ a la voluntad de Dios *Ergebung* f *in den göttlichen Willen* || **–so** adj *unterworfen* || *unter|würfig, -tan, dienstbar* || *folgsam, gehorsam* || *ehrerbietig* || *demütig, bescheiden* || *leise (Stimme)*
sumista m ⟨Theol⟩ *Summenschreiber* m || iron *Theologe* m, *der die Theologie nur aus Büchern kennt* || → **suma**
summa summarum lat *alles in allem* || ⁓ *theologiae* → **suma**
súmmum m lat *(das) Höchste, (der) Gipfel* || ~ adj = **sumo** || ~ jus summa injuria lat ⟨Jur⟩ *höchstes Recht, größtes Unrecht* n
sumo adj *höchst, äußerst* || **~a** *necesidad äußerste Not* f || el ⁓ Pontifice *der Heilige Vater* || a lo ~ *letzten Endes* || *höchstens, allenfalls* || *vielleicht* || a lo ~ 19 años *höchstens 19 Jahre* || en ~ grado *im höchsten Maße* || *überaus, sehr* || *höchst* || confiado hasta lo ~ *bis zum äußersten vertrauend*
△**sumparal** adv/prep *herum* || *bei*
súmulas fpl dim v. **suma:** *Abriß* m *der Logik*
△**sun** pron = **su**
△**suna|co** m (**–quí** f) *Ahne* m
△**suncai** f *Sinn* m
△**suncaló** m *Verräter* m || *Heuchler* m
△**sundache** m *Welt* f
△**sunde** m ⟨Th⟩ *Auspfeifen* n
△**sunga|ló** [f: **–lli**] adj *falsch*
△**sun|geló** m (Barc **–dela** f) *Gestank* m
sungo m/adj Col Ven *Neger* m || fig *Sonnengebräunte(r)* m
sun|tuario adj *Luxus-* || *Pracht-* || contribución ~a *Luxussteuer* f || **–tuosidad** f *Pracht* f, *Aufwand, Prunk, Luxus* m || **–tuoso** adj *prächtig, prunkhaft, luxuriös* || *Aufwand liebend*
sup. Abk = **súplica** || **superior** || **suposición**
supe → **saber**
supedáneo m *Suppedaneum, Stützbrett* n *(am Kreuz)* || *oberste Altarstufe* f
supedi|tación f *Unterwerfung* f || *Abhängigkeit(sverhältnis* n) f || **–tar** vt *unter|jochen, -werfen* || *in Abhängigkeit bringen* (a *von* dat) || *niedertreten*
súper adj/adv pop *glänzend, famos* || una parejita ~ pop *ein famoses Pärchen* || ◊ tengo un bolígrafo ~ ⟨Sch Kinds⟩ *ich habe e–n prima Kugelschreiber* || ~ m ⟨Auto⟩ = **supercarburante**
super- präf *über-, Über-, super-, Super-* || → **hiper-, sobre-, supra-**
superable adj *überwindbar* || *übersteigbar* (& fig)
superabundan|cia f *Überfülle* f || *Überschwenglichkeit* f || *Überfluß* m || en ~ *in Hülle und Fülle* || **–te** adj *überreichlich* || **–temente** adv *in Hülle und Fülle* || *im Überfluß*
superacabar vt ⟨Metal⟩ *kurzhubhonen, feinstziehschleifen*
superación f *Überwindung* f || *Bewältigung* f || ~ del pasado *Bewältigung* f *der Vergangenheit*
superaerodinámica f ⟨Flugw⟩ *Superaerodynamik* f
superalimentación f *Übererernährung* f || →a **cura**
supe|rar vt *überwinden, bewältigen* || *über|treffen, -ragen* || ◊ ~ las esperanzas *die Erwartungen übersteigen* || ~ la marca ⟨Sp⟩ *den Rekord schlagen* || ~ los medios *die Mittel überschreiten* || ~ todos los obstáculos *alle Hindernisse überwinden* || eso –ra mis cálculos *das geht über meine Berechnungen* || eso –ra mi comprensión *das geht über m–n Verstand* || eso –ra mis fuerzas *das geht über meine Kräfte* || no puede ser –rado *es ist nicht zu übertreffen* || no (*od* jamás) –rado *unübertroffen* || △**–ras** adv *oben* || **–rávit** m lat *Überschuß, Rückstand* m, *Plus, Mehreinkommen* n *(in der Bilanz)* || ~ presupuestario *Haushaltsüberschuß* m, *Mehreinkommen* n
△**superbio** adj *stolz, beherzt*
supercarburante m ⟨Aut⟩ *Superkraftstoff* m, fam *Super* n
superciliar adj ⟨An⟩ *Augenbrauen-* || arco ~ *Augenbrauenbogen* m
superclase adj/s fam *außerordentlich, ungewöhnlich,* fam *prima, großartig* || ~ m fam *Superklasse* f || ⟨Sp⟩ *Spitzensportler* m || → **serie**
superche|ría f *Hinterlist, Berückung* f || *Betrug* m || **–ro** adj/s *hinterlistig, betrügerisch*
superdirecta f ⟨Aut⟩ *Schnellgang* m
supereminente adj *äußerst hervorragend, ganz vortrefflich*
super|estatal adj *überstaatlich* || **–estructura** f ⟨Tech Ing⟩ *Oberbau* m || ⟨Soz⟩ *Überbau* m || **~(s)** f(pl) ⟨Mar⟩ *Aufbau(ten)* m(pl)
super|fecundación f *Überschwängerung* f || **–fetación** f *Überfruchtung* f
superfi|cial adj *oberflächlich* || *an der Oberfläche befindlich* || *Oberflächen-* || *oberflächlich (Verletzungen)* || fig *seicht, oberflächlich, gehaltlos* || conocimientos ~s *Halbwissen* n || adv: **~mente** || **–cialidad** f *Oberflächlichkeit* f || **–ciario** m ⟨Jur⟩ *Nutznießer* m *e–r Bodenfläche* || **–cie** f *(Ober)Fläche* f || ⟨Math⟩ *Ausdehnung* f || *Flächeninhalt* m || *Baufläche* f || ~ cilíndrica *Zylinderfläche* f || ~ cultivable ⟨Agr⟩ *Anbaufläche* f || ~ esférica *Kugeloberfläche* f || ~ plana ⟨Math⟩ *Ebene, ebene Fläche* f || ~ de revolución *Rotationsfläche* f || medida de ~ *Flächenmaß* n
super|fino adj ⟨Com⟩ *hoch-, extra|fein* || **–fluidad** f *Über|fülle* f, *-maß* n, *-fluß* m || *Entbehrlichkeit* f || *Überflüssige(s)* n || **–fluidez** f ⟨Phys⟩ *Supra-, Super|flüssigkeit* f || **–fluo** adj *überflüssig, unnötig* || *zwecklos, unnütz, entbehrlich* || ◊ *hacer trabajo* ~ *sich umsonst bemühen* || ¡es ~! *es hat keinen Zweck!* || **–fosfato** m ⟨Chem⟩ *Superphosphat* n || **–heterodino** adj/s ⟨Radio⟩: receptor ~ *Überlagerungs-, Superhet|empfänger, Superhet* m || **–hombre** m *(Nietzsches) Übermensch* m || **–intendente** m *Oberaufseher* m || *Superintendent* m
¹**superior** adj *höher (gelegen, stehend)* || *höchst* || *ober, Ober-* || fig *vorzüglich, hervorragend, ausgezeichnet* || ~ a *mehr wert, besser als* || ~ a sus compañeros *seinen Kameraden überlegen* || ~ a toda ponderación *über alle Erwartungen, in jeder Hinsicht vollkommen* || sería ~ a mis fuerzas *das würde über meine Kräfte gehen* || ~ en (*od* por) su talento *an Begabung überlegen* || ~ academia, enseñanza, escuela || de calidad ~ ⟨Com⟩ *erstklassig, prima* || juez ~ *Oberrichter* m || labio ~ *Oberlippe* f || muy ~ *ganz hervorragend* || parte ~ *Oberteil* m
²**superior** m *Vorgesetzte(r)* m || *Superior, (Ordens)Obere(r)* m || *Vorsteher* m
supe|riora f *Oberin* f *(e–s Klosters)* || *Vorsteherin* f || **–riorato** m *Superiorat* n, *Würde* f *e–s (Kloster)Vorstehers* bzw *e–r Oberin* || *Superioratszeit* f || **–rioridad** f ⟨Ü*ber|legenheit* f, *-gewicht* n || *Vor|trefflichkeit, -züglichkeit* f || *Obrigkeit* f || *Übermacht, Obergewalt* f || fig *Vorgesetzte* mpl || ~ aérea ⟨Mil⟩ *Luftüberlegenheit* f || ~ numérica ⟨Mil⟩ *Überzahl, zahlenmäßige Überlegenheit* f || ~ *(od Übermacht)* f || de reconocida ~ *von anerkannt ausgezeichneter Beschaffenheit (Waren)* || **–riormente** adv *vortrefflich, meisterhaft*
superla|tivamente adv *äußerst, im höchsten Grade* || **–tivo** adj *vortrefflich, vorzüglich, hervorragend, ausnehmend* || ⟨Gr⟩ *superlativisch* ||

superlubrificante — suprasensible 1020

Superlativ- ‖ grado ~ *Superlativ* m ‖ en grado ~ *im höchsten Grade, äußerst* ‖ ~ *m* ⟨Gr⟩ *Superlativ* m ‖ ~ absoluto ⟨Gr⟩ *Elativ* m ‖ **-s** *mpl fig Lobpreisungen fpl* ‖ *Übertreibung* f ‖ *Schmeicheleien fpl*
  super|lubrificante *m Hochleistungsschmierstoff* m ‖ **-mercado** *m Supermarkt* m ‖ **-microscopio** *m Übermikroskop* n
  super|naturalismo *m* ⟨Rel⟩ *Supranaturalismus, Offenbarungsglaube* m ‖ **-nova** *f* ⟨Astr⟩ *Supernova* f ‖ **-numerario** adj *überzählig* ‖ *außerplanmäßig* ‖ *außerordentlich (Professor, Mitglied e–r Akademie)* ‖ ~ *m Anwärter, unbesoldete(r) Beamte(r)* m ‖ **-población** *f Übervölkerung* f ‖ **-poner** [irr → poner] vt *über od auf et legen, setzen* ‖ ⟨Radio TV⟩ *überlagern* ‖ **-posición** *f Übereinanderlegen* n ‖ *Aufschichtung, Übereinanderlagerung* f ‖ *Überlappung* f ‖ *Überlagerung* f ‖ ⟨Filmw⟩ *Überblendung* f ‖ **-producción** *f* ⟨Com⟩ *Über|produktion, -erzeugung* f ‖ ⟨Filmw⟩ *Groß-, Monumental\film* m, pop *Monsterfilm* m ‖ **-puesto** pp/irr *v.* **-poner:** *übereinanderliegend* ‖ ⟨Radio⟩ *überlagert* ‖ **-saturar** vt ⟨Chem⟩ *übersättigen* ‖ **-sónico** adj *Überschall-* ‖ avión ~ ⟨Flugw⟩ *Überschallflugzeug* n ‖ tratamiento ~ ⟨Med⟩ *Ultraschallbehandlung* f ‖ velocidad ~a *Überschallgeschwindigkeit* f ‖ → **ultrasonido**
  supersti|ción *f Aberglaube* m ‖ **-cioso** adj/s *abergläubisch* ‖ ~ *m Abergläubische(r)* m
  supérstite adj/s ⟨Jur⟩ *überlebend, hinterblieben* ‖ ~ *m Überlebende(r), Hinterbliebene(r)* m ‖ vgl **premoriente**
  superstrato *m* ⟨Gr Li⟩ *Superstrat* n
  supert.ᵗᵉ Abk = **superintendente**
  supervalorar vt ⟨Neol⟩ *überschätzen* ‖ *überbewerten*
  supervi|vencia *f Überleben* n ‖ *Anwartschaft* f ‖ **~s** *fpl* ⟨Wiss⟩ „*Überbleibsel*" npl, *Survivals* pl (engl) *(heutige Reste untergegangener Kulturformen)* ‖ **-viviente** *m*/adj *Überlebende(r)* m ‖ *Hinterbliebene(r)* m ‖ ~ adj *überlebend* ‖ **-vir** vi = **sobrevivir**
  supi|nación *f* ⟨Med⟩ *Rückenlage* f *(e–s Kranken)* ‖ **-no** adj *auf den Rücken liegend* ‖ posición ~a *Rückenlage* f ‖ ignorancia ~a *gröbste Unwissenheit* f ‖ ~ *m* ⟨Gr⟩ *Supinum* n
  △**supiripando** *m Seufzer* m
  súpito adj prov = **súbito**
  suplan|tación *f Verdrängung* f, *Ausstechen* n ‖ *Ersatz* m ‖ **-tar** vt *jdn verdrängen, ausstechen* ‖ *jdn ersetzen* ‖ *jdn aus dem Amt verdrängen* ‖ *fälschen (durch Einschübe) (Urkunden)*
  suplefaltas *m* fam *Lückenbüßer* m ‖ fam *Sündenbock* m
  suplemen|tario adj *Ergänzungs- ‖ ergänzend, zusätzlich* ‖ → **ángulo, dividendo** ‖ billete ~ *Zuschlag(s)karte* f ‖ franqueo ~ *Zuschlagporto* n ‖ *Strafporto* n ‖ seción ~a *Extra-, Über|stunde* f ‖ pago ~ *Nachzahlung* f ‖ pedido ~ ⟨Com⟩ *Nachbestellung* f ‖ tomo ~ *Supplement-, Ergänzungs|band* m ‖ ◊ hacer un pago ~ *nachzahlen* ‖ **-tar** vt *ergänzen* ‖ **-tero** *m Am Zeitungsjunge* m ‖ **-to** *m Ergänzung* f, *Nachtrag* m ‖ *Supplement* n ‖ *Beilage* f ‖ *Ergänzungsband, Anhang* m ‖ *Extra-, Bei|blatt* n ‖ *Zu|schlag, -schlag* m, *Nachzahlung* f ‖ ⟨EB⟩ *Zuschlag(s)karte* f ‖ ⟨Math⟩ *Supplement-, Neben|winkel* m ‖ ~ por calidad *Qualitätszuschlag* m ‖ ~ de coste ⟨Com⟩ *Mehrkosten* pl ‖ ~ de expreso ⟨EB⟩ *Expreßgebühr* f ‖ ~ musical *Musikbeilage* f ‖ ~ de precio *Zuschlag(s)preis* m ‖ ~ de velocidad ⟨EB⟩ *Schnellzugzuschlag* m ‖ pagar un ~ *(e–n) Zuschlag zahlen* ‖ *nachzahlen*
  suplen|cia *f Stellvertretung* f ‖ *Vertretungs|dauer, -zeit* f ‖ **-te** *m/adj stellvertretend* ‖ *guardameta* ~ ⟨Sp⟩ *Ersatztorwart* m ‖ (profesor) ~ *Hilfslehrer,* öst *Supplent* m ‖ ~ *m Stellvertreter, Ersatzmann* m ‖ *Hilfslehrkraft* f

supletivo adj → **supletorio**
supletorio adj/m *ergänzend, zusätzlich* ‖ *stellvertretend* ‖ *supplet|orisch, -iv* ‖ *Ergänzungs-* ‖ lista ~a *Ergänzungsliste* f ‖ *Nachtrag* m ‖ ~ *m* ⟨Tel⟩ *Nebenapparat* m
  súplica *f Bitt|schrift* f, *-schreiben* n, *Eingabe* f, *Gesuch* n ‖ *(Stellen)Gesuch* n ‖ fig *(inständige) Bitte* f ‖ ⟨Jur⟩ *Klageantrag* m (→ **recurso**) ‖ recurso de ~ *Einspruch* m *(in zweiter Instanz)* ‖ ◊ conseguir a fuerza de ~s *durch Bitten erreichen* ‖ *erbitten, erflehen*
  supli|cación *f Bitte* f, *Anliegen* n ‖ ⟨Kochk⟩ *dünne Waffel* f *(z. B. als Eistüte usw)* ‖ **-cada** *f:* ~ a D.... *zur freundlichen Übergabe an Herrn...* *(auf Briefadressen)* ‖ **-cante** *m Bittsteller* m ‖ **-car** [c/qu] vt/i *anflehen, (demütig, inständig) bitten, ersuchen* ‖ ~ por *bitten für* (acc) ‖ ◊ ¡se lo -co! *ich bitte Sie darum!* ‖ se -ca no fumar *bitte nicht rauchen!* ‖ se -ca cerrar la puerta *bitte, Tür schließen!* ‖ **-catoria** *f* ⟨Jur⟩ *Rechtshilfeersuchen* n ‖ *schriftliche Einwendung* f ‖ **-catorio** adj/s *Bitt-* ‖ ~ *m* = **-catoria**
  supli|ciar vt *hinrichten* ‖ **-cio** *m Todesstrafe* f ‖ *körperliche Strafe* f ‖ *Marter, Folter* f (& fig) ‖ *Folterbank* f ‖ *Schafott* n ‖ fig *Pein, Qual* f ‖ ~ del palo *Spießen, Pfählen* n ‖ el último ~ *die Todesstrafe* ‖ ◊ dar ~ (a) *foltern, martern*
  suplir vt/i *ergänzen, vervollständigen* ‖ *ersetzen, vertreten* ‖ *übersehen (Fehler)* ‖ ⟨Gr⟩ *ergänzen* ‖ ◊ ~ en el *(od* en actos del) *servicio im Dienst vertreten* ‖ ~ por alg. *jds Stelle vertreten* ‖ suplió en el empleo *er trat an seine Stelle* ‖ su hermosura suple a su ignorancia *die Schönheit ersetzt bei ihr den Mangel an Bildung* ‖ la suma suplida *die aufgelegte Summe* ‖ súplase *zu ergänzen: (in Fußnoten)*
  supl.ᵗᵉ Abk = **suplente** ‖ **suplicante**
  supón → **suponer**
  supo|ner [irr → poner] vt/i *voraussetzen, annehmen, vermuten, meinen* ‖ *den Fall setzen (daß)* ‖ *für ausgemacht annehmen (daß)* ‖ *fälschlich vor-, an|geben* ‖ *Achtung genießen, angesehen sein* ‖ *halten für* (adj) ‖ ◊ como era de ~ *wie vorauszusehen war* ‖ supongo que sí *ich glaube ja* ‖ te supongo mal informado *ich nehme an, daß du nicht richtig informiert bist* ‖ eso se -ne, eso es de ~ *das ist zu erwarten, das ist natürlich, selbstverständlich* ‖ esta obra -ne mucho trabajo *dieses Werk ist die Frucht langer Arbeit* ‖ es ist e–e zeitraubende Arbeit ‖ tal negocio -ne muchos gastos *ein solches Geschäft ist sehr kostspielig* ‖ lo -nía en Paris *ich glaubte, er wäre in Paris* ‖ no te -nía con tanta ignorancia *(od* tan ignorante) *ich hielt dich nicht für so unwissend* ‖ ~ *m* pop = **suposición** ‖ es un ~ *setzen wir voraus, zum Beispiel* ‖ → a **requerir**
  sup.ᵒʳ Abk = **superior**
  supos. Abk = **supositorio**
  suposi|ción *f Voraussetzung, Annahme* f ‖ *Vermutung, Meinung* f ‖ *Unterstellung* f ‖ *Erdichtung, falsche Angabe* f ‖ ~ de nombre ⟨Jur⟩ *Führen n e–s falschen Namens* ‖ ~ de profesión *unberechtigte Berufsausübung* f ‖ bajo la ~ que *vorausgesetzt, daß* ‖ persona de ~ pop *angesehene Persönlichkeit* f ‖ ◊ eso es, pura y simplemente, una ~ *das ist e–e bloße Vermutung* ‖ **-tivo** adj *mutmaßlich*
  supositorio *m* ⟨Med⟩ *Zäpfchen, Suppositorium* n
  supra lat: ut ~ *wie oben*
  supra|conductor *m* ⟨Phys⟩ *Supraleiter* m ‖ **-dicho** adj *obenerwähnt, besagt* (= **susodicho**) ‖ **-natural** adj = **sobrenatural** ‖ **-naturalismo** *m Offenbarungsglaube, Supranaturalismus* m ‖ **-rrealismo** *m* = **surrealismo** ‖ **-rregional** adj *überregional* ‖ **-regional** → **regional** ‖ **-rrenal** adj ⟨An Med⟩ *suprarenal, Nebennieren-* ‖ cápsulas ~es ⟨An⟩ *Nebennieren* fpl ‖ **-sensible** adj *übersinnlich* ‖ ⟨Phot⟩ *hoch-*

empfindlich || **-terrestre** adj *überirdisch* || *himmlisch*

supre|macía *f Überlegenheit* f || *Führerschaft* f || fig *Leitung* f || *Vorrang* m || *Vorherrschaft* f || *(Ober)Hoheit* f || ~ *marítima Seeherrschaft* f || ~ *radiofónica Funkhoheit* f || ◊ tener la ~ *die Oberhand haben od gewinnen* || **-mamente** adv *höchst, im höchsten Grade, äußerst* || *zuletzt* || **-mo** adj *oberste(r), höchste(r)* || *äußerste(r)* || *Hoch-, Ober-* || *esfuerzo äußerste Anstrengung* f || en grado ~ *im höchsten Grade* || *comandante* ~ ⟨Mil⟩ *oberster Befehlshaber* m || la hora ~a fig *die Todesstunde* || lucha ~ *Entscheidungskampf* m || mando ~ *Oberbefehl* m || el ser ~ *das höchste Wesen* n, *Gott* m || (Tribunal) ~ *oberstes Gericht* n || *Corte* ~a *Oberster Gerichtshof* m || *Kassationshof* m

supre|sión *f Unterdrückung, Aufhebung, Abschaffung* f || *Auslassung, Verschweigung* f || *Streichung* f || *Wegfall* m, *Verschwindenlassen* n || *Abbau* m *(Stelle)* || ~ *de las barreras aduaneras* (od *de los aranceles*) *Abbau* m *der Zollschranken* || ~ *de una lista Löschung, Streichung* f *aus e-r Liste* || ~ *del menstruo* ⟨Med⟩ *Ausbleiben* n *der Regel* || ~ *por la censura Beschlagnahme* f || ~es *en el servicio de trenes Ausfall* m *von Zügen* || **-sivo** adj *unterdrückend* || **-so** pp/irr v. **suprimir** || **-sor** m: ~ *de ruidos parásitos* ⟨Radio⟩ *Nebengeräuschunterdrücker* m

supri|mible adj *abstellbar* || **-mir** vt *unterdrücken* || *abschaffen, abbauen, aufheben* || *verdrängen* || *(die Herausgabe) verbieten, einstellen* || *übergehen, verschweigen* || *(aus-, weg)streichen, weglassen (Zeile, Wort)* || *sparen (Ausgaben, Kosten)* || ⟨Med⟩ *vertreiben* || △fam *töten, erschlagen*, pop *abmurksen* || ◊ ~ un artículo ⟨Com⟩ *e-n Artikel eingehen lassen* || ~ la carne *kein Fleisch (mehr) essen* || ~ una escena ⟨Th⟩ *e-e Szene streichen* || ~ nuevas expediciones ⟨Com⟩ *weitere Sendungen einstellen* || ~ una fiesta, un impuesto *ein Fest, e-e Steuer abschaffen* || ~ *pormenores sich nicht mit Kleinigkeiten aufhalten (bei e-r Erzählung)* || ~mido por la censura *von der Zensur unterdrückt, konfisziert*

supl.ᵗᵉ Abk = **suplente**

¹**supuesto** pp/irr v. **suponer** || ~ adj/s *vor|ausgesetzt, -geblich* || *vermutlich, vermeintlich, mutmaßlich* || *angeblich* || el ~ *culpable der vermeintlich Schuldige* || ◊ eso lo doy por ~ *das halte ich für selbstverständlich* || ~ *que vorausgesetzt, daß* || da (ja), *weil* || *indem* || por ~ *natürlich!* || *selbstverständlich!* || *allerdings!*

²**supuesto** m *Voraussetzung, Vermutung, Annahme* f || *angenommener Fall* m || ~ m ⟨Jur⟩ *Tatbestand* m || en este ~ *unter dieser Voraussetzung, in diesem angenommenen Fall* || por ~ *natürlich, freilich, selbstverständlich, wohl*

supu|ración *f Eiterung, Eiterbildung, Suppuration* f || **-rar** vi *eitern* || **-rativo** adj/s *die Eiterung fördernd, eiternd, eitrig, suppurativ*

supu|tación *f Berechnung* f, *Überschlag* m || *Schätzung* f || *Annahme* f || △**-tar** vt *berechnen, überschlagen* || *anmuten, annehmen* || *schätzen*

sur m *Süd(en)* m || *Südwind* m || *Mittag* m || ⟨Mar⟩ *Mauer* f || *Alemania del* ~ *Süddeutschland* n || el ~ *de Alemania der südliche Teil Deutschlands* || *América del* ~ *Südamerika* n || hijo del ~ ⟨Lit⟩ *Südländer* m (→ **meridional**) || al ~ *süd|lich, -wärts (Richtung)* || *al ~ südlich (de gen od von dat) (Ortsangabe)* || del ~ *südlich* || *Süd-* || *Südländer* m || en el ~ *im Süden* (de gen) || hacia el ~ *südwärts*

¹**sura** *f Sure* f *(Kapitel des Korans)*
²**sura** *f Wade* f (→ **pantorrilla**)
surá *f* ⟨Web⟩ *Surah* m *(Seidenköper)*
sural adj ⟨An⟩ *Waden-*
Sura|mérica *f Am Südamerika* n || ~**mericano** adj/s *Am südamerikanisch* || ~ m *Südamerikaner* m

surazo m augm fam v. **sur**: *starker Südwind* m

sur|cado adj fig *runz(e)lig (Stirn)* || **-caño** m *Rioja Grenz|weg, -pfad* m || *Grenze* f *zwischen Landgütern* || **-car** [c/qu] vt *(durch)furchen* || *rippen, streifen* || fig *furchen (von Runzeln)* || fig *durch|fliegen, -schiffen, -schneiden* || ◊ ~ el *océano* ⟨poet⟩ *die See pflügen (Schiff)* || **-co** m *(Acker)Furche* f || fig *Falte, Runzel* f || ⟨An⟩ *Furche* f || *Rille, Tonspur* f *(der Schallplatten)* || allg *Rille, Rinne* f || *lleno de* ~s *runz(e)lig (Stirn)* || ◊ *abrir un* ~ *e-e Furche ziehen* || *echarse al* ~ fig *aufgeben*, fam *schlappmachen, die Flinte ins Korn werfen* || figf *sich gehenlassen*

surcu|lado, -loso adj ⟨Bot⟩ *einstielig*
súrculo m ⟨Bot⟩ *Pflanzen|stengel, -stiel* m *ohne Schößlinge*

△**surdán** m *Welt* f
△**surdi|nar** vt *(empor)heben* || △**-ñí** *f Grazie, Anmut* f

sure|ño Chi, **-ro** Arg Bol adj/s *aus dem Süden* || ~ m *Mann* m *aus dem Süden* || (viento) ~ *Südwind* m

sureslavo m/adj *Südslawe* m (= **sudeslavo**)
surexpreso m ⟨EB⟩ *Südexpreßzug* m (= **sudexpreso**)
surfactivo m engl ⟨Chem⟩ *grenzflächenaktiver Stoff* m

surgir [g/j] vi *hervor|quellen, -sprudeln* || fig *auftauchen, erscheinen, hervortreten* || fig *sich erheben* || ⟨Mar⟩ = **fondear** || ◊ ~ *del lecho* ⟨poet⟩ *(vom Bette) aufstehen* || si surge alguna dificultad *falls sich e-e Schwierigkeit bietet* || así surgen nuevos gastos *dadurch entstehen neue Ausgaben* || hacer ~ *entstehen lassen, ins Leben rufen*

suripanta *f* desp ⟨Th⟩ *Choristin* f || fam desp *verkommenes Weibstück* n || *Dirne* f
surmena|je, -ge m frz *Über|arbeitung, -anstrengung* f || *Managerkrankheit* f
suroeste m = **sudoeste**
△**surré** [f ~i] adj *vorig* || *alt*
surrealis|mo m ⟨Lit Mal⟩ *Surrealismus* m || **-ta** adj/s *surrealistisch* || ~ m *Surrealist* m
sursueste m = **sudsudeste**
sursum corda! lat „*empor die Herzen!*" (im *Gottesdienst*)
sursuncorda m pop *Kaiser* m *von China* || ◊ no iré aunque me lo mande el (mismo) ~ *ich gehe nicht hin, und wenn es Gott weiß wer von mir verlangt*

surti|da *f* ⟨Mil⟩ *heimlicher Ausfall* m *(der Belagerten)* || ⟨Mil⟩ *Ausfalltor* n || fig *Geheim-, Tapeten|tür* f || ⟨Mar⟩ *Stapelplatz* m || **-dero** m *Abzugsgraben* m || **-do** adj *sortiert* || *gemischt (Ware)* || *fiambres* ~s *kalter, gemischter Aufschnitt* m, *kalte Platte* f || *tienda bien* ~a *Laden* m *mit großer Auswahl* || ~ m ⟨Com⟩ *Sortiment* m, *Auswahl* f || *Sortierung* f || *Ausmusterung* f || *Vorrat* m || *Ergänzung* f *(des Lagers)* || ⟨Kochk⟩ *kalter, gemischter Aufschnitt* m, *kalte Platte* f || *Satz* m *(Gerät)* || ~ *de géneros* ⟨Com⟩ *Lagerbestand* m || gran (escaso) ~ ⟨Com⟩ *reiche (beschränkte) Auswahl* f || un variado ~ *e-e reichhaltige Auswahl* f || ◊ tener en ~ *auf Lager halten* || **-dor** m *Wasserstrahl* m, *Springquelle* f || *Wasserkunst, Fontäne* f, *Springbrunnen* m || ⟨Aut⟩ *Tankstelle* f || *Zapfsäule* f || *Vergaserdüse* f || →a **surtidero**
sur|tir vt *liefern (Waren)* || *ver|sehen, -sorgen (de mit dat)* || *ergänzen (Lager)* || ◊ ~ efecto *seine Wirkung tun, wirken* || ~ el efecto deseado *den gewünschten Erfolg haben* || ~ el mercado *den Markt versehen* || ~ de géneros *mit Waren ausstatten (Lager)* || ~ de víveres *verproviantieren* || ~ vi *(hervor)quellen, sprudeln (Wasser)* || ⟨Mar⟩ *ankern* (→ **anclar, fondear**) || ~**se** *sich versehen* (de *mit* dat) || ◊ ~ *de lo necesario seinen Be-*

surto — sustentar

darf decken ‖ **-to** pp/irr *v.* **surgir** ‖ ~ *adj vor Anker liegend, ankernd* ‖ *los buques* ~s *en el puerto die im Hafen liegenden Schiffe*
surucucú *m Am* ⟨Zool⟩ *Buschmeister* m (Lachesis muta) *(Giftschlange)*
surum|pe *m Pe,* **-pí** *m Bol Schneeblindheit* f
¹**¡sus!** *wohlan! frischauf! auf geht's!* ‖ ◊ *sin decir* ~ *ni mus figf mir nichts, dir nichts*
²**sus** *pl v.* **su** ‖ **de quien** ~ pop = **cuyos, cuyas**
³**sus** Am pop = (se) os
Susana *f* np Tfn *Susanne* f
suscep|ción *f An-, Auf\nahme* f ‖ *Übernahme* f, *Empfang* m ‖ **-tancia** *f* ⟨Radio⟩ *Suszeptanz* f ‖ **-tibilidad** *f Empfindlichkeit, Reizbarkeit* f ‖ *Empfänglichkeit* f ‖ *Anfälligkeit* f ‖ *Aufnahmefähigkeit* f ‖ ⟨El⟩ *Suszeptibilität* f ‖ **-tible** *adj empfindlich, reizbar* ‖ *empfänglich, anfällig, aufnahmefähig* ‖ *fähig* (gen) ‖ *imstande* (de *zu*) ‖ ~ *de cambio,* ~ *de modificaciones veränderungsfähig* ‖ *zu verändern* ‖ ~ *de enmienda besserungsfähig* ‖ ~ *de mejora verbesserungsfähig* ‖ ◊ *ser* ~ *de fähig sein zu* ‖ *ser* ~ *de producir* ⟨Com⟩ *leistungsfähig sein*
susci|tación *f Aufreizung* f ‖ *Anregung* f ‖ *Erregung* f ‖ *Hervorrufung* f ‖ *Anstiftung* f ‖ *Erwecken* n ‖ **-tante** *adj anregend, anstiftend* ‖ *erweckend* ‖ **-tar** *vt aufreizen, erregen, her\beiführen, -vorrufen (Streit, Aufstand)* ‖ *auf-, er\wecken* ‖ fig *anregen* ‖ ◊ ~ *dificultades Hindernisse in den Weg legen* ‖ ~ *discordias Zwistigkeiten verursachen, Zwietracht säen* ‖ ~ *discusiones zu Streitigkeiten Anlaß geben* ‖ *se* **-tó** *una reñida discusión es kam zu e-m heftigen Streit*
suscr- = **subscr-**
susidio *m* fig *Unruhe* f ‖ *Angst* f ‖ *Sorge* f
suso adv *(weiter) oben, aufwärts*
susodicho *adj obengenannt, obig, erwähnt*
suspender vt [pp & irr *suspenso*] *(auf)hängen* (de, por *an* dat) ‖ *anhängen* (an acc) ‖ fig *unterbrechen, (vorläufig) einstellen, zurückhalten* ‖ *aufschieben* ‖ *zeitweilig absetzen, des Amtes entheben, suspendieren (Beamte)* ‖ fig *in Erstaunen setzen* ‖ *(vorläufig) außer Kraft setzen (Erlaß)* ‖ *aussetzen (Urteilsvollstreckung)* ‖ *hemmen (Fristen)* ‖ fig *verlegen machen, verdutzen* ‖ fig *durchfallen lassen, (bei e-r Prüfung)*
a) ~ *el canto zu singen aufhören* ‖ ~ *las garantías (constitucionales) das Standrecht erklären* ‖ *die verfassungsmäßigen Rechte außer Kraft setzen* ‖ ~ *su juicio mit seiner Meinung zurückhalten* ‖ ~ *los pagos die Zahlungen einstellen* ‖ ~ *la publicación (de) das Erscheinen einstellen* ‖ ~ *las relaciones diplomáticas die diplomatischen Beziehungen unterbrechen* ‖ ~ *la respiración den Atem anhalten* ‖ ~ *la sesión die Sitzung aufheben* ‖ ~ *el tráfico den Verkehr sperren* ‖ *lo han suspendido en dos asignaturas* ⟨Sch⟩ *er ist in zwei Fächern durchgefallen*
b) in Verb. mit **de** *od* **por**: ~ *de un aro an e-n Ring hängen* ‖ ~ *de empleo y sueldo aus Amt und Gehalt entheben* ‖ ~ *por los cabellos an den Haaren aufhängen* ‖ **-se** *hängen* ‖ *sich aufhängen*
suspen|dido adj *hängend (über den Boden) schwebend* ‖ *durchgefallen (Schüler)* ‖ *abono* ~ ⟨Th⟩ *aufgekündigtes Abonnement* n ‖ *como* ~ *entre cielo y tierra wie zwischen Himmel und Erde schwebend* ‖ ◊ *estar* ~ *de un hilo an e-m Faden hängen* ‖ **-se** *m* engl ⟨Filmw Lit⟩ *Spannung* f ‖ ◊ *es una película con mucho* ~ *das ist ein sehr spannender Filmw (die Real Academia schreibt dafür das Wort* suspensión *vor)* ‖ **-sión** *f (Auf-) Hängen* n ‖ *Hoch\hängen, -lagern* n ‖ *Hänge-, Trag\riemen* mpl *(an e-r Kutsche)* ‖ ⟨Aut⟩ *Aufhängung* f ‖ *Schwebe* f ‖ *Schwebezustand* m ‖ *Aufschub* m, *Verschiebung* f ‖ *Unterbrechung, (plötzliche) Einstellung* f ‖ *zeitweilige Amtsenthebung* f ‖ *Verzug* m ‖ *Stillstand* m, *Ruhe* f ‖ *Einstellung* f ‖ *Sperre* f ‖ *Aufhebung* f, *(vorübergehendes) Verbot* n ‖ *Unschlüssigkeit, Unentschlossenheit* f ‖ *Verwunderung* f, *Erstaunen* n ‖ ⟨Rhet⟩ *Innehalten* n ‖ ⟨Phys Chem⟩ *Suspension* f ‖ ⟨Pharm⟩ *Aufschwemmung, Emulsion* f ‖ ‖ ⟨Mus⟩ *Aushalten* n *(e-r Note)* ‖ Neol ⟨Filmw Lit⟩ *Spannung* f (→ **-se**) ‖ ~ *de la antena* ⟨Radio⟩ *Antennenaufhängung* f ‖ ~ *delantera (trasera)* ⟨Aut⟩ *Vorder- (Hinter)radaufhängung* f ‖ ~ *de todo alimento Aussetzen* n *jeglicher Nahrung* ‖ ~ (de) *Cardán* ⟨Phys⟩ *kardanische Aufhängung* f ‖ ~ *de las garantías (constitucionales) Standrecht* n ‖ *Aufhebung* f *der verfassungsmäßigen Rechte* ‖ ~ *del fuego,* ~ *de hostilidades* ⟨Mil⟩ *Waffen\ruhe* f, *-stillstand* m, *Feuereinstellung* f ‖ ~ *de la inmunidad parlamentaria Aufhebung* f *der parlamentarischen Immunität* ‖ ~ *de pagos Zahlungseinstellung* f ‖ ~ *de los negocios Geschäftsstockung* f ‖ ~ *de (la ejecución de) la pena* ⟨Jur⟩ *Straf\aufschub* m, *-aussetzung* f ‖ ~ *a resorte* ⟨Tech⟩ *Federung* f ‖ ~ *de la respiración Atemstillstand* m ‖ ~ *de trabajo Arbeits\niederlegung,* *-einstellung* f ‖ **-sivo** *adj aufschiebend, suspensiv* ‖ *condición* ~a *aufschiebende Bedingung* f ‖ *efecto* ~ ⟨Jur⟩ *aufschiebende Wirkung* ‖ *puntos* ~s ⟨Typ⟩ *Auslassungs-, Gedanken\punkte* mpl
suspen|so pp/irr *v.* **-der** ‖ ~ *adj aufgehängt (in der Schwebe)* ‖ *unschlüssig* ‖ *verblüfft, erstaunt* ‖ *durchgefallen (Prüfling)* ‖ ◊ *quedar (od salir)* ~ *nicht bestehen, durchfallen (Prüfling)* ‖ *eso me deja* ~ *das macht mich stutzig* ‖ *das verdutzt mich* ‖ *en* ~ *unentschlossen* ‖ *unbestimmt* ‖ *offen, ungelöst (Frage)* ‖ ~ *m Ungenügend* n *(Prüfungsnote)* ‖ ◊ *sacar un* ~ *durchfallen (bei e-r Prüfung)* ‖ *ayer salieron (od resultaron) muchos* ~s *gestern sind viele Prüflinge durchgefallen* ‖ **-sores** mpl *SAm Hosenträger* mpl ‖ **-sorio** adj: *(vendaje)* ~ ⟨Chir⟩ *Tragband* n ‖ *Tragverband* m ‖ ~ *m* ⟨Med⟩ *Suspensorium* n, *Tragbeutel* m
suspi|cacia *f Argwohn, Verdacht* m ‖ *Mißtrauen* n ‖ *argwöhnische Wesensart* f ‖ *con* ~ *mißtrauisch* ‖ **-caz** [pl **-ces**] *adj argwöhnisch, mißtrauisch*
suspi|rado adj fig *ersehnt, sehnlichst begehrt* ‖ *erträumt* ‖ ~ *el momento der ersehnte Augenblick* ‖ **-rar** vi *(auf)seufzen* ‖ ◊ ~ *por alg.* fig *in jdn sehr verliebt sein* ‖ ~ *por a/c* fig *sich sehnen, zurücksehnen (nach dat)* ‖ *el ersehnen* ‖ **-ro** *m Seufzer* m *(Art) Zuckerwerk* n ‖ ⟨Mus⟩ *kleine Glasflöte* f ‖ ⟨Mus⟩ *kurze (Luft)Pause* f ‖ And ⟨Bot⟩ *Stiefmütterchen* n (& Am) (→ **pensamiento**) ‖ Arg ⟨Bot⟩ *Purpurprunkwinde* f (Ipomoea purpurea) ‖ Cu *ovale Meringe* f ‖ Mex *ovales, dünnes Brötchen* n ‖ ~ *amoroso Liebesseufzer* m ‖ *un hondo* ~ *ein Stoßseufzer* m ‖ ~s *de Granada (Art) Windbeutel* mpl *(Gebäck)* ‖ ~s *de monja (Art) Zuckergebäck* n ‖ *Puente de los* ~s *Seufzerbrücke* f *(Venedig)* ‖ ◊ *dar un* ~ *e-n Seufzer ausstoßen, (auf)seufzen* ‖ *dar el postrer* ~ fig *den Geist aufgeben, sterben* ‖ *recoger el postrer* ~ (de) *jdm in der Todesstunde beistehen* ‖ *esto es mi último* ~ pop *das ist mein endgültiger Ruin* ‖ **-rón, ona** *adj/s der viel seufzt* ‖ **-roso** adj *schweratmig*
sust- = **subst-**
susten|table *adj haltbar* ‖ **-tación** *f Unterhalt* m, *Ernährung* f ‖ *Stütze* f ‖ *Schwebefähigkeit* f ‖ *Auftrieb* m ⟨& Flugw⟩ ‖ *base de* ~ *Untergestell* n ‖ ~ *congrua standesgemäßer Unterhalt* m ‖ ⟨Rhet⟩ = **suspensión** ‖ **-táculo** *m Stützpunkt* m ‖ *Untergestell* n ‖ *Unterlager* n ‖ **-tante** adj/s *tragend* ‖ ~ *m tragendes Bauelement* n ‖ fig *Verteidiger, Verfechter* m ⟨& Jur⟩ ‖ **-tar** vt *stützen* ‖ *tragen* ‖ *erhalten, ernähren, beköstigen, unterhalten* ‖ *behaupten* ‖ *verteidigen (e-e Lehre)* ‖ *Am halten (Vorlesung)* ‖ ◊ ~ *una familia e-e Familie erhalten* ‖ **-se** vr *sich erhalten* ‖ *sich ernähren* ‖ *leben* ‖ *sich tragen* ‖ **-se** *del aire* figf *von der Luft leben* ‖ ~ *de esperanzas* fig *sich eitlen*

Hoffnungen hingeben || **-to** *m Stütze* f || *Lebensunterhalt, Broterwerb* m || *Nahrung* f
△**sustilar** vt *festnehmen*
△**sustiñar** vt *(auf)heben*
△**sustirí** *f Los* n || *Geschick* n
sustit- = **substit-**
susto *m Schrecken* m || *Angst* f || *Besorgnis* f || *cara de* ~ *pop erschrockenes Gesicht* n || ◊ *dar (od* causar, pop pegar) (un) ~ (a) *jdn erschrecken, jdn in Schrecken versetzen* || *jdm Furcht einjagen* || *dar un* ~ *al miedo* fam *abstoßend od grundhäßlich sein* || *estar curado de* ~s figf *kein Angstmeier sein* || figf *sehr erfahren sein,* fam *sich auskennen* || *no ganar para* ~ fam *aus den (bösen) Überraschungen nicht herauskommen* || ¡qué ~! *schrecklich!* (& joc) || *pasar un* ~ *erschrecken* || *eso no me coge de* ~ *das überrascht mich nicht* || *damit habe ich gerechnet*
sustra- → **substra-**
susu|**rración** *f heimliches Flüstern* n || *Munkeln* n || = **-rro** || **-rrante** adj *murmelnd (Bach* usw) || *flüsternd* || *säuselnd* || *los campos* ~s *die wogenden Felder* npl || **-rrar** vi *murmeln, flüstern, leise reden* || *munkeln* || *säuseln, murmeln (Wind, Bach)* || *summen, sumsen, girren (Turteltaube)* || ◊ ~ *al oído ins Ohr raunen* || **-rra** *el agua das Wasser rauscht* || *se* -rra *man munkelt, man raunt* || **-rrido** *m* = **-rro** || **-rro** *m Murmeln, Gemurmel* n || *Säuseln, Gesäusel* n || *Rauschen* n || ~ *del bosque Waldesflüstern* n || ~ *de las hojas Rascheln* n *des Laubes* || **-rrón** *m/adj Klatschmaul* n || **-rrona** *f/adj* fam *Klatsch\base, -tante* f
sutás *m* ⟨Web⟩ *Soutache* f
sute *m* Col *Schwein* n || ~ adj Col Ven *schwächlich* || *verkümmert*
sutil (inc **sútil**) adj *dünn, fein, zart* || figf *scharfsinnig, spitzfindig* || *subtil* || adv: ~**mente**
suti|**leza, -lidad** *f Fein-, Dünn-, Zart\heit* f || figf *Scharfsinn* m, *Spitzfindigkeit* f || figf *List* f, *Kunstgriff* m || figf *Grübelei, Klügelei, Tüftelei, Haarspalterei* f || *Subtilität* f || ~s *fpl* figf *Kniffe* mpl
sutili|**zación** *f Grübelei, Tüftelei* f || **-zador** *m Grübler* m || pej *Spinner* m || desp *Wortklauber, Tüftler* m || **-zar** [z/c] vt/i *verfeinern* || figf *schärfen (den Geist)* || *ausfeilen, vervollkommnen* || fig *(aus)grübeln, (aus)tüfteln* || *ausfindig machen* || gall *verschwinden lassen,* fam *klauen, stibitzen* || ◊ *no* -cemos *lassen wir uns nicht in Tüfteleien ein* || *wir wollen k-e Haarspaltereien treiben*

su|**torio** adj: *arte* ~ *Schusterhandwerk* n || **-tura** *f* ⟨An Chir⟩ *Naht* f || *punto de* ~ *Nahtstelle* f || *sin* ~ *nahtlos* (vgl **inconsútil**) || **-turar** vt ⟨Chir⟩ *(zusammen)nähen*
suyo, ~**a** pron *sein(ige), ihr(ige), Ihr(ige)* || ◊ *este libro es* ~ *dieses Buch gehört ihm (ihr, ihnen, Ihnen), (aber:* es su libro *es ist sein Buch usw)* || *no es* ~ *das gehört ihm nicht* || fig *das hat er nicht aus sich heraus, das hat er nicht selbst erfunden,* fam *das ist nicht auf s-m Mist gewachsen* || *un amigo* ~ (= uno de sus amigos) *e-r seiner Freunde* || *es tan* ~ *que ... es ist ihm so eigen, daß ...* || *lo* ~ *das Seinige* || *das Zugehörige* || *sein Eigentum* n || *s-e Eigentümlichkeit* f || *s-e Schuld* f || *s-e Verpflichtung* f *(usw)* || *de* ~ *aus freien Stücken, von selbst* || *an und für sich* || *von Natur aus* || *eigentlich* || *im Grunde (od streng-)genommen* || *elegante de* ~ *von angeborener Eleganz* || *insignificante de* ~ *an und für sich belanglos* || *a cada uno lo* ~ *Ehre, wem Ehre gebührt* || *gastar lo* ~ *y lo ajeno* figf *alles verprassen* || *hacer* ~ *sich et aneignen* || *hacer una de las* ~as *(od* hacer la ~a) *nach seinem Kopfe folgen, sein (Un)Wesen treiben* || fam *e-n seiner gewohnten Streiche vollführen* || *no llegar a la* ~a *den kürzeren ziehen, übel davonkommen* || *quedo de V. muy* ~ *(od* ~ atto. y S.S.) *ich verbleibe Ihr sehr ergebener (in Briefschlüssen)* || *salir(se) con la* ~a fam *seinen Willen durchsetzen* || *los* ~s mpl *die Seinigen* || sup: **suyísimo adj *sehr ergeben (in Briefschlüssen)*
△**suzarro** *m Diener, Knecht* m
suzón *m* → **zuzón**
s/v, s/w Abk = **sobre vagón**
svástica, swástica *f Swastika* f, *Hakenkreuz* n (→ **cruz gamada**)
SW Abk = **sudoeste**
swap *m* engl ⟨Com⟩ *Swap* m *(Devisenaustauschgeschäft)* || *acuerdo (de)* ~ *Swap-Abkommen* n
sweater *m* engl = **suéter**
swing *m* engl ⟨Mus⟩ *Swing* m || ⟨Com⟩ *Swing* m, *Swinggrenze* f
switch *m* engl ⟨Com⟩ *Switch* m || *operación* ~ *Switchgeschäft* n
Syllabus *m* ⟨Kath⟩ *Syllabus* m *(Zusammenfassung der kirchlich verurteilten Lehren 1864 & 1907 [Lamentabili sane exitu])*
symposium *m* → **simposio**

T

t (= **te**) *f T* n ‖ hierro (doble) T ⟨Metal⟩ *(Doppel-) T-Eisen* n ‖ viga en T *T-(Eisen-)Träger* m
t. Abk = **tarde** ‖ **también** ‖ **tiempo** ‖ **terminación** ‖ **telegrama**
T. Abk = **talón** ‖ **tara** ‖ **temperatura** ‖ **tensión** ‖ **telegrafía, telegráfico, telegrama** ‖ **título** ‖ **tomó** ‖ **trabajo** ‖ **traductor** ‖ **tren**
¹**ta** int *halt, Achtung!* ‖ *weh! ach!* ‖ ¡∼, ∼! *ei, was!* ‖ *poch! poch! (Klopfen)*
²**ta, tá** pop = **está**
³**ta** pop = **hasta**
⁴△**ta** conj *und* ‖ *wie*
t.ᵃ Abk = **tarifa**
taba *f Sprungbein* n ‖ *Taba-, Knöchel\spiel* n ‖ △*Lüge* f, *Geschwätz* n ‖ ◊ mover (pop menear) las ∼s figf *schnell gehen*, fam *die Beine unter die Arme nehmen* ‖ calentársele a uno las ∼s Chi figf *es eilig mit dem Heiraten haben, heiratslustig sein*
taba|cá *f:* echar una ∼ (PMá) *sich eine genehmigen, rauchen* ‖ **-cal** *m Tabakpflanzung* f ‖ **-calera** *f staatliche span. Tabakfabrik* f ‖ *span. Tabakregie* f ‖ And *Tabakarbeiterin* f ‖ **-calero** adj *Tabak(s)-* ‖ industria ∼a *Tabakindustrie* f ‖ ∼ *m Tabak\bauer* bzw *-händler* m ‖ **-cazo** m Chi *Tabak\lauge, -brühe* f *(als giftiges Getränk)* ‖ **-co** *m (Rauch) Tabak* m ‖ *Tabak\pflanze* f) m (Nicotiana tabacum) ‖ *Zigarette, Zigarre* f ‖ ⟨Agr⟩ *Rotfäule* f ‖ ∼ colorado *heller, bleicher Tabak* m ‖ ∼ cucarachero *roher, unversetzter Schnupftabak* m ‖ ∼ fino, ∼ de calidad *feiner (Havanna-) Tabak* m ‖ ∼ fuerte, flojo *starker, schwacher Tabak* m ‖ ∼ de *(od para)* fumar *Rauchtabak* m ‖ ∼ en hojas *Blättertabak* m ‖ ∼ de *(od para)* mascar *Kau-, Priem\tabak* m ‖ ∼ negro *schwarzer Tabak* m ‖ ∼ ordinario *gemeiner Tabak* m ‖ ∼ picado *geschnittener Tabak* m ‖ *Feinschnitt* m ‖ ∼ de pipa *Pfeifentabak* m ‖ ∼ en *(od de)* polvo, ∼ (de) rapé *Schnupf-, Puder\tabak* m ‖ ∼ en rama *Rohtabak* m ‖ ∼ de regalia *Regaliatabak* m *(feinste Tabaksorte)* ‖ ∼ rubio *heller Tabak* m ‖ ∼ en rollos *Roll-, Strang\tabak* m ‖ ∼ suave *milde Tabaksorte* f ‖ ∼ de Virginia *Virginiatabak* m ‖ clase de ∼ *Tabaksorte* f ‖ (de) color ∼ *tabak\braun, -farben* ‖ cultivo de ∼ *Tabakbau* m ‖ fábrica, hoja, planta de ∼ *Tabak\|fabrik* f, *-blatt* n, *-pflanze* f ‖ humo de ∼ *Tabakrauch* m ‖ monopolio del ∼ *Tabakmonopol* n ‖ olor a ∼ *Tabakgeruch* m ‖ plantación de ∼ *Tabakplantage* f ‖ Compañía Arrendataria de ∻s *span. Tabakregie* f ‖ ◊ se le acabó el ∼ pop *er ist ohne Geld (geblieben)*, fam *bei ihm ist Ebbe* ‖ dar para ∼ (a) figf *jdn tüchtig durchprügeln* ‖ tomar ∼ *(Tabak) schnupfen* ‖ pop *rauchen*
tabacosis *f* ⟨Med⟩ *Tabakstaublunge, Tabakose* f ‖ = **tabaquismo**
taba|coso adj fam *stark schnupfend* ‖ *voll Tabak* ‖ *voller Tabakflecken* ‖ ⟨Agr⟩ *von Rotfäule befallen (Baum)* ‖ **-cuno** adj: voz ∼a *Raucherstimme* f
tabal *m* Sant Ast And *(Sardinen)Tonne* f
taba|lada *f* fam *Auffall* m *(auf den Hintern)* ‖ *Ohrfeige* f ‖ **-lear** vt *hin und her bewegen, schaukeln* ‖ ∼ vi *(auf den Tisch) trommeln (mit den Fingern)*
tabanazo *m* fam *Ohrfeige* f ‖ fam *Schlag* m *mit der Hand*
tabanco *m (Straßen)Bude* f ‖ Am *(Dach-)Boden* m
tabanera *f Ort* m *voller Bremsen*
tábano *m* ⟨Entom⟩ *Bremse* f (Tabanus spp) ‖ figf *lästige Person* f, fam *aufdringlicher Kerl* m, fam *Nervensäge* f
¹**tabanque** *m Tretrad* n *der Töpferscheibe*
²**tabanque** *m (Blumen)Körbchen* n ‖ pop *Bude* f ‖ ◊ levantar el ∼ pop *sein Bündel packen*
tabaque *m Nagel* m *(≈ 3 cm lang)* ‖ → a ²**tabanque**
tabaque|ra *f Tabaksdose* f ‖ *Tabaksbeutel* m ‖ *Pfeifenkopf* m ‖ *Tabakarbeiterin* f ‖ *Tabakhändlerin* f (= **estanquera**) ‖ la ∼ de oro *die goldene Tabakdose* f ‖ **-ría** *f Tabakladen* m ‖ *Zigarrengeschäft* n ‖ Mex *Tabakfabrik* f ‖ → **estanco** ‖ → **tabacalera** ‖ **-ro** adj *Tabak(s)-* ‖ industria ∼a *Tabakindustrie* f ‖ bolsa ∼a *Tabaksbeutel* m ‖ ∼ *m Tabak\händler, -krämer* m ‖ Ven pop *Schnupftuch* n
taba|quillo *m Stäubling, Staubpilz* m ‖ Am *Benennung verschiedener Pflanzen* ‖ **-quismo** *m Tabak-, Nikotin\vergiftung* f ‖ **-quista** *m Tabakkenner* m ‖ *starker Raucher* od *Schnupfer* m
tabardillo *m* ⟨Med⟩ fam *Sonnenstich* m (→ **insolación**) ‖ * *Typhus* m (→ **tifus**) ‖ figf *lästige, aufdringliche Person*, fam *Nervensäge* f
tabardo *m (Art) Mantel* m *der Bauern, Hirten* usw ‖ ⟨Her⟩ *Tappert, Heroldsmantel, Wappenrock* m
tabarra *f* fam *Zudringlichkeit* f ‖ fam *Schwarte* f
tabarro *m* prov ⟨Entom⟩ *Bremse* f (→ **tábano**)
△**tabastorré** adj *(auf)recht*
taber|na *f (Wein)Schenke, Kneipe, Taverne* f ‖ *Gast-, Bier\haus* n ‖ *Branntweinschank* m ‖ ∼s vida de ∼ *Wirtshausleben* n ‖ ◊ frecuentar ∼s *kneipen, bummeln* ‖ ser un poste de ∼ fam *ein Zechbruder sein* ‖ **-náculo** *m Stiftshütte* f *(der Juden)* ‖ *Tabernakel, Sakramentshäuschen* n ‖ ⟨Lit⟩ fig *weibliche Scham* f ‖ joc *Kneipe* f (= **taberna**) ‖ fiesta de los ∼s *Laubhüttenfest* n *(der Juden – Sukkot)* ‖ **-nario** adj fig desp *kaschemmenartig* ‖ *niedrig, gemein* ‖ *Sauf-* ‖ vida ∼a *Wirtshausleben* n ‖ **-nera** *f (Schenk)Wirtin, Wirtsfrau* f ‖ **-nero** *m Schank-, Kneip\wirt* m ‖ *Weinschenk* m ‖ **-nil** adj fam = **nario** ‖ **-nilla** *f* dim v. **-na** ‖ **-nucho** *m elende Kneipe, Winkelschenke, Spelunke, Kaschemme* f ‖ fam *Destille* f
tabes *f* ⟨Med⟩ *Darre, Abzehrung* f, *(Hirn-)Schwund* m ‖ ∼ dorsal *Rückenmarksschwindsucht, Tabes* f *dorsalis* (lat)
tabético *m/adj* ⟨Med⟩ *Tab(et)iker, Tabeskranke(r)* m ‖ ∼ adj *tab(et)isch, tabeskrank*
tabicar [c/qu] vt ⟨Arch⟩ *zumauern, verschlagen* ‖ fig *sperren*
tabicón *m Scheide-, Trenn-, Zwischen\wand* f *(etwa 10 cm stark)*
tabilla *f* dim v. **taba**
tabique *m Fach-, Backstein\wand* f ‖ *Verschlag* m, *Scheide-, Trenn-, Zwischen\wand* f ‖ *Lehmmauer* f ‖ *Brandmauer* f ‖ ∼ corredizo *Schiebewand* f ‖ ∼ nasal ⟨An⟩ *Nasenscheidewand* f
tabla *f (Tisch)Platte* f ‖ *(Eß)Tisch* m, *Speisetafel* f ‖ *Fleischbank* f ‖ *Anschlagtafel* f ‖ *Schwarzes Brett* n ‖ *Brett* n, *Diele* f ‖ *Tafel, Tabelle* f ‖ *seichte Stelle* f *(im Fluß)* ‖ *Register, (Inhalts)Verzeichnis* n ‖ *Gemälde* n *(bes auf Holz)* ‖ *Bildfläche* f *(Perspektive)* ‖ ⟨Sch⟩ *Einmaleins* n ‖ *Kellerfalte, Blatt* n *(e-s Kleides)* ‖ *(Garten)Beet* n, *Rabatte* f ‖ ⟨Chir⟩ *Schiene* f ‖ ∼ de la cama *Bettlade* f ‖ ∼ de dibujo *Reiß-*

brett n ‖ ~ de dividir ⟨Math⟩ *Divisionstabelle* f ‖ ~ de entarimado *Holzdiele* f ‖ ~ hawaiana *Surfing-Brett* n ‖ ~ de intereses *Zinsberechnungstabelle* f ‖ ~ de lavar *Reibbrett* n *(der Wäscherinnen)* ‖ ~ de materias *Inhaltsverzeichnis* n ‖ ~ de mortalidad *Mortalitätstafel, Sterblichkeitstabelle* f ‖ ~ de multiplicar ⟨Math⟩ *Einmaleins* n ‖ ~ de materias *Sachregister* n ‖ ~ de picar ⟨Kochk⟩ *Hack-, Schneide|brett* n ‖ ~ redonda *Tafelrunde* f ‖ los caballeros de la ~ redonda ⟨Lit⟩ *die Ritter von der Tafelrunde* ‖ ~ de salarios *Lohntabelle* f ‖ ~ de salvación fig *Rettung* f ‖ a la ~ del mundo fig *vor aller Augen, öffentlich* ‖ a raja ~ figf *unnachgiebig* ‖ *koste es, was es wolle* ‖ *mit allen Kräften* ‖ ◊ hacer ~ rasa (de) a. *sich über et hinwegsetzen, tabula rasa* (lat) *(od* fam *reinen Tisch) machen* ‖ ser de ~ *gang und gäbe sein* ‖ ~s *pl Schach-, Dame|brett* n ‖ las ~ fig *die Bühne* ‖ las ~ alfonsinas ⟨Hist Astr⟩ *die Alfonsinischen Tafeln* fpl ‖ las ~ de la Ley *die Gesetzestafeln (Mosis)* ‖ ~ logarítmicas *Logarithmentafeln* fpl ‖ ~ votivas *Votivtafeln* fpl ‖ ◊ quedar ~ *patt bleiben (im Schach)* ‖ salir a las ~ fig *auftreten, die Bühne, die Bretter betreten*

tabla|do *m (Bretter)Gerüst* n ‖ *Podium, Parkett* n ‖ ⟨Schau⟩*Bühne, Tribüne* f ‖ *Bettgestell* n ‖ **Schafott* n ‖ **-je** *m Bretterwerk* n, *Bretter* npl ‖ **-jería** f *Fleischbank* f ‖ **-jero** *m Zimmermann* m ‖ *Metzger* m ‖ *Kassierer* m *(der Gebühren von tablados)* ‖ →a **garitero** ‖ **-o** *m* (fam *v.* **tablado)**: ~ flamenco *Flamencobühne* f ‖ **-zo** *m lange, seichte Wasserstrecke* f ‖ **-zón** *f Bretterhaufen* m ‖ *Bretter* npl ‖ ⟨Mar⟩ *Plankenwerk* n
tableado adj: falda ~a *Faltenrock* m ‖ ~ m *Falten* fpl *(am Kleid)*
tablear vt *in Bretter schneiden (Stämme)* ‖ *in Beete abteilen* ‖ *platt schlagen (Eisen)* ‖ *Falten einnähen (in ein Kleid)*
△**tablenar** vt *erreichen*
table|ro *m (Marmor)Platte* f ‖ *Tafel* f ‖ *Tisch|blatt* n, *-platte* f ‖ *Arbeits-, Werk|tisch* m ‖ *Zuschneidetisch* m ‖ *Auslege-, Laden|tisch* m ‖ ⟨Zim⟩ *Füllung* f ‖ ⟨Arch⟩ *Säulenplatte* f ‖ *Tafelfläche* f ‖ ⟨Arch Tech⟩ *Feld* n ‖ *Spiel-, Würfel-, Dame-, Schach|brett* n ‖ *Spiel|bank, -hölle* f ‖ *Spieltisch* m ‖ *Nummernschild* n ‖ *(hölzerne) Wand-, Schul|tafel* f ‖ ⟨Agr⟩ *Beete* npl ‖ ~ de anuncios *Anschlagbrett* n ‖ *Schwarzes Brett* n ‖ ~ de damas *Damebrett* n ‖ ~ de dibujo *Zeichen-, Reiß|brett* n ‖ ~ de ebonita *Ebonitplatte* f ‖ ~ de instrumentos *Armaturenbrett* n ⟨& Flugw⟩ ‖ ~ de mando *Schalt|brett* n, *-tafel* f ‖ ~ de viruta *Holzspanplatte* f ‖ ~s *pl* ⟨Taur⟩ = **barrera** ‖ **-stacado** *m* ⟨Arch⟩ *Spundwand* f ‖ **-ta** *f* dim *v.* **tabla** ‖ *(Parkett)Diele* f ‖ *(Schokoladen)Täfelchen* n bzw *-Tafel* f ‖ ⟨Pharm⟩ *Tablette, Pastille* f, *Plätzchen* n ‖ ⟨Med⟩ *Beinschiene* f ‖ ~ de aspirina *Aspirintablette* f ‖ ~ de sacarina *Saccharintablette* f ‖ ~s de los leprosos, ~s de San Lázaro ⟨Hist⟩ *Klapper* f *der Aussätzigen* ‖ **-teado** *m Geklapper* n ‖ **-teante** adj *klappernd, lärmend, krachend* ‖ *stürmisch (Beifall)* ‖ **-tear** vi *klappern* ‖ *krachen (Donner)* ‖ *knattern (Maschinengewehre usw)* ‖ **-teo** *m Geklapper* n ‖ *Geknatter* n ‖ ~ de la cigüeña *Klappern* n *des Storchs* ‖ ~ del trueno *Krachen* n *des Donners*

tabli|lla *f* dim *v.* **tabla** ‖ *(Schokoladen)Täfelchen* n ‖ ⟨Pharm⟩ *Tablette, Pastille* f ‖ ⟨Med⟩ *Beinschiene* f ‖ *Bruchschiene* f ‖ *Ankündigungstafel* f, *Anschlagbrett* n ‖ *Namenverzeichnis, Register* n ‖ ~ de precios *Preis|verzeichnis* n, *-liste* f ‖ ~s de San Lázaro → **tableta** ‖ ◊ poner una ~ *anschlagen (e–e Bekanntmachung)* ‖ **-ta** *f* dim *v.* **tabla**
tabloide *m* Am *Boulevardzeitung* f
tablón *m Bohle, Diele* f, *starkes Brett* n ‖ Am *(Blumen)Beet* n ‖ ◊ coger un ~ pop *sich betrinken*, pop *saufen* ‖ → **tablero** ‖ dim: **~cillo** *m*: ⟨Taur⟩ fam *oberster Sitzplatz* m *(in der Stierkampfarena)* ‖ pop *Abortsitz* m
Tabor *m (Berg) Tabor* m *(Israel)*
tabor *m marokkanische Truppeneinheit* f *(etwa zwei Infanteriekompanien und Reiter) des span. Heeres*
tabora *f* Sant *Moor* n, *Morast, Sumpf* m (→ **cenagal**)
taborita m/adj *Taborit* m *(Hussitensekte)*
tabú *[pl* **-úes)** *m Tabu* n (& fig)
tabuco *m elende Bude* f, fam *Loch* n
tabula|dor *m Tabulator* m *(Kolonnen- und Spalten|steller e–r Schreibmaschine)* ‖ **-dora** *f Tabelliermaschine* f *(Lochkartentechnik)*
tabu|lar vt *tabellieren* ‖ ~ adj *brettförmig* ‖ ⟨Min⟩ *taf(e)lig* ‖ **-latura** *f* ⟨Mus⟩ *Tabulatur* f
taburete *m runder (niedriger) Sessel, Schemel, Hocker* m, schw *Taburett* n ‖ ~ del bar *Bar|-schemel, -hocker* m ‖ ~ eléctrico ⟨Phys⟩ *Isolierschemel* m ‖ ~ giratorio *Drehschemel* m ‖ ~ de piano *Klavierstuhl* m ‖ ~ plegadizo, plegable, de tijera *Klappstuhl* m
tac, tac onom *tack, tack*
taca *f kleiner Wandschrank* m ‖ *Gußplatte* f ‖ *Fleck(en)* m ‖ ⟨Zool⟩ *Chi (eßbare) Venusmuschel* f (Venus dombeyi)
taca|ñear vi *knausern, knickern* ‖ **-ñería** *f Knauserei* f ‖ **-ño** adj *hinterlistig* ‖ *knauserig, karg* ‖ ~ *m Knauser, Knicker, Geizhals* m ‖ * = **bellaco**
tacataca *m* fam *Laufstühlchen* n *(für Kinder)*
tacín *m Wäschekorb* m
tacita *f* dim *v.* **taza**: *Täßchen* n ‖ como una ~ de plata fig *blitzsauber* ‖ fig *sehr nett, niedlich, rein*
táci|tamente adv *still* ‖ ◊ reconocer ~ *stillschweigend anerkennen* ‖ **-to** adj *still, ruhig, schweigsam* ‖ ⟨Jur⟩ *stillschweigend (Bedingung)* ‖ *Tácito* m np *Tacitus* m
tacitur|nidad *f Schweigsamkeit, Verschlossenheit* f ‖ **-no** adj *schweigsam, wortkarg, verschlossen* ‖ fig *trübsinnig, düster, schwermütig*
ta|co *m Pflock, Stock, Zapfen* m ‖ *Dübel* m ‖ *Billardstock* m ‖ ⟨Mil⟩ *Ladestock* m ‖ *Knall-, Holunder|büchse* f *(der Kinder)* ‖ *Faßspund* m ‖ *Schuhabsatz* m ‖ *Papierblock* m *(e–s Abreißkalenders)* ‖ fig *leichter Imbiß* m ‖ fam *Fluch* m ‖ fam *Wirrwarr* m ‖ △*Rülpsen* n ‖ *aire de* ~ pop *keckes Benehmen* n ‖ *Dreistigkeit* f ‖ ◊ soltar un ~ *e–n Fluch ausstoßen* ‖ ~s *pl* pop *(oft:)* = **tacones** ‖ ◊ echar ~ figf *fluchen, schelten* ‖ pop *neue Absätze aufbringen* ‖ **-cógrafo** *m Tachygraph* m ‖ ⟨Aut⟩ *Fahrtenschreiber* m ‖ **-cómetro** *m Tachometer* m ‖ →a **cuentakilómetros** ‖ **-cón** *m (Schuh, Stiefel)Absatz* m, *Hacke* f ‖ ⟨Typ⟩ *Bogenspanner* m ‖ ~ de goma *Gummiabsatz* m ‖ ~ alto, ~ de señora *hoher Absatz, Damenabsatz* m
taco|nazo *m Fußtritt* m ‖ ⟨Mil⟩ *Zusammenschlagen* n *der Hacken* ‖ ◊ dar un ~ ⟨Mil⟩ *die Hacken zusammenschlagen* ‖ **-near** vi *(mit dem Absatz) stark auftreten, aufstampfen* ‖ **-neo** *m Aufstampfen* n *(beim Tanzen, beim Gehen)*
tactar vt ⟨Med⟩ *(be)tasten, austasten, touchieren*
táctica *f Taktik* f (& fig) ‖ fig *Verfahren, Vorgehen* n ‖ fig *Vorsicht, Politik* f ‖ ~ aplicada *angewandte Taktik* f ‖ ~ dilatoria *Verzögerungs-, Verschleppungs|taktik, -politik* f ‖ ~ naval ⟨Mar⟩ *Seetaktik* f ‖ ◊ obrar con ~ *vor-, um|sichtig vorgehen* ‖ fam *diplomatisch handeln*
táctico adj ⟨Mil⟩ *taktisch* ‖ error ~ *taktischer Fehler* m ‖ ~ *m* ⟨Mil⟩ *Taktiker* m ‖ fig *(geschickter) Diplomat* m
táctil adj *befühl-, betast|bar* ‖ *taktil, Tast-* ‖ impresiones ~es *Tastempfindungen* fpl

tactismo m ⟨Biol⟩ *Reaktionsbewegung* f *(auf äußeren Reiz)* → **tropismo**
tacto m *Gefühl* n. *Gefühls-, Tast|sinn* m ‖ *Befühlen, Betasten* n ‖ ⟨Med⟩ *Austasten, Touchieren* n ‖ fig *Takt* m, *Anstandsgefühl* n ‖ con ~ *taktvoll* ‖ sin ~, desprovisto de ~, falto de ~ *taktlos* ‖ falta de ~ fig *Taktlosigkeit* f ‖ órgano del ~ *Tastwerkzeug* n
tacua|cín m MAm Mex ⟨Zool⟩ = **zarigüeya** ‖ **-co** adj Chi *klein und untersetzt (Person)*
tacuara, tacuará f: (caña) ~ Arg ⟨Bot⟩ *(Art) Riesenbambusrohr* n (Chusquea tacuara) ‖ *Bambusstab* m *der Gauchos*
△**tacue** pron *du* ‖ *dir* ‖ *dich*
tacurú m Arg Par *(alter) Ameisen|haufen, -hügel* m
tacha f *Fehler* m, *Gebrechen* n, *Unvollkommenheit* f ‖ *Tadel* m, *Rüge* f ‖ *Anschuldigung* f ‖ *kleiner Nagel* m ‖ *großer Reißnagel* m ‖ sin ~ *tadel-, makel|los* ‖ caballero sin miedo y sin ~ *Ritter* m *ohne Furcht und Tadel* ‖ géneros sin ~ ⟨Com⟩ *fehlerfreie Waren* fpl ‖ ◊ poner ~ (a) *et auszusetzen haben* (an dat)
tacha|do adj *gestrichen* ‖ *getadelt* ‖ fig *übel beleumdet* ‖ **-dura** f *Ausstreichen* n ‖ *Streichung* f
tachar vt *(aus)streichen* ‖ *auslöschen* ‖ *bemängeln, aussetzen (Fehler)* ‖ *vorwerfen, tadeln* ‖ fig *beschuldigen, rügen* ‖ ⟨Jur⟩ *verwerfen (Zeugen)* ‖ *beanstanden* ‖ ◊ ~ de ligero (a) *als leichtsinnig rügen*
tachero m Am *Spengler* m
△**tachescar** [c/qu] vt *werfen*
tacho m Am *Blechtopf, Kessel* m ‖ *Sudpfanne* f *(der Zuckersiedereien)* ‖ Am *Blech* n ‖ Arg Pe *Mülleimer* m ‖ ◊ echar al ~ Arg pop *zum Teufel schicken*
tachón m *(Durch)Strich* m ‖ = **tachadura** ‖ *Tresse, Borte* f ‖ ⟨Typ⟩ *Gedankenstrich* m ‖ *Polster-* bzw *Zier|nagel* m
tacho|nar vt *mit (Gold)Tressen besetzen* ‖ *mit Ziernägeln beschlagen* ‖ firmamento **-nado** de estrellas *sternbesäter Himmel* m ‖ **-so** adj *fehlerhaft*
tachuela f *Zwecke* f, *Reißnagel* m ‖ *Schuhnagel* m ‖ *Tapezier-, Zier|nagel* m ‖ pop *Knirps* m
taday pop Sant = **quita de ahí**
TAF Abk = **Tren Automotor Fiat**
tafanario m fam *der Hintere* m
tafetán m *Taft* m ‖ ~ inglés *Englisch-, Heft|pflaster* n ‖ **~es** mpl figf *festliche Damenkleidung* f
tafia f *Zuckerrohrschnaps* m
tafilete m → **marroquín** ‖ encuadernación en ~ *Maroquineinband* m
***tafurería** f = **tahurería** ‖ Ordenamiento de ~s *Gesetzessammlung* f *über das zugelassene Glücksspiel (von 1261)*
tagalo adj *tagalisch* ‖ ~ m *Tagale* m
tagarete m Arg *Bächlein* m
tagar|nina f fam *schlechte Zigarre* f, joc *Stinkadores* f ‖ **-no** m Mex ⟨Mil⟩ *Kommißbrot* n
tagarote m pop *großer, langer Mann* m, fam *Hopfenstange* f, fam *langer Lulatsch* m ‖ fam *adliger Hungerleider* m ‖ fam *(Notar)Schreiber* m
△**tagelar** vt *zer|reißen, -fetzen*
tagua f ⟨Bot⟩ *Steinnußpalme* f (Phytelephas macrocarpa) ‖ *Steinnuß* f ‖ Chi ⟨V⟩ *Chilenisches Bläßhuhn* n (Fulica chilensis)
tahalí [pl **-íes**] m ⟨Mil⟩ *Wehrgehänge* n ‖ *Säbel-, Degen|koppel* n/f ‖ *Schulter|riemen* m, **-gehenk** n ‖ ⟨Kath⟩ *(ledernes) Reliquienkästchen* n
taheño adj prov *rot|bärtig, -haarig*
Tahití ⟨Geogr⟩ *Tahiti (Insel)*
taho|na f *Roßmühle* f ‖ *Bäckerei* f, *Bäckerladen* m ‖ Am *Pochwerk* n ‖ **-nero** m *Roßmüller* m ‖ *Bäcker* m

tahua f Am = **tagua**
tahúr m *(Gewohnheits)Spieler* m ‖ *Falschspieler* m
tahurería f *Spielhölle* f ‖ *Betrug* m *(im Spiel), Mogelei* f ‖ *Spielwut* f *(der Glücksspieler)*
taifa f *Partei(ung)* f ‖ figf *Bande* f, *Gesindel, Pack* n ‖ los reinos de ~s Span *die Teilreiche, die Taifas (nach 1031)* ‖ ¡qué ~! fam *was für ein Pack!*
taiga f *Taiga* f *(Waldgebiete südlich der Tundra)*
tailand|és adj/s *thailändisch* ‖ ~ m *Thailänder* m ‖ **~dia** f *Thailand* n
tai|mado adj/s *(hinter)listig, ver|schmitzt, -schlagen, schlau, gerieben* ‖ **-mería** f *Schlauheit, Abgefeimtheit, Geriebenheit, Verschmitztheit* f
tai|ta [dim **-tita**] m *Vater* m, fam *Vati,* ⟨Kinds⟩ *Tate* m ‖ ~ cura Arg pop *Herr Pfarrer* m ‖ **-tón** m Cu *Großvater* m
¹**taja** f *(Ein)Schnitt* m ‖ *Schild* m
²**taja** f León *Reibbrett* n *(der Wäscherinnen)*
taja|da f *Schnitz* m, *Schnitte, Scheibe* f *(Fleisch, Melone usw)* ‖ fam *Rausch* m, *Trunkenheit* f, fam *Blausein* n ‖ ~ de jamón, ~ de tocino *Schinken-, Speck|schnitte* f ‖ media ~ figf *Schwips* m ‖ ◊ cortar ~s (a de) en *in Scheiben schneiden (Brot)* ‖ hacer ~s a uno pop *jdn in Stücke hauen (als Drohung)* ‖ **-dera** f *Wiegemesser, (Käse-)Messer* n ‖ → **cortafrío** ‖ **-dilla** f dim v. **-da**: fam *Schwips* m ‖ *(Zitronen)Scheibe* f ‖ ⟨Kochk⟩ *kalter Aufschnitt* m ‖ **-dor** m *Hackklotz* m ‖ **-dora** f *Hack-, Fleisch|messer* n ‖ *Schrothammer* m ‖ **-duras** pl *Schnitzel* npl ‖ **-mar** m ⟨Mar⟩ *Schaft, Scheg* m ‖ *Wellenbrecher, (der Brücke), Brückeneisbrecher, Pfeilerkopf* m ‖ △ *(Küchen)Messer* n ‖ Chi *Uferdamm, Kai* m ‖ Arg *Schleuse* f ‖ Arg *Stauwasser* n
tajante adj *schneidend, bissig, scharf (Wort)* ‖ *endgültig, resolut, kategorisch* ‖ Am *spitz, scharf (Nase)* ‖ ~ m prov *Schlachter* m
tajar vt *(ab)schneiden* ‖ *durch-, auf-, zu-, ein|schneiden* ‖ *(auf)hauen (Feilen)*
tajear vt Am = **tajar**
tajo m *(Ein)Schnitt* m ‖ ⟨Fecht⟩ *Hieb* m *(von rechts nach links)* ‖ *Hiebwunde* f ‖ *Narbe* f ‖ *(Studenten spr.)* *Schmiß* m ‖ *Schmarre* f *(Messer)Schneide* ‖ *Holz-, Hack-, Fleisch|klotz* m ‖ *Hackbrett* n ‖ **Richtblock* m ‖ *dreibeiniger Schemel* m ‖ *steiler Fels* m ‖ *Steilhang* m ‖ *Klippe* f, *Felsenriff* n ‖ *Schlucht* f, *(Gelände-)Einschnitt* m ‖ *(Arbeits)Schicht* f ‖ *Tagewerk* n, *Arbeit* f ‖ fam *Arbeit, Aufgabe* f, fam *Job* m (engl) ‖ fam *Wasch-, Reib|brett* n *der Wäscherinnen* ‖ ⟨Bgb⟩ *Abbau* m ‖ ⟨Arch⟩ *Baugrube* f ‖ Am *Grube, Höhle* f ‖ Col Ven *Saumpfad* m ‖ ◊ dar **~s** *Hiebe austeilen* ‖ *ir al (bzw estar en el)* ~ figf *arbeiten gehen (bei der Arbeit sein*, fam *schuften)*
Tajo: el ~ *der Tajo (Fluß)* ‖ *Schlucht* f *in Ronda* (PMá)
tajón augm v. **tajo** ‖ *Hackklotz* m *(für Fleisch)* ‖ △ *Kneipe* f
taje|la f prov *Waschbank* f ‖ **-lo** m dim v. **tajo** ‖ *(Sitz)Schemel, Dreifuß* m
tajugo m Ar ⟨Zool⟩ *Dachs* m (→ **tejón**)
△**tajuñí** f *Kiste* f ‖ *Kästchen* n
taju|rear vi PR *betrügerisch handeln* ‖ fam *übers Ohr hauen* ‖ **-reo** m PR *Betrug* m, *List* f
¹**tal** adj/adv (& s) *solcher, solche, solches* ‖ *der und der, soundso* ‖ *gewisser, gewisse, gewisses* ‖ *besagt, derartig, dergleichen, so groß* usw
1. k o r r e l a t i v: ~ cual *hie und da e–r* ‖ *hie und da e–e, einige, wenige* ‖ (eben)*so wie* ‖ *soso, mittelmäßig* ‖ ~ cual es *so wie er (sie, es) ist* ‖ ~ cual vez Am *ab und zu* ‖ acabará ~ cual había vivido *er wird so enden, wie er gelebt*

hat || ~ para cual *pop e–r wie der andere* || ~ por cual *mehr oder weniger, annähernd*
  2. Gleichheit, Ähnlichkeit, Größe: ~ cosa no se ha visto nunca *et derartiges (dergleichen) ist noch nie dagewesen* || ~ falta no la puede cometer un hombre ~ *e–n so großen Fehler kann ein solcher Mann nicht begehen*
  3. annähernde Angabe, Ausdruck der Verlegenheit: a ~ y ~ *unter der und der Bedingung* || ~ y ~ dies und das || y ~ y ~ *und so und so* || *und so weiter, und so fort* || ~es y ~es *die und die* || allerhand ~ hemos visto ~es y ~es cosas *wir haben dies und jenes gesehen* || ~ vez venga *vielleicht kommt er* || *(es) mag sein, daß er kommt* || en ~ parte *da und da, irgendwo* || en ~es condiciones *unter solchen Bedingungen* || wenn die Lage so ist || *in e–r solchen Situation* || como si ~ cosa *mir nichts, dir nichts* || *mit äußerster Leichtigkeit* || *mit der größten Gelassenheit*
  4. demonstrativ: ~ hombre *so ein Mensch* || ~ cosa *so etwas* || ~ fin tuvo su vida *ein solches Ende nahm sein Leben* || no haré yo ~ *das werde ich nicht tun* || no conozco a ~ hombre d(ies)en *Mann kenne ich nicht* || el ~ *der erwähnte, der besagte, dieser* || *jener, gedachte(r)* || ein solcher, *so e–e(r)* || una ~ *e–e gewisse* || euph *„so e–e"*, *e–e von der gewissen Sorte* (= *e–e Dirne*) || ese ~ *derselbe* || con una vehemencia ~ que ... *so heftig, daß* ... || de ~ modo *solchergestalt* || en ~ caso *in diesem Falle* || por ~ *deswegen* || no hay ~ *dem ist nicht so, das stimmt nicht* || fam *k–e Spur* || para vencerlo, no hay ~ como halagarlo *Schmeicheln ist der beste Weg, um ihn zu besiegen*
  5. unbestimmtes Fürwort: ~ habrá que lo diga *es wird viele geben, die so sagen* || uno ..., otro ..., ~ otro ... *der e–e* ..., *der andere* ..., *der dritte* ...
  6. mildernd: ¡hijo de ~! *für* ¡hijo de puta!
  7. bei Eigennamen: un ~ Ferrer *ein gewisser Ferrer* || fulano de ~, el señor ~ *Herr Soundso, Herr Dingsda* || fulano de ~ y zutano de cual pop *Herr X und Herr Y*
  8. Verstärkung der Aussage: si ~ *jawohl* || no ~ *mitnichten, keineswegs* || *das (wohl) nicht* || *nein!* || y ~ *natürlich, das glaube ich* || *das will ich meinen* || *und so weiter, und so fort*
  9. in bindewörtlichen Verb.: con ~ (de) que *vorausgesetzt, daß* || *unter der Bedingung, daß* || *wenn nur* || con ~ (de) que no lo digas a nadie, te lo revelaré *unter der Bedingung, daß du es niemandem sagst, werde ich es dir verraten* || ~ que (subj) pop *als ob*
  ²**tal** adv *so, auf diese Weise, derartig* || **wie (bei Vergleichen)* || ~ me habló que no supe qué responderle *er sprach so zu mir, daß ich nicht wußte, was ich antworten sollte* || ~ se me figura, ~ tengo para mí *es kommt mir so vor* || ~ se me antoja *es kommt mir so vor* || *das will ich (haben)* || ~ y como tú quieres *genau so, wie du willst* || así como ..., ~ ... *so wie* ..., *so (auch)* ... *(bei Vergleichungen)* || ¿qué ~ (su hermano)? *wie geht's (Ihrem Bruder)?* || ¡qué ~! pop *so ist es!* || ¿qué ~ le parece la función? *wie gefällt Ihnen die Vorstellung?*
  ¹**tala** *f* Fällen, Schlagen n *(der Bäume)* || *(Holz-)* Schlag m || Abschlag, Abhieb m *(im Walde)* || Beschneiden n *(der Bäume)* || Tala-, Klipperspiel n *(der Kinder)* || Holzschlegel m || ⟨Mil⟩ Baumsperre f || ~ indiscriminada *Raubbau m (in der Forstwirtschaft)*
  ²**tala** *f* Arg ⟨Bot⟩ Zürgel-, Tala|baum m (Celtis tala)
  talabar|te *m (Degen)* Koppel n/f || Wehrgehänge n || Leibriemen m || **–tería** *f* prov Riemer-, Sattler|geschäft n || **–tero** *m* Riemer, Gürtler, Sattler m

△**talabosa** *f* Wäsche f
  talabricense adj/s *aus Talavera de la Reina* (PTol)
  talacho *m* Mex Hacke f (→ **azada**)
  talador *m* Holzfäller m
  tala|drado *m* ⟨Tech⟩ Bohren n || **–drador** *m* Bohrarbeiter, Bohrer m || Bohrer m *(Gerät)* || **–dradora** *f* Bohrmaschine f || ~ automática Bohrautomat m || ~ neumática Preßluftbohrmaschine f || **–drante** adj *schneidend, schrill (Ton)* || ⟨Med⟩ bohrend *(Schmerz)* (= **terebrante**) || scharf *(Blick)* || **–drar** vt *(durch)bohren* || *lochen, bohren* || fig *durchschauen (Problem, Absicht)* || ◊ ~ el billete *die Fahrkarte lochen* || ~ los oídos fig *den Ohren weh tun (ein schriller Ton)* || **–drina** *f* ⟨Tech⟩ Bohr|öl n bzw –flüssigkeit f || **–dro** *m* Bohrer m *(Gerät)* || Bohrloch n || ⟨Entom⟩ Borken- bzw Bohr- bzw Holz|wurm, -käfer m (Ips spp, Xyleborus spp, Blastophagus spp, Dendroctonus spp *usw*) || aguja con ~ ⟨Web⟩ Lochnadel f || ~ de pecho *Brust|leier* f, -bohrer m
  talaje *m* Arg *abgeweidetes Gelände* n || Chi Weiden n || Chi Weidegeld n || Mex Hond ⟨Zool⟩ *parasitäre Milbe* f (Ornithodorus talaje)
  tálamo *m* ⟨Lit⟩ Braut-, Ehe|bett n || Ehe f || Eheband n || ⟨Bot⟩ Blüten-, Frucht|boden, Thalamus m || ⟨An Zool⟩ Sehhügel, Thalamus m
  talán *m*: ¡~! ¡~! *bim bam! (Glockengeläute)*
  △**talan|que** *m* Bude f || ◊ levantar el ~ *fortziehen* || **–quera** *f* ⟨Taur⟩ Bretterwand f || Bretter-, Planken|zaun m || Schranke f, Schutz m || fig Zuflucht(sort m) f || de(sde) la ~ figf *vom sicheren Ort aus*
  talante *m* Art und Weise, Beschaffenheit f || Wesen n || Charakter m || Zustand m || Laune, (Gemüts)Stimmung f || Aussehen, Äußere(s) n || ◊ estar de buen (mal) ~ *gut (schlecht) gestimmt, gelaunt sein* || respondió de mal ~ *er antwortete barsch*
  ¹**talar** vt *fällen (Bäume)* || *beschneiden, ausästen (Bäume)* || *(Äste) abschlagen* || *ab|holzen, -forsten (Gelände)* || fig *ver|heeren, -wüsten* || fig *niederwalzen*
  ²**talar** adj *haubar, schlagbar (Wald)*
  ³**talar** adj: *lang, schleppend (Kleid)* || (alas) ~es *Fersenflügel, Flügelschuhe mpl (Merkurs)* || (traje) ~ Talar m *(Priesterkleid, Amtstracht)*
  ⁴**talar** *m* Arg Wald m *von Talabäumen* (→ ²**tala**)
  △**talarar** vi *anmelden* || *anziehen*
  talaso|cracia *f* ⟨Geol⟩ Thalassokratie f || **–terapia** *f* ⟨Med⟩ Behandlung f *durch Seebäder*
  Talavera: artículos de ~ *Porzellanwaren* fpl *aus Talavera de la Reina* (PTol) || ~**no** adj *aus Talavera*
  talaya *f* León ⟨Bot⟩ Jungeiche f (→ **roble**)
  talayotes mpl *balearische Megalithdenkmäler* npl, Talayots pl
  talca *f* Chi Donner m (→ **trueno**) || ~ cahuate *m* Mex = **cacahuete**
  talco *m* Talk(stein) m || Schneiderkreide f || polvos de ~ Talk(puder) m, Talkum n || ◊ espolvorear con ~ *talkumieren*
  talcualillo adj/adv fam *mittelmäßig, soso* || *so lala, einigermaßen* || ◊ ando ~ figf *es geht mir (gesundheitlich) nicht sehr gut*, fam *es geht mir so lala*
  taled *m* Tallit m *(jüdischer Gebetsmantel)*
  tale|ga *f* Beutel m || *Haarbeutel m || figf Reichtum m, Vermögen, Geld n || figf ⟨Kath⟩ *zu beichtende Sünden* fpl || **–gada** *f* Sackvoll m || Al Nav fig = **–gazo** (fig) || **–gazo** *m* Schlag m *mit e–r talega* || figf Hinschlagen n, fam Plumps *(-er)* m || **–go** *m (Leinwand)*Sack m || Geld|sack m || fig *plumper Mensch* m || **–guilla** *f* dim v. **–ga** || ⟨Taur⟩ *(Parade)Hose* f *des Stierfechters* || ~ de la sal fam Geld n *für die täglichen Ausgaben*
  talen|tazo *m* augm. v. **–to** || pop Riesentalent

n ‖ **-to** *m Begabung* f, *Talent* n, *Geistesgabe* f ‖ *(Natur)Anlage, Fähigkeit* f ‖ ⟨Hist⟩ *Talent* n *(Münze & Gewicht)* ‖ ~ artístico *Kunstsinn* m ‖ ~ oratorio *Rednergabe* f ‖ la parábola de los ~s *das Gleichnis von den (anvertrauten) Pfunden (Bibel)* ‖ ◊ dotado de ~ *talentiert, begabt* ‖ tener ~ para la música *musikalisch sein* ‖ no tiene ~ para ello *er hat kein Talent dazu* ‖ **-toso, -tudo** *adj begabt, talentvoll, talentiert*
△**talequillo** *m Schlange* f
tale|razo *m Arg Peitschenhieb* m ‖ **-ro** *m Arg kurze, dicke Peitsche* f
tálero *m Taler* m *(Münze)*
talético *adj auf den Philosophen Thales bezüglich*
TALGO Abk = **Tren Articulado Ligero Goicoechea Oriol**
Talía *f* ⟨Myth⟩ *Thalia* f
Talia *f* pop = **Natalia**
talidomida *f* ⟨Pharm Med⟩ *Thalidomid* n *(z.B. im Contergan)*
talín *m* Sant ⟨V⟩ = **tarín**
talingo *m Pan Neger* m
talio *m* ⟨Chem⟩ *Thallium* n
talión *m* ~: ley del ~: "ojo por ojo y diente por diente" *Gesetz* n *der Vergeltung, Talion* f: „*Auge um Auge, Zahn um Zahn*" *(Exodus 21, 24)*
talismán *m Talisman* m
talma *f (Art) Palatine* f, *Frauenmantel* m ‖ *Pelz-, Feder|umhang* m ‖ *(Art) Herrenpaletot* m
talmente *adv dergestalt, so(lcherart) ‖ sozusagen ‖ genau, gleich ‖ vielleicht ‖ ¡~ su madre!* pop *das Ebenbild seiner Mutter!*
Tal|mud, talmud *m Talmud* m ‖ **÷múdico** *adj talmudisch ‖ ÷mudista* *m Talmudist, Kenner* m *des Talmud* ‖ ~ *adj talmudistisch* ‖ fig pej *buchstabengläubig, am Wortlaut klebend*
¹**talo** *m* ⟨Bot⟩ *Thallus* m
²**talo** *m* Al Nav Sant Vizc ⟨Kochk⟩ *Maisfladen* m
talocha *f* ⟨Arch⟩ *Reibebrett* n
talofitas *fpl* ⟨Bot⟩ *Lagerpflanzen* fpl, *Thallophyten* mpl (Thallophyta)
talón *m Ferse* f ‖ *(Strumpf)Ferse* f ‖ *(Hinter-)Kappe* f *(Schuh)* ‖ *(Schuh)Absatz* m ‖ *Hufknorpel* m ‖ *Frosch* m *(am Geigenbogen)* ‖ ⟨Com⟩ *Talon, Kupon* m ‖ *(Zins)Abschnitt* m ‖ *Zins|erneuerungsschein, -stock* m ‖ *Stammblock* m *(von Registern)* ‖ *Gepäck-, Güteraufgabe|schein* m ‖ *Währung* f, *Währungstyp, Standard* m ‖ ⟨Arch⟩ *Kehlleiste* f ‖ ⟨Agr⟩ *Sohle, Nase* f *(am Pflug)* ‖ ⟨Aut⟩ *Reifenwulst* m/f ‖ ~ de contrato *Schlußschein* m *(Börse)* ‖ ~ de entrega *Lieferschein* m ‖ ~ de hipoteca *Pfandbrief* m ‖ ~ metálico (bes Am) *Metallwährung* f ‖ ~ de renovado *Erneuerungsschein* m ‖ ~ de transporte aéreo *Luftfrachtbrief* m ‖ ◊ apretar *(od* levantar, mostrar) los ~es figf *Fersengeld geben* ‖ pisar los ~es (a) figf *jdm auf den Fersen sein*
△**talona** *f Kneipe* f
talo|nario *adj Kupon- ‖ Quittungs- ‖ Abreiß-* ‖ (libro) ~ *Kuponheft* n ‖ ~ *m Quittungs-, Kupon|buch* n ‖ *Scheckbuch* n ‖ *Abschnitt-, Abreiß|block* m ‖ *Stamm|register* n, *-block* m ‖ ~ de bonos *Zinsschein-, Kupon|bogen* m ‖ ~ de cheques *Scheck|heft, -buch* n ‖ ~ de entrega *Lieferscheinbuch* n ‖ ~ de recibos *Quittungs|block* n, *-buch* n ‖ matriz del ~ *Kontrollabschnitt* m ‖ **-near** vi fam *rasch gehen* ‖ *(ziellos) umherirren* ‖ vt *(das Pferd) mit den Fersen anspornen* ‖ **-nera** *f Kappenverstärkung* f *(am Schuh)* ‖ △**-nero** *m Gastwirt* m
△**talorante** *m Bewohner* m
△**talororé** *m (Talar)Kleid* n
talpa *f* lat *wiss. Name des Maulwurfs* (→ **topo**) ‖ ~**(ria)** *f* ⟨Med⟩ *Speckbeule* f *im Kopfgewebe*
¹**talque** *m (feuerfeste) Töpfererde* f
²**talque** pron indef* & prov *jemand* (= **alguno**)
taltu|sa, -za *f* Am ⟨Zool⟩ *Taschenratte* f (Geomys spp) ‖ vgl **andaraz**
talud *m Böschung, Abdachung* f ‖ *Rampe* f ‖ ⟨Hydr⟩ *Dammbrust* f ‖ ~ interior *(de revés)* ⟨Mil Fort⟩ *Schulter- (Rücken)wehr* f
talvina *f Mandelmilchbrei* m
talweg *m* ⟨Geol⟩ *Talweg* m
¹**talla** *f Schnitzwerk* n, *Bildhauerarbeit* f ‖ *Holzbildhauerei* f ‖ *(Körper)Wuchs* m, *Figur, Statur, Gestalt, Größe* f ‖ *Größe* f *(Konfektionsmaß)* ‖ *Prägemaß* n, *Münzfuß* m ‖ *Veranlagung* f ‖ fig *Gewinn, Nutzen* m ‖ ~ dulce *Kupfer|stich, -druck* m ‖ media ~ *Halbrelief* n ‖ a media ~ fig *oberflächlich* ‖ de ~ *geschnitzt (Figur)* ‖ fig *groß, hervorragend* ‖ de poca *(od* escasa) ~ *von kleinem Wuchs (Person)* ‖ fig *unbedeutend (Person)* ‖ de la ~ de *so groß wie* ‖ ◊ dar la ~ ⟨Mil⟩ *tauglich sein* ‖ figf *geeignet sein, die notwendigen Voraussetzungen erfüllen (Person)* ‖ poner ~ (a) *(auf jds Kopf) e-n Preis setzen* ‖ aumenta doscientas pts. por ~ *jede weitere Größe zweihundert Peseten teuerer (Kleidungsstücke usw)*
²**talla** *f* And *(Kühl)Krug* m
³**talla** *f* ⟨Mar⟩ *Talje* f, *Flaschenzug* m, *Hebezeug* n
talla|do pp/adj *geschnitzt* ‖ *geschnitten* ‖ *gemeißelt* ‖ *gewachsen, gebaut* ‖ bien (mal) ~ *gut (schlecht) gewachsen, schön (schlecht) gebaut* ‖ ~ en mármol *in Marmor gemeißelt* ‖ ~ *m Schnitz|arbeit* f, *-werk* n ‖ *Schneiden* n *(von Gewinden usw)* ‖ **-dor** *m Kupferstecher, Graveur* m ‖ *Kerbschnitzer* m ‖ **-dura** *f Einkerbung* f
¹**tallar** vt/i *(in Holz) schnitzen* ‖ *einschneiden* ‖ *einkerben* ‖ *stechen, radieren (in Kupfer usw)* ‖ *(ab)schätzen, (be)werten* ‖ *jds (Körper)Größe messen* ‖ *schleifen (Edelsteine)* ‖ *(ab)messen (die Höhe)* ‖ ⟨Mil⟩ *unter das Maß stellen* ‖ ⟨Kart⟩ *abziehen, die Bank halten* ‖ Arg Chi *plaudern* ‖ ◊ ~ en piedra *in Stein meißeln* ‖ ~ piedras preciosas *Edelsteine schleifen* ‖ ~ roscas *Gewinde schneiden*
²**tallar** *adj schlagbar (Wald)* ‖ ~ *m Holzschlag* m, *Gehau* n, *Lichtung* f ‖ *Plenterwald* m ‖ *Hauwald* m ‖ ¡otro ~! pop *jetzt habe ich es satt!*
tallarín *m Nudel* f ‖ **-es** *pl Suppennudeln* fpl
talle *m (Leibes)Gestalt* f, *Wuchs* m, *Figur* f ‖ *Taille* f, *Gürtel(teil)* m, *-linie* f ‖ *Gürtel|weite* f, *-maß* n ‖ fig *Gestalt, Form, Art, Beschaffenheit* f ‖ fig *Sitz* bzw *Schnitt* m *(e-s Anzugs, e-s Kleides)* ‖ ~ de avispa, ~ delgado *Wespentaille* f, *schlanker Wuchs* m ‖ *(anliegender) Schnitt* m *(e-s Kleides)* ‖ ~ largo de ~ *lang (Rock)* ‖ figf *reichlich* ‖ dos horas largas de ~ pop *zwei volle Stunden* ‖ en ~ de (inf) pop *bereit zu* ‖ *als ob* ‖ ◊ tenía cincuenta años largos de ~ fam *er war reichlich fünfzig Jahre alt, er war ein guter Fünfziger* ‖ tomar *(od* coger) por el ~ *um die Taille fassen (Mädchen)*
tallecer [-zc-] vi = **entallecer**
tallecillo m dim v. **talle**
*****táller** m = **tálero**
taller *m Werk|statt, -stätte* f ‖ *Betrieb* m ‖ *Fabrik* f ‖ ⟨Mal⟩ *Atelier* n, *Arbeitsraum* m ‖ *cinematográfico (Film)Atelier* n ‖ ~ de composición ⟨Typ⟩ *Setzerei* f ‖ ~-escuela *Lehrwerkstatt* f ‖ ~ de fundición *Gießerei* f ‖ ~ (tipo)gráfico *Druckerei* f
tallista *m (Bild)Schnitzer* m ‖ *Bildhauer* m ‖ *Kupferstecher* m ‖ *Kunststecher, Graveur* m ‖ *Steinmetz* m
tallo *m* ⟨Bot⟩ *Stengel, Stiel* m ‖ *Keim, Sproß* m ‖ *Schößling, Trieb* m ‖ ◊ echar ~ *keimen* ‖ *e-n Stiel bekommen* ‖ dim: **~uelo** *m*

△**talló** m Damm m
△**tallón** m Kneipe f
talludo adj ⟨Bot⟩ dick- bzw lang|stielig ‖ fig großgewachsen ‖ fig ältlich, verblüht (Mensch) ‖ fig eingewurzelt
tamal m Am (Art) Maispastete f ‖ fig Wirrwarr m, Durcheinander n ‖ fig Ränke mpl, Intrigen fpl ‖ ~**ada** f (Gericht n aus) Maispasteten fpl ‖ ~**ear** vt Mex Maispasteten zubereiten bzw essen ‖ Mex fig pop befummeln ‖ ~**ería** f Am Maispasteten|bäckerei f bzw -verkauf m ‖ ~**ero** m Maispastetenhändler m ‖ Mex SAm Intrigant m ‖ Chi fig Mogler m (beim Spielen)
tamanduá m Am ⟨Zool⟩ Tamandua m (→ **oso** hormiguero)
tama|ñamente adv dermaßen, so ‖ ebensoviel wie ‖ **-ñito** adj dim v. **-ño** ‖ ◊ dejar ~ (a) fig jdn sehr einschüchtern ‖ quedar ~ fig sprachlos sein ‖ **-ño** adj solch, so groß, so klein ‖ frutos ~s como huevos de gallina hühnereigroße Früchte fpl ‖ ¡~a vergüenza! so e-e Schande! ‖ ◊ abrió unos ojos ~s pop er machte große Augen ‖ ~ m (Größen)Format n, Größe f ‖ Buch-, Papier|format n ‖ ⟨Typ⟩ Druckformat n ‖ ~ de gabinete ⟨Phot⟩ Kabinettformat n ‖ ~ de bolsillo Taschenformat n ‖ (de) ~ natural in natürlicher Größe, natürliche Größe ‖ lebensgroß ‖ pop od joc sehr groß od riesig ‖ era un lobo de ~ natural joc es war ein riesiger Wolf ‖ de ~ regular, de medio ~ mittelgroß ‖ del ~ de un guisante erbsengroß ‖ del ~ de un puño faustdick ‖ ◊ aumentar de ~ an Größe zunehmen ‖ era de un ~ así (mit Gesten begleitet) es war etwa so groß
támara f Kanarische Palme f ‖ Palmenhain m ‖ Datteln fpl in Büscheln ‖ Abfallholz, Reisig n
tamaricáceas fpl ⟨Bot⟩ Tamariskengewächse npl (Tamaricaceae)
tama|rindo m ⟨Bot⟩ Tamariske f (Tamarix gallica; T. africana) ‖ ⟨Bot⟩ Tamarinde f (Tamarindus indica) ‖ Indische Dattel, Tamarinde f (Frucht) ‖ **-risco** m ⟨Bot⟩ Tamariske f (→ **tamarindo**) ‖ **-ritano** adj/s aus Tamarite de Litera (PHues) ‖ **-riz** m ~**-risco**
tamarrizquito adj fam winzig klein
△**tamba** f (Bett)Decke f (→ **manta**)
~**tamba|lear(se)** vi/r (hin und her) schwanken, schaukeln ‖ (hin und her) taumeln ‖ baumeln ‖ **-leo** m (Hin- und Her)Schwanken, Taumeln n ‖ fig unsicherer Gang m
tambar vt Col = zampar ‖ ~**imba** f Sal Zank m ‖ Prügelei f
tam|barria f Chi Winkelkneipe f (→ **tabernucho**) ‖ Col Ec Hond Pe = **juerga** ‖ **-bero** m Am Gastwirt m ‖ **-besco** m Sant Burg = **columpio**
también conj auch, ebenfalls, desgleichen ‖ doch ‖ (eben)so ‖ gleichwohl ‖ ¡~! Am nun gut! meinetwegen! ‖ un día sí y otro ~ fam alle Tage ‖ immer ‖ lo veo ~ ich sehe es auch ‖ yo creo ~ ich glaube auch ‖ no sólo ..., sino ~ nicht nur ..., sondern auch ‖ sowohl ... als auch
tambo m Am Wirtshaus n ‖ Arg Molkerei f, Viehzuchtbetrieb m ‖ Col einsam gelegenes Gehöft n ‖ Chi Bordell n
tambona f Liege f
tambor m Trommel f ‖ Trommler, Tambour m ⟨& Arch⟩ ‖ runder Stickrahmen m ‖ ⟨Tech⟩ Trommel, Walze f ‖ ⟨Tech⟩ Radkasten m ‖ ⟨Hydr⟩ Sammelkasten m ‖ pop Dickwanst m ‖ ~ cargador ⟨Mil⟩ Ladetrommel f (e-r Waffe) ‖ ~ de dirección ⟨Mil⟩ Teiltrommel f (für Richtkreiseinteilung) ‖ ~ mágico Guckkasten m ‖ ~ mayor Regimentstambour m ‖ ~ de tostar café Kaffeebrenner m ‖ fuego de ~ ⟨Mil⟩ Trommelfeuer m ‖ palillos de ~ Trommelschlagholzer npl ‖ pífanos y ~es (⟨Hist⟩ atambores) Spielmannszug

m ‖ sin ~ ni trompeta pop mir nichts, dir nichts ‖ a (od con) ~ batiente ⟨Mil⟩ mit klingendem Spiel ‖ unter Trommelwirbel ‖ ◊ pregonar a. a ~ batiente fig et ausposaunen ‖ tocar el ~ trommeln
tambo|ra f große Trommel, Pauke f ‖ **-rear** vi = **tamborilear** ‖ **-rete** m dim v. **tambor** ‖ **-ril** m Tamburin n, Hand-, Schellen|trommel f ‖ Heroldstrommel f
tambori|lada f, **-lazo** m pop heftiger (Hin-)Fall, Schlag, fam Plumps(er) m ‖ **-lear** vt fam aus|trommeln, -posaunen ‖ ⟨Typ⟩ (die Form) klopfen ‖ ~ vi das Tamburin schlagen ‖ klopfen, trommeln (Regentropfen usw) ‖ ◊ ~ con los dedos (sobre la mesa) mit den Fingern auf den Tisch trommeln ‖ **-rileo** m Trommeln n ‖ **-lero** m (Schellen)Trommelschläger m ‖ **-lete** m dim v. **tamboril** ‖ ⟨Typ⟩ Klopfholz n ‖ **-lillo** m dim v. **tamboril**
tambo|rín, -rino m = **-ril** ‖ **-rón** m augm v. **-ra**
Támesis: el ~ die Themse
△**tamí** conj jedoch ‖ sondern
tamién pop = **también**
tamiz [pl **-ces**] m (dichtes Draht)Sieb n ‖ ◊ pasar por el ~ durch|sieben, -seihen (& fig) ‖ fig (ganz) genau überprüfen, fam unter die Lupe nehmen
tami|zar [z/c] vt fein (durch)sieben, sichten ‖ fig klären ‖ fig (peinlichst) überprüfen ‖ luz **-zada** gedämpftes Licht n
tamo m Spreu f (auf der Tenne) ‖ Abfall m, Fasern fpl (beim Flachsbrechen usw) ‖ Staubflocken fpl (unter Möbeln)
tampoco adv auch nicht ‖ ebensowenig ‖ yo ~ ich auch nicht ‖ ◊ ~ quiero ofenderlo (aber: no quiero ofenderlo ~) ich will ihn (bzw Sie) auch nicht beleidigen ‖ no es fea ~ (aber: ~ es fea) sie ist auch nicht häßlich
tam|pón m Stempelkissen n ‖ ⟨Med⟩ Wischer, Tampon m ‖ Tupfer m ‖ (Watte)Bausch m, Watterolle f ‖ fig Puffer m ⟨& Tech & Chem⟩ ‖ estado ~ ⟨Pol⟩ fig Pufferstaat m ‖ solución ~ Pufferlösung f ‖ **-ponaje** m ⟨El⟩ Pufferung f (e-r Batterie) ‖ **-ponar** vt (ab)stempeln ‖ ⟨Med⟩ tamponieren
△**tampuñi** adj gleich
tam-tam [tanta n] m ⟨Mus⟩ Tamtam n ‖ Gong m
tamu|ja f dürre Nadeln fpl v. **tamujo** ‖ **-jo** m ⟨Bot⟩ ein Wolfsmilchgewächs (Colmetroa buxifolia)
¹**tan** adv (→ a **tanto**) so, ebenso ‖ dermaßen ‖ so sehr ‖ un trabajo ~ difícil e-e so schwere Arbeit ‖ ~ malo es uno como el otro sie sind beide gleich schlecht ‖ ¡~ famoso! so berühmt! ‖ pop ganz vortrefflich! (Antwort auf die Frage nach dem Befinden) ‖ ¡y ~ amigos! (nach e-r Auseinandersetzung:) (und) nichts für ungut! (das heißt: wir bleiben Freunde nach wie vor) ‖ ¡y ~ bueno que es! pop der ist wahrhaftig gut ‖ ¿es seguro? ¡y ~ seguro! ist es sicher? und ob es sicher ist! natürlich ist es sicher! das will ich meinen! ‖ quedarse ~ tranquilo fam sich nicht aus der Ruhe bringen lassen ‖ ganz gleichgültig bleiben ‖ ~ siquiera wenigstens ‖ zumindest ‖ ni ~ siquiera nicht einmal ‖ ¡no ~ pronto! pop noch lange nicht! ‖ ~ ... como, ~ ... cuan ebenso wie ‖ no va ~ bien como tú es geht ihm nicht so gut wie dir
²**tan** adv pop = **tanto** ‖ en ~ (y mientras) pop inzwischen, einstweilen ‖ während, solange ‖ ~ fue así que ... pop es kam so weit, daß ...
³**tan** m Steineichenrinde f
tan, tan onom Trommelschlag m ‖ Geläute n ‖ Klopfen n
tanaca f Bol schlampiges Weib n, Schlampe f
tanaceto m ⟨Bot⟩ Rainfarn m (Tanacetum = Chrysanthemum vulgare)
¹**tanagra** f Tanagrafigur f

²**tanagra** f ⟨V⟩ *Tangare* f (→ **tangáridos**)
tanate m Mex MAm *Körbchen* n ‖ *Tasche* f ‖ MAm *Bündel* n
tana|tismo m ⟨Philos⟩ *Thanatismus* m, *Lehre* f *von der Sterblichkeit der Seele* ‖ **–tofobia** f ⟨Psychol Med⟩ *Thanatophobie, krankhafte Angst* f *vor dem Tode*
△**tanca** f *Geldbeutel* m
tanda f *Reihe, Schicht, Lage* f ‖ *Partie, Serie* f ‖ *Tagewerk* n ‖ *Trupp* m *Arbeiter* ‖ *Schicht* f, *Turnus* m ‖ *Zahl* f *der Stiche (beim Spiel)* ‖ Chi *kurzes Theaterstück, Lustspiel* n ‖ *Serienvorstellung* f ‖ ~ *de bailables Tanzsuite* f ‖ ~ *de palos,* ~ *de azotes* pop *Tracht* f *Prügel* ‖ ~ *de riego* ⟨Agr⟩ *Bewässerungsturnus* m ‖ ~ *de rosales Reihe* f *Rosenstöcke* ‖ ~ *de valses* ⟨Mus⟩ *Walzersuite* f ‖ *en* ~ *der Reihe nach* ‖ *hermano de* ~ *Arbeitsgenosse* m ‖ ◊ *ahora estás de* ~ *jetzt ist die Reihe an dir* ‖ pop *jetzt kommst du dran*
△**tandal** m *(Haus)Hof* m
tándem [..en] m *Tandem* n ‖ fig *Junktim* n
tangani|llas: en ~ fam *wankend, wackelnd* ‖ *unsicher, wackelig* ‖ **–llo** m *Stütze* f ‖ Pal Seg Vall *(Art) kleine Schlackwurst* f (→ **longaniza**) ‖ →a **tángaro**
tángano m *Wurfscheibe* f ‖ Burg Sal *trockener Baum|ast, -zweig* m ‖ *Reisig* n ‖ ~ adj Mex *klein, untersetzt*
Tangañica m ⟨Geogr⟩ *Tanganjika* n ‖ *el* ~ *der Tanganjikasee* m
tan|gará m Arg ⟨V⟩ *Tangare* f (= **tanagra**) ‖ **-gáridos** mpl ⟨V⟩ *Tangaren* fpl (Thraupidae)
tangen|cia f ⟨Math Wiss⟩ *Berührung* f ‖ **–cial** adj *Tangential-* ‖ *Berührungs-* ‖ *punto* ~ *Berührungspunkt* m ‖ **-te** adj *berührend* ‖ ~ f *Berührungslinie, Tangente* f ‖ ◊ *escaparse (od irse, salir) por la* ~ figf *sich geschickt aus der Schlinge ziehen* ‖ *ausweichen, sich ducken*
tangerino adj/s *aus Tanger (Marokko)*
tangible adj *berührbar* ‖ *fühlbar* ‖ *éxito* ~ *spürbarer Erfolg* m
tan|go m *Klipper-, Taba|spiel* n ‖ Am *Volksfest* n ‖ *Tango(tanz)* m ‖ Hond *(Art) Trommel* f ‖ Col *gerolltes Tabakblatt* n ‖ Mex *Dickwanst* m ‖ ~ *argentino,* ~ *milonga* Arg *Tangoweisen* fpl *(Tänze)* ‖ ◊ *bailar el* ~ *Tango tanzen* ‖ **-guear** vi *Tango tanzen* ‖ Ec *torkeln (Betrunkener)* ‖ Chi *schlingern (Schiff)* ‖ **-guista** m/f *Tango|tänzer(in)* m/f bzw *-sänger(in)* m/f ‖ figf *unsolide Person* f
tánico adj : *ácido* ~ ⟨Chem⟩ *Gallusgerbsäure* f
tanino m ⟨Chem⟩ *Tannin* n
Tano m pop = **Cayetano** m (Tfn) ≃ adj/s Arg desp *italienisch* ‖ ≃ m *Italiener,* desp/joc *Itaker* m
¹**tanque** m *Tank, Behälter* m ‖ *Kanister* m (→ **bidón**) ‖ ⟨Mil⟩ *Panzer(kampfwagen),* *Tank m (→ **acorazado, antitanque, carro** de combate) ‖ Am *Teich* m ‖ ~ *séptico Faulgrube* f, *Abwasserfaulraum* m, *Faulkammer* f ‖ *barco-*~ *Tankschiff* n ‖ *comandante de (un)* ~ *Panzerkommandant* m
²**tanque** m = **propóleos**
tanrec m ⟨Zool⟩ *Tanrek, Borstenigel* m (Centetes = Tenrec ecaudatus)
tantalio m ⟨Chem⟩ *Tantal* n
tántalo m *Tantal* n (= **tantalio**) ‖ *lámpara de* ~ *Tantallampe* f
Tántalo m ⟨Myth⟩: *suplicio de* ~ *Tantalusqualen* fpl
tantán m, **tanta(ran)tán** m *Trommelschlag* m ‖ fam *heftiger Schlag* m ‖ fam *Anfall* m ‖ *Schlägerei* f ‖ → **tam-tam**
tante|ador m ⟨Sp Kart⟩ *Markör, Punktezähler* m ‖ ⟨Sp⟩ *Toranzeiger* m ‖ ⟨Sp⟩ *Anzeigetafel* f ‖ **-ar** vt/i *berechnen, überschlagen, abschätzen* ‖ *ausmessen* ‖ *abtasten* ‖ fig *überlegen,*

erwägen ‖ fig *(über)prüfen, untersuchen, sondieren* ‖ ⟨Jur⟩ *zurückkaufen* (→ **tanteo**) ‖ ⟨Jur⟩ *ablösen (wegen Option)* ‖ ◊ ~ *a uno* figf *jdm auf den Zahn fühlen* ‖ *el suelo mit dem Stock auf dem Boden tasten (Blinder)* ‖ ~ *el terreno das Gelände sondieren* ‖ fig *die Lage sondieren* ‖ **–o** m *Über-, Voran|schlag* m, *(Vor)Berechnung* f ‖ *Schätzung* f ‖ *Erwägung, Prüfung* f ‖ ⟨Jur⟩ *Rückkauf* m ‖ ⟨Jur⟩ *Ablösung* f ‖ ⟨Sp Kart⟩ *Punktzahl* f ‖ ⟨Sp⟩ *Torzahl* f ‖ *al* ~ Am *aufs Geratewohl* ‖ *derecho de* ~ *Vorkaufsrecht* n (→ **retracto**)
tanti|co, -to adv dim v. **tanto** *sehr gering* ‖ ~ m *ein bißchen*
¹**tanto** adj/s *so groß* ‖ *soviel, so viel* ‖ *sehr groß* ‖ *so und so hoch (Preis)* ‖ *so manche(r)* ‖ ¡~ *bueno!* pop *viel Glück!* ‖ *grüß Gott!* ‖ ¡~ *bueno por aquí! nett (od fein), Sie (bzw dich) hier zu sehen!* ‖ ~a(s) *cosa(s) soviel* ‖ *por* ~ *daher, deshalb* ‖ *por lo* ~ *darum, daher, also, folglich* ‖ *eben deswegen* ‖ *por* ~a *lluvia como cae* pop *wegen so starken Regens* ‖ ~s pl *einige, etliche* ‖ *otros* ~ *viele (bzw wieder) andere* ‖ *sesenta y* ~ *kilómetros über sechzig Kilometer* ‖ ~as *veces so oft* ‖ *a las* ~as *(de la noche) sehr spät (in der Nacht)*
²**tanto** adv/s *dergestalt, dermaßen, so* ‖ *so sehr* ‖ *so viel* ‖ *soviel* ‖ *solange, so lange* ‖ *soviel* ‖ *so schnell* ‖ *ebenso|sehr, -wohl* ‖ ~ ... *como* ... *soviel* ... *wie(viel)* ‖ *sowohl* ... *als* ‖ ~ *cuanto so sehr als* ‖ ~ *más um so mehr* ‖ ~ *más (cuanto) que um so mehr, als* ‖ *con* ~ *mayor rapidez desto schneller* ‖ ~ *mejor um so besser* ‖ ~ *menos (que) um so weniger (, als)* ‖ ¡~ *monta! es isteinerlei!* ‖ ~ *que so viel, daß* ‖ * = *luego que* ‖ *con* ~ *que* conj *wenn nur* (= con tal de que) ‖ *cuanto más* ..., ~ *más je mehr* ..., *desto mehr* ‖ *dos veces* ~ *zweimal so viel* ‖ ~ *y cuanto soundso viel* ‖ *en(tre)* ~ *inzwischen, in-, unter-, während|dessen* ‖ *en* ~ *que insofern* ‖ *solange als* ‖ *durante(dessen)* ‖ *en* ~ ..., *y en* ~ ... *bald* ... *bald* ... ‖ *hasta* (~) *que bis* ..., ‖ *ni* ~ *ni tan poco (od ni* ~, *ni tan calvo) weder zu viel, noch zu wenig* ‖ *es wird wohl nicht so schlimm sein* ‖ pop *nur keine Übertreibung!* ‖ *no cuesta* ~ *es kostet nicht so viel* ‖ *es ist nicht so schwer* ‖ *lo quería* ~ *y cuanto* pop *sie liebte ihn unsäglich* ‖ *no puedo esperar* ~ *ich kann nicht so lange warten* ‖ *no puedo subir* ~ *ich kann nicht (so hoch) hinaufsteigen* ‖ *de* ~ *que he trabajado da ich so viel gearbeitet habe, vom vielen Arbeiten* ‖ *no sé* ~ *como tú sich weiß nicht so viel wie du* ‖ ¡~ *como eso, no!* pop *das auf keinen Fall!* ‖ ~ *vales cuanto tienes* fig *man wird nach dem Geldbeutel geschätzt* ‖ *hast du was, bist du was* ‖ ¡*esté V. al* ~! *sehen Sie sich vor!* ‖ *passen Sie auf!* ‖ ¡*ni* ~ *así (mit Gesten begleitet)* pop *keine Spur!* ‖ *ha sufrido* ~ *y* ~ pop *er hat riesig viel gelitten* ‖ ¡*y* ~! *(na,) und ob!* ‖ *das kannst du (bzw können Sie) mir glauben! das will ich meinen!*
³**tanto** m *e–e gewisse, bestimmte Menge, Summe* f ‖ ⟨Com⟩ *Anteil* m, *Teilsumme* f ‖ ⟨Sp⟩ *Punkt, Stich* m ‖ *Spielmarke* f, *Zahlpfennig* m ‖ *Abschrift, Kopie* f ‖ ~ *por ciento Prozentsatz* m ‖ *Tantieme* f ‖ ~ *por palabra Worttaxe* f ‖ *algún* ~, *un* ~, *(un)* ~ *cuanto ein wenig, etwas* ‖ *otro* ~ *noch einmal so viel* ‖ *dasselbe, ein gleiches* ‖ *ebensoviel* ‖ *un (od algún)* ~ *más et mehr* ‖ *tres* ~ *(od* ~s) *más dreimal mehr de* ~ *en* ~ *von Zeit zu Zeit* ‖ *por el* ~ fam *eben deshalb, gerade deswegen* ‖ ◊ *yo daré otro* ~ *ich werde auch soviel geben* ‖ *quisiera hacer otro* ~ *ich wollte dasselbe tun, ich möchte es auch tun* ‖ ¡*no es (od hay) para* ~! pop *es ist nicht so schlimm!* ‖ *estar (od quedar) al* ~ (de) *auf dem laufenden sein, unterrichtet sein, Bescheid wissen (über* acc) ‖ *aufpassen, acht-*

geben *(auf* acc*)* ‖ *sich vorsehen* ‖ no llegué a ~ *Saumtiere)*
so weit habe ich es nicht gebracht ‖ poner al ~ (de) *jdn unterrichten (von* dat*)* ‖ *jdn einweihen (in* acc*)* ‖ ponerse al ~ pop *dahinterkommen* ‖ *sich einarbeiten* ‖ marcar un ~ ⟨Sp⟩ *ein Tor schießen* ‖ pagar a ~ la hora *stundenweise zahlen* ‖ ~**s** *pl:* ~ de ~ *soundso viele* ‖ a ~ de julio *den soundsovielten Juli* ‖ cal mezclada con tres ~ de arena *Kalk mit drei Teilen Sand vermischt* ‖ ◊ apuntar *(od* marcar*)* los ~ ⟨Sp⟩ *die Punkte zählen* ‖ venció por 7 ~ a 0 ⟨Sp⟩ *er siegte 7 : 0* ‖ → **calvo**
tántum ergo *m* lat ⟨Kath⟩ *Tantum ergo n (Anfang der 5. Strophe des Kreuzeshymnus „Pange lingua"*)* ‖ ◊ llegar al ~ figf *zu spät (od zum Schluß) kommen*
tanza f Sant ⟨Fi⟩ *Angelschnur* f (= **sedal**)
tañedor *m* ⟨Mus⟩ *Spieler m*
tañer [3. pret **-ñó**] vt *spielen (Geige, Flöte)* ‖ ◊ ~ una campana *(e-e Glocke) läuten* ‖ ~ vi *läuten (Glocken)* ‖ ◊ ~ a muerto *die Totenglocke läuten*
tañi|do *m Schall, Ton* m *(e-s Musikinstruments, e-r Glocke)* ‖ *Spiel(en)* n ‖ ~ de campanas *Glocken|geläut(e)* n, *-klang* m ‖ ~ de cascabeles *Schellengeklingel* n ‖ ~ a muerto *Sterbeglöckchen* n ‖ **-miento** *m* ⟨Lit⟩ *Spielen* n *(Musik)*
¹**tao** *m* ⟨Her⟩ *Antoniter-* bzw *Johanniter|kreuz* n
²**tao** *m* ⟨Philos⟩ *Tao* n ‖ **~ismo** *m Taoismus* m ‖ **~ísta** adj/s *taoistisch* ‖ ~ m *Taoist* m
tapa f *Deckel* m ‖ *Buchdeckel* m ‖ *Deckel od Boden* m *e-r Geige, Zither usw* ‖ *Abdeckung* f ‖ *Verschluß* m ‖ *Gehirnschale* f ‖ *Ofenklappe* f ‖ Col *Schleuse* f ‖ ~ de ataúd *Sargdeckel* m ‖ ~ de pipa *Pfeifendeckel* m ‖ ¡~ arriba! *Nicht stürzen! (auf Kisten)* ‖ ◊ levantar la ~ *den (Topf)Deckel abnehmen* ‖ → **levantar** ‖ ~**s** *pl Appetithappen* mpl *(meist zu Getränken in der Bar gereicht)* ‖ ~ de becerro *Kalb(s)ledereinband* m *(e-s Buches)* ‖ ~ de corona Am *Kronenkorken* mpl ‖ ~ de oro *Goldmantel* m *(e-r Taschenuhr)* ‖ ◊ poner ~ a un libro *ein Buch einbinden* (→ **encuadernar**)
tapa|agujeros *m* = **tapagujeros** ‖ **-barro** *m* → **guardabarros** ‖ **-boca(s)** *m Hals|wärmer* m, *-tuch* n*, Schal* m ‖ ⟨Mil⟩ *Mündungsschoner* m*, Mundstück* n *(e-r Feuerwaffe)* ‖ figf *schroffe Antwort* f ‖ pop *Maulschelle* f ‖ **-culo** *m* pop *Hagebutte* f *(Frucht)* ‖ **-da** f *verschleierte Frau* f ‖ a la ~ Am *blindlings* ‖ ◊ dar una ~ (a) Mex *jdn Lügen strafen* ‖ **-dera** f *Topfdeckel* m ‖ *Brunnendeckel* m ‖ *Abtrittsdeckel* m ‖ *Ofen-, Kamin|blech* n ‖ fig *Tarnung* f ‖ fig *Vorwand* m ‖ figf *Aushängeschild* n ‖ pop *Hehler(in)* m(f) ‖ ~ de objetivo ⟨Phot⟩ *Objektivdeckel* m ‖ ser bueno para ~ de horno pop *zu nichts taugen* ‖ **-dero** *m Stöpsel, Pfropf(en)* m ‖ **-dillo** *m Verschleierung, Vermummung* f *(der Frau)* ‖ ⟨Mus⟩ *gedecktes Register* n ‖ *gedämpfter Orgelton* m ‖ △**verrufenes Haus** n ‖ de ~ *verschleiert* ‖ figf *heimlich, verstohlenerweise* ‖ pop *unehelich (Kind)* ‖ ◊ andar de ~, andar con ~**s** figf *Heimlichkeiten* (bes *heimliche Liebesverhältnisse) haben* ‖ **-dizo** *m* prov *Deckel* m ‖ *Brunnendeckel* m
tapa|do adj *gedeckt* ‖ *ver-, be|deckt* ‖ *zugedeckt* ‖ *gedämpft (Schall, Ton)* ‖ fig *geheim* ‖ Arg Chi *einfarbig, von gleichfarbigem Haar (Pferd, Vieh)* ‖ Am *dumm, einfältig* ‖ ~ m Arg *(Art) Frauen-, Kinder|mantel* m ‖ Arg *vergrabener Schatz* m ‖ Mex *unvorschriftsmäßiger Hahnenkampf* m ‖ *blinder (Tausch)Handel* m ‖ Col *(Feld-, Stein)Ofen* m ‖ **-dor** m ‖ *Deckel* m ‖ *Pfropf(en), Stöpsel* m ‖ fig *Hehler* m ‖ △*Frauenrock* m ‖ △*Hurenwirt* m ‖ **-dura** f *Bedeckung* f ‖ *Zudecken* n ‖ **-fugas** *m* ⟨Tech⟩ *Dichtung* f ‖ **-juntas** *m* ⟨Arch⟩ *Dichtungsleiste* f ‖ **-ojos** f Col *Augenklappe* f *(Zierat am Kopfgeschirr der Saumtiere)*
tapar vt *ab-, be-, zu|decken* ‖ *ver-, ein|hüllen* ‖ *ver-, zu|stopfen* ‖ *abdichten (Fugen)* ‖ *zu|machen, -schließen* ‖ fig *ver|bergen, -decken, -hehlen (Fehler)* ‖ Chi *plombieren (Zähne)* ‖ ◊ ~ la boca (a) figf *jdm den Mund stopfen, jdn zum Schweigen bringen* ‖ ~ el camino *den Weg sperren* ‖ **~se** vr *sich bedecken* ‖ *sich zudecken* ‖ *sich verhüllen* ‖ *sich verschleiern (Frau)* ‖ ⟨Taur⟩ *sich ungünstig stellen (Kampfstier vor dem Matador)* ‖ ◊ ~ los oidos *sich die Ohren zustopfen*
tápara *f* ⟨Bot⟩ *Kaper(nstrauch* m*)* f ‖ Ar *Kaper* f *(Frucht)* ‖ → **alcaparra, alcaparrón**
tapa|ra f Am *Kürbisflasche, Kalebasse* f *aus der Frucht des Kalebassenbaumes* ‖ *Kürbis* m *des Kalebassenbaumes* ‖ **-ro** *m* ⟨Bot⟩ *Kalebassenbaum* m (Crescentia cujete)
tapa|rrabo *m Schamschürze* f*, Lendenschurz* m *(der Naturvölker)* ‖ pop *kurze Schwimm-, Bade|hose* f ‖ **-sol** *m* Am: ◊ hacerse ~ *sich die Augen mit der Hand schirmen*
tapa|tío adj/s *aus Guadalajara (Hauptstadt v. Jalisco, Mex)* ‖ **-yagua** f Mex Hond *Sprühregen* m (= **llovizna**)
tape *m* pop (bes Ar) = **tapa, tapón** ‖ Am *Indianer* m *aus den Jesuitenmissionen von Paraná & Uruguay* ‖ **~ra** f SAm *Trümmer* pl *(v. Behausungen, Siedlungen, Dörfern)*
taperujo *m* fam *ungeschickte Verschleierung* f
tape|tado adj/s Am *dunkel(farbig), schwarz (Leder)* ‖ **-te** *m Tischdecke* f ‖ *(kleiner) Teppich* m ‖ *Fußteppich* m ‖ ~ verde fig *Spieltisch* m ‖ ~ de hule *Wachsleinwand* f ‖ ◊ poner sobre el ~ fig *aufs Tapet, zur Sprache bringen* ‖ quedar sobre el ~ fig *unerörtert* bzw *ungelöst bleiben*
¹**tapia** f *Lehm|wand, -mauer* f ‖ *Umfassungsmauer* f *(e-s Gartens, e-s Hofes, e-s Friedhofs)* ‖ *Zwischenwand* f ‖ *Stampfbau* m ‖ más sordo que *(od* sordo como*)* una ~ figf *stocktaub*
²△**tapia** *m (Diebes)Hehler* m
tapial *m Riegel-, Fach|werk* n ‖ *Lehm|mauer, -wand* f ‖ *Lehmmauerverschalung* f
tapiar vt *zu-, um-, ver|mauern* ‖ △*e-n Diebstahl hehlen* ‖ ◊ ~ una puerta *e-e Tür zumauern*
tapice|ría f *Tapeten* fpl*, Wandteppiche* mpl ‖ *Vorhänge* mpl*, Draperie* f*, Behang* m ‖ *Tapezierkunst* f ‖ *Tapezierarbeit* f ‖ *Tapezierladen* m ‖ *Tapisseriewaren* fpl ‖ **-ro** *m Tapetenmacher, Teppichwirker* m ‖ *Tapezierer (für Möbel), Polsterer, Dekorateur* m ‖ *Teppichleger* m
tapín *m* Ast León *Rasenplatte, Plagge* f (= **tepe**)
△**tapiña** f *Hehler* m
tapioca f *Tapioka* f*, Maniokmehl* n (→ **mandioca**) ‖ vgl **sagú**
tapir *m* ⟨Zool⟩ *Tapir* m ‖ ~ de la India *Schabrackentapir* m (Tapirus indicus) ‖ ~ sudamericano *Flachlandtapir* m (T. terrestris)
△**tapisarela** f = **tapadera**
tapisca f Mex MAm *Maisernte(zeit)* f ‖ **~r** vt Mex MAm *Mais ernten*
△**tapiyar** vt *essen* ‖ *trinken*
tapiz [-**ces**] *m (Wand)Teppich, Gobelin* m ‖ *Stofftapete* f ‖ △*Halswärmer* m ‖ Real Fábrica de ~es *ehem. königl. Gobelin- und Teppichwirkerei* f *(in Madrid)* ‖ ~ persa *Perserteppich* m
tapi|zado pp/adj *gepolstert (Möbel)* ‖ fig *belegt (& z.B. mit Schimmel, Staub)* ‖ ~ de luto *schwarz behängt* ‖ ~ m *Polstern* n ‖ **-zar** [z/c] vt *tapezieren, mit Tapeten bedecken* ‖ *überziehen, polstern, tapezieren (Möbel)* ‖ *bedekken* ‖ fig *behängen, belegen* ‖ fig *bestreuen (de mit etw)*
tapón *m Stöpsel, Pfropf(en), (Flaschen)Kork* m ‖ *(Gär)Spund* m ‖ *Zapfen* m ‖ ⟨Chir⟩ *Scharpie, Wieke* f*, Zupflinnen* n ‖ *Wattebausch, Tampon*

taponadora — tardar

m || ⟨Tech⟩ *Verschluß(schraube f)* m || *Dichtung* f || ⟨El⟩ *Sicherungsstöpsel* m, *Stöpselsicherung* f || ~ *de cerumen,* ~ *ceruminoso* (del oído) *Ohrschmalzpfropf* m || ~ *de corcho Korkstöpsel* m || pop *Dummkopf* m || ~ (de) *corona Kronenkorken* m || ~ *de desagüe Ablaßstopfen* m || ~ *esmerilado de vidrio geschliffener Glasstopfen* m || ~ *de madera Holzspund, Zapfen* m || ~ *del objetivo* ⟨Phot⟩ *Objektivdeckel* m || ~ *en el (od* de) *tráfico* ⟨StV⟩ *Verkehrsstauung* f (→ **taponamiento**) || ~ *vaginal* ⟨Med⟩ *vaginaler Pfropf* m || ◊ *sacar el* ~ (de) *entkorken (Flasche)*
  tapo|nadora *f Pfropfmaschine* f || *Korkenverschließmaschine* f || *Spundbohrer* m *(der Böttcher)* || **-namiento** *m Verstöpselung* f || *Verspundung* f || *Zustopfen* n || *Abdichten* n || ⟨Chir⟩ *Tampo\nade* f bzw *-nieren* n || ⟨StV⟩ *Verkehrsstauung* f || **-nar** vt *zustöpseln* || *pfropfen, (ver-)korken* || *abdichten* || *verstopfen (Loch)* || ⟨Chir⟩ *tamponieren* || ⟨StV⟩ *zur Stauung bringen (Verkehr)* || **-nazo** *m Knall* m *(e-s Sektpfropfens)* || **-nería** *f Stöpselfabrik* f || *Pfropfen-, Stöpsel\geschäft* n || *Korkindustrie* f || **-nero** adj *Kork-, Pfropf-* || *industria* ~a *(od* ~ *corchotaponera) Pfropfen-, Kork\industrie* f
  tapora *f* Bol allg *Haubenhuhn* n
  △**tapu** *m* = **tapabocas**
  tapu|jar vt *ver\hüllen, -mummen* || fig *heimlichtun* || **~se** vr fam *sich einhüllen* || **-jo** *m Verhüllung* f || *Vermummung* f || *Verheimlichung* f || figf *Heimlichtun* n || sin ~ *unverhohlen, freiheraus, klar und deutlich,* fam *klipp und klar* || ◊ *andar con* ~s figf *heimlichtun* || *Heimlichkeiten haben*
  taque *m Zuschnappen* n *(Türschloß)* || *Geräusch* n *(e-r Feder)* || *Anklopfen* n *an der Tür*
  taqué *m* ⟨Tech Aut⟩ *Stößel* m
  taque|ar vi *zuschnappen (Türschloß) Am Billard spielen* || Cu *sich übertrieben kleiden,* fam *sich aufdonnern* || Arg Chi = **taconear** || **-ra** *f* Queueständér m, Gestell n *(für die Billardstöcke)* || **-ría** *f* Cu *übertriebene od zu betonte Eleganz* f || Cu *Unbefangenheit, Dreistigkeit* f || Cu *Niederträchtigkeit, Gemeinheit* f
  ¹**taqui** *m* Chi *Zecherei* f
  ²**taqui** *m* pop = **taquígrafo**
  taquia *f* Bol Pe *Lamamist m (Brennstoff)*
  taqui|cardia *f* ⟨Med⟩ *beschleunigter Herzschlag* m, *Herzjagen* n, *Tachykardie* f || **-grafía** *f Kurzschrift, Stenographie* f || *Tachygraphie* f || **-grafiar** [pres -ío] vt/i *stenographieren* || **-gráficamente** adv *in Kurzschrift* || **-gráfico** adj *tachygraphisch* || *kurzschriftlich* || *diccionario* ~ *stenographisches Wörterbuch* n || **-grama** *m Stenogramm* n
  taquígraf|o *m Kurzschriftler, Stenograph* m || *f:* **-a**
  taqui|lla *f* ⟨Th EB⟩ usw *(Karten)Schalter* m || *Kartenverkauf* m || *Papier-, Akten\schrank* m || ⟨Mar⟩ *Kammer* f, *Kasten* m || fig *Tages\einnahme, -kasse* f || **-llero** *m Schalterbeamte(r)* m || ⟨Th⟩ *Kartenverkäufer* m || ~ adj *Erfolgs-* || *película* ~a fam *Kassenschlager* m
  taquimeca *f* fam: = ~nógrafa *f Stenotypistin* f
  taquímetro *m Geschwindigkeitsmesser, Tacho (-meter* n*)* m (→ **tacómetro**) || ⟨Top⟩ *Tachymeter, Tacheometer* n
  tar pop = **estar**
  tara *f Tara(gewicht* n*)* f, *Gewichtsabzug* m, *Verpackungsgewicht* n || *Leergewicht* n || ⟨Med Gen⟩ *Belastung* f || fig *Mangel, Fehler* m || ~ *hereditaria* ⟨Gen Med⟩ *erbliche Belastung, Erbbelastung* f || ~ *media Durchschnittstara* f || ~ *neta Nettotara* f || ~ *usual Usancetara* f || ◊ *descontando la* ~ *abzüglich Tara* || sin ~s *tadellos*
  ¹**tarabilla** *f (Mühl)Klapper* f || *Fensterwirbel, Aufhalthaken* m || *Knebel* m || *Spannholz* n *(e-r Säge)* || fig *Geschwätzigkeit,* fam *Faselei* f || figf *Plappermaul* n
  ²**tarabilla** *f* ⟨V⟩ *Schwarzkehlchen* n (Saxicola torquata) || ~ *norteña Braunkehlchen* n (S. rubetra)
  tara|cea *f Einlege-, Mosaik\arbeit, Intarsie* f || *labor de* ~ *Mosaikarbeit* f || **-cear** vt *einlegen (Mosaikarbeit)* || *obra* -ceada *Mosaikarbeit* f
  △**tarachí** *f Nacht* f
  tarado adj *(erb)belastet* || *erbkrank* || fig *fehler-, mangel\haft* || figf *entartet, degeneriert* || Arg *dumm, idiotisch*
  △**tara\fada** *f Betrug, Kniff* m || △**-fana** *f Zollamt* n || △**-fe** *m (Spiel)Würfel* m || **-gontia** *f* → **dragontea** || △**-goza** *f Dorf* n || △**-gozajida** *f Stadt* f
  tarambana m/f (& adj) fam *leichtsinnige, läppische Person* f || fam *unzuverlässiger Kerl* m || *Windbeutel* m
  tarando *m* ⟨Zool⟩ *Ren* n (→ **reno**)
  taranta *f* Alm Murc *Taranta* f *(e-e Volksweise)* || ⟨Zool⟩ = **tarántula** || Arg *plötzliche Aufwallung* f || Mex *Rausch* m || → a **borrachera**
  tarantán onom *tralala*
  taran|tela *f Tarantella* f *(ital. Tanz)* || **-tismo** *m* = **tarantulismo**
  Taranto ⟨Geogr⟩ *Tarent*
  tarántula *f* ⟨Zool⟩ *Tarantel* f *(Wolfsspinne)* || inc *Busch-, Würg\spinne* f (Theraphosa spp) || ~ *de la Apulia Apulische Tarantel* f (Hogna tarentula) || ~ *española Spanische Tarantel* f (H. hispanica) || *picado de la* ~ *von der Tarantel gestochen* || figf *heftig, ungestüm* || figf *geschlechtskrank* || **~s** *fpl* ⟨Zool⟩ inc bes Am *Vogelspinnen* fpl (Mygalomorphae) (→ **migala**)
  tarant(ul)ismo *m* ⟨Med⟩ *Tarantismus* m
  tarar vt *tarieren* || *ausgleichen* || *eichen (Instrumente)*
  tara|ra, -rá *m* onom *Trompetensignal* n, *Fanfare* f || fam *Trara* n || **-rear** vt/i *trällern* || *leise vor sich hin singen* || **-reo** *m Geträller* n || **-rira** *f* fam *lustiger Rummel* m || onom *Trara* n || onom *tralala* || ¡~! pop *ja, morgen!*
  taras|ca *f Schlangen-, Drachen\bild* n || fig *böses, freches, widerspenstiges Weib* n, figf *Drachen* m, *Xanthippe* f || **-cada** *f Biß* m || figf *barsche, derbe Antwort* f || ◊ *soltar una* ~ figf *mit e-r Grobheit herausplatzen* || **-car** vt *beißen* || figf *anschnauzen*
  tarasconada *f* fig = **tartarinada**
  taray *m* ⟨Bot⟩ *(Französische) Tamariske* f (Tamarix gallica) || → **tamarindo**
  tarazana *f* = **atarazana**
  tara|zar [z/c] vt *mit den Zähnen zerreißen* || *(ab)beißen* || fig *ärgern, belästigen* || **-zón** *m abgeschnittenes Stück* n || *Brocken* m
  tarbus *m Tarbusch* m *(orientalische Kopfbedeckung)*
  tardanza *f (Ver)Zögerung* f || *Verspätung* f || *Aufschub* m || *Saumseligkeit* f || *Wartezeit* f || sin ~ *unverzüglich*
  tar|dar vi a) *zögern, säumen* || *auf sich warten lassen* || *sich aufhalten, irgendwo lange verweilen* || *(lange) ausbleiben* || *später erfolgen* || ◊ a *más* ~ *spätestens* || *no puede* ~ *mucho es kann nicht mehr lange dauern* || *er muß jeden Augenblick da sein* || ¡*no* -des! *bleibe nicht lange aus!* || *halte dich nicht auf!* || *komm(e) bald!* || ¡*vuelve pronto, no* -des! *komm bald zurück, beeile dich!* || ¡*cuánto* -das! *wie spät du kommst!* || ¿*cuánto* -dará? *wie lange dauert es?* || *wann kann er zurück sein?*
  b) in Verb. mit **en**: ◊ ~ *en hacer a/c lange nicht fertig werden, zögern mit* || -dó *en contestar er zögerte mit der Antwort, er antwortete nicht gleich* || -daremos *bastante tiempo en terminarlo wir werden es nicht so bald beend(ig)en* || *no* -dó *en presentarse er stellte sich bald (kurz darauf) ein* || -dará *una hora en volver er wird (erst) in e-r Stunde zurückkommen* || ¡*cuánto*

tardas en volver! *wie spät du zurückkommst!* || *~ vt = **retardar** || ~se *zögern, zaudern* || *sich verspäten* || ◊ hoy se –da *heute dauert es (zu) lange* || se me –da en verle *ich bekomme ihn lange nicht zu sehen*

¹**tarde** adv *spät* || *zu spät* || *mit Verspätung, verspätet* || ~ o temprano *früher oder später* || de ~ en ~ *von Zeit zu Zeit, ab und zu, bisweilen* || → **piache** || (mucho) más ~ *(viel) später* || (todo) lo más ~ *spätestens* || lo más ~ a las 4 *spätestens um 4 Uhr* || muy ~ *sehr spät* || zu spät || muy de ~ en ~ *sehr selten* || *nur vereinzelt* || ◊ es ~ (ya) *es ist (schon) spät* || para luego es ~ fam *es ist kein Augenblick zu verlieren* || *los!* || *ran an den Feind!* || hacer ~ *sich verspäten, spät kommen* || se hace *(od* se va haciendo*) ~ es wird (schon) spät* || *es ist schon (höchste) Zeit* || se me hace muy '~ *ich habe es sehr eilig* || *es wird mir (viel) zu spät* || *es dauert mir (viel) zu lange* || haber nacido ~ *noch zu unerfahren sein,* fam *noch zu grün sein* || volver ~ *spät(abends) heimkommen* || más vale ~ que nunca *besser spät als nie* || fam *endlich (kommen Sie* bzw *kommt Ihr* bzw *kommst du)!*

²**tarde** f *Nachmittag* m || *Spätnachmittag* m || *(früher) Abend* m, -*zeit* f || diario de la ~ *Abendblatt* n || función de la ~ *Nachmittagsvorstellung* f || hora de la ~ *Abendstunde* f || oración de la ~ *Abendsegen* m || ayer por la ~ *gestern nachmittag* || esta ~ *heute nachmittag* || aquella ~ *an jenem Nachmittag* || *damals* || por *(od* a) la ~ *nachmittags* || *frühabends* || Ar *abends* || hacia la ~ *gegen Abend* || ¡buenas ~s! *guten Tag! (von 12 Uhr an* bzw *nach dem Mittagessen)* || *guten Abend!* || ◊ dar las buenas ~ *guten Abend (od Tag) wünschen* || *grüßen*

tarde|cer [-zc-] v. impers *Abend werden (=* **atardecer**) || ◊ ya -ce *es wird schon Abend* || **–cica, –cita** f *Spätnachmittag* m, *Abenddämmerung* f || *Dämmerstunde* f || **–mente** adv *zu spät*

tardigrados mpl ⟨Zool⟩ *Bärtierchen* npl (Tardigrada) || *Faultiere* npl (Bradypodidae)

tardí|o adj *spätreifend, Spät-* || *verspätet* || *zögernd, zaudernd, saumselig, langsam* || fruta ~a *Spätobst* n || invierno ~ *Nachwinter* m || ~ m *Spätsaat* f || Sal Sant *Herbst* m (→ **otoñada**) || **–simo** adv sup v. **tarde:** *sehr spät*

tar|do adj *langsam* || *schwerfällig* || *gemächlich, behäbig* || *träge, faul* || ~ en comprender *schwer von Begriff* || ~ de oído *schwerhörig* || *taub* || ◊ ser ~ en trabajar *langsam arbeiten* || **–dón** m/adj fam *langsamer Mensch, Zauderer* m || pop *Faulpelz* m || **~, ona** adj *(immer) spät kommend* bzw *arbeitend usw* || *träge*

tarea f *Arbeit* f, *Werk* n || *Tagewerk* n, *Aufgabe* f || fig *Mühe* f || su ~ literaria *seine schriftstellerische Tätigkeit* || las ~s *die (Schul-) Aufgaben* fpl || ◊ es una ~ ingrata *es ist e–e undankbare Arbeit*

tarentino adj *tarentinisch, aus Tarent, Tarenter*

targui m *Targi* m *(Angehöriger der Tuareg)* || pl = **tuareg,** → d

tárgum m *Targum* n *(aram. Tora- und Bibelübersetzung)*

tari|fa f *Tarif, (Gebühren)Satz* m || *Gebühr* f || *Preis|aufstellung, -liste* f || *Zoll|tarif, -satz* m || *Fahrpreis* m ⟨EB usw⟩ || ~ fija (reducida) *fester (ermäßigter) Tarif* m || ~ cero *Nulltarif* m || ~ de fletes *Frachtsatz* m || ~ máxima, mínima *Maximal-, Minimal|tarif* m || ~ móvil *Staffeltarif* m || ~ progresiva *progressiver Tarif* m || ~ sencilla, vigente *einfache, gültige Taxe* f || ~ telefónica *Sprechgebühr* f || ~ de transporte *Gütertarif, Frachtsatz* m || ~ única *Einheitstarif* m || ~ por zonas *Zonentarif* m || aumento *(od* alza), reducción de (la) ~ *Tarif|erhöhung, -ermäßigung* f || según ~ *tarifmäßig* || ~s ferroviarias *Eisenbahn(fracht)sätze*

mpl || ~s de publicidad *Anzeigen|tarife, -preise* mpl *(e–r Zeitung)* || **–far** vt *(Tarif) berechnen* || *(Preise) festsetzen* || *tarifieren, den Tarif anwenden (für)* || vi *sich verfeinden,* fam *Krach machen, sich verkrachen* (con alg. *mit jdm* dat) || **–fario** adj *tarifarisch* || *Tarif-*

tarifeño adj/s *aus Tarifa* (PCád)

tarima f *Fenstertritt, Auftritt* m *am Fenster* || *Fuß|schemel* m, *-bank* f || *Podium* n || ⟨Mus⟩ *Resonanzpodium* n || ⟨Tech⟩ *Palette* f || dim: **~ita** f || augm: **~ón** m

tarimera f Cu *Kupplerin* f (→ **alcahueta**)

tarín m Sant Nav ⟨V⟩ *Zeisig* m (→ **lugano**)

△**taripé** m *Stern* m

△**tariqué** m *Ebene* f

tarja f *Tartsche* f *(der Ritter)* || *großer Schild* m || *Kerb|holz* n, *-stock* m *(in Kaufläden)* || *Warenzeichen* n || fam *Prügel* m || fam *Hieb, Schlag* m || Murc Am *Visitenkarte* f (= **tarjeta**) || ◊ beber sobre ~ figf *auf Pump trinken, anschreiben lassen* || **~r** vt *ankerben* || p. ex. *anschreiben, ankreiden* || Chi *ausstreichen (=* **tachar**)

tarje|ta f dim v. **tarja** || ⟨Arch⟩ *Schildtafel* f || *Besuchs-, Visiten|karte* f || *Preiszettel* m *(auf Waren)* || *Aufschrift* f, *Titel* m || ~ comercial, ~ de propaganda *Geschäfts-, Reklame|karte* f || ~ de compras *Einkaufskarte* f *(in Kaufhäusern usw)* || ~ de embarque ⟨Flugw⟩ *Bordkarte* f || ~ de expositor *Messe-, Aussteller|ausweis* m || ~ de felicitación, ~ de invitación, ~ de luto *Glückwunsch-, Einladungs-, Trauer|karte* f || ~ de identidad *Personal-* bzw *Dienst|ausweis* m || *Kennkarte* f || ~ perforada *Lochkarte* f || ~ con un pico doblado *eingeknickte Besuchskarte* f || ~ postal *Postkarte* f || ~ neumática *(od* tubular*) Rohrpostkarte* f || ~ (postal) ilustrada *(od* con vista(s)*) Ansichtskarte* f || ~ postal internacional *Weltpostkarte* f || ~ postal con respuesta pagada, ~ doble *Postkarte* f *mit bezahlter (Rück)Antwort* || ~ de racionamiento Cu *Lebensmittelkarte* f || ~ de visita *Visiten-, Besuchs|karte* f || programado por ~s perforadas *lochkartenprogrammiert* || augm: **–tón** m || *Geschäftskarte* f || **–tazo** m figf *Abgabe* f *e–r Besuchskarte* || **–tearse** fam *einander Karten schreiben* (vgl **cartearse**) || **–tero** m *Karten|schale* f, *-täschchen* n

tarlatana f *Tarlatan* m *(Baumwollgewebe)* || *Steifgaze* f || ⟨Buchb⟩ *Heftgaze* f

taropé m Arg Par ⟨Bot⟩ *Königliche Seerose* f (Victoria amazonica = V. regia)

tarpán m ⟨Zool⟩ *Tarpan* m, *Europäisches Urwildpferd* n (Equus ferus)

△**tarpe** m *Höhe* f || *Himmel* m

tarpeyo adj: (Roca) **–a** *Tarpejischer Fels(en)* m

△**tarpia** f *Brieftasche* f

tarquín m *Regen-, Teich|schlamm* m || *Flußgeröll* n

tarquina adj/s ⟨Mar⟩: (vela) ~a *Sprietsegel* n

tarqui|nada f fam *Notzucht, Vergewaltigung* f || **–n(i)o** np *Tarquin(ius)* m

¹**tarquino** adj Arg *reinrassig, von guter Rasse (Rindvieh)*

△²**tarquino** m *Million* f

tarraconense adj/s ⟨Hist⟩ *aus Tarraco (Hauptstadt der Hispania Tarraconensis)* || *aus Tarragona*

tarraja f = **terraja**

tarrasense adj/s *aus Tarrasa* (PBarc)

ta|rreñas fpl *(Art) Kastagnetten* fpl || **–rriza** f Ar Sor = **barreño**

tarro m *irdener Topf, Tiegel* m || *Einmachglas* n || *Melkkübel* m || *Milchtopf* m || △*Greis* m || ~ de unto *Tiegel* m *mit Wagenschmiere* || Pe *Zylinderhut* m || cabeza de ~ pop *Dummkopf* m || **~s** mpl *Hörner* npl (bes euph fig)

társidos mpl ⟨Zool⟩ *Finger- und Gespenst|tiere* npl (Tarsidae)

tarsio m ⟨Zool⟩ *Gespensttier* n, *Koboldmaki* m (Tarsius spectrum = T. tarsius)
tarso m ⟨An⟩ *Fußwurzel* f ‖ *Vorfuß* m *des Vogels* ‖ *Kniebeuge* f ‖ *Tarsus* m *(des Insektenbeines)*
tarta f *Torte* f ‖ ~ de almendras, ~ de chocolate *Mandel-, Schokoladen|torte* f
tartagazo m PR fam = **lingotazo**
tártago m ⟨Bot⟩ *Kreuzblättrige Wolfsmilch* f (Euphorbia lathyris) ‖ fig*böser Streich* m ‖ fig*Verdruß, Ärger* m, *unglückliches Ereignis* n ‖ fig *plumper Scherz* m
tarta|ja adj/s fam = **–joso** ‖ **–jear** vi *stottern, stammeln* (= **–mudear**) ‖ **–joso** adj/s *stammelnd, stotternd* ‖ **–lear** vi fam *hin und her| wackeln, wanken, schwanken* ‖ (= **–mudear**)
tartaleta f *Törtchen* n
tarta|mudear vt/i *(her)stammeln, stottern, lallen* ‖ **–mudeo** m *Stottern, Stammeln* n *(Vorgang, Tun)* ‖ **–mudez** f *Stottern, Stammeln* n *(Zustand)* ‖ **–mudo** adj/s *stammelnd, stotternd* ‖ ~ m *Stammler, Stotterer* m
tarta|na f ⟨Mar⟩ *Tartane* f *(kleines Fischerfahrzeug)* ‖ *zweiräd(e)riger (Plan)Wagen* m ‖ Span *Tartane, Landkutsche* f, *Kremser* m ‖ **–nero** m *Kutscher* m *e–r* tartana
tártano m Al Vizc *Honigwabe* f (= **panal**)
tartáreo adj *Unterwelt-, Höllen-, tartareisch*
Tartaria f ⟨Geogr⟩ *Tatarei* f
tartárico adj ⟨Chem⟩ = **tártrico**
tartari|nada f pop *Streich* m e–s *Großtuers* ‖ **–nesco** adj fig *großtuerisch, eisenfresserisch (übertreibend) (Ansp. auf Daudets Tartarin de Tarascon)*
Tártaro m ⟨Myth Lit⟩ *Tartarus* m, *Unterwelt* f ‖ *Hölle* f
¹**tártaro** adj *tatarisch* ‖ cuento ~ pop *Ente, Lüge* f ‖ *Tatarennachricht* f ‖ salsa ~a ⟨Kochk⟩ *Sauce tartare* f ‖ ~ m *Tatar* m
²**tártaro** m ⟨Chem⟩ *Weinstein* m ‖ p.ex *Kaliumhydrogentartrat* m ‖ ⟨Tech⟩ → **incrustación** ‖ ⟨Med⟩ *Zahnstein* m ‖ ~ emético *Brechweinstein* m ‖ → **crémor**
tartaruga f it Bol = **tortuga**
tartera f *(Koch)Topf* m ‖ *Eßglocke* f ‖ = **fiambrera** ‖ *Torten-, Back|form* f ‖ pop *Mütze* f
tartrato m ⟨Chem⟩ *Tartrat* m
tártrico adj *Weinstein-* ‖ ácido ~ ⟨Chem⟩ *Wein(stein)säure* f
tartrífugo m/adj *Kesselsteingegenmittel, Mittel* n *gegen Kesselsteinbildung* f
tartu|fería f *Scheinheiligkeit, Heuchelei, Gleisnerei* f ‖ **=fo** m *Tartüff* m *(die Gestalt v. Molière)* ‖ ~ m *Scheinheilige(r), Heuchler* m *(Ansp. auf Molières Tartuffe)*
tarugada f fam *Dummheit, Albernheit* f (& Mex)
tarugo m *Zapfen, Pflock* m ‖ *kleiner (Holz-)Klotz* m ‖ *Geldrolle* f ‖ *Holzwürfel* m *zum Pflastern* ‖ fam *Tölpel, Dummkopf* m ‖ Mex *Gauner, Preller* m
tarumba: ◊ volver ~ (a) fam *jdm den Kopf wirr machen* ‖ *jdn verblüffen* ‖ fam *jdn absolut (od total) verrückt machen* ‖ volverse ~ fam *nicht wissen, wo e–m der Kopf steht* ‖ *sprachlos werden*
tas m ⟨Tech⟩ *Einsteckamboß, Stöckel* m
tasa f *(Ab)Schätzung* f ‖ *Taxe* f ‖ *Gebühr* f ‖ *Tax-, Schätzungs|preis* m ‖ *Abgabe* f ‖ *Steuerauflage* f ‖ *Zinsfuß* m ‖ *Prozentsatz* m ‖ *Rate* f ‖ fig *Richtschnur* f, *Maß* n ‖ ~ anual *Jahresrate* f ‖ ~ de compensación *Ausgleichs|steuer* bzw *-abgabe* f ‖ ~ de crecimiento *Wachstums-, Zuwachs|rate* f ‖ ~ de mortalidad *Sterberate, Sterblichkeitsquote* f ‖ ~s de televisión *Fernsehgebühr* f ‖ ~ del *(od* sobre el*) valor añadido Mehrwertsteuer* f ‖ ~ sobre el volumen de negocios *Umsatzsteuer* f ‖ ~ postal *Postgebühr* f

‖ ~ suplementaria (od adicional) *Zuschlagtaxe* f ‖ *(Steuer)Zuschlag* m ‖ precio de ~ *behördlich festgesetzter Preis* m *(von Lebensmitteln usw)* ‖ ◊ derrochar sin ~ figf *maßlos verschwenden* ‖ fijar una ~ *e–e Steuer auferlegen* ‖ poner ~ (a) *bewerten, abschätzen* ‖ fig *richtig beurteilen* ‖ fig *beschränken* ‖ poner a ~ fig *beherrschen, bezähmen*
△**tasabela(d)or** m *Henker* m
tasa|ble adj *taxierbar* ‖ *abschätzbar* ‖ **–ción** f *(Ab)Schätzung* f ‖ *Kaufanschlag* m ‖ *Besteuerung* f ‖ *Veranschlagung* f ‖ *Gebührenberechnung, Taxierung* f ‖ *Taxe* f ‖ ~ de averías ⟨Mar⟩ *Havarieaufmachung* f ‖ ~ pericial *Schätzung* f *durch Sachverständige* ‖ precio de ~ *Schätzungspreis* m ‖ fiscalía de ~s ⟨Hist⟩ *Preisüberwachungsstelle* f ‖ **–dor** m *(amtlicher) Taxator, (Ab)Schätzer* m ‖ ~ de averías *Havariekommissar* m
tasajo m *Dörr-* bzw *Selch|fleisch* n ‖ *Schnitte* f *(gedörrtes, geräuchertes Salz)Fleisch*
△**tasala** f *Abend* m
tasar vt/i *(ab)schätzen, taxieren* ‖ *(zur Steuer) veranlagen, anschlagen* ‖ *mit Gebühren belegen* ‖ *festsetzen, bestimmen (Abgabe, Preis)* ‖ *ein-, be|schränken* ‖ ◊ ~ la avería ⟨Mar⟩ *die Havarie aufmachen* ‖ ~ la comida al enfermo *e–m Kranken die Diät festsetzen*
△**tasarba** f *Morgen* m
△**tasaró** pron *alles*
tasca f fam *Kneipe* f ‖ *Spielhölle* f ‖ △*Haus* n ‖ Pe *Brandung* f
tascador m ⟨Agr⟩ *Hanfbreche* f ‖ → **espadilla**
tascar [c/qu] vt *brechen, schwingen (Flachs)* ‖ *das Futtergras zerknacken (Weidetiere)* ‖ ◊ ~ el freno *am Gebiß kauen (Pferde)* ‖ fig *seinen Ärger verbeißen, überwinden*
tascón m Sant *Heu|boden, -schober* m (→ **pajar**)
Tasmania f ⟨Geogr⟩ *Tasmanien* n
ta(s)siano adj *auf den it. Dichter Tasso bezüglich*
tasquera f fam *Zank* m, *Rauferei* f ‖ △*Kneipe* f
tastana f ⟨Agr⟩ *(durch Dürre eingetretene) Verkrustung* f *des Bodens* ‖ *Scheidewand* f *(bei einigen Früchten)*
tasto m *ranziger (Nach)Geschmack* m
tasugo m Sant & prov ⟨Zool⟩ *Dachs* m (→ **tejón**)
tata m ⟨Kinds⟩ fam *Kindermädchen* n ‖ Ar *(Kosename für) kleine Schwester* f ‖ Murc Am *Vater, Papa* m *(in Am oft auch Respektanrede)*
tata|bra f, **–bro** m Col ⟨Zool⟩ = **pécari**
tatara|buelo, –a f *Ururgroß|vater* m, *-mutter* f ‖ **–nieto** m, **~a** f *Ururgroßenkel(in)* m(f)
tatarear vi inc = **tararear**
tatas: ◊ andar a ~ fam *schwankende Gehversuche machen (Kind)* ‖ fam *auf allen vieren kriechen*
¡tate! *halt! sachte!* ‖ *ei, sieh da!* ‖ pop ja freilich
tatemar vt Mex *braten* (→ **asar**)
tatito m fam Am *Vater, Papa* m ‖ Span *Opa* m (= **abuelito**)
△**tatí** f *Fieber* n
¹**tato** adj *stotternd, das c und s wie t aussprechend*
²**tato** m Ar Rioja Chi *Kosename* m *für e–n kleinen Bruder od ein kleines Kind*
△**tató** m *Brot* n
tatú, tato m Am *Gürteltier* n (Dasypus spp) ‖ ~ canasta Arg, ~ canasta Bras *Riesengürteltier* n (Priodontes giganteus) ‖ → **armadillo**
tatu|aje m *Tätowierung, Tatauierung* f ‖ **–ar** vt *tätowieren, tatauieren*
tatu|sa f Arg Bol *Mädchen, (Kosename) Kind* n ‖ desp *Dirne* f ‖ **–sia** f Am allg *Gürteltier* n (→ **tatú, armadillo**)

tau f griech. τ, *Tau* n ‖ ~ m *das hebräische Ta* ‖ → a **tao**
taujel m *(Holz)Leiste* f *(meistens mit Trapezquerschnitt)*
tauma|turgia f *Wundertätigkeit* f ‖ **–túrgico** adj *wundertätig* ‖ **–turgo** m *Wundertäter, Thaumaturg* m
táurico adj *Stier-*
taurino adj *Stier(kampf)-* ‖ *fiesta* ~a *Stier-|kampf* m, *-gefecht* n ‖ *revista* ~a, *temporada* ~a *Stierkampffecht|zeitschrift, -saison* f
Tauro ⟨Astr⟩ *Stier* m *(& Tierkreiszeichen)* ‖ el ~ *das Taurusgebirge, der Taurus*
tauró|filo m/adj *Stierkampfliebhaber, Freund* m *von Stiergefechten* ‖ **–maco** m/adj *Kenner* m *von Stiergefechten* ‖ *Stierfechter* m ‖ ~ adj = **tauromáquico** ‖ **–mano** adj/s *leidenschaftlicher Freund* m *von Stiergefechten*
tauro|maquia f *Stierkämpferkunst* f ‖ *Stierkampf* m ‖ **–máquico** adj *auf Stiergefechte bezüglich, Stierkampf-*
tauto|logía f *Tautologie, (unnötige) Wiederholung* f (→ **énfasis, redundancia**) ‖ **–lógico** adj *tautologisch*
tautómero adj ⟨Chem⟩ *tautomer*
taxáceas fpl ⟨Bot⟩ *Eiben* fpl (Taxaceae) → **tejo**
taxativo adj ⟨Jur⟩ *beschränkend*
taxi m fam (= **taxímetro**) *Taxe, Droschke* f, *Taxi* n ‖ aéreo *Luft|taxe* f, *-taxi* n ‖ ◊ *hacer el* ~ fig pop *auf den Strich gehen* ‖ *tomar un* ~ *e–e Taxe nehmen*
taxider|mia f *Ausstopfen* n *von Tieren, Taxidermie* f ‖ **–mista** m *Präparator* m
taxímetro m *Taxameter, Fahrpreisanzeiger* m ‖ = **taxi**
taxista m *Taxifahrer* m
taxo|nomía f ⟨Wiss Biol⟩ *Taxonomie* f ‖ **–nómico** adj *taxonom(isch), systematisch* ⟨bes Biol⟩
taylorismo m ⟨Wir⟩ *Taylorismus* m, *Taylorsystem* n
taz: ~ a ~ adv *Tausch um Tausch (ohne Zugabe)* ‖ *gleich*
taza f *Tasse* f ‖ *(Trink)Schale* f ‖ *Tassevoll* f ‖ *Becher* m ‖ *Suppennapf* m ‖ *Degengefäß* n ‖ *Brunnenbecken* n ‖ *Kloset-* bzw *Pissoir|becken* n ‖ *Chi Waschbecken* n ‖ *una* ~ *de café, té e–e Tasse Kaffee, Tee* ‖ ~s *para café Kaffeetassen* fpl ‖ *estocada hasta la* ~ fig *tiefer Degenstich* m
tazaña f *Drachenbild* n (→ **tarasca**)
tazón m augm v. **taza**: *große Tasse* f ‖ *Napf* m ‖ *Wasch-, Hand|becken* n
tazuela f dim v. **taza**
tb(.), Tb(.) Abk = **tuberculosis**
TBO m *e–e alte span. Kinderzeitschrift* f (→ **tebeo**)
t. c. Abk **tarifa común** *(od* **corriente)**
¹**te** f t n
²**te** pron *dir* ‖ *dich* ‖ ~ *lo digo ich sage es dir* ‖ *está busca que* ~ *busca pop er sucht (es, ihn usw) fortwährend* ‖ ¿*qué* ~ *haces? pop was machst du denn?* ‖ ¡*que* ~ *llaman a vos! Am pop man ruft dich!* ‖ ¡*vete!* ¡*deh!* ‖ ¡*tranquilízate! beruhige dich!* ‖ *ruégote* (= te *ruego*) *ich bitte dich* ‖ *quiero decírtelo ich will es dir sagen* ‖ *quiero verte ich will dich sehen*
³**te** f *T-Stück* n *(Fitting)* ‖ ⟨Flugw⟩ *Landekreuz* n
té m ⟨Bot⟩ *Tee(strauch)* m (Thea sinensis) ‖ *Tee* m ‖ *Teegesellschaft* f ‖ ~ *de abedul Birkentee* m ‖ ~ *de Ceilán Ceylontee* m ‖ *danzante Tanztee, Thé dansant* m ‖ ~ *fuerte (flojo) starker (schwacher) Tee* m ‖ ~ *de los jesuitas,* ~ *del Paraguay Am Mate, Paraguaytee* m ‖ ~ *de tila Lindenblütentee* m ‖ *juego de* ~ *Teeservice* n ‖ *rosa de* ~ *Teerose* f ‖ ◊ *dar el* ~ *(a) pop jdn belästigen, plagen* ‖ *tomar una taza de* ~ *e–e Tasse Tee trinken*
tea f *Kien(span)* m ‖ *Kien-, Brand|fackel* f ‖ fig *Fackel* f ‖ △*Klappmesser* n ‖ △*Apfelsine* f
team m engl *Team* n ‖ *Arbeitsgruppe* f ‖ *Mannschaft* f ⟨& Sp⟩
teatino m *Theatiner(mönch)* m ‖ △*Jesuit* m
tea|tral adj *bühnenmäßig, theatralisch, Theater-* ‖ fig *geziert* ‖ *affektiert, schauspielerhaft, theatralisch* ‖ *actitud* ~ fig *Pose* f ‖ *efecto* ~ *Knalleffekt* m ‖ *vida* ~ *Theaterleben* n ‖ **–tralería** f fig pej *Pose* f, *geziertes Wesen* n ‖ **–tralidad** f *Bühnengemäßheit* f ‖ *Gespreiztheit, Theatralik* f ‖ **–tro** m *Theater, Schauspielhaus* n ‖ *(Schau-)Bühne, Szene* f ‖ *Schauspiel-, Bühnen|kunst* f ‖ *Theaterkenntnis* f ‖ *dramatische Begabung* f ‖ *dramatische Literatur* f ‖ fig *Schauplatz* m ‖ *Theater, Getue* m, *Vortäuschung* f ‖ ~ *de aficionados Liebhaberbühne* f ‖ ~ *al aire libre Freilichtbühne* f ‖ ~ *ambulante,* ~ *de feria Kirmestheater* n, *Wanderbühne* f ‖ *el* ~ *de Calderón Calderons dramatische Werke* ‖ ≃ *Colón Colóntheater (in Buenos Aires)* ‖ ~ *de comedia,* ~ *de verso Schauspielhaus* n ‖ *escuela Theaterschule* f ‖ *el* ~ *de la guerra der Kriegsschauplatz* ‖ ~ (*de*) *guiñol,* ~ *de títeres,* ~ *de muñecas Kasperl-, Marionetten-, Puppen|theater* n ‖ ~ *infantil Kindertheater* n ‖ → **liceo** ‖ ≃ *Real (ehem.) das Königliche Schauspielhaus (in Madrid)* ‖ *el* ~ *del mundo* fig *die Weltbühne, das Forum der Öffentlichkeit* ‖ ~ *de ópera,* ~ *lírico Opernbühne* f ‖ ~ *provincial Landestheater* n ‖ ~ *de (la) provincia Provinztheater* n ‖ ~ *de variedades (od* varietés) *Varieté(theater), Tingeltangel* n ‖ ~ *de verano Sommertheater* n ‖ *función de* ~ *Theatervorstellung* f ‖ *obra de* ~ *Theaterstück* n ‖ *risa de* ~ fig *geziertes Lächeln* n ‖ ◊ *abandonar, dejar el* ~ *sich von der Bühne zurückziehen (Schauspieler)* ‖ *dedicarse al* ~ *Schauspieler werden od sein* ‖ *ir al* ~ *ins Theater gehen* ‖ *llevar al* ~ *auf die Bühne bringen (literarisches Werk)* ‖ **–trucho** m desp v. **–tro**
△**teazo** m *Dolchstich* m
tebaico adj/s ⟨Hist⟩ *aus Theben od Thebais (in Oberägypten)*
tebano, tebeo adj *thebanisch* ‖ ~ m *Thebaner* m *(Griechenland)*
tebeo m p. ex fam allg *Bilderzeitschrift* f *für Kinder* ‖ ◊ *ése está más visto que el* ~ figf *der ist bekannter als ein bunter Hund* ‖ **–s** mpl p. ex *Comics* pl (engl) ‖ → **TBO** ‖ → **tebano**
△**teble(s)queró** m *Gott* m
teca f ⟨Bot⟩ *Teakbaum* m (Tectona grandis) ‖ ⟨Bot⟩ *Theke* f, *Staubbeutel* m ‖ ⟨An Zool⟩ *Theka* f, *Büchsen* n *(z. B. die Theca vertebralis)* ‖ *Teak(holz)* f
teckel m *(de pelo raso) (Kurzhaar)Dackel* m
Tecla f Tfn *Thekla* f
tec|la f *Taste* f ‖ *Klinke* f ‖ *Klappe* f ‖ fig *Triebfeder* f ‖ fig *heikle Angelegenheit* f ‖ fig *(Einfluß)Mittel* n ‖ ~ *de espaciación* ⟨Typ⟩ *Ausschlußtaste* f ‖ ~ *de marfil Elfenbeintaste* f ‖ ~ *muerta Leertaste* f *(der Schreibmaschine & ä.)* ‖ ◊ *dar en la* ~ figf *das Richtige treffen,* fig *den Nagel auf den Kopf treffen* ‖ *tocar una* ~ *e–e Taste anschlagen* ‖ figf *e–e Frage aufwerfen* ‖ *tocar todas las* ~s fam *Mädchen für alles sein* ‖ figf *alle Hebel in Bewegung setzen, alle Register ziehen* ‖ fig *alle Möglichkeiten ausschöpfen, nichts unversucht lassen* ‖ **–lado** m ⟨Mus⟩ *Klaviatur, Tastatur* f ‖ *Manual* n *(der Orgel)* ‖ *Tastatur* f *(der Geräte)* ‖ *Tastenfeld* n *(der Schreibmaschine)* ‖ ~ *doble* ⟨Mus⟩ *Doppelmanual* n ‖ ~ *expresivo* ⟨Ak⟩ *Schwellkasten* m ‖ ~ *de pedales* ⟨Mus⟩ *Pedalwerk* n, *(e–r Orgel)* ‖ ~ *transpositor* ⟨Mus⟩ *Transpositionsklaviatur* f ‖ ~ *universal Universal-Tastatur* f *(e–r Schreibmaschine)*
¹**tecle** m ⟨Mar⟩ *Talje* f, *Flaschenzug* m *(mit e–r einzigen Rolle)*

²**tecle** m/adj Chi Schwachmatikus m (→ **enclenque**) ‖ △Vater bzw Mutter f
tecle|ar vi/t die Tasten anschlagen, klimpern ‖ Klavier, Orgel spielen ‖ trommeln (Finger, fallender Regen) ‖ figf alle Mittel versuchen ‖ **-o** m Klimpern n ‖ p.ex fig Klavierspiel n
tecnecio m ⟨Chem⟩ Technetium n
técnica f Verfahren n ‖ Technik f ‖ ⟨Mus⟩ Fingerfertigkeit f
tecnicismo m Fachausdrucksweise f ‖ technischer Ausdruck, Fachausdruck m ‖ fig Formalismus m, Pedanterie f
técnico adj technisch ‖ fachlich, sachkundig, Fach- ‖ kunstmäßig, gewerblich ‖ kunstgerecht ‖ diccionario ~ Fachwörterbuch n ‖ de índole ~a technischer Art ‖ lenguaje ~, nomenclatura, terminología ~a Fachsprache, Terminologie f ‖ traducción ~a technische Übersetzung f ‖ voz ~a, término ~ Terminus, Fachausdruck m ‖ aprovechado en materia ~a technisch begabt (Schüler) ‖ ~ m Techniker, Fachmann, Gewerbesach-, Kunst|verständige(r) m ‖ ~ aeronáutico Flugtechniker m ‖ ~ publicitario Werbefachmann m ‖ ~s mpl Fachleute pl ‖ Experten mpl
tecnicoeconómico adj technisch-ökonomisch, wirtschaftstechnisch
tecnicoformal adj formaltechnisch
tecnicolor m ⟨Filmw⟩ Technicolor n (Farbfilmverfahren – Warenzeichen)
tec|nocracia f Technokratie f ‖ Herrschaft f der Technik ‖ **-nócrata** m Technokrat m ‖ **-nocrático** adj technokratisch
tecno|logía f Technologie f ‖ Fachwissen n ‖ technische Ausdrucksweise, Fachsprache, Sprache f im Fach ‖ **-lógico** adj technologisch ‖ technisch ‖ diccionario ~ Fachwörterbuch n
teco m Guat Betrunkener m ‖ **~lines** mpl Mex fam Geld n, fam Moneten pl ‖ **~lote** m Mex MAm ⟨V⟩ allg Eule f (→ **lechuza**)
tec|togénesis f Tektogenese f ‖ **-tónica** f ⟨Geol⟩ Tektonik f ⟨& Arch & Rhet⟩ ‖ **-tónico** adj tektonisch
tectrices fpl ⟨V⟩ Tectrices (lat), Deckfedern fpl
techa|do m Dach(werk) n ‖ Bedachung f ‖ Dachdeckerarbeit f ‖ **-dor** m Dachdecker m
techar vt bedachen ‖ (Dächer) decken
△**techaró** adj frei ‖ sicher
technecio m → tecnecio
te|cho m Dach n, Bedachung f ‖ (Zimmer-) Decke f ‖ fig Haus, Heim n ‖ fig Obdach n ‖ ⟨Aut Flugw⟩ Dach n, Decke f ‖ ⟨Flugw⟩ Gipfel-, Steig|höhe f ‖ ~ arrollable (corredizo) ⟨Aut⟩ Roll- (Schiebe)dach n ‖ ~ de estuco Stuckdecke f ‖ ~ de paja, ~ de bálago Strohdach n ‖ ~ paternal Vaterhaus n ‖ ~ práctico ⟨Flugw⟩ Dienst-, Arbeits|gipfelhöhe f ‖ ~ de ripio(s) Schindeldach n ‖ ~ de tejas, ~ de pizarra Ziegel-, Schiefer|dach n ‖ ~ de vigas aparentes (Einschub)Decke f mit sichtbaren Balken ‖ lámpara de ~ Deckenlampe f ‖ ◊ vivir bajo el mismo ~ unter demselben Dach wohnen ‖ sin ~ fig obdachlos (Mensch) ‖ **-chumbre** f Dach(werk) n, Bedachung f ‖ Dächer npl (z.B. e-r Stadt)
Tedéum, tedeum m [...un] Tedeum n (Lobgesang)
te|diar vt verabscheuen ‖ Abneigung haben (gegen acc) ‖ **-dio** m Langeweile f ‖ Abneigung f, Widerwillen m ‖ Über|druß m, -sättigung f ‖ Ekel m ‖ por ~ de la vida aus Lebensüberdruß ‖ **-dioso** adj langweilig ‖ fade ‖ zuwider, ekelhaft ‖ überdrüssig ‖ **-dium vitae** lat Lebens|-überdruß m, -müdigkeit f
tegumento m ⟨An Zool Entom⟩ Haut|decke, -hülle f, Tegment n ‖ ⟨Bot⟩ Knospenschuppe, Deck-, Sonnen|haut f, Tegment n
teína f ⟨Chem⟩ Koffein, Thein n (ein Purinalkaloid)

teís|mo m Theismus m ‖ **-ta** m/adj Theist m ‖ ~ adj theistisch
teja f (Dach)Ziegel m ‖ fig Priester-, Schaufel|hut m ‖ ~ acanalada doppelter Hohlziegel m, Dachpfanne, Hohlpfanne f ‖ ~ árabe Hohlziegel m ‖ ~ flamenca Hohl-, Dach|pfanne f ‖ ~ plana Biberschwanz, Flachziegel m ‖ ~ vana, ~ hueca Hohlziegel m ‖ ~ vana unter dem Dach ‖ fig unhaltbar, unbegründet ‖ a toca ~ fam gegen Barzahlung, Geld in Hand ‖ **~s** pl: cubierta de ~ Ziegeldach n ‖ lo de ~ abajo fam die Welt, das Irdische, die irdischen Regionen ‖ lo de ~ arriba fam der Himmel, die (göttliche) Vorsehung ‖ ◊ poner ~ (a) das Dach aufsetzen
teja|dillo m dim v. **-do** ‖ Schutz-, Vor-, Schirm-, Wetter|dach n ‖ Kutschenhimmel m ‖ **-do** m (Ziegel)Dach n ‖ Bedachung f, Dachwerk n ‖ ~ doble Doppeldach n ‖ ~ de paja Strohdach n ‖ →a techo ‖ alero de ~ Dach-, Wasserablauf|rinne f ‖ ◊ la pelota está en el ~ fig die Sache ist noch nicht entschieden, fig die Würfel sind noch nicht gefallen, es ist noch alles in der Schwebe ‖ **-dor** m Dachdecker m
tejano adj/s aus Texas, Texaner
¹**tejar** m Ziegel(brenner)ei f
²**tejar** vt mit Ziegeln decken ‖ allg decken, bedachen
tejaroz [pl **-ces**] m Dachvorsprung m
Tejas m ⟨Geogr⟩ Texas n
tejavana f Schuppen m (→ **cobertizo, teja**)
teje|dera f = **-dora** ‖ ⟨Entom⟩ Taumelkäfer m (= escribano) ‖ **-dor** m Weber m ‖ ⟨Entom⟩ Wasserläufer m (→ **zapatero**) ‖ ⟨V⟩ Weber (-vogel) m (Textor spp) ‖ Ploceus spp usw) ‖ Chi Ränkeschmied m ‖ maestro ~ Webmeister m ‖ **-dora** f Weberin f ‖ **-dores** mpl ⟨V⟩ Webervögel mpl (Ploceidae) ‖ **-duría** f Weben n ‖ Webart f ‖ Gewebe n ‖ Weberei f ‖ **-maneje** m fam Schick m ‖ Geschicklichkeit f ‖ Ränke pl, Intrigen fpl
tejer vt/i weben, wirken ‖ flechten (Körbe, Kränze, Seile) ‖ fig planen, schmieden ‖ fig anzetteln ‖ fig Ränke schmieden ‖ ◊ ~ (la) calceta prov stricken ‖ ~ comentarios fig (bes Am) Gerüchte in Umlauf setzen ‖ ~ vi spinnen (Raupe e-s Spinners, Spinne usw) ‖ sin ~ ungewebt ‖ **~se** sich verschlingen (Äste, Hände)
teje|r(i)a f Ziegelei f ‖ Grobkeramik f ‖ **-ro** m Ziegelbrenner m
tejido m Webe|art, -arbeit f ‖ Gewebe, Zeug n, Stoff m ‖ ~ adiposo ⟨An⟩ Fettgewebe n ‖ ~ de algodón Baumwollgewebe n ‖ ~ celular ⟨An Bot⟩ Zellengewebe n ‖ ~ conjuntivo ⟨An⟩ Bindegewebe n ‖ ~ elástico Trikotware f ‖ ~ esponja Frotteeware f, Frottiergewebe n ‖ ~ esponjoso ⟨An⟩ schwammiges Gewebe n ‖ ~ de estambre Kammgarngewebe n ‖ ~ estampado bedrucktes Gewebe n ‖ ~ filtrante Filtertuch n ‖ ~ impregnado imprägniertes Gewebe n ‖ ~ de lana, ~ de lino, ~ de seda Woll(en)-, Leinen-, Seiden|gewebe n ‖ ~ metálico Draht-, Metall|geflecht n ‖ Metalldrahtgewebe n ‖ ~ reticular Netzgewebe n ‖ ~ tubular Hohlgewebe n ‖ **~s** mpl Textilien pl ‖ industria de ~ Textil-, Webwaren|industrie f
¹**tejo** m Klipper- bzw Beilke|spiel n ‖ Münzplatte f ‖ Goldbarren m
²**tejo** m ⟨Bot⟩ Eibe f (Taxus baccata) → **taxáceas** ‖ Eibenholz n
Tejo ⟨Geogr⟩ Port = **Tajo**
tejoleta f Ziegelstück n ‖ **~s** fpl fam Klamotten fpl ‖ = **tarreñas**
¹**tejón** m augm v. **tejo**
²**te|jón** m ⟨Zool⟩ Dachs m (Meles meles) ‖ **-jonera** f Dachsbau m
tejuela f dim v. **teja** ‖ Ziegelstück n, Dachziegel m ‖ Schaft m (des Sattelgestells)

tejuelo m dim v. **tejo** || ⟨Buchb⟩ *Rücktentitel* m *(Schildchen)* || *Buchrücken* m || ⟨Tech⟩ *Axial-, Längs-, Spur-, Stütz|lager* n || ⟨Vet⟩ *Hufbein* n *(der Pferde, Esel usw)*
△**tel** m *Räude* f
tela f *Gewebe, Zeug* n, *Stoff* m || *Leinen* n || *Leinwand* f || *Laken* n || ⟨Web⟩ *Aufzug* m, *Kette* f || *Spinn(en)gewebe* n || ⟨Bot⟩ *Schalhaut* f, *Häutchen* n || *Kahm, Schimmel* m || ⟨An⟩ *Gehirn-, Herz|haut* f || ⟨Med⟩ *Wolke* f, *Hornhautfleck* m *auf dem Auge* || *Häutchen* n *(auf Flüssigkeiten)* || pop *Geld* n, pop *Moneten* pl || figf *Gesprächsstoff* m || figf *Thema* n || figf *Lüge* f || *Intrigen* fpl || ⟨Jgd⟩ *Jagdtuch* n || *Einstellplatz* m || ~ abrasiva *Schleif-, Schmirgel|leinen* n || ~ aislante ⟨El⟩ *Isoliertuch* n || ~ de araña → **telaraña** || ~ para camisas *Hemdenstoff* m || ~ de cebolla *Zwiebelhaut* f || fig *hauchdünnes Gewebe* n, *hauchdünner Stoff* m || ~ de cedazo *Siebboden* m || ~ (cortada) fam *Gesprächsstoff* m || ~ a cuadros *karierter, gewürfelter Stoff* m || ~ de embalar *Packleinen* n || ~ encerada *Wachstuch* n || ~ engomada *gummiertes Gewebe* n || ~ de luto *Trauerstoff* m || ~ metálica *Draht|netz, -gewebe, -geflecht* n || *Fliegengitter* n || ~ de punto (elástico) *Trikotstoff* m || encuadernación en ~ *Leineneinband* m, *Ganzleinen* n || encuadernación en media ~ *Halbleinen* n || estampado de ~ *Zeugdruck* m || ~ de tienda (de campaña) *Zeltleinwand* f || tapas de ~ *Leinwanddeckel* mpl || ◊ estar *(od* quedar) en ~ de juicio fig *keine Sicherheit haben, unsicher sein* || poner en ~ de juicio fig *in Abrede stellen, bestreiten* || fig *aufs Tapet bringen* || hay ~ para rato pop *das nimmt kein Ende* || *das Thema ist sehr ergiebig* || ya tiene V. ~ para rato fam *damit werden Sie nicht so bald fertig werden*
telabrejo m SAm fam *Krimskrams* m, *Klamotten* fpl, *Gerümpel* m
telamón m ⟨Arch⟩ → **atlante**
△**telané** m *Abt* m
telántropo m *Telanthropus, südafrikanischer Frühmensch* m
telar m *(Web)Stuhl* m || *Heftlade* f *des Buchbinders* || ⟨Th⟩ *Rollen-, Schnür|boden* m || ⟨Filmw⟩ *Beleuchtungsbühne* f || ⟨Arch⟩ *Tür-, Fenster|einfassung* f || ⟨Mal⟩ *Blindrahmen* m || ~ automático *Webautomat* m || ~ circular *Rund(-web)stuhl* m || ~ (a la) Jacquard *Jacquardstuhl* m || dim:~**ejo** m
tela|raña f *Spinn(en)|gewebe* n, *-webe* f || ◊ tener ~s en los ojos figf *nur flüchtig hinsehen* || fig *verblendet sein* || **~ñoso** adj *voller Spinnengewebe*
¹**tele-** präf *tel(e)-, Tel(e)-, fern-, Fern-*
²**tele** f Abk pop *Fernsehen* n (= televisión)
tele|anemómetro m ⟨Flugw⟩ *Fernwindmesser* m || **-angiectasia** f ⟨Med⟩ *Besenreiser* mpl, *Erweiterung der Kapillaren (auf der Haut)*, *Teleangiektasie* f || **-brújula** f *Fernkompaß* m || **-cámara** f ⟨Filmw Phot⟩ *Fernkamera* f || **-cine** = **-cinema** || **-cinema** m *Fernkino* n || **-cinesia** f ⟨Psychol⟩ = **telequinesia** || **-comunicación** f, **~ones** fpl *Fernverbindung* f || *Fernmeldewesen* n || Correos y ~ *Post- und Fernmelde|wesen* n || **-conexión** f ⟨El⟩ *Fern(ein)schaltung* f || **-control** m *Fernkontrolle* f || **-dirección** f, **-diario** m ⟨TV⟩ *Tagesschau* f || **-difusión** f *Drahtfunk* m || **-dinamia, -dinámica** f ⟨Phys⟩ *Fernwirkung* f || *Kraftübertragung* f || **-dirección** f *Fern|lenkung, -steuerung* f || **-dirigido** adj *fern|gelenkt, -gesteuert, Fernlenk-* || armas ~as *Fernlenkwaffen* fpl || proyectil ~ *Fernlenkgeschoß* n || **-emisora** f ⟨TV⟩ *Fernsehsender* m || **-enseñanza** f *Fern(seh)unterricht* m || **-esquí** m → **telesquí** || **-férico** m *Seilschwebebahn* f || *Drahtseilbahn* f || **-fonazo** m fam *Anruf* m, *Telefonat, Telephonat* n || ◊ dame un ~ *ruf(e) mich an*
telefo|near vt/i *anrufen, telefonieren* || **-nema** m ⟨Post⟩ *telefonische Nachricht* f, *Ferngespräch, Telefonat* n || número de ~s *recibidos (emitidos) ankommender (abgehender) Telefonverkehr* m || **-nía** f *Fernsprechwesen* n, *Telefonie, Telephonie* f || ~ automática *Selbstwähl|verfahren* n bzw *-verkehr* m || ~ sin hilos, ~ inalámbrica *drahtlose Telefonie, Radiotelefonie* f
tele|fónico adj *telefonisch, telephonisch, fernmündlich, Fernsprech-* || anuario *(od* listín) ~ *Telefon-, Telephon|(adreß)buch* n || cabina ~a *Fernsprech-, Telefon|zelle* f || central ~a, oficina ~a *Fernsprechamt* n || (Compañía) *Telefónica Telefongesellschaft* f *(& Gebäude) (Madrid)* || guía ~a = **listín** || oficina ~a interurbana *Fernamt* n || comunicación ~a *Vermittlung, Fernsprechverbindung* f || *Funkbericht* m || *Vermittlungszentrale* f || conferencia ~a *Telefon-, Telephon-, Fern|gespräch* n || *Sammelgespräch* n || estación, línea ~a *Fernsprech|stelle, -linie* f || servicio ~ *Telefon|verkehr, -betrieb* m || servicio ~ nocturno *telefonischer Nachtdienst* m || horas de servicio ~ *Telefondienststunden* fpl || tarifa ~a *Telefon-, Telephon|gebühr* f || ◊ pedir comunicación ~a um *(Telefon)Anschluß bitten* || ⟨Tel⟩ e–n *Teilnehmer anrufen* || adv: **~amente** || **-fonista** m *Telefonist(in* f) m, *Telephonist(in* f) m
teléfono m *Telefon, Telephon* n, *Fernsprecher* m || ~ automático *Selbstwählanschluß* m || ~ de casco ⟨Luftw⟩ *Kopf(fern)hörer* m || ~ de (sobre)mesa *Tischtelefon* n || ~ de pared *Wandapparat* m || ~ privado *Haustelefon* n || ~ público *öffentliche Fernsprechstelle* f || ~ supletorio, ~ en derivación, ~ conectado (con otro) *Neben|anschluß* m, *-stelle* f || abonado al ~ *(Fernsprech)Teilnehmer* m || avería de ~ *Fernsprechstörung* f || guía *(od* listín) de ~s *(od* abonados al ~) *Fernsprechverzeichnis* n || número de ~ *Telefonnummer* f, *Ruf(nummer* f) m || oficina de ~s *Fernsprechamt* n || ◊ preguntar, llamar por ~ *(telefonisch) anfragen, anrufen*
telefoto m, **~grafía** f *Bild|funk* m, *-übertragung* f || *Tele-, Fern|photographie, Fernaufnahme* f
telegénico adj ⟨TV⟩ *telegen*
telegobernado adj = **teledirigido**
telegonia f ⟨Gen⟩ *Telegonie, Keimbeeinflussung* f *(durch den zuerst Begattenden)*
tele|grafía f *Telegrafie, Telegraphie* f || ~ de imágenes *Bild|telegrafie* f, *-funk* m || ~ sin hilos, ~ inalámbrica (T.S.H.) *drahtlose Telegrafie* f || **-grafiar** [pres –io] vt *telegrafieren, telegraphieren, drahten* || **-gráfico** adj *telegrafisch, telegraphisch* || alambre ~ *Telegrafendraht* m || correspondencia, respuesta ~a *Draht|verkehr* m, *-antwort* f || código ~, clave ~a *Telegrammschlüssel* m || despacho ~, parte ~ *Draht|nachricht* f, *-bericht* m || dirección ~a *Telegrammadresse* f || giro ~ (Abk G.T.) *telegraphische (Geld)Überweisung* f || poste ~ *Telegrafen|stange* f, *-mast* m || red ~a *Telegrafen|netz* n || adv: **~amente** || **-grafista** m/f *Telegrafist(in* f) m, *Telegraphist(in* f) m || ⟨Mar Mil Flugw⟩ auch *Funker* m
telégrafo m *Telegraf, Telegraph* m || ~ impresor *Schreibtelegraf* m || ~ Morse *Morse|telegraf, -apparat* m || oficina de ~s *Telegrafenamt* n
tele|grama (inc & Am & telégrama) m *Telegramm* n || ~ cifrado *verschlüsseltes od chiffriertes Telegramm* n || ~ de felicitación *Glückwunschtelegramm* n || ~ de lujo *Schmucktelegramm, Telegramm* n *in der Ausfertigung auf Schmuckblatt (in besonderer Ausführung)* || ~ para el interior *Inlandstelegramm* n || ~ oficial *Diensttelegramm* n || ~ semafórico *Semaphornachricht* f || ~ urgente *dringendes Telegramm* n || carta~ *Brieftelegramm* n || ◊ poner (enviar), recibir un ~ *ein Telegramm aufgeben (absenden), empfangen* || mutilar un ~ *ein Telegramm*

teleguiado — temeridad 1038

verstümmeln ‖ **–guiado** adj = **teledirigido** ‖ **–impresor** m *Fernschreiber* m ‖ **–impulsión** f *Fernantrieb* m ‖ **–indicador** m *Fernanzeiger* m ‖ **–interruptor** m ⟨El Radio⟩ *Fern(aus)schalter* m △**telejeñi** f *Matte* f
telele m fam *Ohnmachtsanfall* m ‖ fam *Schwächeanfall* m (vor Hunger)
telelectura f *Fernablesung* f
Telémaco m np *Telemach* m
tele|mando m *Fern|betätigung, -bedienung, -steuerung* f ‖ *Fernantrieb* m, **–manipulador** m *Manipulator* m, *Fernbedienungsgerät* n ‖ **–metría** f *Entfernungsmessung* f ‖ *Fernmeßtechnik* f ‖ **–métrico** adj *fernmeßtechnisch*
telémetro m *Entfernungsmesser* m
telemisora f ⟨TV⟩ = **teleemisora**
△**telendo** adj *lebhaft, blühend* ‖ *tapfer, mutig*
telenovela f ⟨TV⟩ *Fernsehspiel(serie* f*)* n
teleobjetivo m ⟨Phot⟩ *Teleobjektiv* n
teleo|logía f *Teleologie* f ‖ fig *Zweck* m, *Ziel* m ‖ **–lógico** adj *teleologisch*
teleósteos mpl ⟨Fi⟩ *Knochenfische* mpl (Teleostei)
telépata m ⟨Psychol⟩ *Telepath* m
tele|patía f *Telepathie* f ‖ *Gedankenübertragung* f ‖ **–pático** adj *telepathisch*
teleproyectil m ⟨Mil⟩ *Ferngeschoß* n (→ **teledirigido**)
telequinesia f ⟨Psychol⟩ *Telekinese* f
tele|ra f *Lenkscheit* n (am Wagen, am Pflug) ‖ ⟨Mil⟩ *Lafettenriegel* m ‖ *Plankenpferch* m (für Vieh) ‖ ⟨Tech Buchb⟩ *Backe* f (e–r Zwinge) ‖ **–ro** m *Leiterwagensprosse* f ‖ *Runge* f
telerreportaje m *Fernsehreportage* f
teles|copia f *Teleskopie* f ‖ **–cópico** adj *ausziehbar* ‖ *Teleskop-* ‖ *observación ~a* ⟨Astr⟩ *Beobachtung* f *mit dem Fernrohr* ‖ *ojos ~s* ⟨Zool⟩ *Teleskopaugen* npl (z. B. bei vielen Tiefseetiere) ‖ *peces ~s* ⟨Fi⟩ *Teleskopfische, Himmelsgucker* mpl (Zuchtform des Goldfisches) ‖ **–copio** m ⟨Astr Opt⟩ (Spiegel)Fernrohr, *Teleskop* n ‖ *~ binocular Doppelfernrohr* n ‖ *~ de puntería para el lanzamiento de bombas* ⟨Flugw⟩ *Bombenzielfernrohr* n ‖ *~ de reflexión Spiegelteleskop* n
Telesforo m np Tfn *Telesphor* m
telesilla f *Sessellift* m
telesis f ⟨Soz⟩: *~ social gesellschaftliche Planung* f (→ **planificación**)
tele|(e)spectador m ⟨TV⟩ *Fernseh|zuschauer* bzw *-teilnehmer* m ‖ **–squí** m ⟨Sp⟩ *Schi-, Ski|lift* m ‖ **–studio** m ⟨Radio TV⟩ *Tele-, Fernseh|studio* n
teleta f prov *Löschblatt* n
tele|técnica f *Fernwirktechnik* f ‖ **–termómetro** m *Fernthermometer* n ‖ **–texto** m *Fernschreiben* n ‖ **–tipo** m *Fernschreiber* m ‖ **–transmisión** f *Fernübertragung* f ‖ **–trineo** m *Schlittenlift* m ‖ **–vidente** m = **tele(e)spectador** ‖ **–visar** vt *durch Fernsehen übertragen, im Fernsehen bringen* ‖ *vi fam inc Fernsehen glotzen* ‖ **–visión** f *Fernsehen* n ‖ *Fernbildübertragung* f ‖ *~ en color(es)* ⟨TV⟩ *Farbfernsehen* n ‖ **–visivo** adj *Fernseh-* ‖ **–visor** m ⟨TV⟩ *Fernseh|empfänger* m, *-gerät* n ‖ **–visora** f *Zentralstelle* f *für Fernbildübertragung*
télex m *Fernschreiben, Telex* n ‖ *Fernschreibverkehr* m
telilla f dim v. **tela** ‖ *Kahm, Schimmel* m, *Häutchen* n
telina f ⟨Zool⟩ *Tellmuschel* f (Tellina nitida)
Telmo m np Tfn *Telmus* m ‖ *fuego de San ~ Elmsfeuer* n
△**teloló** adj *räudig*
telón m ⟨Th⟩ *Vorhang* m ‖ *~ de acero* ⟨Pol⟩ *Eiserner Vorhang* m ‖ ⟨Th⟩ *eiserner Vorhang* m ‖ *~ de bambú Bambusvorhang* m (& Pol) ‖ *~ de boca, ~ de foro* ⟨Th⟩ *Haupt-, Zwischen|vorhang* m ‖ *metálico Metall-Rolladen* m ‖ ⟨Th⟩ *eiserner Vorhang* m ‖ ◊ *sube (baja) el ~ der Vorhang geht auf (fällt)*

telson m ⟨Zool⟩ *Telson* n (Endsegment v. Gliederfüßen)
telúrico adj *tellurisch, die Erde betreffend* ‖ *fuerzas ~as tellurische Kräfte* fpl
telurio m ⟨Chem⟩ *Tellur* n ‖ ⟨Astr⟩ *Tellurium* n
telurismo m *Tellurismus* m ‖ *Erdabhängigkeit* f ‖ *Erdhaftigkeit* f (& fig)
telliz [pl **–ces**] m *Pferdedecke, Schabracke* f ‖ *–a* f *Bettüberdecke* f (→ **colcha**)
△**tellorré** m *Geistliche(r)* m
[1]**tema** m (Grund)Satz m ‖ *Stoff, Gegenstand* m, *Thema* n ‖ ⟨Gr⟩ *Thema* n, *Verbalstamm* m, *Stammform* f ‖ ⟨Sch⟩ (Übersetzungs)Aufgabe f (in die Fremdsprache) ‖ *Preisaufgabe* f ‖ ⟨Mus⟩ *Thema, Motiv* n ‖ *~ principal* ⟨Mus⟩ *Hauptmotiv* n
[2]**tema** f *fixe Idee* f ‖ *Starrsinn* m, *Hartnäckigkeit* f ‖ fig *Steckenpferd* n ‖ fig *Schrulle* f ‖ *a ~, por ~ aus Trotz* ‖ ◊ *tomar ~ sich et in den Kopf setzen* ‖ *tomar (od tener) ~ contra alg.* fam *jdn nicht mögen,* fam *jdn nicht riechen können* ‖ → **loco**
temario m *Themen|kreis* m, *-liste* f
temáti|ca f *Thematik* f ‖ **–co** adj *thematisch* ‖ *halsstarrig, eigensinnig* ‖ *Thema-, Themen-* ‖ ⟨Gr Li⟩ *Stamm-* ‖ *vocal ~a Bildungs-, Thema|vokal* m
tembla|dera f *Tümmler* m (Becher) ‖ *Zitternadel* f (als Kopfputz) ‖ ⟨Fi⟩ *Zitterrochen* m (→ **torpedo**) ‖ ⟨Bot⟩ *Zittergras* n (Briza spp) ‖ *Am Zitterboden* m (→ **tremedal**) ‖ *Arg* ⟨Vet⟩ *Zitterkrankheit* f ‖ **–dero** m *Zitterboden* m ‖ **–dor** m/adj *Zitterer* m ‖ *Quäker* m ‖ ⟨cuáquero⟩ ⟨El⟩ *Hammerunterbrecher* m ‖ ⟨Fi⟩ *Wobbler* m (der Angler) ‖ *~ adj zitternd, bebend*
temblar [–ie–] vi (er)zittern ‖ (er)beben ‖ fig *sich fürchten* ‖ *Ängste ausstehen, bangen* ‖ ◊ *~ de frío vor Kälte zittern* ‖ *~ de susto vor Schrecken zittern* ‖ *hacer ~ (a) jdm Furcht einjagen* ‖ *no hay que ~ es ist nichts zu befürchten* ‖ *quedar temblando* fam *fast leer bleiben (Glas nach e–m tüchtigen Schluck)* ‖ → **azogado** ‖ *tiemblo por su vida ich bange um sein Leben*
temble|que adj = **tembloroso** ‖ *~ m Zittern* n ‖ *Zitternadel* f ‖ *Col PR Süßigkeit* f *aus Kokosraspeln, Reis & Milch* ‖ **–quear, –tear** vi fam *ständig zittern, schauern,* fam *schwabbeln, bibbern* ‖ **–queo** m, **–quera** f *Zittern,* fam *Schlottern* n
tem|blón, ona adj *zitternd* ‖ fam *furchtsam* (álamo) ‖ *~ m Zitterpappel, Espe* f (→ **álamo**) ‖ **–blor** m *Zittern, Beben* n ‖ *Schauder* m, *Gezitter* n ‖ *~ de tierra Erdbeben* n (→ **terremoto, maremoto**) ‖ **–blo(ro)so** adj *zitt(e)rig, ständig zitternd*
temboruco m Mex = **brujo**
△**Temeata** f Tfn = **María**
teme|dero adj *zu fürchten(d)* ‖ **–dor** adj/s *fürchtend* ‖ *ängstlich*
temer vi *befürchten* ‖ vt/i *fürchten, scheuen* ‖ *Ehrfurcht haben (vor dat)* ‖ ◊ *~ a (od de) sich fürchten vor (dat)* ‖ *~ a Dios Gott fürchten* ‖ *temo por su vida ich fürchte für sein Leben* ‖ *temo que (no) venga ich fürchte, daß (nicht) kommt* ‖ *yo temía (que) te hubiese pasado alguna desgracia ich fürchtete, es könnte dir ein Unglück geschehen sein* ‖ *temido de todos allgemein ge-* bzw *be|fürchtet* ‖ **~se** vr pop *fürchten*
teme|rario adj/s *ver|wegen, -messen, (toll-)kühn, waghalsig* ‖ *gewagt, voreilig (Behauptung, Urteil)* ‖ ⟨Jur⟩ *leicht|fertig, -sinnig (den Prozeß führend)* ‖ *Carlos el ~ (de Borgoña) Karl der Kühne (von Burgund)* († 1477) ‖ **–ridad** f *Ver|wegenheit, -messenheit, Tollkühnheit, Waghalsigkeit* f ‖ *äußerst voreilige* (bzw *höchst leichtfertige) Behauptung* f ‖ ⟨Jur⟩ *leichtsinnige Prozeßführung* f ‖ ◊ *conducir con ~* ⟨StV⟩ *grob*

fahrlässig fahren || **-roso** *adj furchtsam, schüchtern, zaghaft* || *feige* || *ängstlich, bange* || ~ *de Dios gottesfürchtig* || ~ *del peligro Gefahr fürchtend*
temible *adj bedenklich, zu befürchten* || *ängstlich* || *furchtbar, fürchterlich* || ~ *para sus enemigos von seinen Feinden gefürchtet*
Temis *f Themis f (Göttin)*
Temístocles *m np Themistokles m*
temor *m Furcht, Angst f* || *Scheu f* || *Befürchtung f* || *Ahnung f, Argwohn m* || *Besorgnis f* || △*Gefängnis n* || ~ *al castigo Furcht f vor der Strafe* || ~ *de Dios Gottesfurcht f* || ~ *de la (od a la) muerte Furcht f vor dem Tode* || ~ *reverencial Ehrfurcht f* || *con* ~ *ängstlich* || *verlegen* || *por* ~ *de aus Furcht vor (dat)* || *sin* ~ *unverzagt, mutig* || ◊ *desechar todo* ~ *mutig zu Werke gehen* || *disipar el* ~ *die Befürchtung zerstreuen* || vgl **miedo**
temoso *adj starrköpfig, eigensinnig, halsstarrig*
tempa|nador *m* ⟨Agr⟩ *Zeidelmesser n (der Imker)* || **-nar** *vt (Bienenstock) abdecken* || *(Boden) einsetzen (bei Fässern)*
témpano *m Trommel, Pauke f* || *gespanntes Trommelfell n* || ⟨Arch⟩ *Tympanon, Bogenfeld n (= tímpano)* || ⟨Agr⟩ *Abdeckung f (der Bienenstöcke)* || *Faß|deckel bzw -boden m* || *Scholle f* || *Seite f Speck* || ~ *(de hielo) Eis|zapfen m, -scholle f*
tempe|ración *f Mäßigung f* || **-rado** *adj gemäßigt* || *fig ausgeglichen* || **-ramental** *adj temperamentvoll* (→ **apasionado**) || *Temperaments-* || *Charakter-* || **-ramento** *m Temperament n* || *(Körper)Anlage f, Beschaffenheit f* || **Temperatur, Wärme f* || *Gemüts|art, -stimmung f* || *Charakter, Hang m* || ⟨Mus⟩ *Temperierung f* || **-rancia** *f Mäßigung f* || **-rante** *adj/s mäßigend* || ~ *m Linderungsmittel n* || *Am Abstinent m* || **-rar** *vt mäßigen, (ab)schwächen* || *mildern,* || *vi Am e-n Luftwechsel vornehmen, in die Sommerfrische gehen* || **-ratura** *f Temperatur f* || *Wetter n, Witterung f* || *Witterungsverhältnisse npl* || *fam Fieber n* (→ **fiebre**) || *fig Leidenschaft f* || ~ *absoluta absolute Temperatur, Absoluttemperatur f* || ~ *del aire Lufttemperatur f* || ~ *alta, elevada (baja) hohe (niedrige) Temperatur f* || ~ *ambiente Raum-, Ortsbzw Zimmer|temperatur f* || ~ *de congelación (ebullición) Gefrier- (Siede)punkt m* || ~ *máxima, mínima Maximal-, Minimal|temperatur f* || *toma de (la)* ~ *Messen der Temperatur, Fiebermessen n* || ◊ *tiene algo de* ~ *fam er (sie, es) hat et Fieber* || **-rie** *f Witterung f* || **-ro** *m* ⟨Agr⟩ *günstige Saatzeit f (nach den Regenfällen)*
tempes|tad *f stürmisches Wetter n* || *Sturm m* || *(Un)Gewitter, Unwetter n* || *Seesturm m* || *fig Aufregung f* || *fig scharfe Auseinandersetzung f, heftiger Streit m* || *fig Hagel m (Beleidigungen)* || ~ *de aplausos fig stürmischer Beifall, Beifallssturm m* || ~ *de nieve Schneesturm m* || ◊ *daño causado por la* ~ *Unwetterschaden m* || *la* ~ *se desencadenó das Gewitter brach aus* || *levantar* ~*es fig Unruhe stiften* || ~ *y rayos fig Schicklichkeit, Rechtzeitigkeit f* || **-tividad** *f gelegen, schicklich, zu rechter Zeit* || **-tuoso** *adj stürmisch* || *Sturm-* || *Gewitter-* || *aire* ~, *lluvia, nube* ~ *a Gewitter|luft f, -regen m, -wolke f* || *tiempo* ~ *stürmisches Wetter n* || ⟨Meteor⟩ *Gewitterneigung f*
tem|pla *f* ⟨Mal⟩ *Tempera(farbe) f* || *Cu Rohrzuckersirup m* || ~*s fpl Schläfen fpl* (= **sienes**) || **-plabilidad** *f* ⟨Tech⟩ *Härtbarkeit f* || **-pladero** *m Kühlkammer f (Glasherstellung)* || **-plado** *adj/s mäßig, enthaltsam* || *maßvoll* || *gemäßigt* || *mild, gemäßigt (Witterung, Klima)* || *lau, überschlagen (Getränke)* || ⟨Mal⟩ *harmonisch* || ⟨Mus⟩ *gestimmt (Instrument)* || *fam tapfer, kühn* || *fam beschwipst* || ⟨Tech⟩ *gehärtet* || *Bol Col Chi verliebt* || *Mex MAm geschickt, klug* || *Col Ven streng* || *clima* ~ *mildes Klima n* || *zona* ~*a gemäßigte Zone f, milder Himmelsstrich m* || ◊ *estar bien (mal)* ~ *figf gut (schlecht) gelaunt, aufgelegt sein* || *ser muy* ~ *sehr tapfer, sehr beherzt sein*
templa|dor *m* ⟨Mus⟩ *Stimmhammer m* || **-dura** *f Mäßigung f* || ⟨Mus⟩ *Stimmen n* || ⟨Metal⟩ *Härten* || *Kühlung f (Glas)* || ~ *por soplete Brennstrahlhärtung f*
tem|planza *f Mäßigung f* || *Mäßigkeit, Enthaltsamkeit f* || ⟨Mal⟩ *Farbenharmonie f* || ⟨Mus⟩ *Tonharmonie f* || *sociedad de* ~ *Temperenzler-, Mäßigkeits|verein m* || **-plar** *vt mäßigen, mildern, besänftigen, lindern* || *temperieren* || *abstehen lassen* || *abkühlen (heißes Wasser)* || *anwärmen (kaltes Wasser, kalte Speise usw)* || *(im Wasser) abschrecken* || ⟨Metal⟩ *härten* || *fig regeln* || ⟨Mus⟩ *stimmen* || ⟨Med⟩ *bähen* || ⟨Mal⟩ *gegeneinander abtönen, abstimmen (Farben)* || ⟨Tech⟩ *(ein)stellen (Schraube)* || *mäßig spannen (Seil)* || *abschrecken (en mit dat)* || ⟨Mar⟩ *(dem Wind entsprechend) einrichten (Segel)* || **-se** *fig sich mäßigen, sich beherrschen* || *Bol Col Chi sich verlieben* || *Mex Cu fliehen* || ◊ ~ *en comer mäßig essen*
templario *m Templer m* || *orden de los* ~*s Templerorden m*
¹**temple** *m ehem. Tempelkirche f* || *el* ⌆ *der Templerorden*
²**temple** *m Witterung f* || *Temperatur f (normaler) körperlicher Zustand m* || *Stimmung, Gemütsstimmung, Veranlagung f* || ⟨Mus⟩ *Stimmung f* || ⟨Metal⟩ *Härtung f, Härten n* || → **pintura** || *mal* ~ *fig Mißstimmung f* || ◊ *estoy de mal* ~ *fam ich bin schlecht gelaunt*
templete *m dim v. templo: Tempelchen n* || *Pavillon m* || ~ *(de música) Konzertpavillon m*
templista *m Temperamaler m*
templo *m Tempel m* || *Kirche f* || *Gotteshaus n* || *Götzentempel m* || ~ *parroquial Pfarrkirche f* || ~ *protestante protestantische Kirche f* || *como un* ~ *figf riesengroß* || ◊ *esa chica está como un* ~ *figf das ist ein Klasseweib!*
Témpora(s) *f(pl) Quatember(fasten) m* || *las cuatro* ~*s der Quatember*
tempo|rada *f Zeitraum m* || *Zeit f* || *Kurzeit, Saison f* || ~ *de baños,* ~ *del balneario Badesaison, Kurzeit f* || ~ *de ferias Messezeit f* || ~ *de lluvias Regenzeit f* || ~ *muerta stille Geschäftszeit f, fam Sauregurkenzeit f* || ~ *de nieves Zeit f der Schneefälle* || ~ *taurina Zeit f der Stierkämpfe* || ~ *de teatro Theatersaison f* || ~ *de verano Sommerzeit f* || *a* ~*s von Zeit zu Zeit* || *de* ~, *por* ~*s zeit-, saison|weise* || *artículos de* ~ ⟨Com⟩ *Saisonwaren fpl* || ◊ *la* ~ *está ya demasiado adelantada (para) die Saison ist schon zu weit vorgerückt (um zu inf)* || **-ral** *adj Zeit-* || *zeitlich, vergänglich, zeitweilig* || *augenblicklich* || *weltlich, zeitlich* || *(hueso)* ~ ⟨An⟩ *Schläfenbein n* || *jurisdicción* ~ *weltliche Gerichtsbarkeit f* || *lo* ~ *y lo eterno das Zeitliche und das Ewige* || *adv:* ~**mente** || ~ *m Sturm m* || *Sturmwetter, Gewitter n* || *Regenzeit f* || ◊ *aguantar un* ~ ⟨Mar⟩ *e-m Sturm widerstehen (& fig)* || → **nieve** || *augm:* ~**azo** *m* || **-ralidad** *f Zeit-, Welt|lichkeit f* || **-es** *fpl Bezüge mpl der Geistlichen* || **-ralizar** *[z/c] vt vergänglich machen* || *verweltlichen* (→ **secularizar**) || **-ralmente** *adv vorübergehend* || *vorläufig* || **-rario, -ráneo** *adj zeitweilig* || *vorübergehend* || *einstweilig*
¹**témporas** *fpl* ⟨An⟩ *Schläfen fpl*
²**témporas** *fpl Quatember(fasten) m*
temporejar *vt* ⟨Mar⟩ *beidrehen (bei Sturm)*
tempo|rero *m/adj auf Zeit Angestellte(r) m* || *Saisonarbeiter m* || **-rizar** *[z/c] vi die Zeit verbringen* || *sich fügen, sich bequemen* || *Zeit einstellen* || ~ *vt* ⟨El⟩ *verzögern*
tempra|nal *adj/s frühzeitig tragend, Früh-* || ~ *m* ⟨Agr⟩ *Frühkultur f* || **-nero** *adj früh(zei-*

tempranillo — tener 1040

tig) || *frühreif* || *Früh-* vgl **madrugador** || **–nillo** *m*/adj *Traubensorte* f, *aus der zum Teil der rote Rioja gekeltert wird* || *Frühtraube* f || **–no** adj *früh(zeitig)* || *frühreif(end)* || ~ adv *früh (-zeitig), bald* || *(allzu)früh voreilig, vor der Zeit* || pera ~a *Frühbirne* f || tarde o ~ *früher od später* || más ~ *früher* ||, lo más ~ *möglichst früh* || *frühestens* || muy ~ *sehr bald* || todavía es ~ *es ist noch (zu) früh* || cuanto más ~, mejor *je eher, je lieber* || ◊ levantarse, comer ~ *früh aufstehen, essen* || llegar ~ *(zu) früh kommen, sich (zu) früh einstellen* || adv: ~**amente** || dim: ~**ito**

temulento adj *berauscht, betrunken*
¹**ten** → **tener**
²△**ten** *m Tee* m
³**ten** *m:* ~ con ~ fam *Zurückhaltung* f, *Takt* m || ◊ tener mucho ~ con ~ fam *taktvoll bzw sehr umsichtig sein*

tena|cear vt = **atenacear** || ~ (en) vi *beharren, bestehen auf* (dat) || **–cidad** f *Zähigkeit* f || *Reißfestigkeit* f || fig *Hartnäckigkeit, Beharrlichkeit* f || *Ausdauer* f || fig *Starrsinn* m || con ~ *hartnäckig, starrköpfig* || *mit Beharrlichkeit* || **–cillas** fpl dim v. **–zas** || *Licht(putz)schere* f || *Zucker-, Obst|zange* f || *Kräuselzange* f, *Brenneisen* n *(fürs Haar)* || *Scheren* fpl *(der Krebse)* || ~ para azúcar *Zuckerzange* f || ~ *(eléctricas) Frisierstab* m || ~ para el pelo *Lockenschere* f
tenada f *Ast* León *Heuboden* m || → a **tinada**
tenaja f pop = **tinaja**
tenante m ⟨Her⟩ *Schildhalter* m
tenantita f ⟨Min⟩ *Tennantit* m *(Fahlerz)*
tenaz [pl **–ces**] adj *zäh(e)* || *beharrlich, starrköpfig, hartnäckig* || *eigensinnig, störrisch* || *karg, geizig* || *ausdauernd* || fig *zielbewußt* || adv: ~**mente**
tena|za(s) f(pl) *Zange* f || *Kohlen-, Ofen|zange* f || *(Beiß-, Kneif)Zange* f || *Feuerzange* f || *Fangzähne* mpl || *Scheren* fpl *(der Krebse)* || articulada(s) *Hebelzange* f || *movimiento (od ataque)* en ~ ⟨Mil⟩ *Zangenbewegung* f || **–zón** *m:* de ~ fam *aufs Geratewohl* || **–zuelas** fpl dim v. **–zas** || *Enthaarungspinzette* f
tenca f ⟨Fi⟩ *Schlei(e)* m (f) *(Tinca tinca)* || Chi fig *Lüge* f, *Schwindel* m
ten|dajo *m* = **tendejón** || **–dal** *m Schirm-, Zelt-, Sonnen|dach* n || *Zelt|stock* m, *-stange* f || ⟨Agr⟩ *Auffangtuch* n *(beim Olivenabschlagen)* || Arg *flaches Gelände* n || Arg *Scherplatz* m *(für Schafe)* || Chi *Textil|laden* m, *-geschäft* n || **–dalero** *m* → **tendedero** || **–dear** vi Chi fam *e-n Laden- und Schaufenster|bummel machen*
tende|dera f *Am Wäscheleine* f || **–dero** m *Trockenplatz* m || *Wäscheständer* m
ten|dejón *m* desp v. **tienda** || *elende Baracke, Bude* f || **–del** m ⟨Arch⟩ *Meßschnur* f *(der Maurer)* || *Mörtelschicht* f *(zwischen Backsteinlagen)*
tenden|cia f *Hang* m || *(Hin)Neigung* f || *Bestrebung* f || *Tendenz* f, *Streben* n (a nach dat) || ~ alcista *Auftriebstendenz, Haussestimmung* f || ~ *preissteigernde Tendenz* f || ~ a la baja *Abwärtsbewegung, fallende Tendenz* f *(Börse, Preise)* || ~ inflacionista *Inflations|neigung* f, *-trend* m || ◊ la ~ de la Bolsa era firme *die Börse zeigte eine feste Tendenz* || *obra de* ~ *Tendenzstück* n || *engagiertes Werk* n || una nariz fina, con ~ a formar arco *e-e feine, kaum merkliche gebogene Nase* || los cursos cierran con ~ muy débil *die Kurse schließen sehr schwach (Börse)* || tener ~ al alza *steigende Tendenz haben*, e-e *Aufwärtsbewegung aufweisen (Kurse)* || tiene ~ a creer lo que le agrada(ría) *er neigt dazu, das zu glauben, was er möchte* || **–cioso** adj *Tendenz-* || *tendenziös, gefärbt* || *mit Hintergedanken* || *engagiert* (→ **comprometido**) || *parteiisch* || **–te** adj *tendierend* (a *nach* dat), *hinzielend* (a *auf* acc) || *abgezielt (auf* acc)

ténder m ⟨EB⟩ *Tender* m
ten|der [–ie–] vt *aufhängen (Wäsche)* || *ausziehen, in die Länge ziehen* || *aus(einander)breiten* || *aus-, auf|spannen (Segel)* || *ausbreiten* || *auslegen (Leitung) verlegen, (Kabel) legen, spannen* || *umher|streuen, -werfen (Stricke)* || *ziehen ((den Bogen) spannen* || *aus-, entgegen-, hervor|strecken* || ⟨Arch⟩ *bewerfen* || *tünchen (Mauer)* || ⟨Agr⟩ *(aus)streuen* || ◊ ~ a *abzielen auf* (acc) || *dahin gehen (zu* dat) || ~ el lazo (a) fig *jdm e-e Falle stellen* || ~ la mano *die Hand aufhalten* || ~ a uno la (od a una) mano *jdm die Hand reichen* || fig *jdm behilflich sein* || ~ un puente e-e *Brücke schlagen (& fig)* || ~ (al suelo) *zu Boden strecken* || ~ las redes *die Netze auswerfen (& fig)* || ~ la ropa *Wäsche zum Trocknen aufhängen* || ~ vi *auf et ab-, hin|zielen*, e-n *Hang haben (zu* dat) || *neigen* (a *zu* dat) || *im Begriffe sein (zu* inf) || *streben* (a, hacia *nach* dat) || ◊ ~ a la baja *Neigung zum Sinken haben (Kurse)* || ~ a mejorar *auf dem Wege zur Besserung sein* || todos los esfuerzos tienden a ello *alle Bemühungen sind darauf gerichtet* || ~**se** *sich hinlegen, sich ausstrecken* || *sich (um)legen (Gras, Getreide usw nach e-m Gewitter)* || fig *faulenzen, die Arbeit vernachlässigen*
tende|ra f *Krämerin, Hökerin* f || *Ladenbesitzerin* f || **–rete** *m Marktzelt* n || *Verkaufsstand* m || ⟨Kart⟩ *Krämerspiel* n || **–ro** *m Krämer, Höker* m || *Schnittwarenhändler* m || *Kleinhändler* m || pop *Laden|besitzer, -verkäufer* m || *Zeltmacher, Zeltner* m || △*Bucklige(r)* m || ~ detallista *Kleinhändler* m || f: ~**a** || **–zuela** dim v. **tienda**
tendi|do adj *liegend, hingestreckt* || *ausgedehnt* || *weitläufig, ausführlich* || → **galope** || a vuelo ~ *im vollen Fluge* || ◊ hablar largo y ~ fam *viele Worte machen* || quedar ~ *liegen bleiben* || ~ *m Aufhängen* n *(Wäsche)* || *Ausbreiten* n || ⟨El Tel⟩ *Verlegung* f *(v. Leitungen)* || ⟨Arch⟩ *Bewurf* m || *Mörtelschicht* f || ⟨Taur⟩ *Sperrsitzabteilung* f in e-r *Arena* || *bedeckter Sperrsitz* m || Am *Bettwäsche* f || Am ⟨EB⟩ *Anlage* f *der Strecke* || ~ de sombra (sol) *Sperrsitze* mpl *auf der Schatten-|, (Sonnen)seite* || *entrada de* ~ ⟨Taur⟩ *Sperrsitzkarte* f || **–noso** adj *sehnig*
tendón m ⟨An⟩ *Sehne, Flechse* f || Col *Erdstrich* m || → **Aquiles**
tendré → **tener**
tendu|cha f, **–cho** *m* desp v. **tienda**
tene|brario m ⟨Kath⟩ *Teneberleuchter* m || **–brio** *m* ⟨Entom⟩ *Mehlkäfer* m *(Tenebrio molitor)* || **–briónidos** mpl ⟨Entom⟩ *Dunkel-, Schwarz|käfer* mpl *(Tenebrionidae)* || **–brosidad** f *Finsternis* f || **–broso** adj *finster, dunkel, düster (& fig)* || fig *nebelhaft, geheimnisvoll*
tene|dero *m* ⟨Mar⟩ *Ankergrund* m || **–dor** *m Besitzer, Inhaber* m || *Wechselinhaber* m || *(Tisch-, Eß)Gabel* f || ~ anterior *Vordermann* m *(Wechsel)* || ~ de acciones, ~ de fondos públicos *Aktien-, Fonds|inhaber* m || el ~ legal *der rechtmäßige Besitzer, Inhaber* m || ~ de libros *Buch|halter, -führer* m || cosa de ~ pop *Gabelfrühstück* n || **–duría** f *(de libros) Buch|haltung, -führung* f || ~ de libros por partida sencilla (simple), doble *einfache, doppelte Buchführung* f || → **derechohabiente, poseedor** || → **propietario** || **titular** || → **portador** || △**–lar** vt = **tener**
tenencia f *Besitz* m || *Innehaben* n || ⟨Mil⟩ *Leutnantsstelle* f || ~ de alcaldía *(Stadt)Bezirksbürgermeisteramt* n, *Zweigamt* n e-r *städtischen Behörde* || ~ (ilícita) *de armas (unerlaubter) Waffenbesitz* m || ~ material *tatsächliches Innehaben* n

tener [pres **tengo, tienes** usw, imp **ten**, fut **tendré**, pret **tuve**] I. vt/i *als selbständiges Zeitwort (verbunden fast durchweg mit präpositionslosem Akkusativ*

1. *(fest)halten* ‖ *fassen, ergreifen, nehmen* ‖ *tragen* ‖ *(ent)halten, in sich fassen* ‖ *(e–n Raum) einnehmen* ‖ ~ a cuestas *auf dem Rücken haben (od tragen)* ‖ ~ fuerte fam *festhalten*
2. *haben, besitzen* ‖ *innehaben, genießen* ‖ *verfügen (über acc), zur Verfügung halten, bereithalten* ‖ *aufrechterhalten* ‖ *in der Gewalt, in Händen haben* ‖ *beherrschen, bemeistern* ‖ *verwalten, leiten, führen* ‖ *(auf)bewahren* ‖ *bekommen* ‖ *erzielen* ‖ *führen (Waren)* ‖ *behaftet sein (mit dat)* ‖ *leiden (an dat)* ‖ ~ años *bejahrt sein* ‖ ~ 10 años *10 Jahre alt sein* ‖ ~ brazo e–n starken *Arm haben* ‖ ~ la caja *die Kasse führen* ‖ ~ calentura *Fieber haben* ‖ tengo calor (frio) *mir ist warm (kalt)* ‖ ~ cara de *aussehen wie* ‖ no ~ competidor *konkurrenzlos dastehen* ‖ *unübertrefflich sein* ‖ ~ sus cosas fig *grillenhaft sein, s–e Schrullen haben* ‖ *launisch sein* ‖ ~ *(auch) s–e schlechten Seiten haben* ‖ ~ cuerda *aufgezogen sein (Uhr)* ‖ ~ cuidado (de) *achtgeben, aufpassen* ‖ *Sorge tragen (für)* ‖ *sich hüten vor (dat)* ‖ eso me tiene con mucho cuidado *ich bin darüber sehr unruhig* ‖ ~ curso *gangbar sein (Münze)* ‖ ¡dificultades tenemos! pop *es gibt also Schwierigkeiten, wie ich sehe* ‖ ~ a disposición de alg. *zur jds Verfügung halten* ‖ ~ disponible *verfügbar (bzw noch zur Verfügung) haben* ‖ ~ espíritu *geistreich sein* ‖ *Unternehmungsgeist haben* ‖ ~ éxito *Erfolg erzielen od haben* ‖ ~ gana(s) *Appetit haben* ‖ *Lust haben* ‖ es un hombre que tiene pop *er ist ein wohlhabender Mann* ‖ ~ la mano manca fig *karg, filzig sein* ‖ ~ las manos largas fig *streitsüchtig sein* ‖ ~ mano con uno fig *bei jdm viel vermögen* ‖ ~ mano en fig *die Finger haben in (dat)* ‖ ~ muchas manos fig *sehr gewandt, geschickt sein* ‖ ~ a mano fig *jdn im Zaume halten* ‖ *zur Hand haben* ‖ ~ entre manos fig *in Arbeit haben, arbeiten an (dat)* ‖ ~ miedo *Angst haben, sich fürchten* ‖ ~ necesidad (de) *bedürfen (gen)* ‖ ~ en pie *aufrechterhalten (& fig)* ‖ ~ presente *gegenwärtig halten, sich vergegenwärtigen* ‖ *im Sinne haben, denken an (acc)* ‖ ~ pronto *bereithalten* ‖ *bald bekommen* ‖ ~ una gran satisfacción (en) *sehr erfreut sein (zu)* ‖ ~ trato(s) con *verkehren mit (dat)* ‖ ~ trazas de *aussehen als ob* ‖ ~ vergüenza *Scham- bzw Anstands\gefühl haben* ‖ *sich schämen* ‖ no ~ vergüenza *unverschämt bzw unanständig sein* ‖ ~ un vicio *mit e–m Fehler, Laster behaftet sein* ‖ ~ *mangelhaft sein* ‖ le tengo voluntad *ich habe ihn gern* ‖ aquí me tiene V. que ... pop *so wie Sie mich hier sehen ...* ‖ tendremos lluvia *wir werden Regen bekommen* ‖ ¡tenga V.! *da haben Sie!* ‖ *bitte zu nehmen!* ‖ ¡tened y tengamos! fig *leben und leben lassen!*
3. *zurück-, inne\halten* ‖ *in Schranken halten* ‖ ~ la mano fig *sich beherrschen* ‖ *mit Vorsicht vorgehen* ‖ ~ a raya *in Schranken halten* ‖ ~ en Schach halten* ‖ ~ la risa *das Lachen unterdrücken* ‖ ~ la lengua *schweigen, nicht weitersprechen, fam* ~ *e Zunge im Zaum halten, den Mund halten* ‖ vgl **mantener**
4. *(ein)halten (Wort, Versprechen):* ~ la palabra *das Wort halten* ‖ ~ la promesa *sein Versprechen halten* ‖ vgl **mantener**
5. *unter-, aus\halten* ‖ *beköstigen* ‖ *bewirten, beherbergen* ‖ *unterstützen* ‖ **pflegen, sorgen (für)* ‖ **(be)schützen, verteidigen* ‖ ~ sobre sí a alg. fig *für jds Unterhalt und Fortkommen zu sorgen haben* ‖ me tiene como a un príncipe fig *er bewirtet mich fürstlich*
6. *(ab)halten (Rat, Sitzung)* ‖ *vor-, zu\bringen* ‖ *verleben* ‖ ~ un día aburrido *sich den ganzen Tag langweilen* ‖ ~ fiesta *feiern, nicht arbeiten* ‖ *freihaben (Schulkinder)* ‖ ahora tenemos las fiestas *jetzt gibt es Feiertage* ‖ tuvimos las fiestas en Madrid *wir verbrachten die Feiertage in Madrid* ‖ ¡tengamos la fiesta en paz! *lassen wir das lieber!* *bitte, k–n Streit (vom Zaun brechen)!*
7. *dafürhalten, meinen, glauben* ‖ *halten (für), schätzen* ‖ a) in Verb. mit **a:** ~ a halten (für acc) ‖ *ansehen als* (acc) ‖ ~ a bien *gut aufnehmen* ‖ *für gut befinden* ‖ *belieben, geruhen* ‖ ~ a mal *jdm et übel (auf)nehmen, verübeln* ‖ ~ a menos *verschmähen* ‖ *verachten* ‖ lo tengo a gran honra *es ist e–e große Ehre für mich* ‖ b) mit **de:** ¿qué tiene V. de ello? *was halten Sie davon?* ‖ c) mit **en:** ~ en bien *für gut befinden* ‖ ~ en más *höher achten* ‖ *vorziehen* ‖ ~ en menos, ~ en poco *geringschätzen, verachten* ‖ ~ en (od a) mucho *hochschätzen* ‖ d) mit **para:** ~ para si *dafürhalten, meinen, der Meinung sein* ‖ yo tengo para mí que ... *ich bin (fest) überzeugt, daß ...* ‖ *meine persönliche Meinung ist, daß ...* ‖ e) mit **por:** ~ por bien *für ratsam halten* ‖ ~ por bobo *für dumm halten* ‖ ~ por delante *vor sich haben* ‖ ~ por objeto *bezwecken* ‖ lo tengo por terminado *ich halte es für abgeschlossen* ‖ *für mich ist es so gut wie fertig* ‖ ruin sea que por ruin se tiene Spr etwa: *schlecht von sich selbst reden heißt schlecht sein*
8. mit Objektsinfinitiv
A) in Verb. mit **que:**
a) ~ que *müssen, genötigt sein (zu)* ‖ **sollen* ‖ ~ que decir *zu sagen haben* ‖ ~ que ver con una mujer *ein Liebesverhältnis mit e–r Frau haben* ‖ tengo que verlo *ich muß ihn sehen od besuchen* ‖ tengo que advertirle *ich muß Sie darauf aufmerksam machen* ‖ tengo que pedirle un favor *ich habe ein Anliegen an Sie* ‖ ¿tengo que venir? *soll ich kommen?* ‖ tiene que ser muy interesante *es ist gewiß sehr interessant* ‖ tendría que marcharme *ich sollte eigentlich fortgehen*
b) no ~ que: 1) *nicht brauchen (zu)* ‖ no ~ más que *nur zu ... (inf) brauchen* ‖ no tengo que preguntar *ich brauche nicht zu fragen* ‖ no tienes más que decírmelo *du brauchst es mir nur zu sagen* ‖ ¡ni que decir tiene! fam *selbstverständlich!* ‖ *das fehlte gerade noch!* ‖ *und ob!* ‖ 2) no tengo nada que hacer *ich habe nichts zu tun* ‖ ich kann nichts dafür ‖ eso no tiene que ver nada con el asunto *das hat mit der Angelegenheit nichts zu tun*
B) mit vorangehender Präposition, vor **quien** od **qué:** no tengo con quien hablar *ich weiß nicht, an wen ich mich wenden soll* ‖ *ich habe keine Gesellschaft* ‖ no ~ de qué pagar *kein Geld haben* ‖ *nicht soviel besitzen, als zur Bezahlung e–r S. nötig ist* ‖ no ~ sobre qué caerse muerto *bettelarm sein*
C) in Verb. mit **de:** *tengo de hacer un escarmiento! ich muß ein abschreckendes Beispiel geben* ‖ ¡tengo de (od que) matarlo! *ich muß ihn totschlagen! (in Drohungen)*
9. pleonastisch: ¡(tenga V.) muy buenos días! (ich wünsche Ihnen e–n) guten Morgen!
10. in sonstigen Redewendungen: ~ la de poeta pop *e–e dichterische Ader haben* ‖ ~las con alg. pop *mit jdm anbinden* ‖ *jdn nicht ausstehen* (pop *riechen*) *können* ‖ no ~ todas consigo fig *Angst haben, ängstlich sein* ‖ *bange Ahnungen haben* ‖ ~ a la mira *im Auge haben, behalten* ‖ ~ a la vista *vor Augen haben* ‖ ~ entre ojos fig *ein Auge auf jdn haben* ‖ ~ lugar *stattfinden* ‖ *vorkommen, sich ereignen* ‖ *abgehalten werden* ‖ → a 2. u. 7.
II. als Ersatz des Hilfszeitwortes **haber:**
1. in Verb. mit veränderlichem pp (abgeschlossene Handlung, Vollendetsein, Ausdruck des Endzustandes, vgl auch **dejar, llevar, traer**) ‖ a) ya tengo escrita la carta *ich habe den Brief schon (fertig)geschrieben* ‖ todos estos libros los tengo leídos *alle diese Bücher habe ich (aus-)gelesen (jedoch:* he leído ...) ‖ según le tengo

(statt he) *dicho wie ich Ihnen schon (wiederholt) gesagt habe* ‖ según tengo entendido *wie ich es auffasse* ‖ meines Erachtens ‖ *soweit ich weiß* ‖ lo tengo muy oído *das habe ich schon oft gehört* ‖ *das kommt mir sehr bekannt vor (z. B. Melodie)* ‖ ~ atravesado a uno (en la garganta) *fig jdn im Magen haben, jdn nicht leiden können* ‖ tengo andados 10 kilómetros *ich habe 10 Kilometer zurückgelegt* ‖ ¡qué olvidados nos tienes! *wie wenig denkst du an uns!* ‖ *du hast uns längst vergessen!* ‖ me tiene muy asombrado *ich staune sehr darüber* ‖ me tiene V. muy intrigado *(od* curioso) *ich bin sehr gespannt, ich bin sehr neugierig, was Sie mir sagen!* ‖ eso me tiene muy preocupado *das macht mir große Sorgen* ‖ tenía trabada amistad con él *ich stand in e-m freundschaftlichen Verhältnis mit ihm* ‖ ~ puesto el sombrero *den Hut auf\haben, -behalten* ‖ b) im zusammengesetzten Imperativ: ¡tenme bien informado de todo! *halte mich stets auf dem laufenden* ‖ ¡tenme pronto preparada la cena! *halte mir das Abendessen bald bereit*

III. in Verb. mit Ger. *od* Adj.: allí lo tengo trabajando *dort ist er angestellt* ‖ aquí me tienes defendiendo tu causa *hier bin ich, um deine Interessen zu wahren* ‖ eso me tiene muy nervioso *das geht mir an die Nerven* ‖ eso me tiene tranquilo *das beunruhigt mich nicht* ‖ pop *das ist mir einerlei*

IV. **~se** *vr sich (an)halten, sich festhalten (um nicht zu fallen)* ‖ *feststehen* ‖ *innehalten, stehenbleiben* ‖ *zusammenhalten* ‖ *haftenbleiben, nicht auseinandergehen* ‖ *sich widersetzen, widerstehen, Widerstand leisten* ‖ *sich halten, standhalten* (dat) ‖ *nicht zurückweichen, nicht nachlassen* ‖ *halten (zu jdm), sich schlagen (zu)* ‖ *innehalten, stillstehen, stehenbleiben* ‖ ~ bien a caballo *ein guter Reiter sein* ‖ ~ por listo *sich auf seine Geschicklichkeit et einbilden* ‖ por bien pagado *sich für hinreichend belohnt erachten* ‖ en mucho *sehr von sich eingenommen sein* ‖ ¡tente! *bleib(e) stehen!* ‖ *halt ein!* ‖ ~ en pie *sich aufrecht halten* ‖ está que no se tiene (en pie) de cansancio *fam er fällt fast um vor Müdigkeit* ‖ ~ fuerte *en hartnäckig bestehen auf* (dat) ‖ *standhalten* ‖ ~las *(od* tenérselas) tiesas a *(od* con) *figf jdm Trotz bieten, auf seiner Meinung fest bestehen* ‖ ~se tieso *figf auf seinem Vorsatz beharren*

teneres *mpl Dom Vermögen, Geld* n
tenería *f (Loh-)Gerberei f*
tenerifeño *adj/s aus Teneriffa (Insel) od Santa Cruz de Tenerife (Stadt) Can*
tenesmo *m* ⟨Med⟩ *Tenesmus, Stuhl-, Darm\zwang m* ‖ *vesical Harnzwang m*
△**tenglé** *m Saumzeug* n
tengo → **tener**
tengue *m Cu* ⟨Bot⟩ *e-e Art Akazie*
tenia *f* ⟨Zool Med⟩ *Bandwurm m* (→ **solitaria**) ‖ **~sis** *f* ⟨Med⟩ *Täniase, Taeniasis f, Bandwurmleiden* n
tenida *f Sitzung f (der Freimaurer)* ‖ *Chi Mex Ven Sitzung f* ‖ *Chi Kleidung f*
tenienta *f Frau f e-s* teniente
¹**teniente** *adj unreif (Frucht)* ‖ *noch nicht ganz gar (Kichererbsen usw)* ‖ pop *schwerhörig, taub* ‖ fig *filzig, geizig* ‖ ◊ está completamente ~ fam *er ist stocktaub*
²**teniente** *m Stellvertreter m (im Amte)* ‖ ⟨Mil⟩ *Oberleutnant m* ‖ ~ de alcalde *Stellvertreter m e-s span. Alkalden (Bürgermeisters), zweiter Bürgermeister m* ‖ ~ coronel ⟨Mil⟩ *Oberstleutnant m* ‖ ~ de fragata ⟨Mar⟩ *Fregattenleutnant m* ‖ ~ general ⟨Mil⟩ *General\leutnant, -oberst m* ‖ Span *Vizeadmiral m* ‖ ~ de navío *Kapitänleutnant m*
tenifugo *m/adj* ⟨Med⟩ *Tänifugum, Mittel* n *gegen den Bandwurm*

tenis *m Tennis(spiel)* n ‖ ~ de mesa *Tischtennis, Pingpong* n ‖ jugador, partida, pista de ~ *Tennis\spieler m, -partie f, -platz m*
tenista *m/f Tennisspieler(in) m/f*
tenístico *adj Tennis-*
tenno *m Tenno m (Titel des japanischen Kaisers* → **micado***)*
¹**tenor** *m Inhalt, Wortlaut, Tenor m (e-s Schriftstückes)* ‖ *Art und Weise, Beschaffenheit f* ‖ a ~ (de), al ~ *laut Inhalt, gemäß* ‖ a este ~ *auf solche Art* ‖ ◊ ser del mismo ~ *gleichlautend sein* ‖ vestía al mismo ~ *er war ganz ähnlich gekleidet*
²**tenor** *m* ⟨Mus⟩ *Tenor/stimme f bzw -sänger, Tenorist, Tenor m* ‖ ~ bufo *komischer Tenor, Tenorbuffo m* ‖ ~ dramático *Heldentenor m* ‖ ~ lírico *lyrischer Tenor m* ‖ ~ solista *Tenor, Solosänger m* ‖ primer ~ *erster Tenor m* ‖ solo de ~ *Tenorsolo* n
tenora *f Cat Tenora f (hoboeartiges Musikinstrument der Sardanaspieler)*
tenorino *m it Falsettenor m*
tenorio *m fig Don Juan, Frauenverführer m (Ansp. auf Don Juan Tenorio v. Zorrilla)* ‖ ◊ es un ~ *er ist ein Don Juan, er ist ein Casanova*
teno\sinovitis *f* ⟨Med⟩ *Sehnenscheidenentzündung f* ‖ **–tomía** *f* ⟨Chir⟩ *Sehnendurchschneidung, Tenotomie f*
ten\sar *vt spannen, straffen* ‖ **–sión** *f Spannung f* ‖ *Spannkraft f* ‖ *Straffung f, Zug m* ‖ ⟨Phys⟩ *Druck m, Tension f* ‖ ⟨Med⟩ *Blutdruck m* ‖ fig *geistige Anspannung f* ‖ ~ arterial *Blutdruck m* ‖ ~ de placa, ~ de ánodo ⟨Radio⟩ *Anodenspannung f* ‖ ~ de filamento, ~ de rejilla ⟨Radio⟩ *Heiz-, Gitter\spannung f* ‖ corriente de alta ~ ⟨El⟩ *Hochspannungsstrom m* ‖ en ~ *gespannt, straff* ‖ sin ~ *schlaff* ‖ *entspannt* ‖ oscilaciones de la ~ ⟨Radio⟩ *Spannungsschwingungen fpl* ‖ **–so** *adj gespannt* ‖ *prall* ‖ **–són** *f* ⟨Lit⟩ *Tenzone f (provenzalischer Wettgesang)* ‖ **–sor** *adj/m Spann-* ‖ (músculo) ⟨An⟩ *Spannmuskel, Spanner m* ‖ ⟨Tech⟩ *(Riemen)Spanner m* ‖ *Spannvorrichtung f* ‖ *Spannschloß n* ‖ *Spanneisen* n ‖ *Spannschraube f* ‖ **–sorial** *adj: cálculo ~ Tensorkalkül m/n*
tentabuey *m Al* ⟨Bot⟩ *Hauhechel f, Hechelkraut n (Ononis spinosa)* ‖ →a **gatuña**
ten\tación *f Versuchung f, Anfechtung, Lockung f* ‖ ◊ la ~ era (bzw fue) demasiado grande *die Versuchung war zu groß* ‖ caer en la ~ fig *in Versuchung fallen* ‖ **–taculado** *adj/s* ⟨Zool⟩ *mit Fühlern versehen* ‖ **~s** *mpl* ⟨Zool⟩ *Kranzfühler mpl (Tentaculata)* ‖ **–tacular** *adj Fühler-* ‖ *Fühlhorn-* ‖ *Fangarm-* ‖ bes fig *polypenartig s-e Arme ausstreckend* ‖ fig *alles erfassend bzw & erdrükkend* ‖ **–táculo** *m* ⟨Zool⟩ *Fühler m* ‖ ⟨Entom⟩ *Fühler m (=* **antena***)* ‖ ⟨Zool⟩ *Fühlhorn n (der Schnecken)* ‖ *Fangarm m (der Polypen usw)* ‖ **–tadero** *m* ⟨Taur⟩ *Probeplatz m für Jungstiere* ‖ **–tador** *adj/s verführerisch, (ver)lockend, Versuchungs-, Verführungs-* ‖ propuesta ~a *verlockender Vorschlag m* ‖ una mujer ~a *ein verführerische Frau* ‖ ~ *m Versucher m* ‖ *Verführer m* ‖ **–tadura** *f fam Tracht f Prügel* ‖ ⟨Bgb⟩ *Silberprobe f (Erzstück & Versuch)*
ten\tar *vt [-ie–] befühlen, betasten* ‖ *untersuchen, prüfen* ‖ fig *auf die Probe stellen* ‖ fig *erproben, probieren* ‖ fig *versuchen, in Versuchung führen* ‖ *verlocken, verführen* ‖ *suchen, trachten (zu)* ‖ fig *(an)locken* ‖ ◊ ~ a Dios *Gott versuchen* ‖ ~ la paciencia (de) *jds Geduld auf die Probe stellen* ‖ ~se con los codos mit den Ellenbogen stoßen ‖ **–tativa** *f Versuch m, Probe f* ‖ ⟨Jur⟩ *Versuch m* ‖ ~ de conciliación *Schlichtungs-, Sühne\versuch m* ‖ ~ consumada *vollendeter Versuch m* ‖ ~ de robo *versuchter Diebstahl m* ‖ ◊ hacer una ~ *e-n Versuch machen*

ten.ᵗᵉ Abk = **teniente**
tente|bonete: ◊ comer a ~ pop *sich vollessen* || **–mozo** *m Strebe, Stütze* f || *Bodenstütze* f *(e-s stehenden Wagens)* || *Stehaufmännchen* n
tentempié *m fam leichtes Frühstück* n, *Imbiß* m, *Stärkung* f || *fam Stehbier* n || *Stehaufmännchen* n
tentenelaire (= **tente en el aire**) *m Am Mischling* m *(Kinder v. Mischlingen in verschiedenen Einstufungen)* || Arg Pe ⟨V⟩ = **colibrí**
tentetieso *m Stehaufmännchen* n
△**tentisarar** vt = **tentar**
tenue adj *(sehr) dünn, fein, zart* || *schwach, leise (Stimme)* || *schlicht* || *geringfügig* || *letra* ~ ⟨Gr⟩ *Tenuis* f, *stimmloser Verschlußlaut* m
tenuidad f *Dünne, Fein-, Zart|heit* f || *Schwäche* f
tenuta f ⟨Jur⟩ *(vorläufiges) Nießbrauchrecht* n *(bis zur Gerichtsentscheidung)*
tenzón m = **tensón**
teñir [–i–, 3. pret –ñó] vt *färben* || *(ab)tönen* || ⟨Her⟩ *tingieren* || fig *beflecken* || fig *beschönigen* || ◊ ~ de *(od* en*) negro schwarz färben* || ~se el pelo *(od* cabello*) sich das Haar färben*
teobro|ma *m* ⟨Bot⟩ = **cacao** || **–mina** f ⟨Chem⟩ *Theobromin* n *(Alkaloid der Kakaobohnen)*
teocali *m Tempelpyramide* f *(in den altamerikanischen Kulturen)*
teo|cracia f *Gottesherrschaft, Theokratie* f || **–crático** adj *theokratisch*
teodicea f ⟨Rel Philos⟩ *Theodizee* f
teodolito *m* ⟨Top⟩ *Theodolit* m
Teodorico *m np* ⟨Hist⟩ *Theodorich* m
Teodoro *m* Tfn *Theodor* m
Teófilo *m* Tfn *Gottlieb, Theophil* m
teogonía f *Theogonie* f
teolo|gal adj *theologisch* || *virtudes* ~es (fe, esperanza, caridad) *theologische Tugenden* fpl *(Glaube, Hoffnung, Liebe)* || **–gía** f *Theologie* f || *Glaubenslehre* f || ~ *escolástica, mística scholastische, mystische Theologie* f || *facultad de* ~ *theologische Fakultät* f || ◊ no meterse en ~s figf *nicht über Dinge sprechen, die man nicht versteht*
teológico adj *theologisch*
teologizar vi *theologisieren*
teólogo *m Theologe* m
teomanía f *Theomanie* f, *religiöser Wahnsinn* m
teo|rema *m Theorem* n, *Lehrsatz* m || **–rético** adj = **teórico** || **–ría** f *Theorie, Lehre* f || *Lehrgebäude, System* n || ⟨Mus⟩ *Theorie* f || fig ⟨Lit⟩ *(lange) Reihe* f || ~ de las cadenas laterales ⟨Med⟩ *(Ehrlichs) Seitenkettentheorie* f || ~ del conocimiento ⟨Philos⟩ *Erkenntnis|lehre, -theorie* f || ~ de la herencia (biológica) ⟨Gen⟩ *Vererbungslehre* f || ~ de los cuantos *od* quanta *(Plancks) Quantentheorie* f || ~ de la relatividad *(Einsteins) Relativitätstheorie* f || ~ fundamental del Estado ⟨Jur⟩ *allgemeine Staatslehre* f || una larga ~ de peregrinos *e-e lange Reihe Pilger* || una ~ de vehículos *e-e lange Reihe Kraftwagen*, fam *e-e Autoschlange*
teórico adj *theoretisch, lehrgemäß* || *spekulativ, vernunftmäßig* || *gedanklich* || *unpraktisch, nicht praktisch* || ~ *m Theoretiker* m || ◊ es un ~ *er ist ein Theoretiker* || *er ist ein (völlig) unpraktischer Mensch*
teorizante adj/s *theoretisierend* || ~ *(meist pej)* = **teórico**
teorizar [z/c] vt/i *Theorien, Lehren aufstellen, theoretisieren*
teo|sofía f *Theosophie* f || **–sófico** adj *theosophisch*
teósofo *m Theosoph* m
△**tepa** f Barc *Stein* m
tepalcate *m* Mex Salv Guat *Scherbe* f || *Krimskrams* m || ~ro *m* Mex = **alfarero**
tepe *m Rasenplatte, Plagge* f
teperete adj/s Mex Guat *unbesonnen* (→ **alocado**)

tepidario *m* ⟨Hist⟩ *Tepidarium* n
tepocate *m* Guat *Kaulquappe* f (= **renacuajo**) || ~ adj Mex *dicklich*
tequila *m* Mex *Tequila* m *(Schnaps aus destilliertem pulque)*
ter. Abk = **terapéutico**
△**terablar** vt = **tener**
terapeuta *m Therapeut, (behandelnder) Arzt* m || ⟨Hist Rel⟩ *Therapeut* m
terapéuti|ca f *Therapeutik, Lehre* f *v. der Behandlung der Krankheiten* || *Therapie, Heilbehandlung* f || *Heilverfahren* n || **–co** adj *therapeutisch* || *fin* ~ *Heilzweck* m || *método (od* procedimiento*)* ~ *Heilverfahren* n
terapia f *Therapie, Heilbehandlung* f (vgl **terapéutica**)
teratismo *m* ⟨Med⟩ *Teratismus* m, *Mißbildung* f
terato|logía f *Teratologie, Lehre* f *von den Mißbildungen der Lebewesen* || **–lógico** adj *teratologisch* || **–ma** *m* ⟨Med⟩ *Teratom* n, *angeborene Mischgeschwulst* f || **–sis** f = **teratismo**
terbio *m* ⟨Chem⟩ *Terbium* n
tercer adj *(vor Hauptwörtern)* = **tercero** || el ~ día *am dritten Tage* || en ~ lugar *drittens* || el primero y el ~ piso *der erste und der dritte Stock* || la ~ hombre *der dritten Mann* m || el ~ Reich ⟨Rel Pol⟩ *das Dritte Reich* n *(Moeller van den Bruck und Deutschland 1933–1945)* || → a **primer**
terce|ra f ⟨Mus Fecht⟩ *Terz* f || *Vermittlerin* f || fig *Kupplerin* f (→ **alcahueta, celestina**) || fam *dritte Klasse* f ⟨EB usw⟩ || ~ mayor, menor ⟨Mus⟩ *große, kleine Terz* f || ~ aumentada, disminuida ⟨Mus⟩ *übermäßige, verminderte Terz* f || (vagón de) ~ ⟨EB⟩ *Wagen* m *dritter Klasse* || ◊ deme un (= un billete) *(od* uno de) ~ *bitte, e-e Fahrkarte dritter Klasse!* || **–ría** f *Vermittlung* f || fig *Kuppelei* f || **–rilla** f *Terzerille* f *(dreizeiliges Gedicht)* || **–ro** adj/s *dritte(r)* || *vermittelnd* || ~a de cambio *Tertiawechsel* m || ~a (clase) ⟨Sch⟩ *Tertia* f || la ~a persona *die dritte (unbeteiligte) Person* f, *der Dritte* m || → **tercer** || ~a potencia ⟨Math⟩ *dritte Potenz* f || Orden f *a Tertiarierorden* || por cuenta de (un) ~ *für fremde Rechnung* || → **tía** || ~ adv *drittens* || ~ *m Vermittler, Mittelsmann* || *Schiedsrichter* m || *Kuppler* m || *Terziar, Tertiarier* m *Angehöriger des Dritten Ordens* || *Dritte(r)* m, *dritte (unbeteiligte) Person* f || *Drittberechtigte(r)* m || ~ en discordia *Mittelsmann, Schlichter* m || fig *lachender Dritter* m || por orden de ~ *im Auftrage e-s Dritten* || seguro de vida a favor de ~ *Versicherung* f *auf fremdes Leben* || **–rola** f *kurzer Karabiner* m || *Terzerol* n *(kleine Pistole)* || ⟨Mus⟩ *Terzerolflöte* f || fig joc *Wagen* m bzw *Billett* n bzw *Fahrkarte* f *dritter Klasse* || fig joc *dritte Klasse* f || **–rón** *m Terzerone* m *(Mischling aus Weißem und Mulattin* bzw *umgekehrt)* || **–to** *m* ⟨Mus⟩ *Terzett, Trio* n || ⟨Lit⟩ *Terzett* n || *Terzine* f *(dreizeilige Strophe)*
tercia f *Drittel* n || *Drittelelle* f *(Maß)* || ⟨Mus⟩ *Terz* f || ⟨Kath⟩ *Terz* f *(Stundengebet)*
tercia|do adj: azúcar ~ *brauner Farinzucker* m || madera ~a *Sperrholz* || novillo *(od* toro) ~ ⟨Taur⟩ *mittelgroßer (Jung)Stier* m || ~ en faja ⟨Her⟩ *zweimal geteilt* || ~ en pala ⟨Her⟩ *zweimal gespalten* || **–dor** *m Mittelsmann* m || **–na** f *dreitägiges Wechselfieber, Tertiana, Terzian|fieber* n || ◊ temblar como acometido de ~s *heftig zittern*, fam *schlottern, wie Espenlaub zittern* || **–nela** f ⟨Web⟩ *doppelter Taft* m
ter|ciar vt *dritteln, dreiteilen* || *(Felder) dreibrachen, dreiern* || *(zu)stutzen (Sträucher)* || *zum drittenmal behacken (Weinberg)* || *quer umbinden, umnehmen (Schärpe, Mantel)* || *quer aufsetzen (Hut)* || ~ vi *vermitteln* || *sich beteiligen*

‖ *eingreifen* (en *in* acc) ‖ ◊ ~ el fusil ⟨Mil⟩ *das Gewehr quer umhängen, schultern* ‖ si se –cia, se lo diré *ich werde es ihnen gelegentlich sagen* ‖ –ciando en la conversación *am Gespräch teilnehmend* ‖ ~ el vino o la leche *Am den Wein oder die Milch pan(t)schen* ‖ **–ciaria** *f* ⟨Kath⟩ *Terziarin* f *(Angehörige e–s Dritten Ordens)* ‖ **–ciario** adj *tertiär: die dritte Stelle einnehmend* bzw ⟨Geol⟩ *auf das Tertiär bezüglich* ‖ (terreno) ~ ⟨Geol⟩ *Tertiärformation* f ‖ ~ *m Terziar, Tertiarier* m *(Angehöriger des Dritten Ordens)* ‖ ⟨Geol Paleont⟩ (período) ~ *Tertiär* n ‖ **–ciazón** *f* ⟨Agr⟩ *Dreibrachen* n
tercio adj *dritte(r)* (→ **tercero**) ‖ ~ m *Drittel* n ‖ ⟨Kath⟩ *Drittel* n *des Rosenkranzes* ‖ ⟨Com⟩ *Länge* f *(e–s Strumpfes)* ‖ ⟨Taur⟩ *Arenadrittel* n ‖ ⟨Taur⟩ ~ **suerte** ⟨Sp⟩ *Spieldrittel* n *(z. B. beim Eishockey)* ‖ ⟨Mil⟩ *(Freiwilligen)Legion* f (→ **legión**) ‖ Span *(Fremden)Legion* f ‖ *Truppenabteilung* f *der Guardia Civil* ‖ ⟨Hist⟩ *Tercio* m, *berühmte span. Truppenabteilung f in 16. & 17. Jh.* ‖ ⟨Mar⟩ *Matrosen- und Fischer|innung f* ‖ And ⟨Mus⟩ *Flamencovers* m ‖ Mex *Bündel* n *Holz* ‖ Am *Bursche* m ‖ el ~ *extranjero* ⟨Mil⟩ *die span. Fremdenlegion* ‖ ~ *naval* ⟨Mar⟩ *(Kriegs)Marineabteilung* f ‖ ◊ hacer mal ~ (a) jdm *hinderlich sein* ‖ fam jdm *e–n bösen Streich spielen* ‖ tener buenos ~s pop *starke Arme, starke Beine haben*
terciopelo *m Samt* m ‖ *Velour(s)* m ‖ ~ de lana *Wollsamt* m ‖ ~ para muebles *Velour(s)-möbelstoff* m ‖ cepillo para (*od* de) ~ *Samtbürste* f ‖ cinta de ~ *Samtband* n ‖ de ~ *samten*
terco adj/s *halsstarrig, eigensinnig, starrköpfig* ‖ *trotzig* ‖ fig *hart, zäh* ‖ → a **tenaz**
△**Terebidero** *m Gott* m
terebin|táceas *fpl* ⟨Bot⟩ = **anacardiáceas** ‖ –to *m Terebinthe* f, *Terpentin|baum* m, *-pistazie* f (Pistacia terebinthus) ‖ **~s** *mpl* ⟨Entom⟩ *Schlupfwespen* fpl (Terebrantes = Parasitica) → **icneumón**
tere|brante adj ⟨Med⟩ *bohrend (Schmerz)* ‖ **–brar** vi *bohren (Schmerz)* ‖ **–brátula** *f* ⟨Zool Paleont⟩ *Terebratula* f *(Armfüßer)*
teredo *m Schiffsbohrwurm* m (Teredo navalis)
△**terelar** vt = **tener**
terenciano adj *terenzisch, auf den römischen Schriftsteller Terenz (Terencio) bezüglich*
Tere|sa f np Tfn *Therese* f ‖ *María* ~ ⟨Hist⟩ *Maria Theresia* f ‖ Santa ~ de Jesús *heilige Theresia von Jesus (Theresia von Avila)* ‖ ⁓ *f Karmeliterin f (nach der Reform der heiligen Theresia de Avila)* ‖ *Theresianerin, Theresianernonne* f ‖ ⁼**siana** *f (Art) Soldatenkappe f od Käppi* n *(bes der span. Legion)* ‖ *Theresianernonne* f ‖ ⁼**siano** adj *theresianisch*
terete adj prov *rund, feist* ‖ ⁓ np fam = **(María) Teresa**
tergito *m* ⟨Zool⟩ *Tergit* n
tergiver|sación *f (Wort)Verdrehung f* ‖ *Ausflucht* f ‖ *Winkelzug* m ‖ **–sar** vt/i *verdrehen (Worte, Tatsachen)* ‖ *Winkelzüge machen* ‖ ◊ ~ la verdad *die Wahrheit verdrehen*
tergo *m* ⟨Zool Entom⟩ *Tergum* n
teriaca *f* ⟨Pharm⟩ *Theriak* m (= **triaca**)
△**terindoy** *m Tintenfaß* n
terliz [*pl* **–ces**] *m* ⟨Web⟩ *(kräftiger) Drillich, Drilch* m (→ **dril**)
ter|mal adj *Thermal-, Bäder-* ‖ establecimiento ~ *Kurhaus* n, *(Warm)Bäder* npl ‖ **–mas** fpl *warme Bäder* npl ‖ *Thermen* fpl ‖ *Thermal|-quellen* fpl, *Thermen* mpl
termes *m* (pl inv) ⟨Entom⟩ *Termite* f (Termes spp & andere) ‖ reina (rey, obrero, soldado) de ~ *Termiten|königin* f *(-könig, -arbeiter, -soldat)* m ‖ castas de ~ *Termitenkasten* fpl ‖ huéspedes de los ~ ⟨Ökol⟩ *Termitengäste* mpl ‖ ~ (sud)europeo *Mittelländische Termite* f

(Reticulitermes lucifugis) ‖ ~ de cuello amarillo *Gelbhalstermite* f (Calotermes flavicollis) ‖ → **termitera**
termia *f* ⟨Phys⟩ *Thermie* f *(franz. Einheit der Wärmemenge)*
térmica *f* ⟨Phys⟩ *Thermik* f
termicidad *f* ⟨Phys⟩ *Wärmeinhalt* m
térmico adj *thermisch* ‖ central ~a *Wärmekraftwerk, kalorisches od thermisches Kraftwerk* n ‖ grado ~ *Wärmegrad* m
termidor *m Thermidor, „Hitzemonat"* m *des frz. Revolutionskalenders*
termi|nación *f Beendigung* f, *Schluß* m, *Ende* n ‖ ⟨Gr⟩ *Endung, Endsilbe* f ‖ ~ nerviosa ⟨An⟩ *Nervenendigung* f ‖ ~ del plazo *Ablauf m der Frist* ‖ ~ del plural ⟨Gr⟩ *Pluralendung* f ‖ a la ~ (de) *zum Schluß* ‖ **–nacho**, **–najo** m fam *derber, gemeiner Ausdruck* m ‖ *falsch verwendetes* bzw *verstümmeltes Wort* n ‖ **–nal** adj *Schluß-, End-, Grenz-* ‖ estación ~ *Endstation* f ‖ *Datenstation* f *(in der Datentechnik)* ‖ flor *(od* inflorescencia) ~ ⟨Bot⟩ *gipfelständige Blüte* f ‖ punto ~ *Endpunkt* m ‖ ~ *m* ⟨Flugw⟩ *Abfertigung(sgebäude* n) f ‖ ⟨Stadt⟩ *Büro* n ‖ ⟨Tech⟩ *Ende, Abschlußstück* n ‖ *Löt|öse* f bzw *-stift* m ‖ ⟨El⟩ *Kabel-, Pol|schuh* m ‖ *Umschlaganlage* f ‖ **–nante** adj *entscheidend, endgültig (Erklärungen)* ‖ *eindeutig* ‖ *unwiderruflich* ‖ *ausdrücklich (Gesetze, Verordnungen)* ‖ **–nantemente** adv *ausdrücklich, unzweideutig, ganz entschieden* ‖ *absolut* ‖ ◊ queda ~ *prohibido, se prohibe ~ es ist strengstens verboten*
termi|nar vt *(be)endigen, vollenden* ‖ *(ab-)schließen, zu Ende führen* ‖ *erledigen, fertigstellen* ‖ *beilegen, schlichten (Streit)* ‖ ◊ ~ una carta *e–n Brief schließen, zu Ende schreiben* ‖ ~ la construcción (de) *zu Ende bauen, ausbauen* ‖ ~ la impresión *ausdrucken (Buch)* ‖ ~ su papel *seine Rolle beenden* ‖ vi: a) *zu Ende gehen, end(ig)en, ausgehen* ‖ *ablaufen, abschließen (Frist, Jahr)* ‖ *endigen (mit* dat) ‖ *abklingen (Schmerz)* ‖ *verklingen (Ton, Musik)* ‖ ⟨Gr⟩ *endigen, ausgehen* (en *auf* acc) ‖ ◊ mañana –na el plazo (el contrato) *morgen läuft die Frist (der Vertrag) ab* ‖ la emisión termina con ... ⟨Radio TV⟩ *die Sendung klingt aus mit* ... (dat) ‖ dejar sin ~ *unbeendigt hinterlassen (Werk)* ‖ *nicht beenden* ‖ para ~ *hemos de advertir schließlich möchten wir bemerken* ‖ –nó diciendo *er sagte zum Schluß* ‖ ¡–na pronto! *beeile dich!*
b) in Verb. mit **a**, **con**, **de**, **en**, **por**: la riña (se) –nó a palos *der Streit endete mit e–r Prügelei* ‖ → a **acabar** ‖ ~ de leer un libro *ein Buch auslesen* ‖ ~ en punta *spitz auslaufen* ‖ –nó por reconocerlo *er erkannte es schließlich (an)* ‖ **~se** *end(ig)en* ‖ *ausgehen* ‖ *zu Ende sein* ‖ ◊ todo (se) ha –nado *alles ist aus*
terminativo *f* ⟨Gr⟩ *End-*
terminista *m der gern gekünstelte od gesuchte Wörter (bzw Redewendungen) benutzt* ‖ ⟨Rel⟩ *Terminist* m
término *m Ziel, Ende* n ‖ *End-, Ziel|punkt* m ‖ *(Ab)Schluß* m ‖ *Grenze, Schranke* f ‖ *Grenz-, Mark|stein* m ‖ *Zeitpunkt* m ‖ *(Zahlungs)Frist* f, *Termin* m, *Ziel* n ‖ *Gemarkung* f, *Weichbild* n ‖ *Bezirk* m, *Gebiet* n ‖ *Landschaft* f ‖ ⟨Sp⟩ *Mal* n ‖ ⟨Li⟩ *Terminus* m ‖ *(syntaktisches) Glied* n ‖ ⟨Math⟩ *Ausdruck* m, *Glied* n ‖ ⟨Log Philos⟩ *Begriff, Terminus* m ‖ *Begriffswort* n ‖ ⟨Log⟩ *Satz* m, *Glied* n *(der Schlußfolgerung)* ‖ fig *Ort, Bereich* m ‖ ~ de comparación *Vergleichsbegriff* m ‖ *Vergleichspunkt* m ‖ *Maßstab* m ‖ ~ fatal, ~ perentorio ⟨Jur⟩ *Notfrist* f ‖ ~ de marina *Seemannsausdruck* m ‖ mayor ⟨Log⟩ *Obersatz* m ‖ ~ medio ⟨Log⟩ *Durchschnittszahl* f ‖ *Mittel* n, *-weg* m ‖ ⟨Log⟩ *Mittelbegriff* m ‖ por *(od* en) ~ medio *im Durchschnitt, durchschnittlich* ‖ ~ menor ⟨Log⟩ *Untersatz* m ‖ ~ municipal

Gemeindebezirk m, *Stadtgebiet* n ‖ ~ resolutorio ⟨Jur⟩ *auflösende Frist* f ‖ ~ de señalamiento ⟨Jur⟩ *Verhandlungstermin* m ‖ ~ de una sociedad ⟨Com⟩ *Ablauf* m *e-s Gesellschaftsvertrages* ‖ ~ técnico *Fachausdruck, Terminus technicus* m ‖ estación ~ ⟨EB⟩ *Endstation* f ‖ negocio a ~ *Termingeschäft* n ‖ antes del ~ *vorzeitig* ‖ en primer ~ ⟨Th⟩ *im ersten Rang* ‖ *vorrangig* ‖ *im Vordergrund* ‖ *in erster Linie, an erster Stelle, vorerst* ‖ en el ~ de una semana *binnen acht Tagen* ‖ en el ~ de tres días *binnen drei Tagen, binnen dreier Tage* ‖ sin ~ *end-, grenzen/los* ‖ sin ~ de comparación *unvergleichlich* ‖ ◊ corre el ~ *die Frist läuft ab* ‖ dar ~ a un asunto fig *e-e S. aus der Welt schaffen* ‖ me falta el ~ de comparación *ich habe k-n Maßstab, mir fehlt die Vergleichsmöglichkeit* ‖ fijar (guardar, cumplir) un ~ *e-n Termin festsetzen (einhalten)* ‖ llegar a ~ *ein Ende nehmen* ‖ *abgeschlossen werden* ‖ *ablaufen (Frist)* ‖ llegar a ~ *feliz* (con) *et glücklich beenden* ‖ llevar a ~ *zu Ende führen* ‖ *zustande bringen* ‖ *bewerkstelligen* ‖ llevar a buen (mal) ~ *zu e-m guten (schlechten) Ende führen* ‖ poner ~ (a) *et beendigen, abschließen* ‖ *Einhalt tun* (dat) ‖ cuando haya transcurrido (*od* pasado, expirado) el ~ *nach Ablauf der Frist* ‖ ~s *pl* fig *Beziehungen* fpl, *Verhältnis* n ‖ *Zustand* m, *Situation, Lage* f ‖ ~ contractuales *Vertragsbestimmungen* fpl ‖ en ~ de no poder ... *so daß man nicht ... kann* ‖ en buenos ~ *in gutem Einvernehmen* ‖ *im wahren Sinne des Wortes* ‖ *anders gesagt* ‖ *höflich ausgedrückt* ‖ en propios ~ *genau, richtig ausgedrückt* ‖ en tales ~ *unter solchen Umständen od Bedingungen* ‖ por todos ~ *durchgängig* ‖ ◊ *confundir los ~ die Begriffe verwechseln* ‖ contestar en malos ~ *schroff antworten* ‖ le contestó en estos ~ *er antwortete mit folgenden Worten, wie folgt* ‖ llegar a ~ de ... *soweit kommen, daß* ...

termino|logía f *Terminologie* f ‖ **-lógico** adj *terminologisch* ‖ *fachsprachlich* ‖ diccionario ~ *Fachwörterbuch* n ‖ **-te** m *augm v.* **término:** *gesuchtes Wort* n bzw *gekünstelter Ausdruck* m ‖ **= terminacho**

¹**termita** f *Thermit* n *(Schweißmasse)*

²**termi|ta** f ⟨Entom⟩ **= -te** m *Termite* f (→ **termes**) ‖ **-tera** f, **-tero** m ⟨Entom⟩ *Termitenstaat* m ‖ *Termiten/nest* n bzw *-bau* m bzw *-burg* f, *Termitarium* n

¹**termo-** präf *thermo-, therm-, wärme-, Wärme-*

²**termo** m *Thermosflasche* f ‖ **= termosifón**

termo|barómetro m *Thermobarometer* n ‖ **-cauterio** m ⟨Med Chir⟩ *Thermokauter, Schneidbrenner* m, *Glüheisen* n ‖ **-cromía** f *Thermochromie* f ‖ **-detector** m ⟨Radio⟩ *Thermodetektor* m ‖ **-dinámica** f *Thermodynamik* f ‖ **-electricidad** f *Wärme-, Thermo|elektrizität* f ‖ **-elemento** m ⟨Phys⟩ *Thermoelement* n ‖ **-estabilidad** f *Hitzebeständigkeit, Thermostabilität* f ‖ **-estable** adj *hitzebeständig, thermostabil* ‖ **-filia** f ⟨Biol Ökol⟩ *Thermophilie, Bevorzugung* f *warmer Lebensräume* ‖ **-génesis** f ⟨Physiol⟩ *Thermogenese, Wärmeerzeugung* f *(z. B. des Körpers)* ‖ **-iones** mpl *Thermionen* pl

termo|iónica f *Thermionik* f ‖ **-iónico** adj *thermionisch* ‖ **-lábil** adj *wärmeunbeständig, hitzeempfindlich, thermolabil* ‖ **-labilidad** f *Hitzeempfindlichkeit, Thermolabilität* f ‖ **-lisis** f *Thermolyse* f, *Zerfall* m *durch Wärmeeinfluß* ‖ **-logía** f *Wärmelehre* f ‖ **-luminiscencia** f *Thermoluminiszenz* f ‖ **-metría** f ⟨Meteor⟩ *Temperaturmessung, Thermometrie* f ‖ **-métrico** adj *thermometrisch* ‖ *Thermometer-*

termómetro m *Thermometer, Temperaturmeßgerät* n ‖ ~ de aire *Luftthermometer* n ‖ ~ centígrado *Celsius-Thermometer* n ‖ ~ clínico *-Fieberthermometer* n ‖ ~ de máxima (*s*) y mínima(*s*) *Maximum-Minimum-Thermometer* n ‖ ~ registrador *Registrierthermometer* n ‖ ◊ poner (mirar, leer) el ~ *das Thermometer anlegen (ablesen)*

termonuclear adj *thermonuklear, Atom-, Kern-*
Termópilas fpl ⟨Geogr⟩ *die Thermopylen* pl
termo|plástico adj/s *Thermoplast-, in erwärmtem Zustand formbar, thermoplastisch* ‖ ~ m *Thermoplast* m ‖ **-química** f *Thermochemie* f ‖ **-rregulador** m *Temperaturregler* m ‖ **-rresistente** adj **= termoestable** ‖ **-sensible** adj **= termolábil** ‖ **termos** m *Thermosflasche* f

termo|sifón m *Boiler, Warmwasserbereiter* m ‖ *Warmwasserheizung* f ‖ **-stato** m *Thermostat* m ‖ **-técnica** f *Wärmetechnik* f ‖ **-terapia** f ⟨Med⟩ *Wärme|behandlung, -therapie* f

terna f *Dreiervorschlag* m (*zu e-m Amt*) ‖ *Dreitreffer* m, *Terne* f, öst *Terno* m ‖ fig *Dreigespann, Triumvirat* n (→ **triunvirato**)
△**ternariló** m *Mut* m
ternario adj *dreizählig* ‖ *aus drei Elementen bestehend* ‖ *dreifüßig* (*Vers*) ‖ ⟨Chem⟩ *ternär, Dreistoff-, dreistoffig* ‖ (compás) ~ ⟨Mus⟩ *dreiteiliger Takt* m ‖ ~ m ⟨Kath⟩ *dreitägige Andacht* f (*vgl* **novenario, septenario**)

ternasco m Ar *(noch) saugendes Lamm,* p. ex *Lämmchen* n ‖ ⟨Kochk⟩ *dessen Fleisch* n ‖ Nav *Zicklein* n
terne, *~|jal adj fam *mutig, beherzt* ‖ fam *beharrlich, eigensinnig* ‖ fam *kräftig, stramm* ‖ fam pej *angeberisch, großtuerisch, eisenfresserisch* ‖ ~ m Am *großes Gürtelmesser* n *(der Gauchos)*
terne|cito, -cico adj dim *v.* **tierno**
terne|ra f *Kalbe, Färse* f ‖ *Kalb* n ‖ *Kalbfleisch* n ‖ ~ estofada, mechada *gedämpftes, gespicktes Kalbfleisch* n ‖ asado de ~, ~ asada *Kalbsbraten* m ‖ lomo de ~ *(Kalbs)Nierenbraten* m ‖ patas de ~ *Kalbsfüße* mpl ‖ *Kalbshaxen* fpl ‖ **-raje** m Am *Kälber* npl ‖ **-ro** m *(Stier-)Kalb* n ‖ ~ recental *(noch) saugendes Kalb* n ‖ dim: **-rillo, -ruelo** m
terne|rón, ona adj/s fam *rührselig* ‖ **-za** f *Zartheit* f ‖ *Zärtlichkeit* f ‖ *Sanftheit* f ‖ *Empfindsamkeit* f ‖ ~s pl *Zärtlichkeiten, Liebkosungen* fpl ‖ *Schmeichelworte, Komplimente* npl (& iron) ‖ **-zuelo** adj dim *v.* **tierno**
terni|lla f *(Muskel)Knorpel* m ‖ **-lloso** adj *knorp(e)lig*
ternísimo adj sup *v.* **tierno**
terno m *Dreizahl* f ‖ *Terne* f, *Dreitreffer,* öst *Terno* m ‖ *(dreiteiliger) Anzug* m *(Rock, Weste und Hose)* ‖ Cu *Schmuck* m ‖ Col *Tasse* f *mit Schale* ‖ ◊ echar (*od* soltar) ~s *fluchen, wettern*
△**ternoro** m *Esel* m
ternura f *Zartheit* f ‖ *Sanftheit* f ‖ *Zärtlichkeit* f ‖ *Innigkeit* f ‖ *Freundlichkeit* f ‖ *Rührung* f ‖ pej *Schmeichelei* f, *Schmeichelwort* n ‖ con ~ *zärtlich, liebevoll* ‖ ~s fpl *Liebkosungen* fpl
tero m **= teruteru**
△**teroné** adj *ganz* ‖ *mutig*
terpeno m ⟨Chem⟩ *Terpen* n
Terpsícore f *Terpsichore* f *(Muse)* ‖ fig *gewandte Tänzerin* f ‖ el arte de ~ fig *das Tanzen* n, *der Tanz* m
terque|dad, *-ría, *-za f *Hartnäckigkeit* f, *Starr-, Eigen|sinn* m ‖ *Rechthaberei* f ‖ con ~ *eigensinnig, hartnäckig*
△**terqueloy** m *Trinkspruch* m
terra|cota f *Terrakotta* f *(gebrannter Ton)* ‖ *Terrakottafigur* f ‖ **-do** m *Plattform* f *(auf e-m Dache)* ‖ Span *(Dach)Boden* m ‖ *flaches Dach* n, *Söller* m ‖ *Terrasse* f ‖ **= a azoteo**
terraja f *(Schneid)Kluppe* f *(zum Gewindeschneiden)* ‖ ⟨Arch⟩ *Ziehlatte, Schablone(n-brett* n*)* f ‖ ~ de anillo *(Schneid)Kluppe* f ‖ ~ r vt/i ⟨Tech⟩ *Gewinde schneiden (mit der Kluppe)*
terramicina f ⟨Pharm⟩ *Terramycin* n
Terra|nova f *Neufundland* n ‖ → **perro** ‖

terraplén — tesaliense 1046

⸗plén *m* Hinter\mauerung, -füllung *f* ‖ Erd\aufwurf, -damm *m* ‖ Bahn\körper, -damm *m* ‖ Esplanade *f* ‖ ⟨Mil⟩ *e–r Verschanzung)* ‖ ⟨Mil⟩ *Wallgang m* ‖ ⟨Bgb⟩ *Versatz m* ‖ **⸗plenar** *vt mit Erde auffüllen* ‖ *auf- bzw zu-*
schütten
terráqueo *adj irdisch* ‖ *Erd-* ‖ *globo ~ Erd-, Welt\kugel f* ‖ *fig Welt f* ‖ *~ m Erdbewohner m* (→ **terrícola**)
terrario *m Terrarium n*
terra|teniente *m/adj (Groß)Land-, Grund\besitzer m* ‖ **-za** *f Terrasse f* ‖ *zweihenk(e)liges Tongefäß n* ‖ *(Garten)Beet n* ‖ *Altan m, Plattform f* ‖ *dim:* **-zuela**
terraz|go *m Stück n Ackerland* ‖ *dessen Pachtzins m* ‖ **-guero** *m (Erbzins)Pächter m*
terrazo *m* ⟨Mal⟩ *Gelände-, Erd\partie f (e–s Gemäldes)* ‖ ⟨Arch⟩ *it Terrazzo m*
terre|moto *m Erdbeben n* (→ *a sismo*) ‖ **-nal** *adj irdisch, Erden-* ‖ *weltlich* ‖ *vergänglich* ‖ *la dicha ~ das Erdenglück* ‖ *la vida ~ das irdische Leben* ‖ **-no** *adj/s Erden-* ‖ *irdisch, weltlich* ‖ *~ m Erd\reich n, -strich, Boden, Grund m* ‖ *Grundstück n* ‖ *Landschaft, Gegend f* ‖ ⟨Mil Aut⟩ *Gelände n* ‖ ⟨Geol⟩ *Schicht, Formation f* ‖ *Bereich, Boden m* ‖ *fig Wirkungskreis m* ‖ *~ arcilloso, pizarroso Kreide-, Schiefer\boden m* ‖ *~ bajo Niederung f (& fig)* ‖ *~ cultivable anbaufähiger Boden m* ‖ *~ cultivado Kulturboden m, -land n* ‖ *bestellter Boden m* ‖ *~ edificable Bauland n* ‖ *~ edificado bebautes Land n* ‖ *~ llano Flachland n, ebenes Gelände n* ‖ *~ montañoso Gebirgsland n* ‖ *~ pantanoso Morast m, Sumpfland n* ‖ *~ turbáceo Torfland n* ‖ *en este ~ fig in dieser Beziehung* ‖ *auf diesem Gebiet* ‖ *vehículo todo ~ geländegängiges Fahrzeug n* ‖ ◊ *descubrir ~ fig vorsichtig (aus)forschen* ‖ *ganar ~* ⟨Mil⟩ *Gelände gewinnen* ‖ *fig Boden gewinnen* ‖ *vorwärtskommen* ‖ *um sich greifen* ‖ *medir el ~ fig die Schwierigkeiten e–s Unternehmens berechnen* ‖ *minar el ~ (a) fig jdm den Boden untergraben* ‖ *perder ~ fig Boden verlieren* ‖ *reconocer el ~* ⟨Mil⟩ *auf Kundschaft ausgehen, auskundschaften, das Gelände erkunden* ‖ *fig die Lage sondieren* ‖ *sé el ~ que piso fig ich kenne mich schon aus* ‖ *ich weiß, was hier zu tun ist* ‖ *~s fiscales Staatsländereien fpl*
térreo *adj erdig, erdartig* ‖ *erd\grau, -farben* ‖ *irden, Ton-*
△**terrepleco** *m Grenze f*
terre|ra *f abschüssiges Erdreich n* ‖ *Kahl\fläche f* ‖ ⟨V⟩ *Lerche f* (→ **alondra**) ‖ **-ro** *adj irdisch, zur Erde gehörig* ‖ *niedrig fliegend (Vögel)* ‖ *niedrig (Vogelflug)* ‖ *niedrig gehend (Reittier)* ‖ *fig niedrig, niederträchtig* ‖ *(cesta) ~a Korb m (zum Fortschaffen von Erde)* ‖ *piso ~ Lehmfußboden m* ‖ *saco ~* ⟨Mil⟩ *Sandsack m* ‖ *~ m =* **terrado** ‖ *Erd\haufen, -schutt m, Aufschüttung f* ‖ *Gemeindeplatz m* ‖ *Schwemmland n* ‖ *Wurfziel n* ‖ *Kugelfang m* ‖ ⟨Bgb⟩ *taubes Gestein n* ‖ *prov Ziel n, -scheibe f*
terrestre *adj irdisch, Erd-* ‖ *weltlich, zeitlich* ‖ *terrestrisch* ‖ *comercio, seguro, transporte ~ Land\handel m, -versicherung f, -transport m* ‖ *capa, globo ~ Erd\schicht, -kugel f (-ball m)* ‖ *orbitación ~ Erdumkreisung f*
terrezuela *f dim desp v.* **tierra**: *schlechter Boden m*
terri|ble [*sup* -**bilísimo**] *adj (er)schrecklich, furchtbar, fürchterlich* ‖ *gräßlich, entsetzlich* ‖ *fam arg, gewaltig, riesig, erstaunlich* ‖ *adv:* **~mente**
terrícola *m/adj Erdbewohner m* ‖ *~ adj erdbewohnend* ‖ ⟨Zool⟩ *auf dem Boden bzw unterirdisch lebend*
terrier *m Terrier m (Hund)*
terrífico *adj schreckenerregend* ‖ → *a* **terrorífico**)

terrígeno *adj/s* ⟨Lit poet⟩ *erdgeboren* ‖ ⟨Geol⟩ *terrigen* ‖ *~ m Erdensohn m*
terrino *adj irden*
territo|rial *adj zu e–m Gebiet gehörig, örtlich* ‖ *Land-, Bezirks-, Gebiets-* ‖ ⟨Ethol Jur⟩ *territorial, Territorial-* ‖ ⟨Jur⟩ *Hoheits-* ‖ *aguas ~es* ⟨Jur⟩ *Hoheitsgewässer npl* ‖ *animal ~* ⟨Ethol⟩ *territoriales Tier, Reviertier n* ‖ *contribución ~ Grundsteuer f* ‖ *mar ~ Küsten-, Territorial\meer n* ‖ *propiedad ~ Grundbesitz m* ‖ *registro ~ Grundbücher npl* ‖ **~es** *mpl* ⟨Mil⟩ *Landsturm m* ‖ **-rialidad** *f Zugehörigkeit zu e–m Staatsgebiet, Territorialität f* ‖ ⟨Ethol⟩ *Territorialität, Revierabhängigkeit f* ‖ **-rio** *m Territorium, (Staats-)Gebiet n* ‖ *Landstrich m* ‖ *Boden, Sprengel m* ‖ *Gerichts\sprengel, -bezirk m* ‖ *Gegend f, Bezirk m* ‖ ⟨Ethol Ökol⟩ *Territorium, Revier n* ‖ *Arg Gebiet n e–s Gouverneurs* ‖ *~ federal Bundesgebiet n (Deut)* ‖ *Bundesstaatsgebiet n* ‖ *~ bajo fideicomiso Treuhandgebiet n* ‖ *~ de soberanía Hoheits-, Staats\gebiet n* ‖ *~ bajo tutela (od mandato) Mandatsgebiet n* ‖ *cesión de ~ Gebietsabtretung f* ‖ *violación de la integridad del ~ nacional Verletzung f des Staatsgebietes* ‖ *~s vírgenes noch nicht erschlossene Gebiete npl*
terrón *m (Erd)Klumpen m* ‖ *(Acker)Scholle f* ‖ *Öltrester mpl* ‖ *~ de azúcar Stück n, Würfel m Zucker* ‖ *color en ~es Farbe f in Brocken* ‖ *a rapa ~ pop von Grund aus* ‖ ◊ *segar a rapa ~ dicht über dem Boden abmähen* ‖ **~es** *pl prov Grundstücke npl* ‖ *prov (kleines) Stück n Acker*
terror *m Schrecken m* ‖ *Entsetzen n* ‖ *Terror m* ⟨& Pol⟩ ‖ *~ pánico wilder Schrecken m* ‖ *Panik, blinde Angst f* ‖ *hacer reinar el ~ Schrecken verbreiten* ‖ *¡va a ser un ~! pop das wird schrecklich sein* ‖ → *a* **terrorista**
terro|rífico *adj schreckenerregend* ‖ *schrecklich* ‖ *Angst einflößend, Terror verbreitend* ‖ ⟨Sp⟩ *kräftig (Schuß)* ‖ **-rismo** *m Schreckensherrschaft f, Terrorismus m* ‖ *acto de ~ Terrorakt m* ‖ **-rista** *m Terrorist m* ‖ ⟨Hist⟩ *Schreckensmann m* ‖ *~ adj terroristisch, Terror-* ‖ *bombardeos ~s Terrorangriffe mpl* ‖ *grupo ~a Terroristengruppe f*
terroso *adj erdig, erdhaltig* ‖ *erdfarben* ‖ *erd\grau* ‖ *fig blaß (Gesicht)* ‖ *olor ~ Erdgeruch m*
terruño *m (Acker)Boden m, Erdreich n* ‖ *Erdstrich m* ‖ *Bodenbeschaffenheit f* ‖ *fig Heimaterde f* ‖ *fig Scholle f* ‖ *fig engere Heimat f (= patria chica)* ‖ *apego al ~ fig Vaterlands-, Heimat\liebe f* ‖ *fig Verbundenheit f mit der Scholle* ‖ *Liebe f zur Scholle* ‖ *sabor al ~ lokale Färbung f (z. B. e–s Romans)* (→ **novela**) ‖ ◊ *apegado al ~ fig an die Scholle gebunden*
ter|sar *vt glätten* ‖ *polieren* ‖ **-so** *adj glatt, glänzend* ‖ *runzelfrei* ‖ *fig nett, zierlich (Stil)* ‖ *geschliffen (Sprechweise)* ‖ **-sura, -sidad** *f Glattheit f* ‖ *Glanz m* ‖ *Glätte, Politur f* ‖ *fig Anmut, Zierlichkeit f* ‖ *fig Geschliffenheit f (Sprache, Stil)*
tertu|lia *f Abend\gesellschaft f, -unterhaltung f* ‖ *geschlossene Gesellschaft f* ‖ *(Familien)Kränzchen n* ‖ *(Kaffee)Kränzchen n* ‖ *Stammtisch m* ‖ *Spielraum m bzw Spielerecke f des Cafés* ‖ *Am* ⟨Th⟩ *Galerieplatz m* ‖ *~ alta (baja) Am* ⟨Th⟩ *erster, zweiter Rang m* ‖ *~ con baile Tanzkränzchen n* ‖ *~ de jugadores Spielergesellschaft f* ‖ **-liano** (*Arg &* **-liante**) *m/adj Teilnehmer m e–r tertulia* ‖ *Besucher m von Abendgesellschaften* ‖ *Mitglied n, (Stamm)Gast m e–s Kränzchens* ‖ **-liar** *vi Am plaudern* ‖ *an e–r tertulia teilnehmen*
¹**teruteru** *m* ⟨V⟩ *Cayenne-Kiebitz m (Belonopterus cayennensis)*
²**teruteru** *adj MAm schlau, aufgeweckt* ‖ *gerieben*
t. es. *Abk =* **tarifa especial**
Tesa|lia *f* ⟨Geogr⟩ *Thessalien n* ‖ **⸗liense,**

⁼li(an)o *adj/s thessalisch* ‖ **–lónica** *f Saloniki (Stadt)* ‖ ⁼**lonicense**, ⁼**lónico** *adj/s aus Saloniki* ‖ ~ *m* ⟨Hist⟩ *Thessalonicher m (in der Bibel)*
tesar *vt* ⟨Mar⟩ *straffen, steifholen* (= **tensar**) ‖ ~ *vi rückwärts gehen (Ochsen unter dem Joch)*
tesauro *m Thesaurus, Wort-, Sprach|schatz m*
△**teschari** *f Beil n, Axt f*
tesela *f Mosaikstein(chen n) m* ‖ *Marmor-bodenplatte f*
Teseo *m* ⟨Myth⟩ *Theseus m*
tésera *f* ⟨Hist⟩ *Tessera f*
tesis *f These f, Streitsatz m* ‖ *Behauptung f* ‖ ⟨Mus⟩ *Niederschlag, guter Takttteil m* ‖ ~ (doctoral) *Dissertation, Doktorarbeit f* ‖ *drama, novela de* ~ ⟨Lit⟩ *engagiert, Tendenz-, Thesen-*
tesitura *f geistige Anlage, Beschaffenheit f* ‖ *Stimmung f* ‖ ⟨Mus⟩ *Stimmlage f*
teso *m prov Anhöhe f, Hügel m* ‖ *Tol Viehmarktplatz m* ‖ ~ *adj stramm, straff*
te|són *m Beharrlichkeit, Standhaftigkeit f* ‖ *Starrsinn m, Unbeugsamkeit f* ‖ *Hartnäckigkeit f* ‖ *con* ~ *eigensinnig, hartnäckig, halsstarrig* ‖ *unnachgiebig* ‖ *beharrlich* ‖ **–sonero** *adj beharrlich* ‖ *unbeugsam* ‖ *unnachgiebig* ‖ *stetig*
tesore|ría *f Schatz|amt n, -kammer f* ‖ *Zahlmeisteramt n* ‖ *Kasse f (e-r Körperschaft usw)* ‖ ⩴ *de Estado Oberrechnungskammer f* ‖ **–ro** *m Schatz-, Zahl|meister m* ‖ *Kassenwart m (in e-m Verein)* ‖ ~ *mayor Hauptkassier(er) m*
tesoro *m Schatz m* ‖ *Schatz|amt n, -kammer f, Staatsschatz m, Ärar m* ‖ *fig Schatz m, Fundgrube f* ‖ *fig Thesaurus, Sprach-, Wort|-schatz m* ‖ *reichhaltiges Sammelwerk n* ‖ ⟨Her⟩ *Thesaurus m* ‖ ~ *público der Fiskus, die Staatskasse* ‖ → **bono** ‖ *buscador de* ~(s) *Schatzgräber m* ‖ ◊ *este hombre vale un* ~ *fig dieser Mann ist Gold wert* ‖ ¡~! *(mein) Schatz! (Kosewort)*
tespi|o *adj thespisch, auf Thespis* (Tespis) *bezüglich* ‖ ⁼**s**: *carro de* ⩴ ⟨Th⟩ *Thespiskarren m*
△**tesquelá** *f Großmutter f*
△**tesquera** *f Stirn f*
test *m engl Test m* ‖ →a *ensayo, prueba*
test. *Abk* = **testamentarial** ‖ **testigo**
tes|ta *f Kopf m, Haupt m* ‖ *Stirn f* ‖ *fig Verstand m, fam Köpfchen n* ‖ ~ *canosa weißes, graues Haupt m* ‖ ~ *coronada gekröntes Haupt m* ‖ ~ *de ferro* = **ferro** ‖ *a la* ~ *fig an der Spitze* ‖ *vorangehend* ‖ **–táceos** *mpl* ⟨Zool⟩ *Schalamöben fpl* (Testacea)
testada *f* → **testarada**
testa|do *adj* ⟨Jur⟩ *mit Hinterlassung e-s Testaments (Erbschaft)* ‖ **–dor** *m Erblasser m* ‖ **–dura** *f*, **–ferro** *m fig Strohmann, Namenleiher m* ‖ ◊ *utilizar a alg. como* ~, *fam tener a alg. de* ~ *jdn vorschieben*
testal *f Mex Maisteigkugel f*
testamen|taría *f* ⟨Jur⟩ *Testamentsvollstreckung f* ‖ *Erbteilungsverfahren n* ‖ **–tario** *adj letztwillig, testamentarisch* ‖ *albacea, heredero* ~ *Testaments|vollstrecker, -erbe m* ‖ **–tifación** *f* ⟨Jur⟩ *Testamentserrichtung f, Testieren n* ‖ **–to** *m Testament n, letztwillige Verfügung f* ‖ *el Antiguo (od Viejo)* ⩴ *das Alte Testament* ‖ *el Nuevo* ⩴ *das Neue Testament* ‖ ~ *abierto öffentliches Testament n* ‖ ~ *cerrado ge-, ver|schlossenes Testament n (von Zeugen bestätigt)* ‖ ~ *común,* ~ *mancomunado gemeinschaftliches Testament n* ‖ ~ *marítimo (militar) Span See- (Militär)testament n* ‖ ~ *ante notario notarielles Testament n* ‖ ~ *nuncupativo mündliches, vor Zeugen errichtetes Testament n* ‖ ~ *ológrafo eigenhändiges Testament n* ‖ ~ *en tiempo de epidemia Seuchentestament n* ‖ ~ *politico fig politisches Vermächtnis n* ‖ *querella de inoficioso* ⩴ *Testamentsanfechtungsklage f* ‖ →a **abintestato, sucesión** ‖ ◊ *hacer (ordenar,*

otorgar) su ~ *letztwillig verfügen* ‖ *quebrantar el* ~ ⟨Jur⟩ *das Testament umstoßen*
¹**testar** *vt/i vermachen, letztwillig hinterlassen* ‖ *ein Testament machen od errichten, testieren*
²**testar** *vt aus-, durch|streichen (Geschriebenes)* ‖ Ec *fam unterstreichen* (= **subrayar**)
testa|rada *f*, **–razo** *m Stoß m mit dem Kopf* ‖ = **–rudez**, **–rudez** [*pl* **–ces**] *f Starr|köpfigkeit f, -sinn m* ‖ *Trotz(igkeit f) m* ‖ *Beharrlichkeit f* ‖ *Rechthaberei f* ‖ *Stetigkeit f* ‖ **–rudo**, **–rrón, ona** *adj/s hartköpfig, starrsinnig* ‖ *fam störrisch, bockbeinig*
teste|ra *f*, **–ro** *m Vorder-, Stirn|seite f* ‖ *Roßstirn f (am Roßharnisch)* ‖ *Vordersitz m (in der Kutsche)* ‖ *Kopfende n (des Bettes)* ‖ *Kopf|gestell, -stück n (am Zaum)* ‖ **–rada** *f*, **–razo** *m fam inc* = **testarada**
tes|ticular *adj Hoden-* ‖ **–tículo** *m* ⟨An⟩ *Hode f, Testikel m* ‖ *vgl* **cojones**
testifi|cación *f Bezeugung f, Bescheinigung f* ‖ **–cal** *adj Zeugen-* ‖ *prueba* ~ *Zeugenbeweis m* ‖ **–car** [c/qu] *vt bezeugen, bekunden* ‖ *als Zeuge aussagen* ‖ *Zeugnis ablegen (von)* ‖ *fig bezeugen, an den Tag legen, dartun* ‖ ◊ *negarse a* ~ *die Aussage verweigern* ‖ **–cativo** *adj bezeugend, beweisend*
testigo *m/f Zeuge m* ‖ *Zeugin f* ‖ *fig beweiskräftiges Zeichen n* ‖ ⟨Bgb⟩ *Bohrprobe f* ‖ *Bohrkern m* ‖ ~ *de cargo, de descargo Be-, Ent|lastungszeuge m* ‖ ~ *falso falscher Zeuge m* ‖ ~ *auricular,* ~ *de oídas Ohrenzeuge m* ‖ ~ *presencial,* ~ *ocular,* ~ *de vista Augenzeuge m* ‖ ~ *principal Hauptzeuge m* ‖ *declaración (od deposición) de los* ~s *Zeugenaussage f* ‖ *examen de* ~s *Zeugenverhör n* ‖ ◊ *deponer como* = *als Zeuge aussagen* ‖ *llamar (od poner) a Dios por* ~ *Gott zum Zeugen anrufen* ‖ *ser* ~ *de algo fig et miterlebt haben, fam dabei gewesen sein* ‖ *lo pongo por* ~ *er kann es bezeugen* ‖ *oir* ~s ⟨Jur⟩ *Zeugen verhören* ‖ *presentar (od hacer)* ~s ⟨Jur⟩ *Zeugen stellen* ‖ *recusar un* ~ *e-n Zeugen ablehnen*
testimo|nial *adj als Zeugnis zu bewerten(d)* ‖ *Zeugen-* ‖ *prueba* ~ *Zeugenbeweis m* ‖ ~**e** *fpl vom Bischof ausgestelltes Führungszeugnis n* ‖ **–niar** *vt bezeugen* ‖ *als Zeuge aussagen* ‖ *fig kundgeben* ‖ **–niero** *m falscher Zeuge m* ‖ **–nio** *m Zeugnis n* ‖ *Zeugenaussage f* ‖ *Bescheinigung f* ‖ *fig Beweis m* ‖ *en* ~ *de adhesión Vertrauenskundgebung f* ‖ *en* ~ *(de) zum Zeugnis, als Beweis* ‖ *en* ~ *de lo cual* ... ⟨Jur⟩ *zu Urkund dessen, urkundlich dessen* ... ‖ ◊ *dar* ~ *Zeugnis ablegen (de von)* ‖ → **levantar**
test.ᵐᵗᵒ *Abk* = **testamento**
test.ᵒ *Abk* = **testigo**
testosterona *f* ⟨Physiol⟩ *Testosteron n*
testudíneo *adj schildkrötenähnlich*
testudo *m* ⟨Hist Mil⟩ *Schilddach n* ‖ ~ *f* ⟨Zool Wiss⟩ *Gattungsname einiger Schildkröten* (→ **tortuga**)
testuz [*pl* **–ces**] *m Stirn f bzw Nacken m (einiger Tiere, bes des Stieres)*
tesura *f* → **tiesura**
teta *f (Kuh) Euter n* ‖ *Saug-, Brust|warze, fam Zitze f* ‖ *ama de* ~ *pop (sonst: ama de cría) (Säug)Amme f* ‖ *niño de* ~ *pop (sonst: niño de pecho) Brustkind n, Säugling m* ‖ ◊ *dar (la)* ~ *pop (sonst: dar el pecho, amamantar) stillen, (dem Kinde) die Brust geben*
Teta *f pop* = **Teresa** (Tfn)
te|tania *f* ⟨Med⟩ *Tetanie, Starrkrampf m* ‖ **–tánico** *adj tetanisch, Tetanus-* ‖ **–tanismo** *m* = ~ ‖ **–tanizado** *adj fig erstarrt*
tétano(s) *m* ⟨Med⟩ *Wundstarrkrampf, Tetanus m*
tetar *vt Ar pop (an der Mutterbrust) saugen* (= **mamar**)

tete|ra f Teekanne f ‖ Teekessel m ‖ **–ro** m Col = **biberón**
teti|erguida, –enhiesta adj/f ⟨Lit⟩ hochbrüstig (Frau) ‖ **–lla** f dim v. **teta** ‖ männliche Brustwarze f
Tetis f ⟨Myth⟩ Thetis f ‖ ≃ ⟨Geol⟩ Tethys f (breite Zone von Meeresbildungen)
tetón m augm v. **teta** ‖ Rioja Ferkel n ‖ →a **orejuela**
teto|na adj pop vollbusig, stark-, voll|brüstig (Frau) ‖ **–rra** f pop = ~ ‖ ~**s** fpl pop Mordsbusen m
tetra|edro m Vierflächner m, Tetraeder n ‖ **–gonal** adj tetragonal, viereckig ‖ **–grama** m ⟨Mus⟩ Vierliniensystem n (der Gregorianik) ‖ **–grá(m)maton** m ⟨Rel⟩ Tetragramm(aton) n ‖ **–logía** f ⟨Th⟩ Tetralogie f ‖ la ≃ de los Nibelungos (El oro del Rin, La Valquiria, Sigfrido, El crepúsculo de los dioses) Der Ring der Nibelungen (Das Rheingold, Die Walküre, Siegfried, Die Götterdämmerung)
tetramotor adj/s viermotorig ‖ ~ m ⟨Flugw⟩ viermotoriges Flugzeug n
tetrápodos mpl ⟨Zool⟩ Vierfüßer mpl
tetrar|ca m Tetrarch m ‖ **–quía** f Tetrarchie, Vier(fürsten)herrschaft f
tetrarreactor m ⟨Flugw⟩ vierstrahliges Düsenflugzeug n, Vierdüsenmotor(flugzeug n) m
tetrasílabo m/adj viersilbig(er Vers m)
tetrástrofo m: ~ monorrimo vierzeilige einreimige Strophe des „mester de clerecía" od „cuaderna vía"
tetravalente adj ⟨Chem⟩ vierwertig
tétrico adj trüb|sinnig, -selig, düster, finster ‖ unheimlich
tetrodo m ⟨Radio TV⟩ Tetrode f
tetuaní [pl **–íes**], *****tetuán, –ana** adj/s Marr aus Tetuan (Tetuán)
tetuda adj/f groß-, stark|brüstig, vollbusig (Frau) ‖ →a **tetona**
teucrio m ⟨Bot⟩ Gamander m (Teucrium sp)
teucro m/adj Teukrer, Trojaner m ‖ ≃ ⟨Myth⟩ Teukros m
te|urgia f Theurgie f ‖ **–urgo** m Theurg, heidnischer Zauberpriester m
Teutoburgo m: batalla de ~ Hermannsschlacht f
teu|tón, ona adj teutonisch ‖ ⟨Lit⟩ od fam deutsch (& desp) ‖ ~ m Teutone m ‖ fam Deutsche(r) m ‖ **–tónico** adj teutonisch ‖ ⟨Lit⟩ od fam deutsch (& desp) ‖ furor ~ Furor m teutonicus lat, deutsches Ungestüm n ‖ Orden ≃a der Deutsche Orden (→ **orden**)
Te|xas → **–jas** ‖ ⁼**xano** adj/s aus Texas, Texaner
tex|til adj/s Textil- ‖ industria ~ Textilindustrie f ‖ los ~**es** die Textil-, Web|waren fpl, die Textilien pl ‖ **–to** m Text, Wortlaut m ‖ Original n, Urschrift f ‖ Zitat n ‖ Bibelspruch m ‖ Lehr-, Fach|buch n ‖ ⟨Typ⟩ Tertia f (Schriftgrad) ‖ ~ del asiento ⟨Com⟩ Buchungstext m ‖ ~ integral ungekürzte Ausgabe f ‖ ~ legal Gesetzestext m ‖ ~ mutilado verstümmelter Text m ‖ ~ no cifrado ⟨Tel⟩ Klartext m ‖ ~ original Originaltext m, Urschrift f, Urtext m ‖ ~ publicitario Werbe-, Reklame|text m ‖ ~ refundido Neufassung f ‖ análisis de ~ Textanalyse f ‖ libro de ~ Lehr-, Schul|buch n ‖ nota al ~ Anmerkung f ‖ ilustraciones fuera de ~ Abbildungen fpl auf Tafeln ‖ ◊ poner el ~ figf das Wort führen
tex|tual adj textgemäß, textgetreu ‖ wörtlich, buchstäblich ‖ ~**mente** adv wortgetreu ‖ wörtlich ‖ **–tura** f Gewebe n, Faserung f, Textur f ‖ Weben n ‖ ⟨Geol Tech⟩ Textur f ‖ fig Struktur f, Gefüge n, Aufbau m, Zusammenhang m ‖ Anordnung f ‖ **–turar** vt ⟨Web⟩ texturieren
tez [pl **–ces**] f Gesichts-, Haut|farbe f, Teint m ‖ de ~ morena von brauner Gesichtsfarbe

tezontle m Mex Art roter Tuff(stein) m
tf. Abk = **telefonema**
t. g. Abk = **tarifa general**
thalweg m → **talweg**
theta f griech. ϑ, Theta n
ti pron dich, dir ‖ de ~ von dir ‖ a ~ te lo doy dir gebe ich es ‖ por ~ deinetwegen ‖ hoy por ~ y mañana por mí heute dir, morgen mir
tía f Tante f ‖ fam Tante f, desp Weib(sstück) n ‖ pop Schachtel f ‖ fam euph Dirne f ‖ ~ abuela Großtante f ‖ ~ carnal leibliche Tante f ‖ ~ segunda Schwipptante f (Tante zweiten Grades) ‖ prov Stiefmutter f ‖ prov Schwiegermutter f ‖ → casa ◊ eso cuéntaselo a tu ~ figf das mache e–m anderen weis! ‖ no hay tu ~ pop dem ist nicht abzuhelfen ‖ da gibt es kein Pardon! ‖ nichts zu machen! ‖ kommt nicht in Frage! ‖ (→ **atutía**) ‖ quedar(se) para ~ figf e–e alte Jungfer werden, sitzenbleiben
tianguis m Mex (Wochen)Markt m
tiara f Tiara f (dreifache Krone des Papstes) ‖ fig Papstwürde f
tiarro m desp v. **tío**
tiazina f ⟨Chem⟩ Thiazin n
tibaldo adj prov feige
tibante adj Col protzig
△**tibao** adj steif
tibe|rino adj zum Tiberfluß (Tiber) gehörig ‖ ⁼**rio** m np Tiberius ‖ ~ m fam Radau, Wirrwarr m ‖ lustiger Rummel m
tibetano adj/s tibet(an)isch ‖ ~ m Tibet(an)er m
ti|bia f ⟨An⟩ Schienbein n ‖ *Flöte f ‖ **–bial** adj Schienbein-
tibieza f Lauheit f ‖ fig Lauheit, Lässigkeit f ‖ fig Behaglichkeit, Gemütlichkeit, Häuslichkeit f
tibi|o adj/s lau(warm) ‖ fig lau, lässig, gemütlich, behaglich ‖ ◊ poner ~ a alg. jdn abkanzeln, jdn herunterputzen ‖ kein gutes Haar an jdm lassen ‖ dim: **–ecito**
tibor m große chinesische (Zier)Vase f ‖ prov Kübel m ‖ Cu Nachttopf m
Tíbulo m np Tibullus m
Tiburcio m np Tiburtius m (Tfn)
tiburón m ⟨Fi⟩ Hai(fisch) m (Carcharias spp ‖ Carcharodon spp ‖ Cetorhynchus spp ‖ Galeocerdo spp usw) ‖ → **jaquetón, lamia, marrajo, pez martillo, tintorera**
tic m ⟨Med⟩ Tic, Tick m (Zuckung)
ticiano adj tizianisch ‖ tizianrot
ticket m engl Schein, Abschnitt, Kupon m ‖ Kassen|zettel, -bon m ‖ Eintrittskarte f ‖ Fahrschein m
tico adj/s fam MAm aus Costa Rica
tic-tac, tictac m Ticktack n (Gang e–r Uhr) ‖ ◊ hacer ~ **ticken**
tié pop = **tiene**
¹**tiemblo** m Zitterpappel, Espe f (Populus tremula) (→ **álamo** temblón, **chopo**)
²**tiemblo** → **temblar**
tiem|pla f Col fam Schwips, Rausch m ‖ **–ple** m Chi Verliebtheit f
tiempo m Zeit f ‖ Zeitdauer f ‖ Zeit|raum, -abschnitt m ‖ Zeitalter n ‖ Zeitpunkt m ‖ Alter n (bes v. Kindern) ‖ Frist f ‖ Jahreszeit f ‖ Wetter n, Witterung f ‖ Abschnitt m, Phase f, (jeweiliger) Handgriff, Griff m (& Mil) bei der Bedienung e–s Gerätes, bei Gewehrübungen usw ‖ Takt m (Motor) ‖ ⟨Mus⟩ Takt m, Tempo n ‖ ⟨Mus⟩ Satz m ‖ Taktteil m ‖ ⟨Gr⟩ Zeit(form) f ‖ ~ actual Jetztzeit, heutige Zeit f ‖ ~ asignado a cada orador Redezeit f ‖ ~ de coagulación Gerinnungszeit f ‖ ~ dedicado, ~ empleado Zeitaufwand m ‖ ~ de demora (od estadía) ⟨Mar⟩ Liegezeit f ‖ ~ de descarga ⟨Mar⟩ Löschzeit f ‖ ~ de ensayo, ~ de pruebas Probezeit f ‖ ~ estival, ~ invernal, ~ otoñal, ~ primaveral Sommer-, Winter-, Herbst-, Frühlings|-

zeit f ‖ *Sommer-, Winter-, Herbst-, Frühlings|wetter* n ‖ ~ de exposición ⟨Phot⟩ *Belichtungszeit* f ‖ ~ en filas ⟨Mil⟩ *Wehrdienstzeit* f ‖ ~ improductivo *Leerzeit* f ‖ ~ de instrucción *Ausbildungszeit* f ‖ ~ libre *Freizeit* f ‖ ~ límite *Höchstzeit* f ‖ ⟨Sp⟩ *Zeitlimit* n ‖ ~ lluvioso *Regenwetter* n ‖ ~ muerto ⟨Sp⟩ *Auszeit* f ‖ ~ perdido *verlorene Zeit* f ‖ ~ de perros *Hundewetter,* pop *Sauwetter* n ‖ ~ predeterminado *Vorgabezeit* f *(REFA - in der BRD)* ‖ *Normzeit* f *(in der DDR)* ‖ ~ récord *Rekordzeit* f ‖ ~ sideral ⟨Astr⟩ *Sternzeit* f ‖ (~) futuro, presente, pretérito ⟨Gr⟩ *Zukunft, Gegenwart, Vergangenheit* f ‖ ~ simple, ~ compuesto ⟨Gr⟩ *einfache, zusammengesetzte Zeitform* f ‖ ~ solar ⟨Astr⟩ *Sonnenzeit* f ‖ ~ transcurrido *abgelaufene Zeit* f ‖ ahorro de ~ *Zeitersparnis* f ‖ buen (mal) ~ *schönes (schlechtes) Wetter* n ‖ cambio brusco de ~ *Wetterumschlag* m ‖ (un) cierto ~ *e-e Zeitlang* ‖ duración, espíritu del ~ *Zeit|dauer* f, *-geist* m ‖ factor ~ *Zeitfaktor* m ‖ fruta del ~ *frisches Obst* n ‖ lapso (od espacio) de ~ *Zeitraum* m ‖ largo ~, mucho ~ *lange Zeit, lange* ‖ medida de ~ *Zeitmaß* n ‖ medio ~ *Zwischenzeit* f ‖ ⟨Sp⟩ *Halbzeit* f ‖ pérdida de ~ *Zeitverlust* m ‖ sin pérdida de ~ *ohne Zeit zu verlieren, unverzüglich* ‖ motor de dos (cuatro) ~s *Zwei-(Vier)taktmotor* m ‖ previsión del ~ *Wettervorhersage* f ‖ traje de medio ~ *Übergangsanzug* m ‖ primer ~ ⟨Sp⟩ *erste Spielhälfte,* *erste Halbzeit* f ‖ unidad de ~ *Zeiteinheit* f ‖ a ~, a buen ~ *beizeiten* ‖ *zur rechten Zeit, rechtzeitig* ‖ a su ~ *im geeigneten Augenblick* ‖ *seinerzeit* ‖ a un ~, al mismo ~ *zu gleicher Zeit, zugleich, gleichzeitig* ‖ al ~ de *im Augenblick* (gen) ‖ a ~ que *als, während* ‖ muy a ~ *noch zur rechten Zeit* ‖ antes de ~ *vorzeitig* ‖ cada poco ~ *alle Augenblicke* ‖ con ~ *in aller Ruhe* ‖ *rechtzeitig, früh genug* ‖ con el ~ *mit der Zeit, späterhin* ‖ de ~ en ~ *von Zeit zu Zeit* ‖ *mitunter, dann und wann* ‖ de aquel ~ *damalig* ‖ demasiado ~ *allzulange* ‖ de poco ~ *jung* ‖ de poco ~ a esta parte *seit kurzem, kürzlich* ‖ dentro de poco ~ *in kurzer Zeit, bald* ‖ desde este ~ *von der Zeit an* ‖ desde hace ~ *seit einiger Zeit* ‖ desde hace mucho (poco) ~ *seit langer (kurzer) Zeit* ‖ después de algún ~ *nach einiger Zeit* ‖ durante algún ~ *e-e Zeitlang* ‖ en ~ (oportuno) *zur rechten Zeit, zu gegebener Zeit* ‖ *rechtzeitig* ‖ en ~ determinado *zu bestimmter Zeit* ‖ en otro ~ *ehemals, vordem* ‖ einmal, einst ‖ en poco ~ *bald, in Bälde* ‖ en su ~ *zu s-r Zeit, seinerzeit* ‖ en todo ~ *jederzeit, stets* ‖ fuera de ~ *zur Unzeit, unzeitig, ungelegen* ‖ por ~ *auf gewisse Zeit* ‖ por más ~ *länger* ‖ todo el ~ *die ganze Zeit (über)*, *ständig* ‖ todo el ~ que *so lange als* ‖ ¿(para) cuánto ~? *(auf) wie lange?* ‖ acordarse (od ser) del ~ del rey que rabió figf *sehr alt sein* ‖ ahorrar ~ *Zeit sparen* ‖ andando el ~ *mit der Zeit, allmählich* ‖ dar ~ a alg. jdm *Zeit geben (od lassen)* ‖ dar ~ al ~ *die Zeit für sich arbeiten lassen* ‖ *sich Zeit lassen* ‖ *nichts überstürzen* ‖ el ~ se va despejando *das Wetter heitert sich (allmählich) auf* ‖ durar mucho ~ *lange dauern* ‖ ahora estás a ~ *jetzt hast du noch Zeit* ‖ es ~ *es ist Zeit* ‖ es ~ de obrar *jetzt muß man handeln* ‖ es ~ que venga *es ist (die höchste) Zeit, daß er kommt* ‖ es cuestión de ~ *es ist (nur) e-e Frage der Zeit* ‖ exceder el ~ *die Zeit überschreiten* ‖ ganar ~ *Zeit gewinnen* ‖ gastar el ~ *die Zeit verschwenden* ‖ hacer ~ *sich die Zeit zu vertreiben suchen* ‖ hacer economía de ~ *Zeit sparen* ‖ hace algún ~, ~ ha *vor einiger Zeit* ‖ *einst* ‖ hace mucho ~ que no le he visto *ich habe ihn (schon) lange nicht gesehen* ‖ hace poco ~ *vor kurzem* ‖ hace ya ~ *es ist schon lange her* ‖ ya se va haciendo ~ *es wird schon allmählich Zeit* ‖ hay ~ (todavía) *es ist noch Zeit* ‖ no hay ~ que perder *es ist keine Zeit zu verlieren* ‖ ir (od andar) con el ~ *mit der Zeit gehen* ‖ llegar a ~ *rechtzeitig (an)kommen* ‖ matar el ~ fig *die Zeit vertreiben* ‖ fam *die Zeit totschlagen* ‖ pasado (od transcurrido) este ~ *nach Ablauf dieser Zeit* ‖ para pasar el ~ *zum Zeitvertreib* ‖ pasar (od desperdiciar) el ~ *die Zeit (unnütz) vertrödeln* ‖ pasar el ~ charlando *die Zeit verplaudern* ‖ perder (el) ~ *Zeit verlieren* ‖ eso es perder el ~ *das ist (reine) Zeitverschwendung* ‖ sin perder ~ *unverzüglich* ‖ fig *unnütz arbeiten* ‖ suponer (exigir, requerir) mucho ~ *zeitraubend sein (Arbeit)* ‖ tengo el ~ muy limitado *meine Zeit ist sehr begrenzt (od knapp)* ‖ tomarse ~ (para) *sich Zeit lassen (zu)* ‖ no tuve ~ de esperar *ich konnte nicht länger warten* ‖ ya es ~ de + inf *es ist Zeit zu* + inf ‖ ya es ~ de que + subj *es ist Zeit, daß* + ind ‖ a mal ~, buena cara fig *gute Miene zum bösen Spiel (machen)* ‖ el ~ es oro Spr *Zeit ist Geld* ‖ cada cosa en su ~ (y los nabos en adviento) Spr *alles zu s-r Zeit* ‖ ~s mpl *Zeiten* fpl, *Zeitläuf(t)e* mpl ‖ los ~ heroicos *das Heldenzeitalter* f ‖ los ~ primitivos *die Urzeit* ‖ concordancia de los ~ ⟨Gr⟩ *Zeitenfolge* f *(in e-m zusammengesetzten Satz)* ‖ a ~ *ab und zu* ‖ desde ~ inmemoriales *seit uralter, undenklicher Zeit* ‖ en los ~ actuales *in der heutigen Zeit, heutzutage* ‖ en ~ de *zur Zeit* (gen) ‖ en ~ de Maricastaña *(od del rey Perico)* figf *zu Olims Zeiten* ‖ en otros ~ *vorzeiten* ‖ *ehemals* ‖ *früher, sonst* ‖ en ~ pasados *in früheren Zeiten* ‖ en sus buenos ~ fig *in seiner Jugendzeit* ‖ en los buenos ~ *in der guten alten Zeit* ‖ compás de tres ~ ⟨Mus⟩ *Dreiviertel-, Dreiachtel|takt* m

tienda f *Zelt* n ‖ *(Wagen)Plane* f ‖ ⟨Mar⟩ *Sonnensegel* n ‖ *Laden* m, *Geschäft* n ‖ *Marktbude* f, *Stand* m ‖ Arg Cu Chi Ven *Stoffgeschäft* n ‖ ¡~! *Kauf! (Ruf der Krämer usw)* ‖ ~ bien (mal) surtida *Laden mit großer (spärlicher) Auswahl* ‖ ~ de campaña *Zelt* n ‖ ~ de comestibles *Lebensmittelgeschäft* n ‖ ~ de confecciones *Konfektionsgeschäft* n ‖ ~ de modas *Modengeschäft* n ‖ ~ de tejidos *Stoffgeschäft* n ‖ ~ de ultramarinos Span *Kolonialwarengeschäft* n ‖ ◊ abrir, poner (cerrar) una ~ *e-n Laden eröffnen (schließen)* ‖ alzar, levantar (abatir) una ~ *ein Zelt abschlagen (abreißen)* ‖ ir de ~s figf *e-n Schaufenster- bzw Einkaufs|bummel machen* ‖ quien tiene ~, que (la) atienda *etwa: jeder walte seines Amtes* ‖ *jeder tue seine Pflicht* ‖ dim: ~ezuela, ~ecita f

tiene(n) → tener

tienta f ⟨Taur⟩ *Aussuchen* n *von Kampfstieren (unter den Jungstieren)* ‖ ⟨Chir⟩ *Sonde* f ‖ fig *Schlauheit, Pfiffigkeit* f ‖ a ~s fig *blindlings* ‖ *aufs Geratewohl* ‖ *heimtückisch* ‖ ◊ andar (od ir) a ~s *(umher)tappen* ‖ fig *im dunkeln tappen*

¹**tiento** m *Befühlen, Betasten* n ‖ *Stock* m *des Blinden* ‖ *Balancierstange* f *(Seiltänzer)* ‖ ⟨Zool⟩ *Fühler* m ‖ *Fangarm* m *(z. B. e-s Polypen)* ‖ ⟨Mal⟩ *Malerstock* m ‖ ⟨Mus⟩ *Stegreifspielen* n Arg PR *Imbiß* m, *Erfrischung* f ‖ Chi RPl *(meist ungegerbter) Riemen* m ‖ Am, bes Mex Ven *Sattelriemen* m ‖ figf *Schluck* m ‖ fig *Behutsamkeit, Umsicht* f ‖ a ~ *tappend, tastend, blindlings (& fig)* ‖ con ~ *mit Vorsicht, vorsichtig* ‖ *sachte, behutsam* ‖ por el ~ *durch das Gefühl* ‖ sin ~ *unvorsichtig* ‖ ◊ dar un ~ (a) figf *vorfühlen, sondieren, jdm auf den Zahn fühlen* ‖ e-n Schluck tun ‖ ~s pl And *(Art) Volksgesänge* mpl *(gew. aus dem Stegreif gesungen)* ‖ pop *Prügel* pl, *Schläge* mpl

²**tiento → tentar**

tierno adj *zart, weich* ‖ *mürbe, weich (Fleisch, Obst, Brot, Käse)* ‖ *jung (Gemüse)* ‖ Chi Ec unreif (Obst) || fig zärtlich, gefühlvoll || fig weinerlich || pan ~ frisches Brot n || ~ (de corazón) fig weichherzig, rührselig || la ~a edad fig die Kindheit || legumbres ~as junges Gemüse n || ojos ~s Triefaugen npl || adv: ~amente || dim: ~ecito (→ a **ternecito**)

tierra f Erde f || Erdkugel f, ⟨poet⟩ Erdenrund n || Welt f || (Erd)Boden, Grund m, (Erd-) Reich n || Land n || Ackerland, Feld n || Landgut n || Grund|stück n, -besitz m || Gebiet n, Ort m || Heimat f, Vaterland n || ~ adentro landeinwärts || im In-, Binnen|land || ~ arcillosa Ton|erde f, -boden m || ~(s) arrendada(s) Pachtland n || ~ baja Niederung f || Tiefland n || ~ baldía Ödland, unbebautes Land n || ~ de barbecho Brache f, Brachland n || ~ de batán Walkerde f || ~ cocida Terrakotta f || ~ colorante Farberde f || ~ cultivable anbaufähiger (od kulturfähiger) Boden m || ~ diatomácea, ~ de diatomeas Diatomeenerde, Kieselgur f || ~ de(s)colorante Bleicherde f || ~ de España span. (Schlämm.)Kreide f || ~ extraña fremde Gegend f || Ausland n || ~ firme fester Boden m, festes Land n || Festland n || → **fuego** || ~ laborable → tierra cultivable || la ~ de María Sanhsima fam Andalusien n || ~ medicinal Heilerde f || ~ de moldeo Formerlehm m || ~ de nadie Niemandsland n || ~ de pan llevar → **pan** || ~ de pastos Weide-, Grün|land n || ~ del pipiripao fam Schlaraffenland n || la ~ Prometida, de Promisión das Gelobte Land || ~ refractaria feuerfester Ton m || ~ de regadío Bewässerungsland n || (la) ~ Santa das Heilige Land || ~ de secano unbewässertes Land n || ~ vegetal Mutterboden m, Muttererde f || → **lengua** || personal de ~ Bodenpersonal n || ruta por ~ Landweg m || superficie de la ~ Erdoberfläche f || toma de ~ ⟨El⟩ Erd|(leit)ung f, -anschluß m || transporte por ~ Beförderung f zu Lande (od auf dem Landweg) || tropas de ~ ⟨Mil⟩ die Landstreitkräfte fpl || viaje por ~ Landreise f || ¡a ~! ⟨Mil⟩ abgesessen! (Reiterei) bajo ~ unter (der) Erde || ⟨Bgb⟩ unter Tage || de la ~ einheimisch, Inland(s)-, inländisch || en ~ auf dem (Fest)Land || fig da(r)nieder || hacia la ~ landwärts || por ~ zu Lande, auf dem Landweg || Land- || por debajo de ~ fig heimlich, verstohlen || ◊ besar la ~ joc hinfallen, auf die Nase (vulg auf die Schnauze) fallen || caer a ~ zu Boden fallen, hinfallen || caer por ~ fig einstürzen, zunichte werden || dar en ~ niedersinken || dar ~ con en zu Boden werfen || dar ~ et umstoßen, zunichte machen || dar ~ (a) fig et nähren, unterstützen || echar ~ a (Weinstöcke) aufhäufeln || fig e-e Sache begraben, Gras über et wachsen lassen || echar por ~ fig zerstören, umstoßen, zunichte machen || echar ~ a los ojos de alg. figf jdm Sand in die Augen streuen || ¡echemos ~ sobre el asunto! pop Schwamm drüber! || echarse a (od en, por) ~ fig sich in den Staub werfen, sich demütigen || echarse (la) ~ a los ojos sich ins eigene Fleisch schneiden || establecer el contacto con la ~, unir a ~ ⟨Radio⟩ erden || estar comiendo (od pop mascando) la ~ figf ins Gras gebissen haben || ganar ~ fig Boden gewinnen || morder la ~ fig ins Gras beißen || perder ~ den Boden unter den Füßen verlieren (& fig) || ab-, aus|rutschen || poner ~ en (od por) medio figf sich aus dem Staube machen || davonrennen || ponerse en ~ sich zu Boden strecken || sacar de debajo de la ~ figf et aus der Erde stampfen || tomar ~ ⟨Mar Flugw⟩ landen || fig Fuß fassen || viajar por ~ zu Lande reisen || se lo tragó la ~ figf er ist wie vom Erdboden verschwunden || venirse a ~, irse a ~ fig zugrunde gehen, zunichte werden || en ~ de ciegos, el tuerto es rey Spr im Reich der Blinden ist der Einäugige König || ~s fpl Ländereien fpl, Güter npl ⟨Lit⟩ Lande npl ||

⟨Chem⟩ Erden fpl || ~ bajas Niederungen fpl || Tief|land n, -ebene f || ~ raras ⟨Chem⟩ Seltenerden, seltene Erden fpl || ◊ ver ~ sich die Welt ansehen || de luengas ~, luengas mentiras Spr ferne Länder, große Lügen

tierrafría m Col Hochlandbewohner m
tie|**rrecilla** f dim v. -**rra** || -**rroso** adj Am kotig || -**rruca** f dim Ländchen || Heimat f || la ~ Sant die Montaña, die span. Provinz Santander
tieseci||**llo**, -**to** adj dim v. **tieso**
tieso adj steif, starr || fest, hart, spröde || straff, stramm, gespannt || fig mutig, wacker || fig starrsinnig, hartnäckig, eigenwillig || fig lächerlich steif, hölzern, pop offiziell || ~ como un huso (od una vela, fam un ajo) kerzengerade || stocksteif || ◊ dar ~ fest zuschlagen || dejar ~ (a) pop jdn töten, abmurksen || poner cara ~a steif, fam offiziell werden || poner ~as las orejas die Ohren spitzen (Pferd) || ponerse ~ steif werden (männliches Glied) || tenerse ~ pop auf seiner Meinung beharren || tenérselas ~as a alg. jdm die Stirn bieten || tenérselas ~as con auf gespanntem Fuß stehen (mit) || yo me las tendré ~as con él fam ich werde mich vor ihm zu behaupten wissen

[1]**tiesto** m Scherbe f || Blumentopf m || figf Dummkopf m || ◊ mear fuera del ~ fig vulg an der Sache vorbeireden || ins Blaue hinein reden || sich danebenbenehmen || aus der Rolle fallen || hacer ~s pop kaputtmachen

[2]**tiesto** adj prov = **tieso** || fig einfältig
tiesura f Stramm-, Straff|heit f || Steifheit f (& fig) || Starre f
tífico adj s typhös, Typhus- || ~ m Typhuskranke(r) m

[1]**tifo** adj fam satt

[2]**tifo** m ⟨Med⟩ = **tifus** || ~ de América gelbes Fieber, Gelbfieber n
tifoideo adj: fiebre ~a Typhus m
tifón m ⟨Mar⟩ Taifun m || ⟨Mar⟩ Wind-, Wasser|hose f
tifus m ⟨Med⟩ Typhus m || ~ exantemático Fleck|typhus m, -fieber n || enfermo de ~ Typhuskranke(r) m
tigo: sin ~ pop prov ohne dich (analog nach contigo)
ti|**gra** f = **tigresa** || -**gre** m ⟨Zool⟩ Tiger m || fig Wüterich, Kannibale m || Am Jaguar m (→ **jaguar**, **puma**) || Ec Tigervogel m || ~ de papel fig ⟨& Pol⟩ Papiertiger m || ~ real od de Bengala Königstiger, Bengalischer Tiger m || ~ de Siberia, ~ siberiano Sibirischer Tiger m || piel de ~ Tigerfell n || (salto de) ~ ⟨Sp⟩ Hechtsprung m || volteo de ~ ⟨Sp⟩ Hechtrolle f

tigré m Tigre n (e-e äthiopische Sprache)
ti|**grero** m Am Tigerjäger m || -**gresa** f Tigerweibchen n || -**grezno** m Tigerjunge(s) n || -**grillo** m Am ⟨Zool⟩ = **ocelote** (und verschiedene andere Langschwanzkatzen) || -**grino** adj tigerartig
tiita f dim v. **tía**. || Tantchen n (Kosewort)
tija f Schlüssel|rohr n, -stiel, -schaft m
tije|**ra** f Schere f || Schermesser n || Rüst-, Säge|bock m || Abzugs|röhre f, -graben m || fig Verleumder m || fig Plauderei f || ⟨Jgd⟩ Schwungfeder f (e-s Vogels) || ~ circular Kreisschere f || buena ~ figf starker Esser m || Verleumder m || cama de ~ Klapp-, Feld|bett n || de media ~ fam mittelmäßig || mesa de ~ Klapptisch m || obra de ~ figf zusammengestoppeltes Werk n, Scherenarbeit || redactor de ~ Scherenredakteur m || silla de ~ Klapp-, Feld|stuhl m || ◊ cortado por la misma ~ fig wie aus dem Gesicht geschnitten, sehr ähnlich || cortar de ~ Kleider zuschneiden || ~s pl Schere f || ~ de bolsillo Taschenschere f || ~ para cartón Pappschere f || ~ cortaalambres Drahtschere f || ~ para esquilar Schaf-, Woll|schere f || ~ de jardinero, ~ para podar Hecken-

bzw *Baum\schere, Gartenschere* f || ~ *para (cortar) papel Papierschere* f || ~ *de peluquero Haarschere* f || ~ *de sastre Schneiderschere* f || ~ *para las uñas Nagelschere* f || **-ral** *m* Chi ⟨Arch⟩ *Kreuzbalken* m || *fiesta de (los)* ~**es** *Richtfest* n, öst *Gleichenfeier* f || **-reta** *f* dim *v.* **-ra** || ⟨Entom⟩ *Ohrwurm* m (Forficula auricularia) || ~**s** *pl (Reb) Ranken* fpl || ◊ *decir* ~ *pop um des Kaisers Bart streiten* || **-r(et)ada** *f, -retazo m m Schnitt m (mit der Schere)* || **-retear** vt/i *(mit der Schere) (zer)schneiden, schnippeln, schnitzeln* || figf *(bes* Am) *kritisieren, bekritteln* || **-reteo** *m Schneiden* n *(mit der Schere)* || *Scherengeklapper* n || fig *willkürliche Einmischung* f *in fremde Angelegenheiten* || Am *Bekritteln, Schlechtmachen* n || **-ruela** dim *v.* **-ra tila** *f Linde(nblüte)* f || (té de) ~ *Lindenblütentee* m || * = **tilo**

Tila *f* pop = **Otilia** || = **Concepción** (Tfn)

tílburi *m Tilbury* m *(leichter, einspänniger, offener Wagen)*

til\dar vt/i ⟨Gr⟩ *mit Tilde (od Akzent) versehen* || *aus-, durch\streichen* || *bezeichnen* (de als acc) || fig *tadeln, rügen* || *beschuldigen* || ◊ ~ *de traidor des Verrates beschuldigen* || **-de** *f/m* ⟨Gr Typ⟩ *Tilde* f (~ *über dem Buchstaben* n*/* || p. ex *Akzent* m || *Makel* m || *Kleinigkeit, Lappalie* f || *bißchen* n || fig *Tadel* m || *en una* ~ fig *im Nu, im Handumdrehen*

tildón *m* augm *v.* **tilde:** *Strich* m || *Ausstreichen* n

tiliáceas fpl ⟨Bot⟩ *Lindengewächse* npl (Tiliaceae)

tili\co adj Mex *schwächlich, kränklich* || **-ches** mpl MAm Mex *Sachen* fpl || *Plunderkram* m || *Scherben* fpl

ti\lín *m Klingkling, Geklingel* n || ◊ *hacer* ~ *klirren (Glas usw)* || figf *Anklang finden, Gefallen erregen* || figf *anlocken* || figf *anziehen* || figf *gefallen* || tener ~ figf *anziehend, attraktiv sein* || (no) *me hace* ~ *es gefällt mir (nicht)* || *en un* ~ Col Chi *im Nu* || **-lingada** *f* fam RPl *Narrenstreich* m

tilma *f* Mex *Bauernmantel* m

tilo *m* ⟨Bot⟩ *Linde* f, *Lindenbaum* m (Tilia spp) || *Lindenholz* n || Col *Maisblüte* f || ~ *centenario Dorf-, Gemeinde\linde* f

tillado *m Dielenboden* m || *Parkett(ierung* f*)* n

tima\do *m Opfer* n *e-s Betrügers* || **-dor** *m Betrüger, Preller, Gauner* m || *Bauernfänger* m

timar vt/i *abschwindeln, abgaunern* || *betrügen, prellen, beschwindeln, begaunern* || ~**se** vr fam *sich zuzwinkern* || *(miteinander) flirten*

timba *f Glücksspiel* n || *Glücksspieler* mpl || *Spielhölle* f || △*Taschendieb* m || MAm Mex *Bauch,* fam *Wanst* m

tim\bal *m (Kessel)Pauke* f || *kleine Trommel* f || *Kindertrommel* f || ⟨Kochk⟩ *Fleischpastete, Timbale* f || ◊ *tocar el* ~ *die Pauke schlagen* || **-balero** *m Paukenschläger* m

timbar vi pop fam *Glücksspiel treiben* || ◊ ~**se** *el dinero sein Geld verspielen*

timbi\riche *m* Mex ⟨Bot⟩ *Wilde Ananas* f (Bromelia sp) (→ **piña**) || Cu Mex ,,*Timbiriche*''*wein* m || Mex *Bude, Kneipe* f || **-rimba** *f* fam *Glücksspiel* n || *Glücksspieler* mpl || *Spielhölle* f

timbo *m* Col *Neger, Schwarze(r)* m || fam *del* ~ *al tambo von Pontius zu Pilatus*

timbó *m* ⟨Bot⟩ *ein am Baum* m (Enterolobium sp) || ⟨Bot⟩ (Pithecellobium sp)

timbrado adj *mit Steuermarke(n) versehen* || *Stempel-* || *papel* ~ *Stempelpapier, gestempeltes Formblatt* n

tim\brador *m Stempler* m || *Stempeleisen* n || **-brar** vt *(ab)stempeln* || ◊ ~ *cartas Briefe abstempeln* || *una letra de cambio e-n Wechsel stempeln* || **-brazo** *m starkes Klingeln* n || ◊ *dar un* ~ *stark klingeln*

timbre *m (Trocken)Stempel* m || *Stempel-* bzw *Steuer\marke, Abgaben-, Gebühren\marke* f || Am & *Briefmarke* f || *(Tür)Klingel, Glocke* f || *(Signal)Klingel* f || *Fahrradklingel* f || *Telefonklingel* f || ⟨EB⟩ *Läutewerk* n || ⟨Tech⟩ *Schild* n *an Dampfkesseln (zur Anzeige des zulässigen Dampfdrucks)* || *Arbeitsdruck, zulässiger Kesseldruck, Genehmigungsdruck* m *(Dampfkessel)* || *Klangfarbe* f, *Klang* m, *Timbre* n *(Stimme, Instrument)* || ⟨Her⟩ *Wappenspruch oberhalb des Wappens* || *Adelsinsignie* f || fig *rühmliche Tat* f || ~ *de alarma Alarm\klingel, -glocke* f || *Alarmknopf* m || ⟨EB⟩ *Notbremse* f || ~ *de comercio Handelsstempel* m || ~ *de correo,* ~ *postal Poststempel* m || ~ *eléctrico elektrische Klingel* f || ~ *de goma (od de caucho) Gummistempel* m || ~ *de llamada* ⟨Tech⟩ *Rufklingel* f || ~ *de mesa Tischglocke* f || ~ *móvil Stempelmarke* f, *Stempel* m || ~ *nocturno Nachtglocke* f || ~ *de sellar Siegelstock* m || ~ *de la voz Klangfarbe* f *der Stimme, Timbre* n || *derecho, ley del* ~ *Stempel\gebühr* f, *-gesetz* n || *impuesto del* ~ *Stempelsteuer* f || *exento de* ~ *stempel-, steuer\frei* || *sujeto al* ~ *stempelsteuerpflichtig* || ◊ *hay un sello que monta sobre el* ~ *y dice: die Stempelmarke (e-r Urkunde) ist mit folgendem Text überdruckt:* || *tocar el* ~ *läuten, klingeln*

timbusca *f* Col *Suppe, Brühe* f

timidez [*pl* **-ces**] *f Furchtsamkeit* f || *Schüchternheit, Zaghaftigkeit* f || ⟨Th⟩ *Lampenfieber* n || *con* ~ *ängstlich* || ◊ *vencer la* ~ *die Schüchternheit ablegen*

tímido adj *furchtsam, ängstlich* || *schüchtern, zaghaft, scheu* || *blöde* || adv: ~**amente**

¹**timo** *m:* (glándula) ~ ⟨An⟩ *Thymusdrüse* f, *Bries* n || ~ *de ternera* ⟨Kochk⟩ *Kalbsmilch* f, *Kalbsbrieschen* n

²**timo** *m* fam *Betrug, Schwindel* m, *Prellerei* f || *Gaunertrick* m || ~ *del entierro* Span *Bauernfängerei* f *(unter dem Vorwand e-s verborgenen Schatzes)* || ◊ *dar un* ~ (a) *jdn betrügen, prellen,* fam *jdn übers Ohr hauen*

timo\cracia *f* ⟨Pol⟩ *Timokratie* f || **-crático** adj *timokratisch*

timol *m* ⟨Chem⟩ *Thymol* n || ~**ado:** *agua* ~**a** *Thymolwasser* n

ti\món *m* ⟨Flugw Mar⟩ *Ruder, Steuer, Steuerruder* n || *Deichsel* f *am Wagen* || *Baum* m *(am Pflug)* || fig *Staats-, Geschäfts\ruder* n, *Leitung* f || ~ *de dirección* ⟨Flugw⟩ *Seiten\ruder, -leitwerk* n || ~ *de profundidad* ⟨Flugw⟩ *Höhen-,* bzw *(& U-Boot) Tiefen\ruder* n || ◊ *empuñar el* ~ fig *das Steuer in die Hand nehmen* || *llevar el* ~ fig *am Ruder sitzen* || ~**es** mpl ⟨Flugw⟩ *Leitwerk* n || **-monaje** *m* ⟨Mar⟩ *Steuerung* f

timo\near vi ⟨Mar⟩ *steuern* || **-nel** *m Steuermann, Ruder\gänger, -gast* m || **-neras** fpl *Schwanzfedern* fpl *(der Vögel)*

timo\rato adj *gottesfürchtig* || *furchtsam* ≠**teo** *Timotheus* (Tfn)

timpani\tis *f* ⟨Med⟩ *Trommel-, Bläh\sucht* f || **-zado** adj *aufgebläht, aufgetrieben* || **-zarse** vr *sich aufblähen (Leib)*

tímpano *m* ⟨Mus⟩ *Handpauke* f || *Zimbel* f *(Schlagwerkzeug)* || *Hackbrett, Zimbal* n || ⟨An⟩ *Paukenhöhle* f || *Trommelfell* n || ⟨Arch⟩ *Bogenfeld, Tympanon* n || ⟨Typ⟩ *Handpressenrahmen* m || *Preßdeckel* m || *Faß\deckel* bzw *-boden* m

△**timujano** *m Wahrsager* m

△**timuñó** *(f:* ~**í**) adj *gleich*

ti\na *f Kufe, Bütte* f, *Bottich, Kübel, Zuber* m, *Schaff* n || *Trog* m || *Farbenküpe* f, *Farbkessel* m || *Wasch-, Bade\wanne* f || *Flüssigkeitsmaß* = $^1/_2$ *bota = 16 cántaras = 258 Liter* || ~ *para azul Blauküpe* f *(Färberei)* || ~ *de cinc Zinkwanne* f || ~ *de clarificación Klär-, Läuter\bottich* m *(z. B. Brauerei)* || ~ *de colada Laugen\faß* n, *-wanne* f || ~ *de chapa Blechwanne* f || ~ *de*

fermentación *Gär\bottich* m, *-bütte* f ‖ *papel de* ~ *Büttenpapier* n ‖ **–naco** *m kleiner Holzkübel* m ‖ *Öl\hefe* f, *-trester* pl
　tinada *f Holzstoß* m ‖ *Pferch* m
　tina\ja *f großer, bauchiger Tonkrug* m ‖ *irdener Behälter* m ‖ augm: **–jón** *m* ‖ dim: **–juela** ‖ **–jero** *m Krugtöpfer* m ‖ *Böttcher* m ‖ *Ort* m *zur Aufbewahrung von Tonkrügen* ‖ *Krug\schrank* m, *-gestell* n
　tincal *m Tinkal* m *(Borax)*
　tincazo *m Arg Nasenstüber* m
　tinción *f* ⟨Chem Med⟩ *Färbung* f
　tinerfeño adj/s Can *aus Teneriffa*
　tineta *f* dim *v.* **tina**
　tingible adj ⟨bes Chem Med⟩ *färbbar*
　tingitano adj/s ⟨Hist Lit⟩ *aus Tanger* ‖ →a **tangerino**
　tingla\dillo *m* dim *v.* **–do** ‖ ⟨Mar⟩ *dachziegelförmig verlegtes Plankenwerk, Dachziegelwerk* n ‖ **–do** *m (Bretter)Schuppen* m ‖ *offener Schuppen* m ‖ *Lager-, Güter\schuppen* m (bes *am Hafen*) ‖ *Zollagerhaus* n ‖ *Bretterbude* f ‖ *Brettergerüst* n ‖ *Bretterbühne* f ‖ figf *Intrigen, Machenschaften* fpl ‖ fig *Klüngel* m ‖ figf *(Krämer)Laden*, fam *Schuppen* m
　tingle *m Glasermesser* n
　tinguitanga *f* Am pop *Radau* m
　tinieblas *fpl Finsternis, Dunkelheit, Nacht* f (& fig) ‖ fig *Umnachtung* f ‖ *Rumpelmette* f *(in der Karwoche)* ‖ ◊ *cubrir de* ~ *umnachten*
　¹tino *m scharfes Urteilsvermögen* n ‖ *(Fein-)Gefühl, Fingerspitzengefühl* n ‖ *Geschick* n, *Takt* m ‖ *Ziel\bewußtsein* n, *-sicherheit* f ‖ *Treffsicherheit* f *(bes beim Schießen)* ‖ *con tal* ~ *que so geschickt, daß* ‖ ◊ *gastar sin* ~ *ohne Maß und Ziel, maßlos verschwenden* ‖ *obrar con* ~ *behutsam zu Werke gehen* ‖ *perder el* ~ *aus der Fassung geraten* ‖ *sacar de* ~ *aus der Fassung bringen, verwirren*
　²tino *m* = **tina**, bes *Farbenküpe* f, *Farbkessel* m ‖ *Weichfaß* n *(der Gerber)* ‖ prov = **lagar**
　³tino *m* ⟨Bot⟩ *Hartriegel* m, *Kornelkirsche* f (*Cornus* spp) → **durillo**
　Tino *m* pop = **Faustino** ‖ **Constantino** ‖ **Celestino** *f:* ~a
　tinta *f Tinte* f ‖ *(flüssige Farbe* f ‖ *Misch-)Farbe* f ‖ *Färbung* f, *Farbton* m ‖ ~ *comunicativa,* ~ *de (od para) copiar Kopiertinte* f ‖ ~ *china Tusche* f ‖ ~ *encarnada,* ~ *roja rote Tinte* f ‖ ~ *estilográfica Füllhaltertinte* f ‖ ~ *hectográfica Hektographentinte* f ‖ ~ *de imprenta* ⟨Typ⟩ *Druckerschwärze, Druckfarbe* f ‖ ~ *indeleble unauslöschbare Tinte* f ‖ ~ *opaca Deckfarbe* f ‖ ~ *simpática sympathetische Tinte* f ‖ ~ *de timbrar Stempelfarbe* f ‖ *cojin de* ~ *Tintenflasche* f ‖ *frasco de* ~ *Tintenflasche* f ‖ ~ *media* ~ *Halbton, Halbschatten* m ‖ ◊ *saber de buena* ~ figf *aus guter (od sicherer) Quelle haben* ‖ *la* ~ *corre die Tinte zerfließt* ‖ **~s** *pl:* *las* ~ *de la aurora* ⟨poet⟩ *die Morgenröte* ‖ *medias* ~ ⟨Mal⟩ *Halbtöne* mpl ‖ ◊ *recargar las* ~ fig *übertreiben* ‖ *sudar* ~ *sich abrackern, schuften* ‖ *tomar unas* ~ pop *ein paar Glas (Rot) Wein trinken*
　tin\taje *m* ⟨Typ⟩ *Einfärbung* f ‖ ~ ⟨Typ⟩ *Farbwerk* n ‖ **–tar** vt *färben* ‖ **–te** *m Färben* n, *Farbtränkung, Färbung* f ‖ *Farbe* m *Farbstoff* m, *Färbemittel* n ‖ *Färberei* f ‖ fam *chemische Reinigung* f ‖ fig *Anflug, Anstrich* m ‖ fig *Schein, Anhauch* m ‖ ~ *para el cabello (od pelo) Haarfärbemittel* n
　tinte\razo *m Wurf* m *mit dem Tintenfaß* f ‖ **–rillo** *m* Am fam *Winkeladvokat* m ‖ **–ro** *m Tintenfaß* n ‖ ⟨Typ⟩ *Farbkasten* f ‖ *Farbwerk* n ‖ ◊ *dejarse en* el ~ *a/c* figf *et übergehen, nicht erwähnen, vergessen*
　tinti\lla *f (Art) Rotwein* m ‖ ~ *de Rota berühmter Rotwein* m *aus Rota* (PCád) ‖ **–llo**

adj: (vino) ~ *Wein* m *von blaßroter Farbe*
　tin\tín *m* onom *Klingklang* m, *Geklingel, Klingeln* n ‖ *Geläute* n ‖ *Geklirr, Klirren* n *(v. Geschirr usw)* ‖ △*Adelige(r)* m ‖ ◊ *hacer* ~ *klirren* ‖ *klingeln* ‖ **–tin(e)ar** vi *klingeln* ‖ *läuten* ‖ *klirren* ‖ *klingen* ‖ **–tineo** *m Geklingel* n ‖ *Geklirr* n ‖ *Klingen* n
　△**tintiri** *f Tintenfaß* n
　tintirintín *m* onom *Trompetenklang* m
　tinto adj/s pp *v.* **teñir** ‖ *(dunkel)rot (Wein, Trauben)* ‖ (vino) ~ *Rotwein* m ‖ Col *schwarz (Kaffee)* ‖ ~ *en sangre blutbefleckt* ‖ *blutig*
　tintóreo adj: *madera* ~a *Farbholz* n
　tintore\ra *f Färberin* f ‖ *Färbersfrau* f ‖ ⟨Fi⟩ *Spitzschnauziger Heringshai* m (*Isurus cornubicus*) ‖ Am *Haiweibchen* n ‖ **–ría** *f Färberei* f ‖ *chemische Reinigung* f ‖ **–ro** *m Färber* m
　tintorro *m* fam *Rotwein* m
　tintur\a *f Färben* n ‖ *Färbemittel* n ‖ *Schminke* f ‖ ⟨Pharm⟩ *Tinktur* f *(Arznei)* ‖ fig *oberflächliche Kenntnis* f, *Schimmer* m ‖ *Halbwissen* n ‖ ~ *de yodo Jodtinktur* f ‖ ~ *para el cabello (od pelo) Haarfärbemittel* n ‖ **–ar** vt = **teñir** ‖ fig *oberflächlich unterrichten* ‖ **~se** vr *sich oberflächliche Kenntnisse aneignen*
　ti\ña *f (Kopf)Grind* m, *Krätze* f ‖ figf *Schäbigkeit, Knauserei* f ‖ ~ *pavosa Kopfgrind* m ‖ ¡~! pop *Donnerwetter!* ‖ **–ñoso** adj *grindig* ‖ figf *schäbig, knauserig* ‖ → **avaro, mezquino** ‖ ~ *m Grindkopf* m ‖ figf *Knicker, Knauser* m
　tiño → **teñir**
　tío *m Onkel, Oheim, Ohm* m ‖ *Gevatter, Vetter* m *(& Anrede)* ‖ fig pop *Kerl, (seltsamer) Kauz* m, *Type* f ‖ fam prov *Stiefvater* m ‖ prov *Schwiegervater* m ‖ Arg *alter Neger* m ‖ ~ *abuelo Großonkel* m ‖ ~ *carnal leiblicher Onkel* m ‖ *el* ~ *Paco* pop *Vater (Gevatter) Franz* m ‖ ~ *Sam Uncle Sam* m ‖ ~ *segundo, tercero Onkel* m *zweiten, dritten Grades* ‖ ~ *vivo* = **tiovivo** ‖ *en casa del* ~ pop *verpfändet* ‖ ¡*qué* ~! *pop ist das ein Kerl! (anerkennend od abfällig)* ‖ ¡*qué* ~ *(más) fresco* fig pop *ist das ein frecher Kerl!* ‖ ◊ *es un* ~ *comiendo* fam *er ist ein tüchtiger Esser* ‖ *ser un* ~ *flojo*, fam pop *e-e Flasche (od Memme) sein* ‖ ¡*vaya (un)* ~! *ein ganzer Kerl! so ein Kerl!*
　tiocol *m* ⟨Chem⟩ *Thiokol* n
　tiorba *f* ⟨Mus⟩ *Theorbe* f *(Baßlaute)*
　tiosulfato *m* ⟨Chem⟩ *Thiosulfat* n
　tiovivo *m Karussell* n ‖ ◊ *dar más vueltas que un* ~ *von Pontius zu Pilatus laufen* ‖ *sich die Hacken ablaufen (por nach dat)*
　tipejo *m* desp *v.* **tipo** ‖ fam *Sonderling, komischer Kauz, seltener Vogel* m
　tipiadora *f* = **máquina** de escribir ‖ = **mecanógrafa**
　tipi\cidad *f* ⟨Jur⟩ *Tatbestandsmäßigkeit* f ‖ *Typizität* f ‖ **–cismo** *m* = **tipismo**
　típico adj *typisch, eigentümlich, bezeichnend, kennzeichnend, unverkennbar, charakteristisch* ‖ ⟨Jur⟩ *Tatbestands-* ‖ *atributo (od elemento)* ~ *Tatbestandsmerkmal* n ‖ *caracteres* ~s *typische Kennzeichen* npl ‖ ◊ *es muy* ~ *para él es ist sehr bezeichnend für ihn*
　tipifi\cación *f Typisierung, Standardisierung, Vereinheitlichung* f ‖ ⟨Jur⟩ *Typifizierung, Tatbestandsdarstellung* f ‖ **–car** vt *typisieren* ‖ ⟨Jur⟩ *den Tatbestand darstellen*
　tipismo *m Eigentümlichkeit, typische Eigenart* f ‖ *Folklore* f
　¹tiple *m* ⟨Mus⟩ *Diskant-, Sopran\stimme* f ‖ ⟨Mus⟩ *Hals-, Kopf\stimme* f ‖ △*Wein* m ‖ *clave de* ~ *Diskantschlüssel* m ‖ △*una de* ~ pop *ein Glas Schnaps*
　²tiple *f Sopranistin* f ‖ Am *(Art)Gitarre* f *(mit hoher Stimmung)* ‖ ~ *dramática Opern-, Helden\sopranistin* f ‖ ~ *ligera Soubrette* f ‖ *primera*

~ *Primadonna f* ‖ *voz de* ~ *Sopranstimme f, Sopran m* ‖ → a **soprano**
tipo *m allg Typ(us) m* ‖ *Ur-, Vor-, Muster|bild* n ‖ *Grundform f* ‖ *Sinnbild* n ‖ *Art, Gattung f* ‖ *Körperbau m* ‖ *Konstitutionstyp m* ‖ *Wuchs m, Figur f* ‖ *pop Kerl m, Individuum n* ‖ *fam desp Sonderling, (seltsamer) Kauz m, Type f* ‖ ⟨Tech Ing⟩ *Muster, Modell n, Bauart f* ‖ ⟨Com Wir⟩ *Kurs m* ‖ *Satz m* ‖ ⟨Jur⟩ *Tatbestand m* ‖ ⟨Typ⟩ *Letter, Drucktype f* ‖ ~ *bancario Banksatz m* ‖ ~ *del cambio* ⟨Com⟩ *Kurs m* ‖ ~ *de descuento Diskontsatz m* ‖ ~ (de escritura), ~ (de letra) ⟨Typ⟩ *Type, Letter f* ‖ *Handschrift f* ‖ ~ *fijo,* ~ *legal fester, gesetzlicher Zinsfuß m* ‖ ~ *grueso* ⟨Typ⟩ *Fettschrift f* ‖ ~ *de intereses Zinsfuß m* ‖ ~ *de lujo Sonderausführung f, Luxusmodell n* ‖ ~ *máximo, mínimo Höchst-, Mindest|kurs m* (*Börse*) ‖ ~ *medio Mittelkurs m* ‖ ~ *normal Durchschnittsmensch m* ‖ ⟨Tech⟩ *normale Bauart f, Standardmodell n* ‖ ~ *objetivo (subjetivo)* ⟨Jur⟩ *objektiver (subjektiver) Tatbestand m* ‖ ~ *de oro, de plata Gold-, Silber|währung f* ‖ ~ *único einfache Währung f* ‖ *figf Unikum n* (*Person*) ‖ *al* ~ *de zum Preise von* ‖ *zum Kurs von* ‖ ◊ *es el* ~ *de un usurero es ist ein typischer Wucherer* ‖ *no es mi* ~ *pop das ist nicht mein Geschmack* ‖ *der (bzw die) ist nicht mein Typ* ‖ *jugarse el* ~ *figf das Leben riskieren, alles aufs Spiel setzen* ‖ *quitar el* ~ (a) *vulg jdn abmurksen* ‖ *tener buen (mal)* ~ *gut (schlecht) gewachsen sein* ‖ *vender al* ~ *más favorable* ⟨Com⟩ *bestmöglich verkaufen*
tipo|génesis *f* ⟨Biol⟩ *Typogenese f* ‖ **-grafia** *f Hoch-, Buch|druck m* ‖ (*Buch*)*Druckerei f* ‖ **-gráfico** *adj typographisch* ‖ *Buchdruckertechnisch* ‖ *arte* ~ *Buchdruckerkunst f* ‖ *forma* ~a *Druckform f*
tipógrafo *m* (*Buch*)*Drucker, Typograph m* ‖ *Typograph m* (*Setzmaschine*)
tipo|logía *f* ⟨Wiss⟩ *Typologie, Typenlehre f* ‖ **-lógico** *adj typologisch*
tipómetro *m* ⟨Typ⟩ *Typometer f*
típula *f* ⟨Entom⟩ *Kohlschnake f* (Tipula oleracea)
tíquet, tiquete *m* Am = **ticket**
Tiquicia *f joc* MAm = **Costa Rica**
△**tiquinó** *adj kurz*
tiquismiquis *mpl pop leerer Wortkram m* ‖ *alberne Bedenken pl* ‖ *fam Fisimatenten pl* ‖ *fam Getue n* ‖ *fam (dummes) Gezänk n* ‖ ◊ *andar con* ~ *pop alberne Bedenken haben* ‖ *ser un* ~ *ein Umstandskrämer sein*
tira *f Streifen m* ‖ *Band n* ‖ *Lasche f* (*zum Ziehen bzw Aufreißen*) ‖ *Schleife f* ‖ *prov Strick, Strang m* ‖ ⟨Typ⟩ *Papierrolle f* ‖ △*Weg m* ‖ △*Schuld f* ‖ ~ *m:* ~ *y afloja* → **tirar** ‖ △ ~ *angosta Kegelspiel n* ‖ ~ *de goma Gummiband n* ‖ ~ *de papel Papier|streifen m bzw -bahn f* ‖ ~ *perforada Lochstreifen m* ‖ ◊ *hacerse* ~s *la carne pop sich abrackern* ‖ *sacar* ~s (a) *pop jdm derb zusetzen, jdm an den Leib gehen*
tira|bala *f Knallbüchse f der Kinder* ‖ △**-bañí** *f Schuh m* ‖ **-botas** *m Stiefelknecht m* ‖ **-brasas** *m prov Schüreisen n* ‖ **-buzón** *m Korkenzieher m* ‖ ⟨Flugw⟩ *Trudeln n* ‖ *fig Korkenzieherlocke f* (*Haar*) ‖ ~ *chato Flachtrudeln n* ‖ ◊ *hay que sacarlo con* ~ *figf es ist nicht so leicht (herauszubekommen)* ‖ **-col** *f,* **-cuello** *m* → **tahalí** ‖ **-cuero** *m desp (Flick)Schuster m* ‖ **-chinas** *m fam (Stein)Schleuder, Gummi-, Gabel|schleuder f*
tira|da *f Werfen n, Wurf m* ‖ *Ziehen n, Zug m* ‖ *Schub m* ‖ *Strecke f Weges* ‖ *Abstand m* ‖ *Zeitraum m, (Zwischen)Zeit f* ‖ *Tirade, Folge f* (*von Versen usw*) ‖ ⟨Phot⟩ *Kopieren n* ‖ ⟨Typ⟩ *Druck (en n) m* ‖ ⟨Typ⟩ *Auflage (nhöhe) f* ‖ ~ *aparte Sonder|abdruck, -druck m* ‖ ~ *en blanco* ⟨Typ⟩ *Schöndruck m* ‖ ~ *global Gesamt-*

auflage f ‖ ~ *en masa Massenauflage f* ‖ ~ *de pruebas* ⟨Typ⟩ *Korrekturabzug m* ‖ *revista de corta* ~ *in wenigen Exemplaren (od geringer Auflage) erscheinende Zeitschrift f* ‖ *de (od en) una* ~ *fig in e-m Zuge* ◊ *beber a largas* ~s *in langen Zügen trinken* ‖ *hacer una* ~ *especial e-e Sonderausgabe drucken* ‖ **-dera** *f langer Pfeil m der Indianer* ‖ *Cu* MAm *Chi* = **tirantes** ‖ **-dero** *m* ⟨Jgd⟩ *Anstand m*
tira|do *adj lang, (aus)gedehnt* ‖ *fig gespannt, streng* ‖ *a precio* ~ *pop spottbillig, zu Schleuderpreisen* ‖ ~ *m* ⟨Tech⟩ *Drahtziehen n* ‖ ⟨Typ⟩ *Abzug m* ‖ **-dor** *m (Scharf)Schütze m* (& *Mil*) ‖ ⟨Fecht⟩ *Fechter m* ‖ *(Gabel)Schleuder f* ‖ ⟨Tech⟩ *(Draht)Zieher m* ‖ ⟨Fecht⟩ *Reißfeder f, Linienzieher m* ‖ *Glocken-, Klingel|schnur f, Schellenzug m* ‖ *Griff m (an e-r Schublade)* ‖ *Türknopf m* ‖ ⟨Typ⟩ *Drucker m* ‖ *Arg breiter Schmuckgürtel m (der Gauchos)* ‖ *gall Am Schublade f* ‖ ~ *de ametralladora* ⟨Mil⟩ *Maschinengewehrschütze, MG-Schütze m* ‖ ~ *de carro de combate,* ~ *de tanquista Panzerschütze m* ‖ ~ *de espada,* ~ *de florete,* ~ *de sable* ⟨Fecht⟩ *Degen-, Florett-, Säbel|fechter m* ‖ ~ *de fusil Gewehrschütze m* ‖ ~ *de goma Gummischleuder f* ‖ ~ *de pistola Pistolenschütze m* ‖ ~ *de precisión,* ~ *escogido,* ~ *selecto Scharfschütze m* ‖ ~ *de oro* ⟨Tech⟩ *Golddrahtzieher m* ‖ ~**es** *pl Arg Hosenträger m* ‖ *compañía de* ~ ⟨Mil⟩ *Schützenkompanie f* ‖ *equipo de* ~ *Schützenausrüstung f* ‖ ⟨Fecht⟩ *Fechtanzug m* ‖ *fiesta de* ~ *Schützenfest n*
tira|fondo *m große Holzschraube f* ‖ *Schraubenbolzen m* ‖ ~ *de vía Schienen-, Schwellen|schraube f* ‖ ⟨Chir⟩ (*Art*) *Kugelzange f* ‖ **-frictor** *m* ⟨Mil⟩ *Abrißschnur f (Handgranate), Abrißleine f (Geschütz)* ‖ **-gomas** *m Gummi-, Gabel-, Stein|schleuder f*
△**tira|jay, -jaiche** *m Schuh m*
tira|je *m gall* Am ⟨Typ⟩ = **tirada** ‖ ⟨Phot⟩ *Bodenauszug m* ‖ ⟨Phot⟩ *Kopieren n* ‖ **-lanzas** *m Speerschleuder f* ‖ **-líneas** *m Reiß-, Zieh|feder f* ‖ *Linienzieher m* ‖ *Lineal n* ‖ **-miento** *m Ziehen n* ‖ *Spannen, Strecken n* ‖ **-mira** *f schmale Gebirgskette f* ‖ *pop (lange) Reihe, Kette f*
tira|na *f Tyrannin f* (& *als Kosewort*) ‖ **-nía** *f Tyrannei, Gewaltherrschaft f* (& *fig*) ‖ ~ *de la moda fig Zwang m der Mode, (heute:) Diktat n der Mode* ‖ **-nicida** *m Tyrannenmörder m* ‖ **-nicidio** *m Tyrannenmord m*
tiránico *adj tyrannisch, Tyrannen-* ‖ *Zwangs-*
tiránidos *mpl* ⟨V⟩ *Tyrannen mpl* (Tyrannidae)
tira|nización *f Tyrannisierung f* ‖ **-nizar** [z/c] *vt tyrannisieren* ‖ *fig unterdrücken, grausam behandeln, schinden* ‖ **-no** *m Tyrann, Gewaltherrscher, Zwingherr m* (& *fig*) ‖ ⟨V⟩ *Tyrann m* (→ **tiránidos** ‖ **b[i]enteveo**) ‖ ~ *adj tyrannisch*
tiran|te *adj gespannt, straff* ‖ *prall* ‖ *fig gespannt (Beziehungen)* ‖ ~ *m* ⟨Arch⟩ *Dachbinder m* ‖ *Binde-, Zug|balken m* ‖ *Zuganker m, -stange f* ‖ *Hemmkette f* ‖ *Zug|tau n, -leine f* ‖ *Zugriemen m (am Wagen)* ‖ *Tragriemen m* ‖ *Schulterriemen m* ‖ *Stiefelstrippe f* ‖ *Steigriemen m* ‖ *Träger m (an Unterwäsche, Kleidern usw)* ‖ ⟨Flugw⟩ *Abstandsstrebe f* ‖ △*Stock m* ‖ ~**s** *pl Hosenträger mpl* ‖ ⟨Med⟩ *Geradehalter m* ‖ **-tez** [*pl* **-ces**] *f (An)Spannung f* (& *fig*) ‖ *Gespanntheit f* (& *fig*) ‖ *Straffheit f* ‖ *Längsausdehnung, Länge f* ‖ ~ *de las relaciones fig die gespannten Beziehungen*
tirapié *m Knieriemen m (der Schuhmacher)*
tirar a) *vt (an-, ab-, fort-, her(unter)|ziehen* ‖ *weg-, fort|ziehen* ‖ *ziehen, zupfen (de, por an dat)* ‖ *ausziehen, (aus)spannen* ‖ *ziehen (Messer, Waffe) (meist mit de)* ‖ *(über jdn) herziehen* ‖ *werfen, schleudern* ‖ *jdm zuwerfen* ‖ *(als unbrauchbar) wegwerfen* ‖ *ab-, nieder|reißen (ein Gebäude)* ‖ *um|stürzen, -werfen, zu Boden werfen* ‖ *(e-n*

Baum) fällen || *(e-n Schuß) abgeben* || *(ab-) schießen, (ab)feuern* || *aufreißen, ziehen (Linien, Kreise)* || ⟨Tech⟩ *Draht ziehen* || ⟨Typ⟩ *abziehen, Abzüge machen* || ⟨Typ⟩ *drucken* || *prov beziehen (Lohn)* || *fig ver|geuden, -prassen* || *fig anziehen, anziehend sein* || *fig ver|leiten, -führen* || ◊ ~ *abajo nieder|ziehen, -reißen* || ~ *al aire hochwerfen, in die Höhe werfen* || ~ *alambre Draht ziehen* || ~ *besos (a) fam jdm Kußhände zuwerfen* || ~ *a la calle figf verschleudern, durchbringen* || ~ *la casa por la ventana figf sich verausgaben, (übertrieben) gastfeundlich sein* || *sein Geld verschwenden, das Geld zum Fenster hinauswerfen* || ~ *(de) la campan(ill)a läuten, klingeln* || ~ *un cañonazo, un cohete e-n Kanonenschuß, e-e Rakete abfeuern* || ~ *coces* → *coz* || ~ *su dinero figf sein Geld zum Fenster hinauswerfen* || ~ *fotos* ⟨Phot⟩ *fam Aufnahmen machen, fam knipsen, schießen* || ~ *los guantes die Handschuhe abstreifen* || ~ *de la lengua (a) fam jdm ein Geheimnis abzulocken suchen* || ~ *líneas Linien ziehen* || ~ *la mercancía die Ware verschleudern, spottbillig verkaufen* || ~ *un mordisco zuschnappen (Tier)* || ~ *la oreja a Jorge pop Karten spielen* || ~ *oro (en hebras) Goldfäden ziehen* || ~ *piedras mit Steinen werfen (a nach)* || *~la de rico fam den reichen Mann spielen* || ~ *tiros schießen, feuern* || *me tira la pintura ich schwärme für die Malerei* || *eso no me tira fig das zieht bei mir nicht, das läßt mich kalt* || *el comercio no me tira der Kaufmannsberuf lockt mich nicht*
b) *vi schießen, feuern* (contra, a *gegen, auf* acc) (a, con *mit* dat) || *fechten* || *ziehen, Zugkraft haben (Zugtiere, Magnet, Kamin, Zigarette usw)* (& *fig*) ||
1. ◊ ~ *fuerte fest ziehen* || ~ *largo (zu) weit schießen* || *fig zu weit gehen* || ~ *mal schlecht zielen* || ~ *más allá del blanco über das Ziel hinausschießen* (& *fig*) || *este abrigo tirará todavía otro invierno figf dieser Mantel hält (fam tut es) noch e-n Winter* || *el cigarro (la estufa) no tira die Zigarre (der Ofen) zieht nicht* || *a todo* ~ *fig höchstens, bestenfalls* || *juego de tira y afloja Bänderspiel n (ein Pfandspiel)* || *ir tirando figf sein (dürftiges) Auskommen haben (con mit* dat) || *sein Leben fristen* || *fam sich (so) durchschlagen* || *(nur) mit Mühe vorankommen* || *sich hinschleppen* || *el enfermo va tirando der Kranke schleppt sich so hin* || *¡~! ziehen! (Tür)*
2. in Verb. mit Präpositionen oder präpositionalen Adverbialverbindungen: a) in Verb. mit **a**: ~ *a schießen mit (od auf)* || *ähneln* (dat), *schlagen, arten nach* (dat) || *hinneigen, Neigung haben (zu)* (dat) || *et erstreben, hinarbeiten auf* (acc) || *spielen, übergeben (Farbe)* || ~ *al aire in die Luft schießen* || ~ *al blanco aufs Ziel schießen* || ~ *a la espada (mit dem Degen) fechten* || ~ *a la izquierda nach links einbiegen (od gehen)* || ~ *a matar (bzw a dar) geziellt (od scharf) schießen* || ~ *al monte figf Heimweh haben* || ~ *a la pistola mit der Pistole schießen* || *tirando a pobre ärmlich, arm aussehend* || ~ *a verde ins Grüne spielen (Farbe)* || ~ *a viejo ältlich aussehen* || *de estatura mediana, tirando a corta von mittlerer, eher kleinerer Wuchs* || *más bien tira a su padre er ist mehr nach s-m Vater geartet* || *Pedro tira a ser diputado Peter arbeitet auf ein Abgeordnetenmandat hin*
b) mit **con**: ~ *con bala scharf schießen* (& *fig*) || ~ *con (cartuchos de) pólvora (od con pólvora sola, sin bala) blind schießen*
c) mit **de**: ~ *del carro den Wagen (bzw die Karre) ziehen* (& *fig*) || ~ *demasiado de la cuerda figf über Gebühr beanspruchen* || *es zu weit treiben* || *den Bogen überspannen* || ~ *de (od por) largo fam verschwenden, vergeuden (Ver-*

mögen) || *figf übertreiben* || ~ *de la manga am Ärmel zupfen* || ~ *de navaja das Messer ziehen*
d) mit **para**: ~ *para loco fam nicht ganz richtig im Kopf sein*
e) mit **por**: ~ *por alto in die Höhe werfen* || ~ *por un camino e-n Weg einschlagen* || *~se sich stürzen* (a *in, auf* acc), *sich hinaus-, hinunter|stürzen* || *sich hin-, nieder|werfen* || *sich (zu)werfen* || ◊ ~ *la gorra sobre los ojos sich die Mütze tief in die Stirn drücken* || ~ *una mujer vulg e-e Frau vögeln* || ~ *una plancha pop sich blamieren, hereinfallen* || ~ *a (od sobre) alg. auf jdn losstürzen* || ~ *al agua ins Wasser springen* || ~ *al suelo sich auf den Boden werfen* || ~ *de la cama pop aus dem Bett springen* || ~ *de la ventana sich aus dem Fenster stürzen* || ~ *en paracaídas* ⟨Flugw⟩ *mit dem Fallschirm abspringen* || *¡tírese!* ⟨Typ⟩ *druckfertig!*

tiratira *f* Chi ⟨V⟩ *Austernfischer m* (Haematopus sp) → *a ostero*
tiratrón *m* ⟨Elc⟩ *Thyratron n (Triode)*
tiricia *f* pop = **ictericia**
tiri|lla *f dim v.* **tira** || *Hemdbund m* || **–llento** adj Chi *zerlumpt, abgerissen*
tirio *adj/s tyrisch, aus Tyrus (Tiro)* || ~ *m Tyrer m* || *~s y troyanos fig Vertreter mpl entgegengesetzter Meinungen bzw Interessen*
tirirú *m* Bol → *orinal*
tirita *f* ⟨Pharm⟩ *Heftpflaster n* || *Schnellverband m*
tiri|taña *f dünner Seidenstoff m* || *fig Geringfügigkeit f* || **–tar** *vi frösteln, zittern* || ◊ ~ *de frío vor Kälte zittern* || **–tera** *f* = **–tona**
tiri|tón *m heftiger Frost-, Kälte|schauer m* || ◊ *dar ~es frösteln* || **–tona** *f fam Frösteln, Schaudern n* || ◊ *hacer la ~ pop sich ängstlich stellen*

tiro *m Wurf m* || *Schießen n* || *Schuß m* || *Beschuß m* || ⟨Mil⟩ *Feuer n* || *Schußrichtung f* || *Schuß-, Wurf|weite f* || *Schieß|platz, -stand m (Luft)* || *Zug m* || *Zugluft f* || *Gespann n, Zug m (e-s Wagens)* || *Zug|strang m, -leine f* || *Zugseil n (für Lasten)* || *Schritt(weite f) m (e-r Hose)* || *Breite f (e-s Stoffes)* || *Schulterbreite f (Kleidung)* || *Treppen|arm, -lauf m* || ⟨Bgb⟩ *(Boden)Schacht m* || *Schachttiefe f* || ⟨Typ⟩ *Am Auflage f* (→ **tirada**) || ⟨Vet⟩ *Verbeißen n der Pferde* || *fig Streich m* || *fig bissiges Wort n* || *Seitenhieb m* || *fig (schwerer) Schlag m* || Sant *Kegelbahn f* || ~ *aerófago Koppen n (Pferd)* || ~ *al aire Warn-, Schreck|schuß m* || ~ *de aniquilamiento Vernichtungsfeuer n* || ~ *al arco Bogenschießen n* || ~ *con bala Scharfschuß m* || ~ *al blanco Scheibenschießen n* || ~ *al cesto* ⟨Sp⟩ *Korbwurf m* || ~ *de combate Gefechts-, Scharf|schießen n* || ~ *de chimenea Schornsteinzug m* || ~ *con efecto* ⟨Sp⟩ *Effektschuß m* || *errado,* ~ *fallado Fehlschuß, Ausreißer m* || *figf Fahrkarte f (beim Scheibenschießen)* || ⟨Sp⟩ *Fehlwurf m* || ~ *por elevación Bogenschuß m* || ~ *de flanco,* ~ *oblicuo Flankenfeuer n* || ~ *de gracia Gnadenschuß m* || ~ *libre* ⟨Sp⟩ *Freiwurf m* || ~ *en la nuca Genickschuß m* || ~ *de pichón, Am* ~ *a la paloma Taubenschießen n* || ~ *de piedra Steinwurf(weite f) m* || ~ *de pistola,* ~ *de revólver Pistolen-, Revolver|schuß m* || ~ *al plato Wurf-, Ton|taubenschießen n* || ~ *de pólvora sola,* ~ *sin bala blinder Schuß m* || ~ *a porteria* ⟨Sp⟩ *Torwurf m* || ~ *potente* ⟨Sp⟩ *Scharfschuß m* || ~ *rápido Schnellfeuer n* || ~ *tangente Streifschuß m* || ~ *en el vientre Bauchschuß m* || ~ *cañón de* ~ *rápido Schnellfeuergeschütz n* || ~ *rasante* ⟨Mil⟩ *Strichfeuer n* || *campo de* ~ *Schieß|platz m* || *Schuß-, Richt|feld n* || *corrección del* ~ *Schußkorrektur f* || *ejercicio, escuela de* ~ *Schieß|übung, -schule f* || *fiesta de(l)* ~ *Schützenfest n* || *polígono de* ~ *Schieß|-*

platz, -stand m || regulador de ~ Visier n (am Gewehr) || a ~ auf Schußweite || fig in Reichweite || a ~ hecho fig treffsicher || al ~ Chi sogleich || a un ~ de piedra e-n Steinwurf entfernt, nicht sehr weit || de ~ Am verstohlenerweise || fuera de ~ außer Schußweite || ◊ acertar ~ treffen || fig seinen Zweck erreichen || corregir el ~ sich einschießen || dirigir el ~ (a) zielen (auf acc) || errar (od marrar) el ~ danebenschießen, fehlen, nicht treffen || fig e-n Mißgriff tun || estar fuera del ~ ⟨Mil⟩ außer Schußweite sein || le hicieron un ~ de cien pesetas pop man hat ihm 100 Peseten gestohlen || pegarse un ~ sich e-e Kugel durch den Kopf jagen || estuvo como para pegarle un ~ pop er spielte ganz miserabel (Schauspieler) || poner el ~ den Wagen anspannen || ponerse a ~ auf Schußweite herankommen || → culata || le va (od le sienta) como un ~ pop es steht ihm wie dem Affen ein Schlips || venir a ~ hecho figf in die Schußlinie kommen || la estufa no tiene ~ der Ofen zieht nicht || ¡mal ~! fehlgeschossen! || ¡mal ~ te peguen! pop vulg verrecken sollst du! || ~s pl Arg Hosenträger mpl || ni a ~ figf um keinen Preis, nicht um alles in der Welt || de ~ largos figf piekfein || revólver de seis ~ sechsschüssiger Revolver m || ◊ acribillado a ~ fig von Geschossen durchsiebt || ir a ~ sich herumschießen || liarse a ~ fam sich e-e Schießerei liefern || matar a ~ erschießen || muerto a ~ (od de un ~) erschossen || pegarle a uno cuatro ~ pop jdn erschießen
tiroi|deo adj ⟨An⟩ Schilddrüsen- || –des adj/s ⟨An⟩: (cartílago) ~ Schildknorpel m || (glándula) ~ Schilddrüse f
Ti|rol: el ~ ⟨Geogr⟩ Tirol || ⇌rolés, esa adj/s tirol(er)isch || ~ m Tiroler m || →a quincallero
¹tirón m Zug, Ruck m || heftiges Ziehen, Zerren n || pop Trinkgeld n || pop Prellerei f || de un ~ pop in e-m Zuge, ohne abzusetzen, hintereinander || ~ se lo bebió de un ~ er trank es in e-m Zuge aus || dar un ~ de oreja (a) jdn bei den Ohren nehmen || dormí diez horas de un ~ pop ich schlief volle zehn Stunden || ~es pl fig Reißen, Ziehen n || a dos ~ pop im Handumdrehen || ni a dos (od tres) ~ figf um keinen Preis || con ~ de enfado mit zornigem Zucken || ◊ dar un ~ (a) ziehen an (dat) || el estómago me da ~ ich fühle ein Aufstoßen im Magen || siento ~ en el pecho ich fühle ein Ziehen in der Brust
²tirón m ⟨Lit⟩ Neuling, Anfänger m
tironiano adj:⟨Hist Lit⟩ notas ~as Tironische Noten fpl
tirote|ar vi ⟨Mil⟩ plänkeln || ~se sich gegenseitig beschießen || fig hadern || –o m ⟨Mil⟩ Gewehrfeuer n || Schießerei f || ~ (de palabras) fig Wortwechsel, Hader, Zank m
tiroxina f Thyroxin n (ein Schilddrüsenhormon)
tirreno adj: el Mar ~ das Tyrrhenische Meer
tirria f fam Widerwille, Groll m || Voreingenommenheit f || ◊ tener ~ (a) jdn auf dem Kieker haben || tomar ~ (a) sich heftig erbittern (über acc)
tirso m Thyrsos, Thyrsus(stab) m
tirulo m Windung f e-r Zigarre
tisana f Aufguß, Kräuter-, Heil|tee m || kalte Ente, Bowle f || ~ pectoral Brusttee m
tisanuros mpl ⟨Entom⟩ Borstenschwänze mpl (Thysanura) → lepisma, pececillo de plata, sardineta
tísico m/adj Phthisiker, Schwindsüchtige(r) m || ~ adj schwindsüchtig || ◊ estar ~ schwindsüchtig sein || morir ~ an Schwindsucht sterben
tisiología f ⟨Med⟩ Phthiseologie f
tisiólogo m Phthiseologe, Tuberkulosespezialist m
tisis f ⟨Med⟩ Schwindsucht, Phthisis f || Lun-

genschwindsucht, Tuberkulose f || ~ galopante ⟨Med⟩ galoppierende Schwindsucht f || ~ pulmonar Lungenschwindsucht f
tiste m MAm Mex Ven Maiskakaogetränk n (Erfrischung) || MAm entzündete erhabene Stelle, durch e-n Dorn der tuna verursacht
tisú [pl –ués] m Gold-, Silber|stoff, Brokat m || Lamé m
tit.°, tít. Abk = título
tita f pop = tiita
Tit(it)a f pop = Margarita (Tfn)
titán m ⟨Myth⟩ Titan(e), Riese m (& fig)
titánico adj titanisch, titanenhaft || fig riesenhaft, ungeheuer || empresa, fuerza ~a Riesen|unternehmung, -kraft f || gigantisches Unternehmen n || ◊ hacer ~s esfuerzos sich riesig anstrengen
titanio m ⟨Chem⟩ Titan n
titanomaquia f ⟨Myth⟩ Kampf m der Titanen gegen Zeus, Titanomachie f
Titay f prov = María f (Tfn)
titeo m RPl Hohn, Spott m
títere m Gliederpuppe f || Marionette f (& fig) Hampelmann m (& fig) || fig kleiner Knirps m || figf beschränkter Mensch, Trottel m || fig fixe Idee f || gobierno ~ ⟨Pol⟩ Marionettenregierung f || ◊ no dejar ~ con cabeza figf alles kurz und klein schlagen, zerstören || (alli) no quedó ~ con cabeza figf da blieb nichts unversehrt || ~s pl Kasperle-, Puppen-, Marionetten|theater n || pop Varietévorstellung, Volksbelustigung, bunte Bühne f || teatro de ~ Kasperletheater n
titerero m = titiritero
tití m ⟨Zool⟩ Krallenäffchen n (Callithrix spp u. andere) || Spring-, Witwen|äffchen n, Titi m (Callicebus spp) || Seidenäffchen n (Cebuella spp) || →a guereza
titi|lar vi leise zittern, beben || flackern, schimmern (Licht, Feuer) || ◊ el ~lante centelleo de los astros das glitzernde Funkeln der Sterne || –leo m Flackern, Schimmern n || Kitzeln n (z.B. im Rachen) || –ritaina f fam Katzenmusik f || –ritero m Puppen-, Marionetten|spieler m || Akrobat m || →a volatinero || –rrute m Chi vulg weibliche Scham f
Tito m np Titus m || →a titoísmo
tito m Platterbse f || Murc junges Huhn n || →a tío
titoís|mo m ⟨Pol⟩ Titoismus m (nach Josip Broz-Tito, *1892) || –ta adj/s titoistisch || ~ m Titoist m
titube|ar vi wanken, schwanken || stottern, stammeln (→ tartamudear) || fig unschlüssig sein, zaudern || ◊ no ~ en afirmarlo er wagt es zu behaupten || –o m Schwanken n (& fig) || prov Stottern, Stammeln n (→ tartamudeo)
titulación f ⟨Chem⟩ Titration, Titrierung, Maßanalyse f || ⟨Jur⟩ Erteilung f e-s Rechts || Rechtstitel m
titu|lado m Inhaber e-s (akademischen) Titels, Diplomierte(r) m || Träger m e-s Adelstitels || ⟨Typ⟩ Betitelung, Überschrift f || –ladora f ⟨Filmw⟩ Titelgerät n || –laje m ⟨Typ⟩ bes Am = –lado
¹titular adj/s betitelt || e-n Titel führend, Titular- || letra ~ ⟨Typ⟩ Titelbuchstabe m || Titelschrift f || obispo ~ Titularbischof m || profesor ~ Ordinarius, Lehrstuhlinhaber m || ~ m Überschrift, Schlagzeile f (Zeitung) || ⟨Jur⟩ Inhaber, Träger, Berechtigte(r) m || ~ de una cuenta Kontoinhaber m || ~ de un derecho Rechts|inhaber, -träger m || ~ de un derecho sucesorio Erbberechtigte(r) m || ~ de una licencia Lizenznehmer m || ~ del premio Nobel Nobelpreisträger m || ~ de un vehículo Fahrzeughalter m || anterior ~ de un derecho ⟨Jur⟩ Rechtsvorgänger m || los ~es die Ordinarien mpl || ◊ figurar en los ~es de los periódicos Schlagzeilen machen
²titu|lar vt betiteln, titulieren || (be)nennen,

titularidad — tocante 1056

überschreiben ‖ jdm e-n Titel verleihen ‖ ⟨Chem⟩ titrieren ‖ ~ vi e-n (Adels) Titel erhalten‖ **-laridad** f ⟨Jur⟩ Berechtigung, Rechtsinhaberschaft f ‖ **-larizar** vt zum ordentlichen Inhaber e-r Stelle ernennen ‖ zum Ordinarius (Titularbischof usw) ernennen ‖ **~se** sich betiteln ‖ **-lillo** m dim v.
título ‖ ⟨Typ⟩ Kolumnentitel m ‖ **~s** pl fig Kleinigkeiten, Lappalien fpl
  título m Überschrift f, Titel m ‖ Titelblatt n ‖ Buch-, Film|titel m ‖ fig Buch, Werk n ‖ Kapitel n, Abschnitt m (z.B. e-s Gesetzbuches) (Berufs-, Ehren-, Adels) Titel m ‖ Benennung f ‖ Diplom n, Bestallungsurkunde f ‖ Rang m, Eigenschaft f ‖ Name(n) m ‖ Adelstitelträger, Ad(e)lige(r) m ‖ ⟨Jur⟩ Rechts|anspruch, -titel m, Anrecht n ‖ ⟨Jur⟩ Urkunde f, Beweisstück n ‖ Grund m, Veranlassung f ‖ Vorwand m ‖ Wertpapier, Stück n ‖ Renten-, Schuld|schein m ‖ Feingehalt m (e-r Münze) ‖ ⟨Web⟩ Feinheitsgrad m (Titer) ‖ ~ de adquisición Erwerbs|grund, -titel m ‖ ~ alcohólico ⟨Chem⟩ Alkoholgrad m ‖ ~ de bachiller Abitur-, Reife|zeugnis n ‖ ~ hipotecario Schuldverschreibung f ‖ Pfand|brief, -schein m ‖ ~ legal Rechtstitel m ‖ gesetzlicher Feingehalt m (e-r Münze) ‖ ~ nobiliario, ~ de nobleza Adeltstitel m ‖ Adelsbrief m ‖ ~ nominativo Namenspapier n ‖ ~ al portador Inhaberpapier n ‖ ~ de propiedad Eigentumsrecht n ‖ ~ del Reino span. Adelstitel m ‖ Ad(e)lige(r) m ‖ ~ universitario akademischer Grad m ‖ Universitätsdiplom n ‖ a ~ (de) auf Grund (gen) ‖ (in der Eigenschaft) als ‖ unter dem Vorwand (gen) ‖ a ~ de anticipo vorschußweise ‖ a ~ de indemnización als Entschädigung ‖ a ~ de liberalidad, a ~ gratuito unentgeltlich ‖ a ~ oneroso entgeltlich ‖ a ~ de prueba zur Probe, probe-, versuchs|weise ‖ ¿a ~ de qué? aus welchem Grund (od Anlaß)? warum? ‖ mit welcher Berechtigung? ‖ con justo ~ mit voller Berechtigung, wohlberechtigt ‖ sin ~ titel-, namen|los ‖ ◊ comprar el ~ die Promotionstaxen entrichten ‖ sacar un ~ e-n Titel erlangen ‖ **~s** mpl Titelei f (e-s Buches) ‖ ⟨Filmw⟩ Vorspann m ‖ ⟨Com⟩ Effekten pl, (Börsen)Stücke npl ‖ fig Fähigkeiten fpl, Befähigung f ‖ ~ amortizables kündbare Werte mpl ‖ ~ de la deuda Staatspapiere npl ‖ **~-valores** Börseninvestition f ‖ fabricador de ~ Urkundenfälscher m ‖ manía por los ~ Titelsucht f
  titulomanía f Titelsucht f
  tixotropía f ⟨Phys⟩ Thixotropie f
  tiza f Kreide f ‖ Billardkreide f ‖ Schul-, Schreib-, Tafel|kreide f ‖ Putzpulver n ‖ ~ en polvo Schlämmkreide f ‖ ◊ marcar con ~ ankreiden

Tiziano m np Tizian
tiz|na f Schwärze f ‖ **-nado** adj verrußt ‖ schmutzig, beschmutzt ‖ MAm Arg Chi betrunken ‖ la **~a** fam der Tod ‖ **-nadura** f Anrußen n ‖ Beschmutzen n ‖ Schwärze f ‖ **-najo**, **-nón** m Rußfleck m ‖ Fingerspur f ‖ **-nar** vt mit Ruß beschmutzen, schwärzen ‖ ⟨Tech⟩ tuschieren ‖ fig anschwärzen ‖ ~ vi abfärben, die Farbe verlieren ‖ **~se** verrußen ‖ sich beschmutzen ‖ MAm Arg Chi sich betrinken ‖ **-ne** m/f Ruß m ‖ ~ m Feuerbrand m
  ti|zo m halbverbranntes, qualmendes Scheit n ‖ Rauchkohle f ‖ △Schutzmann m ‖ **-zón** m halbverbranntes Scheit n ‖ Feuerbrand m (Scheit) ‖ ⟨Agr⟩ Getreide-, Korn|brand m (Ustilago spp) ‖ ⟨Arch⟩ Binder(stein) m ‖ fig Schandfleck m ‖ ~ del trigo ⟨Agr Bot⟩ (Weizen) Stein-, Stink|brand m (Tilletia caries) ‖ más negro que un ~ pop pechschwarz ‖ dim: **~cillo** m
  tizo|na f figf Schwert n, Degen m (Ansp. auf **~**, das Schwert des Cid) ‖ **-nazo** m, **-nada** f figf Höllenpein f im Jenseits ‖ **-near** vi/t das Feuer schüren (in) ‖ **-nera** f (Koh-

len) Meiler m
tlaco m: ◊ no valer (un) ~ Mex pop keinen Heller wert sein
tlacoyo m Mex hohe, gefüllte Tortilla f
tlaxcalteca, tlascalteca adj/s Mex tlaxcaltekisch ‖ ~ m Tlaxcalteke m
tmesis f ⟨Gr⟩ Trennung, Tmesis f
T.N.T. → **trinitrotolueno**
[1];**to!** int aha! ‖ nanu! ‖ ¡~! ¡~! ⟨Jgd⟩ Faß, Faß! (zu Hunden, Abk v. **¡toma!**)
[2]**to, tó, too** pop = **todo**
T.° Abk = **teléfono**
t.° Abk = **tomo**
***toa** f Am ⟨Mar⟩ (Dregg) Tau n
  toa|lla f Handtuch n ‖ ~ esponja, ~ rusa, ~ para frotar Frottiertuch n ‖ ◊ secarse (od enjugarse) con la ~ sich mit dem Handtuch abtrocknen ‖ **-llero** m Handtuch|ständer, -halter m ‖ ~ adosado a la pared Wandhalter m für Handtücher ‖ **-lleta** f dim v. **-lla**: kleines Handtuch n ‖ Serviette f
  toar vt ⟨Mar⟩ schleppen ‖ bugsieren ‖ → a **atoar**
[1]**toba** f Tuff(stein) m ‖ Zahn|stein, -belag m ‖ ⟨Bot⟩ Wegedistel f
[2]△**toba** f Stiefel, Schuh m (Umstellung von bota)
[3]**toba** m/adj Arg Toba-Indianer m
  Tobal(ito) m pop = **Cristóbal** (Tfn)
  toballa f prov = **toalla**
  tobera f Düse f ‖ ⟨Metal⟩ (Blas) Form f (Hochofen) ‖ ~ anular Ringdüse f ‖ ~ de aspiración Saugdüse f ‖ ~ de chorro Strahldüse f ‖ ~ de propulsión Treibdüse f ‖ Schubdüse f (bei Raketen) ‖ ~ pulverizadora Spritz-, Zerstäuber|düse f ‖ ~ de vapor Dampfdüse f
△**toberjelí** f Wald m
  Tobías m np Tfn Tobias
***tobi|llera** f junges Mädchen n (& Lit) ‖ Knöchelschutz m ‖ **-llero** adj pop stramm ‖ **-llo** m ⟨An⟩ (Fuß) Knöchel m ‖ hasta los **~s** knöchellang (Kleid)
  tobogán m Rodelschlitten m ‖ Wendelrutsche, Schurre f ‖ (pista de) ~ Rodelbahn f ‖ Rutschbahn f
  toboseño adj aus El Toboso (PTol)
  toca f Haube f (der Frauen) ‖ Nonnen|haube f, -schleier m ‖ Schwesternhaube f ‖ Witwenschleier m ‖ ~ holandesa Haube f der Holländerinnen ‖ paloma de ~ Schleiertaube f ‖ **~s** fpl (Art) Witwen- bzw Waisen|geld n
  tocable adj berührbar ‖ spielbar
  tocadillo m dim v. **toca(do)** Tokadille n (Brettspiel)
  tocadiscos m Plattenspieler m ‖ ~ portátil Phonokoffer m
  tocado adj berührt (Reliquie, Heiligenbild) ‖ et angefault (Obst) ‖ ~ de la curiosidad voll Neugierde ‖ ~ de viruelas pockennarbig ‖ ~ por muchas manos stark abgegriffen (z.B. Banknote) ‖ ◊ está ~ de la cabeza pop er ist nicht ganz richtig im Kopf, bei ihm ist e-e Schraube locker ‖ estar ~ de una enfermedad mit e-r Krankheit behaftet sein ‖ ¡~! ⟨Fecht⟩ getroffen! ‖ ~ m Kopf|bedeckung f, -putz m ‖ (Damen)Frisur f ‖ Haarkrause f ‖ ⟨Fecht⟩ Treffer m
[1]**tocador** m ⟨Mus⟩ Spieler, Musiker m ‖ ~ de guitarra Gitarrenspieler m
[2]**tocador** m Frisier-, Toiletten|tisch m ‖ Toilette(nraum) m ‖ f ‖ Necessaire n ‖ ~ de bolsillo Taschennecessaire n ‖ artículos de ~ Toilettengegenstände mpl ‖ juego de ~ Toilettengarnitur f ‖ peine de ~ Frisierkamm m
  tocamiento m Berührung f ‖ **~s** deshonestos, **~s** lascivos ⟨Kath⟩ unsittliche Berührungen fpl
  tocante adj: (en lo od por lo) ~ a in bezug auf

(acc), *bezüglich* (gen), *was ... (acc) betrifft* ‖ ~ a eso *in dieser Hinsicht*
tocaor *m* And (= **tocador**) *Gitarrenspieler* m *(beim Flamenco)*
¹**tocar** [c/qu] A) vt/i *an-, be|rühren, antasten* ‖ *rühren an* (dat) ‖ *betasten, befühlen* ‖ *angreifen, anrühren (Kapital)* ‖ *in Berührung kommen (mit)* ‖ *berühren, einsegnen lassen (Heiligenbild, Rosenkranz)* ‖ fig *rühren, bewegen* ‖ fig *sich befassen, zu tun haben (mit)* ‖ *auf jdn entfallen (bei e-r Teilung)* ‖ ⟨Mus⟩ *spielen, blasen, schlagen (Instrumente)* ‖ *(Glocken) läuten* ‖ *(die Stunden) schlagen* ‖ *probieren (Gold, Silber)* ‖ ⟨Med⟩ *touchieren* ‖ ⟨Mar⟩ *(e-n Hafen) anlaufen* ‖ fig *antasten (die Ehre)* ‖ fig *verletzen, beleidigen* ‖ fig *kosten (e-e Speise)* ‖ fig *anstecken (mit)* ‖ fig *erwähnen, berühren (im Gespräch)* ‖ fam *schlagen, prügeln* ‖ △*betrügen, prellen* ‖ ◊ ~ la bocina *hupen* ‖ ~ la caja, el tambor *die Trommel schlagen* ‖ ~ la(s) campana(s) *die Glocke(n) läuten, anschlagen* ‖ ~ el capital *das Kapital angreifen* ‖ ~ de cerca fig *bewandert sein (in e-m Fach, Geschäft)* ‖ ~ las consecuencias *die Folgen spüren, büßen* ‖ ~ (la) generala ⟨Mil⟩ *Generalmarsch, Alarm schlagen* ‖ ~ ligeramente *leicht berühren* ‖ *streifen* ‖ fam *(an)tippen* ‖ ~ el piano (a cuatro manos) *(vierhändig) Klavier spielen* ‖ ~ un punto fig *e-e Frage aufwerfen* ‖ ~ todos los registros fig *alle Register ziehen, alle Hebel in Bewegung setzen* ‖ ~ el timbre *klingeln, läuten, schellen* ‖ ~ la trompa *das (Wald)Horn blasen* ‖ (saber) ~ bien el piano *ein guter Klavierspieler sein* ‖ le toca la mitad *die Hälfte steht ihm zu* ‖ eso me toca muy de cerca *das geht ganz besonders mich an* ‖ ¡eso le toca a V.! *das ist auf Sie gemünzt!* ‖ se lo ~é ⟨Mus⟩ *ich werde es Ihnen vorspielen* ‖ ¿cuándo nos toca (la vez *od* el turno)? *wann sind wir an der Reihe*, fam *wann sind wir dran?* ‖ me ha tocado el gordo fig *ich habe den Haupttreffer (od das Große Los) gewonnen* ‖ ¡toca esos cinco! ¡tócala! *schlag ein! topp! die Hand darauf!* ‖ no tocamos este artículo *wir führen diesen Artikel nicht*
B) ~ vi (& impers): 1. *läuten (Glocke)* ‖ *die Reihe sein an* (dat) ‖ fam *verwandt sein* (a *mit* dat) ‖ ⟨Mar⟩ *leicht den Grund berühren* ‖ ◊ tocan *es läuten (Türklingel, Glocken)* ‖ ¡no tocar! *nicht berühren!* ‖ ¡toquemos! *die Hand darauf! abgemacht*
2. in Verb. mit Präpositionen oder präpositionalen Adverbialverbindungen:
a) in Verb. mit **a:** ~ a degüello ⟨Mil⟩ *zum Angriff blasen* (& fig) ‖ ~ a fuego *die Feuerglocke läuten* ‖ ~ a gloria *den Ostersamstag einläuten* ‖ ~ a marcha ⟨Mil⟩ *zum Abmarsch blasen* ‖ ~ a misa *zur Messe läuten* ‖ ~ a muerto *die Totenglocke läuten, zu Grabe läuten* ‖ ~ a oración *zum Gebet läuten* ‖ a su término (od a su fin) *zu Ende gehen, enden* ‖ a ti te toca obedecer *du mußt gehorchen* ‖ ahora me toca a mí *jetzt bin ich an der Reihe* ‖ *jetzt ist es an mir* ‖ en cuanto toca a mí *was mich angeht* ‖ ¿a quién (le) toca? *wer ist an der Reihe?* ‖ tocan a pagar fam *jetzt geht es ans Zahlen* ‖ ¿a morder tocan? fam *du beißt also? (z. B. zum Hund)* ‖ V. tocará a poco *Sie werden schlecht wegkommen* ‖ por lo que toca a ... *was ... (acc) angeht*
b) in Verb. mit **con:** ~ con la mano *mit der Hand berühren* ‖ fig *sehr nahe daran sein (zu)*
c) in Verb. mit **en:** ~ en el corazón *zu Herzen gehen, (tief) rühren* ‖ Dios le tocó en el corazón *Gott hat sein Herz (zum Guten) gewandt* ‖ el buque no toca en este puerto *das Schiff legt in diesem Hafen nicht an* ‖ le tocó en suerte *es wurde ihm zuteil*
C) ~**se** *sich berühren, aneinander-, zusammen|stoßen* ‖ *aneinandergrenzen* ‖ *anliegen an* (acc) ‖ tocárselas figf *Reißaus nehmen* ‖ los extremos se tocan fig *die Gegensätze berühren sich*
²**tocar** [c/qu] vt *zurechtmachen, kämmen (Haar)* ‖ ~**se** *sich e-n Schleier, e-e Haube, e-n Hut aufsetzen* ‖ *sich das Haar zurechtmachen, sich frisieren*
tocata *f* ⟨Mus⟩ *Tokkata* f ‖ *Eröffnungsstück, kurzes Musikstück* n ‖ *Tusch* m ‖ figf *Prügel* pl ‖ figf *Wischer* m ‖ ¡siempre la misma ~! fam *immer dieselbe Leier!*
tocateja: a ~ *(in) bar, auf die Hand*
tocayo *m Namensvetter, Gleichnamige(r)* f ‖ ◊ es mi ~ *er hat den gleichen Namen wie ich*
toci|nería *f Speckladen* m ‖ *Schweinemetzgerei* f ‖ *Wurstmacherei* f ‖ *Fettware* f ‖ **–nero** *m*/adj *Speckhändler* m ‖ *Schweinemetzger* m ‖ **–no** *m Speck* m ‖ *Speckseite* f ‖ Ar *Schwein* n ‖ △*Peitsche* f ‖ ~ de cielo, ~ entreverado *durchwachsener Speck* m ‖ ~ gordo *Speck* m ‖ corteza de ~ *Speckhaut* f ‖ ◊ confundir la velocidad con el ~ (y la gimnasia con la magnesia) → **magnesia** ‖ ~**s** pl pop *Prügel* pl
to|cología *f* ⟨Med⟩ *Geburtshilfe* f ‖ **–cólogo** *m* ⟨Med⟩ *Geburtshelfer* m
tocón *m (Baum)Stumpf* m ‖ *Gliedstumpf, Stummel* m ‖ ~**, ona** adj Col *schwanzlos (Hund)*
tocororo *m* Cu *Tokororo* m (Trogon temnurus *ein Kletzervogel)*
tocotoco *m* ⟨V⟩ Ven *Pelikan* m (→ **pelícano**)
tocuno *m* SAm *grober Baumwollstoff* m
toch|ada *f* Sant *Dummheit* f, *Blödsinn* m ‖ **–o** adj/s *plump, grob, roh* ‖ Sant *dumm, blöd* ‖ ~ m *(Eisen)Barren, Block* m ‖ *Bolzen* m ‖ *dicker Ziegelstein* m ‖ Sant fam *Einfaltspinsel, Trottel* m
todabuena, todasana *f Johanniskraut* n (Hypericum)
todavía adv *noch, noch immer, immer noch* ‖ *jedoch, immerhin* ‖ *doch, dennoch* ‖ *trotzdem* ‖ ~ hay tiempo (od hay tiempo ~) *es ist noch Zeit (genug)* ‖ ~ hoy *noch heute* ‖ *gleich heute* ‖ ~ más *noch mehr* ‖ ~ más difícil, más difícil *noch schwieriger* ‖ no ~ *noch nicht* ‖ está lloviendo ~ *es regnet noch immer* ‖ ¿no ha venido ~? *ist er noch nicht gekommen?* ‖ ¡y ~! *Am die glaube ich! ‖ das will ich meinen!*
todito adj fam dim *v.* **todo**
¹**todo** adj *ganze(r, -s)* ‖ *jede(r, -s)* (vgl **cada**) ‖ *alle(s), gesamt* ‖ *lauter, nur, nichts als* ‖ a) ~ **el:** ~ el (santo) día *den lieben langen Tag* ‖ ~ el hombre *jeder (Mensch), alle (Menschen)* ‖ ~ hombre, el hombre ~ *der ganze Mensch* m ‖ ~ un hombre fam *ein ganzer Kerl* m ‖ ~ el mundo *der ganze Welt* ‖ *jeder(mann)* ‖ ~**s:** ~ los días *alle Tage, jeden Tag* ‖ *täglich* ‖ por ~ los aspectos *in jeder Hinsicht* ‖ ~ los meses *alle Monate, jeden Monat* ‖ ~ los Santos *Allerheiligen* n
b) ~ **un:** ~ un año *ein ganzes Jahr* ‖ ~ un hombre *ein ganzer Mann*, fam *ein ganzer Kerl* ‖ ~ es ~ un sabio fam *er ist ein grundgelehrter Mann*
c) ~ **lo:** ~ lo bueno *alles Gute* ‖ ~ lo bien que puedas *so gut wie du nur kannst* ‖ ~ lo contrario *ganz im Gegenteil* ‖ él es ~ lo contrario de su hermano *er ist das genaue Gegenteil s-s Bruders* ‖ ~ lo más *höchstens, alleräußerst* ‖ allenfalls ‖ ~ lo que quieras *alles, was du willst* ‖ *nach deinem Belieben* ‖ hacer ~ lo posible para *alles aufbieten, um zu* ‖ hago ~ lo que puedo *ich tue, was ich nur kann* ‖ no es ~ lo aplicado que debiera *er könnte noch viel fleißiger sein* ‖ quien ~ lo niega, ~ lo confiesa Spr *wer alles leugnet, macht sich verdächtig*
d) ~ ohne Artikel: ~ alumno (= ~**s** los alumnos) *jeder Schüler, alle Schüler* ‖ ~ blanco

ganz weiß || *blendend* || ~a clase de *alle Art von (dat)* || *alles mögliche, allerhand, allerlei* || ~a Europa *ganz Europa* || ~ hombre *jeder Mensch, alle Menschen* || ~ sudoroso (*od* sudando) *ganz verschwitzt* || ~ sumado *eins ins andere gerechnet, summa summarum* || *kurz und gut* || ~ cuanto, ~ lo que *alles, was* || ~ eso *all(es) dies(es)* || ~junto *(ins)gesamt* || *alles zusammen* || el árbol está ~ en flor *der Baum steht in voller Blüte* || ~a precaución *es poca man kann nicht vorsichtig genug sein* || este pez ~ es espinas *dieser Fisch ist voller Gräten* || ~ es uno o es *(doch) alles dasselbe* (vgl **todos**) || era ~ valor y nobleza *er war voll Tapferkeit und Edelmut*
e) in präpositionalen Verb.: a ~ correr *in vollem Lauf* || a ~a costa *um jeden Preis* || *koste, was es wolle* (bes fig) || a ~ costo *ohne Rücksicht auf die Kosten* || a ~ esto *darauf, außerdem* || *inzwischen, indessen* || ~as horas *zu jeder (Tages- u. Nacht)Zeit, immer* || a ~ más *höchstens* || a ~ momento *alle Augenblicke* || a ~as partes, a ~a prisa *in voller Eile* || a ~ pulmón *aus voller Brust* || *aus vollem Halse (schreien)* || a ~a vela *mit vollen Segeln* || △ a las ~as *um 12 Uhr* || con ~a el alma *mit ganzer Seele* || con ~ esto (*od* eso) *dennoch, trotzdem, nichtsdestoweniger* || de ~a clase (*od* especie) *allerart, allerhand, allerlei* || de ~ el corazón *von Herzen (gern)* || *vom Grund der Seele* || de ~os modos *jedenfalls* || *auf alle Fälle* || de ~as partes *allerseits* || *aus allen Richtungen* || *von überall her* || por (*od* en) ~as partes *überall* || en ~ caso *auf alle Fälle* || (en) ~ Madrid *(in) ganz Madrid* || por ~a respuesta se puso a llorar *statt zu antworten, brach sie in Tränen aus* || tenía una mesa por ~ ajuar *seine ganze Einrichtung war ein Tisch*
²**todo** *adv/s ganz, gänzlich, völlig,* vaya V. ~ derecho *gehen Sie geradeaus* || así y ~ *trotz alledem, dennoch, doch, immerhin* || con dinero y ~ *sogar mit Geld* || *nicht einmal mit Geld, trotz allem Geldes* || rico y ~, nada conseguirás *trotz deines Reichtums wirst du nichts erreichen* || si vas tú, iré yo y ~ *wenn du gehst, werde ich auch gehen* || volcó el carro con mulas y ~ *der Wagen stürzte samt den Maultieren um* || tener ~as las de perder *pop großes Pech haben* || *ein Pechvogel sein*
³**todo** *m Ganze(s)* n || a) el ~ *das Ganze* || *die Gesamtheit* || ◊ ser el ~ en un asunto *die Hauptperson (od Hauptsache) in e-r Angelegenheit sein* || eso es para mí el ~ de ~ pop *das ist e-e Lebensfrage für mich* || ~ se acabó *nun ist alles aus* || ~ está dicho *damit ist alles gesagt* || *das ist sonnenklar*
b) mit Präpositionen: a ~ *mit aller Gewalt* || ante ~ *vor allen Dingen, vor allem, in erster Linie* || *zuallererst, vorab* || *insbesondere* || antes que ~ *an erster Stelle* || *vor allen Dingen* || con ~ *trotz alledem* || *jedoch, dennoch* || *nichtsdestoweniger* || *allenfalls* || de ~ en ~ *völlig, vollständig, durchaus, durch und durch* || de (*od* en) ~ *ganz und gar, gänzlich, völlig, durchaus, durchgängig, ohne Ausnahme* || acabar del ~ *ganz beend(ig)en* || sordo del ~ *stocktaub* || no es seguro del ~ *es ist nicht ganz sicher* || no es del ~ malo *er ist nicht ganz schlecht* || no lo entiendo del ~ *ich verstehe es nicht ganz* || después de ~ *schließlich* || *trotz allem* || *kurz und gut* || im großen und ganzen || *immerhin* || en ~ y por ~ *in jeder Hinsicht, ganz und gar, absolut* || *auf alle Fälle* || *durchweg* || en un ~ *überhaupt* || *ganz und gar, absolut* || estar en ~ *sich um alles kümmern, für alles sorgen* || *alles verstehen* || muchacha para ~ *Mädchen für alles* || por ~, por ~as *im ganzen, insgesamt* || sobre ~ *vor allem, vor allen Dingen* || *besonders, insbesondere* || *vorzugsweise, hauptsächlich* || *überhaupt || *vornehmlich*
c) hacer cara a ~ *auf alles gefaßt sein* || jugar(se) el ~ por el ~ *fig alles aufs Spiel setzen* || perderlo ~ *alles verlieren* || lo sé ~ *ich weiß alles* || ~**s** *pl alle(samt)* || *jeder(mann)* || ~ juntos *alle zusammen, alle miteinander, sämtliche* || ~ y cada uno *alle(samt und sonders)* || amigo de ~ *Allerweltsfreund m* || asequible a ~ *allgemein zugänglich* || contra ~ *gegen Freund und Feind* || sabido (*od* conocido) de ~ *allgemein bekannt* || *all-, welt|bekannt* || ~ somos unos *wir sind alle gleich* || ~ son unos *figf es ist alles dieselbe Bande, sie sind alle gleich* (& desp)
todopoderoso *adj allmächtig* || el ⁂ *der Allmächtige (Gott)*
todoterreno *adj geländegängig* || ~ *m Geländefahrzeug n*
to|fana *f*: agua ~ *starkes arsenhaltiges Gift n* || **-fo** *m Gichtknoten m* || Chi *Schamotte f (feuerfester Ton)*
toga *f Toga f* || *Talar m* || *Robe f* || *Amtstracht f* || Arg figf *Dünkel m* || ~ de abogado *Anwaltsrobe f*
togado *m/adj Talar-, Roben|träger m* || *Amtsperson f* || *Richter m*
toilette *f frz Toilette f* (= **tocado**) || →a **traje, atavío**
toisón *m*: ~ de oro ⟨Myth⟩ *Goldenes Vlies n* (→ a **vellocino**) || la Orden del ⁂ de Oro *der Orden vom Goldenen Vlies*
tojal *m Ginster|feld n, -heide f*
¹**tojo** *m* ⟨Bot⟩ *Stechginster m* (Ulex spp)
²**tojo** *adj* Bol *Zwillings-*
tojos|a *f/adj* Cu ⟨V⟩: (paloma) ~ *Zwergtäubchen n* (Columbigallina minuta) || **-ita** *f Sperlingstäubchen n* (Columba passerina)
Tokay: vino de ~ *(ungarischer) Tokaier (-wein) m*
Tokio ⟨Geogr⟩ *Tokio n*
tokiota *m/adj Tokio(t)er m*
tolanos *mpl Nackenhaare npl* || ⟨Vet⟩ *Zahnfleischfäule f*
tol|da *f* → **toldo** || **-dadura** *f Sonnendach n* || **-dilla** *f dim v.* **-da** || ⟨Mar⟩ *Hütte f*
tol|dillo *m dim v.* **-do** || *bedeckte Tragsänfte f* || **-do** *m Sonnendach n, Markise f* || ⟨Mar⟩ *Sonnensegel n* || *Zeltdach n* || *Regen-, Wetter|dach n* || *Vordach n* || *zeltartig überdachter Tanzplatz m* || *Strandzelt n* || *(Wagen)Plane f* || Arg Chi *Indianerhütte f* || PR *Moskitonetz n* || fig *Hoffart f*
tole *m pop Zetergeschrei n* || ◊ tomar el ~ fam *fliehen, ausreißen*
toledano *adj/s toledanisch, aus Toledo* || hoja ~a *Toledoklinge f* || noche ~a fig *schlaflose Nacht f* || ~ *m Toledaner m*
tolemaico *adj* = **ptolemaico**
tolena *f* Ast *Tracht f Prügel*
tole|rable *adj erträglich, annehmbar* || *leidlich* || *zulässig* || ◊ no es ~ *es ist nicht auszuhalten* || *adv*: ~**mente** || **-rado** *adj zulässig* || ~ para menores *(Kino usw) jugendfrei* || **-rancia** *f Duldung, Duldsamkeit f* || *Nachsicht f* || *Toleranz f* ⟨& Com Tech⟩ || *Spielraum m* || *zulässige Abweichung f* || *zulässiges Abmaß n* || *Remedium n (Münzwesen)* || **-rante** *adj duldsam* || *tolerant* || *nachsichtig* || **-rantismo** *m* ⟨Pol Rel⟩ *Toleranz f* || *Duldsamkeit f* || *Religionsfreiheit f* || *Toleranzpolitik f* || **-rar** *vt dulden, zulassen, gestatten, erlauben, geschehen (bzw durchgehen) lassen* || *Nachsicht haben (mit)* || *aus|halten, -stehen, ertragen* || *vertragen (Speise, Medikament)* || *tolerieren* || ◊ eso no se puede ~ *das ist nicht auszuhalten* || no -raré semejante conducta *das lasse ich mir nicht bieten*
tolete *m* Dolle f *(Ruderboot)*
tolmo *m kegelförmiger, einzelstehender Fels m*
Tolomeo *m np* ⟨Hist⟩ *Ptolemäus m*

Tolón ⟨Geogr⟩ *Toulon* n
tolon|dro, -drón *m Beule* f
tolonés, esa adj *aus Toulon* (Tolón)
tolosano adj/s *aus Tolosa* (Tolosa) *in Spanien* ‖ *aus Toulouse* (Tolosa) *in Frankreich*
tolstoiano, tolstoyano adj *auf den russischen Schriftsteller L. N. Tolstoi bezüglich*
tolteca adj/s Mex *toltekisch* ‖ ∼ *m Tolteke* m
Tolú ⟨Geogr⟩ *Tolú (Stadt in Kolumbien)* ‖ *bálsamo de* ∼ ⟨Pharm⟩ *Tolubalsam* m
tolu|eno, -ol *m* ⟨Chem⟩ *Toluol* m
tol|va *f Mühltrichter* m ‖ *Einwurf-, Füll|trichter* m ‖ *trichterförmiger Bunker* m ‖ ∼ *de carga Aufgabetrichter, Beschickungssilo* m ‖ *Belade|-trichter* m, *-sieb* n ‖ ∼ *colectora Sammeltrichter* m ‖ ∼ *móvil fahrbarer Silo, Fahrsilo* m ‖ **-vanera** *f Staub|wirbel* m, *-wolke* f
¹**tolla** *f Moor, Ried* n
²**tolla** *f* Cu *Tränkkübel* m, *Tränke* f
tollina *f* fam *Tracht* f *Prügel*
¹**tollo** *m* ⟨Fi⟩ *Dornhai* m (→ **mielga**) ‖ *Katzenhai* m (→ **lija**) ‖ ⟨Jgd Kochk⟩ *Filetstück* n *(Hirschfleisch)*
²**tollo** *m Moor, Ried* n ‖ Ar *Pfütze, Lache* f ‖ León Sal *Schlamm, Morast* m ‖ ⟨Jgd⟩ *Jagdschirm, versteckter Anstand* m *(z. B. Erdloch)*
tollón *m Engpaß* m
tom. Abk = **tomo(s)**
toma *f (Weg)Nehmen* n ‖ ⟨Mil⟩ *Einnahme, Eroberung* f ‖ *Übernahme* f ‖ *Entnahme* f ‖ *Dosis, (Arznei)Gabe* f ‖ *Prise* f ‖ ⟨Tech Ing⟩ *Entnahme(stelle)* f ‖ *Anschluß* m ‖ ⟨Filmw⟩ *Aufnahme* f ‖ *Guat Bach, kleiner Fluß* m ‖ ∼ *de agua* ⟨EB⟩ *Wassereinnahme* f ‖ ∼ *de antena* ⟨Radio⟩ *Antennenanschluß* m ‖ ∼ *de conciencia* ⟨Pol Soz⟩ *Bewußtwerdung* f (→ **conciencia, concienciación, mentalización**) ‖ ∼ *de corriente* → **enchufe** ‖ ∼ *de declaración* ⟨Jur⟩ *Vernehmung* f ‖ ∼ *a distancia* ⟨Filmw⟩ *Fernaufnahme* f ‖ ∼ *de hábito Einkleidung* f *(von Ordensmitgliedern)* ‖ ∼ *de partido Parteinahme* f ‖ *Entschluß* m ‖ ∼ *del poder* ⟨Pol⟩ *Macht|übernahme* bzw *-ergreifung* f ‖ ∼ *de posesión Inbesitznahme, Besitzergreifung* f ‖ ∼ *por asalto Erstürmung* f ‖ ∼ *una* ∼ *de rapé e-e Prise Schnupftabak* ‖ ∼ *de tierra* ⟨El⟩ *Erdung* f ‖ *Landung* f, *Aufsetzen* n *(e-s Flugzeugs)* ‖ ∼(s) f(pl) *Stillung(szeiten* fpl*) f der Säuglinge* ‖ → **tomar**
tomacorriente *m* ⟨El⟩ *Stromabnehmer* m ‖ *Anschlußdose* f ‖ *Steckdose* f
toma|da *f Einnahme, Eroberung* f ‖ Am ⟨El⟩ *Steckdose* f ‖ **-dero** *m Griff* m ‖ *Henkel* m ‖ *Abstich* m *(bei e-m Gewässer)* ‖ **-do** adj *benommen (belegt (Stimme) ‖ angelaufen, blind (z. B. Spiegel) ‖ beschwipst, betrunken ‖ ∼ (de orín) rostig, verrostet ‖ ∼ de polvo staubig ‖ ∼ de la vida aus dem Leben gegriffen ‖ ∼ del francés dem Französischen entlehnt (Wort)* ‖ ◊ *la tiene ∼a conmigo* fam *er kann mich nicht riechen* ‖ **-dor** adj Arg Chi *trunksüchtig* ‖ *(perro)* ∼ ⟨Jgd⟩ *Fanghund* m ‖ ∼ *m Nehmer* m ‖ *Entnehmer* m ‖ *Wasserfang* m ‖ ⟨Com⟩ *Wechselnehmer, Remittent* m ‖ ⟨Mar⟩ *Seising* n ‖ Arg Chi *Trinker* m ‖ ∼ *de cocaína Kokainist* m (→ **cocainómano**) ‖ △∼ *de dos geschickter Taschendieb* m ‖ ∼ *de tiempo Zeitnehmer* m ‖ **-dura** *f (Weg)Nehmen* n ‖ **Dosis, Arzneigabe* f ‖ ∼ *de pelo* figf *Neckerei* f, *Aufziehen* n, *Fopperei* f ‖ *Schwindel* m ‖ *Ausnutzung* f, *Mißbrauch* m ‖ **-jón, ona** adj/s fam *dreist zugreifend*
tomaína *f* ⟨Med Chem⟩ = **ptomaína**
tomamuestras *m Proben|zieher, -nehmer* m
tomar vt *nehmen* ‖ *an-, ab-, ein, ent-, hin-, mit-, über|nehmen* ‖ *wegnehmen* ‖ *einnehmen, zu sich nehmen* ‖ *verzehren (Arznei, Mahlzeit)* ‖ *trinken (Kaffee, Tee* usw*)* ‖ *aufnehmen (Feuchtigkeit)* ‖ *(auf-, ab)fangen (Ball)* ‖ *einnehmen,*

erobern (Festung) ‖ *erhalten, beziehen* ‖ *entlehnen (Wort)* ‖ *(in Dienst) nehmen, einstellen* ‖ *nehmen, behalten, kaufen* ‖ *lösen (Fahrkarte)* ‖ *mieten* ‖ *aufnehmen (Darlehen)* ‖ *versperren (Weg, Zugang)* ‖ *verstopfen (Loch)* ‖ *nehmen (Zug, Flugzeug* usw*)* ‖ *einschlagen (Weg)* ‖ *tanken, zapfen (Kraftstoff)* ‖ *ereilen, einholen* ‖ *treffen (Vorkehrungen, Maßnahmen)* ‖ *befallen, anwandeln (Ohnmacht, Furcht)* ‖ *fassen (e-n Entschluß)* ‖ *sich aneignen (Eigenschaften, Stil)* ‖ ⟨Zool⟩ *decken (Weibchen)* ‖ ⟨Kart⟩ *e-n Stich machen, gewinnen* ‖ Am *sich betrinken* ‖ *gern trinken* ‖ fig *auslegen, auffassen* ‖ *(auf)nehmen* ‖ *halten (por* für*)* ‖ ∼ *vi e–n Weg einschlagen*
I. ∼ *aborrecimiento* (a) *et verabscheuen* ‖ ∼ *agua Wasser schöpfen* ‖ ⟨Mar Tech⟩ *Wasser einnehmen, fassen* ‖ ∼ *aliento Atem holen (od schöpfen [& fig])* ‖ ∼ *altura* ⟨Flugw⟩ *steigen* ‖ ∼ *la altura* ⟨Mar⟩ *peilen* ‖ ∼ *ánimo Mut schöpfen* ‖ ∼ *los antecedentes die Personalien aufnehmen* ‖ ∼ **arma** ‖ ∼ *un baño (caliente) (warm) baden* ‖ ∼ *un billete eine Fahrkarte lösen* ‖ ∼ *café, cerveza Kaffee, Bier trinken* ‖ ∼ *un camino e–n Weg einschlagen* ‖ ∼ *carbón* ⟨Mar⟩ *kohlen* ‖ ∼ *cariño a* alg. *jdn liebgewinnen* ‖ ∼ *carnes dick werden, zunehmen* ‖ ∼ *el coche den Wagen nehmen* ‖ ∼ *color Farbe annehmen (od bekommen)* ‖ *sich färben (Früchte)* ‖ ∼ *la comida essen* ‖ ∼ *conciencia de* a/c *sich e–r Sache bewußt werden* ‖ ∼ *confesión (a) die Beichte hören (bei)* ‖ ∼ *confianza Zutrauen fassen* ‖ ∼ *consejo sich Rat holen* ‖ ∼ *cuentas Rechenschaft abnehmen* ‖ ∼ *a cuestas auf den Rücken nehmen* ‖ ∼ *una curva e–e Kurve nehmen* ‖ ∼ *un dependiente sich e–n Angestellten nehmen* ‖ ∼ (el) *desayuno frühstücken* ‖ ∼ *disposiciones Maßnahmen treffen* ‖ ∼ *estado e–n Beruf ergreifen* ‖ ∼ *e–n Hausstand gründen, heiraten* ‖ ∼ *la fresca frische Luft schöpfen* ‖ ∼ *fuerza Kraft schöpfen* ‖ ∼ *gasolina (Benzin) tanken* ‖ ∼ *el gusto (a) et liebgewinnen* ‖ ∼ **hábito** ‖ ∼ *un mal hábito e–e üble Gewohnheit annehmen* ‖ ∼ (el) *ímpetu Anlauf nehmen* ‖ ∼ *informes Auskunft einholen, sich erkundigen* ‖ ∼ *la lección (a) die Lektion abfragen (e–n Schüler)* ‖ ∼ *lecciones* (con) *Stunden nehmen (bei)* ‖ ∼ *la mar* ⟨Mar⟩ *in See stechen* ‖ ∼ *marcaciones* ⟨Mar⟩ *peilen* ‖ ∼ (la) *medida Maß nehmen (Schneider)* ‖ ∼ *medidas Maßnahmen ergreifen* ‖ ∼ *la mercancía die Ware über-, ab|nehmen* ‖ ∼ *(buena) nota de Notiz nehmen von* ‖ ∼ *la palabra das Wort ergreifen* ‖ ∼ *la palabra* (a) jdn *beim Wort nehmen* ‖ ∼ *parte (en) teilnehmen (an* dat*)* ‖ ∼ *beteiligt sein (an* dat*)* ‖ ∼ *el mejor partido das beste Teil auswählen* ‖ *hay que* ∼ *un partido man muß sich entschließen, (dazu) Stellung nehmen* ‖ ∼ *a pecho* → **pecho** ‖ ∼ *le el pelo a* alg. jdn *auf den Arm nehmen*, jdn *zum besten haben, sich über* jdn *lustig machen* ‖ jdn *anführen*, jdn *hereinlegen* ‖ pop jdn *prellen, anführen* ‖ ∼ *jdn vom besten halten* ‖ ∼ *posesión (de) Besitz ergreifen (von)* ‖ ∼ *precauciones Vorkehrungen treffen* ‖ ∼ *un préstamo ein Darlehen aufnehmen* ‖ ∼ *puerto* ⟨Mar⟩ *in e–n Hafen einlaufen* ‖ ∼ *la puntería zielen* ‖ ∼ *razón eintragen, vermerken, registrieren* ‖ ∼ *una resolución (od decisión) e–n Entschluß fassen* ‖ ∼ *soleta* pop *Reißaus nehmen* ‖ ∼ *tabaco Tabak rauchen od schnupfen* ‖ ∼ *taquigráficamente in Kurzschrift aufnehmen, mitstenographieren* ‖ ∼ *tierra landen, aufsetzen (Flugzeug)* ‖ ∼ *un vicio sich ein Laster angewöhnen* ‖ ∼ *vida (wieder) aufleben* ‖ *hacer* ∼ *beibringen* ‖ *geben (Arzneien)* ‖ *polvos para* ∼ *Schnupfpulver* n ‖ ∼*la con* alg. pop *sich mit* jdm *verfeinden* ‖ *mit* jdm *anbinden* ‖ ∼ *(od coger) las de Villadiego* figf *sich aus dem Staube machen, die Flucht ergreifen* ‖ *le tomó el sueño er wurde vom Schlaf übermannt* ‖ ∼*le a uno*

Tomás — tono

la vez *jdm zuvorkommen* ‖ *jdm den Rang ablaufen* ‖ ~ *odio* (a) *Haß empfinden (gegen), hassen* ‖ *gram werden* (dat) ‖ les tomó la noche *sie wurden von der Nacht überrascht* ‖ ¡toma! fam *hm! (Gleichgültigkeit)* ‖ fam *ach so* ‖ *freilich! ganz natürlich!* ‖ fam *das ist gelungen!* ‖ *nanu!* ‖ ¡toma si purga! pop *das ist nicht mehr auszuhalten!* ‖ ¡tómate ésa! *da hast du's! nimm das hin!* ‖ más vale un toma que dos te daré Spr *besser ein Habich als zwei Hättich (vgl.:* más vale pájaro en mano que ciento volando, → **pájaro**)
II. in Verb. mit Präpositionen:
1. mit **a:** ~ a bien *gut (od wohlwollend) aufnehmen* ‖ ~ a su cargo *et übernehmen* ‖ ~ a la ligera *leicht (od auf die leichte Schulter) nehmen* ‖ ~ a mal, ~ en mala parte (od en mal sentido) *et übelnehmen, ver|übeln, -denken* ‖ ~ a pecho *sich zu Herzen nehmen* ‖ ~ a risa *als Scherz auffassen*
2. in Verb. mit **en:** ~ en arrendamiento *pachten* ‖ *mieten* ‖ ~ en broma *als Scherz auffassen* ‖ ~ en consideración *berücksichtigen* ‖ ~ en serio *ernst nehmen*
3. in Verb. mit **por, sobre:** ~ por culto *für gebildet halten* ‖ ~ por *(od* hacia) la derecha *rechts gehen (laufen, fahren usw)* ‖ ~ sobre sí fig *auf sich nehmen, übernehmen* ‖ → **asalto**
~**se** vr *sich et nehmen* ‖ *rostig werden* ‖ ~ con alg. fam *mit jdm anbinden* ‖ ~ una copa *ein Gläschen trinken* ‖ ~ interés (por) *sich interessieren (für)* ‖ *Anteil nehmen (an)* ‖ ~ la libertad (de) *sich die Freiheit nehmen (zu)* ‖ ~ libertades *sich Freiheiten herausnehmen* ‖ ~ la molestia (de) *sich die Mühe nehmen (zu)* ‖ ~ de orín *rostig werden* ‖ ~ de polvo *staubig werden* ‖ ~ (del vino) pop *sich bezechen, sich beschwipsen*
Tomás Tfn (dim **Toma**|**sín, -sito**): Santo ~ *St. Thomas* ‖ Santo ~ de Aquino *Thomas v. Aquin*
tomata f Col fam *Spott, Spaß* m
toma|**tada** f ⟨Kochk⟩ *Tomatengericht* n ‖ **-tal** m *Tomatenpflanzung* f ‖ **-tazo** m augm v. **-te** ‖ **-te** m *Tomate* f (Solanum lycopersicum) ‖ figf *Loch* n *in der Strumpffferse,* fam *Kartoffel* f ‖ una nariz como un ~ pop *e-e Trinkernase* ‖ ~s en conserva *Büchsentomaten* fpl ‖ ◊ hubo mucho ~ figf *da war allerhand los* ‖ *es gab e-e Menge Arbeit* ‖ ◊ poner como un ~ a alg. fam *jdn tüchtig durchprügeln* ‖ ponerse como un ~ fam *feuerrot werden* ‖ **-tera** f ⟨Bot⟩ *Tomatenstaude* f ‖ **-tero** m *Tomaten|händler, -züchter* m ‖ **-tillo** m dim v. **-ta** ‖ Zam fam *feine Weichselkirsche* f
tomavistas m/adj (aparato *od* máquina) ~ *Film(aufnahme)apparat* m*, Filmkamera* f
△**tomayona** m *Gauner* m
tómbola f *Tombola* f ‖ ~ benéfica *Wohltätigkeitstombola* f
Tomé m Tfn = **Tomás**
tomen|**to** m *Hanfwerg* m ‖ ⟨Bot⟩ *Flaum(haar* n*) m der Pflanzen* ‖ **-toso** adj *pelzig, wollig*
tomi|**llar** m *Thymianfeld* n ‖ **-llo** m *Thymian* m (Thymus spp) ‖ olor a ~ *Thymiangeruch* m
*****tomín** m span. Gewicht (= 1/3 adarme = 596 Milligramm)
tomísidas fpl ⟨Zool⟩ *Krabbenspinnen* fpl (Thomisidae)
tomis|**mo** m *Thomismus* m*, Lehre f des Thomas v. Aquin* ‖ **-ta** adj/s *thomistisch* ‖ ~ m *Thomist* m
tomiza f *(Esparto) Strick* m
tomo m *Band* m*, Buch* n ‖ ~ en cuarto (mayor) *(Groß)Quartband* m ‖ ~ en folio *Foliant* m ‖ ~ de muestra *Probeband* m ‖ ~ suelto *Einzelband* m *(aus e-m Werk)* ‖ de *(od* en) dos tomos *zweibändig (Werk)* ‖ de ~ y lomo figf *wuchtig, umfangreich* ‖ figf *bedeutend, wichtig* ‖ *ganz und gar*
ton. = Abk = **tonelada**

ton m *(aus* **tono**): sin ~ ni son fam *ohne Grund, mir nichts, dir nichts* ‖ pop *wie verrückt!* ‖ ◊ ¿a qué ~ viene eso? fam *was soll das bedeuten?*
tona|**da** f *(Sing) Weise* f*, Lied* n ‖ Am *Sprachmelodie* f*, melodischer Akzent* m ‖ **-dilla** f *Liedchen* n ‖ *heiteres Lied, Couplet* n ‖ ⟨Art⟩ *Singspiel* n ‖ **-dillera** f *Lieder-, Couplet|sängerin* f ‖ *Chansonette* f ‖ **-lidad** f ⟨Mus⟩ *Tonart* f ‖ ⟨Mal⟩ *Tönung, Schattierung* f
ton|**ante** adj ⟨poet⟩ *donnernd* ‖ **-ar** vi ⟨poet⟩ *donnern*
tonel m *Tonne* f*, Faß* n ‖ ◊ el vino huele a ~ *der Wein riecht nach Faß* ‖ poner en (el) ~ *aufs Faß füllen (Wein, Bier)* ‖ → **cerveza** ‖ estar hecho un ~ figf *dick (od rund) wie ein Faß sein* ‖ *voll wie ein Faß sein, völlig betrunken sein*
tone|**lada** f *Tonne(nlast)* f (= 20 quintales) ‖ ⟨Mar⟩ *Gewichtstonne* f ‖ ⟨Mar⟩ *Fässervorrat* m *an Bord* ‖ ~ de arqueo *(od* de registro) bruto ⟨Mar⟩ *Bruttoregistertonne* f ‖ ~ de peso *Tonne* f *von 20 Zentnern* ‖ ~ métrica de arqueo *Kubikmeter* m *= 1000 Liter* ‖ **-laje** m *Tonnengehalt* m*, Tonnage* f ‖ *Ladegewicht* n ‖ *derecho de* ~ *Tonnengeld* n ‖ **-lería** f *Böttcherei, Faßbinderei* f ‖ *Fässer-, Tonnen|vorrat* f ‖ **-lero** m/adj *Faßbinder, Böttcher, Küper* m ‖ **-lete, -lillo** m dim v.
tonel ‖ kurzes *Röckchen* n
△**tongeleto** m *Wanderer* m
tongo m ⟨Sp⟩ pop *Schiebung* f
tongone|**arse** vr Am fam = **contonearse** ‖ **-o** m Am fam = **contoneo**
tónica f ⟨Mus⟩ *Tonika* f*, Grundton* m ‖ ⟨Gr⟩ *Tonsilbe* f ‖ fig *Grundcharakter* m ‖ fig *Richtschnur, Regel, Norm* f
tonicidad f ⟨Med⟩ *Tonus* m*, Spannung(szustand* m*)* f
tónico adj ⟨Mus⟩ *tonisch, Ton-* ‖ ⟨Gr⟩ *betont, Ton-, Betonung(s)-* ‖ ⟨Med⟩ *stärkend, tonisch* ‖ acento ~ *Silben|ton, -akzent* m ‖ (agua) tónica *Tonic Water* n (engl) ‖ sílaba ~a *Tonsilbe* f (nota) ~a ⟨Mus⟩ *Grundton* m*, Tonika* f ‖ ~ m ⟨Med⟩ *Stärkungsmittel, Tonikum* n ‖ ~ cardíaco *Herzmittel* n ‖ ~ circulatorio *Kreislaufmittel* n ‖ ~ nervioso *nervenstärkendes Mittel* n
toni|**ficar** [c/qu] vt ⟨Med⟩ *stärken, tonisieren* ‖ **-llo** m dim v. **tono** *eintöniger Stimmfall* m
tonina f *(frischer) Thunfisch* m (~ **atún, bonito**) ‖ prov *Delphin* m (→ **delfín**)
tono m *Ton, Laut, Klang* m ‖ ⟨Mus⟩ *Tonart* f ‖ *Stimm-, Ton|fall* m ‖ ⟨Med⟩ *Tonus* m*, Spannung* f*, Spannkraft* f ‖ ⟨Mal⟩ *(Farb)Ton* m ‖ *Farbschattierung* f ‖ ⟨Mus⟩ *Tonleiter* f ‖ ⟨Mus⟩ *Stimmung* f ‖ *Weise* f*, Lied* n ‖ ⟨Mus⟩ *Krummbogen* m *(Einsatzstück der Blasinstrumente)* ‖ fig *Abtönung, Abstufung* f ‖ fig *Kraft, Energie* f ‖ fig *Takt* m*, Benehmen* n ‖ fig *Redeweise* f ‖ fig *Stil(ebene* f*) m* ‖ ~s cardíacos ⟨Med⟩ *Herztöne* mpl ‖ ~ mayor, ~ menor *Moll-, Dur|tonart* f*, Moll, Dur* n ‖ ~ muscular ⟨Med⟩ *Muskeltonus* m ‖ bajo de ~ ⟨Mus⟩ *tief gestimmt* ‖ cuarto de ~ *Viertelton* m ‖ el buen ~ *der gute Ton, der Anstand* ‖ de buen ~ *fein, geschmackvoll* ‖ de gran ~ pop *vornehm, fein* ‖ de mal ~ *ungebührlich, ungehörig, geschmacklos* ‖ en medios ~s (= intertonal) ⟨Mus⟩ *Halbton-(Musik)* ‖ a este ~ *auf solche (od auf diese) Art* ‖ reunión de ~ *feine Gesellschaft* f ‖ serie de ~s *Tonfolge* f ‖ ◊ bajar el *(od* de) ~ fig *den Ton mäßigen* ‖ gelindere Saiten aufziehen ‖ dar (el) ~ ⟨Mus⟩ *stimmen* fig *den Ton angeben* ‖ fig *Ansehen verleihen* ‖ fig *Schick verleihen* ‖ darse ~ fig *sich wichtig machen* ‖ protzen ‖ darse ~ de sich aufspielen als (nom) ‖ no es de ~ *es gehört sich nicht* ‖ estar a ~ fig *sich wohl fühlen* ‖ fig *gelegen sein, passen* ‖ mudar de ~ fig *e-n andern Ton anschlagen* ‖ *andere Saiten aufziehen* ‖ poner a ~ fig *abstimmen* ‖ fig *auf das richtige Maß zurückführen* ‖ poner en *(od* su) ~ *stimmen (Klavier usw)* ‖

|| ponerse a ~ fig *sich anpassen, sich in die richtige Lage versetzen* || fam *in Stimmung kommen* || subir(se) de ~ fig *stärkere Saiten aufziehen*
tonómetro *m* ⟨Med⟩ *Blutdruckmesser m*
ton.[s] Abk = **toneles**
tonsi|la *f* ⟨An⟩ *Tonsille, (Gaumen-, Rachen-) Mandel* f || **-lar** adj ⟨An⟩ *Mandel-* || **-lectomía** *f* ⟨Chir⟩ *Tonsillektomie* f || **-litis** *f* ⟨Med⟩ *Tonsillitis, (Gaumen)Mandelentzündung* f || **-lotomía** *f* ⟨Chir⟩ *Tonsillotomie* f
tonsu|ra *f Scheren* n, *Schur* f || *Tonsur* f *(der Priester u. Mönche)* || **-rado** *m* fig *kath. Geistliche(r)* m
ton|tada *f Albernheit* f || **-taina** *m/f* fam *dumme Person* f, *Dummkopf, Dummerjan* m || **-tazo** adj/s *erzdumm* || **-tear** vi *Dummheiten begehen*
tontera f fam = **tontería**
tontería *f Dummheit, Albernheit* f || fig *Kleinigkeit, Lappalie* f (& iron) || ◊ *cuesta una ~ es ist spottbillig* (& iron) || ¡no digas ~s! *sei nicht albern!* || ¡qué ~! *was für e-e (od welche) Dummheit!* || *wie albern!*
tonti|loco adj pop *halb verrückt* || fam *doof* || **-llo** *m Kleider-, Hüften|wulst* m *(ehem. an Damenkleidern)* || *Reifrock* m, *Krinoline* f
ton|tín *m* fam *Dummerchen* n || **-to** adj *dumm, albern, einfältig, töricht* || a ~ *as y a locas ohne Sinn u. Verstand* || → **loco** = *m Dummkopf, Tölpel* m || pop *Hanswurst, Clown* m || △*weibliche Scham* f || ~ **de capirote** fam *Erztölpel* m || ◊ **hacer el** ~ *sich dumm benehmen, sich wie ein Narr aufführen* || *sich blamieren* || **hacerse el** ~ fam *den Dummen spielen, sich dumm stellen*
Tontón *m* pop = **Antonio**
ton|tón, -tucio adj/s augm v. **-to** || **-tuelo** *m*/adj dim v. **-to** || fam *Dummerchen* n || **-tuna** *f* pop **-tería**
Toñ(ic)o *m* fam = **Antonio**
to, tó, too pop = **todo**
¡**top!** ⟨Mar⟩ *halt!*
topacio *m Topas* m || ~ **ahumado,** ~ **tostado** *Rauchtopas* m
topa|da f = **topetada** || **-dor** adj *stößig (Böcke)* || ~ *m* fam *Glücksspieler* m || **-dora** *f* ⟨Tech⟩ *Planierschild* m || *Planiergerät* n *mit Schild, Bulldozer* m
topar vt *zusammenstoßen* || *stoßen (mit dem Kopf, mit den Hörnern)* || *stoßen (auf* acc*)* || *(auf)finden, antreffen* || ⟨Mar⟩ *zusammensetzen (Mast)* || Am *Hähne od andere Tiere zur Probe miteinander kämpfen lassen* || ~ || vi *stoßen (Hornvieh)* || figf *gelingen, gut ausfallen* || ◊ **con a/c** fig *an et anstoßen (z. B. an ein Hindernis), stoßen auf* (bzw *gegen* acc) || ~ **con alg.** *jdn treffen, jdm (zufällig) begegnen* || ~ **en** fig *stoßen (gegen, auf* acc*)* || **por si topa** figf *für alle Fälle* || **tope donde tope** figf *aufs Geratewohl* || **en esto topa la dificultad** *darin liegt die Schwierigkeit* || **~se** (con) vr *sich treffen (mit* dat*), sich begegnen* || *(mit den Hörnern) aufeinander losgehen (Tiere)*
to|pe *m höchste Spitze* f, *Gipfel* m, *Ende* n || fig *Höchstgrenze, obere Grenze* f, *Plafond* m || *Höchst-* || *(Horn)Stoß* m || *An-, Zusammen|stoß* m || fig *Streit* m || *Vorderkappe* f *(bei Schuhen)* || ⟨Tech⟩ *Halter* m *(an Werkzeugen)* || ⟨Tech⟩ *Anschlag* m, *Arretierung* f || ⟨EB⟩ *Puffer* m || ⟨EB⟩ *Prellbock, Pufferständer, Gleisabschluß* m || ⟨Mar⟩ *Mastspitze* f, *Topp* m || ⟨Mar⟩ *Ausguck(posten)* m || ~ **de arrastre** *Mitnehmer(anschlag)* m || ~ **fijo** ⟨EB⟩ *Prellbock* m || ~ **marginal** *Rand|steller, -auslöser* m *(an Schreibmaschinen)* || ~ **de parada** ⟨Tech⟩ *Anschlagstift* m || ~ **de resorte** *Federpuffer* m || ~ **de retenida Haltestollen** *m (am Gewehr)* || *almohadilla de* ~ ⟨EB⟩ *Pufferkopf* m || *platillo (od disco) del* ~ *Pufferscheibe* f || *precios* ~ *Höchstpreise* mpl || *varilla de* ~ ⟨Tech⟩ *Anschlagstange* f || *de* ~ **a** ~

von e-m Ende (bis) zum ander(e)n || **hasta los ~s** fig *bis obenan vollgefüllt* || *ganz und gar* || ◊ **estar hasta los ~s** figf *genug haben (de von* dat*)* || **es satt haben** || **-pear** vt Chi ⟨Sp⟩ *stoßen, anrennen (contra gegen) (um den anderen Reiter aus dem Sattel zu heben)* || ~ vi Arg = **topar**
topera *f Maulwurfs|haufen, -hügel* m, *-loch* n || *Maulwurfsbau* m || ~ **de nieve** prov *Schneegrube* f
tope|tada *f,* **-tazo** *m (Horn)Stoß* m || figf *(Kopf)Stoß* m || **-tar** vt/i *stoßen (mit Hörnern od Kopf) (an)stoßen* || *stolpern, straucheln* || **-tón** *m (Zusammen)Stoß* m || = **-tada** || **-tudo** adj *stößig (Hornvieh)*
tópi|ca *f* ⟨Rhet⟩ *Topik* f || **-co** adj/s *topisch, örtlich* ⟨bes Med⟩ || ~ *m* ⟨Med⟩ *örtliches Heilmittel* n || *unbestrittener Rechtssatz* m || *Gemeinplatz* m || *Topos* m || *Am Gegenstand* m, *Thema* n
topinada *f* fam *Unbeholfenheit* f || fam *Mißgriff* m
topinambur *m* ⟨Bot⟩ *Erdbirne* f, *Topinambur* m/f (Helianthus tuberosus)
topinera f = **topera**
topo *m* ⟨Zool⟩ *Maulwurf* m (Talpa europaea) || figf *Tölpel, Dummkopf* m || ~ **ciego** ⟨Zool⟩ *Blindmaulwurf* m (T. caeca) || fig *más ciego que un* ~ *blind wie ein Maulwurf, stockblind* || ~ adj fam *blind* || *dumm*
topo|grafía *f Orts|beschreibung, -kunde, Topographie* f || **-gráfico** adj *topographisch* || **Orts-**
topógrafo *m Topograph* m
topolino *m* it ⟨Aut⟩ fam *kleiner Zweisitzer* m || **chica ~** fam *Modemädchen* n *(bes der vierziger Jahre)* || **zapatos ~** *Schuhe* mpl *mit Keilabsatz (in der Mode der vierziger und der siebziger Jahre)* (→ **coja**)
topo|logía *f Topologie* f || **-nimia** *f Ortsnamen* mpl || *Ortsnamenkunde* f || **-nímico** adj *Ortsnamen-*
topónimo *m Ortsname* m
toque *m Berührung* f, *Anrühren, Betasten, Bestreichen* n || *(leichter) Schlag, Stoß* m || *Schlag* m *(der Uhr) Läuten, (Glocken)Geläut* n || *Signal* m || *Tusch* m || *Prüfen* n *der Edelmetalle* || fig *Prüfung, Probe* f || fig *Warnung* m || fig *wesentlicher (od springender) Punkt* m || ⟨Mal Med⟩ *Pinselstrich* m || ⟨Med⟩ *Betupfen* n || ~ **del alba** *Morgengeläut* n || ~ **de alarma** *Alarmzeichen* n || *Warnung* f || ~ **de ánimas** *Sterbegeläut* n || *Abendläuten* n || ~ **de atención** ⟨Mil⟩ *Warnsignal* n || fig *Warnung, Mahnung* f || ~ **de cese de alarma** *Entwarnung* f || ~ **de diana** ⟨Mil⟩ *Weckblasen, militärisches Wecken* n || ~ **de luz** ⟨Mal⟩ *Schlaglicht* n || *(aufgesetzte) Lichter* npl || ~ **de muertos** *(od a muerto) Totengeläut* n || ~ **de** *(od a) oración* ⟨Mil⟩ *Gebetblasen* n || ~ **de queda** → **queda** || ~ **a rebato** *Sturmläuten* n || ~ **de silencio** ⟨Mil⟩ *Ruheblasen* n || ~ **de tambor** *Trommelschlag* m || ~ **de trompeta,** ~ **de clarín** *Trompetensignal* n || **al** ~ **de las doce** *Schlag 12 Uhr* || **con un solo** ~ **mit e-m einzigen Griff** || **para ~s** ⟨Med⟩ *zum Betupfen* || **piedra de** ~ *Probierstein* m || ◊ **dar el** ~ **(de cese) de alarma** *(ent)warnen* || **dar un** ~ (a) **uno** figf *jdm auf den Zahn fühlen* || **dar en el** ~ pop *den Nagel auf den Kopf treffen* || **dar el último** ~ **a** fig *den letzten Schliff geben* (dat) || **letzte Hand legen an** (acc) || **darse unos ~s** fig *sich zurechtmachen, Toilette machen* || ⟨Med⟩ *sich betupfen* (de, con *mit*) || dim: **~cillo**
toque|ado *m (regelmäßiges) (Auf)Stampfen* n *(bes beim Tanz)* || **-ra** *f Haubenmacherin* f || **-tear** vt/i fam *hin und her stampfen*
toquilla *f* dim v. **toca** || *(*Hut)Schleier* m || *Hut|band* n, *-schnur* f || *wollenes Kopf-, Hals|tuch* n *(der Frauen)* || Bol Ec Pan ⟨Bot⟩ *Panama-(hut)palme, Jipijapa-Palme* f (Carludovica pal-

mata) || *Stroh* n *dieser Palme für Panamahüte*
Tora *f Thora* f, *jüdisches Gesetzbuch* n
torácico adj: caja ~a ⟨An⟩ *Brust\korb, -kasten* m
torada *f Stierherde* f
toral adj: arco ~ ⟨Arch⟩*Haupt-,Schwib\bogen* m || *Form* f *für Kupferbarren* || *Kupferbarren* m
tórax m ⟨An⟩ *Brust\kasten, -korb* m || *Brust (-höhle)* f || *Thorax* m ⟨& Zool, Entom⟩ || ~ de pichón *Hühnerbrust* f || *el ancho del* ~ *die Brustweite*
△**torbejeli** *f Feld* n
torbellino *m Wirbel, Strudel* m || *Wirbelwind* m || *Windhose* f || figf *Windkopf* m || →a **remolino, turbulencia**
torca *f* ⟨Geol⟩ *Doline* f
torcaz [*pl* **–ces**] adj/s: (paloma) ~ *Ringeltaube* f
torce|cuello *m* ⟨V⟩ *Wendehals* m (Jynx torquilla) || **–dero** adj *verdreht* || **–dor** *m*/adj *Spindel* f || fig *Kummer, Verdruß* m || Arg *Maulzwinge* f || ⟨Agr Entom⟩ *Wickler* m || ~ de la vid ⟨Bot⟩ *Bekreuzter Traubenwickler* m (Lobesia botrana) (→ **torticidas**) || **–dora** *f* (*Wäsche*) *Schleuder* f || **–dura** *f* (*Ver*) *Drehen* n, *Drehung* f || *Wringen* n || *Verwindung, Krümmung* f || *Drehverformung* f || *Trester-, Nach\wein* m || ⟨Chir⟩ *Verrenkung* f || *Zerrung* f
torcer [–ue–, c/z] vt/i *(ver)drehen* || *wenden, winden* || *krümmen, (ver)biegen* || *drehverformen* || *überdrehen (Schraube)* || ⟨Web⟩ *zwirnen, drehen* || *drehen, wickeln (Zigarre)* || *auswringen (Wäsche)* || *verrenken, verstauchen (Glieder)* || fig *verdrehen, falsch deuten (Sinn, Worte)* || fig *ändern (Meinung)* || fig *abbringen (von)* || → **boca** || ◊ ~ su camino *(od* ruta) *vom Wege abkommen* (& fig) || el camino tuerce a la derecha *der Weg biegt nach rechts ab* || ~ el cuello a *jdm den Hals umdrehen* || ~ el curso de su razonamiento *s–m Gedankengang e–e andere Richtung geben* || ~ el gesto fig *ein saures Gesicht machen* || ~ hilo *zwirnen* || ~ la vara de la justicia *das Recht beugen* || ~ las manos *die Hände ringen* || ~ el morro, ~ el hocico pop *e–e saure Miene ziehen, die Nase rümpfen* || ~ el morro, ~ el hocico pop *e–e saure Miene ziehen, die Nase rümpfen* || ~ el hocico *schmollen, sich weigern* || ~ los ojos *die Augen verdrehen* || ~ el pescuezo (a) *jdm den Hals umdrehen* || ~ el sentido de las palabras *den Sinn verdrehen* || ~ e–e falsche Deutung geben, den Sinn verdrehen || ~ la voluntad (de) fig *jds Willen brechen* || ~ el vuelo *die Flugrichtung ändern (Vogel)* || **~se** *sich krümmen, sich winden* || *sich verbiegen* || *sich verdrehen* || *sich werfen (Holz)* || fig *sauer werden, umschlagen (Wein)* || fig *gerinnen (Milch)* || fig *vom Pfade (der Tugend) abweichen* || fig *mißlingen*, fam *schiefgehen* || ◊ ~ un brazo *sich e–n Arm verrenken* || ~ el pie *sich den Fuß vertreten (od verstauchen)*
torci|da *f (Lampen)Docht* m || **–damente** adv fig *falsch, hinterlistig* || **–dillo** *m gezwirnte Seide* f || *Knopflochseide* f || **–do** adj *krumm, gewunden* || *verdreht* || *verbogen* || *schief* || fig *verkehrt* || fig *falsch, hinterlistig* || ~ de gesto fig *mit finsterer Miene* || ~ por la punta *mit krummer Spitze* || hilo ~ *Zwirn* m || *en rostro* ~ *griesgrämiges Gesicht* n || piernas ~as *krumme Beine* npl || ◊ estar (*od* andar) ~ (con) figf *auf gespanntem Fuße leben (mit)* || ~ *m Drehen, Winden* n || *Zwirnen* n || p.ex *Zwirn* m || *Wachsstock* m || *gewundenes Backwerk* n || *Tresterwein* m || Arg *gedrehter Lasso* m || **–jón** *m* prov *Bauchgrimmen* n || **–miento** *m Drehung, Verdrehung* f || *Krümmung, Windung* f || fig *Abweichung* f || fig *Umschweife* mpl
torcretar vt ⟨Arch⟩ *torkretieren*
tórculo *m* ⟨Typ⟩ *Handpresse* f
tordella *f* ⟨V⟩ *Misteldrossel* f (Turdus viscivorus) || *Wacholderdrossel* f, *Krammetsvogel* m (T. pilaris) || (→ **tordo, zorzal**)
tórdiga *f* = **túrdiga**
tordi|llo, –llejo adj *apfel-, drossel\grau (Pferde)* || ~ *m Grauschimmel* m
¹**tordo** adj/s = **tordillo** || (caballo) ~ *Apfelschimmel* m
²**tordo** *m* ⟨V⟩ *Drossel* f (→ **zorzal**) || prov *Krammetsvogel* m (→ **tordella**) || Am ⟨V⟩ *Nordamerikanischer Kuhstärling* m (Molothrus ater) || ⟨Agr V⟩ Chi *Ani* m (Crotophaga ani) || ~ de Castilla Vizc *Star* m (→ **estornino**)
tore|ador, –ro Am prov = **torero** || **–ar** vt ⟨Taur⟩ *den Stier reizen* || figf *jdn nasführen, zum besten haben, hänseln* || fig *jdn plagen, belästigen* || fig *e–e Sache geschickt umgehen* || ~ vi *mit dem Stier kämpfen, als Stierkämpfer auftreten* || *die Stiere zur Deckung zu den Kühen lassen* || Am *bellen (Hund)* || el arte de ~ *die Stierfechtkunst* || **–o** *m Stier\kampf* m, *-gefecht* n || *Stierfechtkunst* f || fig *Hänselei* f || **–ra** *f Stierkämpferin* f || *(Art) Bolero* m || △ u. pop *Straßendirne*, pop *Nutte* f || **–ría** *f Stierkämpfer* mpl || Am *Mutwille, (Buben)Streich* m || **–ro** adj (sup pop **–rísimo**) *Stierkampf-* || *Stierkämpfer-* || capa, marcha ~a *Stierkämpfer\mantel*, ⟨Mus⟩ *-marsch* m || a la ~ *nach Art e-s Stierkämpfers* || ◊ tener sangre ~a *sehr temperamentvoll sein* || ~ *m Torero, Stierkämpfer* m *(zu Fuß)* || ~ bufo ⟨Taur⟩ *komischer Stierkämpfer* m || ~ de invierno pop *Stümper* m || tipo de ~ fam *schlanker, strammer Bursche* m
torete *m* dim *v.* **toro** || *Jungstier* m || figf *kräftiges Kind*, fam *strammes Kerlchen* n || figf *schwierige Angelegenheit* f || = **torillo**
toriar vt ⟨Tech⟩ *thorieren*
Toribio *m* np *Toribius* m (Tfn)
toril *m* ⟨Taur⟩ *Stall der (Kampf)Stiere, Stierzwinger* m || meseta del ~ *Zuschauerplatz* m *(in der Arena) über dem Stierstall*
torillo *m* dim *v.* **toro** || ⟨V⟩ *Laufhühnchen* n (Turnix sylvatica) || figf *das übliche Gesprächsthema*
torina *f Thoriumoxid* n
torio *m* ⟨Chem⟩ *Thorium* n
torito *m* dim *v.* **toro** || ⟨Entom⟩ *Hornkäfer* m *(verschiedene Arten)* || *Mondhornkäfer* m (Copris spp) || *Stier-, Dreihornmist\käfer* m (Typhoeus typhoeus)
torloroto *m* prov *hakenförmiges Krummhorn* n *(Art Hirtenflöte)*
tormen|ta *f Sturm* m (& fig) || *Gewitter* n || *Unwetter* n || fig *Unheil* n || fig *heftige Anwandlung* f, *Ausbruch* m || fig *heftiger Streit* m || fig *politische Unruhe* f || ◊ ya pasó la ~ *der Sturm ist schon vorüber* (& fig) || **–tila** *f* ⟨Bot⟩ *Tormentill* m (Tormentilla erecta) || **–to** *m Folter, Marter, Pein, Qual* f || *Angst* f || *Kummer, Gram* m || *Folter* f || ~ de cuerda *Strickfolter* f || ~ de fuego *Feuerprobe* f || ~ de garrucha *Wippgalgen* m || ~ caballete, potro de ~ *Folterbank* f || cámara de ~s *Folterkammer* f || cuestión de ~ *peinliche Frage* f || mi adorado ~ pop *meine süße Folter, meine Geliebte* || pena de ~ *Folterqual* f || ◊ dar ~ (a) *foltern* || fig *plagen, martern* || poner en el ~ *auf die Folter spannen* || **–toso** adj *stürmisch, Sturm-* || tiempo ~ *Sturmwetter* n
tormo *m kegelförmiger, einzelnstehender Fels* m || *(Erd)Klumpen* m
torna *f Rückgabe* f || * *Rückkehr* f || ⟨Agr⟩ *Ableitungsvorrichtung* f *(bei e–m Wasserlauf)* || Ar *Stauwasser* n || **~s** *pl* fig *Vergeltung* f || ◊ volver las ~ fig *Gleiches mit Gleichem vergelten* || fig *um\kehren, -satteln* || se han vuelto las ~ fig *das Glück (od das Blatt) hat sich gewendet*
tornaatrás *m/f* = **tornatrás**
tornaboda *f Tag* m *nach der Hochzeit* || regalo de ~ *Morgengabe* f

△**tornacibé** f Wut f
torna|da f *(nochmalige) Rückkehr* f || *Rückweg* m || **-dera** f ⟨Agr⟩ *Wende-, Heu|gabel* f || **-dizo** adj/s *wetterwendisch, wankelmütig* || *abtrünnig (Christ)* || **-do** m *Tornado, Wirbelsturm* m || **-dura** f *Zurückerstattung* f || *Rückkehr* f || **-guía** f *Rückzoll-, Passier|schein* m || **-mesa** f Chi ⟨EB⟩ *Drehscheibe* f || **-punta** f ⟨Arch⟩ *Strebe, Stütze* f
tornar vt/i *zurückgeben* || *umkehren* || *verwandeln, machen (zu)* || ◊ ~ *a hacer a/c et nochmals tun* (= volver a hacer) || ~ *del viaje von der Reise zurückkehren* || ~ *en si wieder zu sich kommen* || ~ *por alg. jdn abholen gehen* || **~se umkehren** || *sich verwandeln* (en in acc) || ◊ ~ *encarnado rot werden*
torna|sol m *Sonnenblume* f || *Schillern* n || *Changieren* n || *Schimmer, (Ab)Glanz* m || ⟨Chem⟩ *Lackmus* m/n || *papel (de)* ~ *Lackmuspapier* n || **-solado** adj *schillernd* || *changierend* || *color* ~ *Schillerfarbe* f || **-solar** vi *schillern*
tornátil adj *sich schnell drehend* || fig *gedrechselt* || *wetterwendisch, unstet*
tornatrás m/f *Mischling* m *mit erbbiologischer Dominanz e-r s-r Abstammungsrassen*
torna|vía f ⟨EB⟩ *Drehscheibe* f || **-viaje** m *Rückreise* f || *Rückreisegepäck* n || **-voz** m *Schalltrichter* m || *Kanzeldach* n || ⟨Th⟩ *Souffleurkasten* m
torne|ado m ⟨Tech⟩ *Drehen* n || *Drehbearbeitung* f || ~ *cónico Kegel-, Konisch|drehen* n || ~ *de precisión Feinstdrehen* n || **-ador** m *Drechsler* m || *Dreher* m || *Turnierkämpfer* m || **-adura** f *Drehspan* m || **-ar** vt *drechseln (Holz)* || *drehen (Metall)* (& fig) || ◊ ~ *piezas perfiladas form-, profil|drehen* || ~ *plano plandrehen* || ~ *vi sich drehen* || *im Turnier kämpfen* || fig *sinnieren, s–e Gedanken kreisen lassen* || **-o** m *Turnier* n || *Wettkampf* m || ⟨Vet⟩ = **modorra** || △*Folter* f || ~ *de tenis,* ~ *de ajedrez Tennis-, Schach|turnier* n || **-ra** f *(Kloster-)Pförtnerin* f || **-ría** f *Drechsler|arbeit, -werkstatt* f, **-laden** m || *Dreherei f (Werkstatt u. Beruf)* || **-ro** m *(Kunst)Drechsler* m || *Dreher* m
tornés, esa adj/s *in Tours geprägt (Münze)*
torni|llazo m *(Kehrt)Wendung f (des Pferdes)* || fam *Fopperei* f || fam *Fahnenflucht* f || **-llero** m fam *Ausreißer, Fahnenflüchtige(r)* m
tor|nillo m *Schraube* f || *Schraubstock* m || ⟨Mil⟩ figf *Fahnenflucht* f || ~ *de ajuste,* ~ *de apriete,* ~ *de sujeción Stell-, Klemm|schraube* f || ~ *de Arquímedes archimedische Schraube* f || ~ *avellanado Senkschraube* f || ~ *calibrado Paßschraube* f || ~ *de cojinete Lagerschraube* f || ~ *cuadrado Vierkantschraube* f || ~ *embutido Versenkschraube* f || ~ *sin fin endlose Schraube, Schnecke* f || ~ *graduable Nachstellschraube* f || ~ *de mariposa Flügelschraube* f || ~ *micrométrico Meßschraube* f || ~ *de oreja Flügel-, Lappen|schraube* f || ~ *prensa de* ~ *Schraubzwinge* f || *cabeza de* ~ *Schraubenkopf* m || ◊ *apretarle a uno los* ~ *s figf jdn in die Enge treiben* || *le falta un* ~ *figf od tiene flojos los* ~ *s bei ihm ist es* ~ *Schraube locker* || **~-cinta** f (sin fin) *Band(förder)schnecke* f || **-niquete** m *Dreh|kreuz* n, *-tür* f || *Am Spannschloß* n || ⟨Chir⟩ *Aderpresse* f || **-niscón** m fam *Ohrfeige* f *mit dem Handrücken*
torno m *Umdrehen* n, *Kreisbewegung* f || *Winde, Haspel* f || *Welle, Spindel* f || *Drehmaschine* f || *Dreh|bank, -scheibe* f || *Drechselbank* f || *Schraubstock* m || *Dreh|lade* f, *-fenster* n *(in e-m Nonnenkloster, in e-m Eßzimmer)* || *Dreh|tür* f, *-kreuz* n || *Tretrad* n || *Töpferscheibe* f || *Spinnrad* n || *Handbremse f (an Fuhrwerken)* || *Flußbiegung* f || ~ *paralelo Spitzendrehmaschine* f || ~ *vertical Karusselldrehmaschine* f || *in* ~ *ringsherum* || *dagegen, dafür* || ~ *a über* (acc), *von* (dat) || *en* ~ *de él (od en* ~ *suyo) um ihn herum* || *uno en* ~ *del otro umeinander* || ◊ *trabajar a* ~

drehen, drechseln
¹**toro** m *Stier, Bulle* m || ⟨Zool⟩ *Rind* n (Bos taurus) (→ a **bovidos, bovino, ganado, vaca**) || fig *kräftiger, starker Mann,* fam *Bulle* m || ~ *del aguardiente* ⟨Taur⟩ *Stier, der bei Volksfesten früh am Morgen gehetzt wird* || ~ *de lidia Kampfstier* m || ~ *padre Zucht|stier, -bulle* m || ~ *mexicano* → **bisonte** || ~ *terciado* ⟨Taur⟩ *mittelgroßer (Jung)Stier* m || ◊ *coger (od* tomar*) al toro por las astas (od por los cuernos) den Stier bei den Hörnern packen* (& fig) || *dejar en las astas del* ~ fig *im Stich lassen* || *echarle el* ~ *a alg. den Stier auf jdn loslassen* || fig *jdm e–e Abfuhr erteilen* || *hecho un* ~ *figf wütend* || *ponerse como un* ~ *figf wütend werden* || *ser un* ~ *corrido* fig *ein alter Fuchs sein* || *¡otro* ~! pop *das ist nicht mehr anzuhören* || *wechseln wir das Thema!* || **~s** pl: (corrida de) ~ *Stierkampf* m || ◊ *correr (od* lidiar) ~ *Stierkämpfe veranstalten* || *ir a los* ~ *zum Stierkampf gehen* || *mirar (od ver) los* ~ *desde la talanquera (od barrera)* pop *e–r Gefahr vom sicheren Ort aus zusehen* || *¡ciertos son los* ~! pop *sicher ist sicher!* || *es ist nun einmal so!*
²**toro** m ⟨Arch Math⟩ *Torus* m || ⟨Arch⟩ *Wulst* m || *Ringkern* m (Datenverarbeitung)
toroidal adj *Ring-*
toron|ja f allg *Apfelsine, Orange* f (= **naranja**) || *Pampelmuse* f (= **pomelo**) || **~s** fig ⟨Lit⟩ *Busen* m || **-jil** m, **-jina** f *Melisse* f
torozón m *Darm|entzündung* bzw *-Kolik* f *(der Pferde)* || fig *Unruhe* f, *Verdruß* m
torpe adj *schwerfällig, langsam, plump* || *ungeschickt, unbeholfen, ungelenk, linkisch* || *steif, eckig, hölzern* || *erstarrt, eingeschlafen (Glied)* || *stumpfsinnig, dumpf* || *unwissend, geistlos* || *unzüchtig, unsittlich* || *schändlich, schmachvoll* || *häßlich* || *klobig* || *acción* ~ *Unzucht* f || *condición* ~ ⟨Jur⟩ *gesetzwidrige Bedingung* f || ◊ *ser* ~ *sich plump benehmen*
torpe|deamiento m ⟨Mil Mar⟩ *Torpedierung* f (& fig) || **-dear** vt ⟨Mil Mar⟩ *torpedieren* (& fig) || **-deo** m *Torpedieren* n || **-dero** m/adj *Torpedoboot* n || *avión* ~ *Torpedoflugzeug* n || **-dista** m *Torpedoschütze* m || **-do** m ⟨Fi⟩ *Zitterrochen, Torpedofisch* m (Torpedo spp) || ⟨Mil⟩ *Torpedo* m || ~ *automático,* ~ *de choque Berührungstorpedo* m || ~ *fijo,* ~ *de fondo Grund-, See|mine* f || ~ *flotante Treibmine* f || ~ *mármoreo* ⟨Fi⟩ *Marmorierter Zitterrochen* m (T. marmorata = T. torpedo) || *protección contra* ~s *Minenschutz* m || *Torpedoschutznetz* n
torpe|mente adv *auf plumpe Art* || *unzüchtig* || **-za** f *Unbeholfenheit, Plumpheit, Ungeschicklichkeit* f || *Schwerfälligkeit* f || *Steifheit* f || *Stumpfsinn* m || *Unwissenheit, Geistlosigkeit* f || *Häßlichkeit* f || *Unzüchtigkeit, Unzucht* f || *Schändlichkeit, Schmach* f || ~ *de oído Schwerhörigkeit* f || *con* ~ *plump, unbeholfen*
torpor m ⟨Med⟩ *Torpor* m || *Betäubung, Erstarrung* f || *Einschlafen* n *(e–s Gliedes)*
Torquemada np span. *Großinquisitor (1420–1498)* || fig *gefühlloser, grausamer Mensch* m
torr m ⟨Phys⟩ *Torr* n *(inkohärente Einheit des Druckes)*
torra|do m *geröstete Kichererbse* f || **-r** vt *rösten*
torre f *Turm* m || *Glocken-, Kirch|turm* m || *Turm* m *(im Schachspiel)* || *Mast* m || ⟨Chem⟩ *Turm* m || ⟨Mar⟩ *Turm* m, *Kastell* n || *prov Villa* f, *Landhaus* n || △*Gefängnis* n, *Kerker* m || ~ *de agua Wasserturm* m || ~ *antiaérea* ⟨Mil⟩ *Flakturm* m || ~ *de los árbitros* ⟨Sp⟩ *Kampfrichterturm* m || ~ *de Babel der Babylonische Turm* || *Turm zu Babel* || figf *Verwirrung* f || ~ *blindada,* ~ *acorazada* ⟨Mil⟩ *Panzerturm* m || ~ *de control,* ~ *de vigilancia Kontrollturm* m || ~ *la Eiffel der Eiffelturm* || ~ *de extracción,* ~ *del pozo* ⟨Bgb⟩ *Förderturm* m || ~ *de graduación salinera Gradierwerk* n ||

torrefacción — tostón 1064

~ de mando *Kommandoturm* m || ~ de marfil *Elfenbeinturm* m || ~ de montacargas *Aufzugsmast* m || ~ de perforación ⟨Bgb⟩ *Bohrturm* m || ~ de petróleo ⟨Bgb⟩ *Erdölbohr-, Förder\turm* m *zur Erdölgewinnung* || ~ de prácticas *Übungsturm* m *(z. B. der Feuerwehr)* || ~ de refrigeración *Kühlturm* m || ~ de televisión *Fernsehturm* m || ~ de vigía *Wachtturm* m || ~(s) de viento fig *Luftschlösser* npl || reloj de ~ *Turmuhr* f || dim: ~**cilla** f, **-jón** m
torre|fación f *Rösten* n, *Röstung* f || *Dörren* n || *Kaffeerösterei* f || **-facto** adj *geröstet*
torren|cial adj *sturzbachähnlich* || *strömend (Regen)* || lluvia ~ *Wolkenbruch, Platzregen*, Regenguß m || **-tada** f *Sturzbach* m || *Schlucht* f, *Hohlweg* m || fig *Flut* f, *Strom* m || **-te** m *(Berg-) Strom* m || *Gieß-, Sturz-, Wild\bach* m || *Wildwasser* n || fig *Flut* f, *Strom, Schwall* m || ~ de lava *Lavastrom* m || ~ de personas *Menschenstrom* m || el ~ de su voz fig *seine mächtige Stimme* || ◊ *ceder al ~* fig *mit dem Strom treiben* || **-tera** f *Bergwasserschlucht, Klamm* f || *Sturzbachbett* n
torre|ón m augm v. **torre** || ⟨Mil⟩ *(Festungs-) Turm* m || **-ro** m ⟨Mar⟩ *Turmwächter* m || *Leuchtturmwärter* m || **-ta** f *kleiner Turm* m || ⟨Mil⟩ *Geschütz-* bzw *Panzer\turm* m || ~ de mando *Kommandoturm* m || ~ de salida ⟨Sp⟩ *Startturm* m
torrez|nada f ⟨Kochk⟩ *gebratene Speckscheiben* fpl || **-nero** m/adj fam *Faulenzer, Stubenhocker* m || **-no** m *gebratene Speckscheibe* f
tórrido adj *brennend* bzw *tropisch heiß* || zona ~a *heiße Zone* f
torrija f *(Art) Tunkschnitte* f || ~**s** pl *arme Ritter* mpl *(Gebäck)*
torron|tero m, **-tera** f *kleine Anhöhe* f || **-tés, esa** adj: uva ~ *weiße, feinschalige u. daher leicht faulende Traube*
tórsalo m MAm ⟨Entom Med Vet⟩ *(schmarotzerische) Larve* f *verschiedener Hautdasseln u. Dasselfliegen*
tor|sión f *(Ver)Drehung, (Ver)Windung, Torsion* f || *Drall* m || ~ del cable ⟨Tech Web⟩ *Seil\schlag, -drall* m || ~ cruzada *Kreuzschlag* m || ~ hacia la izquierda *Linksdrall* m || ~ de(l) tronco ⟨Sp⟩ *Rumpfdrehen* n || ~ por unidad de superficie *Torsions-, Verdrehungs\spannung* f || momento de ~ ⟨Tech⟩ *Drehmoment* n || **-sional** adj *Torsions-* || *Verwindungs-* || **-so** m *Torso, Rumpf* m *(Standbild)*
tor|ta f *Kuchen* m || *Torte* f || *Fladen* m || *Stollen* m || *flacher Kuchen* m, *Gebäck* n || ⟨Typ⟩ *Paket* n *Schriften* || ⟨Tech⟩ *Kuchen* m || figf *Ohrfeige* f || ~ de coque *Kokskuchen* m || ~ de chocolate *Schokoladenkuchen* m || ~ de hormigón ⟨Arch⟩ *Betonkuchen* m || ~ de nata *Rahmkuchen* m || ~ de reyes *Dreikönigskuchen* m *(mit Glücksbohne)* || ~ de pasas *Rosinengebäck* n || ◊ *costar la ~ un pan teuer zu stehen kommen* || no entender una ~ *pop kein Wort verstehen* || es ~s *(od tortitas) y pan pintado pop es ist (im Vergleich zu et anderem) das reinste Honigschlecken* || *es ist sehr leicht* || a falta de pan buenas son las ~s *pop in der Not frißt der Teufel Fliegen* || **-tada** f *große Pastete* f || *Torte* f || ⟨Arch⟩ *Mörtelschicht* f || **-tera** f *Kuchenform* f || *Kuchenblech* n || *Pastenform* f || *Haspel* f *an der Spindel* || **-tero** m/adj *Kuchen-, Zucker\bäcker* m || *Kuchendose* f
torticidas fpl ⟨Entom⟩ *Wickler* mpl *(Tortricidae)* (→ **torcedor**)
tor|ticolis, -tícolis m ⟨Med⟩ *Halsstarre, steifer Hals* m
torti|lla f ⟨Kochk⟩ *Eier-, Pfann\kuchen* m || *Omelett(e* f*)* n || Am *(Mais) Fladen* m || (a la) francesa *Omelette* f *(nature)* || ~ de bonito, ~ de escabeche *Thunfischomelett* n || ~ con *(od de)* jamón *Schinkenomelett* n || ~ de patatas, ~ a la española *Kartoffelomelett* n || ◊ *hacer* ~ figf *in kleine Stücke schlagen* || *se volvió la* ~ figf *das*

Blatt (Glück) hat sich gewendet || △**-llera** f *sehr vulg Lesbierin*, vulg *Bauchfreundin* f || **-ta** f dim v. **torta** (→ d)
tórto|la f ⟨V⟩ *Turtel\taube* f, *-täubchen* n *(Streptopelia turtur)* || ~ turca ⟨V⟩ *Türkentaube* f *(S. decaocto)* || dim: **-lita** f || **-lo** m *Turteltäuberich* m || figf *verliebter Mensch* m || Col *Dummkopf* m || ~**s** mpl figf *Turteltauben* fpl *(sehr verliebtes Paar)*
tortu|ga f *Schildkröte* f *(Testudo spp)* || *Schilddach* n *(der Römer)* || ~ carey *Karettschildkröte* f *(Eretmochelys imbricata)* || ~ gigante *Riesenschildkröte* f *(T. gigantea)* || ~ marina *Seeschildkröte* f || **-go** m Mex *Wasserträger* m
tortuo|sidad f *Krümmung, Windung* f, *krummer Lauf* m || **-so** adj *krumm, geschlängelt, gewunden* || fig *verworren, wirr* || *undurchsichtig*, || *heimtückisch*
tortu|ra f *Folter* f || fig *Tortur, Pein, Marter, (Seelen)Qual* f || **-rador** adj *qualvoll* || **-rar** vt *foltern, quälen, peinigen, martern* (& fig) || ~**se** *sich abhärmen, sich plagen*
torunda f ⟨Med⟩ *Wundbausch* m || *Tupfer* m
torva f *Regensturm* m || *Schneegestöber* n || *Schneesturm* m
torvo adj *scheußlich (anzuschauen), fürchterlich, schrecklich* || *unheimlich* || con mirada ~a *mit finsterem Blick*
tor|zal m *(gedrehte) Schnur* f || *Zwirn* m || *Näh-, Kordonett\seide* f || *Strohband* n || **-zón** m ⟨Vet⟩ = **-ozón** || △-**zuelo** m *(Finger) Ring* m
tos f *Husten* m || ~ convuls(iv)a, ~ espasmódica *Krampfhusten* m || ~ ferina *Keuchhusten* m || ~ irritativa *Reizhusten* m || ~ seca *trockener Husten* m || acceso de ~ *Hustenanfall* m || remedio contra la ~ *Hustenmittel* n || ◊ *tener (mucha)* ~ *(stark) husten*
tosca f *Tuff(stein)* m
toscano adj m *toskanisch* || ~ m *Toskaner* m || *(Art) Virginiazigarre* f
tosco adj *roh, unbearbeitet, unbehauen* || *rauh, grob, plump* || *ungeglättet, ungefeilt (Vers)* || fig *roh, ungeschliffen, ungehobelt* || *ungesittet, unwissend* || adv: **-amente**
tosecilla f dim v. **tos** || *Hüsteln* n, *affektierter* bzw *verstellter Husten* m
toser vi *husten* || *(verstellt) hüsteln* || ◊ *a mi nadie me tose* fig *ich lasse mir von niemandem et gefallen* || *no hay quien le tosa niemand kann sich mit ihm messen* || ~ mucho *stark husten*
tósigo m *Gift* n || fig *Qual* f
[1]**tosigoso** adj *giftig* || *vergiftet*
[2]**tosi|goso** adj/s *an Husten leidend* || **-quear** vi *hüsteln*
tosquedad f *Plumpheit, Ungeschlachtheit* f || *Grobheit* f || *Roheit, Unwissenheit* f
tostación f ⟨Chem Metal⟩ *Rösten* n || *Darren* n || *Kalzinieren* n
tosta|da f *geröstete Brotschnitte* f, *Toast* m || ~ con manteca *Buttertoast* m || ◊ *pegar (od dar)* una ~ (a) figf *jdn prellen* || **-dero** m ⟨Metal⟩ *Röstofen* m || *Rösterei* f || fig *Brutkasten* m || ~ de café *Kaffeerösterei* f || **-do** adj *geröstet* || *sonnenverbrannt, braun* || *braungelb, dunkel(farbig)* || ~ m *Rösten* n || ◊ *haber leído más que el* ~ *unendlich viel gelesen haben, sehr belesen sein, fam ein Bücherwurm sein* || **-dor** m *Röster* m || *Röstblech* n || *Darre* f || *Kaffeeröster* m || ~ de pan *Brotröster, Toaster* m || **-dura** f *Rösten* n || *Röstung* f
tostar [-ue-] vt *rösten* || *bräunen* || *an\braten, -brennen* || fig *übermäßig (er)wärmen* || *bräunen (Sonnenhitze)* || fig *Ar (durch)prügeln* || ~**se** *rösten (durch Rösten) braun werden* || *durchbraten* || ◊ ~ al sol figf *sich von der Sonne bräunen lassen* || *me estoy tostando* figf *ich vergehe vor Hitze*
[1]**tostón** m *geröstete Kichererbse* f || *geröstetes Brot* n bzw *gerösteter Brotwürfel* m || *gebratenes Spanferkel* n || *Ölsuppe* f *mit geröstetem Brot* ||

zu stark Geröstete(s) (od Gebratene[s]) n || figf *et Sterbens-* (pop *Stink)langweiliges, et Unausstehliches* n || *langweiliger Schmarren (od Schinken)* m *(Buch, Film usw)* || fig *langweilige Schwarte* f *(Buch)* || *langweiliger Mensch* m || And *zudringlicher Mensch* m, pop *Wanze* f

²**tostón** *m port. und mex. Silbermünze = 100 Reis* bzw *50 Centavos*

¹**total** adj *ganz, gänzlich, völlig, total, Gesamt-, Total-* || beneficio, capital ∼ *Gesamt\gewinn* m, *-kapital* n || cifra ∼ *Gesamtzahl* f || *Gesamtumsatz* m || dimisión ∼ ⟨Pol⟩ *Gesamtrücktritt* m || importe (suma), valor ∼ *Gesamt\betrag, -wert* m || liquidación ∼ *Totalausverkauf* m || hasta el pago ∼ *bis zur vollständigen Bezahlung* || pérdida ∼ *Gesamtverlust* m

²**total** adv *im ganzen* || *alles in allem* || *kurz und gut* || *also* || *nur, lediglich* || *eigentlich* || y ∼ ¿qué? *was ist schließlich daran?* || *das ist nicht so schlimm!*

³**total** *m das Ganze* || *Gesamt\betrag* m, *-summe* f || ∼ de depósitos *Einlagenbestand* m || ∼ de ventas *Gesamtumsatz* m || en ∼ *zusammen, im ganzen, insgesamt*

totali\dad *f Gesamt\heit, -zahl* f || la ∼ de la población *die gesamte Bevölkerung* || en (su) ∼ *alles zusammen* || *durchweg* || *im ganzen, insgesamt* || **-tario** adj *totalitär* || Estado ∼ *totalitärer Staat* m || **-tarismo** *m* ⟨Pol⟩ *Totalitarismus* m || **-zación** *f Totalisierung* f || *Vervollständigung* f || **-zador** *m Zählwerk* n || *Summenzähler* m || *Totalisator* m || **-zar** [z/c] vt *zusammen\zählen, -fassen* || **∼se** *sich insgesamt belaufen auf*

totalmente adv *gänzlich, ganz und gar, völlig* || ∼ hidráulico *vollhydraulisch* || ∼ idiota pop *erzdumm* || ◊ quedar ∼ arruinado *an den Bettelstab kommen*

tótem *m Totem* n

totovía (prov **tova**) *f* ⟨V⟩ *Heidelerche* f (Lullula arborea)

totuma *f* Am ⟨Bot⟩ *Kalebassenbaum* m (Crescentia cujete) || *dessen Frucht* f || *Kürbisgefäß* n

totumo *m* → **totuma**

toxemia *f* ⟨Med⟩ *Blutvergiftung, Toxämie* f

toxicidad *f* ⟨Med⟩ *Giftigkeit, Toxizität* f

tóxico adj *giftig, toxisch* || *vergiftet* || ∼ *m Gift* n

toxi\cología *f* ⟨Med⟩ *Toxikologie* f || **-cológico** adj *toxikologisch* || **-cólogo** *m* ⟨Med⟩ *Toxikologe* m || **-comanía** *f Rauschgiftsucht* f || **-cómano** adj/s *(rauschgift)süchtig* || ∼ *m (Rauschgift)Süchtige(r)* m || **-cosis** *f* ⟨Med⟩ *Toxikose* f || **-na** *f* ⟨Med⟩ *Toxin* n, *Giftstoff* m

to\za *f* prov *Stück* n *Baumrinde* || Ar *Baumstumpf* m || **-zal** *m* Ar *kleiner Hügel* m || **-zar** vi Ar *stoßen (Bock)* || figf *bocken, bockig (od bockbeinig) sein* || **-zo** adj *klein u. untersetzt* || **-zudez** *f Starrsinnigkeit* f || **-zudo** adj *starrköpfig, starr-, eigen\sinnig* || **-zuelo** *m dicker Nacken* m

t.p.¹ Abk = **tarjeta postal**

tpo. Abk = **tiempo**

tr. Abk = **transitivo** || **transporte**

traba *f Verbindung* f || *Band* n, *Fessel* f, *Strick* m, *Kette* f || *Spannstrick* m bzw *Fußfessel* f *(für Pferde)* || *Bremsklotz* m || *Hemmschuh* m (& fig) || ⟨Arch⟩ *Binderschicht* f || fig *Hindernis, Hemmnis* n || △*Idee* f || *Vorhaben* n || ◊ poner ∼s (a) *fesseln* || fig *Hindernisse* npl *in den Weg legen, hemmen*

traba\cuenta *f Rechenfehler* m || fig *Streit* m || **-dura** *f Verbindung, Verknüpfung* f

traba\jado adj *abgearbeitet, ermattet, entkräftet* || *notleidend* || fig *durchgearbeitet (z. B. Stil)* || ⟨Tech⟩ *bearbeitet* || ∼ *m* ⟨Tech⟩ *Bearbeitung* f || *Verarbeitung* f || **-jador** adj *arbeitsam, fleißig, emsig* || clase ∼ *Arbeiterklasse* f || ∼ (a) *m/f Arbeiter(in)* m/f, *Arbeitnehmer(in* f)m || *Werktätige(r* m *)*f || ∼ agrícola *Landarbeiter* m || ∼ a destajo *Akkordarbeiter* m || ∼ a domicilio, ∼ domiciliario *Heimarbeiter* m || ∼ estacional, (∼) temporero *Saisonarbeiter* m || ∼ eventual *Gelegenheitsarbeiter* m || ∼ extranjero, ∼-huésped *Gastarbeiter* m || ∼ fronterizo *Grenzgänger* m || ∼ industrial *Industriearbeiter* m || ∼ intelectual *Geistesarbeiter* m || ∼ de jornada reducida *Kurzarbeiter* m || ∼ manual *Handarbeiter* m || ∼ de media jornada *Halbtagsarbeiter* m || ∼ del metal *Metallarbeiter* m || ∼ portuario *Hafenarbeiter* m || → a **obrero, productor** || **-jar** vt *aus-, be-, ver\arbeiten* || *verfestigen* || *machen* || *zureiten (ein Pferd)* || *nach\streben, -gehen* (dat) || fig *plagen, quälen* || ◊ ∼ el arco, la muñeca ⟨Mus⟩ *Bogen-, Handgelenk\übungen machen* || ∼ un artículo ⟨Com⟩ *e-n Artikel abzusetzen suchen* || sin ∼ *unbearbeitet* || vi *arbeiten, schaffen* || fig *arbeiten, gehen, in Gang sein (Maschine)* || *gären (Wein)* || *arbeiten, sich werfen, sich verziehen (Holz usw)* || capaz de ∼ *arbeitsfähig* || flojo en ∼ *flau, träge* || ganas de ∼ *Arbeits\freude, -lust* f || harto de ∼ *arbeitsmüde* || los que quieren ∼ *die Arbeitswilligen* mpl || ◊ ∼ a comisión *auf Provisionsbasis arbeiten* || ∼ a destajo *im Akkord(lohn) (od im Stücklohn) arbeiten* || ∼ a jornal *im Tagelohn arbeiten* || ∼ con ahínco *eifrig arbeiten* || ∼ con pérdida *mit Verlust arbeiten* || consumirse –jando *sich abarbeiten* || ∼ en *arbeiten an* (dat) || *sich Mühe geben mit*

traba\jo *m Arbeit* f || *Beschäftigung* f || *Tätigkeit* f (& ⟨Chem Med⟩) || *Tat* f, *Werk* n || *Bearbeitung* f || *Verarbeitung* f || *(Hand)Arbeit* f || *Ausführung* f || ⟨Lit⟩ *Arbeit, Schrift* f, *Werk* n || *Gang* m *(e-r Maschine)* || fig *Mühe, Anstrengung* f || fig *Schwierigkeit* f, *Hemmnis* n || ∼ agrícola *Feldarbeit* f || *Ackerbau* m || ∼ artístico *Kunstwerk* n || → **bolsa** || ∼ calificado *Facharbeit* f || ∼ clandestino, ∼ ilícito *Schwarzarbeit* f || ∼ corporal (físico), ∼ espiritual (intelectual) *körperliche, geistige Arbeit* f || ∼ a destajo *Akkordarbeit* f || ∼ de día, ∼ diurno *Tag\arbeit, -schicht* f || ∼ en días festivos *Feiertagsarbeit* f || ∼ a domicilio *Heimarbeit* f || ∼ en (od de) equipo *Teamarbeit* f || ∼ estacional, ∼ de temporada *Saisonarbeit* f || ∼ infantil *Kinderarbeit* f || →**ímprobo** (hecho) a mano, ∼ manual *Handarbeit* f || ∼ de media jornada *Halbtagsarbeit* f || ∼ muscular *Muskelarbeit* f || ⟨Physiol⟩ *Muskeltätigkeit* f || ∼ de noche, ∼ nocturno *Nachtarbeit* f || ∼ pesado *Schwerarbeit* f || ∼ profesional *Berufsarbeit, berufliche Tätigkeit* f || ∼ remunerado, ∼ retribuido *Erwerbsarbeit* f || ∼ en serie *Serienarbeit* f || ∼ de sondeo ⟨Bgb⟩ *Bohrarbeit* f || ∼ por turnos, ∼ por equipos *Schichtarbeit* f || ∼ de zapa fig *Wühlarbeit* f || accidente de ∼ *Arbeitsunfall* m || cantidad de ∼ *Arbeitsaufwand* m || día de ∼ *Werktag* m || división del ∼ *Arbeitsteilung* f || escuela de ∼ *Gewerbeschule* f || exceso de ∼ *Arbeitsüberhäufung* f || *Überarbeitung* f || falta, crisis de ∼ *Arbeits\losigkeit, -krise* f || invalidez para el ∼ *Arbeitsunfähigkeit* f || los inválidos del ∼ *die Arbeitsunfähigen* pl || inútil para el ∼ *arbeitsunfähig* || legislación del ∼ *Arbeitsrecht* n || paro del ∼ *Arbeitseinstellung* f || permiso (od autorización) de ∼ *Arbeitserlaubnis* f || tiempo, horas, jornada de ∼ *Arbeitszeit* f || → **seguro** || los sin ∼ *die Arbeitslosen* mpl || con sumo ∼ *mit großer Mühe*

◊ abrumar de ∼ *mit Arbeit überhäufen* || buscar ∼ *Arbeit suchen* || estar sin ∼ *arbeitslos sein* || hacer un ∼ útil *e-e nützliche Arbeit verrichten* || reanudar el ∼, reintegrarse al ∼ *die Arbeit wiederaufnehmen (Streikende)* || suspender (*od* abandonar) el ∼ *die Arbeit einstellen* || tomarse el ∼ *de sich die Mühe nehmen zu* || vivir de su ∼ *von seiner Hände Arbeit leben* || ∼**s** pl *Mühsal, Not* f, *Leiden* n, *Entbehrungen* fpl || ∼ forzados (*od* forzosos) *Zwangsarbeit* f || ◊ pasar muchos ∼ *en esta vida viel mit- od durch\machen müssen* || dim: ∼**ito,**

trabajoso — traer 1066

~**uelo** ‖ **–joso** adj *müh|sam, -selig* ‖ *umständlich* ‖ *langwierig* ‖ *notleidend*
trabalenguas *m Zungenbrecher* m *(schwer auszusprechendes Wort od Satz)*
trabamiento *m Verbindung, Verknüpfung* f ‖ *Verstrickung* f ‖ *Festbinden, Fesseln* n ‖ *Hemmen* n
trabar vt *verbinden, zusammenfügen* ‖ *miteinander verknüpfen* ‖ *verkoppeln* ‖ *fest-, an|binden* ‖ *hemmen* ‖ ⟨Mar⟩ *spleißen* ‖ ⟨Jur⟩ *beschlagnahmen* ‖ *pfänden* ‖ ⟨Zim⟩ *schränken (das Sägeblatt)* ‖ ⟨Kochk⟩ *eindicken* ‖ fig *anfangen, beginnen, anknüpfen* ‖ ◊ ~ **batalla** *e–e Schlacht liefern* ‖ ~ **conversación** *ein Gespräch anknüpfen* ‖ ~ **disputa** *Streit anfangen* ‖ ~**se** *sich verfangen, sich verheddern* ‖ *hängenbleiben* ‖ *dick werden (Flüssigkeit)* ‖ fig *anfangen (& Gefecht)* ‖ ◊ **la lengua se le traba, se traba de lengua** *er kann nicht sprechen, er stammelt, er stottert* ‖ ~ **con alg. sich mit jdm anlegen** ‖ *handgemein werden mit* ‖ ~ **de palabras** fig *in e–n Wortwechsel geraten* ‖ *aneinander geraten* ‖ ~ **los pies sich mit den Füßen verfangen** *(in* acc*)*
trabazón f *Aneinanderfügung, Verbindung* f ‖ ⟨Arch⟩ *Verband* m ‖ ⟨Zim⟩ *Splissung* f ‖ *Verkettung* f, *Zusammenhang* m ‖ *Einheitlichkeit* f ‖ *Gefüge* n ‖ ⟨Chem Kochk⟩ *Eindickung* f ‖ ~ **cristalina** ⟨Min⟩ *kristallinisches Gefüge* n ‖ ~ **de pilares** ⟨Arch⟩ *Pfeilerverband* m ‖ *falta de* ~ fig *Zerfahrenheit, Abgerissenheit* f, *Mangel* m *an Einheitlichkeit*
trabe f prov *Balken* m
tra|billa f *Steg* m *(an Hosen od Gamaschen)* ‖ *Halteriemen* m ‖ △–**bojo** m *Haufe(n)* m ‖ –**bón** m augm v. **traba** ‖ *(Fuß)Ring* m *(der Pferde)*
trabu|ca f *Knallfrosch* m *(Feuerwerkskörper)* ‖ *–**caire** m Cat ⟨Hist⟩ *Freischärler* m *(im Unabhängigkeitskrieg gegen die Franzosen)* ‖ –**car** [c/qu] vt *in Unordnung bringen, durcheinanderbringen, verwirren* ‖ fig *verwechseln (Begriffe, Worte)* ‖ fig *außer Fassung bringen* ‖ ~**se** fig *sich versprechen, sich verhaspeln* ‖ –**cazo** m *Schuß* m *mit dem Stutzen* ‖ fig *unvermuteter Schreck* m ‖ –**co** m *Steinschleuder* f *(frühere Kriegsmaschine)* ‖ *Stutzen* m, *Bombande, Donnerbüchse* f ‖ *And Knallbüchse* f *(Spielzeug)* ‖ fig *Durcheinander* m ‖ ~ **naranjero** *Blunderbüchse* f, pop *Räuberpistole* f *(Stutzen mit glockenförmigem Laufmündung)* ‖ *Trabuk(k)o* f *(Zigarre)* ‖ –**quete** f ⟨Hist⟩ *Wurfmaschine* f ‖ →a **catapulta, trabuco, traina**
trac m ⟨Th⟩ *Lampenfieber* n, fam *Bammel* m
traca f *Kette* f *von Feuerwerkskörpern* ‖ ⟨Mar⟩ *Plankenreihe* f ‖ ~**s** fpl Val p. ex *Volksfest* n *mit Feuerwerk (am 19. März)*
trácala f Mex PR fam *Schwindel, Betrug* m ‖ Ec = **tracalada**
traca|lada f Arg Col Mex *Menge* f, fam *lustiger Rummel* m ‖ –**mundana** f fam *Schacherei* f, *Hausierhandel* m ‖ fam *Wirrwarr, Lärm* m
tracción f *(An)Ziehen* n, *Zug* m ‖ *Antrieb* m ‖ ~ **animal** *(od de sangre) Betrieb* m *durch Zugtiere* ‖ ~ **delantera** *Vorderrad-, Front|antrieb* m ‖ ~ **eléctrica** *elektrischer Betrieb* m ‖ ~ **trasera** *Hinterradantrieb* m ‖ ~ **por vapor** *Dampf|betrieb, -antrieb* m ‖ **barra de** ~ *Kupplungsstange* f ‖ **correa de** ~ *Zugriemen* m *(in (fuerza de)* ~ ⟨Tech⟩ *Zugkraft* f ‖ **resistencia de** *(od* a la) ~ *Zugfestigkeit* f
Tra|cia f *Trakien* n ‖ ÷**co** adj *thrakisch* ‖ *m Trazier, Thraker* m
tracoma f ⟨Med⟩ *Trachom* n, *ägyptische (Augen)Krankheit* f
trac|to m *Strecke* f, *Trakt* m ‖ *Zeitraum* m ‖ ~ **digestivo** ⟨An⟩ *Verdauungstrakt* m ‖ ~ **gastrointestinal** *Magen-Darm-Trakt* m ‖ –**tocamión** f *Sattelschlepper* m ‖ –**tor** m *Traktor, Trecker* m, *Zugmaschine* f ‖ *Schlepper* m ‖ ~ **agrícola** *Ackerschlepper* m ‖ ~ **oruga** *Raupenschlepper* m ‖ ~ **semirremolque** *Sattelschlepper* m ‖ –**torista** m *Traktorfahrer, Traktorist* m

tractriz f ⟨Math⟩ *Traktrix, Schleppkurve* f
trad. Abk = **traducción** ‖ **traductor**
tradi|ción f *Tradition, Überlieferung* f ‖ *hergebrachte Sitte* f, *Brauch* m ‖ *(alte) Sage* f ‖ ⟨Jur⟩ *Übergabe, Auslieferung* f ‖ ~ **oral,** ~ **escrita** *mündliche, schriftliche Überlieferung* f ‖ –**cional** adj *überliefert* ‖ *(alt) herkömmlich, traditionell* ‖ –**cionalismo** m *Traditionsbewußtsein* n ‖ *Traditionsgebundenheit* f ‖ *(politischer od religiöser) Traditionalismus* m ‖ Span ⟨Hist⟩ *Karlismus* m ‖ –**cionalista** adj *traditionsbewußt* ‖ *traditionsgebunden, konservativ* ‖ ~ m *traditionsgebundener Mensch* m ‖ *Anhänger* m *des Traditionalismus* ‖ *Konservative(r)* m ‖ *Karlist* m
traducción f *Über|setzung, -tragung* f ‖ *Deutung, Auslegung* f ‖ ~ **al alemán** *Übersetzung ins Deutsche, Verdeutschung* f ‖ ~ **a libro abierto,** ~ **ex abrupto,** ~ **improvisada** *Stegreifübersetzung* f ‖ ~ **técnica** *Fachübersetzung* f ‖ ~ **autorizada,** ~ **revisada** *autorisierte, revidierte Übersetzung* f ‖ ~ **exacta, literal (verbal), libre, deficiente** *genaue, wörtliche, freie, fehlerhafte Übersetzung* f ‖ ~ **a máquina** *maschinelle Übersetzung* f ‖ ~ **políglota mehrsprachige Übersetzung** f ‖ ~ **simultánea** *Simultanübersetzung* f ‖ ~ **en verso,** ~ **versificada** *Versübersetzung* f ‖ **derecho, falta de** ~ *Übersetzungsrecht* n, *-fehler* m ‖ *oficina de* ~**es** *Übersetzungsbüro* n
traducianismo m ⟨Theol⟩ *Traduzianismus* m
tradu|cible adj *übersetzbar* ‖ –**cir** [-zc–] vt *über|setzen, -tragen* ‖ *ausdrücken, zum Ausdruck bringen* ‖ *ver|wandeln, -ändern* ‖ *zurückführen (en* auf acc*)* ‖ fig *deuten, auslegen* ‖ ~ **del español al alemán** *vom Spanischen ins Deutsche übersetzen* ‖ **en francés** *französisch wiedergeben* ‖ ~**se (en)** *sich ausdrücken, s–n Ausdruck finden* ‖ *sich auswirken (in* acc*)* ‖ *zurückgeführt werden können (auf* acc*)*
traduc|tor m *Übersetzer* m ‖ fig *Dolmetsch, Interpret* m ‖ ⟨Tech⟩ *Übersetzer, Umwandler* m ‖ ~ **autorizado, jurado, técnico** *berechtigter, be-, ver|eidigter, technischer (Fach)Übersetzer* m ‖ ~ **judicial** *Gerichtsübersetzer* m ‖ –**tora** f *Übersetzerin* f
traedor m *(Über)Bringer* m
traer [pres **traigo, traes** etc. perf **traje**, ger **trayendo**, pp **traído**] vt *(her)bringen* ‖ *mit-, über|bringen* ‖ *herbeischaffen* ‖ ⟨Jgd⟩ *apportieren* ‖ *tragen, anhaben, an sich haben (Kleid, Waffe)* ‖ *bei sich tragen* ‖ *bei sich führen, bei sich haben, behandeln* ‖ *nötigen, zwingen, dahinbringen, bewegen (zu)* ‖ *(her)anziehen, an sich ziehen* ‖ *beibringen, anführen (Gründe)* ‖ fig *herbeiführen* ‖ *mit sich bringen, nach sich ziehen* ‖ *ver|anlassen, -ursachen*
a) ~ **beneficio** *Nutzen bringen, von Nutzen sein* ‖ ~ **cola** *(unangenehme) Folgen haben* ‖ *eso trae malas consecuencias* **das hat schlimme (üble) Folgen** ‖ ~ **consigo** *mit (sich) bringen* ‖ *nach sich ziehen* ‖ ~ **un ejemplo** *ein Beispiel anführen* ‖ ~ **origen de** *entspringen aus* ‖ ~ **puesto** *anhaben, an tragen (Kleid)* ‖ ~ **perjuicio** *schädlich sein* ‖ ~ **y llevar** *hin u. her tragen* figf *klatschen, heruntertratschen* ‖ *¿qué trae V. de nuevo?* **was bringen Sie Neues?** ‖ *¿qué te trae por aquí?* fam *was führt dich her?* ‖ fam *was willst du (denn hier)?* ‖ *wie kommst du (hier)her?*

b) in präpositionalen Verb.: ~ **a camino** fig *auf den rechten Weg bringen* ‖ ~ **a la desesperación** *in Verzweiflung stürzen* ‖ ~ **a uno a mal** ~ fam *jdn mißhandeln* ‖ *plagen, quälen* ‖ → **boca** ‖ → **cuento** ‖ → **lengua** ‖ ~ **a la mano** *herbei|bringen, -schaffen* ‖ *traigo un negocio entre manos* **ich habe et Wichtiges vor** ‖ ~ **a la memoria** *ins Gedächtnis zurückrufen, in Erinnerung bringen, erinnern (in* acc*)* ‖ ~ **a uno a partido** *jdn überreden (od überzeugen)* ‖ *jdn zur Besinnung bringen* ‖ *jdn zum Einlenken bewegen* ‖ ~ **a uno al retortero** *(od de*

acá para allá) figf *jdm keine Ruhe lassen* || lo traigo en el bolsillo *ich habe es in der Tache* || ~ entre manos u/c fig *et in den Händen haben* || *et im Schilde führen* || ~ entre ojos fig *scharf im Auge haben* || ~ por adorno als *Schmuck tragen* || ~ por consecuencia *zur Folge haben*
c) in Verb. mit pp, als Ergebnis e–r vergangenen Handlung [→ **llevar** 2., **dejar** B), **tener** II)] || lo traigo terminado *ich bringe es fertig mit* || *ich bin damit fertig* || lo traigo bien estudiado *ich habe es gründlich durchgenommen, ich kann es, ich beherrsche es gut* || eso me trae preocupado *das macht mir Sorgen* || eso me trae convencido *das wirkt auf mich überzeugend* || eso le trae perdido *das richtet ihn zugrunde* || esa mujer le trae perdido fam *diese Frau hat ihn ganz bestrickt*
d) in Verb. mit adj: *machen* || lo trae loco *er (sie, es) macht ihn verrückt* || lo trae nervioso (fam frito) *er (sie, es) macht ihn nervös (od geht ihm auf die Nerven)*
~**se** *sich kleiden* || *sich betragen* || *beabsichtigen, vorhaben* || *bezwecken* || ese asunto se las trae fam *diese Sache hat es in sich* || *das ist e–e verflixte Geschichte* || es un hombre que se las trae fam *mit diesem Menschen ist nicht zu spaßen* || es una pieza que se las trae fam *es ist gepfeffert schwer (Musikstück)* || ¿qué se traerá ese hombre? *was mag dieser Mensch im Schilde führen?*
traeres *mpl Kleidung* f, *Kleider* npl
tráfago *m Handel* m || *(Geschäfts)Gewühl* n, *Betrieb, Rummel* m || fig *Mühe, Plage* f
trafagón adj/s *geschäftig, betriebsam* || ~ *m* fam *Arbeitstier* n, *Wühler* m
trafi|cante m *Händler m || desp *Händler, Krämer* m || *Schwarz-, Schleich\händler, Schieber* m || ~ de estupefacientes, ~ de drogas *Rauschgifthändler* m || **–car** [c/qu] vt/i *handeln, Handel treiben* || desp *schachern* || ◊ ~ en granos, en caballerías *Getreide-, Pferde\handel treiben* || ~ ilícitamente *schieben, schachern*
tráfico *m Handel* m *(oft desp)* || desp *Schacher* m || *Verkehr* m || ~ aéreo *Luftverkehr* m || ~ callejero *Straßenverkehr* m || ~ comercial, ~ mercantil *Handelsverkehr* m || ~ a corta distancia *Nahverkehr* m || ~ de estupefacientes, ~ de drogas *Rauschgifthandel* m || ~ ferroviario *Bahn-, Schienen\verkehr* m || ~ fronterizo *(kleiner) Grenzverkehr* m || ~ ilícito *Schleich-, Schwarz\handel* m, *Schiebung* f || ~ interurbano *Überland-, Fern\verkehr* m || ~ a larga distancia *Fernverkehr* m || ~ local *Ortsverkehr* m || ~ marítimo *Seeverkehr* m || ~ de mercancías *Güterverkehr* m || ~ sobre rieles *Schienenverkehr* m || ~ rodado *Fahrverkehr* m || ~ terrestre *Landverkehr* m || ~ urbano *Stadtverkehr* m || ◊ dirigir el ~ *den (Straßen)Verkehr regeln (Verkehrspolizist)*
trafulla f fam *List* f, *Kniff* m
traga|bolas m *Kugelschlucker* m *(Spielzeug)* || **–canto** *m*, **–canta** f ⟨Bot⟩ *Tragant* m (Astragalus tragacantha) || *Tragantgummi* n || **–deras** fpl *Schlund* m || ◊ tener buenas ~ figf *ein tüchtiger Esser sein* || fig *leichtgläubig sein, alles schlucken* || fig *ein weites Gewissen haben* || **–dero** *m Schlund* m || **–dor** *m* fam *Fresser* m || ~ de leguas figf *Kilometerfresser* m || **–hombres** *m Eisenfresser* m, *Großmaul* n
trágala m Span *Spottlied* n *(der Liberalen auf die Absolutisten i.J. 1834)*
tragaldabas m/f fam *Vielfraß* m || fam *Einfaltspinsel* m
traga|leguas m fam *Kilometerfresser* m || **–libros** *m Bücherwurm* m || **–luz** [pl **–ces**] m *Halb-, Giebel-, Dach\fenster* n || *Keller\loch, -fenster* n || *Luke* f || ⟨Mar⟩ *Bullauge* n
△**tragandil** *m* Barc *Zigarre* f
tragante m ⟨Metal⟩ *Gicht* f
tragan|tón *m* fam *Fresser* m || **–tona** f fam *Fresserin* f || *Schmauserei, Fresserei* f

tragaperras *m Spielautomat* m
tra|gar [g/gu] vt/i *(ver)schlucken, (ver)schlingen* || *hinunterschlucken* || figf *gierig essen, schlingen* || fig *verschlingen (Meer, Abgrund)* || fig *(herunter)schlucken, einstecken (e–e Beleidigung)* || fig *leichtsinnig glauben* || ◊ ~ millas (od kilómetros) pop *Kilometer fressen, rasend schnell fahren od laufen* || ~las pop *sich anführen lassen, auf den Leim gehen* || no poder ~ a alg. figf *jdn nicht ausstehen können* || ~**se**: ~ a/c figf *et verschlucken, leicht hinnehmen* || ◊ eso se traga toda mi fortuna figf *da geht mein ganzes Vermögen drauf* || se lo ha tragado todo fam *er hat sich das alles aufbinden lassen* || como si la tierra se lo hubiera tragado fig *wie wenn ihn die Erde verschlungen hätte* || tragárselas *alles (hinunter)schlucken* || **–gasantos** m fam desp *Frömmler* m || **–vientos** m ⟨Mar⟩ *Windfänger* m || **–zón** f fam *Gefräßigkeit* f
tragedia f *Trauerspiel* n, *Tragödie* f *(& fig)* || *Trauergesang m || autor de ~ *Trauerspieldichter* m || ◊ parar en ~ fig *e–n unglücklichen Ausgang nehmen*
trágico adj *tragisch* || fig *traurig, erschütternd* || *Trauer-* || actor ~ ⟨Th⟩ *Tragöde* m || autor, poeta ~ *Tragödiendichter* m || semana ~a *blutige Woche* f *(Revolution in Barcelona 1909, Buenos Aires 1920)* || ◊ ¡no te pongas (tan) ~! *stell dich nicht so an!* *(nun) tu bloß nicht so!* || tomarlo por lo ~ *es tragisch nehmen* || ~ *m Tragiker, Tragödiendichter* m || *Tragöde, Tragödienspieler* m
tragi|comedia f *Tragikomödie* f *(& fig)* || **–cómico** adj *tragikomisch*
tra|go *m Schluck* m || fig *Leidenskelch* m || fig *Unannehmlichkeit* f, *Kummer, Ärger* m || Ec pop *Branntwein* m || de un ~ *mit e–m Schluck, in e–m Zug* || a ~s fam *schluckweise* || fig *nach u. nach* || ◊ beber a largos ~s *in langen Zügen trinken* || fig *auf einmal* || echar un ~ *e–n Schluck nehmen* || pasar la vida a ~s figf *die Arbeit mit Erholung abwechseln lassen* || *das Leben in vollen Zügen genießen* || **–gón, ona** adj fam *gefräßig* || ~ *m* fam *Fresser* m || **–gonería, *–gonía** f fam *Gefräßigkeit* f
trai|ción f *Verrat* m || *Treulosigkeit, Untreue* f || *Falschheit, Tücke* f || alta ~ *Hochverrat* m || reo (del crimen) de alta ~ *Hochverräter* m || ~ a la patria *Landesverrat* m || con ~ *verräterisch, treulos* || a ~ *verräterisch(erweise), durch Verrat* || muerte a ~ *Meuchelmord* m || ~ *meuchlings ermorden* || **–cionar** vt *verraten* || **–cionero** adj *verräterisch* || *treulos, falsch* || *heimtückisch* || ~ *m Verräter* m
traí|da f *Überbringung* f || *(Her)Bringen* n || ~ de aguas *Wasser\zufuhr, -leitung* f || **–do** adj *gebracht* || *getragen* || *abgetragen (Kleidungsstück)* || bien ~ *figf passend, treffend* || ~ de los cabellos fig *an den Haaren herbeigezogen*
traí|dor adj *verräterisch* || *treulos* || *falsch, tückisch* (bes *v. Tieren*) || adv: ~**amente** || ~(**a**) *m(f) Verräter(in)* m (f) || *Treulose(r)* m/f
traigo → **traer**
△**trail** *m Spur, Fährte* f
trailer m engl *Anhänger* m || *Vorspann* m *(Film)* → **avance**
tra|illa f ⟨Jgd⟩ *Koppel-, Leit\riemen* m || *Peitschenschnur* f || ⟨Jgd⟩ *Koppel, Meute* f *(& fig)* || *Hundekoppel* f || ⟨Agr⟩ *(Art) Egge* f || *Schrappkübel, Schrapper* m || **–illar** vt *eggen* || **–ina** f *Schleppnetz* n
△**trainel** *m Hurenknecht* m
trainera f *Schleppnetzboot* n || *Sardinenkutter* m
trajano adj *trajanisch, den Kaiser Trajan (Trajano) betreffend* || columna ~a *Trajansäule* f
△**traja|ta** f *Falle, Schlinge* f || △**–toy** adj *lästig*
tra|je *m (Herren)Anzug* m || *Kleid* n || *Kleidung* f || *Tracht* f || Cu *Leibchen* n || ~ de abrigo *warmer Anzug* m || ~ de amianto *Asbestanzug* m || ~ de baile *Ballkleid* n || ~ de baño *Badeanzug* m || ~ de

calle *Straßenanzug* m ‖ ~ *casero*, ~ *de casa Hausanzug* m ‖ ~ *de caballero, de señora Herrenanzug m, Damen|kleid, -kostüm* n ‖ ~ *de ceremonia*, ~ *de etiqueta (Dienst)Uniform* f, *Staatskleid* n ‖ *Gesellschaftsanzug* m ‖ ~s *confeccionados Konfektion(skleidung)* f ‖ ~ *chaqueta Jackenkleid* n ‖ ~ *de esgrima Fechtanzug* m ‖ ~ *espacial Raum-(fahrer)anzug* m ‖ ~ *de fatiga Am Felduniform* f ‖ ~ *de frac Frack* m ‖ ~ *hecho Konfektionsanzug* m ‖ ~ *de invierno, de verano Winter-, Sommer|anzug* m ‖ ~ *de luces* ⟨Taur⟩ *Stierkämpfertracht* f ‖ ~ *a* (Am & sobre) *medida Maßanzug* m ‖ ~ *de montar,* ~ *de equitación Reitdreß* m ‖ ~ *nacional Landes-, Volks|tracht* f ‖ ~ *de noche Abendkleid* n ‖ ~ *pantalón Hosenanzug* m ‖ ~ *de penado Sträflingsanzug* m ‖ ~ *de playa Strandanzug* m ‖ ~ *regional Trachten|kostüm, -kleid* n ‖ ~ *sastre Schneiderkostüm* n *(Damenkleid)* ‖ ~ *de sociedad Gesellschaftsanzug* m ‖ ~ *de serio schwarzer Anzug, Frack* m ‖ ~ *de servicio Dienstkleidung* f ‖ ~ *de trabajo Arbeitsanzug* m ‖ ◊ *cambiar de* ~ *sich umkleiden* ‖ *cortar un* ~ fig *klatschen* ‖ *hacerse un* ~ *sich e-n Anzug machen (lassen)* ‖ *llevando* ~ *de gala festlich gekleidet* ‖ **–jeado** adj: *bien* (mal) ~ *gut* (*schlecht*) *gekleidet* ‖ **–jear** vt *(ein)kleiden*
△**trajelar** vt = **tragar**
tra|jín m *(Güter)Beförderung* f ‖ fig *lebhafter (Strecken)Verkehr* m ‖ fig *Hin- und Her|laufen* n, *Lauferei* f, *Betrieb* m ‖ fig *Gewühl* n, *Wirrwarr* m ‖ **–jinante, –jinero** m *Fuhr|mann, -werker* m ‖ **–jinar** vt *(Güter) befördern* ‖ *(auf Lasttieren) fortbringen* ‖ ~ vi *(handelnd) umherziehen* ‖ fam *hin und her laufen, sehr geschäftig sein* ‖ *herumwirtschaften* ‖ **–jinería** f *Fuhrwesen* n
tra|lla f *(Peitschen)Strick* m, *Seil* n ‖ *Peitsche (-nschnur)* f ‖ dim: **–lleta** f ‖ **–llazo** m *Peitschen|hieb, -knall* m ‖ fig *Wischer* m
tra|ma f ⟨Web⟩ *(Durch)Schuß* m ‖ p. ex *Tramseide* f ‖ fig *Komplott* n ‖ *abgekartetes Spiel* n ‖ fig *Knoten* m *(Drama)* ‖ *Plan* m, *Anlage* f *(z. B. e-s Romans)* ‖ *Baumblüte* f (bes *Oliven*) ‖ ⟨Filmw TV Typ⟩ *Raster* m/n ‖ ~ *de bordado Stickfaden* m ‖ ~ *de colores* ⟨Typ⟩ *Farbraster* m ‖ *hilo de* ~ *Schußgarn* n ‖ **–mador** m fig *Anstifter* m ‖ **–mar** vt/i ⟨Web⟩ *ein|schlagen, -schießen* ‖ fig *anstellen, anzetteln, anstiften, einfädeln* ‖ ◊ ~ *traición Verrat schmieden* ‖ *no sé qué está tramando ich weiß nicht, was er in der Schilde führt* ‖ ~ vi *blühen* (bes *Olivenbäume*)
△**trambarén** adv *so groß*
tramilla f → ¹**bramante**
trami|tación f *Verhandlung, amtliche Erledigung* f, *Formalitäten* fpl ‖ *Dienst-, Amts|weg* m, *Fortgang* m *(z. B. e-s Gesuches)* ‖ ⟨Jur⟩ *Instanzen|gang, -weg, -zug* m ‖ **–tar** vt/i ⟨Verw⟩ *weiter|leiten, -geben* ‖ *(amtlich) erledigen, bearbeiten* ‖ fig *in die Wege leiten*
trámite m *Übergang, Weg* m ‖ *Verfahrensweg* m ‖ *Geschäftsgang* m ‖ *Erledigung, Bearbeitung* f ‖ *Formalitäten* fpl ‖ *(Fort)Gang* m *e-r Rechtssache* ‖ ⟨Jur⟩ *Instanzen|zug, -gang, -weg* m ‖ ~s *de exportación Ausfuhrformalitäten* fpl ‖ *asuntos de* ~ *(Routine)Angelegenheiten* fpl ‖ ◊ *activar el* ~ *den amtlichen Dienstgang beschleunigen*
tramo m *Stück* n *Land* ‖ *Abschnitt* m ‖ *(Weg-)Strecke* f ‖ *Treppen|lauf, -arm* m ‖ ⟨Arch⟩ *Stütz-, Spann|weite* f ‖ ~ *de cable Kabelstrang* m ‖ ~ *de ensayo Versuchsstrecke* f
tramojo m *Stroh-, Garben|band* n ‖ fam *Not, Plage* f
tramon|tana f *Tramontana, Tramontane* f *(Nordwind im Mittelmeer)* ‖ *Norden* m ‖ fig *Eitelkeit* f ‖ ◊ *perder la* ~ figf *den Kopf verlieren* ‖ **–tano** adj *jenseits der Gebirge* ‖ **–tar** vt *(de e-m Gebirge) überschreiten* ‖ *(Gefangenen) zur Flucht verhelfen* ‖ ~ vi *untergehen (Sonne)* ‖ ~**se** fig *entfliehen* ‖ **–te** m *Untergang* m *(der Sonne)*

tramo|ya f ⟨Th⟩ *Bühnen|maschinerie* f, *-gerät* n ‖ *Mühl-, Einschütt|trichter* m ‖ fig *tückischer Anschlag* m ‖ ◊ *armar una* ~ *intrigieren* ‖ **–yista** m/adj ⟨Th⟩ *Bühnenarbeiter* m ‖ *Kulissenschieber* m ‖ figf *Intrigant, Ränkeschmied* m
tramp m *Trampschiff* n
tram|pa f *Falle* f (& fig) ‖ *Wildgrube, (Fuchs-)Falle* f ‖ *Wolfsgrube* f ‖ ⟨Jgd⟩ *Bärenfang* m ‖ *Fallstrick* m ‖ *Falltür* f ‖ *Bodenklappe* f ‖ ⟨Com⟩ *Ladentischklappe* f ‖ *Streif* m *am Hosenlatz* ‖ *Kohlengitter* n ‖ fig *Betrug, Schwindel, Kunstgriff, Kniff* m (bes *im Spiel*) ‖ ~ *de iones* ⟨Elc TV⟩ *Ionenfalle* f ‖ *legal erlaubte Täuschung* f ‖ *Rechtskniff* m ‖ sin ~ fig *redlich* ‖ ◊ *armar (od poner)* ~ *e-e Falle stellen* (& fig) ‖ *caer (od dar, dejarse coger) en la* ~ figf *in die Falle, auf den Leim gehen* ‖ *coger en la* ~ figf *auf frischer Tat ertappen* ‖ → **ley** ‖ ~**spl** *(betrügerische) Schulden* fpl ‖ ◊ *hacer* ~ fig *mogeln, schwindeln* ‖ *poner* ~ fig *Fallstricke legen* ‖ **–pear** vt fam *überlisten, anführen* ‖ fam *jdm et abschwindeln* ‖ ~ vi fam *betrügerisch Schulden machen* ‖ *schwindeln* ‖ fam *das Leben fristen* ‖ ◊ va *–peando* fam *er schleppt sich so hin (von e-m Kranken)* ‖ **–pero** m *Trapper* engl, (nordam) *Pelztierjäger* m ‖ **–pilla** f dim v. **–pa** ‖ *Guckloch* n ‖ *Bodenklappe* f ‖ *Hosenlatz* m ‖ *Ofentür* f ‖ ~**spl** *abklappbare Seitenwände* fpl *(am Lastkraftwagen)* ‖ **–pista** adj/s = **–poso** ‖ **–polín** m *Sprungbrett* n *(Turnen, Schwimmen)* (& fig) ‖ *Trampolin* n ‖ ~ *de los tres metros Dreimeterbrett* n *(im Schwimmbad)* ‖ **–poso** adj *betrügerisch* ‖ ~ m *Betrüger, Schwindler* m ‖ *Falschspieler* m
△**tran** adv = **tan**
tran|ca f *dicke Stange* f, *Knüppel* m ‖ *Torriegel, Sperrbaum* m ‖ *(eiserne) Querstange* f ‖ figf *Rausch, Schwips* m ‖ *a* ~**s** *y barrancas mit Ach und Krach* ‖ **–cada** f *langer Schritt* m ‖ *en dos* ~**s** figf *im Handumdrehen, im Nu* ‖ **–canil** m ⟨Mar⟩ *Stringer* m ‖ **–car** [c/qu] vt *ver-, zu|riegeln (mit e-r Querstange)* ‖ ~ vi fam *lange Schritte machen* ‖ **–cazo** m *Stoß* m *mit e-r (Quer)Stange, mit e-m Knüppel* ‖ pop *Grippe, Influenza* f
trance m *entscheidender, kritischer Augenblick* m ‖ *Trance* f *(Hypnose)* ‖ fig *Todesstunde* f ‖ ⟨Jur⟩ *Zwangsver|steigerung* f, *-kauf* m ‖ ~ *apretado heikler, kitzliger Fall* m ‖ ~ *de armas Gefecht* n, *Kampf* m ‖ ~ *mortal Todes|stunde* f, *-kampf* m ‖ *a todo* ~ *auf jeden Fall, um jeden Preis, unbedingt* ‖ *komme was wolle* ‖ ◊ *hallarse en un* ~ *difícil* fig *in e-r Klemme sein od stecken*
tranco m *großer Schritt* m ‖ ⟨Agr⟩ *Strich, Sensenhieb* m ‖ *(Tür)Schwelle* f ‖ *a* ~**s** figf *in der Eile, flüchtig* ‖ *en dos* ~**s** figf *im Handumdrehen, im Nu* ‖ ◊ *andar a* ~**s** *tüchtig ausschreiten* ‖ *subir la escalera a* ~**s** *die Treppe hinaufstürmen*
tranchete m → **chaira**
△**tranflima** conj *auch nicht*
tranque|ar vi fam *große Schritte machen* ‖ **–ra** f *(Latten)Zaun* m ‖ *Bretterwand* f
△**tranquia** f *(Wein)Traube* f
tranquil m ⟨Arch⟩ *Senkrechte* f, *Lot* n ‖ *arco por* ~ ⟨Arch⟩ *Ruhebogen* m
tranqui|lamente adv *mit aller Ruhe* ‖ *friedlich* ‖ **–lar** vt ⟨Com⟩ *(Posten) abstreichen (Buchhaltung)* ‖ **–lidad** f *Ruhe, Stille* f, *Friede* m ‖ *Gelassenheit* f ‖ *Beruhigung* f ‖ ◊ *recobrar la* ~ *sich (wieder) beruhigen* ‖ **–lizador** adj/s *beruhigend* ‖ ~ m ⟨Pharm⟩ *Tranquilizer* m (engl) ‖ **–lizante** m ⟨Pharm⟩ *Beruhigungsmittel* n ‖ **–lizar** [z/c] vt *beruhigen, beschwichtigen* ‖ ~**se** *sich beruhigen* ‖ ¡*lícese V.! beruhigen Sie sich!* ‖ **–lo** adj/s *ruhig, still* ‖ *sanft* ‖ *friedlich* ‖ *gelassen* ‖ fam *zufrieden, sorglos* ‖ fam *rücksichtslos, dreist* ‖ *tiempo* ~ *ruhiges Wetter* n ‖ *Windstille* f ‖ *Pepe* ≃ pop *Phlegmatikus* m ‖ ◊ *déjame* ~ *! laß mich in Ruhe!* ‖ *puedes quedarte* ~ *du brauchst dir keine Sorgen zu machen*
tranqui|lla f dim v. **tranca** ‖ *Stellstift* m ‖ *Riegel* m ‖ fig *Fallstrick* m ‖ *Hinterhegung* f ‖ **–llo** m prov

Türschwelle f || fig *Kniff, Dreh* m || ◊ coger el ~ figf *dahinterkommen, den Dreh heraushaben* || **-za** f Mex fam *Tracht* f *Prügel*
trans- präf *hindurch, hinüber, jenseits, jenseitig* || *über ... hinaus* || *hin-* || *Trans-* || → a **tras**
trans. Abk = **tránsito**
trans|acción f *Vergleich* m, *Übereinkommen* n || *Vertrag* m, *Übereinkunft* f || *Geschäftsabschluß* m, *Geschäft* n, *Transaktion* f || ~ bancaria *Bankgeschäft* n || ~ comercial *Handelsgeschäft* n || ~**es** pl *Geschäfte* npl || *Umsatz* m || ~ financieras *Geldgeschäfte* npl || ~ con prima *Prämiengeschäfte* npl *(Börse)* || cifra de ~ ⟨Com⟩ *Umsatz* m || **-alpino** adj *jenseits der Alpen (gelegen), transalpin(isch)* || **-andino** adj Am *transandinisch, jenseits der Anden* (Andes) *gelegen* || *(ferrocarril)* ⊥ m *(Trans)Andenbahn* f *(Buenos Aires - Valparaíso)* || **-atlántico** adj *überseeisch, transatlantisch* || → **banco** || (vapor) ~ *Ozeandampfer* m || *Fahrgastschiff* n *für den Atlantikdienst* || vuelo ~ *Atlantikflug* m
transbor|dador m *Fährschiff* n, *Fähre* f || *Umladebrücke* f || *Schiebebühne* f || *Verladekran* m || ~ funicular *Seil-, Schwebe|bahn* f || **-dar** vt *umladen* || *umschlagen (Güter)* || *überfahren, übersetzen (über ein Gewässer)* || ~ vi ⟨EB⟩ *umsteigen* || **-do** m *Umladung* f || *(Güter) Umschlag* m || *Umsteigen* n || sin ~ *ohne Umladen* || nota de ~ ⟨Com⟩ *Umladungsschein* m || estación de ~ *Umlade-* bzw *Umsteige|bahnhof* m || puerto de ~ *Umschlaghafen* m || ◊ aquí hay ~ *hier muß man umsteigen* || ¡~! *Umsteigen!*
Trans|caucasia f ⟨Geogr⟩ *Transkaukasien* n || ~**caucásico** adj *transkaukasisch*
trans|cendencia f etc. → **trascendencia** etc. || **-conexión** f ⟨Tel⟩ *Durchschaltung* f || **-continental** adj *transkontinental (e-n Erdteil durchquerend)* || ferrocarril ~ Am *Verbindungsbahn* f *zwischen der Ost- und West|küste* || **-cribir** vt *ab-, um-, über|schreiben* || *zitieren, entnehmen (ein Zitat)* || ⟨Lit⟩ *transkribieren* || ⟨Mus⟩ *bearbeiten, arrangieren* || ~ para orquesta ⟨Mus⟩ *für Orchester bearbeiten* || **-cripción** f *Abschrift* f || *Umschrift* f || ⟨Lit⟩ *Transkription* f || ⟨Mus⟩ *Bearbeitung* f || ~ para piano *Klavierbearbeitung* f *(e-s Musikstückes)* || **-cri(p)to** pp/irr v. **-cribir** || **-culturación** f *Transkulturation, Kulturübernahme* f || **-currir** vi *ver|streichen, -gehen (Zeit)* || ◊ ~currido este tiempo *nach Ablauf dieser Zeit* || han -currido ya muchos años (desde entonces) *es ist (seitdem schon) viele Jahre her* || **-curso** m *Verlauf* m *(der Zeit)* || con el ~ del tiempo *im Laufe der Zeit* || **-cutáneo** adj ⟨Med⟩ *trans-, per|kutan* || **-danubiano** adj *jenseits der Donau (gelegen)*
transductor m ⟨El⟩ *Transduktor* m
transeúnte adj/s *vorübergehend* || ⟨Philos⟩ *transeunt* || ~ m *Vorübergehende(r), Fußgänger, Passant* m || *Durchreisende(r)* m || (socio) ~ *Gastmitglied* n *(e-s Vereins)*
transfe|rencia f *Über|tragung, -eignung, Abtretung* f || ⟨Com⟩ *Überweisung* f || *Transfer* m || *Begebungsvermerk* m *(im Wechsel)* || ~ de acciones *Übertragung* f *von Aktien* || ~ bancaria *Banküberweisung* f || ~ cablegráfica ⟨Com⟩ *Kabel|überweisung, -auszahlung* f || cheque de ~ *Überweisungsscheck* m || ◊ hacer una ~ ⟨Com⟩ *übertragen (in den Büchern)* || **-feribilidad** f *Übertragbarkeit* f || *Übertragungsfähigkeit* f || *Transferierbarkeit* f || **-rible** adj *übertragbar* || *überweisbar* || *transferierbar* || ⟨Com⟩ *begebbar* || ~ por endoso ⟨Com⟩ *indossierbar, durch Indossament übertragbar (Wechsel)* || títulos ~s *übertragbare Papiere* npl || **-ridor** m ⟨Com⟩ *Girant, Indossant, Begebende(r)* m || **-rir** [ie/i] vt ⟨Jur⟩ *über|tragen, -eignen* || *überschreiben* || ⟨Com⟩ *überweisen* || *transferieren* || *(Termin) verlegen, verschieben* || *über|setzen, -tragen* || ⟨Tel⟩ *umlegen, umschalten (Anruf)* || ◊ ~ en *übertragen auf* (acc) || *abtreten*

(dat) || ~ mediante endoso ⟨Com⟩ *durch Giro übertragen* || ~ los negocios *das Geschäft übertragen* || ~ la propiedad, un derecho *das Eigentum, ein Recht übertragen*
trans|figuración f *Verwandlung, Umgestaltung* f || *Verklärung (Christi), Transfiguration* f || Muerte y ⊥ ⟨Mus⟩ *Tod und Verklärung (Rich. Strauss)* || **-figurar** vt *verwandeln, umgestalten* || *verklären* || ~**se** *sich verwandeln* || *verklärt werden* || **-fijo** adj *durch|stochen, -bohrt* || **-fixión** f *Durch|stechung, -stoßung, -bohrung* f || fig *durchbohrende Schmerzen* mpl || **-flor** m ⟨Mal⟩ *Metallmalerei* f || **-florar** vt ⟨Mal⟩ *durchzeichnen* || ~ vi *durch|scheinen, -schimmern* || **-florear** vt *auf Metall malen* || **-fluencia** f ⟨Geol⟩ *Transfluenz* f *(von Gletschern)*
transfor|mación f *Transformation, Umbildung, Umgestaltung* f || *Umformung* f || *Umwandlung* f || *Verwandlung* f || *Wandel* m || *Ab-, Ver|änderung* f || *Verarbeitung* f *(e-s Produktes)* || ⟨El⟩ *Umformung* f || *Umspannung* f || ⟨Chem⟩ *Umsetzung* f || ~ en sociedad ⟨Com⟩ *Umwandlung* f *in e-e Gesellschaft* || el artista de las ~es *der Verwandlungskünstler* || **-macional** adj: gramática generativa ~ *generative Transformationsgrammatik* f || **-mador** adj: industria ~a *Verarbeitungsindustrie* f || ~ m ⟨El⟩ *Transformator, Trafo, Spannungsumwandler* m || ~ de alimentación *Netz (-anschluß)-, Speise|transformator* m || **-mar** vt *umformen, umbilden, umgestalten* || *verwandeln in* (acc) || *verarbeiten (Produkt)* || ⟨El⟩ *umformen, umspannen* || ⟨Chem⟩ *umsetzen* || fig *(sittlich) umbilden* || ◊ ~ en *verwandeln in* (acc) || ~**se** *sich verändern, sich verwandeln* (en in acc) || **-mativo** adj *umgestaltend* || **-mismo** m ⟨Biol⟩ *Transformismus* m *(Abstammungslehre v. Lamarck* bzw *Darwin)* || **-mista** m *Anhänger* m *des Transformismus* || *Verwandlungskünstler* m
tránsfu|ga, -go m ⟨Mil⟩ *Fahnenflüchtige(r), Überläufer, Deserteur* m || fig *Abtrünnige(r)* m
trans|fundir vt ⟨Med⟩ *gießen, umfüllen* || ◊ ~ sangre ⟨Med⟩ *Blut übertragen* || ~**se** vr *überströmen* || **-fusión** f *Umfüllen* n || *Hinüberleitung* f || ~ de sangre, ~ sanguínea ⟨Med⟩ *Transfusion, Blutübertragung* f || **-fusor** adj: aparato ~ *Umfüll-, Transfusions|gerät* n || **-gredir** vt/i *(Gesetze) übertreten* || **-gresión** f *Über|tretung* f, *-schreiten, Zuwiderhandeln* n || ⟨Geol⟩ *Transgression* f *(Vorrücken des Meeres)* || ~ de la ley *Übertretung* f *des Gesetzes* || **-gresivo** adj *transgressiv, Übertretungs-* || **-gresor** m *Übertreter* m
transhumancia f = **trashumancia**
transiberiano adj: ferrocarril ~ *Transsibirische Eisenbahn* f, *Transsib* f (russ)
transi|ción f *Übergang* m *(zu)* || ⟨Mus⟩ *Modulation* f || ⟨Flugw⟩ *Transition* f || de ~ *Übergangs-* || en estado de ~ *im Übergangsstadium* || sin ~ *übergangslos* || período, época de ~ *Übergangs|periode, -zeit* f || ◊ sufrir una ~ *brusca umschlagen* || **-do** adj *erstarrt, starr* || p. ex er-schöpft || fig *knauserig* || ~ de frío *vor Kälte erstarrt* || *erfroren*
transi|gencia f *Nachgiebigkeit* f || *Duldsamkeit* || *Versöhnlichkeit* f || **-gente** adj *versöhnlich* || *nachgiebig* || **-gir** [g/j] vt *vergleichen, beilegen* || ~ vi *e-n Vergleich schließen* || *sich aus-, ver|gleichen* (con mit) || *sich fügen, sich abfinden, nachgeben* || ◊ ~ con *vergonzosas claudicaciones* ⟨bes Pol⟩ *auf beschämende Bedingungen eingehen*
transilva|no m *Siebenbürger, Bewohner* m *von Siebenbürgen* || ~**nia** f *Siebenbürgen* n
transistor m ⟨Radio⟩ *Transistor* m || p.ex *Transistor(gerät* n*)* m || ~**izar** vt *transistor(is)ieren*
transitabilidad f *Befahrbarkeit* f || *Passierbarkeit* f
transi|table adj *gangbar, begehbar, be-, durch|-*

transitar — transposición 1070

fahrbar, passierbar (Weg) ‖ **-tar** vi *verkehren* ‖ *durch|gehen, -ziehen, -reisen, -fahren* ‖ ◊ ~ *por las calles auf den Straßen verkehren, durch die Straßen gehen* ‖ **-tario** m ⟨Com⟩ *Durchfuhrspediteur* m ‖ *Transiteur* m ‖ *Transithändler* m ‖ **-tivo** adj *Übergangs-* ‖ ⟨Gr⟩ *transitiv (Verb)*
tránsito m *Über|gang* m, *-fahrt* f ‖ *Durch|zug, -marsch* m ‖ *(Waren)Verkehr* m, *Durchfuhr* f, *Transit* m ‖ *Überlandverkehr* m ‖ *Straßen|-durchgang, -verkehr* m ‖ *Hin|gang* m, *-scheiden* n, *Tod* m ‖ el ⩴ de la Virgen ⟨Kath⟩ *Mariä Himmelfahrt* f ‖ ⩴ f span. *Frauenname* ‖ de ~ *auf der Durchfahrt, auf der Durchreise* ‖ *vorübergehend (Aufenthalt)* ‖ *certificado, póliza, nota* de ~ *Transit-, Durchfuhr|schein* m ‖ *derechos* de ~ *Transit-, Durchfuhr|zoll* m ‖ *estación* de ~ → **estación** ‖ *mercancías* de ~ *Durchgangs-, Transit|güter* npl ‖ *puerto de* ~ *Umschlaghafen* m ‖ ◊ *conducir por* ~s *de justicia* ⟨Jur⟩ *(e-n Landstreicher) auf den Schub bringen* ‖ *hacer* ~s *Rast machen (auf e-r Reise)*
transitoriedad f *vorübergehende Geltung* f ‖ *Vergänglichkeit* f
transitorio adj *vorübergehend, nicht beständig* ‖ *einstweilig* ‖ *Übergangs-, Überbrückungs-* ‖ *vergänglich* ‖ *estado* ~ *Übergangsstadium* n ‖ adv: **~amente**
trans|jurano adj *jenseits des Juragebirges* ‖ **-lación** f = *traslación* ‖ ~ *correccional Strafversetzung* f ‖ **-lado** m etc. → **traslado** etc. ‖ **-limitación** f fig *Übertretung* f *(der Grenzen)* ‖ *Zuwiderhandlung* f ‖ **-lucidez** f *Durchscheinen* n, *Durchsichtigkeit* f ‖ *Durchschimmern* n ‖ **-lúcido** adj *transluzent, transluzid, durchscheinend, lichtdurchlässig* ‖ **-marino** adj *überseeisch* ‖ **-mediterráneo** adj: *(Compañía)* ⩴ a *e-e span. Küstenschiffahrtsgesellschaft* f ‖ **-migración** f *Übersied(e)lung* f ‖ *Auswanderung* f ‖ ~ *de las almas,* ~ *pitagórica Seelenwanderung* f ‖ **-migrar** vi *(aus)wandern*
transmi|sible adj *übertragbar* ‖ *erblich* ‖ ⟨Med⟩ *ansteckend* ‖ **-sión** f ⟨Jur⟩ *Übertragung* f ‖ *Überlassung* f ‖ ⟨Tech⟩ *Kraftübertragung, Transmission* f ‖ *Übersetzung* f ‖ *Getriebe, Vorgelege* n ‖ ⟨Biol Phys⟩ *Übertragung, Fortleitung* f ‖ ⟨El⟩ *Sendung, Übertragung* f ‖ ~ *por cable Seilübertragung* f ‖ ~ *por cadena Ketten|übertragung* f, *-antrieb* m ‖ ~ *de conceptos (od ideas) Gedankenüber|mittlung, -tragung* f ‖ ~ *eléctrica elektrischer Antrieb* m ‖ ~ *por engranajes Zahnradübertragung* f ‖ ~ *de estímulos* ⟨Biol⟩ *Reizleitung* f ‖ ~ *flexible Gelenkantrieb* m ‖ ~ *flexible (de Bowden),* ~ *tubular Bowdenkabel* n ‖ ~ *de fuerza Kraftübertragung* f ‖ ~ *inalámbrica Funkübertragung* f ‖ ~ *de movimiento Bewegungsübertragung* f ‖ ~ *por radio Rundfunkübertragung* f ‖ ~ *térmica Wärmeübertragung* f ‖ *árbol de* ~es ⟨Radio⟩ *Senderaum* m ‖ *soldados de* ~es *Nachrichtentruppe* f ‖ **-sor** adj: *estación* ~ a *Sendestation* f, *Sender* m ‖ *faro* ~ *Seefunkstation* f ‖ *mecanismo* ~ *Getriebe* n, *Transmission* f ‖ ~ m *Übermittelnde(r)* m ‖ *Zustellende(r)* m ‖ *Absender* m ‖ *Übertrager, Geber* m ‖ *Meßwandler* m ‖ ⟨Radio⟩ *Sende|r* m, *-gerät* n ‖ *Übertragungsgerät* n ‖ *Fernsprechmuschel* f ‖ **-tir** vt *über|tragen, -geben* ‖ *übermitteln, weitergeben* ‖ *übersenden* ‖ ⟨Jur⟩ *übertragen, abtreten* ‖ *überlassen* ‖ *fortpflanzen, überliefern (Meinungen)* ‖ ◊ ~ *un concierto en Konzert übertragen* ‖ ~ *un pedido e-e Bestellung einsenden* ‖ ~ *por teléfono telefonisch übermitteln*
transmu|dar vt *ver-, um|wandeln* ‖ = **trasladar** ‖ **-table** adj *umwandelbar* ‖ **-tación** f *Ver|wandlung, -änderung* f ‖ ⟨Biol⟩ *Transmutation* f ‖ ⟨Nucl⟩ *(Kern)Umwandlung* f ‖ **-tar** vt *ver-, um|wandeln, umändern* ‖ **-tativo, -tatorio** adj *ver-,*

um|wandelnd
trans|oceánico adj *überseeisch* ‖ **-pacífico** adj: *buque* ~ *Ozeandampfer* m *im Stillen Ozean* ‖ **-paleta** f *Palette* f *(Lademittel)*
transparen|cia f *Durchsichtigkeit* f ‖ *Lichtdurchlässigkeit* f ‖ *Transparenz* f ‖ **-tarse** vr *durchscheinen* (& fig) ‖ **-te** adj *durch|sichtig, -scheinend* (& fig) ‖ *durchlässig* ‖ *transparent* ‖ fig *arglos, schlicht* ‖ *papel* ~ *Transparentpapier* n ‖ ~ m *Transparent* n ‖ *Leucht|gemälde, -bild* n ‖ *Spruchband* n
trans|pasar → **traspasar** ‖ **-piración** f *Transpiration* f ‖ *(Haut)Ausdünstung* f ‖ *(Aus)Schwitzen* n ‖ *Schweiß* m ‖ **-pirar** vi/t *ausdünsten* ‖ *(aus-)schwitzen* ‖ *durchsickern* (& fig) ‖ **-pirenaico** adj/s *jenseits der Pyrenäen gelegen* ‖ *über die Pyrenäen führend (Bahn)* ‖ *auf der Länder jenseits der Pyrenäen bezüglich (Handel)* ‖ **-poner** [irr → poner] vt/i *verlegen* ‖ *ver|setzen, -pflanzen* ‖ *übersteigen, durchqueren (ein Gebirge, e-n Wald)* ‖ *zurücklegen (Strecke, Weg)* ‖ *hinübergehen (über e-e Straße)* ‖ ◊ ~ *una esquina hinter e-r Ecke verschwinden* ‖ ~ *el umbral die Schwelle überschreiten (bes fig)* ‖ **~se** *verschwinden, untergehen (Sonne, Gestirne)* ‖ *(hinter e-r Ecke) verschwinden* ‖ fig *einschlummern*
transpor|table adj *transportfähig* ‖ *tragbar (z. B. Schreibmaschine)* ‖ *transportabel* ‖ **-tación** f *Über|tragung, -bringung* f ‖ *Beförderung* f ‖ **-tado** adj *entzückt, außer sich* ‖ *hingerissen* ‖ ~ *de alegría* fig *in e-m Freudentaumel* ‖ **-tador** adj *(be)fördernd, Förder-* ‖ ~ m ⟨Tech⟩ *Förderer* m, *Fördergerät* n ‖ ⟨Math⟩ *Transporteur, Winkelmesser* m ‖ *Transporteur, Zubringer* m *(z. B. an Nähmaschinen)* ‖ *Schwebe-, Seil|bahn* f ‖ ~ *de cinta* ⟨Tech⟩ *Bandförderer* m, *Förderband* n ‖ ~ *sin fin Förderschnecke* f ‖ ~ *de rodillos Rollen|förderer* m, *-bahn* f, *Rollgang* m ‖ **-tar** vt *fort|schaffen, -bringen* ‖ *befördern, transportieren* ‖ *versenden (Waren)* ‖ *hinreißen, begeistern (Leidenschaft)* ‖ ⟨Com⟩ *vortragen (Saldo)* ‖ ⟨Mus⟩ *transponieren* ‖ ◊ ~ *a cuenta nueva* ⟨Com⟩ *auf neue Rechnung vortragen* ‖ ~ *por buque ver|schiffen, -laden* ‖ **~se** fig *außer sich geraten* ‖ *in Entzücken geraten* ‖ ◊ ~ *de alegría vor Freude außer sich sein*
transpor|te m *Fort|bringung, -schaffung* f ‖ *Überführung* f ‖ *Abfuhr* f *(Waren)* ‖ *Beförderung* f, *Transport* m ‖ ⟨Bgb Tech⟩ *Förderung* f ‖ ⟨Mar⟩ *(Truppen)Transporter* m ‖ ⟨Com⟩ *Übertrag* m, *Umbuchung* f ‖ ⟨Mus⟩ *Transponieren* n ‖ fig *Verzückung, Begeisterung* f ‖ *leidenschaftliche Regung* f ‖ ~ *de alegría Freudentaumel* m ‖ ~ *de cartas, mercancías, viajeros Beförderung* f *von Briefen, Gütern, Reisenden* ‖ ~ *por agua Beförderung* f *auf dem Wasserwege* ‖ ~ *por tierra, por mar Beförderung* f *zu Lande, zur See* ‖ ~ *marítimo,* ~ *fluvial Beförderung* f *auf dem See-, Fluß|wege* ‖ ~ *de pasajeros Fahr-* bzw *Flug|gastbeförderung* f ‖ *embalaje para* ~ *marítimo seemäßige Verpackung* f ‖ *buque de* ~ *Fracht-, Trans|portschiff* n ‖ *carro de* ~ *Fracht-, Last|wagen* m ‖ *casa de* ~(s) *Speditionsfirma* f ‖ *comercio de* ~ *Transportgeschäft* n ‖ *compañía de* ~s *Beförderungs-, Speditions|gesellschaft* f ‖ *gastos de* ~ *Frachtkosten* pl ‖ *medio de* ~ *Verkehrsmittel* n ‖ *operación de* ~ *Deport-, Leih|geschäft* n *(Börse)* ‖ *precio de* ~ *Fuhrlohn* m ‖ *Fracht* f ‖ *Deportkurs* m *(Börse)* ‖ ◊ *indicar las condiciones de* ~ *die Transportbedingungen angeben* ‖ ~s mpl *Verkehr* m, *Verkehrswesen* n ‖ *Verkehrsgewerbe* n ‖ ~ *y comunicaciones Verkehr* m ‖ *públicos öffentlicher Verkehr* m ‖ **-tista** m *Transportunternehmer, Spediteur* m ‖ *Verkehrsträger* m
transposi|ción f *Übertragung, Versetzung* f ‖ *(Wort)Versetzung, Umstellung* f ‖ ⟨Mus⟩ *Transponieren* n, *Transposition* f ‖ ⟨Chem⟩ *Umlage-*

transpositivo — trascuenta

rung f ‖ **-tivo** adj *umstellungsfähig, Umstellungs-* ‖ **-tor** adj ⟨Mus⟩ *transponierend (z. B. Klarinette, Horn)* ‖ → **teclado**

trans|puesto pp/irr *v.* **-poner** ‖ **-renano** adj *links- bzw rechtsrheinisch, jenseits des Rheins (gelegen)* ‖ **-tiberino** adj *jenseits des Tiber gelegen* ‖ **-tigritano** adj *jenseits des Tigris befindlich (in Irak)*

transt.° Abk = **transitorio**
transtornar vt → **trastornar**
transubstan|ciación *f* ⟨Rel⟩ *Transsubstantiation* f ‖ **-cial** adj *verwandelnd (im mystischen Sinne)*

transuranio *m* ⟨Chem⟩ *Transuran* n
trans|vasar vt *um-, ab\füllen* ‖ *umgießen* ‖ **-verberar** vt *durchbohren* ‖ **-versal** adj *schräg, quer* ‖ *seitlich* ‖ *Quer-* ‖ *transversal* f *linea* ∼ *Querlinie* f ‖ *Seiten-, Neben\linie* f ‖ *nave* ∼ ⟨Arch⟩ *Seiten-, Quer\schiff* n ‖ **-verso** adj *schräg, quer, Quer-* ‖ *schief*

transves|tido *m/adj* ⟨Psychol Med⟩ *Transvestit* m ‖ **-tismo** *m* ⟨Med⟩ *Transves(ti)tismus* m
tran|vía *m Straßenbahn*, südd *Trambahn* f ‖ *Straßenbahnwagen* m ‖ ∼ *eléctrico elektrische Straßenbahn* f ‖ ∼ *de sangre Pferdebahn* f ‖ *conductor de* ∼ *Wagenführer* m ‖ *perro* ∼ fam *Dackel* m ‖ ◊ *tomar el* ∼ *mit der Straßenbahn fahren* ‖ **-viario,** *-viero* m/adj *Straßenbahnschaffner* m ‖ *Straßenbahner* m

Trapa *f:* (orden de) la ∼ *Trappistenorden* m
¹**trapa** *f* ⟨Mar⟩ *Halteleine* f ‖ ∼s fpl *Bootsbefestigung* f *(auf dem Schiff)*
²**trapa:** ∼ ∼ onom *Getrampel* n ‖ p.ex *Stimmengewirr* n

trapa|cear vi *schwindeln, hintergehen* ‖ **-cería** f *Betrügerei, Schwindelei* f ‖ **-cero, -cista** adj *betrügerisch* ‖ ∼ m *Betrüger, Schwindler* m ‖ **-jo** m *Lumpen, alter Fetzen* m ‖ **-joso** adj *zerlumpt, abgerissen* ‖ *stotternd, radebrechend*

¹**trápala** *m/f* (& adj) fam *Schwatzsucht* f ‖ figf *Schwätzer(in), Maulheld(in)* m(f) ‖ figf *Lügner(in), Betrüger(in)* m(f)
²**trápala** *f Getrappel* n ‖ *Hufschlag* m ‖ *Lärm* m, *Getöse* n ‖ △ *Gefängnis* n
¹**trapalear** vi/t *plappern, schwatzen* ‖ *jdm et vorlügen*
²**trapalear** vi *trampeln, stampfen (mit den Füßen)*
trapalón m/adj fam *Lügenheld, Schwindler* m △**trápana** *f Gefängnis* n
trapatiesta *f* fam *Zank, Streit, Krawall* m ‖ *Radau* m ‖ *Wirrwarr* m ‖ ◊ *armar una* ∼ *krakeelen* ‖ *e-e Keilerei beginnen*
trapaza *f Betrug* m, *Schwindelei* f
trapear vt Am *scheuern, abwischen (Fußboden)*

trape|cial adj ⟨Math⟩ *trapezförmig* ‖ *Trapez-* ‖ **-ciforme** adj *trapezförmig* ‖ **-cio** *m* ⟨Math Sp⟩ *Trapez* n ‖ ⟨An⟩ *Trapezbein, Großes Vielecksbein* n ‖ *Kapuzenmuskel* m ‖ **-cista** m *Trapezkünstler* m ‖ *Turner* m *am Trapez*
trapense adj/s *trappistisch* ‖ ∼ m *Trappist* m *(Mönch)*
trape|ría *f Lumpen\handel, -kram* m ‖ *Lumpenmarkt* m ‖ **-ro** *m Lumpensammler* m
trapezoide *m* ⟨Math⟩ *Trapezoid* n ‖ ⟨An⟩ *Trapezoidbein, Kleines Vieleckbein* n
trapi|che *m Zucker-, Oliven\mühle* f ‖ Arg Chi ⟨Bgb⟩ *Pochwerk* n ‖ Am *Zuckersiederei* f ‖ **-chear** vi fam *spintisieren, tüfteln, klügeln* ‖ fam *schmieden* ‖ fam *schachern* ‖ fam **-cheo** *m* fam *Klügeln, Spintisieren* n ‖ fam *Intrige* f ‖ fam *Schacher* m ‖ **-chero** *m* Am *Arbeiter* m *in Zuckersiedereien*

tra|pillo *m* dim *v.* **-po** ‖ de ∼ figf *im Hauskleid* ‖ **-pío** *m* ⟨Mar⟩ *Segel(werk)* n ‖ *selbstbewußtes Auftreten* n *(bes v. Frauen)* ‖ *mujer de (buen)* ∼ fam *fesche, einnehmende Frau* f ‖ pop *dralle Dirne* f

‖ ⟨Taur⟩ *gutes Aussehen* n *e-s Stiers* ‖ ◊ *tener* ∼ ⟨Taur⟩ *kampflustig sein (Stier)*

trapison|da *f* fam *Zank* m, *Schlägerei* f, *Krakeel* m ‖ figf *Verwirrung* f ‖ *Ränke* pl, *Intrigen* fpl ‖ **-dear** vi fam *krakeelen* ‖ *Ränke schmieden* ‖ **-dista** *m* fam *Krakeeler* m ‖ *Ränkeschmied, Intrigant, Wühler* m

trapito *m* dim *v.* **trapo** ‖ *Fetzen* m ‖ figf *Fähnchen* n ‖ → **cristianar**

Trapizonda *f* ⟨Geogr⟩ *Trapezunt (Trabzon)* n
trapo *m Lumpen, Lappen, Fetzen* m ‖ ⟨Mar⟩ *Segel(werk)* n ‖ fam *Stierfechtermantel* m ‖ fam *rotes Tuch* n *der Stierhetzer* ‖ a todo ∼ ⟨Mar⟩ *mit vollen Segeln* ‖ figf *aus allen Kräften* ‖ ∼s *(Damen)Kleider* npl ‖ ◊ *poner a uno como un* ∼ figf *jdn derb ausschelten,* fam *jdn herunterputzen* ‖ *sacar (todos) los* ∼s *a la colada (oda relucir) die schmutzige Wäsche waschen, auspacken* ‖ *soltar el* ∼ figf *in Lachen, in Weinen ausbrechen* ‖ *los* ∼s *de cristianar* fam *der Sonntagsstaat*

traque *m Knall* m ‖ *Geknatter* n ‖ a ∼ *barraque* fam *jeden Augenblick*
tráquea *f* ⟨An⟩ *Trachea, Luftröhre* f ‖ ⟨Entom Zool⟩ *Trachee* f *(Atmungsorgan der meisten Gliedertiere)* ‖ ⟨Bot⟩ *Trachee* f
traqueal adj *Luftröhren-* ‖ ⟨Zool Entom⟩ *Tracheen-* ‖ *estenosis* ∼ ⟨Med⟩ *Tracheostenose* f
traque|itis *f* ⟨Med⟩ *Luftröhrenentzündung, Tracheitis* f ‖ **-otomía** *f* ⟨Chir⟩ *Tracheotomie* f
traquete|ar vt *(geräuschvoll) schütteln, rütteln (bes Flüssigkeiten)* ‖ figf *abknutschen* ‖ ∼ vi *krachen, knallen, knattern* ‖ *rattern* ‖ **-o** *m Rütteln, Schütteln* n ‖ *Rattern* n ‖ *Geprassel, Geknatter* n

traquido *m (Schuß)Knall, Krach* m ‖ *Knistern, Knacken, Knarren* n
traquita *f* ⟨Geol⟩ *Trachyt* m *(Ergußgestein)*
tras prep *nach* ‖ *hinter* ‖ ∼ *este tiempo nach dieser Zeit* ‖ ∼ *mucho tiempo nach langer Zeit* ‖ ∼ (de) sí *hinter sich* ‖ ∼ *de hinter ...* (mit inf) *abgesehen davon, daß* ‖ *nicht nur ..., sondern auch* ‖ ∼ *de venir tarde, molesta a los demás erst kommt er zu spät und dann belästigt er auch noch die übrigen* ‖ *uno* ∼ *otro nacheinander, e-r hinter dem andern* ‖ *andar* ∼ a/c *nachstreben (dat), sich bewerben (um et)* ‖ *andar* ∼ *de alg. hinter jdm hergehen, jdm nachgehen, jdm nachlaufen* ‖ ∼ m fam = **trasero**
tras- präf *durch-, über-, um-, trans-* ‖ → a **trans**
tras, tras onom *klapp, klapp* ‖ *poch, poch (Klopfen, Anschlagen, Trampeln)*
tras|abuelo *m* = **tatarabuelo** ‖ **-alcoba** *f Bettnische* f *(in e-m Schlafgemach)* ‖ *Hinterkammer* f ‖ △**-aldaba** *f Strumpf* m
trasante|anoche adv *vorvorgestern abend* ‖ **-ayer** (pop **trasantier**) adv *vorvorgestern*
△**trasardó** *m Dach* n
trasbocar [c/qu] vt/i Am *sich erbrechen*
trascantón *m Eck-, Prell\stein* m ‖ *Gelegenheitsarbeiter, Eckensteher* m ‖ ◊ *dar* ∼ *a uno* fig *(e-m Verfolger) entwischen*

trascen|dencia *f Transzendenz* f ‖ *Übersinnlichkeit* f ‖ *Scharfsinn, Verstand* m, *hohe Überlegenheit* f ‖ *Bedeutung, Wichtigkeit, Tragweite* f ‖ ◊ *ser de gran* ∼ *von großem Belang sein* ‖ **-dental** adj ⟨Philos⟩ *transzendental* ‖ *übersinnlich* ‖ fig *von Belang, weitgreifend, weitreichend* ‖ *überaus wichtig* ‖ *bedeutend* ‖ *folgenschwer* ‖ pop *welterschütternd* (& iron) ‖ **-dentalismo** *m Transzendentalismus* m ‖ **-dente** adj *transzendent* ‖ **-der** [-ie-] vt *ergründen, ausfindig machen* ‖ ∼ vi *durchdringen (Geruch)* ‖ *übergehen (a* acc*)* ‖ *hinübergehen (zu* dat*)* ‖ *bekannt, ruchbar werden* ‖ *um sich greifen* ‖ ⟨Philos⟩ *transzendieren*

tras|cordarse [-ue-] vr *sich nicht mehr genau erinnern (de* gen*)* ‖ **-coro** *m Platz* m *hinter dem Chor* ‖ **-cribir** vt = **transcribir** ‖ **-cuenta** *f* →

trabacuenta || **–dós** m ⟨Arch⟩ Bogenrücken m || Wandpfeiler m (hinter e–r Säule) || →a **extradós** || **–dosear** vt ⟨Arch⟩ an der Rückseite verstärken
trasechar vt jdm e–e Falle stellen, nachstellen, Schlingen fpl legen
trasegar [–ie–, g/gu] vt umkehren, umstürzen || abfüllen, ablassen, umfüllen (Wein)
traseñalar vt umzeichnen (Ware)
trase|ra f Rückseite f || **–ro** adj hinter(e), rückwärtig || Hinter- || zurückbleibend || edificio ~ Hintergebäude n || casa ~a, puerta ~a Hinter|-haus n, -tür f || rueda ~a Hinterrad n || en la parte ~ a hinten || ~ m Hintere m, Gesäß n
trasf- = **transf-**
trasfollo m ⟨Vet⟩ Galle f
trasfondo m Hintergrund m
trasg- → **transg-**
tras|go m Kobold m || Troll m || Poltergeist m || →a **duende, elfo** || fig ausgelassenes, ungezogenes Kind n || **–guear** vi poltern (wie ein Kobold), den Poltergeist spielen || spuken
tras|hoguero adj/s figf ofenhockerisch || **–humación** f Wandern n der Schafherden || **–humancia** f Transhumanz f || Weidewechsel m || Wanderschäferei f || **–humante** adj: rebaño ~ Wanderherde f || **–humar** vi wandern (Herde)
trasiego m Abfüllen, Umgießen, Umfüllen n || → **trasegar**
trasijado adj mit eingefallenen Flanken || fig sehr mager, dürr
trasl- → **transl-**
trasla|ción f Fortschaffung, Beförderung n (Parallel)Ver|schiebung, -legung, Translation f || Überführung f || Über|setzung, -tragung, Translation f (in e–e andere Sprache) || Übertragung f der Wortbedeutung || ⟨Rhet⟩ Metapher f || **–dar** vt ver|setzen, -legen|verschieben || überführen, bewegen || (dienstlich) versetzen || über|setzen, -tragen (in e–e andere Sprache) || abschreiben, übertragen || ⟨Com⟩ übertragen (Buchhaltung) || ~se sich (an e–n andern Ort) begeben || die Wohnung wechseln, zumziehen, übersiedeln || verlegt werden (Truppen) || **–do** m Verschiebung f || Verrücken n || Verlegung f || Übersetzung f || (genaue) Abschrift f || Versetzung f (e–s Beamten) || Umzug m, Übersied(e)lung, Wohnungswechsel m || Überführung f || ⟨Com⟩ Übertrag m || (Kosten)Überwälzung f
trasla|po m Überlappung f || **–ticio** adj übertragen, metaphorisch || **–tivo** adj ⟨Jur⟩ übertragend, Übertragungs-
traslu|ciente, traslúcido adj = **translúcido** || **–cir** [–zc–] vt fig ahnen || ~ vi durchscheinen || fig ans Licht treten
tras|lumbrar vt (ver)blenden || **–luz** [pl **–ces**] m Schimmer, Schein m || durchscheinendes Licht n || Durchlicht n || Widerschein m || ◊ dibujar al ~ durchpausen || mirar a(l) ~ et gegen das Licht ansehen
△**trasmito** conj auch
trasno|chada f vergangene Nacht f || Nachtwache f || schlaflose Nacht f || ⟨Mil⟩ nächtlicher Angriff m || **–chado** adj übernächtig || fig veraltet, überholt || fig kränklich, siech (Person) || **–chador** m Nachtschwärmer m || fam Bummler m || **–char** vi die Nacht schlaflos zubringen, Nachtwache halten || fam bummeln || übernachten
tras|nombrar vt (die Namen) verwechseln || **–oir** [irr → **oir**] vt/i falsch, hören, sich verhören || **–ojado** adj hohläugig || **–papelar** vt verlegen, verkramen (Papiere usw) || ~se abhanden kommen (Papiere) || **–parente** adj = **transparente**
tra(n)spadano adj transpadanisch, jenseits des Pos liegend (von Rom aus gesehen)
traspa|sado adj: ~ de angustia fig angsterfüllt || **–sar** vt/i hinüberschaffen, übertragen || tragen || bringen, befördern || überschreiten || durchwaten || übertreten (Gesetze) || durch|bohren, -stechen,

-stoßen, -schneiden || ⟨Com⟩ übergeben, abgeben || ablösen || ⟨Jur⟩ über|tragen, -lassen, abtreten || ◊ ~ los límites die Grenze überschreiten (& fig) || ~ un negocio ein Geschäft übertragen, abtreten || ~ con la espada (jdm) den Degen durch den Leib rennen || se traspasa una tienda céntrica ein Laden in zentraler Lage ist abzugeben (Anzeige) || **–sarse** vr zu weit gehen (en in dat) || **–so** m Überschreitung f || Übertretung f (e–s Gesetzes) || ⟨Jur⟩ Überlassung, Abtretung f || Abtreten n (e–s Geschäftes, e–r Wohnung usw) || Abstandssumme f || Durchbohrung f || fig Kummer m || ~ mediante endoso Übertragung f durch Indossament || ◊ adquirir mediante ~ auf Grund e–r Abstandssumme erwerben || hacer el ~ de las cuentas ⟨Com⟩ abrechnen || pagar, pedir ~ Abstand(sgeld) zahlen, verlangen
tras|patio m Am Hinterhof m || **–peinar** vt nachkämmen || **–pié** m Fehltritt m || Stolpern, Straucheln, Ausgleiten n || Beinstellen n || ◊ dar un ~ straucheln, e–n Fehltritt tun || dar ~s taumeln (wie ein Betrunkener) || dar a uno un ~ jdm ein Bein stellen
trasplan|table adj verpflanzbar || ⟨Chir⟩ überpflanzbar || **–tación** f = **–te** || **–tar** vt umpflanzen || verpflanzen (& fig) || versetzen || ⟨Chir⟩ überpflanzen, transplantieren || **–te** m Verpflanzung f || ⟨Biol Chir⟩ Transplantation f || fig Übersied(e)lung f || ~ de(l) corazón, ~ cardíaco ⟨Chir⟩ Herz|verpflanzung, -transplantation f
tras|puesta f Fortschaffung f || Sichthindernis n im Gelände || Flucht f || Hintergebäude n || **–puesto** pp/irr v. **tra(n)sponer** || **–punte** m ⟨Th⟩ Inspizient m || **–puntín** m Klapp-, Not|sitz m || fam Hinterteil n, Hintern m
trasqui|la f = **trasquiladura** || **–lador** m (Schaf-) Scherer m || **–ladura** f Scheren n, Schur f
trasqui|lar vt (Schafe) scheren || figf beschneiden, abzwacken || **–limocho** adj fam kahl (geschoren) || **–lón** m: a ~es fig unordentlich, flüchtig
tras|tada f böser, dummer Streich m || **–tazo** m fam derber Schlag, Hieb m || **–te** m ⟨Mus⟩ Griff m (an der Gitarre, Zither, Laute) || ◊ dar al ~ con et zerstören, zunichte machen, verderben || et liegen lassen || fam et kaputtmachen
¹**trastear** vi/t ⟨Mus⟩ in die Saiten greifen
²**trastear** vt ⟨Taur⟩ (den Stier) mit dem roten Tuch hetzen || geschickt ausführen (Geschäft) || hin und her rücken, durcheinanderwerfen || fig durchstöbern, kramen || ~ vi hin und her laufen || sich tummeln
trastejar vt das Dach ausbessern || figf reparieren
traste|ra f Rumpelkammer f || Abstell-, Geräte|-kammer f, Abstellraum m || **–ría** f Gerümpel n, Kram m || Trödelladen m || **–ro** adj: cuarto ~ Rumpelkammer f || ~ m Trödler m
trastienda f Raum m hinter e–m (Verkaufs-)Laden || figf Hintergedanke m || de ~ heimtückisch || ◊ tener mucha ~ es faustdick hinter den Ohren haben
trasto m Hausgerät n || altes Gerümpel n, Plunderkram m || (altes) Möbelstück n || fig unbrauchbarer Mensch || ~s pl Handwerkszeug n || Gerät n || ⟨Taur⟩ Gerät n des Stierkämpfers || ◊ tirar los ~ figf den (ganzen) Kram hinschmeißen || tirarse los ~ a la cabeza figf sich heftig herumzanken
trastor|nar vt umstürzen, umkehren, umstoßen || über den Haufen werfen || verwirren, in Unordnung bringen || fig jdn betäuben || ◊ ~ el juicio (a) jdn verrückt machen || pop jdm den Kopf verdrehen || jdn der Sinne berauben || ~se fig verrückt werden || **–no** m gänzliche Umkehrung f, Umsturz m || Verwirrung, Unordnung f || Störung f || Schaden m || ~ digestivo ⟨Med⟩ Verdauungsstörung f || ~ de irrigación sanguínea ⟨Med⟩ Durchblutungsstörung f || ~ del lenguaje ⟨Med⟩

Sprachstörung f || ~ *mental* ⟨Med⟩ *Geistesstörung* f || ~s *politicos politische Unruhen (od Wirren)* || ◊ *ocasionar un* ~ *störend wirken* || ¡qué ~! *welch e–e Unannehmlichkeit! wie unangenehm!*
tras|trabarse vr *anstoßen (beim Reden)* || **–trabillar** vi *stolpern* || *taumeln* || *stammeln, stottern* || **–trás** m fam *der Vorletzte (bei Kinderspielen)* || **–trigo** m: ◊ *buscar pan de* ~ figf *Unmögliches verlangen* || **–trocar** [–ue–] vt *ver|wechseln, –tauschen, –kehren* || fam *(alles) auf den Kopf stellen, verdrehen* || **–trueco, –trueque** m *Verwechs(e)lung, Vertauschung* f
trastuelo m dim v. **trasto**
trasu|dación f *leichtes Schwitzen* n || ⟨Med⟩ *Transsudation* f || **–dado** adj/s *leicht verschwitzt* || ~ m ⟨Med⟩ *Transsudat* n || **–dar** vt/i *leicht schwitzen* || *ausschwitzen* || *durchsickern*
trasunto m *Abschrift* f || *Nachbildung* f || *Abbild* n
trasvasar vt = **transvasar**
tras|venarse vr *sich ergießen, verrinnen (Blut)* || *durchsickern* || **–volar** [–ue–] vt/i *(hin)überfliegen*
trata f *Neger–, Sklaven|handel* m || ~ *de blancas Mädchenhandel* m || → **trato**
trata|ble adj *fügsam, gefügig* || *leutselig, gefällig, umgänglich* || **–dista** m *Verfasser von Abhandlungen, Essayist* m || **–do** m *Abkommen* n, *Pakt* m, *Übereinkunft* f || *(Staats)Vertrag* m || *Abhandlung* f || ~ *de asistencia (mutua) Beistandsvertrag* m || ~ *con cláusula de nación más favorecida Meistbegünstigungsvertrag* m || ~ *de paz Friedensvertrag* m || ≃ *del Atlántico Norte (OTAN) Nordatlantikpakt* m *(NATO)* || ≃ *de Letrán Lateranverträge* mpl (→ **Letrán**) || ~ *de no diseminación de armas atómicas Atomsperrvertrag* m || ~ *de renuncia a la violencia Gewaltverzichtsvertrag* m || *el* ≃ *de Versalles der Vertrag von Versailles, der Versailler Vertrag* || ◊ *denunciar un* ~ *e–n Vertrag kündigen* || *firmar, ratificar, rescindir un* ~ *e–n Vertrag unterzeichnen, genehmigen, (auf)lösen* || → **acuerdo, contrato, convenio, pacto** || **–miento** m ⟨Med Tech⟩ *Behandlung* f || *Empfang* m, *Aufnahme* f || *Anrede* f, *Titel* m || ~ *electroterápico Elektrotherapie* f || ~ *hidroterápico Wasserkur* f || ~ *médico ärztliche Behandlung, Kur* f || ~ *con ondas cortas Kurzwellenbehandlung* f || ~ *de tú Duzen* n || ~ *de usted Siezen* n || ◊ *dar* ~ *(a) jdn mit dem ihm gebührenden Ehrentitel anreden* || *someter al* ~ *in Behandlung nehmen (Kranke)* || *tener* ~ *e–n Titel führen*
tratante m *Händler, Handelsmann* m || ~ *en caza,* ~ *en ganado Wild–, Vieh|händler* m
tratar vt *handhaben, behandeln* || *umgehen (mit* dat*)* || *behandeln (schriftlich, im Verkehr)* || *verhandeln, abschließen (Geschäft)* || *mit jdm umgehen, zu tun haben (ver)pflegen* || *betiteln, anreden* || *(Fragen) erörtern, besprechen* || *auf et zu sprechen kommen* || *nennen* || *handeln mit (dat)* || ◊ ~ *a alg. mit jdm umgehen, verkehren* || *mit jdm zu tun, zu schaffen haben* || ~ *con rigor streng behandeln* || ~ *por (od* con*) ácidos* ⟨Chem⟩ *mit Säuren behandeln* || *lo trató de loco er hat ihn e–n Narren genannt* || ~ *de tú duzen* || ~ *de usted siezen* || ~ *mal mißhandeln* || ~ vi *handeln, Handel treiben* || ~ *con alg. mit jdm verhandeln* || *mit jdm verkehren* || *sich mit jdm beschäftigen* || *tener que* ~ *con alg. mit jdm zu tun haben* || ~ *de unterhandeln wegen, sprechen über (acc)* || ~ *de conseguir a. et zu erreichen (ver)suchen* || ~ *de hacer a/c et vorhaben, sich et vornehmen* || *versuchen, et zu tun* || *trato de terminarlo ich bestrebe mich, es zu beendigen* || ~ *en lanas, en granos, en ganado Woll–, Getreide–, Vieh|handel treiben* || *el libro trata sobre* (de, acerca de) *a. das Buch handelt von* (dat)*, über* (acc) || ~**se** *Umgang (miteinander) haben* || *sich in Behandlung begeben* ||

◊ ~ *bien figf es sich gut sein lassen* || *sich pflegen* || *no se puede tratar de ello davon kann nicht die Rede sein* || *cuando se trata de trabajar, él no falla wenn es aufs Arbeiten ankommt, versagt er nicht* || *¿de qué se trata? worum handelt es sich? || wovon ist die Rede?* || *se trata de es handelt sich um* (acc)
trato m *Behandlung, Aufnahme* f || *Betragen* n, *Aufführung* f || *Umgang, Verkehr* m || *Handel(s–)verkehr)* m || *Ehrenbenennung, Anrede* f || *Vereinbarung, Abmachung* f, p.ex *Vertrag* m, *Übereinkunft* f || ~ *amable liebenswürdige Behandlung* f || ~ *preferencial Vorzugsbehandlung* f || *casa de* ~ *öffentliches Haus* n || *malos* ~s *Mißhandlung(en)* f(pl) || ◊ *cerrar* ~s *(od un* ~*) e–n Vertrag schließen, e–e Übereinkunft treffen* || *dar buen* ~ (a) *jdn gut behandeln* || *estar, entrar en* ~s *(con) in Unterhandlung stehen, treten (mit* dat*)* || *reglas de* ~ *social gesellschaftliche Verhaltensregeln* fpl || *tener* ~s *con Umgang haben, verkehren mit (dat)* || → **tratamiento**
trauma m ⟨Psychol Med⟩ *Trauma* n
trau|mático adj *traumatisch* || *choque (od* s(c)hock*)* ~ *traumatischer Schock* m || *fiebre* ~a ⟨Med⟩ *Wundfieber* n || **–matismo** m *Trauma* n, *Wundverletzung* f || **–matología** f ⟨Med⟩ *Traumatologie* f || **–matólogo** m *Traumatologe* m
travelling m ⟨Filmw⟩ *Fahraufnahme* f || *Kamerafahrt* f
tra|versa f *Querbalken* m, *Traverse* f || ⟨Mar⟩ *Stag* n || **–vés** m *Schräge, Quere* f || ⟨Zim⟩ *Quer|balken* m, *–holz, –stück* n || figf *Mißgeschick* n || figf *Widerwärtigkeit* f || a(l) ~, de ~ *quer (durch)*, *in die Quere, in der Quere, schräg* || *el arte* a(l) ~ *de la historia Geschichte* f *der Kunst* || *al* ~ ⟨Mar⟩ *dwars* || *a campo* ~ *querfeldein* || ◊ *dar al* ~ ⟨Mar⟩ *stranden* || figf *mißlingen, scheitern* || *dar al* ~ *con* fig *et zunichte machen, zerstören* || *mirar de* ~ *scheel (an)blicken* || *poner de* ~ *schränken*
trave|saño m *Quer|balken, –riegel* m, *–holz* n || *großes (Kopf)Kissen* n || ⟨poet⟩ *Pfühl* m || *Sprosse* f *(an Wagenleitern)* || **–sar** [–ie–] vt (= **atravesar**) *durchqueren* || *durchgehen* || ◊ *a campo traviesa querfeldein* || fig *aufs Geratewohl* || *carrera a campo traviesa* ⟨Sp⟩ *Querfeldeinlauf* m || **–sear** vi *Mutwillen treiben, schäkern (Kinder)* (→ **retozar, triscar**) || **–sero** adj *Quer–* || *flauta* ~a *Querflöte* f || **–sero** m *Kopfkissen* n || *Keilkissen* n || **–sía** f *Quere* f, *Querschnitt* m || *Durchkreuzen* n || *Überfahrt, Durchquerung* f || *Überquerung* f || *Seereise* f || *Querstraße* f || *Übergangspunkt* m || *Entfernung* f || ~ *de recreo,* ~ *de placer* ⟨Mar⟩ *Kreuzfahrt* f || ◊ *hacer la* ~ *die Überfahrt machen* || *eine Strecke durchqueren (Schiff)* || **–stir** vt *travestieren* || **–sura** f *Mutwille* m, *Schelmerei, Schäkerei f (der Kinder)* || *Keckheit* f || fig *mutwilliger, lustiger Streich* m || ◊ *hacer* ~s *Mutwillen treiben, schäkern (Kinder)*
Traviata f it: *la* ~ *La Traviata* f *(Oper von Giuseppe Verdi)* || ≃ p.ex fam *Frau* f *von leichtem Lebenswandel*
travie|sa f *Quere* f || *Querbaum* m || *Dachbalken* m || ⟨Arch⟩ *tragende Wand* f || ⟨EB⟩ *(Bahn–)Schwelle* f || ⟨EB⟩ *Querholm* m *(der Wagen)* || ⟨Bgb⟩ *Querschlag* m || ⟨Kart⟩ *Einsatz* m *für e–n Spieler seitens e–s Nichtspielers* || ~ *de madera, de acero Holz–, Stahl|schwelle* f || *grapón (od garfio) de* ~ *Schwellenklammer* f || **–so** adj *schräg, quer* || fig *ausgelassen, mutwillig* || *unartig (Kind)*
△**travo** m *Fechtmeister* m
trayec|to m *Überfahrt* f || *Strecke* f, *Weg* m || *Flug–, Wurf–, Kugel|bahn* f || *final de* ~ *Endstation* f *(e–r Straßenbahn)* || ◊ *recorrer un* ~ *e–e Strecke zurücklegen* || **–toria** f *Wurf–, Flug–, Kugel|bahn* f (& fig) || fig *Lebensweg* m || ⟨Astr Phys⟩ *Trajektorie, Bahnkurve* f || ~ *de balizas,*

~ balizada ⟨Mar Flugw⟩ markierter Kurs ‖
~ de burbujas ⟨Mar Flugw⟩ Blasenbahn f ‖
~ de la coyuntura ⟨Com⟩ Konjunkturverlauf m
‖ ~ de estabilización ⟨Flugw⟩ Beruhigungsstrecke f ‖ ~ del viento Windbahn f ‖ ~ (de vuelo)
⟨Flugw⟩ Flug|bahn, -kurve f
tra|za f Bau|riß, -plan m ‖ Strecke, Trasse f ‖
Streckenführung f ‖ fig Entwurf, Plan m ‖ fig
Anschein m, Äußere(s) n ‖ ⟨Math⟩ Schnitt m
(mit e-r Projektionsebene) ‖ por las ~s wie es
scheint, allem Anschein nach ‖ hombre pobre,
todo es ~s Spr Not macht erfinderisch ‖ niña
por las ~s wie ein Mädchen aussehend ‖ ◊ darse
~s (para) figf Mittel und Wege finden (um zu
inf) ‖ geschickt sein ‖ llevar buena ~ guten Fortgang nehmen ‖ eso no tiene ~(s) de acabar das
scheint unendlich zu sein ‖ das nimmt kein Ende ‖
-zado adj: bien ~ wohlgestaltet (Person) ‖ ~ m
Plan, Entwurf m ‖ ⟨EB⟩ Trassierung f ‖ ~ grafológico Duktus m ‖ a **traza** ⟨EB⟩ de la vía ⟨EB⟩
abgesteckte Bahnlinie, Bahntrasse f ‖ **-zador** m
Planzeichner m ‖ ⟨Arch Tech⟩ Anreißer m ‖ Reißnadel f ‖ ⟨Mil⟩ Rauchspurvorrichtung f (e-s Geschosses) ‖ ⟨Nucl⟩ Indikator m ‖ **-zadora**
f Anreißerin f ‖ ⟨Mil⟩ Leuchtspur f
tra|zar [z/c] (Umrisse) zeichnen ‖ umschreiben (Kreis) ‖ ziehen (Kreis, Linie) ‖ trassieren
(Straße) ‖ ⟨EB Flugw⟩ abstecken ‖ ⟨Arch⟩
(den Grundriß) entwerfen, anreißen ‖ fig entwerfen, ausdenken ‖ fig anordnen ‖ ◊ ~ un círculo
e-n Kreis ziehen, umschreiben ‖ ~ un plan e-n
Plan entwerfen ‖ **-zo** m Zeichnung f, (Um)Riß
m ‖ Strich m, Linie f ‖ (Schrift)Zug m ‖ **~s** pl
⟨Mal⟩ Falte f (der Gewandung), Faltenwurf m
trébede f/m Wohnung f bzw Zimmer n mit Unterfußbodenheizung (bes in alten Ortschaften Altkastiliens) ‖ **~s** pl Dreifuß m
trebe|jar vi schäkern (Kinder) ‖ **-jo** m Gerät,
Handwerkszeug n ‖ Geschirr n ‖ Spielzeug n ‖
Schachfigur f ‖ dim: **~uelo**
Trebisonda f ⟨Geogr⟩ Trapezunt (Trabzon)
trébol m ⟨Bot⟩ Klee m (Trifolium spp) ‖
⟨StV⟩ Kleeblatt n ‖ ~ de cuatro hojas Glücksklee m ‖ hoja de ~ Klee-, Drei|blatt n ‖
trebolar m Kleefeld n
△**trebu** m Lockmittel n
trece adj dreizehn ‖ dreizehnte(r) ‖ Alfonso ~
Alfons XIII. ‖ el ~ de noviembre der (od am)
13. November ‖ ~ m Zahl f dreizehn ‖ ◊ mantenerse (od seguir) en sus ~ figf hartnäckig sein,
nicht nachgeben
trece|mesino adj dreizehnmonatlich ‖ **-nario**
m dreizehntägige Andacht f ‖ **-no** adj → tredécimo
trecen|tésimo m/adj = **trescentésimo** ‖ **-tista**
m/adj zum 14. Jh gehörig, auf das 14. Jh bezüglich ‖ escritor ~ ⟨Lit⟩ Schriftsteller m aus dem
14. Jh
trecha f fam Kniff m
trecho m Strecke f, Stück n Weges ‖ fig Zeit-,
Zwischen|raum m ‖ un ~ de la vida fig ein Lebensabschnitt m ‖ de ~ a ~ de ~ en ~ von Strecke
zu Strecke ‖ a ~s hie und da ‖ von Zeit zu Zeit
‖ ◊ andar un buen ~ ein hübsches Stück (Weges)
zurücklegen ‖ → **dicho**
tredécimo adj/s (der) dreizehnte
trefilar vt ziehen (Draht) ‖ →a **estirar**
tregua f ⟨Mil⟩ Waffenruhe f (vgl **armisticio**)
‖ fig Rast, Erholung f ‖ fig Frist f ‖ ~ de armamentos Rüstungspause f ‖ ~ de Dios ⟨Mil Hist⟩
Gottesfrieden m, Treuga f Dei (lat) des Mittelalters ‖ sin ~ ni paz ohne Rast und Ruh ‖ ◊ dar
~s fig nachlassen, aussetzen (Schmerz)
trein|ta adj/s dreißig ‖ el ~ de enero der 30.
Januar ‖ de ~ años dreißigjährig ‖ **cuarenta**
→ **guerra** ‖ **-tañal** adj dreißigjährig ‖ **-tavo** m/adj
Dreißigstel m ‖ **-tena** f dreißig Stück m ‖ halbes
Schock n ‖ Dreißigstel n ‖ **-teno** adj = trigésimo

△**trejú** m Kreuz n
△**trejunó** m Lernen, Studium n
trematodos mpl ⟨Zool Med⟩ Saugwürmer mpl
(Trematodes)
tre|mebundo adj fürchterlich, schrecklich ‖
-medal m Zitterboden m, sumpfiger, unter den
Füßen einsinkender (Moor) Boden m ‖ **-mendismo**
m ⟨Lit⟩ Schule f des erschütternd Schrecklichen,
des unerbittlichen Realismus ‖ **-mendo** adj/s
fürchterlich, schrecklich ‖ figf ungeheuer groß,
kolossal, riesig ‖ fam toll, prima, phantastisch ‖
un tío ~ pop ein prima Kerl m ‖ ◊ echar por la ~a
fam rücksichtslos, unbarmherzig vorgehen ‖ es
un ~ fam es ist ein unverbesserlicher Mensch ‖
-mente m/adj ⟨Typ⟩ Wellenlinie f ‖ ~ adj zitternd
trementina f Terpentin(öl) n
tremesino adj dreimonatlich, Dreimonats-
tremielga f ⟨Fi⟩ Zitterrochen, Torpedofisch m
(→ **torpedo**)
tremó m Trumeau, Pfeiler-, Wand|spiegel m ‖
Spiegeltischchen n
tre|mol, -molin m Ar Zitterpappel, Espe f ‖
-molar vt schwingen, flattern lassen (Fahnen) ‖
~ vi flattern (Fahne) ‖ flackern (Licht) ‖ **-molina** f Wirbel(wind) m ‖ Brausen n (des Windes)
‖ figf Lärm m ‖ Radau, Krawall m ‖ **-mor** m Zittern n ‖ Schauder m
tré|molo m ⟨Mus⟩ Tremolo, Zittern n (der
Stimme) ‖ **-mulo** adj zitternd, bebend ‖ flackernd
(Licht) ‖ con voz ~a mit zitternder Stimme
tren m Reise|gerät, -gepäck n ‖ ⟨Mil⟩ Feld|gerät, -gepäck n ‖ ⟨Mil⟩ Troß m ‖ Gefolge n, Zug
m, Geleit n ‖ großer Aufwand m, Gepränge n ‖
(Eisenbahn)Zug m (= **ferrocarril**) ‖ ⟨StV⟩ Autokolonne f ‖ ⟨Tech⟩ Zug m ‖ Aggregat, Werk n ‖
Guat Verkehr, Handel m ‖ ~ aéreo Hochbahn f ‖
~ de artillería ⟨Mil⟩ Geschützzug m (= 2 Geschütze) ‖ → **ascendente** ‖ ~ de aterrizaje ⟨Flugw⟩
Fahrwerk, Fahr-, Lande|gestell n ‖ ~ de barcazas
⟨Mar⟩ Bootsflottille f ‖ ~ blindado ⟨Hist⟩ Panzerzug m ‖ ~ botijo fam Bummelzug m ‖ ~ correo
(de tercera) Post-, Personen|zug m (dritter Klasse) ‖ ~ directo direkter Zug m ‖ ~ D-Zug m ‖ ~ de
engranajes ⟨Tech⟩ Laufwerk, Zahnradgetriebe
n ‖ ~ especial Sonderzug m ‖ ~ expreso Schnell-,
Expreß|zug m (Span: langsamer als ~ rápido) ‖
~ fantasma, ~ del infierno Geisterbahn f (bei
Volksfesten) ‖ ~ flotador ⟨Mar Flugw⟩
Schwimmwerk n ‖ ~ hospital Lazarettzug m ‖ ~
de juguete Spielzeugeisenbahn f ‖ ~ de laminación
Walzstraße f ‖ ~ de mercancías Güterzug m ‖
~ mixto gemischter Zug m (Personenzug mit
Güterbeförderung) ‖ ~ ómnibus Bummelzug m ‖
~ de ondas Wellenzug m ‖ ~ ordinario Personenzug m ‖ ~ rápido Schnell-, Eil|zug m ‖ ~
de viajeros Personenzug m ‖ conductor del ~
Zugschaffner m ‖ personal del ~ Zugbegleitung
f ‖ viaje en ~ Bahnfahrt f ‖ ◊ coger, perder el ~
den Zug erreichen, versäumen ‖ tomar el ~ mit
dem Zug fahren ‖ el ~ llega (parte a la(s)) ...
der Zug kommt um ... an (geht um ... ab) ‖ el ~
tiene (od llega con) retraso, se ha descarrilado
der Zug hat Verspätung, ist entgleist ‖ tener (od
llevar) un gran ~ e-n großen Hausstand führen,
auf großem Fuß leben ‖ su ~ de vida es muy
superior a sus recursos er lebt weit über seine
Mittel (hinaus) ‖ estar como un ~ figf ein Klasseweib sein ‖ **~s:** formar ~ ⟨EB⟩ rangieren ‖ servicio
de ~ Zugverkehr m ‖ salida (llegada) de ~ Zug|abfahrt (-ankunft) f ‖ ~ a **coche**
trena f Wehrgehänge n ‖ Gürtel m ‖ gebranntes
Silber n ‖ △ Gefängnis n
trencilla f dim v. **trenza**
treno m Klagelied n ‖ △ Sträfling m ‖ ~s (od
lamentaciones) de Jeremías Klagelieder des (Propheten) Jeremia (→ **jeremiada, Jeremías**)
△**trensa** f = **prensa**

trente(s) *m(pl)* ⟨Agr⟩ Sant *(Kartoffel)Forke* f
Trento *m Trient* n ‖ → **concilio, tridentino**
tren|za *f Flechte* f, *Geflecht* n ‖ *(Haar)Zopf* m ‖ *Tresse* f *(am Kleid)* ‖ ⟨Tech⟩ *Geflecht* n ‖ *geflochtene Schnur* f ‖ cinta de ~ *Zopfschleife* f ‖ ◊ llevar ~s *Zöpfe tragen (Mädchen)* ‖ **-zado** *m Flechten* n ‖ *(geflochtener) Zopf* m ‖ *Flechtwerk* n, *Umflechtung* f ‖ fig *Verflechtung* f ‖ *(Art) Sprungschritt* m *(beim Tanz)* ‖ ~ adj ⟨Web⟩ *gezwirnt* ‖ **-zadora** *f Flechtmaschine* f ‖ **-zar** [z/c] vt *(ein)flechten* ‖ ~ vi *tänzeln (Pferde)* ‖ *Sprungschritte machen (beim Tanzen)*
trepa|dera *f Steigeisen* n ‖ **-do** adj *zurückgelehnt* ‖ *kräftig und klein (Tier)* ‖ ~ m *Tresse, Falbel, Borte* f ‖ *Perforierung, Zähnung* f *(der Briefmarken)* ‖ **-dor** adj ⟨Bot⟩ *kletternd, Kletter(Vogel, Pflanze)* ‖ aves ~as *Klettervögel* mpl ‖ (plantas) ~as *Schlingpflanzen* fpl ‖ ~ m *Kletterer* m ‖ *Klettervogel* m ‖ fig *(rücksichtloser) Streber* m ‖ *Steigeisen* n ‖ ⟨V⟩ *Kleiber* m ‖ ~ azul ⟨V⟩ *Kleiber* m (Sitta europaea) ‖ ~ corso ⟨V⟩ *Korsenkleiber* m (S. whiteheadi) ‖ ~ rupestre ⟨V⟩ *Felsenkleiber* m (S. neumayer)
trepa|nación *f* ⟨Chir⟩ *Schädelbohrung, Trepanation* f ‖ **-nar** vt *trepanieren* ‖ ◊ ~ con escoplo *aus-, auf|meißeln*
trépano *m* ⟨Chir⟩ *(Schädel)Bohrer, Trepan* m ‖ ⟨Bgb⟩ *Tiefbohrgerät* n, *Bohrer, Meißel* m ‖ ~ de sondeo *Bohrmeißel, Bohrer* m
¹**trepar** vt/i *(er)klettern, (er)klimmen* ‖ *(e–e Treppe) hinaufsteigen* ‖ *sich hinaufwinden (Schlingpflanzen)* ‖ figf *sich skrupellos s–n Weg (in der Gesellschaft) bahnen*, fam *hochklettern* ‖ ◊ ~ *(od subir trepando) a un árbol auf e–n Baum (hinauf)klettern* ‖ la hiedra trepa por la pared *der Efeu schlingt sich an der Mauer empor*
²**trepar** vt *(durch)bohren* ‖ *mit Falbeln besetzen (Kleid)*
treparriscos *m* ⟨V⟩ *Mauerläufer* m (Tichodroma muraria)
trepe *m* fam *Verweis* m ‖ ◊ echar un ~ fam *den Kopf waschen* (a alg. *jdm*)
trepi|dación *f Beben, Zittern* n ‖ *Stampfen* n ‖ *Erschütterung, Vibration* f ‖ **-dante** adj *zitternd, bebend* ‖ movimiento ~ ⟨Tech⟩ *Schüttelbewegung* f ‖ **-dar** vi *zittern, beben ‖ klirren ‖ wackeln ‖ stampfen*
△**treque|janó** *m Student* m ‖ △**-jenar** vt/i *studieren*
tres adj/s *drei* ‖ el ~ de julio *der (od am) 3. Juli* ‖ de ~ años *dreijährig* ‖ de ~ clases *dreierlei* ‖ ~ y medio *dreieinhalb* ‖ a las ~ de la tarde *um 3 Uhr nachmittags* ‖ a la de ~ *(od* a la tercera) va la vencida *aller guten Dinge sind drei* ‖ ~ m *Drei* f, *Dreier* m ‖ ~ en raya *Mühle* f *(Spiel)* ‖ el (número) ~ *Dreier* m ‖ △ ~ de menor *Esel* m ‖ y ~ más fam *noch viel mehr (Verstärkung e–r Bejahung)* ‖ como ~ y dos son cinco figf *so sicher wie zweimal zwei vier ist*, fam *todsicher*
tres|albo adj *mit drei weißen Füßen (Pferd)* ‖ **-añal** adj *dreijährig (bes Wein)* ‖ **-bolillo** m: a(l) ~ *im Viereck (gepflanzt)* ‖ *auf Lücke* ‖ **-centésimo** *m/adj Dreihundertstel* n ‖ **-cientos** adj/s *dreihundert* ‖ número ~ *Zahl* f *Dreihundert* ‖ **-doblar** vt *verdreifachen* ‖ *dreimal falzen*
tresi|llista *m* ⟨Kart⟩ *Tresillospieler* m ‖ **-llo** *m* ⟨Kart⟩ *Tresillo* m *(e–e Art Lomberspiel)* ‖ *Gruppe* f *von drei Edelsteinen (als Schmuck)* ‖ *Sofagarnitur* f *(Sofa & zwei Sessel)* ‖ ⟨Mus⟩ *Triole* f
tres|mesno adj/*mesmo* adj *dreimonatlich* ‖ **-milésimo** *m/adj Dreitausendstel* n
tresnal *m* ⟨Agr⟩ *Schober* m ‖ *Garbenhocke* f
trespeleque *m* Mex *pöbelhafter Mensch* m
trestanto adv/s *dreimal soviel*
treta *f* ⟨Fecht⟩ *Finte, List* f ‖ *Kriegslist* f ‖ allg *Kniff, Trick* m
treudo *m* Ar ⟨Jur⟩ = **enfiteusis**

Tréveris *m Trier* n
△**treza** *f Vieh* n
trezavo m/adj *Dreizehntel* n
tría *f Aussuchen* n, *Wahl* f ‖ *Sortierung* f ‖ ◊ hacer la ~ (de) *sortieren*
triaca *f* ⟨Pharm⟩ *Theriak* m ‖ fig *Gegengift* n
triache *m minderwertiger Kaffee* m
tria|da *f*, **-de** *f Dreiheit, Trias* f
triálogo *m Dreiergespräch* n
Triana *f ein populäres Stadtviertel in Sevilla* ‖ Gitanillo de ~ *berühmter span. Stierfechter († 1931)*
△**trianda** adj/s *dreißig*
triane|rías *fpl and. (sevillanische) Tanzweisen* fpl ‖ **-ro** adj/s *auf das Sevillaner Viertel Triana bezüglich*
triangulación *f* ⟨Math Top⟩ *Triangulierung* f ‖ *Triangulation, trigonometrische Vermessung* f
¹**triangular, triángulo** adj *dreieckig, Dreieck(s)-* ‖ *dreikantig, Dreikant-* ‖ adv: ~**mente**
²**triangular** vt/i ⟨Arch⟩ *in Dreiecken entwerfen* ‖ *trigonometrisch (aus)messen*
triángulo *m Dreieck* n ‖ ⟨Mus⟩ *Triangel* m ‖ ⟨Aut⟩ *Querlenker* m ‖ fig ⟨bes Lit⟩ *Dreieck(s-verhältnis)* n, *Ehe* f *zu dritt* ‖ ~ acutángulo, equilátero, escaleno *spitzwinkliges, gleichseitiges, ungleichseitiges Dreieck* n ‖ ~ esférico, isósceles, ~ obtusángulo *sphärisches, gleichschenkliges, stumpfwinkliges Dreieck* n ‖ ~ de Ogden y Richards *(semiotisches) Dreieck* n *von Ogden und Richards*
triar [pres **trío**] vt *aussuchen, (aus)wählen* ‖ *sortieren* ‖ ~ vi *stetig aus-, ein|fliegen (Bienen)* ‖ ~**se** *durchsichtig werden (Taschentuch, Tischdecke)*
triario *m Triarier* m *(altrömischer Legionsveteran)*
trias *m* ⟨Geol⟩ *Trias* f
triásico adj ⟨Geol⟩ *triassisch, Trias-* ‖ (terreno) ~ ⟨Geol⟩ *Triasschicht* f ‖ (periodo) ~ m *Trias* f
tribadismo *m Tribadie, lesbische Liebe* f (→ **lesbianismo**)
tribal adj *Stammes-* (→ **tribu**)
tribásico adj ⟨Chem⟩ *dreibasisch*
triboluminiscencia *f* ⟨Phys⟩ *Tribolumineszenz* f
tribraquio *m* ⟨Poet⟩ *Tribrachys* m *(Versfuß)*
tribu *f* ⟨Volks⟩ *Stamm* m ‖ figf *Familie, Sippe, Sippschaft* f, *Anhang, Klan* m ‖ ~s indias *Indianerstämme* mpl ‖ ~s nómadas *Wandervölker* npl, *Nomadenstämme* mpl
tribulación *f Drangsal, Trübsal* f, *Leiden* n ‖ *Widerwärtigkeit* f
tríbulo *m* ⟨Bot⟩ = **abrojo**
tribu|na *f* ⟨Redner⟩ *Bühne* f ‖ *Empore* f, *Kirchenstuhl* m ‖ *Tribüne, Zuschauerbühne* f ‖ **-nado** *m Tribunat* n ‖ **-nal** *m Gerichtshof* m ‖ *Gericht* n ‖ fig *Richterstuhl* m ‖ *Schiedsgericht* n *(bei Wettbewerben usw)* ‖ *Prüfungskommission* f ‖ el ⚓ de las Aguas *Wassergericht* n *zur Befolgung der Bewässerungsvorschriften in der Huerta* ‖ ~ accesorio *Beigericht* n ‖ ~ de apelación, ~ de arbitraje *Berufungs-, Schieds|gericht* n ‖ ~ de asuntos de seguridad social *Sozialgericht* n ‖ ~ colegiado *Kollegialgericht* n ‖ ~ comercial *Handelsgericht* n ‖ ~ competente *zuständiges Gericht* n ‖ ~ de conciliación *Schiedsgericht* n ‖ ~ contencioso-administrativo *Verwaltungsgericht* n ‖ ~ de lo criminal *Strafkammer* f ‖ ~ de cuentas *Rechnungshof* m ‖ ~ electoral *Wahlgericht* n ‖ *Wahlprüfungskommission* f ‖ ~ de escabinos *Schöffengericht* n ‖ ~ (examinador) ⟨Sch⟩ *Prüfungskommission* f ‖ ~ de excepción *Ausnahmegericht* n ‖ ~ de honor, de jurados *Ehren-, Schwur|gericht* n ‖ ~ laboral *Arbeitsgericht* n ‖ ~ marítimo *Seeamt* n ‖ ~ de menores *Jugendgericht* n ‖ ~ de orden público *Gericht* n *für politische Strafsachen* ‖ ~ de policia correccional

tribuno — trincar 1076

Rügegericht n ‖ ~ provincial, ~ de la provincia Landesgericht n ‖ ⩽ Supremo *Oberster Gerichtshof* m ‖ *Kassationshof* m ‖ ~ de trabajo *Arbeitsgericht* n ‖ ◊ llevar un caso ante los ~es *e-n Prozeß anhängig machen* ‖ comparecer ante el ~ *vor Gericht erscheinen* ‖ vacan los ~es *es sind Gerichtsferien* ‖ → a **juzgado, audiencia** ‖ **–no** *m Tribun* m ‖ fig *Volksredner* m ‖ ~ de la plebe *Volkstribun* m *(in Altrom)*
  tribu|tación *f Abgabe, Steuer* f ‖ *Steuersystem* n ‖ ~ graduada (progresiva, regresiva) *abgestuftes (progressives, regressives) Steuersystem* n ‖ sujeto a ~ *steuerpflichtig* ‖ **–tante** *m Steuerpflichtige(r)* m ‖ **–tar** vt/i *als Steuer zahlen* ‖ *entrichten (Steuer)* ‖ ◊ ~ agradecimiento, ~ gratitud *Dank zollen* ‖ ~ ovaciones *jdm Ovationen darbringen* ‖ **–tario** adj/s *steuerpflichtig, Steuer-* ‖ *zinspflichtig* ‖ Estado ~ *Vasallenstaat* m ‖ sistema ~ *Steuersystem* n ‖ un (río) ~ del Ebro *ein Nebenfluß des Ebro* ‖ igualdad ~a *gleichmäßige Besteuerung* f ‖ **–to** *m Steuer, Abgabe* f ‖ fig *Pflicht, Schuldigkeit* f ‖ △(*Straßen*) *Dirne* f ‖ ◊ pagar ~ de admiración (a) *jdm Bewunderung zollen*
  tri|centésimo m/adj *Dreihundertstel* n ‖ **tríceps** *m* ⟨An⟩ *Trizeps, dreiköpfiger Muskel* m ‖ **–césimo** adj/s = **–gésimo** ‖ **–ciclo** *m Dreirad* n ‖ **–cloretileno** *m* ⟨Chem⟩ *Trichloräthen* n *(Lösungs- und Extraktionsmittel)* ‖ **–coglosos** mpl ⟨V⟩ *Loris, Pinselpapageien* mpl (Trichoglossidae = Loridae) ‖ **–color** adj *dreifarbig, trikolor* ‖ (cinta, bandera) ~ *Trikolore* f ‖ impresión, reproducción ~ *Dreifarbendruck* m ‖ **–comía** f pop = **–cromía** ‖ **–cornio** *m Dreispitz* m *(Hut)* ‖ *Dreispitz* m *der Zivilgarde* (→ **guardia** civil) ‖ △ *Gendarm* m
  tricot *m Trikot* m/n *(Stoff)* ‖ *Trikot* n ‖ **~ar** vt/i ⟨Web⟩ *wirken*
  trico|tomía *f* ⟨Philos Wiss⟩ *Dreiteilung, Trichotomie* f ‖ **–tosa** *f* gall ⟨Web⟩ *Strickmaschine* f
  tri|cromía *f Dreifarbendruck* m ‖ *Dreifarbenphotographie* f ‖ láminas en ~ *dreifarbige Illustrationen* fpl ‖ **–cúspide** *f* ⟨An⟩: (válvula) ~ *Trikuspidalklappe* f ‖ **–dente** m/adj *Dreizack, Trident* m
  tridentino adj: Concilio ⩽ *Tridentinisches Konzil, Konzil von Trient, Tridentinum* (lat) n *(1545-1563)*
  tridimensional adj *dreidimensional*
  tri|duo *m dreitägige Andacht* f ‖ **–edro** *m* ⟨Math⟩ *Dreiflächner* m
  trie|nal adj *dreijährig* ‖ *dreijährlich* ‖ **–nio** *m Zeitraum von drei Jahren*
  triestino adj/*m aus Triest, Triester* (m)
  trifásico adj ⟨El⟩ *dreiphasig, Dreiphasen-, Dreh-* ‖ corriente ~a *Drehstrom* m
  tri|filar adj: antena ~ ⟨Radio⟩ *Dreidrahtantenne* f ‖ **–folio** *m (Dreiblatt) Klee* m (→ **trébol**) ‖ **–foro** *m* ⟨Arch⟩ *Dreipaß* m ‖ **–forio** *m* ⟨Arch⟩ *Triforium* m *(in Kirchen)* ‖ **–forme** adj *dreigestaltig, trimorph*
  trifulca *f* ⟨Tech⟩ *Gebläse* n *(Verdichter)* ‖ figf *Durcheinander* n ‖ *Streit, Zank* m ‖ ◊ armar una ~ fam *e-n Streit anfangen*
  trifurcación *f dreifache Gabelung* f
  △**trifusco** *m Friede* m
  triga *f Dreigespann* n, *Triga* f
  trigal m/adj *Weizenfeld* n
  tri|gémino adj ⟨Med⟩ *Drillings-* ‖ ~ *m Trigeminus* m ‖ **–gésimo** adj *der dreißigste* ‖ ~ *m Dreißigstel* n
  triglifo *m* ⟨Arch⟩ *Triglyph* m, *Triglyphe* f *(am Fries)*
  trigo *m* ⟨Bot⟩ *Weizen* m (Triticum spp) ‖ *Weizenkorn* n ‖ pop *Geld* n, fam *Zaster* m, *Moos* n ‖ ~ candeal, ~ blando, ~ tierno, ~ común ⟨Bot⟩ *Weich-, Saat|weizen* m (T. aestivum) ‖ ~ fanfarrón, ~ duro *Hart-, Glas|weizen* m (T. durum) ‖ ~ de invierno, ~ otoñal *Winterweizen* m ‖ ~ marzal *Sommerweizen* m ‖ ~ mor(un)on

Berber-, Hart|weizen m (T. durum) ‖ ~ polaco *Gommer, Polnischer Weizen* m (T. polonicum) ‖ ~ sarraceno *Buchweizen* m ‖ harina, pan de ~ *Weizen|mehl, -brot* n ‖ mercado de ~ *Getreidemarkt* m ‖ ◊ no ser ~ limpio figf *nicht ganz in Ordnung sein* ‖ ~s pl *Saatfelder* npl ‖ ◊ echar por esos ~ *(od* por los ~ de Dios) figf *die Richtschnur, den Halt verlieren*
  trígono *m* ⟨Astr Math⟩ *Trigon* n ‖ ⟨An⟩ *Trigonum* n ‖ ~ adj ⟨Bot⟩ *dreiseitig*
  trigono|metría *f Trigonometrie* f ‖ ~ esférica, plana *(od* rectilínea) *sphärische, ebene Trigonometrie* f ‖ **–métrico** adj *trigonometrisch* ‖ función ~a *trigonometrische Funktion* f ‖ tablas ~as *trigonometrische Tafeln* fpl
  trigue|ño adj *bräunlich* ‖ *halbbrünett (Gesichtsfarbe)* ‖ *dunkelblond* ‖ **–ro** adj *Weizen-*, p. ex *Getreide-* ‖ terreno ~ *guter Getreideboden* m ‖ producción ~a *Getreide|ernte, -wirtschaft* f ‖ ~ *m Kornsieb* n ‖ ⟨V⟩ *Grauammer* f (Emberiza calandra) (→ **escribano**)
  triguillo *m* dim *v.* **trigo**
  △**trigul** *m Kreuz* n
  tri|lingüe adj *dreisprachig* ‖ diccionario ~ *Dreisprachenwörterbuch* n ‖ **–lobites** mpl *Trilobiten* mpl *(urweltliche Krebstiere)* ‖ **–lobulado** adj *dreilappig* ‖ *kleeblattförmig* ‖ **–logía** *f* ⟨Th Lit⟩ *Trilogie* f
  ¹**trilla** *f Dreschen* n, *Drusch* m ‖ *Druschzeit* f ‖ Cu *Pfad* m ‖ Col *Tracht* f *Prügel* ‖ → a **trillo**
  ²**trilla** *f* ⟨Fi⟩ = **salmonete**
  trilla|dera *f Dreschflegel* m ‖ **–do** adj *ausgedroschen* ‖ fig *abgedroschen, trivial, alltäglich* ‖ camino ~ *gebahnter Weg* m ‖ fam *Alltagsbahnen* fpl ‖ **–dor** *m Drescher* m ‖ **–dora** f/adj *(máquina)* ~, ~ mecánica *Dreschmaschine* f
  trillar vt *(aus)dreschen* ‖ fig *immer wieder betreiben* ‖ fig *mißhandeln* ‖ ◊ acabado de ~ *frisch gedroschen* ‖ a medio ~ *halbgedroschen*
  trillizos mpl *Drillinge* mpl
  trillo *m* ⟨Agr⟩ *Dresch|brett, -holz* n ‖ *Dreschflegel* m ‖ Cu *Fußweg* m
  trillón *m Trillion* f
  trimensual adj *dreimal im Monat (erscheinend, geschehend usw)*
  trimes|tral adj *dreimonatlich* ‖ *Dreimonats-* ‖ *drei Monate dauernd* ‖ pago ~ *Vierteljahreszahlung* f ‖ **–tre** *m Vierteljahr, Quartal* n ‖ *Trimester* n ‖ *Vierteljahreszahlung* f ‖ *Vierteljahresmiete* f ‖ ◊ cobrar ~s ⟨Th Lit⟩ *Tantiemen beziehen* ‖ pagar por ~s *anticipados die Miete vierteljährlich im voraus entrichten*
  trímetro *m Trimeter* m *(Vers)*
  trimielga *f* ⟨Fi⟩ *Zitterrochen, Torpedofisch* m (→ **torpedo**)
  trimmer *m* ⟨Radio⟩ *Trimmer* m *(ein kleiner veränderlicher Kondensator)*
  trimorfo adj *dreigestaltig, trimorph*
  trimotor adj: (avión) ~ *Dreimotorenflugzeug* n, *dreimotoriges Flugzeug* n
  △**trin** adj/s *drei*
  trin, tran onom *hopp, hopp (Schaukelbewegung)*
  tri|nado *m* ⟨Mus⟩ *Triller* m ‖ *Läufer* m, *Verzierung* f ‖ *Koloratur* f ‖ = **trino** ‖ **–nar** vi ⟨Mus⟩ *trillern* ‖ fig *Koloraturen singen* ‖ fig *zwitschern* bzw *tirilieren* bzw *trillern (Vögel)* ‖ ◊ está que na figf *er ist wütend*
  trinca *f Dreier|gruppe* f, *-vorschlag* m *(bei Stellenbesetzungen)* ‖ joc *Kleeblatt* n ‖ △ jugador de ~ *Mogler* m ‖ △ nuevo de ~ Barc *funkelnagelneu*
  trincapiñones *m* pop *Sausewind, Springinsfeld* m
  ¹**trincar** [c/qu] vt *zer|brechen, -bröckeln*
  ²**trincar** [c/qu] vt *stark anbinden, festmachen, packen* ‖ Sant *klauen, stibitzen* ‖ △ *festnehmen, einkerkern*

³**trincar** vi ⟨Mar⟩ *beilegen* (→ **pairar**)
⁴**trincar** [c/qu] vt pop *trinken* (→ **lamparillazo, lingotazo**)
trin|cha *f Hosenbund* m ‖ *Schelle* f ‖ **–chante** *m*/adj *(ehem.) Truchseß* m ‖ *Vorlege-, Tranchier|-messer* n ‖ *Vorschneider, Tranchierer* m ‖ *Spitzhammer* m *(für Steinhauer)* ‖ *mesa* ∼ *Am Serviertisch* m ‖ **–char** vt *vorschneiden, zerlegen, tranchieren (Speisen)* ‖ **–che** *m* Col *(Eß)Gabel* f
trinchera *f* ⟨Mil⟩ *Schützen-, Lauf|graben* m ‖ *Verschanzung* f ‖ *Trenchcoat* m *(Überzieher)* ‖ ∼ *de combate Kampfgraben* m ‖ ∼s *de primera línea vordere Gräben* mpl ‖ *guerra de* ∼s *Schützengraben-, Stellungs|krieg* m ‖ *línea de* ∼s *Schützengrabenlinie* f ‖ ◊ *abrir* ∼s ⟨Mil⟩ *Laufgräben eröffnen*
trinchero adj/s: *plato* ∼ *Vorlegeteller* m ‖ ∼ *m Vorlegetisch* m
trinchete *m Schusterkneif* m ‖ *Am Tischmesser* n ‖ → **a chaira**
△**trinchó** *(f:* ∼**i**) adv *so viel*
△**trindeque** num *dreizehn*
trineo *m Schlitten* m ‖ *Bergschlitten* m, *Rodel* f ‖ ⟨Tech⟩ *Gleitstück* n, *Schlitten* m ‖ ∼ *de alquiler Mietschlitten* m ‖ ∼ *automóvil, auto-*∼ *Motorschlitten* m ‖ *coche-*∼ *Schlittenwagen* m ‖ ◊ *dar un paseo en* ∼ *e–e Schlittenfahrt machen* ‖ *ir en* ∼ *Schlitten fahren* ‖ *rodeln*
trini|dad *f (Am auch m)* ⟨Rel⟩ *Drei|einigkeit, -faltigkeit, Trinität* f *(Padre, Hijo y Espíritu Santo Gott Vater, Sohn u. Heiliger Geist)* ‖ *fig Dreieinigkeit,* desp *Dreierclique* f ‖ ⋆ *f (Am auch m) np span. Taufname* ‖ *fiesta de la Santisima* ⋆ *Trinitatis, Trinitatisfest* n, *Dreifaltigkeitssonntag* m ‖ *Isla de la* ⋆ *Trinidad* n *(Insel)* ‖ *Orden de la Santisima* ⋆ *Trinitarierorden* m ‖ **–taria** *f* ⟨Bot⟩ *Stiefmütterchen* n (→ **pensamiento**) ‖ ⟨Bot⟩ *(Behaarte) Drillingsblume* f *(Bougainvillea spectabilis)* → **buganvilla** ‖ **–tario** *m Trinitarier(mönch)* m
trinitrotolueno *m* ⟨Chem⟩ *Trinitrotoluol, Trotyl* n *(Sprengstoff)*
¹**trino** adj *dreigeteilt* ‖ *dreifach* ‖ *dreizählig* ‖ ⟨Rel⟩ *dreieinig* ‖ **dritte(r)* ‖ *aspecto* ∼ ⟨Astr⟩ *Gedrittschein* m ‖ *Dios* ∼ *y uno der dreieinige Gott*
²**trino** *m* ⟨Mus⟩ *Triller* m ‖ *Trillern* bzw *Tirilieren od Zwitschern* n *(Vögel)* ‖ ∼ *doble Doppeltriller* m ‖ *un* ∼ *de risa figf ein helles, klingendes Lachen* ‖ ∼s *Trillern* n ‖ ⟨Mus⟩ *Koloratur* f ‖ *los* ∼ *de los pájaros das Gezwitscher der Vögel* ‖ ◊ *echar* ∼ *pop gottlos fluchen*
trinomio *m* ⟨Math⟩ *Trinom* n
△**trinquelar** vt *packen, nehmen*
¹**trinquete** *m* ⟨Mar⟩ *Fock* f ‖ *palo de* ∼ ⟨Mar⟩ *Fock|mast* m, *-rahe* f ‖ *vela de* ∼ *Focksegel* n
²**trinquete** *m Triquetspiel* n *(Ballspiel)* ‖ *(Tennis)Hallenspiel, (Hallen)Ballspiel* n
³**trinquete** *m* ⟨Tech⟩ *(Sperr)Klinke* f, *Gesperre* n ‖ *Sperrkegel* m *(an der Uhr)*
⁴**trinquete** *m leichter Knall* m ‖ *a cada* ∼ *figf jeden Augenblick* ‖ *alle Augenblicke*
trinquetilla *f* ⟨Mar⟩ *Stagfock* f
trinquiforte *m* Chi *fam kräftiger Schluck* m *(Schnaps usw)*
trinquis *m fam Schluck* m *(Wein)* ‖ *Trinkspruch* m
trío *m Trio* n *(& fig), Dreigesang* m ‖ ∼ *de cuerda* ⟨Mus⟩ *Streichtrio* n ‖ ∼ *con piano Klaviertrio* n
triodo *m* ⟨Radio TV⟩ *Triode* f
Triones mpl ⟨Astr⟩ *Großer Wagen* m
trióxido *m* ⟨Chem⟩ *Trioxid, Trioxyd* n
tripa *f Darm* m ‖ *Gedärme* npl ‖ *Bauch, Wanst* m ‖ *Bauch* m *e–r Flasche* ‖ *Winkel* m ‖ *Einlage* f *e–r Zigarre* ‖ ◊ *echar* ∼ *pop Bauch ansetzen* ‖ *hacerle* ∼ *pop/vulg jdm ein Kind machen* ‖ *sacar la* ∼ *de mal año fam sich den Bauch vollstopfen*

‖ *¿qué* ∼ *se te ha roto?* pop *(meist unhöflich od grob:) was hast du denn auf einmal? was ist denn nun schon wieder mit dir los?* ‖ ∼**s** pl *Eingeweide* npl ‖ *Kaldaunen, Kutteln* fpl ‖ *fig Innere(s)* n ‖ ◊ *abrir (od sacar) las* ∼ (a) *jdm den Bauch aufreißen (Drohung)* ‖ *me duelen las* ∼ pop *ich habe Leibweh* ‖ *echar las* ∼ *figf sich heftig erbrechen* ‖ *es para echar las* ∼ *figf das ist äußerst ekelhaft* ‖ *hacer de* ∼ *corazón figf s–n Widerwillen überwinden* ‖ *sich ein Herz nehmen* ‖ *aus der Not e–e Tugend machen* ‖ *a este cojin le salen las* ∼ *dieses Kissen ist aufgerissen* ‖ → **corazón**
△**tripamuló** *m Totengräber* m
tripanoso|ma *m* ⟨Zool Med⟩ *Trypanosoma* n ‖ **–miasis** *f* ⟨Med⟩ *Trypanosomiase* f *(bes Schlafkrankheit)* → **enfermedad** *del sueño,* **mosca** *tsétsé)*
tripartidismo *m* ⟨Pol⟩ *Dreiersystem, Dreiparteiensystem* n
triparti|to, –do adj *dreigeteilt* ‖ *Dreier-* ‖ → **pacto**
△**tripasari** *f Bewunderung* f
tripe *m Trippsamt, Plüsch* m *(für Teppiche)*
tri|pero *m Kuttler, Kaldaunenhändler* m ‖ *fam Leibbinde* f ‖ **–picallos** mpl *Kutteln, Kaldaunen* fpl (→ **callos**) ‖ **–pita** *f* dim fam v. **tripa:** *Bäuchlein* n ‖ pop *Schwangerschaft* f
tri|plano *m*/adj ⟨Flugw Hist⟩ *Dreidecker* m ‖ **–ple, –plo** adj/s *dreifach* ‖ ∼ *m:* el ∼ *das Dreifache* ‖ adv: **–mente**
triplete *m* ⟨Opt Phys⟩ *Triplett* n
triplica *f* Ar ⟨Jur⟩ *Triplik, Antwort* f *auf die Duplik*
tripli|cado adj/s *verdreifacht* ‖ *por* ∼ *in dreifacher Ausfertigung* ‖ ∼ *m Drittausfertigung* f ‖ **–car** [c/qu] vt *verdreifachen* ‖ *número 12* **–cado** *Nummer 12 c (bei Hausnummern)* ‖ **–cidad** *f Dreifachheit* f
triplo adj/*m* = **triple**
tripocho adj/s Ven = **trillizo**
trípode *m*/f *Dreifuß* m ‖ *dreibeiniger Stuhl* m ‖ ∼ *m* ⟨Phot⟩ *Stativ, Dreibeinstativ* n ‖ *aparato de* ∼ ⟨Phot⟩ *Stativkamera* f
tripolar adj ⟨El⟩ *dreipolig, Dreipol-*
tripol(i) *m* ⟨Min⟩ *Tripel* m *(Saug-, Polier|-schiefer)*
tripoli(ta)no adj/s *aus Tripolis* (Tripoli) ‖ ∼ *m Tripolitaner* m
tri|pón adj/s fam *dickbäuchig* ‖ **–pote** *m* Nav *Blutwurst* f (= **morcilla**)
tripsina *f Trypsin* n *(eiweißspaltendes Ferment)*
tríptico *m Triptychon, dreiteiliges (Altar)Bild* n ‖ ⟨Aut⟩ *Triptyk, Triptik* n
triptongo *m* ⟨Gr⟩ *Triphthong, Dreilaut* m
tripudo adj/s pop *dickbäuchig*
tripu|lación *f (Schiffs)Mannschaft, Crew, Besatzung, Bemannung* f ‖ ⟨Flugw⟩ *Flugmannschaft, (Flug)Besatzung, Crew* f ‖ ∼ *de combate* ⟨Flugw⟩ *Kampfbesatzung* f ‖ ∼ *de un dirigible Besatzung* f *e–s (lenkbaren) Luftschiffes* ‖ *sin* ∼ *unbemannt* ‖ **–lante** *m Matrose, Mann* m *der Besatzung* ‖ ∼ *de un avión Mitglied* n *der Besatzung e–s Flugzeuges* ‖ *Flieger* m ‖ **–lar** vt *bemannen* ‖ *steuern (Flugzeug usw)* ‖ Chi fam *pan(t)schen* (→ **bautizar**)
tripulina *f* Arg Chi = **tremolina**
¹**trique** *m* onom *Knall* m ‖ *Knacken* n ‖ Chi ⟨Bot⟩ *Libertia coerulescens* f *(Purgierschwertel)* ‖ Chi *grob gemahlenes Mehl* n, *Kleie* f ‖ *a cada* ∼ *figf jeden Augenblick* ‖ *alle Augenblicke* ‖ ∼**s** mpl Mex *Krimskrams* m
²△**trique** *m Taschentuch* n
triquín *m grobes Mehl* n
triqui|na *f* ⟨Zool Med⟩ *Trichine* f (Trichinella spiralis) ‖ ∼ *enquistada eingekapselte Muskeltrichine* f ‖ **–near** vt Chi fig *plagen, belästigen* ‖ **–niasis, –nosis** *f* ⟨Med⟩ *Trichinose, Trichinosis,*

Trichinenkrankheit f || **-ñuela** *f* fam *Ausflucht* f || *Kniff* m, *List* f || un tío ~s fam *ein Kleinigkeitskrämer* m || **-traque** *m Knall* m, *Gerassel, Geklirr, Geklapper* n || *(Knall)Frosch* m *(Feuerwerk)* || ◊ hacer ~ *(er)klirren*
 trirreme *m* ⟨Mar Hist⟩ *Triere, Trireme* f, *Dreiruderer* m
 tris *m Geklirr* n || *Knacks* m || en un ~ figf *im Nu, im Handumdrehen* || ◊ estar en un ~, por un ~ beinahe || estuvo en *(od* no faltó) un ~ *um ein Haar wäre es geschehen* || ¡~, **trás!** onom *bums! knacks! (Schlag)* || ~ *m trippelndes Geräusch* n
 trisa *f* ⟨Fi⟩ = **sábalo**
 trisagio *m Trisagium, Trishagion* n *(Gebet bzw Gesang mit dreimaliger Anrufung Gottes)*
 tris|ca *f Knacks* m, *Knacken* n *(der Nüsse)* || fig *Lärm, Radau* m || pop *Prügelei* f || *Tracht* f *Prügel* || Am *Spaß* m || **-cador** *m Schränkeisen* n || **-car** [c/qu] vt *schränken (e-e Säge)* || fig *durcheinanderbringen* || Col *verleumden* || ◊ vino –cado fam *verfälschter Wein* m || ~ vi prov bes Sant *herumspringen, hüpfen, tollen* || *trampeln, stampfen* || figf *schäkern, herumalbern, Mutwillen treiben*
 tri|sección *f Dreiteilung* f *(e–s Winkels)* || **-semanal** adj *dreiwöchentlich* || **-sílabo** m/adj *dreisilbiges Wort* n || ~ adj *dreisilbig*
 trismo *m* ⟨Med⟩ *Kinnbackenkrampf* m, *Kiefersperre* f, *Trismus* m
 Tristán *m* np *Tristan* m || ~ e Isolda *(od* Iseo) *Tristan und Isolde (Wagners Oper)* bzw *die Gestalten der Sage v. Gottfried von Straßburg usw.*
 ¹**triste** adj *traurig, betrübt, niedergeschlagen* || *trübsinnig* || *düster* || *betrübend, schmerzlich* || *kläglich, erbärmlich, jämmerlich, traurig* || *armselig* || *öde, trost-, freud|los, trist* || fig *schwermütig* || *dunkel, finster* || ~ *desenlace trauriger Ausgang* m, fig *Tod* m || ~ *resultado trauriger Erfolg* m, *jämmerliches Ergebnis* n || ni un ~ *libro* fig *nicht einmal ein (elendes) Buch* || de ambiente ~ *traurig gestimmt, von trauriger Stimmung* ⟨bes Mus⟩ || ◊ está ~ *er ist traurig* || esas flores están *(od* empiezan a ponerse) ~s fam *diese Blumen lassen die Köpfe hängen (od fangen an zu welken)* || es muy ~ *das ist traurig* || estoy ~ *ich bin traurig (gestimmt)* || ponerse ~ *traurig, betrübt werden*
 ²**triste** *m* Am *(Art) melancholischer Gesang* m
 triste|mente adv *traurig* || **-za** *f Traurigkeit, Betrübnis* f || *Betrübtheit, Tristesse* f || *Trübseligkeit* f || *Trübsinn* m || *Schwermut* f || RPl *Rinderpest* f || △ *Todesurteil* n || con ~ *traurig* || ◊ desechar la ~ *sich aufmuntern* || → **melancolía** || → **añoranza, nostalgia, morriña**
 tristón, ona adj *et traurig* || *schwermütig*
 trítico *m* ⟨Arch⟩ = **tríptico**
 tritio *m* ⟨Chem⟩ *Tritium* n (³₁H)
 Tritón *m Triton* m *(Meergott)* || ≃ *m* ⟨Zool⟩ *(Wasser)Molch* m || *Trompetenschnecke* f, *Tritonshorn* n *(Tritonium nodiferum)* || ⟨Nucl⟩ *Triton* n *(Kern des Tritiums)* || ≃ *alpino Bergmolch* m (Triturus alpestris) || ≃ *común Teichmolch* m (T. vulgaris) || ≃ *crestado Kammolch* m (T. cristatus) || ≃ *marmóreo Marmormolch* m (T. marmoratus) || → **salamandra**
 tritu|ración *f Zer-, Ver|reibung, Zermalmung* f || *Zermahlen* n || ⟨Med Pharm⟩ *Verreibung, Trituration* f || **-rador** m/adj *Stoßmaschine* f || *Brecher* m || ~ de basura *Müllzerkleinerer* m || molino ~ *Schrotmühle* f || ~ de forraje *Häckselmaschine* f || **-radora** *f* = **-rador** || ⟨Bgb⟩ *Stampfwerk* n || ~ de rodillos *Walzenmühle* f || **-rar** vt *zer|reiben, -malmen* || *zerquetschen* || *kauen* || *plagen* || fig *vernichten* || ⟨Pharm⟩ *verreiben* || ⟨Tech⟩ *brechen* || trigo ~rado *Weizenschrot* m
 triun|fador *m Triumphator, Sieger* m || **-fal** adj *siegreich* || **-fal** adj *sieghaft* || *herrlich* || *triumphal* || *Triumph-, Sieges-* || canto ~ *Siegesgesang* m || marcha ~ *Siegesmarsch* m || *Triumphzug* m

(& fig) || *primero, segundo, tercer año* ~ *erstes, zweites, drittes Siegesjahr* n *(während des span. Krieges 1936–1939 üblicher Zusatz der Nationalen zum Briefdatum)* || **-falismo** *m Selbstgefälligkeit* f || ⟨Pol Rel⟩ *(offizieller) Zweckoptimismus*, „*Triumphalismus*" m, *Schönfärberei* f || *Hurrapatriotismus* m || **-fante** adj *sieg|reich, -strahlend* || *triumphierend* (& pej) || la Iglesia ~ ⟨Rel Theol⟩ *die triumphierende Kirche* f || **-far** vi *(ob)siegen, den Sieg davontragen* || *frohlocken, jubeln* || *sich brüsten (mit* dat*)* || *triumphieren* (& pej) || ⟨Kart⟩ *Trümpfe ausspielen* || ◊ ~ de, ~ sobre *Herr werden (über jdn), jdn bezwingen* || ~ de su adversario *über seinen Gegner siegen* || ~ en toda la línea fig *auf der ganzen Linie (od glatt) siegen* || **-fo** *m Triumph(zug), Siegeszug* m || *Sieg* m || *Frohlocken* n, *Jubel* m || ⟨Kart⟩ *Trumpf* m || Arg *ein Volkstanz* m || → **arco** || ◊ coronado de ~ *mit Erfolg gekrönt* || cosechar grandes ~s *große Erfolge erzielen* || → a **victoria**
 triungulino *m* ⟨Entom⟩ *Dreiklauer, Triungulinus* m, *Triungulinuslarve* f *(erste Larve des Ölkäfers,* ≃ **aceitera, carraleja, meloidos, hipermetamorfosis)**
 triun|virato *m Triumvirat* n, *Drei(männer-)herrschaft* f || **-viro** *m Triumvir* m
 trivalen|cia *f* ⟨Chem⟩ *Dreiwertigkeit* f || **-te** adj *dreiwertig, trivalent*
 tri|vial adj *platt, abgedroschen, alltäglich, gemein, trivial* || *expresión, dicho* ~ *abgedroschener, nichtssagender Ausdruck* || **-vialidad** *f Plattheit* f || *Alltäglichkeit* f || *abgedroschene Redensart* f, *Gemeinplatz* m (= *lugar* común) || *Trivialität* f || vgl **sinónimo** || **-vializar** vt/i ⟨Neol⟩ *banalisieren, ins Triviale ziehen* || **-vio** *m Dreiweg, dreifacher Kreuzweg* m || *Trivium* n *(ehem. Bildungsstufe)*
 triza *f Stückchen, bißchen* n || *Fetzen* m || ~s *fpl Scherben* fpl || ◊ hacer ~ pop *zer|fetzen, -stükkeln, -schlagen* || hecho ~ *zer|schlagen, -stört* || pop *kaputt*
 Tróade *f Troas* f
 troca|damente adv *verkehrt* || **-do** adj *verwechselt* || *verkehrt* || **-dor** *m (Um)Tauscher* m
 trocaico adj *trochäisch* || (verso) ~ *Trochäus* m (→ **troqueo**)
 △**trocané** *m Werk* n
 trocánter *m* ⟨An⟩ *Rollhügel, Trochanter* m
 ¹**trocar** *m* ⟨Chir⟩ *Trokar* m
 ²**trocar** [-ue-, c/qu] vt *(ver-, um-, ein)tauschen* || *(aus-, ein)wechseln* || *(ver)wechseln* || *verändern* || *verwandeln* || ◊ ~ por dinero *gegen Geld einwechseln* || ~ en lucro *in Gewinn verwandeln* || ~se *sich ändern* || *sich wenden* || fig ⟨Lit⟩ *sich verwandeln* (en *in* acc) || → **trueque** || → **metamorfosearse**
 troce|ar vt *in Stücke teilen* || **-o** *m Teilung in Stücke, Zerstückelung* f
 tro|cisco *m Plätzchen* n, *Pastille* f || **-cito** *m* dim *v.* **-zo**: *Stückchen* n
 trocla *f* ⟨Tech⟩ = **polea**
 troclo *m* ⟨Fi⟩ *Mond-, Sonnen-, Klump|fisch* m (Mola mola = Orthagoriscus mola)
 trocoide *f* ⟨Math⟩ *Trochoide* f
 trocha *f Fußsteig* m || *Pfad, Steg* m || Am ⟨EB⟩ *Spurweite* f (Span = *ancho de vía*)
 trochemoche: a ~ fam *aufs Geratewohl* || *in die Kreuz und Quere, kreuz und quer*
 trofeo *m Trophäe* f || *Siegeszeichen* n || *Siegerpreis* m ⟨bes Sp⟩ || fig *Sieg, Triumph* m || ~ de tiro *Schützenpreis* m || ~s *pl Waffenschmuck* m
 ¹**troglodita** *m Höhlenmensch* m *der Eiszeit* || p.ex *Höhlenbewohner* m || fig *Barbar* m || fig *Rückschrittler* m || fig *ungeselliger Mensch* m || figf *Vielfraß* m *(Person)*
 ²**troglodita** *m* ⟨V⟩ *Zaunkönig* m (Troglodytes spp) → **chochín**
 troglodítico adj *Troglodyten-* || fig *rückschrittlich* || *barbarisch* || *ungesellig*

troica *f* Troika f *(russisches Dreigespann)* || ⟨bes Pol Neol⟩ = **triunvirato** || = **trío**
troj *f* Scheune, Scheuer f || Getreide-, Korn|kammer f || Olivenkammer f
trola *f* fam Betrug m, Lüge, Ente f || Col Scheibe f Schinken || ~s *pl* Chi Hoden mpl
trole (engl trolley) *m* Stromabnehmer m *(an Straßenbahnwagen)* || **~bús** *m* Trolleybus, Obus *(= Oberleitungsomnibus)* m
trolero *m*/adj fam Lügner, Schwindler m || fam Großsprecher m
trom|ba *f* ⟨Mar⟩ Wasserhose f || **-bidios** mpl ⟨Zool⟩ Laufmilben fpl (Trombidiidae) || **-bidiosis** *f* ⟨Agr⟩ Ernte-, Heu|krätze, Trombidiose f *(durch die Herbst- od Ernte\milbe Trombicula autumnalis verursacht)* || **-bina** *f* ⟨Biol Chem⟩ Thrombin n
trombo *m* ⟨Physiol Med⟩ Thrombus, Blutpfropf m || ~cito *m* ⟨An Med⟩ Thrombozyt m, Blutplättchen m || **~flebitis** *f* ⟨Med⟩ Thrombophlebitis f || **~sis** *f* ⟨Med⟩ Thrombose f
trombón *m* ⟨Mus⟩ Posaune f || Posaunen-, Piston\bläser, Posaunist m || ~ de pistones Ventilposaune f || ~ de varas Zugposaune f || ◊ tocar el ~ die Posaune blasen
trom|pa *f* Jagd-, Wald\horn n || Trompete f || *(Automobil)* Hupe f || ⟨An⟩ Rüssel m *(des Elefanten, des Tapirs)* || *(Saug)Rüssel* m *der Kerbtiere* || Hohl-, Brumm\kreisel m || ⟨Mar⟩ Wasserhose f || fam/pop Rausch m, Trunkenheit f, pop Affe m || ⟨Arch⟩ Trompe f || △ Nase f || ~ de Eustaquio ⟨An⟩ Eustachische Röhre f || ~ gallega Brummeisen n || solo de ~ ⟨Mus⟩ Waldhornsolo n || ◊ tener (coger, agarrar *usw*) una ~, estar ~ fig fam/pop *(sich betrinken)*, betrunken sein, pop *e-n Affen haben, e-n sitzen haben* || las ~s de Falopio ⟨An⟩ die Fallopischen Trompeten fpl || ~ *m* Waldhornbläser, Hornist m || **-pada** *f*, **-pazo** *m* fam *(Zusammen)Stoß* m *(& mit dem Wagen)* || figf Faustschlag m, Stoß m *(& mit dem Wagen)* || figf Faustschlag m, Ohrfeige f || derber Stoß m || ⟨Mar⟩ Rammstoß m
*****trompero** adj betrügerisch, täuschend || Schein- || vgl **trolero**
trompe|ta *f* Trompete f || Flügelhorn n || al son de ~ bei Trompetenschall || ¡~s! pop Unsinn! || ~ *m* Trompeter m || **-tazo** *m* Trompeten\blasen, -geschmetter n || pop *starker* Schlag m || pop *große* Dummheit f || **-tear** vi fam trompeten || **-teo** *m* Trompeten n || **-tería** *f* Trompetenregister n *(der Orgel)* || Trompeten\schall m, -geschmetter n || **-tero** *m* Trompetenmacher m || Trompeter m || ⟨Fi⟩ Eberfisch m (Capros aper) || △ Stock m || **-tilla** *f* dim *v.* **-ta** || *(Ge)* Hörrohr n || **-to** *m*/adj Mex Betrunkener m (= **borracho**)
trompi|car [c/qu] vi oft und heftig straucheln || stolpern || ~ vt stolpern lassen || **-cón** *m* *(häufiges)* Straucheln n || Stoß m || Stolpern n || respiración a ~es fig stoßweises Atmen || ◊ dar ~es straucheln || stolpern
trom|pis *m* fam *(Faust)Schlag* m || Zusammenstoß m || **-po** *m* *(Holz)Kreisel* m || Hohl-, Brumm\kreisel m || ⟨Zool⟩ Kreiselschnecke f (Gibbula spp || Monodonta spp) || Spitzkreiselschnecke f (Zizyphinus granulatus) || ◊ jugar al ~ Kreisel spielen || ponerse hecho (*od* como un) ~ figf sich vollstopfen *(mit Essen)*, sich vollaufen lassen *(bim Trinken)* || **-pón** *m* augm *v.* **-po** || a ~ fam unordentlich, liederlich
¹**trona** *f* ⟨Min⟩ Trona f *(Abart der Soda)*
²△**trona** *f* Pistole f
trona|da *f* Donnerwetter n || Gewitter n || **-do** adj fam elend, miserabel || fig heruntergekommen || fig abgebrannt || un hidalgo ~ pop ein verkrachter Edelmann || ◊ andar ~ fig pleite sein
tronante adj: voz ~ dröhnende Stimme, Donnerstimme f || vgl **tonante**
tronar [-ue-] vi/impers donnern || fig wettern || (contra *gegen* acc) || figf brüllen || knallen, krachen *(Feuerwaffe)* || ◊ ~ con alg. figf sich mit jdm verkrachen || ~ contra alg. figf *gegen jdn los|donnern, -ziehen* || truena es donnert || ~ vt Mex Guat fam erschießen || **~se** vr fig *(gesellschaftlich) herunterkommen* || Pleite machen
tron|cal adj Stamm- || *(in) gerader Linie* || bienes ~es Stammgüter npl || linea ~ *(od* –co) Am ⟨EB⟩ Hauptlinie f || **-co** *m* *(Baum)Stamm*, Stumpf m || Klotz m, Scheit n || ⟨An⟩ Rumpf m || *(Deichsel)Gespann* n *(Pferde, Maultiere)* || fig Klotz m || ⟨Gr Li⟩ Stamm m || fig Ursprung m || fig Herkunft, Abstammung f || ~ arterial ⟨An⟩ Arterienast m || caballo de ~ Deichselpferd n || ◊ dormir como un ~ figf wie erschlagen schlafen || **-cocónico** adj kegelstumpfförmig || **-cudo** adj dickstämmig
tron|cha *f* Am Schnitte f *(Fleisch)* || Am fam Sinekure f || **-chado** *m* ⟨Her⟩ Schräg(rechts-)teilung f || **-char** vt *(Bäume)* abreißen, abbrechen *(bes vom Wind)* || fig zerbrechen || **~se** zerbrechen || ◊ es para ~ de risa pop *es ist zum Kranklachen* || ¡ay, que me –cho! pop *das ist zum Bersten!* || **-cho** *m* Stengel, *(Pflanzen)Stiel* m || *(Kohl)Strunk* m || △ Genick n || △ schlechter Schauspieler || ¡~! pop Donnerwetter || **-chudo** adj strunkig
tronera *f* ⟨Mil⟩ Schießscharte f || ⟨Mar⟩ Geschützluke f || p.ex *(Dach)Luke* f || Billardloch n || Klatsche f, Schlagschwärmer m *(Kinderspielzeug)* || ~ *m/f* figf Bruder Leichtfuß, figf Windhund m
△**tronfaró(n)** *m* Rumpf m
△**tronga** *f* Geliebte f || → a **manceba**
tronido *m* Donner(schlag) f || fig Ruin m, fam Pleite f
tronío *m* (= **tronido**) vulg Ruhm m || Stolz m || Pracht f || Herrlichkeit f || Angabe f || verschwenderische Großzügigkeit f *(in Geldangelegenheiten)* || → **rumbo**
△**troni|tis** adj/s zerlumpt || **-toso** adj fam donnernd
trono *m* Thron m (*& fig*) || subida, sucesor al ~ Thron|besteigung f, -folger m || ◊ subir al ~, ocupar el ~ den Thron besteigen || ~s mpl Throne mpl *(Engelordnung)*
tronz|ador *m* Ablängsäge f || **-ar** [z/c] vt zerbrechen || brechen || fälteln *(Stoff)* || ⟨Zim Tech⟩ ablängen || fig mürbe machen, zermürben
troostita *f* ⟨Metal⟩ Troostit m *(Perlit)*
tropa *f* *(Reiter)Trupp* m, Rotte f || Truppe f, Mannschaft f || fig Trupp m || Haufe m || △ Menschenmenge f || RPl *(Wander)Herde* f || Arg Zug m *(Lasttiere)* || ~ aerotransportada Luftlandetruppe f || ~(s) de línea ⟨Mil⟩ Linientruppen fpl || en ~ rotten-, haufen|weise || ~s activas stehende(s) Heer n || ~s coheteriles Raketentruppen fpl || ~s escogidas *(od* selectas) Elitetruppen fpl
tro|pel *m* Volkshaufe m || *(Menschen)Menge*, Schar f *(bes in Bewegung)* || Getrappel, Trappeln n || Hast, Übereilung f || Wirrwarr m, wirres Durcheinander n || △ Gefängnis n || en ~ scharen-, haufen|weise || △**-pelero** *m* Straßenräuber m || **-pelía** *f* Hast, Über|eilung, -stürzung f || Gewalt-, Frevel|tat f || Gewaltstreich m || Betörung, Überlistung f || **-pelista** *m* Gaukler m || → a **prestidigitador** || **-peña** *f*/adj Ec Soldaten\weib n, -hure f || **-péolo** *m* ⟨Bot⟩ → **capuchina** || **-pera** *f*/adj Guat Ven ⟨-peña⟩ || **-pero** *m* RPl Führer m *(e-r Wanderherde usw)*
trope|zar [-ie-, z/c] vi/t stolpern, straucheln || stoßen (con, en *auf* acc) || anstoßen *(mit der Zunge)*, stottern || fig e-n Fehltritt tun || ◊ ~ con alg. fam auf jdn stoßen, jdn *(unvermutet)* antreffen, jdm *(zufällig)* begegnen || ~ con dificultades, con obstáculos *auf* Schwierigkeiten, *auf* Hindernisse stoßen || ~ en *(od* contra) stolpern über (acc), anstoßen an (acc) || sin ~ ohne Anstoß ||

unbehindert ‖ **~se** *sich streichen, sich treten (Pferde & andere Tiere)* ‖ ◊ ~ a alg. figf *jdm (zufällig) begegnen* ‖ **-zón** *m Straucheln, Stolpern* n ‖ *Fehltritt* m ‖ ◊ *dar un* ~ *straucheln, stolpern* ‖ fig *e-n Fehltritt begehen, entgleisen* ‖ **-zones** *mpl* fam ⟨Kochk⟩ *Fleisch-, Wurst|stückchen* npl *(in der Suppe, im Eintopf)* ‖ a **~es** *stolpernd* ‖ figf *mühsam* ‖ ◊ *dar* ~ *al hablar, dar* ~ *hablando stottern* ‖ vgl **tropiezo**
tropical adj *tropisch, Tropen-* ‖ *calor, zona* ~ *Tropen|hitze, -zone* f ‖ *malaria* ~ ⟨Med⟩ *Tropika* f
tropicalización *f* ⟨Tech⟩ *Tropen|schutz* m, *-ausführung* f
trópico adj *tropisch* ‖ *planta* ~a *Tropenpflanze* f ‖ ~ m: ~ *de Cáncer,* ~ *de Capricornio* ⟨Astr⟩ *Wendekreis* m *des Krebses, des Steinbocks* ‖ *enfermedad de los* ~s *Tropenkrankheit* f ‖ *Gelbfieber* n ‖ *viaje por los* ~ *Tropenreise* f ‖ ◊ *cortar el* ~ ⟨Mar⟩ *die Linie passieren*
¹**tropiezo** *m Hindernis* n, *Anstand* m ‖ fig *Schwierigkeit* f ‖ *Anstoß* m ‖ *Unannehmlichkeit* f ‖ fig *Fehltritt* m, *Entgleisung* f ‖ fig *Zwist* m, *Reibung* f ‖ ◊ *dar un* ~, *dar* ~s *straucheln, stolpern* (& fig) ‖ vgl **tropezón**
²**tropiezo** → **tropezar**
tropismo *m* ⟨Biol⟩ *Tropismus* m
tropo *m* ⟨Rhet⟩ *Trope* f, *Tropus* m
tropo(e)sfera *f* ⟨Phys Meteor⟩ *Troposphäre* f
tropología *f bildliche Ausdrucksweise* f ‖ *mit Tropen überladene Sprache*
troquel m *(Münz)Stempel, Punzen* m ‖ *Stanzwerkzeug* n ‖ **~ado** m/adj *Stanzen* n ‖ **~adora** *f Stanzmaschine* f ‖ *Prägepresse* f *(für Münzen usw)* ‖ **~ar** vt *(präge)stanzen* n, *(loch)stanzen*
troqueo *m Trochäus* m *(Vers)*
trota|calles *m* fam *Pflastertreter(in* f*)* m ‖ **-conventos** *f* fam *Kupplerin* f (→ **alcahueta, celestina, proxeneta, tercera**) ‖ **-dor** m/adj *Traber* m *(Pferd)* ‖ **-mundos** m/f pop *Weltenbummler(in)* m(f)
tro|tar vi *(dahin)traben, trotten* (& fig) ‖ **-te** *m Trab* m ‖ a(l) ~ *im vollen Trabe* ‖ fig *eilig* ‖ *para todo* ~ fam *zum Alltagsgebrauch* ‖ *la panza al* ~ pop *hungerleidend* ‖ *carrera al* ~ *Trabrennen* n ‖ ◊ *alargar el* ~ *langsamer traben (Pferd)* ‖ *alejarse al* ~ *forttraben* ‖ *ir al* ~ *traben (Pferd)* ‖ *Trab reiten* ‖ *pasar a* ~ *vorübertraben* ‖ **-tinar** vi Mex Guat CR → **trotar** ‖ **-tón** *m* Am *Klepper* m ‖ **-tona** *f* fam *Gesellschaftsdame* f ‖ pop desp *Nutte* f
trots|kismo, -kysmo *m* ⟨Pol⟩ *Trotzkismus* m *(nach L. D. Trotzki-Bronštejn, 1879-1940)* ‖ **-kista, -kysta** m/adj *Trotzkist* m ‖ ~ adj *trotzkistisch*
*****trousseau** *m* frz *Aus|steuer, -stattung* f (→ **ajuar**)
tro|va *f Trove* f, *Gedicht, Lied* n ‖ **-vador** *m Troubadour, provenzalischer Minnesänger* m ‖ **-vadoresco** adj *Troubadour-* ‖ **-var** vi *Gedichte nach Art der Troubadours schreiben, Troven verfassen* ‖ **-vero** *m Trouvère* m *(frz. Minnesänger)* ‖ **-vo** *m (altspanisches) Liebeslied* n
troy *m Troysystem* n ‖ *Troygewicht* n *(in GB und in den USA)*
Tro|ya *f Troja* n ‖ *caballo de* ~ ⟨Myth⟩ *das Trojanische Pferd* (& fig) ‖ ◊ *aquí (od ahí, allí) fue* ~ pop *da liegt der Hase im Pfeffer* ‖ fam *dann kam das Schlimmste!* ‖ *da haben wir die Bescherung!* ‖ ¡arda ~! pop *nun kann's losgehen!* ‖ *und wenn alles in Scherben fällt!* ‖ **=yano** *adj trojanisch* ‖ ~ *m Trojaner* m
troza *f* ⟨Mar⟩ *Rack* n ‖ *Rundholz* n
trozar vt = **trocear** ‖ *ablängen (Baumstamm)*
trozo *m (Bruch)Stück* n ‖ ~ *de camino Stück* n *Weges* ‖ ~s *de óperas* ⟨Mus⟩ *Opernstücke* npl ‖ a ~s *stückweise* ‖ *auszugsweise* ‖ ◊ *falta buen* ~ *todavía es fehlt noch ein hübsches Stück*

trúa *f* Arg *Rausch* m ‖ ◊ *estar en* ~ fam *e-n Affen haben*
△**Trubián** *m Aragonien* n *(span. Region)*
trucaje *m* gall ⟨Phot Filmw⟩ *Trick(aufnahme* f*)* m ‖ *Photomontage* f
△**trucán** *m* = **truján**
truco *m Trick, Kniff, Kunstgriff* m ‖ *(juego de)* ~s *Billardspiel* n ‖ ◊ *coger(le) el* ~ a a. *den Dreh bei e-r Sache herausfinden* ‖ *como si dijeran* ~ fam *egal, was man sagt, mir ist es einerlei*
truculen|cia *f Grausamkeit* f ‖ *Schauergeschichte* f ‖ *Moritat* f ‖ **-to** adj *grausig, grimmig, schaurig*
trucha *f* ⟨Fi⟩ *(Bach)Forelle* f ‖ fig = **truchimán** ‖ ~ *(de río) (Bach)Forelle* f (Salmo trutta fario) ‖ ~ *asalmonada Lachsforelle* f (S. trutta trutta) ‖ ~ *arco-iris Regenbogenforelle* f (S. irideus) ‖ ~ *lacustre Seeforelle* f (S. lacustris) ‖ ~ *de mar,* ~ *marina Meerforelle* f (= ~ *asalmonada)* ‖ *pesca de* ~s *Forellenfang* m ‖ ◊ *no se cogen* ~s *a bragas enjutas* Spr *ohne Fleiß kein Preis* ‖ ~ m: ◊ *ser un* ~ pop *sehr schlau, gerieben sein*
truchimán *m* fam **Dolmetsch(er), Dragoman* m ‖ *Vermittler* m ‖ figf *geriebener, skrupelloser Kerl, schlauer Fuchs* m
truchuela *f* ⟨Fi Kochk⟩ *dünner Stockfisch* m (→ **bacalao**)
trueno *m Donner(schlag)* m ‖ *Knall, Krach* m ‖ figf *Bummler* m ‖ *el* ~ *gordo* pop *das Allerwichtigste, der Hauptpunkt* ‖ *die Katastrophe* ‖ fam *der Riesenskandal* ‖ fam *der Knüller* m ‖ *gente del* ~ pop *Bummler, Saufbolde* mpl ‖ *Gauner* mpl ‖ ◊ *hay (od dan, se oyen)* ~s *der Donner rollt, es donnert* ‖ *ir de* ~ pop *bummeln gehen*
trueque *m (Um-, Aus)Tausch* m ‖ *Tauschhandel* m ‖ a ~ *de, en* ~ *zum Tausch (im Austausch, gegen, für* acc*), dafür*
tru|fa *f* ⟨Bot⟩ *Trüffel* f (Tuber spp) ‖ figf *Lüge, Flause* f ‖ *falsa* ~ ⟨Bot⟩ *Kartoffelbovist* m (Scleroderma sp) ‖ **-fado** adj ⟨Kochk⟩ *Trüffel-* ‖ **-fador** *m* fam *Lügner, Flunkerer, Aufschneider* m ‖ **-far** vt ⟨Kochk⟩ *trüffeln, mit Trüffeln füllen* bzw *zubereiten* ‖ **-ficultura** *f Trüffelzucht* f
tru|hán *m Gauner, Spitzbube* m ‖ *Possenreißer* m ‖ **-hanería** *f Gaunerei* f ‖ *Gesindel* n ‖ **-hanesco** adj *spitzbübisch* ‖ *gaunerhaft* ‖ *possenhaft, kurzweilig*
truja *f Olivenkammer* f *der Ölmühlen* ‖ **~l** *m Ölpresse* f ‖ prov *Weinkelter* f ‖ → **almazara**
tru|jamán, -jimán *m* = **truchimán**
△**tru|ján** *m Tabak* m ‖ △**-jandí** *m Zigarre* f
¹**truje** pop prov = **traje** (→ **traer**)
²△ **truje** *m Türklopfer* m
△**trujilí, trujulí** *f Aal* m
trujillano adj/s *aus Trujillo* (PCác, Pe, Ven)
trujillense adj/s *aus Trujillo* (Ven)
△**trujipar** vt *nehmen, packen*
trujo pop = **trajo** (→ **traer**)
△**trujún** *m Kreuz* n
¹**trulla** *f Maurerkelle* f
²**trulla** *f* pop *Lärm* m, *Getöse* n
trullo *m* prov *Kelter* f ‖ △ *Gefängnis* n ‖ △ ⟨EB⟩ *Zug* m
trumó *m* = **tremó**
¡**trun**! onom *puff! bum!*
trun|cado adj *zerbrochen* ‖ *verstümmelt* ‖ *cono* ~ *Kegelstumpf* m ‖ **-car** [c|qu] vt *ab-, wegschneiden* ‖ *(ab)stutzen* ‖ *zerbrechen* ‖ ⟨Min⟩ *abbrechen* ‖ fig *verstümmeln, entstellen* ‖ ◊ ~ *las esperanzas en flor* fig *die Hoffnungen im Keim ersticken* ‖ **-co** adj *verstümmelt* ‖ *zerbrochen*
△**trunchá** *m Nabel* m
trunfo *m* pop inc = **triunfo**
trupial *m* ⟨V⟩ *Trupial* m (Icterus spp) ‖ ~ *de*

Baltimore *Baltimore* trupial m (I. galbula) ‖ ~ de Jamaica *Orangetrupial* m (I. jamaicaii)
△**trúpita** f *Rausch* m, *Trunkenheit* f
△**trupo** m *Körper, Leib* m
truque m ⟨Kart⟩ *Truquespiel* n
△**trusí** f *Baumwolle* f
trust m engl ⟨Com⟩ *Trust* m ‖ ◊ *formar un* ~,
= **trustificar** *vertrusten*
△**trutar** vi *zurückkehren*
tsé-tsé f ⟨Entom Med⟩ *Tsetsefliege* f (→ **mosca**)
T.S.H. Abk = **telegrafía sin hilos**
tú pron *du* ‖ yo·de *(od que)* ~ *ich an deiner Stelle* ‖ ◊ tratar *(od hablar)* de ~ (a) *jdn duzen* ‖ fig *mit jdm vertraut sein* ‖ ¡~ con tus historias! *du und deine (od mit deinen) Geschichten!* ‖ →a
yo
tu pron poss *dein(e)* ‖ el ~ prov = **tu** *(z. B. el* ~ *libro dein Buch,* la ~ *madre d–e Mutter)*
tuaregs (inc *für* **tuareg**) *mpl Tuareg* pl *(Berberstamm)* → **targui**
tuatara f *Tuatera, Brückenechse* f (Sphenodon punctatus = Hatteria punctata)
tuáutem [...en] m lat fam *Hauptperson* f ‖ *Wichtigtuer* m
¹**tuba** f ⟨Mus⟩ *(Baß) Tuba* f
²**tuba** f Fil *Palmwein* m
tubaje m gall → **entubación**
tubario adj: soplo ~ ⟨Med⟩ *Röhren-, Bronchial|atmen* n
tubercu|lar adj *Tuberkel-* ‖ **–lina** f ⟨Med⟩ *Tuberkulin* n ‖ ~ antigua, ~ nueva (de Koch) *Kochs Alt-, Neu|tuberkulin* n ‖ reacción a la ~ *Tuberkulinreaktion* f ‖ **–linización** f ⟨Med⟩ *Tuberkulinprobe* f ‖ **–linizar** vi *die Tuberkulinprobe machen* (a *an* dat) ‖ **–lización** f ⟨Med⟩ *Tuberkelbildung* f ‖ **–lizar** vt *tuberkulisieren*
tubérculo m *(kleiner) Höcker, Vorsprung* m, ‖ *kleine Knolle* f, *Knöllchen* n ‖ *(Tuberkulose-) Knötchen* n ‖ ⟨Bot⟩ *(Wurzel) Knolle* f ‖ *Knollenfrucht* f *(z. B. Kartoffel)* ‖ ⟨Med⟩ *Tuberkel* m/f
tuberculo|sis f *Tuberkulose* f (Abk = *Tb, Tbc*) ‖ ~ abierta *offene Tuberkulose* f ‖ ~ intestinal, ~ laríngea *Darm-, Kehlkopf|tuberkulose* f ‖ ~ pulmonar ⟨Med⟩ *Lungen-, Schwind|sucht, Lungentuberkulose* f ‖ ~ ósea, miliar *Knochen-, Miliar|tuberkulose* f ‖ →a **tisis** ‖ **–so** adj *tuberkulös, lungenschwindsüchtig* ‖ *mit Tuberkeln durchsetzt* ‖ el bacilo ~ *das Kochsche Tuberkelbakterium* (Abk = *TbB*) ‖ ~ m *Schwindsüchtige(r)* m ‖ *an Tuberkulose Erkrankte(r)* m
tubería f *Rohr-, Röhren|leitung* f ‖ *Wasserleitung* f ‖ *Röhren* fpl ‖ ~ de gas *Gasleitung* f
tubero|sa f ⟨Bot⟩ *Tuberose* f (Polianthes tuberosa) ‖ **–sidad** f ⟨Med⟩ *Knolle(nbildung)* f ‖ *Höcker* m ‖ **–so** adj *knollig, knollenförmig* ‖ *knollentragend* ‖ **holperig (Gelände)* ‖ planta ~a *Knollengewächs* n, *Tuberose* f
tubiforme adj *röhrenförmig*
Tubinga f *Tübingen* n
tubo m allg *Rohr* n ‖ ⟨Elc Radio TV⟩ *Röhre* f ‖ *(Leitungs) Rohr* n, *Röhre* f ‖ *(Wein) Schlauch* m ‖ *Lampenzylinder* m ‖ *Lampenglocke* f ‖ *Röhre* f *(am Küchenherd)* ‖ ⟨Mal⟩ *Tube* f ‖ ⟨Opt⟩ *Tubus* m ‖ pop *Angströhre* f, *Zylinderhut* m ‖ ~ acodado *Knierohr* n, *(Rohr) Krümmer* m ‖ ~ acústico *Schall-, Sprech|rohr* n ‖ ~ amplificador ⟨Radio TV⟩ *Verstärkerröhre* f ‖ ~ aspirante *Ansaugstutzen* m ‖ ~ de avenamiento *Dränagerohr* n ‖ ~ de conjugación, ~ de fecundación ⟨Bot⟩ *Konjugations-, Befruchtungs|rohr* n ‖ ~ con costura *Nahtrohr* n ‖ ~ de cristal *Glasröhre* f ‖ ~ de chimenea *Ofenröhre* f ‖ *Rauchrohr* n ‖ ~ digestivo, ~ intestinal ⟨An⟩ *Verdauungs|kanal, -trakt* m ‖ ~ de ensayo *Reagenzglas* n ‖ ~ de escape ⟨Aut⟩ *Auspuffrohr* n ‖ ⟨Tech⟩ *Ablaßrohr* n ‖ ~ fluorescente *Leuchtstoffröhre* f ‖ ~ de gas *Gasrohr* n ‖ ~ de Geissler *Geißlersche Röhre* f ‖ ~ de goma *Gummischlauch*

m ‖ ~ hervidor *Siederohr* n ‖ ~ lanzatorpedos *Torpedo(ausstoß) rohr* n ‖ ~ en T *T-Rohr, Dreischenkelrohr* n ‖ ~ de unión *Anschlußrohr* n ‖ ~s comunicantes ⟨Phys⟩ *kommunizierende Röhren* fpl
tubuladura f *Rohrstutzen* m
tubular adj *Rohr-, röhren|förmig* ‖ antena ~ ⟨Radio⟩ *Rohrantenne* f ‖ correo ~ *Rohrpost* f
tucán m ⟨V⟩ *Tukan, Pfefferfresser* m ‖ ~ gigante *Riesentukan* m (Ramphastos toko) ‖ ~**idos** mpl ⟨V⟩ *Tukane, Pfefferfresser* mpl (Ramphastidae)
tucía f = **atutía**
Tucídides m *Thukydides* m
tuciorismo m ⟨Rel Philos⟩ *Tutiorismus* m
△**tucue** pron *du* ‖ *mit dir*
tucumano adj/s *aus Tucumán* (Arg)
tudel m ⟨Mus⟩ *Röhrenstück* n *e–s Blasinstrumentes (zum Aufsetzen des Mundstücks)*
tudelano adj/s *aus Tudela* (PNav usw)
tudense adj/s *aus Tuy* (PPont)
tudesco adj *(alt) deutsch, germanisch* ‖ fig *deutsch (& desp)* ‖ ~ m *Germane* m fig & desp *Deutsche(r)* m ‖ ◊ comer, beber como un ~ figf *übermäßig essen, trinken* ‖ → **teutón**
△**tue** pron *du*
tuerca f *Schraubenmutter* f ‖ ~ de mariposa, ~ de palomillas *Flügelmutter* f
tuerto pp/irr v. **torcer** ‖ ~ adj *krumm, schief* ‖ *einäugig* ‖ *blind (Fensterhälfte)* ‖ figf *scheel (z. B. Wagen mit nur e–m Scheinwerfer)* ‖ ◊ ser ~ del ojo izquierdo *einäugig sein (nur mit rechtem Auge sehen)* ‖ ~ m *Einäugige(r)* m ‖ *Unrecht* n, *Unbill* f ‖ a ~ o a derecho (a ~as o a derechas) *mit Recht oder Unrecht* ‖ ◊ deshacer *(od enderezar)* ~s *(od entuertos) Unrecht wiedergutmachen (Rittertugend, z. B. des Don Quijote)*
tuerzo → **torcer**
tueste m pop *Rösten* n ‖ *Bräunen* n
tuétano m *(Knochen) Mark* n ‖ hasta los ~s figf *bis aufs Mark* ‖ ◊ enamorado hasta los ~s figf *bis über die Ohren verliebt*
tufarada f fam *durchdringender Geruch* m ‖ ~ a ajo, ~ a vino *Hauch* m v. *Knoblauch, Hauch* m v. *Wein,* fam *Knoblauch-, Wein|fahne* f ‖ ~ a *(od de)* sudor fam *Schweißwolke* f
tufi|llas m/f fam *leicht aufbrausender Mensch* ‖ **–llo** m dim v. **tufo** ‖ fam *prickelnder Geruch* m ‖ fam *feiner Küchengeruch* m
¹**tufo** m *Dampf, Qualm* m ‖ fam *übler Geruch* m ‖ *Kohlendunst* m ‖ *Kohlengas* n ⟨& Bgb⟩ ‖ ~ a col *Kohlgeruch* m ‖ ~s mpl fig *Dünkel* m ‖ figf *Vermutung* f ‖ fam *Riecher* m ‖ *(Spür) Nase* f
²**tufo** m ⟨Min⟩ *Tuff(stein)* m ‖ →a **toba**
³**tufo** m *Stirn-, Schläfen|locke* f
tugurio m *kleine (Hirten) Hütte* f ‖ fig *erbärmliche Wohnung* f, fam *Loch* n, *Spelunke* f ‖ figf *elende Kneipe,* pop *Kaschemme* f
tui|ción f ⟨Jur⟩ *Schutz* m ‖ **–tivo** adj *schützend, Schutz-*
tuito adj Am pop = **todito**
△**tujoy** m *Kopf* m
tul m ⟨Web⟩ *Tüll* m
Tula, Tulita f pop = **Gertrudis** (Tfn)
tulio m ⟨Chem⟩ *Thulium* n
tuli|pa f ⟨Glas⟩ *Tulpe, Birne* f ‖ *Lampenglocke* f ‖ **–pán** m ⟨Bot⟩ *Tulpe* f (Tulipa spp)
tullecer [–zc–] vt *lahm machen* ‖ ~ vi *erlahmen*
Tullerías: las ~ *die Tuilerien* pl
tulli|do m/adj *Lahme(r), Gelähmte(r)* m ‖ *Krüppel* m ‖ ~ adj *gelähmt, lahm* ‖ **–r** vt *lähmen* ‖ ◊ te voy a ~ a palos *ich werde dich zum Krüppel schlagen, ich schlage dich zum Krüppel* ‖ **–se** vr *erlahmen, lahm werden* ‖ *zum Krüppel werden*
tumba f *Grab(mal)* n, *Grabstätte* f ‖ ⟨Kath⟩ *Tumba* f *(Katafalk)* → a **catafalco** fig *Tod* m ‖ fig *Purzelbaum* m (→ **voltereta**) ‖ ◊ le odia hasta más allá de la ~ fig *er haßt ihn tödlich*

tumba|cuartillos *m* fam *Zechbruder, Trunkenbold* m ‖ **–do** adj ⟨Typ⟩ *schief (Satz)* ‖ **–dora** *f* Cu *kleine Trommel* f
tumba|ga *f*, Arg Col **–go** *m* *Tombak* m ‖ △*(Finger)Ring* m
tumbal adj *Grab-*
tumbaollas m/f fam *Vielfraß* m *(Mensch)*
tum|bar vt *nieder-, um|werfen, umstoßen* ‖ *zu Boden werfen* ‖ *fällen (Bäume)* ‖ fig *zum Sturz bringen* ‖ ⟨Mar⟩ *kielholen (Schiff)* ‖ pop *(e–e Frau) aufs Kreuz legen* ‖ ~ vi *hinpurzeln* ‖ **–se** fam *sich niederlegen, sich überschlagen* ‖ *sich hinlegen* ‖ figf *nachlässig (in der Arbeit) werden, nachlassen* ‖ △**–bardó** *m Fegefeuer* n ‖ **–bavasos** *m* fam = **tumbacuartillos** ‖ **–billa** *f Bettwärmer* m ‖ **–bo** *m Fall, Sturz* m ‖ *Purzelbaum* m ‖ ◊ *dar un* ~ *zu Boden fallen* ‖ *stolpern* ‖ *dar* ~s *stolpern* ‖ *taumeln (z. B. Betrunkener)* ‖ *ir dando* ~ *por la vida* figf *planlos leben* ‖ *es im Leben zu nichts bringen* ‖ **–bón** *m* fam *Faulenzer, Faulpelz* m
tume|facción *f* ⟨Med⟩ *Schwellung* f ‖ ~ *glandular Drüsenschwellung* f ‖ **–facto** adj *geschwollen*
tumescen|cia *f* ⟨Med⟩ *(An)Schwellung* f ‖ **–te** adj *(an)schwellend*
túmido adj *geschwollen* ‖ fig *schwülstig*
tumor *m* ⟨Med⟩ *Geschwulst* f, *Tumor* m ‖ ~ *benigno gutartige Geschwulst* f ‖ ~ *canceroso Krebsgeschwulst* f ‖ ~ *cerebral Hirngeschwulst* f ‖ ~ *maligno bösartige Geschwulst* f, *Malignom* n ‖ → **cáncer, malignoma, oncología**
tumular(io) adj *Grab-* ‖ *piedra (od losa)* ~(ia) *Grabstein* m
túmulo *m Grabhügel* m ‖ *Grabmal* n ‖ → **catafalco**
tumul|to *m Auf|stand, -ruhr* m ‖ *Krawall* m ‖ *Getümmel* n, *Tumult* m ‖ *(Sturm) Toben* n ‖ **–tuario** adj ⟨bes Jur⟩ *aufrührerisch* ‖ **–tuoso** adj *aufrührerisch* ‖ *lärmend, tosend* ‖ *stürmisch*
△**tun** pron *du*
¹**tuna** *f* ⟨Bot⟩ *Nopalbaum* m, *Opuntie* f (→ **nopal**) ‖ *Nopalfrucht* f ‖ → **a tuno**
²**tuna** *f Müßiggang* m ‖ *Studenten|kapelle, -gesangsgruppe* f (= **estudiantina**) ‖ *estudiante de la* ~ *Mitglied* n *der* tuna ‖ ◊ *correr la* ~ fam *dem Müßiggang frönen*
tunan|tada *f Gaunerei* f ‖ **–te** *m Gauner* m ‖ *Ganove* m ‖ *Faulenzer, Pflastertreter* m ‖ fam *Spitzbube* m *(& Kosewort)* ‖ dim: ~**uelo** ‖ **–tear** vi *ein Lotterleben führen, dem Müßiggang frönen* ‖ *faulenzen* ‖ **–tería** *f Spitzbüberei* f
tunar vi *umherstrolchen, faulenzen, gammeln*
tunco *m* Mex *Schwein* n
¹**tunda** *f Tuchscheren* n
²**tunda** *f* fam *Tracht* f *Prügel*
tun|didor *m Tuchscherer* m ‖ **–didora** *f Schermaschine* f ‖ *Rasenmäher* m ‖ **–dir** vt *scheren (Tuch)* ‖ *schneiden (Rasen)*
tundra *f* ⟨Geogr⟩ *Tundra* f
tunear vi *umherstrolchen*
tune|cino, –cí *[pl* **–ies]** adj/s *aus Tunis, tunesisch* ‖ ~ *m Tunesier* m
túnel *m* ⟨EB⟩ *Tunnel* m, südd *Tunell* n ‖ ~ *aerodinámico Windkanal* m *(für Versuche)* ‖ ~ *de montaña Gebirgs-, Berg|tunnel* m ‖ ~ *subfluvial Flußuntertunnelung* f ‖ *Unterwassertunnel* m ‖ *construcción de túneles Tunnelbau* m ‖ *perforación del* ~ *Durchschlag* m *des Tunnels*
tunes *mpl* Col: ◊ *hacer* ~ *anfangen zu gehen (von Kindern)*
Túnez *m Tunis* n ‖ *Tunesien* n
tungo *m* fam Chi *dicker Nacken* m
tungsteno *m* ⟨Chem⟩ *Wolfram* n ‖ *lámpara de* ~ *Wolframlampe* f
△**tuní** *f (Kauf) Laden* m
túnica *f Tunika* f ‖ *langes, weites Oberkleid* n, *Leibrock* m ‖ ⟨Biol⟩ *Häutchen* n ‖ *la Sagrada ~ de Tréveris der Heilige Rock von Trier*
tunicados mpl ⟨Zool⟩ *Manteltiere* npl (Tunicata)
tunicela *f* ⟨Kath⟩ *Tunizella* f *(Obergewand des Subdiakons)*
¹**tuno** *m* And Col Cu *Nopal-, Kaktus|feige* f (= **higo** chumbo)
²**tuno** *m*/adj *Gauner, Spitzbube* m ‖ fam joc *Mitglied* n *e–r* tuna ‖ ◊ *ser muy* ~ *sehr gerieben sein* ‖ → **tunante**
tun|tún *m* onom *Getrommel* n ‖ *al* (buen) ~ fam *aufs Geratewohl, ins Blaue hinein* ‖ **–tuna** *f ein bask. Musikinstrument* n
tupé *m Stirn|haar* n, *-locke* f ‖ *Schopf* m ‖ *Toupet* n (frz) ‖ figf *Frechheit, Dreistigkeit* f ‖ fig *Stirn* f
tupi *m Tupi-Indianer* m
tupido adj *dicht* ‖ *eng|gewebt, -maschig* ‖ *un* ~ *bosque ein dichter Wald*
tupillar vt *antreffen*
¹**tupir** vt *fest zusammenpressen* ‖ *et dicht machen, abdichten* ‖ **–se** vr fig *sich vollstopfen (beim Essen)* ‖ *sich vollaufen lassen (beim Trinken)*
²△**tupir** vi/t *stehlen*
tupitaina *f* Extr Sal fam *Fresserei* f
△**tuques** = **tú**
△**tura** *f Mütze* f ‖ Barc *Dach* n
turanio adj/s *turanisch* ‖ ~ *m Turanier* m ‖ ⟨Li⟩ *das Turanische*
¹**turba** *f Menge* f, *Schwarm* m ‖ desp *Pöbel* m
²**turba** *f Torf(ziegel)* m ‖ *Torfdüngermischung* f
tur|bación *f Verwirrung* f ‖ *Bestürzung, Verlegenheit* f ‖ *Unruhe* f ‖ **–bado** adj *bestürzt, unruhig* ‖ **–bador** adj *aufregend* ‖ *bestürzend* ‖ *beunruhigend* ‖ ~ *m Störer* m ‖ *Störenfried* m (→ **perturbador**)
turbal *m* → **turbera**
turbamulta *f* fam *Gewühl, großes Gedränge* n ‖ *Menschenmenge* f ‖ fam *Pöbel* m
turbante *m Turban* m
turbar vt *verwirren, zerrütten* ‖ *trüben (Wasser)* ‖ fig *aus der Fassung bringen* ‖ fig *bestürzen* ‖ fig *stören, beunruhigen* ‖ **–se** *bestürzt werden* ‖ *in Verlegenheit* (bzw *Aufregung) geraten*
turbelarios mpl ⟨Zool⟩ *Strudelwürmer* mpl (Turbellaria)
turbera *f Torfmoor* n ‖ *Torf|grube* f, *-stich* m
turbiedad *f Trübheit* f
turbina *f* ⟨Tech⟩ *Turbine* f ‖ ~ *de admisión total Vollturbine* f ‖ ~ *hidráulica Wasserturbine* f ‖ ~ *de vapor Dampfturbine* f
tur|bio adj *trüb(e), unklar* ‖ fig *dunkel, verworren* ‖ fig *unruhig* ‖ fig *schwach, getrübt (Sehkraft)* ‖ fig *schmutzig (Geschäfte)* ‖ **–bión** *m Platzregen, Regenguß* m ‖ *Wolkenbruch* m ‖ fig *Hagel* m
turbo|generador *m* ⟨Tech⟩ *Turbogenerator* m ‖ **–hélice** *m* → **turbopropulsor** ‖ **–nada** *f Regenbö* f ‖ Arg *Sturmwind* m
turbo|propulsión *f Turboantrieb* m ‖ **–propulsor** *m PTL-Triebwerk* n, *Propellerturbine* f ‖ **–rreactor** *m TL-Triebwerk* n
turbulen|cia *f Trübung* f ‖ fig *Verwirrung* f ‖ fig *Unruhe* f ‖ *Ungestüm, lärmendes Wesen* n ‖ ⟨Tech⟩ *Turbulenz, Wirbelung* f ‖ ~s *políticas politische Wirren* pl ‖ **–to** adj *trübe* ‖ fig *verwirrt* ‖ fig *aufrührerisch* ‖ fig *wild, ungestüm* ‖ fig *stürmisch, turbulent*
turca *f Türkin* f ‖ fam *Rausch* m, *Trunkenheit* f, fam *Affe* m ‖ ◊ *coger una* ~ pop *sich betrinken*, pop *e–n sitzen haben*
turco adj *türkisch* ‖ *a la* ~a *nach türkischer Art* ‖ ~ *m Türke* m ‖ Am p.ex *auch Levantiner* m ‖ Arg *Händler, Krämer* m ‖ *el gran* ~ ⟨Hist⟩ *der Großtürke* m ‖ *guerras contra los* ~s *Türkenkriege* mpl ‖ *cabeza de* ~ figf *Sündenbock, Prügelknabe* m
turcófilo *m*/adj *Türkenfreund* m
turcomanos mpl *Turkmenen* mpl *(Volk)*

turcople m/adj *Mischling* m *(aus türkischem Vater und griechischer Mutter)*
túrdiga f *Leder\riemen, -streifen* m ‖ fam *Rausch* m ‖ Am *Fetzen* m ‖ ◊ sacar a ~s el pellejo fig *Riemen schneiden*
Turena f *die Touraine (Frankreich)*
turf m *Pferde\rennen* n, *-rennbahn* f
turgen|cia f ⟨Med⟩ *Turgeszenz, Anschwellung* f ‖ *Blutreichtum* m ‖ p. ex *Geschwulst* f ‖ *Schwellung* f ‖ *Wölbung* f ‖ fig *(Frauen)Brust* f ‖ **-te** adj *schwellend, strotzend* ‖ ⟨Med⟩ *turgeszent*
turgidez [pl **-ces**] f *Erhabenheit* f, *Schwulst* m
túrgido adj ⟨poet⟩ *erhaben, schwülstig* ‖ ~ seno *feste (Frauen)Brust* f
turiferario m *Rauchfaßträger* m ‖ → a **lisonjero**
Turin|gia f *Thüringen* ‖ Bosque de ~ *Thüringer Wald* m ‖ ≃**gio** m/adj *Thüringer* m
turis|mo m *Fremdenverkehr, Tourismus* m ‖ *Touristik* f, *Wandersport* m ‖ *Reisesport* m (automóvil de) ~ m *Personenwagen* m (Abk = *Pkw*) ‖ agencia de ~ *Reisebüro* n ‖ avión de ~ *Tourenflugzeug* n ‖ club de ~ *Wandervereinigung* f ‖ Öst *Touristenklub* m ‖ delegación (del ministerio de información y) de ~ Span *Staatliches Verkehrsbüro* n ‖ oficina de ~ *(Fremden)Verkehrsamt* n ‖ → **patronato** ‖ **-ta** m/adj *Tourist* m ‖ *Ausflügler* m ‖ prov fig = **tunante**
turístico adj *touristisch, Fremdenverkehrs-*
△**turlerín** m *Dieb* m
turmalina f ⟨Min⟩ *Turmalin* m
turnar vt/i *abwechseln* (con *mit* dat) ‖ **~se** *sich ablösen*
turné m gall *Tournee* f *(Gastspielreise)* ‖ *Wahlreise* f *(eines Politikers)*
△**turní** f *Höhle* f
turnio adj/s prov *schielend* ‖ fig *düster, trübe*
turno m *Reihe, Ordnung* f ‖ *Reihenfolge* f ‖ *Ablösung* f *(im Dienst, bei der Arbeit)* ‖ *Schicht* f, *Arbeitsgang* m ‖ *Wahlgang* m ‖ de ~ *diensttuend* ‖ por (su) ~ *der Reihe nach* ‖ ~ de día (noche) *Tag (Nacht)schicht* f ‖ abono a ~ ⟨Th⟩ *Teilabonnement* n ‖ ◊ esperar el ~ *warten, bis die Reihe an einen kommt* ‖ fam *Front stehen* ‖ estar de ~ *an der Reihe sein* ‖ cuando le llegue el (od su) ~ *wenn die Reihe an ihn kommt* ‖ todavía no ha llegado mi ~ *ich bin noch nicht an der Reihe* ‖ ~s perdidos, ~s no trabajados *Schichtausfall* m, *Feierschichten* fpl
△**turnó** m *Fremdling* m
turolense adj/s *aus Teruel*
turón m ⟨Zool⟩ *Iltis* m (Putorius putorius) ‖ → **hurón**
turonense adj/s *aus Tours (Frankreich)*
△**turonijén** m *Dunkelheit* f
turpial m ⟨V⟩ = **trupial**
Turpín m np *Turpin* m
¹**turquesa** f ⟨Min⟩ *Türkis* m
²**turquesa** f *(Gieß)Form* f
tur|quesco adj *türkisch* ‖ ≃**questán** m ⟨Geogr⟩ *Turkestan* n ‖ **-quí** adj **türkisch* ‖ azul ~ *türkisblau* ‖ ≃**quía** f *(die) Türkei* f
△**turrá** m *Nagel* m
turro adj/s prov pop *blöd, dumm*
turrón m „*Turron*" m *(typische Süßigkeit für die Weihnachtszeit mit e-r Vielfalt v. Sorten, z. B.:) Mandel-, Nuß\brot* n ‖ *Mandel-, Nuß|kuchen* m, *N(o)ugat* m/n ‖ △ *Staatsamt* n ‖ △ *Stein* m ‖ ~ de Jijona → **jijona** ‖ ~ de Alicante *harte Turronsorte* f ‖ ~ de crema *Mandelkuchen* m *mit Eigelbcreme*
turronero m *N(o)ugatbäcker, Turronhändler* m
turulato adj fam *verblüfft, außer sich* ‖ ◊ dejar a uno ~ fam *jdn verblüffen* ‖ quedar ~ fam *sprachlos sein*

turuleque m fam *Durchschnittsmensch* m
turullo m *Hirtenhorn* n
tururú m ⟨Kart⟩ *Dreiertrumpf* m ‖ ¡~! pop *Quatsch! Unsinn!*
¡**tus**! int *hierher! (zu Hunden)* ‖ ◊ sin decir ~ ni mus figf *ohne ein Sterbenswörtchen zu sagen*
tu|sa f SAm PR *Maisspindel* f *(entkörnter Kolben)* ‖ MAm Cu *Maishülse* f ‖ And Cu *Maisstrohzigarette* f ‖ Chi *Bart* m *des Maiskolbens* ‖ *(gestuztes) Mähnenhaar* n *des Pferdes* ‖ Col *Pocken-, Blatter\narbe* f ‖ figf *ungeschickte Person* f, *Tolpatsch* m ‖ MAm Cu fig *leichtes Mädchen* n, *Dirne* f ‖ Ec fig *Sorge* f, *Kummer* m ‖ **-sar** vt Am *stutzen, scheren (Haar der Tiere)* ‖ figf *schlecht schneiden (Haar des Menschen)*
tusculano adj *aus Tuskulum* (Túsculo)
tusilago, tusílago m ⟨Bot⟩ *Huflattich* m (Tussilago farfara)
¹**tuso** m fam *Hund,* fam *Köter* m ‖ ¡~! int *hierher!, weg da! pfui! (zu Hunden)*
²**tuso** adj Col *pocken-, blatter|narbig* ‖ PR *kurz-, stummel\schwänzig*
tute m ⟨Kart⟩ *Tute-, Lomber\spiel* n ‖ figf *Arbeit, Mühe* f ‖ ◊ darse un ~ figf *sich (e-e Zeitlang) abrackern*
tutear vt *duzen*
tute|la f *Vormundschaft* f ‖ *Bevormundung* f (& fig) ‖ *Amt* n *des Vormunds* ‖ ⟨Pol⟩ *Treuhandschaft* f ‖ fig *Schutz* m ‖ Consejo de ≃ ⟨Pol⟩ *Treuhänderrat* m ‖ territorio bajo ~ ⟨Pol⟩ *Treuhandgebiet* n ‖ tribunal de ~s *Vormundschaftsgericht* n ‖ ◊ poner bajo ~ *unter Vormundschaft stellen* ‖ *entmündigen* ‖ sometido a ~ *unter Vormundschaft, entmündigt* ‖ **-lar** adj *vormundschaftlich, Vormundschafts-* ‖ *schützend, Schutz-* ‖ ⟨Pol⟩ *Treuhänder-* ‖ *ángel, genio* ~ *Schutz|engel, -geist* m ‖ Santo ~ *Schutzheiliger* m ‖ juez ~ *Vormundschaftsrichter* m ‖ tribunal ~ *Vormundschaftsgericht* n
tuteo m *Duzen* n
△**tuti, tute** pron *dich* ‖ *du*
tutía f *Ofenbruch* m ‖ *Zinkschwamm* m ‖ ⟨Pharm⟩ *Zinkoxidsalbe* f ‖ → a **atutía**
tutilimundi m *Guckkasten* m
tutiplén: a ~ fam *vollauf*
tuto adj prov *sicher*
tutor m *Vormund* m ‖ *Beschützer* m ‖ ⟨Agr⟩ *Stütze, Stütz\stange* f, *-pfahl* m, *Spalierstange* f *(Gärtnerei)* ‖ ~ dativo ⟨Jur⟩ *eingesetzter Vormund* m ‖ ~ fiscal *gerichtlich eingesetzter Vormund, Gegenvormund* m ‖ ~ testamentario *testamentarisch bestellter Vormund* m ‖ ◊ nombrar ~ e-n *Vormund bestellen*
tuto|ra, tutriz [pl **-ces**] f *Vormünderin* f ‖ **-ría** f *Vormundschaft* f ‖ carta de ~ ⟨Jur⟩ *Bestallungsurkunde* f *des Vormunds*
△**tutún** m *Wolf* m (→ **lobo**)
tuturuto adj/s Am *beschwipst* ‖ *verwirrt, verblüfft* ‖ *faselig, zerstreut* ‖ ~ m Chi *Kuppler* m
tuturutú m onom *Tätärätä* n
tuve → **tener**
tuya f ⟨Bot⟩ *Lebensbaum* m (Thuja spp)
△**tuya|ló** (f **-llí**) adj *schädlich*
tuyísimo pron sup v. **tuyo** ‖ ... ~ N.N. *dein sehr ergebener N.N.* *(in Briefschlüssen* & joc*)*
tuyo, tuya pron poss *dein, deine* ‖ lo ~ *das Dein(ig)e* ‖ los ~s *die Deinigen, deine Angehörigen*
tuyu m Chi → **ñandú**
tuza f Am ⟨Zool⟩ *Taschenratte* f (Geomys spp) ‖ ~ real Mex ⟨Zool⟩ = **agutí**
twist m ⟨Mus⟩ *Twist* m *(Tanz)*
tychismo m ⟨Philos⟩ *Tychismus* m, *Lehre* f *v. der Herrschaft des Zufalls im Weltgeschehen*

U
(→a *bei* **Hu**)

u *f U* n ‖ ~ consonante = **v** ‖ ~ valona = **w** ‖ en forma de U *U-förmig*
u conj *oder (statt* o *od vor e–m mit* o *od ho beginnenden Wort):* este ~ otro, mujer ~ hombre ‖ pop *auch in anderen Fällen (bes in affektierter Sprache)*
u. Abk = **uso** ‖ **urgente**
U. Abk = **Usted** ‖ **Unión** ‖ **Úsase** ‖ **Universal**
uapití *m* ⟨Zool⟩ *Wapiti* m *(Cervus elaphus canadensis)*
Ubaldo *m np Ubald* m
Úbeda *f* → **cerro**
ubérrimo adj sup *sehr fruchtbar, äußerst ertragreich* ‖ *überreich(lich)*
ubetense adj *aus Úbeda* (PJaén)
ubi|cación *f Vorhandensein* n ‖ *Anwesenheit* f ‖ *Lage* f ‖ *Standort* m ‖ ⟨Arch⟩ *Grundriß, Lageplan* m ‖ *Am Beherbergung, Unterbringung* f ‖ *Am Lokalisierung* f ‖ *oficina de ~ Wohnungsamt* n ‖ **–cado** part : ◊ estar ~ *gelegen sein, liegen* ‖ **–car** [c/qu] vt *Am jdm e–n Wohnsitz anweisen, unterbringen* ‖ *ansiedeln, errichten, aufstellen* ‖ ⟨Aut⟩ *parken* ‖ *ausfindig machen, lokalisieren* ‖ Chi ⟨Pol⟩ *aufstellen (für e–n Wahlkreis)* ‖ **~se** *(bes Am) sich niederlassen* ‖ *logieren* ‖ *sich befinden* ‖ Arg *e–e Anstellung finden, angestellt werden* ‖ **–cuidad** *f Allgegenwart* f ‖ **–cuo** adj *allgegenwärtig (& fig)*
ubre *f Zitze* f *(der Tiere)* ‖ *Euter* n
ucase *m* ⟨Hist⟩ *Ukas* m *(ehem. Erlaß des Zaren)* ‖ fig *Ukas* m
Ucra|nia *f Ukraine* f ‖ **–ni(an)o** adj/s *ukrainisch* ‖ ~ *m Ukrainer*
△**uchabar** vt/i *gebären* ‖ *decken*
△**uchar** vt *zeigen*
△**uchara(ra)r, uchubelar** vt *verbergen*
△**ucharelar** vt *füllen*
△**uchargañí, uchurgañí** *m Stern* m
△**uchuá** *f Spitze* f, *Rand* m
△**uchubal(ich)ó** *m Igel* m
△**uchular** vt *stützen*
△**uchusén** *m (Waren)Lager* n
Ud., U.ᵈ (Uds.) Abk = **usted(es)**
Udalri|co *m np Ulrich* (Tfn) ‖ **–ca** *f np Ulrike* (Tfn)
UEO Abk = **Unión de Europa Occidental**
UEP Abk = **Unión Europea de Pagos**
ueste *m* = **oeste**
¡uf! int *ach! uff! puh! (Müdigkeit, Ekel, Unwille)*
ufa|narse vr *stolz werden, sich aufblähen* ‖ ~ con *(od* de) *sich brüsten mit* (dat) ‖ **–nía** *f Hochmut* m, *Aufgeblasenheit* f ‖ *Freudigkeit* f ‖ **–no** adj *über-, hoch|mütig, stolz* ‖ *selbstgefällig, eingebildet* ‖ *selbstbewußt* ‖ *freudig, vergnügt*
ufo: a ~ *ungebeten, ungerufen* ‖ *von selbst*
ugrio adj/s *ugrisch* ‖ ~ *m Ugrier* m
ugrofinés adj *finnisch-ugrisch*
U.G.T. Abk Span ⟨Hist⟩ = **Unión General del Trabajo** (od **de Trabajadores)**
△**uja|r(el)ar** vt/i *hoffen* ‖ *aufbewahren* ‖ △**–ripén** *m Hoffnung* f
△**ujarré** *m Vöglein* n
ujier *m Tür|hüter, -steher* m ‖ *Saaldiener* m ‖ *Amts-, Gerichts|diener* m ‖ ~ de sala, ~ de vianda ⟨Hist⟩ *ehem. Vorschneider* m *bei der königlichen Tafel*
△**ujurí** *f Sparbüchse* f
ukase *m* = **ucase**
△**ulagoné** *m Ziegel* m

¡ulalá! pop *nanu!*
ulano *m* ⟨Mil Hist⟩ *Ulan* m ‖ regimiento de ~s *Ulanenregiment* n
△**ulaque** *m Fest* n
úlcera *f* ⟨Med⟩ *Geschwür* n ‖ ~ cancerosa *Krebsgeschwür* n ‖ ~ del estómago, ~ gástrica *Magengeschwür* n ‖ ~ varicosa *Krampfadergeschwür* n
ulce|ración *f Geschwürbildung, Ulzeration* f ‖ *Schwären* n ‖ **–rado** adj *geschwürig, ulzeriert* ‖ **–rar** vt/i *zur Geschwürbildung führen, schwären (machen)* ‖ *anfressen* ‖ fig *kränken* ‖ **~se** *geschwürig (od schwärig) werden, schwären, ulzerieren* ‖ **–rativo** adj *schwärend* ‖ **–roso** adj *geschwürig, schwärend, ulzerös*
ulema *m Ulema* m *(islamischer Rechts- und Gottesgelehrter)*
ulexita *f* ⟨Min⟩ *Ulexit, Fernsehstein* m
Ulfi|las m *Ulfilas* m ‖ adj: **–lano**
△**ulicha** *f Gasse, Straße* f
uliginoso adj *feucht, sumpfig* ‖ ⟨Bot⟩ *Sumpf-*
△**Ulilla, Ulya** *Sevilla*
△**uliquín** *m Lärm* m
Ulises *m Ulixes, Ulysses, Odysseus* m
Ulm|a *f* ⟨Geogr⟩ *Ulm* n ‖ adj **–ense**
ulmáceas fpl ⟨Bot⟩ *Ulmengewächse* npl (Ulmaceae)
Ulrico *m np Ulrich* m ‖ **~a** *f Ulrike* f
últ., últ.° Abk = **último**
ulte|rior adj *jenseitig* ‖ *Hinter-* ‖ *ferner, weiter* ‖ *anderweitig, sonstig* ‖ *später* ‖ *nachträglich, Nach-* ‖ desarrollo ~ *Weiterentwicklung* f ‖ Pomerania ~ *Hinterpommern* ‖ tratamiento ~ ⟨Med⟩ *Nachbehandlung* f ‖ ◊ *favorecer con encargos* ~es ⟨Com⟩ *mit weiteren Aufträgen beehren* ‖ **–riormente** adv *ferner, außerdem* ‖ *später, nachher* ‖ *nachträglich*
ultílogo *m* ⟨Lit⟩ *Nachwort* n *(Buch)*
última *f* ⟨Gr⟩ *letzte Silbe* f ‖ mi ~ ⟨Com⟩ *mein letztes Schreiben*
ultimación *f (Ab)Schluß* m, *Beendigung* f
últimamente adv *schließlich, zuletzt* ‖ *neulich, unlängst, in letzter Zeit*
ulti|mar vt *vollenden, abschließen, beend(ig)en* ‖ *hinrichten* ‖ ◊ ~ la orden *den Auftrag fertigstellen* ‖ ~ los preparativos *die letzten Vorbereitungen treffen* ≈ *alles vorbereiten* ‖ **–mátum** [...un] *m Ultimatum* n
último adj *letzte(r), äußerste(r)* ‖ *hinterste(r), entfernteste(r)* ‖ el ~ objeto *(od* fin) *das Endziel, der Endzweck* ‖ el ~ de *(od* entre) todos *der allerletzte* ‖ ~ precio *äußerste(r), niedrigste(r) Preis* ‖ ~a voluntad *Letzte(r) Wille* ‖ el ~ de turno *der letzte in der Reihe* ‖ lo ~ de la temporada ⟨Com⟩ *die letzte Neuheit der Saison* ‖ es lo ~ *das ist der äußerste Preis* ‖ fam *das ist das letzte* ‖ a ~a hora, en el ~ momento *im letzten Augenblick* ‖ zuletzt ‖ schließlich ‖ →a **hora** ‖ a la ~a (moda) *nach der letzten Mode* ‖ a ~s de marzo *Ende März* ‖ en ~ lugar, en ~ término *zuallerletzt* ‖ *letzten Endes* ‖ hasta el ~ hombre *bis auf den letzten Mann* ‖ por ~ *zuletzt* ‖ *endlich, schließlich* ‖ por ~a vez *zum letzten Mal* ‖ ◊ apelar al ~ recurso *zum äußersten Mittel greifen* ‖ estar en las ~as fam *in den letzten Zügen liegen* ‖ figf *auf dem letzten Loch pfeifen* ‖ llegar el ~ *zuletzt ankommen* ‖ reirá bien quien ría el ~ Spr *wer zuletzt lacht, lacht am besten*
ultra a) prep *außer, nebst* ‖ ~ eso *außerdem* ‖ ~ que *außer daß* ‖ *abgesehen davon, daß* ‖ b) adv

außerdem || ~ m ⟨Pol⟩ fam *(Rechts)Extremist, Ultra* m
ultra- präf *ultra-, Ultra-* || *über-, Über-* || *äußerst* || *jenseits*
ultra|barato adj *sehr billig, spottbillig* || **-centrífuga** f ⟨Phys Tech⟩ *Ultrazentrifuge* f || **-corto** adj: ondas ~as ⟨Radio⟩ *Ultrakurzwellen* fpl *(UKW)* || antena de ondas ~as *UKW-Antenne* f || emisora de ondas ~as *UKW-Sender* m || receptor de ondas ~as *UKW-Empfänger* m || **-derechista** m/adj ⟨Pol⟩ *Parteigänger der äußersten Rechten, Ultrarechte(r)* m || **-fino** adj *überfein* || **-forzado** adj ⟨Tech⟩ *höchstbeansprucht* || **-ísmo** m *Ultraismus* m *(Kunstströmung)* || **-ista** m/adj *Anhänger* m *des Ultraismus*
ultra|jador, -jante adj *beleidigend* || *ehrenrührig* || **-jador** m *Beleidiger* m || *Schänder* m || **-jamiento** m *Schmähung, Kränkung* f || **-jar** vt *schmähen, kränken* || *beschimpfen, (gröblich) beleidigen* || *vergewaltigen (Frau)* || ~ de (la) *jdn an der Ehre kränken* || ~ de palabra *mit Worten beleidigen* || **-je** m *Beleidigung* f, *Schimpf* m, *Beschimpfung, Schmach* f || ~ carnal *Vergewaltigung* f || **-joso** adj *schimpflich, schmählich* || *ehrenrührig* || **-liberales** mpl ⟨Pol⟩ *Ultraliberale* mpl || **-lírico** adj *übertrieben lyrisch*
ultra|mar m *Übersee* f || comercio, cliente de ~ *Übersee|handel, -kunde* m || azul (de) ~ *Ultramarin(blau)* n || posesiones, artículos, productos de ~ *überseeische Besitzungen* fpl, *Artikel* mpl, *Produkte* npl || **-marino** adj *überseeisch* || azul ~ *Ultramarinblau* n || ~ m *Ultramarin* n || **-s** pl *Kolonialwaren* fpl || fam *Kolonialwarengeschäft* n || tienda de ~ *Kolonialwarengeschäft* n || **-microscopio** m *Ultramikroskop* n || **-moderno** adj *ultra-, hoch|modern* || **-montanismo** m ⟨Pol⟩ *Ultramontanismus* m || *jenseits der Berge (wohnend)* || ⟨Pol⟩ *ultramontan* || ~ m ⟨Pol⟩ *Ultramontane(r), Römling* m || **-mundano** adj *überweltlich*
ultranza: a ~ *auf Leben und Tod* || *jeder Gefahr trotzend* || *aufs äußerste* || *kompromiß-, schranken|los* || *bis zum letzten*
ultra|pesado adj ⟨Tech Mil⟩ *überschwer* || *Schwerst-* || **-pirenaico** adj *jenseits der Pyrenäen* || **-puertos** m *jenseits e-s Gebirgspasses gelegenes Gebiet* n || **-rradiación** f ⟨Phys⟩ *Ultrastrahlung* f || **-rrápido** adj *äußerst schnell* || *überschnell* || **-rrevolucionario** m/adj *fanatischer Umstürzler* m || **-rrojo** adj ⟨Phys⟩ → *infrarrojo* || **-sensible** adj *höchstempfindlich* || *überempfindlich* || **-solar** adj: espacio ~ *Ultrasolarraum* m || **-sónico** adj ⟨Phys⟩ *Ultra-, Über|schall-* || **-sonido** m ⟨Phys⟩ *Ultraschall* m || **-sonoro** adj: ondas ~as ⟨Phys⟩ *Ultraschallwellen* fpl || **-sonoterapia** f ⟨Med⟩ *Ultraschalltherapie* f || **-terreno** adj *überirdisch* || **-tumba** adv *übers Grab hinaus* || el mundo de ~ *das Jenseits* || **-violado, -violeta** adj *ultraviolett (Strahlen)* || **-virus** m ⟨Biol⟩ *Ultravirus* n
△**uluga** f *Ruhm* m
úlula f *Zwergohreule* f || ⟨V⟩ = *autillo*
ulu|lar vi *heulen, schreien* || ◊ **-laba** el viento *der Wind heulte* || **-lato** m *Geheul, Geschrei* n
△**ulu|lé** (f **-lí**) adj *erzürnt*
△**uluyiliá** f *Familie* f
△**ullé** m, **ullí** f *Zucker* m
umbe|la f ⟨Bot⟩ *(Blumen)Dolde* f || **-lífero, -lado** adj ⟨Bot⟩ *doldentragend* || **-líferas** fpl ⟨Bot⟩ *Doldengewächse* npl (*Umbelliferae*)
umbili|cado adj *nabelförmig* || **-cal** adj *Nabel-* || cordón, hernia, venda ~ ⟨Med⟩ *Nabel|schnur* f, -*bruch* m, -*binde* f
umbráculo m *geflochtene od aus Zweigen gefertigte Sonnenschutzmatte* f || *luftdurchlässiges Sonnendach* n
umbral m *(Tür)Schwelle* f || ⟨Arch⟩ *Fenstersturz* m || fig *Schwelle* f || ~ de audibilidad, ~

auditivo ⟨Ak Physiol⟩ *Hörschwelle* f || ~ de la conciencia *Bewußtseinsschwelle* f || ~ de excitabilidad, ~ de perceptibilidad, ~ de percepción ⟨Physiol Psychol Med⟩ *Reizschwelle* f || valor (de) ~ *Schwellenwert* m || ◊ atravesar *(od* pisar) el ~ *(od* los ~es) fig *die Schwelle betreten, über die Schwelle treten*
um|brático adj *schattenspendend* || *Schatten-* || **-brátil** adj *schattig*
Um|bría f *Umbrien* n || **=brío** adj/s *umbrisch*
um|bría f *Schattenseite* f *(z. B. e-s Tals)* || *Nordhang* m || **-brío** adj *schattig, dunkel, finster* || **-broso** adj *schattig, schattenspendend* || *kühl*
△**umu** m *Wand, Mauer* f
un statt **uno:** *vor männlichen* s *(od weiblichen mit betontem* [h]a-*Anlaut)* adj, adv *od hauptwörtlich gebrauchten anderen Ausdrücken)* adj *od* art indef *ein* || ~ (buen) *alma e-e (gute) Seele* || ~ amigo mío *e-r meiner Freunde* || ~ buen chico *ein guter Junge* || ni ~ solo día *nicht einmal e-n (einzigen) Tag* || ~ seis cilindros ⟨Aut⟩ *ein Sechszylinder* m || ◊ es ~ gigante *er ist ein wahrer Riese* || he comprado ~ Murillo *ich habe e-n Murillo gekauft* || no puede compararse con ~ Cervantes *er ist mit Cervantes nicht zu vergleichen* || ~ no sé qué *ein gewisses Etwas* || ~ si es no es confuso *etwas, gewissermaßen, ein wenig verlegen* || tener (~) gran talento *sehr begabt sein* || ~ otro prov = otro || ~ su hermano pop = uno de sus hermanos || → a **uno**
una → **uno**
unamunesco adj *auf den span. Schriftsteller Miguel de Unamuno (1864–1936) bezüglich*
unánime adj *ein|mütig, -stimmig, -hellig* || aplauso ~ *einstimmiger Beifall* m || opinión ~ *Einmütigkeit* f || adv: ~mente
unanimidad f *Einstimmig-, Einmütig-, Einhellig|keit, Einigkeit* f || por ~ *einstimmig* || ◊ hay ~ sobre eso *jedermann ist damit einverstanden* || *darüber herrscht nur e-e Meinung, darüber ist man einig*
uncial adj: escritura ~ *Unzialschrift, Unziale* f
unciforme adj *hakenförmig*
unción f *(Ein)Salbung* f || ⟨Med⟩ *Ein|salbung, -reibung* f || ⟨Kath⟩ *Letzte Ölung* f || *Eingebung* f *des heiligen Geistes* || fig *Salbung* f || *Inbrunst, Hingabe* f || *Notsegel* n *(am Vorderkastell)* || la extrema ~ *die Letzte Ölung, das Sterbesakrament* || con ~ *salbungsvoll* || *ehrfurchtsvoll* || *hingebungsvoll, inbrünstig* || lleno de ~ *salbungsvoll, ehrfurchtsvoll* || *mit ganzer Hingabe* || lleno de ~ religiosa *für die Religion eingenommen, salbungsvoll* || *weihevoll, fromm*
uncir [c/z] vt *ein-, an|spannen* || *anjochen* || ◊ ~ al carro *anspannen (z. B. Ochsen)*
unde pop = donde
△**Undebel** m *Gott* m
undecágono m *Elfeck* n
undé|cimo adj/s *elfte(r)* || ~, ~a parte *Elftel* n || **-cuplo** m/adj *elffach*
undi|sono adj ⟨poet⟩ *plätschernd (Wogen), rauschend (Wasser)* || **-vago** adj ⟨poet⟩ *wogend, wallend*
undoso adj *wellig, wallend* || *gewellt (Haar)* || → a **ondoso**
undu|lación f *Wallen, Wogen* n || ⟨Phys⟩ *Wellenbewegung* f || **-lado** adj *wellig* || *wellenförmig* || **-lante** adj *wogend* || **-lar** vi *wogen, wallen, Wellen schlagen* || *flattern (Flagge)* || **-latorio** adj: movimiento ~ *Wellenbewegung* f
△**unga** adv/conj *sonst* || *wenn*
ungi|do m: ~ del Señor *der Gesalbte des Herrn* || **-miento** m *Salbung* f
ungir [g/j] vt/i *(ein)salben, ölen* || *(be)schmieren* || ◊ ~ por rey *zum König salben*
ungüento [Abk = ungu.] m *Salbe* f || *Einreibemittel* n || fig *Balsam* m, *Linderung* f || ~ bórico *Borsalbe* f || ~ gris *Quecksilber|pomade, -salbe*,

graue Salbe f ‖ ~ para los labios *Lippensalbe* f ‖ ~ mejicano fam *Geld* n ‖ ~ mercurial *Quecksilbersalbe* f ‖ ~ para sabañones *Frostsalbe* f ‖ ◊ poner(se) ~ *(sich) einsalben* → a **unto**
unguiforme adj *klauenförmig*
unguis m ⟨An⟩ *Tränenbein* n
ungu|lado adj *hufig* ‖ ~s mpl ⟨Zool⟩ *Huftiere* npl (Ungulata) ‖ **-lar** adj ⟨An⟩ *Nagel-*
uni = präf *ein-, Ein-* ‖ *uni-, Uni-*
uni|alado adj *einflügelig* ‖ **-angular** adj *einwinklig*
uniato adj/s ⟨Rel⟩ *uniert* ‖ griego ~ *griechischuniert* ‖ ~ m *Unierte(r)* m
unible adj *vereinigungsfähig* ‖ *vereinbar*
únicamente adv *nur, bloß, lediglich* ‖ *einzig und allein*
uni|celular adj ⟨Bot⟩ *einzellig* ‖ animales ~es → **protozoos** ‖ **-cidad** f *Einzigkeit* f ‖ *Einmaligkeit* f
único adj *einzig, allein(ig)* ‖ *einzeln* ‖ *Einheits-* ‖ *Einzel-* ‖ fig *einzigartig, einmalig, unvergleichlich* ‖ ejemplar ~ *Unikum* n *(Einzeldruck)* ‖ figf *sonderbarer Kauz* m, *Unikum* n ‖ hijo ~ *einziger Sohn* ‖ *Einzelkind* n (→ **unigénito**) ‖ ocasión ~a fig *einmalige Gelegenheit* ‖ plato ~ *Eintopf* m ‖ precio ~ *Einheitspreis* m ‖ bajo la ~ condición (de que) *nur unter der Bedingung (daß)* ‖ ~ en su clase *einzig in seiner Art* ‖ ~ entre todos *der einzige von allen*
uni|color adj *einfarbig* ‖ **-cornio** m ⟨Myth⟩ *Einhorn* n ‖ ⟨Zool⟩ *Nashorn* n (→ **rinoceronte**) ‖ ~ de mar, ~ marino *Narwal, Einhornwal* m (Monodon monoceros)
uni|dad f *Einheit* f ⟨& Pharm Phys Tech⟩ *Einzigkeit* f ‖ *Einigkeit, Einmütigkeit, Übereinstimmung* f ‖ *Einheitlichkeit* f ‖ ⟨Math⟩ *Einer* m ‖ ⟨Mil⟩ *Einheit, Truppenabteilung* f ‖ ~ de acción, de lugar, de tiempo ⟨Th⟩ *Einheit* f *der Handlung, des Ortes, der Zeit* ‖ ~ [1]de calor, [2]de fuerza (~ de energía), [3]de longitud, [4]de medida, [5]monetaria, [6]de peso, [7]de resistencia, [8]de tiempo, [9]de volumen [1]*Wärme-,* [2]*Kraft-,* [3]*Längen-,* [4]*Maß-,* [5]*Währungs-,* [6]*Gewichts-,* [7]*Widerstands-,* [8]*Zeit-,* [9]*Raum|einheit* f ‖ con ~ *einheitlich* ‖ por ~ *per Stück (Preis)* ‖ sin ~ *uneinheitlich* ‖ ◊ carecer de ~ *nicht einheitlich sein* ‖ tener ~ *einheitlich sein* ‖ **-damente** adv *in Einigkeit* ‖ **-dentado** adj *einzahnig* ‖ **-do** adj *verbunden, verein(ig)t* ‖ *angeschlossen* ‖ *einheitlich* ‖ -dos entre sí *miteinander verbunden* ‖ ◊ enviar ~ a la factura *gleichzeitig mit der Rechnung senden* ‖ → **estado** ‖ Reino ~ *Vereinigtes Königreich* n
unifi|cable adj *was vereinheitlicht werden kann* ‖ *vereinigungsfähig* ‖ **-cación** f *Vereinheitlichung* f ‖ *Gleichschaltung* f ‖ *Einswerden* n ‖ *Vereinigung* f ‖ *Zusammenschluß* m ‖ *Einigung* f ‖ **-cador** adj/s *vereinheitlichend* ‖ *vereinigend* ‖ ~ m *Einiger* m ‖ **-car** [c|qu] vt *vereinheitlichen* ‖ *gleichschalten* ‖ *verein(ig)en, zusammen|schließen, -fügen* ‖ precios **-cados** *Einheitspreise* mpl ‖ **-se** *sich zusammenschließen*
uni|filar adj *Einfaden-* ‖ *eindrahtig (z. B. Radioantenne)* ‖ **-foliado** adj ⟨Bot⟩ *einblättrig*
unifor|mado adj *in Uniform, in Amtstracht* ‖ **-mar** vt *ein-, gleich|förmig machen (a, con mit)* ‖ *einheitlich gestalten* ‖ *vereinheitlichen* ‖ *einheitlich kleiden* ‖ *uniformieren* ‖ **-se** *einheitlich werden* ‖ **-me** adj *gleich|artig, -förmig, -mäßig* ‖ *einheitlich* ‖ *Einheits-* ‖ *einförmig* ‖ fig *eintönig, langweilig* ‖ derecho ~ *Einheits|recht* m, *-gebühr* f ‖ ~ m *Uniform* f ‖ *Dienstkleidung* f ‖ *Amtstracht* f ‖ *Livree* f ‖ ~ de gala *Galauniform* f ‖ ~ militar *Militäruniform* f ‖ **-memente** adv *gleichförmig* ‖ **-midad** f *Gleichförmigkeit, Gleichmäßigkeit* f ‖ *Einheitlichkeit* f ‖ *Einmütigkeit, Eintracht* f ‖ *Eintönigkeit* f

uni|génito adj *einzig (Kind)* ‖ el ~ *der eingeborene Sohn Gottes* ‖ **-lateral** adj *einseitig* ‖ *teilweise* ‖ carácter ~ *einseitiger Charakter* ‖ negocio jurídico ~ *einseitiges Rechtsgeschäft* n ‖ vgl **bilateral, sinalagmático** ‖ **-lateralidad** f *Einseitigkeit* f ‖ fig *Voreingenommenheit, Parteilichkeit* f (→ **parcialidad**)
unión f *Vereinigung* f ⟨& Biol⟩ ‖ *Verbindung* f ‖ *Zusammenschluß* m ‖ *Einigkeit, Eintracht* f ‖ *Verein* m ‖ *Verband* m ‖ *Bund* m, *Bündnis* n, *Union* f ‖ *eheliche Verbindung* f, *Ehebund* m ‖ *Heirat* f ‖ *doppelter (Finger)Ring* m ‖ ⟨Med⟩ *Zusammenfügung, Fuge* f ‖ ⟨Bot⟩ *Verwachsung* f ‖ ⟨Chir⟩ *Vernarbung, Zusammenheilung* f ‖ ⟨Tech Zim⟩ *Verbindung* f ‖ *Anschluß* m ‖ *Stoß* m ‖ ~ aduanera *Zollunion* f ‖ ~ aduanera alemana ⟨Hist⟩ *Deutscher Zollverein* m ‖ ~ articulada, ~ de charnela ⟨Tech⟩ *Gelenkverbindung* f ‖ ~ atornillada *Verschraubung* f ‖ ~ de barras ⟨Tech⟩ *Stabanschluß* m ‖ ~ conyugal *Ehe (-bund)* m ‖ *Heirat* f ‖ ~ con cubrejunta ⟨Tech⟩ *Laschenstoß* m ‖ ~ económica *wirtschaftliche Vereinigung* f ‖ *Wirtschaftsunion* f ‖ ⁂ de Europa Occidental (UEO) *Westeuropäische Union* f *(WEU)* ‖ ⁂ Europea de Pagos (UEP) *Europäische Zahlungsunion* f *(EZU) (bis 1958)* ‖ ~ de fases ⟨El⟩ *Phasenverkettung* f ‖ ⁂ Francesa *Französische Union* f *(bis 1958)* ‖ ~ por ganchos *Klammerverbindung* f ‖ ⁂ Internacional de Telecomunicaciones (UIT) *Internationale Fernmelde-Union (IFU)* ‖ ~ por pasador ⟨Zim⟩ *Splintverbindung* f ‖ ⁂ Patriótica ⟨Pol Hist⟩ *Span (Regierungs) Partei* f *(unter General Primo de Rivera)* ‖ ~ personal *Personalunion* f ‖ La ⁂ protestante y la Liga Católica ⟨Hist⟩ *Union u. Liga* f *(1608/09)* ‖ ⁂ de Repúblicas Socialistas Soviéticas, ⁂ Soviética (URSS) *Union* f *der Sozialistischen Sowjetrepubliken, Sowjetunion* f *(UdSSR)* ‖ ⁂ Sudafricana ⟨Hist⟩ *Südafrikanische Union* f ‖ ⁂ Postal Universal *Weltpostverein* m ‖ ~ con remaches, ~ remachada *Vernietung* f ‖ ~ por soldadura ⟨Tech⟩ *Verschweißung* f ‖ ~ de tubos *Rohrverbindung* f ‖ grapa de ~ *Verbindungsklammer* f ‖ lazo de ~ fig *Band* n ‖ línea de ~ *Bindestrich* m ‖ pieza de ~ *Verbindungsstück* n ‖ punto de ~ *Verbindungspunkt* m ‖ ⟨EB⟩ *Knotenpunkt* m ‖ ◊ carecer de ~ *nicht einheitlich sein* ‖ ~ es la fuerza Spr *Einigkeit macht stark*
unionista m/adj ⟨Pol⟩ *Unionist* m
unípede adj *einfüßig*
uni|personal adj *aus e-r Person bestehend* ‖ ⟨Gr⟩ *unpersönlich* ‖ juez ~ ⟨Jur⟩ *Einzelrichter* m ‖ **-polar** adj *einpolig, Einpol-*
unir vt *verein(ig)en, verbinden* (a, con *mit*) ‖ *zusammenfügen* ‖ *zusammensetzen, (ver)mischen (Worte) zusammenrücken* ‖ *verheiraten, trauen* ‖ ⟨Zim⟩ *falzen* ‖ ◊ ~ entre sí *miteinander verbinden* ‖ ~ por tornillos *verschrauben* ‖ **-se** *sich vereinigen, sich zusammenschließen* ‖ *sich verbünden* ‖ *sich verheiraten, sich vermählen* ‖ ⟨Chir⟩ *vernarben, zusammenheilen* ‖ ◊ ~ a alg *sich jdm anschließen* ‖ ~ en matrimonio *sich ehelich verbinden*
unirrefringente adj ⟨Phys⟩ *einfachbrechend*
unisexual adj ⟨Bot⟩ *eingeschlechtig*
unisonancia f ⟨Mus⟩ *Einstimmigkeit* f ‖ *Ein-, Gleich|klang* m ‖ *monotoner Gleichklang* m, *Litanei* f ‖ fig *Übereinstimmung* f
unísono (*unisón, ona) adj ⟨Mus⟩ *ein-, gleich|stimmig* f ‖ *eintönig* ‖ al ~ *einstimmig, unisono* (& fig)
uni|tario adj *einheitlich, Einheits-* ‖ ⟨Math⟩ *unitär* ‖ sistema ~ *Einheitssystem* n ‖ ~ m *Unitarier* m *(Sekte)* ‖ **-tarismo** m ⟨Pol Rel Med⟩ *Unitarismus* m ‖ **-tivo** adj *vereinigend* ‖ *Binde-* ‖ **-valente** adj ⟨Chem⟩ *einwertig* ‖ **-valvo** adj/s ⟨Zool⟩ *einschalig (Muscheltier)*

univer|sal adj *allgemein* || *universal* || *weltumfassend, Welt-* || *universell* || *allseitig, allumfassend* || *vielseitig, kenntnisreich (Person)* || ⟨Tech⟩ *vielseitig verwendbar, Mehrzweck-, Universal-* || *aparato* ~ *Mehrzweckgerät* n || *donante (od donador)* ~ ⟨Med⟩ *Universalspender* m || *erudición* ~ *umfassende Gelehrsamkeit* f || *exposición* ~ *Weltausstellung* f || *genio* ~ *allumfassender Geist* m || *Universalgenie* n || *heredero* ~ *Universalerbe* m || *historia* ~ *Weltgeschichte* f || *iglesia* ~ *Weltkirche* f || *lengua* ~ *Weltsprache* f || *llave* ~ *Universal(schrauben)schlüssel* m || *motor* ~ *Universalmotor* m || *principio* ~ *allgemeingültiger Grundsatz* m, *Universalprinzip* n || *receptor* ~ *Universalempfänger* m || *remedio* ~ *Universalmittel* n || *de fama (od renombre)* ~ *weltberühmt* || ◊ *hacerse* ~ *sich verallgemeinern* || *sich allgemein einbürgern* || **–salidad** f *Allgemeinheit* f || *allgemeine Verbreitung* f || *Allgemeingültigkeit* f || *Viel-, All|seitigkeit* f || *Universalität* f || ⟨Jur⟩ *Gesamtheit* f || *la* ~ *de sus conocimientos seine vielseitigen Kenntnisse* fpl || **–salismo** m *Universalismus* m || **–salista** m *Universalist* m || **–salizar** [z/c] vt *verallgemeinern* || **–salmente** adv *allgemein* || ~ *conocido welt|bekannt, -berühmt* || **–sidad** f *Universität, Hochschule* f || *Allgemeinheit* f || *Gesamtheit* f || *la* ⁂ *Central die Universität Madrid* || ~ *comercial Handelshochschule* f || ~ *industrial (Art) technische Hochschule* f || ~ *laboral* Span *Fachhochschule* f (→a **bachillerato**) || ~ *popular Volkshochschule* f || *la* ⁂ *de verano Feriensommerkurse* mpl *(für Ausländer u. Einheimische)* || *catedrático de* ~ *Universitätsprofessor, Hochschullehrer* m || → **ciudad** || *estudiante de* ~ *Student, Hochschüler* m || *lector de* ~ *Universitätslektor* m || **–sitario** adj/s *Universitäts-, akademisch* || *autonomía* ~a *Autonomie* f *der Hochschulen* || *campus* ~ *Campus* m || *carrera* ~a *akademisches Berufsstudium, Universitätsstudium* n || *centro de extensión* ~a *Volkshochschule* f || *clínica* ~ *Universitätsklinik* f || *docente* ~ *Universitätsdozent* m || *instrucción* ~a, *estudios* ~s *Hochschul|bildung* f, *-studium* n || *grado* ~ *akademischer Grad* m || *profesor* ~ *Universitätsprofessor* m || *Hochschullehrer* m || *vacaciones* ~as *Hochschulferien* pl || ~ m *Akademiker* m || *(Universitäts)Student* m || vgl **académico** || **–so** adj/m *allgemein* || *Welt-* || *Gesamt-* || ~ m *Weltall* n, *Welt* f, *Universum* n || *Grundgesamtheit, Grundmasse* f *(Statistik)* || *sistema del* ~ *Weltgebäude* n

univitelino adj ⟨Biol⟩ *eineiig* || *gemelos* ~s *eineiige Zwillinge* mpl

unívo|cación f ⟨Philos⟩ *Eindeutigkeit* f || *Einnamigkeit* f || **–carse** vr *eindeutig sein* || *gleichbedeutend sein*

unívoco adj *eindeutig* || *einnamig* || *univok* || ⟨Gr⟩ *gleichlautend*

¹**uno** adj/s *einer, eine, eins* || *der-, die-, dasselbe* || *einzig* || *einheitlich* || ~ *mismo ein(er) und derselbe* || ~a *cosa etwas* || *de* ~a (sola) *clase einklassig (z. B. Schule)* || *entre* ~a *cosa y otra eins ins andere gerechnet* || *es* ~a *y la misma cosa es läuft auf eins hinaus, es ist ein und dasselbe* || *no se mueve* ~a *hoja* fig *kein Lüftchen regt sich* || ~a *vez einmal* || ~a *vez terminado el trabajo wenn, od bis die Arbeit fertig ist* || *als die Arbeit fertig war* || *de* ~ *vez, fam de* ~ *mit einemmal, auf einmal* || *ein für allemal* || *ni* ~a *sola vez nicht ein einziges Mal* || ~**s** pl *einige, etliche, welche* || *gewisse* || ~ *cuantos einige, mehrere, verschiedene* || ~ *doscientos (alumnos) etwa 200 (Schüler)* || ~ *veinte ungefähr 20* || ~ *visitantes einige Besucher* mpl || ~as *dos horas etwa, ungefähr, vielleicht 2 Stunden* || ~ *veces sí, otros no einmal ja, das andere mal nicht* || *bald ja, bald nein* || →a **un**

²**uno** m *Eins* f, *Einser, Eine(r)* m || *ein gewisser* || *jemand* || *man* || *cada* ~ *jeder, jedermann* || ~ *a* ~, ~ *por* ~ *einer, eins nach dem andern, der Reihe nach* || *getrennt* || *Mann für Mann* || *a* ~a *gemeinsam* || *zugleich, gleichzeitig* || *ir a* ~a *gemeinschaftlich handeln* || *in Einklang stehen* || ~(s) *con otro(s) miteinander* || *eins ins andere gerechnet* || *durchschnittlich* || ~a *de dos: o ... o eins von beiden: entweder ... oder* || ~ *de sus hijos e-r seiner Söhne* || ~ *de tantos* fam *alltäglich, gewöhnlich* || *Alltags-, Dutzend|mensch* m || ¡~a *de protestas que hubo! wie man da protestierte!* || *es hagelte Proteste!* || ~ *se dice man sagt sich* || *de* ~a *(vez) auf einmal* || *ein für allemal* || *gleich* || *de* ~ *en* ~ *eine(r), eins nach dem andern, getrennt* || *en* ~ *zugleich, vereint* || *einstimmig* || *tres en* ~ *dreieinig* || ~ *por* ~ *einzeln* || *Stück für Stück* || *Mann für Mann* || ~ *que otro mancher, manch e-r* || *hie und da einer* || *mehrere* || ~ *sobre (otro) aufeinander* || ~ *tras otro hintereinander* || ~a *y no más (Santo Tomás) einmal u. nicht wieder* || ~ *y otro beide* || *sí y otro no e-r um den ander(e)n* || *abwechselnd* || *es la* ~a *(en punto) es ist (Punkt) 1 Uhr* || *a la* ~a *(y media, menos cuarto) um 1 (1¹/₂, ³/₄1) Uhr* || *hasta la* ~a *bis 1 Uhr* || ~a *no es ninguna* Spr *einmal ist keinmal* || *(todo) es* ~ fig *es ist völlig einerlei* || *el* ~ *lo aprueba, el otro protesta der e- se heißt es gut, der andere lehnt es ab* || *lo* ~ ..., *lo otro ... einesteils ..., andernteils ...* || *y ¡váyase lo* ~ *por lo otro! pop und damit sind wir quitt!* || *y* ~a *de bailar* pop *und das Lachen und Tanzen nahm kein Ende* || *entrar yo y abalanzarse él contra mí, todo fue* ~ *in dem Augenblick, wo ich eintrat (sobald ich eintrat), stürzte er sich auf mich (fiel er über mich her)* || ~ *(od* ~a*) no sabe qué partido tomar man weiß nicht, wie man sich entschließen soll* || ~ *ha entrado* jd *ist eingetreten* || ~ *y ninguno, todo es* ~ *etwa: e-e Hand wäscht die andere* || *Einigkeit macht stark* || *lo dijeron* ~s jd *hat es gesagt*

un|tada f prov *(mit Butter usw) bestrichenes Brot* n || **–tadura** f *(Ein)Schmieren* n || **–tar** vt *(bei-, ein)schmieren* || *(ein)salben, ölen* || *einreiben* || *bestreichen* (con, de *mit*) || ◊ ~ *el carro*, ~ *la mano* fig *jdn bestechen, schmieren* || ~ *con (od de) grasa mit Fett (ein)schmieren* || *abschmieren* || *einfetten* || *pan* ~*tado con mantequilla Butterbrot* n || *varita* –*tada con liga Leimrute* f || ~**se** vr *sich einsalben, sich einreiben* (con, de *mit* dat) || *sich beschmieren* || *sich bekleckern* || fig *sich bereichern, beisseite schaffen* || **–to** m *Schmiere* f || *(Tier)Fett* n || *Salbe* f || fig *Bestechung* f, *Schmieren* n || Chi *Schuhcreme, Wichse* f || ~ *de carro Wagenschmiere* f || *de* México, ~ *de rana* fig *Geld* n || *Bestechungs-, Schmier|gelder* npl || *a buen* ~ *carro ligero* Spr *wer gut schmiert (od schmeert), der gut fährt*

untu|osidad f *Fettigkeit, Schmierigkeit* f || *Geschmeidigkeit, Schlüpfrigkeit* f || **–oso** adj *fettig, schmierig, ölig* || *geschmeidig, schlüpfrig* || *salbungsvoll* || *mit Ölglanz (Haar)* || **–ra** f *Einfetten, (Ein)Schmieren* n || *Einreiben* n || *Salbe* f || ~ *para el masaje Einreibungsmittel* n

△**unumincar** [c/qu] vt/i *beichten*

uña f *(Finger-, Zehen)Nagel* m || *Klaue, Kralle* f (& fig) || *Huf* m *der Tiere* || *(Skorpion)Stachel* m || ⟨Zool⟩ *Stein-, Meer|dattel* f *(Lithophaga lithophaga)* || Chi ⟨Zool⟩ *Schwarze Witwe* f *(Latrodectus mactans)* → **viuda** || *Kerbe* f, *Kerbschnitt, Falz* m || ⟨Tech⟩ *Finger* m || ⟨Mar⟩ *Flunke* f || ◊ *Diebstahl* m || ~ *de caballo* ⟨Bot⟩ *Huflattich* m *(Tussilago farfara)* → **fárfara** || ~ *de gato* ⟨Mar⟩ *Ankerflunke* f || ⟨Bot⟩ *Hauhechel* f *(Ononis spinosa)* || ~ *de vaca* ⟨Kochk⟩ *Kalbs-, Ochsen|fuß* m || *álveo de la* ~ *Nagelbett* n || *borde de la* ~ *Nagelrand* m || *ni el canto de la* ~ pop *nicht ein bißchen* || ◊ *descubrir (od enseñar, sacar, mostrar) la* ~ fig

s-e Krallen zeigen || sacar con la(s) ~(s) *auskratzen* || ser ~ y carne figf *ein Herz u. e-e Seele sein, dicke Freunde sein* || tener a/c en la ~ fam *et im kleinen Finger haben* || *et aufs I-Tüpfelchen verstehen* || *et an den Fingern hersagen können* || **~s** *pl* figf *lange Finger* mpl || de ~ figf *feindselig* || *wütend, wild* || largo de ~ *Langfinger, Dieb* m || ◊ comerse las ~ figf *(vor Verdruß) an den Nägeln kauen* || cortarse las ~ *sich die Nägel schneiden* || estar de ~ (con) figf *(mit jdm) auf gespanntem Fuße stehen* || llevar *(od tener) las ~ de luto* figf *die Fingernägel mit Trauerrand haben* || mirarse las ~ figf *müßig dastehen, nichts tun, faul sein* || figf *Karten spielen* || ponerse de ~ figf *sich hartnäckig widersetzen, sich sträuben* || quedarse soplando las ~ figf *den kürzeren ziehen* || tener las ~ afiladas *(od largas)* figf *ein gewandter Dieb sein* || caer en *(od entre)* las ~ de uno figf *jdm in die Hände fallen* || verse en las ~ del lobo figf *in großer Gefahr schweben*
  uña|(ra)da f *Kratzwunde* f, *Kratzer* m || ◊ arrancar *(od sacar)* a ~**s** *(her) auskratzen* || **-te** m *Stecknadelspiel* n *(Kinderspiel)* || **-za** f augm *v.* **uña**
  uñe|ro m *Nagelentzündung* f || *Nagelgeschwür* n || *eingewachsener Nagel* m || *Niednagel* m || **-ta** f dim *v.* **uña** || *Münzwerfen* n *(Spiel)* || *Schlageisen* n *(der Steinmetzen)* || ⟨Tech⟩ *Doliermesser* n || *Greifer* m || Chi ⟨Mus⟩ *Plektron* n || **-tas** m Col fam *Langfinger, Dieb* m
  uñi m ⟨Bot⟩ Chi *Ugni, Chilenische Guava* f (Ugni molinae)
  uñón m augm *v.* **uña**
  uñoso adj *mit langen Nägeln, Krallen*
  uñuela f dim *v.* **uña**
  ***Uodalrico = Udalrico, Ulrico**
  ¹**¡upa!** int *auf! los!* || ⟨Kinds⟩ *hopp!*
  ²△**upa** f *Ohrfeige* f
  upar vt *hochnehmen* || *emporhelfen*
  upas m *Upas* n *(Pfeilgift)*
  uperizar, upericar vt *uperisieren (Milch)*
  uppercut m ⟨Sp⟩ engl *Uppercut, Aufwärtshaken* m *(Boxen)*
  △**upre** adv *oben*
  upupa f ⟨V⟩ *Wiedehopf* m (→ **abubilla**)
  uragogo m ⟨Med⟩ *diuretisches Mittel, Diuretikum* n
  uralaltaico adj *uralaltaisch*
  Urales (Montes ~): los ~ mpl *der Ural, das Uralgebirge*
  ura|nato m *Uranat* n || **-nífero** adj *uranhaltig* || *Uran-* || **-ninita** f ⟨Min⟩ *Uraninit* m *(Uranpecherz)* || **-nio** m ⟨Chem⟩ *Uran* n || **-no** m ⟨Chem⟩ *Urandioxid* n || ≏ *Uranus* m *(Planet)*
  urano|grafía f *Himmelsbeschreibung* f || **-lito** m *Meteorstein* m || **-plastia** f ⟨Chir⟩ *Gaumen-, Urano|plastik* f
  urao m → **trona**
  urape m ⟨Bot⟩ Ven *Bauhinia* f (Bauhinia spp)
  urato m *Urat* n *(Salz der Harnsäure)*
  urba|nidad f *Höflichkeit* f || *feines Benehmen* n || *Gewandtheit* f || falta de ~ *Mangel* m *an Erziehung, mangelnde Umgangsformen* fpl || tratado de ~ *Benimmbuch* n, *Knigge* m || **-nismo** m *Städtebau* m || *Städteplanung* f || **-nística** f *Städtebauwesen* n || **-nístico** adj *städtebaulich* || tendencias ~**as** *actuales augenblickliche Tendenzen* fpl *im Städtebau* || **-nización** f *Verstädterung* f || *Verfeinerung* f *der Sitten* || *Bebauung* f *(e-s Stadtviertels)* || *Erschließung* f || *Städteplanung* f || *Einstädterung* f || *Siedlungs-, Bau|erschließungsgebiet* n || *Wohnsiedlung* f || *Villenkolonie* f || *Urbanisation* f || ~ *turística Erschließung* f *e-s Gebietes für den Fremdenverkehr* || *Touristensiedlung* f || obras de ~ *städtische Erweiterungsbauten* mpl || **-nizar** [z/c] vt *sittlich verfeinern* || *urbanisieren, städtisch machen, verstädtern, bebauen, erschließen* || **-no** adj *städtisch, Stadt-, Orts-* || figf *höflich, gesittet* || *wohlerzogen, an-*

ständig || conferencia ~**a**, *servicio* ~ ⟨Tel⟩ *Orts|gespräch* n, *-dienst* m || (guardia) ~ *Stadtpolizist* m || *Verkehrspolizist* m || *milicia* ~ *Bürgerwehr* f || *red* ~**a** ⟨Tel⟩ *Ortsnetz* n || *tranvía* ~ *städtische Straßenbahn* f || adv: **~amente** || ≏**no** m np Tfn *Urban* m
  ur|be f *moderne Stadt, Großstadt* f || *Weltstadt* f || ≏ f *Rom* n || gran ~ *Großstadt* f || **-bícola** m/adj *Stadtbewohner, Städter* m
  urcitano adj/s ⟨Hist⟩ *aus Almería*
  urchilla f → **orchilla**
  urdemalas m (Pedro de ≏) *Intrigant, Ränkeschmied* m
  △**urdi|blar, -fl(el)ar** vt *anzünden*
  urdi|do m, **-dura** f ⟨Web⟩ *Zetteln* n || **-dor** m ⟨Web⟩ *Schär-, Zettel|maschine* f || fig *Anstifter* m || **-dora** f *Haspelmaschine* f || *Schär-, Zettel|maschine* f
  urdimbre f *(Web)Kette* f, *Zettel, Aufzug* m || fig *Intrige* f, *Komplott* n || ~ de fantasía ⟨Web⟩ *gemusterte Kette* f
  △**urdiñi** f *Phantasie* f
  urdir vt ⟨Web⟩ *schären, (an)zetteln* || fig *anzetteln, anstiften* || ◊ ~ la treta pop *die Sache einfädeln*
  △**urdón** m ⟨EB⟩ *Wagen* m
  ure|a f *Harnstoff* m || **-mia** f ⟨Med⟩ *Urämie, Harnvergiftung* f
  urémico adj *urämisch*
  urente adj *brennend, sengend, Brenn-*
  ureoplasto m ⟨Chem⟩ *Karbamid-, Harnstoff|harz* n
  uréter m ⟨An⟩ *Harnleiter, Ureter* m
  ure|tra f ⟨An⟩ *Harnröhre* f || **-tral** adj *urethral* || erotismo ~ ⟨Psychol Med⟩ *Urethralerotik* f || **-tritis** f ⟨Med⟩ *Harnröhrenentzündung, Urethritis* f
  uretro|scopio m ⟨Med⟩ *Urethroskop* n || **-tomía** f ⟨Med⟩ *Harnröhrenschnitt* m
  urgen|cia f *Dringlichkeit, dringende Not* f || *Drang* m || *Anliegen* n || bautismo de ~ *Nottaufe* f || cirugía de ~ *Notchirurgie* f || *dringliche Chirurgie* f || grado de ~ *Dringlichkeits|grad* m, *-stufe* f || medida de ~ *Sofort-, Dringlichkeits|maßnahme* f || obras de ~ *Notstandsarbeiten* fpl || programa de ~ *Notstandsprogramm* n || *Sofortprogramm* n || recurso en caso de ~ *Notbehelf* m || con ~ *dringend* || en caso(s) de ~ *in dringenden Fällen* || im *Notfall, notfalls* || ◊ es de ~ *es ist eilig* || dar agua de ~ (a) *mit Wasser besprengen (z. B. Ohnmächtige)* || **~s** pl *dringende Angelegenheiten* fpl || **-te** adj *dringend, dringlich, unaufschiebbar* || *urgent* || *eilig* || *unumgänglich, dringend notwendig* || ¡≏! *Eilt! (auf Briefen)* || carta ~ *Eilbrief* m || caso ~ *Notfall* m || necesidad ~ *dringender Bedarf* m || *dringende Notlage* f || *dringendes Bedürfnis* n || pedido ~ *dringende Bestellung* f || ◊ es ~ *es drängt* || no es ~ *es eilt nicht, es hat Zeit genug* || tener necesidad ~ de u/c *et dringend brauchen* || **-temente** adv *dringend, unumgänglich* || *flehentlich*
  urgir [g/j] vi/impers *dringend sein* || ◊ el tiempo urge *die Zeit drängt* || *es ist höchste Zeit* || me urge partir *ich muß unbedingt verreisen* || nos urge saberlo *wir müssen es unbedingt wissen* || no me urge *ich habe es nicht eilig damit* || ¿(le) urge? *eilt es?*
  △**urguiñar** vt/i *leiden*
  Urías np *Urias* m || carta de ~ fig *Uriasbrief* m
  úrico adj: ácido ~ ⟨Chem⟩ *Harnsäure* f || cálculo ~ *Harnstein* m
  uri|nal adj *Harn-* || **-nario** adj *Harn-* || aparato ~ *Harnorgane* npl || conducto ~ ⟨An⟩ *Harnkanal* m || vías ~**as** ⟨An⟩ *Harnwege* mpl || ~ m *Pissoir* n || **-nífero** adj: tubos ~**s** ⟨An⟩ *Harnkanälchen* npl
  urna f *Urne* f || *Vitrine* f || ~ cineraria *Totenurne* f, *Aschenkrug* m || ~ electoral *Wahlurne* f ||

◊ (ir *od* concurrir) a las ~s *an den Wahlen teilnehmen, wählen*
uro *m* ⟨Zool⟩ *Ur, Auerochse* m (Bos primigenius)
urobilina *f* ⟨Chem Physiol⟩ *Urobilin* n
urogallo *m* ⟨V⟩ *Auerhuhn* n (Tetrao urogallus) ‖ *Auerhahn* m
urogenital adj: aparato ~ ⟨An⟩ *Urogenitalapparat* m, *Harn- u. Geschlechts|organe* npl
uro|lito *m* ⟨Med⟩ *Harnstein* m ‖ **–logía** *f* ⟨Med⟩ *Urologie* f
uró|logo *m* Urologe, Facharzt m *für Erkrankungen der Harnorgane* ‖ **–metro** *m Harnwaage* f
uropigi|ano adj ⟨V⟩ *Bürzel-* ‖ glándula ~a ⟨V⟩ *Bürzeldrüse* f ‖ **-o** *m* ⟨V⟩ *Uropygium* n, *Bürzel* m (→ **obispillo**)
uroscopia *f Harnuntersuchung, Uroskopie* f
urraca *f* ⟨V⟩ *Elster* f (Pica pica) ‖ ~ azul ⟨V⟩ *Blauelster* f (→ **rabilargo**) ‖ ◊ hablar más que una ~ figf *wie e–e Elster schwatzen*
Urraca *f* pop = **María**
△**urró** adv *nach innen*
URSS Abk = **Unión de Repúblicas Socialistas Soviéticas**
Ursula *f* np Tfn *Ursula, Ursel* f
ursulina *f Ursulinernonne, Ursulinerin* f
urti|cáceas *fpl* ⟨Bot⟩ *Nesselpflanzen* fpl (Urticaceae) → **ortiga** ‖ **–cante** adj *Brennen verursachend, stechend* ‖ *Nessel-, Brenn-* ‖ pelos ~s ⟨Bot⟩ *Nesselhaare* npl ‖ **–caria** *f* ⟨Med⟩ *Nessel|ausschlag* m, *-fieber* n, *-sucht* f
urú, uru *m* Arg ⟨V⟩ *Zahnwachtel* f (Odontophorus sp)
urubú *m* Mex → **zopilote**
△**urucal** *m Olivenhain* m
Uru|guay: (el) ~ *Uruguay (Staat od Strom)* ‖ *República Oriental del* ~ *Republik* f *Uruguay* ‖ **–guayo** adj/s *uruguayisch* ‖ ~ *m Uruguayer* m
△**urujanza** *f Atem* m
urundey, urunday *m* Arg *(Art) Terpentinbaum* m
urutú *m* Am *(Art) Schlange* f
ús. Abk = **úsase**
usa|damente adv *gewohnheitsmäßig* ‖ **–do** adj *gebraucht, abgenutzt* ‖ *abgetragen (Kleid)* ‖ *antiquarisch (Buch)* ‖ *gebräuchlich, üblich* ‖ al ~ ⟨Com⟩ *nach Uso*
usagre *m* ⟨Med⟩ *Milchschorf* m ‖ →a *costra láctea* ‖ ⟨Vet⟩ *(Hals) Räude* f
usanza *f Brauch, Gebrauch* m, *Sitte, Gewohnheit, Mode* f ‖ a ~ *campesina nach Bauernsitte* ‖ según *(od* a) ~ *(de) nach Art* (gen)
usar vt/i *(ge)brauchen* ‖ *benutzen, anwenden* ‖ *tragen* ‖ *sich bedienen* (gen) ‖ ◊ ~ gafas *e–e Brille tragen* ‖ ~ *perfumes sich parfümieren* ‖ no ~ *sombrero ohne Hut gehen* ‖ ~ *un lenguaje ordinario sich gewöhnlich ausdrücken* ‖ la solicitud que con él usaba *die Dienstfertigkeit, die er ihm gegenüber entwickelte* ‖ en disposición de ~lo *gebrauchsfähig* ‖ → **agitar** ‖ ~ vi *zu tun pflegen* ‖ ◊ ~ de a/c *sich e–r Sache bedienen, et gebrauchen, benützen* ‖ ~ de su derecho ⟨Jur⟩ *sein Recht geltend machen* ‖ ~ de severidad (con) *streng sein (gegen)* ‖ uso de (= suelo, acostumbro) comer temprano *ich pflege zeitig zu essen* ‖ **–se** *gebraucht werden* ‖ *üblich, gebräuchlich sein* ‖ *sich abnutzen (Kleid)* ‖ ◊ ya no se usa *es ist nicht mehr modern, es wird nicht mehr getragen (z. B. Kleid)*
*****usarcé, usarced** (aus vuestra merced) *Euer Gnaden, Sie (in der Anrede)*
△**us|chó** (*f* **–chí**) adj *erhaben*
*****usencia** (= vuesta reverencia) *(Euer) Ehrwürden*
*****useñoría** *f (aus* vuestra señoría) *Ew. Hochwohlgeboren*
usía *f (aus* vuestra señoría) *Ew. Gnaden (Anrede an hochgestellte Persönlichkeiten,* ⟨bes Pol

od Jur⟩) ‖ ⟨Taur⟩ pop *Vorsitzende(r)* m *des Stierkampfes*
usina *f* Am gall *Fabrik* f ‖ Arg *Haltestelle* f *(der Straßenbahn)* ‖ ~ eléctrica *Elektrizitätswerk, E-Werk* n ‖ ~ de gas *Gas|werk* n, *-anstalt* f
*****usitado** adj *gebräuchlich, geläufig*
uso *m Gebrauch* m, *Benutzung* f ‖ *Ver-, An|wendung* f ‖ *Sitte* f, *Brauch* m ‖ *Gewohnheit* f ‖ *Usance* f ⟨bes Com⟩ *Herkommen* n, *Gebrauch* m ‖ *Mode* f ‖ *Abnutzung* f, *Gebrauch* m ‖ *Zustand* m *(v. Gebrauchtem)* ‖ *Ausübung* f *(e–s Rechts)* ‖ ⟨Com⟩ *Wechsel|uso* m, *-frist* f ‖ ⟨Jur⟩ *Nutzungsrecht* n, *Nießbrauch* m ‖ ~ de la fuerza armada *Anwendung* f *von Waffengewalt* ‖ ~ de razón *Gebrauch* m *der Vernunft* ‖ *vernünftiges Alter* n *(bei Kindern)* ‖ al ~ *dem Brauch, der Mode gemäß* ‖ al ~ español *nach span. Art (od Sitte)* ‖ al *(od* para [el]) ~ escolar, al ~ de las clases, al ~ de la enseñanza *zum Schulgebrauch, zu Unterrichtszwecken* ‖ *Schul-, Unterrichts-* ‖ → **instrucción** ‖ cosa de mi ~ *Sache, deren ich mich bediene* ‖ *Gegenstand meines persönlichen Bedarfs* ‖ de ~ general *allgemein üblich* ‖ en ~ de su derecho *in Ausübung s–s Rechts* ‖ en pleno ~ de sus facultades mentales *im Vollbesitz s–r geistigen Kräfte* ‖ fuera de ~ *außer Gebrauch* ‖ *nicht mehr gebräuchlich* ‖ *veraltet* ‖ para ~ externo (interno) ⟨Pharm⟩ *zur äußerlichen (innerlichen) Anwendung, äußerlich (innerlich) (Hinweis bei Medikamenten)* ‖ para ~ propio *(od* personal) *für den eigenen (od persönlichen) Gebrauch* ‖ reducción por ~ *Nachlaß* m *für Abnutzung* ‖ según ~ *usancemäßig* ‖ según (el) ~ del lugar *ortsüblich* ‖ ◊ estar en ~ *üblich, geläufig sein* ‖ *gelten, gültig sein* ‖ estar en buen ~ *gut erhalten, in gutem Zustand sein (Gebrauchtes)* ‖ hacer ~ de *Gebrauch machen von* (dat) ‖ hacer ~ de la palabra *das Wort ergreifen* ‖ poner fuera de ~ *außer Gebrauch (bzw Betrieb) setzen* ‖ *aus dem Verkehr ziehen* ‖ *abschaffen* ‖ el ~ hace maestro Spr *Übung macht den Meister* ‖ sentimos no poder hacer ~ de su oferta *wir bedauern, von Ihrem Angebot keinen Gebrauch machen zu können* ‖ ser de ~ *üblich, geläufig, gebräuchlich sein* ‖ tener ~ gebräuchlich sein ‖ ya le viene el ~ de la razón *es wird schon vernünftig (von Kindern)* ‖ ~s bancarios *Bankpraxis* f, *Bankusancen* fpl ‖ ~s bursátiles *Börsenusancen* fpl ‖ ~s comerciales *Handels|bräuche* mpl, *-usancen* fpl ‖ ~s y consumos Span *Verbrauchssteuer* f ‖ ~s y costumbres *Sitten* fpl *u. Gebräuche* mpl, *Brauchtum* n ‖ los ~s de guerra *der Kriegsbrauch*
△**usoripa** *f Holz* n
usté pop = **usted**
usted (Abk Vd., V., U., Ud. = vuestra merced) *Sie (Anrede e–r Person, die man nicht duzt)* ‖ el *(od* su) padre de ~ *Ihr Vater* ‖ ¡perdone (~)! *verzeihen Sie!* ‖ como ~ quiera *wie Sie möchten, nach Ihrem Belieben* ‖ ~ dirá *Sie haben die Wahl, es liegt bei Ihnen* ‖ *Sie haben das Wort* ‖ ¿es ~? *sind Sie es?* ‖ ¿~ aquí? *Sie sind (also) hier?* ‖ ¿~ cree? *so? glauben Sie?* ‖ más de lo que ~ cree *mehr als Sie glauben* ‖ tratar de ~ *mit usted (Sie) anreden, siezen* ‖ ¿verdad ~? *meinen Sie nicht? (höfliche Frage)* ‖ ~es los hombres *Sie Männer*
△**ustib(el)ar** vt *verschlingen*
ustilagináceas *fpl* ⟨Bot⟩ *Brandpilze* mpl (Ustilaginales)
△**ustilar** vt *nehmen, packen*
us|tión *f* ⟨Aus⟩ *Brennen* n ‖ **–torio** adj *brennend* ‖ espejo ~ *Brennspiegel* m
△**usti|ró** *m*, **–rí** *f Galgen* m
usual adj *gewöhnlich, gebräuchlich, üblich* ‖ *ge-, land|läufig* ‖ *herkömmlich* ‖ *Umgangssprache* f ‖ plazo ~ *Usofrist* f ‖ tara ~ ⟨Com⟩ *Usancetara, Usotara* f ‖ adv: **~mente**
usu|ario *m Benutzer* m ‖ ⟨Jur⟩ *Nutzungsberechtigte(r)* m ‖ ⟨Jur⟩ *Nutznießer* m ‖ *Verkehrs-*

teilnehmer m || **-capión** f ⟨Jur⟩ *Ersitzung* f || **-capir** def vt ⟨Jur⟩ *ersitzen* || **-fructo** *m Nießbrauch* m, *Nutznießung* f || *Nutzen, Ertrag* m || ~ *legal gesetzliches Nießbrauchsrecht* n || ~ *vitalicio lebenslänglicher Nießbrauch* m || *legado de* ~ *Nießbrauchsvermächtnis* n || ◊ *constituir un* ~ *e-n Nießbrauch bestellen* || *dejar en* ~ *zur Nutznießung überlassen* || **-fructuar** vt/i *mit e-m Nießbrauch belasten, e-n Nießbrauch bestellen an* (dat) || *die Nutznießung (od den Ertrag) haben von* (dat) || *Ertrag (od Nutzen) bringen* || **-fructuario** adj/s *Nießbrauchs-, Nutznießungs-* || ~ *m Nießbraucher, Nutznießer* m
usu|ra *f* *Zins m *(von geliehenem Geld)* || *Wucher* m || *Wucherzins* m || *ley contra (od ~ represiva de)* la ~ *Wuchergesetz* n || ◊ *pagar (od recompensar) con* ~ *fig mit Zinsen vergelten (empfangene Wohltat)* || *prestar con (od a)* ~ *auf Wucherzins leihen* || **-rario** adj *wucherisch, Wucher-* || *alquiler* ~ *Wuchermiete* f || *comercio* ~ *Wucherhandel* m || *crédito* ~ *Wucherkredit* m || *interés* ~ *Wucherzins(en* pl*)* m || *negocio* ~ *Wuchergeschäft* f || *precio* ~ *Wucherpreis* m || *condiciones* ~as *wucherische Bedingungen* fpl || **-r(e)ar** vi *Wucher treiben, wuchern* || **-rero** *m Wucherer* m || fam *Halsabschneider* m
usur|pación *f Usurpation* f || *widerrechtliche Besitzergreifung (od Aneignung)* f || *Anmaßung* f || *Thronraub* m || ~ *de derechos Rechtsanmaßung* f || ~ *de funciones Amtsanmaßung* f || ~ *de títulos unbefugtes Führen* n *von Titeln* || *como una* ~ *de nuestros derechos als Eingriff in unsere Rechte* || **-pador** *m Usurpator* m || *(widerrechtlicher) Besitzergreifer* m || *Thronräuber* m || **-par** vt *usurpieren* || *sich et widerrechtlich aneignen* || *sich anmaßen, erschleichen* || *enthalten* || ◊ ~ *el poder die Macht (widerrechtlich) an sich reißen* || **-patorio** adj *usurpatorisch* || *widerrechtlich*
usuta *f* SAm *Indianerschuh* m, *(Art) Sandale* f
u.t.c. Abk = **úsase también como**
utensilio *m Gerät* n || *Werkzeug* n || ~**s** mpl *Utensilien* pl || *Handwerkszeug* n || ~ *de cocina,* ~ *domésticos Küchen-, Haushalts|geräte* npl || ~ *para escribir Schreib|zeug, -material* n || ~ *para iglesias Kirchengeräte* npl
uterino adj ⟨An⟩ *Gebärmutter-* || *furor* ~ ⟨Med⟩ *Mannstollheit* f || *hermanos* ~s *Halbgeschwister* pl *(mütterlicherseits)*
útero *m* ⟨An⟩ *Gebärmutter* f, *Uterus* m || *cuello del* ~ ⟨An⟩ *Gebärmutterhals* m || *orificio del* ~ ⟨An⟩ *Muttermund* m
¹**útil** adj *nützlich, nutzbringend, (zweck)dienlich, zweckmäßig* || *vorteilhaft* || *ersprießlich* || *brauchbar* || *nutzbar, tauglich* || *geeignet, fähig* || *dienst|tauglich, -fähig* || *arbeitsfähig* || *animales* ~es *Nutz|vieh* n, *-tiere* npl || *área* ~ ⟨Tech Agr⟩ *Nutzfläche* f || *artes* ~es *Kunstgewerbe* n || *carga* ~ *Nutzlast* f || *día* ~ *Arbeitstag* m || *planta* ~ *Nutzpflanze* f || *tiempo* ~ *Nutzungszeit* f ⟨Verw⟩ *anrechnungsfähige Zeit* f || *trabajo* ~ *nützliche Arbeit* f || ⟨Phys Tech⟩ *Nutzarbeit* f || ◊ *resultar* ~ *sich als nützlich erweisen* || *ser* ~ *nützlich sein* || *unir* lo ~ *con lo agradable das Angenehme mit dem Nützlichen verbinden*
²**útil** *m Werkzeug* n || *Gerät* n || ~ *de metal duro Hartmetallwerkzeug* n || ~es *de labranza Ackergerät* n || ~es *de minero* ⟨Bgb⟩ *Gezähe* n
△**utilde** adj/s *gefangen*
utili|dad *f Nutzen, Vorteil* m || *Gewinn* m || *Nützlichkeit, Dienlichkeit* f || *Zweckmäßigkeit* f || *Brauchbarkeit* f || *Tauglichkeit* f || *Nutzbarkeit* f || *de mucha* ~ *sehr brauchbar, nützlich* || *de* ~ *pública gemeinnützig* || *sin* (ninguna) ~ *(ganz) nutz-, zweck|los* || ◊ *sacar* ~ *de Nutzen ziehen aus* (dat) || *ser de* ~ *von Nutzen, nützlich sein* || ~es pl *Einkommen* n || *Einkünfte* fpl || *impuesto de (od sobre las)* ~ *Einkommensteuer* f || ◊ *hacer declaración de* ~ *e-e Einkommensteuererklärung abgeben* || **-tario** adj/s *Nutz-* || *Nützlichkeits-* || ~ *m Nützlichkeitsmensch* m || *coche* ~ *Gebrauchswagen* m || *vehículo* ~ *Nutzfahrzeug* n || **-tarismo** *m Utilitarismus* m || *Nützlichkeitsprinzip* n || **-tarista** adj/s *utilitaristisch* || ~ *m Utilitarist* m || **-zable** adj *brauchbar* || *verwendbar* || *nutzbar* || *verwertbar* || *área* ~ ⟨Tech Agr⟩ *Nutzfläche* f || **-zación** *f Benutzung* f || *Verwendung* f || *Gebrauch* m || *Einsatz* m || *Inanspruchnahme, Beanspruchung* f || *Nutzung* f || *Ausnutzung* f || *Auslastung* f || *Nutzbarmachung* f || *Verwertung* f || ~ *de crédito Kreditaufnahme* f || ~ *excesiva de la capacidad Überbeanspruchung* f *der Kapazität* || ~ *pacífica de la energía nuclear friedliche Verwendung (od Nutzung)* f *der Atomenergie* || ~ *de reservas Reserveeinsatz* m || **-zador** adj/s *(be-, aus)nutzend* || ~ *m (Be)Nutzer* m || **-zar** [z/c] vt *benutzen, gebrauchen* || *an-, ver|wenden* || *in Anspruch nehmen, Gebrauch machen (von)* || *(aus)nutzen* || *nutzbar machen* || *verwerten* || *auswerten* || ◊ ~ *los restos die Reste verwerten* || ~ *con ventaja nutzbringend verwenden* || ~se *con (od de, en) Nutzen ziehen (aus)*
útilmente adv *nützlich, nutzbringend* || *gewinnbringend, lohnend*
utillaje *m* gall *(gesamtes) Werkzeug* n, *Werkzeugausstattung* f || *Ausrüstung* f
uto|pía, -pia *f Utopie* f || *Unmöglichke(s)* n || *Wunschtraum* m, *Hirngespinst* n
utópico adj *utopisch* || *phantastisch*
utopista m/adj *Utopist* m || ⟨Zukunfts⟩*Träumer, Schwärmer, Weltverbesserer* m || *Chaot(e)* m
utraquista adj/s ⟨Rel Hist⟩ *utraquistisch* || ~ *m Utraquist* m *(Hussit)* || *comunión* ~ ⟨Rel⟩ *Abendmahl* n *in beiderlei Gestalt*
Utrera *m* np: *más feo que el sargento* ~ pop *häßlich wie die Nacht* || ≈**no** adj/s *aus Utrera* (PSev)
utrero m zweijähriges Kalb n || →a **novillo**
utrículo *m* ⟨Biol⟩ *Utrikulus* m, *kleines, sack-,* bzw *schlauchförmiges Gebilde* n
utsupra adv lat: *fecha* ~ *Datum wie oben*
UU. Abk = **ustedes**
uva f *(Wein)Traube* f || ~ *(al)arije e-e rote Traubenart* f || ~ *albilla Gutedeltraube* f || ~ *de Almería Almeríatraube* f || ~ *blanca weiße (od helle) Traube* f || ~ *de embarque Versandtraube* f || ~ *crespa,* ~ *espina Stachelbeere* f || ~ *de gato,* ~ *de pájaro* ⟨Bot⟩ *Dachhauswurz* f (Sempervivum tectorum) || *Mauerpfeffer* m (Sedum acre) || ~ *lupina* ⟨Bot⟩ *Eisenhut* m (→ **acónito**) || ~ *marina* ⟨Bot⟩ *Meerträubel* n || ~ *de mesa Tafeltraube* f || ~ *moscatel Muskatellertraube* f || ~ *de oso* ⟨Bot⟩ *Bärentraube* f || ~ *pasa Rosine* f || ~ *de Corinto Korinthe* f *(kleine Rosinenart)* || ~ *de playa Strandtraube,* *Beere* f *der Seetraube* || ~ *de raposa,* ~ *de zorro* ⟨Bot⟩ *Einbeere* f (Paris quadrifolia) || ~ *tempran(ill)a Frühtraube* f || ~ *tinta dunkle, blaue Traube* f || ~ **torrontés** || *mosto de* ~ *Weinmost* m || ◊ *entrar por* ~s figf *sich heranwagen (an* acc) || *estar de mala* ~ pop *schlechte Laune haben,* pop *e-e Saulaune haben* || *tener mala* ~ pop *böswillig sein* || *schlechte Absichten haben* || *estar hecho una* ~ figf *stark betrunken sein,* fam *blau (od sternhagelvoll) sein* || *pisar las* ~s *die Trauben treten* || *ponerse como una* ~ fam *sich volladen, schlemmen, viel trinken* || *con el tiempo madurarán las* ~s Spr *Zeit bringt Rosen* || *de* ~s *a peras in großen Abständen, sehr selten*
uva|da *f große Menge* f *Weintrauben* || *reiche Weinernte* f, *Traubensegen* m || **-duz** f ⟨Bot⟩ *Bärentraube* f (Arctostaphylos spp) || **-l** adj *trauben|ähnlich, -artig* || **-te** *m eingemachte Trauben* fpl
uve f V n *(Name des Buchstabens)* || ~ *doble W* n
uvero adj *Trauben-* || *exportación* ~a *(Wein)Traubenexport* m || ~ *m (Wein)Traubenhändler*

m ‖ ⟨Bot⟩ Am *Seetraube* f (Coccoloba uvifera)
uviforme adj *traubenförmig*
úvula f ⟨An⟩ *Zäpfchen* n *(im Halse)*
uvu|lar adj ⟨An Phon⟩ *Zäpfchen-, uvular* ‖ ⟨Phon⟩ R ~ f ~ *Zäpfchen-R* n ‖ **–litis** f ⟨Med⟩ *Zäpfchenentzündung* f

uxorici|da m *Mörder der Ehefrau, Gattenmörder* m ‖ **–dio** m *Mord an der Ehefrau, Gattenmord* m
¡**uy**! int *nanu!* ‖ *oh! ach!* ‖ *keine Rede!* ‖ *unglaublich!*

V

(→ a unter B)

v (= **uve, ve**) *V* n ‖ ~ **doble**, ~ **valona** *W* n
V. Abk = **Usted (usted)** ‖ **Venerable** ‖ **Véase** ‖ **Voltio(s)** ‖ **Vapor** ‖ **Vale** ‖ **Versículo** ‖ **Viuda** ‖ **Visto** ‖ *römische Ziffer* = 5
v. Abk = **villa** ‖ **verbo** ‖ **vapor** ‖ **véase** ‖ **velocidad** ‖ **vista** ‖ **vario(s)** ‖ **vez, veces** ‖ **vuelva** ‖ **vagón** (f.s.v. Abk = **franco sobre vagón**)
v/ Abk = **vuestro** ‖ **valor** ‖ **vista**
va → *ir*
V.ª Abk = **Vigilia** ‖ **Viuda**
V.A. Abk = **Vuestra Alteza**
vaca *f Kuh* f ‖ *Rind(fleisch)* n ‖ *Rind(s)leder* n ‖ *Einsatz* m *(Spiel)* ‖ ~ **asada** *Rinderbraten* m ‖ ~ **cocida** *Suppenfleisch* n ‖ ~ **estofada** *geschmortes Rindfleisch* n ‖ ~ **lechera**, ~ **de leche** *Milchkuh* f ‖ ~ **marina** ⟨Zool⟩ *Seekuh* f (→ **manatí**) ‖ ~ **reproductora**, ~ **abierta** *Zuchtkuh* f ‖ ~ **de San Antón** ⟨Entom⟩ = **vaquita** ‖ **asado de** ~ *Rinderbraten* m ‖ **carne de** ~ *Rindfleisch* n ‖ **cuero de** ~ *Rind(s)leder* n ‖ **leche de** ~ *Kuhmilch* f ‖ **lomo de** ~ *Rinderlende* f ‖ **pierna de** ~ *Rinderkeule* f ‖ **las** ~**s flacas (gordas)** fig *die mageren (fetten) Jahre* ‖ ◊ **hacer** ~ figf *Pe die Schule schwänzen* ‖ **ser la** ~ **de la boda** figf *die melkende Kuh sein* ‖ **más vale** ~ **en paz, que pollos con agraz** *besser Armut im Frieden als Reichtum im Krieg* ‖ *lieber ein Spatz in der Hand als eine Taube auf dem Dach*
vacación *f Ruhezeit* f ‖ → **vacante** ‖ ~**es** *fpl Ferien* pl ‖ *Urlaub* m ‖ ~ **académicas** *Hochschulferien* pl ‖ ~ **(laborales) anuales** *Jahresurlaub* m ‖ ~ **de canícula** *Hitzeferien* pl ‖ ~ **de descanso**, ~ **de recreo** *Erholungsurlaub* m ‖ ~ **(generales) de la empresa** *Betriebsferien* pl ‖ ~ **escolares** *Schulferien* pl ‖ ~ **judiciales** ⟨Jur⟩ *Gerichtsferien* pl ‖ ~ **de Pascuas** *Osterferien* pl ‖ ~ **pagadas**, ~ **retribuidas** *bezahlter Urlaub* m ‖ ◊ **estar de** ~ **in Ferien sein, in od im Urlaub sein** ‖ **irse de** ~ **in (die) Ferien fahren, e-e Urlaubsreise machen**
vacada *f Rinderherde* f
vacan|cia *f freie, unbesetzte Stelle* f, *Vakanz* ‖ *Arbeits-, Dienst|losigkeit* f ‖ **-te** *adj unbesetzt, erledigt, offen, frei, vakant (Stelle, Amt)* ‖ *frei, leer(stehend) (Wohnung)* ‖ **habitación** ~ *freies Zimmer* n *(z. B. im Hotel)* ‖ **empleo** *(od plaza)* ~ *offene Stelle* f ‖ ◊ **está todavía** ~ *(die Stelle) ist noch offen, unbesetzt* ‖ **dejar** ~ *e-e Stelle usw nicht mehr besetzen* ‖ ~ *f freie Stelle* f ‖ *Amtserledigung* f ‖ ◊ **cubrir una** ~ *e-e freie Stelle besetzen* ‖ **ocupar una** ~ *e-e Stelle einnehmen* ‖ **producirse una** ~ *frei werden (Amt, Stelle)*
vacar [c/qu] vi *offen, unbesetzt sein (Stelle)* ‖ *erledigt sein (Amt)* ‖ *leerstehen (Wohnung)* ‖ *Ferien haben (Gericht)* ‖ *frei bleiben (Zeit)* ‖ *ermangeln, fehlen* ‖ *die Arbeit einstellen, vorübergehend s–r Arbeit nicht nachgehen* ‖ ◊ **no** ~ **de interés** *nicht uninteressant sein, interessieren* ‖ ~ **a**, ~ **en sich um et bemühen od kümmern** ‖ *sich widmen* (dat) ‖ *nachgehen (e–r Arbeit)*
vacatura *f Zeit der Amtsverwaisung, Vakanzzeit* f
*****vacarí** [pl **-íes**] *m/adj aus Rind(s)leder*
vacia|dero m *Abfluß, Ausguß* m ‖ *Ausgußschale* f ‖ **-dizo** adj *(ab)gegossen* ‖ **-do** *adj/s ent-, ausge|leert, ausgeräumt* ‖ *abgeformt, gegossen (in Metall, Gips usw)* ‖ *geschliffen (Messer usw)* ‖ ~ *m Entleerung, Ausräumung* f ‖ *(Gips)Abguß, Guß* m ‖ *Modellierung, Abformung* f ‖ ⟨Arch⟩ *Ausschachten, Ausheben* n ‖ ⟨Arch⟩ *Säulenrille* f ‖ *Schärfen, Schleifen* n ‖ ~ **hueco** *Hohlschliff* m ‖ ~ **en yeso** *Gipsabguß* m ‖ **-dor** m *(Gips)Gießer* m ‖ *Schärfer, Schleifer* m *(auch Instrument)* ‖ *Gießkelle* f ‖ ~ **de basuras** *Müllschlucker* m ‖ ~ **de hojas** *Klingenschärfer* m ‖ **-dura** *f Ausleerung* f
vaciante *f Ebbe* f
vaciar [pres –io] vt *aus-, ent|leeren (aus)* ‖ *abfüllen, ausgießen, ausschütten* ‖ *ausschöpfen* ‖ *abformen, (ab)gießen* ‖ *schleifen (Messer usw)* ‖ *hohlschleifen (Rasiermesser)* ‖ *aushöhlen* ‖ *ablassen (Wasser)* ‖ *abzapfen (Faß)* ‖ fig *gründlich untersuchen* ‖ ⟨Taur⟩ *(den Stier) mit der Muleta vorbeischießen lassen* ‖ ◊ ~ **agua en la calle** *Wasser auf die Straße aus|gießen, -schütten* ‖ ~ **con bomba** *leer-, aus|pumpen* ‖ ~ **una copita** *ein Gläschen leeren, trinken* ‖ ~ **el costal** (pop ~ **su buche**) figf *alles heraussagen, was man auf dem Herzen hat, sein Herz ausschütten* ‖ ~ **dinero sobre la mesa** *Geld (aus der Geldbörse) auf den Tisch ausschütten* ‖ ~ **la pipa** *die Pfeife ausklopfen* ‖ ~ **en yeso** *in Gips abgießen* ‖ ~ **vi sich ergießen, münden (Ströme)** ‖ ~**se** *sich (ent)leeren* ‖ *abfließen* ‖ *auslaufen* ‖ ~ **(de)** fig *alles heraussagen, sein Herz ausschütten* ‖ *sich verplappern* ‖ ◊ ~ **por la lengua** pop *e–e lose Zunge haben* ‖ ~ **un ojo** *sich ein Auge ausschlagen* ‖ **se le vació la sangre** *er verblutete*
vaciedad *f Leere* f ‖ pop *Albernheit* f
vaci|lación *f Wanken, Schwanken* n ‖ *Wackeln* n ‖ *Flackern n (Licht)* ‖ fig *Wankelmut* m, *Unschlüssigkeit* f ‖ **-lante** *adj wankend, schwankend (& fig)* ‖ *taumelnd* ‖ *wacklig* ‖ *flackernd (Licht)* ‖ fig *unbeständig, wankelmütig* ‖ *unschlüssig, unsicher* ‖ fig *schimmernd* ‖ ◊ **caminar** *(od andar)* ~ *taumelnder Gang* m ‖ **a pasos** ~**s** *mit wankenden Schritten* ‖ **-lar** vi *wanken, schwanken (& fig)* ‖ *wackeln* ‖ *taumeln* ‖ *flackern (Licht)* ‖ fig *unschlüssig sein, zaudern* ‖ ◊ ~ **en hacer** u/c *zögern, et zu tun* ‖ ~ **en la resolución** *unschlüssig sein* ‖ **sin** ~ *unbeanstandet* ‖ *ohne Bedenken* ‖ **no** ~ **la nadie** *er nimmt es mit jedem auf*
¹**vacio** adj *leer* ‖ *hohl* ‖ *unbesetzt* ‖ *unbewohnt* ‖ *leer(stehend)* ‖ *müßig, unbeschäftigt, unausgefüllt* ‖ *nicht trächtig (Schafe usw)* ‖ *taub (Gestein)* ‖ fig *eitel, hochmütig* ‖ fig *bedeutungslos, nichtig* ‖ *nichtssagend* ‖ *inhaltslos* ‖ ~ **de aire** *luftleer* ‖ ~ **de entendimiento** *geistig beschränkt* ‖ **de** ~ *leer, unbeladen* ‖ *unbesetzt* ‖ *arbeitslos* ‖ **en** ~ **ins Leere** ‖ *vergeblich* ‖ **golpe en** ~ *Fehlschlag* m ‖ **peso en** ~ *Leergewicht* n ‖ ◊ **andar en** ~, **marchar en** ~ *leer laufen (Maschine)* ‖ **dar en** ~ fig *s–n Zweck verfehlen* ‖ **estar de** ~ *fam kein Geld haben, blank sein* ‖ **irse de** ~ *leer ausgehen, unverrichteterdinge abziehen (müssen)* ‖ **regresar de** ~ *leer (od unbeladen) zurückkommen* ‖ **volver (od venirse) de** ~ *unverrichteterdinge zurückkehren*
²**vacio** m *Leere* f ‖ ⟨Phys⟩ *Vakuum* n ‖ *Zwischen-, Hohl|raum* m ‖ *Lücke* f ‖ ⟨Tech Zim⟩ *Aussparung* f ‖ ⟨An⟩ *Seite, Weiche, Flanke* f ‖ *gewisser (Tanz)Schritt* m ‖ fig *Lücke* f ‖ *Mangel* m ‖ fig *Leere, Öde* ‖ *Nichtigkeit* f ‖ ~ **de Torricelli** *Torricellische Leere* f ‖ ◊ **caer en el** ~ *keinen Widerhall finden* ‖ **con la mirada puesta en el** ~ *ins Leere schauend (od starrend), mit geistesabwesendem Blick (& fig)* ‖ **dejar un** ~ fig *e–e (bedauerliche) Lücke reißen* ‖ **hacer el** ~ **a alguien, llenar** *(od* **colmar)** **un** ~ *e–e Lücke ausfüllen* (& fig)
△**va|có** (*f* **-quí**) adj *ängstlich*
vacuidad *f Leere, Leerheit* f
vacuímetro *m* → **vacuómetro**

vacu|na f ⟨Med⟩ *Impfstoff* m, *Vakzine* f ‖ ⟨Med Hist⟩ *Kuhpocke(nlymphe)* f ‖ *Impfung* f ‖ ~ **anticolérica** *Choleraschutzimpfung* f ‖ ~ **antidiftérica** *Diphtherieschutzimpfung* f ‖ ~ **antipolio(mielítica)** *Poliomyelitisschutzimpfung* f ‖ ~ **anti(para)tífica** *(Para)Typhusschutzimpfung* f ‖ ~ **antirrábica** *Tollwutschutzimpfung* f ‖ ~ **antitetánica** *Tetanusschutzimpfung* f ‖ ~ **antituberculosa** *Tuberkuloseschutzimpfung* f ‖ ~ **antivariólica** *Pockenschutzimpfung* f ‖ **complicaciones de la** ~ *Impfkomplikationen* fpl ‖ **–nación** f ⟨Med⟩ *(Schutz)Impfung* f ‖ ~ **anti|colérica, -diftérica** *usw* → *unter* **vacuna** ‖ ~ **obligatoria** *Impf\pflicht* f, *-zwang* m ‖ ~ **por vía oral** *(od bucal) orale Schutzimpfung, Schluckimpfung* f ‖ **certificado de** ~, **fe de** ~ *Impfschein* m ‖ **ley sobre la** ~ *Impfgesetz* n ‖ **–nado** m, **~a** f *Impfling* m ‖ **–nador** m *Impfarzt* m ‖ **–nal** adj *Impf-, vakzinal* ‖ (contra-)**indicaciones ~es** *(Kontra)Indikationen* fpl ‖ *bei der Impfung* ‖ **–nar** vt *(ein)impfen* ‖ *fig immun machen* (contra *gegen* acc) ‖ **–no** adj/s *Rind(s)-, Rinder-* ‖ **ganado** ~, **reses ~as** *Rindvieh* n ‖ **–noterapia** f ⟨Med⟩ *Vakzine\therapie, -behandlung* f
  vacuo adj *leer* ‖ *fig hohl* ‖ ~ m *Vakuum* n ‖ *Lücke* f
  vacuola f ⟨Biol⟩ *Vakuole* f
  vacuómetro m ⟨Phys Tech⟩ *Vakuummeter* n
  vade m *Schul\mappe* f, *-ranzen* m ‖ *Schreibmappe* f ‖ *Notizblock* m
  vade|able adj *durchwatbar* ‖ *seicht (Furt, Fluß)* ‖ *fig überwindbar* ‖ **–ador** m *Furten\kenner, -kundige(r), Führer* m *durch Furten* ‖ **–ar** vt/i *durchwaten (Fluß)* ‖ *fig überwinden* ‖ fam *jdm auf den Zahn fühlen* ‖ ***~se** vr = **manejarse**
  vademécum [...un] m *Notiz-, Taschen\buch* n ‖ *Handbuch* n, *Leitfaden* m, *Vademekum* n ‖ *Schulmappe* f
  vade retro lat *hebe dich hinweg!, weiche von mir!*
  va|dera f *breite Furt* f ‖ **–do** m *Furt, Durchwatstelle* f ‖ *fig Ausweg* m, *Mittel* n ‖ **a ~ (durch-)watend** ‖ ◊ *dar* ~ **(a)** *et in Gang bringen, ausführen* ‖ figf *freien Lauf lassen* (dat) ‖ **pasar (atravesar) a** ~ *durchwaten (e–n Fluß)* ‖ **pasar el** ~ *durch die Furt gehen (e–n Fluß) durchwaten* ‖ **tentar el** ~ figf *auf den Busch klopfen, sondieren* ‖ **–doso** adj *seicht (Fluß, See)* ‖ ⟨Geol⟩ *vados (unterirdische Wässer)*
  vagabun|daje m gall = **vagabundeo** ‖ **–dear**, ***–mundcar** vi *herumlungern, umherstrolchen, stromern, vagabundieren, sich herumtreiben* ‖ fig *schweifen, umherwandern (Gedanken)* ‖ **–deo** m, **–dería**, ***–dez** f *Landstreicherei, Herumtreiberei* f ‖ *Gammeln* n ‖ **–do** adj *umher\streifend, -schweifend, vagabundierend, unstet, ruhelos* ‖ ⟨El⟩ *vagabundierend* ‖ ~ m *Vagabund, Strolch, Landstreicher, Stromer* m ‖ fam *Tippelbruder* m
  vaga|mente adv *undeutlich, unbestimmt, verschwommen, vage* ‖ **–mundo** adj/s = **vagabundo**
  vagan|cia f *Müßiggang* m ‖ *Faulenzerei* f ‖ **–te** adj *umher\schweifend, -streifend* ‖ ~ m ⟨Hist⟩ *Vagant* m ‖ *Landstreicherleben* n
  ¹vagar [g/gu] vi *umherstreichen, herum\lungern, -ziehen, -strolchen* ‖ *herumirren* ‖ fig *mit den Gedanken umherstreifen*
  ²vagar [g/gu] vi *müßig gehen, Pflaster treten, faulenzen, öst vazieren* ‖ ~ m *Muße* f ‖ *Fahrlässigkeit* f ‖ ◊ *estar (od andar) de* ~ *müßig gehen, nichts zu tun haben* ‖ **a más prisa más** ~ Spr *eile mit Weile*
  vagaroso adj ⟨poet⟩ *umherschweifend, unstet* ‖ fig *langsam, trödelnd, träge*
  vagido m *Wimmern, Schreien* n *(der Neugeborenen)* ‖ *Kindergeschrei* n ‖ **el primer** ~ *der erste Schrei des Neugeborenen*
  vagi|na f ⟨An⟩ *Scheide* f ‖ **–nal** adj ⟨An⟩ *Scheiden-, vaginal* ‖ *región* ~ ⟨An⟩ *Scheidengegend* f ‖ **–nismo** m ⟨Med⟩ *Vaginismus, Scheidenkrampf* m ‖ **-nitis** f ⟨Med⟩ *Scheidenentzündung* f
  ***vagir** [g/j] vi *wimmern (Kind)*
  vagneriano m ⟨Mus⟩ *Wagnerianer* m
  ¹vago adj *umherschweifend* ‖ *unstet, flüchtig* ‖ *unruhig, unbeständig* ‖ *unbestimmt, schwankend* ‖ *verschwommen, unklar, undeutlich, vage (Umrisse, Ideen)* ‖ *unbeschäftigt, berufslos* ‖ *müßig, faul* ‖ Ar Nav *öde, brach, unbebaut (Land)* ‖ *estrella* ~a *Sternschnuppe* f ‖ (nervio) ~ ⟨An⟩ *Vagusnerv* m (Nervus vagus) ‖ *rumor* ~ *Gemunkel* n ‖ ... **repuso con** ~ **acento** ... *versetzte er mit Gleichgültigkeit* ‖ **en** ~ *ohne Stütze* ‖ *wackelnd, wacklig (z. B. Stuhl)* ‖ fig *vergeblich* ‖ *golpe en* ~ *Fehlschlag* m ‖ ◊ **tengo una ~a idea de ello** *ich habe e–e schwache Ahnung davon* ‖ **es schwebt mir dunkel vor**
  ²vago m *Herumtreiber* m ‖ *Landstreicher, Stromer* m ‖ *Bummler, Nichtstuer, Faulpelz* m ‖ *Asoziale(r)* m ‖ ◊ *hacer el* ~ *nichts tun, faulenzen*
  vagón m *(Eisenbahn) Wagen, Waggon* m, (bes *Güterwagen*) ‖ → **a coche** ‖ ~ **basculante**, ~ **de báscula** *Kipp\wagen, -waggon, Kipper* m ‖ ~ **basculante lateralmente** *Seitenkipper* m ‖ **~-cama**, Am ~ **dormitorio** *Schlafwagen* m ‖ ~ **de carga** *Güterwagen* m ‖ ~ **cerrado** *gedeckter Wagen* m ‖ ~ **de cine** *Filmvorführwagen* m ‖ ~ **cisterna** *Kesselwagen* m ‖ ~ **cocina** *Küchenwagen* m ‖ ~ **de cola** ⟨EB⟩ *Stoß-, Schluß\wagen* m ‖ ~ **frigorífico**, ~ **refrigerante** ⟨EB⟩ *Kühlwagen* m ‖ ~ **funerario** *Leichenwagen* m ‖ ~ **para ganado** *Viehwagen* m ‖ ~ **de gran cabida** *Großraumwagen* m ‖ ~ **grúa** *Kranwagen* m ‖ ~ **jaula** ⟨EB⟩ *Gitter-, Käfig\wagen* m ‖ ~ **de lujo** *Luxuswagen* m ‖ ~ **de mercancias** *Güterwagen* m ‖ ~ **panorama** *Aussichtswagen* m ‖ ~ **de pasillo** *Durchgangswagen* m ‖ ~ **de peso**, ~ **lastrado** *Gewicht-, Eich\wagen* m ‖ ~ **de pasajeros** *Personenwagen* m ‖ ~ **(de) plataforma** *offener Güterwagen, Plattformwagen* m ‖ ~ **de primera (clase)** ⟨EB⟩ *Wagen* m *I. Klasse* ‖ ~ **quitanieves** *Schneepflug* m ‖ ~ **restaurante** *Speisewagen* m ‖ ~ **tanque** *Kesselwagen* m ‖ ~ **tolva** *Trichter-, Bunker\wagen* m ‖ **cambio de** ~ *Wagenwechsel* m ‖ **fábrica de ~es** *Waggonfabrik* f ‖ ⟨Com⟩ **franco sobre** ~ *frei Waggon* ‖ ◊ **el** ~ **bambolea** *der Wagen schleudert*
  vagonada f *Wagen-, Waggon\ladung* f
  vagoneta f *Lore* f, *Kippwagen* m ‖ ⟨Bgb⟩ *Lore* f, *Förderwagen, Hund* m ‖ ⟨EB⟩ *Draisine* f, *Bahnmeisterwagen* m
  vagoroso adj *unbestimmt, unsicher* ‖ → **vagaroso**
  vagotonía f ⟨Med⟩ *Vagotonie* f
  vaguada f ⟨Geogr⟩ *(Tal)Sohle* f
  vague|ar vi *umher\schweifen, -irren* ‖ *herumstrolchen, sich herumtreiben* ‖ *faulenzen* ‖ öst *vazieren* ‖ **–dad** f *Unbeständigkeit* f ‖ *Ungewißheit, Unbestimmtheit, Unklarheit, Verschwommenheit* f ‖ *Muße* f
  vaguido adj *schwind(e)lig* ‖ ~ m = **vahído**
  váguido m *Am = **vahído**
  vaha|je m ⟨Mar⟩ *Brise* f ‖ **–rada** f *Atem, Hauch* m ‖ *Dunst\wolke, -schicht* f ‖ *Schwaden* m ‖ **–rera** f ⟨Med⟩ *Ausschlag* m *in den Mundwinkeln (bei Kindern)* ‖ **–rina** f *Ausdünstung* f ‖ *Dampfwolke* f ‖ *Nebel* m
  va|hear vi/t *dampfen, dunsten* ‖ *Schwaden bilden* ‖ *aus\dünsten, -strömen, von sich geben* ‖ **–hído** m *Betäubung, Benommenheit* f, fam *Dusel* m ‖ *Schwindel* m, *(Anwandlung von) Ohnmacht* f ‖ ◊ **le dio un** ~ *es wurde ihm schwind(e)lig* ‖ *er wurde ohnmächtig* ‖ *tener* ~**s** *Schwindelanfälle haben* ‖ **–ho** m *Dampf, Dunst* m, *Ausdünstung* f ‖ ⟨Med⟩ *Blähung* f ‖ **el** ~ **de las respiraciones** *der dampfende Atem*
  vai prov pop = **ve ahí**
  △**Vai** f np = *Eva* f

¹vaído adj : bóveda ~a ⟨Arch⟩ *Tonnengewölbe* n
²vaído *m* pop = **vahído**
¹vaina *f* ⟨Degen⟩ *Scheide* f ‖ *(Messer) Scheide* f ‖ *Futteral* n ‖ *(Samen) Hülse, Schote* f ‖ *Flaggen-, bzw Segel|saum* m *(durch den die Leinen gezogen werden)* ‖ ⟨Mil⟩ *(Patronen) Hülse* f ‖ MAm SAm *Unannehmlichkeit* f ‖ ~ *tendinosa* ⟨An⟩ *Sehnenscheide* f ‖ ◊ △echar una ~ vulg *ficken* ‖ salirse uno de la ~ Arg Mex *aus der Fassung geraten, die Beherrschung verlieren* ‖ ser un(a) ~ Ant MAm Ven *ein übler Kerl bzw ein Nichtsnutz sein*
²△vaina *m Dummkopf* m
vai|nazas *m* pop *schlaffer Mensch, Flasche* f, *Schlappschwanz* m ‖ **–nica** *f Hohlsaum* m
vaini|lla *f* dim *v*. **vaina** ‖ *Vanille* f ‖ prov *grüne Bohne* f ‖ azúcar de ~ *Vanillezucker* m ‖ bastoncillo de ~ *Vanillestange* f ‖ helado de ~ *Vanilleeis* n ‖ **–llar** vt *mit Vanille würzen* ‖ **–llera** *f* ⟨Bot⟩ *Vanille* f ‖ **–llina** *f* ⟨Chem⟩ *Vanillin* n ‖ **–ta** *f* dim *v*. **vaina** ‖ Am *grüne Bohne* f
vais → **ir**
vaivén *m Hin- und Herbewegung* f, *Hin und Her, Auf und Ab, Geschaukel* n ‖ ⟨Tech⟩ *Schüttern* n *des Eisenbahnwagens* ‖ ⟨Web⟩ *Fadengang* m ‖ fig *Wandelbarkeit, Unbeständigkeit* f ‖ puerta de ~ *Pendeltür* f ‖ ⟨EB⟩ *servicio de* ~, *tráfico de* ~ *Pendel|verkehr, -betrieb* m ‖ ~ de cuna *wiegende Bewegung* f ‖ *Wiegen* n ‖ ~ de péndulo *Pendelbewegung* f ‖ fig *wack(e)liger Gang* m ‖ el tenue ~ de los árboles *das leise Rauschen der Bäume* ‖ el ~ de las circunstancias *die Wandelbarkeit der Verhältnisse* ‖ los ~es de la muchedumbre *das Hin- und Herwogen der Menge* ‖ ◊ movía la cabeza con ligero ~ *er schüttelte (bzw wiegte) den Kopf leicht hin und her*
vaivo|da, –de *m Woiwode* m *(Fürst)*
vajilla *f Tafel-, Tisch|geschirr* n ‖ ~ de aluminio *Aluminiumgeschirr* n ‖ ~ de cocina *Küchengeschirr* n ‖ ~ esmaltada *Emailgeschirr* n ‖ ~ de loza *Steingut|ware* f, *-geschirr* n ‖ ~ de peltre *Zinngeschirr* n ‖ ~ de porcelana *Porzellangeschirr* n
*¹val 3. pers sing imp pres *v*. **valer** *(neben* **vale***)*
²**val** *m* prov *v. in Zssgn* = **valle**
³**val.** Abk = **valuta** ‖ **valor** ‖ **valenciano**
△**Val** *f Eva* f
vala prov pop = **valga** (→ **valer**)
vala|ca *f* Col *Haarband* n ‖ **–co** adj *walachisch* ‖ ~ *m Walache* m
*****válame** pop = **válgame** (→ **valer**)
valar adj *Zaun-* ‖ *Wall-*
valdense adj/s *waldensisch* ‖ ~ *m Waldenser* m *(Anhänger der mittelalterlichen Laienbewegung)*
valdepeñas *m Rotwein* m *aus Valdepeñas* (PCReal)
valdré → **valer**
¹**vale** *m Gutschein, Bon* m ‖ *(Geld) Anweisung* f ‖ *Schuldschein* m ‖ *Bezugschein* m ‖ ⟨*Sch⟩ *Lobzettel* m ‖ *Freikarte* f ‖ Am pop *Freund, Kamerad, Kumpan* m ‖ ~ bancario *Bankanweisung* f ‖ ◊ recoger un ~ *e–n Zahlungsschein einlösen*
²**vale** lat *m Lebewohl* n ‖ *lebe wohl!* *(bes in gehobenem Briefstil)*
³**¡vale!** ⟨Lit⟩ pop *einverstanden! (geht) in Ordnung!* ‖ ⟨Typ⟩ *gilt! (auf Korrekturen)*
vale|cito *m* Am dim *v*. **vale** ‖ **–dero** adj *(rechts-)gültig, verbindlich* ‖ *in Kraft, in Geltung, geltend* ‖ ◊ ya no es ~ *es gilt nicht mehr* ‖ ~ *m Beschützer, Gönner* m ‖ **–dor** *m*/adj *Beschützer, Gönner* m ‖ Am pop *Kamerad, Freund, Kumpan* m ‖ dim: **~cito** ‖ **–dura** *f* Mex *Gefälligkeit, Hilfe* f
valencia *f Wertigkeit, Valenz* f
Valen|cia *f* span. Stadt ‖ → **luna** ‖ **⹀cianismo** *m valencianische Redewendung od Redensart* f ‖ **⹀ciano** adj *aus Valencia* ‖ horchata ~a ~ hor-
chata de **chufas** (→ d) ‖ ~ *m Valencianer* m ‖ *valencianische Mundart* f
valen|tía *f Tapferkeit* f ‖ *Mut* m ‖ *mutige Tat, Heldentat* f ‖ *Prahlerei, Aufschneiderei* f ‖ *künstlerischer Schwung* m ‖ *Verve* f ‖ **⹀tin** *m* np *Valentin* m (Tfn) ‖ **–tísimo** adj sup *v*. **valiente** ‖ *äußerst mutig, äußerst tapfer* ‖ *ausgereift, vollendet, perfekt (Künstler)* ‖ **–tón** adj/s *großmäulig* ‖ ~ *m Aufschneider, Prahlhans* m, *Groß|maul* n, fam *-schnauze* f ‖ *Raufbold* m ‖ **–tona(da)** *f Aufschneiderei, Prahlerei*
valeo *m* unr. *für* **baleo** (→ d)
¹**valer** [irr pres **valgo**, imp **val(e)**, fut **valdré**] vt/i *ein|tragen, -bringen (Geld, Erfolg, Nutzen, Schwierigkeiten, Sorgen usw) (bes fig) nützen* ‖ ~ vi *gelten, wert sein* ‖ *gültig sein* ‖ *gelten (Münze)* ‖ *kosten (Waren), betragen, sich belaufen auf* (acc) *(Rechnung)* ‖ *(aus)machen (Betrag)* ‖ *den Wert haben von* ‖ *wert sein* ‖ *nützen* ‖ *helfen* ‖ *(be)schützen, bewahren* ‖ *taugen, tauglich sein, brauchbar sein* ‖ *überlegen sein, über-, vor|wiegen* ‖ *von Bedeutung sein, bedeuten* ‖ ◊ eso no me vale nada *das nützt mir nichts* ‖ ¿cuánto vale? *wieviel kostet es? was macht es?* ‖ ~ un dineral fam *ein Heidengeld kosten* ‖ ~ con uno fig *auf jdn Einfluß haben, bei jdm et durchsetzen, erreichen* ‖ ~ por dos *soviel wert sein wie zwei* ‖ ~ mucho *viel wert sein* ‖ *wertvoll sein* ‖ *sehr tüchtig sein (Person)* ‖ esta moneda no vale *diese Münze ist ungültig* ‖ no vale lo que tú *er ist nicht so tüchtig wie du* ‖ este mapa no vale para nada *diese Landkarte taugt gar nichts* ‖ no ~ nada *nichts wert sein* ‖ *wertlos sein* ‖ *ungültig sein* ‖ *nichts gelten* ‖ fig sabe lo que vale *er ist sich s–s Wertes bewußt* ‖ ~ el precio *den Preis wert sein* ‖ hacer ~ *geltend machen, zur Geltung bringen* ‖ → **oro** ‖ más vale + inf *es ist besser zu +* inf ‖ más vale un "por sí acaso" que un "¿quién pensara?" Spr *besser Vorsicht als Nachsicht* ‖ más valiera *es wäre besser* ‖ valdría más que lo dejaras *du solltest lieber davon ablassen* ‖ vale más que lo dejes *laß es lieber sein!* ‖ ¡(así) vale más! *so ist es besser! um so besser!* ‖ ¿no vale más? *keiner bietet mehr? (bei Versteigerungen)* ‖ lo mismo vale de ... *das gleiche gilt von ...* ‖ ¡aquí no vale perder el tiempo! *hier ist keine Zeit zu verlieren!* ‖ ¡aquí no valen bromas *damit ist nicht zu spaßen* ‖ ¡eso no vale! *so geht es nicht!* ‖ *das gilt nicht (z. B. beim Spiel)* ‖ el uno vale tanto como el otro *der eine ist so gut wie der andere* ‖ → **tarde** ‖ lo que mucho vale, mucho cuesta *was viel wert ist, kostet viel* ‖ ¡vale! fam *lebe wohl!* ‖ *gilt! (auf Korrekturen)* ‖ Vale D. O. *(der Obige) in Nachschriften* ‖ ¡válgame Dios! *Gott steh' mir bei!* ‖ *Gott behüte!* ‖ *was sagen Sie da!* ‖ ¡válganos el cielo! *möge uns der Himmel bewahren!* ‖ valga lo que valiere fig *komme, was da wolle* ‖ *um jeden Preis, auf alle Fälle* ‖ eso me valió un gran disgusto *deswegen hatte ich e–e große Unannehmlichkeit* ‖ tanto vales cuanto tienes *Geld regiert die Welt* ‖ no es literatura ni cosa que lo valga pop *das ist alles andere als Literatur* ‖ no le valdrán excusas *keine Ausreden werden ihm helfen* ‖ **~se:** ◊ ~ de a/c *sich e–r S. bedienen* ‖ zu et (dat) *greifen* ‖ von et (dat) *Gebrauch machen, et benutzen* ‖ ~ de alg. *zu jdm seine Zuflucht nehmen* ‖ *bei jdm Hilfe suchen* ‖ ¡de ello se vale! *das ist seine Ausrede!* ‖ ~ de astucia *List gebrauchen* ‖ valiéndose de amenazas *durch Drohungen* ‖ ~ de un derecho *von e–m Recht Gebrauch machen* ‖ ~ de todos los medios fig *alle Hebel in Bewegung setzen* ‖ ~ de medios ilícitos, de llaves falsas, de un título falso *sich unerlaubter Mittel, falscher Schlüssel, e–s falschen Titels bedienen* ‖ ~ de los servicios de alg. *jds Dienste benutzen* ‖ no poder ~ *sich nicht helfen (od nicht bewegen) können*
²**valer** *m Wert, Verdienst* m ‖ *Einfluß* m ‖ *Tüch-*

tigkeit f ‖ de mucho ~ *sehr einflußreich* ‖ →a **valor**
valeri|ana *f* ⟨Bot⟩ *Baldrian* m (Valeriana spp) ‖ extracto de ~ *Baldrianextrakt* m ‖ gotas de ~ *Baldriantropfen* mpl ‖ infusión de ~ *Baldriantee* m ‖ raíz de ~ *Baldrianwurzel* f ‖ tintura de ~ *Baldriantinktur* f ‖ **–ánico** adj: ácido ~ ⟨Chem⟩ *Baldrian-, Valerian|säure* f
Valeriana *m* Tfn *Valerian(us)* m
vale|rosidad *f* *Tapferkeit* f ‖ *Tüchtigkeit* f ‖ **–roso** adj *tapfer, wacker, brav* ‖ *reich, mächtig* ‖ → **valioso** ‖ **–tudinario** adj *kränkelnd, siech* ‖ ~ *m Rekonvaleszent* m
valga → **valer**
Valhala *f* ⟨Myth⟩ *Walhall(a)* f
valía *f Wert* m ‖ *Gunst* f ‖ *Ansehen* n, *Einfluß* m ‖ mayor ~ *Werterhöhung* f ‖ *Mehrwert* m ‖ ◊ es un médico de gran ~ *er ist ein ausgezeichneter Arzt*
vali|dación *f Gültigmachung* f ‖ *Gültigkeitserklärung* f ‖ *amtliche Bestätigung* f ‖ ⟨Jur⟩ *Rechtsgültigkeit* f ‖ **–dar** vt *gültig machen* ‖ *für gültig erklären* ‖ *amtlich bestätigen* ‖ **–dez** [*pl* **–ces**] *f Geltung, Gültigkeit* f ‖ *Rechts|gültigkeit, -wirksamkeit* f ‖ ~ *general Allgemeingültigkeit* f ‖ en ~ *in Kraft* ‖ falto de ~, sin ~ *ungültig* ‖ período de ~ *Geltungsdauer* f ‖ *Gültigkeitsdauer* f ‖ *Laufzeit* f *(z. B. e–s Vertrages)* ‖ ◊ tiene ~ hasta ... *es bleibt in Kraft, es gilt bis* ... →a **convalidación**
válido adj *geltend* ‖ *gültig* ‖ *rechts|gültig, -wirksam* ‖ *gesund, kräftig* ‖ *tauglich, arbeitsfähig* ‖ ◊ ser ~ *gelten, gültig sein, in Geltung, in Kraft sein* ‖ dejar de ser ~ *die Gültigkeit verlieren* ‖ *verjähren*
valido adj *in Gunst stehend, begünstigt* ‖ *angesehen* ‖ ~ *de gestützt auf* (acc) ‖ ~ *m Günstling, Schützling, Liebling* m ‖ ⟨Pol⟩ *Favorit* m *(e–s Herrschers)*
valiente adj/s *tapfer, mutig, kühn, beherzt* ‖ *tüchtig, bedeutend, hervorragend* ‖ *vor|trefflich, -züglich* ‖ *gehörig, tüchtig* ‖ *heftig (Kälte, Hitze)* ‖ iron *nett, schön, so ein* ... ‖ ¡~ sorpresa! iron *e–e schöne Überraschung!* ‖ ¡~ amigo eres tú! iron *du bist mir ein unverschämter Freund!* ‖ ¡~ sin vergüenza! pop *so ein unverschämter Kerl!* ‖ ~ *m Held, Recke* m ‖ iron *Prahlhans* m ‖ adv: **~mente**
vali|ja *f Handkoffer* m, *Reisetasche* f (bes Am) ‖ *Postbeutel* m ‖ ~ *diplomática Diplomaten|koffer* m, *-gepäck* n ‖ augm: **–jón** *m* ‖ **–jero** *m Landbriefträger* m ‖ *Kurier* m
valimiento *m Gönner|schaft* f, *-tum* n ‖ *Schutz* m ‖ *Rückhalt* m ‖ *Fürsprache* f ‖ *Gunst* f ‖ ◊ tener ~ (con) *in Gunst stehen (bei)* ‖ *einflußreich sein*
valioso adj *wertvoll, kostbar, prächtig, tüchtig* ‖ **reich. vermögend*
valisoletano adj/s *aus Valladolid*
valkirias *fpl* → **valquirias**
valón, ona adj *wallonisch* ‖ u ~a *W* n *(Buchstabe)* ‖ ~ *m Wallone* m ‖ *wallonische Sprache* f ‖ **~es** *pl Pluderhosen* fpl
valo|na *f Wallonin* f ‖ **breiter Brust-, Hemd|kragen* m ‖ Col Ec Ven *gestutzte Mähne* f *(der Reittiere)* ‖ Mex = **valimiento** ‖ Mex *Volksweise* f *(dem cante flamenco ähnlich)* ‖ **–nar** vt Col *stutzen (Mähne)* ‖ **–near** vi MAm *sich vorbeugen (Reiter, um et zu ergreifen)*
valor *m Wert* m ‖ *(Geld) Betrag* m ‖ *Währung*, *Valuta* f ‖ *Sinn* m, *Bedeutung* f, *Gehalt* m ‖ *Belang* m ‖ *Mut* m, *Tapferkeit, Kraft, Stärke* f ‖ *Ansehen* n, *Einfluß* m ‖ *Dreistigkeit, Frechheit* f ‖ ⟨Mus⟩ *Dauer, Gültigkeit f (e–r Note)* ‖ ~ de adquisición *Anschaffungswert* m ‖ ~ afectivo *Affektionswert* m ‖ ~ de aficionado *Liebhaberwert* m ‖ ~ alimenticio ⟨Physiol⟩ *Nährwert* m ‖ ~ de apreciación *(Ab)Schätzungswert* m ‖ ~ calórico *Kalorienwert* m ‖ ~ cívico *Zivilcourage* f ‖

~ al contado *Wert* m *in bar* ‖ ~ en cuenta *Wert* m *in Rechnung* ‖ ~ de chatarra *Schrottwert* m ‖ como ~ declarado *unter Wertangabe* ‖ envío, carta con ~(es) declarado(s) ⟨Postw⟩ *Wert|paket* n, *-sendung* f, *-brief* m ‖ ~ efectivo *Barwert* m ‖ ~ en efectivo *Wert* m *in bar* ‖ ~ entendido ⟨Com⟩ *Wert verstanden* ‖ ~ en géneros (mercancías) ⟨Com⟩ *Wert in Waren* ‖ ~ intrínseco *innerer Wert, Gehalt* m ‖ ~ de inventario *Inventarwert* m ‖ ~ límite *Grenzwert* m ‖ ~ máximo *Höchstwert* m ‖ ~ medio *Durchschnitts-, Mittel|wert* m ‖ ~ mínimo *Mindestwert* m ‖ ~ nominal ⟨Com⟩ *Nenn-, Nominal|wert* m ‖ ~ nutritivo ⟨Physiol⟩ *Nährwert* m ‖ ~ oro ⟨Com⟩ *Goldwert* m ‖ *Goldwährung* f ‖ ~ real *Istwert* m ‖ ⟨Com⟩ *Barwert* m ‖ *Sachwert* m ‖ *Selbstkostenpreis* m ‖ ~ recibido ⟨Com⟩ *Wert erhalten (Valutaklausel)* ‖ ~ en sí mismo ⟨Com⟩ *Wert in mir selbst (auf eigenen Wechseln)* ‖ ~ teórico *theoretischer Wert, Sollwert* m ‖ ~ umbral *Schwellenwert* m ‖ ~ útil *Nutz(ungs)wert* m ‖ declaración de ~ *Wertangabe* f ‖ falta de ~ *Wertlosigkeit* f ‖ muestra sin ~ ⟨Postw⟩ *Muster* n *ohne Wert* ‖ objetos de ~ *Wertsachen* fpl ‖ sin ~ *wertlos* ‖ *nicht stichhaltig* ‖ de igual ~, del mismo ~ *gleichwertig* ‖ de poco ~, de escaso ~ *von geringem Wert* ‖ *minderwertig* ‖ por ~ de im *Wert(e) von* (dat) ‖ ◊ aumentar el ~ *den Wert erhöhen* ‖ aumentar, disminuir de ~ *im Wert zunehmen, sinken* ‖ carecer de ~ *wertlos sein* ‖ cobrar ~ *Mut gewinnen od fassen* ‖ declarar el ~ *den Wert deklarieren* ‖ perder en (su) ~ *an Wert verlieren* ‖ ser de gran *(od mucho)* ~ *sehr kostbar, sehr wertvoll sein* ‖ *großen Wert haben* ‖ tener ~ *para hacer a/c den Mut haben, et zu tun* ‖ p.ex *die Dreistigkeit haben, et zu tun* ‖ no tener ~ *nicht gelten, ungültig sein (Münze)* ‖ no tener ningún ~ *ganz wertlos sein* ‖ **~es** mpl *Werte* mpl, *Wertpapiere* npl, *Effekten* pl ‖ ~ admitidos (a negociación en bolsa) ⟨Com⟩ *börsenfähige Wertpapiere* npl ‖ ~ de banco *Bank|werte* mpl, *-papiere* npl ‖ ~ de bolsa, ~ bursátiles *Börsen|werte* mpl, *-papiere* npl ‖ ~ en cartera *Effektenbestand* m, *Portefeuille* n ‖ ~ declarados ⟨Postw⟩ *Wert|sendung* f, *-brief* m ‖ ~ de dividendo *Dividendenpapiere* npl ‖ ~ **títulos**~ ⟨bes Jur⟩ *Wertpapiere* npl ‖ ~ de especulación *Spekulationspapiere* npl ‖ ~ de Estado *Staatspapiere* npl ‖ ~ extranjeros *Devisen* fpl ‖ ~ fiduciarios *mündelsichere Papiere* npl ‖ ~ industriales *Industriepapiere* npl ‖ ~ de inversión *Anlagewerte* mpl ‖ ~ a la orden *Orderpapiere* npl ‖ ~ poco seguros *unsichere Papiere* npl ‖ ~ al portador *Inhaberpapiere* npl
valo|ración *f Ab-, (Ein)Schätzung* f ‖ *Bewertung* f ‖ *Wertbestimmung, Wertung* f, *Anschlag* m, *Veranschlagung* f ‖ *Auswertung* f ‖ **–rar** vt *(ver)anschlagen, (ab)schätzen* ‖ *bewerten, beurteilen* ‖ ⟨Math⟩ *(Kurve) auswerten* ‖ ⟨Com⟩ *valutieren* ‖ **–ría** *f (Schätzungs)Wert* m ‖ **–rización** *f Schätzung, (Be)Wertung* f ‖ *Aufwertung* f ‖ *Valorisierung* f ‖ Am *Ausverkauf* m ‖ **–rizar** [z/c] vt = **valorar, evaluar** ‖ *aufwerten, den Wert* (... gen) *anheben* ‖ *valorisieren* ‖ Am *ausverkaufen, flüssigmachen* ‖ **~se** *im Wert steigen, an Wert gewinnen*
valorem [...en]: derechos ad ~ *Wertzölle* mpl
Valparaíso *Valparaíso (Stadt in Chile)*
valquirias *fpl* ⟨Myth⟩ *Walküren* fpl
vals, Am pop *valse m Walzer* m ‖ ~ bóston *Bostonwalzer* m ‖ ~ jota *Walzer* m *im Tempo e–r Jota* ‖ ~ lento *langsamer Walzer* m ‖ ~ vienés *Wiener Walzer* m ‖ Invitación al ⚹ *(Webers) Aufforderung* f *zum Tanz*
valsa|dor *m Walzertänzer* m ‖ **–r** vi *(Walzer) tanzen*
valuación *f* = **valoración**
valuar [pres –úo] vt = **valorar**

valuta — vaporación 1096

valuta f ⟨Com⟩ *Valuta* f *(Währungsgeld)* ‖ cotización de la ~ *Geld-, Devisen|kurs* m
valva f *(Muschel)Klappe* f ‖ → a **ventanilla**
válvula f ⟨Tech⟩ *Klappe* f, *Schieber* m ‖ *Ventil* n ‖ ⟨An⟩ *Klappe* f ‖ ⟨Radio⟩ *Röhre* f ‖ ⟨Aut⟩ *Schlauchventil* n *(für Luftreifen)* ‖ ~ de admisión ⟨Tech⟩ *Einlaßventil* n ‖ ~ de aire (no viciado) *(Frisch)Luftklappe* f ‖ ~ de alimentación *Speiseventil* n *(an Dampfmaschinen)* ‖ ~ amplificadora ⟨Radio⟩ *Verstärkerröhre* f ‖ ~ aórtica ⟨An⟩ *Aortenklappe* f ‖ ~ de aspiración *Saugventil* n ‖ ~ de bola *Kugelventil* n ‖ ~ cardíaca ⟨An⟩ *Herzklappe* f ‖ ~ de cierre *Absperrventil* n ‖ ~ de cierre automático *Selbstschlußventil* n ‖ ~ de charnela *Klappenventil* n ‖ ~ de descarga, ~ de salida *Ablaßventil* n ‖ ~ de dos electrodos ⟨Radio⟩ *Zweielektrodenröhre* f ‖ ~ electrónica *Elektronenröhre* f ‖ ~ emisora ⟨Radio⟩ *Senderöhre* f ‖ ~ de escape *Auslaßventil* n ‖ *Auspuffklappe* f ‖ fig *Ausweg* m, *Ausflucht* f ‖ ~ de inundación ⟨Mar⟩ *Flutklappe* f *(U-Boot)* ‖ ~ de mariposa ⟨Aut⟩ *Drosselklappe* f ‖ ~ mitral ⟨An⟩ *Mitralklappe* f ‖ ~ multirejilla ⟨Radio⟩ *Mehrgitterröhre* f ‖ ~ de neumático ⟨Aut⟩ *Schlauchventil* n ‖ ~ de presión *Druckventil* n ‖ ~ reguladora *Regelventil* n ‖ ~ de rejilla ⟨Radio⟩ *Gitterröhre* f ‖ ~ de seguridad *Sicherheitsventil* n ‖ ~ de sobrepresión *Überdruckventil* n ‖ ~ de transmisión ⟨Radio⟩ *Senderöhre* f
valvular adj ⟨An Med Tech⟩ *Klappen-* ‖ ⟨Tech⟩ *Ventil-* ‖ ⟨Med⟩ *defecto* ~ (del corazón) *(Herz)Klappenfehler* m
valla f *Verschanzung* f, *Pfahlwerk* n ‖ *Palisade* f ‖ *Zaun* m, *Umzäunung, Einfriedung* f ‖ *Wall* m ‖ *Planke* f ‖ *Hecke* f, *Heckenzaun* m ‖ *Hürde* f ‖ ⟨Taur⟩ *hölzerne Brüstung* f *(in der Arena)* ‖ fig *Hürde* f, *Hindernis* n ‖ Cu PR *Platz* m *für Hahnenkämpfe* ‖ *carrera de* ~s ⟨Sp⟩ *Hürdenlauf* m ‖ 400 *metros* ~s ⟨Sp⟩ *400 Meter Hürdenlauf* ‖ ◊ *poner una* ~ *fig e-e Schranke errichten* ‖ *romper (od saltar) la* ~ *fig das Eis brechen* ‖ *rücksichtslos vorgehen*
valla|dar m *Verschanzung* f, *Wall* m ‖ *Umzäunung* f ‖ fig *Bollwerk* n ‖ **–do** m *Einzäunung* f, *Zaun* m ‖ *Heckenzaun* m
vallar vt *mit e–m Wall umgeben* ‖ *einzäunen* ‖ *einfried(ig)en* ‖ adj = **valar** ‖ ~ *m* = **valladar**
valle m *Tal* n ‖ *Flußbett* n ‖ *Tal|gebiet* n, *-landschaft* f ‖ ~ *abajo talabwärts* ‖ ~ *fluvial Flußtal* ‖ *el* ~ *de lágrimas* fig *(das irdische) Jammertal* n, *die böse Welt* ‖ ~ *de potencial* ⟨Phys⟩ *Potentialmulde* f ‖ ~ *suspendido (colgado)* ⟨Geol⟩ *Hängetal* n *(Seitental, dessen Sohlenniveau bei der Einmündung höher als dasjenige des Haupttales liegt)* ‖ ~ *en U Trogtal, U-Tal* n ‖ ~ *en V (encajado) Kerbtal, V-Tal* n ‖ → **lirio** ‖ *por montes y* ~s *über Berg und Tal* ‖ dim: ~j(uel)o, ~cito m
vallisoletano adj/s *aus Valladolid*
vamos → **ir**
vam|p engl, **–piresa** f *Vamp* m ‖ **–pírico** adj *Vampir-* ‖ *blutsaugerisch* (& fig) ‖ **–pirismo** m ⟨Lit Med⟩ *Vampirismus* m ‖ *Vampirglaube* m ‖ **–piro** m *Vampir* m ‖ ⟨Zool⟩ *Vampir* m, *Spießblattnase* f (Vampyrus spectrum) ‖ ⟨Zool⟩ *Blutsauger* m (Desmodus sp.) ‖ fig *Blutsauger* m ‖ *película de* ~s *Vampirfilm* m
¹**van** → **ir**
²**van** m engl ⟨Tech⟩ *Kastenfahrzeug* n ‖ *Kofferfahrzeug* n
vanadio m ⟨Chem⟩ *Vanadin, Vanadium* n ‖ *acero al* ~ *Vanadinstahl* m
vanaglo|ria f *Ruhmsucht* f ‖ *Dünkel* m, *Eitelkeit* f ‖ **–riarse** vr *prahlen, sich brüsten* ‖ ~ *de (od* por*) su rango sich auf seine Stellung viel einbilden* ‖ **–rioso** adj/s *ruhmsüchtig* ‖ *angeberisch* ‖ *dünkelhaft, eitel, arrogant*
vanamente adv *vergebens, vergeblich, umsonst* ‖ *grundlos, ohne triftigen Grund* ‖ *eingebildet, eitel*
van|dalaje m Am = **vandalismo** ‖ **–dálico** adj *wandalisch, vandalisch* ‖ **–dalismo** m fig *Wandalismus, Vandalismus* m, *barbarische Zerstörungswut* f ‖ fig *Roheit* f
vándalo adj *wandalisch, vandalisch* ‖ ~ *m Wandale, Vandale* m (& fig)
vandeano adj/s *aus der Vendée* ‖ *guerra* ~a *Vendéekrieg* m *(in Frankreich 1793–1796)*
Vandoma f ⟨Geogr⟩ *Vendôme* f (Fr)
vanear vi *faseln*
vanesa f *Falter, Schmetterling* m
vanguar|dia f ⟨Mil Sp⟩ *Vorhut* f ‖ fig *Avantgarde* f, *Vorkämpfer* mpl ‖ *un teatro de* ~ *ein avantgardistisches Theater* ‖ La ~ *in Barcelona erscheinende span. Tageszeitung* ‖ ◊ *ir a (od* en*)* ~ *voraus-, voran|gehen* ‖ **–dismo** m *Avantgardismus* m ‖ **–dista** adj/s *avantgardistisch* ‖ ~ *m Avantgardist* m
vani|dad f *Eitelkeit* f, *Dünkel* m ‖ *Hoffart, Großtuerei* f ‖ *Gehaltlosigkeit, Nichtigkeit* f ‖ *leere Einbildung* f ‖ ◊ *ajar la* ~ *(de)* figf *jds Stolz demütigen* ‖ *hacer* ~ *(de) sich et einbilden (auf)* ‖ **–doso** adj/s *eitel, selbstgefällig* ‖ *eingebildet* ‖ ~ *m eingebildeter Mensch, Geck* m
vanilina f ⟨Chem⟩ *Vanillin* n
vanilo|cuencia f *Geschwätzigkeit* f ‖ **–cuente, vanilocuo** adj/s *geschwätzig* ‖ ~ *m Schwätzer* m ‖ **–quio** m *Geschwätz* n, *Faselei* f
vanistorio m fam *Aufschneiderei* f, *Geck* m, *Laffe* m
vano adj *eitel, gehaltlos, leer* ‖ *vergänglich, nichtig* ‖ *taub, hohl (Frucht)* ‖ *unnütz, vergeblich* ‖ *eitel, dünkelhaft, eingebildet* ‖ *hochmütig, stolz* ‖ *grundlos, leer (Furcht, Hoffnung)* ‖ *imaginaciones* ~as fig *Luftschlösser* npl ‖ *en* ~ *umsonst, vergebens* ‖ *nutzlos* ‖ *ohne Grund* ‖ *no en* ~ *nicht umsonst, mit Recht* ‖ ◊ *tomar el nombre de Dios en* ~ *den Namen Gottes mißbrauchen* ‖ ~ *m Zwischenraum* m ‖ ⟨Arch⟩ *lichte Weite* f ‖ *Öffnung* f, *Durchbruch* m
vánova f Ar = **bánova**
vap. Abk = **vapor**
vapor m *Dunst* m ‖ *Dampf* m ‖ *Ausdünstung* f ‖ *Dampfer* m, *Dampfschiff* n ‖ **Schwindel-, Ohnmachts|anfall* m ‖ fig *Grille* f ‖ ~ *de agua*, ~ *acuoso Wasserdampf* m ‖ ~ *de alquitrán Teerdampf* m ‖ ~ *de alta (baja) presión Hoch-, (Nieder-)druckdampf* m ‖ ~ *de altura*, ~ *de alta mar* ⟨Mar⟩ *Hochseedampfer* m ‖ ~ *correo* ⟨Mar⟩ *Postdampfer* m ‖ ~ *costero* ⟨Mar⟩ *Küstendampfer* m ‖ ~ *de escape Abdampf* m ‖ ~ *frutero* ⟨Mar⟩ *Obstdampfer*, fam *Bananendampfer* m ‖ ~ *de hélice* ⟨Mar⟩ *Schraubendampfer* m ‖ ~ *de pesca*, ~ *pesquero* ⟨Mar⟩ *Fischdampfer* m ‖ ~ *piloto* ⟨Mar⟩ *Lotsendampfer* m ‖ ~ *recalentado überhitzter Dampf, Heißdampf* m ‖ ~ *rápido* ⟨Mar⟩ *Schnelldampfer* m ‖ ~ *de recreo* ⟨Mar⟩ *Vergnügungs-, Ausflugs|dampfer* m ‖ ~ *de ruedas* ⟨Mar⟩ *Raddampfer* m ‖ *baño de* ~ *Dampfbad* n ‖ *buque de* ~ *Dampfschiff* n, *Dampfer* m ‖ *caballo de* ~ ⟨Tech⟩ *Pferde|kraft, -stärke* f ‖ *caldera de* ~ *Dampfkessel* m ‖ *calefacción de (od* por*)* ~ *Dampfheizung* f ‖ *consumo de* ~ *Dampfverbrauch* m ‖ *fuerza de* ~ *Dampfkraft* f ‖ *máquina de* ~ *Dampfmaschine* f ‖ *presión del* ~ *Dampfdruck* m ‖ *tubo de* ~ *Dampfrohr* n ‖ *al* ~ figf *mit Dampf, rasch, schnell* ‖ *a todo* ~ *mit Volldampf* (& fig) ‖ *por* ~ *mit Dampfkraft* ‖ ◊ *emitir* ~ *dampfen* ‖ *enviar por* ~ *per Dampfer befördern* ‖ ~es pl *Dämpfe* mpl ‖ *Dünste* mpl ‖ *Schwaden* mpl ‖ **(Nerven)Anfälle, hysterische Anfälle, Ohnmachtsanfälle* mpl ‖ *compañía de* ~ *Dampfschiffahrtsgesellschaft, Reederei* f ‖ *línea de* ~ *Dampferlinie* f ‖ ◊ *le dan* ~ *sie bekommt Ohnmachtsanfälle*
vapo|ración f = **evaporación** ‖ ⟨Web⟩ *Dämp-*

fen n, *Dampfbehandlung* f ‖ **-rario** m *Dampfbad* n ‖ **-r(e)ar** vt = **evaporar** ‖ ⟨Web⟩ *dämpfen* ‖ vi *ausdünsten* ‖ **-rifero** adj *dampfhaltig, Dampf-* ‖ **-rizable** adj *verdampfbar* ‖ **-rización** f *Verdampfung, Verdunstung, Verflüchtigung* f ‖ *Zerstäubung* f ‖ *Dämpfung* f ‖ ⟨Med⟩ *Dampfbehandlung* f ‖ **-rizado** m *Dämpfen* n ‖ ⟨Web⟩ *Dämpfen* n, *Dampfbehandlung* f *(der Gewebe)* ‖ *Zerstäuben* n ‖ **-rizador** m *Verdampfer* m ‖ *(Parfüm)Zerstäuber* m ‖ **-rizar** [z/c] vt ⟨Chem⟩ *ver-, ein|-dampfen* ‖ *verdunsten lassen* ‖ *zerstäuben* ‖ **~se** *verdampfen* ‖ *verdunsten* ‖ *sich verflüchtigen* ‖ **-roso** adj *dunstig* ‖ fig *leicht, luftig (bes. v. Kleidern)*

vapu|l(e)ar vt *(durch)peitschen* ‖ pop *(ver-)prügeln* ‖ **-leo,** **vápulo** m *(Durch)Peitschen* n ‖ pop *Prügel* pl, *Hiebe* mpl ‖ →a **zurra**

vaque|ra f *Kuhhirtin* f ‖ *Sennerin* f ‖ **-ría** f *Kuhstall* m ‖ *Rinderherde* f ‖ *Milch|geschäft* n, *-wirtschaft* f ‖ Ven *Jagd* f *mit e-m Lasso* ‖ **-riza** f *Kuhstall* m ‖ **-rizo** adj/s *Rinder-* ‖ *~ m Kuh-, Rinder|hirt* m ‖ **-ro** adj/s *Rinderhirten-* ‖ *~ m Kuhhirt* m ‖ *Senn(e)* m ‖ *Viehtreiber* m ‖ Am *Vaquero, Cowboy, Rinderhirt* m ‖ **-ta** f *Vachetteleder* n ‖ *Juchtenleder* n

vaquetón adj Mex *plump, schwerfällig* ‖ Cu Mex *dreist, unverschämt*

△**vaquí** adj *ängstlich*

vaqui|lla f dim v. **vaca** ‖ *junge Kuh, Färse* f ‖ augm: **-llona** (bes Am)

váqui|ra f, **-ro** m ⟨Zool⟩ Ven = **pécari** *(& als Schimpfwort)*

vaquita f: *~ de San Antón Marienkäfer* m ‖ → **mariquita**

V.A.R. Abk = **Vuestra Alteza Real**

vara f *Gerte, Rute* f ‖ *dünner Stock, Stab* m, *Stange* f ‖ ⟨Taur⟩ *Lanze e-s Pikadors, Pike* f ‖ p.ex *Lanzenstoß* m ‖ fam *Pikador* m ‖ *Amtsstab* m *(bes e-s span. Alcalden)* ‖ *Stabträger* m ‖ fig *Züchtigung, Strafe* f ‖ *Elle* f *(Maß)* ‖ *Ellenmaß* n ‖ *Deichsel, Gabel* f *(am Wagen)* ‖ *Blütenstengel* m ‖ *Schweineherde* f *(von 40-50 Stück)* ‖ *~ de Aarón* ⟨Bot⟩ *Aronstab* m (Arum maculatum) ‖ *~ argentina arg Elle* f *= 0,866 Meter* ‖ *~ de Burgos, ~ de Castilla span. Elle* f *= 0,8359 Meter* ‖ *~ de cortina Vorhangstange* f ‖ *~ cuadrada Quadratelle* f ‖ *~ cubana kubanische Elle* f *= 0,848 Meter* ‖ *~ divinatoria Wünschelrute* f ‖ *~ de Esculapio Äskulapstab* m ‖ *~ de Inquisición* fig ⟨Hist⟩ *Abgesandte(r)* m *der Inquisition* ‖ *~ de Jesé* ⟨Bot⟩ = **nardo** ‖ *~ larga* ⟨Taur⟩ *Pike* f *des Pikadors* ‖ *~ de medir Ellen|stab* m, *-maß* n ‖ *~ de nardo Nardenstengel* m ‖ *oriental Längenmaß* n *in Uruguay = 0,859 Meter* ‖ *~ de premio* Arg *Kletterstange* f *(bei Volksfesten)* ‖ con *media ~ de cuello* pop *mit sehr langem Hals* ‖ ◊ *doblar la ~ de la justicia* fig *das Recht beugen* ‖ *medirlo todo con la misma ~* fig *alles über e-n Leisten schlagen* ‖ *picar de ~ larga* figf *auf Nummer Sicher gehen* ‖ *tener alta ~ en großen Einfluß haben auf* ‖ **~s** pl *Schwungbäume* mpl *(am Wagen)* ‖ *caballo de ~ Stangen-, Gabel|pferd* n ‖ ◊ *poner ~ al toro* ⟨Taur⟩ *den gehetzten Stier gegen die Lanze anrennen lassen* ‖ *tomar ~* ⟨Taur⟩ *gegen die Lanze rennen (Stier)* ‖ figf *leicht unterliegen*

¹**varada** f *Stranden* n, *Strandung* f ‖ *Auflaufen* n, *Strandungsfall* m = **varadura**

²**varada** f Zam *Schweineherde* f *(von 40-50 Stück)* ‖ prov *Akkordarbeit* f

vara|dero m ⟨Mar⟩ *Stapel* m ‖ *Ablaufbahn* f ‖ *~ de carena Reparaturdock* n ‖ **-do** adj Am *steif, (er)starr(t)* ‖ Chi *ohne feste Beschäftigung* ‖ ◊ *allí quedó ~* Am *dort blieb er stecken* ‖ **-dura** f ⟨Mar⟩ *Strandung* f ‖ *Aufschleppen* n *e-s Schiffes*

varal m *lange, dicke Stange* f ‖ *Schwungbaum* m *(an Kutschen)* ‖ figf *Hopfenstange, lange Latte* f ‖ Arg *Gestell* n *zum Dörren des Fleisches* ‖ ⟨Mar⟩ *Ablaufbahn* f

△**varandia** f *Rücken* m

varapalo m *lange Stange* f, *Stecken, Stab* m ‖ *Schlag* m *mit e-r Stange* bzw *mit e-r Rute* ‖ *Tracht* f *Prügel* ‖ figf *Rüffel, Anschnauzer* m ‖ figf *Verlust, Schlag* m ‖ fig *heftiger Verdruß, Ärger* m

varar vi/t ⟨Mar⟩ *stranden, auflaufen, aufsetzen (Schiff)* ‖ *an Land ziehen, auf Strand setzen (Schiff)* ‖ fig *ins Stocken geraten (Geschäft)*

varazo m *Gerten-, Ruten|hieb* m ‖ prov *Schwips, Rausch* m ‖ ◊ *dar ~s (a) jdn prügeln, schlagen*

△**varda** f *Wort* n

vardasca f = **verdasca**

vare|ar vt *(Früchte) von den Bäumen abschlagen* ‖ *klopfen (Wolle)* ‖ *(Kleider, Möbel) ausklopfen* ‖ *mit der Elle ausmessen* ‖ *nach Ellen verkaufen* ‖ *(Ochsen) antreiben* ‖ ⟨Taur⟩ *(den Stier) mit der Lanze verwunden* ‖ pop *prügeln* ‖ RPl *(Pferd) zureiten für Rennen* ‖ **~se** vr fig = **enflaquecer** ‖ **-jón** m And SAm *Gerte, Rute* f

varenga f ⟨Mar⟩ *Bodenwrange* f

vare|o m *Abschlagen* n *der Baumfrüchte* ‖ **-ta** f dim v. **vara**: *kleiner Stab* m ‖ *kleiner Spieß* m ‖ *Leimrute* f ‖ ⟨Web⟩ *Streifen* m *(im Gewebe)* ‖ fig *Anspielung, Stichelei* f ‖ ◊ *echar ~s* fig *Anspielungen machen, sticheln* ‖ *irse (od estar) de ~* figf *Durchfall haben* ‖ **-tazo** m ⟨Taur⟩ *seitlicher Hornstoß* m *des Stiers* ‖ **-tón** m ⟨Jgd⟩ *Spießer* m *(Hirsch)*

Vargas np: ¡*averígüelo ~!* pop *daraus mag der Teufel klug werden! (Ansp. auf den Bürgermeister Francisco de Vargas, Vertrauensmann der Königin Isabella der Katholischen)*

vargueño m → **bargueño**

varia lat pl *Varia* pl, *Verschiedene(s)* n

varia|bilidad f *Veränderlichkeit* f ‖ **-ble** adj/s *veränderlich* ‖ *wandelbar* ‖ *wechselnd* ‖ *schwankend* ‖ *variabel* ‖ *wechselvoll, unbeständig* ‖ *wankelmütig, unstet* ‖ ⟨Tech⟩ *verstellbar* ‖ *cambio ~* ⟨Com⟩ *veränderlicher Kurs* m ‖ → **condensador** ‖ *~ f* ⟨Math⟩ *veränderliche Größe, Variable, Veränderliche* f ‖ *~ aleatoria (od estocástica) Zufallsvariable* f ‖ **-ción** f *Veränderung* f, *Wechsel* m ‖ *Abwandlung* f ‖ *Abweichung, Schwankung* f ‖ *Abwechslung* f ‖ ⟨Mus Biol Math⟩ *Variation* f ‖ ⟨Phys⟩ *Deklination* f ‖ *sin ~ ein|tönig, -förmig* ‖ *tema con ~es* ⟨Mus⟩ *Thema n mit Variationen* ‖ *~es sobre el mismo tema* figf *immer dieselbe Geschichte* ‖ ◊ *en la ~ está el gusto* figf *Abwechslung erfreut (od ergötzt)*, lat varietas delectat ‖ **-damente** adv *abwechselnd* ‖ *auf verschiedene Weise* ‖ **-do** adj *verschiedenartig* ‖ *vielfältig, mannigfaltig* ‖ *abwechselnd* ‖ *abwechslungsreich, reichhaltig* ‖ *vielseitig* ‖ *bunt(farbig)* ‖ *de colores ~s bunt(farbig)* ‖ **-dor** m ⟨Tech⟩ *(Drehmomenten)Wandler* m

variante adj/s *wechselnd* ‖ *~ f Variante, Abwandlung* f ‖ *abweichende Lesart, Variante* f *(e-s Textes)* ‖ ⟨Biol⟩ *Ab-, Spiel|art* f

variar [pres -io] vt *ver-, ab|ändern* ‖ *abwandeln* ‖ *verschiedenartig gestalten* ‖ *Abwechslung bringen in* ‖ *variieren (& Mus)* ‖ ◊ *~ la fecha das Datum ändern* ‖ vi *verschieden sein* ‖ *(ab-)wechseln* ‖ *sich ändern, sich wandeln* ‖ *sich nicht gleichbleiben* ‖ *abweichen, variieren* ‖ *schwanken (Kurs)* ‖ ◊ *~ de plan seinen Plan ändern* ‖ *~ de precio im Preise verschieden sein* ‖ *esto le hizo ~ de propósito das brachte ihn auf eine andere Idee* ‖ *eso varía (por completo) das ist et (ganz) anderes* ‖ *el mundo ha variado mucho die Welt ist ganz anders geworden* ‖ *para (od por) ~ zur Abwechslung*

várice f ⟨Med⟩ *Krampfader, Varix, Varize* f

varicela f ⟨Med⟩ *Windpocken* fpl

vari|cocele m ⟨Med⟩ *Varikozele* f, *Krampfaderbruch* m ‖ **-coso** adj/s *variköš* ‖ *Krampf-*

variedad — Vaticano 1098

ader- ‖ *mit Krampfadern behaftet* ‖ úlcera ~a *Krampfadergeschwür* n
varie|dad *f Vielfalt, Mannigfaltigkeit* f ‖ *Verschiedenartigkeit* f ‖ *Abwechslung* f ‖ *Wandelbarkeit, Unbeständigkeit* f ‖ ⟨Bot Zool⟩ *Ab-, Spielart, Varietät* f ‖ ⟨Agr Com⟩ *Sorte* f ‖ ~ de los programas *Programmwechsel* m *(z. B. im Kino)* ‖ ◊ en la ~ está el gusto *in der Abwechslung liegt das Vergnügen, Abwechslung erfreut (od ergötzt),* lat varietas delectat ‖ (teatro de) ~es *Varieté (-theater)* n ‖ **-gado** adj *scheckig (Tier)*
varietés *fpl Varieté(vorstellung* f) n
vari|larguero m *Ochsentreiber* m ‖ ⟨Taur⟩ *Pikador* m ‖ **-lla** f dim v. **vara** ‖ *(dünne) Gerte, Rute* f ‖ *(dünne) Stange* f ‖ *Stab* m ‖ *Leiste* f ‖ *Vorhangstange* f ‖ *Fächer-, Schirm|stab* m ‖ ~ (a)divinatoria, ~ mágica, ~ de virtudes = **varita** ‖ ~ de ballena *Fischbein(stäbchen)* n ‖ ~ de cristal, ~ de vidrio *Glasstab* m ‖ ~ elástica *Stabfeder* f ‖ ~ de encendido *Zündstange* f ‖ ~ pasapurés *Passierstab* m ‖ ~ roscada *Gewindestift* m ‖ **~s** *Gestänge* n ‖ **-llaje** *m Gestänge* n ‖ *Fächerstäbchen* npl ‖ *Fächer-, Schirm|gestell* n ‖ ~ de dirección ⟨Aut⟩ *Lenkgestänge* n ‖ **-llar** vt Am *abrichten (Pferd)*
varillero *m* Mex *Hausierer* m
vario adj/s *verschieden, unterschiedlich* ‖ *mannigfaltig* ‖ *veränderlich, wechselhaft, unstet* ‖ *abwechselnd* ‖ *bunt, vielfarbig* ‖ **~s** pl *einige, mehrere, manche, verschiedene* ‖ *viele* ‖ ~ artículos de moda *verschiedene Modeartikel* mpl ‖ a ~ precios *zu verschiedenen Preisen* ‖ de ~ colores *bunt(farbig)* ‖ de ~ modos *auf verschiedene Art u. Weise* ‖ cuenta de ~ *Konto* n *pro Diverse* ‖ de ~ as clases *verschiedenartig* ‖ ~ veces *mehrere Male, mehrmals, öfters*
varioloso adj/s ⟨Med⟩ *Pocken-* ‖ *pockenkrank* ‖ *an Pocken Erkrankte(r)* m
variómetro *m* ⟨El Flugw Phys Radio⟩ *Variometer* n
variopinto adj *bunt*
varisco adj ⟨Geol⟩ *variscisch, variskisch*
varita f *kleiner Stab* m ‖ ~ (a)divinatoria *Wünschelrute* f ‖ ~ mágica, ~ de virtudes *Zauberstab* m ‖ *Wünschelrute* f
variz [pl **-ces**] f = **várice**
varón m *Mann* m, *männliches Wesen* n ‖ *Kind* n *männlichen Geschlechts* ‖ buen ~ *erfahrener, kluger Mann* m ‖ iron *einfältiger Tropf* m ‖ ~ de Dios, santo ~ *frommer, gottesfürchtiger Mann* m ‖ fig *herzensguter, et beschränkter Mann* m ‖ los tres ~es en el horno ardiendo *die drei Männer im Feuerofen (Bibel)* ‖ los hijos ~es *die Söhne* mpl ‖ línea de ~es *männliche Linie* f *(Adel)* ‖ ◊ tiene cinco hijos, dos ~es y tres hembras (Am & mujeres) *er hat fünf Kinder, zwei Jungen und drei Mädchen*
varo|na, -nesa f (bes Am) *Frau* f ‖ *Mannweib* n ‖ **-nía** f *Abstammung* f *in männlicher Linie* ‖ *Mannhaftigkeit, Tapferkeit* f ‖ **-nil** adj *männlich* ‖ *Mannes-* ‖ *mannhaft* ‖ *tapfer, mutig* ‖ *tüchtig, stark* ‖ su porte ~ *sein stattliches Auftreten* od *Äußere(s)* ‖ ánimo, carácter, mente ~ *Mannhaftigkeit* f ‖ voz ~ *Männerstimme* f ‖ →a **viril** ‖ **-nilidad** f *Mannhaftigkeit* f
varraco m = **verraco**
Varso|via f *Warschau* ‖ **=viana** f ⟨Mus⟩ *Varsovienne* f *(Tanz)* ‖ **=viano** adj/s *aus Warschau* ‖ *Warschauer*
vas → **ir**
vasa|llaje m *Lehnsverhältnis* n ‖ *Lehnspflicht* f ‖ *Vasallentum* n (& pl) ‖ *Lehnszins* m ‖ *Frondienst* m ‖ fig *Unterwürfigkeit, Abhängigkeit* f ‖ *Unterordnungsverhältnis* n ‖ p.ex *Knechtschaft* f ‖ vgl **dependencia, esclavitud, servidumbre** ‖ **-llo** adj/s *lehnspflichtig* ‖ *Vasallen-* ‖ estado ~ ⟨Pol⟩ *Vasallenstaat* m ‖ *Lehnsmann, Vasall, Hörige(r)* m ‖ ~ de sus pasiones fig *Sklave* m *seiner Leidenschaften* ‖ p.ex u. fig *Knecht* m

vasar m *Küchen|bord, -regal* n *(für Geschirr)*
△**vasca** f *Menschenmenge* f
vas|co adj *baskisch* ‖ boina (~a) *Baskenmütze* f *(schwarz od rot)* ‖ el territorio ~francés *das französisch-baskische Gebiet der Niederpyrenäen* ‖ ~ m *Baske* m ‖ *das Baskische* ‖ **-cófilo** m/adj *Baskenfreund* m ‖ *Kenner* m *der baskischen Sprache* ‖ **-cón, ona** adj/s ⟨Hist⟩ *aus dem alten Baskenland* (Vasconia) ‖ **-congado** adj *baskisch* ‖ ~ m *Baske* m ‖ el ~ *das Baskische* ‖ **=as** *Baskische Provinzen* fpl *(Álava, Guipúzcoa und Vizcaya)* ‖ **=conia** f *das alte Baskenland* ‖ **-cónico** adj *altbaskisch, vaskonisch* ‖ **-cuence** adj *baskisch (Sprache der baskischen Provinzen, Navarras und des französisch-baskischen Gebiets)* ‖ ~ m *die baskische Sprache* ‖ fig *Kauderwelsch, unverständliches Zeug* n ‖ →a **vascongado**
vascu|lar adj ⟨An⟩ *Gefäß-* ‖ sistema ~ ⟨An⟩ *Gefäßsystem* n ‖ **-larización** f *Gefäßbildung* f ‖ **-loso** adj *Gefäß-*
vase v. **irse** (→ **ir**)
vasectomía f ⟨Chir⟩ *Vasektomie* f
vaseli|na f ⟨Pharm⟩ *Vaseline* f ‖ **-noso** adj figf *schmalzig, schnulzig*
vasera f = **vasar** ‖ *Gläserkorb* m *der Wasserträger*
vasija f *Gefäß* n ‖ Al Nav Sant *Geschirr* n ‖ *Zuber* m ‖ ~ de barro *Tongefäß* n
vasillo m *Wabenzelle* f *der Bienen*
vasito m dim v. **vaso** ‖ ~ para licor *Likörgläschen* n
vaso m *Gefäß* n ‖ *(Trink)Glas* n ‖ *(Trink-)Becher* m ‖ *Wein-, Bier|glas* n ‖ *ein Glasvoll* n ‖ *(Blumen)Vase* f ‖ *Nachtgeschirr* n ‖ ⟨An⟩ *Gefäß* n ‖ ~ de asa *Henkelglas* n ‖ ~ de beber *Trinkgefäß* n ‖ ~ de bolsillo *Taschenbecher* m ‖ ~ de cartón *Pappbecher* m ‖ ~ de elección ⟨Rel⟩ *Auserwählte(r)* m *des Herrn* ‖ ~ excretorio *Nachtstuhl* m ‖ *Schieber* m ‖ ~ de noche *Nachtgeschirr* n ‖ ~ plegable *Klappbecher* m ‖ ~ de vidrio *(Trink)Glas* n ‖ un ~ de vino *ein Glas* n *Wein* ‖ un ~ para vino *ein Weinglas* n ‖ culo de ~ figf *falscher Diamant* m ‖ **~s** pl: ~ capilares ⟨An⟩ *Haar-, Kapillar|gefäße* npl ‖ ~ comunicantes ⟨Phys⟩ *kommunizierende Röhren* fpl ‖ ~ coronarios ⟨An⟩ *Herzkranzgefäße* npl ‖ ~ linfáticos, sanguíneos ⟨An⟩ *Lymph-, Blut|gefäße* npl ‖ a ~ glasweise ‖ → **beber, cerveza, chocar** etc.
vaso|constricción f ⟨Physiol Med⟩ *Gefäßverengung* f ‖ **-constrictor** adj ⟨Physiol Med⟩ *gefäßverengend* ‖ **-dilatación** f ⟨Physiol Med⟩ *Gefäßerweiterung* f ‖ **-dilatador** adj ⟨Physiol Med⟩ *gefäßerweiternd* ‖ **-medida** m *Meßbecher* m ‖ **-motor** adj ⟨Physiol Med⟩ *vasomotorisch* ‖ nervios ~es ⟨An⟩ *Gefäßnerven, Vasomotoren* mpl ‖ **-plejía** f ⟨Med⟩ *Gefäßlähmung* f
vástago m ⟨Bot⟩ *Schoß, Schößling, Trieb* m ‖ fig *Sprößling, Sohn* m ‖ ⟨Tech⟩ *Schaft* m ‖ *Zapfen* m ‖ *Stab* m ‖ *Stange* f ‖ ~ de(l) émbolo *Kolbenstange* f ‖ ~ del remache *Nietschaft* m ‖ ~ de rotación *Drehzapfen* m
vas|tedad f *Ausdehnung, Weite, Geräumigkeit* f ‖ **-to** adj *weit, geräumig* ‖ *ausgedehnt* ‖ *vielseitig* ‖ *umfassend, weit|gehend, -reichend* ‖ *großartig (Plan)* ‖ ~s conocimientos *umfassende Kenntnisse* fpl ‖ los ~s campos *die weiten, die unendlichen Felder* npl
vate m *Wahrsager, Seher* m ‖ fig ⟨Lit⟩ *Dichter* m
vaticanista adj *auf die Politik des Vatikans bezüglich* ‖ *die Politik des Vatikans verfechtend* ‖ ~ m *Anhänger (der Politik) des Vatikans* ‖ desp *Römling* m ‖ Concilio ~ *Vatikanisches Konzil* n
vaticano adj *vatikanisch* ‖ *päpstlich* ‖ Biblioteca ~a *Vatikanische Bibliothek* f
Vaticano m *Vatikan* m ‖ el ~ fig *der päpstliche Stuhl* ‖ la Ciudad del ~ *Vatikanstadt* f

vatici|nador *m*/*adj Wahrsager, Prophet* m ‖ **-nar** *vt wahrsagen, prophezeien, vorher-, voraus|sagen* ‖ **-nio** *m Wahrsagung, Prophezeiung, Voraussage* f
vatímetro *m* → **vatiómetro**
vatio *m* ⟨El⟩ *Watt* n ‖ ∼-**hora** *f Wattstunde* f ‖ ∼-**segundo** *m Wattsekunde* f
vatiómetro *m* ⟨El⟩ *Leistungsmesser* m, *Wattmeter* n
¹**vaya** *f Spaß, Scherz, Witz* m ‖ *Spott* m, *Spötterei* f ‖ ◊ **dar** ∼ (a) fam *jdn necken, jdn aufziehen* ‖ *jdn anführen, foppen*
²**vaya** → **ir**
△**vayunca** *f Kneipe, Schenke* f
V.B. Abk = **Visto bueno**
V.B.ᵈ Abk = **Vuestra Beatitud**
v/c Abk = **valor en cuenta** ‖ **vuelta de correo**
Vd., Vds. Abk = **usted, ustedes**
v.ᵈ Abk = **velocidad**
V.ᵈᵃ Abk = **Viuda**
V.E. Abk = **Vuestra Excelencia, Vuecencia**
ve *f V* n ‖ ∼ **de Valencia** pop = **v** ∼ **de Barcelona** pop = **b**
ve, vé, véase → **ver**
△**vea** *f Gartenland* n
△**vear** *vt erklären* ‖ *gestehen*
vecera *f* ⟨Agr⟩ *Gemeindeherde* f *(Schweineherde e-r Dorfgemeinde)*
ve|cero *m Stellvertreter* m *(in e-m Amt)* *(Stamm)Kunde* m *(e-s Geschäftes)* ‖ **-ces** → **vez**
veci|na *f Nachbarin* f ‖ *Einwohnerin* f ‖ *Bürgerin* f ‖ **-nal** *adj nachbarlich* ‖ *Gemeinde-* ‖ *vizinal* ‖ *camino* ∼ *öffentlicher Weg, Gemeindeweg* m ‖ *ferrocarril (od linea)* ∼ *Klein-, Neben|bahn* f ‖ *pasto* ∼ *Gemeindetrift* f
vecin|dad *f Nachbarschaft* f ‖ *Nachbarn, Mitbewohner* mpl *(e-s Hauses* bzw *Viertels)* ‖ *Nähe, Umgebung* f ‖ *Gemeindebürgerrecht* n ‖ fig *Nähe, Verwandtschaft* f ‖ *carta de* ∼ *Bürgerbrief* m ‖ *casa de* ∼ *Mietshaus* n ‖ **-dario** *m Nachbarn, Bürger* mpl ‖ *Einwohnerschaft* f ‖ *Bevölkerung, Einwohnerzahl* f ‖ *Einwohnerverzeichnis* n ‖ *Dorfgemeinde* f
vecino *adj benachbart, nachbarlich* ‖ *Nachbar-* ‖ *ansässig, wohnhaft* ‖ fig *dahin* ‖ *nahe, verwandt* ‖ ∼ **de** *ansässig, wohnhaft in* (dat) ‖ *calle, casa* ∼**a** *Neben|straße* f, *-haus* n ‖ ∼ *m Nachbar* m ‖ *An-, Ein-, Be|wohner* m ‖ *Bürger* m ‖ ∼ **de mesa** *Tischnachbar* m ‖ *cada hijo de* ∼ pop *jedermann* ‖ *los* ∼**s** *die Nachbarschaft*
vector *m* ⟨Math Phys⟩ *Vektor* m ‖ ∼**ial** *adj vektoriell, Vektor-*
veda *f (Jagd)Verbot* n ‖ *(tiempo* bzw *época* bzw *periodo de)* ∼ ⟨Fi Jgd⟩ *Schonzeit* f ‖ *plazo de* ∼ ⟨Jgd⟩ *Schutzfrist* f ‖ ◊ **levantar la** ∼ *das (Jagd-)Verbot aufheben* ‖ fig *das (bisher) Verbotene erlauben*
Veda *m Weda* n *(der Brahmanen)*
ve|dado *m* ⟨Jgd⟩ *Gehege* n ‖ *Schonung* f ‖ ∼ **de caza** *Gehege* n, *Jagd(revier* n*)* f ‖ **-dar** *vt verbieten, untersagen* ‖ *(ver)hindern* ‖ *Sal entwöhnen (säugendes Tier)* ‖ ◊ **está -dado** *es ist verboten* ‖ ∼ **la caza** *die Jagd untersagen, hegen*
vedegambre *m* ⟨Bot⟩ → **veratro**
△**vedelarse** *vr aufstehen*
vedette *f* frz *Star* m ‖ ∼ **de revista** *Revuestar* m ‖ → **a lancha**
védico *adj wedisch* ‖ *Weden-*
vedi|ja *f Wollflocke* f ‖ *Haarbüschel* n ‖ ∼ **de humo** *feine Rauchwolke* f ‖ dim: **-juela** ‖ **-joso, -judo** *adj flockig (Haar)* ‖ *mit verwirrtem Haar* ‖ △**-lla** *f wollene Bettdecke* f
vee|dor *m*/*adj Aufseher, Aufsichtsbeamte(r), Inspektor, Kontrolleur* m ‖ *comisión* ∼**a** *Untersuchungsausschuß* m ‖ **-duría** *f Aufseheramt* n
vega *f* Span *Aue, weite, fruchtbare Ebene, Flur* f ‖ *Uferwiese* f *(zum Gemüse- und Obst|bau bestimmtes Land)* ‖ Cu *Tabakpflanzung* f ‖ Chi

fruchtbares Sumpfland n
vege|table *adj* = **vegetal** ‖ **-tación** *f Pflanzenwuchs* m ‖ *Pflanzenreichtum* m ‖ *Pflanzenwelt, Flora, Vegetation* f ‖ ∼ *exuberante üppiger Pflanzenwuchs* m ‖ ∼ *herbácea Graswuchs* m ‖ ∼**es** ⟨Med⟩ *Wucherungen* fpl ‖ **-tal** *adj pflanzlich, vegetabil(isch)* ‖ *Pflanzen-* ‖ *aceite* ∼ *Pflanzenöl* n ‖ *alimentación* ∼, *régimen* ∼ *Pflanzenkost* f ‖ *carbón* ∼ *Holz-, Meiler|kohle* f ‖ *fibra* ∼ *Pflanzenfaser* f ‖ *producto* ∼ *pflanzliches Erzeugnis* n ‖ *reino* ∼ *Pflanzen|reich* n, *-welt* f ‖ *sopa* ∼ *Gemüse-, Kräuter|suppe* f ‖ *de origen* ∼ *pflanzlichen Ursprungs* ‖ ∼ *m Pflanze* f ‖ ∼**es** pl *Vegetabilien* pl ‖ **-tar** vi *wachsen* ‖ fig *(dahin)vegetieren, sein Leben fristen, ein kümmerliches Dasein führen* ‖ **-tari(ani)smo** *m Vegetarismus* m
vege|tariano (*-**talista**) *adj vegetarisch* ‖ *cocina,* ∼ *comida* ∼**a** *vegetarische Küche* f ‖ *Pflanzenkost* f ‖ *restaurante* ∼ *vegetarisches Restaurant* n ‖ ∼ *m Vegetarier* m ‖ **-tativo** *adj wachsend* ‖ ⟨Med⟩ *vegetativ* ‖ fig *(dahin)vegetierend* ‖ *órganos* ∼**s** ⟨Zool⟩ *Fortpflanzungsorgane* npl
veguero *adj Vega-, Flur-* ‖ ∼ *m Flurarbeiter, Bauer* m *e-r Vega* ‖ Cu *Tabakpflanzer* m ‖ pop *gewöhnliche Zigarre* f
vehemen|cia *f Heftigkeit, Hitze* f, *Ungestüm* n ‖ *Kraft, Vehemenz* f, *Nachdruck* m ‖ fig *Feuer* n *(im Ausdruck)* ‖ *con* ∼ *heftig* ‖ *feurig* ‖ **-te** *adj heftig, hitzig, ungestüm* ‖ *vehement, leidenschaftlich, feurig, kraftvoll* ‖ *(sehr)wirksam* ‖ ⟨Jur⟩ *begründet (Verdacht)*
vehículo *m Fahrzeug* n ‖ *Beförderungsmittel* n ‖ *Fuhrwerk* n, *Wagen* m ‖ ⟨Pharm⟩ *Lösungsmittel, Vehikel* n ‖ *(Farb)Bindemittel* n ‖ ⟨Med⟩ *Überträger* m ‖ fig *Mittel* n ‖ *Vermittler* m ‖ ∼ *Boden* m ‖ *Träger* m, *Vehikel* n ‖ ∼ *acuático Wasserfahrzeug* n ‖ ∼ *aerodeslizante Luftkissenfahrzeug* n ‖ ∼ *anfibio Amphibienfahrzeug* n ‖ ∼ *automóvil,* ∼ *de motor Kraftfahrzeug,* Abk *Kfz* n, *Kraftwagen* m ‖ ∼ *de carretera Straßenfahrzeug* n ‖ ∼ *sobre carriles,* ∼ *sobre rieles Schienenfahrzeug* n ‖ ∼ *espacial Raumfahrzeug* n ‖ ∼ *industrial (od sobre) Nutzfahrzeug* n ‖ ∼ *lunar Mondfahrzeug* n ‖ ∼ *para aterrizaje lunar Mondlandefahrzeug* n ‖ ∼ *de (od sobre) orugas Raupenfahrzeug* n ‖ ∼ *(para) todo terreno Geländefahrzeug* n ‖ ∼ *de tracción animal Fuhrwerk* n
veía → **ver**
veimarés, esa *adj/s aus der Stadt Weimar, Weimarer* ‖ ∼ *m Weimarer* m
vein|tavo *m*/*adj Zwanzigstel* n ‖ **-te** *adj/s zwanzig* ‖ *zwanzigste(r)* ‖ *el* ∼ *de julio der (od am) 20. Juli* ‖ *de* ∼ *años zwanzigjährig* ‖ *el* ∼ *die Zahl 20* ‖ ∼ *y cinco = veinticinco* ‖ **-tena** *f (etwa) zwanzig Stück* pl ‖ **-tenario** *adj/s zwanzigjährig* ‖ **-teno** *adj zwanzigste(r)* ‖ ∼ *m Zwanzigstel* n ‖ **-teñal** *adj zwanzig Jahre dauernd* ‖ **-tésimo** *adj/s* → **vigésimo** ‖ **-ticinco** *adj/s fünfundzwanzig* → **alfiler** ‖ **-ticuatro** *adj/s vierundzwanzig* ‖ **-tidós** *adj/s zweiundzwanzig* ‖ **-tinueve** *adj/s neunundzwanzig* ‖ **-tiocho** *adj/s achtundzwanzig* ‖ **-típico** adj Am pop (= *-te y pico) etwas über zwanzig* ‖ **-tiséis** *adj/s sechsundzwanzig* ‖ **-tisiete** *adj/s siebenundzwanzig* ‖ **-titrés** *adj/s dreiundzwanzig* ‖ **-tiún** *adj(m)/s einundzwanzig (vor Hauptwörtern)* ‖ ◊ **tener** ∼ *años 21 Jahre alt sein* ‖ **-tiuno** *adj/s einundzwanzig*
veja|ción *f Drangsal, Bedrängnis* f ‖ *Verdruß* m ‖ *Schikane, Quälerei* f ‖ *Bedrückung* f ‖ *Plackerei, Schererei* f ‖ **-dor** *adj quälend, drückend* ‖ *ärgerlich* ‖ **-men** *m* ⟨Lit⟩ = **-ción** ‖ *beißende Stichelei* f
vejancón, ona *adj/s* augm *v.* **viejo** ‖ fam *sehr alt, abgelebt* ‖ *steinalt* ‖ ∼ *m* pop *Mummelgreis* m *(bes als Schimpfwort)*
vejar *vt plagen, quälen* ‖ *schikanieren* ‖ *vexieren* ‖ *bespötteln*

vejarrón m/adj fam desp = **vejancón**
vejatorio adj *quälend, drückend*
vejazo adj/s fam *steinalt*
vejestorio m fam desp *alter Knacker, alter Krauter, alter Mummelgreis* m ‖ fam *alte Schachtel, alte Tunte, alte (Schreck)Schraube* f ‖ fam *alter Plunder, Trödelkram* m
ve|jete adj dim v. **viejo** ‖ fam *alt, verkrüppelt* ‖ ~ m fam *altes (kleines) Männchen* n ‖ ~ *gruñón alter Brummbär, alter Griesgram* m ‖ **–jez** [pl **-ces**] f *(Greisen)Alter* n ‖ *Lebensabend* m ‖ *Altersbeschwerden* fpl ‖ fig *alte, abgedroschene Geschichte* f ‖ fam *alter Kohl* m ‖ → **caja** *asistencia a la* ~ *Altersfürsorge* f ‖ *obra de la* ~ ⟨Lit⟩ *Alterswerk* n ‖ *pensión de* ~ *Alters|rente* f, *-ruhegeld* n ‖ *seguro para (od de) la* ~ *Altersversicherung* f ‖ *síntoma de* ~ *Alterserscheinung* f ‖ *a la* ~, *viruelas* pop *Alter schützt vor Torheit nicht, je krummer, desto schlimmer* ‖ ◊ *coleccionar* ~es Am *Antiquitäten sammeln* ‖ *dar buena* ~ *a sus padres die Eltern im Alter gut behandeln* ‖ *sus* ~es fam *seine alten Tage* ‖ **–jezuelo** adj/s dim v. **viejo** ‖ *ältlich*
veji|ga f ⟨An Med⟩ *Blase* f ‖ *(Haut)Bläschen* n, *Blatter* f ‖ prov *Lederflasche* f ‖ ~ *de la bilis,* ~ *de la hiel Gallenblase* f ‖ ~ *de cerdo Schweinsblase* f ‖ ~ *irritable,* ~ *nerviosa* ⟨Med⟩ *Reizblase* f ‖ ~ *natatoria Schwimmblase* f ‖ *Fischblase* f ‖ ~ *urinaria,* ~ *de la orina Harnblase* f ‖ ◊ *levantar* ~s *Blasen bilden (od ziehen) (z. B. Haut bei Verbrennungen)* ‖ **–gatorio** m ⟨Med⟩ *Zug-, Blasen|pflaster* n ‖ **–gazo** m *Schlag* m *mit e-r Blase* ‖ pop *Prellerei* f ‖ Hond *derber Schlag* m ‖ **–gón** m augm v. **-ga** ‖ **–goso** adj *Blasen-* ‖ *voller Blasen* ‖ **–güela**, **–guilla** f dim v. **-ga**
vejote adj/s desp v. **viejo** ‖ pop *alter Lümmel* m

¹**vela** f *Wachen* n ‖ *Nachtwache* f ‖ ⟨Kath⟩ *Anbetung* u. *Wache* f *vor dem Allerheiligsten* ‖ **⟨Mil⟩ Nachtposten* m ‖ *Nachtarbeit* f ‖ *Kerze* f, *Licht* n ‖ ⟨Taur⟩ *Horn* n *des Stieres* ‖ ~ *de estearina Stearinkerze* f ‖ ~ *de sebo Talglicht* n ‖ *derecho como una* ~ *kerzengerade* ‖ *en* ~ *wach(end), schlaflos* ‖ *economías de cabos de* ~ *Sparen* n *am falschen Ende* ‖ ◊ *la* ~ *se acaba das Licht geht aus (& fig)* ‖ *encender (apagar) la* ~ *das Licht anzünden (auslöschen)* ‖ *encender (od poner) una* ~ *a San Miguel (od a Dios) y otra al diablo* figf *auf zwei Sätteln reiten* ‖ *auf zwei Pferde setzen* ‖ *estar a dos* ~s figf *kein Geld haben,* fam *pleite (od blank) sein* ‖ *tener la* ~ fig *Komplice sein* ‖ *jdm in s-n Liebesnöten helfen* ‖ *tener una* ~ *encendida por si otra se apaga* figf *zwei Eisen im Feuer haben* ‖ *pasar la noche en* ~ *die Nacht durchwachen* ‖ *e-e schlaflose Nacht verbringen* ‖ *entre cuatro* ~s fig *im Sarge, tot* ‖ *tú no tienes* ~ *en este entierro* pop *du hast hier nichts zu suchen* ‖ ~s pl figf *Rotz* m, *Kerzen* fpl *(der Kinder)*
²**vela** f ⟨Mar⟩ *Segel* n ‖ *Sonnensegel* n ‖ fig *Segelschiff* n ‖ *Segler* m ‖ ~ *de abanico Sprietsegel* n ‖ ~ *de batículo Treiber(segel)* n ‖ ~ *cuadra Quersegel* n ‖ ~ *de cuchillo Flattersegel* n ‖ ~ *latina Lateinsegel* n ‖ ~ *mayor Großsegel* n ‖ ~ *suplementaria Beisegel* n, *Spinnaker* m ‖ ~ *de temporal Sturmsegel* n ‖ ~ *barco (od buque) de* ~ *Segelschiff* n ‖ *avión a* ~ *Segelflugzeug* n ‖ *vuelo a* ~ *Segelflug* n ‖ ◊ *estar a la* ~ fig *vorbereitet, bereit sein* ‖ *hacer(se) a la* ~, *hacer* ~, *largar las* ~s, *dar (a la)* ~ *unter Segel gehen, in See stechen, absegeln* ‖ *ir (od navegar) a toda* ~ *mit vollen Segeln fahren* ‖ ~s pl: ◊ *izar* ~ *das (die) Segel hissen* ‖ *levantar (od alzar)* ~ ⟨Mar⟩ *Segel setzen* ‖ *sich segelfertig machen* ‖ *(plötzlich) aufbrechen* ‖ *recoger* ~ *die Segel streichen* ‖ *tender (las)* ~ *die Segel in den Wind spannen* ‖ fig *die Gelegenheit nutzen (& fig)* ‖ *a todas* ~, *a* ~ *desplegadas, a* ~ *llenas, a* ~ *tendidas mit vollen Segeln (& fig)*

¹**velación** f = ¹**vela**
²**velación** f ⟨Kath⟩ *Bedeckung* f *des Brautpaares mit dem Schleier als Symbol der ehelichen Bindung (feierliches Trauungszeremoniell)*
velaciones fpl *kirchliche Trauung, Vermählung* f ‖ ◊ *se abren, se cierran las* ~ *die (kirchliche) Trauzeit wird eröffnet, geschlossen*
¹**velada** f *Nachtwache* f, *Aufbleiben* n ‖ *Abendveranstaltung* f ‖ *Abendgesellschaft, Soirée* f ‖ *(geselliger) Abend* m ‖ *Tanzvergnügen* n ‖ ~ *literaria Leseabend* m ‖ ~ *musical Musikabend* m, *Konzert* n ‖ ~ *poética Dichterabend* m
²**velada** f *verschleierte Frau* f ‖ **Ehefrau* f
velado adj *verschleiert* ‖ fig *verborgen, geheim* ‖ *blind (Wein)* ‖ ⟨Phot⟩ *verschleiert* ‖ **~ m Ehemann* m
velador adj *wachend, wachsam* ‖ ~ m *(Leichen)Wächter, Hüter* m ‖ *(hölzerner) Leuchter* m ‖ *Nachttischlampe* f ‖ *Nachttischchen* n ‖ *Leuchtertisch* m ‖ dim: **~cito**
veladura f *Schleier, Schatten* m *(bes fig)* ‖ ⟨Mal⟩ *Lasur(farbe)* f
vela|je, –men m ⟨Mar⟩ *Segelwerk* n
¹**velar** vt *(be)wachen* ‖ fig *genau beobachten* ‖ ◊ ~ *a un difunto die Totenwache halten* ‖ ~ *vi wachen* ‖ ~ *a un enfermo bei e-m Kranken wachen* ‖ ~ *nachts aufbleiben* ‖ ⟨Kath⟩ *vor dem Allerheiligsten Wache (od Andacht) halten* ‖ ⟨Mar⟩ *aus dem Wasser ragen (z. B. Klippe, Riff)* ‖ ⟨Mar⟩ *über Nacht anhalten (Wind)* ‖ *bei Nacht arbeiten* ‖ ◊ ~ *por wachen über* ‖ *Sorge tragen, besorgt sein um* ‖ ~ *por que se cumplan las leyes die Einhaltung der Gesetze überwachen* ‖ ~ *sobre genau achtgeben auf* (acc) ‖ ~ *en defensa de sus derechos seine Rechte wahren*
²**velar** vt *verschleiern, verhüllen (& fig)* ‖ fig *bemänteln* ‖ ⟨Kath⟩ *trauen, einsegnen (ein Brautpaar)* ‖ ⟨Phot⟩ *durch Lichteinfall unbrauchbar machen* ‖ ⟨Mal⟩ *lasieren* ‖ **~se** *sich verschleiern* ‖ *getraut werden* ‖ ⟨Phot⟩ *sich verschleiern* ‖ *Schleier aufweisen*
³△**velar** vt *schneiden*
⁴**velar** adj/s ⟨Phon⟩ *velar, Gaumensegel-, Hintergaumen-* ‖ ~ m *Velar, Gaumensegel-, Hintergaumen|laut* m
velatorio m *Toten-, Leichen|wache* f
¡velay! = *velo ahí* ‖ int prov *jawohl! natürlich!* ‖ Arg Bol = *he aquí*
velazqueño adj *auf den span. Maler Velázquez (1599–1660) bezüglich*
veld(t) m ⟨Geogr⟩ *Veld* n *(südafrikanische Steppenlandschaft)*
velei|dad f *Anwandlung, Laune* f, *Gelüst(e)* n ‖ fig *Wankelmut* m ‖ *Laune(nhaftigkeit)* f ‖ **–doso** adj *wankelmütig* ‖ *launisch, unbeständig*
¹**velería** f *Kerzengeschäft* n ‖ *Kerzengießerei* f
²**velería** f ⟨Mar⟩ *Segelmacherwerkstatt* f
¹**velero** m *Kerzengießer* m ‖ *Kerzenhändler* m
²**velero** m ⟨Kath⟩ *Teilnehmer* m *an der Wache (vela) vor dem Allerheiligsten* ‖ *Wallfahrer* m
³**velero** m ⟨Mar⟩ *Segelmacher* m ‖ ⟨Flugw⟩ *Segelflugzeug* n ‖ ⟨Mar⟩ *Schnellsegler, Klipper* m ‖ ~ *de dos palos Zweimaster* m
veleta f *Wind-, Wetter|fahne* f, *Wetterhahn* m ‖ ⟨Mil⟩ *Lanzenwimpel* m ‖ fig *wankelmütiger Mensch* m ‖ *Schwimmer* m *an der Angelschnur* ‖ *cabeza de* ~ figf *wetterwendischer Mensch, Flattergeist* m ‖ *el* ~ *ein Berggipfel* m *in der Sierra Nevada*
¡veley! int Chi = **¡velay!**
vélico adj *Segel-*
velillo m ⟨Web⟩ *feiner Flor* m
velívolo adj ⟨poet⟩ *im Fluge dahinsegelnd (Schiff)*
velo m *Schleier(stoff)* m ‖ *Gesichts-, Hut|schleier* m ‖ *Nonnenschleier* m ‖ *Stirnschleier* m *an der span. Mantille* ‖ ⟨Kath⟩ *Trauschleier* m *(beim Trauungszeremoniell)* → a **velación**

⟨Kath⟩ *Velum* n *(Schultertuch des Priesters)* ‖ ⟨Zool⟩ *Velum* n, *Wimpernkranz* m *der Schneckenlarve* ‖ *Velum* n, *Randsaum* m *der Quallen* ‖ ⟨Bot⟩ *Velum* n, *Schleier* m *(vieler Blätterpilze)* ‖ ⟨Phot⟩ *Schleier(bildung* f*)* m ‖ ⟨Web⟩ *Voile* m ‖ *Flor* m ‖ ⟨An⟩ *Velum, Segel* n ‖ fig *Deckmantel, Vorwand* m ‖ ~ dicroico ⟨Phot⟩ *dichroitischer Schleier* m ‖ ~ del paladar, ~ palatino ⟨An⟩ *Gaumensegel* n, lat *Velum palatinum* ‖ ~ de luto *Trauerschleier* m ‖ ~ de novia *Brautschleier* m ‖ ~ de viuda *Witwenschleier* m ‖ ~ rojo *Rotschleier* m ‖ ◊ tener un ~ ante los ojos fig *e-n Schleier vor den Augen haben* ‖ fig correr *(od* echar) un (tupido) ~ sobre *fig e-n Schleier breiten über* (acc) ‖ cubrir con ~ *ver\schleiern, -hängen* ‖ (des)correr el ~ fig *den Schleier lüften, enthüllen* ‖ ponerse el ~ *sich verschleiern* ‖ tomar el ~ fig *Nonne werden, ins Kloster gehen*
velocidad f *Schnelligkeit, Geschwindigkeit* f ‖ ~ acelerada *Beschleunigung* f ‖ ~ de aterrizaje *Landegeschwindigkeit* f ‖ ~ de caída *Fallgeschwindigkeit* f ‖ ~ circular *Kreisbahngeschwindigkeit* f *(e-s Raumflugkörpers)* ‖ ~ de crucero *Reisegeschwindigkeit* f ‖ ~ inicial, final, media, máxima *Anfangs-, End-, Durchschnitts-, Höchst\geschwindigkeit* f ‖ ~ loca fam *Höllentempo* n ‖ ~ de cambio de ~(es) ⟨Tech Aut⟩ *Geschwindigkeitswechsel* m ‖ ~ *Gang(schaltung* f*)* m ‖ *Gang-, Wechsel-, Schalt\getriebe* n ‖ ~ de marcha, ~ de rotación *Marsch-, Fahr-, Umdrehungs\geschwindigkeit* f ⟨Med⟩ ~ de sedimentación globular *(od* sanguínea) *Blutsenkungsgeschwindigkeit* f ‖ ~ supersónica *Überschallgeschwindigkeit* f ‖ exceso de ~ *allzugroße Geschwindigkeit* f ‖ envío a *(od* en) gran ~ *Eilgutsendung* f ‖ envío a *(od* en) pequeña ~ *Frachtgutsendung* f ‖ por *(od* a) gran (pequeña) ~ *als Eilgut (Frachtgut)* ‖ (mercancías de) gran (pequeña) ~ ⟨EB⟩ *Eilgut (Frachtgut)* n ‖ a toda ~ *in vollem Tempo* ‖ ~es de instantánea ⟨Phot⟩ *Momentgeschwindigkeit(en)* f(pl)
velocímetro m *Geschwindigkeitsmesser* m ‖ ⟨Mar⟩ *Fahrtmesser* m ‖ ⟨Aut⟩ *Tacho(meter* n/m*)* m
veloci|pédico adj: club ~ *Radfahrerklub* m ‖ deporte ~ *Rad(fahr)sport* m ‖ **-pedismo** m *Rad(fahr)sport* m ‖ **-pedista** m *Radfahrer, Radler* m
velocípedo m *Fahrrad* n ‖ *Hochrad* n
velocísimo adj sup v. **veloz**
velocista m ⟨Sp⟩ *Sprinter* m
velódromo m *Velodrom* n, *Radrennbahn* f
velomotor m *Motorfahrrad,* Abk *Mofa* n
velón m augm v. **vela** ‖ *(mehrflammige) Öllampe* f
velorio m *abendliches Dorfvergnügen* n ‖ *Totenwache* f *(bes bei e-m Kind)* ‖ ⟨Kath⟩ *Ablegung* f *des Ordensgelübdes e-r Klosterfrau* ‖ Am *langweilige Veranstaltung* f
velos pop = **verlos**
veloz [pl **-ces**] adj *schnell, geschwind, rasch* ‖ *hurtig, behend(e), flink* ‖ adv: ~**mente**
veluca f dim pop v. **vela**
veludo m = **velludo**
△**vellida** f *wollene Bettdecke* f ‖ *Mantel* m
vello m *(Haar)Flaum* m, *Flaumhaar* n ‖ *Milch-, Flaum\bart* m ‖ *Flaum* m *(an Früchten u. auf Pflanzen)* ‖ *Körperhaar* n ‖ ~ pubiano *Schamhaar* n
vellocino m *Schaffell, Vlies* n ‖ ⟨Myth⟩ el ~ de oro *das Goldene Vlies*
¹**vellón** m *Vlies* n ‖ *Schurwolle* f ‖ *Wollflocke* f ‖ dim: ~**cito** ‖ gorro de ~ de carnero *Schafpelzmütze* f
²**vellón** m (frz billon): real de ~ *ehem. span. Kupferreal* m *(Scheidemünze)*
vellonera f PR, Dom *Musik-, Schallplatten\automat* m, fam *Groschengrammophon* n
vellorita f ⟨Bot⟩ *(Art) Maßliebchen* n *(Bellis* spp) ‖ *Schlüsselblume* f *(Primula* spp)

vello|sa f △*(Bett)Decke* f ‖ **-sidad** f *(Körper-)Behaarung* f ‖ *(Körper)Haare* npl ‖ **-silla** f ⟨Bot⟩ *Habichtskraut, Mäuseöhrchen* n *(Hieracium pilosella)* ‖ **-so** adj *behaart* ‖ *wollig, haarig, zottig* ‖ ~ en los brazos *mit behaarten Armen* ‖ a roso y ~ figf *wie Kraut und Rüben* ‖ △~ m *grober Mantel* m ‖ *Haarfilz* m
vellu|dillo m ⟨Web⟩ *Baumwollsamt, Velvet* m ‖ **-do** adj *stark behaart* ‖ *zottig* ‖ ~ m → **felpa, terciopelo** ‖ **-tero** m ⟨Web⟩ *Samtwirker* m
¹**ven** → **venir**
²△**ven** m *Winter* m
vena f ⟨An⟩ *(Blut)Ader, Vene* f *(Holz-, Erz-, Stein)Ader* f ‖ ⟨Bot⟩ *Ader, Rippe* f *(am Blatt)* ‖ fig *Ader* f ‖ ~ de agua *Wasserader* f ‖ ~ cardíaca ⟨An⟩ *Herzkranzgefäß* n ‖ ~ cava ⟨An⟩ *Hohlvene* f ‖ ~ de poeta, ~ poética fig *dichterische Ader* f ‖ ~ porta ⟨An⟩ *Pfortader* f ‖ ~ yugular ⟨An⟩ *Drosselader* f *(am Hals)* ‖ con ~s geädert *(Marmor), gemasert (Holz)* ‖ cruzado de ~s azules *blaugeädert* ‖ ◊ en ~ de charlar pop *zum Plaudern aufgelegt* ‖ estar en *(od* de) ~ figf *dichterisch entflammt sein* ‖ *gut aufgelegt sein, in der rechten Stimmung sein* ‖ *Glück haben* ‖ no estar en ~ de *(od* para) +inf *nicht in der rechten Stimmung sein zu* +inf ‖ tener ~ de a/c *e-e Ader (od Begabung) für et haben* ‖ tiene ~ de loco figf *er ist übergeschnappt,* pop *es rappelt bei ihm* ‖ le dio la ~ de +inf *er kam auf die Verrücktheit zu* +inf
venable adj → ¹**venal**
vena|blo m *Wurf-, Jagd\spieß* m ‖ ◊ echar ~s fig *toben, wüten,* pop *Gift und Galle speien* ‖ **-da** f Am *Hirschkuh* f ‖ **-dero** m ⟨Jgd⟩ *Lager* n *des Hochwilds* ‖ **-do** m *Hirsch* m ‖ *Hochwild, Rotwild* n ‖ *Wild-, Hirsch\leder* n ‖ **-dor** m *Jäger* m
venaje m *Wasseradern* v. *Quellen e-s Flusses*
¹**venal** adj *käuflich* ‖ fig *bestechlich*
²**venal** adj ⟨An⟩ *Ader-*
venalidad f *Käuflichkeit* f ‖ fig *Bestechlichkeit* f
Venancio m np Tfn *Venantius* m
△**venar** vt *verkaufen*
ve|nate m pop *tolle Idee* f ‖ **-nático** adj/s fam *halbverrückt, übergeschnappt*
venatorio adj ⟨Lit⟩: escena ~a ⟨Mal⟩ *Jagdszene* f
vencedero adj ⟨Com⟩ *fällig, fällig werdend*
vencedor adj *siegreich* ‖ ~ m *(Be)Sieger* m ‖ ~ olímpico *Olympiasieger* m ‖ ◊ salir ~ *den Sieg davontragen* ‖ salir ~ por tres goles *(od* tantos) a dos ⟨Sp⟩ *3 : 2 siegen*
¹**vencejo** m *Band* n, *Strick* m ‖ *Garbenband, Strohseil* n ‖ △*Gurtriemen* m
²**vencejo** m ⟨V⟩ *Mauersegler* m *(Apus apus)* ‖ ~ culiblanco *Weißbürzel-, Haus\segler* m *(A. affinis)* ‖ ~ pálido *Fahlsegler* m *(A. pallidus)* ‖ ~ real *Alpensegler* m *(A. melba)*
vencer [c/z] vt/i *besiegen* ‖ *siegen über* ‖ *bezwingen* ‖ *überwältigen* ‖ *überwinden (z. B. Hindernis)* ‖ *meistern (z. B. Schwierigkeiten)* ‖ *schlagen* ⟨& Mil Sp⟩ ‖ ◊ ~ obstáculos *Hindernisse überwinden* ‖ le venció el sueño *der Schlaf übermannte ihn* ‖ ~ a *(od* con, por) engaños *durch List besiegen* ‖ ~ a fuerza de ruegos *durch Bitten rühren* ‖ ~ en buena lucha *im redlichen Kampf (be)siegen* ‖ ~ vi *siegen* ‖ *Sieger bleiben* ‖ *verfallen* ‖ *fällig werden (od sein) (Wechsel)* ‖ *ablaufen (Frist, Vertrag)* ‖ ◊ no dejarse ~ *nicht nachgeben* ‖ seguro de ~ *sieges\bewußt, -gewiß* ‖ → **plazo** ‖ ~**se** vr *sich beherrschen* ‖ *verbogen sein* ‖ ◊ ~ a si mismo *sich selbst beherrschen od überwinden*
Venceslao (pop **Vences**) m Tfn *Wenzel* m
venci|ble adj *besiegbar* ‖ *überwindlich* ‖ **-da** f fam *Sieg* m ‖ ◊ a la ~ fam *besiegt, geschlagen werden* ‖ fig *zu Ende gehen, abflauen* ‖ *ablaufen* ‖ fig *nachgeben* ‖ llevar de (a) ~ pop *jdn besiegen* ‖ a la tercera *(od* a la de tres) va la ~ *beim dritten-*

vencido — venganza 1102

mal klappt es ‖ *aller guten Dinge sind drei (bes als Drohung od Warnung)* ‖ **–do** *adj besiegt* ‖ *fällig (Betrag)* ‖ *schief* ‖ ~a *la tarde in der Abenddämmerung* ‖ *los intereses* ~s *die fälligen Zinsen* ‖ ◊ *darse por* ~ *sich (für) besiegt erklären* ‖ *sich geschlagen geben* ‖ *sich ergeben* ‖ *pagadero por meses* ~s *zahlbar (jeweils) am Monatsende* ‖ ~ *m Besiegte(r) m* ‖ **–miento** *m Überwindung f* ‖ ⟨*bes Com*⟩ *Ablauf m (e–r Frist), Verfall(zeit f) m, Fälligkeit f, Fälligkeits|tag m, -datum n* ‖ ~ *del contrato Ablauf m des Vertrages* ‖ *día del* ~·*Verfalltag m* ‖ *el día siguiente al* ~ *der Tag nach Verfall* ‖ *la víspera del* ~ *am Tage vor Verfall* ‖ *plazo de* ~ *Laufzeit f* ‖ *el próximo* ~ ⟨*Com*⟩ *das nächste Ziel* ‖ *libro de los* ~s *Wechselbuch n* ‖ a ~ *fijo auf bestimmten Verfall* ‖ *antes, después del* ~ *vor, nach Verfall* ‖ *de (od a)* ~ *corto,* ~ *largo* ⟨*Com*⟩ *kurz-, lang|fristig* ‖ ◊ *pagar al* ~ *bei Verfall zahlen* ‖ *einlösen, honorieren (Wechsel)*
venct.º *Abk = vencimiento*
venda *f* ⟨*Med*⟩ *Binde f* ‖ ⟨*Hist*⟩ *Diadem, Stirnband n (als Zeichen der Königswürde)* ‖ ~ *enyesada,* ~ *escayolada* ⟨*Med*⟩ *Gipsbinde f* ‖ ~ *de gasa* ⟨*Med*⟩ *Mullbinde f* ‖ ~ *de goma* ⟨*Med*⟩ *Gummibinde f* ‖ ~ *higiénica Damen-, Monats|binde f* ‖ ~ *umbilical* ⟨*Med*⟩ *Nabelbinde f* ‖ ◊ *arrancar la* ~ *de los ojos de alg. fig jdm die Augen öffnen* ‖ *le le cayó la* ~ *de los ojos fig es fiel ihm wie Schuppen von den Augen* ‖ *tener una* ~ *en los ojos fig mit Blindheit geschlagen sein*
¹**vendaje** *m* ⟨*Med*⟩ *(Wund)Verband m* ‖ *Bandage f* ‖ ~ *abdominal Leibbinde f* ‖ ~ ¹*circular,* ²*compresivo, contentivo,* ³*enyesado (od* ~ *de yeso),* ⁴*provisional,* ⁵*protector,* ⁶~ *de urgencia* ¹*Wickel-,* ²*Druck-, Stütz-,* ³*Gips-, Streck-,* ⁴*Not-,* ⁵*Schutz-,* ⁶*Schnell|verband m* ‖ ~ *quirúrgico Operationswäsche f* ‖ *algodón para* ~s *Verbandwatte f* ‖ ◊ *aplicar (quitar) un* ~ *e–n Verband anlegen (abnehmen)*
²**vendaje** *m prov Provision f* ‖ *SAm Zu-, Drein|gabe f (beim Kauf)*
vendar *vt (e–e Wunde) verbinden* ‖ *bandagieren* ‖ *fig (ver)blenden* ‖ ◊ *se los ojos s–e Augen vor der Wirklichkeit verschließen*
vendaval *m Südwest-, Strich|wind m* ‖ *p. ex Sturm m* ‖ ◊ *pasar como un* ~ *fig rasend dahinsausen*
vendeano *adj/s aus der Vendée (Frankreich)*
vende|dor *m/adj Verkäufer m* ‖ *Händler, Krämer m* ‖ ~ *de almacén Ladenverkäufer m* ‖ ~ *ambulante,* ~ *popular Straßenhändler m* ‖ *fliegender Händler m* ‖ *Hausierer m* ‖ ~ *callejero Straßen|händler, -verkäufer m* ‖ ~ *clandestino Schmuggler m* ‖ ~ *comisionista* ⟨*Com*⟩ *Verkaufskommissionär m* ‖ ~ *a domicilio Hausierer m* ‖ ~ *de helados Eis|verkäufer, fam -mann m* ‖ ~ *de indulgencias Ablaßkrämer m* ‖ ~ *de periódicos Zeitungs|verkäufer, -träger m* ‖ **–dora** *f Verkäuferin f* ‖ ~ *de frutas Obst|verkäuferin, -händlerin f* ‖ **–humos** *m/f fam Großsprecher, Schaumschläger m* ‖ **–ja** *f prov Marktware f*
ven|der *vt verkaufen* ‖ *ab-, um|setzen* ‖ *veräußern* ‖ *vertreiben, führen (Waren)* ‖ *ausschenken (Getränke)* ‖ *fig verraten, überliefern* ‖ ◊ ~ *a bajo precio billig verkaufen* ‖ ~ *a cualquier (od vil) precio (Ware) verschleudern* ‖ ~ *a crédito auf Kredit verkaufen* ‖ ~ *a plazos auf Raten verkaufen* ‖ ~ *(al) por mayor en gros verkaufen, im Großhandel verkaufen (od vertreiben)* ‖ ~ *(al) por menor, al detall(e) im Detail verkaufen, im Kleinhandel verkaufen (od vertreiben)* ‖ ~ *con pérdida,* ~ *perdiendo mit Verlust verkaufen* ‖ ~ *en (od por) cien pesetas für 100 Pesetas verkaufen* ‖ ~ *enteramente ausverkaufen* ‖ ~ *humos pop protzen, großtun* ‖ ~ *salud pop vor Gesundheit strotzen* ‖ *difícil de* ~ *schwer absetzbar*

(Ware) ‖ *sin* ~, *no* –*dido unverkauft* ‖ *se vende(n) zu verkaufen* ‖ ~**se** *Absatz finden* ‖ *verkauft werden* ‖ *sich verkaufen, sich bestechen lassen* ‖ *fig sich ausgeben (als por)* ‖ *fig sich verraten* ‖ ~ *por amigo fig sich als Freund ausgeben* ‖ ~ *caro figf sich teuer verkaufen* ‖ *sich sehr bitten lassen* ‖ ~ *fácilmente (od con facilidad) leicht verkäuflich, absetzbar sein (Ware)* ‖ ~ *lentamente (od con dificultad) schwer verkäuflich sein* ‖ *estar* –*dido fig verraten und verkauft sein* ‖ *todo está* –*dido alles ist ausverkauft* ‖ **–detta** *f it Vendetta, (Blut)Rache f* ‖ **–di** *m Verkaufsbescheinigung f* ‖ **–dible** *adj verkäuflich* ‖ *absatzfähig (Ware)*
véndico *adj wendisch, Wenden-*
vendija *f = vendeja*
¹**vendimia** *f Weinlese f* ‖ *Zeit f der Weinlese, Traubenzeit f* ‖ *fig reicher Gewinn m, Ernte f* ‖ ~ *fraccionada Auslese, Vorlese f*
²**vendimia** *f Ec pop Ware f*
vendi|miador *m Weinleser, Winzer m* ‖ **–miar** *vt Weinlese halten* ‖ *fig den Gewinn einstecken, ernten* ‖ *figf töten* ‖ **–miario** *m Weinmonat m (der Französischen Revolution – Vendemiaire)*
¹**vendo** *m Salband n, Tuchleiste f*
²**vendo** *adj wendisch, Wenden-* ‖ ~ *m Wende, Lausitzer Sorbe m* ‖ *el* ~ *das Wendische, das Lausitzische*
vendré → *venir*
vendu|ta *f Am Versteigerung f* ‖ *Cu* = **verdulería** ‖ **–tero** *m Am Auktionator m*
Vene|cia *f Venedig n* ‖ *artículos de* ~ *venezianische (Mosaik)Artikel mpl* ‖ **=ciano** *adj/s venezianisch* ‖ *farol(illo) a la* ~a *Lampion n* ‖ ~ *m Venezianer m*
***veneficio** *m* ⟨*Hist Med*⟩ *Giftmord m, lat Veneficium n*
venencia *f Probezieher m (Weinheber)*
vene|no *m Gift n (& fig)* ‖ *Bosheit f* ‖ *Groll m* ‖ ◊ *echar* ~ *fig Gift und Galle speien (od fam spukken)* ‖ **–nosidad** *f Giftigkeit f* ‖ **–noso** *adj giftig* ‖ *serpiente* ~a *Giftschlange f* ‖ *hongos* ~s *Giftpilze mpl*
¹**venera** *f* ⟨*Zool*⟩ *Jakobsmuschel f (Pecten jacobeus)* ‖ *Pilger-, Kam|muschel f (Pecten maximus)* ‖ *Ehrenkreuz n (e–s Ritterordens)* ‖ ◊ *empeñar la* ~ *nichts unversucht lassen* ‖ *alles daransetzen* ‖ *no se le caerá la* ~ *figf es wird ihm kein Stein aus der Krone fallen*
²**venera** *f Wasserquelle f* ‖ ⟨*Bgb*⟩ → **venero** ‖ *dim:* =**uela**
venera|bilidad *f Ehrwürdigkeit f* ‖ **–ble** *(sup* **–bilísimo)** *adj ehr-, verehrungs|würdig* ‖ **–ción** *f Verehrung, Ehrerbietung, Ehrfurcht f* ‖ *Anbetung f* ‖ *fig heilige Scheu f* ‖ ~ *de los santos Heiligenverehrung f* ‖ **–dor** *m Verehrer, Anbeter m*
vene|rando *adj ehrwürdig (& als Titel)* ‖ **–rar** *vt (ver)ehren* ‖ *anbeten*
venéreo *adj* ⟨*Med*⟩ *Geschlechts-* ‖ *venerisch* ‖ *enfermedad* ~a ⟨*Med*⟩ *Geschlechtskrankheit f*
venero *m* ⟨*Bgb*⟩ *Erz|gang m, -ader f, Flöz n* ‖ *Wasserquelle f* ‖ *Schattenstrich m (an der Sonnenuhr)* ‖ *fig Quelle f* ‖ *fig Fundgrube f* ‖ ~ *de ciencia fig Urquell m der Wissenschaft*
véneto *adj Veneter m* ‖ *Venezianer m*
vene|zolanismo *m venezolanische (Sprach-) Eigentümlichkeit f* ‖ **–zolano** *adj/s aus Venezuela, venezolanisch* ‖ ~ *m Venezolaner m* ‖ =**zuela:** *Estados Unidos (Abk EE. UU.) de* ~ *südam. Republik) Venezuela*
venga|dor *adj/s rächend, Rächer m* ‖ (espíritu) ~ *Rachegeist m* ‖ **–dora** *f Rächerin f* ‖ *(divinidad)* ~ ⟨*Myth*⟩ *Rachegöttin f* ‖ *Halbweltdame f* ‖ △**–injurias** *m Staatsanwalt m*
ven|ganza *f Rache f* ‖ *Rach|sucht, -gier f* ‖ *acto de* ~ *Racheakt m* ‖ ~ *de (la) sangre Blutrache f* ‖ *deseo de* ~ *Rachsucht f* ‖ *espíritu de* ~ *Rachegeist m* ‖ ◊ *clamar* ~ *nach Rache schreien* ‖

-gar [g/gu] vt *rächen, ahnden, strafen* || ◊ ~se en *(od* de) *sich rächen an* (dat), *Rache nehmen, Vergeltung üben* || ~se de *sich rächen wegen* || se ha –gado de mí *er hat sich an mir gerächt* || **-gativo** adj *rach|süchtig, -gierig* || la justicia ~a *die strafende Gerechtigkeit*

ven|go, -ga → **venir**

venia f *Verzeihung* f || *Erlaubnis, Genehmigung* f || **Verbeugung* f || ¡con su ~! *mit Verlaub!* || ◊ dar ~ *erlauben* || ⟨Mil⟩ → **permiso**

venial adj *verzeihlich* || *läßlich (Sünde)* || **~idad** f *Verzeihlichkeit* f || *Läßlichkeit* f *e–r Sünde*

veni|da f *Ankunft* f || *Rückkehr* f || *Steigen* n *des (Hoch)Wassers* || fig *Ungestüm* n || ~ del Espíritu Santo *Ausgießung* f *des Heiligen Geistes* || ~ de Jesucristo *Erscheinung* f *Christi* || a la ~ de la noche *bei Anbruch der Nacht* || **bien ~ = **bienvenida** || idas y ~s *Hin und Her, Hin- und Hergehen* n || *Auf und Ab, Auf- und Abgehen* n || **–dero** adj *(zu-)künftig, kommend* || en lo ~ *in Zukunft* || *künftighin* || próximo ~ ⟨Com⟩ *nächsten Monats* || *tiempo(s)* ~(s) *Zukunft, Folgezeit* f || los ~s *die Nachkommen* mpl || *die künftigen Geschlechter* npl || **-do** adj: bien ~ = **bienvenido** || ¡sea V. bien ~! *seien Sie willkommen* || ~ a menos *pop heruntergekommen* || →a **venir** || un hidalgo ~ a menos *pop ein heruntergekommener Edelmann*

venimécum [...un] m → **vademécum**

venir vi [irr.pres **vengo, vienes, viene, venimos, venís, vienen**, imp.sg **ven**, fut **vendré**, pret **vine**]:

A) *(an-, her)kommen* || *(einher)gehen* || *fahren, reisen* || *erscheinen, sich einstellen* || *einfallen (Gedanke)* || *(auf et) zurückkommen* || *abstammen* (de *von* dat) || *herrühren* (de *von* dat) || *entstehen* || *sich ereignen, geschehen* || *sich anwandeln, befallen* || *gedeihen, wachsen* || *sich schicken, passen* || ◊ ~ bien *sitzen, passen, gut stehen (Kleidung)* || *passen, entsprechen* || no me viene bien *das paßt mir nicht* || → **ancho** || viene borracho *er ist ganz betrunken* || verlas ~ pop *leidenschaftlicher (Karten)Spieler sein* || hacer ~ *kommen lassen, herbeischaffen* || *holen lassen* || *jdn rufen lassen, vorladen* || hacer ~ de España *aus Spanien bestellen* || el año que viene *nächstes Jahr* || viene en el diario *es steht in der Zeitung* || me viene gana *ich bekomme Appetit, Lust* || ni va ni viene fig *er ist ganz unschlüssig* || vino la mañana *der Morgen brach an* || al ~ él *bei seiner Ankunft* || estar (od quedarse) a ver ~ *el resultado das Ergebnis abwarten* || venga lo que venga *(od* ⟨Lit⟩ lo que viniere) *komme, was da wolle od was auch (immer) kommen mag* || *unter allen Umständen* || *auf jeden Fall* || ir y ~ *hin und her gehen* || *spazieren* ir A) || → **parto** || ¡ven acá! *komm her!* || *hör einmal!* || ¡venga! *kommen Sie her!* || *los!* || *her damit!* || *nun gut! meinetwegen!* || *auf! nur zu!* || ¡venga esta carta! *gib (bzw geben Sie) mir diesen Brief!* || *her mit dem Brief!* || ¡venga esa mano! *gib (od geben Sie) mir die Hand!* || fam *schlag ein! topp!* || ¡venga vino! *Wein her!* || ¡que venga! *er soll kommen* || → **cinco**

B) in Verb. mit Präpositionen *(od* präpositionalen Adverbialverbindungen):

1. in Verb. mit **a** (Bedeutung des Zieles)

a) ~ al mundo *auf die Welt kommen* || ~ a pie *zu Fuß kommen* || le diré lo que viene al caso *(od* a propósito) *ich werde ihm schon das Richtige sagen* || fig *ich werde kein Blatt vor den Mund nehmen* || ¡vengamos al caso! *(kommen wir) zur Sache!* || me viene a contrapelo *es geht mir gegen den Strich* || *es paßt mir nicht* || ~ a cuentas *zur Abrechnung kommen, abrechnen* || ~ a la memoria *einfallen* || le hizo ~ al suelo *er streckte ihn nieder* || vino a *(od* en) ello gustoso *er ging bereitwillig darauf ein* || vino a mi casa *er kam zu mir* || venir a buscar *holen* || → **mano** || ~ a mejor fortuna *in bessere Vermögensverhältnisse kommen* || ~ a menos *sich verringern, abnehmen* || fig *herunterkommen* || venido a menos fig *verarmt* || ¿a qué viene eso? *worauf zielt das ab? was soll das?*

b) in Verb. mit inf (bes als Abschluß od Ergebnis der Handlung): vengo a decir que ... *ich möchte beinahe behaupten, daß ...* || *es ist sozusagen ...* || por fin vino a conseguirlo *er hat es endlich erreicht* || ~ a ser *werden* || *zu et* (dat) *werden* || viene a ser lo mismo *es läuft auf dasselbe hinaus, es kommt auf dasselbe heraus* || *es ist ungefähr dasselbe* || *das ist ganz einerlei* || vino a colocarse allí *zum Schluß stellte er sich dorthin* || vino a parar en mis manos *es kam mir gerade (od zufällig) in die Hände* || vine a conocerlo allí *dort habe ich ihn kennengelernt* || vino a saberse en toda la aldea *es wurde im ganzen Dorf bekannt* || venir a verle a alg. *jdn aufsuchen, jdn besuchen* || vendré a verte pronto *ich werde dich bald besuchen* || vino a verme *er war bei mir* || eso viene a costar mucho *das kommt teuer zu stehen* || viene a costar tres duros *es kostet ungefähr 3 Duros*

2. in Verb. mit **con**: ¡no me vengas con bromas *(laß den) Spaß beiseite!* || *mit mir ist nicht zu spaßen!* || viene con él *er kommt mit (ihm)* || *er steht auf seiner Seite*

3. in Verb. mit **de**: a) vengo de Madrid *ich komme aus Madrid* || de ello viene *daraus folgt, daraus ergibt sich* || ⟨Typ⟩ viene de la página 5 *Fortsetzung von Seite 5* || ¡venga de ahí! pop *immer feste drauf!* || *na los!* || *auf! Mut!*

b) in Verb. mit inf:

1) (ursprünglich räumliche Bedeutung): ~ de hacer a/c *soeben et getan haben* || vengo de hablar con él *ich habe soeben, gerade jetzt mit ihm gesprochen*

2) y venga de reir y más reir pop *und das Lachen nahm kein Ende*

4. in Verb. mit **en**:

a) ~ en ayuda *zu Hilfe kommen* || ~ en barco *mit dem Schiff kommen* || ~ en coche, auto usw *(an)gefahren kommen* || ~ en una idea *auf e-e Idee verfallen* || no me viene en gana fam *das fällt mir nicht ein, keine Rede!* || cuando le venga en gana *wann es Ihnen beliebt* || vengo en conferir *ich verleihe (hiermit) (Formel)* || vino en constituirse en ... *daraus wurde (od entstand) schließlich ...* → **conocimiento**

b) in Verb. mit inf: vino en declarar que *er erklärte zum Schluß, daß* || la ley viene en decretar *das Gesetz bestimmt*

5. in Verb. mit **por**:

a) ~ por a (por) a/c *et (ab)holen wollen* || vengo por los libros *ich komme die Bücher abholen* || vengo por V. *ich komme Ihretwegen* || *ich will Sie abholen* || ~ por avión *per Flugzeug kommen, auf dem Luftwege kommen* || ~ por carretera *mit dem Wagen, per Achse kommen* || ~ por mar *auf dem Seeweg kommen* || la República por ~ *die künftige Republik, die Republik der Zukunft* || en lo por ~ *künftig*

b) ¡venga por acá! *kommen Sie (hier)her!* || →a **mal** m

6. in Verb. mit **sobre, tras**: el granizo vino sobre los campos *der Hagel ging über die Felder nieder* || una desgracia vino sobre él *ein Unglück brach über ihn herein* || vino tras él *er folgte ihm nach* || *er kam nachher (bzw hinterher)*

C) in Verb. mit Gerundium:

a) als Bezugnahme auf die Vergangenheit und Fortsetzung e–r vergangenen Handlung: ~ haciendo a/c *(seit längerer Zeit) et tun od getan haben* || según vengo *(= estaba y estoy)* diciendo *wie ich eben sage, wie ich schon öfters gesagt habe* || eso vengo diciendo *darauf ziele ich hin* || *das ist eben meine Absicht* || *wie ich eben sage, wie ich es eben meine* || que había venido conversando

con ella *die (*bzw *der) sich (seit längerer Zeit) mit ihr unterhalten hatte*
  b) ~ corriendo *herbeilaufen, angerannt kommen* || ~ volando *angeflogen kommen*
  D) in Verb. mit pp/adj: abgeschlossene Handlung der Vergangenheit, mit Bezugnahme auf die Gegenwart: ~le ancha u/c a alg. *e-r Sache nicht gewachsen sein* || viene cansado *er ist müde* || el traje te viene estrecho *das Kleid ist dir zu eng* || vengo herido *ich bin verwundet (worden)* || vengo molido pop *ich bin todmüde* || eso me viene clavado figf *das kommt mir wie gerufen, es kann nicht gelegener kommen* || *es paßt mir wie angegossen* || ~ rodado pop *wie gerufen kommen* || ~se *kommen, gehen* || *aufgehen, in die Höhe gehen (Sauerteig)* || *in Gärung übergehen (Most)* || ~ a alg. *auf jdn losgehen* || ~ a tierra, ~ abajo *ein\fallen, -stürzen* || la sala se venía abajo fig *der Saal erdröhnte von stürmischem Beifall* || ~ a buenas *sich gütlich vergleichen* || ~ cayendo *beinahe gefallen sein* || ~ durmiendo *nahe daran sein einzuschlafen* || se nos vino encima la guerra *der Krieg brach über uns herein* || se le venían lágrimas a los ojos *Tränen kamen in seine Augen* || hacer ~ al suelo *zu Fall bringen* || →a **ir, andar**
  venoso adj *aderig* || *geädert* || ⟨Med⟩ *Venen-, Ader-* || *venös*
  venta f *Verkauf, Vertrieb* m || *Absatz* m *(der Ware)* || *Ausschank* m || *Schänke* f, *Gast-, Wirts\haus* n *am Wege od in freier Lage* || figf *unwirtliche Gegend, Einöde* f || ~ anticipada *Vorverkauf* m || ~ en comisión *Verkauf auf Kommission, Kommissionsverkauf* m || ~ al contado *Barverkauf* m || ~ por correspondencia *Versand\handel* m, *-geschäft* n || ~ a crédito *Kredit(verkaufs-)geschäft* n, *Verkauf* m *auf Kredit* || ~ dificil *schleppender Absatz* m || ~ en exclusiva *Allein\verkauf, -vertrieb* m || ~ en la fábrica *Werkshandel* m || ~ fácil *flotter Absatz* m || ~ forzada, ~ forzosa ⟨Jur⟩ *Zwangsverkauf* m || ~ franco domicilio *Verkauf* m *frei Haus* || ~ ad gustum *Kauf* m *auf Probe* || ~ judicial *gerichtliche Versteigerung* f || ~ al por mayor *Verkauf im Großhandel, Engrosverkauf* m || ~ al por menor *Verkauf im Einzelhandel, Detailverkauf* m || ~ a plazo *Terminverkauf* m || ~ a plazos *Verkauf auf Raten(zahlung), Teilzahlungsverkauf* m, *Raten-, Abzahlungs\geschäft* n || ~ con receta médica *verschreibungspflichtig (Hinweis bei Medikamenten)* || ~ simulada *Scheinverkauf* m || ~ total *Ausverkauf* m || condiciones de ~ *Verkaufsbedingungen* fpl || éxito de ~ *Verkaufserfolg* m || *Verkaufsschlager* m || facilidad de ~ *Verkäuflichkeit, Absatzfähigkeit* f || imposibilidad de ~ *Unverkäuflichkeit* f || precio de ~ (al público) *Verkaufs-, Laden\preis* m || producto de la(s) ~(s) *Verkaufserlös* m || técnica de ~ *Verkaufstechnik* f || de ~ fácil *leicht verkäuflich, leicht absetzbar, leicht abzusetzen(d)* || de ~ difícil, de poca ~ *schwer verkäuflich, schwer absetzbar, schwer abzusetzen(d)* || ◊ ¹efectuar, ²emprender, ³facilitar, ⁴procurar, ⁵aumentar la ~ *den Verkauf*¹*bewerkstelligen,* ²*übernehmen, (den Absatz)* ³*ermöglichen (erleichtern),* ⁴*versuchen,* ⁵*erhöhen* || estar a la ~ *verkäuflich sein, vorrätig sein, erhältlich sein* || estar de ~ *zum Verkauf bestimmt sein, zu haben sein* || no hallarse ya a la ~ *nicht mehr vorrätig sein (Artikel)* || poner en (od a la) ~, ofrecer a la ~ *zum Verkauf anbieten* || *in den Handel bringen* || puesto en ~ *zu haben, erhältlich* || tener la exclusiva de ~ *(od venta exclusiva) den Alleinvertrieb haben* || tener *(od* ser de) buena ~ *absatzfähig sein* || ~s pl *Umsatz* m || anuales *Jahresumsatz* m || en gran escala, ~ masivas *Massen\absatz, -vertrieb* m || ~ en el mercado nacional *Inlandsabsatz* m || ~ en los mercados extranjeros *Auslandsabsatz* m || casa de ~ por

correspondencia *Versand\haus, -geschäft* n || cifra *(od* conjunto, suma) de ~ *Umsatz* m || departamento de ~ *Verkaufs-, Vertriebs\abteilung* f || jefe de ~ *Verkaufsleiter* m || personal de ~ *Verkaufspersonal* n || promoción de ~ *Absatzförderung* f || sección de ~ *Verkaufs-, Vertriebs\abteilung* f || →a **compra**
  ventada f *Windstoß* m
  venta\ja f *Überlegenheit, Oberhand* f || *Vor\teil, -zug* m || *Begünstigung* f || *Nutzen, Gewinn* m || *Plus* n || *Vorrecht* n || *Lohnzulage* f || ⟨Kart Sp⟩ *Vorgabe* f || ~ fiscal *Steuervergünstigung* f || ~ patrimonial *Vermögensvorteil* m || juego de ~ *Hasardspiel* n || → **jugador** || ◊ buscar su ~ *auf seinen Vorteil bedacht sein* || conceder, obtener una ~ *e-n Vorteil zugestehen, erzielen* || dar ~ (a) ⟨Com⟩ *e-e Vergünstigung gewähren, e-n Vorsprung geben, vorgeben (beim Spielen)* || llevar *(od* tener) ~ *im Vorteil sein, Vorteil haben (sobre vor)* || ⟨Sp⟩ *Vorsprung haben* || eso redunda en su ~ *das ist vorteilhaft für ihn* || sacar ~ *Nutzen ziehen* (de, a *aus)* || **-jero** m Chi *Gauner* m || **-jismo** m *skrupellose Geschäftemacherei* || **-jista** m *Falschspieler* m || *skrupelloser Geschäftemacher* m || **-joso** adj *vorteilhaft, zuträglich* || *günstig* || *einträglich, lohnend, gewinnbringend* || una ocasión ~a *e-e günstige Gelegenheit*
  ventalla f ⟨Bot⟩ *Klappe* f, *Fall-, Schließ\häutchen* n *(e-r Fruchtkapsel)*
  ventalle m prov *Fächer* m
  venta\na f *Fenster* n || *Sichtglas* n *(an Taucherhelm, Gasmaske usw)* || ~ arqueada *Bogenfenster* n || ~ basculante *Kippfenster* n || ~ de batientes *Flügelfenster* n || ~ de buhardilla *Giebelfenster* n || ~ corrediza *(od* [de] corredera), ~ caediza *Schiebe-, Fall\fenster* n || ~ doble *Doppelfenster* n || ~ enrejada *Gitterfenster* n || ~ giratoria *Drehfenster* n || ~ de guillotina *Schiebe-, Fall\fenster* n || ~ de dos hojas *zweiflügeliges Fenster* n || ~ (de arco) ojival *Spitzbogenfenster* n || ~ redonda *Rundfenster* n || apoyo de ~ *Fensterbrüstung* f || ◊ hacer ~ fam *Fensterparade machen, im Fenster liegen* || tirar ~s a la calle *Aussicht auf die Straße haben (Haus)* || tirar a ~ *conocida (od* señalada) figf *e-e versteckte Anspielung auf jdn machen* || tirar *(od* arrojar) por la ~ *zum Fenster hinauswerfen* (& fig) || fig *ver\geuden, -prassen (Vermögen)* || → **asomar** || las ~s de la nariz ⟨An⟩ *die Nasenlöcher* npl || **-nal** m *Kirchenfenster* n || *Treppenhausfenster* n || **-nazo** m augm v. **-na** || *Zuschlagen* n *e-s Fensters* || ◊ dar un ~ *das Fenster zuschlagen* || **-near** vi fam *Fensterparade machen, im Fenster liegen* || **-nilla** f dim v. **-na** *Fensterchen* n || *Fenster* n *(an Fahrzeugen)* || *Schalter(fenster)* n || ~ del banco *Bankschalter* m || ~ giratoria ⟨Aut⟩ *Ausstellfenster* n || ~ de correos *Postschalter* m || ~ trasera ⟨Aut⟩ *Heckfenster* n || ~ roja ⟨Phot⟩ *Kontrollluke* f *der Filmnummern (an e-r Filmkamera)* || las ~s de la nariz *die Nasenlöcher* npl || **-nillo** m dim v. **-na** || **-no** m *Fensterchen* n || **-nucho, -nuco** m fam desp *kleines, elendes Fenster* n
  ventar vt/i *prov lüften* || (*Getreide*) *worfeln* || *wehen (Wind)* || = **ventear**
  venta\rrón, -zo m augm v. **viento** *Windstoß* m || ⟨Mar⟩ *Wirbelwind* m
  venteadura f *Windspalt* m *im Holz*
  vente\ar vt/i ⟨Jgd⟩ *(aus)wittern, winden, schnuppern (Hunde)* || *lüften* || *schwingen (Korn)* || *wehen (Wind)* || fig *ausspähen, (herum)schnüffeln* || ◊ a fuertemente *es ist sehr windig* || ~**se** vr *(auf)springen, rissig werden, Sprünge (od Risse) bekommen* || *Blasen werfen (Keramik, Ziegel)* || *unter Lufteinfluß verderben* || = **ventosear** || s : ~**o** m || **-cillo, -cito** m dim v. **viento**
  vente\ra f *(Schank)Wirtin* f || **-ril** adj fam *kneipenmäßig, Schank-* || ¹**-ro** m *(Schank)Wirt* m || ²**ventero** m/adj *Spür-, Fährten\hund* m

venti|lación f (Aus-, Ent)Lüftung, Belüftung, Ventilation f ‖ ⟨Bgb⟩ Bewetterung, Wetterführung f ‖ Luftloch n ‖ ~ por aspiración Abluftventilation f ‖ Saugbewetterung f ‖ **–lador** m Ventilator, Lüfter m ‖ ⟨Tech⟩ Gebläse n ‖ ⟨Tech⟩ Windrädchen n ‖ Luftloch n ‖ ~ helicoidal Schraubengebläse n ‖ Schraubenventilator m ‖ ~ rotativo Rotationsgebläse n ‖ **–lar** vt/i aus-, ent-, be|lüften, lüften ‖ ⟨Bgb⟩ bewettern ‖ fig erörtern, ventilieren, anregen ‖ ◊ ~ una cuestión e–e Frage erörtern od ventilieren

ventis|ca f Schnee|sturm m, -gestöber n ‖ **–car** [c/qu], **–quear** v. impers schneien und stürmen ‖ stöbern (Schnee) ‖ **–coso** adj: tiempo ~ Schnee|wetter, -gestöber n ‖ **–quero** m Schneegestöber n ‖ Schneeberg m ‖ Nährgebiet n des Gletschers ‖ Schnee|schlucht, -grube f, -loch n ‖ → a **helero, glaciar, nevero**

vento|lera f Windstoß m ‖ Windmühlchen n (Kinderspiel) ‖ figf verrückter, toller Einfall m ‖ Mex fam Wind m, Blähung f ‖ ◊ le dio la ~ por casarse er hat es sich in den Kopf gesetzt zu heiraten ‖ **–lina** f ⟨Mar⟩ leichter Wind m ‖ Chi fam Wind m, vulg Furz m

ventor adj/s: (perro) ~ → **ventero**

vento|rero m windiger Ort m ‖ **–rillo, –rro** m desp Dorfkneipe, Spelunke f

vento|sa f Wind-, Luft|loch n (zum Belüften) ‖ Entlüftungsventil n ‖ Saugnapf m ⟨& Zool⟩ ‖ ⟨Med⟩ Schröpfkopf m ‖ △Fenster n ‖ ◊ poner (od pop echar) ~s Schröpfköpfe aufsetzen, schröpfen ‖ pegar a uno una ~ fig jdn schröpfen ‖ **–sear** vi Winde streichen lassen, pop furzen ‖ ⟨Med⟩ Blähung f ‖ fam Wind m ‖ **–so** adj windig ‖ ⟨Med⟩ blähend ‖ ~ m △Fenster-, Kletter|dieb m ‖ Fassadenkletterer m

ventral adj ⟨An⟩ Bauch- ‖ aletas ~es ⟨Fi⟩ Bauchflossen fpl

ventre|cillo m dim v. **vientre** ‖ Bäuchlein n ‖ **–gada** f ⟨Zool⟩ Wurf m (Tiere) ‖ **–ra** f Leibbinde f, Bauch|riemen, -gurt m ‖ **–zuelo** m dim v. **vientre**

ventrículo m ⟨An⟩ Höhlung f, Ventrikel m ‖ Magen m ‖ ~ del cerebro, ~ del encéfalo (Ge-)Hirnkammern fpl ‖ ~s del corazón ⟨An⟩ Herzkammern fpl

ventril m Richtbalken m e–r Ölmühle

ven|trílocuo m/adj Bauchredner m ‖ **–triloquia** f Bauchrednerkunst f

ven|trón m augm v. **vientre** ‖ **–troso, –trudo** adj bauchig, dickbäuchig

ventura f Glück n ‖ glückliches Ereignis n ‖ Glücksfall, glücklicher Zufall m ‖ Wagnis n ‖ ⟨Mar⟩ = **aventura** ‖ buena ~ = **buenaventura** ‖ decidora de ~ Handleserin f ‖ a la (buena) ~ aufs Geratewohl, auf gut Glück ‖ mala ~ Unglück n, fam Pech n ‖ por ~ vielleicht, etwa ‖ glücklicherweise ‖ sin ~ ohne Glück, unglücklich ‖ la sin ~ ⟨Lit⟩ die Unglückliche ‖ ◊ decir la buena ~ aus der Hand wahrsagen ‖ poner en ~ aufs Spiel setzen ‖ probar ~ sein Glück versuchen ‖ viene la ~ a quien la procura Spr hilf dir selbst, so hilft dir Gott

Ventura m pop = **Buenaventura** m (Tfn)

ventu|rado adj = **–roso** ‖ **–ranza** f Glückseligkeit f ‖ **–rero** m/adj Abenteurer m ‖ Hochstapler m ‖ **–rina** f → **aventurina** ‖ *-ro adj (zu)künftig ‖ **–roso** adj glücklich; günstig, *stürmisch (Wetter) ‖ día ~ Glückstag m ‖ un ~ porvenir e–e glückliche Zukunft

Venus f ⟨Myth Astr⟩ Venus f ‖ fig Schönheit f ‖ Zauberweib n ‖ monte de ~ ⟨An⟩ Venusberg m

venusto adj anmutig, schön ‖ fig geil, wollüstig

¹**ver** vt/i [pres **veo**, imp **ve**, pret **vi**, pp **visto**]: A) sehen, erblicken ‖ zu Gesicht bekommen ‖ erleben ‖ auf-, be|sehen, anschauen ‖ sehen (nach), nach-, durch|sehen ‖ untersuchen ‖ wahrnehmen, bemerken, gewahr werden ‖ einsehen, verstehen ‖ ansehen, auffassen ‖ be-, auf|suchen ‖ ⟨Jur⟩ (Prozeß, Fall) verhandeln, führen, abhalten ‖ (Zeugen) (an)hören, vernehmen

1. ~ una causa ⟨Jur⟩ e–n Prozeß verhandeln ‖ ~ las estrellas pop die Sterne vor den Augen tanzen sehen (vor Schmerz) ‖ ~ mundo sich in der Welt umsehen, Reisen unternehmen ‖ no lo veo claro fam es ist mir nicht (ganz) klar ‖ ~ bien (mal) gut (schlecht) sehen ‖ fig e–e Angelegenheit wohlwollend (übelwollend) betrachten ‖ no lo veré yo en mi vida das werde ich nicht mehr erleben ‖ no puede ~lo er kann es (bzw ihn) nicht sehen ‖ fig er kann ihn nicht ausstehen ‖ aquí donde V. lo ve, es un buen muchacho pop so wie er dasteht, ist er ein guter Kerl ‖ lo creo como si lo viera fig das glaube ich aufs Wort ‖ es como si lo viera es ist, als ob ich es vor mir sähe ‖ ich kann es mir ganz deutlich vorstellen ‖ ni quien tal vio Verstärkung e–r Negation: no es rico ni quien tal vio pop er ist weit entfernt davon, reich zu sein ‖ vea V. su reloj sehen Sie einmal nach Ihrer Uhr ‖ darse a ~ sich kurz blicken lassen ‖ (no) dejarse ~ sich (nicht) blicken lassen, sich (nicht) zeigen ‖ hacer ~ sehen lassen ‖ (vor-) zeigen ‖ schließen lassen auf ‖ deutlich machen ‖ dartun, erklären ‖ ¡hágame ~lo! zeigen Sie es mir! ‖ donde fueres, haz como vieres Spr mit den Wölfen muß man heulen ‖ ir (od venir) a ~ besuchen ‖ besichtigen, ansehen ‖ volveré a verlo mañana morgen sehe ich ihn wieder ‖ vea V. si ... sehen Sie zu, daß ... ‖ si te he visto, no me acuerdo figf etwa: aus den Augen, aus dem Sinn! ‖ → **mundo, cielo, acuerdo, gota,** ⁵ir B) 1. a)

2. in Verb. mit inf od ger: lo vi entrar ich sah ihn eintreten ‖ le vi pintar ich habe ihn malen sehen (gesehen, wie er malte od wie er gemalt wurde) ‖ ~ venir u/c et kommen sehen ‖ et abwarten, aufpassen auf (acc) ‖ auf der Lauer liegen ‖ ~las venir fam ⟨Kart⟩ leidenschaftlicher (Karten)Spieler sein ‖ figf et (voraus)ahnen ‖ spielen ‖ el arte de ~las venir pop das Kartenspiel ‖ ¡te veo (~)! fam ich durchschaue dich! ich sehe schon, was du für Absichten hast ‖ le veo trabajando ich sehe ihn arbeiten (od bei der Arbeit) ‖ le vi correr (od corriendo) ich habe ihn (fort)laufen sehen

3. in Verb. mit **con:** tener que ~ con Zusammenhang haben mit, zu tun haben mit ‖ ¿qué tiene que ~ lo uno con lo otro? was hat das e–e mit dem andern zu tun? ‖ no tiene nada que ~ (con ello) es hat damit nichts zu tun ‖ das macht nichts!

B) ~ vi (nach)sehen ‖ trachten, bestrebt sein ‖ modo de ~ Gesichtspunkt m ‖ Auffassung f ‖ → **manera, modo** ‖ ¡a ~! laß sehen! lassen Sie sehen! ‖ mal sehen! ‖ pop her damit! ‖ zeigen, bitte! ‖ herzeigen! ‖ ei, wie schön! ‖ nanu! was Sie sagen! (Staunen) ‖ ¡vamos a ~! wir wollen mal sehen, sehen wir einmal zu! ‖ a ~ si lo sabes tú fam mal sehen, ob du es weißt (bzw kannst) ‖ ¡a ~, veamos! fam wir wollen sehen! ‖ ¡veremos! fam (im ausweichenden Sinn) das werden wir noch sehen! ‖ warten wir es ab! ‖ fam gut denn! (halbe Zustimmung) ‖ das möchte ich gerne sehen! (Ausdruck des Zweifels) ‖ allá veremos fam wir werden schon sehen! ya (lo) veremos! wir wollen sehen! ‖ abwarten! es ist nicht so eilig! ‖ wir werden es (schon od noch) erleben ‖ es de ~, es para ~ es ist merkwürdig ‖ sería de ~ que es wäre interessant, wenn ‖ era (muy) de ~ pop das war (sehr) sehenswert ‖ veré de hablarle ich werde versuchen, ihn zu sprechen ‖ bien se echa de ~ que man sieht gleich, daß ‖ → **echar** ‖ a) 2 ‖ está por ~ es ist noch zweifelhaft ‖ ¡hay que ~! pop es ist kaum zu glauben! ‖ hört, hört! ‖ ... que no había más que ~ pop ... (es war) et ganz Merkwürdiges ‖ ¡pues tendría que ~! pop das würde noch fehlen! ‖ sin más ~ ohne nähere Un-

tersuchung || tengo un sueño que no veo pop *ich bin zum Umfallen müde* || ¡vieras qué risa! fam *da würdest du einmal lachen!*

C) ~**se** *erscheinen, sich zeigen* || *zu sehen sein* || *augenscheinlich sein, einleuchten* || *sich befinden (oft für* estar, hallarse *usw)* || *sich sehen* || *einander besuchen* || ~ obligado a (~ en el caso de) *sich gezwungen sehen, nicht umhinkönnen zu* || siento verme en el caso de… *ich bin leider genötigt zu* … || se vio (= estuvo) bien recibido *er wurde gut aufgenommen* || las paredes se veían bien adornadas *die Wände waren schön (aus)geschmückt* || siempre se le ve a V. con gusto *Sie sind immer willkommen* || a lo que se ve *allem Anschein nach* || me veo negro para conseguirlo figf *das wird e–e harte Nuß für mich sein* || se ve que *man sieht, daß* || *es ist klar, daß* || ¡ya se ve! *freilich! allerdings!* || ~ pobre *arm sein* || *(plötzlich) verarmen* || ~ en un apuro *sich in e–r mißlichen Lage befinden* || ~ al espejo *sich im Spiegel betrachten* || → **cara** || ~ con alg. *mit jdm zusammenkommen* || *sich mit jdm besprechen* || ~ con u/c *sich im Besitz e–r Sache befinden* || te vas a ~ con el *du wirst ihn sprechen können* || nos veremos las caras figf *wir sprechen uns noch! (Drohung)* || va a vérselas sólo con él *er wird mit ihm allein fertig werden* || tuvo que ~ y desearse para vencerle pop *nur mit größter Mühe konnte er ihn bewältigen* || caso nunca visto *nie dagewesener Fall* || ¡hambráse visto! *ist es zu glauben? unerhört!* || ¡se ha visto granuja! pop *gibt es e–n größeren Gauner?* || véase (más) abajo *siehe unten!*

²**ver** *m Sehen* n || *Gesichtssinn* m || *Aussehen, Äußere(s)* n || a mi (modo de) ~ *meiner Meinung nach, meines Erachtens* || de buen ~ *gutaussehend* || ¡a (od hasta) más ~! *auf Wiedersehen!* || ◊ tener buen ~ *gut, hübsch aussehen*

vera f *Rand, Saum* m || ⟨Mal⟩ *Sockel* m || prov *rechte Seite* f || a la ~ de (bes poet) *neben* || a la ~ del río *am Ufer des Flusses* || a su ~ *neben ihm* || ◊ no se movió de mi ~ *er wich nicht von meiner Seite*

veracidad f *Wahrhaftigkeit* f || *Wahrheitsliebe* f || *Richtigkeit* f *(Aussage)*

veracruzano adj *aus Veracruz* (Mex)

△**veragua** f *Banknote f von 1000 Peseten*

veralca f Chi *Guanacofell* n *(als Decke od Teppich)*

verana|da f ⟨Agr⟩ *Zeit f der Sommerweide* || **-dero** m ⟨Agr⟩ *Sommerweide* f

veranda f ⟨Arch⟩ *Veranda* f

verane|ante m *Sommerfrischler* m || **-ar** vi *in der Sommerfrische sein, den Sommer(Urlaub) verbringen* || ◊ ir a ~ *in die Sommerfrische gehen* || **-o** m *Sommer|aufenthalt* m, *-frische* f || *Sommerwohnung* f || = **veranero** || punto de ~ *Aufenthaltsort* m || ◊ estar de ~ *in der Sommerfrische sein*

vera|nero m *Sommerweide* f || ⟨V⟩ Ec = **pardillo** || ~ adj Am = **veraniego** || **-niego** adj *sommerlich* || *Sommer-* || fig *oberflächlich* || *unbedeutend* || estancia ~a *Sommer|aufenthalt* m, *-frische* f || *Sommerwohnung* f || **-nillo** m dim v. **-no** || Nachsommer m || ~ de San Martin *Nach-, Spät-, Altweiber|sommer* m || **-nito** m Am: ~ de San Juan *Spät-, Nach-, Altweiber|sommer* m || **-no** m *Sommer* m || ~ indio *Altweiber-, Spät-, Nach|sommer* m || ¡de ~! pop *laß mich in Ruhe!* || en ~ *im Sommer* || principio, fin de(l) ~ *Vor-, Spät|sommer* m || vestido de ~ *sommerlich gekleidet* || temporada de ~ *Sommerzeit* f || ◊ pasar como una nube de ~ fig *rasch verfliegen (Leidenschaft, Begeisterung usw)* || pasar el ~ en el campo *den Sommer auf dem Lande verbringen* || ponerse de ~ *sich sommerlich kleiden*

veras fpl *Wahr(haftigk)eit* f, *Ernst* m || de ~ *im Ernst, Scherz beiseite* || *wirklich, in der Tat* || *ernsthaft* || *aufrichtig* || ¿de ~? *ist es möglich?*

tatsächlich? || de todas ~ *ganz ernstlich* || bueno de ~ *wirklich gut* || un hombre de ~ *ein ganzer Mann*, fam *ein ganzer Kerl* m || entre burlas y ~ *halb im Ernst, halb im Scherz* || → **burla** || ◊ tomar de ~ *ernst nehmen*

verascopio m ⟨Phot⟩ *Veraskop* n

veratro m ⟨Bot⟩ *Germer* m (Veratrum spp)

veraz [pl **-ces**] adj *wahrheitsliebend* || *wahr* || ◊ era ~ *er hatte recht*

ver|ba f fam *Gesprächigkeit* f || *Geschwätzigkeit* f || pop *Mundwerk* n || **-bal** adj *mündlich* || *wörtlich* || ⟨Gr⟩ *verbal, Verbal-, Verb-* || acuerdo ~ *mündliches Übereinkommen* n || marca ~ *Wortmarke* f *(gewerblicher Rechtsschutz)* || nota ~ ⟨Pol⟩ *Verbalnote* f || *adjetivo, forma, derivación* ~ ⟨Gr⟩ *Verbal|adjektiv* n, *-form, -ableitung* f || expresión, sentido ~ *wörtliche Bedeutung* f || memoria ~ *Wortgedächtnis* n || pedido ~ *mündlicher Auftrag* m || adv: **-mente** || **-balismo** m *Verbalismus* m || *Vorherrschaft* f *des Wortes statt der Sache (z. B. im Unterricht)* || desp *Wortklauberei* f || **-balista** adj/s *auf den Verbalismus bezüglich* || *zum Verbalismus neigend* || ~ m *Verbalist* m || desp *Wortklauber* m

verbasco m ⟨Bot⟩ *Königskerze* f (= **gordolobo**)

verbe|na f ⟨Bot⟩ *Eisenkraut* n (Verbena) || Span *Verbena (Volksfest), Kirmes* f || p.ex *(Sommernachts)Ball* m || **-náceas** fpl *Eisenkrautgewächse* npl (Verbenaceae) || **paloma** || **-near** vi *an e–r Verbena teilnehmen* || fig *schäkern* || fig *wimmeln* || *sich schnell vermehren*

verberar vt *geißeln, peitschen* || fig *peitschen (Wellen, Wind)*

verbigracia, lat **verbi gratia** adv/s *zum Beispiel, z. B.*

verbi gratia lat adv → **verbigracia**

verbo m *Wort* n || *Ausdruck* m || ⟨Gr⟩ *Zeitwort, Verb(um)* n || ~ activo (od transitivo) *transitives Verb* n || ~ auxiliar *Hilfszeitwort* n || ~ impersonal, intransitivo (od neutro) *unpersönliches, intransitives Zeitwort* n || ~ (ir)regular, ~ recíproco (un)regelmäßiges, reziprokes Zeitwort n || ~ reflexivo (od reflejo), ~ pronominal *reflexives, rückbezügliches Zeitwort* n || en un ~ prov *im Nu* || ≺ ⟨Rel⟩ *das Wort, der Logos* || Jesus Christus m || el ~ Divino *das göttliche Wort, das Gotteswort* || Jesus Christus m || ◊ echar ~s fam *fluchen* || → **defectivo, deponente, frecuentativo, sustantivo**

verbo|rragia, = **-rrea** f fam *Wortschwall* m || *Geschwätzigkeit* f || vulg *Mauldiarrhö(e)* f || **-sear** vi fam *schwätzen* || **-sidad** f *Wortschwall* m || *Geschwätzigkeit* f || **-so** adj *wortreich* || *schwülstig* || *geschwätzig, schwatzhaft*

verdá f pop = **verdad**

verdad f *Wahrheit* f || *Tatsache, Wirklichkeit* f || *Wahrheitsliebe* f || la ~ desnuda *die nackte (od ungeschminkte) Wahrheit* || la pura ~ *die reine Wahrheit* || ~ trivial, ~ de Perogrullo pop *Binsenwahrheit* f || amigo de la ~ *Wahrheitsfreund* m || *wahrheitsliebend* || amor de (od a) la ~ *Wahrheitsliebe* f || conforme a la ~ *wahrheitsgemäß* || contrario a la ~, ajeno de (la) ~ *wahrheitswidrig, unwahr* || hombre de ~ *wahrheitsliebender Mensch* || plaza de la ~ ⟨Taur⟩ pop *Siterkampfarena* f || la hora de la ~ (torera) ⟨Taur⟩ fig *das Abstechen des Stieres* || a la ~ *in der Tat* || zwar || a decir ~, a la ~ *offen gestanden* || *eigentlich* || *wahrhaftig* || si voy a decir la ~ *wenn ich die Wahrheit sagen soll* || de ~ *wahrhaftig, wirklich* || *unverfälscht* || *offen gestanden* || *im Ernst, ernstgemeint* || en ~ *wahrhaftig, wirklich* || *wahrlich* || *tatsächlich* || in *Wahrheit* || zwar, wohl || ◊ decir toda la ~ *die volle Wahrheit sagen* || (no) es ~ *es ist (nicht) wahr* || *das stimmt (nicht)* || la ~, no lo entiendo *ich verstehe es tatsächlich (od wirklich) nicht* || es una ~ como un templo figf *es ist e–e unum-*

stößliche Wahrheit || ¿(no es) ~? (pop ¿no ~?) *nicht wahr?* || *ist es nicht so?* || ~ es que (*od* ~ que) *zwar, freilich* || *wohl, allerdings* || *einerseits* || bien es ~ (*od* ~ es que) ..., pero *zwar* ..., *aber* || faltar a la ~ *lügen* || no hay una palabra de ~ en ello *es ist kein wahres Wort daran* || **-es** *pl:* ~ crueles *derbe, unangenehme Wahrheiten* fpl || ~ como puños, ~ evidentes figf *handgreifliche Wahrheiten* || decir (*od* cantar) cuatro ~ (*od* las ~ del barquero) (a) pop *jdm die Wahrheit ins Gesicht sagen* || figf *jdn herunterputzen*
  verdade|ramente adv *wahrhaftig, in der Tat* || *offen gestanden* || **-ro** adj *wahr(haftig), wirklich, tatsächlich* || *echt* || *wahrheitsliebend* || el ~ *motivo der eigentliche Grund* || ◊ es la verdad ~a *es ist die reinste Wahrheit* || la sospecha resultó ~a *der Verdacht hat sich bestätigt*
  verdagueri(a)no adj *auf den katalanischen Dichter M. J. Verdaguer (1845–1902) bezüglich*
  verdal adj *grünlich (Frucht u. Pflanze)* || pera ~ *Grünbirne* f
  verdas|ca f *Gerte, Rute* f || **-cazo** *m:* ◊ dar ~s (a) pop *verprügeln*
  verde adj/s *grün* || *grün, unreif (Früchte, Holz)* || fig *jung, kräftig* || fig *jung, unerfahren, unreif* || *herb (Most)* || *frisch (Gemüse)* || fig *schlüpfrig, pikant (Wort, Rede)* || fig *geil, wollüstig* || los ~s años *Jugend(zeit)* f || área ~ *Grünfläche* f || cinturón ~ *Grüngürtel m (e-r Stadt)* || chiste ~ *schlüpfriger Witz* m || faja ~ *Grünstreifen* m || fruta ~ *unreifes Obst* m || infierno ~ *grüne Hölle* f *(trop. Urwald)* || onda ~ 〈Aut〉 *grüne Welle* f *(Verkehrsregelung)* || judías ~s *grüne Bohnen* fpl || viejo ~ fig *Alter* m, *der sich noch jung fühlt* || *geiler Alter, Lust|greis, -molch* m || vino ~ (de Amarante) *portugiesischer Rotwein* m *(aus unreifen Trauben hergestellt)* || vitriolo ~ 〈Chem〉 *Eisenvitriol* n || viuda ~ fam *lustige Witwe* f || zona ~ *grüne Zone* f *(in Städten)* || ◊ estar ~ *e–n grünen Schimmer haben, ins Grüne spielen* || *unreif sein* || fig *jung, unerfahren sein* || *¡están ~s! fam die Trauben sind mir zu sauer!* || *das wird wohl kaum gehen! das ist e–e harte Nuß! (Ansp. auf die Fabel "Der Fuchs und die Trauben")* || dagegen: ser ~ *grün sein, grüne Farbe haben* || poner ~ a alg. figf *jdm gehörig den Kopf waschen, jdn herunterputzen, jdn zur Schnecke* (vulg *zur Sau*) *machen* || ~ m *Grün* n *(grüne Farbe)* || das Grüne, die Natur || *Laub* n || 〈Agr〉 *Grüne(s), Grünfutter* n || Sant Arg *Weide(land* n*)* f || Arg Ur *Mate* m || ~ aceituna *Olivgrün* n || ~ amarillo *Gelbgrün* n || ~ azul(ado) *Blaugrün* n || ~ cardenillo *Giftgrün* n *(Grünspan)* || ~ claro *Hellgrün* n || ~ de cromo *Chromgrün* n || ~ esmeralda *Smaragdgrün* n || ~ malaquita *Malachitgrün* n || ~ mar *See-, Meer|grün* n || ~ (de) montaña 〈Min〉 *Berg-, Stein|grün* n *(alter Name für lebhaft grüne erdige kupferhaltige Mineralien)* || ~ musgo *Moosgrün* n || ~ oliva *Olivgrün* n || ~ oscuro *Dunkelgrün* n || ~ de Schweinfurt *Schweinfurter od Braunschweiger od Neuwieder Grün, Uraniagrün* n || en ~ *noch grün, jung (Saat)* || *roh (Haut)* || consumo en ~ *Verbrauch* m *als Obst (z. B. von Weintrauben)* || ◊ darse un ~ pop *einmal ausspannen, sich einmal verschnaufen* || pintar de ~ *grün anstreichen*
  verde|ar vi *ins Grüne spielen* || *(er)grünen, sprießen (Saaten, Felder)* || ~ vt *(für den Handel) pflücken (Trauben, Oliven)* || **-azul** adj *blaugrün* || **-celedón** adj *blaßgrün* || **-cer** vi [-zc-] *grünen* || **-cillo** m 〈V〉 → **verderón** || **-gay** adj *hell-, papagaien|grün* || **-guear** vi = **verdear** || **-jo** adj *grünlich* || **-mar** adj *meergrün* || **-oscuro** adj *dunkelgrün* || **-rol** m 〈V〉 = **-rón** || **-rón** m 〈V〉 *Grün|ling, -fink* m (Carduelis chloris) || ~ serrano 〈V〉 *Zitronen|zeisig, -girlitz* m (Serinus citrinella) || →a **berberecho** || **-te** m → **cardenillo** || ◊ criar ~ *Grünspan ansetzen* || **-zuelo** adj dim *v.* **verde** ||

grünlich || ~ m 〈V〉 = **-cillo**
  verdi|azul adj *blaugrün* || **-claro** adj *hellgrün* || **-moreno, -negro, -oscuro** adj *dunkelgrün*
  ver|dín m *grünlicher Schimmer* m *auf sprießenden Pflanzen* || *erstes zartes Grün* n || *Grünspan* m || *Wasserfäden* mpl *in stehenden Gewässern* || *Mauerschimmel* m || *Moosbezug* m || **-dolaga** f 〈Bot〉 *Portulak* m (Portulaca)
  verdipardo adj *braungrün*
  ver|dón m 〈V〉 *Grünfink* m || △*Saatfeld* n || **-dor** m *(Pflanzen)Grün* n || fig *Jugend|Kraft* f || **-doso** adj *grünlich* || gris ~ *graugrün* || △~ m *Feige* f || **-doyo** m → **verdín**
  verdugada f 〈Arch〉 = **verdugo**
  verdu|go m *Reis* n, *Schößling, Trieb* m || *Rute, Gerte* f || *Peitsche, Geißel* f || *Peitschenhieb* m || *(Peitschen)Strieme* f || fig *Henker, Scharfrichter* m || 〈Arch〉 *Ziegelreihe* f *zwischen anderem Mauerwerk* || 〈V〉 = **alcaudón** || espada de(l) ~ *Henkerschwert* n || augm: **-gón** m *(Peitschen)Strieme* f || *Am Riß* m *in der Kleidung* || **-guillo** m dim *v.* **-go** || *(Hohl)Leiste* f || *schmales Rasiermesser* n || *Ohrring* m || 〈El〉 *Regulationsring* m *(e–r Bogenlampe)*
  verdulera f *Gemüse|frau, -händlerin* f || *Marktfrau* f || figf *Marktweib* n
  Ver|dún m *Verdun* || adj: **-dunense**
  verdunización f *Wasserreinigung* f *durch Chloren*
  verdura f *Grün* n || *Laub* n, *Belaubung* f || *Gemüse, Grünzeug* n || *Suppenkraut* n || 〈Mal〉 *Verdure* f *(Gobelin)* || figf *Anstößigkeit, Schlüpfrigkeit* f || *Pikanterie* f || *Obszönität* f || ensalada de ~ *Gemüsesalat* m
  ver|dusco, -duzco adj *grünlich*
  verecun|dia f 〈Lit〉 *Schamhaftigkeit, Scheu* f || **-do** adj *schamhaft*
  vereda f *Pfad, Fußweg* m || *Neben-, Seiten|weg* m || *Schneise* f || *Viehtrift* f *(Weideweg der Wanderherden)* || SAm *Bürgersteig* m || ◊ hacer entrar en ~, meter en ~ (a) figf *auf den rechten Weg bringen, jdn zur Erfüllung seiner Pflichten anhalten*
  veredicto m 〈Jur〉 *Spruch* m *(der Geschworenen), Verdikt* n (& fig) || fig *Urteil* n, *Meinung* f || ~ de inculpabilidad *Freispruch* m || ◊ dar (*od* pronunciar) el ~ *das Urteil fällen*
  ver|ga f 〈Mar〉 *Rahe, Segelstange* f || *männliches Glied* n, *Rute* f || *Bogen* m *der Armbrust* || **-gajo** m *Ochsenziemer* m || *Rute* f
  vergé adj frz: papel ~ *Vergépapier, geripptes Papier* n
  vergel m *Blumen-, Obst-, Haus|garten* m
  vergencia f 〈Geol Opt〉 *Vergenz* f
  vergeteado adj 〈Her〉 *mit mehrfachen Fäden*
  vergon|zante adj *schamhaft, verschämt* || *Am verschämt* || Pe *ruiniert, verarmt* || **-zosa** f Cu 〈Bot〉 *Mimose* f (→ **mimosa**) || 〈Zool〉 = **armadillo** || **-zoso** adj/s *beschämend* || *schändlich, schimpflich* || *schamhaft, verlegen* || ~ m *Schüchterne(r)* m || 〈Zool〉 *Art Gürteltier* n || ~ *beschämende Tatsache* || partes ~as *Schamteile* mpl
  vergüenza f *Scham(haftigkeit)* f || *Beschämung* f || *Verschämtheit, Schüchternheit, Zaghaftigkeit* f || *Schande, Schmach* f || *Schimpf* m || *Schandfleck* m || *Schandpfahl, Pranger* m || △*(Frauen-)Haube* f || ~ para la civilización *Kulturschande* f || hombre de ~ *Mann* m *mit Ehrgefühl* || sin ~ *schamlos, unverschämt*, → a **sinvergüenza** || ◊ me da ~ su conducta *ich schäme mich seines Benehmens* || ¡da ~! *es ist beschämend!* || es una ~ *es ist e–e Schande* || perder la ~ *die Schüchternheit ablegen* || *rücksichtslos vorgehen* || *unverschämt, dreist werden* || sacar a la ~ *an den Pranger stellen* || tener ~ *sich schämen* || *schüchtern sein* || tener ~ torera *Standesgefühl haben (Stierfechter)* || no

tener ~ *unverschämt, schamlos sein* || las ~s *die Schamteile* pl
vergueta f *(Reit)Gerte* f
vericueto m *steiniger, bergiger, unwegsamer Weg* m
  verídico adj *wahr(haft)* || *wahrheitsliebend* || ◊ ser ~ *der Wahrheit entsprechen*
  verifi|cación f *(Nach-, Über)Prüfung, Kontrolle* f || *Bestätigung, Bewahrheitung* f || *Aus-, Voll-, Durch|führung, Verwirklichung* f || *Be-, Nach|weis* m, *Feststellung* f || ~ de cuentas *Rechnungsprüfung* f || ~ de pabellón *Feststellung* f *der Nationalität (e–s Schiffes)* || ~ de poder *Prüfung* f *der Vollmacht* || *oficina de* ~ *Prüfstelle* f, *Eichamt* n || **–cador** m *Prüfer (& Gerät), Kontrolleur, Aufseher* m || ⟨El⟩ *Störungsbeamte(r)* m || ~ de alta tensión *Hochspannungsprüfer* m || ~ de contadores *Zählerprüfer, Kontrolleur* m *für (Gas)Uhren usw* || ~ de interrupciones ⟨Tel⟩ *Störungssucher* m || ~ del peso *(Nach)Wiegen* m || ~ de presión de aire ⟨Aut⟩ *Luftdruckprüfer* m || **–car** [c/qu] vt *(nach-, über)prüfen, kontrollieren, untersuchen* || *bestätigen, beurkunden, beglaubigen* || *bewähren* || *dartun, beweisen, feststellen* || *aus-, voll-, durch|führen, verwirklichen* || *zustande bringen* || *abhalten (Sitzung)* || ◊ ~ un adelantamiento ⟨Aut⟩ *überholen* || ~ al azar *e–e Stichprobe machen* || ~ la firma *die Unterschrift prüfen* || ~ el pago *die Zahlung vornehmen, zahlen* || ~ pronto la entrega ⟨Com⟩ *bald liefern* || ~se *zustande kommen, erfolgen, stattfinden* || *abgehalten werden (Sitzung)* || *sich bewahrheiten* || *nachgewiesen (od bestätigt) werden* || **–cativo** adj *bestätigend, beurkundend* || *beweisend*
  verija f *Schamteile* pl || *Am Weichen* fpl *(des Pferdes)*
  veril m ⟨Mar⟩ *Rand* m *e–r Untiefe* || **~ear** m ⟨Mar⟩ *an e–r Untiefe entlang fahren*
  veringo adj *Col nackt*
  verisímil adj = **verosímil**
  veris|mo m *Verismus* m *(Kunstrichtung)* || **–ta** adj/s *veristisch* || ~ m *Verist* m
  verja f *(Eisen)Gitter, Gatter* n || *Gatter|tor* n, *-tür* f || *Zaun|tür* f, *-gitter* n || *Fenstergitter* n
  verjel m = **vergel**
  verlainiano, verleniano adj *auf den franz. Dichter Verlaine (1844–1896) bezüglich*
  ver|me m *Wurm* m || ~s *intestinales Eingeweidewürmer* mpl || **–micida** adj/s ⟨Med⟩ *wurm|abtreibend, -tötend, vermizid* || ~ m *Wurmmittel* n || **–micular** adj *wurmartig, Wurm-* || **–miculo** m *Würmchen* n || **–miforme** adj *wurmförmig* || *apéndice* ~ ⟨An⟩ *Wurmfortsatz* m || **–mífugo** adj/s *wurmabtreibend, vermifug* || ~ m *Wurmmittel* n
  vermut m *Wermut(wein)* m || ⟨Filmw Th⟩ fig *Am Nachmittagsvorstellung* f
  vernáculo adj *einheimisch* || fig *von lokaler Bedeutung* || *idioma* ~ *Landes-, Heimat|sprache* f
  vernal adj *Frühlings-* || **~ización** f *Kältebehandlung, Vernalisation* f || **~izar** vt bes ⟨Agr⟩ *vernalisieren*
  vernier m ⟨Math Tech⟩ *Nonius, Vernier* m
  vero m *Feh-, Zobel|pelz* m || ⟨Her⟩ *Eisenhutfeh* n || *Hermelin* m
  vero|nense (od **–nés, esa**) adj/s *aus Verona* || *Veroneser, veronesisch*
  verónica f *das Schweißtuch Christi* || ⟨Bot⟩ *Ehrenpreis* m (Veronica sp) || ⟨Taur⟩ *Vorhalten* n *des roten Tuches* || *rotes Tuch* n *(des Stierkämpfers)* || Chi *schwarzes Umhängetuch* n *(der Frauen)* || ◊ dar una ~ (a), **veroniquear** vt ⟨Taur⟩ *(dem Stier) das rote Tuch vorhalten*
  vero|símil adj *wahrscheinlich* || *glaub|haft, -würdig* || adv: **~mente** || **–similitud** f *Wahrscheinlichkeit* f
  verra|co m *Eber, Keiler* m || Col *Widder* m || Arg *(Art) Wollhase* m || ~ adj Pe *blond(haarig)* ||

mit blauen Augen || **–quear** vi fig *grunzen, knurren, murren* || fig *heulen, plärren (Kinder)* || **–quera** f *Wutgeheul, Geplärr* n *(Kinder)* || Cu *Rausch, Schwips* m
  verrion|dez [pl **–ces**] f *Brunst(zeit)* f || **–do** adj *brünstig (Eber)* || *welk (Gemüse)* || *halbgar (Gemüse)*
  verrón m → **verraco**
  verrucoso adj ⟨Wiss Med⟩ *warzenförmig, verrukös* || *warzig* || →a **verrugoso**
  verru|ga f *Warze* f || fig *lästige Person, pop Wanze* f || **–go** m fam *Geizhals* m || **–goso** adj/s *warz(enart)ig* || →a **verrucoso** || △**–guetar** vt/i ⟨Kart⟩ *mogeln*
  vers. Abk = **versículo**
  ver|sado adj *bewandert, beschlagen, geübt, erfahren, versiert* || *eingeweiht* (en *in* acc) || ~ en la pintura *geübt im Malen* || ~ en las lenguas *sprachgewandt* || ◊ estar ~ en ... *bewandert sein in ...* || **–sal** adj: (letra) ~ ⟨Typ⟩ *Groß-, Versal|buchstabe* m || **–salilla, –salita** f/adj ⟨Typ⟩ *Versal* m [pl **–ien**] || *(in runden Schriften) Kapitälchen* n
  Versa|lles m *Versailles* n || → **tratado** ≕**llesco** adj *auf Versailles bezüglich* || fig *(übertrieben höflich, galant) geziert*
  versar vt/i *(herum)drehen* || *studieren, (e–n Lehrgang) mitmachen* || *obwalten* || ◊ ~ sobre *(od acerca de)* a/c *handeln (von)* || *conferencia que versará sobre el tema ... Vortrag über ...* || ~se *sich üben in (dat)*
  ver|sátil adj *drehbar* || *Mehrzweck-* || fig *wankelmütig* || **–satilidad** f *Wankelmut* m, *Unbeständigkeit, Sprunghaftigkeit* f || *Vielseitigkeit* f *(bes Tech)*
  ver|secillo m *dim v.* ¹**verso** || **–sicolor** adj *bunt(farbig)* || **–sículo** m *Bibelspruch* m || *Gesangbuchvers* m
  versifi|cación f *Versbau* m || *Verskunst* f || *Übertragung* f *in Versen* || **–cador** m *Versemacher, Verskünstler*, fam *Reimschmied* m || **–car** [c/qu] vt/i *in Verse bringen* || *Verse machen* || *reimen, dichten*
  ver|sión f *Über|setzung, -tragung* f *(bes aus e–r Fremdsprache)* || *Version, Fassung* f || *Darstellung* f || *Auffassung* f || *Lesart* f || ⟨Med⟩ *Wendung* f *(Geburtshilfe)* || (en) ~ *original con subtítulos* ⟨Filmw⟩ *(in) Originalfassung mit Untertiteln* || **–sista** m *Verskünstler*, fam *Reimschmied* m || *Gelegenheitsdichter* m
  ¹**verso** m *Vers* m || *Gedicht* n || *Bibel|vers, -spruch* m || ~ (a)cataléctico *(a)kataleklischer Vers* m || *adónico adonischer Vers* m || ~ agudo, ~ llano *männlicher, weiblicher Vers* m || ~ alejandrino *Alexandriner* m || ~ asclepiadeo mayor *Asclepiadeus maior* m *(Versform)* || ~ blanco *Blankvers* m || *freier Vers* m || ~ burlesco *Knittel-, Knüttel|vers* m || ~ dactílico, trocaico, yámbico, espondaico *daktylischer, trochäischer, jambischer, spondeischer Vers* m || ~ esdrújulo *daktylisch endigender Vers* m || ~ libre, ~ suelto *reimloser, freier Vers* m || *Blankvers* m || *Knittel-, Knüttel|vers* m || ~ sáfico *sapphischer Vers* m || en ~ *in Gedichtform* || *comedia en* ~ *Verskomödie* f || *compañía de* ~ *Schauspielertruppe* f || *drama en* ~ *Versdrama* n || *traducción en* ~ *Versübersetzung* f || ~s *pareados Verspaare* npl || *arte de hacer* ~s *Verskunst* f || ◊ el ~ corre *der Vers ist fließend*
  ²**verso** m/adj *Verso* n, *Rückseite* f *e–s Blattes* || ⟨Typ⟩ *gerade (linke) Seite* f || ◊ véase al ~ *siehe Rückseite, bitte wenden*
  ³**verso** m ⟨Mil Hist⟩ *Feldschlange* f *(Geschütz)*
  versta f *(russische) Werst* f (= 1067 *Meter)*
  vértebra f ⟨An⟩ *Wirbel* m || ~ cervical *Halswirbel* m || ~ dorsal *Brustwirbel* m || ~ lumbar *Lendenwirbel* m
  verte|brados mpl ⟨Zool⟩ *Wirbeltiere* npl (Vertebrata) || **–bral** adj ⟨An⟩ *Wirbel-* || *columna* ~

Wirbelsäule f, *Rückgrat* n *(nur dies* & *fig)*
verte|dera *f* ⟨Agr⟩ *Streichbrett* n *am Pflug* ‖ **–dero** *m Müll-, Schutt|abladeplatz* m, *(Müll-) Deponie* f ‖ *Müllgrube* f ‖ *Müllkasten* m ‖ *Ablaufrinne* f ‖ *Über|lauf, -fall* m *(an e–m Wehr)* ‖ **–dor** *m Ablauf-, Abzugs|rinne* f ‖ ⟨Mar⟩ *Wasserschaufel* f ‖ → **vertedero**
ver|ter [–ie–] vt/i *(aus)gießen, ausschütten* ‖ *(ein)gießen, ein|schütten, -füllen* ‖ *ausstreuen* ‖ *auskippen* ‖ *abladen* ‖ *ver|gießen, -schütten* ‖ *abgießen* ‖ *über|setzen, -tragen* ‖ *herunter-, hinab|-fließen* ‖ *sich ergießen, münden* (a *in an)* ‖ ◊ ~ *salud figf vor Gesundheit strotzen* ‖ ~ *sangre Blut vergießen* ‖ *el sol vierte llamas fig die Sonne brennt glühendheiß* ‖ ~ *al (od* en) *francés ins Französische übersetzen* ‖ ~ *al suelo auf den Boden schütten, gießen* ‖ *capital* –tido ⟨Com⟩ *Anlagekapital, voll eingezahltes Kapital* ‖ **~se** vr *aus|fließen, -laufen* ‖ **–tible** adj fig *unbeständig*
vertical adj/s *senk-, lot|recht, vertikal* ‖ *descentramiento* ~ ⟨Phot⟩ *Hochverstellung* f *(des Objektivs)* ‖ (línea) ~ *Senkrechte, Lotrechte, Vertikale* f ‖ *punto* ~ *Scheitelpunkt* m ‖ *(recta)* ~ *senkrechte Gerade* f ‖ *tamaño* ~ ⟨Phot⟩ *Hochformat, hohes Format* n ‖ *en sentido* (od en posición) ~ *senkrecht* ‖ ~ *f Senk-, Lot|rechte, Vertikale* f ‖ ⟨Astr⟩ *Vertikal(kreis)* m ‖ **~idad** *f senkrechte Stellung* f *(od Richtung* f*)* ‖ *lotrechter Verlauf* m
vértice *m Scheitel, (Kopf)Wirbel* m ‖ ⟨Math⟩ *Scheitel(punkt)* m ‖ → **ángulo** ‖ ⟨An⟩ *Spitze* f ‖ fig *Höhepunkt* m ‖ ~ *del pulmón* ⟨An⟩ *Lungenspitze* f
verticidad *f Beweglichkeit, Drehbarkeit* f
vertido *m Ab|lassen, -senken, Entleeren* n ‖ **~s** mpl *Abfälle* mpl, *Abfallprodukte* npl ‖ ~ *industriales Industrieabfälle* mpl
vertiente adj *herabströmend (Wasser)* ‖ ~ *f Dachneigung, Abdachung* f ‖ *Abfall* m *(e–s Gebirges)* ‖ *Gefälle* n, *(Berg)Abhang, Hang* m
vertiginoso adj *schwindelerregend* (& fig) ‖ *schwind(e)lig* ‖ con **~a** *rapidez mit rasender (od atemberaubender) Schnelligkeit, rasend schnell*
vértigo *m Schwindel, Taumel,* fam *Dusel* m ‖ *Koller* m *(der Pferde)* ‖ fig *Taumel, Rausch* m ‖ *de* ~ fig *rasend (Geschwindigkeit)* ‖ *atemberaubend* ‖ ◊ *causar* **~s** *Schwindel erregen* ‖ *padecer* **~s** *Schwindelanfälle bekommen* ‖ *tengo* **~s** *mir schwindelt*
vertimiento *m Aus|gießen, -schütten* n ‖ *Ver|gießen, -schütten* n ‖ *Ergießen* n
vesania *f Sinnesstörung* f, *Irrsinn* m
vesánico adj/s *irrsinnig*
vesi|cación *f* ⟨Med⟩ *Blasenbildung* f ‖ **–cal** adj ⟨An⟩ *Blasen-* ‖ **–cante** adj/s ⟨Med⟩ *blasenziehend (Mittel)* ‖ ~ *m Vesikatorium* n
vesícula *f* ⟨An Med⟩ *Bläschen* n, *Blase* f ‖ ~ *biliar Gallenblase* f ‖ ~ *germinativa Keimbläschen* n ‖ **~s** *seminales Samenbläschen* npl
vesita *f* pop = **visita**
vesperti|lio *m* ⟨Zool⟩ *Zweifarbige Fledermaus* f (Vespertilio murinus) ‖ p.ex = **murciélago** ‖ **–liónidos** mpl ⟨Zool⟩ *Glattnasen* fpl (Vespertilionidae)
△**vesperti|na** *f Straßendirne, Hure* f ‖ Am *Abendvorstellung* f ‖ **–no** adj *abendlich, Abend-* ‖ *crepúsculo* ~ *Abenddämmerung* f ‖ *diario* ~ *Abendzeitung* f ‖ *lucero* ~ *Abendstern* m ‖ ~ *m* △*Nachtschwärmer, Bummler* m
véspidos mpl ⟨Entom⟩ *Faltenwespen* fpl (Vespidae) (→ **avispa**)
Vespucio: Américo ~ ⟨Hist⟩ *Amerigo Vespucci (1454–1512)*
vestal adj *die Göttin Vesta betreffend* ‖ ~ *f Vestalin* f
veste *f* ⟨poet⟩ *Kleidung* f, *Kleid* n
Vest|falia *f Westfalen* n ‖ *paz de* ~ *Westfälischer Friede* m ‖ **⁼faliano** adj *westfälisch* ‖ ~ *m Westfale* m

vestíbulo *m Vorhalle* f ‖ *Hausflur* m ‖ *Diele* f, *Flur* m ‖ ⟨Th⟩ *Foyer* n ‖ *Empfangshalle* f ‖ ⟨An⟩ *Vorhof* m *(z. B. des Ohres)* ‖ *Warteraum* m *(Arztpraxis)* ‖ ~ *de la estación Bahnhofsvorhalle* f
¹**vestido** adj *(an)ge-, be|kleidet* ‖ ~ *de luto in Trauerkleidung* ‖ ~ *de musgo* fig *moosbedeckt* ‖ ~ *de negro schwarz gekleidet, in schwarzem Anzug* ‖ *bien* ~ *gut gekleidet, gut angezogen* ‖ ◊ *irse al cielo* ~ *y calzado bestimmt (od geradewegs) in den Himmel kommen*
²**vesti|do** *m Kleid* n ‖ *Damenkleid* n ‖ *Kleidung* f ‖ *Gewand* n ‖ ~ *de calle Straßenkleid* n ‖ ~ *de casa,* ~ *de cada día Hauskleid* n, *Alltagskleid* n ‖ ~ *camisero Hemdblusenkleid* n ‖ ~ *de caza Jagdanzug* m ‖ ~ *de cóctel Cocktailkleid* n ‖ ~ *corto, largo kurzes, langes Kleid* n ‖ ~ *dominguero,* ~ *de fiesta Sonntagskleid* n ‖ ~ *de entretiempo,* ~ *de medio tiempo,* Am ~ *de media estación Übergangskleid* n ‖ ~ *escotado (cerrado) dekolletiertes ([hoch]geschlossenes) Kleid* n ‖ ~ *de etiqueta,* ~ *de serio Gesellschaftsanzug* m ‖ ~ *de gala,* ~ *de ceremonia Festkleidung* f ‖ ~ *de invierno,* ~ *de verano Winter-, Sommer|kleid* n ‖ ~ *de novia Brautkleid* n ‖ ~ *de paisano Zivilkleidung* f ‖ *géneros para* ~s *de señora(s) Damenkleiderstoffe* mpl ‖ ◊ *hacerse (od encargar) un* ~ *sich ein Kleid machen lassen* ‖ *llevar* ~ *largo (corto) ein langes (kurzes) Kleid tragen* ‖ *los* ~s *dan honor* ⟨Spr⟩ *Kleider machen Leute* ‖ →a **traje** ‖ **–dura** *f Gewand* n ‖ ~s *litúrgicas,* ~s *sacras (od sagradas) liturgische Gewänder* npl ‖ ~s *sacerdotales Priestergewänder* npl
vestigio *m Spur, Fährte* f ‖ fig *Spur* f, *Anzeichen* n ‖ ◊ *sin dejar* ~ *spurlos*
vestiglo *m Scheusal, Gespenst* n
vestimenta *f Kleidung* f ‖ *Gewandung* f ‖ ~s (sacerdotales) *Priestergewänder* npl ‖ joc *geschmacklose Kleidung* f, *Aufzug* m
¹**vestir** [–i–] vt *(an-, be-, ein)kleiden* ‖ *anziehen* ‖ *anhaben, tragen (Kleid)* ‖ *verkleiden, schmücken (z. B. mit Teppichen)* ‖ *beziehen (z. B. Sessel)* ‖ ⟨Arch⟩ *verkleiden* ‖ *für jdn arbeiten (Schneider)* ‖ fig *bemänteln, verhüllen, verschleiern* ‖ fig *beschönigen* ‖ ◊ ~ *el altar den Altar schmücken* ‖ ~ *el hábito (sacerdotal) Priester sein* ‖ ~ *el rostro de severidad e–e strenge Miene aufsetzen* ‖ *me viste un buen sastre ich habe e–n guten Schneider* ‖ *eso lo viste ante los demás das gibt ihm Ansehen bei den undern* ‖ *quedar(se) para* ~ *imágenes (od santos)* figf *e–e alte Jungfer werden, sitzen bleiben* ‖ *vísteme despacio, que tengo prisa Spr eile mit Weile!* ‖ ~ vi *sich kleiden* ‖ *(gut) kleiden, stehen* ‖ ◊ ~ *de blanco sich weiß kleiden* ‖ ~ *de corto kurze Kleider tragen, kurz tragen* ‖ ~ *de máscara ein Maskenkostüm anhaben, kostümiert gehen* ‖ ~ *a la moda sich nach der Mode kleiden* ‖ ~ *de paisano Zivilkleidung tragen, in Zivil gehen* ‖ ~ *de uniforme Uniform tragen* ‖ *el color negro viste mucho Schwarz kleidet sehr gut* ‖ *de mucho* ~ *sehr kleidsam* ‖ *cuarto de* ~ *Ankleidezimmer* n ‖ *Juan viste bien Johann kleidet sich gut* ‖ *el mismo que viste y calza pop eben der, er selbst, kein anderer* ‖ **~se** *sich anziehen, sich (an)kleiden* ‖ *sich überziehen, sich bedecken (de mit)* ‖ ◊ ~ *a la moda sich nach der Mode kleiden* ‖ ~ *con lo ajeno* fig *sich mit fremden Federn schmücken* ‖ *se viste con la mejor modista sie läßt ihre Kleider bei der besten Schneiderin arbeiten* ‖ ~ *de la autoridad sich ein Ansehen geben* ‖ *e–e Amtsmiene aufsetzen* ‖ *el cielo se vistió de nubes der Himmel hat sich mit Wolken überzogen*
²**ves|tir** *m Kleidung* f ‖ *gusto en el* ~ *Geschmack* m *im Anziehen* ‖ **–tuario** *m Kleidung* f, *Kleidungsstücke* npl ‖ *Ankleidezimmer* n ‖ *(Künstler)Garderobe* f ‖ *Kleiderkammer* f (& ⟨Mil⟩) ‖ ⟨Th⟩ *Kostüme* npl, *Ausstattung* f, *Kostümfundus* m

Vesubio *m* Vesuv *m*
veta *f Maser, Faser* f *(im Holz)* ‖ *Ader* f *(im Marmor)* ‖ ⟨Bgb⟩ *Gang* m, *Flöz* n, *Erzader* f ‖ *Erdschicht* f ‖ *(bunter) Streifen* m *(im Stoff)* ‖ ~ de magro en el tocino *Streifen mageren Specks im fetten Speck* ‖ △tirar de ~ *koitieren*
vetar vt *sein Veto einlegen (gegen* acc*)*
vete → **ir(s)e**
vete|ado adj *geädert* ‖ *gemasert* ‖ *gefasert (Holz)* ‖ *marmoriert (Wand)* ‖ ojos ~s de sangre *blutunterlaufene Augen* npl ‖ **-ar** vt *masern* ‖ *marmorieren*
vete|ranía *f Veteranenschaft* f ‖ fig *Erfahrenheit* f ‖ **-rano** adj/s *altgedient* ‖ ~ *m ausgedienter Soldat, Veteran* m ‖ *Kriegsteilnehmer* m ‖ fig *erfahrener Mensch,* fam *alter Hase* m ‖ ~ del servicio *im Dienst Ergraute(r)* m
veteri|naria *f Tierheilkunde* f ‖ **-nario** *m*/adj *Tierarzt, Veterinär* m
veto *m Veto* n, *Einspruch(srecht* n*)*m ‖ derecho de(l) ~ *Einspruchs-, Veto|recht* n ‖ ◊ poner el ~ a *Einspruch erheben gegen,* bes. ⟨Pol⟩ *sein Veto einlegen gegen*
vetus|tez *[pl* **-ces***] f (Greisen)Alter* n ‖ **-to** adj *alt(ertümlich)* ‖ *sehr alt, gebrechlich*
vez *[pl* **-ces***] f Mal* n ‖ *Reihe(nfolge)* f ‖ *Wechsel* m, *Abwechslung* f ‖ = **vecera** ‖ a la ~ *auf einmal, zugleich, gleichzeitig* ‖ todos a la ~ *(od* de una ~*) alle auf einmal, alle zugleich* ‖ largo a la ~ *que aburrido lang und dabei langweilig (z. B. Buch)* ‖ a su ~ *seinerseits* ‖ *für sich* ‖ *in seiner Art* ‖ yo a mi ~ *ich meinerseits* ‖ alguna ~ *manchmal, bisweilen* ‖ alguna que otra ~ *das eine oder andere Mal* ‖ ab und zu, hin und wieder ‖ gelegentlich, bisweilen ‖ cada ~ *jedesmal, allemal* ‖ cada ~ más *immer mehr* ‖ cada ~ menos *immer weniger* ‖ → a **cada** ‖ de una ~ *auf einmal* ‖ *einmalig* ‖ *mit einemmal* ‖ zugleich ‖ de una ~ (para siempre), una ~ por todas *ein für allemal* ‖ de ~ en cuando *hin und wieder, gelegentlich* ‖ en ~ de *(an)statt, anstelle von* ‖ en ~ de callar *statt zu schweigen* ‖ esta ~ *diesmal* ‖ de esta ~ *diesmalig* ‖ ninguna ~ *in keinem Falle,* nie ‖ otra ~ *noch-, aber|mals, noch einmal* ‖ *ein andermal* ‖ *wieder* ‖ la otra ~ *das vorige Mal,* neulich ‖ *damals* ‖ ¡no y otra ~ no! pop *nein und nochmals nein!* ‖ por ~ *der Reihe nach* ‖ por primera ~, por ~ primera *das erste Mal, zum erstenmal* ‖ por enésima ~ *zum x-ten Mal* ‖ rara ~ *selten, kaum* ‖ tal ~ *vielleicht, etwa* ‖ wahrscheinlich ‖ *wohl* ‖ tal cual ~ *selten, kaum* ‖ todo de una ~, *alles auf einmal* ‖ una ~ *einmal* ‖ *irgendwann* ‖ una ~ más *noch einmal* ‖ *wieder* ‖ una ~ que fam *(mit* ind*) da, demnach, weil* ‖ *(mit* subj*) sobald* ‖ *wenn erst einmal* ‖ una y otra ~ *wiederholt, mehrmals* ‖ una ~ *para siempre ein für allemal* ‖ una que otra ~, una ~ que otra ‖ ab und zu, manchmal ‖ una ~ u otra *irgendwann* ‖ einmal ‖ la única ~ *das einzige Mal*
◊ para decirlo todo de una ~ *pop kurz und gut* ‖ es mi ~ *die Reihe ist an mir, jetzt bin ich an der Reihe* ‖ érase una ~, una ~ había *es war ein mal (Anfangsformel der Märchen)* ‖ ~ hubo en que no comió nada *einmal hatte er nichts gegessen* ‖ le llegó la ~ (de cantar) *er war an der Reihe (zu singen)* ‖ pedir la ~ *die Reihennummer verlangen (bei großem Andrang)* ‖ quitar la ~ al delantero *den Platz seines Vordermannes einnehmen* ‖ tomar *(od* coger*)* la ~ (de, a) *an jds Stelle treten* ‖ tomarle a uno la ~ fam *vor jdm den Vorrang gewinnen*

veces pl*:* a (las) ~ *manchmal, zuweilen* ‖ con diez ~ más de vino *mit der zehnfachen Menge Wein* ‖ algunas ~ *zuweilen, gelegentlich* ‖ diez ~ (tanto) *zehnmal (so viel), das Zehnfache* ‖ más ~ *mehrere Male* ‖ *öfter(s)* ‖ las más (de las) ~ *am häufigsten, fast immer* ‖ la mayoría de las ~ *in den meisten Fällen* ‖ muchas ~ *oft* ‖ pocas *(od* raras*)* ~ *selten* ‖ tantas ~ *so oft* ‖ varias ~ *mehrmals,*

mehrfach, verschiedentlich ‖ ¿cuántas ~? *wie oft?* ‖ todas las ~ que (& ind) *immer wenn* ‖ *jedesmal, wenn* ‖ (& subj) *sobald* ‖ ◊ hacer las ~ de *jds Stelle vertreten* ‖ *jdn ersetzen* ‖ hacer las ~ de padre (con) *Vaterstelle vertreten (bei)* ‖ ~ hay en que miente *manchmal lügt er auch* ‖ *es kommt auch vor, daß er lügt* ‖ ¡las ~ que se lo tengo dicho! *wie viele Male (od wie oft) habe ich es ihm (schon) gesagt!* ‖ quien da luego *(od* primero*),* da dos ~ Spr *wer schnell gibt, gibt doppelt*
veza *f* ⟨Bot⟩ *Wicke* f (Vicia spp)
vezar [z/c] vt *(an)gewöhnen*
vg., vgs. Abk = **virgen, vírgenes**
vg., Vg., vgr., v.gr. = **verbigracia**
¹**vi (ví)** → **ver**
²**vi** Am pop = **voy**
¹**vía** *f Weg* m ‖ *Bahn* f ‖ *Straße* f ‖ ⟨EB⟩ *Bahn* f ‖ *Strecke* f ‖ *Gleis* n, *Schienenstrang* m ‖ *Spur* f ‖ ⟨Aut⟩ *Spur(weite)* f ‖ fig *Handlungsweise* f ‖ fig *Weg* m, *Verfahren* n (bes ⟨Verw⟩) ‖ *Mittel* n ‖ ⟨An⟩ *Gang, Weg, Kanal* m, *Bahn* f ‖ ~ administrativa *Verwaltungsweg* m ‖ ~ aérea *Luftweg* f ‖ ~ aérea, ~ colgante, ~ suspendida *Hängebahn* f ‖ *Hochbahn* f ‖ *Schwebebahn* f ‖ ~ de agua ⟨Mar⟩ *Leck* n ‖ ~ ancha, estrecha ⟨EB⟩ *Breit-, Schmal|spur* f ‖ (~ de) apartadero ⟨EB⟩ *Abstellgleis* n ‖ ~ de cinta (transportadora) ⟨Tech⟩ *Bandstraße* f ‖ ~ de comunicación *Verkehrsweg* m ‖ ~ contenciosa ⟨Jur⟩ *Prozeßweg* m ‖ ~ crucis ⟨Rel⟩ *Kreuz|weg* m, -*andacht* f ‖ fig *Leidensweg* m, *Qual, Drangsal* f ‖ ~ ejecutiva ⟨Jur⟩ *Vollstreckungsverfahren* n ‖ ~ de empalme ⟨EB⟩ *Anschlußgleis* n ‖ *Gleisanschluß* m ‖ ~ férrea *Eisenbahn* f ‖ *Bahnstrecke* f ‖ *Schienenweg* m ‖ → a **ferrocarril** ‖ ~ fluvial *Binnenwasserweg* m ‖ ~ gubernativa *Verwaltungsweg* m ‖ ~ húmeda, seca ⟨Chem⟩ *Naß-, Trocken|verfahren* n ‖ ~ industrial, ~ de fábrica ⟨EB⟩ *Werksbahn* f ‖ ~ jerárquica *Dienstweg* m ‖ ~ judicial, ~ jurídica *Rechtsweg* m ‖ ⌁ láctea *f* ⟨Astr⟩ *Milchstraße* f ‖ ~ lateral ⟨EB⟩ *Nebengleis* n ‖ *Zweigstrecke* f ‖ *Zweigbahn* f ‖ ¡~ libre! *freie Fahrt!* ‖ ~ de maniobras ⟨EB⟩ *Rangiergleis* n, *Verschiebekopf* m ‖ ~ marítima *Seeweg* m ‖ ~ de mina ⟨Bgb⟩ *Grubenbahn* f ‖ ~ muerta *totes Gleis* n ‖ *Abstellgleis* n ‖ ~ navegable, ~ de navegación *Schiffahrts|straße,* -*weg* m, *schiffbare Wasserstraße* f ‖ ~ (de ancho) normal ⟨EB⟩ *Normal|spur* f ‖ ~ oficial *Amtsweg* m ‖ ~ pública *öffentliche Straße* f, *öffentlicher Weg, Verkehrsweg* m ‖ ~ sacra = ~ crucis ‖ ~ de salida ⟨EB⟩ *Ausfahrgleis* n ‖ ~ sanguínea ⟨An⟩ *Blutbahn* f ‖ ~ sensitiva ⟨An⟩ *Gefühlsbahn, sensible Bahn* f ‖ ~ de un solo sentido *Einbahnstraße* f ‖ ~ sumaria ⟨Jur⟩ *summarisches, abgekürztes Verfahren,* *Schnellverfahren* n ‖ ~ terrestre *Landweg* m ‖ ~ transferidora, ~ de transferidoras ⟨Tech⟩ *Transferstraße* f ‖ ~ de varias sendas *mehrspurige Fahrbahn* f ‖ ~ ancho (interior) de la ~ ⟨EB⟩ *Spurweite* f ‖ cambio de ~ ⟨EB⟩ *Weiche* f ‖ cruce de ~(s) ⟨EB⟩ *Bahnkreuzung* f ‖ inspector de ~ ⟨EB⟩ *Streckenaufseher* m ‖ paso de ~ *Wegkreuzung* f ‖ de doble ~ *doppel-, zwei|gleisig* ‖ de una ~ *eingleisig* ‖ de ~ normal *voll-, normal|spurig (Geleise)* ‖ por ~ de *in seiner (ihrer usw) Eigenschaft als* ‖ por ~ aérea *auf dem Luftwege* ‖ *mit (od per) Luftpost* ‖ por ~ diplomática *auf diplomatischem Wege* ‖ por ~ de elección *durch Wahl* ‖ por ~ de ensayo *probeweise* ‖ por ~ de excusa *zur Entschuldigung* ‖ por ~ marítima *auf dem Seewege, über See, per See* ‖ por ~ oral *zum Einnehmen, oral (Hinweis bei Medikamenten)* ‖ por ~ postal *auf dem Postwege* ‖ por ~ rectal *rektal anzuwenden (Hinweis bei Medikamenten)* ‖ por ~ terrestre *auf dem Landwege* ‖ por la ~ más económica ⟨Com⟩ *auf billigstem Wege* ‖ por la ~ acostumbrada *(od* usual*) auf üblichem Wege* ‖ por ~ de Francia *über Frankreich* ‖ ◊ enviar por

~ ... ⟨Com⟩ *via* ... *(zu)senden* ‖ *hacer de una*
~ *dos mandados* figf *zwei Fliegen mit e–r Klappe
schlagen* ‖ *poner en la* ~ fig *ins Geleise bringen* ‖
~**s** *pl*: ~ *de igual categoría gleichrangige Stra-
ßen* fpl ‖ ~ *digestivas* ⟨An⟩ *Verdauungs|wege*
mpl, *-trakt* m ‖ ~ *respiratorias, urinarias* ⟨An⟩
Atmungs-, Harn|wege mpl ‖ en ~ *de im Begriff
zu* ‖ por ~ *de hecho wirklich, tatsächlich* ‖ *tät-
lich*
²**vía** adv *über, via* ‖ ~ Madrid *über (od via)
Madrid* ‖ ~ *recta gerade(s)wegs*
  viá Am pop = **voy a** (→ **ir**)
  via|bilidad f *Lebensfähigkeit* f ‖ fig *Durchführ-
barkeit* f ‖ gall *Befahr-, Begeh|barkeit* f ‖ **–bili-
zar** vt *ermöglichen* ‖ **–ble** adj *lebensfähig* ‖ fig
durchführbar ‖ fig *gangbar, annehmbar, möglich* ‖
la única solución ~ *die einzig gangbare Lösung*
  vía crucis *m* → **vía**
  viador *m* ⟨Theol⟩ *der Erdenwanderer* m
  viaducto *m* *Land-, Tal|brücke* f ‖ ⟨EB⟩ *Über-
führung* f, *Viadukt* m
  via|jada f Am *Reise* f ‖ **–jado** adj *bereist, weit-,
viel|gereist* ‖ **–jador** *m Reisende(r)* m ‖ **–jante** *m
(Geschäfts) Reisende(r)* m ‖ ~ *de comercio
Handlungsreisende(r), Reisevertreter* m ‖ ~ *co-
misionista Kommissionsreisender* m ‖ **–jar** vi
reisen ‖ ◊ ~ *por auto-stop*, ~ *a dedo per Anhalter
reisen* ‖ ~ *en avión fliegen* ‖ ~ *sin billete schwarz-
fahren* ‖ ~ *incógnito inkognito reisen* ‖ ~ *a pie
wandern* ‖ *deseo, manía de* ~ *Reise|lust, -wut* f ‖
pasar –jando *durchreisen* ‖ –jando *se aprende
mucho Reisen bildet* ‖ **–jata** f fam *(kurze) Ver-
gnügungsreise* f
  viaje *m Reise* f ‖ *Bereisung* f ‖ *Reisen* n ‖
Fahrt f ‖ *Wanderung* f ‖ *Reiseweg* m ‖ *Gang, Ar-
beitsweg* m ‖ *Reise|beschreibung* f, *-bericht* m,
-schilderung f ‖ ⟨Arch⟩ → **esviaje** ‖ ~ aéreo, ~
en avión Flugreise f ‖ ~ *alrededor del mundo
Reise* f *um die Welt* ‖ ~ *de bodas (od novios)
Hochzeitsreise* f ‖ ~ *circular*, ~ *redondo Rund-
reise* f ‖ ~ *colectivo Gesellschaftsreise* f ‖ ~ *de en-
sayo Probefahrt* f ‖ ~ *de exploración Forschungs-
reise* f ‖ ~ *a forfait Pauschalreise* f ‖ ~ *de (ida y)
vuelta (Hin- und) Rückreise* f ‖ ~ *de inaugura-
ción*, ~ *inaugural Jungfernfahrt* f ‖ ~ *de instruc-
ción*, ~ *de estudio(s) Studien|reise, -fahrt* f ‖ ~
interplanetario Raumfahrt f ‖ ~ *interurbano
Überlandfahrt* f ‖ ~ *de placer*, ~ *de recreo Ver-
gnügungs-, Erholungs|reise* f ‖ ~ *de prueba Probe-
fahrt* f ‖ ~ *(de) a pie Fußwanderung* f ‖ ~ *por agua
Wasserfahrt* f ‖ ~ *por mar*, ~ *marítimo Seereise*
f ‖ ~ *de negocios Geschäftsreise* f ‖ ~ *oficial*, ~
de servicio Dienstreise f ‖ ~ *de retorno Rückreise*
f ‖ ~ *sorpresa Fahrt* f *ins Blaue* ‖ ~ *por tierra*, ~
continental Landreise f ‖ ~ *por España Spanien-
reise* f ‖ *agencia de* ~**s** *Reisebüro* n ‖ *cheque de* ~
Reisescheck m ‖ *duración del* ~ *Reisedauer* f ‖ *libro
(od relaciones, descripción) de* ~ *Reisebeschrei-
bung* f ‖ *manía de* ~**s** *Reisewut* f ‖ *neceser de* ~ *Reise-
necessaire* ‖ *traje (od vestido) de* ~ *Reisekleid* n ‖ →
compañero, gasto ¡buen ~! *glückliche Reise!* ◊
¹*acortar*, ²*interrumpir*, ³*prolongar*, ⁴*proseguir*,
⁵*terminar el* ~ *die Reise* ¹*abkürzen*, ²*unterbrechen*,
³*verlängern*, ⁴*fortsetzen*, ⁵*beenden* ‖ *estar de* ~ *auf
Reisen, verreist, unterwegs sein* ‖ *emprender (od
hacer) un* ~ *e–e Reise unternehmen, verreisen* ‖
salir (od irse, partir) de ~ *auf die Reise (od auf
Reisen) gehen, abreisen* ‖ *regresar (od volver) del*
~ *von der Reise zurückkehren*
  viajero *m/adj Reisende(r)* m ‖ *Fahrgast* m ‖
Passagier m ‖ *Wanderer* m ‖ ~ *clandestino blin-
der Passagier* m ‖ ~ *del puente* ⟨Mar⟩ *Deckpassa-
gier* m ‖ ~ *vendedor Geschäftsreisende(r)* m ‖ ~
langosta ~a *Wanderheuschrecke* f ‖ *servicio,
transporte de* ~ *Personenbeförderung* f ‖ *trá-
fico de* ~ *Personenverkehr* m ‖ *Reiseverkehr* m ‖
Personenverkehr m ‖ *tren de* ~**s** *Personenzug* m ‖
¡señores ~**s**, al tren! ⟨EB⟩ *einsteigen, bitte!* ‖ ~

–**kilómetro** *Personenkilometer* m
  vial adj/s *Straßen-, Wege-, Schienen-* ‖ ~ m
(Baum-) Allee f ⟨EB⟩ *Schiene* f ‖ ⟨Pharm⟩ *Am-
pullenflasche* f ‖ ~**idad** f *Straßenbau- und Ver-
kehrs|wesen* n
  vianda f *Speise, Nahrung* f ‖ ~**s** pl *Eßwaren* fpl,
Lebensmittel npl
  viandante m *Wanderer, Reisende(r)* m ‖ *Fuß-
gänger* m
  viaraza f ⟨Med⟩ *Durchfall* m ‖ Col *Wutanfall*
m ‖ *Arg *unüberlegte Handlung* f
  viaticar [c/qu] vt *jdm die heilige Wegzehrung
spenden* ‖ ~**se** *mit den Sterbesakramenten ver-
sehen werden*
  viático *m Reisegeld* n, *Reisekosten* pl ‖ *Weg-
zehrung* f ‖ el ≃ *die heilige Wegzehrung* ‖ ◊ *dar*
el ≃ (a) *mit den Sterbesakramenten versehen* ‖ ~**s**
mpl *Reise|gelder* npl, *-spesen* pl
  víbora f *Viper* f ‖ *(Kreuz)Otter* f ‖ fig *Gift-
schlange* f ‖ ~ *de cascabel* Am *Klapperschlange* f ‖
~ *común Kreuzotter* f (Vipera berus) ‖ ~ *cor-
nuda Horn-, Sand|otter, Sandviper* f (V. ammody-
tes) ‖ ~ *de la cruz* Am *Halbmondsandotter* f
(Bothrops alternatus) ‖ ~ *serrana* Mex *Texas-
klapperschlange* f (Crotalus atrox) ‖ → a **alicán-
tara, áspid, serpiente** ‖ *lengua de* ~ *Läster|maul* n,
-zunge f
  viborez|no *m*, **-na** f *junge Viper od Natter* f
  vibra|ción f ⟨Phys⟩ *Schwingung, Erschütterung,
Vibration* f ‖ ⟨Mus Radio⟩ *Summen* n ‖ *Einrüt-
teln* n *(Beton)* ‖ ⟨Filmw⟩ *Flimmern* n ‖
fig *(Massen)Bewegung* f ‖ *libre de* ~**es** *schwin-
gungsfrei* ‖ *número de* ~**es** ⟨Tech⟩ *Schwingungszahl*
f ‖ **–dor** *m* ⟨Med Phys Tech⟩ *Vibrator* m ‖ ⟨Tech⟩
Rüttler m ‖ ⟨Aut El⟩ *Summer* m ‖ ⟨Radio⟩ *Zer-
hacker* m ‖ ⟨Tel⟩ *Ticker, Schwingungshammer* m
‖ *Vibrator* m, *Vibrationsgerät* n *(Massage)*
  vibrante adj ⟨Phys Tech⟩ *schwingend* ‖ *rüt-
telnd* ‖ *vibrierend* ‖ *klang-, kraft|voll (Stimme)* ‖
fig *schwungvoll, begeisternd, mitreißend* ‖ *arti-
culación* ~ ⟨Gr⟩ *Vibrant, Zitterlaut* m ‖ ~
discurso ~ fig *schwungvolle Rede* f
  vibrar vt/i *schwingen* ‖ *vibrieren* ‖ *zittern, be-
ben* ‖ *rütteln*
  vibrátil adj: *epitelio* ~ ⟨An⟩ *Flimmerepithel* n
‖ *pestañas* ~**es** ⟨Biol⟩ *Flimmerhärchen* npl
  vibratorio adj *schwingend, vibrierend* ‖ *movi-
miento* ~ ⟨Tech⟩ *Schwingungsbewegung* f
  vi|brión *m* ⟨Biol⟩ *Vibrio* m *(Gattung komma-
förmiger Spirillen)* ‖ ~ *del cólera, colérico* ⟨Med⟩
Vibrio m *cholerae* ‖ **–brisas** fpl ⟨An⟩ *Nasenhär-
chen* npl ‖ **–brógrafo** *m* ⟨Phys⟩ *Vibrograph,
Schwingungsschreiber* m ‖ **–bromasaje** *m* ⟨Med⟩
Vibrations-, Vibro|massage f
  viburno *m* ⟨Bot⟩ *Schneeball* m (Viburnum
spp)
  vica|ría f ⟨Kath⟩ *Vikarin, zweite Oberin* f ‖ **–ría**
f *Pfarrverweserstelle* f ‖ *(Hilfs) Pfarrei* f ‖ *Pfarr-
amt, Vikariat* n ‖ **–rial** adj *Vikar-* ‖ **–riato** *m Pfarr-
verweserstelle* f, *Vikariat* n ‖ **–rio** *m Vikar, Pfarr-
verweser* m ‖ *Hilfsgeistliche(r)* m ‖ fig *Stellvertreter*
m ‖ ~ *de Jesucristo Statthalter* m *Christi (Titel
des Papstes)* ‖ ~ *general Generalvikar* m
  vice, vice- präf *stellvertretend, Vize-, Unter-* ‖
~ *versa* = **viceversa**
  vice|almirante *m Vizeadmiral* m ‖ **–canciller** *m
Vizekanzler* m ‖ **–cónsul** *m Vizekonsul* m ‖ **–ge-
rente** *m stellvertretender Geschäftsführer* m ‖
–gobernador *m Vizegouverneur, stellvertretender
Gouverneur* m
  vicenal adj *zwanzigjährig*
  vicense adj/s *aus Vich* (PBarc)
  Vicen|ta f *Vinzenta* f ‖ **-te** *m* np (Tfn) *Vinzenz* m
‖ San ~ *Ferrer der hl. Vinzenz Ferrer*
  vice|presidencia f *stellvertretender Vorsitz* m ‖
–presidente *m Vizepräsident, stellvertretender
(od zweiter) Vorsitzende(r)* m ‖ **–rrector** *m Pro-
rektor* m *(e–r Universität)* ‖ *Konrektor* m *(e–r*

vicesecretaría — vida 1112

Schule) ‖ **-secretaría** *f Vizesekretariat* n ‖ **-secretario** *m zweiter Sekretär (od Geschäftsführer)* m
vicési|mo *m,* **-ma** *f Zwanzigstel* n ‖ ~ adj *der, die zwanzigste*
vicetiple *f Revue-, Chor|girl* n ‖ *Ballettratte* f
viceversa adv ; ~ *und umgekehrt*
vicia *f* ⟨Bot⟩ *Wicke* f (Vicia spp)
vici|ado adj *verdorben* ‖ *verbraucht, schlecht (Luft)* ‖ *fehler-, mangel|haft* ‖ **-ar** vt *verderben* ‖ *verführen* ‖ *verfälschen* ‖ *verdrehen (Text)* ‖ ⟨Jur⟩ *ungültig machen* ‖ **~se** *verderben* ‖ *sittlich verkommen* ‖ *e-m Laster verfallen* ‖ *schadhaft, defekt werden*
vicio *m Fehler, Mangel, Defekt* m ‖ *Laster* n ‖ *schlechte Angewohnheit, Untugend* f ‖ *Unart* f ‖ *Verzärtelung* f ‖ *Sal Dünger* m ‖ ◊ *de od* en la cosa ⟨Jur⟩ *Sachmangel* m ‖ ~ de forma ⟨Jur⟩ *Form|fehler, -mangel* m ‖ ~ del material *Materialfehler, Werkstoffehler* m ‖ ~ principal *(od* fundamental*) Hauptmangel* m ‖ *Grundübel* n ‖ ~ de procedimiento ⟨Jur⟩ *Verfahrens|fehler, -mangel* m ‖ ~ de la voluntad ⟨Jur⟩ *Willensmangel* m ‖ de *(od* por*)* ~ *aus bloßer Gewohnheit* ‖ *gewohnheitsmäßig* ‖ ◊ contraer un ~ *e-e schlechte Angewohnheit annehmen* ‖ hablar de ~ fam *ein Schwätzer sein* ‖ los sembrados llevan mucho ~ *die Saaten wachsen zu üppig* ‖ llorar de ~ *ohne Anlaß weinen (verhätscheltes Kind)* ‖ quejarse de ~ *sich über jede Kleinigkeit beklagen* ‖ quitar un ~ (a) *jdm ein Laster abgewöhnen* ‖ no se le puede quitar este ~ *er ist von diesem Laster nicht abzubringen* ‖ tiene el ~ del vino *er ist ein Gewohnheits(wein)trinker*
vicio|sidad *f Lasterhaftigkeit* f ‖ **-so** adj/s *fehler-, mangel|haft* ‖ *schadhaft, defekt* ‖ *verdorben* ‖ *lasterhaft* ‖ *geil, üppig (Pflanzen)* ‖ *ver|wöhnt, -hätschelt (Kind)* ‖ vida ~a *Lasterleben* n
vicisitud *f Wechsel(fall), Umschlag, Umschwung* m ‖ *Abwechs(e)lung* f ‖ *Unbestand* m ‖ las ~es de la vida *die Wechselfälle, die Schicksalsschläge, das Auf u. Ab des Lebens* ‖ **~inario** adj *wechselvoll*
viclefi(s)ta *m Anhänger* m *des engl. Reformators John Wyclif in England (im 14. Jh.), Wiklifit* m
Vict.ª Abk = **Victoria**
Vic.ᵗᵉ Abk = **Vicente**
víctima *f* ⟨Rel⟩ *Opfer* n *(Mensch, Tier)* ‖ fig *Opfer* n ‖ fig *Ge-, Be|schädigte(r)* m ‖ fig *Betroffene(r)* m ‖ ~ de la guerra *Kriegsopfer* n ‖ ~ del robo *der Bestohlene* ‖ ◊ no hay ~s (que lamentar) ⟨Ztg⟩ *es ist niemand verunglückt, es sind keine Opfer zu beklagen*
victimar vt Am *töten* ‖ *opfern* ‖ **~io** *m Opferpriester* m *(Heidentum)* ‖ p. ex *Mörder* m
Victor *m* np Tfn *Viktor* m
victorhuguesco adj *auf den frz. Dichter V. Hugo (1802–1885) bezüglich*
victo|ria *f Sieg* m ‖ *(Art) Sommerwagen* m, *Viktoria* f ‖ ~ aérea *Luftsieg* m ‖ ~ decisiva, aplastante *entscheidender, erdrückender Sieg* m ‖ ~ por knock-out ⟨Sp⟩ *K.-o.-Sieg* m ‖ ~ pírrica *Pyrrhussieg* m ‖ ~ por puntos ⟨Sp⟩ *Punktsieg* m ‖ ◊ cantar ~ fig *Siegeshymnen anstimmen* ‖ no cantemos ~ antes de tiempo *wir wollen nicht zu früh jubeln* ‖ conseguir *(od* ganar*)* una ~ *e-n Sieg erringen, davontragen* ‖ llevar(se) la ~ *den Sieg davontragen* ‖ ¡~! *Viktoria! der Sieg ist unser!* ‖ ⚔ *f* Tfn *Viktoria* f ‖ ⚔ Regina *e-e mittelfeine span. kubanische Zigarrenart* f ‖ **-riano** adj : la era ~a *das Viktorianische Zeitalter (Zeitalter der engl. Königin Viktoria I., †1901)* ‖ ⚔ *m* Tfn *Viktorian* m ‖ **=rina** *f* Tfn *Viktorine* f ‖ **-rioso** adj *siegreich*
victrola *f* Am *Plattenspieler* m *(ursprünglich der Firma Victor Talking Machines Co.)*
vicuña *f* ⟨Zool⟩ *Vikunja* n/f (Lama vicugna) ‖
→ **llama** ‖ *Vigognestoff* m
vichador *m* RPl *Spion* m
vid *f Weinstock* m, *(Wein)Rebe* f (Vitis vinifera) ‖ ~ silvestre ⟨Bot⟩ *Wilder Wein* m (V. v. sylvestris)
vid. Abk lat = **vide, véase** *(siehe)*
vida *f Leben* n ‖ *Dasein* n ‖ *Lebenskraft* f ‖ *Lebendigkeit* f ‖ *Lebhaftigkeit* f ‖ *Lebens|zeit, -dauer* f ‖ *Lebens|wandel* m, *-art, -führung, -haltung* f ‖ *Lebensunterhalt* m ‖ *Lebens|lauf* m, *-geschichte, -beschreibung* f ‖ ~ activa *aktives Leben* n ‖ *Erwerbsleben* n ‖ ~ afectiva *Gemüts-, Gefühls|leben* n ‖ ~ agitada, ~ de emociones *bewegtes Leben* n ‖ ~ airada *Lotterleben* n ‖ ~ ancha *lockeres Leben* n ‖ ~ del campo, ~ campestre, ~ rústica *Landleben* n ‖ ~ de canónigo *geruhsames Dasein* n ‖ ~ deportiva *Sportleben* n ‖ ~ económica *Wirtschaftsleben* n ‖ ~ espiritual *Geistesleben* n ‖ ~ familiar *Familienleben* n ‖ ~ Häuslichkeit f ‖ ~ humana, ~ animal *Menschen-, Tier|leben* n ‖ ~ interior *Innen-, Seelen|leben* n ‖ ~ intrauterina ⟨Med⟩ *Leben* n *im Mutterleib* ‖ ¡~ mía! ¡mi ~! pop *mein Herz! mein Schatz! mein Liebling!* ‖ ~ nómada *Wanderleben* n ‖ la ~ pasada de alg. *jds nicht ganz einwandfreie Vergangenheit* f ‖ ~ de perro(s) fig *Hundeleben* n ‖ ~ privada *Privatleben* n ‖ ~ regalada, buena *(od* gran*)* ~ *Wohlleben* n ‖ ~ weichliches, üppiges *Leben* n ‖ ~s de santos *Heiligengeschichte* f ‖ agua de la ~ *Lebenswasser* n *(Zaubermittel)* ‖ año, árbol de la ~ *Lebens|jahr* n, *-baum* m ‖ cansado *(od* harto*)* de la ~ *lebensmüde* ‖ compañero de ~ *Lebensgefährte* m ‖ contento de la ~ *lebensfroh* ‖ → **coste** ‖ esperanza de ~, expectativa de ~ *Lebenserwartung* f ‖ fe de ~ *Lebens|nachweis* m, *-bescheinigung* f ‖ flor de la ~ *Lebens|blüte* f, *-mai* m ‖ de larga ~ *von langer Lebensdauer (auch z. B. Maschine)* ‖ → **lucha** ‖ menesteres *(od* necesidades*)* de la ~ *Lebensbedürfnisse* npl ‖ mujer de (la) ~ *(Straßen)Dirne* f ‖ → **nivel** ‖ [1]objeto, [2]periodo *(od* tiempo, [3]problema, [4]regla *(od* norma*)* de la ~ [1]*Lebens|ziel* n, [2]*-abschnitt* m, [3]*-problem* n, [4]*-regel (od -norm)* f ‖ la otro ~, la ~ futura *das Jenseits* ‖ → [1]**mejor** ‖ peligro de ~ ~ peligro de muerte ‖ perspectivas *(od* probabilidades*)* de ~ *Lebenserwartung* f ‖ → **seguro** ‖ toda la ~ *das ganze Leben lang* ‖ ¡la bolsa o la ~! *Geld oder Leben!* ‖ a ~ o muerte *auf Leben u. Tod* ‖ con ~ ~ am Leben ‖ de por ~ *auf Lebenszeit, zeitlebens* ‖ durante la ~ *zeitlebens* ‖ bei Lebzeiten ‖ en la ~, en mi ~ (he hecho tal cosa) *[verstärkte Verneinung] noch nie in meinem Leben (habe ich so etwas getan)* ‖ en ~ ~ bei Lebzeiten ‖ en mi ~ *zeit meines Lebens* ‖ entre la ~ y muerte *in Lebensgefahr* ‖ ¡por ~! *um alles in der Welt! um Gottes willen!* ‖ ¡por ~ mía! *so wahr ich lebe!* ‖ por ~ de tu madre *um deiner Mutter willen (bei Beschwörungen)* ‖ por *(od* para*)* toda la ~ *zeitlebens* ‖ amigo de toda la ~ *uralter Freund* m ‖ optimista de por ~ pop *lebenslänglicher, unverbesserlicher Optimist* m ‖ ◊ buscar(se) la ~ *für seinen Lebensunterhalt sorgen* ‖ complicarse la ~ *sich das Leben (selbst) schwermachen* ‖ consumir la ~ a alg. *jdn langsam zugrunde richten* ‖ aunque me cueste la ~ *und sollte es mich auch das Leben kosten!* ‖ dar mala ~ a alg. *jdm das Leben schwermachen, jdn schlecht behandeln* ‖ dar *(od* poner, sacrificar*)* la ~ *sich aufopfern für* ‖ darse buena ~ *es sich gutgehen lassen* ‖ no dar señales de ~ *kein Lebenszeichen (von sich) geben* ‖ dejar con ~ ~ am Leben lassen ‖ echarse la ~ fig *zur Dirne werden* ‖ enterrarse en ~ fig *völlig zurückgezogen leben* ‖ escapar la *(od* con*)* ~ pop *mit heiler Haut davonkommen* ‖ estar con ~ ~ am Leben sein ‖ ganar(se) la ~ *s-n Lebensunterhalt verdienen* ‖ gastar la ~ *sein Leben zubringen* ‖ gastó(se) la ~ en balde *er hat umsonst gelebt* ‖ hacer ~ común *zusammenleben* ‖ hacer por

la ~ pop *essen* ‖ le va la ~ en este asunto *diese Angelegenheit ist für ihn lebenswichtig* ‖ → **ir** B) 4 ‖ pasar la ~ *seinen Lebensunterhalt verdienen* ‖ *(gerade so) auskommen* ‖ *sich ausleben* ‖ pasar la ~ a tragos fig *das Leben fristen* ‖ pasar a mejor ~ pop *sterben* ‖ perder la ~ *ums Leben kommen, umkommen* ‖ quedar con ~ *am Leben bleiben* ‖ lo que me queda de ~ *der Rest meines Lebens* ‖ ¿qué es de tu ~? *wie geht es dir?* ‖ ser de ~ *noch zu retten sein (Kranker)* ‖ ser de la ~ *Prostituierte sein* ‖ tiene *(od* está con) la ~ en un hilo fig *sein Leben hängt an e-m seidenen Faden* ‖ tener siete ~s (como los gatos) fig *ein zähes Leben haben* ‖ no tener ~ fig *nicht lebensfähig sein* ‖ fig *kein Temperament haben* ‖ vender (bien) cara la ~ fig *sein Leben teuer verkaufen (im Kampf)* ‖ volver a la ~ *(jdn) ins Leben zurückbringen* ‖ *wieder zu sich kommen* (& fig) ‖ tal ~, tal muerte Spr *wie gelebt, so gestorben*

vidalita *f* ⟨Mus⟩ Arg *schwermütiges Volkslied* n

¹**vide** lat ⟨Typ⟩ *siehe*
²**vide** pop = **vi** (→ **ver**)
vidente *m (Hell) Seher, Prophet* m
video *m* ⟨TV⟩ *Fernsehkamera* f ‖ ~**frecuencia** *f* ⟨TV⟩ *Videofrequenz* f
vidita *f* dim *v.* **vida** (bes *als Koseausdruck*)
vido|rra *f* fig *behagliches, geruhsames Leben* n ‖ **-rria** *f* fam desp SAm *Hundeleben* n
vidriado adj *glasiert* ‖ *glasartig* ‖ *spiegelglatt* ‖ ~ *m glasiertes Geschirr* n ‖ *Glasur* f
vidriar vt *glasieren (Keramik)* ‖ sin ~ *unglasiert (Topf)* ‖ ~**se** *glasig werden* ‖ *gläsern und starr werden, brechen (Augen e-s Sterbenden)*
vidrie|ra *f Glasfenster* n ‖ *Glastür* f ‖ *(große) Glas-, Fenster|scheibe* f ‖ *Glasdach* n ‖ *Kirchenfenster* n ‖ (bes Am) *Schaufenster* n ‖ ~ de colores *buntes Glasfenster (in Kirchen)* ‖ ~ emplomada ⟨Tech⟩ *Bleiverglasung* f ‖ doble ~ *Doppelfenster* n ‖ figura de ~ fig *Zierpüppchen* n ‖ puerta (con) ~ *Glastür* f ‖ ~**licenciado** ‖ **-ría** *f Glaserei* f, *Glas|hütte, -fabrik* f ‖ *Glasbläserei* f ‖ *Glaswaren* fpl ‖ **-ro** *m*/adj *Glaser* m ‖ *Glas|macher, -arbeiter* m ‖ *Glasbläser* m ‖ →**diamante**
vidrio *m* Glas n ‖ *Glas-, Fenster|scheibe* f ‖ fig *sehr empfindliche Person* f ‖ ~ armado *Drahtglas* n ‖ ~ biselado, tallado, labrado *geschliffenes Glas* n ‖ ~ de color *Buntglas* n ‖ ~ comprimido *(od* prensado) *Preßglas* n ‖ ~ decorado *verziertes Glas* n ‖ ~ dúplex *Zweischichtenglas* n ‖ ~ esmerilado, ~ opaco *Mattglas* n ‖ ~ estriado *Riffelglas* n ‖ ~ fundido *Glasschmelze* f *(Masse)* ‖ ~ hueco *Hohlglas* n ‖ ~ inastillable *splitterfreies Glas* n ‖ ~ mate *Mattglas* n ‖ ~ molido, polvo de ~ *Glasmehl* n ‖ ~ opalino *Milchglas* n ‖ ~ orgánico *organisches Glas* n *(Polymethakrylat)* ‖ ~ plano *Flach-, Tafel|glas* n ‖ *Glasscheibe* f ‖ ~ a prueba de tiros *Panzerglas* n ‖ ~ de seguridad *Sicherheitsglas* n ‖ ~ soluble *Wasserglas* n ‖ ~ soplado *Hohlglas* n ‖ ~ de ~ *gläsern* ‖ bola, hilo, horno, lana de ~ *Glas|kugel* f, *-faden, -ofen* m, *-wolle* f ‖ caja para ~ *Glaskiste* f ‖ fábrica de ~ *Glas|hütte, -fabrik* f ‖ industria del ~ *Glasindustrie* f ‖ techo, vajilla de ~ *Glas|dach, -geschirr* n ‖ tubo de ~ *Glasröhre* f ‖ *Lampenzylinder* m ‖ vaso de ~ *Glasgefäß, Glas* n ‖ ¡~! *zerbrechlich! (auf Kisten)* ‖ ◊ ir al ~ *den Rücksitz (e-r Kutsche) einnehmen* ‖ ~**s** pl *Glaswaren* fpl ‖ ◊ pagar los ~ rotos fig *es ausbaden müssen, die Zeche bezahlen müssen* ‖ dim: ~**ecito**
vidrioso adj *glasartig, glasig* ‖ *spröde, zerbrechlich* ‖ fig *(spiegel)glatt* ‖ fig *heikel* ‖ fig *reizbar, empfindlich* ‖ fig *starr, glasig (Augen)*
vidual adj *Witwen-*
vieira *f* ⟨Zool⟩ *Jakobsmuschel* f (Pecten jacobeus) ‖ *Kamm-, Pilger|muschel* f (P. maximus)
vie|ja *f alte Frau, Alte, Greisin* f ‖ Chi *Schwärmer* m *(Feuerwerk)* ‖ Mex *Zigarrenstummel* m ‖ cuentos de ~ *Ammenmärchen* npl ‖ ◊ ser una ~ Mex *e–e Memme sein* ‖ poco a poco hila la ~ el copo Spr *Geduld und Ausdauer führen zum Ziel* ‖ **–jarrón** adj/s = **vejarrón** ‖ **–jazo** *m* augm *v.* **-jo** ‖ **–jecito, –jezuelo** adj/s dim *v.* **-jo** ‖ **–jito** *m* Am dim *v.* **-jo** (bes *als Koseausdruck*)

vie|jo adj *alt, bejahrt* ‖ *langjährig (z. B. Freund)* ‖ *veraltet, altmodisch* ‖ *abgenutzt, abgetragen, verbraucht* ‖ *ausgedient* ‖ castellano ~ *Altkastilier* m ‖ son cuentos ~**s** pop *das sind alte Geschichten!* ‖ perro ~ fig *geriebener, schlauer Mann, fam schlauer Fuchs, alter Hase* m ‖ el ~ Testamento *das Alte Testament* ‖ el más ~ *der älteste (od ältere)* ‖ dos años más ~ que yo *zwei Jahre älter als ich* ‖ ◊ hacerse, volverse ~, ir para ~ *altern, (anfangen) alt (zu) werden* ‖ ~ *m alter Mann, Alter, Greis* m ‖ ~ ridículo ⟨Th⟩ *komische(r) Alte(r)* m ‖ ~**verde** ‖ ¡mi ~! *Am mein Freund! (Kosewort)* ‖ del ~, el consejo, y del rico, el remedio Spr *vom Alten den Rat, vom Reichen die Tat* ‖ **–juca** *f* dim *v.* **-ja**
Vie|na *f* Öst *Wien* ‖ Frz *Vienne* ‖ → **pan**
viene → **venir**
vie|nense adj/s *aus Vienne* ‖ **–nés, esa, –nense** adj/s *wienerisch, aus Wien* ‖ escalope a la ~**nesa** *Wiener Schnitzel* n ‖ opereta ~**nesa** *Wiener Operette* f ‖ ~ *m Wiener* m
vienteci|llo, –to *m* dim *v.* **viento** ‖ *Lüftchen* n
viento *m Wind* m ‖ *Luft* f ‖ ⟨Jgd⟩ *Witterung* f, *Wind* m ‖ fam *Blähung* f, *Wind* m ‖ *Abspannseil* n ‖ ⟨Mar⟩ *Fahrtrichtung* f ‖ fig *Eitelkeit* f, *Eigendünkel* m ‖ *Aufschneiderei* f ‖ fig *Gerücht* n ‖ △ *Spion* m ‖ ~ en altura ⟨Meteor⟩ *Höhenwind* m ‖ ~ ascendente ⟨Flugw Meteor⟩ *Aufwind* m ‖ ~ cálido del Sur *Föhn* m ‖ ~ de cola, ~ en popa *Rückenwind* m ‖ ~ contrario, ~ de frente *Gegenwind* m ‖ ~ de costado *Seitenwind* m ‖ ~ favorable ⟨Mar⟩ *Fahrtwind* m ‖ ~ flojo *leichter Wind* m ‖ ~ huracanado *orkanartiger Wind* m ‖ ~ de tormenta *Sturmwind* m ‖ ~ cosas de ~ fig *unnützes Zeug* n ‖ cuarteto para instrumentos de ~ ⟨Mus⟩ *Bläserquartett* n ‖ ~**instrumento** ‖ lado del *(od* expuesto al) ~ *Windseite* f ‖ como el ~ *mit Windeseile, pfeilschnell* ‖ contra ~ y marea fig *allen Widerständen zum Trotz* ‖ Cuatro ~**s** *Flugplatz bei Madrid*

◊ el ~ va cargando *(od* se va afirmando) *der Wind nimmt an Stärke zu* ‖ el ~ corre *(od* sopla) *der Wind weht* ‖ hace ~ *es ist windig* ‖ no corre ni un soplo de ~ *es weht kein Lüftchen* ‖ correr tras el ~ figf *Luftschlösser bauen* ‖ echarse *(od* aflojarse, cesar) el ~ fig *nachlassen (vom Wind)* ‖ es hueco al ~ figf *das hat nichts zu bedeuten* ‖ ir ~ en popa fig *Glück haben* ‖ largarse con ~ fresco pop *sich davonmachen, die Weite suchen* ‖ el ~ se lo llevó pop *es ist beim Teufel* ‖ ~ papar ‖ ~ a popa ‖ picar el ~ ⟨Mar⟩ *an den Wind holen* ‖ tener ~ *Witterung, Nase haben (Hund)* ‖ ⟨Jgd⟩ *den Wind holen* ‖ tomar ~ pop *Reißaus nehmen* ‖ ¿qué ~ te trae por aquí? pop *wie kommst du hierher?* ‖ ~**s** pl: ~ etesios ⟨Meteor⟩ *Etesien* pl ‖ a los cuatro ~ fig *nach allen Richtungen, nach allen Seiten hin* ‖ publicar *(od* anunciar) a los cuatro ~ fig *in alle Welt posaunen* ‖ → **beber** ‖ corren malos ~ fig *die Zeit ist ungünstig* ‖ quien siembra ~, recoge tempestades Spr *wer Wind sät, wird Sturm ernten* ‖ moverse a todos ~ fig *wetterwendisch sein* ‖ tener buenos ~ *e–e gute Nase haben (Hund)* ‖ tomar ~ Am *Atem holen* ‖ → **alisios**

vientre *m Bauch* m ‖ *(Unter)Leib* m ‖ pop *Wanst* m ‖ *Mutterleib* m ‖ fig *Höhlung, Ausbauchung* f ‖ ⟨Metal⟩ *Kohlensack* m *(des Hochofens)* ‖ ⟨Med⟩ *Stuhlgang* m ‖ ⟨Phys⟩ *Wellen-, Schwingungs|bauch* m ‖ ~ de batracio ⟨Med⟩ *Froschbauch* m ‖ ~ caído, ~ colgante, ~ péndulo *Hängebauch* m ‖ ~ materno *Mutterleib* m ‖ bajo ~ ⟨An⟩ *Unterleib* m ‖ yegua de ~ *Zucht-, Mut-*

vier — villano 1114

ter|stute f || desde el ~ de su madre fig *von seiner Geburt an* || ◊ constiparse (*od* estreñirse) el ~ ⟨Med⟩ *Verstopfung bekommen* || descargar (*od* exonerar) el ~, hacer de ~ *Stuhlgang haben* || llenarse el ~ *sich e–n Bauch anessen* || fam *sich den Bauch vollschlagen* || el ~ rige bien *der Stuhlgang ist regelmäßig* || ~ ayuno no oye a ninguno (*od* el ~ no tiene orejas) Spr *Not kennt kein Gebot* || sacar el ~ de mal año figf *sich sattt essen* || *sich herausfuttern* || servir al ~ ⟨Theol⟩ & fig *sich der Völlerei ergeben* || *tüchtig schlemmen*
vier Abk = **viernes**
viera → **ver**
viernes *m Freitag* m || ⁂ Santo *Karfreitag* m || cara de ~ figf *hageres, trauriges Gesicht* n || comida de ~ *Fastenspeise* f (& fig) || día de ~ *Fasttag* m || ◊ comer de ~ *Fastenspeisen essen* || *fasten* || la semana que no tenga ~ figf *am Nimmermehrstag*
vierteaguas *m Regenleiste* f || ⟨Aut⟩ *Wasser(führungs)rinne* f
Vietnam *m* ⟨Geogr⟩ *Vietnam* n || ⁂**ita** adj/s *vietnamesisch* || ~ *m Vietnamese* m || ⁂**ización** *f Vietnamisierung* f (*des Krieges–bis Frühjahr 1975*)
vi|ga *f Balken m* || *Träger* m || *Kelter-, Preß|balken* m || ~ de acero, ~ metálica *Stahlträger* m || ~ de celosía *Fachwerk-, Gitter|träger* m || ~ de hormigón armado *Stahlbetonträger* m || ~ maestra ⟨Zim⟩ *Haupt|balken, -träger, Unterzug* m || *Mauerlatte, Fußlatte* f || ~**s** fpl *Balkenwerk, Gebälk* n || ◊ estar contando las ~ figf *ins Leere starren, gaffen*
vigen|cia *f* ⟨Jur⟩ *Rechtskraft* f || (*Rechts*)*Gültigkeit, Geltung* f || **-te** adj *rechtskräftig, in Kraft, gültig, geltend* || según las leyes ~**s** *nach dem Gesetz, nach den geltenden Bestimmungen*
vigerrense adj *aus Villena* (PAli)
vi|gesimal adj *Zwanziger-* || **-gésimo** adj *der zwanzigste* || ~ *m Zwanzigstel* n
vigi m pop = **vigilante**
vigía *f Wacht-, Wart|turm* m, *Warte* f || *Wache* f || ⟨Mar⟩ *über die Wasseroberfläche ragende Klippe* f || ~ *m* (Turm)*Wächter, Wachhabende(r)* m || ⟨Mar⟩ *Ausguck(posten)* m || *Schiffswache* f
vigi|lancia *f Wachsamkeit* f || *Be-, Über|wachung* f || *Beaufsichtigung, Aufsicht* f || ⟨Tech⟩ *Wartung* f (*e–r Maschine*) || encargado de la ~ *Aufsichtführende(r)* m || personal de ~ *Aufsichtspersonal* n || policía de ~ *Sicherheitswache* f || (puesto) bajo la ~ de la policía *unter Polizeiaufsicht (gestellt)* || ◊ ejercer ~ (sobre) *et überwachen* || **-lante** adj *wachsam, umsichtig, aufmerksam* || ~ *m Wächter* m || *Aufseher* m, *Aufsichtsperson* f || *Überwacher* m || *Am Polizist, Schutzmann* m || ~ de caminos *Straßenwärter* m || ~ de piscina *Bademeister* m || ~ nocturno *Nachtwächter* m || ~ de vía ⟨EB⟩ *Streckenwärter* m || **-lar** vt *über-, be|wachen, aufpassen auf* (acc) || *beachten* || ◊ ~ la ejecución del pedido ⟨Com⟩ *die Ausführung des Auftrages überwachen* || ~ vi *wachen* || *achtgeben, aufpassen* (sobre *auf* acc) || ◊ ~ por el bien público *auf das öffentliche Wohl bedacht sein* || ~lado por la policía *unter Polizeiaufsicht* || **-lativo** adj *wach (er)haltend* || **-lia** *f Nachtwache* f || fig *geistige Nachtarbeit* f || ⟨Rel⟩ *Vorabend* m (*e–s Festes*), *Vigil* f || *Festabend* m || *Fasten* n || *Fastenspeise, fleischlose Kost* f || fig *Vorbote* m || ~ de bodas *Vorabend* m *der Hochzeit* || *Polterabend* m || ~ de Navidad *Weihnachtsabend* m || día de ~ *Fasttag* m || ◊ ~ *vom Vorabend, gestrig* || ◊ comer de ~ *fasten*
vigitano adj/s *aus Vich* (PBarc)
△**vigolero** *m Henkersknecht* m
vigor *m Kraft, Stärke, Energie, Rüstigkeit* f || *Nachdruck, Festigkeit* f || ⟨Jur⟩ *Gültigkeit, Geltung* f || *Gesetzeskraft* f || fig *Kraft* f, *Ausdruck* m || con ~ *kraftvoll, kräftig* || sin ~ *kraftlos* || ◊ carecer de ~ *energielos sein, keine Tat-*

kraft besitzen || ⟨Phot⟩ *flau sein (Negativ)* || entrar en ~ *in Kraft treten (Gesetz usw)* || poner en ~ *in Kraft setzen*
vigo|r(iz)ar [z/c] vt *stärken, kräftigen* || fig *beleben* || **-rosidad** *f Rüstigkeit, Stärke* f || *Heftigkeit* f || **-roso** adj *stark, kräftig, kraftvoll, rüstig* || *kernig, markig* || *heftig* || *fest, nachdrücklich, energisch* || *kernig, ausgiebig (Wein)*
vigota *f* ⟨Mar⟩ *Klampbock* m
viguería *f* ⟨Arch⟩ *Balkenwerk, Gebälk* n
vigués, -esa adj/s *aus Vigo* (PPont)
vigueta *f* ⟨Arch⟩ dim *v*. **viga** || *kleiner Balken* m || *Träger* m || ~**je** *m Träger* mpl || *Gebälk* n
vihue|la *f (lautenförmige) Gitarre, Laute* f || △*Presse* f *der Falschmünzer* || **-lista** *m Gitarren-, Lauten|spieler* m
△**vijilé** *m Henkersknecht* m
vijúa *f* Col *Steinsalz* n
vikingo *m* ⟨Hist⟩ *Wikinger* m
vil adj/s *gemein* || *niedrig* || *schlecht* || *elend, niederträchtig, schändlich* || *treulos, verräterisch* || *ingratitud schnöder Undank* m || a ~ precio *spottbillig, zu e–m Spottpreis* || adv: ~**mente**
△**vilagómez** *m Schmarotzer* m
vilano *m* ⟨Bot⟩ *Feder|krone* f, *-kelch* m (*z. B. v. Löwenzahn*)
vilayato *m Wilajet* n (*türkische Provinz*)
vileza *f Gemeinheit* f || *Niederträchtigkeit, Schlechtigkeit, Schändlichkeit* f
△**vilhorro** *m Fliehende(r)* m
vilipen|diar vt *geringschätzen, verunglimpfen, verächtlich behandeln* || *verleumden* || **-dio** *m Geringschätzung* f || *Verleumdung* f || **-dioso** adj *verächtlich* || *verleumderisch*
vilo *m*: ~ *schwebend, in der Schwebe, in der Luft* || fig *unsicher, schwankend* || ◊ estar en ~ fig *im ungewissen sein, in Ungewißheit schweben* || levantar en ~ *in die Höhe heben, in der Schwebe halten* || llevar en ~ *jdn in den Armen tragen* || poner en ~ fig *aufbringen* || quedar en ~ *in der Luft schweben* (& fig) || vivir en ~ fig *in Ungewißheit leben*
vilordo adj *faul, träge*
vilor|ta *f Zwinge* f, *Eisenring* m (*an Wagen od Pflug*) || *Faß-, Holz|reif* m || *Schlagballspiel* n (mit *Holzball*) || ~**to** *m Ballschläger* m *für das Vilortaspiel* || ⟨Bot⟩ (*eine Art der*) *Waldrebe* f
vilote adj (desp *v*. **vil**) Arg *feige*
viltrotero adj/s *liederlich*
villa *f Villa* f || *Marktflecken* m || *Kleinstadt* f, *Städtchen* n (*größer als* aldea, lugar) || *Stadt* f || la ⁂ y Corte = Madrid || ~ miseria Arg *Elendsviertel* n || ~ olímpica *olympisches Dorf* n
Villadiego *m Stadt in* PBurg || ◊ tomar (*od* coger) las de ~ fig *sich aus dem Staube machen, Reißaus nehmen, abhauen, die Flucht ergreifen*
villafran|queño adj/s *aus Villafranca de Córdoba* (PCórd) || **-quero** adj/s *aus Villafranca de los Caballeros* (PTol) || **-qués, -esa** adj/s *aus Villafranca* (PGuip, Nav, Bad, Barc) || **-quino** adj *aus Villafranca de Duero* (PVall) || *aus Villafranca del Cid* (PCastellón)
villaje *m Städtchen* n || *kleiner Ort* m
villa|nada *f Bauernstreich* m || fig *Schurkerei* f || **-naje** *m Bauern|volk* n, *-schaft* f
villan|cico (*-cejo, -cete*) *m (Volks)Lied* n || ~ (de Navidad) *Weihnachtslied* n || Am auch: *Wiegenlied* n || **-chón** m/adj fam *Flegel, Lümmel, Grobian* m
villa|nesca *f Bauern|lied* n, *-tanz* m || **-nesco** adj *bäurisch, Bauern-* || **-nía** *f niedrige Abkunft* f || fig *Niederträchtigkeit, Gemeinheit, Schurkerei* f || *Zote* f || **-no** adj *nichtad(e)lig, bürgerlich* || fig *bäurisch, grob* || *gemein, niederträchtig, schändlich* || ~ *m Dorfbewohner* m || *Nichtad(e)lige(r)* m || fig *grober Mensch* m || *ein altspan. Volkstanz* (*16. Jh.*) || ~ en su rincón figf *ungesell-*

ger Mensch ‖ ~ *harto de ajos* figf *ungeschlachter Bauernlümmel* m
villa|novense adj/s *aus Villanueva del Rey* (PCórd) ‖ **–nuevero** adj/s *aus Villanueva de Alcardete* (PTol) ‖ **–nuevés, esa** adj/s *aus Villanueva de Arosa* (PPont) ‖ **–nuevicano** adj *aus Villanueva de los Caballeros* (PVall)
villar m *kleiner Ort* m
villa|rejano adj/s *aus Villarejo del Valle* (PAv) ‖ **–rejeño** adj/s *aus Villarejo de Fuentes* (PCuenca) ‖ **–rejero** adj/s *aus Villarejo del Salvanés* (PMadr) ‖ **–rejo** adj/s *aus Villar de Arnedo* (PLogr) ‖ **–renco** adj/s *aus Villar de Arzobispo* (PVal) ‖ **–reño** adj/s *aus Las Villas (Cuba)* ‖ **–riego** adj/s *aus Los Villares* (PJaén) ‖ **–riniense** adj/s *aus Villarino* (PSal) ‖ **–rino** adj/s *aus Villar* (PVall)
villería f Sant ⟨Zool⟩ = **comadreja**
villero adj/s *aus Orotava* (PCan)
villo|ría f *Meierei* f ‖ *Landhaus* n ‖ **–rrio** (Am dim **–rico**) m desp *kleines, elendes Nest, fam Kaff* n
vina|grada f *Essigwasser* n *mit Zucker (erfrischendes Getränk)* ‖ **–gre** m *Essig* m ‖ figf *Griesgram* m ‖ ~ **de** *hierbas Kräuteressig* m ‖ ~ **de** *madera Holzessig* m ‖ ~ **de sidra** *Obst-, Apfel|wein|essig* m ‖ ~ **de vino**, ~ **vínico** *Weinessig* m ‖ *cara de ~* figf *sauertöpfisches Gesicht* n ‖ *Griesgram* m *(Person)* ‖ *fábrica de ~ Essigfabrik* f ‖ ◊ *hacer cara de ~* figf *ein langes Gesicht machen* ‖ *hacer tragar ~* (a) figf *jdm das Leben verbittern* ‖ **–grera** f *Essighändlerin* f ‖ *Essigflasche* f ‖ *Am Sodbrennen* n *im Magen* ‖ **–s** pl *Essig- und Öl|gestell* n, *Menage* f ‖ pop *Meßkännchen* npl ‖ **–grero** m *Essighändler* m ‖ **–greta** f ⟨Kochk⟩ *Vinaigrette, Essig|soße, -tunke* f ‖ **–grillo** m dim v. **–gre** ‖ *wohlriechende Essigmischung* f ‖ **–grón** m *umgeschlagener Wein* ‖ **–groso** adj *essigsauer* ‖ figf *sauertöpfisch, griesgrämig* ‖ **–jera** f ⟨Kath⟩ *Meßkännchen* n
vinal m ⟨Bot⟩ Arg *(Art) Johannisbrotbaum* m
vinar, vinal adj *Wein-*
vina|riego m *Weinbauer, Winzer* m ‖ **–tería** f *Weinhandel* m ‖ *Weinhandlung* f
vina|tero adj: *Wein-* ‖ *industria ~a Wein|bau, -handel* m ‖ *weinverarbeitende Industrie* f ‖ *calabaza ~a Flaschenkürbis* m ‖ ~ m *Weinhändler* m ‖ **–za** f *Tresterwein* m ‖ **–s** fpl *Schlempe* f ‖ **–zo** m fam *dicker Wein* m
vinca f Am ⟨Bot⟩ = **nopal** ‖ ~(**pervinca**) f ⟨Bot⟩ *Immergrün* n (Vinca spp)
vincu|lable adj *vinkulierbar* ‖ *fideikommißbar* ‖ **–lación** f *enge Verbindung* f ‖ *Verknüpfung* f ‖ *Gebundenheit* f ‖ ⟨Com⟩ *Vinkulation, Sperre* f ‖ **–lar** vt *(miteinander) verbinden, binden* ‖ *(ver-) knüpfen* ‖ *verpflichten* ‖ *in (enge) Verbindung bringen* (a *mit*) ‖ ⟨Com⟩ *vinkulieren, sperren* ‖ ⟨Jur⟩ *unveräußerlich machen* ‖ *acción nominativa vinculada vinkulierte Namensaktie* f ‖ ◊ ~ *sus esperanzas a s–e Hoffnungen knüpfen an* (acc)
vínculo m *Verbindung* f ‖ fig *Band* n, *Bindung* f ‖ *Bindeglied* n ‖ ⟨Jur⟩ *Bindung, Verpflichtung* f ‖ ⟨Jur⟩ *Sicherheitsklausel* f ‖ ⟨Jur⟩ *Fideikommiß, unveräußerliches Erbgut* n ‖ *los* **–s** *del matrimonio das eheliche Band* ‖ *los* **–s** *de sangre Blutsbande* npl ‖ *unidos por* **–s** *de amistad* fig *durch Freundschaft(sbande) verbunden*
vincha f Bol Pe *Haarband* n ‖ Arg *(Art) Kopftuch* n
vindi|cación f *Rache, Vergeltung* f ‖ *Genugtuung, Sühne* f ‖ *Verteidigung, Rechtfertigung* f ‖ ⟨Jur⟩ *Zurückforderung* f ‖ **–cador** m *Rächer* m ‖ **–car** [c/qu] vt *rächen (Schmach, Beleidigung)* ‖ *verteidigen, rechtfertigen* ‖ *wieder zu Ehren bringen* ‖ ⟨Jur⟩ *zurückfordern* ‖ ◊ ~**se** *de sich rächen für* ‖ **–cativo** adj *rachsüchtig* ‖ *rächend* ‖ *ehrenrettend (Rede, Schrift)* ‖ *justicia ~a strafende Gerechtigkeit* f ‖ **–catorio** adj *Sühne-* ‖ *Rache-* ‖ *verteidigend (gegen Verleumdung)*
vindicta f *Rache, Sühne* f ‖ ~ **pública** *gerichtliche Verfolgung* f ‖ → a **venganza**
vindobonense adj/s *wienerisch*
vine → **venir**
vinería f Am *Weinhandlung* f
vínico adj: *ácido* ~ ⟨Chem⟩ *Weinsäure* f ‖ *alcohol* ~ *Äthanol* n, *Äthylalkohol* m
vinícola adj/s: *país, región* ~ *Wein|land* n, *-gegend* f bzw *-(an)baugebiet* n ‖ ~ m →**vinicultor**
vini|cultor m *Weinbauer, Winzer* m ‖ **–cultura** f *Weinbau* m
vinífero adj: *región* ~**a** *Wein|gegend* f, *-(an-) baugebiet* n
vinificación f *Weinbereitung* f ‖ ~ **en tinto** *Rotweinbereitung, Maischegärung* f
vi|nílico adj ⟨Chem⟩ *Vinyl-* ‖ **–nilo** m ⟨Chem⟩ *Vinyl* n *(Atomgruppierung* $-CH=CH_2$*)*
vinillo m dim v. **vino** ‖ *schwacher Wein* m
¹vino m *Wein* m ‖ ~ **abocado** *halbsüßer Wein* m ‖ ~ **aguado**, ~ **bautizado** *gewässerter, getaufter Wein* m ‖ ~ **agrio** *saurer Wein* m ‖ ~ **ajerezado** *herber Wein* m *mit Jerezgeschmack* ‖ ~ **albillo** *Gutedelwein* m ‖ ~ **de añada** *Jahrgangswein* m ‖ ~ **añejo** *alter, abgelagerter Wein* m ‖ ~ **aromático** *Bukettwein* m ‖ ~ **artificial** *Kunstwein* m ‖ ~ **atabernado** *Schankwein* m ‖ ~ **barbera** Arg *herber Rotwein* m ‖ ~ **blanco** *Weißwein* m ‖ ~ **de Borgoña** *Burgunderwein* m ‖ ~ **caliente** *Glühwein* m ‖ ~ **de cebada** prov *Bier* n ‖ ~ **clarete** *Rosé (-wein)* m ‖ ~ **Weißherbst** ‖ ~ **corriente** *(od común) Tischwein* m ‖ ~ **de cosecha propia** *Eigenbau(wein)* m ‖ ~ **(de) champaña** *Champagner, Sekt* m ‖ ~ **de dos hojas** *zweijähriger Wein* m ‖ ~ **de dos orejas** *hervorragender Wein* m ‖ ~ **dulce** *Süßwein* m ‖ ~ **embotellado** *Flaschenwein* m ‖ ~ **espumoso** *Schaumwein* m ‖ ~ **ferruginoso** *(de quina) Eisen(china)wein* m ‖ ~ **de garrote** *Scheitermost* m ‖ ~ **generoso** *Edel-, Tafel|wein* m ‖ ~ **de Jerez** *Jerez(wein), Sherry* m ‖ ~ **joven en fermentación** *Federweiße(r)* m ‖ ~ **de lágrima** *Ausbruch, Vorlauf* m ‖ ~ **ligero (fuerte, picante)** *leichter (starker od schwerer, prickelnder) Wein* m ‖ ~ **de Madera** *Madeirawein* m ‖ ~ **de Málaga** *Malaga (-wein)* m ‖ ~ **medicamentoso**, ~ **medicinal** *Medizinal-, Arznei|wein* m ‖ ~ **meridional** *Südwein* m ‖ ~ **de mesa**, ~ **de pasto** *Tischwein* m ‖ ~ **mezclado** *Verschnittwein* m ‖ ~ **de misa** ⟨Rel⟩ *Meßwein* m ‖ ~ **moro** joc *ungetaufter Wein* m ‖ ~ **moscatel** *Muskatellerwein* m ‖ ~ **de Mosela** *Moselwein* m ‖ ~ **natural**, ~ **de origen** *Naturwein, naturreiner Wein* m ‖ ~ **de Oporto** *Portwein* m ‖ ~ **nuevo** *junger Wein* m ‖ ~ **del país** *Landwein* m ‖ ~ **pardillo** *halbdunkler Wein* m ‖ ~ **peleón** *ganz gewöhnlicher Wein*, fam *Krätzer* m ‖ ~ **en pipas** *Faßwein* m ‖ ~ **de postre** *Dessertwein* m ‖ ~ **de quina** *Chinawein* m ‖ ~ **raspante** *herber, spritziger Wein* m ‖ ~ **del Rin**, ~ **renano** *Rheinwein* m ‖ ~ **seco** *herber Wein* m ‖ ~ **trockener Wein** m *(von schweren Südweinen u. Schaumweinen)* ‖ ~ **con sifón** *Weinschorle* f ‖ ~ **tintillo** *Wein* m *von blaßroter Farbe* ‖ ~ **tinto** *Rotwein* m ‖ ~ **tónico** *Nerven- und Kraft|wein* m ‖ ~ **verde Cue** *herber Most* m ‖ ~ **portugiesischer Rotwein** m ‖ ~ **de yema** *Vorlauf* m ‖ → **amontillado, arropado, atabernado** ‖ *abundante en* ~ *weinreich* ‖ *año abundante en* ~ *Weinjahr* n ‖ *bebedor de* ~ *Weintrinker* m ‖ *Flasche* f *Wein* ‖ *botella para (od de)* ~ *Weinflasche* f ‖ *copa para* ~ *Weinglas* n ‖ *dios del* ~ *Weingott* m ‖ *especie (od clase) de* ~ *Weinart* f ‖ *espíritu de* ~ *Weingeist* m ‖ *flor del* ~ *Kabinettauslese* f ‖ *lista de* ~**s** *Weinkarte* f ‖ *vicio del* ~ *Völlerei* f, *Laster* n *des Trunkes*
◊ *adulterar el* ~ *den Wein verfälschen* ‖ *bautizar (od cristianar), aguar el* ~ figf *den Wein taufen* ‖ *dormir el* ~ **s–n** *Rausch ausschlafen* ‖ *encabezar*

el ~ den Wein verschneiden || tener mal ~ pop Krakeel machen, gefährlich sein (Betrunkener) || tomarse del ~ fig sich beschwipsen
²vino → venir
vinolencia f Unmäßigkeit f (beim Weintrinken) || Trunksucht f
vino|sidad f Weingehalt m || Weinartigkeit f || –so adj weinartig || weinreich || weinrot || de color (de) ~ wein|rot bzw -farbig
vin|tén, –tón m RPl Kupfermünze = $^2/_{100}$ Peso
vinterana f ⟨Bot⟩ Zimtrinden-, Weißer Kaneel|baum m (Canella winterana)
viña f Weinberg m || Weinstock m || fig Sinekure, Pfründe f || ◊ es una ~ fig das ist e–e Goldgrube || △tomar (las) ~s fig Reißaus nehmen, de mis ~s vengo fig ich habe mit der Sache nichts zu tun || mein Name ist Hase || en la ~ del Señor ⟨Rel⟩ im Weinberg des Herrn || de todo hay en la ~ del Señor Spr etwa: nichts ist vollkommen || es gibt solche und solche
viña|dero m Weinbergaufseher m || –dor (SAm –tero) m Winzer m
viñedo m Weinberg m || Weingarten m
viñe|ta f ⟨Typ⟩ Vignette, Zier-, Schmuck|leiste f || ~ de título Titelvignette f || –tero m ⟨Typ⟩ Vignettenschrank m
viñuela f dim v. viña
¹viola f ⟨Mus⟩ Viola, Bratsche f || ~ de amor ⟨Mus⟩ Viole d'amour, Liebesgeige f || ~ m ⟨Mus⟩ Bratschenspieler m
²vio|la f ⟨Bot⟩ Veilchen n (→ violeta) || Stiefmütterchen n (→ pensamiento) || Ar Levkoje f || –láceas fpl ⟨Bot⟩ Veilchengewächse npl || –láceo adj veilchenartig || violett || rojo ~ rotviolett
vio|lación f Schändung f || Vergewaltigung (& fig), Notzucht f || Verletzung f || Übertretung f || Verstoß m (de gegen acc) || ~ de la Constitución Verfassungsbruch m || ~ de contrato Vertragsbruch m || ~ del espacio aéreo Verletzung f des Luftraumes || ~ de frontera(s) Grenzverletzung f || ~ de la ley Gesetzesverletzung f || ~ de la neutralidad Neutralitätsverletzung f || ~ de la paz Friedensbruch m || ~ del secreto postal, ~ (del secreto) de la correspondencia Verletzung f des Briefgeheimnisses || ~ de sepultura(s) Grabschändung f || Störung f der Totenruhe || –lado adj/s veilchenblau, violett || ~ adj vergewaltigt || verletzt || ~a f ⟨Jur⟩ Notzuchtopfer n || –lador m Übertreter m || Schänder m || Notzuchtverbrecher m
¹violar m Veilchenbeet n
²violar vt vergewaltigen || verletzen, übertreten (Gesetz) || schänden, notzüchtigen, entehren || entheiligen, schänden (Kirche) || ◊ ~ la correspondencia das Briefgeheimnis verletzen || ~ la ley das Gesetz übertreten, gegen das Gesetz verstoßen
violen|cia f Heftigkeit f, Ungestüm n, Wucht f || Gewalt(samkeit), Gewalttätigkeit, Tätlichkeit f || Zwang m || Notzucht f || fig Widerwille m || acto de ~ Gewalt|akt m, -tat f, Tätlichkeit f || amenaza de ~ Gewaltandrohung f || no ~ Gewaltlosigkeit f || renuncia a la ~ Gewaltverzicht m || con ~ mit Gewalt, gewaltsam || heftig, ungestüm || sin ~ gewaltlos || ◊ cerrar con ~ zuschlagen (Tür) || costar ~ Überwindung kosten || emplear (la) ~ Gewalt anwenden || tätlich werden || hacer ~ (a) Gewalt antun || hacerse ~ fig sich Gewalt antun, sich zwingen, sich überwinden || –tar vt Gewalt antun, gewalttätig behandeln || vergewaltigen || zwingen || aufbrechen, sprengen (Schublade, Tür) || fig verdrehen, entstellen || ◊ ~ una casa in ein Haus einbrechen || ~ en (od a) hineinzwängen in (acc) || ~se fig sich Gewalt antun, sich zwingen, sich überwinden || –to adj heftig, gewaltig, wuchtig, stürmisch || gewaltsam || gewalttätig || ge-, er|zwungen || wild || ungestüm || jähzornig || fig widerrechtlich || unwillig || acto

~ Gewalttat f || muerte ~a gewaltsamer Tod || ◊ fig estar (od sentirse) ~ sich gehemmt fühlen (in e–r Umgebung)
viole|ta adj/s veilchenblau, violett || ~ f ⟨Bot⟩ (Duft)Veilchen n (Viola odorata) || ~ m Violett n (Farbe) || (de) color ~ veilchenblau, violett || manchas ~s violette Flecke mpl || erudito a la ~ fam Schöngeist m || –tal m Veilchenbeet n || –tera f Veilchenverkäuferin f || –tero m Veilchenvase f
Violín m pop = Agustín m (Tfn)
vio|lín m Geige, Violine f || Geiger m || Ven Mundgeruch m || ~ concertino ⟨Mus⟩ Konzertmeister m || ~ de Ingres Steckenpferd, Hobby n || ~ de marca Meistergeige f || primer ~ ⟨Mus⟩ erster Geiger m || arco de ~ Geigenbogen m || cuarteto para violines Geigenquartett n || solo de ~ Violinsolo n || ◊ embolsar el ~ fig Arg sich blamieren, hereinfallen || tocar el ~ die Geige spielen, geigen || –lina f pop Rausch, Schwips m || –linista m Geig(enspiel)er m || (~) virtuoso Geigenvirtuose m || –lón m Baßgeige f, Kontrabaß m || Baßgeiger m || △Gefängnis n || → tocar || –lonc(h)elista m Cellist, Cellospieler m || –lonc(h)elo m Violon(cello) n || Cellist m
vípera f prov = víbora
viperino adj Viper(n)-, Otter(n)- || otternartig || lengua ~a fig Läster|maul n, -zunge f
vira f primer, spitzer Pfeil m || Brandsohle f
vira|da f ⟨Mar⟩ Wenden, Drehen n || –dor m/adj: (baño) ~ ⟨Phot⟩ Tonbad n, Toner m
virago f Mannweib n
viraje m Wendung, Drehung, Schwenkung f (& fig) || Kurve, Kehre, Schleife, (Straßen)Biegung f || ⟨Sp⟩ Wende f || ⟨Phot⟩ Tonung f || ⟨Flugw⟩ Bahnkrümmung, Kurve f || fig Umschwung m || en sepia ⟨Phot⟩ Sepiatönen n || un ~ difícil e–e gefährliche Kurve || ◊ hacer (od dar) un ~ e–e Kurve nehmen (Auto)
virar vi/t drehen, & ⟨Sp⟩ wenden, schwenken || e–e Kurve nehmen, kurven || ⟨Flugw Mar⟩ abdrehen || ⟨Phot⟩ tönen || fig umschwenken, s–e Meinung ändern || ◊ ~ a la derecha (od a la izquierda) nach rechts (od links) ausweichen || ~ en redondo ⟨Mar⟩ rund wenden || fig e–e Kehrtwendung machen || Chi prov = ver
virazón f regelmäßig wechselnder Seewind m (tagsüber) u. Landwind m (nachts) || Sant plötzliches Umschlagen des Windes (bes von Süd auf Nordwest) || fig plötzlicher Umschwung m || Kurs|änderung f, -wechsel m || Col fig flinke, fleißige Person f
△virbirecha f = víbora
¹virgen f [pl vírgenes] Jungfrau f || p.ex Marien|bild, -gemälde n, -statue f || la ⚲ (María od la Santísima ⚲) ⟨Rel⟩ Maria, die Heilige Jungfrau f || Richtbalken m (e–r Keltereiod Ölmühle) || ¡ ⚲ santa (od santísima)! int Heilige Mutter Gottes! du liebe Güte! || culto, fiesta de la ⚲ Marien|verehrung f, -fest n || (un) viva la ⚲ Tagedieb m, Luftikus, Bruder Leichtfuß, sehr unzuverlässiger Bursche m
²virgen adj jungfräulich || fig rein, unberührt, unschuldig, ungebraucht || gediegen (Metall) || unbelichtet (Film) || Ur-, Roh- || aceite ~ kaltgepreßtes Öl n || alma ~ unschuldige Seele f || cera, miel ~ Jungfern|wachs n, -honig m || oro ~ gediegenes, reines Gold n || selva ~ Urwald m || tierra ~ Neuland n
virgiliano adj vergilisch, nach der Weise Vergils (Virgilio)
vir|ginal, –gíneo adj jungfräulich || fig keusch, rein || unberührt, unbefleckt || corona ~ Jungfernkranz m || entereza ~ Jungfernschaft f
virgi|niano adj aus Virginia || –nidad f Jungfräulichkeit f || fig Reinheit, Unberührtheit f
virgitano adj aus Berja (PAlm)
virgo m Jungfernschaft f || Hymen n || ◊ quitar el ~ (a) vulg entjungfern || fig vulg et entweihen || ⚲ m ⟨Astr⟩ Jungfrau f (im Tierkreis)
virgs. Abk = vírgenes

virguería f pop *(unnötige) Verzierungen* fpl, *(zuviel) Drum u. Dran* n, *Flitterkram* m
vírgula f *Gerte* f || *Stäbchen* n || ⟨Gr⟩ *Komma* n, *Beistrich* m || (bacteria) ~ ⟨Med⟩ *Kommabazillus* m || → **vibrión**
virgulilla f *kleiner, feiner Strich* m || ⟨Gr⟩ *(Bei-) Strich* m *(wie Akzent, Apostroph, Cedille, Komma u. Tilde)*
[1]**viril** adj *männlich, mannhaft* || *el miembro* ~ *das männliche Glied* || *edad, fuerza* ~ *Mannes|alter* n, *-kraft* f
[2]**viril** m *Glas|gehäuse* n, *-sturz* m, *-glocke* f || *kleine gläserne Monstranz, Lunula* f
viri|lidad f *Männlichkeit* f || *Mannbarkeit* f || *Manneskraft* f || *Mannesalter* m || `fig *männliches (Geschlechts)Glied* n || fig *Kraft* f || ◊ *quitar la* ~ (a) *jdm die Mannheit nehmen, jdn entmannen* || **–lismo** m ⟨Med⟩ *Virilismus* m, *Vermännlichung* f *der Frau* || **–lización** f ⟨Med⟩ *Virilisierung* f || *Vermännlichung* f *der Frau*
viripo|tencia f *Mannbarkeit* f || **–tente** adj *mannbar (Frau)* || = **vigoroso, potente**
virofijador m/adj : (baño) ~ ⟨Phot⟩ *Tonfixierbad* n
virol m ⟨Her⟩ *Horn* n || *Eisenring* m, *Zwinge* f *(um Trompete od Jagdhorn)*
virola f ⟨Tech⟩ *Zwinge* f || *Ring* m || *End-, Schrumpf|ring* m || ~ *de caldera Kesselschuß* m
virolento adj/s *pocken-, blatter|narbig* || ~ m *Pockenkranke(r)* m
vi|rología f ⟨Med⟩ *Virologie, Virus|kunde* bzw *-forschung* f || **–rólogo** m ⟨Med⟩ *Virologe, Virusforscher* m || **–rosis** f ⟨Med⟩ *Virose, Viruserkrankung* f
viro|tada f *Ven Albernheit* f || **–te** m *Pfeil* m *mit Eisenbeschlag* || *Armbrustbolzen* m || fig *junger Müßiggänger, Tunichtgut* m || fig *lächerlich-ernster Mensch* m || *Am pop Dummkopf* m || ◊ *mirar por el* ~ figf *aufpassen, achtgeben* || **–tillo** m *Heckstützen* fpl *am Webstuhl* || ⟨Zim⟩ *Stuhlsäule* f
virrei|na f *Vizekönigin* f || **–nal** adj *Vizekönigs-* || **–n(at)o** m *Vizekönig|tum, -reich* n || *Regierungszeit* f *e–s Vizekönigs*
virrey m *Vizekönig* m
virtió pop = **vertió** (→ **verter**)
vir|tual adj *wirkungsfähig* || ⟨Phys Psychol⟩ *virtuell* || *der Kraft od Möglichkeit nach (vorhanden), analogemäßig, scheinbar* || *wesentlich* || *stillschweigend inbegriffen* || ⟨Phys⟩ *imagen* ~ *virtuelles (od scheinbares) Bild* n || **–tualidad** f *innewohnende Kraft od Möglichkeit* f, *Wirkungsvermögen* n, *Virtualität* f || **–tud** f *(wirkende) Kraft, Fähigkeit* f || *Vermögen* n || *Eigenschaft* f || *(Heil)Kraft* f || *Wirksamkeit* f || fig *Vorzug* m || *Tugend* f || *Sittsamkeit* f || *Rechtschaffenheit* f || → **cardinal** || *en* ~ *de vermöge, kraft, auf Grund, mittels* (gen) || *en* ~ *de lo cual dem zufolge* || ◊ *hacer de necesidad* ~ fig *aus der Not e–e Tugend machen* || *lleno de* ~ *es sehr tugendhaft* || fig *mit vielen Vorzügen* || *seguir el camino (od* la senda*) de la* ~ fig *den Weg der Tugend wandeln* || *tener* ~ *Wirkung haben, wirken* || **–es** pl : ~ *teologales* ⟨Rel⟩ *theologische Tugenden* fpl *(Glaube, Liebe, Hoffnung)* || *varilla de* ~ *Zauberstäbchen* n || *Wünschelrute* f
virtuo|sidad f *Tugendhaftigkeit* f || → **virtuosismo** || **–sismo** m *Virtuosität, hohe Kunstfertigkeit, meisterhafte (od perfekte) Beherrschung* f *(e–s Instrumentes, e–s Faches usw)* || **–so** adj/s *tugendhaft* || *fromm* || *(heil)kräftig, wirksam* || *virtuos, meisterhaft* || ~ m ⟨Mus⟩ *Virtuose* m
viruela f ⟨Med⟩ *Pocken, Blattern* fpl || *Pocke, Blatter, Pustel* f || ~ *loca Windpocken* fpl || ~ *negra,* ~ *maligna Schwarze Blattern* fpl || **–s** pl ⟨Med⟩ *Blattern, Pocken* fpl || *picado de* ~ *pockennarbig* || *señales de* ~ *Pockennarben* fpl || ~ *coherentes,* ~ *confluentes zusammen|hängende, -fließende Blattern* fpl
virulé : a la ~ *oben zusammengerollt (Strümpfe)* ||

fig *verrutscht, schief* || ◊ *le pusieron un ojo a la* ~ fig *sie schlugen ihm ein blaues Auge* || *tener la cabeza a la* ~ fig *nicht ganz bei Trost sein*
virulen|cia f ⟨Med⟩ *Giftigkeit* f || *Ansteckungsfähigkeit, Virulenz* f || fig *Boshaftigkeit, Bissigkeit* f || *Heftigkeit* f *(von Krankheitserregern)* || **–to** adj *giftig* (& fig) || *ansteckend, aktiv, virulent* || *eiternd (Wunde)* || fig *boshaft, beißend* || *heftig* || *materia* ~ a *Giftstoff* m
virus m ⟨Med⟩ *Virus* n (& fig) || ~ *gripal,* ~ *de la gripe Grippevirus* n
viruta f *Span* m || **–s** fpl *Hobel-, Bohr|späne* mpl || *Holzwolle* f || ~ *de acero Stahlwolle* f *(zum Schleifen)* || ~ *de fundición Gußspäne* mpl || ~ *de madera Holzspäne* mpl || *arranque, desprendimiento de* ~ *Spanabhebung* f
[1]**vis** f : ~ *cómica Komik* f, *die Kraft* f *des Komischen* || ~ *major* ⟨Jur⟩ *lat höhere Gewalt* f || → **fuerza**
[2]**vis** *Am pop* = **viste** (→ **ver**)
visa f, **–do** m *Sichtvermerk* m, *Visum* n || ~ *de entrada Einreisevisum* n || ~ *de tránsito Durchreisevisum* n || ~ *de salida Ausreisevisum* n
△**visaba** f *Fehler* m, *Sünde* f
visaje m *Grimasse* f, *Fratze* f || ◊ *hacer* ~ **s** *Grimassen schneiden, e–e Fratze machen* || ~ **ro** adj/s *(gern) Grimassen schneidend* || ~ m *Grimassen-, Fratzen|schneider* m
△**visante** m *Auge* n
visar vt a) *visieren, beglaubigen, mit e–m (Sicht-)Vermerk* bzw *Visum versehen* || *abzeichnen* || △ *sehen* || ~ *el pasaporte den Reisepaß mit e–m Visum versehen* || b) ⟨Mil⟩ *zielen* || *einstellen (Lupe)*
vis-a-vis adv *gall gegenüber*
víscera(s) f(pl) ⟨An⟩ *Eingeweide* npl, *Weichteile* pl
visceral adj ⟨An⟩ *Eingeweide-, viszeral*
vis|co m *Vogelleim* m || **–cosa** f ⟨Chem Web⟩ *Viskose* f || **–cosidad** f *Klebrigkeit* f || *Zähflüssigkeit* f || *Viskosität* f || **–cosilla** f ⟨Chem Web⟩ *Zell|stoffwatte, -wolle* f || **–cosímetro** m *Viskosimeter* n || **–coso** adj *klebrig, zäh(flüssig), viskos* || *schleimig* || *sülzig* || fig *schlüpfrig, schmierig*
visera f ⟨Hist⟩ *(Helm)Visier* n || ⟨Mil⟩ *Seh-, Beobachtungs|schlitz* m *(e–s Panzers)* || *(Mützen-)Schirm* m || *Blende* f || → **gorra** || ~ *antidelumbrante Blendschutzschirm* m || ◊ *calar(se) la* ~ *das Visier niederschlagen* || **–s** fpl *Cu Scheuklappen* fpl *(der Pferde)*
visi|bilidad f *Sichtbarkeit* f || *Sicht(weite), Sichtigkeit* f || *vuelo sin* ~ ⟨Flugw⟩ *Blindflug* m || *condiciones de* ~ *Sichtverhältnisse* npl || *aterrizaje sin* ~ ⟨Flugw⟩ *Blindlandung* f || **–ble** adj *sichtbar, wahrnehmbar* || *augenscheinlich, offenbar, offensichtlich, klar* || ~ *a todos (von) allen sichtbar* || **–blemente** adv *sichtbar, offenbar* || *zusehends*
visi|godo adj/s *westgotisch* || ~ m *Westgote* m || *(die) westgotische Sprache, (das) Westgotische* || **–gótico** adj *westgotisch* || vgl **ostrogodo**
visillo m *Scheibengardine* f || ⟨Vitgw⟩ *Store* m
visión f *Sehen* n || *(An)Schauen* n || ⟨Med⟩ *Sehvermögen* n || ⟨Med Opt⟩ *Sicht* f || *geistiges Schauen* n || *Vision* f, *Gesicht* n || *Erscheinung* f || *Traumbild* n || *Hirngespinst* n || fig *Vorstellung* f || figf *lächerliche Figur, Vogelscheuche* f || ~ *beatifica* ⟨Rel⟩ *Anschauung* f *Gottes* || ~ *de conjunto Überblick* m, *Übersicht* f, *Gesamtbild* n || *con certera* ~ fig *mit sicherem Blick* || ◊ *quedarse como viendo* ~ *es* figf *s–n Augen nicht trauen, sprachlos sein* || *ver* ~ *es Gespenster sehen, fam spinnen*
visionario adj/s *visionär* || *schwärmerisch, phantastisch* || ~ m *Visionär* m || *Seher* m || *Schwärmer, Träumer, Phantast* m
visir m *Wesir* m || *el Gran* ~ *der Großwesir* || ~ **ato** m *Wesirat* n
visi|ta f *Besuch* m || *Besuch(er)* m || *Krankenbesuch* m, *Visite* f *(e–s Arztes)* || *Besichtigung* f || *Beschau* || *Untersuchung* f || *Inspektion* f || *Visitation* f || ~ *de aduana Zoll|inspektion, -revision* f || ~ *de*

visitación — vista

condolencia *Beileidsbesuch* m ‖ ~ de cárceles *Gefängnisinspektion* f ‖ ~ de cortesía *Höflichkeitsbesuch* m ‖ ~ de cumplido, ~ de cumplimiento *Anstandsbesuch* m ‖ ~ de despedida *Abschiedsbesuch* m ‖ ~ a domicilio *Hausbesuch* m *(v. Vertretern usw)* ‖ ~ domiciliaria ⟨Jur⟩ *Haussuchung* f ‖ ~ de duelo *Beileidsbesuch* m ‖ ~ de galleta Cu fam *lästiger Besuch* m ‖ ~ del médico *Kranken-, Hausbesuch* m, *Visite* f (bes *im Krankenhaus*) ‖ ~ de médico figf *Stippvisite* f ‖ ~ oficial *offizieller Besuch* m ‖ ⟨Pol⟩ *Staatsbesuch* m ‖ ~ pastoral ⟨Rel⟩ *Visitation* f ‖ ~ de pésame *Beileidsbesuch* m ‖ ~ relámpago *Blitzbesuch* m & ⟨Pol⟩ ‖ ~ de sanidad ⟨Mar⟩ *amtsärztliche Besichtigung* f *(von Schiffen)* ‖ derecho de ~ *Besichtigungsrecht* n *(e-r Zollbehörde)* ‖ ⟨Jur⟩ *Verkehrsrecht* n ‖ ⟨Mar⟩ *Durchsuchungsrecht* n ‖ horas de ~ *Besuchszeit* f ‖ primera ~ *Antrittsbesuch* m ‖ tarjeta de ~ *Visitenkarte* f ‖ ◊ devolver *(od pagar)* la ~ *den Besuch erwidern* ‖ estar de ~ (en casa de) *zu Besuch (bei jdm) sein* ‖ hacer una ~ *e-n Besuch machen (od abstatten)* ‖ llevar de ~s *jdn mit auf Besuch nehmen* (a *zu*) ‖ tener ~ *Besuch haben* ‖ **-tación** f *Untersuchung, Besichtigung* f ‖ ⁓ (de Nuestra Señora) ⟨Kath⟩ *(Fest) Mariä Heimsuchung (2. Juli)* ‖ span. *Frauenname*

visita|dor m/adj *(häufiger) Besucher* m ‖ *Besichtiger* m ‖ *Kontrollbeamte(r)*, *Inspektor* m ‖ *Fürsorgebeamte(r)* m ‖ ⟨Rel⟩ *Visitator* m ‖ **-tadora** f Hond Ven *Klistier* n ‖ ~ social *Sozialfürsorgerin* f ‖ **-tante** m *Besucher* m ‖ ⟨V⟩ *Gast* m ‖ ~ invernal ⟨V⟩ *Wintergast* m ‖ ~ pesado *(od molesto) lästiger Besucher* m ‖ ~ transitorio *Passant, Durchreisende(r)* m ‖ **-tar** vt/i *be-, auf|suchen* ‖ *jdm e-n Besuch abstatten, bei jdm vorsprechen* ‖ *besichtigen, in Augenschein nehmen* ‖ *untersuchen, inspizieren, kontrollieren, prüfen* ‖ *zollamtlich untersuchen und besichtigen* ‖ ~ *e-n Krankenbesuch od (bes im Krankenhaus) Visite machen* ‖ *(kirchlich) visitieren* ‖ ⟨Rel⟩ *heimsuchen* ‖ ◊ ~ *tabernas kneipen, bummeln* ‖ volver a ~ *nochmals besuchen* ‖ dejar de ~ *nicht mehr besuchen* ‖ ~se *einander besuchen, Gegenbesuch machen* ‖ **-teo** m *(häufiges) Besuchen* n ‖ **-tero** m/adj fam *häufiger od lästiger Besucher* m ‖ **-tón** m augm v. **visita** ‖ fam *langer, lästiger Besuch* m

visivo adj: potencia ~a *Seh|kraft* f, *-vermögen* n

vislum|brar vt *nicht deutlich sehen, kaum sehen* ‖ fig *mutmaßen, vermuten, ahnen* ‖ ◊ hacer ~ *ahnen lassen* ‖ **-bre** f *Schimmer, Abglanz, Schein* m ‖ fig *Mutmaßung, Vermutung, Ahnung* f ‖ ◊ no tener ni una ~ (siquiera) de *k-n blassen Schimmer (od Dunst) von* (dat) *haben* ‖ ~s pl *Funkeln* n *(der Edelsteine)*

Visnú m *Wischnu* m *(indische Gottheit)*

viso m *(schillernder) Glanz, Schimmer* m ‖ *Schillern, Changieren* n *(des Stoffes)* ‖ *unterlegter, durchschimmernder Futterstoff* m ‖ *Aussichtspunkt* m ‖ fig *An|schein, -strich, Anflug* m ‖ *Vorwand* m ‖ fig *Gesichtspunkt* m ‖ ~ de altar ⟨Kath⟩ *And Tabernakelabdeckung* f ‖ de ~ *angesehen* ‖ persona de ~ *angesehene Persönlichkeit* f ‖ ◊ mirar al ~ *von der Seite ansehen (Stoffe usw)* ‖ ~s pl: a dos ~ fig *doppelzüngig, falsch* ‖ ◊ hacer ~ *schillern, changieren (Stoffe)* ‖ tener ~ de fig *aussehen, e-m vorkommen wie* ‖ no tener ~ de acabar pop *kein Ende nehmen wollen*

visogodo adj → **visigodo**

visón m ⟨Zool⟩ *Nerz, Nörz, Sumpf-, Krebs|otter* m (Mustela lutreola) ‖ *Mink, Amerikanischer Nerz* m (M. vison) ‖ *Nerz(fell* n*)* m

visontino adj *aus Vinuesa* (PSor)

visor m ⟨Phot⟩ *(Bild)Sucher* m ‖ ⟨Opt Mil⟩ *Visier* n ‖ ~ de bombardeo ⟨Mil⟩ *Bombenzielgerät* n ‖ ~ brillante, ~ claro *Aufsicht-, Brillant|sucher* m ‖ ~ brillante de espejo giratorio *drehbarer Brillantsucher* m ‖ ~ directo *Durchsichtsucher* m ‖ ~ iconométrico *Rahmensucher* m ‖ ~ de reflexión *Reflexsucher* m ‖ ◊ observar *(od mirar)* a través del *(od* por el) ~ *durch den Sucher suchen* ‖ subir el ~ *den Sucher aufklappen*

visorio adj *Gesichts-, Seh-*

víspera f *Vorabend* m *(z. B. e-s Festes)* ‖ p. ex *Vortag* m ‖ fig *Vorbote* m ‖ la ~ *am Tag vorher* ‖ ◊ lo que le había dicho la ~ *was er ihm am Tag vorher (gestern) gesagt hatte* ‖ ~s pl *Vesper* f, *Nachmittagsgottesdienst* m ‖ ~ sicilianas ⟨Hist⟩ *Sizilianische Vesper* f ‖ en ~ de fig *kurz vor* ‖ im *Begriff, nahe daran zu* ‖ en ~ de la boda *kurz vor der Hochzeit* ‖ como tonto en ~ figf *verblüfft dastehend* ‖ la cosecha en ~ *die bevorstehende Ernte* ‖ ◊ estar en ~ de *im Begriff sein zu*

¹**vista** f *Gesicht, Sehen* n ‖ *Gesichtssinn* m, *Seh|kraft* f, *-vermögen* n, *Auge(n)* n(pl), *Augenlicht* n ‖ *Be-, An|sehen* n ‖ *Blick* m ‖ *Anblick* m ‖ *An-, Aus-, Ein-, Durch-, Über|sicht* f ‖ *Voraussicht* f, *Scharfblick* m ‖ *(An)Schein* m ‖ *Sicht* f (bes ⟨Com⟩) ‖ ⟨Phot⟩ *Aufnahme, Ansicht* f ‖ ⟨Jur⟩ *Gerichtsverhandlung* f ‖ ⟨Jur⟩ *Verhandlungstag* m ‖ ⟨Jur⟩ *Haussuchung* f ‖ fig *Absicht* f, *Ziel* n ‖ ¡~ a la derecha! ¡ar! ⟨Mil⟩ *Augen - rechts!* ‖ ¡~ a la izquierda! ¡ar! ⟨Mil⟩ *die Augen - links!* ‖ ~ aérea *Luft|aufnahme* f, *-bild* n ‖ ~ de águila fig *Adler|blick* m, *-auge(n)* n(pl) ‖ ~ de atrás, ~ por atrás *Rückansicht* f ‖ ~ cansada *Weitsichtigkeit* f ‖ ~ de cara *Vorderansicht* f ‖ ~ de una causa *Gerichtsverhandlung* f ‖ *Hauptverhandlung* f ‖ ~ de conjunto, ~ general *Gesamtansicht* f ‖ *Gesamt|überblick* m, *-übersicht* f, *-bild* n ‖ ~ corta *Kurzsichtigkeit* f ‖ ~ exterior *Außenansicht* f ‖ ~ de frente, ~ frontal *Vorderansicht* f ‖ ~ interior *Innenansicht* f ‖ ~ lateral *Seitenansicht* f ‖ ~ de lince fig *Luchsauge(n)* n(pl) ‖ ~ panorámica *Rundblick* m ‖ ~ parcial *Teilansicht* f ‖ ~ trasera *Rückansicht* f ‖ a corta (larga) ~ ⟨Com⟩ *auf kurze (lange) Sicht* ‖ doble ~ *Doppelsichtigkeit* f ‖ → **anteojo** ‖ corto de ~ *kurzsichtig* (& fig) ‖ letra *(od giro)* a la ~ *Sichtwechsel* m ‖ punto de ~ *Gesichts-, Stand|punkt* m ‖ *Stellungnahme* f ‖ señalamiento de una ~ ⟨Jur⟩ *Anberaumung* f *e-s Termins*

a ~, a la ~ ⟨Com⟩ *bei (od auf) Sicht* ‖ *Sicht-* ‖ fig *sogleich, sofort* ‖ ⟨Mar⟩ *in Sicht* ‖ a la ~ de *beim Anblick* (gen) ‖ al alcance de la ~ *in Sichtweite* ‖ im *Blickfeld* ‖ *in Gegenwart, im Beisein* (de von) ‖ *in Anbetracht, angesichts* ‖ *in der Nähe, bei der Hand, gegenüber* ‖ *unter Aufsicht* ‖ letra a tantos días ~ ⟨Com⟩ *Nachsichtwechsel* m ‖ a 60 días ~ *60 Tage Sicht* ‖ a tres meses ~ *drei Monate nach Sicht (Wechsel)* ‖ a *(od* *por) ~ de ojos *mit seinen Augen* ‖ *durch Augenschein* ‖ a ~ de pájaro *aus der Vogelschau (od Vogelperspektive)* ‖ a media ~ *obenhin, halbwegs* ‖ a ~ perdida, a pérdida de ~ *unabsehbar* ‖ a primera ~ *auf den ersten Blick* ‖ a simple ~ *nach Augenmaß, mit bloßem Auge* ‖ de ~ *von Ansehen, vom Sehen (her)* ‖ de *(od* a) corta (larga) ~ *auf kurze (lange) Sicht* ‖ de mucha ~ *sehr auffallend, effektvoll (Artikel, Kleid)* ‖ en ~ de (de) *hinsichtlich, im Hinblick auf, in Anbetracht* ‖ *infolge* ‖ ⟨Mar⟩ *in Sicht, angesichts* ‖ en ~ de ello *daraufhin* ‖ *unter solchen Umständen* ‖ en ~ de que *angesichts des Umstandes, daß* ‖ *weil, da* ‖ ¡hasta la ~! *auf Wiedersehen! Adieu!*

◊ aguzar la ~ fig *den Blick schärfen* ‖ apartar la ~ fig *das Gesicht abwenden, wegsehen* ‖ bajar la ~ fig *die Augen niederschlagen, den Blick senken* ‖ *zu Boden blicken* ‖ cantar de ~ *vom Blatt singen* ‖ clavar *(od poner)* la ~ en fig *den Blick heften auf* (acc) ‖ *jdn unverwandt ansehen* ‖ se lo comía *(od tragaba)* con la ~ figf *er verschlang ihn mit den Augen* ‖ conocer de ~ *von Ansehen (od vom Sehen) kennen* ‖ desviar la ~ *wegsehen* ‖ dirigir la ~ a *den Blick richten auf* (acc) *jdn anblicken* || echar la ~ (a) fig *sein Auge(nmerk) richten auf* (acc) || *como le eche a ése la ~ encima, va a ver lo que es bueno* fam *wenn ich den zu Gesicht bekomme, wird er sein blaues Wunder erleben* || estar a la ~ *in Sicht sein* || *sichtbar sein* || *in die Augen springen, auf der Hand liegen, klar sein* || estar a la ~ de a/c *aufpassen auf et* || hacer la ~ gorda fam *tun, so als sähe man nichts*; *ein Auge zudrücken* || irse de ~ *aus den Augen verschwinden* || se me va la ~ *es flimmmert mir vor den Augen* || ¡márchate de mi ~! *geh mir aus den Augen!* || perder de ~ *aus den Augen verlieren* || perderse de ~ figf *hervorragend sein* (& iron) || *sehr schlau, gerieben sein* || pasar la ~ por un escrito *ein Schriftstück flüchtig durchlesen* || saltar a la ~ fig *in die Augen springen* || tener ~ *gut aussehen, sich gut ausnehmen* || tener (mucha) ~ figf *schlau sein* || tener ~para fig *ein Auge haben für* (acc) || tener buena (mala) ~ *gute (schlechte) Augen haben, gut (schlecht) sehen* || tener a la ~ *im Auge behalten* || tenemos a la ~ su estimada carta ... ⟨Com⟩ *Ihr geschätztes Schreiben ... liegt uns vor* || torcer la ~ fig *die Augen verdrehen* || volver la ~ *den Blick wenden* || *sich umschauen* || volver la ~ atrás fig *den Blick zurückwandern lassen, an et zurückdenken*

~s pl *Aussicht* f || ◊ tener ~ (*od* vista) a la calle *Aussicht auf die Straße haben (Haus)* || tomar ~ ⟨Filmw⟩ *Aufnahmen drehen, Aufnahmen machen* || a ojos ~ *offensichtlich, immer mehr, zusehends*

²**vista** *m Zollbeamte(r)* m || ~ de aduanas *Zollbeamte(r)* m

³**vista, viste** → **vestir**

vistazo m: ◊ dar (*od* echar) un ~ a *e-n flüchtigen Blick werfen auf* (acc) || *(ein Buch) flüchtig durchlesen, durchblättern*

vistillas *fpl*: fam irse a las ~ fam *in fremde Karten schauen*

¹**visto** pp/irr v. **ver** || *gesehen* || fig *überholt* || *digno de ser* ~ *sehenswert* || juego a cartas ~as fig *offenes Spiel* n || está ~ que *man sieht, daß ...*, *es ist offensichtlich, daß ...* || ~ que *in Anbetracht dessen, daß* || da ja nun einmal || bien (mal) ~ *(un)gern gesehen* || *(un)beliebt* || nunca ~, jamás ~ fig *unerhöhrt, noch nie dagewesen* || ¡cosa nunca ~a! *unerhört!* || por lo ~ *wie man sieht, offenbar, offensichtlich, allem Anschein nach, wahrscheinlich* || ni ~ ni oído *blitzschnell* || *im Nu* || ~ bueno (V.º B.º) *gesehen und genehmigt* || *Visum* n || ~ y no ~ *blitzschnell (verschwunden)* || figf *aus den Augen, aus dem Sinn* || →a **ver** || sin ser ~ *ungesehen*

²**visto** m *Genehmigungszeichen, Visum* n || *(Rechts)Grund* m || ◊ poner (*od* dar) el ~ bueno *mit dem Sichtvermerk versehen, vidieren, visieren* || ⟨Typ⟩ *das Imprimatur erteilen*

visto|sidad f *Pracht, Herrlichkeit* f || *Aufmachung* f || -**so** adj *ansehnlich* || *auffällig, effektvoll* || *prächtig, herrlich* || △ ~ m *Auge* n || △ *Rock* m, *Wams* n

Vistula: el ~ *die Weichsel (Fluß)*

visu adv lat: de ~ *durch den Augenschein* || ◊ conocer de ~ *vom Sehen (her) kennen*

¹**visual** adj *Seh-, Gesichts-* || ángulo ~ ⟨Opt⟩ *Seh-, Gesichts|winkel* m || campo, rayo ~ ⟨Opt⟩ *Gesichts|feld* n, *-strahl* m || defecto ~ *Sehfehler* m || distancia, potencia ~ *Seh|weite, -kraft* f || púrpura ~ ⟨An⟩ *Sehpurpur* m

²**visual** f *Gesichts-, Seh|linie* f

visuali|dad f *gewinnende Erscheinung* f || *prächtiger Anblick* m, *Pracht* f || -**zar** vt *sichtbar machen* || *veranschaulichen* || *graphisch darstellen*

vital adj *Lebens-* || *vital* || *calor, condición* ~ *Lebens|wärme, -bedingung* f || cuestión (*od* problema) ~ *lebenswichtige Frage* f || energía, licor ~ *Lebens|kraft* f, *-elixier* n || espacio ~ *Lebensraum* m || mínimo ~ *Existenzminimum* m || ◊

agotar sus fuerzas (*od* energías) ~es *sich ausleben*

vita|licio adj/s *lebenslänglich (Amt, Rente)* || → **banco** c) || funcionario ~ *Beamte(r)* m *auf Lebenszeit* || renta ~a (= ~ m) *Leibrente* f || senador ~ *auf Lebenszeit gewählter Senator* m || -**lidad** f *Lebensfähigkeit* f || *Lebenskraft* f || *Vitalität* f || fig *Dauer(haftigkeit)* f || -**lismo** m ⟨Philos⟩ *Vitalismus* m || -**lista** adj/s *vitalistisch* || ~ m *Vitalist* m || -**lizar** [z/c] vt *beleben* || *lebensfähig machen*

vita|mina f *Vitamin* n || carencia de ~s = **avitaminosis** || pobre en ~s *vitaminarm* || -**minado** adj *mit Vitaminzusatz, vitaminhaltig* || -**mínico** adj *Vitamin-* || complejo ~ *Vitaminkomplex* m || -**min(iz)ar** vt *mit Vitaminen anreichern* || *vitamin(is)ieren*

vitando adj *verabscheuungswürdig, abscheulich* || ~ m ⟨Rel⟩ *mit dem Bann Belegte(r)*

vitela f *Kalbleder* n || *Velin* n || papel ~ *Velin (-papier)* n

vitelo m *Eidotter* n/m

vitícola adj *Weinbau-* || industria ~ *Weinbau* m || ~ m *Weinbauer, Winzer* m

viticul|tor m *Weinbauer, Winzer* m || -**tura** f *Weinbau* m

vitiligo m ⟨Med⟩ *Scheckhaut, Vitiligo* f *(Pigmentmangel)*

vitivinicultor m *Weinbauer, Winzer* m

Vito m np Tfn *Veit* m || → **baile**

vito m *and. Tanz* m (*im* ³/₄ *Takt)*

vitola f ⟨Mil⟩ *Kaliberlehre* f || *Bauchbinde* f *(Zigarre)* || fig *Aussehen, Äußere(s)* n || ⟨An⟩ *Größe* f, *Maß* n

vitolfilia f *Sammeln* n *von Zigarrenbauchbinden*

vítor m *Hochruf* m || ◊ dar ~es (a) *jdn hochleben lassen* || *jdm Beifall zujubeln*

vitorear vt *jdn hochleben lassen* || *jdm Beifall zujubeln*

Vitoria ⟨Geogr⟩ *Vitoria (Hauptstadt der* PAl) || silla de ~ Span *massiver Stuhl* m (bes *mit hoher Rückenlehne)* || ~**no** adj/s *aus Vitoria*

vitral m *Kirchenfenster* n

vítreo adj *Glas-, gläsern* || *glasartig* || cuerpo ~ ⟨An⟩ *Glaskörper* m *des Auges* || pintura ~a *Glasmalerei* f

vitrificable adj *verglasbar*

vitri|ficación f *Verglasung, Glasbildung* f || *Sinterung* f *(Keramik usw)* || -**ficar** vt *verglasen* || *sintern* || *glasieren* || ~**se** vr *verglasen* || -**na** f *Vitrine* f || *Glas|schrank, -kasten* m || ⟨Com⟩ *Auslage-, Schau|fenster* n

vitriolo m ⟨Chem Hist⟩ *Vitriol* n || ~ azul, ~ de cobre *Kupfervitriol* n || ~ blanco *Zinkvitriol* n || ~ de hierro, ~ verde *Eisenvitriol* n

vitua|llar vt *verpflegen, verproviantieren* || -**lla(s)** f(pl) *Lebensmittel* npl || ⟨Mil⟩ *Proviant* m, *Verproviantierung* f

vítulo m: ~ marino m ⟨Zool⟩ *Seehund* m → **foca**

vitupe|rable adj *tadelnswert* || *ver|werflich, -ächtlich* || -**rar** vt *tadeln, rügen* || -**rio** m *Tadel* m || *Rüge* f || *Schmähung* f, *Schimpf* m || ◊ colmar de ~s *mit Schmähungen überhäufen* || *-**r(i)oso** adj *schimpflich*

viu|da f *Witwe* ⟨V⟩ *Witwe* f (Vidua spp) || Cu *(Art) Papierdrache* m || △ *Galgen* m || ~ de guerra *Kriegerwitwe* f || ~s *fpl* y huérfanos de guerra *Kriegshinterbliebene(n)* mpl || ~ negra ⟨Zool⟩ *Schwarze Witwe* f (Latrodectus mactans) *-jare giftige·am. Spinne)* || hijo de ~ *Witwensohn* m || → **dolor, alegre** || ◊ quedar(se) ~ *verwitwen* || -**dal** adj *Witwen-* || -**dedad** f *Witwen|geld* n, *-rente* f || Am = -**dez** || -**dez** [pl -**ces**] f *Witwer-, Witwen|stand* m || -**dita** f *dim* v. -**da** || *junge (oft lebenslustige) Witwe* f || Arg Chi *Nonnenpapagei* m || *e-e billige Sorte span. Zigarren* || -**do** adj/s *verwitwet* || fig *öde, leer* || ~ m *Witwer* m || ~ de pega pop *Strohwit-*

viva — vivo 1120

wer m ‖ ◊ quedar(se) ~ verwitwen *(v. Mann)*
 viva ¡~! *hoch! hurra!* ‖ ¡~ el rey! *es lebe der König!* ‖ ~ m Hoch n, Hochruf m ‖ ◊ dar ~s (a) *Hochrufe ausbringen (auf)* ‖ *jdm Beifall zurufen, jdn hochleben lassen*
 vivac m = **vivaque**
 vivacidad f *Lebhaftigkeit* f ‖ *Lebendigkeit* f ‖ *Feuer* n ‖ *(Lebens)Kraft* f ‖ *Geistesschärfe, Aufgewecktheit, Regsamkeit* f ‖ con ~ *sehr lebhaft*
 vivales m: ◊ ser un ~ fam *ein schlauer Bursche sein*
 vivamente adv: ◊ lo siento ~ *ich bedauere es lebhaft, herzlich*
 vivandera f ⟨Mil⟩ *Marketenderin* f ‖ *Hond Marktfrau* f
 viva|que m ⟨Mil⟩ *Feld(nacht)lager, Biwak* n ‖ **-quear** vi ⟨Mil⟩ *biwakieren, im Freien lagern od übernachten*
 vivar m *Gehege* n *für Kaninchenzucht* ‖ *Fisch|teich, -weiher* m
 vivaracho adj fam *sehr munter, rührig*
 vivareño adj/s *aus Vivar del Cid* (PBurg)
 vivario m *Vivarium* n ‖ *Brut-, Fisch|teich* m ‖ → a **vivero**
 vi|vaz [pl **-ces**] adj *lebhaft, feurig* ‖ *stark, lebenskräftig, langlebig* ‖ ⟨Bot⟩ *ausdauernd, Dauer-* ‖ *scharfsinnig* ‖ planta ~ *Dauerpflanze* f ‖ **-vencia** f ⟨Psychol⟩ *Erlebnis* n ‖ **-vencial** adj *Erlebnis-*
 vive|ño adj/s *aus Ibahernando* (PCác) ‖ **-ra** f = **vivar** ‖ **-ral** m *Baumschule* f ‖ **-rense** adj *aus Viver* (PCastellón) ‖ **-reño** adj/s *aus Viveros* (PAlb)
 víveres mpl *Lebens-, Nahrungs|mittel* pl, *Mundvorrat, Proviant* m ‖ entrada de ~ ⟨Mil⟩ *Zufuhr* f *von Lebensmitteln* ‖ intendencia de ~ *Verpflegungsamt* n ‖ maestre de ~ *Proviantmeister* m ‖ ◊ proveer de ~ ⟨Mil⟩ *verprovantieren*
 vivero m *Baumschule* f ‖ ⟨Jgd⟩ *(Wild)Gehege* n ‖ *Brutteich, Fisch|weiher, -behälter* m ‖ *And kleiner Sumpf* m ‖ fig *Brutstätte* f ‖ fig *Fundgrube* f ‖ los ≃s *Stadtpark* m *in Valencia*
 vi|verra f *Zibetkatze* f (→ **civeta**) ‖ **-vérridos** mpl ⟨Zool⟩ *Schleichkatzen* fpl (Viverridae)
 viveza f *Lebhaftigkeit, Munterkeit, Rührigkeit* f ‖ *Heftigkeit* f ‖ *Geistesschärfe* f ‖ *Scharfsinn* m ‖ *Witzwort* n ‖ pop *schnippische Antwort* f ‖ con ~ *lebhaft* ‖ falto de ~ fig *leblos*
 vivi|dero adj *bewohnbar* ‖ *lebensfähig* ‖ **-dizo** m/adj Mex fam *Schmarotzer* m ‖ **-do** adj *erlebt* ‖ novela ~a *Lebensroman* m
 vívido adj ⟨poet⟩ *lebhaft, lebendig* ‖ *kräftig, heftig* ‖ *scharfsinnig*
 vividor adj *lebensfähig* ‖ *dauerhaft* ‖ *fleißig* ‖ *haushälterisch* ‖ *Lebensunterhalt bietend (z. B. e-e Großstadt)* ‖ ~ m *guter Haushalter* m ‖ pop *Lebemann, Genußmensch* m ‖ *Nassauer* m
 vivienda f *Wohnung, Wohnstätte* f ‖ *Behausung* f ‖ *Quartier* n ‖ (bes Am) *Lebensweise* f ‖ ~ para obreros bzw para el personal *Werkswohnung* f ‖ ~ en propiedad *Eigentumswohnung* f ‖ ~ provisional *Behelfsheim* n ‖ escasez *(od crisis)* de ~s *Wohnungsnot* f ‖ intervencionismo de la ~ *Wohnraumbewirtschaftung* f ‖ mercado de la ~ *Wohnungsmarkt* m
 viviente adj/s *lebendig, lebend, am Leben* ‖ ser ~ *Lebewesen* n ‖ ◊ allí no quedó alma ~ *dort blieb kein lebendes Wesen übrig* ‖ →a **bicho**
 vivifi|cador, -cante adj *belebend* ‖ **-car** [c/qu] vt *beleben* ‖ *lebendig machen, mit Leben erfüllen, beseelen* ‖ *kräftigen, stärken* ‖ **-cativo** adj *belebend, stärkend, kräftigend*
 vivifico adj ⟨Lit⟩ *lebend(ig)*
 vivijagua f ⟨Entom⟩ = **bibijagua**
 viviparidad ⟨Zool Bot⟩ *Viviparie* f ‖ vgl **oviparidad, ovoviviparidad**
 vivíparo adj ⟨Biol⟩ *lebendgebärend, vivipar*
 ¹**vivir** vt *leben, er-, ver-, durch|leben* ‖ **bewohnen** ‖ ~ vi *leben, wohnen, wohnhaft sein* (en *in dat*) ‖ *sich ernähren* ‖ *dauern, währen* ‖ *(im Gedächtnis) fortleben* ‖ fig *bestehen, (da)sein* ‖ ◊ ~ del aire figf *von der Luft leben* ‖ ~ amancebado *in wilder Ehe leben* ‖ ~ al día *in den Tag hinein leben* ‖ *von der Hand in den Mund leben* ‖ ~ a lo grande *auf großem Fuße leben* ‖ pop *in Saus und Braus leben* ‖ ~ a su gusto *behaglich, gemächlich leben* ‖ ~ de caridad *auf Almosen angewiesen sein* ‖ ~ de prisa fig *rasch leben* ‖ ~ de su trabajo *von seiner Hände Arbeit leben* ‖ ~ en una casa in e-m *Hause wohnen* ‖ ~ en paz *friedlich, ruhig leben* ‖ ~ despreocupado *sorglos, in den Tag hinein leben* ‖ ~ pobremente, en estrechez ärmlich leben ‖ *sich kümmerlich durchschlagen* ‖ ~ retirado *zurückgezogen leben* ‖ ~ a lo que salga pop *in den Tag hinein leben* ‖ ~ y dejar ~ ⟨Spr⟩ *leben und leben lassen* ‖ alegría de ~ *Lebensfreude* f ‖ gana, modo de ~ *Lebens|lust, -weise* f ‖ viviendo mi padre *bei Lebzeiten meines Vaters* ‖ ¡viva! *er lebe (hoch)!* (→ **viva**) ‖ ¡vive Dios! *meiner Treu!* ‖ ¡~ para ver! pop *das möchte ich einmal sehen!* ‖ pop *wer hätte das geglaubt!* ‖ ¡esto es ~! *das heißt leben! so läßt sich's aushalten!* iron *und das nennt man nun Leben!* ‖ me gustaría ~ para verlo pop *das möchte ich einmal erleben* ‖ ¡vive quien vende! pop *nur dem Starken soll man folgen!* ‖ ¿quién vive? ⟨Mil⟩ *wer da?* ‖ dar el quién vive *anrufen (Posten)* ‖ ir a ~ a otra casa *die Wohnung wechseln* ‖ se vino a ~ con nosotros *er ist zu uns herübergezogen* ‖ está que no vive pop *er ist zum Sterben verliebt* ‖ pop *er ist ganz hin* ‖ no se vive más que una vez ⟨Spr⟩ *man lebt nur einmal* ‖ tener apenas para ~ *kaum das Notwendige zum Leben haben* ‖ tener con qué ~ *sein Auskommen haben* ‖ ¡y a ~! *u. nun hinein ins volle Leben!* ‖ *u. damit Schluß!*
 ²**vivir** m *Leben* n, *Lebenswandel* m ‖ *Leben, Auskommen* n ‖ casa de mal ~ *verrufenes Haus* n ‖ gente de mal ~ *Gesindel* n ‖ un mal ~ *ein elendes Leben* m ‖ ◊ tener un modesto ~ *sein bescheidenes Auskommen haben*
 vivisec|ción f ⟨Med⟩ *Vivisektion* f ‖ **-tor** m *Vivisezierende(r)* m
 vivis|mo m *Vivismus* m *(philos. System des span. Humanisten Luis Vives, 1492-1540)* ‖ **-ta** adj/s *auf L. Vives bezüglich* ‖ ~ m *Anhänger* m *des Philosophen L. Vives*
 vivito adj dim v. **vivo** ‖ ~ y coleando *gesund u. munter* ‖ ⟨Com⟩ *lebendfrisch (Fisch)*
 ¹**vivo** adj *lebend(ig)* ‖ fig *lebhaft, munter* ‖ *lebhaft, frisch, glänzend, leuchtend (Farben)* ‖ *heftig, stark, kräftig* ‖ *rasch, schnell, behend, flink* ‖ *scharfsinnig, witzig, aufgeweckt, gescheit* ‖ *schlau, gerissen* ‖ *scharf (Kante)* ‖ *spitz (Winkel)* ‖ *ungelöscht (Kalk)* ‖ *noch nicht gebrochen (Stein, Fels)* ‖ *laufend (Besoldung)* ‖ aguas ~as ⟨Mar⟩ *Flut* f ‖ descripción ~a *lebendige (od packende) Schilderung* f ‖ ~ de genio *temperamentvoll, rührig* ‖ herido en lo más ~ fig *tief gekränkt* ‖ piedra ~a *unberührter, lebender Fels* m ‖ *noch nicht gebrochener Stein* m ‖ recuerdo ~ *frische Erinnerung* f ‖ *lebendiges Andenken* n ‖ **tío** ~ a lo ~, al ~, *heftig, kräftig* ‖ al ~ *nach dem Leben (geschildert, gezeichnet)* ‖ con ~ anhelo *sehr eifrig* ‖ a ~a fuerza *mit Gewalt* ‖ de ~a voz *mündlich* ‖ von Mund zu Mund ‖ como de lo ~ a lo pintado figf *wie Tag und Nacht, grundverschieden* ‖ ni ~ ni muerto (ni muerto ni ~) fig *gänzlich verloren, verschollen* ‖ ◊ dar *(od tocar, herir)* en lo ~, llegar a lo ~ *den wunden Punkt berühren* ‖ *jdn empfindlich beleidigen* ‖ enterrar ~ *lebendig begraben* ‖ estar ~ *am Leben sein, leben* ‖ fig *in Kraft sein (Gesetz)* ‖ ser muy ~ fig *sehr gerieben sein* ‖ es mi ~ deseo que... (subj) *ich wünsche lebhaft, daß...* ‖ llorar a lágrima ~a *bittere Tränen vergießen* ‖ quedar ~ *am Leben bleiben* ‖ vender a ~ *lebend verkaufen (Vieh)*
 ²**vivo** m *Lebende(r)* m ‖ ⟨Arch⟩ *scharfe Kante* f

|| ◊ es un ~ fam *er ist ein schlauer, geriebener Kerl*
³**vivo** *m* ⟨Mil⟩ *Biese* f *(an Uniform)*
vizcacha *f* ⟨Zool⟩ *Viscacha* f (Lagostomus spp) || *Hasenmaus, Große Chinchilla* f (Lagidium viscaccia) (→ **chinchilla**)
viz|cainada *f* fam *biskayischer Ausdruck od Streich* m || fig *kopfloses Reden* n || **-caíno** *(oft* vizcaino *ausgesprochen)* adj/s *biskayisch* || figf *ver|wirrt, -worren* || ~ *m Biskayer* m || *biskayische Mundart* f *des Baskischen* || **-caitarra** adj/s ⟨Hist⟩ *Anhänger* m *der Unabhängigkeitspartei in der Provinz Vizcaya* || **-caya** f *Vizcaya* n || *golfo de* ~ *Golf* m *von Biskaya* || → **hierro**
vizcon|dado *m Vizegrafschaft* f || *Título* m *e-s Vicomte* || **-de** *m Vicomte* m || **-desa** f *Vizegräfin* f || *Gemahlin* f *e-s Vicomte*
Vladislao *m* np *Vladislaus, Ladislaus* m
vl.ʳ Abk = **valor**
V. M. Abk = **Vuestra Majestad**
Vmd. Abk = **vuestra merced**
Vn. Abk = **vellón**
vncmtº Abk = **vencimiento**
V.º B.º Abk = **Visto bueno**
vobulador *m* ⟨Elc⟩ *Wobbler* m
voca|blo *m Wort* n || *Ausdruck* m || *Vokabel* f, öst *auch* n || *juego del* ~ *Wortspiel* n || ◊ *jugar del* ~ fig *Wortspiele machen* || **-bulario** *m Wörterverzeichnis, Vokabular* n || *Wortschatz* m || *Terminologie* f *(e-r Wissenschaft)* || *Ausdrucks-, Rede|weise* f || ◊ *no necesitar de* ~ figf *keinen Ausleger brauchen* || **-bulista** *m Wortschatzforscher* m || *Verfasser* m *e-s Wörterverzeichnisses*
vocación *f Berufung* f || *Bestimmung* f || *Hang* m, *Neigung* f *zu e-m Beruf od Stand* || ◊ *errar la* ~ *seinen Beruf verfehlen* || *sentir* ~ *artística sich zur Kunst berufen fühlen* || *tener* ~ *(de) berufen sein (zu* dat) || *zum Priester(amt) berufen sein*
¹**vocal** adj *mündlich* || *Stimm-* || ⟨Mus⟩ *Gesang-, Sing-, Vokal-* || *letra* ~ *Vokal, Selbstlaut* m || *música* ~ *Vokalmusik* f || *cuerdas* ~**es** *Stimmbänder* npl
²**vocal** *m stimmberechtigtes Mitglied* n || *Ausschußmitglied* n || *Vorstandsmitglied* n || ~ *del jurado de empresa Betriebsratsmitglied* n
³**vocal** f ⟨Gr⟩ *Vokal, Selbstlaut* m || ~ *abierta*, *cerrada* ⟨Gr⟩ *offener, geschlossener Vokal* m || ~ *breve, larga* ⟨Gr⟩ *kurzer, langer Vokal* m || ~ *inicial, final* ⟨Gr⟩ *vokalischer An-, Aus|laut* m || ~ *nasal* ⟨Gr⟩ *Nasalvokal* m || *cambio (od modificación) de la* ~ *Vokalwechsel* m || *Um-, Ab|laut* m
vocálico adj *vokalisch, Vokal-*
voca|lismo *m Vokalismus* m, *Vokalsystem* n || **-lista** *m* ⟨Mus⟩ *(Refrain)Sänger* m || **-lización** f ⟨Gr⟩ *Vokalisation* f || *Vokalisierung* f ⟨Mus⟩ *solfeggieren, Stimmübungen machen* || **-tivo** *m* ⟨Gr⟩ *Vokativ* m
voce|ador *m Schreier* m || *Ausrufer* m || **-ar** vt/i *(an)rufen* || *aus|rufen, -schreien* || *zum Verkauf usw)* || figf *ausposaunen* || figf *sich lauthals s-r (guten) Taten rühmen* || ◊ *la sangre de Abel* vocea *el delito de Caín das Blut Abels verkündet das Verbrechen Kains (Bibel)* || ~ vi *schreien, kreischen* || *zanken, keifen* || **-jón** *m* desp v. **voz** || *rauhe, heisere Stimme* f || **-o** *m Gerufe, Geschrei* n || *Straßenrufe* mpl || **-ras** *m* pop *Schreihals* m || **-río** *m Geschrei* n || **-ro** *m Sprecher* m *(z. B. e-r Regierung)*
voces *pl* v. **voz** || ◊ *dar* ~ *schreien*
vocifera|ción f *Schreien, Brüllen, Kreischen, Zetern* n || **-r** vi *schreien, brüllen*
vocin|glear vi *schreien* || **-glería** f *Geschrei, Gekreisch, Gegröle* n || **-glero** *m*/adj *Schreihals* m || *Schwätzer* m
vodevil *m* ⟨Th⟩ *Vaudeville* n
vodka *m Wodka* m
voime pop = **me voy** (→ **ir**)
voiturette f frz *Kleinauto* n

voivode *m Woiwode* m *(Fürst)*
vol. Abk **volumen** || **voluntad**
vola|da f *(Auf)Flug* m || ⟨Arch⟩ *Auskragung* f || Ec fam *Prellerei* f || RPl pop *Gelegenheit* f || *a las* ~**s** fig *im Fluge* || **-dera** f *Radschaufel* f *(Wasserrad)* || **-dero** adj *flügge* || fig *flüchtig* || *vorübergehend* || ~ *m Absturz, Abgrund* m || **-dizo** adj/s ⟨Arch⟩ *vorspringend, überkragend* || ~ *m vorspringender Teil* m *(e-s Gebäudes), Auskragung* f || *Vorsprung* m || *Überhang* m || **-do** adj: *letra* ~**a** *hochgestellter, kleiner Buchstabe* m *(z. B. in* Cⁱᵃ, V.º B.º *usw)* || *Am jähzornig* || ◊ *estar* ~ figf *außer sich sein* || ~ *m* Mex *Bild- od Schriftspiel* n || Arg *Volant, Besatz* m *(an Damenkleidern)* || **-dor** adj/s *fliegend* || ~ *m Rakete* f, *Schwärmer* m || ⟨Fi⟩ → **pez** ~ || *aparato* ~ *Fluggerät* n || **-dora** f *(oberer) Mühlstein, Läufer* m || **-dura** f fig *Sprengung* f *(durch Explosion)*
△**volan|da** f Barc *Bluse* f, *Kittel* m || **-das, -dillas** fpl: *en* ~ fig *in größter Eile, im Fluge* || *en andas y* ~ fig *im Nu* || **-dear** vt *in der Luft flattern* || **-dera** f *(oberer) Mühlstein, Läufer* m || pop *Lüge, Ente* f || **-dero** adj *flatternd* || *flügge (Vogel)* || fig *unstet, flüchtig*
volan|ta, -te f Am *(Art) Kalesche* f || **-te** adj *fliegend* || *(umher)irrend* || *ciervo* ~ ⟨Entom⟩ *Hirschkäfer* m (Lucanus cervus) || *hoja* ~ *Flugblatt* n, *-schrift* f || *mesa* ~ *Spiritistentischchen* n || *hilos* ~**s** *Altweibersommer* m *(Fäden)* || *perro* ~ ⟨Zool⟩ *Flughund* m (→ **bermejizo**) || ⟨Fi⟩ *pez* ~ *Flugfisch* m, → **a** *pez* || *platillo* ~ *fliegende Untertasse* || ~ *m Volant, Besatz* m *an Damenkleidern* || ⟨Aut⟩ *Lenk-, Steuer|rad, Steuer* n || ⟨Tech⟩ *Schwungrad* n || *Unruh* f *e-r Uhr* || ⟨Typ Com⟩ *Flugblatt* n || *Lauf-, Laufzettel* m || *Begleitschein* m || *Beleg* m || *leichter Lampenschirm* m || *Federball(spiel* n*)m* || ⟨Fecht⟩ *Wurfstoß* m || Pe *Frack* m || ~ *de asistencia médica Krankenschein* m || ~ *de maniobra Hand-, Bedienungs|rad* n || ~ **-polea** *Antriebsschwungrad* n || ~ *de sierra Bandsägenrolle* f || *un* as *del* ~ fig *ein berühmter Rennfahrer* m || *juego del* ~ *Federballspiel* n || ◊ *tomar el* ~ *sich ans Steuer setzen* || **-tin** *m Wurfangel(schnur)* f || Am *Papierdrache* m *(der Kinder)* || Am *Purzelbaum* m || Bol *Rakete* f, *Feuerwerkskörper* m || **-tería** f Cu *Wagenschmiede* f || **-tón, ona** adj/s *flügge (Vogel)* || ~ *m flügger Vogel* m || Ec fig *Herumtreiber* m || **-tuzo** *m* Pe *Geck* m
volapié m: a ~ *hüpfend u. flatternd (Vogel)* || *de un* ~ pop *im Nu* || ◊ *matar a* ~ ⟨Taur⟩ *dem ruhig stehenden Stier aus dem Lauf heraus den Degenstoß versetzen* || *pasar un río a* ~ *schwimmend und watend e-n Fluß durchqueren*
volar [-ue-] vt *aufjagen (Federwild)* || *aufsteigen lassen (Drachen)* || ⟨Typ⟩ *hochstellen* || fig *in die Luft sprengen* || fig *erbittern, aufbringen* || △ *mitgehen lassen* || ◊ ~ *con pólvora mit Pulver sprengen* || ~ vi *fliegen* || *auf-, weg|fliegen* || fig *eilen* || fig *in die Luft fliegen* || *verfliegen (die Zeit)* || *verfliegen, sich verflüchtigen* || p. ex *verschwinden* || ◊ ~ *en astillas zersplittern* || *al cielo in den Himmel fliegen* || fig *sterben (bes von Kindern)* || ~ *encima emporfliegen* || *sobre überfliegen* || ~ *en tirabuzón* ⟨Flugw⟩ *trudeln* || ~ *sin visibilidad (od con instrumentos)* ⟨Flugw⟩ *blindfliegen* || ¡vuela! *verschwinde!* fam *verdufte!* || *echar (od sacar) a* ~ *fliegen lassen* || fig *verbreiten, unter die Leute bringen* || *echarse a* ~ *auf-, weg|fliegen* || fig *flügge werden* || *sich auf die eigenen Füße stellen* || *a vuela pluma* fig *flüchtig, hastig* || *el pájaro ya voló* fig *der Vogel ist ausgeflogen* || *vuelvo volando* pop *ich bin im Nu zurück* || *entrar volando hineinfliegen* || *partir volando davonfliegen* || *pasar volando überfliegen* || *vorbeifliegen* || *salir volando herausfliegen* || fig *eiligst herauslaufen* || ~**se** *davon-, fort|fliegen* || Am

in Zorn geraten, aufbrausen ‖ ◊ ~ los sesos pop *sich e-e Kugel durch den Kopf jagen*
△**volata** *m Dachbodendieb* m
volate|ría *f Vogelfang* m, *Beizjagd* f ‖ *Geflügel* n ‖ de ~ *wie im Fluge, rein zufällig* ‖ **–ro** *m* Am *Schwärmer* m *(Feuerwerk)*
volátil *adj fliegend, flugfähig* ‖ ⟨Chem⟩ *flüchtig* ‖ *fig unbeständig, unstet, flatterhaft* ‖ *sal* ~ *Riechsalz* n ‖ ~ *m Geflügel* n ‖ *Stück* n *Geflügel*
vola|tilidad *f* ⟨Chem⟩ *Flüchtigkeit* f ‖ **–tilización** *f* ⟨Chem⟩ *Verflüchtigung* f ‖ **–tilizar** [z/c] vt ⟨Chem⟩ *verflüchtigen* ‖ **~se** vr *sich verflüchtigen* ‖ figf pop *sich verdünnisieren, verduften* ‖ **–tinero** *m Seiltänzer* m
vol-au-vent *m* frz ⟨Kochk⟩ *Blätterteigpastete* f
volavérunt lat joc *die Vögel sind ausgeflogen*
volcador adj/s *Kipp-,Kipper-* ‖ ~ *m Kipper* m, *Kippanlage* f
vol|cán *m Vulkan, feuerspeiender Berg* m ‖ ~ apagado, ~ extinto *erloschener Vulkan* m ‖ ~ activo, ~ en actividad, ~ en erupción *Vulkan* m *in Tätigkeit* ‖ ◊ estar sobre un ~ figf *auf e-m Pulverfaß sitzen* ‖ **–canejo, –cancito** *m* dim *v*. **volcán** ‖ **–cánico** *adj vulkanisch* ‖ **–canismo** *m* ⟨Geol⟩ *Vulkanismus* m ‖ **→ a vulcanismo**
volcar [–ue–, c/qu] vt *umwerfen, umstürzen, um(kippen) (e–n Wagen usw)*, *kanten* ‖ *umkehren, umstülpen, stürzen, ummenden, umdrehen* ‖ *hinabschleudern* ‖ ¡no ~! *nicht stürzen! (auf Kisten)* ‖ *benommen machen (Geruch)* ‖ fig *jdn umstimmen* ‖ fig *jdn in Wut bringen* ‖ ~ vi *um|fallen, –stürzen, –kippen* ‖ *kippen* ‖ **~se** *ab–, um–, über|kippen* ‖ figf *sein möglichstes tun, sein Letztes geben* ‖ se volcó en atenciones (para conmigo) figf *er überschlug sich fast vor Liebenswürdigkeit* ‖ ~ con alg. *sich um jdn reißen*
volea *f Ortscheit* n *(am Wagen)*
△**vole|ador** *m Marktdieb* m ‖ **–ar** vt *(den Ball) im Fluge schlagen*
voleibol *m* ⟨Sp⟩ *Volleyball* m
voleo *m Volley, Flugball* m ‖ *Schlag* m *(Ballspiel)* ‖ *kräftige Ohrfeige* f ‖ en un ~ *im Nu* ‖ del primer ~ figf *beim ersten Anlauf*
voframi|o *m* ⟨Chem⟩ *Wolfram* n ‖ **–ta** *f* ⟨Min⟩ *Wolframit* n
Volga: el ~ *Wolga* f *(Fluß)*
volición *f* ⟨Philos⟩ (vgl **nolición**) *Wollen* n, *Willensäußerung* f
vo|lido *m* Am: de un ~ *im Fluge, im Nu* ‖ **–lín**: de ~, de volán fam *im Fluge*
Voli|nia *f Wolynien* n ‖ **⁼nio** adj/s *wolynisch*
volitar vi = **revolotear**
volitivo adj: potencia **~a** *Willenskraft* f
volovelis|mo *m* ⟨Flugw⟩ *Segel|flugwesen, -fliegen* n ‖ p. ex *Segelflug* m ‖ **–ta** *m Segelflieger* m
volque|arse vr *sich wälzen* ‖ **–o** *m* ⟨Tech⟩ *Kippen* n ‖ **–te** *m Kipp|wagen, -karren* m, *-lore* f ‖ camión ~ *Kipplast(kraft)wagen, Kipper* m
vols. Abk = **volúmenes**
volscos mpl *die Volsker (Volk)*
volt *m* = **voltio**
Vol|ta np: pila de ~ ⟨Phys⟩ *Voltasäule* f ‖ **⁼taico** adj ⟨Phys⟩ *voltaisch, galvanisch* ‖ pila **~a** ⟨Phys⟩ *Voltasäule* f ‖ **⁼taje** *m* ⟨El⟩ *Spannung* f ‖ **⁼támetro** *m Voltameter* n
△**voltañar** vi = **volver**
*****voltario** adj *wankelmütig* (→ a **voluble**)
voltea|da *f* Arg *Abtrennung* f *e-s Teiles der Viehherde, indem man mitten hindurch reitet* ‖ **–do** *m* Col *Überläufer, Fahnenflöchtige(r)* m ‖ **–dor** *m Voltigeur, Luftakrobat,* Am *Kunstreiter* m ‖ ⟨Tech⟩ *Wendevorrichtung* f, *Wender* m ‖ **–dora** *f* ⟨Agr⟩ *Heuwender* m
voltear vt *(her)umdrehen* ‖ *umkehren* ‖ *(fort-)rollen* ‖ *durch die Luft wirbeln (Person)* ‖ Am *um|kippen, -stürzen* ‖ Am = **volver** ‖ Arg PR *herumschnüffeln* ‖ ◊ ~ la campana *die Glocke läuten, schwingen* ‖ ~ la espalda (a) Am *jdm den Rücken zudrehen* ‖ ~ la soga *(od* el lazo) Am *das Lasso schwingen* ‖ ~ vi *sich (herum)drehen* ‖ *sich herumwälzen, sich überschlagen* ‖ *voltigieren* ‖ **~se** vr Am = **chaquetear**
volte|jear vt *(um)wenden, (um)drehen (bes* ⟨Mar⟩) ‖ ⟨Mar⟩ *aufkreuzen* ‖ **–o** *m Umdrehen, Wenden* n ‖ ⟨Tech⟩ *Kippen* n ‖ *Luftsprung* m ‖ el ~ del molino *das Klappern der Mühle* ‖ **–(re)ta** *f Luftsprung* m ‖ *Purzelbaum* m, *Rolle* f ‖ ◊ dar **~s** *Purzelbäume schlagen*
volteriano *m*/adj *Anhänger* m *Voltaires* ‖ ~ adj *auf Voltaire bezüglich* ‖ fig *aufklärerisch, ungläubig, kirchenfeindlich*
voltezuela *f* dim *v*. **vuelta**
*****voltigeante** adj gall *wimmelnd (Menschenmenge)*
vol|tímetro *m* ⟨El⟩ *Voltmeter* n, *Spannungsmesser* m ‖ **–tio** *m* ⟨El⟩ *Volt* n
△**voltisarar** vt *verbreiten*
voltizo adj *verwickelt* ‖ fig *wankelmütig, unstet, wetterwendisch*
volu|bilidad *f Leichtigkeit* f ‖ fig *Wankelmut* m, *Unbeständigkeit, Unberechenbarkeit* f ‖ **–ble** adj *leicht beweglich* ‖ fig *wankelmütig, unbeständig, unberechenbar, wetterwendisch* ‖ ⟨Bot⟩ *Schlinge-*
volu|men [pl **volúmenes**] *m Umfang* m, *Menge, Größe* f ‖ *Aufkommen* n ‖ *Rauminhalt* m, *Fassungs|vermögen* n, *-raum* m, *Kapazität* f ‖ *Volumen* n ‖ *Band* m, *Buch* n ‖ ⟨Radio⟩ *Ton-, Laut|stärke* f ‖ ~ de ahorro *Spareinlagenaufkommen* n ‖ *Sparleistung* f *(der Sparer)* ‖ ~ atómico ⟨Phys⟩ *Atomvolumen* n ‖ ~ comercial, ~ de intercambio ⟨Com⟩ *Handelsvolumen* n ‖ ~ de construcción *Bau|volumen* n, *-leistung* f ‖ ~ de contratación ⟨Com⟩ *Börsenumsatz* m ‖ ~ de esfera ⟨Math⟩ *Kugelinhalt* m ‖ ~ por latido ⟨Med⟩ *Schlagvolumen* n *des Herzens* ‖ ~ monetario *Geld|volumen* n, *-menge* f ‖ ~ de negocios, ~ de ventas *Absatz-, Umsatz|volumen* n, *(Geschäfts-), (Waren)Umsatz* m ‖ ~ de pedidos ⟨Com⟩ *Auftragseingang* m ‖ ~ de tránsito *Verkehrsaufkommen* n ‖ ~ de mucho *(od* gran) ~ *umfangreich, viel Raum einnehmend* ‖ *sehr dick (Buch)* ‖ de muchos **~es** *vielbändig (Werk)* ‖ **–metría** *f* ⟨Phys⟩ *Rauminhaltslehre* f ‖ ⟨Chem⟩ *Volumetrie* f ‖ **–minoso** adj *umfangreich, voluminös* ‖ *dick (Buch)* ‖ *vielbändig (Werk)* ‖ *sperrig* ‖ *géneros* **~s** ⟨EB⟩ *Sperrgüter* npl
voluntad *f Wille* m ‖ *Belieben* n ‖ *freie Wahl* f, *freier Wille* m ‖ *Willkür* f ‖ *Wohlwollen* n ‖ *Zuneigung* f ‖ *Begierde, Lust* f ‖ *Absicht* f ‖ ~ criminosa, ~ delictiva *verbrecherischer Vorsatz* bzw *Wille* m ‖ ~ férrea, ~ de hierro fig *eiserner Wille* m ‖ ~ de triunfo, ~ de victoria *Siegeswille* m ‖ ~ de vivir *Lebenswille* m ‖ acto de ~ *Willensäußerung* f ‖ buena ~ *guter Wille* m ‖ *Bereitwilligkeit* f ‖ *Wohlwollen* n ‖ *Zuneigung* f ‖ de (buena) ~ *freiwillig* ‖ mala ~ *Böswilligkeit* f ‖ *Abneigung* f ‖ falta de ~ *Willensschwäche* f ‖ *Willenlosigkeit* f ‖ ⟨Jur⟩ *Willensmangel* m ‖ propia ~ *freier Wille, Eigenwille* m ‖ por propia (od libre) ~ *aus eigenem Antrieb* ‖ la última ~ *Testament* n, *Letzter Wille* m ‖ a ~ *nach Belieben* ‖ a ~ *del comprador* ⟨Com⟩ *nach Wunsch des Käufers* ‖ contra mi ~ *gegen meinen Willen* ‖ ◊ ~ es vida *Spr des Menschen Wille ist sein Himmelreich* ‖ captar la ~ de alg. *jdn für sich einnehmen* ‖ ganar la ~ de alg. fig *jdn für sich gewinnen* ‖ hacer su ~ *seinen Willen durchsetzen* ‖ quitarle la ~ a alg. *jdm die Lust nehmen, jdn von et abbringen, jdm et ausreden* ‖ poner mucha ~ (en) *sich et sehr angelegen sein lassen* ‖ zurcir **~es** fig *(ver)kuppeln, Kuppelei treiben*
volun|tariado *m Freiwilligendienst* m ‖ **–tariamente** adv *freiwillig, aus freien Stücken* ‖ **–tariedad** *f Freiwilligkeit, freie Entschließung* f ‖ *Willkür* f ‖ ⟨Jur⟩ *(rechtsgeschäftlicher) Wille* m ‖ teoría de la ~ ⟨Jur Philos⟩ *Willenstheorie* f ‖ **–ta-**

rio adj *freiwillig* ‖ *willkürlich* ‖ *wankelmütig* ‖ divorcio ~ *freiwillige Ehescheidung* f ‖ muerte ~a fig *Selbstmord* m ‖ mutilación ~a *Selbstverstümmelung* f ‖ venta (liquidación) ~a *freiwilliger (Aus)Verkauf* m ‖ ~ *m Freiwillige(r)* m ‖ cuerpo de ~s *Freiwilligenkorps* n ‖ ~ de un año ⟨Hist⟩ ⟨Mil⟩ *Einjährig-Freiwillige(r)* m ‖ **–tarioso** adj *eigenwillig, launenhaft* ‖ *willig* ‖ **–tarismo** *m* ⟨Jur Philos⟩ *Willenstheorie* f, *Voluntarismus* m
  volup|tad f *Wollust, (Sinnen)Lust* f ‖ **–tuosidad** f *Wollust, Wollüstigkeit* f ‖ *Sinnlichkeit* f ‖ **–tuoso** adj *sinnenfreudig, sinnlich* ‖ *wollüstig* ‖ *üppig* ‖ ~ *m Wollüstling* m
  voluta f ⟨Arch⟩ *Volute* f *(am Kapitell)* ‖ *Schneckengehäuse* n ‖ ⟨Tech⟩ *Spirale* f, *Spiralgehäuse* n ‖ ~ de humo *Rauchspirale* f
  volve|dera f Seg ⟨Agr⟩ *Wendegabel* f, *Garbenwender* m ‖ **–dor** *m* ⟨Tech⟩ *Wind-, Wende|eisen* n ‖ *Kanter* m *(an Walzstraßen)* ‖ Cu *Wendemaschine* f *(in Zuckerfabriken)*
  volver [–ue–, pp vuelto] A) vt *(um)drehen, (um)wenden, (um)kehren* ‖ *(um)lenken* ‖ *wenden, richten* (a, hacia *gegen*) ‖ *wälzen, (fort)rollen* ‖ *(ver)ändern* ‖ *(um)wenden (Tuch)* ‖ *umpflügen (Acker)* ‖ *zurück-, wieder|geben* ‖ *zurück|zahlen, -bringen* ‖ *herausgeben (beim Geldwechseln)* ‖ *zurück|schicken, -senden (Ware)* ‖ ⟨Phys⟩ *zurückwerfen, reflektieren (die Lichtstrahlen)* ‖ *zurückschlagen (den Ball)* ‖ *erwidern* ‖ *speien, erbrechen* ‖ *über|setzen, -tragen* ‖ *abwendig machen (von)* ‖ *verwandeln* (en *in* acc) ‖ (+ adj) *machen (zu)* ‖ ◊ ~ la cara, ~ el rostro *sich umsehen* ‖ *sich umdrehen* ‖ ~lo de arriba abajo fig *das Unterste zuoberst kehren, alles auf den Kopf stellen* ‖ ~ de canto *hochkant stellen* ‖ ~ la comida *das Gegessene erbrechen* ‖ ~ la espada a la vaina *den Degen wieder einstecken* ‖ ~ de espaldas *auf den Rücken legen* ‖ ~ la(s) espalda(s) (a) *jdm den Rücken zukehren* ‖ eso me vuelve furioso *das macht mich wütend* ‖ ~ la hoja *das Blatt wenden* (& fig) ‖ ~ loco (a) fig *jdn zur Verzweiflung bringen* ‖ fig *jdm den Kopf verdrehen* ‖ ~ mal por mal *Böses mit Bösem vergelten* ‖ ~ de plano *flach legen* ‖ ~ al revés *völlig umkehren* ‖ *umstülpen* ‖ ~ tonto *dumm machen, verdummen* ‖ ~ un vestido *ein Kleid wenden* ‖ no tener adónde ~ los ojos fig *ganz hilflos dastehen*
  B) ~ vi *umkehren* ‖ *zurück|kehren, -kommen* ‖ *zurückfahren* ‖ *wieder zu sich kommen (von e–r Ohnmacht)* ‖ *zurückkommen* (a *auf* acc) ‖ *sich (rechts, links) wenden, abbiegen (Weg)* ‖ ⟨Phys⟩ *zurückprallen (Lichtstrahlen)*
  a) ◊ ~ atrás *um-, zurück|kehren* ‖ ~ hacia atrás *zurück|drehen, -wenden* ‖ al ~ *auf der Rückreise* ‖ a un ~ de cabeza fig *im Handumdrehen, im Nu* ‖ volveré otra vez *ich werde nochmals vorsprechen* ‖ desear ~ *zurückverlangen* ‖ le ha vuelto la calentura *das Fieber hat sich bei ihm wieder eingestellt, er hat wieder Fieber*
  b) *mit ger:* ◊ ~ andando *zu Fuß zurückkommen* ‖ vuelvo volando pop *ich bin im Nu wieder zurück! ich bin gleich wieder da!*
  C) in Verb. mit Präpositionen od präpositionalen Adverbialverbindungen:
  1. in Verb. mit a: a) **a** + s: → **andada** ‖ ~ a casa *heimkehren, nach Hause kommen* ‖ ~ al buen camino fig *den Weg der Tugend einschlagen* ‖ ~ a caballo *zurückreiten* ‖ ~ a la par ⟨Com⟩ *wider pari stehen* ‖ volviendo al caso *um auf die Sache zurückzukommen* ‖ volviendo a lo de antes *um nochmals auf das Vorhergehende zurückzukommen*
  b) **a** + inf: *wiederum, noch einmal, nochmals, von neuem et tun, wieder-* ‖ ~ a apretar *nachziehen (Schraube)* ‖ ~ a asegurar *nochmals versichern od beteuern* ‖ ⟨Com⟩ *wiederversichern, rückversichern* ‖ ~ a cantar *wieder (zu) singen (anfangen), nochmals singen* ‖ ~ a decir *wieder-

holen* ‖ ¡(eso) no lo vuelvas a decir! *sage es nicht (od nie) wieder!* ‖ ~ a embarcar *wieder ein-, ver|schiffen* ‖ ~ a empezar *wieder anfangen, von neuem anfangen* ‖ ~ a encender *wieder anmachen (Feuer)* ‖ ~ a pedir la dimisión *das Rücktrittsgesuch erneuern (z. B. Minister)* ‖ ~ a ver *wiedersehen* ‖ ~ a traer *zurückbringen* ‖ hoy he vuelto a nacer pop *heute bin ich e–r Todesgefahr entgangen*
  2. in Verb. mit **de:** vuelvo de jugar *ich komme vom Spiel, ich habe soeben gespielt* ‖ vuelvo de hablar con él *ich habe soeben mit ihm gesprochen* ‖ no ~ de su asombro *aus dem Staunen nicht herauskommen*
  3. in Verb. mit **en:** ~ en sí *wieder zu sich kommen* ‖ *die Besinnung wiedererlangen* ‖ *sich anders bedenken* ‖ ~ en su acuerdo *wieder zu sich kommen*
  4. in Verb. mit **por:** ~ por sí *sich verteidigen* ‖ ~ por los fueros de su honra fig *seine Ehre verteidigen bzw wiederherstellen* ‖ ~ por alg. *sich jds annehmen* ‖ → a **fuero**
  5. in Verb. mit **sobre:** ~ sobre *verweisen auf* (acc) ‖ *zurückkommen auf* (acc) ‖ ~ sobre si fig *in sich gehen, sich besinnen* ‖ *sich erholen, zu sich kommen* ‖ ~ sobre el asunto *auf die Sache zurückkommen* ‖ ~ sobre sus pasos *wieder zurückgehen*
  ~se vr *sich wenden zu* ‖ *(sich) (um)drehen* ‖ *zurückkehren* ‖ *sich verwandeln, werden zu* ‖ *umschlagen (Wein)* ‖ *starr werden, einschlafen (Glieder)* ‖ ◊ ~ atrás fig *wortbrüchig werden* ‖ ~ atrás de un contrato *von e–m Vertrag zurücktreten* ‖ ~ loco *verrückt werden* ‖ ~ loco buscando a. fig *et wie verrückt suchen* ‖ es para ~ loco *es ist zum Verrücktwerden* ‖ ~ contra uno *sich gegen jdn wenden, jdn angreifen* ‖ *jdn verfolgen* ‖ *sich mit jdm verfeinden* ‖ ~ a casar *sich wieder verheiraten* ‖ todo se me vuelve del revés (od en contra) figf *alles geht mir schief* ‖ me he vuelto a dormir *ich bin nochmals eingeschlafen*
  volvo, vólvulo *m* ⟨Med⟩ *Darm|verschluß* m, -*verschlingung* f, *Ileus* m
  vollén *m* Chi *(Art) Rosenbaum* m
  volley-ball *m* engl ⟨Sp⟩ *Volleyball* m
  vómer *m* ⟨An⟩ *Pflugscharbein* n
  vómico adj: nuez ~a ⟨Med⟩ *Brechnuß* f ‖ ⟨Bot⟩ *Brechnußbaum* m (Strychnos nux-vomica)
  vomi|tado adj fig *abgezehrt, ausgemergelt* ‖ ◊ tiene cara de ~ fig *er sieht sehr schlecht (od* fam *hundeelend) aus,* pop *er sieht aus wie gekotzt* ‖ **–tador** *m* ⟨Arch⟩ *Speier* m ‖ **–tar** vt/i *(er)brechen, sich erbrechen, sich übergeben* ‖ fig *(aus-)speien (Feuer, Steine, Asche)* ‖ fig *ausstoßen (Schimpfworte)* ‖ fig *von sich geben,* fam *herausrücken mit* ‖ ◊ ganas de ~ *Brechreiz* m, *Übelkeit* f ‖ ~ sangre *Blut speien* ‖ tengo ganas de ~ *mir ist sehr übel,* fam *mir ist speiübel* ‖ **–tera** f fam *Erbrechen* n ‖ **–tivo** m/adj ⟨Med⟩ *Brechmittel* n
  vómito *m (Er)Brechen* ‖ *Erbrochene(s)* n ‖ ~ negro ⟨Med⟩ *Gelbfieber* n ‖ ~ de sangre *Bluterbrechen* n ‖ *Blutsturz* m ‖ ◊ provocar (a) ~ *Übelkeit hervorrufen bzw erregen* (& fig)
  vomi|tón, ona adj fam *zum Erbrechen neigend* ‖ **–tona** *f* fam *heftiges Erbrechen* n ‖ **–torio** *m* ⟨Arch⟩ *Vomitorium* n *(in römischen Arenen, Theatern usw)*
  v.ᵒⁿ Abk = **vellón**
  voquible *m* fam = **vocablo**
  voracidad f *Gefräßigkeit* f ‖ la ~ del fuego fig *das verzehrende Feuer*
  vorágine f *Wirbel, Strudel* m
  voraginoso adj *voller Wirbel, Strudel* ‖ fig *turbulent*
  *****vorahúnda** f prov = **baraúnda**
  voraz [pl **–ces**] adj *gefräßig* ‖ fig *verzehrend (Feuer)*

vórtice *m Wirbel, Strudel* m ‖ *Windhose* f ‖ ⟨An⟩ *Wirbel, Vortex* m
vorticela *f Vorticella* f *(ein Glockentierchen)*
vos pron *Ihr (an e-e einzelne Person gerichtet)* ‖ Am pop *auch mit der Einzahl verbunden* ‖ ◊ *tratar de ~ mit* vos *anreden* ‖ a *~* te hablo Am *ich rede zu dir!*
vo|sear vt *jdn mit* vos *(„Ihr") anreden* ‖ **–seo** *m Anrede mit* vos *(„Ihr")*
Vos|gos *mpl* ⟨Geogr⟩: los *~ die Vogesen* ‖ **⸗guiense** adj *vogesisch*
vos|otros, –otras pron *Ihr, Sie (an mehrere Personen gerichtet,* bes *wenn man sie duzt)*
V.O.T. Abk = **Venerable Orden Tercera**
vota|ción *f Abstimmung, Stimmabgabe, Wahl* f ‖ *~* a mano alzada *Abstimmung* f *durch Erheben der Hand (od durch Handzeichen)* ‖ *~* por carta, *~* por correspondencia *Briefwahl* f ‖ *~* de desempate *Stichwahl* f ‖ *~* nominal *namentliche Abstimmung, Abstimmung* f *durch Namensaufruf* ‖ *~* por poderes *Abstimmung* f *in Vertretung* ‖ *~* secreta *geheime Abstimmung* f ‖ papeleta de *~ Stimmzettel* m ‖ ◊ someter a *~ zur Abstimmung bringen* ‖ *über et abstimmen lassen* ‖ **–dor, votante** *m Abstimmende(r)* m ‖ *Stimmberechtigte(r)* m ‖ *Votant* m
votar vt *abstimmen über* (acc) ‖ *(durch Abstimmung) genehmigen, bewilligen* ‖ *verabschieden (Haushalt, Gesetz)* ‖ ◊ *~* el presupuesto *den Haushalt(splan) verabschieden* ‖ vi *geloben* ‖ *fluchen, lästern* ‖ *stimmen, s–e Stimme abgeben* ‖ ◊ derecho de *~ Stimmrecht* n ‖ edad de *~ Wahlalter* n ‖ ¡voto a Cristo! ¡voto a Dios! *bei Gott! (bes als Drohung)* ‖ ¡voto a tal! ¡voto va! pop *Donnerwetter! (Ausdruck des Zornes, der Drohung, der Überraschung od Bewunderung)* ‖ *~* levantando la mano *durch Handaufheben (od durch Handzeichen) abstimmen* ‖ *~* por aclamación *durch Zuruf (*öst *Akklamation) wählen*
votivo adj *(an)gelobt* ‖ misa, tabla *~*a *Votiv|messe, -tafel* f
voto *m Gelübde* n ‖ *kirchliches Gelöbnis, Gelübde* n ‖ *Votiv|bild* n, *-tafel* f ‖ *Weihgeschenk* n ‖ ⟨Pol⟩ *Stimme, Abstimmung* f, *Votum* n ‖ *Stimmrecht* n ‖ *Wunsch* m, *Begehren* n ‖ *Fluch* m ‖ *Urteil* n ‖ *~* por aclamación *Abstimmung* f *durch Zuruf* ‖ *~* activo, pasivo *aktives, passives Stimmrecht* n ‖ *~* de amén, *~* de reata figf *blinde Bejahung* f ‖ *~* de calidad *Stichentscheid* m ‖ *~* de castidad ⟨Rel⟩ *Keuschheitsgelübde* n ‖ *~* de censura *Mißtrauensvotum* n ‖ *~* de confianza *Vertrauensvotum* n ‖ *~* consultivo *beratende Stimme* f ‖ *~* en contra, *~* negativo *Neinstimme* f ‖ *~* por correspondencia *Briefwahl* f ‖ *~* a favor, *~* en pro *Jastimme* f ‖ *~* popular *Volksstimme* f ‖ *~* nulo *ungültige Stimm(abgabe)e* f ‖ *~* obligatorio *Stimm-, Wahl|zwang* m ‖ *~* solemne *feierliches Gelübde* n ‖ derecho de *~* (general) *(allgemeines) Stimmrecht* n ‖ *Wahlrecht* n ‖ ◊ dar su *~ seine Meinung äußern (sobre über* acc) ‖ emitir *(od* depositar) el *~ die Stimme abgeben (bei Wahlen)* ‖ tener (derecho de) *~ stimmberechtigt sein* ‖ no tener *~*, no ser *~* fig *kein Urteil haben (en in* dat) ‖ tener voz y *~ Sitz und Stimme haben (in e-r Versammlung)* ‖ ¡*~* va! fam → **votar**
~s *pl Ordensgelübde* n ‖ *~* dispersos *zersplitterte Stimmen* fpl ‖ *~* emitidos a favor (en contra) de alg. *abgegebene Stimmen* fpl *für (gegen) jdn* ‖ captación de *~ Stimmenfang* m ‖ compra de *~ Stimmenkauf* m ‖ ganancia de *~ Stimmengewinn* m ‖ número de *~ Stimmen(an)zahl* f ‖ pérdida de *~ Stimmen|verlust* m, *-einbuße* f ‖ por diez *~* contra cinco con dos abstenciones *mit zehn gegen fünf Stimmen bei zwei (Stimm-) Enthaltungen* ‖ por (simple) mayoría de *~ mit (einfacher) Stimmenmehrheit* ‖ aprobado por mayoría de *~ durch Stimmenmehrheit angenom-*

men ‖ ◊ echar *(od* soltar) *~ Flüche, Verwünschungen ausstoßen* ‖ hacer (renovar) los *~ das Ordensgelübde ablegen (erneuern)* ‖ haciendo *~* por su pronto restablecimiento *indem ich Ihnen e-e baldige Genesung wünsche (in Briefen)* ‖ recoger los *~ die Stimmen sammeln*
voy → **ir**
voz *[pl* –**ces**] *f Stimme* f ‖ *Laut, Ton, Schall* m ‖ *Ruf* m ‖ *Schrei* m ‖ fig *Gerücht* n ‖ ⟨Mus⟩ *Ton, Klang* m ‖ ⟨Gr⟩ *(einzelnes) Wort* n, *Vokabel* f ‖ *Ausdruck* m ‖ *Form* f *des Verbs* ‖ *beratende Stimme* f ‖ fig *Stimme* f, *Votum* n ‖ △ *Trost* m ‖ *~* activa, pasiva ⟨Gr⟩ *Aktiv, Passiv* n ‖ *~* aguardentosa pop *Säuferstimme* f ‖ *~* aguda *scharfe od schrille Stimme* f ‖ *Scharf* n, *Vox acuta* f *(Orgelstimme)* ‖ *~* argentina fig *Silberstimme* f ‖ *~* de cabeza ⟨Mus⟩ *Fistel-, Kopf|stimme* f ‖ *~* cantante ⟨Mus⟩ *Sing-, Haupt|stimme* f ‖ *~* cascada, *~* quebrada *gebrochene, matte, farblose Stimme* f ‖ *~* del cielo *Vox celestis* f *(Orgelstimme)* ‖ fig *die Stimme Gottes* ‖ *~* de la conciencia fig *Gewissensbisse* mpl ‖ *~* ejecutiva ⟨Mil⟩ *Ausführungskommando* n ‖ *~* empañada, *~* opaca, *~* tomada fig *belegte Stimme* f ‖ *~* guía *Leit-, Stich|wort* n *(z. B. im Wörterbuch)* ‖ *~* humana *Menschenstimme* f ‖ *Vox humana* f *(Orgelstimme)* ‖ *~* de mando *gebieterischer Ton* m ‖ ⟨Mil⟩ *Kommando* n, *Befehl* m ‖ *~* media ⟨Gr⟩ *Medium* n ‖ *~* preventiva ⟨Mil⟩ *Ankündigungskommando* n ‖ *~* del pueblo *Volksstimme* f ‖ *~* del pueblo, *~* del cielo *(od* de Dios) Spr *Volkes Stimme, Gottes Stimme* ‖ *~* ronca *heisere, rauhe Stimme* f ‖ *~* de trueno fig *Donner-, Löwen|stimme* f ‖ cambio de *~ Stimm|bruch, -wechsel* m *(in der Pubertät)* ‖ mala *~* fig *übler Ruf* m ‖ primera (segunda) *~* ⟨Mus⟩ *erste (zweite) Stimme* f ‖ a *~* en cuello, a *~* en grito *lauthals, aus vollem Halse* ‖ a media *~ halblaut, mit gedämpfter Stimme* ‖ a una *~* fig *einstimmig* ‖ de viva *~ mündlich* ‖ fig *ausdrücklich* ‖ en *~* mündlich ‖ sin *~ stimmlos* ‖ en alta *~ laut, mit lauter Stimme* ‖ en *~* baja *leise, mit leiser Stimme* ‖ ◊ aclararse la *~ sich räuspern* ‖ ahuecar la *~ mit hohler, tiefer, stärkerer Stimme sprechen* ‖ alzar *(od* levantar) la *~ die Stimme erheben* ‖ *lauter sprechen* ‖ alzarle *(od* levantarle) la *~* a alg. fig *jdm gegenüber e-n ungebührlichen Ton anschlagen, zu jdm unverschämt werden* ‖ se le anudó la *~* fig *er konnte vor Aufregung nicht sprechen, die Stimme versagte ihm* ‖ apagar la *~ die Stimme (bzw den Klang) dämpfen (& Mus)* ‖ cambiar de *~ im Stimmbruch sein* ‖ corre la *~ man munkelt* ‖ → **correr** ‖ dar la *~* ⟨Mil⟩ *anrufen (Posten)* ‖ dar una *~* (a) *jdm zurufen* ‖ decir en *~* baja (a) *jdm et zu|flüstern, -raunen* ‖ estar en (buena) *~* ⟨Mus⟩ *bei Stimme sein* ‖ leer en *~* alta *vorlesen* ‖ llevar la *~* cantante figf *den Ton angeben, die erste Geige spielen, das Regiment führen* ‖ poner mala *~* (a) *jdn in Verruf bringen* ‖ ponerse en *~*, romper la *~ sich einsingen (Sänger)* ‖ tener *~* (en) *beratende Stimme haben (bei)* ‖ tener (buena) *~* ⟨Mus⟩ *e-e gute Stimme haben* ‖ tomar *~* ⟨bes Mil⟩ *Erkundigungen einziehen* ‖ **voces** *pl Geschrei* n ‖ *~* raíces *Grund-, Stich|wörter* npl ‖ *~* de socorro *Hilferufe* mpl ‖ de cuatro *~ vierstimmig* ‖ juego de *~ Wortspiel* n ‖ un secreto a *~* fam *ein öffentliches Geheimnis* ‖ ◊ dar *~ rufen* ‖ *schreien* ‖ *um Hilfe rufen* ‖ dar *~* al viento *(od* en desierto) fig *tauben Ohren predigen, in den Wind reden* ‖ estar pidiendo a *~* figf *schreien nach, et dringend haben wollen*
vozarrón *m* desp v. **voz** ‖ *rauhe, grobe Stimme* f
V.P. Abk = **Vuestra Paternidad** ‖ **Vale por**
v.p. Abk = **vicio propio** *(von beschädigten Waren)*
V.R. Abk = **Vuestra Reverencia**
v/r Abk = **valor recibido**
v.ʳ Abk = **valor**

vra., **vro.**, **vras.**, **vros.** Abk = **vuestra**, ~o, ~as, ~os
V.S.(I.) Abk = **Vueseñoría, Usía (Ilustrísima)**
vs., **v.ˢ** Abk = **varas**
v.ᵗᵃ Abk = **vuelta** ‖ **venta**
v.ᵗᵒ Abk = **vuelto**
v.ᵗʳᵒ Abk = **vuestro**
vuchén *m* Chi *unehelicher Sohn* m
vudú *m* Vudu-, *Voodoo|(kult)* m
Vuecelencia ⟨*& Lit⟩ = **Vuestra Excelencia**
Vuecencia = **Vuestra Excelencia** ‖ ⟨Mil⟩ *Anrede* f *für Generäle* ‖ **a vuelapié = a volapié**
vuelcavagonetas f ⟨Tech⟩ *Wagen-, Waggon|-kipper* m
vuelco *m Um|werfen, -kippen* n ‖ *Überschlag* m ⟨& Aut Flugw⟩ ‖ ~ lateral *Seitenkippung* f ‖ ~ trasero *Rückwärtskippung* f ‖ ◊ *dar un ~ sich überschlagen* ‖ a ~ de dado fig *aufs Geratewohl, auf gut Glück*
vue|lo *m Flug* m, *Fliegen* n ‖ *Flügel* m, *Schwinge* f ‖ *Schwungfeder* f ‖ ⟨Arch⟩ *Vorsprung* m, *Ausladung, Auskragung* f, *Überhang* m ‖ *Weite* f *(Rock, Ärmel)* ‖ *Ärmelaufschlag* m ‖ *Spitzenmanschette* f (& **–lillo**) ‖ *Hochwald* m ‖ fig *(Auf-) Schwung* m ‖ ~ acrobático *Kunstflug* m ‖ ~ de altura *Höhenflug* m ‖ ~ de aproximación *Anflug* m ‖ ~ bajo, ~ a baja cota *Tiefflug* m ‖ ~ ciego, ~ a ciegas *Blindflug* m ‖ ~ chárter *Charterflug* m ‖ ~ deportivo *Sportflug* m ‖ ~ de estudios *Übungsflug* m ‖ ~ sin escala *Nonstopflug* m ‖ ~ espacial *(od* interplanetario*)* (tripulado) *(bemannter) Weltraumflug* m ‖ ~ exhibitorio *Schauflug* m ‖ ~ en formación ⟨Mil⟩ *Verbandsflug* m ‖ ~ inclinado *(od* planeado = **planeo**) *Gleitflug* m ‖ ~ individual *Alleinflug* m ‖ ~ con instrumentos *Instrumenten-, Blind|flug* m ‖ ~ largo *Fern-, Dauer|flug* m ‖ ~ sin motor *Segelflug* m ‖ ~ nocturno *Nachtflug* m ‖ ~ nupcial ⟨Entom⟩ *Hochzeitsflug* m *(Ameisen, Bienen, Termiten)* ‖ ~ en picado *Sturzflug* m ‖ ~ de prácticas, ~ de estudios *Übungsflug* m ‖ ~ rasante *Tiefflug* m ‖ ~ supersónico *Überschallflug* m ‖ ~ a vela *Segelflug* m ‖ ~ sin visibilidad *Blindflug* m ‖ a(l) ~ *im Fluge* ‖ fig *schnell, geschwind* ‖ *cazador al* ~ *Flugschütze* m ‖ de (un) ~, en un ~ fig *flugs, eiligst* ‖ de alto ~ *hochfliegend* ‖ fig *hochtrabend* ‖ ◊ *alzar (od* levantar*) el* ~ *auf-, empor|fliegen* ‖ fig *Reißaus nehmen* ‖ *abatir el* ~ *sich niederlassen (Vogel)* ‖ *coger* ~ fig *wachsen, zunehmen* ‖ *coger al* ~ *im Fluge auffangen* ‖ fig *zufällig erhaschen* ‖ *cogerlas (od* cazarlas*) al* ~ figf *alles sofort begreifen (od* mitbekommen*)*, fam *schnell von Kapee sein* ‖ *sehr aufgeweckt sein* ‖ *echar (od* tocar*) las campanas a* ~ *mit allen Glocken läuten* ‖ *emprender el* ~ *ab-, weg|fliegen* ‖ *huye a* ~ *tendido* figf *er läuft eiligst davon* ‖ *pasar a* ~ *überfliegen* ‖ *reanudar el* ~ *(en* dirección a*)* ⟨Flugw⟩ *den Flug fortsetzen, weiterfliegen (nach ...[zu])* ‖ *tirar al* ~ *im Fluge schießen* ‖ fig *stolz, eingebildet sein* ‖ *tomar* ~ *sich aufschwingen* ‖ fig *sehr zunehmen, sich gut entwickeln, gedeihen* ‖ **~s** *pl Schwungfedern* f *pl (der Vögel)* ‖ ◊ *cortar los* ~ a alg. fig *jdm die Flügel beschneiden (od* stutzen*)* ‖ *levantar los* ~ fig *sich höheren Dingen zuwenden* ‖ *stolz, eingebildet werden* ‖ dim **~illo**
vuelque → **volcar**
vuelta f *(Her) Umdrehen* n ‖ *(Um) Drehung* f ⟨& Tech⟩ ‖ *kreisförmige Bewegung* f ‖ ⟨Tech⟩ *Umlauf* m ‖ *Krümmung, Windung* f ⟨& Tech⟩ ‖ *Wende, Wendung* f ⟨& Tech⟩ ‖ *Windung* f *(Spirale)* ‖ *Wegkrümmung, Kehre* f ‖ *Flußwindung* f ‖ ⟨Mil⟩ *Schwenkung* f ‖ *Wiederkehr* f ‖ *Heim-, Rück|kehr* f ‖ *Rück|fahrt, -reise* f ‖ *Rückflug* m ‖ *Runde* f, *Rundgang* m ‖ *(Spazier) Gang, Bummel* m ‖ *(Spazier) Fahrt* f ‖ *(Geschäfts) Reise* f ‖ fam *Umweg* m ‖ *Rückgabe* f ‖ *Herausgabe* f ‖ *herausgegebenes Wechselgeld* n ‖ *Erwiderung, Vergeltung* f ‖ *Gegendienst* m ‖ *Purzelbaum* m ‖ *Kehr-, Rück|seite* f ‖ *Aufschlag* m *(Kleidung)* ‖ *Hutstulp* m ‖ *Stiefelstulp* m ‖ *Maschenreihe* f *(beim Stricken)* ‖ ⟨Agr⟩ *Brachen, Umpflügen* n ‖ ⟨Sp⟩ *Runde* f, *Durchgang* m ‖ ⟨Sp⟩ *Kehre* f *(Turnen)* ‖ ⟨Sp⟩ *Felge* f *(Reck)* ‖ *Volte* f *(Reiten)* ‖ fig *Änderung, Wendung* f ‖ fig *Tracht* f *Prügel* ‖ fig *derbes Anfahren* n ‖ ~ del año *Jahreswechsel* m ‖ *Neujahr* m ‖ ~ de campana *Überschlag, Salto* m ‖ ~ en coche *Heimfahrt* f *im Auto* ‖ *Spazierfahrt* f *im Wagen* ‖ ~ helicoidal *Schrauben-, Schnecken|-windung* f ‖ ~ de honor ⟨Sp⟩ *Ehrenrunde* f ‖ ~ de llanos *glatte Maschenreihe* f *(beim Stricken)* ‖ ~ al mundo *Reise* f *um die Welt* ‖ ~ del pantalón *Hosenaufschlag* m ‖ ~ en redondo *(Kehrt-) Wendung* f ‖ fig *Umschwung, Umschlag* m ‖ ~ al ruedo ⟨Taur⟩ *Rundgang* m *um die Arena (Parade des Stierkämpfers)* ‖ ~ al trabajo *Wiederaufnahme* f *der Arbeit* ‖ ~ al trabajo *Rückkehr* f *von der Arbeit* ‖ ~ a la vida ⟨Med⟩ *Wiederbelebung* f ‖ → **billete** ‖ *flete, gastos de* ~ ⟨Com⟩ *Rück|fracht* f, *-spesen* pl ‖ otra ~ *Am wieder, nochmals* ‖ *ein anderes Mal* ‖ ~ (otra vez) ‖ *¡otra* ~! *kehr um!* ‖ *schon wieder!* ‖ fam *immer dieselbe Leier!* ‖ *¡aún otra* ~! *noch einmal herum!* ‖ a ~ *bei der Rückkunft* ‖ *ungefähr* ‖ *zugleich mit* ‖ a ~ de Navidad *um, nahe an Weihnachten* ‖ a ~ de correo *postwendend* ‖ a ~ de dado fig *aufs Geratewohl, auf gut Glück* ‖ a ~ de ojo fig *mit Blitzesschnelle* ‖ a la ~ *bei der Rückkehr* ‖ *auf der Rück|fahrt, -reise* ‖ *auf der Rückseite, umseitig, umstehend* ‖ *Wenden, W. S. g. u. (in* Briefen *usw)* ‖ ⟨Com⟩ *Übertrag* m *(auf Rechnungen)* ‖ *suma a la* ~ *zu übertragen (in Rechnungsbüchern)* ‖ a la ~ de nach ‖ a la ~ de pocos años *nach wenigen Jahren* ‖ a la ~ de la esquina *gleich um die Ecke* ‖ fig *in nächster Nähe* ‖ a la ~ encontrará V. *umstehend finden Sie* ‖ *¡a la* ~ *te espero!* fam *wir sehen uns bald wieder!* ‖ a mi ~ *bei meiner Rückkehr* ‖ de ~ *auf der Rück|reise* bzw *auf dem -flug* ‖ de la ~ ⟨Com⟩ *Am Über-, Vor|trag* m ‖ *¡hasta la* ~! *(bis) auf Wiedersehen!* ‖ ¡~ a empezar! *nochmals angefangen!* ‖ ~ a (od con) lo mismo! fam *immer dasselbe, immer dasselbe Lied!* ‖ ¡~ al estribillo! pop *immer dieselbe Leier!* ‖ ¡media ~ ... ar! ⟨Mil⟩ *kehrt ... Marsch!* ‖ ◊ dar la ~ ⟨Aut⟩ *sich überschlagen* ‖ dar la ~ (a) *et um|drehen, -wenden, -kehren* ‖ jdm *den Rücken zukehren* ‖ dar la ~ a un país *ein Land bereisen* ‖ dar una ~ *e-e kurze Reise, e-n Ausflug machen* ‖ *e-n Spaziergang machen, spazierengehen* ‖ fig *sich (ver)ändern* ‖ dar una ~ con la bicicleta *e-e Spazierfahrt mit dem Fahrrad unternehmen* ‖ dar ~ al caballo *das Pferd wenden* ‖ dar una ~ de campana *e-n Salto (od Überschlag) machen* ‖ *sich überschlagen (z. B. Auto)* ‖ dar una ~ a la llave *den Schlüssel im Schloß umdrehen, das Schloß zuschließen* ‖ dar una ~ a uno fam jdm *e-e Tracht Prügel geben* ‖ dar media ~ *sich umdrehen, kehrtmachen* ‖ dar de ~ *herausgeben (Geld)* ‖ *le doy diez de* ~ *ich gebe Ihnen 10 heraus* ‖ encontrar la ~ figf *den richtigen Dreh finden* ‖ estar de ~ *zurück(gekehrt) sein* ‖ figf *Bescheid wissen, wissen, wie die Sache läuft* ‖ *(schon) im Bilde sein* ‖ ya estoy de ~ *ich bin schon zurück* ‖ enseguida estoy de ~ *ich komme gleich zurück* ‖ poner a uno de ~ y media figf jdn *herunter|putzen, -machen* ‖ ¡quédese con la ~! *behalten Sie den Rest! (als Trinkgeld)* ‖ no tener ~ *nicht herausgeben können (Wechselgeld)* ‖ no tiene ~ *de hoja, no tiene* ~ figf *das ist nicht (mehr) zu ändern* ‖ *dem ist nicht abzuhelfen* ‖ pop *hin ist hin!* ‖ **~s** pl: *número de* ~ ⟨Tech⟩ *Dreh-, Touren|zahl* f ‖ a ~ pop *ab und zu* ‖ *zuweilen* ‖ a ~ de außer (dat), *ausgenommen* ‖ *ungefähr* ‖ a pocas ~ fig *in kurzer Zeit* ‖ *ohne viel Umstände* ‖ ◊ *andar a* ~ pop *streiten, hadern*

‖ andar en ~ y revueltas fig *allerhand Umwege, Umschweife machen* ‖ andar a ~ con (*od* para, sobre) fig *sich nicht zu raten wissen mit* (dat), *ratlos dastehen* ‖ fig *über et nachgrübeln* ‖ andar a las ~ de alg. fig *jdm folgen* ‖ andar en ~ fig *Ausflüchte suchen* ‖ buscarle a uno las ~ figf *die Gelegenheit abwarten, um jdm eins auszuwischen, jdn auf dem Kieker haben* ‖ coger las ~ a alg. figf *jds Pläne durchschauen* ‖ figf *jdn zu nehmen verstehen* ‖ dar ~ *sich drehen* ‖ *sich herumwälzen* ‖ dar ~ a un asunto fig *über et nachdenken, nachgrübeln* ‖ dar ~ a la manivela ⟨Tech⟩ *die Kurbel drehen* ‖ dar ~ por una calle in e–r Straße *herumlaufen* ‖ dar dos vueltas (a) *zweimal umdrehen* ‖ dar cien ~ a uno figf *jdm weit (od haushoch) überlegen sein* ‖ no hay que darle ~ figf pop *das ist nun einmal so* ‖ la cabeza me da ~ *mir schwindelt der Kopf, mir ist schwind(e)lig* ‖ guardar las ~ figf *auf der Hut sein* ‖ ser de muchas ~ *viele Tricks beherrschen, viele Schliche kennen* ‖ tener ~ fig *launisch sein*
vuel|tecita *f* dim *v.* **–ta** ‖ ◊ dar una ~ *e–n kleinen Spaziergang machen* ‖ –to adj pp/irr *v.* **volver** ‖ *ver-, umge|kehrt* ‖ ◊ tener ~ el juicio figf *verrückt sein* ‖ →a **volver** ‖ ~ *m* Am *herausgegebenes Wechselgeld* n
vueludo adj *weit, lose (Kleid)*
vuestro pron *euer, ihr* ‖ *Ihr* ‖ ⁺a Majestad *Ew. (Eure) Majestät* ‖ ⁺a Santidad *Ew. (Eure) Heiligkeit*
vulca|nismo *m* ⟨Geol⟩ *Vulkanismus* m ‖ *Plutonismus* m ‖ →a **volcanismo** ‖ –nista *m* ⟨Hist⟩ *Anhänger des Plutonismus, Plutonist* m ‖
vuelvepiedras *m* ⟨V⟩ *Steinwälzer* m (Arenaria interpres)
vulca|nización *f* ⟨Tech⟩ *Vulkanisierung* f ‖ taller de ~ *Vulkanisieranstalt* f ‖ **–nizar** [z/c] vt *vulkanisieren (Kautschuk)* ‖ fibra –nizada *Vulkanfiber* f
Vulcano *m Vulcanus* m *(röm. Gott des Feuers)*
vul|gacho *m* desp *Pöbel, Mob* m ‖ **–gar** adj/s *dem Volke eigen* ‖ *pöbelhaft, gemein* ‖ *gewöhnlich, alltäglich, trivial* ‖ *allgemein (bekannt)* ‖ *dem Volk eigen* ‖ expresión ~ *derber, gemeiner, platter Ausdruck* m ‖ hombre ~ fig *Alltags-, Dutzend\mensch* m ‖ latín ~ *Vulgärlatein* n ‖ lengua ~ *Volkssprache* f ‖ nombre ~ ⟨Wiss⟩ *Trivialname* m
vulga|ridad *f Gemeinheit, Pöbelhaftigkeit* f ‖ *Alltäglichkeit, Trivialität* f ‖ *Gemeinplatz* m ‖ ◊ decir ~es pop *dummes Zeug reden* ‖ **–rismo** *m der derben Volkssprache angehörender Ausdruck* ‖ *pöbelhafte Redensart* f, *vulgärer Ausdruck* m ‖ **–rización** *f Verallgemeinerung* f ‖ *Popularisierung* f ‖ obra de ~ *populärwissenschaftliches Werk* n ‖ **–rizador** *m Popularwissenschaftler* m ‖ **–rizar** [z/c] vt *bekanntmachen, verbreiten* ‖ *zum Gemeingut machen* ‖ *popularisieren, populär machen, allgemeinverständlich machen, volkstümlich darstellen* ‖ ⁺**ta** *f Vulgata* f *(Bibelübersetzung)*
¹**vulgo** *m einfaches Volk* n, *breite Volksschichten* fpl ‖ *Laien* mpl, *Pöbel, Mob* m ‖ △*Hurenhaus* n
²**vulgo** adv *allgemein, gemeinhin, gewöhnlich*
vulne|rabilidad *f Verwundbarkeit, Verletzlichkeit* f ‖ **–rable** adj *verwundbar, verletzlich* ‖ **–ración** *f* → **herida, lesión** ‖ **–rar** vt *verwunden, verletzen* (& fig) ‖ **–raria** *f Wundklee* m (Anthyllis vulneraria) ‖ **–rario** *m*/adj *Wundmittel* n
vul|pécula, –peja *f Füchsin* f, *Fuchs* m (→ **zorro**) ‖ **–pino** adj *Fuchs-* ‖ fig *gerieben, schlau*
vultuoso adj ⟨Med⟩ *entzündet, verquollen (Gesicht)*
vultúridos mpl ⟨V⟩ *Geier, geierartige Vögel* mpl (Vulturidae) ‖ →a **buitre, cóndor**
vulturín *m* Ar ⟨Fi⟩ → **buitrón**
vul|va *f* ⟨An⟩ *äußere weibliche Geschlechtsteile* pl, *weibliche Scham, Vulva* f ‖ **–var** adj ⟨An⟩ *Scham-* ‖ **–vitis** *f* ⟨Med⟩ *Vulvitis* f ‖ **–vovaginal** adj ⟨An⟩ *vulvovaginal*
vúmetro *m* ⟨Radio⟩ *VU-Meter* m
△**vuque** *m Rand* m ‖ *Ende* n
vurzita *f* ⟨Min⟩ *Wurtzit* m
vuta *f* Chi *(Art) Zauberwesen* n
VV., V.V. Abk = **ustedes**
v.v. Abk = **varias veces**
v.V.l.h. Abk = **vuelva V. la hoja** *(bitte wenden, b.w.)*

W
(→ a bei V, U)

w f W n (= u valona, v doble)
W. Abk = **Oeste**
wagneriano adj/s ⟨Mus⟩ *Wagner-* ‖ *auf R. Wagner bezüglich* ‖ *wagnerisch (Stil)* ‖ ~ m *Wagnerianer* m ‖ → a **vagneriano**
wagón m → **vagón**
walhalla m *Walhall(a)* f ‖ → a **Valhala**
walkiria, walón → **valquiria, valón**
Walpur|ga, -gis f *Walpur|ga, -gis* f ‖ *noche de Walpurgis Walpurgisnacht* f
Wamba m np *Wamba* m *(westgotischer König* m *in Span. im 7. Jh.)* ‖ *en tiempo(s) del rey* ~ fig *zu Olims Zeiten*
wapití m → **uapití**
warrant m ⟨Com⟩ *Warrant* m *(Verpfändungsschein über lagernde Ware; Orderlagerschein)*
Wartburgo m ⟨Geogr⟩ *Wartburg* f
Wáshington ⟨Geogr Hist⟩ np *Washington*
wastiano adj *auf den arg. Schriftsteller Hugo Wast (Martínez Zuviría) bezüglich*
wat m ⟨El⟩ = **vatio**
water(-closet) m (Abk **W.C.**) *Klosett, WC* n, *häufig* **váter**
water|polista m *Wasserballspieler* m ‖ **-polo** m ⟨Sp⟩ *Wasserball* m
weberiano adj *auf den deutschen Komponisten C. M. v. Weber (1786–1826) bezüglich*
week-end m engl *Wochenende, Weekend* n
wendo adj = ²**vendo**
wertheriano adj ⟨Lit⟩ *nach Werthers Art, Werther-*
western m engl ⟨Filmw⟩ *Western* m ‖ *espaguetti-*~ joc bzw desp ⟨Filmw⟩ *Spaghetti-Western* m
westfaliano adj = **vestfaliano**
whig m ⟨Pol⟩ *Whig* m *(engl. Liberaler)*
whisk(e)y m *Whisky* m ‖ ~ *con soda Whisky-Soda* m
whisky m *Whisky* n *(einspänniger offener Wagen mit sehr hohem Gestell)*
whist m engl *Whist(spiel)* n
wigwam [...an] m *Indianerhütte* f, *Wigwam* m
Wilfredo m np *Wilfried* m
winchester m Am *(Winchester)Gewehr* n
W.L. Abk (frz wagon-lit) = **coche cama**
wobulador m → **vobulador**
wodka m = **vodka**
wolfram(io) m = **volframio**
wulfenita f ⟨Min⟩ *Wulfenit* n
Wurtemberg m ⟨Geogr⟩ *Württemberg* n
wurtembergués, esa adj/s *württembergisch* ‖ ~ m *Württemberger* m
Wurtzburgo m ⟨Geogr⟩ *Würzburg* n

X
(→ a bei J)

x (= **equis**) *f X* n ‖ *altrömische Zahl = 10* ‖ *unbekannte Größe od Person* ‖ ~ **bable** *weiches X (wie frz.* ch *in „chien" ausgesprochen)* ‖ *cromosoma m* ~ *X-Chromosom* n ‖ *piernas fpl en* ~ *X-Beine* npl ‖ *rayos mpl* ~ *X-Strahlen, Röntgenstrahlen* mpl ‖ *el señor* ~ *Herr X* ‖ *un número* ~ *e-e x-beliebige Nummer (*bzw *Zahl)*
xalonero adj *aus Jalón* (PAlic)
xana *f* [ʃana] Ast *Brunnen-, Wasser|holde* f ‖ *Nixe* f ‖ *Bergnymphe* f ‖ → **jana** ‖ *Bergnymphe* f *(im asturischen Volksglauben)*
xantato *m* ⟨Chem⟩ *Xanthat* n
xantina *f* ⟨Chem⟩ *Xanthin* n
xanto|fila *f* ⟨Bot⟩ *Xanthophyll* n ‖ **–ma** *m* ⟨Med⟩ *Xanthom* n, *Gelbknoten* m ‖ **–psia** *f* ⟨Med⟩ *Xanthopsie* f, *Gelbsehen* n
Xantipa *f* = **Jantipa**
¡**xau!** prov [ʃau] *ho! he!*
xenocracia *f* ⟨Pol⟩ *Fremdherrschaft* f
xenodiagnosis *f* ⟨Med⟩ *Xenodiagnose* f
xe|nofilia *f Vorliebe* f *für Fremde* ‖ **–nófilo** adj *fremdenfreundlich* ‖ **–nofobia** *f Fremdenfeindlichkeit* f ‖ **–nófobo** adj *fremdenfeindlich*
Xenofonte *m* np = **Jenofonte**
xenón *m* ⟨Chem⟩ *Xenon* n *(Edelgas)*
xerif(e) *m* = **jerife**
xe|rodermia *f* ⟨Med⟩ *Xerodermie* f ‖ **–rofilia** *f* ⟨Ökol⟩ *Xerophilie* f, *Bevorzugung* f *der Trockenheit* ‖ **–rófilo** adj ⟨Ökol⟩ *xerophil, die Trockenheit liebend* ‖ **–rofitas** *fpl* ⟨Bot Ökol⟩ *Xerophyten* mpl, *Trocken(heits)pflanzen* fpl
xero|ftalmia *f* ⟨Med⟩ *Xerophthalmie* f, *Xerophthalmus* m, *Augendarre* f ‖ **–grafia** *f* ⟨Typ⟩ *Xerographie* f *(Trockendruckverfahren)* ‖ **–morfo** adj ⟨Bot Ökol⟩ *xeromorph*
xi *f griech.* ξ, *Xi* n
xifoi|deo adj ⟨An⟩ *Schwertfortsatz-* ‖ **–des** *m* ⟨An⟩ *Schwertfortsatz* m (→ **apófisis**)
xileno *m* ⟨Chem⟩ *Xylol* n
xilidina *f* ⟨Chem⟩ *Xylidin* n
xilófago adj ⟨Zool⟩ *xylophag, holz(fr)essend*
xi|lofón, –lófono *m* ⟨Mus⟩ *Xylophon* n ‖ **–lofonista** *m* ⟨Mus⟩ *Xylophonspieler* m ‖ **–lógeno** *m* ⟨Chem⟩ *Xylogen* n ‖ **–lografia** *f Xylographie, Holzschneidekunst* f ‖ *Holzschnitt* m ‖ **–lógrafo** *m Xylograph, Holz|schneider, -schnittkünstler* m ‖ **–lol** *m* ⟨Chem⟩ *Xylol* n ‖ **–lolita** *f Xylolith* m *(Kunststein)* ‖ **–losa** *f* ⟨Chem⟩ *Xylose* f, *Holzzucker* m
X.^{mo} Abk = **diezmo** ‖ **décimo**
Xp(t)iano = **cristiano**
Xpo, Xp.^{to} Abk = **Cristo**
Xptóbal Abk = **Cristóbal**
Xre Abk = **Referencia** ‖ **Véase**
△**xuquel** *m* [ʃukeˈl] = **chuquel**

Y
(pop And *u.* Am → a *bei* Ll)

y *f* Y n (= i griega, ye)
y conj *und* || *und zwar* || diez ~ seis (= dieciséis) *sechzehn* || yo ~ tú *ich und du* || *zur Verwendung von e statt* y → ²e || días y días *Tag um Tag* || *tagelang* || Madrid ~ Septiembre de 1976 *Madrid, September 1976* || hablando más ~ más *immer mehr redend* || es una novedad ~ grande *es ist e-e Neuigkeit, und zwar e-e große* || tengo que acompañarle, ~ que no sea más de cinco minutos *ich muß Sie begleiten, und wäre es auch nur für 5 Minuten* || ~ eso que ... *obwohl, trotzdem daß* ... || ¡~ eso! prov pop *was Sie nicht sagen!* || *nanu!* || ¡~ tal! pop *natürlich! das glaub' ich!* (*Beipflichtung*) || ~ tal prov *und so weiter (usw)* || → a ²**bien**
¹**ya** adv *schon, bereits* || *(so)gleich, sofort* || *jetzt* || *ein andermal* || *endlich (einmal)* || *noch* || *eben, wohl, gerade* || *natürlich, jawohl* || ◊ ~ es preciso decidirse *man muß sich einmal (od endlich) entschließen* || ~ voy *ich komme gleich, ich gehe schon!* (z. B. Antwort e-s Kellners) || ~ entiendo *ich verstehe schon* || *natürlich* || ~ lo sabes *du weißt ja (schon)* || ~ me lo figuraba *das habe ich mir doch gleich gedacht* || ~ te lo he dicho *ich habe es dir doch schon gesagt* || ~ es hora de marcharme *es wird Zeit, daß ich gehe* || ~ nos veremos *wir sehen uns bald (wieder), bis bald!* || ~ no (no ~) *nicht mehr* || *nicht nur* || no ~ ..., sino ... *nicht nur* ..., *sondern auch (od vielmehr)* || ~ no puedo más (no puedo ~ más) *ich kann nicht mehr* || ~ muy poco *(jetzt) nur noch wenig* || ~ apenas *kaum noch* || ~ nadie piensa en ti *niemand denkt mehr an dich* || iba muy bien vestido, elegante ~ *er war sehr gut gekleidet, sogar (fast, sozusagen) elegant* || desde ~ se lo prometo *ich verspreche es Ihnen jetzt schon* || trae un sed que ~, ~ ... pop *er hat e-n riesigen Durst*
¡~! fam *ja, ach ja! ach so!* || fam *ich verstehe schon! so ist es!* || *jawohl! natürlich! freilich!* || ¡~, ~! iron joc *soso!* || ¡ah ~! *ja so!* || ¡pues ~! fam *ja! freilich! klarer Fall! jawohl!* (bes iron) || ¡~ lo creo! *das will ich meinen!* || ¡~ vendrá! *er wird schon kommen!* || ~ verás! fam *nimm dich in acht!* (*Drohung*) || ¡~ verá V.! fam *das ist so, die Sache verhält sich so* (bei Auseinandersetzungen, Erklärungen) || ¡~ está! *der Fall ist erledigt! Schluß!* || *fertig!* || ~ va! pop *es ist schon recht! einverstanden!* || ¡~ se ve! *man sieht es ihm gleich an!* (& iron) || *das ist begreiflich!* || ¿para qué ~? *warum denn?* (bes Am)
2. in bindewörtlichen Verbindungen: ~ que *da (ja), da (nämlich) zumal* || *weil* || *wofern* || *wenngleich, wenn auch, obschon* || ~ que no *da (ja) nicht* || ~ que no lo quieres *da du es nicht willst* || si ~ *wenn nur, falls* || *unter der Bedingung, daß* || si ~ no ... *es wäre denn* ...
3. korrelativ: ~ ..., ~ ... *bald* ..., *bald* ... || *entweder* ... *oder* ...
²△**ya** = de la
ya- pop → a **lla-**
yaacabó *m* ⟨V⟩ SAm *ein insektenfressender Vogel* (gilt im Volksglauben als Unglücksvogel) (Accipiter bicolor)
yaba *f* ⟨Bot⟩ Cu *Yababaum* m (Andira excelsa)
yabirú *m* ⟨V⟩ *Jabiru* m (Jabiru mycteria)
yabuna *f* ⟨Bot⟩ Cu *Yabunagras* n (gefürchtete Schmarotzerpflanze)
yac *m* ⟨Zool⟩ *Jak, Yak* m (Bos grunniens mutus)

yacal *m* ⟨Bot⟩ Fil (Art) *Bauholzbaum* m
△**yacamí** *f Gallapfel* m || *Mandel* f
yacaranda *m* = **jacarandá**
yacaré *m* SAm *Kaiman* m || → a **jacaré**
yacedero *m Ruhestätte* f
yacedor *m Pferdeknecht* m, *der die Tiere auf die Nachtweide treibt, Nachthirt* m
yacente adj/s *liegend, ruhend* || estatua ~ *ruhende Statue* (bzw *Figur*) || ~ *m* ⟨Bgb⟩ *Liegende(s)* n
yacer vi def [1. pres **yazgo, yazco** *od* **yago**] ⟨Lit⟩ *liegen* || *begraben sein* || *sein, sich befinden (örtlich)* || *den Beischlaf ausüben* || *auf der Nachtweide sein (Pferde)* || ◊ aquí yace ... *hier ruht* ... (*Grabschrift*) || quien mala cama hace, en ella se yace Spr *wie man sich bettet, so schläft man*
yaci|ja *f Lager, Bett* n, *Lagerstätte* f || *Grabstätte* f || **-miento** *m* ⟨Bgb Geol⟩ *(Ab)Lagerung, Lagerstätte* f, *Vorkommen* n, *Fundort* m || *Fund|ort* m, *-stelle* f *(Fossilien)* || *Schicht* f, *Flöz* n || ~ de oro *Gold|lager* n, *-grube* f || ~s petrolíferos *Erdölvorkommen* npl || área de probables ~s petrolíferos *erdölhöffiges Gebiet* n
yacio *m* ⟨Bot⟩ Am *Gummibaum* m (Hevea guyanensis)
yack *m* ⟨Zool⟩ → **yac**
yacú *m* RPl ⟨V⟩ *Schaku|huhn* n, *-pemba* f (Penelope superciliaris)
△**yacunó** *m Sommer* m
yacutas mpl *Jakuten* pl (nordsibirischer Volksstamm)
yacht *m* engl = **yate** || ~**ing** *m* engl *Segelsport* m, *Segeln* n || ~ sobre hielo *Eissegeln* n
yago → **yacer**
ya|gua *f* Ant Ven ⟨Bot⟩ *Königspalme* f (Roystonea sp) || Am *Name verschiedener Palmen* || Am rote *Yaguafarbe* f || **-gual** *m* Mex *Trag-, Kopf|ring* m *(der Lastträger)*
yaguané *m* RPl ⟨Zool⟩ = **mofeta**
yaguareté *m* ⟨Zool⟩ RPl *Jaguar* m (→ **jaguar**)
yaguasa *f* Ant Col Hond Ven ⟨V⟩ *Gelbe Baumente, Baumpfeifgans* f (Dendrocygna bicolor) || *Witwenente, Nonnenpfeifgans* f (D. viduata)
yaguré *m* Am = **mofeta**
yahuilma *f* ⟨V⟩ Chi *Keilschwanzsittich* m (Conurus spp)
yaichihue *m* ⟨Bot⟩ Chi *e-e bromelienartige Pflanze* (Tillandsia spp)
yak *m* ⟨Zool⟩ = **yac**
yal *m* ⟨V⟩ Chi *ein Kegelschnäbler (Singvogel)* (Chlorospiza aldunatei)
Yalta *f* ⟨Geogr⟩ *Jalta* n || conferencia de ~ ⟨Pol⟩ *Jalta-Konferenz* f (1945)
△**yamaduré** *m* ⟨Bot⟩ *Erdbeerbaum* m (→ **moral**)
yámbico adj: (verso) ~ *jambischer Vers* m
¹**yambo** *m Jambus* m (*Versfuß*)
²**yambo** *m* ⟨Bot⟩ Cu *Rosenapfel, Jambos, Jambobaum* m (Syzygium jambos)
yanca adj → Nic **yanqui**
yangada *f* Am *Floß* n
yangués, esa adj/s *aus Yanguas* (Seg *od* Sor)
Yan|quilandia *f* joc *Nordamerika* || ≃**qui** (dim Am ≃**quicito**) adj *nordamerikanisch, Yankee-* ≃ *m Yankee, Nordamerikaner* m
*****yantar** vt/i *essen, speisen* || *zu Mittag essen* || ~ *m Essen* m, *Speise* f
ya|pa *f* Am *Beigabe, Zugabe* f *(bei Käufen)* ||

Trinkgeld n || de ~ *als Zugabe* || *außerdem* || **–par** vt Arg *hinzugeben*
yapides *mpl Japiden* mpl *(ehem. keltischer Volksstamm iṇ Iberien)*
△**yaque** *m Feuer* n
yáquil m ⟨Bot⟩ Chi *Seifenbaum* m (Colletia ferox)
yara|rá, –raca f Arg Bol Par ⟨Zool⟩ *Schararaka* f (Bothrops jararaca) [*e–e sehr giftige Vipernart*]
yarda f *Yard* n *(heute nur in Amerika üblich = 0,9144 m)*
yarey m ⟨Bot⟩ Cu *Zwergpalme* f (Chamaerops sp)
yaro m ⟨Bot⟩ *Aronstab* m (= **aro**)
yarquen, yarquén m Chi ⟨V⟩ *Eule* f (→ **lechuza**)
yatagán m *Jatagan* m *(türkischer Krummsäbel)*
yátaro m Col = **tucán**
yatay m ⟨Bot⟩ Arg *Yataypalme* f (Butia yatay)
yate m ⟨Mar⟩ *Jacht* f || ~ *de recreo Vergnügungsjacht* f || ~ *de regata Rennjacht* f
Ya|vé, –veh m ⟨Rel⟩ → **Jehová**
¹**yaya** f prov *Großmutter,* fam *Oma* f
²**yaya** f Ant, Cu, PR, Ven, ⟨Bot⟩₂ *Yayabaum* m (Asimina triloba *und andere Gattungen*)
³**yaya** f Col = ²**llaga** || ◊ dar ~ (a) Cu *verprügeln*
yayero adj Cu *naseweis*
yayo m prov *Großvater* m, fam *Opa*
yazgo, yasco → **yacer**
yds. Abk = **yardas**
¹**ye** f *das span. konsonantische* Y
²**ye** = **de él, del**
ye- → a **hie-, lle-**
ye prov = **es** (→ **ser**)
Yedo ⟨Geogr⟩ = **Tokío**
yedra f = **hiedra**
ye|gua f/adj *(Zucht)Stute* f*, Mutterpferd* n || MAm *Zigarren-, Zigaretten|stummel* m || ~ **caponera** *Leitstute* f || ◊ el que deseche la ~, ése la lleva Spr *wer tadelt, der will kaufen* || ~ adj CR PR *dumm, tölpelhaft* || Chi *mächtig, ungeheuer* || **–guada, –güería** f *Pferdeherde* f || **–guar** adj *Stuten ...* || **–güerizo** adj = **yeguar**
yegüe|r(iz)o m *Stuten|wärter, -hirt* m || **–zuela** f dim v. **yegua**
yeís|mo m Span *fehlerhafte Aussprache* f *des* ll *wie* y (gaína, chiquiyo *statt* gallina, chiquillo) || **–ta** adj/s *wer* ll *wie* y *ausspricht*
△**yejala** f *Frau, Herrin* f
yelmo m *(Topf)Helm* m || *Sturmhaube* f || ~ **alado** *geflügelter Helm* m
yema f *Knospe* f || *Auge* n *(an e–r Rebe)* || *Ei(Dotter)* m*, Eigelb* n || fig *das Beste, das Feinste* || *die Mitte, der Kern* || *Süßigkeit* f *aus Eidotter u. Zucker (meist in Kugelform)* || ~ de coco *Kokosfleisch* n || ~ (del dedo) ⟨An⟩ *Finger|kuppe, -spitze* f || ~ doble *Zuckerwerk* n *aus Eidotter und Zucker* || ~ de huevo *Eidotter* m || ~ mejida *mit Zucker und warmem Wasser (od Milch) geschlagenes Eigelb* n *(Schnupfenmittel)* || ~ del ojo ⟨An⟩ *fleischiger Teil* m *des Auges (oberhalb des oberen Lides)* || ~ real Cu *Eidotterschnitte* f *(Zuckerwerk) |* ciruela de ~ *Eierpflaume* f || vinagre de ~ *Spritessig* m || vino de ~ *Vorlauf* m || en ~ *vor der Blütezeit (Pflanze)* || en la ~ *del invierno* fig *mitten im Winter* || ◊ dar en la ~ fig *den Nagel auf den Kopf treffen* || **–s** pl: ~ de pino *Fichtennadeln* fpl || **–ción** f ⟨Biol Gen⟩ = **gemación**
Yemen m ⟨Geogr⟩ *Jemen* m
yeme|ní *od meist* **–nita** adj/s *jemenitisch* || ~ m *Jemenit(e)* m
yen m *Yen* m *(japan. Währungseinheit)*
yen|do → **ir** || **–te** adj *gehend* || **–s** y vinientes pl *Gehende u. Kommende* pl

yepero, yepesino adj/s *aus Yepes* (PTol)
△**yeque** (f: ~**i**) adj *ein(er)*
yeral m *Ervenlinsenfeld* n
yer|ba f (bes Am) = **hierba** || ~ (mate) *Matestrauch* m*, Mate* f || *Mate(tee)* m || **–bajo** m || desp *Kraut* n || **–bal** m Am *Matepflanzung* f || **–batero** m Am *Matesammler* m || *Kräutersammler* m = **curandero** || **–bazal** m Am *Grasebene* f || **–bazgo** m Am *Gras* n || **–bera** f Arg *Mategefäß* n || **–boso** adj = **herboso**
yergue → **erguir**
△**yeri** f *Wölfin* f
yer|mar vt *veröden lassen* || **–mo** adj *unbewohnt, öde, wüst* || terreno ~ *Ödland* n || *Brachfeld* n || ~ m *Wüste, Einöde* f || *Brachfeld* n || padre del ~ *Einsiedler* m
yer|no m *Schwiegersohn* m || los ~**s** *die Schwiegerkinder* npl || **–nocracia** f fam *Vetternwirtschaft* f*, Protektionswesen* n
yero(s) m(pl) *Erve, Linsenwicke* f (Vicia ervilia)
yerra f Am *Zeichnen* n *der Viehherden mit dem Brandeisen, Brandmarken* n
△**yerrán** m *Stock* m*, Gerte* f
¹**yerro** m *Fehler* m*, Vergehen* n || *Irrtum, Mißgriff* m*, Versehen* n || *Fehltritt* m || ~ de cuenta *(od cálculo) Rechenfehler* m || ~ de imprenta ⟨Typ⟩ *Druckfehler* m || ◊ deshacer un ~ *e–n Fehler wiedergutmachen*
²**yerro** → **errar**
△**yerrumbró** m *Hausierer* m
yer|tez [pl **–ces**] f *Steifheit, Starre* f || fig *lächerliche Steifheit* f || fig *großer Schrecken* m || **–to** adj *steif, starr (z. B. Toter)* || *erstarrt (vor Kälte)* || estoy ~ de frío *ich bin ganz steif vor Kälte* || quedarse ~ *erstarren* || fig *starr werden (vor Schreck)*
△**yerú** m *Wolf* m
yervo m = **yero**
△**yes** = ²**ye**
ye|sal, –sar m *Gipsgrube* f
△**yesanó** m *Schwein* n
yesca f *Feuer-, Zunder|schwamm, Zunder* m || fig *Reiz, Antrieb* m || ~**s** pl ⟨Hist⟩ *Feuerzeug* n *(Stein, Stahl und Zunder)*
△**yescaliche** m *Treppe* f || *Leiter* f
△**yescotría** adv *sogleich* || *dann*
△**yesdeque** num adj
yeseo adj/s *aus Yeste* (PAlb)
yese|ra f *Gipsgrube* f || **–ría** f *Gipserei* f*, Gips|brennerei* f*, -werk* n || *Gipsarbeit* f || **–ro** *Gips-* || ~ m *Gips|brenner, -arbeiter, Gipser* m
yesífero adj *gipshaltig, Gips-*
ye|so m *Gips* m || *Gipsmörtel* m || *Gipsarbeit* f || *Gips|abguß* m*, -figur* f || *(Schul-, Tafel)Kreide* f || ~ amasado *Gipsbrei* m || ~ blanco *Weißgips* m || ~ cocido *Gipskalk* m || ~ negro *Mörtelgips* m || figura de ~ *Gipsfigur* f || ◊ lavar de ~ *mit Gips anstreichen* || vaciar en ~ *in Gips gießen* || **–són** m *abgefallener Gips, Gipsbrocken* m || **–soso** adj *gips|artig, -haltig* || arena ~ *Gipssand* m || piedra ~**a** *Gipsstein* n || alabastro ~ ⟨Min⟩ *Alabastergips* m
¹**yesque** m Col *kleine Gabel* f
²△**yesque** m *Hintere(r)* m
yesquero m/adj Arg *Feuerstahl* m || hongo ~ *Echter Zunderschwamm* m (Ungulina fomentaria)
△**yesqui** adv *bis*
yeta f it Arg *Unglück,* fam *Pech* n || **–r** vt it Arg *mit dem bösen Blick verhexen* || ~**tore** m it Arg *böser Blick* m
yeti m *Yeti, ,,Schneemensch''* m *(des Himalaja[s])*
△**yetrujacay** f *Kreuzweg* m
yeyé engl: niña *(od chica)* ~ etwa: *Modemädchen* n *(der zweiten Hälfte der sechziger Jahre)* || vgl **guayabo, minifaldera, repipi, topolino**

yeyuno *m* ⟨An⟩ Jejunum n *(mittlerer Dünndarmabschnitt)*
yezgo *m* ⟨Bot⟩ Zwergholunder, Attich m (Sambucus ebulus)
***yía** prov = **hay(a)**
yiddish adj/s *jiddisch* || ~ *m Jiddisch(e)* n
yipe *m Jeep* m *(Geländekraftwagen)*
yo pron *ich* || el ~ *das Ich, die Ichheit* || = el Rey Unterschriftsformel f *der span. Könige* || ~ mismo *ich selbst* || ⟨Tel⟩ „(selbst) am Apparat" || ~ que tú *ich an deiner Stelle* || entre tú y ~ *zwischen dir und mir, zwischen uns beiden* || *unter uns beiden* || *wir beide* || contra él y ~ *gegen ihn und mich*
yo- pop → a **llo-**
yoda|do adj *jodhaltig* || *agua* ~a *Jodwasser* n || **–to** *m* ⟨Chem⟩ *Jodat* n
yod|hidrato *m* → **yoduro** || **–hídrico** adj: *ácido* ~ ⟨Chem⟩ *Jodwasserstoff* m
yódico adj: *ácido, éter* ~ *Jod\säure* f, *-äther* m
yo|dífero adj *jodhaltig* || **–dismo** *m* ⟨Med⟩ *Jodismus* m || *Jodvergiftung* f || **–do** *m* ⟨Chem⟩ *Jod* n || *barrita de* ~ *Jodstift* m || *carencia de* ~ *Jodmangel* m || *índice de* ~ ⟨Chem⟩ *Jodzahl* f || *solución de* ~ *Jodlösung* f || *tintura de* ~ *Jodtinktur* f || *vapores de* ~ *Joddämpfe* mpl || ◊ *poner* ~ *(a) (pincelar con* ~*) mit Jod bestreichen*
yodo|cloruro *m* ⟨Chem⟩ *Jodchlorid* n || **–formizar** [z/c] vt ⟨Med⟩ *jodoformieren* || **–formado** adj: *gasa* ~a *Jodoformgaze* f || **–formo** *m* ⟨Chem⟩ *Jodoform* n
yodo|metría f ⟨Chem⟩ *Jodometrie* f || **–sulfuro** *m* ⟨Chem⟩ *Jodschwefel* m || **–terapia** f ⟨Med⟩ *Behandlung mit Jodpräparaten, Jodbehandlung* f
yodu|rar vt *jodieren* || **–ro** *m* ⟨Chem⟩ *Jodverbindung* f || *Jodid* n
yoga *m Joga, Yoga* m
yoglar *m* = **juglar**
yogui *m Jogi, Yogi* m
yogur(t) *m Joghurt* m
yohimbina f ⟨Pharm⟩ *Yohimbin* n
Yokohama f ⟨Geogr⟩ *Yokohama, Jokohama* n
yola f ⟨Mar⟩ *Jolle* f
yoquey *m* = **jockey**
△**yorbo** *m Ulme* f || *Birke* f
York: Nueva ~ f ⟨Geogr⟩ *New York* n
yotacismo *m* ⟨Gr⟩ *Itazismus* m
yoyo *m Jo-Jo, Yo-Yo* n *(Spiel)*
yperita f ⟨Chem⟩ → **iperita**
ypsilon f → **ípsilon**
yterbio *m* ⟨Chem⟩ → **iterbio**
ytrio *m* ⟨Chem⟩ → **itrio**
yu- pop → a **llu-**
yubarta f ⟨Zool⟩ *Buckel-, Langflossen\wal* m (Megaptera novae-angliae) || →a **rorcual**
¹**yu|ca** f *Palmlilie, Yucca* f (Yucca spp) || *Mehl* n *aus der Yuccawurzel* || *Name* m *für verschiedene Maniokarten* || →a **tapioca** || **–cal** *m Yuccafeld* n
²**yuca** adj fam Cu *hervorragend, vortrefflich*
yuca|teco adj/s *aus Yukatan* (Yucatán) || **–yo** *m*/adj *Bewohner* m *der Bahamainseln*
yudo *m* ⟨Sp⟩ = **judo**
yugada f *Gespann* n *(Ochsen)* || *Feldmaß: Joch, Tagewerk* n *(für ein Gespann Ochsen)* || prov *Flächenmaß* = *50 fanegas*
yuglandáceas fpl ⟨Bot⟩ *Walnußgewächse* npl (Juglandaceae)
yugo *m Joch* n *(für Ochsen, Maultiere usw)* || *Glocken\joch, -stuhl* m || fig *Ehejoch* n || *el* ~ *opresor* fig *das Joch der Bedrückung* || ◊ *sacudir el* ~ fig *das Joch abschütteln* || *sujetarse al* ~ fig *sich unter das Joch beugen*

Yugo(e)sla|via f *Jugoslawien* n || **–vo** adj *jugoslawisch* || ~ *m Jugoslawe* m
yuguero *m* prov *Ackerknecht* m
¹**yugular** adj *Kehl...* || (vena) ~ f ⟨An⟩ *Drosselader* f
²**yugular** vt *die Kehle durchschneiden, köpfen* || fig *unterbinden, vereiteln, niederschlagen*, fam *abwürgen*
yugurtino adj ⟨Hist⟩ *jugurthinisch, Jugurthinisch, auf den numidischen König Jugurtha* (Yugurta) *bezüglich*
yule *m*: ◊ *estar en su* ~ CR fam *seinen Willen durchsetzen* || *starrköpfig sein*
△**yulí** *m*/f = **julí**
yumbo *m*/adj Ec *wilder Indianer* m *(aus Ost-Quito)*
△**yumerí** *m Brot* n
yungas fpl Pe Bol *die heißen Talniederungen der Anden* || *Nebelwälder* mpl
yungla f = **jungla**
yunque *m Amboß* m || *Spitzamboß* m || ⟨An⟩ *Amboß* m *im Ohr* || fig *geduldiger, ausdauernder Mensch* m || fig *Arbeits\tier, -pferd* n || ◊ *hacer de* ~ figf *sich mit Geduld wappnen* || *geduldig ertragen*
yun|ta f *Gespann, Joch* n || prov *Joch* n *(Tagewerk)* || **–tar** vt = **juntar** || **–tería** f *Gespanne* npl || *Stall* m *für das Ackervieh* bzw *die Gespanne* || **–tero** *m Ackerknecht* m || **–to** adj = **junto**: ◊ *arar* ~ *dicht pflügen*
yupe *m* Chi *Meerigel* m (→**erizo** de mar)
yuqueri *m* Arg *e–e Mimosenart*
yu|quí *m* Arg *Gürtel(riemen)* m *(bei den Pampaindianern)* || **–quilla** f *Sago* m *(Stärkemehl aus der Sagopalme)* || ⟨Bot⟩ *Sagopalme* f (Metroxylon sp) || Ven ⟨Bot⟩ *Pflanze der Gattung Ruellia* || Ant CR ⟨Bot⟩ *Safranwurz* f (Curcuma spp) || Cu → **arrurruz** || **–quisé** *m* Am *gegorenes Getränk* n *(aus Palmsaft)*
yuraguano *m* Cu = **miraguano**
ȿuré *m* CR ⟨V⟩ *Inkatäubchen* n (Scardafella inca)
yurta f *Jurte* f *(Wohnzelt mittelasiatischer Nomaden)*
yuru|ma f Ven *Palmmehl* n || **–mí** *m* ⟨Zool⟩ Am *Ameisenbär* m (→**oso** hormiguero)
yus adv = **yuso** || *ni tan* ~, *ni tan sus* fam *auf keinen Fall, nicht im Traum*
yusera f *(liegender) Mühlstein* m *(in Ölmühlen)*
***yuso** adv *abwärts, hinunter* || *unten*
Yuste: Monasterio de ~ *Kloster in der* PCác *(letzter Aufenthaltsort Karls V.* [† *1558])*
△**yustiñí** f *Gürtel* m
△**yustique** *m Mauer* f
yuta f Chi *Nacktschnecke* f || ◊ *hacer la* ~ fam Arg *die Schule schwänzen*
yute *m Jute* f || *Jute\gewebe* n, *-stoff* m || *fábrica de* ~ *Jutespinnerei* f || *fibra de* ~ *Jutefaser* f || *hilo de* ~ *Jutegarn* n || *saco de* ~ *Jutesack* m
yutín *m* ⟨Zool⟩ MAm *Puma* m
yuxtalineal adj *mit Gegenüberstellung der Zeilen (z. B. Original u. Übersetzung)*
yuxtapo|ner [irr →**poner**] vt *nebeneinander\-setzen, -stellen, -legen* || **–sición** f *Nebeneinanderstellung* f || *Aneinander\setzen* n, *-reihung* f || ⟨Chem Geol⟩ *Anlagerung* f
¡**yuy**! int = ¡**huy**!
yu|yal *m* RPl *Unkrautacker* m || **–yo, –yu** *m* Arg Bol Chi *Unkraut* n || *Gestrüpp* n || SAm *Kräutersoße* f || Ec Pe *Gemüse* n || MAm *Blasen* fpl *u. ä. an den Füßen*
yuyuba f ⟨Bot⟩ *Rote Brustbeere* f (= **azufaifa**)

Z

Z *f* (= **zeta, zeda**) Z n
¡za! int *pfui! (um Hunde usw zu verjagen)*
zabacequia *m* Ar = **acequiero**
zabarcera *f prov Obst- und Lebensmittelkleinhändlerin, Hökerin* f
zabazoque *m* = **almotacén**
zabi|da, –la *f* ⟨Bot⟩ *Aloe* f (→ **áloe**)
zabor|da *f* ⟨Mar⟩ *Strandung* f ‖ **–dar** vi ⟨Mar⟩ *stranden* ‖ **–do** *m* = **–da**
zabo|rra *f* And *Splitt* m ‖ *Sand* m ‖ Nav *Rest* m ‖ *Rückstand* m ‖ *Abfall* m ‖ Ar *Murc Kiesel* m ‖ *Kies* m ‖ **–rrero** adj Al Nav *pfuscherhaft* ‖ ~ *m Pfuscher* m ‖ **–rro** *m prov pop Dickwanst* m ‖ Ar *Gipsbrocken* m ‖ **–yar** vt Ar *vergipsen* (→ **enyesar**)
zabulón *m* fam *Teufelskerl* m
zabullir vt = **zambullir**
zacapela *f* pop *Schlägerei* f
Zacarías *m* np *Zacharias* m
zaca|tal *m* MAm Fil Mex *Weide* f (→ **pastizal**) ‖ MAm Mex ‖ **–breñal** ‖ **–te** *m* MAm Fil Mex *Rasen* m ‖ *Gras* n ‖ *Grünfutter* n ‖ Mex *Futterstroh* n ‖ Mex ‖ **estropajo** ‖ **–teca** *m* Cu *Totengräber* m ‖ *Vertreter* m *e–s Beerdigungsinstituts* ‖ **~s** mpl Mex *ein Indianerstamm* m
zaca|tillo *m* CR fam *Geld* n, fam *Moneten* fpl ‖ **–tín** *m* prov *Flohmarkt* m
△**zacoime** *m (treuer) Diener* m
zacuto *m* Ar Nav *Beutel* m (→ a **macuto, mochila**)
△**zache** (*f*: **~i**) adj *glücklich*
zade *m* Sal *(Art) Binsenrohr* n
zafa *f* Alb Gran Murc = **jofaina**
zafa|coca *f* And Am *Streit, Zank* m ‖ Mex *Tracht* f *Prügel* ‖ **–cón** *m* PR Dom *Mülleimer* m ‖ fig *schlampiger Mensch* m ‖ **–do** adj/s Am *dreist* ‖ RPl *munter, aufgeweckt (Kind)* ‖ Col *verrückt* ‖ **–dura** *f* Am *Verrenkung* f ‖ **–duría** *f* Arg Chi PR *Dreistigkeit, Unverschämtheit* f ‖ *Unanständigkeit* f
zafanarse vr MAm *sich befreien*
¹**zafar** vt *(auf)putzen, schmücken* ‖ *ausstatten*
²**zafar** vt ⟨Mar⟩ *flottmachen (Schiff)* ‖ *klarmachen (Schiff)* ‖ p.ex *befreien, freimachen* ‖ ◊ **~ el seguro** *entsichern (Feuerwaffe)* ‖ **~se** *entfliehen, entweichen* ‖ *ausweichen* (dat) ‖ *sich drücken* ‖ ⟨Mar⟩ *freikommen (Schiff* ‖ Chi *sich verrenken* ‖ ◊ **~ de alg.** fam *sich jdn vom Hals schaffen* ‖ **se zafó la cuestión** *die Angelegenheit wurde niedergeschlagen*
³**zafar** *m zweiter Monat des mohammedanischen Jahres*
zafareche *m* Ar = **estanque**
zafariche *m* Ar = **cantarera**
zafarrancho *m* ⟨Mar⟩ *Klar|machen, -schiff* n ‖ figf *Durcheinander* n ‖ figf *Verheerung* f ‖ figf *Streit, Zank* m, *Handgemenge* n ‖ **~ de combate** ⟨Mar⟩ *Klarmachen zum Gefecht* ‖ **¡~!** ⟨Mil⟩ *klar zum Gefecht!* ‖ **~ (de limpieza)** ⟨Mil⟩ *Revier- und Stuben|reinigen* n
zafarriño adj/s *aus Zafarraya* (PGran)
za|fiedad *f Ungeschliffenheit* f ‖ *Roheit* f ‖ *Plumpheit* f ‖ → a **grosería** ‖ **–fio** adj/s *grob, ungeschliffen* ‖ *plump* ‖ Pe *herz-, gewissen|los*
zafireo, zafireo, zafirino adj *saphir-, himmel|blau*
zafirina *f* ⟨Min⟩ *Saphirin* m
zafir(o) *m Saphir* m ‖ **(aguja de) ~** *Saphir* m *(des Plattenspielers)*
zafo adj ⟨Mar⟩ *gefechtsklar (Schiff)* ‖ fig *frei* ‖ fig *unversehrt* ‖ Col = **zafante**
¹**zafra** *f (metallener) Ölbehälter* m ‖ *Abtropfgefäß* n *(für Öl)* ‖ → a **azófar**
²**zafra** *f Zucker(rohr)ernte* f ‖ *Zuckerrohrkampagne* f
³**zafra** *f* ⟨Bgb⟩ *taubes Gestein* n ‖ *Abraum* m ‖ → a **estéril**
zafre *m* → **safre**
zaga *f Hinter|teil* m, *-seite* f ‖ *Hinterlast* f ‖ ⟨Mil⟩ *Nachtrab* m ‖ ⟨Sp⟩ *Hintermann* m ‖ **a (la) ~, en ~** *hinten, hinterher* ‖ *hintenan* ‖ *hinterdrein* ‖ *zurückbleibend* ‖ ◊ *ir a la* **~** *zurückbleiben* ‖ **no le va en ~, no se queda en** (od a la) **~** figf *er steht ihm nicht nach* ‖ **no va a la ~ de nadie** *er bleibt hinter keinem zurück* ‖ **no hace más que irle a la ~** pop *er läuft ihr fortwährend nach (e–e Frau)* ‖ **venir a la ~** *nachkommen*
zagal *m kräftiger, strammer (Bauern)Bursch(e)* m ‖ *Schafknecht, Hirtenjunge* m ‖ ⟨Mil⟩ *Stangenreiter* m ‖ **~a** *f Mädchen* n ‖ *Hirtenmädchen* n ‖ León Sant *Kindermädchen* n
¹**zaga|lejo, –lillo** *m* dim *v.* **zagal** ‖ *junger Bursche* m
²**zagal(ejo)** *m kurzer, hinten aufgeschürzter Rock* m *(der span. Frauen)*· ‖ *Unterrock* m *der Bäuerinnen*
zagalón *m stattlicher Bursche* m
zagual *m (Kanu-) Paddel* n
zaguán *m Hausflur* m, *Diele* f ‖ *Vorhalle* f
zaguero adj *zurückbleibend* ‖ *vagón* ~ ⟨EB⟩ *Hinterwagen* m ‖ **~** *m* ⟨Sp⟩ *Hilfsspieler* m *(im bask. Ballspiel)* ‖ *Hintermann, Verteidiger* m, *Abwehr* f *(im Fußballspiel)* ‖ **~s** pl ⟨Sp⟩ *Hintermannschaft* f, *Abwehrspieler* mpl
zahareño adj/s ⟨Jgd⟩ *scheu (Vogel)* ‖ fig *störrisch, halsstarrig* ‖ *spröde, rauh* ‖ *mürrisch, barsch*
zaharrón *m Hanswurst, Narr* m
zahe|rimiento *m Tadel* m, *Rüge* f ‖ **–río** *m* = **–rimiento** ‖ **–rir** [ie/i] vt *tadeln, rügen* ‖ *aus|zanken, -schelten* ‖ fam *herunterputzen* ‖ *plagen, ärgern, belästigen* ‖ ◊ **~le a alg. con u/c** *jdm et vorhalten*
zahína *f (Art) Mohrenhirse* f *(Sorghum spp)* ‖ **~s** pl And *dünner Mehlbrei* m
zahón *m (meist* pl **zahones**) *seitwärts offene Lederhose* f ‖ *Schutz-, Über|hosen* fpl, *hosenartiger Lederschutz* m
zahonado adj *mit andersfarbigen Füßen (Vieh)*
zahondar vt *aus-, um|graben* ‖ *einsinken (mit den Füßen)*
zahor|a *f* Mancha *Eßgelage* n ‖ **–ar** vi Mancha *schmausen, schlemmen*
zahorí [pl **–íes**] m/f *Wahrsager, Hellseher* m ‖ *Hexe* f *(bes And)* ‖ *Wünschelrutengänger* m ‖ fig *Schlaukopf* m
zahorra *f* ⟨Mar⟩ *Ballast* m
zahumar vt = **sahumar**
zahúrda *f Schweinestall* m (& fig) ‖ *ärmliche Behausung* f, desp *Loch* n
zahúrna *f* Col *Durcheinander* n ‖ *Lärm*, fam *Radau* m
zaida *f* ⟨V⟩ *Jungfernkranich* m (Anthropoides virgo)
△**zaina** *f Geldbeutel* m
zaino adj pop *falsch, hinterlistig, tückisch* ‖ *(einfarbig) dunkelbraun (Pferd)* ‖ *(pech)schwarz (Rind)* ‖ ◊ **mirar de ~** (od a lo) *~ von der Seite, scheel ansehen*
zairense adj *zairisch, aus Zaire*

zajones *mpl* = **zahones**
zalá [*pl* ~**aes**] *f Salem, Selam* m *(Gruβwort der Mohammedaner)* ‖ ◊ *hacer la* ~ (a) figf *jdm den Hof machen, jdn umschmeicheln, jdn bitten*
zalagarda *f* ⟨Mil⟩ *Hinterhalt* m ‖ ⟨Mil⟩ *Scharmützel* n ‖ fig *Schlinge, Falle* f ‖ *Intrige* f, *Ränke* mpl
zala|ma *f tiefe Verbeugung* f, *Bückling* m (= **zalema**) ‖ **-mería** *f übertriebene Höflichkeit* f ‖ pop *Schöntuerei, Schmeichelei, Fuchsschwänzelei* f ‖ **-mero** *adj schmeichelnd, schmeichlerisch , zudringlich* ‖ ◊ *palabras* ~**as** *Schmeichelworte* npl ‖ ~ *m Schmeichler* m
zálamo *m* Can Extr *Beißkorb* m *(der Hunde)*
zale|a *f Schaf|fell* n, *-pelz* m ‖ *Fell, Pelzwerk* n ‖ *Pelzjacke* f ‖ **-ar** vt *hin und her zerren* ‖ *beschädigen* ‖ *verjagen (Hunde usw)*
zalema *f* fam *Bückling* m ‖ ◊ *hacer* ~**s** *sich ehrerbietig verbeugen* (bes *v. Mauren*) ‖ fig *schmeicheln, katzbuckeln* ‖ → a **zalamería**
zalenco *adj* Ven *krummbeinig* ‖ Col *gebrechlich, behindert, hinkend*
zalenquear vi Col *hinken*
zaloma *f* = **saloma**
zalona *f* And *Tongefäß* n
zallar vt ⟨Mar⟩ *rücken, schieben*
zama|cuco *m* fam *Dummkopf, Gimpel* m ‖ *Schlaufuchs* m ‖ pop *Schwips, Rausch* m ‖ **-cueca** *f* Am ⟨Art⟩ *Volkstanz* m
zama|rra *f Pelz|weste, -jacke* f ‖ *Schaf-, Lamm|fell* n ‖ ⟨Metal⟩ *Luppe* f ‖ **-rrada** *f* pop *Tölpelei* f ‖ *listiger Streich* m ‖ **-rrear** vt *herumzerren* ‖ *hin und her schütteln* ‖ figf *in die Enge treiben* ‖ **-rreo** *m Zerren* n ‖ *Schütteln* n ‖ **-rrico** *m Proviant-* bzw *Umhänge|tasche* f *aus Schaffell* ‖ **-rrilla** *f* ⟨Bot⟩ *Marienkraut* n, *Poleigamander* m (Teucrium polium) ‖ **-rro** *m Pelz* m, *Pelzjacke* f *(der Bauern u. Hirten)* ‖ *Schaffell* n ‖ fig *Tölpel*, fam *Stiesel* m ‖ MAm SAm *Gauner, geriebener Mensch* m ‖ *barba de* ~ fig *struppiger Bart* m ‖ ~**s** *mpl* Col Ven *Art Überhose* f *zum Reiten* ‖ **-rrón** *m* augm *v.* **-rra** ‖ **-rronear** vt Chi Ec = **-rrear**
zamba *f* SAm = **zamacueca** ‖ Bras = **samba**
zambaigo *m/adj* Am *Abkömmling* m *e–s Negers und e–r Indianerin od umgekehrt* ‖ Mex *Abkömmling* m *e–s chino und e–r Indianerin od umgekehrt*
zambarco *m* ⟨Agr⟩ *Brustriemen* m *der Zugtiere* ‖ *Riemen* m *mit Schnalle*
zambardo *m* Chi = **avería** ‖ Arg *Glücksfall* m (bes *beim Spiel*)
zambear vi X-*beinig sein*
zambeque *adj/s* fam Cu *dumm, einfältig* ‖ ~ *m* Cu Ven *Lärm* m, *Getöse* n
zambí [*pl* **-ies**] *m* Am *Abkömmling* m *e–r Negerin und e–s (Süd)Amerikaners*
Zambia *f Sambia* n *(Staat in Afrika)* ‖ ~**no** *adj sambisch, aus Sambia*
¹**zambo** *adj/s krummbeinig, X-beinig* ‖ ~ *m X-Beinige(r)* m
²**zambo** *m* Am *Zambo, Mischling* m *von Neger und Indianerin od umgekehrt* ‖ Am ⟨Zool⟩ *Schwarzer Klammeraffe, Koata* m (Ateles paniscus)
zamboluto *m* Arg *lieblos zubereitete Speise* f, fam *Schlangenfraß* m
zambom|ba *f Hirtentrommel* f *(Lärminstrument der and. Hirten)* ‖ *aufgeblasene Schweinsblase* f ‖ ¡~! fam *Donnerwetter!* ‖ **-bazo** *m Schlag, Puff* m ‖ fam *Knall* m ‖ **-bo** *m* pop *Tölpel* m
zambo|rondón, ona, -r(r)otudo *adj/s rundlich, dick* ‖ *ungeschlacht, grob, plump* ‖ ~ *m plumper Kerl* m ‖ fig *Stümper, Pfuscher* m
zambra *f (Tanz)Fest* n *der Mauren od Zigeuner* ‖ figf *lustiger Rummel, Trubel* m ‖ *Klamauk* m
zambu|car [c/qu] ft fam *rasch verbergen, schnell verschwinden lassen, wegzaubern* ‖ **-co** fam *Verschwindenlassen, Wegzaubern* n

zambu|llida *f (Unter)Tauchen* n, *Kopfsprung, Salto* m ‖ ◊ *dar una* ~ *untertauchen, e–n Kopfsprung machen* ‖ **-llimiento** *m (rasches) Ein-* bzw *Unter|tauchen* n ‖ **-llir** [3 pret –lló] ‖ vt/i *(rasch) unter-, ein|tauchen* ‖ *gründeln (von Wasservögeln)* ‖ *ins Wasser werfen, stoßen* ‖ ◊ ~ *en* la *cárcel* pop *einlochen* ‖ ~**se** *untertauchen* ‖ fig *sich verkriechen* ‖ fig *untertauchen* ‖ fig *sich in et stürzen* ‖ **-llo** *m Nachtstuhl, großer Nachttopf* m *(für Kranke)* ‖ *Abort* m *(in Gefängnissen)* ‖ Am *Mülltonne* f ‖ Am *Abfall, Müll* m ‖ Sal *Wilder Ölbaum* m
zambumbia *f* Mex *Mischmasch* m
¹**Zamora** *f Zamora*, span. *Stadt in der Region León* ‖ ◊ *no se ganó* ~ *en una hora* Spr *Rom ist nicht an e–m Tage erbaut worden*
²**Zamora:** *Ricardo* ~ ⟨Sp⟩ *berühmter span. Torwächter in den dreißiger Jahren* ‖ ◊ *ser un* ~ pop *ein hervorragender Fußballspieler sein*
zamorano *adj aus Zamora* ‖ *manta* ~**a** *in Zamora hergestellte (meist gewürfelte) Bettdecke* f *od dort hergestelltem Umhang* m
zampa *f (Ramm)Pfahl* m
zampabodigos *m/f* fam = **zampatortas**
zampa|bollos *m/f* fam *Fresser, Vielfraß* m ‖ ◊ *tener cara de* ~ *Pausbacken haben* ‖ **-cuartillos** *m/f* fam *Säufer* m ‖ **-dor** *m* fam *Fresser* m ‖ **-limosnas** *m/f* fam *zudringlicher Bettler, Fechtbruder* m ‖ **-palo** *m/f* fam = **zampatortas**
zam|par vt/i *et rasch und geschickt verstecken* ‖ pop *mitgehen lassen, mausen* ‖ *(ver)schlingen, fressen* ‖ ◊ *se lo zampó en un instante* pop *er verschlang es im Handumdrehen* ‖ ~**se** *hineinzappen* (z. B. *Pfütze u.* fig) ‖ *plötzlich erscheinen, hereinschneien* ‖ *ver-, hinunter|schlingen* ‖ **-patortas** *m* fam *Fresser, Schlemmer* m ‖ fig *Tölpel, Flegel* m ‖ **-peado** *m* ⟨Arch⟩ *Pfahldamm* m ‖ *Pfahl|werk* n, *-gründung* f ‖ **-pear** vt ⟨Arch⟩ *verpfählen* ‖ **-pón** *adj/s* fam *gefräßig* ‖ ~ *m Schlemmer, Vielfraß* m
zampoña *f Schalmei, Hirtenflöte* f *(Art Panflöte)* ‖ *Halmpfeife* f ‖ figf *Albernheit* f
zampullín *m* ⟨V⟩ *Taucher* m (Podiceps spp) ‖ ~ *cuellirrojo Ohrentaucher* m (P. auritus) ‖ ~ *cuellinegro Schwarzhalstaucher* m (P. nigricollis) ‖ ~ *chico*, ~ *común Zwergtaucher* m (P. ruficollis) ‖ ~ *a* **somorujo**
zampu|zar [z/c] vt *ein-, unter|tauchen* ‖ figf *rasch und geschickt verstecken* ‖ pop *mitgehen lassen, mausen* ‖ ~**se** *untertauchen* ‖ s: **-zo** *m*
zamueco *adj* Ven *sehr schmackhaft*
zanahoria *f Mohrrübe, Möhre, Gelbe Rübe, Karotte* f ‖ Arg pop *Tölpel* m
zanca *f Ständer, Fuß* m *(e–s Vogels)* ‖ figf *(langes) Bein* n, *Stelze* f ‖ *Treppenwange* f ‖ *por* ~**s** *o por barrancas* figf *mit Ach und Krach* ‖ ◊ *andar en* ~**s** *de araña* figf *Ausflüchte machen*
zanca|da *f langer, weiter Schritt* m ‖ *en dos* ~**s** pop *in sehr kurzer Zeit* ‖ ◊ *dar* ~**s** (en el corredor) *(im Gang) mit langen Schritten hin und her gehen* ‖ **-dilla** *f Beinstellen* n ‖ figf *listiger Kniff* m ‖ ◊ *echar (od poner) la (od una)* ~ *a alg. jdm ein Bein (od fig e–e Falle) stellen* ‖ figf *jdn aus dem Sattel heben* ‖ **-dillador** *m* fam *Preller, Gauner* m ‖ **-dillear** vt ⟨Sp⟩ *ein Bein stellen* ‖ **-do** *adj: salmón* ~ ⟨Fi⟩ *(abgelaichter) Magerlachs* m ‖ **-jada** *f* = **-da** ‖ = **-dilla** ‖ **-jear** vi *geschäftig hin und her eilen* ‖ *herumrennen* ‖ pop *sich abrackern* ‖ **-jera** *f Trittbrett* n, *Wagentritt* m ‖ **-jiento** *adj* = **-joso** ‖ **-jo** *m Fersenbein* n ‖ *Ferse* f, *Hacken* m ‖ fig *(Strumpf)Ferse, (Schuh)Kappe* f ‖ figf *großer, abgenagter Knochen* m ‖ fig *Knirps* m ‖ ◊ *darle al* ~ *(los)rennen, die Beine unter den Arm nehmen* ‖ *no le llega a los* ~**s** *(od al* ~) pop *er kann sich mit ihm bei weitem nicht messen, er kann ihm nicht das Wasser reichen* ‖ *roer a alg. los* ~**s** *über jdn lästern* ‖ **-joso** *adj krumm-, säbel|beinig mit Löchern an der Ferse (Schuh, Strumpf)* ‖ **-rrón** *m* fam *großer, abgenagter Knochen* m ‖ figf

magerer, häßlicher Mensch, häßlicher Vogel m ‖ figf *dilettantischer Schulmeister* m ‖ **-zo** m Col *langer Schritt* m ‖ *Stoß* m *mit dem Bein*
zan|co m *Stelze* f ‖ ⟨Mar⟩ *Wimpelstock* m ‖ = **-ca** ‖ ◊ *andar (od* ir) *en (od* sobre) ~s *auf Stelzen gehen* ‖ *andar (od* estar) *en* ~s *sozial aufgestiegen sein* ‖ *ponerse (od* subirse) *en* ~s *sozial aufsteigen, es zu et bringen,* fam *auf der Erfolgsleiter höher klettern* ‖ **-cón** adj/s fam *stelz-, lang\beinig* ‖ Col Ven Guat *zu kurz (Kleid)* ‖ **-cudas** fpl ⟨V⟩ *Schreit-, Stelz\vögel* mpl (Gressores) ‖ **-cudo** adj *stelz-, lang\beinig* ‖ (araña) ~a *Weberknecht* m (→ **segador**) *(Spinne)* ‖ ~ m ⟨Entom⟩ = **típula** ‖ Am *Stechmücke* f, *Moskito* m
zandía f = **sandía**
zandunga f = **sandunga**
zanfonía f ⟨Mus⟩ *Drehgeige, geigenartige Dreh\orgel, -leier* f
zanga f *Kartenspiel* n *zu viert*
zanga|burra f Sal *Schwengel* m *(am Ziehbrunnen)* ‖ **-manga** f fam *List* f, *Kniff* m ‖ **-nada** f fam *Frechheit* f ‖ *Dummheit* f, *Blödsinn* m
zangan|dongo, -dullo, -dungo m fam *linkischer Mensch* m ‖ *Faulpelz, Nichtsnutz* m
zanga|near vi fam *herum\lungern, -schlendern* ‖ **-nería** f, **-neo** m fam *Müßiggang* m
zángano m ⟨Entom⟩ *Drohne* f (& fig) ‖ figf *Müßiggänger, Faulenzer, Schmarotzer* m ‖ fam *alberne Person* f ‖ fam *unbesonnener Mensch,* fam *Schussel* m ‖ fam *Taugenichts* m ‖ MAm *Gauner* m
zangarilleja f fam *schlampiges, verwahrlostes, Mädchen* n, *Herumtreiberin* f
zangarrear vi fam *herumklimpern (auf der Gitarre)*
zangarriana f ⟨Vet⟩ *Wassersucht* f *der Schafe* ‖ figf *leichte, häufig wiederkehrende Krankheit* f ‖ pop *Wehwehchen* n ‖ figf *Kopfhängerei, Niedergeschlagenheit* f ‖ prov = **lagartija** ‖ Cue Nav *Faulheit, Trägheit* f ‖ *Nachlässigkeit* f
zangarro m Mex *Kramladen* m, *Bude* f
zangarullón m fam = **zangón**
zangolo|tear vt/i fam *heftig hin und her bewegen, schütteln* ‖ fig *umherbummeln* ‖ ~se fam *locker sein, schlottern, schlackern, wackeln (z. B. Fensterflügel)* ‖ s: **-teo** m ‖ **-tina** f fam *kindisches Mädchen* n ‖ **-tino** adj: ◊ (niño) ~ fam *Junge* m, *der sich für jünger ausgibt, als er ist*
zangón m fam *fauler Kerl, Flegel,* pop *Lulatsch* m
zan|gorrear vi Chi = **-garrear** ‖ **-gotear** vt/i = **zangolotear**
zanguan|ga f fam *Vortäuschen* n *e-r Krankheit od ä., Drückebergerei* f ‖ ◊ *hacer la* ~ *sich krank stellen, simulieren* ‖ fam *Schmeichelei* f ‖ **-go** m/adj fam *Faulenzer, Drückeberger* m
zanguayo m figf *langes Laster* n
zan|ja f *Graben* m, *Grube* f ‖ ⟨Arch⟩ *Bau\-grube* f, *-grund* m, *Gründung* f ‖ fig *Grundlage* f ‖ Am *Bachbett* n ‖ ~ *de comunicaciones* ⟨Mil⟩ *Lauf-, Verbindungs\graben* m ‖ ~ *cortafuegos Feuergraben* m ‖ ~ *de desagüe Abzugsgraben* m ‖ ~ *de deslinde* ⟨Agr⟩ *Grenzgraben* m ‖ ◊ *abrir una* ~ *en* n *Graben ziehen, e-e Grube ausheben* ‖ *abrir las* ~s *den Grund legen* (& fig) ‖ **-jadora** f *Grabenbagger* m ‖ *Grabenziehmaschine* f ‖ **-jar** vt *graben (e–n Graben, e–e Grube)* ‖ *(den Grund) legen* ‖ fig *aus dem Wege räumen, beseitigen (Hindernisse)* ‖ *bereinigen (strittige Frage)* ‖ *beilegen (Meinungsverschiedenheit, Streit)* ‖ **-jear** vt Cu Col Guat = **-jar** ‖ **-jón** m *tiefer Graben* m ‖ *tiefes (Bach) Bett* n ‖ Arg Chi *Abgrund* m ‖ ◊ *echar al* ~ figf Cu *in der Versenkung verschwinden lassen*
zanque|ador adj/s *spreiz-, breit\beinig* ‖ ~ m *passionierter Fußgänger* m ‖ **-amiento** m *Spreizen* n *der Beine* ‖ *Ausholen* n *(beim Gehen)* ‖ **-ar** vi *die Beine spreizen (beim Gehen)* ‖ fig *herumrennen* ‖ pop *sich abrackern*
zanqui|largo adj/s fam *lang-, stelz\beinig* ‖ **-lla, -ta** m dim v. **zanca** ‖ **-lla(s)** m figf *Mensch* m *mit kurzen dünnen Beinen* ‖ *Knirps* m ‖ **-tuerto** adj/s fam *krummbeinig* ‖ **-vano** adj/s fam *lang-, dürr-, spindel\beinig*
zanuyo adj/s *aus Azanuy* (PHues)
Zanzíbar m ⟨Geogr⟩ *Sansibar* n
¹**zapa** f *Grabscheit* n, *Spaten* m *(der Pioniere)* ‖ *Schippe, Schaufel* f ‖ ⟨Mil⟩ *Sappe* f, *Laufgraben* m ‖ ⟨Mil Bgb⟩ *Stollen* m ‖ *labor de* ~ fig *Wühlarbeit* f ‖ *trabajo de* ~ fig *Geheimnis\tuerei, -krämerei* f ‖ fig *Wühlarbeit* f ‖ *heimtückisches Vorgehen* n
²**zapa** f *Haifischhaut* f *(zum Schmirgeln)* ‖ *Art Chagrinleder mit körnigem Narben* ‖ *Metallarbeit* f *mit chagrinlederartig bearbeiteter Oberfläche*
zapador m ⟨Mil⟩ *Schanzarbeiter, Pionier* m ‖ ~ *pontonero Brückenpionier* m
zapa|llo m Am ⟨Bot⟩ *Kalebassenbaum* m (Crescentia sp) ‖ allg *Kürbis(pflanze* f) m ‖ figf Arg Chi *Glückstreffer* m, *Schwein* n ‖ Ec *Fettwanst* m ‖ **-llón, ona** adj/s Am fam *dick und untersetzt, pummelig*
zapapico m *Pick-, Kreuz\hacke, Picke* f, *Pickel* m
zapar vi *mit dem Grabscheit arbeiten, graben* ‖ ⟨Mil⟩ *schanzen, Laufgräben ausheben*
zaparrada f = **zarpazo**
zaparras|trar vi: ◊ *ir* -trando pop *die Kleider (durch den Schmutz) nachschleppen*
zaparrazo m fam = **zarpazo**
zapa|ta f *Halbstiefel* m ‖ ⟨Tech⟩ *Keil* m, *Unterlage* f ‖ *Hemmschuh, Brems\klotz, -backe* ‖ ⟨Arch⟩ *Kragstein* m ‖ ⟨Mar⟩ *Ankerschuh* m ‖ ~s pl Al ⟨Bot⟩ *Huflattich* m (Tussilago farfara) (→ **fárfara, tusilago**) ‖ **-tazo** m *Schlag (od Tritt) m mit e-m Schuh* ‖ fig *heftiger Schlag* m ‖ fig *plötzlicher Fall* m ‖ ⟨Mar⟩ *Killen* n *der Segel* ‖ ◊ *tratar a* ~s a alg. figf *jdn roh od wie den letzten Dreck behandeln*
zapate|ado m span. *Tanz* m *(im ³/₄-Takt)* ‖ **-ar** vt *mit e-m Schuh schlagen* ‖ figf *schlecht behandeln, schikanieren, piesacken* ‖ vi *trampeln, stampfen* ‖ *im Takt der Musik mit dem Fuß aufstampfen* ‖ *beim Tanzen den Takt abwechselnd mit den Händen und auf den Schuhsohlen schlagen* ‖ Cu *den zapateo tanzen* ‖ *tänzeln (Pferd)* ‖ *sich treten, sich verfangen (Reittier)* ‖ *trommeln (Hase, Kaninchen)* ‖ ⟨Mar⟩ *killen, anschlagen (Segel)* ‖ ~se vr fig *die Stirn bieten,* fam *sich auf die Hinterbeine stellen* ‖ **-o** m Cu *ein (alter) kreolischer Tanz* m ‖ **-ra** f *Schustersfrau* f ‖ **-ría** f *Schuhmacherwerkstatt* f ‖ *Schuhm\laden, -geschäft* n ‖ *Schuhmacherhandwerk* n ‖ ~ *de viejo Schuhreparaturwerkstatt* f ‖ **-ril, -resco** adj bes joc *schustermäßig, Schuster-*
¹**zapatero** m *Schuhmacher, Schuster* m ‖ ⟨Entom⟩ *Wasserläufer* m (Gerris lacustris) ‖ Al ⟨Zool⟩ *Kaulquappe* f (→ **renacuajo**) ‖ ⟨Nav Entom⟩ *Käfer* m (→ **escarabajo**) ‖ ~ *de portal, ~ de viejo Flickschuster* m (& desp) ‖ ◊ ~, a *tus zapatos* Spr *Schuster, bleib bei deinem Leisten!*
²**zapatero** adj *verdorben, angestochen (Früchte)* ‖ fig *enttäuscht* ‖ ◊ *quedar(se)* ~ ⟨Kart⟩ fam *keinen Stich machen*
zapa|teta f *Sprung* m *mit gleichzeitigem Schlag auf den Schuh* ‖ ◊ *dar (od* pegar) ~s *Luftsprünge machen* ‖ ¡~! *Donnerwetter!* ‖ **-tilla** f *Hausschuh, Pantoffel* m ‖ *leichter Schuh* m ‖ *Kinderschuh* m ‖ *Lederspitze* f am *Billardstock* ‖ *Knopf* m am *Florett* ‖ *Klappenleder* n an *Musikinstrumenten* ‖ ~ *de ballet Ballettschuh* m ‖ ~ *de baño Badeschuh* m ‖ ~ *de gimnasia Turnschuh* m ‖ **-tillazo** m *Tritt, Schlag* m *mit e-m Pantoffel*

zapatiesta *f* fam = **trapatiesta**
zapa|to *m Schuh* m || fig *Unbeholfenheit* f || ~ de baile *Ballschuh* m || ~ bajo *Halbschuh* m || *flacher Schuh* m || ~ botín *Halbstiefel* m || ~ de clavos, ~ claveteado *Nagelschuh* m || ~ de charol *Lackschuh* m || ~ de deportes *Sportschuh* m || ~ de fieltro *Filzschuh* m || ~ de goma *Gummischuh* m || ~ de hebilla *Schnallenschuh* m || ~ de punta *Schnabelschuh* m || ~ de señora, ~ de caballero *Damen-, Herren|schuh* m || ~ de lazo(s), ~ de cordones *Schnürschuh* m || ~ de lona *Segeltuchschuh* m || ~ de noche *Abendschuh* m || ~ para tenis *Tennisschuh* m || ~ de tacón alto *Schuh* m *mit hohem Absatz* || pala de ~ *Oberleder* n *am Schuh* || ◊ *meter en un* ~ (a) fig *jdn ins Bockshorn jagen* || *poner como un* ~ (a) pop *jdn herunterputzen* || *no le llega ni a la suela del* ~ figf *er kann ihm nicht das Wasser reichen* || ¡~! pop *Donnerwetter!* || **-tón** *m* MAm *Gummistiefel* m || **-tudo** adj *starkhufig (Tier)*
¡**za|pe**! fam *fort! (um Katzen zu verscheuchen)* || *Gott bewahre!* || *nanu!* || *unglaublich!* || **-pear** vt *scheuchen (Katzen)* || figf *verscheuchen, verjagen* || ⟨Kart⟩ *nicht bedienen*
zaperoco *m* Ven *Wirrwarr* m, *Verwirrung* f
zapote *m* ⟨Bot⟩ *Sapotillbaum* m (Manilkara sapota) || *Breiapfel* m, *Sapot(ill)e* f *(Frucht)*
zapotecas mpl *Zapoteken, einheimische Bewohner* mpl *von Mexiko*
zapotillo *m Art (moosfarbiger) Sapotillbaum* m
zapoyolito *m* MAm ⟨V⟩ *Schmalschnabelsittich* m (Brotogeris spp)
zapupe *m* Mex ⟨Bot⟩ = **agave**
zapuzar [z/c] vi = **chapuzar**
zaque *m kleiner Weinschlauch* m || figf *Säufer, Saufsack* m
Zaqueo *m* np *Zachäus* m
zaquizamí [pl **-ies**] *m Dach|stube, -kammer, Bodenkammer* f || *oberster Dachboden* m || fig *kleines Zimmer* n, pop *Loch* n, *elende Bude* f
zar *m Zar* m
zara *f* prov *Mais* m
zarabanda *f* ⟨Mus⟩ *Sarabande* f *(Tanz im ³/₄-Takt)* || fig *Lärm, Trubel* m
△**zaracatán** *m Schneider* m
zara|galla *f* Ar *Haufen* m *Buben* || **-gata** *f* fam *Streit, Zank, Radau* m || **-gate** *m* MAm Mex Pe Ven *Gauner, Spitzbube* m || Col *Tölpel* m || Cu *Schmeichler* m || **-gatero** adj/s fam *lärmend, streitsüchtig* || **-gatona** *f* ⟨Bot⟩ *Wegerich* m (Plantago sp) (→ **llantén**)
zaragozano adj/s *aus Saragossa (Zaragoza)* || ~ *m Jahreskalender* m
zaragüelles mpl Val u. Murc *kurze, seitwärts geschlitzte Pluderhosen* fpl *der span. Bauern* || figf *schlecht geschneiderte, breite und lange Hose* f || Ar *weiße Unterhose* f, *deren Falten unter den zaragüelles bauschförmig hervorgucken*
zaragu|tear vt fam *verwirren* || *verwickeln* || vi Ven *vagabundieren, sich herumtreiben* || **-tero** *m*/adj fam *Wirrkopf* m
zaramagullón *m* ⟨V⟩ = **somorgujo**
zarambeque *m* Am *(Art) Negertanz* m
zaramullo *m* Pe Ven = **zascandil** || Hond *zimperlicher Mensch* m || Bol *Dummheit* f, *Unsinn* m
zaran|da *f Sieb* n, *(Getreide od Obst) Sieb* n || Ven *Brummkreisel* m || **-dajas** fpl *Überbleibsel* npl || *Plunder* m || figf *Nebensächlichkeiten, Lappalien* fpl || Ar *Schlachtabfälle* mpl || **-dar** vt *(Getreide, Obst) sieben* || fig *die Spreu vom Weizen trennen* || **-dear** vt *(Getreide) sieben* || *durchseihen (Obstsaft)* || figf *rütteln, schütteln* || fig *jdn hin und her hetzen, Spießruten laufen lassen* || **~se** figf *sich abmühen* || And Pe PR Ven *sich in den Hüften wiegen (beim Gehen)* || △**-dela** *f Unterrock* m || **-deo** *m Rütteln, Schütteln* m || **-dilla** *f* Rioja *Eidechse* f || **-dillo** *m kleines Sieb* n || *Futterschwinge* f || figf

unruhiger Mensch m, pop *Quecksilber* n || ◊ *traerle a uno como un* ~ figf *jdn hin u. her hetzen, herumjagen* || **-do** adj/s fam Ven *leichtfertig, unbesonnen*
zarapallón *m*/adj fam *liederlicher Mensch* m
△**zarapia** *f Aussatz* m, *Lepra* f
zara|pito *m* ⟨V⟩ *Brachvogel* m (Numenius spp) || ~ fino *Dünnschnabel-Brachvogel* m (N. tenuirostris) || ~ real *Großer Brachvogel* m (N. arquata) || ~ trinador *Regenbrachvogel* m (N. phaeopus) || **-pón** *m* Al *Klettenkraut* n || **-tán** *m* ⟨Med⟩ prov *Brustkrebs* m || Hond *Trichine* f
zara|za *f Kattun* m || And fam *Memme* f || **~s** pl *Rattengift* n || *Gift* n *für Hund, Katzen usw* || **-zo** adj And SAm *halbreif (Frucht)*
zar|cear vi *stöbern, herumsuchen* || **-ceño** adj *Busch-* || **-cero** *m*/adj *Stöberhund* m || ⟨V⟩ *Spötter* m (Hippolais spp) || ~ común *Orpheusspötter* m (H. polyglotta) || ~ grande *Olivenspötter* m (H. olivetorum) || ~ icterino *Gelbspötter* m (H. icterina) || ~ pálido *Blaßspötter* m (H. pallida) || **-ceta** *f* ⟨V⟩ = **cerceta**
zarci|llitos mpl ⟨Bot⟩ *Zittergras* n (Briza spp) (→ **tembladera**)
¹**zarcillo** *m Ohrring* m || ⟨Bot⟩ *Ranke* f || Arg *Ohrschnitt* m *(Zeichen des Besitzers beim Vieh)*
²**zarcillo** *m* ⟨Agr⟩ *Jäthacke* f
zarco adj *hellblau (Wasser, Augen)* || Arg Chi *trüb(e), weißlich (Auge der Tiere)*
△**zardioquí** *f Anmut, Grazie* f
zaretino adj/s *aus Zara (heute Zadar)*
za|revitz, -revith *m* ⟨Hist⟩ *Zarewitsch* m *(russischer Kronprinz)* || **-riano** adj *Zaren-* || **-rina** *f Zarin* f || **-rismo** *m Herrschaft* f *der Zaren, Zarismus* m || **-rista** *m*/adj *Anhänger* m *des Zarismus*
zarigüeya *f* ⟨Zool⟩ *Opossum* m (Didelphys spp) || **~s** fpl ⟨Zool⟩ allg *Beutelratten* fpl (Didelphyidae)
zaroche *m* Am = **soroche**
zar|pa *f Klaue, Kralle, Tatze, Pfote, Pranke* f (& figf) || *Kotspritzer* m || ⟨Mar⟩ *Ankerlichten* n || ◊ *echar* la ~ (a) *mit der Klaue packen* || fig *(zu) packen,* fam *graps(ch)en* || *wegschnappen* || *sich unter den Nagel reißen,* fam *klauen* || **-pada** *f,* **-pazo** *m Klauen-, Tatzen-, Pranken|hieb* m || *heftiger Schlag, Klatsch, Plumps* m
zarpar vi ⟨Mar⟩ *die Anker lichten* || *in See stechen, auslaufen* || ◊ *el buque zarpó para Lisboa das Schiff ist nach Lissabon ausgelaufen*
zar|pear vt CR *mit Kot bespritzen* || **-poso** adj *kotig, schmutzig, beschmutzt*
zarraca|tería *f Schöntuerei, Speichelleckerei* f || **-tero** *m* pop *arglistiger Schmeichler* m || **-tín** *m* fam *geriebener Trödler* m
zarrampín *m* ⟨Bot⟩ Al = **acedera**
zarramplín *m* fam *Stümper, Pfuscher* m || *armer Schlucker* m
zarrapas|trón *m*/adj fam *zerlumpter, verwahrloster Kerl* m || **-troso** adj fam *schmutzig, zerlumpt, schlampig, verwahrlost*
¹**zarr|ia** *f Schmutz(fleck), Schmutzspritzer* m || *Fetzen, Lumpen* m || **-iento** adj *schmutzig, (schmutz)bespritzt*
²**zarria** *f Riemen* m *am Bauernschuh*
zarrio adj And *bäurisch, grob*
zarza *f Brombeerstrauch* m (Rubus fruticosus) || *Dornbusch* m || la ~ *ardiente der feurige Busch (Bibel)*
zarzagán *m kalter Nordostwind* m
zarzal *m Brombeergebüsch* n || *Dorn|busch* m, *-gestrüpp* n
zarza|mora *f Brombeere* f || (= **zarza**) || **-moral** *m Brombeergebüsch* n || **-parilla** *f* ⟨Bot⟩ *Sarsaparille, Sarsaparillawurzel* f (Smilax utilis) || *erfrischendes Getränk* n *mit Sarsaparillesaft* || **-perruna** *f* ⟨Bot⟩ *Hundsrose* f (Rosa canina) || **-rrosa** *f* ⟨Bot⟩ *Heckenrose, wilde Rose* f *(Blüte)*

zar|zo *m Hürde* f, *Weiden-, Rohr\geflecht* n ‖ *Zuchthürde* f *für Miesmuscheln* ‖ **–zoso** *adj voller Brombeersträucher bzw Dorngestrüpp*
¹**zarzue|la** *f* a) *dim v.* **zarza** ‖ b) *span. volkstümliches Singspiel* n *(komischen od ernsten Inhalts)* ‖ ~ *del género chico Zarzuela* f *in e–m Akt* ‖ ~ *del género grande zwei- und mehr|aktige Zarzuela* f ‖ *música de* ~ *leichtere Theatermusik* f ‖ *tenor de* ~ *Spieltenor* m *für span. Zarzuelas* ‖ *Teatro de la* ⁓ *ein volkstümliches Theater in Madrid*
²**zarzuela** *f* ⟨Kochk⟩ *Gericht* n *aus verschiedenen Meeresfrüchten bzw Fischarten*
zarzuel|ero *adj Zarzuela-* ‖ *fam possenhaft* ‖ **–ista** *m Librettist* m *e–r Zarzuela* ‖ *Komponist* m *e–r Zarzuela*
¡zas! *onom paff! plumps! klatsch!* ‖ ¡~, ~! *tapp, tapp!*
zascandil *m fam unruhiger Mensch, Gschaftlhuber* m ‖ *fam Leichtfuß, unbesonnener Mensch* m ‖ *Intrigant, Ränkeschmied* m ‖ **Gauner, Schwindler* m
zata(ra) *f Floß* n
¹**zato** *m Stück* n *Brot*
²**zato** *adj Ven gedrungen (Tier)*
zaya *f* León *Mühlgerinne* n
zazo(so) *adj stotternd* ‖ *lispelnd*
zebra *f* = **cebra**
zebú *m* = **cebú**
ze|da *f (der) Buchstabe Z nach seiner Aussprache* ‖ **–dilla** *f (das) geschwänzte C (Ç)* ‖ *die Cedille, das Häkchen am Ç*
Zeferino *m* np Tfn *Zeferin* m
Zeiss: *aparato, gemelos, objetivo de* ~ ⟨Phot⟩ *Zeiss|kamera* f, *-gläser* npl, *-objektiv* n
zéjel *m Gattung der hispano-arabischen Volkslyrik*
zelandés, esa *adj/s aus Seeland (Zeland[i]a)*
zelota *m* ⟨Hist⟩ *Zelot* m
Zembla: Nueva ~ ⟨Geogr⟩ *Nowaja Semlja* n
Zen|dawesta, zendavesta *m Awesta* n *(heilige Schriften der Parsen)* ‖ **–do** *adj/s zendisch (Sprache)*
zenit *m* ⟨Astr⟩ = **cenit**
zenónico *adj der Lehre des Zeno(n) (Zenón) gemäß*
zeñó *m* And pop = **señor**
zep(p)elín *m Starrluftschiff* n *(mit einem Metallgerüst), Zeppelin(luftschiff* n*)* m
△**zerma|nelar** *vt verfluchen* ‖ △**–ña** *f Fluchwort* n ‖ △**–ñar** vi *fluchen*
zeta *f griech.* ζ, *Zeta* n ‖ → **zeda**
△**zetalla** *f Olive* f
zeu(g)ma *f* ⟨Rhet⟩ *Zeugma* n
Zeus *m Zeus, Jupiter* m
zibcay *m* ⟨Zool⟩ Mex *Delphin* m (*Delphinus delphis*) (→ **delfín**)
zigo|ma *m* ⟨An⟩ *Joch* n ‖ **–mático** *adj Joch-* ‖ *arco* ~ *Jochbogen* m ‖ *hueso* ~ *Jochbein* n ‖ **–morfo** *adj* ⟨Bot⟩ *zygomorph* ‖ **–spora** *f* ⟨Bot⟩ *Zygospore* f ‖ **–te, –to** *m* ⟨Biol Gen⟩ *Zygote* f
zig|zag *m Zickzack* m ‖ fig *Blitz* m ‖ en ~ *zickzackförmig, im Zickzack* ‖ ◊ *andar en* ~ *hin und her torkeln (Betrunkener)* ‖ *línea en* ~ *Zickzacklinie* f ‖ *máquina de coser en* ~ *Zickzacknähmaschine* f ‖ *punto en* ~ *Zickzackstich* m ‖ **–zagueante** *adj: política* ~ *Zickzackkurs* m ‖ **–zaguear** vi *sich im Zickzack bewegen, im Zickzack gehen (od fahren)* ‖ *hin und her taumeln, torkeln (Betrunkener)* ‖ **–zagueo** *m Zickzackbewegung* f ‖ *Zickzack|gehen, -laufen, -fahren* n
△**zimalí** *adv wirklich*
zimasa *f* ⟨Chem Physiol⟩ *Zymase* f
zi|mología *f Zymologie, Gärungslehre* f ‖ **–motécnica** *f Zymo-, Gärungs|technik* f ‖ **–mótico** *adj zymotisch, Gärung bewirkend*
zinc *m* [θin, *pl* zines] *Zink* n (= **cinc**)
zincaló (*f:* ~llí) *m Zigeuner(in)* m (f)
zincar *vt verzinken*
zíngaro *m/adj Zigeuner* m

zingiberáceas *fpl* → **cingiberáceas**
zinguizarra *f* Ven *Streit* m, *Keilerei* f
zipizape *m fam lärmender Streit, Radau* m ‖ *Schlägerei* f
△**ziriardé** (*f* ~i) *adj dünn, schwach*
ziridaña *f* And *übertriebene Schmeichelei* f ‖ And *Anführen, Foppen* n ‖ And *Lappalie* f
△**ziro** *m Hanf* m
¡zis, zas! *tapp, tapp!*
¹**zisgás** *m* figf *Lärm, Radau* m
²**zisgás** *m* = **zigzag**
zoantropía *f Wahnvorstellung* f, *in ein Tier verwandelt zu sein,* ⟨Wiss⟩ *Zoanthropie* f
¹**zoca** *f Marktplatz* m
²**zoca** *f* Ar Nav *Weinstock* m
zócalo *m* ⟨Arch⟩ *Sockel* m *(unterer Mauerteil od Unterbau e–r Säule, Plastik)* ‖ ~ *continental* ⟨Geol MK⟩ *Festlandsockel* m ‖ ~ *de una máquina Maschinensockel* m ‖ *Schabotte* f ‖ ~ *de válvula* ⟨El⟩ *Röhrensockel* m
zoca|tearse vr *mürbe, teigig werden, einschrumpfen (Obst)* ‖ **–to** *adj überreif, morsch, teigig (Obst)* ‖ *fam link(s)* (= **zurdo**)
zoclo *m Holzschuh* m ‖ *Überschuh* m
¹**zoco** *adj/s fam link(s)* ‖ *Col einarmig* ‖ ~ m Salv *Heiserkeit* f
²**zoco** *m Holzschuh* m ‖ ⟨Arch⟩ *Sockel, Untersatz* m ‖ ◊ (andar) de ~s en colodros figf *immer schlechter (werden)*, fig *vom Regen in die Traufe (kommen)*
³**zoco** *m* Marr *Markt(platz)* m
zocolar vt Ec *roden*
zodiacal ⟨Astr⟩ *adj Tierkreis-*
zo|díaco, –diaco *m* ⟨Astr⟩ *Tierkreis* m ‖ *signos del* ~ *die Zeichen* npl *des Tierkreises* (**Carnero, Toro, Gemelos, Cáncer** *od* **Cangrejo, León, Virgen, Balanza, Escorpión, Sagitario, Capricornio, Acuario, Peces**)
zofra *f maurischer Teppich* m
Zoilo *m* np *Zoilos (gr. Sophist)* ‖ Tfn *Zoilos* m ‖ ⁓ figf *Splitterrichter, Krittler* m
zolesco, zoliano *adj auf den franz. Romanschriftsteller E. Zola (1840–1902) bezüglich* ‖ fig *naturalistisch*
zolocho *adj/s fam einfältig, dumm* ‖ ~ *m Einfaltspinsel, Simpel* m
zompancle *m* Mex *Korallenstrauch* m (Erythrina sp)
zompo *adj/s* = **zopo**
zompopo *m* /*adj* MAm Mex ⟨Entom⟩ *e–e Blattschneiderameise* f (Atta [Oecodoma] cephalotes) ‖ ~ *adj* MAm *einfältig, dümmlich, simpel, tolpatschig*
z.ᵒⁿ Abk = **zurrón**
zona *f Gürtel* m, *Binde* f ‖ *(gürtelähnlicher) Streifen* m ‖ *Erd|gürtel, -strich* m ‖ *Zone* f ‖ *Landstrich* m ‖ *Gebiet* n, *Bereich, Bezirk* m ‖ *Raum* m ‖ ⟨Med⟩ *Gürtelrose* f ‖ ~ *de abastecimiento Versorgungsgebiet* n *(auch Energiewirtschaft)* ‖ ~ *de acción* ⟨Mil⟩ *Gefechtsstreifen* m ‖ ~ *aérea prohibida Luftsperrgebiet* n ‖ ~ *ajardinada Gartenzone* f ‖ ~ *de ataque* ⟨Sp⟩ *Angriffshälfte* f ‖ ~ *de aterrizaje* ⟨Flugw⟩ *Landezone* f ‖ ~ *azul* ⟨StV⟩ *blaue Zone, Kurzparkzone* f ‖ ~ *batida* ⟨Mil⟩ *bestrichene (od unter Beschuß liegender) Raum* m ‖ ~ *de combate* ⟨Mil⟩ *Kampfgebiet* n ‖ ~ *contigua angrenzende Zone, Anschlußzone* f ‖ ~ *costera Küstengebiet* n ‖ ~ *desatomizada atomwaffenfreie Zone* f ‖ ~ *desmilitarizada entmilitarisierte Zone* f ‖ ~ *desnuclearizada atomwaffenfreie Zone* f ‖ ~ *del dólar Dollar|raum, -block* m ‖ ~ *de ensanche Erweiterungs-, Ausbau|gebiet* n *(Städtebau usw)* ‖ ~ *de explotación* ⟨Bgb⟩ *Abbaugebiet* n ‖ ~ *esférica* ⟨Math⟩ *Kugelzone* f ‖ ~ *franca Freizone* f, *zollfreies (Grenz)Gebiet* n ‖ ~ *fronteriza Grenzgebiet* n ‖ ~ *glacial,* ~ *helada,* ~ *fría* ⟨Geogr⟩ *kalte Zone* f ‖ ~ *industrial Industriegebiet* n ‖ ~ *de influencia Einfluß|gebiet* n, *-be-*

reich m ‖ ~ *de libre cambio,* ~ *de libre comercio Freihandelszone f* ‖ ~ *limitrofe Grenzbereich m* ‖ ~ *de lluvias Niederschlagsgebiet n* ‖ ~ *de (las) tres millas Dreimeilenzone f* ‖ ~ *minada* ⟨Mil⟩ *Minenfeld n* ‖ ~ *monetaria Währungs|gebiet n, -raum m* ‖ ~ *de ocupación Besatzungszone f* ‖ ~ *no ocupada unbesetztes Gebiet n* ‖ ~ *de operación Tätigkeitsfeld n* ‖ ~ *de operaciones* ⟨Mil⟩ *Operationsgebiet n* ‖ ~ *de peligro,* ~ *peligrosa Gefahrenzone f* ‖ ~ *de perceptibilidad* ⟨Phys Physiol⟩ *Wahrnehmungsbereich m* ‖ ~ *de pesca Fischerei|gebiet, -revier n* ‖ ~ *portuaria Hafengebiet n* ‖ ~ *de precipitaciones Niederschlagsgebiet n* ‖ ~ *prohibida* ⟨Mil⟩ *Sperrgebiet n* ‖ ~ *de recreo Erholungsgebiet n* ‖ ~ *residencial Wohngebiet n* ‖ ~ *de rotura* ⟨Tech⟩ *Bruchzone f* ‖ ~ *rusa,* ~ *soviética* ⟨Pol⟩ *Sowjetische Besatzungszone f* ‖ ~ *de silencio* ⟨Radio TV⟩ *tote Zone f, Funkschatten m* ‖ ⟨StV⟩ *hupfreie Zone f* ‖ ~ *templada* ⟨Geogr⟩ *gemäßigte Zone f* ‖ ~ *tórrida* ⟨Geogr⟩ *heiße Zone f* ‖ ~ *de venta Absatzgebiet n* ‖ ~ *verde Grünzone f* ‖ *por* ~*s strichweise* ‖ *stellenweise* ‖ *nach Gebieten*
   zonal *adj Zonen-, zonal*
   zoncer(i)a *f Am Albernheit f* ‖ *Fadheit, Geschmacklosigkeit f* ‖ *Dummheit f*
   zoncho *m Sant (Obst) Korb m*
   △¡**zoniche!** *still!*
   zon|zo *adj/s geschmacklos* ‖ *fade, reizlos, langweilig (Person)* ‖ *Am dumm, simpel, einfältig* ‖ ◊ *hacerse el* ~ *sich dumm stellen* ‖ **–zorrión, ona** *adj/s fam erzdumm, pop saudumm*
   ¹**zoo** *m fam zoologischer Garten, Zoo m*
   ²**zoo-** *präf Tier-, Zoo-*
   zoófago *adj* ⟨Biol⟩ *fleischfressend, zoophag*
   zoófito *m* ⟨Biol⟩ *Pflanzentier n, Zoophyt m* ‖ **zoo|geografia** *f Zoo-, Tier|geographie f* ‖ **-grafia** *f Tierbeschreibung, Zoographie f* ‖ **-latria** *f Tier|anbetung f, -kult m, Zoolatrie f* ‖ **-logía** *f Zoologie f* ‖ **-lógico** *adj zoologisch* ‖ *parque (od jardín)* ~ *Tier|park, -garten, zoologischer Garten, Zoo m*
   zoólogo *m Zoologe m*
   zoom *m* ⟨Filmw⟩ *Zoomobjektiv n (Gummilinse)*
   zoo|nosis *f* ⟨Med⟩ *Zoonose f* ‖ **–parásito** *m in od auf Tieren lebender Schmarotzer, Zooparasit m* (→ **endo-, exo|parásito**) ‖ **–plancton** *m* ⟨Zool⟩ *Zooplankton n* ‖ **–spermo** *m* ⟨Biol⟩ *Samentierchen n* ‖ (→**espermatozoide**) ‖ **–spora** *f* ⟨Bot⟩ *Zoospore f* ‖ **–tecnia** *f Tierzucht(lehre) f* ‖ ~ *menor Kleintierzucht f* ‖ **–técnico** *adj auf Tierzucht bezüglich, tierzüchterisch* ‖ **–tecnista** *m Tierzüchter, Zootechniker m* ‖ **–tomía** *f Tieranatomie, Zootomie f*
   zopas *m/f fam stark lispelnde Person f* ‖ →**a ceceoso**
   zope *m Am* ⟨V⟩ *Hokko(huhn) n* ‖ →**a zopilote**
   zopenco *m/adj fam Tölpel, Dummkopf, Trottel, Tolpatsch m*
   zopilote *m* ⟨V⟩ *Mex Truthahngeier m (Cathartes aura)* ‖ *Mex Rabengeier m (Coragyps atratus)* ‖ ◊ *hacer las del* ~ *Mex fam auf Nimmerwiedersehen verschwinden*
   zopitas *m/f fam* = **zopas**
   zopo *adj/s krüppelhaft, verkrüppelt (an Hand od Fuß)* ‖ *fig sehr plump, ungeschickt*
   zoque *m (Fleisch) Klotz m*
   zoqueta *f* ⟨Agr⟩ *Fingerschutz m der Mäher*
   ¹**zoquete** *m Ant MAm Mex (Körper) Schmutz m (bes der Füße)* ‖ *Schmutz, Dreck m* ‖ *Arg Menschenkot m*
   ²**zoquete** *m Arg Chi Söckchen n*
   ³**zoque|te** *m Holzklötzchen n, (Abfall) Klotz m* ‖ *p.ex* ~ *(de pan) Stück n (od Brocken m) Brot* ‖ *fig ungeschlachter Kerl, Klotz m* ‖ *Tölpel, Simpel, Tolpatsch m* ‖ **–tero** *m (Brot) Bettler m* ‖ **–tudo** *adj grob, roh* ‖ *plump, ungehobelt (Person)*

zorcico *m* ⟨Mus⟩ *baskischer Nationaltanz (im ⁵/₈-Takt)*
   zorenco *adj MAm* →**soso, tonto**
   zorito *adj* →**zurito**
   zoro|ástrico *adj zoroastrisch, Zoroastrisch* ‖ **–astrismo** *m* ⟨Rel⟩ *Lehre f Zarathustras* ‖ **≁astro** *m np Zoroaster, Zarathustra m*
   zorocho *adj Ven* →**zorollo**
   zorollo *adj Agr halbreif geschnitten (Weizen)*
   zorongo *m Ar Nav Kopfbinde f der Bauern* ‖ *breiter, flacher Haar|wulst bzw, -knoten m* ‖ *ein andalusischer Volkstanz m*
   ¹**zorra** *f* ⟨Zool⟩ *Fuchs m* (→**zorro**) ‖ *Füchsin f* ‖ *figf schlauer Fuchs m* ‖ *vulg Straßendirne, Hure f* ‖ *figf Rausch, Schwips m* ‖ *caldo de* ~ *figf falscher, heimtückischer Mensch m* ‖ *cola de* ~ *Fuchsschwanz m* ‖ ⟨Bot⟩ *Fuchsschwanz (-gras) n) m (Alopecurus sp)* ‖ ◊ *dormir (od desollar) la* ~ *fam s–n Rausch ausschlafen* ‖ *pillar una* ~ *pop sich betrinken, pop sich besaufen* ‖ *no es la primera* ~ *que ha desollado figf er ist darin bewandert (und geübt)* ‖ *tener* ~ *fam e–n schweren Kopf haben, pop e–n Brummschädel haben* ‖ *a la* ~, *candilazo Spr List wider. List, auf e–n Schelmen anderthalben* ‖ *la* ~ *mudará los dientes, mas no las mientes Spr der Fuchs wechselt den Balg, aber nicht den Schalk* ‖ *mucho sabe la* ~, *pero más quien la toma Spr den Fuchs muß man mit den Füchsen fangen*
   ²**zorra** *f Block-, Roll|wagen m* ‖ *Arg Kippwagen m, Lore f*
   zorral *adj MAm Col lästig, aufdringlich* ‖ *Ec starrköpfig, halsstarrig*
   zorrastrón *m/adj fam Schlau|kopf, -berger m*
   zorrear *vi gerissen handeln* ‖ *pop auf den Strich gehen*
   ¹**zorrera** *f Fuchs|bau m, -höhle f* ‖ *figf verräucherter Raum m, Räucherbude f*
   ²**zorrera** *f pop Schwere f im Kopf* ‖ *Katzenjammer m*
   zorrería *f fig Verschmitztheit, Schlauheit f* ‖ *Geriebenheit f*
   ¹**zorrero** *adj: (perro)* ~ ⟨Jgd⟩ *Fuchsstöber-, Dachs|hund m*
   ²**zorrero** *adj* ⟨Mar⟩ *schwerfällig fahrend (Schiff)* ‖ *figf zurückbleibend, hinterdrein gehend, nachhinkend* ‖ *p.ex langsam, schwerfällig*
   zorri|lla *f dim v.* **zorra** ‖ *Col Pan* = **–llo**
   zorrillesco *adj auf den span. Dichter José Zorrilla (1817–1893) bezüglich*
   zorrillo *m Am* ⟨Zool⟩ *Weißrückenskunk, Surilho m (Conepatus mesoleucus)* (→ **mofeta**)
   zorrino *m RPl* = **–llo**
   ¹**zorro** *m* ⟨Zool⟩ *Fuchs m* ‖ *Fuchs|balg, -pelz m* ‖ *Fuchsschwanz m* ‖ *figf Schlauberger, schlauer Fuchs m* ‖ *Arg* = **zorrillo** ‖ ~ *azul Blaufuchs m (Varietät des Alopex lagopus)* ‖ ~ *común Rotfuchs m (Vulpes vulpes)* ‖ ~ *del desierto* ⟨Zool⟩ *Großohr-, Wüsten|fuchs m (Fennecus, Otocyon u. andere)* ‖ ~ *del* "*Wüstenfuchs*" *m (Spitzname des Feldmarschalls Erwin Rommel)* ‖ ~ *de Magallanes Magellanfuchs m (Pseudolopex magellanicus)* ‖ ~ *plateado,* ~ *argentado,* ~ *polar Weiß-, Eis-, Polar|fuchs m (Alopex lagopus)* ‖ ~ *volador* ⟨Zool⟩ = **bermejizo** ‖ ◊ *ser un* ~ *viejo ein alter Fuchs sein* ‖ ~*s mpl Abstaubwedel, Klopfer m (aus Lederstreifen)* ‖ *estar hecho unos* ~ *fam völlig ermüdet sein, total schlapp (od fertig) sein*
   ²**zorro** *adj fig schlau, gerieben, arglistig*
   ³**zorro** *m/adj fam fauler, arbeitsscheuer Mensch m* ‖ ◊ *hacerse el* ~ *figf den Dummen spielen* ‖ *sich ducken* ‖ →**a zorra**
   zorrocloco *m Vater m im Männerkindbett* (→ **covada**) ‖ *Schlauberger, geriebener Bursche m* ‖ *p.ex fam arglistige Schmeichelei f* ‖ ~*s mpl* ⟨Kochk⟩ *Alb Murc Art Mandelgebäck n*

zorrón *m* augm *v*. **zorro** ‖ ~ *m*, **zorrona** *f* pop *Erzdirne* f
zorronglón, ona adj/s fam *brummig, mißvergnügt, widerwillig, faul, träge*
zorruela *f* dim *v*. **zorra**
zorruno adj *Fuchs-* ‖ *fuchsartig*
zortzico *m* = **zorcico**
zorza|l *m* ⟨V⟩ *Drossel* (Turdus spp) *f* ‖ fig *verschmitzter Mensch* m ‖ *Schlaukopf* m ‖ Chi *Einfaltspinsel* m ‖ ~ alirrojo ⟨V⟩ *Rotdrossel* f (T. iliacus) ‖ ~ americano ⟨V⟩ *Wanderdrossel* f ‖ ~ común ⟨V⟩ *Singdrossel* f (T. philomelos) ‖ ~ charlo ⟨V⟩ *Misteldrossel* f (T. viscivorus) ‖ ~ de Naumann ⟨V⟩ *Naumanndrossel* f (T. naumanni) ‖ ~ dorado ⟨V⟩ *Erddrossel* f (Zoothera dauma) ‖ ~ eunomo ⟨V⟩ *Rostflügeldrossel* f (T. eunomus) ‖ ~ marino ⟨Fi⟩ = **merlo** ‖ ~ papinegro ⟨V⟩ *Schwarzkehldrossel* f (T. ruficollis) ‖ ~ real *Wacholderdrossel* f (T. pilaris) ‖ ~ rojigris ⟨V⟩ *Weißbrauendrossel* f (T. obscurus) ‖ ~ siberiano ⟨V⟩ *Sibirische Drossel* f (T. sibiricus) ‖ ~ ustulado ⟨V⟩ *Zwergdrossel* f (Catharus ustulatus) ‖ **–leada** *f* Chi *Dummheit, Albernheit* f ‖ **–lear** vt fam Chi *anpumpen* ‖ *übers Ohr hauen*
zorzale|ño adj Am *prächtig, rüstig* ‖ **–ro** *m*/adj *Drosseljäger* m ‖ ~ adj Chi *schmarotzer|isch, -haft* ‖ *müßig*
zoster *m* ⟨Med⟩ *Gürtelrose* f
zote adj/s *dumm, begriffsstutzig* ‖ ~ *m Dummkopf, Tölpel* m
△**zoy** *sechs*
zozo adj/s *das span. S wie c aussprechend*
zozo|bra *f* ⟨Mar⟩ *Scheitern* n ‖ *Kentern* n ‖ *Sturmwind* m ‖ fig *Besorgnis, Unruhe, Betrübnis, Angst* f, *Kummer* m ‖ **–brar** vi ⟨Mar⟩ *scheitern, kentern* ‖ fig *scheitern (Plan)* ‖ *sich zerschlagen (Unternehmung, Hoffnung)* ‖ *zugrunde gehen* ‖ fig *sich ängstigen* ‖ fig *unschlüssig sein* ‖ ~ vt *(Schiff) zum Kentern bringen* ‖ fig *vereiteln, zum Scheitern bringen* ‖ **–broso** adj *beängstigt, besorgt*
zúa *f* = **zuda**
zuavo *m*/adj ⟨Hist⟩ *Zuave* m
zubia *f Wasserfang* m
zucería *f* Ar *Konditorei* f
zuda *f (Fluß) Wehr* n
zueco *m Holzschuh* m ‖ *Schuh* m *mit Holz- od Korksohle* ‖ *Gummi-, Über|schuh* m
zufariense adj *aus Zuera* (PZar)
Zuing|li(o) np *Zwingli* ‖ ⁼**liano** adj/s *Zwingli-* ‖ *zwinglianisch* ‖ ~ *m Anhänger der Lehre Zwinglis (1484–1531), Zwinglianer* m
zuiza *f* = **suiza**
△**zuje|mía** *f Blüte* f ‖ △**–mó** *(f* ~**í**) adj *blühend*
zulacar = **zulaquear**
zulaque *m Teer|kitt* m, *-werg n (für Rohrleitungen usw)* ‖ **~ar** vt *mit Teerwerg abdichten*
zuloaguino adj *auf den span. Maler Ignacio Zuloaga (1870–1945) bezüglich*
zulú [pl **–úes**] *m*/adj *Zulu* m ‖ *Zulusprache* f ‖ fig *roher, ungeschliffener Mensch* m
Zululandia *f* ⟨Geogr⟩ *Zululand* n
¹**zulla** *f* ⟨Bot Agr⟩ *Süßklee* m (Hedysarum spp)
²**zu|lla** *f* pop *Menschenkot* m ‖ **–llarse** vr pop *in die Hosen machen* ‖ *e–n (Wind) streichen lassen* ‖ vulg *furzen*
zullón, zullenco *m*/adj fam *Schleicher, geräuschloser Wind* m ‖ fam vulg *alter Furzer* m
zumaque *m* ⟨Bot⟩ *Gerbersumach* m (Rhus coriaria) ‖ pop *Wein* m ‖ ~ del Japón *Japanlack* m
zumaya *f* ⟨V⟩ *Zwergohreule* f (→ **autillo**) ‖ ⟨V⟩ *Ziegenmelker* m (→ **chotacabras**) ‖ ⟨V⟩ *Nachtreiher* m (→ **martinete**)
zum|ba *f große Viehglocke* f (bes *des Leittiers*) ‖ *Hirten-, Kinder|schnarre* f ‖ fig *Neckerei, Stichelei* f ‖ Am *Tracht* f *Prügel* ‖ Am *Rausch* m ‖

¡~! int Col *pfui (zum Verjagen der Hunde)* ‖ dar ~ (a) fam *jdn necken, verulken* ‖ **–bador** adj/s *brummend* ‖ *surrend* ‖ *schnurrend* ‖ *schnarrend* ‖ *sausend* ‖ ~ *m* ⟨El Radio Tel⟩ *Summer* m ‖ Col *Kinderschnarre* f ‖ ⟨V⟩ Am Mex *Kolibri* m ‖ **–bar** vi/t *brummen* ‖ *summen* ‖ *surren* ‖ *schnurren* ‖ *schnarren* ‖ *sausen* ‖ *brausen* ‖ *schwirren* ‖ *Schlag versetzen,* fam *herunterhauen (z. B. e–e Ohrfeige)* ‖ Am *verprügeln* ‖ *j–n necken, j–n aufziehen* ‖ *sticheln* ‖ Col *(Hunde) verscheuchen* ‖ Col Mex PR *(weg)werfen, hinauswerfen* ‖ ◊ llegar zumbando *heranschwirren (z. B. Pfeil)* ‖ pasar zumbando *vorbeibrausen (Wagen, Zug)* ‖ no tiene aún sesenta años, pero le zumban fam *er ist noch nicht 60 Jahre alt, aber es fehlt sehr wenig dazu* ‖ me zumban los oídos *ich habe Ohren|sausen, -klingen* ‖ ~le una bofetada a alg. *jdm e–e (Ohrfeige) herunterhauen* ‖ **~se** fam Col Cu *heimlich verschwinden* ‖ ◊ ~ con alg. *sich mit jdm prügeln* ‖ ~ de alg. *jdn verspotten*
zumbel *m Kreiselschnur* f ‖ fam *Stirnrunzeln* n ‖ *verkniffener Gesichtsausdruck* m ‖ *finstere Miene* f
△**zumbí** *f Nadel* f
zumbido *m Summen* n ‖ *Brummen* n ‖ *Sausen* n ‖ *Stimmengewirr* n *(Menge)* ‖ *Dröhnen (Motor)* ‖ ⟨El Radio⟩ *Summen* n ‖ *Summton* m ‖ fam *Stoß, Schlag* m ‖ ~ (de oídos) *Ohren|sausen, -klingen* n
zum|bo *m* = **–bido** ‖ **–bón, ona** adj pop *spöttisch* ‖ ~ *m laut klingende Viehglocke* f ‖ figf *Spottvogel, Spötter* m
zumeles *m* Chi *Lederstiefel* mpl *der Araukaner, (Art) Gauchostiefel* mpl
△**zumí** *f Suppe* f
zumiento adj *saftig, safthaltig*
zu|mo *m (Obst) Saft* m ‖ fig *Nutzen, Vorteil* m ‖ ~ de frambuesas *Himbeersaft* m ‖ ~ de frutas *Fruchtsaft* m ‖ ~ de limón *Zitronensaft* m ‖ ~ de manzana *Apfelsaft* m ‖ ~ de naranja *Orangensaft* m ‖ ~ de parras (od de cepes) *Rebensaft, Wein* m ‖ ~ de uva *Traubensaft* m ‖ ~ de verdura(s) *Gemüsesaft* m ‖ ~ de zanahoria *Möhrensaft* m ‖ → a jugo ‖ **–moso** adj *saftig*
zuna *f* Marr *Mohammeds Gesetz* n ‖ Ast Sant *Falschheit, Tücke* f
zun|chado *m* ⟨Tech⟩ *Klammerung, Halterung* f ‖ *Aufschrumpfung* f ‖ **–char** vt *klammern* ‖ *auf|schrumpfen, -ziehen* ‖ *umreifen* ‖ **–cho** *m (Eisen)Klammer* f ‖ *Metall|ring, -bügel* m ‖ *Zwinge* f
zunzún *m* Cu *(Art) Schimmerkolibri* m
zuño *m Stirnrunzeln* n (= **ceño**)
zupia *f Weinhefe* f ‖ *trüber Wein* m ‖ desp *Gesöff* n ‖ Ven *Fusel* m ‖ figf *(nutzlose) Überreste* mpl ‖ *alter Schund* m ‖ fig *Abschaum* m, *Hefe* f, *Pöbel* m
zurb(ar)anesco adj *auf den span. Maler Francisco de Zurbarán (1598–1664) bezüglich*
zurci|do *f* = **–dora** ‖ **–do** *m Stopf-, Flick|art* f ‖ *gestopfte Stelle* ‖ *Flick|naht, -stelle* f ‖ taller de ~ *Kunststopferei* f ‖ **–dor** *m Zeugstopfer, Flicker* m ‖ **–dora** *f Flickerin, (Kunst)Stopferin* f ‖ ~ de voluntades figf *Kupplerin* f ‖ **–dura** *f Stopfnaht* f
zurcir [c/z] vt/i *flicken, stopfen* ‖ fig *fein zusammenfügen* ‖ fig *lügen, aufschneiden*
zur|dear vi *sich der linken Hand bedienen* ‖ **–der(i)a** *f Linkshändigkeit* f ‖ fig *Plumpheit* f ‖ **–do** adj *link(s)* ‖ *linkshändig* ‖ fig *linkisch, ungeschickt* ‖ mano ~a *linke Hand* f ‖ a ~as figf *verkehrt* ‖ *kopflos* ‖ ◊ éste no es ~ figf *der ist nicht auf den Kopf gefallen, der hat etwas los* ‖ ~ *m Linkshänder* m
zureo *m (Tauben)Girren, Gurren* n
zuriguense adj *aus Zürich* (Zurich) ‖ ~ *m Zür(i)cher* m
zurito adj: (paloma) ~a *Wildtaube* f (→ **paloma**) ‖ Al *Turteltaube* f (→ **tórtola**)

zuriza f fam *Zank, Streit* m
zuro adj *wild (Taube)* ‖ ~ *m entkörnter Maiskolben* m ‖ Ar *Kork* m
zurra f *Gerben* n ‖ figf *Tracht* f *Prügel* ‖ *Stockschläge* mpl ‖ figf *Radau* m, *heftige Schlägerei* f ‖ (Real Tol) *Sangria* f ‖ ~**do** m fam *Handschuh* m ‖ ~**dor** m *Gerber* m
zurra|pa f figf *Ausschußware* f, *Schund* m ‖ ~**s** pl *Bodensatz* m, *Hefe* f ‖ con ~ pop *auf liederliche Art* ‖ **-pelo** m fam *Rüffel, Anschnauzer* m ‖ **-piento, -poso** adj *trüb(e), dick (Flüssigkeit)* ‖ fig *schlampig, liederlich (Person)*
¹**zurrar** vt/i *gerben, stollen, zurichten* ‖ figf *prügeln, züchtigen* ‖ pop *jdn anschnauzen* ‖ →a **badana** ‖ ~**se** vr pop *vor Angst in die Hosen machen* ‖ figf *große Angst haben* ‖ Arg fam *e–n (geräuschlosen Wind) streichen lassen*
¹**zurriaga** f = **zurriago**
²**zurriaga** f And *Lerche* f
zurria|gar [g/gu] vt *peitschen* ‖ **-gazo** m *Peitschenhieb* m (& fig) ‖ fig *(Schicksals-) Schlag, Hieb* m ‖ **-go** m *Peitsche* f ‖ *Kreiselpeitsche* f *(der Kinder)*
zurri|banda f fam *Tracht* f *Prügel* ‖ fam *lärmende Schlägerei* f ‖ **-burri** m fam *Gauner, Lump* m ‖ fam *Gesindel* n ‖ pop *Wirrwarr, Radau* m
¹**zurrido** m/adj fam *Hieb* m, *(Stock) Schlag* m ‖ ~ adj fam *hart, zäh, an Strapazen gewöhnt*
²**zurrido** m *Brummen, Summen* n ‖ *Surren* n ‖ *verworrenes, undeutliches Getöse* n ‖ ⟨Med⟩ *Sausen* n
zurrir vi *brummen, summen* ‖ *surren* ‖ ~ vt fam *schlagen*
zurrón m *Hirtentasche* f, *Brotbeutel* m *der Schäfer* ‖ *(Leder) Tasche* f ‖ *Sack, Beutel* m ‖ ⟨An⟩ *Mutterkuchen* m ‖ dim: ~**cillo**
zurrona f pop *Luder* n, *Schlampe* f ‖ *gerissene Dirne* f
zurrumbera f Al *Kinderschnarre* f
zurruscarse [c/qu] vr fam = **zurrarse**
zurrusco m fam = **churrusco** ‖ Murc *schneidender Wind* m
zurullo m fam *Klumpen* m *(in Brei, Teig u.ä.)* ‖ *Nudelwalze* f ‖ pop *Haufen* m *Kot, (Exkrementen) Wurst* f
zurumbático adj pop *verblüfft* ‖ Am *beschwipst, bedudelt*
zurupeto m fam *Winkelmakler* m *(Börse)*
zutano m *ein gewisser Herr X.* ‖ *fulano,* ~ *y mengano der und der (wenn von mehreren Männern zugleich die Rede ist)* ‖ f: ~**a**
¡**zuzo**! onom *husch! pfui!* (= **chucha**)
zuzón m ⟨Bot⟩ *Skabiose* f (Scabiosa sp) ‖ *Kreuzkraut* n (Senecio sp) ‖ →a **hierba cana**
zwingliano m = **zuingliano**

WÖRTERBUCH
DER SPANISCHEN UND DEUTSCHEN SPRACHE

von †Dr. Rudolf J. Slabý und Prof. Dr. Rudolf Grossmann

I.
SPANISCH-DEUTSCH
DRITTE AUFLAGE (1975)

völlig neu bearbeitet und erweitert von
José Manuel Banzo y Sáenz de Miera

Nachtrag
(Corrigenda – Addenda)

zusammengestellt von
J. M. Banzo, Dr. A. Kučera und H. Elsebach

1978
BRANDSTETTER VERLAG · WIESBADEN

ISBN 3-87097-081-2

Copyright © by Oscar Brandstetter Verlag KG, Wiesbaden
Druck: Oscar Brandstetter Druckerei KG, Wiesbaden
Printed in Germany

A

Vorwort zur dritten Auflage drittletzter Absatz *richtiger*; ℜ *aufrichtiger*
Prólogo de la Editorial Vorwort; ℜ **Verlagsvorwort**
abala *yukatanische Pflaumenart* f; ℜ *Rote Mombinpflaume* f *(Frucht)*
abanico 5. Zeile *Hebezug* n; ℜ *Hebezeug* n
abderita(no)s 2. Zeile *(P Alm)*; ℜ (PAlm)
abierto + ‖ *aufgeschlagen (Buch)*
abismarse, ~ en reflexiones + *ins Grübeln geraten*
abocar + ‖ ~ a *führen zu, münden in*
abridor 1. Zeile *Pfropfmesser* n; ℜ *Okulier-, Pfropf|messer* n
3.–4. Zeile ~ de algodón *m*; ℜ ~ de algodón
6. Zeile **–a**; ℜ ~a
acapulqueño (neu) • **acapulqueño** adj *aus Acapulco*
acariciar 2. Zeile ~ una idea *eine Idee hegen*; ℜ ◊ ~ una idea *e–e Vorstellung hegen*
acaricida *Milbenvertilgungsmittel* n; ℜ *Akarizid, Milbenvertilgungsmittel* n
acción + ‖ ~ real ⟨Jur⟩ *dingliche Klage* f
aceite, ~ de asafétida *Asantöl* n; ℜ *Stinkasantöl* n
aceptador, –tor 1. Zeile *streichen*:, **–tor**
aceptor (neu) • **aceptor** *m* ⟨Jur⟩ *Akzeptant, Annehmer* m ‖ ⟨Phys⟩ *Akzeptor* m
ácido, 6.–7. Zeile *streichen*: ‖ ~ azótico *Salpetersäure* f
acomodado + ‖ *wohlhabend*
acromion *streichen*: *Schulterecke,*
actividad + ‖ ~ lucrativa *gewinnbringende Tätigkeit, Erwerbstätigkeit* f
acuciador + ‖ ~ adj → **acuciante**
acuciante (neu) • **acuciante** adj *dringend, brennend* ‖ *heikel*
acueducto + ‖ ⟨An⟩ *Kanal, Verbindungsweg* m,
aculturación (neu) • **aculturación** f *Akkulturation* f *(Anpassen an fremdes Kulturgut oder dessen Übernahme)*
adelgazamiento + ‖ cura de ~, régimen de ~ *Abmagerungskur* f
adventicio 2. Zeile *Schmatotzer-*; ℜ *Schmarotzer-*
aerofumigador (neu) • **aerofumigador** adj *Luftdesinfektions-, Luftsprüh-*
afanípteros 1. Zeile streichen: *fpl*
afrocubano (neu) • **afrocubano** adj *afro-kubanisch*
afufa + ‖ (→ **Villadiego**)
agapornis 1.–2. Zeile *(Agapornis* spp.); ℜ (Agapornis spp)
agarbanzar 2. Zeile ⟨Mur⟩; ℜ *Murc*
agarrarse + ¡agárrate! figf *halte dich fest! setz dich erst mal! jetzt kommt noch das Dickste!*
agave 3. Zeile *Pittahanf*; ℜ *Pitahanf*
agilizar (neu) • **–zar** vt → **agilitar**
agonal + ‖ *kämpferisch*
agregado + ‖ valor ~ *Mehrwert* m (→ **plusvalía**)
ahinco ahinco; ℜ **ahínco**
ajedrecístico (neu) • **ajedrecístico** adj *Schach-*
alárgama *Harmel|raute* f, *-kraut* n (Peganum harmala); ℜ *Steppen-, Harmal|raute* f (Peganum harmala)
alberca + ‖ MAm *Schwimmbecken, Freibad* n
Albión lit; ℜ ⟨Lit⟩
albura + ‖ *Splint* m
alburno + ‖ *Splint* m
alcalescente +, *schwach alkalisch*
alcana ⟨Bot⟩ *Alkanna(wurzel), Wurzel* f *des Hennastrauchs* (Lawsonia inermis) ‖ *Schminkwurz* f (Alkanna tinctoria); ℜ ⟨Bot⟩ *Alkanna(wurzel), Wurzel des Hennastrauchs, Radix f Alkannae vera* ‖ → a **alheña** und **onoquiles**
alcance, al ~ (de todo el mundo) + ‖ *leicht od allgemein verständlich*
alcarcil = **alcachofa**; ℜ = **alcaucil**
alcista + ‖ *aufsteigend, steigend*

alcohol 2. Zeile *Bleiglanz* m; ℜ ⟨Min⟩ *Bleiglanz* m
aldeón, aldeorr(i)o aldeón, aldeorr(i)o; ℜ **aldeón** *m*, **aldeorra** *f*, **aldeorr(i)o** *m*
alertar (neu) • **alertar** vt *alarmieren* ‖ *Alarm schlagen* ‖ ⟨Mil⟩ *kampfbereit machen (Truppen)*
alezna 1. Zeile *schwarzer Senf* m; ℜ *Schwarzer Senf* m
algarrobo + ‖ ~ loco ⟨Bot⟩ *Judasbaum* m (Cercis siliquastrum)
alicuanta 2. Zeile *mit Rest teilen*; ℜ *mit Rest teilend*
almagrera 2. Zeile *Rötelfundgrube* f; ℜ *Ocker-, Rötel\fundgrube* f
almona 1.–2. Zeile *Fangort* m *der Alse*; ℜ *Fangort* m *der Alsen*
aloisia (→ **hierba luisa**); ℜ (→ **hierba** luisa)
alpechín 1. Zeile *jede Art von Obst*; ℜ *jede Art von Obst-*
alpicoz (neu) • **alpicoz** *m* Mancha = **cohombro**
alumbre letzte Zeile ~ de rosa; ℜ ~ de roca
allanado *ausge lichen*; ℜ *ausgeglichen*
amante 5. Zeile los ~ de Teruel; ℜ *los* ~s *de Teruel*
amarilis amarilis *f* ⟨Bot⟩ *Amaryllis* f; ℜ ⟨Bot⟩ *Amaryllis, Belladonnalilie* f
ambiental (neu) • **ambiental** adj *Umwelt-*
ambiente + ‖ ~ cuidado fig *gepflegte Atmosphäre* f
amidalectomía amidalectomía; ℜ **amigdalectomía**
amigdalotomía *Tousillotomie* f; ℜ *Tonsillotomie* f
amigocracia (neu) • **amigocracia** *f Vetternwirtschaft* f
Amílcar Barca *Hamilkar Barcas* m; ℜ *Hamilkar Barkas* m
ampex ⟨Tel⟩; ℜ ⟨TV⟩
anchoa 2. Zeile (Engraulis ancrasicholus); ℜ (Engraulis encrasicholus)
anestesia 2.–3. Zeile ⟨Med⟩ *Betäubung* f; ℜ ⟨Med⟩ *Betäubung, Anästhesie* f
anglista (neu) • **anglista** adj/s *anglistisch* ‖ ~ *m Anglist* m
anglística (neu) • **anglística** *f Anglistik* f
anglo 1. Zeile *(auf die Engeln bezüglich)*; ℜ *(auf die Engel bezüglich)*
angolés 2. Zeile *angolisch*; ℜ *angolanisch*
angström, ångström *Angström* n, *Angströmeinheit* f; ℜ *Angström* n, *Angströmeinheit* f *(ab 1. 1. 1978 nicht mehr zugelassen)*
ángulo, ~ suplementario *Suplementwinkel* m; ℜ *Supplementwinkel* m
animales ~es *mpl*; ℜ ~es *mpl*
anime 2. Zeile *Kopalharz* n; ℜ *Animeharz* n, *Amerikanischer Kopal* m
antiartístico antiar|tístico; ℜ **anti|artístico**
antibelicista (neu) • **antibelicista** adj/s *kriegsgegnerisch* ‖ ~ *m Kriegsgegner* m ‖ (→ **pacifista**)
antideslumbrante *blendungsfrei*; ℜ *blendfrei*
antimacasar + ‖ *Schonbezug* m
antimoniato *Antimoniat* n; ℜ *Antimonat* n
antipolilla *mottensicher*; ℜ *motten|echt, -sicher*
apanche apanche; ℜ **apancle**
aparquímetro (neu) • **aparquímetro** *m Parkuhr* f (→ **parcómetro**)
apolíneo 1. Zeile *maßvoll, harmonisch*; ℜ fig *maßvoll, harmonisch*
apotema apotema *m* ⟨Math⟩ *Mittelsenkrechte* f; ℜ **apotema** *f* ⟨Math⟩ *Inkreishalbmesser* m *(beim regelmäßigen Viereck)*
arañuela ⟨Bot⟩ *Frauenhaar* n; ℜ ⟨Bot⟩ *Jungfer im Grünen, Braut* f *in Haaren* (Nigella damascena)
araucaria 1. Zeile + *Chilefichte,*
árbol + ‖ ~ del amor, ~ de Judas ⟨Bot⟩ *Judasbaum* m (Cercis siliquastrum)
arborización + ‖ *Aufforstung* f (→a **reforestación, repoblación**)

arco, ~ cigomático *Jochbeinbogen, zygomatischer Bogen* m; ℜ *Jochbogen, zygomatischer Bogen* m
área + ‖ ~ de puerta ⟨Sp⟩ *Torraum* m
arfar vt; ℜ vi + ‖ (→ **cabecear**)
argentina 2.–3. Zeile ⟨Entom⟩ *Silberfisch* m; ℜ ⟨Entom⟩ *Silberfischchen* n
argumentación 2. Zeile *Vernunftanschluß* m; ℜ *Vernunftschluß* m
aritenoides *Geißbeckenknorpel* m; ℜ *Gießbeckenknorpel* m
arquería (neu) • **arquería** *f* ⟨Arch⟩ = **arcada**
arrastre + ‖ ⟨Mar⟩ *Trawler* m
arrejaco 2. Zeile ⟨Fi⟩ *(Art) Harpune* f; ℜ ⟨Fi⟩ *(Art) Harpune* f (→ **arrejaque**)
arrejaque arrejaco *m*; ℜ **arrejaque** *m* ⟨Fi⟩
arruinado 2. Zeile + ‖ ◊ *estar ~ abgewirtschaftet haben*
arrumazón + ‖ ⟨Mar Flugw⟩ *Trimmen* n
arrurruz arrurruz *f*; ℜ **arrurruz** *m*
asación kommt abecelich vor **asacristanado**
asidonense *aus Medina Sidonia*; ℜ *aus Medinasidonia*
asociación + ‖ ⋏ *Europea de Profesores de Español (AEPE) Europäischer Spanischlehrerverband* m
aspiradora (neu) • **aspiradora** *f Sauger* m ‖ ~ de polvo *Staubsauger* m
astillero *(Schiffs)Werft*; ℜ *(Schiffs)Werft* f
atarraga ⟨Bot⟩ *klebriges Flohkraut* n (Pulicaria sp); ℜ ⟨Bot⟩ *Alant* m (Inula sp) (→ **olivarda**)
atención + ‖ ~ *facultativa, ~ médica ärztliche Betreuung* f
atunara + ‖ (→ *a* **almadraba**)
Austria + ‖ *la Casa de ~, los ~s* ⟨Hist⟩ *die Habsburger* mpl
autocar *Rundfahrauto* n; ℜ *Rundfahrtauto* n
autodidacta autodidacta; ℜ *autodidacta* m/f
autoecología (neu) • **autoecología** *f* ⟨Ökol⟩ *Autökologie* f
autoexpreso, auto-expreso (neu) • **autoexpreso, auto-expreso** *m Autoreisezug* m
autogestión (neu) • **autogestión** *f Selbstverwaltung* f
autojustificación (neu) • **autojustificación** *f Selbstrechtfertigung* f
automaticidad (neu) • **automaticidad** *f Automatismus* m, *automatische Wirkungsweise* f
autopista + ‖ ~ de cuatro carriles *vierspurige Autobahn* f
autoportante (neu) • **autoportante** adj ⟨Aut⟩ *selbsttragend (Karosserie – zugleich als Tragwerk, ohne eigentliches Fahrgestell)*
autotrén, auto-tren (neu) • **autotrén, auto-tren** *m* → **autoexpreso**
autovía *f* + ‖ –*vía de circulación rápida Schnellstraße* f
auxilio + ‖ *primeros ~s Erste Hilfe* f + *impartir (el) ~ zu Hilfe eilen, helfen*
avance + ‖ ⟨Tech⟩ *Vorschub* m
avutarda 2. Zeile → **sisón**; ℜ → ²**sisón**
ayahuasca (neu) • **ayahuasca** *f* ⟨Pe⟩ *Ayahuasca-, Jagé-, Yajé-Trank* m *(aus der Riesenliane Banisteria; mit halluzinogenen Inhaltsstoffen)*
azafrán 3.–4. Zeile ⟨Mar⟩ *Ruderschaft* m; ℜ ⟨Mar⟩ *Ruderblatt* n
azafranal + ‖ *Safranpflanzung* f
azófar *Messing* n; ℜ *Rotguß* m
azurita *streichen: , Lasurstein, Lapislazuli*

B

¹**bachicha** (neu) • ¹**bachicha** *f* ⟨Phys⟩ *Dampfsperre* f
bachicha, ~e bachicha, ~e; ℜ ²**bachicha, ~e**
bachillerato 5. Zeile *(in Span seit 1949)*; ℜ *(in Span 1950–1967)*
baja + ‖ ⟨Aut⟩ *Außerbetriebsetzung* f
bajá ⟨Marr⟩; ℜ *Marr*

balanza + ‖ ~ *pediátrica Kinderwaage* f
balboa *Goldmünze* f *in Panama (etwa 5 pesetas)*; ℜ *balboa* m *(Währungseinheit in Panama)*
bandazo + ‖ ⟨Pol⟩ *(jäher) Umschwung* m
bantú (neu) • **bantú** *m Bantu(neger)* m ‖ *Bantusprache* f
barandal + ‖ *Handlauf* m
barangay *Sippe* f ...; ℜ ⟨Hist⟩ *Sippe* f ...
barbacoa (neu) • **barbacoa** *m Gartengrill* m
barítono 1.–2. Zeile *(Art) Gitarre* f; ℜ *Baryton* n *(Streichinstrument)*
barra + ‖ ⟨Mus⟩ *Balken* m *(der Note)* + ‖ ~ de equilibrios ⟨Sp⟩ *Schwebebalken* m
barragán + ‖ ⟨Web⟩ *Barrakan* m
barrilete 3.–4. Zeile ⟨Uhrm⟩ *Federgehäuse* n; ℜ ⟨Uhrm⟩ *Federhaus* n
bartola + ‖ ◊ *tumbarse a la ~ sich auf die faule Haut legen*
basilisco 1.–2. Zeile ⟨Zool⟩ *Königs(eid)echse* f; ℜ ⟨Zool⟩ *Basilisk* m (Basiliscus spp) + ‖ *mirada de ~ fig Basiliskenblick* m
bastardilla 2. Zeile *e–e Schreibschrift* f; ℜ *Kursivschrift* f
²**bata** *junger eingeborener Diener* m; ℜ ⟨Hist⟩ *junger eingeborener Diener* m
bateaguas (neu) • **bateaguas** *m Wasserschenkel* m *(Fenster)*
batería + ‖ ~ de jazz *Schlagzeug* n
batuar (neu) • **batuar** *m Klopfwolf* m
baud *Baud* n *(Maßeinheit)*; ℜ *Baud* n *(Einheit)*
bazo 1. Zeile adj + ‖ *goldbraun*
bedano (neu) • **bedano** *m Beitel* m
begardos begardos *m*; ℜ **begardos** mpl
bel (neu) • **bel** *m* ⟨Phys⟩ *Bel* n *(Einheit)*
belinograma (neu) • **belinograma** *m Funkbild* n
²**ben** *Behen-, Salb|nuß* f; ℜ *Be(he)n-, Salb|nuß* f
beneficio, en ~ de + ‖ *zum Wohl* (gen od *von* dat)
bengalina + ‖ *Bengaline* f *(Seidentaft)*
berbería 1. Zeile ⋏ f ⟨Bot⟩; ⋏ f ⟨Bot⟩
besugo 5.–6. Zeile *¡te veo, ~, que tienes el ojo claro!*; ℜ *¡te veo, ~, que tienes el ojo claro!*
BID (neu) • **BID** Abk = *Banco Interamericano de Desarrollo*
bina ⟨Agr⟩ + ‖ *Wenden, Rigolen* n ‖ *Umhacken* n
biocida (neu) • **biocida** *m Biozid* n (→ **pesticida**)
bio|mancia, –mántico (neu) • **bio|mancia** *f Biomantie* f ‖ –**mántico** m/adj *Biomant* m
biometeorología (neu) • **biometeorología** *f Biometeorologie* f
biotropía (neu) • **biotropía** *f Biotropie* f
bipolar + ‖ *bipolar*
bitor 1.–2. Zeile (→ **guión** de codornices); ℜ (→ **guión** de las codornices)
bitumen bitumen; ℜ **bitumen** *m*
biunívoco (neu) • **biunívoco** adj ⟨Math⟩ *eineindeutig*
bivalvo ≏ valvo; ℜ *–valvo*
blanqueador + ‖ ~ *óptico optischer Aufheller, Weißtöner* m *(für textile Faserstoffe)*
blao (neu) • **blao** adj ⟨Her⟩ → **azur**
bloque, ~ de matriz *Matrizenblock* m; ℜ *Gesenkblock* m
bocadillo + ‖ fig *Sprechblase* f *(Comics)*
bocel 2. Zeile *Hohlhobel* m; ℜ *Kehlhobel* m
boda, *ser la vaca de la ~ die gemolkene Kuh sein*; ℜ *die melkende Kuh sein*
bodoquera bodoquera; ℜ **bodoquera** *f*
²**boga** 2. Zeile *Drehgestell* m; ℜ *Drehgestell* n
boldo (neu) • **boldo** *m* ⟨Bot⟩ *Boldopflanze* f *(Peumus boldo)*
²**boleo** *streichen*: ²**boleo** *m ein gelb blühender span. Strauch* m
bolívar 1. Zeile *Silbermünze* f *(= 1 peseta)*; ℜ *Bolivar* m *(Währungseinheit in Venezuela)*
bombardeo, ~ *cruzado Kreuzfeuer* n; ℜ *Kreuzbeschuß* m
bombazo 1. Zeile *Platzen e–r Bombe*; ℜ fam *Platzen* n *e–r Bombe*

bombín bombín; ℜ ¹bombín
²bombín (neu) • ²bombín *m kleine Pumpe* f *(z. B. Fahrradpumpe)*
boquerón 1.–2. Zeile *Anschovis* f || *Sardelle* f; ℜ *Anschovis, Sardelle* f (Engraulis encrasicholus)
borbónico *adj*; ℜ adj
bordado, ~ de imaginería *figurale, geblümte Stickerei*; ℜ *figurale, geblümte Stickerei* f
bordaje ⟨Mar⟩ +, *Außenhaut, Beplankung* f
Borgoña 1. Zeile ~ fig *Burgunderwein* m; ℜ ⇌ *m* fig *Burgunderwein* m
borona (neu) • borona *f Hirse* f || *Mais* m || *(Art) Maisbrot* n || Am *Krümchen, Bröselchen* n
borradura 1. Zeile *Ausstreichen* n; *Ausstreichen* n
botellón ⟨Mex⟩ *Korbflasche* f; ℜ *große Flasche* f || ⟨Mex⟩ *Korbflasche* f
botriomicosis (neu) • botriomicosis *f* ⟨Med⟩ *Botryomykose, Traubenpilzkrankheit* f
boutique (neu) • boutique *f frz* Boutique f
bracista (neu) • bracista *m* ⟨Sp⟩ *Brustschwimmer* m
braga + || *Schlüpfer* m, *Unterhose* f
Brandeburgo 1. Zeile ⸗gués, ⸗esa; ℜ ⸗gués, ⸗guesa
bricoleur (neu) • bricoleur *m frz Heimwerker, Bastler* m
brocal +, *Brunnenbrüstung* f
bronquítico (neu) • bronquítico *adj/s bronchitisch* || ~ *m Bronchitiker* m
Brunilda (neu) • Brunilda *f np Brunhilde* f *(germanische Sagengestalt)*; → a Sigfredo und Gunter
brusela (neu) • brusela *f* ⟨Bot⟩ *Immergrün* n (Vinca sp) (→ doncella)
bucle 3.–4. Zeile *Rückkopplungskreis* m; ℜ *Schleife* f, *Rückkopplungskreis* m
bulto, ~ de carga EB; ℜ⟨EB⟩
bunker + || ⟨Pol⟩ *die (altfrankistische) Rechte*
buñuelo 1.–2. Zeile *(in Öl gebraten)*; ℜ *(in Öl gebacken)*
burlete 1. Zeile *Fenster-, Türabdichtung* f; ℜ *Fenster-, Tür|abdichtung* f
⁴buzo (neu) • ⁴buzo *m* → ³mono

C

cabaña + ~ de troncos *Blockhütte* f
cabila 1. Zeile ⟨Mar⟩; ℜ Marr
cabileño (neu) • cabileño *adj/s kabylisch* || ~ *m Kabyle* m
cabina, ~ de proyección ⟨Cin⟩; ℜ ⟨Filmw⟩ ~ de sonido ⟨Cin⟩; ℜ ⟨Filmw⟩
~ telefónica *Telephonzelle* f; ℜ *Telefonzelle* f
cabios 2. Zeile *Dachgesparre* n; ℜ *Dachgespärre* n
cable + || ~ para remolcar *Abschleppseil* n
+ || ◊ echar a algn un ~ fig *jds Retter in der Not sein, letzte Rettung für jdn sein, jdn wieder an Land ziehen*
cabrillear ⟨Mar⟩ + *kabbeln*
cabrilleo + ⟨Mar⟩ *Kabbelung* f
cabritilla + || *Kid* n
cacera *Bewässerungsgraben* n; ℜ *Bewässerungsgraben* m
cachiflorear 2. Zeile *schneiden*; ℜ *machen*
cadenilla 4. Zeile ~ de coblerón; ℜ ~ de collerón
cafetalero + || *adj Kaffee-*
caja 13.–14. Zeile Chi *Flußbett* n; ℜ Chi *(ausgetrocknetes) Flußbett* n
~ alta ⟨Typ⟩ *Kapitalkasten* m; ℜ ⟨Typ⟩ *Teil* m *des Setzkastens für Großbuchstaben*
~ baja ⟨Typ⟩ *Unterkasten* m; ℜ ⟨Typ⟩ *Teil* m *des Setzkastens für Kleinbuchstaben*
+ || ~ de cortar al sesgo ⟨Zim⟩ *Schneid-, Gehrungs|lade* f
cajetín + || ⟨Typ⟩ *Fach* n
cal + || ~ aérea *Luftkalk* m
|| ~ viva *ungelöschter Kalk* m; ℜ *Brannt-, Ätz|kalk* m

calambuco 1. Zeile *Kalambuk|baum* m, -*harz* n; ℜ *Kalambukbaum* m (Calophyllum antillanum) || *Calababalsam* m, *Kalambuk-, Mainas|harz* n
calamocha (neu) • calamocha *f Gelbocker* m
calandria, ~ para gofraje *Prägekalander* m; ℜ *Gaufrier-, Präge|kalander* m
calcífilo + || *kalkliebend, kalziphil*
calcífobo *kalkscheu*; ℜ *kalk|scheu, -fliehend*
cálculo + || ~ remoto *Hochrechnung* f
caldería *caldería*; ℜ *calderería*
calderón 2. Zeile *Fermate* f, *Orgelpunkt* m ( ); ℜ *Fermate* f, *Orgelpunkt* m (⁀) (→ fermata)
caldillo + || ~ bordelés *Bordeauxbrühe* f *(Kupferkalkbrühe)*
calefón (neu) • calefón *m Am Badeofen* m || *Warmwasserbereiter* m
calendario 2. Zeile ~ (en) bloque, ~ en hojas *Abreißkalender* m; ℜ ~ (en) bloque, ~ en hojas, ~ de taco *Abreißkalender* m
calículo +, *Calyculum* n
¹calidad + || ~ de la vida *Lebensqualität* f
calmado + || ⟨Metal⟩ *beruhigt (Stahl)*
calomel(ano) *Quecksilberchlorid* n; ℜ *Quecksilber(I)-chlorid* n
caloría *Kalorie* f *(Wärmeeinheit)*; ℜ *Kalorie* f *(ab 1. 1. 1978 nicht mehr zugelassen)*
calvero + || *Kreidegrube* f
calle + || ~ peatonal ,,*Fußgängerstraße*" (=⟨Deut⟩ *Fußgängerzone* f)
cambiadiscos (neu) • cambiadiscos *m Plattenwechsler* m
cambio, ~ de máquina Cin *Überblendung* f; ℜ ⟨Filmw⟩ *Überblendung* f *(beim Wechsel der Kinomaschinen im Bildwerferraum)* || *Wechsel* m *der Kinomaschinen*
cámbium (neu) • cámbium *m* ⟨Bot⟩ *Kambium* n
cambray *Kammertuch* n; ℜ ⟨Web⟩ *Kambrik* m, *Kammertuch* n
camionada (neu) • camionada *f (volle) LKW-Ladung* f
camioneta + || ~ rural *Kombiwagen* m
¹camón 2. Zeile streichen: || Cu *Radfelge* f
²camón + || Cu *Radfelge* f
campero + || Col *Jeep* m
campo + || ~ semántico ⟨Li⟩ *Wortfeld* n
canal 6.–7. Zeile *Schnitt* m *der Bücher an der Außenseite*; ℜ *(ausgekehlter) Schnitt* m *der Bücher an der Außenseite*
+ || ~ linfático ⟨An⟩ *Lymphbahn* f
canalizo ⟨Mar⟩ 2. Zeile +, *Fahrrinne* f
canapé 2.–3. Zeile *Appetithappen* m; ℜ *Appetithappen* m, *Kanapee* n
cancagua (neu) • cancagua *f* Chi Pe *Sandstein* m
cáncer 2. Zeile fig *Geiz, Selbstsucht* f; ℜ fig *Krebs(schaden)* m
cancerógeno –rógeno *adj*; ℜ –rígeno, –rógeno *adj*
canción 3. Zeile hist; ℜ ⟨Hist⟩
+ || ~ de protesta *Protestsong* m
canchal +, *Steinwüste* f
canchinflíu canchinflíu; ℜ canchinflín
candado, ~ de combinación + || *Zahlenkombintions(vorhang)schloß* n
candela 6.–7. Zeile ⟨Phys⟩ *Candela* f *(Maßeinheit für die Lichtstärke)*; ℜ ⟨Phys⟩ *Candela* f *(Lichtstärkeeinheit)*
candencia *Weißglut* f; ℜ *(Weiß)Glut* f
cangilón ~ de descaga automática; ℜ ~ de descarga automática
¹canilla + || Col *Wade* f
²canilla 2. Zeile streichen: || Col *Wade* f
canoa 1. Zeile streichen: *Kanoa* f,
canotaje canotaje n; ℜ canotaje *m*
cantamisano *Priester* m, *der s–e erste Messe liest*; ℜ *Primiziant* m
cantautor (neu) • cantautor *m Liedermacher* m
cantería + || *Steinmetzkunst* f
caña + || *Pfahlrohr, Italienisches Rohr, Riesen-*

schilf n (Arundo donax) ‖ *Rotangpalme* f (Calamus spp) ‖ *Stuhlrohr* n (C. rudentum) ‖ *Drachenblutpalme* f (C. draco)
capazo 1.–2. Zeile *Binsenkorb* f; ℜ *Binsenkorb* m
cápita + ‖ renta per ~ *Pro-Kopf-Einkommen* n
capitalino (neu) • **capitalino** adj/s *hauptstädtisch* ‖ ~ m *Hauptstädter* m
capitolio 2. Zeile el ~; ℜ el ⁓
caprifoliáceas 2. Zeile (Capifoliaceae); ℜ (Caprifoliaceae)
capsuladora (neu) • **capsuladora** f *Flaschenkapselmaschine* f
captación 3. Zeile ⟨Nucl⟩ *Einfangen* n; ℜ ⟨Nucl⟩ *Einfangen* n, *Einfang* m
captador 2. Zeile ⟨Tech⟩ *Fühler*; ℜ ⟨Tech⟩ *Fühler, Geber* m
captor + ‖ ⟨Tech⟩ *Fühler, Geber* m
capuchino adj; ℜ adj/s
²**cara,** ~ de un cubo streichen: ⟨Metal⟩ ~ *inferior* (superior) *del sillar untere (obere) Lagerfläche* f *des Quaders*; ℜ *untere (obere) Lagerfläche* f (od *Stirn* f) *des Quaders*
carabao Fil *Mindorobüffel* m (Anoa sp); ℜ ⟨Zool⟩ *Kerabau, Asiatischer Hausbüffel* m (Bubalus bubalus kerabau) ‖ Fil *Mindorobüffel* m (Anoa mindorensis)
carajillo (neu) • **carajillo** m *Kaffee* m *mit e–m Schuß Alkohol*
caravaning (neu) • **caravaning** m engl *Reisen* n *mit dem Wohnwagen* ‖ *Wohnwagenabstellplatz* m
carbonado 2.–3. Zeile *schwarzer Diamant* m; ℜ *Karbonado, schwarzer Diamant* m
carbonatación *Sättigen* n *mit Kohlensäure*; ℜ *Karbonisieren, Sättigen* n *mit Kohlensäure*
carbonatado +, *kohlensäurehaltig*
carbonización + ‖ *Auskohlung* f
carboquímica (neu) • **carboquímica** f *Kohlechemie* f
carbor|undo, –úndum 1. Zeile *Karborundum* n; ℜ *Carborundum* n
2. Zeile *Karborundscheibe* f; ℜ *Carborundscheibe* f
carburación 1. Zeile *Kohlung* f *des Eisens*; ℜ *Aufkohlung* f *des Eisens*
carcavón +, *Auskolkung* f, *Kolk* m
cardero +, *Wollkämmer* m
cardo, ~ de los campos ... *Feldmannstreu* m; ℜ *Feldmannstreu* f
carga ‖ ~ térmica del agua *Wärmebelastung* f *der Gewässer (durch technische Abwärme)* ‖ ~ uniformemente repartida *gleichmäßige Gewichtsverteilung* f; ℜ *gleichmäßige Flächenbelastung* f
cargador 1. Zeile *Ladegerät* n; ℜ *Ladegerät* n, *Lader* m
5. Zeile ⟨Mar⟩ + ‖ *Kargador, Kargadeur* m
carintio 1. Zeile –**tio**; ℜ⇌**tio**
carioca 1. Zeile *aus Río de Janeiro*; ℜ *aus Rio de Janeiro*
carlinga 2. Zeile ⟨Flugw⟩: streichen: *Kiste* f,
carmesí + ~ m *Karmesin* n (→ **carmín**)
carnet 5. Zeile *Führerschein*; ℜ *Führerschein* m + ‖ ~ de donante de sangre *Blutspenderausweis* m
Caronte (neu) • **Caronte** m → **Carón**
carpetano adj/s *aus Toledo*; ℜ m/adj *Karpetaner* m
carpintero, ~ de obras +, *Bauschreiner* m
carracero (Prov. Lér); ℜ (PLér)
Carracuca 2. Zeile *schon in die Tinte geraten sein*; ℜ *schön in der Tinte sitzen*
carrasco, pino ~ *Schwarzfichte* f; ℜ *Aleppo-Kiefer, Seekiefer* f (Pinus halepensis)
carrera 22. Zeile ~ atomares; ℜ ~ atómicos
carrero 2. Zeile *Rad-, Fuß-, Pfoten|spur* m; ℜ *Rad-, Fuß-, Pfoten|spur* f
carretada + ‖ *Fuder* n
carta letzte Zeile *sich einmischen in* acc; ℜ *sich einschalten in* acc

carta + ‖ ~ de ajuste ⟨TV⟩ *Monoskop* n
cartulina *dünne Pappe* f *(für Visitenkarten* usw*)*; ℜ *feiner Karton* m, *dünne Pappe* f *(für Visitenkarten* usw*)*
carvallo *Eiche* f; ℜ ⟨Bot⟩ *Stieleiche* f (Quercus robur = Q. pedunculata)
casado ⟨Typ⟩ + *Ausschießschema* n
caserón –rón augm *v*. **casa**; ℜ –**rón** m augm. *v*. **casa**
casia 1. Zeile *Kassie, Gewürzrinde* f; ℜ *Kassie* f, *Sennesstrauch* m
casquillo, ~ de acoplamiento *Kupplungsbüchse* f; ℜ *Kupplungsbuchse* f
casquimuleño *schmalhufig* + *(Pferd)*
cassette (neu) • **cassette** m *Kassette* f ‖ ~ de cinta magnetofónica *Tonbandkassette* f
castrametación + ‖ *Absteckung* f *e–s Lagers*
catachín (neu) • **catachín** m Al ⟨V⟩ *Buchfink* m (→ **pinzón**)
catadióptrico (neu) • **catadióptrico** adj ⟨Opt⟩ *katadioptrisch*
cataléptico –léptico; ℜ –**léptico** adj
Cataluña (neu) • **Cataluña** f *Katalonien* n *(span. Landschaft od autonome Region)*
catarata, ~ senil *Greisenstar, Alterskatarakt* m; ℜ *Greisenstar* m, *Alterskatarakt* f
catástrofe + ‖ ~ petrolífera ⟨Ökol⟩ *Ölkatastrophe* f
caterpillar (neu) • **caterpillar** m engl *Raupenschlepper* m
catgút catgút; ℜ *catgut*
caucho, ~ vulcanizado *vulkanisierter Kautschuk* m, *Gummi* m; ℜ *vulkanisierter Kautschuk, Gummi* m
causalidad + ‖ principio de ~ *Kausalitätsgesetz* n; ℜ *Kausalitäts|gesetz, -prinzip* n
causativo + ‖ ⟨Gr⟩ *kausativ*
caza-bombardero (neu) • **caza-bombardero** m *Jagdbomber* m
cazador + ‖ ~ de autógrafos fam *Autogrammjäger* m
cecidea cecidona; ℜ *cecidia*
cefalización (neu) • **cefalización** f ⟨An⟩ *Kephalisation* f
cefalotripsia *Kephalotripsie* f; ℜ *Kephalo|tripsie, -thrypsie* f
celoma 1. Zeile *Zölom* n; ℜ *Coelom, Zölom* n,
célula + ‖ ⟨Pol⟩ *Zelle* f
celulitis +, *Cellulite, Orangenhaut* f
cemento +, *Beton* m
~ romano *hochhydraulischer Kalk, Romankalk* m
cendra ⟨Metal⟩ *Kläre, Kapellenasche* f; ℜ = **cendrada**
cendrada *Bleiasche* f; ℜ ⟨Metal⟩ *Bleiglätte, Kläre, Kapellenasche* f ‖ *Tiegelzement* m *(für Treibarbeiten)*
cenetista 1. Zeile ⟨Hist Pol⟩; ℜ ⟨Pol⟩
cenogenético –genético; ℜ –**genético** adj
centrífuga +, *Schleuder* f
centro + ‖ ~ dietético Neol *Reformhaus* n + ‖ ~ español *spanisches Zentrum* n *(z. B. der span. Gastarbeiter)*
cepellón +, *(Wurzeln* fpl *mit dem) Erdballen* m
cercha 5.–6. Zeile ⟨Arch⟩ *Bogengerüst* n; ℜ ⟨Arch⟩ *Lehr-, Bogen|gerüst* n
cerchón 2. Zeile ⟨Arch⟩ *Lehrgerüst* n; ℜ ⟨Arch⟩ *Lehr-, Bogen|gerüst* n
ceremonial m + ‖ ~ ritual ⟨Ethol⟩ *Ritus* m, *Zeremonie* f ‖ → **ritualización** ‖ → **comportamiento**
cerina 1. Zeile *Korkeichenwachs* n; ℜ *Korkwachs* n
cerril + ‖ fig *engstirnig, stur*
certación (neu) • **certación** f ⟨Biol⟩ *Zertation* f
certificado, ~ de escolaridad + *(es bescheinigt, daß der Inhaber der Schulpflicht genügt hat)*
+ ~ de estudios primarios *Schulzertifikat* n *(das folgendes bescheinigt: Besitz grundlegender Kenntnisse, richtigen Gebrauch der spanischen*

Sprache und die Beteiligung am kulturellen Leben der Gemeinschaft)
+ ‖ ~ de navegabilidad ⟨Flugw⟩ *Lufttüchtigkeitszeugnis* n
~ de vacuna; ℜ ~ de vacuna(ción)
cfr. (neu) • **cfr.** Abk = **confrontar**
cianea + ‖ → **lapislázuli**
cianita + ‖ → **distena**
cibera 1.–2. Zeile ~ *f Futter|pflanzen* fpl, *-korn* n; ℜ ~ *f Mahlkorn* n ‖ *Futter|pflanzen* fpl, *-korn* n
ciclización +, *Zyklisierung* f
ciclomorfosis (neu) • **ciclomorfosis** *f* ⟨Zool Biol⟩ *Zyklomorphose* f
ciencia + ‖ ~s lingüísticas aplicadas *angewandte Sprachwissenschaft* f
²**cierto** 5.–6. Zeile *so sicher wie Amen im Gebet*; ℜ *so sicher wie das Amen in der Kirche*
cincalismo (neu) • **cincalismo** *m Zinkvergiftung* f
cine 6.–7. Zeile ~ *mudo stummer Film*; ℜ *Stummfilm* m
+ ~ *de barrio Vorstadtkino* n
+ ~ *de sesión continua Kino mit durchgehenden Vorstellungen*, *fam Nonstopkino* n
cine, hacer ~ + ‖ figf *e–e Schau abziehen*
cinquero *Zinkarbeiter* m; ℜ *Zink|arbeiter, -gießer, Verzinker* m
cinta 9.–10. Zeile ⟨Fi⟩ *roter Bandfisch*; ℜ ⟨Fi⟩ *Roter Bandfisch* m
cinturón 5.–6. Zeile streichen: ~ de seguridad ⟨Flugw⟩ *Anschnallgurt* m ‖
circona (neu) • **circona** *f Zirkonerde* f *(Zirkonium/IV|-oxid)*
circuito, ~ *astable* +, *nichtstabile Schaltung* f
circular *f* + ‖ *Runderlaß* m *(e–s Ministeriums)*
círculo + ‖ ~ *infantil* Cu *Kinderkrippe* f
civilización + ‖ ~ del tiempo libre *Freizeitgesellschaft* f
clasista (neu) • **clasista** adj ⟨Soz⟩ *Klassen-*
clitelo (neu) • **clitelo** *m* ⟨Entom⟩ *Clitellum* n
clorosis + ‖ ⟨Bot⟩ *Chlorose* f
CNT (neu) • **CNT** Abk Span ⟨Pol⟩ = **Confederación Nacional de Trabajadores**
cobez *e–e Falkenart* f; ℜ *Rotfußfalk(e)* m (Falco vespertinus) (→ **cernícalo** patirrojo)
Coblenza (neu) • **Coblenza** *f* ⟨Geogr⟩ *Koblenz* n
⁶**coco** + ‖ ◊ tener (mucho) ~ fam *Grips haben*
cocuy (neu) • **cocuy** *m* Am ⟨Bot⟩ → **pita** ‖ ⟨Entom⟩ → **cocuyo**
cocuy(o) cocuy(o); ℜ **cocuyo**
codeso + ‖ ~ de los Alpes ⟨Bot⟩ *Alpengoldregen* m
cofre + ‖ ⟨Aut⟩ *Kofferraum* m
cola + ‖ *Schlange* f *(beim Anstehen)*
+ ‖ ~ de coches *Autoschlange* f
+ ‖ ~ prensil *Wickel-, Greif|schwanz* m
colista (neu) • **colista** m/adj *Person* f, *die Schlange steht* ‖ *Nachzügler* m (& Sp) ‖ *Schlußlicht* n (& Sp)
Colonia agua (de) ~; ℜ (agua de) ↙
columela (neu) • **columela** *f* ⟨Bot Zool⟩ *Columella* f
columna 1. Zeile *Säule* f, *Pfeiler, Pfosten* m; ℜ *Säule* f (vgl ¹**pilar**)
comedia, hacer la ~ *Komödie spielen*; ℜ *Komödie (od Theater) spielen*
comentarista + *Kommentator*,
comercialización (neu) • **comercialización** *f Absatz* m, *Vermarktung* f, *Vertrieb* m
comodín + ‖ ⟨Typ⟩ *Setzregal* n
compañía + ‖ ~ fantasma *Schein|firma* f, *-unternehmen* n
complutense + ‖ biblia políglota ~ *Polyglottbibel f des Kardinals Cisneros (1514–1517)* ‖ Universidad ↙ *e–e Madrider Universität* f
comportamiento + ‖ ~ ritual ⟨Ethol⟩ *Ritualverhalten* n
compresa + ‖ ~ higiénica *Monatsbinde* f
compuesto 1.–2. Zeile *zusammengesetzt (Zahl)*;

ℜ *zusammengesetzt (Zahl, Blätter)*
comunitario (neu) • **comunitario** adj *gemeinschaftlich* ‖ ~ *(der) EG*; →a **Mercado** Común
concienciación (neu) • **concienciación** *f* ⟨Pol Soz⟩ *Bewußtseinsbildung* f ‖ *Bewußtwerdung* f ‖ →a **mentalización**
concientización (neu) • **concientización** *f* gall → **concienciación**
concretera (neu) • **concretera** *f* Arg Chi Pe *Betonmischmaschine* f, *Betonmischer* m
concreto 1.–2. Zeile ~ *m* Arg Chi *Beton* m; ℜ ~ *m* Arg Chi Pe *Beton* m
condoreño (neu) • **condoreño** adj *Kondor-*
condriomas condriomas; ℜ **condrio(so)mas**
conducto + ‖ ~ deferente ⟨An⟩ *Samenleiter* m ‖ ~ seminal ⟨An⟩ *Samenleiter* m
conflagración +, *Flächenbrand* m
conflictivo (neu) • **conflictivo** adj *konfliktreich, Konflikt-* ‖ situación →a *Konflikt(situation* f*)* m
congelador + ‖ ⟨Mar⟩ *Gefrierschiff* n
+ ‖ ~ de rampa por popa *Transport- und Verarbeitungsschiff* n *mit Heckaufschleppe*
congruísmo (neu) • **congruísmo** *m* ⟨Kath⟩ *Kongruismus* m
conmoción 2. Zeile *Scheck* m; ℜ *Schock* m
consejo ↙ del Reino +, *Kronrat* m
controlador (neu) • ‖ ~ aéreo ⟨Flugw⟩ *Fluglotse* m
contundencia (neu) • **contundencia** *f Schlagkraft* f (& fig)
conurbación (neu) • **conurbación** *f städtisches Ballungsgebiet* n
copamiento (neu) • **copamiento** *m* = ³**copo**
copete +, *Pony* m *(kurzgeschnittenes Stirnhaar)* (→ **flequillo**)
³**copo** (neu) • ³**copo** *m* ⟨Mil⟩ *Einkreisung* f *(des Feindes)* ⟨& Pol⟩ ‖ *Umzingeln* n ‖ *Abschneiden* n *der feindlichen Linien*
corazón-pulmón (neu) • ~ artificial *Herz-Lungen-Maschine* f
corcobiar vt; ℜ vi
corchete + ‖ ⟨Mus⟩ *Fähnchen* n *(der Note)*
cordel 4. Zeile *Landmaß*; ℜ *Längenmaß*
corión, corion + ‖ ⟨An⟩ *Corium* n, *Lederhaut* f
corondel +, *Spaltensteg* m
cortaforrajes *Futterschneidemaschine* f; ℜ *Häcksler* m, *Futterschneidemaschine* f
cortinón –*nón m* augm *v.* **–na** ‖ *–ña f* Gal; ℜ *–nón m* augm *v.* **–na**
costilla + ‖ ~ asternal ⟨An⟩ *kurze, falsche Rippe* f
COU (neu) • **COU** Abk = **curso de orientación universitaria**
creacionismo *Kreationismus* m; ℜ *Kreatianismus* m; ⟨Lit⟩ *eine Kunstströmung der zwanziger Jahre (J. Larrea und G. Diego)*
criminal m + ~ de cuidado „*schwerer Junge*" m
criptocomunista *verborgener Kommunist* m; ℜ *verborgener* od *verkappter Kommunist* m
cripto|genético, –génico (neu) • **cripto|genético, –génico** adj *kryptogen(etisch)*
crónico crónico; ℜ **crónico** adj
cruzeiro (neu) • **cruzeiro** *m Cruzeiro* m *(brasilianische Währungseinheit)*
cuaderna 2. Zeile ⟨Mar⟩ *Rippe* f, *Bauchstück* n, *Spant* n; ℜ ⟨Mar⟩ *Rippe* f, *Spant* n
¹**cuadricular** ¹*-lar karieren*; ℜ ¹*-lar* vt *karieren*
cuarterón 4.–5. Zeile *(Mischling f von Weißen und Terzeronen)*; ℜ *(Mischling von Weißen und Terzeronen)*
cuartillo 3. Zeile *(1,156 Liter =* $^{1}/_{4}$ *celeruín)*; ℜ *(1,156 Liter =* $\frac{1}{4}$ *celemín)*
cuatrillizos (neu) • **cuatrillizos** *mpl Vierlinge* pl
cubrejunta + ‖ ⟨Mar⟩ *Spund* m
cubre-radiador (neu) • **cubre-radiador** *m* ⟨Aut⟩ *Kühler|haube, -verkleidung* f
cuchillera *Messerfuteral* n; ℜ *Messerfutteral* n
cuero, ~ curtido *Gerbleder* n; ℜ *Garleder* n
cuerpo + ‖ ⟨Sp⟩ *Körperlänge* f

~ cavernoso, ~ esponjoso *schwammartiger Körper* m; ℜ *schwammartiger Körper, Schwellkörper* m
culebra + ‖ ~ bastarda, ~ de Montpellier *Eidechsennatter* f (Malpolon monspessulanus) ‖ ~ de cogulla *Kapuzennatter* f (Macroprotodon cucullatus) ‖ ~ de escalera *Treppennatter* f (Elaphe scalaris) ‖ ~ viperina *Vipernnatter* f (Natrix maura)
culo 5.–6. Zeile v. u. *der Sündenbock zu sein*; ℜ *der Sündenbock sein* + ‖ de ~ pop *rückwärts*
cúrcuma 1. Zeile *Indische Gelbwurz, Kurkuma* f; ℜ ⟨Bot⟩ *Indische Gelbwurz(el), Kurkuma* f
curie *Curie* n; ℜ *Curie* n *(ab 1. 1. 1978 nicht mehr zugelassen)*
curso + ~ de orientación universitaria Span *Universitäts-Vorbereitungsjahr* n *(nach dem Abitur)*
cutí cutí m; ℜ *cutí m*

CH

chacina + ‖ *Wurstfleisch* n
cherna 1.–2. Zeile ⟨Fi⟩ *Riesenzackenbarsch* m (Epinelephus morio); ℜ ⟨Fi⟩ *Roter Grouper* m (→ [3]**mero**)
chigre streichen: **chigre** *m Winde* f ‖ Ast *Apfelwein|ausschank* m, *-kneipe* f ‖ ~**ro** *m* Ast *Inhaber* m *des Chigre*
[1]**chigre** (neu) • [1]**chigre** *m* ⟨Mar⟩ *Winde* f (→ **cabrestante**)
[2]**chigre** (neu) • [2]**chigre** *m* Ast *Apfelwein|ausschank* m, *-kneipe* f ‖ ~**ro** *m* Ast *Inhaber* m *des Chigre*
Chile Chile *m*; ℜ *Chile* n + ‖ ⋩ Col *Fischernetz* n
chimachima chimachina; ℜ **chimachima** 1.–2. Zeile *Chimachina* m (Milvago chimachina); ℜ *Chimachima* m (Milvago chimachima)
chistera 2. Zeile ⟨Sp⟩ *Fangkorb der Pelotaspieler*; ℜ ⟨Sp⟩ *Fangkorb* m *der Pelotaspieler*
chocantería + ‖ *Unverschämtheit* f ‖ *Herausforderung* f
[3]**chocho** (neu) • [3]**chocho** *m* ⟨Bot⟩ *Lupine* f (→ **altramuz**)
[2]**chopo** +, fam *Knarre* f
△**choró** *Schade* m; ℜ *Schaden* m
[3]**chulo** (neu) • [3]**chulo** *m*: ~, ~ (de putas) vulg *Zuhälter* m (→ **rufián**)
[3]**churro** *gering (Wolle)*; ℜ *gering, rauh (Wolle)*

D

datos + ‖ protección de los ~ *Datenschutz* m
delgado (neu) • **delgado** *m* ⟨Mar⟩ *Piek* f, *spitzer Raum* m *an den Schiffsenden* (→ **racel, rasel**) ‖ ~ de proa (popa) *Vor(Achter)piek* f
delta delta *f*; ℜ [1]**delta** *f* 1.–2. Zeile streichen: ‖ *Delta* n *(Flußmündung)*
[2]**delta** (neu) • [2]**delta** *m* *Delta* n *(Flußmündung)*
demanda + ‖ ~ bioquímica de oxígeno *biochemischer Sauerstoffbedarf* m, *BSB* m
democracia 6. Zeile streichen: ‖ *Demokratie* f
democratizador (neu) • **democratizador** adj *Demokratisierungs-* ‖ proceso ~ *Demokratisierungsprozeß* m
democristiano (neu) • **democristiano** adj *christdemokratisch*
depender + ‖ ~ de sí mismo *auf sich allein gestellt sein*
descodificar (neu) • **descodificar** vt *entkodieren*
descongestión 1. Zeile + *Entflechtung*,
descrudado ⟨Web⟩ +, *Beuchen* n ‖ *Ent|basten, -schälen* n
descuento 10. Zeile (*od* de pronto pago); ℜ (*od* por pronto pago)
desfasado 1.–2. Zeile ⟨El⟩ *phasenverschoben*; ℜ ⟨El⟩ *phasenverschoben, außer Phase*
desfoliación (neu) • **desfoliación** *f Entlaubung, Entblätterung, Defoliation* f

deshierbamiento (neu) • **deshierbamiento** *m* ⟨Agr⟩ *Unkrautvernichtung* f
desinsectación (neu) • **desinsectación** *f Insekten|-vertilgung, -vernichtung* f ‖ allg *Entwesung* f
desintegración 3.–4. Zeile ⟨Chem⟩ *Zerfall* m ‖ ⟨Nucl⟩ *Atomzerfall, Zerfall* m; ℜ ⟨Nucl⟩ *Zerfall, Zerfallprozeß* m
deslizador + ‖ *Rutsche* f
desmenuzador (neu) • **desmenuzador** *m* de residuos de cocina *Müll|zerkleinerer, -wolf* m
despacho, ~ de aduana *Verzollung* f; ℜ *Abfertigung zum freien Verkehr, Zollabfertigung* f
despoliti|zación, –zado, –zar (neu) • **despoliti|zación** *f Entpolitisierung* f ‖ **–zado** adj *politisch uninteressiert* ‖ **–zar** vt *entpolitisieren*
destape (neu) • **destape** *m* fam *Entblößung* f ‖ *Entkleidung* f ‖ engl *Strip(tease)* m
dióxido (neu) • **dióxido** *m Dioxid* n ‖ ~ de azufre *Schwefel|dioxid, -(IV)-oxid* n ‖ ~ de carbono *Kohlendioxid* n
directriz + ‖ ◊ marcar las ~ces *die Richtlinien bestimmen*
disco + ‖ ~ intervertebral ⟨An⟩ *Bandscheibe* f
discolo discolo; ℜ **díscolo**
divisoria + ‖ ~ *f* ⟨Mus⟩ *Taktstrich* m
documento + ‖ ~-**guía** *m Grundsatz|papier, -programm* n
dogre *Doggen(boot* n*)* m; ℜ *Dogger(boot* n*)* m
doncella, (hierba) ~ *Immergrün* n; ℜ ⟨Bot⟩ *Immergrün* n
dormitorio + ‖ *Schlafraum* m
draba (neu) • **draba** *f* ⟨Bot⟩ *Hungerblümchen* n (Draba spp)
D.R.A.E. (neu) • **D.R.A.E.** Abk = *Diccionario de la Real Academia Española*
dragomán *Dragoman, Dolmetscher* m; ℜ ⟨Hist⟩ *Dragoman* m *(Dolmetscher im Nahen Osten)*
drenaje + ‖ ⟨Wir⟩ *Abwerfung* f
drogadicto *dfogensüchtig*; ℜ *drogensüchtig*
△**duca** streichen: △**duca** adv *kaum*
△**ducas** (neu) • △**ducas** *fpl Drangsal* f, *Leiden* n ‖ *Trübsal* f
duramen *Kern(teil)* m *e–s Baumstammes*; ℜ *Kernholz* n, *Kern(teil)* m *e–s Baumstammes*
duvetina (neu) • **duvetina** *f* ⟨Web⟩ *Duvetine* m

E

ecológico + ‖ sistema ~ ⟨Ökol⟩ *Ökosystem* n ‖ valencia ~a ⟨Ökol⟩ *ökologische Valenz* f
ecosistema (neu) • **ecosistema** *m Ökosystem* n
E.G.B. (neu) • **E.G.B.** Abk Span = **enseñanza general básica**
ejecutor + ‖ ~ testamentario *Testamentsvollstrecker* m (→ **albacea**)
electrónica + ‖ ~ recreativa *Unterhaltungselektronik* f
eliseo, elisio 3. Zeile *Elysium* m; ℜ *Elysium* n
elitista (neu) • **elitista** adj *elitär*
elocuente letzte Zeile + ‖ ◊ ser harto ~ *Bände sprechen*
embarazo + ‖ test del ~ *Schwangerschaftstest* m
emblema + ~ nacional *Hoheits(ab)zeichen* n (→ **bandera**)
embriopatía (neu) • **embriopatía** *f* ⟨Med⟩ *Embryopathie* f ‖ ~ rubeolar *Rötelnembryopathie* f
empastelado (neu) • **empastelado** *m* ⟨Typ⟩ *Zwiebelfische* mpl
empecer (neu) • **empecer** vi *(fast nur in verneinenden Sätzen gebraucht) verhindern* ‖ *Schaden zufügen*
enceradora *Bohnermaschine* f; ℜ *Wachsauftragmaschine* f ‖ *Bohnermaschine* f
enchufar ‖ ⟨El⟩ +, *verbinden*
enfermedad + ‖ ~ de la infancia *Kinderkrankheit* f

enralecer vt/t; ℜ vt/i
enranciamiento (neu) • **enranciamiento** m: ‖ ~ del aire *Luftverunreinigung* f
enseñanza + ‖ ~ general básica *(E.G.B.)* Span *Grundschulwesen* n
ensimado (neu) • **ensimado** m ⟨Web⟩ *Schmälzen* n
ensimismamiento + ‖ ⟨Philos⟩ *Selbst|sein* n, *-entfremdung* f
entrecaras (neu) • **entrecaras** m ⟨Tech⟩ *Maul-, Schlüssel|weite* f
enzootia ⟨Vet⟩ *Viehseuche* f; ℜ ⟨Vet⟩ *Viehseuche, Enzootie, enzootische Krankheit* f
epizootia *Tier-, Vieh|seuche* f; ℜ ⟨Vet⟩ *Tier-, Vieh|seuche, Epizootie* f
equipamiento (neu) • **equipamiento** m *Ausstattung* f ‖ *Ausrüstung* f ‖ *(Produktions)Anlagen* fpl ‖ *Apparatur* f
erección 3.–4. Zeile *Steifwerden des männlichen Gliedes*; ℜ *Steifwerden* n *des männlichen Gliedes*
es|cálamo, –calmo (neu) • **es|cálamo, –calmo** m = **tolete**
escalón escalón f; ℜ **escalón** m + ‖ ~ de peces *Fisch|treppe, -leiter* f
escalope (neu) • **escalope** m ⟨Kochk⟩ *Schnitzel* n ‖ ~ a la española (milanesa, vienesa) *Wiener Schnitzel* n
escampavía *Erkundungsschiff* m ‖ *Zollkutter* m; ℜ *Erkundungsschiff* n ‖ *Zoll|kutter, -kreuzer* m
escenario + ‖ ~ giratorio *Drehbühne* f
esciénidos (neu) • **esciénidos** mpl ⟨Fi⟩ *Umberfische* mpl (Sciaenidae)
escobilla + ‖ ⟨Mus⟩ *Schlagbesen* m
¹**escodar** 1.–2. Zeile *(Steine) mit dem Zweispitz behauen*; ℜ *(Steine) mit dem Kröneleisen behauen*
escuadra + ‖ ~ falsa ⟨Zim⟩ *Stellwinkel* m
escuela + ‖ ~ maternal *Kinderhort* m *(für Kinder von 2 bis 4 Jahren)*
+ ‖ ~ unitaria *einklassige Schule* f
escupidera 1. Zeile And Arg Clu Ec; ℜ And Arg Chi Ec
²**ese** + ‖ ⟨Mus⟩ *Schalloch, F-Loch* n
esfumar 1. Zeile *abtönen*; ℜ *schummern, abtönen*
eslinga 1. Zeile streichen: *Länge,*
espaldar + ‖ ~ sueco *Sprossenwand* f
especie 2. Zeile *Menschengattung* g; ℜ *Menschengattung* f
espigado + ‖ ⟨Weg⟩ *mit Fischgrätenmuster versehen, fischgrätengemustert*
espigador(a) + ‖ ⟨Agr⟩ *Header, Ährenköpfer* m
espigar 2. Zeile ⟨Zim⟩ *verzapfen (Bretter), spunden*; ℜ ⟨Zim⟩ *verzapfen, spunden (Bretter)*
espoleta, ~ de relojería *Uhrwerkzünder* m; ℜ *Uhrwerk(zeit)zünder* m
esquizocarpo (neu) • **esquizocarpo** m ⟨Bot⟩ *Spaltfrucht* f
establecimiento + ‖ ⟨Soz⟩ *Establishment* n
estado + ‖ ~ minúsculo *Zwergstaat* m
estambre 3.–4. Zeile ⟨Bot⟩ *Staub|faden* m, *-gefäß* n; ℜ ⟨Bot⟩ *Staub|gefäß, -blatt* n
estampa 2. Zeile *Bild* n *(Kupfer) Stich* m; ℜ *Bild* n ‖ *(Kupfer) Stich* m
esténcil + ‖ *Schablone* f
estenotipo *Stenomaschine* f; ℜ *Stenographiermaschine* f
estigma + ‖ ⟨Bot⟩ *Narbe* f
2. Zeile ⟨Entom Zool Bot Med⟩; ℜ ⟨Entom Zool Med⟩
estilóbato *Säulensockel, Stylobat* m; ℜ *Säulenstuhl, Stylobat* m
estíptico 2. Zeile *Stiptikum* n; ℜ *Styptikum* n
2.–3. Zeile ~ adj ⟨Med⟩ *blutstillend*; ℜ ~ adj ⟨Med⟩ *styptisch, adstringierend, blutstillend*
(→ **hemostático**)
estirpia (neu) • **estirpia** f Sant *Leiter(wand)* f ‖ → **adrales**

estraza + (→ **papel** de estraza)
estróbilo (neu) • **estróbilo** m ⟨Bot⟩ *Strobilus* m *(bei den Nadelhölzern)*
estrofantina *Strophantin* n; ℜ *Strophanthin* n
estroma (neu) • **estroma** f ⟨Bot Med⟩ *Stroma* n
eterificación *Ätherbildung* f; ℜ *Verätherung, Ätherbildung* f
etiqueta 5. Zeile *de rigurosa* ~ *im Abendzug*; ℜ *im Abendanzug*
euforbio + ‖ *Euphorbium* n *(Harz)*
eurocomunismo (neu) • **eurocomunismo** m *Eurokommunismus* m
eurocomunista (neu) • **eurocomunista** adj/s *eurokommunistisch* ‖ ~ m *Eurokommunist* m
evacuador (neu) • **–dor** m *de estiércol de varillas* ⟨Agr⟩ *Schubstangen-Stalldungräumer* m
excusabaraja (neu) • **excusabaraja** f *Weidenkorb* m *mit Deckel*
exergia (neu) • **exergía** f ⟨Phys⟩ *Exergie* f
exitoso (neu) • **exitoso** adj *erfolgreich*
experticia (neu) • **experticia** f Am *Expertise, Begutachtung* f *durch Sachverständige* ‖ *Gutachten* n
extracomunitario (neu) • **extracomunitario** adj *außerhalb der Gemeinschaft* ‖ *außerhalb der EG*; →a **Mercado** *Común*
Extremadura (neu) • **Extremadura** f *Estremadura* f *(span. Landschaft* od *Region)*
extrasensorial (neu) • **extrasensorial** adj *außersinnlich*

F

faetón *Phaeton* m *(leichter Wagen)*; ℜ ⟨Hist⟩ *Phaeton* m *(vierrädrige, offene Pferdekutsche)*
fanón (neu) • **fanón** m ⟨Kath⟩ *Fanon* m *(zweiteiliger Schulterkragen des Papstes)*
farmacopea *Arzneimittelbuch* n, *Pharmakopö(e)* f; ℜ *Arzneibuch* n *(in Deutschland gilt jetzt Deutsches Arzneibuch 7), Pharmakopö(e)* f
fermento 3. Zeile ⟨Med Chem⟩ *Ferment* n; ℜ ⟨Med Chem⟩ → **enzima**
filacteria + ‖ *Sprechblase* f *(in Comics)*
fisiopatología *Physiopathologie* f; ℜ *Pathophysiologie* f
flautista + ‖ el ~ de Hamelín *der Rattenfänger von Hameln (Sagengestalt)*
flequillo + ‖ *Pony* m *(kurzgeschnittenes Stirnhaar)*
flexor flexor adj/m; ℜ *flexor* m/adj
flori|dano, –dense das ganze Stichwort streichen
floridano (neu) • **–dano** adj *aus Florida (USA)*
floridense (neu) • **–dense** adj *aus Florida* (Ur)
flotante, costilla ~ *falsche Rippe* f; *falsche Rippe* f (→ **asternal**)
flotar ⟨Bgb⟩ +, *flotieren*
flotilla 2. Zeile ⟨Flugw⟩ m *Geschwader* n; ℜ ⟨Flugw⟩ *Geschwader* n
fluido 3.–4. Zeile ⟨Phys⟩ *Fluidum* n, *flüssiger bzw gasförmiger Körper* m; ℜ ⟨Phys⟩ *Fluid, fließendes Medium, Fluidum* n, *flüssiger bzw gasförmiger Körper* m
flutter (neu) • **flutter** m engl ⟨Flugw⟩ *Flatterschwingung* f ‖ ⟨TV⟩ *Flackern* n
fonograma + ‖ *Tonaufzeichnung* f
forcado, mozo de ~ port. *Stierfechter(gehilfe)* m; ℜ port. *Stierfechtergehilfe* m
forcípula (neu) • **forcípula** f *Kluppe* f *(zum Feststellen des Durchmessers von Bäumen)*
formación + ‖ ~ de (las) palabras ⟨Li⟩ *Wortbildung* f
fórmula + ‖ ~ dentaria ⟨Med⟩ *Zahnformel* f
formulación + ‖ *Formierung, Formulierung* f *(handelsfähige Zubereitung eines Pflanzenwirkstoffes)*
fosforita streichen: , *Apatit*
foso + ‖ ~ séptico → **pozo** séptico

fracción, ~ impropia *uneigentlicher Bruch* m; ℜ *unechter Bruch* m
franquía + ‖ *seeklarer Zustand* m
freno, ~ aerodinámico + *Brems|klappe* f, *-schirm* m
²**frente** + ‖ ~ antimercadista *Gegner* mpl *des Eintritts in die Europäische Gemeinschaft*
frentepopulista (neu) • **frentepopulista** adj/s *Volksfront-* ‖ ~ *m Volksfrontanhänger* m
fructosa *Fruchtzucker* m, *Fruktose* f; ℜ ⟨Chem⟩ *Fruchtzucker* m, *Fructose, Fruktose* f
frutícola (neu) • **frutícola** adj *Obst-, Obstbau-*
fruto + ‖ ~ alado ⟨Bot⟩ *Flügelfrucht* f ‖ ~ en baya ⟨Bot⟩) *Beere(nfrucht)* f ‖ ~ en cápsula ⟨Bot⟩ *Kapsel(frucht)* f ‖ ~ compuesto ⟨Bot⟩ *Sammelfrucht* f ‖ ~ en drupa ⟨Bot⟩ *Steinfrucht* f ‖ ~ en esquizocarpo ⟨Bot⟩ *Spaltfrucht* f ‖ ~ en folículo ⟨Bot⟩ *Balgfrucht* f
fuerabordismo (neu) • **fuerabordismo** *m Motorwassersport* m
fuera-bordo + ‖ p. ex *Motorboot* n *mit Außenbordmotor*
fútbol, futbol + ‖ ~ femenino *Damenfußball* m

G

△**gaché** (neu) • △**gaché** *m Andalusier* m ‖ And prov = gachó
Galicia *Galizien (poln. Provinz)* ‖ *Galicien (span. Provinz)*; ℜ *Galicien* n *(span. Landschaft* od *Region)* ‖ *Galizien* n *(poln. Provinz)*
gallardete 2. Zeile *(Signal)Wimpel* m ‖; ℜ *(Signal)Wimpel* m, *Banner* n
gamma 1.–2. Zeile *Gamma* n *(in der Sensitometrie)*; ℜ *Gamma-Wert* m *(in der Sensitometrie)*
gammaglobulina f ⟨Med⟩ *Gammaglobulin* n
garamón 2. Zeile *(Schriftart)*; ℜ *(eine Antiqua)*
garbanzo 3. Zeile streichen: cuenta ~s *Erbsenzähler, Geizhals* m ‖
garlopín + *Putzhobel* m
gas 5.–6. Zeile v.u. streichen: máscara antigás *Gasmaske* f
gasómetro + ‖ *Gaszähler* m
gatería gatería; ℜ **gatería** f
gaviete (neu) • **gaviete** *m* ⟨Mar⟩ *Boots-, Schiffs|-davit* m
generacionismo (neu) • **generacionismo** *m* ⟨Rel⟩ *Generatianismus* m
Génesis 2. Zeile ⩱ *m*; ℜ ⩱ f
geniano (neu) • **geniano** adj *Wangen-* ‖ mucosa ~a *Wangenschleimhaut* f
gentilicio 3. Zeile nombre ~ + ‖ *Ortsadjektiv, Ortssubstantiv* n *(z.B. cordobés)*
gestión + ‖ *Management* n engl
ginecotropo (neu) • **ginecotropo** adj ⟨Med⟩ *gynäkotrop, besonders bei Frauen auftretend* bzw *vorkommend*
gorbión (neu) • **gorbión** *m* → **gurbión**
gorriato (neu) • **gorriato** *m* Al And Các Sal *Sperling, Spatz* m (→ **gorrión**) ‖ vgl **gurriato**
gradilla + ‖ ⟨Arch⟩ *Treppentritt* m
gramilla + ‖ ⟨Agr⟩ *Schlagbrett* n *für Flachs* od *Hanf*
granadilla 3.–4. Zeile Am *Grenadille, Granadille f (frucht)*; ℜ Am *Grenadille, Granadille(frucht)* f
granat granat; ℜ *granate*
grancé (neu) • **grancé** adj *krapprot*
³**granza** (neu) • ³**granza** f Am *Beton* m
grena grena; ℜ **greña**
grúa + ‖ ~ de pórtico *Portalkran* m
grupo, ~ escolar *einklassige Volksschule* f; ℜ *Schule* f od *Schulgebäude* n *mit mehreren Jahrgangsklassen (häufig auch mit Kindergarten)*
+ ‖ ~ etimológico ⟨Li⟩ *Wortfamilie* f
guajaca (neu) • **guajaca** f ⟨Bot⟩ *Louisiana-Moos* n *(Tillandsia usneoides)*

gubia *Hohlmeißel* m; ℜ *Hohl|meißel, -beitel* m
guerra + ‖ ⩱ de las Dos Rosas ⟨Hist⟩ *Rosenkriege* mpl *(1455–1485)*
guineano –**neano**; ℜ ⩮**neano**
guineo –**neo**; ℜ ⩮**neo**
Gunter (neu) • **Gunter** *m* np *Gunther* m *(germanische Sagengestalt)*; →a **Sigfredo** und **Brunilda**

H

habitacional (neu) • **habitacional** adj *Wohnungs-, Wohn-*
hábito 1. Zeile *Ordenskleid* n; ℜ *Habit, Ordenskleid* n
haleche 1.–2. Zeile (Engraulis encrasicolus); ℜ (Engraulis encrasicolus)
heliograbado 1.–2. Zeile *Lichtdruck(verfahren)* m; ℜ *Lichtdruck(verfahren* n*)* m
hemocianina *Hämozyanin* n; ℜ *Hämocyanin, Hämozyanin* n
hemolítico (neu) • **hemolítico** adj ⟨Med⟩ *hämolytisch*
henificadora (neu) • **henificadora** f ⟨Agr⟩ *Heuwender* m
hereditario + ‖ ◊ tener carácter ~ ⟨Gen⟩ *erblich sein*
hidrante (neu) • **hidrante** *m Hydrant* m
hidrocultivo (neu) • **hidrocultivo** *m Hydroponik* f
hidrosol hidrosol f; ℜ **hidrosol** m
Hispanoterm Abk = *Internationales Informationszentrum für Terminologie für die spanischsprechende Welt (Sitz Madrid)*
hit-parade (neu) • **hit-parade** *m* engl *Hitparade* f
hogar + ‖ ~ para ancianos *Altersheim* n
hoja + ‖ ~ adyacente *Anschlußblatt* n *(eines Kartenblatts)*
holografía (neu) • **holografía** f ⟨Opt⟩ *Holographie* f
hornito (neu) • **hornito** *m* ⟨Geol⟩ Mex *Hornito* m *(Ausbruchskegel auf Lavaströmen)*
horno, ~ de afino + *Vergüteofen* m
hotel-escuela (neu) • **hotel-escuela** *m Hotelfachschule* f
huestia (neu) • **huestia** f Ast ⟨Myth⟩ *Gespensterzug* m

I

ICONA (neu) • **ICONA** Abk = *Instituto para la Conservación de la Naturaleza*
identidad + ‖ ⟨Com⟩ *Nämlichkeit* f *(e–r Ware im Zollverkehr)*
imposición + ‖ doble ~ *Doppelbesteuerung* f
impulsor (neu) • **impulsor** *m Rutsche* f
incinerador (neu) • –**rador** *m* de basuras *Müllverbrennungsanlage* f
indicar 3.–4. Zeile streichen: ‖ *bezeichnend* ‖ *richtung|gebend, -weisend*
índice + ‖ ~ orgánico *Sachregister* n
indiscriminadamente (neu) • **indiscriminadamente** adv *willkürlich, wahllos*
indoblegable (neu) • **indoblegable** adj *unbeugsam*
inductancia + ‖ *Drossel* f
inexcrutable (neu) • **inexcrutable** adj *undurchdringlich*
inexpiabilidad; ℜ **inexpiabilidad** f
inexplotable 2.–3. Zeile ⟨Bgb⟩ *nicht abbauffähig*; ℜ ⟨Bgb⟩ *nicht abbau|fähig* bzw *nicht -würdig*
infiltrado 2. Zeile *Infiltrat* m; ℜ *Infiltrat* n
informativo + ‖ valor ~ *Aussagekraft* f
²**informe** 2.–3. Zeile *(Rechenschafts)Bericht* m, ‖ *Gutachten* n; ℜ *(Rechenschafts)Bericht* m ‖ *Gutachten* n, *Report* m
ínfula *Inful, Bischofsmütze* f; ℜ *Inful* f *(der Bischöfe, der altrömischen Priester, der kaiserlichen Statthalter)*

ínfulas pl fig *eitle Hoffnung* f; ℜ *fpl Inful* f *(herabhängende Bänder der bischöflichen Mitra)* || fig *eitle Hoffnung* f || fig *Arroganz* f
infusión 2. Zeile streichen: *Aufguß* m ||
ingrediente 1.-2. Zeile *Ingredienz, Ingrediens* f; ℜ *Ingredienz* f, *Ingrediens* n
inicialización (neu) • inicialización *f* ⟨Pol Jur⟩ *Paraphierung, Setzung* f *der Initialen*
immoral (Seitenstichwort auf S. 647) immoral; ℜ inmoral
immoralidad (Seitenstichwort auf S. 648) immoralidad; ℜ inmoralidad
inmueble 1. Zeile *Grund|stück*; ℜ ~ *m Grund|stück*
insalvable (neu) • insalvable adj *unüberwindlich (Hindernis)*
insecticida || ~ de contacto; ℜ ~ de *od* por contacto
insoslayable (neu) • insoslayable adj *unausweichlich*
insumo (neu) • insumo *m* Am *Produktionsmittel* npl || *Bedarfsgüter* npl
intelectualidad intelectualidad *m*; ℜ intelectualidad *f*
intercambio + || ~ estudiantil, ~ de estudiantes *Schüleraustausch* m || *Studentenaustausch* m
interempresarial *innerbetrieblich*; ℜ *zwischenbetrieblich* (vgl intraempresarial)
interestatal + (vgl intraestatal)
interfase + *Schnittstelle* f *(in der Computertechnik)*
intermedio *m* + || ⟨Chem⟩ *Zwischen|verbindung* f, *-stoff* m, *Intermediärverbindung* f
interpersonal (neu) • interpersonal adj *zwischenmenschlich*
interrogante *m* + || *ungelöste Frage* f, *Unsicherheitsfaktor* m
intraempresarial (neu) • intraempresarial adj *innerbetrieblich* (vgl interempresarial)
intraestatal (neu) • intraestatal adj *innerstaatlich* (vgl interestatal)
investigación + || ~ básica *Grundlagenforschung* f + || ~ operativa *Unternehmensforschung* f, *Operations Research* n engl
irrestricto (neu) • irrestricto adj *uneingeschränkt*
IRYDA (neu) • IRYDA Abk = Instituto de Reforma y Desarrollo Agrario
isla + || ~ de peatones ⟨StV⟩ *Fußgänger|insel, -zone* f
izquierdoso (neu) • izquierdoso adj/s *fam linksgerichtet, fam mit Linksdrall*

J

jalea + || ~ real *Gelée* n *royale (Weiselzellfuttersaft)*
Jano + || cabeza o rostro de ~ *Januskopf* m (& fig)
jijona 2. Zeile *Jijona* (PAlic); ℜ *Jijona* (PAli)
jornada + || ◊ trabajar media ~ *halbtags arbeiten*
José 2.-3. Zeile *José Antonio Primo de Rivera (Gründer der Falange Española)*; ℜ *José Antonio Primo de Rivera (1903-1936 – Gründer der Falange Española)*
joyero 2. Zeile *Schmuck|behälter* m, *-schatulle* f; ℜ *Schmuck|kasten* m, *-schatulle* f
Juana 2. Zeile || (santa ~ de Arco; ℜ || (santa) ~ de Arco
juanetero ⟨Mar⟩ *Toppgast* m; ℜ ⟨Mar⟩ *Toppsgast* m

L

laboratorio + || ~ de idiomas *Sprachlabor* n
lacustre 2. Zeile *lakustisch*; ℜ *lakustrisch*
lagar 1. Zeile *(Wein) Keller* f; ℜ *(Wein) Kelter* f

lamentaciones 2. Zeile + || las ~ de Jeremías *Klagelieder* npl *Jeremiä* (→ jeremiada)
lámina 1.-2. Zeile *(dünne) Metallplatte* f *(dünnes) Blech* n; ℜ *(dünne) Metallplatte* f, *(dünnes) Blech* n
lana + || ~ filosófica *Lana philosophica* f, *Zinkblumen* fpl *(weißes, wollartiges Zinkoxid)* + || ~ virgen *Schurwolle* f
vorl. u. letzte Zeile →a Juan lanas; ℜ→a Juan Lanas
lanbda lanbda; ℜ lambda
lanzaagua(s) (neu) • lanzaagua(s) *m Wasserwerfer* m
lapislázuli 2. Zeile *Azurit* m; ℜ m
latón, ~ blanco *Gelbmessing* n; ℜ *Weißmessing* n
lavado *m* + || ~ de cerebro ⟨Pol⟩ *Gehirnwäsche* f
lazulita ⟨Min⟩ → azurita; ℜ ⟨Min⟩ → lapislázuli
legas|tenia, -ténico (neu) • legas|tenia *f* ⟨Med⟩ *Legasthenie, „Leseschwäche"* f || -ténico *m*/adj *Legastheniker* m
legislación + || ~ de extranjeros *Ausländergesetz* n
legua 4. Zeile ~ marina, ~ marítima; ℜ ~ marina, ~ marítima, ~ de veinte al grado + || ~ regular antigua *Seemeile* f *(5,573 km)*
lempira (neu) • lempira *m Lempira* f *(Währungseinheit in Honduras)*
lenguaje 5. Zeile || comercial; ℜ || ~ comercial
leñera 2. Zeile streichen: *(Brenn)Holzhändler* m || = leñera
leñero + || *(Brenn)Holzhändler* m || = leñera
letra, ~ inglesa + || *englische Schreibschrift* f
leva 3.-4. Zeile ⟨Tech⟩ *Nocke* f; ℜ ⟨Tech⟩ *Nocken* m
levantacarril(es) ⟨EB⟩ *Gleisheber* m; ℜ ⟨EB⟩ *Schienenheber* m
levulosa ⟨Chem⟩ *Lävulose, Fructose, Fruchtzucker* m; ℜ ⟨Chem⟩ *Lävulose, Fructose, Fruktose* f, *Fruchtzucker* m
libertad + || ~ de palabra *Redefreiheit* f
libro 3. Zeile *Blättermagen* m *(der Wiederkäuer)*; ℜ *Psalter, Blättermagen* m *(der Wiederkäuer)*
Lilí Marlén *Lili Marlen* f; ℜ *Lili Marleen* f
límite, ~ de audibilidad *Hörschwelle* f; ℜ *Hörbarkeitsgrenze* f
lineal 2. Zeile ⟨Bot⟩ *lang und schmal (Blatt)*; ℜ ⟨Bot⟩ *linealisch, lang und schmal (Blatt)*
lingüística lingüística; ℜ lingüística
lípido ⟨Chem⟩ *Lipoid* n; ℜ ⟨Chem⟩ *Lipid* n
liposacárido (neu) • liposacárido *m* ⟨Chem Biol⟩ *Liposaccharid* n
lirio, ~ hediondo 2. Zeile *Stinkschwertel* n; ℜ *Stinkschwertel* m
litera + || ⟨EB⟩ *Liegewagen* m
lítote lítote *m*; ℜ lítote *f*
litri (neu) • litri adj/s *fam affektiert* || *eingebildet* || *niño* ~ fam *Fatzke* m
lofotrico (neu) • lofotrico adj ⟨Biol⟩ *lophotrich, geißelbüscheltragend*
logográfico (neu) • logográfico adj *logographisch*
luneta 3.-4. Zeile ⟨Arch Tech⟩ *Lünette* f; ℜ ⟨Tech⟩ *Setzstock* m, *Lünette* f
llares 2. Zeile *pl*; ℜ *fpl*

M

macis *Macis* m; ℜ *Mazis* m
Mach (neu) • Mach *m* ⟨Phys⟩ *Machzahl* f, *Mach* n
machacadora 1. Zeile ⟨Tech⟩ *Steinbrechmaschine* f; ℜ ⟨Tech⟩ *Brecher* m, *(Stein) Brechmaschine* f
machicó machicó; ℜ △machicó
Madera || ≃ *Madeira(wein)* m; ℜ ≃ *m Madeira(wein)* m
madre + || *Sammelkanal* m
madreclavo (neu) • madreclavo *m Mutternelke, Nelkenfrucht* f *(die 2 Jahre lang am Baum hing)*

madrona (neu) • **madrona** f *Sammelkanal* m ‖ fam → a **madraza**
maduradero (neu) • **maduradero** m *Reif|kammer, -anlage* f
maestra 2.–3. Zeile ⟨Arch⟩ *Richtlinie* f; ℜ ⟨Arch⟩ *Richtlatte* f
Magalona Magalona f np *Magelone (Sagenfigur)*; ℜ **Magalona, Maguelonne** f np *Maguelonne* f *(Gestalt des Romans aus dem 15. Jh.: „Histoire de Pierre de Provence et de la belle Maguelonne")*
magdaleniense (neu) • **magdaleniense** adj/s: cultura ~ *Magdalénien(kultur* f*)* n
malagueta (neu) • **malagueta** f ⟨Bot⟩ *Kardomompflanze* f (Elettaria cardamomum) ‖ *Kardomomen* pl, *Samen* mpl *der Kardamompflanze, Camphor Seeds (Gewürz)*
maletero + ‖ ~ (del coche) *Kofferraum* m *(des Wagens)*
malinchismo (neu) • **malinchismo** m Mex *Bestechlichkeit* f, *Käuflichsein* n *Ausländern gegenüber (nach Malinche, der Dolmetscherin von Hernán Cortés)*
malmignatte (neu) • **malmignatte** f it ⟨Zool⟩ *Malmignatte* f (→ **latrodecto**)
maltasa (neu) • **maltasa** f ⟨Chem⟩ *Maltase* f
maltear (neu) • **maltear** vt *mälzen*
mam(m)onismo (neu) • **mam(m)onismo** m *Mammonismus* m *(Geld|gier* bzw *-herrschaft)*
mamografía (neu) • **mamografía** f ⟨Med⟩ = **mastografía**
manchesterismo (neu) • **manchesterismo** m ⟨Wir⟩ *Manchestertum* n (→ a **librecambismo**)
mandioca 1. Zeile *Maniok* m, *Cassava* f; ℜ *Maniok* m, *Kassava* f
manganita (neu) • **manganita** f ⟨Min⟩ *Manganit* m
manillar *Lenkstange* f *(Fahrrad)*; ℜ *Lenkstange* f *(Fahr- u. Kraft|rad)*
manipulador, ~ Morse ⟨Tel⟩ *Morsetaster* m; ℜ ⟨Tel⟩ *Morsetaste* f
Manolo 2. Zeile *Madr* pop; ℜ ≃ *Madr* pop
mansedumbre + ‖ *Zahmheit* f
maoísta 2. Zeile *maoistisch, auf Mao Tse-Tung (*1893) bezüglich*; ℜ *maoistisch, auf (die Lehre von) Mao Tse-Tung (1893–1976) bezüglich*
¹**mapa** + ‖ ~ de carreteras *Straßenkarte* f + ‖ ~ de excursiones *Wanderkarte* f
marcador 1. Zeile *Markieren* m; ℜ *Markierer* m
marea + ‖ ~ negra ⟨Ökol⟩ *Ölpest* f
~s muertas, ~s de cuadratura + ‖ *Nipp|flut, -tide* f
~s vivas + ‖ *Spring|flut, -tide* f
marguay (neu) • **marguay** m Am ⟨Zool⟩ *Langschwanzkatze* f, *Marguay* m (Leopardus wiedi)
marisco + ‖ ~s mpl *Meeresfrüchte* fpl
marjal *Moor, Sumpf* m; ℜ *Moor* n, *Sumpf* m
marquesita + ‖ → a **marcasita**
márrega (neu) • **márrega** f Ar → ¹**marga** ‖ Ar Rioja *Bett-, Stroh|sack* m (→ **jergón**)
martillo, ~ de geólogo *Gesteinshammer* m; ℜ *Geologen-, Gesteins|hammer* m
ojo del ~ *Stielloch* n; ℜ *Stiel|loch, -auge* n
masilla *Glaserkitt* m; ℜ *(Glaser)Kitt* m
mastografía (neu) • **mastografía** f ⟨Med⟩ *Mammographie* f
mastranzo (neu) • **mastranzo** m ⟨Bot⟩ *Rundblättrige Minze* f (Mentha rotundifolia)
matagallegos (neu) • **matagallegos** m ⟨Bot⟩ → **arzolla**
matapulgas (neu) • **matapulgas** m ⟨Bot⟩ *Rundblättrige Minze* f (Mentha rotundifolia)
matarrubia (neu) • **matarrubia** f ⟨Bot⟩ *Kermeseiche* f (→ **coscoja**)
matavivos + ‖ figf *Kurpfuscher* m
matrimonio + ‖ ~ por poder ⟨Jur⟩ *Eheschließung* f *durch* bzw *mit Stellvertreter* od *per procuratorem* ‖ Deut ⟨NS⟩ *Ferntrauung* f
matriz + ‖ ⟨Geol⟩ *Grundmasse* f

Mauricio 2. Zeile ⟨Geogr⟩ *Mauritius* f; ℜ ⟨Geogr⟩ *Mauritius* n
maximalismo + ‖ *Maximalforderung* f
maza + ‖ ⟨Mus⟩ *Paukenschlegel* m
mecanotipista *Setzer* m *an der Setzmaschine*; ℜ *Maschinensetzer* m
medio adj/adv + ‖ ≃a luna roja *Roter Halbmond* m *(Pendant zum Roten Kreuz)*
meliloto (neu) • **meliloto** m ⟨Bot⟩ *Stein-, Honig|klee* m (Melilotus officinalis)
melión (neu) • **melión** m ⟨V⟩ *Seeadler* m (→ **pigargo**)
melojo (neu) • **melojo** m ⟨Bot⟩ → **roble** negral
mentalización + ‖ *Bewußtmachung* f
mentastro (neu) • **mentastro** m ⟨Bot⟩ *Rundblättrige Minze* f (Mentha rotundifolia)
mercader 2. Zeile el ~; ℜ el ≃
merlo 1.–2. Zeile *Amsellippfisch, brauner Lippfisch* m; ℜ *Amsellippfisch, Brauner Lippfisch* m
³**mero** 1.–2. Zeile ⟨Fi⟩ *Riesenzackenbarsch* m (Epinephelus gigas); ℜ ⟨Fi⟩ *Roter Grouper, Riesenzackenbarsch* m (Epinephelus morio)
mesodermo (neu) • **mesodermo** m ⟨Biol⟩ *Mesoderm* n
micosis (neu) • **mi|cosis** f ⟨Med⟩ *Mykose, Pilzkrankheit* f ‖ **–cósico, –cótico** adj *mykotisch*
microbus *microbus*; ℜ *microbús*
microcéfalo + ‖ desp *dumm, einfältig*
microcenso (neu) • **microcenso** m ⟨Wir⟩ *Mikrozensus* m
microfísica *Atom-* + *Kernphysik* f; ℜ *Mikrophysik* f
microspora(s) (neu) • **microspora(s)** f(pl) ⟨Bot⟩ *Mikrospore(n)* f(pl)
microsporia (neu) • **microsporia** f ⟨Med⟩ *Kopfhautflechte, Mikrosporie* f
microteléfono (neu) • **microteléfono** m *Handapparat* m, *Mikrotelephon* n
micrótomo (neu) • **micrótomo** m *Mikrotom* n
mildiú *mildiú* (engl *mildew*) m ⟨Bot⟩ *Mehltau(pilz)* m ‖ *Rebenmehltau* m (Plasmopara viticola); ℜ **mil|dio, –diú** (engl **mildew**) m ⟨Bot⟩ *Mehltau(pilz)* m ‖ *Falscher (Reben)Mehltau* m (Plasmopara viticola)
militarote 2. Zeile *derber Soldat* m; ℜ *derber Soldat*, fam *Barraskopf, Kommißhengst* m
mimosa + ◊ es como una ~ fig *sie (*bzw *er) ist wie e–e Mimose (*od *mimosenhaft)*
mimoso 3.–4. Zeile streichen: ‖ ◊ es como una ~ fig *sie (*bzw *er) ist wie e–e Mimose (*od *mimosenhaft)*
mina, ~ magnética *magnetische Mine* f; ℜ *Magnetmine* f
+ ‖ ~ acústica *Akustikmine* f ‖ ~ de presión *Druckmine* f *(UW-Mine)*
mineralero (neu) • **mineralero** m *Erzfrachter* m
minishort(s) (neu) • **minishort(s)** m(pl) engl *Minishorts* pl
minitransistor (neu) • **minitransistor** m *Minitransistor* m
minivestido (neu) • **minivestido** m *Minikleid* n
mirobálano + ‖ *Myrobalane* f *(Frucht)*
misa ~ de cuerpo presente *am Sarge gelesene Seelenmesse* f; ℜ *Leichenmesse, am Sarge gelesene Seelenmesse* f
mocho +, *gekappt (Bäume)*
molar m +, *Molar* m
molar adj, diente ~ + *Molar* m
mondaduras 2. Zeile *Streu* f; ℜ *Spreu* f
monotrico (neu) • **monotrico** adj ⟨Biol⟩ *monotrich, eingeißelig*
³**moral** + ‖ ~ negro *Schwarzer Maulbeerbaum* m (Morus nigra)
morera + ‖ ~ negra *Schwarzer Maulbeerbaum* m (→ **moral**)
morfogénesis (neu) • **morfo|génesis** f ⟨Wiss Biol⟩ *Morphogenese, Formbildung* f ‖ **–genético** adj *morphogenetisch, formbildend*

mórfosis, morfosis (neu) • mórfosis, morfosis *f* ⟨Wiss Biol⟩ *Morphose* f
morisco 2.–3. Zeile ◊ sentado a usanza *(od* a la) ~a; ℜ ◊ estar sentado a usanza *(od* a la) ~a
mota 3.–4. Zeile ⟨Web⟩ *Noppen* m *(im Tuch);* ℜ ⟨Web⟩ *Noppe* f *(im Tuch)*
¹**mote** 3. Zeile *Irrtum* m; ℜ *Irrtum* m, *Errata* npl
motosierra (neu) • motosierra *f Motorsäge* f
multinacional (neu) • ‖ –**nacionales** *fpl die Multinationalen, die Multis (Konzerne)*
muñeira *Muñeira* f, *galizischer Volkstanz* m; ℜ *Muñeira* f, *galicischer Volkstanz* m
muñiato (neu) • muñiato *m* → **boniato**
muon (neu) • muon *m* ⟨Zool⟩ → **colobo**
murajes (neu) • murajes *mpl* ⟨Bot⟩ *Ackergauchheil* n (Anagallis arvensis)
Murcia (neu) • **Murcia** *f Murcia* n *(span. Provinzhauptstadt)* ‖ *Murcia* n *(span. Landschaft od Provinz)*
muro + ‖ ~ del sonido, ~ sónico ⟨Ak Flugw⟩ *Schallmauer* f (→ **barrera**)
murtilla (neu) **murtilla** *f* ⟨Bot⟩ *Ugni, Chilenische Guava* f (Ugni molinae)
mutación 4. Zeile ⟨Biol Gen⟩ *Mutation* f; ℜ ⟨Biol Gen⟩ *Mutation, Erbänderung* f

N

△¡**najencia!** +, fam *verdufte!*
napelo (neu) • napelo *m* → **acónito**
narcotraficante (neu) • narcotraficante *m Rauschgift|händler, -schmuggler* m
natalidad + ‖ política de ~ *Geburtenpolitik* f
navaja + ‖ *Hippe* f
navajero 3. Zeile + ‖ fig *Messerheld* m
negrita + ‖ (letra) ~ *fette Schrift* f
neofranquismo (neu) • neofranquismo *m* Span ⟨Pol⟩ *Neofrankismus* m
neoplasia *Neubildung* f; ℜ *Neubildung, Neoplasie* f
neurotropo (neu) • **neurotropo** adj ⟨Biol Med⟩ *neurotrop*
nicol (neu) • **nicol** *m* ⟨Opt⟩ *Nicol, Nicolsches Prisma* n
normogénesis (neu) • normogénesis *f* ⟨Biol Gen⟩ *Normogenese, Normalentwicklung* f
nota + ‖ ~ de gastos *Spesenabrechnung* f
noxa (neu) • noxa *f* ⟨Med⟩ *Krankheitsursache, Noxe* f ‖ ⟨Med⟩ *Schädlichkeit* f
nubiense (neu) • nubiense adj/s *aus Nubien* ‖ → **nubio**
nuclear 2.–3. Zeile desintegración (*od* escisión *od* fisión) ~ *Kernspaltung* f; ℜ desintegración ~ *radioaktiver Zerfall, Kernzerfall* m ‖ escisión ~, fisión ~ *Kernspaltung* f
nudosidad + ‖ ~ foliar ⟨Bot⟩ *Blattpolster* n
nuevome|jicano Span, –xicano Am (neu) • **neuvome|jicano** Span, –xicano Am adj/s *aus Neumexiko* ‖ ~ *m Neumexikaner* m

O

obesidad + *Obesitas* f
obrajero (neu) • obrajero *m* ⟨Arch⟩ *Polier* m (→ a **capataz**)
oclocracia (neu) • **oclo|cracia** *f Pöbelherrschaft, Ochlokratie* f ‖ –**crático** adj *ochlokratisch*
oculto + ‖ *erdabgewandt (Seite des Mondes)*
O.E.A. (neu) • **O.E.A.** Abk = **Organización de los Estados Americanos** (→ **organización**)
oestegermano (neu) • oestegermano adj *westdeutsch*
ofiuroideos (neu) • ofiuroideos *mpl* ⟨Zool⟩ *Schlangensterne* mpl, *Ophiuroiden* pl (Ophiuroidea)
ojaranzo → **hojaranzo**; ℜ ⟨Bot⟩ *Zistrose* f (Cistus sp) ‖ → **adelfa** ‖ → **carpe** ‖ And → **rododendro**
ojiprieto (neu) • ojiprieto adj *schwarzäugig*
olifante (neu) • olifante *m Olifant* m *(nach dem Hifthorn Rolands in der Karlssage)*

oligoelementos (neu) • oligoelementos *mpl Spurenelemente* npl, *Mikronährstoffe* mpl *(chem. Elemente, die für die menschliche, tierische und pflanzliche Ernährung unentbehrlich sind, z.B. As, B, Co* usw*)*
oligospermia (neu) • oligospermia *f* ⟨Med⟩ *Samenmangel* m, *Oligospermie* f
oligotriquia (neu) • oligotriquia *f* ⟨Med⟩ *mangelnder Haarwuchs* m, *Oligotrichie* f
olivarda (neu) • olivarda *f* ⟨Bot⟩ *Alant* m (Inula sp)
olivastro (neu) • olivastro *m*: ~ de Rodas ⟨Bot⟩ → **áloe**
olmo + ‖ ~ inglés *Englische Ulme* f (Ulmus procera) ‖ ~ montano *Bergulme* f (U. glabra = montana) ‖ ~ pedunculado *Flatterulme* f (U. laevis)
omento (neu) • omento *m* ⟨An⟩ *Omentum, (großes u. kleines) Netz* n, *Bauchfellfalten* fpl
omnímodo (neu) • **omnímodo** adj *alles ergreifend, alles erfassend* ‖ *unumschränkt*
omóplato, omoplato omóplato, omoplato; ℜ **omóplato, omoplato** *m*
onfalitis (neu) • onfalitis *f* ⟨Med⟩ *Nabelentzündung, Omphalitis* f
onfalorragia (neu) • onfalorragia *f* ⟨Med⟩ *Nabelblutung* f
onicosis (neu) • onicosis *f* ⟨Med⟩ *Nagelkrankheit, Onychose* f
onirismo (neu) • onirismo *m* ⟨Psychol⟩ *Onirismus* m
onocrótalo (neu) • onocrótalo *m* ⟨V⟩ = **alcatraz**
onoquiles (neu) • onoquiles *f* ⟨Bot⟩ *Schminkwurz, Alkannawurzel* f (Alkanna tinctoria)
onto|génesis, –genia, –genético (neu) • **onto|génesis, –genia** *f* ⟨Biol Philos⟩ *Onto|genese, -genie* f (vgl **filogénesis**) ‖ –**genético** adj ⟨Biol Philos⟩ *ontogenetisch*
oocito (neu) • oocito *m* ⟨Zool Gen⟩ *Oozyte, unreife Eizelle* f
oo|gamia, –génesis, –gonio (neu) • **oo|gamia** *f* ⟨Biol Gen⟩ *Oogamie, echte Eibefruchtung* f ‖ –**génesis** *f* ⟨Biol Gen⟩ *Oogenese, Ovogenese* f (→ **ovogénesis**) ‖ –**gonio** *m* ⟨Bot⟩ *Oogonium* n
opiado opiado adj *opiumhaltig* ‖ ~ *m* ⟨Pharm⟩ *Opiat* n; ℜ **opia|do** adj *opiumhaltig* ‖ –**to** *m* ⟨Pharm⟩ *Opiat* n
opopónax + ‖ ⟨Bot⟩ → **pánace**
oportunismo (neu) • oportunismo *m Opportunismus* m
orador + ‖ ~ precedente *Vorredner* m
orbitar + ‖ *auf die Umlaufbahn bringen*
orcaneta (neu) • orcaneta *f* ⟨Bot⟩ → **onoquiles** ‖ ~ amarilla ⟨Bot⟩ *Lotwurz* f, *Goldtropfen* m (Onosma echioides)
²**orden** + ~ ministerial *Ministerialerlaß* m *(Bayern: Ministerialentschließung* f*)*
ornis (neu) • ornis *f* griech ⟨V⟩ *Ornis, Vogelwelt* f *e–r Landschaft*
orno (neu) • orno *m* ⟨Bot⟩ *Blumenesche* f (Fraxinus ornus)
ortopancromático (neu) • ortopancromático adj ⟨Opt Phot⟩ *orthopanchromatisch*
osculación + *Schmiegung* f
osificación + ‖ *Knochenbildung, Ossifikation* f
oso, hacer el ~ figf *Prügelknabe sein*; ℜ *blödeln* ‖ *sich (absichtlich) täppisch benehmen* ‖ *sich zum Gespött der Leute machen*
osta (neu) • osta *f* ⟨Mar⟩ *Geere* f
osteofibroma (neu) • osteofibroma *m* ⟨Med⟩ *Osteofibrom* n, *Knochen-Bindegewebsgeschwulst* f
osteopatía (neu) • osteopatía *f* ⟨Med⟩ *Knochenleiden* n, *Osteopathie* f
ovillar +, *knäueln*
ovogénesis (neu) • ovogénesis *f* ⟨Biol⟩ *Ovogenese, Oogenese* f (→ **oogénesis**)
oxígeno + ‖ cámara de ~ *Sauerstoffzelt* n

ozonosfera (neu) • **ozonosfera** f ⟨Meteor⟩ *Ozonosphäre* f

P

país país; ℜ ¹**país**
¹**país** + ‖ ~ de acogida, ~ receptor *Aufnahmeland* n (z. B. *von Asylsuchenden*) ‖ *Empfangsstaat* m + ‖ ~ emisor *Herkunftsland* n *(von Gastarbeitern usw)* ‖ *Entsendestaat* m
²**país** (neu) • ²**país** m fig *Volk* n, *öffentliche Meinung* f ‖ ◊ el ~ tiene la palabra *das Volk hat das Wort* bzw *wird darüber entscheiden*
paletización (neu) • **paletización** f *Palett(is)ierung* f
¹**palma** + ‖ *Hornsohle* f *(des Hufes)*
palmear 1.–2. Zeile *aufspannen (mit der Hand) messen*; ℜ *aufspannen, (mit der Hand) messen*
palmera 3. Zeile (PAl); ℜ (PAli)
, ~ datilera *Dattelpalme* f; ℜ ⟨Bot⟩ *Dattelpalme* f (Phoenix dactylifera) + ‖ ~ de Canarias ⟨Bot⟩ *Kanarische Dattelpalme* f (P. canariensis)
palminervio (neu) • **palminervio** adj ⟨Bot⟩ *handadrig (Blatt)*
palo, ~ de Pernambuco *Pernambukholz* n; ℜ *Pernambukholz* n *(aus* Caesalpinia echinata*)*
paludícula (Seitenstichwort auf S. 800) **paludícula**; ℜ **paludícula**
paludícula paludícula; ℜ **paludícula**
pampero 2. Zeile RPl *Pampero* m, *(kalter) Pampasturm(wind)* m; ℜ RPl *Pampero, stürmischer Wind, kalter Wirbelsturm* m *der Pampa*
pánace (neu) • **pánace** f *Gummiwurz* f (Opopanax chironium)
pancarto pancarto; ℜ **pancarta**
pancho m; ℜ **pancho** m/adj
2. Zeile ◊ quedarse tan ~; ℜ ~ adj *ruhig, phlegmatisch* ‖ ◊ quedarse tan ~
panhelenismo (neu) • **panhelenismo** m ⟨Pol⟩ *Panhellenismus* m, *Allgriechentum*
panoja 1. Zeile *Maiskolben* m; ℜ ⟨Bot⟩ *Rispe* f ‖ *Maiskolben* m
pantano + ‖ *Moor* n
pantófago (neu) • **pantófago** adj *alles(fr)essend*, *pantophag* (→ **omnívoro**)
pantoque (neu) • **pantoque** m ⟨Mar⟩ *Kimm* f *(Krümmung), Kielgang* m
pantorrilla 2. Zeile ensehar las ~; ℜ enseñar las ~
panty (neu) • **panty** m engl *Strumpfhose* f
paño + ‖ *Spielfläche* f *(Billard)*
paños, ~ calientes 1.–2. Zeile *unwirksame* bzw *unzureichende Maßnahmen*; ℜ fig *unwirksame* bzw *unzureichende Maßnahmen*
papear (neu) • **papear** vi *stammeln, stottern, lallen*
parabellum (neu) • **parabellum** f *Parabellum- (pistole)* f
paracientífico (neu) + ‖ **paracientífico** adj *halbwissenschaftlich; wissenschaftlich verbrämt*
paranieves (neu) • **paranieves** m *Schnee|zaun* m, -*wand* f, -*fang* m, -*eisen* n
paraplaneador (neu) • **paraplaneador** m ⟨Flugw⟩ *Paragleiter, Rogallo-Flügel* m
parasitismo + ‖ ~ larvario ⟨Biol⟩ *Larvalparasitismus* m
parteluz 1. Zeile *(Fenster) Mittelsäule* f; ℜ *(Fenster) Mittelpfosten* m
participación + ‖ *Mitbestimmung* f (→ **cogestión**)
partido + ‖ ~ de vuelta ⟨Sp⟩ *Rückspiel* n
partitocracia (neu) • **partitocracia** f (& pej) *System* n *der politischen Parteien*
pasacordones (neu) • **pasacordones** m *Schnürnadel* f
pasada + ‖ *Stich* m *(beim Walzen)*
pasapuré(s) (neu) • **pasapuré(s)** m *Püreepresse* f
pasera (neu) • **pasera** f *Obstdarre* f ‖ *Traubentrockenanlage* f
pasticultura (neu) • **pasticultura** f *Weidewirtschaft* f

pasto + ‖ ~ alpino *Alm, Almweide* f
paternóster (neu) • **paternóster** m *Vaterunser* n (= **padrenuestro**) ‖ figf *fest zusammengezogener Knoten* m ‖ ⟨Tech⟩ *Paternoster(förderer, -aufzug)* m
patilludo (neu) • **patilludo** adj *mit Backenbart*
patinar 3. Zeile *Rutschen* n; ℜ *rutschen*
patrimonio, ~ artístico + *Kulturgüter* npl
¹**pava** 3. Zeile *(Junker* bzw *Heinkel)*; ℜ *(Junkers* bzw *Heinkel)*
pavo + ‖ ◊ subírsele a uno el ~ figf *erröten, rot werden*
payasada + ‖ *Clownerie* f
pecio (neu) • **pecio** m ⟨Mar⟩ *Wrack(teil)* n
peculio + ‖ ◊ costear de su propio ~ *aus der eigenen Tasche bezahlen*
pedogamia (neu) • **pedogamia** f ⟨Zool Gen⟩ *Pädogamie* f
peletizar (neu) • **peletizar** vt ⟨Tech⟩ *pellet(is)ieren*
penalty *Strafstoß* m *(Fußball)*; ℜ *Elfmeter* m *(Strafstoß vom Elfmeterpunkt beim Fußball)*
pendolón (neu) • **pendolón** m ⟨Zim⟩ *Hängesäule* f
penninervio (neu) • **penninervio** adj ⟨Bot⟩ *fiedernervig*
pepón (neu) • **pepón** m = *sandía*
percocería (neu) • **percocería** f *Silber|waren* fpl, -*geschirr* n
per fas et nefas (neu) • **per fas et nefas** lat *auf jede (erlaubte* od *unerlaubte) Weise*
perfoliado (neu) • **perfoliado** adj ⟨Bot⟩ *durchwachsen (Blatt)*
perg. bis **pergoleto** kommt abecelich vor **peri**...
perhidrol (neu) • **perhidrol** m *Perhydrol* n *(30 %-iges Wasserstoffperoxid)*
periantio 1.–2. Zeile *Blütenhülle* f *der Blütenpflanzen, Perianth(ium)* n; ℜ ⟨Bot⟩ *Perianth(ium)* n, *doppelte Blütenhülle* f
Perico + ‖ ⁓ ligero ⟨Zool⟩ *Faultier* n (→ **perezoso**)
peridote (neu) • **peridote**; ℜ **peridoto**
perigonio *Perigon(ium)* n; ℜ ⟨Bot⟩ *Perigon(ium)* n, *einfache Blütenhülle* f
perispermo (neu) • **perispermo** m ⟨Bot⟩ *Perisperm* n
peristoma (neu) • **peristoma** m ⟨Biol⟩ *Peristom, Mundfeld* n *(bei niederen Tieren)*
permiso + ‖ ~ de residencia ⟨Jur⟩ *Aufenthalts|-erlaubnis, -genehmigung* f
perro + ~ **policía** m *Polizeihund* m
pesca + ‖ ~ excesiva *Überfischung* f
pesero (neu) • **pesero** m Mex *Linientaxi* m *(mit Einheitspreis)*
peseta 2. Zeile *Cóntimos*; ℜ *Céntimos*
pesetera (neu) • **pesetera** f fig pop *billige Dirne* f
pesetero 1.–2. Zeile *heizig, knickerig*; ℜ *geizig, knickerig*
peso, ~ atómico *Atomgewicht* n; ℜ *relative Atommasse* f *(„Atomgewicht")*
pestaña ⊢ ‖ *Karteireiter* m
petanque (neu) • **petanque** m *gediegenes Silber, Silbererz* m
petrolífero + ‖ campo ~ *Ölfeld* n
peyote (neu) • **peyote** m ⟨Bot⟩ = **mezcal**
picar, 26. Zeile ~ en la música pop *Musik dilettantisch*; ℜ pop *Musik dilettantisch betreiben*
pícaro 3. Zeile *Schurke, Gauner* m *Schelm* m; ℜ *Schurke, Gauner, Schelm* m
pico, tiene 40 y ~ 14. Zeile + *er (sie) ist Anfang Vierzig*
pictórico + ‖ mapa ~ *Bild-, Bilder|karte* f
picudo (neu) • **picudo** m: ~ del algodón ⟨Entom Agr⟩ *Baumwollkapselkäfer, Mexikanischer Kapselkäfer* m (Anthonomus grandis)
pie, ~ de imprenta +, *Impressum* n
+ ‖ ~ colombino ⟨Bot⟩ = **orcaneta**
+ ‖ ~ de león ⟨Bot⟩ = **estelaria**
+ ‖ ~ de lobo ⟨Bot⟩ = **licopodio**
+ ‖ ~ de paloma ⟨Bot⟩ = **orcaneta**

piel, ~ de cocodrilo + ‖ ⟨Com⟩ *Krokodilleder* n
pila, ~ holandesa 2. Zeile streichen: ‖ *Element* n nombre de ~ *Taufnahme* m; ℜ *Taufname* m
¹pilar + ‖ vgl columna
pimentero + ‖ *Pfefferstreuer* m
pinastro (neu) • pinastro *m* = ²pino rodeno
pincarrasco (neu) • pincarrasco *m* ⟨Bot⟩ → pino carrasco
pinchar 1. Zeile *stechen*; ℜ *(durch)stechen*
²pino + ‖ ~ albar *Föhre, Gemeine Kiefer* f (Pinus sylvestris) ‖ ~ calabrés *Schlangenhautkiefer* f (P. leucodermis) ‖ ~ carrasco, ~ de Alepo *See-, Aleppo|kiefer* f (P. halepensis)
pintada; ℜ ¹pinta|da
pintada (neu) • ‖ ²-da *f Wandschmiererei* f
²piñón 1. Zeile *Trieb* m; ℜ *Trieb* m/n
piragua 1. Zeile ⟨Sp⟩ *Kanu* m; ℜ ⟨Sp⟩ *Kanu* n
pirámide + ‖ ~ de edades *Alterspyramide* f
pirocerámico (neu) • pirocerámico adj *glaskeramisch (hochfeuerfest)*
piscina + *Swimming-pool* m engl
pista + ‖ ~ de lavado ⟨Aut⟩ *Waschstraße* f
¹pitón ⟨Tech⟩ + *Ansatz* m
placa + ‖ ~ de nacionalidad ⟨Aut⟩ *Nationalitäts|schild, -zeichen* n
+ ‖ ~ vitrocerámica *Glaskeramikkochfeld* n
¹planeta; ℜ ¹planeta *f*
plantarse + ‖ figf *sich auf die Hinterbeine stellen (aus Trotz)*
planteamiento (neu) • planteamiento *m Aufwerfen* n *e–r Frage* ‖ *Exposition, Darlegung* f *e–s Problems* ‖ ~ de una cuestión *od* de un problema *Fragestellung* f
plasta + ‖ *weiche* od *knetbare Masse* f
plaste (neu) • plaste *m Gipsleim-, Spachtel|masse* f
plataforma + ‖ ~ flotante *Bohrgerüst* n ‖ *Bohrinsel* f
platanero *m* + ‖ *Bananenschiff* n
plátano + ‖ falso ~ ⟨Bot⟩ *Bergahorn* m (Acer pseudoplatanus)
pletina (neu) • pletina *f Platine* f *(Eisenhalbzeug)*
plintón (neu) • plintón *m Kasten* m *(Turngerät)*
plisado + ‖ *Plissee* n
plot *Kontakt* m; ℜ *Klemme* f ‖ *Kontakt* m
plúmula (neu) • plúmula *f* ⟨Bot⟩ *Plumula* f
plurilingüe (neu) • plurilingüe adj *mehr-, viel|sprachig*
plus ultra, ⋍ Ultra *Flugzeug* n; ℜ *Wasserflugzeug* n
población 2. Zeile *Ort* m, *Ortschaft* f; ℜ *(größerer) Ort* m, *Ortschaft* f
³poco + ‖ saber a ~ figf *nach mehr schmecken*
podadera + ‖ ~ de setos *(elektrische) Heckenschere* f
podadora 4.–5. Zeile streichen: ‖ ~ de setos *(elektrische) Heckenschere* f
podón (neu) • podón *m großes Gartenmesser* n
podre 1. Zeile *Eiter* m; ℜ *Eiter* m
polibásico 2. Zeile *mehrbasisch*; ℜ *mehr|basisch, -basig*
policía + ‖ ~ de tráfico *Verkehrspolizei* f
policombustible (neu) • policombustible adj *Vielstoff- (Dieselmotor)*
polimorfismo + ‖ ⟨Entom⟩ *Polymorphismus* m, *Kastenbildung* f
política + ‖ ~ de natalidad → natalidad
+ ‖ ~ de la no violencia *Politik* f *der Gewaltlosigkeit*
politi|zación, –zado, –zar (neu) • politi|zación *f (Ver)Politisierung* f ‖ –zado adj *politisch interessiert* ‖ –zar vt *(ver)politisieren* ‖ vi *über Politik reden*
pontaje (neu) • pontaje *m* = pontazgo
porcelana + ‖ ~ blanda *Weichporzellan* n ‖ ~ dura *Hartporzellan* n
por fas o por nefas fam = per fas et nefas
portacontenedores (neu) • portacontenedores *m Containerschiff* n
portafarol *Lampenhalter* m; ℜ *Scheinwerfer-, Lampen|halter* m
portalámpara portalámpara *m Lampensockel* m; ℜ portalámpara(s) *m Lampenfassung* f
portaminas + ‖ *Bleieinsatz* m *(im Zirkel)*
portarretrato(s) (neu) • portarretrato(s) *Photorahmen* m
porte + ‖ ⟨Bot⟩ *Habitus* m
portero + ‖ ~ eléctrico *Türsprechanlage* f
pos(t)conciliar (neu) • pos(t)conciliar adj ⟨Kath⟩ *postkonziliär*
pose + ‖ *Belichtungszeit* f
posología (neu) • posología *f* ⟨Med Pharm⟩ *Dosierung* f
posta 6. Zeile ⟨Arch⟩ *Mäander* m; ℜ ⟨Arch⟩ *Mäander* m ‖ *Volute* f
pos(t)franquismo (neu) • pos(t)franquismo *m* ⟨Pol⟩ *Nach-Franco-Ära* f ‖ *Postfrankismus* m (→ neofranquismo)
postprandial (neu) • postprandial adj ⟨Med⟩ *postprandial, nach dem Essen auftretend (z. B. von Schmerzen)*
postrar + ‖ fig *zurückwerfen*
postura + ‖ *Laich* m *(bei Mollusken, Amphibien, Fischen)* (→ a ²freza)
potenciar 1.–2. Zeile vt ⟨Med⟩ *potenzieren*; ℜ vt *steigern, erhöhen* ‖ ⟨Med⟩ *potenzieren*
pozo abisinio; ℜ ~ abisinio
+ ‖ ~ de extracción *Förderschacht* m ‖ ~ séptico *Klärgrube* f, *Faul|behälter* m, *-becken* n
precipitado + ‖ *Fällungsprodukt* n
precipitina (neu) • precipitina *f* ⟨Med⟩ *Präzipitin* n *(Antikörper im Serum des Versuchstieres)*
precoz + ‖ ⟨Med⟩ *Früh-, Sofort-*
preferencial + ‖ *bevorzugt*
prelógico, –logismo (neu) • prelógico adj ⟨Philos⟩ *prä-, vor|logisch* ‖ –logismo *m* ⟨Philos⟩ *Prälogismus* m
premedicación (neu) • premedicación *f* ⟨Med⟩ *Prämedikation* f
prendas + ‖ ~ íntimas *Damen|unterwäsche, -intimwäsche* f
prensa libertad de la ~; ℜ libertad de ~
prensaestopa(s) *Stopfbüchse* f; ℜ *Stopfbuchse* f
prerrafaelista prerrafaelista; ℜ prerrafaelita
presbicía presbicía; ℜ presbicia
prescindir + ‖ ~ de la vía oficial *den Amtsweg nicht einhalten*
presilúrico (neu) • presilúrico adj ⟨Geol⟩ *präsilurisch* (vgl silúrico)
presóstato *Druckregler* m; ℜ *Druck|regler, -wächter* m
preu 1. Zeile *m*/adj Span; ℜ *m*/adj Span ⟨Hist⟩
+ ‖ → COU
principal + ‖ ⟨Jur⟩ → poderdante
principio, ~ colorante *färbende Substanz* f; ℜ *farbgebendes Prinzip* n, *färbende Substanz* f
+ ‖ ~ de responsabilización *Verursacherprinzip* n *(z. B. bei Strafmaßnahmen im Umweltschutz)*
proal (neu) • proal adj *Bug-*
probado +, *probat (Mittel)*
probauza probauza; ℜ probanza
procesación (neu) • procesación *f (Daten)Verarbeitung* f
procesamiento + ‖ *(Daten)Verarbeitung* m
profesor ~ mercantil *Handelslehrer* m; ℜ *Fachschulkaufmann* m *(etwa Betriebswirt grad.)*
profeta + ‖ el ⋍ *der Prophet* m *(islamische Bezeichnung Mohammeds)*
programa + ‖ ~ en directo *Direktübertragung, Live-Sendung* f
programación + ‖ ~ reticular *Netz|planung, -plantechnik* f
pro|is, –íz *Befestigungspfosten* m; ℜ *Poller, Befestigungspfosten* m
proliferación 3.–5. Zeile no ~ de armas atómicas

(Pol⟩ Nichtweiterverbreitung f von Atomwaffen; ℜ no ~ de armas atómicas (o nucleares) ⟨Pol⟩ Nichtweiterverbreitung f von Atom- bzw. Kern|waffen
prometeico (neu) • **prometeico** adj ⟨Lit⟩ prometheisch, himmelstürmend, dem Himmel trotzend
promoción 4.–5. Zeile ⟨Soz⟩ Besserstellung f; ℜ ⟨Soz⟩ Besserstellung f, sozialer Aufstieg m
propaganda, ~ clandestina + ‖ Schleichwerbung f
propóleos Bienenharz n; ℜ Propolis f, Bienenharz n
prospectivo (neu) • **prospectivo** adj auf die Zukunft bezüglich bzw fixiert ‖ Zukunfts-
protóxido (neu) • **protóxido** m Oxid n der niedrigsten Oxidationsstufe
psicrófilo (neu) • **psicrófilo** adj kälteliebend, psychrophil
ptolomaico ptolomaico; ℜ **ptolomeico**
puente + ‖ ~ telescópico de pasajeros ⟨Flugw⟩ Teleskoppassagierbrücke f
puerta, ~ vidriera + ‖ verglaste Tür f
puerto + ‖ ~ de matrícula Heimathafen m
puesta + ‖ ~ de largo Einführung f (junger Mädchen) in die Gesellschaft
pulverizador + ‖ ~ Sprühdose f ‖ Sprüh-, Spritz|düse f
pulverizadora + ‖ (automatisches) Spritzgerät n
pulverulento + ‖ pulverförmig
puntal + ‖ ⟨Bgb⟩ Stempel m
puntizón (neu) • **puntizón** m ⟨Pap⟩ horizontale Wasserlinien fpl
punto ~ de salida ~ de partida; ℜ ~ de salida, ~ de partida → ~ de partida

Q

quantum → **cuanto**; ℜ → [5]**cuanto**
quejigo (neu) • **quejigo** m ⟨Bot⟩ Zenneiche f (Quercus canariensis = Q. mirbeckii)
quilópodos (neu) • **quilópodos** mpl ⟨Zool⟩ Chilopoden, Hundertfüß(l)er mpl
quimiotropismo (neu) • **quimiotropismo** m ⟨Biol⟩ Chemotropismus m

R

racel (neu) • **racel** m ⟨Mar⟩ Piek f, spitzer Raum m an den Schiffsenden (→ **delgado, rasel**) ‖ ~ de proa (popa) Vor-(Achter)piek f
[1]**radiación,** ~ atómica, ~ radi(o)activa radioaktive Strahlung f; ℜ atomare Strahlung, radioaktive Strahlung f
radicado (neu) • **radicado** pp: estar ~ liegen, gelegen sein (z. B. ein Grundstück)
[1]**radio** + ‖ ~ medular Markstrahl m (des Holzes)
ralentí (neu) • **ralentí** m frz ⟨Aut⟩ Leerlauf m ‖ ⟨Filmw⟩ Zeit|dehner m, -lupe f (langsamer Gang)
rancho + ‖ ~ frío Kaltverpflegung f (beim Militär)
rasel (neu) • **rasel** m ⟨Mar⟩ = **racel**
[4]**rata** 3. Zeile vgl **pava**; ℜ vgl [1]**pava**
rayador + ‖ ⟨V⟩ Am Scherenschnabel m (Rhynchops sp)
reactor + ‖ ~ autorregenerable → **reactor** superregenerador
reagrupación + ‖ ~ familiar Familienzusammenführung f
rebotar + ‖ prellen (Ball)
recado 5.–6. Zeile Satzmaterial n; ℜ Stehsatz m
reciclar (neu) • **reciclar** vt (Abfälle) wiederverwenden, wiederverwerten
recocido 1.–2. Zeile aus-, ver|kocht; ℜ ausge-, ver|kocht
recocido (neu) • **recocido** m (Aus)Glühen n ‖ ~ azul Bläuen n

recole(c)to 5. Zeile Augustinner; ℜ Augustiner
recortable (neu) • **recortable** adj zum Ausschneiden
rectinervio (neu) • **rectinervio** adj ⟨Bot⟩ parallelnervig (Blatt)
recuadro ⟨Typ⟩ + Kasten m
reentrada (neu) • **reentrada** f Wiedereintritt m
reestructuración (neu) • **reestructuración** f Umstrukturierung, Neugestaltung f
reforma + ‖ ~ educativa Schulreform f
reformismo (neu) • **~-mismo** m ⟨Pol Soz⟩ Reformismus m
regaliz 2. Zeile (Glycyrrhyza glabra); ℜ (Glycyrrhiza glabra)
régimen + ‖ ~ (legal) de bienes en el matrimonio (gesetzlicher) Güterstand m + ‖ ~ de compensación de ganancia(le)s ⟨Jur⟩ Zugewinngemeinschaft f
‖ ~ seco + Trockenkur f
reina + ‖ ~ de los prados ⟨Bot⟩ Mädesüß n (Filipendula ulmaria)
reivindicar + ‖ die „Verantwortung" übernehmen (z. B. für e–n Terrorakt)
relación + ‖ en ~ con bezüglich, hinsichtlich (gen) ‖ in Verbindung mit (dat) ‖ in bezug auf (acc) ‖ im Verhältnis zu (dat)
relanzar + ‖ ⟨Wir⟩ wieder beleben, wieder ankurbeln
remosqueo (neu) • **remosqueo** m ⟨Typ⟩ Schmitz m
repartir drittletzte Zeile streichen: ‖ ~s proporcionales quotenmäßige Auf-, Ver|teilung
reparto + ‖ ~s proporcionales quotenmäßige Auf-, Ver|teilung f
reposapiés (neu) • **reposapiés** m Fuß|stütze, -raste f
requebrador 2. Zeile fig Gunsterschleicher n; ℜ Gunsterschleicher m
requisición + ‖ ⟨Jur⟩ → requisitoria
resguardo + ‖ Organ n der Steuer- und Zollfahndung
residencia 4.–5. Zeile Studenten|heim, -haus n ‖ ℜ Studenten|wohnheim, -haus n + ‖ ~ de (od para) ancianos Altersheim n + ‖ ~ canina Neol Hundepension f
residuos + ‖ evacuación de ~ Abfallbeseitigung f
respiración + ‖ ~ (artificial) de boca a boca Mund-zu-Mund-Beatmung f
restaurante + ‖ ~ (de) autoservicio, ~ self-service engl Selbstbedienungsrestaurant n
revisión + ⟨Tech Aut⟩ Kundendienst m
roble, ~ albar Stieleiche f (Quercus robur); ℜ Traubeneiche f (Quercus petraea = Q. sessiliflora) + ‖ ~ de Hungría Ungarische Eiche f (Q. frainetto) + ‖ ~ negral Pyrenäeneiche f (Q. pyrenaica) + ‖ ~ pubescente Flaumeiche f (Q. pubescens)
rocambolesco (neu) • **rocambolesco** adj fig unglaublich, phantastisch ‖ schwärmerisch ‖ extravagant
roda 1. Zeile Vor(der)steben m; ℜ Vor(der)steven m
rodenticida (neu) • **rodenticida** m Rodentizid n (Mittel zur Bekämpfung von Nagetieren)
rollo 1. Zeile Rolle, Walze f Rolle f; ℜ Rolle, Walze f ‖ Rolle f
romanear + ‖ ⟨Mar⟩ trimmen
rómbico (neu) • **rómbico** adj = **romboidal**
romboidal +, rhombisch
ropa, ~ de mesa + Tischwäsche f ~ de noche + Nachtwäsche f
[1]**rosa** ~ enredadera; ℜ ~ enredadera
rosca + ‖ ~ exterior Außengewinde n + ‖ ~ interior Innengewinde n
roscadora (neu) • **roscadora** f Gewindeschneidmaschine f
rostro + ‖ ~ jánico Januskopf m (& fig)
rotonda + ‖ ⟨EB⟩ runder Lokomotivschuppen m
rozamiento + ‖ ~ de adherencia ⟨Tech⟩ Haftreibung f

RTVE (neu) • **RTVE** Abk = **Radiotelevisión Española**
ruana Col *(Art) Mantel* m; ℜ *Woll\gewebe* n, *-stoff* m ‖ Col *ponchoartiger Umhang* m
rueda, ~ de automóvil *Wagenrad* m; ℜ *Wagenrad* n
rusel (neu) • **rusel** *m* ⟨Web⟩ *Serge* m
rutina + ‖ *Programm* n, *Routine* f *(in der Computertechnik)*

S

sacabuche + ‖ ⟨Mar⟩ *Handpumpe* f
sacar, ~ los gastos 6.–7. Zeile o.l. *die Kosten wieder herausbringen;* ℜ *die Kosten wieder herausholen*
salazarista (neu) • **salazarista** adj/s *von Salazar, Anhänger Salazars (A. de Oliveira Salazar, portugiesischer Politiker 1889–1970)*
salep (neu) • **salep** *m* ⟨Pharm⟩ *Salep* m
salera (neu) • **salera** *f Gefäß* n *für die Salzlecke* ‖ Chi → **salina**
salida + ‖ *Ausgabe* f *(Output)*
saltarregla (neu) • **saltarregla** *f* = **escuadra falsa**
salvabordillo (neu) • **salvabordillo** *m* ⟨Aut⟩ *Bordsteinfühler* m
sámago + ‖ *Splintholz* n
santandereano (neu) • **santandereano** adj/s *aus Santander* (Col)
santanderino 1. Zeile (Span, Col); ℜ (Span)
sariga (neu) • **sariga** *f* RPl = **zarigüeya**
sarilla (neu) • **sarilla** *f* = **mejorana**
sartén + ‖ ~ antiadherente *Pfanne* f *mit Antihaft-Beschichtung (meistens Teflon)*
secreto + ‖ ~ de telecomunicaciones *Fernmeldegeheimnis* n
selenauta (neu) • **selenauta** *m Mondfahrer* m
semema (neu) • **semema** *m* ⟨Li⟩ *Semem* n *(sprachlicher Bedeutungskomplex)*
seno + ‖ ~ esfenoidal ⟨An⟩ *Keilbeinhöhle* f
+ ‖ ~ frontal ⟨An⟩ *Stirnhöhle* f
+ ‖ ~ maxilar ⟨An⟩ *Kieferhöhle* f
senos (neu) • **senos** *mpl*: ~ óseos, ~ paranasales ⟨An⟩ *(Nasen)Nebenhöhlen* fpl
sentado 2.–3. Zeile ⟨Bot⟩*ungestielt(Blatt)*; ℜ⟨Bot⟩ *sitzend, ungestielt (Blatt)*
seo Ar *Dom-, Haupt\kirche* f; ℜ Ar *Kathedrale* f, *Dom* m ‖ Ar *Hauptkirche* f
sepedón (neu) • **sepedón** *m* → **eslizón**
servicio + ‖ ~ a domicilio *Lieferung* f *frei Haus*
sexado (neu) • **sexado** *m* ⟨Agr⟩ *Geschlechtsbestimmung* f *(bes bei Küken)*
sexismo (neu) • **sexismo** *m Sexwelle* f
¹**sierra** + ‖ ~ de ballesta *Spannsäge* f
sífilis + → **gálico**
sifón 2.–3. Zeile ⟨Arch⟩ *Dük-ker* m; ℜ ⟨Arch⟩ *Dü-ker* m
silla, ~ de posta(s) + *Postkutsche* f
silletero + ‖ *Sattler* m
simaruba *Bitterholzbaum* m; ℜ *Bitteresche* f, *Bitterholzbaum* m
simarubáceas (neu) • **simarubáceas** *fpl* ⟨Bot⟩ *Bittereschengewächse* npl (Simarubaceae)
sinecología (neu) • **sinecología** *f* ⟨Ökol⟩ *Synökologie, Biozönotik* f
sintetizar 1.–2. Zeile *zusammensetzend*; ℜ *zusammenfassen*
sintropía (neu) • **sintropía** *f* ⟨Med⟩ *zeitliches Zusammentreffen* n *zweier Krankheiten, Syntropie* f
socialización + ‖ ⟨Soz⟩ *Sozial\sierung, -sation* f
sociolecto (neu) • **sociolecto** *m* ⟨Li⟩ *Soziolekt* m *(von e–r sozialen Gruppe benutzte Sprache)*
¹**soga** + ‖ ⟨Arch⟩ *Läufer(stein)* m
sola\do, –dura + ‖ *Estrich* m
solipsismo (neu) • **solipsismo** *m* ⟨Philos⟩ *Solipsismus* m

solitario adj + ‖ ⟨Wiss Entom Zool⟩ *solitär*
solitario *m* + ‖ *Einsiedlerspiel* n, *Solitär* m *(Brettspiel für eine Person)*
+ ‖ el ≈ *Pseudonym von Estébanez Calderón („Escenas andaluzas")*
solutrense (neu) • **solutrense** *m*/adj: cultura ~ *Solutréen(kultur* f*)* n
sombra + ‖ ~ de ojos *Lidschatten* m *(Kosmetik)*
sonorense (neu) • **sonorense** adj Mex *aus Sonora*
soñoliento + ‖ ⟨Med⟩ *somnolent*
²**sopa** + ‖ comer de la ~ boba *umsonst mitessen, fam nassauern*
sovoz: a ~ *mit leiser, gedämpfer Stimme*; ℜ *mit leiser, gedämpfter Stimme*
Spira (neu) • **Spira** *f Speyer* n *(Stadt in Rheinland-Pfalz)* ‖ dieta de ~ ⟨Hist⟩ *Reichstag* m *zu Speyer*
suar(ec)ismo + *Suarezismus, Suarismus* m
suavizante (neu) • **suavizante** *m Weichspüler* m
subcontinente (neu) • **subcontinente** *m* ⟨Geogr⟩ *Subkontinent* m
subfebril (neu) • **subfebril** adj ⟨Med⟩ *subfebril, noch nicht fieberhaft*
suela 1.–2. Zeile *Queuespitze* f *(Billard)*; ℜ *Lederkuppe, Queuespitze* f *(Billard)*
sueldo 1. Zeile *altrömischer Goldsoldus* m; ℜ *altrömischer Goldsolidus* m
sumirse + ‖ ◊ ~ en un mar de confusiones *völlig verwirrt werden*
superinfección (neu) • **superinfección** *f* ⟨Med⟩ *wiederholte Infektion (mit gleichen Krankheitserregern), Superinfektion* f
supranacional (neu) • **supranacional** adj *über-, supra\national*
sureño + ‖ *Südstaatler* m
suri (neu) • **suri** *m* Pe *hochwertige Wolle* f

T

tacita + ‖ la ≈ de Plata = **Cádiz**
taco 2. Zeile *Billardstock* m; ℜ *Stab* m, *Queue* n, *Billardstock* m
tagarote + ‖ → a **baharí**
tajamar 1. Zeile *Schaft, Scheg* m; ℜ *Schaft, Schegg* m
2. Zeile *Wellenbrecher, (der Brücke), Brückeneisbrecher*; ℜ *Wellenbrecher* m *(der Brücke), Brückeneisbrecher*
talasocracia *Thalassokratie* f; ℜ *Thalattokratie* f
talasofobia (neu) • **talasofobia** *f* ⟨Med⟩ *Thalassophobie* f
talasoterapia *Behandlung* f *durch Seebäder*; ℜ *Thalassotherapie, Behandlung* f *durch Seebäder*
²**tallar** adj *schlagbar (Wald)*; ℜ *schlagreif, schlagbar (Wald)*
tángano tángano *m*; ℜ *tángano* *m*/adj
tangará (= **tanagra**); ℜ (= ²**tanagra**)
tapacubo(s) (neu) • **tapacubo(s)** *m Radkappe* f
tapicería + ‖ *Raumkunsttextilien* pl
tapón + ‖ ~ del radiador ⟨Aut⟩ *Kühler\verschluß* m, *-verschraubung* f
taqueometría (neu) • **taqueometría** *f* ⟨Top⟩ *Tachymetrie* f
tara tara; ℜ ¹**tara**
²**tara** (neu) • ²**tara** *f Kerb\holz* n, *-stock* m *(in alten Kaufläden)*
tarja 2. Zeile *(in Kaufläden)*; ℜ *(in alten Kaufläden)*
tasa + ‖ ~ de escolaridad *Prozentsatz* m *der eingeschulten schulpflichtigen Bevölkerung*
taxativamente (neu) • **taxativamente** adv *bestimmt, genau* ‖ *unmißverständlich, jeden Zweifel ausschließend*
tecnolecto (neu) • **tecnolecto** *m* ⟨Li⟩ *Technolekt* m *(Fach-, Berufssprache)*
tehuano (neu) • **tehuano** adj Mex *aus Tehuantepec*

telefilm (neu) • telefilm *m Fernsehfilm* m
teleprocesamiento (neu) • teleprocesamiento *m:*
~ de datos *Datenfernverarbeitung* f
tendente 2. Zeile *hinziehend*; ℜ *hinzielend*
tensino (neu) • tensino adj/s *aus dem Tenatal* PHues
tensioactivo (neu) • –sioactivo adj ⟨Chem Phys⟩ *oberflächen-, grenzflächen\aktiv*
teratógeno (neu) • teratógeno adj ⟨Med Gen⟩ *teratogen*
tercermundista (neu) • tercermundista adj *die Dritte Welt betreffend*
terrero *m* + ‖ *Korb* m *(zum Fortschaffen von Erde)*
terzuelo (neu) • terzuelo *m Falken\männchen* n, *-hahn* m *(Falknerei)*
teta + ‖ pop *weibliche Brust* f
tilo + ‖ ~ común *Sommerlinde* f (Tilia platyphyllos) + ‖ ~ péndulo *Hängezweigige Silberlinde* f (T. petiolaris) + ‖ ~ plateado *Silberlinde* f (T. tomentosa)
tingle tingle *m*; ℜ tingle *f/m*
tira *f* + ‖ fam *Unmenge* f *(Geld)*, fam *Heidengeld* n ‖ ◊ eso cuesta la ~ *das kostet e–e Stange Geld*
tiralevitas (neu) • tiralevitas *m* fig *Schmeichler*, fam *Speichellecker* m
tirar 1. ◊ Zeile 8 *vor* juego de tira y afloja: + ‖ tira y afloja fig *Tauziehen*, fig *Gerangel* n
³tojo (neu) • ³tojo *m* Sant *hohler Baumstumpf* m *(mit e–m Bienenvolk)*
toma, ~ de conciencia + ‖ *Bewußtseinsbildung* f ‖ → concienciación
tope + ‖ sueldo ~ *Spitzengehalt* n
topografia + ‖ *Geländebedeckung* f *(Gesamtheit aller Kartengegenstände in einer topographischen Karte)*
toque 6.–7. Zeile ⟨Mal Med⟩ *Pinselstrich* m; ℜ ⟨Mal Med⟩ *Pinselstrich, Tupfer* m
toque, piedra de ~ + ‖ fig *Prüfstein* m
toron|jil, –jina *Melisse* f; ℜ *(Zitronen)Melisse* f (Melissa officinalis)
torr *Torr* n *(inkohärente Einheit des Druckes)*; ℜ *Torr* n *(ab 1. 1. 1978 nicht mehr zugelassen)*
torrefación torrefacción; ℜ torrefacción
torturador + ‖ *folternd, marternd, peinigend*
torzuelo (neu) • torzuelo *m* = terzuelo
trabuco 2. Zeile *Stutzen* m, *Bombande, Donnerbüchse* f; ℜ *Stutzen* m, *Bombarde, Donnerbüchse* f
tractor + ‖ ~ porta-aperos *Geräteträger* m
tragabasuras (neu) • tragabasuras *m Müllschlucker* m
tragaperras + ‖ *Musikautomat* m
transportes + ‖ ~ colectivos *öffentliche Verkehrsmittel* npl
trayectoria 2. Zeile fig *Lebensweg* m; ℜ fig *Lebensweg, Werdegang* m, *Laufbahn* f
tributario + ‖ infracción ~a *Steuer\delikt* bzw *-vergehen* n
trinchacarne(s) (neu) • trinchacarne(s) *m Fleischwolf* m
³trona (neu) • ³trona *f hoher Kinderstuhl* m
trotón Am *Klepper* m; ℜ *Traber* m *(im Pferdesport)* ‖ Am *Klepper* m
trujal + ‖ Ar = lagar
tucán 2. Zeile (Ramphastos toko); ℜ (Rhamphastos toko)
tucánidos 2. Zeile (Ramphastidae); ℜ Rhamphastidae
tuercebotas (neu) • tuercebotas *m* ⟨Sp⟩ „*Holzhacker*" *m (unfairer Spieler)*
tumbona (neu) • tumbona *f Liege* f ‖ *Liegestuhl* m
Tunicia (neu) • Tunicia *f Tunesien* n
tupinambo (neu) • tupinambo *m* → aguaturma
turbinto (neu) • turbinto *m* → aguaraibá
turismo, (automóvil de) ~ *m Personenwagen* m; ℜ *Personen(kraft)wagen* m

TV (neu) • TV Abk = **televisión**
TVE (neu) • TVE Abk = **Televisión Española**

U

ugetista (neu) • ugetista *m* Span ⟨Pol⟩ *Mitglied* n bzw *Anhänger* m *der U.G.T.*
U.G.T. 1. Zeile streichen: ⟨Hist⟩
ultraísmo *(Kunstströmung)*; ℜ *(Kunstströmung – gegründet 1919, dem Dadaismus ähnlich)*
uva verga → acónito

V

vaca 12. Zeile ◊ hacer ~; ℜ ◊ hacerse la ~
Valencia *span. Stadt*; ℜ *Valencia* n *(span. Provinzhauptstadt)* ‖ *Valencia* n *(span. Landschaft od Region bzw Provinz)*
valor + ‖ ~ fonético *Lautwert* m
²vela, ~ latina *Lateinsegel* n; ℜ *Latein(er)segel* n + ~ de cruz *Rahsegel* n + ‖ ~ guaira *Huari-Segel* n + ‖ ~ al tercio *Luggersegel* n
velocidad + ‖ ~ aconsejada, ~ guía ⟨StV⟩ *Richtgeschwindigkeit* f
venerable + ‖ ⟨Kath⟩ *venerabilis*
verdolaga 2. Zeile (Portulaca); ℜ (Portulaca spp); *das ganze Stichwort kommt hinter* **verdipardo**
verdoso + ‖ *grünstichig*
vertidos, ~ industriales + ‖ *Industrieabwässer* npl
villa + ‖ la ~ del Oso y del Madroño = *Madrid (nach dem Madrider Stadtwappen)*
vinagrera + ‖ ⟨Bot⟩ = **acedera**
vinchuca (neu) • vinchuca *f* Arg Bol Ec Pe ⟨Entom⟩ *Kegelnase, Große Bettwanze* f (Conorhinus sanguisuga)
¹vino ~ verde *portugiesischer Rotwein* m; ℜ *leichter portugiesischer Weißwein* (vinho verde)
vivienda + ‖ ~ de renta limitada Span *im sozialen Wohnungsbau errichtete Wohnung, Sozialwohnung* f
volatilizar 2. Zeile ⟨Chem⟩ *verflüchtigen*; ℜ ⟨Chem⟩ *verdampfen, verflüchtigen* ‖ *vergasen (z. B. ein Pflanzenschutzmittel)*
volquetero (neu) • volquetero *m Kippwagenfahrer, Kipperfahrer* m

Y

yagé (neu) • yagé *m* Col → ayahuasca
yugo 2. Zeile *Glocken\joch, -stuhl* m; ℜ *Glocken\joch* n, *-stuhl* m

Z

zahorí zahorí; ℜ zahorí
zarigüeya 1. Zeile *Opossum* m; ℜ *Opossum* n
zarzaparrilla zarzaparrilla; ℜ zarzaparrilla
¹zulla +, *(meistens) Italienischer Hahnenkopf* m (H. coronarium)
zumbido 2. Zeile *Dröhnen (Motor)*; ℜ *Dröhnen* n *(Motor)*

Romanisches Seminar